スタンダード時事仏和大辞典

稲生永・彌永康夫 編

Grand
dictionnaire contemporain
STANDARD
français-japonais

TAISHUKAN

大修館書店

まえがき

　20世紀後半の情報技術の飛躍的発展や，政治・経済の世界化現象などにより，わが国とフランスとの関係もまた，新たな段階に入った．フランスの存在は，それまでの文化・芸術を介して想像力によって捉えたものから，より身近なものになり，人々の関心は現代フランスのさまざまな分野に広がりを見せるに至った．

　こうした状況をふまえ，本辞典は，現代のフランスの生活に密接に関わる用語を可能な限り網羅した中規模の辞典を目指して編集されたものである．語彙の選択にあたっては，既存の辞典・事典，Quidなどの年鑑，専門の用語集は勿論，各分野の専門書を参照したが，特に新聞，雑誌，放送ならびにインターネットのサイトから，現代生活を理解するのに不可欠と思われる用語を重点的に選び出すことに留意した．インターネットによる検索に際しては，主にwww.google.fr/を利用して，フランス共和国官報JORF，ヨーロッパ連合官報JOUEのほか，官公庁，各種法人・団体，新聞雑誌等のホームページを重点的に参照した．特に重点を置いたのは，国際問題，外交，政治，経済，社会といったいわゆる時事フランス語は当然のこととして，専門用語に関しては，特殊ではあっても，すべての人に関わりが生じうる，地理，行政，法律，裁判，治安，国防，教育，医学，薬学，疾病名，医療行為，医薬品，社会保障，保健・健康，保険，交通，機器備品，情報・通信関連，芸術，文化娯楽，スポーツ，料理，葡萄酒，チーズ，各種の食材など広範囲にわたる分野の用語を網羅するよう心がけた．従って，本辞典は，狭義の時事仏和辞典にとどまらず，現代のフランスに関する生活百科事典の性格を色濃く帯びている．

　語彙収録の対象となる年代は，20世紀，特に第二次世界大戦以降に重点を置いたが，それ以外の古い語彙でも現代と密接に関連すると思われるものについては，見出し語として採用した．語義については，歴史的背景を理解しなければならない語彙に限って，現用の語義に加えて，例外的に，古代以降の古い語義も掲げることにした．また，訳語には，適宜類語表現を付け加えたほか，必要に応じ，最小限の解説を加えたので，本辞書に，百科事典的性格が若干ながら加わることになった．

　見出し語となる語彙の選択に当たっては，名詞，形容詞に重点を置いた．動詞については，特に分量的配慮から，原則として不定法を見出し語としては採用せず，過去分詞形容詞を選んだ．但し，特殊な動詞については，不定法を例外的に収録した．この点で，本辞典は一般的な仏和辞典と趣を異にすることをお断りしておく．

　固有名詞については，フランスの行政機構，特に県を中心に，やや詳細な説明を加えた．人口の数値は，1999年の国勢調査時のものである．また，日本の近隣諸国，特に中華人民共和国，大韓民国，朝鮮民主主義人民共和国，台湾の主な地名・人名のフランス語表記を見出し語に採用し，対応す

る漢字表記とその発音を訳語に示した．なお，中国の地名・人名の見出し語表記は主にピンイン表記による．

　略語も積極的に収録したが，フランス語の略語のほかに，よく用いられる英語の略語を中心に，外国語の略語・略記を取り入れた．またフランス語および外国語の略語には，原則としてそれぞれ対応する外国語とフランス語の略語を示すよう心がけた．

　時事仏和辞典として機能することを特に考慮して，巻末に補遺のページを設け，最新の語彙を中心に追補した．なお巻末の補遺には，語彙の選択の際に漏れてしまった語彙も補った．

　発音記号は原則としてつけず，特に留意すべき場合に限って加えることにした．なお，外国の地名，人名などの固有名詞の発音表記については，日本での慣行に反する表記を示した場合があるが，なるべく現地の発音に近い表記を示すことを心がけた結果である．

　本辞典の構想は，1977年刊行の『事典・現代のフランス』の執筆段階の時点に遡る．1981年以降，構想ならびに語彙の選択，執筆，検討など全般にわたって，一貫して稲生永と彌永康夫のふたりだけでその任にあたった．その間，本辞典の仕事のみにかかっていたわけではなく，著者それぞれの個人的な事情もあり，作業を中断せざるを得ない事態もしばしば発生した．そのため，予想以上の歳月を要することになり，この間に，日本，フランス，そして世界に起きた変化は加速し，両国間の交流もますます広く，深くなった．それに伴い言葉の意味が変遷する一方，新しい言葉も次々に生まれた．編集作業が長引いたことが新語の採集を可能にした反面，説明の一部を無効にすることもあった．確かに新しい情報手段の発達が辞典編纂を助けた面もあるが，それと同時に，この限りない肥大化にどこで区切りをつけるかという難問をつきつけられることにもなった．その結果，当初から刊行の時点まで，終始編集の任に当たった大修館書店編集部の清水章弘氏には想像を絶する苦労をおかけしてしまった．ここに心からの謝意を表するものである．なお化学用語に関して，琉球大学のSophie Palvadeau女史の協力を得た．

　　　2008年12月20日

稲生　永
彌永康夫

凡　例

1　見出し語
(1) 固有名詞・略語・語の構成要素（ELEM：接頭辞・接尾辞を含む）および名詞・形容詞の変化形なども見出し語に加えた（「前書き」参照）．
(2) 見出し語は A, B, C 順に配列した．
　　同一綴りの見出し語は，大文字・小文字・語の構成要素の順に配し，アクサン記号をもつ語はその後に置いた．
　　同一綴りで語原が異なる語，あるいは語義が大きく異なる語は別見出しとして扱い，右肩に数字を付けて区別した．同一綴りの略語は右肩に数字を付し，略語の原綴の A, B, C 順によって配列した．
(3) 数字を含む見出し語は，数字の読みとは関係なく直前のアルファベットのあとに配列した．ただし，冒頭に数字がつく見出し語は巻末にまとめて表示した．
(4) 冠詞・前置詞をつねにともなう語が見出しとなる場合は，冠詞・前置詞を（　）内に入れ次のように記した．

　　　　Havre(**Le**)　→　**Le Havre**
　　　　mi-voix(**à**)　*l.ad.* 小声で，ひそひそと，

(5) 人名は原則として nom, prénom の順で次のように記した．

　　　　BARRE, **Raymond**　*n.pr.*

2　発音
原則として見出し語に発音表示を付さないが，特に留意すべき場合に限って［　］の中に音声記号で表示した．ただし，- (ハイフン) を用いて発音表示の一部を省略していることがある．

　　　　moelle [mwal]
　　　　moelleux(***se***) [mwa-]

3　名詞・形容詞の変化形
(1) 性・数によって変化する名詞・形容詞は，見出し語のうち変化する部分をイタリック体太字で示した．

　　　　dérivati*f* (***ve***) *a.*　　　　→男性形 **dérivatif**, 女性形 **dérivative**
　　　　can*al* (*pl.* ***aux***) *n.m.*　→単数形 **canal**, 複数形 **canaux**
　　　　origin*al* (***ale***) (*pl.* ***aux***) *a.*　→男性単数形 **original**, 女性単数形 **originale**, 男性複数形 **originaux**, 女性複数形 **originales**

ただし，複数を示す末尾の s は，s の付加が例外的になる場合を除き表示しない．また複数が不変である末尾が -s, -x, -z の名詞には複数不変（*inv.*）の表示をしない．

凡　例　　　　　　　　　　iv

(2)　合成語の複数形表示は，原則として表示しないが，特に注意を要する場合に限り見出し語のあとの（　）内に表示した．

　　　　brigadier-chef (*pl.*～*s*-～*s*) *n.m.*
　　　　baby-test [babitɛst] (*pl.*～-～*s*) [英] *n.m.*

4　借用語・語原・関連語
(1)　外国語からの借用語については，必要に応じてその語の由来する言語名を [　] に記した．原綴を添えた場合もある．

　　　　erga omnes [ラ]
　　　　label [英]

　　　　[　] の略表示については「略語表 I」を参照．
(2)　語原・関連語は（　）内に＜記号を用いて表示した．

　　　　dreyfusard(*e*) (＜affaire Dreyfus)
　　　　partenaire (＜[英] partner)
　　　　dictaphone (＜*D*～, 商標)

5　品詞
　見出し語の品詞は発音表示・語原・関連表示などの直後に略語で示した．「略語表 II」を参照．
　品詞が異なるときは ── を用いて区分した．

6　語義の基本区分
　語義は基本的に **1**, **2**, **3**... を用いて区分した．また必要に応じてそれらの語義を上位区分 Ⅰ, Ⅱ, Ⅲ..., 下位区分 **a)**, **b)**, **c)**... や◆を用いて分類・構成した (例外として Ⅰ, Ⅱ の上位区分として Ａ, Ｂ を用いたこともある)．

7　専門語・語のレベルの指示
　専門語指示は〘　〙内に，古語・文語・話語・俗語などの指示は〔　〕内に記した．略表示については「略語表 I」を参照．

8　用例・成句
(1)　用例・成句の中では，見出し語またはその語幹に代えて～を用いた．語尾変化は～のあとにイタリック体で付した．
(2)　全く同形の用例・成句が一つの見出し項目の中に 2 回以上現われる場合は右肩に番号を付した．

9　補足説明，文法的な用法上の指示
(1)　語義や用例には必要に応じて（　）や〔　〕で補足的な説明を付した．
(2)　文法的な用法上の指示は〔　〕を用いて記した．

10　関連する事項
　本文中に◆を付してその項目に関連する事項をまとめた．

11 記号の用法

~ ： 見出し語またはその語幹の代わりに用いた．
　　なお，誤解を生ずる恐れのない場合は直前の語義・訳語のくり返しをさけて用いることがある (8-(1)参照)．

(　) ： (1) 既出の用法 (1-(4), 3-(1)(2), 4-(2), 9-(1)参照) のほか，括弧の語句が直前の語句と交換・代入し得ることを示す．代入によって訳語が変わる場合にはその訳語を (　) で示した．

　　difficile *a.* chemin (route) ~ 難路, 嶮しい道. auteur (problème, texte) ~ 難解な作家 (問題, 文章).

　(2) 略語見出しの原綴や，語義の用例などの同義関係を (=　) の形で示した．

　　SAAM (=*sol-air antimissile*) *n.m.*
　　sable *n.m.* **2** 〔*pl.*で〕砂地, 砂原, 砂漠 (=désert).
　　rentrée *n.f.* **7** 入金 (= ~ d'argent).

　(3) 語義・用例などの対義関係を (　の対) の形で示した．

　　abduction *n.f.*〖生理〗外転 (adduction「内転」の対).

(　) ： 既出の用法 (9-(1)) の他に，分類上の規準を示すときに用いた．
〔　〕： 括弧内の文字・語句が省略可能であることを示す．

　　dernier(**ère**) *a.* ~*ères* années〔de la vie〕de *qn* 人の晩年.

［　］： 発音表示，生没年・在位期間を示すときに用いた．また，説明中の補足としても適宜使用した．
〖　〗： 専門語の指示に用いた．「略語表 I」を参照．
〘　〙： 語のレベルの指示 (7 参照) の他に，文法的な用法の指示，分類上の規準を示すときに用いた．「略語表 I」を参照．
《　》： 掲示・標語・作品名・雑誌名・新聞名などのフランス語に用いた．

　　cahier *n.m.* 《*les C~s du cinéma*》「レ・カイエ・デュ・シネマ」．

『　』： 作品名 (イタリック体で指示) の日本語訳に用いた．

　　monde *n.m.* 《*la guerre des ~s*》『宇宙戦争』(H. G. Wells ウェルズの科学小説).

→ ： (→　) の形で類語を示す場合や，原義・転義関係を示すときに用いた．

　　bien *n.m.* **4**〔多く *pl.*〕財, 財貨, 財産 (→ actif).
　　mousse[2] *n.f.*〔諺〕Pierre qui roule n'amasse pas ~. (転がる石に苔は生えない→) 職を転々としていると金持にはなれない．

⇒ ： 他項目を参照させるために用いた．

　　Khalife ⇒ **calife**

◆ ： 既出の用法 (6, 10) 参照．

▶ ： 必要に応じて項目末尾に派生語を付した．

   Amiens *n.pr.*……
    ▶ **amiénois**(*e*) *a.*

◇ REM ： 文法的注記に用いた．

   quelque chose *pr.ind.* ……
    ◇REM 形容詞を添えるときは de を伴って男性単数形を用いる：~ d'important 何か重要なこと．

† ： 気音(有音)の h (h aspiré) など，そこでリエゾン・エリジョンが妨げられることを示す．

12　特殊記号
(1)　〔PREF〕, 〔SUFF〕, 〔ELEM〕：それぞれ接頭辞，接尾辞，語の構成要素(それ自体で自立的な意味をもち，語形成に重要な役割を果たす造語成分)を示す．

略語表（Ⅰ）

1　専門語指示

〖医〗	医学	〖社〗	社会学	〖陶〗	製陶術
〖化〗	化学	〖狩〗	狩猟	〖動〗	動物
〖海〗	海洋学, 海語	〖植〗	植物学	〖農〗	農業, 農学
〖学〗	学校用語	〖織〗	織物	〖服〗	服飾
〖機工〗	機械工学	〖心〗	心理学	〖舞〗	舞踊
〖ギ話〗	ギリシア神話	〖数〗	数学	〖冶〗	冶金学
〖空〗	航空学	〖生〗	生物学	〖薬〗	薬学
〖軍〗	軍事用語	〖生化〗	生化学	〖郵〗	郵便
〖工〗	工学	〖生理〗	生理学	〖理〗	理学
〖鉱〗	鉱物学	〖哲〗	哲学	〖ロ神話〗	ローマ神話
〖史〗	歴史学	〖電〗	電気, 電気工学		

2　語のレベル指示

〔古〕	古語, 古用法, 古典	〔話〕	話語	〔卑〕	卑語
〔やや古〕	やや古語	〔俗〕	俗語	〔文〕	文語
〔旧〕		〔隠〕	隠語	〔詩〕	詩語
〔現用〕		〔蔑〕	蔑んで		

3　外来語・借用語の指示

［英］	英語	［伊］	イタリア語	［ラ］	ラテン語
［米］	米語	［西］	スペイン語	［ギ］	ギリシア語
［独］	ドイツ語	［日］	日本語		

略語表（II）

a., adj.	adjectif	形容詞
a. f.	adjectif féminin	女性名詞にのみ用いる形容詞
a. ind.	adjectif indéfini	不定形容詞
a. interr.	adjectif interrogatif	疑問形容詞
a. inv.	adjectif invariable	女性及び複数不変の形容詞
a. m.	adjectif masculin	男性名詞にのみ用いる形容詞
a. num. card.	adjectif numéral cardinal	基本数形容詞
a. num. ord.	adjectif numéral ordinal	序数形容詞
a. p.	adjectif participial	過去分詞から来た形容詞
ad., adv.	adverbe	副詞
cond.	conditionnel	条件法
conj.	conjonction	接続詞
imp.	impératif	命令法
ind.	indicatif	直説法
inf.	infinitif	不定詞
int.	interjection	間投詞
inv.	invariable	複数不変
l. a.	locution adjective	形容詞句
l. ad.	locution adverbiale	副詞句
l. conj.	locution conjonctive	接続詞句
l. prép.	locution prépositive	前置詞句
l. v.	locution verbale	動詞句
n.	nom	名詞
n. f.	nom féminin	女性名詞
n. m.	nom masculin	男性名詞
n. pr.	nom propre	固有名詞
pl.	pluriel	複数
prép.	préposition	前置詞
pr.	pronom	代名詞
pr. ind.	pronom indéfini	不定代名詞
pr. num. card.	pronom numéral cardinal	基本数代名詞
qch	quelque chose	何
qn	quelqu'un	人
sing.	singulier	単数
subj.	subjonctif	接続法
v. i.	verbe intransitif	自動詞
v. pr.	verbe pronominal	代名動詞
v. t.	verbe transitif	他動詞

〈目　次〉

A～Z　……………………3―2104
　　　　　数字から始まる略語　…2105
補遺（Ⅰ）……………………2106
補遺（Ⅱ）……………………2137
　　　（収録語に対する訳語・用例の補遺）
フランス本国(地図)………2138
海外のフランス(地図)……2141
主要参考資料　……………2143

Grand

dictionnaire contemporain

STANDARD

français-japonais

A

A¹, a¹ [a] *n.m.inv.* フランス語字母の第1字(l'*a*, le *a*). de *A* à *Z* ; depuis *A* jusqu'à *Z* AからZまで, 始めから終りまで, 一から十まで. ne savoir ni *A* ni *B* いろはのいも知らない, 全くの無知である.
A² 〖略号〗**1** *A*ltesse 殿下. S. *A*. le prince de X X 大公殿下.
2 〖電〗*a*mpère *n.m.* アンペア. 40 *A* 40アンペア.
3 〖化〗*a*rgon *n.m.* アルゴン(元素記号).
4 〖生〗groupe sanguin *A* 血液の A 型.
5 *a*tomique 原子の. bombe *A* 原子爆弾, 原爆.
6 〖物理〗nombre de masse *a*tomique 原子質量数.
7 〖音楽〗*a*lto *n.m.* アルト, ハ音記号(中音部記号). clarinette en *A* アルト・クラリネット.
8 *a*utoroute *n.f.* オートルート, 高速自動車道路, 高速道路. *A* 1 高速道路 1 号線(＝*a*utoroute du Nord 北仏オートルート).
9 〖自動車国籍識別号〗オーストリア(Österreich の英語表記 Austria から).
10 〖軍〗*a*miral 海軍提督.
11 〖テニス〗30 *A* [trɑ̃ta] サーティー・オール.
a² **1** 〖数〗*a* (数の表示). prouver par *a*＋*b* (*a* plus *b*) 数学的正確さで証明する.
2 〖度量〗*a*re *n.m.* アール(100 m²).
Å (＝angström) オングストローム.
a-¹ [ラ] 〖PREF〗「方向, 目的」の意(異形: *ac*-, *ad*-, *af*-, *al*-, *am*-, *an*-, *ar*-, *at*-. *ex. a*baisser「下げる」, *at*tirer「引きつける」).
a-² [ギ] 〖PREF〗「否定, 欠如」の意(異形: *an*-. *ex. a*normal「異常な」, *an*harmonique「非調和の」).
A2 (＝*A*ntenne *D*euex) *n.f.* 国営テレビ局アンテンヌ・ドゥー(1992 年 9 月に「フランス・ドゥー」France Duex (Fr 2) と改称).
A2P (＝*a*ssurance *p*révention *p*rotection) *n.f.* 予防・保険保険.
A2SM (＝*a*rmement *a*ir-*s*ol *m*odulaire) *n.m.* 〖軍〗モジュール式空対地兵器(GPS 誘導式爆弾).
A 380 (＝*A*irbus 380) *n.m.* 〖航空〗エールビュス(エアバス) 380 型機(*A* 3 XX の新名称; 客席が総 2 階建て, 座席数 525-853 の超大型 4 発ジェット機).
A3XX *n.m.* 〖航空〗エアバス 3 XX 型機(スーパー・ジャンボ機). projet de 《superjumbo》～ スーパージャンボ *A* 3 XX 型機製造計画(*A* 380 となる).

AA¹ (＝*A*lcooliques *a*nonymes) *n.m.pl.* 匿名アルコール中毒者連盟(1934 年カナダのモントリオール Montréal で設立された Alcohlics Anonymous のフランス語表記). les ～ de France フランス匿名アルコール中毒者連盟(1960 年設立).
AA² (＝*a*llocation d'*a*doption) *n.f.* 〖社会保障〗養子手当.
AAAL (＝*a*nti-*a*rthrosique à *a*ction *l*ente) *n.m.* 〖薬〗遅効性抗関節症薬.
AAAVAM (＝*A*ssociation d'*a*ide *a*ux *v*ictimes des *a*ccidents des *m*édicaments) *n.f.* 〖医〗医薬品事故被害者救済協会.
AACC (＝*A*ssociation des *a*gences *c*onseils en *c*ommunication) *n.f.* マスコミ広告代理店協会.
AACP (＝*A*ssociation des *a*gences *c*onseils en *p*ublicité) *n.f.* 広告業協会(1972 年設立).
AACSB (＝[英] *A*ssociation to *A*dvanced *C*ollegiate *S*chools of *B*usiness) *n.f.* 先進ビジネススクール大学協会(1919 年設立). label américain attribué par l'～ International 国際先進ビジネススクール協会(国際的なビジネススクール格付認定組織). label américain attribué par l'～ アメリカの AACSB 認定証.
AAE (＝*A*utorité *a*limentaire *e*uropéenne) *n.f.* ヨーロッパ食糧安全管理機構.
AAH (＝*a*llocation d'*a*dulte *h*andicapé) *n.f.* 〖社会保障〗成人身障者手当.
AAI (＝*a*utorité *a*dministrative *i*ndépendante) *n.f.* 独立行政機関(AMF, ART, CNE, CNIL, CSA など). Conseil d'Etat sur les ～ 独立行政機関に関する国の評議会.
AAM (＝[英] *a*ir to *a*ir *m*issile) *n.m.* 〖軍〗空対空ミサイル(＝[仏] missile air-air).
AAPPMA (＝*A*ssociation *a*gréée pour la *p*êche er la *p*rotection du *m*ilieu *a*quatique) *n.f.* 釣魚・水辺環境保護公認協会. Union natinale des fédérations départementales des ～ 釣魚・水辺環境保護公認協会県連盟全国連合(92 の AAPPMA 県連盟の全国組織).
AARRG (＝*A*pprentis *a*gitateurs pour un *r*éseau de *r*ésistance *g*lobale) *n.m.pl.* 反グローバリゼーション運動網の扇動者養成組織.
AAT (＝*A*dministration de l'*A*ssistance

technique) *n.f.* (国連の) 技術援助管理局.

AATC (=Académie des arts et techniques du cinéma) *n.f.* 映画芸術技術アカデミー.

AATCP (=missile air air à très courte portée) *n.m.* 〚軍〛超短射程空対空ミサイル.

AB[1] (=agriculture biologique) *n.f.* 生物学的農業, バイオ農業, 低(無) 農薬・有機栽培農業 (合成化学製品の使用を極力控えた農業). mention ～ 生物学的農業製品保証 〔ラベル〕 (化学肥料, 農薬, 化学的食品添加物を使用していない食材の比率が 95 % 以上の農業食製品に対する保証証).

AB[2] (=allocation de base) *n.f.* 社会保障制度の) 基礎失業手当.

abaisse *n.f.* 〚料理〛アベス, のし生地 (麺棒を使って薄くのばした生地; feuilleté, pâté, tarte などに用いる).

abaissement *n.m.* 下げること, 引き下げ, 低下, 軽減. ～ des taux d'intérêt 金利の引き下げ. ～ des droits de douane 関税の引き下げ. ～ des barrières au commerce 貿易障壁の軽減. ～ de l'âge de la retraite 定年の引き下げ.

abaisseur *a.m.* **1** 〚解剖〛muscle ～ 下制筋. **2** 〚物理〛transformateur ～ 降圧変圧器.
——*n.m.* 下制筋 (=muscle ～). ～ du sourcil 眉毛下制筋.

abandon *n.m.* **1** (権利, 義務, 物, 人, 計画などの) 放棄, 委付, 捨てること. 〚法律〛 ～ aux créanciers 債権者委付. ～ de poste 職務放棄, 部署放棄. 〚法律〛 ～ de propriété 所有権の委付. L'～ par le gouvernement de son projet de soutien a été fatal à l'industrie charbonnière. 政府が援助計画を放棄したことが, 石炭産業にとって致命的だった. Le patronat exige des syndicats l'～ de leurs revendications salariales. 経営者側は労組が賃上げ要求を放棄するよう求めている. politique d'～ 弱腰政策.
a) 〚法律〛遺棄. ～ d'enfant 未成年者遺棄, 子供の置き去り. ～ de famille 親族遺棄. ～ du domicile conjugal 配偶者遺棄.
b) 〚スポーツ〛途中棄権, 試合放棄 (最初から棄権する場合は déclarer forfait).
2 打ち捨てられた状態. Le site se trouve dans un ～ total. その場所はまったく手入れされていない. à l'～ 放置状態.
3 身を任せる.
4 緊張感のない状態, なげやりな, 無造作な, ざっくばらんな, 打ち解けた, 気がねなく. parler avec ～ 無造作に話す.

abandonné(e) *a.* 見捨てられた, 放棄された, 遺棄された, 見放された. enfant ～ 捨て子. malade ～ 医者に見放された病人. village ～ 人が住まなくなった村.

abandonnique *a.* 〚精神分析〛遺棄神経症 (=névrose d'abandon) の, 遺棄恐怖症

の.
——*n.* 遺棄神経症患者, 遺棄恐怖症患者.

Abarac (=agriculture bio〔logique〕, agriculture raisonnée, agriculture conventionnelle) 「バイオ農業」・「理論的農業」・「慣習的農業」の合成語. étude ～ バイオ農業・理論的農業・慣習的農業の比較研究.

abasie *n.f.* 〚医〛歩行不能〔症〕, 失歩〔症〕.

abat-jour *n.m.,inv.* **1** (電灯・ランプの) 笠, シェード. ～ d'une lampe ランプシェード.
2 (帽子の) 庇 (ひさし). mettre la main en ～; faire un ～ de sa main 額に手をかざす.
3 〚建築〛(壁に斜めにつけた) 明かり窓, 天窓 (室内側の額縁を斜めに切り広げた窓).

abats *n.m.pl.* 屑肉, もつ類 (肉をとった後に残る内臓, 脳味噌, 足など).

abattage *n.m.* **1** 樹木の伐採, 切り倒し (=～ d'arbres); 家屋の取り壊し; 動物の屠殺. ～ d'urgence 緊急屠殺. ～ rituel 祭礼屠殺.
2 採掘, 採鉱, 採炭. ～ à ciel ouvert 露天掘り.
3 〚トランプ〛持ち札を見せる.
4 〔俗〕快活さ, きびきびと仕事をする能力.
5 vente à l'～ たたき売り.
6 faire 〔de〕 l'～ (売春婦が) せっせと客を取る. maison d'～ 安淫売宿.

abattement *n.m.* **1** 控除; 割引, 減額. ～ à la base (所得税の) 基礎控除. ～ d'âge (法定賃金や社会保障費の) 年齢別減額. 〚税〛 ～ pour charges de famille 扶養家族控除. **2** (体力の) 衰弱, 消耗, 落胆, 気落ち, 意気阻喪.

abatteur *n.m.* **1** 食肉解体処理業者.
2 〚林業〛伐採業者.
3 〔話〕仕事をてきぱきと処理する人.

abattoir *n.m.* 屠殺場, 食肉処理場, 家畜解体処理場; 〔比喩的〕殺戮の場. La Cité des sciences et de l'industrie de la Villette a été construite sur le site des anciens ～ s. ラ・ヴィレットの科学産業都市はかつて屠殺場があった場所に作られた.

abattu(e) *a.* **1** うちひしがれた, 疲れ果てた, 衰弱した. A ～ par la chaleur de la canicule, il reste sans rien faire dans sa chambre d'hôtel. 彼は真夏の暑さにぐったりしてホテルの部屋で無為に過ごす. Il a été ～ par l'annonce de la mort de sa mère. 彼は母親の訃報に打ちひしがれた.
2 撃墜された; 撃たれた, 撃ち殺された. avion ～ 撃墜された航空機.

abat-vent *n.m.inv.* (煙突の) 陣笠; 〚農〛 (作物の) 風除け (*pl.* abat-vents もある).

abbatial(ale[1])(*pl.***aux)** *a.* **1** 大修道院 (abbaye) の. église ～ale 大修道院付属聖堂. **2** 大修道院長 (abbé) の, 女子大修道院長 (abbesse) の.

abbatiale² *n.f.* 大修道院付属聖堂 (= église ~). ~ gothique ゴシック様式の大修道院付属聖堂.

abbaye *n.f.* **1** 大修道院 (abbé または abbesse を院長とする, 一般に 12 人以上の修道士または修道女を擁する修道院. monastère は abbaye のほか, couvent, prieuré, chartreuse などの総称. abbaye の中にある教会は (église) abbatiale という; 10 世紀に創立された Cluny の abbaye は特に有名). ~ en commande 院外聖職者を院長に任命できる修道院. ~ en règle 聖職者しか院長になれない修道院. ~ nullius (territoriale) 法王庁の直轄下にあり, 司教管区から独立した大修道院. **2** 大修道院の建物.

abbé *n.m.* **1** 男子大修道院長. **2** 司祭, 神父, 在俗司祭, 在俗聖職者《修道院規律の外にある教区付聖職者=prêtre séculier). ~ Pierre ピエール神父 (「エマウスの家」運動の創始者として知られる. 人民共和運動 mouvement républicain populaire (MRP) 所属の国会議員 Henri Grouën のレジスタンス闘士としての名前; 司祭の総称は ecclésiastique. prêtre はあらゆる宗教の聖職者に用いることができるが, とくにカトリックにおいては, ミサを主宰し, 聖体の秘跡を授ける在俗聖職者を指す; curé は教区司祭として教区内信者の精神的な指導者となる; abbé は時代と共に意味が変化し, 17, 18 世紀には聖服を着ているすべての人を指した. 現在は聖服を着て, 聖職を行う者, あるいは行おうと準備している者を総称する).

abbesse *n.f.* 女子大修道院長.

ABC, abc¹ [abese] *n.m.inv.* **1** 初歩読本. **2** (学問・技術などの) 初歩. C'est l'~ du métier. それは職業のいろはだ. en être à l'~ de *qch* 何の初歩的段階にとどまっている.

abc² (= *a*rme *b*lindée *c*avalerie) *n.f.* 《軍》機甲部隊.

ABCD (= *A*ssociation *d*es *b*ureaux *d*e *c*ontrôle de la *d*iffusion des supports de publicité) *n.f.* 広告媒体普及管理業協会.

ABCDE(méthode) *n.f.* 《医》(癌検診の) A:asymétrie「不均整, 変形」, B:bords「腫瘍の) 縁のぎざぎざ」, C:couleurs「色」, D:diamètre「直径」, E:évolution「進行」).

abcès *n.m.* 《医》膿瘍. ~ chaud 発熱性膿瘍. ~ de fixation 固定膿瘍;《比喩的》悪現象の拡大防止固定点. ~ froid 非炎症性膿瘍. crever l'~ 膿を出す;《比喩的》禍根を断つ, 病根をえぐる.

abdication (<*abdiquer*) *n.f.* **1** (帝王の) 退位;譲位. ~ de l'empereur 皇帝の退位. **2** 辞職, 辞任, 退任 (=démission). **3** (権威, 権利, 要求等の) 放棄.

abdiqué(e) *a.p.* **1** (王位, 帝位を) 乗てた, 退位した;〔一般に〕辞職 (辞任) した. roi ~ en faveur de son fils 王子に王位を譲った国王. **2** (要求・権利などを) 放棄した.

abdomen [abdɔmɛn] *n.m.* 腹, 腹部.

abdomin*al* (*al*e) (*pl.* **aux**¹) *a.* 腹部の. douleur ~e 腹痛. respiration ~e 腹式呼吸.

abdominaux² *n.m.pl.* **1** 《解剖》腹筋 (=muscles ~). **2** 腹筋体操, 腹筋強化運動. faire des ~ 腹筋運動をする

abdos *n.m.pl.* **1** 《解剖》《話》腹筋 (=muscles *abdo*minaux). renforcer ses ~ 腹筋を鍛える. **2** 腹筋運動 (=gymnastique abdominale). faire des ~ 腹筋運動をする.

abducteur *a.m.* **1** 《解剖》外転する, 外転性の. muscle ~ 外転筋. **2** 《化》tube ~ 誘導管.
—— *n.m.* 《解剖》外転筋 (= muscle ~).

abduction *n.f.* 《生理》外転 (adduction「内転」の対). ~ palmaire (radiale) (母指の) 掌側 (橈側) 外転.

abécédaire *n.m.* (文字を教えるための) 初級読本;入門書.

abeille *n.f.* 蜂, 蜜蜂. ~ mère (reine) 女王蜂. ~ ouvrière 働き蜂. élevage des ~s 養蜂 (=apiculture). nid d'~ 蜂の巣;蜂の巣状のもの, とくにワッフル地;《工》ハニカム構造 [体]. léger comme une ~ 軽快で行動的である.

aber [abɛr] 〔ケルト語〕*n.m.* 《地理》(ブルターニュ地方の) おぼれ谷 (=ria; リアス式海岸).

aberdeen-angus [abɛrdinãgys] *n. inv.* 《動》アバデーン=アンギュス種の牛 (スコットランド原産の食肉用無角黒牛).
—— *a.* アバデーン=アンギュス種の.

aberrance *n.f.* **1** 異常, 異型, 変異. ~ chromosomique 染色体異常. **2** 《統計》平均値からの大幅な異常. **3** 常軌の逸脱 (=aberration). **4** 《光学》収差 (= aberration).

aberrant(e) *a.* **1** 常軌を逸した;常識外れの;錯乱した. idée ~e 常軌を逸した (常識外れの) 考え. **2** 《生》変性の. espèce ~ 変性種.

aberration *n.f.* **1** 異常, 常軌を逸したこと, 錯誤, 錯乱. C'est une ~ que de vouloir faire cela dans de telles circonstances. こんな状況でそんなことをしようなどとは, どうかしている. **2** 《物理》(レンズの) 収差. ~ chromatique 色収差. ~ latérale 横 (方向) 収差. ~ longitudinale 縦 (方向) 収差. ~ de sphéricité 球面収差 (== ~ sphérique). corriger l'~ 収差を補正する. ~ chromatique (レンズの) 色収差. ~ sphérique (レンズの) 球面収差. **3** 《天文》光行差 (= ~ de la lumière). ~ annuelle (diurne) 年周 (日周) 光行差. ~

planétaire 惑星光行差.
abêtalipoprotéinémie *n.f.*〖医〗無β リポ蛋白血症.
ABF (=*a*rchitecte des *B*âtiments de *F*rance) *n.* フランス建造物管理建築家.
abiétique *a.*〖化〗acide ~ アビエチン酸 ($C_{20}H_{30}O_2$;collophane コロフォニウム:松脂からとる樹脂,楽弓用).
abîme *n.m.* **1** 深淵,深い裂け目,深い溝,奈落の底,地獄;測り知れないもの(時);破滅. Il court à l'~. 彼は破滅へ向かっている.
 2〔次の場合には一般に abyme と綴る〕〖紋章〗楯形紋地の中央部;〖芸術〗作品の中に別の作品が入った構図(入れ子になった構図).
abîmé(e) *a.p.* **1** (物品が)傷んだ,破損した. meuble ~ 傷んだ家具. objets ~*s* 破損品.
 2〔話〕(体が)蝕まれた;〔俗〕(人が)いためつけられた. figure ~*e* 傷めつけられた顔. yeux ~*s* 蝕まれた眼.
 3〔古〕破産した;破滅した.
ab intestat [abɛtsta] [ラ] *l.ad.*〖法律〗遺言なく(=à défaut de testament, sans avoir testé).
 —*l.a.* 遺言なしの,無遺言の (testamentaire「遺言による」の対). succession ~ 遺言なしの死亡者から受け継いだ法定相続財産;無遺言相続,法定相続.
abiotique *a.*〖生〗生物の生存できない. milieu ~ 非生物的環境.
abjuration *n.f.* **1**〖宗教〗棄教宣言,異端誓絶. ~ d'Henri IV アンリ四世による新教棄宣言. **2** 信条の放棄,意見の撤回,転向.
Abkhazie(l') *n.f.pr.* アブハーズ(公式名称 la république d'*A* ~ アブハーズ共和国;黒海東岸に位置するグルジアの自治共和国;首都 Soukhoumi スフミ;形容詞 abkhaze).
ablation *n.f.* **1**〖医〗器官の切除,剝離(とくに一部のアフリカ諸国に残る,女性のクリトリス切除の風習を指す場合がある. これは excision ともいう).
 2〖宇宙〗アブレーション,溶融(熱による表面耐熱剤の気化(昇華)現象と,気化に伴う冷却現象).
 3〖地学〗(氷河などによる)削摩.
ablette *n.f.*〖魚〗アブレット,ブリーク《鯉科の淡水魚》.
abluminémie *n.f.*〖医〗アルブミン血症.
ablutomanie *n.f.*〖精神医学〗洗浄強迫〔症〕(強迫神経症の一種).
ABM (=〖英〗*a*nti (-) *b*allistic *m*issile) *n. m.*〖軍〗弾道ミサイル迎撃ミサイル(=〖仏〗missile anti (-) balistique). Le traité ~ de 1972 1972 年の弾道ミサイル迎撃ミサイル規制条約《米ソ間》.

abnégation *n.f.* 自己犠牲 (= ~ de soi).
abolition *n.f.* 廃止. ~ de l'esclavage 奴隷制の廃止. ~ de la peine de mort 死刑廃止(条約などの廃止は abrogation, 決定や行政措置の廃止は annulation).
abolitionniste *n.* (制度などの)廃止を主張する人;(特に)死刑廃止論者;〖史〗奴隷制廃止論者.
abominable *a.* **1** いまわしい,おぞましい,恐怖・嫌悪をもたらす. crime ~ おぞましい重犯罪. **2** ひどい,いやな. Quel temps ~! ひでいやな天気なんだろう!
abomination *n.f.* **1** 嫌悪. avoir qn (qch) en ~ 人(何)を忌み嫌う.
 2 唾棄すべきもの;忌まわしいこと. l'~ de la désolation 荒らす憎むべきもの(マタイ 24, 15);〔比喩的〕醜悪の極み. dire des ~*s* 聞くに耐えないことを口にする. C'est une véritable ~! 全くひどい話だ.
abondance[1] *n.f.* **1** 豊かさ,豊富,潤沢. en ~ 大量に,豊かに.〖諺〗*A* ~ de biens ne nuit pas. 多々ますます弁ず(多ければ多いほどよい).
 2 豊饒.〖ギ神話〗Corne d'~ 豊饒の角(イーデー山で赤子のゼウスに授乳した山羊アマルティアの角).
 3 裕福. société d'~ 豊かな社会(アメリカの経済学者ガルブレイスの「豊かな社会」は société de l'opulence と訳されている). socialisme de l'~ (abondancisme ともいう) 豊かさの社会主義(フランスの経済学者デュボワン Duboin が 1940 年代初頭に唱えた).
 4 Parler d'~ 即興でとうとうと語る.
abondance[2] *n.f.*〖チーズ〗アボンダンス,トム・ダボンダンス(=tomme d'~)(サヴォワ地方 la Savoie フォーシニー地区 le Faucigny で,脱脂牛乳からつくられる,非加熱圧搾,ブラシがけの自然外皮のチーズ;直径 35-45 cm,厚さ 8-10 cm の円形;5-15 kg).
abondant(e) *a.* **1** 豊富な,潤沢な,十分にある. Cette année, la récolte de riz est ~*e*. 今年の米は豊作だ. L'actualité d'aujourd'hui est ~*e*. 今日のニュースは内容が多い. **2** style ~ 表現力豊かな文体.〖数〗nombre ~ 豊数,過剰数.
abondement *n.m.*〖法律〗(企業が賃金労働者に支給する)補助支給金;(機構が企業に支給する)補助金.
abonné(e) *a.* **1** 継続的な契約をしている,定期購読をしている,加入している. être ~ au quotidien Le Monde 日刊紙ル・モンドの定期購読をしている. **2** 常連である. **3** (悪い習慣などから) 抜け出せない.
 —*n.* 定期購読者,加入者.
abonnement *n.m.* **1** 定期購読;加入;継続的な契約. bulletin d'~ 定期購読(加入)申込書. prendre (souscrire) un ~ 定期購読(加入)の申込をする. service des

~s 定期購読(加入)受付. tarif d'~ 定期購読(加入)代.
2 定期購読(加入)料金. régler l'~ 定期購読料金を支払う.
3〖税〗見積り納税.

abord n.m. 1 近づくこと, 接近, 接岸. au premier ~, de prime ~ 最初から, 一見したところ. d'~ まず最初に, 第一に. Des nombreuses qualités que nous lui connaissons, celle que nous devons d'~ citer, c'est sa gentillesse. 彼の持つ多くの美点の中でも第一に挙げるべきは優しさである. dès l'~ はじめから, 頭から.
2 人に対する応対, 態度. d'un ~ difficile 取っ付きが悪い.
3〖pl.で〗付近, 近辺.

abordable a. 1 近付きやすい, とっつきやすい, 愛想のよい. 2 (価格について)手の届く, 手頃な. appareil d'un prix ~ 手の届く値段のカメラ. 3〖稀〗接岸しやすい. côte ~ 接岸しやすい海岸.

abordage n.m. 1 (船舶・航空機などの)衝突, 接触事故. ~ fortuit (fautif) 偶然の(過失による)接触事故. règlement international pour prévenir les ~s en mer 海上衝突事故防止のための国際法規.
2〖法律〗(臨検などのための船舶に対する)接舷. A ~! 接舷せよ!《命令》aller à l'~ 接舷する. grappins d'~ 接舷用鉄鉤.

aborfif(*ve*) a. 1 流産の; 流産を起こさせる, 妊娠中絶の, 人工中絶用の.〖薬〗pilule(remède)~*ve* 堕胎薬, 人工中絶薬;避妊薬.
2〖医〗(病気が)頓挫性の, 不発の; 発育不全の, 不完全型の. fièvre ~*ve* 頓挫熱;波状熱. fœtus ~ 発育不全胚;未熟児. infection ~*ve* 不発感染.
3〖生〗発育不全の;〖植〗不稔性の;発育を阻害する.
4〖比喩的〗失敗に終る(終った), 結実しない(しなかった);空しい. entreprise ~*ve* 失敗に帰した企て.
——n.m.〖薬〗1 堕胎薬, 人工中絶薬; 避妊薬. 2 成長阻止剤.

aborigène a. 1 原住の, 先住の, 土着の(=autochtone). 2 (動植物が)原生の, 土産の, 土着の. plante ~ 原生植物.
——n.m.《多く pl.》1 原住民, 先住民, 土着民. 2 (一地域の)固有動(植)物相.
——A ~ n. アボリジニー《オーストラリア先住民》.

abornement (<borne「境界標」) n.m. 土地の境界画定作業.

abouchement n.m. 1 管口接合;開口. ~ d'un tuyau et (avec) un autre 二つの管口の接合.
2〖医〗吻合〖手術〗(=anastomose). ~ de vaisseaux 脈管吻合.
3〖古・文〗顔合わせ, 会談. tentatives d'~ 顔合わせの試み.

aboulie n.f.〖医〗(特に精神病による)無為, 無意志.
▶ aboulique a.

abouriou n.m.〖農〗アブーリウー《赤葡萄酒用の葡萄の品種》.

aboutissement (<aboutir) n.m. 1 成果, 結末;達成. ~ de nos efforts われわれの努力の成果. ~ d'un procès 訴訟の結末. ~ d'un projet 計画の達成.
2〖多く pl.〗(道の)行き着く先.

ABR (=anti-*b*locage des *r*oues) n.m.〖自動車〗アンチ=ロック・ブレーキ《コンピューター制御により車輪がロックされないようにするブレーキ》. le système ~ アンチ=ロック・ブレーキ・システム(=〖英〗ABS: anti-lock braking system).

abracadabrant(*e*) a. 呪文のような;訳のわからぬ;奇妙な, 異様な. histoire ~*e* 奇妙な話.

abrasif(*ve*) a. 研磨用の. papier ~ 研磨紙, 紙やすり.
——n.m. 研磨材.

abrasimètre n.m. 磨耗計.

abrasion n.f.〖工〗研磨;磨耗. 2〖地学〗削磨(《水・氷の磨擦による侵蝕》). ~ glaciale 氷河侵蝕. ~ marine 海蝕. 3〖医〗剝離, 剝脱, 搔爬.

abréaction n.f.〖精神分析〗解除反応(《抑圧感情からの解放》).

abrégé(*e*) a.p. 短縮した, 縮約した, 要約した. édition ~*e* 縮約版. mot ~ 略語(=abréviation). procédure ~*e* 簡易手続.
——n.m. 1 省略形;概要, 適要;概説書. ~ analytique 概要, 摘要(=analyse). ~ de la conférence 議事(講義)の概要. ~ d'histoire 歴史の概説書.
en ~ 簡約した;省略した形で;略語で. le monde en ~ 世界の縮図. ~ un mot en ~ 語を略字で書く.
2〖文〗縮図;縮約したもの. ~ du monde 世界の縮図.

abreuvage n.m. 1 家畜, とくに馬に水を飲ませること. 2〖工〗材料に水や油を十分に染み込ませること;〖冶〗鋳物の差し込み《鋳物の欠陥》.

abreuvoir n.m. (家畜の)水飲み場;水飲み槽.

abréviatif(*ve*) a. 省略形の, 短縮形の;略語(略称, 略号)の. formule ~*ve* 省略方式;省略表現. signe ~ 省略記号, 略記号.

abréviation n.f. 1 (文字・語の)省略, 略記;略語, 略字, 略号;略称(*ex.* kilomètre → km; c'est-à-dire → c.-à.-d.; Mademoiselle → M^(lle)). liste des ~ 略表表. par ~ 略して, 略称で.
2〖古〗(時間の)短縮.

abri n.m. 1 避難所, 待避所, (災害時の)仮設住宅;格納庫, 艇庫;(バスなどの)待合所;〖軍〗防空壕(~ antiaérien), 掩蔽(え

んぺい) 壕 (=tranché-~), シェルター；風(雨、日) よけ；〖登山〗避難小屋 (=en montagne). ~ antiatomique 核シェルター.〖商標〗~〔-〕bus 蔽い付きのバス停 (=aubette). ~ contre la pluie 雨よけ, 雨宿りの場所.〖気象〗~ météorologique 百葉箱. ~ souterrain 地下避難所, 地下壕. ~ téléphonique 電話ボックス. sans ~ 雨露をしのぐ所もなく；野天で；ホームレス.
2 保護, 掩蔽, 蔽護(へいご). à l'~ 蔽護されて. à l'~ de …によって護られて, のもとに；…を避けて. être à l'~ du feuillage 木陰に入る. se mettre à l'~ de la pluie 雨宿りする. ne pas être à l'~ des critiques 批判を免れてはいない.
3〖法律〗~ fiscal (減免を伴う) 投資優遇措置.

abribus [-bys] *n.m.* (<A~, 商標) アブリビュス《屋根付のバス停；公用推奨語は aubette).

abricot *n.m.* **1**〖植〗アプリコ, 杏 (あんず). confiture d'~s 杏ジャム. **2**〔俗〕女陰 (=~ fendu).
──*a.inv.* 杏色 (橙黄色) の.

abricoté(e) *a.* **1**〖植・農〗あんずに似た. pêche ~*e* あんず風の桃《果肉が黄色い桃》. **2** あんず入りの；あんず風味の. crème ~*e* あんず風味のアイスクリーム. gâteau ~ あんず入りケーキ.

abricotier *n.m.*〖植〗杏 (あんず) (abricot) の木.

abri-sous-roche (*pl.*~*s*-~-~) *n. m.*〖考古〗(先史時代の) 洞窟住居.

abrité(e) (<abri) *a.p.* 遮蔽された；蔽護された. maison ~*e* contre le vent 風の当たらない家. port ~ 防波堤に守られた港.

abrivent *n.m.*〖農〗風よけ《垂直に立てたこも》.

abrogatif(ve) *a.*〖法律〗(法律・国際条約などの) 廃止のための (=abrogatoire). mesures ~*ves* 廃止措置.

abrogation *n.f.*〖法律〗(法律・国際条約などの) 廃止, 廃棄, 撤廃. ~ expresse 明示的廃止. ~ implicite (tacite) 黙示的廃止. Pendant longtemps, l'~ du traité de sécurité avec les Etats-Unis était l'un des objectifs des socialistes japonais. 日米安保条約の廃止は, 長い間, 日本社会党の目標の一つだった.

abrogatoire *a.*〖法律〗廃止のための (=abrogatif). loi ~ 廃止法. mesures~*s* 廃止措置.

abrogeable *a.* (法令・規則などが) 廃止可能な.

ABS[1] (=*a*bus de *b*iens *s*ociaux) *n.m.*〖法律・商業〗会社財産の濫用〔罪〕.

ABS[2] (=*a*crylonitrile *b*utadiène *s*tyrène)〖化〗アクリロニトリル・ブタジエン・スチレン重合体《ポリスチレン系プラスチック》. résine ~ ABS 樹脂.

ABS[3] (=〖独〗*Anti*blockier*s*ystem,〖英〗anti-lock brake system)〖自動車〗アンチロック・ブレーキ装置 (=〖仏〗système anti-blocage).

ABS[4] (=〖英〗asset backed securities) *n. f.pl.*〖金融〗資産担保証券《不動産や債権などの資産の信用力やキャッシュフローを裏付けにした債券やコマーシャルペーパー；=〖仏〗titres adossés à des actifs). les ~ subprime サブプライムローン担保証券.

Absa (=*a*ction à *b*on de *s*ouscription d'*a*ction) *n.f.*〖証券〗新株引受権利付株式.

abscisse *n.f.*〖数〗横座標 (ordonnée「縦座標」の対).

absence *n.f.* (présence の対) **1** 不在；欠勤. ~ à l'école 学校の欠席. autorisation d'~ 欠勤 (欠席) 許可. en l'~ de *qn* 人のいない場合に, 人の不在で. pendant son ~ 彼 (彼女) の留守中に.〔話〕briller par son ~ いないためにかえって目立つ. faire une ~ 欠勤する.
2 (人との) 訣別, 別離. ~ d'une personne aimée 愛する人との別れ.
3〖法律〗不在, 生死不明《法律上の不在は最低4年間, 居所不在で, 音沙汰のない状態をいう》. déclaration d'~ 不在 (生死不明の) 宣言《生死不明の4年以降》. jugement déclarant l'~ 生死不明を宣言する判決. présomption d'~ 不在 (生死不明) の推定. en l'~ de *qn* …がいない間に (不在のので). En votre ~, votre maison a été cambriolée. 貴方がいない間にお宅に泥棒が入った.〔皮肉〕briller par son ~ 欠席することで人の目に留まる.《*Une aussi longue ~*》『かくも長き不在』(Henri Colpi の映画の題名).
4〖学〗欠席. signaler les ~*s* d'un élève 生徒の欠席を通報する.
5 (物が) 欠けて無いこと, 欠落, 欠如. ~ de feuilles aux arbres 木々の葉の欠落. ~ de peur 恐怖心の欠如. en l'~ de *qch* 何が無いので (に). En l'~ de preuves, on ne peut pas l'accuser. 証拠が無いので, 彼を咎められない.
6〖文〗放心 (=~ d'esprit)；〖心・医〗欠神, アプサンス. ~ de mémoire 記憶の欠如 (喪失), 忘却. avoir des ~*s* よくぼんやりしている, 時々意識が途絶える.

absent(e) *a.* **1** 不在の, 欠席している, 欠勤の；欠けている. **2** ぼんやりした, 放心状態の. ~ de soi-même 我を忘れた.
──*n.* 欠席者, 不在者, その場にいない人. Les ~*s* ont toujours tort. その場にいない人は何を言われるか分からない.

absentéisme *n.m.* **1** (正当な理由のない) 欠勤, 無断欠勤, 休暇戦術；欠席. L'~ est l'un des maux dont souffre l'économie des pays en développement. 欠勤の多いことが途上国経済の弱点の一つである. ~ electoral 選挙の棄権主義；選挙の常習的棄

権. l'~ scolaire (à l'école) 無断欠席, ずる休み. taux d'~ 欠勤率.
2 (英語から) 不在地主 (制度).
absentéiste *a.* **1** 長期 (常習的) に欠勤 (欠席) する. **2** (地主が) 不在の.
──*n.* **1** 長期 (常習的) 欠勤 (欠席) 者. **2** 不在地主 (=~ des propriétaires fonciers). **3** 〖選挙〗~ électoral 選挙の棄権主義者 (常習的棄権者).
abside [absid] *n.f.* 〖建築〗(教会堂の) アプシード, アプス, 後陣.
absidiole *n.f.* 〖建築〗(教会堂のアプシードに配された) 小後陣, 後陣礼拝堂.
absinthe *n.f.* **1** 〖植〗にがよもぎ (きく科植物のアブサン (アプシンス)).
2 アブサント, アブサン (にがよもぎをアルコールに漬けてつくる酒. 古代ローマから薬用酒として知られていた. フランスでは 1800 年頃から製造販売されたが, 中毒性があるため 1915 年に製造販売が禁止になった).
absinthisme *n.m.* 〖医〗アブサント中毒.
absolu[1] (*e*) *a.* **1** 絶対の, 絶対的な (relatif「相対的な」の対). dilatation ~ *e* d'un liquide 液体の絶対膨張. dilatomètre ~ 絶対膨張計. majorité ~*e* 絶対多数 (majorité relative「相対多数」の対). mouvement ~ 絶対運動. 〖法律〗nullité ~ *e* 絶対無効. température ~*e* 絶対温度. valeur ~*e* 絶対値. vérité ~*e* 絶対の真理. zéro ~ 絶対零度.
2 全能の, 絶対的な, 無制約の. autorité ~*e* 絶対的権威. droit ~ 絶対権. être ~ 全能の存在者 (神). monarchie ~*e* 絶対君主制. pouvoir ~ 絶対権力. Le pouvoir ~ corrompt absolument. 絶対権力は絶対的に腐敗する.
3 完全な, 無制約の, 例外のない, 絶対的な. 〖化〗alcool ~ 無水アルコール. défense ~*e* d'entrer 立入厳禁. interdiction ~*e* 絶対禁止. nécessité ~*e* 絶対的必要性. silence ~ 完黙;完全な静寂. avoir une confiance ~ en qn 人を信頼し切っている.
4 断乎とした, 有無を言わさぬ, 無条件の. cavactère ~ 妥協しない性格. esprit ~ 断乎とした精神;非妥協的な考え;断乎とした精神の持主. jugement ~ 絶対的命令 (ゆるぎのない人間). ordre ~ 絶対的命令. sens ~ d'un mot 言葉の厳密な意味. ton ~ 断乎とした口調.
5 〖文法〗絶対的な (dépendant「従属的な」, relatif「相対的な」の対). construction ~ 絶対構文. emploi ~ 絶対的用法 (補語・目的語なしの用法). proposition participe ~*e* 絶対分詞節. supératif ~ 絶対最上級. temps ~ 絶対時制 (現在・過去・未来).
absolu[2] *n.m.* **1** 〖哲〗絶対;絶対者.
2 dans l'~ 絶対的に, 他の条件を無視して. juger de qch (qn) dans l'~ 何 (人) を絶対的に判断する.
3 〖錬金術〗絶対 (すべての物体の根源). *La Recherche de l'~* de Balzac バルザックの『絶対の探究』(1834 年).
absolument *ad.* **1** 絶対に, 断乎;是非とも. refuser ~ 断乎拒否する. Il faut ~ que tu partes. 君はどうしても出発しなければならない.
2 〖断定, 特に否定を強調〗全く, 完全に;断じて. A ~ pas! 絶対駄目だ (違う)! C'est ~ sûr! それは絶対に確実だ! Ce n'est pas ~ faux. それは必ずしも誤りだとはいえない. Il n'y a ~ rien à faire.. 全くどうしようもない. Je suis ~ décidé. 私は断乎として決心した. En êtes-vous convaincu? ─A~. 納得しましたか?─完全に.
3 〖概念について〗絶対に無条件で. ~ parlant 絶対的な意味で言えば.
4 〖文法〗補語なしで;(他動詞などが) 目的語なしに.
absolution *n.f.* **1** 〖カトリック〗(悔悛の秘蹟での) 罪の赦し;〖教会〗(教会罪からの) 赦免.
2 罪をゆるすこと, 不問にふすこと.
3 〖法律〗免訴, 刑の免除, 宥恕.
absolutisme *n.m.* 〖政治〗絶対制, 絶対体制;絶対主義.
absolutiste *a.* 〖政治〗絶対制の;絶対主義の. théorie ~ 絶対主義理論.
──*n.* 絶対主義者.
absolutoire (<absolution) *a.* 〖法律〗刑の免除 (免責) 判決を下す. excuse ~ 免責的宥恕, 刑事責任を排除する法的事由 (= cause d'exemption de peine).
absorbable *a.* 吸収され得る. médicament ~ sans eau 水なしで吸収される医薬品.
absorbance *n.f.* 〖化〗吸光度.
absorbant(*e*) *a.* **1** 吸収する, 吸収性の. 〖絵〗canevas ~ アプソルバント〔のキャンバス〕. papier ~ 吸取紙, ペーパータオル (=essuie-tout). 〖物理〗pouvoir ~ 吸収能.
2 夢中にさせる, 全精力の集中を要求する. un travail ~ ひと時も気の抜けない仕事, 非常に疲れる仕事.
──*n.m.* 〖化・医〗吸収剤, 吸収材.
absorbé(*e*) *a.* 夢中である, 一心不乱である, 集中している, 熱心な. air ~ 不心不乱の様子. Trop ~ dans ses pensées, il n'a pas vu venir son ami à sa rencontre. 彼は物思いに耽っていたので, 友人が来るのに気づかなかった.
absorbeur *n.m.* **1** 〖物理・化〗吸収体, 吸収剤. **2** 〖石油工学〗ガス吸収精製装置;(ガス冷凍機の) 吸収装置.
absorptiométrie *n.f.* 〖化・光学〗吸光度法 (物質が光を吸収する性質を利用した分光分析法). ~ biphotonique 二波長 X 線吸光光度法, 二光子吸光光度法. ~ ultra-

violet-visible 紫外可視吸光光度法.
absorption *n.f.* **1** 吸収. 〜 calorique 熱吸収. 〜 exponentielle 指数関数型の吸収. 〜 ultrasonique 超音波吸収. loi d'〜 吸収の法則.
2 (人の) 個性の消失. 〜 de l'individu dans le groupe 個人の集団への吸収.
3 摂取, 吸引, (食物, 飲料などを) 飲み込むこと.
4 〖経済〗(企業の) 吸収合併. 〜 d'une entreprise par une société multinationale 多国籍会社による企業の吸収合併.
absorption-résorption *n.f.* 〖化〗吸着・脱離. réaction 〜 吸着・脱離現象.
absorptivité *n.f.* 〖物理・化〗吸収性, 吸収能.
abstention *n.f.* (権利・義務などの) 不行使, 不履行, 棄権, 自粛, 自己規制 ; 棄権票. 〜 de juge 判事による審理・判決の回避. 〖法律〗〜 de porter secours 不救助罪. appeler à l'〜 棄権投票を呼びかける. manifester son opposition par 〜 棄権することで反対の意思表示をする. L'issue de la consultation a été largement déterminée par le nombre élevé d'〜 大量の棄権票が選挙結果を大きく左右した. 〖法律〗〜 délictueuse 単純遺棄.
abstentionnisme *n.m.* 投票を棄権すること, 棄権投票 ; 棄権主義, 非参加〔主義〕. L'〜 a pris de telles proportions que la validité du scrutin risque d'être mise en question. 棄権者が余りにも多かったので, 選挙の有効性が問題になるかも知れない.
abstentionniste *n.* 投票棄権主義者 ; 棄権者 (= électeur).
——*a.* 投票棄権主義の. électeur 〜 棄権者 (votant「投票者」の形).
abstinence *n.f.* **1** (宗教的・医学的な理由によって, 飲食を) 節制すること, 断つこと, 節欲, 禁欲 ; 〖宗教〗物忌み ; 〖カトリック〗小斉 (金曜日などに鳥獣の肉を断つこと). **2** 禁欲.
abstraction *n.f.* **1** 抽象, 抽象概念, 観念論, 抽象の産物. faculté (pouvoir) d'〜 抽象的な思考能力. Le pouvoir politique est à la fois une 〜 et une réalité. 政治権力は抽象概念であると同時に現実でもある.
2 捨象, 差し引くこと. 〜 faite de …を別にして (= à l'exception de, compte non tenu de). Quand il faut évoquer les relations entre deux Etats, il est difficile de faire 〜 de leurs arrière-plans historiques. 2国家間の関係について触れるとき, その歴史的背景を無視するのは難しい.
3 抽象芸術.
abstrait(e) *a.* **1** 抽象的な (concret「具象的」の対). idée 〜*e* 抽象的観念. 〖文法〗nom 〜 抽象名詞. 〖数〗nombre 〜 無名数.
2 〖美術〗抽象的な, アブストラクトの ; 抽象派の (figuratif「具象派」の対). art 〜 抽

象芸術. peintre 〜 抽象〔派の〕画家. peinture 〜*e* 抽象絵画.
3 抽象による, 抽象観念的な. sciences 〜*es* 抽象科学. spéculations〜*es* 抽象的思弁.
4 具体性に欠ける ; 現実離れした ; 難解な. texte trop 〜 極端に具体性に欠ける (難解すぎる) テクスト.
absurde *a.* 不条理な, 理屈に合わない, ばかげた, 非常識な. Il s'est trouvé dans une situation si 〜 qu'il s'est un moment demandé s'il n'était pas victime d'un mauvais tour. 彼はあまりにも不条理な状況に置かれたので, 一瞬, 騙されているのではないかと思った.
——*n.m.* 不条理, 背理. philosophie de l'〜 不条理の哲学. 〖論理〗démonstration par l'〜 背理法. réduction à l'〜 帰謬法.
absurdité *n.f.* **1** 不条理性 ; 非常識さ. 〜 d'un raisonnement 論理の不条理性. sentiment de l'〜 不条理感. C'est le comble de l'〜. それは不条理のきわみだ.
2 馬鹿げたこと ; 非常識. livre plein d'〜*s* 馬鹿げたことばかりの書物. dire des 〜*s* たわごとを言う. C'est une 〜 de + *inf.* …するのはどうかしている.
abus *n.m.* **1** 濫用, 悪用 ; 誤用 ; 行き過ぎ. 〖法律〗〜 d'autorité 権威の濫用 ; (公務員の) 職権濫用. 〖商業〗〜 de biens sociaux 会社財産の濫用〔罪〕. 〜 de confiance 背信 ; 〖刑法〗背任〔罪〕. 〜 de dépendance économique 経済的従属性の濫用. 〜 de droit (d'un droit, du droit) 権利の濫用. 〖法律〗〜 de jouissance 収益権の濫用. 〖商業〗〜 de majorité 多数決の濫用. 〜 de mots 語の誤用. 〜 de position dominante 支配的地位の濫用. 〜 de pouvoir 職権濫用. 〜 de puissance économique 経済的優位の濫用. 〖法律〗〜 de saisie 差押の濫用.
faire 〜 de *qch* 何を濫用する. L'〜 d'alcool est dangereux pour la santé, consommez avec modération. 過度の飲酒は健康に有害である. ほどほどに飲むこと (酒類の広告に表示を義務づけられている文言). 〔話〕Il y a (Ya) de l'〜. やり (言い) 過ぎだ ; 勝手なことをしては駄目だ.
2 〔多く *pl.*〕悪弊, 悪習. 〜*s* sociaux 社会の悪弊 (悪習). lutter contre les 〜*s* de la société 社会の悪弊と戦う.
abuseur *n.m.* 濫用者 ; (特に) レイプ犯 (= violeur).
abusif(ve) *a.* 濫用的な ; 誤った ; 限度を超えた. la hausse 〜*ve* des prix 物質の過度の上昇. emploi 〜 (権力の) 濫用 ; (語の) 誤用. mère 〜*ve* 子供を独占しようとする母親. parents 〜*s* 親権を濫用する親. privilège 〜 不当な特権.
abusus [abyzys]〔ラ〕*n.m.* 〖法律〗処分権, 費消.
abyssal(ale)(*pl.**aux*) *a.* **1** 〖地学〗深海の ; 深海性の, 深海底の ; 深成の. fosses

~ ales 深海淵, 海溝. plaine ~ ale 深海平原. roche ~ ale 深成岩.〖生態〗zone ~ ale 深海底帯；深海層.
2〖心〗深層の. psychologie ~ ale 深層心理学.

abysse *n.m.*〖地学〗深海 (2,000 メートル以上).

abzyme *n.f.*〖生化〗アブジーム (enzyme「酵素」のように, 触媒作用のある抗体).

AC¹ (= *a*griculture *c*onventionnelle) *n.f.* 慣行的農業.

AC² (= *a*ncien[s] *c*ombattant[s]) *n.m.*〖軍〗在郷軍人. ~ de 1914-1918 第一次世界大戦に従軍した在郷軍人.

AC³ (= *a*nti (-) *c*har) *n.m.*〖軍〗対戦車ミサイル (= missile ~).

AC⁴ (= *a*ppellation *c*ontôlée) *n.f.* (葡萄酒・チーズなどの) 原産地名管理呼称 ⇨ AOC.

Ac¹ (= *ac*tinium) *n.m.*〖化〗「アクチニウム」(元素記号).

Ac² (= *a*lto*c*umulus) *n.m.* 高積雲.

AC3G [asetrwaʒe] (= *a*nti-*c*har de 3ᵉ *g*énération) *n.f.*〖軍〗第三世代対戦車ミサイル (= missile ~).

ACA (= *a*ntenne *c*hirurgicale *a*éroportée) *n.f.*〖軍〗空輸野戦軍医団.

Aca (= *a*llocation *c*hômeurs *â*gés) *n.f.* 老齢失業者手当.

ACAB (= *A*ssociation des *c*onseillers en *a*griculture *b*iologique) *n.f.* 生物学的農業指導員協会.

acacia *n.m.*〖植〗**1** アカシア；アカシア材. ~ blanc (jaune) 白花 (黄花) アカシア. allée des ~s アカシアの並木道. miel d'~ アカシアの花の蜂蜜, アカシア蜜.
2 ~ dealbata ミモザ (= mimosa).
3 faux ~ にせアカシア (= robinier).
4 ~ de Farnèse かわらけつめい (= cassie).

académicien(ne) *n.* アカデミー会員；(特に) アカデミー・フランセーズ会員 (= membre de l'Académie française). ~s Goncourt アカデミー・ゴンクール会員. Marguerite Yourcenar fut la première ~ne. マルグリット・ユルスナールはアカデミー・フランセーズの最初の女性会員であった (1980 年).

académie *n.f.* **1** (学者, 文学者, 芸術家などの) アカデミー, 協会.
a) l'A ~ (française) アカデミー・フランセーズ (1635 年リシュリュ Richelieu の勧めによりルイ 13 世が創設. 終身会員 40 名からなり, 正しいフランス語の確立と擁護.『フランス語辞典』*Dictionnaire de l'A~ française* の編集刊行に当たってきた). fauteuil de l'A ~ アカデミー・フランセーズの席 (地位). ouvrage couronné de l'A ~ アカデミー・フランセーズ授賞作品.
b) A ~ des inscriptions et belles-lettres 碑文・文芸アカデミー (1663 年創設. 古代語, 考古学, 歴史学部門). A ~ des sciences 科学アカデミー (1665 年創設. 1976 年改組. 数学, 物理学, 化学, 生物学, 医学部門). A ~ des beaux-arts 美術アカデミー (1816 年再編. 絵画, 彫刻, 建築, 版画, 作曲, 視聴覚部門). A ~ des sciences morales et politiques 精神科学・政治学アカデミー (1795 年創設. 哲学, 倫理・社会学, 経済・財政学, 歴史・地理学, 総合部門).
◆上記 5 つのアカデミーが l'Institut de France フランス学士院を構成.
c) A ~ d'agriculture 農業アカデミー (1761 年創設). A ~ nationale de médecine 国立医学アカデミー (1820 年創設).
d) A ~ Goncourt ゴンクール協会 (1903 年創設. 毎年 11 月末, ゴンクール賞 prix Goncourt を授与. 1976 年以降奨学金 bourse Goncourt も支給).
e) A ~ royale de langue et de littérature françaises (ベルギーの) 王立フランス語フランス文学アカデミー (1920 年創設；会員数は 10 名の外国人を含む 40 名).
2 学区；学区事務局 (フランスは海外県・海外領土などを含め 28 の学区に分かれる). recteur de l'A ~ de Paris パリ学区長.
3 officier d'~ 第二等教育功労章受賞者 (1956 年以降は Ordre des Palmes académiques 教育功労勲章制度に改変).
4 (美術・音楽・ダンスなどの) 学校, 塾. ~ de danse ダンス教習所. ~ de dessin 画塾.
5 (描かれた) 裸体.
6〖哲史〗A ~ (プラトンが創設した) アカデメイア〔学園〕；プラトン学派.

académique *a.* **1** 学区 (académie) の. inspection ~ 学区視察.
2 学術研究の, 学問の. chevalier des palmes ~s 教育文化功労勲章のシュヴァリエ (第 3 等級).
3 アカデミーの；アカデミー・フランセーズの. élection ~ アカデミー会員選挙. fauteuil ~ アカデミー・フランセーズの会員席.
4〖美術〗アカデミックな, 伝統主義の；〖蔑〗型にはまった；美術学校の. figure ~ アカデミック・フィギュア. peinture ~ アカデミックな (伝統主義の, 型にはまった) 絵画.
5〖ベルギー, スイス, カナダ〗大学の (= universitaire). grades ~s 学位. L'année ~ débute en octobre. 大学の年度は 10 月にはじまる.
6〖哲史〗アカデメイアの；プラトン学派の. philosophe ~ プラトン学派の哲学者.

académisme *n.m.* **1** アカデミズム, アカデミーの伝統墨守.
2 型にはまった画風 (作風), 頑固な古典主義的画風.

ACAFOM (= *A*ssociation *c*ulturelle et *a*micale des *f*amilles d'*o*utre-*m*er et migrants) *n.f.* 在外家庭・移住労働者友好文化協会 (本部 Paris).

acajou *n.m.* **1** 〖植〗アカジュー, マホガニー (せんだん科の常緑喬木. = 〖英〗mahogany); マホガニー材 (堅牢で, 耐水性に富み, 光沢が美しい); マホガニー材の家具 (=mobilier en ~); マホガニー色 (赤黒色). **2** 〖植〗カシューの木 (=~ à pommes). noix (pomme) d'~ カシューナット (アップル).

acalculie *n.f.* 〖医〗失算.

acalorique *a.* カロリーの無い; 低カロリーの. aliment ~ 低カロリー食品. régime ~ 低カロリー食事療法.

acanthe *n.f.* **1** 〖植〗アカンサス. **2** 〖建築〗アカンサス (コリント式柱頭の葉形装飾; =feuille d'~).

a cap[p]ella 〖伊〗*l.a., l.ad.* 〖音楽〗ア・カッペッラ, ア・カペラ, 無伴奏で. chœur ~ 無伴奏合唱. chanter ~ 無伴奏で歌う.

acarbose *n.f.* 〖薬〗アカルボーズ (糖尿病治療薬; 薬剤製品名 Glucor (*n.m.*) など).

acaricide *n.m.* ダニ用殺虫剤.

acariens *n.m.pl.* 〖動〗ダニ目.

acariose *n.f.* 〖医〗ダニ寄生症.

Acat (=Action des chrétiens pour l'abolition de la torture) *n.f.* 拷問廃絶のためのキリスト者行動 (非政府組織, 1974年創設).

ACAVI (=assurance à *ca*pital *v*ariable *i*mmobilier) *n.f.* 不動産変動資本保険.

ACC (=*a*llocation *c*onventionnelle *c*omplémentaire) *n.f.* 〖社会保障〗(失業保険の) 補足的協定給付.

ACCA (=*A*ssociations *c*ommunales de *c*hasse *a*gréées) *n.f.* 市町村公認狩猟協会 (1964年発足).

accablant(*e*) *a.* **1** 耐え難い; (人を) 打ちのめすような. chaleur ~*e* 耐え難い暑さ, 酷暑. misère ~*e* 人を打ちのめす貧困. témoignage ~ のっぴきならない証拠, 非情な証拠. **2** 押し潰されるように重い. poids ~ 押し潰されるような重量.

accablement *n.m.* (暑さ・疲労などで) ぐったりした状態, 困憊; (絶望・苦難などに) 打ちのめされた状態, 消沈. ~ de la misère 貧困に打ちのめされた状態. ~ moral 意気消沈. ~ physique 疲労困憊. être dans l'~ du désespoir 絶望に打ちひしがれている.

accalmie (<calme) *n.f.* **1** 〖海〗小凪; (風雨の) 小止み. **2** 〖比喩的〗一時的沈静; (病状の) 小康. état d'~ 小康状態. période d'~ 一時的沈静期; (病状の) 小康期.

accaparement *n.m.* **1** 独占; 買占め. ~ des grains 穀物の買占め. ~ des honneurs 名誉の独り占め. ~ du marché 市場の独占. ~ du pouvoir 権力の独占. **2** 熱中, à tout ~ 熱中して.

accédant(*e*) *a.* 分譲形態の. propriétaire ~ 分譲式所有者.

——*n.* 分譲住宅の取得者. ~s non aidés 公的補助を受けないで分譲住宅を取得する者.

accéléra*teur*[1](***trice***) *a.* 加速度を高める; 加速する, 促進する. force ~ *trice* 加速力.

accélérateur[2] *n.m.* **1** 〖自動車〗加速装置, アクセル. coup d'~ アクセルを踏むこと; 〖比喩的〗急激な加速措置. appuyer sur l'~ アクセルを踏む; 〖比喩的〗急激にスピードをあげる. lâcher l'~ アクセルの踏み込みをゆるめる. **2** 〖宇宙〗ブースター (〖英〗booster の公用推奨語). **3** 〖原子物理〗加速器, 加速装置, アクセレーター. ~ de particules 粒子加速器. ~ linéaire 直線型加速器. **4** 〖化, 写真〗促進剤; 促染剤; 〖工〗(セメントの) 急結剤. utilisation des ~s en photographie 写真現像促進剤の使用.

accélération *n.f.* **1** 加速; 加速化; スピードアップ; 〖生理〗速まること. ~ d'un mouvement 運動の加速. 〖物理〗~ des particules 粒子の加速. ~ de pouls 脈搏の速まり. ~ de la respiration 呼吸の速まり. ~ des travaux 作業のスピードアップ. **2** 〖物理〗加速度. ~ angulaire 角加速度. ~ d'entraînement 駆動加速度. ~ de la pesanteur 重力の加速度. ~ d'une planète 天体の加速度. ~ normale 法線加速度. unité d'~ 加速度の単位 (m/s²). 〖同格〗vecteur ~ 加速度ベクトル. **3** 〖経済〗加速度; 促進. clause d'~ 加速条項, 弁済期日繰上げ条項. coefficient d'~ 加速係数. principe d'~ 加速度原理.

accéléré[1](*e*) *a.p.* 加速度のついた; 速度をあげた, 高速度の. mouvement ~ 加速運動. réaction ~*e* 加速反応. au pas ~ 歩調を早めて.

accéléré[2] *n.m.* 〖映画〗コマ落とし. effet d'~ コマ落とし効果.

accent *n.m.* 〖1〗**1** 強調, 強調記号, アクサン, アクセント. ~ d'insistance 強調のアクセント. ~ d'intensité 強さのアクセント. ~ de longueur 長さのアクセント. syllabe sans ~ アクセントがつかない音節. mettre l'~ sur *qch* …を強調する (=souligner, insister sur). L'~ mis par l'auteur du livre sur l'importance de la religion est frappant. 著者が宗教の重要性を強調しているのが印象的である. **2** 語調, 声の調子. Il sait parler toujours avec un ~ de sincérité. 彼はいつも心の底から話している. "Liberté, liberté chérie, combats avec tes défenseurs, que la victoire accoure à tes mâles ~s!" 「自由, いとしき自由よ, そなたの守護者と共に戦え. そなたの雄々しき響きのもとに勝利が来らんことを!」(フランス国歌「ラ・マルセイエーズ」より). **3** 色, 音などのアクセント.

4 フランス語などの綴りにおけるアクセント記号, アクサン記号 (é (accent aigu), è (accent grave), ê (accent circonflexe), ï (tréma) など. à, où などのアクサン記号は signe diacritique という).
[II] アクセント, 訛り. Il garde l'~ du Midi, région où il a passé toute son enfance. 彼は子供時代をすごした南仏の訛りから今も抜け出せない.

acceptabilité *n.f.* **1** 〖言語〗(文の)容認可能性.
2 許容度.
3 〖社〗(他の社会集団による)受け入れの可能性.
4 〖電算〗(システムやハードウェアの)受け入れ可能性.

acceptable *a.* **1** 受諾し得る, 受け入れられる. explication ~ 納得できる説明. offre ~ 受諾し得る提案.
2 まずまずの. notes ~s まあまあの成績. travail ~ まずまずの仕事ぶり.
3 許容可能な, 許容できる.
4 〖言語〗(文が文法・意味の面で)容認できる.

acceptant(e) *a.* 〖法律〗受諾する;(遺産を)受領する.
—*n.* 受諾者;(遺産の)受領人. ~ d'un contrat 契約の受諾者. ~ de succession (de legs) 相続(遺贈)の受領人.

acceptation *n.f.* **1** 受け入れ, 受理, 受諾, 応諾, 承諾, 承認. ~ bénéficiaire (相続の)限定承認. ~ de donation 贈与の受諾. ~ de succession (de legs) 相続(遺贈)の承認. ~ d'un cadeau 贈物の受諾. ~ de toutes les parties 訴訟(契約)当事者全員の承諾. ~ provisoire (贈与の)暫定受領. donner son ~ à …を受諾する, …に同意する.
2 〖国際法〗(権利または義務の)承認.
3 〖商業〗(手形の)引受. ~ de lettre de change 為替手形の引受. ~ d'un traite 手形の引受. ~ par intervention (為替手形の)参加引受.
4 〖心〗受容. conduite d'~ 受容行為 (conduites de refus「拒絶行為」の対).

accepteur *n.m.* **1** 〖法律〗為替手形引受人 (= ~ d'une lettre de change).
2 〖生・化〗受容体, 受容;受容性基 (= groupe ~).
3 〖物理〗アクセプター, 受容体, 受容器;〖通信〗通波器, ~ d'ions イオン受容体.
—*a.m.* 〖化〗結合しやすい. corps~d'oxygène 酸素と結合しやすい物体.

acception *n.f.* **1** (語の)意味, 意味の取り方. ~ figuré du mot 語の比喩的意味. ~ propre du mot 語の本来の意味. mot à plusieurs ~s 多義語. dans toute l'~ du mot (du terme) 語のあらゆる意味において, 字義通り.
2 特別扱い. faire ~ de[s] personne[s] えこひいきする. sans [faire] ~ de …は顧慮

せずに. sans ~ d'âge ni de sexe 年齢も性別も問わずに.

accès *n.m.* **1** 到達, 接近, 参入, アクセス. ~ au marché 市場アクセス, 市場参入. L'~ au marché est l'un des principaux sujets de négociations au cycle de l'Uruguay. 市場アクセスはウルグアイ・ラウンドにおける主要な交渉議題の一つである. Les nombreuses barrières non-tarifaires qui subsistent rendent difficile l'~ du marché japonais pour les produits agroalimentaires étrangers. なお残る多くの非関税障壁のため, 外国の農産物・食料品の日本市場進出がむずかしくなっている. ~ minimum ミニマム・アクセス.
avoir ~ à *qch* …を入手できる, 自由に利用できる. donner ~ à *qch* …の獲得を可能にする. (être) d'~ difficile (facile) (場所が)近寄りにくい (近寄りやすい), (人が) とっつきにくい (とっつきやすい).
2 進入, 経路, 通路, A ~ interdit 進入禁止. Tous les ~s de la ville sont bloqués. 町への出入り口はすべて閉鎖されている.
3 発作, (感情, 生理的現象の)一時的で急激な発露. Pris d'un ~ de colère, il a tout cassé. 彼は怒りに駆られて手あたり次第にものを壊した. Dans un ~ de folie, elle a accepté de lui céder toute sa succession. 彼女は正気をなくしたので, すべての遺産を彼に譲ることを承知した. par ~ 思い出したように, 不規則に.
4 〖情報〗アクセス, 呼出, パス. ~ aléatoire (libre) ランダム・アクセス. ~ direct ダイレクト・アクセス. ~ séquentiel 遂次アクセス. chemin d'~ パス名. chemin d'~ complet フルパス名.

accessibilité *n.f.* **1** (場所への)接近の可能性.
2 (人が職・地位に)就任可能性, (職・地位などが)(人に)開かれていること. ~ à la fonction publique 公職に就き得る可能性.

accessible *a.* **1** (à, pour にとって) (場所が)近づける, 到達できる, 入れる;(専門分野などが)とっつきやすい, わかる;(物が)入手できる, 手の届く. endroit difficilement ~ 近づき難い場所. manuel ~ aux débutants 初心者にもわかる入門書. parc ~ à tous 誰でも入れる公園. postes ~s aux étrangers 外国人でも就き得るポスト. prix ~ 手の届く値段.
2 (人が)誰でも会える;人好きのする;(女が)体を許す. femme très ~ 誰にでも体を許す女性. personne peu ~ なかなか会えない人.
3 (à に) (人が)影響されやい. être peu ~ à la flatterie おだてに乗りにくい.

accession *n.f.* **1** 到達, 就任;達成, 取得. ~ au trône 即位. Depuis son ~ au pouvoir, le premier ministre n'a jamais été aussi populaire que maintenant. 首相は就

任以来, 今ほど人気が高かったことはない. **2**〖法律〗従物取得, 正規の付与. ~ à la propriété 所有権の取得, 分譲式住宅の取得. ~ artificielle 人為的従物取得. ~ immobilière 不動産従物取得. ~ mobilière 動産従物取得. ~ naturelle 自然的従物取得. appartement en ~ à la propriété マンション. logement en ~ à la propriété 分譲式住宅.

accessit [-t] *n.m.* 〖教育〗努力賞. premier (deuxième) ~ 一等(二等)努力賞. obtenir un ~ de mathématique 数学の努力賞を獲得する.

accessoire *a.* 付随的な, 二義的な, 副次的な, 本質とは無関係の. chose ~ 従物. clause ~ 付帯条項. conditions ~s 付随的な条件. demande ~ 付帯請求. frais ~s 付帯費用, 諸経費. 〖法律〗peine ~ 付加刑(市民権剥奪や禁治産など, 特定の刑に自動的に付随して科される刑).
——*n.m.* **1** アクセサリー; 付属物, 付属品. **2** (演劇, 映画などの) 小道具. **3** 二義的なもの, 本質とは無関係なこと. **4** 〖法律〗従物 (=chose ~). ~ du salaire (賃金の)付加給付. règle de l' ~ 従物原則.

accessoiriste *n.* **1** (演劇・映画・TV の)小道具・衣裳係. **2** (自動車・バイク等の)アクセサリー小売業者.

accident *n.m.* **1** 事故, 災害, 不慮の事態, 不測の事態. ~ aérien 航空機事故. ~ corporel 人身事故. ~ ferroviaire 鉄道事故. ~ maritime 海難事故. ~ mortel 死亡事故. ~ de la circulation (de la route) 交通事故. ~ de montagne 山岳事故. ~ de parcours (本質的でない)事態 (1968 年, 東欧諸国の一部で反ソ運動が軍事的に鎮圧されたとき, フランスのある閣僚がこの言い回しを用いて, 顰蹙(ひんしゅく)を買ったことがある). ~ de trajet 通勤途上の事故. ~ de voiture 自動車事故. ~ du travail 労働災害. assurance 〔contre les〕 ~s 災害保険. dresser un constat d' ~ 事故の現場検証をする.
2 偶然の出来事, 不測の事態, 〔*pl.* で〕(人生の)浮沈. ~ de parcours (特に政治の分野で)本質に無関係の不測の事態. ~ heureux (malheureux) 喜ぶべき(遺憾な)思いがけない事. par ~ (=par hasard) 偶然に. Il y a eu un petit ~ ce matin. 今朝ちょっと困ったことがあった.
3 〖哲〗偶有性
4 〖医〗偶発症候群; 〖医〗発作. ~ ischémique transitoire 一過性脳虚血発作 (= ~ ischémique cérébral passager ; = 〔英〕 TIA : *t*ransient 〔cerebral〕 *i*schemic *a*ttack). ~ vasculaire cérébral 脳血管障害 (= 〔英〕 CVA : *c*erebro-*v*ascular *a*ccident). ~ primitif (secondaire, teritiaire) 第1次(第2次, 第3次)症候群.
5 地形の起伏.

accidentalité *n.f.* 〖行政〗事故偶発性.

accidenté(e) *a.p.* **1** (土地・道などが)起伏に富んだ. pays ~ 起伏に富んだ地方. relief ~ 起伏に富んだ地形.
2 (人生などが)波瀾に富んだ. vie ~e 波瀾万丈の人生.
3 事故にあった. voiture ~e 事故車.
——*n.* 事故の被害者. ~ du travail 労災事故の被害者. ~s de la route 交通事故の被害者.

accidentel(le) *a.* **1** 事故による, 不慮の. mort ~ le 事故死.
2 偶然の, たまたまの. criminel ~ 偶発犯罪者. rencontre ~ le 偶然の出会い.
3 〖哲〗偶有的な (absolu, nécessaire, substantiel などの対).
4 〖医〗偶発性の. cancer ~ 偶発癌. hypothermie ~ le 偶発性低体温症.
5 〖音楽〗signes ~s 変化記号.

accidentogène *a.* 事故原因となる. carrefour ~ 事故多発交叉点.

accidentologie *n.f.* 事故学(事故の科学的研究; 特に自動車事故と傷害の研究).

accise [オランダ] *n.f.* 〔多く *pl.*〕〖カナダ, ベルギー〗(酒, タバコ, 燃料油に対する)間接税;(イギリスの)消費税.

acclamation *n.f.* 喝采, 歓呼. ~ à la fin d'un concert コンサートの終了時の拍手喝采. ~s enthousiastes 熱狂的拍手喝采. être accueilli par les ~s du public 大衆の歓呼で迎えられる. voter par ~ 拍手で票決する.

acclimatation *n.f.* 新しい環境への順応(順化). Jardin d'A ~ 順化園(パリのブーローニュの森 Bois de Boulogne の北端にある動物園を含む遊園地).

acclimaté(e) *a.* 新たな気候・環境に順応した. alpiniste bien ~ 高地順応トレーニングを十分終えた登山家. oiseau ~ en France フランスでの棲息に順応した鳥.

acclimatement *n.m.* 新しい気候・環境への順応. ~ à l'altitude 高地順応〔トレーニング〕(=accoutumance à l'altitude).

Ac-CoA (= *ac*étyl-*co*enzyme A) *n.m.* 〖生化〗アセチル補酵素A(補酵素A のアセチル化物; 代謝中間体).

accommodat *n.m.* 〖生〗適応形質, 順応性.

accommoda*teur*(*trice*) *a.* 〖生理・心〗調節作用(機能)のある. 〖解剖〗muscle ~ 調節筋. organe ~ 調節器官.

accommodation *n.f.* **1** 〖生理〗調節; 〖心〗調節, 順応; 〖生〗(環境への)順応(眼の水晶体に対し)遠近調節, 視調節(= ~ visuelle). ~ défectueuse du cristallin 水晶体の遠近調節障害. ~ des êtres vivants 生物の環境順応. ~ nerveuse 神経順応. pouvoir d' ~ 調節力.
2 〖音声学〗適合, 部分的同化(absolu の b が [p] と発音されることなど).
3 (主義などの)適合, 調整; 〖社〗応化, 受

accommodement *n.m.* **1** 調停；和解，妥協；示談 (=arrangement)；〔しばしば *pl.* で〕和解 (妥協) 策. ~ d'un différend 係争の調停. homme d'~ 協調的人物. agir par voie d'~ 和解 (妥協) を図る. conclure (obtenir) un ~ 和解 (妥協) する.
2〔比喩的〕妥協，折り合い. trouver des ~s avec sa conscience 良心と折り合いをつける.
3〔古〕(部屋などの) 整備，模様変え.

accompagna*teur* (*trice*) *n.* 同行する人，付き添い人；添乗員，ガイド；伴奏者. ~ dans une agence de voyages organisés 団体旅行会社の添乗員. ~ d'un chanteur 歌手の伴奏者.

accompagnement *n.m.* **1** 同行，同伴，随行.〖鉄道〗~ des trains 列車乗務.
2 付随すること，付随するもの. loi d'~ 関連法. mesure d'~ 関連措置. Le vote du projet sur une réforme de la sécurité sociale, texte d'~ de la loi de finances, est nécessaire pour la mise en application de cette dernière. 予算法の関連法案である社会保障改革が採決されないと，予算の執行ができない.
3〖料理〗つけ合わせの野菜.
4 伴奏. ~ au piano ピアノの伴奏.
5〖軍〗支援，随伴，援護. chasseurs d'~ 護衛戦闘機隊. tir d'~ 支援射撃.

accompli(*e*) *a.p.* **1** 達成された，成し遂げられた，果たされた. fait ~ 既成事実. mettre *qn* devant le fait ~ 人を既成事実の前に立たせる. mission ~*e* 任務完了.
2 完璧な，申し分のない；〔皮肉〕札つきの. beauté ~*e* 完全無欠の美しさ. cuisinière ~*e* 申し分のないレンジ (調理器具). homme ~¹ 完璧な人間. scélérat ~ 極めつきの悪党，極悪人.
3〖文〗(期間が) 満了した. homme ~² 一人前の人間. avoir l'âge de dix-huit ans ~*s* 満18歳に達する.

accomplissement *n.m.* **1** 完全な実現，成就. ~ d'un projet 計画の実現. ~ d'une promesse 約束の履行.
2 完成度，達成度. héroïques ~*s* 英雄的偉業.

ACCORD (= *a*pplication *c*oordonnée de *c*omptabilisation et de *r*èglement de la *d*épense de l'Etat) *n.f.* 国庫支出に関する帳簿記帳と規則の調整的適用.

accord *n.m.* **1** 一致，同意，合意. ~ de principe 原則的合意.〔être〕d'~ 同意する，同意見である. D'~ (D'acc). 同意する，承知する，賛成だ，そうだね，いいよ. donner son ~ 同意を与える. en ~ avec 〜の上で. modifier les termes d'un contrat d'un commun ~ des parties 締結者の合意の上で契約内容を変更する. en ~ 同意し

て，気を合わせて. vivre en ~ 仲良く暮らす. arriver (parvenir) à un ~ 合意に達する. réaliser un ~ 合意を実現する. tomber d'~ 同意に達する，賛成する.
2〖法律〗協定，条約，取り決め (条約には traité (条約), convention (条約, 協約), pacte (条約), charte (憲章), arrangement (取決め), protocole (議定書), acte (決定書), échange de notes (交換公文), mémorandum (覚書) そして accord (協定) など，多くの種類があるが，accord がそれらを総称する言葉として用いられる).
~ bilatéral (multilatéral) 2国間 (多国間) 協定. ~ commercial 通商協定. ~ de coopération culturelle 文化協力協定.〖労働〗~ d'entreprise 企業内労働協定. ~*s* de Matignon マティニョン協定 (首相官邸が置かれているマティニョン宮の名にちなむ. フランスの現代史上，マティニョン協定と呼ばれるものは，1936年の人民戦線政府当時，労働争議に終止符を打ったもの，1968年の5月革命後，同年6月に政府と労組，および経営者の間で結ばれたもの，そして1988年，ヌーヴェル・カレドニーの将来に関して，政府，独立運動およびフランス領として残ることを希望する住民の間で結ばれたものなどがある). ~ de paiement 支払協定. ~ de siège 国際機関本部の設置協定. ~*s* du Plaza プラザ合意. ~ en forme simplifiée 簡易条約，行政協定. ~ général d'emprunt 一般借入れ協定. ~ général sur les tarifs douaniers et le commerce (GATT) 関税と貿易に関する一般協定 (ガット).〖経済〗~ horizontal (同一レヴェルの) 水平的企業協定.〖経済〗~ vertical (異なったレヴェルの) 垂直的企業協定.
3 調和，和合，一致. Dans ce tableau, les couleurs et les formes sont en parfait ~. この絵では色と形が完全に調和している. L'auteur a cherché à mettre son style en ~ avec le sujet. 著者はテーマにあった文体をとろうとしている.
4〖音楽〗和音. ~ consonnant (dissonant) 協和 (不協) 和音.
5〖文法〗一致. ~ de participes passés 過去分詞の一致.
6〖電〗同調.

accord-cadre (*pl.* ~ *s*-~*s*) *n.m.* 枠組合意，基本協定.

accotement *n.m.* **1** 路肩 (ろかた). ~ non stabilisé 軟路肩. stationner sur l'~ 路肩に駐車する.
2〖鉄道〗レール傍のバラス.

accotoir *n.m.* (椅子の) 肘掛け；(椅子の背の) 頭もたせ.

accouchée *n.f.* 産後間もない産婦.
accouchement *n.m.* **1** 出産，分娩. ~ naturel 自然分娩. ~ prématuré 早産. ~ sans douleur 無痛分娩. **2**〔比喩的〕苦労して生み出すこと，作り出すこと.

accoucheur(se) n. 産科医 (=médecin ～).

accouplement n.m. **1** 結合, 組み合わせ. **2** 交尾, 交配；〔俗〕(人間の) 性交. **3**〖機械〗継手, カップリング, 接続. ～ à articulation 自在継手. ～ à débrayage クラッチ継手. ～ à expansion 伸縮継手. ～ à fiche プラグ継手. ～ à vis ねじ連結機. ～ de wagons 貨車連結. ～ en cascade 直列接続. ～ en série 直列接続.

accoutumance n.f.〔(à に対する) 慣れ, 習慣性；〖医〗(薬物に対する) 慣れ；薬物依存. ～ au malheur 不幸慣れ. ～ à un poison 毒物に対する慣れ.

accoutumé(e) a. 習慣になった, いつも通りの. se promener à l'heure ～e いつもきまった時間に散歩する.
——n.f. comme à l'～ 例のように, 慣例通りに, いつも通りに.

ACCP (=missile anti-chars à courte portée) n.m.〖軍〗短距離対戦車ミサイル.

ACCRE (=aide au chômeur créateur repreneur d'entreprise) n.f. 失業者起業・企業再開助成〔金〕.

accréditation n.f. **1**〖外交〗信任状授与；信任；(管轄当局に) 登録すること, 外交官に信任状をもたせて他国へ派遣すること. ～ d'un ambassadeur auprès d'un chef d'Etat (相手国の) 国家元首に対する大使の信任状賦与. formulaire d'～ 登録申請用紙. Les journalistes désireux de couvrir la rencontre au sommet doivent obtenir leur ～ auprès du ministère des affaires étrangères. サミットの取材を希望する記者は外務省に登録しなければならない. **2** 信用供与；(有資格の) 認可. Comité français d'～ フランス資格認可委員会 (略記 COFRAC).

accréditer v.t. **1** (外交官に) 信任状をもたせて派遣する, (管轄当局に) 登録する. ～ un ambassadeur auprès d'un Etat étranger 外国へ大使を派遣する. **2**〖商業〗信用状を供与する. **3** …を信頼にたるものとして流布する, …の信頼性を保証する.

accréditeur(trice) n.〖銀行〗保証人.

accréditif(ve) a. 信用を与える. lettre ～ve 信用状.
——n.m.〖金融〗信用供与状, 信用状；信用貸.

accrétion n.f. 成長増大, 付加増大；〖地学〗自然増大, 添加. 〖地学〗～ continentale 大陸添加. ～ de nuages 雲の付着増大.

accro n〔俗〕**1** 麻薬常習者 (=toxicomane). **2** 熱狂者. ～ du jazz ジャズ愛好家.
——a. 熱中した, 熱狂した.

accroc [akro] n.m. **1** 鉤裂 (かぎざき). faire un ～ à sa jupe スカートに鉤裂をつくる. raccomode un ～ à son pantalon ズボンの鉤裂を繕う. **2**〔比喩的〕違反. ～ à la règle 規則違反. **3**〔比喩的〕(心の) 傷；しみ. ～ à sa réputation 名声に対する傷. **4**〔比喩的〕障害, 支障. sans ～〔s〕滞りなく, スムーズに. Tout s'est passé sans ～. 万事滞りなく運んだ.

accrochage n.m. **1** 鉤にかけること；引っかかること；(車両的) 連結. ～ d'un tableau 絵をかけること. ～ d'un wagon 車両の連結. **2** (車の) 接触事故；〖軍〗(部隊の) 接触, 遭遇；〔話〕激論, 喧嘩 (=dispute). ～ entre deux patrouilles 両軍のパトロール隊の接触. Il y a eu de nombreux ～s sur ces chaussées glissantes. 路面が滑るこの道路で多くの接触事故が発生した. **3**〖採鉱〗水平坑道と堅坑の会合〔場所〕(操車場). salle de l'～ 坑道の会合空間. **4**〖通信〗発信電波の捕捉；交信；〖電子〗同期化. **5**〖冶〗(炉の) 棚吊り. **6**〖広告〗キャッチフレーズ (=~ publicitaire, accroche).

accroche n.f.〖広告〗キャッチフレーズ (=〖英〗catch-line, catching).

accroche-plat (pl. ～-～〔s〕) n.m. 皿掛け〔金具〕.

accroissement n.m. **1** 増加, 増大, 拡大. ～ de la puissance militaire 軍事力の増大. ～ net de la population 人口の純増. **2**〔数〕増分. La production de riz a atteint 5 millions de tonnes, en ～ de 10% par rapport à l'année précédente. 米の生産量は 500 万トンに達し, 対年比 10 % 増となった. **3**〖法律〗添加, 増加. clause d'～ 持分増加条項. droit d'～ 持ち分の増大. **4** (河川の寄洲の添加作用による沿岸所有地の) 自然増加およびその増殖地.

accru[1] n.m.〖園芸〗ひこばえ (=rejeton d'une racine).

accru[2] **(e**[1]) (＜accroître) a.p. 増大した, 増加した. responsabilité ～e 増大した責任.

accrue[2] n.f. **1** (洪水後の土砂沈積による) 土地の増加. **2**〖林業〗(林の) 自然拡大.

ACCT (=Agence de coopération culturelle et technique) n.f. 文化・技術協力機構.

accu (＜accumulateur) n.m. アキ, アキュムレーター, 蓄電池 (=~ électrique), 充電式電池 (=～ rechargeable). ～ nickel-cadmium (Ni-Cd) ニッケル=カドミウム電池.

accueil n.m. **1** もてなし, 応接, 応対, 人を迎えること. ～ chaleureux (froid) 暖かいもてなし (冷たい応対)；(特に) 歓迎. ～ glacial 冷やかな応待. centre d'～ de réfugiés 難民受け入れセンター. cérémonie d'～ 歓迎式典. pays d'～ 受け入れ国. tradition d'～ もてなしの伝統, (亡命者) 受け入れの伝統. J'ai été particulièrement sensible à l' ~ si aimable que vous nous avez réservé. (よそを訪れて世話になった礼状で)貴方から賜ったご厚情のこもったおもてなしに深く感謝しております. **2** 反応, 受けとめ方. Le discours du premier ministre a rencontré un ~ dans l'ensemble favorable. 首相の演説は全体として好意的に受けとめられた.

accueillant(e) *a.* 愛想の良い, もてなしのよい. homme ~ あたたかく人を迎える人. sourire ~ 愛想のよい微笑.

acculturation *n.f.* 異文化の受容. ~ d'un immigré 移民の異分化受容.

accumbens *a.*〖解剖〗側位の. noyau ~ 側位大脳核.

accumulateur *n.m.* **1**〖機工〗アキュムレーター, 蓄圧機;〖電〗蓄電池, バッテリー(= ~ électrique ; 略記 accu). ~ alcalin アルカリ蓄電池. ~ au plomb 鉛蓄電池. **2**〖情報〗アキュムレーター, 累算機(演算システム内の記憶装置).

accumulation *n.f.* **1** 蓄積, 集積, 積み重ね, 繰り返し.〖経済〗~ du capital 資本の蓄積.〖数〗point ~ 集積点. Dans la finale des Opens de France, l'~ de fautes directes a été fatale pour Yannick Noah. 全仏オープン決勝では, ヤニック・ノアはイージーミスを連発したために勝てなかった. **2**〖機械〗蓄電;蓄熱. chauffage par ~ 蓄熱暖房. **3**〖地学〗堆積(作用).

accumulé(e) *a.p.* 積み重なった;蓄積された;累積する. argent ~ 溜まった金. difficultés ~es 積み重なる難題. erreurs ~es 重なる過ち. neige ~e 積雪.

accusateur(trice) *n.* 問責する人, 弾劾者;〖法律〗告訴者, 告発者, 起訴者.〖史〗~ public (大革命期の)訴追官.
——*a.* 問責(非難, 弾劾)する;〖法律〗告訴(告発, 起訴)する. documents ~s 弾劾文書. regard ~ 非難の眼差し.

accusation *n.f.* **1** 非難, 弾劾, 責めること. **2**〖法律〗告訴, 起訴, 検察. acte d'~ 起訴状. arrêt de mise en ~ 重罪院への訴求の決定. chambre d'~ 控訴院の弾劾部, 警察官の懲戒審査部, (犯人の国外引渡など)の予審部. chef d'~ 起訴事実.

accusatoire *a.*〖法律〗告訴(起訴)の;弾劾による, 弾刻主義の;告訴(起訴)の理由となる. principe ~ 弾劾主義. procédure ~ 弾劾方式の告訴(起訴)手続. système ~ 弾劾主義(système inquisitoire「糺問主義」の対).

accusé[1] *n.m.* ~ de réception 受け取り, 受領証;受領確認. Nous vous serions reconnaissants de nous retourner l'~ de réception ci-joint. 同封の受取証を御返送いただければ幸甚です.

accusé[2]**(e)** *a.p.* **1** 起訴された, 非難された. Il est ~ de meurtre devant la cour d'assises de Paris. 彼はパリの重罪院に殺人容疑で起訴されている. **2** 際立った, はっきりした. profil ~ 輪郭がはっきりした横顔. traits ~s はっきりした顔付.
——*n.*〖法律〗(重罪院に送られた)刑事被告人;〖一般に〗被告. banc des ~s (重罪院の)刑事被告席;被告席. défense de l'~ (重罪院の刑事)被告人の弁護. L'~ bénéficie jusqu'au jugement de la présomption d'innocence. 被告は判決が下されるまで推定無罪と見做される.

ACDL (= Association des comités de défense des locataires) *n.f.* 借家人擁護委員会連合.

ACE[1] (= Action catholique des enfants) *n.f.* 青少年カトリック行動協会(1936年設立).

ACE[2] (= Aide à la campagne électorale) *n.f.*〖情報処理〗選挙戦援用. ordinateur ~ 選挙戦用コンピュータ.

ACE[3] (= antigène-carcino-embryonnaire) *n.m.*〖医〗癌胚抗原 (= [英] CEA : carcinoembryonic antigen;癌患者の血液にみられる糖蛋白;大腸癌組織より分泌されるため, 大腸癌をはじめ各種消化器の癌など, 腺癌 cancer glandulaire の腫瘍マーカーとして).

ACE[4] (= avion de combat européen) *n.m.* ヨーロッパ共同体(連合)共同開発戦闘機 (= [英] Eurofighter).

ace [ɛs] [英] *n.m.*〖テニス〗サーヴィスエース;〖ゴルフ〗ホール・イン・ワン (= trou [réussi] en un coup).

ACEA (= Association des constructeurs européens d'automobiles) *n.f.* ヨーロッパ自動車製造業者協会.

acébutolol *n.m.*〖薬〗アセブトロール (β 遮断薬・高血圧治療薬;薬剤製品名 Sectral (n.m.)).

acène *n.m.*〖化〗アセン.

Acepp (= Association des collectifs enfants-parents-professionels) *n.f.*〖教育〗児童・父兄・教職員集団協会.

acéracées *n.f.pl.*〖植〗楓(かえで)科[植物](érable「かえで」など).

acéré(e) *a.* **1** 鋼鉄で補強した, 鋭利な. flèche ~e 鋭利な矢. **2**〖比喩的〗鋭い. griffs ~es 鋭い爪 **3**〖比喩的〗〖文〗射るような, とげとげしい, 辛辣な, 痛烈な. critique ~e 辛辣な批判.

-acés ELEM〖男性複数名詞語尾〗(動植物分類の)「類・科」の意 (*ex.* crutacés 甲殻類, rosacés 薔薇科).

acescence *n.f.* (葡萄酒などの)酸っぱくなりかけた状態, 酸化, 酸敗. ~ des vins 葡萄酒の酸敗.

acescent(e) *a.* 酸味がかった, 酸化した;酸敗した;酸味を帯びやすい. bière ~e 酸っぱくなったビール. vin ~ 酸っぱく

なりかけた葡萄酒.
acét[o]- [ラ] ELEM「酢」の意 (ex. acétate 酢酸塩, acétomètre 酢酸計).
acétabule n.f.【解剖】寛骨臼 (= cavité cotyloïde), 股臼 (股関節の関節窩の陥凹).
acetabulum [asetabylɔm][ラ] n.m.【解剖】寛骨臼, 股臼 (= cavité cotyloïde).
acétacétate n.m.【化】アセト酢酸塩.
acétal n.m.【化】アセタール.
acétaldéhyde n.m.【化】アセトアルデヒド, エタナール (= éthanal).
acétalisation n.f.【化】アセタール (acétale) 化.
acétamide n.m.【化】アセトアミド, 酢酸アミド.
acétanilide n.m.【化】アセトアニリド (C_8H_9NO; N-phénylacétamide N = フェニルアセトアミド).
acétate n.m.【化】アセテート, 酢酸塩. ~ d'aluminium 酢酸アルミニウム, ~ de cellulose アセチルセルローズ, アセテート (= acétocellulose). ~ de prédnisolone 酢酸プレドニゾロン (消炎剤). ~ de sodium 酢酸ナトリウム. ~ de vinyle ヴィニル・アセテート. ~ d'hydrocortison 酢酸ヒドロコルチゾン (消炎剤).
acétazolamide n.m.【薬】アセタゾラミド, アセタゾール・アミド (利尿薬, 抗てんかん薬).
acétification n.f.【化】酢化 (酢・酢酸になること). ~ du vin 葡萄酒の酢化.
acétimètre n.m.【化】酢酸計, 酢酸比重計 (= acétomètre).
acétique a.【化】1 acide ~ 酢酸 (= acide éthanoïque). 2 酢酸の. anhydride ~ 無水酢酸. fermentation ~ 酢酸醗酵, 酢の醸造.
acétoacétique a.【化】acide ~ アセト酢酸.
acétoarsénite n.m.【化】アセト亜砒酸塩; 酢酸亜砒酸塩 (殺虫剤).
acétobacter [asetɔbaktɛr] n.m.【生】酢酸菌.
acétocellulose n.f. アセチルセルローズ, 酢酸繊維素 (= acétylcellulose).
acétohexamide n.m.【薬】アセトヘキサミド (糖尿病の経口血糖降下剤).
acétol n.m.【化】アセトール, アセトニルアルコール.
acétolyse n.f.【化】アセトリシス, 加酢酸分解 (アセチル化して分解すること).
acétomètre n.m. 酢酸計〔比重計〕(= acétimètre).
acétométrie n.f.【化】酢酸定量.
acétone n.f.【化】アセトン (代表的なケトン).
acétonémie n.f.【医】アセトン血症.
acétonémique a.【医】アセトン血性の. vomissement ~ アセトン血性嘔吐症.
acétonide n.m.【化】アセトニド.【薬】

~ de fluocinolone フルオシノロンアセトニド.
acétonitrile n.m.【化】アセトニトリル, シアン化メチル.
acétonurie n.f.【医】アセトン尿〔症〕.
acétylacétate n.m.【化】アセト酢酸塩. ~ d'éthyle アセト酢酸エチル.
acétylacétone n.f.【化】アセチルアセトン (2,4-ペンタジオンの慣用名; 溶剤, 殺虫・殺菌剤などに用いられる).
acétylation n.f.【化】アセチル化 (有機化合物の水素原子をアセチル基で置換すること).
acétylcellulose n.f.【化】アセチルセルロース, 酢酸繊維素 (= acétocellulose アセトセルロース).
acétylcholine n.f.【生化】アセチルコリン (有機塩基のひとつで, コリンの酢酸エステル; 神経細胞間や神経と筋肉間の刺激伝達物質). neurons à ~ アセチルコリンをもつ神経単位.
acétylcholinestérase n.f.【生化】アセチルコリンエステラーゼ.
acétyl-CoA (= coenzyme A) n.m.【生化】アセチル補酵素 A (代謝中間体).
acétylcoenzyme n.f.【生化】アセチルコエンチーム, アセチル補酵素. ~ A アセチルコエンチーム A, アセチル補酵素 A, アセチル C_oA, 活性酢酸 (= acétate actif).
acétylcystéine n.f.【薬】アセチルシステイン (去痰薬; 薬剤製品名 Mucomyst (n.m.)).
acétyle n.m.【化】アセチル〔基〕.
acétylène n.m.【化】アセチレン, アセチレンガス. soudure à l'~ アセチレン熔接.
acétylénique a.【化】アセチレン〔系〕の. hydrocarbures ~s アセチレン系炭化水素, アルキン. liaison ~ アセチレン結合, 3重結合.
acétyl-L-carnitine n.f.【生化】アセチル L 型カルニチン.
acétylsalicylique a.【化・薬】acide ~ アセチルサリチル酸 (アスピリン aspirine).
acétyltransférase n.f.【生化】アセチル基転移酵素.
acétylure n.m.【化】アセチリド (アセチレンの金属誘導体).
ACF[1] (= Action catholique française) n.f. フランス・カトリック行動協会 (1930 年設立).
ACF[2] (= Automobile Club de France) n.m. フランス自動車クラブ (フランスで最初の自動車クラブ. 1895 年設立).
ACF[3] (= avion de combat futur) n.m.【軍】未来の戦闘機.
ACFCI (= Assemblée des chambres français de commerce et d'industrie) n.f. フランス商工会議所総会.

AC-FNE (=*a*llocation *c*onventionnelle du *F*onds *n*ational pour l'*e*mploi) *n.f.* 国立雇用基金協定失業手当.

ACGF (=*A*ction *c*atholique *g*énérale *f*éminine) *n.f.* 女性カトリック総合行動協会 (1954年設立).

ACH (=*A*teliers et *C*hantiers du *H*avre) ル・アーヴル造船所.

Achäie (l') *n.pr.f.* 〖地名〗アッカイア (ギリシアのペロポネソス半島北部の地域名).

achalasie [aka-] *n.f.* 〖医〗アカラシア, 食道無弛緩症.

acharné(e) *a.* 執念を燃やした, 執拗な, 粘り強い, しつこい. combat ~ 激闘. ennemi ~ 敵意をむき出しにした相手, いきり立った敵. travail ~ 粘り強い仕事. ~ à+*inf.* …をすることに執念を燃やす.

achat *n.m.* **1** 購入, 購買, 買い, 仕入れ, ~ à crédit つけで買うこと. ~ à la hausse 思惑買い. ~ à tempérament 分割払いの購入. ~ à terme (株式などの) 先物買い. ~ au comptant 現金買い. ~s extérieurs 輸入. ~ ferme 確定買い. ~ par correspondance 通信販売による購入. centrale d'~ 仕入れセンター. facture d'~ 送り状, インボイス. groupement d'~ 共同仕入れ組織. ordre d'~ 買い注文. pouvoir d'~ 購買力, 実質賃金. prix d'~ 購入価格. faire l'~ de *qc* 何々を購入する. **2** 買ったもの (=acquisition, emplette). ranger ses ~s 買ったものを整理する.

acheminement *n.m.* **1** (à ~への; vers ~へ向けての) 発送; 移送; 発進, 進行. ~ du courrier (des colis) vers l'étranger 郵便物 (小包) の国外への発送. ~ de troupes 部隊の発進. ~ d'un train vers Lyon リヨンに向けての列車の発進. **2** (vers, 〖古〗 à ~への) 歩み; 道程. ~ de l'humanité vers le progrès 人類の進化.

Achéron [ake-] *n.pr.m.* 〖ギ神話〗l'A~ アケロン (死者が渡し守カロン Charon の船で冥界に渡る河); 三途の川.

acheteur(se) *n.* **1** 買物客, 買手. Je ne suis pas ~. 私には買う気がない. **2** 〖商業〗仕入係, バイヤー.
—*a.* 買い側の, 輸入側の. pays ~ 買手国, 輸入国.

achevé(e) *a.* 終わった, 完了した; 〖古〗これ以上ない, 完全な. œuvre ~ 完成作. sot ~ 全くの馬鹿者.
—*n.m.* 〖印刷〗~ d'imprimer (書籍の奥付に記載する) 印刷日付.

achèvement *n.m.* **1** 完了, 完工, 終結; 〖建築〗竣工. ~ des travaux 工事の完了. **2** 〖文〗(作品などの) 成就. atteindre le dernier degré d'~ 最高度の完璧さに達する. **3** 達成.

Achille [aʃil] *n.pr.m.* 〖ギ文〗アキレウス.
talon (tendon) d'~ 〖解剖〗アキレス腱; 〔比喩的〕弱点.

achlorhydrie *n.f.* 〖医〗無酸性, 胃酸欠乏症, 無遊離塩酸症.

acholie [akɔli] *n.f.* 〖医〗肝汁欠乏症, 無胆汁症.

achondroplasie [akɔ̃drɔplazi] *n.f.* 〖医〗軟骨形成異常〔症〕.

achondroplasique *a.* 〖医〗軟骨形成異常〔症〕の.
—*n.* 軟骨形成異常症患者.

achoppement *n.m.* 〔文〕つまずき. pierre d'~ (つまずきの石→) 思わぬ障害.

achromat [akrɔma] *n.m.* 〖光学〗光消しレンズ, 色収差補正レンズ, アクロマティック・レンズ, アクロマート (c 線と f 線の2つの波長の収差を補正したレンズ).

achromatine *n.f.* 〖生〗(細胞核の) 不染色質.

achromatique *a.* **1** 〖光学〗色消しの, 色収差補正の. lentilles ~s 色消しレンズ, アクロマティック・レンズ. objectif photographique ~ 色収差補正レンズ (=achromat). **2** 〖生〗非染色性の.

achromatiser *v.t.* 〖光学〗色収差をなくす, 色消しにする.

achromatisme *n.m.* 無色性; 〖光学〗色消し.

achromatopsie *n.f.* 〖医〗色盲.

achrome *a.* 〖写真〗白黒の; 無色の.

achromie *n.f.* 〖医〗色素欠乏症, 白子現象, 白化現象.

achromycine *n.f.* 〖薬〗アクロマイシン (塩酸テクラサイクリン tétracycline hydrochlorée の商品名).

achylie [aʃili] *n.f.* 〖医〗乳糜 (にゅうび) 欠乏症. ~ gastrique 胃液分泌欠乏〔症〕. ~ pancréatique 膵液分泌欠乏〔症〕.

ACI[1] (=*A*cadémie *c*ommerciale *i*nternationale) *n.f.* 〖教育〗国際商業学院 (1921年創立のグランド・エコール; 在 Paris).

ACI[2] (esturgeon) (=*A*ction *c*atholique des milieux *i*ndépendants) *n.f.* 独立階層カトリック行動協会 (中産階級・ブルジョワ・貴族を対象とした布教団体. 1984年設立).

ACI[3] (=*A*lliance *c*oopérative *i*nternationale) *n.f.* 国際協同組合同盟 (1971年設立, 本部 Genève).

aciclovir *n.m.* 〖薬〗アシクロビル (ヘルペスウイルス感染症治療薬; 薬剤製品名 Zovirax (*n.m.*) など).

aciculaire *a.* **1** 〖鉱〗(結晶などが) 針状の. faciès ~ 針状柱相. **2** 〖植〗(葉が) 針状の. organes ~s 針状器官, 針状組織.

ACID (=*A*gence pour la *c*réation et l'*i*nnovation dans la *d*écentralisation dramatique) *n.f.* 演劇地方分権創作革新局.

acide[1] *a.* **1** 酸っぱい. goût ~ 酸味. **2** 辛辣な, 刺激的な. propos ~ 辛辣な言葉. voix ~ とげとげしい声.

3 酸性の. pluie ~ 酸性雨. sol ~ 酸性土壌.
—n.m. 酸. ~ acétique 酢酸. ~ aminé アミノ酸. ~ ascorbique アスコルビン酸. ~ chlorhydrique 塩酸. ~ désoxyribonucléique デオキシリボ核酸 (ADN＝[英]DNA). ~ faible 弱酸. ~ fort 強酸. ~ gras 脂肪酸. ~ lactique 乳酸. ~ nitrique 硝酸. ~ nucléique 核酸. ~ phosphorique 燐酸. ~ ribonucléique リボ核酸 (ARN＝[英]RNA). ~ sulfarique 硫酸. ~ urique 尿酸.
acide[2] n.m. [話] L.S.D. (＝~ lysergique, ＝~ diétylamide).
acide-alcool (pl. ~s-~s) n.m. [化] アルコール酸, オキシ酸.
acid jazz n.m. [音楽] アシッド・ジャズ (ジャズ, ソウル, ヒップポップをミックスしたジャズ音楽).
acidifiant n.m. 酸化剤.
acidifiant(e) a. 酸化する.
acidification n.f. 酸化；酸敗.
acidimètre n.m. [化] **1** 酸定量器. **2** (葡萄酒・ミルクなどの) 酸度測定器.
acidimétrie n.f. [化] 酸滴定〔法〕.
acidité n.f. **1** 酸っぱさ, 酸味 (＝saveur acide). ~ adoucie 甘酸っぱさ. ~ du citron レモンの酸味.
2 [比喩的] 辛辣さ；辛辣な性格. ~ d'un propos 言葉の辛辣さ.
3 [化] 酸性；酸度. [生理] ~ gastrique 胃液酸度, 胃酸度. ~ d'un sol 土壌の酸性度.
acido-alcalimétrie n.f. [化] 酸・アルカリ滴定.
acido-basique a. [化] 酸・塩基の. catalyse ~ 酸塩基触媒作用. [生理] équilibre ~ 酸塩基平衡. indicateur ~ 酸塩基指示薬.
acidocétose n.f. [医] ケトアシドース (代謝性アシドーシスの一種. ケト酸蓄積により発症).
acidophile a. **1** [生・医] 好酸性の. cellules ~s 好酸性細胞.
2 [植] 酸性土壌を好む.
acidose n.f. [生化・医] アシドーシス, 酸血症 (血液のpH値の低下症). ~ aiguë 急性アシドーシス. ~ lactique 乳酸アシドーシス. ~ métabolique 代謝性アシドーシス. ~ rénale 尿細管性アシドーシス.
acidulé(e) a. 心持ち酸味のある. bonbon ~ 酸味のあるボンボン.
aciduler v.t. [料理] (酢・レモンなどを加え) 軽く酸味をつける.
acier n.m. **1** 鋼, 鋼鉄. ~ à aimant 磁石鋼. ~ à outils 工具鋼. ~ allié (他の金属との) 混合鋼 (＝~ spécial 特殊鋼). ~ au molybdène モリブデン鋼. ~ autotrempant 自硬鋼. ~ chrome-molybdène クロム・モリブデン鋼. ~ coulé 鋳鋼. ~ demi-doux 半軟鋼. ~ dur 硬鋼. ~ électrique 電炉鋼.

~ extra-dur 超硬鋼. ~ ferritique フェライト鋼. ~ fondu 鋳鋼. ~ forgé 鍛鉄. ~ inoxydable ステンレス鋼. ~ laminé 圧延鋼. ~ Martin マルタン鋼, 平炉鋼. ~ naturel 粗鋼. ~ ordinaire 普通鋼. ~ réfractaire 耐熱鋼. tube d'~ 鋼管. immeuble en verre et en ~ ガラスと鋼鉄によるビル.
2 鋼鉄製品；鋼鉄製武具 (couteau, épée, glaive, poignard など)；砲弾.
3 製鋼業, 製鋼所.
4 bleu d'~ 鉄鋼青色.
5 [比喩的] nerf d'~ 強靭な神経.
aciérie n.f. 製鋼工場, 製鋼所.
acinésie n.f. [医] 瞬目麻酔, アキネジー (眼輪筋麻酔法)；無動 (＝akinésie).
acinétobacter n.m. [医] アシネトバクター (グラム陰性好気性桿菌；院内感染菌；敗血症, 肺炎などの重病をひきおこす).
acineux(se) a. [解剖] 腺房の. cellule ~ se 腺房細胞. glande ~ ブドウ状腺.
acinus [asinys] (pl. **acini**) n.m. [解剖] 腺房 (腺の末端の外分泌腺).
acipensériculture n.f. [漁業] ちょうざめ (esturgeon) の養殖.
ACJF (＝Association catholique de la jeunesse de France) n.f. フランス青少年カトリック協会 (1886年設立, 1957年解散).
ACL (＝affichage à cristaux liquides) n.m. (ディジタルカメラ・撮影機などの) 液晶表示〔モニター〕 (＝[英] LCD：liquid cristal display). écran ~ en polysilicium de 1,8 pouce de diagonale 1.8インチ型ポリシリコン液晶モニター.
aclacinomycine n.f. [薬] アクラシノマイシン (抗腫瘍抗生物質, ACMと略記), アクラルビシン (＝aclarubicine).
ACLP (＝antichars de longue portée) n.m. [軍] 長射程対戦車ミサイル.
ACM (＝avion de combat marine) n.m. [軍] 海軍戦闘機；艦載攻撃機.
acmé n.m. **1** [医] 病勢極期 (＝~ d'une maladie).
2 絶頂期, 頂点, 極致. être à l'~ de sa vie 人生の絶頂期にある.
ACMEC (＝Action catholique des membres de l'enseignement chrétien) n.f. キリスト教教育者カトリック行動協会 (1947年設立).
ACMH (＝architecte en chef des Monuments historiques) n. 歴史的記念建造物管理主任建築家.
ACMSS (＝Action catholique des milieux sanitaires et sociaux) n.f. 保健・社会部門カトリック行動協会 (1956年設立).
acné n.f. [医] 痤瘡；にきび (＝~ juvénile). ~ infantile 新生児痤瘡. ~ juvénile 若年性にきび. ~ médicamenteuse 痤瘡 (しゅ) 様発疹. ~ rosacée 酒皶様痤瘡. ~ vulgaire にきび.

acnéiforme *a.* 〖医〗痤瘡様の. éruptions ~s 痤瘡様発疹.
ACO (= *A*ction *c*atholique *o*uvrière) *n.f.* 労働者カトリック行動協会《1950 年設立. 前身は 1935 年設立の LOC, 1941 年設立の MPF など》.
ACOBA (= *A*utoroute de la *Cô*te *ba*sque) *n.f.* バスク地方臨海オートルート〔会社〕.
ACOFA (= *A*gence *c*entrale des *o*rganismes d'intervention dans le secteur *a*gricole) *n.f.* 農業部門調整機関中央事務局《1983 年設立；農業部門の各種調整機関の運営・財政に関する調整機関》.
Acol (= *a*ntiproton *col*lecteur) *n.m.* 〖物理〗反陽子コレクター.
acompte *n.m.* **1** 内金, 手付金；前払金, 前金 (=avance). verser un ~ à qn 人に内金を払う. payer un ~ à un créancier 債権者に一部返済する. rembourser un ~ 内金 (前払金) を返戻する.
◆ arrhes 手付け《契約不履行の際には返済されない. donner des arrhes à titre d'~ 手付けを打つ》. avance 前払い, 前貸し《必ずしも契約に基づかない用法. demander une avance sur son salaire サラリーの前払いを頼む》. provision 前渡金, 予納金, 保証金 (payer une avance à un avocat 弁護士に前渡金を払う).
2 仮払い；仮払賃金. ~ provisionnel 予定納税 (=tiers provisionnel).
3 〔比喩的〕〔話〕(楽しみなどの) 先取り；(よりよいことを期待しての) ちょっとした楽しみ.
aconitine *n.f.* 〖生化〗アコニチン《強毒性アルカロイド；鎮痛剤・抗痙攣剤》.
a contrario [ラ] *l.ad., l.a.* 反対の (= par déduction du contraire). argument ~ 反対論法 (解釈).
ACOSS (= *A*gence *c*entrale des *o*rganismes de *s*écurité *s*ociale) *n.f.* 中央社会保障機構局《社会保障関係の各種の金庫の会計管理を担当し, 徴収組合を監督する公的機関》.
acoumétrie *n.f.* 〖医〗聴力検査, 聴覚検査 (=audiométrie).
acouphène *n.m.* 〖医〗耳鳴 (じめい), 耳鳴り (=tintement d'oreille).
acousticien(ne) *n.* 音響学者；音響技師.
acoustique *a.* 音の, 音響の；聴覚の. appareil ~ 補聴器. nerf ~ 聴覚神経.
—*n.f.* 音響学；音響〔効果〕. ~ architecturale 建築音響学. mauvaise ~ 音響効果の悪さ.
ACP¹ (= 〔*p*ays〕 d'*A*frique, des *C*araïbes et du *P*acifique) アフリカ・カリブ海沿岸・太平洋沿岸諸国.
ACP² (= *a*mplification en *c*haîne par *p*oly mérase) *n.f.* 〖生化〗ポリメラーゼ連鎖増幅反応, 複製ポリメラーゼ連鎖反応 (=〔英〕 PCR：*p*olymerase *c*hain *r*eaction).
ACP³ (= *a*natomo-*c*yto-*p*athologie) *n.f.* 〖医〗解剖・細胞病理学. services d'~ 解剖・細胞病理学部門.
ACP⁴ (= *A*ssociation *c*ontre les *p*ollutions) *n.f.* 環境汚染防止協会.
ACP-CE (= le groupe des Etats d'*A*frique, des *C*araïbes et du *P*acifique et la *C*ommunauté *e*uropéenne). convention ~ de Lomé アフリカ, カリブ, 太平洋諸国とヨーロッパ共同体間のロメ協定.
acquéreur *n.m.* 取得の受益者, 取得者. sous-~ 転得者. tiers ~ 第三者取得者.
acquêt *n.m.* 〔多く *pl.*〕〖法律〗(夫婦共有財産制 communauté légale における) 結婚後に有償で取得した財産, 後得財産 (biens propres「特有財産」の対). participation aux ~s 後得財産分配参加制.
◆ 夫婦の財産制度 régime matrimonial には共有財産制のほかに, 特有財産制 séparation des biens がある. また, 共有制には全面的共有制 communauté universelle, 有償取得財産のみの共有制 communauté réduite aux acquêts, 結婚前から保有していた不動産を除く全財産の共有制度 communauté de biens meubles et acquêts の 3 種類がある.
acquiescement *n.m.* 承認, 認諾. 〖法律〗~ à la demande 請求の認諾. 〖法律〗~ au jugement 判決・裁判に対する認諾.
2 〖国際法〗(国家間の) 認諾, 受諾.
acquis(e) *a.* **1** 獲得した, 後天的な. 〖生〗caractères ~ 獲得形質. 〖物理〗vitesse ~ e 到達速度. syndrome d'immunodéficience ~ e (SIDA) 後天的免疫不全症候群 (エイズ). 〖諺〗Bien mal ~ ne profite jamais. 悪銭身に付かず.
2 確定的な, 確実な. C'est un fait ~ que …は確実なことである.
3 献身的な, 共鳴している. Il est désormais ~ à votre cause. 彼は今や貴方の主張を全面的に支持している.
—*n.m.* 獲得したもの, 既得権, 知識, 経験. 〖経済〗~ de croissance 成長率のゲタ《通常, GDP の成長率は当該年度の平均と前年度の平均を比較して計算する. しかし, 前年度の平均と前年度来の数値に大きな開きがある場合, 当該年度の出発点においてすでに成長 (後退) していたことになる》. ~ communautaire アキ・コミュノテール (EU の法体系に基づく権利と義務を総合的に指す表現. 新規加盟国はその受入れを条件づけられている). La défense des ~ sociaux a constitué l'un des thèmes mobilisateurs contre le gouvernement. 社会保障上の権利擁護が反政府運動のスローガンの一つだった. La forte inflexion de la croissance au second semestre 1995 pèsera lourdement sur l'~ de croissance au début de 1996. 1995 年下半期に見られた大幅な成長

鈍化は1996年当初の成長率のゲタに大きな足かせとなるだろう. pour ~ de conscience 念には念を入れて. ~ sociaux 社会保障などの既得権.

acquisitif(ve) *a.* 取得したがる；〖法律〗取得の. instinct ~ 取得本能. 〖法律〗prescription ~ve 取得時効.

acquisition *n.f.* **1** 〖法律〗取得；取得物. ~ à titre onéreux (gratuit, universel) 有償(無償, 包括的)取得. ~ à titre originaire (埋蔵物などの)原始取得. ~ de la nationalité 国籍の取得. ~ d'une terrain 土地の取得. ~ par voie de transmission 権利移転による取得. ~s et donations 取得物と贈与物. modes d'~ 取得方法. faire l'~ de qch 何を取得する.
2 入手；購入；入手(購入)物. faire une bonne ~ いい買物をする. Voici ma dernière ~. これが最近私が手に入れたものです.
3 獲得；取得. ~ des connaissances 知識の獲得(習得). d'une habitude 習慣を身につけること. 〖精神医学〗~ psychique 獲得形質.
4 〖電算〗(データの)獲得. ~ des données データ収集. temps d'~ データ獲得時間.
5 〖軍〗捕捉. ~ d'objectif 攻撃目標の捕捉. ~ d'un radar レーダーによる捕捉.

acquit *n.m.* 受領証, 領収証；領収. 《Pour ~》「領収済」(小切手の裏や, 請求書に書く). par ~ de conscience 気休めに；心残りがないように. L'~ doit être signé, daté et motivé en toutes lettres. 受領証(領収証)には署名と日付, 文字で記入する理由が必要である.

acquit-à-caution [akitakosjɔ̃] (*pl.* ~s-~-~) *n.m.* 〖税〗無関税運輸許可証；担保付運送許可書.

acquitté(e) *a.p.* **1** (料金が)支払済みの；(借金が)返済された. dette ~e 返済済みの借金. facture ~e 料金支払済みの請求書.
2 (重罪の)被告が無罪判決を受けた. accusé ~ 無罪放免の被告人.
——*n.* 無罪の判決を受けた人.

acquittement *n.m.* **1** (借金の)返済；(税金・会費などの)納入, 支払い；(義務などの)履行. ~ d'une dette 借金の返済. ~ d'une facture 請求書の支払い. ~ des impôts 税金の納入. ~ d'une tâche 義務の履行.
2 〖法律〗(重罪院による被告の)無罪放免. ~ d'un accusé 被告の無罪放免. verdict d'~ 無罪放免の評決.

ACR (=arrêt cardiorespiratoire) *n.m.* 〖医〗心肺停止.

acre [英] *n.f.* 〖度量〗**1** アークル(昔の農地の面積単位, 約52アール).
2 エーカー(=40.47 ares).

âcre *a.* **1** (味が)えがらっぽい；渋い, 苦い；(香りが)つんとくる, きつい, 鼻をさす. goût ~ えがらっぽい味. odeur ~ つんと鼻をさす匂い.
2 〔比喩的〕とげとげしい；苦々しい. ~ souvenir des échecs passés 過去の失敗の苦い思い出. de ton ~ とげとげしい口調で.

acribie *n.f.* 厳密主義.

acribologie *n.f.* 用語使用の厳格主義. ~ opérationnelle 用語の実践的な厳格使用.

acridine *n.f.* 〖化〗アクリジン ($C_{13}H_9N$).

acrimonie *n.f.* とげとげしさ；不機嫌. parler avec ~ とげとげしく話す.

acrimonieux(se) *a.* とげとげしい. propos ~ とげとげしい言葉.

acrobate *n.* **1** 軽業師, 曲芸師.
2 〔比喩的〕離れ業師, (政治的・経済的)曲芸師；〔蔑〕御都合主義者. ~ de la finance 財政の曲芸師.

acrobatie *n.f.* 軽業, 曲芸, アクロバット. faire des ~s 離れ業を演じる. ~ aérienne 曲芸飛行, アクロバット飛行. numéro d'~ 軽業の出し物.

acrobatique *a.* **1** 軽業の, 曲芸の. numéro de clowns ~ ピエロの軽業の出し物. saut ~ 曲芸の宙返り.
2 〔比喩的〕軽業的な, 曲芸的な, アクロバチックな. opération financière ~ 曲芸的な金融操作.

acrocentrique *a.* 〖遺伝子〗末端動原体型の. chromosomes ~s 末端動原体型染色体.

acrocéphalie *n.f.* 〖医〗尖頭〔蓋〕症.

acrocyanose *n.f.* 〖医〗先(肢)端チアノーゼ, 肢端紫藍症, 肢端仮死症.

acrodynie *n.f.* 〖医〗肢端紅痛症, 皮膚紅痛症, 肢端疼痛症.

acrodysesthésie *n.f.* 〖医〗(四肢の)先端知覚異常.

acrokératose *n.f.* 〖医〗肢端皮膚角化症(手の平, 足の裏などの皮膚角化症).

acroléine *n.f.* 〖化〗アクロレイン(不飽和アルデヒド, 催涙ガスの原料).

acromégalie *n.f.* 〖医〗先端巨大症, 末端肥大症.

acromial(ale) (*pl.* **aux**) *a.* 〖解剖〗肩峰(けんぽう)の.

acromio-claviculaire *a.* 〖解剖〗肩峰と鎖骨の. articulation ~ 肩峰鎖骨関節.

acromion *n.m.* 〖解剖〗肩峰(けんぽう), 肩先(肩甲骨の外端).

acronyme *n.m.* 〖言語〗頭字語, 略号語(普通の語彙のように発音される略語：*ex.* ENA [ena]. l'ONU [lɔny]. ~ français d'*Organisation des Nations unies*)国連を意味するフランス語の頭字語オニュ.

acroparesthésie *n.f.* 〖医〗先端感覚(知覚)異常(四肢末端の感覚異常).

acropathie *n.f.* 〖医〗肢端疾患. ~ ulcéromutilante 潰瘍性骨損傷性肢端疾患.

acrophobie *n.f.* 〖心・医〗高所恐怖症.

Acropol *n.pr.* アクロポル(閣議と政治関係のデーターバンクの名称).

acrosome *n.m.* 〖生〗アクロソーム, 先体(精子の頭部前半にある細胞小器官).

acrosport *n.m.* アクロスポーツ(アクロバット団体競技).

acrylamide *n.f.* 〖化〗アクリラミド. ~ alimentaire 食物に含まれるアクリラミド (CH_2=$CHCONH_2$; 2-propèneamide プロペナール; 発癌性が疑われる物質). teneur en ~ アクリラミドの含有度.

acrylate *n.m.* 〖化〗アクリル酸エステル (CH_3=CHCOOR).

acrylique *a.* アクリルの. acide ~ アクリル酸. fibre ~ アクリル繊維. peinture ~ アクリル塗料. résine ~ アクリル樹脂.

acrylonitrile *n.m.* 〖化〗アクリロニトリル (=nitrile acrylique, CH_2=CH-C≡N).

ACS (=*a*llocation *c*onventionnelle de *s*olidarité) *n.f.* 〖社会保障〗連帯協定〖失業〗手当.

ACT (=*a*vion de *c*ombat *t*actique) *n.m.* 〖軍〗戦術戦闘機. ~ Raffal ラファル型戦術戦闘機.

ACTA (=*A*ssociation de *c*oordination *t*echnique *a*gricole) *n.f.* 農業技術調整協会.

acte *n.m.* Ⅰ 1 行為. faire ~ de … を示す. faire ~ de candidature 立候補する. faire ~ de présence (会合に)顔を出す, 出席したことだけを知らせる. passer à l'~ 実行に移る. traduire en ~s 実行に移す. La parole ne suffit pas, il faut des ~s. 言葉では足りない, 実行が必要だ.
2 (とくに法律的な)行為. ~ administratif 行政行為. ~ collectif 集合的行為, 集合的法律行為. ~ unilatéral (bilatéral) 一方的(双方的)行為. ~ conservatoire 保全行為. ~ de gouvernement 統治行為. ~ juridique 法律行為. A ~ unique européen 欧州単一議定書.
3 職業上の行為. ~ médical 医療行為(診察, 手術などすべてを含む).
4 〖心〗passage à l'~ 短絡行為;〖精神分析〗アクティングアウト. ~ manqué 失錯行為.
5 〖哲〗現動, 現実態. en ~ 現動化した.
Ⅱ **1** 文書, (特に)公文書, 証書. ~ (= juridique). ~ authentique 執行証書, 公署証書. ~ confirmatif 追認証書. ~ d'accusation 起訴状. ~ de l'état civil (de décès, de mariage, de naissance) 戸籍関係書類, 身分証書(死亡証明書, 婚姻証明書, 出生証明書). ~ de notoriété (公証人, 司法官などが作成する)周知の事実に関する供述書. ~ notarié 公正(公証)証書. ~ sous seing privé 自筆証書;私文書.
demander (donner) ~ de … を証明する文書(法的根拠)を求める(与える), 認めるよう要請する(認める). prendre ~ de … を認める, 記録にとどめる, 銘記する. Le gouvernement japonais a pris ~ de la volonté de Moscou d'améliorer les relations bilatérales. 日本政府はロシア政府の両国関係改善の意志をはっきりと認識した. Dont ~ [dɔ̃takt] (証書の)結語(以上明記したとこころにより, 上記のごとく結論す)以上証書のため;〖口語〗もってめいすべし, はっきり認めよう.
2 記録, 議事録, 報告. ~s d'un congrès 会議議事録.
Ⅲ (演劇の)幕. 《*Andromaque*》, tragédie en cinq ~s de Racine ラシーヌ作5幕悲劇『アンドロマック』.

acteur(trice) *n.* **1** 役者, 俳優. ~ de cinéma 映画俳優. ~ de théâtre 舞台俳優.
2 当事者, 行為主体, 登場人物. La mondialisation a fait apparaître de nouveaux ~s sur la scène internationale. グローバル化に伴って国際舞台に新しい主役が登場した.

ACTH [aseteaʃ] (= 〖英〗Adreno-Cortico-Trophic-Hormone) *n.f.* 〖生化〗副腎皮質刺激ホルモン(= 〖仏〗hormones corticales/cortico〖-〗surrénales, adrenocorticotropine, corticotrophine).

ACTIA (=*A*ssociation de *c*oordination *t*echnique des *i*ndustries *a*gro-alimentaires) *n.f.* 農業食品産業技術調整協会(1983年設立. 食品産業の技術調整機関の統合組織).

actif(ve) *a.* **1** 活動的な, 活発な, 活気のある. imagination ~ve 旺盛な想像力. marché ~ 活発な市場. oxygène ~ 活性酸素.
2 活動中の, 現役の. population ~ve 生産力人口, 労働力人口. service ~ 現役, 現役軍務. vie ~ve (一生の)生産可能期間, 労働可能期間. volcan ~ 活火山.
3 積極的な. méthode ~ve (生徒の自発性を重んじる)積極的方法, アクティヴ・メソッド. sécurité ~ve 積極的安全性.
4 利を生む. dettes ~ves 貸付金.
5 活性の, 有効な, 効き目の強い. charbon ~ 活性炭. médicament ~ よく効く薬. oxygène ~ 活性酸素.
6 触媒作用のある. métal ~ 触媒金属.
7 〖文法〗能動の, 能動的な. voix ~ve 能動態.
—*n.m.* **1** 資産, 借方. **2** 生産活動に従事している人, 勤労者, 労働者;〖pl. で〗労働力人口. ~s 就業者, 現役労働者. (non-actifs, inactifs の対). **3** 〖文法〗能動態.
—*n.f.* 現役軍. officier d'~ve 現役将校.

actin[o]- 〖ギ〗ELEM 「光線」の意 (*ex.* *actino*métrie 光度測定).

actine *n.f.* 〖生〗アクチン(細胞骨格の構成成分である多機能蛋白質).

actinides *n.m.pl.* 〖化〗アクチニド(原子番号89の actinium の後に続く諸元素).

actinique *a.* 〖理〗化学線の;光化学作用

の, 光化学反応を起こす. 〖医〗dermatite ~ 光化学皮膚炎, 日光皮膚炎. rayon ~ 化学線《光化学作用の強い放射線》.

actinisation n.f. 《紫外線と赤外線放射による牛乳の》光線処理.

actinisme n.m. 〖理〗化学線作用.

actinite n.f. 〖医〗日光皮膚炎.

actinium [aktinjɔm] n.m. 〖化〗アクチニウム《元素記号 Ac, 原子番号 89. 1899年発見の放射性金属元素》. série de l' ~ アクチニウム系列《アクチノウランからアクチニウム D までの放射性核種の崩壊系列》.

actinologie n.f. 〖理〗科学線学, 光線生物学, 光線医学.

actinomycète n.m. 放線菌; [pl. で] 放線菌目, 放射菌目.

actinomycine n.f. アクチノマイシン《抗生物質の一種; 抗癌剤》.

actinomycose n.f. 〖医〗放射菌症, アクチノミセス症. ~ cutanée 皮膚放射菌症.

actinoréticulose n.f. 〖医〗光線性細網症.

actinothérapie n.f. 〖医〗光 (放射線, 化学線) 療法《紫外線, X 線などを放射する治療法》.

actinotropisme n.m. 〖植〗光向性.

action n.f. Ⅰ《行動, 活動》**1** 行動. en ~ 行動中である. entrer en ~ 始動する, 動き出す. mettre en ~ 実行する,《権利などを》行使する,《機械などを》作動させる. passer à l' ~ 行動に移る. préférer l' ~ à la réflexion 考えるより動くほうを好む. rayon d' ~ 航続距離, 行動半径.
2 活動, 運動, 政策, 施策. A ~ française アクション・フランセーズ《ドレフュス事件 affaire Dreyfus をきっかけとして組織されたフランスの国粋主義的政治団体, およびその機関紙名. 1899年に結成され, 1936年には解散を命ぜられたが, ヴィシー政権下に公然と復活し, ペタン元帥の国民革命を積極的に支持した. 1944年に消滅》. ~ directe 直接行動《特に労働運動におけるスト, デモ》; アクション・ディレクト《1980年代に活動したテロ運動》.
Le syndicat de la poste a décidé de faire du 10 mai une journée d' ~ nationale. 郵政労組は 5 月 10 日を全国行動日と決めた. Le parti gouvernemental a élaboré son programme d' ~ pour la nouvelle année. 与党は新年の活動方針を策定した. l' ~ du gouvernement en matière de lutte contre le chômage 政府の失業対策. Les ~ s prévues dans le projet de loi portent sur les points suivants. 法案の定める施策は以下の各点にかかわるものである.
3 行い, 行為, 所業, 振る舞い. ~ d'éclat 快挙, 壮挙, 武勲, 華々しい行動. ~ irréfléchie 思慮の足りない振る舞い. bonne ~ 善行. grande ~ 偉大な行動, 立派な行為.
4 軍事作戦, 戦闘行動; 行為.

5 アクション, 生動感, 躍動, 生彩. film d' ~ アクション映画. homme d' ~ 行動の人.
6《小説, 芝居などの》筋, 展開, 筋立て. unité d' ~ 筋の単一《古典演劇における 3 単一 trois unités の原則のひとつ. 他の二つは場所 unité de lieu, 時 unité de temps の単一》.
7 〖文法〗動作《état「状態」の対》.

Ⅱ《作用》**1** 作用, 働き, 影響, 影響力. ~ et réaction 作用と反作用. sous l' ~ de …の影響で. 〖化, 物理〗quantité d' ~ 作用量. 〖力学〗principe de moindre ~ 最小作用の原理. principe d'égalité de l' ~ et de la réaction 作用反作用の法則《ニュートンの 3 原則の一つ. 二つの物体が直接互いに及ぼしあう力《作用と反作用》は同一直線上にあって大きさが等しく逆向きである》.

Ⅲ《訴権, 訴訟》**1** 〖法律〗訴権. ~ civile 裁判を受ける権利, 付帯私訴. ~ collective 団体訴権, 団体の訴え, 集団訴権. ~ criminelle 公訴(= ~ publique). ~ d'état 身分訴権(訴訟). ~ directe 直接訴権. ~ en justice 訴権. ~ personnelle 対人訴権. ~ publique 公訴権《le droit de se constituer partie civile は告訴する権利》. ~ réelle 対物訴権.
2 訴訟, 訴え. ~ d'office《検察官による》職務訴訟. ~ mixte 混合訴訟. entreprendre (engager) une ~ en justice contre qn. …に対して訴訟を起こす.

Ⅳ《株式》株式, 株券, 株. ~ accumulante 配当の受け取りと新株割り当てのいずれかを選択する権利を伴う株式. ~ à droit de vote plural 複数投票権付き株式. ~ à dividende prioritaire (ADP) sans droit de vote 優先株. ~ au porteur 無記名株. ~ cotée en bourse 上場株. ~ d'apport 無額面株式. ~ de garantie 保証株. ~ de jouissance 償還株式. ~ de préférence (de priorité (privilégiée) 優先株. ~ en numéraire 額面株. ~ nominative 記名株式. obligation convertible en ~ 転換社債. société par ~s (société anonyme) 株式会社《略記 SA》.

◆ actionnaire 株主. assemblée générale 〔des actionnaires〕株主総会. augmentation de capital 増資. capitalisation boursière 株式時価総額. dividende 配当. coefficient de capitalisation des résultats 株価収益率(=〖英〗PER : price-earnings ratio). droit de souscription 新株引受権. émission d'actions 株式の発行. numéraire 額面. part de fondateur 創立者持分. plan d'épargne en actions (PEA) 株式投信. warrant (bon de souscription) 新株引受権.

actionnaire (<action) n. 株主. assemblée générale des ~s 株主総会.

actionnariat n.m. 株式所有制度. ~ ouvrier 労働者持株制度. 〔集合的〕~ populaire 小株主.

actionneur *m.* 〖機械〗作動(駆動)装置.
activateur(**trice**) *a.* 〖化〗活性化する.
——*n.m.* **1** 〖化〗活性化剤. ～ de croissance 成長活性剤.
2 〖生理・医〗活性因子, アクティヴェータ ー. ～ du plasminogène tissulaire 組織性プラスミノーゲン活性因子(略記 APt; =〔英〕tPA: *t*issue *p*lasminogen *a*ctivator).
activation *n.f.* **1** 〖化・物理・生〗活性化, 賦活;刺激. 〖化〗～ d'un enzyme 酵素の活性化. 〖化・物理〗～ nucléaire 核(放射能)活. énergie d'～ 活性化エネルギー(略記 Ea).
2 (権限の)行使, 発動;起動. ～ des droits de tirage spéciaux du Fonds monétaire international 国際通貨基金(IMF)の特別引出権の行使.
3 活発化;促進.
activé(**e**) *a.p.* **1** 活性化した;促進された. absorption ～*e* 活性化吸着. almine ～ 活性アルミナ. atomes ～*s* 活性原子. charbon ～ 活性炭(=charbon actif). circulation ～*e* du sang 血行促進. énergie ～*e* 活性化エネルギー. fermentation ～*e* d'un vin 葡萄酒の発酵促進. travaux ～*s* 促進工事.
2 〔話〕刺激された;奮起させられた. désir ～ つのる欲望.
activeur *n.m.* 〖化〗活性剤;助触媒.
activisme *n.m.* 〖哲〗活動主義.
2 〖史〗(ベルギーにおける第一次大戦中の)フラマン語使用運動.
3 〖政治〗過激行動主義.
activité *n.f.* **1** 活動, 活躍. ～ intellectuelle 知的活動. ～ professionnelle 職業活動. ～ salariée 賃金労働. ～ solaire 太陽活動. sphère d'～ 活動範囲. volcan en ～ 活火山. Les ～*s* de la société dans le domaine de la communication et celles plus spécialement tournées vers l'information sont complémentaires. 会社の通信部門と情報部門は相互補完関係にある. Le secrétaire général du parti communiste a présenté son rapport d'～ au vingt-troisième congrès. 共産党書記長は第23回大会で活動報告をした. En période de récession, le niveau de l'～ économique reste bas. 不況期にあっては, 経済活動は低水準にとどまる.
2 活力, 賑わい, 活発さ. faire preuve d'une ～ débordante (fébrile) 溢れるほどの (何かにとりつかれたような)活発さを見せる.
3 作用, 活性. L'～ radioactive se mesure en becquerels. 放射能の強さの単位はベクレルである.
4 〔生, 心〕活動性. ～ volontaire (réflexe) 意思(反射)活動. ～ nerveuse supérieure 高次神経活動. ～ mentale (motrice, sensitive) 精神(運動, 感覚)活動.
5 現役, 現職, 在職. le passage de l'～ à la retraite 定年退職. officier en retraite mis en situation d'～ 再召集された退役将校. taux d'～ 労働力〔化〕率. âge d'entrée et de sortie d'～ des femmes 女性の就職, 退職年齢.
actomyosine *n.f.* 〖生化〗アクトミオシン(筋肉の収縮に関与する蛋白質).
actuaire *n.m.* 保険計理士.
actualisation *n.f.* **1** 現実に即した改正;現実化. ～ du barème des salaires 給与表の改正. ～ des connaissances 知識の現代化. ～ d'un atlas 地図帳の改訂.
2 (政策の)実施.
3 〖経済〗現在価値化;(債務の)現価調整. taux d'～ (現在価値計算の)割引率.
actualité *n.f.* **1** 現代性, 今日性. ～ d'un problème 問題の現代性. ～ de Shakespeare シェークスピアの今日性.
2 現実(性), 現状, 現況;時局, 時事;時事問題. ～ littéraire (politique, scientifique, sportive) 文学(政治, 科学, スポーツ)の現状(現況). d'～ 現実的な, 時代に合った. Ce livre n'est plus d'～. この書物はもはや時代に合わない. suivre l'～ 時局を追う.
3 〔*pl.* で〕ニュース映画;ニュース. ～*s* télévisées TVニュース番組(=journal télévisé).
4 〖哲〗現実性;現実の事物.
actuariel(**le**) 〔英〕*a.* **1** 保険計理人(の業務)の;保険計理人の算定した. calculs ～*s* 保険計理人計算. taux ～ 算定率;最終利回り.
2 保険統計の;(比率などが)統計的な. analyse ～ *le* 統計分析.
actuel(**le**) *a.* **1** 現在の;現代的な. cours ～ des changes 為替の現時点のレート. directeur ～ 現在の部長. époque ～ *le* 現代. état ～ des choses 現状(=état de choses ～). dans l'état ～ des choses 現事態では. événements ～*s* 現今の出来事. mœurs ～ *les* 現今の風俗. situation ～ *le* 現状. à l'heure ～ *le* 現時点で〔は〕. L'～ président de la République 現在の共和国大統領. Le Zaïre, l'～ *le* République démocratique du Congo 現在はコンゴ民主共和国となっているザイール. Ecrit il y a cent ans, cet ouvrage reste très ～. この本は100年前に書かれたものだが, なお極めて現代的である. La préservation de l'environnement constitue une préoccupation majeure dans le monde ～. 環境保全は現代の世界で最も重要な関心事の一つである. Ce n'est pas très ～. 今日的とは言い難い.
2 〖哲〗現実の. être ～ 現実存在. 〖精神分析〗névrose ～ *le* 現実神経症(psychonévrose「精神神経症」の対). volonté ～ *le* 現実的意思(volonté potentielle の対).
3 〖神学〗péché ～ 自罪(péché originel「原罪」の対). grâce ～ *le* 助力の恩寵.

ACU

4〚物理〛énergie ~ *le* 運動エネルギー (énergie potentielle「位置エネルギー」の対).
ACU (=〚英〛*a*utomatic *c*all *u*nit) *n.f.* 〚電話〛自動通話単位 (=〚仏〛unité d'appel automatique：UAA).
acuité *n.f.* **1**（痛み・音などの）鋭さ；（対立などの）激しさ. ~ d'une crise 危機の深刻さ. ~ d'une douleur 痛みの激しさ. ~ du regard 目差しの鋭さ.
2〚生理〛明瞭度. ~ auditive (visuelle) 聴力 (視力).
3 明敏さ. ~ d'esprit 精神の明敏さ.
acuponcture, acupuncture [akypɔ̃ktyr] *n.f.* 鍼（はり）療法.
acupressing 〚英〛*n.m.* 〚医〛（針の代りに指を用いる）指圧療法 (=〚仏〛acupression, acupressure).
acupression *n.f.* 〚医〛指圧〔療法〕(= acuponcture, acupressure；〚英〛acupressing).
acupunc*teur*(*trice*) *n.* 鍼治療師.
acutangle *a.* 〚幾何〛鋭角の. triangle ~ 鋭角三角形.
ACX (=*a*vion de *c*ombat *ex*périmental) *n.m.* 〚軍〛実験用戦闘機, 試作戦闘機.
acyclique *a.* **1**〚化〛鎖式の, 鎖状の；非環式の, 非巡回の. composé ~ 鎖式化合物. terpène ~ 非環式テルペン.
2〚地学〛非輪廻型の；〚生〛無輪廻の；〚植〛（花が）非有輪の. relief ~ 非輪廻型地形, 起伏のある地形 (= relief modelé).
3〚数〛非輪状の.
4〚植〛非輪生の, 非有理の.
5〚電〛非巡回の. génératrice ~ 非巡回発電機.
6〚電算〛非巡回の. graphique ~ 非巡回グラフ.
acylation *n.f.* 〚化〛アシル化.
acyle *n.m.* 〚化〛アシル基, 酸基.
acylglycérol *n.m.* 〚化, 生化〛アシルグリセロール, グリセリド (glycéride), 中性脂肪.
AD (=〚ラ〛*A*nno *D*omini) 西暦.
a/d (=à dater de, à la date de) *l.ad.* …の日付から.
ADA[1] (=*a*cide *a*cétone-*d*icarboxylique) *n.m.* 〚化〛アセトンジカルボン酸.
ADA[2] *n.pr.* langage ~ （コンピュータの）アダ言語（1979年フランス人 Ichbiach が開発したプログラム言語；バイロン卿の娘の名前をとったもの）.
ADAC[1] (=〚独〛*A*llegemeiner *D*eutscher *A*utomobil *K*lub) *n.m.* ドイツ自動車クラブ (=〚仏〛Automobile club allemand).
ADAC[2] [adak] (=*a*vion à *d*écollage et *a*tterrissage *c*ourts) *n.m.* 〚航空〛短距離離着陸機, エストール (=〚英〛STOL：*s*hort *t*ake-*o*ff and *l*anding [aircraft]).
adacport *n.m.* 短距離離着陸機 ADAC (=〚英〛STOL) 専用空港 (=〚英〛stolport).
adagio 〚伊〛*ad.* 〚音楽〛アダージョ, ゆるやかに.
——*n.m.* アダージョの曲. ~ de Bach バッハの『アダージョ』.
adam [adã] *n.m.* 〚俗〛アダン, アダム（メチレンジオキシアンフェタミン *m*ethy*l*ene *d*i*o*xy-*m*et*a*mphetamine：略記 MDMA；略記のアナグラムが Adam になることによる；覚醒剤；別称 ecstasy）.
adamantinome *n.m.* 〚医〛アダマンチノーマ, エナメル上皮腫（歯原性腫瘍の一種）.
adapta*teur*[1](*trice*) *n.* 脚色家, 翻案者；編曲者. ~ d'un roman au cinéma 小説を映画化する脚色家.
adaptateur[2] *n.m.* **1**〚電〛アダプター (=〚英〛adapter). ~ d'impédance インピーダンス・アダプター. ~ de phase 位相アダプター. ~ de tension d'intensité 電圧アダプター. ~ pour prises de courant ソケット・アダプター.
2〚写真〛アダプター. ~ d'un objectif レンズ・アダプター.
adaptatif(*ve*) *a.* 〚生・心・医〛順応の, 適応の. mécanismes ~s 順応の仕組み. valeur ~ *ve* 適応値.
adaptation *n.f.* **1**〚生・医・心〛適応, 順応. ~ à des climats divers 多様な気候への順応. ~ à la lumière (à l'obscurité)（眼の）明（暗）順応. ~ auditive (nerveuse, visuelle) 視覚（神経, 視覚）順応. ~ sociale 社会適応. syndrome d'~ 適応障害症候. trouble de l'~ 適応障害.
2 適合, 適合性；順応. ~ à une situation par l'habitude 習慣による状況への適合（順応）. ~ d'un enseignement aux besoins des élèves 生徒の欲求に教育を適合させること.
3（小説などの）脚色；（原作の）翻案；〚音楽〛編曲. ~ d'un roman à (pour) la télévision 小説の TV 放送用脚色.
ADASEA (=*a*ssociation *d*épartementale pour l'*a*ménagement des *s*tructures des *e*xploitations *a*gricoles) *n.f.* 〚農〛農場経営構造改善県連.
ADAV (=*a*ppareil à *d*écollage et *a*tterrissage *v*erticaux) *n.m.* 〚航空〛垂直離着陸機, ヴィトール (=〚英〛VTOL：*v*ertical *t*ake-*o*ff and *l*anding [aircraft])（Harrier など）.
ADBS (=*A*ssociation française des *d*ocumentalistes et *b*ibliothécaires *s*pécialisés) *n.f.* 〚情報〛フランス資料整理・図書館専門家協会（資料・情報専門家協会 Association des professionnels de l'information et de la documentation の略称；サイト名 www.adbs.fr/）.
ADC (=〚英〛*a*nalogue-to-*d*igital *c*onverter) *n.m.* 〚音響, 情報処理〛A/D 変換器 (=〚仏〛CAN：*c*onvertisseur *a*nalogique-*nu*-

mérique)《アナログ信号をディジタル信号に変換するもの》.
addenda [adɛ̃da] (*pl.~s, ~*) *n.m.* 補注；補遺.
addictif (ve) *a.* 〖医〗嗜癖性の；(特に)薬物依存の. compulsion ~*ve* 嗜癖性強迫. conduite ~*ve* des alcooliques (des toxicomanes) アルコール中毒者 (薬物依存者) の嗜癖行動.
addiction [英] *n.f.* 〖稀〗〖医〗嗜癖 (しへき)《精神作用をもつ化学物質の強迫的使用；耐性, 依存, 離脱症候群》；薬物常習癖 (toxicomanie, alcoolisme, tabagisme など；薬物依存は dépendance de la drogue という).
addictologie *n.f.* 嗜癖研究；薬物依存研究.
Addison [英] *n.pr.* アジソン《英国の医師 Thomas ~》. maladie bronzée d'*A*~ アジソン・ブロンズ病, アジソン病《原発性慢性副腎皮質機能低下症；皮膚がブロンズ色になり, 脱力感・倦怠感などがつのる》.
additif[1] *n.m.* 1 添加剤, 添加物；(コンクリートの) 混和剤；(ガソリンの) ハイオクタン添加剤 (=adjuvent). ~ alimentaire 食品添加物.
2 (文書の) 付加 (追加) 事項. ~ au budget 予算の追加条項.
additif[2] (**ve**) *a.* 付加の, 添加の；〖医〗相加的な；〖数〗加法的な. 〖医〗action ~ *ve* (薬物併用の) 相加作用. 〖物理〗grandeur ~*ve* 付加規模 (長さ, 体積など).
addition *n.f.* 1 追加, 付加, 添加；追加物；追補. certificat d'~ 実用新案登録. 〖化〗composé d'~ 付加化合物.
2 足し算.
3 勘定書き. L'~, s'il vous plaît. (レストランなどで) お幾らですか. régler l'~ (レストランなどで) 勘定を払う.
additionnel (le) *a.* 付加される [べき]. article ~ 付加条項. 〖写真〗lentille ~*le* d'un objectif photographique アダプターレンズ. pièces ~ *les* d'un dossier資料の付加書類. taxe ~*le* 付加税.
additionneur *n.m.* 〖電算〗加算回路.
additivé (e) *a.* 〖化〗添加剤入りの. carburant ~ 添加剤混入燃料 (ガソリン).
adducteur *a.* 1 〖解剖〗内転筋の. canal ~ 内転筋管. muscle ~ 内転筋.
2 〖土木〗導水用の. canal ~ 導水路.
——*n.m.* 1 〖解剖〗内転筋 (=muscle ~). 2 〖土木〗導水路 (=canal ~).
adduction *n.f.* 1 液体を引くこと. ~ d'eau 水道敷設, 導水. ~ de pétrole 石油管の敷設. travaux d'~ d'eau 水道敷設工事.
2 〖生理・医〗内転運動. 〖医〗~ associée (片麻痺の際の足の) 連動内転 [症].
adduit *n.m.* 〖化〗付加生成物, 付加体, アダクト.
-ade SUFF 〖女性名詞語尾〗1「集合」の意
(*ex.* colonn*ade*「列柱」).
2「動作, 結果」の意 (*ex.* gliss*ade*「滑走」).
Ademe (=*A*gence *d*e l'*e*nvironnement et de la *ma*îtrise de l'*é*nergie) *n.f.* 環境保護・エネルギー制御機構《環境省所管の独立行政法人》.
adén [o] - [ギ] ELEM「腺」の意 (*ex.* 〖医〗*adén*ite 腺炎, *adéno*me 腺腫).
adénine *n.f.* 〖化・生化〗アデニン《デオキシリボ核酸を構成する四つの塩基の一, A と略記》.
adénite *n.f.* 〖医〗腺炎.
adéno *n.m.* 〖医〗アデノ, アデノウイルス (=adénovirus).
adéno-associé (e) *a.* 〖医〗アデノ随伴性の《アデノウイルス等をヘルパーとして感染する性質を持つ》. virus ~ アデノ随伴ウイルス, アデノ衛星ウイルス.
adénocarcinome *n.m.* 〖医〗腺癌. ~ du rein (rénal) 腎腺癌.
adéno-cutanéo-muqueux (se) *a.* 〖医〗リンパ腺皮膚粘膜 [性] の, リンパ節の. syndrome ~ リンパ節皮膚粘膜症候群, 川崎病 (=syndrome de Kawasaki).
adénofibrome *n.m.* 〖医〗腺線維腫.
adénogramme *n.m.* 〖医〗リンパ節細胞診《リンパ細胞の穿刺による細胞検査》.
adénohypophyse *n.f.* 〖解剖〗(脳の) 腺下垂体.
adénoïde *a.* 〖医〗腺様の. végétations ~*s* アデノイド, 腺様増殖症, 咽頭扁桃肥大症.
adénoïdectomie *n.f.* 〖医〗腺様増殖症 (アデノイド) 切除術, アデノトミー.
adénoïdite *n.f.* 〖医〗アデノイド咽頭 (扁桃) 炎.
adénoïdocarcinome *n.m.* 〖医〗腺癌 (=carcimone glandulaire).
adénomatose *n.f.* 〖医〗腺腫症, 腺腫形成. ~ pluri-endocrinienne 多内分泌腺腫.
adénome *n.m.* 〖医〗腺腫 (良性腫瘍).
adénomyome *n.m.* 〖医〗腺筋腫.
adénomyose *n.f.* 〖医〗腺筋症. ~ utérine 子宮腺筋症, 内性子宮内膜症.
adénopathie *n.f.* 〖医〗リンパ節炎, リンパ腺炎 (=lymphadénite).
adénophlegmon *n.m.* 〖医〗リンパ節蜂窩織炎.
adénosine *n.f.* 〖生化〗アデノシン《核酸や補酵素の構成成分》. ~ monophosphate アデノシン一燐酸. ~ triphosphate アデノシン三燐酸.
adénosine-diphosphate (*pl.~s-~s*) *n.f.* 〖生化〗アデノシン=燐酸《略記 ADP》.
adénosine-monophosphate (*pl. ~s-~s*) *n.f.* 〖生化〗アデノシン=燐酸《略記 AMP》.

adénosine-phosphate *n.f.* 〖生化〗アデノシン燐酸塩（AMP＝a*dénosine-mo*nophosphate アデノシン一燐酸, ADP＝a*dénosine-di*phosphate アデノシン二燐酸, ATP＝a*dénosine-tri*phosphate アデノシン三燐酸など).

adénosine-triphosphatase *n.f.* 〖生化〗アデノシン三燐酸分解酵素.

adénovirus *n.m.* 〖生〗アデノウイルス（アデノイド, 扁桃腺, 結膜等を冒すウイルス).

ADEP (＝*A*gence nationale pour le *dé*veloppement de l'*é*ducation *p*ermanente) *n.f.* 国立生涯教育促進機構.

ADEPA (＝*A*gence nationale pour le *dé*veloppement de la *p*roduction *a*utomatisée) *n.f.* 国立オートメーション化生産技術開発機構.

adéposité *n.f.* 〖医〗脂肪の沈着.

adepte *n.* **1** (思想などの)信奉者, 賛同者；(政党などの)支持者. ~ du bouddhisme 仏教の信奉者. faire des ~s 支持者を増やす.
2 (スポーツなどの)愛好者. ~s du vélo 自転車愛好者.
3 〔古〕奥義を極めた人；秘法に通じた錬金術師.

adéquat(e) *a.* **1** (目的などに)ぴったり合った；(à に)適合した. expression ~e 適切な表現. 〖心〗excitant ~ 適合刺激. outils ~s 適切な道具.
2 〖論理・哲〗十全な. notion~e 十全な観念.

ADH (＝〖英〗*a*nti*d*iuretic *h*ormone) *n.f.* 抗利尿ホルモン (＝〖仏〗*h*ormone *a*nti*d*iurétique (HAD); vasopressine)《神経性脳下垂体ホルモン；血圧上昇と抗利尿作用がある).

adhérence *n.f.* **1** 密着, 接着；付着；吸着；粘着. ~ des pneus sur le sol タイヤの路面への密着〔性〕. ~ des roues 車輪の粘着. ~ entre le béton et l'armature コンクリートと鉄筋との付着. 〖理〗coefficient d'~ 粘着係数.
2 〖医〗癒着. ~ pleurale 胸膜癒着. section des ~s 癒着部位.
3 〖植〗着生.
4 〖登山〗(岩壁への足の) 密着.
5 〖数〗内包, 閉包. ~ d'un sous-ensemble 部分集合の内包 (Ā).
6 〔比喩的〕執着；愛着. ~ au passé (à la tradition) 過去 (伝統)への執着 (愛着).

adhérent(e) (＜adhérer) *n.* 団体の構成員. ~ de la CGT CGT (労働総同盟)加盟者. ~ du PC PC (共産党)党員. carte d'~ 党員証.
——*a.* 粘着性の. 〖数〗point ~ 触点.

adhésif[1] *n.m.* **1** 接着剤. ~ à solvant 溶剤式接着剤. ~ organique 有機接着剤, 糊.
2 粘着テープ (＝ruban ~)；絆創膏 (＝sparadrap ~). appliquer un ~ sur une plaie 傷口に絆創膏を貼る.

adhésif[2] **(ve)** *a.* **1** 密着 (接着, 粘着)する；接着 (粘着)性の；よくつく. bande ~ve, ruban ~ 粘着 (接着)テープ. sparadrap ~ 絆創膏.
2 〖医〗癒着性の, 癒着をひきおこす. inflammation ~ve 癒着性炎症.

adhésion *n.f.* **1** 〖物理〗付着, 吸着. force d'~ 付着力.
2 賛成, 同意. donner (refuser) son ~ à un projet 計画に同意する(同意することを拒否する). en ~ avec qch 何に賛同して.
3 (会・政党などへの)加入；加入申込用紙 (＝bulletin d'~, formule d'~)；〖国際法〗(条約への)加盟. ~ d'un nouveau pays au traité d'Helsinki ヘルシンキ条約への一国の新規加盟. contrat d'~ 付合 (付従)契約. signer un [bulletin d'] ~ 加入申込書に署名する.

adhésivité *n.f.* **1** 粘着 (接着)性；粘着 (接着)力. ~ d'un bitume アスファルト(瀝青)の粘着性. ~ d'une colle 糊の粘着(接着)力.
2 〖心〗粘着質.

ad hoc [adɔk] 〔ラ〕*l.a.* **1** (しばしば皮肉の意をこめて)目的にかなった, 適切な (＝à cet effet). réponse ~ 適切な返答. homme ~ うってつけの人.
2 そのためだけの, 特別の. commission ~ 特別委員会. juge ~ 当事者指名の同国籍の国際司法裁判所判事.

ad hominem [adɔminɛm] ([ラ]「その人に対する」＝vers l'homme) *l.a.* 対人攻撃の. argument ~ 対人論証.

ad honores [adɔnɔrɛs] 〔ラ〕*l.a.* 報酬を伴わない名誉的な (＝pour les honneurs). fonction ~ 名誉職.

adiabatique *a.* 〖物理〗断熱的な. détente ~ 断熱膨張. échange ~ 断熱交換. [ligne] ~ 断熱線.

adieu *n.m.* **1** さようなら《長期間の別離に際する挨拶. au revoir は日常的な別れの挨拶. ただし南仏では au revoir, bonjour のかわりに用いられる). dire ~ à qn 人に別れの挨拶をする. faire ses ~s お別れをする.《A ~ veau, vache, cochon, couvée.》「仔牛も, 乳牛も, ブタも, 卵もみんな夢と消えた」(La Fontaine の『寓話』).
2 別離, 告別. visite d'~ 別れの挨拶をするための訪問. Avant de quitter son poste, un diplomate de haut rang doit faire de nombreuses visites d'~. 外交官は, とくに位が高いと, 帰国の前に方々に離任の挨拶をしなければならない.

adiopose *n.f.* 〖生理・医〗脂肪症, 脂肪過多症；肥満症 (＝obésité).

adip[o]- [ラ] ELEM 「脂肪, 脂肪組織, アジピン酸」の意 (ex. *adipo*cyte 脂肪細胞).

adipeux(se) *a.* **1** 〖解剖〗脂肪の, 脂肪

性の；脂肪に富む. tissu ~ 脂肪組織. **2**〔蔑〕ぶくぶく太った. homme ~ でぶ男. **3**〔文〕style ~ しまりのない文体.
adipique *a.* 〖化〗acide ~ アジピン酸.
adipocire *n.f.* 〖化〗死蠟(しろう).
adipocyte *n.m.* 〖生〗脂肪細胞(=cellule adipeuse)《脂肪組織中の含脂肪細胞》.
adipolyse *n.f.* 脂肪分解(=lipolyse).
adiponécrose *n.f.* 〖医〗脂肪壊死.
adiponectine *n.f.* 〖生化〗アディポネクチン《脂肪細胞に含まれるホルモン；通称hormone minceur「痩せるホルモン」》. taux plasmatique d'~ 血漿中のアディポネクチン含有率.
adipopexie *n.f.* 〖生理・医〗(脂肪組織への)脂肪沈着.
adiposité *n.f.* 〖生理〗脂肪過多〔症〕, 肥満〔症〕, 脂肪沈着.
adipso-génit*al* (***ale***) (*pl.*~ ***aux***) *a.* 〖医〗脂肪性器の, 脂肪が沈着した性器の. dystrophie ~*ale* 脂肪性器性異栄養症, 脂肪性器性発育不全症《脂肪沈着による性器発育不全》. syndromes ~*aux* 脂肪性器症候群.
adipyle *n.m.* 〖化〗アジポイル. chlorure d'~ 塩化アジポイル($C_6H_8Cl_2O_2$)；Chlorure d'hexanedioyle 二塩化アジポイル).
Adit (=*A*gence pour la *d*iffusion de l'*i*nformation *t*echnologique) *n.f.* 技術情報普及公社(1994年設立).
adjacent(***e***) *a.* **1** 隣接した；近くの. rues ~*es* 近隣の街路. terrain ~ au mien 私の土地に隣接した地所. **2**〖数〗angles ~*s* 隣接角. **3** 近縁の. la philosophie et les disciplines ~*es* 哲学と近縁の学問.
adjectif(***ve***) *n.m.* 〖文法〗形容詞. ~ démonstratif (déterminatif, exclamatif, indéfini, interrogatif, numéral, possessif, qualificatif)指示(限定, 感嘆, 不定, 疑問, 数, 所有, 品質)形容詞. ~ épithète 付加形容詞. ~ verbal 動詞的形容詞.
——*a.* 形容詞の. locution ~*ve* 形容詞句.
adjoint(***e***) (<adjoindre) *a.p.* **1** 補佐する, 補佐役の, 補助の. directeur ~ 次長；部長補佐；副部長；副校長. professeur ~ 助教授. vicaire ~ au curé 主任司祭(神父)補佐助任司祭. **2**〖数〗随伴の. fonction ~*e* 随伴関数.
——*n.* **1** 補佐役. 〖軍〗~ de chancellerie 参謀副官. ~ d'enseignement 教育補助員. ~ technique 技術補佐. **2** (市町村・区の)助役(=~ au maire). le premier ~ 第一助役.
adjonction *n.f.* **1** 添加；増員. ~ de nouveaux membres au comité 委員会に対する新委員の増員. confiture sans ~ de conservateurs 保存剤を添加していないジャム. **2** 添加物；増補.
adjudant *n.m.* 〖軍〗曹長《軍曹sergent-chefと上級特務曹長の間の下士官》；特務曹長.
adjudant-chef (*pl.* **~*s*-~*s*)** *n.m.* 〖軍〗上級特務曹長, 主任曹長, 一曹《曹長adjudantと准尉majorの間の下士官》.
adjudicataire *n.* 〖法律〗(競争入札の)落札者,(競売の)競落人.
adjudica*teur*(***trice***) *n.* 〖法律〗競争入札執行者(機関).
adjudication *n.f.* 〖法律〗**1** 競売. ~ forcée 強制競売. ~ sur conversion de saisie 差押不動産の競売. ~ volontaire 任意競売. **2** 競争入札. ~ nominative 指名入札. ~ ouverte 公開入札.
adjuvant(***e***) *a.* 助長する；〖医〗補助の, (特に)免疫作用を強化する. arthrite ~*e* アジュバント関節炎.
——*n.m.* **1**〖薬〗補助薬,(特に)免疫増進剤. **2**〖化〗(ガソリンの)ハイオクタン化添加剤(=additif);(コンクリートの)混和剤；〖農〗(農薬の)展着剤. **3**〔比喩的〕補助手段, 刺激.
ad libitum [adlibitɔm]〔ラ〕*l.ad.* 意のままに, 自由に, アドリブで《ad libと略すこともあり》.
ADM (=*a*rmes de *d*estruction *m*assive) *n.f.pl.* 〖軍〗大量破壊兵器(=〖英〗WMD: *w*eapons of *m*ass *d*estruction)《核・化学・生物兵器など》.
ADMD (=*A*ssociation pour le *d*roit de *m*ourir dans la *d*ignité) *n.f.* 尊厳死擁護協会.
Admical (=*A*ssociation pour le *d*éveloppement du *m*écenat *i*ndustriel et *c*ommerci*al*) *n.f.* 商工業メセナ発展協会.
adminicule *n.m.* **1**〖法律〗情況(間接)証拠. **2** (メダル・貨幣の)肖像を取巻く飾り. **3**〔古〕補助手段. **4**〖植〗支柱(=étai).
administra*teur*(***trice***) *n.* **1** 管理者, 経営者, 理事；財産管理人. ~ de société 会社取締役；(組合の)理事. 〖法律〗~ judiciaire 整理法人の管理人. ~ légal 個人の財産管理人；法定管理人. A ~ de la Comédie française コメディー・フランセーズ理事長. A ~ général du Commissariat à l'énergie atomique 原子力庁長官. **2** 行政官；支払担当官. ~ civil 一般行政職上級国家公務員《国立行政学院ENAの卒業者で会計検査院等の国家特別行政機関grands corps de l'Etatへ進まない者》.
administratif[1](***ve***) *a.* **1** 行政〔上〕の, 行政に関する. autorités ~*ves* 行政機関(当局). cité ~*ve* 官庁街. division ~*ve* 行政区画. droit ~ 行政法. langue ~*ve* 行政用語. prendre des dispositions ~*ves* 行政的な措置を講ずる. **2**〔蔑〕お役所流の. formalisme ~ お役所流の形式主義.

administratif[2]

3 管理の；管理に当たる；一般事務に関する. commission ~ve (企業の) 管理委員会；(組合などの) 運営委員会. fonction ~ve 管理職務. personnel ~ 管理職. service ~ 管理業務；一般事務. travailleurs ~s et travailleurs productifs d'une entreprise 企業の一般事務職員と生産部門の労働者.

administratif[2] *n.m.* **1** 行政職員. **2** 一般事務職員.

administration *n.f.* **1** 管理, 経営. ~ internationale 国際管理.〖法律〗~ légale 個人 (特に未成年者) の財産管理. ~ pure et simple 単純管理〔制度〕. acte d'~ 管理行為. conseil d'~ 理事会, 取締役会.
2〔しばしば大文字を用いる〕国の行政機構, 行政. ~ centralisée 中央集権行政. déconcentrée (地方分権における) 権限委譲行政. ~ locale 地方行政, 地方自治. entrer dans l'A ~ 公務員になる. Ecole nationale d'A ~ (ENA) 国立行政学院 (1945 年創立の高級官僚養成機関).
3 (アメリカの) 政府. ~ républicaine 共和党政権. ~ Clinton クリントン政権.
4 官公庁. ~ centrale 本省 (庁), 中央官庁. ~ départementale 県庁. ~ territoriale 地方官公庁；事務分散地方行政.〖経済〗consommation des ~s 政府消費.
5 官公庁の職員全体, 官公庁の所在地.
6 官公庁に準じる機関.〖経済〗~s privées 民間非営利団体 (国民経済計算の一部門). ~s publiques 政府.
7 薬の投与 (処方)；〖カトリック〗秘蹟を授けること.〖医〗~ d'un médicament à un malade par le médecin 医師による患者への薬の投与 (処方). mode d'~ des médicaments 医薬品の処方法.

administré(e) *n.*〔多く *pl.*〕(地方自治体の) 住民, 県 (市, 町, 村) 民.
──*a.* 管理された；〖金融〗公定歩合の. démocratie ~e 管理された民主制 (プーチン Poutine 政権が唱えた標語の一つ).

admirable *a.* 賛嘆すべき, 素晴らしい, 見事な；〔古〕驚かされる；(皮肉) お見事な. Sous ses traits ~s de beauté, elle cache un caractère difficile. 彼女の顔は驚くほど美しいが, 性格は悪い.

admiration *n.f.* 賛嘆, 驚嘆, 感嘆, 感服；〔古〕驚き. Il a été saisi d'~ devant cette statue d'une rare beauté. 彼はこのまれに見る美しい彫像の前で感嘆の念で全身を満たされた.

admis(e) (<admettre) *a.p.* **1** 加入 (入学) を認められた. être ~ à l'Académie アカデミーの会員に迎えられる. être ~ à Polytechnique 理工科大学校に入学を認められる.
2 出入りを許可される. Personne ne sera ~ dans la salle après le début du spectacle. 開演後観客席への入場禁止. Les chiens ne sont pas ~ dans cet hôtel. 当ホテルは犬の連れ込みお断りします.
3 (試験に) 合格した. bacheliers ~ バカロレア合格者. être ~ à un concours 選抜試験に合格する. Il a été ~ à l'école nationale d'administration. 彼は国立行政学院に合格した (admissible は 1 次試験に合格を意味する).
4 正当と認められた；許認された. opinion communément ~e 一般にひろく認められた意見. être ~ à faire valoir ses droits à la retraite 退職年金の受給権があると認められる. Un tel comportement ne saurait être ~ ici. そのような振舞いはここでは許容されないだろう. Il est communément ~ que …は周知のことである.
5〖機工〗(密閉した個所に) 導入された. gaz ~ dans le cylindre 気筒に吸入されたガス.
──*n.* **1** 加入 (入学) を許された人. **2** (試験の) 合格者. pourcentage d'~ du baccalauréat バカロレアの合格者比率.

admissibilité *n.f.* **1** 許容度, 容認可能性. ~ de tous les citoyens aux emplois publics すべての市民の公職就職可能性.〖法律〗d'instance 訴訟手続開始可能性.
2 第一次試験 (筆記試験) 合格；第二次 (最終・口述) 試験の受験資格. ~ après l'épreuve écrite 筆記試験に合格し第二次試験を受験する資格. ~ aux épreuves orales 口述試験の受験資格. liste d'~ 第一次試験合格者リスト.

admissible *a.* **1** 容認しうる；許容できる. action ~ 許容できる行動. hypothèses ~s 容認しうる仮定. raison ~ 容認しうる理由.
2〔多く否定・疑問で〕認めうる. attitude à peine ~ 認め難い態度. Cela n'est pas ~. それは容認し難い. Il est ~ que+*subj.* …するのは認められない.
3 (人が職・地位などに) 就きうる. être ~ à tous les emplois publics いかなる公職にも就くことができる.
4 第 1 次 (筆記) 試験に合格した；第 2 次 (口述) 試験の受験を許された. être ~ au baccalauréat バカロレアの第 1 次試験に合格する.
──*n.* 第 1 次 (筆記) 試験合格者；第 2 次 (口述) 試験受験を許された人. liste des ~s 第 1 次 (筆記) 試験合格者リスト.

admission *n.f.* **1** 加入 (入場, 入学, 乗車) 許可, 採用決定, 合格；許可, 承認. ~ à l'ENA 国立行政学院への入学許可 (合格). ~ au travail 労働許可. ~ dans une communauté 共同体への加入承認. ~ dans une école 学校への入学許可. ~ de *qn* à un poste ある地位への人の採用決定. carte d'~ 入場許可証. demande d'~ 加入願,入会申込書. examen d'~ 入学試験. jury d'~ 入学 (入社) 選考委員会. liste d'~ 合格者リスト.

2 〖法律〗受理. ~ du pourvoi 上訴受理.
3 (申立て・請求の) 許可；認容. ~ à la cote (株式の) 上場許可. ~ à la retraite 退職許可. ~ des créances 債権認容. ~ temporaire 免税仮輸入許可.
4 〖工〗給気, 吸気, (ガスの) 送入. ~ de la vapeur (蒸気機関の) 蒸気送入. orifice d'~ 給 (吸) 気口. soupape d'~ 吸気弁.
5 容認. ~ d'une vérité 真理の容認.
admonestation (<admonester) *n.f.* 〖法律〗(再犯を防ぐための) 説論；訓戒, 訓告.
ADMR (=*a*ide à *d*omicile en *m*ilieu *r*ural) *n.f.* 〖社会福祉〗農村における在宅介護.
ADN (=*A*cide *d*ésoxyribo *n*ucléique) デオキシリボ核酸 (=〖英〗DNA : *d*eoxyribo*n*ucleic *a*cid).
ADNmt (=*a*cide *d*ésoxyribo*n*ucléique *mit*ochondrial) *n.m.* 〖生化〗ミトコンドリア・デオキシリボ核酸 (=〖英〗mtDNA : *mit*ochondrial DNA).
ADN-T (=*a*cide *d*ésoxyribo*n*ucléique *t*ransféré) *n.m.* 〖生〗転移デオキシリボ核酸 (DNA).
ad nutum [adnytɔm] [ラ] *l.ad.* 〖法律〗いつでも任意に (=au moindre signe de la tête). révocabilité ~ 自由な罷免 (解任, 取消) 可能性.
ado (=adolescent) 〖俗〗若者.
adolescence *n.f.* 1 青少年期, 思春期；青春 [期]《一般に男性は14～20歳, 女性は14～18歳あたりの時期を指す》.
2 〔集合的〕青少年. livre pour la jeunesse et l'~ 青少年向きの本.
3 〔比喩的〕初期. ~ de la révolution 革命初期.
adolescent(e) *a.* 若者の, 青少年の, 思春期の, 青春期の.
——*n.* 青少年, 若者.
adoptant(e) *n.* 養父, 養母.
adopté(e) *n.* 養子.
——*a.* 養子となった, 採択された.
adoptif(ve) *a.* 1 養子縁組の；養子の. à titre ~ 養子縁組により. père ~ 養父. enfant ~ 養子. fille ~*ve* 養女 (=fille par adoption). filiation ~*ve* 養親子関係. à titre ~ 養子縁組により. légitimation ~*ve* 養子縁組の認知.
2 自分で選んだ. ma patrie ~*ve* 私の第二の祖国.
adoption *n.f.* 1 養子縁組. 〖法律〗~ plénière 完全養子縁組. 〖法律〗~ simple 単純 (普通) 養子縁組. enfant par ~ 養子. allocation d'~ 養子縁組手当 (略称 AA). d'~ 養子縁組による, 自ら選んだ. La France est devenue ma patrie d'~. フランスは私の第二の祖国になった.
2 (計画, 制度などの) 採用. ~ du système métrique メートル法の採用.
3 (宗教への) 帰依.

4 (法案などの) 可決, 採択. ~ d'un projet de loi 法案の可決 (採択). L'~ par le Conseil de sécurité de sanctions à l'encontre de l'Irak constitue l'étape préalable à la mise sur pied d'une force multinationale. 安保理事会によるイラク制裁の採決が多国籍軍の設置の前提になる. L'~ du projet de loi de finances pour 1994 a pris un retard sans précédant. 1994年度予算案の採決はかつてないほど遅れた.
adorable *a.* 1 〖カトリック〗礼拝, 崇敬の対象となる. 2 (小さい子供, ペットなどが) 可愛らしい, 愛くるしい, ほれぼれする. Elle est ~, cette petite. この女の子は何と可愛いんでしょう.
adoration *n.f.* 1 〖カトリック〗崇敬, 礼拝, 崇拝. ~ des Mages 三王礼拝. 2 熱愛, 偶像崇拝. être en ~ devant qch (qn) …を見てうっとりとする.
Adot (=*a*ssociations pour le *d*on d'*o*rganes et de *t*issus humains) *n.f.* 〖医〗臓器・組織提供促進協会. les ~ départementales 臓器・組織提供促進県協会.
adoucissant(e) *a.* 〖薬〗(皮膚のかゆみなどを) 緩和する (=lenitif). lait ~ (皮膚用) 鎮静乳液, かゆみ止め乳剤.
——*n.m.* 外用緩和薬《鎮静・鎮痛用》；(洗濯物の) 柔軟仕上げ剤.
adoucissement *n.m.* 1 軟化；緩和；軽減. ~ du chagrin 苦痛の緩和 (軽減). ~ de déformation 加工軟化. ~ de la température 温度の緩和.
2 硬水の軟水化, 軟水処理, 軟水法. ~ de l'eau 水の軟化.
3 (ガソリン類の) 脱硫, スウィートニング (=〖英〗sweetening)；中和. ~ de l'essence ガソリンの脱硫.
4 〖冶〗(焼きなましによる銑鉄の) 純化.
5 〖建築〗(ふたつの面をつなぐ角の) 軟化；渦巻装飾.
adoucisseur *n.m.* 硬水軟化装置.
ADP[1] (=〖仏〗*a*cide *a*dénosine-*d*iphosphorique) *n.m.* 〖化〗アデノシン二燐酸.
ADP[2] (=*a*ction *d*e *d*ividende *p*rioritaire) *n.f.* 〖証券〗優先配当株式. ~ sans droit de vote 投票権のない優先配当株式.
ADP[3] (=*A*éroports *d*e *P*aris) 〖無冠詞〗*n.m.sing.* パリ空港公団〖国有企業. 半径50 kmの首都圏内にある14の空港を管理〗.
ADP[4] (=〖英〗*a*utomatic *d*ata *p*rocessing) *n.m.* 〖情報処理〗自動データ処理 (〖仏〗=traitement automatique des données).
ADPIC (=*a*spects des *d*roits de *p*ropriété *i*ntellectuelle qui touchent au *c*ommerce) *n.m.pl.* 〖国際法〗知的所有権の貿易関連の側面 (=〖英〗TRIPs : *t*rade-*r*elated aspects of *i*ntellectual *p*roperty *r*ights). l'accord de l'OMC sur les ~ 世界貿易機関の知的所有権の貿易関連の側面

ADR

関する協定《世界貿易機関：Organisation mondiale du commerce (=[英]WTO: World Trade Organization)の設立に関する 1994 年のマラケシュ条約 traité de Marrakech の附属書に記載された協定で，1995 年発効》.
ADR (=accident de référence) n.m. 〖原子力〗参考事故.
adrénaline n.f. 〖生理〗アドレナリン.
adrénergique a. 〖生化〗アドレナリンの；アドレナリン作動性の. agent ～ アドレナ. nerf ～ アドレナリン作動性神経. récepteur ～ アドレナリン受容体.
—n.m. アドレナリン作動性神経 (=nerf ～).
adrénocorticotrophique a. 〖生化〗副腎皮質刺激性の. hormone ～ 副腎皮質刺激ホルモン.
adrénodoxine n.f. 〖生化〗アドレノドキシン《低電位フェレドキシン ferrédoxine の一種で，副腎皮質のステロイド合成に関与する》.
adrénogénital(ale) (pl. **aux**) a. 〖生理・医〗副腎性器の. 〖医〗syndromes ～aux 副腎性器症候群.
adrénolytique a. 〖薬〗抗アドレナリン〔性〕の (=sympatholytique) (adrénergique「アドレナリン〔性〕の」の対).
—n.m. 〖薬〗抗アドレナリン剤. ～ de synthèse 合成抗アドレナリン剤.
adrénostérone n.f. 〖生化〗アドレノステロン.
adressage n.m. 〖情報処理〗(メモリーの) アドレス指定，アドレッシング. capacité d'～ アドレス指定能力；アドレスの容量 (アドレス記憶の容量). mode d'～ アドレッシング方式.
adresse[1] n.f. **1** 住所；宛先. ～ privée 自宅の住所. carnet d'～s 住所録. inscrire l'～ sur l'enveloppe 封筒に宛先の住所氏名を記入する. donner une bonne ～ よい店を教える. à l'～ de …宛の.
2 請願.
3 見出し〔語〕；(コンピュータの) アドレス. ～ E-Mail E メール・アドレス.
adresse[2] (<adroit) n.f. **1** 器用さ，巧みさ，敏捷さ. ～ d'un joueur de basket バスケット選手の器用さ (敏捷さ). tour d'～ 芸当，手品. avec ～ 巧みに. utiliser les outils avec une ～ remarquable 驚くほど器用に道具を使う. être d'une ～ extraordinaire 巧妙極りない.
2 抜け目なさ. avoir de l'～ 如才がない. réussir par ～ 抜け目なく成功する.
3 〖多く pl.〗〖文〗術策. Toutes ses ～s ont échoué. あらゆる術策は失敗に終った.
adriamycine n.f. 〖薬〗アドリアマイシン《抗腫瘍性抗生物質；ADM と略記；= doxorubicine》.
ADRN (=acide désoxyribonucléique) n.

m. 〖生化〗デオキシリボ核酸.
adroit(e) a. 器用な，巧みな，巧妙な，如才ない. être ～ de ses mains 手先の器用な. Ce n'est pas très ～ de sa part. それは彼としてあまりうまいやり方ではない.
ADS (=adjoint de sécurité) n.m. 〖警察〗保安維持補助員《警官の補助員；青筋の制服と青色肩章をつけるため les bleus と呼ばれる；青年の雇用対策の一環として導入》.
ADSL (=[英]asynchronous digital subscriber loop) n.m. 〖電気通信〗非同期性ディジタル加入電話ループ回線《既存の電話回線で画像信号を高速・高品質で転送する方式》. accès à Internet par ～ ADSL を介するインターネットへのアクセス.
adsorbant(e) a. 〖化・物理〗吸着性の；吸着作用のある.
—n.m. 吸着剤，吸着媒《活性炭，シリカゲルなど》.
adsorption n.f. 〖化・物理〗吸着，吸着作用. ～ négative 負吸着. ～ positive 正吸着.
ADT[1] (=accident du travail) n.m. 労働災害，労災 (=AT).
ADT[2] (=antidépresseur tricyclique) n.m. 〖薬〗三環系抗鬱剤《イミプラミン imipramine，塩酸イミプラミン chlorhydrate d'imipramine》.
Adua (=Association des usagers de l'administration et des services publics) n.f. 行政公共サービス利用者協会.
adulte a. **1** (動植物が) 成育し切った，成熟した；〖生〗成体の；成虫の. animal ～ 成獣. plante ～ 成育し切った植物.
2 (人が) 成人した. âge ～ 成年，熟年. personne ～ 成人. devenir ～ 成人する. être ～ 成人である，一人前である.
3 成人に固有の，成人としての. activités ～s 成人としての行動. amour ～ 成人の愛.
4 〖比喩的〗成熟した. économie ～ 一本立ちした経済，成熟経済.
—n. **1** 成人，大人. cours d'～s 成人講座. film pour ～s 成人 (アダルト) 映画. spectacle réservé aux ～s 成人向きショー.
2 〖生〗成体；成虫 (=imago).
adultère a. **1** (夫・妻が) 不貞な，不義を働く；(男女関係が) 不義の；不倫の. amour ～ 不倫の愛. désirs ～s 不義の欲望. femme ～ 姦婦.
2 神を冒瀆する.
—n. 不貞の夫 (妻)，姦夫 (婦)；〖法律〗姦通者.
—n.m. 不貞，不義；不倫；〖法律〗姦通〔罪〕. commettre un ～ 不貞を働く；〖法律〗姦通罪を犯す. Tu ne commettras pas l'～. 汝姦淫するなかれ.
adultérin(e) a. 〖法律〗姦通によって生まれた，不義によって生まれた；不貞の；不法の. commerce ～ 不貞行為. enfant ～ 不義の子.
ad valorem [ラ] l.a.(ad.) 価格に準じた

(て), 従価方式の(で)《略記 ad val.》. droits ~ 従価税(droits spécifiques「従量税」の対).

advection *n.f.*〖気象〗移流《大気の水平移動》(convection「対流」の対). brouillard d'~ 移流霧.

adventice *a.* **1**〖哲〗習得した, 外来の(inné「本有の, 生得の」の対). idées ~*s* 外来観念.
2〖植〗外来の；種を播かずに生えた. cultures ~*s* 外来農耕. plantes ~*s* 雑草；帰化植物.
3〖医〗非遺伝体質性の. tissu ~ 付加された非機能組織.
4 付随的な, 副次的な, 補足的な. circonstances ~*s* 付随的情況.
5 偶然の.
――*n.f.*〖解剖〗外膜. ~ artérielle 動脈外膜. ~ de l'œsophage 食道外膜. cellule de l'~ 外膜細胞.

adventiste *n.*〖宗教〗キリスト再臨派信徒, アドヴェンティスト.
――*a.* キリスト再臨派の. église ~ キリスト再臨派教会.

adversaire *n.* 敵, 敵方；相手, ライバル；反対者《女性にも un ~ を用いることができる》. ~ redoutable du gouvernement 政府にとって恐るべき敵方. ~ du libéralisme 自由主義の反対者. rude ~ 手強い相手. avoir pour ~ un joueur de fort calibre 手強い対戦相手に当たる. clouer (écraser, vaincre) son ~ 敵(相手)を圧倒する. Les partisans et les ~ de la direction se sont vivement affrontés 主流派と反主流派が厳しく対立した.

adverse *a.*〔文〕**1** 相反する；敵方の, 敵対する；相手の. chose (personne) ~ à *qn* (*qch*) 人(何)と対立する事物(人). idées ~*s* 相反する考え.〖法律〗partie ~ (訴訟の)相手方. partis ~*s* 敵対する政党.
2 恵まれない. circonstances ~*s* 逆境, 不運.

adversité *n.f.*〔文〕不運；逆境. être dans l'~ 逆境にある. lutter contre l'~ 逆境と戦う.

ad vitam æternam [advitametɛrnam][ラ] *l.ad.*〔話〕永遠に；果てしなく；終身で, 一生の間 (= pour la vie éternelle)《省略して advitam と表現することがある》. Je ne vais pas t'attendre ~! いつまでも君を待ちはしないよ!

Adyguéens (les) *n.pr.m.pl.*［国名通称］アディゲア《公式名称 la République des ~ アディゲア共和国；ロシア南部, 黒海の北東に位置するロシア連邦の自治共和国；首都 Maïkop マイコープ》.

adynamie *n.f.*〖医〗脱力.

AE[1] (= *a*ide-*é*ducateur) *n.m.*〖教育〗補助教員.

AE[2] (=［英］*A*utomatic *e*xposure) *n.f.*〘写真〙自動露出〔調整〕(=［仏］EA : *e*xpose *a*utomatique).

aé- ［ギ］ ELEM「空気, 大気, 航空」の意《*ex. aé*roport 空港》.

AEA (= *A*ssociation des compagnies *a*ériennes *e*uropéennes) *n.f.* ヨーロッパ航空会社協会.

AEC[1] (= *A*gence *e*uropéenne des produits *c*himiques) *n.f.*（ヨーロッパ連合の）ヨーロッパ化学製品管理機構《=［英］ECA : *E*uropean *C*hemicals *A*gency；化学製品の安全性を監視する機関；2006年創設；2007年6月1日より施行の REACH (=［英］regulation concerning *R*egistration, *E*valuation, *A*uthorisation and *R*estriction of *C*hemicals；「化学物質の登録・評価・認可・規制に関する規則」）を, 2008年6月より管理する》.

AEC[2] (= *A*ssociation des *E*tats de la *C*araïbe) *n.f.* カリブ海諸国連合《1994年創設》.

AeCF (= *A*éro-*C*lub de *F*rance) *n.m.* フランス航空クラブ《1898年創設》.

AECR (= *a*rme à effets *c*ollatéraux *r*éduits) *n.f.*〖軍〗側幅効果低減兵器.

AECV (= *A*ssociation d'*e*nvironnement et du *c*adre de *v*ie) *n.f.* 自然環境・生活環境保護協会.

AED[1] (= *A*gence *e*uropéenne de *d*éfense) *n.f.* ヨーロッパ防衛機構《=［英］EDA : *E*uropean *D*efence *A*gency；2004年7月12日に発足した UE の組織；本部 Bruxelles》.

AED[2] (=［英］*a*utomated *e*xternal *d*e fibrillator) *n.m.*〖医〗自動体外式除細動器《心臓の電気ショック機器》(=［仏］DAE : *d*éfibrillateur [cardiaque] *a*utomatique externe).

ædes [ɛdɛs], [aɛdɛs] *n.m.*〖昆虫〗シマカ属の蚊；（特に）ネッタイシマカ《黄熱病・デング熱を媒介》. ~ ægypti エジプト・シマカ, ネッタイシマカ. ~ africanus アフリカ・シマカ. ~ albopictus ヒトスジ・シマカ《デング熱を媒介》.

AEE (= *A*gence pour les *é*conomies d'*é*nergie) *n.f.* エネルギー節約機構.

AEEN (= *A*gence *e*uropéenne pour l'*é*nergie *n*ucléaire) *n.f.* ヨーロッパ原子力エネルギー機構.

AEF (= *A*frique *é*quatoriale *f*rançaise) *n. pr.f.* l'~ 仏領赤道アフリカ.

AEFE (= *A*ssociation pour l'*e*nseignement du *f*rançais à l'*é*tranger) *n.f.* 外国におけるフランス語教育協会.

AEI (= *a*dmis dans les *E*coles d'*i*ngénieurs) *n.m.pl.* 技師系グランド・ゼコール入試合格者.

AELE (= *A*ssociation *e*uropéenne de *li*bre-*é*change) *n.f.* ヨーロッパ自由貿易連合《=［英］EFTA : *E*uropean *F*ree *T*rade *A*ssociation；1959年のストックホルム協

定 Convention de Stockholm により, 1960年 5 月設立. 加盟国はオーストリア, スイス, スウェーデン, デンマーク, ノルウェー, ポルトガル, 連合王国. 1961 年フィンランドが加入, 1973 年デンマークと連合王国離脱, アイスランド加入, 1986 年ポルトガル離脱).

AEMG (= *a*utorisation d'*e*xporter du *m*atériel de *g*uerre) *n.f.* 軍事物資輸出許可.

AEMO (= *a*ction *é*ducative en *m*ilieu *o*uvert) *n.f.* 【社会保障】開放環境教育活動 (小児に対する社会的補助活動). enfant ~ 開放環境教育活動対象小児.

AEN (= *A*gence pour l'*é*nergie *n*ucléaire) *n.f.* (OECD の) 原子力エネルギー局.

AEP (= *A*gence *e*uropéenne de *p*roductivité) *n.f.* ヨーロッパ生産性本部.

aérage *n.m.* 【鉱】(坑道などの) 強制換気.

aérateur *n.m.* 換気装置；換気口；通風器.【医】~ transtympanique 鼓室ドレナージュ.

aération *n.f.* 通風, 通気, 換気 (= aérage)；換気装置. ~ du tunnel トンネルの換気〔装置〕. conduit d' ~ 換気ダクト.

aéré(e) *a.p.* **1** 風通しのよい. pièce mal ~ *e* 風通しの悪い部屋.
2 空気の良い. centre ~ 林間学校. centre ~ et préventorium 林間療養所.
3 通気性のある.
4 余白の多い；行間のあいた.
5 【土木】空気を導入した. béton ~ 気泡コンクリート, AE コンクリート (= béton à air entraîné).
6 【文】空気のように軽い；軽薄な. luxe ~ 軽薄な贅沢さ.
7 〔比喩的〕明白な, 的確な. intervention ~ *e* はっきりした介入.

aérien(ne) *a.* **1** 空気の, 大気の；空気中の；空中の. câble ~ 空中ケーブル. phénomènes ~ *s* 大気現象.【植】racine ~ *ne* 気根.
2 航空の, 航空機の；航空機による；空軍の. attaque ~ *ne* 空襲. base ~ *ne* 空軍基地. espace ~ 領空. Fête ~ *ne* 航空記念日 (ル・ブールジェの国際航空宇宙日本市 salon international de l'aéronautique et de l'espace au Bourget の最終日の日曜日). forces ~ *nes* 空軍. ligne ~ *ne* 航空路.【軍】régions ~ *nes* (フランスの) 空軍管区 (Metz, Villacoublay, Bordeaux, Aix-en-Provence の 4 管区). salon ~ 航空見本市, 航空ショー. tarif ~ 航空運賃. transports ~ *s* 航空輸送. voie ~ *ne* 空路.

aérifère *a.* 通気〔性〕の.【解剖】conduits ~ *s* 気道 (鼻・口など).【植】tissu ~ 通気組織.

aérium [aerjɔm] *n.m.* サナトリウム.

aerobic [aerobik]〔米〕*n.m.* エアロビクス (= 〔米〕aerobics)；エアロビクス・ダンス.

aérobie *a.* **1** 【生】好気性の (anaérobie の対). bactérie ~ 好気性細菌. métabolisme ~ 好気性代謝.
2 【生】酸素を必要とする. exercice musculaire ~ 酸素を必要とする筋肉運動.
3 【技術】空気中の酸素を必要とする. moteur ~ 空気吸入作動式エンジン.
— *n.m.* 【生】好気性細菌 (= bactérie ~).

aérobilie *n.f.* 【医】急性気腫性胆嚢炎 (総胆管や胆嚢にガスがたまる症状).

aérobiologie *n.f.* 【生】大気微生物学, 空中生物学.

aérobiologique *a.* 【生】大気微生物の, 大気浮遊生物の. Réseau national de surveillance ~ 大気浮遊微生物全国監視網 (略記 RNSA；www. rnsa. asso. fr.).

aérobiose *n.f.* 【生】好気性細菌の生息環境, 好気生活 (anaérobiose の対).

aérobus *n.m.* 【航空】エアロビュス, エアバス (超大型旅客機の通称) (= Airbus).

aéro-club *n.m.* 飛行クラブ, アエロクラブ.

aérocolie *n.f.* 【医】結腸内ガス貯留〔症〕.

aérocondenseur *n.m.* 【機械】空冷コンデンサー, 空気冷却器；【電】空気コンデンサー.

aérodigestif(ve) *a.* 【解剖】voies ~ *ves* 食道 (œsophage) と気管・動脈 (trachée-artère).

aérodistorsion *n.f.* 【航空】空力弾性歪み.

aérodrome *n.m.* 飛行場；空港. ~ civil 民間飛行場；民間空港.

aérodynamique *n.f.* 空気力学, 航空力学.
— *a.* **1** 空気力学の, 航空力学の. frein ~ スポイラー. **2** 流線形の.

aérodynamisme *n.m.* (自転車の) 空気抵抗化, 空力性能.

aérodyne [aerodin] *n.m.* 重航空体 (空気よりも重い飛行体) (aérostat の対).

aéroélasticité *n.f.* 【航空】空力弾性〔学〕.

aérofrein *n.m.* 空気ブレーキ, エアブレーキ, スポイラー (空気抵抗を増加させる方式のブレーキ).

aérogare *n.f.* (空港内又は都心の) エアターミナル. A ~ 1 de l'Aéroport de Paris-Charles-de-Gaulle. パリ=シャルル=ド=ゴール空港第 1 エアターミナル.

aérogastrie *n.f.* 【医】胃内空気貯留〔症〕.

aérogel *n.m.* 【化・物理】アエロジェル, エーロゲル, 気体ゲル.

aérogénérateur *n.m.* 風力発電機.

aéroglisseur *n.m.* ホバークラフト.

aérogramme *n.m.* 【郵】アエログラム, エアログラム, 航空書簡.

aérographe *n.m.* (絵具・塗料・ニス等の) スプレー, エアブラシ.

aérolargage *n.m.* 〖航空〗(物資の) 空中投下.

aérologie [aerɔlɔʒi] *n.f.* 〖気象〗高層気象学, 気象物理学, エアロロジー.
▶ **aérologique** *a.*

aéromètre *n.m.* 〖物理〗量気計, 気体計.

aéromobile *a.* 〖軍〗空中機動性をもつ. division ~ 空中機動師団 (ヘリコプター, 対戦車ミサイル, 空挺部隊などをもつ).

aéromodélisme *n.m.* 模型飛行機制作；模型飛行機競技.

aéromoteur *n.m.* 風力発電機, 風力モーター；風車.

aéronautique *n.f.* 1 航空学, 航空工学. Ecole nationale de l' ~ 国立航空学校. 2 航空機産業. 3 〖軍〗航空隊. ~ navale 海軍航空隊.
―― *a.* 航空の, 航空機の, 航空機産業の. construction (industrie) ~ 航空機産業.

aéronava*l* (***ale***) (*pl.* **~s**) *a.* 空軍と海軍合同の. bataille ~ *e* 空海戦.
―― *n.f.* 海軍航空隊. l'A ~ フランス海軍航空隊.

aéronef *n.m.* 航空機 (総称). mouvement d'~ *s* 航空機類の利用数 (頻度).

aéronomie *n.f.* 超高層大気物理学；航空物理化学.

aérootite *n.f.* 〖医〗航空性中耳炎 (航空機内の気圧変化によって生じる中耳炎).

aéropathie *n.f.* 〖医〗飛行機酔い, 航空病, 気圧減圧病.

aérophagie *n.f.* 〖医〗空気嚥下症.

aérophobie *n.f.* 嫌気性；嫌気症.

aéroport *n.m.* 1 空港. 2 民間航空施設の地方管理運営機構.

aéroportable *a.* 空輸可能の, 空輸機能をそなえた. division ~ (ヘリコプターなどによる) 空輸師団.

aéroporté(***e***) *a.* 空輸の, 空輸される. division ~ *e* 空輸師団.

aéroportuaire *a.* 空港の. capacité ~ 空港の機能能力. équipement ~ 空港施設.

aéroposta*l* (***ale***) (*pl.* ***aux***) *a.* 航空郵便の.
―― *n.f.* 航空郵便会社 (= Compagnie générale ~ *ale*, 1927-33 年).

aéroptère *n.m.* アエロプテール (航空機と船の複合体).

aéroréfrégérant(***e***) *a.* 大気による冷却方式の, 空冷式の. dispositif ~ 空冷装置.
―― *n.m.* 水の空冷装置.

aéroscope *n.m.* 空気検査器, 空気汚染物収集器 (空気中の塵の測定器).

aérosol [aerɔsɔl] *n.m.* 1 〖化〗エアゾール. 噴霧質. bombe à ~ エアゾール爆弾. 2 (殺虫剤・塗料・整髪剤などの) スプレー (= bombe ~).

aérospati*al* (***ale***[1]) (*pl.* ***aux***) *a.* 航空宇宙の. centre ~ 航空宇宙センター. véhi-cule ~ 航空宇宙船.

aérospatiale[2] *n.f.* 1 航空宇宙産業 (= industrie ~). 2 航空宇宙技術 (学).

aérostat [aerɔsta] *n.m.* 軽飛行体 (空気より軽いガスによる飛行体, 飛行船, 気球など) (aérodyne「重飛行体」の対).

aérostatique *n.f.* 〖物理〗空気静力学；軽航空機学.

aérotechnique *n.f.* 〖航空〗航空工学.

aéroterrestre *a.* 〖軍〗空軍と陸軍の (による). bataille ~ 空軍と陸軍による戦闘. manœuvres ~ *s* 空陸合同演習. opération ~ 空陸協同作戦.

aérothérapie *n.f.* 〖医〗大気療法, 空気療法.

aérotherme *a.* 温風方式の. four ~ 温風レンジ.
―― *n.m.* 温風暖房器, 温風ヒーター.

aérothermique *a.* 空気熱力学の.

aérothermodynamique *n.f.* 空気熱力学.

aérotrain *n.m.* 〖交通〗アエロトラン (フランス人のジャン・ベルタン Jean Bertin [1917-75] が発明したエア・クッション方式の快速列車. 1/2 縮尺の実験車両で 1966 年に時速 303 km, 1969 年時速 422 km を記録).

aérotransporté(***e***) *a.* 空輸された. 〖軍〗troupes ~ *es* 空輸部隊.

aéroville *n.f.* 空港都市, アエロヴィル (空港を中心に発達した都市).

AES[1] (= *a*dministrative, *é*conomique et sociale). 〖教育〗filière ~ des universités 大学の経営・経済・社会学系.

AES[2] (= *a*llocation d'*é*ducation *s*péciale) *n.f.* (障害者に対する) 特別教育手当.

AESA[1] (= *A*gence *e*uropéenne de *s*écurité *a*érienne) *n.f.* (ヨーロッパ連合の) ヨーロッパ民間航空安全管理機関 [= 〖英〗EASA：*E*uropean *A*viation *S*afety *A*gency》(2002 年設立).

AESA[2] (= *A*utorité européenne de *s*écurité des *a*liments) *n.f.* (ヨーロッパ連合の) ヨーロッパ食品安全管理機関 (= 〖英〗EFSA：*E*uropean *F*ood *S*afety *A*uthority)《2002 年 1 月発足》.

æthuse, éthuse *n.f.* 〖植〗エチューズ (散形花科の有害植物；通称 petite ciguë「小毒人参」).

A et M (= *a*rts et *m*étiers) *n.m.pl.* 工芸 (= AM). Conservatoire national des ~ 国立工芸保存院 (略記 CNAM).

AEVOG (= *A*ssociation et *e*ntraide des *v*euves et *o*rphelins de *g*uerre) *n.f.* 戦争寡婦・孤児相互扶助協会 (在 Paris).

AEW (= 〖英〗*A*irborn *E*arly *W*arning) *n.m.* 〖軍〗空中早期警戒機 = 〖仏〗système aéroporté d'alerte précoce).

AF[1] (= *A*ction *f*rançaise) アクション・フランセーズ《1899 年創立の極右政治団体. 20

AF²

世紀前半, Ch. Maurras, L. Daudet など有力な思想家を擁し活発に活動した).

AF² (=Air France) *n.pr.f.*〖無冠詞〗エール・フランス.

AF³ (=*a*llocations *f*amiliales) *n.f.pl.* 家族手当.

Afa (=*a*ction de *f*ormation *a*lternée) *n.f.*〖労働〗交替職業訓練行動計画〖地方分権の実施に伴い, 労働契約なしで, 国が実施した職業訓練実習).

Afab (=*A*ssociation *f*rançaise d'*a*griculture *b*iologique) *n.f.* フランス・バイオ農業協会《化学肥料・農薬を使用しない農業関係者の団体；1961年設立》.

AFAL (=*A*ssociation *f*rancophone d'*a*mitié et de *l*iaison) *n.f.* フランス語圏友好連絡協会《Alliance française などが加入しているフランス語圏連絡協議会. 1974年設立の Association francophone d'accueil et de liaison を, 1988年に引継いだ民間組織. 本部 Paris).

AFAP (=*A*ssociation *f*rançaise pour l'*a*ccroissement de la *p*roductivité) *n.f.* フランス生産性向上協会.

Afars (les) *n.m.pl.* アファール族《紅海とエチオピア高原一帯に居住するシーア派回教徒》. Territoire des ~ et des Issas アファール・ゼ・ディサ領土《旧フランス海外領土. 1977年にジブチ共和国 la République de Djibouti として独立》.

AFAT, afat [afat] (*pl.* ~**s**) (=*A*uxiliaire *f*éminine de l'*a*rmée de *t*erre) *n.f.* 陸軍婦人補助員 (部隊).

AFB (=*A*ssociation *f*rançaise des *b*anques) *n.f.* フランス銀行協会.

AFCI (=*a*ssociations médicamenteuses *f*ormellement *c*ontre-*i*ndiquées) *n.f.pl.*〖薬〗医薬品併用禁忌.

AFCIQ (=*A*ssociation *f*rançaise pour le *c*ontrôle *i*ndustriel de la *q*ualité) *n.f.* フランス工業品質管理協会.

AFD¹ (=*A*gence *f*rançaise de *d*éveloppement) *n.f.* フランス発展局《1998年4月17日旧「経済協力中央金庫」Caisse centrale de coopération économique を改称, 発展途上国の援助を担当する独立行政法人》.

AFD² (=*a*llocation de *f*in de *d*roit) *n.f.*〖社会保障〗(失業保険の) 基礎給付権利終了手当《基礎失業手当の権利がなくなり, 延長不可能なものに与えられる》.

Afeama (=*a*ide á la *f*amille pour l'*e*mploi d'une *a*ssistante *m*aternelle *a*gréée) *n.f.*〖社会保障〗公認保育助手の雇入れを要する家庭に対する補助金.

AFEC (=*A*ssociation *f*rançaise des *é*tablissements de *c*rédit) *n.f.* フランス金融機関協会.

AFECEI (=*A*ssociation *f*rançaise des *é*tablissements de *c*rédit et des *e*ntreprises d'*I*nvestissement) *n.f.* フランス金融機関・投資企業協会.

AFEF (=*A*ssociation *f*rançaise des *e*nseignants de *f*rançais) *n.f.*〖教育〗フランス語教員フランス連合.

AFEI (=*A*ssociation *f*rançaise pour l'*é*tiquette d'*i*nformation) *n.f.* フランス情報ラベル協会.

AFER, Afer (=*A*ssociation *f*rançaise d'*é*pargne et de *r*etraite) *n.f.* フランス貯蓄・年金協会《1962年消費者擁護のために設立》.

affabulation *n.f.* **1** (小説などの) 筋立て, プロット (=~ littéraire).
2 (話などの) でっち上げ, 捏造；〖心〗作話；つくり話.
3〖古〗寓意；教訓.

affacturage *n.m.* 債券買取〔業〕(〔英〕factoring の公用推奨語).

affaiblissement (<affaiblir) *n.m.* **1** (身体能力の) 衰え, 衰弱, 衰退, 低下. ~ de la mémoire 記憶力の衰え. ~ de la santé 健康の衰え. ~ intellectuel 知能低下.
2 衰退, 弱体化. ~ de l'armée 軍隊の弱体化. ~ de l'Etat 国家の衰退. ~ d'une monnaie 通貨の弱体化.
3〖言語〗~ de sens 語の意味の弱まり.
4〖写真〗減感；〖物理〗減衰. ~ de la couleur 退色.

affaire *n.f.* **1** 問題, 事柄, 関わりのある事. ~ d'argent 金の問題. ~ de cœur 恋愛, 情事.〖運送〗~s maritimes 海事問題. avoir ~ à qn …と関わりを持つ, …を相手にする. avoir ~ avec qn …と共同でやるべきことがある. Mêlez-vous de vos ~s. 他人の問題に口出しするな. faire son ~ à qn 罰する, 痛い目にあわせる；〔俗〕殺す. faire l'~ 必要に応える, 都合がよい. une ~ d'Etat 国家に関わる事, 大事.
2 仕事, 用事, 事務. ~s courantes 日常事務. les ~s de l'Etat 国務. ~ étrangères 外務. ministre des ~s étrangères 外務大臣. ~ privées 私事. ~s publiques 公務. ~s sociales 社会問題. ministère des ~s sociales 社会問題省. chargé d'~s 代理大使. toute(s) ~(s) cessante(s) とるものも取り敢えず.
3 厄介な事, 困難な事態, 面倒. se tirer d'~ 難局を切り抜ける.
4 事件, 特殊係争事件；汚職事件, スキャンダル；訴訟, 裁判. ~s commerciales 商事事件. l'~ Dreyfus ドレフュス事件. les ~s de la troisième République 第三共和政下のスキャンダル.
5 紛争, 戦争. l'~ d'Algérie アルジェリア戦争. l'~ des fusées de Cuba キューバ・ミサイル事件.
6 得意な事. L'automobile, c'est son ~. 自動車なら彼が得意だ. être à son ~ 好きで得意なことをする.
7 事業, 取引, 得な取引, ビジネス；会社.

banque d'~s 事業銀行《1946年の銀行法により, banque de dépôt, banque de crédit à long et moyen terme との対比で, 対個人取引面で一定の制約を受けるかわりに, 他企業への事業参加などが自由な銀行とされたが, 1966年以降, 制約の大部分が撤廃された》. agent d'~ 取引仲介業者, 取引代理人. chiffre d'~s 売上高. dêner d'~ ビジネス会食, 社用会食. homme d'~s 経営者, 事業家. milieux d'~s 実業界. bonne ~ 有利な取引. être à la tête d'une grosse ~ 大会社のトップである. être dans les ~s ビジネスをしている.
8 〖pl. で〗身の回りの品, 所持品, 衣類 (= effets personnels).

affairisme (<affaire) n.m. (特に投機による)金儲け主義, 営利主義；利権取引.

affamé(e) (<faim) a.p. **1** 飢えた, 空腹の. air ~ ひもじそうな様子. estomac (ventre) ~ 空腹. loup ~ 飢えた狼. Ventre ~ n'a point d'oreilles. 空腹は聴く耳を持たない《La Fontaineの言葉》.
2〖比喩的〗〖地質〗sol ~ 保水性のない土壌. terre ~ 痩せた土地.
3〖比喩的〗(de)(を)渇望する, (に)飢えた. homme ~ d'argent 金に飢えた人. homme ~ de vengeance 復讐心に燃えた人. être ~ d'amour 愛に飢えている. être ~ de+inf. …したくて矢も盾もたまらない.
— n. 飢えた人.

affameur(se) (<faim) n. 〖蔑〗買占めにより食糧不足を招来する輩.

affect n.m. 〖心〗情動. quantum d'~ 情動量.

affectation (<affecter) n.f. Ⅰ **1** (à ~ の) 充当, 割当て；用途. ~ d'un crédit spécial à l'achat de matériels 機器購入特別予算割当. ~ de moyens à une armée 軍への充当. ~ des ressources 資金の割当て. ~ hypothécaire 抵当充当. compte d'~ spéciale 特別充当会計《道路, 宝くじなど, 特定財源をもつ》特別会計. patrimoine d'~ 目的財産.
2 (人員の) 配属, 配置, 任用；〖軍〗徴用. ~ des agents publics 公務員の職務への配置. ~ de défense 国防徴用《兵役義務者の民間防衛職務への任用；軍の指揮下に入る》. ~ légale (行政職への) 合法的任用. 〖軍〗~ spéciale (予備役兵士の兵役以外の任務への) 特別徴用《非軍事任用；現~ de défense》. rejoindre son ~ 着任する. Sa prochaine ~ sera Paris. 彼の次の任地はパリだ.
3〖行政〗公用開始.
Ⅱ 気取り, 見せかけ, 気障っぽさ.

affecté(e) a. **1** 気取った, 気障った, わざとらしい. D'un air ~, il déclare qu'il aimerait faire sa connaissance. 彼は気取った態度で彼女に紹介してほしいと言う.
2 影響を受けた, 冒された, 悲しんだ. Il a

été extrêmement ~ de la nouvelle de mort de son oncle. 彼は叔父死亡の知らせにひどく悲しんだ. Il serait inexact de dire que l'économie n'a pas été ~e par cette catastrophe naturelle. この自然災害が経済に影響しなかったと言うのは不正確だろう.

affection n.f. **1** 愛情, 愛着, 愛, 優しい気持ち, 友情. prendre qn en ~ …を好きになる, …をいとおしく思う. se prendre d'~ pour qn …に愛情を抱く. Le chien est un animal qui a besoin de beaucoup d'~. 犬は愛されることを必要としている.
2〖医〗疾患, 症状, 病気. ~ cutanée 皮膚疾患.
3〖心〗(喜び, 痛みなどの) 感情, 情性.

affectif(ve) (<affection) a. **1**〖心〗感情の；〖言語〗情意的な. états ~s 感情的状態.〖精神医学〗platitude ~ve 感情荒廃. verbes ~s 情意動詞.
2 感情的な. réaction ~ve 感情的反応. vie ~ve 感情生活.

affectueux(se) a. 情愛深い；愛情のこもった, 優しい. air ~ 情愛に満ちた様子. ami ~ 情愛深い友人. caractère ~ 優しい性格. sourire ~ 優しい微笑. être ~ avec (pour) qn 人に対して情愛深い. A~ souvenirs 愛情をこめて《手紙の末尾の文言》.

affermage (<affermer) n.m. **1** (農地などの賃貸借契約に基づく) 賃貸借 (=bail à ferme).
2 (広告スペースなどの) 賃貸利用契約.
3 (公共事業などの) 外部委託；請負；〖史〗(大革命前の) 徴税請負.

affichage n.m. **1** 張り紙を貼ること；掲示. ~ du permis [de construire] 建築許可証の掲示. panneau d'~ (特に選挙に際して) ポスター掲示板.
2 公示, 告示, tableau d'~ 競馬場の結果表示板.
3 ポスターによる選挙キャンペーン.
4 表示. ~ des informations sur écran à cristaux liquides (カメラで)諸データの液晶ディスプレー表示. double ~ francs/euros フランとユーロの二重価格表示. montre à ~ numérique ディジタル腕時計. ~ du poste de pilotage 操縦席の各種表示.

affiche n.f. **1** ポスター, 張り紙, ビラ. ~ électorale 選挙ポスター. ~ judiciaire 裁判所の公告. ~ publicitaire 広告用のポスター. colleur d'~s ポスター貼り, 運動員, 活動家.〖話〗C'est à l'~. 言うまでもない, 目にみえている.
2 (特に劇場の) プログラム. tête d'~ 主演俳優. mettre une pièce à l'~ ある戯曲を演目に入れる. rester à l'~ 続演される.

affiché(e) a.p. **1** 公示された. prix ~ 公示価格. proclamation ~e 公告.
2 公けにされた；見せびらかした, 誇示した. liaison ~e 見せびらかした関係. opi-

affichette *n.f.* 【商業】小形ポスター；ちらし.

afficheur[1](***se***) *n.* **1** ポスター張り(人) (=colleur d'affiches).
2 ポスター張り業者.

afficheur[2] *n.m.* 【電算】ディスプレー装置. ~ à cristaux liquides 液晶式ディスプレー.

affichiste *n.* ポスター・デザイナー, ポスター作家.

affidavit [-vit] *m.m.* 【法律】宣誓供述書；非課税申告〔書〕《国債等の有価証券をもつ外国人がすでに自国で課税されているため, 免税を申告すること, およびその申告証明書》.

affidé(e) *a.* **1** 〖蔑〗手下の, 手先の；ぐるの. **2** 〖古〗腹心の.
——*n.* **1** 〖蔑〗手下, 手先；相棒；共謀者. **2** 〖古〗腹心.

affiliation *n.f.* **1** (団体などへの) 加盟, 加入, ~ à la Fédération 連盟への加入. ~ au parti socialiste 社会党への入党. ~ à la Sécurité sociale 社会保障制度への加入.
2 (会社などの) 系列化；提携.

affilié(e) *a.* **1** (団体などに) 加入 (加盟) した. **2** 系列化された.
——*n.* **1** 加入者, 加盟者, 会員. **2** 系列会社 (= société ~ e).

affinage (<affiner) *n.m.* **1** 〖冶〗精錬. ~ de l'acier 鉄鋼の精錬. ~ des métaux 金属精錬. ~ électrolytique 電気精錬, 電解精錬.
2 精製. ~ du sucre 砂糖の精製. ~ du verre ガラスの精製.
3 (チーズの) 熟成. ~ du fromage チーズの熟成. cave d'~ (チーズの) 熟成庫.
4 (布地の) 仕上げ, コーミング. ~ du lin 亜麻の梳き揃え.

affinerie *n.f.* 〖冶〗精錬所；精錬 (=affinage).

affinité *n.f.* **1** 親近性, 親近感, 関連性, 類似性. relations d'~ 社会グループ間の親近関係 (relations conflictuelles の対). 〖文〗《Les A~s électives》『親和力』(Goethe).
2 〖化, 物理〗親和力；〖生〗類縁性；〖言語〗類縁性；〖数〗アフィン変換.
3 〖法律〗姻戚関係.

affirmatif[1](***ve***)[1] *a.* **1** 肯定的な (négatif 「否定的な」の対). geste ~ 肯定的な仕種. proposition ~ *ve* 〖論理〗肯定命題；〖文法〗肯定節. réponse ~ *ve* 肯定的返答.
2 (人・口調などが) 断定的な, きっぱりした. C'est un homme trop ~. 彼はものをきっぱり言いすぎる.

affirmatif[2] *ad., int.* 了解, ロージャー (= [英] roger) (通信用語).

affirmation *n.f.* **1** 断言, 明言, 宣言, 強い調子の言辞, 主張, 言葉. En dépit de vos ~s, je n'en crois rien. 貴方がいかに強く断言されようと, 私は貴方の言葉はまったく信じません. L'~ selon laquelle le modèle japonais n'aurait plus de sens est aussi absurde que celle qui le montait en épingle. 日本型経営方法がもはや何の意味もないとする見解は, 同じ日本型経営を誉めちぎっていた主張と同じくらい無意味である.
2 明確化, 確立. ~ de la personnalité 個性の確立.
3 〖文法〗肯定文. adverbes d'~ 肯定副詞 (oui, assurément など).

affirmative[2] *n.f.* 肯定；肯定的返答. dans l'~ 同意の場合は. répondre par l'~ 肯定的返答をする.

affix*al* (*ale*) (*pl. aux*) *a.* 〖言語〗接辞の；接辞による. élément ~ 接辞要素.

affixe[1] *n.m.* 〖言語〗接辞 (préfixe 接頭辞, infixe 接中辞, suffixe 接尾辞；*ex.* enter-re*ment*).
——*a.* 接辞となる.

affixe[2] *n.f.* 〖数〗付随値.

affligé(e) *a.p.* 悲嘆に暮れた；(de に) 苦悩する, (病気などに) とりつかれた. mère ~ *e* 悲嘆に暮れた母親. être ~ d'une bronchite chronique 慢性気管支炎にとりつかれている. être ~ de + *inf.* (de ce que + *ind.*, que + *subj.*) …することに心を痛める.
——*n.* 悲嘆に暮れた人.

affligeant(e) (<affliger) *a.* **1** 悲しみ (苦悩) を催させる. nouvelle ~ *e* 痛ましい知らせ (ニュース).
2 (劣悪で) 嘆かわしい, 耐え難い. spectacle vraiment ~ 実に見るに耐えないショー.

affluence *n.f.* **1** 群衆, 人波；殺到. ~ des clients 顧客の殺到. ~ de toutes sortes de gens 群衆の波. heures d'~ ラッシュアワー.
2 〔古〕(水・液体の) 流入. réservoir d'~ 貯水槽.
3 〖比喩的〗潤沢さ, 豊饒, 豊富. ~ de biens 財産の潤沢さ.

affluent(e) *a.* **1** (川が) 本流に注ぐ. rivière ~ *e* 支流.
2 〖医〗(体液が) 一個所に集注する. sérosité ~ *e* 集注漿血.
——*n.m.* **1** 支流. les ~ *s* de la Seine セーヌ河の支流群. le Loir, un des ~ *s* de la Loire ロワール河の支流の一つであるル・ロワール川.
2 〖解剖〗支脈. les ~ *s* d'un artère 動脈の支脈.
3 (大通りから) 分岐する道路, 分岐. ~ *s* du boulevard 大通りの分岐.

afflux [afly] *n.m.* **1** (液体の) 集中, 集注. ~ de sang 充血, 鬱血 (うっけつ). ~ de sang à la tête 頭に血がのぼること.
2 (液体・電気などの) 流入. ~ cathodique

イオン流. ~ du pétrole dans un pipeline パイプラインの石油の流入.
3 (人の) 殺到. ~ de touristes 観光客の殺到.
affolant(e) *a.* 気も狂いそうにさせる；常軌を失わせる, 夢中にさせる；〔話〕驚くべき, 恐ろしい, ひどい；不安な. C'est ~! 気が遠くなりそうだ！, それはひどい！
affolé(e) *a.p.* **1** 気も狂わんばかりの, 常軌を逸した；取り乱した. gestes ~s 半狂乱の振舞. être ~ de peur 恐怖に気も狂わんばかりである.
2〔物理〕(磁針が) 狂った. aiguille ~*e* 狂った磁針.
—*n.* 気も狂わんばかりの人, 周章狼狽した人.
affolement *n.m.* **1** 半狂乱；狼狽；恐慌. ~ de la Bourse 証券市場の恐慌状態. être pris d'un ~ complet すっかり狼狽している. Allons, pas d'~! そんなに慌てるな！
2 無我夢中.
3 磁針の狂い.
affouage *n.m.* **1**〔法律・林業〕入会地 (共有林) 伐採権；入会権 (= droit d'~). ~ communal 町村民の入会伐採権.
2 共有林の取分, 入会権の取分.
affouagé(e) *n.* 入会権保有 (行使) 者.
affouagiste *n.* 入会権保有 (行使) 者.
affranchi(e) (<affranchir) *a.p.* **1** (奴隷・都市などが) 解放された；独立した.〔史〕serf ~ 解放農奴. ville ~*e* 自由都市.
2 (偏見・因襲・伝統などから) 解放された. esprit ~ 因襲などにとらわれぬ自由な精神〔の持主〕. femme ~*e* 解放された女性；〔話〕自由奔放に生きる女性. jeunesse ~*e* 自由奔放な若者.
3 (郵便物が) 郵送料を支払われた, 切手を貼られた. lettre mal ~*e* 郵税不足の手紙.
—*n.* **1** 解放奴隷. **2**〔話〕伝統・因襲などにとらわれない人, 自由奔放に生きる人.
affranchissement *n.m.* **1** (奴隷などの) 解放, (政治的な) 独立, 解放. ~ de la femme 女性解放.
2〔比喩的〕(苦痛・恐怖などからの) 解放.
3〔郵〕郵便料金, 郵送料；郵便料金の支払；郵便切手の貼付. ~ d'une lettre 手紙への切手貼付. tarif d'~ pour l'étranger (la France) 国際 (国内) 郵便料金〔表〕.
4〔史〕(税・扶役などの) 免除.
affrètement *n.m.* **1** 傭船, (飛行機などの) チャーター. ~ à temps 定期傭船〔契約〕. **2** 傭船 (チャーター) 契約.
affréteur *n.m.* 傭船者；(航空機, 車などの) 賃借者, チャーター主.
affreux(se) *a.* **1** おぞましい, 恐ろしい, 酷い. cauchemar ~ うなされるような悪夢.
2 醜悪な, 不快な, 極めて遺憾な. C'est un ~ malentendu. それはまったく酷い誤解

だ. temps ~ いやな天気.
—*n.m.* 恐るべきこと.
afghan(e) *a.* アフガニスタン (l'Afghanistan) の；アフガニスタン〔人・語〕の.〔犬〕lévrier ~ アフガンハウンド.
—*A*~ *n.* アフガン人.
—*n.m.* **1** アフガニスタン語, パシュート (pachto) 語. **2**〔衣〕アフガン (毛皮を裏返しに使ったアフガニスタン風の上着).
afghani *n.m.* アフガニ (アフガニスタンの通貨単位).
Afghanistan (l') *n.pr.m.* 〔国名通称〕アフガニスタン (公式名称: l'Etat islamique d'A ~ アフガニスタン・イスラム国；la République afghane アフガニスタン共和国. 国民: Afghan (e)；首都: Kaboul カーブル, カブール；通貨: afghani [AFA]).
AFH (= Association *f*rançaise des *h*émophiles) *n.f.* フランス血友病患者協会.
AFI (= *A*gence *f*emmes *i*nformation) *n.f.* 女性情報紹介所.
AFIA (= *A*ssociation *f*rançaise d'*i*ndustrie de l'*a*rmement) *n.f.* フランス兵器産業連盟.
afibrinogénémie *n.f.*〔医〕無フィブリノーゲン血症.
AFIN (= *A*ssociation *f*rançaise des *in*formaticiens) *n.f.* フランス情報処理関係技術者協会.
aflatoxine *n.f.*〔生化〕アフラトキシン (かびから発生する発癌性毒物).
AFME (= *A*gence *f*rançaise pour la *m*aîtrise de l'*é*nergie) *n.f.* フランス・エネルギー制御機構.
AFMI (= *A*ssociation *f*rançaise des *m*agistrats de l'*i*nstruction) *n.f.* フランス予審司法官協会.
AFNOR, Afnor [afnɔr] (= *A*ssociation *f*rançaise de *nor*malisation) *n.f.* フランス〔工業〕規格協会. normes ~ フランス規格協会規格.
AFOC (= *A*ssociation *F*orce *O*uvrière *C*onsommateurs) *n.f.* 労働者の力消費者協会 (1974年設立 F.O.系の消費者団体).
afocal (ale) (*pl. aux*) *a.*〔光学〕無焦点の, 無限遠に焦点が合った.
a fortiori〔ラ〕*l.ad.* いわんや, なおさら, ましてや.
AFP [aɛfpe] (= *A*gence *f*rance-*P*resse) *n.f.* フランス通信社.
AFPA (= *A*ssociation pour la *f*ormation *p*rofessionnelle des *a*dultes) *n.f.* 成人職業訓練協会 (1901年設立).
AFPS (= *a*ttestation de *f*ormation aux *p*remiers *s*ecours) *n.f.*〔医〕応急手当有資格証明.
AFR (= *a*llocation *f*ormation-*r*eclassement) *n.f.* 職業訓練・再就職手当.
AFRESCO (= *A*ssociation *f*rançaise de *r*echerches et *s*tatistiques *co*mmerciales)

africain(e) *n.f.* フランス商業調査統計協会.
africain(e) *a.* アフリカの; (特に)黒人アフリカ(l'Afrique noire)の. continent ~ アフリカ大陸. langues ~ *es* (négro-~ *es*)黒人アフリカ諸言語.
—**A** ~ *n.* アフリカ人; アフリカ大陸の住民; (特に)アフリカの黒人.
africanisation *n.f.* アフリカ化.
africanisme *n.m.* **1** アフリカ学. **2** 〖言語〗アフリカ語法.
africaniste *n.* アフリカ学者; (特に)アフリカ文化(言語)学者.
African National Congress 〖英〗 *n.m.* アフリカ民族会議(略記 ANC; 南アフリカ共和国の民族主義運動組織; =〖仏〗CNA: *C*ongrès *n*ational *a*fricain).
afrikaan *a.* アフリカーナー(南アフリカのオランダ系白人)の.
—**l'**~ アフリカーナー語(南アフリカの公用語の一つ).
Afrique (l') *n.pr.f.* アフリカ(大陸). l'~ australe 南部アフリカ. l'~ centrale 中央アフリカ. l'~ occidentale (de l'ouest) 西アフリカ.
▶ **africain(e)** *a.*
Afrique du Sud (l') *n.pr.f.* [国名通称]南アフリカ(公式名称 la République d'*A*~ 南アフリカ共和国; 国民: Sud-Africain(e); 行政的首都 Pretoria プレトリア, 立法首都 Le Cap ケープ・タウン; 通貨: rand [ZAR]).
Afrique-Equatoriale française *n.pr.f.* 仏領赤道アフリカ(現在のコンゴ=ブラザヴィル Congo-Brazzaville, ガボン Gabon, チャド Tchad, 中央アフリカ Répubbique centrale に相当する旧仏領植民地; 略記 AEF).
afro *a.inv.* 〖髪形〗アフロヘアーの. coiffure ~ アフロヘアー.
afro-américain(e) *a.* アフリカ系アメリカ人の, アメリカ黒人の.
—**A**~ -**A**~ *n.* アフリカ系アメリカ人, 黒人のアメリカ人.
afro-asiatique *a.* アフリカとアジアの. états ~ *s* アフリカ・アジア諸国.
afrocentrisme *n.m.* アフリカ中心主義.
afro-rock *n.m.* 〖音楽〗アフロロック(アフリカの伝統音楽を活かしたロック; afro-beat).
AFS (= *A*gence *f*rançaise du *s*ang) *n.f.* フランス血液管理機構(1993年設立の独立行政法人; 2000年より Etablissement français au sang (EFS) となる).
Afssa (= *A*gence *f*rançaise de la *s*écurité *s*anitaire des *a*liments) *n.f.* フランス食品衛生管理機構(1999年設立).
AFSSAPS (= *A*gence *f*rançaise de *s*écurité *s*anitaire et des *p*roduits de *s*anté) *n.f.* フランス保健衛生安全・保健製品監視機構(1998年創設).
AFSSE (= *A*gence *f*rançaise de *s*écurité *s*anitaire de l'*e*nvironnement) *n.f.* フランス環境衛生安全機構.
Afta (= [英] *A*sian *f*ree *t*rade *a*rea) *n.m.* アジア自由貿易圏 (=[仏] Zone asiatique de libre-échange).
after-shave [aftœrʃɛv] [英] *n.m.inv.* アフターシェーヴローション(= lotion après-rasage).
AFTRP (= *A*gence *f*oncière et *t*echnique de la *r*égion *p*arisienne) *n.f.* パリ地方不動産技術管理機構.
Afu (= *A*ssociation *f*oncier *u*rbaine) *n.f.* 都市不動産協会.
AFUB, Afub (= *A*ssociation *f*rançaise des *u*sagers des *b*anques) *n.f.* フランス銀行利用者連盟.
AFUT, Afut (= *A*ssociation *f*rançaise des *u*tilisateurs du *t*éléphone) *n.f.* フランス電話利用者連盟.
Afuu (= *A*ssociation *f*rançaise des *u*tilisateurs d' *U*nix) *n.f.* 〖情報処理〗フランス・ユニックス利用者協会.
AG[1] (= [独] *A*ktien*g*esellschaft) *n.f.* 株式会社(=[仏] société par actions; société anonyme: SA).
AG[2] (= *a*nti*g*ène) *n.m.* 〖医〗抗原.
AG[3] (= *a*ssemblée *g*énérale) *n.f.* 総会.
Ag (= *arg*ent) *n.m.* 〖化〗「銀」の元素記号.
agaçant(e) *a.* **1** 神経にさわる, 人をいら立たせる, うるさい. grincement ~ 気にさわる軋む音. personne ~*e* 神経にさわる人. Rien n'est plus ~ que …ほど人をいらいらさせることはない.
2 あだっぽい, 煽情的な. regard ~ あだっぽい目差し.
agalactie, agalaxie *n.f.* 〖医〗無乳症(乳汁分泌不全症).
agammaglobulinémie *n.f.* 〖医〗無 γ グロブリン血症, 低 γ グロブリン血圧(原発性免疫不全症候群の一つ, γ グロブリンが著しく減少もしくは欠如している症状).
agamogenèse *n.f.* 〖生〗無性生殖.
agar-agar [agaragar] [マライ] *n.m.* 寒天; 寒天培養基, 寒天培地 (= gélose).
agaric *n.m.* 〖茸〗アガリスク茸(担子菌綱 Basidiomycètes の茸; 食用・薬用) (= champignon de couche). ~ champêtre はらたけ (= rosé-des-prés).
agaricacées *n.f.pl.* 〖茸〗はらたけ科; はらたけ科の茸(担子菌類).
agarose *n.f.* 〖化〗アガロース(寒天の主成分の多糖) (= champignon de couche).
agate *n.f.* **1** 〖鉱〗アガート, 瑪瑙(めのう), 玉髄(calcédoine 玉髄, cornaline 紅玉髄, héliotrope 血玉髄, saphirine 青玉髄, sardoine 橙玉髄などの種類がある). ~ chrysoprase 緑玉髄, クリソプレース.

2 瑪瑙玉；瑪瑙細工.
3 瑪瑙を模したもの；瑪瑙風ガラス. bille d'~ ビー玉
——a. 瑪瑙模様の. verre ~ アガート風ガラス《半透明のすりガラス》.

agavacées *n.f.pl.* 〖植〗竜舌蘭科；竜舌蘭科の植物.

agave *n.m.* 〖植〗竜舌蘭(りゅうぜつらん). alcool d'~ 竜舌蘭酒, テキーラ(tequira, téquila), メスカル(mescal).

AGCS (= *A*ccord *g*énéral sur le *C*ommerce des *S*ervices) *n.m.* 〖経済〗サーヴィス取引に関する一般協定. zones hors ~ サーヴィス取引に関する一般協定外地域.

Agde *n.pr.* アグド《西南フランスの地中海沿岸の町, département de l'Hérault エロー県の小郡庁所在地；市町村コード 34300；形容詞 agathois(e)》. le cap d'~ アグド岬《地中海沿岸の有数のリゾート・センター》.

AGE (= *a*ccords *g*énéraux *d'e*mprunt) *n.m.pl.* (国際通貨基金の)一般借り入れ協定(1962年10月発効；=［英］GAB: *G*eneral *A*greement to *B*orrow). ~ en DTS 特別引出権(SDR)による一般借り入れ協定.

âge *n.m.* **1** 年齢, 年. ~ de la retraite 定年. ~ légal 法定年齢, 成年. ~ mental 精神年齢. ~ scolaire 学齢. classe d'~ 年齢層. groupe d'~ 年齢階層, composition de la population selon les groupes d'~ 人口の年齢階層別構成. population en ~ de travailler 生産年齢人口. pyramide des ~s 人口の年齢別構成〔図〕, 人口ピラミッド.
2 人生の特定時期. ~ canonique (女性について, 聖職者の世話を許される下限である) 40歳. être d'un ~ canonique 年寄りである. ~ critique 更年期 (= ~ climatérique). ~ de raison 判断力のつく頃《7歳位》. ~ ingrat 思春期. ~ mûr 中年. ~ tendre 幼年期. bel ~ 青春. deuxième ~ 第二乳児期《生後4カ月から1年の授乳期》. premier ~ 第一乳児期《生後4カ月間の授乳期》. quatrième ~ 第四老年期《75歳以上の老年；後期老年期, 老衰期 sénécence》. troisième ~ 第三老年期《60歳以上の老年；定年退職年代》. d'un certain ~ 熟年の, 若くない. entre deux ~s 青年と老年の間. être d'~ à; en ~ de... …の適齢期である. Elle est d'~ à se marier. 彼女は結婚適齢期である.
3 老年, 老齢. homme d'~ 老人.
4 〖史〗~ de la pierre 石器時代. ~ du bronze 青銅時代. 〖神話〗~ d'or 黄金時代《これが衰退する過程を d'argent, ~ d'airain, ~ de fer となる》；〔一般に〕黄金時代, 最盛期；〖カナダ〗定年退職. moyen ~ 中世《西洋の場合5世紀後半から15世紀中葉まで》.
5 木, 岩などの年. ~ de la lune 月齢.

âgé(e) *a.* **1** 年を取った, 年長の, 年配の, 老齢の. personne ~e 老齢者. Le problème des personnes ~es est l'un des sujets plus graves de préoccupation à la fin du vingtième siècle. 老齢者の問題は20世紀終わりのもっとも憂慮されるべき問題の一つである. Le plus ~ de nous deux, c'est moi. われわれ二人のうち年上のほうは私だ.
2 …歳の. Il est ~ de 40 ans. 彼は40歳だ.

Aged (= *a*llocation de *g*arde d'*e*nfant à *d*omicile) *n.f.* 〖社会保障〗自宅育児手当《勤労者家庭の3歳児未満を対象》.

Agen *n.pr.* アジャン《département de Lot-et-Garonne ロット゠エ゠ガロンヌ県の県庁所在地；市町村コード47000；形容詞 agenais(e)》. aéroport d'~-la-Garenne アジャン゠ラ゠ガレンヌ空港. cathédrale Saint-Caprais d'~ アジャンのサン゠カプレ大聖堂. marché de fruits et légumes d'~ アジャン青果市. pruneaux d'~ アジャン名産の乾しプラム.

agence *n.f.* **1** 行政機関；独立行政法人；外局；会社；代理店. ~ de presse 通信社《代表的なものに A ~ France Presse (AFP) がある》. ~ de placement 職業紹介所《A ~ nationale pour l'emploi (ANPE) 国立雇用局は1967年設立の労働大臣直轄機関》. ~ de publicité 広告代理店. ~ de renseignements 興信所. ~ de voyage 旅行代理店. A ~ financière du bassin 流域財政局《フランス本土を主要河川の流域ごとに分割し, それぞれの水資源を管理する行政機関》. A ~ internationale de l'énergie (AIE) 国際エネルギー機関. A ~ internationale de l'énergie atomique (AIEA) 国際原子力機関. ~ immobilière 不動産業者. ~ théâtrale プレイガイド. A ~ spatiale européenne (ASE) ヨーロッパ宇宙機関.
2 (銀行などの)支店. directeur d'~ 支店長.
3 事務所. se rendre à l'~ 事務所に行く.

agénésie *n.f.* **1** 〖生〗無発生.
2 〖医〗無発生〔症〕, 無形成〔症〕, 欠損〔症〕；不妊. ~ du corps calleux 脳梁欠損症. ~ gonadique 性腺無形成《性腺の形成異常》. ~ ovarienne 卵巣無形成. ~ pilaire 無毛症.

agent *n.m.* Ⅰ **1** 職員, 係員, 警察官. ~ de l'Etat 国家公務員. ~ de police 巡査 (= gardien de la paix；単独で agent ともいう). ~ d'encadrement 幹部職員. ~ de maîtrise 現場主任. ~ diplomatique 外交官. ~ en douane 税関吏. 〖軍〗~ de liaison 連絡担当官.
2 代理人, 仲介者, エージェント. ~ de change 公認仲買人《1988年まで株式市場における取引の独占権を持っていた；同年以降, société de bourse 証券会社がそれにとってかわり, さらに1996年に関連法の改正があり, entreprise d'investissement 投資会社と称されることになった》. ~ d'assurance 保険業者. ~ de publicité 広告エージ

ェント. ~ immobilier 不動産周旋業者. ~ de voyage 旅行代理業者.
3 〚蔑〛手先. ~ de l'étranger 外国の手先. ~ provocateur (主として公権力の手先とし て組織に潜入する)挑発者.
4 工作員, スパイ. ~ secret 秘密工作員.
Ⅱ **1** 作用物, 要因, 薬剤, 物質. ~ chimique 病原体となる化学物質. ~ pathogène 病原体.
2 行動主体;〚言語〛動作主, 能動主.〚経済〛~ économique 経済主体《国民経済計算上の概念. 1976年以降は unité économique となる》.

AGER (=*a*ntiquités *g*recques, *é*trusques et *r*omaines) *n.f.pl.* 古代ギリシア・エトルリア・ローマ. Département des ~ du Musée de Louvre ルーヴル美術館の古代ギリシア・エトルリア・ローマ部門.

Agétac (=*A*ccord *g*énéral sur les *t*arifs douaniers et le commerce) *n.m.* 関税および貿易に関する一般協定, ガット (GATT: General Agreement on Tarifs and Trade).

ageusie *n.f.* 〚医〛味覚損失〔症〕.

AGF (=*A*ssurance *g*énérale de *F*rance) *m.pr.f.* フランス綜合保険〔会社〕.

aggiornamento [a(d) ʒjɔrnamɛnto] 〚伊〛*n.m.* **1** (教会の)近代化.
2 近代化, 改革, 刷新. ~ nucléaire 核兵器の近代化.

agglo *n.m.* 〚話〛集成材, 凝集材 (=bois *agglo*méré; パーチルボードなど).

agglomérant(e) *a.* 凝集させる, 粘結させる.
—*n.m.* 粘結剤;凝集剤.

agglomérat *n.m.* **1** 〚鉱〛集塊岩, 凝灰集塊岩, 団鉱. ~ volcanique 火山性集塊岩.
2 (人・物の)集まり;〚蔑〛(雑多な人・物の)寄せ集め. ~ d'hommes (d'animaux) 人(動物)の集団.

agglomération *n.f.* **1** 〚冶〛焼結, 粘結;団鉱, アクロメレーション.
2 (異なった要素の)結びつき, 合体;集合体.
3 人家集合地帯, 人口密集地帯;大都市圏. ~ parisienne パリ地方, 首都圏. grande ~ 大都市圏. Les communautés urbaines regroupent plusieurs communes d'une même ~ de plus de 200.000 habitants. (地方行政上の)都市共同体とは人口20万以上の大都市圏に属する複数の市町村を集めたものである. ~ rurale (urbaine) 村(町), (特に)大都市圏. ~ satellite 衛星都市. petite ~ 小集落.

aggloméré[1] *n.m.* **1** 焼結鉱. ~ autofondant 自溶性焼結鉱.
2 練炭 (= ~ de houille), ブリケット. ~ de charbon de bois たどん. ~ de lignite 褐炭ブリケット.
3 〚建材〛凝固材(パーティクルボードなど;通称 agglo). bois ~ 集成材, 集結木材, パーティクルボード. panneau d'~ パーティクルボード.

aggloméré[2]**(e)** *a.* **1** 固まった, 凝固した;固めた. panneau ~ 凝固板, パーティクルボード. sables ~s en dune 砂丘の固まった砂.
2 (人口が)密集した. population ~e 人口密集(市街)地居住者. village ~ 人口密集村落.

agglutinant(e) *a.* **1** 粘着性の;〚医〛癒着性の. substances ~es 粘着性物質.
2 〚生〛凝集させる. réaction ~e 凝集反応. sérum ~ 凝集血清.
3 〚言語〛膠着性の. langue ~e 膠着言語.
—*n.m.* 粘着剤, 〚医・薬〛絆創膏.

agglutination *n.f.* **1** 粘着, 膠着;〚医〛癒着. **2** 〚生化〛凝集反応. caillot de ~ 凝集血塊. **3** 〚言語〛膠着;接着.

agglutinine *n.f.* 〚生理〛凝集素《凝集反応の特異抗体》. ~ antibactérienne 抗細菌凝集素. ~ normale 正常凝集素.

agglutinogène *n.m.* 〚生理〛凝集原《凝集反応を起こす抗原》.

aggravant(e) *a.* **1** 重大にする, 深刻化する.〚法律〛circonstances ~es 加重情状 (circonstances atténuantes「減軽情状」の対).
2 (病状を)悪化させる.

aggravation *n.f.* **1** (状況などの)重大化, 深刻化. ~ de la situation financière 財政状況の重大化(深刻な悪化). ~ du chômage 失業の深刻化.
2 (病状の)悪化. ~ rapide d'une maladie 病気の急激な悪化.
3 (苦痛・紛争などの)激化. ~ d'un conflit 紛争の激化.
4 (税の)増大. ~ de l'impôt 税の増大.
5 〚法律〛加重. ~ de la peine 刑の加重. être puni d'~ de cinq ans 5年の刑を加重される.

aggravé(e) *a.p.* **1** 悪化した, 深刻化した. crise (situation)~e 深刻化した危機(状況).
2 重くなった. peine ~e 重くなった刑罰.

AGI (=*A*nnée *g*éophysique *i*nternational e) *n.f.* 国際地球観測年 (=〔英〕IGY: *i*nternational *g*eophysical *y*ear).

agile *a.* **1** 敏捷な, 動きの素早い. ~ au travail 仕事が手早い. démarche ~ 素早い身のこなし. doigts ~s d'un pianiste ピアニストの素早い指.
Le Lapin-*A* ~ ル・ラパン=アジール(「素早い(巧妙な)兎」の意;パリのモンマルトルの丘にあるシャンソニエ・居酒屋). mains ~s 動きの素早い手. vent ~ 疾風. être ~ de ~ の動きのこなしが軽い.
2 〚比喩的〛(精神が)鋭敏な;のみこみが早い. cerveau (esprit, pensée)~ 回転の早い頭脳. conversation ~ 鋭い会話.

agiotage (<agio; agioter) *n.m.* 〚株式〛

(公債, 外国為替, 有価証券などの) 不正投機売買, 不正相場操作.

AGIRC (=*A*ssociation *g*énérale des *i*nstitutions de *r*etraite des *c*adres) *n.f.*〖社会保障〗幹部職員退職年金制度総連合.

agissant(e) (<agir) *a.* **1** 活動的な, 行動的な; 積極的な; 影響力のある. faction ~*e* 勢力のある党派. force ~*e* 行動力. intérêts économiques très ~*s* 非常に影響力のある経済的利益. intelligence ~*e* 活動的な知性. vérité ~*e* 明らかな真実.
2 行動に示される. foi ~*e* 行動的信仰.
3 (薬が) よく効く, 有効な. remède ~ よく効く薬.

agita*teur*¹(*trice*) *n.* 煽動者, アジテーター.

agitateur² *n.m.* 撹拌棒;撹拌器, 振盪装置. ~ en téflon テフロン棒.

agitation *n.f.* **1** 激しい動き;揺れ;荒れ;撹拌;擾乱;賑わい. ~ de la mer 海の大荒れ. ~ de la rue 街路の賑わい. ~ du bain 撹拌.〖理〗~ magnétique 磁気擾乱.〖理〗~ thermique 熱運動.
2 (精神的) 動揺, 不安;興奮状態. ~ des esprits 精神的動揺. calmer l'~ d'un malade 病人の動揺 (不安) を鎮める.
3 (社会的) 不安;不穏な動き;騒乱;擾乱. ~ populaire 民衆の騒乱. ~ sociale 社会不安. susciter une ~ 不穏な動きを招く. L'~ que la France a connue en mai 1968 a longtemps marqué la société de ce pays. フランスが1968年5月に経験した騒動は長くこの国の社会に影響を及ぼした.

agité(e) *a.* **1** 激しく動く, 激動する;(海が) 荒れた. une journée ~*e* 激動の一日. la mer ~*e* 波立つ海 (波高 1.25-2.5 m). la mer peu ~*e* やや波立つ海 (波高 0.5-1.25 m). avoir le sommeil ~ よく眠れない.
2 落ち着きのない;動揺した, 興奮した;〖医〗躁状態の. élève ~ 落ち着きのない子供. enfant ~ 落ち着きのない子供. esprit ~ 落ち着かない気持ち. malade ~ 躁状態の病人.
3〖比喩的〗波瀾に富んだ. existance ~*e* 波乱万丈の人生.
——*n.* **1** 騒がしい人. **2**〖医〗躁病患者. pavillon des ~*s* 躁病患者病棟.

AGM¹ (=〖英〗*a*ir *g*round *m*issile) *n.m.*〖軍〗空対地ミサイル (=missile air-sol).

AGM² (=*a*rbre *g*énétiquement *m*odifié) *n.m.* 遺伝子組み換え樹木, 遺伝子操作樹木.

agneau [aɲo] *n.m.* **1**〖動〗牡の仔羊 (牝は ~ femelle または agnelle);仔羊. ~ de lait 乳呑み仔羊 (生後5週間位まで, 原則として母乳で飼育された仔羊;体重 6-12 kg). ~ blanc 白仔羊, 百仔羊 (=~ de 100 jours;生後 90-150 日位;体重 30-40 kg). ~ gris 灰色仔羊 (=broutard;生後6カ月 −1年位のもの).

A ~〔de Dieu〕神の仔羊 (=キリスト). *A* ~ mystique 神秘の仔羊 (=キリスト).〖ユダヤ教〗pascal 過越節の仔羊 (エジプト脱出を記念して毎年過越節の時に犠牲にして食べる仔羊).
2〖料理〗仔羊の肉. carré d'~ カレ・ダニョー, 仔羊の背肉 (骨付でローストして食べる). gigot d'~ ジゴ・ダニョー, 仔羊の腿肉 (ローストまたは蒸し煮にして食べる). selle d'~ 仔羊の鞍下肉 (背肉, ローストして食べる).
3〖衣料〗仔羊の毛皮 (=fourrure d'~);仔羊の革 (=cuire d'~), ラム革.

agnelet *n.m.*〖動〗幼い仔羊.

agnelle *n.f.*〖動〗牝の仔羊.

agnosie [agnozi] *n.f.*〖医〗失認 (症), 感覚的認識障害. ~ auditive 聴覚失認. ~ tactile 触覚失認. ~ visuelle 視覚失認.
▶ **agnosique** *a.*

agnus-Dei [agnysdei, aɲusdei]〔ラ〕*n. m.inv.* **1**〖キリスト教〗神の仔羊の像;〖カトリック〗(教皇の祝福を受けた) 神の子羊の蠟像.
2 アニュス・デイ (Agnus Dei の句で始まる祈り);アニュス・デイの楽曲.

agonie *n.f.* **1** 臨終;断末魔;断末魔の苦しみ;〖医〗死戦期. l'~ de la mort 死に際の苦しみ. être à l'~ いまわの際にある.
2〔文〕苦しみ, 苦悩, 苦悶. ~ morale 精神的苦悩.
3〖比喩的〗終末, 最後;(政体などの) 崩壊期. ~ du jour たそがれ時. ~ d'une entreprise 企業の崩壊前夜.

AGP (=*A*ssurances du *g*roupe de *P*aris) *n.f.pl.* パリ・グループ保険〔会社〕.

AGPB (=*A*ssociation *g*énérale des *p*roducteurs de *b*lé) *n.f.* 小麦生産者総連合.

AGR = [英] *a*dvanced *g*as-cooled *r*eactor) *n.m.*〖原子力〗改良型ガス冷却炉.

agr[o]- 〔ギ〕ELEM〖農地, 農耕, 農業〗の意. (*ex. agro*chimie 農芸化学. *agro*nomie 農学).

agrafe *n.f.* **1** かすがい, フック, クランプ, 合釘.
2 アグラフ (傷口縫合用の小金属落片).
3 留金;ホック;バックル;ブローチ.
4 ホッチキスの針.

agraire *a.* 土地の;農地の;農業の. civilisation ~ 農業文明.〖古ローマ〗loi ~ 土地法. mesures ~*s* 農地計測単位. réforme ~ 農地改革. structure ~ 農業構造.

agrammatical(ale)(*pl.***aux**) *a.*〖言語〗文法にそぐわない, 文法上破格の;文法的に誤った. phrase ~*ale* 文法的に間違った文章.

agrammatisme *n.m.*〖医, 言語〗失文法症.

agrandissement *n.m.* **1** 拡張, 拡大;膨張. ~ continuel d'une ville 都市の絶え間ない拡大. ~ d'une villa 別荘の拡大.

travaux d'~ 拡張工事.
2〖写真〗引伸し；引伸した写真. faire de l'~ photo 写真の引伸しをする.
3〔比喩的〕強大化；強化, 発展. ~ d'une entreprise 企業の強大化.

agrandisseur *n.m.* 〖写真〗引伸し機. ~ d'initiation 初心者向け引伸機.

agranulocytose *n.f.* 〖医〗無顆粒白血球症, 顆粒球減少症.

agraphie *n.f.* 〖医〗失書〔症〕(運動器官の異常はないが字が書けなくなる症状).

agréable *a.* **1** 気持ちが良い, 快適な, 愉快な, 気に入った, 愛想が良い, 感じが良い. maison ~ 快適な家. temps ~ 気持ちの良い天気. ~ à entendre (toucher, voir, etc.) 聞くのが (触るのが, 見るのが…) 快適である. Ce sont des gens d'une ~ compagnie. 一緒にいるのが楽しい人々だ.
2 同意できる, 気に入る. Vous serait-il ~ que nous dansions ensemble? ご一緒に踊っていただけますか.
—*n.m.* 快適性, 快さ. joindre l'utile à l'~ 実用性と快適性を兼ね備える.

agréage *n.m.* 〖法律〗(葡萄酒や油などの試味契約締結のための)同意 (承認). contrat à l'~ 同意契約〔書〕. vente à l'~ 同意 (承認) 売買.

agréation *n.f.* **1**〖法律〗承認 (目的物引渡し後の異議申立ての放棄).
2〖外交〗アグレアション (派遣外交団の長の選任について信用授与国の同意を求める内密の手続).

agréé(e) *a.p.* 認可された, 公認された；承認された. clinique ~ *e* 認可診療所. comptable ~ 公認会計士. intermédiaire ~ par l'Office des changes 両替所公認の仲買人. médicament ~ par la Sécurité sociale 社会保障制度で使用を認められた医薬品.
—*n.m.* 商事訴訟代理士 (1972年以降, avocatに合流).

agrégabilité *n.f.* 〖生化〗凝集性, 凝集能. ~ plaquettaire 血小板凝集能.

agrégat *n.m.* **1** 寄せ集め, 凝集物. **2**〖経済〗集計量, 集計値 (国民経済計算における国内総生産, 個人消費など). **3**〖土壌〗団粒.

agrégatif(ve) *n.* アグレガション志望者, アグレガション受験準備学生.

agrégation *n.f.* Ⅰ **1**〖教育〗アグレガション (高等学校正教諭または高等教育機関の教授の資格〔認定試験〕；略称 agrég, agrég.). ~ de philosophie (de lettres modernes, de mathématiques) 哲学 (現代文学, 数学) の教諭 (教授) 資格〔認定試験〕 (38部門あり). réussir à l'~ アグレガションに合格する.
2〔古〕大学教授への任用.
3〔古〕(貴族の家庭・閉鎖的団体への) 迎え入れ, 出入り許可.
Ⅱ **1**〖鉱・物理・医〗凝集. ~ d'éléments 構

成要素の凝集. ~ des plaquettes sanguines 血小板の凝集. force d'~ 凝集力.
2〖土木〗〖集合的〗(道路の) 舗装材料.
3〖環境〗限定地域への同一種個体の再集結.
4〖経済・統計〗集計値 (agrégats) の形成.

agrégé(e) *a.* **1** 凝固した, 凝集した.
2 中等 (高等) 教育教授資格 (agrégation) を持った. professeur ~ 中等 (高等) 教育教授資格所有者.
—*n.* アグレジェ, 中等 (高等) 教育教授資格所有者 (リセおよび経済・医学・薬学などの大学教授資格所有者). ~ de philosophie 哲学教授資格所有者.

agrégomètre *n.m.* 〖医〗血小板凝集計, アグリゴメータ (血小板の凝集能の測定器).

agrément *n.m.* **1**〖法律〗(契約や任命などの原案に対する) 同意；承認, 許可；〖外交〗アグレマン. 〖財政〗~ fiscal 租税優遇措置. 〖商業〗clause d'~ 承諾条項.
2 楽しさ, 魅力；〖音楽〗装飾. note d'~ 装飾音.
3 (実用との対比で) 楽しみ. maison d'~ 憩いのための家 (maison de rapport「貸家」の対).

agresseur *n.m.* 〖国際法〗侵略者, 侵略国 (=l'Etat ~).

agressif(ve) *a.* **1** 喧嘩好きの, 喧嘩早い；〖心〗攻撃的な；好戦的な, 侵略的な. l'Etat ~ 好戦的国家, 侵略的国. 〖心〗impulsions –*ves* 攻撃衝動. 〖心〗tempérament ~ 攻撃的気質.
2 挑戦的な. discours ~ 挑戦的演説. ton ~ 挑戦的口調.
3 挑発的な. couleur –*ve* 挑発的色彩. maquillage ~ 挑発的化粧.
4〖商業〗攻撃的な, 挑戦的な. politique commerciale –*ve* 挑戦的営業政策.
5 環境を害する. acte ~ contre la nature 自然を侵害する行為.

agression *n.f.* **1**〖国際法〗侵略；武力侵略；〖法律〗侵害. 〖法律〗acte d'~ 侵害行為. guerre d'~ 侵略戦争. pacte de non-~ 不可侵条約.
2 攻撃〔性〕. 〖心〗instinct d'~ 攻撃本能.
3 襲撃；暴力行為. passant victime d'une ~ dans la rue 路上での暴力行為の犠牲となった通行人.
4 (騒音・公害などの) 侵犯, 加害. ~ permanente du bruit 騒音の恒常的加害.

agressivité *n.f.* **1** 攻撃性；侵略性. ~ de ses paroles 彼の言葉の攻撃性.
2〖心〗攻撃性 (攻撃本能の発露). ~ de l'enfant 小児の攻撃性.

agri-〔ラ〕ELEM「農地, 農耕」の意 (*ex. agri*culture 農業).

agriclimatologie *n.f.* 農業気候学.

agricole *a.* **1** 農業に関する. coopérative ~ 農業協同組合. Crédit ~ クレディ・アグリコル (19世紀末に地方農業協同組合

の相互金庫が公認されたのがそもそもの始まりで, 現在では資金量からみてフランス最大の銀行になっている). enseignement ~ 農業教育. exploitant ~ 農民, 農業従事者. fédération nationale des syndicats des exploitants ~s (FNSEA) 農民組合全国連盟《フランス農民の代表的な組合》. exploitation ~ 農家, 農場；耕作単位. machine ~ 農業機械. outil ~ 農機具. ouvrier ~ 農業労働者《自分の土地を持たず, 給与を受けて農業労働に従事する人》. population ~ 農業人口. produit ~ 農産物. travaux ~s 農作業.
2 農業従事者.
◆代表的な農業機械：charrue 犂. débroussailleuse 刈払い機, ブラッシュ・カッター. faucheuse 草刈り機. lieuse バインダー, 結束機. moissonneuse-batteuse コンバイン, 刈取脱穀機. tracteur トラクター. tronçonneuse チェーンソー.
◆代表的な農作業：amendement 土壌改良. défrichement 開墾. ensemencement 種蒔き. fauchage 刈取, 刈り入れ, 草刈り. fenaison 草刈り, 草干し. irrigation 灌漑. labour 耕作. labourage 耕すこと, 耕作. moisson 収穫, 取り入れ, 刈り入れ. récolte 収穫. sarclage 雑草取り. semailles 種蒔き, 播種. sulfatage 硫酸銅液《ボルドー液》の散布.

agriculteur (trice) n. 耕作者；農民；農業経営者.

agriculture n.f. 農業. ~ biologique 有機農業. ~ industrielle 大規模機械化農業. ~ intensive (extensive) 集約 (粗放) 農業. La place de l'~ dans l'économie tend à se réduire dans les pays industrialisés. 先進国では農業が経済に占める地位は低下する傾向にある. chambre d'~ 農業会議所. ministère de l'~ 農業省. Organisation pour l'alimentation et l'agriculture (OAA) 国連食糧農業機関 (= 〔英〕FAO : Food and Agriculture Organization).

agrippement n.m. **1** つかむこと, 握ること. **2** 〔医〕réflexe d'~《新生児の》把握反射, 握り反射.

agritourisme n.m. 農村観光〔業〕《民宿, キャンプ場など》(= agrotourisme).

Agro (l') 〔lagro〕(= Ecole d'agronomie) n.f. 「農学校」《グランド・エコールの名門校 Institut national agronomique Paris-Grignon (INA) 国立パリ=グリニョン農学院の略称》.

agro〔-〕alimentaire a. 農産物食品の. commerce ~ 農産物食品流通業. industrie ~ 農産物食品産業.
——n.m. 農産物食品業.

agrobactérie n.f. 土壌中の病原菌.
agrobiochimie n.f. 農業生化学.
agrobiologie n.f. 農業生物学.
agrobiologiste n. 農業生物学者.

agrochimie n.f. 農業化学, 農芸化学.
agroclimatologie n.f. 農業気候学.
agroécologie n.f. 農業環境学.
agroenvironnemental (ale) (pl. **aux**) a. 農業と環境に関する.
agroforesterie n.f. 農林業《農業と林業の共同運営》.
agro-industrie n.f. 農業関連産業《農業機械, 肥料製造, 食品製造業など》.
agro-industriel (le) a. 農業関係産業の.
agrologie n.f. 農地学, 農業土壌学.
agrométéorologie n.f. 農業気象学.
agronome n. 農学者, 農学専門家, 農業技師. ingénieur ~ 農業技師《国立高等農学院 Ecole nationale supérieure agronomique を卒業した者に与えられる称号》.
——a. 農学の, 農学に関する.
agronomie n.f. 農学《農業の生物学的, 物理学的, 化学的研究》. Ecole nationale supérieure féminine d'~ (ENSFA) 国立高等女子農学校.
agronomique a. 農学の. Institut national ~ 国立農学院.
Agro ParisTech 〔無冠詞〕n.pr.m. 〔教育〕アグロ・パリテック《生物・環境科学・産業学院 Institut des sciences et industries du vivant et de l'environnement の通称；2007年1月1日, 従来のENGREF, ENSIA, INAP-Gの3校を併合した国立のグランド・エコール》.
agro-pastral (ale) (pl. **aux**) a. 農畜産業の. zone ~ 農業と畜産業の. économie ~ale 農畜産業経済.
agropharmaceutique a. 農薬の. industrie ~ 農薬工業. produits ~s 農薬.
agropharmacie n.f. 農薬学；農薬製造〔業〕.
agrostis 〔-tis〕, **agrostide** n.f. 〔植〕めかば《牧草地・芝生に生える稲科の植物》.
agrotourisme n.m. 農村観光〔業〕(= agritourisme).
AGRR (= Association générale de retraites par répartition) n.f. 賦課退職年金総連合.
agrumes n.m.pl. 柑橘《かんきつ》類《cédrat, mandarine, orange, pamplemousse など》.
agrumiculture n.f. 〔農〕柑橘類栽培.
agueusie n.f. 〔医〕無味覚症, 味覚喪失症, 味盲.
AGV[1] (= automotrice à grande vitesse) 〔商標〕n.f.(m.) 〔鉄道〕超高速電車特急列車《フランスAlstom社が2008年2月に試作品を披露した次世代TGV；列車前後尾の機関車牽引方式を改め各台車にモーターを配した連節式電車方式；営業最高時速360 km；一列車7-14両編成；2011年にイタリアの私鉄NTV：Nuovo Trasporto Viaggiatori で運用開始予定》.

AGV² (=*a*vion à *g*rande *v*itesse) *n.m.*〚航空〛超々音速旅客機.

Ah (=*a*mpère-*h*eure)〚電〛アンペア・時.

AHU (=*a*ssistant *h*ospitalo-*u*niversitaire) *n.f.*〚医〛大学病院助手.

AI (=*a*llocation d'*i*nsertion) *n.f.*〚社会保障〛再就職促進手当.

a.i. (=［ラ］*a*d *i*nterim) *l.ad.(a.)* その間に(の);帰任で(の),仮に(の).

AID (=*A*ssociation *i*nternationale de *d*éveloppement) *n.f.* 国際開発協会, 第二世銀 (=［英］IDA: *I*nternational *D*evelopment *A*ssociation).

aidant(e) *n.* (病人, 老人, 身障者などの) 自宅訪問介護員 (ヘルパー).

aide¹ *n.f.* **1** 援助, 支援, 協力. ~ judiciaire 法律扶助 (国家による裁判費用援助). ~ médicale 医療扶助. ~ publique au développement (APD) 政府開発援助 (=［英］ODA). ~ sociale (生活保護, 児童福祉などを含む) 社会福祉 (=旧称 assistance sociale; 1953 年以降の呼称).
2 手助け, 支援. A l'~!(=Au secours!) 助けて! à l'~ de (=au moyen de) を利用して.

aide² *n.* **1** 助手, 補助員, 手助け. ~ de laboratoire 実験室の助手. ~ familiale ホームヘルパー. ~ soignante 保健婦.
2 (合成語の中で) 助手, 見習い. ~ électricien 電気工見習い. ~-comptable 会計士補.
3〚軍〛~ de camp 副官.

aide-comptable *n.m.*〚情報処理〛経理処理ソフト, 簿記ソフト.

aide-éducateur(trice) *(pl.~s-~s) n.*〚教育〛(中学校・高等学校の) 補助教員.

aide-mémoire *n.m.inv.* 便覧, 要覧, 要点集.

aide-orthopédiste *n.* 整形外科助手, 整形士助手.

aide-ouïe *n.m.inv.* 補聴器 (= prothèse auditive; amplificateur de vibrations sonores 音波増幅器).

aide-soignant(e) *n.*〚社会保障・医〛(看護師の資格をもたない) 准看護師, 介(看) 護助手; 補助介(看) 護師. corps des ~s-~s de la fonction publique hospitalière 公立病院の看護助手団.

AIDS, Aids ［eiz］(=［英］*a*cquired *i*mmune *d*eficiency *s*yndrome) *n.m.*〚医〛後天性免疫不全症候群, エイズ, シダ (=［仏］SIDA, Sida: *s*yndrome *d*'*i*mmuno-*d*éficience *a*cquise), HIV 感染症候群.

AIE (=*A*gence *i*nternationale de l'*é*nergie) *n.f.* 国際エネルギー機関 (OECD の下部組織).

-aie ［ラ］SUFF〚女性名詞語尾〛「…を植えた(…の生えた) 場所」の意 (*ex.* pin*eraie* 松林, ros*eraie* ばら園).

AIEA (=*A*gence *i*nternationale de l'*é*nergie *a*tomique) *n.f.* 国際原子力機関 (=［英］IAEA: *I*nternational *A*tomic *E*nergy *A*gency) (1957 年設立, 本部 Wien).

aïeul(e) *(pl.* **aïeux)** *n.* 祖先;〚古〛祖父母, 曾祖父母. ~ paternel 父方の祖父.

AIF (=*A*ssociation *i*slamique en *F*rance) *n.f.* フランス・イスラム連盟.

aigle¹ *n.m.* **1**〚鳥〛鷲. ~ de mer¹ 海鷲; 尾白鷲 (=frégate). ~ impérial かたじろわし (=Aquila heliaca). ~ pêcheur みさご (=pygargue). ~ royal 犬鷲. nez [en bec] d'~ 鷲鼻. yeux d'~ 鋭い目付き. avoir un œil d'~ 鋭い眼をしている, 炯眼である.
2 (教会堂内の) 翼をひろげた鷲の彫刻のある譜面台.
3〚天文〛l'A~¹ 鷲座 (主星は Altaïr).
4〚印刷〛〚旧〛grand ~ グラン・テーグル版 (75×106 cm 大の板紙). petit ~ プチ・テーグル版 (70×94 cm の板紙).
5 鷲形勲章. grand-~ (帝政時代の) レジョン・ドヌール大鷲勲章.
6 (米国の) イーグル金貨 (= ~ d'or; 1933 年まで鋳造された 10 ドル金貨).
7〚比喩的〛知者, 傑物, 切れ者. Ce n'est pas un ~. たいした人間じゃない. l'A~ ナポレオン. ~ de Meaux (モーの司教であった) 17 世紀の作家で神学者ボシュエ. Ce n'est pas un ~. 奴はたいした奴じゃない.
8〚魚〛~ de mer² とびえいの一種; いしもちの一種.
9〚ゴルフ〛イーグル (パーより 2 打少い).
10〚地名〛L'A~² レーグル (département de l'Orne オルヌ県の小郡庁所在地; 市町村コード 61300; ノルマンディー上陸作戦記念館 Musée《Juin 1944: bataille de Normandie》がある). l'A~³ レーグル水力発電所〚ドルドーニュ川 la Dordogne 上流のダムと発電所〛. cap de l'A~ レーグル岬 (ブーシュ=デュ=ローヌ県 dép. des Bouches-du-Rhône). pic de l'A~ レーグル岩峰 (ジュラ山脈 le Jura 中, 標高 993 m).

aigle² *n.f.* **1**〚鳥〛雌鷲.
2〚紋章〛鷲の紋章. ~ bicéphale 双頭の鷲 (=~ à deux têtes). ~ impériale de France フランス帝国 (ナポレオン軍) の鷲.
3 鷲印の軍旗, 鷲章旗. ~s romaines 古代ローマ軍の鷲の軍旗.

aigre *a.* **1** 酸っぱい; 酸っぱくなった. fruit ~ 酸っぱい果物. goût ~ 酸っぱい味. lait ~ 酸っぱくなった牛乳. saveur ~ 酸味. vin ~ 酸味の強い葡萄酒.
2 (声・音が) かん高い. cri ~ かん高い叫び声.
3 (寒さなどが) 身をさすような. froid ~ 身にしみる寒さ. vent ~ 寒風.
4 (人が) 気難しい; (口調などが) とげとげしい; 手厳しい. critique ~ 辛辣な批判. paroles ~s とげとげしい言葉.
5 (色が) けばけばしい. couleurs ~s 不調和な色彩. ton ~. けばけばしい色調.

6〔古〕(情熱などが)激しい．
―*n.m.* **1** 酸味，酸っぱい香り．sentir l'~ 酸味(酸っぱい匂い)を感じる．〔比喩的〕tourner à l'~ 酸っぱくなる；険悪になる．**2** とげとげしさ．parler entre l'~ et le doux 優しいようで手厳しく話す．

aigre-doux(*ce*)(*pl.* **~s-~, ~s-~ces**) *a.* **1** 甘酢っぱい；〔料理〕酸味を甘味と共に活かした．cornichons ~ 小型胡瓜の甘酢漬け．sauce ~-*douce* 甘酢味ソース．
2 〔話〕見かけの優しさに潜むとげとげしさ．propos ~ 優しく話しかける辛辣な言葉．

aigrefin *n.m.* 詐欺師，ペテン師，いかさま師．

aigu(*ë*) *a.* **1** 鋭利な，鋭い，尖った．〔幾何〕angle ~ 鋭角．bec ~ 鋭い嘴．pointe ~*ë* 尖った先端．
2 (音が)鋭い，高い．voix ~*ë* 鋭い(高い)声．accent ~ (フランス語の)アクサン・テギュ(´)；(ギリシア語の)鋭アクセント．
3 〔医〕(疾患が)急性の(chronique「慢性の」対)．maladie ~*ë* 急性疾患．pharyngite ~*ë* 急性咽頭炎．
4 緊迫した；差し迫った；(痛みなどが)激しい．conflit ~ 緊迫した対立．crise ~*ë* 差し迫った危機．douleur ~ 激痛．état de tension ~*ë* 張りつめた緊張状態．
5 〔比喩的〕鋭敏な，鋭い．regard ~ 鋭い眼差し．sens ~ 鋭敏な感覚．

aiguillage *n.m.* **1** 〔鉄道〕転轍機，分岐器，ポイント．~ automatique 自動転轍機．**2** 〔鉄道〕転轍機(ポイント)の操作．poste d'~ ポイント操作所．
3 〔比喩的〕進路指導，オリエンテーション，方向づけ．erreur d'~ 進路指導の誤り．

aiguille *n.f.* **1** (裁縫用の)針．~ à broder 刺繍針．~ à coudre 縫い針．~ à repriser かがり用の針．~ à tricoter 編み棒．~ de machine à coudre ミシン針．dentelle à l'~ ニードル・ポイント・レース．étui à ~s 針入れ．travail à l'~ 針仕事．enfiler une ~ 針に糸を通す．tirer l'~ 針仕事をする．
2 (その他の)針，指針，針の形をしたもの．
a) ~ hypodermique 皮下注射針．~ à injection 注射針．~ à ponction 穿刺針．~ à suture 縫合針．~ d'acupuncture 鍼治療用の針．
b) ~*s* d'une montre (pendule) 時計の針．~ de sonnerie (目覚まし時計の)目安針．~ lumineuse 夜光針．grande (petite)~ (時計の)長(短)針．〔~〕trotteuse 秒針．dans le sens des ~*s* d'une montre 右回りに．
c) ~ d'une balance 秤の針．~ aimantée d'une boussole 磁石の針．~ de phonographe 蓄音機の針(ハイファイセットでは saphir, pointe de lecture という)．~ de fusil 撃針(近代の銃については percuteur という)．

d)〔植〕~ de pin 松葉．
3 a)〔地理〕針状峰，尖った頂上．*A~* du Midi エギュイユ・デュ・ミディ(フランス・アルプス名勝地の一つ；標高3,843 m；モン=ブラン山塊にあり；展望台やロープウェーの駅あり)．~ volcanique 火山ドーム，頂上の尖った火山．
b) 尖端，尖塔，先の尖った鐘楼．
4〔鉄道〕転轍機．~ à ressort スプリングポイント．~ à triple action 三動転轍機．~ de changement de voie ポイント．~ de sécurité (de protection contre dérive) 脱線転轍機．~ prise en pointe (en talon) 対向(背向)転轍機；〔機械〕針状ころ軸受．
5 先の尖った魚(ダツ，ヨウジウオなど)や貝類(キリガイダマシ，カニモリガイなど)の俗称．
6〔成句〕
de fil en ~ 少しずつ，いつのまにか．
chercher une ~ dans une botte (meule) de foins 無駄骨を折る(干し草の束の中に一本の針を探す)．
disputer sur la pointe d'une ~ (les pointes d'~) 些細なことを議論する．
(vouloir) faire passer un chameau par le trou (le chas) d'une ~ 不可能なことを企てる．
〔話〕On le ferait passer par le trou d'une ~. 彼はとっても臆病だ．

aiguillette *n.f.* **1**〔古〕つなぎ紐(両端に金具がついた紐で，腹引や胴着に用いる)．〔比喩的〕nouer l'~ つなぎ紐を結ぶ(呪いをかけて性交不能にする)．
2〔軍〕(軍服の)飾緒(しょくしょ)．
3〔料理〕エーギュイエット(鴨・合鴨・あひるといった家畜や野鳥の胸肉の薄切り．また他の料理)；(牛肉の)いちぼ(culotte)の先端部(=~ barunne)．~s de canard あひる(合鴨)の胸身(magret)のエーギュイエット料理．
4〔魚〕オルフィー，だつ(orphie)．

AIH (=*Association internationale des hydrogéologues*) *n.f.* 国際水文地質学会．

aïkido [aikido] [日] *n.m.* 合気道．

ail [aj] (*pl.* **~s**) *n.m.* **1**〔植〕ニンニク．gousses (caïeux) d'~ ニンニクの分球．~ blanc 白ニンニク(=~ d'automne 秋ニンニク)．~ rose 桃色ニンニク(=~ de printemps 春ニンニク)．sauce à l'~ ニンニク入りのソース．ajouter une pointe d'~ à *qch* 何かに少量のニンニクを加える．
2〔植〕ニンニク属の植物．~ à toupet ムスカリ．

aile *n.f.* Ⅰ **1** (鳥などの)翼，(昆虫などの)羽根，翅．avoir des ~*s* 敏捷に動く，飛ぶように速く走る．avoir du plomb dans l'~ 痛手を負っている，危険な立場にいる．avoir un coup dans l'~ まずい立場にいる，力を失う，酔っ払っている．battre d'une (de l'~)(=ne battre plus que d'une ~) 活力が

ない，不振である．donner des ~s à qn. 飛ぶように速く走らせる，元気いっぱいにさせる．rogner les ~s à un oiseau (à qn). 権力を奪う，威張らせない，動きを封じる．sous l'~ de qn. …の庇護の下にある，守られている．se brûler les ~s 自ら危険に身を曝す，評判を落とす．s'envoler à tire d'~ 大急ぎで飛び去る (=à tire-d'aile). Voler de ses propres ~s 自分の力で飛ぶ，自立する．
2〔比喩的〕羽根，翼．Sur les ~s du temps, la tristesse s'envole. 時の翼に乗って悲しみは飛び去る (La Fontaine の寓話).
3 翼の形をしたもの，天使の翼，人間の腕．
II 1 飛行機の翼，(特に) 主翼．La société Aérospatiale assure la construction des ~s d'Airbus. アエロスパシアル社はエアバスの主翼を建造している．
2 ~ libre ハンググライダー (=deltaplane).
III 1 建物の翼，袖，翼棟，棟．l'~ nord (sud) du palais 宮殿の北 (南) 翼棟．mur en ~ 突出した支柱壁．
2 軍隊，政党などの両端に位置する分子．~ droite (gauche) d'un parti 政党の右 (左) 派．~ gauche (droite) 軍隊の左 (右) 翼．〘軍〙~ marchante (部隊が旋回しながら動く時の) 外周部の翼，(団体の中の) 積極行動派．
3〘スポーツ〙(サッカー，ラグビーなどの) ウイング．trois-quarts ~ (ラグビーの) スリークォーターウィング．changement d'~ サイドチェンジ．
4 (自動車の) フェンダー
5 ~s du nez 鼻翼，小鼻．
6〘植〙翼状突起．

aileron *n.m.* **1** (鳥の) 翼の先端部；〘料理〙手羽先．~ de poulet (de dinde) 鶏 (七面鳥) の手羽先．
2 (魚の) 鰭 (ひれ)．~ de requin 鱶鰭 (ふかひれ)．potage aux ~s de requin 鱶鰭スープ．
3〘航空〙補助翼 (=~ d'un avion).
4〘船〙(舵の) 補助翼；(潜水艦の) 潜舵．
5〘解剖〙翼，支帯．~s de la rotule 膝蓋骨翼．
6〘建築〙渦巻控壁．~s de lucarne 屋根窓の渦巻控壁．
7 (水車の) 羽根 (=~s d'un moulin d'eau).
8〘服〙(肩の上だけの) 短い袖．
9〘俗〙腕；手．

ailier(ère) *n.* (サッカー，ラグビーなどの) ウイング．~ droit (gauche) ライト (レフト) ウイング．

ailleurs *ad.* **1** 他の場所で (に), 他所で (に). Une telle pratique ne serait pas tolérée ~ qu'en France. このようなやり方はフランス以外では許されないだろう．Comme nous l'avons vu ~, ce problème divise profondément le parti communiste. 別の箇所で見たように，この問題は共産党を大きく分裂させている．Il ne faut pas chercher ~ le secret de cette réussite. この成功の秘密を他所に求めてはならない．être ~ 心ここにあらず (=avoir l'esprit ~).
2〔成句〕d'~ **a)** 他の場所から．un inconnu venu d'~ 他所から来た見知らぬ人．son mécontentement vient d'~ 彼の不満の理由は他所にある．**b)** その上，それはそれとして，とはいえ．Je ne l'ai pas rencontré et d'~, je n'ai pas l'intention de le faire 私は彼に会わなかったし，会おうとも思わない．par ~ **a)** 別のところで，他方から見れば．Un accord intervenu entre les deux pays, dont les modalités d'application seront définies par ~, constitue un des plus importants résultats de ces dernières années. この協定の適用方法は別途定められることになるが，これは最近数年に実現された最大の成果の一つである．**b)** ところで，他方，かつ又 (d'autre part, d'un autre côté の同義語として用いられるが，厳密には誤用と言う説もある)．partout ~ ここ以外のどこでも．
—*n.m.* 別の場所，遠いところ．

aillori ⇒ **aïoli**

AILT (=*A*lliance *i*nternationale de *l*utte contre la *t*oxicomanie) *n.f.* 麻薬中毒防止国際連合．

AIM (=*A*ssociation *i*nternationale de *m*étéorologie) *n.f.* 国際気象協会 (=〘英〙IAMAS : *I*nternational *A*ssociation of *M*eteorology and *A*tmospheric *S*ciences).

aimable *a.* **1** 愛想が良い，親切な．C'est très de votre part de répondre si vite à ma demande de renseignement. 問い合わせにこんなに早くお答えいただいて，大変ありがとうございます．Je vous remercie de votre ~ invitation. ご親切なお招きにお礼申し上げます．Nous avons la chance d'avoir un concierge ~ dans notre immeuble. この建物は愛想の良いコンシエルジュがいるので助かっています．
2 感じが良い，好感がもてる．ville ~ 感じの良い町．C'est un ~ jeune あれは好青年だ．C'est un roman ~. 気持よく読める小説だ．

aimant *n.m.* **1** 磁石．~ artificiel 人工磁石．~ naturel 天然磁石，磁鉄鉱 (=pierre d'~)．~ permanent (temporaire) 永久 (一時) 磁石．deux pôles d'un ~ 磁石の両極．
2〔比喩的〕吸引力；魅力．

aimanté(e) *a.p.* **1** 磁化した．aiguille ~e 磁針．barreau ~ 棒磁石．
2〔比喩的〕不可抗力に惹き寄せられた．

aimé(e) *a.* 愛された，愛されている．la femme, la plus ~e 最愛の女性．objet ~ 愛玩物．Elle a été mal ~e. 彼女は愛されなかった．

AIMPA (=*A*ssociation *i*nternationale de

air[2]

*m*étéorologie et de *p*hysique *a*tmosphérique) *n.f.* 国際気象・大気物理学会.

Ain *n.pr.m.* **1**〖地理〗l'～アン川《ジュラ山脈を水源とする川；ローヌ河の支流；長さ 200 km》. la Combe d'～ アン川の背斜谷. **2**〖行政〗l'～ アン県 (= département de l'～；県コード 01；県庁所在地 Bourg-en-Bresse ブール=カン=ブレス；フランスと UE の広域地方行政区画の région Rhône-Alpes ローヌ=アルプ地方に属す；4 郡, 43 小郡, 419 市町村；面積 5,756 km²；人口 515,270).

aine *n.f.* 〖解剖・医〗鼠蹊(径)部. hernie de l'～ 鼠蹊(径)ヘルニア (= hernie inguinale).

aîné(e) *a.* **1** (子供・兄弟姉妹の中で) 最年長の. fille ～*e* 長女. fils ～ 長男. frère ～[1] 長兄. sœur ～*e*[1] 長女. **2** 長子の. branche ～*e* 長子の家系, 本家. **3**〖比喩的〗la fille ～*e* de l'Eglise〔キリスト〕教会の長女《フランス》. le fils ～ de l'Eglise〔キリスト〕教会の長男《フランス国王》. **4** (兄弟姉妹の中で) 年上の. frère ～[2] 兄. sœur ～*e*[2] 姉. Bouchard A～ et Fils ブーシャール=エイネ・エ・フィス (長子とその息子)《葡萄酒製造販売の会社名》.
— *n.* **1** 長男, 長女；長兄, 長姉 (= premier (ère)-né (e)). l'～ et les puinés 長男と弟妹たち. **2** 兄, 姉. Elle est mon ～*e*. 彼女は私の姉です. **3** 年長者, 年上. 〖文〗nos ～*e* われわれの先輩 (先達). Il est mon ～ de deux ans. 彼は私より 2 つ年上だ.

AINS (= *a*nti-*i*mflammatoires *n*on *s*téroïdiens) *n.m.pl.* 〖薬〗非ステロイド系消炎 (抗炎症) 薬 (phénylbutazone, indométacine など).

aïoli, aïlloli [ajɔli]〖料理〗**1** アイヨリ (ニンニクとオリーヴ油を用いた地中海沿岸のマヨネーズ). **2** 鱈と野菜をポシェし, アイヨリ・ソースを添えた料理 (= morue à l'～).

AIPS (= *A*ssociation *i*nternationale de la *p*resse *s*portive) *n.f.* 国際スポーツ記者協会.

air[1] *n.m.* **1** 空気, 外気. ～ comprimé 圧搾空気. ～ liquide 液体空気. ～ de la campagne (de la mer) 田舎の (海辺の) 空気. à l'～ libre 屋外で. au grand ～ 屋外で, 野外で. courant d'～ 風通し, すきま風. faire un courant d'～ (窓を開けて) 風を通す. chambre à ～ (タイヤの) チューブ. fond de l'～ (風, 日光などの影響を除いた) 本当の気温. en plein ～ 野外の, 屋外の. activité de plein ～ 屋外活動, 野外スポーツ. musée de plein ～ 野外美術館. aspirer une bouffée d'～ pur 澄んだ空気を胸一杯に吸い込む. prendre un bol d'～ 新鮮な空気を吸い込む. être libre comme l'～

何の拘束もない. manquer d'～ 息が詰まる, 気兼ねする. On ne vit pas de l'～ du temps. 人は霞を食って生きるにあらず. **2** 空, 空中. armée de l'～ 空軍. mal de l'～ 飛行機酔い. génies de l'～ 空気の精. habitant de l'～ 鳥. hôtesse de l'～ スチュワーデス. L'avion a pris de l'～. 飛行機が離陸した. dans l'～ (les ～*s* は文学的表現) 空中に, 空に. Une fumée monte dans l'～. 煙が空に立ち昇る. 〖話〗jouer la fille de l'～ 逃げ出す.
◆〖成句〗
en l'～ **a)** 上空に, 上へ向けて. tirer en l'～ 空へ向けて銃を発射する. **b)** 根拠のない, 空疎な. des menaces en l'～ 気休けのない脅し. des paroles en l'～ たわごと. des promesses en l'～ 空約束. parler en l'～ よく考えもせずに話す, 根も葉もないことを言う. **c)** ぼんやりした. une tête en l'～ ぼんやりした人. **d)** 雑然とした, 混乱を極めた. Les enfants ont mis toute la chambre en l'～. 子供たちは部屋をめちゃくちゃに散らかした. **e)** 遠くに. **f)** envoyer (ficher, flanquer) qch en l'～ を放っぽり出す. 〖卑〗s'envoyer en l'～ 性の快楽を得る. **3** 雰囲気, 環境. quitter sa famille pour changer d'～ 環境を変えるために家族を離れる. Il y a de la bagarre (de l'orage) dans l'～. 喧嘩が始まろうとしている (嵐が近づいている). **4** 空間, 空き. se donner de l'～ 自由になる, 逃げ出す, ずらかる.

air[2] *n.m.* 見かけ, 様子, 外観, 態度, 表情. ～ de famille 親子, 親類などに特有の共通点. Il y a entre eux un ～ de famille. 彼らはいかにも同じ家族の一員だ. avoir (un) grand ～ 上品な (品のある) 様子をしている. avoir un drôle d'～ 滑稽な様子である, 様子がおかしい. avoir l'～ comme il faut 礼儀正しい (その場にふさわしい). avoir un faux ～ de …に何となく似ている. prendre de grands ～*s* お偉方の真似をする. prendre des ～ de の真似をする. prendre des ～*s* entendus 万事心得た振りをする. 〖戯〗prendre des ～*s* penchés 夢見るような様子. 〖古〗gens du bel ～ 社交界の人々.
◆〖成句〗
◇ avoir l'～ + 形容詞 …のように見える, …らしい, …のような様子をしている (形容詞が続く場合, 主語と一致する場合と, air と一致する場合がある. 前者では l'～ は sembler, paraître などと同義語である. 後者では, avoir un ～ と言い換えることができる). Elle a l'～ heureuse. 彼女は幸せそうだ. Elle a l'～ heureux. 彼女の様子は幸せそうです. L'église a l'～ toute neuve. 教会は本当に新しそうだ. La ville a l'～ désœuvré d'un dimanche. 街は日曜ののんびりとした様子を見せている.
◇ avoir l'～ de + 不定詞 …するように見え

air³

る. Tu as l'~ de me le reprocher. 僕が悪いと言いたいみたいだな. Bien qu'elle n'ait rien dit, elle avait l'~ de le regretter. 彼女は何も言わなかったが, 後悔しているようだった.
◇ avoir l'~ de+名詞 …に似ている, のようである. De quoi ai-je l'~ dans cette tenue? こんな格好でなんと思われることか. La nouvelle équipe au pouvoir a tout l'~ d'un cabinet de guerre. 新政権はまるで戦時内閣のようだ. Ça en a tout l'~. いかにもそうらしい.
◇ n'avoir l'~ de rien 取るに足りない様子をしている, 見かけは大したことがない. Ce travail n'a l'~ de rien mais il demande une expérience approfondie. この仕事は一見簡単そうだが, 実際には大きな経験を必要とする. sans avoir l'~ de rien (l'~ d'y toucher) そしらぬ振りで, 何事もないかのように. sans en avoir l'~ 見掛けによらず, 思いがけなく.

air³ *n.m.* **1** 旋律, メロディー, 節. L'~ ne fait pas la chanson. 人は見かけによらず. C'est l'~ qui fait la chanson. 言葉の本当の意味はその調子にある. en avoir l'~ et la chanson 掛け値なしの人間である, 見かけと中身が同じである.
2 歌, アリア, 歌曲. ~s à boire 酒歌. crier (réclamer) sur l'~ des lampions (1827 年に街灯の設置を要求する群集が lampions と叫んだことに因んで) 3拍子でスローガンを叫ぶ.

airain *n.m.* 青銅, âge d'~ 青銅時代. cœur d'~ 非情, 鉄のような心. loi d'~ 賃金の鉄則 (賃金生存費説とも呼ばれる. 一般には 19 世紀ドイツの労働運動家 F.ラサール F. Lassalle が唱えたとされているが, A.スミスによる古典派経済学すでに体系化し, D.リカードが最も明確な理論的表現を与えた. ドイツ社会主義労働党ゴータ網領 (1875) にもラサールの賃金鉄則がとり入れられ, マルクスの「ゴータ網領批判」(1890-91) での論争をうけている).

air-air *a.inv.* 〖軍〗空対空の. missile ~ 空対空ミサイル.

airbag, air bag [ɛrbag] 〖商標〗 *n.m.* エアバッグ (公式推奨語は coussin gonflable 又は sac). ~ conducteur 運転席エアバッグ. ~s frontaux 前部座席エアバッグ. ~s latéraux 側面エアバッグ. ~ passager 助手席エアバッグ.

Airbus [ɛrbys] *n.m.* エールビュス, エアバス (Airbus Industrie 社の旅客機の登録商標). A ~ A 380 エアバス社の A 380 型機.

AIRC (=Association internationale des registres du cancer) *n.f.* 国際癌登録協会 (=〖英〗IACR: International Association of cancer registries).

aire *n.f.* 〖I〗(平らな面) **1** 麦打ち場.
2 (鳥が巣を作る)岩の平場; 巣. ~ de l'aigle (du vautour) 鷲 (禿鷲) の巣.
3 平らな部分; 〖建築〗上面 (うわづら), 面. ~ de pont 橋の上面.
4 〖地形〗平らな土地, 台地. ~s continentales 大陸台地.
5 (特定の目的でつくられた)場所, スペース, エリア. ~ de jeu[x] (公園などの中の)遊技場, 遊び場. ~ de repos 休憩所. ~ de service[s] (自動車道路の)サービスエリア. 〖航空〗 ~ d'atterrissage (航空機の)滑走路. 〖航空〗 ~ de manœuvre (空港の)誘導路. ~ de stationnement 駐機場, エプロン.
6 〖宇宙〗 ~ de lancement (ロケット, 衛星などの)発射台, 打上げ場 (=pas de tir).
〖II〗(面積) **1** 〖幾何〗面積. ~ d'un carré 正方形の面積. ~ superficielle 表面積.
2 方位.〖海〗 ~ de vent (羅針盤の)32 方位の 2 点間の角度 (=rhumb; 11°15′).
〖III〗(圏・区域) **1** (動植物の)生息圏. ~ de répartition de blé 小麦の分布圏.
2 勢力圏, 圏. ~ culturelle 文化圏. ~ linguistique 言語圏.
3 地域, 域. ~ d'alimentation 流域. ~ de drainage 流域, 集水区域 (面積).〖気象〗 ~ génératrice (低気圧の)発生域.
4 〖解剖・生理〗野, 領. ~ de surface corporelle 体表面積. ~ cutanée 皮膚面. ~ striée 条線野, 視覚領.
5 〖植〗域. ~ génératrice 胚域.

Air France *n.pr.f.* 〔無冠詞〕société ~ エール・フランス航空会社 (略記 AF; 1933 年国営航空会社として創立; 1998 年民営化).

Air Inter *n.pr.* 〔無冠詞〕エール・アンテール (フランスの国内航空会社; 1997 年 Air France と合併).

air-miss 〖英〗 *n.m.inv.* 〖空〗(航空機間の)ニアミス (=near miss).

Airparif *n.pr.f.* 〖環境〗エールパリフ (パリおよびイール=ド=フランス地方の大気汚染監視網: Réseau de surveillance de la qualité de l'air en Ile-de-France の通称).

aisance *n.f.* **1** (生活の)ゆとり, 余裕, 裕福. ~ monétaire 金銭的ゆとり.
2 (動作などの)容易さ, 優雅さ, 無理のなさ. L'~ avec laquelle il passe d'une langue à une autre ne laisse pas d'impressionner ceux qui ne le connaissent pas. 彼がいくつもの言語を楽々と扱う様は, 彼を知らない人を驚かせずにはいない. avec ~ 楽々と.
3 〖法律〗 ~s de voirie 公共道路の沿道住民に認められる諸権益 (通行, 排水, 景観など).
4 〔*pl.*で〕lieux (cabinet) d'~ 便所.

aise *n.f.* **1** 気楽さ, くつろぎ, 快適さ, 安楽, 豊かさ. à l'~ くつろいで, 気楽に, 気ままに, 自分勝手に. en parler à son ~ 好き勝手なことを言う. en prendre à son ~ avec …を無視して勝手気ままに振る舞う. être à l'~ 気楽である, くつろいでいる, 快

適である. On est bien à l'~ dans cette voiture. この車は乗り心地が良い. être mal à l'~ 不快である, 居心地が悪い, 気分が悪い. La façon dont il a critiqué le livre nous a tous mis mal à l'~. 彼が本を批判したやり方は, われわれみなに居心地の悪い思いをさせた. Je me permets de partir parce que je me sens mal à l'~. 気分が悪いので早退します. mettre à l'~ 楽にさせる, se mettre à l'~ 楽にする, 上着などを脱いでくつろぐ. mettez-vous à l'~ (上着, ネクタイなどを取って)お楽に. vivre à l'~ 裕福に暮らす. 〔多く皮肉〕À votre ~. ご勝手に, お好きなように.
2 〔*pl*.で〕(物質的, 精神的な)豊かさ, 気ままさ. prendre ses ~s 遠慮なくくつろぐ.
3 〔文〕喜び, 満足. Je suis bien d'~ de vous revoir. またお目にかかれて幸いです. pousser un soupir d'~ 喜びのため息を漏らす.

aisé(e) *a*. **1** 豊かな, 裕福な. famille ~ *e* 高所得家族, 裕福な家庭.
2 容易な, やさしい. il est ~ de+*inf*. …するのは容易である.

AISM (=*A*ssociation *i*nternationale de *s*ignalisation *m*aritime) *n.f.* 国際海上信号協会(灯台・航路標識などに関する国際機関).

Aisne *n.pr.f.* **1** 〖地理〗l'~ エーヌ川(l'Argonne アルゴンヌ山脈に源を発し, オワーズ川に合流する川, 長さ280 km). Canal de l'Oise à l'~ オワーズ川・エーヌ河連絡運河.
2 〔行政〕l'~ エーヌ県(=département de l'~; 県コード02; 県庁所在地 Laon ラン; フランスと UE の広域地方行政区画の région Picardie ピカルディー地方に属す; 5 郡, 42 小郡, 816 市町村; 面積7,378 km²,人口535,842).

aisselle *n.f.* **1** わきの下; 〖解剖〗腋窩(えきか)(=creux de l'~; creux axillaire). poils des ~s 腋毛. **2** 〖植〗葉腋.

AIT (=*a*ccident *i*schémique *t*ransitoire) *n. m.* 〖医〗一時的(一過性)虚血発作.

AITV (=*A*gence *i*nternationale d'*i*mages *télévi*sées) 国際テレビ映像機構《フランス外務省が経費を負担し, フランス国立海外ラジオテレビ会社の海外向放送番組を製作する独立行政法人; 1986 年設立》.

AIU (=*A*ssociation *i*nternationale des *u*niversités) *n.f.* 国際大学協会.

AIUTA (=*A*ssociation *i*nternationale des *u*niversités du *t*roisième *â*ge) *n.f.* 国際第三年齢期大学協会(60 歳以上の老年層を対象; 本部 Malakoff).

AIV (=*A*ssociation *i*nternationale de *v*olcanologie) *n.f.* 国際火山学会.

Aix-en-Provence *n.pr.* エクス=アン=プロヴァンス(département des Bouches-du-Rhône ブーシュ=デュ=ローヌ県の郡庁所在地; 市町村コード13100; 形容詞 aixois(*e*); しばしば Aix とよばれる). Cours Mirabeau d'~ エクス=アン=プロヴァンスのクール・ミラボー《都心の並木大通り》. Festival international d'Art lyrique et de Musique d'~ エクス=アン=プロヴァンス国際オペラ・音楽祭(7-8月). université *Aix*-Marseille エクス=マルセイユ大学. le Vieil *Aix* エクス=アン=プロヴァンス旧市街.

Aix-la-Chapelle *n.pr.* エクス=ラ=シャペル《ドイツ連邦共和国の古都・鉱泉地アーヘン Aachen のフランス語呼称》.

Aix-les-Bains *n.pr.* エクス=レ=バン(département de la Savoie サヴォワ県の小郡庁所在地; 市町村コード73100; ル・ブールジェ湖畔の温泉保養地; 形容詞 aixois(*e*)). casino Grand Cercle d'~ エクス=レ=バンのカジノ・グラン・セルクル. vestiges romains d'~ エクス=レ=バンの古代ローマ遺跡.

aixois(*e*) [ɛkswa, -az] *a*. **1** エクス=アン=プロヴァンス (Aix-en-Provence) の. **2** エクス=レ=バン (Aix-les-Bains) の.
—*A*~ *n*. ~の住民.

AJ (=*a*uberge de *j*eunesse) *n.f.* ユースホステル.

Ajaccio *n.pr.* アジャクシオ(département de la Corse-du-Sud 南コルス県の県庁所在地; フランスと UE の広域地方行政区画 région Corse コルス地方の地方庁所在地; ナポレオンの生家あり; 形容詞 ajaccien(*ne*)). aéroport d'~-Campo dell'Oro アジャクシオ=カンポ・デッローロ空港(西郊5 km). gare maritime d'~ アジャクシオ港湾駅. golfe d'~ アジャクシオ湾. Musée Napoléon d'~ アジャクシオ・ナポレオン記念館(市庁舎2階).

ajimaline *n.f.* 〖薬〗アジマリン(インド蛇木からとれるアルカロイド; 心臓薬).

ajonc [aʒɔ̃] *n.m.* 〖植〗アジョン, はりえにしだ(豆科papilionées). ~ à fleurs jaunes de Bretagne ブルターニュ地方の黄花アジョン. ~ de Provence プロヴァンス・アジョン.

ajournement (<ajourner) *n.m.* **1** 延期. ~ d'un projet de loi 法案審議の延期. ~ de séance 開廷の延期, 停会.
2 〖軍〗徴兵延期(=~ d'incorporation).
3 (受験生の)不合格. ~ d'un candidat 志望者の不合格《次の受験機会への順延措置》.
4 引きのばし, 延引; 猶予. ~ du prononcé de la peine 刑の宣告猶予. d'~ en ~ 引きのばしに次ぐ引きのばし.
5 〖法律〗(旧民事訴訟法での大審裁判所や高等裁判所への)召喚. exploit d'~ 召喚執達状.

ajout, ajouté *n.m.* **1** 付加, 添加. 〖化〗méthode des ~s dosés 標準添加法. sans ~ de conservateurs 保存剤不添加.

ajouter

2 加筆, 補筆. manuscrits surchargés d'~s 加筆だらけの手稿.

ajouter v.t. 加える, 加言する. ~ foi 信じる. valeur *ajoutée* 付加価値.

ajustage n.m. 1 ぴったり合わせること, 適合；調整, すり合わせ, 嵌合(はめあい).〖比喩的〗~ d'idées 考えのすり合わせ. ~ précis 精密調整.
2 継目, 継手, ジョイント.
3 (貨幣の) 重量規制 (= ~ des monnaies).

ajustement n.m. 調整, 適合させること；修正；〖機械〗嵌合. ~ des horaires 時刻表の改正. ~ des mots dans un texte テクストにおける語彙の適合作業.〖統計〗~ de séries statistiques à une loi de probabilité 確率法則による統計データの調整. L'~ décidé pour tenir compte des fluctuations des changes a permis à nos diplomates en poste à l'étranger de bénéficier en moyenne d'une augmentation de 5% de leurs traitements. 為替変動を考慮した調整の結果, 外国に勤務する我が国の外交官は平均で5％の給与引き上げの恩恵に浴した.

ajutage n.m. 口金, ノズル, 噴射口；火口. ~ d'un tuyau d'arrosage 散水ホースのノズル.

akinésie n.f.〖医〗無動〔症〕.

akinétique a.〖医〗無動性の. mutisme ~ 無動無言症.

AKP (=*A*gence *k*anak de *p*resse) n.f. カナク通信社(la Nouvelle-Calédonie の FLNKS 系).

akuavit, akvavit ⇒ aquavit

AL (=*a*llocation 〔de〕*l*ogement) n.f. 住宅手当.

Al (=*al*minium) n.m.〖化〗「アルミニウム」の元素記号.

Aladi (=*A*ssociation *l*atino-*a*méricaine *d*'*i*ntégration) n.f. ラテンアメリカ統合連合 (1980年創設；1960年設立の Alale=*A*ssociation *l*ation-*a*méricaine de libre-*é*change ラテンアメリカ自由貿易連合を改組).

ALALC (=*A*ssociation *l*atino-*a*méricaine de *l*ibre *c*ommerce) n.f. ラテン=アメリカ自由通商連合 (= 〔英〕LAFTA：*L*atin *A*merican *F*ree *T*rade *A*ssociation；1960年結成；1980年 ALADI：*A*ssociation *l*atino-*a*méricaine *d*'*i*ntégration (= 〔英〕*L*atin *A*merican *I*ntegration *A*ssociation ラテン・アメリカ統合連合)に改編).

ALALE (=*A*ssociation *l*atino-*a*méricaine de *l*ibre-*é*change) n.f. ラテン=アメリカ自由貿易連合 (= ALALC).

alambic n.m. 蒸溜器. ~ discontinu 非連続式蒸溜器. ~ à distillation continue 連続式蒸溜器.

alamine 〔商標〕n.f.〖化〗アラミン(分岐脂肪族アミン；乳化剤；防腐剤).

alanine n.f.〖生化〗アラニン(蛋白質中のアミノ酸の一つ).

alanine-aminotransferase n.f. 〖生化〗アラニン・アミノトランスフェラーゼ, アラニン・トランスアミーゼ(転移酸素；略記 ALT, ALAT；特に肝臓と腎臓にある酵素；細胞が破壊されると数値が増大する；=SGPT：*s*érum *g*lutamo*p*yruvate *t*ransférase).

alarmant(e) a. 危惧すべき, 懸念すべき, 不安な. situation ~e 憂慮すべき情況.

alarme n.f. 1 警報；警告. cri d'~ 危険報知の叫び声. poste d'~ 警報装置；〖軍〗警報哨. signal d'~ 非常報知器. sonnette d'~ 非常ベル. donner (sonner) l'~ 急を知らせる；警告を発する.
2 〖生理〗警報, 警告. ~ musculaire 筋肉警報.〖昆虫〗phéromone d'~ 警報フェロモン.〖医〗réaction d'~ (ストレスに対する) 警報反応.
3 (警報に接したことによる) 動揺, 混乱；不安, 危惧. chaude (vive) ~ 激しい動揺(不安). fausse ~ 杞憂, 無用の心配. donner (jeter) l'~ dans les esprits 人々の間に不安をまきちらす. vivre en état d'~ 危惧の念を抱いて暮す. sans ~ 's 安心して.
4 (時計などの) アラーム, 目覚まし.

alastrim 〔-im〕n.m.〖医〗アラストリム, 小痘瘡 (= variole mineure).

ALAT[1] (=*al*anine-*a*mino*t*ransférase) n.f. 〖生化〗アラニン・アミノトランスフェラーゼ.

ALAT[2]**, Alat** (=*A*viation *l*égère de l'*A*rmée de *t*erre) n.f. フランス陸軍軽飛行隊(機) (攻撃用・偵察用ヘリ, 観測用・連絡用軽飛行機を擁する).

Alavia (=*A*viation *n*avale) n.f. 〖軍〗海軍航空隊.

albacore n.m.〖魚〗きはだまぐろ (= 〔英〕yellowfin).

albanais(e) a. アルバニアの (l'Albanie) 〔人〕の.
—*A*~ n. アルバニア人.
—n.m.〖言語〗アルバニア語.

Albanie (l') n.pr.f. 〔国名通称〕アルバニア (公式名称：la République d'*A* ~ アルバニア共和国；首都：Tirana ティラナ；通貨単位：lek〔ALL〕；公用語：アルバニア語 l'albanais；住民：Albanais (e)).

albatros 〔-s〕n.m. 1 〖鳥〗あほうどり (信天翁), アルバトロス.
2 〖布地〗アルバトロス (毛織物・綿織物).
3 (ゴルフの) アルバトロス.

albedo n.m. 1 〖天文・物理〗アルベド (太陽光線の入射先に対する反射光の割合).
2 〖原子力〗アルベド (原子炉で反射体に入射する中性子のうち反射されるものの割合).
3 〖植〗アルベド (柑橘類の果皮の内側の白い部分).

Albi n.pr. アルビ(西南フランスの古都.

département du Tarn タルヌ県の県庁所在地；市町村コード 81000）. cathédrale Sainte-Cécile d'~ アルビのサント=セシル大聖堂（13-15 世紀のゴシック様式）. musée Toulouse-Lautrec d'~ アルビのトゥルーズ=ロートレック美術館（Palais de la Berbie 内）. le Vieil ~ アルビ旧市街.

albigeois(e) *a.* アルビ（Albi）の.
—*A*~ *n.* **1** アルビの住人.
2 *n.m.pl.*〖史〗アルビジョワ派（カタリ派の一派）. la Croisade des ~ アルビジョワ十字軍（アルビジョワ派制圧十字軍）.
3 *n.m.* l'*A* ~ アルビ地方.

albinisme *n.m.*〖医〗白児症，白皮症（= leukopathie）, 先天性メラニン乏症.

Albion [albjɔ̃] *n.pr.* **1** アルビョン（古代ギリシア以来の英国の呼び名）.
2〖地理〗le plateau (la montagne) d'~ アルビョン高原（山地）（東南フランス，ヴァントゥー山 mont Ventoux の東に位置する高原；1971 年 département du Vaucluse ヴォークリューズ県の St-Christol にフランスの地対地戦略核ミサイル基地 BA (Base aérienne) 200 が設置された；1996 年閉鎖の決定が下り，1999 年閉鎖完了；1999 年跡地に第二外人工兵連隊が入ったほか；SIRENE の観測所や ONERA のレーダ radar GRAVES などが設置された）.

albuginée *n.f.*〖解剖〗白膜. ~ du testicule 精巣（睾丸）白膜.

albugo *n.m.*〖医〗角膜斑；爪白斑.

album [-bɔm] *n.m.* **1** アルバム，帳. ~ de cartes postales 絵葉書のアルバム. ~ de photos 写真アルバム，写真帳. ~ de timbres 切手帳.
2 図版本，絵本；画集；写真集. ~ de bandes dessinées 劇画本. ~ d'enfants 子供の絵本. ~ de photos de Nadar ナダールの写真集.
3 レコード・アルバム；レコード；レコード・ジャケット（=jaquette）. ~ simple シングル版. le dernier ~ des Beatles ビートルズの最新アルバム.
4〔やや古〕~ de voyage 旅行手帳.
5〖比喩的〗~ de souvenirs 思い出のアルバム.

albumen [ラ] *n.m.* **1** 卵白（=blanc d'œuf）. **2**〖植〗胚乳.

albumine *n.f.*〖生〗アルブミン（単純蛋白質の総称）.

albuminé(e) *a.*〖植〗胚乳のある，有胚乳の. graine ~*e* 有胚乳種子.

albumineux(se) *a.* **1**〖生化〗アルブミンを含む；アルブミン様の. **2**〖植〗有胚乳の.

albuminoïde *a.*〖生化〗アルブミン性の；アルブミンに似た.
—*n.m.* アルブミノイド，硬蛋白質.

albuminurie *n.f.*〖医〗蛋白尿〔症〕.

albuminurique *a.*〖医〗蛋白尿の；蛋白尿症に罹った.
—*n.* 蛋白尿症患者.

albumose *n.f.*〖生化〗アルブモース.

Alca (=Accord de *l*ibre *c*ommerce des *A*mériques) *n.m.*〖商業〗アメリカ大陸自由通称協定.

alcalémie *n.f.*〖医〗アルカリ血症（血液 pH が 7.43 以上の状態）.

alcalescence *n.f.*〖化〗アルカリ性.

alcalescent(e) *a.*〖化〗アルカリ性の.

alcali *n.m.*〖化〗**1** アルカリ（水溶液で塩基性を示すものの総称；主にアルカリ金属元素，アルカリ土類金属元素の水酸化物をいう）. ~ minéral 金属アルカリ.
2〔一般に〕アンモニア溶液（=solution ammoniacale）；アンモニウム塩（=sel d'ammonium）.

alcalifiant(e) *a.*〖化〗アルカリ化する.

alcalimètre *n.m.*〖化〗アルカリ計，アルカリメーター.

alcalimétrie *n.f.*〖化〗アルカリ滴定，酸塩基滴定.

alcalin(e) *a.*〖化〗アルカリ性の，塩基性の；アルカリを含む. métaux ~*s* アルカリ金属. pile ~ アルカリ電池.〖地学〗roches ~*es* アルカリ岩. saveur ~ アルカリ風味. sol ~ アルカリ性土壌（pH 7.5 以上）. terres ~*es* アルカリ土類（baryum, calcium, strontium など）.
—*n.m.*〖薬〗制酸剤（=médicament ~ ； antiacide）.

alcalinisation *n.f.* アルカリ化.

alcalinité *n.f.*〖化〗アルカリ性，アルカリ度（=basicité 塩基度）.

alcalino-terreux(se) *a.*〖化〗アルカリ土類の. métaux ~ アルカリ土類金属（baryum, calcium, radium, strontium など）.

alcaloïde *n.m.*〖化〗アルカロイド.

alcalose *n.f.*〖医〗アルカローシス，アルカリ血症（pH を上昇させる病的症状）（acidose「アシドーシス，酸血症」の対）. ~ métabolique 代謝性アルカローシス. ~ respiratoire 呼吸性アルカローシス.

alcane *n.m.*〖化〗アルカン（=paraffine パラフィン炭化水素）.

alcanisant(e) *a.* アルカリ性にする.
—*n.m.*〖薬〗アルカリ化剤. ~ urinaire 尿 pH アルカリ化剤.

alcène [alsɛn] *n.m.*〖化〗アルケン（オレフィン炭化水素）.

alchimie (<〔アラビア〕al-Kîmiyâ) *n.f.*
1 錬金術.
2〖比喩的〗理性を越えた組み合わせから生まれる意外な（一般に好ましい）結果，思いがけない取り合わせ. ~ des artistes 芸術家の秘法.《L'*A* ~ *du verbe*》『言葉の錬金術』(Rimbaud の詩）.

alchimique *a.* 錬金術の；錬金術的な. littérature ~ 錬金術文学. symboles ~*s* 錬

金術の記号.
alchimiste *n.m.* 錬金術師.
alcidés *n.m.pl.*【鳥】うみすずめ科の鳥類 (guillemot「海烏」, macareux「つのめどり」, mergule「ひめうみすずめ」, pingouin「ペンギン」など, 水かき足をもつ鳥類; = alques).
ALCM (=［英］*a*ir-*l*ounched *c*ruise *mi*ssile) *n.m.*【軍】空中発射巡航ミサイル, 空対地巡航ミサイル (=［仏］missile de croisière air-sol).
alco-lock［英］［商標］*n.m.* アルコ=ロック (カナダで開発された自動車の飲酒運転防止装置).
alcool［alkɔl］*n.m.* **1** アルコール. ～ à brûler 燃料アルコール (洗浄用にも用いられる). ～ absolu 無水アルコール. ～ dénaturé 変性アルコール. ～ éthylique エチルアルコール. ～ méthylique メチルアルコール. lampe à ～ アルコールランプ. prise d'～ アルコールの摂取. quantité d'～ pur〔純粋〕アルコール〔含有〕度.
2 アルコール飲料 (=boisson alcoolique); 蒸留酒 (=eau-de-vie), リキュール; 酒. ～ blanc ホワイト・アルコール; 無色の果実酒. ～ de poire 洋桃酒. L'abus d'～ est dangereux pour la santé. A consommer avec modération.「酒の飲み過ぎは健康に極めて有害である. ほどほどに飲むこと」(酒類の広告に記入を義務づけられている文言). la bière plus forte en ～ アルコール度の高いビール.
alcoolat *n.m.* アルコーラ, 芳香性アルコール溶液 (オーデコロンなど). ～ de menthe ハッカ脳.
alcoolate *n.m.*【化】アルコラート, アルコール化合物.
alcoolature *n.f.*【薬】アルコール浸剤; アルコール漬けの植物製品.
alcoolé *n.m.*【薬】アルコール製剤 (エチルアルコールを賦形剤とする薬剤).
alcoolémie *n.f.* 血中アルコール濃度 (=taux d'～) (血液 1 *l* 中のグラム数で示す).
alcoolification *n.f.* アルコール化, アルコール醗酵 (=alcoolisation).
alcoolique *a.* **1** アルコールを含有する, アルコールの. boisson ～ アルコール飲料. fermantation ～ アルコール醗酵.
2 アルコール中毒の; 大酒飲みの. psychose ～ アルコール中毒性精神病.
—— *n.* アルコール中毒患者; 大酒飲み.
alcoolisable *a.* アルコール化できる, アルコール醗酵が可能な.
alcoolisation *n.f.* **1** アルコール化, アルコール醗酵 (=alcoolification).
2 アルコール添加.
3 アルコール浸透, アルコール注入.【医】～ d'un nerf 神経にアルコールを注入する治療法 (神経痛治療法).
alcoolisé(e) *a.* アルコールを含む; アル

コール添加の. apéritif ～ アルコール含有の食前酒. boisson ～ アルコール飲料.
alcoolisme *n.m.* アルコール中毒, アルコール依存症. ～ aigu 急性アルコール中毒. lutte contre l'～ アルコール中毒対策.
alcoolodépendance *n.f.* アルコール依存〔症〕.
alcoolodépendant(e) *a.* アルコール依存〔症〕の.
—— *n.* アルコール依存症患者.
alcoologie *n.f.*【医】アルコール中毒学, アルコール学.
alcoolomanie *n.f.*【医】病的アルコール依存〔症〕.
alcoolopathie *n.f.*【医】アルコール病理学.
alcoolyse *n.f.* アルコーリシス, アルコール分解.
alcoomètre *n.m.* アルコール計 (=pèse-alcool).
alcoométrie *n.f.* (酒類の) アルコール度測定, アルコール定量.
alco[o]test［alkɔtɛst］(<Alcotest, 商標) *n.m.*【交通】飲酒検知器, アルコールテスト器.
alcoylation［alkɔilasjɔ̃］, **alkylation**［alkilasjɔ̃］*n.f.*【化】アルキル化 (有機化合物の水素原子とアルキル基で置き換えること).
alcoyle［alkɔil］, **alkyle**［alkil］*n.m.*【化】アルキル.
alcoylé(e), **alkylé(e)** *a.*【化】アルキル基をもつ. benzène ～ アルキルベンゼン.
alcoylique, **alkylique** *a.*【化】アルキルの. agent ～ アルキル化剤. groupement ～ アルキル基. hydrocarbure ～ アルキル炭化水素.
alcyne［alsin］, **alkyne**［alkin］*n.m.*【化】アルキン (アセチレン系炭化水素).
ALD (=*a*ffection reconnue de *l*ongue *d*urée) *n.f.*【医・社会保障】長期療養を要する疾病, 長期治療認定疾患. ～ 85 治療費の 85％が還付になる長期治療認定疾患.
aldéhyde *n.m.*【化】**1** アルデヒド (エタナール éthanal (CH_3CHO) の通称). ～ acétique アセトアルデヒド. ～ benzoïque ベンズアルデヒド. ～ formique ホルムアルデヒド. **2** アルデヒド基 (-CH=O) を有する化合物.
al dente *adv.*［aldɛnte］［伊］*l.a.inv.*, *l.ad.*【料理】アル・デンテ, (特に麺の) 固ゆでの (に), 歯ごたえのある (ように).
aldohexose *n.m.*【化】アルドヘキソース ($C_6H_{12}O_6$).
aldol *n.m.*【化】アルドール (アセトアルデヒドのアルドール縮合で得られるヒドロキシアルデヒド. *ald*éhyde と alco*ol* の合成語).
aldolisation *n.f.*【化】アルドール反応; アルドール付加; (アセトアルデヒド

の) アルドール生成縮合.
aldorase *n.f.* 〖生化〗アルドラーゼ.
aldose *n.m.* 〖生化〗アルドース《アルデヒド基をもつ単糖》.
aldostérone *n.f.* 〖化・生理〗アルドステロン《副腎皮質ホルモンの一つ》.
aldrine *n.f.* 〖化〗アルドリン《フランスでは使用が禁止されている殺虫剤》.
ALE[1] (=*a*llocation de *l*ogement *é*tudiant) *n.f.* 学生に対する住居費補助.
ALE[2] (=*A*ssociation de *l*ibre *é*change) *n.f.* 〖商業〗自由通商連合.
ale [εl] 〖英〗*n.f.* 〖酒〗エール《麦芽醸造酒；ホップを入れない軽口のビール》.
aléa [ラ] *n.m.* 偶然, 予測できない出来事, 危険. les ~s de l'histoire 歴史の予想外の動き. ~ moral モラル・ハザード《経営上の倫理の欠如,《保険の》道徳的危険》. ~ thérapeutique 治療上の偶発的リスク. Cette affaire présente bien des ~s. この事件は多くの危険を伴う.
aléatoire *a.* **1** 偶然に左右される, 不確かな；危険な. entreprise ~ 一か八かの企て. placement ~ 投機的投資.
2 偶然性を利用した. musique ~ 偶然性の音楽.
3 〖統計〗確率的な. erreur ~ 確率誤差. sondage ~ 無作為抽出, 確率的抽出.
alémanique *a.* ドイツ語圏スイス〖人〗の. la Suisse ~ ドイツ語圏スイス.
―*n.m.* スイスとアルザス地方のドイツ語.
ALENA (=*A*ccord de *l*ibre-*é*change *n*ord-*a*méricain) *n.m.* 〖商業〗北米自由貿易協定《=〖英〗NAFTA：*N*orth *A*merica *F*ree *T*rade *A*greement；1994年1月1日発効》.
Alençon *n.pr.* アランソン《ノルマンディー地方 département de l'Orne オルヌ県の県庁所在地；市町村コード 61000》.
alendronique *a.* 〖化・薬〗acide ~ アレンドロン酸《骨粗鬆症治療薬；薬剤製品名 Fosamax (*n.m.*)》.
alénois *a.m.* オルレアン地方 (l'Orléanais) の. 〖植〗cresson ~ アレノワ・クレソン, 胡椒草《香辛料》.
alentours *n.m.pl.* **1** 周囲, 周辺, 附近. aux ~ de の周辺に, の前後に. aux ~ de 1913 1913年ごろ. prix aux ~ de 250,000 25万前後《見当》の価格.
2 〖比喩的〗側近 (=entourage).
aleph 〖ヘブライ〗*n.m.inv.* **1** アレフ《ヘブライ語字母の第1字；א》. **2** 〖数〗アレフ数《超限基数》.
alerte *n.f.* **1** 警報, 警戒, 警戒態勢, 緊急事態. ~ aérienne 空襲警報. ~ avancée 早期警報. ~ rouge 最大警戒態勢. dispositif d'~ 警戒態勢用の措置. troupes en état d'~ 出動態勢にある部隊. donner l'~ 危険を報せる.
| ◆ alarme 警報, 動揺. bip (ポケットベル

などによる) 警告音. sirène サイレン. tocsin 警鐘.
2 不安感, 危険の兆候, 警告. cote d'~ 危険水位, 危険な状況を示す指標. Le léger malaise au cœur n'en fut pas moins la première ~ pour sa santé. 軽い心臓発作ではあったが, それが彼の健康にとって最初の警戒信号だった.
Alès *n.pr.* アレス《département du Gard ガール県の郡庁所在地；市町村コード 30104；旧表記 Alais；プロテスタント教徒の中心都市；形容詞 alésien (*ne*)》. le Gardon d'~ アレス・ガルドン川. Musée minéralogique de l'Ecole des Mines d'~ アレス鉱山学校の鉱物博物館. 〖史〗la paix d'~ アレスの講和《1629年宗教戦争の終結講和協定》.
alésage (<*a*léser) *n.m.* **1** 〖機工〗中刳り (なかぐり)；リーマ通し. ~ à l'alésoir リーマ仕上げ.
2 〖自動車〗シリンダー加工；シリンダーの内径.
3 〖紋章〗(図形の) 端づめ.
aléseuse *n.f.* 〖工作機械〗中刳り盤. ~-fraiseuse 中刳りフライス盤.
aléseuse-fraiseuse *n.f.* 〖機械〗中刳りフライス盤.
aleurone *n.f.* 〖植〗糊粉 (こふん), アルーロン《粒状蛋白質》. pain à l'~ アルーロン添加パン.
alevin *n.m.* (放流・養殖用の) 稚魚.
alevinage *n.m.* 〖水産〗**1** 稚魚の養殖；稚魚の放流. bassin d'~ 稚魚の養殖池.
2 養魚《術》. reproduction à l'~ 稚魚からの養魚式養殖.
Alexandrie *n.pr.* アレクサンドリア《エジプトの古都, 港湾都市；形容詞 alexandrin(*e*)》.
alexandrium [-ɔm] *n.m.* 〖海藻〗アレクサンドリヨム《有毒の微小海藻》.
alexie *n.f.* 〖医〗失読《症》, 言語盲 (=cécité verbale). ~ littérale 字性失読《文字が読めない症状》. ~ verbale 語性失読《単語が読めない症状》.
ALF (=*a*llocation de *l*ogement à caractère *f*amilial) *n.f.* 〖社会保障〗家族住宅手当《1948年導入》.
alfa-amylase *n.f.* 〖生化・薬〗アルファ・アミラーゼ《抗炎症薬；薬剤製品名 Maxilase (*n.f.*)》.
a./Lfg (=〖独〗*a*n *L*ief*e*run*g*) *l.ad.* 代金着払いで (=〖仏〗payable à la livraison).
ALFOST (=*a*miral *l*ommandant de la *f*orce *o*céanique *s*tratégique) *n.m.* 〖軍〗戦略潜水艦隊司令官 (部).
alfuzosine *n.f.* 〖薬〗アルフゾシン《良性前立腺肥大症治療薬；薬剤製品名 Xatral (*n.m.*)》.
alg〔o〕- 〖ギ〗ELEM「痛み」の意 (*ex. al*go*ménorrhée* 月経痛).

algèbre *n.f.* **1** 代数, 代数学；代数学論文 (書). ～ linéaire 線型代数学. ～ topologique 位相代数学.
2〚論理・情報処理〛理論的分析；抽象. ～ de Boule ブール代数 (= ～ bouléenne, ～ boulienne), 論理代数 (～ =de la logique).
3〚比喩的〛〚話〛〚蔑〛訳の分からぬこと；理解し難いこと. C'est de l'～ pour moi. 私にはちんぷんかんぷんだ.

algébrique *a.*〚数〛代数の, 代数的な, 代数学の. équation ～ 代数方程式. fonction ～ 代数関数. nombre ～ 代数的数.

Alger *n.pr.* アルジェ（アルジェリア民主人民共和国の首都）.

Algérie (l') *n.pr.f.* ［国名通称］アルジェリア（公式名称：la République algérienne démocratique et populaire アルジェリア民主人民共和国；国民：Algérien (ne)；首都：Alger アルジェ；通貨：dinar algérien [DZD]）.

algérien(ne) *a.* アルジェリアの；アルジェリア人の. le Sahara ～ アルジェリア・サハラ地方.
——*A*～ *n.* アルジェリア人.
——*n.m.*〚言語〛アルジェリア語（アラブ語系地方語）.

algérois(e) *a.* アルジェ (Alger) の.
——*A*～ *n.* アルジェ市民.

algicide *a.* 海藻を殺す.
——*n.m.* 除藻剤（海藻を殺す薬剤）.

algide *a.*〚医〛悪寒（おかん）を伴う. sueur ～ 悪寒を伴う発汗. période ～ d'une offection 疾患の悪寒期.

algidité *n.f.*〚医〛悪寒（おかん）；寒け.

algie *n.f.*〚医〛疼痛, 痛み. ～ faciale 顔面痛 (=douleur faciale). ～ vasculaire de la face 顔面脈管痛.

-algie (<［ギ］algos) [SUFF]「疼痛, 痛み」の意（*ex.*arthr*algie* 関節痛 (=douleur articulaire)）.

alginate *n.f.*〚化〛アルギナート, アルギン酸塩.〚薬〛～ de sodium アルギン酸ナトリウム《繊維素溶解剤》；止血剤；清澄剤).

algine *n.f.* アルギン〔酸〕.

alginique *a.*〚化〛acide ～ アルギン酸.

algique *a.*〚医〛疼痛の（による, に関する）. fièvre ～ 疼痛熱.

algoculture *n.f.* (食用・工業用の) 海藻養殖.

algodystrophie *n.f.*〚医〛異栄養痛（血管運動障害や栄養障害を伴う上下肢疼痛症）；(皮膚や指の) 疼痛肥厚症（皮膚や指のはれと発熱発赤を伴う疼痛症候群）.

algogène *a.*〚医〛疼痛を起こす, 疼痛源の. substance ～ 疼痛原因物質.

algol ［algɔl］(<［英］*al*gorithmic *l*angage) *n.m.*〚情報処理〛アルゴル（科学技術計算用のプログラム言語）.

algolagnie ［algɔlaɲi］*n.f.*〚精神医学〛アルゴラグニア, 苦痛嗜愛；(サディズムと マゾヒズムを含む) 異常性愛, 性欲異常.

algologie *n.f.*〚植〛藻類学.

algoménorrhée *n.f.*〚医〛月経痛 (= dysmenorrhée, syndrome intermenstruel).

algorithme *n.m.*〚数〛アルゴリズム, 計算〔法〕, 算法.

algorithmique *a.*〚数・情報処理〛アルゴリズムの, 算法の.
——*n.f.*〚情報処理〛アルゴリズム応用学.

algothérapie *n.f.*〚医〛海藻療法.

algue *n.f.* **1**〚植〛藻；海藻 (=marine). **2** (*pl.* で) 藻類. ～s bruns 褐藻類 (= phéophycées). ～s rouges 赤藻 (=rhodophycées)；赤潮. ～s verts 緑藻 (=chlorophycées).

alias ［aljas］［ラ］*ad.* または名, 別名は. Poqulin, ～ Molière ポクラン, 別名モリエール, モリエールことポクラン.
——*n.m.* **1** 別名, 偽名. **2**〚情報処理〛エイリアス (=étiquette équivalente).

alibi *n.m.* **1**〚法律〛アリバイ, 現場不在証明. fournir un ～ アリバイを提示する.
2〚比喩的〛言訳, 逃げ口上. se fabriquer un ～ 言訳をでっち上げる.

alicament *n.m.* アリカマン, 健康食品 (alimentation と médicament の合成語).

alicamenteux(se) *a.* 健康食品の；(食品が) 健康に役立つ. eau aux vertus ～ ses 保健食品性のある水.

alicante (<*A* ～, スペインの町) *n.m.* **1** アリカンテ葡萄酒（甘口）. **2** ～ bouschet アリカント・ブーシェ（南仏で栽培される赤葡萄の品種）.

alicyclique *a.*〚化〛脂環式の. composé ～ 脂環式化合物.

aliénabilité *n.f.*〚法律〛譲渡（贈与, 割譲）可能性 (=cessibilité).

aliénable *a.*〚法律〛譲渡（贈与, 割譲）可能の. biens ～s 譲渡（贈与）可能の財産.

aliénant(e) *a.* 人間を疎外する, 人を拘束する, 人を奴隷のようにする. conditions ～es 人間疎外の諸条件. travail ～ 人を奴隷のように拘束する仕事.

aliénataire *n.*〚法律〛譲受人, 譲渡受益者；買主；受贈者.

aliénateur(trice) *n.*〚法律〛譲渡人, 売主；贈与者.

aliénation *n.f.* **1** 疎外, 自己疎外, 隷属化, (欲求の達成を妨げる) 外的制約. L'～ est devenue de nos jours la formule passe-partout du mal du siècle 現在では疎外という言葉は, あらゆるケースで世紀病を表すために用いられる（哲学用語としてはヘーゲルおよびマルクスの Veräusserung, Entäusserung, Entfremdung の訳）.
2 喪失, 放棄. ～ du sens national 国家感覚の喪失.
3 狂気. ～ d'esprit 狂気.
4〚法律〛譲渡, 贈与. ～ de territoire 領土の割譲.

aliéné(e) *a.* **1**〔古〕発狂した. **2** 自己疎外された.
——*n.* **1**〔古〕狂人；(入院を要する)精神病者. asile d'~s 精神病院 (現在は hôpital psychiatrique).
2 自己疎外された人.

alignement *n.m.* **1** 列，並ぶ(並べる)こと，整列. ~s de Carnac カルナックの巨石列.
2 追随，同調，追従. L'~ du centre sur la droite a permis l'adoption du projet de loi sur la nationalité. 中道が保守に同調したため，国籍法案が採択された. Dans un monde marqué par la domination de deux blocs, l'~ des petits pays sur les grandes puissances est souvent inévitable. 2陣営の支配を特徴とする世界にあっては，小国が大国に追従するのはしばしば避けられない.
3〔為替レートの〕調整. ~ monétaire (通貨の)為替レートの調整.

aligot *n.m.* **1**〘チーズ〙アリゴ，トム・ダリゴ(=tomme d'~)，トム・フレーシュ(= tomme fraîche 生トム)〔オーヴェルニュ地方 l'Auvergne のオーブラック Aubrac 山地で，オーブラック種の乳牛の乳からつくられる，非加熱圧搾式の生チーズ；最大48時間以内に消費される；脂肪分45％以上〕.
2〘料理〙アリゴ(トム・チーズを加えたじゃが芋のピュレー；オーヴェルニュの郷土料理).

aligoté *n.m.*〘農〙アリゴテ(ブルゴーニュ地方 la Bourgogne で栽培される白葡萄酒用の品種)；アリゴテからつくられる葡萄酒.
——*a.m.* アリゴテ種の(による). bourgogne ~ ブルゴーニュ・アリゴテ(アリゴテ種からつくられるブルゴーニュの白葡萄酒).

aliment *n.m.* **1** 食料，食品，養分. ~ de base 主食，基本的な食料. ~ du bétail 飼料. ~ naturel 自然食品.
2〔*pl.* で〕〘法律〙扶養料.
3(感情，行動などの)もとになるもの，糧.

alimentaire *a.* **1** 食料の，食品の. auto-suffisance ~ 食料自給. chaîne ~ 食料連鎖. denrée (produit)~ 食料品. industrie ~ 食品産業. programme ~ mondial (PAM) 世界食糧計画.
2 食事に関する. ration ~ 1日分の食料割当，(農業では) 1日分の飼料. régime ~ 食事療法，食事制限.
3〘法律〙obligation ~ 扶養義務，pension ~ 扶養料，養育費(衣食住すべてにわたる).

alimentation *n.f.* **1** 食料を与えること，栄養補給；食物摂取；〘軍〙糧秣補給.〘医〙~ artificielle[1] 人工栄養補給. ~ des troupes 部隊への糧秣補給. ~ végétale 菜食.
2 (家畜・家禽の)給餌.
3 食料品，食品；食品業(=industrie ali-
mentaire). magasin d'~ 食料品店. travailler dans l'~ 食品関係の仕事をしている.
4 (エネルギー，燃料，弾薬などの)供給，補給；(特に)給水(=~ en eau)；給電；電源. ~ artificielle[2] (地下水の)人工涵養. ~ d'une chaudière à vapeur en mazout ボイラーへの燃料油の供給(補給). ~ d'une usine en matières premières 工場への原料の供給. ~ d'une ville en eau potable 都市への飲料水の供給. ~ par pression 加圧給水. ~ par un accu[mulateur] (une batterie ion-lithium) 充電式電池(イオン=リチウム・バッテリー)による給電. ~〔sur le〕secteur AC 電源. double ~ 4 piles AA ou accumulateur 単3電池4本または充電式バッテリーの2給電方式. bloc d'~ externe 外付電源ユニット. boîte d'~ 給電盤. conduite d'~ 給水管. ligne d'~ 給電線. tension d'~ 給電電圧. type d'~ 給電方式，電源方式.

alinéa *n.m.* **1** (文頭・改行の)字下がり. **2** パラグラフ(paragraph)，段落.

alios [-s] *n.m.*〘地学〙アリヨス(ランド地方 les Landes の赤味を帯びたかもしくは黒い砂岩層準)，砂岩層.

aliphatique *a.* 脂肪の；脂肪から誘導された.〘化〙脂肪族の.〘化〙composés ~s oxygénés 酸化脂肪族化合物.

alise, alize *n.f.*〘植〙アリーズ(アリジエ，ななかまど alisier, alizier の実). eau-de-vie d'~ アリーズ酒.

alisier, alizier *n.m.*〘植〙アリジエ，ななかまど(実は alise；薔薇科の木). ~ blanc 白葉アリジエ，アリエ(=allier；学名 Sorbus aria). ~ du Japon ななかまど.

alitement (<aliter) *n.m.* 病床につくこと；病床生活.

alizarine *n.f.*〘色素〙アリザリン(昔は茜 garance の根から抽出，現在は合成による赤色着色剤).

alizé (<[スイス]alisios) *a.m.,n.m.* 貿易風(の)(北半球では北東から南西へ，半球では南東から北西に向けて吹く風).

Al-jazira *n.pr.* アル=ジャジーラ(カタールに本拠を置くアラブ系衛星報道TV会社).

ALK (=Armée de libération du Kosovo) *n.f.* コソヴォ解放軍.

alkyde *n.m.*〘化〙アルキド. résine ~ アルキド樹脂(=résine glycéro-phtalique).

alkylamine *n.f.*〘化〙アルキルアミン.

alkylation *n.f.*〘化〙アルキル化(=alcoylation).

alkylbenzène *n.m.*〘化〙アルキルベンゼン.

alkylbenzènesulfonates *n.m.pl.*〘化〙アルキルベンゼンスルフォン酸塩.

alkyle *n.m.*〘化〙アルキル(=alcoyle).

alkylé(e) ⇒ **alcoylé(e)**

alkylique ⇒ alcylique
alkyne ⇒ alcyne
Allah, Allāh [アラビア語]〚無冠詞〛*n. pr.m.* アッラー, アラー《イスラム教の唯一神》. ~ Akbhar 神は偉大なり.
allaitement *n.m.* 授乳. 哺乳. ~ artificiel 人工栄養授乳 (= ~ au biberon 哺乳器授乳). ~ maternel 母乳授乳 (= ~ au sein). ~ mixte 混合授乳《母乳と人工授乳の併用》.
allantoïde *n.f.* 〚解剖・動〛尿膜;尿嚢.
allantoïne *n.f.* 〚生化〛アラントイン《尿酸の酸化生成物;$C_4H_6N_4O_3$;皮膚潰瘍・外傷などの治療作用がある》.
alléchant(e) *a.* **1** 食欲をそそる. odeur ~*e* 食欲をそそる匂い.
2 〔比喩的〕気を惹く, 心をそそる. proposition ~*e* 気を惹く申し出.
allée *n.f.* **1** 遊歩道, 小径, 並木道. ~ des Cygnes アレ・デ・シーニュ《パリ 15 区のセーヌ川中州につけられた名前;「白鳥の遊歩道」》. ~ des platanes プラタナスの並木道.
2 〔古〕建物内部の廊下, 通路. 〔比喩的〕~*s* du pouvoir 政府活動参与グループ.
3 〔*sing.* または *pl.* で〕~(*s*) et venue(*s*) 往来, 行き来, 奔走すること.
allégation (<alléguer) *n.f.* 〚法律〛(訴訟における) 申立て, 主張 (=prétention);〔口実などの〕申立て. Il faut prouver vos ~*s*. あなたの主張を証明すべきである.
allégé[1](e) *a.p.* **1** 軽量化した. bateau ~ 軽量化船. sol ~ 軽土壌.
2 (食品について) 低脂肪の;低糖の;低カロリーの. beurre ~ 低脂肪バター. confiture ~*e* 甘さ控え目のジャム.
allégé[2] *n.m.* 低脂肪 (低糖) 食品 (=aliment ~). régime hypocalorique à base d'~*s* 低脂肪 (低糖) 食品を基本とする低カロリー食餌療法.
allégeance *n.f.* **1** 〚史〛(君主・国家に対する) 忠誠〔義務〕. serment d'~ 忠誠の誓い.
2 〚法律〛国籍 (=nationalité). ~ double 二重国籍.
3 忠誠心. faire ~ à un parti 党に忠誠を誓う.
allégement, allègement (<alléger) *n.m.* **1** 軽減, 削減. ~ de la fiscalité directe 所得税減税. ~ de la peine 刑の軽減. ~ de personnel 人員削減. ~ fiscal (des impôts) 減税.
2 (苦痛などの) 緩和, 和らぎ. pousser un soupir d'~ 安堵のため息をもらす.
allèle (<allélomorphe) *n.m.* 〚生〛対立遺伝子, 対立因子, 対立形質. ~ multiple 複対立遺伝子.
allélomorphe *n.m.* 〚生〛対立形質の. caractère ~ 対立形質. gènes ~*s* 対立遺伝子.

allélopathie *n.f.* 〚生〛他感作用, アレロパシー《他種の植物から出る化学物質により植物が受ける影響》.
alléluia [aleluja] [ヘブライ] *int.* アレルヤ, ハレルヤ《神に栄光あれ Louez yahweh》.
—*n.m.* **1** 〚宗教〛歓喜の叫び(歌);〚カトリック〛アレルヤ唱. chanter des ~*s* アレルヤ唱を歌う.
2 〚植〛かたばみ (=oxalis).
Allemagne (l') *n.pr.f.* 〚国名通称〛ドイツ《公式名称:la République fédérale d'A~ ドイツ連邦共和国;国民 Allemand(e);首都:Berlin ベルリン;旧通貨:mark [DEM]》.
allemand[1] *n.m.* ドイツ語 (=langue allemande). bas ~ 低地ドイツ語. haut ~ 高地ドイツ語. parler ~(l'~) ドイツ語を話す.
allemand[2](e) *a.* ドイツ〔人, 語〕の. berger ~ シェパード. littérature ~*e* ドイツ文学.
allène *n.m.* 〚化〛アレン (C_3H_4;イソアレン), プロパジエン (=propadiène).
allergène *a.* 〚医〛アレルギー抗原の;アレルギーを起こす (=allergénique).
—*n.m.* アレルゲン, アレルギー抗原.
allergénique *a.* 〚医〛アレルギーを引き起こす, アレルギー源の.
allergie *n.f.* **1** 〚医〛アレルギー. ~ aux pollens 花粉アレルギー. ~ à la poussière ほこりアレルギー. ~ mineure 軽症アレルギー.
2 〔比喩的〕アレルギー反応, アレルギー反応的嫌悪 (反発). ~ à toute nouveauté 新しいもの嫌い.
allergique *a.* **1** 〚医〛アレルギー〔性〕の, アレルギー反応を示す. maladie ~ アレルギー性疾患. phénomènes ~*s* アレルギー現象. purpura ~ アレルギー性紫斑病. rhinite ~ アレルギー性鼻炎. être ~ aux pollens 花粉にアレルギーをおこす.
2 〔話〕(à に) アレルギー反応 (アレルギー的嫌悪, 反撥) を示す. être ~ au roc ロックにアレルギーを示す.
allergisant(e) *a.* 〚医〛アレルギーをひき起こす. action ~*e* アレルギー発症作用.
—*n.m.* アレルギー発症物質.
allergologie *n.f.* 〚医〛アレルギー〔医〕学.
aller-retour (*pl.* ~*s*-~*s*) *n.m.* 往復;往復切符(略記 AR). billet ~ 往復切符. deux heures à pied AR 徒歩で往復 2 時間.
alliacé(e) *a.* ニンニク (ail) を使った;ニンニクの味 (香り) がする. odeur ~*e* ニンニクの匂い.
alliage *n.m.* **1** 合金;合金製造. ~ à mémoire 形状記憶合金. ~ antifriction 減摩合金 (鉛合金) ~ du plomb など). ~ au magnésium マグネシウム合金. ~ cuivreux

銅合金. ~ ferreux (de fer) 鉄合金. ~ fusible 可融合金. ~s légers 軽合金 (アルミニウムやマグネシウムを基にした). ~s ultra-légers 超軽合金. ~ par fusion 融解法合金. ~ réfractaire 耐熱合金. ~ résistant à la corrosion 耐蝕合金. ~ titane–aluminium–lithium チタン＝アルミニウム＝リチウム合金.
2〖比喩的〗混合物, 混ぜ物, 添加物. ~ de vertus et de vices 美徳と悪徳の混ぜ合わせ. or sans ~ 純金.

alliance *n.f.* **1**〖国際法〗同盟. ~ atlantique 大西洋同盟. Sainte-*A* ~ 神聖同盟. Triple-*A* ~ 三国同盟.
2 同盟, 連合, 提携. ~ social-démocrate face à une coalition conservatrice 保守連合に対する社民連合.
3 結び付き, 組み合わせ. ~ du bien et du mal 善と悪との結び付き.
4 姻戚関係.〔anneau d'〕~ 結婚指輪.
5 *A* ~ française アリアンス・フランセーズ (フランス語の国際的普及を目的とする機関. 1833 年創立).
6〖宗教〗Ancienne (Nouvelle) ~ 旧(新)約.

allié(e)[1] *a.* **1** 同盟関係にある;(特に両次世界大戦における) 対独同盟国の; 同盟国による, 連携を結んでいる. *A* ~ aux Etats-Unis par un traité de sécurité, le Japon compte sur leur parapluie nucléaire. 日本は安保条約でアメリカと同盟関係にあるので, 同国の核の傘を当てにしている. les bombardements ~s sur les positions allemandes ドイツ軍陣地に対する同盟国の爆撃.
2 親戚, 縁故関係にある. famille ~e aux Bourbons ブルボン家の親戚.
3 合金の.

allié(e)[2] *n.* **1** 同盟者; 同盟国, 連合国. les *A* ~s (両次世界大戦における) 同盟国. Les ~s étaient à nos portes. 同盟軍はすぐそばまで来ていた. l' ~ du RPR au pouvoir RPR (共和国連合) の連立相手. J'ai trouvé en lui un ~ précieux dans cette lutte contre l'idéologie dominante. 私は支配的な思想に対するこの闘いにおいて彼という貴重な支持者を得た.
2 姻戚, 縁者. les parents et les ~s 親類縁者.

Allier *n.pr.m.* **1**〖地理〗l' ~ アリエ川 (中央山塊に発し, Vichy, Moulins を通って, ロワール河に合流する; 長さ 410 km).
2〖行政〗l' ~ アリエ県 (= département de l' ~; 県コード 03; 県庁所在地 Moulins ムーラン; フランスと UE の広域地方行政区画の région Auvergne オーヴェルニュ地方に属す; 3 郡, 35 小郡, 320 市町村; 面積 7,381 km²; 人口 344,721).

alligator *n.m.*〖動〗アリゲーター (アリゲーター科 Alligatoride's の鰐 (わに)).

allitération *n.f.*〖修辞〗頭韻法, 畳韻法 (語頭での同一子音の反復: *ex.* Pour qui sont *c*es serpents qui *s*ifflent *s*ur vos têtes?).

allô *int.* (電話で) もしもし, アロー! *A*~, qui est à l'appareil? もしもし, どちら様ですか.

allo-［ギ〗ELEM「異, 他」の意 (*ex. allo*chtone 外来の).

alloc *n.f.*〖俗〗(社会保障の) 手当 (=allocation).

allocataire *n.* **1** (社会保障の) 手当受給者. numéro d' ~ 手当受給者番号. **2** (特に) 家族手当受給有資格者 (= ~ des allocations familiales).

allocation *n.f.* **1** (手当・補償金・補助金などの) 支給, 給付; (収入・経費の) 配分. ~ d'un prêt 貸付金の支給. ~ de ressources 財源の配分.
2〖社会保障〗手当〔金〕; 補償金. ~ aux handicapés 身障者手当. ~ aux mères de famille 母親手当. ~ de chômage 失業手当. ~ de garde d'enfant à domicile ベビー・シッター手当. ~ de logement 住宅手当. ~ de logement social 社会的住宅手当. ~ de maternité 出産手当. ~s familiales 家族手当 (prestations familiales 「家族給付」の一種; 俗称 alloc). ~s journalières 日額補償. ~ prénatale 出産前手当. s'inscrire aux ~s 手当の手続きをする. toucher les ~s 手当を受け取る.
3〖電算〗~ dynamique ダイナミック・アロケーション (メモリーの動的割り付け).

allochtone *a.* **1** 土着でない, よそ者の (autochtone「土着の」の対).
2〖地学〗異地性の, 外来の.
—— *n.* よそ者, 外来者, 非土着民.

allocution *n.f.*〖政治〗(短い 公的な) 演説. ~ télévisée du chef de l'Etat 国家元首のテレビ演説.

allodynie *n.f.*〖医〗異圧疼痛 (痛みを生むはずのない刺激で覚える疼痛).

allogène *a.* **1**〖人類〗異国出身の, 外来の, 渡来の; 後住の (aborigène, autochtone, indigène「先住の」の対); 後住民の. éléments ~s 外来 (後住的) 要素.
2〖地学〗(岩石の) 他生の. minéral ~〖鉱〗他生鉱物.
3〖生・医〗異系の.
—— *n.* 後住人.

allogreffe *n.f.*〖生・医〗同種〔間〕移植片 (=homogreffe, homotransplantation) (人間の臓器・組織を人間に移植するような, 同種間移植).

allonge *n.f.* **1**〖工〗(管・綱などの) 継ぎ足し (=rallonge).〖海〗 ~ d'étraves 船首の水切り (=guibre). mettre une ~ à une corde ロープを継ぎ足す.
2〖食肉〗肉を吊るす鉤.
3〖商業〗(有価証券の裏書に代る) 付箋, 補

allongé(e)

箋. ~ d'un effet de commerce 手形の補箋.
4〖ボクシング〗リーチ. Il a une bonne ~.
彼はリーチが長い. manquer d'~ リーチに
欠ける.

allongé(e) *a*. **1** 長くなった, 横たわっ
た, 横たえられた, 細長い. crâne ~ 長頭.
〖数〗ellipsoïde ~ 偏長回転楕円面.〖話〗vi-
sage ~ げっそりした顔, 仏頂面. rester ~
(病気で) 寝たきりでいる.
2 薄めた. café ~ 軽く水で薄めたコーヒ
ー.
―*n*. **1** 寝たきりの病人. **2**〖俗〗死者.
boulevard des ~s 墓場.

allongement *n.m.* **1** 伸長, 延長. ~
des jours 日が長くなること. ~ de la tige
d'une plante 植物の茎の伸長. ~ des vacan-
ces 休暇の延長.
2 延性, 伸び. ~ élastique 弾性伸び. ~
d'une substance souple 柔軟な物質ののび.
3〖航空機〗翼の縦横比(アスペクト比)(=
~ de l'aile d'un avion).
4 伸びた形態. ~ géométrique 幾何学的
(整然とした) 伸長形.

allopathie *n.f.*〖医〗逆症療法, アロパシ
ー (homéopathie「同種療法」の対); 対症療
法.

allopathique *a.*〖医〗逆症療法の.〖薬〗
médicament ~ 逆症療法薬.

allophone *a.*〖言語〗異音の.

allophtalmie *n.f.*〖医〗虹彩色素異常
〔症〕.

allosome *n.m.*〖生化〗〖稀〗異型染色体,
性染色体(=hétérochromosome).

allostérie *n.f.*〖生化〗アロステリック性.

allotissement (<allotir) *n.m.* **1**〖法
律〗(共有者各自の持分を決める) 分割行為.
~ d'une propriété 所有権の分割.
2 (商品の) 仕分け.

allotransplant *n.m.*〖医〗同種移植片
(同じ種類の動物間で移植される臓器・組織
の移植片)(=allogreffe).

allotropie *n.f.*〖化〗同素体(1種類の同
じ元素からできていながら性質の異なる単
体).
▶ allotropique *a.*

allumage (<allumer) *n.m.* **1** 点火;(炉
の) 火入れ. ~ du chauffage 暖房設備の点
火. ~ par étincelle 火花点火. composition
d'~ 点火剤 (=poudre allumante).
2〖内燃機関〗点火;点火装置(=dispositif
d'~). avance à l'~ 点火時期早め;点火進
角装置. retard à l'~ 点火時期遅れ. bougie
d'~ 点火プラグ.
3 点灯;点灯装置. ~ de phares ヘッドラ
イトの点灯. L'~ de cette lampe est à répa-
rer. このランプの点火装置は修理を要する.
4〖比喩的〗〖話〗avoir du retard à l'~ 呑
み込みが遅い, 蛍光灯である.

allume-cigare(s) *n.m.inv.* (自動車
に装着の) シガーライター. fonctionner sur

l'~ シガーライター装置を電源にして動く.

allume-feu (*pl*.~-~〔**x**〕) *n.m.* 着火
剤, たきつけ.

allume-gaz *n.m.inv.* ガス点火器, ガス
点火装置.

allumette *n.f.* **1** マッチ, マッチ棒. ~
suédoise 安全マッチ. monopole des ~s マ
ッチ公社, マッチ専売権. pochette d'~s マ
ッチセット. Société d'exploitation indus-
trielle des tabacs et des allumettes (SEI-
TA) タバコ・マッチ産業公社 (1935年に, 従
来の SEIT (=société d'exploitation indus-
trielle des *t*abacs) とマッチ公社が合体して
設立され, 1995年2月に民営化された).
2〖料理〗アリュメット(細切りのパイ), 千
切り. pommes ~s 細切りのフライドポテ
ト.
3〖話〗ひょろっと背の高い人. jambes
comme des ~s 細長い足.

allumeur *n.m.* **1** (爆薬の) 点火装置. **2**
(内燃機関の) 点火システム, 点火器.

allumeuse *n.f.*〖話〗〖蔑〗気をそそる女,
挑発的な女.

allure *n.f.* **1** 歩調, 歩きぶり. l'~ noble
qu'on appelle un pas d'ambassadeur 大使
の歩き方と呼ばれる上品な歩調.
2 身のこなし方, 物腰, 態度, 風采, 振る舞
い. Il a une grande liberté d'~. 彼の態度
は自由奔放だ. avoir belle (grande, fière) ~
立派な(上品な, 誇り高い) 身のこなしを見
せる. un individu aux ~s louches どこか
怪しげな男.
3 速度, 速さ, 歩速;進み具合. forcer l'~
歩調を速める. à l'~ où vous chosses ce
の調子で行けば. à toute (vive) ~ 大急ぎで,
全速力で. la discussion prit l'~ d'une quer-
relle 議論は喧嘩腰になった.
4 馬の歩み. ~s naturelles (常步 pas, 速歩
trot, 駆足 galop の) 基本歩法. ~ acquises
訓練で習得する歩法.
5〖海, セーリング〗風の方向に対する船の
進行方向. ~ de près 順風. ~ de largue 斜
め横風. ~ de vent arrière 追い風.
6 外観, 様子, (特に) 気品, 立派さ. avoir
de l'~ 立派な外観である, 強い印象を与え
る. Cette photo a de l'~. この写真はすご
い.

allusion *n.f.* ほのめかし, 暗示, 示唆;あ
てこすり. ~ personnelle 個人的な当てこす
り. faire ~ à …をほのめかす, 示唆する,
言及する. Au cours des négociations com-
merciales d'hier à Genève, les Américains
ont fait ~ à d'éventuelles sanctions. 昨日
ジュネーブで行われた通商交渉において,
アメリカは制裁措置の可能性を示唆した.

alluvial (ale) (*pl*.***aux***) *a.*〖地学〗沖積土
でできた. plaine ~ale 沖積平野. terrains
~ *aux* 沖積土.

alluvion *n.f.*〖多く *pl*.〗沖積層;沖積土.

alluvionnaire *a.*〖地学〗沖積土の, 沖

積層の. minerai ~ 砂鉱.
alluvionnement *n.m.* 〖地学〗沖積,沖積土形成. zone d' ~ 沖積地帯.
allyle *n.m.* 〖化〗アリル基 (-CH$_2$-CH = CH$_2$).
allylique *a.* 〖化〗アリル基をもった. alcool ~ アリルアルコール.
ALMA (=*a*gent *l*ocal de *m*édiation et d'*a*mbiance) *n.* 〖行政〗地方行政斡旋・環境整備委員, オンブズマン (=médiateur).
almanach [almana] *n.m.* **1** アルマナ 〔実用的知識を記載した暦〕. anciens ~*s* illustrés 昔の挿画アルマナ. 〖話〗~ de l'an passé (去年の暦→) 無用の長物.
2 年鑑; 名鑑. ~ de Gotha ゴータ名鑑〔家系と外交年鑑〕. ~ politique 政治年鑑. Cet homme est un véritable ~. あの男は正に生き字引だ.
almandin *n.m.* 〖鉱〗アルマンディン, 貴柘榴石〔深紅色のアルミ鉄柘榴石〕.
ALN (=*A*rmée de *l*ibération *n*ationale) *n.f.* 〖史〗(アルジェリア戦争下の) 国民解放軍.
aloès [-εs] *n.m.* **1** 〖植〗アロエ. **2** アロエ汁 (=suc d'~) 〖下剤・染料〗.
alogique *a.* 〖哲〗非(没)論理的な. pensée ~ 非論理的思考.
aloi [alwa] *n.m.* **1** (貨幣, 貴金属製品の) 品位; 金位, 銀位. de bon (mauvais)~ 高 (低) 品位の, 良 (悪) 質の. marchandise de bon ~ 良質の商品. vérifier l' ~ d'une monnaie 貨幣の品位を検査する.
2 〔比喩的〕真価 (=valeur réelle).
3 〔古〕合金 (=alliage).
alopécie *n.f.* 〖医〗脱毛(症), 禿髪症; 禿頭病. ~ cicatricielle 瘢痕性脱毛症. ~ en airs 円形脱毛症. ~ maligne 悪性脱毛症. ~ non cicatricielle diffusée (localisée) 拡散性 (局部的) 非瘢痕性脱毛症. ~ séborrhéique 脂漏性脱毛症 (=~ androgé-nogénétique 男性ホルモン性脱毛, calvitie commune 通常禿頭症). ~ syphilitique 梅毒性脱毛. ~ universelle 汎発性脱毛症. ~ totale 全頭脱毛症.
alose *n.f.* 〖魚〗アローズ〔鰊科 clupéidés の魚; 春に海から川に遡上する高級魚; 体長 80 cm に達する〕. 〖料理〗~ grillée アローズの網焼.
alourdissement (<alourdir) *n.m.* **1** 重くなること, 増加. ~ de la charge 負担増. ~ de la dette de l'Etat 国債の負担増. ~ des impôts 増税. 〖スキー〗~ de la piste par les orages 嵐によりゲレンデの雪質が重くなること.
2 鈍化, 鈍くなる. ~ d'un esprit 頭の働きの鈍化. sensation d'~ après un bon repas 満腹後の鈍い感覚.
3 重苦しく (息苦しく) なること. ~ de l'atmosphère 雰囲気が重苦しくなること.
aloxe-corton *n.m.* 〖葡萄酒〗アロース (アロックス)=コルトン〔ブルゴーニュ地方 la Bourgogne, la Côte de Beaune 地区の Aloxe-Corton (市町村コード 21420) 村で生産される赤の AOC 葡萄酒〕.
aloyau (*pl.* **~x**) *n.m.* (牛肉) アロワイヨー〔牛の腰と尻の間の肉; filet, contrefilet, romsteak などが含まれる〕.
ALP (=*A*rmée de *l*ibération de la *P*alestine) *n.f.* パレスチナ解放軍〔1964 年創設〕.
Alpa (=*A*ssociation de *l*utter contre la *p*iraterie *a*udiovisuelle) *n.f.* 視聴覚製品海賊版防止対策協会.
alpaga *n.m.* **1** 〖動〗アルパカ (alpaca). **2** 〖繊維〗アルパカ〔アルパカの毛の織物〕.
alpage *n.m.* **1** (アルプスなどの) 高地牧草地, アルパージュ. **2** アルパージュでの夏期放牧期間.
alpax *n.m.inv.* アルパックス〔アルミニウムと珪素の合金〕.
alpe *n.f.* 〖農〗アルプス牧草地, 高地牧草地 (=alpage).
Alpes (**les**) *n.pr.f.pl.* アルプス〔山脈〕. les ~ françaises フランス・アルプス〔形容詞 alpin (*e*)〕.
Alpes-de-Haute-Provence *n.pr.f.pl.* 〖行政〗les ~ アルプ=ド=オート=プロヴァンス県 (=département des ~; 県コード 04; 県庁所在地 Digne-les-Bains ディーニュ=レ=バン; フランスと UE の広域地方行政区画の région Provence-Alpes-Côte d'Azur プロヴァンス=アルプ=コート・ダジュール地方に属す; 4 郡, 30 小郡, 200 市町村, 面積 6,944 km^2, 人口 139,561).
Alpes-Maritimes *n.pr.f.pl.* 〖行政〗les ~ アルプ=マリチーム (=département des ~; 県コード 06; 県庁所在地 Nice ニース; フランスと UE の広域地方行政区画の région Provence-Alpes-Côte d'Azur プロヴァンス=アルプ=コート・ダジュール地方に属す; 2 郡, 52 小郡, 163 市町村; 面積 4,294 km^2; 人口 1,011,326).
alpestre *a.* **1** アルプス山脈に固有の. paysage ~ アルプスの景観.
2 〖植〗高山帯の. plantes ~*s* 高山植物. région ~ 高山帯. végétation ~ 高山の植生.
alpha *n.m.* **1** アルファ (A, α) 〔ギリシア語の字母の第 1 字〕. l'~ et l'oméga アルファとオメガ; 〖比喩的〗始めと終り (=le commencement et la fin).
2 〖物理〗particule ~ (α) アルファ粒子 (ヘリウムの原子核). rayonnement ~ (α) アルファ線.
3 〖天文〗l'~ アルファ星〔星座の中で最も明るい星〕. l'~ du Lion 獅子座の α 星.
4 〖医〗rythme ~ (脳波の) アルファリズム, アルファ波 (=onde α)〔健常者の安静時に現れる脳波〕.
5 〖生理〗α-globuline アルファ・グロブリン. α-récepteur アルファ受容体.
6 〖電算〗~ format アルファ・フォーマッ

alpha-adrénergique
ト《文字の書体》.
alpha-adrénergique *a.* 〖生化〗アドレナリンの作用に影響を及ぼす.
——*n.m.* 〖薬〗アドレナリン α 作用拮抗薬, α 遮断薬 (= alphablocant, α-bloquant).
alpha-aminoisobutyrique *a.* 〖化〗アルファ・アミノイソブチル基をもつ. acide ~ アルファ・アミノイソブチル酸《地球外で生成されたアミノ酸の一つ》.
alphabet [-bɛ] *n.m.* **1** アルファベ, アルファベット；字母, 符号, 記号, 文字. ~ arabe アラビア文字. ~ braille 点字. ~ de l'association phonétique international 国際音声記号. ~ morse モールス符号. ~ phonétique 音標文字. les vingt-six lettres de l'~ フランス語のアルファベ〔ット〕の 26 文字.
2 初歩本 (= abécédaire, syllabaire).
alphabetique *a.* **1** アルファベ〔ット〕の；アルファベ〔ット〕順の；ABC 順の. écriture ~ アルファベ〔ット〕表記. index ~ ABC 順の索引. ordre ~ アルファベ〔ット〕順.
2 初歩的な；初歩本の. livre ~ 初歩本.
alphabétisation *n.f.* 識字化, 非文盲化. cours d'~ 識字化授業.
alphabétisme *n.m.* 〖言語〗音標文字《アルファベット》体系.
alphabloquant *n.m.* 〖薬〗α 遮断薬, アルファ抗アドレナリン薬 (= alpha-adrénolytique)《生体膜の α 受容体と結合して, α 刺激薬の作用と拮抗する薬物》.
alpha-immunothérapie *n.f.* 〖医〗α 線放射免疫療法.
alphalinolénique *a.* 〖化〗acide ~ α リノレン酸《脂肪酸の一つ》.
alphanumérique *a.* 〖情報処理〗文字と数字方式の, アルファニュメリックの. clavier ~ 文字数字式キーボード. données ~s アルファベットとディジタルの組み合わせデータ.
alpharécepteur *n.m.* 〖生理〗アルファ受容体, α 受容体.
alphastimulant *n.m.* 〖薬〗アルファアドレナリン刺激薬, α アドレナリン作用薬 (= alpha-adrénergique), α 交感神経興奮薬 (= alphasympathomimétique).
alphasympathomimétique *a.* 〖生・医〗交感神経の受容体興奮性の.
——*n.m.* 〖薬〗α 交感神経興奮剤.
alphatocophérol *n.m.* 〖生化〗アルファ・トコフェロール, α トコフェロール《脂溶性ビタミン E の一種, 抗酸化剤》.
Alpilles (les) *n.pr.f.pl.* アルピーユ山脈《プロヴァンス地方の小山脈》.
alpin(e) *a.* アルプス (les Alpes) の；高山の；登山の. chalet ~ 山小屋. 〖軍〗chasseurs ~s 山岳歩兵. Club ~ suisse スイス登山クラブ. combiné ~ アルペン複合. jardin ~ 高山植物園. plantes ~es 高山植

物. 〖地学〗plissement ~ アルプス造山褶曲作用. ski ~ 山岳スキー (= ski de montagne)；〖スポーツ〗アルペンスキー《スラローム, 滑降など》.
alpinisme *n.m.* 登山. ~ hivernal 冬期登山. ~ sportif スポーツ登山. brevet d'Etat d'~ 国家認定登山資格. Union internationale des associations d'~ 登山協会国際連合. faire de l'~ 登山をする.
alpiniste *n.* 登山家. ~ actif 現役登山家. groupe d'~s 登山隊；登山パーティ.
alprazolam *n.m.* 〖薬〗アルプラゾラム《抗不安薬；薬剤製品名 Xanax (*n.m.*) など》.
Al-Qaeda, AL-Qaïda [アラビア語] 〖無冠詞〗*n.pr.f.* アル=カエダ, アル=カイダ《アフガニスタンに本拠を置くウサマ・ベン・ラデン Oussama Ben Laden の率いるテロ組織；「基地」の意》.
alquifoux *n.m.* 〖窯〗生鉛釉《硫化鉛, 方鉛鉱を用いた釉薬》.
ALS[1] (= *a*llocation de *l*ogement à caractère *s*ocial) *n.f.* 〖社会〗社会福祉的住居手当.
ALS[2] (= [英] *A*myotrophic *l*ateral *s*clerosis) *n.f.* 〖医〗筋萎縮性側索硬化症《随意筋の萎縮から完全麻痺に至る運動ニューロン疾患；= [仏] SLA : *s*clérose *l*atérale *a*myotrophique, maladie de Charcot「シャルコー病」》.
Alsace (l') *n.pr.f.* **1** アルザス〔地方〗. 〖葡萄酒〗AOC ~ 原産地アルザス管理呼称. grand canal d'A ~ アルザス大運河.
2 〖行政〗région A ~ アルザス地方《フランスと UE の広域地方行政区画；地方庁所在地 Strasbourg》.
alsace *n.m.* アルザス地方産の AOC 葡萄酒 (= vin d'Alsace).
Alsace-Lorraine (l') *n.pr.f.* アルザス=ロレーヌ〔地方〕(le Bas-Rhin, le Territoire de Belfort を除く le Haut-Rhin, le Bassin de Briey を除く la Moselle の各県と Sarrebourg, Château-Salins を含む地域の名称；1871 年にドイツ領に編入され, 1940 年に再占領されたフランス領》.
alsacien(ne) *a.* アルザスの；アルザス人の. poule ~*ne* アルザス産雌鶏.
——*n.m.* アルザス語《アルザス地方のドイツ語系地方語》.
——*A* ~ *n.* アルザス地方の住民.
ALT (= *a*lanine-amino*t*ransférase) *n.f.* 〖生化〗アラニン・トランスアミナーゼ《酵素》(= ALAT, SGPT : *s*érum *g*lutamo*p*yruvate *t*ransférase, GPT : *g*lutamate *p*yruvate *t*ransférase).
alt. (= altitude) *n.f.* 高度, 高さ；標高.
altération *n.f.* ①《変化》**1** 変化；変質, 変性. ~s de sens des mots 語義の変化. ~ de la voix 声の変化. ~ histologique 組織変性.

2〖音楽〗変化記号 (bécarre「本位記号」(♮), bémol「フラット」(♭), dièse「シャープ」(♯) など).
3〖地学〗(岩石の) 変質〔作用〕; 風化〔作用〕. ~ hydrothermale 熱水変質.
II《悪い変化》**1** 悪化. ~ des couleurs 色の変化. ~ des marchandises 商品の傷み. ~ de la santé 健康状態の悪化.
2 (文章の) 改竄 (かいざん); 変造, 贋造; 模造. texte subi de nombreuses ~ 数多くの改竄が加えられたテクスト. ~ des monnaies 貨幣の損傷. ~ de prix (談合・独占・買占めなどによる) 価格の不正操作. ~ de la vérité 真実の歪曲.

alterconsomma*teur*(*trice*) *n*. 世界化 (グローバリゼーション) に反対する消費者.

altermondialisme *n.m.* 〖政治・経済〗世界変革主義, 反グローバリゼーション (経済の世界化に反対する主義).

altermondialiste *a.* 〖政治・経済〗世界変革主義の, 世界体制交替主義の. mouvement ~ 世界変革主義運動.
— *n*. 世界変革主義者, 世界体制交替主義者.

alternance *n.f.* **1** 交互になること; 交代, 交替. ~ du beau et du mauvais temps 晴雨の繰返し. 〖農〗〖地形〗~ des couches (地層の) 互層. ~ des cultures 輪作.〖生〗~ des générations 世代交代. ~ des jours et des nuits 昼と夜の交替. ~ des saisons 季節の移り変り. en ~ 交替で, 交互に. jouer deux pièces en ~ 二つの芝居を交互に上演する.
2〖言語〗交替. ~ consonantique (vocalique) 子音 (母音) 交替.
3〖物理〗交番 (交流の半周期 demipériode); 振動 (振子の半往復 demioscillation).
4〖政治〗政権交代. ~ démocratique 民主的政権交代.

alternant(*e*) *a.* 交替する; 交互の.〖農〗cultures ~*es* 輪作.〖精神分析〗personnalité ~*e* (二重人格の) 交替人格.〖医〗pouls ~ 交互脈 (正常の脈拍と弱い脈拍が交互に現れること).

alternat *n.m.* **1** 交替の順序. **2**〖農〗輪作 (= ~ des cultures). **3**〖法律〗交互優先制. **4**〖政治〗輪番制. **5**〖鉄道・ケーブル〗上下交差すれちがい式. ligne de chemin de fer exploitée à l'~ 上下交差式鉄道路線.

alternateur *n.m.* 交流発電機. ~ à courant diphasé (triphasé) 二 (三) 相交流発電機.

alternati*f* (*ve*) *a.* **1** 交互の, 交代制の.〖電〗courant ~ 交流 (courant continu「直流」の対). culture ~*ve* 輪作. mouvement ~ 往復運動. présidence ~*ve* 交代制の議長職.
2 二者択一的な, 選択制の; 代替の. énergie ~*ve* 代替エネルギー. médecine ~*ve* 代替医療, 民間医療《近代医療に代る医療》.〖法律〗obligation ~*ve* 選択債権.〖法律〗peine ~*ve* 代替刑.

alternative *n.f.* **1**〖英語の影響〗代替策, オータナティブ, 選択. **2** 交代, 繰り返し. ~*s* de richesse et de pauvreté 豊かさと貧困の交代の繰り返し.

alternomoteur *n.m.*〖電〗交流モーター, 交流電動機.

altesse¹ *n.f.* 殿下, 妃 (姫) 殿下《王族の殿下には ~ royale, 皇族の殿下には ~ impériale を用いる. 国家元首の座にある殿下に対しては ~ sérénissime という》.

altesse² *n.f.*〖葡萄〗アルテス《サヴォワ地方 la Savoie で栽培される白葡萄酒用の品種》.

althéa, althæa *n.m.*(*f.*) 〖植〗アルテア (葵, ハイビスカス, 立葵など; 葵科 malvacées).

altigraphe *n.m.*〖航空〗自記高度計 (= barographe).

altimètre *n.m.* 高度計.

altimétrie *n.f.* **1**〖測地〗水準測量;〖土木〗高低測量; 高度測定.
2 (地図の) 高度指標 (等高線 courbe de niveau, 線影 hachure など).

altiport *n.m.* 高地空港, 山岳空港.

altitude *n.f.* **1**〖地理〗標高. ~ absolue 絶対高度, 海抜. ~ relative 相対高度, 起伏量. mesure des ~ 標高測量, 高度測定.
2 高地, 高所. mal de l'~ 高山病 (= mal des montagnes).
3 高度.〖航空〗ivresse d'~ 高度酔い.

altocumulus [altɔkymylys] *n.m.* 高積雲 (国際略記号 Ac).

altostratus [altɔstratys] *n.m.* 高層雲 (国際略記号 As).

altrose *n.f.*〖化〗アルトロース《アルドヘキソース aldohexose の一》.

altruisme *n.m.* 利他; 利他主義.

altuglas [-s] (< *A* ~, 商標) *n.m.* アルテュグラス《アクリル酸樹脂ガラス》. meuble en ~ アルテュグラス使用家具.

ALU (= [英] *a*rithmetical and *l*ogical *u*nit, *a*rithmetic *l*ogic *u*nit) *n.f.*〖電算〗演算論理装置〔回路〕(= [仏] UAL: *u*nité *a*rithmétique *l*ogique).

alu *n.m.*〔俗〕アリュ, アルミニウム (aluminium).

aluminage *n.m.*〖染色〗アルミナ媒染《媒染剤にアルミナを用いる染色法》.

aluminate *n.m.*〖化〗アルミン酸塩. ~ de beryllium アルミン酸ベリリウム, 酸化ベリリウムアルミニウム.

alumine *n.f.*〖化〗アルミナ, 酸化アルミニウム (= oxyde d'aluminium. Al₂O₃; 耐熱・耐薬品性, 強度, 絶縁性に優れた素材; 天然にはコランダム (鋼玉), ルビー, トパーズ, サファイアなどとして産出する). ~ hydratée 水化アルミナ《ボーキサイト bau-

aluminer

xiteに含有).

aluminer v.t. **1** アルミの被膜で覆う；アルミニウム酸で鏡面加工を施す. **2** アルミナと混ぜる.

aluminerie n.f. アルミニウム製造工場.

alumineux(se) a. **1** 〖化・鉱〗アルミナを含む. ciment ~ アルミナセメント(アルミン酸カルシウムを主成分とする耐蝕・耐火性に富んだ, 強度の高い特殊セメント. ボーキサイトと石灰石を焼成してつくられる). eau ~se アルミナ含有水. **2** 明礬を含む(=alunifère).

aluminiage n.m. **1** (金属の表面を保護するための)アルミニウム被覆〖加工術〗(=aluminure, aluminisation). **2** (ガラス, レンズなどの表面の)アルミニウム鏡面仕上げ〖法〗(=aluminisation, aluminure).

aluminisation n.f. アルミニウム被覆加工(=aluminure, aluminiage).

aluminium [alyminjɔm] n.m. **1** 〖化〗アルミニウム(元素記号 Al, 原子番号 13；1827年発見の軽金属元素). **2** 〖金属〗アルミニウム(比重 2.7, 融点 660℃, 沸点 2,467℃の軽金属).

aluminon n.m. 〖化〗アルミノン(アルミ試薬).

aluminose n.f. 〖医〗アルミニウム肺〖症〗(アルミニウムの粉末を吸いこむことによる塵肺症).

aluminosilicate n.m. 〖化〗アルミノ珪酸塩(セメント, 陶磁器の原料).

aluminothermie n.f. 〖治〗アルミノテルミー, テルミット法(アルミニウムの粉末と金属酸化物の混合物に点火し, アルミの還元熱を利用した金属酸化物の還元法；ゴルトシュミット法ともいい, 冶金, 溶接などに利用).

aluminothermique a. 〖治〗テルミット法の. soudage ~ テルミット溶接.

aluminure n.f. (ガラス, レンズなどの表面の)アルミニウム鏡面仕上げ〖法〗；(鏡の)アルミニウム被覆加工(=aluminisation, aluminiage).

alun [alœ̃] n.m. 〖化〗明礬(みょうばん). ~ calciné 焼き明礬. ~ de chrome クロム明礬. ~ de fer ammoniacal アンモニウム鉄明礬. ~ de potasse カリウム明礬, カリ明礬；明礬. ~ ordinaire 明礬.

alunissge n.m. 月面着陸(=atterrissage sur la Lune).

alunite n.f. 〖鉱〗明礬石(アルミニウムとカリウムの天然硫酸塩).

alvéodentaire a. 歯槽の. 〖医〗pyorrhée ~ 歯槽膿漏〖症〗.

alvéolaire a. **1** 〖解剖〗歯槽(しそう)の. arcade ~ 歯槽弓. ostéite ~ 歯槽骨炎. 〖医〗pyorrhée ~ 歯槽膿漏〖症〗. **2** 〖言語〗(子音が)歯茎で調音する. consonne ~ 歯茎子音. **3** 〖解剖〗肺胞の. air ~ 肺胞嚢内空気. cel-

lules ~s 肺胞細胞.

alvéole n.m.(f.) **1** (蜂の巣の)育房(=cellule). **2** 〖解剖〗歯槽(= ~ dentaire)；肺胞(= ~s pulmonaires). **3** (岩石などの)小孔. **4** 〖文〗(地面の)くぼみ, 洞.

alvéolé(e) a. 小孔のあいた, 蜂の巣状の, ハニカム状の. carton ~ 蜂の巣状厚板紙. coussins en caoutchouc ~ フォーラムラバーのクッション. métal ~ ハニカム状金属(航空機用).

alvéolite n.f. 〖医〗歯槽炎(= ~ dentaire)；肺胞炎(= ~ pulmonaire). 〖歯科〗~ sèche ドライソケット. ~ dentaire 歯槽炎(=périostite alvéolodentaire 歯槽骨膜炎).

alysse n.m. 〖植〗アリッサム(学名 Alyssum；十字花科 crucifère).

Alzheimer (l') [(l)alzajmɛr] 〖独〗n.f. 〖医〗アルツハイマー病(=maladie d'~).

AM[1] (= 〖ラ〗Anno Mundi) ad. 世界紀元 (ex. ユダヤ人は 3761 B.C.を世界紀元元年 1 A.M.とする).

AM[2] (=arts et métiers) n.m.pl. 工芸.

Am (=américium) n.m. 〖化〗「アメリシウム」の元素記号.

a.m. (= 〖ラ〗ante meridiem) 午前の(=avant midi).

AMA (=Agence mondiale antidopage) n.f. 世界興奮剤防止機構, 世界アンチドーピング機構.

amacrine a. 〖解剖〗軸索をもたない. cellule ~ アマクリン細胞, 無軸索細胞(特に網膜の内顆粒層の細胞群を指す).

amaigrissant(e) a. 痩せるための. régime ~ 痩身食事療法, 痩せるためのダイエット, 低カロリー食事療法(=régime hypocarolique).
 —n.m. 〖薬〗痩せ薬(=produit ~).

amalgamation n.f. **1** 〖冶・化〗アマルガム化〖法〗, 混汞法. **2** 〖治〗アマルガム製錬. **3** 〔比喩的〕合同, 合併；合同体.

amalgame n.m. **1** 〖化・歯〗アマルガム(水銀と他の金属との化合物). 〖歯〗~ d'argent-étain 銀錫アマルガム. ~ dentaire 歯科治療用アマルガム. obturer une carie avec de l'~ アマルガムで虫歯を充填する. **2** 〔比喩的〕異質なものの寄り集い；〖軍〗(部隊の)混成. ~ de toutes les unités combattantes avec l'armée régulière すべての戦闘集団と正規軍の混成. **3** 〔比喩的〕(信用失墜を目的に)別個の政党を同類扱いで一視すること. **4** 〖言語〗重合(de+le → du など).

amandaie n.f. 〖農〗アーモンド園(=amanderaie).

amande n.f. **1** 〖植〗アーモンド(アマンディエ amandier の果実), 巴旦杏(はたんきょう), 扁桃. ~ amère 苦扁桃. ~ brute (薄皮を残した)殻むきアーモンド, 荒むきアー

モンド. ~ colorée 着色アーモンド. ~ douce 甘扁桃. huile d' ~ douce 甘アーモンド油. pâte d'~ アーモンド・ペースト, マジパン. pralin aux ~s アーモンド・プラリン《キャラメル状の砂糖をまぶした粉末アーモンド》. les yeux en ~ アーモンド・アイ《アーモンドの実に似た切れ長の目》.
2〚植〛(果実の種の中の)仁(にん). ~ du coco ココナッツの仁(=coprah).
3 淡緑色. vert ~ アーモンド・グリーン.

amandier *n.m.*〚植〛アーモンドの木, 巴旦杏の木. ~ du chine 中国アーモンドの木, プリュニュス (prunus).

amandine *n.f.* **1**〚菓子〛アマンディーヌ《アーモンドを用いた小型パイ》. **2**〚酒〛アーモンド酒 (=liqueur aux amandes).

amanite *n.f.*〚植〛天狗茸, たまごだけ. ~ des Césars カエサル天狗茸, たまごだけ (=oronge vraie 真正天狗茸)《食用》. ~ panthère 豹天狗茸, 天狗茸《有毒》. ~ phalloïde 男根天狗茸, たまご天狗茸《致死性猛毒》. ~ printanière 春天狗茸《致死性猛毒》. ~ tue-mouche 殺虫天狗茸(=fausse oronge 偽天狗茸)《致死性猛毒》. ~ vaginée 膣状天狗茸(=coucoumelle)《食用》. ~ *s* vénéneuses 有毒天狗茸.

amant(***e***) *n.* **1** 恋人;情夫(情婦), 愛人, 色男(色女). ~ de cœur 心底ほれた男. *L'A-de lady Chatterley* (=*Lady Chatterley's Lover*) de D. H. Lawrence D. H. ローレンス『チャタレー夫人の恋人』(1928 年). **2**〚文〛愛好者, 愛する人.

amantadine *n.f.*〚薬〛アマンタジン《パーキンソン病治療薬》.

amarante *n.f.* **1**〚植〛鶏頭(けいとう), 葉鶏頭.
2〚植〛カイエンヌ・マホガニー(=acajou de Cayenne;ギュヤンヌ産のマホガニー;紫色を帯びた家具材となる).
3 アマラント《赤紫色の食品用着色剤》.
—*a.inv.* 鶏頭(赤紫, 深紅)色の. étoffes ~ 鶏頭色の布地.

amareyeur(***se***) *n.* 牡蠣養殖業者.

amarrage *n.m.* **1** (船・航空機などの)繋留(けいりゅう);, 繋留地. bitte d'~ 繋留柱.
2 (ロープなどの)繋索;繋索用ロープ.
3 (宇宙船などの)ドッキング, ~ d'engins spatiaux 宇宙船のドッキング.

amarsissage *n.m.*〚宇宙〛火星への着陸.

amas *n.m.* **1** (de の) 堆積, 山, 塊り. ~ de marchandises 商品の山. ~ de neige 雪の塊り. ~ de nuages 雲の山. ~ de ruines 瓦礫の山.
2〚蔑〛(人間の)集り, 群れ. un grand ~ de peuple 群衆. un ~ de gens peu recommandable 好ましからざる人の群れ.
3〚比喩的〛塊り. un ~ de bêtises 愚行の集積. un ~ de connaissance 知識の塊り.

4〚天文〛星団(=~ stellaire). ~ d'étoiles 星群. ~ galactique 銀河星団. ~ globulaire (ouvert) 球状 (散開) 星団. ~ solaire 太陽星団.
5〚地学〛岩株;〚鉱山〛塊状鉱床.
6〚原子力〛(原子炉燃料体の) 房.

ama*teur*(***trice***) *n.* **1** 愛好者, (特に) 美術・骨董品の収集家, ファン. ~ d'art et d'archéologie 美術考古学愛好者. ~ de bonne chère 美食家.
2 買い手. Je ne suis pas ~. 買う積もりはありません.
3 アマチュア, 素人, 物好き. Composée d'~*s*, l'équipe qui va disputer la demi-finale du tournoi n'a guère de chance de gagner. 準決勝に進出したこのチームはアマチュア集団で, 勝つチャンスはほとんどない. C'est un travail d'~. 下手くそな仕事だ.
—*a.* **1** 愛好する, ファンである.
2 素人である, (プロに対する) アマチュアである. photographe ~ アマチュア・カメラマン.

amateurisme *n.m.* **1** (スポーツ, 芸術等の) アマチュア体制, アマチュア性, アマチュアの資格;アマチュア精神, アマチュア主義.
2〚蔑〛素人芸, 素人っぽさ.

amaurose *n.f.*〚医〛黒内障.

Amazone *n.pr.f.* アマゾン河.

amazone[1] (<Amazones, ギリシア神話の女性騎馬武者部族「アマゾン」) *n.f.* **1** 女傑.
2 女性騎手. monter en ~ (馬に) 横乗りする. habit d'~ 女性騎馬服.
3 乗馬用スカート (=jupe d'~).
4〚話〛(車を利用した) 売春婦.

amazone[2] *n.m.*〚鳥〛アマゾン・インコ (=perroquet ~;南米産のおうむ科 psittacidés の鳥). ~ à front rouge 赤頭アマゾン・インコ.

Amazonie(**l'**) *n.pr.f.* アマゾン河流域, アマゾン平野.

ambassade *n.f.* **1** 大使館. **2** 大使の職, 大使としての勤務. mon ~ en Italie 私がイタリア大使として赴任した期間. **3** 代表団.

ambassa*deur* *n.m.* **1** 大使. ~ extraordinaire et plénipotentiaire 特命全権大使. ~ itinérant 移動大使. ~ de France フランス国大使《外交官の名誉称号》. ~ spécial 特使.
2 使者, 代表者. ~ de la pensée française フランス思想の代表者(紹介者), être ~ qn auprès de qn …に対して…の代弁者を務める.
3〚行政〛~ de tri 廃棄物 (ごみ) の選別係.

ambassadrice *n.f.* **1** 大使夫人.
2 女性大使.
3〚比喩的〛女性大使. ~ de la mode fran-

çaise フランスの女性ファッション使節.
ambiance *n.f.* **1** 雰囲気；環境. ~ agréable 快い雰囲気. ~ familiale 家庭環境. ~ hostile 敵対的空気. d'~ 雰囲気(ムード)作りの. éclairage (musique) d'~ ムード照明(音楽). mettre *qn* dans l'~ 人を環境にとけ込ませる.
2〖話〗(パーティーの)盛り上がり. Il y a de l'~, ce soir. 今宵は盛り上がっている. manquer d'~ 盛り上がりに欠ける.
3〖映画・TV〗アンビアンス(音響・装飾効果). ~ lumineuse 照明効果. ~ sonore 音響(擬音)効果. ~ sèche d'une chambre non capitionnée 防音処理を施していない部屋の乾いた音響特性.
ambigu(*ë***)** *a.* **1** 曖昧な. langage ~ *ë* 曖昧な言葉遣い. réponse ~*ë* どっちつかずの返事.〖数〗théorème ~ 曖昧な定理. en termes ~*s* 言葉を濁して.
2〖哲〗両義的な.
3 正体不明の；〖蔑〗いかがわしい. geste ~ 訳のわからぬ仕草. personnage ~ いかがわしい人物. sourire ~ 謎めいた微笑.
ambiguïté *n.f.* **1** 曖昧さ；〔多く *pl.*〕曖昧な表現. ~ d'un mot 言葉の曖昧さ. ~ de son comportement その態度の曖昧さ. éviter les ~*s* 曖昧な表現を避ける. expliquer *qch* sans ~ 何を明瞭に説明する.
2〖哲〗両義性；〖論理〗選択の余地がある こと、選択可能性. philosophie de l'~ 両義性の哲学.
ambitendance *n.f.*〖医〗両立傾向.
ambitieux(*se***)** *a.* **1** (人が)野心的な、大望(大志)を抱いた、功名心に駆られた、意欲的な. homme ~ 野心家.
2 (計画、仕事などが)思い切った、大規模な、大それた. politique ~ 思い切った政策. projets ~ 大規模な計画. souhaits ~ 大それた望み.
―*n.*〖蔑〗野心家、出世主義者.
ambition *n.f.* 野心；出世欲；強い願い；大それた望み. avoir l'~ de+*inf.* …することに野望を燃やす. mettre son ~ à+*inf.* …しようと強く望む.
ambivalence *n.f.* **1** (事柄の)両義性、両面性. ~ de l'histoire 歴史の両義性.
2〖心・精神分析〗アンビヴァレンス、両価傾向、両価性〖対立感情の併存〗. ~ affective 感情両価性.
amblyope *a.* **1**〖医〗弱視の. **2**〖動〗目が小さい；目がほとんど見えない. animal ~ 目の小さい(見えない)動物.
―*n.* 弱視者.
amblyopie *n.f.*〖医〗弱視.
amblyoscope *n.m.*〖医〗弱視計.
Amboise *n.pr.* アンボワーズ《département d'Indre-et-Loire アンドル=エ=ロワール県の小郡庁所在地；市町村コード 37400；ロワール河畔の城下町；形容詞 amboisien(*ne*)》. château d'~ アンボワーズ城(11-15 世紀；ゴシック、ルネサンス様式の城塞).
ambre *n.m.* **1** 龍涎香(りゅうぜんこう) (= ~ gris). **2** 琥珀 (= ~ jaune, succin).
―*a.inv.* 琥珀色の.
ambré(*e***)** *a.* **1** 龍涎香の匂いのする、龍涎香で匂い付けをした. **2** 琥珀色の. vin ~ 琥珀色の葡萄酒.
ambulance *n.f.* **1** 救急車. ~ de réanimation 蘇生器装備救急車. être transporté en ~ à l'hôpital 救急車で病院に運ばれる.
2〔古〕〖軍〗移動野戦救護隊 (= ~ de campagne). ~ volante 空挺野戦救護〔活動；隊〕.
ambulancier(*ère***)** *n.* **1** 救急車(ambulance)の運転者. **2** 救急車の乗務員(救急医療助手).
3〔古〕〖軍〗救護兵.
ambulant(*e***)** *a.* **1** 移動する、巡回する；旅回りの. bibliothèque ~*e* 移動(巡回)図書館.〖鉄道〗bureau ~ 郵便車. comédiens ~*s* 旅役者. marchand ~ 行商人.〖話〗squelette (cadavre) ~ 衰弱し切った人. troupeaux ~*s* 遊牧動物の群れ. vente ~*e* 車内販売. vie ~*e* 放浪生活.
2〖医〗遊走性の. érésipèle ~ 遊走性丹毒.
―*n.* **1** 放浪者.
2 巡回業者. ~ de foire 巡回市業者.
3 郵便車の仕分け係 (= courrier (postier) ~).
ambulatoire *a.* **1**〔古〕〖行政〗固定した庁舎を持たない；〔比喩的〕変動する、変化する.
2〖医〗通院の. chirurgie ~ 通院手術. malade ~ 通院患者. soins ~*s* 通院治療.
3〖医〗患部が移動する(病状が)不規則な. scarlatine ~ 変性猩紅熱.
4〔稀〕歩行性の、歩行の.
AMD (= *a*ide *m*édicale à *d*omicile) *n.f.*〖社会保障〗自宅医療扶助.
AMD-BA (= *A*vions *M*arcel *D*assault-*B*reguet-*A*tlantique) *n.pr.f.* マルセル・ダソー=ブルゲ=アトランティック航空機製造会社 (= la firme ~).
AME[1] (= *A*ccord *m*onétaire *e*uropéen) *n.m.*〖金融〗ヨーロッパ通貨協定.
AME[2] (= *a*ide *m*édicale d'*E*tat) *n.f.*〖社会保障〗国の医療扶助. demande d'~ 国の医療扶助の受給申請. bénéficier de l'~ 国の医療扶助を受ける.
âme *n.f.* ① (魂、霊魂)
1〖宗教〗魂、霊、霊魂. ~ damnée 地獄に落ちた魂. être l'~ damnée de *qn*. …に盲従する. ~ en peine 冥土をさまよう魂. être comme une ~ en peine 悲嘆に暮れる、とてもさびしい. errer comme une ~ en peine さびしく孤立している. avoir charge d'~ 精神的な導きの責任を持つ、魂を導く. prier (pour le repos de) l'~ de *qn*. …の冥福を祈る. vendre son ~ au diable 魂を悪魔に売る、良心を捨てる.

2 生命, 人間. Il n'y a pas ~ qui vive. 人っ子一人いない. rendre l'~ 死ぬ, 息を引き取る. Il vient de rendre son ~. 彼は今, 息を引き取ったところだ. Cette machine est en train de rendre son ~. この機械は使い物にならない. un village de 800 ~s 人口800人の村.
3 精神, 感情, 心. avec ~ 心を込めて, 心から, 情感を込めて. corps et ~ 身も心も. dans l'~ 根っからの, 生まれつきの. de toute son ~ 心の底から, 全身全霊で, 全力で. en son ~ et conscience 誠心誠意, 嘘偽りなく. état[s] d'~ [多く *pl.*] 不満, 不安. avoir des états d'~ 不満がある, 問題がある. être tout ~ 感じやすい. grandeur d'~ 心の広さ, 高邁さ. la mort dans l'~ 断腸の思いで, 絶望しながら, 不承不承. vague à l'~ 物思い, もの悲しさ. avoir du vague à l'~ 物思いに沈む, 憂鬱にとらわれる.
4 (物, 集団 など の) 心, 精神, 生命. ~ d'une nation 民族の精神 (魂). donner de l'~ à une œuvre d'art 芸術作品に生命を吹き込む.

II 《中心, 核心, 芯》
1 中心的な存在. ~ d'un complot 陰謀の中心人物, 首謀者.
2 (機械, 機具 などの) 重要な部品. ~ d'un câble (canon, fusil, rail, soufflet, violon) 電線の心線 (砲腔, 銃腔, 軌条の腹部, ふいごの革製弁, ヴァイオリンの魂柱). ~ d'une poutre 梁のウェブ.

AMeli (= *A*ssurance *M*aladie *e*n *li*gne) *n. f.* インターネット健康保険《www.ameli.fr/》. référencer un site dans ~ インターネット健康保険のサイトを参照する.

amélioration *n.f.* **1** 改良, 改善；好転. ~ des conditions de travail 労働条件の改善. ~ de l'environnement 環境の改善. ~ des qualités d'un produit 製品の品質改良. ~ des relations entre personnes 人間関係の改善 (好転). ~ de la santé 健康状態の好転. ~ du temps 天気の回復.
2 [農] 土壌改良 (= ~ d'un sol).
3 [*pl.* で] 改装, 改築；修繕, 修復；改装 (修善, 修復) 費. faire des ~s dans une maison 家の改装を行なう.

aménagement *n.m.* **1** 整備, 改修. ~ du territoire 国土整備. Délégation à l'~ du territoire et à l'action régionale (DATAR) 国土整備地方開発庁. ~ foncier 農地整備. société d'~ foncier et d'établissement rural (SAFER) 農地整備農業定着促進公社. ~ urbain 市街化区域整備 (開発). zone d'~ concerté (ZAC) 協議整備区域.
2 調整, 修正, 手直し. ~ d'une loi 法律改定.
3 整理, 装備, 設備. ~ d'un paquebot 客船の艤装. ~ intérieur 内装, nouvel ~ d'un musée 美術館の新展示.

amende *n.f.* **1** 罰金, 過料；違約金. ~ civile 過料. ~ disciplinaire 懲戒罰としての減給. ~ fiscale 租税法 (財政法) 違反に対する罰金. ~ forfaitaire 定額罰金. ~ pénale 罰金刑. timbre d'~ 罰金の払込用印紙.
2 (仲間うちで) 軽い罰.
3 faire ~ honorable 公に過ちを認め (謝罪す) る《古い刑法における加辱罪 peine infamante に由来》.

amendement *n.m.* **1** [法律] (英語の影響) 法案の修正, 修正法. ~ Wallon ヴァロン修正法《1875年；第三共和政誕生のもととなった修正法》. droit d'~ (法案の) 修正権.
2 (非行についての) 改心. ~ d'un coupable 犯人の改悛.

aménorrhée *n.f.* [医] 無月経 (症).

am*er* (*ère*) *a.* **1** 苦い；塩辛い. goût (saveur) ~ 苦味. C'est ~ comme chicotin. 口が曲がるほど苦い. confiture d'oranges ~*ères* マーマレード. larmes ~*ères*. 苦い涙. onde ~ *ère* (flots ~*s*) 海.
2 辛辣な, 手厳しい, つらい, 不快な. ~ réalité つらい現実. Ce fut pour lui une expérience particulièrement ~ *ère*. それは彼にとってとてもつらい体験だった. Devenu ~ à force de l'âge, il ne rate pas une seule occasion pour critiquer ceux qui l'approchent. 年を取って厭世的になった彼は, 近づいてくる人を非難する機会を一度として逃さない.

américain[1] *n.m.* [言語] アメリカ英語, 米語.
américain[2] (**e**[1]) *a.* アメリカの；アメリカ人の；アメリカ大陸の；アメリカ合衆国の；アメリカ英語の. à l'~*e* アメリカ式の, アメリカ風の. [料理] homard à l'~*e* アメリカ風オマール海老料理《トマトと白葡萄酒のソースで煮た料理》. coup-de-poing ~ メリケンサック《拳にかぶせる凶器となる金具》. [スポーツ] course à l'~*e* 2人1組の自転車リレー競技. nuit ~*e* 擬似夜景. Organisation des Etats ~*s* 米州機構 (OAS). le quart d'heure ~《ダンスパーティーの最後に》女性から踊りに誘える時間. vedette ~*e*《ミュージックホールなどの》前座. voiture ~*e* アメリカ車. avoir l'œil ~ 鋭い目付き, 油断がない.
—**A**~ *n.* アメリカ人.

américaine[2] *n.f.* **1** アメリカ車 (= voiture ~). **2** アメリカ煙草 (= cigarette ~).
3 2人1組の自転車競技.

américanoscepticisme *n.m.* [政治] アメリカの政策に対する批判主義.

américanosceptique *a.* アメリカの政策に批判的な.
——*n.* アメリカの政策に対する批判者.

américano-syrien (ne) *a.* 米国とシリア間の. sommet ~ 米国とシリアの首脳会談.

américium [amerisjɔm] *n.m.* [物理・

化〕アメリシウム《元素記号 Am, 原子番号 95, 1945 年発見の人工放射性元素》.

Amérique (l') n.pr.f. アメリカ大陸. l'~ du Nord 北米大陸(▶ **nord-américain (e)** a.). l'~ du Sud 南米大陸(▶ **sud-américain (e)** a.). l'~ centrale 中央アメリカ(▶ **centre-américain (e)** a.). l'~ latine ラテンアメリカ(▶ **latino-américain (e)** a.). les Etats-Unis〔d'~〕アメリカ合衆国.
▶ **américain (e)** a.

amertume (<amer) n.f. **1** 苦さ, 苦味;(変質による)葡萄酒の苦味. ~ de l'absenthe アプサント酒の苦味. goût d'~ 苦い味. sentir de l'~ 苦さを感じる.
2〔比喩的〕苦い思い, 苦渋. ~ d'une déception 失望の苦い思い.〔文・多く皮肉〕coup d'~ 苦杯. vie pleine d'~ 苦渋にみちた人生. adoucir (atténuer) l'~ d'un échec 失敗の苦い思いを和らげる. ressentir de l'~ 苦汁を嘗める, 苦渋を覚える. Ce n'est pas sans ~ qu'il se rappelle son enfance. 彼が少年期を思い出す時には, 苦々しい思いが付きまとう.
3 (言葉・態度などの)手厳しさ, 辛辣さ. ~s de la vie 人生の辛酸. ~ de ses railleries 嘲笑の手厳しさ. jugement plein d'~ 辛辣極まる評価.

améthyste [ametist] n.f.〖鉱〗アメシスト, アメチスト, 紫水晶.(2 月の誕生石. 宝石言葉 language des pierres is sincérité). ~ synthétique 人工アメシスト.
— n.m., a.inv. 紫水晶色〔の〕, 紫色〔の〕.

amétropie n.f.〖医〗非正視, 異常視眼(近視 myopie, 遠視 hypermetropie, 乱視 astigmatisme など).

ameublement n.m. **1** 家具調度品, インテリア. **2** 家具・インテリア産業.

AMEXA[1] (=*a*ssurance *m*aladie des *ex*ploitants *a*gricoles) n.f. 農業経営者疾病保険.

AMEXA[2] (=*a*ssurance *m*aladie, invalidité, maternité, des *ex*ploitants *a*gricoles) n.f. 自営農疾病・分娩・労災保険.

AMF[1] (=*a*ccord *m*ulti*f*ibres) n.m.〖経済〗多種繊維協定(1973 年実施, 1977, 1981, 1986 年更新).

AMF[2] (=*a*lliage à *m*émoire de *f*orme) n.m. 形状記憶合金.

AMF[3] (=*A*ssociation des *m*aires de *F*rance) n.f. フランス市町村長協会.

AMF[4] (=*A*utorité des *m*archés *f*inanciers) n.f.〖金融〗金融市場管理機構.

AMH (=*a*ide *m*édicale *h*ospitalière) n.f.〖社会保障〗入院医療扶助.

AMHUF (=*A*ssociation des *m*édecins *h*ospitaliers *u*rgentistes de *F*rance) n.f. フランス救急病院医師協会.

AMI[1] (=*A*ccord *m*ultilatéral sur l'*i*nvestissement) n.m.〖経済〗投資に関する多国間投資協定《OECD が提唱, 1997 年の締結を目標に交渉を進めたが, 欧米間の意見対立や, NGO の反対があり, 1998 年 12 月に交渉打切りを決めた》.

AMI[2] (=*A*ide *m*édicale *i*nternationale) n.f.〖無冠詞〗国際医療援助組織.

AMI[3] (=*a*uxiliaires *m*édicaux *i*nfermiers) n.m.pl.〖医・健保〗看護医療補助者.

ami (e) n. **1** 友人, 友達, 友, 仲間, 親しい人. chambre d'~ 客を泊めるための部屋. prix d'~ 特別に割安にした価格. parler en ~ 友人として話す. traiter qn en ~ …を友人として扱う. Les ~s de nos ~s sont nos ~s. 友達の友達は友達だ. Les bons comptes font les bons ~s. 勘定は勘定だ, 割り勘にしましょう.〔呼びかけの言葉〕〔古〕Mon ~ (目下の人に)ちょっと君. Cher ~ 貴方《ややくだけて monsieur と同義. 友人に宛てた手紙の書き出し》.
2 恋人, 愛人. petite ~e いい人.
3 愛好者;味方. La société franco-japonaise regroupe des ~s de la France au Japon. 日仏協会は日本における親仏派を集めている. l'~ du peuple 人民の友《フランス革命の指導者の一人マラの渾名》. faux ~s 他国語の間で, 語形が似ていながら意味の異なる言葉.
— a. 友好的な, 親しげな, 理解しあえる, うまく行く (ennemi(e) の対).〔tendre une〕 main ~e 友達として手を差し伸べる, 支援を提供しようとする. maison ~e 客を快く迎える家庭. nation ~e 友好国, 友邦. regard ~ 親しげな眼差し. vent ~ 順風. Le sport et moi, nous ne sommes pas ~s. 僕はスポーツが嫌いだ.

amiable a. **1** 和解による, 仲裁による, 調停の, 示談の.〖法律〗~ compositeur 調停人. accord ~ 調停に基づく取り決め. constat ~ 合意に基づく事実確認〔の調書〕. partage ~ 協議による分配. à l'~ 示談, 和解による. divorce à l'~ 協議離婚. régler une affaire à l'~ 事件を示談で解決する.
2〖数〗nombres ~ 友数, 親和数.

amiante n.m. アミアンタス (=〔英〕amianthus 絹糸状の石綿);石綿, アスベスト (=〔英〕asbestos). poussières d'~ 石綿粉塵 (=particules d'asbeste).

amianté (e) (<amiante) a.〖医〗石綿症の. poumon ~ 石綿肺, アスベスト肺 (=asbestose pulmonaire). travailleur ~ 石綿症労働者.

amiante-ciment (pl. ~s-~s) n.m. アスベスト・セメント, 石綿セメント.

amibe n.f.〖動〗アメーバ (=asmbien). ~ dysentérique 赤痢アメーバ.

amibiase n.f.〖医〗アメーバ症《赤痢アメーバ amibe dysentérique などのアメーバの感染による疾患の総称》. ~ hépatique アメーバ性肝炎.
▶ **amibiasique** a.

amibien(ne) *a.*〘医〙アメーバ性の, アメーバによって起因する. abcès 〜*ne* アメーバ性膿瘍. colite 〜*ne* アメーバ性大腸炎, アメーバ赤痢. dysenterie 〜*ne* アメーバ赤痢, 熱帯赤痢. kyste 〜 アメーバ性膿胞.
——*n.m.pl.*〘動〙アメーバ類.

amical (ale[1]**) (***pl.* ***aux***) *a.* 友好的な, 友情ある, 親しい, 優しい, 親切な. accueil 〜 親切なお応対. match (rencontre) 〜(*e*) 親善試合. L'entretien s'est déroulé dans une ambiance 〜*e*. 会談は友好的な雰囲気の中で行われた.

amicale[2] *n.f.* 友の会, 同好会；会 (= association 〜, réunion 〜). 〜 des étudiants 生徒会.

amide *n.m.*〘化〙アミド.

amidon *n.m.* **1** 澱粉. empois d'〜 洗濯糊. **2** 澱粉糊 (= colle d'〜).

amidonnerie *n.f.* 澱粉製造工場.

amidonnier (ère) *a.* 澱粉の.
——*n.* 澱粉製造(販売)業者.

Amiens *n.pr.* アミヤン (ピカルディー地方 la Picardie の古都, ソンム県 département de la Somme 県庁とフランス北部 EU の広域地方行政区 région Picardie ピカルディー地方の地方庁の所在地；市町村コード 80000). cathédrale Notre-Dame d'〜 アミアンのノートル=ダム大聖堂 (13世紀のゴシック様式).
▶ **amiénois(e)** *a.*

amikacine *n.f.*〘薬〙アミカシン (アミノグリコシド系抗生物質).

amimie *n.f.*〘医〙無表情症.

amination *n.f.*〘化〙アミノ化.

amine *n.f.*〘化〙アミン. 〜 primaire 第 1 アミン (RNH$_2$). 〜 secondaire 第 2 アミン (R$_2$NH). 〜 tertiaire 第 3 アミン (R$_3$N). 〜 de réveil 覚醒アミン剤, アンフェタミン (amphétamine).

aminé(e) *a.*〘化〙アミノ基を有する. acide 〜 アミノ酸.

amineptine *n.f.*〘薬〙アミネプチン (抗鬱剤).

amino[-]acide (*pl.* **〜-〜s**) [aminɔasid] *n.m.*〘化〙アミノ酸 (= acide aminé).

aminophylline *n.f.*〘化・薬〙アミノフィリン (血管拡張薬, 利尿薬, 筋弛緩薬, 喘息治療薬).

aminoplaste *n.m.*〘化〙アミノ樹脂 (アニリンアルデヒド樹脂 résine aniline-aldéhyde, 尿素・ホルムアルデヒド樹脂 résine urée-formal, メラミン樹脂 résine mélanine など).

aminopyrine *n.f.*〘薬〙アミノピリン (鎮静剤；発癌性が指摘されて販売中止).

aminosalicylique *a.*〘薬〙アミノサリチル酸の. acide para-〜 パラアミノサルチル酸 (略記 PAS パス；結核治療薬).

aminotransférase *n.f.*〘生化〙アミノトランスフェラーゼ, アミノ基転移酵素, トランスアミナーゼ (= transaminase).

amiodarone *n.f.*〘薬〙アミオダロン (抗不整脈薬；薬剤製品名 Cordarone (*n.f.*) など).

amiral (ale) (*pl.* ***aux***) *n.m.*〘軍〙**1** 海軍大将.
2 提督, 海軍将官 (上から 〜, vice-〜 d'escadre, vice-〜, contre-〜 の 4 等級がある).
3〘仏史〙海軍元帥 (= 〜 de France；maréchal de France).
——*a.* 提督乗艦の. bâtiment 〜 旗艦.

amirale *n.f.* 海軍大将夫人；提督夫人.

amisulpride *n.m.*〘薬〙アミスルプリド (神経弛緩薬；薬剤製品名 Solian (*n.m.*) など).

amitié *n.f.* 友情, 友誼, 好意, 友好；親善. 〜 à vie 生涯つづく友情. 〜 étroite 緊密な友情. prendre *qn* en 〜 …に友情を抱く. se lier d'〜 avec *qn* …と友達になる. 〜 particulière (学生寮などにおける) 〘古〙同性愛. traité d'〜 et de bon voisinage (coopération) 友好善隣 (協力) 条約. Faites-moi l'〜 de venir dimanche prochain dîner chez moi. 次の日曜に夕食にお越しください. relations d'〜 友好的関係. *A* 〜 *s* (友人の間で, 手紙の最後に) ではまた. Mes 〜*s* à votre épouse. 奥様によろしく.

amitose *n.f.*〘生〙(細胞の) 無糸分裂, 直接分裂.

AML (= *automitrailleuse légère*) *n.f.*〘軍〙機関砲(銃)装備軽装甲〔自動〕車. régiment de l'arme blindée équipée d'〜 機関砲(銃)装備軽装甲車配備装甲連隊.

amlodipine *n.f.*〘薬〙アムロジピン (Ca 拮抗薬；高血圧症・狭心症治療薬；薬物製品名 Amlor (*n.m.*)).

AMM[1] (= *autorisation de mise sur le marché*) *n.f.* 市場への出荷認可；(新薬などの) 市販認可.

AMM[2] (= *avortement par méthode mixte*) *n.m.*〘医〙(医薬と手術との) 混合方式人工流産.

ammonal *n.m.*〘化〙アンモナール (硝酸アンモニウムとアルミニウムの化合物；強力爆薬).

ammoniac[1] *n.m.*〘化〙アンモニアガス (= gaz 〜；NH$_3$).

ammoniac[2] **(que**[1]**)** *a.* アンモニアの. gaz 〜 アンモニアガス. sel 〜 塩化アンモニウム (= chlorure d'ammonium) の商品名.

ammoniacal (ale) *a.*〘化〙アンモニアの；アンモニアを含んだ；アンモニア性の. azote 〜 アンモニア性窒素. eau 〜*ale* アンモニア水. engrais 〜*aux* アンモニア肥料. fermentation 〜*ale* アンモニア醗酵. odeur 〜*ale* アンモニア臭. sel 〜 アンモニウム塩.

ammoniaque[2] *n.f.* アンモニア水 (= 〜 officinale) (鎮咳去痰薬).

ammoniémie *n.f.* 〚医〛アンモニア血症.
ammonification *n.f.* 〚生〛アンモニア化.
ammonite *n.f.* 〚古生物〛アンモナイト, 菊石.
ammonitrate *n.m.* 〚化〛硝酸アンモニウム (=nitrate d'ammonium; NH_4NO_3).
ammonium [amɔnjɔm] *n.m.* 〚化〛アンモニウム; アンモニウムイオン (NH_4^+). nitrate d'～ 硝酸アンモニウム〚肥料, 爆薬〛. sel d'～ アンモニウム塩. sulfate d'～ 硫酸アンモニウム, 硫安〚肥料〛.
ammoniurie *n.f.* 〚医〛アンモニア尿.
amnésie *n.f.* 〚医〛健忘〔症〕, 記憶力障害, 記憶喪失. ～ antérograde 前向〔性〕健忘. ～ retrograde 逆向〔性〕健忘. ～ transitoire 一過性健忘.
amnésique *a.* 〚医〛健忘症性の; 健忘症に罹った, 記憶喪失の. syndromes ～ s 健忘症候群, コルサコフ症状群 (=syndrome de Korsakoff).
―*n.* 健忘症患者; 記憶喪失者.
Amnesty International [英] *n.f.* 〚無冠詞〛国際アムネスティ, アムネスティ・インタナショナル (=association ～)《1961年ロンドンで結成された, 思想・信条による投獄者の救済を目的とする国際的な民間人権擁護組織; 本部ロンドン》. ～ France 国際アムネスティ・フランス支部.
amniocentèse *n.f.* 〚医〛羊水穿刺.
amnios [amnjɔs] *n.m.* 〚解剖〛羊膜.
amnioscopie *n.f.* 〚医〛羊水内視鏡検査〔法〕.
amniotique *a.* 〚解剖〛羊膜の; 羊水の. infection ～ 羊水感染〔症〕. liquide ～ 羊水.
amnistiant(e) *a.* 大赦(特赦)の効力をもつ. grâce ～*e*（国家元首による）恩赦.
amnistie *n.f.* **1** 大赦《立法府の決定する特赦で, 国家元首の行為である grâce「恩赦」(=grace amnistiaute) とは区別される》. ～ fiscale 租税大赦. loi d'～ 大赦法.
2 〚文〛赦免.
amnistié(e) *a.* 大赦(特赦)の対象となる, 大赦(特赦)された.
―*n.* 大赦(特赦)対象者; 大赦(特赦)された人.
Amnok (l') *n.pr.m.* 鴨緑江, ヤールー川 (=le Yalujiang).
amobarbital *n.m.* 〚薬〛アモバルビタール《バルビツール酸系催眠薬・鎮静薬》.
amont *n.m.* **1** 川上, 上流 (aval「川下, 下流」の対). d'～ en aval 川上から川下へ. pays d'～ 上流地方.〚比喩的〛〚経済〛produits d'～ 川上製品. en ～ 上流に;〚比喩的〛前もって; 最初の生産工程で.
en ～ de …の上流に; に至る前に; より以前に. La ville est en ～ du pont. 町は橋の上流にある.

2〚スキー〛山側. ski ～ 山側のスキーヤー.
3〚気象〛vent d'～《フランス西部沿海地方で》東風, 陸風, 陸軟風.
AMORC (= Ancien et Mystique Ordre de la Rose-Croix) *n.m.* 古式神秘的薔薇十字団.
amorçage (<amorcer) *n.m.* **1** 〚釣〛餌をつけること; まき餌. ～ d'une ligne de pêche 釣糸に餌をつけること.
2 始動. ～ de la combustion dans le moteur Diesel ディーゼルエンジンでの燃料の着火.〚化〛～ d'une polymérisation 重合開始.
3 起爆; 起爆装置, 雷管. ～ d'un obus 砲弾の雷管装着.
4〚電〛励起, 放電開始. procédé d'～ 放電法.
5（ポンプの）呼び水注入. ～ d'une pompe ポンプへの呼び水注入.
6〚比喩的〛始動. ～ d'une évolution économique 経済発展の発端.
amorce *n.f.* **1**（魚の）餌; まき餌, こませ;〚狩〛(わなの)餌. ～ vive 生き餌. mettre une ～ à l'hameçon 釣針に餌をつける.
2〚比喩的〛〚古〛誘惑, 魅力, 魅惑.
3 起爆薬, 雷管; 煙硝. ～ électrique 電気雷管. percuteur d'une ～ 雷管の撃鉄.
4（ポンプの）呼び水. verser l'～ dans une pompe ポンプに呼び水を注入する.
5〚化〛始動物質. ～ d'une réaction chimique 化学反応の始動物質.
6 始まり, 糸口, 発端, 初期段階; 起工部分;（フィルム, テープなどの）リーダー, 引出し部分 (=bande-～). ～ d'un article 新聞記事の一面書出し部分. ～ d'une négociation 交渉の糸口. ～ d'une œuvre 作品の初期段階. servir d'～ à qch 何のきっかけとなる.
7〚情報〛ブートストラップ (=bootstrap;〚英〛bootstrapping)《コンピュータ起動時に OS を読み込む処理》.
amorphe *a.* **1** 非晶質の, 無定形の, アモルファスの. liquide ～ 無定形の液体 (solide cristalisé「結晶固体」の対). silicium ～ アモルファス・シリコン《半導体》. substance ～ アモルファス物質, 非晶質物質, 無定形物質.
2（人が）無気力な; 個性のない;〚心〛不安定な性格の.
amortissable (<amortissement) *a.* 減価償却の対象となる, 償還できる. emprunt ～ 償還〔有期〕債券.
amortissement *n.m.* **1** 減価償却, 償還; 老化, 退化, 疲労. ～ comptable 帳簿上の減価償却. ～ de la dette publique 公債の償還. ～ économique 固定費用, 不変費用. ～ fiscal 税制上の減価償却. ～ industriel 生産財の減価.
2 緩和;〚理〛減衰;〚機械〛制動; 機能減退. ～ d'un choc 衝撃を和らげること. ～

des oscillations 振動の減衰.
amortisseur[1](**se**) *a*. ショックを吸収する. ressort ～ de choc ショック緩衝バネ. système ～ 緩衝(制動)システム(装置).
amortisseur[2] *n.m.* 【機械】緩衝器, ショック・アブソーバー；制動器, ダンパー. ～ à huile オイル・ダンパー. ～ d'automobile 自動車のダンパー. ～ d'avion 航空機の制動装置. ～ de choc 緩衝器, ショック・アブソーバー. ～ de parachute パラシュートの制動装置. ～ de suspension d'une automobile 自動車の懸架緩衝装置.
amour *n.m.* **1** 愛情, 愛着, 愛好, 欲. ～ filial (fraternel, maternel, paternel) 子供の親に対する肉親愛(兄弟愛, 母性愛, 父性愛). ～ de l'argent 金銭欲. ～ de Dieu 神の愛(=～ céleste)；神に対する愛(=～ pour Dieu). ～ de Dieu pour les hommes 人間に対する神の愛. ～ de l'humanité 人類愛. ～ de la nature 自然に対する愛着. ～ de la patrie 愛国心. pour l'～ de Dieu 後生だから, 損得抜きで. par ～ pour *qn* …のために, …への愛ゆえに. avoir l'～ de son métier 仕事を心底好きである. faire *qch* avec ～ 心をこめて…する. **2** 恋愛, 恋, 情事. ～ courtois (中世の)宮廷風恋愛. ～ illégitime 不倫の恋. ～ libre 自由恋愛. ～ passionnel 大恋愛. ～ platonique プラトニックの恋. chagrin d'～ 失恋の痛手. déclaration d'～ 愛の告白. histoire d'～ 恋愛物語, 情事. lettre d'～ 恋文, ラブレター. mal d'～ 恋わずらい. mariage d'～ 恋愛結婚. filer le parfait ～ で仲睦まじく暮らす.《On ne badine pas avec. l'～.》『戯れに恋はすまじ』(A. de Musset の戯曲；1834 年). C'est un remède à l'～.(百年の恋も冷めるほどの)醜女. Il n'y a point de laides ～*s*. あばたもえくぼ. **3** 情事, 性交, 情交. faire l'～ セックスをする. saison des ～*s* 発情期. être en ～ 盛りがついている. **4** 愛する人, 愛らしいもの, いとしい人. mon ～ (夫婦, 恋人どうしの)呼びかけの言葉. Tu es un ～. 君は本当に可愛いね, いい子だね. un ～ de とてもかわいい. **5** 愛の神, キューピッド(Cupidon). **6** 【植】～ en cage ほおずき. 【植】pommier d'～ たまらんぢ, ふゆさんご. 【料理】puits d'～ ピュイダムール(パイ生地の中にクリームやジャムなどを詰めた菓子).
amoureux(**se**) *a*. **1** 恋する, ほれている, 愛している(～ se du garçon rencontré au bal de dimanche. 彼女は日曜のダンスパーティーで知り合った男の子に夢中になっている. **2** 多情である, ほれっぽい, 淫乱な. Elle est ～ *se* comme une chatte. 彼女は淫乱だ. **3** 好んでいる, 熱している, 夢中である. A ～ de films, il va souvent au cinéma. 彼は映画が好きなのでよく映画館へ行く. **4** 恋愛に関する, 感情に関する. la vie ～ *se* de *qn* …の恋愛人生.
amour-propre (*pl.* ～**s**-～**s**) *n.m.* 自尊心, 誇り, 己惚れ. blesser (flatter) l'～ de *qn* …の自尊心を傷つける(くすぐる). blessure d'～ 自尊心の痛み.
amovible *a.* **1** (公務員, 司法官について)配置転換し得る；転任(解任, 罷免)が可能な. fonctionnaire ～ 配置転換(解任)し得る公務員. fonction ～ 在職者を変更しうる職務. **2** 取り外しのできる, 着脱自在の. appareil ～ 着脱式機器. disque dur ～ 取り外し可能なハードディスク. imperméable à doublure ～ 裏地を取り外せるレインコート. pièce ～ d'un mécanisme 装置の着脱可能な部品.
amoxicilline *n.f.* 【薬】アモキシシリン(ペニシリン系抗生物質；薬剤製品名 Ciblor (*n.m.*), Clamoxyl (*n.m.*) など).
AMP[1] (=*a*dénosine *monop*hosphate) *n.f.* 【生化】アデノシン一燐酸(アデニル酸 acide adénylique ともいう. アデノシンの燐酸エステル. リボ核酸を構成するプリンヌクレオチドの1つで, 生物のエネルギー源物質). ～ cyclique 環状アデノシン一燐酸(=AMPc).
AMP[2] (=*a*ssistance *m*édicale à la *p*rocréation) *n.f.* 【医】医療援助妊娠(出産).
AMPc (=*a*dénosine *m*ono*p*hosphate *c*yclique) *n.f.* 【生化】環状アデノシン一燐酸(生体内のホルモン伝達物質).
ampélidacées *n.f.pl.* 【植】葡萄科；葡萄科植物(=vitacées).
ampélographie *n.f.* 葡萄学；葡萄品種学.
ampélopsis [-sis] *n.m.* 【植】野葡萄(=vigne vierge).
ampère [ɑ̃pɛr] (<A～, 物理学者) *n.m.* 【電】アンペア(電流の単位, 略号 A).
ampère-heure (*pl.* ～**s**-～**s**) *n.m.* 【電】アンペア時(Ah と略記).
amphétamine *n.f.* 【薬】アンフェタミン, フェニルアミノプロパン(覚醒剤).
amphétaminique *n.m.* 【薬】アンフェタミン製剤；食欲抑制薬(=anorexigène).
amphiarthrose *n.f.* 【解剖】半関節.
amphibie *a.* **1** (動植物が)水陸両棲の. La grenouille est un animal ～. 蛙は両棲動物である. **2** (車輌・航空機などが)水陸両用の. avion ～ 水陸両用航空機. char AMX30 ～ 水陸両用 AMX 30 型戦車. opérations ～*s* 陸海軍共同作戦(上陸作戦 débarquement など). —*n.m.* 両棲動物.
ampholyte *n.m.* 【化】両性電解質, アンフォライト.
amphotère *n.m.* 【化】両性, 両向性(酸

ampicilline *n.f.* 【薬】アンピシリン(アミノベンジルペニシリン, ペニシリン系の半合成抗生物質;グラム陰性菌, グラム陽性菌に有効).

ampli *n.m.* 【音響】アンプ(=amplificateur).

ampliatif (ve) *a.* 【法律】補足的な, 拡充的な. acte ~ 謄本, 副本. mémoire ~ 上告趣意書.

ampliation *n.f.* **1** 謄本, 副本.《Pour ~》「原本に相違ないことを証明します」. **2** 【生理】(呼吸時の)胸郭拡張(=~ thoracique).

ampli-égaliseur *n.m.* 【音響】イコライザー付アンプ.

amplificateur[1] *n.m.* **1** 【物理】増幅器;【音響】アンプ(=ampli);【写真】引伸機(=agrandisseur). 【音響】~ d'audiofréquence 可聴周波数増幅器, 音響アンプ. 【物理】~ de lumière 光増幅器, レーザー. 【通信】~ de radiofréquence 無線周波数増幅装置. **2** 〔比喩的〕増大させるもの.《Le regret est un ~ du désir.》「後悔は欲望を増大させるものである」(Proust).

amplifica*teur*[2] (*trice*) *a.* 拡大する, 増幅する;【修辞】敷衍する;〔蔑〕誇張する.【電】circuit ~ 増幅回路.

amplification *n.f.* 拡大;【電】増幅;【論理】拡充,【修辞】拡充, 敷衍;【生化】増幅. ~ de radiation 放射(輻射)増幅. ~ des mouvements de grève ストの気運の増大. 【生化】~ génique 遺伝子増幅(=[英]PCR : *p*olymerase *c*hain *r*eaction 複製連鎖反応). facteur d'~ 増幅率.

amplitude *n.f.* **1** 大きさ. ~ des catastrophes 災害の大きさ.【古】~ de la nature 自然の広大さ. **2** 【天文】(天体の)出没方位角;【幾何】(図形の)幅;【数】(複素数の)偏角;【理】振幅;【気象】較差. ~ de la marée 潮位差. ~ d'une onde 波の振幅. ~ diurne (annuelle) (気温の)日(年)較差.【天文】~ occase (ortive) 西(東)距角(天体の出没点と真西(真東)との角距離). modulation d'~ (電波の)振幅変調. **3** 〔地球物理〕(地震の)マグニチュード(magnitude).

ampli-tuner [ãplitynɛr, -tynœr] *n.m.* 【音響】チューナー・アンプ, レシーバー(アンプとチューナーが一体になったもの).

ampoule *n.f.* **1** (電球・真空管などの)管球, バルブ;電球(=~ électrique). **2** (注射液などの)アンプル;アンプル剤. ~ buvable 飲用アンプル剤. ~ injectable アンプル注射薬. médicament en ~s アンプル薬剤. **3** (手足にできる)まめ, 水ぶくれ;【医】水疱(=phlyctène);【解剖】(器官の)膨大部

72

〔冶〕(鋳物の)ふくれ膏(鋳物の欠陥). se faire des ~s aux mains 手にまめをつくる.【解剖】~ de Vater ファテリー膨大部. **4** 【化】小フラスコ, 漏斗. ~ à décantation 分液漏斗. ~ à robinet 滴下漏斗. **5** 【仏史】la Sainte A ~ 聖油入れ(ClovisからCharles Xまでの歴代フランス王の戴冠式に用いられた.

AMPR (=*a*cétate de *m*édroxy-*p*rogesté-*r*etard) *n.m.* 【薬】持続性酢酸メドロキシ=プロゲステロン(避妊用黄体ホルモン剤). ~ administré par voie intramusuculaire à fortedose 筋肉注射によるAMPRの大量投与.

amputation *n.f.* **1** 【医】(四肢, 特に下肢の)切断〔術〕;(器官の)切除〔術〕, 摘出〔術〕. ~ accidentelle partielle 事故による部分的切断. ~ chirurgicale du membre inférieur 事故による部分的切断. ~ du rectum 直腸切除〔術〕. ~ tubaire 卵管切断〔術〕. **2** 〔比喩的〕削除, 削減;(領土の)喪失~ du patrimoine 遺産の削減.

AMT (=*a*ssistance *m*ilitaire *t*echnique) *n.f.* 【軍】軍事技術援助.

amusant (e) *a.* 面白い, おかしい, 愉快な, 滑稽な, 楽しい(intéressant は「興味深い, 意義深い」. amusant の同義語は plaisant, drôle, risible). conversation ~e 楽しい会話. mot ~ 滑稽な語. spéctacle ~ 面白い show.

amuse-bouche (*pl.* ~-~ [*s*]) *n.m.* 【料理】アミューズ=ブーシュ, つきだし(前菜の前にサービスとして供される小皿料理;=amuse-gueule).

amuse-gueule (*pl.* ~-~ [*s*]) *n.m.* 【料理】アミューズ=グール, つきだし(前菜の前に供されるサービスの小皿料理;=amuse-bouche).

amusie *n.f.* 【医】失音楽, 失音調. ~ motrice 運動性失音楽. ~ sensationnelle 感覚性失音楽.

AMX (=*A*teliers 〔de construction〕 d'*I*ssy-les-*M*oulineaux) *n.pr.m.pl.* イシー=レ=ムーリノー製作所. char ~ 30 イシー=レ=ムーリノー製作所製 30 型戦車(1967年就役).

amygdale *n.f.* 【解剖】扁桃(=tonsille). ~s linguales 舌根扁桃. ~ palatine 口蓋扁桃. ~s pharyngiennes 咽頭扁桃, アデノイド. ~s tubaires 気管扁桃.

amygdalectomie *n.f.* 【医】扁桃摘出〔術〕(=tonsillectomie).

amygdalite *n.f.* 【医】扁桃炎. ~ aiguë 急性扁桃炎.

amylase *n.f.* 【生化】アミラーゼ(唾液・膵液などに含まれる澱粉水解消化酵素;=diastase).

amylasurie *n.f.* 【医】アミラーゼ尿〔症〕.

amyle *n.m.* 【化】アミル基(C_5H_{11}).

amylique *a.* 〖化〗アミル基の. alcool ~ アミルアルコール, 1＝ペンタノール (pentanol-1-0) (CH₃(CH₂)₄OH；フーゼル油の主成分, 溶剤).

amyloïde *a.* 類澱粉の. maladie ~ 類澱粉症, アミロイドーシス (＝amyloïdose). néphropathie ~ アミロイド腎症. neuropathie ~ アミロイドニューロパシー. plaque ~ アミロイド斑, 老人斑.
—*n.f.* 類澱粉質 (＝substance ~). β ~ ベータ・アミロイド

amyloïdisation *n.f.* 〖医〗アミロイド物質の沈着.

amylopectine *n.f.* アミロペクチン (澱粉の主成分のひとつ).

amylose *n.m.* アミローゼ (澱粉の主成分のひとつである多糖類).
—*n.f.* 〖医〗類澱粉症 (＝maladie amyloïde).

amyotrophie *n.f.* 〖医〗筋萎縮症.

AN (＝Archives nationales de France) *n.f. pl.* フランス古文書館.

an *n.m.* **1** 年. bon ~, mal ~ 良い時も悪い時も, 平均して. le jour de l' ~ 元旦, 元日. le Nouvel A ~ 新年. production par ~ 年産. au fil des ~s 年とともに. tous les ~s 毎年.
2 歳. Quel âge avez-vous? —J'ai 20 ~s. 何歳ですか. —20 歳です. 〔話〕avoir vingt ~s aux prunes (cerises, pommes) 梅(桜桃, 林檎)のなる頃20歳になる.
3 紀元…年. l' ~ de grâce... 紀元…年. l' ~ II de la République 共和暦 2 年. signer un traité de paix avant l' ~ 2000 紀元 2000 年までに平和条約を結ぶ.

anabolisant(e) *a.* **1** 〖生理〗同化〔作用〕の. substance ~ *e* 同化物質.
2 〖薬〗同化作用促進の. stéroides ~*s* アナボリック・ステロイド (筋肉増強剤としてスポーツ選手のドーピングに用いられるステロイド・ホルモン剤).
—*n.m.* **1** 〖生理〗同化物質 (＝substance ~ *e*). **2** 〖薬〗筋肉増強剤；(特に) 筋肉増強剤 (アナボリック・ステロイドなどのドーピング剤). ~ naturel 天然同化促進剤. ~ artificiel 人工合成同化促進剤.

anabolisé(e) *a.* 〖生化〗同化促進剤を使用して肥育した. viande ~ *e* 同化促進剤使用食肉.

anabolisme *n.m.* 〖生化〗同化作用 (代謝の一側面. catabolisme「異化作用」の対).

anabolite *n.m.* 〖生理〗同化産物 (同化作用の産物).

anacarde *n.m.* 〖植〗カシューの木 (anacardier) の実, カシューナッツ.

anachronisme *n.m.* 時代錯誤. アナクロニズム.

anacidité *n.f.* 〖医〗無酸症, 胃酸欠乏症.

ANACT, Anact[1] (＝Agence nationale pour l'amélioration des conditions de *t*ravail) *n.f.* 国立労働条件改善研究所 (労働省外局の独立行政法人).

ANACT, Anact[2] (＝Association nationale pour l'amélioration des conditions de *t*ravail) *n.f.* 労働条件改善全国連盟.

ANAD (＝Accord de non-*a*gression et d'assistance en matière de *d*éfense) *n.m.* (西アフリカ経済共同体とトーゴ間の) 不可侵防衛援助協定 (1977 年調印).

ANADET (＝Association nationale de défense de la *t*élévision) *n.f.* 全国 TV 擁護協会.

anadipsie *n.f.* 〖医〗煩渇多飲症 (＝polydipsie).

anaérobie *a.* **1** 〖生〗嫌気性の (aérobie「好気性の」の対)；〖医〗嫌気性菌による. bactérie ~ 嫌気性菌. cellulite ~ 嫌気性蜂巣炎, ガス蜂巣炎. culture ~ 嫌気性培養法. infection ~ 嫌気性菌感染症.
2 〖航空〗moteur ~ 無気性エンジン (空気なしで作動するエンジン).
—*n.m.* 〖生〗嫌気性菌 (＝bactérie ~)；嫌気性生物.

anaérobiose *n.f.* 〖生〗嫌気生活.

ANAES, Anaes (＝Agence nationale d'*a*ccréditation et d'*é*valuation en *s*anté) *n.f.* 国立保健信用保証・評価機構 (1996 年設立).

Anafranil *n.m.* 〖薬〗アナフラニール (抗鬱薬；塩酸クロミプラミン製剤).

ANAH (＝Agence nationale pour l'*a*mélioration de l'*h*abitat) *n.f.* 国立住宅改善機構.

anal(ale)(*pl.***aux**) *a.* 〖解剖・医〗肛門の. canal ~ 肛門管. coït ~ 肛門交接；男色 (＝sodomie). fissure ~ *ale* 肛門裂創, 裂肛. réflexe ~ 肛門反射. sphincter ~ 肛門括約筋. 〖精神分析〗stade ~ 肛門期.〖精神分析〗stade sadique-~ 肛門サディズム期. ulcère ~ 肛門潰瘍.

analeptique *a.* 〖医〗体力を回復させる, 強壮作用のある.
—*n.m.* 強壮剤 (＝médicament, remède ~). ~-narcotique 麻薬強壮剤 (阿片, モルヒネ, ヘロインなど). ~ stimulant 蘇生薬.

analgésie *n.f.* 〖医〗無痛覚〔症〕.

analgésique *a.* 鎮痛の, 鎮痛作用のある. remède ~ 鎮痛剤.
—*n.m.* 鎮痛剤.

anallergique *a.* 〖医〗アレルギーを起こさない. crème de beauté ~ 非アレルギー性化粧クリーム.

analogie *n.f.* **1** 類似. ~ de forme 形の類似. ~ fonctionnel 機能的類似. **2** 類推, 類比, 相似. 〖数〗~ géométrique 幾何学的相似. principe d' ~ 類比原則. par ~ 類推によって, 似通った点を通して. procéder par ~ 類推で物事を進める.

analogique *a.* **1** 類似 (類推) に基づく. 〖論理〗raisonnement ~ 類推.

analogique-numérique

2 類語の. dictionnaire ~ 類語辞典.
3 〖技術・情報処理〗アナログ方式の (numérique「ディジタル方式の」の対). calculateur ~ アナログ計算機. signal ~ アナログ信号.

analogique-numérique *a.* 〖情報処理〗アナログ・ディジタル (=〖英〗analog-digital). conversion ~ アナログ・ディジタル変換.

analogue *a.* (à に) 似通った, 類似した. gouffre ~ à la nuit 夜に似た深淵.
——*n.m.* 類似(相似)のもの, 類似品；同類. événement sans ~ 類のない事件.

analphabète *a.* 文盲の. adultes ~s 文盲の成人.
——*n.* 文盲. pourcentage des ~s 文盲率.

analphabétisme *n.m.* 非識字, 文盲, 文盲状態. L'~ est un problème économique. 文盲は経済問題である. taux d'~ 文盲率, 非識字率.

analysant(e) *n.* 精神分析療法医.

analyse *n.f.* **1** 分析；分解 (synthèse「合成」の対)；解剖.〖経済〗~ du travail 労働の分析. ~ objective 客観的分析. ~ psychologique 心理解剖. roman d'~ 心理分析小説. en dernière ~ 詰まるところ, 要するに, 結局.
2 〖化〗分析；〖物理〗分析, 解析；〖医〗分析検査；〖電子工学〗(情報)の分析, 解析. ~ chimique 化学分析.〖医〗~ de sang 血液検査, 検血.〖医〗~ des urines 検尿. ~ d'une image de télévision TV 映像の走査.〖化〗~ élémentaire 元素分析.〖鉱〗~ optique 光学分析.〖化〗~ qualitative 定性分析.〖化〗~ quantitative 定量分析.〖物理〗~ spectrale スペクトル分析(解析).
3 〖文学〗分析的研究；(作品の) 梗概；(論文の) 概要. ~ d'une pièce de théâtre 戯曲の分析的研究.
4 〖文法〗分析, 分解. ~ grammaticale 文法的分析 (文の品詞への分解). ~ logique 論理的分析 (文の辞項への分解).
5 〖数〗解析〖学〗, 分析. ~ combinatoire 組合わせ論. ~ harmonique 調和解析 (分析). ~ vectorielle (tensorielle) ヴェクトル (テンソル) 解析.
6 精神分析〖療法〗. faire une ~ 精神分析を行う. ~ didactique 教育分析 (精神分析医を志す学生が受ける精神分析).
7 〖情報処理〗システム・アナリシス (=〖英〗system analysis；=〖仏〗fonctionnelle).
8 〖経済〗分析〖調査〗. ~ de la valeur (商品の) 価値分析.

analysé(e) *n.* 精神分析療法患者.

analyseur *n.m.* **1** 分析器 (装置), アナライザー；〖光学〗検光子. ~ d'états logiques ディジタル信号分析器. ~ de spectre スペクトル分析器.
2 〖心〗分析器.

3 〖古〗心理分析家.

analyste *n.* **1** 分析者；解析学者；〖経済・情報〗アナリスト, 分析専門家, 分析技術者. ~ financier 証券 (金融) アナリスト.〖情報処理〗~-programmeur アナリスト=プログラマー. chimiste ~ 分析化学者. informaticien-~ 情報処理技術者, アナリスト=プログラマー. mathématicien ~ 解析数学者.
2 〖心〗心理分析家.
3 〖精神医学〗精神分析医 (=psychanalyste).

analyste-programmeur (*pl.* **~s-~s**) *n.m.* 〖情報処理〗アナリスト・プログラマー, 分析・プログラミング専門家.

analytique *a.* **1** 分析的な (synthétique「総合的な」の対). esprit ~ 分析的精神.
2 分析を伴う, 分析による, 概要を記す. compte-rendu ~ (会議の) 議事録. table ~ des matières (書物の) 内容一覧表.
3 精神分析的の (=psychanalytique). technique ~ 精神分析的技術.
4 〖論理〗分析的. énoncé ~ 分析命題. langue ~ 分析的言語.
5 〖哲〗分析的, 分析論的. jugement ~ 分析判断. philosophie ~ 分析哲学.
6 〖数〗解析的. fonction ~ 解析関数. géométrie ~ 解析幾何学.
——*n.f.* 〖哲〗分析論. ~ transcendantale 先験的分析論.

anamnèse *n.f.* **1** 〖医〗病歴, 既往病歴；既往症.
2 〖カトリック〗アナムネシス, 記念唱 (ミサでのキリストの受難・復活・昇天を想起する祈り).

anamnestique *a.* 〖医〗既往症の. données ~s 既往病歴. signes ~s 既往病徴候.

anamorphose *n.f.* **1** 歪曲；〖光学〗歪像〖作用〗；〖美術〗アナモルフォーズ (歪められた画像；その描法).
2 〖生〗漸進的変化；(節足動物の変態の際の) 増節現象.

ananas [anana,〖話〗ananas] *n.m.* 〖植〗パイナップル〖の実〗.〖料理〗アナナ・オー・キルシュ (パイナップルの輪切シロップ漬けにキルシュ酒を加えたデザート).〖料理〗~ glacé à la Chantilly アナナ・グラッセ・ア・ラ・シャンティイ (シャンティイ風冷しパイナップル, 冷しパイナップルの泡立て生クリーム添え).

anandamide *n.f.* 〖生化〗アナンダミド (マリファナと同様の効果のある神経伝達物質).

anaphase *n.f.* 〖生〗(細胞の有糸核分裂の) 後期 (第3期).

anaphorèse *n.f.* 〖化・物理〗(電気泳動での, 溶液中の浮遊分子の) 陽極方向への移動.

anaphrodisie *n.f.* 性欲減退 (喪失)；性感減退 (消失).

anaphylactique *a.* 〖医〗過敏症〖性〗

の, アナフィラキシーの. accident ~ アナフィラキシーによる事故. choc ~ 過敏症性ショック, アナフィラキシー・ショック.〘急性のアレルギー・ショック〙. réaction ~ アナフィラキシー性反応.

anaphylaxie *n.f.*〘医〙アナフィラキシー, 過敏症. ~ locale 局所性アナフィラキシー.

anaplasie *n.f.*〘生・医〙(細胞の) 退形成, 退生.

anaplasique *a.*〘医〙退形成の；退形成性の；未分化の；未熟な；異型の；単純性の. carcinome ~ 退形成上皮腫, 未分化上皮腫, 単純上皮腫. gliome ~ 退形成神経膠腫, 異型性グリオーマ (膠芽腫). sarcome ~ 未熟型肉腫, 単純肉腫.

anaplastie *n.f.*〘医〙形成手術, 形成外科.

anaplastique *a.*〘医〙形成手術の.

anar *n.*〘話〙アナーキスト (=anarchiste).

anarchie *n.f.* **1** 無政府状態；無秩序, 混乱, 乱世；権威体制の不在. pays en pleine ~ 完全な無政府状態にある国. tomber dans l' ~ 無政府状態に陥る.
2 無政府主義, アナーキズム (=anarchisme).

anarchique *a.* **1** 無政府状態の, 無秩序な. état ~ 無政府状態, 無政府的混乱状態. gouvernement ~ 無統制状態の政府.
2 無政府主義の.

anarchisme *n.m.* 無政府主義, 無政府体制, アナキズム.

anarchiste *n.* 無政府主義者, アナキスト.

anarcho-syndicalisme *n.m.* アナルコ・サンディカリズム, 無政府主義的労働組合運動.

anasarque *n.f.*〘医〙全身性浮腫.

ANASE (=*A*ssociation des *n*ations de l'*A*sie du *S*ud-*E*st) *n.f.* 東南アジア諸国連合, アセアン (=〔英〕ASEAN：*A*ssociation of *S*outh *E*ast *A*sian *N*ations). zone de libre échange de l' ~ アセアン自由貿易地域 (=〔英〕ASEAN Free Trade Area).

anastigmat[e] [anastigma(t)],
anastigmatique *a.*〘写真〙非点収差補正済の. objectif ~ アナスティグマート (非点収差補正) レンズ. système ~ 非点収差補正システム.
——*n.m.* 非点収差補正レンズ (=objectif ~).

anastomose *n.f.*〘医〙(手術の) 吻合術. ~ vasculaire 血管吻合.

anastomosé(e) *a.p.* **1**〘医〙吻合された；〘解〙吻合した. vaisseaux ~s 吻合脈管. **2**〘比喩的〙〘地学〙合流した. fleuve ~ 合流河川.

anatexie *n.f.*〘地学〙アナテクシス《深成岩が再溶融してマグマ化する現象》.

anathème *n.m.* **1**〘教会〙破門, 異端排斥. libelle d' ~ 破門通告書. frapper d' ~ *qn* 人を破門に処す. frapper d' ~ une hérésie 異端思想を排斥する. prononcer un ~ contre *qn* 人に破門を宣告する.
2 呪い；激しい非難. jeter (lancer) l' ~ contre (à, sur) …を弾劾する.
——*a.* 破門を宣する；破門を受けた. Qu'il (elle) soit ~. 彼 (彼女) は破門に価する.
——*n.* **1** 破門された人. **2** 呪われた人, 辱められた人, 忌み嫌われている人.

anathrie *n.f.*〘医〙語啞 (ごあ), 言語啞, 構音失行.

anatidés *n.m.pl.*〘鳥〙雁鴨 (がんかも) 科〔の鳥類〕(canard 鴨, cygne 白鳥, oie 鵞鳥など).

anatocisme *n.m.*〘財政〙重利.

anatomie *n.f.* **1** 解剖学. ~ animale (humaine, végétale) 動物 (人体, 植物) 解剖学. ~ artistique 美術解剖学. ~ comparée 比較解剖学. ~ descriptive 記述解剖学, 記載解剖学. ~ macroscopique (microscopique) 目視 (顕微鏡) 解剖学. ~ pathologique 病理解剖学. ~ systématique 系統解剖学. ~ topographique 局所解剖学.
2 解剖；解剖体 (=pièce d' ~)；解剖標本, 解剖模型. aide d' ~ 解剖助手. amphithéâtre d' ~ 解剖教室. cabinet d' ~ 解剖標本室.
3 解剖的構造, 解剖図. ~ d'une machine 機械解剖図.
4〘比喻的〙〘美術〙(美術解剖学的見地からの) 外見, 体つき；〘話〙体つき；造型. avoir une belle ~ 体つきが美しい.

anatomique *a.* **1** 解剖の, 解剖学的な. planche ~ du cœur 心臓の解剖図版.
2 解剖学に基づく, 解剖学的な配慮を加えた. chaussures de ski ~ 解剖学的設計のスキー靴. siège ~ 解剖学に基づいて設計された椅子.

anatomiste *n.* **1** 解剖学者. **2**〔比喩的〕綿密な分析家.

anatomo- ELEM「解剖学の；解剖組織の」の意 (*ex*. *anatomo*pathologie 解剖病理学, 病理解剖学).

anatomoclinique *a.*〘医〙臨床解剖学の. recherches ~s 臨床解剖学的研究.
——*n.f.* 臨床解剖学.

anatomo[-]pathologie *n.f.* 病理解剖学.

anatomo[-]pathologique *a.*〘医〙病理解剖学的な. analyse ~ 病理解剖学的分析.

anatomopathologiste *n.* 病理解剖学者.

anatoxine *n.f.*〘生〙アナトキシン, トキソイド (toxoïde)；〘薬〙抗毒素製剤.

anavenin *n.m.*〘医〙蛇毒抗血清, 抗蛇毒ワクチン.

ANC[1] (=*A*ccolta *n*aziunale *c*orsa) *n.f.*〘政治〙コルス国民連合《1989 年創設のコル

シカの民族主義政党).

ANC[2] (=*a*pports *n*utritionnels *c*onseillés) *n.m.pl.* 推奨栄養摂取量.

ANC[3] (=*A*ssociation fédérale des *n*ouveaux *c*onsommateurs) *n.f.* 新消費者連盟 (1975 年設立).

ANCE (=*A*gence *n*ationale pour la *c*réation d'*e*ntreprise) *n.f.* 国立企業創設機構.

ancêtre *n.m.(f.)* **1** 祖先, 先祖. nos ~s les Gaulois われらが祖先ガリア人 (フランス人が自らの祖先を称して言う, 劇画「アステリクス」で典型的に用いられる言い回し). **2** 先駆者. ~ du surréalisme シュールレアリズムの先駆者.
3〔俗〕年寄り, 老いぼれ (=vieillard).

anchois *n.m.*〘魚〙ひこいわし, アンチョヴィ (地中海産, カタローニャ地方産のものが特に珍重される). beurre d'~ アンチョヴィ・ペースト, filets d'~ アンチョヴィの 3 枚おろし.

ancien(ne) *a.* 古い, 古くからある, 古代の, 過去に属する, 先輩の, かつての, 元の. ~ élève 卒業生. association des ~s élèves 同窓会. ~ ministre 元(前)大臣. M. X, ~ ministre de l'agriculture, dirige aujourd'hui le ministère de l'industrie. 元農業大臣X氏は, 現在は産業相である. ~ officier supérieur 元(前)高級将校. la Grèce ~ne 古代ギリシア. librairie ~ne 古書店. l'*A* ~ (le Nouveau) testament 旧約(新約) 聖書. mille francs ~s 旧フランで 1000 フラン. C'est de l'histoire ~ne. それは古いことだ (もう過去のことだ).
—— *n.* **1** 古参, 長老, 元老, 年寄り, 先輩, 卒業生.〘史〙conseil des *A* ~s 総督政府時代 (1795-99) の元老評議会.
2 (特に) 古代ギリシア人.〘文史〙querelle des ~s et des modernes 新旧論争 (17 世紀末, ギリシア・ラテン文学と当時の現代文学の優劣をめぐってなされた論争).
3 (家具などの) 時代物.
4 元愛人 (女性形では, 元情婦).

ancienneté *n.f.* **1** 古さ. ~ d'une coutume 習慣の古さ. ~ d'une famille 家柄の古さ. de toute ~ 太古から.
2〘労働〙勤続年限, 年功. ~ à un poste ポストの勤続年限. à l'~ 年功によって. avancement à l'~ 年功による昇進 (avancement au choix「抜擢による昇進」の対). rang d'~ 年功序列.

ancolie *n.f.*〘植〙おだまき (学名 Aquilegia アキレジア〔属〕; renonculacées「キンポウゲ科」の草花). ~ des Alpes アルプスおだまき, 深山おだまき (学名 aquilegia alpina). ~ des jardins 園芸種おだまき (学名 aquilegia vulgaris).

ANCRE, Ancre (=*A*ssociation *n*ationale de *c*omplément de *r*etraite et d'*é*pargne) *n.f.* 全国年金・貯蓄補完協会 (AGF : Association *g*énérale des *f*amilles により 1983 年設立).

Ancsec (=*A*gence *n*ationale pour la *c*ohésion *s*ociale et l'*é*galité des *c*hances et le *s*ervice *c*ivil *v*olontaire) *n.f.* 国立社会的結束・機会平等・民間ヴォランチア業務支援機構 (2006 年発足; 社会的結束省・機会均等促進省所管の独立行政法人; =FASILD : *F*onds d'*a*ction et de *s*outien pour l'*i*ntégration et la *l*utte contre les *d*iscriminations「社会的同化・人種差別撤廃支援活動基金」の業務を継承).

Ancyre *n.pr.* アンキラ (トルコ共和国の首都アンカラ (Ankara) の古名).

ANDA (=*A*ssociation *n*ationale pour le *d*éveloppement *a*gricole) *n.f.* 全国農業振興協会 (1966 年設立, FNDA の管理等にあたる).

ANDCP (=*A*ssociation *n*ationale des *d*irecteurs et *c*adres de la fonction *p*ersonnelle) *n.f.* 全国人事担当部長; 管理職協会.

ANDEP (=*A*gence *n*ationale pour le *d*éveloppement de l'*é*ducation *p*ermanente) *n.f.* 国立生涯教育開発機構.

Andes(les) [ɑ̃d] *n.pr.f.pl.* アンデス山脈 (=la cordillère des ~).

andésite *n.f.*〘鉱〙安山岩. ~ biotitique 黒雲母安山岩.

andin(e) *a.* アンデス〔山脈〕(les Andes, la cordillère des Andes) の ; アンデス山脈地方の ; アンデス山脈の住民の. le Groupe ~ アンデス・グループ (1966 年, le Chili, la Colombie, le Pérou, la Vénézuela, la Bolivie, l'Equateur の 5 カ国で結成 ; 1977 年 le Chili 脱退 ; Grupo Andino). le Pacte ~ アンデス協定 (1969 年締結).
—— *A* ~ *n.* アンデス山脈の住民.

Andong, Antung〔中国〕*n.pr.* 安東 (あんとう), アントン (丹東 Dandong の旧称).

andorran(e) *a.* アンドラ (l'Andorre) の, アンドラ公国 (la Principauté d'Andorre) の ; ~の住民の.
—— *A* ~ *n.* アンドラ人.

Andorre(l') *n.f.*〔国名通称〕アンドラ (公式名称 : la Principauté d'*A* ~ アンドラ公国 ; 国民 : Andorran(e) ; 首都 : Andorre-la-Vieille アンドール=ラ=ヴィエイユ ; 旧通貨 : peseta [ADP], franc français).

andouille *n.f.* **1** アンドゥイユ (腸の腸詰), 腸のソーセージ. **2**〔俗〕間抜け, ばか.

andouillette *n.f.* アンドゥイエット (細型の腸の腸詰). ~ à la strasbourgeoise ストラスブール風アンドゥイエット料理 (焼いたアンドゥイエットとシュークルート, ゆでじゃが芋の盛り合わせ). ~ de Troyes トロワ特産のアンドゥイエット.

ANDRA (=*A*gence *n*ationale pour la *g*estion des *d*échets *r*adioactifs) *n.f.* (フランス) 国立放射性廃棄物管理機構 (1979 年

11月7日創設,原子力委員会CEA所属；1991年より産業通商公共事業体Epicとなる).

andro- [ギ] ELEM「人, 男, 雄」の意 (ex. androgène 雄性ホルモン, androïde 自動人形).

androgamone n.f.〖生〗雄性ガモン (雄性配偶子から分泌されるガモン).

androgène a.〖生理〗雄性を生む. hormone ~ 男性ホルモン.
—n.m. アンドロゲン, 雄性ホルモン物質 (男性ホルモン作用を有するステロイド・ホルモンの総称).

androgenèse n.f. 1〖生化〗雄性ホルモン形成. 2〖生〗童貞生殖 (雄性草為生殖).

androgénothérapie n.f.〖医〗男性ホルモンによる男性機能減退症の治療.

androgynie n.f. 1〖医〗男性偽半陰陽 (= pseudohermaphrodisme partiel). 2〖植〗雌雄同花同株.

androïde n.m. アンドロイド, 機械的人造人間, 自動人形.

andrologie n.f.〖医〗男性性医学, アンドロロジー (男性の性機能に関する解剖学的・生理学的・精神医学的研究).

andrologue n.〖医〗男性生殖器病医.

Andromède n.f.〖天文〗アンドロメダ座. la Grande nébuleuse d' ~ アンドロメダ大星雲.

andropause n.f.〖生理〗男性の性機能衰退.

androphonie n.f.〖医〗(女性の音声の) 音声男性化, 男性化音声[症].

androstènediol n.m.〖薬〗アンドロステンジオル (興奮剤として利用される同化促進ステロイド).

androstérone n.f. アンドロステロン (アンドロゲンの代謝物の異性体；男性ホルモン作用を有するステロイド・ホルモンの一種).

âne n.m. 1 ロバ (驢馬)《雌のロバはânesse》. têtu comme un ~ 強情な, 頑固な. être comme l'~ de Buridan 決心をつけかねている. passer du coq à l'~ 脈絡のない話を変える. coq-à-l'~ ちぐはぐな話. coup de pied de l'~ (抵抗できないものに対する) 卑怯な一撃. dos d'~ (地形, 道などの) 突起部. pont en dos d'~ 太鼓橋.
2 のろま, 間抜け, 馬鹿. bonnet d'~ (劣等生に被せる) 耳が二つある紙帽子. un ~ bâté 無知な人, のろまな人. C'est le pont aux ~s. 誰でも知っている常識, ピタゴラスの定理の証明). faire l'~ pour avoir du son 情報を聞き出すために馬鹿の振りをする.

anecdote n.f. 逸話, 本筋から離れた枝葉末節, 秘話.

anémiant(e) a. 貧血を起こさせる. climat ~ 貧血を起こさせる気候.

anémie n.f.〖医〗貧血. ~ à hématie falciforme 鎌状赤血球性貧血. ~ aplastique 再生不良性貧血. ~ après saignement abondant 大量出血性貧血. ~ cérébrale 脳貧血. ~ de la grossesse 妊娠性貧血. ~ d'origine médullaire 骨髄性貧血. ~ ferroprive 鉄欠乏性貧血. ~ hémolytique 溶血性貧血. ~ hyperchrome (hypochrome) 高 (低) 色素性貧血. ~ inflammatoire 炎症性貧血. ~ locale 局所貧血. ~ macrocytique (microcytique) 大 (小) 球性貧血. ~ mégaloblastique 巨赤芽球性貧血. ~ myélopathique 骨髄癆性貧血. ~ normochrome 正色素性貧血. ~ normocytique 正球性貧血. ~ par carence vitaminique ビタミン欠乏性貧血. ~ pernicieuse 悪性貧血. ~ postgastrectomique 胃切除後貧血. ~ secondaire à une maladie métabolique 代謝疾患性二次性貧血. ~ sidéroblastique 鉄芽球性貧血. ~ sidéroprivique 鉄欠乏性貧血. ~ symptomatique 症候性貧血.

anémié(e) a. 貧血を起こした；[比喩的) 弱体化した, 消耗した. économie ~e 貧血状態の経済. Une France ~e par le ralentissement de l'activité économique 経済活動の停滞によって疲弊したフランス (Jaurèsの言葉).

anémique a. 1〖医〗貧血の；貧血症の. état ~ 貧血状態. infractus ~ 貧血性梗塞. rétinopathie ~ 貧血性網膜症.
2 [比喩的) 青ざめた, 生気のない. âme ~ 生気のない魂.
—n. 貧血患者.

anémo- [ギ] ELEM「風」の意 (ex. anémomètre 風速計).

anémographe n.m. 自記風速計 (= anémomètre enregistreur).

anémographie n.f.

anémomètre n.m. 風速計, 風力計；気体速度計.

anémométrie n.f. 風力測定〖法〗.

anémométrique a. 風力測定の. échelle ~ de Beaufort ビューフォート風力段階 (英国の提督 Francis Beaufort [1774-1857] が設定した次に示す12等級の風力分類；1877年より一般に利用されている).
◆風力 0 : calme (静穏, 風速時速 0 km)；風力 1 : très légère brise (至軽風 1-5 km)；風力 2 : légère brise (軽風 6-11 km)；風力 3 : petite brise (軟風 12-19 km)；風力 4 : jolie brise (和風 20-28 km)；風力 5 : bonne brise (疾風 29-38 km)；風力 6 : vent frais (雄風 39-49 km)；風力 7 : grand frais (強風 50-61 km)；風力 8 : coup de vent (疾強風 62-74 km)；風力 9 : fort coup de vent (大強風 75-88 km)；風力 10 : tempête (全強風 89-102 km)；風力 11 : violente tempête (暴風 103-117 km)；風力 12 : ouragan (颶風〔ぐふう〕118 km 以上).

anémophile *a.* 〖植〗風媒の. fleur ~ 風媒花.
anémophilie *n.f.* 〖植〗(花粉の) 風媒.
anencéphalie *n.f.* 〖医〗無脳症.
ANER (=*A*ssociation *n*ationale des *é*lus *r*égionaux) *n.f.* 地方議員全国連合.
anérection *n.f.* 〖医〗(陰茎の) 勃起不能, 勃起不全.
anergie *n.f.* 〖医〗アネルギー, 無感作 (allergie の対).
anéroïde *a.* 液体を用いない. baromètre ~ アネロイド気圧計.
　——*n.m.* アネロイド気圧計.
anestamine *n.f.* 〖薬〗アネスタミン (アミノ安息香酸エチル; 局所麻酔薬).
anesthésiant(e) *a.* **1** 麻酔用の, 麻痺させる. agent ~ 麻酔剤. **2** 〖比喩的〗鎮痛性の.
　——*n.m.* 麻酔薬; 麻痺性ガス.
anesthésie *n.f.* **1** 〖医〗麻酔. ~ coctail カクテル麻酔. ~ de l'induction 導入麻酔. ~ en selle サドルブロック. ~ endotrachéale 気管内麻酔. ~ épidurale 硬膜外麻酔. ~ générale 全身麻酔. ~ honteuse (分娩時の) 陰部神経ブロック. ~ intraveineuse 静脈麻酔. ~ locale (locorégionale) 局部(所)麻酔. ~ par congélation 冷却鎮痛法. ~ par infiltration 浸潤麻酔. ~ rectale 直腸麻酔. ~ sacrale 仙骨麻酔. ~ segmentaire 分節麻酔. ~ superficielle 表面麻酔. appareil d'~ 麻酔器. piqûre d'~ 麻酔注射. être mis sous ~ 麻酔をかけられる.
2 〖医〗知覚脱失, 麻痺. ~ auditive 聴覚麻痺. ~ sexuelle 〔性的〕不感症.
3 無感覚.
anesthésiologie *n.f.* 〖医〗麻酔学; 麻酔科.
anesthésiologiste *n.* 麻酔科医, 麻酔医; 麻酔士.
anesthésique *a.* 〖医〗麻痺させる, 麻痺の. agent ~ 麻酔剤. piqûre ~ 麻酔注射. sommeil ~ 麻酔による眠り.
　——*n.m.* 麻酔剤 (=produit ~). ~ de surface 塗布式麻酔薬. ~*s* généraux 全身麻酔. ~ injectable 注射麻酔薬. ~*s* locaux 局部(所)麻酔剤. ~ par voie intraveineuse 静脈注射麻酔薬. ~ par voie respiratoire 吸入式麻酔薬.
anesthésiste *n.* 麻酔医 (=médecin ~). 〖同格〗aide ~ 麻酔助手.
anesthésiste-réanima*teur* (*trice*) (*pl.*~*s*-~*s*) *n.* 麻酔・蘇生担当医.
aneth [anɛt] *n.m.* 〖植〗アネット (散形科ombelliféracéeの香草); 雑種ういきょう (=fenouil bâtard), クミン (=faux anis), ディル (dill) (オリエント原産の散形花科・セリ科の一年生香草; 学名 Anethum graveolens).
aneurine *n.f.* 〖生化〗アイノリン (ビタミ

ン B_1).
anévrisme *n.m.* 〖医〗動脈瘤. ~ aortique 大動脈瘤 (=~ de l'aorte). ~ artériel 動脈瘤. ~ artérioveineux 動静脈瘤. ~ disséquant 剥離性大動脈瘤. ~ sacuforme 囊状動脈瘤. ~ venticulaire 心室瘤, 心臓瘤.
anévrysm*al* (*ale*) (*pl.***aux**), **anévrism*al* (*ale*)** (*pl.***aux**) *a.* 〖医〗動脈瘤の. hématome ~ 動脈瘤血腫.
ANF (=*a*nti-*n*avire *f*utur) *a.inv.* 〖軍〗未来型対艦用の. missile ~ 未来対艦ミサイル (開発中の新型対艦ミサイル).
angarie *n.f.* 〖法律〗(国際法上の) 戦時徴用権, 非常用権〔権〕(戦時に領海内の中立国船舶を徴用する権利; 賠償の義務を負う).
ange *n.m.* **1** 天使《L'homme n'est ni ~, ni bête.》「人間は天使でも, 獣でもない」(Pascal). ~ Gabriel 天使ガブリエル. ~ déchu 堕落天使, 闇の天使 (悪魔). ~ gardien 守護天使, 守り神. bon ~ 善天使, 守り神; 〔話〕ボディーガード. bon (mauvais) ~ de *qn* …の守り神 (悪を唆す人). mauvais ~ 悪天使. un ~ passe 天使様がお通りになる (会話が途切れて気詰まりな時に使う言回し). dormir comme un ~ ぐっすりと (なんの気遣いもなく) 眠る. être aux ~*s* 有頂天である. rire aux ~*s* 意味もなく笑う, 眠りながらも笑う.
2 天使のような人, 完璧な人, 模範的な人, 可愛い人. 〔話〕faiseuse d'~*s* 堕胎女.
3 〖水泳〗saut de l'~ 前跳び前跳び. cheveux d'~ クリスマスツリーの飾り紐, 細い麺. nid d'~ 乳幼児用のフード付き外套.
angéiologie *n.f.* 〖医〗脈管学 (=angiologie) (動脈・静脈・リンパ管等, 循環器の脈管に関する医学).
angéite *n.f.* 〖医〗血管炎, 脈管炎 (=vascularite). ~ allergique cutanée 皮膚アレルギー性血管炎. ~*s* artérielles 動脈炎 (=artérite). ~ cutanée 皮膚血管炎. ~ necrotique 壊死性血管炎.
angélus [-s]〔ラ〕*n.m.* 〖カトリック〗
1 アンジェリュス (朝・昼・夕方のお告げの祈り).
2 アンジェリュスの鐘 (祈りの時刻を知らせるお告げの鐘の音).
Angers *n.pr.* アンジェ (département de Maine-et-Loire メーヌ=エ=ロワール県の県庁所在地; 市町村コード49000; 旧州のアンジュー地方 l'Anjouの首都). château du roi René d'~ アンジェのロワ王の城 (13-15世紀).
angevin(e) *a.* **1** アンジェ (Angers) の.
2 アンジュー (l'Anjou), アンジュー地方の.
　——A~ *n.* ~人.
angiectasie *n.f.* 〖医〗〔稀〕脈瘤, 脈管拡張 (=dilatation d'un vaisseau).

angiite *n.f.* 〖医〗脈管炎 (=angéite).
angine *n.f.* 〖医〗アンギナ急性扁桃炎；口峡炎. ~ blanche 白色アンギナ (= érythémato-pultacée「粥状紅斑」). ~ catarrhale カタル性アンギナ. ~ d'effort 労作性狭心症. ~ de poitrine 狭心症 (=angor). ~ rouge 紅斑アンギナ (= érythémateuse). ~ streptococcique 連鎖球菌性アンギナ. ~ ulcéreuse 潰瘍性口峡炎.
angineux(se) *a.* 〖医〗**1** アンギナ性の, 口峡炎性の. maladie ~se 口峡炎. **2** 狭心症の.
—*n.* 口内炎患者；狭心症患者.
anginophobie *n.f.* 狭心症恐怖症.
angioblastome *n.m.* 〖医〗血管芽細胞腫（血管性の良性腫瘍）.
angiocardiographie *n.f.* 〖医〗血管心臓造影法.
angiocholite *n.f.* 〖医〗胆管炎, 胆道炎.
angiodermite *n.f.* 〖医〗（主に下腿部に発生する）血管性皮膚炎. ~ purpurique et pigmentée 紫斑色素沈着性皮膚炎 (=dermite ocre des jambes 下肢赤色皮膚炎).
angiogenèse *n.f.* 〖医〗血管形成；血管増殖.
angiographie *n.f.* 〖医〗血管造影〔法〕.
angio-IRM (=*i*magerie par *r*ésonance *m*agnétique) *n.f.* 〖医〗核磁気共鳴血管造影〔法〕.
angiokératome *n.m.* 〖医〗被角血管腫, 角化血管腫.
angioléiomyome *n.m.* 〖医〗血管平滑筋腫.
angiologie *n.f.* 〖医〗脈管学 (=angéiologie).
angiomatose *n.f.* 〖医〗血管腫増殖症, リンパ腫多発症.
angiome *n.m.* 〖医〗血管腫. ~ capillaroveineux 毛細血管腫. ~ cutané 皮膚血管腫. ~ immature（新生児の）未成熟血管腫. ~ mature 成熟血管腫（通称 taches de vin 葡萄酒斑, envie 母斑）, 平面血管腫 (= ~ plan). nodulaire 結節性血管腫. ~ stellaire 星状血管腫, 毛細管瘤 (= ~ télangiectasique).
angio-œdème *n.m.* 〖医〗血管性浮腫 (=œdème de Quincke クインケ浮腫, 血管神経性浮腫).
angiopathie *n.f.* 〖医〗アンギオパシー, 脈管障害.
angioplasticien(ne) *n.* 〖医〗血管形成外科医.
angioplastie *n.f.* 〖医〗血管形成〔術〕.
angiosarcome *n.m.* 〖医〗血管肉腫, 悪性血管肉腫 (=hémangioendothéliome malin).
angiospasme *n.m.* 〖医〗血管痙攣.
angiospermes *n.f.pl.* 〖植〗被子植物（gymno-spermes「裸子植物」の対）.
angiotensine *n.f.* 〖生化〗アンギオテンシン, アンギオテンシン（生理活性ペプチド）（血管収縮作用をもつ血圧上昇圧制御薬）.
angiplastie *n.f.* 〖医〗血管形成術. ~ transluminale 透光式血管形成術.
angiplérose *n.f.* 〖医〗充血.
anglais(e[1]**)** *a.* イギリスの, イギリス式の；イングランドの. assiette ~e コールドミートとハム・ソーセージの盛り合わせ料理. 〖話〗capote ~e コンドーム. clé ~e イギリススパナ. jardin à l'~e イギリス式庭園（自然を活かした庭園）. pommes de terre à l'~e 茹でたジャガイモのバター和え. pur-sang ~ サラブレット. 〖労働〗semaine ~e 週休二日制（最初は週休1日半）. filer à l'~e 挨拶をせずに退席する. そっと抜け出す.
—*A*~ *n.* イギリス人, 英国人；イングランド人.
—*n.m.* 英語.
anglaise[2] *n.f.* イギリス風の書体, イギリス風刺繍；〔*pl.* で〕縦ロール髪型.
angle *n.m.* **1** 角, 隅. à l'~ de la rue 道の角にある. être en ~ 角にある. faire l'~ 角に位置する. meuble d'~ 部屋の角に置く家具. l'immueble qui fait l'~ de la rue X et du boulevard Y X通りとY大通りとの角にある建物.
2 角度. ~ aigu (au centre, droit, inscrit, obtus, plat, solide) 鋭角（中心角, 直角, 円周角, 鈍角, 平角, 立体角）. ~ complémentaire (supplémentaire) 余角（補角）. ~ d'incidence (de réflexion, de réfraction) 入射角（反射角, 屈折角）. ~ de mire 照準角. 〖人類学〗~ facial 顔面角. 〖光学〗~ limite 臨界角. ~ mort 死角. ~ optique 視角. ~ rentrant (saillant) 入隅（出隅）. objectif à grand ~ 広角レンズ.
3〔比喩的〕角度. sous l'~ de …の角度（観点）から. Il ne sert à rien de discuter de l'histoire sous le seul ~ philosophique. 歴史を哲学の観点からだけ議論しても, なんの役にも立たない.
4 凸凹, とげとげしたもの（とくに気性について）. arrondir les ~s 丸く治める, 調停を図る.
Angleterre (l') *n.pr.f.* **1** イングランド (= [英] England). **2** 英国（連合王国 le Royaume-Uni ([英] United Kingdom) の通称）.
▶ anglais(e) *a.*
anglican(e) *a.* 〖宗教〗英国国教の (に属する). Eglise ~e 英国国教会, アングリカン・チャーチ. rite ~e 英国国教による祭式.
—*n.* 英国国教徒.
anglicanisme *n.m.* 英国国教〔会〕, アングリカニズム.
anglo[-]américain(e) *a.* **1** 英米の. **2** 英米語の. expression ~e 英語・米語による表記.
anglo-catholicisme *n.m.* 英国カト

リック教.
anglo-irlandais(e) *a.* 英国とアイルランド間の. offre de paix ~ 連合王国とアイルランド共和国間の和平提案.
anglo-normand(e) *a.* アングロ=ノルマンの；アングロ=ノルマン種の. les îles A~-N ~es アングロ=ノルマン諸島《英仏海峡にある英国領のチャンネル諸島 Channel Islands の仏語表記；ジャージー Jersey, ガーンジー Guernesey, オーリニー Aurigny, サーク Sercg などの島々から成る》.
—*A~-N~* *n.* ノルマン系英国人.
—*n.m.* **1** アングロ=ノルマン種の馬 (=cheval ~). **2** アングロ=ノルマン語.
anglophone *a.* 英語を話す, 英語圏の. population ~ 英語を話す住民 (人口). région ~ 英語圏の地方.
—*n.* ~人.
angoisse *n.f.* 不安, (とくに胸を締め付けるような) 激しい不安, 苦しみ；『哲』存在の不安, 苦悶. Soudain pris d'~, il rebroussa le chemin pour aller chercher le renfort. 彼は突然不安に駆られて, 応援を求めて道を引き返した.〔話〕C'est l'~. 困難な (つらい) ことだ.
Angola (l') *n.m.* [国名通称] アンゴラ《公式名称：la République d'A ~ アンゴラ共和国；国民：Angolais(*e*)；首都：Luanda ルアンダ；通貨：kwanza [AON]》.
angor *n.m.* 『医』疼痛；(特に) 狭心症 (=angine de poitrine).
angora (<Angora, トルコの首都 Ankara の旧称) *a.inv.* アンゴラ種の. chèvre ~ アンゴラ山羊.
—*n.m.* **1** (兎・山羊・猫の) アンゴラ種. **2**『織』アンゴラ, モヘア (=laine ~). tricot en ~ アンゴラ・セーター.
Angoulême *n.pr.* アングーレーム (département de la Charente シャラント県の県庁所在地；市町村コード 16000 ; comté d'Angoumois アングーモワ公爵領の旧都；形容詞 angoumoisin (*e*)》. cathédrale Saint-Pierre d'~ アングーレームのサン=ピエール大聖堂《12世紀のロマネスク様式》. Festival international de la Bande dessinée d'~ アングーレーム国際劇画祭 (1974年創設；大賞は Grand prix de la ville d'~ アングーレーム市大賞》.
angström [ɑ̃gstrœm] (<Anders Jonas A~, スウェーデンの物理学者 [1814-74]》 *n.m.*『物理』オングストローム《長さの単位；記号 Å；1 Å = 10^{-10} m = 1 nanomètre [nm]》.
anguille *n.f.* **1** 鰻 (うなぎ). matelote d'~ ウナギのマトロット《ウナギの葡萄酒煮》. Il y a ~ sous roche. 岩陰に鰻 (→何だか怪しい).
2 ~ de mer 海ウナギ, あなご (=congre).
3 ~ électrique 電気ウナギ (=gymnote).
anguillulose *n.f.*『医』酢線虫症, 酢線

虫 (=anguille) 感染症, 糞線虫 (=strongyloi des stercoralis) 感染症 (=strongyloïdose).
angus [-gys] (<Aberdeen ~) *n.m.*『畜産』アバディーン・アンガス種, アンガス種《スコットランド原産の食肉用無角黒牛》. filet de bœuf ~ アンガス牛のフィレ肉.
an[h]idrose *n.f.*『医』無汗症, 無発汗症. ~ aquise 後天性無汗症. ~ congénitale 先天性無汗症 (maladie de Christ-Simens クリスト=シーメンス症候群など》.
Anhui, Anhwei [中国] *n.pr.* 安徽 (あんき, アンホイ)省《中国東部の省；省都 Hefei 合肥》.
anhydre *a.*『化』無水の. sel ~ 無水塩.
anhydride [anidrid] *n.m.*『化』無水物. ~ carbonique 無水炭酸. ~ nitreux 無水硝酸 (N_2O_3). ~ nitrique 無水亜硝酸 (N_2O_5). ~ sulfureux 無水亜硫酸 (=dioxyde de soufre= SO_2)《大気汚染物質の一つ》. acide d'~ 無水酸.
anhydrite *n.f.* 硬石膏.
ANIA, Ania (=Association nationale des industries alimentaires) *n.f.* フランス食品産業連盟.
ANIL (=Association nationale pour l'information sur le logement) *n.f.* 全国住居情報協会.
aniline *n.f.*『化』アニリン《芳香族アミン》.
anilisme *n.m.*『医』アニリン中毒.
animal[1] (*pl.aux*) *n.m.* **1** 動物. ~ raisonnable 理性ある動物 (人間). ~ social 社会的動物 (人間). ~ supérieur 高等動物 (人間). ~ fabuleux 想像上の (伝説の) 動物. ~ domestique 家畜. ~ sauvage 野性動物. ~ de compagnie コンパニオン・ペット.『哲』 ~-machine (デカルトの) 動物機械論. protection des *aux* 動物保護.
2〔比喩的〕人, 人間；粗野な人, 畜生.
animal[2] (*ale*) (*pl.aux*) *a.* 動物の；動物にかかわる；動物的な, 動物性の. chaleur ~ *e* 動物の (体温の) 暖かさ. charbon ~ 獣炭.『哲』esprit ~ (デカルトの) 動物精気. instinct ~ 動物的本能. matière ~ *e* 動物性物質.『農』production ~ *e* 動物性生産. règne ~ 動物界.
animalier (*ère*) *a.* 動物の. parc ~ 動物公園 (=parc zoologique).
—*n.m.* **1** 動物画家 (=peintre ~)；動物彫刻家 (=sculpteur ~)；動物誌作家.
2 (動物園・実験施設の) 動物飼育係.
animat *n.m.* 動物状ロボット.
animateur (*trice*) *a.* 活気づける, 鼓舞する. idées ~ *trices* 人を鼓舞する思想.
—*n.* **1** (ミュージック・ホールなどの) 司会者.
2〔放送〕(ラジオ・テレビ番組の) プレゼンテーター, 司会者 (=présentateur). ~ d'un débat 討論番組の司会者. ~ sportif スポー

anneau

ツ実況放送アナウンサー.
3〖放送〗ディスク・ジョッキー(〔英〕disk-jockey の公用推奨語).
4〖映画〗アニメーション(アニメ, 動画)作家(製作者)(= ～ graphique).
5〖社〗(グループ活動の) アニメーター, 推進者, 鼓舞者；後援者. ～ socio-culturel 社会文化活動推進者. formation d'～ アニメーターの養成.
6〖商業〗～ des ventes 販売チームのまとめ役.
7〖株式〗(株式市場の) アニメーター.

animation *n.f.* **1** 生気, 活気；賑わい. ～ d'une entreprise 企業の活気(活性化). ～ du regard 生き生きとした視線. ～ de la rue 街路の賑わい. discuter (parler) avec ～ 熱っぽく議論する(話す). Il y a beaucoup d'～ dans ce centre-ville. この都心は大いに賑わっている.
2〖映画〗アニメーション, アニメ, 動画〔技術〕；アニメ製作. ～ de dessins 動画技術(=techniques de l'～). cinéma (film) d'～ アニメーション映画.〖電算〗logiciel de l'～ アニメ・ソフト.
3〖社〗(グループなどの) 活動の活性化. ～ d'une maison de la culture 文化会館による文化活動の活性化. mettre de l'～ dans un groupe グループの活動を活性化させる.
4〖稀〗生命の付与.
5〖神学〗生命の現れ. ～ immédiate 直接的な生命発現. ～ médiate 間接的な生命発現.

animé(e) *a.p.* **1** 生命のある. les êtres ～s 生物.
2 生気のある, 生気を帯びた, 活況を呈した；繁華な；(会話が) はずんでいる；(戦いが) 激しい. dessin ～ 動画, アニメーション. discussion particulièrement ～e 非常に活発な議論. physionomie ～e 生き生きした表情. rue ～e 賑やかな通り. salle ～e 活気のある聴衆. teint ～ 上気した顔色. être ～ de …に突き動かされている, …の感情に駆り立てられている.

animisme *n.m.*〖哲・心・宗教〗アニミズム, 精霊信仰, 霊魂信仰.

animiste *a.* アニミズムの.
——*n.* アニミズム主義者, 精霊崇拝主義者.

anion *n.m.* 陰イオン, アニオン (cation「陽イオン」の対).

anionique *a.*〖化〗陰イオンの, アニオンの. émulsion ～ 陰イオン乳化剤. polyacrylamide ～ 陰イオン・ポリアクリルアミド (懸濁剤).

aniridie *n.f.*〖医〗無虹彩.

anis *n.m.* **1**〖植〗アニス. faux ～ クミンの実. **2** アニス入りボンボン (=bonbon à l'～).

anisakiase *n.f.*〖医〗アニサキス症(線虫症). ～ gastrique 胃アニサキス症. ～ intestinale 腸アニサキス症.

anisette *n.f.* アニゼット, アニス酒 (アニス, アルコール, 水, 砂糖から成るリキュール).

anisole *n.m.*〖化〗アニソール ($CH_3O-C_6H_6$；溶剤・香料).

anisotropie *n.f.*〖物理・化〗異方性(物質の物理的性質が方向によって異なること).

anite *n.f.*〖医〗肛門炎.

Anjou(l') *n.pr.m.* アンジュー地方(西フランスの地方名. 現在の la Maine-et-Loire, la Mayenne, la Sarthe, l'Indre-et-Loire, la Vienne の各県域とほぼ合致する旧州の名称. 首都はアンジェ Angers；形容詞 angevin (e)). ～ rosé de Cabernet アンジュー・ロゼ・ド・カベルネ (アンジュー地方のカベルネ種のブドウからつくられるやや甘口のロゼの葡萄酒).

anjou *n.m.*〖葡萄酒〗アンジュー (Angers アンジェを中心とする約200の村でつくられる白・ロゼ・赤の AOC 葡萄酒). ～-villages アンジュー=ヴィラージュ (l'Aubance, le Layon, la Loire の河川の沿岸でつくられる赤の AOC 酒). ～-coteaux-de-la-loire アンジュー=コトー=ド=ラ=ロワール (Montjean 地区の20村でつくられる半辛口の白の AOC 酒). cabernet-d'～ カベルネ=ダンジュー (cabernet-franc, cabernet-sauvignon 種の葡萄からつくられる半辛口のロゼの AOC 酒). rosé-d'～ ロゼ=ダンジュー (grolleau 種の葡萄からつくられる半辛口のロゼの AOC 酒).

Anju〔北朝鮮〕*n.pr.* 安州, アンジュ(平安南道；清川江の河畔の都市).

Ankang〔中国〕*n.pr.* 安康(あんこう), アンカン (陝西省の都市).

Anking〔中国〕*n.pr.* 安慶(あんけい), アンチン (安徽省, 長江北岸の都市；旧称 Huaining 懐寧) (=Anging, Anch'ing).

ankyloglossite *n.f.*〖医〗強直性舌炎；〖話〗舌たらず.

ankylosant(e) *a.*〖医〗強直性の. périarthrite ～e 強直性関節周囲炎 (=épaule bloquée).

ankylosaure *n.m.*〖古生物〗アンキロサウルス, 曲龍(白亜紀に棲息した草食恐竜；背が骨質の甲羅で覆われ, 棍棒のような尾をもつ；体長 5～10 m).

ankylose *n.f.* **1**〖医〗関節強直. ～ du genou 膝の関節強直(症). ～ fibreuse 組織繊維性関節強直. ～ osseuse 骨性関節強直. ～ temporomandibulaire 顎関節強直(症).
2〔比喩的〕麻痺；麻痺状態. ～ de l'économie 経済の強直麻痺〔状態〕.

ankylostomiase *n.f.*〖医〗鉤虫症, 十二指腸虫症(鉤虫 ankylostome の寄生).

ANL (=anti-*n*avire *l*égère) *n.m.*〖軍〗対艦軽ミサイル.

anneau(*pl.*～**x**) *n.m.* **1** 環, 輪. ～ de bourrage パッキン輪. ～ de garniture ピストンリング. les ～x d'une chaîne 鎖の輪.

～ olympiques 五輪．
2 環状のもの．～ de Jupiter (de Saturne) 木星(土星)の環．～ d'intégrité 整域．『光学』～x de Newton ニュートン・リング．～ euclidien ユークリッド環．～ de stockage (～ de collision)『数』(同じ)円環, (集合の)環．『光学』～ oculaire 射出ひとみ．～ routier 環状線．
3『電算』(インターネットの)ウェッブリング (=『英』webring)．
4 指輪．～ nuptial (épiscopal) 結婚(司教)指輪．
5 吊り輪．『体操』exercices aux ～x 吊り輪競技．

Annecy *n.pr.* アヌシー(オート・サヴォワ県 département de la Haute-Savoie の県庁所在地；市町村コード 74000)．le lac d'～ アヌシー湖．le Vieil ～ アヌシー旧市街．
▶ **annecien (ne)** *a.*

année *n.f.* **1**『天文』年．～ astronomique 太陽年(=～ solaire)．～ bissextile 閏年．～ de lumière 光年(=～-lumière)．～ lunaire 太陰年．～ sidérale 恒星年．～ tropique 回帰年．
2『暦』年；年度．～ budgétaire 予算年度．～ calendaire (civile) 暦年．～ commune 平年．～ d'exercice 会計年度．～ fiscale 財政年度．～ judiciaire 司法年度(『暦年と同じく1月1日から12月31日まで』．『宗教』～ Pascal パスカル年．『学』～ sabbatique 研究(研修)休暇年．～ scolaire (universitaire) 学年度(9月から)．～ séculaire 世紀の最後の年．les ～s 1990 1990 年代．les ～s folles 狂気の年代(1920-30 年)．Bonne ～! 明けましておめでとう；謹賀新年．l'～ dernière 去年．l'～ présente 今年(=cette ～)．l'～ prochaine 来年．l'～ 2007 2007 年．～ d'âge 年齢年．les dernières ～s de sa vie 彼の晩年．
3 (特定の)年；記念年．l'A ～ du Japon en France フランスにおける日本年．l'A ～ internationale de la femme 国際婦人年．une ～ d'abondance 農作年．une ～ excellente pour le vin 葡萄酒の出来の素晴らしい年．une ～ pluvieuse 多雨の年．

année-lumière (*pl.* **-s-～**) *n.f.*『天文』光年．distance de 14 milliards d'～s-～ 140 億光年の距離．

annexe *a.* **1** 付属の．bâtiment ～ 別館，付属棟．école ～ à une école normale 師範学校付属小学校．pièces ～s d'un dossier 資料の付属文書．
2 付随的な，二次的な．questions ～s あまり重要でない諸問題．
——*n.f.* **1** 付属物．～ des mathématiques 数学の付属分野．
2 付属建造物, 別館；教区教会堂付属聖堂．loger à l'～ d'un hôtel ホテルの別館に泊る．
3 支社, 出張所．～ d'une banque 銀行の支店(出張所)．
4 付属地；属国．
5『法律』付属事項；添付書類；(手紙の)同封物．～s de déclarations fiscales 税の申告の添付書類．～ d'une loi (d'un traité) 法律(条約)の付属条項．clause d'～ de propres 夫婦財産の分割に関する夫婦間の特約条項．
6 付属器官．『生』～s embryonnaires (fœtales) 胚膜．『解剖』～s de l'œil 眼の付属器官 (cils「睫毛」, paupières「眼瞼」)．『解剖』～s de l'utérus 子宮付属物 (ligaments「靱帯」, ovaires「卵巣」, trompes「卵管」)．inflammation des ～s 付属器官の炎症．
7『海』補助ボート．～ pneumatique 補助ゴムボート．

annexé(e) *a.p.* **1** (à に) 添付された, 付加された．documents ci-～s 添付書類．
2 併合された．territoire ～ 併合された領土．

annexectomie *n.f.*『医』子宮付属器切除(術)．

annexion *n.f.*『政治』(領土の)併合．～ de la Savoie à la France サヴォワ地方のフランスへの併合．

annexionnisme *n.m.* 併合主義．

annexionniste *n.* (領土の)併合主義者．

annexite *n.f.*『医』〔子宮〕付属器炎(卵管・卵巣およびその周囲組織の炎症)．syndrome de l'～ 付属器炎症候群．

annihilation *n.f.* **1** 無に帰すこと, 消滅．
2『物理』消滅．～ de paire 対(つい)消滅(素粒子とその反粒子が合体して消滅し, エネルギーもしくは他の粒子になる過程；dématérialisation de paire)．

anniversaire *a.* 周年記念の．fête (jour) ～ 周年記念祭(日)．cérémonie ～ de la libération de Paris (第二次世界大戦の)パリ解放記念日(8月25日)．
——*n.m.* **1** 記念日, 周年祭, 記念祭(=jour (fête)～)．célébrer l'～ d'une victoire 戦勝記念日を祝う．fêter le cinquantième ～ de notre mariage われわれの金婚式(結婚 50 周年記念日)を祝う．
2 誕生日(=～ de naissance)．Bon ～! 誕生日お目出度う．cadeau d'～ 誕生祝いの贈物．

annonce *n.f.* **1** 告知；報知；通知；アナウンス．～ d'un mariage 結婚告知(状)．～ faite à Marie 聖母マリアへの受胎告知．à l'～ de *qch* 何の知らせを聞くと．『政治』effet d'～ アナウンスメント効果(選挙予測など公表された情報が選挙に及ぼす影響)．faire une ～ アナウンスする．
2 公告, 公表．～ administrative 行政公告, 告示．～ judiciaire (légale) 司法(決定)公告．
3 広告, 宣伝(=～ publicitaire)．rédactionnelle 宣伝記事．petites ～s (新聞などの)三行広告．petites ～s immobilières 不動産三行広告．insérer une ～ dans un jour-

nal 新聞に広告を出す.
4 予告；予告編. film (bande)-~ 映画の予告編.
5 前兆. Les premiers bougeons sont l'~ du printemps. 芽出しは春の前触れである.
6 〖トランプ〗(ブリッジなどでの) ビッド, (競り札の) 宣言.

annonceur(se) *n.* 〖放送〗アナウンサー (=speaker, speakerine).
—*n.m.* **1** 広告主；(テレビ・ラジオの) スポンサー.
2 〖古〗〖劇〗(翌日の出し物を予告する) 口上役.

annonciateur(trice) *a.* (de を) 知らせる, 告げる. signes ~s d'une tempête 嵐の予兆 (前兆, 徴し).
—*n.* (de を) 知らせる人, 予告する人.

annonciation *n.f.* **1** 〖キリスト教〗受胎告知《天使 Gabriel による聖母マリアへの受胎告知》.〖fête の〗l'A ～ お告げの祝日《3月25日》.
2 〖美術〗受胎告知図 (像). des *A* ~s de Fra Angelico フラ・アンジェリコの『受胎告知』.
3 〖広義〗予兆. ~ d'une ère nouvelle 新しい時代の到来の予兆.

annot *n.m.* 〖チーズ〗アノット, トム・ダノット (tomme d'~)《旧ニース伯爵領 comté de Nice で, 羊または山羊乳からつくれたチーズ；非加熱圧搾, ブラシがけ自然外皮のチーズ；脂肪分 45 %；直径 16-22 cm, 厚さ 4-5 cm の円盤状；600 g-1.2 kg》.

annotation *n.f.* 注, 注釈, 注解；付注.

annuaire *n.m.* **1** 年報, 年鑑；手帳. électronique 電子手帳. ~ statistique de la France (INSEE 発行の) フランス統計年報.
2 電話帳 (= ~ du téléphone).

annualisé(e) *a.p.* 年1回制の, 年次制の；年刊の. budget ~ 年次予算. publication ~*e* 年刊. salaire ~ 年俸.

annualité *n.f.* 1年単位であること, 年1回制, 年次制；年1回刊行制, 年刊制；1年間の年次制. ~ budgétaire 予算の単年度の原則, 予算の年次制.

annuel(le) (<an) *a.* **1** 毎年行われる, 毎年恒例の, 毎年の, 年次の；年刊の；年1回の. banquet ~ 毎年恒例の饗宴. budget ~ 年次予算. congé ~ 年次休暇, 年休. congré ~ 年次大会. fermeture ~ *le* (ヴァカンス期などの) 年次休業. fête ~ *le* 年次例祭. publication ~ *le* 年刊. rente ~ 年金.
2 1年分の；1年期間続く. allocation ~ *le* de la retraite minimum 年間最低退職年金手当. mouvement ~ de la terre 地球の年周運動. revenu ~ 年収. taux ~ 年率.
3 〖植〗1年生の. plantes ~ *les* 1年生植物, 1年草.

annuité *n.f.* **1** 年賦, 年賦払, 年払い. ~s d'un emprunt 借金の年賦払. payer par ~s 年賦で払う.
2 年賦金；毎年の保険料. ~s viagères 終身年賦金.
3 〖行政〗(外地勤務などによる, 年金の) 勤続1年相当割増分；勤続年数 (= ~ de carrière).

annulaire *a.* **1** 環状の. 〖天〗éclipse ~ 〖de soleil〗金環蝕. 〖医〗granulome ~ 環状肉芽腫.
2 指輪をはめる. doigt ~ 薬指.
—*n.m.* 薬指.

annulation *n.f.* **1** 〖法律〗破棄；無効化. ~ du contrat 契約の破棄. ~ d'une élection 選挙の無効化. ~ d'une premier jugement 一審判決の破棄.
2 〖一般に〗取消し；解消. ~ d'une commande 注文の取消し. ~ du mariage 結婚の解消.
3 〖精神分析〗取消し. ~ rétroactive 遡及的取消し.

annulé(e) *a.p.* 取り消された；無効となった；破棄された. décret ~ 取り消されたデクレ. décision ~*e* pour vice de forme 形式の不備により取り消された決定. vente ~*e* pour lésion 過剰損害 (瑕疵) による販売の取消し.

annuler (<nul) *v.t.* **1** 取り消す；解消 (解除) する；無効とする；破棄する (原判決を) 破棄する；(命令などを) 撤回する. ~ un contrat (une convention) 契約 (協定) を解消 (破棄) する. ~ une élection 選挙を無効とする. 〖法律〗 ~ un legs pour vice de forme 書式の不備により遺贈を無効とする. ~ un mariage 結婚を解消する. ~ un ordre 命令を撤回する. La cour d'appel *a annulé* le jugement du tribunal de première instance. 控訴院は第一審判決を破棄した.
2 無にせしめる. ~ les efforts de *qn* 人の努力を水泡に帰せしめる.
—*s'~* *v.pr.* **1** 取り消される, 無効になる.
2 消し合う；(反対方向の力が) 釣合う. Ces deux forces *s'annulent*. 二つの力が釣合っている.

anode *n.f.* 〖電〗陽極 (cathode「陰極」の対).

anodin(e) *a.* **1** 無害の；(病・傷が) 軽い. blessure tout à fait ~ ごく軽い傷, 軽傷.
2 当りさわりのない, 毒にも薬にもならない. critique ~*e* 当りさわりのない批判. plaisanterie ~*e* 毒にも薬にもならない冗談.
3 取るに足りない；無意味な；精彩のない. cas ~ 取るに足りない事例. personnage bien ~ 取るに足りない人物.
4 〖古〗鎮痛の, remède ~ 鎮痛剤；〖比喩的〗なまぬるい手段, 姑息な手段, 一時しのぎ.

anodisation *n.f.* 〖化〗アノード処理, 陽極処理.

anodontie *n.f.* 〖医〗無歯症, 欠歯症.

anomal(*ale*)(*pl.aux*) *a.* 変則の；破格の；異常な，例外的な．〖医〗fièvre ~*ale* 変則的発熱．〖医〗maladie ~*ale* 異常疾患．〖法律〗succession ~*ale* 変則相続．〖文法〗verbe ~ 不規則動詞．〖法律〗vocation ~*ale* (変則相続のための) 変則的適格．

anomalie *n.f.* **1** 〖生・医〗異常，奇形，異形；〖物理・気象〗偏差；〖文法〗変則[性]，異例．〖医〗~ congénitale 先天性奇形．〖精神医学〗~ érotique 性的倒錯．〖医〗~ héréditaire 遺伝性異常．
2 〖天文〗近点離角．
3 特異性，風変り，異常性．~ d'un habillement 風変りな衣裳．

anomascope *n.m.* 〖医〗アノマスコープ，色覚異常検査器．

anomère *n.m.* 〖化〗アノマー．

anomérisation *n.f.* 〖化〗アノマー効果．

anonymat *n.m.* **1** 匿名（とくめい）；匿名性；無名性．~ d'un don 寄付（寄贈）の匿名性．garder l'~ 名を隠す．rester dans l'~ 無名にとどまる．sous l'~ 匿名で，名を隠して．
2〔広義〕没個性．

anonyme *a.* **1** (人が) 名の知れない，名前のわからない；無名の．auteur ~ d'une chanson de geste 武勲詩の名前のわからない作者．œuvre d'un maître ~ 無名の職人の作品．
2 (多くは不名誉な理由で) 名前を隠した．dénonciateur ~ 名前を隠した告発者（密告者）．
3 姓のない．enfant ~ 父母の不詳の子．
4 匿名の；名前のない；無名の人からの．billet ~ 名前のない短信．coup de téléphone ~ 無名の人からの電話．don ~ 無名の人からの寄付．œuvre ~ 匿名の作品．
5 特徴のない，ありふれた．meubles ~*s* ありふれた家具．visage ~ ありふれた顔．
6 〖商業〗société ~ 株式会社（略記 SA）．société ~ d'assurance 保険株式会社．
7 無名の，名前のついていない；名もない．montagne (ruisseau) ~ 名もない山 (小川)．veine ~ 無名の静脈．
8 名前の見分けがつかない．foule ~ 名もない大衆．
——*n.* 無名の人；匿名の人；匿名作者．

anonymisant(*e*) *a.* 無名の；特徴のない．société ~*e* 無名的社会《個人の名前が顕在化しない社会》．

anonymisation *n.f.* 匿名化，無名化．assurer une ~ totale des patients 患者の氏名の完全匿名化を保証する．

anonymiseur *n.m.* 〖情報〗(インターネットの) 無名送受信ソフト．

anophèle *n.m.* 〖昆虫〗羽斑蚊 (はまだらか)《デング熱 la dengue, フィラリア la filariose, マラリア le paludisme などを媒介》．

anophtalmie *n.f.* 〖医〗(先天性) 無眼球症．

anoplastie *n.f.* 〖医〗肛門形成術．

ANOR (= *A*ssociation *n*ationale d'*o*rganisation des *r*égimes de *r*etraite et de prévoyance) *n.f.* 〖社会保障〗全国退職・養老年金制度機構連盟．

anorak [anɔrak]［イヌイット語］*n.m.* アノラック．

anorchidie, anorchie *n.f.* 〖医〗無睾丸症，無精巣症．

anorectite *n.f.* 〖医〗肛門直腸炎．

anorexiant(*e*) *a.* 食欲抑制作用のある．
——*n.m.* 〖薬〗食欲抑制薬．

anorexie *n.f.* 〖医〗食欲不振[症]，無食欲．~ commune 通常の食欲不振．~ du nourrisson 幼児の食欲不振症．~ mentale 精神性（神経性）食欲不振症．~ sévère 新生児重度食欲不振症；青春期痩症；拒食症．

anorexigène *a.* 食欲を抑制する．médicament ~ 食欲抑制薬《アンフェタミン，メタンフェタミンなど》．
——*n.m.* 〖薬〗食欲抑制剤 (= médicament ~)．

anorexique *a.* 食欲不振症の；食欲不振の．enfant ~ 食欲不振症の子供．troubles ~*s* 食欲不振障害．
——*n.* 食欲不振症患者；食欲不振に陥った人．

anorganique *a.* **1** 〖医〗非品質性の．souffle ~ 非品質性雑音．
2 〖化〗無機の (= inorganique)．matière ~ 無機質．

anormal(*ale*)(*pl.aux*) *a.* **1** 異常な．〖医〗~ champ visuel 視野異常．〖医〗développement ~ (器官の) 発育異常．〖医〗onde Q ~*ale* (心電図上の) 異常 Q 波．température ~*ale* pour la saison 異常気温．〖医〗ventilation ~*ale* 異常呼吸．
2〖心・精神医学〗精神異常の，異常心理の．enfant ~ 不適応児 (= enfant inadapté)．psychologie ~ 異常心理学，精神病理学．
3 異様な，奇妙な．bruits ~*aux* 異様な物音．réaction ~*ale* 奇妙な反応．
——*n.*〖心・精神医学〗異常心理者．

anoscope *n.m.* 〖医〗肛門鏡．

anoscopie *n.f.* 〖医〗肛門鏡検査〔法〕．

anosmie *n.f.* 〖医〗無臭覚症．

anovulation *n.f.* 〖生理・医〗無排卵；無排卵症．

anovulatoire *a.* **1** 〖医〗(月経周期が) 無排卵の．cycle ~ 無排卵期．**2** 無排卵性の．menstruation ~ 無排卵性月経．

anoxémie *n.f.* 〖医〗無酸素血症．

anoxie *n.f.* 〖医〗(組織内の) 無酸素症，酸素欠乏症，低酸素症．

ANP[1] (= *a*ppareil *n*ormal de *p*rotection) *n.m.*〖軍〗通常防護器，防毒マスク (= masque à gaz)．

ANP[2] (= *a*rmement *n*ucléaire *p*réstratégique) *n.m.*〖軍〗前戦略核武装．

ANP³ (=*A*ssemblée *n*ationale du *p*euple)〔中国〕*n.f.* 全国人民代表大会 (全人代).
ANPE (=*A*gence *n*ationale *p*our l'*e*mploi) *n.f.* 国立雇用機構.
Anqing *n.pr.*〔中国〕安慶(あんけい), アンチン(安徽省の都市).
ANRED (=*A*gence *n*ationale pour la *r*écupération et l'*é*limination des *d*échets) *n.f.* 国立廃棄物回収除去機構.
ANRS (=*A*gence *n*ationale de *r*echerche sur *s*ida) *n.f.*〖医〗国立エイズ研究機構(1989年創設の GIP (公共団体)).
Anru (=*A*gence *n*ationale pour la *r*énovation *urbaine) *n.f.* 国立都市改造機構(2003年8月創設; 治安不安定街区 quartier sensible の再開発計画を担う).
ANS (=*a*nti*n*avire supersonique) *a.*〖軍〗対艦超高速の. missile ~, Exocet MM (=mer-mer) 40 エグソセット40型艦対艦超高速ミサイル.
Ansan〔韓国〕*n.pr.* 安山(あんさん), アンサン(京畿道の都市; ソウルの南南西).
ANSEA (=*A*ssociation des *n*ations du *S*ud-*E*st *a*siatique) *n.f.*〖政治〗東南アジア諸国連合, アセアン (=〔英〕ASEAN : Association of Southeast Asian Nations).
ansériformes *n.m.pl.*〖鳥〗がんかも目〔の鳥類〕(canard 鴨, cygne 白鳥, flamand フラミンゴ, oie 鵞鳥など).
Anshan〔中国〕*n.pr.* 鞍山(あんざん), アンシャン(遼寧省中部の鉄鋼産業都市).
ANT¹ (=*A*rmement *n*ucléaire *t*actique) *n.m.*〖軍〗戦術核軍備.
ANT² (=*a*rme *n*ucléaire *t*actique) *n.m.*〖軍〗戦術核兵器.
antabuse〔商標〕*n.m.*〖薬〗アンタビュース(アルコール中毒治療薬; ジスルフィラム disulfirame).〖医〗effet ~ アンタビュース効果.
antagonisme *n.m.* **1** (人・国家間の)対立;敵対関係, 抗争;(思想・利害などの)相反関係, 矛盾. ~ de classes 階級抗争. ~ de deux groupes 2つのグループの対立(敵対)関係. ~ d'idées (d'intérêts) 思想(利害)の相反. ~ entre partis politiques 政党間の抗争.
2 (思想・利害などの)相反〔関係〕, 矛盾. ~ d'idées (d'intérêts) 思想(利害)の相反.
3〖生理・化〗(2つの器官・医薬品;化学物質などの) 拮抗〔作用〕. ~ biochimique (chimique) 生化学的(化学的)拮抗.〖薬〗~ de compétition (医薬品の)競合的拮抗作用.〖医・薬〗~ de deux médicaments 2つの医薬品の拮抗作用.〖生〗~ de deux muscles 2つの筋肉の拮抗作用.〖医〗~ de germes pathologiques 病原体の拮抗.〖生理〗~ hormonal ホルモン拮抗.
4〖医〗~ microbien 細菌の拮抗作用.
antagoniste *a.* 対(拮抗, 相反)する;〖解剖〗拮抗する;〖薬〗拮抗性の. dent ~ (上下の顎)対の歯.〖解剖〗muscle ~ 拮抗筋. substances ~s 拮抗物質. thèses ~s 対立命題.
—*n.* 競争相手, ライヴァル, 敵対者, 敵手.
—*n.m.*〖解剖〗拮抗筋 (=muscle ~).
antagonistique *a.*〖薬〗麻薬拮抗性の. analgésique ~ 麻薬拮抗性鎮痛薬.
antalgique *a.*〖医〗鎮痛の, 鎮痛作用のある. attitude ~ 痛みを和らげる姿勢. remède ~ 鎮痛薬.
—*n.m.* 鎮痛薬. ~ stupéfiant 麻酔性鎮痛薬(モルフィネなど).
antarctique *a.* 南極の. pôle ~ 南極. cercle ~ 南極圏. océan *A*~ 南極海 (=océan Austral).
—*l'A*~ *n.f.* 南極大陸 (=l'Antarctide). traité de l'~ 南極条約(1959年12月1日署名, 1961年6月23日発効; 12ヵ国参加).
ANTEA (=*A*ssociation *n*ationale des *t*éléspectat*e*urs et *a*uditeurs) *n.f.* 全国TV視聴者協会.
antécambrien(ne) *a.*〖地学〗先カンブリア時代の, プレカンブリア時代の (=précambrien) (カンブリア紀 cambrien に先立つ).
—*n.m.* 先カンブリア時代の.
antécédent¹ *n.m.* **1**〔*pl.* で〕前歴, 経歴. avoir de bons (mauvais) ~ 前歴が輝かしい(芳しくない). ~s de l'accusé 被告の前歴.
2〔*pl.* で〕〖医〗健康歴;病歴 (=~s pathologiques). ~s familiaux 家族病歴.
3〖文法〗先行詞. ~ du relatif 関係詞の先行詞.
4〖数〗(比例の)前項;(集合間の写像の)先行元 (=~ d'un élément).
5〖論理〗(仮定命題の)前件.
antécédent²(*e*) *a.* **1** 以前の, 既存の.
2 先行の.〖地形〗cours d'eau ~ 先行川. vallée ~*e* 先行谷.
Antéchrist *n.m.*〖キリスト教〗反キリスト;キリストの敵.
anté-hypophysaire *a.*〖解剖〗〔脳〕下垂体前葉の.〖脳〗hormone ~ 下垂体前葉ホルモン (hormone corticotrope 副腎皮質刺激ホルモン, H. gonadotrope 生殖腺刺激ホルモン, H. somatotrope 成長ホルモン, H. thyréotrope 甲状腺刺激ホルモン, prolactine プロラクチンなど). insuffisance ~ 下垂体前葉機能低下症.
anté(-)hypophyse *n.f.*〖解剖〗〔脳〕下垂体前葉.
antémémoire *n.f.*〖情報〗キャッシュ・メモリー (=〔英〕cache memory).
antenne *n.f.*〖電〗アンテナ, 空中線. ~ collective 集合アンテナ. ~ d'émission (réceptrice) 送信(受信)用アンテナ. ~ de télévision テレビアンテナ. ~ directionnelle 指向性アンテナ. ~ parabolique パラボラ・アンテナ. ~ radar レーダー・アンテナ.

~ satellité individuelle 個人用衛星放送〔受信〕アンテナ. ~ verticale liée au sol 接地式垂直アンテナ.
2 放送. A ~ 2 アンテーヌ・ドゥー（略記 A 2）；旧・フランス国営第 2 TV 放送〔局〕，現 France 2). A ~ créole Guyane 仏領ギアナ・クレオル語放送〔局〕（略記 ACG）. A~ Réunion TV レユニオン島 TV 放送〔局〕（フランス海外県レユニオン島の TV 放送〔局〕). donner l'~ à un reporteur リポーターに放送を委ねる（マイクを渡す）. être à（sur）l'~；passer à l'~（番組が）放送される. être à l'~（人が）放送している；放送を聴視している. garder l'~ 放送を続ける（続けて聴視する）. prendre l'~ マイクを引き継ぐ. droit à l'~（選挙の際の）政見放送権. temps d'~（テレビ局の）出演時間. sur notre ~ 当放送局の放送で.
3〖動〗触覚. ~s d'un papillon (d'une langouste) 蝶（伊勢海老）の触覚. avoir des ~s 触覚をもつ；〔比喩的〕勘がいい；秘密の情報網がある.〔比喩的〕〖商業〗boutique d'~ アンテナ・ショップ.
4 前線班，派出所. ~ chirurgicale (野戦病院の) 前線医療班；（交通事故の）救急班，救急センター；救急自動車. ~ médicale 救急医療班.
5〖海〗大三角帆の帆げた.
antenne-relais (pl. **~s-~**) n.f.〖電気通信〗中継アンテナ.
antéposition n.f. **1**〖文法〗前置 (postposition「後置」の対). ~ de l'adjectif 形容詞の前置.
2〖医〗前方転位. ~ de l'utérus 子宮前方転位.
antérieur(e) a. **1** 前面の，前方の. façade ~e 前面. membres ~s d'un quatrupède 四足動物の前肢.〖話〗voyelle ~e 前舌母音.
2 以前の，先立つ (postérieur, ultérieur の対).〖文法〗passé (futur) ~ 大過去（前未来）. Poursuivi pour des faits ~s à la mise en vigueur de la loi invoquée, le prévenu a été relâché. 容疑者は援用された法の執行前になされた行為を咎められていたため，釈放された.
—n.m. 前肢. ~ droit 右前肢.
antériorité n.f. 時間の上で先にあること，優先権. droit d'~ 優先権.
antérograde a.〖医〗先行性の，前向性の. amnésie ~ 先行性健忘症，前向健忘症.
antétorsion n.f.〖医〗頚部前捻.
antéversion n.f.〖医〗（子宮などの器官の）前傾；頚部前傾.
anthelminthique a.〖薬〗駆虫性の，寄生虫を駆除する.
—n.m.〖薬〗駆虫薬，虫下し (=antiparasitaire).

anthracène n.m.〖化〗アントラセン ($C_{14}H_{10}$；アントラキノン染料の原料).
anthracite n.m. 無煙炭.
—a.inv. チャコールグレイの (=gris ~).
anthraciteux(se) a. 無煙炭を含む；無煙炭質の.
anthracnose n.f.〖植〗炭疽（たんそ）病 (=charbon, rouille).
anthracose n.f.〖医〗炭塵症，炭塵肺症.
anthraquinone n.f.〖化〗アントラキノン.
anthrax n.m.〖医〗癰（よう），疔（ちょう）.
anthropo-, -anthrope〔ギ〕ELEM「人，人類」の意 (ex. anthropologie 人類学, misanthrope 人間嫌い).
anthropoïde a.〖動〗人類に似た.
—n.m.〖動〗**1** 類人猿 (=singe ~). **2** 類人猿亜目（人と猿を含む）.
anthropologie n.f. **1** 人類学. ~ culturelle (sociale) 文化（社会）人類学. **2**〖哲・神学〗人間学.
anthropologue, anthropologiste n. 人類学者.
anthropométrie n.f. **1** 人体測定〔法〕. ~ judiciaire 人体測定による犯罪者識別.
2（警察の）犯罪者人体測定部局 (= ~ de police).
anthropométrique a. 人体測定の.〖警察〗fiche (signalement) ~（犯罪者の）人体特徴記録カード (人体特徴記録).
anthropophage a. 人食いの. tribu ~ 食人部族，人食い人種.
—n. 人食い人.
anthropophagie n.f. 人食い，食人.
anthropophobie n.f.〖医〗対人恐怖症 (=phobie sociale).
anthroposophe n. 人智学者，人智主義者.
anthroposophie n.f.〖哲〗人智学 (Rudolph Steiner [1861-1925] が唱えた人間中心主義思想).
anthropozoonose n.f.〖医〗動物原性感染症（動物から人間に感染する伝染病）；人畜共通伝染病 (=zoonose).
anti-acide, antiacide a. 耐酸性の；制酸性の.
antiacnéique a.〖薬〗痤瘡治療用の.
—n.m.〖薬〗痤瘡治療薬；にきび薬. ~ à usage externe 外用. ~ à prendre par voie orale 経口.
anti-adhésif(ve) a. 粘着防止の，反粘着性の，反接着性の. poêle ~ 焦げ付き防止フライパン（弗素樹脂加工フライパン）.
anti(-)aérien(ne) a.〖軍〗対空の，防空の. abri ~ 防空壕. canon ~ 対空砲. défense ~ne 防空.
anti(-)agrégant[1]**(e)** a.〖薬〗抗凝集性の；凝固を阻止する.
anti(-)agrégant[2] n.m.〖薬〗抗凝集

剤, 凝集阻害剤;(特に)(血液の)凝固抑制薬, 血小板凝固抑制薬(=antiplaquettaire).
~ plaquettaire【薬】血小板凝固抑制薬.
antialcoolique *a.* 禁酒の;禁酒主義の;禁酒運動の. ligue ~ 禁酒同盟.
——*n.m.* 禁酒運動家.
antialcoolisme *n.m.* 禁酒主義;禁酒運動.
antiallergique *n.m.*【医】抗アレルギー性の(=anallergique). crème de beauté ~ 抗アレルギー性化粧クリーム.
——*n.m.* 抗アレルギー剤.
anti-Alzheimer [[独]]-altshaimər;[仏]-alzajmεr] *n.m.*【薬】アルツハイマー治療薬(donépézil 製剤;薬剤製品名 Aricept (*n.m.*)).
anti〔-〕américain(e) *a.* 反米の. manifestation ~ *e* 反米デモ.
antiandrogénique *a.* 男性ホルモンの分泌を阻害する.
antianémique *a.*【医・薬】抗貧血の;抗貧血性の.
——*n.m.*【薬】補血剤(貧血治療薬).
antiangineux *n.m.*【薬】抗狭心症剤;狭心症治療(予防)薬.
anti-angioge(é)nèse *a.inv.*【医・薬】血管形成を抑制する, 新生血管拮抗性の. facteur ~ 血管形成拮抗因子(=inhibiteur angiogénétique).
antiangoreux(se)【薬】抗狭心症性の.
——*n.m.*【薬】狭心症治療薬, 抗狭心症薬(=antiangineux).
antiapartheid [-aparted] *a.inv.* (南アフリカの)アパルトヘイト(人種隔離政策)に反対する;反人種隔離派の.
anti〔-〕aromaticité *n.f.*【化】反芳香族性.
antiarthritique *a.*【薬】抗関節炎の, 関節炎(arthrite)治療用の.
——*n.m.* 抗関節炎薬.
antiarthrosique *a.*【薬】関節症(arthrose)治療用の.
——*n.m.* 関節症治療薬.
anti〔-〕arythmique *a.*【医・薬】不整脈治療作用のある.
——*n.m.*【薬】不整脈治療薬(disopyramide, procaïnamide, quinidine など).
antiasthmatique *a.*【薬】抗喘息性の, 喘息に効く. médicament ~〔抗〕喘息薬.
——*n.m.*【薬】〔抗〕喘息薬(=médicament ~).
antiathénique *a.*【薬】無力症治療の. médicament ~ 無力症治療薬, 活力賦与剤.
antiatome *n.m.*【物理】反原子.
antiatomique *a.* 対原爆の;原子力災害防止の. abri ~ 核シェルター.
antiautoritaire *a.* 反権威主義の.
antibactérien(ne) *a.*【生】抗菌性の, 抗菌作用のある. pouvoir ~ 抗菌力. produit ~ 抗菌剤.

——*n.m.* 抗菌剤.
anti-bactéries *a.* 抗菌の, 抗菌性の, 抗菌作用のある(=antibactérien). carrelage ~ 抗菌タイル.
antibalistique *a.*【軍】対弾道弾の. missile ~ 対弾道弾ミサイル.
Antibes *n.pr.* アンチーブ(南仏département des Alpes-Maritimes アルプ=マリチーム県の地中海沿岸の港町・保養地;市町村コード 06600). le cap d' ~ アンチーブ岬.
antibiogramme *n.m.*【医】(細菌の)対抗生物質特性検査, 抗生作用検査.
antibioprophyraxie *n.f.*【医】抗生物質による予防〔法〕.
antibiorésistance *n.f.*【薬・医】抗生物質に対する耐性.
antibiose *n.f.*【生】抗生〔作用〕.
antibiothérapie *n.f.*【医】抗生物質療法.
antibiotique *n.m.*【薬】抗生物質(= substance ~). prendre des ~ s 抗生物質を飲む.
——*a.* 抗生物質の;抗生作用の. médicament ~ 抗生物質医薬品. pouvoir ~ 抗生力.
antiblanchiment *n.m.*【金融】(不正資金の)浄化防止(取締)〔策〕. lutte contre le ~ de l'argent de la drogue 禁止薬物資金の浄化防止対策.
antiblindage *a.inv.*【軍】対装甲用の. mitraille ~ 対装甲榴弾, 撤甲弾.
anti〔-〕bougé *a.inv.*【写真】手振れ防止の. mode ~ 手振れ防止モード.
antibrocage *a.* (自動車のブレーキの)アンチロック方式の. système ~ アンチブロック・ブレーキ装置, ABS システム.
antibrouillard *a.inv.* 霧対策の, 霧に対応する. lampes ~ à halogène ハロゲンのフォグランプ.
——*n.m.* フォグランプ(=phares ~).
antibruit *a.inv.* 騒音防止用の. mur ~ le long d'une autoroute 高速道路沿いの騒音防止壁.
anticancéreux(se) *a.* 癌治療の, 抗癌の. centre ~ 癌センター. médicament ~ 抗癌剤.
anticasseur〔s〕 *a.inv.* 破壊活動防止の. loi ~ 破壊活動防止法.
antichambre *n.f.* **1** 控えの間, 次の間, 待合室. faire ~ 待たされる. 待つ. courir les ~ *s* あちこち頼んで回る.
2〔比喩的〕前の段階. ~ du pouvoir 権力につく前段階. ~ de la réussite 成功の前兆.
anti〔-〕char *a.*【軍】対戦車の. canon ~ 対戦車砲. missile ~ à courte portée 短距離対戦車ミサイル(= ACCP). mines ~ *s* 対戦車地雷.
——*n.m.* 対戦車ミサイル(地雷).
anti〔-〕chimique *a.* 化学兵器防禦用の, 対毒ガス用の, 防毒の. équipement ~

対化学兵器装備. tenue ～ 防毒服.
antichoc *a.inv.* **1** ショック防止用の, 衝撃防止用の. casque ～ 衝撃防止用ヘルメット.
2 耐衝撃性の, アンチショック性の. montre ～ 耐衝撃性腕時計.
anticholéique *a.* コレラ予防の. vaccin ～ コレラ予防ワクチン.
anticholestérol *a.* 『薬』血中コレステロールを低下させる.
——*n.m.* 『薬』高コレステロール血症治療薬.
anticholestérolémiant(e) *a.* 『薬』抗コレステロール血症の, 抗高脂血症の, 抗脂質異常症の. médicament ～ コレステロール血症 (高脂血症) 治療薬.
——*n.m.* 『薬』コレステロール血症治療薬, 高脂血症治療薬, 脂質異常症治療薬.
anticholinergique *a.* 『生化・薬』抗コリン作用性の, 副交感神経作用を抑制する.
——*n.m.* 『薬』抗コリン作用薬 (=parasympatholytique).
anticholinestérasique *n.f.* 『生化・薬』アンチコリンエステラーゼ剤《コリンエステラーゼ抑制薬》.
anti-chute *a.inv.* 脱毛予防の, 脱毛防止の. molécule ～ 脱毛防止分子.
——*n.m.* 脱毛予防剤, 脱毛防止剤 (= ～ de cheveux).
anticipation *n.f.* **1** 前もって行なうこと；期限前に行なうこと；(後で話すことを) 先回りして話すこと；先手を打つこと. ～ de paiement 前払い, 前納, 期限前の弁済. par ～ 前もって, あらかじめ. régler son loyer par ～ 家賃を前納する.
2 『法律』(他人の権利・財産などの) 侵害. attaquer en justice contre une ～ 侵害行為に対して法廷で非難する.
3 『音楽』(和音の) 先行者.
4 『修辞』予弁法 (=prolepse).
5 予感, 予期；未来予想；『経済』先行きの予測. film (roman) d' ～ 空想未来映画(小説).
anticipé(e) *a.p.* 事前の；予定より早い；期限の；先取りした, 先走った. connaissance ～e 予知. espérance ～e 早まった希望. remboursement ～ 期前償還(払い戻し). retraite ～e 定年前退職, 早期退職. versements ～s 期前支払い. vieillesse ～e 早老. Veuillez agréer, Monsieur, mes remerciements ～s あらかじめお礼を申し上げます《依頼文の結びの文言》.
anticlérical(ale)(*pl.***aux**) *a.* 反聖職者主義の.
——*n.* 反聖職者主義者.
anticléricalisme *n.m.* (政治における) 反聖職者主義.
anticoagulant(e) *a.* 『医』凝固作用を抑制する；抗凝血性の；反収斂性の.
——*n.m.* 『医』抗凝固剤, 抗凝血薬.
anticollision *a.inv.* 衝突防止用の.

système ～ 衝突防止システム.
anticolonialisme *n.m.* 『政治』反植民地主義, 反植民地運動.
anticommercial(ale)(*pl.***aux**) *a.* 反商業的な. attitude ～*ale* 反商業的態度.
anticommunisme *n.m.* 『政治』反共産主義, 反共体制.
anticonceptionnel(le) *a.* 避妊の, 避妊用の (=contraceptif). pilule ～ *le* 避妊用ピル. propagande ～ *le* 避妊キャンペーン.
anticonciliaire *a.* 『キリスト教会』反公会議の, 公会議 (Concile) に反対する. père ～ 反公会議派司教.
anticoncurrentiel(le) *a.* 『経済』自由競争に反する.
anticonjoncturel(le) *a.* 『経済』景気改善の. mesures ～ *les* 景気回復対策.
anticonstitutionnel(le) *a.* 憲法に反する, 違憲の；反立憲制の. mesure ～ *le* 違憲措置.
anti-contrefaçon *a.inv.* 偽造防止の. lutte ～ 偽造防止対策.
anticonvulsivant(e) *a.* 『薬』抗痙攣性の, 痙攣をおさえる. agent ～ 抗痙攣剤.
——*n.m.* 『薬』抗痙攣剤 (=anticonvulsif) (clonazépam, diazépam, phénobarbituriqueなど).
anticoqueluche *a.* 百日咳予防の. vaccination ～ 百日咳予防ワクチン接種.
anticorps *n.m.* 『生理』抗体. ～ cellulaire 細胞性抗体. ～ humoral 体液中抗体.
anti(-)corrosion *a.inv.* 『塗料』錆止めの, 防食性の. techniques ～ 防食技術.
anticrénelage *n.m.* 『電算』アンチクレヌラージュ, [英] アンチエイリアジング (anti-aliasing)《色調を滑らかにするソフト処理》.
anticyclique *a.* 『経済』経済不況 (不景気) 対策の, 不景気を克服する. politique budgétaire ～ 不景気対策の予算政策.
anticyclonal(ale)(*pl.***aux**) *a.* 『気象』高気圧性の, 高気圧の (=anticyclonique). aire ～ *ale* 高気圧圏.
anticyclone *n.m.* 『気象』高気圧 (圏)；高気圧の中心《天気図上の略記 A》(dépression 「低気圧」の対). ～ s tropicaux 熱帯高気圧.
anticyclonique *a.* 『気象』高気圧〔性〕の. aire ～ 高気圧圏.
antidate *n.f.* 前日付, 日付の繰り上げ.
antidégats *a.* 損傷を防ぐ(補う). enzyme ～ 抗損傷酵素.
antidémarrage *n.m.* (自動車の) 発進防止〔装置〕〔盗難防止用〕.
antidémocratique *a.* 反民主主義的な, 非民主的な.
anti(-)dépresseur *a.m.* 『医』抗鬱作用のある. traitement ～ 抗鬱治療.
——*n.m.* 『薬』抗鬱剤 (=médicament ～).

antidépressif *n.m.* 〚医〛抗鬱薬（= médicament ~）.
antidérapant[1] *n.m.* 滑り止め具（チェーンなど）.
antidérapant[2](**e**) *a.* 横滑りを防止する，対スリップ性の. pneu ~ 横滑り防止タイヤ，スリップ防止タイヤ. semelles ~ *es* スリップ防止靴底.
antidétonant(**e**) *a.* 〚内燃機関〛ノッキング防止の，アンチノック性の. additif ~ アンチノック性添加剤. valeur ~*e* アンチノック価.
——*n.m.* アンチノック剤；耐爆剤.
anti〔-〕**diabétique** *a.* 糖尿病治療の（血糖降下作用のある）.
——*n.m.* 〚薬〛糖尿病治療薬，血糖降下剤（= hypoglycémiant）. ~ de synthèse 合成糖尿病治療薬.
antidiarrhétique *a.* 〚薬〛下痢止めの.
——*n.m.* 下痢止め（薬剤）.
antidiphtérique *a.* ジフテリア予防〔治療〕の. vaccination ~ ジフテリア予防ワクチン接種.
antidiscriminatoire *a.* 差別に反対する，反差別主義の.
antidiurétique *a.* 〚医〛抗利尿の. hormone ~ 抗利尿ホルモン
——*n.m.* 抗利尿剤.
antidopage *a.inv.* 〚スポーツ〛ドーピング防止の，興奮剤等の使用禁止の. contrôle ~ ドーピング検査.
antidote *n.m.* 1 解毒剤. 2〚比喩的〛気晴らしになるもの（= ~ contre l'ennui）.
antidouleur *a.inv.* 鎮痛の，痛み止めの. médicament ~ 鎮痛剤.
——*n.m.* 〚薬〛痛み止め，鎮痛剤（= médicament ~）.
anti-dreyfusard(**e**) *a.* 反ドレフュス派の（19世紀末のドレフュス事件の際，ドレフュスの有罪を訴えた人．その多くは反ユダヤ主義者や超保守派）.
——*n.* 反ドレフュス派.
antidumping [ɑ̃tidœmpiŋ] *a.* 〚経済〛反ダンピングの. droit ~ ダンピング関税. mesures ~ ダンピング対抗措置.
anti〔-〕**éblouissant**(**e**) *a.* 防眩用の. écran ~ （車の）防眩板.
antiéconomique *a.* 反経済的な，経済原則に反する，採算の合わない. mesures ~*s* 非経済的措置.
antieffraction *a.* 不法侵入予防の，防犯の.
antiémétique *a.* 〚薬〛制吐性の，制吐作用のある，鎮吐性の.
——*n.m.* 制吐剤，鎮吐剤（悪心・嘔吐の抑制薬；antiémétisant）.
antiémeute *a.* 〚警察〛騒乱対策の；騒乱鎮圧の. casque ~ 暴徒鎮圧用ヘルメット.
antiengin〔**s**〕 *a.* 〚軍〛ミサイル攻撃用の（= antimissile）. fusée ~〔s〕ミサイル迎撃ロケット.
antienne *n.f.* 1 〚カトリック〛アンチエンヌ，アンティフォーナ《詩篇の前後に歌われる祈りの主題を示す短い唱句；交誦賛美歌（= antiphonaire）》
2 〚話〛決まり文句，繰り言. chanter toujours la même ~ いつも同じ言葉を繰り返す.
anti-énolase *a.inv.* 〚生化〛抗エノラーゼ性の. anticorps ~ 抗エノラーゼ抗体.
antienzyme [ɑ̃tiɑ̃zim] *n.m.* 酵素抑止物質，抗酵素剤.
antiépileptique *a.* 〚薬〛坑癲癇（てんかん）性の，てんかん発作を抑制する.
——*n.m.* 〚薬〛坑てんかん薬.
antiétatique *a.* 〚政治〛反国家管理体制の.
antiétatisme *n.m.* 〚政治〛反国家管理体制.
antifascisme *n.m.* 反ファシズム主義（体制）.
Antifer *n.pr.* アンチフェール《ノルマンディー地方 la Normandie の地名》. le cap d'~ アンチフェール岬.
antiferroélectrique *a.* 〚物理〛反強誘電状態の. matière ~ 反強誘電体.
antiferromagnétique *a.* 〚物理〛反強磁性の. résonnance ~ 反強磁性共鳴.
antiferromagnétisme *n.m.* 〚物理〛反強磁性.
antifibrinolytique *a.* 〚医〛繊維素溶解阻止作用のある，繊溶阻止性の. substance ~ 繊溶阻止性物質.
antifiscal(**ale**)(*pl.***aux**) *a.* 課税に反対する，反租税の.
antifolique *a.* 〚医〛抗葉酸性の，抗葉酸作用のある（核酸の合成を阻害する）. substance ~ 葉酸拮抗物質.
——*n.m.* 〚薬〛葉酸代謝拮抗薬《抗癌薬，抗マラリア薬》.
antifongique *a.* 〚医〛抗真菌性の. papier ~ 抗真菌紙.
——*n.m.* 〚薬〛抗真菌剤（= fongicide）.
antifracturaire *a.* 〚医〛骨折防止の. efficacité ~ des biophosphonate バイオフォスフォナート（生物亜燐酸塩）の骨折防止効果.
antifriction *a.inv.* 〚機工〛減摩性の，摩擦抵抗を抑えた. alliage ~ 減摩合金. métal ~ 減摩メタル.
——*n.m.* 減摩合金（= *antig*ravitationnel） *a.* inv. 耐加速度の，耐Gの. combinaison spatiale ~ 耐G宇宙服（宇宙飛行士用の耐加速度服）.
antigang *a.inv.* 〚警察〛ギャング取締りの，ギャング対策の；狂悪犯対策の. brigade ~ （司法警察の）ギャング取締班，狂悪犯対策部隊（正式名称：brigade de recherche et d'intervention 捜査介入部隊）.

antigel

――*n.f.* 〘司法警察の〙狂悪犯対策本部, ～ 部隊 (=brigade ～).
――*n.m.* 〘警察〙対狂悪犯部隊の隊員.
antigel *a.inv.* 凍結防止の. produit ～ 凍結防止剤.
――*n.m.* 凍結防止剤, 不凍液.
antigène *n.m.* 〘生化〙抗原, アンチゲン. réaction de l'～ 抗原反応.
antigénémie *n.f.* 〘医〙抗原血症.
antigénique *a.* 〘生・医〙抗原性の. 〘免疫〙déterminant ～ 抗原決定基 (=épitope).
antigivrant(e) *a.* 霜防止の, 着霜防止の; 防氷の (=antigivreux). dispositif ～ 霜取装置.
――*n.m.inv.* 霜取装置 (=dispositif ～); (フロントガラス・翼などの) 除霜(氷)装置.
antiglaucomateux *n.m.* 〘薬〙抗緑内障薬, 緑内障治療薬 (=médicament ～).
antiglisse *a.inv.* 滑り止めの. 〘衣料〙revêtement ～ 滑り止め対策を施したスキーウェア.
antigoutte *a.* 〘医〙抗痛風の, 痛風治療用の.
――*n.m.* 〘薬〙痛風治療薬 (le camphre, la colchicine, la lithine など).
antigouvernemental (ale) *(pl. aux) a.* 〘政治〙反政府の, 反政府的な; 野党の.
antigrève *a.* スト防止の; 反ストライキの. lois ～(s) スト防止法, スト対策法.
antigrippal (ale) *(pl. aux) a.* インフルエンザ 〘医〙予防の (=antigrippe). vaccin ～ インフルエンザ(流感)予防ワクチン.
antigrippe *a.inv.* 〘医〙抗インフルエンザ性の, インフルエンザ予防用の (=antigrippal). vaccin ～ 抗インフルエンザワクチン, インフルエンザ予防ワクチン.
Antigua et Barbuda *n.pr.f.* 〔無冠詞〕〔国名〕アンティグア・バルブダ (=〔英〕Antigua and Barbuda)〔国民：Antiguais(e) et Barbudien(ne)；首都：St-Jean, St-John's セント=ジョーンズ；通貨：dollar des Caraïbes orientales [XCD]〕.
antiguais(e)-et-barbudien(ne) *a.* アンティグア・バルブダ (Antigua-et-Barbuda) の; ～の住人の.
――*A～-et -B～ n.* アンティグア・バルブダの住民.
antiguérilla *a.inv.* ゲリラ対策の, ゲリラ鎮圧の. groupes d'intervention ～ ゲリラ鎮圧機動隊.
antihallucinatoire *a.* 〘薬〙抗幻覚性の. agent ～ 抗幻覚剤.
――*n.m.* 抗幻覚剤.
antihalo *a.inv.* 〘写真〙ハレーション防止性の, ハロ防止性の.
――*n.m.* 〘写真〙ハロ防止コーティング膜 (=enduit ～).

antihausse *a.inv.* 〘経済〙物価抑制の. mesures ～ 物価抑制対策. politique ～ 物価抑制政策.
antihelmint(h)ique *a.* 〘薬〙駆虫作用のある. médicament ～ 駆虫薬.
――*n.m.* 〘薬〙駆虫薬.
antihémorragique *a.* 止血性の; 止血作用のある.
――*n.m.* 〘薬〙止血剤.
antiherpétique *a.* 抗ヘルペス. angine ～ ヘルペス性アンギナ (口峡炎) (=angine blanche). vaccin ～ ヘルペス・ワクチン.
antihistaminique *a.* 抗ヒスタミンの.
――*n.m.* 抗ヒスタミン剤.
antihormonal (ale) *(pl. aux) a.* 〘薬〙ホルモンの分泌を抑制する.
――*n.m.* 〘薬〙ホルモン分泌抑制剤; 性ホルモン分泌抑制剤《乳癌などのホルモン依存腫瘍に対する制癌剤》.
antihormone *n.f.* 〘薬〙抗ホルモン物質.
antihygiénique *a.* 非衛生的な.
antihypertenseur *n.m.* 〘薬〙血圧降下剤, 抗高血圧剤, 降圧剤 (=hypotenseur).
anti-impérialisme *n.m.* 〘政治〙反帝国主義.
anti-impérialiste *a.* 〘政治〙反帝国主義の; 反帝国主義者の.
――*n.* 反帝国主義者.
anti-infectieux(se) *a.* 感染を抑える, 伝染病に効く, 抗伝染病性の. médicament ～ 抗感染薬《抗生物質 antibiotique など》.
anti-inflammatoire *a.* 〘薬〙抗炎症性の, 消炎性の, 消炎作用のある.
――*n.m.* 〘薬〙抗炎症薬. ～ non stréroïdien 非ステロイド系抗炎症薬. ～ stéroïdien ステロイド系抗炎症薬.
anti-inflationniste *a.* 〘経済〙インフレ抑制の, 反インフレ政策の, 反インフレの. politique ～ インフレ抑制政策.
――*n.* 反インフレ政策主義者.
anti(-)ischémique *a.* 〘薬〙虚血治療の.
――*n.m.* 〘薬〙虚血 (イシェミー ischémie) 治療薬《虚血性心疾患治療薬》.
antijudaïsme *n.m.* 反ユダヤ教主義.
antijuridicité *n.f.* 法令違反.
antilipémique *a.* 〘薬〙抗脂血の. agent ～ 脱コレステロール剤, 抗脂血症剤.
antilistériose *a.* 〘医〙抗リステリア症の. teste ～ 抗リステリア症テスト.
antillais(e) *a.* アンティル諸島 (les Antilles) の; (特に) 小アンティル諸島 (les petites Antilles) の. créole ～ アンティル諸島生まれの白人. rhum ～ アンティル諸島産のラム酒.
――*A～ n.* アンティル諸島の住民.
Antilles (les) *n.pr.f.pl.* アンティル諸島《西インド諸島の大・小 2 群から成る島々;

仏領・オランダ領アンティルおよびキューバ Cuba, ハイチ Haïti, ドミニカ république Dominicaine, ポルト゠リコ Porto-Rico, ジャマイカ la Jamaique などを含む). ~ françaises 仏領アンティル諸島(小アンティル諸島の la Guadeloupe, la Martinique と, île Saint-Martin の一部を含む). ~ néerlandaises オランダ領アンティル諸島(小アンティル諸島の îles Sous-le-Vent, îles du Vent などからなる). mer des ~ アンティル海.
antilogie n.f. 〚言語〛矛盾概念(ex. mort vivant 生ける死者)(tautologie の対).
antilope n.f. 〚動〛羚羊(れいよう).
anti-lymphocytaire a. 〚生〛抗リンパ球性の. sérum ~ 抗リンパ球血清.
anti[-]malarique a. 〚医・薬〛抗マラリア性の(=antipaludique, antipaludéen). prophylaxie ~ マラリア予防〔措置〕.
——n.m. 〚薬〛抗マラリア薬(amodiaquine, chloroquine, キニーネ quinine, mépacrine, pentaquine, proguanil など).
anti[-]matière n.f. 〚核物理〛反物質(反核子と陽電子からつくられている仮想物質).
antiménopause a. 〚医〛更年期障害を抑える. patch ~ 更年期障害用貼り薬.
——n.m. 〚薬〛更年期障害薬.
antimétabolite n.m. 〚生理・薬〛代謝拮抗物質;代謝阻害剤(fluoropyrimidine, méthotrexate など). 〚薬〛~ colorectal 大腸直腸代謝拮抗剤〔制癌剤〕. ~ des purines プリン代謝拮抗物質.
anti-microbien(ne) a. 〚医・薬〛抗菌性の. anticorps ~s 抗菌抗体. vaccins ~s 抗菌ワクチン.
antimigraineux(se) (<migraine) a. 偏頭痛治療用の. médicament ~ 偏頭痛治療薬.
antimilitarisme n.m. 反軍国主義.
▶ antimilitariste a.
antimilitariste a. 反軍国主義の;反軍国主義者の.
——n. 反軍国主義者.
antimine a.inv. 〚軍〛対地雷用の, 地雷除去用の;対機雷用の, 機雷除去用の. véhicule ~ terrestre 地雷除去用車両車輌.
anti[-]missile a. 〚軍〛ミサイル攻撃用の, 対ミサイル. missile ~ 対ミサイル・ミサイル, ミサイル攻撃用ミサイル.
antimite a.inv. (毛織物・毛皮を)衣蛾から防ぐ, 防虫の. boule ~ 防蛾用球剤.
——n.m. 防虫剤.
antimitotique a. 〚生化〛抗有糸分裂性の, 〚薬〛細胞分裂を抑える. substance ~ 抗有糸分裂性物質.
——n.m. 〚薬〛抗有糸分裂剤〔抗癌剤〕.
antimoine n.m. 〚化〛アンチモン(元素記号 Sb).
antimondialisation n.f. 反世界化〔運動〕, 反グローバリゼーション.
antimondialiste a. 反グローバリゼーション, 反グローバル化の, 反世界体制の. manifestation ~ 反グローバリゼーション・デモ.
——n. 反グローバリゼーション派(主義者).
antimoniate n.m. 〚化〛アンチモン酸塩.
antimonié(e) a. 〚化〛アンチモンを含む. hydrogène ~ アンチモン化水素, スチビン.
antimoniure n.f. 〚化〛アンチモン化合物.
antimycosique a. 〚医〛抗真菌性の(=antifongique).
——n.m. 〚医〛抗真菌薬, 真菌症治療薬.
antinaupathique a. 〚薬〛船酔い止めの. comprimés ~s 船酔い止め薬剤.
——n.m. 〚薬〛船酔い止め. prendre un ~ 船酔い止めを飲む.
antinauséeux(se) a. 〚薬〛吐き気を抑える.
——n.m. 〚薬〛対悪心(おしん)薬, 吐き気防止薬, 吐き気止め.
antinavire a. 〚軍〛対艦用の, 艦船攻撃用の. missile ~ 対艦ミサイル(Exocet エグゾセットなど).
antinéoplastique a. 〚薬〛抗新生物性の, 抗腫瘍性の.
——n.m. 〚薬〛抗新生物薬, 抗腫瘍薬;抗癌剤.
antineutrino n.m. 〚物理〛反ニュートリノ, 反中性微子.
antineutron n.m. 〚物理〛反中性子.
antinévralgique a. 〚医〛神経痛を抑える.
——n.m. 〚薬〛神経痛抑止剤.
antinucléaire a. **1** 核使用反対の, 反核の. manifestation ~ 反核デモ.
2 〚生化〛抗核的な. anticorps ~ 抗核抗体(=[英] ANA: *anti*nuclear antibody), 抗核因子(=facteur ~).
——n. 反核主義者;反核運動家.
antinyme n.m. 〚言語〛反意語, 対義語.
antiœdémateux(se) a. 〚医・薬〛抗浮腫性の, 抗浮腫作用のある.
——n.m. 〚薬〛抗浮腫剤.
antiœstrogène a. 〚薬〛抗エストロゲン性の(卵胞ホルモンの分泌を抑制する).
——n.m. 〚薬〛抗エストロゲン薬(エストロゲン分泌抑制剤).
antioncogène n.m. 〚医〛癌抑制遺伝子.
Antiope (=*a*cquisition *n*umérique et *t*élévisualisation d'*i*mages *o*rganisées en *p*ages d'*é*criture)〔商標〕〚電気通信〛アンチオープ(映像のディジタル通信方式).
antiostéoporotique a. 〚薬〛抗骨粗鬆症用の.
——n.m. 〚薬〛骨粗鬆症治療薬.

antioxydant(e) *a.* 〖化〗酸化防止の.
　——*n.m.* 〖化〗酸化防止剤. ~ de synthèse 合成酸化防止剤. ~ naturel 天然の酸化防止剤.

antioxygène *a.* 〖化〗酸化防止作用のある, 酸化防止性の. action ~ 酸化防止作用.
　——*n.m.* 酸化防止剤 (=antioxydant).

antipaludéen(ne), 〔稀〕**antipaludique** *a.* 〖医〗抗マラリア性の, マラリア予防の.
　——*n.m.* 〖医〗抗マラリア剤, マラリア予防薬.

antipape *n.m.* 〖カトリック〗対立教皇.

antiparasitaire *a.* 〖薬〗寄生虫駆除作用のある.
　——*n.m.* 〖薬〗駆虫薬, 虫下し.

antiparasite *a.* (ラジオ・TV などの)雑音(ノイズ)を防止する. dispositif ~ 雑音防止装置.
　——*n.m.* 雑音防止装置.

antiparticule *n.f.* 〖物理〗反粒子. ~ s qui constituent l'antimatière 反物質を構成する反粒子.

antipathie *n.f.* 1 反感, 嫌悪; 嫌悪感 (=sentiment d'~) (sympathie「共感」の対). ~ à l'égard de (contre, de, pour) *qn* 人に対する嫌悪(反感). ~ entre deux nations 二国間の反目. avoir (éprouver) de l'~ pour *qn* 人を毛嫌いする. témoigner de l'~ à *qn* 人に嫌悪感を示す.
　2 〔古〕不親和; 不調和; 不協和. ~ de personnes 人々の不協和. ~ entre l'eau et l'huile 水と油の不親和性. ~ entre deux couleurs 二つの色の不調和.

antipatinage *n.m.* 〖自動車〗(車輪の)スリップ防止〔装置〕(=〔英〕antiskidding). ~ électronique 電子式スリップ防止〔装置〕.

antipernicieux(se) *a.* 〖薬〗抗悪性貧血の. médicament ~ 抗悪性貧血薬.
　——*n.m.* 〖薬〗抗悪性貧血薬.

antipersonnel *a.inv.* 〖軍〗兵員殺傷用の, 対人の. armement ~ 対人兵器. mines ~ 対人地雷.

antiperspirant(e) *a.* 〖薬〗制汗性の, 止汗性の, 発汗抑制性の (=antisudoral).
　——*n.m.* 〖薬〗制汗剤, 止汗薬.

anti-plantage *a.inv.* (コンピュータの)フリーズ防止の, バグ防止の. guide ~ フリーズ(バグ)防止案内書.

antipoison *a.inv.* 抗毒の, 抗毒性の. centre ~ 中毒対策センター《毒物中毒の予防と治療の専門機関》.

antipolio *a.* 〔話〕抗ポリオの (=antipoliomyélitique). vaccin ~ 〔抗〕ポリオワクチン.

antipoliomyélitique *a.* 〖医〗ポリオ予防の. vaccination ~ ポリオ予防ワクチン接種.

antipollution *a.inv.* 環境汚染防止の,

公害防止の. dispositifs ~ 公害防止措置(装置). lutte ~ 汚染防止対策. les normes ~ des voitures 自動車の環境汚染防止基準《排気ガス規制基準》.

antiprotéase *a.* 〖薬〗プロテアーゼ(蛋白質分解酵素)抑制作用のある. médicament ~ 抗プロテアーゼ薬《saquinovir, ritonavir, indinavir, nelfinavir など》.
　——*n.f.* 抗蛋白質分解酵素, 抗プロテアーゼ.

antiprotectionniste *a.* 〖経済〗反保護貿易主義の.
　——*n.* 反保護貿易主義者.

antiproton *n.m.* 〖原子物理〗反陽子.

antiprotozoaire *a.* 〖薬〗抗原虫感染性の.
　——*n.m.* 〖薬〗原虫感染症治療薬.

antiprurigineux(se) *a.* 〖薬〗制瘙痒性の, かゆみ止めの.
　——*n.m.* 〖薬〗制瘙痒薬, かゆみ止め.

antipsychotique *a.* 〖薬〗抗精神病性の. médicament ~ 抗精神病薬.
　——*n.m.* 抗精神病薬.

antiputride *a.* 防腐性の.
　——*n.m.* 防腐剤.

antipyrétique *a.* 〖医〗解熱の.
　——*n.m.* 解熱薬.

antipyrimidine *n.f.* 〖生化〗ピリミジン拮抗物質, アンチピリミジン(抗腫瘍薬).

antiquaire *n.* **1** 骨董商, 古物商. magasin d'~ 骨董店. quartier des ~ s 骨董街.
　2 〔古〕骨董収集家.
　3 〔古〕考古学者.

antiquark *n.m.* 〖物理〗反クォーク(クォークの反粒子).

antique *a.* **1** 古代の, 古代風の; 非常に古い, 昔の; (特に)古代ギリシア・ローマの. civilisation ~ 古代文明. la Grèce ~ 古代ギリシア. à l'~ 古風に.
　2 古めかしい, 時代遅れの.
　——*n.m.* 古代美術; 古い美術品, 骨董. collection d'~ s 古美術品のコレクション.

antiquité *n.f.* **1** l'A ~ 古代, (特に)古代ギリシア・ローマ時代〔の文明〕. de toute ~ 昔からいつも. haute ~ 太古の昔.
　2 古代美術; 骨董, 古美術. Département des ~ s orientales du musée du Louvre ルーヴル博物館古代中近東美術部. magasin d'~ s 骨董品店, 古美術商店.
　3 古いこと, 古さ.

antirabique *a.* 〖医・薬〗抗恐犬病の. vaccin ~ 恐犬病ワクチン. vaccination ~ 恐犬病ワクチン接種.

antiraciste *a.* 人種差別に反対の. militant ~ 人種差別反対活動家.
　——*n.* 人種差別反対主義者, 反人種差別運動家.

antiradar *a.inv.* 〖軍〗レーダー妨害用の; レーダー攻撃用の. missile ~ レーダー〔サイト〕攻撃ミサイル《フランスの AS-37 martel, アメリカの HARM (high speed

anti-radiation missile, など).
——n. 〖軍〗レーダー妨害装置；レーダー攻撃ミサイル.

antiradiation a. 放射能防御の.

antireflet a.inv. 〖光学〗反射防止の, コーティングを施した. traitement ～ 反射防止処理, コーティング. verres ～ 反射防止レンズガラス.

antirejet a.inv. 〖生理〗抗拒否反応性の, 抗拒絶反応作用のある, 拒否反応を抑制する. médicament ～ 抗拒絶反応薬；免疫抑制剤. protéine ～ 抗拒否反応性蛋白質.
——n.m. 〖薬〗抗拒否反応薬.

antirésonnance n.f. 〖物理〗反共振.

antiréticulocytotoxique a. 〖生化・医〗抗網状赤血球毒素の.

antirétroviral(**ale**)(pl.**aux**) a. 〖薬〗レトロウイルスを抑える, 抗レトロウイルス性の. médicaments ～aux 抗レトロウイルス薬 (=antirétroviral).
——n.m. 〖薬〗抗レトロウイルス剤 (略記 ARV).

anti〔-〕**révolutionnaire** a. 反革命の.
——n. 反革命派.

antirhumatisal(**ale**)(pl.**aux**) a. 〖薬〗抗リウマチ性の. médicament ～ 抗リウマチ薬, リウマチ治療薬.
——n.m. 〖薬〗抗リウマチ薬.

antiride〔**s**〕 a.inv. 皺防止用の, 皺取りの；キズ補正式の. crème ～ 皺取りクリーム. 〖写真・電covers〗scanneur ～ キズ修正スキャナー.
——n.m. 皺取りクリーム (=crème ～).

antiroman n.m. アンチロマン, 反小説.

antirouille a.inv. 錆止めの, 錆止用の. peinture ～ 錆止め塗料.
——n.m. 錆止め剤；錆落とし剤.

antiroulis a. 〖機工〗横揺れ防止の, アンチローリングの. paquebot équipé d'un dispositif ～ 横揺れ防止装置をそなえた客船.

antiruissellement a. 防水の. capot ～ 防水キャップ.

antisatellite a. 〔inv.〕. 〖軍〗対軍事衛星用の, 対衛星攻撃用の. armes ～〔s〕対衛星攻撃兵器. système ～ 対軍事衛星防御システム (=〔米〕ASAT: Antisatellite System).
——n.m. 対軍事衛星防衛.

antiscorbutique a. 〖医〗抗壊血病性の. vitamine C est ～ ビタミンCは壊血病性である.

antiscrétoire n.m. 〖薬〗抗セクレチン製剤, 制分泌製剤 (胃・十二指腸潰瘍治療薬).

antisecte a. セクト対策の, 異端教派対策の. policiers de l'unité ～ セクト対策班所属の警官.

antiségrégationniste a. 人種隔離(差別)反対の.

——n. 人種隔離(差別)反対論者.

antisémite a. 反ユダヤの, ユダヤ人排斥の (=antijuif).
——n. 反ユダヤ主義者.

antisémitisme n.m. 反ユダヤ主義 (=antijudaïsme).

antiseparatiste n. 分離(独立)反対主義者；〖宗教〗反分離派信徒.
——a. 分離(独立)反対主義の. organisation terroriste ～ 独立反対派のテロ組織.

antisepsie n.f. 〖医〗殺菌, 滅菌.

antiseptique a. 〖薬〗殺菌力のある；防腐用の, 防腐処理の.
——n.m. 殺菌・消毒剤 (ホルマリン, オキシドールなど)；防腐剤.

antisérotonine n.f. 〖薬〗抗セロトニン症候薬.

antisérotoninergique a. 〖薬〗抗セロトニン性の.
——n.m. 抗セロトニン薬.

antisérum n.m. 〖生理・医〗抗血清；免疫血清 (=immunosérum).

antisida a.inv. 〖医・薬〗抗エイズの, 抗エイズ性の；エイズ防止の. croisade ～ エイズ撲滅十字軍. médicament ～ 抗エイズ薬. traitements ～ エイズ治療.

antisionisme n.m. 反シオニズム；反シオン主義運動.

antisismique a. 〖建築〗耐震性の, 耐震構造の. normes ～s 耐震規格.

antiskating [âtiskεtiŋ] 〔英〕n.m. 〖音響〗(レコードプレーヤーのアームの)横滑り防止装置, アンチスケイティング (=antiripage).

anti〔-〕**smog** a.inv. スモッグ防止目的の. loi ～ スモッグ防止対策法.

antisocial(**ale**)(pl.**aux**) a. 1 反社会的な, 社会秩序を乱す. conduite ～ 反社会的行動.
2 反福祉的な；労働者の利益に反する. mesures ～ales 反社会福祉的措置.

anti-sous-marin(**e**) a. 〖軍〗対潜水艦用の, 対潜の. avion de patrouille maritime ～ 対潜哨戒海軍機. lutte ～e 対潜戦, 対潜行動. missile ～ 潜水艦攻撃ミサイル.

antispasmodique a. 〖薬〗痙攣抑制作用のある, 鎮痙性の (=spasmolytique), 痙攣を鎮める. agent ～ 鎮痙薬.
——n.m. 〖薬〗鎮痙薬 (=agent ～). ～ myotrope 向筋肉性鎮痙薬. ～ neurotrope 向神経性鎮痙薬.

antisperme a. 〖生〗抗精子性の. anticorps ～ 抗精子抗体.

antistatique a. 静電気防止の.
——n.m. 静電気防止剤.

antistreptolysine n.f. 〖生理・医〗抗ストレプトリジン抗体. ～ O 抗ストレプトリジン-O (ASO と略記).

antistress a.inv. ストレス抑制の, 抗ストレス性の.

antistresseur *n.m.* (飼育動物用の)ストレス防止剤.
anti-stups *a.inv.* 麻薬取締の, 麻薬防止の. rafale ~ 麻薬手入れ.
antisudoral(*ale*)(*pl.aux*) *a.* 制汗性の.
— *n.m.* 〘薬〙制汗薬, 止汗薬 (=anhidrotique, antiperspirant).
antisyphilitique *a.* 〘医〙梅毒治療の. traitement ~ 駆梅療法, 梅毒治療法.
anti〔-〕**tabac** *a.inv.* 喫煙に反対する, 煙草に反対の, 禁煙の. campagnes ~ 禁煙キャンペーン, 禁煙運動.
antitache〔**s**〕 *a.inv.* しみ抜きの. procédés ~ しみ抜き.
antiterroriste *a.* テロ対策の, テロを防止する. comité interministériel de lutte ~ テロリズム対策省間委員会〔略称 Cilat; 内務大臣が議長を務める〕. mesures ~s テロ防止対策. unité de coordination de la lutte ~ テロ対策調整班〔略称 Uclat〕.
antitétanique *a.* 〘医〙破傷風を抑える, 抗破傷風の. piqûre ~ 破傷風予防注射. sérum ~ 〔抗〕破傷風血清.
anti-théâtre *n.m.* アンチテアトル, 反演劇.
antithermique *a.* 〘医・薬〙解熱の.
— *n.m.* 解熱薬.
antithèse *n.f.* **1** 〘修辞〙対比法; 対句. ~ d'expressions 表現の対照法.
2 〘哲〙アンチテーゼ, 反定立, 反指定, 反 (thèse「正」の対).
3 〔比喩的〕正反対の人 (物); 好対照をなす人 (物). Charlemagne est l'~ de Néron. シャルルマーニュはネロと正反対の人物である.
antithrombine *n.f.* 〘生化・医〙抗トロンビン〘血液の凝固を起こす酵素トロンビンの働きを抑制する物質〙.
antithrombique *a.* 〘医〙抗トロンビン性の, 抗トロンビン作用のある. 〘薬〙médicament ~ 抗トロンビン剤.
antithyroïdien(*ne*) *a.* 〘生化〙抗甲状腺性の.
— *n.m.* 〘薬〙抗甲状腺薬 (甲状腺機能亢進抑制剤).
antitoxine *n.f.* 〘医〙抗毒素.
antitoxique *a.* 〘薬〙抗毒の, 抗毒素の, 抗毒性の. médicament ~ 抗毒素製剤. sérum ~ 抗毒素血清. vaccin ~ 抗毒素ワクチン.
antitranscriptase *n.f.* 〘生化〙抗転写酵素. ~ inverse 逆転写酵素.
anti〔-〕**tremblote** *n.f.* (カメラなどの) 手ブレ防止〔装置〕.
antitrust 〔ɑ̃titrœst〕*a.inv.* 〘経済〙反トラストの, トラストを規制する. lois ~ 反トラスト法, 独占禁止法.
antituberculeux *a.* 結核予防の. dispensaire ~ 結核診療所. vaccin ~ Bacille de Calmette et Guérin 結核予防 BCG ワクチン.
antitussif(*ve*) *a.* 〘薬〙鎮咳性の, 鎮咳作用のある.
— *n.m.* 〘薬〙鎮咳薬. ~ central 中枢性鎮咳薬. ~ périphéral 末梢性鎮咳薬.
antitypho〔-〕**paratyphoïdique** *a.* チフス・パラチフス予防の. vaccination ~ チフス・パラチフス予防ワクチン接種 (=〔英〕TAB: *T*yphoid-paratyphoid *A* and *B*).
anti-ulcéreux(*se*) *a.* 〘医〙(胃・十二指腸などの) 潰瘍防止 (治療) の. médicament ~ 潰瘍治療薬, 抗潰瘍薬.
anti-UV (=anti-*u*ltra-*v*iolet) *a.inv.* 紫外線防止用の, 紫外線よけの. crème ~ 紫外線防止クリーム.
anti-UVA (=anti-*u*ltra-*v*iolet *A*) *a.inv.* 長波長紫外線防止用の.
antivariolique *a.* 天然痘予防の. vaccination ~ 天然痘予防ワクチン接種 (=VAV). revaccination ~ 天然痘予防ワクチン再接種. vaccin ~ 種痘.
antivénéneux(*se*) *a.* 〔稀〕抗毒性の.
antivénérien(*ne*) *a.* 〘医〙抗性病性の. remèdes ~s 性病治療薬.
antivenimeux(*se*) *a.* 〘医〙抗蛇毒性の. sérum ~ 抗蛇毒血清.
antivenin *a.inv.* 〘医〙抗蛇毒薬の; (特に) 抗蛇毒の. sérum ~ 抗蛇毒血清, 蛇毒血清.
— *n.m.* 蛇毒血清.
antivibration *n.f.* 防振.
anti〔-〕**vilain** *a.inv.* 書かれた文字などが複写機などで写らない. papier ~〔-〕~ 複写防止紙.
antiviral(*ale*)(*pl.aux*) *a.* 〘薬・医〙抗ウイルス性の. vaccin ~ 抗ウイルス・ワクチン.
— *n.m.* 抗ウイルス性物質; 抗ウイルス薬 (AZT など).
anti〔-〕**virus** *n.m.* 〘情報処理〙ウイルス防止用ソフト (=logiciel antiviral).
antivitamine *n.f.* 〘生化〙ビタミン拮抗体.
antivol *a.inv.* 盗難防止 (予防) の.
— *n.m.* 盗難防止装置 (=dispositif ~).
anti-yeux *a.inv.* 〘写真〙~ rouges (カメラの) 赤目防止対策の. système ~ rouges 赤目防止システム.
Antung ⇒ **Andong**
anurie *n.f.* 〘医〙無尿 (症). ~ fausse 仮性無尿. ~ vraie 真性無尿.
anus 〔anys〕 *n.m.* 〘解剖〙肛門. ~ artificiel 人工肛門. cancer de l'~ 肛門癌.
anuscopie *n.f.* 〘医〙肛門内視鏡検査.
ANVAR (=*A*gence *n*ationale pour la *va*lorisation de la *r*echerche) *n.f.* 国立研究評価機構 (CNRS 付属).
Anvers 〔ɑ̃vɛr, ɑ̃vɛrs〕 *n.pr.m.* 〘地名〙ア

ンヴェール, アンヴェルス, アントウェルペン (=[フラマン語]Antwerpen,[英]アントワープ(Antwerp);ベルギー北部の都市名). Bourse du diamant d'~ アントウェルペン・ダイヤモンド取引所. province d'~ (ベルギーの)アントウェルペン州.

anxiété *n.f.* 強い不安, 心配, 心痛. 【精神医学】crise aiguë d'~ 急性不安発作(=raptus). ~ pathologique 病的不安. être en proie à l'~ 不安に胸を締め付けられる. médicament qui réduit de l'~ 不安鎮静薬(=anxiolytique 抗不安薬. tranquillisant 精神安定剤).

anxieux(**se**) *a.* **1** 不安を表わす, 気づかわしげな. attente ~ *se* 不安に充ちた期待. regard ~ 不安げな眼差.
2 (人が)不安な;気持が落ち着かない. caractère ~ 心配性の性格. être ~ de l'avenir 将来に不安を覚える.
3 熱望する. être ~ de+*inf*. …することを熱望する.
— *n.* 心配性の人.

anxiogène *a.* 不安を生む, 不安のもととなる. substances ~ *s* 不安惹起物質. L'avion reste ~ pour un grand nombre d'individus. 航空機は大勢の人にとって依然として不安を生む存在である.

anxiolytique *a.* 【精神医学】不安を抑える.
— *n.m.* 【薬】抗不安剤, 精神安定剤(ベンゾジアゼピン benzodiazépine など).

Anyang[1] [韓国] *n.pr.* 安養, アンニャン(京畿道ソウルの南西郊の都市).

Anyang[2] [中国] *n.pr.* 安陽(あんよう), アンヤン(河南省 Henan の都市;古代王朝殷の主都).

ANZUS (=[英]Australia, New Zealand and the United States Pact) アンザス(太平洋安全保障条約 Pacific Security Pact の通称;[仏]Traité entre Australie, la Nouvelle Zélande et les Etats-Unis).

AO (=*a*ppellation d'*o*rigine) *n.f.* 原産地名呼称(AOC=*a*ppellation d'*o*rigine *c*ontrôlée).

AOC (=*A*ppellation d'*o*rigine *c*ontrôlée) *n.f.* (葡萄酒・チーズなどの)原産地名管理呼称, 原産地証明. ~ Bourgogne 原産地名ブルゴーニュ地方呼称保証〔の葡萄酒〕. ~ régionale 原産地方名管理呼称.

AOCE (=*a*ppellation d'*o*rigine *c*ontrôlée d'*e*xcellence) *n.f.* 【葡萄酒】優秀原産地名管理呼称.

AOF(**l'**) (=l'*A*frique *o*ccidentale *f*rançaise) *n.f.* 仏領西アフリカ(フランスの旧植民地. 現在のベナン le Bénin (旧ダオメ), ブルキナ・ファソ Burkina Faso (旧オート=ヴォルタ), コート=ディヴォワール la Côte d'Ivoire, ギニア la Guinée, モーリタニア la Mauritanie, ニジェール le Niger, セネガル le Sénégal, スーダン le Soudan の諸

国に相当).

Aoji [-ri] [北朝鮮] *n.pr.* 阿吾地〔里〕, アオジ〔リ〕(北朝鮮東北部, 咸鏡北道の亜炭鉱, 化学工業都市).

AOP (=*a*ppellation d'*o*rigine *p*rotégée) *n.f.* (食品の)原産地名保護呼称(ヨーロッパ連合 UE の規制. フランスの AOC をすでに取得したものに対してはそのまま認められる品質保証制度).

aorte *n.f.* 【解剖】大動脈. ~ ascendante 上行大動脈. ~ descendante 下行大動脈. ~ thoracique 胸部大動脈. anévrisme de l'~ 大動脈瘤. coarctation de l'~ 大動脈縮窄症. paroi de l'~ 大動脈壁.

aortique *a.* 【解剖】大動脈の. arc ~ 大動脈弓. anévrisme ~ 大動脈瘤. insuffisance ~ 大動脈弁閉鎖不全症. rétrécissement ~ 大動脈弁狭窄症. syndrome ~ 大動脈炎症候群. valve ~ 大動脈弁.

aortite *n.f.* 【医】大動脈炎. ~ syphilitique 梅毒性大動脈炎. syndrome ~ 大動脈炎症候群

aortocoronarien(**ne**) *a.* 【解剖・医】大動脈と冠〔状〕動脈の. 【医】pontage ~ 大動脈冠動脈バイパス手術.

aortographie *n.f.* 【医】大動脈造影〔法〕.

août [u(t)] *n.m.* 8月. le 15 ~ 8月15日(聖母被昇天の祝日). Paris est vide le 15 ~ 8月15日のパリは空っぽだ. 【史】la nuit du 4 ~ (1789年) 8月4日の夜(封建制度の廃止が決まった夜を指す).

aoûtien(**ne**) [ausjɛ̃, -jɛn] *n.* **1** 8月のヴァカンス旅行者(=vacancier du mois d'août). **2** 8月, パリや大都会に残留する人.

AOVDQS (=*a*ppellation d'*o*rigine *v*in *d*élimité de *q*ualité *s*upérieure) *n.f.* 【葡萄酒】限定上質酒原産地呼称(1949年12月18日制定;旧略称 VDQS;一般には AOC より下位の格付). vin ~ Moselle 限定上質酒原産地呼称モーゼルの葡萄酒.

AP[1] (=*A*dministration *p*énitentiaire) *n.f.* 懲治局, 刑務局(監獄等の管理担当).

AP[2] (=*a*utorisation de *p*rogramme) *n.f.* 【財政】計画認可.

Apa (=*a*ide *p*ersonnalisée d'*a*utonomie) *n.f.* 【社会保障】個人自立補助金(旧prestation spécifique dépendance (PSD) の特定依存手当;2002年より導入).

apaisement (<apaiser;paix) *n.m.*
1 (苦しみなどの)鎮静;(対立などの)宥和;(嵐などの)終熄. ~ de mes souffrances 私の苦しみの鎮静. ~ d'une tempête 嵐の終熄. politique d'~ 宥和政策(多くの場合悪い意味).
2 精神的平静, 落ち着き.
3 〖*pl.* で〗(世論などを)鎮静させるための公約, 鎮静策, 宥和策. donner des ~ *s* à … に対し鎮静的公約を与える.

apartheid [apartɛd] *n.m.* (南アフリカ共和国で1991年まで制定されていた) 有色人種隔離政策, 人種差別政策, アパルトヘイト (= [仏]ségrégation raciale institutionnalisée en Afrique du Sud).

apathie *n.f.* **1** 無気力, 無関心, 無感情; 冷淡. ~ d'une société 社会の無気力 (無関心). secouer son ~ 無気力状態を脱する. tomber dans l'~ 無気力に陥る.
2 〖精神医学〗アパシー, 無感情. ~ accidentelle (constitutionnelle, transitoire) 偶発性 (体質性, 一時的) アパシー. ~ associée à des troubles mentaux 精神障害と結びついたアパシー.
3 〖哲〗アパテイア (ストア派のパトスを超えた無感動の境地; 情感に乱されない心境).

apatite *n.f.* 〖鉱〗燐灰石, アパタイト.

apatride *a.* 無国籍の; 祖国を持たぬ.
——*n.* 無国籍者.

APC (= *A*rmée du *p*euple *c*orse) *n.f.* コルス (コルシカ) 人民軍.

APCA (= *A*ssemblée *p*ermanente des *C*hambres d'*A*griculture) *n.f.* 農業会議所常設会議 《1953年創設の公共機関》.

APCCI (= *A*ssemblée *p*ermanente des *C*hambres de *c*ommerce et d'*i*ndustrie) *n.f.* 商工会議所常設会議.

APCE (= *A*gence *p*our la *c*réation d'*e*ntreprise) *n.f.* 企業創設推進機構 《独立行政法人》.

APCM (= *A*ssemblée *p*ermanente des *c*hambres de *m*étiers) *n.f.* 手工業会議所常設会議 《1925年創立の公的機関; 全国83万5千の手工業企業を統合》.

APD¹ (= *A*ide *p*ublique au *d*éveloppment) *n.f.* 政府開発援助 (= [英] ODA: *o*fficial *d*evelopment *a*ssistance).

APD² (= *a*ppel de *p*réparation à la *d*éfense) *n.m.* 国防予備召集 《兵役に代わるもの》.

APE¹ (= *a*ccord de *p*artenariat *é*conomique) *n.m.* 経済連携協定 = [英] EPA: *e*conomic *p*artnership *a*greement 《特定の国・地域間で関税障壁などをなくし, 知的財産制度や投資保護ルールなどを調整する取り決め》. négociations des ~ entre le Japon et l'Union européenne 日本とヨーロッパ連合間の経済連携協定交渉.

APE² (= *a*ctif à *p*art *e*ntière) *a.* 全面的に活動する. médecin ~ 全面的活動医; 常勤医.

APE³ (= *a*llocation *p*arentale d'*é*ducation) *n.f.* 親権教育手当. ~ non imposable 非課税の親権教育手当.

APE⁴ (= *A*ssemblée *p*arlementaire européenne) *n.f.* ヨーロッパ議会 (= Assemblée des Communautés européennes, le Parlement européen).

APEC¹ (= [英] *A*sia-*P*acific *E*conomic *C*ooperation *C*onferance) *n.f.* アジア太平洋経済協力会議, エイペック (= [仏] Coopération économique des pays d'Asie-Pacifique).

APEC² (= *A*ssociation *p*our l'*e*mploi des *c*adres) *n.f.* 幹部職員雇用確保促進会議.

apepsie *n.f.* 〖医〗消化不良 (= dyspepsie).

aperçu *n.m.* **1** 概観; 見取図, アウトライン. 〖法律〗~ d'une cause (弁護人による) 訴訟事件概要書. 〖会計〗~ d'un compte 収支計算概要. ~ historique 歴史的概観. par ~ 概算によって. donner un ~ de la situation 情況の概観を示す.
2 〖海〗pavillon d'~ 信号確認旗.
3 着眼; 直観的見方. ~s brillants 優れた着眼.
4 未来の見通し. ouvrir des ~s 将来の展望を開く.

apéritif (ve) *a.* 食欲増進作用のある. boisson ~ve 食欲増進性飲料, アペリティフ, 食前酒. promenade ~ve 食前の散歩.
——*n.m.* **1** 〖酒〗アペリティフ, 食前酒 (〖俗称〗apéro アペロ); 食前の飲物. ~ sans alcool アルコールを含まないアペリティフ. prendre l'~ アペリティフを飲む.
2 食前にアペリティフを飲みながら談笑する時. arriver à l'~ アペリティフの時に着く.

apex [apɛks] *n.m.* **1** 先端, 頂部, 頂点; 〖解剖〗(肺・心臓などの) 尖, 頂. ~ de la langue 舌の尖端.
2 (ラテン語碑文で長母音の上につけた) 長音符号〔´〕.
3 〖天文〗太陽向点.
4 〖比喩的〗絶頂, 極致.

APFS (= *A*ssociations *p*opulaires *f*amiliales *s*yndicales) *n.f.* 庶民家族組合協会 《1950年設立. 県連の連合体》.

aphakie, aphaquie *n.f.* 〖医〗無水晶体眼.

aphasie *n.f.* 〖医〗失語〔症〕. ~ motrice 運動 (機能的) 失語. ~ sensorielle 感覚失語. ~ totale 全失語〔症〕.

aphasique *a.* 〖医〗失語症の.
——*n.* 失語症患者.

aphélie *n.f.* 〖天文〗遠日点.

aphone *a.* 声を失った, 失声の.

aphonie *n.f.* 〖医〗失声〔症〕.

aphorisme *n.m.* **1** アフォリズム, 金言, 格言, 警句. les ~s d'Hipocrate ヒポクラテスの金言集.
2 〖蔑〗(わかり切った真実を語る) 格言風の文言. ~s plaisants 奇妙な格言風文言.

aphotique *a.* 無光の; 光なしで成長する; (大洋の) 無光層の. plantes ~s 無光性植物 《光なしで成長する植物》.
——*n.m.* 無光層, 無光生活圏 (= biotope ~).

AP-HP (= *A*ssistance *p*ublique des *hô*pitaux de *P*aris) *n.f.* パリ病院群公共扶助機

aphrodisiaque (<Aphrodite) *a.* **1** 〖古代ギリシア〗アフロディテ《ギリシア神話の愛と美の女神・豊饒の女神》の. culte ~ アフロディテ崇拝. **2**〖薬〗催淫性の.
—*n.m.* 催淫剤 (anaphrodisiaque「制淫薬」の対). ~ à inhaler 吸入式催淫剤.

aphte *n.m.*〖医〗アフタ, 口腔粘膜小潰瘍.

aphteux(se) *a.*〖医〗アフタ性の.〖獣医〗épizootie de fièvre ~se アフタ熱獣疫, 口蹄疫. stomatite ~se アフタ性口内炎, アフタ (=aphte). virus ~ アフタ・ウイルス.

aphtoïde *n.f.*〖医〗類アフタ《単純ヘルペスウイルス感染症状》.

aphtose *n.f.* アフタ症《口腔, 性器などにアフタができる慢性疾患》.

API (=*a*pplication et *p*romotion de l'*i*nnovation) *n.f.* 革新的工学の応用と促進. le Pole ~ 革新的工学の応用促進拠点《Strasbourg 都市共同体の Illkirch に開発されたイルキルシュ革新的工学研究学園都市 Parc d'innovation d'Illkirch 内のキャンパスのブロック名;構内に 1994 年 ENSPS 国立ストラスブール高等物理学校と ESBS ストラスブール高等バイオテクノロジー学校が移転》.

apicectomie *n.f.*〖歯科〗歯根尖端切除〔術〕.

apicole *a.* 養蜂の. appareils ~s 養蜂具.

apiculture *n.f.* 養蜂 (ようほう).

APINC (=*A*ssociation *p*our l'*i*nternet *n*on *c*ommercial) *n.pr.f.*〖無冠詞〗非商業的インターネット協会. membres actifs (bienfaiteurs) d'~ 非商業的インターネット協会 正(賛助)会員. réseau ~ 非商業的インターネット協会ネットワーク.

APJE (=*a*llocation *p*our *j*eune *e*nfant) *n.f.*〖社会保障〗幼児手当《妊娠 4 カ月から 3 歳児まで》.

APL[1] (=〖英〗*A* *P*rogramming *L*anguage) アップル《プログラミング言語》.

APL[2] (=*a*ide *p*ersonnalisée au *l*ogement) *n.f.*〖社会保障〗住居に関する個人別補助金.

APL[3] (=*A*rmée *p*opulaire de *l*ibération) *n.f.* (中国の) 人民解放軍.

aplasie *n.f.*〖医〗無形成〔症〕, 欠損〔症〕, 発育不全症 (=hypogénêse), 形成不全 (=hypoplasie);〖生〗欠如. ~ congénitale de l'alvéole pulmonaire 先天性肺胞形成不全. ~ de l'utérus 子宮無形成〔症〕, 子宮欠損〔症〕. ~ du vagin 膣無形成〔症〕. ~ médullaire 骨髄形成不全〔症〕. ~ moniliforme 連珠毛, 紡錘毛, 数珠状毛.

aplatissage *n.m.* **1** (金属の) 圧延〔加工〕. **2** (穀粒の) 圧延.

APM (=*A*ssociation *p*rofessionnelle des *m*agistrats) *n.f.* (フランスの) 司法官協会.

APMF (=*A*ssociation *p*our les *m*aisons du *f*utur) *n.f.* 未来住居連盟.

APN (=*a*ppareil *p*hoto *n*umérique) *n.m.*〖写真〗ディジタル・カメラ, デジカメ.

apnée *n.f.*〖医〗無呼吸, 無呼吸発作. ~ des prématurês 未熟児無呼吸発作. ~ idiopathique 特発性無呼吸症. ~ volontaire 息こらえ. plonger en ~ 息をこらえて潜水する. syndrome des ~s du sommeil 睡眠時無呼吸症症候群.

APO (=*apo*chromatique) *a.*〖光学〗色収差を補正した. lentille ~ 色収差補正レンズ, アポレンズ.

apoastre *n.m.*〖天文〗遠星点.

Apoc. (=*Apo*calypse〔de Saint-Jean〕) *n.f.*『ヨハネの黙示録』(略記).

apocalypse (<〖ギ〗) *n.f.* **1**〖ユダヤ教, キリスト教〗黙示文書;〖聖書〗黙示録.『新約聖書』l'*A* ~ 〔de saint Jean〕『ヨハネの黙示録』. ~s juives ユダヤ教の黙示書. la tenture de l'*A* ~ (アンジェ Angers の)「ヨハネの黙示録の装飾壁掛」.
2 黙示, 啓示, 天啓.
3〔比喩的〕世界の終末;破局, 大惨事;破壊. une vision d'~ 世界の終末を思わせる光景.

apocalyptique *a.* **1** 黙示録の;(特に)『ヨハネの黙示録』の;黙示文学的な. littérature ~ 黙示文学. style ~ (難解で象徴的な) 黙示録的文体. visions ~s 黙示録の幻.
2〔比喩的〕世界の終末を思わせる;破滅的な (=catastrophique);恐るべき (=épouvantable). paysage ~ 破滅的光景.

apochromatique *a.*〖光学〗色収差を補正した. lentille ~ 色収差補正レンズ, アポレンズ (=lentille APO).

apocrine *n.f.*〖生理〗アポクリン腺.〖医〗carcinome de l'~ アポクリン腺癌.

apocryphe *a.* **1**〖聖書〗正典外の, 外典の. évangiles ~s 正典外福音書.
2〔比喩的〕(文献が) 信憑性に欠ける;(報道などが) 疑わしい (authentique「真正の」の対). document ~ 信憑性に欠ける資料. testament ~ 疑わしい遺言書.
—*n.m.* **1**〖キリスト教〗聖書外典, アポクリファ〔= ~ de la Bible〕.
2〔比喩的〕出所の疑わしい文書;偽作.

apoenzyme *n.m.*〖生化〗アポ酵素《複合酵素の蛋白質部分》.

apogée *n.m.* **1** 絶頂, 最盛期. ~ d'un régime 政体の最盛期. atteindre son ~ 絶頂に達する. être à l'~ de sa puissance 権力の絶頂期にいる.
2〖天文〗遠地点. Le satellite est arrivé à son ~. 衛星は遠地点に到達した. ~ de la Terre 遠日点 (=aphélie).

apolipoprotéine *n.f.*〖生化〗アポプロテイン, アポリポ蛋白質《複合蛋白質の蛋白質部分》. ~ A1 アポリポプロテインA 1《卵巣癌の存在を示す蛋白質》. ~ E アポプロテイン E (略記 ApoE).

apolitique *a.* 非政治的な, 政治と無関係

apologie

の, 政治に無関心な, ノンポリの. jeunesse ~ ノンポリ青年層. syndicat ~ 政治色のない組合.

apologie *n.f.* **1** 弁明, 擁護. ~ du christianisme キリスト教の擁護.《*l'A ~ de Socrate*》『ソクラテスの弁明』(プラトンの著作). faire l'~ de …を弁護(賞称)する. **2** 賛美, 称揚, 過賞(かほう). ~ du vertu 徳性の称揚.

apomixie *n.f.*〖生〗アポミクシス, 無配偶生殖 (amphimixie「両性混合」の対).

apomorphine *n.f.*〖薬〗アポモルヒネ (強力な催吐・去痰薬).

aponévrose *n.f.*〖解剖〗腱膜.

apophysaire *a.*〖解剖〗骨端の, (骨の)突起の. ostéite ~ 骨端炎.

apophyse *n.f.*〖解剖〗骨突起〔部〕, 骨起. ~ caracoïde 烏口(うこう)突起, 烏縁突起, 烏啄(うたく)突起. ~s du fémur 大腿骨突起部.

apophysite *n.f.*〖医〗骨端炎(骨端核の骨化障害). ~ calcaréenne 踵骨骨端炎.

apoplectique *a.*〖医〗**1** 卒中 (apoplexie)の. attaque (accident) ~ 卒中発作. **2** 卒中を起こし易い. personne ~ 卒中を起こし易い人.
—*n.* **1** 卒中患者. **2** 卒中を起こし易い人.

apoplexie *n.f.* **1**〖医〗卒中. attaque d'~ 卒中の発作(=attaque apoplectique, coup d'~). être frappé d'~ 卒中の発作に見舞われる. tomber en ~ 卒中に倒れる. **2** 出血. ~ cérébrale 脳溢血.

apoptose *n.f.*〖医〗アポトーシス(細胞死の一形態).

apostasie *n.f.* **1**〖宗教〗背教, 棄教. **2** 主義・主張の放棄；変節；転向；脱党. ~ d'une doctrine 学説(主義)の放棄. ~ d'un parti 脱党. **3**〖医〗(遺伝の)分散.

a posteriori [ラ] *l.ad.* アポステリオリに, 後天(帰納, 経験)的に (apriori「アプリオリに」の対).
—*l.a.* アポステリオリな, 後天(帰納, 経験)的な.

apostolat *n.m.* **1**〖キリスト教〗使徒職 (=ministère d'un apôtre). **2**〖比喩的〗聖職. Le médecin est un ~. 医師は聖職である. **3** 伝道, 布教；改宗勧誘 (=prosélytisme). ~ des païens 異教徒の教化. **4**〖比喩的〗普及, 宣伝. ~ d'une nouvelle idée 新思想の普及.

apostolique *a.* **1**〖教会〗使徒の；使徒伝承の；使徒にふさわしい. doctrine ~ 使徒の教義. l'Eglise ~ 使徒教会. mission ~ 使徒の布教. pères ~s 使徒教父. tradition ~ 使徒伝. **2** 教皇〔庁〕の. lettre ~ 教皇親書. siège ~ 教皇座；教皇庁.

apothécie *n.f.*〖植〗(地衣類, 菌類の)裸子器, 子嚢盤.

apothicaire *n.m.*〔古〕薬剤師 (=pharmacien). ~ herboriste 薬草師(商). boutique d'~ 薬屋.〖比喩的〗compte d'~ 長々とした複雑な勘定書；法外な勘定書.

apôtre *n.m.* **1** 使徒. ~〔saint〕Jean 使徒〔聖〕ヨハネ.

◆新約聖書による十二使徒 André 聖アンデレ, Barthélemy バルトロマイ, Jacques le majeur 大ヤコブ, Jacques le mineur 小ヤコブ, Jean ヨハネ, Jude ユダ(別名タダイ Thaddée), Judas ユダ(イスカリオテのユダ Judas l'Iscariote), Mathieu マタイ, Pierre ペテロ, Philippe ピリポ, Simon シモン, Thomas トマス(一般にはこれらの十二使徒に聖パウロ saint Paul を加える；なお, 聖ペテロを le Prince des ~s と呼ぶ).

les actes des *A ~ s* (les Actes) 使徒行伝. Symbole des ~ 使徒信経 (=le Credo). **2**〔比喩的〕唱導者, 擁護者, 伝播者. Il se fait l'~ de la nouvelle théorie qui s'impose en économie politique. 彼は経済学で主流となっている新理論を熱心に唱えている. faire le bon ~ 猫をかぶる.

APP (=*A*ssociation *p*our la *p*rotection des *p*rogramme) *n.pr.f.*〖情報処理〗プログラム著作権保護協会.

Appa (=*A*ssociation *p*our la *p*révention de la *p*ollution *a*tmosphérique) *n.f.* 大気汚染防止協会.

apparat *n.m.* **1** 華麗, 華美, 豪華；荘厳. ~ d'une cérémonie 儀式の華やかさ(荘厳さ). costume (tenue) d'~ 盛装. discours d'~ 儀張った演説. festin d'~ 大饗宴. avec ~ 華々しく, 派手に；これみよがしに. en grand ~ 華々しく；荘厳に. **2** ~ critique (校訂本の)異文と注解. **3**〔古〕(作家の)用語集.

apparatchik [-tʃik] (*pl.* **~s, ~i**)〔ロシア〕*n.m.* **1**〖政治〗(共産党の)政治局員, 有力党員. **2**〔多蔑〕(政党・組合などの)大物, 実力者；執行部員.

appareil *n.m.* **1** 器具, 機械, 装置. ~ électroménager 家電機器. ~〔photographique (-photo)〕写真機, カメラ. ~〔téléphonique〕電話機. ~ réflex〔写真〕一眼レフカメラ. Qui est à l'~?(電話で)どなたですか. **2** 飛行機. ~ civil 民間機. ~ militaire 軍用機. **3** 仕組み, 組織, 機構, 機関. ~ de l'Etat 国家の諸制度.〔集合的〕~ des lois 法律. ~ d'un parti 政党の機関. ~ policier 警察機構(組織). ~ productif 生産機構, 産業. homme de l'~ 党官僚. **4** 器官. ~ circulatoire 循環器官. ~ digestif 消化器官. ~ génital 生殖器官. ~ respiratoire 呼吸器官. ~ sexuel 性器官.〔話〕

être dans son plus simple ~ 裸である.
5 医療用器具.〖歯科〗~ dentaire 義歯 (= prothèse dentaire).
6 ~ critique (校訂本の) 異文と注解 (=apparat critique).

appareillable *a.*〖医〗補助器具を装着可能な；補助機器で補うことのできる. déficit auditif ~ 補聴器で補いうる聴覚障害.

appareillage *n.m.* **1**〖機械〗〖集合的〗装備, 設備. ~ électrique 電気設備, 配電設備.
2〖海〗出航準備；出帆.
3〖建築〗組積 (組あげ)〔工事〕；石組〔工事〕(= ~ des pierres).

appareil-photo〔graphique〕 *n.m.* 写真機, カメラ. ~ numérique デジタルカメラ.

apparemment (<apparent) *ad.* **1** うわべは, 見かけは.
2 明らかに；多分, 恐らく (=vraissemblablement). A ~, il a renoncé. 明らかに彼は断念した.

apparence *n.f.* **1** 外観, 外見, 見かけ；風采. avoir de l'~；avoir belle ~ 見てくれが良い, 見映えがする. fausse ~ 見せかけの (偽の) 外観.
2 うわべ, 見せかけ, en ~ うわべは, 外見は. garder (ménager, sauver) les ~s 体裁を繕う (装う). juger sur les ~s. juger aux ~s うわべで判断する. Il ne faut pas se fier aux ~s. うわべに騙されてはいけない. sacrifier les ~s 面子にとらわれない.
3 痕跡, 名残り. n'avoir plus aucune ~ de liberté 自由のかけらもない.
4〖哲〗仮象.
5〖古〗本当らしさ.〖現用〗contre toute ~ 見かけに反して, あらゆる予想に反して.〖現用〗selon toute ~ 見たところ, 恐らく.

apparent(e) *a.* **1** 目につく, 目立つ, はっきり見える. de manière ~*e* これ見よがしに. détail ~ はっきり見える細部.〖装飾〗piqûre ~*e* 飾りステッチ.
2 明らかな. danger ~ 明らかな危険. ruse trop ~*e* 見え見えの策略. sans cause ~*e* はっきりした原因もなく.
3 目視の, 見かけ上の；見かけだけの, うわべの. grandeur ~*e* du Soleil 太陽の見かけ上の大きさ. mort ~*e* 仮死.〖天文〗mouvement ~ 視運動. orbite ~*e* 視軌道. obéissance ~*e* うわべだけの服従. poids ~ d'un corps dans un fluide 流体中の物体の見かけ上の重量 (poids réel「実重量」の対).〖文法〗sujet ~ みかけの主語《非人称の il など》.

apparenté(e) *a.p.* **1** 姻戚関係にある, 縁組をした.
2〖政治〗(名簿式比例代表選挙で) 連合した. listes ~*es* 政策連合候補名簿.

3〖比喩的〗似通った. quelque chose d'~ 何か似通ったもの.

apparition (<apparaître) *n.f.* **1** 姿を現わすこと, 出現, 登場. ~ d'un astre (d'une comète) 天体 (彗星) の出現. ~ de boutons 吹出物の発現. ~ des feuilles nouvelles 若葉の出現. ~ du jour 誕生.
à l'~ de qn 人が姿を見せると. faire son ~ 姿を現わす, 登場する. ne faire qu'une〔courte〕~ ちょっと顔を見せる.
2 刊行, 出版；創設, 創出. ~ d'un livre 本の刊行 (出版). ~ d'un nouvel Etat 新国家の創設. ~ d'idées nouvelles 新しい思想の誕生 (出現).
3 超自然的存在 (幻) の出現；幽霊 (=fantôme). ~*s* de la Vierge à Lourdes ルールドでの聖女マリアの〔幻〕出現. avoir des ~*s* 幻〔幽霊〕を見る.

appartement *n.m.* **1** アパルトマン《集合住宅の一単位住居》《略称 appart 〔apart〕》. ~ à louer 貸しアパルトマン. ~ de deux étages 2階式アパルトマン (=dupleix). ~ de fonction 公務員官舎. ~ de 3 pièces 3 居室をもつアパルトマン. ~ d'hôtel ホテルのスイートルーム (=suite). ~ meublé 家具調度付きアパルトマン《家具・寝具・調理用具など一切が備わっている貸しアパルトマン》. ~-témoin 集合住宅のモデルルーム. plantes d'~ 室内鑑賞用植物.〖比喩的〗vente par ~*s* 破産企業のバラ売り清算.
2〖*pl.* で〗(宮殿・豪邸などの) 部屋, 居室群. ~*s* de réception 応接間〔群〕. ~*s* royaux 王家の居室群. grands ~*s* 大広間〔群〕.

appartenance *n.f.* **1** (集団への) 所属, 帰属. ~ à un parti politique 政党への所属. ~ politique (religieuse, sociale) 政治的 (宗教的, 社会的) 帰属.〖社〗groupe d'~ 所属集団. rapport d'~ 帰属関係.
2〖数〗(要素の集合への) 所属特性. relation d'~ (元と集合との間の) 帰属関係.
3〖文法〗所属. relation d'~ 所属関係《前置詞の de や, 属格 génitif などで示される；*ex.* le livre de Jean》.
4〖*pl.* で〗付属建築物；付属地所. ~*s* d'un château 城の付属建造物.

appassionato〔伊〕*ad.*〖音楽〗熱情をこめて.

appât *n.m.* **1** (鳥・魚などの捕獲用の) 餌. ~ vivant 生餌 (いきえ). mettre (fixer) l'~ à l'hameçon 釣針に餌をつける.
2〖比喩的〗(事物の) 魅力, 誘惑. ~ du gain 儲けの誘惑.

appel *n.m.* Ⅰ **1** 呼ぶこと, 呼びかけ, 注意を喚起すること. ~ de phare パッシングライトによる合図. ~ du pied さりげない誘い. ~〔téléphonique〕(電話の) 通話, 呼び出し.
2 呼び掛け, 訴え, アピール. ~ à la modération 自重の呼び掛け. ~ à la paix 平和

アピール. ~ au peuple 人民への訴え；〖比喩的〗金の無心. ~ d'offres compétitifs 競争入札. faire ~ à に訴える. faire ~ à la compétence des dirigeants 指導者の有能さに期待する.
3 召集；呼出し, 点呼；召喚；請求, 督促.〖軍〗~ aux armes 動員.〖法律〗~ en cause（裁判機関への証人の）召喚, 喚問. ~ nominal（投票などのための）指名点呼. sonner l'~ 召集をかける, 召集の合図をする.
4 徴兵. ~ avancé 繰上げ徴兵. ~ du contingent 新年度兵の徴兵.
5 誘い, 誘惑. ~ du plaisir 快楽の誘惑. ~ de la religion 宗教の誘い.
Ⅱ〖法律〗控訴, 上訴（上告は pourvoi〔en cassation〕）. ~ à maxima 検察側による減刑を求める控訴. ~ abusif 濫用的控訴. ~ à minima 検察側による加刑を求める控訴. ~ incident 民事訴訟における被告側の控訴, 付帯控訴. ~ principal 民事訴訟における原告側の控訴. ~ tardif 期間経過後の控訴. acte d'~ 控訴状. cour d'~ 控訴院. fol ~ 棄却された控訴（罰金を受ける）. faire ~ d'un jugement 控訴する（= interjeter ~）. juger sans ~ 最終審として判決を下す. sans ~ 最終的に. jugement sans ~ 確定判決.
Ⅲ〖スポーツ〗ジャンプの踏切.

appelé(***e***) *a.* (à に) 運命づけられた. ~ à un bel avenir 輝かしい未来を約束された.
—*n.* **1** (兵役適齢期の) 召集兵.
2 招かれた者.《Car il y a beaucoup d'~s, mais peu d'élus.》「招かれる人は多いが, 選ばれる人は少ないのだから.」〖『マタイ福音書』〗

appellation *n.f.* 名称；呼称, 呼び名, 命名. ~ courante 通称. ~ d'origine contrôlée (葡萄酒, チーズなどの) 原産地管理呼称（略記 AOC, AC）. vin d'~ d'origine contrôlée 原産地管理呼称葡萄酒. Château Lafite-Rothschild, ~ Pauillac contrôlée 原産地管理呼称ポイヤックの「シャトー・ラフィット=ロートシルト」. ~ d'origine protégée 原産地呼称保護（UE による製品原産地名の管理と製品の品質保証制度；略記 AOP）. ~ d'origine *v*in *d*élimité de *q*ualité *s*upérieure (葡萄酒の) 限定上質酒原産地呼称（略記 AOVDQS，旧略称 VDQS）. ~ injurieuse 侮称（へんしょう）.

appendice *n.m.* **1** 付属物；付属建造物, 延長建造物. ~ du fœtus 胎児付属物.
2〖解剖〗突起部；（特に）虫垂, 虫様突起（= vermiculaire）；〖動〗付属肢；付属物. ~ caudal 尾（= queue）. ~ iléocœcal 回腸突起, 虫様突起. ~ vermiculaire 虫様突起. inflammation de l'~ 虫垂炎.
3 巻末補遺, 巻末付録.

appendicectomie *n.f.*〖医〗虫垂切除術.

appendicite *n.f.*〖医〗虫垂炎, 盲腸炎. ~ aiguë 急性虫垂炎. ~ chronique 慢性虫垂炎.

appertisation (< Appert, 発見者) *n.f.* (食料の) 熱殺菌密閉容器による保存法.

appertisé(***e***) *a.* 密閉容器で加熱殺菌された. conserves ~*es* 密閉加熱殺菌式缶（瓶）詰. lait ~ 密閉加熱殺菌乳.

appétit *n.m.* **1** 食欲. ~ de loup 旺盛な食欲. avoir de l'~ 食欲がある. Bon ~ ! どうぞたっぷり召し上がれ, おいしく召し上がれ（食事の前の挨拶）. mettre *qn* en ~ 人に食欲を起こさせる；〖比喩的〗人にやる気を起こさせる. montrer de l'~ 食欲を示す. rester sur son ~ 食べたりない；飽き足らない.〖諺〗L'~ vient en mangeant.（食欲は食べながら湧いてくる.→）欲望が欲望を生む, 欲にはきりがない. Il n'est chère (sauce) que d'~. 空き腹に不味いものなし.
2〖広義〗欲求；性欲（= ~ sexuel）. ~ de connaissance (de savoir) 知識欲.

applaudimètre *n.m.* (観客・聴衆などの) 瞬間喝采度測定装置, 反応測定装置.

applaudissement *n.m.* **1** 拍手；〖多く *pl.*〗拍手喝采. Des ~*s* éclatent, 拍手がまき起こる. ~*s* rythmés 音頭をとった拍手, 拍手喝采. soulever des ~*s* 拍手を巻き起こす. tempête d'~*s* 拍手の嵐, 嵐のような拍手.
2〖文〗称賛, 賛美, 祝福, 激励.

applicabilité *n.f.*〖法律〗適用可能性, 適用適格；適用権能. ~ d'une loi 法律の適用可能性.

applicable *a.* **1** (à に) 適用し得る. tarif ~ de l'ISF 資産連帯税に適用される税率. La loi est ~ à tous. 法律は全員に適用し得る.
2〖幾何〗展開可能な. surface ~ 展開可能曲面.

applicateur(***trice***) *n.* **1** (法律の) 施行者；(理論の) 実践者；(発明などを) 実用化する人.
2 綿棒, 塗布器.
—*a.* 塗布用の. bouchon ~ 塗布用栓. pinceau ~ 綿棒.

applicatif(***ve***) *a.*〖情報処理〗応用ソフトの. module ~ アプリケーション・モジュール.

application *n.f.* **1** 重ね合せ, 張合せ, 接着；取付け；塗布；貼付け装飾（= ornement appliqué アップリケ）. ~ de papier peint 壁紙張り. ~ d'un enduit sur le mur 壁の塗料塗布.〖物理〗point d'~ d'une force 力の作用点.
2 応用, 利用；適用；〖*pl.*で〗応用例；〖医〗適応症. ~ d'une théorie 理論の応用. mettre une théorie en ~ 理論を応用する. ~*s* d'une découverte scientifique 科学的発見の応用.
3 (法律, 規則などの) 適用, 施行. entrer en ~ 施行される. mise en ~ d'une loi 法律の施行.
4〖経済〗(資金の) 利用, 充当. ~ d'une

somme d'argent à une dépense 資金の支出への充当.

5〖数〗写像. ~ bijective 全単射写像. ~ linéaire 線形写像.

6〖コンピュータ〗アプリケーション《応用ソフト；特定の処理作業》. programme d'~ アプリケーション・プログラム.

7 熱心；専念, 専心；勤勉, 熱意. travailler avec ~ 熱心に働く.

applique *n.f.* **1**〖照明〗ブラケット；壁に取りつけた照明装置.

2〖装飾・彫刻〗décor d'~, relief d'~（家具・壁などの）はめこみ（貼りつけ）装飾；〖服〗アップリケ.

appliqué(e) *a.* **1** 応用の (fondamental「基礎的な」の対). arts ~s 装飾美術 (=arts décoratifs). linguistique (mathématique, psychologie) ~e 応用言語学（数学, 心理学）. sciences ~s 応用科学.

2 勤勉な；（à に）専念した. écriture ~e 丹念な書体. élève ~ 勤勉な生徒. être ~ à+*inf*. …するのに熱心である.

3 ぴったりした. baiser ~ ぴったり押しつけた口づけ.

appliquette *n.f.*〖コンピュータ〗アプリケット (=〖英〗applet), 小アプリ.

appoint *n.m.* **1**〖商業〗差引残高 (=solde).

2（金額の）端数；小銭で支払う分；小銭. faire l'~ 小銭で端数を支払う；（請求金額を）きっちり支払う. Le public est tenu de faire l'~.「釣銭のいらぬようお願いします」,「小銭を御用意ください」. Avez-vous l'~? 小銭をお持ちですか.

3〖比喩的〗補助；助力, 援助. ~ de combustible 燃料の補助. chauffage d'~ 補助暖房. métier d'~ 副業. ressources d'~ 副収入. salaire d'~ 補助的給与；家計の足しとなる給与. être un ~ 援助となる.

appointé(e) *a.p.* **1** 尖った. crayon ~ 尖った鉛筆.

2 有給の. être ~ au mois (à la semaine) 月給（週給）をもらっている. être ~ au grade de sous-chef de bureau 事務副主任の給与をもらっている.

—*n.* **1** 給与生活者, サラリーマン. **2**〖スイス〗高給兵 (=soldat ~).

appointements *n.m.pl.*（賃金労働者に支払われる）給与, 俸給. ~ annuels 年俸. ~ mensuels 月給. donner des ~s 給与を支払う. recevoir (toucher) des ~s 給与を受けとる.

apport *n.m.* **1** 供給, 寄与, 貢献. ~ de la France à la civilisation フランスの文明に対する寄与. ~ de la science à la technique 科学の科学技術への貢献.

2〖法律〗(夫婦財産制で) 夫婦の持ち寄り財産 (=~ en mariage). ~ en communauté 夫婦による共通財産への持ち寄り財産. ~ en dot 持参金, 持参財産. ~ franc et quitte 債務負担のない持ち寄り財産.

3（会社・組合における）出資 (=~ en société). ~ de capitaux 資本の出資. ~ en crédit 信用出資. ~ en industrie 勤労出資. ~ en nature (en numéraire) 現物（現金）出資. action d'~s 出資行為.

4 投入. ~ d' engrais à un sol 土壌への肥料の投入.

5〖地層〗冲積土 (= ~ d'alluvions). ~s éoliens 風で吹積った砂や泥土.

6〖地学〗(流域からの) 流出量. ~ annuel 年間流出量.

apporteur(se) *a.* 出資者.

apposition *n.f.* **1**（印などを）押すこと；貼付. ~ d'un cachet 押印, 捺印；封印. ~ des scellés 封印の貼付.

2〖文法〗同格；同格辞. énumérative 同格辞の羅列. substantif en ~ 同格名詞.

3〖生〗(組織の) 付加成長. accroissement par ~ 付加成長.

appréciable *a.* **1** 評価（測定, 感知）できる；数値化できる. ~ aux sens 感知しうる. ~ en monnaie 通貨で評価できる. différence à peine ~ ほとんど目につかない差異. quantité ~ 数値化できる量. son ~ 感知できる音.

2 高く評価すべき. qualités ~s 優れた資質. talent ~ 評価すべき才能.

3 かなりの, 相当な. somme ~ かなりの金額.

appréciateur (trice) *n.* 評価する人；鑑定人.

—*a.* 評価する能力のある. pouvoir ~ 評価能力.

appréciatif(ve) *a.* 評価する；評価を示す. état ~ 見積書；鑑定書. faculté ~ve 評価能力. regard ~ 値踏みするような視線.

appréciation *n.f.* **1**（価格の）評価, 見積. ~ d'un objet d'art par un expert 鑑定人による美術品の評価. faire l'~ d'une marchandise 商品の価格を見積る.

2 推定, 概算；見積. ~ de la distance 距離の推定. fausse ~ d'une longueur 長さの見当違い.

3 判断, 評価, 判定；(料理・酒の) 賞味. ~ des arbitres 仲裁人の判定. ~ d'un plat 料理の賞味. ~ d'un vin 葡萄酒の品評. ~ favorable (défavorable) 好意的（否定的）評価.〖法律〗contentieux de l'~ de légalité 適法性審査訴訟. laisser (soumettre) une ~ décision à ~ de *qn* 人の判断に決定を委ねる.

4〖法律〗認定評価. ~ des faits 事実の認定評価.

5 意見, 評価, 感想, 批評. noter ses ~s en marge du texte テクストの欄外に感想を記す.

6〖経済〗(為替相場の) 値上り. ~ d'une monnaie (de l'euro) 通貨（ユーロ）の値上り.

appréhension *n.f.* **1** 危惧, 懸念, 不

安. ～ de l'avenir 将来に対する危惧 (不安). avec ～ こわごわ. avoir de l'～ (des ～s) 危惧の念を抱く. avoir l'～ de+*inf.* (que+〔*ne*〕+*subj.*)…するのではないかと懸念する. éprouver de l'～ à+*inf.* …することに不安を覚える.

2〔哲〕直観的把握；〔古〕理解〔力〕. ～ et compréhension 直観的把握と理解.

apprenti(e) *n.* **1** 徒弟, 見習い, 見習工；実習生. ～ sorcier 魔法使いの弟子；自分のしでかしたことを収拾できない未熟者；自分がコントロールできないとんでもないことをしでかす人間. ～*e* d'une couturière お針子見習い.

2〔蔑〕〔同格的〕新米, 初心者. ～ -député 新米議員. ～ -maçon 新米の石工. Tu n'es encore qu'un ～. おまえはまだほんの駆け出しだ.

apprentissage *n.m.* **1** (職業の) 見習, 修業；見習 (徒弟) 奉公；職業訓練；修業, 見習実習；実務実習. brevet d'～ agricole 農業職業訓練修了証. centre de formation et d'～ 職業訓練所 (=CFA : *c*entre de *f*ormation d'*a*pprentis). classe préparatoire à l'～ 職業訓練準備学級 (CFA に設置；略記 CPA). contrat d'～ 徒弟 (見習) 契約, 職業訓練契約. taxe d'～ 職業訓練税 (職業訓練の経費に充てるため各種企業に課される税). entrer en ～ 見習いになる. faire l'～ de *qch* 何かの修業をする. mettre *qn* en ～ 人を年季奉公 (修業) に出す.

2 見習いの身分；見習い期間, 修業年限.

3〔比喩的〕初学習, 初体験. ～ de la vie 人生身習い.

4〔心〕学習；学習過程 (行為).

5〔電算〕学習. à ～ 学習機能をそなえた. programme à ～ 学習プログラム, エキスパート・システム (=système expert；〔英〕expert system). robot à ～ 学習機能付与ロボット.

apprêt (<apprêter) *n.m.* **1**〔多く *pl.*〕準備. ～*s* d'une fête 祭りの準備. ～*s* d'un voyage 旅仕度.

2 調理, 味つけ. ～ des viandes 肉の味つけ.

3 (布・皮などの) 下拵え；下拵え (仕上げ加工) の材料 (糊など)；仕上げ加工. ～*s* des cuirs なめし革の仕上げ加工 (=corroi). ～*s* des papiers 紙の艶出し加工.

4 (塗装の) 下塗. ～ des plafonds 天井の下塗り.

5 気取り, てらい, 飾り気. sans ～ 気取らずに. beauté sans ～ 飾り気のない (自然な) 美しさ. repas sans ～ 飾り気のない食事.

approbation (<approuver) *n.f.* **1** (上級機関による下級機関の行為に対する) 同意, 承認, 許可, 認可；認定, 認証. ～ de *qch* par *qn*；～ de *qn* à *qch* 人の何かに対する同意 (承認). ～ d'un accord international 国際協定の承認. ～ d'un médicament par les autorités médicales 医学当局による医薬品の認可. ～ d'un procès-verval de déposition 供述調書 (の内容が正しいこと) の承認. ～ expresse 明白な承認. ～ tacite 黙認.

avoir l'～ de *qn* 人の同意を得る. donner son ～ à …に同意する. recevoir l'～ de *qn* 人の賛同を得る.

2 称賛；支持. donner son ～ à …を称賛する. être digne d'～ 称賛に値する.

approchant(e) *a.* **1** およその；近似の (=approximatif). calculs ～*s* 概算.

2〔やや古〕類似の；(de に) 似た. deux nuances ～*es* 二つの類似したニュアンス. 〔現用〕quelque chose d'～ 何かそれに似たもの. Je n'ai rien vu d'～. それに近いものは何も見たことがない.

3〔文〕間近の, 近づく. La nuit était fort ～*e*. 夜が間近であった.

——*prép.*〔古〕…の頃. ～ midi 正午頃に.

——*ad.*〔文〕およそ, ほぼ. Il est minuit, ou ～. もうかれこれ真夜中だ.

approche *n.f.* **1** 近寄ること, 接近 (=近づけること). ～*s* de la mort 迫り来る死. ～ de la nuit 夜の訪れ.〖園芸〗grefe en (par) ～ 呼び (寄せ) 接ぎ. lunette d'～ 望遠鏡. personne d'～ difficile (facile) 近づきにくい (近づきやすい) 人；親しみのもてない (親しみのもてる) 人.

à l'～ de …が近づくと；…に近づくと. à l'～ de l'ennemi 敵が接近すると. à l'～ de la cinquantaine 50 歳近くになって. aux ～*s* de l'hiver 冬が近くなると. se troubler à l'～ du danger 迫り来る危険にうろたえる.

2〔軍〕敵への接近；接敵行動. travaux d'～ (防塁に近づくための) 塹壕堀り, 坑道掘削；〔比喩的〕地下工作, 根回し (=sape).

3〔登山〕(登攀までの) アプローチ. marche d'～ アプローチ踏破.

4〔航空〕(空港への) 進入, アプローチ. procédure d'～ 空港へのアプローチ操作.

5〔ゴルフ〕アプローチ.

6〔印刷〕字間；字間の乱れ；字間をつめる指示記号.

7 (研究などの) アプローチ, 取り組み方. ～ sociologique d'une étude littéraire 文学研究における社会学的アプローチ.

8〔*pl.*で〕(de の) 付近, 周辺. ～*s* d'une ville 都市の周辺.

approfondi(e) (<approfondir) *a.p.* **1** 深く掘り下げられた. trou ～ 深く掘り下げた穴.

2〔比喩的〕深い；深められた, 深く究明された. amitié ～*e* 深められた友情. connaissance ～*e* 深い知識. recherche ～*e* 深化された研究.

approfondissement *n.m.* **1**〈具体的〉深く掘り下げること. ～ d'un puits 井戸

の掘り下げ.
2〔抽象的〕掘り下げ；深化. ~ d'une connaissance 知識の深化(探究). ~ d'un problème 問題の掘り下げ.

appropriation *n.f.* **1** (à に対する)適合〔化〕. ~ d'une terre à la culture de la vigne 土地を葡萄の栽培に適したものにすること.
2〔法律〕取得. ~ d'une maison 住宅の取得. ~ par occupation 占有による所有権取得. ~ par ruse 詐取.

approprié(**e**) *a.p.* **1** (à に)適合した, ぴったり合った；適切な. mesures ~*es* aux circonstances 状況に適した措置. traitement ~ au tempérament du malade 病人の体質に合わせた治療. chercher la solution ~*e* 適切な解決策を探る.
2 (人の)所有に帰した. patrimoines ~*s* 帰属遺産.

approuvé(**e**) *a.p.* 承認された《証書の末尾などでは不変化》. *A*~ l'écriture ci-dessus. 上記の通り承認. Lu et ~. 閲覧の上承認.
——*n.m.* 承認(表示の文言).

approvisionnement *n.m.* **1** (食料・物資などの)供給, 補給. ~ de la France en pétrole フランスの石油供給. ~ en denrées alimentaires 食料供給. ~ énergétique エネルギー供給. voie d'~ 補給路. clause d'~ exclusif 排他的供給条項.
2〔*pl.*で〕備蓄, 貯蔵. disette d'~*s* 備蓄の欠乏.
3 製造業企業の原材料, 資材.

approximatif(**ve**) *a.* **1** おおよその, 近似の, おおましの. de manière ~*ve* おおよそ, 大体. évaluation ~*ve* おおよその見積. nombre ~ 概数. quantité ~*ve* おおよその量.
2 (定義・言葉が)精密でない, いい加減な；曖昧な. traduction ~*ve* 大まかな翻訳. s'exprimer en termes ~*s* 曖昧な言葉で表現する.

approximation *n.f.* **1**〔数〕近似法；概算. ~*s* successives 逐次近似法. calcul par ~*s* successives 逐次近似法による計算. en première ~ 一次的概算で. marge d'~ 概算余有. 〔電算〕méthode des ~*s* 近似解法. faire une ~ 概算する.
2 近似値, 概算値. Ce chiffre n'est qu'une ~. この数字は概算値に過ぎない.

APPSB (= *A*ssociation *p*our la *p*rotection des *s*almonidés en *B*retagne) *n.f.* ブルターニュ地方鮭科魚類保護連盟(1969年設立).

appui *n.m.* **1** 支え；支持. mur d'~ 支え壁. pied à l'~ 支えとなる足. point d'~ (てこの)支点；〔比喩的〕支え；支持. preuves à l'~ 確かな証拠. 〔言語〕voyelle d'~ 支えの母音. à l'~ それを証明するための；証拠となる.

Ci-joint pièce à l'~ 証拠書類を同封します. à l'~ de …を支持(証明)するために. venir à l'~ de *qch* 何を支持(証明立て)る).
2 寄り掛かること. ~ de la voix sur une syllabe ある音節に力を入れること. à hauteur d'~ 肘をつくことが出来る高さに(в). meuble à hauteur d'~ 肘をつける高さの家具(commode など). 〔法律〕servitude d'~ 流水堰止めの地役. prendre ~ sur *qch* 何に寄り掛かる.
3 (支える物)支え, 支柱；(アーチ, 塀などの)控え；(バルコニーの)手すり；(窓の)窓台；(車輛の窓の)内帯；足場, 足がかり. 〔医〕~ crânien 頭蓋支持具. ~ d'un balcon バルコニーの手すり. 〔地形〕~ s d'une chaîne de montagne 山脈の支脈. ~ d'une fenêtre 窓台. ~ d'un mur 壁の支え. ~ d'une poutre 梁の支柱. ~ pour le coude 肘掛け. ~ pour la marche 歩行の支え器具(canne など). Il faut un ~ à cet arbre. この木には支柱が必要である.
4 支え, 支持, 支援. 〔軍〕~ aérien 空軍による援護. ~ financier 財政的支援. ~ moral 精神的支え. ~ officiel 公的支援. avoir de l'~(un ~；des ~*s*) 支持されている. chercher (demander) l'~ de *qn* 人の支持(支援)を求める. compter (se reposer) sur un ~ 支持(支援)をあてにする. donner (accorder, offrir, prêter) son ~ 支持(支援)する. servir d'~ à *qn* 人の後盾となる. sous l'~ de …の庇護の下に.

appui-tête(*pl.* **~s-~**) *n.m.*, **appuie-tête** *n.m.inv.* ヘッドレスト；(椅子の)頭部カバー.

apragmatisme *n.m.* 〔精神医学〕実際行動不能, 既習行動障害.
▶ **apragmatique** *a.*

apraxie *n.f.* 〔医〕失行〔症〕, 行為不能症. ~ idéatoire 観念失行. ~ kinétique〔motrice〕運動失行〔症〕. ~ mélocinétique 音楽的運動失行〔症〕.
▶ **apraxique** *a.,n.*

âpre *a.* **1** (味の)渋い；酸っぱい；えぐい. goût ~ 渋い(酸っぱい, えぐい)味. odeur ~ つんとくる匂い. vin ~ 酸味の強い葡萄酒.
2 (気候などが)厳しい, つらい. ~ saison つらい季節. froid ~ 身を切るような寒さ. hiver ~ 厳しい冬.
3 (声・性質などが)とげとげしい. caractère (voix) ~ とげとげしい性質(声).
4 ざらざらした. 〔解剖〕ligne ~ 大腿骨後面のざらざらした突起線.
5 (戦い, 議論などが)激しい；痛烈な；苛酷な. ~ jalousie 激しい嫉妬心. ~ vérité 苛酷な真実. discussion ~ 激論. ton ~ 痛烈な口調. vie ~ 苛酷な生活.
6 (à に)貪欲な；強欲な. chien ~ à la curée 獲物の分配に貪欲な猟犬. homme ~ à

après-demain

l'argent 金銭に貪欲な人.
7〔古〕(道などが)でこぼこ. chemin ~ et difficile でこぼこの難路.
après-demain *ad.* 明後日, あさって. ~ dans la soirée あさっての夕方.
après-guerre *n.m.* 戦後. ~ froide 冷戦後. les années d'immédiat ~ 終戦直後.
après-midi *n.m.(f.)inv.*〔稀に *pl.* ~ ~s〕午後, アフターヌーン. cet ~ 今日の午後. dimanche ~ 日曜日の午後. le lendemain ~ 翌日の午後. Prélude à l'~ d'un faune de Debussy ドビュッシーの『牧神の午後への前奏曲』(1894)《Mallarmé の l'A ~ d'un faune (1876) による》. à 3heures de l'~ 午後3時に. au début (en fin) d'~ 昼下がり(夕方)に. dans l'~ 午後のうちに.
après-11 septembre *n.m.* 2001 年 9月11日の対米テロ後〔の状況〕. l'~ économique 9月11日の対米テロ以降の経済状況.
après-rasage *a.inv.* ひげそり後の, アフターシェーヴの. lotion ~ アフターシェーヴ・ローション.
—*n.m.* アフターシェーヴ・ローション.
après-shampoing, après-shampooing [aprɛʃɑ̃pwɛ̃] *n.m.* シャンプー・リンス剤, アフター・シャンプー.
après-ski(*pl.* ~-~〔s〕) *n.m.* **1** スノー・ブーツ. **2** アフター・スキー《スキーの後の集い》.
après-soleil *a.inv.*〘化粧品〙日焼け後の.
—*n.m.* アプレ=ソレイユ《日焼け後の肌に潤いを与える化粧品》.
après-taliban〔s〕 *n.m.* (アフガニスタンの)タリバン後. régime de l'~ タリバン後の体制.
après-vente *a.inv.* 販売後の. service ~ アフターサービス.
—*n.m.inv.* アフターサービス〔部門〕《= service ~ , S.A.V.と略記》.
âpreté (<âpre) *n.f.* **1**〘味覚〙渋さ; 酸っぱさ. ~ au goût 味覚の渋さ(酸っぱさ). ~ d'un fruit 果物の渋さ. ~ d'un vin 葡萄酒の酸っぱさ.
2 (気候などの)厳しさ. ~ d'un climat 気候の厳しさ. ~ de la température 気温の苛酷さ.
3 とげとげしさ. ~ du caractère 性格のとげとげしさ. ~ d'une voix 声のとげとげしさ.
4 激しさ, 苛烈さ; 痛烈さ. ~ d'une critique 批判の苛烈さ. ~ d'une discussion 議論の激しさ. ~ d'une reproche 非難の痛烈さ. avec ~ 激しく, 峻烈に; 必死で.
5 執拗さ. ~ au gain 利益に対する強欲さ.
Apronuc (= Autorité *pro*visoire des *NU* au *C*ambodge) *n.f.* 国連カンボジア暫定機構, アンタック《=〔英〕UNTAC : *U*nited *N*ations *T*ransitional *A*uthority in Cam-

bodia》(1992 年3月創設).
aprotique *a.*〘化〙非プロトン性の. solvant ~ 非プロトン性溶媒.
APS[1] (= 〔英〕*a*dvanced *p*hotographic *s*ystem) *n.m.*〘写真〙先進写真システム, APS 方式. appareil ~ APS カメラ. compact (reflex) ~ APS コンパクト(レフレックス)カメラ. format ~ APS フォーマット. pellicule ~ APS 方式の写真フィルム.
APS[2] (= *a*utorisation *p*rovisoire de *s*éjour) *n.f.* (外国人に対する)仮滞在許可.
Apsaird (= *A*ssemblée *p*lénière des *s*ociétés d'*a*ssurance contre l'*i*ncendie et les *r*isques *d*ivers) *n.f.* 火災・損害保険会社総会.
apside *n.f.*〘天文〙アプス; (惑星の)遠(近)日点, 長軸端. ~ supérieure (inférieure) 遠(近)日点. ligne des ~s 長軸線《遠日点と近日点を結ぶ線》.
apt (= *ap*artement) *n.m.* アパルトマン.
apte *a.* **1** (à に)適した, 向いた; (の)素質のある. ~ à exercer des fonctions 職務行使の素質のある. ~ à la production 生産に向いた. ~ au service militaire 兵役に適格の.
2〘法律〙(à の)資格のある. ~ à hériter 相続資格のある.
—*n.* 適者. élimination des non ~s 不適格者の排除. sélection des plus ~s 最適者の選抜.〘生〙survivance des plus ~ 適者生存.
APTGD (= *a*rme de *p*récision *t*irée à *g*rande *d*istance) *n.m.*〘軍〙長射程精密兵器, 巡航ミサイル《= missile de croisière》.
aptitude *n.f.* **1** (à, pour への)素質, 資質;〘心〙適性;〘生〙適応度. ~ à la musique (aux arts) 音楽(芸術)的才能. ~ à réussir 成功する素質. ~ intellectuelle 知的資質. avoir une grande ~ à (pour) + *inf.* (qch)…する素質に恵まれている.
certificat d'~ pédagogique à l'enseignement secondaire (technique) 中等教育(技術教育)教員適性証書《略記 CAPES (CAPET)》. certificat d'~ professionnelle (physique) 職業(体育)適性証書《略記 CAP》.
〘心〙test d'~ 適性検査.〘心〙appréciation des ~s 適性評価.〘心〙méthode des ~s de base 基礎的適性検査法.
2〘法律〙(法律上の)能力, 資格. ~ à + *inf.* …する資格. ~ légale 合法的資格. ~ militaire 軍務に就く資格.
3 (物の)能力 (= capacité). ~ d'un appareil 機器の能力 (性能).
APU (= *a*dministration *pu*blique) *n.f.* 公共行政.
APUL (= *a*dministrations *pu*bliques *l*ocales) *n.f.pl.* 地方公共行政機関.
Apur (= *A*telier *p*arisien d'*ur*banisme) *n.m.* パリ市都市計画局.

apurement *n.m.* **1** 〖財政〗会計監査. **2** 〖財政〗(債務の)弁済. ～ du passif (債務者による)負債の返済.

APV (= *a*utorisation *p*rovisoire de *v*ente) *n.f.* 暫定的販売認可(許可). l'～ de quatre ans 4年間の暫定的販売認可(許可).

apyre *a.* 耐火性の, 耐熱性の, 不燃性の, 不融解性の. substances ～*s* 耐火材.

apyrétique *a.* 無熱の.
—*n.m.* 〖薬〗解熱剤.

apyrexie *n.f.* 無熱.

AQA (= *A*gence pour la *q*ualité de l'*a*ir) *n.f.* 大気汚染監視局.

aqua- 〔ラ〕 ELEM 「水」の意 (*ex. aqua*rium 水族館).

aquaculture, aquiculture *n.f.* **1** 養殖. ～ de daurade 鯛の養殖. **2** 水耕(法), 水栽培.

Aquadrainant 〔商標〕*n.m.* 〖薬〗アクアドレーナン(食欲抑制薬).

aquafortiste *n.* エッチング(eau-forte) 版画家, エッチング彫り師.

aquanaute *n.* アクアノート, 潜水探検家; 海中探険家(= océanaute), 潜水調査科学者.

aquaplanage *n.m.* ハイドロプレーニング〔現象〕(自動車などが高速走行時に路面とタイヤとの間に水膜が生じ, ブレーキが利かなくなる現象; 〔英〕 aquaplaning に対する公用推奨語).

aquarelle *n.f.* 水彩画法. peintre à l'～ 水彩画家(= aquarelliste). **2** 水彩画.

aquariophilie *n.f.* 観賞魚の水槽飼育.

aquarium [akwarjɔm] *n.m.* **1** (魚・水草などの飼育用の)水槽. poissons d'～ 観賞魚. **2** 水族館. ～ de Monaco モナコの水族館.

aquatinte *n.f.* 〖版画〗アクアチント彫版(蝕刻版の一種).

aquatique *a.* **1** 〖植・動〗水生の, 水棲の. animaux ～*s* 水棲動物. plantes ～*s* 水生植物.
2 水と関係の深い; 水辺の. parc ～ 水辺公園, 水辺遊園地.
—*s n.m.pl.* 水生動物.

aquatubulaire *a.* 〖技術〗水管式の (= multitubulaire 多管式の). chaudière ～ 水管ボイラー.

aquavit [akwavit], **akuavit, akvavit** [スウェーデン] *n.m.* アクワヴィット(スカンジナヴィアの蒸留酒).

aquazole 〔商標〕*n.f.* アクアゾル(有害排気ガスを軽減するための軽油と水を混合した乳液状燃料).

aqueduc *n.m.* **1** 導水路; 水道橋(= pont ～). **2** 〖解剖〗導管; 導水孔; 水道. ～ du mésencéphale (de Sylvius) 中脳水道.

aqueux(se) *a.* **1** 水性の, 水様の. 〖化〗 fusion ～ 水和化. 〖解剖〗humeur ～ *se* l'œil 眼球水溶液, 眼房水. solution ～ *se*

溶液.
2 水分を含んだ, 水気の多い. fruit ～ 水気の多い果物.

aqui- 〔ラ〕 ELEM 「水」の意 (*ex. aqui*culture 水産養殖, 水耕).

aquicole *a.* **1** 水産養殖の (= aquacole). élevage ～ 水産養殖.
2 水耕の, 水栽培の (= aquacole). ferme ～ 水耕農場.
3 〖古〗水生の, 水中に棲息する (= aquatique).

aquiculture *n.f.* **1** (魚・海老・海藻等の) 水産物養殖. ～ des crevettes 海老の養殖. ～ maritime 海洋養殖. **2** (陸生植物の)水栽培.

aquifère *a.* 〖地学〗含水性の. nappe ～ 帯水層.
—*n.m.* 〖地学〗帯水層 (= nappe ～).

aquifoliacées *n.f.pl.* 〖植〗もちのき科〔植物〕(houx 「柊」など).

aquilon *n.m.* 〖詩〗アキロン(寒くて強い北風); 〖一般に〗烈風. **2** 〖比喩的〗北.

aquitain(e) *a.* アキテーヌ(l'Aquitaine) の. Bassin ～ アキテーヌ(アキタニア)平野.
—*A*～ *n.* アキテーヌの住民.
—*n.m.* アキテーヌ方言, アキタニア語.

Aquitaine(l') *n.pr.f.* **1** 〖史〗アキタニア州(古代ローマ, フランスの旧州).
2 〖行政〗 région A～ アキテーヌ〔地方〕 (西南フランスのドルドーニュ département de la Dordogne, ジロンド dep. de la Gironde, ランド dép. des Landes, ロット・エ・ガロンヌ dép. du Lot-et-Garonne, ピレネー・アトランティック dép. des Pyrénées-Atlantiques の5つの県からなる広域地方行政区; 地方庁の所在地は Bordeaux).
3 アクイタニア (Aquitania)(古代ローマの属州).

Ar[1] *n.m.* アルゴン (argon) の元素記号.
Ar[2] *n.m.* アリル (aryle) の化学記号.

arabe (< *A*rabie) *a.* **1** アラビア半島の, アラビア人の, アラブ語の; アラブの. alphabet ～ アラビア語の字母. cheval ～ アラビア馬; アラブ種の馬, アラブ (= ～). caligraphie ～ アラビア文字(書体). chifres ～*s* アラビア数字. tribus ～*s* アラブ部族.
2 (中近東・北アフリカの)アラブの. la Fédération des Emirats ～*s* unis アラブ首長国連邦. la Ligue ～ アラブ連盟. l'Institut du monde ～ (IMA) à Paris パリのアラブ世界研究所. les pays ～*s* アラブ諸国. pétroles ～*s* アラブ石油. la République ～ d'Egypte エジプト・アラブ共和国(略記 RAE).
3 アラブ文明の. art ～ アラブ芸術.
—*A*～ *n.* アラビア人; アラブ人. *A*～ chrétien キリスト教徒のアラブ人, コプト

人 (=Copte). A ~ nomade 遊牧アラブ人, ベドゥーイン人 (=Bédouin).
— n.m. **1** アラビア語 (=langue ~). **2** アラビア馬；アラブ種の馬 (=cheval ~).

arabica *n.m.* **1** 〚植〛アラビカ種のコーヒーの木. **2** アラビカ種のコーヒー. boire une tasse d'~ 一杯のアラビカ・コーヒーを飲む.

Arabie(l') *n.pr.f.* アラビア半島.

Arabie saoudite(l') *n.pr.f.* ［国名通称］サウジ・アラビア《公式名称：le Royaume d'A~ サウジ・アラビア王国；国民：Saoudien(ne)；首都：[Ar] Riyad リヤド；通貨：riyal saoudien [SAR]》.

arabique *a.* アラビア (l'Arabie) の. golfe A~〚旧〛アラビア湾, 紅海 (=la mer Rouge) ；ペルシャ湾 (=golfe persan). gomme ~ アラビアゴム. Péninsule ~ アラビア半島.

arable *a.* 〚農〛耕作可能な (=cultivable). terre ~ 耕作地.

arabo-islamique *a.* アラブとイスラムの；イスラム系アラブの.

arabo-persique *a.* アラビア・ペルシャの. golfe ~ アラビア・ペルシャ湾.

arabophone *a.* アラビア語を話す；アラビア語を公用語とする；アラビア語圏の. population ~ アラビア語人口.
— *n.* アラビア語を話す人.

arachide *n.f.* 〚植〛落花生；落花生の実 (=cacahuète). huile d'~ 落花生油, ピーナツオイル.

arachidonique *a.* 〚化〛acide ~ アラキドン酸 ($C_{20}H_{32}O_2$).

arachnodactylie *n.f.* 〚医〛クモ指症.

arachnoïde [-kn‍ɔid] *a.* 〚解剖〛クモ膜の (=arachnoïdien).
— *n.f.* 〚解剖〛クモ膜《硬膜と軟膜の間の膜；=~ cranienne et rachidienne》.

arachnoïdien(ne) *a.* 〚解剖・医〛くも膜の. espace sous-~ くも膜間空間. 〚医〛hémorragie sous-~ *ne* くも膜下出血. kyste ~ くも膜囊胞.

arachnoïdite *n.f.* 〚医〛クモ膜炎. adhésive 癒着性クモ膜炎. ~ cystique 囊胞性クモ膜炎.

Araf (=*a*ide à *r*eprise d'*a*ctivité des *f*emmes) *n.f.* 〚社会保障〛女性再就労補助金.

aragonite *n.f.* 〚鉱〛霰石（あられいし）.

araignée *n.f.* **1** 〚動〛蜘蛛（くも）(aranéides 真正くも目, arachnides くも形綱). ~ des jardins おにぐも (=épeire). fil d'~ 蜘蛛の糸. toile d'~ 蜘蛛の巣. 〚比喩的〛avoir une ~ au plafond (天井に蜘蛛の巣が張っている→)〚話〛頭が変である. **2** 〚機械〛pattes d'~ 油溝.
3 引掛け鉤.
4 (雨水用の) 岩屑止め網.
5 蜘蛛の巣状閉鎖筋《牛の腰関節部にあり蜘蛛の巣状の膜で蔽われている；焼肉にすると肉汁が多く珍重される》. 〚料理〛bifteck dans l'~ 蜘蛛の巣状閉鎖筋のステーキ.
6 〚昆虫〛~ d'eau あめんぼう.
7 〚甲殻類〛~ de mer くもがに (=maïa), けあしがに.

arak, arac, arack, araki *n.m.* 〚酒〛アラック, アラキ酒《米, 砂糖キビ, 椰子の樹液, 大麦, 葡萄, デーツなどからつくられる蒸留酒》.

araldite ［商標］*n.f.* アラルダイト《エポキシ樹脂系接着剤》.

aramide *a.* 〚化〛芳香族ポリアミドの. fibre ~ アラミド繊維《耐熱性で強靱な合成繊維》.

aramon *n.m.* 〚農〛アラモン《南仏で栽培される収量の多い葡萄の品種》；アロモン酒.

ARAT (=*a*vion de *r*echerche *a*tmosphérique et de *t*élédétection) *n.m.* 大気調査・遠隔探査用航空機.

arbitrage *n.m.* **1** 仲裁, 調停, 調整. ad hoc 特別（適時）仲裁. ~ budgétaire (大臣段階の) 予算折衝. ~ d'un conflit 紛争の仲裁. ~ forcé 強制仲裁. convention d'~ 仲裁契約. cour internationale d'~ 国際仲裁裁判所. traité d'~ 仲裁約款.
2 〚金融〛裁定取引. ~ en reports 繰延べ裁定取引.
3 〚スポーツ〛審判. erreur d'~ 審判のミス, 誤審.

arbitragiste *n.* 〚商業〛(通貨・株・商品などの取引の) さや稼ぎ屋.
— *a.* さや取りの.

arbitraire *a.* **1** 恣意的な；勝手な, 気まぐれな；違法な；専断的な, 専横な, 横暴な. autorité ~ 専横的権威. décision ~ 独断的決定. détension ~ 恣意的な (違法な, 職権濫用の) 勾留. interprétation ~ 手前勝手な解釈. jugement ~ 恣意的な判断. pouvoir ~ 専断的権限.
2 自由意志に基づく, 任意の；〚法律〛(法律ではなく) 裁判官の自由裁量による；〚数〛任意の, 不定の；〚言語〛(言語記号が) 恣意的な. 〚言語〛caractère ~ du signe 記号の恣意性. choix ~ 自由選択. 〚数〛constante ~ 任意定数, 不定定数. peine ~ 裁判官の自由裁量による刑. 〚数〛quantité ~ 任意の量.
— *n.m.* **1** 恣意, 勝手気儘；専制.
2 自由意志の発動；〚法律〛(裁判官の) 自由裁量, 独断的権限；〚言語〛(言語記号の) 恣意性. 〚言語〛~ absolu (relatif) 絶対 (相対的) 恣意性. ~ administratif 専断的行政権限. avec ~ 自由裁量によって.

arbitral(ale)(*pl.aux*) *a.* **1** 裁定の, 仲裁の, 調停の, 裁定 (仲裁, 調停) 者の. politique ~ *ale* 仲裁 (調停) 政策.
2 裁定者による. jugement ~ 裁定；仲裁 (調停) 判決 (決定). sentence ~ *ale* 裁定, 裁

決.
3 裁定 (仲裁, 調停) 者によって構成される. commission ~ *ale* 裁定 (仲裁, 調停) 委員会. tribunal ~ 仲裁 (調停) 裁判所 (法廷).

arbitre *n.m.* **1**〖法律〗仲裁人.〔旧〕~ du commerce 商事仲裁人.〔旧〕~ rapporteur (商事裁判の) 仲裁報告人.〔旧〕~ tiers ~ 第三者仲裁人 (=surarbitre).〔旧〕troisième ~ 第三仲裁人.
2 *n.* 調停者. ~ de la paix 平和の調停者. ~ de la situation 事態の調停者. ~ suprême 至高の調停者 (神).
3 *n.* 評価人, 鑑定人；審判者. ~ des élégances モードの審判者, 美的鑑定人. ~ du sort de *qn* 人の運命を左右する人. prendre *qn* pour ~ 人を審判者とする.
4 *n.m.,n.*〖スポーツ〗審判員, レフェリー, ジャッジ. ~ de touche 線審, ラインズマン, タッチジャッジ. ~ d'un combat de boxe 拳闘のレフェリー. un ~ femme；une ~ 女性審判員. ~ international (fédéral) 国際 (連盟公認) 審判員. coup de sifflet de l'~ 審判員のホイッスル.
5〖軍〗(演習の) 勝敗判定官.

arbois *n.m.*〖葡萄酒〗アルボワ (ジュラ地方 le Jura アルボワ Arbois 村 (市町村コード 39600) で生産される赤・白・ロゼ・黄の AOC 葡萄酒；作付面積 770 ha；赤は ploussard, trousseau, pinot noir, 白は chardonnay, savagnin, pinot blanc などの品種が用いられる). vin jaune d'~ アルボワの黄色葡萄酒. ~ mousseux アルボワ・ムース (発泡性 AOC 白葡萄酒).

arboré(e) *a.p.* **1** 植樹された, 樹木を植えた. jardin ~ 樹木の植わった庭. préserver le patrimoine ~ (公園・通りなどの) 植樹遺産を保護する.
2 (草原などに) 木の茂みが点在する. savane ~ *e* 木立の点在するサヴァンナ.

arborescence *n.f.* **1**〖植〗高木性, 喬木性.
2 樹木状, 樹枝状；樹枝状分岐. ~ calcaire 樹枝状の石灰. ~*s* du givre 樹枝状の霧氷. ~ des veines 静脈の樹枝状分岐 (枝分かれ).
3 樹枝状図形.
4〖文〗華麗な発展.

arborescent(e) *a.* **1**〖植〗高木性の, 喬木性の, 木生の. fougère ~ *e* 木生しだ. tige ~ 木の幹. **2**〖比喩的〗樹木状の, 樹枝状の. agate ~*e* 樹枝瑪瑙 (めのう). diagramme (tableau, schéma) ~ 枝分かれ図.

arborétum [arbɔretɔm]〖ラ〗*n.m.*〖植〗(研究用の) 樹木園, 樹木研究園.

arboricul*teur* (*trice*) *n.* 樹木栽培者, 育樹家；果樹栽培者；林業従事者.

arboriculture *n.f.* 樹木栽培, 育樹；果樹栽培 (特に) 果樹栽培 (= ~ fruitière). ~ d'ornement 観賞用樹木栽培. ~ forestier 林業.

arborisation *n.f.* **1**〖砿・化〗(結晶・構造などの) 樹枝状形成 (形態). ~ de l'agate 瑪瑙の樹枝状形成.
2〖生〗樹枝状分岐 (分化). ~*s* protoplasmiques du neuron ニューロン (神経単位) の原形質の樹枝状分岐.
3 樹枝状結, 樹枝状結晶. ~ du givre 霜の樹枝状結晶.

arbouse *n.f.* アルブーズ, いちごのき (arbousier) の実.

arbovirose *n.f.*〖医〗アルボウイルス感染症 (dengue デング熱, fièvre du Nil occidental 西ナイル熱症, fièvre jaune 黄熱病など).

arbovirus *n.m.*〖医〗アルボウイルス (蚊などの節足動物によって媒介されるウイルス；=〔英〕arthropod borne virus). ~ du Nil occidental 西ナイル・アルボウイルス (西ナイル病の病原体).

arbre *n.m.* Ⅰ (樹木) 木, 樹木；喬木, 高木 (概ね幅高 7 m 以上)；arbrisseau「潅木, 低木」, arbuste「小潅木」の対；木材は bois). ~ à feuilles persistantes (caduques) 常緑 (落葉) 樹. ~ à fleurs 花木. ~ agreste 野生木. ~ asiatique アジア原産の木. ~ chevelu (毛髪のように) 小枝に分かれた木. ~ cultivé 栽培木. ~ d'agrément (d'ornement) 観賞用樹木 (= ~ ornemental). ~ de haute (basse) tige 高木 (低木) 仕立ての樹木. ~ de plein vent 天然更新木. ~ épineux とげのある木. ~ exotique 外来の樹木. ~ feuillu 広葉樹. ~ fleuri 花咲く木. ~ fossile 化石木 (= ~ pétrifié). ~ franc (接木の台木用の) 実生の木. ~ de pied 接木していない木. ~ forestier 森林樹. ~ fruitier 果樹. ~ géant 巨木, 巨樹. ~ gommeux ゴムを出す木 (=gommier). ~ greffé 接木. ~ mort 枯木. ~ mousseux 苔むした木. ~ nain 倭樹；盆栽 (=bonsaï). ~ résineux (résinifère) 樹脂を含む樹木. ~ sauvage 野生の樹木.

anneaux annuels d'un arbre 樹木の年輪. cime d'un ~ 木の梢. feuillage d'un ~ 木の葉叢 (はむら). plantation d'~*s* 植樹；木の植林農園. port d'un ~ 樹相. sommet d'un ~ 木の頂部.〖心〗test de l'~ 樹木描画検査. tronc d'~ 木の幹.

couper l'~ pour avoir le fruit (果実を取ろうとして木を切る→) 目先の利益を追って元も子もなくす. faire l'~ fourchu 倒立をする. grimper à l'~；monter dans (sur) un ~ 木に登る.〔俗〕faire monter *qn* à l'~ 人をかつぐ (騙す). se tenir au gros de l'~ 強い側につく.

Ⅱ (樹木の俗称) **1** (神話・伝説に因む名称) ~ d'Aphrodite ミルト (=myrte). ~ d'Apollon 月桂樹 (=laurier). ~ palmier. ~ de Bacchus 葡萄の木 (=vigne). ~ de Cybèle 松 (=pin). ~ de Dryades 楢 (=chêne). ~ des Euménides セドラ (=

arbrisseau

cèdre). ~ des Helliades；~ d'Hercule ポプラ (=peuplier). ~ de Judée はなずおう. ~ de Jupiter 楢；栗 (=châtaignier). ~ de Minerve；~ de Pallas オリーヴの木 (=olivier). ~ de Pluton 糸杉 (=cyprès). ~ de Vénus ミルト (=myrthe). ~ 西洋科木 (しのき) (=tilleul).
2〖性質・用途に基づく名称〗~ à caoutchouc ゴムの木 (=hévéa). ~ à cire 漆の木 (=sumac)；楊梅 (=myrica)；蠟椰子 (=céroxyle) など. ~ à grives ななかまど (=sorbier). ~ à laque 漆の木 (=sumac；butea). ~ à pain パンの木 (=artocarpe；jacquier). ~ à poison 漆の木〖有毒樹〗(=sumac)；マンシニール (=mancinillier) など. ~ à quarante écus 銀杏 (=ginkgo). ~ à savon むくろじ (=sapindus). ~ à seringue ゴムの木 (=hévéa). ~ à suif 巴豆 (はず) (=croton). ~ des conseils インド菩提樹 (=figuier des pagodes). ~ de mille ans バオバブ (=baobab).
3〖祭儀的樹木〗~ de la Liberté 自由の樹. ~ de mai 5月の木；メーポール (5月1日に敬愛する人の家の門前に植える). ~ de Noël アルブル・ド・ノエル，クリスマスツリー.
4〖キリスト教〗l'~ de vie¹ 生命の樹 (〖創世記〗, II, 9). l'~ de la science du bien et du mal 善悪を知る樹, 知恵の木の実の樹 (〖創世記〗, II, 9；禁断の木の実の樹).
5〖諺〗Les ~s cachent la forêt. 木を見て森を見ず. C'est au fruit qu'on connaît l'~. 木は実によりて知る. Entre l'~ et l'écorce il ne faut pas mettre le doigt. 内輪喧嘩に口を出すものではない.
III〖樹木状のもの〗**1**〖キリスト教〗~ de la croix 十字架. embrasser l'~ de la croix キリスト教を信じる.
2 枝分かれしたもの. 〖言語〗~〔étiqueté〕(生成文法の) 木, 枝分かれ図. ~ généalogique 系統図；家系図. 〖聖書〗~ de Jessé エッサイの木 (エッサイからイエスまでの系統図).
3〖化〗(金属の) 樹状結晶 (沈澱), 木. ~ de Diane 銀木 (=amalgame d'argent). ~ de Jupiter 錫木 (=étain précipité par le zinc). ~ de Mars 鉄木 (=silicate de fer et carbonate de potasse). ~ de Saturne 鉛木. 〖錬金術〗~ des philosophes 水銀 (=mercure).
4〖解剖〗~ de vie² 生命樹, 小脳活樹.
IV（樹幹状のもの）**1**〖機工〗軸, 心棒, シャフト. ~ à cames カム軸. ~ à manivelle クランク軸. ~ de roues (自動車の) 車軸. ~ de transmission 伝動軸. ~ moteur (de couche) 駆動軸, 原動軸. ~ principal (secondaire) 主軸 (副軸). moteur à double ~ à cames en tête オーヴァーヘッド・ダブル・カムシャフト・エンジン.
2〖海〗〖古〗マスト (=mât). ~ de trinquet 三角帆船の前檣.

arbrisseau (pl. ~ x) n.m. 灌木, 低木 (樹高1-6メートル程度；一般に1-3メートルのものをいう).

arbuste n.m. 〖植〗小灌木 (樹高3m未満の木質植生). ~ décoratif 庭園装飾用小灌木 (aubépine 山査子, lilas リラ, rhododendron 石楠花, など)；庭木. ~ nain 矮性小灌木.

ARC¹ (=Alliance révolutionnaire des Caraïbes) n.f. カライブ革命同盟 (グワドループの過激派).

ARC² (=antiréticulaire cytotoxique) n.m. 血清網状細胞抗毒素.

ARC³ (=Association des responsables de copropriétés) n.f. 共有家屋管理責任者協会.

ARC⁴ (=Association pour la recherche sur le cancer) n.f. 癌研究協会 (1962年設立. 1966年公益団体として認可. 本部Villejuif).

arc [-k] n.m. **I**（弓）tir à l'~ 弓術, アーチェリー (archerie). bander (tendre) l'~ 弓を引く. 〖神学〗l'~ de Cupidon キュピド (キューピッド) の弓. avoir plus d'une corde (plusieurs cordes) à son ~ 目的を達するのに幾つかの手段をもっている.
II（弓形のもの）**1** 弓形；〖幾何〗弧；(特に) 円弧 (= ~ de cercle). ~ capable d'un angle donné 与えられた角を見込む弓形の弧. ~ cosinus (sinus, tangente, cotangente) 余弦 (正弦, 正接, 余接) 弧. ~ de cercle (parabole) 円弧 (放物線弧). ~ de courbe 曲線弧. ~ des sourcils 眉の弧状. ~ fermé (ouvert) 閉鎖弧 (開弧). en ~ de cercle 円弧状の, 円弧状に. s'asseoir en ~ de cercle 車座にすわる. se courber en ~ 弓なりにたわむ.
2〖建築〗アーチ；拱門 (きょうもん). ~ brisé 尖頭アーチ. ~ de triomphe 凱旋門 (= ~ triomphal). ~ en anse de panier 三心アーチ. ~ en ogive 尖頭アーチ. ~ plein cintre 半円アーチ. ~ trilobé 三葉形アーチ.
3〖解剖〗弓. ~ aoritique double 重複大動脈弓. ~ artériel 動脈弓. ~ branchial 鰓弓 (さいきゅう), 臓弓. ~ costal 肋骨弓. ~ du côlon 結腸弓. ~ réflexe 反射弓. ~ viscéral 臓弓, 鰓弓.
4〖物理〗弧. 〖電〗~ électrique (voltaïque) アーク, 電弧. lampe à ~ アーク灯. soudage à l'~ アーク溶接.
5〖地学〗弧状構造. ~ insulaire 弧状列島, 島弧. ~ montagneux 弧状山脈. ~ moraïnique 弧状氷堆石.

ARCAT, Arcat (=Association de recherche, de communication et d'action pour le traitement du SIDA) n.f. エイズ対策研究・連絡・行動協議会.

arc-en-ciel [arkɑ̃sjɛl] (pl. ~s-~-~) n.m. 虹 (rouge, orangé, jaune, vert, bleu, indigo, violet の7色). en ~ 虹色

の；虹の形の.
——*a.inv.* 虹色の；多色の. foulard ～ 多色のスカーフ.

archaïque *a.* **1** 古風な；時代遅れの. expression ～ 古風な言い回し. idées ～*s* 時代遅れの考え. mot ～ 古風な語.
2〖美術〗アルカイックの, 古典時代以前の. époque ～ アルカイック時代. style ～ アルカイック様式.

archange [arkɑ̃ʒ] *n.m.*〖キリスト教〗大天使(Michel, Gabriel, Raphaël, Uriel, Jududiel, Barachiel, Seatiel の 7 大天使). Saint Michel ～ vainquit le dragon. 大天使聖ミカエルは竜を退治せり.

arche *n.f.* **1**〖聖書〗ノアの箱舟(=l'A～ de Noé).〖話〗C'est l'～ de Noé. まるで寄り合い世帯だ.
2〖文〗船(=navire).
3〖聖書〗～ d'alliance；～ sainte 契約の櫃(ひつ)(十戒を刻んだ石板が納められていた).
4〖建築〗la Grande A ～ グランド=アルシュ(パリ西北郊デファンス地区 quartier de la Défense に, 1989 年に建造された「新凱旋門」風の記念建造物；デンマークの建築家 Spreckelsen の設計；高さ 110 メートル, 幅 112 メートル, 中央に大きな開口部がある；南棟に建設省, 北棟に民間企業；上層の水平部に国際人権財団が入っている). sommet de l'A ～ アルシュ・サミット(1989 年にグランド・アルシュを主会場として開催された主要先進国首脳会議).

archéen(ne) *n.m.*〖地学〗始生界, 太古界〖地質学の最古の時期で, プレカンブリア紀の第一期〗.
——*a.* 始生界の.

archéobactérie [-ke-] *n.f.* アルケオバクテリー, 原核バクテリア, 古細菌, 始原菌(特殊な環境で棲息するバクテリア).

archéologie *n.f.* **1** 考古学. ～ égyptienne エジプト考古学. ～ préhistorique 先史考古学.
2〖比喩的〗起源研究. ～ des sciences humaines 人文科学の根源的研究.

archéologique *a.* 考古学の；考古学による. datage ～ 考古学的年代測定. fouilles ～*s* 考古学的発掘. recherches ～*s* 考古学的調査(研究).

archéomagnétisme *n.m.*〖地学〗古地磁気；古地磁気学.

archéoptéryx [arkeopteriks] *n.m.*〖古生物〗アルカエオプリテリクス, 始祖鳥.

archétype [-ke-] *n.m.* **1** 原型, 祖型；理想形.
2〖哲〗原型；〖生〗(比較生態学における)原型；〖心〗元型(Jung の用語).
3〖文〗(テクストの)原型.
4〖美術〗(彫刻の)石膏原像.
——*a.* 原型の；原型をなす. manuscrit ～ 原型手稿.

▶**archétyp*al*(*ale*)(*pl.aux*)** *a.*

archevêché *n.m.* **1** 大司教区(=archidiocèse). ～ de Paris パリ大司教区.
2 大司教の地位(=archiépiscopat).
3 大司教座(=siège archiépiscopal)；大司教館(=palais archiépiscopal).

archevêque *n.m.* (カトリックの)大司教；(プロテスタントの)大監督；(東方正教会, 英国国教会の)大主教(=〖英〗archbishop).

archidiocèse *n.m.*〖教会〗大司教区.

archiépiscop*al*(*ale*)(*pl.aux*) *a.* 大司教(archevêque)の. siège ～ 大司教座.

archigastrula *n.f.*〖動〗原腸胚.

Archipel *n.pr.m.* 多島海, エーゲ海(= mer Égée).

archipel *n.m.* 諸島, 列島, 群島. l'～ des Galapagos ガラパゴス諸島. *l'A～ du Goulag* de Soljenitsyne ソルジェニツィンの『収容所列島』(1973-76 年).

architecte *n.* **1** 建築家, 建築士；建造技師. l'Ordre des ～*s* 建築士会. ～ naval 造船技師. ～ paysagiste 造園家.
2〖比喩的・文〗構築者；計画の立案と遂行者.〖神話〗l'～ du monde 世界の構築者(= le Grand A ～). ～ industriel 産業の立案・遂行者.

architecture *n.f.* **1** 建築術, 建築学, 建築様式, 建築物. ～ civile 世俗建築. ～ religieuse 宗教建築. L'～ française d'aujourd'hui compte presque autant de tendances et de styles que de personnalités. 今日のフランス建築には建築家の数と同じくらいの傾向や様式がある.
2 構造, 骨組み；組織. ～ du corps humain 人体構造.
3 制度. Le renforcement de l'～ financière mondiale et la lutte contre la pauvreté, deux objectifs prioritaires du FMI pour 2000. 国際金融制度の強化と貧困対策が, 2000 年度における国際通貨基金の最大優先目的である.
4〖電算〗アーキテクチャー(コンピュータのハードウエアの論理的構造).

archivage (<archiver) *n.m.* **1** 古文書の整理・保存. **2** (コンピューターによる画像等の)整理・保存. logiciel d'～ 整理・保存ソフト.

archives *n.f.pl.* **1** 古文書, 記録, 資料, 記念になる文書. ～ diplomatiques 外交記録文書. ～ familiales 家族の記念になる文書, 書類. **2** 古文書館, 資料館, アーカイブ. A ～ nationales 国立古文書館. ～ locales 地方公文書館. ～ publiques 公文書館.

archiviste *n.* 古文書管理官；公文書官；古文書学者.

Arcoat *n.pr.*アルコアト, アルゴアト(Argoat)《ケルト語で「森の国」の意；ブルターニュ地方 la Bretagne の内陸部の古呼称》.

arctique *a.* 北極の (antarctique「南極の」の対). pôle ～ 北極 (=pôle Nord). cercle ～ 北極圏 (=l'Arctique). océan A ～ 北極海.
——l'A～ *n.m.* 北極圏.

Ardèche *n.pr.f.* **1**〖地理〗l'～ アルデーシュ川 (Cévennes セヴェンヌ山地に源を発し, ローヌ河に注ぐ；長さ120 km).
2〖行政〗l'～ アルデーシュ県(=département de l'～；県コード07；県庁所在地 Privas プリヴァ；フランスとUEの広域地方行政区画 région Rhône-Alpes ローヌ＝アルプ地方に属す；3郡, 33小郡, 339市町村；面積5,523 km²；人口286,023；形容詞 ardéchois(e)).

Ardenne(l') *n.pr.f.* アルデンヌ地方 (フランス, ベルギー, ルクセンブルク3国にまたがる地域).

Ardennes *n.pr.f.pl.* **1**〖地理〗les ～ アルデンヌ山地.
2〖行政〗les～ アルデンヌ県(=département des Ardennes；県庁所在地シャルルヴィル＝メジエール Charleville-Mézières；県コード08；フランスとUEの広域地方行政区画 région Champagne-Ardenne シャンパーニュ＝アルデンヌ地方に属す；4郡, 37小郡, 463市町村；面積5,229 m²；人口290,130).

ardent(e) *a.* **1** 燃えている；真赤な；火をともした.〖聖書〗buisson ～ 燃える茨(この焔の中に神がモーゼに姿を現した；『出エジプト記』III, 2-4).〖史〗chambre ～*e* (旧体制下の) 火刑裁判所. chapelle ～*e* 灯火をともした霊安室. flambeau ～ 赤々と燃える松明. être sur les charbons ～*s* (不安, 焦燥などで) 身を焦がす思いをする, はらはらする.
2 炎のように鮮やかな, 燃えるような. cheveux d'un blond ～ 赤味がかった燃えるような金髪.
3 灼熱の, 燃えつくような. soleil ～ 灼熱の太陽.
4 火をつける. flèche ～*e* 火矢. miroir ～ 凹面鏡. verre ～ 着火レンズ.
5 焼けつくように高温の；ひりひりする. fièvre ～*e* 焼けつくような高熱. plages ～*e* 足の裏が焼けるような砂浜. soif ～*e* 喉がひりひりするほどの渇き.
6 (欲望などが) 燃えあがるような, 激しく燃えあがる；激しやすい, 血気にはやる；熱烈な；激烈な. ～*e* ambition 熱烈な野心. ～*e* conviction 断乎たる信念. ～*e* jeunesse 血気にはやる若者たち. d'～*es* sollicitations 熱烈な懇願.
cheval ～ 悍馬. désir ～ 激しい欲望. discours ～*s* 熱のこもった話. lutte ～*e* 激闘. passion ～ 熱情. prières ～*es* 熱烈な祈り. regard ～；yeux ～*s* 燃えるような眼差し. tempérament ～ 恋をしやすい気性. zèle ～ 熱情, 熱狂.

être ～ à *qch* (à+*inf.*) 何(…すること)に熱心である. être ～ au travail 仕事熱心である.

ardeur *n.f.* **1** 灼熱；〔*pl.* で〕〖文〗猛暑, 酷暑, 炎熱 (=～*s* de l'été). ～ brûlante 焼けるような熱さ, 灼熱. ～ des flammes 灼熱の炎. ～*s* éternelles 地獄の業火.
2 熱意；激情, 血気, 熱気；激しさ. ～*s* de l'amou 愛の熱気. ～ de la colère 激怒. ～ du combat 戦闘の激しさ. ～*s* de l'enthousiasme 興奮の熱狂. ～ du tempérament 気性の激しさ. ～ éphémère 束の間の激情. ～ juvénile 若々しい熱情 (熱気). ～ pour *qch* 何に対する熱意.
désirer (chercher) *qch* avec ～ 熱心に望む (探す). exciter l'～ de *qn* 人の熱意を掻き立てる. travailler avec ～ 一心に働く.
3〔古〕激しい恋. 情火.

ardoise *n.f.* **1**〖鉱・建材〗スレート (耐久性のある結晶片岩・頁岩). carrière d'～ スレート採取場 (=ardoisière). toit d'～ スレート葺きの屋根.
2 石盤 (スレート製の板). ～ d'écolier 生徒用石盤. crayon d'～ 石筆.
3〔比喩的〕つけ, 借金 (昔石盤に書きつけた習慣から).
4 スレート色 (青味がかった濃灰色).
——*a.inv.* スレート色の, 青杯色の. bleu ～ スレート青

ardoisé(e) *a.* スレート色の (青灰色). ciel ～ 青灰色の空. gris ～ 青灰色.

ardoisière *n.f.* スレート採掘場.

ARE (=Alliance radicale européenne) *n.f.* ヨーロッパ急進連合 (ヨーロッパ議会の政党名).

Are (=allocation d'aide au retour à l'emploi) *n.f.*〖社会保障〗職場復帰支援手当.

are *n.m.* アール (面積の単位；略記 a；1 a=100 m²).

aréactif(ve) *a.*〖医〗無反応の. électroencéphalogramme ～ 無反応の電気脳造影図.

AREAR (=atelier régional d'études économiques et d'aménagement rural) *n.m.*〖農〗農村経済整備研究地方支部.

arec [aʀɛk] *n.m.*〖植〗檳榔子 (びんろうじ)；～の実 (=noix d'～). bourgeon d'～ 檳榔子の芽 (=chou-palmiste；食用).

arêches *n.m.*〖チーズ〗アレーシュ, グラタロン・ダレーシュ (grataron d'～) (サヴォワ地方 la Savoie ボーフォール山脈 (massif de Beaufort) で, 山羊乳から生産される, 非加熱圧搾式, 洗浄・ブラシがけ自然外皮チーズ；脂肪分45％；直径7-8 cm, 厚さ5-7 cmの小円筒形；200-300 g).

aréflexie *n.f.*〖医〗無反射 (症).

aréique *a.*〖地学〗地表排水性のない, 無河川の.

areligieux(se) *a.* (人が) 無宗教の, 非宗教的な；(思想などが) 反宗教的な.

Arene (= *A*gence *r*égionale de l'*e*nvironnement et des *n*ouvelles *é*nergies d'Ile-de-France) *n.f.*〚行政〛イール＝ド＝フランス地方環境新エネルギー局.

arène *n.f.* **1** 砂；砂漠；砂利. ~ granitique 花崗岩砂.
2 (砂をまいた) 闘技場；闘牛場；(古代の) 円型闘技場. ~s de Nîmes ニームの円型闘技場. ~ s de Madrid マドリッドの闘牛場.
3 競技場.
4 舞台. descendre dans l'~ politique 政治の桧舞台にのぼる.

arénisation *n.f.*〚地学〛(岩石の) 細粒化〔現象〕, 砂.

aréographie *n.f.*〚天文〛火星地誌.

aréolaire *a.* **1**〚解剖〛乳輪の.〚医〛abscèse ~ 乳輪下膿瘍. glande ~ 乳輪腺 (モントゴメリー腺 glande de Montgomery).
2〚地学〛érosion ~〔地〕側侵食 (= érosion lalérale).
3〚数〛vitesse ~ 面積速度.
4〚社〛sondage ~ 地域抽出調査.

aréole *n.f.* **1**〚解剖〛乳輪. **2**〚医〛(皮膚炎症のまわりの) 紅輪. **3**〚解剖〛少隙；〚生〛網目状空隙；(表面の) 小孔.

arête *n.f.* **1** (魚の) 骨；(魚の) 骨格. grande ~ (魚の) 背骨.
2〚植〛芒 (のぎ). ~ d'orge (de seigle) 大麦 (ライ麦) の芒.
3〚数〛稜, 辺. ~ d'un polyèdre 多面体の稜.
4 (角材, 切石などの) 稜；〚建築〛(屋根の) 棟 (むね) (= ~ d'un toit). ~ du nez 鼻梁, 鼻筋.〚建築〛~ d'une voûte 円天井 (ボールト) の交叉稜線. ~ vocheuse 岩角.〚建築〛voûte d'~s 交叉ボールト. tailler à vive ~ (石材を) 直角に削る.
5〚地形〛尾根, 山稜. ~ d'une chaine de montagne 山脈の尾根 (稜線).

ARF (= 〚英〛*A*SEAN *R*egional *F*orum) *n.m.* アセアン (東南アジア諸国連合) 地域フォーラム《1994年創設の安全保障討議会合；=〚仏〛Forum régional de l'ANSEA》.

argent *n.m.* Ⅰ **1** 銀. alliages d'~ 銀の合金. blanc d'~ 鉛白. étoffe (fil) d'~ 銀糸を使った布 (糸). médaille d'~ 銀メダル. vaisselle d'~ 銀製食器 (= argenterie). vif-~ 水銀. être né avec une cuillère d'~ dans la bouche 裕福な家に生まれる.
2 銀色.
Ⅱ **1** おかね, 財産, 富. ~ comptant 現金. prendre *qch* pour argent comptant …を本気にする, …を単純に信じる. ~ du contribuable 公金, (歳出される) 税金, 公的資金. L'opinion accepte mal que l'on se sert de l'~ du contribuable pour effacer la dette de grandes banques. 税金を使って大銀行の借金を帳消しにすることは, 世論が容易に受け入れられない. ~ liquide 現金. ~ qui dort 眠っているお金. avance d'~

前払い. homme d'~ お金にこだわる人, 金に目のない人. rentrée d'~ 現金収入. somme d'~ 金額. pour de l'~ お金のために. loyer de l'~ 金利, (特に) 公定歩合.

◆ **お金の種々の形態**：acompte 内金, 前払い, 手付金. arrhes 手付金, 予約金. avance 前払い金. capital 資本. débours 立替金. fonds 資金. fortune 財産, 富. monnaie 通貨, 小銭. numéraire 法貨, 正貨, 通貨. pécule 一時金, 少しずつ貯めた金. prêt 貸付金, 貸付. provision 引当, 担保, 前渡金. recette 収入, 歳入. ressource 財源, 歳入, 収入. richesse 富, 財産.

◆ 「**お金**」**を表す色々な表現**：braise, flouze, fric, galette, grisbi, jonc, oseille, pépètes, pèze, picaillon, pognon, rond, sou, thune, trèfle.

2〔成句〕
avancer de l'~ 前払いする. avoir de l'~ お金がある, 金持ちである. déposer (verser) son ~ à la banque お金を銀行に預ける, 預金する. emprunter〔de l'~〕借りる. devoir de l'~ à *qn* …に借金がある. en avoir (vouloir) pour son ~ だしただけ受け取る (欲しがる). être à court d'~ (sans ~) 金がない, 手持ちが不足である. faire ~ de tout 金のためなら手段を選ばない. gagner de l'~ 所得を得る, 金儲けをする. jeter l'~ par les fenêtres 無駄遣いをする. L'~ lui fond dans les mains. 金遣いが荒い. mettre de l'~ de côté (à gauche) 節約する. payer en ~ 現金で払う. On ne peut pas avoir le beurre et l'~ du beurre 他人の言葉 (約束) をうかつに信じる. placer (faire travailler) son ~ お金を増やす, 運用する. prêter〔de l'~〕貸す. rembourser de l'~ à *qn* …に返済する. recevoir (toucher) de l'~ 入金する, お金を受け取る. se vendre pour de l'~ お金のために良心を犠牲にする.
〔諺〕L'~ n'a pas d'odeur. 金に匂いはついていない, 出所は問わない, 悪銭も金は金. L'~ ne fait pas le bonheur. お金で幸せは買えない. Plaie d'~ n'est pas mortelle. 金銭上の損は取り返しがつく. Le temps c'est de l'~. タイム・イズ・マネーの訳.

Ⅲ〚紋章〛銀色.

argentaffin(e) *a.* 好銀性の, 嗜銀性の, 銀好性の. cellule ~ *e* 好銀 (嗜銀, 銀好) 性細胞.

argenté(e) *a.* **1** 銀張りの, 銀メッキした. cuillère en métal ~ 銀張りのスプーン.
2〔文〕銀を思わせる, 白銀の. cheveux ~ *s* 銀髪. flots ~ *s* 銀波, 白波. gris ~ シルバー・グレー.
3〔比喩的〕〔話〕金持ちの, 裕福な.

argentin(e) *a.* アルゼンチンの (l'Argentine) の, アルゼンチン共和国 (la République argentine) の；~ 人の；アルゼンチン文化の. la mer ~ *e* アルゼンチン海. tango ~

Argentine (l')

アルゼンチン・タンゴ.
—*A*~ *n*. アルゼンチン人.
Argentine (l') *n.f.* 〖国名通称〗アルゼンチン《公式名称：la République argentine アルゼンチン共和国；国民：Argentin (*e*)；首都：Buenos Aires ブエノス・アイレス；〖仏〗ピュエノ・ゼール；通貨：peso argentin [ARS]》.
argentique *a*. 〖化〗第二銀の, 銀 (II) の；銀を含む；〖写真〗銀塩式の. 〖写真〗film ~ 銀塩フィルム, 白黒フィルム. 〖写真〗photographie ~ 銀塩式写真《白黒やカラーのフィルムを利用した写真》.
argile *n.f.* **1** 粘土. ~ abyssale 深海粘土. ~s bariolées 雑色(赤・緑)粘土. ~ blanche 白粘土；カオリン (→ calmite 白閃石). ~ calcaire 石灰質粘土 (→ marne 泥灰岩). ~ grasse ねっとりした粘土. ~ jaune 黄粘土. ~ maigre 低粘性粘土. ~ ocreuse 黄土質粘土. ~ plastique 可塑粘土, 粘土 (= terre glaise). ~ refractaire 耐火粘土. ~ rouge 赤粘土. ~ sableuse 砂粘土. ~ smectique 漂布土. ~ à silex 燧石粘土. colosse aux pieds d'~ 粘土の足の巨像《見かけより立派な人，力》.
2 〖鉱〗粘土石, 粘土鉱物《水化アルミニウム珪酸塩 silicate hydraté d'alminium など》.
argileux (se) *a*. **1** 粘土性の. **2** 粘土質の. terre ~se 粘土質の土地.
argilo- ELEM 「粘土」の意 (*ex*. *argilo*-calcaire 粘土石灰質の).
argilo-calcaire *a*. 〖地学〗粘土石灰質の. terroir ~ 粘土石灰質の農地《特に葡萄栽培地》.
argilo-graveleux (se) *a*. 〖地学〗粘土と砂利質の. terroir ~ 粘土砂利質の農地《特に葡萄栽培適地》.
arginine *n.f.* 〖化〗アルギニン ($C_6H_{14}N_4O_2$；略記 Arg；塩基性アミノ酸の一つ).
argininémie *n.f.* 〖医〗アルギニン血症, 先天性アルギナーゼ欠乏症.
Argoat ⇒ **Arcoat**
argon *n.m.* **1** 〖化〗アルゴン《元素記号 Ar, 原子番号 18, 原子量 39.948；希ガス元素のひとつ》.
2 〖ガス〗アルゴン《無色・無臭の不活性気体》. laser à ~ アルゴン・レーザー.
argorithme [algɔritm] *n.m.* 〖数・情報処理〗アルゴリズム, 算法；計算処理の手順. ~ d'accès direct 直接アクセス・アルゴリズム, 細分化機能 (= 〖英〗 hashing function). ~ de tri 選別アルゴリズム, ソート・アルゴリズム (= 〖英〗 sort algorithm).
argrie *n.f.* 〖医〗銀皮症 (= argyrose).
argument *n.m.* **1** 論拠, 論点, 根拠, 証拠, 論証, 論法, 解釈. ~ a contrario 反対論法(解釈). 〖法律〗~ a fortiori 当然論法(解釈). 〖法律〗~ a pari 類推論法(解釈). ~ a priori 先験的(ア・プリオリ)論法. ~ a postériori 後天(帰納, 経験的, ア・ポステリオリ)論法. ~ en forme 論理的論法. ~ spécieux 詭弁. tirer ~ de *qch* pour + *inf*. …をするために…を拠り所にする. Une affirmation péremptoire qui n'est pas appuyée par des ~s solides n'a guère de sens. しっかりした論拠がない有無を言わせない言辞はほとんど意味がない.
2 概要, 粗筋. ~ d'une pièce de théâtre 戯曲の粗筋.
3 〖数〗偏角, 引数.
4 〖コンピュータ〗引数.
argumentaire *a*. **1** 〖商業〗商品説明の. liste ~ 商品カタログ.
2 議論に関する. stratégie ~ 議論戦略.
—*n.m.* **1** 商品説明書, カタログ. **2** (意見の) 議論構築.
argus [argys] *n.m.* **1** アルギュス, 情報誌；情報提供機関. l'~ de l'automobile 中古自動車相場表.
2 〖鳥〗せいらん (= faisant ~)；〖昆虫〗じゃのめちょう；〖魚〗アーガス.
argyrisme *n.m.* 〖医〗銀中毒〔症〕.
ARH (= *a*gence *r*égionale de l'*h*ospitalisation) *n.f.* 地方入院管理事務所.
Ari (= *a*ppareil *r*espiratoire *i*ndividuel) *n.m.* (消防士などが携帯する) 個人用人工呼吸装置.
Ariane *n.pr.* **1** 〖ギ神話〗アリアドネー (Ariadnê) 《クレータ王ミーノースとパーシバエーの娘. テーセウスにラビュリントスの道案内の糸玉を与え, ミーノータウロス退治を助けた》. le fil d'~ アリアドネーの糸《苦難の道をきりひらく道しるべ》.
2 〖宇宙工〗アリアーヌ・ロケット (= fusée ~). A~ 5 アリアーヌ5型ロケット.
ariboflavinose *n.f.* 〖医〗リボフラビン欠乏症, ビタミン B_2 欠乏症 (= carence en vitamine B_2).
aride *a*. **1** 乾燥した, 湿気のない. terre (pays) ~ 乾燥地帯.
2 〖気候〗乾燥性の. climat ~ chaud (froid) 熱帯性 (寒冷性) 乾燥気候.
3 〖比喩的〗不毛な；荒涼とした. champs ~s 荒れ果てた田畑. esprit ~ 不毛な精神.
4 難儀な. sujet ~ とっつきにくい主題. travail ~ 困難で面白味のない仕事.
5 〖文〗感受性に欠けた, かさかさした, 潤いのない. cœur ~ 乾いた心.
aridification *n.f.* 〖地理〗乾燥化〔現象〕. ~ des zones proches du Sahara サハラ砂漠周辺地帯の乾燥化現象.
Ariège *n.pr.f.* **1** 〖地理〗l'~ アリエージュ川《ピレネー山脈に源を発し, Foix を流れる川；長さ 170 km；ガロンヌ河の支流》.
2 〖行政〗l'~ アリエージュ県 (= département de l'~)；県コード 09, 県庁所在地 Foix フォワ；フランスと UE の広域地方行政区画 région Midi-Pyrénées ミディ゠ピレ

ネー地方に属す；3 郡, 22 小郡, 332 市町村；面積 4,890 km²；人口 137,205；形容詞 ariégeois).

aristocratie *n.f.* **1** 〖政治〗貴族政治, 貴族政体.
2 貴族階級；特権階級；〖集合的〗貴族. ~ bourgeoise 町人貴族. ~ féodale 封建貴族〔階級〕.
3 〖比喩的〗貴族, エリート；貴族性, エリート性. ~ célibataire 独身貴族. ~ de l'intelligence 知的エリート (= ~ intellectuelle). ~ locale 地方の名士.

arithmétique *n.f.* **1** 算術；算数；〖一般に〗計算 (=calcul).
2 算術(算数)書. acheter un ~ 算術(算数)書を買う.
—— *a.* 算術の；算数の. opération ~ 算術(算数)計算. progression ~ 等差級数.

arithmomètre *n.m.* **1** 計算尺. **2** 〖古〗計算器.

Arles *n.pr.* アルル (département des Bouches-du-Rhône ブーシュ=デュ=ローヌ県の郡庁所在地；市町村コード 13200；Arènes, Théâtre antique, Tombeaux des Alyscamps などの古代ローマ遺跡がある古都；形容詞 arlésien (*ne*)). cloître Saint-Trophime d'~ アルルのサン=トロフィーム聖堂の回廊付中庭 (13-14 世紀). Festival de la photographie d'~ アルル写真フェスティヴァル. musée de l'~ antique アルル古代ローマ博物館.

armada 〔西〕 *n.f.* **1** 〖史〗大艦隊. Invincible *A* ~ (フェリーペ 2 世のスペイン)無敵艦隊.
2 〖俗〗大部隊；群集. ~ occidentale 西側大部隊 (北大西洋軍の大部隊). une ~ des photographes カメラマンの大群.

armagnac *n.m.* アルマニャック酒 (アルマニャック地方 l'Armagnac で生産される葡萄の AOC 蒸留酒). ~ hors d'âge アルマニャックの古酒.

armateur *n.m.* 〖海商法〗船主；用船者, 用船業者, 用船会社, 海運業者. **2** 〖造船〗艤装者, 艤装業者.

armature *n.f.* **1** 〔建造物などの〕骨組；鉄骨, 鉄筋；(窓の)枠, 桟. ~ double 複鉄筋. ~ du béton コンクリートの鉄筋. ~ d'un vitrail ステンドグラスの仕切り枠 (= treillis). ~ principale 主鉄筋. soutien-gorge à ~ 芯入りブラジャー.
2 〖電〗電機子, 電動子；電極；(磁石の)接極子, 保磁子；心金；〖機械〗伝導装置. ~ en anneau 環状電機子.
3 〖比喩的〗骨組；基盤；支柱, 支え. ~ d'un parti politique 政党の屋台骨. ~ financière 財政的基盤. ~ morale 道徳的支え.
4 〖音楽〗調号 (= armure).

arme *n.f.* 〖Ⅰ〗**1** 武器, 兵器. ~ à faisceau de particules 素粒子ビーム兵器. ~ à feu 火器 (~ arquebuse 火縄銃, canon 大砲, cara- bine カービン銃, 〔俗〕flingue 銃, ピストル, fusil 鉄砲, mitraillette 機関銃, mitrailleuse 携帯機関銃, マシンガン, mousquet マスコット銃, pistolet ピストル, revolver 自動拳銃, リボルバー, 連発型拳銃など). ~ à laser レーザー兵器. ~ à neutrons 中性子兵器. ~ antichar 対戦車兵器 (bazooka バズーカ砲, 対戦車砲). ~ antiaérienne 対空兵器 (canon 大砲；engin ミサイル, ロケット弾道弾；fusée ミサイル, ロケット；missile ミサイル, 弾道弾；roquette ロケット砲など). ~ bactériologique 細菌兵器. ~ biologique 生物兵器. ~ blanche 白兵, 刀剣 (baïonnette 銃剣；cimeterre, couteau 短刀, ナイフ；coutelas, dague, épée 剣, エペ；glaive, poignard 匕首；sabre 刀, サーベル；stylet 細身の短剣など). ~ chimique 化学兵器. ~ (mitrailleuse, mortier, canon) collective 対集団用兵器. ~ conventionnelle 通常兵器. ~ de choc 打撃用武器 (bâton 棍棒. canne 杖. casse-tête 棍棒, 警棒；maillet 軍槌；marteau ハンマー；masse 槌矛；massue 太い棍棒；matraque 警棒, 棍棒など). ~ de destruction massive 大量破壊兵器 (略記 ADM). ~ défensive 武具, 防御用兵器. ~ d'épaule (鉄砲など)肩に担いで用いる武器. ~ de main 短兵, 携帯用武器, 近接戦闘兵器. ~ individuelle 対個人兵器. ~ (fusil, pistolet) légère 軽火器. ~ portative 携帯用武器. ~ neutronique 中性子兵器. ~ lourde 重火器. ~ tranchante 刀剣. ~ moderne 近代兵器. ~ nucléaire 核兵器. ~ nucléaire stratégique (tactique) 戦略(戦術)核兵器. ~ offensive 武器, 攻撃用兵器. ~ thermonucléaire 熱核兵器.

dépôt d'~s 兵器庫. détention d'~ 武器所有, 所持. fabrique d'~ 武器工場. homme d'~s (中世の)武士. passe d'~s 火花を散らす戦い, 争い, 論争. port d'~ 武器所持. système d'~ 兵器システム. le système d'~ dont est équipé le porte-avions Clemenceau 空母「クレマンソー」の兵器体系. Traité de non-prolifération des ~s nucléaires (TNP) 核兵器拡散防止条約.

◆〖成句〗
Aux ~s! 武器を取れ. déposer (rendre) les ~s 降伏する, 武器を置く. être en ~s 武装している. être sous les ~s 兵士である, 軍隊にいる. faire ses premières ~s 初陣を飾る, 新しい活動を始める. fourbir ses ~s 武器を磨く, 戦いに備える. mourir les ~s à la main 戦陣で散る. partir avec ~s et bagages すべてを持っていく. passer par les ~s 銃殺する. passer les ~s à gauche 死ぬ. prendre les ~s 武器を手にする, 戦いに備える. présenter les ~s (銃, 剣などによる)敬礼をする, ささげ筒, 敬意を表する. sortir son ~ (braquer, pointer, diriger) une ~ vers qn …に照準を定める, 狙いをつけ

る,武器を向ける. l'~ au pied 武器を置く.
2〔比喩的〕武器, 攻撃(防御)手段.《les seules ~s de l'Evangile, qui sont la douceur, la patience et la charité》「聖書に備わる唯一の武器である優しさ, 忍耐そして慈悲」(P. Fléchier). donner des ~s contre soi-même 他人に攻撃の材料を与える. une ~ à double tranchant 両刃の剣.
3 軍隊;軍人, 軍職;兵科. succès de nos ~s わが軍の成果. commandant d'~s 部隊司令官. compagnons (frères) d'~s 戦友. place d'~ 練兵場. ~ de l'infanterie (de l'artillerie) 歩兵科(砲兵科). faire la carrière dans les ~s 軍人として昇進する.
4 戦争, 武力. régler un différend par les ~ 紛争を武力で解決する.
5 フェンシング, 剣術.
Ⅱ (特に盾の図形をした) 紋章.

armé(**e**¹) *a.p.* **1** 武装した, 武器を持った;〔古〕甲冑で身を固めた. bras ~ 武器を持つ手. forces ~es (一国の)兵力, 軍隊. paix ~e 武装平和. soldat ~ 武装兵. vaisseau ~ 武装船;軍艦. à main ~e 武器(凶器)を手にして;暴力による. attaque à main ~e 武装襲撃. vol à main ~e 凶器強盗. être ~ jusqu'aux dents 一分のすきもなく武装で身を固めている.
2 武力による. conflit ~ 武力紛争, 戦争.
3 (de) を備えた;(の)ついた. plante ~e d'épines とげのある植物. taureau ~ de grandes cornes 大きな角のある牡牛. yeux ~s de charmes 魅力に溢れる眼差.
4 (が) 守りを固めた. être ~ contre *qch* 何に対応する心構えができている.
5〔建築〕鉄筋入りの. béton ~ 鉄筋コンクリート.

armée² *n.f.* Ⅰ **1** 軍, 軍隊. ~ de métier 職業軍. ~ de terre (de mer, de l'air) 陸(海, 空)軍. ~ française フランス軍. ~ professionnelle 職業軍《徴兵制 service militaireのない軍》. ~ régulière 正規軍. corps d'~ 軍団. général d'~ 大将. général de corps d'~ 中将 (= général de brigade 准将. général de division 少将). la Grande A~ ナポレオン麾下の軍隊. musée de l'A~ 軍事博物館 (Paris の Hôtel des Invalides 内). être à l'~ 軍役についている. être dans l'~ 軍人である.
2〔比喩的〕軍. les ~s célestes 天使. A~ de salut 救世軍.
Ⅱ 大群, 大勢, 一群. une ~ de sauterelles いなごの大群.

armement *n.m.* Ⅰ **1** 軍備, 武装, 装備, 兵器, 武器. ~ conventionnel 通常兵器. ~ nucléaire 核兵器. ~ stratégique 戦略兵器. contrôle de l'~ 軍備管理. conversations sur la limitation des ~s stratégiques 戦略兵器制限交渉(=〔英〕SALT). course aux ~s 軍拡競争. délégation générale pour l'~ (DGA) (国防省の) 兵器総局. industrie de l'~(d'~) 兵器産業, 軍需産業. limitation des ~s 軍備制限. maîtrise de l'~ 兵器制御.
2 兵器学. cours d'~ 兵器学(砲術)講義.
Ⅱ **1** 海運, 海運業, 傭船. **2** (船舶の)艤装;艤装業. **3** (銃器の)発射態勢;(カメラの)撮影態勢. levier d'~ 撃鉄.

Arménie(**l'**) *n.pr.f.*〔国名通称〕アルメニア《公式名称:la République d'A~ アルメニア共和国;国民:Arménien (*ne*);首都:Erevan イエレヴァン;通貨:dram [AMD]》.

arménien(**ne**) *a.* アルメニア (l'Arménie)の, アルメニア共和国の;アルメニア人の;アルメニア語の;アルメニア教会の.
――*n.m.*〔言語〕アルメニア語.
――*A~ n.* アルメニア人, アルメニア共和国人.

armistice *n.m.* 休戦〔協定〕. anniversaire de l'A~ 第一次世界大戦休戦記念日《11月11日;フランスの法定祝祭日》. conclure l'~ 休戦条約を締結する. signer l'~ 休戦条約(協定)に調印する.

armoire *n.f.* **1** (開き戸つきの)簞笥. ~ à glace 鏡付衣装簞笥;〔話〕肩幅の広い男. ~ à habits 衣装簞笥 (=garde-robe). ~ à linge 下着用整理簞笥. ~-penderie 洋服簞笥. ~ à pharmacie 薬箱.
2 (物品用の)戸棚, キャビネット. ~ à pharmacie 薬棚. ~ de salle à manger 食堂の食器棚. ~ de toilette 化粧品棚. ~ frigorifique 冷蔵庫 (=frigidaire, réfrigérateur). ~ métallique スチール・キャビネット.〔話〕~ normande (ノルマンディーの簞笥→) 肩幅の広い男.

Armor(**l'**) *n.pr.* アルモール《ケルト語で「海の国」の意;ブルターニュ地方 la Bretagne の沿海部の古呼称;Arvor ともいう》.

armoricain(**e**) *a.* (ブルターニュ地方 la Bretagne の) アル・モール (海の国) の, アル・モール地方風の. le Massif ~ (ブルターニュ地方の) アル・モール山塊.〔料理〕sauce ~e アル・モール風ソース.

ARN (=*a*cide *ribon*ucléique) *n.m.*〔生〕リボ核酸 (=〔英〕RNA:*R*ibo*n*ucleic *A*cid). ~ de transfert (soluble) 転移(可溶性) RNA (ARNt または ARNs と略記). ~ messager メッセンジャー RNA (ARNm と略記). ~ ribosomique リボソーム RNA (ARNr と略記).

arnaqueur(**se**) *n.*〔俗〕ペテン師, 詐欺師 (=escroc).

ARNm (=*a*cide *ribon*ucléique *m*essager) *n.m.*〔生化〕遺伝情報伝達リボ核酸, メッセンジャー RNA《ADN (DNA) の遺伝情報をアミノ酸配列として伝える ARN (RNA)》.

ARNt (=*a*cide *ribon*ucléique *t*ransfert) *n.m.*〔生化〕転移リボ核酸, トランスファ

— RNA.
arobas, arobase ⇒ arrobas
aromate *n.m.*【料理】香料, 香辛料, スパイス (=épice, condiment).
aromathérapie *n.f.*【医】芳香剤療法, アロマテラピー.
aromaticien(ne) *n.* 調香師, 香料配合師.
aromaticité *n.f.*【化】芳香族性《芳香族化合物に特有の物理的・化学的性質》.
aromatique *a.* **1** 芳香を放つ, 芳香性の. herbes 〜s 香草. **2**【化】芳香族の. composé 〜 芳香族化合物.
——*n.m.*【化】芳香族化合物《ベンゼン, トルエン, キシレン [略記 BTX] など, 石油化学の半製品として重要》. complexe d'〜 芳香族工場.
——*n.f.* 食品香料学.
aromatisant(e) *a.* 芳香付けの, 芳香を添加する.
——*n.m.* 芳香剤, 芳香添加物.
aromatothérapie *n.f.*【医】アロマトテラピー, アロマテラピー, 芳香剤療法 (aromathérapie).
arôme, arome *n.m.* **1** 芳香, アロマ;(葡萄酒・飲料の)香り. 〜 du café (du vin) コーヒー(葡萄酒)の香り(芳香).
2 芳香剤;香料. 〜 naturel (artificiel) 天然(人工)芳香剤.
3〖比喩的〗(芸術作品の)香り, 妙味, 気品.
ARPE (=*a*llocation de *r*eplacement *p*our *e*mploi) *n.f.*【労働】雇用配置転換手当.
arpentage (<arpenter) *n.m.* 土地測量, 測地. instruments d'〜 測量機器.
arpenteur(se) *n.* 測量技師, 測量士. 〜-géomètre 測量技師. chaîne d'〜 測鎖. équerre d'〜 直角儀.
arpharécepteur *n.m.*【生化】アルファ受容体, α 受容体.
arquebuse *n.f.*【武器】火縄銃, 古式鉄砲, 古色銃《15世紀末から17世紀初頭にかけて使用された》.
arr. (=*arr*ondissement) *n.m.*【行政】区;郡.
arrachage (<arracher) *n.m.* **1** (植物を)根こぎにすること. 〜 des mauvaises herbes 雑草の除去. 〜 des pommes de terre 馬鈴薯の収穫. 〜 d'un arbre 木を伐ること.
2〖話〗〜 d'une dent 抜歯 (=avulsion).
arrache-clou *n.m.* 釘抜き.
arrachement (<arracher) *n.m.* **1** 引き抜くこと, もぎとること. 〜 d'une dent 抜歯.
2〖比喩的〗(人から愛する人・物を)引き離すこと;悲しい別れ, (別離がひき起こす)悲哀, 断腸の思い. 〜 des adieux 別離の悲哀.
3〖建築〗アラーシュマン《第二壁と結びつく突出した石材》;廃墟の残骸.

arracheur(se)[1] *n.* **1** (植物を)根こぎにする人;(球根・根葉などの)掘り起こし収穫者. 〜 des carottes 人参の掘り起こし収穫者.
2 抜歯する人 (=〜 de dents), 抜歯医;〖話〗腕の悪い歯医者 (=〜 de dents). mentir comme un 〜 de dents ぬけぬけと嘘をつく.
arracheuse[2] *n.f.*【農】**1** 根を引き抜く道具(機械).
2 (球根・根葉などの)掘り起こし収穫機 (=arrachoir). 〜 de pommes de terre 馬鈴薯の収穫機.
arrachis [-ʃi] *n.m.* **1**【林業】木を抜くこと. **2** 根から抜きとった植物(苗木).
arraisonnement (<arraisonner) *n.m.*【海・空】(船舶・航空機の)臨検. 〜 d'un bateau par la police maritime 海上警察による船舶の臨検.
arrangeable *a.* **1** 調停可能な. conflit 〜 調停可能な紛争.
2 (物が)直せる. Cette montre est 〜. この腕時計は修理可能である.
arrangeant(e) *a.* 協調的な. homme d'affaires peu 〜 あまり協調的でない実業家.
arrangement *n.m.* **1** 配列;配置;整理, 整備. 〜 d'une coiffure 整髪;髪型. 〜 de (des) fleurs 生け花. 〜 d'une maison 家の中の整頓(片付け). 〜 des mots 語の配列.
2 準備, 手筈, 手配. 〜 de mariage 結婚式の手筈.
3〖音楽〗編曲, アレンジ;〖演劇〗脚色. 〜 pour piano ピアノのための編曲.
4〖法律〗取り決め, 協定 (=accord, convention, pacte), 打ち合わせ;調停;和解;示談;談合;〖外交〗(国際的な)協定《条約 traité より柔軟・簡便;条約の補完》. affaire terminée par un 〜 和解で終結した訴訟事件.
5〖数〗順列. 〜 de n éléments pris p à p n 個から p 個とった順列.
6〖物理〗(結晶格子中の)原子配置.
arrangeur(se) *n.* **1**〖音楽〗編曲者.
2 (絵・素案・アイディアなどの)仕上げをする人.
3 まとめ役. 〜 de mariage 結婚の仲人.
Arras *n.pr.* アラス《département du Pas-de-Calais パ=ド=カレー県の県庁所在地;市町村コード 62200;形容詞 arrageois(e)》. Grand'Place d'〜 アラスのグラン・プラス.
▶ **arrageois(e); artésien(ne)** *a.*
Arrco (=*A*ssociation des *r*égimes de retraites *c*omplémentaires) *n.f.* 補助退職年金制度協会《1961年設立》.
arrérages *n.m.pl.* **1** (年金・恩給などの)所定期日の)支給額. **2** (年金・恩給などの期限を過ぎた)未納金, 延滞金.
arrestation *n.f.* 検挙, 逮捕, 拘束, 検束;留置, 拘置. 〜 administrative《裁判所

の許可なしに) 行政命令による逮捕. ~ arbitraire 違法(不法)逮捕. ~ illégale (私人による) 違法拘置. ~ en flagrant délit 現行犯逮捕. ~ préventive 予防拘束. ~ provisoire 仮逮捕, 拘留. ordre d'~ 逮捕命令.

arrêt *n.m.* **1** 停止, 休止, 中止；停車；操業停止. ~ accidentel 事故による停止；故障.《*A* ~ demandé》「次止まります」(バスで乗客が降車を求めるボタンを押すと点灯する表示). ~ automatique des trains 自動列車停止システム(装置). 〖医〗~ cardiaque 心停止. ~ d'un autobus à la station 停留所でのバスの停車. ~ du cœur 心拍停止. ~ des combats 戦闘休止. ~ d'un courant 流れの中断. ~ des fonctions d'un organe 器官の機能停止. ~ du train à la gare 列車の駅での停車. ~ du travail 終業；就業停止；作業の中止；(疾病による)休業. ~ d'une voiture au feu rouge 赤信号での車の停車. ~ facultatif (路線バスの)随時停車；乗降客のある場合に止まるバス停留所. 〖医〗~ respiratoire 呼吸停止. une minute d'~ 1分停車.
à l'~ 駐車している. voiture à l'~ 駐車中の車. tomber en ~ 思わず立ちどまる. d'~ 止めるための. 〖フェンシング〗coup d'~ 阻止打；〖比喩的〗とどめの一撃. point d'~ 末端；〖裁縫〗返し針, 糸止め；〖音楽〗(休止符につける)フェルマータ. temps d'~ 休止時間.〖軍〗tir d'~ (敵の攻撃の)阻止射撃. sans ~ 絶えず, 絶え間なく；〖鉄道〗途中停車なしに(の).

2 バスの停留所 (= d'autobus). ~ obligatoire バスが必ず止まる停留所 (~ facultatif の対). Je descends au prochain ~. 次の停留所で降ります. ~-buffet 食堂付停留所.

3 〖狩〗chien d'~ 指示犬. tomber en ~ (猟犬が獲物を察知して) 立ち止まる.

4 〖法律〗逮捕, 拘束, 拘禁；〖古〗差押え. maison d'~ 拘置所. mandat d'~ 逮捕状.

5 〖法律〗(破毀院, コンセイユ・デタ, 会計検査院など上級裁判機関の下部組織の)判決. ~ confirmatif (控訴院の)原判決維持判決. ~ contradictoire 対審判決. ~ d'admission 上告受理決定. ~ d'annulation 取消判決. ~ de cassation 破毀判決. ~ (コンセイユ・デタによる)破毀差戻判決. ~ de décharge (会計検査院の) 会計適正判決. ~ de mort 死刑判決. 〖比喩的〗signer son ~ de mort 自分の首を絞める. ~ de rejet (破毀院の)上告人敗訴判決, 棄却判決. ~ infirmatif (控訴院の)原判決取消判決. prononcer (rendre) un ~ 判決を下す.

6 〖海〗~ de prince (戦時などでの)出港禁止措置 (= de puissance), embargo).

7 止めるもの；止め金具. ~ d'une serrure (シリンダー錠の) タンブラー.

8 〖軍〗〖*pl.* で〗禁足, 禁錮, 営倉. mettre qn aux ~s 人に禁足, 禁錮, 営倉入り) を命

じる. ~s de rigueur 重禁錮, 重営倉.

9 〖文・古〗定め, 判決. ~s du destin 運命の定め. ~s de la Providence 神意の定め. ~s d'un critique 批評家の判断.

arrêté[1] *n.m.* **1** アレテ, 行政権の決定, 省令, 条例, 規則. ~ ministériel 省令, 大臣令. ~ municipal 市町村条例. ~ préfectoral 県条例.
2 決算. ~ de comptes 決算. ~ mensuel des écritures 当月決算概要.

arrêté[2] (*e*) *a.* **1** 逮捕(検挙)された.
2 既決の. orientation ~*e* par le gouvernement 政府が決定した方針.
3 不動の, 頑固な, 断固たる. un homme aux idées ~es 頑固な人.
4 最終的な. bilan ~ en fin d'exercice 会計年度期末の最終貸借対照表.
5 〖スポーツ〗départ ~ 不動のスタート姿勢.

arrhénoblastome *n.m.* 〖医〗男性化細胞腫, セルトリ・ライディッヒ細胞腫.

arrhénotoque *a.* 〖生〗雄性産生単為生殖の, 産雄生殖の.

arrhes [ar-] *n.f.pl.* 〖商業〗前金, 手付金, 予約金.

arriération *n.f.* **1** 〖医〗遅滞；〖心〗知能の遅れ. ~ affective 情動遅滞. ~ intellectuelle 精神遅滞. ~ mentale 精神遅滞, 精神薄弱 (= déficience mentale).
2 遅れ. ~ économique 経済面の遅れ.

arrière *a.inv.* 後ろの, 後部の. feux ~ テールライト. marche ~ 後進, 後退；(自動車の)バックギア. places (sièges) ~ 後部座席. 〖裁縫〗point ~ バックステッチ, 返し縫い. roues ~ 後輪. vent ~ 追風, 順風. naviguer vent ~ 順風に乗って航行する. vitre ~ 後部ウィンドー.
——*n.m.* **1** 後, 後方, 後部. ~ d'une maison 家の裏側(背後). ~ d'un train 列車の後部 (=queue).
à l'~ de *qch* 何の後方に. Avancez à l'~ de l'autobus! バスの後部に進んで(つめて)ください. Il y a trois places à l'~. 後ろに3座席ある.
en ~ 後ろに(へ, で). mouvement en ~ 後進運動. aller en ~ 後ろに下がる；後ずさりする. être en ~ pour ses paiements 支払いが滞っている. faire machine (marche) 〖en〗 機械を逆回転させる；車をバックさせる(Uターンさせる)；〖比喩的〗途中で引きさがる；(主張などを)撤回させる. regarder en ~ 後ろを振返って見る；〖比喩的〗過去を振り返る. rester en ~ 後ろの方にとどまる. revenir en ~ (道を)戻る；(時代を)溯る；〖比喩的〗(過去を) 振り返る.
en ~ de …の後ろに. se tenir en ~ de … の後ろにいる (ある).
2 (船・車・列車などの)後部；後部座席. ~ d'un navire 船尾, 艫 (とも).
3 〖軍〗後方〖地域〗；〖*pl.* で〗後方部隊. di-

rection de l'~ 兵站本部. services de l'~ 後方任務. assurer ses ~s 後方(背後)を固める.
4〖スポーツ〗バック, 後衛;(サッカーの)フルバック.
◆〖合成語〗〖軍〗~-garde *n.f.* 後衛. ~-grand-mère *n.f.* 曾祖母. ~-goût *n.m.* 後味, さがれ!
—*int.* 下がれ, ひっこめ, A~, tout le monde! みんな引き下がれ！A~, satan 悪魔よ, さがれ！

arriéré(e) *a.p.* **1** 支払いが遅れた. réclamer une dette ~e 支払いが遅れた負債の返済を要求する.
2〖蔑〗過ぎ去った過去の. un homme aux idées ~es 過去の考えにとりつかれた男. un pays ~ 時流に置き去りにされた地方.
3 知恵遅れの. enfant ~ 知恵遅れの子供.
—*n.* 知恵遅れ, 精神遅滞者(=~ mental);(特に)重度精神薄弱者(=débile profond)《IQ 50 未満》. affectif 情意未発達者.
—*n.m.* **1** 未払い負債, 延滞負債. ~ d'un locataire 家賃の未払分. régler un ~ 延滞負債を清算する.
2 (仕事などの)遅れ. ~ de trail 作業の遅滞. avoir un ~ de sommeil なかなか寝かれない.

arrière-bouche (*pl.* ~-~**s**) *n.f.*〖解剖〗咽頭(=pharynx).

arrière-cerveau (*pl.* ~-~**x**) *n.m.*〖生〗(胚の)末脳, 髄脳. ~ embryonnaire 胚末脳(=rhombencéphale 菱脳).

arrière-garde *n.f.*〖軍〗後衛. combat d'~ 後衛戦. d'~ 時代遅れの;時期遅れの.

arrière-gorge *n.f.*〖解剖〗咽頭扁桃の奥の咽頭(=oropharynx 中咽頭).

arrière-goût *n.m.* **1** (食べ物, 飲み物の)後味, 後口. **2**〖比喩的〗思い出, 後味. ~ de regret 後悔感.

arrière-grands-parents *n.m.pl.* 曾祖父母.

arrière-pays *n.m.inv.* **1** 後背地, 背域(littoral「沿革地帯」の対). ~ niçois ニースの後背地.
2 (都市の)周辺地域. ~ d'une métropole urbaine 中心都市の周辺地域.

arrière-petit-fils (*pl.* ~-~**s**-~) *n.m.* 曾孫男, ひまご.

arrière-plan (*pl.* ~-~**s**) *n.m.* **1** 背景, バック.〖絵画・写真・映画〗背景(premier plan「前景」の対).
2〖比喩的〗目立たぬ所;背景, 陰の力. en ~ d'une affaire 事件の背景には. être (passer) à l'~ 片隅にいる(追いやられる). être relégué à l'~ 忘れ去られている(忘れ去られる). régler qch à l'~ 目立たぬところで何を処理する.

arrière-port *n.m.* 内港(avant-port「外港」の対).

arrière-saison *n.f.* **1** 季節の末期;(特に)秋(=automne);晩秋, 初冬(=arrière-automne). une belle ~ 美しい晩秋.
2〖農〗新たな収穫前の季節, 端境期. oranges d'~ 端境期のオレンジ《地中海沿岸では夏》.
3〖比喩的〗初老期, 晩年, 人生の秋.

arrimage *n.m.* 連結, ドッキング.〖宇宙〗~ de deux engins spatiaux 二機の宇宙船のドッキング.

arrivage *n.m.* **1** (船舶の)入港;着岸.
2 (輸送商品の)到着;着荷, 入荷〔量〕;着荷物〔量〕. grand ~ de fruits aux halles 市場への果物の大量入荷. ~ des poissons 魚の水揚げ. selon ~ 入荷次第.
3〖皮肉に〗大勢の人々の到着. ~ de touristes 大勢の観光客の到来.

arrivé(e[1]**)** *a.p.* **1** 到着した.
2 成功した, 出世した;成り上がりの. artiste ~ 成功した芸術家. homme ~ 成り上がり者.
—*n.* **1** 到着者. nouveaux ~s 新しく着いた人;新参者, 新入り. premier (dernier)~ 最初(最後)に到着した人.
2 成功者;成り上がり者.

arrivée[2] *n.f.* **1** 到着 (départ「出発」の対);到来. ~ du poisson sur le marché 魚の市場への入荷. ~ du printemps 春の訪れ. ~ du train 列車の到着〔時刻〕. gare d'~ 到着駅. heure d'~ d'un avion 旅客機の到着時刻.
2 到着点(場所);(駅の)降車口;(空港の)到着ロビー;(競技の)決勝ゴール. juge d'~ 決勝ゴール審判員. ligne d'~ 決勝ゴール・ライン.
3 (郵便物などの)配達. attendre l'~ du courrier 郵便物の配達を待つ.
4 (液体の)供給口, 取入れ口. ~ d'eau 水の取入れ口. tuyau d'~ 供給パイプ.

arrivisme *n.m.* 立身出世主義;出世欲.

arriviste *n.* 立身出世主義者;野心家.
—*a.* 立身出世主義の.

arrobas, arobas, arobase [arɔbas]〖西〗*n.f.*〖印刷〗@マーク, アットマーク(=ar[r]obase;〖英〗at mark).

arrogance *n.f.* 傲慢, 不遜, 尊大, 横柄. incarnation de la nouvelle ~ des Japonais 日本人の新たな傲慢さの化身.

Arromanches-les-Bains *n.pr.* アロマンシュ=レ=バン(département du Calvados カルヴァドス県の海岸の町;市町村コード 14117;1944 年 6 月 6 日連合軍の上陸作戦の舞台の一つ). Musée du débarquement d'~ アロマンシュ上陸記念館.

arrondi(e) (<arrondir) *a.p.* **1** 丸くなった, 丸い. formes ~es 丸い形. visage ~ 丸顔.
2〖発音〗(音の)円唇の. voyelle ~e 円唇母音([y, œ, u]など).
3(文が)均斉のとれた.

arrondissement

4 (金額などが)端数を切り上げた(下げた).sommes ~ *es* aux dizaines 10 の位までの端数を切り上げた(下げた)金額.
——*n.m.* **1** 丸み；丸くなった部分. ~ d'une joue 頬の丸み.
2〖服〗裾縫い, 裾かがり, ヘム. ~ d'une jupe スカートの裾縫い.
3〖航空〗着陸引起し〖操作〗.

arrondissement *n.m.* Ⅰ (行政) **1** 郡. Le département est divisé en un certain nombre d'~s. 県はいくつかの郡に分かれる. L'~ est divisé en cantons. 郡は複数の小郡に分かれる. chef-lieu d'~ 郡庁所在地 (=sous-préfecture；郡長は sous-préfet).
2 (Paris, Lyon, Marseille の) 区. le Ve de Paris パリ市第5区. conseil d'~ 区議会. maire d'~ 区長. mairie du XVIe (~) de Paris パリ市第16区役所.
Ⅱ **1** 丸くすること；丸めること；〖工〗円磨作用.
2〖比喩的〗拡張, 拡大；増加. ~ d'un domaine 領地の拡張.
3 (金銭の) 端数の切り上げ(下げ). ~ au franc supérieur (inférieur) サンチームのフランへの切り上げ(下げ).

arrosage (<arroser) *n.m.* **1** 散水；灌漑. ~ d'un jardin 庭への散水. ~ des voies publiques 公道への散水. canal d'~ 用水路. tuyau d'~ 散水ホース.
2〖農〗適時灌漑〔給水量〕. ~ d'un champ 農地への適時灌漑.
3 (機器の) 散水冷却.
4〖比喩的〗(雨霰と浴びせる・浴びせられる) 砲撃, 銃撃. ~ des lignes ennemies par l'artellerie 砲兵隊による戦の前線への激しい砲撃.
5〖比喩的〗(情報などの) 伝播, 伝達. ~ publicitaire par les masse-media マスメディアによる宣伝の伝播.
6〖俗〗袖の下, 買収 (=pot-au-vin).
7〖話〗小宴, 祝いの酒席. ~ de fin d'année 年末の酒宴.

arrosé(e) *a.p.* **1** 雨水で濡れた；降水量の多い. pays ~s 多雨地方.
2〖農〗灌漑された (=irrigué), 河川が貫流した. ville ~*e* 河川の流れる都市.
3〖料理〗アルコール性飲料を添えた. café ~ アルコール性飲料入りコーヒー. repas bien ~ 葡萄酒がたっぷり出る食事.
4〖話〗買収された (=soudoyé).

arroseur *n.m.* **1** (道路の)散水掃除係.〖話〗~ arrosé 自業自得の人.
2〖農・園芸〗散水器, 灌水器；スプリンクラー (= ~ automatique). ~ rotatif 回転式スプリンクラー.
3 (灌漑網の)末端水路.

arroseuse *n.f.* 散水車. ~-balayeuse (道路の)散水清掃車.

arrosoir *n.m.*〖園芸〗ジョウロ, 如露.

arrufiat *n.m.*〖農〗アリュフィヤット (白葡萄酒用の葡萄の品種).

ARS^1 (=*a*gence *r*égionale de *s*anté) *n.f.* 地方保健管理機構.

ARS^2 (=*a*llocation de *r*entrée *s*colaire) *n.f.*〖社会保障〗新学期給付金.

arsenal (*pl.aux*) *n.m.* **1** 海軍工廠 (= ~ de la marine)；〖古〗陸軍造兵廠.
2 武器庫, 兵器庫 (=magasin)；軍需品倉庫. billiothèque de l'*A*~ de Paris パリのアルスナル図書館 (アンリ4世時代の砲兵司令官庁舎を1797年に図書館に改装；演劇関係資料で名高い).
3 大量の武器；兵器. La police a saisi tout un ~. 警察は大量の武器を押収した.〖tout〗un ~ de 多数の….
4〖比喩的〗(攻撃, 擁護の) 有効手段. ~ des lois 法律の武器庫.
5〖話〗用具一式；装備一式. ~ chirurgical 外科用具一式. ~ anticancer 制ガン治療用装備.
6〖英〗〖サッカー〗*A*~ アーセナル (英国プレミアリーグの名門チーム名).

arséniate *n.m.*〖化〗砒酸塩.

arsenic [arsǝnik] *n.m.*〖化〗**1** 砒(ひ)素 (元素記号 As, 原子番号33. 半金属性元素).
2 砒素 (比重5.7, 昇華点613℃；金属硬化剤, 半導体添加剤などに利用)；砒素化合物；砒素剤.〖特に〗無水亜砒酸 (=anhydride arsénieux), 白砒〖猛毒〗.

arsenical(ale) (*pl.aux*) *a.*〖化〗砒素を含む；砒素の, 砒素による. sels ~ *aux* 砒酸塩. intoxication ~*e* 砒素中毒.
——*n.m.*〖薬〗砒素剤.

arsénié(e) *a.*〖化〗砒化の, 砒素を含む. hydrogène ~ 砒化水素 (AsH_3；水素化砒素〔arséniure d'hydrogène〕, アルシン (arsine).

arsénieux(se) *a.*〖化〗砒素化合物の. acide ~ 亜砒酸. anhydride ~ 無水亜砒酸 (猛毒で, 殺鼠剤などに用いられる).

arsénique *a.*〖化〗砒素の. acide ~ 砒酸. anhydride ~ 無水砒酸.

arsénisme *n.m.*〖医〗砒素中毒.

arsénite *n.m.*〖化〗亜砒酸塩, 砒華.

arséniure *n.m.*〖化〗砒化物. ~ de galium ガリウム砒化物 (半導体).

arsine *n.f.*〖化・鉱〗アルシン (砒化水素の誘導体).

ARSMB (=*A*ssociation pour le *r*espect du *s*ite du *M*ont-*B*lanc) *n.f.* モン=ブラン地区環境保全協会.

ART (=*A*utorité de *r*égulation des *t*élécommunications) *n.f.* 電気通信管理機構, 電気通信調整管理委員会 (1997年創設).

art *n.m.* Ⅰ **1** 芸術, 美術, 芸能, 特に造形美術. l'~ pour l'~ 芸術至上主義. ~ classique 古典芸術. ~ contemporain 現代芸術. ~ déco アールデコ. ~ décoratif 装飾芸術. ~ dramatique 舞台芸術, 演劇. ~ du spec-

tacle ショービジネス, 演劇. ~ du temps 時間芸術. ~ nouveau アール・ヌーヴォー. cinéma d' ~ et d'essai アート・シアター. histoire de l' ~ 美術史. livre d' ~ 美術書. Musée d' ~ moderne de Ville de Paris パリ市立近代美術館 (le Palais de Tokyo 内). Musée national d' ~ moderne 国立近代美術館 (=CNAC Georges-Pompidou). objet d' ~ 工芸品. œuvre d' ~ 芸術作品. ordre des ~ s et lettres 文芸勲章. septième (huitième, neuvième) ~ 映画 (TV, アニメ). ville d' ~ 芸術作品の豊かな町.
2 学芸, 技芸, 工芸.〖古〗~ s libéraux 学芸, リベラル・アーツ.
Ⅱ **1** 技, 術, 巧みなやり方, 秘訣. ~ de vivre アール・ド・ヴィーヴル, 生活術, 生き方. ~ s ménagers 家政術. règles de l' ~ 正しいやり方. avoir l' ~ de+ *inf.* …するすべを心得ている(秘訣を知っている). avoir l' ~ et la manière (基本的にも形式的にも) 正しいやり方. Malgré sa connaissance étendue en la matière, il a l' ~ d'ennuyer tout le monde, tant il est mauvais orateur. 専門分野での博識にもかかわらず, 彼はあまりにも話し方が下手なので, すべての人を退屈させずにはいない.
2 専門知識, 技術, ノウハウ. ~ s martiaux 武術. ~ noble ボクシング. ~ oratoire 雄弁術. Conservatoire nationale des ~ et métiers 国立工芸保存院 (略称 CNAM；1794 年創立；在 Paris). ~ poétique 詩法. Ecole centrale des ~ s et manufactures 中央工芸学校 (1829 年 Paris で創立の公立グランド・エコール；略称 ECP, Centrale Paris；1969 年 Châtenay-Malabry に移転). grand ~ 錬金術. homme de l' ~ 専門家 (とくに医師). ouvrage d' ~ (土木工事)工作 (建造) 物.
3 人工, 人為.〖話〗C'est l'enfance de l' ~ それはごく初歩的なことだ.

Artcurial *n.pr.* **1** アールキュリアル (美術出版社).
2 アールキュリアル競売会社 (パリの av. des Champs-Elysées の Hôtel Dassault 内).

Arte (=*A*ssociation *r*elative aux *té*lévisions *e*uropéennes) *n.f.* ヨーロッパ TV 相互連携協会 (1990 年創設の仏独連携 TV 放送機構). ~ France アルト (アルテ)・フランス (2000 年設立の TV 放送会社；旧 la Sept Arte).

Artémis (=〖英〗*a*dvanced-*r*elay-*tec*hnology *mis*sion) *n.f.*〖宇宙・通信〗先端中継技術計画, アルテミス計画 (ヨーロッパの新型通信衛星計画).

artère *n.f.* **1**〖解剖〗動脈. ~ aorte 大動脈 (=aorte). ~ carotide 頸動脈. ~ fémorale 大腿動脈. ~ iliaque 腸骨動脈. ~ mésentérique 腸間膜動脈. ~ pulmonaire 肺動脈. ~ rénale 肝動脈. sclérose des ~ s

動脈硬化〔症〕(=artériosclérose). trachée- ~ 気管.
2〖交通〗(大都市の) 幹線道路；(鉄道の) 幹線；幹線運河；(物流の) 大動脈.
3〖電〗送電線.
4 都市ガス本管 (=〖英〗feeder).

artéri〔o〕- [ギ] ELEM 「動脈」の意.
artériectomie [arterjεktɔmi] *n.f.*〖医〗動脈切除〔術〕.
artériel (le) *a.*〖解剖〗動脈の；〖医〗動脈性の. arbre ~ 動脈樹, 動脈網. canal ~ 動脈管. embolie ~ *le* 動脈塞栓. hématome ~ 動脈血腫. hypertension ~ *le* 動脈高血圧, 高血圧. lésion ~ *le* 動脈損傷. paroi ~ 動脈壁. pression ~ *le* 動脈血圧. rétrécissement ~ 動脈狭窄症. thrombose ~ *le* 動脈血栓症. tronc ~ 動脈幹, 幹状動脈.

artériographie *n.f.*〖医〗動脈 X 線造影〔法〕.
artériolaire *a.*〖解剖〗細動脈の, 細動脈性. néphrosclérose ~ 細動脈性腎硬化症.
artériole *n.f.*〖解剖〗細動脈 (=petite artère). ~ afférente (efférente) 輸入性 (輸出性) 細動脈.
artériopathie *n.f.*〖医〗動脈疾患.
artériorraphie *n.f.*〖医〗動脈縫合術.
artérioscléreux (se) *a.*〖医〗動脈硬化の, 動脈硬化症の.
—— *n.* 動脈硬化症患者.
artériosclérose *n.f.*〖医〗動脈硬化症.
artériotomie *n.f.*〖医〗動脈切開〔術〕.
artérioveineux (se) *a.*〖解剖〗〖医〗動脈と静脈の. anévrisme ~ 動静脈瘤.
artérite *n.f.*〖医〗動脈炎. ~ des membres inférieures 下肢動脈炎.
arthr〔o〕- [ギ] ELEM 「関節」の意 (*arthr*opathie 関節痛).
arthralgie *n.f.*〖医〗関節痛.
arthrifluent (e) *a.*〖医〗関節出血の；関節膿性の. abcès ~ 関節膿瘍.
arthrite *n.f.*〖医〗関節炎. ~ chronique juvénile 若年性慢性関節炎, 若年性リウマチ, スチル病 (=maladie de Still). ~ déformante 変形性関節炎. ~ dentaire 歯槽靱帯炎. ~ inflammatoire asceptique 無菌性炎症性関節炎. ~ microcristalline 微結晶性関節炎. ~ nerveuse 神経関節炎. ~ putulente 化膿性関節炎. ~ réactionnelle 反応性関節炎 (=polyarthrite rhumatoïde リウマチ様多発関節炎). ~ septique 感染性関節炎. ~ siphilitique 梅毒性関節炎. ~ tuberculeuse 結核性関節炎, 関節結核. ~ s inflammatoires 炎症性関節炎.
arthritique *a.*〖医〗関節炎にかかった；関節炎体質の. tempérament ~ 関節炎体質.
—— *n.* 関節炎患者.
arthritisme *n.m.*〖医〗関節病体質.
arthrocentèse *n.f.*〖医〗関節腔穿刺.

arthrodèse *n.f.* 〖医〗関節固定術. ~ double 二関節固定術(三関節固定術ともいう：距踵・距舟・踵立方の3関節固定手術). ~ extra-articulaire 関節外固定術. ~ intra-articulaire 関節内固定術.
arthrographie *n.f.* 〖医〗関節造影〔法〕.
arthrogrypose *n.f.* 〖医〗関節拘縮.
arthrolyse *n.f.* 〖医〗関節剝離〔術〕.
arthromie *n.f.* 〖医〗関節切開術.
arthropathie *n.f.* 〖医〗関節症, 関節疾患, 関節障害.
arthroplastie *n.f.* 〖医〗関節形成術.
arthroscope *n.m.* 〖医〗関節内視鏡.
arthroscopie *n.f.* 〖医〗関節鏡検査〔法〕.
arthroscopique *a.* 〖医〗関節鏡を用いた. chirurgie ~ 関節鏡視下手術, 鏡視下膝関節手術.
arthrose *n.f.* 〖医〗関節症；変形性関節症.
arthrosique *a.* 〖医〗関節症の. hanches ~s 関節症の腰.
　──*n.* 関節症患者.
artichaut *n.m.* 〖植〗アルティショー, アーテチョーク, 朝鮮あざみ〔の蕾〕.〖料理〗cœur d'~ クール・ダルティショー〔ゆでたアルティショーの蕾の芯の部分〕.〖料理〗fond d'~ フォン・ダルティショー〔ゆでたアルティショーの蕾の花托の肉付のある部分〕.
article *n.m.* ❑ **1** (新聞, 雑誌などの) 記事, 論文. ~ de fond 掘り下げた記事, 解説. ~ factuel 事実報道にとどまる記事.
2 辞書の各項目.
3 (法律, 規約, 契約などの) 条, 条文, 条項 (フランスの法典は livre 編, titre 章, chapitre 節, section 款, article 条, alinéa 項に分かれる). l'~ 16 de la constitution 憲法第16条 (article は alinéa 項に分かれる). ~ de foi 信仰箇条. prendre qch pour ~ de foi …を固く信ずる. ~ de la mort 臨終, いまわの際.
4 内訳, 項目. ~ de compte 勘定の項目.
❑ 物, 品物, 機器, 商品. ~ de beauté 化粧品. ~ de bureau 事務用品. ~ éléctroménager 家電製品. ~s de Paris 高級女性用小物. ~ de sport スポーツ用品. indice national des prix à la consommation dit "des 259 ~s" 全国消費者物価指数, いわゆる「259品目指数」.
❑ 〖言語〗冠詞. ~ défini 定冠詞. ~ indéfini 不定冠詞.
articulaire *a.* 〖解剖・医〗関節の；関節に関する. affection ~ 関節疾患. capsule ~ 関節包. ligament ~ 関節靱帯. ponction ~ 関節穿刺. rhumatisme ~ 関節リウマチ. scintigraphie ~ 関節シンチグラフィー. surface ~ 関節面.
articulation *n.f.* ❑ **1** 〖解剖〗関節. ~ du coude (du genou) 肘 (膝) 関節.〖医〗affections ~s 関節疾患.
2 〖機械工学〗継手, 節点, ヒンジ. ~ à Cardan カルダン継手. ~ plastique プラスチックヒンジ.
3 〖比喩的〗組合せ；組立て, 構成.〖機工〗~ des pièces d'une machine 機械部品の組立て.
❑ 〖言語〗**1** 調音；発音の仕方, 発音. ~ dentale (nasale, valaire) 歯 (鼻, 軟口蓋) 調音. ~ nette 明確な発音. point d'~ 調音点.
2 〖言語〗分節. double ~ 二重分節.
❑ 〖法律〗逐条的陳述, 分節陳述. ~ de faits 事実の逐条的列挙陳述.
articulé(e) *a.* **1** 関節のある. poupée ~e 関節のある人形.
2 連接された, 連結された；連接式の. lampe à tige ~e 自在軸式照明器具.〖鉄道・バス〗rames composées de deux caisses ~es 連接式2車体から成る列車 (車輛).
3 はっきり発音された. mot mal ~ はっきり発音されない言葉.
4 〖言語〗分節の. langage ~ 分節言語.
5 〖法律〗逐条的に陳述された. faits ~s 遂条的に陳述された事実.
artifice *n.m.* **1** 巧みな手段 (方法, 技術)；完璧な技術. ~ de style 文体技法；巧みな文体. par un ~ de calcul 巧みな計算によって.
2 〖蔑〗計計；手管, 策略, 駆引き. ~s juridiques (politiques) 法廷の (政治の) 駆引き. user d'~ 策を弄する.
3 〖軍〗火薬, 爆薬 (= pièce d'~). feu d'~ 花火.〖比喩的〗花火のように輝かしいもの. C'est un vrai feu d'~ (話・文章について) それは花火のように素晴らしい.
artificiel(le) *a.* **1** 人工の, 人造の (naturel「天然の」の対). fleurs ~les 造花. lac ~ 人造湖. langue ~le 人工言語. jambe ~ 義肢. organe ~ 人工臓器. respiration ~le 人工呼吸. soie ~le 人絹. textile ~ 人造繊維.
2 人為的な；恣意的な. besoins ~s 人為的欲求. classification ~le 恣意的分類. escalade ~le 人工登攀, アーティフィシャル・クライミング (escalade libre「自由登攀」の対).
3 不自然な, わざとらしい. sourire ~ わざとらしい微笑, つくり笑い. style ~ 不自然な文体.
artificier *n.m.* **1** 花火製造業者, 花火師.
2 〖軍〗火薬技術兵.
artillerie *n.f.* **1** (総合的に) 砲, 火砲, 大砲 (canon 大砲, missile ミサイル, mortier 迫撃砲, obusier 曲射砲, roquette ロケットなどを含む). ~ à longue portée 長距離砲. ~ antiaérienne (antichar) 対空砲 (対戦車砲). ~ légère 軽砲. ~ lourde 重砲. grosse ~ 大型火砲. pièce d'~ 火砲, 大砲. tir d'~ 砲撃.
2 砲兵隊. bataillon d'~ 砲兵大隊. état-

major d'~ 砲兵隊参謀部(司令部). officier d'~ 砲兵士官.
artilleur *n.m.*〖軍〗砲兵.
artisan(e) *n.* **1** 職人;手工業者, 家内工業者(1996年7月5日の法律96-603では, 従業員10人未満で, 生産・加工・修理その他の業務を独立して行ない, 職業総覧に登録している個人・法人をいう;一般には, 職人の個人企業や, 有限会社 SARL (= *société à responsabilité limitée*), 特に家内有限会社 SARL de famille, あるいは有限責任個人企業 EURL (= *entreprise unipersonnelle à responsabilité limitée*) などの形態がある).
~-taxi 個人タクシー. assurance vieillesse des ~s 職人養老保険. Fédération nationale des ~s et petites entreprises en milieu rural 全国農村職人小企業連盟(略記 Fnar). **2**〔比喩的〕作り出す人;張本人;原因. être l'~ de …を生み出した人(原因)である. Il est l'~ de sa fortune. 彼は自分で富を築き上げた.〔諺〕A l'œuvre, on connaît l'~. 仕事を見ればその人がわかる.
artisanal(ale)(*pl.aux*) *a.* **1** 職人の;手工業の, 家内工業の(industriel「工業(産業)の」の対). apprentissage ~ 職人見習い(職人になるための修業). coopératives ~ales 職人協同組合. métier ~ 手工業, 職人業. professions ~ales 職人職, 家内工業職. produits ~aux 手工業製品. **2** 手造りの. fabrication ~ale 手造り. **3**〔蔑〕前近代的な. exploitation ~ale 前近代的な経営.
artisanat *n.m.* **1** 職人の身分;職人階級;〖集合的〗職人. ~ rural 地方職人. Confédération nationale de l'~, des métiers et des services 全国職人・手工芸・サービス業連盟(略記 CNAMS). aide à l'~ 職人に対する助成金(補助). **2** 手工業, 家内工業. ~ d'art 美術手工芸. centres d'~ monastique 修道院手工芸センター.
artiste *n.* **1** 芸術家, アーチスト;(特に)画家(= ~ peintre), 彫刻家(sculpteur), 造形美術家. **2** 役者, 俳優(acteur);歌手(chanteur);音楽家(musicien). entrée des ~s (劇場の)楽屋口. **3**〔話〕(芸術家気質の)自由人, ボヘミヤン, 幻想家;〔蔑〕ひとりよがりの人, 気ままな人. **4** (高度の技能をもつ)職人, 技能家. ~ capillaire 高級美容師. ~ culinaire 名コック. travail d'~ 職人芸.
——*a.* 芸術家のような;芸術を愛する. style ~ 芸術的文体.
artiste-interprète *n.* **1** 役者, 俳優. **2** 演奏家.
artistique *a.* **1** 芸術の;美術の. activité ~ 芸術活動. patrimoine ~ 芸術的遺産;文化財.

2 役者の. distribution ~ 配役.
3 芸術的な;美的な. disposition ~ 芸術的レイアウト. impression ~ 芸術的印象;芸術的評価. patinage ~ フィギュア・スケート.
4〔比喩的〕flou ~ 韜晦(とうかい).
Artois(l') *n.pr.m.* アルトワ地方(北部フランスの旧州;首都 Arras).
artothèque *n.f.* 美術品リース店(業).
ARTT (= *aménagement de la réduction du temps de travail*) *n.m.* 労働時間短縮調整.
art-thérapie *n.f.*〖精神医学〗美術療法.
arum [arɔm] *n.m.*〖植〗アロム, まむしぐさ, 天南星(aracées 里芋科の多年草;gouet).
ARV (= *antirétrovirus*) *n.m.*〖医〗レトロウイルス増殖抑制療法(エイズの治療法);〖薬〗抗レトロウイルス薬(エイズ治療薬). malade sous ~ レトロウイルス抑制療法を受けている患者.
Arva (= *appareils de recherche de victimes d'avalanches*)〖商標〗*n.m.pl.* アルヴァ, 雪崩遭難者探査機器.
aryanisation *n.f.*〖史〗(ナチによるユダヤ人財産の)アーリア民族化, アーリア民族による強奪.
aryen(ne) *a.* アーリア族の.
——**A~s** *n.m.pl.* アーリア族.
——*n.m.* アーリア語(インド・イラン語派).
arylamine *n.f.*〖化〗アリールアミン(芳香族アミン).
aryle *n.m.*〖化〗アリール基(芳香族炭化水素から水素1原子を除いた有機基).
aryloxyacide, aryloxacide [ariloksasid] *n.m.*〖化〗アリルオキソ酸, アリル酸素酸.
aryténoïde *a.*〖解剖〗披裂の. cartilage ~ (喉頭の)披裂軟骨.
——*n.m.*〖解剖〗披裂軟骨(= cartilage ~).
arythmie *n.f.*〖医〗不整脈. ~ absolue 絶対性不整脈, 恒久性不整脈. ~ respiratoire 呼吸性不整脈. ~ sinusale 洞〔性〕不整脈.
▶ **arythmique** *a.*
AS (= *Armée secrète*) *n.f.* (第2次大戦下のレジスタンスの)秘密軍事組織.
As[1] (= *arsenic*)〖化〗「砒素」の元素記号. ~-Ga ガリウム砒素化合物.
As[2] (= *altostratus*) *n.m.* 高層雲.
ASA (= *Agence fédérale pour la sécurité alimentaire*) *n.f.* (ベルギーの)連邦食品安全機構.
ASACR (= *Association sud-asiatique de coopération régionale*) *n.f.* 南アジア地域協力連合(= 〖英〗SAARC: South Asian Association for reginal cooperation;1985年創設; le Bangladesh, le Bhoutan, l'Inde, les Maldives, le Népal, le Pakistan, le Sri Lanka の7カ国加盟). sommet

de l'~ 南アジア地域協力連合首脳会議.

asa-fœtida [azafetida], **assa-fœtidas** [asafetida] *n.f.* 〖化〗アサ・フォエティダ, 阿魏(あぎ)〖生薬〗(＝ase fétide; イラン, アフガニスタン原産のオオウイキョウ属の隠花植物フェルラ Ferula の根から採取した褐色・塊状・油性のゴム樹脂で, ニンニク臭を放ち, 刺激性の味をもち, 薬用として駆虫剤, 痙攣(けいれん)止めの鎮静剤などに用いられた他, 香味料にもなる).

āsana [asəna] *n.m.inv.* 〖ヨガ〗坐位(瞑想の基本姿勢).

Asat (＝*anti*sa*t*ellite) *a.* 対衛星用の. armes ~s 対軍事衛星兵器(軍事衛星を迎撃する兵器).

ASB (＝*A*ssociation *s*uisse des *b*anquiers) *n.f.* スイス銀行家協会.

asbeste *n.m.* 〖鉱〗アスベスト, 石綿(＝amiante). ~ blanc 白石綿, クリソタイル. ~ bleu 青石綿, クロシドライト. ~ brun 茶石綿, アモサイト. exposition à la poussière d'~ アスベスト塵曝露. particules d'~ 石綿(アスベスト)粉塵(＝poussières d'amiante).

asbestose *n.f.* 〖医〗石綿〔沈着〕症, 石綿肺症, アスベスト肺(＝~ pulmonaire)(石綿の粉塵を吸入することによって起こる無機性塵肺で, 肺癌の発生率が高い).

ascardiase, ascardiose *n.f.* 〖医・獣医〗回虫症(回虫 Ascaris lumbricoides 寄生症).

ascaride, ascaris *n.m.* 〖動〗蛔虫, 回虫.

ascendance *n.f.* **1**〖天文〗(天体が)地平線上に昇ること, 上昇.
2〖気象〗上昇気流, 上昇流. ~ thermique 上昇熱気流. profiter des ~s 上昇気流を利用する.
3 先祖, 祖先. ~ paternelle (maternelle) 父方(母方)の祖先.

ascendant[1] *n.m.* **1**〖天文〗(天体が)地平線の上に昇ること;〖占星〗上昇点.〖占星〗avoir la planète Mars à l'~ 生まれた時火星が上昇点にある.
2〔比喩的〕影響力, 支配力. avoir (prendre) de l'~ sur qn 人に対して影響力をもつ. subir l'~ de qn 人の影響力をうける.
3〔多く *pl.*〕祖先, 先祖;〖法律〗直系尊属.

ascendant[2] **(e)** *a.* 上昇する;上向きの;上向の;〖天文〗地平線の上に昇る (descendant「下向き」の対).〖解剖〗aorte ~e 上行大動脈.〖占星〗astre ~ 誕生星.〖解剖〗côlon ~ 上行結腸.〖気象〗courants aériens ~s 上昇気流.〖音楽〗gamme ~ 上行音階.〖法律〗ligne ~e 尊属系. marche ~ 上向きの歩み, 上昇傾向. marée ~e 上げ潮, 満ち潮. mouvement ~ 上昇運動.〖数〗progression ~e 増加数列.

ascenseur *n.m.* エレベーター, 昇降機. prendre l'~ エレベーターに乗る.

renvoyer l'~ エレベーターを降ろしておく;〔話〕恩返しをする.

ascension *n.f.* **1** 上昇. ~ d'un ballon 気球の上昇.
2〖登山〗登攀. ~ du Mont Blanc モン・ブラン登攀. faire l'~ d'un pic 針峰に登頂する.
3〔比喩的〕(社会的地位の)昇進, 向上. ~ professionnelle 職階の昇進.
4〖宗教〗l'A~ キリストの昇天;主の昇天の大祝日(＝fête de l'A~;復活祭の40日後;共和暦10年芽月29日の政令により法定視祭休日に指定).
5〖天文〗~ droite 赤経.

ascensionnel(le) *a.* 上昇する, 上昇させる. force ~le 揚力, 浮力. vitesse ~le (航空機の)上昇速度.

ascèse [asɛz] *n.f.* 苦行, 禁欲;禁欲的生活.

ascète [asɛt] *n.* 苦行(禁欲)〔主義〕者. mener une existence d'~ 禁欲生活を送る. vivre en ~ 禁欲的に生きる.

ASCII [aski] (＝〖英〗*A*merican *S*tandard *C*ode for *I*nformation *I*nterchange) *n.m.* 〖情報処理〗アメリカ情報交換標準コード(符号), アスキー符号(アメリカ標準協会 ASA 制定のデータ‐通信用符号体系).

ascite [asit] *n.f.* 〖医〗腹水〔症〕. hépatome d'~ 腹水肝癌. tumeur d'~ 腹水腫瘍.

ascitique *a.* 〖医〗腹水の;腹水のたまった. tumeur ~ 腹水性腫瘍.
—*n.* 腹水症患者(＝malade ~).

ASCOFAM (＝*A*ssociation mondiale de la Lutte contre la *f*aim) *n.f.* 世界飢餓対策協会.

ascorbate *n.m.* 〖化〗アスコルビン酸塩(酸化防止剤). ~ oxidase アスコルビン酸オキシダーゼ.

ascorbique *a.* 〖生化〗アスコルビンの. acide ~ アスコルビン酸(＝vitamine C ビタミン C).

ASDIC (＝〖英〗*a*llied *s*ubmarine *d*etection *i*nvestigation *c*ommittee) *n.m.* 〖軍〗(超音波式)潜水艦探知機(ソナー sonar の原型).

ASE[1] (＝*A*gence *s*patiale *e*uropéenne) *n.f.* ヨーロッパ宇宙機関(＝〖英〗ESA:European Space Agency)(ヨーロッパ・ロケット開発機構 ELDO とヨーロッパ宇宙研究機構 ESRO を発展的に解消・合併して, 1975年5月に設立された西欧諸国の非軍事目的の宇宙開発機構;本部 Paris).

ASE[2] (＝*a*ide *s*ociale à l'*e*nfance) *n.f.* 児童社会補助.

ase *n.f.* 〖生化〗酵素.〖薬〗~ fétide 阿魏(あき), アサ・フォエチダ(＝asa foetida)(セリ科ウイキョウ属の多年草の乳液からつくる生薬;鎮痙剤, 駆虫剤に用いる).

-ase SUFF〖女性名詞語尾〗〖生化〗「酵素」の意(*ex.* diast*ase* ジアスターゼ).

ASEAN [azeã] (= [英] Association of South East Asian Nations) *n.f.* 東南アジア諸国連合, アセアン (= [仏] ANSEA : Association de *n*ations du *S*ud-*E*st *a*siatique).

ASEL (= *a*ides-*s*pécialistes *e*ngagées *l*ocalement) *n.f.pl.* 〘軍〙局地専門補助婦人志願兵.

ASEM (= [英] Asia-Europe Meeting) *n.m.* アジア・ヨーロッパ会議, アセム (= Forum Europe-Asie ; 1996 年 3 月創設の経済・政治・科学・文化協力会議). sommet de l'~ アジア・ヨーロッパ首脳会議〘東南アジア諸国連合 ASEAN + 日・中・韓とヨーロッパ連合 UE (EU) を中心に構成 ; = [仏] [réunion au] sommet Asie-Europe).

asepsie *n.f.* 〘医〙無菌〘法〙(= technique ~) ; 防腐〘法〙, 制腐〘法〙.

aséptique *a.* 〘医〙無菌の, 無菌性の ; 防腐性の, 無腐性の ; 制腐性の. chambre entièrement ~ 完全無菌室 (= chambre stérile). fièvre ~ 無菌熱, 創傷熱. méningite ~ 無菌性髄膜炎. nécrose ~ 無腐性壊死. postule ~ 無菌性膿胞. technique ~ 無菌法.

aseptisation [asε-] *n.f.* 無菌化, 滅菌.

aseptisé(e) *a.* **1** 無菌化された, 滅菌された. salle ~*e* 無菌〘滅菌〙室.
2〔比喩的〕没個性的な ; 生彩を欠く. discours ~ 冴えない演説.

asexué(e) [asε-] *a.* **1**〘生〙無性の. fleur ~*e* 無性花. multiplication ~*e* 無性増殖 (= multiplication végétative). reproduction ~ 無性生殖.
2 中性的な. voix ~*e* 中性的な声.
3〔俗〕性欲のない.

asexuel(le) *a.* **1**〘生〙無性の ; 性結合によらない. espèces ~ *les* 無性種.
2 性欲のない ; 性行為をしない.
—*n.* 性欲のない人 ; 性行為をしない人.

ASF (= *A*ssociation française des *s*ociétés *f*inancières) *n.f.* フランス金融業協会.

Asi (= *A*ssociation de la *s*ommellerie *i*nternationale) *n.f.* 国際ソムリエ業協会 (1969 年設立).

asialie *n.f.* 〘医〙無唾液〘症〙(= aptyalisme).

asiatique (<l'Asie) *a.* アジアの ; アジア的な. civilisations ~*s* アジア文明. continant ~ アジア大陸. grippe ~ アジア・インフルエンザ. mœurs ~*s* アジア的風習. à l'~ アジア風の, アジア式の.
—*n.* アジア人.

Asie (l') *n.pr.f.* アジア, アジア大陸. l'~ centrale 中央アジア. l'~ Mineure 小アジア. l'~ du Nord 北アジア. l'~ du Sud 南アジア. l'~ du Sud-Est 東南アジア.

asile *n.m.* **1** 避難場所, 安全な場所. ~ diplomatique (外交使節の不可侵権を利用して) 外国人に対し政府が与える保護. ~ politique 政治亡命の場所. donner un ~ politique 政治亡命を認める. droit d'~ 亡命を認める権利, 保護権, (教会などが昔もっていた) 不可侵権.
2 保養所, 収容施設. ~ 〔d'aliénés〕精神病院. ~ de vieillards 養老院.

ASLP (= *a*ir-*s*ol-*l*ongue *p*ortée) *a.*〘軍〙長射程空対地方式の. missile ~ 長射程空対地ミサイル.
—*n.m.*〘軍〙空対地長射程ミサイル〘巡航ミサイル〙.

ASM (= *a*nti-*s*ous-*m*arin (*e*)) *a.*〘軍〙対潜〘水艦〙の. bâtiment ~ 対潜艦. frégate ~ 対潜フリーゲート艦.

ASMP (= *a*ir-*s*ol *m*oyenne *p*ortée) *a.*〘軍〙中射程空対地式の. missile ~ 中射程空対地ミサイル.
—*n.m.*〘軍〙中射程空対地ミサイル (= missile ~).

ASN (= *A*utorité de *s*ûreté *n*ucléaire) *n.f.* 原子力安全機関.

Asn (< asparagine) *n.f.*〘化〙アスパラギン.

asocial(ale)(*pl.aux*) *a.* **1** 反社会的な (= antisocial). acte ~ 反社会的の行為.
2 社会に適応できない. enfant ~ 社会に適応できない子供.
—*n.* **1** 反社会的人間. **2** 社会不適応者, 社会的脱落者.

asocialité *n.f.* **1** 反社会性. **2** 社会不適応性.

asparagine *n.f.*〘生化〙アスパラギン (アスパラギン酸アミド).

asparagus [-gys] *n.m.*〘植〙観賞用アスパラガス, 観葉アスパラガス.

as*p*arate-amino*t*ransférase *n.f.*〘生化〙アスパラート=アミノトランスフィラーゼ, アスパラギン酸トランスアミナーゼ (= AST, ASAT ; SGOT, GOT).

aspartam[e] *n.m.* アスパルタム, アスパルテーム (アスパラギン酸とフェニルアラニンからつくられる低カロリー人工甘味料). ~ en poudre 粉状アスパルテーム.

aspartique *a.*〘生化〙acide ~ アスパラギン酸 (α アミノ酸の一つ).

aspect [-pε] *n.m.* **1** 外観, 様子 ; 見かけ, 姿, 容姿, 体型 ; 容貌. ~ caractéristique 特徴のある体型. à l'~ de ... を見て. au premier ~ 一見して, 一目で. avoir (offrir, présenter) l'~ de ... の外観を持つ. fruits de bel ~ 見てくれのよい果物. homme d'~ misérable みすぼらしい風采の男.
2 局面, 様相, 形勢. prendre l'~ de ... の様相を呈する.
3〔比喩的〕面 ; 角度 ; 見方, 解釈. examiner sous tous les ~*s* すべての角度から検討する. un seul ~ de cette question この問題の唯一の面.
4〘占星〙アスペクト, 星位 (天球上の諸天体の位置関係). être né sous un heureux ~

良い星の下に生まれる.
5 〖言語〗アスペクト, 相. ~ imperfective (inchoatif, perfectif) (動詞の) 未完了 (起動, 完了) 相.

asperge *n.f.* 〖植〗アスパラガス. ~ hâtive d'Argenteuil アルジャントイユ種早生アスパラガス (フランスで栽培されるアスパラガスの主要品種). ~ blanche 軟白アスパラガス. ~ du pauvre 貧者のアスパラガス (ポロねぎ poireau のこと). ~ sauvage 野生アスパラガス. ~ verte グリーン・アスパラガス. griffes d'~〔s〕アスパラガスの根茎. pointes d'~ アスパラガスの穂先.

aspergillose *n.f.* 〖医〗アスペルギルス (aspergillus) 症 (コウジカビによる人畜感染症).

aspermie *n.f.* 〖医〗無精液症.

asperseur *n.m.* スプリンクラー (=〔英〕sprinkler).

asphaltage *n.m.* アスファルト舗装.
▶ **asphalter** *v.t.*

asphaltène *n.m.* 〖化〗アスファルテン.

asphaltique *a.* アスファルト性の. sables ~s アスファルト砂, 砂状アスファルト (新エネルギー素材).

asphérique *a.* 〖光学〗非球面の. lentille ~ 非球面レンズ.

asphyxiant(e) *a.* **1** 窒息性の, 窒息させる. gaz ~ 窒息性ガス. **2** 胸を詰まらせるような. atmosphère ~ 胸を詰まらせるような雰囲気.
—— *n.m.* 窒息剤;窒息性ガス.

asphyxie *n.f.* **1** 窒息;麻痺;息がつまるような状態. **2** 〖比喩的〗(経済活動などの) 麻痺状態, 停滞. ~ d'une industrie 産業の麻痺状態. ~ intellectuelle 知的停滞.

aspic[1] *n.m.* 〖動〗(アフリカ・中東の) エジプトコブラ;(南ヨーロッパの) アスプくさり蛇.

aspic[2] *n.m.* 〖料理〗アスピック (肉・魚介類・甲殻類などのゼリー固め). ~ de foie gras フォワグラのアスピック. ~ de homard オマール海老のアスピック.

aspic[3] *n.m.* 〖植〗スピカラヴェンダー, スパイクラヴェンダー. huile (essence) d'~ スパイクラヴェンダー・オイル.

aspirant *n.m.* (陸・空軍の) 少尉候補生;海軍少尉 (=enseigne de vaisseau de 2ᵉ classe).

aspirateur[1] *n.m.* (空気・液体などの) 吸引装置, (特に) 電気掃除機;〖医〗(気管内分泌, 胃腸管内内容物, 胸腔内血液などの) 吸引器. ~ de buées 水蒸気吸引器. ~ statique 静的吸気器 (動力を用いない吸引装置). passer l'~ 掃除機をかける.

aspira*teur*[2] (***trice***) *a.* 吸い込む, 吸い上げる. force ~ *trice* 吸引力.

aspiration *n.f.* **1** (空気の) 吸込み;吸気. l'~ et l'expiration 吸気と呼気 (=respiration). **2** 吸上げ, 吸引;吸引装置. ~ de l'air chaud dans une cheminée 煙突への熱気の吸上げ. ~ de l'eau 水の吸上げ. 〖医〗~ du placenta 胎盤吸引摘出術. 〖医〗~ gastrique 胃液の吸引. nettoyage par ~ 吸引式掃除, 掃除機による清掃. soupape d'~ (内燃機関の) 吸気弁. tuyau d'~ d'un corps de pompe ポンプの吸水管.
3 〖発音〗帯気. ~ du h anglais 英語のhの帯気 (*ex.* hot [hɔt]).
4 〖医〗誤嚥 (嚥下時に液体や固体が気管に入ること).
5 〖比喩的〗望み, 憧れ;熱望, 渇望. ~ au bonheur 幸福の希求. ~s professionnelles 職業的願望. ~ révolutionnaire 革命の渇望. ~ vers la gloire 栄光への憧れ.
6 〖比喩的〗〖古〗息吹き. ~ divine 神の息吹き;神の啓示.

aspirationspneumonie *n.f.* 〖医〗吸引性肺炎, 嚥下性肺炎.

aspiratoire *a.* **1** 〖生理〗(空気の) 吸引に関する. mouvement ~ 吸気運動.
2 吸いあげる.

aspirine *n.f.* 〖薬〗アスピリン (= acétylsalicylique アセチルサリチル酸);アスピリンの錠剤 (=comprimé d'~).

aspiro-batteur *n.m.* 絨毯用電気掃除機.

asplénie *n.f.* 〖医〗無脾症, 脾欠損症 (= ~ de rate). syndrome d'~ 無脾症症候群.

ASS (=*a*llocation de *s*olidarité *s*pécifique, *a*llocation *s*pécifique de *s*olidarité) *n.f.* 〖行政・労働〗連帯特別手当, 特定連帯手当 (失業者で, 失業前の10年以上に就労経験があり, 失業保険の受給権を喪失, 求職中で就労可能な者に対し ASSEDIC から毎月支給される給付金;1984年導入). Le montant maximum de l'~ est de 14,74 euros par jour au 1ᵉʳ janvier 2008. 連帯特別手当の最高額は2008年1月1日現在1日につき14.74ユーロである. l'~ majorée 加算連帯特別手当.

assa-fœtidas ⇒ **asa-fœtida**

assainissement *n.m.* **1** 衛生的にすること, 清潔にすること;衛生化;清掃. ~ d'un quartier 街区の衛生化. réseau d'~ 下水道網. travaux d'~ 衛生化工事;下水工事.
2 浄化. ~ des mœurs 風紀浄化.
3 〖経済〗健全化, 正常化. ~ budgétaire 予算の健全化. ~ monétaire 通貨の安定.

assainisseur *n.m.* **1** 消臭剤. **2** 空気清浄器, エアクリーナー (= ~ d'air).

assaisonnement *n.m.* **1** 調味, 味つけ. ~ d'un salade サラダの調味.
2 調味料 (aromate 香料, épice 香辛料, sel 塩, など).
3 〖文〗風趣添え;妙味.

assassin[1] *n.m.* **1** 人殺し, 殺人者;暗殺者. A l'~! 人殺し! ~ à gages 殺し屋. ~

professionnel 殺し屋. Elle est un ~. 彼女は人殺しだ. tomber sous les coups d'~ 人殺しの手にかかる.
2 過失致死者.

assassin² (**e**) *a.* **1** 〖文〗人殺しの, 殺人の;暗殺の. main ~*e* 人殺しの手.
2 〖比喩的〗人を悩殺する. œillade ~*e* 人を悩殺する流し目. mouche ~*e* つけぼくろ.
3 敵意を顕わにした, 悪意むき出しの. insinuation ~*e* 敵意に満ちた当てこすり.

assassinat *n.m.* **1** 殺人;暗殺;〖法律〗謀殺. ~ du président Kennedy ケネディー大統領の暗殺. commettre un ~ 殺人を犯す. tentative d'~ 暗殺の企て.
2 〖比喩的〗破壊行為. ~ des libertés 自由の圧殺.

assaut *n.m.* **1** 襲撃, 攻撃. ~ général 総攻撃. aviation d'~ 地上部隊支援航空部隊. troupes d'~ 空撃部隊. aller (monter) à l'~ 襲いかかる. donner (livrer) l'~ à …을 襲撃する. prendre (emporter) d'~ une position stratégique 戦略拠点を攻略する.
2 〖比喩的〗襲来. ~*s* de la tempête 嵐の襲来. combattre les ~*s* de la tentation 襲いかかる試練と闘う.
3 〖スポーツ〗(フェンシングの)試合;(ボクシング, レスリングの)試合.
4 〖比喩的〗競争. faire ~ d'esprit 知恵を競い合う.

-asse SUFF 〖女性形語尾〗「軽蔑」を示す (*ex.* con*asse* 馬鹿な女).

assèchement *n.m.* 干拓;水抜き, 排水;干上がり. ~ d'un marais 沼沢の干拓 (排水, 水抜き). ~ d'une rivière 川の干上がり.

ASSEDIC [asedik] (=*A*ssociation pour l'*e*mploi *d*ans l'*i*ndustrie et le *c*ommerce) *n.f.* 商工業雇用協会 (CNPF と労働組合間の 1958 年 12 月 31 日付協定により設立;失業保険制度の実施機関).

assemblage *n.m.* **1** 組み合せ;連結, 結合, 接合;〖機械〗組立て;〖建築〗継手, 仕口;〖製本〗丁合い;〖裁縫〗縫い合わせ. ~ à boulons (à rivets) ボルト(リベット)継手(接合). ~ de cheveux 髪の結束. ~ 〖des éléments〗d'une automobile 自動車の組立て. ~ de feuilles de papiers 丁合い. ~ par soudure 溶接継手(接合). atelier d'~ 組立工場.
2 〖食品・酒類〗調合, ブレンド. ~ de cafés (d'huiles, de tabacs, de thés) コーヒー(食用油, タバコ, 紅茶の)ブレンド. ~ 〖葡萄酒〗~ de vins de Champagne シャンパーニュ酒の調合. whisky d'~ ブレンデッド(ブレンド)・ウィスキー(=〖英〗blended whisky).
3 集合, 集り;寄せ集め;集会. ~ d'ethnies (de familles, de groupes, de personnes) 民族(家族, グループ, 人々)の集まり.
4 〖美術〗アサンブラージュ(さまざまな素材を寄せ集めた三次元芸術作品).
5 〖数〗記号列.
6 〖情報処理〗langage d'~ アセンブリ言語(=〖英〗assembly (assembler) language).
7 集成. ~ d'idées 思想の集大成.
8 〖音楽〗~ instrumental 種々の楽器の集合.
9 〖航空写真〗~ photographique 写真集成(複数の航空写真を合成して 1 枚の地表写真をつくること).

assemblée *n.f.* **1** 会合, 集会, 会議. ~ annuelle d'une association 団体の年次会合. ~ générale des actionnaires 株主総会. ~ générale des Nations unies 国連総会. ~ plénière 総会.
2 議会, 国会, (特に)下院. A~ constituante 制憲議会. A~ législative 立法議会. l'A~ 〖nationale〗国民議会(Chambre des députés ともいう;下院), 〖集合的〗国民議会議員. la haute A~ 上院(=Sénat).
3 議会の建物. couloir de l'A~ 国民議会の廊下, (転じて)議場外の場.
4 会衆, 聴衆, 出席者. parler devant une ~ de hautes personnalités 著名人の集まりで話をする.

assembleu*r*(**se**) *n.* **1** (機器の)組立工;〖製本〗丁合取り〖職人〗. ~ de pianos ピアノ組立工.〖織〗~ en dentelles レース編み工.
2 〖文〗〖神話〗~ de nuages ユピテル (jupiter).〖皮肉〗~ de nuées 夢想家, ユートピスト.
——*a.* 〖情報処理〗アセンブリの. langage ~ アセンブリ言語.
——*n.m.* **1** 〖情報処理〗アセンブラ(アセンブリ言語で書かれたプログラムを機械語に変換するプログラム). **2** 〖電算〗情報機器部品組立業者.
——*n.f.* 〖製本〗丁合仕上機.

assesseur *n.m.* **1** 陪席者, 補佐役. ~ du bureau de vote 投票所陪席者. **2** 〖法律〗(合議制裁判における)陪席判事 (=juge ~). **3** 〖法律〗陪審員 (=juré). **4** (大学の)副学部長, (博士論文審査委員会における)審査委員 (=suffragant).

ASSFORM (=*Ass*ociation pour la *form*ation) *n.f.* 消費問題活動家養成協会 (現在は UFCS: *u*nion *f*éminine *c*ivique et *s*ociale 市民社会活動婦人同盟により運営されている).

assiduité *n.f.* **1** 勤勉さ, 熱心さ;(à に対する)精励. ~ d'un bon élève 優等生の勤勉さ. prix d'~ 精勤賞. avec ~ 熱心に. ~ au travail (à travailler) 仕事熱心.
2 足繁く通うこと;人につきまとうこと. avec ~ 足繁く.
3 〖pl. で〗〖蔑〗女性につきまとうこと, ストーカー的行為. repousser des ~*s* しつこくつきまとう行為を冷たくあしらう.

assiette *n.f.* [I] **1** 皿. **2** 皿に盛られたもの. ~ anglaise ハム, 冷肉などの盛り合わせ. ~ de crudités 生野菜盛り合わせ.〖俗〗~ au beurre うまみのある場所, 儲け話, 利権.
3 食卓の座席. banquet de cinquante ~s 50人の宴会.〖話〗ne pas être dans son ~ 居心地が悪い.
[II] **1** 姿勢, 平衡, 安定, 基盤. ~ d'un gouvernement 政府のよって立つ基盤.
2 (権利の)基準, 根拠, 経済的基準.〖社会保障〗~ des cotisations 分担金の決定基準. ~ d'une rente 定期金債権の基準となる動産・不動産.
3〖財政〗課税対象の確認と課税基準の設定, 課税対象基準.〖l'impôt 課税基準. frais d'~ 課税対象・基準設定に要する費用.

assignation *n.f.* **1**〖法律〗召喚〔状〕.
2〖法律〗指定, 決定, 命令. ~ à résidence 居住指定. ~ de parts (贈与者・遺贈者による共同受贈者・受遺者の)持分の指定; 共有物の分割. ~ résidentielle (治安当局による)居住地指定.
3〖電算〗割り当て.〖情報言語〗~ sémantique 語属性 (コード化).

assimilation *n.f.* **1** 同一視, 見なし, 準用. ~ d'une chose à une autre 二つのものの同一視. ~ de grades 階級 (位階) の同一視.
2〖生〗同化(作用). ~ chlorophyllienne 炭酸(葉緑)同化作用.
3〖言〗(発音の)同化. ~ consonantique 子音同化 (absolu で s の前の b が [b] から [p] に発音されること).
4 (知識などを)自分のものにすること, 咀嚼, 理解, 体得. ~ de connaissances nouvelles 新しい知識の体得. faculté d'~ 理解力.
5〖社〗(民族などの)同化, 同和. ~ des immigrants 移民の同化 (外国人を国民に準じて扱うこと). politique d'~ 同化(同和)政策.
6〖哲〗同化.

assimilé(e) *a.p.* **1** 同一視された; 準ずる, 同化した. immigrants ~s 社会に同化した移民.
2 消化吸収された, 同化した. substances ~s 消化吸収された物質.〖比喩的〗connaissances ~es 身についた知識.
—*n.* **1** (ある身分・職階に)準ずる人. fonctionnaires et ~s 公務員と見なし公務員 (準公務員). **2** 準戦闘員(軍医, 衛生兵, 徴用民間人など).

assis(e¹) (<asseoir) *a.p.* **1** 坐った, 腰かけた, 着席した. être ~ 坐って(腰かけて)いる (être debout「立っている」の対). places ~s (乗物・劇場などの)座席 (places debout「立席」の対). A~! (犬に対し) おすわり!
2〖法律〗〔集合的〕magistrature ~e 裁判官 (= magistrature au siège) (magistrature debout (du parquet)「検察官」の対).
3〖比喩的〗安定した, 基礎の固い. gouvernement bien ~ 極めて安定した政府. situation ~e ゆるぎない地位.
—*n.m.* 着席. voter par ~ et levé〔s〕着席と起立で賛否を決める.

Assise *n.pr.* アッシジ (Assisi)(イタリアの古都). basilique Saint-François d'~ アッシジの聖フランチェスコ・バジリカ聖堂 (1228-53年, Giotto, Cimaboue の壁画がある).

assise² *n.f.* [I]〖列・層〗**1** (壁や塀の基礎となる)切石(煉瓦)を水平に積み重ねた層, 横目地. ~ de carreaux (切石・煉瓦の)長手積層.
2〖比喩的〗〔*pl.* で〕基礎, 基盤. ~s de l'Etat 国家の基盤. ~s d'une politique 政治(政策)の基礎.
3〖地層〗〔*pl.* で〕地層; 堆積物の層. ~ rocheuse 基礎岩盤.
4〖生〗層.〖植〗~s génératrices 形成層.〖植〗~〔s〕pilifère〔s〕有毛層.
[II]〖会議〗〔*pl.* で〕**1** 重罪裁判; 重罪院 (= cour d'~s); 重罪院の会期. envoyer qn aux ~s 人を重罪院の裁判にかける.
2 (政党・組合などの)大会. tenir ses ~s 大会を開催する; 〔一般に〕会議を開く.
3〖史〗les A~s de Jérusalem エルサレム法典.

assistanat *n.m.* **1** (大学などの)助手職, 助手の地位;〖映画〗助監督の職(地位);〖放送〗アシスタント・プロデューサー(ディレクター)の職(地位).
2〖社会保障〗被扶助(被支援)状態.

assistance *n.f.* **1**〔集合的〕出席者, 参列者, 観衆; 聴衆. ~ de la conférence 講演の出席者. nombreuse ~ 数多くの参列者(観衆, 聴衆).
2 援助 (= aide), 扶助, 支援. ~ à personne en danger 危機的状況にある人の援助. ~ éducative (未成年者への)教育的扶助. ~ en justice (弁護士などによる)訴訟補佐. ~ judiciaire 司法扶助 (現用は aide judiciaire). ~ médicale 医療扶助. ~ mutuelle 相互扶助(援助). ~ psychiatrique (mentale) 精神病扶助. ~ sociale 社会扶助. ~ technique (開発途上国などへの)技術援助. opérer le malade avec l'~ des aides, de plusieurs infirmières et d'un anesthésiste 助手や数多くの看護婦, 麻酔医の支援のもとで患者の手術をする. recourir à l'~ de qn 人の助けに頼る.
3 救護, 救助; 保護; 福祉. ~ maritime 海難救助 (= sauvetage). ~ post-pénale 出所者に対する物質的・精神的援助. ~ publique 生活保護, 社会福祉 (現用は aide sociale「社会扶助」). l'A~〔publique〕民生保護制度(施設), 社会福祉制度(施設). l'A~ à l'enfance 児童養護施設 (現用 l'Aide sociale

à l'enfance 児童に対する社会援助施設(制度)). droit à l'~ [publique]生活保護をうける権利. enfant de l'A~ 児童擁護施設の収容児童.

4 [法律]無能力者(incapable) 保護制度.
5 [機械]補助装置. ~ au freinage ブレーキ補佐装置(frein assisté「パワーブレーキ」など).
6 [医]補助[法]. [医] ~ cardiorespirative 心肺補助法. ~ circulatoire (心不全に対する) 補助循環法. ~ respiratoire 補助呼吸.
7 [電算]援用[法]. ~ à la création par ordinateur コンピューター援用の創造活動. [情報] ~ téléphonique 電話のホットライン.
8 [オートレース]メカニックのサポートチーム.

assistant(**e**[1]) *n*. **1**〔多く *n.m.pl.*〕出席者, 参列者. 観衆；聴衆. ~*e* à la réunion 会合の参加女性. majorité des ~*s* 出席者(参列者, 観衆, 聴衆)の大多数. Parmi les ~*s* il y avait beaucoup de femmes. 出席者(参列者, 観衆, 聴衆)の中に大勢の女性がいた.
2 (大学などの)助手, 助教；(外科医, 歯科医, 実験室などの)助手；(映画・演劇などの)助手, 補佐役；(中等教育の)外国語担当外国人講師. ~ de (en) fac 大学の助手(maître-~「専任講師」の下の職階). ~ des hôpitaux 病院助手. ~ de laboratoire 実験室の助手, 実験助手. ~ du metteur en scène 演出助手, 演技補助監督. ~ de production (ラジオ, TVの)プロデューサー補. ~ de recherche 研究助手. ~ du son 録音助手. ~ [du] réalisateur (映画の)助監督；(TVの)アシスタント・ディレクター.
3 [社] ~ sociale[2] ソーシャル・ワーカー, ケースワーカー. diplôme d'~ sociale ソーシャル・ワーカー資格免状. ~ médico-sociale 医療社会ケースワーカー. ~ visiteuse 訪問ソーシャル・ワーカー.
4 [宗教]補佐役, 助手, 助任. ~ du prêtre célébrant ミサの司祭補佐. ~*e* d'une abbesse 女子大修道院長補佐.
—*a*. 補佐の, 補佐役の, 助手の. médecin ~ 補助医.

assisté(**e**) *a.p.* **1** 社会(医療, 法律)扶助(=assistance soiale (médicale, juridique))を受けている. enfants ~*s* 養護施設入居児童. personne ~*e* 被扶助者.
2 [機工]力を補強された, 補助装置付の. [自動車] direction ~*e* パワーステアリング. freins ~*s* パワーブレーキ. [医] ventilation ~*e* 補助換気, 補助呼吸.
3 コンピュータを援用(利用)した. conception ~*e* par ordinateur コンピュータ援用設計(略記 CAO). dessin ~ par ordinateur コンピュータグラフィックス(略記 DAO；[英] CG). enseignement ~ par ordinateur コンピュータ援用教育(略記 EAO；=[英]

CAI：*c*omputer-*a*ssisted (aided) *i*nstruction). publication ~*e* par ordinateur コンピュータ援用出版(略記 PAO；=[英] DTP：*desk*top *p*ublishing).
4 科学技術に支援された. procréation médicalement ~*e* 医療支援生殖(出産).
—*n*. (社会・医療・法律扶助などの) 被扶助者.

associatif(**ve**) *a*. **1** 会の；協会の；会(協会)の組織・運営に関する. mouvement ~ 会の活動, 協会活動. organisation ~*ve* 会(協会)の組織.
2 連想の；連想による. [電算] mémoire ~*ve* 連想記憶；連想記憶装置.
3 [数]結合的. loi ~*ve* 結合法則, 結合律. opération ~*ve* 結合演算.
4 [生理]連合の, 結合の. cortex ~ (大脳の) 連合皮質, 連合野. neurone ~ 連合(結合)ニューロン.
—*n*. 会員, 協会員.

association *n.f.* **1** 会, 団体, 協会, 結社, 市民団体, NPO. ~ déclarée 認可団体(= ~ agréée). ~ reconnue d'utilité publique 公益法人. liberté d'~ 結社の自由. loi relative au contrat d'association 結社契約に関する法律(=loi du 1er juillet；一般に 1901 年の結社法と呼ばれる法律で, これによって結社の自由が確立された).
A ~ européenne de libre-échange (AELE) ヨーロッパ自由貿易連合 (ヨーロッパ経済共同体に対抗するために, イギリスが主導権を取って, 1960 年に設立. その後, イギリスをはじめとする原加盟国が EEC に加盟するため脱退し, 1992 年にヨーロッパ共同体との間でヨーロッパ経済領域を形成する条約に調印).
A ~ française des banques フランス銀行協会(フランスの銀行は, 相互銀行, 協同組合銀行以外はすべて本協会に属していなければならない).
A ~ internationale des transports aériens (AITA=[英] IATA：*I*nternational *A*ir *T*ransport *A*ssociation) 国際航空運送協会.
A ~ internationale pour le développement (AID) 国際開発協会(第二世界銀行の正式名).
A ~ des Nations d'Asie du Sud-Est (ANASE=[英] ASEAN：*A*ssociation of *S*outh *E*ast *A*sian *N*ations) 東南アジア諸国連合.
A ~ des régimes de retraites complémentaires (ARRCO) 付加年金組合連合(非管理職で老齢年金支給額が上限に達しない雇用者を対象とする).
A ~ pour l'emploi dans l'industrie et le commerce (ASSEDIC) 商工業雇用協会(失業保険制度の運用のため, 経営者と労働組合の間で結ばれた協約に基づいて設立).
A ~ des universités partiellement ou entièrement de langue française (AUPELF)

associé(e)

フランス語による教育を行う大学連合. Les ~s produisent souvent des compétences spécifiques faites de créativité, d'originalité...particulièrement recherchées par les entreprises 市民団体は企業が特に求める創造性, 独創性などの独特の能力を生み出すことが多い.
2 結びつき, 結合, 連想；〖化〗(同一物質の分子の)会合；〖心〗連合；〖植〗群集, 群落, アソシエーション. ~ médicamenteuse 医薬品連合投与.
3 関与, 参画. ~ des travailleurs aux bénéfices de l'entreprise 企業利益の従業員への分配.

associé(e) *a.p.* **1** 共通の利害関係(仕事)で結ばれた；準(副)の；連合した, 仲間の；随伴の. ~ membre ~ 準会員. professeur ~ 客員教授.
—*n.* **1** 協力者, 仲間, 同僚. prendre *qn* comme ~ 人を仲間に入れる.
2 〖法律〗社員, (特に)共同出資者(事業者, 経営者).〖農〗~ d'exploitation 農業経営の親族協力者.
3 準会員 (=membre ~).

assolement (<assoler) *n.m.* 〖農〗輪作. ~ biennal (triennal) 2 (3) 年制輪作.

assomption *n.f.* **1** 〖カトリック〗アソンプション, 聖母被昇天〖聖母マリアの魂と肉体の昇天の奇跡〗. l'A ~ 聖母被昇天の大祝日(8月15日).
2 〖美術〗聖母被昇天図(像).
3 〖哲〗想定；仮定；〖論理〗小前提. ~ d'une proposition 命題の想定.

assorti(e) (<assortir) *a.p.* **1** 釣合いの取れた, 調和した, 似合いの. couleurs ~s 調和のとれた配色. ensemble ~ 釣合いのとれた全体. époux bien ~s 似合いの夫婦. mariage ~ 釣合いのとれた結婚. pochette et cravate ~e 揃いの胸ポケットの飾りハンカチとネクタイ. ~ à *qch* 何に似合った(釣合った). une cravate ~e à son costume スーツに似合ったネクタイ.
2 ~ de *qch* を備えた(を伴った). allégations ~es de justification 正当性のある申立て.
3 (店が)品揃えのよい. magasin bien ~ 品揃えのよい店.
4 〖料理〗各種盛り(取り)合せた. assiette ~e 各種料理の盛合せ皿. bouquet de fines herbes ~ 各種香草を取り合わせた束. fromages ~s チーズの盛合せ.

assortiment *n.m.* **1** 釣合い；組合せ, 配合. ~ de couleurs 配色.
2 揃い, 組, セット. un ~ de linge de table テーブルクロスとナプキンのセット. un ~ de vaisselle 一揃いの食器.
3 〖商品〗(同一種類の商品の)品揃え, ストック. un ~ de dentelles レースの品揃え. librairie d'~ 各出版社の書籍を揃えた書店. livres d'~ 取寄せ本.
4 〖印刷〗鉛の組活字セット.
5 〖酒〗投錨機器セット.
6 〖料理〗(料理の)盛合せ, 盛合せ料理. ~ de charcuterie 豚肉加工品の盛合せ(ハム, ソーセージ類). ~ de petits fours プチ・フール(小型菓子)のセット.

assoupissement *n.m.* **1** まどろみ；〖医〗傾眠. ~ léthargique 嗜眠. ~ narcotique 昏睡〔状態〕(=narcose). ~ pathologique profond 病的な深い傾眠. léger ~ 浅いまどろみ.
2 鎮まる(和らぐ, 弱まる)こと；鎮める(和らげる)こと；鎮静. ~ d'une douleur 苦痛の鎮静. ~ d'une querelle 争いの抑制.
3 無気力状態. ~ de l'esprit 精神的無気力. sortir de son ~ 無気力状態を脱する.

assouplissement *n.m.* **1** 柔かくすること, 柔軟にすること；柔かくなること, 柔軟になること. ~ du cuir par le corroyage なめしによる皮革の軟化. exercices d'~ 柔軟体操.
2 〖比喩的〗緩和, 柔軟化. ~ du caractère 性格の穏健化. ~ des réglementations 規制緩和.

assujetti(e) *a.p.* **1** 隷従した；(人が)束縛されている. être ~ à une règle 規則に拘束されている.
2 (物が)固定された, 動かないようにされた.
3 〖法律〗(法定の)義務を負った, 拘束された. ~ à l'impôt 納税義務を負った. être ~ à la Sécurité sociale 社会保障制度に加入すべきである.
—*n.* **1** 納税義務者(=~ à l'impôt).
2 加入義務者. ~ à la Sécurité sociale 社会保障制度加入義務者.

assujettissement (<assujettir) *n.m.* **1** 拘束, 束縛；義務；支払義務；加入義務. ~ à l'impôt 納税義務. ~ à la Sécurité sociale 社会保障制度加入義務.
2 〖文〗(習慣, 流行などに)従うこと. ~ aux usages 習慣に従うこと.
3 〔古〕服従, 臣従；隷従. ~ de la Grèce par les Romains ローマ人によるギリシアの征服.

assurage (<assurer) *n.m.* 〖登山〗(ザイルなどによる)確保；確保術；確保装置.

assurance *n.f.* **1 a)** 保険. ~ automobile 自動車保険 (= ~-auto). ~ contre les accidents corporels 傷害保険. ~ contre les accidents du travail 労災保険. ~ contre l'incendie 火災保険 (= ~-incendie). ~ contre la maladie 疾病保険 (= ~-maladie). ~ contre le vol 盗難保険 (= ~-vol). ~(-)crédit 信用保険. ~s cumulées 重複保険 (= ~s multiples). ~ de choses 物品保険. ~s de dommages 損害保険 (= ~-dommages). ~ de groupe 団体保険. ~ de personnes 人身保険. ~ illimitée 無限責任保険. ~ maritime 海上保険. ~s mutuelles 相互保険.

populaire 簡易生命保険. ~s sociales 社会保険；社会保障 (sécurité sociale). ~ sur la vie 生命保険 (= ~-vie). ~ complémentaire vie 生命保険付帯特約保険. ~ tous risques 全額賠償自動車責任保険, 自動車総合保険. ~ transports 貨物運送保険.
agent d'~s 保険代理業者. compagnie d'~ 保険会社. contrat d'~ 保険契約. cotisation d'~s sociales 社会保険 (社会保障) 負担金. police d'~ 保険証書. prime d'~ 保険料. contracter une ~ 保険に加入する, 保険を掛ける.
b) 保険料 (=prime d'~)；(自動車保険の) 保険料領収証 (=quittance de prime d'~). payer l'~ de la voiture 車の保険料を支払う. mettre l'~ avec la carte grise 自動車保険領収証を自動車登録証と一緒に置く.
c) 保険会社 (=compagnie d'~). prévenir l'~ 保険会社に通知する.
2 a) 保証 (=garantie). donner des ~s sur …について保証を与える. b) 〔手紙の結語に用いる慣用句〕Veuillez agréer l'~ de mes sentiments distingués.
3 〔登山〕(ザイル等による) 確保；確保用器具.

assurance-annulation (pl. **s-~**) n.f. (旅行などの) キャンセル (解約) 保険.

assurance[-]auto[mobile] (pl. **~s-~**) n.f. 自動車保険.

assurance[-]chômage (pl. **~s-~s**) n.f. 失業保険.

assurance-crédit (pl. **~s-~s**) n.f. 信用保険, 貸倒保険.

assurance-décès (pl. **~s-~s**) n.f. 死亡保険.

assurance-dommages (pl. **~s-~**) n.f. 損害保険, 損保.

assurance[-]maladie (pl. **~s-~**) n.f. 疾病保険.

assurance-vie (pl. **~s-~**) n.f. 生命保険 (=assurance sur la vie).

assurantiel(le) a. 保険の；保険会社の (=assuranciel(le)).

assuré(e) a.p. **1** (物事が) 確かな, 確実な；確定した. succès ~ 確実な成功.
2 保証された. aide ~e 保証された援助.
3 しっかりした, 自信のある；大胆な. air ~ 自信ありげな様子.
4 保険が掛けられた. maison ~ contre l'incendie 火災保険の掛かった家屋.
——n. 被保険者. ~ social 社会保険加入者. protection des ~s 被保険者の保護.

assureur n.m. **1** 保険業者 (assuré「被保険者」の対). ~-vie 生命保険業者. L'~ est responsable des engagements pris vis-à-vis des assurés. 保険業者は被保険者に対する契約に責任がある.
2 〔登山〕(ザイルの) 確保者.

AST (=asparate-aminotransférase) n.f. 〖生化〗アスパラギン酸トランスアミナーゼ

(酵素) (=ASAT, SGOT, GOT).

astaciculture n.f. 〖ザリガニ養殖〔案〕.

astasie n.f. 〖医〗失立失歩〔症〕(ヒステリ一症状).

astate n.m. 〖化〗アスタチン (元素記号 At ; 原子番号 85 ; 原子量 210), ハロゲン族の不安定な放射性元素 (=〖英〗astatine).

astatique a. **1** 〖物理〗無定位の, 不安定な. 〖電〗galranomètre ~ 無定位電流計. 〖物理〗système ~ 中立平衡系.
2 〖医〗失立〔症〕(astasie).

aster [-εr] n.m. **1** 〖植〗アスター (=vendangeuse) ； アスター属の植物. **2** 〖生〗(細胞分裂の) 星状体.

Aster-30 n.m. 〖軍〗ミサイル迎撃ミサイル「アステール 30」(=antimissile ~ ; 軍コード SAMP/T : sol-air moyenne portée/terre 「陸軍地対空中射程ミサイル」).

astéréognosie [-gno-] n.f. 〖医〗(特に触覚による) 立体感覚失認.

astérisque n.m. アステリスク, 星印 (*).

Astérix n.pr.m. **1** アステリックス (1959年 Pilote 誌にはじめて掲載された劇画のタイトルと主人公名. Albert UDERZO [1927-]の絵と René GOSCINNY の文).
2 上記の劇画の出版社名.
3 アステリクス衛星 (1965年 11月 26日打上げの技術衛星の名称).

astéroïde [asteroid] n.m. **1** 〖天文〗小惑星, 小遊星, アステロイド. **2** 流星, 隕石 (いんせき).

asthénie n.f. 〖医〗無力 (器官の総合的機能失調), 無力症状, 疲労.

-asthénie [ギ] ELEM 〔女性語尾〕「衰弱」の意. (ex. neurasthénie 神経衰弱).

asthénique a. 〖医〗無力性の；無力症状の. constitution ~ 無力〔性〕体質. symptômes ~s 無力症の徴候. type ~ 無力性格.
——n. 無力症患者 (=malade ~).

asthénopie n.f. 〖医〗眼精疲労.

asthénosphère n.m. 〖地学〗(地球内部の) 岩流圏, アセノスフェア.

asthénozoospermie n.f. 〖医〗精子無力症.

asthmatique [asmatik] a. 〖医〗喘息 (ぜんそく) の. toux ~ 喘息性の咳 (せき).
——n. 喘息患者.

asthme [asm] n.m. 〖医〗喘息 (ぜんそく). ~ allergique アレルギー性喘息. ~ bronchique 気管支喘息. crise d'~ 喘息の発作.

asthmologie n.f. 〖医〗喘息学.

asti (<A~, イタリア・ピエモンテ州の都市) n.m. 〖葡萄酒〗アスティ酒 (アスティ周辺で生産される白の発泡酒). ~ spumante 発泡性アスティ酒 (= ~ mousseux).

astigmate a. 〖医〗乱視の. vue ~ 乱視.
——n. 乱視の人.

astigmatique a. 〖光学〗非点収差補正

astigmatisme 用の；乱視用の. lentille ～ 非点収差補正レンズ, 乱視矯正用レンズ.

astigmatisme *n.m.* **1** 〖医〗乱視. ～ irrégulier 不正乱視. ～ régulier 正乱視. ～ simple 単乱視. **2** 〖光学〗(レンズの)非点収差.

astragale *n.m.* **1** 〖解剖〗距骨(きょこつ). **2** 〖建築〗定規縁, 玉縁(たまぶち). **3** (大砲の)砲口凸縁. **4** 〖植〗アストラガル, トラガントゴムノキ(まめ科 papilionacées; gomme adragante トラガント・ゴムを採取).

astrakan [astrakã] *n.m.* アストラカン(旧ソ連, 現ロシア共和国南部アストラハン州 oblast d'Astrakhan の州都で, カスピ海に注ぐヴォルガ河口の港町アストラハンAstrakhan の周辺地方特産の, 子羊の巻毛の黒い毛皮). manteau d'～ アストラカンのコート.

astral(ale)(*pl.* **aux**) *a.* 星の, 天体の. 〖隠秘学〗corps ～ アストラル体《魂と肉体の媒介体》. lampe ～*e* 無影照明灯. signes ～ *aux* 天体記号. 〖占星〗thème ～ (人の生誕時の)天宮図, ホロスコープ.

astre *n.m.* **1** 〖天〗天体, 星. 〖文〗～ du jour 太陽. 〖文〗～ de la nuit 月. beau comme un ～ 星のように美しい. mouvement des ～*s* 天体の運行. **2** 〖占星〗(運勢を司る)星；運勢. consulter les ～*s* 星を占う. être né sous un favorable (funeste) ～ 好運(不吉)な星の下に生れた.

astreignant(e) *a.* 骨の折れる, 否応なしの；厳しく拘束する. tâche ～*e* 骨の折れる任務. travail ～ 厄介な仕事, 難儀な仕事.

astreinte *n.f.* **1** 〖法律〗過怠金, アストラント, 罰金強制. **2** 責務, 強制. application du mécanisme d'～ par l'UE ヨーロッパ連合による間接強制措置の適用《企業に対し違法行為の停止や情報の提供を求める間接強制措置の適用》. **3** (病院・憲兵隊などの緊急事態に備えた)職務上の待機拘束.

astringence *n.f.* **1** 収斂性, 渋味, 酸味. **2** 渋味, 酸味. ～ du jus de citron レモン・ジュースの酸味.

astringent(e) *a.* **1** 〖医〗収斂性の. lotion ～*e* アストリンゼント〔ローション〕. remède ～ 収斂薬(styptique)；止血薬(hémostatique). **2** 渋味(酸味)のある, saveur ～ 渋い(すっぱい)味.
——*n.m.* 収斂剤, アストリンゼント.

astro- 〔ギ〕ELEM「天体, 星」の意(*ex. astro*nomie 天文学, *astro*logie 占星術).

astrobiologie *n.f.* 〖天〗天体生物学(=exobiologie).

astroblastome *n.m.* 〖医〗星芽芽細胞腫, 星芽腫(中枢神経系の悪性細胞腫).

astrocytaire *a.* 〖生〗星状〔膠〕細胞の. bras ～*s* 星状〔膠〕細胞肢.

astrocyte *n.m.* 〖生〗(神経の)星状〔膠〕細胞, 星状グリア〔星状〕細胞. ～ activé 活性化星状〔膠〕細胞. Les ～ *s* sont le relais indispensable entre les neurones et les vaisseaux sanguins. 星状細胞はニューロンと血管を結ぶ不可欠の中継器である.

astrocytome *n.m.* 〖医〗星状細胞腫, 星状膠細胞腫, アストロサイトーマ.

astrogéologie *n.f.* 天体地質学.

astrolabe *n.m.* **1** (昔の)天体観測儀. **2** 〖現用〗天体高度観測儀. ～ à prisme プリズム式アストロラーブ.

astrologie *n.f.* 占星術.

astrologique *a.* 占星術の. prédictions ～*s* 占星術的予言.

astrologue *n.* 占星術師.

astrométrie *n.f.* 〖天文〗測定天文学, 天文測定学, 位置天文学《天体の位置測定学》.
▶ **astrométrique** *a.*

astronaute *n.* 宇宙飛行士(=spationaute).

astronautique *a.* 宇宙飛行の.
——*n.f.* 宇宙飛行(航行)学；宇宙飛行技術.

astronef *n.m.* 宇宙船.

astronome *n.* 天文学者.

astronomie *n.f.* 天文学. ～ appliquée 応用天文学. ～ de position 位置天文学. ～ dynamique 天体力学. ～ fondamentale 基礎天文学. ～ nautique 航海天文学. ～ par radar レーダ天文学. ～ statique 統計天文学. ～ stellaire 恒星天文学. ～ théorique 理論天文学. radio-～ 電波天文学.

astronomique *a.* **1** 天文〔学〕の, 天体の. année ～ 太陽年(=année solaire). constantes ～*s* 天文定数《太陽系内の天体の位置を計算するのに必要な諸定数》. heure ～ 天文時(=temps ～)(1日が正午に始まり正午に終わる時法. 太陽時, 恒星時, ユリウス日など). horloge ～ 天体望遠鏡. unité ～ 天文単位, 天文単位距離《地球の公転軌道の長半径を基準にした天文定数で, 主に太陽系内の距離の単位として用いる；UAと略記；=〔英〕AU：*astronomical unit*》. **2** 〖比喩的〗(数値が)天文学的な, 厖大な. prix ～ 法外な値段.
▶ **astronomiquement** *ad.*

astrophoto〔graphie〕 *n.f.* 天体写真〔術〕；天体写真.

astrophysicien(ne) *n.* 宇宙物理学者.

astrophysique *n.f.* 宇宙物理学, 天体物理学.
——*a.* 宇宙物理学の(的な).

astrotourisme *n.m.* 天体観測旅行(ツアー).

asymbolte *n.f.* 〖医〗失象徴〔症〕, 象徴

不能症(対象認知不全).
asymétrique *a.* **1** 不均整の. visage ~ 不均整な顔.
2〘動〙不相称の；〘植・化〙非相称の；〘物理・数〙非対称の. carbone ~ 非相称炭素. catalyse ~ 非相称触媒作用.
asymptomatique *a.*〘医〙無症状の, 無症候性の, 無自覚性の, 無痛性の. cholélithiase ~ 無症状結石. protéinurie ~ 無症候性蛋白尿. ulcère ~ 無痛性潰瘍. porteur de germes ~ 無症状保菌者.
asynchrone *a.* 非同期の.〘軍〙machine ~ 非同期電動機(=moteur ~).
asynergie *n.f.*〘医〙筋群運動障害. ~ cérebelleuse 小脳性運動失調.
asystolie *n.f.*〘医〙不全収縮(心収縮の不全).
At (=*a*statine) *n.m.*〘化〙「アスタチン」の元素記号.
ATA (=*a*mmonium *t*richlor*a*cétate) *n.m.*〘化〙三塩化酢酸アンモニア.
atactique *a.*〘化〙polymère ~ アタクチックポリマー(重合体).
atavique *a.* **1** 隔世遺伝の；先祖がえりの. caractères ~s〔隔世〕遺伝的性格.
2 遺伝の, 遺伝的の；親ゆずりの.
atavisme *n.m.* **1** 隔世遺伝；先祖がえり. **2** 先祖伝来の(親ゆずりの)習性；遺伝的特徴；遺伝.
ataxie *n.f.*〘医〙失調, 運動失調. ~ cérebulleuse 小脳性運動失調. ~ cinétique 運動失調. ~ labyrinthique 迷路性運動失調. ~ locomotrice progressive 進行性運動失調. ~ spinale 脊髄性運動失調. ~ vestibulaire 前庭性運動失調. ~ optique 視覚失調.
ataxie-télangiectasie *n.f.*〘医〙小脳失調・血管拡張症.
ataxique *a.*〘医〙失調性の；運動失調性の. circulation ~ 失調循環. marche ~ 失調性歩行. paraplégie ~ 失調性対麻痺.
atchoum [atʃum] *int.*〘擬音〙ハクション.
ATD (=*a*vis *à* *t*iers *d*étenteur) *n.m.*〘法律〙第三取得者に対する通告. possibilité de faire des ~ 第三取得者に対する通告の可能性.
-ate SUFF〘男性名詞語尾〙〘化〙「酸塩」の意(*ex.* carbon*ate* 炭酸塩).
atélectasie *n.f.*〘医〙無気肺, 肺拡張不全.
atelier *n.m.* **1** アトリエ, (手工業の)仕事場, 工房. ~ de menuisier (d'orfèvre) 指物師(金銀細工師)の仕事場(工房).
2 (工場内の)作業場, 作業所；工場. ~ de la marine 海軍工廠(=arsenal de la marine). ~ de montage 組立工場. chef d'~ 作業所長；職長.
3 (芸術家の)アトリエ, 工房；スタジオ. ~ d'un peintre (d'un sculpteur) 画家(彫刻家)のアトリエ；画室(彫刻制作室). ~ d'un photographe 写真家のスタジオ, 写真工房.
4〘集合的〙(同じ作業場の)全職員, 作業班, 職場グループ；ワークショップ；(美術学校の)実習教室員, 制作グループ. ~ de théâtre 芸居の裏方. œuvre d'~ 工房の共同制作品.
5 (フラン・マソン, フリーメイスンの)アトリエ, 支部, 集会所. ~ de francs-maçons フラン・マソンのアトリエ.
ATEN (=*A*telier d'*e*tudes sur l'*E*nvironnement) *n.m.* 環境問題研究所.
aténolol *n.m.*〘薬〙アテノロール(β遮断薬；本態性高血圧症, 狭心症, 頻脈性不整脈などの治療薬；薬剤製品名 Tenormine (*n.f.*)など).
ATER (=*a*ttaché(e) *t*emporaire d'*e*nseignement et de *r*echerche) *n.*〘教育〙(大学の)臨時教育研究員(博士号取得者または博士論文執筆末期の研究者を臨時教員とするもの).
atermoiement *n.m.* **1**〘法律・商業〙支払(弁済)猶予.
2〘比喩的〙〔多く *pl.*〕時間稼ぎの引き延ばし, 優柔不断. chercher des ~s 引き延ばしを計る.
ATF (=*a*vion de *t*ransport du *f*utur) *n.m.*〘軍〙将来構想輸送機, 未来の輸送機.
athée *n.* 無神論者.
——*a.* 無神論の, 無神論的. existentialisme ~ 無神論的実存主義.
athéisme *n.m.* 無神論.
athénée *n.m.* **1**〘古代ギリシア〙(女神アテナ Athéna に捧げた)学芸の殿堂.
2〘ベルギー〙公立中等教育機関(中学校・高等学校；1980年以前は男子校；女子校はlycée といった).
Athènes *n.pr.* アテネ(Athina)(ギリシア共和国の首都) ▶ **athénien(ne)** *a.*
athérectomie *n.f.*〘医〙アテレクトミー(冠動脈内のコレステロールの粥状物質を血管の内側から削りとる治療術).
athermique *a.*〘物理〙無熱の, 熱をもたない. réaction ~ 無熱反応.
athérogenèse *n.f.*〘医〙アテローム(athérome)発生, 粥腫(じゅくしゅ)発生.
athérome *n.m.*〘医〙アテローム, 粥状硬化症, 粥腫, 粥種(じゅくしゅ). ~ artériel 動脈内アテローム. ~ disseminé (皮膚の)転移粉瘤(=athéromatose).
▶ **athéromateu*x*(*se*)** *a.*
athérosclérose *n.f.*〘医〙粥状動脈硬化症, アテローム性動脈硬化症.
athétose *n.f.*〘医〙アテトーシス(不随意運動症；=athésie). ~ double 両側アテトーシス. ~ symptomatique 症候性アテトーシス.
athétosique *a.*〘医〙アテトーシスの.
——*n.* アテトーシス患者.
athlète *n.* **1** スポーツ選手, 運動選手, ア

スリート；(特に)陸上競技選手. ~ complet スポーツ万能選手.〚医〛cœur d'~ スポーツ心臓(スポーツによる心臓肥大).〚医〛pied d'~ 足の細菌性皮膚疾患. **2** 筋骨逞しい人.

athlétique *a.* **1** 陸上競技の. exercices ~s 陸上競技の練習. jeux ~s 陸上競技競技会.
2 陸上競技選手の，スポーツマンタイプの. corps ~ 頑強で筋肉質の体，スポーツマン的体格. type ~ 闘士型気質.

athlétisme *n.m.* **1** 陸上競技. ~ en salle 室内陸上競技，インドア陸上. ~ masculin (féminin) 男子(女子)陸上競技. championnat d'~ 陸上競技選手権. épreuve d'~ 陸上競技競技会. Fédération française d'~ フランス陸上競技連盟(略称 FAA). stade d'~ 陸上競技場. faire de l'~ 陸上競技をする.
2〚古代ギリシア・ローマ〛競技，闘技，競技技術.

Athos (= *A*uvergne *t*élémédecine *hos*pitalière) *n.f.*〚医〛オーヴェルニュ遠隔医療連絡網，アトス.

athrepsie *n.f.*〚医〛(乳児の)無栄養症.

athymie, athymhorme *n.f.*〚精神医学〛無情動〔症〕(精神分裂病にあらわれる症状).

athyréose *n.f.*〚医〛先天性甲状腺欠如症.

ATIC (= *A*gence *t*echnique d'*i*mportations *c*harbonnières) *n.f.* 石炭輸入技術機構.

ATILA, Atila (= *a*utomatisation des *t*irs et des *l*iaisons de l'*a*rtillerie) *n.m.*〚軍〛砲兵隊射撃連絡自動化システム(= le système ~)《砲兵隊の射撃照準修正自動統制システム》.

ATL[1] (= *At*lantique) *n.m.*〚軍〛アトランティック《海軍哨戒機の名称》. l'~ 2 (l'Atlantique 2) アトランテック 2 型機.

ATL[2] (= *a*vion *t*rès *l*éger) *n.m.* 超軽量航空機.

atlantique *a.* **1** 大西洋の. l'océan *A*~ 大西洋(= l'*A*~). climat ~ 大西洋性気候. côte ~ 大西洋岸. les nations ~s 大西洋岸の諸国.
2 北大西洋の；北大西洋条約の. Pacte (Traité) ~ 北大西洋条約.

Atlantique (l') *n.pr.m.* 大西洋 (= l'océan Atlantique). l'*A* ~ Nord (Sud) 北(南)大西洋. Organisation du traité de l'~ Nord 北大西洋条約機構(OTAN =〔英〕NATO : *N*orth *A*tlantic *T*reaty *O*rganization).

atlantisme *n.m.*〚政治〛北大西洋条約体制，大西洋諸国の関係重視政策(アメリカ重視主義).

atlas [-s] (<〚ギ神話〛*A* ~ アトラス，天空を双肩にかつぐ巨人神) *n.m.* **1** 地図帳 (1585 年 Mercantor が出版した地図帳に *A*~ の図像を掲載したことに由来). ~ celeste 星座図. ~ linguistique 言語地図帳.
2 図版集. ~ botanique 植物図版集.
3〚解剖〛環椎（かんつい）(第 1 頚椎). arc antérieur (postérieur) de l'~ 環椎の前(後)弓.
4〚地形〛l'*A* ~ (北アフリカの) アトラス山脈.

ATLIS (= *a*utopointeur, *t*élévision et *l*aser d'*i*llumination au *s*ol) missile ~ 自動照準・TV 誘導・レーザー照射式ミサイル.

ATMB (= *A*utoroutes et *t*unnel du *M*ont-*B*lanc) *n.pr.f.* モン=ブラン高速道路・トンネル会社(= la société ~).

ATMO (< *atmo*sphérique) *a.* 大気の；大気汚染の. valeurs d'indice〔de pollution〕 ~ inférieures à 5 大気汚染の数値が 5 以下(10 段階の中央値).

atmosphère *n.f.* **1** 大気，大気圏. couches de l'~ 大気の層.
◆ **大気の層**：exoshère 逸出圏, ionosphère イオン層, magnétosphère 磁気圏, mésosphère 中間圏, thermosphère 温度圏, ozonosphère オゾン層, stratosphère 成層圏, troposphère 対流圏.
2 空気，大気. pollution de l'~ 大気汚染.
◆ **主要な汚染物質** principaux polluants：塩酸 acide chlorhydrique, 二酸化硫黄 dioxyde de soufre, 一酸化炭素 monoxyde de carbone, 二酸化炭素 dyoxyde de carbone (gaz carbonique), 窒素酸化物 oxydes d'azote, 光化学スモッグ smog photochimique など.
3 雰囲気，空気，気分. ~ de grandes vacances 夏休みの気分. ~ du pays 国(地方)に特有の雰囲気. changer d'~ 気分を変える，生活の場を変える. La conversation s'est déroulée dans une excellente ~. 会談はきわめて良好な雰囲気の中で行われた.

atmosphérique *a.* 大気の. conditions ~s 気象条件，気流；風. moteur ~ 通常エンジン(ターボを装着しない). perturbations ~s 乱気流. phénomène ~ 大気現象. pollution ~ 大気汚染. pression ~〔大〕気圧.
——*n.m.*〚多く *pl.*〛〚通信〛空電 (= parasites ~s).

ATNC (= *a*gent *t*ransmissible *n*on *c*onventionnel) *n.m.*〚医〛非通常(非定型)伝染物質(プリオン prion など).

atoll〔英〕*n.m.*〚地形〛環礁，環状珊瑚礁. ~s de Mururoa et de Fangataufa ムルロワとファンガタウファ環礁《フランスの核実験場があったところ》.

atome *n.m.* **1**〚化・物理〛原子；原子力；原子爆弾. ère de l'~ 原子力時代. noyau d'~ 原子核. Hiroshima, la première victime de l'~ dans l'histoire de l'humanité,

prend la tête du mouvement antinucléaire. 人類史上はじめて原子爆弾の犠牲になった広島は, 反核運動の先駆に立っている.
2 微量；微小物. un ~ d'intelligence 僅かな知性. Il n'a pas ~ de bon sens. 彼には良識のかけらもない.
3〖比喩的〗アトム, 原子 (分析の究極物). ~ logique 論理的原子.〖社〗~ social 社会アトム.
4〖電算〗アトム《データ構造の基本要素》.

atome-gramme (pl. ~s-~s) n.m. 〖化〗グラム原子.

atomique a. **1**〖化・物理〗原子の. masse ~ 原子質量, 原子量. notation ~ 原子記号. numéro (nombre)~ 原子番号. noyau ~ 原子核《形容詞 nucléaire》. poids ~ 原子量.
2 原子力利用の, 原子核分裂利用の；核の；核爆弾の, 核兵器の. Agence internationale de l'énergie ~ (AIEA) 国際原子力機関《[英] IAEA : International Atomic Energy Agency》. arme ~ 原子力兵器, 核兵器 (=arme nucléaire). bombe ~ 原子爆弾 (=bombe A). énergie ~ 原子力；〖古〗原子力エネルギー (=énergie ~ nucléaire 核エネルギー). guerre ~ 原子力戦争, 核戦争 (=guerre nucléaire). pile ~ 原子炉 (=réacteur ~). puissances ~s 核武装大国 (=puissances nucléaires).
3〖古代哲学〗原子論の.

atomisé(e) a.p. **1** 原爆 (核) の放射能に被爆した. ville ~e 原爆を投下された町；原爆で破壊 (汚染) された都市.
2 微粒子化された；霧状の. liquide ~ 霧状の液体.
— n. 原爆被爆者. ~ d'Hiroshima (de Nagasaki) 広島 (長崎) の原爆被爆者.

atomiseur n.m. 噴霧装置；噴霧器, 霧吹き, スプレー, アトマイザー. ~ à parfum 香水吹き.

atonie n.f. **1** 無気力状態. ~ intellectuelle 知的無気力.
2〖医〗アトニー, 弛緩症, 無緊張症, 緊張減退症. ~ de la vésicule biliaire 胆嚢弛緩症. ~ gastrique 胃アトニー症. ~ musculaire 筋無力症.

atonique a.〖医〗弛緩性の. hémorragie ~ (子宮の) 弛緩出血.

atopie n.f.〖医〗アトピー.

atopique a.〖医〗アトピー性の. dermatite ~ アトピー性皮膚炎. disposition ~ アトピー素因.

atorvastatine n.f.〖薬〗アトルバスタチン《高コレステロール血症薬；薬剤製品名 Tahor (n.m.) など》.

atout n.m. **1**〖トランプ〗切札となるマーク；切札. L' ~ est à trèfle. 切札はクラブだ. ~ maitre 持っている最後の切札. as d'~ 切札のエース.〖à〗sans ~ ノートランプ. jouer ~ 切札を出す.
2〖比喩的〗切札, 切札的手段. le dernier ~ 最後の切札. mettre tous les ~s すべての切札的手段を講じる.
3〖話〗元気. avoir de l'~ 元気がある.

atoxique a.〖医〗無毒の (toxique「有毒の」の対).

ATP[1] (=action thématique programmée) n.f.〖行政〗計画化された主題に関する行動.

ATP[2] (=adénosine triphosphate) n.m. アデノシン三燐酸《すべての動植物の細胞に存在し, エネルギーの伝達に作用する物質》.

ATPase (=adénosine-triphosphatase) n.f.〖生化〗アデノシン三燐酸分解酵素, アデノシントリフォスターゼ《アデノシン三燐酸 ATP を分解してアデノシン二燐酸 ADP に変える酵素》.

ATR[1] (=accès des tiers au réseau) n.m. 第三者の送電網参加.

ATR[2] (=avion de transport régional) n.m. **1** 地方路線用旅客機.
2 地方路線用旅客機製造会社《フランスのアエロスパシアル Aérospatiale 社とイタリアのアレニア Alenia 社の共同子会社》.
3 ATR 製造の旅客機の機種名. ~ 72 ATR 72 型機.

atractyligénine n.f.〖生化〗アトラクティリジェニン《カフェア・アラビカ, カフェアロブスタなどに含まれるテルペン》.

atrésie n.m.〖医〗閉塞症, 閉鎖症. ~ choanale 後鼻孔閉塞症. ~ de l'hymen 処女膜閉塞. ~ de l'intestin 腸閉塞症 (=occulsion intestinale). ~ de voies biliaires 胆道閉鎖症. ~ du conduit auditif 外耳道閉鎖症.

atriostomie n.f.〖医〗心房短絡術. ventriculo-~ 心室心房短絡術.

atrium [atrijɔm] [ラ] n.m. **1**〖建築〗アトリウム《建物で周囲を囲まれた中庭》；(各室に通じる) 中央広間.
2〖解剖〗房 (ぼう)；(特に) 心房, 心耳 (=auricule)；(耳の) 鼓室. ~ cordis 心房 (=oreillette). ~ propria 固有心房.

atroce a. **1** 残忍な, 邪悪な；むごたらしい. ~s tourments 残酷な責苦. action (crime)~ 残忍な行為 (重犯罪). geurre ~ 残虐な戦争. scène ~ むごたらしい光景.
2 堪え難い, ひどく苦しい. ~s souffrances 堪え難い苦しみ. peur ~ 恐ろしい不安.
3〖話〗いやな, ひどく不快な. bétise ~ ひどい愚行. climat (temps)~ いやな気候 (天気). travail ~ ひどくつらい仕事. Ce film est ~. この映画はひどい作品だ.

atrophiant(e) (< atrophier) a.〖医〗萎縮させる, 萎縮性の. encéphalopathie ~e 萎縮性脳障害.

atrophie n.f. **1**〖医〗萎縮, 萎縮症；機能衰退. ~ cérébrale 大脳萎縮. ~ musculaire progressive myélophatique 脊髄性進行性筋萎縮症. ~ myotonique 萎縮性筋緊張

atrophique

症, 筋強直性ジストロフィー (=dystrophie myotonique). ~ optique 視神経萎縮 (= ~ du nerf optique).
2 無栄養.
3 (記憶力などの) 衰え; (経済活動の) 衰退. ~ de la mémoire 記憶力の衰え.

atrophique *a.* 〖医〗萎縮性の. arthrite ~ 萎縮性関節炎, 慢性関節リウマチ. cirrhose ~ 萎縮性肝硬変. gastrite ~ 萎縮性胃炎. myotonie ~ 萎縮性筋緊張症, 強直性筋ジストロフィー. vaginite ~ 萎縮性腟炎.

atropine *n.f.* 〖薬〗アトロピン, 硫酸アトロピン (=sulfate d'~)《ベラドンナなどの根や葉から抽出されるアルカロイド; コリン作動抑制剤》.

ATSF (=*a*vion de *t*ransport *s*upersonique du *f*utur) *n.m.* 新超音速旅客機.《フランスの Aérospatiale 社と英国の British Aerospace で共同開発》.

ATTAC (=*A*ssociation pour la *t*axation des *t*ransactions pour l'*a*ide aux *c*itoyens) *n.f.* 市民援助のための取引課税協会《経済的・社会的不平等を解消するため1998年に設立された国際的組織》.

attaché(e) *n.* 特定任務を帯びる職員, アタッシェ. ~ d'ambassade 外交官補. ~ commercial 商務官. ~ culturel 文化アタッシェ. ~ d'administration 中級公務員.《administrateur civil 上級一般公務員と secrétaire d'administration 事務職員の間に位置する》. ~ de direction 社長室付秘書. ~ de presse プレス・アタッシェ, 報道担当官, 広報担当. ~ militaire 大使館付武官 (特に陸軍武官). ~ naval 大使館付海軍武官.

attachement (<attacher) *n.m.* **1** 愛着, 愛情; 献身; 執着; 固執. ~ au passé 過去への愛着. ~ aux richesses 富への執着. ~ au sol natal 生れた土地への愛着. ~ à la vie 生への執着 (こだわり). ~ fidèle 忠節. tendre ~ 愛情. avoir de l'~ au travail 仕事への熱意を抱いている. montrer de l'~ pour qn 人に愛着を示す.
2 〖建築〗(建築請負業者が日々の作業・工事費等を記録する) 作業日誌; 〖行政〗公共土木施行確認手続 〔記録〕 (=feuille d'~). travaux par ~ 作業日誌に基づいて経費が支払われる工事. signer les ~s 作業日誌に確認の署名をする.

attaquant(e) *a.* **1** 攻撃する; 攻撃的な. paroles ~es 攻撃的言辞. puissances ~es 攻撃国.
2 変質させる. substance ~e 変質作用物質.
— *n.* **1** 攻撃者. les ~s et les défenseurs 攻撃側と防衛側.
2 〖スポーツ〗攻撃要員, 攻撃側; 〖サッカー〗フォワード.
3 〖経済〗(企業の) 乗っ取り屋 (=raider), 買収屋; (他社社員の) 引抜き担当者.

attaque *n.f.* **1** 〖軍〗攻撃; 進攻. ~ aérienne 空襲 (=raid). ~ d'artillerie (d'infanterie) 砲兵隊 (歩兵部隊) による攻撃. ~ générale 総攻撃. ~ imprévue 奇襲 〔攻撃〕. avion d'~ au sol 地上攻撃機. déclencher (lancer) une ~ 攻撃を開始する. donner le signal de l'~ 攻撃の合図をする. repousser une ~ 攻撃をはね返す.
2 (人を) 襲うこと, 襲撃; 挑発; 〖話〗(異性に対する) アタック. ~ à main armée 武装襲撃 (強盗). ~ d'une banque 銀行強盗.
3 非難, 批判; 〖法律〗異議申立て. ~s de la calomnie 中傷攻撃. ~s de l'opposition contre le gouvernement 政府に対する野党の攻撃 (批判). être butte aux ~s 非難 (批判) の的になる, 目の敵にされる.
4 〖スポーツ〗オフェンス; 〖登山〗アタック, 登頂行動; 〖ゴルフ〗狙い打ち; 〖集合的〗攻撃陣 (la défense「守備陣」の対). 〖登山〗~ d'un pic 登頂のアタック. 〖フェンシング〗fausse ~ フォースアタック. 〔ligne d'〕~ 攻撃 (オフェンス) ライン.
5 〖医〗(病気の) 発作. ~ 〔d'apoplexie〕脳卒中. avoir une ~ de nerfs ヒステリーの発作に見舞われる.
6 急変, 激変; 〖気象〗襲来. ~s du sort 境遇の激変. ~s du temps 天候の急変. ~s de la vague de froid 寒波の襲来.
7 (困難な仕事などの) 着手; 〖音楽〗アタック (音の出し始め); 〖言語〗声立て (調音開始); 〖電信・電話〗呼出し.
8 〖化〗腐蝕. ~ d'un corps par un acide 酸による物体の腐蝕.
9 (葡萄酒の) 口当り. ~ faible d'un vin 葡萄酒の弱い口当り.
10 〖航空〗bord d'~ (翼の) 前縁.
11 〖機械〗駆動; 駆動部.
12 〖農・土木〗掘削; 〖鉱〗採掘. ~ du terrain 地面の掘削 (切取り). outil d'~ 掘削 (採掘) 工具.
13 〖狩〗chiens d'~ 獲物の襲撃犬.

atteint(e[1]**)** (<atteindre) *a.p.* **1** 傷ついた; 被害を受けた; (病気に) 罹った, 冒された. être ~ d'une maladie grave 重病に罹っている.
2 〖話〗頭がいかれている. Il est bien ~. あいつはひどくいかれている.

atteinte[2] (<atteindre) *n.f.* **1** 到達, 達成. hors d'~ (de l'~) de …の達し得ない 〔ところ〕, …の届かない. fruits hors d'~ 手の届かない果実. réputation hors de toute ~ 全く手の届かない名声. se mettre hors de l'~ des balles 弾丸の届かぬところに身を置く. jusqu'à l'~ du résultat 成果が得られるまで.
2 打撃; 〖法律〗侵害, 毀損; 被害. 〖法律〗~ à l'administration publique 公務に対する侵害 (贈賄 corruption active, 贈収賄 trafic d'influence, 権限濫用 abus d'autorité など). ~ à la liberté (à la sûreté de l'Etat) 自

由(国家の安全)の侵害. ~ à l'honneur de qn 人の名誉毀損. ~s de la gelée 霜害. porter ~ à …に打撃を与える. porter une grave ~ à l'autorité 権威に重大な打撃を与える. Cette loi porte ~ à la Constitution. この法律は憲法に抵触する.
3〔医〕兆候；発作. légère ~ de goutte 痛風の軽い兆候. ressentir les premières ~s d'une maladie 病気の初期の兆候を感じる.

attelle n.f. **1**〔医〕副木. **2**(馬車の)轅桿.

attendrissement (<attendrir, tendre) n.m. **1** 感動, 同情, 憫れみ. ~ de qn 人に対する同情. ~ pour qn(qch) 人(物)に対する同情. larmes d'~ 感涙. par ~ 感動(同情)して.
2〔料理〕(肉・野菜などの)軟化, 軟かくすること. ~ d'une viande à la cuisson 加熱による食肉の軟化調理.

attendu(e) (<attendre) a.p. 待ち望まれた；期待された. événement ~ 予想された出来事. triomphe ~ 期待した勝利.
──prép. …を考えれば, …を考慮し. ~ la situation internationale 国際情勢を鑑み. ~ que+ind. …である故に. …なので.
──n.m. **1** 期待されたもの.
2〔多く pl.〕理由；〔法律〕判決理由；請求の理由. ~s d'un jugement 判決理由 (=motif).

attentat n.m. **1** 暗殺〔の企て〕；テロ行為. ~ contre un homme politique 政治家に対する暗殺の企て. ~ à la bombe 爆弾テロ. commettre (perpétrer) un ~ 暗殺(テロ行為)を遂行する. être victime d'un ~ テロ行為の犠牲となる.
2〔法律〕(権利の)侵害, 法益侵害. ~ à la liberté 自由の侵害. ~ à la pudeur 強制猥褻 (= ~ aux mœurs). ~ à la sûreté de l'Etat 国家の安全を脅かす罪. ~ public à la pudeur 公然猥褻罪.
3〔文〕(良俗などの)蹂躙(じゅうりん). ~ aux mœurs 破廉恥行為.

attentatoire a. (à を)侵す, 侵害する, 傷つける. mesure ~ à la liberté 自由を侵害する措置.

attente n.f. **1** 待つこと, 待機；待ち時間 (=heures d'~). ~ prolongée (interminable) 長引く(果てしなく続く)待機.〔航空〕circuit d'~ 着率待機旋回飛行〔コース〕.〔自転車競技〕course d'~ 待機走行. file d'~ (待つ人の)行列.〔医〕ligature d'~ 仮結紮. phase d'~ 待機局面. スタンド=バイ.〔建築〕pierres d'~ 待歯石.〔軍〕position d'~ 待機態勢. salle d'~ 駅での待合室. salon d'~ d'une clinique 診療所(私立病院)の待合室. table d'~ 未加工板(銘文, 彫刻などが施されていない板状材料).
2 期待, 予期. contre toute ~ あらゆる期待に反して. dans l'~ d'une réponse favorable (de vous voir) 良い御返事を期待しつつ(お目にかかれるのを楽しみに)(書簡文面). répondre à l'~ de qn 人の期待に応える.

attentif(ve) a. **1** 注意深い；心のこもった, (à に)気配りをした, 心を配る, 注意する. air ~ 注意深い様子. auditeur (spectateur) ~ 注意深い聴衆(観衆). homme ~ à ses devoirs 義務感の強い人. regard ~ 熱心な眼差し. soins ~s 心のこもった世話(看病).
être ~ à〔la voix de〕qn 人の声に耳をかたむける. être ~ à qch 何に気を配る. Il est très ~ à vous plaire. 彼はあなたに気に入られようと気を配っている.
2 (女性に) 取り入ろうとする, ちやほやする. être ~ avec (auprès d') une femme 女性に言い寄る.

attention n.f. **1** 注意, 留意；関心；注目. A~! 気をつけて！ A~ à la voiture 車に気をつけて！ ~ de qn pour qch 人の何に対する注意(関心). faute d'~ 注意不足. publicité qui attire l'~ 人々の関心を惹きつける宣伝. travail qui exige une grande ~ 細心の注意を要する作業. à l'~ de qn … 様宛(気付). avec ~ 注意深く. attirer l'~ de qn 人の注意を惹く. captiver l'~ de son auditoire 聴衆を魅了する. concentrer toute son ~ sur qch 何に注意を集中する. donner l'~ à …に注意を向ける. écouter avec beaucoup d'~ 注意深く聞く. faire ~ 気をつける. faire ~ à qch 留意する. faire ~ à+inf. (que+subj.；à ce que+subj.) …するよう注意する. faire ~ que+ind. …に留意する. prêter ~ à …に注意を払う.
2 注意力. manque d'~ 注意力の欠如.〔精神分析〕~ flottante 注意力の散漫.〔医〕déficit d'~ 注意力欠如障害.
3〔電算〕アテンション. interruption d'~ アテンション割り込み.
4〔多く pl.〕心遣い, 配慮；親切. avoir des ~s délicates pour qn 人に細やかな心遣いを示す. entourer qn d'~s empressées 人に追従する. être plein d'~s pour qn 人への思いやりに溢れている.

attentisme n.m. 日和見主義.

atténuant(e) (<atténuer) a.〔法律〕刑を軽減する.　circonstances ~es〔刑の〕酌量軽減の情状；軽減事由；〔比喩的〕情状酌量的状況, 口実.

atténuateur n.m.〔物理〕減衰器.

atténuation n.f. **1** 弱まる(弱める)こと, 和らぐ(和らげる)こと；緩和, 軽減. ~ de l'expression 表現の緩和. ~ d'une douleur 苦痛の和らぎ.
2〔法律〕軽減. ~ de peine 刑の軽減, 減刑.
3 希薄化, 希釈；減衰, 弱化. coefficient d'~ 減衰係数. index d'~ 減衰指数.
4 減殺.
5〔薬〕弱体化.〔薬〕~ d'un virus ウィルスの弱毒化(ワクチン製造のための).

atterrisage *n.m.* **1**〖航空・宇宙〗着陸. ~ automatique 自動装置利用着陸. ~ au radar レーダー利用着陸. ~ forcé 不時着；強制着陸. ~ du module lunaire 月探査機の月面着地. piste d'~ 滑走路. train d'~ 着陸装置；(航空機の) 脚, 車輪.
2〖海〗接岸；上陸.

attestation *n.f.* **1** 証言, 証明；証明書. ~ d'assurance automobile 自動車保険証明書. ~ de bonne conduite 品行(操行)証明書. ~ de paiement 支払証明〔書〕. ~ en justice 供述書. ~ négative (ヨーロッパ連合委員会の) 非介入決定.
2 証拠, 実例, しるし.
3〖言語〗用例, 実例. ~ d'un not 語の用例.

attitré(e) *a.p.* **1** 肩書を持つ. représentant ~ 肩書のある代理人.
2 (商人などの) 出入りの, お墨付のある, 御用達の. fournisseur ~ de la cour d'Angleterre 英国王室の御用商人. marchand ~ 買いつけの店.
3〖蔑〗assassin ~ 札つきの殺し屋.
4〖狩〗chien ~ 待機犬.

attitude *n.f.* **1** 姿勢；ポーズ. ~ accroupie うずくまった (しゃがんだ) 姿勢. ~ gauche ぎこちない姿勢. ~ naturelle 自然なポーズ. ~ verticale 直立姿勢. garder une ~ 姿勢 (ポーズ) を保つ.
2〖舞〗アチチュード《片足を後方に腰の高さまであげ, もう一方の足で立つ静止ポーズ；mouvement の対》.
3 態度. ~ hautaine 高慢な態度. ~ de la rêverie 夢見るような様子. changer d'~ 態度を変える.
4〔比喩的〕~ à l'égard de *qn* (*qch*) 何(人)に対処する姿勢 (態勢). Quelle est votre ~ à l'égard de ce problème? この問題にあなたはどう対応しますか. garder une ~ nette はっきりした態度を保つ.
5〖蔑〗見せかけ. Ce n'est qu'une ~. 見せかけにすぎない. se composer une ~ 態度を取繕う.

attogramme *n.m.* アットグラム《10^{-18} グラム》.

attouchement *n.m.* **1** 手で触れること, 手できすること. **2** 愛撫；ペッティング；オナニー, マスターベーション (masturbation).

attractif(ve) *a.* **1** 引きつける. force ~ve 引力.
2 人を惹きつける, 魅力ある. centre ~ d'une ville 都市の盛り場 (名所). charme ~ 魅力.

attraction *n.f.* **1** 引力, 重力 (=gravitation). ~ d'un corps 物体の引力.〖物理〗~ magnétique 磁気引力.〖物理〗~ moléculaire 分子引力.〖物理〗loi de l'~ universelle 万有引力の法則.
2〔比喩的〕人を惹きつける力；魅力. ~ de *qn* 人の魅力. ~ d'un parti 政党の人を惹き つける力. exercer une ~ sur *qn* 人に対して魅力を発揮する.
3 人を惹きつけるもの；〔話〕興味の的である人物；〔多く *pl.*〕アトラクション；余興. ~s d'une boîte de nuit ナイト・クラブのアトラクション. ~s de Paris パリの人気の名所. ~s pour les touristes 観光客の人気の的. la plus belle ~ du spectacle ショーの呼びもの (=clou). parc d'~s 遊園地.
4〖言語〗牽引《文の要素間の影響》. ~ des genres (語彙間の) 性の牽引 (*ex.: un* espèce d'*idiot*).

attrait *n.m.* **1**〖文〗惹きつけること(力), 魅力. ~ charnel 肉体的魅力. ~ de l'aventure 冒険の魅力. ~ de la gloire 栄誉の魅力. ~ des plaisirs sexuels 性的快楽の魅力. ~ de la ville 都会の魅力.
2 愛着, 嗜好. éprouver de l'~ pour *qch* (*qn*) 何(人)に愛着を覚える.
3 (場所・気候などの) 快適さ (=agrément, aménité).
4〔*pl.* で〕〖文〗(景色などの) 美しさ；(女性の) 魅力, 美しさ. ~s d'une femme 女性の美しさ.

attrapage *n.m.*〔話〕**1** 小言, 叱責 (=réprimande). Quel ~! 何てお小言だ！
2 (突発的な) 喧嘩, 殴り合い (=pugilat). avoir un ~ avec *qn* 人と殴り合う.

attribut *n.m.* **1** 特性, 特質；特権 (=prérogative). La raison est un ~ essentiel de l'homme. 理性は人間固有の特質である. Le droit de grâce est un ~ du chef de l'Etat. 恩赦権は国家元首の特権である. ~s féminins 女性固有の器官.
2〖哲〗属性.
3 (神々・王位などの) 象徴〔物〕. ~s de la divinité 神〔性〕の象徴物. La caducée est l'~ de Mercure. カデュセ《2匹の蛇がからみ, 頂に2枚の羽根のついた月桂樹またはオリーヴ材の杖》はメルクリウスの象徴である.
4〖論理〗賓辞, 述語；〖文法〗属詞. ~ du complément 目的語の属詞.〔同格〕adjectif (nom) ~ 属詞の形容詞 (名詞).

attributaire *n.* **1**〖法律〗(遺産などの) 帰属者 《権利の付与または財産の分配を受けた者》.
2〖社会保障〗家族手当 (prestations familiales) の受給者.
——*a.*〖法律〗権利を付与された, 財産の分配を受けた. héritier ~ 遺産帰属者.

attribution *n.f.* **1** 付与；授権. ~ d'un prix 授賞.〖文法〗complément d'~ 付与の補語.
2 (裁判所による) 権利の付与. ~ de la garde (親権者による) 未成年の子の) 監護権の付与.
3〔*pl.* で〕(官庁などの) 権限, 職掌. ~ du maire 市町村長の権限. compétence d'~ 権限管轄.

4 (財産などの) 分配, 割当, 帰属の決定. ~ de logements aux sinistrés 罹災者への住宅の分配. ~ d'un poste à qn 人へのポストの割当. ~ en partage (共有相続財産などの) 持分の分割. ~ préférentielle 優先分配. 〖商業〗droit 〔préférentiel〕d'~ 新株〔優先〕引受権. Ce n'est pas (n'entre pas) dans ses ~s. それは彼の権限外だ.
5 帰責. ~ d'une responsabilité à qn 人に責任を負わすこと.
6 (作品の) 作者と見なすこと. ~ douteuse 作者と見なすことは疑わしい.

attrition *n.f.* **1** 磨擦;磨耗, 磨損, 減耗.
2 〖医〗(歯の) 磨滅 (咬耗);(皮膚の) 剝脱;〖外科〗(硬化した部分の) 粉砕手術.
3 (人員の) 自然減;(企業の) 従業員数漸減. taux d'~ (宣伝効果の) 逓減率.
4 〖神学〗不完全痛悔.

attroupement *n.m.* **1** (公道に野次馬などが) 群がること, 騒擾.
2 (秩序を乱す) 群集, 暴徒集団. 〖法律〗~ séditieux 反乱的暴徒, 騒乱. disperser un ~ 群衆 (暴徒) を解散させる. faire un ~ 暴徒が集結する.

Attu (= 〖英〗Atlantic *to* Ural) *n.f.* 大西洋からウラルまで (=de l'Atlantique à l'Oural).

ATU (= *a*utorisation *t*emporaire d'*u*tilisation) *n.f.* 〖薬〗(医薬品の) 一時的使用許可. ~ de cohorte (医薬品の有効性と安全性が十分あると推定される場合の) 集団的一時利用認可. ~ nominative 指名による一時利用認可. névirapine en ~ 1997. 1997年に一時的利用が許可されたネヴィラピン (抗ウイルス薬).

ATYPI (= *A*ssociation *typ*ographique *i*nternationale) *n.f.* 国際タイポグラフィー (活版印刷) 協会.

atypie *n.f.* 〖生〗異型性, 非定型性.

atypique *a.* 〖生・医〗非定型の, 定型と異る, 異型の. 〖医〗hémorragie ~ 不正出血.

atypisme *n.m.* 非定型性.

Au *n.m.* 〖化〗「金」(or) の元素記号.

Aube *n.pr.f.* **1** 〖地理〗l'~ オーブ川 (セーヌ河の支流;ラングル Langres 高地に発し, シャンパーニュ地方を流れる, 長さ248 km).
2 〖行政〗l'~ オーブ県 (=département de l'~;県コード10;県庁所在地 Troyes トロワ;フランスと UE の広域地方行政区画 région Champagne-Ardennes シャンパーニュ=アルデンヌ地方に属す;3郡, 33小郡, 431市町村;面積 6,002 km²;人口292,131;形容詞 aubois (*e*)).

aube *n.f.* **1** 朝の白みはじめ;曙光 (aurore「曙」の前);明け方. à l'~ 朝早く, 早朝に. dès l'~ 早朝から, 夜明けから.
2 〖文〗黎明期, 初期. ~ d'une civilisation 文明の黎明期. ~ de la vie 人生の初め.
3 〖カトリック〗アルバ (司祭がミサに着用する白い祭服);(初聖体拝領の子供が着る) 白衣.

aubépine *n.f.* **1** 〖植〗西洋三査子 (さんざし) (rosacées バラ科;生垣などに用いられる).
2 西洋山査子の花 (枝) (花序の先端が鎮痙作用がある).

auberge *n.f.* **1** 〔古〕オーベルジュ, 旅籠 (はたご) (食事もできる田舎の小さな宿屋). 〔比喩的〕~ espagnole (スペインの旅籠のように) 自前のものしかない場所. On n'est pas (encore) sorti de l'~. まだ困難な状況を脱却していない, まだ厄介事をかかえている. prendre la maison de qn pour une ~ 人の家に押しかけて居候する. tenir ~ 旅籠を経営する.
2 オーベルジュ (田舎の古風な高級レストラン). A ~ de l'Ill オーベルジュ・ド・リル (ストラスブール近郊, イル河畔の名レストラン).
3 ~ 〔de〕jeunesse オーベルジュ・〔ド〕・ジュネス, ユースホステル (略記 AJ). Fédération unie des ~s jeunesse (FUAJ) (フランスの) ユースホステル統一連合. Ligue française pour les ~s de la jeunesse (LFAJ) フランス・ユースホステル連盟.

aubergine *n.f.* **1** 〖植〗茄子;茄子の実. ~ à fruit rond 丸茄子の木. ~ violette longue hative 早生の紫長茄子 (実). mini-~ ミニ茄子. 〖料理〗~s farcies 茄子のファルシ (くりぬいた果肉を調理して茄子につめた料理). **2** 〔俗〕パリの駐車違反取締担当婦人係員 (制服が茄子色であることから).

aubette *n.f.* **1** (ベルギーの) 公道上新聞売場, バス停留所. **2** (西部フランスの) 屋根付バス停留所.

Aubusson *n.pr.* オービュソン (département de la Creuse クルーズ県の郡庁所在地;市町村コード 23200;形容詞 aubussonnais (*e*)). tapisserie d'~ オービュソン製のタピスリー.

Auch *n.pr.* オーシュ (西南フランス, département du Gers ジェール県の県庁所在地;市町村コード 32000;形容詞 auscitain (*e*)).

aucun(e) 〔リエゾンでは [okœn]〕 *a.ind.*
1 〔否定〕〔ne, sans と共に;時として jamais, plus が併用される〕いかなる, どんな, 何らの. A ~ grammairien n'a jamais critiqué cette tournure. いかなる文法家もいまだかつてこの言廻しを批判したことはない. Je n'ai ~ appétit. 私は食欲が全くない. Il n'y a plus ~ espoir. もはや全く希望がない.
en ~ cas 〔否定文で〕いかなる場合にも…しない (でない). Je ne lui donnerai cette autorisation en ~ cas. いかなる場合にも彼にはこの許可は与えないつもりだ.
sans ~ doute 疑いなく. sans ~*e* exception 全く例外なしに.

◆〔省略文では ne なしに〕Lequel préférez-vous? — A ~. どちらが好きですか? —どちらも。
◇ REM 複数形の使用は，単数形のない表現 (ex. ~es funérailles「いかなる葬儀も」)，単数と複数で意味の異なる名詞 (ex. ~s gages「何らの賃金も」) 以外は例外。
2〔肯定〕〔文〕〔比較・仮定・疑問・否定を表す文で，潜在的否定の概念を示す〕何らかの. Je l'ai aimée plus qu'~e autre. 私は他のどの女性よりも彼女を愛した. Cet ouvrage est le meilleur qu'on ait fait dans ~ pays sur ce sujet. この著作は，この主題についてどの国で論じたものより優れている. Je ne pense pas qu'il ait là ~e mal. 私はそこに何らかの不都合があるとは思わない. Il est interdit de jeter ~ objet en cet endroit. ここにはどんなものでも捨てることが禁じられている.
— *pr.ind.* **1**〔否定〕(ne, sans と共に; de+〔代〕名詞を従えるか, 既出の名詞を受ける〕誰も，誰一人; どれも，どれ一つ. A~〔de ces livres〕 n'est encore traduit.〔これらの本の〕どれもまだ訳されていない. Je ne connais ~ de vos amis. 私はあなたの友達は誰も知らない. Il a parlé sans qu'~ le contredit. 彼が話したが誰も反論しなかった.
◆〔省略文〕De tes amis, qui viendra? —A~. 君の友達のうち誰が来るの？—誰も.
2〔肯定〕誰か. Je doute qu'~ d'eux réussisse. 彼らのうちの誰かが成功するとは思えない.〔文〕〔d'〕~s ある人たち. D'~s pourront critiquer cette attitude. ある人びとがこの態度を非難することはありうるであろう.

AUD (=*a*llocation *u*nique *d*égressive) *n. f.*〔社会保障〕逓減式単一手当.
audace *n.f.* **1** 大胆さ, 大胆不敵さ;〔多く *pl.*〕大胆な試み, 斬新さ. ~s de la mode モードの斬新さ. ~ d'une pensée 思考の斬新さ. acte (coup) d'~ 果敢な行動. avec ~ 大胆に, 思い切って.
affronter les périls avec ~ 大胆に危険に立ち向かう. avoir de l'~ 大胆である. avoir beaucoup d'~ 大胆不敵である. manquer d'~ 大胆さに欠ける. payer d'~ 思い切って難局に当る.
2〔蔑〕図々しさ；横柄さ. geste plein d'~ 図々しい限りの振舞い. Quelle ~! 何て図々しいんだ！
audacieux(*se*) *a*. **1** 大胆な, 勇敢な, 思い切った; 斬新な. ~ général 勇敢な将軍. architecte ~ 斬新な発想の建築家. entreprise trop ~*se* 無鉄砲な企て. hypothèse ~*se* 大胆な仮説. rocs ~ そそり立つ岩塊. trop ~ 恐れ知らずの, 無鉄砲な.
2〔蔑〕図々しい, 厚かましい. air ~ 図々しい様子. allégation ~*se* 厚かましい申立て. voleur ~ 不敵な泥棒.

Aude *n.pr.f.* **1**〔地理〕l'~ オード川 (カルリット les Carlittes 山塊に発し, Quillan, Limoux, Carcassonne を通って地中海に流入, 長さ 220 km).
2〔行政〕l'~ オード県 (=département de l'~; 県コード 11; 県庁所在地 Carcassonne カルカッソンヌ; フランスと UE の広域地方行政区画 région Languedoc-Rousillon ラングドック=ルシヨン地方に属す; 3 郡, 35 小郡, 438 市町村; 面積 6,232 km²; 人口 309,770; 形容詞 audois (*e*)).
au-delà[1] *l.ad.* その向うに, その先に; その後まで; それ以上に (=davantage). Cela vaut 100 euros et ~. 100 ユーロ以上する.
—*prép.* の向うに, より先に; より以上に; …過ぎまで. ~ de la frontière 国境の向うに. ~ de mes espérances 私の期待以上に. ~ de minuit 真夜中過ぎまで. les jeunesses ~ de 18 ans 18 歳以上の若者. revenir d'~ des mers 海外から戻る. C'est ~ de toute imagination. それは想像を絶する.
au-delà[2] *n.m.* **1** 来世, あの世. dans l'~ あの世で. croire en l'~ 来世を信じる.
2 ~ de … 以上のもの. l'~ divin de la beauté 神々しさを超えた美しさ.
au-dessous *ad.* **1** その下に; 下に; 階下に. les enfants de dix ans et ~ 10 歳以下の子供たち. Il n'y a personne ~. 階下には誰もいない. La colline domine une plaine qui s'étend ~. 丘は下に拡がる平野を見下ろしている. Vous en trouverez 100 euros et ~. 100 ユーロ以下でそれが見つかるでしょう.
◆ au-dessous de[1] …の下に (の), …より以下, …未満の; …の階下に; (地理的に) …の南に; …の下流に. dix degrés ~ de zéro 氷点下 10 度. enfants ~ de onze ans 11 歳未満の子供たち. jupe ~ du genou 膝下までのスカート.
acheter qch ~ de sa valeur 何を値打ち以下の値段で買う. Elle habite ~ de moi. 彼女は私の下に住んでいる. L'Oise se jette à la Seine ~ de Paris. オワーズ川はパリの下流でセーヌ河に注ぐ. Vienne se trouve ~ de Lyon. ヴィエンヌはリヨンの南に位置する.
2 au-dessous de[2] … より劣った (=inférieur à). être ~ de son rôle 役不足である, 力不足である. être ~ de tout (人・物が) 何の役にも立たない. mettre une chose (une personne) ~ d'une autre 物 (人) を別の物 (人) より下に位置づける. Ce film est ~ de ce qu'en dit la critique. この映画は批評よりはるかに劣っている. Notre condition est ~ de la vôtre. われわれの条件はあなた方のより劣っている.
au-dessus *ad.* **1** その上に; 上に; 階上に. la dimension ~ 一回り上の大きさ. Les chambres sont ~. 寝室は階上です. La température atteint 30° et ~. 気温は 30 度

以上に達する.
◆ au-dessus de¹ …の上に;〖地理〗…の北に;…の上流に. cinq degrés ~ de zéro プラス5度. enfants de dix ans et ~ 10 歳以上の子供たち.
L'avion vole ~ de la mer. 飛行機は海上を飛んでいる. Elle habite ~ de moi. 彼女は私の上に住んでいる. Metz se trouve ~ de Nancy. メッスはナンシーの北に位置する. La Marne se jette dans la Seine ~ de Paris. マルヌ川はパリの上流でセーヌ河に注ぐ.
2 より優れた. Il n'y a rien ~. これ以上のものはない.
◆ au-dessus de² …を越えた, …を凌駕した;…を超越した. délit possible ~ d'un mois de prison et ~ 禁錮(懲役)1か月以上になりうる犯罪.
〔話〕être ~ de ses affaires 支出を越える収入がある. mettre (placer) une chose (une personne) ~ d'une autre 物(人)を上位に位置づける. C'est ~ de mes forces. それは私の力量を越えている. Cette personne est ~ d'une telle mesquinerie. あの人はそんな卑しいことはできはしない. Nous sommes ~ des injures. われわれは中傷にも超然としている.

au-devant *ad.* 前に, 前方に;迎えに. Je vais aller ~. 私はもっと先に行ってる. La voilà qui arrive, je vais ~. ほら彼女がやって来た. 私が迎えに行こう.
◆ au-devant de …に向かって, …の方に;…を迎えに. aller ~ du danger 危険に立ち向かう. aller ~ des souhaits de *qn* 人の希望をかなえてやる. aller ~ de *qn* 人を迎えに行く.

audience *n.f.* **1** (好意的)関心, 賛同, 支持. avoir l' ~ des intellectuels 知識人の関心を集める.
2 謁見, 引見, 会見;〔やや古〕謁見を許された人. demander l' ~ à un ministre 大臣に会見を求める. donner ~ à *qn*;recevoir *qn* en ~ 人を引見する. solliciter l' ~ de *qn* 人に謁見を乞う.
3 聴衆, 観客;(ラジオの)聴取者;(TV の)視聴者;聴視率;傍聴人. enquête d' ~ 聴視率調査. mesure d' ~ 聴視率測定(調査). ~ passionné par un conférencier 講演者に感動した聴衆.
4〖法律〗法廷;口頭弁論;(弁論または判決言渡しの)期日. ~ à huis clos 秘密法廷. ~ de procédure 準備手続期日. ~ de rentrée (裁判機関の)開廷式. ~ publique 公開法廷, 公判. ~ solennelle 厳粛法廷(控訴院以上の裁判所で, 院長が主宰する). ouvrir (suspendre, lever) la ~ 開廷(休廷, 閉廷)する.

audiencier(**ère**) *a.*〖法律〗huissier ~ 廷吏.
——*n.* 廷吏.

audimat [-at]〖商標〗*n.m.* オーディマット(TV 放送視聴率測定器).
audimètre *n.m.*〖放送〗(ラジオ・TV)視聴状況記録装置.
audi[-]mutité *n.f.*〖医〗聴唖.
audio *a.inv.* **1** 可聴周波の.
2 音の;音の送信(受信・再生)の, オーディオの(video「ヴィデオの, 映像の」の対). cassettes ~ オーディオ・カセット.
audioblog *n.m.* (インターネットの)オーディオブログ(音楽ブログのweb サイト).
audioconférence *n.f.* TV 会議 (= téléconférence).
audiodécrit(**e**) *a.p.*〖映画〗音声描写のある. film ~ et sous-titré 音声描写と字幕付きの映画.
audiofréquence *n.f.* 可聴周波数, 可聴振動数 (=fréquence audible) (略記 AF;ほぼ 15 kHz まで).
audiogramme *n.m.*〖医〗聴力検査の測定値グラフ.
audioguidage *n.m.* (博物館, 展覧会などでの)オーディオガイド, 音声案内.
audioguide *n.m.* (博物館, 観光地などの)音声ガイド(案内)装置, オーディオガイド.
audiomètre *n.m.*〖医〗聴力計.
audiométrie *n.f.*〖医〗聴力検査.
audio[-]numérique *a.*〖音響〗ディジタル録音・再生方式の. cassette ~ ディジタル録再カセット・テープ〔レコーダー〕(=DAT). disque ~ ディジタル録再レコード, コンパクトディスク (=CD, disque compact). en registrement ~ ディジタル録音.
audiophone *n.m.* 補聴器.
audio[-]prothésiste *n.*〖医〗補聴器技工士.
audioscription *n.f.*〖映画〗(視覚障害者向けの)音声描写〔システム〕.
audiothèque *n.f.* (インターネットの)音楽配信コレクション.
audiotypiste *n.* オーディオタイピスト(録音テープからタイピングする事務員).
audio-vidéo *a.* オーディオとヴィデオ〔兼用〕の. lecteur ~ オーディオ=ヴィデオ・プレーヤー.
audio[-]visuel(**le**) *a.* 視聴覚の. enseignement ~ 視聴覚教育. services ~s 視聴覚業務.
——*n.m.* 視聴覚機器 (=matériel ~);視聴覚産業 (TV, ラジオ, ヴィデオ, 映画など). Institut national de l' ~ 国立視聴覚研究所 (INA と略記, 1982 年設立).

audit [-t] (=Internal *Audit*or)〔英〕*n.m.*
1 会計監査;会計監査報告書. ~ fiscal 会計監査. **2** 監査役 (=auditeur).

auditeur(**trice**) *n.* **1** (講義, 講談等の)受講者, 聴衆;(音楽会の)聴衆;(放送番組

auditif (ve)

の) 聴取者, 視聴者；(大学などの) 聴講生 (=〜 libre). mes chers 〜s（ラジオ番組の司会者などが用いる常套句）.
2（完全な発言権・議決権をもたない）傍聴官, 聴取官；監査人. 〜 au Conseil d'Etat コンセイユ・デタの傍聴官（修習官）(conseiller d'Etat 評定官, maître des requêtes 調査評定官に次ぐ最下位の構成員). 〜 à la Cour des comptes 会計検査院傍聴官（修習官）(conseiller-maître 主任評定官, conseiller-référendaire 調査評定官に次ぐ最下位の構成員).
3〖法律〗司法聴講生（国立司法学院の学生）.
4〖言語〗聞き手 (=locuteur).

auditi*f* (*ve*) *a.* 聴覚の, 聴力の；耳の. 〖医〗aphasie 〜ve 聴覚性失語症. 〖解剖〗conduit 〜 耳道. mémoire 〜ve 聴覚的記憶. nerf 〜 聴覚神経, 聴神経. prothèse 〜ve 補聴器

audition *n.f.* **1** 聴覚；聴力. avoir une bonne 〜 耳が良い. 〖心〗seuil d'〜 聴覚閾. troubles de l'〜 聴力障害.
2 聞くこと, 聴取；〖法律〗尋問. 〜 publique ヒアリング. 〜 radiophonique ラジオの聴取. 〖法律〗〜 des témoins 証人尋問.
3 オーディション. passer une 〜 オーディションを受ける.

auditoire *n.m.* **1**〖集合的〗聴衆；聴講者；(放送番組の) 聴取者, 視聴者；(法廷の) 傍聴人.
2（スイス, ベルギーで）講堂；講義室.

auditorat *n.m.*〖集合的〗ラジオの聴取者, TV 視聴者.

auditorium [oditɔrjɔm] *n.m.* **1**〖音響〗オーディトリウム, リスニングルーム；(放送・録音の) スタジオ. **2** 講堂.

AUEF (=*a*ssociation *u*niversités-*e*ntreprises pour la *f*ormation) *n.f.* 職業教育産学協同協会.

Auge *n.pr.*〖地理〗pays d'〜 オージュ地方（ノルマンディー地方 la Normandie の département du Calvados カルヴァドス県東部の地方；牧畜, 乳製品, 特に le camembert, le livarot, le pont-l'évêque などのチーズ, カルヴァドス酒, シードルで名高い；形容詞 augeron (*ne*)). la vallée d'〜 オージュ渓谷.

augmentation *n.f.* **1** 増加, 増大, 増額, 値上げ. 〜 de capital 増資. 〜 de durée 期間の延長, 〜 d'effectifs 人員の増強. 〜 des impôts 増税. 〜 d'un mal 病状の悪化. 〜 du pétrole 石油の値上げ. 〜 de [s] prix 物価の上昇. 〜 du produit national brut 国民総生産の伸び. 〜 de qualité 品質の向上.
2（特に）賃上げ. obtenir une 〜 de〔salaires〕de 10％ 10％の賃上げを獲得する.
3〖音楽〗拡大.
4（出版物の）増補 (=addition).

augmenté (*e*) *a.p.* **1** 増やした, 増大し

た. édition revue et 〜e 改訂増補版. 〖音楽〗intervalle 〜e 増音程. vitesse 〜e 加速.
2 値上げした, 引き上げられた, 上昇した. coût de la vie 〜 上昇した生活費. prix 〜 引き上げられた価格. taux d'intérêt 〜 de 3％ 3％の利上げ.

auguste *a.* **1**〖古代ローマ〗尊厳満てる (皇帝に対する尊称). histoire 〜 ハドリアヌス皇以降の皇帝史.
2〔文〕厳かな, 威厳に満ちた；高貴な；堂々たる, 立派な. air 〜 威厳に満ちた様子. monument 〜 堂々たる記念建造物. personnage 〜 立派な人.
—*n.m.* **1**〖古代ローマ〗尊厳満てる皇帝（ローマ帝国の近代皇帝オクタヴィアヌス Octave 以降の皇帝の尊称）. A 〜 Gaius Julius Caesar Octavianus 皇帝ガイウス・ユリウス・カエサル・オクタヴィアヌス（初代ローマ皇帝［前63-後14］）.
2 オーギュスト（サーカスの道化の類型；白塗りクラウン crown blanc とは異なるどぎつい化粧が対照的）. 〜 de soirée 夜間興行の道化オーギュスト.

Augustin (*e*) *n.*〖キリスト教〗聖アウグスティヌス会修道士 (女).

augustinien (*ne*) *a.* **1** 聖アウグスティヌス (saint Auguste [354-430]) 教父聖アウグスティヌス) の (に関する).
2 聖アウグスティヌス学派の.

aujourd'hui *ad.* **1** きょう. Quelle date est-ce (sommes-nous) 〜? /Quelle est la date d'〜? /Le combien est-ce (sommes-nous) 〜? — A 〜, c'est (nous sommes) le premier mai. きょうは何月ですか？—きょうは 5 月 1 日です. Quel jour [de la semaine] est-ce (sommes-nous) 〜? — C'est (Nous sommes) 〜 lundi きょうは何曜日ですか？—月曜日です.
A 〜 à midi きょうの正午に. Il part à onze heures. 彼はきょうの 11 時に出発する. Il y a 〜 huit jours qu'il est arrivé. 彼が来てからきょうで 1 週間になる. Ne remettez pas à demain ce que vous pouvez faire 〜 même. きょうにもやれることを明日に延ばしてはいけません.
2 今日 (こんにち) では, 現代では (=actuellement). A 〜, le téléphone mobile est très répandu. 今日では携帯電話がひろく普及している.
3 今は (hier「かつては」, demain「いつかは」の対). A 〜 dans le trône, et demain dans la boue.「今は玉座の上に, 明日は泥の中」(Corneille の作中のせりふ).
—*n.m.* **1** きょう. la journée d'〜 一日. à partir d'〜 きょうから. d'〜 à un an きょうから 1 年後. dès 〜 きょうからすぐに. Cueillez 〜 les roses de la vie.「きょうよりぞ摘め生命の薔薇を」(Ronsard の詩句). Il doit partir dès 〜. きょうにも彼は発たなくてはならない.

Cela date d'~. それはきょうのことだ. Cela ne date pas d'~. それはきょう始まったことではない. C'est tout pour ~. きょうのところはこれだけです. Je ne l'ai pas vu d'~. 私は彼をきょう一日中見なかった. Je ne le sais que d'~. きょうはじめてそれを知ったのです.
2 今日 (こんにち), 現代 (=le jour présent). le bel ~ 美しい今. les Etats-Unis d'~ 現代のアメリカ合衆国. le français d'~ 現代フランス語. les jeunes d'~ 今日の若者. 〖話〗au jour d'~ 今日では, 当節は.

aulnaie [onɛ], **aunaie** *n.f.* 〖林業〗ハン(榛)の木林.

aumônier *n.m.* **1** (学校・病院・軍隊・刑務所などの) 施設付司祭. ~ du lycée リセ付司祭. ~ militaire 従軍司祭.
2 〖古〗(大貴族・高位聖職者などの) 礼拝堂付司祭. grand ~ de France フランス王室付主席司祭.

aunaie, aulnaie [onɛ] *n.f.* 〖植〗榛 (はん) の木材.

aune[1], **aulne** [on] *n.m.* 〖植〗榛 (はん) の木 (=vergne, verne; bétulacées 樺の木科).

aune[2] *n.f.* **1** 〖古〗〖度量〗オーヌ (主に布地の計測用; パリ地方では 1 aune=1.188 m); オーヌ尺.
2 à l'~ de 比較・計測の基準として.

Aunis (l') *n.pr.* オーニス地方 (西仏の旧州; 形容詞 aunisien (ne); 現在の département de la Charente-Maritime シャラント=マリチーム県の北西部に相当; 首都 La Rochelle).

AUP (= 〖英〗American University of Paris) *n.f.* 〖教育〗パリ・アメリカ大学.

auparavant *ad.* その前に, まず. cinq ans ~ 5 年前に. le jour (la semaine, le mois) ~ 前日 (前の週, 前月) に. longtemps ~ ずっと以前に. Racontez-moi cela, mais ~ asseyez-vous. その話をしてください, でもまずおかけください.

auprès (<au+près) **~ de** *prép.* **1** …のそばに (傍らに) (=près de). s'asseoir ~ de *qn* 人のそばに座る. Venez vous asseoir ~ de moi. 私のそばに来て座ってください. avoir accès ~ de *qn* 人に会う手立てを持っている. L'infirmière est restée toute la nuit ~ du malade. 看護婦が夜通し患者の傍らに付添っていた. Ma maison est tout ~ de l'église. 私の家は教会堂のすぐそばにある.
2 ~ de *qn*[1] (人が) …人付きの, …人に直属の. ministre délégué au Budget ~ du ministre de l'Economie, des Finances et de l'Industrie 経済・財政・産業大臣直属の予算担当大臣. ministre délégué ~ du Premier ministre chargé de la Réforme de l'Etat et des Relations avec les institutions 総理大臣直属の行政改革担当大臣.
3 ~ de *qn*[2] 人に対して. être en faveur ~ de *qn*[3] 人に対して好意的である. faire des démarches ~ de *qn* 人に働きかける.
4 ~ de *qn*[3] 人の目から見て. Il est fort bien ~ de ses supérieurs. 彼は上役の覚えがとてもよい.
5 …に比較すれば (=en comparaison de). Mes malheurs ne sont rien ~ des vôtres. 私の不幸はあなたの不幸に比べると取るに足りない.

aura [o(ɔ)ra] 〖ラ〗 *n.f.* **1** 〖古〗(人・物の放つ) アウラ, 発散物; 〖心霊術〗(人間を包む) 霊気, オーラ. ~ seminalis 生殖源. ~ vitalis 生気.
2 〖比喩的〗(人の放つ) オーラ, 発散物; 雰囲気. Il flottait autour d'elle une ~ de mystère 彼女のまわりには神秘的な雰囲気が漂っていた.
3 〖医〗(ヒステリー, 癲癇などの) 前兆, アウラ. ~ hystérique ヒステリーの前兆. ~ sensorielle (癲癇の) 感覚的なアウラ.
4 〖隠秘術〗後光, 背光; 〖催眠術〗霊気.

aurate *n.m.* 〖化〗金酸塩.

auréole *n.f.* **1** (聖者・殉教者の頂く) 天上の宝冠; (聖像の) 光背, 光輪 (=nimbe 頭光).
2 〖比喩的〗(人・名前などの) 威光, 声威; 栄光; 輝かしい雰囲気. ~ du martyre 殉教者の栄光.
3 〖天体〗(太陽・月などの) 暈 (かさ) (=halo).
4 (紙・布などに残る) くま, 輪状のしみ.
5 〖地学〗ハロー, 縁; 接触変質体.

auréomycine [ɔreɔmisin] *n.f.* 〖薬〗オーレオマイシン (抗生物質クロロテトラサイクリン la tétracycline の商品名).

auriculaire *a.* **1** 〖解剖〗耳の, 耳介の. pavillon ~ 耳介.
2 耳で聞いた. témoin ~ 耳で聞いた証人.
3 〖解剖〗〖医〗(心臓の) 心耳の, 心房の, 心房性の. fibration ~ 心房細動. flutter ~ 心房粗動. infractus ~ 心房梗塞. thrombus ~ 心耳血栓.
—*n.m.* 小指 (=doigt ~).

auricule *n.f.* **1** 外耳 (がいじ), 耳たぶ. ~ droite (gauche) 右 (左) の外耳. ~ plastie 外耳形成術.
2 〖解剖〗(心臓の) 心耳 (しんじ).

auriculothérapie *n.f.* 〖医〗耳殻鍼治療.

auriculo-ventriculaire *a.* 〖解剖〗心房と心室の, 房室の. 〖医〗bloc ~ 房室ブロック (心房と心室間の興奮伝導障害; 略称 BAV).

Aurignac *n.pr.* オーリニャック (département de la Haute-Garonne オート=ガロンヌ県の先史時代の遺跡の所在地).

Aurignacien (l') オーリニャック期 (西暦紀元前 30000 ~ 25000 年ごろ).

Aurillac *n.pr.* オーリヤック (département du Cantal カンタル県の県庁所在地;

市町村コード 15000；形容詞 aurillacois (e)］. bassin d'~ オーリヤック盆地. aéroport d'~-Tronquière オーリヤック=トロンキエール空港（東南2km). marché de bestiaux d'~ オーリヤック家畜市. Muséum des Volcans d'~ オーリヤック火山博物館 (Château Saint-Etienne 内).
▶ aurillacois(e) a.

AURIOL, Vincent n.pr. ヴァンサン・オーリオール《1884-1966, 社会主義の政治家；フランス第四共和国の初代大統領 [1947-54]》.

aurique[1] a.〖海〗voile ~ 縦帆《梯形の帆》.

aurique[2] a.〖化〗3価の金の. acide ~ 金酸，水酸化金 (III). chlorure ~ 酸化金二金.

aurochs [ɔrɔk] n.m.〖動〗オーロック原牛《巨大な黒毛のヨーロッパ原牛；1617年絶滅；urus, ure ともいう》.

auroral(**ale**)(pl.**aux**) a. **1** オーロラ (aurore)の，極光の. zone ~ale オーロラ帯，極光帯. **2**〖文〗曙光の，夜明けの. radiations ~ales 曙光.

aurore n.f. **1** 曙光(しょこう)(=lueur de l'~)(aube「夜明け」の後，lever du soleil「日の出」の前の，薔薇色の光); 曙，暁，明け方；早朝. lumière de l'~ 曙光. se lever dès l'~ 曙光と共に起床する.
2〖文〗黎明期，初期. ~ de la réforme 改革の曙.
3〖詩〗東方(=l'est, le levant, l'orient).
4 オーロラ，極光(= ~ polaire). ~ australe(boréale) 南極(北極)光.
― a. 曙光の《輝く薔薇色の》.〖料理〗sauce ~ ソース・オーロール《フォンド・ヴォーや鳥のスープにトマト・ピューレーを加えて調理するソース》.

Aurore(**l'**) n.pr.f.『オーロール紙』《1897-1914年の社会主義共和派の日刊紙；1944年創刊の保守派日刊紙，1984年フィガロ紙と合併》.

Auschwitz [ポーランド] n.pr. アウシュヴィッツ(Oświęcim オシフィエンチムのドイツ語表記). camp de concentration d'~ アウシュヴィッツの強制収容所《1940-45年》. camp d'extermination d'~-Birkenau アウシュヴィッツ=ビールケナウのユダヤ人絶滅収容所. camp de travail d'~-Monowitz アウシュヴィッツ=モノヴィッツの強制労働収容所.

ausculatoire a.〖医〗聴診の；聴診による. méthode ~ 聴診法.

auscultation n.f. **1**〖医〗聴診. ~ immédiate 直接聴診《直接耳をつける聴診》. ~ médiate 間接聴診《聴診器を用いる》.
2〖機・工〗聴音検査；探傷. ~ magnétique 電磁探傷. ~ ultrasonore 超音波聴音検査，超音波探傷.

ausculter v.t.〖医〗聴診する. ~ un malade 患者を聴診する. ~ le thorax 胸部を聴診する.

auspice n.m. **1**〖pl. で〗〖古代ローマ〗鳥占. prendre les ~s 吉凶を占う.
2〖pl. で〗前兆，兆し. sous d'heureux (de funestes) ~s 幸先良く(悪く). sous les ~s de qn 人の庇護(支え)を受けて. sous les meilleurs ~s この上なく好調で.

aussi ad. 〖Ⅰ〗〖同等比較〗**1** ~ + a. (ad.)+que … と同様に，…と同程度に. Elle est ~ belle qu'intelligente. 彼女は才色兼備だ. Il est ~ grand que son père. 彼は父親と同じく背丈だ. Je viendrai ~ vite que possible. 出来るだけ早く来ましょう.
~ bien que …と同様に(=ainsi que, de même que). Les bons périrent ~ bien que les méchants. 善人も悪人と同様に非業の死を遂げるものだ. Les fils ~ bien que le père sont travailleux. 息子も父親も働き者だ.
~ loin que …する限り遠く《時間的・空間的》. J'ai beau ~ l'on pouvait (puisse) voir … 見渡す限り. d'~ loin que+ind.〖場所について多く〗(+subj.〖時間について多く〗)…する限り遠くから. D'~ loin qu'il m'aperçut, il agita son mouchoir. 遠くから私の姿を認めるや否や，彼はハンカチを振った. D'~ loin que je me souvienne… 私の思い出す限りの遠い昔から.
~ longtemps que …する限り，…する間中(=autant que). ~ longtemps que nous vivrons… われわれの生きている限り.
2〖que以下を省略して〗同様に；そんなに，それほどまでに(=si, tellement, à ce point). Elle est toujours ~ belle. 彼女は相変らず美しい. Je n'ai jamais vu un homme ~ intelligent. あれほど頭の良い人は見たことがない.
3 ~ a. (ad.) que+subj. どれほど…でも. A ~ sage qu'il soit… 彼がどんなに賢くても.
4 もまた，やはり，同じ様に(=pareillement)〖否定文では non plus を用いる〗. Dormez bien. —Vous ~. お休みなさい. —あなたも. (Et) moi ~. 私もまた. C'est ~ mon avis. それは私の意見でもある. Il parle ~ le français. 彼はフランス語も話します. Je pourrais ~ bien refuser. 私は断ってもいいのです.
5 その上(=et encore, de plus). Il parle l'anglais et ~ l'allemand 彼は英語とそれにドイツ語を話す. Son frère, mais ~ ses parents sont venus la chercher. 彼女の兄弟ばかりか両親も彼女を迎えにやって来た.
non seulement… mais ~ … 単に…ばかりでなく…もまた.
〖Ⅱ〗〖文の副詞〗〖接続詞的に文頭に置かれる〗
1 それ故，だから(=par conséquent, c'est pourquoi)〖多く主語倒置〗Ces machines sont très sophistiquées, ~ coûtent-elles

(elles coûtent) cher. この機械は非常に性能である. それ故価格も高い.
2 それに, その上；つまり (= après tout). J'ai décidé de ne pas y aller, ~ est-il trop tôt. 私はそこに行かないことにした. 何しろ早すぎるから.
~ bien；mais ~ 〔**bien**〕〔aussi の強調形；時に主語倒置〕；つまり (=). *A ~ bien, J'étais un homme fait*. それに, 私はもう成人に達していた. *Mais ~, pourquoi a-t-il accepté?* それにしても, 何故彼は承知したのか？

aussitôt (<aussi+tôt) 〔一般に次の語とリエゾンしない〕*ad.* **1** すぐさま, 直ちに, 即刻. *~ après* そのすぐ後に. *~ après son départ* 彼が出かけた直後に. *Il s'enfuit ~*. 彼はすぐさま逃げ出した. *J'ai compris ~ ce qu'il voulait*. 私はすぐに彼の意向を理解した.
2 ~ que + ind. …するや否や (=dès que). *A ~ qu'il fut parti, l'autre arriva*. 彼が出かけるとすぐ, 別の人がやって来た.
◆〔省略構文〕
~ arrivée 彼女は着くとすぐに.
~ que possible 出来るだけ早く.
A ~ dit, ~ fait. 言うが早いか実行に移した.
A ~ rentré (〔文〕*A ~ que rentré*), *il appela sa famme*. 帰宅するとすぐ彼は妻を呼んだ.
A ~ la lettre reçue, vous partirez. 手紙を受け取り次第, 出発してください.
A ~ le repas achevé, il reprit son travail. 食事を終えるとすぐ, 彼は仕事に戻った.
A ~ dans la rue, il s'enfuit. 表に出るとすぐ彼は逃げ出した.
—*prép.*〔話〕…のすぐ後で. *J'irai ~ le déjeuner*. 昼食を終え次第行きます.

austère *a.* **1** (人・規則などが) 厳しい, 厳粛な, 峻厳な；(様子などが) いかめしい. *discipline ~* 厳粛な規律. *homme ~* 自分に厳しい人間；いかめしい人.
2 (物が) 簡素な, 飾り気のない；地味な；冷たい. *intérieur ~* 簡素なインテリア. *robe un peu ~* 飾り気のないドレス.

Austerlitz *n.pr.* アウステルリッツ, オーステルリッツ《モラヴィアの地名；チェコ語で Slavkov. 1805年12月2日ナポレオン1世がオーストリア皇帝フランツ2世とロシア皇帝アレクサンドル1世の連合軍を破った「三帝会戦」の舞台》. *la bataille des trois empereurs à ~* アウステルリッツの三帝会戦. *gare d' ~* (パリの) 国鉄オーステルリッツ駅. *pont d' ~* (パリのセーヌ河にかかる) オーステルリッツ橋.

austral (*ale*) (*pl.aux*) *a.* 南の, 南部の, 南方の (boréal の対). *Afrique ~ale* 南部アフリカ大陸. *hémisphère ~* 南半球. *océan ~* 南極海. *terres ~ales* 南極大陸.

Australie (*l'*) *n.f.* 〔国名通称〕オーストラリア《公式名称：Commonwealth d'A~ オーストラリア連邦；国民：Australien (ne)；首都：Canberra キャンベラ；通貨：dollar australien 〔AUD〕》.

autan 〔プロヴァンス〕*n.m.* オータン；白オータン (*~ blanc*；トゥールーズ Toulouse 地方に吹く, 乾燥した南西の強い熱風).
~ noir 黒オータン《スペインの方から吹く雨風》.

autant *ad.* **1** 同じくらい；同程度に.
~ que …と同様に, …と同程度に.
◆〔動詞と共に〕*Il travaille ~ que moi*. 彼は私と同じくらい働く. *Il travaille ~ qu'il peut*. 彼は可能な限りよく働く. *Ils sont ~ que nous*. 彼らはわれわれと同じ人数だ. *Je gagne ~ par mois*. 私は毎月同じくらい稼ぐ.
◆〔形容詞と共に〕*Elle est inhumaine ~ qu'aimable*. 彼女は愛想がいいにも拘らず非情だ.
◆〔que 以下なしに〕*deux fois ~* 2倍だけ. *Cette bouteille contient ~*. この壜には同じだけ入る. *Il fera ~ pour vous*. 彼はあなたにも同じようにしてくれるだろう. *Je n'avais jamais ~ parlé*. 私はこんなに喋ったことはなかった.
~ 〔*vaut*〕**+ *inf.* (que+*subj.*)** …のほうがましだ. *A~* 〔*vaut*〕*se taire*. 黙っているほうがましだ. *A~ dire tout de suite qu'elle ne viendras pas*. 彼女が来ないだろうとすぐ言ったほうがよい. *A ~ que tu l'apprennes le plus tôt possible*. 出来るだけ早くそれを知っておいたほうがよい.
~ + inf. …のようなものだ. *A ~ dire qu'il est ruiné*. 彼は破産したといってもいいくらいだ. *A ~ parler à un mur*. 馬の耳に念仏というものだ.
~ dire 言わば…のようなものだ. *L'hiver était ~ dire fini*. 冬は終ったも同然だった.
ou ~ vaut それと同然だ. *C'est un homme mort ou ~ vaut*. 彼は死人も同然だ.
2 ~ que + ind. (subj.[1])；pour ~ que + subj.(ind.) …する限りでは (=dans la mesure où). *~ qu'il est possible；~ que faire se peut* 可能な限り. 〔*pour*〕*~ qu'il m'en souvienne* 私が記憶する限り. 〔*pour*〕*~ que je sache* 私の知る限り. *~ qu'il en puis (puisse) juger* 私の判断できる限りでは. *~ que vous vivrez* あなたの生きている限り. *On n'est respecté qu' ~ qu'on est juste*. 正しくない限り人は尊敬されないものだ.
3 ~ que + subj.[2] どれほど…でも. *~ qu'il ait plu* どんなに雨が降っても (=si abondamment qu'il ait plu).
4 ~ de + n. + que …と同じ数量の. *Elle a ~ d'amis que moi*. 彼女は私と同じくらい友達がいる. *Il y a presque ~ de femmes que d'hommes sur terre*. この世には男とほとんど同数の女がいる. *Il n'avait pas ~*

d'expérience qu'aujourd'hui. 彼には今日のような経験がなかった. Vous avez ~ de temps que vous voudrez. あなたには好きなだけの時間があります.
en dire (faire) ~ 同じことを言う(する). Je ne peux pas en dire ~. 同じことは言えない. Tâchez d'en faire ~. 同じことをしなさい.
5〔否定文・疑問文で〕〔文〕**pour ~** だからといって(＝même pour cela, pourtant). Il a tout raté, il n'en est pas découragé pour ~. 彼はすべてを失ってしまったが, それでも気落ちしていない. Pleurera-t-elle pour ~? だからといって彼女は涙をこぼすだろうか?
6 C'est ~ de+p.p. それだけ…したことになる. C'est ~ de fait (de gagné, de perdu). それだけ仕事が片付いた(得をした, 損をした)ことになる.
7 d'~ 同じ量(数)だけ；それだけ. Cela augmente d'~ son profit. 利益の分だけ増える. boire d'~ がぶ飲みする.
d'~ que …であるだけに；…だから. Je resterai à la maison, d'~ que je suis enrhumé. 私は家に残っていよう, 風邪をひいているから.
d'~ plus (mieux, moins) それだけ多く(よく, 少なく). Je l'en aime d'~ mieux. それだからなおさら彼が好きなのだ.
d'~ plus (mieux, moins) que …であるだけに一層多く(よく, 少なく). Je le sais d'~ mieux que j'en ai été témoin. 私はそれを目撃しただけにそれをよく知っている. J'ai d'~ moins envie de le faire que je l'ai déjà fait une fois. 一度やったことがあるだけに, それをやる気は少ない.
d'~ plus (mieux, moins) que…plus (moins) …になればなるほどもっと多く(よく, 少なく)…する. Il est d'~ plus avare qu'il est plus riche. 彼は金持になればなるほど金を出し惜しむ.
8 ~…~ …するのと同じだけ(同程度に)…する. A ~ il gagne, il dépense. 彼は儲けるだけ使ってしまう(＝Il dépense, ~ qu'il gagne).
~ de+n., ~ de+n.〔諺〕A~ d'hommes, ~ d'avis. 人の数だけ意見がある, 十人十色.

autarcie *n.f.* **1**〔経済〕(国・地方等の)自給自足〔体制〕；自給自足経済；アウタルキー. régime d'~ 自給自足体制. vivre en ~ 自給自足で生きる.
2〔比喩的〕自閉的状態；閉じこもり(＝intellectuelle).

autarcique *a.*〔経済〕自給自足の. politique ~ 自給自足政策.

autel *n.m.* **1**〔古〕犠牲台, 供物台. sacrifier *qch* sur l'~ de …のために何を犠牲にする.
2〔カトリック〕祭壇. maître-~ 主祭壇.

3〔比喩的〕l'A ~ キリスト教会；教会権. le Trône et l'A ~ 王権と教会権, 世俗権力と精神的権力.

auteur *n.m.* **1** 作家, 著作者, 作者. ~ d'un rapport 報告作成者. ~ d'un roman 小説の作者. droit d'~ 著作権. droits d'~ 印税. 著作権使用料.
2 行為主体(抽象的なもの, 考えなどの) 創始者, 発案者, 発起人. ~ d'un coup d'Etat クーデタの首謀者. ~ du crime 犯人. ~ d'une proposition 提案の発議者.

auteur-compositeur (*pl.* **~s-~s**) *n.m.*〔音楽〕(シャンソンの)作詞作曲家.

authenticité *n.f.* **1** 本物であること, 真正. ~ d'une signature 署名が本物であること. vérifier l'~ d'un tableau 絵画が本物であるかどうか確かめる.
2 真実性, 確実性, 信憑性. ~ d'un événement historique (d'un témoignage) 歴史的事件 (証言) の信憑性.
3〔法律〕(公的文書の)証明力；真正性. ~ d'un acte notarié 公正証書の証明力. contester (nier) l'~ d'un acte 文書の真正性に異論を申立てる(否定する).
4 真摯さ. ~ de sa joie 彼の喜びの真摯さ.

authentification *n.f.* **1** (証書などの)公証；認証. ~ d'une signature 署名の公証.
2 (美術品などを) 真正であると認めること. ~ d'un tableau 絵画の真正性の確認. expertise d'~ 真正性の鑑定.

authentique *a.* **1**〔法律〕(作成者または起源が)真正の；正式の, 公証の. acte ~ 公式証書, 公署証書；公署証書による行為 (acte sous seing privé「私署証書」の対). contrat ~ 正式契約. testament ~ 公証遺言.
2〔法律〕原本通りの. copie ~ 謄本.
3 真に作者の手になる；本物の.〔聖書〕livre ~ 正典 (apocryphe「外典」の対). Evangiles ~s 正典福音書 (四福音書). un Rembrandt ~ 本物のレンブラントの絵.
4 純正の. produit ~ 純正製品.
5 事実そのままの, 本当の. histoire ~ 実話.
6 (人・感情などが) 真摯な；的確な. choix ~ 的確な選択. sentiment ~ 偽りのない感情.
7 見かけ通りの；完璧な. génie ~ 真の天才.

autisme *n.m.*〔医〕自閉〔性〕；自閉症.
▶ autiste, autistique *a.*

autiste *a.* 自閉症の. enfant ~ 自閉症児. ―*n.* 自閉症患者.

autistique *a.*〔心〕自閉的な, 自閉症の. désordre ~ 自閉性障害. pensée ~ 自閉的思考. psychopathie ~ 自閉的精神病質.

auto (＜*auto*mobile) *n.f.* **1** 自動車 (＝voiture). faire le voyage en ~ 車で旅行する. le salon de l'~ オート・サロン.
2 (遊戯用の) カー. ~ à pédales ペダルカ

一. ~s tamponneuses バンパーカー.
auto-accusation *n.f.* 自己告発；自責；〖心〗自責概念.
autoadaptation *n.f.* 自動適応；自己適応.
auto-adhésif(ve) *a.* 接着剤つきの，圧着式の(=auto-collant). crochet ~ 接着式フック. vignettes ~ves 圧着式シール；圧着式自動車税納入証.
auto〔-〕allumage *n.m.* (内燃機関の)自己着火，自然発火.
autoamnistie *n.f.* 〖政治〗自己特赦.
auto-amorçage *n.m.* **1** 〖機械〗(発電機の)自動励磁. **2** 〖化〗(反応の)自動開始.
auto〔-〕analyse *n.f.* 自己分析；〖精神分析〗自己分析法.
auto〔-〕anticorps *n.m.inv.* 〖生化・医〗自己抗体(自己抗原と反応する抗体). test d' ~ 自己抗体検査法.
autoantigène *n.m.* 〖医〗自己抗原.
auto-approvisionnement *n.m.* (生活必需物資，特に食糧の)自給. taux d' ~ 自給率.
autoassurance *n.f.* **1** 〖登山〗(単独登攀の際の)自己確保〔装置〕. **2** 〖保険〗自己保険.
autoberge *n.f.* 堤防上の自動車道路.
autobilan *n.m.* 〖自動車〗車体検査，車検.
autobiographie *n.f.* 自叙伝，自伝.
autobloqueur *n.m.* 〖登山〗自動固定式ロープ(登攀・下降用)；自動固定式紐. cordon élastique et ~ 自動固定式伸縮性ロープ(紐).
autobronzant(e) *a.* (太陽光線なしで)肌を小麦色(赤銅色)にする.
　—*n.m.* オートブロンザン《自動日焼けクリーム》.
autobus [ɔtɔbys] *n.m.* バス，(主に市内を走る)路線バス，市バス(郊外路線バスや観光バスは autocar). ~ RATP パリ市交通公団のバス，パリの市バス. ~ de banlieue 郊外の路線バス.〖カナダ〗~ scolaire スクールバス. arrêt d' ~ バス停. ligne d' ~ バス路線.
auto-calibration *n.f.* 〖機工〗オート・キャリブレーション；自動測定；自動調整.
autocar [ɔtɔkar] *n.m.* バス；都市外の路線バス；(主に)観光バス. ~ d'excursion 観光バス. ~ de ligne régulière 郊外の定期路線バス.
autocaravane *n.f.* 〖公用推奨語〗〖自動車〗キャンピングカー(=〖英〗camping-car)，モーターホーム(=〖英〗motor-home).
autocariste *n.* **1** 観光バス(=autocar)会社. **2** 観光バス運転手.
autocassable *a.* やすりなしで壊せる.〖薬〗ampoule ~ 簡易カット式アンプル.

autocatalyse *n.f.* 〖化〗自己触媒作用，自触反応.
autocélébration *n.f.* 自己賛美，自画自賛.
autocensure *n.f.* 自己検閲；自主規制. ~ d'un journal 新聞の自己検閲.
autocensurer(s') *v.pr.* (文章・発言などについて)自主規制する，自己検閲する.
autocentré(e) *a.* 〖経済〗自国資源のみによる，自助的な，自主的な. développement ~ 自国資源のみによる発展，自助的発展，自主開発.
autocéphale *a.* 〖宗史〗(首都大聖堂・司教などが)上部組織から独立した；(ギリシア正教の)自主独立教会の.
autochenille [otoʃnij] *n.f.* キャタピラ(無限軌道)装着自動車(前輪はタイヤ，後輪部にキャタピラを装着した自動車).
autochorologie *n.f.* 〖生態〗生物個別分布学.
autochtone [otɔktɔn] *a.* **1** 土着の，先住の；先住民の. peuple ~ 先住民. race ~ 先住民族. **2** 〖地質〗原地性の. terraine ~ e 原地.
　—*n.m.* 先住民；土地の人.
auto〔-〕circulation *n.f.* (自動車の)自動運転交通〔システム〕.
autoclave *a.* (蓋などが)自動閉鎖式の.
　—*n.m.* (調理用)圧力釜；(滅菌用)加圧蒸気式滅菌器，オートクレーヴ. stérilisation de conserves à l' ~ 加圧蒸気滅菌器による缶詰の滅菌.
auto〔-〕coat [otokot] *n.m.* 〖英〗〖稀〗オートコート，ハーフコート.
autocollant(e) *a.* 接着剤塗布済みの，圧着式の. vignette ~ 圧着式ステッカー.
　—*n.m.* オートコラン《接着剤付きの紋章，レッテル，シール，ステッカー》.
autocommutateur *n.m.* 〖通信〗自動交換機；自動整流器；オートスイッチ(=〖英〗autoswich).
autoconcurrence *n.f.* 自社製品間の競合.
autoconduction *n.f.* 〖電〗自己伝導.
autoconsommation *n.f.* 〖経済〗自己消費.
autocontrôle *n.m.* **1** 自己制御，セルフコントロール，自制，克己. **2** 〖経済〗(系列会社を介して行われる)自社資本の支配. **3** 〖工〗自動制御. ~ technique 技術的自動制御.
autocopiant(e) *a.* papier ~ 感圧複写紙.
autocopie *n.f.* 感圧複写；感圧複写文書.
autocorrection *n.f.* (過誤の)自己矯正.
autocouchette, autoscouchettes *n.f.* 〖鉄道〗オートクーシェット，カートレイン《寝台車と自動車運搬車両から

成る列車).

autocrate *n.m.* 専制君主, 独裁君主.
autocratie [-si] *n.f.* 専制君主政治, 独裁政治.
　▶ autocratique *a.*
autocritique *n.f.* 自己批判.
autocross *n.m.* オートクロス (自動車によるクロスカントリー・レース).
auto(-)cuiseur *n.m.* 圧力鍋 (=cocotte-minute).
autodébrayable *a.* 自動的に接続を断つことができる.〖写真〗flash ~ 自動調光フラッシュ.
autodécharge *n.f.* (電池の) 自然 (自己) 放電.
autodéfense *n.f.* **1**〖生理・医〗自己防衛. **2**〖軍・警備〗自衛. Forces d'~ du Japon 日本の自衛隊.
autodélivrance *n.f.* 自己解放；自殺.
autodénigrement *n.m.* 自己誹謗 (自殺 suicide の婉曲表現). syndrome bien français de l'~ 極めてフランス的な自己誹謗症候.
autodestructif (ve), autodestructeur (trice) *a.* **1** 自己破壊の, 自滅の. **2** 自動の破壊の. **3** 自動的破棄の.
autodestruction *n.f.* **1** 自己破壊, 自滅. machine infernale d'~ 悪魔のような自己破壊機構. **2** 自動的破壊. **3** 自動的破棄. ~ d'un contrat 契約の自動的破棄.
autodétermination *n.f.* (民族・住民等の) 自主的決定, 自決, 自治. scrutin d'~ (民族・住民等の) 自決投票.
auto-diagnostic *n.m.* 自己診断；自動診断.〖写真〗obturateur ~ 自動制御式シャッター.
autodialyse *n.f.*〖医〗自己透析, 人工透析 (=hémodialyse).
autodidacte *a.* 独修の, 独学の.
　—*n.* 独修者, 独学者.
autodigestion *n.f.*〖生化・医〗(組織・細胞等の) 自己消化, 自己分解 (=autoprotéolyse), 自己融解 (=autolyse).
autodirecteur (trice) *a.* (ミサイルの) 自動追尾性の；自動操縦式の. missile ~ 自動追尾式ミサイル. système ~ 自動追尾 (操縦) 装置.
　—*n.m.* 自動追尾 (操縦) 装置 (=système ~).
autodiscipline *n.f.* (個人・団体の) 自己規制, 自己規律.
autodrome *n.m.* オートサーキット.
auto-école *n.f.* オート・エコール, 自動車教習所.
autoédition *n.f.* 自費出版.
auto-entretien *n.m.* 自動保守. système ~ 自動保守システム.
autoépuration *n.f.* (水の) 自然浄水〔作用〕(水に含まれる病原バクテリアを自然に浄水すること).
auto-étalonnage *n.m.* 自動標準化, 自動目盛設定.〖写真〗obturateur à ~ オート・ブラケッティング (=〖英〗auto bracketing) 方式シャッター.
autoévaluation *n.f.* 自己評価.
autoexcitateur (trice) *a.*〖電〗自励の.〖電〗machine ~ *trice* 自励振動機器.
autoexcitation *n.f.*〖電〗自励, 自励振.
autoexécutable *a.* 自動実行可能の.
autofécondation *n.f.*〖植・動〗自家生殖；自家受精, 自家受粉 (=autogamie).
autofertile *a.*〖植〗自己稔性の, 自家受粉性の, 自家結実性の (=autogame). cerisier ~ 自己稔性桜桃. Les poiriers sont ~*s*. 洋梨は自家結実性である.
autofiction *n.f.* 私小説 (=littérature du moi).
autofinancement *n.m.*〖経〗自己融資, 自己の資金調達.
autofocus [-fɔkys] *a.* オートフォーカスの, 自動焦点方式の. ~ à infrarouge 赤外線 (照射) 式オートフォーカス 〔方式〕. système ~ オートフォーカス方式.
　—*n.m.* オートフォーカス・カメラ (=appareil ~).
autoformation *n.f.*〖教育〗自習；(特にコンピューター・ソフトを利用した) 独習, 独学.
autofourniture *n.f.*〖農〗自家供給.
autogame *a.* **1**〖植〗自家受粉性の. cerisier ~ 自家受粉性桜桃. **2**〖動〗自家生殖性の.
autogamie *n.f.* **1**〖植〗自家受粉. **2**〖動〗自家生殖.
autogène *a.* **1**〖植〗(芽, 根が) 内生の. **2**〖生理・医〗自原性の, 内因的な, 自律的な.〖医〗inhibition ~ 自原性抑制.〖医〗neutralisation ~ 自律性中和法 (自律的訓練法の一種).〖医〗training ~ 自律的訓練法. **3**〖哲〗自律的の. **4**〖冶〗自生の. soudage ~ 自生溶接法 (同質金属間の溶接).
autogéré (e) *a.* 労働者の自主管理の；自主管理された. commune ~*e* 自治地方共同体. entreprise ~*e* 自主管理企業.
autogestion *n.f.* (企業・共同体などの) 自主管理；(社会・政治体制の理想として) 自主管理 (社会主義). ~ d'une école 学校の自主管理.
autogestionnaire *a.* 自主管理の, 自主管理社会主義の. Etat ~ 自主管理型国家. société ~ 自主管理型社会.
autogire *n.m.*〖航空〗オートジャイロ.
autographe *a.* 自筆の, 肉筆の. dédicace ~ 自筆の献辞. lettre ~ 肉筆の書簡. manuscrit ~ 自筆原稿. testament ~ 自筆の遺言書.

—*n.m.* **1** 自筆の書簡；自筆原稿．**2** 自筆の署名．**3** サイン入りの写真 (色紙)．

autogreffe *n.f.* 〖医〗自己移植片；自家移植 (=autotransplantation) (患者自身の組織等の移植)．~ osseuse fraîche (conservée) 新鮮 (保存) 自己骨移植片．

autoguidage *n.m.* 〖機工・軍〗自動誘導；自動誘導システム．

autoguidé(*e*) *a.* 〖機工〗自動誘導方式の．〖軍〗missile ~ 自動誘導ミサイル．

autohémagglutination *n.f.* 〖生化〗自己凝集《自己の血清中の赤血球の凝集反応》．

autohypnose *n.f.* 自己催眠；自己暗示 (=autosuggestion)．

auto-immune *a.* 〖医〗自己免疫に関する．maladie ~ 自己免疫性疾患．

auto-immunisation *n.f.* 〖医〗自己免疫．

autoimmunitaire *a.* 〖医〗自己免疫性の．maladie ~ 自己免疫疾患．hépatite ~ 自己免疫性肝炎．

auto-immunité *n.f.* 〖医〗自己免疫．

auto-imposition *n.f.* 〖税〗自己課税 (公共機関に対する課税)．

auto-inductance *n.f.* 〖電〗自己インダクタンス，インダクタンス (=self-inductance)．

auto-induction *n.f.* 〖電〗自己誘導．

auto-infection *n.f.* 〖医〗自家感染，自己感染 (細菌・寄生虫などの体内感染)．

auto-injecteur *n.m.* 〖医〗自己注射器．

auto-intoxication *n.f.* 〖医〗自家 (自己) 中毒．

autojustice *n.f.* 自主的制裁；私的制裁，リンチ．

autolaveuse *n.f.* 道路清掃車．

autolimitation *n.f.* (消費の) 自己規制．

autologue *a.* 〖医〗自家移植の (自分自身の組織を自分の体の他の部位に移植すること)．

autolyse *n.f.* **1** 〖生〗(組織の) 自己溶解 (分解)，(細胞の) 自己破壊，自家融解．~ des bactéries lactiques 乳酸菌の自己融解．**2** 〖心〗自殺 (=suicide)．

automate *n.m.* **1** 自動人形，人造人間 (= ~ à forme humaine)；オートマット，ロボット．geste d'~ 自動人形 (ロボット) のような身振り．
2 自動制御装置；〖電算〗オートマトン (=automaton)．~ programable プログラム式オートマトン．
3 〖蔑〗操り人形 (=fantoche)．

automaticien(*ne*) *n.* **1** 自動制御 (オートメーション) 技術者．

automaticité *n.f.* 自動性；自動性能．~ des réflexes 反射的動作の自動性．~ d'un mécanisme 装置の自動性．

automation [otomasjɔ̃] *n.f.* オートメーション，自動制御《公用推奨語では auto-

matisation》．

automatique *a.* **1** 〖機械〗自動式の (manuel「手動式の」の対)．arme ~ 自動火器．〖自動車〗boîte de vitesse ~ 自動変速ギア・ボックス．changement de vitesse ~ 自動変速．distributeur ~ des titres de transport 乗車券の自動販売機．distributeur ~ des billets de banque 紙幣の自動引出機，現金自動支払機，キャッシュ・ディスペンサー．fermeture ~ des portes ドアの自動開鎖．guichet ~ 自動取引機．guidage ~ 自動誘導〔装置〕．pistolet ~ 自動拳銃．téléphone ~ 自動交換電話．
2 〖生理〗(運動などが) 自動的の；無意志的な (volontaire「随意性の」の対)．réflexe ~ 自動性反射．geste ~ 無意識の身振り．〖文学〗écriture ~ (シュルレアリストの) 自動記述〔法〕．
3 自動的に行われる；機械的な．avancement ~ à l'ancienneté 年功序列による自動的昇進．prélèvements ~s sur un compte bancaire 銀行口座からの自動振替．reconduction ~ d'un contrat 契約の自動更新．retraite ~ 定年退職．
4 〖話〗必然的な．C'est ~. 自然の成り行きだ；必ずそうなる．
—*n.m.* **1** 自動交換電話 (=téléphone ~)．**2** 自動拳銃 (=pistolet ~)．
—*n.f.* 自動制御工学，オートメーション工学．

automatisation *n.f.* 自動化，オートメーション (=automation)．

automatisé(*e*) *a.p.* 自動制御された，自動化された，オートメーション化された．fabrication ~*e* 自動化製造．installations ~*es* オートメーション化生産設備．

automatisme *n.m.* 自動〔作用〕，自動方式，自動制御；〖生・心〗自動性，無意識行動；自動現象；〖哲〗自動説．〖生理〗~ cardiaque 心臓の自動能．〖精神医学〗~ mental 心的自動症．〖心〗~ psychologique 心的自動症．〖機工〗~ séquentiel 逐次自動制御，シーケンス制御．

automédication *n.f.* 〖医〗家庭医薬品服用《医師の指示や処方箋なしの医薬品使用》，医薬品の素人療法；自家投薬，自家薬物治療．

automesure *n.f.* 自己 (自家) 測定．〖医〗~ de la pression artérielle au domicile 自宅での血圧の自己測定．

automitrailleuse *n.f.* 〖軍〗機関砲装備装甲〔自動〕車．~ légère 機関砲装備軽装甲〔自動〕車．

automnal(*ale*)(*pl.* **aux**) [ɔtɔ(m)nal, -o] *a.* 秋の，秋季の．fleurs ~*ales* 秋咲きの花．point ~ 秋分点．

automne [otɔn] *n.m.* (時に〖文〗で *n.f.*)
1 秋 (北半球の温帯地域では 9 月 22/23 日から 12 月 21 日までの季節)．équinoxe d'~ 秋分〔点〕．feuilles mortes d'~ 秋の落葉．

Salon d'~ 秋季美術展, サロン・ドートヌ. **2**〔古〕秋〔成熟・凋落の象徴〕. l'~ de la vie 人生の秋.

automobile[1] *n.f.* 自動車, (特に) 乗用車 (略して auto).

◆ 自動車の種類：autobus (=bus) 路線バス. autocar (=car) 観光バス；郊外路線バス. berline セダン. break ライトバン. cabriolet カブリオレ. camion トラック. camionnette 小型トラック. caravane キャンピングカー. compacte コンパクトカー. coupé クーペ. fourgonnette バン. limousine 大型高級乗用車. monospace バン. poids lourd 大型車両. remorque トレーラー. semi-remorque ハーフ・トレーラー. tracteur routier 道路用トラクター. urbaine 小型ツーシッターカー. véhicule utilitaire 貨物輸送用車両. voiture commerciale 商用車. voiture de course レーシングカー. voiture de tourisme 乗用車. voiture particulière 乗用車. voiturette 小型自動車. (voiture) monocoque ワンボックスカー.

◆ 自動車のメカニズム：accélérateur アクセル. amortisseur ショック・アブソーバ. batterie バッテリー. boîte de vitesse manuelle〔automatique〕手動〔自動〕変速機. bougie プラグ. carburateur キャビュレター. direction ハンドル. embrayage クラッチ. engrenage du différentiel デフギヤ. essieu 車軸. frein ブレーキ. moteur エンジン. moteur à injection 燃料噴射式エンジン. moteur rotatif ロータリーエンジン. radiateur ラディエータ. suspension サスペンション. transmission トランスミッション. tuyau d'échappement 排気管.

◆ 自動車部分：aile フェンダー. capot ボンネット. carrosserie 車体. châssis 車台. clignotant ウィンカー. coffre トランク. enjoliveur ホイールカヴァー. feu de frein ブレーキライト. feu de position 車幅灯. jante リム. pare-brise フロントグラス. pare-choc バンパー. plaque d'immatriculation (minéralogique) ナンバープレート. pneu タイヤ. portière ドア. réservoir d'essence ガソリンタンク. roue ホイール. rétroviseur バックミラー. siège du conducteur 運転席. vitre 窓.

◆ 運転動作・装置：accélération アクセルを踏むこと. clé de contact エンジンキー. dégivreur 霜取り. demi-tour Uターン. embrayage クラッチを踏むこと. essuie-glace ワイパー. freinage ブレーキをかけること. marche arrière バック. phare ヘッドライト (feu de code 下向きライト. feu de route 上向きライト). 〔phare〕anti-brouillard フォグランプ. starter チョーク.

◆ 自動車関連用語：anti-gel 不凍液. carburant 燃料. carnet de constat amiable 事故報告書. carte grise 自動車登録証. consommation 燃費 (通常 100 km を走行するのに必要なリットル数で示す). contravention 交通違反 (特に駐車違反). cylindrée 排気量. diesel [djezɛl] ディーゼル. disque 90 若葉マーク (免許証取得後 1 年間, 90 km./h.が速度制限となる). garage 修理工場. gazole 軽油. horodateur パーキングメーター. huile オイル. le plein 満たん. limite de vitesse 速度制限. ordinaire レギュラーガソリン. parcomètre パーキングメーター. permis de conduire 運転免許証. puissance DIN (SAE) 実馬力. puissance fiscale 税制上の馬力. station-service ガソリンスタンド. stationnement 駐車. super ハイオク. vignette 自動車税納付証.

automobile[2] *a.* 自動の；自動車の. assurance ~ 自動車保険. canot ~ モーターボート. constructeur ~ 自動車メーカー. industrie ~ 自動車産業. parc ~ 自動車保有台数. véhicule ~ 自動車, 車両 (トラック, バスなどあらゆる種類を含む). voiture ~ 自動車〔乗用車〕.

automobiliste *n.* 自動車運転者, ドライバー.

automodélisme *n.m.* 自動車模型制作.

automoteur(**trice**) *a.* 自走式の, 動力付きの. canon ~ 自走砲.

— *n.m.* **1**〖運輸〗エンジン付大型はしけ, 自走式河船. ~ du Rhin ライン河自走船 (積載量 500～1000 t 級の河川用運送船). **2**〖軍〗自走砲 (=canon ~).

— *n.f.*〖鉄道〗気動車 (=autorail).

automutilation *n.f.*〖精神医学〗自傷〔行為〕.

autoneige *n.f.* 雪上車.

autonettoyant(**e**) *a.* 自動洗浄方式の, オートクリーニング方式の. four ~ par catalypse 触媒式自動洗浄オーヴンレンジ.

autonome *a.* **1**〖政治〗自治の, 自治制の, 自治権をもつ；自治体の. collectivité ~ 自治体. gouvernement ~ 自治政府. **2** 自主的な, 自立した, 自主独占の；自主管理の；自主路線の. budget ~ 独立採算性予算. gestion ~ 自主管理. port ~ 自主管理港. syndicat ~ 自主路線の労働組合 (どの上部組織にも属さない労働組合). **3**〖情報〗(コンピュータが) 独立システムの, オフラインの. unité ~ 独立システム. **4**〖哲〗自律の. volonté ~ 自律意志. **5**〖言語〗syntagme ~ 独立連辞 (*ex.* compte rendu).

— *n.*〖政治〗自主路線派 (あらゆる政体制に背を向ける異議申立て派；特に極左運動家).

autonomie *n.f.* **1** 自治権. 自主性. ~ administrative 行政上の自治権. ~ bud-

gétaire 独立採算予算を持つ権利. ~ financière 独立採算制, 独立採算予算を持つ権利, (企業の) 資金上の自主性. ~ interne 内政上の自治権. ~ politique 政治的自治権, 政治上の主体性.
2 自治, 自律；主体性.〖法律〗~ de la volonté 意志自治.〖労働〗~ des partenaires sociaux 労使自治.
3 (航空機などの) 航続距離.
4〖電算〗(モバイル・コンピュータ, ポータブル・コンピュータの) バッテリー駆動時間.

autonomiste n.〖政治〗自治主義者, 自治論者. ~ corse コルス自治論者.
——a. 自治主義の, 自治論の. mouvement ~ 自治運動.

autooscillation n.f. 自励振動 (=autovibration).

autopalpation n.f.〖医〗自己触診. ~ des seins 乳房の自己触診 (乳癌の発見法).

autophagie n.f.〖生化〗(組織・細胞の) 自己融解.

autophonie n.f.〖医〗自声強聴, 自家強声 (自分の声が異常に大きく耳に響く状態).

autoplastie n.f.〖医〗自家移植 (=autogreffe).

autopollinisation n.f.〖植〗自家受粉.

autopompe n.f. 消防自動車, 消防ポンプ車.

autoport n.m. (卸売店, 税関などにあるトラックやトレーラー専用の) 大型駐車場.

autoportant(e) a.〖建築〗シェル構造の, 支柱なしの. voûte ~e 支柱のない円天井.

autoporteur(se) a.〖機工〗車台と一体化した；支柱のない.〖自動車〗carrosserie (coque) ~se モノコックボディー. coque ~se en acier 鋼鉄製の車台と一体化した車体.

autoportrait n.m. 自画像.

autoproclamation n.f. 自主的宣言 (布告, 公表).

autoproduction n.f.〖経済〗消費者自身による生産, 自己生産.

autopromotion n.f. 自己宣伝.

autopropulsé(e) a. 自動推進式の；自力推進式の；自動誘導式の (=autoguidé). engin ~ 自動誘導ミサイル.〖軍〗obus ~ 自力推進弾. poisson ~ 自動推進式魚型弾 (機雷除去用兵器；略記 Pap.).

autopropulseur a.m. 自動推進の, 自力推進の.
——n.m. 自動推進装置.

autopropulsion n.f. 自動推進；自力推進.

autoprotéolyse n.f.〖生理〗(組織・細胞等の) 自己分解, 自己消化 (=autodigestion).

autopsie n.f. **1**〖医・法〗死体解剖, 死体検案, 検死. ~ administrative (監察医による異常死体の) 行政解剖. ~ judiciaire 司法解剖.
2〖比喩的〗厳密な原因究明, 入念な吟味.

autopunitif(ve) a. 自責的な, 自罰的な. conduite ~ve 自責行動.

autopunition n.f.〖心〗自己処罰.

autopurification n.f.〖医〗自浄作用.〖生理〗~ du vagin 膣自浄作用.

auto〔-〕radio n.m. カーラジオ. ~ 4 gammes 4バンド (PO-GO-FM-OC 中波・長波・FM・短波) カーラジオ.
——a.inv. カーラジオの.

autoradiographie n.f.〖物理・医〗オートラジオグラフィー (物体中の放射性物質の分布の撮影〔術〕).

autorail n.m.〖鉄道〗オートライユ, 気動車, ディーゼルカー.

autoréactif(ve) a.〖生〗自己反応性の. clone ~ 自己反応性クローン.

autoréglage n.m.〖機械〗自動調節, 自己平衡作用.

autorégulateur(trice) a. **1**〖生理〗自己調節作用の. mécanisme ~ 自己調節機構 (自動制御機構). **2**〖機械〗自動制御の.
——n.m.〖機械〗自動調節器.

autorégulation n.f. 自己規制.

autorenouvellement n.m. 自己更新 (再生). les mécanismes d'~ des cellules 細胞の自己更新 (再生) メカニズム.

autoréparation n.f.〖生〗自己修復.

auto〔-〕reverse〖英〗a.inv. オート・リヴァース方式の, 自動反転方式の；自動巻戻し式の. baladeur ~ オート・リヴァース式のウォークマン.
——n.m. (pl.~-~s)〖家電〗オート・リヴァース式機器 (テープレコーダーなど).

autorisation n.f. **1** 許可, 認可, 授権. ~ administrative 行政許可. ~ de bâtir 建築許可. ~ d'exploitation 営業許可.〖法律〗~ de juge 判事許可〔事由〕. ~ de sortie sous escorte (在監者に対する) 監視付外出許可. ~ préalable 事前許可.
2 許可証. montrer une ~ 許可証を提示する.
3〖財政〗~ budgétaire d'un parlement 議会による予算の承認. ~ de paiement (公共予算の) 支払い許可. ~ de programme (長期計画に基づく) 国庫債務負担行為.

autorisé(e) a.p. **1** 認可された, 公認の. association ~e 公認(認可)団体. étalon ~ 公認測定器. manifestation ~e 許可されたデモ. être~à+inf. …する認可を得ている.
2 容認されている. tournure ~e par l'usage 慣用により容認されている言廻し.
3 権威のある；権威筋の. avis ~ 権威筋の見解. milieux ~s 権威筋. personne ~e 権威者. On apprend, de source ~, que 権威筋の情報によれば, …ということである.

autoritaire a. **1**〖政治〗専制的な, 強権的な. politique ~ 専制政治. régime ~ 強権政治.

2 権威主義的な；権柄づくの, 高飛車な, 有無を言わさぬ. caractère ~ 権柄づくの性格. homme ~ 権威主義的人物.
— n. **1** 専制論者. **2** 権威主義者, 権柄づくの人.

autorité n.f. **1** 権威, 権力, 権限；威厳, 支配力. ~ absolue 絶対権力, 独裁. ~ du supérieur sur les subordonnés 部下に対する上役の権限. ~ de justice 裁判権. ~ parentale 親権. ~ paternelle 父権.
d'~ 一方的に, 独断で, 強権的に, 力で押し付けて. régime d'~ 強権的体制.
avoir ~ sur qn …を支配下に置く. être sous l'~ de qn …の指揮下にある. faire preuve d'~ 権威を示す.
2 権力機関；〖多く pl.〗(一定の権力・権限のある) 当局, 政府；当局者. ~ des Etats membres de l'UE ヨーロッパ連合加盟各国の行政・司法機関. ~ judiciaire 司法機関. ~s militaires 軍当局. ~s gouvernementales 政府当局. ~s municipales 市町村当局. les ~s japonaises 日本政府. les ~s religieuses 教会の高位者.〖放送〗la *H*aute *A* ~ de la *c*ommunication *a*udiovisuelle 視聴覚通信管理高等機関〔略記 Haca；1982年創設, 1986年 CNCL: *C*ommission *n*ationale de la *c*ommunication et des *l*ibertés「放送と自由に関する国家委員会」に, さらに 1989 年 CSA: *C*onseil *s*upérieur de l'*A*udiovisuel「視聴覚高等評議会」に改編〕.
3 (道徳的な) 権威, 威光, リーダーシップ. ~ du premier ministre 首相の指導力. ~ naturelle du souverain 君主に自然に備わる権威.
4 大家, 権威者, 基本的文献. faire ~ (学問などで) 権威を持つ, 規範となる.
5〖法律〗(先例・学説の) 権威, 価値. ~ de la chose jugée 既判事項の権威, 既判力.

autorotation n.f. 自転.
autoroute n.f. 自動車専用高速道路, オートルート, ハイウェー (A と略).~ à péage 有料高速道路.〖情報〗ハイウエー. ~ de l'information 情報ハイウエー. ~ en service 運用中の高速道路. ~ en travaux 建設中の高速道路. ~ urbaine 都市内高速道. Caisse nationale des ~s 国立高速道路公庫 (CNA). ~ du Soleil 太陽の高速道路〔略記 A 6, A+〕. télépéage sur ~ (電子バッジ利用の) 高速道路の料金遠隔支払い.

autoroutier (**ère**) a. 高速自動車専用道路の, オートルートの. réseau ~ 高速自動車専用道路網.

autosatisfaction n.f. 自己満足.
autoscouchettes ⇒ **autocouchette**
auto〔-〕**serrant** n.m.〖工具〗電動ドライバー.
autosome n.m.〖生〗常染色体, オートソーム (体細胞の染色体；性染色体でない染色体).

autosomique a. 常染色体の. aberration ~ 常染色体異常.
autostérile a.〖植〗非自家受粉性の. bigarreau ~ 非自家受粉着ビガロー (桜桃の一種).
auto〔-〕**stop** n.m. オートストップ, ヒッチハイク (=〔俗〕stop). faire de l'~ オートストップをする.
auto〔-〕**stoppeur**(**se**) n. オートストッパー, ヒッチハイカー (オートストップをする人). prendre un ~ ヒッチハイカーを拾う.
autosubsistance n.f.〖経済〗自給自足〔体制〕.
autosuffisance n.f. 自給自足.
autosuffisant(**e**) a. **1**〖経済〗自給自足の. pays ~ 自給自足国 (地方). **2**〖論理〗無矛盾の (=consistant).
autosuggestion n.f. 自己暗示.
autosurveillance n.f.〖医〗(糖尿病患者の) 自己管理療法 (血糖値の監視とインスリン注射を自分で行なう療法).
autotest n.m.〖薬〗(血中アルコール度, 妊娠, 糖尿などの) 自己検査剤, 自己診断〔キット〕.
autothérapie n.f.〖医〗自己 (自家) 治療〔術〕.
autotour n.m. オートトゥール (レンタカーとホテル予約をセットにした旅行システム).
autotracté(**e**) a.〖機械〗自走式の (=automoteur). tondeuse à gazon ~e 自走式芝刈機.
auto-tram n.m.〖交通〗オート=トラム (バスと市内電車の複合体；線路は用いずタイヤ式；動力源は多様).
autotransformateur n.m.〖電〗オートトランス, 単捲変圧器.
autotransfusion n.f.〖医〗自己 (自家) 輸血, 自己血輸血, 返血法, 再帰輸血法. ~ différée 貯血式自己血輸血.
autotransplant n.m.〖医〗自己移植組織 (臓器) (骨・皮膚など).
autotransplantation n.f.〖医〗自己 (自家) 移植〔術〕. ~ de peau 自家植皮術 (=autogreffe de peau). ~ rénale 自家腎移植術.
autotrophe a.〖生化〗自主栄養性の, 独立栄養的な (hétérotrophe「他家栄養の」の対). organisme ~ 独立栄養生物.
autotrophie n.f.〖生化〗自主栄養, 独立栄養.
autour[1] ad. **1** まわりに (を)；近辺に (を). *A* ~ il y a des montagnes. まわりに山々がある. ici ~ この近辺に (を). tout ~ まわり中に (を). vieille ville avec des murs tout ~ 四方を城壁で囲まれた古い町.
2 autour de …のまわりに (を)；…の近辺に (を)；…に関して, …を巡って. ceux qui sont ~ du premier ministre 首相の側近た

ち(お取巻き). mouvement de rotation ~ d'un axe 基軸のまわりの回転運動. creuser des douves ~ d'un château 城のまわりに堀を掘る. regarder tout ~ de soi 自分のまわりをぐるりと見回す. dans un rayon de cent kilomètres ~ de la capitale 首都の半径100キロの圏内に.
Ils se sont assis ~ de la table. 彼らはテーブルのまわりに座った. Les planètes tournent ~ du Soleil. 惑星は太陽のまわりを回っている. On a fait beaucoup de bruits ~ de cette affaire. この事に関して大変な噂が立った.
3〔数量を示す語を従えて〕およそ, ほぼ. prix moyens ~ de 150000 F 15万フラン前後の平均的(中庸)価格. Il a ~ de soixante ans. 彼は60歳ぐらいだ. Il gagne ~ de mille euros par mois. 彼は月に1000ユーロほど稼ぐ.

autour² *n.m.*〔鳥〕大鷹. dréssé pour la chasse 狩猟用に調教された大鷹.

autourserie *n.f.*〔狩〕大鷹狩り(オオタカ autour を調教して利用する狩猟).

autovaccin *n.m.*〔医〕自家ワクチン.

autovibration *n.f.* 自励振動 (= autooscillation);(自動制御系の)時間遅れ振動.

autoxydation *n.f.*〔化〕自動酸化;自触媒作用.

autre *a.ind.* ① 〔多く ~ +**n.**〕(別の, 他の)〔不定冠詞など+~+**n.**〕
un〔e〕~ +**n.** (不特定の)他の一つの, もう一つの. C'est une ~ affaire. それは別問題だ. Donnez-moi un ~ café. コーヒーをもう1杯ください. Elle veut un ~ enfant. 彼女はもうひとり子供を欲しがっている. J'ai une ~ idée. 私には別の考えがある. Une ~ semaine s'écoula. また1週間が過ぎ去った.
une ~ fois またこの次に, また次の機会に. Venez une ~ fois. また今度いらっしゃい. Ce sera pour une ~ fois. また〔この次〕にしましょう.
un ~ jour いつか;別のある日. Je reviendrai un ~ jour. いつかまた来よう.
d'~(〔話〕des ~s) +**n.** 他のいくつかの. d'~s fois 別の機会に. Je connais d'~s restaurants. 私は別のレストランをいくつか知っている.
~+n.+que …とは別の. Il n'y a〔pas〕d'~ choix que d'obéir. 服従するより他に選択肢はない. Montrez-moi une ~ robe (d'~s robes) que celle-là. それとは別のドレスを見せてください.
◆〔数詞・不定形容詞など+~+**n.**〕Il y a deux ~s possibilités. 他にまだ2つの可能性がある. Je ne vois aucune ~ solution. 他に解決策が見当たらない. Avez-vous trouvé quelque ~ moyen? 何か別の方策が見つかりましたか?

2〔定冠詞など+~+**n.**〕**l'~+n.** (二つのうちの)もう一方の. l'~ côté d'un fleuve 川の対岸. l'~ monde 別世界;あの世.
l'~ +期日 この前の;直前の(=dernier, précédent);直後の, 次の(=prochain). l'~ année 去年;来年. l'~ été 去年(来年)の夏. à la fin de l'~ siècle 前世紀末に. Je l'ai rencontrée l'~ jour. 私は先日彼女に出会った.
l'un (l'une) et l'~ +**n.** 両方の (=les deux+**n.**). dans l'un et l'~ cas どちらの場合にも. sur l'une et l'~ rive〔s〕両岸に.
les ~s+n. 他のすべての…. Est-il heureux que les ~s hommes. 他の人々よりも彼は幸せだろうか?
◆〔mon (ce, tous les)~〔s〕〕mon ~ frère 私のもう一人の兄弟. toutes les ~s personnes 他のすべての人々.

3〔無冠詞+~+**n.**〕**~ chose** [otrəʃoz;〔話〕otʃoz]別のもの(こと)〔不定代名詞として扱われ, 付加形容詞は de を介して男性形〕. C'est〔tout〕~ chose! それは〔全く〕違う;話は〔全く〕別だ! C'est tout ~ chose que ce que je croyais. 私の思っていたこととは全く違う. Ce n'est pas ~ chose que de la bonté. それは善意に他ならない. Je ne connais rien d'~ chose. 私は他のことは何も知らない. J'ai appris ~ chose de bon. 私は他によいことを知った. Parlons d'~ chose. 他の話をしましょう.〔文〕A ~ chose est〔de〕promettre, ~ chose est〔de〕tenir. 約束するのとそれを守るのとは別問題だ. concombres, tomates et ~ s légumes (列挙で) きうり, トマトやその他の野菜類.
d'~ part〔文頭で〕それに加え, それにまた(= d'ailleurs, en outre). D'~ part, il ne s'intéresse pas à ce problème. 彼はこの問題には興味がない. de part et d'~[dapartedotr] どちらの側でも;両方で(に). d'une part..., d'~ part...(de l'~) 一方では…, 他方では….
entre ~s+n. いろいろな…の中でも. entre ~s〔choses〕とりわけ, 就中.
sans ~ +**n.** 他の…なしに, 何らの…もなしに (=sans aucun). Il m'a raconté cela sans ~ détail. 彼は詳しいことには一切触れずにそれを私に話した.

4〔中性代名詞+d'~〕Avez-vous quelque chose d'~? 他に何かすることがありますか? Il n'y a rien d'~. 他に何もない. Ce n'est rien d'~ qu'un menteur. 彼は嘘つき以外の何ものでもない.

5 第2の (=second), もうひとつの. C'est un ~ moi-même. 彼は私の分身だ;彼は私の無二の親友だ. C'est un ~ Napoléon. 彼はナポレオンの再来だ. C'est un ~ Paris. それは第2のパリだ.

6 より優れた;重大な〔多く tout, bien と共に〕. C'est un tout ~ écrivain〔que lui〕.

あれは〔彼より〕一段優れた作家だ. On lui a fait de bien ~s propositions. 彼にはあれほど多くの提案をしてきたのに.

II〔属詞〕(異った). **devenir 〔tout〕 ~** 全く違うものになる. Je l'ai trouvé tout ~ qu'il n'était autrefois. 私は彼が昔とはすっかり変ったと思った.

III〔人称代名詞の後に置かれて〕(他とは異った) Nous sommes égaux, nous ~s Français. われわれフランス人こそ平等だ. Ecoutez, vous ~s. 聞いてください, みなさん.

——*pr.ind.* **I**〔既出の〔代〕名詞の代理として人・物を示す〕**1**〔不定冠詞+~〕 **un〔e〕~** 他の一人(ひとつ). **d' ~ s** 他のいく人(いくつか). Cet cravate ne me plaît pas. Voulez-vous en montrer une ~(d'~s)? このネクタイは気に入りません. 別の一つ(いくつか)を見せてください. parler de choses et d'~s よもやま話をする. Le mariage est une chose et l'amour est une ~. 結婚と恋愛は別物だ.

2〔定冠詞+~〕 **l'~** もう一つ; 片方. **(tous) les ~s** 他のすべて. ce livre et l'~ この本ともう一冊の本. moi et les ~s 私と他のすべての人. Cela n'arrive qu'aux ~s. それは他の人々にしか起らない.

◆〔d'un〔e〕+n. à l'~〕d'un bout à l'~. 端から端まで. aller d'une ville à l'~ 町から町へ行く.

3〔被代理語が表現されない成句〕J'en ai vu bien d'~s. 私はもっとつらい目にあった. Il en fait jamais d'~. 彼はへまばかりでかしている. Il en sait bien d'~s. 彼はこれについて精通している.

4〔無冠詞〕 **et ~s**〔列挙の後で〕…等, 等. les conditions morales, sociales, politiques, économiques et ~s 道徳的, 社会的, 政治的, 経済的等々の諸条件.

entre ~s とりわけ, 就中. J'ai visité plusieurs cathédrales, entre ~s, celle de Chartres. 私は数多くの大聖堂, とりわけシャルトルの大聖堂を拝観した. Il y avait entre ~s, deux médecins. そこにはとりわけ2人の医者がいた.

II〔被代理語なしに人を示す〕**1**〔不定冠詞など+~〕 **un〔e〕~** 他の一人. **d'~s** 他の数人. aucun〔e〕~ 他の誰も. nul ~ 何人も. Un〔e〕~ est venu〔e〕. 別の一人がやって来た. Un ~ que moi vous expliquera. 私以外の誰かがあなたに説明するでしょう. Ne parlez pas de cela à d'~s que vos amis. あなたの友達以外の人にそれについて話さないでください. Quelque ~ vous le dira mieux que moi. 誰か別の人が私より上手にあなたにそれを説明してくれるでしょう. 〔Adressez-vous〕 à d'~s! 誰が本気にするものか! Vous me prenez pour un ~. あなたは人違いをしています; 私を見損なわないように. C'est un homme comme un ~.

あれは月並みな男だ. faire *qch* tout comme un ~ 他の人と全く同じように何かする.

2〔定冠詞など+~〕 **l'~** 特定の他の男(女);〔哲〕他者. **les ~s** 他のすべての人たち. Ecoutez ce que dit cet ~. こいつの言うことをよく聞け. Il ne faut pas juger les ~s. 他人を批判してはならない. Je suis une femme comme les ~s (〔話〕comme une ~s). 私は月並みな女です. comme dirait l'~, comme dit l'~ 俗に言う, 諺にあるように.

III〔l'un〔e〕, les un〔e〕s に対応して〕

1 l'un〔e〕 … l'~ ; **les un〔e〕s … les ~s**〔対立〕L'un est riche, l'~ est pauvre. 一方は金持ち, 他方は貧乏人. L'un vaut l'~. (二人, 二つの物が)優劣はない, どっちもどっちだ. Les uns sont de cet avis, les ~s en sont pas. ある人たちはこの意見に賛成し, 他の人たちは賛成しない.

〔**l'un … un ~**; **les uns … d'~s**〔多くの人・物のうち任意の二つ・2群の対立〕. Les uns fumaient, d'~s jouaient aux cartes. ある者は煙草を吸い, 他の何人かはトランプをしていた.

2〔et, ou, ni と共に〕 **l'un et l'~** どちらも. **les uns et les ~s** みんな. L'un et l'~ est (sont) venu(s). どちらもやって来た. Les uns et les ~s sont partis. 誰も彼もみんな出掛けてしまった. Vous semblez malade ou malheureux. —Je suis l'un et l'~. あなたは病気か不幸かどちらかのようだ. —その両方です.

l'un ou l'~ どちらか. L'un ou l'~ viendra./Ils viendront l'un ou l'~. 彼らのどちらかが来るだろう. C'est l'un ou l'~. どちらかに決めなくてはならない. C'est tout l'un ou tout l'~. どちらかにきっぱり決めなさい. 〔話〕être toujours chez l'un ou chez l'~. いつも誰かの家を訪ねている.

ni l'un ni l'~ どちらも…でない. Ni l'un ni l'~ n'est venu (ne sont venus). /Ils ne sont venus ni l'un ni l'~. 彼らはどちらも来なかった.

3 l'un l'~; **les uns les ~s** 互いに. Ils se regardent l'un l'~. 彼らは互いに見つめあう. Aimez-vous les uns les ~s. 互いに愛し合いなさい.

4〔l'un (les uns)+前置詞+l'~ (les ~s)〕. dépendre l'un de l'~ 互いに依存し合う. marcher l'un après l'~ 相次いで歩く. marcher à côté l'un de l'~(l'un à côté de l'~). 並んで歩く. mettre l'objet l'un sur l'~ 物を並べて置く. se battre les uns contre les ~s 戦い合う; なぐり合う. s'unir l'un à l'~ 互いに結ばれる. vivre l'un pour l'~ 互いのために生きる. la haine des hommes les uns pour (contre) les ~s 人間相互の憎悪. Ils se sont en face l'un de l'~ (l'un en face de l'~). 彼らは向かい合っている.

5 l'un dans l'~ 平均して；結局，要するに．Ces objets coûtent dix euros l'un dans l'~. これらの品物は平均 10 ユーロです．L'un dans l'~, j'ai bien fait d'y aller. 結局，私はそこに行ってよかったのだ．

autrefois *ad.* 昔，かつては，以前は．Cela s'est passé ~. それは昔のことだ．cette ville ~ si belle かつてあれほど美しかったこの町．
　—*n.m.* 昔，以前．bonheurs des ~ 昔の幸せな日々．mœurs des ~ 昔の風習．

autrement *ad.* **1** 別な風に，違ったやり方で．~ dit 換言すれば，すなわち；別名では．tout ~ 全く別な風に．J'avais compris tout ~. 私は全く別な風に理解していた．Il aurait dû agir (tout) ~. 〔全く〕違った風に行動すべきだったろう．Il n'a pu faire ~. 彼は別な風にはやれなかった．Il ne peut en être ~. 事情は他のようではありえない．
　~ que+*ind*. …とは別な風に．Il agit ~ qu'il (ne) parle. 彼は言行不一致だ．
2 〔古〕〔固有名詞を伴って〕別称 (= ~ dit). Henri Beyle, ~ Stendhal アンリ・ベイル，別名スタンダール．
3 さもなければ．Partez tout de suite, ~ vous allez être en retard. すぐに出かけないと遅れますよ．Si vous me le promettez, j'accepte, ~ je refuse. 約束してくだされば承知しますが，さもなければお断りします．
4 〔副詞・形容詞と共に〕ずっと，遥かに (= beaucoup; plus). Elle est ~ jolie que sa mère. 彼女は母親よりずっときれいだ．
5 〔話〕とても，物凄く．Il est ~ intelligent. 彼は凄く頭がいい．Ceci est tout ~ intéressant. これは物凄く面白い．~ plus ずっと．Il est devenu ~ plus souple. 彼はずっと柔軟になった．
　ne ... pas ~ 大して…でない．Cela n'est pas ~ utile. それはほとんど役に立たない．

Autriche (l') *n.f.* 〔国名通称〕オーストリア（公式名称：la République d'A ~ オーストリア共和国，〔独〕Republik Österreich；国民：Autrichien (*ne*)；首都：Vienne ヴィーン（ウィーン）[Wien]；通貨：schilling [ATS]）．

autruche *n.f.* **1** 〔鳥〕駝鳥，オーストリッチ．~ d'Amérique アメリカ駝鳥，レア (= nandou). petit de l'~ 駝鳥の雛 (=autruchon). 〔服〕plume d'~ オーストリッチ・フェザー．viande d'~ 駝鳥の肉．〔比喩的〕avoir un estomac d'~ 胃がとても丈夫である．〔比喩的〕pratiquer la politique de l'~ 悪い事態を直視することを避ける．
2 駝鳥の鞣し革，オーストリッチ・レザー．sac en ~ オーストリッチ〔革〕のハンドバッグ．

autrui *n.m.* 〔哲〕他者．
　—*pr.ind.inv.* 他人；他の人々．bien d'~ 他人の財産．〔諺〕Ne fais pas à ~ ce que tu ne voudrais pas qu'on te fît. 己の欲せざるところを人に施すなかれ．

Autun *n.pr.* オータン（département de la Saône-et-Loire ソーヌ＝エ＝ロワール県の郡庁所在地；市町村コード 71400；形容詞autunois (*e*)). cathédrale Saint-Lazare d'~ オータンのサン＝ラザール大聖堂（12-15 世紀；ロマネスク様式；tympan と chapiteaux で名高い）．musée Rolin d'~ オータンのロラン美術館（Nativité au cardinal Rolin, Tentation d'Eve, Vierge d'~ などの名品を収蔵）．théâtre romain d'~ オータンの古代ローマ劇場（野外劇場の遺構）．

auvent *n.m.* **1** 〔建築〕庇（ひさし）．~ vitré ガラス張りの庇．en ~ 庇状の．toit en ~ 差掛屋根．
2 庇状のもの．〔自動車〕~ du capot d'une voiture 車のカウル．sourcils en ~ 庇のような眉毛．

auvergnat (*e*) *a.* オーヴェルニュ地方 (l'Auvergne) の；~ 人の；~ 方言の．accent ~ オーヴェルニュ訛り．bourrée ~*e* オーヴェルニュ地方の民俗舞踊ブーレ．cuisine ~*e* オーヴェルニュ料理．à l'~*e* オーヴェルニュ風の．
　—*A*~ *n.* オーヴェルニュ人；オーヴェルニュ地方の住民．
　—*n.m.* **1** オーヴェルニュ方言．**2** 〔葡萄〕オーヴェルニャ種《赤葡萄酒用品種》．

Auvergne (l') *n.pr.f.* **1** オーヴェルニュ地方（旧州；形容詞 auvergnat (*e*)). **2** 〔行政〕オーヴェルニュ地方 (= Région A ~) （中央山塊に位置する département de l'Allier, dép. du Cantal, dép. de la Haute-Loire, dép. du Puy-de-Dôme の 4 県からなるフランスと UE の広域行政区画；地方庁所在地は Clermont-Ferrand クレルモン＝フェラン）．comté d'~ オーヴェルニュ伯爵領（1610 年にフランス王領に編入）．terre d'~ オーヴェルニュ領（1531 年にフランス王領に編入）．

Auxerre [ɔsɛr] *n.pr.* オーセール（ヨンヌ県 département de l'Yonne の県庁所在地；市町村コード 89000）．la cathédrale Saint-Etienne d'~ オーセールの聖エチエンヌ大聖堂（13-16 世紀ゴシック様式）．

Auxerrois [o(k)sɛrwa] *n.pr.m.* 〔地理〕l'~ オーセール地方（中心都市 Auxerre). l'église Saint-Germain-l'~ （パリ市第 1 区の）サン＝ジェルマン＝ロークセロワ教会堂．

auxerrois (*e*) [o(k)sɛrwa,-z] *a.* オーセール (Auxerre) の；~ 住民の；オーセール地方の．
　—*A*~ *n.* オーセール (オーセール地方) の住民．

auxey-duresses *n.m.* 〔葡萄酒〕オーセー＝デュレス（ブルゴーニュ地方 la Bourgogne の Beaune の南，département de la Côte-d'Or コート＝ドール県の村 Auxey-Duresses（市町村コード 21190）を中心にひ

ろがる 171 ha の葡萄畑の AOC 酒；赤は pinot-noir 種 (135 ha), 白は chardonnay 種 (36 ha) からつくられる.

auxiliaire *a.* 補助の；補佐の.〖数〗fonction ～ 補助函数. maître (maîtresse)～ 補助教員. médecin ～ 補助医. moteur ～ 補助エンジン. moyen ～ 補助的手段.〖軍〗navires ～s 補助艦船. service ～ de l'Armée 軍の補助勤務 (service armé「武装勤務」の対).〖文法〗〖verbe〗～ 助動詞.
—*n.* **1** 補助者, 助手. faire de *qn* son ～ 人を彼の助手にする.
2 (官公庁などの) 補助職員；臨時職員；嘱託. ～ de justice 司法補助職員. ～s d'une armée 軍属. ～ de vie sociale 家庭訪問介護士.〖軍〗une ～ féminine de l'armée de terre 陸軍女性補助勤務兵 (略記 AFAT). ～s médicaux 医療補助者.
—*n.m.* **1**〖軍〗補助勤務 (＝service ～)；補助勤務兵；補充兵.
2〖文法〗助動詞 (＝verbe ～).
3〔*pl.* で〕〖海〗補助エンジン.

auxiliariat *n.m.* 補助職；補助教員の職.

auxine [ɔksin] *n.f.*〖生化〗オーキシン (植物成長ホルモン). ～ naturelle 天然オーキシン.

auxochrome *a.* 助色の. groupe ～ 助色団 (＝～).

Auxois [oswa] *n.pr.m.* l'～ オーソワ地方 (中心都市 Semur-en-～). mont ～ オーソワ山 (Alise-Sainte-Reine の南の 407 m の小高い山；Alésia の古戦場とされる). Semur-en-～ スミュール=アン=ノーソワ (コート=ドール県 la Côte-d'Or の中世城塞都市).

Auxonne [osɔn] *n.pr.* オーソンヌ (département de la Côte-d'Or コート=ドール県の小郡庁所在地；市町村コード 21130).

AVA (＝*a*ssurance *v*ieillesse *a*gricole) *n.f.* 農民老齢保険.

AVAE (＝*a*ppelé *v*olontaire pour une *a*ction *e*xtérieure) *n.m.*〖軍〗海外活動志願召集兵.

aval[1] (*pl.*～**s**) *n.m.* **1**〖商業〗(手形の) 保証.《Bon pour ～》「右保証人」(手形の保証人の署名の前に書く文言). donneur d'～ 保証人.
2 (政策などの) 保証；支持. donner son ～ à une politique 政策を支持する.

aval[2] *n.m.sing.* **1** 下流, 川下 (amont「上流, 川上」の対). en ～[1] 下流 (川下) に. en ～ du pont 橋の下手に (で). pays d'～ 下流地帯.
2〖経済〗川下〖産業〗. produits d'～ 川下〖産業〗の製品. en ～[2] 川下〖産業〗で.
3〖スキー〗谷側.
—*a.inv.* **1**〖スキー〗谷側の, 下方の. ski ～ 谷側のスキー.
2〖機械〗(システムの) 後段の.

avalanche [スイス・ロマンド語] *n.f.* **1** 雪崩. ～ poudreuse 新雪表層雪崩. cône d'～ 雪崩斜面. couloir d'～ 雪崩回廊.
2〔比喩的〕雪崩のような大量. une ～ de 雪崩のような, 山ほどの. une ～ de dossiers うんざりするほど大量の資料.

avance *n.f.* **1** 前進すること. l'～ de l'armée sur le territoire de l'ennemi 敵地への軍の進出.
2 (空間的に) 前にある〔いる〕こと. Le candidat A conserve une ～ confortable sur le cadidat B. A候補はB候補を大きくリードしている.
3 (時間的に) 前にあること. à l'～；d'～；en ～；par ～ 前もって, 予め, 事前に. être ～ sur son temps 時代に先んじる.
4 前金, 前払い, 前貸し；融資, 貸付, (特に) 短期貸付. ～ bancaire 信用機関の短期貸付〔金〕. ～ en compte courant 普通預金担保貸付. ～ en devises 短期外貨貸付. ～ sur marchandises 商品担保貸付. ～ sur police d'assurance 保険証券担保貸付. ～ sur titres 証券担保貸付. compte d'～ du Trésor 国庫短期貸付勘定. décret d'～ 臨時追加予算措置 (年度内に予算が不足した時, 政府が国会の承認を待たずに講ずる追加予算措置). prêts et ～s du Trésor 国庫長短期貸付 (日本の財政投融資に相当).
5 (多く *pl.*) 異性に対する言い寄り；働きかけ.

avancé(**e**)[1] *a.p.* **1** (位置的) 突き出した, 前方に置かれた.〖軍〗ouvrage ～ 前方掩体. poste ～〖鉄道〗遠方信号機；〖軍〗前進陣地, 前進偵察所.〖軍〗sentinelle ～*e* 前哨.
2 (時間的) 時が経った, (時間的に) 進んだ. ～ dans la vie (dans la vieillesse) 年をとった. La nuit est déjà bien ～*e*. もうすっかり夜がふけた. Il est〔d'un âge〕très ～. 彼は高齢である.
3 進捗した, 捗った, 目的 (終り) に近づいた. construction bien ～*e* 捗った建設工事. Son ouvrage est déjà très ～. 彼の仕事はずいぶん捗っている.
4 時期的に早い；早熟な. enfant ～ pour son âge 年の割りにませている子供. floraison ～*e* 早目の開花. végétation ～*e* pour la saison 季節的に早い植生.
5 (文化・技術などが) 進んだ, 高度の. civilisation ～*e* 進んだ文明 (文化). société ～*e* 進歩した社会. technique ～*e* 先端技術.
6 進歩的な. homme ～ 進歩的人間. idées (opinions)～*es* 進歩的思想 (意見).
7 (食物が) 腐りかけた, 傷みはじめた, 食べ頃が過ぎた. fruit ～ 食べ頃が過ぎた果物. poisson (viande)～*e* 傷みはじめた魚 (肉).
8 有利になった；成果を収めた. en être plus ～ 利益を得た, 有利になった.〔皮肉〕Vous voilà bien ～ ! 骨折り損さ !
9 前払いされた；前貸しされた；用立てた. somme d'argent ～*e* 前払 (前貸) 金 (＝avance).

——n. **1** 進歩的な人. **2**〖スキー〗前傾姿勢をとったスキーヤー. prendre de l'～ 前傾姿勢をとる.

avancée² n.f. **1** 前進；突出部；〖軍〗前哨；〖鉱〗切羽（きりは）. ～ d'un toit 軒（のき）. ～s sociales 社会的前進（進展）.
2〖釣〗鉤素（はりす）.

avancement n.m. **1** 前進；進めること. ～ des saisons 季節の早まり.〖舞〗position d'～ 片足前のポジション. ～ de l'horloge 時計を進めること.
2 突出；突出部. ～ d'un toit 屋根の突出部.
3 進捗, 進み具合. ～ des travaux 工事の進み具合. état d'～ des plans 計画の進捗状況.
4 進展；進歩. ～ des techniques 技術の進歩.
5 昇進, 昇級. ～ des fonctionnaires (des militaires) 公務員（軍人）の昇進. ～ à l'ancienneté (au choix) 年功（抜擢）による昇級. avoir (obtenir) de l'～ 昇進（昇級）する.
6〖法律〗～ d'hoirie 相続分の生前贈与（先渡し）.

avantage n.m. **1** 優位, 優勢, 有利な立場. à l'～ de …に有利なように. avoir (prendre) l'～ sur …に対して有利な立場に立つ. avoir l'～ de …について有利な立場にある. Face à son interlocuteur inexpérimenté, il a l'～ de sa longue présence à la société. 相手が素人なのに対して, 彼は会社に永く勤務していたという点で, 優勢に立てる. tirer ～ de …を利用して有利な立場に立つ. Les Etats-Unis tirent ～ de leur position de premier producteur mondial de produits agricoles pour imposer leurs règles au commerce international en la matière. アメリカは世界最大の農業生産国の立場を利用して, この分野における国際貿易に自国のやり方を押し付けている.
2〖テニス〗アドバンテージ. ～ dedans (au service) アドバンテージ・サーバー. ～ dehors アドバンテージ・レシーバー.
3 利点, 長所, 強み, 特権, 得点. avoir ～ à + inf. …するのが得策である. Dans les négociations internationales, les participants ont souvent ～ à agir de façon concertée. 国際交渉においては, 参加国はしばしば協調して行動することに利益を見出す.
4 優遇措置, 利点, 有利な取り計らい. ～s acquis 既得権利（権益）. ～s en nature 現物給付. ～s fiscaux 優遇税制措置. ～ indirect 間接優遇.〖商業〗～ particulier 優先的地位, 特別利益. prévoir des ～s spéciaux en faveur d'une catégorie socio-professionnelle particulière 特定社会職業層を対象に特別優遇措置を用意する.

avantageux (se) a. **1** 有利な, 得な；人にとって有利な；実物以上の. marché ～ 有利な取引. portrait ～ 本物より良い肖像. prix ～ 得な値段. C'est ～. これはお得

すな. avoir une idée ～ se de soi-même 自分を買いかぶる. présenter qch sous un jour ～ 何をよく見せる.
2（服などが）人を引き立たせる. coiffure ～ se 引き立つ髪型（帽子）. taille ～ se すらりとした体つき.
3（人・様子などが）自惚れた, 高慢な. prendre un air ～ 高慢な様子をする.

avant-bras n.m. **1**〖解剖〗前腕, 前膊《肱と手首の間の部分》. **2**（馬の）前膊《前脚の膝と肘の間の部分》. **3**（甲冑の）胸甲.

avant-centre (pl. ～s–～s) n.m.〖スポーツ〗(サッカーなどの) センター・フォワード (＝〖英〗center forward).

avant-contrat n.m.〖法律〗仮契約. passer un ～ avec qn (人と) 仮契約を結ぶ.

avant-garde n.f. **1**〖軍〗前衛〔部隊〕, 先鋒 (arrière-garde「後衛」の対). combat d'～ 前衛戦.
2 (芸術・思想の) 前衛, アヴァンギャルド, 革新的先駆. d'～ 前衛の, 前衛的な, アヴァンギャルドの；最新鋭の.〖軍〗un avion de chasse d'～ comme la Raffal ラファルのような最新鋭の戦闘機. musique d'～ 前衛音楽. être à l'～ de (の) 先駆となる, (の) 先頭に立つ.

avant-gardisme n.m. 前衛主義；前衛的芸術運動, 前衛性.

avant-gardiste a. 前衛の；前衛主義の, 前衛主義的な；アヴァンギャルドの. design ～ 前衛的デザイン. peinture ～ 前衛主義的絵画, 前衛派絵画, アヴァンギャルド絵画.
——n. 前衛主義者, アヴァンギャルディスト, 前衛的芸術家.

avant-goût n.m. 前味（まえあじ）(arrière-goût「後味（あとあじ）」の対)；(印象などの) 予知.

avant-guerre n.m./n.f. 戦前；(特に) 両次の世界大戦前期, アヴァン・ゲール.

avant-hier [avɑ̃tjɛr] ad. 一昨日.
——n.m. 一昨日.

avant-main n.m. **1** (動物, 特に馬の) 前軀〔頭部, 頚部, 胸前, 前脚の部分〕. **2**〖テニス〗フォアハンド.

avant-midi [カナダ, ベルギー] n.m./n.f. 午前, 午前中（＝matin, matinée）.

avant-pays n.m.inv.〖地学〗(山脈の) 前山地帯, 前地（ぜんち）.

avant-port n.m. **1** 外港. **2** (河口地帯で旧港の下流に新造された) 下流河口新港.

avant-poste n.m.〖軍〗前哨.

avant-première n.f. **1** (公開の) プレビュー；〖映画〗試写会；〖劇〗試演会；〖美術〗内覧（下見）会. en ～ 一般公開に先立って. **2** プレビュー批評.

avant-projet n.m. **1** 草案, 素案, 原案. ～ d'un projet de loi 法案草案（原案）.
2 基礎計画；(建築などの) 略設計；積算. ～ d'une construction 建造〔物〕の基礎計

画.
3 〖建築〗雛型.
avant-propos *n.m.* **1** 序文, はしがき, 緒言. **2**〔古〕前口上.
avant-scène *n.f.*〖劇場〗**1** アヴァン＝セーヌ, エプロン《舞台の幕前の部分》.
2 アヴァン＝セーヌ《劇場の舞台脇の桟敷席》(= loge d'~).
3〔古〕(古代劇場の) 舞台, プロセニアム.
avant-veille *n.f.* 前々日. ~ de son départ 彼の出発の前々日.
avare *a.* **1** 欲深い, 吝嗇な, けちな. caractère ~. 欲深い性格. être sordidement ~ 貪欲そのものである.〔諺〕A père ~, fils prodigue. 欲深い親父には道楽息子.
2 (de を) 惜しむ. être ~ de louanges 減多に褒めない. être ~ de sa peine 労苦を惜しむ.
3 貧弱な；乏しい. terre ~ やせた土地.
—*n.* 守銭奴, 吝嗇家, けちんぼ. vieil ~ 老守銭奴. *L'A*~ de Molière モリエール作『守銭奴』(1668 年).
avarie *n.f.* **1** (船舶・積荷の) 海損, 損傷；(航空機・車両；積荷の) 損傷, 損害.〖海上保険〗~s communes (particulières) 共同(単独)海損. ~ de gouvernail 舵の損傷. réparer les ~s 損傷を弁償する. subir des ~s 損傷を蒙る.
2〔比喩的・文〕損傷.
3〔話〕〔古〕梅毒 (= syphilis).
avarié(**e**) *a.p.* **1**〖海〗海損を蒙った；損傷した. navire ~ par la tempête 嵐で損傷した船. avion ~ 損傷した航空機.
2 (商品などが) 損傷した, いたんだ, 壊れた；腐った. cargaison ~*e* いたんだ貨物. viande ~*e* いたんだ食肉.
3〔話〕性病 (梅毒) に冒された (= atteint de maladie vénérienne).
AVC (= *a*ccident *v*asculaire *c*érébral) *n.m.*〖医〗脳血管障害 (疾患) (=〔英〕CVA: *c*erebro *v*ascular *a*ccident)《脳出血 hémorrhagie cérébrale, 脳梗塞 infarctus cérébral, 一過性脳虚血発作 accidents ischémiques transitoires, 高血圧性脳症 encéphalopathie hypertensive など》.
avenant¹〖法律〗*n.m.* 契約の追加条項, 変更証書. ~ au contrat de travail 労働契約の追加規定.
avenant²(**e**) *a.* 愛想のよい, 好感のもてる.
avenant³(**à l'**) *l.ad.* 相応の, それなりの, 同様に.
avènement *n.m.* **1**〖キリスト教〗到来. ~ du Messie 救世主(メシア)の到来. second ~ du Christ キリストの再臨.
2〔比喩的〕到来. ~ d'une ère nouvelle 新しい時代の到来. ~ du prolétariat プロレタリアの出現.
3 (国王, 皇帝, 教皇などの) 即位. ~ de Napoléon à l'empire ナポレオンの皇帝即位. ~ d'un président de la République 共和国大統領の就任. don de joyeux ~ 即位記念の恩賜；即位を祝う献上品.
4 (体制などの) 成立, 確立. ~ de la Vᵉ République 第五共和国 (制, 政) の成立.
5〔稀〕成功.

avenir *n.m.* **1** 未来, 将来. ~ attendu (inattendu) 待ち望まれた (予想外の) 未来. ~ d'un pays 一国の将来. à l'~ 今後は, これからは. dans un proche ~ (un ~ prochain) 近い未来. dans un ~ lointain 遠い将来. perspectives d'~ 未来の見通し (予測). techniques de l'~ 未来の技術.
agir en prévision de l'~ 未来を予測して行動する. espérer en l'~ 未来に期待を託す. prévoir l'~ 未来を予知する.
2 将来性；前途, brillant ~ 輝かしい前途. d'~ 将来性 (前途) のある. jeune homme d'~ 前途有望な青年. avoir de l'~；avoir l'~ devant soi 前途洋々である.
3 後世の人々 (= générations futures). jugement de l'~ 後世の評価. L'~ jugera. 後世が裁きを下すであろう.

avent *n.m.* **1**〔時に A ~〕〖カトリック〗待降節《クリスマスの前の 4 週間》(= temps de l'A ~). le premier dimanche de l'A ~ 待降節の第 1 日曜日.
2 待降節の説教.

Aventis *n.pr.* アヴェンティス《1999 年, Rhône-Poulenc と Hœcht の仏独製薬会社の合併により誕生した合弁製薬会社》. Le PDG de Sanofi-Synthélabo lance une OPA hostile contre ~. サノフィ＝サンテラボの代表取締役社長がアヴェンティスに敵対的な株式公開買付けを仕掛けている《その後合併して Sanofi-~ となった》.

aventure *n.f.* **1** 異常な出来事, 意外な事件. ~ comique おかしな出来事. ~s légendaires 伝説的事件. drôle d'~ 奇妙な出来事. fâcheuse ~ 困った出来事, 災難, 事故. merveilleuse ~ 不思議な出来事. roman d'~s 波瀾万丈の物語；冒険小説. Il leur est arrivé toutes sortes d'~s. 彼らの身にありとあらゆる災難がふりかかった.
2 情事, 恋愛事件 (= ~ amoureuse；~ galante；~ sentimentale). Il avait eu plusieurs ~. 彼は数多くの浮名を流してきた.
3 冒険, 危険なこと. esprit d'~ 冒険心. pousser l'~ jusqu'au bout とことんまで危険を犯す. tenter l'~ 冒険を試みる, 一か八かやってみる.
4〖海〗prêt à la grosse 〔~〕冒険貸.
5 à l'~ 当てもなく, 当てずっぽうに, 行き当たりばったりに. errer à l'~ 当てどなくさまよう.〔文〕d'~；par ~ 偶然に, はからずも (= par hasard).
6〔古〕運勢. bonne (mauvaise) ~ 好 (悪) 運. diseuse de bonne ~ 女占い師. dire la bonne ~ à *qn* 人の運勢を占う.

avenue *n.f.* **1**〔古〕(館などに通じる) 並

木道. ~ de platanes conduit au château 城館に通じるプラタナスの並木道.
2〔並木のある〕大通り. ~ des Champs-Elysées シャン=ゼリゼ大通り.
3〔比喩的〕〔目的に向かう〕道. ~s du pouvoir 権力への道.

averse *n.f.* **1** にわか雨, 驟雨. ~ orageuse 嵐もよいの驟雨, 豪雨. ~ passagère にわか雨, 通り雨. essuyer (recevoir) une ~ にわか雨にあう.
2〔比喩的〕滔々と流れる水, 豊かな水流.
3 une ~ de 雨あられと降る…; 大量の…. une ~ de discours 滔々たる弁舌. répandre des ~s de larmes さめざめと泣く.
4〔話〕de la dernière ~ ごく最近の.

averti(e) (<avertir) *a.p.* **1** 警告を受けた, 予告された; 警戒(用心)している. être ~ de (que+*ind.*) …を知らされている. Tenez-vous pour ~ 用心なさいよ.
2 経験豊かな, 事情に通じた;(de に) 精通した. un homme ~ 経験豊かな人.〔諺〕Un homme ~ vaut deux. 経験豊かな人は2人の値打ちがある→備えあれば憂いなし. lecteurs ~s 慧眼の読者. Ce film est pour un public ~. この映画は成人向けである.

avertissement *n.m.* **1** 警告, 忠告, 注意. ~ du ciel 天の忠告. donner à *qn* un ~ 人に警告を与える. écouter (suivre) un ~ 警告(忠告)に耳を傾ける(従う).
2(制裁としての)警告, 譴責(〔略〕averto).
3 予感, 前兆. ~s de l'âge 老化の前兆. ~s du bon sens (de la raison) 良識(理性)の声.
4 予告, 通告, 通知, 通報. partir sans ~ 予告なしに出発する.
5(本の)前書き, はしがき (=~ au lecteur).
6〔法律〕召喚〔状〕, 呼出し〔状〕(=convocation).
7 納税督促通知〔書〕(=~ au contribuable).

avertisseur[1]**(se)** *a.* **1** 警報する. panneau ~ 警告標識(板). sifflet ~ 呼子, 警笛. signal ~ 警報器.
2 予兆となる.
——*n.*〔古〕警告者, 告知者.

avertisseur[2] *n.m.* 警報器;警笛;(自動車の)クラクション (=~ d'automobile). ~ d'incendie 火災報知器. ~ sonore 警笛.

aveu (*pl.*~**x**) (<avouer) *n.m.* **1** 告白, 白状, 自認. ~ d'un amour 愛の告白. franc 率直な告白. de l'~ de …の認めるところによれば, …の証言によれば. faire l'~ d'un secret 秘密を告白する.
2〔法律〕自白, 自供. ~ complexe (simple) 複雑(単純)自白. ~ conditionnel 条件付自白. ~ extrajudiciaire (judiciaire) 裁判外(裁判上)自白. ~ qualifié 条件付自白. ~ tacite 暗黙の自白. faire l'~ d'un crime 罪を白状(自供)する.
3〔古, 文〕許可, 認可, 同意. agir sans l'~

de *qn* 人の同意を得ずに行動する.
4〔古〕(封建時代の)臣従の誓証. homme sans ~ 浪人;〔現用〕宿なし, 流れ者.

aveuglant(e) *a.* **1** 目をくらませる;目つぶしの. grenade ~e 目つぶし弾. lumière ~e まぶしい光.
2 明白な, 否定できない. preuve ~e 明白な証拠.
3 理性を失わせる. passion ~e 盲目的情熱.

aveugle *a.* **1** 盲目の, 盲の;目隠しの. personne ~ 盲人. devenir ~ 失明する. être ~ de naissance 生まれつき目が見えない.〔薬〕essai en double ~ 二重盲検法.〔航空〕vol ~ 盲目飛行, 計器飛行.
2〔比喩的〕盲目的な, 分別を失った;絶対的な. actions ~s et meurtrières 盲目的な殺人行為. attentat ~ 盲目的テロ. courage ~ 向う見ずの勇気. être ~ à (sur, pour) *qch* 何に気がつかない, 何がわからない. soumission ~ 盲従. être ~ à l'égard de (envers) …に目がない.
3 光を通さない;〔建築〕塗りこめられた. arcade ~ ブラインド・アーケード. fenêtre ~ めくら窓. mur ~ めくら壁.〔解剖〕point ~ 盲点.
4〔地形〕vallée ~ 盲谷(めくらだに).
——*n.* 盲人, 失明者. ~-né 生まれつきの失明者 (=~ de naissance). ~ de guerre 失明軍人. chien d'~ 盲導犬. écriture des ~s 点字 [=alphabet d'~, braille]. dégustation à l'~ des vins 葡萄酒の目隠し試飲.〔薬〕essai (expérimentation) en double ~ 二重盲検法. en ~ 無分別に, 見境いもなく, 当てずっぽうに. agir en ~ 盲動する. faire un teste en ~ 目隠しテストをする, ブラインドテストをする. juger en ~ 当てずっぽうに判断する.

Aveyron *n.pr.m.* **1** l'~ アヴェーロン川 (Sévérac-le-Château の近くに源を発し, Rodez, Villefranche-de-Rouergue を経て Montauban の北西でタルヌ川 le Tarn に合流する川;長さ 250 km).
2〔行政〕l'~ アヴェーロン県 (=département de l'~;県コード 12;県庁所在地 Rodez;フランスおよび UE の région Midi-Pyrénées に属す;3 郡, 46 小郡, 304 市町村;面積 8,735 km², 人口 263,808;形容詞 aveyronnais(e);主要都市 Millau, Villefranche-de-Rouergue).

aviaire *a.* **1** 鳥の;家禽の. épidémie de grippe ~ déclenché par le virus ~ H5N1 鳥(鶏)インフルエンザ・ウイルス H5N1 型に起因するインフルエンザの流行. grippe ~ 鳥(鶏)インフルエンザ.
2〔稀〕飛行の.

avitaminose *n.f.*〔医〕ビタミン欠乏症. ~ C ビタミン C 欠乏症.

aviateur (trice) *n.* 飛行家, 飛行士;航空兵. combinaison d'~ 飛行服. pilot ~

操縦士.

aviation *n.f.* **1** 航空；〔集合的〕飛行機. ~ civile 民間航空. organisation de l'~ civile internationale (OACI) 国際民間航空機関 (=〔英〕ICAO). ~ commerciale 商業航空. ~ militaire 空軍〔力〕. ~ privée 個人飛行機. compagnie d'~ 航空会社. salon de l'~ 航空ショー. terrain d'~ 飛行場.
2 空軍機. ~ de bombardement 爆撃機. ~ de chasse 戦闘機. ~ de reconnaissance 偵察機.
3 航空機産業.

avicole *a.* 鳥類飼育の；養禽の.〖農〗coopérative ~ 養禽協同組合.

aviculteur(**trice**) *n.* 鳥を飼う人；養禽家.

aviculture *n.f.*〖農〗養禽, 鳥類飼育.

avide *a.* **1** 貪欲に, 欲の深い；渇望する. héritier ~ 欲の深い相続人. usurier ~ 強欲な高利貸. ~ de *qch* 何を貪欲に求める；何を渇望する. être ~ de l'argent 金銭に貪欲である. être ~ de l'honneurs 名誉欲が強い.
2 食欲が旺盛な, 食い意地の張った, がつがつした. bébé ~ 乳をむさぼる乳児. estomac ~ 食欲旺盛な胃袋.
3 好奇心に駆られた, 貪婪(どんらん)な, むさぼるような. regards ~*s* 喰い入るような眼付. écouter d'une oreille ~ 耳をそば立てて聞く. être ~ de conaître (de savoir) 知識欲が旺盛である.

avidité *n.f.* **1** 貪欲, 強欲；貪婪(どんらん)；渇望. ~ des désirs 欲望の貪欲さ. ~ de+*inf.* …したいという欲望. ~ de tout savoir すべてを知りたいという貪欲さ. ~ pour l'argent 激しい金銭欲. désirer *qch* avec ~ 何を渇望する.
2 激しい食欲. manger avec ~ がつがつ食べる.
3 激しい好奇心. écouter avec ~ 一言も聞き洩らさぬよう耳を傾ける.

Avignon *n.pr.* アヴィニョン (南仏ヴォークリューズ県 département du Vaucluse の古都, 県庁所在地. 市町村コード 84000；形容詞 avignonnais(e). 旧教皇庁 Palais des Papes がある). Festival (de théâtre) d'~ アヴィニョン演劇祭 (1947年 Jean Vilar が創設；以後毎年夏に開催). pont d'~ アヴィニョンの橋 (ローヌ河にかかる聖ベネゼ橋 pont Saint-Bénézet のこと).

Avigolfe (=*A*ssociation des *v*ictimes du *Golfe*) *n.f.* 湾岸戦争犠牲者連合.

avilissement (<avilir) *n.m.* **1**〖経済〗(価値, 価格などの)下落. ~ d'une monnaie 通貨価値の下落.
2 品位が落ちること；堕落, 屈辱, 不名誉. tomber dans l'~ 品位が落ちる；堕落する.

avion *n.m.* **1** 飛行機, 航空機. ~ à hélice プロペラ機. ~ à réacteur ジェット機. ~ biréacteur 双発ジェット機. ~ biturbopulseur 双発ターボジェット機. ~ civil (militaire) 民間 (軍用) 機. ~ d'attaque au sol 地上攻撃機. ~ de bombardement (=bombardier). ~ de combat 戦闘機. ~ de ligne 定期旅客機. ~ de reconnaissance 偵察機. ~ de transport 輸送機. ~ de transport commercial 商業輸送機. ~ d'interception 迎撃戦闘機 (=interception).〖軍〗~ embarqué 艦載機. ~ furtif ステルス航空機 (=〔英〕stealth aircraft；レーダーで捕捉し難い航空機). ~ radar レーダー搭載航空機 (ES Awacs など). ~ solaire ソーラー機. ~ spatial 宇宙船. voyage en ~ 航空機利用の旅行. envoyer une lettre par ~ 航空便で手紙を出す. partir en ~ 飛行機で出発する. prendre l'~ 飛行機に乗る.
2 飛行；飛行機の旅.

avion-cargo *n.m.* 貨物専用航空機, 貨物輸送機.

avion-citerne *n.m.* (空中) 給油機.

avion-école *n.m.* 練習機.

avion-espion *n.m.* スパイ偵察機. ~ U2 (アメリカの) U2型スパイ偵察機.

avionique *n.f.* 航空電子技術.

avionneur *n.m.* **1** 航空機製造業者. l'~ MBB メッサーシュミット=ブローム航空機製造会社. **2** (航空機の) 機体組立工.

avion-radar *n.m.*〖軍〗レーダー搭載警戒管制機 (敵機の侵入を探知し, 迎撃機を誘導するシステムをもつ航空機). ~ américain 米軍早期警戒管制機 (=l'AWACS).

avion-suicide *n.m.* 特攻機.

avion-taxi (*pl.* ~ **s**-~ **s**) *n.m.* エア・タクシー (乗客の求めに応じる小型飛行機).

avion-tropilleur *n.m.*〖軍〗雷撃機.

aviron *n.m.* **1** オール, 櫂(かい)(=rame). ~*s* d'une barque ボートの櫂. aller à l'~ オールを漕いで進む. Armez les ~*s*! オールを準備！
2〖スポーツ〗漕艇, ボート競技 (=course d'~). course d'~*s* de couple 対のオールによるボート競技 (skiff, double scull, quatre sans barreur など). faire de l'~ (スポーツとして) ボートを漕ぐ.

avis *n.m.* **1** 意見, 見解, 考え. à mon (votre) ~ 私 (貴方) の考えでは. changer d'~ 考えを変える. changer d'~ comme de chemise くるくる意見を変える. donner son ~ 意見を言う. être d'~ que (de) …と考える. partager l'~ de *qn* …の意見に同意する. se rendre à l'~ de *qn* …の考えに従う. (transmis) pour ~ 意見を求める (ために送付する). donner un ~ favorable (défavorable) 同意 (支持) する (拒否する).
De l'~ des observateurs, les négociations sont entrées dans une phase délicate. オブザーバーの見方によれば, 交渉は微妙な段階に入った.

Les discussions n'ont pas permis de rap-

procher les ~ des différentes parties. 議論によっても各派の見解の相違は埋まらなかった.〔古〕m'est ~ que 思うに…である.
2 助言, 忠告, 勧告；答申, アドバイス；注意, 警告；答申. ~ consultatif (国際裁判機関による) 勧告的意見. jusqu'à nouvel ~ 異なる見解が示されるまで. prendre l'~ de qn …の助言を求める. sauf ~ contraire 別の見解が示されない限り. suivre l'~ de qn …のアドバイスに従う. Le conseil a donné son ~ après d'âpres discussions 委員会は厳しい議論の末に答申を出した.
3 公示, 通知, 通告, 告知. ~ aux lecteurs (書籍の) 序文, 読者へ.〘運送〙~ d'arrivée 着荷案内. ~ de décès 死亡通知. ~ de mise en recouvrement 租税取立書. ~ de parents 親族会議の決議.〘法律〙~ documentaire (知的産産に関する) 文献による意見書.〘法律〙~ officineux (婚姻障害に関する) 単純通知.

aviso [avizo]〔西〕*n.m.*〘軍〙護衛艦 (艦隊護衛, 対潜, 沿岸防備などの任務を担当する軍艦).

avocat[1](***e***) *n.* **1** 弁護士 (女性弁護士には avocate, femme avocat を用いることが多い；avocat près les cours et tribunaux「法院・裁判所弁護士」, avoué près les tribunaux de grande instance「大審裁判所代訴士」, agréé près les tribunaux de commerce「商事裁判所代訴士」, conseil juridique「法律顧問」に対する称号；尊称は Maître). ~ au Conseil d'Etat et à la Cour de cassation コンセイユ・デタおよび破毀院で弁護士を補佐する公職者. ~-conseil 相談弁護士. ~ d'affaires 商事を主として扱う弁護士. 〔commis〕 d'office 職権指名弁護人 (=~ désigné). ~ honoraire 名誉弁護士. ~ stagiaire 弁護士試補. cabinet d'~ 弁護士事務所. certificat d'aptitude à la profession d'~ 弁護士適格証明書 (略記 CAPA). ordre des ~s 弁護士会 (=barreau；会長は bâtonnier). consulter un ~ 弁護士に相談する.
2〘法律〙~ au Conseil d'Etat et à la Cour de cassation コンセイユ・デタおよび破毀院弁護士 (=~ aux Conseils).
3〘法律〙~ général a) 検事 (破毀院, 会計院, 訴訟院の上席検事). b) ヨーロッパ連合法院政府委員 (公益代表).
4〔一般に〕弁護する人, 弁護者. se faire l'~ de qn (qch) …のため弁護を買ってでる.〘宗教〙~ du diable 列聖調査における非難役；〔転じて〕強引に弁護する人, 強弁する人；(正しい結論を導くため) 敢えて異論を唱える人. se faire l'~ du socialisme 社会主義の擁護者となる.
5〔カトリック〕列聖調査審問検事.

avocat[2] *n.m.* アヴォカド (avocatier の実).

avocatier *n.m.*〘植〙アヴォカド (avo-cat) の木.

Avogadro（＜Amadeo di Quaregna e Cerette, comte d'A ~〔1776-1856〕；イタリアの物理・化学者) *n.pr.* アヴォガドロ. nombre d'~ アヴォガドロ〘定〙数 (1 モルの純物質中に存在する分子数：6.022 1367×10²³mol⁻¹；記号 N または N_A).

avoine *n.f.*〘植・農〙燕麦 (えんばく), オート麦. balle d'~ オート麦のもみがら. farine d'~ オート麦粉. flocons d'~ オートミール. folle ~ (野生の) からす麦.

avoirdupoids *n.m.*〘度量衡〙常衡 (英米で貴金属・宝石・薬品以外の商品に用いる重さの単位). once ~ 常衡オンス (略記 oz av；1once ~ ＝1/16livre ~ ＝28.349 523 125g).

avoparcine *n.f.*〘薬〙アヴォパルシン (バンコマイシンに似た抗生物質).

Avoriaz *n.pr.* アヴォリヤズ (département de la Haute-Savoie オート＝サヴォワ県のスキー場；市町村コード 74110；幻想映画祭 Festival du cinéma fantastique でも知られる).

avorté(***e***) *a.p.* **1** 流産した. femme ~*e* 流産した女性.
2〔比喩〕(計画・作品などが) 中途で挫折した；失敗に帰した；流れた. fruits ~*s* 実り損いの果実. projet ~ 挫折した計画.

avortement *n.m.* **1** 堕胎, 流産, 妊娠中絶. ~ clandestin 非合法な堕胎. ~ spontané 自然流産 (＝fausses couches). ~ volontaire 人工妊娠中絶 (1975 年に合法化され, interruption volontaire de grossesse (IVG) と呼ばれる).
2〔比喩的〕失敗, 挫折. ~ de la réforme de l'éducation proposée par le gouvernement 政府が提議した教育改革の失敗.

avorteur(***se***) *n.*〘蔑〙(非合法の) 堕胎施行者；堕胎医 (=〘俗〙faiseuse d'anges).

avoué[1](***e***) *a.p.* 告白された；認められた, 公然の, 表向きの. crime ~ 告白された重罪. ennemi ~ 公然の敵. secret ~ 認められた秘密. Faute ~*e* est à moitié pardonnée. 過失を告白すれば, 半ば赦されたも同然.

avoué[2] *n.m.* **1**〘法律〙代訴士 (1971 年までは, 大審裁判所と控訴院での訴訟代理を行なっていた司法補助職を指す；1971 年以降は ~ près de la cour d'appel「控訴院代訴士」のみ).
2〘史〙(教会・修道院の) 訴訟代理人.
3〘史〙代理決闘者.

avril *n.m.* **1** 4 月. au mois d'(en)~ 4 月に.〘諺〙En ~ ne te découvre pas d'un fil, en mai, fais ce qu'il te plaît. 4 月には糸 1 本 (冬着を) 脱ぐな, 5 月には気の向くままにせよ. poisson d'~ (4 月の魚) 四月馬鹿, エイプリルフール. faire un poisson d'~ à qn エイプリルフールに人をかつぐ.
2〘詩〙春 (＝printemps). Voici renaître

l'~. ここに春甦える.

Avtns (=*allocation aux vieux travailleurs non salariés*) *n.f.*〘社会保障〙元非賃金労働者に対する老齢給付金.

AVTS (=*allocation aux vieux travailleurs salariés*) *n.f.*〘社会保障〙退職賃金労働者手当.

avulsion *n.f.*〘医〙**1** 抜歯 (=~ dentaire); 歯の脱落. ~ dentaire thérapeutique 治療抜歯. ~ dentaire traumatique 外傷による歯の脱落.
2 裂離, 剝離. fracture d'~ 剝離骨折.
3〘医〙裂離 (剝離) 骨折.

AWACS, Awacs [awaks, eiwæks] (=〔英〕*airborne warning and control system*) *n.m.*〘軍〙**1** 空中警戒管制システム, エイワックス. **2** 早期警戒管制機 (=le radar aéroporté de détection lointaine 航空機搭載遠距離探索レーダー; le radar aéroporté d'alerte lointaine 航空機搭載長距離警戒レーダー, E-3 C など).

AXA Banque *n.pr.f.* アクサ銀行 (電子取引銀行: Web サイト名: www. axabanque. fr/; 旧 Banque Direct).

axation *n.f.*〘生〙アラインメント (四肢の基本軸のあり方).

axe *n.m.* **1** 軸, 基軸; 中心線.〘解剖〙~ cérebro-spinal 脳脊髄軸, 中枢神経系. ~ cristallographique 結晶軸 (=~ d'ordre).〘解剖〙~ du bassin 骨盤軸. ~ du corps humain 人体の軸. ~ de lentille レンズの軸. ~ d'une rue 道路の中心線. ~ de symétrie 対称軸.〘植〙~ floral 花軸 (=~ de fleur).〘光学〙~ optique 光軸. grand ~ d'une ellipse 楕円の長軸.〘医〙grand ~ du fœtus 胎児軸.
2 回転軸 (=~ de rotation), 心棒. ~ de la terre 地軸. ~ d'une planète 惑星の自転軸. ~ d'une roue 車軸. tourner sur (autour d') un ~ 軸のまわりを回転する.
3〘数〙座標軸 (=~ de référence, ~ de coordonnées). ~ des x x軸.
4 幹線道路, 基軸道路; 幹線水路 (=~ de circulation). ~ Paris-Lyon パリ＝リヨン間幹線道路. grands ~x de la circulation 主要幹線道路.
5〔比喩的〕基軸, 基本方針, 基本方略. ~ d'un raisonnement 推論の基本. ~x d'une politique 政策の大綱 (基本方針).
6〔多く *A* ~〙〘史〙枢軸 (第 2 次世界大戦時の日独伊三国同盟). l'*A* ~ Rome-Berlin 伊独枢軸 (1936 年). puissances de l'*A*~ 枢軸国. l'~ du Mal 悪の枢軸.

axel *n.m.* (フィギュアスケートの) アクセルジャンプ (スウェーデンの Axel Polsen の開発した技術; 空中で 1 回転半する).

axène, axénique *a.*〘生〙無菌の, 無菌性の, 無菌培養の, 純粋培養の. animal ~ 無菌飼育動物.

axénisation *n.f.*〘生〙無菌化.

axérophtol *n.m.*〘化〙〘稀〙アクセロフトール, ビタミン A.

axial (ale) *a.* (*pl. aux*) *a.* 軸の; 軸になる, 軸に沿った. direction ~ale 基軸方向. éclairage ~ d'une voie publique 公道の中央照明.〘航空〙fluide ~ale (ジェットの) 軸流.〘地学〙plan ~ (背斜の) 軸面.〘解剖〙squelette ~ale 中軸骨格.〘幾何〙symétrie ~ale 軸対称. vecteur ~ 軸ベクトル (vecteur polaire「極性ベクトル」の対).

axiologie *n.f.*〘哲〙価値論.

axiomatique *a.*〘数・論理〙公理の; 公理的な; 公理論的な. méthode ~ 公理的方法.
— *n.f.* 公理論 (=théorie ~); 公理系 (=système ~). ~ formalisée 形式的公理論.

axiome *n.m.* **1**〘数・論理〙公理; 自明の理. ~ et postulat 公理と公準.〘数〙~ de choix 選択公理.〘数〙~ de dénombrabilité 可算公理. ~ mathématique 数学の公理.〘電算〙système de ~ 公理系 (=système axiomatique).
2 自明の命題, 自明の理; 基本理論; 格言, 金言. ~s économiques (juridiques, politiques) 経済的 (法律的, 政治的) な自明の理. ~ populaire 俚諺 (りげん).

axis [aksis] *n.m.*〘解剖〙軸椎, 第二頚椎 (=deuxième vertèbre cervicale).

axone *n.m.*〘解剖〙(神経細胞の) 軸索. collet d'~ 軸索小丘. réflexe d'~ 軸索反射, 偽性反射.

axonométrie *n.f.* **1**〘製図〙軸測投影法 (=projection axonométrique). **2** 結晶軸測定〔法〕.

Ay [ai] *n.pr.* アイ村 (département de la Marne マルヌ県の小郡庁所在地; Epernay エペルネーの東北 3 km; シャンパーニュ酒の名産地; 市町村コード 51160).

ayant cause (*pl.* ~**s** ~) *n.m.*〘法律〙承継人 (前主から権利・義務を承継した者). ~ à titre particulier 特定承継人. ~ à titre universel 包括承継人.

ayant-droit (*pl.* ~**s**-~) *n.m.*〘法律〙権利者, 権利承継人; 社会保障給付の受給権者. ~s-~ à une prestation 手当受給権所有者.

ayatollah *n.m.* (イスラム教シーア派) アーヤトッラー, アヤトラ (宗教心, 学識が特に優れた人物に与える尊称). ~ Khomeiny ホメイニ師.

azalée *n.f.*〘植〙アザレア, つつじ (つつじ属 écriçacées の rhododendron 石楠花科). ~ hybride kurume 久留米つつじ.

azasérine *n.f.*〘薬〙アザゼリン (抗生物質).

azathioprine *n.f.*〘薬〙アザチオプリン (免疫抑制剤).

Azay-le-Rideau *n.pr.* アゼ＝ル＝リドー (département d'Indre-et-Loire アンドル＝エ＝ロワール県にある町; 市町村コード

37190). château d'~ アゼ=ル=リドー城 《Indre河畔のルネサンス期の名城館》.

azélaïque a. 〖化〗acide ~ アゼライン酸《合成樹脂・可塑材の原料》.

azéotrope n.m. 〖化〗共沸混合物, アゼオトロープ.
　—a. 共沸の (=azéotropique).

azéotropique a. 〖化〗共沸の. mélange ~ 共沸混合物, アゼオトロープ (=azéotrope).

Azerbaïdjan (l') n.pr.m. 1 〖国名通称〗アゼルバイジャン《公式名称：la République azerbaïdjanaise；国民：Azerbaïdjanais(e)；首都：Bakou バクー；通貨：manat [AZM]》. 2 (イランの) アゼルバイジャン地方《中央 l'A~central, 東 l'A~ oriental, 西 l'A~ occidental の 3 地域からなる》.

azerbaïdjanais(e) a. アゼルバイジャン〔共和国〕の. l'Agence officielle ~e 国営アゼルバイジャン通信社.

Azéris (les) n.m.pl. アゼルバイジャン人《旧ソ連とイラン両国にまたがるアゼルバイジャン地方に住むトルコ系のイスラム民族》.

AZERTY, azerty a.inv. AZERT 配列方式の《フランス語用のキー配列》. Clavier ~ (タイプライターやコンピュータの) AZERT 方式キーボード.

azidothymidine n.f. 〖薬〗アジドチミジン《エイズ治療薬 AZT と略記》, ジドブジン (zidovudine).

azimut n.m. 1 〖天文・海・測〗方位角, 方位. 〖地学〗~ magnétique (地磁気の) 偏角. 2 (狙う) 方角. stratégie tous ~s 全方位戦略《ド・ゴール将軍がフランスの防衛政策の独自性を強調するため唱えた》. recherche tous ~s d'alliés あらゆる方面で味方を求める.

azithromycine n.f. 〖薬〗アジスロマイシン《マクロライド系抗生物質；薬剤製品名 Zithromax (n.m.)》.

AZLN (=Armée zapatiste de libération nationale) n.f. (メキシコの) サパタ派国民解放軍.

azobenzène n.m. 〖化〗アゾベンゼン.

azoïque a. 1 〖化〗アゾ化合物の.
2 生物のいない (=abiotique)；〖地学〗無生代の. roche ~ 化石を含まない岩石.
　—n.m. 〖化〗アゾ化合物《染料などの原料》.

azonal(ale) (pl. **aux**) a. 〖地学〗非地帯性の, 地帯に分かれていない. sol ~ 非成帯性土壌.

azoospermie n.f. 〖医〗無精子症. ~ excrétoire 精路通過障害性無精子症. ~ sécrétoire 造精機能障害性無精子症.

azorubine n.f. 〖化〗アゾリュビン《食品添加合成着色料；窒化合物；毒性によりアメリカ, オーストラリア, ノルウェー, スウェーデンなどで使用禁止；略号 E 122》.

azotate n.m. 〖化〗硝酸塩.
azotation n.f. 〖化〗窒素固定.
azote n.m. 〖化〗1 窒素《元素, 元素記号 N (<nitrogène)；原子番号 7, 原子量 14.0067》.
2 窒素. ~ ammoniacal アンモニア性窒素 (NH_4^+). ~ atmosphérique 大気中の窒素. ~ gazeux 窒素ガス (N_2). ~ liquéfié 液化窒素. ~ nitreux 亜硝酸性窒素. bioxyde d'~ 二酸化窒素 (NO) (=nitrosyle). chlorure d'~ 塩化窒素 (NCl_3). composés métalliques de l'~ 窒素金属化合物. cycle de l'~ 窒素循環. 〖医〗embolie de l'~ 窒素塞栓症. iodure d'~ 沃化窒素. oxydes de l'~ 窒素酸化物 (NO_x). péroxyde d'~ 過酸化窒素 (NO_2^-).

azoté(e) a. 窒素を含む；窒素化した. composés ~s 窒素化合物.

azotémie n.f. 〖医〗血中窒素量；〔高〕窒素血症.

azoteux(se) a. 〖化〗亜硝酸の. acide ~ 亜硝酸 (=acide nitreux). anhydride ~ 無水亜硝酸 (=anhydride nitreux).

azothydrate n.m. 〖化〗アジ化物 (=azoture).

azothydrique a. 〖化〗アジ化水素酸の, 窒化水素酸の. 〖化〗acide ~ アジ化水素酸, 窒化水素酸《起爆薬》.

azotimètre n.m. 〖化〗アゾトメーター (=azotomètre).

azotique a. 〖化〗窒素を含む. acide ~ 硝酸 (=acide nitrique).

azotite n.m. 〖化〗亜硝酸塩 (=nitrite).

azotobacter [azɔtɔbaktɛr] n.m. 〖生〗窒素菌, アゾトバクター《遊離窒素を固定する細菌》.

azotobactériale n.f. 〖細菌〗アゾトバクター属の細菌《遊離窒素を固定する》.

azoture n.m. 〖化〗アジ化物, 窒化物. ~ de sodium アジ化ナトリウム.

azoturie n.f. 〖医〗尿中窒素量；窒素尿症.

azotyle n.m. 〖化〗ニトロ基.

azoxybenzène n.m. 〖化〗アゾキシベンゼン ($C_{12}H_{10}N_2O$).

AZT [azɛdte] [商標] n.m. (=azidothymidine) 〖薬〗アジドチミジン, ジドブジン (=zidovudine) 《HIV 感染症・エイズ治療薬》.

aztèque a. アステカ族の, アステカの. art ~ アステカ芸術. civilisation ~ アステカ文明.
　—A~ n. アステカ人.
　—n.m. アステカ語.

azulène n.f. 〖化〗アズレン ($C_{10}H_8$) 《芳香性炭水化物》.

azur n.m. 1 〖鉱石・貴石〗アジュール, 青金石 (pierre d'~), ラピス=ラズリ (lapis-lazuli).
2 〖顔料〗アジュール, 群青；コバルト青, 酸化コバルト (oxyde de cobalt) (=safre, smalt).

3〖色〗紺青, 紺碧；空色；瑠璃色；群青. ~ des océans 大洋の紺青色. ciel d'~ 青空. 〖地理〗la Côte d'A~ コート=ダジュール地方, 紺碧海岸（カシス Cassis からイタリアとの国境の町マントン Menton に至る地中海沿岸地方）.〖行政〗région Provence-Alpes-Côte d'A~（フランスと UE の広域地方行政区の）プロヴァンス=アルプ=コート・ダジュール地方（les Alpes-de-Haute-Provence, les Hautes-Alpes, les Alpes-Maritimes, les Bouches-de-Rhône, le Var, la Vaucluse の 6 県から成る広域行政地区）；地方庁所在地 Marseille；略記 PACA）.
4〔文〕青空, 蒼空, 蒼天（= le ciel）.
5〔文〕海（= la mer）.
6〖紋章〗青色.

azurage *n.m.* 〖染色〗（繊維・紙に光沢を与える）漂白青味づけ.

azurant *n.m.* （漂白のための）青味づけ染料（青紫色の着色料）.

azuréen(ne) *a.* **1** 紺青（azur）の, コバルト青色の（= azuré）. **2** コート・ダジュール（Côte d'Azur）の.
——*A~* *n.* コート・ダジュールで休暇を過ごす人.

azurite *n.f.* 〖鉱〗藍銅鉱；〖宝飾〗アジュライト（藍銅鉱から作る青色半宝石）.

azygos [-s] *a.inv.* 対を成さない, 不対性の.〖解剖〗veine ~ 奇静脈（上下大静脈を結ぶ静脈）.
——*n.f.* 奇静脈.

azyme *a.* 酵母を用いない, パン種を使用しない. pain ~ 無酵母パン.
——*n.m.* 無酵母パン（= pain ~）；〖カトリック〗聖体パン（= hostie）の材料. fête des A~s（ユダヤ教の）除酵祭, 種なしパン祭.

azymique *a.* 無酵母の.

B

B¹, b¹ *n.m.inv.* **1** フランス語字母の第2字. **2** B字形〔のもの〕.
B²〖記号〗**1**〖映画〗film *B* B級映画. **2**〖生〗groupe〔sanguin〕*B* B型の血液型. système sanguine ABO. ABO式血液型. **3** 鉛筆の硬度を示す記号（英語の *b*lack に由来）. **4**〖音楽〗*B*〔be〕ロ音, ロ調（英語式音名；=〔仏〕si）；変ロ音, 変ロ調（ドイツ式音名；=〔仏〕si bémol）. **5**〖物理〗B〔grãbe〕磁気誘導（induction magnétique）.
B³〖略号〗**1**〖音楽〗*b*asse 低音, 低音部. **2**〖物理・化学〗degré *B*aumé ボーメ度. **3**〖物理〗*b*el ベル（音の強さの単位）. d*B* デシベル（décibel）（1/10 ベル）. **4**〖自動車〗*B*elgique ベルギー（国籍表示記号）. **5**〖カトリック〗*b*ienheureux 福者（時に B×とも略記）. **6**〖化〗*b*ore 硼素（ほうそ）（元素記号）.
b²〖記号〗**1**〖数〗第二既知数（第一既知数 *a* の次）. ne savoir ni *a* ni *b* イロハのイも口も知らない；全くの無知である.〔比喩的〕prouver par *a*+*b* 数学的正確さで証明する.
b³〖略号〗〖原子物理〗*b*arn バーン（粒子衝突過程の断面積の単位；1 b＝10⁻²⁸m²）.
BA¹ (=*b*ase *a*érienne) *n.f.*〖軍〗空軍基地.
BA² (=*b*énéfices des exploitations *a*gricoles) *n.m.pl.*〖税〗自営農の利潤 (=bénéfices agricoles).
BA³ (=*b*rigade d'*a*rtillerie) *n.f.*〖軍〗砲兵旅団.
BA⁴ (=*b*ulletin d'*a*nalyse) *n.m.* 分析報告書. ~ de génériques ジェネリック（後発）医薬品に関する分析報告書.
Ba (=*b*aryum) *n.m.*〖化〗「バリウム」の元素記号.
B.A. (=*b*onne *a*ction)〔bea〕*n.f.*〖俗〗善行（ボーイスカウト用語）. faire une ~ 善行をする.
BAB (=*b*ord *à* *b*ord) *loc.*〖商業〗FIO (=〔英〕*f*ree *i*n and *o*ut)（積み荷と揚げ荷の費用をともに荷主が負担する荷役契約）.
b.a.-ba, ba-ba〔beaba〕*n.m.inv.* 基礎知識；初歩, 基礎. le ~ des mathématiques 数学の基礎〔知識〕.
Babel *n.pr.* バベル（Babylone のヘブライ語名）. le tour de ~ バベルの塔.
babésiose *n.f.*〖獣医〗バベシア病, ピロプラズマ病 (=piroplasmose)（住血胞子虫類 babesia が家畜の赤血球に寄生するもの）.
babeurre *n.m.* バブール, バターミルク（バター用の乳脂肪をとったあとの脱脂乳）.
babiole *n.f.*〖俗〗**1** 取るに足りない物, がらくた. **2** 取るに足りないこと.
bâbord *n.m.*〖海〗左舷 (tribord「右舷」の対). à ~ 左舷に. matelot de la bordée de ~ 左舷当直員 (=bâbordais).
baby-boom〔babibum, bebi-〕(*pl.* ~-~**s**)〔英〕*n.m.* ベビー・ブーム.
baby-boomer〔babibumœr, bebi-〕(*pl.* ~-~**s**)〔英〕*n.* ベビー・ブーム世代の人.
baby-sitter〔babisitœr, bebi-〕(*pl.* ~-~**s**)〔英〕*n.* ベビー・シッター.
baby-sitting〔babisitiŋ, bebi-〕(*pl.* ~-~**s**)〔英〕*n.m.* ベビー・シッターの仕事.
baby-test〔babitɛst〕(*pl.* ~-~**s**)〔英〕*n.m.* ベビーテスト, 幼児発達テスト（幼児の知的・精神運動性の発達の度合を調べる検査）.
BAC, Bac (=*b*rigade *anti*criminalité) *n.m.*〖警察〗(国家警察の)重犯罪対策隊. agent de la ~ 重犯罪対策員.
bac (=*bac*calauréat) *n.m.*〖学〗**1** バック（バカロレア「大学入学資格試験」の略称）. ~ général (professionnel, technologique) 一般（職業教育, 科学技術教育）バカロレア. passer le ~ バカロレアを受験する.
2 大学入学資格. ~ ès lettres 文学系大学入学資格.
baccalauréat *n.m.* **1**〖学〗バカロレア（大学入学資格）；バカロレア試験（大学入学資格検定試験）.
~ général 一般バカロレア（文学 littérature（略記 L), 科学 sciences (S), 経済・社会学 sciences économiques et sociales (ES) の3系列の série）.
~ professionnel 職業教育バカロレア（生産部門 secteur de la production とサーヴィス部門 secteur des services の2系列）.
~ technologique 技術バカロレア（医学・社会福祉学 sciences médico-sociales（略記 SMS), 生産科学工業 sciences et technologies industrielles (STI), 実験科学工学 sciences et technologies de laboratoire (STL), 第三部門科学工業 sciences et technologies tertiaires (STT), ホテル業 hôtellerie, 音楽・舞踊 musique et danse (FII,

FII'), 農業および環境科学技術 sciences et techniques agricoles et environnementales (STAE), 農業食品科学技術 sciences et techniques du produit agroalimentaire (STPA) の 8 系列).
première (seconde) partie du ~ バカロレア試験の第一部(第二部). passer le ~ バカロレア試験を受ける. passer le ~ avec succès バカロレア試験に合格する. préparer le ~ バカロレアの受験準備をする. titulaire du ~ 大学入学有資格所有者(=bachelier).
2 ~ en droit 法学バカロレア(学士号取得を目指す法学専攻の学生が2つの試験に合格して取得).
3 〖カナダ〗大学基礎課程修士資格. ~ ès arts 人文基礎課程修士資格(略記 BA). ès sciences 科学基礎課程修士資格(BSc).

baccara *n.m.* バカラ(トランプ・ゲームの1種. 10のカードをバカラということに由来).

Baccarat *n.pr.* バッカラ(東北フランス、ムルト=エ=モーゼル県 département de la Meurthe-et-Moselle の小郡庁所在地;市町村コード 54120). cristal [de la manufacture] de ~ バッカラ産のクリスタル〔ガラス製品〕(=baccarat).
▶ **bachânois**(*e*) *a.*

baccarat *n.m.* バッカラ (Baccarat) 産のクリスタル〔ガラス製品〕.

bachelier(***ère***) *n.* バカロレア試験合格者、大学入学有資格者.

bachot *n.m.* バショ(バカロレア baccalauréat の俗称). boîte à ~ バカロレア準備の私塾、バカロレアの予備校.

bachoter *v.i.* バカロレアの試験勉強をする.
▶ **bachotage** *n.m.*

bacillaire *a.* **1** 〖医〗細菌性の. dysenterie ~ 細菌性赤痢. **2** 〖医〗伝染性肺結核の.
——*n.* 〖医〗肺結核患者.

bacille [basil] *n.m.* 〖生〗桿菌;細菌、バチリス. ~ anaérobie 嫌気性細菌. ~ de Bordet-gengou ボルデ=シャンゲール菌、百日咳菌 (→ coqueluche). ~ d' Eberth エベルス桿金、チフス菌 (→ typhoïde). ~ de Hansen ハンセン菌. ~ de Koch コッホ桿菌、結核菌 (→ tuberculose). ~ de Löffler レッフラー菌、ジフテリア菌 (→ diphtérie). ~ de Nicolaier 破傷風菌 (→ ténanos). ~ de yersin エルシン菌. ~ pyocyanique 緑膿菌.

bacon [bekon] *n.m.* **1** 〖英〗ベーコン (= lard (fumé). **2** (フランスの)豚ヒレ肉の燻製. **3** 〖古〗[bakɔ̃] ハム (12-17世紀).

Bacpro (= *bac*calauréat *pro*fessionnel) *n.m.* 職業部門バカロレア.

bactéricide *a.* 殺菌の.
——*n.f.* 殺菌剤.

bactéridie *n.f.* 細菌. ~ charbonneuse 炭疽(病)菌.
▶ **charbon**.

bactérie *n.f.* バクテリア、細菌.
bactériémie *n.f.* 〖医〗バクテリア血症、細菌血症(血液中に細菌が認められる症状).

bactérien(***ne***) *a.* 細菌の;細菌性の. infection ~*ne* 細菌感染. maladie ~*ne* 細菌性疾患.

bactériocine *n.f.* 〖生化〗バクテリオシン(細菌によって生産される蛋白で, 近縁の細菌に作用する有毒物質).

bactériologie *n.f.* 細菌学.
bactériologique *a.* 細菌学の;細菌を利用した;細菌に関する. armes ~*s* 細菌兵器 (= armes biologiques). guerre ~ 細菌戦 (= guerre biologique).

bactériophage *n.m.* 〖生〗バクテリオファージ、細菌(性)ウイルス(単にファージ phage とよばれることが多い).

bactériostatique *a.* 静菌作用(細菌を殺さず、増殖を抑制する作用)のある、静菌性の. agent ~ 静菌剤.
——*n.m.* 静菌剤.

bactériothèque *n.f.* 細菌保存所.
bactériotoxine *n.f.* 細菌毒素.
bactériurie *n.f.* 〖医〗細菌尿.

BAD (= *B*anque *a*siatique de *d*éveloppement) *n.f.* アジア開発銀行 (= [英] ADB : *A*sian *D*evelopment *B*ank).

BADEA (= *B*anque *a*rabe pour le *d*éveloppement *é*conomique de l'*A*frique) *n.f.* アフリカ経済開発アラブ銀行.

Bade-Wurtemberg [独] *n.pr.m.* バーデン=ヴュルテンベルク([独] Baden-Württemberg)州 (= le Land de ~ :州都シュトゥットガルト Stuttgart).

baeri *n.m.* 〖魚〗バエリ種蝶鮫(シベリア原種の淡水性蝶鮫;学名 Acipenser baeri;小粒のキャヴィアが採れる).

BADGE (= *b*ilan *d*'aptitude *d*élivré par les *g*randes *é*coles) *n.m.* グランド・ゼコール認定適性総括報告書(3年以上の職歴をもつ社会人がグランド・エコールの特定コースを修了した場合に交付される証明書で、免状もしくは称号ではない;2001年1月に導入された学業修了ラベルの登録商標;グランド・ゼコール協議会 CGE : *C*onférence des *g*randes *é*coles が交付する).

bagage *n.m.* **1** (多く *pl.*) 旅行荷物(cantine, coffre, malle, paquet, sac, valise などで運ぶ荷物の総称). ~*s* à main (携帯する)手荷物. ~*s* accompagnés 携帯手荷物. chariot à ~*s* 旅行荷物運搬用の手押車(キャディー). coffre à ~*s* (車の)トランク. défaire ses ~*s* 旅行荷物を解く.
〖鉄道〗enregistrement des ~*s* 手荷物のチッキ扱いの手続;〖空港〗手荷物のチェックイン. excédent de ~ (旅客機などの)過超手荷物. fourgon à ~*s* (鉄道の)荷物車. livraison des ~*s* 手荷物の引渡し. faire ses ~*s* 旅行荷物をまとめる. plier ~ 荷物をま

とめる；〖話〗出発する，逃げ出す．
2〖sing. で〗持ち運びする荷物．Tout son ~ tenait dans une seule valise. 荷物一切がたったひとつの旅行鞄に詰めこまれていた．Un seul ~ ? 旅行荷物はこれだけですか．
3〖軍〗〖古〗装備．avec armes et ~s 武器と装備の一切と共に；〖比喩的〗必要なものの一切を持って．partir avec armes et ~s 一切合財持って行く．〖軍〗se rendre avec armes et ~s 武器と装備を全部持って投降する；〖比喩的〗降参する，兜をぬぐ．
4〖比喩的〗(これまで獲得してきた) 知識．Il a un sérieux ~ scientifique. 彼は確かな化学的知識を身につけている．

bagagerie *n.f.* **1** 旅行鞄製造業(販売店)．**2** (鉄道車輌内の) 手荷物置場．

bagagiste *n.m.* **1** (ホテル，駅，空港などの) 手荷物係．**2** 旅行鞄製造業者．

bagarre *n.f.* **1** 乱闘, 喧嘩；戦闘, 武装闘争．~ d'enfants 子供の喧嘩騒ぎ．nocturne 夜間の騒乱．chercher la ~ 喧嘩を売る．
2〖話〗(試合・政争などの) 死闘, 熱戦．~ politique 激しい抗争．~ pour le pouvoir 権力闘争．se lancer dans la ~ しのぎを削る戦いに身を投じる．

bagasse *n.f.* **1** さとうきび・砂糖大根の搾り滓を乾燥させたもの．
2 バガス紙．

bagassose *n.f.*〖医〗バガス(bagasse)過敏症, さとうきび肺症．

bagatelle *n.f.* **1** 取るに足らぬ物, 無価値なもの, がらくた(=babiole). dépenser son argent en ~s がらくたに金を使う．
2 取るに足りぬこと．B~〖s〗！くだらぬ！s'amuser à des ~s つまらぬことで楽しむ．se brouiller pour une ~ つまらぬことで仲違いする．C'est une ~! つまらぬことだ！
3〖反語的〗僅かな金額；〖反語的〗莫大な金額．acheter qch pour une ~ 何を安く買う．Il a dépensé en une soirée la ~ de cent mille euros. 彼は一晩で１万ユーロも使った．
4〖話〗la ~ 情事, 色事；性愛, 性交．être porté sur la ~ 惚れっぽい, 浮気者である．
5〖音楽〗バガテル, (ピアノの) 小曲．une ~ de Beethoven ベートーヴェンのバガテル．
6 château de B~ バガテル城館(Paris のブーローニュの森にある城館；1779 年造営). parc de B~ (パリ市立) バガテル城館付属庭園．

bagne *n.m.* **1**〖史〗徒刑囚の監獄(ガリー船を漕ぐ体刑に代わって 18 世紀に導入された懲役監獄).
2 流刑場, 徒刑場．
3 (刑罰としての) 徒刑, 強制労働, 懲役．graine de ~ 徒刑人の種, 将来の悪人．être condamné à dix ans de ~ 10 年の徒刑に処される．mériter le ~ 徒刑に値する．
4 (徒刑場を思わせる) つらい職場, つらい仕事．Cette usine est un véritable ~. この工場はまるで徒刑場のようだ．

bague *n.f.* **1** 指輪, 指環．~ de fiançailles 婚約指輪．~ de mariage 結婚指輪．~ d'or 金の指輪．〖話〗avoir le ~ au doigt 婚約している；結婚している．monter un diamant en ~ 指輪にダイヤをはめこむ．porter une ~ au doigt 指に指輪をはめている．
2 (鳥につける) 足輪；標識リング．~ d'un pigeon-voyageur 伝書鳩の足輪．
3 (葉巻の) バンド．cigare à ~ バンド付き葉巻．
4〖建築〗環状刳形(くりがた). colonne à ~ 環状刳形付き円柱．
5〖機工〗環, リング；継ぎ輪．〖電〗~ collectrice スリップリング．〖機工〗~ d'arrêt 軸受け止め輪．〖機工〗~ de calibre 輪ゲージ．〖機工〗~ de piston ピストンリング．
6〖海〗(金属, 木, 綱による) 輪．
7 jeu de ~s 輪投げ〖遊戯〗；輪乗り競技．
8〖写真〗リング．~-allonge (ボディーとレンズの間に装着する) エクステンションチューブ, 中間リング, 接写リング．~ de conversion レンズマウント・コンヴァーター・リング．
9〖歯科〗歯環, 歯冠．~s d'orthodontie 歯科矯正歯環．
10〖音楽〗環．~ soudé au tuyau d'orgue オルガンのパイプ環．

bague-allonge (*pl.* ~s-~s) *n.f.*〖写真〗エクステンションチューブ, 中間リング, 接写リング．

baguette *n.f.* **1** 細い棒；〖pl. で〗箸．~ de chef d'orchestre オーケストラの指揮棒．~ de fusil 小銃の槊杖．~ de soudure 溶接棒．~s de tambour 太鼓のばち．~s en bambou 竹箸．~ magique (de fée) 魔法の杖．d'un coup de ~ magique 魔法でも使ったように．
à la ~ 指揮棒に従って．commander (mener) qn à la ~ 人をあごで使う, 人を意のままに従わせる．marcher à la ~ 指揮に従って円滑に運ぶ．manger avec des ~s 箸を使って食べる．
2 バゲット(= ~ de pain) (棒状のフランス・パン). ~ épi 穂形バゲット．~ parisienne (de campagne) パリ(田舎) 風バゲット．
3〖チーズ〗~ laonnaise バゲット・ラネーズ(Laon ランを中心に殺菌牛乳でつくられる軟質, 洗浄外皮の四角い棒状チーズ；脂肪分 45 %).
4〖建築〗刳形, 玉縁．
5〖電〗(屋内配線を隠す) 当て木(= ~ électrique).

Bahamas (les) *n.pr.f.pl.*〖国名通称〗バハマ(公式名称：le Commonwealth des B~ バハマ連邦)；国民：Bahamien(ne)；首都：Nassau ナサウ, 通貨：dollar des Bahamas [BSD]).

bahamien(ne) *a.* バハマ (les Baha-

mas) の, バハマ連邦 (le Commonwealth des Bahamas) の, ~の住民の.
—*B*~ *n.* バハマ人.

Bahreïn〔無冠詞〕*n.pr.m.*［国名通称］バーレーン (公式名称：l'Etat de ~ バーレーン国；国民：Bahreïnien(*ne*)；首都：Manama マナマ；通貨：dinar de Bahreïn [BHD]).

bahreïnien(*ne*) *a.* バーレーン (Bahreïn) の, バーレーン国 (l'Etat de Bahreïn) の；~人の.
—*B*~ *n.* バーレーン人.

baie[1] *n.f.* 入江, 浦, 湾. ~ du Mont-Saint-Michel ル・モン=サン=ミシェル湾. petite ~ 小さな入江.

baie[2] *n.f.*〖植〗漿果 (しょうか) (groseille, rasin など).

baignade *n.f.* **1** 水浴, 遊泳, *B*~ interdite 水泳 (遊泳) 禁止《標識の文言》.
2（川・湖の）水泳場, ~ municipale 市 (町・村) 営水泳場.

baigneur(*se*) *n.* **1** 海水浴客, 水浴者. plage envahie par les ~s 海水浴客で一杯の海浜.
2 湯浴みする人；湯治客, 浴客.
3 海水浴場の監視人.
4〔古〕風呂屋の主人.
—*n.m.* **1**（セルロイドの）赤ん坊の人形. **2**〖カトリック〗ベーニョワール（御公現の祝日の菓子 (gâteau des Rois) に入れる陶製の菓子）.

baignoire[1] **1** 浴槽, 湯舟, ベニョワール, バス=タブ. ~ à jets ジェット水流式浴槽, ジャクジー (jacuzzi〖商標〗). ~ en marbre (en acrylique, en tôle émaillée) 大理石 (アクリル樹脂, 琺瑯 (ほうろう)) の浴槽. supplice de la ~ 浴槽漬けの拷問.
2（形の類似から）(劇場の) ベニョワール席（1階桟敷席）.
3〖海〗~ d'un yacht ヨットのコックピット (cockpit). ~ d'un sous-marin 潜水艦の艦橋上部, 司令塔.
4〖登山〗氷雪に刻んだステップ；〖スキー〗スキーヤーが転倒してつくる穴.

bail (*pl.baux*) *n.m.* **1** 賃貸借〔契約〕.〖農〗~ à cheptel 家畜賃貸借〔契約〕. ~ à construction 建築用地賃貸借.〖農〗~ à ferme 小作契約, 農地賃貸借〔契約〕. ~ à loyer 住居 (家財) 賃貸借〔契約〕. ~ commercial 商事賃貸借〔契約〕. ~ de fonds 不動産 (土地・営業財産等) の~〔契約〕. ~ d'une maison 家屋賃貸借〔契約〕. ~ emphytéotique 長期 (18～99年) 不動産賃貸借〔契約〕, 永小作. ~ financier ファイナンス・リース. ~ verbal 口頭による賃貸借契約.
expiration (terme) d'un ~ 賃貸借契約期限. extinction (reconduction) d'un ~ 賃貸借契約の消滅 (更新). donner (prendre) *qch* à ~ 何を賃貸 (賃借) する. passer un ~ 賃貸

契約を結ぶ.
2 賃借料. payer son ~ 借賃を払う.
3〔話〕長期間. Ça fait un ~ qu'il est parti. 彼が出掛けてから随分になる.

Baille (**la**) *n.f.* フランス海軍兵学校 Ecole navale (EN) の通称《baille は「海」,「舟」を意味する隠語》.

bailleur[1] *n.m.* 貸主. ~ de fonds (合資会社の) 出資者；(政治家などへの) 資金提供者.

bailleur[2] (**eresse**) *n.* 賃貸人《賃借人の対》. preneur, loueur の対》.

bain *n.m.* **1** 水浴, 水浴び, 沐浴；浴びること, つかること. ~ de mer 海水浴. ~ froid 冷水浴. maillot de ~ 水着. saison des ~s 水浴びの季節.
2 入浴, 湯あみ；風呂. ~ de boue 泥風呂. ~ de bouche うがい〔薬〕. ~ de mousse 泡風呂. ~ de pieds 足湯. ~ de siège 腰湯. ~ de vapeur 蒸し風呂.
robe de ~ バスローブ. salle de ~ 浴室. ~ 風呂場. serviette de ~ バスタオル. prendre un ~ 入浴する, 風呂に入る. sortir du ~ 風呂から出る.
3〔比喩的〕浴；漬け. ~ de soleil 日光浴, サンドレス, ビーチウェア. ~ linguistique 外国語漬け. ~ de foule 群衆の中に入ること. ~ de sang 血の海.
4 浴槽, 湯舟. remplir (vider) le ~ 浴槽に湯をはる (の湯を抜く).
5 浴室；〔*pl.* で〕公衆浴場 (= ~s publics)；海水浴場 (= ~s de mer)；〔やや古〕湯治場, 温泉場.〔古〕aller aux ~s 湯治に行く.
6 浸液；液. ~ colorant 染色液. ~ de trempe 浸液.〖写真〗~ de développement (de révélateur) 現像液.〖写真〗~ de fixage 定着液.
7〖化〗浴 (よく). ~ d'huile 油浴 (ゆよく).
8〔成句〕〔話〕envoyer *qn* au ~ 人を追い払う.〔話〕être dans le ~ 一枚噛んでいる；事情に通じている. être dans le même ~ 同じ穴のむじなである.〔話〕mettre *qn* (*qch*) dans le même ~ 人 (何) を同列に扱う.〔話〕mettre *qn* dans le ~ 人を巻き添えにする. se mettre dans le ~（仕事の）手ほどきを受ける. se remettre dans le ~ 元の仕事に戻る.

bain-marie (*pl.*~**s**-~) *n.m.* **1**〖料理〗湯煎 (ゆせん)；湯煎の湯；湯煎鍋. cuire au ~ 湯煎で調理する.
2〖化〗水浴, 湯浴, ウォーターバス.

baïonnette (<Bayonne, 製作地) *n.m.* **1** 銃剣.
2〖機械〗バイヨネット, 差し込みピン. douille a ~ 差し込みソケット.〖写真〗objectif à fixation ~ バイヨネット式交換レンズ.

Baïram, Bayram [bairam], **Beïram** [beiram]〔トルコ〕*n.m.*〖イスラム〗

バイラム祭. le Grand ~ 大バイラム祭《羊祭り》. le Petit ~ 小バイラム祭《ラマダンの終りの祭》.

baiser *n.m.* **1** 接吻, 口づけ, キス. ~ amoureux (d'amour) 愛の接吻. ~ brûlant 熱いキス. ~ d'adieu 別れのキス.《カトリック》~ de paix《ミサの間に行われる》親睦の接吻. donner le ~ de paix à *qn* 人と仲直りする. ~ Lamourette 一時的和解. ~ profond ディープ・キス. dernier (premier) ~ 最後 (最初) の接吻. doux (tendre) ~ 優しい口づけ. gros ~ 派手なキス. mille ~s 心からの接吻を《手紙の結びの文言》. petit ~ 軽い口づけ.
donner un ~ à *qn* 人に接吻する. envoyer un ~ à *qn* 人に投げキスを送る. prendre (dérober) un ~ à *qn* 人の唇を奪う. rendre un ~ キスを返す. voler un ~ à *qn* 人の唇を盗む. **2**〔文〕愛撫, 軽やかな感触. ~s du soleil 柔らかく降り注ぐ陽光. ~s du zéphyr そよ風の愛撫.

baisse *n.f.* **1** 下降, 低下. ~ du niveau général des étudiants 学生の水準の全般的低下. ~ de température 気温の降下.
2 下落, 引き下げ, 切り下げ. ~ du dollar ドル安. ~ du pétrole 石油価格の下落. ~ des prix à la consommation 消費者物価の下落. ~ du taux d'escompte 公定歩合の引き下げ. position à la ~ (株式市場の) 下げ基調. révision à la (en) ~ des prévisions 予測の下方見直し.

bakélite (<*B*~, 商標)*n.f.* ベークライト.

BAKER, Joséphine *n.pr.* ジョゼフィーヌ・ベーカー《1906-75／アメリカ生まれのダンサー／パリの Folies-Bergères の花形》.

bal *n.m.* **1** 舞踏会, ダンスパーティー. ~ champêtre 野外舞踏会. ~ costumé (travesti) 仮装舞踏会. ~ de têtes 有名人に仮装する舞踏会. ~ du 14 juillet 7月14日のダンスパーティー. ~ masqué 仮面舞踏会. ~ populaire 庶民的なダンスパーティー. ~ public 公開舞踏会, ダンスホール.
carnet de ~ 舞踏会の手帖. robe de ~ 舞踏服. salle de ~ 舞踏会の間；ダンスホール. aller au ~ 舞踏会に行く；踊りに行く. donner un grand ~ 盛大な舞踏会を開く. ouvrir le ~ 舞踏会で最初に踊る；〔比喩的〕口火を切る.
2 ダンスホール (=dancing). ~ musette アコーデオンの伴奏で踊る大衆ダンスホール《ダンスパーティー》.

balade *n.f.*〔話〕散歩, 散策, 遠足；ハイキング；トレッキング；観光旅行, 旅行. grande ~ en montagne トレッキング, ランドネ (randonnée), 山歩き. être en ~ 旅に出ている, 旅に出ている. faire une ~ 《遠足, ハイキング》をする.

baladeur(se)[1] *a.* **1**〔話〕ぶらつくことの好きな.〔話〕main ~se 撫でまわす手. **2** micro ~ 《長いコード付きの》移動マイク.〔機工〕train ~ 滑り歯車装置.
— *n.* ぶらつくことの好きな人.

baladeur[2] *n.m.* **1** 滑り滑車, 摺動歯車.
2〔音響〕ヘッドフォンステレオ, ウォークマン (=walkman). ~ CD (MDLP) コンパクト・ディスク (ミニ・ディスク長時間) ヘッドフォンステレオ. ~ MP3 携帯式ディジタル・オーディオ・プレーヤー.

baladeuse[2] *n.f.* **1**《行商人の》手押車.
2《電車の》付随車《非動力車輌》.
3 移動式照明装置.

balai *n.m.* **1** 箒 (ほうき), ブラシ. ~ à franges モップ (=〔英〕mop).〔同格〕~ brosse 柄付き棒だわし. ~ de bruyère (de crin, de nylon) 草《馬毛, ナイロン》の箒. ~ de chiottes トイレ箒.《海》~ de marine 掃除用ブラシ. ~ de plafond 天井用掃除ブラシ (=tête-de-loup). ~ mécanique 回転ブラシ付掃除機.
coup de ~ 箒掃除；〔話〕人員整理, 解雇, 首切り. donner un coup de ~ 箒で掃除する；〔話〕不要人員を一掃する, 人員整理をする. manche à ~ 箒の柄；魔女の箒の柄. passer le ~ 箒で掃く.〔古〕rôtir le ~ うだつが上がらない；(女が) ふしだらな生活をする.
2〔狩〕鷹の尾；犬の尾の房毛.
3〔航空〕方向舵.
4〔電〕ブラシ. ~ de dynamo 発電機のブラシ.
5〔自動車〕~ d'essuie-glace ワイパーブレード.
6〔音楽〕(先がブラシ状の) ドラムのばち.
7〔話〕年齢. Il vient d'avoir soixante ~s. 彼は60歳になったばかりだ.
8〔話〕終電車, 最終バス.
9 Du ~！場所を明けろ；出て行け.
10〔自転車競技〕〔同格〕voiture ~ 落伍者 (棄権者) の収容車.

balance *n.f.* **1** 秤, 天秤. ~ à bascule 台秤. ~ automatique 自動秤. ~ de précision 精密秤. ~ diététique カロリー計算つきの台所秤. ~ électronique 電子秤《商店などで用いられる目方と価格を表示できる秤》.
2 評価基準, 評価方法, 評点.〔比喩的〕~ de la raison 理性の秤. mettre *qch* dans la ~ 何を比較検討する. mettre *qch* en ~ 何を秤にかけて是非を検討する, 比較する. mettre (jeter) un poids dans la ~ 一方に有利な発言する《態度をとる》. faire pencher la ~ en faveur de 《の》肩を持つ, 一方を有利にする. peser dans la ~ 評価の際に重みを持つ, いずれか一方に有利に働く. tenir la ~ égale entre *qch* 何の間で中立の立場をとる, 公平な立場をとる.
3 バランス, 均衡, 釣合い. ~ des pouvoirs 権力の均衡.
4 収支, 帳尻, 差引残高. ~ commerciale

balançoire

貿易収支. ~ de base 基礎収支. ~ des biens et services 財サービス収支. ~ des comptes 金融勘定, 対外短期ポジション. ~ des paiements 国際収支. ~ commerciale 貿易収支. ~ des invisibles サービス収支. ~ courante (des opérations courantes) 経常収支. ~ du tourisme 観光収支.
5〖国際金融〗残高. ~-sterling ポンド残高.
6〖天体〗天秤座.
7〖音響〗ステレオの左右のバランス (をとるための調整装置).
8〖漁〗ザリガニ用の網.

balançoire *n.f.* **1** シーソー〔板〕.
2 ぶらんこ (=escarpolette).
3〖話〗出鱈目 (でたらめ);くだらない話.〖俗〗envoyer qn à la ~ 人を追い払う.

balane *n.m.*〖動〗ふじつぼ.

balanite *n.f.*〖医〗亀頭炎. ~ infectieuse 感染性亀頭炎.

balanoposthite *n.f.*〖医〗亀頭包皮炎. ~ érosive 糜爛 (びらん) 性亀頭包皮炎.

balantidose *n.f.*〖医〗バランチジウム《繊毛虫の一種》症 (=balantidase).

balayage *n.m.* **1** 清掃, 掃除 (=nettoyage). ~ d'une chambre (des chaussées) 部屋 (道路) 掃除 (清掃). taxe de ~ 清掃税.
2〖機工〗走査, スキャニング. ~ au moyen d'un scanner スキャナーによる走査, スキャニング. ~ électronique 電子ビーム走査. ~ horizontal (de ligne) 水平線走査. ~ vertical (de trame) 垂直走査.
3〔比喩的〕一掃;大量解雇.〖情報処理〗vitesse de ~ (スキャナーの) 走査 (スキャン) スピード.
4〖美容〗メッシュ飾りによる調髪.

balbutiement *n.m.* **1** 呂律 (ろれつ) の回らぬ話しぶり, 口ごもり;片言. ~ des excuses 口ごもった言訳.
2〔多く *pl.*〕(芸術・学問などの) たどたどしい最初の試み, 搖籃期. ~s de l'aviation 飛行機の搖籃期.

balcon〖伊〗*n.m.* **1**〖建築〗バルコニー, 露台;(城塞などの突出した), 展望台. ~ de l'hôtel de ville 市庁舎のバルコニー.
2 (窓・露台の) 手すり;〖海〗(ヨットなどの船首・船尾の) 手すり.
3 (劇場の) バルコニー席 (《2(3)階の正面桟敷席》. premier (deuxième) ~ 1(2) 等バルコニー席, 2(3) 階バルコニー席. ~ inférieur 中2階席 (=mezzanine, corbeille).

Bâle *n.pr.* バール, バーゼル (〖独〗Basel) (スイスの都市). canton de ~ バーゼル州 (州都 Basel).

Baléares (les) *n.pr.f.pl.* (地中海に浮かぶスペイン領の) バレアレス諸島《州都パルマ・デ・マジョルカ Palma de Majorque》.

baleine *n.f.* **1**〖動〗鯨. ~ à la bosse 座頭鯨 (=jubarte, mégaptère). ~ bleue 長須鯨 (=rorqual bleu, grand rorqual). ~ franche 真正の鯨. ~ grise 白長須鯨. blanc de ~ 鯨蠟. captures des ~s à fins scientifiques 調査捕鯨. chasse (pêche) commerciale à la ~ 商業捕鯨. marché en huile de ~ 鯨油市場. rire comme une ~ 大口を開けて笑う.
2 鯨鬚 (げいしゅ), 鯨のひげ;(コルセットの) 骨. ~ de parapluie 傘の骨.

baleinier**(ère)** *a.* 捕鯨の. Commission ~ère internationale 国際捕鯨委員会. équipement ~ 捕鯨用装備 (捕鯨母船, 捕鯨船など). industrie ~ère 捕鯨業. sanctuaire ~ en Antarctique 南氷洋捕鯨禁止区域.
——*n.m.* 捕鯨船;捕鯨船員.
——*n.f.* 捕鯨用キャッチャーボート.

baleinoptère *n.m.*〖動〗いわし鯨 (長須鯨科).

Bali *n.pr.*〖無冠詞〗(インドネシアの) バリ島 (=île de ~). province de ~ バリ州 (州都 Denpasar). la feuille de route adoptée à ~ バリ行程表 (=〖英〗B~ roadmap)《2007年12月3日から14日にかけてバリ島で開催された国連の気候変動枠組条約締結国会議 COP 13 で採択;2013年以降の地球温暖化対策の枠組みである「ポスト京都」交渉のための作業行程表》.

balisage (<baliser) *n.m.* **1**〖海・航空・道路〗航路 (空路, 道路) 標識設置;〖測量〗測量柱セット.
2〖集合的〗標識. ~s d'un port (d'un aérodrome) 港湾 (空港) 標識.

balise *n.f.* **1**〖海〗航海標識;ブイ, 浮標.
2〖航空〗航空標識. ~ répondeuse トランスポンダー・ビーコン, レーダー・トランスポンダー (〖英〗transponder beacon).
3 道路標識.
4 ラジオ・ビーコン.
5 測量ポール.

balisier *n.m.*〖植〗バリジエ, カンナ (canna).

balistique *a.* 弾道発射の;弾道の;弾道学の;〖電〗衝撃の.〖軍〗engin ~ intercontinental 大陸間弾道弾.〖電〗garranomètre ~ 衝撃検流計.〖軍〗missile ~ 弾道ミサイル. pendule ~ 弾道振子.
——*n.f.* 弾道学.

balkanique *a.* バルカン半島の. guerres ~s バルカン戦争.

balkanisation *n.f.* **1**〖政治〗バルカン化 (国, 地域, グループなどを相対立する弱小分派に細分化すること). ~ du continent noir アフリカ大陸のバルカン化.
2〖比喩的〗分裂細分化 (=atomisation). ~ dans l'organisation hospitalière française フランスの病院機構内での細分化現象.

Balkans (les) (<le mont Balkan, バルカン山) *n.pr.pl.* バルカン半島諸国, バルカン諸国;バルカン半島. campagne des ~ バルカン戦役 (1940-41年). péninsule des ~ バルカン半島 (=péninsule balkanique).

syndrome des 〜 バルカン半島症候群（コソヴォ Kosovo 紛争に介入した西欧諸国軍の使用した劣化ウラン弾などに起因するとされる戦争後遺症群）．
▶ **balkanique** *a.*

ballade *n.f.* **1** 〖詩法〗バラード（3詩節と1反歌から成り，それぞれにリフレインで終る中世の定形詩）；〖文史〗(無定形の)物語詩，譚歌(たんか)．〜s de Villon ヴィヨンのバラード．
2 〖楽〗バラード，譚歌詩．〜s de Chopin ショパンのバラード．
3 (古代の)舞踊歌；舞踊．

balladurien(*ne*) *a.* バラデュール派の（フランス第五共和政の首相エドゥアール・バラデュール Edouard Balladur [1924–] の形容詞）．

ballast [balast]〔英〕*n.m.* **1** 〖海〗バラスト，脚荷；(潜水艦の)バラストタンク(＝water-〜)．
2 〖鉄道〗道床，バラス，砂利，台床．〜 en cailloux 砂利道床．〜 en pierres cassées 砕石道床(＝〜 en pierres concassées)．
3 〖電〗安定抵抗(＝résistance 〜)．

balle¹ *n.f.* **1** (球戯・球技の)球，まり，ボール．〜 de base-ball (de tennis) 野球(テニス)ボール．〜 de football サッカー・ボール(＝ballon)．belle 〜 ナイス・ボール(ショット)．enfant de 〜 (曲芸師・役者などの)技を仕込まれた子供（親から技を受け継いだテニス・プレーヤー．jeu de 〜 球戯，球技．jouer à la 〜 球遊び(球技)をする．faire des 〜s (得点を狙わず)球を廻す．renvoyer la 〜 à *qn* 人に球を打ち返す；〔比喩的〕人に言い返す；人に責任をなすりつける．se renvoyer la 〜 球を打ち合う；〔比喩的〕応酬し合う，責任をなすりつけ合う．saisir (prendre) la 〜 au bond はね返った球を捕える；〔比喩的〕チャンスを機敏に捉える．A vous la 〜！君がサーヴする番だ；〔比喩的〕君が話す(行動する)番だ，君の番だ．〔比喩的〕La 〜 est dans votre camp．球はそちらの手の内にある；そちらが話す(行動する)番だ．
2 (小火器の)弾丸．〜 de fusil (de revolver) 小銃(ピストル)の弾丸．〜 dum-dum ダム＝ダム弾．〜 perdue 流れ弾．boîte à 〜s 弾倉．faire 〜 的の中心を討抜く；〔比喩的〕目的を達する．mettre une 〜 dans la cible 標的に弾丸を射ち込む．〔話〕recevoir douze 〜s dans la peau．銃殺される．
3 〔話〕顔(＝figure)．avoir une bonne 〜 感じのいい顔をする．
4 〔話・古〕睾丸，きんたま
5 〔俗〕Peau de 〜！全く駄目だ；真平だ，いやなこった．

balle² *n.f.* 〔*pl.* で〕〔俗〕フラン (francs)．une pièce de 10 〜s 10 フラン貨幣．T'as pas cent 〜s? 100 フラン持っていないか．

balle³ *n.f.* (荷物の)大きな包み．〜 de café コーヒー豆の大梱 (＝farde)．mettre *qch* en 〜 何を梱包する．mise en 〜 梱包．petite 〜 小包．

balle⁴ *n.f.* 籾殻 (もみがら)．〜 d'avoine 燕麦の籾殻 (藁蒲団のつめものに利用)．

ballet *n.m.* **1** 〖舞〗バレエ；バレエ音楽 (＝musique de 〜)．〜 classique (contemporain) 古典 (現代) バレエ．art du 〜 バレエ芸術．compositeur de 〜s バレエ音楽の作曲家．corps de 〜 コール・ド・バレエ (一劇場に属するスター舞踊手以外の踊り子全体)；〔特に〕パリのオペラ座付属バレエ団 (＝corps de 〜 de l'Opéra)．maître de 〜 バレエの振付師．assister à des 〜s バレエの公演を観に行く．danser un 〜 バレエを踊る．
2 バレエ団 (＝compagnie de 〜；troupe de danseurs)．arrivée d'un 〜 russe à Paris ロシア・バレエ団のパリ到着．
3 〔比喩的〕あわただしい動き；駆引き．〜 des ministres 閣僚たちの駆引き．〜 diplomatique 外交の駆引き．

ballon¹ *n.m.* **1** ボール，球．〜 de football (de rugby, de basket) サッカー (ラグビー，バスケット) ボール．jouer au 〜 球技をする．〜 d'entraînement des boxeurs ボクサーのパンチングボール (＝punching-ball)．
2 風船；ゴム風船．〖交通〗〜 d'alcooltest アルコールテスト (飲酒検知) 用風船．marchand de 〜s 風船売り．〔比喩的〕〖服〗manche 〜 パフスリーヴ．pneu 〜 バルーンタイヤ (低圧タイヤ)．〔比喩的〕être gonflé (enflé) comme un 〜 うぬぼれきっている．
3 気球 (＝〜 aérostatique；mongolfière)．〜 captif 係留気球．〜 d'essai 〖気象〗測風気球；〔比喩的〕観測気球．〔〜〕dirigeable 飛行船．〜-sonde 観測気球．
4 〖化〗〖球形〗フラスコ．
5 球形の脚付きワイングラス (＝verre 〜)；その中身．un 〜 de beaujolais グラス1杯のボージョレ酒．
6 〖スイス〗1 デシリットル入りのワイングラス．un 〜 de dôle 100 cc のドール産グラスワイン．
7 球形のもの．〖海〗〜 d'amarrage des bateaux 繋船用球形ブイ．
8 〜 d'oxygène 〖医〗酸素バッグ；〔比喩的〕救い手，気付薬．
9 〖陶芸〗陶土の球形の塊り．
10 〖漫画〗吹き出し (囲みせりふ)．
11 〔俗〕腹，尻．avoir (attraper) le 〜 妊娠する．
12 〔俗〕監獄．

ballon² *n.m.* 〖地理〗バロン (ヴォージュ les Vosges 地方の頂上の円い山)．le B〜 d'Alsace ル・バロン・ダルザス (標高 1,247 m)．le Grand B〜 ル・グラン・バロン (標高 1424 m)．

ballonisation *n.f.* 〖医〗腫脹．〜 valvulaire 心臓弁腫脹，バーロウ症候群 (= syndrome de Barlow).

ballonnement *n.m.* 〚医〛膨脹. ~ abdominal 腸内膨脹〖感〗，膨腸.

ballonnet *n.m.* **1** 小型風船；〚医〛微小風船〔血管拡張用〕.〚医〛~ gonflé 拡張小風船〔冠動脈狭窄病変の治療用〕，バルーン・ダイラテーション・カテーテル法〗.
2 小気球；〔気球・飛行船の〕ガス嚢.

ballon-sonde (*pl.* ~**s**-~**s**) *n.m.* 〚気象〛観測気球.

ballot[t]ine *n.f.* 〚料理〛バロティーヌ〔仔牛・豚・鶏などの肉に詰め物を巻いて煮た料理〕. ~ d'agneau (de caneton, de porc, de poularde, de veau) à le gelée 仔羊〔合鴨，豚，鶏，仔牛〕のバロティーヌのゼリー添え.

ballottage *n.m.* 〚選挙〛バロタージュ，当選者未決〔1人区の2回投票制選挙で，第1回投票でどの候補者も当選に必要な得票数を得られない状態〕. scrutin de ~ 決選投票.

balnéaire *a.* **1** 海水浴の. station ~ 海水浴場. tourisme ~ 海水浴旅行.
2 〔稀〕湯治の.

balnéation *n.f.* 〚医〛入浴療法.

balnéothérapie *n.f.* 〚医〛水浴療法；温浴療法，温泉療法 (=thermalisme).

BALO (=*b*ulletin *d*es *a*nnonces *l*égales *o*bligatoires) *n.m.* 法定公告誌〔官報の付録〕.

balsamique [balzamik] *a.* 芳香性の；バルサム (baume 芳香性樹脂) 入りの；〔風などが〕香しい，〚薬〛鎮痛性の. air ~ 香しい空気. bonbon ~ バルサム入りボンボン. vinaigre ~ バルサミコ酢〔イタリア産の黒酢 aceto balsamico〕.
――*n.m.* 〚薬〛鎮痛（鎮静）剤；〚料理〛バルサミコ酢 (=vinaigre ~).

balte *a.* バルト（バルチック）海の，バルト（バルチック）海沿岸の，pays *B*~*s* バルト海沿岸諸国〔エストニア l'Estonie，リトアニア la Lituanie，ラトビア la Lettonie の3共和国〕.
――*B*~*s*. *n.* バルト族.
――*n.m.* バルト語〔レット語，リトアニア語，古プロイセン語〕.

Baltique (la) *n.pr.f.* バルチック海 (=la mer Baltique)，バルト海. 〚海運〛indice de fret de la *B*~ バルチック海運指数 (=indice ~ de fret；〔英〕Baltic Freight Index；ロンドンの商業海運取引所 Baltic Exchange による海上運賃指数).

BAM (=*b*rigade *a*éromobile) *n.f.* 〚軍〛陸軍空挺旅団. 4e~ 第4空挺旅団 (Essey-lès-Nancy 駐屯).

bambou (<〔マレー語〕bambu) *n.m.* **1** 〚植〛竹. pousses de ~ 竹の子. rideau de ~ 竹のカーテン；〔比喩的〕竹のカーテン〔1950-60年代の中国の他国に対する障壁〕.

vase en ~ 竹籠.
2 竹のステッキ (=canne de ~).
3 〔俗〕coup de ~ 突然の猛烈な疲れ；日射病 (=insolation)；べら棒な金額の請求書.

BAMO (=*b*âtiment *a*nti-*m*ine *o*céanique) *n.m.* 〚軍〛外洋型掃海艦.

ban *n.m.* **1** 公告；公示. ~*s* de mariage〔市町村役場・教会堂での〕婚姻公告（公示）. publier les ~*s* 婚姻を公告（公示）する. ~ de vendange 葡萄の収穫開始日の公示.
2 〔布告，勲章授与の前後に〕打ち鳴らす太鼓，吹き鳴らすらっぱ；〔話〕拍手喝采. ouvrir (fermer) le ~〔太鼓，らっぱが〕儀式の開始（終了）を告げる.
3 〚封建〛〔命令，禁止令などの〕布告；出兵のための家臣の召集；追放の宣告；特権・権利の喪失の宣言.

banal (ale) (*pl.* ~**s**/~**aux**) *a.* Ⅰ〔*pl.* ~**s**〕 **1** 平凡な，月並な，ありふれた，ありきたりの，普通の. article ~ 日用品. esprit ~ 平凡な精神. film ~ 陳腐な映画. idées ~*ales* 月並な考え. plaisanterie ~*ale* 陳腐な冗談. question ~*ale* ありふれた問題.
2 通常の，普通の. déchets industriels ~*als* 通常の産業廃棄物. maladie ~*ale* 普通の（ありふれた）病気. 〚電算〛mémoire ~*ale* 通常のメモリー. 〚鉄道〛voie ~*ale* 通常車線〔双方向運転車線〕.
3 〚数〛自明の (=trivial). solution ~*ale* d'une expression 数式の自明の解.
Ⅱ〔*pl.* で〕**1** 〚封建〛領主に使用料を払っている. moulins ~*aux* 領主に使用料を払う水車.
2 〔古〕共同に使用できる. forêts ~*ales* 共同使用林.

banalisation (<banaliser) *n.f.* **1** 俗化，一般化，大衆化. ~ du tourisme 観光の大衆化.
2 〚法律〛（公有物などを）一般の利用に供すること，一般開放. ~ d'un campus universitaire 大学キャンパスの一般利用.
3 〚鉄道〛（乗務員交代による）機関車の乗回し運転；（線路の）双方向利用. ~ d'une voie de chemin de fer 線路の双方向利用.
4 （車両の）特別表示の撤廃. ~ des voitures de police 警察車両（パトカー）の覆面化.

banalisé(e) *a.p.* **1** 俗化した，大衆化した；月並きになった. tourisme ~ 大衆化した観光.
2 （公有物などが）一般の利用に供された，共同利用された.
3 特別の標識（区別）を撤廃した. 〚放送〛canal ~ 市民バンド. 〚鉄道〛voie de chemin de fer ~*e* 双方向利用線路. voiture〔de police〕 ~*e* 覆面パトカー.

banane *n.f.* バナナ（バナナの木 bananier の実）. 〚料理〛~*s* flambés バナーヌ・フランベ〔揚げバナナに蒸溜酒をふりかけ火

をつけて供するデザート). ~ plantain プランテン・バナナ《アフリカ、アンティル諸島などの加熱料理用バナナ》. ~ tigrée (完熟して)斑点入りバナナ. peau de ~ バナナの皮;〔比喩的〕落とし穴. glisser une peau de ~ à qn 人を落とし穴にかける.
2 〔軍〕〔俗〕勲章 (= décoration militaire).
3 〔自動車〕〔俗〕バンパーの緩衝装置 (車止め).
4 〔航空〕〔俗〕2 ローター式大型ヘリコプター.
5 〔電〕fiche ~ バナナ・プラグ (= ~).
6 〔話〕(男性の整髪の) 前髪のバナナ・スタイル. chignon ~ バナナ型シニヨン.
7 sac ~ バナナ型鞄..
8 〔俗〕バナナ野郎《人に対する侮蔑的間投詞》. peau de ~ きたないやり口.
bananeraie *n.f.* 〔農〕バナナ園.
bananier *n.m.* **1** 〔植〕バナナの木. **2** 〔船〕バナナ専用運搬船.
banc [bɑ̃] *n.m.* **1** ベンチ;腰掛. ~ de bois 木のベンチ. ~s d'un amphithéâtre 階段教室のベンチ. ~s de l'école 教室の腰掛. sur les ~s [de l'école]授業に出席して;学校で. être encore sur les ~s まだ学校に通っている. Nous avons été ensemble sur les ~s de l'école. われわれは机を並べて勉強した仲間同志だ. ~ de jardin 庭のベンチ. ~ de nage (ボートの) 漕ぎ手の腰掛. s'asseoir sur un ~ ベンチに腰かける.
2 (議会・裁判所などの) 席, 座席. ~ des accusée (des avocats) 被告 (弁護人) 席. ~ des ministres (議会の) 大臣席. ~ d'œuvre 教会堂管理委員席. ~ de la presse 記者席. ~ de quart 当直士官席.
3 〔機工〕台;作業台 (= ~ d'établi).〔織〕~ à broches 練紡機. ~ d'essai (エンジンなどの) 試験台;〔比喩的〕(人・物の可能性をチェックする) テスト. ~ d'essai comparatif 比較性能 (能力) 試験 (テスト). ~ de menuisier 指物師の細工台. ~ de tourneur 旋盤工の作業台 (ベッド).
4 (卸市場の) 商品展示販売台.
5 〔地学〕堆 (海底の隆起部);洲, 浅瀬. ~ de corail 珊瑚礁. ~ de glace 大浮氷. d'huitres (養殖場の) 牡蠣床.〔カナダ〕~ de neige 雪の堆積. ~ de roches (de rocher) 暗礁. ~ de sable 砂洲. le B~ de Terre-Neuve ニュー=ファウンドランド・バンク (堆) 《好漁場》.
6 〔地学〕岩床, 岩盤;堆積層, 層. ~ de gré 砂岩の岩床 (岩盤).
7 集まり, 塊り. ~ de brouillard (de brume) 立ちこめたもや.
8 魚群 (= ~ de poissons). ~ de harengs 鰊の群れ.
bancaire *a.* 銀行の. carte ~ 銀行カード;クレジットカード (=carte de crédit). chèque ~〔銀行〕小切手. crédit ~ 銀行融資. établissement ~ 銀行. opération

銀行業務. prêt ~ 銀行貸付. régime ~ 銀行制度. virement ~ (口座振替による) 銀行送金.
bancassurance *n.f.* 銀行による保険業務.
bandage *n.m.* **1** 包帯を巻くこと. ~ de la tête d'un blessé 負傷者の頭に包帯を巻くこと.
2 巻くもの;包帯. ~ compressif 圧迫包帯. ~ en T T字帯. ~ herniaire ヘルニア・バンド. ~ orthopédique 整形帯.
3 車輪の輪金. ~ des charrettes 2 輪荷車の車輪の輪金. ~ pneumatique タイヤ〔の外殻部〕.
4 〔稀〕(弓を) 引きしぼること. ~ d'un arc 弓を張ること.
bande[1] *n.f.* [I] 〔帯〕 **1** 帯, バンド;包帯;(新聞の) 帯封 (= ~ d'expédition d'un journal). ~ adhésive 絆創膏, バンドエイド.〔製本〕 ~ de collage des cartes (des estampes) 足 《地図・挿絵を貼るためにページの間につづり込む細長い紙》;=onglet〕. ~ de pansement (de toile) 包帯. ~ de papier 紙テープ. ~ de sparadrap 絆創膏. ~s molletières 脚絆. ~ plâtrée ギプス包帯. ~ Velpeau ヴェルポー・テープ《包帯止めの伸縮性テープ》. mettre un journal sur ~ 新聞に帯封をする.
2 〔機工〕帯鋼, バンド, ベルト. ~ d'acier (de fer) 帯鋼. ~ de protection 保護バンド. ~ porteuse コンベヤベルト.
[II] 〔帯状のもの〕 **1** テープ. ~ enregistreuse 記録テープ. ~ magnétique 磁気テープ. ~ perforée 穿孔テープ. ~ sans fin エンドレス・テープ. ~ vidéo ヴィデオテープ.〔広告〕~ vidéo promotionnelle プロモーションヴィデオテープ.
magnétophone à ~s テープ式レコーダー (magnétophone à cassettes「カセット式レコーダー」の対). enregistrer sur ~ (une ~) テープに記録する.
2 〔映画〕映画フィルム;映画. ~-annonce d'un film 映画の予告編. ~ sonore サウンド・トラック (= ~-son).
3 〔電気通信〕周波数帯 (= ~ de fréquence). ~ latérale indépendante 独立側波帯 (略記 BLI). ~ latérale unique 単側波帯 (略記 BLU). ~ marine 海上バンド. ~ modulante 変調波帯. ~ publique 市民バンド〔英〕citizen band の公用推奨語).
4 (道路の) 車線 (= ~ d'une chaussée). ~ d'arrêt d'urgence (高速道路の) 緊急停止線, 避難車線. ~ de roulement タイヤトレッド, (車輪) 踏面. ~ médiane (道路の) 分離帯.
5 〔航空〕~ d'atterrissage des avions 仮設滑走路 (= 〔英〕landing strip).
6 帯状地帯 (= ~ de terrain; ~ de terre). ~ de fraisiers long le verger 果樹園沿いの帯状の苺畑. exploiter une forêt par ~s 帯状に森林を開発する.

bande²

7〖軍〗~ de mitrailleuse 機関銃の保弾帯.
8〖郵便〗~ de timbres-postes 切手の棒状綴り.
9〖物理〗帯. ~ d'absorption d'un spectre スペクトルの吸収帯. ~ d'émission 輝〔線〕帯. ~ G G 帯 (波長 4300 オングストローム付近の炭化水素の分子スペクトル).
10 ~〔dessinée〕劇画 (略記 BD, bédé), コミックス (=〔英〕comics). album de ~s dessinées 劇画本, コミックブック (= comic book). dessinateur de ~s dessinées 劇画作家. revue de ~s dessinées 劇画誌. lire la dernière ~ d'un auteur 劇画家の最新作を読む.
11〖ビリヤード〗クッション. par la ~ クッションを使って;〚話〛間接的に. jouer par la ~ クッションを使って玉を突く. prendre (faire) qch par la ~ 間接的に何をする.
12〖数〗(2 平行線に挟まれた) 帯状部.
13〖紋章〗斜め帯;〖建築〗帯状装飾.

bande² *n.f.* **1** 一味, 徒党;仲間. une ~ de voleurs 泥棒の一味.
2 (人, 動物の) 群れ, 隊, 一団. une ~ de jeunes 若者の一団. une ~ de loups 狼の群れ. en ~ 一団となって, 隊伍を組んで. aller en ~ 一団となって進む. par ~s いくつもの群れをなして. faire ~ à part グループから距離をおく.

bande-annonce (*pl.* ~**s**-~**s**) *n.f.*〚映画〛映画の予告編.

bandeau (*pl.* ~**x**) *n.m.* **1** (頭, 額に巻く) 細いバンド, ヘアバンダナ, 鉢巻, (軍帽の) 巻きリボン;(修道女, 看護婦の) 頭布 (= coiffe), 額帯 (= fronteau). ~ de front 額帯. ~ d'infirmière (de religieuse) 看護婦 (修道女) の頭布. ~ d'un képi 軍帽の鉢巻リボン.
2 包帯 (= bandage). mettre un ~ à blessé 負傷者に包帯を巻く.
3 目隠し. mettre un ~ 目隠しをする. mettre un ~ sur les yeux du condamné à mort 死刑囚に目隠しをする.〚比喩的〛avoir un ~ sur les yeux ものがよく見えない.
4〖建築〗(扉, 窓の) 帯状装飾, 楣石.

bandelette *n.f.* **1** 細い帯状布;(ミイラの体を包む) 包帯;(頭部の) 巻紐. ~s agglutinatives pour les pensements 粘着性包帯, 絆創膏. ~s des momies égyptiennes エジプトのミイラの包帯.
2〖建築〗バンドレット, 平縁 (平らな刳形) (= plate-bande).
3〖解剖〗小帯. ~ optique 視索.

banderole *n.f.* **1** (槍先や帆柱の上につける) 吹流し, 小旗. **2** (スローガンなどを書いた帯状の) 布;〖建築〗(銘を刻んだ) 銘帯装飾 (= phylactère).

bande-vidéo (*pl.* ~**s**-~) *n.f.* ヴィデオ・テープ.

bandit *n.m.* **1** 盗賊, 強盗. ~ de grands chemins 追い剥ぎ. repaire de ~ 盗賊の巣窟.
2 悪党, 悪漢, ならず者. Ce commerçant est un ~. この商人は悪党だ. petit ~ いたずら小僧, 悪がき. une vraie mine de ~ 悪党面 (づら).

banditisme *n.m.* **1** 強盗行為, 強盗の所業 (やり口, 手口).
2〚集合的〛(特定の地域・時期の) 強盗事件, 犯罪行為. lutte contre le ~ 強盗 (犯罪) 防止対策.

bandit-motard (*pl.* ~**s**-~**s**) *n.m.* バイク暴走族.

bandothèque *n.f.* 磁気テープ保存所;テープライブラリー.

bangladais(e) *a.* バングラデシュ (le Bangladesh) の, バングラデシュ人民共和国 (la République populaire du Bangladesh) の;~ 人.
── **B**~ *n.* バングラデシュ人.

Bangladesh (le) *n.pr.m.*〔国名通称〕バングラデシュ《公式名称：la République populaire du B~ バングラデシュ人民共和国；国民：Bangladais(e)；首都：Dhaka ダッカ；通貨：taka〔BDT〕》.

Ban Ki-moon〔韓国〕*n.pr.m.* 潘基文 (ばん・きぶん), パン・ギムン (1944-；2007年1月より国連事務総長).

bank-note [bãknɔt]〔英〕*n.f.* 銀行券, 紙幣 (= billet de banque).

banlieue *n.f.* 郊外, 市外. la ~ parisienne パリ近郊. la ~ de Paris. la grande ~ 広域市近郊外, 遠い郊外. ~ industrielle 郊外の工場地帯. ~ résidentielle 郊外の住宅圏.
train de ~ 郊外電車. en ~ 郊外に (の). habiter en ~；habiter〔dans〕la ~ 郊外に住む.

banlieusard(e) *n.* (特にパリの) 近郊住民, 近郊族.

bannière *n.f.* **1** (封建時代の) 軍旗, 旗印；(旗印のもとに集う) 家臣. arboter la ~ de rebelle 反旗を翻す. combattre (se ranger) sous la ~ de qn 人の指揮下で戦う (人の傘下に馳せ参ずる).
2 国旗；会旗；幟. C'est la croix et la ~. それは並大抵のことではない (極めて難しい).
3〚俗〛シャツの裾, シャツ. en ~ シャツ一枚で.

banon (< B~, 生産地名) *n.m.*〖チーズ〗バノン《プロヴァンス地方 la Provence の山羊・羊乳, 牛乳からつくられる, 軟質. 自然外皮, 栗の葉で包まれた, 直径 7-8 cm, 厚さ 3 cm の円形のチーズ；脂肪分 45 ％》.

banque *n.f.* **1 a)** 銀行, 銀行業. ~ à distance 電子取引銀行《インターネット利用銀行》. ~ à domicile ホーム・バンキング《ミニテル, インターネットなどを利用し, 自宅

で直接利用できる銀行業務). ~ d'affaires 事業銀行. ~ centrale 中央銀行. ~ centrale commune (= ~ centrale européenne) ヨーロッパ共同体中央銀行；ヨーロッパ中央銀行 (BCE). ~ coopérative 協同組合銀行. ~ de crédit à long et moyen terme 長中期信用銀行. ~ de dépôts 預金銀行. ~ d'émission 発券銀行. ~ d'investissement 投資銀行. ~ inscrite (国家信用理事会 Conseil national du crédit の) 登録銀行. ~ mutualiste 共済銀行. billet de ~ 銀行券, 紙幣. compte en ~ 銀行預金口座. haute ~ 大事業銀行 (Rothschild, Lagard など古い伝統を持つ大事業銀行を集合的に指す). virement en ~ 銀行払込み. B~ de France フランス銀行. B~ européenne pour la reconstruction et le développement (BERD) ヨーロッパ復興・開発銀行. B~ internationale pour la reconstruction et le développement (BIRD) 国際復興開発銀行 (= B~ mondiale 世界銀行). B~ nationale de Paris (BNP) パリ国立銀行. B~s populaires 庶民銀行 (中小企業金融を専門に19世紀末に設立され、その後、金融のあらゆる部門に進出した相互銀行グループ). B~ des règlements internationaux (BRI) 国際決済銀行 (= [英] BIS). 〔俗〕 faire sauter la ~ 賭け金を全部かっ浚う.
b)〔比喩的〕 ~ des données データバンク. ~ d'organes 臓器銀行. ~ du sang 血液銀行.
2 (トランプ, 賭博の) 親元.

Banque direct *n.pr.*〖金融〗バンク・ディレクト (電子取引銀行；BNP-Paribas グループの子会社；2003年AXA Banque になる).

banqueroute *n.f.* **1** (違反行為を伴う) 破産. ~ frauduleuse 詐欺破産. ~ simple 単純破産. faire ~ 破産する. ~ d'Etat 国家破産.
2 破綻, 壊滅, 失墜, 完全な失敗. ~ d'un parti aux élection 選挙での政党の壊滅的敗北.

banqueroutier (ère) *a.* 〖法律〗破産した. société ~ère 破産した会社.
—*n.* 〖法律〗破産者. ~ frauduleux 詐欺破産者. ~ simple 単純破産者.〔比喩的〕 ~s de l'honneur 名誉失墜者.

banquet *n.m.* **1** 祝宴, 饗宴. ~ annuel d'une association 協会の年次宴会. ~ d'adieu 送別の宴. ~ de noces ; ~ nuptial 結婚披露宴. salle pour noces et ~s 結婚披露宴の間, 宴会場.
assister à un ~ 宴会に出席する. donner un ~ en l'honneur de qn 人のために宴を催す. être convié (invité) à un ~ 宴会に招かれる.
2〔カトリック〕 神との交りの儀式. ~ des élus 神に選ばれた者の集い. ~ eucharistique (sacré, spirituel) 聖体拝領.

3〔文〕(人々が分かち合う) 至福, 幸せ. ~ de la vie 生きる幸せ.

banquette *n.m.* **1** バンケット, 長い腰掛. ~ d'une salle d'attente 待合室の腰掛.〔俗〕 faire ~ 待つ (= attendre).
2 (列車の車室・自動車の) 座席, シート. ~ arrière d'une automobile 自動車の前部座席.
3〖道路〗(道路側面の補強用) 盛土 (= ~ de sûreté);〖鉄道〗(線路の) 道床肩;(道路・運河の) 側道;(堤防の) 小段 (こだん), 犬走り. ~s de fleurs 側道法面花壇. ~ de halage 曳船道.
4 ~ irlandaise 〖競馬〗(障害競走の) バンク, 芝生の傾斜面;〖ゴルフ〗バンカー.
5 ~ de tir (胸壁, 塹壕などの内側の) 射撃用足場.
6〖建築〗低い窓台, 窓腰掛；胸壁の板石.

banquier (ère)[1] *n.* **1** 銀行家 (女性の銀行家は banquière または femme banquier);〔話〕金主, 金貸し. ~-cambiste 銀行両替商. consortium de ~s 銀行家連合. être le ~ de qn 人に資金を提供する (金を貸す).
2〖賭博〗(バッカラ, ルーレットなどの) 胴元. le ~ et les pontes 胴元と胴元の反対に賭ける人たち.
—*a.* 銀行の；金融の (= financier)

banquière[2] *n.f.* 銀行家夫人；女性銀行家.

banquise *n.f.* (極地沿岸の) 浮氷；氷野, 氷原；〔*pl.* で〕浮氷群, 浮氷帯. émiettement de la ~ dans l'Antarctique 南極での浮氷の細分化.

banylus *n.m.* 〖葡萄酒〗バニュリュス (département des Pyrénées-Orientales ピレネー=オリヤンタル県の la Côte vermeille に面したスペイン国境に近い村で作られる甘口のAOC葡萄酒；主に食前酒として飲まれる).

baobab [-b]〔アラビア語〕*n.m.* 〖植〗バオバブ (熱帯アフリカやマダガスカルの Bombacacées キワタ科, Adansonia 属の高木).

Baoding, Paoding [中国] *n.pr.* 保定 (ほてい), パオディン (河北省中部の都市；旧称 Qingyuan 清苑).

Baoji [中国] *n.pr.* 宝鶏 (ほうけい), パオチー (陝西省西部の都市).

Baoshan [中国] *n.pr.* 保山 (ほざん), パオシャン (雲南省西部の都市).

Baotou, Paotou [中国] *n.pr.* 包頭 (ほうとう), パオトウ (内蒙古自治区中部, 黄河沿岸の製鉄業の都市).

BAPSA, Bapsa (= *B*rigade d'*a*ssistance aux *p*ersonnes *s*ans *a*bri) *n.f.* ホームレス救護隊 (パリ警視庁所属).

baptême [batɛm] *n.m.* **1**〖キリスト教〗洗礼, 洗礼式. donner (conférer) le ~ 洗礼を授ける. recevoir le ~ 洗礼を受ける. ac-

te de ~；extrait de ~ 受洗証. nom de ~ 洗礼名, 霊名.
2〘比喩的〙命名式；命名. ~ d'une cloche 鐘の命名式. ~ d'une navire 船の進水式.
3〘比喩的〙 ~ de l'air 処女飛行, 初飛行. ~ du feu 砲火の洗礼, 初戦. ~ du sang 血の洗礼, 殉教. ~ de la ligne (des tropiques) 赤道(回帰線)祭.

baptisé(e) *a.* **1** 洗礼を受けた. chrétien ~ 受洗キリスト教徒. enfant ~ 洗礼を受けた子供.
2 命名された. paquebot ~ Queen Mary II クイーン・メアリー2世号と命名された客船.
3 vin ~ 水割り葡萄酒.
— *n.* 受洗者.

baptiste *a.*〘キリスト教史〙バプティスト派の. Eglise ~ バプティスト(浸礼)教会（幼児洗礼を認めず, 自覚的信仰に基づく洗礼を主張するプロテスタントの一派）.
— *n.* バプティスト派信徒, 浸礼教会員.

baptistère [-tistɛr] *n.m.* 洗礼堂. ~ Saint-Jean de Florence フィレンツェの聖ヨハネ洗礼堂.

bar[1]〘英〙*n.m.* **1** バー, 酒場. ~ américain アメリカン・バー. ~-tabac バー兼タバコ屋. café -~ カフェ兼バー.〘話〙pilier de ~ バーの常連. faire la tournée des ~s はしごする.
2 (バーなどの) カウンター (= comptoir, zinc). ~ d'un café (d'un restaurant) カフェ (レストラン) のカウンター. tabouret de ~ カウンターの腰掛. tarif au ~ カウンター料金.
3 (酒瓶・グラスを置く) 小型家具. mini-~ (ホテルの客室にある) ミニ・バー.

bar[2] *n.m.*〘魚〙バール, 鱸(すずき) (serranidés「ひめすずき科」の高級海魚；俗称 loup [de mer]；学名 roccus labrax).〘料理〙~ grillé バール・グリエ (鱸の網焼き).

baraque *n.f.* **1** バラック, 仮小屋. ensemble de ~s バラック群；仮兵舎；仮収容所 (= baraquement).
2 見世物小屋.
3 屋台, 露店. ~s de forains 市(いち)の露店.
4〘話・蔑〙あばら屋, 掘立小屋.
5〘話〙企て. casser la ~ (俳優・歌手が) 大当りをとる；企てをしくじらせる.

baraquement *n.m.*〘多く *pl.*〙仮兵舎 (= ~ militaire)；飯場 (= ~ de travailleurs)；(避難民などの) 仮収容所.

Barbade (la) *n.pr.m.*〘国名〙バルバドス（国民：Barbadien(ne)；首都：Bridgetown ブリッジタウン；通貨：dollar de la Barbade [BBD]）.

barbadien(ne) *a.* バルバドス (la Barbade) の, ~人の.
— *B~ n.* バルバドス人.

barbare *a.* **1** (古代ギリシア・ローマ人キリスト教徒からみて) 蛮族の, 夷狄(いてき)の.〘史〙invasions ~s 蛮族の侵入 (民族大移動).
2 野蛮な, 未開の.
3 残忍な；残酷な；非人道的な. crime ~ 残忍な重犯罪. traitement ~ 非人道的な扱い.
4 粗野な, 洗練されていない, 教養のない. manières ~s 粗野なやり方.
5 (表現などが) 規則にはずれた, 誤った. terme ~ 規則外れの用語.
6 野性味に溢れた, 活力にみち溢れた.
— *n.* **1**〘史〙les ~s 蛮族. **2** 野蛮人, 未開人. **3** 残忍な人. **4** 粗野な人, 教養のない人.

Barbarie (la) *n.pr.f.* バルバリア地方 (北アフリカの古い地方名；現在のモロッコ, アルジェリア, チュニジア, トリポリタニアに相当；原住民のベルベール人 les Berbères に由来する呼称；les Etats Barbaresques ともいう). canard de B~ バルバリア地方特産の鴨. figuier de B~ バルバリア・イチジク (オプンティア・サボテンの1種. ノパル・サボテン le nopal, ウチワ・サボテン la raquette ともいう). orgue de B~ オルグ・ド・バルバリー, 手廻しオルガン.

barbe *n.f.* **1** ひげ, 髭, 鬚, 髯（口・顎・頬のひげの総称）；(特に) 顎ひげ (= poil du menton). ~ à deux pointes 両端の尖った口ひげ.〘話〙~ à poux きたないひげ. *La ~-Bleue* de Perrault. ペローの『青髭』(短編小説, 1697年). ~ de huit jours (1週間も剃っていないひげ→) 無精ひげ. ~ drue 濃いひげ. ~ en collier 首飾り状のひげ (両頬と顎を結ぶ環状のひげ). ~ en fer à cheval (口のまわりの) 馬蹄形の鬚. ~ naissante 生えはじめのひげ. ~ rare まばらなひげ.
brosse à ~ ひげそり用ブラシ. fausse ~ つけひげ. femme à ~ ひげの濃い女. homme à ~ ひげ面の男 (= barbu). jeune ~ 青二才. vieille ~ 時代遅れの老人. petite ~ ちょびひげ. vieillard à ~ blanche 白ひげの老人.
à la ~ de qn 人の面前で；人を無視して. avoir de la ~ ひげを生やしている. n'avoir pas de ~ au menton まだ顎鬚の生えていない若者. avoir la ~ grise 年寄りである. faire la ~ à qn 人のひげを剃る. se faire faire la ~ ひげを剃ってもらう. parler dans sa ~ 口の中でぶつぶつ言う. porter la ~ ひげを生やしている. rire dans sa ~ 含み笑いをする；ほくそ笑む.〘俗〙La (Quelle) ~ ~ ! うんざりだ! もう沢山!
2 (山羊・猿などの) 顎鬚；(魚の) 触鬚(しょくしゅ)；(鶏の) 肉垂. ~s de baleine 鯨鬚 (げいしゅ), ひげ. ~ d'un chèvre 山羊のひげ. ~ d'un coq 雄鶏の肉垂 (にくすい).
3〘植〙芒 (のぎ)；(羽毛の) 羽枝 (うし) (= barbule). ~ d'un épi (麦などの) 穂の芒.
4〘*pl.* で〙(金属の) まくれ；(紙の切口の)

ぎざぎざ. 耳. enlever des ~s à la lime 鑢で金属のまくれを除去する.
5 (船底などに生える) 細い海藻. Le bateau commence à avoir de la ~. 船底に海藻が生えはじめている.
6〖菓子〗~ à papa 綿菓子.
7〖植〗〖合成要素〗〖俗称〗~s-de-bouc ばらもんじん, ほうきたけ (野菜). ~s-de-capucin バルブ＝ド＝キャピュサン (細長く伸びるシコレ; 野菜).

barberey *n.m.* 〖チーズ〗バルブレー, バルブレー・サンドレ (＝~ cendré), バルブレー・チーズ (＝fromage de Troyes), トロワ・サンドレ (＝troys cendré) (シャンパーニュ地方 la Champagne で脱脂牛乳からつくられる, 軟質, 自然外皮に灰をまぶしたチーズ; 直径 11 cm, 厚さ 2.5 cm の平らな円筒形; 250 g).

barbital *n.m.* 〖薬〗バルビタール (催眠・鎮静剤).

barbiturique *a.* 〖化, 薬〗acide ~ バルビツ〔ー〕ル酸.
——*n.m.* 〖薬〗バルビツール酸系催眠薬;〔*pl.* で〕バルビタール誘導体.

barbiturisme *n.m.*, **barbituromanie** *n.f.* バルビツール系催眠薬中毒, バルビタール中毒.

Barbizon *n.pr.* バルビゾン (département de Seine-et-Marne セーヌ＝エ＝マルヌ県の町; 市町村コード 77630; 形容詞 barbizonnais(*e*)).〖美術史〗école de ~ (フランス印象主義の) バルビゾン派.

barbu(**e**[1]) *a.* **1** ひげを生やした, ひげの生えた, ひげ面の. homme ~ 髭面の男. **2** (動物が) ひげ (肉垂) のある, (植物が) のぎのある. blé ~ のぎのある小麦. **3** かびの生えた. fromage ~ かびの生えたチーズ.
——*n.* ひげを生やした人, ひげの生えた人;〖俗・蔑〗イスラム兵士.
——*n.m.*〖話〗サンタクロース (＝père Noël);〖鳥〗バルビュ, 小羽枝 (熱帯の樹林に棲息する多色の鳥).

barbue[2] *n.f.*〖魚〗バルビュ (鮃 turbot に似た高級海魚, 鮃より薄く細長い; pleuronectidés かれい科).〖料理〗~ au champagne バルビュのシャンパーニュ風味.〖料理〗~ braisée バルビュの蒸し煮.

barde *n.f.*〖料理〗バルド (鳥獣肉に巻いて調理するベーコン).

bardeau (*pl.* ~**x**) *n.m.* **1**〖建築〗(板葺用) こけら板; (屋根の) 野地板, (外壁の) 下見板, (床での) 床下地板.
2〖動〗バルドー (bardot) (牝ろばと牡馬の間の一代雑種).

barème *n.m.* 早見表, 一覧表, 値段表. ~ de crédits (企業の) 短期取引銀行一覧. ~ des impôts 税金早見表. ~ des salaires 賃金表. ~ financier (企業の) 主要取引銀行一覧.

baresthésie *n.f.*〖生理〗圧覚.

barge *n.f.* 艀 (はしけ), 平底の荷船, バージ; 艇, ボート. ~ de débarquement 上陸用舟艇. ~ pétrolière 石油運搬バージ. ~ vraquière ばら積船.

baril *n.m.* **1** 小樽. ~ de poudre 火薬樽.
2 1樽の量; バレル (英・米の液量・乾量の単位; 特に石油の容量単位. 略記 bbl.; 1 bbl＝158.987 litres, 42 gallons). prix du ~ 1バレル当りの価格.

Bar-le-Duc *n.pr.* バール＝ル＝デューク (北仏 département de la Meuse ムーズ県の県庁所在地; 市町村コード 55000).
▶ barrois (*e*); barrisien (*ne*) *a.*

baro- 〔ギ〕 ELEM 「重さ; 気圧」の意 (*ex. baro*mètre 気圧計).

barographe *n.m.*〖航空〗(飛行高度を示す) 自記気圧計; 自記高度計 (＝altigraphe).

baromètre *n.m.* **1** 気圧計; 晴雨計. ~ à mercure 水銀気圧計. ~ anéroïde アネロイド気圧計. ~ altimétrique 測高気圧計.
2〔比喩的〕指標, バロメーター. ~ de l'insécurité routière 道路交通安全の指標. Les sondages d'opinion sont le ~ de l'opinion publique. 世論調査は世論を測る指標 (バロメーター) である.

barométrique *a.* 気圧の; 気圧計の. échelle ~ 気圧計の目盛. hauteur ~ (気圧計の) 水銀柱示度. manomètre ~ 気圧計. pression ~ 気圧 (＝pression atmosphérique).

baron[1] *n.m.* **1** 男爵. ~ Georges-Eugène Haussmann ジョルジュ＝ウージェーヌ・オースマン男爵 (セーヌ県知事; 1809-91年). monsieur le ~ X X 男爵殿.
2 (封建時代の) 大領主. hauts ~s de France フランス王国の諸侯.
3〔比喩的〕大立者, お偉方. les ~s du gaullisme ドゴール派の大立物たち. les 〔hauts〕 ~s de la finance (de la politique) 金融界 (政界) のお歴々.
4 (ビールの) 大ジョッキ.
5〔隠〕後盾; (香具師の) さくら. servir de ~ à un escroc ペテン師のさくらをつとめる.

baron[2] *n.m.* (<bas-rond「下腿肉」)〖料理〗バロン (羊・仔羊の鞍下肉 (selle) と2本の腿肉 (gigot) からなる部位). ~ d'agneau 仔羊の腿肉〔料理〕.

baronne *n.f.* **1** 男爵夫人; 男爵領を持つ婦人. **2** (封建時代の) 大領主夫人.

baroque *n.m.* バロック様式 (16世紀末から18世紀にかけての芸術様式).
——*a.* **1** (真珠の) 変形した; ゆがんだ, 異様な. Quelle idée ~! 何て奇妙な考えだ!
2 バロック様式の. église ~ de Bavière バイエルン地方のバロック様式の教会堂. style ~ バロック様式.

barorécepteur *n.m.*〖医〗圧受容器 (血管壁などにあって圧力変化を感知する知

barotraumatisme 覚神経の終末器官).

barotraumatisme *n.m.* 〖医〗気圧(水圧)障害.

baroudeur(se) *n.* **1** 〖軍〗〖隠〗好戦家；百戦錬磨の人；闘士.
2 〖話〗大物リポーター.
3 〖話〗向う見ずな人 (=risque-tout).

barque *n.f.* (一般に100t未満の)小舟；ボート (= ~ à rames). ~ à moteur 発動機船, 動力船. ~ à voiles 小型帆船. ~ de pêcheur 小型漁船. 〖比喩的〗conduire (mener) sa ~ 取り仕切る, 采配を振る, 舵取りをする. 〖神話〗~ de (à) Charon (カロンの舟→)三途の川 (le Styx) の渡し舟.

barracuda 〖西〗*n.m.* 〖魚〗バラクーダ, おにかます (sphyrénidés「かます科」の海魚；俗称 brochet de mer うみかます).

barrage *n.m.* **1** (道路の)遮断；(河川の)せき止め；(港の)閉塞. ~ d'une route à l'aide de chevaux de frise 有刺防柵を用いた道路の遮断. 〖比喩的〗faire ~ à …を食い止める (阻止する, 妨害する). lac de ~ せき止め湖.
2 ふさぐもの；柵. ~ de police 警察の非常線. 〖軍〗~ roulant 移動弾幕射撃 (砲火). 〖軍〗tir de ~ (敵を阻止するための)弾幕射撃. vanne de ~ (ガスの)遮断弁.
3 〖土木〗堰, 堰堤 (えんてい)；ダム. ~ à contrefort 扶壁堰堤, バットレスダム. ~ d'accumulation ロックフィルダム. ~ de retenue 貯水ダム. ~ en terre 土堰堤. ~ en torrent 砂防ダム. ~ mobile 可動堰. ~-poids 動力ダム (= ~ à gravité). ~-réservoir 貯水ダム, 大ダム. ~-voûte アーチ式ダム. lac de ~ ダム湖；〖地質〗堰止め湖.
4 〖精神医学〗途絶.
5 〖スポーツ〗match de ~ (同位者・チームの)プレーオフ, 決勝戦.

barrage-poids (*pl.* ~s-~) *n.m.* 重力式ダム.

barrage-voûte (*pl.* ~s-~s) *n.m.* アーチ式ダム.

barragiste *n.* 〖スポーツ〗決勝戦(プレーオフ)進出選手(チーム).

BARRAULT, Jean-Louis *n.pr.* ジャン=ルイ・バロー (1910-94；フランスの俳優・演出家).

BARRE, Raymond *n.pr.* レーモン・バール (1924- ；フランスの経済学者・政治家；中道右派；1976-81年ジスカール=デスタン政権の首相をつとめた).
▶ **barriste**

barre *n.f.* **1** 棒；棒状のもの. ~ d'appui 窓の手すり. ~ de bois (de fer) 木(鉄)の棒. coup de ~ 棒の一撃；〖話〗あっと驚くような高値；〖話〗急な疲れ. donner à *qn* le coup de ~ 気の遠くなるほどの高値をふっかける.
2 〖冶〗棒鋼；〖工〗鉄筋. ~ d'accier 棒鋼. ~ d'armature pour béton armé 鉄筋コンクリート用棒鋼. ~ principal 主鉄筋.
3 延べ棒 (=lingot). de l'or en ~ 金の延べ棒. C'est de l'or en ~. 金の延べ棒だ；〖話〗高値の品物 (確実な取引, 立派な人物)だ.
4 〖工〗棒材；桿. ~ à souder 溶接棒. ~ d'accouplement (自動車の) かじ取り装置のタイロッド, 連結棒. ~ de membrure (トラスの)部材, 弦材. ~ de mine かなてこ. ~ de signal 信号桿.
5 〖原子力〗棒. ~ de combustible (原子炉の)燃料棒. ~ de contrôle (de commande, de sûreté) (原子炉の)制御棒.
6 〖スポーツ〗(高飛び競技の)バー (= ~ de saut)；棒. ~ à disques バーベル. ~ fixe (体操の)鉄棒〖競技〗. ~s parallèles (asymétriques) (体操の)平行棒 (段違い平行棒).
7 〖舞〗バー (練習用横木)；バーを用いた練習.
8 (戸の)閂 (かんぬき).
9 〖海〗舵柄 (だへい) (舵の柄) (= ~ du gouvernail). ~ à roue 舵輪. ~ automatique 自動舵柄. homme de ~ 舵手 (だしゅ) (= barreur). donner un coup de ~ 方向を変える. prendre (tenir) la ~；être à la ~ 舵を取る；〖比喩的〗采配を振る, 指揮をとる.
10 (裁判官席と一般席の間の)横木, 柵 (= ~ du tribunal)；証言席；弁護人席；法廷. à la ~ du tribunal 法廷手続により (において). comparaître à la ~ 法廷に出る.
11 〖海〗砂洲；海嘯 (かいしょう), 潮津波 (= ~ d'eau). ~ dangereuse à franchir 通過困難な砂洲. ~ de lévigation 沿岸砂洲.
12 筋, 線, (小切手の)横線；(光の)筋；〖音楽〗バー (= ~ de mesure) (楽譜の小節を分つ縦線). ~ de soustraction 引算の-(マイナス)記号. ~ du t t 横線. code à ~s バーコード (=code-~~). 〖音楽〗double ~ 複縦線, 二重小節線. tirer une ~ pour biffer un passage 文の一節を抹消するため横線を引く. tracer une ~ d'une chèque 小切手に横線を引く.
13 〖建築〗横に長くのびた建物 (塔状の高層建造物 tour の対). immeuble en ~s 帯状集合住宅.
14 〖電算〗バー. ~ de menus メニューバー.
15 〖地形〗急峻な棒状地形. ~s des Alpes de Haute-Provence オート=プロヴァンス・アルプスの棒状地帯.
16 〖紋章〗(楯形紋の)逆斜め帯 (左右に向う).
17 (*pl.* で)人取り遊び (=jeux aux ~s). avoir (prendre) ~(s) sur *qn* 人より有利な立場にある.
18 (*pl.* で)(馬の)はみ受け.
19 〖医〗局所的激痛. avoir une ~ sur l'estomac 胃の上に激痛を覚える. ressentir une ~ au niveau des épaules 肩のあたりに痛みを覚える.

barré(e) *a.p.* **1** 棒で遮断された；門で閉められた；横木をつけた；閉鎖された. passage ~ 棒で遮断された通路. porte ~*e* 門で閉ざされた門. route (rue) ~*e* 通行止めの道路. avoir l'estomac ~ 胃がつかえる感じがする.
2 〘比喩的〙dents ~*s* 歯根の曲った難抜歯. 〘医〙femme ~*e* (恥骨結合の異常発達による)性交困難な女性.
3 〘スポーツ〙(漕艇) 舵手付きの. un deux ~ 舵付ペア(sans barreur「舵なし」の対). huit ~ コックス付きエイト.
4 横線を引かれた. 〘音楽〙*C* ~ 2/2 拍子の記号. 〘商業〙chèque ~*e* 横線小切手.
5 〘紋章〙(楯形紋が)逆斜め(向かって左下)に等分された.

barreau (*pl.* ~*x*) *n.m.* **1** 格子；桟(さん)，横木；(柵・檻・欄干などの)柱. ~ aimanté 棒磁石. ~ de grille 火床桟.
2 弁護士席；弁護士業；〘集合的〙弁護士(= avocat)；弁護士会. le ~ de Paris パリ弁護士会. entrer (être inscrit) au ~ 弁護士になる.

barrette *n.f.* **1** 小さい棒，(整髪用)クリップ；細長いブローチ. ~ de diamants ダイアのバーレット(棒状ブローチ).
2 (勲章の)棒状略章. ~ de la Légion d'honneur レジヨン・ドヌール勲章の略章.
3 〘刺繡〙スカラップ刺繍；ブライド.
4 〘電算〙メモリーカード，メモリーモジュール (= de mémoire vive). ~ de 512 Mo 512 MBのメモリーカード.

barricade *n.f.* **1** バリケード. ~ de pavés 舗石で構築したバリケード. dresser (élever) des ~*s* バリケードを築く. être de l'autre côté de la ~ ; ne pas être du même côté de la ~ 敵対する.
2 〘*pl.*〙 暴動，内乱，革命. ~*s* de mai 68 1968年の五月革命.

barrière *n.f.* **1** 柵；規制柵，バリケード. ~ à claire-voie 透かし柵. 〘鉄道〙~ automatique (踏切の)自動遮断機. 〘航空〙~ d'arrêt 着艦(着陸)制動索. 〘交通〙~ de dégel (雪解け・霜解け時の)重量車通行規制(柵). ~ d'un champ 畑の囲い柵. 〘鉄道〙~ de péage (有料高速道路の)通行料金所. ~ d'un passage à niveau 踏切りの遮断機. être du même côté de la ~ バリケードの同じ側にいる. ouvrir (fermer) une ~ 柵を開く(閉じる).
2 障壁；障害物. ~ de corail 珊瑚礁，バリアーリーフ (= récif). ~ de la langue 言葉の壁. ~ des Pyrénées entre la France et l'Espagne ピレネー山脈が形成するフランスとスペイン間の障壁. ~ douanière face au libre-échange 自由貿易への関税的障壁 ~ naturelle 自然の障壁. ~ non-tarifaire 非関税障壁. 〘地理〙la Grande *B*~ d'Australie オーストラリアのグレート・バリア・リーフ(大珊瑚礁). mettre une ~ à qch

(何を)妨げる.
3 〘物理〙障壁，隔壁. ~ de diffusion 拡散隔壁(ウラン 235 と 238 を分離するフィルター). 〘航空〙~ thermique 熱障壁(超音速飛行の際の熱による障害).
4 〘比喩的〙障害，支障，壁，妨げ. ~*s* culturelles 文化の障壁(壁). franchir les ~*s* 障害を乗り越える. mettre une ~ à (contre) qch 何を妨げる.
5 〘史〙(城塞都市の)城壁；入市税障壁；城門，市門. ~ des fermiers généraux à Paris パリの入市税障壁. ~ de l'octroi 入市税関門.

barriste *a.* バール派(支持者)の《フランスの中道右派の政治家レモン・バール Raymond Barre [1924-] の形容詞》.

barsac *n.m.* 〘葡萄酒〙バルサック(département de la Gironde ジロンド県のガロンヌ河に面した村 Barsac (市町村コード 33720)地区で生産される甘口の AOC 白葡萄酒).

BARTHES, Roland *n.pr.* ローラン・バルト(1915-80；フランスの文芸批評家；形容詞 barthésien(*ne*)).

Bartholin *n.pr.* バルトリン (Casper Thoméson Bartholin [1655-1738] デンマークの解剖学者). 〘解剖〙glande de ~ バルトリン腺. 〘医〙kyste de ~ バルトリン腺嚢胞.

bartholinite *n.f.* 〘医〙バルトリン腺(= glandes de Bartholin)炎.

bartonellose *n.f.* 〘医〙バルトネラ症，ペルー貧血 (= anémie du Pérou), カリオン病 (= maladie de Carrion) 《ツェツェ蝿に媒介される感染症》.

bary- 〘ギ〙 ELEM 「重さ」の意 (*ex.* barymétrie 重量測定, bary*ton* バリトン).

barycentre *n.m.* 〘数・物理〙重心.

barymétrie *n.f.* (動物の)重量測定.

baryon *n.m.* 〘物理〙バリオン，重粒子(陽子，中性子とクオーク3個からなる粒子の総称).

barysphère *n.m.* 〘地学〙(地核中心の岩石圏に囲まれた)重圏，重層圏.

baryte *n.f.* 〘砿・化〙重土，バリタ(酸化バリウム BaO, 水酸化バリウム $Ba(OH)_2$ (= hydroxyde de baryum $(OH)_2$)). ~ hydratée 水酸化バリウム $(Ba(OH)_2)$.

baryté(e) *a.* 〘医〙バリット (baryte) 《水素化バリウム》を含む；バリウムを利用した. transit ~ de l'intestin grêle 小腸バリウム通過X線検査，小腸バリウム検査.

barytine, barytite *n.f.* 〘砿〙重晶石(天然の硫酸バリウム $Ba(SO_4)$；バリウムの主要原料となる砿石).

barytose *n.f.* 〘医〙バリウム肺症(硫酸バリウム sulfate de baryum を吸引することによって発症する職業病).

baryum [barjɔm] *n.m.* **1** 〘化〙バリウム(元素記号 Ba, 原子番号 56, 原子量

bas¹(*se*)

137.327). **2**〖鉱〗バリウム（銀白色のアルカリ土類金属；比重3.6；融点850℃）.

bas¹(*se*) *a.* **1** 高さが低い. ciel ~ 低く雲のたれこめた空. maison ~*se* 低い家. plafond ~ 低い天井.
2（抽象的なものが）低い.〖ボクシング〗coup ~ ローブロー；汚い攻撃. en ce monde この世で, 下界で. Le moral est ~. 意気が上がらない. 士気が低い. Le niveau du concours est ~. 試験の水準は低い.
3 低地の, 場所が低い. B~*se*-Bretagne 低地ブルターニュ地方. ~-breton 低地ブルターニュ語. Pays-B~ ネーデルラント（＝［オランダ］Nederland), オランダ(la Hollande). ~ ventre 下腹.
4 下流の. département du B~-Rhin バ=ラン県《ライン河下流の県》. la ~*se* Seine セーヌ河下流地域.
5 下がった, うなだれた. avoir la tête ~*se* 恥じ入る. faire la main ~ sur *qch* …を牛耳る, …を奪う. partir l'oreille ~*se* すごすご引き下がる.
6 下位の. ~ âge 低年齢. ~ peuple 下層階級. à ~ prix 超安値. au ~ mot 最低でも, 少なくとも. chambre ~*se* 下院.
7 声が低い（小さい）.
8 機能が低下した. avoir la vue ~*se* 近眼である.〖話〗être ~ de plafond 知能が劣っている.
9 時期が遅い, 時代が後の. B~-Empire 後期ローマ帝国. ~-latin 中世ラテン語.
——*ad.* 低く. être ~ 健康状態が悪い, 意気消沈している. être très ~ 瀕死の状態にある. mettre ~ (動物が)子を生む, 放棄する, 手離す. mettre *qch* à ~（何を）打倒する, 引きおろす, 転覆する. mettre ~ les armes 武器を置く, 矛を収める；降伏する. mettre *qn* plus ~ que la terre ひどい悪口を言う, こきおろす. tomber ~ 墜落する, 下がる. A ~ le gouvernement! 政府を打倒せよ！ ~ les pattes 手をおろせ. chapeau ~ 帽子を脱げ. voir plus ~ 下記を見よ.
——*n.m.* **1** 下部, 低い所, ふもと. le ~ de l'échelle 最下位. au ~ de *qch* …の下に, の下方に. de ~ en haut 下から上へ. de (du) haut en ~ 上から下まで, くまなく；偉そうに. en ~ 下に, 根本に, くまなく. **2** des hauts et des ~ 浮き沈み, 好不調.

bas² *n.m.* **1** 低所；下部；下位. ~ d'un arbre 木の根元. ~ d'une gamme de produits 下位製品. ~ de la hiérarchie 階級の下位. ~ d'une montagne 山麓. ~ d'une robe ロレスの裾. notes en ~ de page 脚註.
à ~ 下に；地上に. mettre (jeter) à ~ (建物などを) 倒壊させる；（制度などを）打倒する, 打破する. A ~ la tyrannie! 圧制を倒せ！
à ~ de；au ~ de …の下に. apposer sa signature au ~ d'une page ページの下部に署名を記す. être au ~ de l'échelle sociale 社

会の下層にいる. sauter (se jeter) à ~ de son cheval 馬から飛び降りる.
de ~ en haut [dəbazão] 下から上に. aller de ~ en haut 下から上に行く.
en ~ 下に；下に向かって；下の階に, 1階に. Attendez-moi en ~. 下で待っていてください. habiter en ~ 下に（下の階に）住む. tomber la tête en ~ 真さかさまに落ちる. d'en ~ 下から；卑しい身分から. passer par en ~ 下を通る.
2 des hauts et des ~（人生の）浮き沈み；(病状の) 一進一退. Le malade a des hauts et des ~. 病人の病状は一進一退をつづけている.
3〖音楽〗低音.

bas³ (<bas-de-chausses) *n.m.* **1**（膝の上まである）婦人用長靴下, ストッキング. ~ de laine 毛の長靴下；[比喩的](農民が靴下に小銭を隠して貯えたことから) 小銭の隠し場所；小銭の貯え, へそくり. ~ court ハイソックス (＝mi-~). ~ de soie 絹のストッキング. ~ [de] nylon ナイロンストッキング. une paire de ~ 一足のストッキング.
2〖スポーツ〗ストッキング (＝~ de sport).
3〖カナダ〗半靴下, ソックス (＝chaussette).

basal(*ale*)(*pl.* **aux**) *a.* **1**〖生〗基礎の. membrane ~*ale* 基底膜 (＝basale *n.f.*). métabolisme ~ 基礎代謝.
2〖解剖〗基底の. [membrane] ~*ale* 基底膜. os ~（歯の）基底骨.

basalte *n.m.*〖砿〗玄武岩.
basaltique *a.*〖砿〗玄武岩質の. laves ~s 玄武岩質の溶岩.

bas-côté *n.m.* **1**〖建築〗(教会堂の)バ=コテ, 側廊.
2（道路脇の）歩行者用通路（車道と側溝の間）.
3〖鉄道〗線路脇の側道 (＝~ d'une voie ferrée).
4〖比喩的〗縁, 境界. ~s de la conscience 意識の境界.

bascule *n.f.* **1** シーソー〔台〕. ~ d'un pont-levi 跳ね橋のシーソー構造. cheval à ~ 揺り木馬(玩具). fauteuil à ~ 揺り椅子, ロッキングチェア. jeu de ~ シーソー遊び；[比喩的] 両天秤.〖政治〗politique de ~ 日和見政策, シーソー・ポリシー.〖鉄道〗wagon à ~ 転倒荷おろし式貨車. faire la ~ シーソーのように動く；一方に傾く.
2 台秤 (＝balance à ~). ~ automatique 自動台秤. ~ du pharmacien 薬剤師用台秤. pont à ~；pont-~ 橋秤, 計量台.
3〖電子〗バランス回路 (＝circuit à ~)；フリップフロップ〔回路〕(＝〖英〗flip-flop).
4〖スポーツ〗(体操・棒高跳などの)身体をはねる運動. départ en ~ (陸上競技の) 反動スタート.

basculeur *n.m.* **1** ダンプカー (車輛, トラック). ~ latéral 側面放下式ダンプカー.

2〖電〗フリップフロップ〔回路〕(=〖英〗flip-flop).
3 ~ de selection バランス式スイッチ.
bas-de-casse ~ *n.m.inv.* 〖印刷〗小文字 (活字ケースの下部に収納される).
Base (=*b*revet d'*a*ptitude à l'*an*imation *s*ocio-*é*ducative) *n.m.* 〖教育〗社会教育活動適性証.
base *n.f.* ⅰ 基礎, 基盤, 基本, 基準. ~ 100=1985 (指数の) 基準年次 1985 年 (=sur une base 100 pour 1985). ~ de calcul 計算の基礎. ~ d'imposition 課税基準. être à la ~ de *qch* …の根底にある. jeter les ~s de *qch* …の基礎を定める. industrie de ~ 基本産業 (1946-53 年の第一次経済計画においては石炭, 電力, 鉄鋼, セメント, 運輸, 農業機械が基本産業とされた). produit de ~ 基本産品. salaire (traitement) de ~ 基本給. sur la ~ de *qch* …に則って (…に基づいて)
ⅱ **1** (建物の) 基礎, 土台, 山などの麓.
2 〖軍〗基地 (= ~ militaire). ~ aérienne (navale) 空軍 (海軍) 基地. 〖宇宙〗 ~ de lancement ロケット発射基地. ~ d'opérations 作戦基地. ~ de ravitaillement 補給基地.
3 〖幾何〗底辺.
4 〖測地〗基線.
5 〖化〗基塩.
6 〖言語〗基本形, 基体.
7 〖情報処理〗 ~ de données データベース (=〖英〗data base).
ⅲ **1** (政党, 労組などの) 一般構成員, 下部. La grève a été peu en service à la ~. 職場での스トライキ参加者は少なかった. **2** (カトリック教会の) 一般信者, 下部聖職者.
basé(e) *a.p.* **1** (sur に) 基づいた. explication ~*e* sur des faits 事実に基づく説明. prétention ~*e* sur rien 根拠のない要求.
2 〖軍〗基地とする. avions ~ *s* sur un porte-avion 艦載機. sous-marins ~*s* à Toulon トゥーロンを基地とする潜水艦.
Basedow [bazədo] *n.pr.* バセドウ (Karl Adolph von Basedow [1799-1854], ドイツの医師). 〖医〗maladie de ~ バセドウ病.
basedowien(ne) *a.* 〖医〗バセドウ病 (=maladie de Basedow) の. coma ~ バセドウ性昏睡. psychose ~ *ne* バセドウ病性精神病.
bas-fond *n.m.* **1** 深瀬 (haut-fond「浅瀬」の対). **2** 低地;〖*pl.* で〗〖比喩的〗貧民地区, スラム街.
basic [bazik] (=〖英〗*b*eginner's *a*ll purpose *s*ymbolic *i*nstruction *c*ode) *n.m.* 〖情報処理〗ベーシック言語 (= ~ langage).
basicité *n.f.* 〖化〗塩基度;塩基性度.
basilaire *a.* 〖解剖〗基底に属する, (特に) 頭蓋基底の, 基底の. os ~ 頭蓋基底骨. 〖医〗empreinte ~ 頭蓋基底陥入症.

basilic *n.m.* 〖植〗バジリク, バジリコ, バジール (香草;唇形科植物).
basilique[1] *n.f.* **1** 〖古代ローマ〗バシリカ (裁判所・取引所などに用いられた公共建築;平面は長方形で, 身廊と側廊をもつ). ~ *s* romaines 古代ローマのバシリカ建築.
2 (初期キリスト教の) バシリカ式教会堂.
3 〖カトリック〗特権的大聖堂;バシリカ聖堂 (教皇が名聖堂に与える称号). la ~ Saint-Pierre de Rome ローマの聖ペテロ大聖堂. la ~ de Lourdes ルールドのバシリカ聖堂.
basilique[2] *a.* 〖解剖・医〗尺側皮の. veine ~ 尺側皮静脈, 貴要静脈 (腕の内皮の静脈).
—*n.f.* 尺側皮静脈 (=veine ~).
basique[1] *a.* **1** 〖化〗塩基を含む, 塩基性の. oxyde ~ 塩基性酸化物. sel ~ 塩基性塩 (酸化物塩と水酸化物塩の総称). colorant ~ 塩基性染料.
2 〖鉱〗塩基性の (シリカの含有量が低い). roche ~ 塩基性岩 (シリカが 45-52% 含有する岩石, basalte, gabbro などの火成岩).
basique[2] *a.* 基本的な, 基本的な, ベーシックな. le français ~ 基礎フランス語 (= le français fondamental).
—*n.m.* 基礎的衣裳, 衣裳の必需品, ベーシック・ドレス.
basket [baskɛt] *n.m.* 〖スポーツ〗バスケット・ボール (= basket-ball).
—*n.f.* 〖俗〗バスケットシューズ, スポーツシューズ (=chaussure de sport). ~ de cuir 革製スポーツシューズ. rayon ~*s* dans une grande surface 大規模店のスポーツシューズ売場.
basketteur(se) ⇨ **basquetteur(se)**
bas-latin *n.m.* 〖言語〗後期ラテン語.
baso-cellulaire *a.* 〖生・医〗基底細胞 (= cellule basale) の. 〖医〗cancer ~ 基底細胞癌. 基底細胞上皮腫 (=épithéliome ~). 〖医〗polypose ~ 基底細胞ポリポーシス.
basolatéral(ale) (*pl.* **aux**) *a.* 〖解剖〗基底部側面の. noyau ~ (大脳の) 基底部側核.
basomédian(e) *a.* 〖解剖〗基底部中央の. noyau ~ (大脳の) 基底部中央核.
basophile *a.* 〖化・生化〗好塩基性の. granulations ~*s* (赤血球の) 好塩基性顆粒. 〖生理〗polynucléaires ~*s* 好塩基性多核白血球.
—*n.m.* 〖生理〗好塩基球.
basquais(e) *a.* **1** バスク〔人〕の;バスク風の.
2 〖料理〗à la ~*e* バスク風の (バイヨンヌ Bayonne の生ハム, 玉葱, トマト, ピーマンを用いたソース添えの調理法). 〖料理〗poulet〔à la〕 ~*e* プーレ・バスケーズ (バスク風鶏料理).
—*B*~*e* *n.f.* バスクの女性 (男性は Basque).

basque *a.* バスク地方の；バスク語の. le Pays ~ バスク地方《ピレネー山脈西北部の山麓一帯の地方名．フランスとスペインにまたがる》. Pays ~ バスク地方.
—*n.m.* バスク語《=l'euskera [løskera]：インド=ヨーロッパ語に属さない，バスク地方固有の言語》.

basquetteur(se), basketteur(se) *n.* バスケットボール選手.

bas-relief *n.m.*〖彫刻〗浅浮彫, バ=ルリエフ.

Bas-Rhin *n.pr.m.*〖行政〗le ~ バ=ラン県《=département du ~；県コード 67；Alsace アルザス地方, ライン河左岸下流部の県；県庁所在地 Strasbourg ストラスブール；主要都市 Haguenau アグノー, Molsheim モルゼム, Saverne サヴェルヌ, Sélestat セレスタ, Wissembourg ヴィサンブール；7 郡, 44 小郡, 526 市町村；面積 4,787 km²；人口 1,026,120；形容詞 bas-rhinois(*e*)》.

basse-cour (*pl.* ~s-~s) *n.f.* **1**〖農〗家禽・家畜飼育場；〔集合的〕家禽・家畜（鶏・あひる・合鴨・がちょう・兎・豚など）. **2**〔古〕（馬・供回り用の）中庭 (cour d'honneur「中央中庭」の対).

Basse-Normandie (la) *n.pr.f.*〖行政〗バス=ノルマンディー地方, 低ノルマンディー地方《=la Région ~；フランスとヨーロッパ連合の広域地方行政区画；le Calvados, la Manche, l'Orne の 3 県から成る；面積 17,583 km²；人口 1,422,193；地方庁所在地 Caen；形容詞 bas-normand(*e*)》.

Basse-Saxe〔独〕*n.pr.f.* ニーダーザクセン(〔独〕Niedersachsen) 州《=le Land de ~；州都 Hanovre, Hanover ハノーファー》.

Basse-Terre *n.pr.* バス=テール《Guadeloupe の首都》. l'île de ~ バス=テール島.
▶ **basse-terrien(ne)** *a.*

bassin *n.m.* Ⅰ（容器）**1** たらい, 鉢；深皿. ~ de porcelaine (de bronze) 陶製（ブロンズ）の鉢. ~ à aumônes (教会の) 喜捨受け鉢. ~ à cracher たん壷. ~ hygiénique おまる.
2〖海〗ドック；港内停泊区.
3（天秤の）皿.
Ⅱ（たらい状のもの）**1** 泉水, 池；（噴水の）水盤；水槽；プール (= ~ de natation)；〖教会〗聖水盤. ~ d'épuration 浄化槽. ~ du parc de Versailles ヴェルサイユ宮殿付属庭園の泉水群. ~ de retenue [d'eau] 貯水槽.
2〖海〗ドック；港内停泊区. ~ à marée 潮入り岸壁. ~ de radoub 乾ドック. ~ ouvert 繋船ドック (= à flot, darse).
3〖地形〗盆地；河川流域 (= ~ fluvial)；水域. ~ d'effondrement 陥没盆地. ~ de la Loire ロワール河流域地帯. ~ de reception 集水域. ~ fermé 閉鎖水域. ~ lacustre 湖水域. ~ maritime 海盆. ~ parisien パリ盆地. ~ sédimentaire 堆積盆地.
4 鉱区；炭田 (= ~ houiller). ~ minier 鉱床地域.
5〖解剖〗骨盤. articulation du ~ 骨盤関節. fracture du ~ 骨盤骨折. grand ~ 大骨盤（骨盤の上部）. petit ~ 小骨盤（骨盤の下部）.

Bastia *n.pr.* バスチア《コルス (コルシカ) 島, département de la Haute-Corse オート=コルス県の県庁所在地, 港湾都市；市町村コード 20200》.
▶ **bastiais(e)** *a.*

Bastille (la) *n.pr.f.* **1**（パリにあった）バスチーユ監獄 (1370-82 年建. 1790 年取壊し). la prise de la ~ バスチーユ監獄の占拠 (1789 年 7 月 14 日パリ市民が襲撃. フランス大革命の端緒となった事件). place de la ~（パリの）バスチーユ広場.
2〔比喩的〕抵抗の中心；特権の擁護派.

bas-ventre *n.m.*〖解剖〗下腹, 下腹部.

BAT (= *B*ureau d'*a*ssistance *t*echnique) *n.m.*〖労働〗技術援助事務局《UE のヨーロッパ委員会の部局；2001 年発足；本部 Luxembourg》.

bataille *n.f.* **1** 戦い, 戦闘, 会戦, 交戦, 合戦. ~ aérienne (navale) 空中戦, 空戦（海戦）. champ de ~ 戦場. cheval de ~ 軍馬；〔比喩的〕得意の話題. ordre de ~ 戦隊形. plan de ~ 作戦計画；〔比喩的〕作戦. en ~ 戦闘態勢の；乱れた. cheveux en ~ 乱れ髪. stationnement en ~ 斜め駐車. troupes en ~ 戦闘態勢の部隊.
2 乱闘, 殴り合い, 喧嘩. ~ de chats 猫の喧嘩.
3〔比喩的〕戦い, 闘争；論戦. ~ de boules de neige 雪合戦. ~ d'idées 論戦. ~ électorale 選挙戦. ~ politique 政治闘争, 政争.
4〖トランプ〗バタイユ《2 人でするトランプ・ゲーム》.

bataillon *n.m.* **1**〖軍〗大隊. ~ d'infanterie légère d'Afrique アフリカ駐屯軽歩兵大隊《囚人による外人部隊；略式 bat'd'Af》. ~ d'infanterie motorisée 機動歩兵大隊. ~ logistique 兵站大隊, 補給大隊. ~ de montagne 山岳大隊. chef de ~ 大隊長, 陸軍少佐.
2〔比喩的〕群衆. un ~ de 大勢の. un ~ de touristes 大勢の観光客.

bâtard[1](*e*) *a.* **1**〖法律〗婚姻外出生の, 非摘出の, 庶民の, 私生の (= illégitime, naturel). enfant ~ 非摘出児, 私生児, 自然児.
2（動植物が）雑種の (= hybride). chienne ~s 雑種の雌犬. olivier ~ 雑種のオリーヴ.
3 ふたつの異質なものの折衷的な；混ざった. couleur ~ 混じった色. écriture ~e 混淆書体, バタルド書体. pain ~ バタール〘パン〙(250 gr の中型の棒パン). porte ~e

(正門でも小門でもない) 中型の門. solution ~e 折衷的な解決策. style ~ 混淆様式.
— n. **1** 非摘出児, 私生児. reconnaissance d'un ~ 非摘出児の認知. légitimer un ~ 非摘出児を準正する (摘出を認める).
2 (動植物の) 雑種. ~ d'épagneul et de barbet スパニエル犬とバルベ犬の交配雑種.

bâtard[2] *n.m.* 〖パン〗バタール, バタール・パン (=pain ~) (baguette より短く, ずんぐりした棒状のパン).

batardeau (*pl.* ~**x**) *n.m.* 〖土木〗(河川の) 締切; (水利の) 水門, 囲堰. ~ avec palplanches 矢切締切.

bâtardise *n.f.* **1** 私生, 庶出, 非嫡出.
2 雑種性; 折衷性. ~ de pouvoir qui est la «cohabitation» 保革共存政権の雑種 (折衷) 性.

batavia *n.f.* 〖植〗バタヴィア・レタス (= laitue ~)《縮れ葉でサクサクした歯ざわりのレタスの品種, オランダを示すラテン語 Batavia に由来する名称》.

bat'd'Af' [batdaf] (= *bataillon d'Afrique*) *n.m.* **1** アフリカ駐屯囚人大隊.
2 アフリカ駐屯囚人大隊隊員 (=bataillonnaire).

bateau (*pl.* ~**x**) *n.m.* **1** 舟, 船; 舟艦; 艦艇; 小型船舶; ボート. ~ à ailes portantes 水中翼船 (=hydrofil). ~ à moteur 発動機船, 内燃機船, モーターシップ (= 〖英〗 motor-ship; 略記 MS). ~ à vapeur 蒸気船, 汽船 (= 〖英〗 steam ship; 略記 SS). ~ à voile 帆船. ~ de commerce 商船. ~ de guerre 軍艦. ~ de pêche 漁船. ~ de plaisance レジャー船; ヨット. ~ de sauvetage 救命船. ~ de transport à fond plat 平底渡し舟 (=bac), フェリーボート (= ferry). ~ de transport des marchandises 貨物船. ~ de transport des passagers 客船. pont de ~ 船橋, 浮き橋. voyage en ~ 船旅. 〖比喩的〗être du même ~ 同類である. prendre le ~ 船に乗る.
2 〖法律〗河川用船舶 (海洋用船舶 navire の対).
3 舟遊び. faire du ~ 舟遊びをする, ヨット遊びをする.
4 舟型. 〖服〗encolure (décolte)~ ボートネックライン. lit [en] ~ 舟型寝台. 〖建築〗plafond en ~ 舟型天井. 〖医〗ventre en ~ 舟型腹.
5 (車の出し入れ用の) 歩道のくぼみ (=~ de porte). Il est interdit de stationner devant un ~ 歩道の前に駐車を禁ず.
6 〖話〗monter un ~ à qn; mener qn en ~ 人をかつぐ (だます).
— *a.inv.* 〖話〗陳腐な, 月並みな; 退屈な. sujets ~ 陳腐な話題.

bateau-citerne (*pl.* ~**x**-~**s**) *n.m.* タンカー; 油槽船.

bateau-feu (*pl.* ~**x**-~**x**) *n.m.* 信号船, 灯台船 (=bateau-phare).

Bateau-Lavoir (le) *n.pr.m.* 洗濯船 (パリのモンマルトルの丘にあったアトリエ; Picasso, Apollinaire ら立体主義を推進した画家・詩人たちのたまり場).

bateau-mouche (*pl.* ~**x**-~**s**) *n.m.* バトー=ムーシュ (セーヌ河の大型遊覧船); 〖広義〗河川や湖の観光船.

bateau-phare (*pl.* ~**x**-~**s**) *n.m.* 灯台船, 信号船 (=bateau-feu).

bateau-pilote (*pl.* ~**x**-~**s**) *n.m.* 水先案内船, 水先船.

bateau-pompe (*pl.* ~**x**-~**s**) *n.m.* 消防艇.

bateau-porte (*pl.* ~**x**-~**s**) *n.m.* (乾ドックの) 浮戸.

bateau-voilier (*pl.* ~**x**-~**s**) *n.m.* 帆船, 帆走船 (=bateau à voiles).

batellerie *n.f.* **1** 河川運輸業. ~ du Rhône ローヌ河水運業.
2 〖集合的〗河川, 河船.

bathymètre *n.m.* 〖海〗測深器.

bathymétrie *n.f.* 〖海〗水深測量〔術〕, 測深術 (学); 水深測量のデータ.

bathymétrique *a.* 〖海〗水深測量術による. carte ~ 水深図, 海底地形図, 海図.

bathypélagique *n.m.* 〖海洋〗深海外洋 (大洋の深海の自由水域).

bathyscaphe (<bathy 「深い」+scaphe 「舟」) *n.m.* 深海潜水艇, バチスカーフ.

bathysphère *n.f.* 潜水球, 球状潜水機 (深海調査用).

bâti(**e**) (<bâtir) *a.p.* **1** 建てられた, 建築された, 建造された; 家の建った. maison ~e sur une colline 丘の上に建てられた家. propriété non ~e 更地 (さらち). ville ~e au bord de la mer 海岸に建造された町.
2 〖比喩的〗(人が) 体格を. bien ~ がっしりした (恰好のよい). mal ~ 不恰好な.
3 〖比喩的〗(作品などが) 構築された. œuvre bien ~e 構成のすぐれた作品.

bâtiment *n.m.* **1** 建物, 建築物. ~ d'une école 校舎.
2 建築業, 建設産業. ~ et travaux publics (BTP) 建設・公共事業産業. ouvrier en ~ 建設労働者. peintre en ~ ペンキ屋. Quand le ~ va, tout va. 建設業が好調なら景気も良い.
3 大型船舶; (特に) 軍艦. ~ de guerre 軍艦. ~ de ligne 戦艦 (=cuirassé).

bâton *n.m.* **1** 棒, 棍棒. ~ blanc d'agent de police 警官の白い警棒. 〖音楽〗~ de chef d'orchestre 指揮棒. à ~s rompus 散発的に; 散漫に. coups de ~ 棒による打撃. retour de ~ 不正利得; はね返り. tour de ~ 不正利得, 不正リベート. donner (recevoir) des coups de ~ 棒でなぐる (なぐられる).
2 杖, ステッキ; (スキーの) ストック (=~ de ski); 登山杖 (=~ d'alpiniste); 〖カナ

bâtonnet

ダ〕バット (= ~ de base-ball). ~ de vieillesse 老人の杖；老後の支え〔となる人〕. s'appuyer sur un ~ 杖にすがる.
3 杖, 棒.〖軍〗~ de commande 指揮棒. ~ de maréchal 元帥杖.〖宗教〗~ pastoral 笏杖(しゃくじょう).
4 棒状のもの. ~ de colle スティック糊. ~ de craie チョーク. ~ de rouge à lèvres 棒状口紅.
5〖学習〗(算数・習字の) 線. faire des ~s 線を引く.
6〖比喩的〗強腰. politique de la carotte et le ~ 「アメ」と「ムチ」の政策.
7〖植〗~ blanc (royal) 白花つるぼらん.
8〖昆虫〗~ du diable ななふし (phasme).
9〖成句〗à ~ s rompus 散発的に；散漫に. parler à ~ rompus de qch 何についてとりとめのない話をする. battre l'eau avec un ~ 無駄骨を折る. mener une vie de ~ de chaise 放埓な生活を送る. mettre des ~s dans les roues 邪魔を入れる, 妨害する.

bâtonnet *n.m.* **1** 小さな棒. ~ d'une sucette (de sucette) 棒飴の棒.〖スポーツ〗~ de relais リレーのバトン.
2〖生〗桿菌.
3〔*pl.* で〕〖解剖〗(網膜の) 桿状体 (= ~ rétinien). ~ chromatique 桿状染色体.

bâtonnier(ère) *n.* 弁護士会会長.

battant(e) *a.* **1** pluie ~ *e* 土砂降りの雨, 豪雨.
2 le cœur ~ 胸をときめかせて, わくわくして.
3 tambour ~ 太鼓を打ち鳴らして；〔比喩的〕素早く, 敏捷に. mener une affaire tambour ~ 仕事をてきぱきと片付ける.
4 porte ~ *e* 自由ドア.
5〖話〗à l'heure ~ *e* 定刻に. à six heures ~ (es) 6時きっかりに.

battement *n.m.* **1** (連続, 反復して) 打つこと；打つ音；(時計・メトロノームなどの) カチカチという音；〖舞〗バットマン；〖フェンシング〗バットマン《相手の剣を打つこと》. ~ d'ailes 羽ばたき. ~ de[s] cils 〔de[s] paupières〕まばたき.〖水泳〗~ de jambes ばた足. ~ des mains 拍手 (= applaudissement). ~ de volet contre un mur 鎧戸が壁に当たる音. ~ d'un tambour 太鼓の音.
2 鼓動. ~ du cœur 心臓の鼓動；動悸. ~ du pouls 脈拍. avoir un ~ (des ~s) de cœur 胸がどきどきする.
3〖物理〗うなり.
4 時間の余裕, 合い間. une heure de ~ 1時間の余裕.
5 あおり止め付き戸当り. ~ d'une porte (d'une fenêtre) 扉(窓)の戸当り.
6〖建築〗定規縁.
7〖機械〗(ピストンの) 行程.
8〖航空〗フラッター.
9 (トランプを) 切ること.

batterie *n.f.* **1** 電池, バッテリー；電池列. ~ alcaline (au plomb) アルカリ (鉛) 電池. ~ atomique (nucléaire) 原子力電池. ~ de piles (d'accumulateurs) 電池 (蓄電池) 列. ~ sèche 乾電池. ~ solaire 太陽電池. recharger la ~ d'une voiture 車のバッテリーを充電する.〔比喩的〕recharger ses ~s 活力を取戻す.
2〖軍〗砲列；砲台；砲兵陣地；砲兵中隊；〖海軍〗(軍艦の) 砲座. ~ à 105 105ミリ砲の砲列 (陣地, 中隊). ~s côtières 沿岸砲台. mettre une arme en ~ 砲列を敷く.
3 一組の器具 (装置)；一連のもの；〖鉄道〗(同一方向の) 列車群. ~ de cuisine 調理器具一式, 厨房セット.〖心〗~ de tests バッテリー (一連のテストによる適性検査).
4〖音楽〗太鼓の連打；(オーケストラの) 打楽器群；(ジャズバンドの) ドラムス；(弦楽器の) 分散和音, アルペジオ；(ギター演奏の) バッテリー奏法；〖軍〗太鼓ラッパ隊. tenir la ~ = être à la ~ 打楽器を受け持つ.
5〖舞踊〗バッテリー.
6〖比喩的〗(一連の) 方策, 術策. changer ses ~s 計画を変更する. démasquer (dévoiler) ses ~s 手のうちを見せる. dresser ses ~s 策を講じる.

batteur(se) *n.* **1** 打つ人. ~ de blé 麦打ち農夫. ~ d'or 金箔師.
2 (野球の) 打者, バッター；(クリケットの) 打者.
3〖音楽〗ドラマー《女性にも男性形を用いることが多い》.
—— *n.m.* 〖料理〗攪拌器, ミキサー. ~ à crème クリームの泡立て器.
2〖農〗(脱穀機の) こき胴；〖繊維〗打綿機.

battu(e) (<battre) *a.p.* **1** 打たれた, 叩かれた. enfant ~ 体罰を加えられた子供；虐待された子供. air ~ しょげ返った様子. avoir l'air d'un chien ~ おびえた様子をしている. avoir les yeux ~s 目のまわりに縁ができている.
2 戦に破れた, 敗北した；勝負に負けた. armée ~ 敗軍. général ~ 敗軍の将. être ~ au championnat 選手権試合で敗北を喫する. se tenir pour ~ 自分が負けたと思っている. ne pas se tenir pour ~ 自分の負けを認めない；負けおしみをいう.
3 (記録などが) 破られた. record du monde ~ 破られた世界記録.
4 よくかき混ぜられた. crème ~ *e* ホイップクリーム. œufs ~s en neige よくかき混ぜた泡立て卵.
5 打って作られた；鍛錬された. feuille d'or ~ 金箔. fer ~ 錬鉄. sentier (chemin) ~ 踏み固められた道；人のよく通る道；〔*pl.* で〕〔比喩的〕ありふれた方法. aller hors des sentiers ~s 旧套を脱する. sol ~ ； terre ~ *e* 踏み (突き) 固められた地面. court en terre ~ *e* (テニスの) クレーコート. tennis en terre ~ *e* クレーコートテニ

ス.
6〖舞〗pas (saut) ~ パ(ソー)・バチュ《打ち合わせる動作を加えるステップ(ジャンプ)》.
7 avoir les oreilles ~ es (rebattues) de *qch* 何を散々聞かされている.
8 ~ des flots (des vents) 波に打たれる(風の吹きさぶ). pays ~ par des vents 風の吹きさぶ地方.
—— *n.* 敗者 (=vaincu(*e*)). 〖諺〗Les ~ s paient l'amende. (敗者が罰金を払う→)敗者に追い打ちをかける.
BAU (=*b*ande d'*a*rrêt d'*u*rgence) *n.f.* 〖交通〗(道路の)緊急停車車線.
baudroie *n.f.* 〖魚〗鮟鱇(あんこう)《通称 lotte de mer；俗称 crapaud, diable de mer》.
baume *n.m.* **1** 〖植〗芳香性植物；はっか；芳香. ~ sauvage (des champs) 野生はっか. fleurer comme ~ 芳香を放つ.
2 〖化〗バルサム《aliboufier「えごの木」, benjoin「安息香樹」, liquidambar「楓」, sapin「樅」などから採取される芳香性樹脂》. ~ du Canada カナダバルサム《光学レンズの接合剤》. ~ du Pérou ペルーバルサム《石鹸・ポマードなどの芳香剤》. ~ de Tolu トルーバルサム《香料・医薬用》. ~ styrax スティラックスバルサム, ストラックス (storax)《西洋えごの木から採取される樹脂；医薬用蘇合剤》.
3 〖薬〗バルサム剤(=balsamique)《鎮痛・鎮静剤》. ~ tranquille トランキルバルサム. 〖錬金術〗 ~ universel (de vie) 不老不死の霊薬. mettre du ~ sur une plaie 傷口にバルサム膏を塗る.
4 〖比喩的〗(苦痛・不安の)慰め, 安らぎ. mettre (verser) du ~ dans le cœur 悩む心に慰めを与える.
5 〖カトリック〗聖香油 (=saint ~).
baumé (<Antoine B~ [1728-1804], フランスの化学者) *n.m.* 〖化〗ボーメ比重計. degré ~ ボーメ度《記号°Bé》.
Baux-de-Provence(les) *n.pr.* レ・ボー=ド=プロヴァンス《département des Bouches-du-Rhône ブーシュ=デュ=ローヌ県の地名；市町村コード 13520；形容詞 baussenque；中世の城塞の廃墟があり；ボーキサイト bauxite の語源となった》.
bauxite [boksit] (<Les Baux-de-Provence, 産地名) *n.f.* 〖鉱〗ボーキサイト.
Bavière (la) *n.pr.* バイエルン地方《州》《ドイツ語表記 Bayern. 首都 Munich (München) ミュンヘン；形容詞 bavarois(*e*)》.
Bayeux *n.pr.* バイユー《ノルマンディー地方 la Normandie の département du Calvados カルヴァドス県にある古都, 郡庁所在地；市町村コード 14400. マチルド王妃の刺繍で名高い》. tapisserie de ~ バイユーのタピスリー《=broderie de la reine Mathilde》. ▶ bayeusien(*ne*) ; bajocasse *a.*

Bayonne *n.pr.* バイヨンヌ《西南フランス département des Pyrénées-Atlantiques ピレネ=アトランティック県の古都, 郡庁所在地；市町村コード 64100》. jambon de ~ バイヨンヌ特産の生ハム.
 ▶ bayonnais(*e*) *a.*
Bayram ⇒ **Baïram**
bazar *n.m.* **1** バザール《中近東の市場》.
2 〖商業〗バザール《百貨店》；廉価百貨店, マーケット. B~ de l'Hôtel de Ville バザール・ド・ロテル・ド・ヴィル《1855年 Paris で創業した百貨店；略記 BHV》. de ~ 安物の, 粗悪の.
3 〖比喩的〗〖話〗雑踏する場所；乱雑な家. Quel ~ ! 何という散らかりようだ.
4 〖比喩的〗雑多な品物.
bazooka [米] *n.m.* 〖軍〗バズーカ砲.
BB[1] (=*b*rigade *b*lindée) *n.f.* 〖軍〗機甲旅団. 2e ~ 第 2 機甲旅団 (Orléans 駐屯). 7e ~ 第 7 機甲旅団 (Besançon 駐屯).
BB[2] (=*B*rigitte *B*ardot) *n.pr.* ブリジット・バルドー (1934-；フランスの映画女優).
BB[3] *n.m.* 〖鉄道〗BB 型式《フランス国鉄の動輪が前後 2 組ずつの機関車の型式記号；locomotive BB 1234 のように車体番号を表示する》.
BBA (=[英] *B*achelor of *B*usiness *A*dministration) *n.m.* 〖教育〗経営学士.
BBC (=[英] *B*ritish *B*roadcasting *C*oopération) *n.pr.f.* 〖放送〗英国放送協会《1927年創立の公営放送》. ~ 1 (2) BBC 第 1 (第 2) チャンネル.
BC (=*b*enzylidène *c*amphre) *n.m.* 〖生化〗ベンジリデン・カンフル. 3-~ 3 = ベンジリデン・カンフル《卵巣癌の存在を示す蛋白質》.
BCA (=*B*ataillon de *c*hasseurs *a*lpins) *n. m.* 〖軍〗山岳歩兵大隊.
BCBG (=*b*on *c*hic *b*on *g*enre) *a.* 〖話〗お洒落で趣味がよい, 粋で恰好がよい. allure très ~ 凄く洒落て趣味がよい風采.
BCCI (=[英] *B*ank of *C*redit and Commerce *I*nternational) *n.f.* バンク・オヴ・クレジット・アンド・コマース・インターナショナル, 国際信用商業銀行《1972年設立；本店 Luxembourg》.
BCD (=*b*ibliothèque-*c*entre *d*ocumentaire) *n.f.* 図書室・資料センター《幼稚園, 小学校の図書室を児童や近隣の住民に開放するもの》.
BCE (=*B*anque *c*entrale *e*uropéenne) *n. pr.f.* ヨーロッパ中央銀行《=[英] ECB：*E*uropean *C*entral *B*ank；1998 年 1 月 1 日発足；本部 Francfort-sur-le-Main [Frankfurt-am-Main]》. président de la ~ ヨーロッパ中央銀行総裁.
BCEAO (=*B*anque *c*entrale des *E*tats de l'*A*frique de l'*O*uest) *n.f.* 西アフリカ諸国中央銀行《franc CFA, FCFA「アフリカ財

務共同体フラン」の発券機関,本部 Dakar).

BCF (=*B*rigade des *c*hemins de *f*er) *n.f.* 鉄道警察隊《国家警察の航空・国境警察 PAF=*P*olice de l'*a*ir et des *f*rontières；*P*olice *a*ux *f*rontières に所属》.

BCG (= [bacille] *b*ilié *d*e *C*almette et *g*uérin) *n.m.* カルメット・ゲラン菌株《Albert Calmette [1863-1933] と Camille Guérin [1872-1961] が開発した結核予防ワクチンの菌株》. vaccin ~ BCG ワクチン (=vaccin bilié Calmette-Guérin).

BCR[1] (=*B*anque *c*entrale de *R*ussie) *n.pr.f.* ロシア中央銀行.

BCR[2] (=*b*rigade de *c*ontrôle et de *r*echerche) *n.f.* 《税》税務管理調査特捜班.

BCRA (=*B*ureau *c*entral de *r*enseignement et d'*a*ction) *n.m.* 《自由フランス軍情報部所属の》中央情報活動部.

BCRCI (=*B*rigade *c*entrale de *r*épression de la *c*riminalité *i*nformatique) *n.f.* コンピュータ犯罪抑止中央本部.

BCRD (=*b*udget *c*ivil de *r*echerche et de *d*éveloppement technologique) *n.m.* 民間技術研究開発予算.

BCSF (=*B*ureau *c*entral de *s*ismologie *f*rançais) *n.m.* フランス中央地震学研究所.

BCT (=*B*anque des *c*onnaissances et des *t*echniques) *n.f.* 技術情報データバンク.

BD[1] (=*b*ande *d*essinée) *n.f.* 劇画.

BD[2] (= [英] *b*attle [-] *d*ress) *n.m.* 戦闘服；《戦闘服風の》ジャンパー, 作業服.

BDAM (=*B*anque de *d*onnées *a*utomatisée sur les *m*édicaments) *n.pr.f.* 医薬品自動化データバンク《www.theriaque.org》.

BDF[1] (=*B*anque *d*e *F*rance) *n.pr.f.* フランス銀行《フランスの中央銀行》.

BDF[2] (=*B*ibliothèque *d*e *F*rance) *n.f.* フランス図書館《1988年7月14日ミッテラン大統領がパリのトルビャック Tolbiac 地区に建設を決めた新国立大図書館；TGB=*T*rès *G*rande *B*ibliothèque ともいわれる；1995年完成, 現在の呼称は BnF=*B*ibliothèque *n*ationale de *F*rance》.

B.D.phile ⇨ **bédéphile**

BDPME (=*B*anque *d*u *d*éveloppement des *p*etites et *m*oyennes *e*ntreprises) *n.f.* 中小企業開発銀行《1997年創業の公的金融機関》.

BDZ (=*b*enzo*d*iazépine) *n.f.* 《化・薬》ベンゾジアゼピン《精神安定剤》.

BE (=*B*anque d'*E*urope) *n.f.* ヨーロッパ銀行《ヨーロッパ共同体の中央銀行として構想されたもの；ヨーロッパ通貨単位 Ecu の発行機関となった；1998年以降 Banque centrale européenne (BCE)「ヨーロッパ中央銀行」となる》.

Be (=*b*éryllium) *n.m.* 《化》「ベリリウム」の元素記号.

BEA (=*B*ureau *e*nquêtes *a*ccidents) *n.m.* 事故調査局.

BEAC (=*B*anque des *E*tats d'*A*frique centrale) *n.pr.f.* 中央アフリカ諸国銀行《1972年設立. カメルーン, 中央アフリカ, コンゴ, ガボン, 赤道ギニア, チャドが加入；本部 Yaoundé》.

béance *n.f.* **1** 《医》開口部の拡張；《口の》開咬症. ~ du col utérin 子宮頚部開口. ~ du larynx 咽頭の開口.
2 《文》ぽっかり開いた口.

Béarn *n.pr.m.* le ~ ベアルヌ地方《フランスの旧子爵領, 1620年フランス王領となる；現在のピレネー=アトランティック県 département des Pyrénées-Atlantiques の東部地区；中心都市 Pau；形容詞 béarnais (e)》.

béarnais(e) *a.* ベアルヌ地方の. sauce ~*e* ベアルヌ地方風ソース《=la ~*e*；香草, バターと卵が入っているのが特徴》.

béatification *n.f.* 《カトリック》列福《式》《教皇が死者を至福者 bienheureux (se), béat (e) の列に加えること；その式典》.

béatitude *n.f.* **1** 《カトリック》至福, 永福；天福. les huits ~*s*；les *B* ~*s* 八福《キリストが山上の垂訓で説いた》.
2 完全な幸福. air de ~ 満ち足りた様子. plonger dans une douce ~ 甘美な幸福感にひたる.
3 《ギリシア正教会, ロシア正教会, アルメニア教会などの》総大主教の称号.

beau(bel)[1] (f.**belle**[1], m.pl.**beaux**, f.pl.**belles**) 《bel は母音で始まる男性単数名詞の前に用いられるほか, bel et bien, bel et bon, Philippe le *Bel*「フィリップ美貌王」などに残る. et, ou, à の前では原則として beau：un beau et charmant enfant. 但し古文詞では bel et juste mot》*a.* 〖名詞の前〗**1** 美しい. ~ bébé 可愛い赤ん坊. belle dame 美貌の婦人；美しく着飾った婦人. belle femme 美女. belle fleur 美しい花. bel homme 美男子；立派な男. belle maison (musique) 美しい家(音楽). ~ monsieur 立派な服を着た紳士. ~ paysage 美しい景色. ~ visage régulier 端麗な顔. belle vue 美しい眺め.
être ~ comme un astre (le jour) 星《日の光》のように美しい. se faire ~ (belle) おしゃれ(おめかし)をする, 化粧する. C'est si ~ à voir. 見た目が実に美しい.
2 秀れた；素晴らしい；《行為などが》立派な. belle action 見事な行動. belle âme 気高い心. la *Belle* Epoque ラ・ベル・エポック《1900年前後の時期》. ~ génie 秀れた才能. ~ geste 美挙；善行；素晴らしい行為. ~ livre 《内容の優れた》立派な本；豪華本. belles manières 上品な物腰.
mourir de sa belle mort 天寿を全うする. Il a eu une belle mort. 彼は大往生を遂げた. Il est ~ de+*inf.* (que+*subj.*). …すること

は立派なことだ. Ce n'est pas ~ de parler la bouche pleine. 食物をほおばったまま喋るのは行儀が悪い.

3 上首尾の, 申し分のない, 見事な；好ましい；巧みな；上出来の. le bel âge 青春 (=la jeunesse).〔比喩的〕les beaux jours¹ 華やかな日々；青春. belle main 見事な筆蹟. ~ match 好試合. belle occasion 絶好の機会, 好機. beaux résultats 上首尾, 好結果. belle salade 見事なサラダ. belle situation 好ましい状況. ~ succès 華々しい成功. ~ voyage 素晴らしい旅.
avoir un ~ jeu 素晴らしいプレーをする. avoir le ~ rôle 見ばえのする役まわりになる. jouir d'une belle santé 申し分のない健康に恵まれている. l'avoir belle 有利な立場に立つ；好機に恵まれている. Tu ne l'auras jamais plus belle. これ以上うまく行くことは君にとって二度とあるまい. l'échapper belle 危うく助かる. ne voir que le ~ côté des choses 物事のよい面しか見ない. C'est trop ~ pour être vrai./Ce serait trop ~. それでは話がうますぎる.

4〔気象〕(天気が)晴れた；(海が)穏やかな. les beaux jours² 晴れやかな日々；〔比喩的〕華やかな時期, 青春時代. la belle saison うるわしい季節(一般に春と夏). ~ temps 晴天, 好天. Il fait ~ (temps). 晴天である, 天気がいい.〔比喩的〕Il ~ fera (temps) quand je ferai cela. 私がそれをすることは決してあるまい. mer belle 穏やかな海(波高 0.1-0.5 m).

5 大きな, 莫大な, 尤大な；激しい. un bel âge 高齢. bel appétit 旺盛な食欲. belle fortune (somme) 莫大な財産(金額). belle salle 広大な広間. une belle tranche de viande. 肉の大きな切身. homme d'une belle taille 恰幅のよい大男. recevoir une belle gifle 猛烈な平手打ちを食らう. Il a ~ temps (belle lurette) que …してから久しい.

6〔皮肉〕醜い；劣った, くだらない；不愉快な, ひどい. la belle affaire つまらぬ問題. belle bronchite (coupure) ひどい気管支炎(切傷). belles paroles まことしやかな言葉. arranger qn de (la) belle manière (façon) 人を乱暴に扱う. en apprendre (entendre) de belles〔sur le compte de qn〕人にとんでもない噂を聞く. en conter (en dire) de belles sur qn 人についてひどいことを言う. en dire (en faire) de belles 馬鹿なことを言う(する). en faire voir de belles à qn 人をひどい目にあわせる. C'est du ~ travail! 何てひどい仕事だ！ Tout cela est bel et bon, mais... それはみな結構なことに違いないが, それにしても….

7〔強意的〕menteur 大うそつき. ~ salaud とんでもない下司野郎. au ~ milieu de …の真真中に.

8 un ~ jour (matin) ある日(朝)〔はからずも〕.

9 avoir ~ +inf.〔他の節に先立って従属節に相当する場合, avoir が直説法ならば対立, 条件法ならば譲歩を表わす〕. Vous avez ~ dire et ~ faire. 何を言っても何をしても無駄です. J'ai ~ crier, il n'entend rien. どんなに叫んでも, 彼には何も聞こえない. Il aurait ~ protester, personne ne l'écouterait. 彼が抗議したとしても誰も耳を傾けないであろう.
Il fait ~ voir …を見るのは快い(素晴らしい)こと. Il fait ~ voir pareille bonté. これほどまでの善意は見るも快いことである. Il ferait ~ voir que+subj. …だとすればとんでもないことである.

10〔副詞的用法, 副詞句〕bel et bien 本当に, 疑いもなく；はっきり, きっぱり. Il est bel et bien parti. 彼は本当に言ってしまった. Il m'a bel et bien trompé. 彼は私をまんまとだましました. Je te l'avais bel et bien dit. 君にちゃんと言っておいたじゃないか. de plus belle 前より一層激しく. Il pleut de plus belle. さらに激しく雨が降っている.
en ~ 美化して. peindre en ~ 美しく描く. voir tout en ~ 何事も楽観的に捉える. porter ~ 立派な風采を保っている.
—n. **1** m. 美男, 伊達男. un ~ ténébreux. 憂いを含んだ美青年. vieux ~ (女にもてようとする)年を取った伊達男. faire le ~〔古〕気取って見せる；〔現用〕(犬が)ちんちんする.

2 f. 美女；意中の人, 恋人, 愛人；女；娘. La Belle au bois dormant de Charles Perrault シャルル・ペローの『眠りの森の美女』(童話；1697年). La Belle et la Bête de Leprince de Beaumont ルプランス・ド・ボーモンの『美女と野獣』(短編小説；1758年；1945年, J. Cocteau が映画化).
courir les belles 女の尻を追いまわす. écrire à sa belle 恋人に手紙を書く. faire la cour à une belle 女に言い寄る. Ma belle! 別嬪さん！〔慣れ慣れしい呼びかけ；年輩の女性同士での呼びかけ〕.

beau² n.m. **1** 美(=beauté). culte du ~ 美の崇拝. étude du ~ 美学 (=esthétique).

2 美しい物；上等の品物, 上物(じょうもの). Elle n'aime que le ~. 彼女は美しい物しか好まない.

3 晴天, 好天 (=~ temps). Le baromètre est au ~. 晴雨計は晴天を示している. Le temps est (se met) au ~. 天気は晴れである (晴れに向っている).

4 佳境. le plus ~. 驚いたこと, 傑作なこと. au plus ~ du récit 物語が佳境にはいった所で.〔皮肉〕C'est du ~. 結構なことをしでかしたね.

Beauce (la) n.pr.f. ボース地方(パリ盆地の西部に位置する地方；「ここは美しい」の意；麦と菜菜の栽培で名高い). la Petite ~ 小ボース地方(ボース地方の西南部).
▶ **beauceron (ne)** a.

beauf (<*beau-f*rère)(*pl.*~**s**) *n.m.* 〖話〗義理の兄弟.

beaufort (<*B*~, 生産地名) *n.m.* 〖チーズ〗ボーフォール《サヴォワ地方 la Savoie で, 牛乳からつくられる, 圧搾硬質, ブラシがけ自然外皮, 直径 60 cm, 厚さ 12-14 cm, 重量 40-60 kg の AOC チーズ; 脂肪分 50 %; 別称 gruyère de beaufort》.

Beaujolais(le) *n.pr.m.* ボージョレ地方《Pays beaujolais》《フランス中西部の地名; 葡萄酒の生産地としても名高い》. l'AOC ~ 生産地名ボージョレ地方管理呼称.

beaujolais *n.m.* 〖葡萄酒〗ボージョレ《ボージョレ地方産の AOC 葡萄酒(=le vin du Beaujolais); gamay 種による赤葡萄酒が主体; 新酒は毎年 11 月の第 3 木曜日に発売解禁になる》. Le ~ nouveau est arrivé! ボージョレの新酒入荷!

beaumont (<*B*~, 生産地名) *n.m.* 〖チーズ〗ボーモン《サヴォワ地方 la Savoie で生牛乳からつくられる非加熱圧搾, 自然外皮のチーズ; 脂肪分 50 %; 直径 20 cm, 厚さ 4-5 cm の平たい円形; 1.5 kg》.

Beaune *n.pr.* ボーヌ《ブルゴーニュ地方 la Bourgogne の département de la Côte-d'Or コート=ドール県にある古都, 郡庁所在地; 市町村コード 21200; 葡萄酒生産・取引の中心》. Hôtel-Dieu de ~ ボーヌ施療院《1443 年設立. Van der Weyden ファン・デル・ワイデンの祭壇画『最後の審判図』がある; 毎年 11 月葡萄酒の競売会を開催》.
▶ beaunois(e) *a*.

beau-parent (*pl.*~**x**-~**s**) *n.m.* **1** (再婚家庭の)子供の父母の配偶者. **2** 〖*pl.* で〗義理の父母, 舅と姑.

beau-père (*pl.*~**x**-~**s**) *n.m.* 義父, 舅(しゅうと); 継父.
▶ belle-mère *n.f.*

beauté *n.f.* **1** 美, 美しさ. ~ d'une fleur 花の美しさ. ~ d'un visage 美貌. sentiment de la ~ 美的感覚. de toute ~ 実に美しい. en ~ 気高く, 華々しく, 鮮やかに. mourir en ~ 気高い最期を遂げる. terminer en ~ 有終の美を飾る. 最後を鮮やかに飾る.
2 美貌. concours de ~ 美人コンクール(コンテスト). femme d'une grande ~ 絶世の美女. institut de ~ 美容院. produits de ~ 化粧品, 美容商品. soins de ~ 美容. du diable (悪魔のような美しさ→)若さのもたらす美しさ(きらめく美しさ), みずみずしい美貌. être en ~ 普段より一段と美しい. se [re]faire une ~ 化粧する(化粧直しする).
3 美人, 美女. une ~ célèbre 名高い美女. une jeune ~ 若い美女. Ce n'est pas une ~. 美人ではない.〖集合的〗la ~ 美女たち.
4 〖*pl.* で〗美的要素, 美点, 魅力. ~s d'une œuvre 作品の美点.
5 精神的な美しさ, 気高さ. ~ d'un sacrifice 犠牲的行為の気高さ.
6 〖原子物理〗ビューティ, ボトム荷《ボトム・クオークの属性》.

Beauvais *n.pr.* ボーヴェ《北仏 département de l'Oise オワーズ県の古都, 県庁所在地; 市町村コード 60000》.
▶ beauvaisien (*ne*) *a*.

BEAUVOIR, Simone de *n.pr.* シモーヌ・ド・ボーヴォワール《1908-86; フランスの作家; 主著に『第二の性』,『老い』など; サルトルの伴侶》.

beaux-arts *n.m.pl.* **1** 美術《特に絵画・彫刻・工芸・建築などの造形芸術; 時に音楽・舞踏・詩などを含む》. l'Ecole des *B*~-*A*~ 〖話〗les *B*~-*A*~ 美術学校《正式名称 l'Ecole nationale supérieure des ~ 国立高等美術学校; Paris に 1806 年創立のグランド・エコール; 1968 年までは建築コースあり》.
2 芸術.

beaux-enfants *n.m.pl.* (再婚者の家庭の)連れ子たち.

bébé *n.m.* **1** 赤ん坊, 乳幼児. ~-éprouvette 試験管ベビー. attendre un ~ 妊娠している. faire le ~ 赤ん坊のように振舞う.
2 〖話〗子供っぽい人.
3 ベビー人形. ~ en celluloïd キューピー(=baigner).
4 生まれたての動物.〖同格〗~-chat 仔猫. ~-chien 仔犬.
5 〖比喩的〗〖話〗難問, 難題. hériter du ~ 難問を引き継ぐ.

bébé-bulle (*pl.*~**s**-~) *n.m.* 〖医〗泡状肺症児.

bébé(-)éprouvette (*pl.*~**s**-~) *n.m.* 〖医〗試験管ベビー. ~ métis 混血試験管ベビー.

bec *n.m.* ① (嘴・口) **1** (鳥の)嘴(くちばし). ~ crochu de l'aigle 鷲の鉤型の嘴. ~ fin 細長い嘴.
le ~ dans l'eau 嘴を水につけて, 水につっ込んだ嘴;〖比喩的〗首を長くして. avoir le ~ dans l'eau 首を長くして待つ;〖ベルギー〗どう答えてよいかわからない. laisser qn le ~ dans l'eau 人に待ちぼうけをくわせる. rester le ~ dans l'eau 首を長くして待っている; 待ちぼうけを食う.
coup de ~ 嘴でつつくこと. donner un coup de ~^{1}; piquer avec son ~ 嘴でつつく. héron au long ~ 長い嘴をもつ青鷺.
2 (亀・蛸などの)口吻, 口.
3 〖話〗(人間の)口 (=bouche). un ~ fin^2 食通 (=gourmet). la cigarette au ~ くわえタバコ/タバコをくわえて. prise de ~ 口論. avoir une prise de ~ avec qn 人と口喧嘩する.
avoir ~ et ongles いつでもやり返せる; 攻守の備えがある. avoir le ~ bien affilé 口が達者である. avoir le bon ~ お喋りである. claquer du ~ (雛が嘴を鳴らす→)(人が)腹

をすかせている.〖話〗clore (clouer, fermer) le ~ à *qn* 人を黙らせる (ぐうの音も出なくさせる). donner (lancer) un coup de ~² à *qn* 人に悪意の悪い言葉を投げかける；人に皮肉を言う. faire le petit ~ 口をすぼめる；渋い顔をする. ouvrir le ~ (食べるために) 口を開ける；(話すために) 口を開く. river le ~ à *qn* 人の口を封ずる. se mettre *qch* dans le ~ 何を口に入れる. se prendre de ~ avec *qn* 人と口論する. Ferme ton ~! 黙れ!
4 接吻, キス. donner un ~ キスをする.
5〔俗〕鼻；顔. ~ à ~ 鼻(顔)突き合わせて. ~ d'aigle 鷲鼻.
Ⅱ〖嘴型のもの〗**1** 先端, 先；(船の) 舳先. ~s d'une ancre 錨の先端. ~ d'une plume ペン先.
2 注ぎ口 (= ~ verseur). ~ de cruche 水差しの口. casserole à ~ verseur 注ぎ口付きの鍋.
3 (吹奏楽器の) 歌口, マウスピース. flûte à ~ リコーダー, ブロックフレーテ.
4 バーナー；(石油ランプの) 火口 (ほくち) (= de flamme)；灯. ~ à gaz ガスバーナー. ~ Bunsen ブンゼンバーナー. ~ de gaz ガス灯(街灯).〔俗〕tomber sur un ~〔de gaz〕(酔っぱらいが街灯にぶつかる→) 思わぬ障害にぶつかる (つまづく). ~ de lampe 石油ランプの火口. ~ de sûreté 安全灯. ~ électrique 街灯.
5〖地形〗砂嘴 (さし)；出洲 (です)；岬 (= cap)；岬角 (= promontoire). *B*~ d'Ambès アンベス出洲 (ガロンヌ河 la Garonne とドルドーニュ川 la Dordogne の合流点).
6 (橋脚の) 水切り.
7〖解剖〗吻, 口. ~ du corps calleux 脳梁吻. ~ de lièvre 口唇裂.

bécard (<bec) *n.m.* **1**〖魚〗鼻まがり鮭 (繁殖期の雄鮭). **2** かわかます (ブロシェ brochet) の成魚.

bécarre *n.m.*〖音楽〗ナチュラル, 本位記号〔♮〕.
— *a.* 本位記号の付いた.

bécasse *n.f.* **1**〖鳥〗山鴫 (やましぎ) (しぎ科の渡り鳥. 長い嘴をもつ. 食材として珍重されたが, 現在は禁猟).
2〔俗〕馬鹿な女, 馬鹿娘. Quelle ~ ! 何て馬鹿な女なんだろう!

bécassine *n.f.* **1**〖鳥〗ベカシーヌ, 田鴫 (たしぎ). **2**〖魚〗 ~ de mer だつ. **3**〔俗〕馬鹿娘 (女).

bec-de-lièvre (*pl.* ~s-~-~) *n.m.*
1 みつ口, 兎唇 (としん) (= fente labiopalatine). **2** ~ の人.

bec-de-perroquet (*pl.* ~s-~-~).
n.m.〖解剖〗〔話〗骨棘 (こつきょく) (= ostéophyte).

béchamel (<marquis de *B*~ ベシャメル侯爵；創始者；ルイ 14 世の給仕長) *n.f.*〖料理〗ベシャメル・ソース (= sauce〔à la〕 *B*~)；バター, 小麦粉, 牛乳でつくるホワイト・ソース).

bêche-de-mer (*pl.* ~s-~-~) *n.m.*
〖言語〗ビーチラマール (= bich[e]amar 南太平洋で用いる英語と土語の混合語).
— *n.f.*〖動〗なまこ (= holothurie commestible).

béchique *a.*〖医〗鎮咳作用のある, 咳止め用の.
— *n.m.* 鎮咳薬, 咳止め.

BECKETT, Samuel *n.pr.* サミュエル・ベケット (アイルランド生まれの劇作家 [1906-89]；1969 年ノーベル文学賞受賞).

béclométasone *n.f.*〖薬〗ベクロメタゾン (アレルギー性鼻炎治療薬；薬剤製品名 Béconase (*n.f.*) など).

BECQUEREL, Antoine-Henri *n. pr.* アントワーヌ=アンリ・ベクレル (フランスの物理学者 [1852-1908]；ウランの放射能を発見；1903 年ノーベル物理学賞).

becquerel (<Becquerel, 人名) *n.m.*〖物理〗ベクレル (放射能の強さを表わす SI 単位).

bédéphile, B.D.phile, bédophile *n.* 劇画 (BD) 愛好家, 劇画マニア.

bégaiement (<bégayer) *n.m.* **1** どもること；どもり, 吃音；どもる音声. ~ clonique 間代性吃音. ~ tonique 緊張性吃音.
2 (幼児が) たどたどしく話すこと；口ごもり；片言.
3〖比喩的〗たどたどしい (ためらい勝ちの) 試み；模索. les premiers ~s d'une technique nouvelle 新技術の初期の模索.

bégonia *n.m.*〖植〗ベゴニア. ~ à rhizome 根茎ベゴニア. ~ à racines fibreuses 細根ベゴニア. ~ tubéreux 球根ベゴニア.

béguinage *n.m.*〖宗教〗ベギン会修道院, ベギン会修道女共同体 (組織・建物). ~ de Bruges ブリュージュ (ブルッヘ) のベギナージュ.

béguine *n.f.*〖宗教〗(オランダ, ベルギーの) ベギン会修道女. communauté de ~s ベギン会修道女共同体 (= béguinage).

BEH (= *B*ulletin *é*pidémiologique *h*ebdomadaire) *n.m.* 疫学週報 (フランス厚生省保健総局発行).

Behçet (<Halushi Behçet [1889-1948]) トルコの皮膚科医) *n.pr.* maladie de ~ ベーチェット病, ベーチェット症候群 (= syndrome de ~)

BEI (= *B*anque *e*uropéenne d'investissement) *n.pr.f.* ヨーロッパ (欧州) 投資銀行 (=〔英〕EIB: *E*uropean *I*nvestment *B*ank).

beignet *n.m.*〖料理〗ベーニェ (衣をつけた揚げ物), 衣揚げ；揚げ菓子. ~s de bananes バナナのフライ. ~s de langoustines ラングスチーヌのベーニェ (手長海老の衣揚げ). ~s soufflés ベーニェ・スフレ (砂糖抜きのシュー生地の油揚げ). pâtes à ~s ベー

ニェ生地《揚げ物の生地(衣)》.
Beijing [bɛziŋ][中国] *n.pr.* ベージン, 北京. ⇨ Pékin.
Beïram ⇨ Baïram
BÉJART, Maurice *n.pr.* モーリス・ベジャール《1927-2007；マルセイユ生まれのフランスのバレエ舞踊家・振付家》.
bejel *n.m.*〖医〗ベジェル病《中東諸国の小児に多い非性病性の風土性梅毒；病原体は梅毒トレポネーマ菌 Treponema pallidum》，風土性梅毒(=syphilis enémique).
béke ⇨ ouzbek
Bélarus(la) ⇨ Biélorussie (la)
bel canto *n.m.inv.*〖楽〗ベルカント《なめらかな音の美しさを重視する歌唱法》.
belette *n.f.*〖動〗ブレット, いいずな(いたち科の小型の肉食獣).
Belfort *n.pr.* **1** ベ〔ル〕フォール(le Territoire de ~ ベ〔ル〕フォール領土県の県庁所在地；市町村コード 90000；形容詞 belfortain(*e*)). Festival musical de ~ ベ〔ル〕フォール音楽祭(通称 les Eurockéennes). Lion de ~ ベ〔ル〕フォールのライオン記念像《Bartholdi 作；1875-80年；普仏戦争下の Denfert-Rochereau 指揮下のフランス軍の抵抗記念碑》.
2〖行政〗le Territoire de ~ ベ〔ル〕フォール領土県《県番号 90；県庁所在地 Belfort；フランスおよびヨーロッパ連合の région Franche-Comté に属す；1 郡, 15 小郡, 102 市町村；面積 610 km²；人口 137,408；1871 年以降もフランス領にとどまった旧 Haut-Rhin 県のベ〔ル〕フォール郡の地域に相当》.
belge *a.* ベルギー〔人〕の. économie ~ ベルギー経済. franc ~ ベルギー・フラン (FB).
——*B*~ *n.* ベルギー人.
——*n.m.*〖言語〗ベルギーのフランス語.
belgicisme *n.m.* ベルギー語法《ベルギーに固有のフランス語・語法》.
Belgique(la) *n.pr.f.*[国名通称]ベルギー《公式名称：le Royaume de *B*~ ベルギー王国；国民：Belge；首都：Bruxelles ブリュッセル(フラマン語では Brussel)；旧通貨：franc belge ベルギー・フラン [BEF]》.
bélier *n.m.* **1**〖動〗(去勢しない)雄羊. cri du ~ 雄羊の啼声(→ bêler).
2〖天文〗*B*~ 牡羊座；白羊宮(黄道十二宮の第一宮). être〔du〕*B*~ 牡羊座生れである《3月21日-4月20日》.
3〖古代・中世〗の)破壊槌.〖比喩的〗coup de ~ contre *qn* (人の)足元を揺がす一撃.
4〖工〗水撃ポンプ(=hydraulique).
5〖木工〗杭打ち機, ドロップハンマー.
bélinographe (<Edouard Bélin [1876-1963]) *n.m.* ベラン式電送写真装置《1906年発明》.
Belize(le) *n.pr.m.*[国名]ベリーズ《国民：Bélizien (*ne*)；首都：Belmopan ベルモパン；通貨：dollar de Belize [BZD]》.
bélizieux(se), bélizais(e) *a.* ベリーズ(le Belize)の, ベリーズの住民の.
——*B*~ *n.* ベリーズ人.
belladone *n.f.*〖植〗ベラドンナ, はまかぜ(=belle-dame)《なす科 solanacées 、アトロピンなどのアルカロイドを含む毒草》.
belle² *n.f.* **1**〖スポーツ〗ファイナルセット. jouer (gagner, perdre) la ~ ファイナルセットをする(で勝つ, で敗れる).
2〔隠〕〔se〕faire la ~；se mettre en ~ 脱獄する, ずらかる.
3 ~ de Fontenay フォントネー種のじゃがいも.
belle-fille(*pl.* s-~s) *n.f.* **1** 義理の娘, 継娘(ままこ). **2** 息子の妻, 嫁.
bellicisme *n.m.* 好戦主義(pacifisme「平和主義」の対).
belliciste *n.* 好戦主義者.
bellifontain(e) *a.* フォンテーヌブロー(Fontainebleau)の；~の住民の.
——*B*~ *n.* フォンテーヌブローの住民.
belligène *a.* 戦争を誘発する. facteurs ~s 戦争誘発要因. situation ~ 戦争をひき起こすような状況.
belligérance *n.f.*〖国際法〗交戦状態；交戦資格. reconnaissance de ~ 交戦状態(交戦団体資格)の承認.
belligérant(e) *a.* **1** (国が)交戦中の. parties ~es 交戦当事国, 交戦国. puissances ~es 交戦国. **2** (人が)正規兵として戦闘する；従軍する. **3**〔比喩的〕喧嘩中の, 論争中の. opinions ~es 攻撃的意見.
——*n.* 戦闘員. ~s et non-~s 戦闘員と非戦闘員.
——*n.m.*〔多く *pl.*〕交戦国. accord entre ~s 交戦国間の合意. droits des ~s 交戦権.
belliqueux(se) *a.* **1** 好戦的な. nation ~se 好戦的な国(国民). peuple ~ 好戦民族.
2 攻撃的な, 喧嘩早い. caractère ~ 攻撃(喧嘩早い)性格. instinct ~ 攻撃本能.
3 戦意を昂揚させる, 好戦気分をあおる. chant ~ 戦意昂揚歌. politique ~se 好戦気分をあおる政策.
belon, bélon [bǝlɔ̃] *a.* (ブルターニュ地方 la Bretagne の)ベロン川 (le Bélon) の.
——*n.m.* ブロン(ベロン)種の牡蠣《扁平で茶色を帯びた最高級の牡蠣》.
béluga *n.m.*〖魚〗ベルーガ種蝶鮫(=esturgeon ~；学名 Huso huso；最良のキャヴィアがとれる；体長9m, 体重1.5トン, 寿命100歳に達する). ~ de la mer Caspienne カスピ海のベルーガ種蝶鮫.
belval (<*B*~, 生産地) *n.m.*〖チーズ〗ベルヴァル, トラピスト・ド・ベルヴァル(trappiste de *B*~)《ピカルディー地方 la Picar-

dieで牛乳からつくられる, 非加熱圧搾, 洗浄外皮のチーズ; 脂肪分 40-42 %; 直径 20-25 cm, 厚さ 3-4 cm の円盤状; 2 kg]．

BEMIM (=*B*ureau *e*uropéen des *m*édias de l'*i*ndustrie *m*usicale) *n.m.* ヨーロッパ音楽産業メディア事務所.

bémol *n.m.* 1 〖音楽〗フラット, 変記号 (♭). double ~ ダブルフラット. mettre un ~¹ 変記号をつける.
2 〔比喩的〕声の変調. mettre un ~² 声を落とす; 物腰を変える. Mets un ~, calme-toi! 尊大ぶらないで, 落ち着け!
――*a.inv.* 〖音楽〗変. un mi ~ 変ホ調. sonate en si ~ 変ロ調ソナタ.

bendrofluméthiazide *n.m.* 〖薬〗ベンドロフルメチアジド〔利尿剤; 高血圧治療薬〕.

bénédictin(*e*) *a.* ベネディクト修道会(l'ordre ~)の.
――*B*~ *n.* ベネディクト会修道士〔女〕.
――*n.f.* 〖商標〗ベネディクティーヌ酒(=liqueur de ~)〔薬用酒〕.

bénédiction (<bénir) *n.f.* 1 〖宗教〗天恵, 神寵, 恵み. ~ du ciel 天恵; 〔話〕吃驚. terre de ~ 豊饒の地. C'est (C'en est) une ~. 神のお恵みだ; 運のいいことだ; 結構なことだ; 幸せだ.
2 〖カトリック〗祝福, 掩宿(えんしゅく); 〖プロテスタント〗降福式. ~ apostolique 教皇掩祝. ~ d'un bateau 船の進水祝別式. ~ du Saint-Sacrement 聖体降福式. ~ nuptiale 結婚の祝福〔教会での結婚式〕. ~ urbi et orbi 教皇によるローマ市と全世界のカトリック教徒に対する祝福. donner (recevoir) la ~ 祝福を与える(受ける).
3 (幸福, 繁栄, 神の加護などを求める) 祈念; 祝意; 同意; 謝意. Vous avez ma ~. あなたの成功〔幸福〕を祈っています. 〔話〕donner sa ~ à qn に賛同する.

bénéfice *n.m.* 1 利益, 利潤, 益, 得. ~ avant (après) impôts 税引き前(後) 利益. ~ brut 粗利益. ~ d'exploitation 経常利益. ~ des professions non commerciales (BNC) 自由業者の利益〔所得税として課される〕. ~ forfaitaire みなし利益. ~*s* industriels et commerciaux (BIC) 工・商業個人経営者の利益〔所得税として課される〕. ~*s* nets 純益. ~ net 純利益. au ~ de qn (qch) …のために, …のお蔭で.
2 〖法律〗権利, 法律上の利益, 恩恵, 恩典. ~ du doute 証拠不十分, 断罪を免ること. ~ de discussion 〔債務保証人が主債務者の財産競売を申し立てる〕異議申し立て権. ~ d'émolument 〔債務部分分離の権利, 債務共有制の夫婦間における〕. ~ d'inventaire 限定相続権. sous ~ d'inventaire 後で確認するという条件で.
3 〖カトリック〗聖職禄 (=~ écclésiastique).

bénéficiaire *a.* 利益に関する, 利潤に関する, 利益をもたらす. marge ~ 利益幅, マージン. pays ~ de l'aide 援助の受益国.
――*n.* **1** 受益者, 受取人. ~ des prestations sociales 社会保障給付の受益者.
2 権利の名義人 (=titulaire).
3 限定承認相続人 (=héritier ~).
4 有価証券の所持人 (=porteur); 譲渡人 (=endossataire).
5 保険金受取人.

Benelux(**le**) *n.pr.m.* ベネルクス 3 国〔ベルギー, オランダ, ルクセンブルクから成る関税・経済同盟; *B*elgië, *N*ederland, *Lux*emburg の 3 国のオランダ語名称からの合成語〕.

bénévole *a.* **1** 無償の. aide ~ 無償の援助. service ~ 無料奉仕.
2 無償の, 無報酬の, 篤志の. infirmière ~ 篤志看護婦.
3 〔文〕善意の, 好意的な.
――*n.* 篤志家, ヴォランティア (voluntaire). faire appel à des ~*s* ヴォランティアに助けを求める.

benfluorex *n.m.* 〖薬〗ベンフルオレクス〔糖尿病治療薬; 薬剤製品名 Mediator〕(*n.m.*).

bénignité *n.f.* **1** 〔古〕優しさ, 寛大さ, 愛想の良さ. **2** 〖医〗(病気の)軽症性; 良性の. ~ d'une maladie 病気の軽さ. ~ d'une tumeur 腫瘍の良性.

Bénin(**le**) *n.pr.m.* [国名通称] ベナン (公式名称: la République populaire du *B*~ ベナン人民共和国; 旧称 Dahomey ダホメー; 国民: Béninois(*e*); 首都: Porto-Novo ポルト=ノヴォ; 通貨: franc CFA [XOF]).

bénin(**igne**) *a.* **1** 〔文〕〔古〕寛大な, 優しい; 〔蔑〕軟弱な, critique ~ 寛大な批評家. humeur ~ 優しい気質. Il est trop ~ de caractère. 彼はあまりにも軟弱な性格だ.
2 〖医〗〔古〕ゆっくり作用する. remède ~ 遅効薬.
3 〔現用〕重大な結果をもたらさない; 〖医〗良性の (malin 「悪性の」の対). accident ~ 軽度の事故. 〖医〗néphrosclérose ~ *igne* 良性腎硬化症. 〖医〗tumeur ~*igne* 良性腫瘍.

béninois(*e*) *a.* ベナン (le Bénin) の, ベナン人民共和国 (la République populaire du Bénin) の; ～人の.
――*B*~ *n.* ベナン人.

benjamin(*e*) (<*B*~, ベンヤミン〔ヤコブの末子〕). *n.* **1** (家族の) 末っ子, 末娘 (= ~ de la famille).
2 最年少者 (doyen「最年長者」の対). ~ de l'Assemblée nationale 国民議会の最年少議員. ~ de la promotion 昇進の最年少者.
3 〖スポーツ〗バンジャマン (バンジャミーヌ) (10-11 歳の最年少クラスの選手). natation 100 mètres ~*s* バンジャマン・クラスの 100 メートルの競泳.
4 〔話〕お気に入りの生徒 (=chouchou

[te].

benjoin *n.m.* 〖化〗安息香, ベンゾイン樹脂, ベンゾイン (2-ヒドロキシ=1, 2-ジフェニルエタン). acide du ~ 安息香酸.

benne *n.f.* **1** 〖鉱〗(鉱石運搬用の) スキップ; 鉱車; 炭車 (= ~ de charbon). ~ roulante トロッコ. ~ suspendue (鉱石運搬用の) 釣りバケット.
2 (ロープウェーの) ゴンドラ (=cabine de téléphérique).
3 (起重機などの) バケット; (掘削機の) グラブ. ~ automatique (掘削機の) 自動グラブ. ~ preneuse (起重機の) つかみバスケット; (掘削機の) ドラグショベル; 掘削機.
4 (トラックなどの) 可動式荷台 (= ~ basculante), 可動式荷台装備車; ダンプカー (=camion à ~). ~ à ordures ごみ収集車. ~ de chargement (炉の) 投入装置. camion à ~ basculante ダンプカー, ダンプトラック.

benthique *a.* (海洋, 湖沼の) 底部の, 底生の. pêches ~s 底生漁業; 底引漁業 (= chalutage de fond). biomasse ~ 底生バイオマス, 底生生物体量.

benthos [-os] *n.m.* ベントス, 底生生物 (水底・海洋底に棲息する生物).

bentonite *n.f.* 〖鉱〗ベントナイト.

Benxi, Benqi, Penchi [中国] *n. pr.* 本渓 (ほんけい), ベンシー (遼寧省の石炭・鉄鋼産業都市).

benzaldéhyde *n.m.* 〖化〗ベンズアルデヒド.

benzamide *n.m.* 〖化〗ベンゼンアミド (C_7H_7NO).

benzène *n.m.* 〖化〗ベンゼン (溶媒, 芳香族化合物の原料. 有毒, 発癌性物質. 白血病の原因となる).

benzénique *a.* 〖化〗ベンゼンの. complexe ~ ベンゼン錯体. dérivés ~s ベンゼン誘導体 (=dérivés du benzène). noyau ~ ベンゼン核 (環) (芳香族性をもつ炭素6員環).

benzidine *n.f.* 〖化〗ベンジジン (ビフェニール-4, 4'-ジアミン; $C_{12}H_{12}N_2$; 染料の原料・試薬).

benzilate *n.m.* 〖化・軍〗ベンジラート (無力化ガス; 化学兵器).

benzile *n.f.* 〖化〗ベンジル; ビベンゾイル (bibenzoïl).

benzine *n.f.* 〖化〗ベンジン.

benzo [bɛ̃zo] *n.m.* 〖化・薬〗ベンゾ (ベンゾジアゼピン (benzodiazépine) の略称).

benzoate *n.m.* 〖化〗安息香酸塩.

benzodiazépine [bɛ̃zɔdjazepin] *n.f.* 〖化・薬〗ベンゾジアゼピン (精神安定剤, 抗不安剤; 略称: benzo (s)).

benzofluméthazide *n.m.* 〖薬〗ベンゾフルメチアド (利尿薬).

benzoïlique *a.* 〖化〗ベンゾイルの. groupement ~ ベンゾイル基 (安息香酸か ら誘導されるアシル基. 略号 Bz).

benzoïque *a.* 〖化〗acide ~ 安息香酸.

benzol [bɛ̃zɔl] *n.m.* 〖化〗ベンゾール, ベンゼン (benzène), ベンジン.

benzolisme *n.m.* ベンゾール (ベンゼン) 中毒 (=benzéisme).

benzonaphtol *n.m.* 〖薬〗ベンゾナフトール.

benzonitrile *n.m.* 〖化〗ベンゾニトリル (安息香酸のニトリル. C_6H_5CN; 合成樹脂の溶剤).

benzo[-]pyrène *n.m.* 〖化〗ベンゾピレン (コールタールに含まれる発癌物質).

benzoylation *n.f.* 〖化〗ベンゾイル化.

benzoyle *n.m.* 〖化〗ベンゾイル.

benzylamine *n.f.* 〖化〗ベンジルアミン.

benzyle *n.m.* 〖化〗ベンジル ($C_6H_5CO\cdot COC_6H_5$).

benzylique *a.* 〖化〗ベンジルの. acide ~ ベンジル酸. groupement ~ ベンジル基.

benzyne *n.m.* 〖化〗ベンザイン (C_6H_4).

BEP (= *b*revet d'*é*tudes *p*rofessionnelles) *n.m.* 職業教育修了証 (職業教育高校で2年間の課程を修了した者に与えられ, 成績優秀者には技術高校第1学級への進級が認められる).

BEPA (= *b*revet d'*é*tudes *p*rofessionnelles *a*gricoles) *n.m.* 農業職業教育修了証 (第3学級から2年間の課程を修了した者に与えられる).

BEPC (= *b*revet d'*é*tudes du *p*remier *c*ycle) *n.m.* 中等教育第1課程修了証.

BEPS (= *b*revet d'*é*tudes *p*rimaires *s*upérieures) *n.m.* 初等教育上級課程修了証 (1974年 BEPC: *b*revet d'*é*tudes du *p*remier *c*ycle 初等教育修了証となる).

Beptom (= *B*ureau d'*é*tudes des *P*ostes et *t*élécommunications d'*o*utre-*m*er) *n.m.* 海外郵便・遠距離通信研究機構.

béquille *n.f.* **1** 松葉杖. marcher avec des ~s 松葉杖で歩く. s'appuyer sur une ~ 松葉杖にすがる.
2 〖比喩的〗支え, 助け. ~s pour la mémoire 記憶の助け.
3 支えになるもの. ~s d'un bateau (浜に引き揚げた) 船の支柱. ~s d'une mitrailleuse 機関銃の支脚. ~ de motocyclette オートバイのスタンド. ~ de queue d'avion 飛行機の尾橇. mettre une ~ sous une voiture 車の下にジャッキを入れる.
4 (扉の鍵の) 取手 (=bec-de-cane).

Berbères (les) *n.m.pl.* ベルベール族 (北アフリカのモロッコ, アルジェリア, トゥワレグ一帯に住み, ベルベール語 (le berbère) を話す種族).

berceau (*pl.* **~x**) *n.m.* Ⅰ **1** 揺籠, 幼児用ベッド. ~ d'osier 柳製の揺りかご.
2 幼年時代, 幼少期. au ~; dès le ~ 幼少

期からすでに. du ~ à la tombe 揺りかごから墓場まで.
3 揺籠期；草創期，初期.
4〔比喩的〕出生地；発祥地. la Corse, ~ de Napoléon Bonaparte ナポレオンの出生地コルス（コルシカ）島. la Grèce, ~ de la civilisation occidentale 西洋文明の発祥地ギリシア.
Ⅱ（揺籠形のもの）. **1**〔園芸〕（つる草，つる薔薇などの）アーケード；アーケード形の青葉. ~ de treillage 格子組のアーケード. ~ de verdure 青葉のアーケード.
2〔建築〕ベルソー（半円筒形ボールド（アーチ）＝voûte en ~）. ~ brisé 尖頭形ベルソー. ~ plein cintre 半円型ベルソー.
3〔機械工学〕架台. ~ de moteur エンジン架.
4〔船〕船架，進水架（＝ber）.
berceuse *n.f.* **1** 子守歌.〔音楽〕~ de Jocelyn ジョスランの子守歌.〔音楽〕~ de Schumann シューマン作曲の子守歌.
2 ロッキング・チェア（＝〔英〕Rocking-chair；〔カナダ〕chaise berçante）.
Bercy *n.pr.* **1**（パリの）ベルシー地区（1860 年パリ市に編入；現パリ市第 12 区）. le Nouveau ~ 新ベルシー地区（大規模都市計画地区）. Palais omnisports de Paris-~ パリ・ベルシー多目的室内競技場（1984 年開場）. Parc de ~ ベルシー公園（1996 年）. Quai de ~ ベルシー河岸（旧葡萄酒倉庫地区）（＝ex-entrepôts de ~）. le 51 rue de ~ ベルシー通り 51 番地（Cinémathèque française, Musée du Cinéma, Bibliothèque du film などが入る建物）.
2 フランス経済財務省（＝ministère de l'Economie et des Finances）（rue de ~ に 1986 年に移転したことによる俗称）.
bercyphobie *n.f.*〔話〕財務省恐怖（嫌悪）症.
BERD （＝*B*anque *e*uropéenne pour la *r*econstruction et le *d*éveloppement des pays de l'Est）*n.f.* 東ヨーロッパ（東欧）復興開発銀行（1990 年 Paris で設立，1991 年発足，本部 London；資本金 10 億 Ecu；＝〔英〕EBRD: *E*uropean *B*ank of *R*econstruction and *D*evelopment）.
béret *n.m.* ベレー帽. ~ basque バスクベレー. ~s rouges 赤ベレー隊，降下傘部隊（＝parachutistes）. ~s verts 緑ベレー隊，外人部隊（＝légionnaires）.
bergamote〔伊〕*n.f.* **1**〔植〕ベルガモット・オレンジ（bergamotier の果実；橙の近縁種）.
2 ベルガモット油（＝essence de ~；ベルガモット・オレンジの果皮を圧搾して得る精油；オーデコロンや製菓用）.
3 ベルガモット入りボンボン.
4〔植〕ベルガモット梨.
bergamotier *n.m.*〔植〕ベルガモット・オレンジ（bergamotier）の木.

Berliner Philharmonishes Orchester

berger（*ère*)[1] *n.* **1** 羊飼い（＝gardien (*ne*) du mouton）. la ~*ère* de Domrémy ドンレミー村の羊飼娘（＝Jeanne d'Arc）. bâton de ~ 羊飼いの杖（＝houlette）. chien [de] ~ 牧羊犬. l'étoile du ~ 金星（＝la [planète] Vénus）. au temps où les rois épousaient des ~*ères* 昔々.
2 牧童；カウボーイ.
3〔宗教〕魂の導き手；司祭；牧師；（政党などの）指導者. bon (mauvais)~ 良き（悪しき）牧人（指導者）.〔諺〕Bon ~ tond et n'écorche pas.（良き牧人は毛を刈るが皮をひんむきはしない→）他人の手助けに甘え過ぎてはならない.
4〔文史〕恋人. l'heure du ~（恋人の時刻→）たそがれ時；成功の好機. réponse du ~ à la ~ 反駁の余地のない返答.
berger[2] *n.m.* 牧羊犬（＝chien de ~）. ~ allemand シェパード. ~ écossais (d'Ecosse) コリー. ~ des Pyrénées ピレネーの牧羊犬.
Bergerac *n.pr.* ベルジュラック（département de la Dordogne ドルドーニュ県の郡庁所在地；市町村コード 24100；形容詞 bergeracois(e)）. musée du Tabac de ~ ベルジュラック煙草博物館（旧 maison Peyrarède）. le Vieux ~ ベルジュラック旧市街.
bergerac *n.m.*〔葡萄酒〕ベルジュラック（ボルドーの東 100 km，ドルドーニュ川左岸，Bergerac 周辺地区の赤・白の AOC 葡萄酒；赤は cabernet-sauvignon 種を中心に cabernet franc, merlot 種，白は sémillon, sauvignon, muscadelle, ondenc, chenin blanc 種）.
bergère[2] *n.f.* **1**〔話〕妻（＝épouse）.
2 女性.
3 安楽椅子. ~ en gondole ゴンドラの座席風安楽椅子（丸い背もたれがある）. ~ Louis XV ルイ 15 世様式の安楽椅子.
bergues (<*B*~, 生産地名)[2] *n.m.*〔チーズ〕ベルグ（フランドル地方 la Flandre で，脱脂牛乳から生産される，軟質，洗浄外皮のチーズ；脂肪分 15-20 ％；直径 16-20 cm，厚さ 4-6 cm の平たい球状；平均 2 kg）.
béribéri *n.m.*〔医〕脚気（ビタミン B_1 欠乏症）. ~ humide 湿性脚気. ~ sec 乾性脚気.
berkélium [bɛrkeljɔm] *n.m.*〔物理・化〕バークリウム（〔英〕berkelium．元素記号 Bk，原子番号 97．1949 年発見の人工放射性元素・バークレー Berkeley に因む命名）.
Berlin [bɛrlɛ̃] *n.pr.* ベルリン（ドイツ連邦共和国の首都；形容詞 berlinois(e)）. ~-Est 東ベルリン. ~-Ouest 西ベルリン. mur de ~ ベルリンの壁（1961-89 年）.
berline *n.f.* **1**〔自動車〕4 ドア・セダン.
2（昔の）ベルリン馬車（窓ガラス付車室をそなえた 4 輪馬車）.
3（炭鉱の）石炭運搬車，炭車.
Berliner Philharmonishes Or-

chester *n.m.*〖音楽〗ベルリン・フィルハーモニック管弦楽団，ベルリンフィル (=〔仏〕orchestre philharmonique de Berlin).

bermuda [bɛrmyda]〔英〕*n.m.* バミューダ半ズボン.

Bermudes (les) *n.pr.f.pl.* バミューダ諸島《英国領，首都 Hamilton；形容詞 bermudien (*ne*)》. le triangle des ~ バミューダ諸島の三角水域《船舶・航空機の謎の遭難で知られる海域》.

bernard-l'ermite *n.m.inv.*〖動〗やどかり (=pagure).

BERNHARDT, Sarah *n.pr.* サラ・ベルナール (1844-1923；フランスの名舞台女優；本名 Rosine Bernard).

Berne *n.pr.* ベルヌ，ベルン (=〔独〕Bern)《スイス連邦首都 la Confédération helvétique (Suisse) の首都；ベルン州 le canton de ~ の州都；主な見所：世界遺産の旧市街 la Vieille Ville；cathédrale Saint-Vincent [15-19 世紀], musée des Beaux-Arts, musée d'histoire naturelle, musée d'histoire de ~, tour d'Horloge；形容詞 bernois (*e*)》. Convention de ~ pour la protection des œuvres littéraires et artistiques 文学的および芸術的著作物の保護に関するベルン条約 (1992 年).

Berre (l'étang de) *n.pr.* ベール湖《南仏 département des Bouches-du-Rhône ブーシュ=デュ=ローヌ県；周辺に石油基地が点在》.

Berry (le) *n.pr.m.* ベリー地方《フランス中部の旧州名；首都 Bourges》.
▶ **berrichon** (*ne*) *a*.

berthollide *n.m.*〖化〗ベルトライド化合物.

béryl *n.m.*〖鉱〗ベリル，緑柱石《アルミニウムとベリリウムの天然珪酸塩》. ~ bleu-vert 青緑ベリル，アクアマリン (=aigue-marine), 藍玉, 淡青ベリル (=~ bleu clair). ~ jaune 黄色ベリル，ヘリオドール (héliodore)《黄金色の緑柱石》. ~ rose 薔薇色ベリル，モルガナイト (morganite)《薔薇色緑柱石》. ~ vert 緑色ベリル，エメラルド (émeraude).

bérylliose *n.f.*〖医〗ベリリウム中毒 (=intoxication par béryllium), ベリリウム肺.

béryllium [beriljɔm] *n.m.*〖化〗ベリリウム《元素記号 Be, 原子番号 4, 原子量 9.01》.

Besançon *n.pr.* ブザンソン《東仏 département du Doubs ドゥー県の県庁所在地；région Franche-Comte フランシュ=コンテ地方の地方庁所在地；市町村コード 25000；Citadelle de Vauban などがある》.
▶ **bisontin** (*e*) *a*.

BESC (=*B*ureau européen des *s*ubstances *c*himiques) *n.m.* (ヨーロッパ連合の) ヨーロッパ化学物質管理庁 (=〔英〕ECB：*E*uropean *C*hemicals *B*ureau).

besogne *n.f.* **1**《多くは職業上の》仕事. ~ faite à regret 苦行. ~ stérile 不毛な仕事 (=aride ~). lourde (rude) ~ 辛い仕事. abattre de la ~ 仕事を片付ける. aller vite en ~ 仕事をてきぱきと片付ける. avoir ~ faite やるべき仕事がない；易しい仕事をする. avoir beaucoup de ~ 仕事に追われている. être vif (lent) à la ~ 仕事が早い (遅い). faire sa ~ 仕事に従事する. s'endormir sur la ~ のろのろ仕事をする.〖諺〗Selon l'argent, la ~. 仕事の出来ばえは金次第.
2 辛い仕事.
3 やるべき (成し遂げた) 仕事；使命 (=mission). avoir fait de la belle (bonne) ~ いい仕事をする；〖皮肉〗結構なことをしでかす. avoir réussi une ~ difficile 難しい仕事を見事に成し遂げる. emporter de la ~ chez soi 仕事を自宅に持ち帰る.
4〖古〗必要な事物；〔*pl.* で〕衣類.
5〖古〗性行為 (=acte sexuel).
6〖古〗貧困，欠乏状態.

besoin *n.m.* **1**〖国民経済計算〗要求, 必要, 欲求, 需要, ニーズ. ~ de financement 資金不足. ~ de trésorerie 資金需要. ~ physiologique 生理的欲求. ~ social 社会的ニーズ.〖医〗état de ~ 禁断症状.
2〔*pl.* で〕生活必需品；尿意, 便意. faire ses ~s〖naturels〕排尿〖便〕をする.
3 窮乏. être dans les ~s 困窮状態にある.
4〖成句〗
au ~ 必要ならば. avoir ~ de …を必要とする. avoir ~ que …が必要である. il n'est pas ~ de〖que〕~ を必要としない. point n'est ~ 全く不必要である. pour les ~s de la cause 自らに都合が良いように，自分の主張の裏付けとして. s'il en est ~ 必要ならば. si ~ est 必要ならば.

bessemer [-mɛr] (<Henry *B*~ [1813-98], 英国の技術者；開発者) *n.m.*〖冶〗ベッセマー転炉 (=convertisseur *B*~).

Best (=*b*ilan *é*nergétique du *s*ystème *t*ropical) *n.m.* 熱帯系エネルギー収支《フランスの CNRS, CNES の研究計画の名称》.

bestiaux *n.m.pl.* 家畜；大型家畜 (=gros ~). ~ de la ferme 農家の飼育家畜.〖鉄道〗wagon à ~ 家畜輸送貨車. soigner les ~ 家畜の世話をする.

bestiole *n.f.* 小動物；昆虫. ~ de compagnie 新ペット小動物 (昆虫).

bêta *n.m.inv.* **1** ベータ《ギリシア語の字母の第 2 番目；β》.
2〖物理〗rayon ~ ベータ線.
3 version ~ ベータ版《コンピューター・ソフトの市販直前の評価版》.

bêta-amyloïde *n.f.*〖生化〗ベータ=アミロイド, β類澱粉質《アルツハイマー型痴呆症などの関連物質》.

bêta-bloquant *n.m.*〖薬〗ベータ=ブロッカン, β遮断剤《アドレナリン作動性神

経の効果器官に存在するβ受容体を遮断する薬剤；＝〚英〛β-adrenergic blocking agent).

β-globuline *n.f.* βグロブリン《血清グロブリンの一区分》．

bétail *n.m.sing.* **1**〚集合的〛家畜(volailles 家禽 と lapins 兎 を除く；＝bestiaux). gros ～ 大型家畜(ânes ろば, bovins 牛, chevaux 馬, mulets 騾馬). petit ～ 小型家畜(chèvres 山羊, moutons 羊, porcs 豚). transport du ～ 家畜の輸送. une tête de ～ 家畜1頭(匹). traiter les hommes comme du ～ 人を獣扱いする.
2〚比喩的〛〚蔑〛～ humain 獣のような人間.

bétaillère *n.f.* 家畜輸送トラック.

bêta-interféron *n.m.* 〚生化〛ベータ・インターフェロン《ウイルス増殖抑制因子》．

bêtalactamine *n.f.* 〚薬〛ベータラクタミン《βラクタム抗生物質》．

bétaméthasone *n.f.* 〚薬〛ベタメタゾン《副腎皮質ホルモン製剤；潰瘍性大腸炎，炎症性・アレルギー性疾患治療薬；薬剤製品名 Célestène (*n.m.*)》．

β-récepteur *n.m.* (アドレナリン作動性の)β受容体.

bêtastimulant, β-stimulant *n.m.* 〚薬〛β刺激剤.

bêtathérapie *n.f.* 〚医〛β線治療(＝thérapie aux rayons β).

bêtatron *n.m.* 〚物理〛ベータトロン《磁気誘導による電子加速装置. 癌の治療にも用いられる》．

bête *n.f.* ⅠⅠ **1** 獣, 動物, 生き物(人間を除く). ～ à cornes(牛, 羊など)角をもつ動物. ～ à laine 羊. ～ à poil 毛をもつ動物. ～ fauve (大型の)野獣. ～ féroce 獰猛な獣. 〚狩〛～ noire イノシシなど黒っぽい猟獣；〚比喩的〛嫌われ者, いやな物. Il est la ～ noire de toute la classe. 彼はクラス中の嫌われ者だ. 〚狩〛～ puante 悪臭を出す動物. 〚諺〛Morte la ～, mort le venin. 悪人も死ねば無害. regarder *qn* comme une ～ curieuse (珍獣を見るように)じろじろと見る.
2 (特に)家畜. ～ de somme 荷運び用の動物. travailler comme une ～ de somme 馬車馬のように働く. nos amies les ～s 家畜たち. rentrer les ～s 家畜を小屋へ入れる.
3 昆虫, 小さな動物；(特に)蛾, 蝶, 蚊, ノミ, シラミなど. ～ à bon Dieu てんとう虫. C'est sa ～ noire. それは彼の天敵だ. chercher la petite ～ 欠点を探す, あら捜しをする. reprendre du poil de la ～ 勢いを取り戻す, 元気を回復する.
ⅡⅠ **1** 人間(獣性をもったものとして).《*La ～ humaine*》『獣人』(E. Zola の小説).
2 人間(力, 暴力などを秘めた存在として). ～ à concours 試験勉強に熱中する人. être malade comme une ～ 病気で七転八倒する. jouir comme une ～ 快楽をむさぼる. souffrir comme une ～ ひどい苦痛に悩む. travailler comme une ～ 仕事(勉強)に没頭する.
3 人間. belle ～ (肉体的な)魅力にあふれた人. bonne (brave)～ お人よし. sale ～ いやなやつ, 性悪者.
4 馬鹿, 間抜け. faire la ～ わからない振りをする, 馬鹿騒ぎをする, 馬鹿なことを言う(する). Grosse ～! おばかさん.
—*a.* 馬鹿な, 間抜けな, うかつな, 愚かな, ばかばかしい. Il (Elle) est ～ comme un âne. 彼(彼女)はどうにもならないほど馬鹿だ. C'est ～ à pleurer (à manger du foin). まったく馬鹿げている. C'est ～ comme chou. 馬鹿らしいほど簡単だ. Ça, c'est pas ～! そいつは悪くない. Ce film est d'un ～! まったくくだらない映画だ. Un accident ～. 馬鹿げた事故.

bêtise *n.f.* **1** 愚かさ, 愚鈍. ～ crasse 度し難い愚かさ. avoir la ～ de＋*inf.* 愚かにも…する. faire preuve de ～ 馬鹿を丸出しにする. Il est d'une ～. 彼は馬鹿だ. Quelle ～! 何と愚かな! 何たるへま!
2 愚行；馬鹿げた言行；へま, しくじり；軽はずみ；冗談. dire des ～s¹ 馬鹿げたことを言う. faire des ～s 悪さをする；羽目をはずす；軽はずみをする. réparer une ～ 愚行(へま)の償いをする.
3 取るに足りないこと. dire des ～s² つまらぬことを言う. se brouiller pour une ～ 取るに足りないことで仲たがいをする.
4 無茶な行動, 無謀な行動, 軽率な行い. Pas de ～s! 無茶をするな! 馬鹿はよせ!
5〚菓〛～ de Cambrai ベティーズ・ド・カンブレ《ハッカ入りキャンディー；北仏カンブレの名物》．

béton *n.m.* **1** コンクリート. ～ à air entraîné 空気導入コンクリート, AE コンクリート (～ aéré). ～ à hautes performances 高性能コンクリート. ～ armé 鉄筋コンクリート. ～ caverneux 等粒コンクリート. ～ cellulaire 発泡コンクリート. ～ d'écume 発泡コンクリート. ～ léger 軽量コンクリート. ～ lourd 重コンクリート. ～ précontraint プレストレス・コンクリート, PS コンクリート. structure en ～ コンクリート構造.
2 コンクリート建造物；〚話〛確固たるもの. alibi ～ 鉄壁のアリバイ. C'est du ～ (en ～)./C'est ～. それは確実だ.
3〚スポーツ〛faire (jouer) le ～ (サッカーなどで)守備を固める.

bétonnage (＜béton, bétonner) *n.m.* コンクリート工事；コンクリート打ち.

bétonni*er (ère)* *a.* **1** コンクリートの. **2** コンクリート建造物の. quartier ～ コンクリート建造物街区.

bette *n.f.* 〚植〛ベット《あかざ科の葉を食用とする野菜で blette, poirée, joutte などとも呼ばれる》．

betterave *n.f.* 〖植〗甜菜, ベトラーヴ, ビート；砂糖大根 (= ~ sucrière). ~ fourragère 飼料用ビート. ~ potagère 食用ビート (= ~ rouge). ~ sucrière (à sucre, industrielle) 砂糖大根, 製糖用ビート. sucre de ~ 甜菜糖.

bétulacées *n.f.pl.* 〖植〗樺科.

BEUC (= *B*ureau *e*uropéen des *u*nions de *c*onsommateurs) *n.m.* 消費者同盟ヨーロッパ事務所〖1962 年設置；ヨーロッパ各国の消費者連盟等から成る組織；本部 Bruxelles〗.

beurette *n.f.* 〖話〗ブーレット〘マグレブ 3 国からの移民の娘：jeune fille beur〙.

beurre *n.m.* **1** バター. ~ blanc バターを混ぜて白濁したソース. ~ cru 生バター. ~ doux (~ demi-sel 半塩バター). ~ fermier (non pasteurisé) 非殺菌処理バター. ~ fondu (en pommade) 溶かしバター. ~ frais フレッシュバター. ~ noir 黒に近くなるまでフライパンで熱したバター. ~ pasteurisé (laitier) 殺菌処理バター. ~ salé 塩味バター.
biscuit au ~ バタービスケット. crème au ~ バタークリーム. croissant au ~ バター入りクロワッサン. jambon-~ ハムサンドイッチ. motte de ~ (小売用の)バターの塊. 〖話〗~, œufs, fromages (BOF) (闇市で儲けた)成金. 〖古〗乳製品販売商. petit-~ プチブール (菓子の一種). pot à ~ バター壺. tartine de ~ バターつきパン.
2 バター状の動植物脂肪質. ~ de cacao カカオ脂. ~ coco ココナッツヤシのバター.
3 調理したバター. ~ d'anchois アンチョビーバター. ~ d'écrevisse ザリガニバター.
4 バター色の.
5 〖成句〗
œil au ~ noir 黒いあざをつけた目.
Ça rentre comme dans du ~. やすやすと入る.
C'est du ~. なんでもない仕事だ, 気安い男だ.
compter pour du ~ 数に入らない, 取るに足らない.
mettre du ~ dans les épinards 暮らしをよくする.
faire son ~ de 〖qch〗…を利用して儲ける.
assiette au ~ 儲けのもと.
Il n'y a pas plus de qch (qn) que de ~ en broche (en branche, aux fesses, au cul) …などまるきりない(誰もいない).
On ne peut pas avoir (réclamer) le ~ et l'argent du ~. 二兎を追うものは一兎をも得ず, いずれか一方を選ばねばならない.
ne pas avoir inventé le fil à couper le ~ (la poudre, l'eau tiède) 大して利口ではない.
promettre plus de ~ que de pain 空約束をする.

beurre-frais *a.inv.* バター色の, 淡黄色の. gants ~ 淡黄色の手袋.

beuverie *n.f.* 酒盛, 酒宴.

Béziers *n.pr.* ベジエ (*d*épartement de l'Hérault エロー県の郡庁所在地；市町村コード 27200；オルブ川 l'Orb と南仏運河 le canal du Midi (世界遺産)に面した高台の町；形容詞 biterrois (*e*)). ancienne cathédrale Saint-Nazaire de ~ ベジエのサン=ナゼール大聖堂 (12-14 世紀). pont canal de ~ ベジエの運河橋 (川をまたぐ運河橋).

bézoard *n.m.* 〖医〗胃石.

BF[1] (= *b*asse *f*réquence) *n.f.* 低周波.

BF[2] (= *B*rigade *f*inancier) *n.f.* 財務調査班. policiers de la ~ 財務調査班所属の警察官.

BFCE (= *B*anque *f*rançaise du *c*ommerce *e*xtérieur) *n.f.* フランス貿易銀行〘主として中長期の輸出信用を与える半官半民の金融機関〙.

BFST (= *b*rigade des *f*orces *s*péciales *t*erre) *n.f.* 〖軍〗陸軍特殊戦力旅団.

BG (= *b*rigade de *g*énie) *n.f.* 〖軍〗工兵旅団.

BGCA (= *b*âtiment *g*énie *c*ivil et *a*gricole) *n.m.* 建設・土木・農業〔部門〕(= secteur ~).

BGTA (= *b*rigade de *g*endarmerie de *t*ransports *a*ériens) *n.f.* 空輸憲兵隊.

Bh (= *b*ohrium) *n.m.* 〖化〗「ボーリウム」の元素記号.

BHA (= *b*utyl*h*ydroxi *a*nisole) *n.m.* 〖化〗ブチルヒドロキシアニソール〘食品の酸化防止剤. 発癌性の疑いのため使用中止〙.

BHE (= *B*anque *h*ypothécaire *e*uropéenne) *n.f.pl.* ヨーロッパ抵当融資銀行〘ブルターニュ相互信用銀行 (Crédit mutuel de Bretagne) の子会社〙.

Bhoutan (le) *n.pr.m.* 〖国名通称〗ブータン〘公式名称：le Royaume du B~ ブータン王国；国民：Bhoutanais (*e*)；首都：Thimpou ティンプー；通貨：ngultrum [BTN], roupie indienne [INR]〙.

bhoutanais (e) *a.* ブータン (le Bhoutan) の, ブータン王国 (le Royaume du Bhoutan) の；~人の.
—*B~ n.* ブータン人.

BHT (= *b*utyl *h*ydroxy*t*oluène) *n.m.* 〖化〗ブチルヒドロキシトルエン〘酸化防止剤〙.

BHV [beaʃve] (= *B*azar de l'*H*ôtel de *V*ille) *n.pr.m.* バザール・ド・ロテル・ド・ヴィル〘1855 年 Xavier Ruel [1822-1900] が創業した Bazar Napoléon の後身の百貨店. rue de Rivoli リヴォリ通りをはさんでパリ市庁舎の北隣りにある〙.

BHVP (= *B*ibliothèque *h*istorique de la *V*ille de *P*aris) *n.f.* パリ市歴史図書館.

Bi (= *bi*smuth) *n.m.* 〖化〗「ビスマス」の元素記号.

biacide *a.* 〖化〗二塩酸基の.
—*n.m.* 二価の酸, 二塩基酸 (= diacide).

Biafra (le) *n.pr.m.* ビアフラ〔共和国〕(=

la République du B~；1970年内戦により消滅）．

biais[1] *n.m.* **1** 斜め；傾斜；斜線． ~ d'un mur 壁の傾斜． de (en)~ 斜めに． jeter des regards en ~ 横目で見る．
2〘服〙バイヤス〔布〕． tailler une étoffe en (dans le)~ 布をバイヤスに裁つ．
3 様相，面，(物の)見方，見地． aborder le problème par le ~ de l'économie 経済の観点から問題に取り組む． Par quel ~ le prendre? どの面からそれをとらえるのか？
4 便法；解決策． par le ~ d'accointances politiques 政界のコネを通じて．
5〘統計〙偏り，バイアス．

biais[2] (*e*) *a.*〘建築〙斜めの；傾斜した． pont ~ 斜橋．

BIAM, Biam (= Banque de données automatisée sur les médicaments：略語に対応しないがこれが慣用の説明)〘薬〙医薬品に関するインターネット化データバンク（1999年 société Vidal が運用＝サイト名 www.biam2.org/）． site de la ~ 医薬品データバンクのサイト．

Biarritz *n.pr.* ビアリッツ（département des Pyrénées-Atlantiques ピレネー=アトランティック県の小郡庁所在地；市町村コード64200；大西洋の保養地；形容詞 biarrot (*e*)）． aéroport de ~-Bayonne-Anglet ビアリッツ=バイヨンヌ=アングレ空港（東南2 km）． musée de la mer de ~ ビアリッツ海洋博物館．

biathlon [biatlɔ̃] *n.m.*〘スポーツ〙バイアスロン〔競技〕（クロスカントリー，スキー競技 course de fond, カービン銃の射撃 tirs à la carabine の複合競技）．

bibasique *a.*〘化〙二塩基性の．

Bibendum [bibãdɔm] *n.pr.m.* ビバンドム（ミシュラン・タイヤ会社 Manufacture française des pneumatiques Michelin のマスコット人形）．

biberon *n.m.* **1** 哺乳びん． **2** (病人の)吸い飲み．

bible *n.f.* **1** la B~〘ユダヤ教・キリスト教〙聖書 (= la sainte B~，l'Ancien Testament「旧約聖書」と le Nouveau Testament「新約聖書」から成る）． ~ hébraïque (grecque, latine) ヘブライ語（ギリシア語訳，ラテン語訳）聖書． ~ juive ユダヤ教聖書． ~ de poche 携帯版小型聖書．
2〔同格〕papier ~ インディアンペーパー．
3〔広義〕聖典；〔比喩的〕バイブル，権威ある書物，基本書． C'est ma ~． これは私のバイブルだ．

biblien *n.m.*〘キリスト教〙聖書信奉派（新教徒・プロテスタントの異称）．

bibliobus [-s] *n.m.* 移動図書館，バス図書館．

bibliographe *n.m.* **1** 書誌学者．
2 書物解題者．
3 書目編集者．
4 書誌；書誌学 (=bibliographie)．

bibliographie *n.f.* **1** 書誌学．
2 書誌，書目；参考書目． ~ analytique 分析的書誌． ~ d'un auteur 作家の書誌． ~ d'un thèse 博士論文の参考書目． ~ signalétique 特徴を記した書誌．
3 (定期刊行の) 新刊図書目録；(新聞・雑誌の)新刊案内． ~ prospective 新刊予告案内．

bibliographique *a.* **1** 書誌学の． mentions ~s 書誌学的言及． notice ~ 小書誌．
2 図書目録の． revue ~ 新刊案内誌．

bibliologie *n.f.* 書物学（書誌学，書籍史，読書学等，書籍に関連する諸学の総称）．

bibliomanie *n.f.* 熱狂的蔵書家，ビブリオマニア．

bibliophile *n.* 愛書家，ビブリオフィル；稀覯本収集家． ex-libris d'un ~ 愛書家の蔵書票．

Biblios *n.pr.* ビブリヨ（フランス資料センター Documentation française の出版物データベースの名称）．

bibliothécaire *n.* 司書；図書館職員；図書係．

bibliothéconomie *n.f.* 図書館の組織・運営，図書館運営学．

bibliothèque *n.f.* **1** 図書館． la B~ nationale de France フランス国立図書館（1994年 la B~ nationale「国立図書館」(略記 BN) と la B~ de France「フランス国立図書館」(略記 BDF) が合併して誕生）． la B~ royale 王室図書館（国王 Charles V の時代の王室図書館を起源とする図書館で後に「国立図書館」となった）． ~ de prêt 貸出し図書館． ~ itinérante 巡回（移動）図書館． ~ universitaire (municipale) 大学（市町村立）図書館． la Réunion des ~s nationales 国立図書館連合． ~ életronique 電子図書館；携帯用電子図書館（= ~ en puce）．
2 図書室；書斎；書庫． travailler dans sa ~ 書斎で仕事をする．
3 書架，本棚，本箱． ~ vitrée ガラス戸付きの本棚（本箱）．
4 蔵書． ~ vivante 生き字引，物知り． constituer une ~ 蔵書を形づくる．
5 叢書，双書，文庫． B~ de la Pléiade プレイヤード叢書．
6 ~ de gare 駅の新聞・雑誌・書籍店 (= kiosque à journaux)．
7〘情報処理〙ライブラリー（プログラムの集合）． ~ de programmes プログラム・ライブラリー．
8〘生〙ライブラリー（ディオキシリボ核酸 ADN (DNA) 複雑構造を示すクローン断片群）．

biblique *a.* **1** 聖書 (la Bible) の（に関する）． récits ~s 聖書の物語．
2 聖書の記述を彷彿とさせる． scène ~ 聖書の情景．

bibliste *n.* 聖書学者．

BIC[1] [bik]〘商標〙*n.m.* ビック・ボールペ

ン (＝stylo à bille).
BIC² (＝*b*énéfices *i*ndustriels et *c*ommerciaux) *n.m.pl.* 〖税〗商工業の営業利潤.
bic 〖商標〗*n.m.* ボールペン (＝stylo à bille).
bicalutamide *n.m.* 〖薬〗ビカルタミド（抗癌剤・前立腺癌治療薬；薬剤製品名 Casodex (*n.m.*)).
bicamérisme, bicaméralisme *n.m.* 〖政治〗二院制.
bicamériste *a.* 二院制の. système ～ 二院制度.
bicarbonate *n.m.* **1** 〖化〗重炭酸塩. **2** 重曹 (＝～ de sodium, ～ de soude).
bicarbonaté(e) *a.* 〖化〗重炭酸塩を含む.
bicarburation *n.f.* 〖内燃機関〗2 燃料方式（液化石油ガス GPL とガソリンの併用方式など）.
BICE (＝*B*ureau *i*nternational *c*atholique de l'*e*nfance) *n.m.* 国際カトリック児童事務所 (1948 年設立).
bicentenaire *a.* 200 年を経た, 200 周年の. arbre ～ 樹齢 200 年の木.
—— *n.m.* 200 年祭；200 周年記念祭. le ～ de la Révolution française フランス大革命 200 周年記念祭.
biceps [bisɛps] *a.* 〖解剖〗(筋が) 二頭の. muscle ～ 二頭筋.
—— *n.m.* 〖解剖〗**1** 二頭筋. ～ crural 大腿二頭筋.
2 上腕二頭筋 (＝～ brachial)；力こぶ (＝〖話〗biscoteau). 〖話〗avoir des (du) ～ 腕節が強い. gonfler ses ～ 力こぶをつくる.
Bichat *n.pr.* Xavier ～ グサヴィエ・ビシャ (1771-1802；フランスの解剖学者・病理学者). hôpital ～ ビシャ記念病院 (1789 年創設のパリの病院). entretiens de ～ ビシャ会議 (1947 年 Guy Laroche, Louis Justin Besançon 両教授がビシャ病院で開催した医学会議；以後, パリ大学医学部, Hôpital Pitié-Salpêtrière, Maison de la Chimie, Faculté Xavier-Bichat などで毎年開催).
bichlorure *n.m.* 〖化〗二塩化物.
bichromate *n.m.* 〖化〗重クロム酸塩 ($K_2Cr_2O_7$).
bichromie *n.f.* 〖印刷〗二色刷り, 二色印刷.
bicipit*al* (*ale*) (*pl.* **aux**) *a.* 〖解剖〗二頭筋 (muscle biceps) の.
bicolore *a.* 二色の.
biconcave *a.* 〖光学〗両凹の. lentille ～ 両凹レンズ.
biconvexe *a.* 〖光学〗両凸の. lentille ～ 両凸レンズ.
bicouche *a.inv.* 二層の. filtres ～ 二層フィルター.
bicourant *a.inv.* 〖鉄道〗交直流両用の. locomotive ～ 交直両用電気機関車. rame ～ 交直両用列車. réseau ～ 交直両用鉄道網.
bicross *n.m.* **1** ビクロス, バイクロス（車輪が小さく, 変速機のない全地形用自転車）. **2** 〖スポーツ〗ビクロス (バイクロス) 競技.
biculturalisme *n.m.* 二文化共存〔体制〕, 二言語文化共存〔体制〕(ベルギー, カナダなど).
bicuspide *a.* 〖解剖〗二つの尖頭をもつ. valvule ～ 二尖弁, 僧帽弁 (＝valvule mitrale).
bicyclette *n.f.* 二輪自転車, 自転車. aller à (〖話〗en)～ 自転車で行く. monter (rouler) à ～ 自転車に乗る. faire de la ～ サイクリングをする. ～ à moteur モーターバイク.
BID (＝*B*anque *i*nteraméricaine de *d*éveloppement) *n.f.* アメリカ大陸諸国開発銀行 (＝〖英〗IDB：*I*nter-American *D*evelopment *B*ank).
bidentate *n.m.* 〖化〗二座配位子 (＝ligand ～).
bidet *n.m.* **1** ビデ（局部洗浄器）.〖比喩的〗de l'eau de ～ とるに足りぬもの.
2 〖木工〗仕事台の万力；仕事台, 作業台.
3 〖古〗小馬；駄馬.
bidimentionnel (*le*) *a.* 二次元の. image ～ *le* 二次元映像.
bidirectionnel (*le*) *a.* 双方向性の, 双指向性の. port parallèle ～ (コンピュータの) 双指向性パラレル・コネクター・ポート.
bidon *n.m.* **1** ビドン〔石油, 牛乳などを入れるブリキ缶〕；ビドンの内容物. ～ d'essence ガソリン用ビドン. ～ d'huile オイル缶. ～ de lait 牛乳缶. deux ～s d'huile 2 缶のオイル.
2 水筒. ～ de campeur (de coureur cycliste, de soldat) キャンパー (サイクリスト, 兵士) 用水筒.
3 〖俗〗飯盒 (はんごう), 弁当箱 (＝gamelle).
4 〖比喩的〗腹 (＝ventre), 出っ腹 (＝bide). gros ～ 出っ腹. se remplir le ～ たらふく食べる.
5 〖比喩的〗〖俗〗嘘, はったり, でまかせ. C'est du ～. それははったりだ.
—— *a.inv.* 偽りの, 見せかけの. arguments ～ 見せかけの議論. C'est complètement ～. 全くの嘘っ八だ.
bidonville *n.m.* スラム街, 貧民窟.
BIE (＝*B*ureau *i*nternational des *e*xpositions) *n.m.* 国際博覧会事務局 (1928 年の国際博覧会条約に基づき Paris に設置).
biélorusse *a.* 白ロシア (la Russie Blanche) の；白ロシア共和国 (ベラルーシ共和国 la RSSB＝*R*épublique socialiste soviétique de *B*iélorussie) の.
—— *B*～ *n.* 白ロシア人；白ロシア (ベラルーシ) 共和国民.

Biélorussie (la) *n.pr.f.*, **Bélarus (la)** *n.pr.f.* 〔国名通称〕白ロシア (la Russie blanche 〔旧称〕), ベラルーシ〔公式名称〕: la République de Biélorussie, Respublika Belarus; 国民: Biélorusse; 首都: Minsk ミンスク; 通貨: rouble biélorusse [ByB]).

BIEM (= *B*ureau *i*nternational d'*E*nregistrement *m*écanique) *n.m.* 国際レコード著作権協会事務局.

bien¹ *ad.*〔優等比較級は mieux, 劣等比較級は moins ~〕**1** 申し分なく, よく; 上手に, 巧みに; 親切に; 好都合に; 有利に. Très ~! 大変よい (= 〔英〕Very good), 結構; よろしい. ~ ou mal よくも悪くも. B~ ou mal, c'est une chose faite. どっちみち済んだことだ. ni ~ ni mal はっきりしない態度で. tant ~ que mal どうにかこうにか. tant et si ~ que 大変…なので. B~ joué!(競技について) 見事! ナイスショット! ファインプレー! être ~ habillé 立派な身なりをしている. ~ manger うまいものをたっぷり食べる. ~ traiter les animaux 動物を愛護する. Ça commence ~. 幸先がいい. Cela est ~ dit. それは適切な言葉だ; けだし名言なり. Ce travail est ~ fait. この仕事は見事な出来栄えだ. Il a ~ vendu sa voiture. 彼はいい値で車を売った. Il arrive joliment ~. 彼は実にうまい時にやって来た. Il parle ~ (Il a ~ parlé). 彼は話がうまい(上手に話した). Tout s'est ~ passé. 万事うまく行った; 事はすべて順調に運んだ.

2 (道徳的に) 正しく, 立派に (= correctement). agir (se conduire, se tenir) ~ 立派に振舞う. Tiens-toi ~. 行儀よくしなさい. ~ faire なすべきことを立派に行なう. Vous avez ~ fait. いいことをしましたね. 〔反語〕C'est ~ fait (pour lui). (彼にとって) 当然の報いだ. faire ~ de + *inf.* …するのがよい.

3 〔強度〕非常に, 極めて; 遙かに. ~ au contraire 反対に, それどころか. ~ entendu 勿論, それはもう. 承知しました; 了解. Il est ~ entendu que + *ind.* …ということは了解済みだ. comme de ~ entendu 当然ながら. ~ mieux (pire) 遙かによく (悪く). ~ souvent 頻繁に. B~ sûr. 勿論; 確かに. Merci ~. どうも有難う. C'est ~ dommage. それは本当に残念だ. Nous sommes ~ contents. われわれは大満足である. Nous avons ~ ri. われわれは大いに笑った. Il va ~ mieux. 彼は前よりもっと元気だ. Il a ~ souffert. 彼は随分苦しんだ.

◆〔数量詞として〕**~ du (de la, des) + *n.*** 多くの, 沢山の (= beaucoup de). ~ d'autres raisons 他の多くの理由. ~ des gens 多くの人々. depuis ~ des années 何年も前から. Il nous donne ~ du souci. 彼はわれわれに随分心配をかけている.

4 〔数量詞の前で〕少なくとも (= au moins). Il y a ~ une heure qu'il est sorti. 彼が出かけてから少なくとも1時間になる. Cela vaut ~ le double. 少なくとも2倍の値打ちがある.

5 本当に, 実際に, 確かに, まさに 《断定・疑問・命令の強調》. bel et ~ 本当に. B~ à toi. ではまた, 匆々《親しい間柄の手紙の結語》. C'est ~ lui. 確かに彼だ. C'est ~ de lui. いかにも彼のやりそうなことだ. C'est ~ fini. 本当に終った. C'est ~ ce que je pense. それこそ私の考え通りだ. 〔皮肉〕C'était ~ la peine! 苦労のしがいがあった (なかった)! Je suis ~ chez monsieur X? (人の家を訪ねて, または電話で) こちら (そちら) はXさんのお宅ですか?

6 どうしても, 必ず. Cela finira ~ un jour. それはいずれ必ず終るだろう. Il me faut ~ cent euros. 是非共100ユーロ必要なんだ.

7 〔譲歩〕Il fait ~ ce qu'il peut, mais il n'y arrive pas. 彼は出来る限りのことをしているのだが, うまく行かない.

8 〔条件法と共に願望を表わす〕J'irais ~ avec vous. あなたと一緒に行きたいものだ. J'écrirais ~, mais répondra-t-elle? 手紙を書きたいのだが, 果たして彼女が返事をくれるだろうか?

—*a.inv.* ⓘ〔属詞〕**1** 申し分のない; 正しい, 立派な. C'est (très (fort)) ~. それは結構なことだ; それならそれで結構; わかりました. Ce sera très ~. それは大変結構なことだ. C'est (Il est) ~ de + *inf.* (que + *subj.*) …するのはよいことだ. Ce n'est pas ~ de mentir. 嘘をつくのはよくない. C'est ~ à vous de + *inf.* …してくださることはご親切なことです. être ~ avec *qn*¹ 人に対して礼儀正しい. faire ~ 上手にする; よい効果を生む; 上品に見える. un tapis qui fait ~ dans le salon 客間によく合う絨毯. Ça fait ~ d'utiliser des mots français. フランス語を用いたほうがぴったりする. 〔諺〕Tout est ~ qui finit ~. 終りよければすべてよし.

2 健康な, 体調がよい (= en bonne santé). se porter ~ 体調がよい. Je me sens ~. 気分が爽快です. Le malade est moins ~. 病人の具合はよくない. 〔話〕Il n'est pas ~. あいつは頭がおかしい.

3 美しい, 見映えがする. être ~ de sa personne 風采が立派である. Elle est encore très ~. 彼女は大変美しい.

4 居心地がよい (= à l'aise). Nous sommes ~ ici, chez vous. お宅は大変居心地がよろしい. Etes-vous ~ dans ces chaussures? その靴は履き心地がよろしいですか? 〔反語〕Nous voilà ~. 居心地が悪い, 困ったもんだ.

5 être ~ avec *qn*² 人と仲がよい; 人と恋仲

bien²

である．Ils sont ~ ensemble. 彼らは仲がいい(恋仲だ)．
6 〖学〗(成績評価で) 優(20点満点で14点以上16点未満). mention non admissible, passable, assez ~, ~, très ~. 不可(10点未満), 可(10点以上12点未満), 良(12点以上14点未満), 優, 秀(16点以上)の成績. obtenir la mention ~ 優の成績をおさめる．
Ⅱ 〖付加形容詞〗**1**〖話〗育ち(身分)のよい；人柄の立派な；優れた. une fille ~ きちんとした娘. un homme ~ 育ち(生い)のよい男. Ce sont des gens très ~. とても立派な人たちです．
2 C'est quelqu'un de ~. 立派な人です. C'est quelque chose de ~. 何かいいことです．

—*int.* **1** 〔Très(Fort)〕~！(大変)結構！；あっぱれ, お見事！；分った！よろしい！ B~, ~. はいはい, わかりました. Garçon un demi, s'il vous plait. —Très ~! monsieur. 生ビールを1杯ください. —かしこまりました．
2 Ah ~！(失望・驚き・安心などを示す応答の言葉). Ah ~ oui! それはそうだが；とんでもない. Ah ~ non! そんな無茶な！ Eh ~ 〖感情・疑問などを強調；文中に結論を導入する表現〗ところで, それで；よし, 全く；いやいや. Eh ~! quelle audace! 全く何という厚かましさだ！ Tout le monde est là? Eh ~, allons-y. 皆揃ったか, よし, 出発. A-t-il réussi? Eh ~, non. 彼は成功したか？いや, 駄目だった．

—**~ que** *l.conj.* …ではあるが〔譲歩文〕．
~ que(+*subj.*)…ではあるが. Il n'est pas venu, ~ qu'il l'ait promis. 彼は来ると約束したのに来なかった. La nuit, ~ qu'étoilée, est très noire. 星こそ出ているが, 夜は真暗だ. ~ que+現在分詞. ~ qu'ayant vécu au jour le jour その日暮らしの生活をしていたが．

aussi ~ que …と同様に．

si ~ que (tant et si ~ que；tellement ~ que)+*ind.* (*cond.*) その結果 ~. quand ~ même+*cond.* たとえ…でも. Quand ~ même il le voudrait, il ne le pourrait pas. 彼がそうしようと思っても, できはしない. tant ~ que mal どうにかこうにか．

bien² *n.m.* **1** 善, 善行, 善事, 徳〔善の意味では le Bien と綴ることも多い〗．〖哲〗~ suprême (souverain ~) 至善, 最高善. l'arbre de la science du ~ et du mal 善悪を知る樹〖聖書, 創世記2.9〗. l'homme de ~ 慈善家, 徳の高い人. faire le ~ 善行をなす. en tout ~ tout honneur 誠実に, (男女間で)他意なしに. Le B~ ne peut pas engendrer le Mal. 善が悪を生み出すことはありえない〖Jean-Paul Sartre, *Le Diable et le Bon Dieu*『悪魔と神』〗．
2 利益, 幸福, 得. ~ public (privé) 公(私)

益. ~ commun 公益, 共通の利益. ~ général 公益. faire (du) ~ à qn …のためになる, …に役立つ；気分をよくさせる. vouloir du ~ à qn …のためを思う, …に好意を寄せる. vouloir le ~ de qn …の幸福を願う. C'est pour son ~. 彼(女)のためです. 〖皮肉〗Grand ~ vous fasse! うまく行けばよいですね〔逆説〕, お好きなように．
3 良いこと, 良い結果, 良い状態. dire du ~ de qn (parler en ~ de qn) …を褒める, 賞賛する. en ~ 良いほうへ, 好意的に, 善意に. être du dernier ~ avec qn (qch) …と特別によい関係にある, 格別仲がよい；〖話〗愛人関係にある. mener qch à ~ 成し遂げる, 達成する, 成功させる．
4 〖多く *pl.*〗財, 財貨, 財産(→ actifs). ~s communaux 市町村入会地. ~s communs (夫婦財産共通制における) 共通財産. consomptible 消費財, 消費物. ~s corporels (incorporels) 有体(形)(無体(形))財産. les ~s de ce monde 現世の富, 豊かさ. ~s de consommation (d'équipement, de production) 消費(設備, 生産)財. ~s de famille 家族財産. ~s de main morte 法人財産. ~s domaniaux 公有財産. ~s mobiliers (immobiliers) 動(不動)産. 〖史〗~s nationaux 国有財産〔フランス革命期に貴族および聖職者から国が没収して売却した〗. ~s et services 財・サービス. balance des ~s et services 財・サービス収支.

~s propres 固有財産. ~s réserves 留保財産. 〖話〗marchand de ~s 不動産業者. 〖諺〗B~ mal acquis ne profite jamais. 悪銭は身につかず. 〖諺〗Abondance de ~s ne nuit pas. 財産が多くても害にはならない. Le navire a péri corps et ~s. 船は乗員, 積荷とともに沈没した．

bien-aimé(e) *a.* 最愛の. Saint Jean, le disciple ~ 最愛の弟子聖ヨハネ．
—*n.* **1** 最愛の人. 〖聖書〗les ~s 神の最愛の民〔イスラエル人；キリスト教徒〗. Louis le B~ いとしきルイ(Louis XV).
2 愛人 (=amant(e), amoureux(se))；婚約者. C'est son ~. 彼は彼女の愛人(婚約者)だ．

biénergie *n.f.* 二元エネルギー方式(二種熱源併用暖房方式)．

bien-être *n.m.* **1** (感情面の)満足, 幸福, 安らぎ. (物質的な)裕福, 余裕, 安楽．
2 〖経済〗économie de ~ 厚生経済学(イギリスの経済学者 A. C. Pigou の著書 Economics of whelfare による). ~ social 福祉．

bienfaisance *n.f.* **1** 慈善；施し；(貧民の)救済；利他行為. de ~ 慈善の(=caritatif). 〖古〗bureau de ~ 福祉事務所. 〖法律〗contrat de ~ 無償契約. œuvre (société, association) de ~ 慈善団体．
2 慈悲 (charité), 善行．

bienfaisant(e) *a.* **1** (物が)役に立つ, ためになる；(気候が)体によい；(治療・薬が)よく効く. climat ~ 体によい気候. cure ~*e* よく効く治療. pluie ~*e* 恵みの雨, 慈雨.
2 (人が)慈悲深い, 情深い, 献身的な. homme ~ 慈悲深い人, 慈善家. avoir une âme ~*e* (un cœur ~) 情が深い.

bienfait *n.m.* **1** (文明などの)恩恵；効果；(治療の)効目. ~*s* de la civilisation (de la science) 文明(科学)の恩恵. ~ d'une cure (d'un traitement médical) 治療効果.
2 善行；施し；親切, 世話. recompense (prix) des ~*s* 善行の報酬. accorder ses ~*s* à qn 人に親切にする. éprouver de la reconnaissance pour un ~ 人の親切に感謝の念を抱く. recevoir (accepter) un ~ 親切を受けいれる.
3 〖料理〗ビャンフェ(アイスクリームの一種).

bienfai*teur* (*trice*) *n.* 慈善家；後援者；恩人. ~ d'un orphelin 孤児に対する慈善家. ~ de l'humanité 人類の恩人. ~ d'une ville 都市の後援者.
—*a.* 恩恵を施す. membre ~ d'une association 協会の賛助会員.

bien-fondé *n.m.* **1** 〖法律〗合法性(= légitimité). constater le ~ d'une demande 要求の合法性を確認する. **2** 妥当性, 正当性. ~ d'une opinion 意見の正当性.

bien-fonds(*pl.* **s-~**) *n.m.* 〖法律〗(土地・家屋などの)不動産.

bienheureux(se) *a.* **1** (人が)この上なく幸せな；幸せにみちあふれた；幸せをもたらす, うれしい. B~ celui qui vit en paix. 心安らかに暮せる者は幸せなり. ~*se* inspiration 素晴らしい着想. ~*se* nouvelle うれしい知らせ. vie ~*se* 幸せにみちあふれた生活.
2 〖カトリック〗至福な；列福された. B~ les pauvres en esprit. 心貧しき者は幸いなり(=Beati pauperes spiritus)(『マタイ』5, 3). la ~*se* Vierge Marie 至福の聖処女マリア.
—*n.* 〖カトリック〗福者；至福の人. le paradis, séjour des ~ 福者たちのすみかである天国. avoir l'air d'un ~ 至福の人の面影がある.〔話〕dormir comme un ~ すやすやと眠る.

bien-jugé *n.m.* 〖法律〗(判決の)適法性, 正当判決 (mal-jugé「不当判決」の対).

bienn*al*(*ale*)(*pl.* **aux**) *a.* **1** 2年継続の. emploi ~ 2年雇用.
2 2年毎の, 2年に1回の. exposition ~*e* 2年毎に開催される展覧会(博覧会). festival ~ 2年毎に開催されるフェスティヴァル.

biennale *n.f.* ビエンナーレ(2年毎に開催される展覧会, 博覧会, フェスティヴァル). la ~ de Venise ヴェネツィア・ビエンナーレ(映画祭・芸術祭).

Bienne *n.pr.* ビエンヌ(スイスの都市；ドイツ語表記 Biel ビエル). lac de ~ ビエル湖.

bien-pensant(e) *a.* (政治的・宗教的信念が)保守的な；〔蔑〕因襲的な, 因襲にとらわれた. gens ~*s* 保守派. revue ~ 保守的な雑誌.
—*n.* 保守的(因襲的)な人.

bien-portant(e) *a.* 健康な. enfants ~*s* 健康優良児.
—*n.* 健康人.

bienséance *n.f.* **1** 礼儀正しさ, 慎み, たしなみ；〔*pl.*で〕礼法, 作法. manquer à la ~ 礼を失する. respecter (braver) les ~*s* 礼儀を守る(無視する).
2 〔古〕似つかわしさ；規則にかなっていること. ~*s* oratoires 演説が規則にかなっていること. être à la ~ de qn 人の好みに合う(気に入る).

bienséant(e) *a.* 礼儀(作法)にかなった, 慎みのある；(à に)似つかわしい, ふさわしい. homme ~ 慎み深い人. Il est ~ de+*inf.* …するのは礼にかなっている.

bientôt (<bien+tôt) *ad.* 〖次の語とリエゾンしない〗**1** やがて, 間もなく. ~ après そのすぐあとで. très ~ ごく近いうちに. A~! ではまた近いうちに(別れの挨拶). A très ~! ではまたじきに. 〔話〕C'set pour ~. もうすぐのことだ.
2 すぐに, 素早く. un travail ~ fait すぐに終えた仕事. Cela est ~ dit. 言うは易しだ. Vons〔n'〕avez〔pas〕~ fini? いい加減にしまいにしないか.

bienveillance *n.f.* **1** 好意, 厚情；(目下の者に対する)思いやり, 親切. ~ active 積極的な優しさ. ~ inépuisable 限りない親切. avec ~ 好意をもって. par ~ 親切心から. gagner (s'attirer) la ~ de qn 人の気に入られる. montrer de la ~ à qn 人に思いやりを示す. témoigner sa ~ à l'égrad de qn 人に厚情を示す.
2 〔古〕慈愛, いつくしみ.

bienveillant(e) *a.* **1** (人が)恩情のある, 親切な；(もてなしが)心のこもった；愛想のよい；(批評が)好意的な. critiques ~*es* 好意的な批評. paroles ~*es* 優しい言葉. sourire ~ 愛想のよい微笑. se montrer ~ à l'égard de qn 人に恩情を示す. témoigner la ~*e* attention à l'égard de qn 人に親切な配慮を示す.
2 〖精神分析〗neutralité ~*e* de l'analyste 精神分析医の好意的中立性.
3 〔古〕慈悲深い.

bienvenu(e¹) *a.p.* **1** 歓迎される.
2 時宜にかなった. invitation ~*e* 時宜にかなった招待.
—*n.* 歓迎される人(物). Soyez le ~(la ~ e). よくいらっしゃいました. Vous serez toujours les ~*s*. あなた方はいつでも大歓

迎です. Votre offre est la ~e. あなたの提案は大歓迎です.

bienvenue[2] *n.f.* **1** 歓迎；歓待；歓迎的態度；(人を迎える) 心地よい雰囲気. ~ à nos hôtes 来客の歓迎；ようこそのお越し. paroles de ~ 歓迎の言葉. signe de ~ 歓迎のしるし. en ~ 歓迎のしるしとして. pour la ~ de *qn* 人を歓迎して.
2〘カナダ〙どういたしまして (Merci! といわれた時に返す言葉；De rien! Je vous en prie! に相当).

bière[1] (<〘オランダ〙bier) *n.f.* ビール. ~ blanche 白ビール (ビール麦芽を軽く焙燥した淡い色のビール). ~ blonde ブロンド・ビール (通常のビール). ~ brune 黒ビール (ビール麦芽を強く焙燥した黒褐色のビール). ~ de garde 長期醸造ビール. ~ de mars 三月ビール (7月に収穫した大麦を10月に麦芽にし, 9月上旬に摘み取ったホップからつくられる軽くて香りの高い生ビール). ~ de table テーブル・ビール (アルコール度 2-2.20 の軽いビール). ~ panachée レモネード割りビール, パナシェ. ~〔à la〕pression 生ビール. ~ sans alcool アルコール抜きビール. Une ~, s.v.p. ビール1本下さい (小ジョッキ1杯 (375 cc) のビールは un demi).〘諺〙Ce n'est pas de la petite ~. それは大仕事だ；それは大人物だ.

bière[2] *n.f.* 棺, 柩 (=cercueil). mise en ~ 納棺. porter la ~ au cimetière 柩を墓地に運ぶ.

biergol *n.m.*〘宇宙〙(ロケットなどの) 二剤式推進剤, 二剤式ロケット燃料, コンポジット型燃料 (燃料と酸化剤とを別々に燃料室に注入する方式の燃料. diergol ともいう).

Bifi (=*B*ibliothèque de l'*i*mage *fi*lmothèque) *n.f.* 映画映像保存館 (1992年設立).

bifidobactérie *n.f.* ビフィズス菌 (=Lactobacillus acidophilus).

bifidus [bifidys] *n.m.* ビフィダス (ビフィダス, ビヒズス) 菌.

bi〔-〕**foc***al* (***al**e*) (*pl.***aux**) *a.* **1** 〘眼鏡のレンズが〙遠近2焦点式の. **2**〘写真〙(レンズが) 2焦点方式の. objectif ~ 2焦点式レンズ.

bifteck *n.m.* **1**〘料理〙ビフテック, ビフテキ, ビーフステーキ (=〔英〕beef-steak). ~ à point ビフテック・ア・ポワン (焼き加減がちょうどよいビフテキ, ミディアムレアのビフテキ). ~ bien cuit ビフテック・ビヤン・キュイ (よく焼き, ウエルダンのビフテキ). ~ bleu ビフテック・ブルー (軽く焼いた血のしたたるような (超レア) ビフテキ=~ très saignant). ~ saignant ビフテック・セーニャン (血のしたたるような生焼き加減のビフテキ, レアのビフテキ).
2〘料理〙ステーキ肉. ~ dans le filet フィレのステーキ肉.
3〘話〙生活の糧. défendre son ~ 自分の利益を守る. gagner son ~ 暮しを立てる.
4〘俗〙売春婦 (=prostituée).

bigarade *n.f.*〘果実〙ビガラード・オレンジ (苦味のあるオレンジで, ジャム, 菓子, キュラソー酒などに利用).

bigaradier *n.m.*〘植〙ビガラード・オレンジの木 (花から香料がつくられ, 実のビガラードは食用).

bigarré(**e**) *a.* **1** 雑色の, 色さまざまな. étoffe ~ 雑色の布地.
2〘比喩的〙雑多な要素から成る；雑駁な；不統一な, 不均質な. société ~e 雑多な構成要素から成る社会.

bigarreau(*pl.*~**x**) *n.m.*〘果実〙ビガロー (赤, ピンク, 白の桜桃；果肉は固くて甘い). ~ Napoléon ビガロー種の桜桃「ナポレオン」(品種名).

big band [bigbɑ̃d] (*pl.*~**s**)〔英〕*n.m.*〘音楽〙(ジャズの) ビッグバンド. ~ de Duke Ellington デューク・エリントン・ビッグバンド.

big〔-〕**bang** [bigbɑ̃g]〔英〕*n.m.* **1**〘天文〙ビッグ・バン, 宇宙の大爆発.
2〘比喩的〙〘金融〙ビッグバン (英国の金融自由化政策)；大規模な改革. ~ financier 金融ビッグバン.

bignonia [-njɔ-] *n.m.*, **bigone** *n.f.*〘植〙のうぜんかずら (bignoniacéesのうぜんかずらの蔓性小灌木).

bignoniacées [-njɔ-] *n.f.pl.*〘植〙のうぜんかずら科；のうぜんかずら科植物 (bignoniaのうぜんかずら, catalpaカタルパ (アメリカきささげ), jacarandaジャカランダ, など).

bigorneau(*pl.*~**x**) *n.m.*〘貝〙ビゴルノー (たまきび属 Littorine の小さな巻貝, 俗称「海のエスカルゴ」escargot de mer；vigneau；食用, 主に塩ゆでに).

biguanide *n.m.*〘化・薬〙ビグアニド (インスリン非依存性糖尿病治療薬).

BIH (=*B*ureau *i*nternational de l'*H*eure) *n.m.* 国際標準時事務局.

bihebdomadaire *a.* 週2回の, 週に2回の割合の (=deux fois par semaine). diffusion ~ 週2回配布 (配信, 販売). revue ~ 週2回発行の雑誌.

bijou(*pl.*~**x**) *n.m.* **1** 宝飾品, 装身具 (主なものは bague 指輪, boucle d'oreille イヤリング, bracelet ブレスレット, 腕輪, broche ブローチ, chaîne チェーン, collier ネックレス, couronne 冠, croix 十字架, diadème 王冠, gourmette 鎖腕輪, médaillon ロケット, 円型飾り, pendentif ペンダントなど). ~ en or 金の装身具. coffret à ~*x* 宝石箱. commerce de ~*x* 宝石商. faux ~ 宝石のイミテーション. mettre (porter) des ~*x* 装身具をつける.
2〘比喩的〙傑作, 珠玉の作品, 逸品, 宝石のような精緻な作品. ~ d'architecture 傑作建築.

bijouterie *n.f.* **1** 宝石細工, 装身具製造. **2** 宝石(装身具)販売業；宝石(装身具)店. horlogerie-~ 時計・装身具店. **3**〔集合的〕装身具.

bilan *n.m.* **1** 貸借対照表, バランスシート. ~ actualisé 割引価値貸借対照表. ~ consolidé 連結財務諸表. dépôt de ~ 破産. réévaluation de ~ 資産再評価. total du ~ 資産総額. **2** 総括, まとめ, 総合評価. dresser un ~ de qch …について総括する(まとめる). faire le ~ de la situation 状況を総合判断する. **3** ~ de santé 健康診断.

bilatéral(**ale**)(*pl.***aux**) *a.* **1** 両側の；両側面をもつ.〖医〗paralysie ~ 両側麻痺. stationnement ~ (道路の)両側駐車.〖医〗strabisme ~ 両側斜視. symétrie ~*ale* 左右対称. symétrie ~*ale* d'un organe 器官の左右対称性. **2**〔法律〕双務的な, 当事者双方に関係する.；accord ~ 2国間合意. contrat ~ 双務契約. règle de conflit ~*ale* 双方的抵触規定.

bilatéralisme *n.m.*〖法律・経済・政治〗双務主義(体制), 2国間体制.

bile *n.f.* **1**〖生理〗胆汁. ~ blanche 白色胆汁. ~ calcaire 石灰乳胆汁. composants de la ~ 胆汁の組成(bilirubine, cholestérine, sels biliaires など). examen de ~ 胆汁検査法. fièvre par ~ 胆汁熱, 黒水熱. pigment de ~ 胆汁色素. sécrétion anormale de la ~ 胆汁の分泌不全. **2**〔古〕~ noire 黒胆汁(人を憂鬱にさせると信じられていた架空の体液). **3**〔比喩的〕怒り, 不機嫌(胆汁が怒りに関係があると考えられていたことに由来). décharger (épancher) sa ~ sur (contre) qn 人に怒りをぶちまける. échauffer (émouvoir, remuer) la ~ 怒りをかきたてる. **4**〔比喩的〕心配, 気鬱, 悲しさ. avoir de la ~ 心配する, 気を病む. causer de la ~ à qn 人を心配させる. se faire de la ~ くよくよする.

bilharziose *n.f.*〖医〗ビルハルツ住血吸虫症；住血吸虫症(住血吸虫 schistosoma による寄生虫病).

biliaire *a.*〖医〗胆汁の, 胆汁性の. acides ~s 胆汁酸. cirrhose ~ 胆汁性肝硬変. dilatation ~ 胆道拡張症. lithiase ~ 胆石症. péritonite ~ 胆汁性腹膜炎. pigment ~ 胆汁色素. vesticule ~ 胆囊. voies ~s 胆道.

bilieux(**se**) *a.* **1** 胆汁の；胆汁による；maladies ~ses 胆汁症. **2**〔比喩的〕怒りっぽい；陰気な. tempérament ~ 怒りっぽい体質. **3**〔比喩的〕神経質な, 心配症の. **4**〖医〗〔古〕胆汁質 (= tempérament ~). ——*n.* **1** 胆汁過多症患者. **2** 怒りっぽい人. **3** 神経質な人.

bilingue *a.*〖言語〗2言語(国語)の；2言語(国語)を話す；2言語(国語)で書かれた. dictionnaire ~ 2言語辞典. édition ~ 2言語版. secrétaire ~ 2言語(国語)が話せる秘書. ——*n.* 2言語(国語)を常用とする人. ~ français-allemand 仏独語併用者.

bilinguisme [bilɛ̃gɥism] *n.m.* (個人, 地方, 国の)2言語併用, 2国語併用〔制〕.

bilirubine *n.f.*〖生理〗ビリルビン, 胆汁色素. ~ conjuguée 抱合型(直接型)ビリルビン. ~ non conjuguée 非抱合型(間接型)ビリルビン.

bilirubinémie *n.f.*〖医〗ビリルビン血症.

bilirubinique *a.*〖生理〗ビリルビンの. anomalie de métabolisme ~ ビリルビン代謝異常症. encéphalopathie ~ ビリルビン脳症.

biliverdine *n.f.*〖生理〗ビリベルジン(胆汁色素の一つ).

bille [bij] *n.m.* **1** 玉突き(billard)の玉. ~s blanches (rouges) 白い(赤い)玉. **2** ビー玉. jouer aux ~s ビー玉遊びをする. reprendre ses ~s 共同事業から手を引く. **3** 小さい鋼球(= ~ d'acier). bombe à ~s ボール爆弾. essai à la ~ 鋼球による硬度試験.〖機工〗roulement à ~s ボールベアリング, 玉軸受け. stylo (crayon)〔à〕~ ボールペン. **4**〔俗〕顔；頭. avoir une bonne ~ いい顔をしている. ~ de billard つるっ禿. ~ de clown (道化師のような)おどけた顔. **5**〔話〕間抜け, 馬鹿. Quelle ~, ce type! あいつけ何て馬鹿なんだ.

billet *n.m.* **1** 紙幣, 銀行券. ~ de banque 銀行券. ~ en circulation 流通紙幣. ~ vert ドル紙幣, (通貨として)ドル. faux ~ 偽造紙幣. **2** 券, 切符, 入場券. ~ aller-retour 往復切符. ~ de quai 駅の入場券.〖交通〗~ ouvert 旅行日無指定切符, オープンの切符. **3** 手形. ~ à ordre 約束手形. ~ au porteur 持参人払い手形. ~ de change 為替手形. ~ de commerce 商業手形. **4** 短い手紙, 通知状. ~ doux 恋文.

billette [bijɛt] *n.f.* **1** 薪, たき木. **2** (坑道の天井を支える)丸太. **3**〖冶〗ビレット, 小鋼片. **4**〖建築〗ビレット(円筒形または多角形の繰形装飾). **5**〖紋章〗ビエット(数多く用いられる小さな縦形長方形). **6** 通行証；証明書.

billetterie *n.f.* **1** (交通機関・劇場等の)切符販売；切符売場. **2**〖交通〗切符の自動販売機 (= guichet automatique). **3** (銀行カード式の) 自動紙幣引出機.

billiard *n.m.* **1** ビリヤード, 玉突き. faire un〔petit〕~ 玉を突く. ~ américain (japonais, russe) スマートボール.

2 ビリヤード台, 玉突き台 (=table de ~). 〔比喩的〕C'est du ~ それはたやすいことだ.
3 ビリヤード室, 玉突室；球戯室.
4 〔話〕手術台 (=table d'opération). salle de ~ 手術室. monter sur le ~ 手術台に上る, 手術を受ける. rester sur ~ 手術台で死ぬ.

BIM[1] (=*B*anque *i*ndustrielle de *M*onaco) *n.pr.f.* モナコ産業銀行.

BIM[2] (=*b*rigade *d'i*nfanterie de *m*ontagne) *n.f.* 〔軍〕山岳歩兵旅団.

B.I.Ma. (=*b*ataillon *d'i*nfanterie de *Ma*rine) *n.m.* 〔軍〕海兵大隊.

bimensuel(le) *a.* 月に2回の. revue ~ *le* 月2回発行の雑誌.
—*n.m.* 月2回発行誌.

bimestriel(le) *a.* 2カ月ごとの, 2カ月に1回の割合の. réunion ~ *le* 2カ月ごとの会合.

bimétal (<*B*~, 商標) *n.m.* バイメタル《熱膨張率の異なる二種の金属を貼り合わせた板；温度調節装置などに用いる》.

bimétallisme *n.m.* 〔経済〕(金銀) 複本位制.

bimillénaire *a.* **1** 二千年の. **2** 二千年紀の.
—*n.m.* **1** 二千年. **2** 二千年記念〔祭〕(=deux millième anniversaire). le ~ de la fondation de Paris パリ建都二千年記念祭.

bimoteur *a.m.* 〔航空〕双発の.
—*n.m.* 双発〔エンジン〕機 (=avion ~).

binaire *a.* 2を基とする, 二元的；二進法の. code ~ 二進コード〔法〕.〔化〕composé ~ 二元化合物. décimal codé ~ 二進コード十進法. élément ~ 二値〔論理〕素子, ビット (bit).〔天文〕étoile ~ 連星.〔論理〕logique ~ 二重論理学.〔数〕nombre (numération) ~ 二進数〔法〕.〔言語〕opposition ~ 二項対立.〔論理〕relation ~ 二項関係.〔音楽〕rythme ~ 二拍子系. style ~ (文章の) 二拍子文体.〔化〕~ 二成分系.〔電算〕二進コード・システム《0と1を用いる》. armes ~ *s* バイナリー兵器(弾頭《二元弾頭. 神経ガスの材料を2つに分け, 発射の衝撃により混合して神経ガスに変るもの》.

binational(ale) (*pl.aux*) *a.* **1** 二重国籍の；二重国籍を持つ. **2** 二カ国に属する.
—*n.* 二重国籍所有者.

bineuse *n.f.* 〔農〕中耕除草機.

binoculaire *a.* 双眼の；両眼用の. fusion ~ 双眼融像. microscope ~ 双眼顕微鏡.〔医〕vision ~ 双眼視.
—*n.f.* 〔光学〕双眼鏡, 双眼望遠鏡.

binom *n.m.* 〔生〕《a genre の名と種 espèce の名の》2名式名.

binôme *n.m.* **1** 〔数〕二項式. ~ de Newton 二項定理 (=théorème ~).〔物理〕~ de dilatation 膨張二項式.

2 〔生〕二〔命〕名法《最初が属, 二番目が種を示す命名法；*ex.* homosapiens》.
3 〔医〕〔俗〕二症状合併症.
4 〔学生語〕(実習の) 同級生.
—*a.* **1** 〔数〕二項式の. coefficient ~ 二項係数. équation ~ 二項方程式.
2 二名法の. nomenclature ~ 二名法；二名法語彙 (リスト).

binominal(ale) (*pl.~aux*) *a.* 〔生〕(属名と種名の) 2名命名式の. nomenclature ~ *ale* 2名命名式学術用語.

bintje [bintʃ/bin3] 〔オランダ〕*n.f.* 〔植〕ビンチュ《じゃがいもの一品種》.

bio *a.* バイオの, バイオ関連の.
—*n.m.* 〔経済〕バイオ関連産業〔部門〕.

bio- [bjo] 〔ギ〕ELEM 「生命・生物・生活」の意 (*ex.* *bio*chimie 生化学；*bio*logie 生物学；*bio*technologie バイオテクノロジー (生物工学)》.

bio-accumulable *a.* 〔生理〕生体に蓄積される.

bio-accumulation *n.f.* 〔環境〕生物蓄積《農薬などが生物組織内に蓄積される現象》.

bioacoustique *a.* 生物音響学の.
—*n.m.* 生物音響学.

bioactif(ve) *a.* 生体組織に影響する, 生物活性の.

bioalimentaire *a.* バイオテクノロジー応用食品の. recherche ~ バイオテクノロジー応用食品開発研究 (OGM : *o*rganisme *g*énétiquement *m*odifié などの開発研究).

bioastronomie *n.f.* **1** 生物天文学, 天文生物学《地球外の生物研究天文学》. **2** 天体生物学 (=exobiologie).

biobibliographie *n.f.* 作家の生涯と作品の研究, 作家・作品研究.

biocarburant *n.m.* 生物系燃料, バイオ燃料《biodiesel「バイオディーゼル燃料」(軽油に菜種油・ヒマワリ油を混ぜたもの) や bioéthanol「バイオエタノール燃料」《とうもろこし・小麦・ビートからつくるエタノールをガソリンに混ぜたもの》など》.

biocatalyseur *n.m.* 生体触媒, 生化学触媒.

biocénose *n.f.* 〔生態〕(ある地域の) 生物共同体 (群集).

biocéramique *n.f.* 〔医〕バイオセラミックス《生体組織の代替機能をもつセラミックス；人工歯や人工骨の素材》.

biochimie *n.f.* 生物化学, 生化学.

biochimique *a.* 生物化学の, 生化学の；生化学的な.

biochimiste *n.* 生化学者.

biocide *n.f.* **1** 生物絶滅；生命破壊.
2 〔化〕(殺虫剤, 殺菌剤等の) 生命破壊物質, 殺生物剤.
—*a.* 生物を絶滅する. effets ~ *s* des rayonnements nucléaires 核放射線の生物殺傷効果.

bioclimat *n.m.* 生物気候, 生気象 (植生や動物に影響を及ぼす気候).
bioclimatique *a.* 生物気候学の, 生物と気候の相関に関する.
bioclimatologie *n.f.* 生物気候学 (生物に及ぼす気候の影響の研究).
biocompatibilité *n.f.* 〖医〗生体適合性.
biocompatible *a.* 〖医〗生体適合性の.
bioconversion *n.f.* バイオコンヴァージョン, 生物変換.
biodéchet *n.m.* 生物分解性廃棄物 (発酵により分解する廃棄物;生ゴミ).
biodégradabilité *n.f.* 〖化・環境〗生物分解性 (化学物質の微生物等による分解性).
biodégradable *a.* 〖環境〗生物分解性の (微生物等により分解しうる). détergent ～ 生物分解性洗剤. produit industriel ～ 生物分解が可能な製品. taux de dépollution ～ 環境汚染物質の生分解率.
biodégradation *n.f.* 生物分解 (バクテリア等の微生物を利用した廃棄物の〔無害化〕分解). ～ de déchets 廃棄物の生物分解.
biodétecteur *n.m.* 〖環境〗生物検査器 (生物に含まれる化学物質の検出器).
biodétérioration *n.f.* 〖生〗生物劣化 (=biodégradation 生物分解).
biodiesel *n.m.* バイオディーゼル (植物油とメタノールを利用したディーゼルエンジン燃料).
biodiversité *n.f.* 〖環境〗生物多様性. ～ spécifique 特異的生物多様性. convention sur la ～ 生物の多様性保護化に関する協定.
biodynamie *n.f.* 〖農〗(葡萄の) 自然農法栽培.
bio〔-〕écologie *n.f.* 生物生態学 (動植物の生物群の自然環境・生態の研究).
bioélectricité *n.f.* 生物(生体)電気.
bioélectrique *a.* 生物(生体)電気の, 生物組織の電気エネルギーの.
bioélectronique *n.f.* 生物電子工学 (生物学・臨床医学に応用する電子工学, バイオエレクトロニクス).
——*a.* 生物電子工学の, 生物電子工学的.
bioélément *n.m.* 〖生化〗生体元素, 生体組織構成化学要素.
bioénergétique *a.* 生物エネルギーの. théorie ～ 生物エネルギー理論.
——*n.f.* 生物エネルギー理論;生物エネルギー学.
bioénergie *n.f.* 生体エネルギー.
bioéquivalent(e) *a.*〖薬〗(薬剤が体内に入る速度・量が)生物学的に同等の. médicament ～ 生物学的同等医薬品.
——*n.m.* 生物学的同等薬剤.
bio-éthanol *n.m.* バイオ・エタノール (農産物からつくられるエタノール).
bioéthicien(ne) *n.* 生命倫理学者 (専門家).
bio〔-〕éthique *n.f.* 生命倫理, 医の倫理 (臓器移植や体外授精などに関連して, 医道のあり方を審議考究する). projets de loi sur la ～ 生命倫理に関する政府提出の法律案.
——*a.* 生命倫理に関する;医学倫理(に関する) (=éthique médicale). problèmes d'ordre ～ 生命倫理上の諸問題.
biofragmentable *a.*〖環境〗生物で細片に分解可能な. plastique ～ 生物による細片化可能プラスチック.
biogaz *n.m.* **1** 生物ガス (有機物の醗酵により発生するガス).
2〖軍〗生物ガス兵器 (微生物や細菌を用いたガス兵器).
biogenèse *n.f.* **1**〔古〕生物発生説. **2**〖生化〗生合成 (=biosynthèse).
biogénétique *n.f.* 生物遺伝子工学 (遺伝子工学を応用した生物学).
biogénie *n.f.* 生物発生〔論〕(=biogenèse).
biogéochimique *a.* 生物地球化学 (biochimie) の. cycle ～ 生物地理化学サイクル.
biogéographie *n.f.* 生物地理学.
biogéoscience *n.f.* バイオ地質学 (生物と地質との相関を研究する科学).
biographe *n.* 伝記作家.
biographie *n.f.* 伝記.
biographique *a.* 伝記の. notice ～ 小伝, 略歴. renseignements ～s 伝記資料.
biohormone *n.f.* 〖生化〗バイオホルモン (遺伝子組換え技術を駆使して生産されたホルモン).
biohydrogène *n.m.* バイオ水素 (微小海藻 microalgue などの生物体からつくられる水素).
bio-indica*teur* (*trice*) *a.* 〖環境〗(環境汚染の) 指標生物の. plantes ～ *trices* (環境汚染の) 指標植物.
——*n.m.* 生物指標;バイオマーカー (=biomarqueur). ～ de pollution 環境汚染の生物指標.
bio-industrie *n.f.* バイオ・テクノロジー産業, バイオ農業食品産業, バイオ産業.
bio-industriel(le) *a.* バイオ産業の.
bio-informatique *n.f.* 生物情報学 (生物の ADN (DNA) 配列の情報分析学).
bio-invasion *n.f.*〖環境〗(環境破壊を招く) 生物の侵入.
biolite *n.f.* 〖鉱〗生物岩.
biologie *n.f.* **1** 生物学. ～ animale 動物学 (=zoologie). ～ cellulaire 細胞生物学 (=cytologie). ～ moléculaire 分子生物学. ～ végétale 植物学 (=botanique). ～ des micro-organismes 微生物学 (=micro-biologie).
2〖医〗～ médicale 生物医学.
biologique *a.* **1** 生物学の, 生物学的.
2 生物の, 生体の. fonction ～ 生体機能.
3 生物を利用した. agriculture ～ 有機栽

培農業, 無農薬無化学肥料農業 (=bioagriculture). arme ~ 生物兵器, 細菌兵器. guerre ~ 細菌戦. légumes de l'agriculture ~ 有機栽培野菜, AB 野菜. produit de l'agriculture ~ 有機栽培農産物.

biologisant(e) *a.* (精神的・社会的現象を) 生物学的に解明する. théorie ~*e* 生物学的解明理論.

biologiste *n.* 生物学者.
——*a.* 生物学の; 生物学主義の. médecin ~ 生物医学者.

bioluminescence *n.f.* 生物発光, バイオルミネセンス, 生物ルミネセンス (生物体による光エネルギーの放出, 蛍光 fluorescence, 燐光 phosphorescence など).

bioluminescent(e) *a.* 生物発光〔性〕の.

biolyse *n.f.* 生物分解 (=biodégradation).

biolystique *a.* 生物による分解〔性〕の, 生物分解の, 生物分解式の.

biomagnétisme *n.m.* 生体磁気.

biomarqueur *n.m.* 【生化】バイオマーカー, 生物指標 (=bio-indiquateur) (汚染物質に反応する細胞の生化学的マーカー).

biomasse *n.f.* バイオマス, 生物体量.

biomatériau (*pl.*~*x*) *n.m.* 【医】生体適応素材 (生体組織に悪影響を及ぼさない合成または天然の移植用素材; téflon や corail など).

biome [bjom] *n.m.* 【生】バイオーム, 生物群系 (広域にわたる生物の同一生態系). ~ à graminées d'Amérique du Nord 北米大陸の稲科植物群系.
▶ **biotope** *n.m.*

biomécanique *n.f.* 生物工学, バイオメカニックス.

biomédecine *n.f.* 【医】バイオ医学, 生医学, 生体臨床医学 (生物学的検診に基づく医学).

biomédical(e) *a.* 生物医学の. genie ~ 生物医学工学.

biomembrane *n.f.* 【医】生体膜, 生物膜 (=membrane biologique).

biométéorologie *n.f.* 生物気象学 (季節・気候・高度等が生物, 特に人間に及ぼす影響の研究).

biométrie *n.f.* 生物統計学, 生物測定.

biométrique *a.* **1** 生物測定学の. **2** 生体認証, バイオメトリックス (虹彩, 指紋, 手の平静脈などを利用した本人認証システム).
——*a.* 生物測定〔学〕の; 寿命測定の. système d'authentification ~ 生物測定 (寿命測定) 確認システム.

biomolécule *n.f.* 【生】生体分子, 生分子.

bionique *n.f.* 【生】バイオニクス, 生体工学 (生物の機能を分析して実用化する工学).

bionomie *n.f.* 生物生態学.

bio-ordinateur *n.m.* 【情報処理】バイオコンピュータ (生物化学素子を利用したコンピュータ).

biopersistant(e) *a.* 【医】生体内残存性の. polluant ~ 生体内残存性汚染物質.
——*n.f.* 生体内残存性汚染物質.

biopesticide *n.m.* 【農】バイオ殺虫剤 (微生物による殺虫剤).

biopharmacie *n.f.* 生物薬剤学.

biophoton *n.m.* 生物フォトン.

biophotonique *a.* 【生・物理・生化】光子生物学的な (生物の分析 (改変) に可視光線・紫外線・赤外線・X 線などを利用した).
——*n.f.* 光子生物学.

biophysique *n.f.* 生物物理学, 物理生物学 (物理学を援用した生物学. 特にエネルギー代謝について).
——*a.* 生物物理学的な. exploration ~ 生物物理学的研究.

biopiratage *n.m.* 【経済】生物特許の侵害 [行為] (生物多様性に富む国の生物資源に関する特許を奪取する行為; =biopiraterie).

biopôle *n.m.* バイオポール, バイオポリス (生命科学に関する研究・産業複合施設).

biopolymère *n.m.* 【生化】バイオポリマー, 生体高分子 (蛋白質, 核酸, 多糖など).

bioprécurseur *n.m.* 【薬】バイオ前駆体, 前駆医薬.

bioprocédé(e) *a.p.* バイオプロセスを用いた, バイオテクノロジーを利用した, バイオ産業で工程化された.
——*n.m.* バイオテクノロジー工程; バイオ産業工程.

bioprospection *n.f.* バイオプロスペクション (生物から薬や化合物を取り出す可能性の研究).

biopsie *n.f.* 【医】生検. ~ chorionique (産科の) 絨毛膜生検. ~ pulmonaire 肺生検. ~ transbronchiale du poumon 経気管支的肺生検.

biopuce *n.f.* 【生化】バイオ集積回路, DNA 集積回路, バイオチップ (=[英] DNA chip).

bioréacteur *n.m.* 【生物工学・医】生物学・医学用原子炉, 放射線生物学・医学用原子炉 (=réacteur de radiobiologie); バイオリアクター, 生物反応器; 充塡型生物反応器.

biorestauration *n.f.* 生物利用復元法 (石油汚染などのバイオ利用浄化再生).

biorobotique *n.f.* 【医】バイオ・ロボット工学 (生体内に挿入したロボットによる検査・診断・治療学および機器開発・製造学).
——*a.* バイオ・ロボットによる (に関する). diagnostic ~ バイオ・ロボットによる診断.

biorythme [bjɔritm] *n.m.* バイオリズム.

bios [bjɔs] *n.m.* **1** 【生化】ビオス (ビール酵母に含有される動物生育因子).

2 〖電算〗バイオス, 基本入出力システム (=〖英〗*basic input output system*)〖オペレーティング・システム (OS) における周辺機器などのハードウェアに関する制御プログラム〗. ~ en mémoire flash フラッシュ・メモリー内のバイオス. contenu du ~ 基本入出力システムの内容.

biosatellite *n.m.* 〖宇宙・生〗生物実験衛星.

biosciences *n.f.pl.* 生命科学, バイオ科学, バイオサイエンス.

biosécurité *n.f.* バイオ工学のリスク予防〔策〕. ~ des OGM 遺伝子組換え生物の生物安全(危険)度. niveau de ~ 生物安全度, 生物危険度〖バイオテクノロジーの安全(危険)度；1から4までの段階あり〗. laboratoire de niveau de ~ 4 生物危険度4の実験(研究)施設〖virus d'Ebola エボラウイルスなど最も危険なウイルスなどが取扱える施設〗.

biospéléologie *n.f.* 洞窟生物学.

biosphère *n.f.* 生物圏, (動植物の)生活圏.

biostasie *n.f.* 〖地学〗無侵蝕期〖地形の安定期〗.

biostatistique *n.f.* 生物統計学.
——*a.* 生物統計学の.

biostimuline *n.f.* 〖生理・生化〗バイオスティムリン〖生体刺激ホルモン〗.

biostructure *n.f.* 〖生・薬〗バイオストラクチャー〖生物の分子構造；蛋白質の立体構造など〗.

biosurveillance *n.f.* 〖農〗生態系監視〖遺伝子組換え植物の生態系に及ぼす悪影響を排除するための監視行動〗.

biosynthèse *n.f.* 〖生〗生合成.

biosynthétique *a.* 〖生化〗生合成の(による). 〖薬〗insuline ~ 生合成インスリン.

biotech *a.inv.* バイオテクノロジーの, 生物工学の, 生命工学の (=biotechnologique). entreprises ~ 生物(生命)工学関連企業. fonds ~ (投資信託の)バイオテクノロジー関連ファンド.

biotechnicien(ne) *n.* バイオテクノロジー専門家, 生物工学者.

bio-technologie [bjɔtɛknɔlɔʒi], **biotechnique** *n.f.* バイオ・テクノロジー, 生命工学.

bioterrorisme *n.m.* バイオテロリズム〖細菌などを用いたテロ〗.

bioterroriste *a.* バイオテロリズム(細菌を用いたテロ)の, バイオテロリストの. menace ~ バイオテロの脅威.
——*n.* バイオテロリスト.

biothérapie *n.f.* 〖医〗バイオ療法, 生物療法〖バイオテクノロジーによる医薬品を利用した治療〗.

biotine *n.f.* 〖生化〗ビオチン, ビタミンB 8 (=Vitamine B 8), ビタミンH (=Vitamine H), 補酵素R (CoR)〖ビタミンB複合体の一種〗. carence en ~ ビオチン欠乏症.

biotip *n.m.* 〖生〗バイオチップ〖蛋白質などの生体物質の量や質を調べる小さくて薄い解析器具〗.

biotique[1] *a.* 〖生〗**1** 生体に由来する；生命に関する；生物による. potentiel ~ 生物繁栄能力.
2 生物に関する；生物に寄与する. facteurs écologiques ~s 生物環境要素.

biotique[2] *n.f.* (<*biologie*と*informatique*の合成語) *n.m.* 生物情報処理学.

biotite *n.f.* 〖鉱〗黒雲母 (=mica noir).

biotope *n.m.* 〖生〗ビオトープ, 生活圏.

biotraitement *n.m.* 〖環境〗バイオ処理〔法〕〖バクテリアや活泥を利用した廃水の浄化法〗.

biotransformation *n.f.* 生体内変化.

biotype *n.m.* 生物型.

biotypologie *n.f.* 生物類型学.

BioVallée *n.pr.f.* la ~ バイオヴァレー〖ライン河畔のフランス, ドイツ, スイスにまたがる生物工学・生物医学関連の教育研究・産業の拠点となる地帯〗.

biovigilence *n.f.* 〖農〗生物監視〖体制〕〖遺伝子組換え植物の監視〔体制〕〗.

biparti(e) *a.* =bipartite.

bipartisme *n.m.* 〖政治〗2政党体制〖2つの政党が連携して内閣を構成するか, 2つの政党が交互に政権につく政治体制〗.

bipartite *a.* **1** 2つの部分に分かれた. feuille ~ 2裂葉.
2 2政党から成る. accord ~ 2党間の申し合わせ. gouvernement ~ 2政党連立内閣. système ~ 2大政党制.

bipasse [bipas] (<〖英〗by-pass [bajpas] *n.m.inv.*) *n.m.* **1** (水道などの)バイパス, 側管.
2 (道路)バイパス (=déviation〔permanente〕).
3 〖医〗(血管の)バイパス〔移植術〕 (=greffe de pontage).

biovulaire *a.* 〖動〗二卵性の (=dizygote). jumeaux ~s 二卵性双生児.

bioxyde [biɔksid] *n.m.* 〖化〗二酸化物 (=dioxyde). ~ de carbone 二酸化炭素, 炭酸ガス (=gaz〔anhydride〕carbonique).

BIPE (=*B*ureau d'*i*nformations et de *p*révisions *é*conomiques) *n.m.* 経済予測情報事務所.

biphasé(e) *a.* 二相の. 〖医〗infection ~*e* 二相性感染, 二重感染.

biphényle *n.m.* 〖化〗ビフェニル, ジフェニル (=diphényle).

biplace *a.* (航空機・乗水が)2座席の, 複座の.
——*n.m.* 複座航空機, 複座の乗物.

biplan *a.* 〖航空〗複葉式の. avion ~ 複葉飛行機.
——*n.m.* 複葉機 (=avion ~).

BIPM (=*B*ureau *i*nternational des *P*oids et *M*esures) *n.m.* 国際度量衡機構.

bipolaire *a.* **1**〖電・数・生〗双極の. aimant ～ 双極磁石. cellule ～ 双極細胞. coordonnées ～s 双極座標.
2〖政治〗2極化した. fin d'un monde ～ 2極化世界の終焉.

bipolarisation *n.f.*〖政治〗(政党・政界などの)二極化. ～ de la vie politique nationale 国の政界の二極化.

bipoutre *a.* **1**〖航空〗双胴の. avion ～ 双胴飛行機.
2〖土木〗2梁架構造の. pont roulant ～ 2梁架構造回転橋.

bi〔-〕pulmonaire *a.* 両肺の. greffe ～ 両肺移植.

biquadratique *a.*〖数〗四次の. équation ～ 四次方程式.
——*n.f.* 四次曲線.

biquotidien(ne) *a.* 1日2回の.〖宗教〗ablutions ～nes 1日2回のみそぎ.

BIRD (=*B*anque *i*nternationale pour la *r*econstruction et le *d*éveloppement) *n.f.* 国際復興開発銀行 [=〖英〗IBRD: *I*nternational *B*ank for *R*econstruction and *D*evelopment](1944年設立, 1946年発足).

biréacteur *n.m.*〖航空〗双発ジェット機.

biréfringence *n.f.*〖光学〗複屈折. ～ magnétique 磁気複屈折.

biréfringent(e) *a.* 複屈折の. prisme ～ 複屈折プリズム.

biribi〖伊〗*n.m.*〖軍〗〖話〗懲治部隊 (=compagnie de discipline, c. disciplinaire). envoyer un soldat puni à *B*～ 懲罰兵士を懲治部隊送りにする.

birman(e) ビルマ (la Birmanie) の, ビルマ連合 (l'Union de Birmanie) の, ミャンマー連合 (l'Union de (du) Myanmar) の; ビルマ人の; ビルマ語の.
——*B*～ *n.* ビルマ人.
——*n.m.* ビルマ語.

Birmanie (la) *n.pr.f.* [国名通称] ビルマ (1989年 から l'Union de (du) Myanmar ミャンマー連合).

birotor *a.inv.*〖機械〗二回転子の, 2ローター方式の. hélicoptère ～ 2ローター式ヘリコプター.
——*n.m.* 複式回転子, 2ローター.

BIRS (=*B*ulletin d'*i*nformation *r*adical-*s*ocialiste) *n.m.* 急進社会主義情報(急進・急進社会党の機関誌).

BIS (=〖英〗*B*ank for *I*nternational *S*ettlements) 国際決済銀行 [=〖仏〗BRI: *B*anque des *r*èglements *i*nternationaux].

bis[1] **(e)** [bi, -iz] *a.* 灰褐色の. farine ～ 灰褐色粉 (麩入り小麦粉). pain ～ 麩(ふす)入りパン (繊維質とビタミンに富むパン). toile ～*e* 灰褐色の布地.

bis[2] [bis]〖ラ〗*ad.* その2. numéro 10 ～ 10の2; 10番地の2.

——*int.* ビス！, アンコール！

bisaïeul(e) *n.*〖文〗曽祖父(母).

bisannuel(le) *a.* **1** 2年毎の, 2年に1回の (=biennal), foire ～ 2年に1回開催される見本市. **2**〖植〗2年生の, 越年性の. plante ～*le* 2年生植物.

bisbille [-bij] *n.f.*〖話〗ちょっとしたいさかい; 仲違い.

biscotte *n.f.* ビスコット, ラスク (薄切り食パンを焼いた製品).

biscotterie *n.f.* ビスコット (biscotte) 製造所.

biscuit (<原義「二度焼き」) *n.m.* **1**〖菓子〗ビスキュイ, スポンジケーキ(卵白を加えて軽く仕上げた菓子). ～ de Savoie ビスキュイ・ド・サヴォワ (泡立て卵の比率が高い).
2 乾パン. ～ de soldat 軍用乾パン (=～ de troupe).〖話〗s'embarquer sans ～ 糧食を持たずに旅立つ; 無謀な事業に手を出す.
3〖菓子〗ビスケット, クッキー. ～ anglais 英国風ビスケット. ～ glacé ビスキュイ・グラッセ (ビスキュイとアイスクリームを重ねた氷菓).
4〖陶器〗ビスキュイ (釉薬を施さずに二度焼きした白色陶器). ～s de Sèvres セーヴルのビスキュイ陶器. statuette en ～ ビスキュイ製の小像.
5 ～ de mer いかの甲.

biscuiterie *n.f.* **1** ビスケット製造; ビスケット製造業. **2** ビスケット製造工場.

Bismark *n.pr.* **1** Otto von ～ オットー・フォン・ビスマルク (1815-98; プロイセンの政治家, ドイツ統一の立役者の一人).
2 l'archipel ～ ビスマルク諸島 (メラネシアの諸島). la mer ～ ビスマルク海.

bismuth [bismyt] *n.m.* **1**〖化〗ビスマス, 蒼鉛 (原子番号83, 原子量208.98, 元素記号Bi).
2〖金属〗ビスマス (比重9.8, 融点271.3℃, 沸点1560℃; 赤味を帯びた銀白色). sel de ～ ビスマス塩 (薬用). sulfure de ～ 硫化ビスマス.
3〖化・薬〗ビスマス化合物 (=composé de ～); ビスマス剤. subgallate de ～ 次没食子酸ビスマス (消炎鎮痛剤). subnitrate de ～ 次硝酸ビスマス (下痢止め). prendre du ～ ビスマス剤を服用する.
▶ bismuthé(e) *a.*

bismuthine *n.f.*〖化〗ビスムチン (水素化ビスマスの誘導体);〖鉱〗輝蒼鉛鉱〖華〗, 輝ビスマス鉱.

bismuthique *a.* **1** ビスマス (bismuth) に関する(による).〖医〗troubles ～s ビスマス(蒼鉛)中毒 (=bismuthisme).
2〖医〗ビスマスを用いた. traitement ～ ビスマス利用療法.

bison *n.m.*〖動〗野牛, ビゾン, バイソン. ～ americanus アメリカ・バイソン (北米の野牛). ～ bonasus ヨーロッパ野牛.

Bison Futé *n.pr.m.*〚無冠詞〛ビゾン・フュテ（「抜け目のない野牛」の意；全国道路情報センター Centre national d'information routière (Cnir) の通称）. responsable des prévisions chcz ~ 全国道路情報センターの予測責任者.

bisoprolol *n.m.*〚薬〛ビソプロロール. ~ fumarate フマル酸ビソプロロール（β遮断薬；本態性高血圧症・狭心症・心室性期外収縮治療薬；薬剤製品名 Detensiel (*n.m.*) など）.

bisquine *n.f.*〚船〛ビスキーヌ型帆走漁船（ブルターニュ地方の伝統的漁船）. régates de ~s ビスキーヌ型帆走漁船レース.

bissao-guinéen(ne) *a.* ギニア＝ビサウ (la Guinée-Bissao) の，ギニア＝ビサウ共和国の；～人の.
——*B~-G~* *n.* ギニア＝ビサウ人.

bissexte *n.m.* 閏日（うるうび）（2月29日）.

bissextile *a.f.* année ~ 閏年（うるうどし）.

bistouri *n.m.*〚医〛メス（= scalpel chirurgical）. ~ électrique 電気メス. ~ laser レーザーメス. chirurgie sans ~ メスを使わない外科術（内視鏡利用手術など）.

bistro[t], bistroquet *n.m.* ビストロ，ビストロケ，居酒屋；居酒屋風小レストラン；カフェ.〚話〛pilier de ~ ビストロの常連.〚同格〛style ~ ビストロ様式（20世紀初頭）.

bistrotier(ère) *n.* ビストロ (bistro) 経営者.

bisulfate *n.m.*〚化〛重硫酸塩.
bisulfite *n.m.*〚化〛重亜硫酸塩.
bisulfure *n.m.*〚化〛二硫化物.

BIT (= *B*ureau *I*nternational du *T*ravail) *n.m.* 国際労働機関（OIT：*O*rganisation *i*nternationale du *T*ravail）〚英〛ILO：*I*nternational *L*abor *O*rganization）事務局.

bit [bit] (=〚英〛binary digit，2進の1桁) *n.m.* ビット（コンピューターの基本単位），情報単位（= unité d'information）.

bitension *n.f.*〚電〛2電源，2電圧.

bitume *n.m.* **1** 瀝青（れきせい），タール，ビチューメン，アスファルト. **2**〚顔料〛ビチューム（瀝青からつくる光沢のある褐色の塗料）；ビチューム色（暗褐色）.

biturbine *a.*〚工〛2タービン式の. hélicoptère ~ 双発タービン式ヘリコプター，2ローター式ヘリコプター（= hélicoptère birotor）.

biuret *n.m.*〚化〛ビウレット（NH₂CONHCONH₂）. réaction du ~ ビウレット反応.

bivalve *a.*〚貝〛二枚貝の，双殻の. coquille ~ 二枚貝の貝殻. mollusque ~ 二枚貝.
——*n.m.* 双殻類《二枚貝類》，弁鰓（べんさい）類（= la mellibranche；斧足類の一亜綱）.

biwa〚日〛*n.f.*〚音楽〛琵琶（びわ）（= luth japonais）.

bizarre *a.* **1** 異様な，奇妙な，風変りな，変な. air ~ 変った様子. plante ~ 変った植物. vêtement ~ 風変りな衣服. visions ~s 異様な光景.〚Comme〛c'est ~！ そいつは変だ！
2（人・性格などが）変な；突飛な；常軌を逸した. caractère ~ 変った性格. homme ~ 変人，変り者，奇人. idées ~s 突飛な考え. paroles ~s 気まぐれな言動.
3 異和感を与える. regard ~ 気になる目付き. sentiment ~ 異和感. ressentir une impression ~ 異和感を覚える. se sentir〚tout〛 ~ 気分が落着かない.
——*n.m.* **1** 変った（奇異な，異様な）こと.
2 変人，奇人.

bizut[h] [bizy] *n.m.* **1**〚隠〛グランド・ゼコール〚準備学級〛の一年生；〚広義〛一年生〚女性形 bizut[h]e は稀〛. Eh, ~！ おい，一年生.
2 新参者，新人. ~s de l'équipe チームの新人.

bizutage *n.m.* 新入生いびり（いじめ）.

bizuteur(se) *n.* (グランド・ゼコールなどでの）新入生をいびる人.

BK (= *b*acille de *K*och) *n.m.*〚医〛コッホ菌；結核菌.

Bk (= *b*er*k*elium) *n.m.*〚化〛「バークリウム」の元素記号.

BL (= *b*rigade *l*ogistique) *n.f.*〚軍〛兵站旅団.

blague *n.f.*〚話〛**1** 出鱈目（でたらめ），法螺（ほら）；冗談. ~ à part (dans le coin) 冗談は抜きにして. avec ~ 冗談で. Sans ~！ 冗談じゃない；よせやい！ prendre tout à la ~ すべてを冗談にとる. C'est de la ~ それはでたらめだ.
2 悪ふざけ，いたずら. faire une salle ~ à qn. 人に悪いいたずらをする.
3 軽はずみな行為，失策，へま. faire une ~ へまをしでかす. Pas de ~〚s〛！ へまをやらかすなよ！

blaireau (*pl.* **~x**) *n.m.* **1**〚動〛穴熊. poils de ~ 穴熊の毛. **2** ひげ剃りブラシ. **3**〚話〛不愉快で，陰襲的，狭量な人間.

blâme *n.m.* **1** 非難. infamant 不名誉な非難. ~ outrageant 屈辱的な非難. encourir (s'attirer) le ~ de qn 人の非難を浴びる. jeter un ~ sur qn 人に非難を浴びせる. mériter le ~ 非難に値する.
2（公務員・学生などに対する）戒告〚処分〛. donner (infliger) un ~ à un fonctionnaire 公務員を戒告処分にする. recevoir un ~ 戒告処分を受ける. voter un ~ contre un pays dans une assemblée internationale 国際会議で一国に対し譴責の投票をする.
3 非難の気配. ~ muet 無言の非難. regard de ~ 非難の目差し. sentir un ~ 非難の気

配を感じる.

blanc(**che**)¹ *a.* **1** 白色の, 白い. ~ comme [la] neige 雪のように白い, 純白の. bâton ~ de l'aveugle 盲人の白い杖. clown ~ 白塗り(白面)のピエロ. drapeau ~ 白旗. hisser le drapeau ~ 白旗を掲げる；降伏する. drapeau ~ des rois de France フランス王家の白い王旗. gelée ~*che* 霜. livre ~ 白書. lumière ~*che* 白色光. la Maison B~*che* ホワイトハウス. marbre ~ de Carrare (イタリア, トスカナ地方の) カララ産の大理石. robe ~*che* 白いドレス. sucre ~ 白砂糖, 白糖. touches ~*ches* d'un piano ピアノの白鍵. voile ~*che* 白い帆.
2 白っぽい, 白く見える；(顔色などが) 蒼白い. argent ~ 洋銀. arme ~ *che* 白兵 (刀剣, 銃剣など；arme à feu「火器」の対). combat à l'arme ~*che* 白兵戦. aube ~*che* 白んでくる朝. barbe ~*che* 白ひげ.〖料理〗beurre ~ ブール・ブラン (バターにエシャロットと酢を加えたもの). 〖料理〗boudin ~ 白ブーダン. cheveux ~*s* 白髪. colère ~*che* 顔を蒼白にした怒り. cire ~*che* 白蠟. cuivre ~ 白銅. diamant ~ (白い ダイヤ~) 白トリュフ (= truffe ~*che*). fer ~ 白鋳鉄；ブリキ. globule ~ 白血球. houille ~*che* 水力エネルギー.〖医〗mal ~ 瘭疽 (ひょうそ). nuits ~*ches*¹ du cercle polaire 極圏の白夜. pain ~ 白パン. peau ~*che* 白い肌. poivre ~ 白胡椒 (poivre gris「黒胡椒」の対).〖料理〗sauce ~*che* ソース・ブランシュ, 白いソース, ホワイトソース. teint ~ 蒼白い顔色.〖医〗tumeur ~ 白腫 (結核性関節腫脹). viandes ~*ches* 白身の食肉 (viandes rouges「赤身肉」の対)；veau, volaille など). vin ~ 白葡萄酒.
dire tantôt ~, tantôt noir (白いといったり黒いといったり→) 言動が一致しない. être ~ 蒼い顔をしている；〖話〗(日焼けしてない) 生白い肌をしている；髪が白い. être ~ de colère (de peur) 怒り (恐怖) のあまり蒼白になっている.
3 白人の. femme ~*che* 白人女性. quartiers ~*s* d'une ville 都市の白人居住区. race ~*che* 白色人種.
4 〖植〗(花・実などが) 白い；〖動〗(毛・羽根・体が) 白い；(色が) 無色の. alcools ~*s* 無色のアルコール飲料；ホワイトリカー (kirsch, mirabelle など). camélia ~ 白椿. cygne ~ 白鳥. fourmi ~*che* 蟻 (= termite). lilas ~ 白いリラ (ライラック). raisin ~ 白葡萄. vache ~*che* 白毛牛 (charollais 種など). verre ~ 無色のガラス.
5 白衣の.〖北欧神話〗la Dame ~*che* 白姫 (幽霊).〖カトリック〗pères ~*s* 白衣宣教会 (アフリカ宣教会の俗称).
6 何も書かれていない, 白紙の. ~-seing 白紙委任. bulletin de vote ~ 白票. page ~*che* 空白のページ.

donner (laisser) carte ~*che* à *qn* 人に白紙委任状を渡す, 人に全権を委任する. remettre une copie ~*che* 白紙の答案を出す.〖副詞的〗voter ~ 白票を投じる.
7 清潔な, 汚れていない；潔白な, 無実の. linge ~ 清潔な下着. sortir d'un procès ~ comme neige 裁判で無罪潔白となる.
8 〖史〗(フランス革命期の) 王党派の；(ロシア革命期の) 帝政支持派の. les Russes ~*s* 白系ロシア人. terreur ~*che* 白色テロ.
9 あるべきものを欠く. magie ~*che* 白魔術. mariage ~ 偽装婚 (性交渉のない形式的結婚). vers ~ 無韻詩. voix ~*che* 空ろな声. passer une nuit ~*che* 眠られぬ一夜を過す.
10 効力のない；実効のない. élection ~*che* 無効の選挙；散票. examen ~ 模擬試験.
11 〖物理〗bruit ~ ホワイトノイズ.
12 〖林業〗coupe ~*che* 皆伐 (= coupe à blanc-estoc).
13 〖固有名詞〗la mer B~*che* 白海 (ロシア西北部, 北極洋の海). le mont [-] B~ ル・モン=ブラン, 白山 (ヨーロッパの最高峰 4810 m). tunnel du mont [-] B~ モン=ブラン・トンネル (11.6 km；1965年開通). la vallé B~*che* ラ・ヴァレー・ブランシュ (ル・モン=ブラン山塊の氷河谷). B~*che*-Neige et les sept nains 白雪姫と七人の小人たち.

blanc(**che**)² *n.* **1** 白人. pauvres ~*s* 貧しい白人, プアー・ホワイト.
2 〖史〗(フランス革命期の) 王党派；(ロシア革命期の) 帝政支持派.

blanc³ *n.m.* **1** 白色, 白. ~ au feu 白熱. ~ cassé 灰色を帯びた白. ~ cru (éclatant, immaculé) 純白, 真白. ~ laiteux 乳白色. ~ mat くすんだ白, 艶消しの白. le ~ symbole de pureté (d'innocence) 無垢の象徴である白.〖光学機器・写真〗balance de ~ ホワイトバランス.
à ~ 真白に. chauffer à ~ 白熱させる. métal chauffé à ~ 白熱した金属. saigner à ~ (食肉用に処理された動物の) 血を抜く. saigner *qn* à ~ 人をたっぷり出血させる；人を殺す；人をしぼりあげる. Il gèle à ~. 真白に霜が降りる.
avoir les dents d'un ~ éclatant 真白な歯をしている.〖比喩的〗passer du ~ au noir 意見をがらりと変える. C'est écrit noir sur ~. それははっきり書かれている.
2 白色塗料, 白色顔料；〖古〗おしろい (= ~ de fard).〖絵具〗~ céramique セラミック・ホワイト. ~ d'argent 鉛白；〖絵具〗シルバー・ホワイト. ~ d'Espagne (de Meudon) 胡粉, 白亜. ~ de plomb 鉛白. ~ de zinc 亜鉛華；〖絵具〗ジンク・ホワイト. ~ fix 硫酸バリウム. être peint en ~ 白く塗られた.
3 白衣, 白服 (= vêtement ~)；白布；家庭

用白布製品〔linge ～, drap, serviette など〕. homme en ～ 白衣を着た人（特に）〔病院の〕医者. magasin de ～ 家庭用白布製品専門店. vente de ～ ホワイト・セール、家庭用白布製品売出し. être en ～；être vêtu de ～；porter du ～ 白い服を着ている.
4 物の白い部分；白さ；卵白；〔的の〕白星. ～ de baleine 鯨蠟. ～ de l'œil 白眼. ～ d'œuf 卵白. ～ de poulet 鶏の笹身. ～ du cibre 標的の白星〔中心〕.
5 〔用紙の〕未記入部分；〔ページの〕余白，行間；〖電算〗ブランク. laisser le nom en ～ 名前を書かずにおく. laisser un ～ au début d'un chapitre 章の初めにスペースを空ける. signer un chèque (une procuration) en ～ 白地小切手〔白紙委任状〕に署名する.
6 空白状態. cartouche à ～ 空の薬莢. coup d'Etat à ～ 不発のクーデタ. 〖林業〗coupe à ～ 皆伐. tirer à ～ 空砲を撃つ.
7 白葡萄酒〔＝vin ～〕. ～-cassis キール〔＝Kir〕. ～ de ～〔s〕ブラン・ド・ブラン〔白葡萄のみからつくられた白葡萄酒〕. champagne ～ de ～s シャンパーニュ・ブラン・ド・ブラン〔chardonnay 種の白葡萄のみでつくられたシャンパン〕. ～ de noirs ブラン・ド・ノワール〔pinot noir などの黒葡萄からつくられる白葡萄酒〕. le ～ sec 辛口の白葡萄酒. aimer le ～ sec 辛口の白葡萄酒を好む. boire un verre de ～ 白葡萄酒を一杯飲む.
8 〖料理〗白い煮汁；ホワイト・ソース〔＝sauce blanche〕. à ～ 色をつけずに. ～ de cuisson ブラン・ド・キュイソン〔家禽肉や仔牛肉などをゆでるのに用いる小麦粉にレモン汁を加えてつくるクールブイヨン〕. poulet au ～ 白いゆで汁で煮たチキン〔＝poulet à la sauce blanche〕.
9 〖植〗うどん粉病〔＝maladie du ～；oïdium〕. ～ de la vigne (du rosier) 葡萄〔薔薇〕のうどん粉病.
10 〖植〗～ de champignon 茸の菌糸.
11 〖植〗～ de Hollande 白ポプラ.
12 〖植〗～ d'eau 白花睡蓮.
13 〖鉄道〗～ lunaire 青白色信号.
14 〔副詞的〕voter ～ 白票を投じる. Il gèle ～. 真白に霜がおりる.

blanc-bec (pl. ～**s**-～**s**) n.m. 〔話〕若造，青二才. ～ arrogant 生意気な若造. ～ prétentieux 思い上った青二才.
blanc-estoc, blanc-étoc [-etɔk] (pl. ～**s**-～**s**) n.m. 〖林業〗皆伐〔＝blanc-être；coupe blanche〕.
blanche³ n.f. **1** 〔ビリヤードの〕白球〔＝boule ～〕.
2 〔俗〕la ～ コカイン〔＝cocaïne〕；ヘロイン〔＝héroïne〕〔別称：poudre blanc；neige〕.
3 〔酒〕ホワイトリカー〔＝eau-de-vie ～〕.
4 〔酒〕白ビール〔＝bière ～〕.
5 〖音楽〗二分音符.

Blanche (la) n.f. ラ・ブランシュ〔白い高速道路；オートルート A 40 号線の俗称〕.
blancheur n.f. **1** 白さ；白い色. ～ du linge 洗濯物の白さ. ～ de la neige 雪の白さ. ～ éclatante 純白. ～ immaculée 無垢の白さ. teint d'une ～ maladive 病的に白い顔色.
2 〔比喩的〕純真さ，清純さ，無垢. ～ d'âme 魂の清らかさ. ～ d'une jeune fille 少女の純心無垢さ.
blanchiment n.m. **1** 白くすること；漂白. **2** 〔比喩的〕～ de l'argent 資金洗浄，マネーロンダリング. lutte contre le ～〔de l'argent sale〕犯罪資金の洗浄対策.
blanchissage n.m. **1** 洗濯，クリーニング. **2** 精糖.
blanchissant(e) a. **1** 白くなる. aube ～e 曙，夜明け.
2 白くする，漂白する. agent (produit) ～ 漂白剤.
blanchisserie n.f. **1** クリーニング店，洗濯屋；クリーニング工場；クリーニング業. **2** 〔織物などの〕漂白工場.
blanc-manger (pl. ～**s**-～**s**) n.m. 〖料理〗ブランマンジェ〔アーモンドクリームを使ったゼリー菓子〕.
blanc-seing (pl. ～**s**-～**s**) n.m. 白紙委任；白紙委任状；白紙委任状への署名. abus de ～ 白紙委任状の濫用.
blanquette¹ n.f. 〖料理〗ブランケット〔仔牛，仔羊，家禽など白身の肉あるいは白身の魚や野菜のホワイト・スープストック煮；ホワイトルー，生クリーム，卵黄を加えることもある〕. ～ de veau ブランケット・ド・ヴォー〔仔牛のブイヨン煮〕. ～ de lotte あんこうのブランケット.
blanquette² n.f. 〖葡萄酒〗ブランケット〔département de l'Aude オード県リムー Limoux 地区でつくられる発泡性白葡萄酒〕.
blason n.m. **1** 紋章. ～ de France フランスの紋章〔fleur de lis 百合の花〕. ～ d'une famille impériale 皇族の紋章. ～ d'une ville 都市の紋章. B ～ prestige 高品質保証マーク〔リムーザン地方産の牛肉の品質マーク〕. être fier de son ～ 家名を誇りにする. redorer son ～ 家名を再興する；貧乏貴族が金持ち女と結婚する. ternir son ～ 家名を汚す.
2 紋章学〔＝héraldique〕. règles du ～ 紋章学の規則.
3 〖工芸〗〔椅子の前脚をつなぐ〕彫刻入り前貫〔ぬき〕.
4 〖文学史〗ブラゾン〔8 または 10 音綴の平韻詩；16 世紀に流行〕.
blasphéma*teur* (*trice*) a. 瀆神の，神を冒瀆する.
——n. 神を冒瀆する人，冒瀆者.
blasphème n.m. 冒瀆，瀆神；不敬；冒瀆の言辞，暴言. ～ injurieux 侮辱的暴言.

dire des ~s 冒瀆的言辞(暴言)を吐く.

blast[o]-, -blaste [ギ] ELEM「芽,胚」の意.(ex. blastogenèse 胚胚形成. ostéoblaste 骨芽細胞).

blastocyste n.m.〖生〗胚盤胞.

blastogenèse n.f.〖生〗胞胚形成, 胚種発生.

blastome n.m.〖医〗芽細胞腫; 真性腫瘍(幹細胞に起因し, 中枢神経系に発症することが多い悪性腫瘍; astroblastome 星状芽細胞腫, glioblastome 膠芽細胞腫, médulloblastome 髄芽細胞腫など).

blastomère n.m.〖生〗割球, 卵割球.

blastomycose n.f.〖医〗分芽菌症, ブラストミュセス症.

blastula n.f.〖生〗胞胚.

Blaye n.pr. ブライユ(département de la Gironde ジロンド県の郡庁所在地; 市町村コード 33390; ジロンド川右岸の港町; 周辺地区に blaye, côtes-de-blaye, premières-côtes-de-blaye の AOC 葡萄酒; 形容詞 blayais(e)).

BLB (=*b*rigade *l*égère *b*lindée) n.f.〖軍〗軽機甲旅団. 6ᵉ ~ 第 6 軽甲旅団 (Nîmes 駐屯).

BLBMa (=*b*rigade *l*égère *b*lindée de *mar*ine) n.f.〖軍〗海兵機甲旅団.

blé n.m. 1〖植〗小麦; ~ dur 硬質小麦. tendre 軟質小麦, 通常の小麦 (= ~ commun). ~ en herbe 青い麦(穂の出る前の青々とした小麦; = ~ vert). ~ d'automne 秋蒔き小麦. manger son blé en herbe 収入を当てにして金を使う; 浪費する.
2 小麦の穀粒. cours du ~ 小麦の相場. farine (semoule) de ~ 小麦粉.
3〔pl. で〕麦類. grands ~s 小麦とライ麦 (seigle). petits ~s 大麦 (orge) とからす麦 (avoine). être blond comme les ~s 明るい金髪をしている.
4 穀物. grenier à ~ 穀物倉.
5〔広義〕穀粒. ~ cornu ライ麦 (seigle). ~ d'Espagne (de Turquie);〖カナダ〗~ d'Inde とうもろこし (maïs). ~ noir そば (sarrasin).
6〔隠語〕金 (かね) (argent).

blende n.f.〖鉱〗閃亜鉛鉱 (=ZnS, sphalérite).

blennorragie n.f.〖医〗淋疾.

blennorrhée [blɛnɔre] n.f.〖医〗膿漏 (のうろう). ophthalmo-~ 膿漏眼.

blépharite n.f.〖医〗眼瞼炎(がんけんえん). ~ ciliaire 睫毛(しょうもう)性眼瞼炎.

blépharoconjonctivite n.f.〖医〗眼瞼結膜炎.

blépharophimosis n.m.〖医〗眼裂縮小〖症〗.

blépharoplastie n.f.〖医〗眼瞼下垂治療美容整形, 眼瞼形成術.

blépharoptôse n.f.〖医〗眼瞼下垂(上眼瞼を上げる動作の不全).

blépharospasme n.m.〖医〗眼瞼痙攣.

blessé(e) a. 1 負傷した; 怪我をした. tête ~e 傷ついた頭部.
2 (精神的に)傷ついた, 傷つけられた. ~ dans son amour-propre 自尊心を傷つけられた. fierté ~e 傷ついた自尊心.
——n. 1 負傷者. ~ grave, grand ~ 重傷者. ~ léger 軽傷者. ~ de guerre 戦傷者; 傷痍軍人 (=mutilé de guerre).

blessure n.f. 1 傷, 負傷, 怪我; 傷口. ~ grave (légère) 重(軽)傷. ~ mortelle 致命傷. ~s involontaires 過失傷害. avoir une ~ à la tête 頭に負傷する. être inculpé pour coups et ~s 傷害罪で告訴される. soigner une ~ 傷の手当てをする. trace d'une ~ 傷痕, 傷あと.
2 精神的打撃, 心の傷. ~ d'amour-propre 自尊心を傷つけられること. raviver une ~ 心の傷を蘇らせる.

blet(te) [blɛ, -ɛt] a. 1 (果物が)熟れすぎた, 完熟の; 腐りかけた. poire ~te 熟し切って柔らかくなった洋梨.
2〔比喩的〕熟れすぎた果実のような, 茶色っぽい. joues ~tes 茶色っぽい頬.
3〔比喩的〕熟年の.〔話〕femme ~te 大年増.

bleu¹(e) a. 1〖色彩〗青い, 青色の. le beau Danube ~ 美しく青きドナウ河. cendres ~es 藍銅鉱の粉末. le ciel ~ 青空. cordon ~ (聖堂騎士団の)青綬. cordon-~ 料理上手の女性. couleur ~e 青い色. crayon ~ 青鉛筆. cuivre ~ 青銅鉱. fleur ~e¹ 青い花. le fleuve ~ 揚子江 (=le Yang-Tsé-Kiang). les guides ~s ブルー・ガイド 観光案内叢書 (Hachette 社の青表紙本). laser ~ 青色レーザー. lumière ~e 青色光. montagnes ~es 青い山脈. le Nil ~ 青ナイル河. oiseau ~ 青い鳥. pierres ~es 青い石; 青い宝石(貴石). pilule ~e 青い錠剤 (Viagra の俗称). robe ~e 青いドレス. ruban ~ ブルーリボン(勲章の青綬; 北大西洋最短時間を達成した商船に与えられるリボン;〔形容詞的〕一流の, 最高の). les yeux ~s 青い瞳, 碧眼.
2 (特定の団体, 指示などの象徴としての)青い, 青色の. bas-~ 青鞜派の女性 (<〔英〕bluestoking). Carte B~e カルト・ブルー (クレジット・カード名). casques ~s カスク・ブルー (国連軍兵士〔のヘルメット〕). cols ~s フランス海軍水兵.〔話〕papier ~ 召喚字. recevoir du papier ~ 召喚状を受け取る.〖交通〗zone ~e ゾーヌ・ブルー (大都市の駐車時間制限区域).
3 (皮膚の色などが)蒼白い; 蒼白な; 青ざめた; 青々とした; 青黒い. barbe ~e 青ひげ. colère (peur) ~e 顔が蒼ざめるほどの怒り(恐怖).〖医〗enfant ~ 青色児.〖医〗maladie ~e 青色病. menton ~ (ひげの剃りあとが)青々とした顎.

avoir des lévres ~-*es* de froid 寒さで唇が真青になる. en être (en rester) ~ 色を失う. être ~ de colère (de froid, de peur) 怒り(寒さ, 恐怖)のあまり蒼白になる.
4〖料理〗(肉に)火がほとんど通っていない. bifteck (steak) ~ ビフテック・ブルー《超レアのステーキ》.
5〖比喩的〗高貴な. avoir du sang ~ 高貴な血筋をひく.
6〖比喩的〗感傷的な；理想を追い求める. conte ~ お伽話, 夢物語. fleur ~*e²* センチメンタルな感傷. être fleur ~*e* 感傷的になる. rêve ~ 夢想.
7〖比喩的〗陰鬱な. lundi ~ 陰鬱な月曜日, ブルーマンデー.
8〖比喩的〗vin ~ 安物の赤葡萄酒.

bleu² *n.m.* **1**〖色彩〗青, 青色 (=couleur bleue). ~ 〔de〕ciel 空色, スカイ・ブルー. ~ du ciel 空の青さ, 青空. ~ 〔de〕horizon 浅葱(あさぎ)(浅黄)色, 水色. ~ marine ネーヴィー・ブルー (= ~ naval). ~ 〔de〕nuit 濃紺. ~ turquoise トルコ青, ターコイズ. ~ vert 青緑.
2〖染料, 顔料〗青, 青色. ~ céruléen セルリアン・ブルー. ~ de cobalt clair (foncé) ライト (ディープ)・コバルト・ブルー. ~ 〔de lessive〕蛍光洗剤. passer le linge au ~ 下着類を蛍光洗剤で白くする.〖比喩的〗passer au ~ ごまかす, くすねる. ~ de méthylène メチレン・ブルー《染料, 青色の防腐剤》. ~ 〔d'〕outremer ウルトラマリン, 群青. ~ de Prusse プルシャン・ブルー. passer une couche de ~ sur un mur 壁面に青色染料を塗る.
3(象徴的色彩としての)青, 青色. les *B*~*s* (サッカーの) フランス・チーム選手団. le ~ de France フランス王家の青 (= ~ de roi).
4 一気つなぎの作業服 (= ~ de travail). être en ~ 作業服を着ている.〖労働〗ブルーカラーである. mettre ses ~*s* 菜っ葉服(青い作業服)を着る.
5〖比喩的〗新兵；新入生 (=bizut)；新米. brimer les ~*s* 新兵(新入生)をいびる.
6 青あざ. se faire un ~ 青あざをつくる.
7〖チーズ〗青かびチーズ, ブルー・チーズ (=fromage persillé). ~ d'Auvergne¹ ブルー・ドーヴェルニュ《オーヴェルニュ地方l'Auvergne産のブルー・チーズ；AOC》. ~ de Bresse ブルー・ド・ブレッス《AOC》.
8〖料理〗au ~ オー・ブルー《新鮮な魚を, 酢・塩・香味料入りのクール・ブイヨンで皮を青く仕上げる調理法》. brochet (carpe, truite) au ~ かわかます(鯉, 鱒)の青仕立て.
9〖葡萄酒〗安物の赤葡萄酒. gros (petit) ~ 濃い(薄い)安物赤葡萄酒.
10〖動〗濃紺色の毛並みの犬, 青犬. ~ d'Auvergne² オーヴェルニュの青犬. ~ de Gascogne ガスコーニュの青犬《黒と白の毛並》.
11〖写真〗青写真. tirage des ~*s* 青写真の印刷(コピー).
12〖文〗青空. être dans le ~ 上の空である. n'y voir que du ~ 何も目に入らない；何もわかっていない；うかうかと騙される.
13〖古・話〗電報(圧搾空気伝達)速達 (= pneumatique) 《青い用紙から》.

bleuet *n.m.*〖植〗**1** 矢車菊. **2**〖ケベック〗ブルーエ, ブルーベリーの実.

bleuté(e) *a.* 青味を帯びた. blanc ~ 青味を帯びた白色.〖医〗langue ~*e* 青舌.

BLIC, Blic (=*B*ureau de *l*iaison *i*nterprofessionnelle du *c*inéma) *n.m.* 映画関連各種職業間連絡調整事務所.

blindage (<blinder) *n.m.* **1** 装甲；(装甲用)鋼板. **2** (電磁場・放射線に対する) 遮蔽；シールド. **3** (土木)保護壁, 土止め.

blindé(e) *a.* **1** 装甲を施された；鉄板で補強された. armée ~ 機甲部隊. engin ~ léger 軽装甲車. porte ~*e*(泥棒侵入防止対策を施した)防犯補強ドア. vitre ~*e* 防弾ガラス. véhicule ~ 装甲車.
2 (電磁場・放射線から)遮蔽された, シールドされた. réacteur ~ 遮蔽反応炉.
——*n.m.* 装甲車.

blini *n.m.*〖料理〗ブリニ《小麦粉と蕎麦粉で焼いた厚手の小型クレープ, 上に魚卵や燻製の魚をのせて食べるロシア伝来の前菜料理》.

Blirta (=*B*ureau de *li*aison pour la *r*épression du *t*rafic d'*a*rmes) *n.m.* 武器密輸抑止連絡機構.

blizzard [blizar]〔英〕*n.m.* ブリザード, 暴風雪, 雪嵐.

BLM (=*b*âtiment *l*ance-*m*issile) *n.m.* 〖軍〗ミサイル発射艦.

bloc *n.m.* **1** 塊, ブロック.
2 一体になった物, 連合, 圏. ~ communiste 共産圏. ~ des gauches 左翼連合. ~ économique 経済圏. faire ~ 団結する. politique de ~ à ~ 東西対決政治.
3 一綴じの用紙, メモ帳. ~ -notes メモ帳. ~ de papiers à lettre 書簡箋.
4 一区画, 一体成形されたもの. ~ -cuisine キッチン・コーナー. ~ opératoire 手術棟(施設). ~ technique (空港の)技術施設棟. 〖コンピュータ〗 ~ logique 演算回路.
5 à ~ いっぱいに, ぎりぎりまで. visser à ~ ネジをいっぱいに締める. en ~ ひとまとめにして, 一致団結して.

blocage *n.m.* ① 〖止めること〗**1** (機械などを)停止させること；(機器の故障などによる)作動停止；固定. ~ des freins ブレーキの固定. ~ d'un moteur エンジンの作動停止. vis de ~ 締めネジ.
2 〖経済〗凍結, 据え置き；封鎖；経済封鎖. ~ des prix 物価の凍結. ~ des salaires 賃金の据置き.
3 〖医〗ブロック, 遮断〔術〕；固定〔術〕. ~ auriculo ventriculaire complet 心耳心室完

全遮断〔法〕. ~ cardiaque (du cœur) 心臓ブロック, 心遮断. ~ du bassin 骨盤固定〔術〕. ~ du ganglion étoilé 星状神経節ブロック. ~ méningé 髄膜ブロック.
4 遮断. ~ sonique (thermique) 音(熱)の遮断.
5 妨害, 阻止；〖スポーツ〗(球の) ブロック (= ~ de la balle, ~ du ballon). ~ de la circulation 道路の交通遮断, 道路封鎖.
6 〖心・精神医学〗阻止, 反応阻止, 途絶；障害, 障壁. ~ affectif (mental) 感情(意思)途絶. ~ psychologique 心理的障壁.
7 (思考の)中断〔現象〕, 思考停止；度忘れ. avoir un ~ 思考が停止する.
8 〖鉄道・電〗閉塞〔方式〕；〖電子工〗阻止. impulsion de ~ 阻止パルス.
9 〖生〗(酵素作用の)ブロック(遮断).
10 〖ビリヤード〗相手の球をポケットに入れること.
Ⅱ〖まとめること〗**1** 〖建築・土木〗乱積み；乱積み用砕石(割栗石, 割ぐり).
2 〖印刷〗ゲタ(足りない活字の代りに他の活字を逆さに入れる).
3 〖電算〗ブロック化.

bloc-cuisine (*pl.* ~s-~s) *n.m.* 調理器具ブロック(流し, レンジ, オーヴン, 冷蔵庫などを揃えた調理器具の一式).

bloc-diagramme (*pl.* ~s-~s) *n.m.*
1 〖地学〗ブロックダイヤグラム(地殻を直方体のブロックに切った立体模型).
2 (電気・コンピュータなどの)ブロック線図(機能の流れのブロック図示).

bloc-eau (*pl.* ~s-~x) *n.m.* 水洗ユニット, 水まわりの給排水ユニット.

bloc-moteur (*pl.* ~s-~s) *n.m.* 〖自動車〗エンジンユニット(エンジン moteur, クラッチ embragage, 変速機 boîte de vitesse が一体になったもの).

bloc-notes (*pl.* ~s-~) *n.m.* メモ帳, メモ用紙(略称 bloc).

bloc-système (*pl.* ~s-~s) *n.m.* 〖鉄道〗閉塞方式(列車の衝突防止のため1区間に1列車のみを通す信号システム)；閉塞区間.

blocus [-s] *n.m.* (港湾, 都市, 国などの)封鎖. 〖史〗B~ continental (ナポレオンの)大陸封鎖. ~ économique 経済封鎖. lever le ~ 封鎖を解く.

blog (<〖英〗Weblog) *n.m.* 〖情報〗ブログ (blogue) (インターネット上の個人日記).

Blois *n.pr.* ブロワ(département de Loir-et-Cher ロワール=エ=シェール県の県庁所在地；市町村コード 41000；形容詞 blésois(e)). château de ~ ブロワ城.
▶ **blésois**(*e*) *a.*

blond(**e**)[1] *a.* **1** (髪の毛・体毛などが)ブロンド〔色〕の, 黄金色の. cheveux ~s ブロンドの髪, 金髪.
2 (人が)ブロンドの髪をした, 金髪の. jeune fille ~e 金髪の乙女. tête ~e 金髪の頭；

金髪の子供.
3 (物が)ブロンド色の, 黄金色の, 淡黄色の. ~e aurore 黄金色の曙色. les ~es collines 収穫期の金色の丘陵. les ~s épis 金色の麦の穂. beurre ~ ブロンド・バター (beurre noir「焦がしバター」の対). bière ~e ブロンド色(淡黄色)のビール. cigarette ~e ブロンドのシガレット(黄色種のタバコの葉の紙巻タバコ). 〖印刷〗gravure ~e 黒が淡い版画. 〖料理〗sauce ~e ブロンド・ソース. tabac ~ 黄金色の葉のタバコ(ヴァージニア種など), goût américain, goût anglais「アメリカ風味, イギリス風味」と呼ばれる；tabac brun「褐色葉のタバコ」, tabac noir「黒色葉のタバコ」の対).
— *n.* ブロンドの髪の人, 金髪の人. un beau ~ 金髪の美男子. une belle ~e 金髪の美女. une fausse (vraie) ~e 金髪に染めた(生来の金髪の)女性.
— *n.m.* ブロンド色, 黄金色(=couleur blonde). ~ ardent (clair, pâle) 燃えるような(淡い)ブロンド色. ~ argent 銀色がかったブロンド色. ~ artificiel (naturel) 染色した(生来の)ブロンド色. ~ doré 金色がかったブロンド色. ~ platiné プラチナ・ブロンド〔色〕. un ~ d'avoine 燕麦の黄金色. cheveux d'un beau ~ 美しいブロンドの髪の毛.
— *n.f.* **1** ブロンド色の髪の女性, ブロンド女性 (=femme ~, fille ~).
2 〖カナダ〗恋人 (=petite amie), 婚約者 (=fiancée)；愛人 (=maîtresse)；つれ合い, 伴侶 (=compagne). la ~ de *qn* 人の恋人. sa ~ 彼の恋人.

blonde[2] *n.f.* **1** 黄色種のタバコからつくる紙巻タバコ (=cigarette de tabac blond), ブロンドのシガレット. fumer des ~s ブロンドのシガレットを吸う.
2 ブロンド色のビール (=bière ~) (通常の褐色ビール bière brune の対). un demi de ~ ブロンド・ビールの小ジョッキ (375 cc). boire une ~ ブロンド・ビールを飲む.
3 絹のレース.

bloom 〖英〗*n.m.* 〖冶〗ブルーム, 大鋼片 (鋼塊を分塊圧延・鍛造した半製品).

bloquant(**e**) *a.* 〖生〗遮断作用のある(生体細胞膜に存在する受容体と結合して拮抗作用をもつ).
— *n.m.* 〖薬〗(交感神経系の) 遮断薬. α (β)- ~ アルファ(ベータ) 遮断薬.

blouse *n.f.* **1** (工員・農夫などの)上っ張り, 仕事着；(医療関係者の)白衣 (= ~ blanche). ~ blanche des infirmières 看護婦の白衣. ~ de paysan 農夫の野良着. les ~s blanches 医療関係者.
2 (婦人用)ブラウス. ~ de soie 絹のブラウス.

blouson *n.m.* ブルーゾン, ジャンパー. ~ de cuir 革ジャンパー. ~s noirs 黒の革ジャンパー族, 愚連隊 (1955-65 年頃).

BLU (=*b*ande *l*atérale *u*nique) *n.f.*〚通信〛単側波帯, シングルサイドバンド〔=〔英〕SSB：*s*ingle *s*ide*b*and〕. émission (réception) ~ 単側波帯伝送（受信）.

bluff [blœf]〔米〕*n.m.*〚話〛**1**〚トランプ〛（ポーカーの）ブラフ《はったりをかけること》.
2〚比喩的〛〚話〛はったり, こけおどし. ~ diplomatique 外交上のブラフ.〚株〛le grand ~ des modèles financières 金融モデルの大はったり.

BM[1] (=*b*rigade *m*écanisée) *n.f.*〚軍〛機械化旅団. 1ère ~ 第1機械化旅団（Châlons-en-Champagne 駐屯）. 3e ~ 第3機械化旅団（Limoges 駐屯）.

BM[2] (=*b*asses *m*ers) *n.f.pl.* 干潮.

BMAN (=*b*rigade *m*otorisée d'*a*rrondissement de *n*uit) *n.f.*〚警察〛区（郡）部担当夜間機動警察隊.

BMD (=〔英〕*B*allistic *M*issile *D*efense System) *n.m.*〚軍〛弾道ミサイル防御システム (=système de défense contre les missiles balistiques).

BMEWS (=〔英〕*B*allistic *M*issile *E*arly *W*arning System) *n.m.*〚軍〛弾道ミサイル早期警戒システム (=système d'alerte avancé contre les missiles balistiques).

BMI (=*B*ureau *m*aritime *i*nternational) *n.m.* 国際海事事務局 (=〔英〕IMB：*I*nternational *M*aritime *B*ureau；1981年国際商工会議所 Chambre de commerce internationale により設立).

BMPM (=*B*ataillon de *m*arins-*p*ompiers de *M*arseille) *n.m.* マルセイユ水上消防大隊.

BMR[1] (=〔英〕*b*asal *m*etabolic *r*ate) *n.f.*〚生理〛基礎代謝率 (=régulation du métabolisme de base).

BMR[2] (=*b*actéries *m*ulti*r*ésistantes) *n.f. pl.*〚医〛多剤耐性菌.

BMS (=*B*ureau *m*ilitaire de *s*tandardisation des armements) *n.m.*〚軍〛兵器規格化軍事局.

BN (=*B*ibliothèque *n*ationale) *n.m.* 国立図書館 (=la Nationale).

BNC (=*b*énéfices *n*on *c*ommerciaux) *n. m.pl.*〚税〛非営業利潤（所得）.

BNEV (=*B*rigade *n*ationale d'*e*nquête *v*étérinaire) *n.f.* 国の獣医学調査班（農業省所属）.

BnF (=*B*ibliothèque *n*ationale de *F*rance) *n.f.* 国立フランス図書館《旧 Bibliothèque nationale と Etablissement public de la Bibliothèque de France が合体〔1994〕；国立フランソワ＝ミッテラン図書館 Bibliothèque nationale François-Mitterrand, 1993年設立；Bibliothèque Richelieu；l'Arsenal, Bibliothèque-musée de l'Opéra；la Maison Jean-Villar à Avignon；centre technique de Bussy-Saint-Georges；cen-tre Joël-Le-Theule à Sable から成る》.

BNM (=*B*ureau *n*ational de *m*étéologie) *n.m.* 気象庁.

BNP (=*B*anque *n*ationale de *P*aris) *n.f.* 国立パリ銀行〔1993年民営化〕.

BNP-Paribas *n.pr.f.* 国立パリ銀行=パリバ銀行グループ (=groupe ~ ；Banque ~)〔1990年結成〕.

BOA (=*B*ulle *o*pérationnelle *a*éroterrestre) *n.f.*〚軍〛空陸作戦計画.

BOAMP (=*b*ulletin *o*fficiel des *a*nnonces des *m*archés *p*ublics) *n.m.* 公共市場公示公報.

bob [bɔb] *n.m.*〚スポーツ〛〚俗〛ボブスレー〚競技〛(=bobsleigh). ~ à quatre 4人乗ボブスレー.

bobeur(se) *n.*〚スポーツ〛ボブスレー選手 (bobiste).

Bobigny *n.pr.* ボビニー（département de la Seine-Saint-Denis セーヌ=サン=ドニ県の県庁所在地；市町村コード93000；形容詞 balbynien(ne)).
▶ balbynien(ne) *a.*

bobine *n.f.* **1** ボビン；糸巻き, 巻枠；リール（タイプライターの）リボン・スプール；〚写真〛（フィルムの）巻き軸, スプール. ~ de câbles ケーブルの巻き枠. ~ de dentellerie 手編みレース用ボビン. ~ de file 糸巻き.〚写真〛~ de film (de pellicule photographique) ロールフィルム.
2〚電〛コイル, 線輪；コイルの巻き棒. ~ de dérivation 偏向コイル. ~ d'induction 誘導コイル. ~ primaire (secondaire) 一次（二次）コイル.
3〚話〛顔；頭. faire une drôle de ~ 変な顔をする.

bobsleigh [bɔbslɛ(g)]〔英〕*n.m.*〚スポーツ〛ボブスレー〚競技〛(bob と略称). ~ à deux 2人乗ボブスレー〚競技〛(=boblet). ~ sur piste 専用コース利用ボブスレー. ~ sur route 道路利用ボブスレー. route à ~ ボブスレー競技用路.

BOCCRF (=*B*ulletin *o*fficiel de la *c*oncurrence, de la *c*onsommation et de la *r*épression des *f*raudes) *n.m.* 競争・消費・不正行為抑止に関する公式報告書 (DGCCR 競争・消費・不正行為抑止総局の公式報告書).

BOD (=〔英〕*B*iochemical *O*xygen *D*emand) *n.f.* 生化学的酸素要求量 (=〔仏〕DBO：*d*emande *b*iochimique en *o*xygène).

BODAC (=*b*ulletin *o*fficiel *d*es *a*nnonces *c*ommerciales) *n.m.* 商事公告誌（官報の付録）.

bodhisattva [サンスクリット語] *n.m.* 菩薩〔像〕. ~ kudara kannon 百済観音菩薩〔像〕.

bodybuilding [bɔdibildiŋ]〔英〕*n.m.* ボディー・ビル (=culturisme,〚俗〛gonflette).

Boers(les) *n.m.pl.* ボーア人《1652年南アフリカに入植したオランダ人．子孫をアフリカーナー Africaners, アフリカーンダー Afrikaanders と呼ぶ》. la guerre des ~ ボーア戦争 (1899-1902年．ボーア人と英国人との戦争).

bœuf [bœf] (*pl.* ***bœufs*** [bø]) *n.m.*
1 〖動〗牛 (bovidés 牛科の大型哺乳動物; 学名 Bos; 牛，オーロック原牛，ヤクなどの総称).
2 〖家畜〗去勢された牡牛《食肉用の肥育牡牛; 種牛用牡牛は taureau, 牝牛は vache, 処女牛 (非経産牝牛) は génisse, 仔牛 (1歳未満) は veau). ~ Apis アピス牛《古代エジプトの神牛). ~ de boucherie 食肉牛. ~ de labeur 農耕牛; 〖比喩的〗働き者. le *B*~ gras ブフ・グラ《謝肉祭の時に食肉業者が飾り立てて町をひきまわす牡牛). ~ musqué 麝香牛. 〖比喩的・話〗avoir un ~ sur la langue 口をつぐむ，黙りこくる. fort comme un ~ 牛のように頑丈である. travailler comme un ~ 牛のように黙々と働く.
3 牛肉; 牛肉料理. filet de ~ 牛のヒレ肉. acheter du ~ 牛肉を買う. 〖料理〗~ à la mode ブフ・ア・ラ・モード《ビーフ・シチュー). 〖料理〗~ bourguignon ブフ・ブルギニョン《赤葡萄酒で煮込んだブルゴーニュ風シチュー).
4 〖音楽〗〖隠〗(ジャズの) ジャム＝セッション (＝ 〖英〗jam-session).
—*a.inv.* 〖話〗とてつもない. effet ~ 巨大効果.

BOF (= *b*eurre, *œ*ufs, *f*romages) 〖蔑〗闇成金; 新興成金.

bogue *n.f.* **1** (栗の) いが.
2 〖情報処理〗バグ (＝ 〖英〗bug, コンピューターの誤作動). ~ de l'an 2000 (コンピューターの) 西暦2000年誤作動. logiciel anti-~ バグ防止ソフト.

BOH (= *b*ulletin *o*fficiel *h*ebdomadaire) *n.m.* 週刊公告誌 (公報). ~ du ministère de la santé 保健省週刊公告誌 (公報).

Bohai 〖中国〗*n.pr.* 渤海 (ほっかい) 〖湾〗, ボーハイ (＝Bokai).

Bohème(la) [bɔɛm] *n.pr.f.* **1** ボヘミヤ《チェコの地方名 (Čechy). モラヴィヤ la Moravie と共に旧チェコスロヴァキヤ社会主義共和国連邦内のチェコ社会主義共和国を構成．首都 Praha (Prague)). le duché de ~ ボヘミヤ公国. la forêt de ~ ボヘミヤの森.
2 プッチーニのオペラ『ラ・ボエーム』(1851).

bohémien(ne) *a.* **1** ボヘミアの. **2** ジプシーの，ジプシー的な.
—*n.* **1** ボヘミア人. **2** ジプシー (＝Tsigane, Gitan), ロム人 (＝Romani). langue ~*ne* ジプシー語, ロマニ語 (＝le romani). **3** ボヘミアン.

bohrium [bɔrjɔm] (＜Niels Bohr [1885- 1962], デンマークの物理学者) *n.m.* 〖化〗ボーリウム《人工放射性元素; 元素記号 Bh; 原子番号 107; 原子量 264.12; ビスマス 209 にクロミウム 54 イオンを照射してつくられた元素).

bois *n.m.* I **1** 木，樹木，木材，材木. ~ amélioré 集成材. ~ blanc 白太材. ~ brut 原木. ~ dur 硬木. ~ de charpente 建築用木材. ~ de chauffage 薪炭材. ~ de construction 構造用材. ~ d'ébénisterie 高級家具用材. ~ de menuiserie 建具用材. ~ d'œuvre 用材. ~ de rose ローズウッド, 紫檀. ~ de sciage 製材. ~ final 秋材. ~ initial 春材. ~ mort 枯れ木. ~ parfait 心材. ~ précieux 銘木. ~ résineux 針葉樹材. ~ tendre 軟材. ~ vert 生木. charbon de ~ 木炭. feu de ~ 薪でおこした火. maison de (en)~ 木造の家. poêle à ~ 薪ストーブ.
2 木製のもの, 木製の部分; 〖特に pl. で〗木製楽器, 木管楽器; 〖テニス〗ゴール; 〖ゴルフ〗ウッド.
3 木材産業. ~ et ameublement 木材・家具産業.
4 〖成句〗
casser du ~ 飛行機 (自動車) を壊す.
chèque en ~ 不渡小切手.
être dans ses ~ 自前の家具, 調度を揃える.
être du ~ dont on fait + 複数名詞 ・・・になる素質を備えている.
être du ~ dont on fait les flûtes 愛想がよい.
faire flèche (feu) de tout ~ ~手当り次第の手段を利用する.
gueule de ~ 二日酔い.
Il n'est ~ si vert qui ne s'allume. (火のつかない若木はない→) 我慢にも限度がある.
langue de ~ (特に共産圏諸国の) 宣伝用の決り文句からなる文体.
n'être pas de ~ 木石ではない.
On verra de quel ~ je me chauffe. 目にものを見せてやる.
toucher du ~ (木製のものに触れて) そうなることを祈る, 厄払いする.
visage de ~ 門前払いをくらわせる, 冷やかな顔をする.

II **1** 森, 林. ~ de Boulougne ブーローニュの森. ~ de chêne 楢の森. homme des ~ オランウータン.
2 〖集合的〗樹木.
3 〖成句〗
aller au ~ sans cognée (斧を持たずに森に入る→) 成功の目算をもたずに仕事を企てる.
être volé comme au coin d'un ~ 〖dans un ~〗身ぐるみ剝がれる.

boisé(e) *a.* **1** 植林された; 樹木で蔽われた. région ~*e* 森林地方.
2 (壁の) 板張りの.
3 (酒の) 木の香りのする. vin ~ 木の香り

のする葡萄酒.

boisement *n.m.* 植林.

boiserie *n.f.* **1** 板張り仕上げ；指物細工. ~ contenant un orgue オルガンのビュッフェ. ~ d'une porte ドアの抜粋.
2 〔*pl.*で〕木材による内装（床板張り(parquet)を除く）des murs d'un appartement 居室の壁の板張り. ~s en chêne 楢材の板張り内装.

Bois-le-Duc *n.pr.* ボワ=ル=デューク（オランダの北ブラバント州の州都.〔オランダ〕'S-Hertogenbosch ス・ヘルトヘンボス).

boisson *n.f.* **1** 飲物. ~ alcoolisée アルコール飲料. ~ gazeuse (gazéifiée) 炭酸飲料. ~ non-alcoolisée (non-alcoolique) 非アルコール飲料.
2 酒類. débit de ~ 酒類を提供するカフェ, 酒場. droit sur les ~s 酒税.
3 飲酒癖. être pris de ~ 酔っぱらっている, へべれけである.

boîte *n.f.* Ⅰ （箱）**1** 箱, ボックス, ケース；缶. ~ à balles (銃器の) 弾倉. ~ à bijoux 宝石箱. ~ à coudre 裁縫箱, 針箱. ~ à idées (提案用) 投書箱. ~ à (aux) lettres 郵便ポスト；郵便受. mettre une lettre à la ~ 手紙を投函する. ~ à malice びっくり箱, 秘策. ~ à musique ジュークボックス. ~ à ordures ごみ箱. ~ à outillage 道具箱, 工具箱. 〔理〕~ à réactifs 反応箱. ~ à surprise びっくり箱. 〔冶〕~ à vent (溶鉱炉の) 風箱.
〔解剖〕~ crânienne 頭蓋. 〔機械〕~ 〔de changement〕 de vitesses 変速歯車箱, ギアボックス, 変速機. ~ de couleurs 絵具箱. 〔電〕~ de dérivation 分岐箱. 〔鉄道〕~ d'essieu 軸箱, 軸受. ~ de montre 腕時計の側. ~ de secours 救急箱. ~ en bois (en papier) 木 (紙) 箱. 〔航空〕~ noire ブラック・ボックス. ~ postale 郵便私書箱 (=case postale) (略記 BP). 〔電話〕~ vocale 留守番電話. une ~ de 1 箱の…. bière en ~ 缶ビール.
〔話〕avoir l'air de sortir d'une ~ めかしこんでいる. 〔俗〕fermer sa ~ 口をつぐむ. 〔話〕mettre qn en ~ 人を馬鹿にする.
2 〔機械〕室. ~ à feu 火室. ~ à fumée 煙室. ~ à vent (溶解炉の) 風箱.
Ⅱ （狭い場所）**1** 〔俗・蔑〕家, 住居；職場. Quelle ~! 何てひどい家だ！changer de ~ 職場を変える.
2 ナイトクラブ (=~ de nuit), キャバレー；ディスコテーク. ~ à la mode 人気のナイトクラブ (ディスコ). ~ de jazz ジャズ・バー. aller en ~¹ ナイトクラブ (ディスコ) に行く.
3 〔神話〕~ de Pandore パンドラの箱 (すべての悪が閉じこめられている).
4 〔話〕リセ；高校. ~ à bachot バカロレア受験準備予備校 (私塾). aller en ~² 学校に行く.

boîte-boisson (*pl.* ~s-~s) *n.f.* 飲料缶. ~ de la bière ビール缶.

boiterie *n.f.* 跛行 (はこう) (びっこを引いている状態；=claudication).

boîtier *n.m.* **1** 仕切りのある箱. ~ de chirurgie 外科用手術用具入れ.
2 ケース. ~ de montre 腕時計の側 (がわ).
3 (カメラの) ボディー (=~ d'appareil photo). prix d'un ~ nu ボディーのみの価格. ~ reflex 一眼レフ・カメラ・ボディー. ~ tropicalisé 熱帯向き仕様ボディー.

boit-sans-soif *n.inv.* 〔話〕酔っぱらい, 呑んだくれ (=ivrogne).

BoJ (= 〔英〕*B*ank *o*f *J*apan) *n.f.* 日本銀行 (=Banque du Japon).

Bokai, BoHai 〔中国〕*n.m.* 渤海 (ぼっかい), ボーハイ (山東半島と遼東半島の間の黄海の一部). golfe du ~ 渤海湾.

bolchevik [bɔlʃevik]**, bolchevique** [bɔlʃəvik] *n.* **1** ボリシェヴィキ (ロシアの社会民主労働党のレーニンを指導者とする多数派 [1903-17]. menchevik の対).
2 ロシア共産党員 (1917 年以降).
3 〔蔑〕共産党員, 赤.
──*a.* ボリシェヴィズムの；〔蔑〕共産党の, 赤の.

boliviano *n.m.* 〔通貨〕ボリヴィアーノ (ボリヴィア共和国の基本通貨).

Bolivie(la) *n.pr.f.* 〔国名通称〕ボリヴィア (公式名称：la République de *B*~ ボリヴィア共和国；国民：Bolivien (ne)；首都：La Paz ラ・パス；通貨：boliviano [BOB]).

bolivien(ne) *a.* ボリヴィア (la Bolivie) の, ボリヴィア共和国 (la République de Bolivie) の；~人の.
──*B*~ *n.* ボリヴィア人.

bolognais(e), bolonais(e) *a.* ボローニャ (Bologne) の；~の住民の；ボローニャ風の. sauce ~e (bolonaise, bolognèse) ボローニャ風ソース (牛肉と野菜を主体としたソース).

Bologne [bɔlɔɲ] *n.pr.f.* ボローニャ (北イタリアの都市；〔伊〕Bologna).

bolomètre *n.m.* 〔物理〕ボロメーター (赤外線, 可視光線, 紫外線などの放射エネルギーを測定する電気抵抗測定器).

bombardement *n.m.* **1** 爆撃. ~ aérien 空爆；空襲 (=raid). ~ atomique¹ 原子爆弾による爆撃. ~ stratégique (tactique) 戦略 (戦術) 爆撃. avion de ~ 爆撃機 (=bombardier).
2 砲撃. ~ naval 艦砲射撃.
3 〔物理〕~ atomique² 原子衝突, 原子核衝撃. 〔電子〕~ cathodique 電子衝撃. soudage par ~ électronique 電子衝撃溶接.
4 〔比喩的〕〔話〕(物を) 投げつけること. ~ de cailloux (de fleurs) 石 (花) を浴びせるように投げること.
5 〔情報〕爆撃, ボンビング (= 〔英〕bom-

bing)（単一の相手に対する悪意に基づく大量メッセージの集中送付）．

bombardier *n.m.* **1**〖軍〗爆撃機．～ léger (lourd) 軽 (重) 爆撃機．～ stratégique 戦略爆撃機．
2〖軍〗(爆撃機の) 爆撃手, 爆弾投下手．
3 ～ d'eau 消火用水を投下する消火用飛行機. Canadair, avion ～ d'eau 空中散水消火用航空機カナデール．
4〖昆虫〗〖俗〗細首ごみ虫．

bombe *n.f.* **1** 爆弾．～ A (atomique) 原子爆弾, 原爆．～ H (à hydrogène) 水素爆弾, 水爆. ～ à aérosol¹ エアゾル爆弾（ガス爆弾）. ～ à dispersion 散乱爆弾, 集束爆弾, クラスター爆弾（子爆弾 bombinette を空中で散乱させる集束爆弾）. ～s à effets spéciaux 特殊効果爆弾. ～ à neutrons 中性子爆弾. ～ au plastic プラスチック爆弾. ～ à retardement 時限爆弾. ～ anti(-)bunker 地下壕破壊爆弾. ～ antipersonnelle 対人爆弾. ～ au napalm ナパーム弾. ～ classique 通常爆弾. ～s conventionnelles 通常型爆弾. ～ freinée 制動式爆弾. ～ gravitationnelle 重力爆弾. ～ guidée laser レーザー誘導爆弾 (略記 BGL). ～ incendiaire 焼夷(爆)弾. ～ lance-grenades 榴弾発射爆弾 (対人・対戦車用; 略記 BLG). ～ nucléaire 核爆弾. ～ planante 滑空爆弾. ～ torpille guidée 魚雷型誘導爆弾（空中投下誘導式魚雷）.
abri contre les ～s 防空壕. larguer (lancer) des ～s sur une ville 都市に爆弾を投下する.
2（起爆装置付きの）爆発物；爆弾；手投げ爆弾；花火. ～ algérienne かんしゃく玉. ～ au plastique プラスチック爆弾. ～ d'artifice 花火の玉. attentat à la ～ 爆発物によるテロ, 爆弾テロ.
3（爆弾の形をしたもの）〖海〗～ à signaux（海難救助用の）信号球, 信号弾. ～ à vanille ヴァニラ風味のボンブ型アイスクリーム. 〖医〗～ au cobalt コバルト治療装置. 〖理〗～ calométrique ボンブ熱量計（燃焼熱量計器). ～ de kirsch キルシュ用丸氷塊. 〖料理〗～ glacée ボンブ・グラセ（球型のアイスクリーム). 〖地学〗～(volcanique) 火山弾.
4 ボンベ, ガスボンベ．〔～ à〕aérosol² エアゾル・スプレー〔缶〕. ～ insecticide 殺虫スプレー〔缶〕.
5〖馬術〗(騎手の) 猟騎帽.
6〖電算〗爆弾. ～ logique プログラム破壊ウィルス.
7〖比喩的〗〖話〗arriver (tomber) comme une ～ 不意にやってくる（舞い下りる). faire l'effet d'une ～ びっくり仰天させる. foutre en ～ 投げ出す. se foutre en ～ 立腹する；突然落下する.
8〖比喩的〗〖話〗～ sexuelle セクシャル・グラマー．

bombinette *n.f.*〖軍〗小型爆弾, 子爆弾（飛散式爆弾 bombe à dispersion（クラスター爆弾）用).

bomblette *n.f.*〖軍〗(空中投下式の) 小型爆撃型地雷.

bon¹ (*ne*) *a.*〖母音で始まる男性単数名詞の前で bon は非鼻母音化する：ex. bon élève [bonelεv]；付加形容詞としては原則として名詞の前；優等比較級は meilleur であるが, plus と離れている時は meilleur とならない：ex. plus ou moins bon；plus il est bon, plus on se moque de lui；俗語では meilleur に代って plus bon を用いる傾向がある〗

Ⅰ（物の質について）**1**（品質・性能などが）良い, 良質の. ～ couteau 良く切れるナイフ. ～ œil 良い眼. du ～ vin 良質の葡萄酒. une ～ne voiture 良い車.
2（効果・結果などが）良い, 目的にかなった；正しい. le ～ chemin（目的に至る）正しい道. la ～ne clef（特定の錠に）合う鍵. la ～ne méthode 良い方法. ～ résultat 良い結果. arriver au ～ moment ちょうどいい時に着く. Le compte est ～. 計算は合っている；御明算.
3 有効な, 有益な, 利益をもたらす；適切な；(薬が) 良く効く. ～ne affaire 有利な事業. ～ conseil 適切な助言. ～ marché (a. inv.) 安い. ～ placement 利益をもたらす投資. ～ remède 良く効く薬.
comme ～ vous (me) semble あなた(私)に適当と思われるように, あなた(私)の好きなように. juger (trouver) ～ de + inf. (que + subj.) …することが適当だと思う.
Il est ～ + inf. (que + subj.) …するのは良いことだ（適切だ, 有益だ). Il serait ～ de partir tôt (que l'on parte tôt). 早く出発するほうが良いであろう.
4 好ましい, 望ましい. ～ an 良い年. B～ne année! 新年おめでとう！～ mariage 良縁. de ～nes nouvelles 良い便り, 吉報. une ～ne occasion 好機. ～ signe 吉兆.
5 快適な, 楽しい. B～ne nuit! おやすみなさい. ～ne promenade 快適な散歩. de ～nes vacances 楽しい休暇. passer un ～ moment 楽しいひと時を過す. B～ voyage! ボン・ヴォワイヤージュ（いい旅を！）B～ week-end! / B～ne fin de semaine! 良い週末を！L'eau est ～. 程よい水温だ.
6 おいしい；食べ頃の；(香りなどが) 快い. ～ fruit おいしい（食べ頃の）果物. ～ gâteau おいしいケーキ. ～ odeur 良い香り, 芳香. ～ plat おいしい料理. C'est très ～!¹（料理などについて）これはとてもおいしい！
7（仕事・考えなどが）良い, よく出来た, 優れた. un ～ film 良い映画. un ～ travail 良い仕事. C'est très ～!² これはとても良い. C'est une ～ne idée. それは良い思いつきだ.
8（健康状態が）良い；(身体の機能が) 達者な, 良い. ～ œil 良い眼(視力). ～ pied 健

bon¹(ne)

脚. avoir de 〜nes jambes 健脚である. être en 〜ne santé 健康である.
9〔物語・言葉などの〕面白い, 愉快な. une 〜ne histoire 面白い話. un 〜 mot 冗談, しゃれ.
10〔皮肉〕ひどい, 猛烈な, したたかな. une 〜ne maladie ひどい病気. un 〜 poison 猛毒. attraper un 〜 rhume ひどい風邪をひく. en prendre un 〜 coup ひどい打撃を受ける.
11〔話〕奇妙な(成句中の en, elle は histoire〔s〕, idée〔s〕, nouvelle〔s〕などを暗に指す). en avoir de 〜nes 奇妙な考えを抱く；冗談を言う. Tu en as de 〜nes! 冗談言うな！en raconter (dire) une 〜ne (de 〜nes) 奇妙なことを言う. Elle est bien 〜 ne! /En voilà une bien 〜ne! これは妙な話だ！これは驚いた！
12〔話〕à la 〜ne 良く, 良い面に. avoir qn à la 〜ne 人に好意を寄せる. Il m'a à la 〜ne 彼は私をひいきにしている. prendre qch à la 〜ne 何を良く解釈する, 何の良い面を見る.
II〔物の量・強さなどについて〕**1** 十分な, たっぷりした. une 〜ne heure たっぷり1時間. dix 〜s kilomètres 優に10キロメートル. un 〜 nombre de... 多数の…. un 〜 nombre de touristes 多数の観光客. Cela fait un 〜 moment qu'il est là. 彼がここにいるのはもう随分前から.
2〔所定よりも〕早く. de 〜ne heure 朝早く；〔所定・普通の時刻・時期よりも〕早く. débuter de 〜ne heure 若くしてデビューする. se lever de 〜ne heure 早起きする. de 〜 matin 朝早くから.
3 arriver 〜 premier (dernier) 真先に (どん尻に) 到着する. Ils sont arrivés 〜s premiers. 彼等は真先に着いた.
4 強い, 激しい. une 〜e gifle 激しい平手打. donner un 〜 coup したたかに殴りつける, 強打する.
5 une 〜ne fois〔pour toutes〕決定的に, きっぱりと, 今度こそは. terminologie fixée une 〜ne fois pour toutes はっきり確立した用語. Expliquons-nous une 〜ne fois! 今度こそはっきり話し合おうではないか！
III〔人・人の行為について〕**1**〔付加形容詞として用いられると後置されることが多い〕善良な；(à l'égard de, avec, envers, pour に対して) 親切な. le 〜 Dieu 神様. un homme 〜 善良な人. Soyez 〜 avec (pour) les animaux. 動物には優しくしなさい. Vous êtes vraiment trop 〜 de+inf. ご親切にも…してくださって本当に有難うございます.
2〔蔑・皮肉・愛情をこめて〕お人好しの, 人の良い. une 〜ne fille 気の良い娘. un 〜 vivant 楽天家. Vous êtes trop 〜, ce n'est pas si simple! あなたは人が良すぎますね, それはそんなに単純ではありませんよ

3〔態度・人付き合いなどが〕良い, 親しみのこもった. un 〜 accueil 親切なもてなし. être de 〜ne humeur 機嫌がよい. Soyons〔de〕〜s amis. 仲のいい友達になりましょう. Mon 〜〔ami〕./Ma 〜ne〔amie〕. ねえ君 (親しみを示す呼びかけ. 省略形は皮肉の意を表わすことがある).
4〔身分・職業・資格などを表わす名詞と共に〕良い, 優れた, 有能な, 良心的な, 忠実な. un 〜 acteur 名優. un 〜 chrétien 信心深いキリスト教徒. 〜ne famille 良家. une jeune fille de 〜ne famille 良家の令嬢. un 〜 médecin 名医. un 〜 professeur 優秀な教授 (un professeur 〜 は「人柄の良い教授」).
5〔人の行為・思想などが〕良い, 道徳的な, 誠実な；理にかなった. une 〜ne conduite 善行；品行方正. 〜 foi 誠意；善意；不知, 誤信. homme de 〜ne foi 誠実な人. en 〜ne foi 誠実に, 誠心誠意. 〜 justice 良き司法. 〜nes mœurs 善良の風俗, 良俗.〔外交〕〜s offices 仲介. 〜 père de famille 善良な家父. 〜 sens 良識. la 〜ne volonté 善意.
6〔古〕勇敢な. Philippe le B〜 フィリップ・ル・ボン (勇猛王フィリップ3世).
IV〔前置詞と共に〕**1**〔à と共に〕〜 à〔bɔ̃ a〕+inf. …するに適した；…する値打ちがある；…しても惜しくない.〔印刷〕〜 à tirer 校了になった. chose 〜 à manger 食用になる物. Ces souliers sont 〜s à jeter. この靴は捨てても惜しくはない. Elle est 〜ne à marier. 彼女は結婚適齢期にある (年配だ). Toute vérité n'est pas 〜ne à dire. 真実はすべて口にしてよいとは限らない.
〜 à+n. …の役に立つ. homme qui n'est 〜 à rien 何もできない人. Puis-je vous être 〜 à quelque chose? 何かお役に立つことはありませんか？Tout lui est 〜. 何でも受け容れる人；彼はどんな卑劣な手段も講じる奴だ. A quoi 〜? それが何になるのだ, 無駄なことでは？A quoi 〜 continuer? 続けて何になるんだ？A quoi 〜 la richesse? 富が何になるんだ？
2〔pour と共に〕〜 pour+n.(inf.)…に良い, に適した, …に有効な；〔話〕…せざるを得ない. B〜 pour...(書類の末尾などで署名を添えて)…が適当であることを証する. B〜 pour aval 裏書きします. (署名を添える). B〜 pour pouvoir. 委任します(署名を添える). B〜 pour le service. (徴兵検査などで) 合格. billet 〜 pour deux personnes 二人が利用できる切符. faute 〜ne pour un débutant 初心者なら許される間違い. herbe 〜ne pour les vaches 乳牛に適した牧草. remède 〜 pour (contre) les maux de tête 頭痛に効く薬. C'est 〜 pour la santé. それは健康によい. Le tabac n'est pas 〜 pour la santé. タバコは健康によくない.〔皮肉〕Le dernier autobus est passé；il est

～ pour rentrer chez lui à pied. 最終バスが行ってしまったので彼は歩いて帰宅せざるを得ない.〔話〕Nous sommes ～s pour la contravention. われわれはきっと違反をしでかすぞ.
3〔enと共に〕～ en *qch* 何が得意な. Elle est ～ *ne* en philosophie. 彼女は哲学が得意だ.

bon² *ad.* **1** sentir ～ 良い匂いがする. roses qui sentent ～ 良い匂いがする薔薇.
2 tenir ～ 持ちこたえる, 頑張る. Tenez ～. 頑張りなさい.
3 Il fait ～. (暑くも寒くもなくて) 良い天気だ (陽気が良い); 気持ちがよい. Il fait ～ sur la terrasse. テラスでは気持がよい. Il fait ～ de+*inf.* …するのは快適だ; …する方が良い, …するのが得策だ. Il fait ～ vivre ici. ここで暮すのは楽しい. Il ne fait pas ～ se promener dans ce quartier le soir. 日が暮れてからこの界隈を散歩するのは物騒だ.
4 pour de ～;〔文〕tout de ～ 本当に, 真面目に; 決定的に. Elle est fachée pour de ～. 彼女は本当に怒っている.
── *int.* **1** B～! それでは: ああそう, よろしい!(話題の転換や同意・不同意などの表現). B～, on y va! さあ, 出かけるよ! B～, ～, ～, nous verrons qui a raison. もういい, いずれ誰が正しいか分かるだろう.
2 C'est ～! それはそれは, そうかい (= B～!); もうよせ (=Ça suffit).
3 Ah ～? ああそう？; へえ！(驚きを表わす).
4 Allons ～! やれやれ (予期しなかったことに対する不満の意). Allons ～! voilà que ça recommence! やれやれまた始まったか!

bon³ *n.m.* Ⅰ **1** 良いこと, 善; 正しいこと. le beau et le ～ 美と善. distinguer le ～ du mauvais 善悪を識別する.
2 良いもの. boire du ～ 良いもの (飲物, 酒) を飲む. n'acheter que du ～ 良いものしか買わない.
3 良い点, 良いところ; 利点, 長所. avoir du ～ 良いところもある. Cette solution a aussi du ～. この解決策には良い点もある. Il y a du ～ et du mauvais dans cet ouvrage. この作品には良いところと悪いところがある.〔話〕Y a〔du〕～. いいぞ (=C'est bien).
4〔多く *pl.*〕善人; 有能な人. les ～s et les méchants 善人と悪人.
5〔印刷〕～ à tirer 校了. donner le ～ à tirer 校了にする.
Ⅱ **1** 引換券, クーポン. ～ d'essence ガソリン券. ～ de restaurant レストラン・クーポン, 食券.
2 証書, 手形, 債券, 証券; 借用書. ～ à lots 抽選による割増金付公社債 (=obligation à lots). ～ à vue 一覧払手形. ～ au porteur 持参人払債券. ～ de caisse (金融機関の発行する) 利付定期預金証書. ～ de capitalisation 複利高額長期預金証書. ～ de commande 注文書. ～s d'épargne 郵便貯蓄債券.『労働』～ de délégation 従業員代者職務執行証書. ～ de livraison 貨物引渡指示書. ～ du Trésor 国債. ～ de visite (不動産の) 参観許可書. ～ négociable 取引可能債権. souscription de ～s 債券の申込 (引受). signer un ～ 証書に署名する.

bonbel〔商標〕*n.m.*〘チーズ〙ボンベル (ベル Bel 社の工場生産式サン゠ポーラン (saint-paulin) チーズ).

bon-chrétien (*pl.* ～s-～s) *n.m.*〘果物〙ボン゠クレチヤン, ウィリヤム梨 (=poire william).

bond *n.m.* **1** 跳躍, 飛躍. ～s d'un cabri 仔山羊の跳躍. ～ de cabri 飛び跳ね; とんぼ返り (=cabriole). un ～ de deux mètres 2メートルの跳躍. chute par ～s 飛び跳ねる落下. d'un ～ ひと跳びで; 一気に, 一挙に. D'un ～, il franchit l'obstacle. ひと跳びで彼は障害を乗り越えた. ne faire qu'un ～ 素っ飛んで行く, 駆けつける.
2〔軍〕躍進. ～s en avant¹; ～s successifs (戦闘部隊の) 前進行程. progression par ～s 断続的躍進.
3〔比喩的〕飛躍的発展;(価格などの) 急騰, 高騰.『経済』～ en avant² 急成長;〔一般に〕躍進, 急速な進歩. ～s de la science 科学の躍進. La Bourse a fait un ～. 株価が急騰した.
4 (球などの) バウンド, リバウンド. faux ～ イレギュラー・バウンド.〔比喩的〕faire faux ～ à *qn* 人との約束を守らない; 人の期待に背く; 人とのデートをすっぽかす. prendre (saisir) la balle au ～ 跳ね返った球を捕える;〔比喩的〕チャンスを的確に捕える.

bondard *n.m.*〘チーズ〙ボンダール (地元の呼称: fromage à tout bien; ノルマンディー地方 la Normandie のブレー地方 (Pays de Bray) で, 濃厚牛乳からつくられる軟質, 白かび外皮のチーズ, 脂肪分 60 %のチーズ; 直径 6-7 cm, 長さ 8-9 cm の円筒形; 200-300 g).

bondaroy *n.m.*〘チーズ〙ボンダロワ, ボンダロワ・オー・フォワン (=～ au foin), ピチヴィエ・オー・フォワン (pithiviers au foin) (オルレアン地方 l'Orléanais で牛乳からつくられる軟質, 自然外皮のチーズ, 脂肪分 40-45 %; 直径 12 cm, 厚さ 2.5 cm の薄円盤状; 300 g).

bondon *n.m.*〘チーズ〙ボンドン, ボンド・ド・ヌーシャラル (=～ de Neufchâtel, AOC), ヌーシャテル (neufchâtel) (ノルマンディー地方 la Normandie のブレー地方 (Pays de Bray) で, 牛乳からつくられる軟質, 白かび外皮のチーズ, 脂肪分 45 %; 直径 4-5.5 cm, 長さ 6 cm の円筒形; 100 g).

bonheur *n.m.* Ⅰ (幸運) **1** 幸運, 幸い.

~ imprévu 思いがけない幸運. ~ inespéré 望外の幸運. au petit ~ 〔la chance〕出鱈目に, 当てずっぽうに. par ~ 幸運にも, 幸い〔にして〕. avoir le ~ de+inf. 幸運(い)にも…する. J'ai eu le ~ de faire votre connaissance お近づきになれて大変幸せに存じます(儀礼的文言).〔文〕avoir du ~ 運がよい；運がついている. jouer de ~ 運がいい, ついている. porter ~ à qn 人に幸運をもたらす.
2 偶然の成功. jouer avec ~ うまく演じる. peindre avec ~ 思いがけず見事に描く.
3 marchand de ~ 易者, 占い.
II〔幸福, 幸せ〕~ de vivre 生きる幸せ, 生きる歓び. ~ instable あやふやな幸せ. ~ parfait 申し分のない幸せ. désir du ~ 幸福願望.〔俗〕pillules du ~ 幸福感を与える薬剤(麻薬), 幸福薬. recherche du ~ 幸福の探求. souverain ~ 至福.
faire le ~ de qn 人を幸せにする；〔話〕(物が)人を喜ばせる, 人の役に立つ. Quel ~ de vous rencontrer! お目にかかれるなんて, なんて幸せなことでしょう.〔諺〕Le malheur des uns fait le ~ des autres. 一方の不幸は他方の幸せ；甲の毒は乙の薬.

bonhomme (pl. bonshommes) [bɔ̃zɔm]；〔俗〕~s〔女性は bonne femme〕n.m. **1**〔話〕男, 奴；(同輩や目下の者に対し親愛・軽蔑の情を込めて)大将, おっさん, お前. faux ~ 偽善者. un drôle de ~ おかしな奴.
Nom d'un petit ~! 畜生(軽い呪詛). Quel ~! 凄い奴だ！Salut, ~! やあ君, 今日 aller son petit ~ de chemin 地道にこつこつと仕事を進める. entrer dans la peau du ~ 〔俳優〕役になり切る. Viens t'asseoir ici, mon ~. お前, ここに来て座れよ.
2 坊や, ちびっ子(=petit ~). Bonjour, mon petit ~! やあ坊や, 今日は！
3〔話〕大ざっぱな人物画(人物像). ~ de neige 雪だるま. ~ de pain d'épice 香料入りパン人形.〔心〕test du (petit) ~ (子供に対する)人物画描画テスト.
4〔やや古〕爺さん.
5〔古〕善人, お人よし. faire le ~ 善ぶる.
6〔古〕(中世の)農民, 百姓.

BONI (=bruits d'origine et de nature inconnues) n.m.pl. 原因および性質不明騒音(=brontides 地鳴り).

boni〔ラ〕n.m. **1** 剰余金；利益. ~ de liquidation (団体の解散の際の)清算剰余金, 分配剰余財産.
2 賞与, ボーナス(bonus)；褒賞金.

Bonifacio [bɔnifatʃjo] n.pr. ボニファッチョ, ボニファシヨ(département de la Corse-du-Sud 南コルス県の港町, 要塞都市, 郡庁所在地；市町村コード 20169). bouches (détroit) de ~ ボニファッチョ海峡(コルス島とサルジニア島の間の海峡).
▶ bonifacien (ne) a.

bonifiable a. 利子補給の対象となる. prêt ~ 利子補給付き貸付.

bonification[1] (<bonifier) n.f. **1** (経済的な)特典；割引, 割戻し〔金〕.〖経済〗~ d'intérêts 利子補給. de 1 à 6 jours de congé ajoutés pour ancienneté 勤務年数に応じて加算される1～6日の〔有給〕休暇特典.
2〔スポーツ〕加算点；(自転車競技の)タイム・ボーナス.

bonification[2] (<bonifier) n.f. 改良, 改善. ~ d'une terre 土地改良, 土壌改良. ~ hydraulique ~. ~ d'un vin (熟成による)葡萄酒の品質向上.

bonite n.f.〖魚〗鰹〔類〕. ~ à dos rayé (pélamide) (主に太平洋で獲れる)背に縞のある鰹. ~ à ventre rayé (listao) (主に大西洋・地中海で獲れる)腹に縞のある鰹.

bonjour n.m. **1**〔間投詞的〕ボンジュール, 今日は；お早う；(夕方の)今晩は. B~ à tous! 皆さん今日は！B~, chère madame. 奥様今日は！
2(「今日は」の)挨拶. ~ aimable (cordial, chaleureux) 親しげな(心からの, 熱烈な)挨拶. ~ froid (sec) 冷やかな挨拶. ~s échangés 交わす挨拶.
〔話〕dire ~ 挨拶する. dire ~ à qn 人によろしく伝える. Donnez bien le ~ à X de ma part. Xさんによろしくお伝えください. B~ (Le ~) à Paul. ポールによろしく. dire un petit ~ 軽く挨拶する.
〔話〕C'est simple comme ~. そんなこと簡単さ！そんなこと明々白々だ！Je vous souhaite bien le ~. 心から御挨拶申し上げます.
3〔カナダ〕さよなら.
4〔皮肉〕さらば(=adieu). B~ la confiance! 信頼よさらば(信頼は失せた). B~ les ennuis! もの憂さよさらば！Partir avec ce brouillard, ~! やれやれこの霧の中で出かけるとは！
5 匆々；かしこ(手紙の末尾の文言).

Bonne-Espérance (le cap de) n.pr. 喜望峰, 希望岬 (=〔英〕Cape of Good Hope, アフリカ大陸南端の岬).

bonnes-mares n.m.〖葡萄酒〗ボンヌ=マール(ブルゴーニュ地方 la Bourgogne, la Côte de Nuits 地区の Morey-Saint-Denis と Chambolle-Musigny の2村にまたがる地区の赤の AOC 葡萄酒；15.45 ha.

bonnet n.m. **I**〔帽子〕**1** 縁なし帽, ボネ, ボンネット. ~ à poil(s) 毛皮軍帽(=colback). ~ basque ベレー帽(=béret). ~ carré de professeur 教授の角帽. ~ de bain 水泳帽. ~ d'évêque[1] 司教冠(=mitre). ~ de femme 婦人用ボンネット. ~ de nuit[1] ナイトキャップ. ~ de pêcheur 水夫帽. ~ de police 軍帽(ひさしのない略軍帽；=ca-

bonneterie

lot). ~ de ski スキー帽.〘仏史〙~ rouge；~ phrygien 赤い自由帽；革命党員；共和派；過激派.
〔比喩的〕avoir la tête près du ~ 怒りっぽい. mettre (porter) un ~ 帽子をかぶる. mettre la main au ~ 敬礼する. prendre qch sous son ~ 何を考え出す；何の責任を引き受ける.
2〔医〕~ d'Hippocrate 頭巾包帯.
3〔比喩的〕gros ~ 大物.
4〔比喩的〕~ de nuit² 陰気な人. être triste comme un ~ de nuit この上なく陰気くさい. Quel ~ de nuit! 何て陰気くさい奴だ.
II〘帽子状のもの〙**1**〘動〙(反芻動物の) 蜂巣胃，網胃.
2〘鳥〙~ noir 黒むしくい (=fauvette).
3〘茸〙~ d'argent 銀帽子茸.
4 ~ d'évêque²〘建築〙(司教冠状の) 小回廊；〘料理〙家禽の尻肉料理 (=sot-l'y-laisse)；〘工〙四目錐.
5〘楽器〙~ chinois クレセント《金属製の傘の縁に多くの鈴をつけたもの》.
6 (ブラジャーの) カップ. soutien-gorge à ~s arrondis 丸いカップ付ブラジャー.

bonneterie n.f. **1**〘織〙メリヤス・トリコット製品の製造業；下着製造業. ~ à la machine 機械織りメリヤス（トリコット）製品製造業. ~ de coton (de soie) 木綿（絹）のニット製品製造業. industrie de la ~ メリヤス・トリコット製品製造業.
2〔集合的〕メリヤス・トリコット製品 (靴下・肌着類)；下着.
3 メリヤス・トリコット製品販売店.

bonnette n.f. **1**〘城〙帽堡 (ぼうほう)《城郭の外辺の独立した小堡塁》.
2〘海〙補助〔横〕帆，スタンスル. mettre ~ sur ~ 満帆を掲げる.
3〘光学〙(天体観測望遠鏡の) フィルター.
4〘写真〙コンヴァージョン・レンズ；(焦点距離を変える) 補助レンズ.

bonsaï [bɔ̃zaj], **bonzaï** 〔中・日〕n.m. 盆栽.

bonsoir n.m. **1**〘間投詞的〙ボンソワール，今晩は；（人と別れる時の）さようなら；(夜の) お休みなさい. B~! A demain. さようなら！またあした. B~ chère madame. 奥様お今晩は(さようなら). Je vais me coucher. B~! 寝に行きます. お休みなさい.
2 (お休みの) 挨拶. ~ aimable (chaleureux) にこやかな (熱い) お休みの挨拶. ~ froid (sec) 冷やかなお休みの挨拶.
dire ~(souhaiter le ~) à qn 人に夜の挨拶をする. Je vous souhaite bien le ~. 心からお休みを申しのべます. dire un petit ~ 軽くお休みの挨拶をする.
3〔話〕あばよ (=adieu).
4 B~ de ~! 畜生！《毒のない罵言》.

bonté n.f. **1** 善意；親切，優しさ. ~ naturelle 自然な善意. acte de ~ 善意の行為. avoir la ~ de+inf. 親切にも…する. Ayez la ~ de fermer la porte. ドアを閉めてください. être plein de ~ 善意に満ち溢れている. Je vous suis obligé de votre ~. ご親切に感謝いたしております.
2〔pl. で〕親切な行為，心遣い. avoir des ~s pour qn 人に愛情を抱く. Merci de toutes vos ~s ご厚情に感謝します.
3〘神学〙(神の) 優しさ. ~ divine 神の優しさ (= ~ infinie, suprême). Dieu est toute ~. 神の御心は優しさそのものである. B~ divine (du ciel)! えっ！《強い驚き》.
4〔稀〕(物の) 良さ，良質；素晴らしさ. ~ de l'air 空気の良さ. ~ d'un vin 葡萄酒の良質さ.

bonus [bɔnys]〔ラ〕n.m. **1** (無事故運転者に対する自動車保険の) 料率割引〔制度〕(malus (事故歴による自動車保険の)「料率割増〔制度〕」の対)；(生命保険における) 保険金額の割増.
2〔話〕割増金，ボーナス (=prime).

bonus-malus〔ラ〕n.m. (自動車保険の) 料率割引・割増制度.

bonzaï ⇨ bonsaï

bonze [bɔ̃z] n.m. **1** 僧侶，坊主. **2**〔話・蔑〕大げさに喋る男，大法螺吹き.

bonzesse〔日〕n.f. 尼僧，尼.

boomerang, boumerang [bumrɑ̃g]《<オーストラリア原住民語》n.m. ブーメラン.〔比喩的〕phénomène ~ ブーメラン現象《先進国が発展途上国に投資や技術援助を行った結果，技術水準が上がって，製品が逆輸入され国内製品と競合するに至る現象》.

booster [bustœr]〔英〕n.m. **1** 昇圧機；(ラジオ・TV などの) 増幅器，ブースター；〘宇宙・航空〙補助エンジン (=propulseur auxiliaire, pousseur)；〘機械〙補助ポンプ；〘物理〙粒子の予備加速器.
2〘薬〙効能促進剤.

borane n.m.〘化〙ボラン《水素化硼素の総称. ロケット用の高エネルギー燃料》.

borate n.m.〘化〙硼酸塩.
▶ boraté (e) a.

borax [bɔraks] n.m. 硼砂 (ほうしゃ)，ボラックス.

borborygme n.m. **1**〘医〙腹鳴，グル音 (=gargouillement). **2**〔話〕ぶつぶつよく聴き取れない言葉.

bord n.m. **I**〘縁〙**1** 縁，へり，端. ~ d'un bois 森のはずれ (= lisière, orée). ~ d'une plaie 傷口. ~ d'une table テーブルのへり. ~ des yeux 目の縁. ~ à ~¹ 縁と縁を接して；密接して.
à pleins ~s；plein à ras ~ 縁まですれすれに，なみなみと，たっぷりと. verre plein jusqu'au ~ 縁までなみなみと注がれたコップ.
au ~ de¹；sur le ~ de …のへりにある；

…のすぐそばの；…の瀬戸際にある. être au ~ de la faillite 破産の危機に瀕している. être au ~ des larmes 今にも泣きそうである. être sur le ~ d'une crise de nerfs 今にもヒステリーの発作を起こしそうである. Ma maison est au (sur le) ~ de la route. 私の家は沿道にある.
〔多く un peu と共に〕sur les ~s 少しか; 時折; 〔皮肉〕大いに. Il est un peu bizarre sur les ~s. 彼は少し変っている.

2〔人工的な〕縁, へり. ~ côtes〔衣服の〕帯状の縁布. ~ d'une manche 袖口. ~ d'un vêtement 衣服の縁. chapeau à large ~ つば(縁)の広い帽子. puits avec ~ en pierre 石で囲った井戸.

3〔岸, ほとり〕〔*pl.* で〕岸辺の土地. ~s du lac Léman レマン湖の岸辺. au ~ de² の ほとりに(の). villa située au ~ de la mer 岸辺の別荘. se promener au ~ de l'eau 水辺を散歩する.

Ⅱ《航》**1** 舷, 舷側, 船べり. ~ à ~² 船べりを接して(た). navires ~ à ~ 接舷した船. ~ du vent 風上の舷. ~ sous le vent 風下の舷. navire de haut ~ (船べりの高い船→)大型船; 軍艦. rouler ~ sur ~ (船が)激しく横揺れする. passer par-dessus ~ 海に落ちる.

2〔多く à (de, du) ~ の形で〕船; 〔転じて〕飛行機, 自動車. commandant de ~ 艦(船)長; 機長. hommes du ~ 乗組員, クルー(=équipage). journal de ~ 〖海〗航海日誌; 〖空〗航空日誌. 〖海〗livre de ~ 当直日誌; 航海日誌. 〖統計〗tableau de ~ 統計指標.
à ~ 船(機, 車)上に(で, の). 〖商業〗franco à ~ 本船渡し〔価格〕(略記 FAB；〖英〗FOB: *free on board*). vie à ~ 船上(海上)生活. monter à ~ (人と同じ船に乗る→)人と意見(立場)が同じである. Je suis de votre ~. 私はあなたと同じ意見です. Nous sommes du même ~. 我々は同じ立場だ(同意見だ). virer (changer) de ~ 意見を変える.

3〖海〗(1 タックの) 帆走距離 (=bordée).

Bordeaux *n.pr.* ボルドー《département de la Gironde ジロンド県の県庁, région Aquitaine アキテーヌ地方の地方庁の所在地, 旧州の l'Aquitaine と la Guyenne の首都；市町村コード 33000；フランス有数の港湾都市, 商工業・行政・文化の中心地》. vin de ~ ボルドー産葡萄酒 (=bordeaux).
▶ **bordelais**(*e*) *a.*

bordeaux *n.m.inv.* **1**〖葡萄酒〗ボルドー酒《ボルドー地方の AOC 酒；appellation *B* ~ contrôlée 原産地名管理呼称ボルドーの葡萄酒；vin de *B* ~》. ~ blanc sec ボルドーの辛口の白葡萄酒. ~ rouge ボルドーの赤葡萄酒. verre à ~ ボルドー酒用のグラス.
2〖色〗ボルドー《赤葡萄酒の色；赤紫色》.
—*a.inv.* ボルドー色の, 赤紫色の, ワインカラーの. robe ~ ボルドー色のドレス.

bordeaux-côtes-de-franc *n.m.* 〖葡萄酒〗ボルドー=コート=ド=フラン《ジロンド県中東部の Côtes de Franc 地区で生産される赤の AOC 酒》.

bordeaux-haut-benauge *n.m.* 〖葡萄酒〗ボルドー=オー=ブノージュ《ジロンド県東部ガロンヌ河 la Garonne とドルドーニュ川 la Dordogne に挟まれた地区の旧 Benauge ブノージュ伯爵領の 9 村で, sauvignon blanc と muscadelle 種の葡萄からつくられる白の AOC 酒》.

Bordelais *n.pr.m.* 〖地理〗le ~ ボルドレー, ボルドー (Bordeaux) 地方.

bordelais(*e*) *a.* **1** ボルドー (Bordeaux) の；ボルドー地方の. accent ~ ボルドー訛り. 〔bouteille〕~*e* ボルドー酒の瓶. économie ~*e* ボルドー《地方》経済. vignoble ~ ボルドー地方の葡萄畑. 〖料理〗à la ~*e* ボルドー風の《赤葡萄酒と香辛料を用いたソース添え》. entrecôte (à la) ~*e* アントルコート・〔ア・ラ・〕ボルドレーズ《ボルドー風牛肉料理》.
2 ボルドー方言 (=le ~；le bordeluche) の.
—*B* ~ *n.* ボルドー〔地方〕の住民.
—*n.f.* **1** ボルドー樽 (=barrique ~*e*)《ボルドー酒用の大樽；約 225 l》.
2 ボルドレーズ《ボルドー酒用の酒壜；約 75 cl》.

bordereau(*pl.*~**x**) *n.m.* 〖商業〗明細書, 伝票；計算書；送り状, インボイス. ~ d'achat (de vente) 買付(売却)明細書. ~ d'agent de change 有価証券仲買人の作成する取引明細書. ~ de cession de créances professionnelles 職業債権譲渡明細書. ~ de collocation 破産などの際の弁済順位表. ~ de compte 計算書. ~ d'envoi 受領証付伝達書類明細書；納品書, 送り状. ~ des prix 価格計算明細書. ~ de factures protestables 複数請求書明細書. ~ des salaires 標準賃金明細書.

bordetella *n.f.* 〖医〗バラ百日咳《Bordetella 百日咳菌による急性気道感染症》.

bordure *n.f.* **1** 縁, へり. ~ d'arbres 生垣, 並木. ~ d'un bois 森のはずれ. ~ méditerranéenne de la France フランスの地中海沿岸. en ~ de …の縁に沿った, のすぐ近くの (=au bord de). villa en ~ de mer 海辺の別荘.
2 縁飾り (= ~ ornementale)；トリミング；縁取り. ~ de chaussée (de pavés) 歩道の縁石. ~ d'un miroir 鏡の飾り縁. ~ d'un parterre 花壇の縁植え植物. ~ d'un vête-

ment 衣服の縁飾り. ~ d'une monnaie 貨幣の縁取り (=carnèle).
3 〖海〗フット《帆の底辺》. voile à ~ libre スパンカ・ブームのない帆.

bore [bɔr] *n.m.* **1** 〖化〗硼(ほう)素《元素記号 B 原子番号5. 1808年発見》.
2 硼素《比重2.34, 融点2,079℃の単体 鋼鉄の添加剤に利用》.
▶ borique *a*.

bor*éal*(***ale***)(*pl*.***aux***) *a.* 北の；北極の. l'hémisphère ~ 北半球. le pole ~ 北極 (=le pole Nord, le port arctique). l'océan B~ 北氷洋. aurore ~*e* 北極オーロラ, 北極光.

borique *a.* 〖化〗硼素の, 硼素を含む. acide ~ 硼酸.

bornage *n.m.* **1** 〖法律〗(地所の)境界画定；境界石の設置. pierre de ~ 境界石, 境界標 (=borne).
2 〖海〗(小型船舶 borneur による)沿岸航行 (=cabotage).

borne *n.f.* **1** 境界石；道標, 距離表示道標. ~ kilométrique (hectométrique) (道路傍の) 1キロ (100メートル) 毎の道路距離標識石柱；里程標. ~ kilomètre (=kilomètre). ~ témoin (地所の)境界石. dresser (placer) une ~ 境界石(道標)をたてる. C'est à cinq ~s d'ici. ここから5kmです.
2 (壁際の)据え石；(岸壁の)繋船柱 (=~ d'amarrage d'un quai). ~ de protection des murs 壁の保護石. monument entouré de ~s et de chaînes 小石柱と鎖で囲まれた記念建造物.
3 小柱. ~ d'incendie 消火栓. ~s de taxis タクシー乗場標識柱.
4 (コンピュータに連動した)案内標識柱.
5 〖電〗端子, ターミナル. ~s d'une pile 電池の端子.
6 [*pl.* で]境界；国境；〖比喩的〗限界, 限度, 許容限度. ~s de la connaissance (de la liberté) 知識(自由)の限界. ~s d'un Etat 国境. ~s du monde civilisé 文明世界の境界. sans ~ 際限のない. une joie sans ~ 無上の喜び. avoir des ~s 限界がある. dépasser les ~s 限界を越える, 度が過ぎる.
7 〖数〗~ supérieure (inférieure) (集合の)上限(下限).

Bornéo *n.pr.* 〖無冠詞〗〖地理〗ボルネオ〔島〕(=l'île de ~ ; Le Brunei, インドネシア領の Kalimantan, マレーシア連邦領の Sabab, Sarawak の4つに分かれる). le Nord-~ 北ボルネオ.

borosilicate *n.m.* 〖化〗硼珪(ほうけい)酸塩.

borréliose *n.f.* 〖医〗ボレリア感染症《グラム陰性菌ボレリアによる感染症》；ライム病 (=maladie de Lyme, ライム病ボレリア感染症).

borure *n.m.* 〖化〗硼化(ほうか)物. ~ de magnésium 硼化マグネシウム (MgB_2).

bosniaque, bosnien(*ne*) *a.* ボスニア (la Bosnie) の；ボスニア人の；ボスニア・ヘルツェゴヴィナ (la Bosnie-Herzégovine) の, ~ 人の. musulmans ~s ボスニアのイスラム教徒.
—— *B*~ *n.* ボスニア人；ボスニア・ヘルツェゴヴィナ人.

Bosnie(**la**) *n.f.* 〖地理〗ボスニア《バルカン半島西部の旧王国；現ボスニア=ヘルツェゴヴィナ共和国；住民：Bosniaque》. la République serbe de ~ ボスニア・セルビア共和国.

Bosnie-Herzégovine(**la**) *n.f.* 〖国名通称〗ボスニア=ヘルツェゴヴィナ《公式名称；la République de *B*~ ボスニア=ヘルツェゴヴィナ共和国；国民：Bosniaque；首都：Sarajevo サラエヴォ；通貨：mark [BAM]》.

boson *n.m.* 〖原子物理〗ボゾン, ボソン《複合粒子》.

bosquet *n.m.* **1** 小さい森(林), 木立. **2** (庭の)植込み；茂み.

botanique *n.f.* 植物学. ~ appliquée 応用植物学. ~ comparée 比較植物学. ~ médicale 薬用植物学.
—— *a.* 植物学の. jardin ~ 植物園. Conservatoires ~s nationaux 国立植物保存区《1988年環境省により設立；略称CBN》. Conservatoire ~ pyrénéen ピレネー山脈地方植物保存区《1999年創設》. géographie ~ 植物地理.

botaniste *n.* 植物学者.

bothriocéphalose *n.f.* 〖医〗吸頭条虫症.

botryoïde *a.* 〖解剖・医〗葡萄状の, 葡萄の房状の. 〖医〗sarcome ~ 葡萄状肉腫.

botryomycome *n.m.* 〖医〗ボトリオミセス症, ぶどう菌腫《葡萄球菌を病原体とする人・獣の化膿性肉芽腫性感染症》, 化膿性肉芽腫 (=granulome pyogénique), 血管拡張性肉腫 (=granulome télangiectasique).

Botswana(**le**) *n.pr.m.* 〖国名通称〗ボツワナ《公式名称：la République du *B*~ ボツワナ共和国；国民：Botswanéen(*ne*), Botswanais(*e*)；首都：Gaborone ガボロン, ハボローネ；通貨：pula [BWP]》.

botswanéen(*ne*) [bɔts-] *a.* ボツワナ (le Botswana) の, ボツワナ共和国 (la République du Botswana) の；~ 人の.
—— *B*~ *n.* ボツワナ人.

botte[1] *n.f.* **1** 長靴, ブーツ. ~s basses 半長靴 (=demi-~). grandes ~s (太股までの)長靴. ~s de cavalerie 乗馬靴 (=~ à éperons). ~s de cuir 革長靴, 革のブーツ. ~s de femme 婦人用ブーツ. ~s de pêcheurs 猟師の長靴. ~s de neige スノーブーツ.

donner un coup de ~ 蹴る. mettre des ~s 長靴(ブーツ)をはく.

2 軍靴. ~s nazie ナチの長軍靴. bruits de ~s 戦火の噂. 〔比喩的〕être à la ~ de qn 人の命令に従う. être droit dans ses ~s 敵に勇敢に立ちむかう. être sous la ~ 軍靴に踏みにじられる, 占領下にある；圧制下にある；人の言いなりになる.
3 〔比喩的表現〕〔文〕à propos de ~s 大した理由もなく. se fâcher à propos de ~s わけもなく腹を立てる. crier (lécher) les ~s de qn 人にへつらう. être haut comme une ~ ちびである. 〔話〕faire dans les ~s de qn 人に対してひどい仕打ちをする. graisser ses ~s；prendre la ~ 旅仕度をする. mettre (avoir) du foin dans ces ~s 金をたんまり持っている.
4 〔比喩的〕長靴型のもの. la ~ de l'Italie イタリアの長靴型国土. visiter la ~ イタリア〔の中南部〕を訪れる. 〔医〕~ de plâtre (骨折した脚を保護する)石膏のギプス〔包帯〕.

botte² *n.f.* 束. ~ d'asperges blanches ホワイト・アスパラガスの束. ~ de paille 藁束. mise en ~ 束ねること, 結束. radis en ~ 束ねたラディ(ラディシュ). ~ de soie 絹糸の絎(かせ).

botte³ *n.f.* 〔フェンシング〕ボット(フルーレ, エペの剣による突き). ~ secrète 相手が払えない突き；〔比喩的〕不意打ち, だまし討ち. pousser (porter, parer) une ~ 突きを入れる；〔比喩的〕不意打ちをくらわせる.

bottin *n.m.* (<Sébastien Bottin [1764-1853], 出版社名) **1** 〔商標〕ボタン社編電話帳；〔広義〕電話帳(=annuaire des téléphones).
2 年鑑. le B~ mondaine 紳士録.
3 案内書. le B~ gourmand 美食案内書, レストラン案内書.

bottine *n.f.* 〔靴〕ボチーヌ, 半長靴(女性・子供用の踝の上まで覆うブーツ). ~s à boutons ボタン留めの洋靴. ~s à lacets 編上げ靴. 〔話〕yeux en boutons de ~ 生気のない小さな丸い眼.

botulique *a.* 〔医〕ボツリヌス菌の. bacille ~ ボツリヌス菌, 腸詰菌(グラム陽性の嫌気性大稈菌 Clostridium botulinum). toxine ~ ボツリヌス毒素.

botulisme *n.m.* 〔医〕ボツリヌス中毒(ボツリヌス菌 Clostridium botulinum による中毒症).

bouc [buk] *n.m.* **1** 牡山羊(牝山羊は chèvre).
2 山羊類 (espèce caprine) の牡.
3 émissaire (古代ユダヤの) 身代りの山羊, スケープゴート；〔比喩的〕他人の罪を負う人, 罪をなすりつけられる人, 身代り.
4 山羊ひげ(=barbe du ~). porter le ~ 山羊ひげを生やしている.

bouchage *n.m.* 栓をすること, 栓の装着. ~ des bouteilles 瓶への栓の装着. ~

hermétique 密封栓, 密栓.

bouche *n.f.* **I** (人間の口) **1** 口, 口腔, 口元. ~ bée (驚いて)ぽかんと開いた口. ~ large 大きな口. ~ volontaire 我の強そうな口元.
coins de la ~ 口角(=commissure). empâtement de la ~ 口のねばつき. maladies de la ~ 口腔疾患(stomatite「口内炎」など). par la ~ 経口的に. aspirer (expirer) par la ~ 口で息をする. avoir la ~ béante 口をぽかんと開けている. faire la ~ en cœur おちょぼ口をする；愛想笑いをする. faire la petite (fine) ~ 鼻であしらう；口うるさい. ouvrir (fermer) la ~¹ 口を開ける(閉じる). rire à pleine ~ 大口を開けて笑う, 哄笑する. se rincer la ~ 口をゆすぐ. sentir mauvais de la ~ 口が臭い.
2 唇(=lèvres). ~-à-~ 接吻, 口づけ. faire du ~-à-~ 口づけする. ~ en cerise 桜桃のように小さく丸い赤い唇. 〔話〕avoir la ~ enfarinée (口のまわりに白粉を塗った道化面). 馬鹿面をする. avoir la ~ grande (petite) 大きな(小さな)唇をしている. s'embrasser sur la ~ 抱擁して口づけする.
3 (食べる) 口；(食物・飲物の) 口あたり, 食味；扶養すべき人. bonne (mauvaise) ~ 快い(悪い)後味. garder qch pour la bonne ~ 何を最後の楽しみにとっておく. excès de ~ 滋養過多. fine ~ 食通, 美食家(=gourmet). dépense de ~ 食費. provisions de ~ 糧食, 食い扶持.
avoir la ~ pleine 食物を頬張る. manger à pleine ~ がつがつ食べる. avoir l'eau à la ~ 生唾をのみこむ. faire venir l'eau à la ~ 生唾を出させる；〔比喩的〕欲望をそそる. avoir trois ~s à nourrir 3 人養わなくてはならない, 扶養家族が3 人いる. s'enlever les morceaux de la ~ (人を助けるために)食うものも食わない. C'est une ~ inutile. 奴は穀つぶし(無駄飯食らい)だ.
4 (話す) 口；発言. B~ cousue! 他言は無用だ！〔Ferme〕 ta ~! 黙りなさい. de ~ en ~ 口から口へ. aller (passer) de ~ en ~ 口から口へ伝わる, 世間にひろまる. de ~ à l'oreille 口伝えに, 内密に.
avoir la ~ pleine de；en avoir plein la ~ de …のことを盛んに言いたてる. avoir l'injure à la ~ 悪態をつく. crier à pleine ~ 声を限りに叫ぶ. être dans toutes les ~s 人々の口の端にのぼる. ouvrir (fermer) la ~² 口を開く(閉じる). fermer la ~ de qn 人を黙らせる.
II (動物の) 口. ~ d'un cheval (d'un poisson) 馬 (魚) の口. cheval fort en ~ 馬銜(はみ)がかりのよい馬.
III (物の口) **1** 開口部, 口, 孔；栓. ~ à feu 火砲. ~ d'aération (de ventilation) 通気(換気)口. ~ d'eau 給水栓. ~ d'égout 下水のマンホール. ~ d'incendie 消火栓(=

bouché(e¹)

borne d'incendie). ~ de métro 地下鉄の出入口.
2〖pl. で〗〖地形〗河口 (= ~ d'un fleuve ; embouchure). ~s du Rhône ローヌ河口.

bouché(**e**¹) *a.p.* **1** 塞がれた；詰った. chemin ~ 交通渋滞の道. fissure ~*e* avec (par) du plâtre 漆喰で塞いだ裂け目. temps ~ (雲・霧が垂れこめて) どんよりした天気. tuyau ~ 詰ったパイプ. avoir le nez ~ 鼻が詰まっている.
2 栓をした. bouteille ~*e* 栓で密封した壜. du vin ~ 壜詰めの葡萄酒 (du vin au tonneau 「樽詰めの葡萄酒」の対).
3〖比喩的〗〖話〗血のめぐりの悪い，融通のきかない. un esprit ~ 偏狭な考えの持主. Tu es vraiment ~! お前は本当に馬鹿だな!

bouche-à-bouche *n.m.inv.* 口移式人工呼吸.

bouche-à-l'oreille *n.m.inv.* 口伝え；口伝えによるニュースの伝播.

bouchée² *n.f.* **1**（食物の）一口，一かじり. une ~ de pain 一口のパン. acheter *qch* pour une ~ de pain ただ同然の安値で何を買う. dès la dernière ~ 最後の一口を食べ終り次第すぐに. mettre les ~s doubles 大急ぎで片付ける. ne faire qu'une ~ de *qch* 何を一口で平らげる. 〖比喩的〗ne faire qu'une ~ d'un adversaire 敵をあっさり片づける.
2〖料理〗一口パイ（折り込みに肉，魚，果物などを詰めた小型パイ）. ~ à la reine ブーシェ・ア・ラ・レーヌ（ルイ 15 世の王妃風ブーシェ；パイケースにサルピコンを詰めたもの）. ~ [au chocolat] ブーシェ・オー・ショコラ（大型のチョコレート・ボンボン）. ~s fourrées ブーシェ・フーレ（フォンダン，プラリネ，キャラメルなど多彩な材料をチョコレートでくるんだボンボン）. ~s moulées ブーシェ・ムーレ（形に流したチョコレートの膜で詰めものの材料をくるんだもの）.

boucher¹（**ère**）*n.*（人）食肉小売業者，肉屋（主に牛・羊の肉，時に豚肉・鶏肉も扱う；豚肉・豚肉加工品，時に家禽の肉を扱うのは charcutier；家禽専門店は volailler）. ~-charcutier 牛肉と豚肉・豚肉加工品・家禽を扱う肉屋. ~ hippophagique 馬肉販売商，馬肉屋（= boucherie chevaline）.〖料理〗à la ~*ère* 塩・胡椒だけの味付けでグリエした肉を添えた；骨髄を付け合わせにした.
── *a.* **1** 肉屋の. viande ~*ère* 食肉，精肉.
2 食肉用の. race bovine ~*ère* 食肉用の牛の品種.

boucher² *n.m.*〖比喩的〗流血を好む男，残忍な男.

boucherie *n.f.* **1** 食肉産業；食肉販売業，精肉業.
2 食肉小売店，精肉店，肉屋. ~ cashère (ユダヤ教徒用の) 清浄食肉店. ~ charcute-rie 豚肉店，シャルキュトリー（主に豚肉・豚肉加工品や鶏肉などを売る食肉店）. ~ chevaline 馬肉専門小売店. viande de ~ 精肉（牛・羊・馬の肉；豚肉は主に charcuterie）.
3〖古〗食肉処理場 (= abattoir).〖現用〗animaux de ~ 食肉用の家畜（牛・羊・豚など）.
4〖比喩的〗殺戮, 修羅場. envoyer des troupes à la ~ 部隊を戦場に投入する.

Bouches-du-Rhône *n.pr.f.pl.*〖行政〗les ~ ブーシュ゠デュ゠ローヌ県（= département des ~）（県コード 13；県庁所在地 Marseille；フランスおよびヨーロッパ連合の région Provence-Alpes-Côte d'Azur に属す；形容詞 buccorhodanien(*ne*)；4 郡，53 小郡，119 市町村；面積 5,112 km²，人口 1,835,719；主要都市 Aix-en-Provence, Arles, Istres).

bouchet *n.m.*〖農〗ブーシェ（Saint-Emilion, Pomerol 地区で栽培される赤葡萄酒用の葡萄の品種）.

bouche-trou (*pl.* ~-~*s*) *n.m.* **1** 身代り；(役者などの) 代役 (= utilité). être invité comme ~ 身代りとして招待される. jouer les ~*s* 代役を務める. Cet employé n'est qu'un ~. この従業員は身代りにすぎない.
2（記事などの）穴埋め. Cet article n'est qu'un ~. この記事は穴埋めにすぎない.

bouchon *n.m.* Ⅰ（栓）**1** 栓；（特に）コルク栓 (= ~ de liège)；キャップ. ~ de champagne シャンパーニュ酒の栓. ~ de plastique プラスチックの栓. ~ de valve バルブ（弁）の栓. ~ doseur 計量栓.〖機工〗~ fusible 可溶栓.〖写真〗~ arrière d'objetif レンズの後部キャップ.〖写真〗~ de boîtier（カメラの）ボディーキャップ. enfocer un ~ 栓を打ちこむ. faire sauter le ~（特にシャンパーニュ酒の）栓を景気よくあける. aimer sauter le ~ 酒を好む. mettre un ~ à *qn* 人を黙らせる. Mets-y un ~! 黙れ!
2〖機械〗プラグ；ピン. ~ allumeur 点火プラグ；(手榴弾の) 点火ピン (= ~ d'une grenade).
3〖漁〗（特にコルク製の）浮き，浮子（ふし）.
4（導管・道路の）障害物；渋滞 (= embouteillage). ~ de brume（視界を遮る）濃霧. ~〖de circulation〗交通渋滞.
5〖遊戯〗コルク倒し (= jeu de ~).〖話〗C'est plus fort que de jouer au ~! 吃驚したな；まさか!
Ⅱ（束）**1**（麦藁・乾草の）小束. mettre en ~（布などを）くしゃくしゃに丸める.
2〖話〗Mon petit ~! かわいい坊や（呼びかけ）.
3〖古〗（居酒屋の看板代りの）葉のついた小枝.〖現用〗居酒屋.〖諺〗A bon vin il ne faut pas de ~. 良酒は看板いらず.

bouclage (<boucler) *n.m.* **1** 鍵をかけて閉じ込めること.
2 (軍隊・警察の)包囲作戦；(地域の)封鎖. ~ d'un quartier par la police 警察による街区の封鎖.
3〚電〛回路の閉鎖, ループ結合；〚機工〛(水道・ガスの)ループ管路の連結.
4〚情報〛フィードバック制御, ループ制御.
5〚新聞〛原稿と割りつけの折返しチェック. ~ d'un quotidien 日刊紙製版の折返しチェック.
6〚電算〛ループ計算.
7〚映画〛ルーピング (= [英] looping).

boucle *n.f.* **1** 締金, 尾錠, バックル(= ~ de ceinture). serrer avec une ~ 尾錠で留める.
2 環, リング；〚畜産〛(牝馬につける)交尾よけリング；(牛・豚の)鼻環.〚海〛~ d'amarrage (de quai) 係留ロープ(埠頭)のリングボルト. ~ d'oreille [s] 耳飾り, イヤリング. porter des ~s de diamants ダイヤのイヤリングをつけている.
3 巻き毛 (= ~ de cheveux). ~s blonds 金髪の巻き毛.
4 (糸・線の)ループ, 輪；(筆記体の文字の)輪の部分；(鉄道の)ループ線；(河川の)迂曲部. ~s de la Seine セーヌ川の迂曲. ~ de réacteur 原子炉の冷却回路. faire (défaire) une ~ 結び目を作る (ほどく).
5〚航空〛宙返り (= looping)；〚自動車レース〛ループ. ~ d'asservissement à réaction フィードバック制御ループ. boucler la ~ 宙返りをする.
6〚情報〛ループ. ~ d'asservissement 制御ループ (= ~ de régulation). ~ fermé (ouverte) 閉 (開) ループ.
7〚音響〛エンドレス磁気テープ.
8〚フィギュアスケート〛ループ.

bouclier *n.m.* **1** 楯(たて). levée de ~s (古代ローマの兵士が)楯をかざして示す将軍への抗議；〚比喩的〛(法案などに対する)一斉の猛反対.
2〚比喩的・文〛楯, 防壁；防護者. ~ de la loi 法の楯. faire un ~ de son corps à qn. 身を挺して人を守る. se faire un ~ de qch 何を楯にとる.
3〚軍〛防楯, 防御用遮蔽板；〚原子力〛シールド；〚土木〛(トンネル)のシールド；〚鉱〛(坑道の)支保.〚比喩的〛~s humains 人間の楯.〚土木〛~ métallique (トンネル工事の)金属製シールド. ~ thermique 熱遮蔽.〚航空〛熱遮蔽材.
4〚工具〛(左官の)こて板.
5〚動〛甲皮；〚昆虫〛(甲殻類の)鞘翅(さやばね).
6〚地学〛楯状地. ~ scandinave スカンジナヴィア楯状地.

bouddhique *a.* 仏教の, 仏教に関する.
bouddhisme *n.m.* 仏教.
bouddhiste [budist] *a.* 仏教〔徒〕の. doctrine ~ 仏教の教義. prêtre (moine) ~ 仏教の僧侶 (= bonze). temple ~ 仏教寺院, 寺.
——*n.* 仏教徒.

boudin *n.m.* **1** ブーダン(豚の血と脂でつくるソーセージ), ブラッド・ソーセージ, 黒ブディング (= ~ noir). ~ blanc 白ブーダン(家禽の肉と牛乳などでつくるソーセージ). eau de ~ 腸の洗浄水. s'en aller en eau de ~ (事業などが)惨めな失敗に終る.
2 (ブーダン・ソーセージ型のもの)太い指；巻毛の束；〚建築〛ブーダン, 大玉縁(太く丸い半円形の玉縁)；〚鉱山〛ソーセージ状爆薬袋；〚機械〛輪縁, タイヤフランジ；〚海〛プディング・フェンダー. ~ de rail レールの頭部. ressort à ~ コイルバネ.
3〔話・蔑〕背の低い太った醜い娘.
4〚北仏・ベルギー〛長枕.

boue *n.f.* **1** 泥, ぬかるみ. patauger dans la ~ ぬかるみの中を歩く. bains de ~ 泥風呂. hutte de ~ séchée 乾燥粘土造りの小屋. taches de ~ 泥のはね, 泥のしみ.
2 沈殿物；(ボイラーの)湯垢；スラグ；〚地学〛軟泥；泥土. ~ d'un encrier インクの洗い水. ~s globigérines グロビゲリナ軟泥. ~s siliceuses 珪酸軟泥. ~ volcanique 火山泥, 火山岩滓.
3〚土木〛掘削泥水. ~ de forage ボーリングの粘土水.
4 (下水などの)汚泥；スラッジ. ~ activée 活性汚泥. ~ d'épuration 浄水汚泥. ~s industrielles 産業汚泥, ヘドロ.
5〔比喩的〕泥沼；腐敗, 堕落；中傷, 悪口. tirer qn de la ~ 人を泥沼から救い出す. couvrir qn de ~ ; traîner qn dans la ~ 人を口汚く罵る. âme de ~ さもしい根性.

bouée *n.f.* **1**〚海〛ブイ, 浮標. ~ à la cloche 打鐘ブイ. ~ de balisage 航路標識ブイ. ~ de corps mort 係留ブイ. ~ lumineuse 灯浮標. ~ météorologique 気象ブイ.
2 浮袋. ~-culotte ズボン型救命具. ~ de sauvetage 救命ブイ.
3〚比喩的〛助け舟.
4 ~-laboratoire 浮き実験室.

bouffe (< [伊] buffo) *a.* 喜歌劇の. opéra ~ オペラ・ブッファ, 喜歌劇.
——*n.m.* **1**〚音楽〛喜歌劇歌手；オペラの道化役 (= chanteur ~).
2〚劇〕〔古〕les B~s ブッフ座(パリのThéâtre-Italien のこと). les B~s-Parisiens ブッフ・パリジャン劇場.

bouffée *n.f.* **1** 吐き出す(吸い込む)息. ~s de vin 酒臭い息.
2 (風などの)一吹き. ~ d'air frais 涼風. ~ de froid 冷気. ~ de gaz 坑内ガスの突出.〚海〛~ de vent 一陣の風.
3 発作, 激発.〚医〛~ de chaleur 発熱による顔の火照り.〚精神医学〛~s délirantes 急性錯乱. avoir une ~ d'orgueil にわかに傲慢な態度を示す. par ~s 間歇的に；時々

bougainvillée, bougainvillier
(<Bougainville, 航海家〔1729-1811〕) *n.m.*〖植〗ブーゲンビリア, いたかずら〔おしろいばな科 les nyctaginacées いたかずら属〕.

bougé *n.m.* 〖写真〗カメラぶれ.

bougie *n.f.* **1** 蠟燭. ~ d'autel 祭壇の蠟燭(=cierge). ~ d'anniversaire 誕生祝の蠟燭. allumer (souffler) une ~ 蠟燭をともす(吹き消す). à la ~ 蠟燭の光で.
2〖医〗ブジー, 消息子〔管状・棒状の診断・治療器具〕; 濾過管; カテーテル. ~ de Hegar ヘガール頚管拡張器. ~ dilatable 拡張ブジー〔治療用〕.
3〖物理〗〔古〕燭光〔光度の単位; 現在はカンデラ candela を用いる〕. ~ nouvelle 新燭(=candela). lampe de 100 ~ s 百燭の電球.
4〖自動車〗点火プラグ(= ~ d'allumage). ~s encrassées 煤で汚れた点火プラグ.

bougnette *n.f.* 〖料理〗ブーニェット〔西南フランスの豚肉料理〕. ~ de Castres カストルのブーニェット〔豚のばら肉の挽肉に卵を混ぜて焼いたもの〕.

bougon (<*B*~, 生産地名) *n.m.* 〖チーズ〗ブーゴン〔ポワトゥー地方 le Poitou で山羊乳からつくられる軟質, 白かび外皮のチーズ; 脂肪分 46 %; 直径 11 cm, 厚さ 2.5 cm の平たい円盤状; 250 g〕.

bouillabaisse *n.f.* 〖料理〗ブイヤベース〔魚・甲殻類やトマトを煮込んだサフランとルイユ rouille 風味の南仏料理〕. ~ marseillaise マルセイユ風ブイヤベース.

bouillant(e) *a.* **1** 沸騰する, 沸き立つ. eau ~e 沸騰水, 熱湯. réacteur à eau ~e 沸騰水型原子炉(=réacteur ~).
2 非常に熱い. café ~ あつあつのコーヒー. huile ~e 超高温の油.
3〔比喩的〕(感情・考えなどが) 激しく湧きあがる, 欲情的な. ~ d'ardeur 熱情が湧きあがる. caractère ~ 激情的性格.

bouille (la) (<La *B*~, 生産地名) *n.f.* 〖チーズ〗ラ・ブーイユ〔ノルマンディー地方 la Normandie のラ・ブイユ近辺で濃縮牛乳からつくられる軟質, 白かび外皮のチーズ; 脂肪分 60 %; 直径 8 cm, 厚さ 5-5.5 cm の円筒形; 220 g〕.

bouilleur *n.m.* **1** (蒸溜酒, 特にブランディーの) 蒸溜業者, 蒸溜酒製造者. ~ de cru 自家用蒸溜酒製造者〔自作の果実などを自宅で自家用に蒸溜する人; ~ professionnel の対; 1960 年以降この特権の譲渡は不可〕. ~ professionnel 職業的蒸溜酒製造者.
2〖機械工学〗(ボイラーの) 副胴; (冷凍機の) 蒸発装置, 蒸発部. ~ atomique 原子炉汽罐.

bouilli(e¹) *a.p.* **1** 沸騰させた, 煮立てた. eau ~e 沸騰させた水, 熱湯.
2 ゆでた, 煮た. cuir ~ 熱湯処理をした牛革. légumes ~s ゆでた野菜.
――*n.m.* 〖料理〗ゆで肉(=viande ~e). du ~ de bœuf froid à la parisienne ゆで豚肉のパリ風冷製.

bouillie² *n.f.* **1**〖料理〗ブイイ〔牛乳と小麦粉でつくる粥状の食物; 乳幼児食〕. ~ d'avoine オートミール. 〔話〕C'est de la ~ pour les chats. わけがわからない; 出来損ないだ.
2 en ~ 粥状に潰れた, ぐしゃぐしゃの. légumes en ~ 煮すぎてくたくたになった野菜. 〔話〕mettre *qn* en ~ (人を) 目茶苦茶に殴る.
3 どろどろした液体, 粥状の液体. 〖農薬〗~ bordelaise ボルドー液〔硫酸銅液の農薬〕.

bouilloire *n.f.* **1** 湯沸し, やかん. ~ électrique 電気ポット. ~ en acier inoxidable ステンレスのやかん. ~ russe サモワール (samovar).
2 ~ à lait 牛乳沸し.

bouillon *n.m.* **1**〖料理〗ブイヨン〔肉・野菜を煮込んだ出し汁〕. ~ américain アメリカ風ブイヨン, ビーフ・ティー(=〔英〕beef tea)〔英語圏諸国の「肉汁」〕. ~ aux herbes 葉菜類〔オゼイユ, サラダ菜, セルフイユなど〕のブイヨン. ~ gras ブイヨン・グラ, 肉汁〔ポトー=フー pot-au-feu のブイヨンを漉したもの〕. ~ maigre 野菜のブイヨン(= ~ de légumes). 〔話〕boire un ~ (遊泳中に) 水を飲む; 事業で大損する.
2 ~ de noces 結婚披露宴のブイヨン〔ペリゴール地方 le Périgord の祝宴料理; 牛, 仔牛, 鶏, 七面鳥の4種の肉を用いた pot-au-feu〕. ~ de bœuf 牛のブイヨン, 牛のマルミット(= marmite de bœuf). ~ de légumes 野菜 (ポワロー, 人参, セロリ, パセリなど) のブイヨン. ~ de veau 仔牛のブイヨン, 白いフォン・ド・ヴォー (fond blanc de veau). cubes de ~ ブイヨン・キューブ〔固形ブイヨン〕. 〔話〕~ d'onze heures 毒入りの飲物.
3〖史〗ブイヨン〔19 世紀に登場した大衆食堂; 当初ブイヨンとゆでた牛肉を供したことに由来〕. ~ Boulant (Chartier) ブーラン (シャルティエ) 食堂.
4 ~ de culture (細菌の) ブイヨン培地;〔比喩的・話〕(悪の) 温床.
5 (沸騰した液体の) 泡; 泡立ち; (ガラスの) 気泡; (鋳物の) 気泡巣. ~s d'un liquide 液体の泡〔立ち〕. bouillir à gros ~s ぐらぐらと煮立つ. sang qui coule à gros ~s どくどくと流れ出る血. éteindre au premier ~ 煮立ってきたらすぐ火を止める. mettre au ~ 煮立たせる.
6〔*pl*.で〕(新聞, 雑誌などの) 売れ残り. renvoyer le[s] ~[s] 売れ残りを送り返す.
7〔比喩的〕苦境, 窮地. être dans le même

~ 同じような苦境に立っている.
8〖裁縫〗ラッフル, フリル, パフ.
9〖比喩的〗傷口の肉の盛り上がり.

bouillonnant(e) *a.* **1** 沸騰する, 沸き立つ. eau ~*e* d'un torrent 急流の沸き立つ水. **2**〖比喩的〗湧き上がる；激情に満ちあふれた. esprit ~ 激情に満ちた精神. énergie ~*e* 湧き上がるエネルギー.

bouillonnement *n.m.* **1** 泡立ち, 沸騰. ~ d'une source 温泉の沸騰.
2〖比喩的〗沸騰；激動. ~ des désirs 沸き上がる欲望.

boulang*er* (*ère*) *n.* パン職人；パン屋. ~-pâtissier パン屋兼菓子店.
——*a.* **1** パン屋の；パン製造の. ouvri*er* (*ère*) ~(*ère*) パン屋の職人. patron (*ne*) ~(*ère*) パン屋の主人. 〖料理〗pommes [à la] ~*ère* ポム〔ア・ラ〕ブーランジェール (ポテトグラタン).
2 パンの製造に適した, パン製造用の. levure ~*ère* パン酵母. valeur ~*ère* du blé 小麦のパン製造適性.

boulangerie *n.f.* **1** パン製造 (販売)〔業〕(通称 boulange). ~ artisanale 手造り製パン〔業〕. ~ industrielle 工場製パン〔業〕. travailler dans la ~ 製パン業で働く.
2 製パン店；パン屋. aller à la ~ パン屋に行く. ~-pâtisserie 製パン・菓子店.

boulbène *n.f.*〖地学〗ブールベーヌ (フランス南西部の赤色粘質土壌；=argile à grenailles). terroir de ~ ブールベーヌ農地 (特に葡萄培地).

boule *n.f.* **1** 球形のもの；球, 玉. ~ de cristal (占師の) 水晶玉. ~ de feu 火の玉. 〖植〗 ~ de pivoine (=pivoine). ~ de fil 糸玉. ~ de neige 雪の球；雪だるま (=~-de-neige). bataille de ~*s* de neige 雪合戦. 〖比喩的〗faire ~ de neige 雪だるま式にふくれあがる. 〖医〗 ~ d'œdème 球状浮腫 (水腫). 〖話〗 ~ de pain (兵士用の) 丸パン. *B* ~ *de suif* de Maupassant モーパッサンの『脂肪の塊』(太った主人公の娼婦のあだ名に由来する題名；1880 年の出作作). 〔商標〕~*s* Quies (蝋製の) 耳栓.
objet en forme de ~ 球型の物体. rond comme une ~ 玉のように丸い；(人が) 丸々と太った.
en ~ 球状の (に). arbres taillés en ~ 丸く刈り込んだ木々. 〖地学〗désagrégation en ~ 玉葱状風化. avoir les nerfs en ~ ひどく苛立つ, 激昂する. être en ~ 苛立つ. 〖話〗mettre *qn* en ~ 人を怒らせる. se mettre en ~ 身体を丸める；〖話〗怒る.
2 (球技の) ボール, 球；〔*pl.* で〕ペタンク (=pétanque). ~ de billard (de bowling) ビリヤード (ボーリング) のボール. jeu de la ~ ジュ・ド・ラ・ブール (ルーレットの一種). jeu de ~*s* ペタンク；ペタンク場. petite ~ (ペタンクの) 小さな的球 (=cochonnet).
3〖話〗サッカーのボール (=ballon de football).
4〖話〗頭；顔. coup de ~ 頭突き. avoir une bonne ~ 感じの良い顔をしている. avoir la ~ à zéro スキンヘッドである. 〖話〗perdre la ~ 正気を失う；冷静さを失う.
5 投票 (くじ引き) 用の小球. ~ blanche (noire) 白球 (黒球), 賛成 (反対) 票. déposer sa ~ dans l'urne 球を入れて投票する. ~ de loto 宝くじの当選番号を決める小球.
6 湯たんぽ (=~ d'eau chaude；bouillotte).
7 ~ à thé 球型の茶漉器.
8〖ベルギー〗酸味のあるボンボン (飴) (=chique). ~ de gomme ゴム・ボンボン (咳止め薬).
9〖薬〗 ~ d'acier 打撲傷薬. eau de ~ 打撲傷薬を溶かした水薬.
10〖医〗 ~ hystérique ヒステリー球. avoir une ~ dans la gorge 喉がつまる感じがする.
11〖海〗 ~ de marée 潮信球 (港の入口の入港許可標識球). ~ de signaux 信号球.
12〖数〗 ~ fermée (ouverte) 開 (閉) 球.
13〖建築〗 ~ d'amortissement 擬宝珠 (ぎぼし).
14 ~ d'une canne ステッキの球状握り.
15〖植〗漿果. ~*s* rouges du houx 柊の赤い漿果.

bouleau (*pl.* ~**x**) *n.m.*〖植〗樺 (学名 betula). ~ blanc 白樺 (=~ verruqueux；学名 betula pendula).

boule-de-neige (*pl.* ~**s**-~-~) *n.f.*
1〖植〗雪玉, オビエ (obier = スイガズラ科の肝木 (かんぼく)). **2** 雪玉, 雪だるま.

bouledogue *n.m.*〖犬〗ブルドッグ (=〔英〕bull-dog).

boulette *n.f.* **1** 小球, つぶて. ~ de papier 紙つぶて.
2〖料理〗ブーレット, 肉 (魚) 団子 (挽肉・ピュレを小球状に丸めて調理したもの).
3〖チーズ〗 ~ d'Avesnes ブーレット・ダヴェーヌ (北フランスのアヴェーヌ地区特産. 牛乳からつくられる円錐状のチーズ；マロワル maroilles のフレッシュ・チーズにパセリ, エストラゴン, スパイス類を練り合わせ, 表皮をビールで洗浄；脂肪分 45 %).
4〖比喩的〗〖話〗へま (=bévue).

boulevard (<〔オランダ〕bolwere) *n.m.*
1 ブールヴァール (元来は都市を取巻く城壁の跡地につくられた並木のある遊歩道；現在は都市の大通り；略記 bd, bld). ~ périphérique (大都市の) 外環状高速道路. ~ Saint Michel (パリの) サン=ミッシェル大通り (略称 boul'Mich ブールミッシュ). 〖比喩的〗〖話〗ouvrir un ~ à (に) 道を開く, 助成する.
2〔古〕le *B* ~ パリのグラン・ブールヴァール (19 世紀). les Grands *B* ~*s* レ・グラン・ブールヴァール (パリ市右岸, place de la

Madeleine から place de la République に至る一連の大通りの総称).〖史〗le B ~ du Crime 犯罪大通り(~ du Temple の俗称;通りに面した多くの芝居小屋で犯罪に関連する大道芝居が演じられたことに起因する).

3 ブールヴァール演劇,大道芝居(=théatre de ~)(les Grands B ~ s の芝居小屋で生まれた軽演劇).

4〔古〕城壁上の塁道;〖比喩的〗防壁.

bouleversant(e) *a.* 気を転倒させるような;衝撃的な;感銘を与える. nouvelle ~ e 衝撃的な知らせ. spectacle ~ 感動的なショー.

bouleversement *n.m.* **1**(物が)ひっくり返ること;ごった返し. ~ d'un quartier par des travaux de démolition 取壊し工事による街区のごった返し.

2 大混乱;激動,変動. ~ économique 経済の大混乱. ~ s politiques 政局の大波乱.

3 気持の転倒,動転. ~ de l'âme 気持の動転.

boulimie *n.f.*〖医〗過食症,大食症.

boulimique *a.*〖医〗大食症の. appétit ~ 大食症的食欲.
　　　— *n.* 大食症患者.

boulingrin *n.m.* (庭園の土手で囲まれた)芝生(=〔英〕bowling-green).

Boulogne-sur-Mer *n.pr.* ブーローニュ=シュール=メール〔北部フランス,英仏海峡に面した港町;漁港の水揚高フランス第1位. 英国との間のフェリー港;département du Pas-de-Calais パ=ド=カレー県の郡庁所在地;市町村コード 62200).
　▶ boulonnais(e) *a.*

boulon *n.m.*〖機工〗ボルト. ~ à émerillon 自在ボルト. ~ à tête à six pans 六角ボルト. ~ à tête noyée 皿頭ボルト. ~ d'ancrage アンカーボルト.〖鉄道〗~ d'éclisse(レールの)継ぎ目ボルト. visser un ~ ボルトを締める.

boulot *n.m.* **1**〔話〕仕事;(毎日の)退屈な労働;職;仕事場,作業場,工場.《Métro, ~, dodo.》「メトロ,ブーロー,ド」(メトロにもまれて,仕事に行って,疲れて帰っておねんね;パリの勤め人の味気ない日常を表現した Pierre Béarn の言葉). petit ~ 賃金が安くてつまらぬ仕事. aller au ~ 仕事(仕事場)に行く. faire des petits ~ s irréguliers 不定期の手仕事をする. revenir du ~ 仕事から戻る. trouver un bon ~ よい働き口を見つける.

2 仕事,作業. C'est du bon ~. いい仕事(仕上り)だ. C'est tout un ~. これは一仕事だ. Allez! au ~. さあ仕事だ.

3〔隠〕職工,工員(=ouvrier, ouvrière)(女性は boulotte).
　　— *a.inv.* 働き者の,仕事一点張りの. Elle est ~. 彼女は働き者だ. être ~ ~ 仕事が念入りである. Il est ~. 彼は仕事の虫だ.

boum [bum] *n.m.*〖経済〗ブーム(=〔英〕boom). être en plein ~ 活動中である. faire un ~ ブームをおこす.
　　— *int.*〖擬音〗ボン, バーン, ドシン, ドカン;ブーム(驚愕を示す). B ~! Et ce fut tout. バーン!それだけだった.

boumerang ⇨ boomerang

bouquet *n.m.* **1** 花束. ~ de mariée 花嫁が結婚式で持つ花束. ~ de violettes すみれの花束.

2 束, 房, 塊.〖料理〗~ de cerises サクランボの房. ~〔d'un feu d'artifice〕大型の連続花火,最後の楽しみ,最後を飾る花(= final). ~ de programmes 有料 TV の放送番組.〖料理〗~ garni ブーケガルニ〖月桂樹の葉やタイム,パセリなどの香味野菜の束. ~ numérique デジタル衛星 TV 放送番組.〔話〕C'est le ~. それは素晴らしい,うんざりだ,泣き面に蜂だ.

3(とくに葡萄酒,リキュールの)芳香,ブーケ.

4〖法律〗終身年金(viager)取引における支払い手付金. le ~ et la rente 手付金と年金払い.

bouquin *n.m.* **1** 古本. **2**〔話〕本(=livre).

bouquiniste *n.* 古本屋;(特に)パリのセーヌ河岸の古本屋,ブーキニスト.

Bourbonnais *n.pr.m.*〖地理〗le ~ ブールボネ地方〔フランス中央山塊の北辺に位置する旧地方名;現在のアリエ県 département de l'Allier の県域にほぼ相当;中心都市 Moulins;形容詞 bourbonnais(e)).

bourbouille *n.f.*〖医〗プールブイユ〖熱帯で見られる小さい赤色発疹を伴う良性皮膚疾患).

bourboulenc *n.m.*〖農〗プールプーランク〖ローヌ河流域で栽培される白葡萄酒用の葡萄の品種).

bourdonnement *n.m.* **1** ぶんぶんいう音(擬音語). ~ de ruche 蜜蜂の群のぶんぶんいう音.

2(機械・風などの)唸り;(群衆の)ざわめき. ~ d'un moteur エンジンのうなる音. ~ de la foule 群衆のざわめき.

3〖医〗耳鳴り(= ~ s d'oreilles;=acouphène).

bourg *n.m.* **1**(市(いち)が立つ)大きな村,小さな町. **2**(役場などのある)村落の中心部(hameux périphériques「周辺の集落」の対).

Bourg-en-Bresse *n.pr.* ブール=カン=ブレス〖département de l'Ain アン県の県庁所在地;市町村コード 01000;la Bresse ブレス地方の中心都市;形容詞 bressan(e), burgien(ne)).

bourgeois(e) *n.*〖〗〖社会〗**1** ブルジョワ,有産階級の人,資産家,資本家;中産階級の人(ouvrier「工員」, paysan「農民」の対). ~ aisé 裕福なブルジョワ. bon ~ 善良

なブルジョワ. grands ~ 大ブルジョワ；大金持. moyens ~ 中産階級の人. petits ~ 小ブルジョワ，プチブル，小市民. riche ~ 金持ちのブルジョワ，資産家.
2 体制派の人；保守派の人 (prolétaire「プロレタリア」の対). ~ conservateur 保守的ブルジョワ. Sale ~! 薄ぎたないブルジョワめ!
3 民間人 (militaire「軍人」の対). en ~ 民間人の服装をした；平服の. les policiers en ~ 私服警官. être habillé en ~ 私服である. sortir en ~ 平服で外出する.
4〖スイス〗市民. assemblée (conseil) des ~s 市民集会，市町村議会.
5〘蔑〙俗物，俗人. épater les (le)~ 俗物にショックを与える (仰天させる，憤慨させる).
6〘話〙~e 妻 (=épouse).
Ⅱ 〖史〗**1**〖中世〗特権市民. les ~s de Calais カレーの市民〔1347年包囲した英軍の虜となることを申出て，市を救った6人の特権市民；Rodinの彫像あり〕.
2 (旧体制下の) 町人，新興の市民階級の人；平民；第三身分 (= tiers état). le B~ gentilhomme de Molière モリエールの『町人貴族』(1670年). franc-~ 市税免除の特権をもつ都市市民.
— *a.* **1** ブルジョワの；ブルジョワ的な (aristocratique「貴族的な」, populaire「庶民的な」の対)；市民階級の；資産家 (資本家) 階級の (prolétaire「プロレタリア」の対)；金持の，富裕な. classe ~e ブルジョワ階級. éducation ~e ブルジョワ教育. mariage ~ ブルジョワとの結婚. parti ~ ブルジョワ政党. pays ~ ブルジョワ国；資本主義国. quartier ~ 富裕者街区，ブルジョワ街区，お屋敷街. société ~e ブルジョワ社会，市民社会.
2 俗物的な；保守的な；月並な. air ~ 俗物的態度. goûts ~ 俗悪なブルジョワ趣味. préjugés ~ ブルジョワ的偏見，保守的偏見.
3 家庭的な；簡素だが良質な；良俗にのっとった. cuisine ~e 家庭料理. pension ~e 素人下宿. vêtement ~ きちんとした衣服.
4〖スイス〗市民の. assemblée ~e 市民集会；市議会.
5〘葡萄酒〙cru ~ クリュ・ブルジョワ (ボルドーの葡萄酒の格付；cru classé の下のランク). grand cru ~ 上級クリュ・ブルジョワ. cru ~ exceptionnel 別格クリュ・ブルジョワ (cru ~ の最上ランク).
6〘古〙町人としての. caution ~e 確実な保証.

bourgeoisement *ad.* **1** ブルジョワ的に；プチ・ブルジョワ的に. vivre ~ プチ・ブルジョワ的に暮らす.
2〖法律〗(住居の賃貸契約で) 良き市民らしく，節度をもって (営利・製造などの目的で使用せずに). habiter ~ et non autrement l'appartement loué 賃貸されたアパルトマンに節度を以て居住し，居住以外の目的 (営利・製造等) に供しない.

bourgeoisie *n.f.* **1** ブルジョワジー，ブルジョワ階級，資本家階級，有産階級；〔集合的〕金持ち. ~ d'argent 資産ブルジョワジー. petite (grande) ~ 小 (大) ブルジョワジー. ~ provinciale 地方ブルジョワジー. La bourgeoisie va consommer la séparation d'avec ces classes dites moyennes. ブルジョワジーは，いわゆる中産階級と，決定的に袂を分かつことになった.
2 中世の特権市民〔の資格，身分〕, (特に) 商人，手工業者.
3 (スイスの) 市民権.

bourgeon *n.m.* **1**〖植〗芽. ~ à feuilles (à bois) 葉芽. ~ à fleurs (à fruits) 花芽. ~ de sapin 樅の芽 (医薬用). ~ dormant 冬芽，休眠芽. ~ latéral 側芽. ~ terminal 頂芽.
2〖生・解剖〗芽〔組織〕.〖医〗~ conjonctif (charnu) 肉芽〔組織〕.〖生〗~ de membre 肢芽.〖解剖〗~ gustatif (du goût) 味蕾 (みらい).

bourgeonnement *n.m.* **1**〖植〗発芽；発芽期. arbre en ~ 芽生いた木.
2〖動〗出芽〔繁殖〕，芽生生殖.
3〖医〗肉芽形成. ~ d'une plaie 創傷の肉芽形成.

Bourges *n.pr.* ブールジュ (département du Cher シェール県の県庁所在地；市町村コード 18000；旧ベリー地方 le Berry の首都；形容詞 berru*er* (*ēre*)). cathédral Saint-Etienne de ~ ブールジュのサン=テチエンヌ大聖堂 (13世紀；ゴシック様式の名聖堂；1992年世界文化遺産に指定). Hôtel Jacques-Cœur de ~ ブールジュのジャック=クール館 (15世紀). les marais de ~ ブールジュの沼沢地. Printemps de ~ ブールジュの春 (大衆音楽祭).

Bourget(le) *n.pr.m.* **1** lac du ~ ル・ブールジェ湖 (サヴォワ地方 la Savoie の湖；広さ44 km²).
2 ル・ブールジェ (département de la Seine-Saint-Denis セーヌ=サン=ドニ県, arrondissement de Bobigny ボビニー郡の小郡庁所在地；市町村コード 93350；形容詞 bourgetin (*e*)). aéroport du ~ (パリの) ル・ブールジェ空港. musée de l'Air et de l'Espace du B~ ル・ブールジェ航空宇宙博物館.

Bourgogne *n.pr.f.* **1**〖史〗la ~ ブルゴーニュ地方 (フランスの旧州，中心都市 Dijon). duché de ~ ブルゴーニュ公国. maison de ~ ブルゴーニュ家.
2〖行政〗la région ~, la ~ ブルゴーニュ地方 (フランスおよび UE の広域地方行政区画の一；la Côte d'Or, la Nièvre, la Saône-et-Loire, l'Yonne の4県から成る；地方庁所在地 Dijon；面積 31,592 km²,

人口1,610,067；形容詞 bourguignon (ne)）. canal de ～ ブルゴーニュ運河 (l'Yonneとla Saôneを結ぶ運河；延長242 km). vins de ～ ブルゴーニュ地方産の葡萄酒 (=le b～).

bourgogne *n.m.* ブルゴーニュ地方産の葡萄酒 (=vin de Bourgogne). ～ rouge (blanc) ブルゴーニュの赤 (白) 葡萄酒.

bourgogne-aligoté *n.m.* 〖葡萄酒〗ブルゴーニュ゠アリゴテ (ブルゴーニュ地方で aligoté 種からつくられる並級の白の AOC 葡萄酒).

bourgogne-passetoutgrains *n.m.* 〖葡萄酒〗ブルゴーニュ゠パストゥーグラン (gamet と1/3以上の pinot noir 種の葡萄からつくられるブルゴーニュ地方の並級の赤とロゼの AOC 酒).

bourgueil *n.m.* 〖葡萄酒〗ブールグイユ (ロワール河右岸 Bourgueil を中心に, 主に cabernet Franc と若干の cabernet-sauvignon の品種からつくられる赤とロゼの AOC 葡萄酒).

bourguignon(ne) *a.* ブルゴーニュ (la Bourgogne) の；〖料理〗ブルゴーニュ風の. agriculture ～ne ブルゴーニュ地方の農業. bœuf ～ne ブフ・ブルギニョンヌ (ブルゴーニュ風ビーフ・シチュー). 〖史〗Etats ～s ブルゴーニュ国 (1363-1477). 〖料理〗fondue 〔à la〕～ne ブルゴーニュ風フォンデュー (角切の牛肉を金串に刺しオイルで揚げ, 薬味を付けて食べるもの). 〖史〗soldats ～s ブルゴーニュ軍兵士.
—— B～ *n.* **1** ブルゴーニュ地方の住民, ブルゴーニュ人. 〖史〗faction des B～s ブルギニョン分派, ブルゴーニュ党 (百年戦争時).
2 〖料理〗ブフ・ブルギニョンヌ (= bœuf ～ne).

bourrasque *n.f.* **1** 突風, 疾風. ～ accompagnée de pluie 雨を伴う突風. ～ de neige 吹雪. 〖比喩的〗arriver en ～ 疾風のようにやって来る.
2 〖比喩的〗癇癪 (かんしゃく). ～ d'injures 嵐のような罵声. ～s populaires 民衆の怒りの発作. par ～ 発作的に. avoir des ～s de colère 癇癪玉を破裂させる.

bourré(e) *a.p.* **1** (de で) 一杯の. portefeuille ～ de billets 札束ではち切れそうな財布.
2 ぎっしり詰った；超満員の, すし詰めの. cinéma ～ 超満員の映画館. wagon ～ すし詰めの車両.
3 ぎゅうぎゅうに詰めこまれた. voyageurs ～s dans l'autobus バスにすし詰めの乗客.
4 〔俗〕泥酔した. Il est complètement ～. 彼はへべれけだ.

bourreau (*pl.* ～**x**) *n.m.* **1** 体罰刑執行人；(特に) 死刑執行人 (=exécuteur des hautes œuvres).
2 〖広義〗(精神的・肉体的) 苦痛を与える人, 虐待者；冷血漢. ～ d'enfant〔s〕児童虐待者.
3 〖戯〗～ des cœurs 女たらし, ドンファン.
4 〖比喩的〗～ de travail 仕事の鬼.

bourride *n.f.* 〖料理〗ブーリード (セット Sète の名物料理／アイオリ aïoli と卵の黄味を加えたブイヤベース).

bourru(e) *a.* **1** (詰め物のように) 粗い；ごつごつした. drap ～ 手触りの粗い織物. fil ～ 太さの不揃いな糸. lait ～ 搾りたての牛乳, 生乳. vin ～ 醗酵中の新葡萄酒.
2 〖比喩的〗(人が) 無愛想な, とっつきにくい. caractère ～ 無愛想な性格. ton ～ ぶっきらぼうな口調.

boursault *n.m.* 〖チーズ〗ブールソー (イール゠ド゠フランス地方 l'Ile-de-France のブリー Brie 地区で, 濃縮牛乳からつくられる脂肪分 75％のチーズ).

bourse[1] *n.f.* **1** 取引所, 立会い〔場〕. ～ de commerce (marchandises) 商品取引所. ～ des valeurs 証券取引所. introduction à la cote de la ～ de Paris パリ証券取引所への上場. opérateur de ～ 取引所市場関係者. société cotée en ～ 上場会社. ～ 証券会社 (1988年までは公認仲買人 agent de change と呼ばれていた. 1996年の金融活動近代化法によって投資企業 entreprise d'investissement と改称され, かつての持株管理会社 société de gestion de portefeuille と統合された).
～ de Paris パリ証券取引所 (場所をさす場合と, 取引所の運営管理を行う会社をさす場合がある；なお, パリ証券取引所の建物はその設計者の名をとって Palais Brongniart と呼ばれることがある).
Société des ～s françaises (SBF) フランス証券取引所株式会社 (パリ証券取引所の正式名称で Paris Bourse SBF SA と略す. なお, 2000年3月にアムステルダム, ブリュッセル両取引所と合併してユーロネクスト Euronext となり, 2002年にはリスボン株式取引所も加わった).
Commission des opérations de ～ (COB) 証券取引委員会 (アメリカの証券取引委員会 SEC を模して 1967年に設立された独立行政機関で, 10名の委員から構成).
2 株価, 株価. La baisse de la ～ met en danger le redressement de l'économie. 株の下落が経済再建を危うくする.
3 〖労働〗～ du travail 労働取引所, 労働組合連合 (19世紀末に地域レベルで結成された組織. 組合運動と政治の結びつきを排して, 後の労働総同盟の下地となった), 労働組合集会所 (現在では一部の市町村が労働組合の本部や集会場所として提供している).
4 La B～ ラ・ブルス (パリの地下鉄駅名).
◆パリ証券取引所には一部 premier marché, 二部 second marché のほか, ベンチ

ャー企業を対象とする「新市場」nouveau marché, 金融商品先物市場 marché à terme d'instruments financiers (MATIF) (フランス国際先物市場 marché à terme international de France という表記もある), パリ・オプション市場 marché des options négociables de Paris (MONEP) などの「規制市場」marché réglementé があり, さらに「自由市場」marché libre と「随意市場」marché de gré à gré がある. 取引所の会員 membre du marché は「金融仲介者」intermédiaire financier と呼ばれ, 信用機関 établissement de crédit と投資企業から構成される. 会員にはフランス国内に本拠を持たない遠隔地会員 membre à distance (remote member) も含まれる. また, 顧客からの売買注文を執行する「交渉会社」négociateur と, 取引の決済を行う「決済会社」compensateur という区別がある. 正会員の資格をもたず, 売買注文の仲介をする業者があり, そのうち顧客名義の口座を開設することができるものを「注文収集業者」collecteur d'ordres, 口座開設の認可を受けていないものを「注文伝達業者」transmetteur d'ordres と呼ぶ. 取引の形態には「現物」comptant と「月決め」règlement mensuel (RM) の2種類がある.

bourse² *n.f.* **1** 財布, 小銭入れ, 巾着. avoir la ~ plate (bien garnie) 懐が寂しい (暖かい). faire ~ commune (à part) 生計を共にする, 勘定を共同で払う (別勘定にする). ouvrir sa ~ à *qn* …に金を貸す, 金銭的な援助をする. sans ~ délier びた一文出さない. tenir les cordons de la ~ 財布の紐を握っている.
2 奨学金 (奨学金受給者は boursier). ~ du gouvernement français フランス政府給費奨学金.

boursier (ère)¹ *a.* 証券取引の, 証券取引所の. capitalisation ~ère 上場株式の時価総額. opérations ~ères 証券取引. transactions ~ères 証券取引 (売買).
—*n.* 証券 (株式) 仲買人；株の相場師.

boursier (ère)² *n.* 奨学金 (bourse d'études) 受給者, 奨学生, 給費生. ~ du gouvernement français フランス政府給費留学生.
—*a.* 奨学金を受給する. étudiant ~ 給費学生.

boursin *n.m.* 〖チーズ〗ブールサン (ノルマンディー地方 la Normandie のヴェクサン le Vexin 地区で, 低温殺菌濃縮牛乳からつくられる, 香草またはニンニク入りのフレッシュ・チーズ；脂肪分70％；外皮なし, 直径8cm, 厚さ5cmの円筒形；平均225g).

boussole *n.f.* 羅針盤, コンパス. ~ de marine 航海用羅針盤. ~ de poche 携帯用コンパス. 〖話〗perdre la ~ 正気を失なう, 頭が狂う.

bout *n.m.* Ⅰ 〖端〗**1** 端, 先, 先端. ~ aigu 尖端. ~ d'un bâton 棒の先. ~ d'une canne ステッキの石突き. ~ du doigt (de la langue, du nez, de sein) 指先 (舌の先, 鼻の頭, 乳首). avoir le mot sur le ~ de la langue 言葉が口先まで出かかっている.
〖比喩的〗le bon (mauvais) ~ 良い (悪い) 面；良い (悪い) 条件. commencer une affaire par le bon ~ 仕事をうまくスタートさせる. prendre *qn* par le bon ~ 人の人物を評価する. tenir le bon ~ 成功の見込みがある.
les deux ~s 両端. tenir une corde par les deux ~s 綱の両端を掴む. avoir du mal à joindre les deux ~s 収支 (家計) の辻褄合わせがむずかしい. Il ne joint pas les deux ~s. 彼は生活が苦しい.
le haut (bas) ~ de la table テーブルの上席 (末席).
~ à ~ [butabu] 端と端とを合わせて. mettre ~ à ~ 端をつなぐ；〖比喩的〗合算する.
commencer par un ~ とりあえず仕事に着手する.
2 〖海〗~ du navire 船首. aller ~ au vent；avoir le vent de ~ (船が) 向い風を受ける.
3 〖海〗[but] 索具 (=cordage).
Ⅱ 〖限界〗**1** (空間的) 限界, 果て, はずれ, 端. le ~ du monde 世界の果て. 〖比喩的〗Ce n'est pas le ~ du monde. さほど難しくない. le ~ du tunnel トンネルの端；〖比喩的〗苦境. arriver au ~ du tunnel 苦境からぬけ出す.
à tout ~ de champ 常に, 何かにつけ, 訳もなく. être dérangé à tout ~ de champ 何かにつけ邪魔される.
au ~ de¹ …の果てに (のはずれに). au ~ de l'horizon 地平の果てに. au ~ de la ville 町はずれに. tout au ~ du couloir 廊下の突き当たりに. tout au ~ du quai プラットホームのはずれに. aux quatre ~s du monde 世界各地で. jusqu'au ~ de …の果て (端) まで. aller jusqu'au ~ du monde 地の果てまで行く.
de ~ en ~ [d(ə)butãbu]；d'un ~ à l'autre [dœbutalɔtr] 端から端まで, 隅々まで. parcourir un pays de ~ en ~ 一国を隅々まで歩き廻る. Sa copie est pleine de fautes d'un ~ à l'autre. 彼の答案は始めから終りまで間違いだらけだ.
2 (時間的) 限界, 終り. ~ de l'année (de la semaine) 年末 (週末). au ~ de² …の終りに (の最後に). au ~ du compte 結局, 要するに. au ~ d'une heure 1時間たって. au ~ du moment すぐに. arriver au ~ de sa vie 生涯の終りに達する.
jusqu'au ~ 最後まで；〖比喩的〗徹底的に. aller jusqu'au ~ de ses idées 考えをとことんまでつめる. assister au spectacle jus-

qu'au ~ 最後までショーを見物する. tout au ~ とどのつまり, 結局.
3〔à と共に〕être à ~ de …が尽き果てる. être à ~ de forces (de ressources) 力 (万策) 尽きる. être à ~ de souffle 息を切らしている；息切れしている. Il est à ~. 彼は我慢 (体力) の限界に来ている；〚ボクシング〛彼はノックアウト寸前だ. Ma patience est à ~. 私の忍耐ももうこれまでだ.
pousser (mettre) qn à ~ 人を怒らせる (苛立たせる). venir à ~ de+n. …をやり遂げる；(金を) 使い果たす；(食物を) 食べつくす；(障害を) 克服する；(敵を) 打ち負かす. venir à ~ d'un adversaire 敵を打ち負かす. venir à ~ d'une difficulté 困難を克服する. Nous en sommes venus à ~. われわれはやってのけた.
Ⅲ〚切れ端〛**1**(物の) 切れ端, 断片；使い残し. ~ de bois 木片. ~ de chandelle 蠟燭の燃え残り. ~ de cigarette シガレットの吸殻. 〚映画〛 ~ d'essai スクリーン (カメラ) テスト. ~ de pain パンのかけら. 〚料理〛 ~ saigneux (仔牛, 羊の) 首肉.
un ~ de+n. 僅かな；短い, 小さな. un ~ de conversation 短い会話. un ~ de fil 短い糸. un ~ de fromage ひとかけのチーズ. un ~ de jardin 小庭. un ~ de lettre 短い手紙, 走り書きの手紙. faire un ~ de chemin avec qn 人とちょっとぶらつく. jouer un ~ de rôle 端役を演じる. un ~ de temps 僅かな時間；〔転じて〕かなりの時間. un bon ~ de temps 長時間.
〚話〛discuter le ~ de gras つまらぬお喋りをする. en connaître un ~ 事情に通じている. 〔俗〕manger un ~ 軽く食べる.
2〔隠〕 ~s de bois 脚. 〔俗〕mettre les ~s 逃げ出す, 立ち去る.
3〔俗〕un ~ de chou 坊や, ちび (愛称).

bouteille n.f. **1** 瓶, 壜, ボトル. ~ en verre (en plastique) ガラス (プラスチック) 壜.
2 (75 cl 入りの) 葡萄酒用酒壜 (~ à litre「1 リットル壜」の対). ~ de bordeaux (de bourgogne) ボルドー (ブルゴーニュ) 葡萄酒の壜. 〔同格〕vert ~ (葡萄酒の酒壜の) 濃緑色. mettre du vin en ~ 葡萄酒を壜につめる.
3 一壜の中味；飲物, (特に) 葡萄酒. 〚話〛aimer la ~ 酒好きである. boire une ~ de bière ビールを壜一本飲む. une bonne ~ 良質の葡萄酒一本. vin qui a dix ans de ~ 10 年物の葡萄酒. vin qui a de la ~ 年数を経て味が良くなる葡萄酒. 〚話〛prendre de la ~ 年老いる, 老成する. 〚話〛C'est la ~ à l'encre. (まるでインク用の壜みたいなものだ) ちんぷんかんぷんだ, 何が何だかわからない.
4 (高圧ガス・液化ガスなどの) ボンベ, 耐圧金属容器 (=bombe)；壜型容器. ~ de butane (de propane) ブタンガス (プロパンガス)・ボンベ. 〚電〛 ~ de Lyde ライデン瓶. ~ isolante (thermos) 魔法瓶. 〚物理〛 ~ magnétique 磁気障壁トラップ.

boutique n.f. **1** 小売店, 商店. ~ d'alimentation 食料品店. ~ foraine 市の露店. fermer ~ 店をたたむ, 廃業する. tenir ~ 店を営む. 〚話〛parler ~ 仕事について話す. 〚話〛et toute la ~ 云々, などなど.
2 ブティック (高級衣裳店の既製服・服飾品などブランド商品の直営小売店)；既製服専門店.
3 ~ franche 免税店.
4〚話〛乱雑な建物 (場所). Quelle ~! 何とひどいところなんだ.
5〚漁〛生簀 (いけす).

bouton n.m. Ⅰ 〚自然〛**1**〚植〛芽；蕾. ~ à feuilles (à fruit) 葉 (実) 芽. ~ de fleur 花芽. ~ de rose 薔薇の蕾. fleur en ~ 蕾の状態の花. ouverture du ~ 芽 (蕾) のひろがり.
2 吹出物. ~ d'acné にきび. ~ de fièvre¹ 発熱疹 (ヘルペス herpès). ~ de fièvre² 高熱による唇の水泡. ~ d'herpès ヘルペスの疱疹. ~ d'Orient 東洋紅斑熱疹, 東洋瘤腫 (=leishmaniose cutanée「皮膚リーシュマニア症」). visage couvert de ~s にきび面.
3〚解剖〛 ~s de sein 乳頭, 乳首 (=mamelon). ~ synaptique シナプス小頭 (神経細胞と神経細胞間の接合部のシナプス前末端の隆起部).
4〚生〛 ~ céphalique du spermatozoïde 精子の先端 (=acrosome).
Ⅱ 〚人工〛**1** (衣服の) ボタン. ~ à pression；~-pression スナップ. ~ de chemise シャツのボタン. ~ de culotte ズボンのボタン；〚比喩的〛〚話〛つまらぬもの. ~s de manchettes カフスボタン. veste à trois ~s 3 つボタンの上着. recoudre un ~ ボタンをつけ直す. ne tenir qu'à un ~ (衣服が) はちきれそうだ；(物事が) 非常に危うい.
2〚狩〛(狩衣の) 飾りボタン, 記章ボタン；狩衣；狩猟チームの一員.
3 (機械の) ボタン, 押しボタン；つまみ；スイッチ (= ~ électrique). ~ d'appel d'un ascenseur エレヴェーターの呼出しボタン. ~ de porte (de porte) ドアのノブ. ~ d'un poste de radio ラジオのつまみ. ~ de tiroir 抽出しのつまみ. appuyer un ~ d'une minuterie タイマー (タイムスイッチ照明装置) のボタンを押す.
4〚フェンシング〛(フルーレの) 剣先, 先革 (=de fleuret). coup de ~ 突き.
5〚音楽〛(弦楽器の) 糸巻, 栓 (=cheville).
6〚電算〛(ディスプレー上の) 指令ボタン.
7〚話〛donner des ~s à qn 人をいらいらさせる (不快にさせる).

bouton-de-culotte n.m. 〚チーズ〛ブートン=ド=キュロット (「半ズボンのボタン」の意；別名 chevreton de Mâcon シュヴ

ルトン・ド・マコン；ブルゴーニュ地方 la Bourgogne で，山羊乳もしくは牛乳からつくられた軟質，自然外皮のチーズ；脂肪分 40-45％；底部直径 5 cm, 上部直径 4 cm, 高さ 3-4 cm の円筒形；50-60 g).

bouton-poussoir (*pl.* ~**s**-~**s**) *n. m.* 押しボタン，プッシュボタン (=poussoir).

bouton-pression (*pl.* ~**s**-~**s**) *n. m.* 〚服〛スナップボタン．

bouture *n.f.* 〚農・園芸〛さし穂．

bovidé *n.m.* 〚動〛牛科動物．mammifère ~ 牛科哺乳動物．les ~s 牛科 (antilope 羚羊, bison 野牛, bovin 牛, ovin 羊, caprin 山羊などを含む).

bovin(e) *a.* **1** 〚動〛牛亜科の；牛の．élevage ~ 牛の飼育．espèce ~ 牛類．
2 〔話〕牛のような；鈍重な，鈍感な．regard ~ 鈍い目付, 知性のかけらもない視線
―*n.m.* 〚動〛**1** 牛．~ mâle castré (食肉用の) 去勢された牡牛 (=bœuf).
2 les ~s 牛亜科；牛亜科の動物；(bœuf 去勢した牡牛, bouvillon 去勢しない若い牡牛；taurillon 去勢しない牡の仔牛；taureau 去勢しない牡牛, 種牡牛；veau 仔牛；genisse 処女牛；vache 乳牛など).
3 les ~ 牛科；牛科の動物 (= les bovidés).

boviné *n.m.* 〚動〛牛亜科動物．les ~s 牛亜科 (bœuf 牛, buffle 水牛, bizon 野牛, yack ヤクなどを含む) (= les bovins).

boxe [bɔks] *n.f.* ボクシング, 拳闘．~ anglaise 英国式ボクシング．~ française フランス式キックボクシング．~ professionnelle プロ・ボクシング．faire de la ~ ボクシングをする．gants de ~ ボクシング用グラブ．

boxer [bɔksɛr] *n.m.* 〚犬〛ボクサー．

boxeur(se) *n.* ボクサー，ボクシング選手, 拳闘選手．~ amateur アマチュアのボクシング選手．~ professionnel プロ・ボクサー．

boycottage [bɔj-] (<boycotter) *n.m.* ボイコット；不買運動, 同盟排斥．

BP[1] (= *b*oîte *p*ostale) *n.f.* 〚郵便〛私書箱．

BP[2] (= *b*revet *p*rofessionnel) *n.m.* 職業免状 (CAP 取得後, 2-3 年の実務経験を経た上で, 専門的技術を習得した者に与えられる．国定の免状 72 種, 県定 4 種).

BPC (= *b*âtiment de *p*rojection et de *c*ommandement) *n.m.* 〚軍〛武力投入指揮艦 (ヘリコプター, 上陸用舟艇・物資揚陸用舟艇・ホバークラフト, 装甲車・重戦車などを搭載し, 野戦病院施設をもつ強襲揚陸指揮艦；別称 PHI：*p*orte-*h*élicoptères d'*i*ntervention 軍事介入ヘリコプター空母) le ~-1 Mistral 第一号武力投入指揮艦「ミストラル」号．

BPCO (= *b*roncho-*p*neumopathie *c*hronique *o*bstructive) *n.f.* 〚医〛慢性閉塞性気管支・肺疾患 (肺気腫 emphysème pulmonaire, 気管支炎 bronchite など慢性の肺機能低下症；= 〚英〛COPD：*c*hronic *o*bstructive *p*ulmonary *d*esease).

BPGF (= *B*anque *p*rivée de *g*estion *f*inancière) *n.f.* 財務管理民間銀行．

BPH (= *b*âtiment *p*orte-*h*élicopter) *n.m.* 〚軍〛ヘリコプター母艦, ヘリコプター空母．

BPI (= *B*ibliothèque *p*ublique d'*i*nformation) *n.f.* 公共情報図書館 (パリの国立ポンピドゥー芸術文化センター内にある新図書館).

bpi (= 〚英〛*b*it(s) (*b*yte(s)) *p*er *i*nch) *n.m.* 〚情報〛インチ当たりビット (バイト) 数 (磁気テープ上の情報記憶密度の単位＝〚仏〛bit(s) (logon(s)) par pouce).

bps (= *b*it *p*ar *s*econde) *n.m.* 〚情報処理〛ビット／秒 (情報の伝達速度の計測単位).

Bq (= *B*ecquerel) *n.m.* 〚物理〛ベクレル (放射能の強さを表わす SI 単位．1 Bq は放射性原子核が 1 秒間に 1 個崩壊する時の放射能の強さ．1 Bq = 27 ピッキュリー Ci (= Curie). Becquerel は放射能を発見したフランスの物理学者).

BR (= *b*rigade de *r*enseignement) *n.f.* 〚軍〛偵察旅団．

Br (= *br*ome) *n.m.* 〚化〛「ブローム」の元素記号．

BRA (= *b*ulletin d'estimation du *r*isque d'*a*valanche) *n.f.* 〚気象〛雪崩発生予報 (フランス気象台が 1993 年に導入；天気予報の Safran, 積雪量・雪質・雪温・雪中の水分等を測定する Crocus からもたらされるデータを基に, Mépra とよばれるシステムが, 雪崩の発生を 5 段階で予測するもの).

bracelet *n.m.* **1** 腕輪, ブレスレット．~ en or 金のブラスレット．
2 時計バンド (= ~ d'une montre). ~ de cuir (de métal) 革 (金属) の時計バンド．
3 リストバンド (= ~ de force).
4 〚建築〛(円柱の) 環状装飾．
5 〚警察〕〔隠〕手錠 (= menottes). 〚法律〛~ électronique 電子腕錠, 電子手錠 (受刑者が入獄する代りに携行する腕輪, 代用監獄の一種；電波を発振し刑務所で行動を監視する仕組み).

bracelet-montre (*pl.* ~**s**-~**s**) *n.m.* 腕時計, ブラスレット時計, ブラスレ・モントル (時計と腕輪が一体になったもの；= montre-bracelet).

brachial(ale) (*pl.* **aux**) *a.* 〚解剖〛上腕の, 上膊 (はく) の. muscle ~ 上腕筋．plexus ~ 上腕神経叢．

brachiale *n.f.* 〚城砦〛防護柵 (= braie).

brachialgie *n.f.* 〚医〛腕の痛み．

bractée *n.f.* 〚植〛苞 (ほう) 葉, 保護葉．

brady- 〔ギ〕ELEM「緩慢」の意 (*ex. brady*cardie 徐脈).

bradycardie *n.f.* 〚医〛徐脈．~ pathologique 病的徐脈．~ sinusale 洞〔性〕徐脈．

bradykinésie *n.f.* 〖医〗動脈緩慢, 運動緩慢.

bradypsychie *n.f.* 〖医〗精神活動緩慢症.

Brahmâ *n.pr.m.* 〖ヒンドゥー教〗ブラフマ (創造神；世界を保持する神ヴィシニュ Vishnu, 破壊神シヴァ Çiva と共にヒンドゥー教の三主神を形成する).

brahmanique [brama-] *a.* 〖宗教〗バラモン教の.

brahmanisme [brama-] *n.m.* 〖宗教〗バラモン教.

brai *n.m.* タール, 歴青, ピッチ.

braille (<Louis Braille ルイ・ブライユ [1809-52], 発明者) *n.m.* 点字法 (= système d'écriture en points saillants). transcription en ~ 点訳.

brain-trust (*pl.* ~-~s) 〖英〗*n.m.* 〖政治〗ブレーントラスト, 顧問団. B~ noir 黒人顧問団 (ハーヴァード大学のアフロアメリカ問題研究学部 le département des études afro-américaines de Havard の俗称).

braisage (<braiser) *n.m.* 〖料理〗ブレザージュ, 蒸し煮 (閉じた容器でとろ火で煮込む調理法). Le ~ convient surtout à des viandes rouges. ブレザージュは特に赤身の肉に向いた調理法である.

braise *n.f.* **1** 燠(おき), 燠火；炭火.〖料理〗gigot à la ~ (シチュー鍋で)蒸し煮にした羊の腿肉. marrons cuits sous la ~ 燠で蒸し焼きにした栗. viande à la ~ 炭火で蒸し焼きにした肉 (=viande braisée). yeux de ~ 燃えるような眼. attiser la ~ 燠を搔き立てる. cuire (griller) sur la ~ 燠火の上で焼く. souffler sur la (les)~(s) 燠をおこす.
2 消し炭. ~ de boulanger パン屋の消し炭.
3 〔比喩的〕avoir des yeux de ~ 燃えるような眼をしている.〖話〗être sur la ~ そわそわして待つ. être chaud comme une ~ 熱気に溢れている；愛にのぼせている.
4 〔俗〕金, 銭. T'as de la ~? 金持ってる?

braiser *v.t.* 〖料理〗(肉・魚・野菜を閉じた容器に入れて)蒸し煮にする. bœuf braisé ブフ・ブレゼ (蒸し煮の牛肉料理).

brame *n.f.* 〖治〗(鋼板用の)塊鉄, スラブ.

brancard *n.m.* **1** 担架 (=civière à bras). évacuer un blessé sur un ~ 負傷者を担架で運び出す.
2 (馬車の)轅(ながえ). ruer dans les ~s (馬が)轅から出ようとする；〔比喩的〕人が反抗する.

branche *n.f.* **1** (木の)枝. ~ à bouquet 花枝. ~ fruitière 果樹の枝. ~ mère (幹から分かれた)大枝 (大枝から分かれた rameau「小枝」, 小枝から分かれた scion「小側枝」の対). ~ morte 枯枝. être comme l'oiseau sur la ~ 危うい立場にある. scier la ~ sur laquelle on est assis 自ら墓穴を掘る. s'accrocher à toutes les ~s 藁をもつかむ. se rattraper aux ~s 好機を利用して危機を抜け出す.
2 枝分かれしたもの；(川の)支流, (家の)分れ, 分家. ~ aînée (cadette) (鉄道などの)枝道.
3 左右に分かれて動くもの, (コンパスの)脚, (眼鏡の)つる.
4 〖経済〗産業部門, 産業, 部門. structure par ~ d'activité du PIB 産業別国内総生産内訳.
5 〖建築〗(ゴシック建築における)穹窿のリブ；〖解剖〗(血管, 神経の)枝；〖数〗分枝, 枝；〖電気通信〗分岐, ブランチ；〖情報〗ジャンプ.

branché(e) *a.* 〖話〗流行の, 大はやりの, 今風の (=à la mode).
——*n.* 今風の人, 流行の先端を行く人.

branchement *n.m.* **1** (水道管, ガス管, 電線などの)分岐, (本管・幹線などへの)接続. ~ de gaz ガス管の分岐.
2 分岐した管(線)；引込線.
3 〖鉄道〗転轍器 (= ~ de voie), 分岐器. ~ à deux voies 片開き分岐器.
4 〖情報処理〗(フローチャートの)分岐. ~ conditionnel (inconditionnel) 条件付分岐 (無条件分岐).

branchies *n.f.pl.* 〖動〗鰓(えら). ~ des poissons (crustacés, mollusques) 魚(甲殻類, 軟体動物)の鰓.

branchitude *n.f.* 〖話〗いかしていること；いかした人びと. ~ parisienne いかしたパリっ子たち.

Brandebourg 〖独〗*n.pr.m.* **1** le ~ ブランデンブルク地方 (=〖独〗die Brandenburg)；〖行政〗ブランデンブルク州 (=le Land de ~；州都 Potsdam). porte de ~ (ベルリンの)ブランデンブルク門 (=〖独〗das Brandenburger Tor).
2 ブランデンブルク市.

brandebourgeois(e) *a.* ブランデンブルクの (Brandebourg, 〖独〗Brandenburg) の；~の住民の.
——*B~ n.* ブランデンブルクの住民.

braquage (<braquer) *n.m.* **1** (銃口, 双眼鏡, 目などを)向けること. ~ des yeux sur qch (何に)目を向けること.
2 (自動車のハンドル, 航空機の舵などの)向きを変えること；ステアリング；旋回. 〖自動車〗rayon de ~ (最小)回転半径.
3 〔俗〕銃口をつきつけること；武装襲撃, ピストル強盗. ~ d'une banque 銀行ピストル強盗.

braquet *n.m.* (自転車の)ギヤ比. changer de ~ ギヤをチェンジする；〔比喩的〕態度(方向)を変える.

braqueur(se) *n.* 〔俗〕武装強盗, ピストル強盗.

bras *n.m.* Ⅰ (腕) **1** 腕；〖解剖〗上腕

〔部〕, 上膊.(肩 épaule から肘 coude までの部分; そこから先は avant-bras「前腕」).
～ armé 武器を持った腕. les ～ croisés 腕組みをして. ～ de fer[1] 鉄腕. ～ d'honneur ブラ・ドヌール(右腕を直角に曲げ左手で肘の内側の凹みをさする仕種; 相手への愚弄・侮蔑の表現). faire un ～ d'honneur à qn 腕で人に愚弄(侮蔑)の仕種を示す. ～ dessus, ～ dessous たがいに腕を組んで. ～ droit[1] (gauche) 右(左)腕. ～ gros (musclés) 太い (筋骨逞しい) 腕.
force des ～ 腕力.『解剖』muscles du ～ 上腕筋.『解剖』os du ～ 上腕骨(= humérus).『舞』position du ～ 腕の位置, ポジション.『解剖』système artériel du ～ 上腕動脈系. en ～ de chemise シャツ姿で, 上衣なしで.
avoir le ～ fatigué 腕が疲れている. avoir des ～ musclés 筋骨逞しい腕をしている. avoir les ～ nus 腕をむき出しにしている. avoir de longs ～ 長い腕をしている. baisser (étendre, lever, plier) les ～[1] 腕を下げる(ひろげる, あげる, 曲げる). donner (prendre) le ～ à qn 人に腕を貸す(人と腕を組む). Ils marchent en se donnant le ～. 彼らは腕を組んで歩いている. être au ～ de qn 人の腕にすがっている. être dans les ～ de qn (恋人などが)人の腕の中にいる, 抱き合っている. porter un bébé dans (entre, sur) ses ～ 赤ん坊を抱く. saisir (tenir) qn par le ～ 人の腕をつかむ. se croiser les ～ 腕を組む. se jeter dans (entre) les ～ de qn[1] 人の腕の中に飛びこむ. serrer qn dans ses ～ 人を抱き締める.
2 (行動力, 生活力の象徴としての)腕. ～ de fer[2] 腕相撲, 力比べ. le ～ droit[2] de qn 人の右腕. ～ séculier 世俗(一般)裁判権(tribunaux de l'Eglise「宗教裁判権」の対); 世俗権力. arrêter le ～ de qn 人の暴力をおさえる. avoir le ～ long 勢力(信用)がある. avoir les ～ rompus へとへとに疲れている. avoir qn (qch) sur les ～ 人(何)を抱えている. avoir une nombreuse famille sur les ～ 大勢の扶養家族を抱えている. avoir une sale histoire sur les ～ 厄介事を抱えている. baisser les ～[2] 仕事を投げ出す. casser (couper) ～ et jambes à qn; couper les ～ à qn 人を手も足も出ない状態におとしいれる. être dans les ～ de Morphée (夢の神モルフェウスの腕に抱かれている→)眠っている. lever les ～ au ciel (両腕を上に挙げる→)お手上げの仕種をする(降参・驚愕・憤慨の意思表明). lever le ～ sur qn 人に腕をふりあげる(威嚇の仕種). refuser son ～ à qch 何への協力を拒む. se jeter dans les ～ de qn[2] 人の庇護を求める. tendre (ouvrir) les ～ à qn 人に救いの手を差しのべる. tendre les ～ vers qn (qch) 人に援助を乞う(何を希求する). vivre de ses ～ 自力(肉体労働)で暮しを立てる. gros comme le ～ 大袈裟に(な). Les ～ m'en tombent. それを知って私は愕然とした.

◆〔à ととに〕à 〔force de〕～ 腕力だけで. pompe à ～ 手動ポンプ. voiture à ～ 手押車. ～ ouverts 双手を挙げて. recevoir qn à ～ ouverts 双手を挙げて人を歓迎する. à ～ raccourcis 渾身の力で. à ～ tendus 腕を伸ばして. à bout de ～ 腕を精一杯伸ばして; 独力で; 全力で. à pleins ～ 腕一杯に. apporter des fleurs à pleins ～ 花を両腕に一杯抱えて持ってくる. travailler à pleins ～ 精一杯腕が動く. à tour de ～ 一杯; 盛んに. battre qn à tour de ～ 力まかせに人を殴る. écrire des chansons`à tour de ～ せっせと歌をつくる.
3 人手, 働き手. L'industrie manque de ～. 産業は人手が不足している.〔話〕gros ～ 腕節の強い人, 猛者; 用心棒; (大型トラックの)運転手.
4 力, 権力. le ～ de Dieu 神の力. avoir un ～ de fer 強大な権力を持つ. craindre le ～ de la justice 司直の手を恐れる.

II (分岐) 1 (腕に似たもの) 肘掛け(= accoudoir);『機械』アーム, 柄, ハンドル;(信号機の)腕木;(天秤の)腕;(クレーンの)ジブ;『海』転桁索, ブレーン, (錨の)アーム;(衣服の)袖;『園芸』横枝.『力学』～ de levier てこの臂(ひじ). ～ de manivelle クランクの腕. ～ de pick-up ピックアップのアーム. ～ de sémaphore 信号腕木. siège à ～ 肘掛椅子. en ～ de chemise ワイシャツ姿で.
2『動』(脊椎動物の)前脚; 前肢; (頭足類などの)触手, 腕.
3 (教会堂の)袖廊 (翼廊 transept の横に延びた部分) (= ～ de transept).
4『地理』分岐, 分流. ～ de mer 海峡; 海流の分岐. ～ de rivière 派川. ～ mort 旧河道, 三日月湖. ～ principal 主分流.

brasero 〔西〕 *n.m.* ブラゼロ(持ち運び可能な金属製暖房器).

brasier *n.m.* 1 真赤におこった炭火.
2 燃えあがる大火事. ～ d'une chapelle en ～ 火につつまれて炎上する礼拝堂.
3 〔比喩的〕高熱; 情熱, 激しさ. ～ de la guerre civile 内戦の激しさ.

brassard *n.m.* 1 腕章. ～ de deuil 喪章.〔カトリック〕～ de premier communiant 初聖体を受ける男子が腕につける白い腕章. ～ de secouriste 救急隊員の腕章.
2 (甲冑の)腕鎧.

brasse *n.f.* 1〔水泳〕平泳ぎ; 平泳ぎの一かきの距離; 平泳ぎ競技. ～ papillon バタフライ. ～ sur le dos 背泳. champion du deux cents mètres ～ 200メートル平泳ぎのチャンピオン. nager [à] la ～ 平泳ぎで泳ぐ. traverser la piscine en dix ～s 平泳ぎの10ストロークでプールを泳ぎ切る.
2 両腕をひろげた長さ;〔海〕尋(ひろ) (1) フランスの旧尺度で5ピエ(pied), 約1.6

m；2）水深の尺度として6フィート，約1.83 m）．La sonde donnait dix ~s. 水深計は10尋を示していた．

brasserie n.f. **1** ビール醸造所，ビール工場；ビール醸造業．
2〔古〕ビアホール；ブラスリー，カフェレストラン（=café-restaurant）．~ Lipp ブラスリー・リップ（パリの名店）．

brasseur(se)[1] n. **1** ビール醸造業者；ビール問屋．**2**〔比喩的；多く蔑〕~ d'affaires 数多くの事業に手を出している企業家，何でも屋．

brasseur(se)[2] n. 平泳ぎ（brasse）の泳者；平泳選手．

brassicacées n.f.〘植〙あぶらな属；あぶらな属植物（chou chinois, cresson, roquette など）．

brave a. **1** 勇敢な，勇ましい；度胸のある，気丈な．soldat ~ 勇敢な兵士．femme ~ 度胸のある女性．se montrer ~ 勇気のあるところを見せる．Il n'est ~ qu'en paroles. 彼は強がりを言うだけだ．
2〔名詞の前で〕実直な，律義な，正直な，善良な，立派な；〔蔑〕お人好しの，おめでたい．~ garçon 好感のもてる青年．~s gens 善良な人たち．~ homme 実直な人，律義者．
mon ~〔homme〕君，おやじ，小父さん（目下の者に対する親しみをこめた呼びかけ）．C'est un ~ type. あいつはいい奴だ．Il est bien ~, mais il m'ennui. あいつはお人好しだが，うんざりさせられる．
──n.〔女性は稀〕勇敢な人，勇者；英雄．le ~ des ~s 勇者の中の勇者（Ney 将軍の綽名）．la paix des ~s 勇敢に戦った敗者に対する講和．faire le ~ 勇者を気取る．se battre en ~ 勇敢に戦う．C'est un ~. あれは勇敢な人だ．

BRB（= brigade de répression du banditisme）n.〘警察〙強盗事件抑止班．

brebis n.f. **1** 牝羊（= mouton femelle）. fromage de ~ 羊乳のチーズ．lait de ~ 羊乳．
2〘聖書〙~ égarée 迷える羊（キリスト教徒；= ouaille）．
3〔蔑〕~ galeuse（疥癬にかかった羊→）危険分子，鼻つまみ．

bref(ève) a. **1**〔しばしば名詞の前〕短時間の；短い．~ ève averse 短いにわか雨．~ bonheur 束の間の幸せ．~ délai 短期間．à ~ délai 近いうちに，間もなく．cri ~ 短い叫び声．
2 簡潔な，短い；素気ない．~ ève allocution 短い演説．lettre ~ ève 簡潔な手紙，短信．être ~ 言葉少ない．Soyez ~. 手短にお話しください．pour être ~ 手っとり早く言えば．répondre d'un ton ~ 素気なく（ぶっきらぼうに）答える．
3〘言語〙（音素が）短い；〘詩〙〔古〕（母音・音節が）短い．

──ad. **1** 簡潔に，手短に．parler ~ 手短かに話す．
2 要するに，結局．B~, tout va bien. 要するに万事好調だ．en ~ 二言三言で〔言え〕．expliquer les choses en ~ 事物を簡潔に説明する．

Brême〔独〕n.pr. **1** ブレーメン州（le Land de B~）；州都ブレーメン Bremen）
2 ブレーメン（ブレーメン州の州都；ドイツ語表記 Bremen）．~, ville libre hanséatique 自由ハンザ同盟都市ブレーメン（=〔独〕die Freie Hansastadt Bremen）．

Brésil(le) n.pr.m.〔国名通称〕ブラジル（公式名称：la République fédérative du B~ ブラジル連邦共和国；国民：Brésilien(ne)；首都：Brasilia ブラジリア；通貨：real brésilien [BRL]）．

bressan n.m.〘チーズ〙ブレッサン（フランシュ・コンテ le Franche-Comté のアン川流域 Pays de l'Ain で山羊乳・羊山羊乳からつくられる．軟質，自然外皮のチーズ；脂肪分 40-45%；直径 4 cm，高さ 3-4 cm の円筒形；60 g）．petit ~ プチ・ブレッサン．

bressan(e) a. **1** ブレス地方（la Bresse）の．poulet de la race ~e ブレス種の肥育去勢若鶏（ラベル鶏）．
2 ブール=カン=ブレス（Bourg-en-Bresse）の．
──B~ n. **1** ブレス地方人．**2** ブール=カン=ブレスの住民．

Bresse (la) n.pr.f. ブレス（フランス東部の地方名；中心都市 Bourg-en-Bresse ブール=カン=ブレス）．poulet de ~ プーレ・ド・ブレス（ブレス地方特産の食肉用の去勢肥育若雄鶏の AOC のラベル鶏）．

Brest n.pr. ブレスト（département du Finistère フィニステール県の郡庁所在地；市町村コード 29200；軍港・商港都市；形容詞 brestois(e)）．aéroport de ~-Guipavas ブレスト=ギパヴァース空港（北東郊）．arsenal maritime et base navale de ~ ブレストの海軍工廠と海軍基地．Ecole navale de ~ ブレスト海軍兵学校．goulet de ~ グーレ・ド・ブレスト（ブレスト港の狭い入口）．rade de ~ ブレスト錨地．château et remparts de Vauban à ~ ブレストのヴォーバン城と城壁（1683年）．Océanopolis de ~ ブレストの海洋都市（1990年開場の臨海公園）．

Bretagne n.pr.f. **1**〘史〙la ~ ブルターニュ地方（フランスの旧州；現在の le Finistère，les Côtes-d'Armor，le Morbihan，l'Ille-et-Vilaine，la Loire-Atlantique の各県の県域に相当；中心都市 Rennes）．la ~ intérieure 内陸ブルターニュ（Arcoat）．la ~ maritime 臨海ブルターニュ（Armor）．
2〘行政〙la région ~, la ~ ブルターニュ地方（フランスと UE の広域地方行政地区；les Côtes-d'Armor，le Finistère，l'Ille-et-Vilaine，le Morbihan の 4 県から成

る；地方庁所在地 Rennes；面積 27,184 km², 人口 2,906,197；形容詞 breton (ne)).

breton(ne) *a.* **1** ブルターニュ地方 (la Bretagne) の；ブルターニュ人の；ブルターニュ (ブルトン) 語の. calvaire ~ ブルターニュのカルヴェール《キリストの磔形像を中心にした群像石碑》. coiffe ~ *ne* ブルターニュ地方のレース帽. crêpe ~ *ne* ブルターニュ風クレープ. homard ~ ブルターニュ地方産のオマール《海老》.
2 〖文史〗romans ~*s* ブルターニュ物語群《ブルターニュ地方と英国に伝わるケルト伝説に基づく中世フランスの韻文物語》.
—*B*~ *n.* ブルターニュ人.
—*n.m.* 〖言語〗ブルターニュ (ブルトン) 語《ブルターニュ地方西部のケルト系言語》.

bretzel [brɛd(t)zɛl] *n.m. (n.f.)* ブレッツェル《塩とクミンの種子をまぶしたアルザス地方 l'Alsace の 8 の字形の菓子》.

brevet *n.m.* **1** 免状, 証書. ~ d'enseignement militaire supérieur 陸軍大学校卒業証書《かつては ~ d'état-major》. ~ d'études du premier cycle 中等教育第一課程学習免状. ~ d'études professionnelles 職業学習免状. ~ de technicien 技術者免状. ~ de technicien supérieur 高級技術者免状. ~ professionnel 職業免状.
2 ~ 〔d'invention〕特許. bureau des ~*s* 特許局. ~ communautaire CE (EC) 特許. ~ européen ヨーロッパ特許. Office européen des ~*s* ヨーロッパ特許事務所《旧国際特許局 Institut international des ~*s*》.
3 〖法律〗acte en ~ 公正証書の一種で公証人が原本を保管しないもの.

brevetabilité *n.f.* 特許の対象となりうること. ~ du génome ゲノムの特許取得可能性.

BRG (= *B*ureau des *r*essources *g*énétiques) *n.m.* 遺伝子資源管理機構事務機構.

BRGM (= *B*ureau de *r*echerche *g*éologique et *m*inière) *n.m.* 地質鉱物探査局.

BRI (= *B*anque des *r*èglements *i*nternationaux) *n.f.* 国際決済銀行《= 〔英〕BIS : *B*ank for *I*nternational *S*ettlements；1930 年設立；本部 Basel (Bâle)》.

Briançon *n.pr.* ブリヤンソン《département des Hautes-Alpes オート=ザルプ県の郡庁所在地；市町村コード 05100；要塞都市・冬季スポーツ基地；形容詞 briançonnais (e)》. citadelle de Vauban à ~ ブリヤンソンのヴォーヴァン砦. la Ville haute de ~ ブリヤンソンの高台の市街.

bricolage *n.m.* **1** 素人の手仕事；日曜大工 (= 〔英〕DIY : *d*o-*i*t-*y*ourself). grand magasin spécialisé de ~ 日曜大工用品専門大型店. rayon de ~ 日曜大工用品売場.
2 応急修理, 仮補修；〔蔑〕雑な仕事.
3 儲けにならない仕事.

bricoleur(se) *n.* 日曜大工, 素人職人；手仕事愛好家 (= 〔話〕bricolo).
—*a.* 日曜大工の好きな；器用な. Elle est très ~ *se*. 彼女はとても器用だ.

bricquebec *n.m.* (<*B*~, 生産地名) 〖チーズ〗ブリックベック《ノルマンディー地方 la Normandie のコタンタン Cotentin 地方のブリックベック修道院で, 牛乳からつくられる, 非加熱圧搾, 洗浄外皮のチーズ；脂肪分 45 %, 直径 22 cm, 厚さ 4 cm の平たい円盤状；1.4 kg；別称 providence, trappiste de Bricquebec》.

BRICs (< 〔英〕*B*resil, *R*ussia, *I*ndia and *C*hina) *n.m.pl.* ブリックス《経済発展が顕著で将来世界の経済大国になりうるブラジル, ロシア, インド, 中国の 4 新興国；2003 年 11 月証券会社の Goldman Sachs の命名》. le groupe Brésil-Russie-Inde-Chine, dits les ~ ブリックスとよばれるブラジル・ロシア・インド・中国グループ.

bridge camera 〔英〕*n.m.* 〖写真〗ブリッジ・カメラ《レンズ交換のできないレンズ一体化一眼レフ・カメラ：appareil photo reflex à objectif fixe》. ~ numérique ディジタル式ブリッジ・カメラ.

brie (<la *B*~ ブリー地方) *n.m.* 〖チーズ〗ブリー《AOC チーズ》. ~ de Coulommiers ブリー・ド・クーロミエ《イール=ド=フランス地方 l'Ile-de-France のクーロミエを中心に牛乳からつくられる. 軟質, 白かび外皮のチーズ. 直径 25 cm, 厚さ 3 cm の円盤状チーズ；脂肪分 45 %》. ~ de Meaux fermier モーの農家産ブリー《ブリー地方 la Brie のモーを中心に, 牛乳からつくられる軟質, 白かび外皮のチーズ；直径 26-35 cm, 厚さ 2.5 cm；脂肪分 45 % 以上》. ~ de Melun affiné ブリー・ド・ムラン・アフィネ《イール=ド=フランス地方のムランを中心に牛乳からつくられる軟質, 自然外皮の熟成チーズ. 直径 24 cm, 厚さ 3 cm；脂肪分 40-45 %》. ~ laitier ブリー・レーチエ《イール=ド=フランス地方やその他の地方で殺菌牛乳からつくられる軟質, 白かび外皮のチーズ；直径 28-35 cm, 厚さ 2.5-3 cm；脂肪分 45 %》.

brigade *n.f.* **1** 〖軍〗旅団《現在は師団 division の下部構成単位で, 複数の連隊 régiment から成る；旅団長は准将 général de ~》. ~ aéromobile 空挺旅団 (略記 BA). ~ d'appui spécialisé 特別支援旅団《工兵・情報・通信連絡旅団を指す》. ~ d'artillerie 砲兵旅団 (BA). ~ blindée 機甲旅団 (BB). ~ d'infanterie 歩兵旅団 (BI). ~ d'infanterie de montagne 山岳歩兵旅団 (BIM). ~ de renseignement 情報旅団 (BR). ~ *s* des sapeurs-pompiers de Paris パリ消防旅団《工兵隊に所属するパリ消防団；略記 BSPP》. ~ de transmissions 通信連絡旅団 (BT). ~ légère blindée 機甲軽旅団 (BLB). ~ légère blindée de marine 機甲軽海兵旅団 (BLBM). ~ logistique 補給 (兵站) 旅団 (BL). ~ mécanisée 機械化旅団

(BM). ~ parachutiste パラシュート降下旅団(BP). ~ franco-allemande 仏独混成旅団(1988年創設；本部 Mülheim).〘史〙~s internationales（スペイン内戦下の）国際義勇軍. B~s rouges 赤い旅団（イタリアで1970年創設の過激派集団の名称）. général de ~ 旅団長, 陸軍准将(=~-général).
2〘憲兵隊〙分遣隊, 隊；班；分駐所. ~ de gendarmerie 憲兵分遣隊. ~ de l'air 航空憲兵隊. ~ de prévention de la délinquance juvénile 青少年非行予防班. ~ de recherche 調査班. ~ de transports aériens 空輸憲兵隊. ~ départementale 県憲兵隊. ~ départementale de renseignements judiciaires county 情報担当県憲兵隊. ~ fluviale 河川憲兵隊. ~ maritime 海洋憲兵隊. ~ motorisée 機動憲兵隊（道路交通担当）. ~ territoriale 領土保安憲兵分遣隊（分駐所）.
3〘警察〙分遣隊, 隊；班. ~ anticriminalité 重犯罪防止班（1996年創設；略記 Bac）. ~s centrales de la Préfecture de Paris パリ警視庁中央取締班（~ de protection des mineurs「未成年者保護班」BPM；~ des stupéfiants「麻薬班」BP；~ de répression du proxénétisme「売春斡旋防止班」BRP；~ de répression du banditisme「強盗抑止班」BRB；~ de recherche et d'intervention「調査介入班」BRI；~ criminelle「刑事班」BC）.〘古〙~ criminelle 刑事警察（1912年創設；略称 Crim）. ~ régionale motocycliste 地方オートバイ警察隊（略称 BRM）. ~ spécial 特捜班.
4〘広義〙（労働者などの）作業班, 組. ~ de cantonniers 道路工事班. ~ de supporters（サッカーなどの）応援団.

brigadier *n.m.* **1**〘軍〙旅団長(=chef de brigade).〘話〙~ général 准将(=général de ~).
2（機甲部隊・砲兵・鉄道兵・兵站部隊の）上等兵（歩兵・空軍では caporal）.
3（憲兵隊の）班長.
4〘警察〙巡査長. ~ de police 巡査長（1995年以降の名称；それ以前は ~-chef-enquêteur de 1ʳᵉ classe「一級刑事巡査部長」）.
5〘船員〙バウ.
6〘工具〙の班長.

brigadier-chef（*pl.* ~s-~s）*n.m.*
1〘軍〙（機甲部隊・砲兵・鉄道兵・兵站部隊などの）兵長（brigadier「上等兵」のすぐ上の階級；歩兵と空軍では caporal-chef という）.
2〘警察〙巡査部長. ~ de classe exceptionnelle 特級巡査部長（1995年以降は brigadier-major de police「上級巡査部長」と改称）.

brigadier-chef-enquêteur *n.m.*〘警察〙刑事巡査部長. ~ de 1ʳᵉ classe 一級刑事巡査部長（1995年以降 brigadier de police「巡査長」と改称）.

brigadière *n.f.*〘警察〙女性巡査長.
brigadier-major *n.m.*〘警察〙上級巡査部長(=~ de police)（1995年以降の呼称は brigadier-chef de classe exceptionnelle「特級巡査部長」）.

brigand(e) *n.* **1**〘やや古〙山賊, 追剝ぎ(=bandit, gangster). bande (troupe) de ~ 山賊団.〘比喩的〙histoire de ~s 荒唐無稽な物語.
2 ならず者. Petit ~! いたずら小僧め!(=petit coquin). Quel ~! 何て凄い奴なんだろう!

brigandage *n.m.* **1** 強奪, 略奪. ~ sur mer 海賊行為(=piraterie). acte de ~ 強奪（略奪）行為. exercer le ~ 強奪行為を行う.
2 不法行為（汚職 concussion；横領 déprédation, rapine；暴虐 exaction など）.

brillant¹(**e**)（<briller）*a.* **1** 光る, 輝く；艶やかな. cheveux ~s 艶やかな髪. regard ~ きらめく眼差し. soleil ~ 光り輝く太陽.
2〘しばしば名詞の前〙輝かしい；華やかな, 人目を惹く, きらびやかな；図抜けた, 秀逸な, 見事な. carrière ~e きらびやかな経歴. ~ élève 優等生. ~e improvision 見事な即興〔演奏〕. ~ mariage 華やかな結婚式. ~ succès 華々しい成功. conversation ~e 活発な会話. esprit ~ 才気喚発. faire de ~es études 素晴しい研究成果をあげる. pas ~ ぱっとしない. Le résultat n'est pas ~. 結果はぱっとしない（さえない）. Ma santé n'est pas ~. 私は体調がすぐれない.

brillant² *n.m.* **1** 輝き, 光輝, 光沢；きらめき. ~ d'un bijou 宝石の輝き. ~ du métal 金属の光沢. donner du ~ aux cheveux 髪に艶を与える.
2〘比喩的〙光彩, 輝かしさ. ~ de la gloire 栄光の輝き. ~ d'une cérémonie 式典の華やかさ. ~ de sa conversation その話しぶりの輝かしさ. ~ du style 文体のきらめき. avoir du ~ 光彩を放っている. faux ~¹ うわべだけの輝き.
3〘宝石〙ブリリアントカットのダイヤモンド(=diamant taillé à facette). ~s d'une bague 指環にはめこまれたブリリアントカットの輝く群. faux ~² まがい物のダイヤ. La taille ~ comporte 58 facettes. ブリリヤンダイヤモンドカットは58面からなる. tailler un diamant en ~ ダイヤにブリリヤントカットを施す.

brillat-savarin（<*B*~-*S*~, Anthelme, 美食家の人名 [1755-1826]）*n.m.*〘チーズ〙ブリヤ＝サヴァラン（ノルマンディーla Normandie のブレー地方 Pays de Bray で, 牛乳からつくられる, 軟質で, 3倍量のクリーム分を含む, 白かび外皮のチーズ；脂肪分75%；直径13 cm, 厚さ3.5 cm の円盤状）.

brindamour *n.m.* 〖チーズ〗ブランダムール，フルール・デュ・マキ(マキの花)(fleur du maquis)(コルス島 la Corse で山羊乳からつくられる，サリエットやロマランで風味づけした，軟質，自然外皮のチーズ；脂肪分45％，一辺12-14 cm, 高さ4-5 cm の四角形；600-800 g).

brioche *n.f.* **1** ブリオシュ(小麦粉にイースト菌，バター，卵を加えて焼くふくらんだパンやパン菓子). ~ parisienne パリ風ブリオシュ(パン生地を240 g と40 g に2分し，大きい塊の上に穴をあけ，小塊を上にのせて焼く). ~s garnies salées 塩味の詰め物入りブリオシュ(~ aux champignons(シャンピニョン入り), ~ au foie-gras(フォワ=グラ入り), ~ au fromage(チーズ入り)などのパン料理). ~s garnies sucrées 砂糖入り詰め物ブリオシュ(~ aux framboises(木苺入り)などのパン菓子).
2〖話〗出腹. prendre de la ~ 腹が出てくる.
3〖話〗へま，失態. faire une ~ どじを踏む.

brioché(e) *a.* ブリオシュ(brioche)のような. pain ~ ブリオシュ・パン(卵入りの柔らかい円筒状のパン).

Brioude *n.pr.* ブリウード(département de la Haute-Loire オート=ロワール県の郡庁所在地；市町村コード43100；形容詞 brivadois(e)). basilique Saint-Julien de ~ ブリウードのサン=ジュリヤン・バジリカ聖堂(12-13世紀のロマネスク様式；柱頭彫刻).〖地形〗la Limagne de ~ ブリウード地溝.

brique *n.f.* **1** 煉瓦. ~ creuse 中空煉瓦. ~ émaillée 施釉煉瓦. ~ pleine 普通煉瓦. ~ réfractaire 耐火煉瓦. maison de (en) ~ 煉瓦造りの家. faire des ~s (de la ~) をつくる.
2(煉瓦状のもの) ~ de savon 角形の石鹸. ~ de tourbe 角形練炭. ~ de verre ガラス煉瓦.
3〖海〗甲板上磨き石(= ~ à pont).
4〔比喩的・俗〕煉瓦状の札束. une ~ 100万旧フラン(1万フラン相当)の札束.
5〔話〕bouffer des ~s 食べる物が何もない.
6〖スイス〗(<〔独〕brekan=briser) 破片，断片，かけら.
——*a.inv.* 煉瓦色の，赤銅色の. velours ~ 煉瓦色のビロード生地.

briquet *n.m.* ブリケ，ライター. ~ à essence(gaz) オイル(ガス)ライター. ~ de cuisine 台所用ガス点火器. pierre à ~ ライター用の石.

briqueterie *n.f.* 煉瓦製造所，煉瓦工場.

bris [bri] (<briser) *n.m.* **1**〔法律〕(故意で不法の)破壊，損壊. ~ de clôture 囲障損壊；不法侵入. ~ de scellés 封印の破棄〔罪〕，封印の開披〔罪〕.
2〔古〕難破；難破船の残骸. droit de ~ 漂着物拾得権.

brise *n.f.* ブリーズ，微風，そよ風；軟風，弱風；風(風速が時速1-49 km の各段階の風). ~ de mer 海風(= ~ marine). ~ de montagne 山風. ~ de terre 陸風. ~ de vallée 谷風. ~ embaumée かぐわしい風，薫風. ~ fraîche 涼風. avoir bonne ~ (帆船が)はやてを受ける.

◆英国のフランシス・ビュフォート Francis Beaufort [1774-1855] の0から17まで18段階の風力スケールでは，
風力1：至軽風〔英〕light air=brise très légère(風速時速1-5 km)；**2**：軽風 light breeze=légère(6-11 km)；**3**：軟風 gentle breeze=petite ~ (12-19 km)；**4**：和風 moderate breeze=jolie ~ (20-28 km)；**5**：疾風 fresh breeze=bonne ~ (29-38 km)；**6**：雄風 strong breeze=vent frais (39-49 km) の6段階のうち，英語では風力2-6までが breeze, フランス語では1-5までが brise.

brisé(e) *a.p.* **1** 壊れた，砕けた. os ~ 砕けた骨. voix ~e par l'émotion 興奮のあまり上ずった声.
2 へとへとになった；意気消沈した. avoir le cœur ~ 意気消沈している. être ~ de fatigue 疲労困憊している.
3 折れ曲った，尖った.〖建築〗arc ~ 尖頭アーチ.〖建築〗comble ~ 腰折れ屋根，マンサルド(=mansarde).〖製本〗dos ~ ド・ブリゼ，ホロー・バック.〖幾何〗ligne ~e 折れ線.〖料理〗pâte ~e パート・ブリゼ(折り込まない，タルトまたはキッシュ用のパイ生地).〖建築〗toit ~ 折れ屋根，マンサール屋根(=toit à Mansart).〖建築〗volet ~ 折畳み戸鎧戸.
4〖紋章〗(山形図形，槍が)折れた；特定のマーク(brisure)で親子兄弟の紋章を区別した.

brise-béton *n.m.inv.*〖土木〗(路面などの)コンクリート破砕機.

brise-glace[s] *n.m.inv.* 砕氷船(=navire ~)；砕氷装置；(自動車・列車などの)窓ガラス割り用ハンマー.

brise-goût *n.m.*〖チーズ〗ブリーズ=グー，ブリズゴ(brisego)(サヴォワ la Savoie のオート・タランテーズ地区 la Haute Tarentaise で，脱脂牛乳もしくは低脂肪牛乳からつくられる，加熱圧搾，自然外皮のチーズ；脂肪分15-25％；直径20-22 cm, 高さ18-20 cm の円筒形；3-5 kg).

brise-lames *n.m.inv.* 防波堤.

brise-motte[s] *n.m.*〖農〗砕土機.〖同格〗rouleau ~ 砕土ローラー.

brise-tout *n.inv.*〔話〕何でも壊す粗忽者.
——*a.inv.* 何でも壊す；粗忽な.

briseur(se) *n.* 破る人，破壊者. ~ de grève スト破り；スト不参加者；ストライ

キ参加者の代行労働者. ~ d'images 偶像破壊者.

britannique *a.* **1** 連合王国 (le Royaume-Uni) の; 大ブリテン・北アイルランド連合王国 (le Royaume-Uni de Grande-Bretagne et d'Irlande du Nord) の; 英国の (anglais は元来 l'Angleterre イングランドの形容詞); ~の国民の.
2 ブリテン諸島 (les îles Britanniques) の.
—**B~** *n.* 連合王国人, 英国人.

Britanniques (les îles) *n.pr.f.pl.* ブリテン諸島 (la grande-Bretagne 大ブリテン島, l'île de Wight ワイト島, l'île de Man マン島, les Hébrides ヘブリディーズ諸島, les Orcades オークニー諸島, les Shetland シェトランド諸島, l'Irlande アイルランド島の総称).

Brive-la-Gaillarde *n.pr.* ブリーヴ=ラ=ガイヤルド (département de la Corrèze コレーズ県の郡庁所在地; 市町村コード 19100; 形容詞 briviste). Hôtel de Labenche de ~ ブリーヴ=ラ=ガイヤルドのラベンシュ館 (歴史博物館・美術館). Centre national d'étude de la Résistance et de la Déportation Edmond Michelet de ~ ブリーヴ=ラ=ガイヤルドのエドモン・ミシュレ・レジスタンス・強制収容所研究センター.

BRM *n.* [英] Biological Response *M*odifier) *n.m.* [医] 生物反応変換物質; 生物応答調整剤 (= [仏] modificateur de réponse biologique).

brocante *n.f.* **1** 古道具の商い, 古道具の売買 (=brocantage). quartier de la ~ parisienne パリの古道具屋街.
2 古道具店 (=magasin de brocanteur).
3 (古道具屋の売買する) がらくた. goût de la ~ 古道具趣味.
4 [古] 片手間の仕事; 内職.

brocant*eur*(*euse*) *n.* 古道具商; 骨董商; 故物商.

broccio [brɔtjo] *n.m.* [チーズ] ブロッチョ (コルス島 la Corse で山羊乳からつくられる非加塩, 外皮なしのフレッシュ・チーズ; 脂肪分 45 %).

brochage (<brocher) *n.m.* **1** (本の) 仮綴じ [加工].
2 [織] 錦織り, 紋織り.
3 [機工] ブローチ加工.
4 [外科] 金属内副子 (broche) を用いた骨折部の固定整復.

broche *n.f.* **1** [料理] ブロシュ, 金串; 焼串 (=~ à rôtir); 串. [製菓] ~ à tremper ブロシュ・ア・トランペ (浸し串). rôti à la ~ 串焼 [料理].
2 [服飾] ブローチ.
3 (紡績機の) スピンドル; (工作機械の) 主軸; (錠前の) ピン; (プラグの) 頭; (樽の錐孔の) 栓; [機械] ブローチ; [外科] 内副子.
4 ノロ鹿の若角; [*pl.* で] (猪の) 牙.
5 [登山] (氷壁登攀用の) 長いハーケン.

brochet *n.m.* [魚] **1** ブロシェ, 川かます (かます科の白身の高級淡水魚; [独] Hecht, [英] pike). [料理] quenelle de ~ クネル・ド・ブロシェ (川カマスのすり身によるつみれ風料理).
2 ~ de mer バラクーダ (=barracuda).

brochette *n.f.* **1** [料理] ブロシェット, 小焼串. ~ simple (double) 単串 (二本串).
2 小串料理; 串焼料理. ~ d'agneau 仔羊の串焼料理. ~ de foie de volaille とりの肝の串焼. manger des ~s 串焼きを食べる.

brochure *n.f.* **1** (仮綴じ) 小冊子, ブロシュール, パンフレット. ~ publicitaire 宣伝小冊子 (パンフレット).
2 (本の) 仮綴じ (=brochage).
3 [織] (ブロケード織の) 錦模様.

brocol *n.m.* [農] ブロコール (赤葡萄酒用の葡萄の品種).

brocoli *n.m.* [植] ブロッコリ (十字花科 crucifères の野菜). ~ à jets 小枝状ブロッコリー. ~ pommé 球型ブロッコリー, 緑色カリフラワー (=chou-fleur vert).

brocq *n.m.* [チーズ] ブロック (ロレーヌ地方 la Lorraine のメッス Metz 周辺で, 牛乳からつくられる, フレッシュ・チーズ; 脂肪分 45 %).

broderie *n.f.* **1** 刺繍 (ししゅう). faire de la ~ 刺繍をする. [園芸] parterre de ~ 刺繍花壇.
2 刺繍製品. ~ de couleur 色糸刺繍.
3 刺繍業.
4 [比喩的] 潤色; 粉飾; 作り話; [音楽] 刺繍音, ブロドリー.

brod*eur* (*se*[1]) *n.* 刺繍家; 刺繍職人.

brodeuse[2] *n.f.* 刺繍機 (=~ mécanique).

broiement *n.m.* **1** 粉砕 (=broyage). **2** [医] 圧挫 [症]; (結石などの) 破砕. ~ d'un calcul 結石の破砕.

brom[o]- [ギ] PREF 「臭気, 臭素」の意.
bromate *n.m.* [化] 臭素酸塩.
bromazépam *n.m.* [薬] ブロマゼパム (抗不安薬; 薬剤製品名 Lexomil (*n.m.*)).

brome [brom] *n.m.* [化] 臭素 (元素記号 Br, 原子番号 35, [英] Bromine, 1826 年発見).

bromé(e) *a.* [化] 臭素 brome を含んだ.
bromhydrique [brɔmidrik] *a.* [化] 臭化水素の. acide ~ 臭化水素酸.
bromidrose *n.f.* [医] 臭汗症.
bromique *a.* **1** [化] 臭素の. acide ~ 臭素酸. **2** [医] acné ~ 臭素症瘡, ブロムアクネ.
bromisme *n.m.* [医] ブロム中毒, 臭素中毒.
bromoforme *n.m.* [化] ブロモホルム, トリブロムメタン (=méthane tribromé, 三臭化メタン) (鎮咳作用がある).
bromure *n.m.* **1** [化] 臭化物.
2 [薬] ブロムカリ (「臭化カリウム」~ de

potassium の俗称.鎮静剤などに用いる).~ de sodium 臭化ナトリウム《鎮静剤》.
3〖写真〗「臭化銀」(= ~ d'argent の俗称).《感光材》.

bronch[o]- [ギ] ELEM「気管支」の意(*ex. bronchoscope* 気管支鏡).

bronche *n.f.* 〖解剖〗気管支.

bronchectasie [brɔ̃ɛktazi], **bronchiectasie** [brɔ̃jɛktazi] *n.f.* 〖医〗気管支拡張症.

bronchectasique *a.* 〖医〗気管支拡張性の. maladies ~s 気管支拡張性疾患. syndrômes ~s locales 局部性気管支拡張症候群.

bronchi- [ギ] ELEM「気管支」の意 (*ex. bronchite* 気管支炎).

bronchiole *n.f.* 〖解剖〗細気管支. ~s respiratoires 呼吸細気管支. ~s terminales 終末細気管支.

bronchiolite *n.f.* 〖医〗細気管支炎.

bronchiolo-alvéolaire *a.*〖解剖〗細気管支肺胞の.〖医〗cancer ~ 細気管支肺胞癌,肺胞上皮癌(= cancer alvéolaire).

bronchique *a.* 気管支の.

bronchite *n.f.* 〖医〗気管支炎. ~ aiguë 急性気管支炎. ~ chronique 慢性気管支炎.

bronchiteux(**se**) *a.*〖医〗気管支炎に罹り易い体質の.
——*n.* ~人.

bronchitique *a.*〖医〗気管支炎の.
——*n.* 気管支炎患者.

bronchocèle *n.f.*〖医〗気管支瘤,気管支閉鎖症.

bronchoconstricteur *n.m.*〖医〗気管支狭窄性物質.

bronchoconstriction *n.f.*〖医〗気管支狭窄.

bronchodilata*teur* (***trice***) *a.*〖薬〗気管支拡張作用のある.
——*n.m.*〖薬〗気管支拡張薬《抗喘息薬》.

bronchographie *n.f.*〖医〗気管支造影〔法〕.

bronchopathie *n.f.*〖医〗気管支疾患.

broncho-pneumonie *n.f.* 気管支肺炎.

bronchopneumopathie *n.f.*〖医〗気管支肺疾患.

bronchopulmonaire *a.*〖解剖・医〗気管支肺の. cancer ~ primitif (secondaire) 初期(第2期)気管支肺癌. dysplasie ~ 気管支肺異形成〔症〕.

bronchorrhée [-kɔ-] *n.f.*〖医〗気管支漏.

bronchoscope *n.m.*〖医〗気管支鏡. ~ à fibre optique 光ファイバー式気管支内視鏡. ~ souple(光ファイバーを用いた)柔軟性気管支鏡.

bronchoscopie *n.f.* 気管支〔内視〕鏡検査.

bronchospasme *n.m.*〖医〗気管支攣縮.

bronchotomie [brɔ̃kɔtɔmi] *n.f.* 気管支切開〔術〕.

bronzage (< bronzer) *n.m.* **1**(物体の)ブロンズ表面加工,ブロンズ仕上げ. ~ des canons de fusil 銃身のブロンズ加工. ~ des statuettes 小彫像のブロンズ仕上げ.
2(肌を)日に焼くこと,日焼け. ~ artificiel (紫外線ランプなどによる)人工日焼け. crème pour le ~ 日焼け促進クリーム.
3 日焼けした肌色. ~ intégral 全身の日焼け.

bronze [伊] *n.m.* **1** ブロンズ《銅と錫の合金~ à l'étain を「通常ブロンズ」~ ordinaire, 銅と錫以外との合金を「特殊ブロンズ」~s spéciaux という》,青銅(= airain). ~ à canon 砲金《錫の含有量8-12％のブロンズ》. ~ à l'alminium アルミ青銅. ~ au plomb 鉛ブロンズ《鉛5-30％,錫2-10％を含有するブロンズ》. ~ au zinc 亜鉛ブロンズ《銅3％,錫8-10％》. ~ d'art 工芸用ブロンズ. ~ parisien パリ・ブロンズ《銅88％,亜鉛10％,鉛2％;宝飾用》. ~ phosphoreux 燐ブロンズ,燐青銅《燐の含有量0.01％;バネ用》.
〖考古〗l'âge de ~ 青銅時代,青銅器時代《石器時代と鉄器時代の中間期;西暦紀元前3000-1000年頃》. canon de ~ 青銅製の大砲. cloche de ~ ブロンズ(青銅)製の鐘. médaille de ~ ブロンズ・メダル,銅メダル《第3位の賞》. monnaie de ~ 青銅貨. poudre de ~ ブロンズ粉末《黄色の金属色素》. statue de ~ ブロンズ(青銅)彫刻.〔同格〕vert ~ ブロンズのような緑色.
2 青銅工芸品;(特に)ブロンズ彫刻(= statue de ~),青銅貨(= monnaie de ~). ~s de Rodin ロダンのブロンズ像.
3〔比喩的・文〕de ~ 青銅のように固い,青銅のような色の;頑丈な,不屈の;非常な. cœur de ~ 不屈の心. corps de ~ 頑丈な体. teint de ~ 赤銅色の肌.
4〔詩〕鐘(cloche);大砲(canon).

bronzé(**e**) *n.* (肌が)赤銅色に日焼けした.
——*n.* 赤銅色に日焼けした人.

bronzette *n.f.*〖俗〗ブロンゼット《見事に日焼けした女の子》. folie de la ~ こんがり肌を日に焼きたいという熱望.

brooker *n.m.* 情報処理機器売買業.

brosse *n.f.* **1** ブラシ. ~ à chaussures (à reluire) 靴ブラシ.〖話〗manier (passer) la ~ à reluire おべっかを使う. ~ à cheveux ヘアブラシ. ~ à dents 歯ブラシ. ~ à dents électrique 電動歯ブラシ.〔à habits〕洋服ブラシ. donner un coup de ~ à un pantalon パンタロンにブラシをかける. ~ à ongles 爪磨き用ブラシ. ~ adhésive 接着式ほこり取りブラシ. ~ en chiendent たわし. ~ en nylon ナイロンブラシ. ~ en soies de porc 豚毛のブラシ. ~ métallique 金属ブラシ,ワイヤブラシ(= ~ en fil de

fer).
2〖美術〗画筆, 毛筆, ブラシ；筆づかい, 画法,〔塗装用の〕刷毛. ~ de peintre en bâtiment 塗装工の刷毛.〖美術〗belle ~ 見事な筆づかい. tableau fait à la grosse ~ 粗い筆致で描かれた絵画. peindre à la ~ 画筆で描く；ざっと描く；刷毛で塗る.
3 角刈り(=cheveux en ~). se faire faire une ~ 角刈りにしてもらう.
4〖昆虫〗(蜜蜂の脚の) 花粉ブラシ.
5〖動〗雄鹿の脚毛.
6〔*pl.* で〕森林の縁の薮, 茂み.
7〖電〗ブラシ, 刷子(さっし).

brouillage (＜brouiller) *n.m.* **1** かきまぜ；〔特に〕電波妨害；〔ラジオ, TV などの〕混信. ~ d'émissions pirates 海賊放送の混信. ~ naturel 自然妨害(雑音). ~ sonore (visuel) 音声(映像)の混信. ~ volontaire 受信妨害用無線通信, 意図的電波妨害.
2〖鉱〗鉱体(鉱層)の乱れ.

brouillamini *n.m.*〖俗〗混乱, ごたごた, もつれ, 紛糾, 錯綜.

brouillard[1] *n.m.* **1**〖気象〗ブルイヤール, 霧〔視程1km以下のもの；1km以上は brume〕, 霞, もや. ~ d'advection 移流霧. ~ de fumée スモッグ〔英〕smog). ~ de rayonnement sur sol 放射霧. ~ dense (épais) 濃霧. ~ épais (dense) 濃霧. ~s froids (chauds) 冷(温)霧. ~ frontal 前線霧. ~ léger 薄い霧. ~ maritime 海霧. Il fait (Il y a) du ~. 霧がかかっている.
2〔比喩的〕〔煙・湯気などによる〕もや；朦朧とした状態. avoir un ~ devant les yeux；voir à travers un ~ 目がかすむ. être dans le ~ 五里霧中である；状況が皆目つかめていない；〔話〕ほろ酔いである. foncer dans le ~〔霧の中を突き進む→〕やみくもに突き走る.〔話〕n'y voir que du ~〔霧しか見えない→〕さっぱりわからない.
3〖物理〗エーロゾル, アエロゾル (=aérosol).
4〖植〗かすみ草 (=gypsophile).

brouillard[2] *n.m.*〖商業〗当座帳(=main courante).

brouillasse *n.f.* **1** 霧雨(=bruine). **2**〔蔑〕霧, もや(=brume).

brouillé(e) (＜brouiller) *a.p.* **1** かき混ぜた, ごちゃまぜにした.〖料理〗œufs ~s ウー・ブルイエ, スクランブルド・エッグ.
2 (糸が) もつれた.
3 乱れた；混乱した. émission de radio ~ 混信したラジオ放送；妨害されたラジオ放送.
4 くすんだ, 冴えない；曇った. teint ~ 冴えない顔色. vue ~ ぼんやりした視野.
5〔比喩的〕〔話〕être ~ avec *qn* 人と仲違いしている. être ~ avec *qch* 何が苦手だ, 何がなんだかわからない.

brouilly *n.m.*〖葡萄酒〗ブルイイ〔le Beaujolais ボージョレ地区最南端Saint-Léger, Cercié, Audenas, Charentay の村と Quincié 村の一部にまたがる地区のAOC酒〕. côte de ~ コート・ド・ブルイイ〔ブルイイ地区の中央に位置する地区の独自のAOC酒〕.

broussaille *n.f.* **1**〔多く *pl.*〕(茨, 小灌木などの) 茂み, 藪.
2〔比喩的〕cheveux (barbe) en ~ ぼうぼうの髪(ひげ).

brousse[1] *n.f.* **1** 低木繁茂地帯. **2**〔熱帯地方の〕低木林. **3**〔話〕片田舎. vivre dans la ~ (en ~) 片田舎に暮す.

brousse[2] *n.f.* ブルース・チーズ〔プロヴァンス地方 la Provence で山羊・羊乳からつくられるフレッシュ・チーズ；脂肪分45%〕. ~ du Rove ル・ローヴ産ブルース・チーズ〔羊乳〕.

browning [broniŋ] (＜J. M. B~ [1855-1926], 開発者名) 〔米〕*n.m.* ブローニング自動ピストル (= ~ automatique) 〔口径7.65mm〕.

broxuridine *n.f.*〖生化・薬〗ブロクスウリジン〔抗腫瘍薬〕.

broyage (＜broyer) *n.m.* 粉砕, おし潰すこと, すり潰すこと.

BRP = [＝*B*ureau de *r*echerches de *p*étrole] *n.m.* 石油研究局.

BRT = [独] *B*rutto*r*egister*t*onnen] 〖海〗(船舶の) 総登録トン数 (=tonnes brutes).

bru *n.f.*〔古, 方言〕嫁 (=belle-fille).

brucella *n.f.*〖医〗ブルセラ〔菌〕属.

brucellose *n.f.*〖医・獣医〗ブルセラ症, マルタ熱 (=fièvre de Malte), 波状熱 (=fièvre ondulante), ヒトブルセラ・メリテンシス感染症 (=mélitococcie) 〔人獣感染症〕.

brucine *n.f.*〖化〗ブルシン ($C_{23}H_{26}O_4N_2$).

brugnon *n.m.*〖果実〗ブリュニョン〔果皮にうぶ毛がなく, 果肉と果核がくっついているネクタリンに似た桃の品種〕.

bruine *n.f.* 霧雨.

bruit *n.m.* **1** (異常な) 音；物音；雑音；騒音, ノイズ. ~ aérienne 航空機騒音.〖航空〗~ au décollage en EPNdB (*E*ffective *P*erceived *N*oise *D*eci*b*el；〔仏〕niveau effectif de bruit perçu) 離陸時の実効感覚騒音指数. ~ dans les locaux industriels 工場騒音. ~ d'équipement 設備騒音. ~ de fond[1] まわりのざわざわした物音. ~ de fond océanique 海鳴り. ~ de la pluie (du vent) 雨音(風音). ~ de la rue 通りの物音, 街の喧騒. ~ des autos 自動車騒音. ~ de moteur エンジン音. ~ de voisinage 近隣騒音. ~ diurne (nocturne) 日中(夜間)騒音. ~ du tonnerre 雷鳴. ~ faible かすかな物音. ~ léger 軽い物音.
Centre d'information et de documentation sur le ~ 騒音情報資料センター〔国土整備・環境省所管；略記 CIDB〕. Conseil national du ~ 騒音に関する国家評議会〔国土

整備・環境省所管）. coût du ~ 騒音対策費. indice de ~ en dB 騒音のデシベル表示指数, dB 騒音指数. limitation à 35 dB des ~s d'équipement à l'intérieur des logements 住居内設備の騒音上限 35 dB 規制. lois contre le ~ 騒音対策法. lutte contre le ~ 騒音対策. maladies professionnelles provoquées par le ~ 騒音が原因となる職業病. niveau sonore moyen à l'intérieur limité à 105 dB 105 dB 未満に規制された室内平均騒音. plainte en matière de ~ 騒音に関する苦情. populations exposées au ~ 騒音にさらされた住民. propagation du ~ 騒音の拡大. réduction des ~s 騒音の低減. zone de ~ engendré par différents types d'avion 各種航空機による騒音地区. faire (produire, émettre) du ~¹ 物音を立てる. sans [faire de] ~ 音を立てずに；そっと, 秘かに.
2《物理》雑音, ノイズ (son「音」の対)；〖電子〗ノイズ, 雑音指数 (電子回路や伝送路上で発生する雑音指数)；〖電算〗ノイズ, 雑音 (不必要な信号). ~ blanc 白色雑音, ホワイト・ノイズ. ~ de crête ピーク・ノイズ. ~ de fond² バックグラウンド・ノイズ, ノイズ. ~ sur un écran radar レーダー・スクリーン上の. couleur de ~ (ディジタルカメラの) ノイズ・カラー, カラー・ノイズ. rapport signal-~ 信号／ノイズ比.
3〖医〗音, 噪音. ~s respiratoires 呼吸音, 肺胞音.
4 騒ぎ, 大騒ぎ；大評判. faire du ~² 騒ぎ立てる；評判になる. 彼の本は大評判になった.〖諺〗Beaucoup de ~ pour rien. つまらぬことに騒ぎ立てる.
5 噂；風評. Le ~ court que+*ind*. という噂が拡がっている. ~ de guerre 戦争の噂. au ~ de *qch* 何の噂を聞いて. faire courir le ~ que …という噂を流す. faux ~[s] 偽の噂, デマ. répandre un ~ 噂をひろめる. selon certains ~s de couloirs 議会筋によれば.

bruitage *n.m.* 擬音, 音響効果.
brûlant(e) *a.* **1** 焼けるような, 灼熱の；ひどく熱い, やけどしそうな；燃えるように熱い. atmosphère ~*e* 灼熱気. fièvre ~*e* 高熱. soleil ~ 灼熱の太陽. thé ~ やけどしそうに熱いお茶. tête ~*e* 燃えるように熱い頭 (額).
2〖比喩的〗燃えるような, 熱っぽい, 熱烈な, 激しい. passion ~*e* 熱情. regards ~*s* 熱っぽい目差し. tempérament ~ 激しい気性. être ~ d'amour 熱愛している.
3〖比喩的〗議論を沸騰させる. point ~ 争点；紛争地域. problème d'une actualité ~*e* ホットな時事問題. question ~*e* 議論沸騰の問題. terrain ~ 紛糾の危険をはらんだ厄介な話題 (事件).
brûlé(e) *a.p.* **1** 焼けた；焦げた；焦げ目をつけた；火傷を負った. bois ~ 焼失した森林.〖菓子〗crème ~*e* クレーム・ブリュレ (焦げ目をつけたクレーム・カラメル風デザート菓子). pain (rôti) ~ 焦げたパン (ロースト).〖軍〗tactique de la terre ~*e* 焦土作戦. être ~ 火傷を負う. mort ~ 焼死.
2 日焼けした；（土地などから）からから乾燥した. ~ par le soleil 灼熱の太陽が照りつけた. pays ~ 乾燥地帯. peau ~ 日焼けした肌.
3〖比喩的〗cerveau ~；tête ~*e* 好んで危険を求める冒険家, 猪突猛進する人, 向う見ずな人.
4〖比喩的〗正体が露見した. agent ~ 正体が露見した秘密工作員.
5〖比喩的〗（人が）完全に信用を失墜した. être ~ 信用を失墜している.
—*n*. 火傷を負った人. service des ~s 火傷病棟 (=les ~s). transporter à l'hôpital des grands ~s 重度の火傷を負った人を病院に運ぶ.
—*n.m.* 焦げくさい臭い；焦げた物. Ça sent le ~. 焦げくさいぞ；きなくさいぞ, 雲行きが怪しいぞ.

bruleur¹**(se)** *n.* **1** オー・ド・ヴィー (ブランデー) 醸造者 (= ~ de l'eau-de-vie). **2** コーヒー焙煎者 (= ~ du café).
bruleur² *n.m.* バーナー, 火口 (ほくち) (= bec). ~ à mazout 重油 (燃料油) バーナー. ~s d'une cuisinière à gaz ガスレンジのバーナー.

brûlure *n.f.* **1** 火傷 (やけど), 熱傷. ~ du premier (deuxième, troisième) degré 第 1 度 (2 度, 3 度) の火傷. ~ épidermique 表皮熱傷. se faire une ~ やけどをする.
2〖比喩的〗火傷のような痛み. ~s d'estomac 胸やけ.
3（衣服の）焼け焦げ. ~ de cigarette たばこの焼け焦げ.
4〖農〗（日照・霜による）焼け枯れ.

brume *n.f.* **1** ブリューム, 霧, もや (視界が 1 km 以上の地表層雲). ~ du soir 夕霧 (夕もや). ~ sèche 煙霧. nappe de ~ 霧 (もや) の層.
2 (特に海上の) 濃霧, 海霧 (= ~ maritime). corne de ~ 霧笛.
3（多く *pl.*）もやもやしたもの. être perdu dans les ~s 朦朧としている.

brumeux(se) *a.* **1** 霧のかかった, もやのたちこめた. ciel (temps) ~ 霧のかかった空 (天気). la ~*se* Norvège 霧のたちこめたノルウェー. traînées ~*ses* 棚引く霧.
2〖比喩的〗明快さを欠いた；ぼんやりした；こもったような. image ~*se* ぼんやりした映像. voix ~*se* こもった声.
3〖比喩的〗もやもやした, ぼんやりした. esprit ~ 朦朧とした頭. idées ~*ses* はっきりしない考え. souvenir ~ おぼろな思い出.

brun(e)¹ *a.* **1** 褐色の；黄褐色の；茶色の, 茶褐色の. ~ clair 明るい褐色の, カーキ色

brun(e)² 244

の. cheveux ~s 茶褐色の髪, 茶髪. cheval à robe ~ 鹿毛の馬. couleur ~e de la chataîgne 栗の実の茶色. yeux ~s 茶褐色の目 (瞳).
2 日焼けした, 赤銅色の (=bronzé). peau (visage)~ 日焼けした赤銅色の肌 (顔). teint ~ 赤銅色の顔色.
3 茶髪の. Elle est ~e. 彼女は茶髪だ.
4 〖ビール〗 bière ~e 黒ビール (bière blonde 通常の「淡色ビール」の対).
5 〖タバコ〗 cigarette ~e 褐色タバコの紙巻タバコ (cigarette blonde 「黄色種タバコの紙巻タバコ」の対). tabac ~ 褐色タバコ (葉タバコの醱酵を極限まですすめ, 焙煎したタバコ).
6 〖料理〗 sauce ~e ブラウン・ソース (焦げ色をつけたルーをもとにしたソース).
7 〖地学〗 sol ~ 茶褐色の土壌 (腐葉土質の肥沃土壌).
8 薄暗い. nuit ~e 暗い夜. 〖カナダ〗 Il fait encore ~. まだ暗い.
9 〔比喩的〕ナチス (ファシスト) の;〔広義〕極右の. chemise ~e des militants hitlériens ヒットラー支持の活動家の〔制服の〕褐色のシャツ. chemise ~e ヒットラー支持の活動家.

brun(e)² *n.* **1** 褐色 (茶色) の髪の人. beau ~ 茶髪の美男子; 色男. ~ aux yeux bleus 青い目をした茶褐色の髪の人. la ~e et la blonde すべての女性.
2 日焼けした肌色の人, 浅黒い肌の人.

brun³ *n.m.* **1** 褐色, 黄褐色; 茶色, 茶褐色. ~ clair 淡褐色〔の〕; カーキー色〔の〕. cheveux 〔d'un〕 ~ clair 淡褐色の髪. ~ foncé 茶褐色〔の〕. ~ roux あずき色〔の〕. robe ~ roux あずき色のドレス.
2 褐色 (茶色) の絵具. tube de ~ Van Dyck ファン・ダイク・ブラウンの絵具チューブ.
3 〖商業〗 (サロンに設置する) 視聴覚家電機器 (TV受像機, ビデオレコーダーなど).

brunch [brœnʃ] (*pl.* ~**s, ~es**) (<〖英〗 breakfast+lunch) *n.m.* ブランチ, 朝食兼昼食.

brune³ *n.f.* **1** 黒ビール (=bière ~). boire une ~ 黒ビールを1本飲む. préférer la blonde à la ~ 黒ビールより普通のビールのほうを好む.
2 褐色タバコのシガレット (=cigarette ~). fumer des ~s 褐色タバコのシガレットとを吸う.

Brunei(le) *n.pr.m.* 〖国名通称〗 ブルネイ (公式名称: le Negara Brunei Darussalam; 国民: Brunéien(ne); 首都: Bandar Seri Begawan バンダル・スリ・ブガワン; 通貨: dollar de Brunei).

brunéien(ne) *a.* ブルネイ (le Brunei) の, ブルネイ人の.
—B~ *n.* ブルネイ人.

brunisseur(se) *n.* 艶出し工, 金属研磨工.

brunoise *n.f.* 〖料理〗ブリュノワーズ (人参, 蕪, 根セロリなどの1辺1-2mm程度の細かい角切り). tailler les légumes en ~ 野菜を細かい角切りにする.

brusque *a.* **1** ぶっきらぼうな, つっけんどんな; 素気ない. caractère ~ ぶっきらぼうな性格. homme ~ 素気ない人. manières ~s つっけんどんな態度. être ~ avec *qn* 人に素気なく接する. répondre d'un ton ~ ぶっきらぼうな口調で答える.
2 〔時に名詞の前〕 突然の, だしぬけの, 急な. ~ changement (changement ~) du temps 天候の突然の変化. ~ départ 急な出発. arrivée ~ 突然の到着. attaque ~ 急襲.

brut(e) *a.* **1** 生のままの, 加工されていない. acier ~ 粗鋼. diamant ~ ダイヤモンドの原石. pétrole ~ 原油.
2 超辛口の. champagne ~ シャンパーニュ・ブリュット, 超辛口シャンパーニュ.
3 動物的な, 野蛮な. force ~e 暴力.
4 〖経済〗 総, 粗 (net 「純」の対). bénéfice ~ 粗利潤. épargne ~e 粗貯蓄. excédent ~ d'exploitation 営業余剰. intérêt ~ 粗利子. investissement ~ 粗投資. produit national ~ (PNB) 国民総生産. produit intérieur ~ (PIB) 国内総生産. résultat ~ d'exploitation 経常損益. salaire ~ 税込み賃金.
5 〖商業〗総量の. poids ~ (商品の) 総重量 (中味と包装) (poids net 「正味量」の対).
6 〖美術〗 art ~ アール・ブリュット, あるがままの芸術 (児童・素人・精神障害者などの本能的作品).
—*ad.* 総体で.
—*n.m.* **1** 原油 (=pétrole ~e). **2** 無機物.
3 税込み賃金 (=salaire ~).
—*n.f.* 畜生, 動物のような人間.

brutal(ale) (*pl. aux*) *a.* **1** (人が) 粗暴な, 野蛮な; 粗野な. caractère ~ 粗暴な性格. force ~ale 暴力. homme ~ 粗暴な人. ~ ton ~ 粗野な口調. être ~ avec *qn* 人に対して粗暴に振舞う.
2 露骨な, むき出しの, ありのままの. franchise ~ale あけすけの率直さ, ざっくばらんさ.
3 急激な, 突然襲いかかる. choc ~ 急激なショック. coup de frein ~ 急ブレーキ. douleur ~ale 突発的激痛. mort ~ale 突然死.
4 激しい. répression ~ale 激しい弾圧.
5 〖古〗 野獣のような. instincts ~aux 獣的本能.
—*n.* 粗暴 (粗野) な人.

brutalisation *n.f.* 虐待. ~ des animaux 動物虐待. ~ d'un enfant 子供の虐待.

brutalité *n.f.* **1** 兇暴性, 残忍さ; 粗暴; 粗野, がさつき. ~ d'un régime 体制の兇暴性. agir avec ~ 粗暴に (がさつに) 振舞う.

2〔*pl.* で〕粗暴な行為(言葉). ~s policières 警察の乱暴な行為. souffrir des ~s 粗暴な行為(言葉)で苦しむ.
3 突発性；激しさ. ~ d'un événement inattendu 予想外の事態の突発. ~ d'une passion 情念の激しさ.

Bruxelles [brysɛl] *n.pr.* ブリュッセル《フラマン語表記 Brussel；ベルギー la Belgique の首都, ブラバン州 le Bravent の州都；ヨーロッパ連合 (UE, EU) と北大西洋条約機構 (OTAN) の本部所在地》.〖行政〗la Région de ~-capitale ブリュッセル首都圏 (19 の地方共同体を含む；面積 160 km²).
▶ **bruxellois**(*e*) [brysɛlwa, -z] *a.*

bruxellisation *n.f.*〖ベルギー〗〖社〗ブリュッセル化《不動産投機によるブリュッセルの旧都市圏の解体現象》.

bruxisme *n.m.* 歯ぎしり(=bruxomanie).

bruxomanie *n.f.*〖医〗歯ぎしり.

bruyant(*e*) (<bruit) *a.* うるさい；騒々しい. ~ dévouement 鳴り物入りの忠誠心. enfant ~ 騒々しい子供. gaieté ~e 浮かれ騒ぐ陽気さ. moteur ~ うるさい音を立てるエンジン. noce ~e 賑やかな結婚式. quartier ~ 騒音地区. réunion ~e 騒々しい会合. salle ~e de rires 笑い声で騒がしいホール.
——*n.* 騒々しい人(=personne ~e).

bruyère *n.f.* **1**〖植〗ブリュイエール, ヒース (Ericacées エリカ科の植物). ~ arborescente 樹木性ブリュイエール. ~ cendré (franche) 白ヒース. lande couverte de ~s ブリュイエール(ヒース)の生い茂った荒地. terre de ~ ヒースの腐蝕土.
2 白ヒース(ブライヤー)の根. pipe de ~ ブライヤーのパイプ.
3 ブリュイエール(ヒース)の生い茂った荒地；荒地. ~ inculte 荒涼たる荒地.〖鳥〗grand coq de ~ 大雷鳥.〖鳥〗petit coq de ~ えぞ雷鳥. plante de ~ 荒地に生える植物.

BSA (=*b*rut *s*ans *a*nnée). champagne ~ 年号表示のない辛口のシャンパーニュ酒《異なる収穫年のものを調合したシャンパーニュ酒；Carte Blanche, Réserve, Tradition などの名称を付して売られることが多い》.

BSEC (=*b*revet *s*upérieur d'*e*nseignement *c*ommercial, *b*revet *s*upérieur d'*é*tudes *c*ommerciales) *n.m.*〖教育〗商業教育高等修了証《中等教育課程での国家認定資格》.

BSkyB〖英〗〖無冠詞〗〖放送〗BスカイB 放送《British Satellite Broadcasting：英国の衛星放送 TV 会社》. bouquet satellite ~ BスカイB衛星放送番組.

BSN (=*b*ureau de *s*ervice *n*ational) *n.m.*〖軍〗国民役務事務所(=bureau de recrutement 徴兵事務所).

BSPP (=*b*rigade des *s*apeurs-*p*ompiers de *P*aris) *n.f.*〖軍〗パリ工兵消防旅団, パリ消防隊.

BSR (=*b*revet de *s*écurité *r*outière) *n.m.*〖道路交通〗(排気量 50 cm³ 以上のバイクまたはスクーター用の) 道路交通安全運転資格 (1997 年 11 月導入の道路交通免許).

BSS (=*b*revet *s*portif *s*colaire) *n.m.*〖教育〗学校スポーツ教育修了証.

BT¹ (=*b*asse *t*ension) *n.f.*〖電〗低電圧. lampe ~ 低電圧電球 (230 V). lignes en ~ 低圧送電線. modèles ~ 低電圧型.

BT² (=*b*revet de *t*echnicien) *n.m.*〖教育〗技術員免状《第2学級修了後, 2年間の技術員養成課程を修了した者に与えられ, 工業・第三次産業・工芸の3部門, 計67の専門分野に分かれている》.

BT³ (=*b*rigade de *t*ransmission) *n.f.*〖軍〗通信旅団.

Bt (=〔ラ〕*B*acillus *t*huringiensis) *n.f.*〖菌〗チューリンゲン菌, Bt 菌(マイマイ蛾の幼虫など種々の害虫防除用の菌). maïs ~ Bt 菌処理とうもろこし, toxine de ~ Bt 菌の毒素.

BTA (=*b*revet de *t*echnicien *a*gricole) *n.m.*〖教育〗農業技術員免状《農業高校で第3学級から3年間の課程を修了した者に与えられる》.

BTAN (=*b*on [du *T*résor] à *t*aux fixe et à intérêts *an*nuels) *n.m.* 固定利率半年利式国債.

BTAO (=*b*revet de *t*echnicien *a*gricole à *o*ption) *n.m.* 選択制の農業技術員免状.

BTC (=*b*utyl *t*ertiaire *c*atéchol) *n.m.*〖化〗第三級ブチル・カテコール(=〖英〗TBC：*t*erciary *b*utyl *c*atechol).

BTF (=*b*on [du *T*résor] à *t*aux *f*ixe (et intérêts précomptés)) *n.m.* 固定利率〔割引〕国債.

BTN (=*b*on du *T*résor *n*égociable) *n.m.* 譲渡可能国庫債券(国債).

BTn (=*b*accalauréat de *t*echn*i*ciens) *n.m.* 技術員バカロレア.

BTP (=*b*âtiment et des *t*ravaux *p*ublics) *n.m.*〖経済〗建築・公共土木事業部門 (= secteur ~).

BTS (=*b*revet de *t*echnicien *s*upérieur) *n.m.*〖教育〗上級技術員免状《バカロレア合格後2年間の一般・技術教育の課程を修了した者に与えられる》.

BTSA (=*b*revet de *t*echnicien *s*upérieur *a*gricole) *n.m.* 上級農業技術員免状.

bubon *n.m.*〖医〗横痃(おうげん), 便毒, よこね. ~ dolent 有痛性横痃, 軟性下疳性横痃. ~ indolent (梅毒による)無痛性横痃. ~ simple (外傷による) 単純性横痃.

buccal(*ale*) (*pl.* **aux**) *a.*〖解剖〗口(bouche)の, 口腔の. cavité ~ale 口腔.〖薬〗médicament à prendre par voie ~ale

経口医薬品, 経口薬.
buccinateur *a.m.*〘解剖〙頬筋の. muscle ~ 頬筋 (きょうきん).
——*n.m.* **1** 頬筋. **2**〘古代ローマ〙らっぱ手.
bucco-dentaire *a.* 口腔と歯の. santé ~ 口腔・歯科保健.
bûche *n.f.* **1** 薪. ~ de Noël ビューシュ・ド・ノエル《ノエル (クリスマス) の前夜にたく大きな薪;大きな薪型のクリスマスケーキ》. petites ~s 小さな薪 (=bûchette). scie à ~s 薪用鋸. fendre des ~s 薪を割る. mettre une ~ dans le feu 薪を火にくべる. comme une ~ 薪のように;じっと動かずに. avoir la tête comme une ~ 頑固である. dormir comme une ~ ぐっすり眠る. rester comme une ~ じっと動かない.
2 丸太. cabane de ~s 丸太小屋.
3 (煙草の葉に混っている) 固い茎.
4〘話〙馬鹿, 間抜け. une vraie ~ 大馬鹿者. Quelle ~! 何て馬鹿なんだ!
5〘遊戯〙価値のないカード.
6〘話〙落下, 墜落. prendre (ramasser) une ~ 倒れる.
bucolique *a.* **1** 羊飼いの, 牧人の (pastoral). **2** 牧歌的な, 田園生活の, 田舎風の. poète ~ 牧歌詩人, 田園詩人.
——*n.f.* 牧歌, 田園詩 (=poème pastoral).
budésonide *n.m.*〘薬〙ブデソニド (消炎薬, 喘息治療薬;薬剤製品名 Pulmicort (*n.m.*)).
budget *n.m.* **1** (公共の) 予算, 財政. ~ annexe 付属予算, 特別会計予算. ~ autonome (独立法人の) 独立会計予算. ~ d'austérité 緊縮予算. ~ de relance 景気立直し予算. ~ général 一般予算, 一般会計予算. ~ initial 当初予算. ~ ordinaire 通常予算. ~ rectificatif (supplémentaire) 補正予算. ~ social 社会福祉予算. projet de ~ 予算案.
2 短期経済予測. ~ économique 次年度の経済見通し《予算案の付属文書として国会に提出される》.
3 (個人, 会社などの) 予算. ~ familial 家計. ~-type 家計モデル.
budgétaire *a.* 予算に関する. annualité ~ 予算の単年性. exercice ~ 予算年度. impasse ~ 財政赤字. universalité ~ 予算の単一性, 単一予算主義.
budgétarisme *n.m.*〘政治〙予算遵守主義 (体制);過度の予算重視主義, 硬直的な予算遵守主義.
budgetisation *n.m.* 予算化;予算編成.
budgétivore *a.*〘蔑〙公共予算を食いものにする, 公共予算浪費の;(物について) 国費に重荷になる.
——*n.* 公共予算を食いものにする人.
buée *n.f.* 湯気, 結露した水蒸気. vitres couvertes de ~ 水蒸気で曇った窓ガラス;結露した窓ガラス.

buffet *n.m.* **1** 食器戸棚. ~ de cuisine 台所の食器棚.〘話〙danser devant le ~ 何も食べるものがない.
2 立食テーブル;立食テーブル上の料理・飲物;ビュッフェ・スタイルのサーヴィス;ビュッフェ式レセプション, 立食パーティー. ~ froid 冷食ビュッフェ. aller à un ~ 立食パーティーに行く.
3 (駅の) 構内食堂, ビュッフェ (= ~ de [la] gare);(駅のホーム, 列車内の) 飲食物販売スタンド, ワゴンサーヴィス. tenancier d'un ~ ビュッフェの主人 (=buffetier). dîner au ~ de la gare 駅のビュッフェで夕食をとる.
4 オルガンケース (= ~ d'orgue);小オルガン. ~ du grand jeu 大音管列のオルガンケース.
5 ~ d'eau 階段式噴水 (泉水盤).
6〘俗〙腹;胃袋. n'avoir rien dans le ~ 腹がからっぽだ.
buffle *n.m.* **1**〘動〙水牛. ~ d'Afrique アフリカ水牛. peau de ~ 水牛革.
2 ~ domestique 家畜水牛 (=karbau「マレーシア水牛」).
bufflonne, bufflesse *n.f.*〘動〙〘稀〙水牛の牝. lait de ~ 水牛の乳.
buflomédil *n.m.*〘薬〙ブフロメディル (高血圧薬;商品名 Cotareg).
buis *n.m.*〘植〙黄楊 (つげ). ~ commun 普通黄楊《学名 Buxus sempervirens;装飾庭園などに利用》.
2 つげの枝.〘カトリック〙~ bénit 祝別されたつげの枝 (枝の主日 jour des Rameaux に配られる).
3 つげ材. peigne de ~ つげの櫛.
buisson *n.m.* **1** (潅木の) 茂み, 籔;小さい雑木林.〘聖書〙~ [-] ardent 燃ゆる茨 (《出エジプト記》III 2-4). ~ d'aubépines (de ronces) 山査子 (茨) の茂み. genêts en ~ 茂みとなったえにしだ.
〘狩〙battre les ~s 茂みをたたいて獲物を駆り出す;〘比喩的〙しらみ潰しに探しまわる.〘狩〙faire (trouver) ~ creux 茂みに逃げ込んだ獲物が見つからない;捜している人 (物) が見当らない.〘比喩的〙se sauver dans un ~ 言い逃れを探す.
2 (arbre de) ~ 低く刈り込んだ木;潅木状に仕立てた果樹.
3〘料理〙ビュイソン (野菜とエクルヴィスのピラミッド盛り). ~ d'écrevisse エクルヴィス (ざりがに) のピラミッド盛り. asperges en ~ au beurre d'orange アスパラガスのビュイソン, オレンジ・バター添え.
bulbaire *a.*〘解剖〙球 [部] の;延髄の. syndrome ~ 延髄 [圧迫] 症候群.
bulbe *n.m.* **1**〘植〙鱗茎, 球茎;〘園芸〙球根. ~ de [la] tulipe チューリップの球根. caïeux du ~ d'ail ニンニクの球根の子球.
2〘解剖〙球 [部], 根;(特に) 延髄 (= ~ rachidien). ~ aortique 大動脈球. ~ duo-

dénal 十二指腸球部. ~ olfactif 嗅球. ~ pileux 毛球.
3〖建築〗《公式名称：la République de B~ ブ型ドーム, église à ~〔s〕球形ドーム付き教会堂.
4〖電〗groupe ~ 軸流型水車発電機.

bulbille [-ij] *n.f.*〖植〗珠芽（むかご）, 珠芽. ~ d'oignon 玉葱の珠芽. plantation en ~s 珠芽での種付け.

bulgare *a.* ブルガリア (la Bulgarie) の, ブルガリア共和国 (la République de Bulgarie) の；ブルガリア人の.
—*B~ n.* ブルガリア人.
—*n.m.* ブルガリア語.

Bulgarie(la) *n.pr.f.*〖国名通称〗ブルガリア《公式名称：la République de B~ ブルガリア共和国；国民：Bulgare；首都：Sofia ソフィア；通貨：lev [BGL]》.

bulldozer [bu (y) ldɔzɛr]〖米〗*n.m.*
1 ブルドーザー《公用推薦語は bouteur》.
2〖比喩的〗ブルドーザーのような人, 何でも強引に実践する人.

bulle[1] *n.f.* **1** 泡, あぶく, 気泡, バブル. ~ d'air 気泡, 空気の泡. ~ de gaz 気体の泡, 気泡 (= ~ gazeuse). ~ du verre ガラスの中の気泡.〖物理〗chambre à ~ 泡箱. faire des ~s de savon シャボン玉をつくる.
2〖医〗水疱, 囊胞, ブラ (= ~ dermatologique). ~ d'emphysème 気腫性囊胞.
3〖医〗胞状奇胎.
4 (漫画のせりふを囲む) 吹き出し (= ~ d'une bandes dessinées；ballon, phylactère)；吹き出しの中のせりふ.
5〖比喩的〗〖経済〗バブル. ~ éclatée はじけたバブル. ~ financière 金融バブル. ~ spéculative (株式の) 投機的バブル.
6〖電算〗バブル. ~s magnétiques 磁気バブル. mémoire à ~s 磁気バブルメモリー.
7〖俗〗coincer la (sa) ~ 休む；ぐっすり眠る；何もしない.
8〖俗〗ゼロ, 零点. avoir une ~ en math 数学で零点をとる.
9〖話〗避難場所. ~ familiale 家庭的な憩いの場.

bulle[2] *n.f.* **1**〖史〗鉛 (金) の印璽付重要文書；〖カトリック〗(教皇の) 大勅書 (= ~ du Pape).
2〖現用〗憲章, 文書；案. ~ européenne pour réduire globalement les émissions de gaz noufs de 15% 有毒ガスの放出を総量で15％削減するヨーロッパ連合の指針文書.

bulletin *n.m.* **1** ニュースダイジェスト. ~ d'actualité (TV・ラジオの) ニュース. ~ de l'étranger 国外ニュース要約,『ル・モンド』の) 国外関係社説. écouter son ~ de 7 heures 7時のニュースを聞く.
2 公表情報, 報告書, 公文書, 証明書. ~ d'état civil 戸籍本, 身分証明報告書. ~ des annonces légales obligatoires 法定公告誌《官報の付録；略記 BALO》. ~ des lois 法令集. ~ de naissance 出生証明書. ~ de paye (de salaire) 給与支払い明細書. ~ de santé (著名人が病気の際になされる) 医師団発表. ~ météo〔rologique〕天気予報. ~ officiel des annonces commerciales 商事公告誌《官報の付録；略記 BODAC》. ~ officiel des oppositions (両替商組合の発行する) 手形・小切手などの支払停止公報.〖話〗avaler son ~ de naissance 死ぬ.
3 通信簿, 通知表. ~ scolaire 通信簿.
4 会報；紀要.
5 受領紙, (特に) 投票用紙. ~ blanc 白票. ~ d'adhésion 入会申込用紙. ~ de vote 投票用紙. ~ nul 無効投票. dépouillement des ~s 開票.
6 受領書, チケット. ~ de consigne 荷物預かり証.

bulleux(se) *a.* **1**〖医〗(発疹が) 水疱性の. dermatose ~se 水疱性皮膚疾患. kératite ~se 水疱性角膜炎.
2 (ガラスが) 気泡を含む.

buna (<B~, 商標) *n.m.*〖化〗ブナ《合成ゴム》.

Bundesbank (la) (=〖独〗Deutsche Bundesbank) *n.pr.f.* ドイツ連邦銀行,〔ドイッチェ・〕ブンデスバンク《ドイツ連邦共和国の中央銀行 =〖仏〗Bangue centrale d'Allemagne》.

Bundestag *n.pr.m.* (ベルリンの) ドイツ連邦議会 (=〖仏〗Assemblée fédérale de l'Allemagne).

Bundeswehr〖独〗*n.f.*〖軍〗ブンデスヴェーア《ドイツ連邦国防軍 (=〖仏〗Armée fédérale d'Allemagne)》. les soldats de la ~ à l'étranger 海外派遣ドイツ連邦国防軍兵士.

bunker[1] [bunkɛr]〖独〗*n.m.*〖軍〗掩蔽壕, 掩蓋陣地.

bunker[2] [bunkɛr]〖英〗*n.m.* (ゴルフの) バンカー.

Bunsen *n.pr.* ブンゼン《Robert Wilhelm ~ [1811-99], ドイツの化学者》.〖化〗bec ~ ブンゼンバーナー.

buprénorphine *n.f.*〖薬〗ブプレノルフィン《非麻薬性鎮痛薬, モルフィネ代替薬；薬剤製品名 Subutex (*n.m.*) など》.

buraliste (<bureau) *n.* **1** (公的機関の) 窓口職員 (収税局・郵便局など).
2 タバコ屋 (人)《切手・印紙も扱う》.
—*a.* recette ~ 印紙・切手販売所.

bureau (*pl.* ~x) *n.m.* **1** 事務所, 事務局；役所；会社；法律事務所. ~ de conseil コンサルティング会社. ~ des contributions 税務署. ~ d'études 設計事務所. ~ de l'enregistrement 登記所. B~ des longitudes 国立経度局《1795年創設》. ~ de placement 職業紹介所. ~ de poste 郵便局. ~ de vote 投票所. B~ de vérification de la publicité (BVP) 広告監視事務所《広告の合法性などを監視する業界団体》. B~ inter-

bureaucrate

national du travail (BIT) 国際労働機構事務局. B~ Veritas ヴェリタス事務所《航空機, 船舶に関する技術情報を収集, 管理する企業》. deuxième ~《軍の》情報局.
2 事務室, 職場. article de ~ 事務用品. employé de ~ 事務員, 事務労働者. fourniture de ~ 事務用機器, 事務用家具. garçon de ~ 雑用係. heures de ~ 勤務 (執務) 時間.
3 事務机. ~ Louis XIV ルイ十四世様式の事務机. ~ ministre 大型で豪華な事務机. ~ de l'Assemblée nationale 国民議会議長の机. déposer un projet de loi sur le ~ de l'Assemblée nationale 国民議会に法案を提出する.
4《切符などの》売り場. ~ de location《劇場などの》切符売り場. ~ de tabacs タバコ販売所《切手, 印紙なども扱う》. jouer à ~x fermés 劇場が満員である.
5 執行部, 理事会；幹事, 幹事国. ~ de l'Assemblée nationale 国民議会理事会《日本の議院運営委員会理事会に相当》. ~ national《政党, 組合などの》全国委員会. ~ politique《特に共産党の》政治局. Le congrès du PS a commencé par l'élection du ~. 社会党大会は議長団の選出から始まった.

bureaucrate *n.* **1** 官僚.
2〔話・蔑〕役人；事務屋.
3〔アフリカ〕公務員；事務職員《軽蔑の意味はない》.
——*a.* 官僚的な. Il est trop ~. 彼は官僚的すぎる.

bureaucratie *n.f.* **1** 官僚主義, 官僚支配体制, 官僚政治. **2**〔集合的〕官僚；〔蔑〕役人.

bureaucratique *a.* **1** 官僚の；官僚体制の. pouvoir ~ 官僚の権力. société ~ 官僚体制社会.
2〔蔑〕官僚支配の；役人的な, 役人根性の. attitudes ~s 役人態度. excès ~ 過度の官僚支配.

bureaucratisation *n.f.* 官僚化；官僚体制化. lutte contre la ~ 官僚体制化阻止運動.

bureaucratisé(e) *a.p.* 官僚化した；官僚統制下の. parti ~ 官僚化した政党.

bureaucratisme *n.m.* 官僚主義；官僚〔支配〕体制.

bureauticien(ne) *n.* 企業情報化 (コンピュータ化) 専門家, オフィス・オートメーション担当, OA 要員.

bureautique〔商標〕*n.f.* オフィス・オートメーション (=〔英〕OA)；OA 機器.
——*a.* オフィス・オートメーションの (による).〔電算〕logiciel ~ オフィス・オートメーション・ソフト.

burette *n.f.* **1** ビュレット《油や酢を入れる小容器》.
2〔カトリック〕ビュレット《ミサ用の水または葡萄酒を入れる容器》.

3〔機工〕油差し (= ~ à l'huile, ~ de graissage).
4〔化〕ビュレット《化学分析用の目盛り付ガラス管》.

burger [bœrgœr] *n.m.* **1**〔料理〕バーガー. cheese*burger* チーズバーガー. ham*burger* ハンバーガー. B~ King バーガー・キング《ファーストフードチェーン名》.
2〔俗〕エクスタシー (ecstasy；禁止薬物).

burhôtel [byrotɛl] *n.m.* ビュロテル《事務用ホテル》.

burin *n.m.* **1**《金属・石材などの工作用》鑿, たがね, (特に)《彫版用の》彫刻刀, ビュラン. ~ plat 平たがね. gravure au ~ ビュラン彫刻凸版. sculpter au ~ 鑿で彫る.
2 ビュラン彫り〔技法〕；ビュラン彫り銅版画. livre illustré de ~s ビュラン彫り銅版画入り本.
3〔医〕骨鑿 (こつさく).
4〔天〕B~ du Graveur 彫刻具座.

Burkina(le) *n.pr.m.*〔国名通称〕ブルキナ《公式名称：le Burkina Faso ブルキナ・ファソ；旧オート=ヴォルタ la Haute-Volta；国民：Burkinabé, Burkinais(e)；首都：Ouagadougou ワガドゥーグー；通貨：franc CFA [XOF]》.

burkinabé, burkinais(e) *a.* ブルキナ (le Burkina) の, ブルキナ・ファソ (le Burkinna Faso) の；~人の.
——*B~ n.* ブルキナ人, ブルキナ・ファソ人.

burlat [byrla] (<*B~*, 植物学者) *n.f.*〔果実〕ビュルラ種のビガロー桜桃《赤い大粒の桜桃で, 果肉は固い》.

buron *n.m.* (オーヴェルニュ地方 l'Auvergne の夏期だけの) 羊 (牛) 飼いの小屋；チーズ製造小屋.

bursite *n.f.*〔医〕粘液包嚢炎. ~ synoviale 滑液包嚢炎.

burundais(e) *a.* ブルンディ (le Burundi) の, ブルンディ共和国 (la République du Burundi) の；~人の.
——*B~ n.* ブルンディ人.

Burundi(le) *n.pr.m.*〔国名通称〕ブルンディ《公式名称：la République du B~ ブルンディ共和国；国民：Burundais (e)；首都：Bujumbura ブジュンブラ；通貨：franc du Burundi [BIF]》.

bus[1] [bys] *n.m.*〔自動車〕バス (=autobus), 都市公共交通バス. arrêt de ~ バス停. ticket de ~ バスの乗車券. attraper le dernier ~ 終バスに乗る.

bus[2] [bys]〔英〕*n.m.*〔情報処理〕バス, 母線《装置間に複数の信号を同時に送る信号回路》. ~ de 64 bits 64 ビット バス. ~ d'extension 拡張バス. ~ local ローカル・バス.

bus-biobliothèque *n.m.* 図書館バス, バス図書館.

BUSH〔米〕*n.pr.* **1** George〔Herbert Wal-

ker〕~ ジョージ・〔ハーバート・ウォーカー・〕ブッシュ(CIA長官[1976-77], 合衆国副大統領[1981-89]を経て, 第41代合衆国大統領[1989-93]).
2 George W. (Walker) ~ ジョージ・W(ウォーカー・)ブッシュ〔上記ジョージ・ブッシュの長男;テキサス州知事[1994-2000]を経て, 第43代合衆国大統領[2000-08]〕.

bushido [buʃido]〔日〕*n.m.* 武士道(= code d'honneur de samouraïs).

business angel [biznεsɑ̃ʒεl](<〔英〕business+angel) *n.m.*〖経済〗新興企業投資家.

businessman [biznεsman](*pl.* **~s, businessmen**)〔英〕*n.m.* ビジネスマン(=homme d'affaires).

businessplan *n.m.* 経営(事業)計画.

bus SCSI〖コンピューター〗スカジー・バス.

buste *n.m.* **1** 上半身, 上体;(女性の)胸, バスト, 乳房. rejeter le ~ en arrière 上体をのけぞらせる.
2〖美術〗胸像, 半身像. ~ de (en) marbre 大理石の胸像. ~ en hermès 柱像.

bus-trolley [bystrɔlε] *n.m.*〖交通〗トロリーバス(=autobus à trolley).

busulfane *n.m.*〖薬〗ブスルファン(慢性骨髄性白血病の治療に用いられる抗腫瘍薬;ブタン・スルホニル基製剤).

but [by(t)] *n.m.* **1** 目的, 目標. ~ de l'opération 作戦(施策)の目標. Le ~ justifie le moyen. 目的が手段を正当化する. aller droit au ~ 目標へまっすぐ進む;単刀直入に行動する. dans le ~ de …するために. dans un ~ précis 具体的な目的のために. se donner (fixer) pour ~ 目標として定める.
2 目的地, 到達点. marcher sans ~ précis あてもなく歩く.
3 標的, 的. atteindre le ~ 的を射る. de ~ en blanc 唐突に, 単刀直入に. manquer le ~ 的を外す. toucher le ~ 的に当てる.
4〖スポーツ〗ゴール, 得点. décisive試合を決めるゴール(= ~ en or「ゴールデン・ゴール」). gardien de ~ ゴールキーパー. ligne de ~ ゴールライン. marquer un ~ 得点を挙げる.〖ラグビー〗transformer un essai en ~ トライに続いてゴールを決める.
5〖文法〗complément de ~ 目的補語.

butacaïne *n.f.*〖薬〗ブタカイン(眼科・耳科用の局所麻酔剤).

butadiène [bytadjεn] *n.m.*〖化〗ブタジエン(合成ゴムの製造に用いる無色無臭の可燃性気体).

butanal *n.m.*〖化〗ブタナール;ブチルアルデヒド($CH_3(CH_2)_2CHO$).

butane *n.m.*〖化〗ブタン(C_4H_{10};気体のパラフィン炭化水素物. 液化して燃料に用いる);ブタンガス(=gaz ~).

butane-dioïque *a.*〖化〗acide ~ ブタン二酸, 琥珀酸.

butanier *n.m.* ブタン運搬船, ブタン専用輸送船.

butène *n.m.*〖化〗ブテン, ブチレン (butylène).

buteur *n.m.*〖スポーツ〗**1** ポイントゲッター(女性形butteuseを用いることあり). Notre équipe manque des ~s. わがチームにはポイントゲッターが欠けている.
2 (ラグビーの)トライをコンバートする選手(=botteur).
3 (バスクのプロットの)サーバー.

butin *n.m.* **1**〖集合的〗戦利品. rapporter du ~ 戦利品を持ち帰る.
2 盗品. partager le ~ 盗品を分配する.
3〖文〗獲物;成果;収穫物. ~ de l'abeille 蜜蜂の収穫物. ~ d'une fouille 発掘品.

butineuse *n.f.*〖昆虫〗蜜を採る働き蜂(=abeille ~). ~s de tournesol ひまわりの蜜を採る働き蜂.

butte *n.f.* **1** 小さい丘, 小山(=colline). ~ de sable 砂丘. les B~s-Chaumont レ・ビュット=ショーモン(パリ市第19区にある丘の公園). la B~〔-〕Montmartre ラ・ビュット・モンマルトル, モンマルトルの丘(パリ市第18区の小高い丘;標高130 m). cabarets de la B~〔Montmartre〕モンマルトルの丘の酒場. monter sur une ~ 丘に登る.
2〖軍〗(砲撃の)標的小丘, 安土(あづち)(= ~ de tir). être en ~ à qch 何に曝される, 何の的となる. être en ~ à l'hostilité 目の敵にされる. mettre en ~ à …の標的にする.
3〖地層〗~-témoin (古い地層の)残丘.
4〖鉄道〗~ de gravité 坂阜, ハンプ(貨車操車場の小高い場所).
5〖園芸〗(果樹などの根元の)盛り土. faire des ~s autour d'une ~ 木の根上に盛り土をする.
6〖土木〗travail en ~ 埋め戻し工事(travail en fouille「掘り返し工事」の対).

butteur *n.m.*〖農〗(土寄せ用の)小さい鋤.

butyle *n.m.*〖化〗ブチル〔基〕(C_4H_9).

butylène *n.m.*〖化〗ブチレン.

butylhydroxyanisol *n.m.*〖化〗ブチルヒドロキシアニソール(酸化防止用の食品添加剤).

butylhydroxytoluène *n.m.*〖化〗ブチルヒドロキシトルエン(BHTと略す;油脂の酸化防止剤).

butylscopolamine *n.f.*〖薬〗ブチルスコポラミン(合成鎮痙剤, 自律神経節遮断剤).

butyrate *n.m.*〖化〗酪酸塩, ブチレート, 酪酸エステル($CH_3(CH_2)_2COOR$).

butyrine *n.f.*〖化〗ブチリン(バターに含まれる無色の液体酪酸グリセリンエステル).

butyrique a. 〖化・生化〗酪酸の；酪酸を生じる；バターの. acide ~ 酪酸. ferment ~ 酪酸酵母. fermentation ~ 酪酸醱酵.

butyrophénone n.f. 〖薬〗ブチロフェノン（精神安定剤）.

buvable (<boire) a. **1** 飲める；（味が）不味くない. 〖薬〗ampoule ~ 経口アンプル剤. Ce vin est à peine ~. この葡萄酒はかろうじて飲める代物だ.
2〔話〕我慢できる, 承服できる（一般に否定で用いる）. Ce type n'est pas ~. あいつは嫌な奴だ.

buxacées n.f.pl. 〖植〗黄楊(つげ)科（黄楊 buis など）.

buzet n.m. 〖葡萄酒〗ビュゼ（département du Lot-et-Graronne ロット＝エ＝ガロンヌ県 Buzet-sur-Baïse 村周辺の葡萄畑 2000 ha で, merlot 50 ％, cabernet-franc 27 ％, cabernet-sauvignon 23 ％ の葡萄からつくられる赤の AOC 葡萄酒［1973年認定］）.

buzzword ［英］n.m. 〖情報〗バズワード（一見専門語のように見えるがそうではなく, 明確な定義のない用語；〖仏〗mot〔du〕buzzy〕.

BVA (=Brulé Ville Associés) n.pr. ベーヴェーアー, ブリュレ・ヴィル・アソシエ（1970年に Michel Brulé と Jean-Pierre Ville により設立されたフランスの世論調査・市場調査会社）. groupe ~ ベーヴェーアー・グループ（~ Opinion, ~ Etudes Marketing, ~ Mesure et Prévision, ~ Géomarketing など）. archives et banque de sondages de ~ BVA 資料部・世論調査データバンク. sondage effectué par ~ BVA による世論調査.

BVP (=Bureau de vérification de la publicité) n.m. 広告監視機構（1935年設立の協会）.

BWR (=［英］Boiling Water Reactor) n.m. 沸騰水型原子炉, 沸騰水炉（=［仏］REB : réacteur à eau bouillante).

by-pass [bajpas]［英］n.m.inv. **1** 〖機工〗バイパス, 側管, 側路. **2** 〖医〗バイパス形成〔手〕術（=pontage). **3** 〖交通〗バイパス, 迂回路.

byte [bajt]［英］n.m. バイト（=octet).

Byzance n.pr.f. **1** ビザンティウム（Byzantium；後のコンスタンチノープル Constantinople, 現在のイスタンブール Istanbul).
2 ビザンティン帝国（=l'Empire byzantin).

byzantin(e) a. **1** ビザンティウム（Byzantium) の；ビザンティン帝国の；東方正教会の；ビザンティン風の. Eglise ~e ビザンティン教会. Empire ~ ビザンティン帝国.
2 〖建築・美術〗ビザンティン様式の. architecture ~e ビザンティン建築. art ~ ビザンティン美術. école ~e ビザンティン派.
3 〔比喩的〕複雑に入り組んだ. discussion ~e 入り組んだ議論.

BZ (=benzilate de 3-quinuclidynile) n.m. 〖軍〗3-キヌクロジニル・ベンジラート（錯乱性の軍用毒ガス；無能力化剤）.

BZD (=benzodiazépine) n.f. 〖薬〗ベンゾジアゼピン（$C_9H_8N_2$；抗不安剤, 抗痙攣剤, 催眠鎮静剤）.

BZH (<［ブルトン語］Breizh) n.f. ブレーズ, ブルターニュ国（=la Bretagne).

C

C¹, c¹ [se] *n.m.inv.* フランス語字母の第3字. *c* cédille セディーユのついた c (ç).
C² **1**【化】炭素 (=*c*arbone) の元素記号.
2【物理】クーロン (=*c*oulomb)（電気量のMKSA単位）.
3【数】複素数体 (=*c*orps des nombres *c*omplexes).
4【物理・栄養学】キロカロリー (=*k*ilo*c*alorie)；カロリー (=*c*alorie).
5【理】℃ (=degré *C*elsius)（摂（セ）氏温度記号）.
6【電算】langage C Cプログラム言語.
7【電算】(16進数の) C (10進法で12).
8 (ローマ数字の) 100.
9【音楽】ハ音, ハ調 (=ut, do；英・独では現用)；4分の4拍手.
c² **1**【数学】c (*a*, *b* に次ぐ第三の既知数).
2〖俗〗*c*ocaïne コカイン.
C2RMF (=*C*entre de *r*echerche et de restauration des *M*usées de *F*rance) *n.m.* フランス美術館研究修復センター.
C3R (=*c*ommandement, *c*ommunication, conduite et *r*enseignement) *n.m.pl.*【軍】指揮・連絡・管理・情報収集. système de forces 軍の指揮・連絡・管理・情報収集システム.
C3S (=*c*otisation *s*ociale de *s*olidarité sur les *s*ociétés) *n.f.* 会社に対する連帯社会税.
C14 [sekatɔrz] (=*c*arbone 14) *n.m.*【化】炭素14, 放射性炭素 radiocarbone（質量数14の炭素の同位性元素；崩壊半減期5730年）. taux de ~ 炭素14の含有率.
CA¹ (=*c*hiffre d'*a*ffaires) *n.m.* 売上高.
CA² (=*c*lasse-*a*telier) *n.f.* アトリエ学級（工作場での実習学級）.
CA³ (=〖英〗*c*onditional *a*cces) *n.m.* 条件付アクセス (=accès conditionnel).【情報処理】module ~ 条件的アクセス・ユニット.
CA⁴ (=*c*orps d'*a*rmée) *n.m.* 軍団（フランス陸軍の場合歩兵師団または軽機甲師団を含む3～4師団から成る；兵力5-7万）.
CA⁵ (=*c*ourant *a*lternatif) *n.m.*【電】交流〔電流〕(=〖英〗AC：*a*lternating *c*urrent).
Ca (=*c*alcium) *n.m.*【化】「カルシウム」の元素記号.
CAAE (=*c*ertificat d'*a*ptitude à l'*a*dministration des *e*ntreprises) *n.m.*【教育】企業管理適性証.
caban *n.m.* **1**【服】ガッバーノ (=〖伊〗gabbano)（船員が着る厚手の防水性布地による短いコート）. **2**【服】カバン上衣（厚手の布地による長い上衣）.

cabane *n.f.* **1** 小屋；堀立小屋. ~ à outils 道具小屋 (=cabanon). ~ à sucre (カナダ) メープルシロップ採取小屋 (=érablière, sucrerie d'érable). ~ couverte de chaume 藁葺き小屋 (=chaumière). ~ de bûcheron 樵夫（きこり）小屋. ~ de pêcheur 漁師小屋. ~ en planches 板張りの小屋.
2〖スイス〗〖登山〗避難小屋 (=refuge de haute montagne).
3〖話〗あばら屋；安普請の家.
4〖俗〗刑務所 (=prison). être en ~ 刑務所にいる. mettre qn en ~ 人を監獄にいれる.
5 家畜（家禽）小屋. ~ à lapin 兎小屋；〔比喩的〕みすぼらしい住居；集合住宅.
6〖養蚕〗蔟（まぶし）〔蚕に繭をつくらせる器具〕.

cabaret *n.f.* **1** キャバレー, カバレ, ナイトクラブ (=boîte de nuit)（ショーを見ながら飲食を楽しんだり, ダンスをする店）. ~ de l'Elysée-Montmartre キャバレー「レリゼー=モンマルトル」（旧ダンスホール）. La place Pigalle est occupée par quelques ~s de strip-tease. パリのピガール広場には数軒のストリップ劇場がある. souper au ~ キャバレーでの夕食.
2〖古〗庶民的居酒屋（18-19世紀）；酒場（19世紀末から20世紀初頭の文学者・芸術家の溜り場となった）. ~ artistique (littéraire) 芸術（文芸）酒場. le Lapin Agile, ~ montmartrois モンマルトルの丘の文芸・芸術キャバレ「ル・ラパン・アジール」(1902-1914年). pilier de ~ 居酒屋の常連, 酔っぱらい. revue de chansonniers dans un ~ 酒場でのシャンソン歌手のショー.
3〖やや古〗茶器（酒器）セット；茶器（酒器）の盆；サービス・スタンド. ~ de cristal クリスタルガラスの酒器セット.

cabécou *n.m.*〖チーズ〗カベクー. ~ d'Entraygues カベクー・ダントレーグー（アキテーヌのルエルグ Rouergue 地方で, 羊乳・山羊乳・山羊乳と牛乳の混合乳からつくられる, 軟質, 自然外皮のチーズ；脂肪分45%；直径4cm, 厚さ1cmの小円盤状）. ~ de Livernon カベクー・ド・リヴェルノン, リヴェルノン（アキテーヌのケルシー Quercy 地方で, 山羊乳からつくられる, 軟質, 自然外皮のチーズ）. ~ de Rocamadour カベクー・ド・ロッカマドゥール, ロッカマドゥール (rocamadour)（アキテーヌ地方で羊乳・山羊乳からつくられる, 軟質, 自然外皮のチーズ；脂肪分45%；小円盤状；30g）.

~ du Forez カベクー・デュ・フォレ, ブリック・デュ・フォレ (brique du Forez), シュヴルトン・デュ・フォレ (chevreton du Forez)《オーヴェルニュのリヴラドワ地方で, 山羊乳または山羊乳と牛乳の混合乳からつくられる, 軟質, 自然外皮のチーズ；脂肪分40-45％；長さ12-15 cm, 厚さ3 cmの四角い棒状；350-400 g》.

cabernet [kabɛrnɛ] *n.m.* 〖葡萄〗カベルネ種《主にボルドー地方 le Bordelais やロワール河流域 le Val de Loire で赤・ロゼの葡萄酒用に栽培される品種》. ~ franc カベルネ・フラン種《主に Val de Loire 地方で栽培》. ~ sauvignon カベルネ・ソーヴィニョン種《主にボルドー地区, 西南フランスで栽培；赤葡萄酒用》.

cabillau〔d〕 *n.m.* **1** 〖魚〗カビヨー, 紋付鱈 (もんつきだら) (=églefin). **2** 〖俗〗生鱈 (=morue fraîche).

cabine *n.f.* **1** (船などの) キャビン, 船室；客室. ~ de luxe デラックス・キャビン, 豪華船室.
2 (航空機・宇宙船などの) キャビン；操縦室, コックピット (= ~ de pilotage ; ~ de navigation). ~ largable (戦闘機などの) 射出カプセル式コックピット, 射出式座席. ~ spatiale 宇宙船の船室.
3 (列車・トラックなどの) 運転室 (台) (= ~ de conduite). siège de la ~ d'un camion トラックの運転席.
4 (ロープウェーの) キャビン.
5 (エレヴェーターの) ケージ (= ~ d'ascenseur).
6 (特定用途の小部屋) 〖鉄道〗~ d'aiguillage (de signaux) 信号所. ~ de bain (海水浴場などの) 更衣室. ~ de cinéma 映写室. ~ d'essayage 試着室. ~ de vote 投票ボックス (=isoloir). ~ 〖téléphonique〗電話室 (ボックス). ~ publique 公衆電話ボックス.

cabinet *n.m.* Ⅰ **1** 小部屋, 部屋. ~ de toilette 洗面所, 化粧室. 〖古〗~ d'études 書斎. ~ de travail 書斎；執務室. 〖戯〗homme de ~¹ 引っ込み思案の書斎人間.
2 〔*pl.* で〕便所. ~s d'aisance 便所.
3 (弁護士, 設計家など自由業者の) 事務所. ~ d'affaires ビジネスコンサルタント事務所. ~ de consultation (医師の) 診察室；診療所. ~ dentaire 歯科診察所. ~ médical 診療室.
4 〔集合的〕顧客, 業務. avoir un gros ~ (自由業者が) 大規模な経営をしている.
5 (美術館などの) 保存展示室. ~ des estampes de la Bibliothèque nationale 国立図書館の版画保存展示室.
Ⅱ **1** 〖行政〗大臣 (知事) 官房《日本と異なりフランスの大臣官房は, 事務系職員を別とするすべて大臣が個人的に任命する少数の職員から構成され, 大臣と事務当局との連絡調整を主な任務とする. 官房の構成員は当該官庁の官僚に限られず, 民間人である場合もある》. ~ de ministre 大臣官房. directeur de ~ 官房長. chef de ~ 官房秘書長. homme de ~² 官房を渡り歩く人.
2 〔やや古〕政府, 内閣《首相がその国の最高政治指導者である場合. フランスでは第3, 第4共和政まで一般に使用した》. ~ Poincaré ポワンカレ内閣. conseil de ~ 閣議《現在では conseil des ministres という》.
Ⅲ **1** 〖家具〗キャビネット, 引き出しつきの飾り棚. ~ de laque 漆塗りのキャビネット.
2 (パイプオルガンの) オルガンケース, 前面管 (= ~ d'orgue).

câblage *n.m.* **1** 施設内通信網 (LAN) の設置, そのための区分；CATV網の建設. **2** 配線, ケーブルへの接続. **3** 打電. **4** ロープを作ること.

câble *n.m.* **1** 太綱, ロープ；索条, ケーブル. ~ aérien¹ 空中索条 (ケーブル)；ロープウェー. ~ d'acier 鋼索. ~ de chanvre 麻綱. ~ de commande 操縦索；制御索. ~ d'élevage 巻上げロープ. ~ de frein 制動索. ~ de funiculaire ケーブルカーの鋼索. ~ de traction 曳索, 運搬ロープ. ~ métallique ワイヤーロープ. ~ télédynamique 動力の遠距離伝送ケーブル. poulies de ~ ロープの滑車.
2 〖海〗ロープ；錨綱 (いかりづな), 錨索 (びょうさく) (= ~ de l'ancre), (= ~-chaîne). ~ d'amarrage 繋留索. ~ d'embossage 船首尾錨泊繋留索. ~ de halage (de remorque) 曳船索, 引き綱. couper le ~ avec qn 人との連がりを断つ. 〖話〗filer le (son) ~ (ロープを繰出す→) 出発する.
3 〖電〗ケーブル, 被覆電線 (= ~ électrique). ~ à âme d'acier 鋼鉄心線ケーブル. ~ à fibles optiques 光ファイバー・ケーブル. ~ aérien² (souterrain) 架空 (地下) ケーブル. ~ armé (isolé, nu) 外装 (絶縁, 裸) ケーブル. ~ coaxial 同軸ケーブル. ~ téléphonique 電話ケーブル. ~ téléphonique sous-marin 海底電話ケーブル. télévision par ~s 有線TV. poser un ~ sous-marin 海底ケーブルを敷設する.
4 〖放送〗有線TV (=télévision par ~s).
5 〖通信〗海底ケーブル (= ~ sous-marin)；海底電信；海外電報 (=câblogramme). par ~ 海底電信で, 海外電報で. envoyer un ~ 海外電報を打つ.
6 〖電〗~ hertzien 高周波ケーブル.
7 〖建築〗縄形 (ケーブル) 装飾, 縄形刳形 (=rudenture).

câblé¹ *n.m.* **1** (カーテンの) 撚った飾り紐.
2 撚糸；縫糸 (=fil à coudre).

câblé² (**e**) *a.p.* **1** (糸が) 撚りをかけた. fil ~ 撚糸.
2 〖建築〗縄型の. moulure ~e 縄形刳形.
3 〖海〗錨索付きの. ancre ~e アンカーチェーン付錨.

4〖電〗配線された, 有線の. circuits ~s 配線回路. chaînes de télévision ~es ケーブル (有線) TV チャンネル. réseau ~ de télédistribution ケーブル (有線) TV 網. ville ~e ケーブル (有線) TV 導入都市.
5〖話〗情報に通じている. jeune cinéaste ~ 情報通の若い映画人.

câblerie *n.f.* **1** ケーブル製造所. **2** ケーブル製造・販売業.

câblier *n.m.* **1** 海底ケーブル (電線) 敷設船 (= navire ~). **2** ケーブル製造業者.
―― *a.* ケーブル敷設用の.

câblodiffusion *n.f.* 〖放送〗(ラジオ・TV 等の) 有線放送 (= câblo-distribution).

câblo-distributeur *n.m.* 〖電気通信〗ケーブル TV 番組配信業者.

câblo-distribution *n.f.* ケーブル TV の番組送信 (= télédistribution).

câblo-opérateur *n.m.* CATV 放送局, ケーブル TV 運用会社 (exploitant du câble ともいう).

cabochon *n.m.* 〖宝石〗カボション, カボションカット(切り子面がなく頂部を丸く磨いた宝石). ~ de rubis ルビーのカボション. émeraude en ~ カボション状のエメラルド.

cabosse *n.f.* 〖植〗カカオの漿果 (= fruit du cacaoyer).

cabotage *n.m.* **1** 沿岸運航 (航海) (navigation hauturière (à long cours)「遠洋航」の対). ~ national (international) 国内 (異国間) 沿岸航行. grand ~ 異なる海洋の諸港間の沿岸航海. petit ~ 同一海洋の諸港間の沿岸航海.
2 (外国船・外国機の) 国内航運権; 国内運航を自国船 (機) に制限する運航権制限.

cabri *n.m.* 〖動〗仔山羊 (= chevreau).

cabrières *n.m.* 〖葡萄酒〗カブリエール (ラングドック地方 le Languedoc, Pézenas と Clermont-l'Hérault の中間の地区の白葡萄酒生産地; clairette de Languedoc の生産で知られる).

cabriolet *n.m.* **1** 〔古〕カブリオレ (1 頭立て 2 輪幌馬車).
2 〖自動車〗カブリオレ, キャブリオレ, クーペ, コンヴァーティブル (= automobile décapotable).
3 〖家具〗カブリオレ (円い背もたれ付きの肱掛椅子; 18 世紀中葉に創案).
4 〖服〗カブリオレ (フード型ボンネット) (= chapeau-~, chapeau en ~).

cab-signal (*pl.* **~-~aux**) *n.m.* 〖交通〗運転室内信号システム.

cabus [kaby] *a.* 〖植〗円頭形の, 球型の. chou ~ 球型キャベツ, 玉キャベツ.
―― *n.m.* キャベツ (球型キャベツ, 玉キャベツ; = chou pommé).

CAC (= *C*ompagnie des *a*gents de *c*hange) *n.f.* 証券仲買人協会. L'indice ~ de la Bourse de Paris termine l'année à 415.6. パリ証券取引所の証券仲買人協会株価指数は 415.6 でこの年をしめくくる.

CAC 40 [kakkarɑ̃t] (= *c*otation *a*ssistée en *c*ontinu) *n.f.* 〖商業〗電算機処理連続建値 40 銘柄 (パリ株式市場の指標 indice ~).

cacahouète, cacahouette, cacahuète *n.f.* 落花生, ピーナツ. ~s salées 塩ピーナツ. allergique aux ~s ピーナツ・アレルギー患者. beurre de ~ ピーナツバター.

cacao 〔西〕*n.m.* **1** カカオ (cacaotier) の実, カカオ豆 (= fève de ~). beurre de ~ カカオバター. pâte de ~ カカオマス.
2 カカオ豆の粉, ココア (= poudre de ~).
3 〖飲料〗ココア.

cacaoté(e) *a.* カカオを含んだ. poudre ~e カカオ豆の粉, カカオパウダー, ココア.

cacaotier *n.m.* 〖植〗カカオの木 (= cacaoyer).

cacaotière *n.f.* 〖農〗カカオ園 (= cacaoyère).

cacaoyer *n.m.* 〖植〗カカオの木 (= cacaotier). fruit du ~ カカオ (= cacao).

cacaoyère *n.f.* 〖農〗カカオ園 (= cacaotière).

cacha[**t**] *n.m.* 〖チーズ〗カシャ, トム・デュ・モン・ヴァントゥー (tomme du mont Ventoux) (プロヴァンス地方 la Provence のヴァントゥー山地で, 羊乳・山羊乳でつくられる加塩外皮, 非加熱のフレッシュ・チーズ).

cachalot *n.m.* 抹香鯨 (まっこうくじら) (腸に龍涎香 ambre gris がある).

caché(e) *a.p.* **1** 隠された; 隠れた; 隠した; 人目につかない; 秘かな. complot ~; conspiration ~e 陰謀. recoin (repli) ~ 人目につかない片隅; 心の奥底. trésor ~ 秘宝; 〔比喩的〕埋もれた人材. vivre ~ ひっそりと暮す. 〔諺〕Pour vivre heureux, vivons ~s. 幸せに暮すためには, ひっそりと暮そう.
2 秘めた, 表現されない; 暴けない. doctrine ~e 隠秘思想. douleur ~e 名状し難い鈍痛. pensée ~e 下心, 底意. sens ~ 秘義; 裏の意味. sentiments ~s 秘めた感情.

cache-cache *n.m.inv.* 〖遊戯〗隠れんぼ. jouer à ~ 隠れんぼをして遊ぶ.

cache-col, cache-cou *n.m.inv.* ネッカチーフ.

cachectique *a.* 〖医〗悪液質 (カヘキシー cachexie) の.
―― *n.* 悪液質 (カヘキシー) 患者.

cache-entrée *n.m.inv.* 鍵穴カバー, 鍵穴隠し.

cachemire (< le *C*~ カシミール地方) *n.m.* 〖織〗カシミア (カシミア山羊の毛の織物); カシミアのショール. châle de ~ カシミアのショール. écharpe en ~ カシミアのマフラー.

cache-prise (*pl.* **~-~**[**s**]) *n.m.* 〖電〗

コンセントカバー．
cache-radiateur (*pl.* ~-~**s**) *n.m.* (室内の) ラジエーター・カバー．
cache-sexe (*pl.* ~-~ [**s**]) *n.m.* **1** ブリーフ，パンティ，ふんどし，腰布．
2 〔比喩的〕(悪事などを) 隠蔽するもの．
cachet *n.m.* Ⅰ〔印判〕**1**（封蠟などに押す）印，印章．apposer (mettre) un ~ sur une lettre 手紙に封印を施す．
2 印判を押された封蠟；(押された) 印．briser (rompre) un ~ 封印を破る．〖史〗lettre de ~ 封印状．à ~ volant 開封で．
3 消印，スタンプ (= ~ postal；~ de la poste)；(商品に付ける) 製造元証印 (検印)．~ 〔d'oblitération〕de la poste 郵便の消印．~ de la poste faisant foi 証明になる消印 (消印有効)．~ d'un fabricant 製造者証印 (マーク)．
4 〔比喩的〕刻印；特徴，個性．avoir du ~ 際立った特徴がある，個性がある．peinture qui a du ~ 個性的な絵画．
Ⅱ〖薬〗カシェ，カプセル；〔話・誤用〕錠剤 (=comprimé). prendre un ~ d'aspirine アスピリンを1錠のむ．
Ⅲ（レッスン；謝礼）**1** 個人レッスン．〔話〕courir le ~ 個人レッスンで暮す．payer au ~ レッスンの回数に応じて支払う．
2 レッスン代，出演料，ギャラ；講演料．~ d'un acteur (d'un musicien) 俳優 (音楽家) の出演料．
cachexie *n.f.* 〖医〗悪液質．
cachot *n.m.* **1** (監獄内の) 罰室；〖文〗土牢．~ souterrain 地下牢．
2 〔多く *pl.*〕牢獄 (=prison). être aux ~s 獄につながれている．
3 (罰室への) 屏禁 (へいきん)，投獄，独房での禁錮．
cachou (*pl.* ~ **s**) *n.m.* **1**〖薬，染料〗カテキュー，阿仙（あせん）薬（アカシア accacia または檳榔子 (びんろうじ) arec の実から抽出する).
2 カテキュー入りのドロップ（口内清涼剤）．
—*a.inv.* カテキュー色（暗褐色）の．des bas ~ カテキュー色のストッキング．
cacodylique *a.* 〖化〗acide ~ カコジル酸 ((CH₃)₂A₅O(OH))．
cacophonie *n.f.* **1** 騒音，不協和音．~ électromagnétique 電磁波雑音．
2 (文中の) 耳ざわりな音の連続．
CACP (=Communauté d'agglomération de Cergy-Pontoise) *n.pr.f.* 〖行政〗セルジー=ポントワーズ人口密集地帯共同体．port payé Paris-~ パリ・セルジー=ポントワーズ人口密集地帯共同体での郵税納入済．
cactus [-tys] *n.m.* **1**〖植〗カクチュス，サボテン．
2〔話〕厄介事，障害．Il y a des ~s. 面倒な事がある．
CAD[1] (=Comité d'aide au développement) *n.m.* (OCDE の) 開発援助委員会 (= [英] DAC：Development Assistance Committee).
CAD[2] (= [英] Computer-Aided-Design) *n.m.* コンピュータ援用設計 (= [仏] DAO：dessin assisté par ordinateur).
CAD[3] (=convertisseur analogique digital) *n.m.* 〖情報処理〗アナログ・ディジタル変換装置 (=convertisseur analogique numérique).
c.-à-d. (=c'est-à-dire) *l.conj.* 即ち．
Cada (=Commission d'accès aux documents administratifs) *n.f.* 行政資料開示管理委員会．
cadastral (**ale**) (*pl.* **aux**) *a.* 土地台帳の．plan ~ 地籍図．
cadastre *n.m.* **1** 土地台帳，土地登記簿，地籍簿．Ecole nationale des ~s (ENC) 国立地籍学校．relevé des ~s 登記簿謄 (抄) 本．service des ~s 土地台帳課．
2 土地登記所 (税務機関の一つ)．
cadavéreux (**se**) (<cadavre) *a.* 死体の；死人のような，死体を思わせる．odeur ~se 死臭．teint ~ 死人のような顔色．
cadavérique *a.* **1** 死体の；死体特有の．autopsie ~ 検死．rigidité ~ 死体の硬直．
2 死人のような，死体を思わせる (=cadavéreux). teint ~ 死人のような顔色．
cadavre *n.m.* **1** 死骸，死体，屍；残骸．~ enterré 埋葬された死体．~ froid 冷たくなった死体．~ d'un grand hêtre 楢の巨木の残骸．dissection des ~s 死体解剖．être (rester) comme un ~ 死体のように動かない．
2 死人のような人．~ ambulant (vivant) 生ける屍．
3 〔やや古〕〔話〕人間の体．s'arroser le ~ 酒を飲む．se refaire le ~ 体力を回復する．
4 〔比喩的〕〔話〕殺人事件，犯罪．savoir où est le ~ (où sont les ~s) 事件の秘密を握っている．Il y a un ~ entre eux. 彼等は犯罪で結ばれている．Ça sent le ~. 憂慮すべき事態である．
5〔話〕空き壜；空になった酒壜 (=bouteille vidée).
6〖文〗~ exquis 単語のつなぎ遊び (超現実主義者たちの Le ~ exquis boira le vin nouveau. という文章に由来)．
cadeau (*pl.* ~**x**) *n.m.* **1** 贈物，プレゼント．~ de noces (de mariage) 結婚祝い．~ de Noël クリスマス・プレゼント．~ du Nouvel An 新年の贈物 (=étrenne)；お年玉．~ inattendu 思いもかけぬ贈物．faire ~ de qch à qn 人に何をプレゼントする．〔比喩的〕faire 〔le〕 ~ de qch à qn 人に何を譲る．〔話〕ne pas faire de ~ 〔x〕 à qn 人を厳しくやっつける，人に手加減しない．〔話〕C'est pas un ~！/ C'est un joli ~！(人・物に) 全く我慢がならない，耐え難い．

2〔俗〕娼婦に支払う金. N'oublie pas mon ~! お金を払ってよ!
3〔合成要素〕emballage (paquet) ~ 贈答用包装. objets-~x (produits-~x) 贈答品. souvenir-~ 記念品.

CADEC, Cadec (= *Caisse de développement économique*) *n.f.* 経済開発金庫.

cadence〔伊〕*n.f.* **1**〔詩の〕拍節, 拍子. ~ d'un alexandrin アレクサンドラン(12音綴詩)の拍律.
2〔音楽〕終止〔形〕・カデンツァ. ~ parfaite (imparfaite, rompue) 完全(半, 偽) 終止. ~ plagale 変格終止.
3〔舞〕拍子. marquer la ~ 拍子を強調する.
4(運動, 生産などの) リズム, テンポ, ピッチ. ~ de la marche 歩調. Accélérez la ~! 歩調を速めよ; ピッチを上げよ. ~ de tir d'une arme 火器の毎分の発射数. à une bonne ~ 快適なテンポで, 調子よく. en ~ 拍子をとって; 規則正しいリズムで; 歩調を揃えて. marcher en ~ 歩調を揃えて行進する. produire à la ~ de dix mille voitures par mois 月産1万台の割合で自動車を製造する. A bas les ~s infernales! 過酷な生産効率反対!

Cades (= *Caisse d'amortissement de la dette sociale*) *n.f.* 社会債務償還金庫.

cadet(**te**) *n.* **1** 次男(次女); 次男(次女) 以下の息子(娘); 末子(末娘); 弟(妹). ~ de la famille 末子(末娘).〔比喩的〕C'est le ~ de mes soucis. そんなことは全く気にしていない.
2 ~ de *qn* 人より年下の者; 後輩. Il est mon ~ de trois ans. 彼は私より3歳年下である.
3〔スポーツ〕カデ(カデット)〔年齢別カテゴリーにおいて minimes「ミニーム」(13–15歳) より年上で, juniors「ジュニヤー」より年下のクラスの選手; 概ね15–17歳〕.
4〔軍〕士官学校生徒;〔史〕貴族の若侍 (次男以下で一兵卒からはじめ士官修業をした). les ~s de Gascogne ガスコーニュの若武者隊.
5〔ゴルフ〕キャディー(= 〔英〕caddie).

cadillac *n.m.*〔葡萄酒〕カディヤック (département de la Gironde ジロンド県, ガロンヌ河畔の小郡庁所在地 Cadillac (市町村コード 33410) 周辺で生産される甘口の白の AOC 酒).

cadmiage (< *cadmier*) *n.m.* カドミウム・メッキ〔加工〕.

cadmium [-jɔm] *n.m.* **1**〔化〕カドミウム (元素記号 Cd, 原子番号 48, 原子量 112.41).
2〔金属〕カドミウム (比重 8.65, 融点 321℃, 沸点 765℃の白色の金属). cellule au ~ カドミウム電池. poussière de ~ 粉末カドミウム. oxyde de ~ 酸化カドミウム. sulfure de ~ 硫化カドミウム (顔料, トランジスター, 太陽電池の原料). taux maximal du ~ admis dans l'eau potable 飲料水に含まれるカドミウムの最大許容量.
3 カドミウム顔料 (絵具). ~ (orange, rouge) de ~ カドミウム黄 (橙, 赤), カドミウム・イエロー (オレンジ, レッド).〔絵具〕rouge de ~ foncé ルージュ・ド・カドミウム・フォンセ, カドミウム・レッド・ディープ.

cadran *n.m.* **1**〔時計の〕文字盤. ~ d'une gare (église) 駅 (教会堂) の大時計. ~ d'une montre 腕時計の文字盤. ~ solaire 日時計.〔話〕faire le tour du ~ 24 時間眠り続ける.
2(計器類の) 目盛板. ~ de téléphone 電話のダイヤル. ~ d'un ampèremètre 電流計の目盛.

cadre *n.m.* Ⅰ(枠, 囲むもの)
1 額縁, 枠. ~ en bois doré 金メッキをした木製額縁.〔写真〕~ photo numérique ディジタル写真用電子フレーム, ディジタル・フォトフレーム.
2 額に入れられた絵画, 写真など. accrocher un ~ au mur 絵を壁にかける.
3 窓, 扉などの枠, かまち, サッシ.
4 a)〔機械〕台枠, フレーム. ~ de bicyclette 自転車のフレーム. **b)**〔建設, 土木〕型枠, ラーメン, 箱金物. **c)**〔採鉱〕(坑道などで使用する) 枠. ~ profilé 流線式アーチ枠. **d)**〔電〕ループアンテナ, 空中線. **e)**〔海〕置寝台. **f)**〔輸送〕~ de déménagement 家具などを入れるためのコンテナ.
Ⅱ(枠で囲まれたもの, 範囲, 限界, 環境)
1 枠, フレーム. style du ~ (ワープロの) 枠スタイル.
2 環境, 全体的な枠組み. ~ de vie 生活環境. ~ institutionnel de l'Europe ヨーロッパの制度. loi-~ 基本法. Le gouvernement se donne pour objectif l'amélioration du ~ de vie dans les grandes villes. 政府は大都市における生活環境の改善を目標としている.
3(作品などの) 枠組み, 構成; (話の) 舞台, 背景.
4 限度, 限界, 範囲. une manifestation organisée dans le ~ de l'Année de la France au Japon 日本におけるフランス年の一環として開催される催し. le prochain cycle de négociations commerciales multilatérales dans le ~ de l'Organisation mondiale du commerce 世界貿易機構 (WTO) の次期多角的通商交渉.
Ⅲ(幹部, 管理職, 指導層)
1 幹部職員, 管理職, 総合職. confédération générale des ~s (CGC) 全国管理職組合. L'accession des femmes aux postes de ~ et aux plus hauts degrés de la hiérarchie reste inhabituelle. 幹部職や経営トップの座に女性が就くことは, 今でもまれである.
2〔軍〕将校. ~ d'activité (de réserve) 現役

(予備役)将校. ~s noirs de Saumur ソーミュール馬術学校の騎馬将校(黒い軍服着用).

cadreur(se) n. (映画・TVの)カメラマン, 撮影技師(cameraman, camerawomanに対する公用推奨語).

caduc(que) a. 1〖文〗(建物が)崩れ落ちそうな, 崩壊寸前の, 老朽化した. bâtiment ~ 老朽建物.
2〖文〗(人が)老いさらばえた, 脆弱な. âge ~ 老齢, 頽齢(たいれい). santé ~que 脆弱な健康. devenir ~ 老いさらばえる.
3〖文〗時代遅れの, すたれた. mode ~que すたれた流行. œuvre ~que 時代遅れの作品.
4〖法律〗失効状態にある, 失効した. legs ~ 失効した遺贈. loi ~ 失効状態にある法律.
5〖植〗(葉が)脱落性の;〖動〗(角が)脱落性の, 脱皮性の. arbre à feuilles ~ques 落葉樹. Les bois du cerf sont ~s. 鹿の角は脱落性である. peau ~que du serpent 蛇の脱皮性皮膚.
6〖解剖〗(産婦の)脱落膜(= (membrane) ~que) (= déciduale).

caducée n.m. 〖ギ神話〗1 ヘルメスの杖(= ~ d'Hermès)《月桂樹もしくはオリーヴの木でつくられ, 2匹の蛇がからみ, 頂点に2枚の翼がつく杖;平和と商業のシンボル》.
2 医神アスクレピオスの杖(= ~ d'Asclépios)《杖の束に1匹の蛇がからみ, 慎慮の鏡が上につく杖;医師や薬局のマークに用いる》. ~ des médecins (des pharmaciens) 医師(薬剤師)の杖印. ~ médical sur la voiture 車に貼付した医師の杖マーク.

caducifolié(e) a. 〖植〗落葉性の;落葉樹の(= décidu);落葉樹林の;(sempervirent(e)「常緑樹の」の対). forêt ~e (= forêt à feuillage caduc)落葉樹林. forêt feuillue ~e 落葉広葉樹林.

caducité n.f. 1 脆弱性, 老化.
2〖法律〗失効状態. ~ d'un acte juridique 司法文書の失効状態.
3〖植〗落葉性.

CAE[1] (= Conseil d'analyse économique) n.m. 経済分析審議会《首相の諮問機関》.

CAE[2] (= Contre-Assurance étendue) n.f. 拡大再保険.

cæcal(ale)(pl.**aux**) a. 〖解剖〗盲腸(cæcum)の. appendice ~ 虫垂, 中様垂, 中様突起.

CAECET (= certificat d'aptitude à l'enseignement dans les collèges d'enseignement technique) n.f. 技術教育中学校教育受講適性資格取得証明書.

CAECL (= Caisse d'aide à l'équippement des collectivités locales) n.f. 地方公共体設備助成金庫《現在は Caisse française de développement フランス開発金庫》.

cæcofixation n.f. 〖医〗盲腸固定術.
cæcostomie n.f. 〖医〗盲腸人工排泄孔形成術.
cæcum [sekɔm] n.m. 〖解剖〗盲腸. appendice du ~ 盲腸の虫垂. 〖医〗inflammation du ~ 盲腸炎.
▶ **cæcal(ale)(aux)** a.

CAEF (= Communautés et Assemblées Evangéliques de France) n.f.pl. フランス福音共同体会議.

CAEI (= certificat d'aptitude à l'éducation des enfants déficients ou inadaptés) n.m. 身心障害児または不適応児に対する教育適性証.

CAEM (= Conseil d'aide économique mutuel) n.m. 経済相互援助会議, コメコン(= [英] COMECON : Communist Economic Conference 共産主義国経済会議)《1949年設立のソ連・東欧などの社会主義諸国間の経済協力機構;1991年解体》.

Caen n.pr. カン(département du Calvadosカルヴァドス県の県庁所在地;フランスと UE の広域地方行政区画である région Basse-Normandie バス=ノルマンディー地方の地方庁所在地;市町村コード 14000;形容詞 caennais(e)). aéroport de ~-Carpiquet カン=カルピケ空港《西郊 5 km》. abbaye aux Hommes (aux Dames) de ~ カンの男子(女子)大修道院. ancien château de ~ カンの旧城《現:musée des Beaux-Arts, musée de Normandie》. campagne de ~ カン平野. canal de ~ カン運河. trippes à la mode de ~ カン風トリップ《内蔵の煮込み料理;カン名物》. Université de ~ カン大学《15世紀に創立》.
▶ **caen(n)ais(e)** [kanɛ, -ɛz] a.

CAF[1] (= Caisse d'allocations familiales) n.f. 家族手当金庫.

CAF[2] [kaf, seaɛf] (= coût, assurance, fret) a.,ad. 保険料・運賃込みの価格の(で) (= [英] CIF : cost, insurance, freight). contrat ~ CAF 契約. 20 000 francs ~ Marseille マルセイユ渡し CAF 価格 2 万フラン.

Cafa (= Corps d'armée franco-allemand) n.m. 仏独合同軍団.

CAFAD, Cafad (= certificat d'aptitude aux fonctions d'aide à domicile) n.m. 自宅介護職務適性証明書.

cafard n.m. 1〖昆虫〗ごきぶり(= blatte). grouille comme des ~s ごきぶりのようにうごめく.
2〖話〗ふさぎの虫, 滅入った気持. avoir un ~ dans la tête 滅入っている.

CAFDA, Cafda (= Commandement air des forces de défense aérienne) n.m. 防空軍司令部.

café n.m. Ⅰ 1 コーヒー豆(コーヒーの木 caféier の実の中の豆). ~ en grains コーヒー豆《挽いていないコーヒー豆》. ~ moulu 挽いたコーヒー. ~ soluble インスタント・

コーヒー(=～ instantané). ～ vert コーヒーの生豆(焙煎していないコーヒー豆). récolte du ～ コーヒー豆の収穫. torréfier du ～ コーヒー豆を焙る. une demi-livre de ～ コーヒー豆250 g.
2 コーヒーの木(=caféier). plantation de ～ コーヒーのプランテーション, コーヒー園(=caféière).
3 (飲物としての)コーヒー；温コーヒー. ～ au lait カフェ・オ・レ(ミルク・コーヒー). ～ crème クリーム・コーヒー. ～ décaféiné カフェイン抜きコーヒー. ～ express カフェ・エスプレス, エスプレッソ・コーヒー. ～ fort (léger) 濃い(薄い)コーヒー. ～ liégeois リエージュ風コーヒー(生クリームをかけたコーヒー). ～ noir カフェ・ノワール, ブラック・コーヒー. ～ viennois ヴィーン風コーヒー, ウィンナコーヒー(ホイップした生クリームを浮かせたコーヒー). 〖菓子〗éclair au ～ コーヒー入りエクレア. filtre à ～ en papier 紙のコーヒー・フィルター. glace au ～ コーヒー・アイスクリーム. faire le ～ (du ～, un ～) コーヒーをいれる. prendre un (une tasse de)～ コーヒーを飲む.
4 コーヒーカップ(=tasse de ～); コーヒーボール(=bol de ～). mettre deux sucres dans son ～ コーヒーカップ(ボール)に角砂糖を2つ入れる.
5 コーヒーを基にした. ～ irlandais アイリッシュ・コーヒー(=〖英〗irish coffee; ホイップクリームを浮かせたウィスキー入りのコーヒー).
6 〖話〗C'est fort de ～. それはひどい.
7 (食後や会議の合間などの)コーヒータイム. pause-～ ポーズ=カフェ, コーヒー・ブレーク(=〖英〗coffee break). offrir des digestifs au ～ コーヒータイムに食後酒を供する.
Ⅱ カフェ, 喫茶店. ～ (-)bar カフェ・バー. ～ littéraire (artistique) 文学(芸術)カフェ(文学者や芸術家の溜り場のカフェ). ～ (-)tabac タバコ屋兼業カフェ. ～ (-)théâtre カフェ劇場. 〖蔑〗discussions de ～ du Commerce 床屋談義. garçon de ～ カフェの給仕. zinc (comptoir) d'un ～ カフェのカウンター.
—*a.inv.* コーヒー色(黒っぽい焦茶色; カフェ・オ・レに似た薄茶色). étoffe ～ au lait カフェ・オ・レ色の生地. robes ～ コーヒー色のドレス.

café-concert (*pl.* ～**s**-～**s**) *n.m.* カフェ・コンセール(歌やショーの催しのあるカフェ. 俗称 caf'conc' [kafkɔ̃s]).
caféier [kafeje] *n.m.* 〖植〗コーヒーの木.
caféière *n.f.* コーヒー畑(園).
caféine *n.f.* 〖化〗カフェイン.
caféisme *n.m.* 〖医〗カフェイン中毒.
cafétéria [西] *n.f.* カフェテリア(多くセルフサービス式の軽食堂兼喫茶店; 俗称 ca-fèt [kɔfɛt]); 企業内の軽食堂; スナックバー(snack-bar). ～ d'un hôpital 病院のカフェテリア.
café-théâtre(*pl.* ～**s**-～**s**) *n.m.* カフェ・テアトル, カフェ劇場, カフェ・シアター(小劇場を兼ねたカフェ).
cafetier (**ère**) *n.* カフェの経営者.
cafetière *n.f.* **1** コーヒー沸かし器, コーヒーメーカー. ～ à filtre de papier 紙フィルター式コーヒーメーカー. ～ à la pression 蒸気圧力式コーヒー抽出機(エスプレッソ用). ～ à piston filtrant ピストン・フィルター式コーヒーメーカー. ～ de service コーヒーポット(=serveuse). ～ électrique 電気式コーヒーメーカー.
2 〖俗〗頭.
cafouillage, cafouillis *n.m.* 〖話〗
1 乱調. ～ d'un moteur エンジンの不調.
2 もたつき, 支離滅裂. ～ gouvernemental 政府のもたつき.
cage *n.f.* **1** (動物飼育用の)籠, 檻, 小屋, 鳥籠; 魚籠(びく), やな; ケージ. ～ à lapins 兎小屋; 〖話〗狭苦しい家; 画一住宅. ～ à poules 鶏小屋. ～ d'un lion ライオンの檻. oiseau de ～ 籠の鳥. Mieux vaut être oiseau de campagne qu'oiseau de ～. 籠の鳥より野の鳥の方がよい. ours en ～ 檻の中の熊.
〖比喩的〗être comme un fauve en ～ いらいらする. mettre en ～¹ 籠(檻)に入れる.
〖諺〗La belle ～ ne nourrit pas l'oiseau. 美宅養わず; 豪華な家が必要なものを満たすわけではない.
2 〖話〗獄舎; (強制収容所の)監房; 〖話〗教室, 学校. enfermer un homme dans une ～ de fer 人を鉄格子の中に閉じこめる(投獄する). mettre *qn* en ～² …を監獄に入れる.
3 (窓口係などが1人で入る)ボックス. ～ d'un concierge 門番のボックス. ～ vitrée ガラス張りのボックス.
4 (家の)壁体; (時計の)側, 箱; 〖機械〗ケージ; (軸受けの)保持器, ハウジング. ～ d'ascenseur エレベーター・シャフト, エレベーターのケージ(吊台). 〖電〗～ d'écureuil ケージ. 〖建築〗～ d'escalier 階段室. 〖鉱〗～ d'extraction 鉱山用エレベーターのケージ; 鉱山用巻上げ機の吊台. 〖電〗～ de Farady ファラディ遮蔽籠.
5 〖スポーツ〗〖話〗(サッカーなどの)ゴール〔ポスト〕.
6 〖解剖〗～ thoracique 胸郭.
cagette *n.f.* 藺草・細い棒の格子でつくった簣子(すのこ)の籠(=clayette).
cagnotte *n.f.* 〖賭博〗**1** 賭金入れ, 寺銭箱; 〖比喩的〗共同で資金を積立てる賭金箱. mettre de l'argent dans la ～ 寺銭箱に金を入れる.
2 賭金総額; 〖比喩的〗共同資金. dépenser la ～ 賭金(共同資金)を使う.
3 〖話〗へそくり. se constituer une ～ へ

そくりをためこむ.
cahier *n.m.* **1** ノートブック, ノート, 雑記帳. ~ d'écolier 学生ノート. ~ d'essai (de brouillon) 下書きノート.
2〖印刷〗折り丁.
3〖法律〗~ des charges 入札条件明細書；仕様書, 満たすべき条件, 契約条件.
4〔*pl*.で〕覚書, 日記帳.
5〔*pl*.で〕(雑誌名)《*les C~s de la Quinzaine*》「半月手帖」(Péguy 創刊の雑誌; 1900-14 年).《*les C~s du Cinéma*》「レ・カイエ・デュ・シネマ」(1951 年創刊の映画誌).
6〖史〗~ de doléances des états généraux 三部会が国王に提出した陳情書, 建白書.
cahin-caha [kaɛkaa] *ad.*〖話〗〖擬声語〗どうにかこうにか. aller, marcher ~ どうにかこうにか行く(歩く).
Cahors [kaɔr] *n.pr.* カオール《département du Lot ロット県の県庁所在地；市町村コード 46000》.
▶ **cadurcien**(***ne***), **cahorsin**(***e***), **cahorsain**(***e***) *a.*
cahors *n.m.* カオール地方産赤葡萄酒 (AOC).
cahute (<cabane と hutte の合成語) *n.f.* 山小屋, ヒュッテ.
caïeu(*pl*.**~x**), **cayeu**(*pl*.**~x**) [kajø] *n.m.*〖植〗(球根の)子球, 鱗片, 木子(きご) (=gousse). ~ d'ail ニンニクの鱗片. ~ de lys 百合の木子. ~ de tulipe チューリップの子球.
caillé *n.m.* 凝乳 (=lait ~), カード；カイエ(チーズの原料).
caillebotte *n.f.* **1**〖乳業〗凝乳, カード.〖料理〗~s poitevines ポワトゥー風カイユボット(野生の朝鮮あざみの花を加えて固めた凝乳).
2〖チーズ〗カイユボット. ~ d'Aunis カイユボット・ドーニス《オーニス地区で羊乳, 山羊乳, 牛乳からつくられる, 塩分を加えないフレッシュ・チーズ》.
caillette *n.f.*〖動〗皺胃(しゅうい)《反芻動物の第四胃》.
caillot *n.m.* 凝塊；〖医〗血塊, 血餅(けっぺい) (= ~ sanguin, ~ de sang). ~ cadavérique 死後凝血. ~ de coagulation 凝固血餅, 凝血. ~ sanguin 血餅, 血塊.〖医〗rétraction du ~ 血餅収縮〔試験〕.
caillou(*pl*.**~x**) *n.m.* **1** 小石, 砂利, バラスト, 石. ~x du chimin 道路の砂利. avoir un cœur dur comme un ~, avoir un cœur de ~ 石のように心が冷たい. être condamné à casser des ~x 懲役に服する.
2〔俗〕岩, 岩礁；〖海〗海図に明記されていない岩礁, 小島.(特に)ヌーヴェル＝カレドニー (=le La Nouvelle-Calédonie).
3 宝石, 貴石, 原石, ダイヤ.
4〔俗〕頭. n'avoir pas un poil sur le ~ 禿頭.

Caire(**Le**) *n.pr.* カイロ《エジプト・アラブ共和国の首都》([アラブ語] Al-Qāhira). le Grand C~ 大カイロ《6つの新都市を含む首都圏》. le Musée égyptien du C~ カイロ・エジプト博物館 (1857年創設).
▶ cairote o.
cairn [kern] [アイルランド] *m.m.* **1** (ケルトの) ケルン (土・石でできた塚状墳墓).
2〖登山〗ケルン, 石標.
caisse *n.f.* Ⅰ (箱, 容器, ケース)
1 箱, ケース. ~ à fleurs (植物用の)プランター. ~ à savon 白木の粗末な家具.
2 一箱分. commander une ~ de champagne シャンパーニュ酒を1箱(1ダース)注文する.
3 機械装置の外箱. 自動車の車体,(転じて)自動車, 時計の側. à fonds la ~ 非常に早く, 猛スピードで.
4〖解剖〗~ du tympan 中耳の鼓室.
5〔俗〕胸. partir (s'en aller) de la ~ 結核である.〖方言〗avoir une ~ (スイスで)酔う, 酔っている.
Ⅱ (金庫)
1 金庫. ~s de l'Etat 国庫.
2 会計窓口, カウンター, レジスター (=tiroir-~), キャッシャー. faire la queue à la ~ レジで並ぶ.〔*Passez*〕à la ~！ レジでお払いください. Vous passerez à la ~. 君は解雇だ.
3 資金, 基金；金庫, 金融機関. ~ noire 裏金. faire sa ~ 有り金を数える. tenir la ~ 出納を担当する. C~ des dépôts et consignations 預金供託金庫《1816 年創立の政府系金融機関. 郵便貯金, 社会保障公庫などの資金を管理し, 短期国債の引き受けなどを行う》. ~ d'épargne 郵便貯金. ~ nationale d'assurance maladie 全国健康保険公庫. ~ nationale d'assurance vieillesse 全国老齢年金公庫. ~ primaire (社会保険公庫の)支所. bon de ~ (金融機関が発行する)債権.
Ⅲ (楽器)胴, 太鼓, 打楽器. ~ claire (plate) 小太鼓. grosse ~ 大太鼓. battre la grosse ~ 鳴り物入りで宣伝する.
caissier(***ère***) *n.* 現金出納係, レジ係.
caisson *n.m.* **1** 小さなケース, 小箱.
2〖土木〗ケーソン, 潜函. ~ à air comprimé 圧搾空気注入ケーソン, 潜水函. mal (maladie) des ~s ケーソン(潜函)病.
3〖医〗~ hyperbare 高圧ケーソン《治療用》.
4〖船〗~ d'un canot ボート収納函.
5〖建築〗(天井の)格間(ごうま). plafond à ~s 格(ごう)天井.
6〖軍〗弾薬箱 (= ~ à minitions)；糧食運搬箱 (= ~ à vivres)；弾薬(糧食)運搬車.
7〖原子力〗原子炉冷却容器.
8〔俗〕頭. se faire sauter le ~ 自分の脳天に一発ぶちこむ.
cajou(*pl*.**~s**) *n.m.* カシューナッツ (= noix de ~).

cake [kɛk][英] *n.m.* **1** プラムケーキ(=[英] plum-cake；gâteau aux raisins secs)；フルーツケーキ(=gâteau aux fruits confits). une tranche de 〜 一切れのプラム(フルーツ)ケーキ.
2〖化粧品〗en 〜 固形の. mascara en 〜 固形マスカラ.
CAL¹ (=Centre d'*a*mélioration du *loge*ment) *n.m.* 住宅改善センター.
CAL² (=Comité d'action lycéen) *n.m.* リセ行動委員会.
Calais *n.pr.* カレー(département du Pas-de-Calais パ=ド=カレー県の郡庁所在地；港町；市町村コード 62100).《monument des Bourgeois de 〜》「カレーの市民」(Rodin 作の彫刻群像；1895 年制作). Pas de〜 ドーヴァー海峡(=[英] the Strait(s) of Dover).
▶ **calaisien**(**ne**) *a*.
calaison *n.f.* 〖船〗積載吃水線.
calamar *n.m.* 〖動〗いか(=calmar), ヨーロッパやりいか；〖料理〗いか料理.〖料理〗〜s farcis いかのファルシ〔詰物料理〕.
calambour *n.m.* 〖植〗沈香(じんこう).
calamine *n.f.* **1** 〖鉱〗カラミーヌ, カラミン, 異極鉱；菱亜鉛鉱.
2 (内燃機関の燃焼室の) すす, カーボン.
3 〖冶〗(熱間加工の) さび皮.
calamité *n.f.* **1** 災害, 惨禍, 禍. 〜 naturelle 天災. La famine, la guerre, les tremblements de terre sont des 〜s. 飢餓, 戦争, 地震は災害である.
2 不運, 不幸. les 〜s de la vieillesse 老年の不幸.
3 〖話〗苦労の種, 悩みの種. C'est une vraie 〜, ce type-là！あいつは悩みの種だ！
calandrage (<calandrer) *n.m.* 艶出し加工 (艶出し器 calandre にかける).
calanque *n.f.* 〖地理〗カランク (地中海沿岸の狭く長い断崖性地峡). les 〜s de Piana ピアナ地峡.
calcaire *a*. 石灰質の, 石灰を含んだ.〖医〗bile 〜 石灰乳胆汁. concrétions 〜 石灰凝固 (鍾乳石 stalactite, 石筍 stalagmite など)；〖医〗カルシウム結石. eau 〜 石灰質の水. pierre 〜 石灰石, 石灰岩 (カスチーヌ castine, 硬質石灰岩 liais, 珪質石灰岩 meulier, 石灰華 travertin, turf など). région 〜 石灰岩地方. roche 〜 石灰岩(=〜). terrain 〜 石灰質土壌, 石灰岩質地層.
── *n.m.* 石灰石 (=pierre 〜), 石灰岩 (=roche 〜) (雲母大理石 cipolin, コンブランシヤン石 comblanchien, 白亜 craie など). 〜 cristallin 結晶質石灰岩 (霰石 aragonite, 石灰石 calcite, 大理石 marbre など). 〜 dolomitique ドロミチ石灰岩, 白雲石石灰岩. 〜 magnésien マグネシウム含有石灰岩. 〜 oolithique 魚卵状石灰岩. relief des 〜s 石灰岩地形.

calcanéum [kalkaneɔm] *n.m.* 〖解剖〗踵骨 (しょうこつ) (=os du talon). 〖医〗échographie du 〜 踵骨超音波造影. fracture du 〜 踵骨骨折.
▶ **calcanéen**(**ne**) *a*.
calcédoine *n.f.* 〖鉱〗玉髄.
calcémie *n.f.* **1** 〖生理〗血中カルシウム濃度〔値〕. **2** 〖医〗カルシウム血症.
calcicole *a*. 〖植〗石灰を好む, 好石灰性の. plante 〜 好石灰性植物 (bettrave ベトラーヴ, ばけはなど).
calciférol *n.m.* 〖生・医・薬〗カルシェロール (=cholécalciférol), ビタミン D₂・D₃ (=ergocalciférol).
calcification *n.f.* 〖医〗石灰化, 石灰沈着. 〜 de l'anneau mitral 僧帽弁輪石灰化〔症〕. 〜 dystrophique 石灰変性.
calcifié(**e**) *a*. 〖生理・医〗石灰化した, 石灰が沈着した. 〖医〗épithéliome 〜 石灰化上皮腫. tissu 〜 石灰化組織.
calcifuge *a*. 〖植〗石灰を嫌う, 嫌石灰性の. plante 〜 嫌石灰性植物 (bruyère ヒースなど).
calcination *n.f.* 〖化〗燃焼 (かしょう)；(石灰の) 焼成；〖冶〗焼鉱法.
calcinose *n.f.* 〖医〗石灰〔化〕症, 石灰沈着症. 〜 rénale 腎石灰沈着症, 腎石灰化症, 腎石灰症.
calciothermie *n.f.* 〖冶〗カルシウム脱酸法 (カルシウムの反応を利用して, プルトニウム, トリウム, ウラニウムを得る方法).
calciphylaxie *n.f.* 〖医〗抵抗性カルシウム形成, 指趾の虚血性壊死.
calcique *a*. 〖化〗カルシウムの；石灰の. 〖医〗infractus 〜 石灰梗塞.
calcite *n.f.* 〖鉱〗方解石.
calcithérapie *n.f.* 〖医〗カルシウム剤利用療法.
calcitonine *n.f.* 〖生化〗カルシトニン (甲状腺ホルモンの一つ；甲状腺髄様癌 cancer médulaire de la thyroïde が合成するため, 腫瘍マーカーとして用いられる；甲状腺 C 細胞から分泌され, 血中のカルシウムや燐の量を下げる働きのあるホルモンで高カルシウム血症治療薬として使用される) (=thyrocalcitonine).
calcium *n.m.* 〖化〗**1** カルシウム (元素記号 Ca；アルカリ土類元素, 原子番号 20, 原子量 40.1).
2 カルシウム (白色のアルカリ土類金属；比重 1.55, 融点 838℃, 沸点 1440℃). carbonate de 〜 炭酸カルシウム. citrate de 〜 クエン酸カルシウム. hydroxyle de 〜 水酸化カルシウム (土壌改良剤). oxyde de 〜 酸化カルシウム (生石灰 chaux vive). sulfate de 〜 燐酸カルシウム.〖医〗surcharge en 〜 カルシウム過負担 (高カルシウム血症 hypercalcémie, 尿路結石 calcul urinaire などの原因になる).

calciurie n.f. 〚医〛カルシウム尿〔症〕.

calcul[1] n.m. **1** 計算, 算数, 算出, 算定, 数えること. ~ mental 暗算. Le ~ est, avec l'écriture et la lecture, à la base de l'enseignement primaire. 算数は読み書きと並んで初等教育の基礎である. Il est fort en ~. 彼は算数が強い.
2 計算術, 計算法. ~ algébrique 代数計算. ~ des probabilités 確率論. ~ différentiel 微分学. ~ intégral 積分学. ~ symbolique 演算子法. ~ vectoriel ベクトル解析. règle à ~ 計算尺.
3 打算, 目算, 計算. agir par ~ 打算で行動する. ~ économique 経済的打算.

calcul[2] n.m. 〚医〛結石. ~s biliaires 胆石. ~s obstructifs (尿管などの) 閉塞結石. ~s rénaux 腎臓結石. ~ salivaire 唾石〔症〕. ~ urétéraux 尿管結石. ~s uriques 尿酸結石. dissolution des ~s par ultra(-) sons 超音波による結石の破壊.

calcula_teur_[1] (_trice_[1]) n. **1** 計算者, 計算係. bon ~ 計算のうまい人. Il fallait un ~, ce fut un danseur qui l'obtint. 計算のうまい人間が必要だったのに, その職を手に入れたのは踊りのうまい人間だった (Beaumarchais の言葉) →うい加減な人選.
2 計算に明るい人, 見通しのきく人.
3 〔蔑〕計算高い人, 打算家. C'est un ~. 彼は打算家だ.
—— a. **1** 計算に明るい, 見通しのきく. **2** 〔蔑〕計算高い, 打算的な. un humme ambitieux et ~ 打算的な野心家.

calculateur[2] n. 計算機；コンピュータ. ~ analogique (digital) アナログ (ディジタル) 計算機. ~ de poche ポケット電卓 (= calculette). ~ de tir sur un avion de combat 戦闘機搭載の射撃制御コンピュータ. ~ de vol 飛行制御コンピュータ. ~ du bureau 事務用計算機. ~ électronique 電子計算機. ~ mécanique 機械式計算機. ~ numérique ディジタル計算機, コンピュータ (= ordinateur).

calculette n.f. 小型電卓, ポケット電卓.

calculeux(se) a. 〚医〛結石の；(特に) 尿結石の, 膀胱結石の：結石症の. affection ~ se 結石症. concrétion ~ se 結石.

Calcutta [kalkyta] n.pr. カルカッタ (インドのベンガル州の州都 Kolkata；港湾都市).

caldeira [ポルトガル] n.f. 〚地学〛カルデラ (= caldère).

cale[1] n.f. **1** 〚海〛船倉. ~ à charbon 石炭用船倉. ~ avant 前部船倉. arrimer le fret dans la ~ (à fond de ~) 船倉 (船倉の底) に貨物を積む. 〚話〛être à fond de ~ 素寒貧である.
2 船台, 船架. ~ de construction 建造船台. ~ sèche (de radoub) 乾ドック.

cale[2] n.f. **1** くさび, かいもの；制輪子. mettre une ~ sous un pied de meuble 家具の脚にかいものを入れる.
2 〚スポーツ〛 ~ de départ スターティングブロック (〔英〕 starting-block に対する公用推奨語).

calédonien(ne) a. **1** カレドニア (la Calédonie；スコットランドの古名) の. Canal ~ カレドニア運河 (1822年建造). 〚地形〛plissement ~ カレドニア褶曲.
2 ヌーヴェル=カレドニーの, ニュー・カレドニア (la Nouvelle-Calédonie) の.
—— n. ヌーヴェル=カレドニーの住民.

caléfaction n.f. **1** 加熱, 加熱状態；温熱状態.
2 〚物理〛球状態, 温発泡 (加熱金属板上の液体が加熱されて球状になること).
3 〔原子力〕フィルム・ボイリング (=〔英〕film boiling).
4 熱汚染 (= pollution thermique).

calendaire a. 暦の；暦に関する；年中行事の. année ~ 暦年 (1月1日から12月31日まで). fêtes ~s 年中行事としての祝祭. jour ~ 暦日 (= journée de calendrier) (午前0時から24時間). mois ~ 暦月 (1日から月末まで).

calendrier n.m. **1** 暦法；暦. ~ romain 古代ローマ暦. ~ julien ユリウス暦 (紀元前46年ユリウス・カエサルが制定；旧暦 vieux ~). ~ grégorien グレゴリオ暦 (1582年教皇グレゴリウス13世が制定；新暦 nouveau ~). ~ républicain 共和暦 (1793年10月24日から1806年1月1日までフランスで公式に施行された革命暦；新年は秋分にはじまり, 1年は12カ月. 1月は30日. 秋は vendémiaire 葡萄月, brumaire 霧月, frimaire 霜月；冬は nivôse 雪月, pluviôse 雨月, ventôse 風月；春は germinal 芽月, floréal 花月, prairial 草月；夏は messidor 収穫月, thermidor 熱月, fructidor 実月). ~ lunaire 太陰暦. ~ solaire 太陽暦. ~ luni-solaire 太陰太陽暦. ~ ecclésiastique 教会暦. ~ musulman ムスリム (イスラム, 回教) 暦 (西暦622年7月16日にはじまる). ~ perpétuel 万年暦.
2 暦 (こよみ), カレンダー. ~ à effeuiller 日めくり式カレンダー. ~ de Flore 花暦. ~ des postes 郵政省発行カレンダー. bloc ~ 卓上カレンダー.
3 日程表, 年中行事表. 〚医〛 ~ vaccinal adopté par le Conseil supérieur d'hygiène publique de France フランス公衆衛生最高評議会で採択されたワクチン接種日程. établir un ~ de travail 作業日程表を作成する.

calibre n.m. **1** (管や筒の) 内径, (鉄砲の) 口径；ゲージ, ジグ. ~ d'une conduite d'eau 水道管の内径.
2 (弾丸・果実・種子などの) 直径；粒径. canon de gros ~ 大口径砲, 重砲. fruits de ~s différents 大きさの異なる果実. pistolet de ~ (de 7,65 de ~) 7.65 口径のピストル.

3〖機械〗(火器の)口径測定器；ノギス(= ~ à coulisse).
4〔比喩的〕〖話〗〔古〕規模, 重要度；(人の)器量, 度量；学識, 人格；(物の)品質, 価値. escroc du plus grand ~ 途方もないペテン師.

calibrer *n.t.* **1** (管, 鉄砲などの)口径を測定(決定)する；(銃弾：機械などの)直径を測定(検定, 決定)する. ~ des balles 銃弾の直径を測定(決定)する.
2 直径によって選別する. ~ des fruits 果実を直径により選別する.
3〖印刷〗(原稿の)ページ割付け計算をする. ~ un ouvrage 作品のページ割付け計算をする.

calibreur *n.m.* 〖機械〗口径(内径)測定器, ノギス.

calibreuse *n.f.* (果実などの大きさの)選別機.

calice[1] *n.m.* **1** 〖カトリック〗カリス, 聖杯(ミサの聖器の杯).
2 〔比喩的〕つらい試練. ~ d'amertume (de douleur) 苦杯. boire le ~ jurqu'à la lie 辛酸を嘗める.

calice[2] *n.m.* **1** 〖植〗萼(がく). ~ gamosépale 合片萼.
2 〖解剖〗腎杯(じんぱい)(= ~ du rein), grands ~s 上腎杯. petits ~s 小腎杯.

calicot (<Calicut [=kozhikode], インドの原産地名) *n.m.* **1** 〖織〗キャリコ, キャラコ, 金布(かなきん)(目の細かい光沢のある上質の木綿地).
2 キャラコの細長い布地《横断幕, 幟などに用いる》. ~ publicitaire 宣伝用横断幕(幟).
3〔話〕〔古〕モード店の店員.

califat, khalifat *n.m.* **1** カリフ(calife)の位；カリフの治世. **2** カリフの統治領.

calife, khalife *n.m.* カリフ, ハリーファ(1) モハメットの後嗣；初期イスラム国家の首長. 2) イスラム世界の最高権威者の称号. 3) オスマン朝トルコ国王).

Californie (la) *n.pr.* カリフォルニア(= [英] California). courant de ~ カリフォルニア海流.

californien(ne) *a.* カリフォルニアの, カリフォルニア産の. vins ~s カリフォルニア・ワイン.

californium [kalifɔrnjɔm] *n.m.* 〖物理・化〗カリフォルニウム《元素記号 Cf, 原子番号 98. 1950 年発見の人工放射性元素. カリフォルニア Californie に因む命名》.

câlin(e) *a.* 甘ったれた；甘ったるい；優しい, 愛撫するような. enfant ~ 甘えっ子. regard ~ 甘えるような眼差し. voix ~e 甘く優しい声.
——*n.* **1** 甘ったれ屋；甘えん坊. **2** 甘い人.
——*n.m.* **1** 愛撫, 優しい仕種. **2** 〔話〕性交.

CALLAS, Maria *n.pr.* マリヤ・カラス (本名 Maria Kalogeropoulos [1923-77]. ギリシア生まれのソプラノ歌手).

calleux(se) *a.* 胼胝(たこ)(callosité)のできた. mains ~ 胼胝のできた手.
2〖解剖〗corps ~ 脳梁；胼胝(べんち)体. 〖医〗syndrome ~ 脳梁腫瘍症候群. 〖医〗ulcère ~ 胼胝状潰瘍.

call-girl [kɔlgœrl] [英] *n.f.* コールガール.

calli- [ka(l)li] [ギ] PREF 「美」の意(*ex. calli*graphie カリグラフィー, 能書術；書道).

Calliope (= [ギ] Kalliopê) *n.f.* 〖ギ神話〗カリオペー《文芸・学術を司る 9 人のムーサイ (ミューズ) のひとり. 叙事詩・雄弁を司る；Orphée オルフェウスの母》.

callosité *n.f.* 〖医〗たこ, 胼胝(べんち). ~ myocardique 心筋繊維症. ~ orthopédique 整形外科的胼胝《魚の目 or, たこ durillon》. ~ pleurale 胸膜胼胝.

calmant(e) *a.* **1**〖薬〗鎮静(鎮痛)の, 鎮静(鎮痛)作用のある. médicament ~ 鎮静(鎮痛)剤.
2 心を鎮める(和らげる). infusion ~*e* 和らぎを与えるハーブティー. paroles ~*es* 心を落ち着かせる言葉.
——*n.m.* 〖薬〗鎮静(鎮痛)剤.

calmar [伊] *n.m.* 〖動〗いか.

calme *a.* **1** 静穏な, 静かな, 穏やかな. atmosphère ~ 静かな雰囲気. mer ~ 穏やかな海. soirée ~ 穏やかな夕べ.
2 平穏な；(政治・社会情勢などが) 安定した. pays ~ 平穏な国. mener une existence ~ et paisible 平穏無事な生活を送る.
3〖医〗病状が落着いている, 小康状態を保っている. Le malade est ~. 病人は落着いている.
4 (人が) 平静な, 冷静な, 穏やかな；(子供が) おとなしい. attitude ~ 平静な態度. caractère ~ 穏やかな性格. courage ~ 沈着な勇気. enfant ~ おとなしい子供. regard (visage) ~ 穏やかな眼差し (顔付). Essayez de rester ~. 落着きなさい.
5〖経済〗活気に乏しい, 振わない. marché ~ ぱっとしない市況. Les affaires sont ~s. 事業は活気に乏しい. La Bourse est ~. 株式市況は動きが少ない.
——*n.m.* **1** (天候などの) 静穏, 静けさ, 穏やかさ；〖海〗凪. ~ après la tempête 嵐の後の静けさ. ~ crépusculaire 夕暮れ時の静穏. ~ de la nature 自然の静寂. ~ de la nuit 夜のしじま. 〖地理〗~*s* équatoriaux 赤道無風帯. ~ plat 凪いだ海.
2〖医〗(病人, 病状の) 小康状態, (病状の) 落ち着き. Le malade a un temps de ~. 病人は小康状態にある. reconquérir le ~ 落ち着きを取り戻す.
3 (社会情勢, 政情などの) 平穏, 平和. période de ~ social 社会的な平穏期. rétablir le ~ 平穏を取り戻す.

4〖経済〗(事業, 市況などの) 不活況, 不振. ~ des affaires 事業の不振. ~ de la Bourse 株式の不況.
5 (心の) 平静, 冷静さ, 落着き, 安らぎ. ~ de l'âme 心の落着き. avec ~ 冷静に. garder (perdre, retrouver) son ~ 冷静を保つ(失う, 取り戻す). Allons, du ~! 落着きなさい! 静かに!

calomel *n.m.*〖化〗甘汞(かんこう), 塩化水銀(=chlorure mercureux)(Hg₂Cl₂). électrode au ~ saturé 飽和甘汞電極(略記ECS).

calomnie *n.f.* 中傷, いわれなき誹謗. basse (noire, odieuse)~ 下劣な中傷. être en butte aux ~s 中傷の的になる. forger une ~ contre *qn* 人に対して中傷をでっちあげる. C'est de la pure ~. それは全くの中傷だ.

calomnieux(se) *a.* 中傷の, 中傷的な;誹謗的な. accusation ~se 中傷的非難.〖法律〗dénonciation ~se 誣告(ぶこく). libelle ~ 誹謗文書, 中傷文書. propos ~ 中傷的言辞, 悪口.

caloporteur *a.m.*〖物理〗熱伝導性の, 伝熱性の. fluide ~(à) eau lourde (原子炉の)重水冷却液.
——*n.m.* 冷却液(=fluide ~).

calorie *n.f.* **1**〖物理〗熱量, カロリー(熱量の単位;略記 cal). grande ~ 大カロリー(1000 カロリー;略記 kcal) = kilocalorie;略記 kcal).〖古〗petite ~ 小カロリー, カロリー.
2 (食物の) カロリー, 大カロリー(1000 カロリー;略記 cal). aliments riches en ~ 高カロリー食品. boisson sans ~ 無カロリー飲料. menu basses ~s 低カロリー献立. plat pauvre en ~ 低カロリー料理.

calorifère *n.m.* 暖房装置;加熱器;暖房器.

calorification *n.f.*〖生理〗(生体内の) 体熱発生(=thermogenèse).

calorifique *a.* **1** 熱を発生する. capacité ~ 熱容量. rayons ~s 熱線.
2 カロリー(エネルギー)を生じる. ration ~ (1日分の) カロリー(栄養) 摂取量. valeur ~ カロリー(栄養) 価.

calorifuge *a.* 断熱の, 保温の. matières ~s 断熱(保温) 材. revêtement ~ 断熱被覆.
——*n.m.* 断熱材, 熱絶縁体;保温材.

calorifugeage *n.m.* 断熱;断熱工事, 断熱処理.

calorimètre *n.m.* 熱量計.

calorique *n.f.*〖物理〗〖古〗カロリック, 熱素. ~ latente 潜熱(=chaleur latente). spécifique ~ 比熱(=chaleur massique).
——*a.* **1** 熱の. rayonnement ~ 熱放射.
2 カロリー(calorie) の(=calorifique). minimum ~ 最低必要カロリー価 (栄養量). ration ~ カロリー食. valeur ~ カロリー

価, 熱量.

calque *n.m.* **1** 透視図. prendre un ~ 透視でコピーを取る.
2 トレーシングペーパー(=papier ~).
3〖比喩的〗敷き写し, 模倣, 猿真似;模作(=plagiat).
4〖言語〗敷き写し. ~s sémantiques 意味的敷き写し.

Calvados [kalvados] *n.pr.m.* **1**〖行政〗le ~ カルヴァドス県(=département du ~)(フランスと UE の広域地方行政地区の Région Basse-Normandie バス=ノルマンディー地方に属す;県コード 14;県庁所在地 カン Caen;県面積 5,536 km²;人口 648,385;4 郡, 49 小郡, 705 市町村;主要都市 Bayeux, Lisieux, Vire;形容詞 calvadosien(*ne*)).
2 le ~ カルヴァドス地方. baie du ~ カルヴァドス湾. plateau du ~ カルヴァドス台地.
3 eau de vie du ~ カルヴァドス酒(= c~; calva)(カルヴァドス地方産の林檎からつくられる蒸留酒).

calvados *n.m.* カルヴァドス酒(Calvados 県産の林檎からつくられるブランデー;俗称 calva [kalva]). un vieux ~ カルヴァドスの古酒. un café calva カルヴァドス入りのコーヒー.

calvaire *n.m.* **1**〖キリスト教史〗le C~ カルヴァリオの丘(イエルサレム郊外のキリスト磔刑の地;ゴルゴタ Golgotha の丘).
2 (ブルターニュ地方に多い) カルヴェール(路傍の十字架像;(特に)聖堂囲地内のキリスト磔刑群像彫刻). ~ de Guimiliau ギミリョーのカルヴェール(1581-88 年;200 体の石彫群像を配したキリスト受難彫刻).
3〖美術〗キリスト磔刑像(画). peindre un ~ キリスト磔刑図を描く.
4〖比喩的〗長く苦しい試練, 苦難の道. gravir son ~ 苦難の道を辿る.

calviniste (<Jean Calvin [1509-64], 宗教改革者) *a.* カルヴァン主義の, カルヴァン派の.
——*n.* カルヴァン主義者;カルヴァン派.

calvitie *n.f.* **1** 禿げ. ~ précoce 若禿げ. ~ sénile 老年性禿げ. **2**〖医〗禿頭.

CAM[1] (=*c*ellules d'*a*dhésion *m*oléculaire) *n.f.pl.*〖生〗接着分子細胞, 細胞接着分子.

CAM[2] (= [英] *C*omputer-*A*ided *M*anufacturing) *n.f.* コンピュータ援用製造(生産)(=fabrication assistée par ordinateur).

camarade *n.* **1** 仲間, 同志, 僚友, 友達. ~ de chambre ルームメイト. ~ de classe 級友, 同級生, クラスメイト. ~ d'enfance 幼な友達. ~ d'étude (d'école) 学友. ~ de jeu 遊び仲間. ~ de promotion 同期生. ~ de travail 仕事仲間.
Eh, ~! おい君 (対等以下の者に親しみをこめて). Mon ~! 友よ! le ~ X 同志 X. C~s syndiqués! 組合員諸君!

2〖話〗友人；仲好し(=ami). vieux ~ 旧友. en ~ (男女間で)友達として, プラトニックに.
3 (<〔独〕Kamarad) faire ~ 降伏する.
4 (物事について)対になるもの.

camarguais(e) *a.* カマルグ地方(la Camargue)の；カマルグ地方の住民の. rizière ~*e* カマルグ地方の稲田. du riz ~ カマルグ米.
——*C*~ *n.* カマルグ地方の住民.
——*n.m.* カマルグ馬(=cheval ~).

Camargue (la) *n.pr.f.* カマルグ地方《大ローヌ河 le Grand Rhône と小ローヌ川 le Petit Rhône の間にひろがる河口三角洲の沼沢地；面積 740 km²》. Parc naturel régional de la ~ カマルグ地方自然公園(8 万 ha).

Camavic (=*Ca*isse *m*utuelle d'*a*ssurance *v*ieillesse des *c*ultes) *n.f.*〖社会保障〗宗教関係者老齢保険相互金庫.

cambiaire *a.* 両替の, 為替取引の；有価証券取引の. droit ~ 両替権. opérations ~*s* 為替取引.

cambial(ale)(*pl.***aux**) *a.* 両替の, 為替取引の. droit ~ 両替権.

cambiste *n.* 両替商；為替仲買人, トレーダー(=〔英〕trader).

cambium [kɑ̃bjɔm] *n.m.*〖植〗形成層.

Cambodge(le) *n.pr.m.* カンボジア《公式名称 le royaume du ~ カンボジア王国；首都 Phnom Penh プノンペン；公用語 le khmer クメール語；通貨 riel リエル；形容詞 cambodgien(ne)》.

cambodgien(ne) *a.* カンボジア〔王国〕の. Parti du peuple ~ カンボジア人民党 (略記 PCP).
——*n.* カンボジア人.

cambriolage (<cambrioler) *n.m.* 侵入犯, 押し込み強盗 (=vol avec effraction)；空巣ねらい, 空巣.

cambrioleur(se) *n.* 侵入犯, 押し込み強盗犯；空巣.

came¹ *n.f.*〖機械〗カム；歯止め. ~ à tambour 円筒カム. arbre à ~ カム軸, カムシャフト.

came² (<camelote) *n.f.* **1**〖隠〗薬(やく) (=drogue), 麻薬；コカイン(=cocaïne). **2**〖話〗安物, 粗悪品.

camé(e) *a.*〖話〗麻薬中毒の(=drogué).
——*n.* 麻薬中毒者, 麻薬常習者.

camélia *n.m.*〖植〗**1** カメリア, 椿. ~ commun 通常の椿, 日本椿《学名 Camellia japonica》. ~ à fleurs rouges semi-doubles 半八重赤花椿.
2 椿の花 (=fleur du~).《*la Dame aux ~s*》『椿姫』(Dumas fils の作品；1852 年).

camélidés *n.m.pl.*〖動〗らくだ科.

camembert¹ (<*C*~, ノルマンディー地方 département de l'Orne オルヌ県の町名；市町村コード 61120) *n.m.* カマンベール・チーズ《牛乳からつくられる軟質, 白カビ外皮の AOC チーズ；脂肪分 45-50 %》. ~ fermier カマンベール・フェルミエ《農家産のカマンベール・チーズ》. ~ pasteurisé 殺菌カマンベール.

camembert² *n.m.* **1**〖印刷〗カマンベール《紙の半ロール》.
2 (分割された) 円型グラフ.

camera, caméra *n.f.* **1** 映画撮影機, シネカメラ(=~ cinématographique). **2** (TV, ビデオの) カメラ《通常のスチール・カメラは appareil〔photo〕という》.

cameraman [-man] (*pl.*~**s**, **cameramen** [-mɛn])〖米〗*n.m.*〖映画・TV〗カメラマン, 撮影技師《公用推薦語は cadreur；女性形は camerawoman, camerawomen》.

caméraphone *n.m.* デジカメ付き携帯電話機=téléphone mobile avec appareil photo intégré》.

camerlingue *n.m.*〖カトリック〗カメルレンゴ《教皇の侍従・財務官；教皇空位時の教皇代行者》.

Camerone *n.pr.f.* カムローヌ, カメロン《メキシコの地名：カマロン Camarón》. combat de ~ カマロンの戦い《フランスのメキシコ介入の際, 1863 年 4 月 30 日, 64 名のフランス外人部隊が 9 時間にわたって 2000 人のメキシコ軍と奮戦したことで知られる》. la fête (célébration) de ~ カメローヌ記念式典《フランス外人部隊の式典》.

Cameroun(le) *n.pr.m.* 〔国名通称〕カメルーン《公式名称：la République du C~ カメルーン共和国；国民：Camerounais(e)；首都：Yaoundé ヤウンデ；通貨：franc CFA〔略記 XAF〕》.

camerounais(e) *a.* カメルーン (le Cameroun) の, カメルーン共和国 (la République du Cameroun) の；カメルーン人の.
——*C*~ *n.* カメルーン人.

camescope *n.m.* 一体型ビデオカメラ, カメラ一体型ビデオ, ビデオカセットレコーダ(VCR)一体型カメラ (=camera vidéo à magnétoscopie incorporée).

camion¹ *n.m.* **1** トラック. ~ à plateforme (fermé) 無蓋(有蓋)トラック. ~ à remorque トラック牽引トラック. ~ à semi-remorque ハーフトレーラー・トラック. ~-benne (=~-à benne) ダンプトラック, ダンプカー. ~-citerne タンクローリー. ~ de déménagement 引越用トラック. ~ de dix tonnes 10 t (積載) トラック (=un dix tonnes). ~ de livraison 配達用トラック. ~-grue クレーン・トラック, クレーン車. ~ militaire 軍用トラック. petit ~ 小型トラック (=camionnette). chauffeur de ~ トラック運転手 (=camionneur, routier). charger (décharger) un ~ トラックに荷積する (トラックの荷おろしをする).
2 トラック 1 台分の量. un ~ de sable トラ

ック1台分の砂.
3(ペンキ用の)バケツ.
4〔古〕四輪荷物馬車.

camion² *n.m.* 虫ピン, 豆ピン. ~ de dentellière レース用虫ピン.

camion-citerne (*pl.* ~**s**-~**s**) *n.m.* 〖自動車〗タンクローリー《ガソリン等の液体専用運搬車》.

camionnage *n.m.* **1** トラック運送. **2** トラック運賃, トラック運送料金.

camionnette *n.f.* 〖服〗ライトバン, 小型トラック《積載量1500 kg 未満》.

camionneur(**se**) *n.* **1** トラック運転手. **2** トラック運送業者.

camisole *n.f.* 〖服〗**1** カミゾル, キャミソール《婦人用の腰丈のランジェリー風上着》.
2〔古〕腰丈の寝間着.
3 ~ (de force)(精神病患者・囚人などの暴力行為を防ぐための)拘束衣.

camomille *n.f.* **1** 〖植〗カモミーユ, かみつれ(composées「菊科」の香草). ~ romaine カモミーユ・ロメーヌ.
2 ~ の茶(= tisane de ~)(カモミーユの花を乾燥したもの;煎じて消化剤, 鎮痙剤として服用する). boire une tasse de ~ カモミーユ茶をカップ1杯飲む. prendre de la ~ カモミーユ茶を飲む.

camouflage *n.m.* **1** カムフラージュ, 偽装, 迷彩. ~ du matériel de guerre 兵器の偽装. soldat en tenue de ~ 迷彩服の兵士.
2 偽装, 隠蔽, ごまかし. ~ des bénéfices 利益隠し.

camouflé(**e**) *a.p.* **1** 〖軍〗カムフラージュされた, 迷彩を施された. tenue ~*e* 迷彩服.
2 〔比喩的〕隠蔽された;ごまかされた. bénéfices ~ *es* 偽装利益. crime en suicide 自殺に見せかけた殺人.

camp *n.m.* **1** 〖軍〗野営地, 宿営地;駐屯地, キャンプ(地). ~ militaire de Coëtquidan コエトキダン軍事基地《ブルターニュ地方 la Bretagne にある軍事キャンプ地》. ~ fortifié (retranché) 要塞化基地. ~ léger (新兵訓練用の)仮設キャンプ〔地〕. ~ volant 仮駐屯地;〔転じて〕テント旅行;〔*pl.* で〕遊牧民. vivre en ~ volant テント暮らしをする. lit de ~ 野営用折り畳みベッド. lever (ficher, foutre) le ~ キャンプを引き払う;〔俗〕逃亡する, ずらかる.
2 (探険隊, 登山隊, キャンパーなどの)キャンプ〔地〕;〖カナダ〗(狩猟・釣りなど用の)山荘, 小屋. ~ de base ベースキャンプ. ~ en bois rond 丸太小屋. le ~ David キャンプ・デービッド《アメリカ大統領の山荘》. ~ de nudistes ヌーディスト・キャンプ. ~ de vacances ヴァカンス用キャンプ地. ~ scout ボーイスカウト・キャンプ. feux de ~ キャンプファイアー. faire un ~ キャンプ

をする(張る).
3 収容所. ~ de concentration (de déportation, des déportés) 強制収容所. ~ d'extermination 撲滅(根絶)用キャンプ. ~ de prisonniers militaires 捕虜収容所. ~ de réfugiés 難民キャンプ(収容所). ~ de travail 強制労働収容所. ~ politique 政治犯収容所.
4 〖政治〗陣営, 党派. ~ capitaliste 資本主義陣営. ~ opposé 反対陣営. changer de ~ 相手方に寝返える.
5 〖スポーツ〗陣地. ~ adverse 相手の陣地, 敵陣.

campagnard(**e**) *a.* **1** 田舎の;田舎に住む. accent ~ 田舎訛り. buffet ~ 田舎の食卓. vie ~*e* 田園生活, 田舎暮し.
2 〔多く蔑〕田舎者の;無骨な, 野卑な. manières ~ *es* 粗野な態度.
——*n.* **1** 田舎の人. **2** 〔蔑〕田舎者, 百姓. ~ *s* endimanches 晴れ着を着た田舎者.

campagne *n.f.* Ⅰ〖田舎〗
1 田舎, 田園, 農村. 《*Journal d'un curé de* ~》『田舎司祭の日記』(Bernanos の小説; 1936年). maison de ~ 別荘. médecin de ~ 田舎医者. pain de ~ パン・ド・カンパーニュ, 田舎風パン. partie de ~ 遠足, ピクニック. en rase ~ 広野の真ん中で. aimer la ~ 田園を好む. vivre à la ~ 田舎で暮らす.
2 農村, 農地, 田野, 農業. battre la ~ (ハンターが)獲物を求めて歩き回る, 地域一帯を探し回る;〔話〕とりとめのない空想にふける. travaux de la ~ 農作業, 野良仕事.
3 〖地理〗開放耕地.
Ⅱ〖一連の活動, 作戦, 遠征〗
1 作戦, 戦役, 遠征, 野外作戦. ~ d'Egypte エジプト遠征. artillerie de ~ 野砲. hôpital de ~ 野戦病院. règlement de service en ~ 操典, 野外令. téléphone de ~ 戦場の移動電話. tenue de ~ 戦闘服. faire ~ 戦闘に加わる. se mettre en ~ 戦闘態勢に入る, 戦争に突入する, 詳細な調査を開始する.
2 野戦場. tenir la ~ 野戦陣地を守る.
3 連続的な活動, 調査活動, 旅行, 探検, 遠征. la ~ d'essais nucléaires à Mururoa ムルロアにおける一連の核実験.
4 宣伝活動, キャンペーン, 運動;選挙運動;世論対策. ~ électorale 選挙キャンペーン. ~ publicitaire 宣伝活動. La ~ législative est officiellement ouverte depuis deux semaines. 総選挙は2週間前に告示された. Pour prévenir le dysfonctionnement du système informatique à cause du bogue de l'an 2000, il faut mener une vaste ~ de sensibilisation avant la date fatidique. 2000年問題によるコンピュータ・システムの機能不全を予防するためには, 運命の日がくる前に大々的に世論喚起のキャンペーンを展開しなければならない.

campanule *n.m.* 〖植〗カンパニュル,

カンパニュラ《キキョウ科 Campanulacées の山野草》. ~ à feuilles de pêcher 桃葉カンパニュル《学名 Campanula persicifolia》. ~ des Carpates カルパチア・カンパニュル《学名 Campanula carpatica》.

campénéac *n.m.* 《チーズ》カンペネアック, トラピスト・ド・カンペネアック (trappiste de *C~*)《ブルターニュ地方 la Bretagne で牛乳からつくられる非加熱圧搾, 洗浄外皮のチーズ；脂肪分 40-42％；直径 25 cm, 厚さ 4 cm の円盤状；2 kg》.

campeu*r***(*se*)** *n.* キャンプをする人, キャンパー. ~ en caravane キャンピングカー生活者 (=caravanier). village de ~s キャンプ村.

camphre *n.m.* 《化》樟脳, カンファー. ~ du Japon 日本樟脳《楠 camphrier からとった樟脳》.

camphrier *n.m.* 《植》樟, 楠.

camping [kãpiŋ] 《英》*n.m.* **1** キャンピング, キャンプ生活, 野営〔生活〕. ~ sauvage キャンプ場以外での野営〔生活〕. faire du ~ キャンプをする (=camper). matériel de ~ キャンプ用品. terrain de ~ キャンプ場. partir en ~ キャンプに出掛ける.
2 キャンプ場 (=terrain de ~). ~ municipal 市(町・村)営キャンプ場.

camping-car [kãpiŋkar] *n.m.* キャンピングカー.

camping-caravaning [kãpiŋkaravaniŋ] (*pl.~s-~s*) *n.m.* キャンピングカー利用のキャンプ, オートキャンプ；オートキャンプ場 (=terrain de ~).

camping-gaz [kãpiŋgaz] (<*C~*. 商標) *n.m.* キャンピング・ガス, キャンプ用ブタンガスこんろ, 携帯用小型ガスこんろ.

campus [kãpys] 《英》*n.m.* (大学などの) キャンパス《敷地および建物》；大学.

campylobacter 《英》*n.f.* 《菌》カンピロバクター《カンピロバクター属のグラム陰性螺旋状桿菌；食中毒の原因菌の一種》.

CAMT (=*c*apacité *a*nti-acide *m*aximale *t*héorique) *n.f.* 制酸能力最大理論値.

CAN[1] (=*c*assette *a*udio (-) *n*umérique) *n.f.* ディジタル・オーディオ・カセットテープ(=《英》DAT : *d*igital *a*udio *t*ape).

CAN[2] (=*c*onvertisseur *a*nalogique-*n*umérique) *n.m.* 《情報処理》アナログ・ディジタル変換器(コンヴァーター)(=《米》ADC : *a*nalogue-to-*d*igital *c*onverter.

Canada (le) 《国名》カナダ《国民 : Canadien(*ne*)；首都 : Ottawa オタワ；通貨 : dollar canadien [CAD]》.

canada *n.f.inv.* カナダ林檎《カナダのレネット林檎 : reinette du Canada》.

canadair 《商標》*n.m.* 《航空》カナデール《森林火災消火用航空機》(=bombardier d'eau 散水消火機)；カナデアー.

canadien(*ne*) *a.* カナダの；カナダ人の. dualité linguistique ~ne カナダの二国語性. le français ~ カナダのフランス語. dollar ~ カナダ・ドル《略記 CAD》.
——*C~ n.* カナダ人. *C~* français フランス語圏のカナダ人.

canal (*pl.aux*) *n.m.* **Ⅰ** 《水路・路》**1** 運河. ~ de navigation fluviale 河川運輸用運河. ~ de Suez (de Panamá) スエズ(パナマ)運河. ~ éclusé 閘門のある運河. ~ maritime 海洋運河《スエズ運河, パナマ運河など二つの海を結ぶ運河》.
2 《地理》海峡, 水道. le ~ de Mozambique モザンビーク海峡.
3 水路. ~ d'amenée (de dérivation) des usines hydroélectriques 水力発電所の導水路. ~ de décharge (河川の) 分水路；(水力発電所の) 放水路 (= ~ de fuite). ~ de drainage 排水路. ~ d'irrigation 灌漑用水路, 用水路. le Grand ~ de Versailles (de Venise) ヴェルサイユ宮庭園の大水路 (ヴェネツィアの大運河).
Ⅱ 《管》**1** 導管, ダクト, 溝. ~ aérifère 通気孔. ~ d'air 空気ダクト. ~ de combustible (原子炉の) 燃料棒導入口.
2 《解剖・生》管；輪管. ~ aux sécréteurs de résine du pin 松の樹脂分泌管. ~ aux semi-circulaires de l'oreille interne 内耳の三半規管. ~ biliaire 《輸》胆管. ~ cholédoque 総胆管. ~ excréteur 排出管.
3 〔比喩的〕経路；情報伝達経路. 《商業》~ de distribution d'un produit 商品の流通経路. par le ~ de …の経路で, を通じて. renseignement par le ~ de la presse 新聞筋から得た情報.
4 《電気通信》通信路, 伝送路 (= ~ de transmission)；《放送》チャンネル (=chaîne). le *C~* Plus (*C~*+) カナル・プリュス《1982 年設立のスクランブル式有料 TV チャンネルおよび放送会社；12 年間の公共事業営業権を与えられた民間会社；1984 年 11 月 4 日放送開始；VHF 方式. コマーシャルあり》.

canalaire *a.* 《解剖》管 (canal) の. 《医》syndrome ~ 管症候群《syndrome du canal carpien 手根管症候群, s. du canal tarsien 足根管症候群など. 管内の神経が圧迫されて起こる症候群》.

canalicule *n.m.* 《解剖・生》小管, 細管. ~s biliaires 毛細胆管.

canalisation (<canaliser) *n.f.* **1** 運河化, 運河利用. ~ de l'Oise オワーズ川の運河化.
2 運河開削；水路網.
3 導管, 配管. ~ d'eau (de gaz) 水道 (ガス) の配管《網》. souterraine de câbles 地下ケーブル網. installer des ~s d'eau 水道の配管工事をする.
4 パイプライン.
5 《電力》送電線網, 送電系統. ~ haute tension 高圧送電線網.

6〔比喩的〕(群衆などの)誘導；(情報の)伝達系統の整備, 誘導；(道路交通の)誘導. ~ des informations 情報の誘導.

CANAM¹ (=*C*aisse *n*ationale d'*a*ssurance *m*aladie des professions indépendantes) *n.f.*〖社会保障〗国立自由業健康保険金庫.

CANAM² (=*C*ana*d*a-*A*mérique) *n.m.*〖オートレース〗Challange ~ カナダ・アメリカ挑戦杯レース.

canapé *n.m.* **1**〖家具〗カナッペ(背もたれと肘掛け付きの長椅子), ソファー. ~-lit ベッド兼用長椅子, ソファーベッド. ~ oriental 東洋風長椅子(=ottomane).
2〖料理〗カナッペ(パンを切って上に具をのせたもの). ~ au saumon fumé スモークサーモンのカナッペ. ~ pour un buffet ビュッフェ用のカナッペ. œufs sur ~s ゆで卵のカナッペ.

Canaque *n.* カナク人(ヌーヴェル=カレドニー la Nouvelle-Calédonie のメラネシア系住民に対する呼称；Kanak(e) とも綴る).

canard *n.m.* **1**〖鳥〗カナール, 鴨(=~ sauvage；真鴨, おしどりなどの総称；雌はcane). ~ colvert 真鴨(緑首鴨の意). ~ de Barbarie バルバリア鴨(バルバリアは北アフリカのリビア・マグレブ三国に相当する地域の旧称；上質の鴨として珍重される). ~ mandarin おしどり. ~ pilet 尾長鴨. chasse aux ~s 鴨猟.
2 あひる(=~ domestique)；合鴨(=croisé -sauvage；とくに mâle colvert 真鴨の雄と femelle domestique あひるの雌をかけ合わせた合鴨が珍重される), カナール. ~ du Challans シャラン地方産カナール(=~ nantais). ~ de Rouen ルーアン産カナール(=~ rouennais). ~ mulard ミュラール合鴨(雄；canard nantais と canard de Barbarie の交配種). Le ~ cancane. あひるががあがあ啼く. Le ~ nasille. あひるががあ啼く.
3〖料理〗カナール(鴨, 合鴨, あひる)料理. ~ à l'orange カナール・ア・ロランジュ(カナールのオレンジ・ソース煮). ~ à la presse カナール・ア・ラ・プレス(カナールのがらや血を圧搾したソースを用いる ~ rouennais à la rouennaise「ルーアンの鴨のルーアン風料理」などが代表的料理). ~ laqué カナール・ラケ, 北京ダック(中華料理). ~ rôti カナール・ロチ, カナールのロースト. foie gras de ~ カナールのフォグラ. magret de ~ マグレ・ド・カナール(カナールの抱身〔料理〕).
4〔成句〕~ boîteux (よたよた歩くカナール→)〖話〗落ちこぼれ；業績不振の事業(企業). froid de ~ 厳しい寒さ.
5 (コーヒー, リキュールなどに浸した)角砂糖.〖話〗être trempé comme un ~ びしょ濡れになる.

6 (病人用の)吸い飲み.
7〖航空〗empennage ~ 機体前部の小型の翼.
8〖話〗デマ, 虚報.
9〖話〗三文新聞, 赤新聞. Le *C*~ enchaîné「ル・カナール・アンシェネ」(1919年創刊の週刊風刺新聞).

canardeau (*pl.* **~x**) *n.m.* 若鴨.

CANCAVA, Cancava (=*C*aisse *a*utonome *n*ationale de *c*ompensation de l'*a*ssurance *v*ieillesse *a*rtisanale) *n.f.*〖社〗職人老齢保険補償のための全国自主金庫(職人の老齢年金制度).

cancer *n.m.* **1**〖医〗癌(がん), 悪性腫瘍(=tumeur maligne), 悪性新生物(=néoplasme)〈他に épithéliome 上皮腫, leucémie 白血病, lymphome リンパ腫, métastase 転移腫, sarcome 肉腫など〉.
~ à (de) la langue 舌癌. ~ à (de) l'œsophage 食道癌. ~ à petites cellules 小細胞癌. ~s à prédisposition héréditaire 遺伝素質性癌. ~ au sein 乳癌. ~ branchiogène 鰓弓癌. ~ cutanée 皮膚癌(=~ de la peau；mélanome malin 悪性メラノームなど). ~ de carynx 喉頭癌. ~ de l'appareil respiratoire 呼吸器癌. ~ de la gorge 喉頭癌. ~ de la lèvre 口唇癌. ~ de la peau 皮膚癌. ~ de la prostate 前立腺癌. ~ de la trachée 気管癌. ~ de la thyroïde 甲状腺癌. ~ de la vésicule biliaire 胆嚢癌. ~ de l'estomac 胃癌. ~ de l'hypo-pharynx 下咽頭癌. ~ de l'œsophage cervical 頚部食道癌. ~ de l'ovaire 卵巣癌. ~ de l'utérus 子宮癌. ~ des cellules basales 基底細胞癌. ~ des os 骨癌(myélome multiple 多発性骨髄腫, ostéosarcome 骨肉腫など). ~ des voies biliaires 胆道癌. ~ d'intestin grêle 小腸癌. ~ double 重複癌. ~ du canal biliaire 胆管癌. ~ du cavum 上咽頭癌, 鼻咽頭癌. ~ du cerveau 脳の悪性腫瘍(glioblastome 膠芽腫など). ~ du côlon 大腸癌. ~ du corps de l'utérus 子宮体癌. ~ du corps thyroïde 甲状腺癌. ~ du foie 肝癌(=carcinome hépato-cellulaire 肝細胞腫瘍). ~ du gourdon タール癌. ~ du larynx 咽頭癌. ~ du pancréas 膵癌(=carcinome du pancréas). ~ du poumon 肺癌(=~ pulmonaire). ~ du rectum 直腸癌. ~ du sang 血液癌(=leucémie 白血病). ~ du sein 乳癌. ~ du tube digestif 消化管癌. ~ duodénal 十二指腸癌. ~ généralisé 全身転移癌. ~ incident 偶発癌. ~ latent 潜伏癌. ~ malpighien 腎小体癌. ~ maxillaire 上顎癌. ~ médullaire 骨髄癌. ~ mésothélial 中皮癌. ~ métastatique 転移性癌. ~ multiple 多発癌. ~ occulte 不顕性癌. ~ papillaire 乳頭部癌. ~ primaire 原発癌. ~ professionnel 職業癌. ~ prostatique 前立腺癌(=~ de la prostate). ~ utérus 子宮癌. avoir un ~ 癌がある.

chimiothérapie (radiothérapie) du ~ 癌の化学(放射線)療法. code européen contre le ~ ヨーロッパ対癌規則. dépistage des ~s 癌検診. diagnostic du ~ par examen histologique 組織検査による癌の診断. prévention du ~ 癌の予防. réaction du ~ 癌反応. stade d'évolution du ~ 癌の発達段階. système TNM du ~ 腫瘍(*t*umeur)の検査・小節(*n*odule)の状態・転移(*m*étastase)の有無の3つのポイントに基づく癌の治療法の選択システム. taux de survie à 5 ans du cancer du poumon 肺癌の5年生存率. traitement du ~ 癌の治療. ~ traité à temps 初期段階で治療された癌.
déceler un ~ à son premier stade 癌を第一(初期)段階で発見する. La leucémie est un ~ du sang. 白血病は血液の癌である. méthodes diagnostiques des ~s 癌の診断法. Plus de ~s pourraient être guéris s'ils étaient détectés tôt. 早期に発見されれば,もっと多くの癌が治癒しえるであろうに. Association pour la *r*echerche sur le *c*ancer 癌研究促進協会(略記 LNCC=*L*igue *n*ationale *c*ontre le *c*ancer；1918年設立).
2〔比喩的〕癌, 社会的癌の存在；ゆっくりひろがる害毒；危険要素. ~ administratif 行政上の癌. le ~ de la drogue 麻薬という癌のような害毒.
3 *C*~ 蟹座, 巨蟹座(黄道十二宮の第4官；6月22日から7月22日までに生まれた人の星座).
4 蟹座生まれの人. Elle est *C*~. 彼女は蟹座生まれだ.

cancéreux(se) *a.* **1** 癌の, 癌性の；癌にかかった. cellule ~*se* 癌細胞. tissu ~ 癌組織. **2**〔比喩的〕癌となる. prolifération ~*se* des prix 物価の癌のような上昇.
——*n.* 癌患者.

cancérigène *a.* 〖医〗発癌性の(=cancérogène, carcinogène). substances ~*s* 発癌物質.

cancérisation *n.f.* 〖医〗癌化. ~ des cellules saines 健全な細胞の癌化.

cancérisé(e) *a.p.* (<se cancériser) 〖医〗癌化した. polypes ~*s* 癌化したポリープ. tumeur bénigne ~*e* 癌化した良性腫瘍.

cancéro-, cancéri- ELEM「癌」の意を表す.

cancérogène *n.m.* 発癌物質(=substance ~).
——*a.* 発癌性の.

cancérogenèse *n.f.* 〖医〗癌形成, 発癌.

cancérologie *n.f.* 〖医〗癌医学, 腫瘍学.

cancérophobie *n.f.* 癌恐怖症.

cancéropôle *n.m.* 対癌活動拠点機構(Paris, Lille, Lyon, Marseille, Nantes, Strasbourg, Toulouseの7都市に設置する地方拠点；早期発見・治療など対癌諸活動の調整機構).

cancoillotte *n.f.* 〖料理〗カンコワイヨット(フランシュ=コンテ地方 le Franche-Comté で, 脱脂牛乳からつくられる硬質チーズ「メトン」(metton)に食塩水とフレッシュ・バターを加えて加熱してつくる食品).

candela [kɑ̃dela] *n.f.* 〖物理〗カンデラ(光度の単位；記号 cd). ~ par mètre carré 1m²当たりのカンデラ(cd/m²と表記).

candélabre *n.m.* **1** 大型燭台, カンデラブルム(複数の枝付燭台). ~ garni de bougies 蠟燭をつけた大型燭台.
2〔古〕灯火柱.
3〖建築〗燭台型装飾.

candésartan *n.m.* 〖薬〗カンデサルタン. ~ cilexetil カンデサルタン・シレキセチル(アンジオテンシンⅡ受容体拮抗薬；腎実性高血圧症・腎障害を伴う高血圧症に対する降圧薬；薬剤製品名 Atacand (*n.m.*)).

candeur *n.f.* **1** 純真さ, 純真無垢. fausse ~ 猫かぶり. plein de ~ 純真そのもの.
2 うぶさ. s'amuser de la ~ de *qn* 人のうぶさをからかう.

candida *n.m.* 〖菌〗カンディダ, カンジダ(不完全菌類 deutéromycètes, カンジダ属；カンジダ症 candidose や葡萄酒醸造に変化をもたらす). ~ albicans カンディダ・アルビカンス(口腔カンジダ症(鵞口瘡 muguet), 腟カンジダ症などを起こす).

candidat(e) *n.* 候補者；受験者. ~ à la présidence de la République 大統領候補者. ~ au baccalauréat de cette année 当年のバカロレア受験者. être ~ au poste de professeur 教授職候補である. se porter ~ aux élections législatives 総選挙へ立候補する.

candidature *n.f.* 立候補；出願, 志願. ~ spontanée 自発的立候補. poser sa ~ à … …へ立候補する, …に出願する.

candidose *n.f.* 〖医〗カンジダ症(カンジダ candidia 菌感染症), モリニア症(=moniliase). ~ buccale 口腔カンジダ症. ~ cutanée；~ de la peau 皮膚カンジダ症. ~ génitale 性器カンジダ症. ~ interdigitale 指間カンジダ症. ~ muqueuse 粘膜カンジダ症. ~ profonde (superficielle) 深在性(表在性)カンジダ症.

caneton *n.m.* カヌトン(=canardeau より若い子鴨；生後2-4カ月).

canette[1], **cannette** *n.f.* 〖鳥〗**1** 鴨(合鴨, あひる)の雛(雌；生後2カ月未満；成鳥は cane；雄の成鳥は canard).
2 小型の鴨類(sarcelle)の俗称.

canette[2], **cannette** *n.f.* 〖織〗(織機・ミシンの)糸巻き.

canette[3] *n.f.* **1** ビールの小瓶. **2** (ビール・炭酸飲料用の)小缶(=boîte-boisson).

canevas [kanva] *n.m.* **1** 〖織〗(タピスリー, 手編みレース用の土台となる)キャンヴァス, 粗い布地.
2 (地図作成用の)碁盤目.

3〔比喩的〕構想, 素案. ~ d'un roman 小説の素案.
4〔電算〕〔商標〕C~ カンヴァス《イラスト, ドロー, イメージ編集, テキストレイアウト, Web パブリッシング機能をそなえた汎用グラフィック・ソフト》.

caniculaire *a.* **1** 土用の. jours ~s 土用. **2** 真夏の, 盛夏の. chaleurs ~s (夏の) 酷暑, 猛暑. Il fait un temps ~. 猛暑だ.

Canicule *n.pr.f.*〔天文〕天狼星《シリウス Sirius の旧称》.

canicule *n.f.* **1** 土用《天狼星が太陽と出没を共にする 7 月 24 日～8 月 24 日の期間》(=jours de la ~).
2 土用の猛暑 (=ardente ~); 真夏, 盛夏. en pleine ~ 真夏に. Quelle ~! ひどい暑さだ. victimes de la ~ en 2003 2003 年の土用の猛暑による犠牲者.

canine *n.f.* 犬歯, 糸切り歯 (=dent~).

canitie *n.f.* 白毛症; 汎発性白毛; しらが. ~ prématurée 早発性白毛症.

caniveau (*pl.* ~**x**) *n.m.* **1** 排水溝; (道路沿いの) 側溝, 街渠, 暗渠.
2 (電気・水道の管・ケーブルを通す) 溝, 管路, ケーブル管路.
3 溝彫り, 細溝; 節目.

canna *n.m.*〔植〕カンナ (=balisier).

cannabacées *n.f.pl.*〔植〕麻科植物《麻 chanvre, ホップ houblon など》.

cannabinacées *n.f.pl.*〔植〕麻科, 麻科植物 (chanvre 大麻, houblon ホップ, など).

cannabique *a.* 大麻の (による). intoxication ~ 大麻中毒 (=cannabisme).

cannabis [kanabis] *n.m.*〔植〕インド大麻《マリファナ, ハシッシュの原料》.

cannabisme *n.m.*〔医〕〔インド〕大麻中毒〔症〕(=intoxication cannabique).

cannage *n.m.* (椅子の) 籘張り細工; 籘張りの座席部分.

canne *n.f.* **1** ステッキ, 杖. ~ à pommeau d'or 黄金の握り付きステッキ. ~ anglaise 整形外科用杖. ~ blanche d'aveugle 盲人用の白い杖. ~-épée 仕込みステッキ, ステッキ刀 (=~ à l'épée; 所持禁止対象に指定).
2 [*pl.* で]〔話〕脚 (=jambe).
3 釣竿, ロッド ~ à pêche).
4 (ガラス工の用いる) 吹き竿 (= ~ à vent).
5〔植〕カンナ (葦・竹・籘などの通称). ~ à sucre 砂糖きび. sucre à ~ 蔗糖.
6 糸巻.

canné (**e**) *a.* 籘張りの. fond ~ d'un siège 椅子の籘張りの座席.

cannelier *n.m.*〔植〕カヌリエ, 肉桂 (にっけい) の木《樟科 lauréacées, シナモン cinnamomum 属; 樹皮は香辛料の肉桂 cannelle として利用》.

cannelle *n.f.* 肉桂 (にっけい), シナモン《香辛料, 肉桂の木の樹皮; = écorse du cannelier》. ~ en poudre シナモン・パウダー.〔同格〕pomme ~ バンレイシ (anone) の実 (食用).
―*a.inv.* 肉桂色の (淡褐色).

cannelloni (*pl.* **~**; **~s**) *n.m.*〔料理〕カネッローニ (1) 円筒型のパスタに挽肉・魚肉・チーズ・野菜を詰めて焼くイタリア料理. 2) 中に甘味のあるクリームを詰め, パウダーシュガーをまぶした菓子》.

Cannes *n.pr.* カンヌ (département des Alpes-Maritimes アルプ=マリチーム県の小郡庁所在地; 市町村コード 06490; 地中海沿岸の海水浴場・保養地; 形容詞 cannois (e)). Festival international du cinéma de ~ カンヌ国際映画祭 (1946 年創設). Palais des Festivals et des Congrès de ~ カンヌ・フェスティヴァル会場・会議場.

cannibalisme *n.m.* **1**〔動〕共食い.
2 カニバリズム, 人食い《人肉を食べること; その習慣》(=anthropophagie).
3〔比喩的〕残忍行為, 獰猛さ.

canoë [kanɔe]〔英〕*n.m.* カヌー; カヌー競技. ~ mono 1 人乗りカヌー〔競技〕. ~ bi 2 人乗りカヌー〔競技〕. ~ mixte 男女混合 2 人乗りカヌー〔競技〕. ~ de slalom カヌー・スラローム競技. ~-kayak カヌー・カヤック競技.

canoéisme *n.m.*〔スポーツ〕カヌー競技.

canoéiste *n.*〔スポーツ〕カヌー (canoë) 競技者.

canoë-kayak [kanɔekajak] (*pl.* **~s-~s**) *n.m.* **1** カヌー・カヤック. **2** カヌーカヤック競技.

canon¹ *n.m.* **1** 大砲, 火砲, 機関砲 (= ~ mitrailleur). ~ à tube court 榴弾砲. ~ à tir rapide 速射砲. ~ antiaérien 高射砲. ~ antiaérien bitube 2 連装対空機関砲. ~ antichar 対戦車砲. ~ atomique 原子砲. ~ automoteur 自走砲. ~ de 155 tracté 牽引式 155 ミリ砲. ~ de char 戦車砲. ~ sans recul 無反動砲.〔話〕chair à ~ 大砲の餌食 (兵士). marchand de ~ 死の商人.
2 砲身, 銃身. ~ d'un fusil 小銃の銃身.
3 円筒 (管状) のもの. ~ d'une seringue 注射器の筒. ~ à neige (スキー場の) スノー・ガン.
4 発射管. ~ à électrons 電子銃. ~ ionique イオン銃.
5〔俗〕1 杯 (1 本) の葡萄酒.

canon² *n.m.* **1**〔教会〕教理典範, 教会法典; 宗教会議の決定条文. ~ de Nicée ニカイアの公会議の決定条文.
2 (聖書の) 正典. ~ de l'Ancien Testament 旧約聖書の正典.
3 (ミサの) 典文.
4〔音楽〕規範, カノン, 人体比例の基準.
5〔音楽〕カノン.
―*a.* droit ~ 教会法.

canon-fronsac *n.m.*〔葡萄酒〕カノン

=フロンサック(département de la Gironde ジロンド県, Libourne 西郊の Fronsac (市町村コード 33126) 周辺地区で生産される赤の AOC 酒).

canonisation *n.f.* 〖カトリック〗列聖〖式〗(福者 béat(e) を聖人の列に加えること). jugement de ~ par le pape 教皇による列聖の判定. procès en ~ 列聖手続.

canonisé(e) *a.* 列聖された, 聖者の列に加えられた, 聖人(聖女)となった. Jeanne d'Arc est ~*e* en 1920. ジャンヌ・ダルクは 1920 年に列聖された.

canonnière *n.m.* **1** 〖海軍〗砲艦. **2** 〖空軍〗~ volante 空飛ぶ砲艦(大砲搭載の大型攻撃機;米軍の AC-130 U Spooky など). **3** 〖古〗(城壁の)狭間, 銃眼.

canot *n.m.* **1** ボート, 端艇, カッター. ~ automobile モーターボート. ~ de pêche 釣舟. ~ de sauvetage 救命ボート. 〖海軍〗~-major 士官用カッター. ~ pneumatique ゴムボート. **2** 〖カナダ〗カヌー;カヌー競技. ~ de bois (de fibre de verre) 木造(ガラス繊維製)カヌー. course de ~*s* カヌー競技. faire du ~ カヌー競技をする.

Cantal *n.pr.m.* **1** 〖地理〗le ~ カンタル山地(=massif du ~;オーヴェルニュ Auvergne 地方の火山山塊;最高峰 le plomb du ~ プロン・デュ・カンタル;標高 1855 m). **2** 〖行政〗le ~ カンタル県(=département du ~;県コード 15;フランスと EU の広域地方行政区に属する région Auvergne オーヴェルニュ地方に属する;県庁所在地 Aurillac オーリヤック;主要都市 Mauriac モーリヤック, Saint-Flour サン=フルール;3 郡, 27 小郡, 260 市町村;面積 5,741 km²;人口 150,778;形容詞 cantalien(*ne*)).

cantal(*pl.*~*s*) *n.m.* 〖チーズ〗カンタル(オーヴェルニュ地方 l'Auvergne でつくられる, 牛乳による非加熱圧搾タイプブラシがけ自然外皮のチーズの AOC;脂肪分 45 %).

cantalon *n.m.* 〖チーズ〗カンタロン(オーヴェルニュ地方 l'Auvergne で, 牛乳からつくられる非加熱圧搾, ブラシがけ自然外皮のチーズ;脂肪分 45 %;直径 15-20 cm, 高さ 25-30 cm の円筒形;4-10 kg).

cantaloup (<〖伊〗Cantalupo, ローマ近郊の教皇の別荘) *n.m.* 〖農〗カンタルー・メロン(=melon ~)(オレンジ色の果肉のメロン).

cantate 〖伊〗*n.f.* 〖音楽〗カンタータ. ~ religieuse (profane) 教会 (世俗) カンタータ. 〖聖書〗C~ 詩編 98 からなる聖歌(Cantate Domino「主に向かって歌え」の唱句ではじまる).

cantatille [-ij] *n.f.* 〖音楽〗小カンタータ.

cantatrice 〖音楽〗(オペラやクラシックの)女性歌手.

cantharelle *n.f.* **1** 〖茸〗カンタレル(担子菌類の茸). **2** ~*s* カンタレル茸目(chanterelle シャントレル(あんずたけ), clavaire クラヴェール(ほうきたけ), hydne 皮茸(こうたけ), fistuline かんぞうたけ, など).

cantharidine *n.f.* 〖薬〗カンタリジン(cantharide 昆虫のカンタリスから抽出した発泡剤・催淫剤).

canthaxanthine *n.f.* 〖化〗カンタキサンチン(橙色の天然の食品着色料;発癌性の疑いあり).

cantine *n.f.* **1** 〖軍〗酒保;(会社, 工場, 学校などの)食堂. **2** 〖話〗行きつけの昼食堂. **3** 頑丈なトランク;通箱(かよいばこ).

cantini*er*(*ère*) *n.* 食堂(cantine)経営者;食堂従業員;食堂の給仕.

cantique *n.m.* **1** 〖カトリック〗讃歌(聖務日課で唱えられる聖書起源の聖歌). ~ de la Vierge Marie 聖処女(聖母)マリア讃歌. 〖聖書〗le C~ des ~*s* 雅歌. **2** 〖カトリック〗(ラテン語以外の言語による)聖歌;〖プロテスタント〗(詩論以外の)聖歌.

Canton, Guangzhou, Kwan-chou 〖中国〗*n.pr.* 広東(かんとん)(広州の旧称), 広州(こうしゅう), グアンチョウ (広東省 le Guangdong の省都).

canton *n.m.* **1** 〖古〗地方;〖交通〗区. ~ de route 道路区. 〖鉄道〗~ de voie ferrée 保線区;信号区. **2** 〖行政〗(フランスの) カントン, 小郡(区 arrondissement の下の地方行政区画;県会議員の選出単位区画). chef-lieu de ~ 小郡庁所在地. **3** 〖行政〗(スイスの) カントン, 州(スイス連邦は 23 の州により構成される). Lausanne, chef-lieu du ~ de Vaud ヴォー(ワリス)州の州都ローザンヌ. **4** 〖カナダ〗カントン(土地台帳の区画;1 カントン=約 10 万平米). **5** 〖紋章〗(盾形紋地の左上端の)小区画.

cantonais(e) *a.* 広東(Canton)の;広東人の;広東語の. riz ~ 炒飯, チャーハン. ——*n.m.* 広東語. ——C~ *n.* 広東人.

canton*al*(*ale*)(*pl.aux*) *a.* **1** 〖フランス〗カントン(小郡)(canton)の. élections ~*ales* 県会議員(conseiller général)選挙 (=~*ales*). **2** 〖スイス〗カントン(州)の. autorités ~*ales* 州当局. lois ~*ales* 州法.

cantonales *n.f.pl.* 県会選挙. ~ partielles 補欠県会選挙.

cantonnement (<cantonner) *n.m.* **1** 〖軍〗宿営;宿営地;宿営部隊. choix d'un ~ 宿営地の選定. prendre ses ~*s* (部隊が)宿営する.

2〖法律〗(債権者の権利などの)制限, 規制;(農林, 畜産における)利用地の限定;(営林事業などの)区域, 区域の画定;(漁業の)漁区の限定. 〖法律〗~ de la saisie-arrêt 差押物件の限定. ~ de pêche 漁区の限定. chef de ~ de l'Office national des Forêts 営林署長.
3〖鉄道〗poste de ~ 区間信号取扱所.
4隔離.〖獣医〗~ des animaux malades 病気に罹った動物の隔離 (= ~ des bestiaux).

cantonnier(**ère**) *n.m.*〖鉄道〗線路工夫, 保線係.
―*a.* ~の.

Cantorbéry *n.pr.* カンタベリー([英] Canterbury). cathédrale de ~ カンタベリー大聖堂.

canule *n.f.*〖医〗カニューレ(金属・プラスチック・ゴム製の空気・液体を通す小管), 嘴管(しかん). ~ trachéale 気管カニューレ, 気管套管(気管切開の後に切開口につける管).

CAO[1] (= *c*onception *a*ssistée par *o*rdinateur) *n.f.* コンピューター援用設計 (=[英] CAD: *c*omputer *a*ssisted *d*esign).

CAO[2] (= *d*ents *c*arriées, *a*bsentes ou *o*bturées) 虫歯・欠歯・充填歯. indice ~ 虫歯・欠歯・充填歯指数.

caoutchouc [kautʃu] *n.m.* **1** ゴム. ~ artificiel 人造ゴム. ~ brut 生ゴム. ~ butyle ブチルゴム. ~ industriel 工業用ゴム. ~ minéral 鉱物天然ゴム. [商標] ~ mousse スポンジゴム. ~ naturel 天然ゴム. ~ nitrile ニトリルゴム. ~ synthétique 合成ゴム. ~ vulcanisé 加硫ゴム. arbre à ~ ゴムの木. vêtement en ~ ゴム製衣服.
2 ゴム産業 (= industrie du ~). travailler dans le ~ ゴム産業で働く.
3 ゴム製品, ゴム製衣服;[*pl.*で]ゴム長靴 (= chaussures du ~).

caoutchouté(**e**) *a.* ゴム引きの, ゴムをコーティングした. tissu ~ ゴム引き布地.

caoutchouteux(**se**) *a.* (固さが)ゴムのような;ゴム質の. fromage ~ ゴムのようなチーズ.

CAP[1] (= *C*entre d'*a*nalyses et de *p*révisions) *n.m.* (フランス外務省の)分析・予測センター(情報分析機関).

CAP[2] *n.m.* **1** (= *c*ertificat d'*a*ptitude *p*rofessionnelle)職業適性証(職業教育高校で3年間の課程を修了した者に与えられ, 職業の基礎技術の習得を証明するもの;ある種のCAPは中学の第3学級修了後2年で取得できる).
2 (= *c*ertificat d'*a*ptitude *p*édagogique) 教育適性証.

CAP[3] (= *c*omités d'*a*ction des *p*risonniers) 収監者行動委員会(監獄の諸条件改善を求め1972年に設立).

Cap(**le**) [アフリカーン] *n.pr.m.* カープスタッド (Kaapstad), ケープタウン (= [英] Cape Town)(南アフリカ共和国の岬の先端に位置する港湾都市).

cap *n.m.* **1** 岬. ~ de Bonne-Espérance 喜望峰. ~ Horn ホーン岬. le *C* ~ ケープタウン. dépasser (doubler, franchir, passer) le ~ 峠を越える, 難関を切り抜ける, メルクマールを超える.
2 (船舶の)進行方向, 方位角. changer de ~ 進路を変える, 方向転換する. maintenir le ~ 進路を維持する. mettre le ~ sur … …へ向かう, (船首, 機首を)…へ向ける. tenir son ~ 進路を保つ.
3 〖古〗頭. de pied en ~ 足の先から頭のてっぺんまで.

CAPA[1] (= *c*ertificat d'*a*ptitude à la *p*rofession d'*a*vocat) 弁護士業適性証明書.

CAPA[2] (= *c*ertificat d'*a*ptitude *p*rofessionnelle *a*gricole) 農業適性証明書.

capable *a.* **1** …できる, …する能力がある, …をやりかねない. Il est ~ du meilleur comme du pire. 彼は良いことも悪いことも極端だ. Voyons de quoi il est ~. あいつに何ができるか見てやろう. Il en est bien ~. 彼なら確かにそうしたことをやりかねない.
~ de + *inf.* …することができる. Grâce à son histoire, à sa position géographique et à son statut de membre permanent du Conseil de sécurité, la France est ~ de jouer un rôle particulier sur la scène internationale. フランスはその歴史, 地理上の位置, そして安保理事会常任理事国の立場によって, 国際舞台で独特の役割を果たすことができる.
2 有能な, 優秀な, 才能がある. ouvrier très ~ 極めて有能な工具. avoir l'air ~ 有能にみえる.
3 〖法律〗能力を持つ, 備える. ~ d'exercice 行為能力を備えた. ~ de jouissance 権利能力を備えた. ~ en justice 法的能力のある.
4 〖古〗受容力がある, 受け入れる能力を持つ.

capacimètre *n.m.* 〖電〗〔電気〕容量計.

capacité *n.f.* ⅠⅠ **1** 能力, 力量, 才能. ~ intellectuelle 知能. ~ professionnelle 職業上の能力. avoir la ~ à (de) + *inf.* …する能力をもつ.
2 (人間以外の)能力. 〖国民経済計算〗~ de financement 資金余剰 (besoin de financement の対立概念). ~ productrice d'une usine 工場の生産能力.
3 〖法律〗能力. ~ de jouissance 権利能力. ~ d'exercice 行為能力. ~ de voter 投票能力.
Ⅱ 容量, 容積, 収容能力. ~ d'une salle de spectacle 劇場の定員. ~ pulmonaire 肺活量. ~ thoractique vitale 肺活量.
Ⅲ 法科資格 (= ~ en droit) (バカロレア

を持たない学生に2年の修学で与えられる. その保持者は capacitaire という).

CAPCET (= *c*ertificat d'*a*ptitude au *p*rofessorat des *c*ollèges d'*e*nseignement *t*echnique) *n.m.* 技術教育コレージュ教員適性証(職業教育高校 LEP の職業実習教育担当教員の資格. 国立実業師範学校で2年の課程を終えた者を対象にした選択試験の合格者に与えられる).

CAPE (= *c*ontrat d'*a*ppui au *p*rojet d'*e*ntreprise) *n.m.* 起業計画支援契約.

cape¹ *n.f.* **1** (警官・闘牛士・学童などがまとう)肩マント, 合羽(かっぱ);(婦人用の)ケープ. film (roman) de ~ et d'épée 美女と冒険の活劇映画(物語). sous ~ ひそかに. rire sous ~ ほくそ笑む;笑いをこらえる. **2** (葉巻の)外巻き葉.

cape² *n.f.* 〖海〗漂駐;斜行帆(= voile de ~), トライスル(=〔英〕trysail). prendre la ~;se mettre à la ~ 漂駐する《荒天時に帆を最小限にしてほとんど停船すること》.

CAPEB (= *C*onfédération de l'*a*rtisanat et des *p*etites *e*ntreprises du *b*âtiment) *n.f.* 建設関係手工業・小企業総連合.

CAPEGC (= *c*ertificat d'*a*ptitude au *p*rofessorat d'*e*nseignement *g*énéral de *c*ollège) *n.m.* コレージュ(中学校)一般教育教員資格証.

CAPENE (= *C*entre d'*a*pplication et de *p*romotion des *é*nergies *n*ouvelles *é*cologiques) *n.m.* 環境保護新規エネルギー利用促進センター.

CAPES [kapɛs] (= *c*ertificat d'*a*ptitude *p*édagogique à l'*e*nseignement *s*econdaire) *n.m.* 中等教育教員適性証書, カペス.

capessien(ne), capésien(ne) *n., a.* 中等教育教員適性証書 CAPES 取得者〔の〕;CAPES 準備者〔の〕.

CAPET [kapɛt] (= *c*ertificat d'*a*ptitude au *p*rofessorat de l'*e*nseignement *t*echnique) *n.m.* 技術教育教員適性証書, カペット.

capharnaüm [kafərnaɔm] (< *C* ~, ガリラヤの町) *n.m.* 〔俗〕がらくた置場.

capillaire *a.* **1** 毛髪の. artiste ~ ヘアドレッサー. lotion ~ ヘアローション. soins ~s 髪の手入れ. **2** 毛髪のように細い, 毛細状の. 〖解剖・医〗lymphatiques ~s 毛細リンパ管. 〖物理〗tube ~ 毛〔細〕管. 〖医〗vaisseaux ~s 毛細管. **3** 〖物理〗毛〔細〕管の. phénomène ~ 毛〔細〕管現象. **4** 〖医〗毛〔細〕血管の. pouls ~ 毛細管脈動. ——*n.m.* 〖解剖〗毛細管(= vaisseaux ~s). ~s sanguins 毛細血管.

capillarite *n.f.* 〖医〗皮膚の毛細管炎.

capillarité *n.f.* **1** 毛細管状態. ~ des dernières ramifications des bronches 気管支末端分枝の毛細性. **2** 〖理〗毛〔細〕管現象(= phénomène de ~;phénomène capillaire).

capitaine *n.* **1** 〖陸軍, 空軍〗大尉(compagnie 歩兵中隊, batterie 砲兵中隊, escadron 飛行中隊などの中隊長;海軍大尉は lieutenant de vaisseau). **2** 〖海軍〗艦長;佐官. ~ de vaisseau 海軍大佐. ~ de frégate フリーゲート艦長(海軍中佐). ~ de corvette コルヴェット艦(護衛艦)長(海軍少佐). ~ d'armes 内務海軍下士官. **3** 〖海〗(商船の)船長(= ~ marchand). ~ de 1ʳᵉ classe 一級船長《旧「遠洋航路の船長」;= ~ au long cours》. ~ de 2ᵉ classe 二級船長《旧「貨物船船長」;= ~ de la marine marchande》. ~ de (d'un) port 港湾長. **4** 〖航空〗機長(= commandant de bord). ~ X et son équipage 機長 X と乗務員一同. **5** 〖警察〗~ de police 主任警部《1995 年の改正以前の officier principal de police「主任警部」と inspecteur principal「主任刑事官」に相当》. **6** 〔一般に〕長, 隊長. ~ des pompiers 消防署長(隊長, 司令長). **7** 〖スポーツ〗(チームの)キャプテン, 主将. ~ d'une équipe de football サッカーチームの主将. **8** 〔文〕将軍, 司令官. grand ~ 偉大な将軍, 名将. **9** 〔多く蔑〕(大企業の)社長;大立者, 有力者. ~ d'industrie 産業界の巨頭, 大物実業家.

capital(ale)¹ (*pl.* **aux**) (< caput 頭) *a.* **1** 生命にかかわる. crime ~ 死刑に値する罪. peine ~ale 死刑. **2** 緊要な, 最も重要な. les sept pêchés ~aux 七つの大罪(avarice 貪欲, colère 憤怒, envie 嫉妬, gourmandise 貪食, luxure 邪淫, orgueil 傲慢, paresse 怠惰). **3** lettre ~ale 大文字.

capital² (*pl.* **aux**) *n.m.* **1** 資本金, 元金, 〔*sing.* で〕資本, 〔*pl.* で〕資産, おかね. ~ et intérêt 元利. ~ propre 自己資本. ~ social (会社の)資本. ~ versé 払込資本. augmentation de ~ 増資. manquer de ~ aux pour lancer une affaire 事業を始めるための元手が不足している. **2** 〖経済〗〖集合的〗資本. ~ circulant 流通資本. ~ en nature 実物資本. ~ fixe 固定資本. ~ monétaire 貨幣資本. ~ national 国民資本. ~ productif 生産資本. ~-risque ベンチャー・キャピタル, ベンチャー企業. ~-risqueur ベンチャーの, ベンチャー企業. accumulation de ~ 資本蓄積. compte de ~ 資本勘定. coefficient de ~ 資本係数. dépense en ~ 資本の支出(経常的支出に対していう). formation brute de ~ fixe 総固定資本形成. fuite des ~aux 資本逃避.

marché des ~ aux 長期資本市場. opération en ~ aux à long terme 長期資本取引き.
3 〖経済・社会学〗資本家階級. le ~ et le travail 資本家側と労働者側, 経営者と組合.《le C~》『資本論』(Marx).
4 財産, 蓄積されたもの. ~ artistique d'un pays ある国の文化財. ~ de savoir 大きな知識.

capitale² *n.f.* **1** 首府, 首都；中心都市. ~ fédérale 連邦首都. ~ régionale 地方中心都市. **2** 大文字 (=lettre majuscule).

capitalisation (<capitaliser) *n.f.*
1 〖経済〗資本化, 資本金への組み入れ；資本還元, 収益還元. ~ des intérêts 利子の資本金組み入れ. taux de ~ 割引率.
2 ~ boursière 株式の時価総額.
3 蓄積.

capitalisme *n.m.* **1** 〖経済・政治〗資本主義；資本主義体制, 資本主義経済. ~ d'Etat 国家資本主義.
2〔広義〕資本主義政治〔体制〕；〔集合的〕資本家, 資本主義陣営.

capitaliste *a.* 資本主義の；資本主義による. économie ~ 資本主義経済. régime ~ 資本主義体制.
— *n.* **1** 資本家. **2**〔俗〕金満家, 金持ち. gros ~ 大金持. **3** 資本主義者.

capital-risque *n.m.inv.* 〖経済〗キャピタル＝リスク, ハイ・リスクの資本, ヴェンチャー資本, 危険負担資本, ヴェンチャー・ビジネス投下資本；ヴェンチャー・キャピタル (=〔英〕venture capital). société de ~ ヴェンチャー・キャピタル会社.

capital-risqueur *n.m.* 〖経済〗キャピタル＝リスク (capital-risque；危険負担資本・冒険資本, ヴェンチャー・キャピタル) 担当者, ヴェンチャー・キャピタル投資家, ヴェンチャー・ビジネス資本投資家 (=〔英〕venture capitaliste).

capita*teur* (*trice*) *n.* 〖法律〗相続侵害者.

capitulaire *a.* 教会参事会 (chapitre) の；(修道会の) 総会の. salle ~ 教会堂参事会室；修道会総会室.
— *n.* 〖仏史〗(メロヴィング, カロリング朝の) 皇帝・王の) 法令集.

capitulation *n.f.* **1** 〖法律〗降伏；降伏条約. ~ honorable 名誉ある降伏. ~ sans conditions 無条件降伏. signer une ~ 降伏 (開城) 条約に調印する.
2〔軍事〕開城；開城条約.
3〔*pl.* で〕〖史〗C~ s (オットマン帝国の) 居留民保護協定.
4〔比喩的〕譲歩, 妥協；放棄. ~ de conscience 良心の放棄, 良心を曲げること.

capitule *n.m.* 〖植〗頭状花序；(菌類の) 傘. ~ de la pâquerette 雛菊の頭状花.

capo ⇒ **kapo**

capor*al* (*pl.* ***aux***) *n.m.* **1** 〔軍〕(歩兵・空軍の) 上等兵 (機甲部隊・砲兵・鉄道兵・兵帖部隊などでは brigadier；歩兵では分隊長, パトロール班長などを努める). ~ d'ordinaire 炊事担当上等兵. ~-chef 兵長.
2 〔古〕伍長 (下士官の最下位). le Petit C~ 小伍長 (ナポレオン1世の綽名).
3 〔タバコ〕カポラル (軍隊用のフランスタバコ tabac de troupe の上級品；重口). ~ ordinaire 並級カポラル・タバコ. fumer du ~ ordinaire 並級カポラル・タバコを吸う.
4 (警察の) 巡査長.

caporal-chef (*pl.* ~ ***aux***-~ ***s***) *n.m.* 〔軍〕兵長.

cappuccino [kaputʃino] 〔伊〕 *n.m.* 〖コーヒー〗カプチーノ (ホイップクリームを加えたミルクコーヒー).

caprice *n.m.* **1** 気まぐれ, 移り気, むら気. avoir des ~ s むら気である. faire *qch* par ~ 気まぐれに何かをする. passer un ~ à *qn* 人の気まぐれを大目に見る.
2 気ままな恋；気ままな恋の対象. *Les C~s de Marianne* de Musset ミュッセ作『マリアンヌの気紛れ』(1833年). avoir un ~ pour *qn* 人に浮気心を抱く.
3 わがまま. ~ des enfants 子供のわがまま. faire un ~ 駄々をこねる.
4 〔*pl.* で〕気まぐれな移り変り；急変. ~ s de la fortune 運命のいたずら. ~ s de la mode (de l'opinion) 流行 (世論) の気まぐれ.
5 〖美術〗幻想画；〖音楽〗綺想曲 (=capriccio「カプリッチオ」). les C~ s de Goya ゴヤの『カプリーチョス』(幻想画).
6 〖チーズ〗~ des Dieux カプリス・デ・ディユ (オート＝マルヌ県 département de la Haute-Marne で牛乳に生クリームを加えてつくられる非加熱, 非加圧白かび外皮の軟質チーズ；脂肪分60％；工場製品).

Capricorne *n.pr.m.* **1** 〖天文〗le ~ 山羊座. **2** 〖占星術〗le ~ 磨羯 (まかつ) 宮 (黄道十二宮の第十宮；12月22日～1月20日生まれ).

caprifoliacées *n.f.pl.* 〖植〗すいかずら科, すいかずら科植物 (chèvrefeuille すいかずら, sureau にわとこ, viorne がまずみ, など).

caprin(e) *a.* 山羊 (chèvre) の. élevage ~ 山羊の飼育.
— *n.* **1** 牝 (牡) 山羊.
2 〔*pl.* で〕〖動〗山羊亜科〔動物〕(bouquetin アイベックス；chamois カモシカ, chèvre 山羊, mouton 羊など；=caprinés).

caprique *a.* 〖化〗acide ~ カプリン酸 (山羊乳・牛乳のバターやカカオに含まれる脂肪酸).

caproïque *a.* 〖化〗acide ~ カプロン酸.

caprolactame *n.m.* 〖化・繊〗カプロラクタム (ポリアミドの重縮合化合物；ナイロンの原料).

caprylique *a.* 〖化〗acide ~ カプリル酸 (脂肪酸の一種).

capside *n.f.* 〖生化〗カプシド (ウイルス

の核酸を含む蛋白質の外殻).

capsulage *n.m.* (瓶への) 王冠の取付け；王冠による密封.

capsulaire *a.* 〖植〗蒴(さく)状の. fruit ～ 蒴果.

capsule *n.f.* **1** 〖解剖〗被膜, 囊(のう), 包, 皮質. ～ articulaire 関節包. ～ de Tenon テノン囊, 眼球鞘. ～s surrénales 副腎 (=grandes surrénales). ～ synoviale 滑膜.
2 〖生〗莢膜(きょうまく).
3 〖植〗蒴果(さくか)；(こけ類の)蒴(さく). ～ de coton (pavot) 綿 (けし) の蒴果.
4 〖薬〗カプセル〔剤〕. médicament en ～ カプセル入り医薬品.
5 〖化〗蒸発皿 (= ～ d'évaporation).
6 雷管 (= ～ fuminante, ～ explosive).
7 (瓶の) 口金, 王冠 (= ～ de bouteille).
8 〖宇宙・航空・海洋〗カプセル. ～ de sauvetage en eaux profondes 深海救助用カプセル. ～ spatiale 宇宙船のカプセル. ～ récupérable 回収可能の宇宙カプセル.

capsule-congé (*pl.* ～**s**-～**s**) *n.f.* (酒瓶の) 酒税納付済証明カプセル (口金・王冠).

CAPT (= *c*ertificat d'*a*ptitude au *p*rofessorat *t*echnique) *n.m.* 技術教員適性証書(技術高校の技術教育担当教員資格).

captation *n.f.* **1** 〖法律〗(贈与・遺贈の) 詐取, 籠絡. ～ d'héritage 相続侵害行為. mœuvres de ～ 詐取工作.
2 〖生理〗集取. ～ cellulaire du glucose 細胞のグルコース集取.
3 (電波の) 傍受. ～ d'une émission 放送の傍受.
4 〖電〗～ du courant 集電.

captatoire *a.* 〖法律〗(贈与・遺贈の) 詐取の. manœuvres ～s 詐取工作.

capteur *n.m.* **1** センサー (=senseur). 撮像素子. ～ CCD 10 Mpix 1000万画素の電荷結合素子型撮像素子. ～ Cmos TTL avec 7 détecteurs en croix 十字型7ゾーン測定 TTL 相補型金属酸化膜半導体撮像素子.
2 捕捉 (獲得) 装置. ～ solaire 太陽エネルギー捕捉装置.

captif(**ve**) *a.* **1** 自由を奪われた；囚われの；檻につながれた, 籠に入れられた. ballon ～ 繋留気球. oiseau ～ 籠の鳥. peuple ～ 囚われの民. roi ～ 囚われの王. ville ～*ve* 占領された町. être ～ de ses passions 情念の虜となる.
2 〖地学〗nappe ～*ve* 被圧地下水体.
3 〖経済〗marché ～ 独占市場.
— *n.* 俘虜, 捕虜.〔比喩的〕～ des préjugés 偏見の虜.

captopril *n.m.* 〖薬〗カプトプリル (降圧薬・ACE (アンギオテンシン転換酵素) 阻害薬；高血圧症治療薬；薬剤製品名 Lopril (*n.m.*) など).

capture *n.f.* **1** 捕獲；逮捕；拿捕；押収. ～ d'un animal 動物の捕獲. ～ d'un criminel 犯罪者の逮捕. ～ d'un navire ennemi 敵国船の拿捕.
2 獲物, 捕獲品. la belle ～ 見事な獲物.
3 (河川の) 争奪. ～ de rivières 川の争奪 (水流を変えて他の川に合流する現象).
4 〖物理〗捕獲 (原子核による粒子の捕獲). ～ d'électron K K 電子捕獲. ～ radioactive 放射線放出捕獲.

capuche (<ピカルディー地方方言の capuce に由来) *n.f.* 頭布, フード. ～ enveloppante repliable 折畳み収納式のフード.

capuchon *n.m.* **1** 〖服〗フード. ～ d'un anorak アノラックのフード.
2 キャップ. ～ d'un stylo 万年筆のキャップ.

capucin [伊] *n.m.* **1** C～ カプチン会修道士.
2 〖植〗barbe-de-～ バルブ=ド=カピュサン (細長い菊チシヤの一種).
3 〖動〗尾巻猿 (saï, sajou, saki の俗称).

capucine[1] *n.f.* **1** 〖植〗カピュシーヌ, ナスタチウム, のうぜんはれん (Tropaeolacées のうぜんはれん科). ～s annuelles (vivaces) 一年生 (多年生) カピュシーヌ. ～ des Canaries カナリア諸島カピュシーヌ (学名 Tropaeolum peregrinum). ～ grimpante 蔓性カピュシーヌ. grande ～ 大花カピュシーヌ (学名 Tropaeolum majus).
2 (子供の) 輪舞. danser la ～ カピュシーヌ (輪舞) を踊る.
— *a.inv.* 赤橙色の. bérets ～ 赤橙色のベレー帽.

capucine[2] *n.f.* 女子カプチン会修道女.

cap-verdien(*ne*) *a.* カボヴェルデ (le Cap-Vert) の, カボヴェルデ共和国 (la République du Cap-Vert) の；～人の.
— *C*～-*V*～ *n.* カボヴェルデ人.

Cap-Vert(**le**) *n.m.* [国名通称] カボ・ヴェルデ, [ポルトガル語表記] Capo Verde (公式名称：la République des îles du C～ カボ=ヴェルデ諸島共和国；国民：Cap-verdien (*ne*)；首都：Praia プライア；通貨：escudo du Cap-Vert [CVE]).

Car (= *C*aisse *a*utonome de *r*efinancement) *n.f.* 〖金融〗自主資金調達金庫.

car [kar] *n.m.* (都市間・郊外の) 路線バス (=autocar).

carabine *n.f.* カービン銃, 騎〔兵〕銃, ライフル銃 (=rifle). ～ à air comprimé 空気銃. tir à la ～ スモールボア・ライフル射撃.

caractère *n.m.* **1** 〖Ⅰ〗 (人間, 生き物の) 性格, 性質, 気質, 人柄. ～ accommodant 協調的性格. ～ hystérique ヒステリー気質. ～ sociable 社交的性格.
2 国民性, 民族の特質. ～ français フランス人の国民性.
3 (個性の持ち主としての) 人, 個人.
4 勇気, 根性, 意志の強さ. homme de ～ 強い意志をもつ人, 決断力を備えた人. un

homme sans ~ 無気力な男.

Ⅱ **1** 性質, 特徴. livre de ~ général 一般向けの本.〖予算〗opérations à ~ définitif (temporaire) 確定的 (暫定的) 資金操作. rapport de ~ péremptoire 反論を許さない報告.

2 独自の性格, 固有の魅力. maison sans ~ どこといって特徴のない家.

3〖生〗形質, 特徴.

Ⅲ **1** 文字. ~ chinois 漢字. ~ grec ギリシア文字. titre d'un journal en gros ~s 新聞の大見出し.

2〔集合的〕活字；字体 (= ~ d'imprimerie).

3 記号.

caractériel(**le**) *a.*〖心〗**1** 性格の；性格に関する. traits ~s 性格の特徴. troubles ~s 性格異常.

2 性格異常の. enfant ~ 性格異常児. Il est un peu ~. あいつは少し変っている.
—*n.* 性格異常者.

caractérisation (<caractériser；caractère) *n.f.* **1** 性格付け. ~ d'une maladie 疾病の定義.**2**〖法律〗特徴付与.

caractérisé(**e**) *a.p.* **1** 特徴的な.〖法律〗fraude ~e 特徴的な侵害行為.〖医〗syndrome ~ d'une maladie 疾病の特徴的症候.

2 性格 (性質) の明らかな, 明白な.〖法律〗délit ~ 明白な不法行為. injures ~es あからさまな侮辱的言動.〖法律〗violation ~e 明白な侵害.

caractéristique *a.* **1** 特徴的な, 独特の, 特有の；特色のある. différence ~ 特徴的な差違. marque ~ 特徴. propriété ~¹ 特性. Ce climat est ~ de cette région. この気候はこの地方特有のものだ.

2〖理〗特性を示す, 固有の. distorsion ~ 特性ひずみ.〖数〗équation ~ 特性 (固有) 方程式. propriété ~² 固有の特性. spectre ~ 固有スペクトル.〖原子物理〗temps ~ 固有期 (半減期など). valeur ~ 特性値.〖宇宙航空〗vélocité ~ 特性速度.
—*n.f.* **1** 特徴, 特色〖*pl.* で〗諸元. ~s chimiques 化学的特性. ~ de fréquence 周波数特性. ~s d'une machine 機械の諸元. ~s d'un nouveau modèle ニューモデルの特住. avoir pour ~ …の特徴を持つ.

2〖数〗(対数の) 指標；特性関数 (曲線).

3〖情報〗指標.

4〖言語〗指標字. Le s est la ~ du pluriel en français. s はフランス語の複数指標字である.

carafe *n.f.* **1** カラフ (細口で腰広のガラス製水差し). une ~ d'eau カラフ 1 杯の水. bouchon de ~ カラフの栓；〔話〕カットした大きな宝石 (模造宝石). vin en ~ カラフ入り葡萄酒 (瓶入りより安い葡萄酒).

2〔話〕rester en ~ ほったらかしになっている；(車が) 故障で立往生する.

3〔俗〕頭, 顔 (=carafon).

Caraïbe *n.* カリブ人. mer des ~s カリブ海 (=la mer c~, la mer des C~s ; la mer des Antilles).
—*n.f.* les C~s カリブ海地域. Association des Etats de la C~ カリブ海諸国連合.

caraïbe *a.* **1** カリブ人の. **2** カリブ海諸島の. zone ~ カリブ海地域.
—*n.m.* カリブ語.

carambolage *n.m.* **1**〖ビリヤード〗キャノン (手玉が二つの的玉に次々に当ること).

2〔話〕(車の) 玉突き衝突. tragiques ~s de l'A6 高速道路 6 号線の玉突き事故の惨事.

caramel〔西〕*n.m.* **1**〖料理〗カラメル (砂糖を加熱して褐色にしたもの). crème〔au〕~ クレーム〔・オー〕・カラメル, カスタードプリン.

2〖菓子〗カラメル, キャラメル. ~ au lait カラメル・オー・レ, ミルクキャラメル. ~ anglais トフィー (=toffee). bonbon au ~ ボンボン・オー・カラメル, キャラメル・ボンボン. manger des ~s キャラメルを食べる.
—*a.inv.* カラメル色の (薄い焦茶色). soies ~ カラメル色の絹地.

caramélisé(**e**) *a.p.* **1**〖料理〗(砂糖を熱して) カラメル状にした. sucre ~ カラメル状の砂糖.

2 カラメルを混ぜた；カラメルを塗った. eau-de-vie ~e カラメル入りブランデー. gâteau ~ カラメルを塗った菓子.

3 カラメル色になった.

carapace〔西〕*n.f.*〖動〗**1** 甲殻；(亀の) 背甲, 甲羅；(甲殻類の) 甲皮, 甲. ~ des crustacées 甲殻類の甲皮. ~ des tortues 亀の甲羅.

2 (堅い) 被覆；〖軍〗装甲. ~ de glace 氷の被覆. ~ en béton (原子炉の) コンクリート遮蔽.

3〖地学〗カラパース, 被甲 (硬化表層). ~ de latérite ラテライト (紅土) の被甲.

4〖冶〗シェルモールド.

5〔比喩的〕(精神的な) 殻. ~ de l'insensibilité 無関心の殻.

carat [kara] *n.m.* **1** カラット (24 分中の重量比で示す金の含有度), 金位. or à vingt-quatre ~s 24 金, 純金.

2〖宝石〗カラット (宝石の衡量単位；1 ~ = 0.2 g；~ métrique). diamant de deux ~s 2 カラットのダイヤ.

3〔話〕le dernier ~ 最終期限, 限界.

caraté *n.m.*〖医〗カラテ, ピンタ (=pinta) (トレポネーマ・カラテウム菌 treponema carateum による南米の皮膚感染症).

caravanage *n.m.* キャラヴァナージュ, オート・キャンプ (〖英〗caravaning の公用推奨語).

caravane〔ペルシア〕*n.f.* **1** 隊商, キャラヴァン.

2〔広義〕隊, 団体. ~ d'alpinistes 登山隊. ~ de touristes 観光団. ~ publicitaire 移動宣伝隊, 宣伝キャラヴァン. en ~ 隊列をつくって.
3(車で牽引する) キャンピングカー.

caravan(n)ing [karavaniŋ] [英] キャラヴァニング, キャンピングカー(トレーラーハウス caravane)利用旅行, オートキャンプ;オートキャンプ場 (公用推奨語は caravanage, *n.m.*).

caravansérail *n.m.* **1** 隊商宿, キャラバンサライ. **2** (外国人の) 溜り場.

caravelle [ポルトガル] *n.f.* **1** カラヴェル帆船 (15・16 世紀の軽走帆船). La Pinta et la Niña, ~s de Christophe Colomb コロンブスのカラヴェル帆船ピンタ号とニーニャ号.
2 〔航空〕カラヴェル型旅客機(フランスで製造された最初の双発中距離ジェット機;1955-70 製造).

carbamate *n.m.* 〖化〗カルバミン酸塩, カルバミン酸エステル 《殺虫剤》.

carbamazépine *n.f.* 〖薬〗カルバマゼピン(抗癲癇薬;薬剤製品名 Tégrétol (*n.m.*)).

carbamique *a.* 〖化〗カルバミン酸の. acide ~ カルバミン酸 (NH_2CO_2H).

carbanion *n.m.* 〖化〗カルバニオン(炭素陰イオン;R_3C^-).

carbapenem *n.m.inv.* 〖薬〗カルバペネム (抗生物質). ~ dérivatives カルバペネム系抗生物質. antibiotiques à base de ~ カルバペネム系抗生物質.

carbazole *n.m.* 〖化〗カルバゾール(染料・樹脂の原料).

carbène *n.m.* 〖化〗カルベン (R_2C).

carbénium *n.m.* 〖化〗カルベニウム;カルベニウム・イオン (=ion ~ ; carbonium).

carbocation *n.f.* 〖化〗炭素陽イオン;カルボカチオン.

carbochimie *n.f.* 〖化〗石炭化学〔工業〕.

carbocyclique *a.* 〖化〗炭素環〔式〕の. composé ~ 炭素環式化合物.

carbogène *n.m.* 〖薬〗カルボゲン(酸素 93%, 炭酸ガス 7% の混合物. 喘息治療薬).

carbogénothérapie *n.f.* 〖医〗カルボゲン療法.

carboglace [商標] *n.f.* カルボグラス, ドライアイス (=neige carbonique, glace solide, dioxyde de carbone solide 固形二酸化炭素).

carbonado [ポルトガル語] *n.m.* 〖鉱〗カルボナード, 黒ダイヤ(主にブラジル産の不透明で不純なダイヤモンド;研磨・穿孔用).

carbonatation *n.f.* 〖化〗炭酸化作用 (カルシウム水酸化物と二酸化炭素が反応して不溶性炭酸カルシウムとなる作用).

carbonate *n.m.* 〖化〗炭酸塩.
carboné(e) *a.* 〖化〗炭素を含む. roches ~es 炭素含有岩.

carbone *n.m.* **1** 炭素(元素記号 C, 原子番号 6). ~ 14 炭素 14 (C 14, 14 C;年代測定に用いる放射性同位元素 radiocarbone). ~ crystallisé 結晶炭素(ダイヤモンド diamant, 黒鉛 graphite など). ~ équivalent 炭素当量. ~ graphitique 黒鉛炭素, グラファイト炭素. cycle du ~ 炭素循環. datation au ~14 炭素同位元素 14 による年代測定. tous les 5730 ans, le stock de ~ 14 baisse de moitié 5730 年毎に炭素 14 の量は半減する. fibre de ~ 炭素繊維. oxyde de ~ 酸化炭素. ~ organique 有機炭素. papier ~ カーボン紙.
2 カーボン紙 (=papier ~).
3 〔環境〕~-démocratie カーボン民主主義 (=〔英〕carbon democracy;2007 年ロンドン市長が提唱. 炭酸ガスの排出権は全市民・全世界で公平であるべきとする主張).

carbonation *n.f.* 〖化〗炭酸塩化;炭酸飽和;炭化 (=carbonisation).

carbonifère *a.* **1** 〔地質〕石炭を含有する. couches ~s 〔石〕炭層.
2 〔地学〕石炭紀 (=ère ~) の.
── *n.m.* 〔地学〕石炭紀 (古生代の紀元前 3 億 6 千万年から 2 億 9500 万年の間の石炭生成期).

carbonique *a.* 〖化〗炭酸の. acide ~ 炭酸. anhydride ~ 無水炭酸 (CO_2). ester ~ 炭酸エステル. gaz ~ 炭酸ガス, 二酸化炭素 (CO_2) (=dioxyde de carbone). neige ~ ドライアイス.

carbonisation *n.f.* 炭化, 乾留. ~ du bois 木材の炭化, 木炭化. ~ de la houille 石炭のコークス化.

carbonium *n.m.* 〖化〗カルボニウム;カルボニウム・イオン (=ion ~ ; carbénium).

carbonnade, carbonade *n.f.* **1** 〔料理〕カルボナード(牛肉と玉葱のビール煮, フランドル地方 la Flandre の郷土料理). **2** カルボナード(南仏の豚肉料理, ビーフ・シチュー).

carbonylation *n.f.* 〖化〗カルボニル化.
carbonyle *n.m.* 〖化〗カルボニル基 (-cooH).
── *a.* 〖化〗métal ~ 金属カルボニル.

carborundum [-rɔdɔm] [商標] *n.m.* 〖化〗カーボランダム(炭化珪素の研磨剤;SiC). ~ en poudre カーボランダム粉剤.

carboxyhémoglobine *n.f.* 〖生理〗一酸化炭素ヘモグロビン.

carboxylase *n.f.* 〖生化〗カルボキシラーゼ(カルボキシル基の脱離反応にかかわる酵素).

carboxylate *n.m.* 〖化〗カルボン酸塩.
carboxylation *n.f.* 〖化〗カルボキシル化.

carboxyle n.m.〖化〗カルボキシル〔基〕(—COOH).

carboxylique a.〖化〗カルボキシル基を持つ. acide ～ カルボン酸.

carboxyméthylcellulose n.f.〖化〗カルボキシメチルセルロース, 一酸化炭素メチルセルロース《食品添加物》.

carboxypéptidase n.f.〖生化〗カルボキシペプチダーゼ《蛋白質やペプチドのC末端のL-アミノ酸を遊離させる酵素; A 1, A 2, B などの種類がある》.

carbulant(e) a. 炭化水素 (carbure d'hydrogène) を含む; 燃料用の. mélange ～ 混合燃料.

carbulateur n.m.〖内燃〗キャブレター, 気化器. ～ à injection 噴射式気化器. ～ d'automobile 自動車のキャブレーター. moteur à ～ 気化器付エンジン.

carburant n.m. (内燃機関用の液体)燃料, (特に)ガソリン, essence ガソリン, fuel-oil 重油, gaz-oil 軽油, super [carburant] ハイオクの総称). taxe sur les ～s 燃料税.

carburation n.f. 1 (内燃機関の) (燃料の)気化. ～ de l'essence dans le carburateur d'un moteur à explosion 内燃機関の気化器での燃料の気化.
2 〔比喩的〕(経済活動などの) フル回転.
3 〔冶〕浸炭, 加炭. ～ du fer 鉄の加炭(製鉄).

carbure n.m. 1〖化〗炭化物. ～ à noyau fermé 閉鎖環核炭化水素, 環状炭化水素. ～ acétylénique アセチレン列炭化水素. ～s acycliques saturés 非環状(鎖状)飽和炭化水素 (butane, éthane, méthane, propane). ～s aromatiques 芳香族炭化物 (benzène, naphtalène など). ～ cyclique 環状炭化水素. ～ de calcium 炭化カルシウム, カーバイド (＝carbide : CaC₂). ～ de fer 炭化鉄, セメンタイト (＝cémentite : Fe₃C). ～ d'hydrogène 炭化水素 (＝hydrocarbure). ～ éthylénique エチレン列炭化水素. ～ de silicium 炭化珪素 (記号 SiC).
～s métalliques 超硬合金 (～ de fer; ～ de calcium; ～ de silicium; ～ de tungstène など). ～ volatil 揮発性炭化物.
2 カーバイド (＝ de calcium). lampe à ～ カーバイド・ランプ, アセチレン・ランプ (＝lampe à acétylène).
3 〔話〕金 (＝argent).

carburéateur n.m.〖航空〗ジェット機用燃料.

carburisation n.f.〖冶〗浸炭 (＝cémentation)《鋼の表面硬化法の一種》.

carbylamine n.f.〖化〗カルビルアミン, イソニトリル (isonitrile) (R-N ≡ C).

carcasse n.f. 1 (動物の)骸骨. ～s de chameaux らくだの骸骨.
2 〖食肉〗(牛・豚・羊などの)枝肉;(家禽の)がら. ～ du bœuf 肥育牛の枝肉. ～ d'une volaille トリがら.
3 〔話〕(人間の)体. taîner sa vieille ～ 老体をひきずる.
4 (建物, 航空機, 車輛などの)骨組. ～ d'un avion 航空機の骨組. ～ d'un immeuble 集合住宅の枠組.

Carcassonne n.pr. カルカッソンヌ《département de l'Aude オード県の県庁所在地;市町村コード 11000;中世の城塞都市とその城下町;形容詞 carcassonnais(e)》. la Cité de ～ カルカッソンヌの城塞都市《12世紀に造営;13世紀に破壊;19世紀に修復》. château comtal de ～ カルカッソンヌ伯爵城(城塞内;12世紀). musée des Beaux-Arts de ～ カルカッソンヌ美術館. aéroport de ～-Salvaza カルカッソンヌ＝サルヴァザ空港 (西郊 4 km).

carcéral(ale)(pl.**aux**) a. 監獄の;監獄に関する;監獄を思わせる. régime ～ 監獄体制.

carcinoembryonnaire a.〖医〗癌胚の. antigène ～ 癌胚坑原.

carcinogène a.〖医〗発癌性の, 癌原性の (＝carcinogénétique, cancérigène, cancérogène).
——n.m. 発癌物質 (＝substance ～).

carcinogenèse n.f.〖医〗癌形成(生成) (＝cancérogenèse).

carcinoïde a.〖医〗カルチノイドの, 類癌腫の. syndrome ～ カルチノイド症候群. tumeur ～ カルチノイド腫瘍.

carcinologie n.f. 1〖動〗甲殻類学. 2〖医〗癌学 (＝cancrologie).

carcinomateux(se) a.〖医〗上皮性悪性腫瘍性の;癌性の. lymphagite ～se 癌性リンパ管炎. neuropathie ～se 癌性ニューロパシー. péritonite ～se 癌性腹膜炎.

carcinome n.m.〖医〗上皮性悪性新生物, 上皮性悪性腫瘍;癌腫, 癌, エピテリオーマ (＝épithéliome, [英] epithelioma). ～ du pancréas 臓癌. ～ de l'utérus 子宮癌. ～ embryonnaire 胎生癌. ～ hépatocellulaire 肝癌.

carcino-sarcome n.m.〖医〗癌肉腫.

carcinose n.f.〖医〗癌腫症 (＝carcinomatose).

cardamome n.f.〖植〗カルダモーム, カルダモン《種子を香味料に用いる》.

cardan n.m. (＜G.C.C ～, 発明者;イタリアの数学者, 医師, 天文学者 [1501-76])〖機工〗シャフト. joint de (à la) C ～ カルダン自在継手. suspension à la C ～ カルダン懸架.

-carde [ギ][SUFF]「心臓」の意 (ex. endocarde 心内膜).

cardi[o]- [ギ][ELEM]「心臓」の意 (ex. cardialgie 心臓痛. cardiomégalie 心臓肥大).

cardia n.m.〖解剖〗噴門. douleur de l'estomac au niveau du ～ 胃の噴門痛 (＝cardialgie).

cardial (***ale***) (*pl.* ***aux***) *a*. 〖解剖〗噴門 (cardia) の. douleurs ～ *ales* 噴門痛 (=cardialgie).

cardialgie *n.f.* 〖医〗**1** (胃の) 噴門痛. **2** 心臓痛 (=douleur cardiaque) ; 胸内痛 (=douleur dans la région précordiale).
▶ **cardialgique** *a*.

cardiaque *a*. **1** 〖解剖・医〗心臓の ; 心臓病にかかった. anévrisme ～ 心臓瘤. artère ～ 心臓動脈, 冠動脈. cathétérisme ～ 心臓カテーテル法. chirulgie ～ 心臓外科. crise ～ 心臓発作. faiblesse ～ 心臓衰弱. fonction ～ 心機能. fréquence ～ au repos 休息時心拍数. hormone ～ 心臓ホルモン. hématome de valvule ～ 心臓弁膜血腫. hypertrophie ～ 心肥大. insuffisance ～ 心不全. nerfs ～ *s* 心臓神経. névrose ～ 心臓神経症. réflexe ～ 心臓反射. rupture ～ 心臓破裂.
2 〖医〗心臓病の. cellule ～ 心臓病細胞.
――*n*. 心臓病患者.

cardiatomie *n.f.* 〖医〗噴門切開術 (=cardiotomie).

-cardie 〔ギ〕 ELEM 「心臓」の意 (*ex.* myo*cardie* 心筋炎).

cardiectomie *n.f.* 〖医〗噴門切除〔術〕.

cardinal[1] (***ale***) (*pl.* ***aux***) *a*. 基本となる ; 中枢の, 枢要な, 主要な. autel ～ (教会堂の) 主祭壇. idée ～ *ale* 基本概念. 〖数〗nombres ～ *aux* 基数 (nombres ordinaux 「序数」の対). 〔quatre〕points ～ *aux* (de l'horizon) 4 方位〔東西南北〕; Nord, Est, Sud, Ouest). 〖カトリック〗quatre vertus ～ *ales* 四枢要徳 (courage「剛毅」, justice「正義」, prudence「賢明」, tempérance「節制」). 〖海〗système ～ de balisage 4 方位式航路標識方式. 〖海〗marque ～ *ale* 4 方位式航路標識. 〖医〗veines ～ *ales* 主静脈.
――*n.m.* 〖数〗基数 (=nombre ～).

cardinal[2] (*pl.* ***aux***) *n.m.* **1** 〖カトリック〗枢機卿 (教皇の選挙権をもち, 教皇を補佐する ; 枢機卿会は Sacré Collège を構成). ～ camerlingue カメルレンゴ枢機卿 (教皇の侍従・財務官 ; 教皇空位時の代行者). ～-diacre 助祭枢機卿 (枢機卿第 2 階位). ～-évêque 司教枢機卿 (第 1 階位). ～-prêtre 司祭枢機卿 (第 3 階位).
2 〖鳥〗カージナル, 狸々紅金冠鳥.

cardinalat *n.m.* 〖カトリック〗枢機卿位.

cardiocirculaire *a*. 〖医〗心臓循環器系の. arrêt ～ 心臓循環器機能停止, 心停止 (=arrêt cardiaque), 心血管不全, 心不全 (=inefficacité cardiovasculaire).

cardio-diaphragmatique *a*. 〖解剖〗心臓横隔膜の. 〖医〗syndrome ～ 心臓横隔膜症候群.

cardiofréquencemètre *n.m.* 〖医〗心拍計.

cardiogénique *a*. 〖医〗心原性の.

choc ～ 心原性ショック.

cardiogramme *n.m.* 〖医〗心拍記録曲線, カルジオグラム.

cardiographe *n.m.* 〖医〗心拍記録装置, カルジオグラフ (心拍動を描写する機器).

cardiolipide *n.m.* 〖生化〗心筋燐蛋白質.

cardiologie *n.f.* 〖医〗心臓〔病〕学.

cardiologique *a*. 〖医〗心臓病学の. hôpital ～ 心臓病専門病院.

cardiologue *n*. 心臓〔病〕学者 ; 心臓病専門医.

cardiomégalie *n.f.* 〖医〗心〔臓〕肥大〔症〕(=hypertrophie cardiaque).

cardiomyopathie *n.f.* 〖医〗心筋症, 心筋障害. ～ congestive 鬱血性心筋症. ～ idiopathique 特発性心筋症.

cardiophathie *n.f.* 〖医〗心臓疾患, 心臓病.

cardioplastie *n.f.* 〖医〗噴門形成術.

cardio-pulmonaire *a*. 〖医〗心肺〔性〕の, 心臓と肺臓の. fonction ～ 心肺機能. troubles ～-～ *s* 心肺障害, 心肺症.

cardio-rénal (***ale***) (*pl.* ***aux***) *a*. 〖医〗心腎性の, 心臓と腎臓の.

cardio-respiratoire *a*. 〖医〗心臓と呼吸器の, 心臓性呼吸の, 心肺機能の. maladies ～ *s* 心肺疾患.

cardiospasme *n.m.* 〖医〗(胃の) 噴門痙攣.

cardiothyréose *n.f.* 〖医〗甲状腺亢進と心臓疾患の合併症.

cardiotomie *n.f.* 〖医〗**1** 心臓切開術. **2** 噴門切開術 (=cardiatomie).

cardiotonique *a*. 〖薬〗強心作用のある (=tonicordiaque). propriétés ～ *s* 強心作用性.
――*n*. 強心剤〔薬〕.

cardio-training 〔-trεniŋ〕〔英〕*n.m.* 〖医〗心筋強化体操.

cardio-vasculaire *a*. 〖解剖〗心臓血管の. maladies ～ *s* 心臓血管病 (心筋症, 狭心症など). névrose ～ 心臓血管神経症.

cardioversion *n.f.* 〖医〗カルジオバージョン, 電気的除細動 (不整脈治療のために電気ショックを与えること).

cardioverter *n.m.* 〖医〗カルディオヴァーター, 電気的除細動器 (心臓に電気ショックを与えて正常なリズムを回復させる医療機器).

cardite *n.f.* 〖医〗心臓炎, 心炎 ; 心膜炎.

cardon *n.m.* 〖植〗カルドン (アルティショー artichaut と同じ菊科の野菜 ; 葉脈を食べる ; 南仏ではクリスマスの伝統的食材であった).

carême *n.m.* **1** 〖カトリック〗カレーム, 四旬節 (謝肉火曜日 le mardi gras の翌日の灰の水曜日 le mercredi des Cendres から復活祭 Pâques の前日までの日曜を除く 40 日間. 信徒は, 荒野でのキリストの断食を想起して, 断食 (節食) と祈りに充てる). com-

mencement du ~ 四旬節の初日《灰の水曜日》. dimanches du ~ 四旬節中の日曜日 (quadragésime「四旬節の第一主日」, reminiscere「第二主日」, oculi「第三主日」, laetare「第四主日」, rameaux「枝の主日」). prédicateur de ~ 四旬節の連続説教者. sermon de ~ 四旬節中の連続説教(=station). temps de ~ 四旬節〔の40日間〕(=〔sainte〕quarantaine). arriver comme mars en ~(3月に必ず四旬節が来るように)必ず起こる.
2〖カトリック〗四旬節の大斎・小斎;〔一般に〕断食;節制;耐乏生活. faire 〔le〕 ~ 断食する;節食する. face de ~(四旬節で節制したような)やつれた, 蒼白い顔.
3〖文〗四旬節の連続説教集. le C~ de Bourdaloue『ブールダルー(1632-1704, イエズス会士)の四旬節連続説教集』.
4(アンテイル諸島の)乾期(hivernage「雨期」の対).
5(アフリカ)ラマダンの断食.

carême-prenant n.m. **1**〖カトリック〗カレーム=プルナン《四旬節 carême の初日である「灰の水曜日」に先立つ3日間》;(特に)謝肉火曜日(=Mardi gras).
2 謝肉火曜日のお祭り騒ぎ.
3 謝肉祭(カルナヴァル, カーニヴァルの)仮装, 仮面.
4〔一般に〕仮装(仮面)の人;異様な風体の人.

carénage n.m. **1**〖海〗傾船手入れ《船底の点検修理》;傾船修理所. ~ d'un port 港の傾船修理所. grand ~(船舶の)総点検修理.
2 流線型化;流線形体《車体・機体》. ~ d'une carrosserie 車体の流線形化.

carence n.f. **1**〖医〗欠乏〔症〕, 欠如.〖精神医学〗~ affective 愛情の欠如. ~ alimentaire 栄養の不足. ~ en fer 鉄分の欠乏. ~ en vitamine B₂ ビタミンB₂の欠乏. maladie de ~ en vitamine ビタミン欠乏症.
2〖法律〗義務不履行;怠慢. ~ de l'Administration 行政の義務不履行(怠慢).
3 義務の懈怠, 無為. ~ du tuteur 後見人の怠慢. délai de ~ 無保険期間《社会保険給付金の不払期間》.
4〖法律〗弁済不能, 無資産. certificat de ~(市町村長などによる)無資産証明書. procès-verbal de ~ 無資産調書. procès-verbal de ~(執行官の手になる)差押動産不存在調書.

carène n.f. **1**〖海〗船底《船体の吃水線下部》;傾船手入れ. centre de ~ 浮力中心, 浮心. abattre un navire en ~(船底修理・手入れのために)船を傾ける.
2 流線形の船体(飛行船の)船体.
3〖植〗(豆科植物の花の)舟弁(しゅうべん), 龍骨弁.
4〖天文〗la C~ 龍骨座(=Carina, Carinae).

carentiel(le) (<carence) a. **1**〖医〗〔栄養の〕欠乏による;欠乏症の. maladie ~ le en fer 鉄分欠乏症.
2〖心〗愛情欠乏による. milieu ~ 愛情の欠乏した環境.

caressant(e) (<caresser) a. **1** 愛撫を好む;甘ったれた. enfant ~ 甘えっ子.
2 心地よく触れる, 愛撫するような. vent ~ 心地よく触れる風.
3 情愛のこもった, 優しい. regard ~ 優しい眼差し.
4 媚びるような. paroles ~es お世辞.

caresse n.f. **1** 愛撫(=~ amoureuse). ~ douce (légère) 優しい(軽い)愛撫. ~ des lèvres (de la main) 唇(手)による愛撫.〖文〗~ du vent 風の愛撫(愛撫するような風の感触). faire des ~s à qn 人を愛撫する.
2〔やや古〕(言葉などによる)親愛の情の表現.

car-ferry 〔karferi〕 (pl. ~-~s, ~-ferries)〖英〗n.m. カーフェリー(=〔navire〕transbordeur).

cargaison n.f. **1**〖集合的〗(船, 航空機, トラックの)積荷, 貨物. ~ avariée 損傷した貨物. ~ de pétrole 石油の積荷. ~ en vrac ばら荷. manifeste de ~ 積荷目録. arrimer une ~ 貨物を積みこむ.
2〖話〗沢山, 大量.〔toute〕une ~ de 沢山の….

cargo n.m. **1**〖海〗貨物船. ~ bananier バナナ輸送貨物船. ~ mixte 貨客船. ~ pétrolier 石油タンカー. ~ polyvalent 多用途貨物船. **2**〖航空〗avion-~ 貨物専用機.

cargo-boat 〔kargobot〕〖英〗n.m. 貨物船(=cargo).

cari 〔マレー語〕n.m. **1** カリ, カレー粉(=cary, curry).
2〖料理〗カレー料理. ~ à l'indienne インド・カレー料理. ~ de poulet 鶏肉のカレー料理.

cariatide ⇒ caryatide

caricature 〔伊〕 n.f. **1** 戯画, 風刺画, カリカチュア;漫画;風刺画技法. ~s de Daumier ドーミエの風刺画.
2〔比喩的〕戯画;戯画的描写. ~ d'une société 社会の戯画〔的描写〕.
3(醜く滑稽な)漫画的人物. Ce type est une vraie ~. 奴は本当に漫画の人間だ.

Caricom (=〖英〗Caribean Community) n.f. カリブ共同体《1973年創設》;旧Carifita の改組;=〖仏〗Communauté caribéenne).

carie n.f. **1**〖医〗カリエス, 骨瘍;(特に)(歯牙)齲蝕(うしょく)(=~ dentaire). ~ dentaire (歯牙) 齲蝕, 虫歯. prévention de ~ dentaire 齲蝕の予防. ~ spinale 脊椎カリエス, 結核性脊椎炎(=spondylite tuberculeuse).
2〖植〗(小麦の)黒穂病(=~ du blé);(木の)乾蝕.

carié(e) a. 〖医〗カリエスにかかった；虫歯になった，齲蝕(うしょく)された. dent ~e 虫歯.

carieux(se) a. 虫歯の. cavité ~se 虫歯の穴.

carignan n.m. 〖葡萄〗カリニャン《ローヌ河流域，プロヴァンス，ラングドック=ルーシヨン，コルスなどで栽培される赤葡萄酒用の品種；vins de table, vin de dessert 用》.

cariste n. 荷物運搬車運転手.

CARME (=Centre d'application et de recherche en microscopie électronique) n.m. 電子顕微鏡応用研究センター.

carmélite (<Mont-Carmel カルメル山) 〖宗教〗カルメル会修道院(=l'ordre du Mont-Carmel) 修道女. règle sévère des ~s カルメル会修道女の厳しい戒律.

carmine n.f. 〖野菜〗カルミーヌ (la véronaとla chioggiaの交配による赤紫色のサラダ菜の新品種).

carnage n.m. **1** 殺戮，大虐殺.
2 〖話〗破壊，蹂躙，荒らすこと.

carnaval(pl. ~s) [伊] n.m. **1** カルナヴァル，カーニヴァル，謝肉祭《1月6日の「御公現の祝日」l'Epiphanieから四旬節のはじまる「灰の水曜日」まで》. le jour de ~ 謝肉火曜日(=le Mardi gras).
2 カーニヴァルのお祭り騒ぎ. ~ de Nice ニースのカルナヴァル，カーニヴァルの仮装舞踏会. Le C~ romain de Berlioz ベルリオーズの『ローマの謝肉祭』(1844年).
3 カーニヴァル人形《滑稽・奇抜な張りぼて人形》. Sa Majesté C~ カーニヴァル人形閣下《謝肉祭を象徴する人形で，祭りの最終日の「灰の水曜日」に焼かれる》.
4 異様な風体の人物. un vrai ~ 本当に異様な奴.

carnavalesque a. **1** カーニヴァル(謝肉祭 carnaval)の.
2 カーニヴァル的な，カーニヴァルにふさわしい；グロテスクな，異様な, tenue ~ カーニヴァル衣裳；異様な衣裳.

carnet n.m. **1** 手帳，メモ帳，控帳(agenda, mémorandum, répertoire). ~ d'adresse 住所録. ~ de bal 舞踏会の手帳《若い娘がダンスの約束をした相手の名前を書きとめておく》. ~ de commandes 注文控え帳. ~ d'échéances 支払い期限控え帳. ~ de maternité 妊婦手帳.〖学〗~ de notes 採点簿(=cahier de notes). ~ de poche ポケット手帳. ~ de santé 保健手帳. ~ de textes ノート. ~ de voyage 旅行手帳. ~ [mondain] (新聞に掲載される結婚，出産，死亡などの)人の動静通知欄. ~ scolaire 成績簿(=bulletin scolaire). tenir régulièrement un ~ 几帳面に手帳にメモを書きとめる.
2 冊子；回数券. ~ de chèques 小切手帳.

~ (de tickets) de métro 地下鉄の回数券《10枚単位》. Un ~, SVP. アン・カルネ(回数券10枚)下さい, (地下鉄・バスなどの)回数券を1セット下さい. ~ de dix tembres 切手の10枚シート.
3 〖スイス〗~ d'épargne 貯金通帳.

carnitine n.f. 〖生化〗カルニチン《筋肉中に存在し，脂肪酸がミトコンドリアの膜を通過する際に関与する物質》. L~ L型カルニチン.

carnivore a. **1** 肉食性の. mammifères ~s 肉食性哺乳動物. plantes ~s 食虫植物.
2 〖話〗肉好きの. Je suis très ~. 私は大変な肉好きだ.
— n.m. 肉食動物(=animal ~).
— n.m.pl. 〖動〗食肉類(=carnissiers).
2 〖昆虫〗肉食類.

caroncule n.f. **1** 〖解剖〗丘(きゅう)，小丘. ~ duodénale 十二指腸乳頭(=~ de duodénum). ~ lacrymal 涙丘.
2 (鳥の)肉阜(にくふ)《とさか，肉卑など》.
3 〖植〗カルンクラ，種阜(しゅふ)《胚珠の珠孔付近にある小突起》.

carotène n.m. 〖化〗カロテン，カロチン ($C_{40}H_{56}$).

caroténoïde n.m. 〖化〗カロテノイド，カロチノイド《黄色ないし赤色の非水溶性ポエリン色素；体内でビタミンAに変る；食品添加色素としても使用される》.
— a. カルテノイドの.

carotide a. 〖解剖〗artère ~ 頚動脈.
— n.f. 頚動脈(=artère ~). ~s externes 外頚動脈《顔に向かう》. ~s internes 内頚動脈《脳に向かう》. ~s primitives 一次頚動脈《頚の上部と頭の動脈》.

carotidien(ne) a. 〖解剖〗頚動脈の. angiographie ~ne 頚動脈造影〖法〗. glande ~ne 頚動脈小体. occlusion ~ne 頚動脈閉鎖症.

carotte n.f. **1** 〖植〗人参；人参の根. ~s courtes (demi-longues, longues) 短い(半長の, 長い)人参. ~ de Créances クレアンス人参《マンシュ県département de la Mancheで生産される保証ラベル付人参；8月から5月が旬》. ~ grelot グルロ人参《早生の小球形》. ~ nantaise ナント人参《初夏が旬の長形》. ~ potagère 野菜人参, 赤人参.〖料理〗~s rapées カロット・ラペ《搾りおろすか, 千切りにした人参のサラダ；前菜料理》.〖スイス〗~ rouge ベトラーヴ, 甜菜(=bettrave). poil de ~ 赤毛〖の人〗.〖料理〗purée de ~s 人参のピュレ. manger des ~s 人参を食べる.〖話〗tirer la (une, des) ~(s) à qn 人から金銭を騙し取る.〖話〗Les ~s sont cuites. 万事休す；片がついた.
2 〖比喩的〗人気取り政策(=politique de la ~)；優遇措置. la ~ ou le bâton 飴か鞭か.
3 ~ de tabac (人参様に)巻いた噛みタバコの葉；(タバコ屋の)紡錘形の赤い標識.

4 (地質調査用に採取した)柱状標本土, ボーリング岩心, コア. ~ de sonde ボーリングのコア.
5 (プラスチック材料の) スプルー, へそ.
6 (テニスの)ドロップ・ショット.
──*a.inv.* **1** 人参色の；赤人参色の (=rouge ~). couleur ~ 人参色.
2 赤毛の. avoir les cheveux ~ 赤毛である.

carpe¹ *n.f.* 〖魚〗鯉. ~ cuir 革鯉. ~ miroir 鏡鯉, ドイツ鯉 (味が最高の鯉). ~ ordinaire 通常の鯉 (学名 Cyprinus carpio). 〖料理〗~ au bleu カルプ・オー・ブルー (酢・塩・香味材料入りのクールブイヨンで火を通した鯉料理；皮が青く仕上がる). baîllir comme une ~ 大あくびをする. être muet comme une ~ 石のように押し黙る. marier la ~ et le lapin 両立しないものを結びつけようと試みる. saut de ~ (横になっている人が)急に立ち上がる；〖水泳〗ジャックナイフ型の飛込み.

carpe² *n.m.* 〖解剖〗手根〔骨〕, 腕骨. os corchu du ~ 手根鉤骨.
▶ **carpien(ne)** *a.*

Carpentras *n.pr.* カルパントラ (ヴォークリューズ県 département de la Vaucluse の郡庁所在地；市町村コード 84200；旧ヴナスク伯爵領 le comtat Venaissin の首府；青果, 葡萄酒, ラヴェンダー, 食品産業の中心地；形容詞 carpentrassien(ne)). Arc de triomphe de ~ カルパントラの凱旋門 (古代ガリア・ローマの遺跡). berlingot de ~ カルパントラのベルランゴ (名産；ピラミッド型のキャンディー). Canal de ~ カルパントラ灌漑用水路. Cathédrale Saint-Siffrein de ~ カルパントラのサン=シフラン大聖堂 (15-16 世紀のゴシック様式). foire de la Saint-Siffrein à ~ カルパントラのサン=シフラン市 (毎年 11 月 27 日). marché aux truffes de ~ カルパントラのトリュフ卸市 (place Aristide-Briand で毎年 11 月 27 日のサン=シフラン市の直前の金曜日から 3 月末まで開催).

carragheen *n.m.* 〖藻〗カラゲーン (アイルランド南東部の原産地 Carragheen に由来する赤藻の名称；carraghénane の原料).

carraghénane *n.f.* カラゲーナン, カラゲーニン (carragheenin) (赤藻の carragheen から抽出されるコロイド状多糖類；ゼラチン, 濃化剤, 乳化剤などとして食品や薬品に利用).

carré¹ *n.m.* **1** 正方形 (=figure carrée)；四角形.
2 碁盤目；方眼. ~ d'un échiquier チェスボードの枡目. ~ d'un papier 紙の方眼. ~ magique 魔法〔方〕陣.
3 四角いもの；方形の庭；方形の小広場；スカーフ；方形のチーズ；〖解剖〗方形筋. ~ blanc (テレビの) 成人向け番組マーク (1960-74 年). 〖料理〗~ d'agneau カレ・ダニョー (仔羊の肋骨についた背肉とその骨付料理). ~ de ciel 四角い空の晴れ間. ~ de fleurs 四角い花壇 (花畑). 〖印刷〗~ de papier デマイ判 (45×56 cm の紙判；47×62 cm の厚紙判). ~ de soie 絹のスカーフ. 〖チーズ〗~ de l'Est カレ・ド・レスト (牛乳からつくる東仏産の四角い軟質チーズ). 〖解剖〗~ de la cuisse (du menton) 大腿 (顎) の方形筋. ~ d'un escalier 階段の踊り場. ~s d'un jardin 庭の方形花壇 (菜園). 〖建築〗~ du transept (教会堂の) 内陣交叉部の方形.
〖軍〗former le ~ 方陣をつくる. tailler des ~s de lard ベーコンをさいの目に切る.
4 〖数〗自乗, 二乗. ~ du nombre n n の自乗 (表記 n²). élever (mettre, porter) un nombre au ~ 数を自乗する.
5 〖海〗士官室 (食堂)；高級船員室 (食堂) (= ~ des officiers).
6 〖トランプ〗(ポーカーの) フォア・カード.
7 〖学〗(グランドゼコール受験のための) 準備学級第 2 年次生.
8 〖理髪〗角刈り (=coupe au ~).

carré²(*e*) *a.* **1** 正方形の；四角い；底面 (側面) が正方形の, 四角い；直角をなす. bonnet ~ 角帽. la Cour ~ du Louvre ルーヴル宮の方形中庭. figure ~*e* 正方形. fenêtre ~*e* 角窓. la Maison ~*s* de Nîmes ニームの方形宮. pilier ~ 角柱. tour ~ 角塔. trait ~ 垂線. voiles ~*es* 横帆.
2 角ばった. épaules ~*es* がっしりした肩. front ~ 角ばった額.
3 平方の. mètre[s] ~[s] 平方メートル (略記 m²). cent mètres ~*s* 100 平方メートル (100 m²). nombre ~ 平方数 (4, 9, 16 など). racine ~*e* 平方根. par seconde ~ (加速度について) 秒の自乗あたり (=par seconde par seconde) (略記 s²).
4 〖数〗matrice ~*e* 正方行列.
5 〖比喩的〗はっきりした, きっぱりした, 率直な. décision ~*e* きっぱりした決断. réponse ~*e* はっきりした返答. tête ~*e* 判断のしっかりした人；頑固者. être ~ en affaires 取引に術策を用いない.

carreau(*pl.***~x**) *n.m.* **1** タイル, 板石, 化粧板；舗石, 敷石. ~ de (en) faïence 陶製タイル, 陶板. ~ de revêtement 化粧タイル.
2 タイル張りの床；舗道. laver le ~ d'une cuisine 台所のタイル張りの床を洗う. sur le ~ 地面に. coucher (étendre, jeter) qn sur le ~ 人を地べたに打ち倒す. 〖話〗laisser qn sur le ~ 人を地べたに放置する. rester sur le ~ 〖話〗(負傷して, 死んで) 地べたに横たわる；〖比喩的〗試験に落ちる；昇進できない.
〖古〗le ~ des Halles (パリの中央市場の) 場外青果売場. le ~ du Temple (パリ市第 3 区の) タンプル地区古着・既製服市.

3〔鉱〕~ de mine (de carrière) 鉱石 (砕石) 置場. travailler au ~ 鉱石 (砕石) 置場で働く.
4 窓ガラス. regarder aux ~s ガラス戸越しに外を見る. ouvrir (fermer) les ~ ガラス窓 (戸) を開ける (閉める).
5〔話〕眼鏡ガラス；〔*pl*. で〕眼鏡 (=lunettes)；目.
6〔*pl*.で〕格子縞, チェック；碁盤目. étoffe à ~x 格子 (チェック) の生地.
7 桝目；方眼. ~ d'agrandissement (de réduction) 拡大 (縮小) 複写用方眼. papier à ~ 方眼紙.
8〔トランプ〕ダイヤ〔の札〕. as (roi) de ~ ダイヤのエース (キング).〔話〕se garder (se tenir) à ~ 用心する.〔諺〕Qui se garde à ~ n'est jamais capot. 用心する者に敗北なし.
9 (仕立屋の) アイロン.
10 レース編み台 (=coussin de dentellière).
11〔釣〕四つ手網 (=carrelet).
12〔古〕角矢, 大矢.
13〔古〕四角いクッション.
14〔オーヴェルニュ地方, スイス〕四角い耕作地. ~ d'artichauts アルティショー畑.

carrefour *n.m.* **1** 交叉点；四つ辻, 十字路. ~ giratoire 旋回式交叉点. Tournez à gauche au prochain ~. 次の交叉点を左折しなさい.
2〔比喩的〕岐路, 分岐点, 別れ道. se trouver à un ~ 岐路に立つ.
3〔比喩的〕(異質のものの) 交流点, 出会いの場. ~ de civilisations 文明の十字路. sciences ~s 学際的学問.
4 討論会, シンポジウム. ~ sur le thème de l'avenir du monde 世界の未来に関するシンポジウム.
5〔商業〕C~ カルフール (フランスの大手スーパー・チェーン).

car-régie *n.m.* TV 中継車.

carrelage *n.m.* **1** タイル張り；板石敷設. ~ mural 壁面のタイル張り.
2 タイル張りの床, 板石敷き.

carrelet *n.m.* Ⅰ **1**〔魚〕カレい, 鮃 (かれい).〔料理〕~ à la crème かれいのクリームソース.
2〔漁〕カレい網, 四つ手網. pêche au ~ 四つ手網漁.
3 (薬局の) カルレ, 濾しがまち (濾し枠)
Ⅱ **1** 四角定規 (=règle quadrangulaire).
2 (馬具製作・製本用の) 四つ目大針. **3** 角やすり.

carrière¹ *n.f.* **1** 進路, 職歴, 生涯, キャリア. la C~ 外交官の道. militaire de ~ 職業軍人. choisir une ~ 職業として進むべき道を選ぶ. faire ~ dans …の分野で出世する, 成功する. Vous avez fait une brillante ~ dans le domaine de la presse. 貴方はマスコミの分野で輝かしい職歴を経てこられました.
2 職業；職歴. Il est à la fin de sa ~. 彼は定年間近だ. un homme en fin de ~ 定年に近い人.
3〔古〕馬車の競走用の競技場；競馬場, 野外調教場. donner ~ à …を自由に活躍させる.

carrière² *n.f.* 石切り場, 採石場.

carriériste *n.*〔蔑〕立身出世主義者 (=arriviste).

carrossage *n.m.* **1** 車体の取り付け. **2** (自動車の車輪の) キャンバ (中心面と鉛直線の角).

carrosserie *n.f.* **1** 車体, ボディー. ~ d'automobile 自動車の車体 (ボディー).
2 車体製造技術；車体製造業 (販売業).
3 (家電製品の) ボディー, 体.

CARS (= 〔英〕 *c*omputer *a*ssisted *r*adiology and *s*urgery) *n.m.*〔医〕コンピュータ援用放射線医学・外科学 (=radiologie et chirurgie assistées par ordinateur).

cartable *n.m.* カルタブール, ランドセル, 学用鞄. ~ électronique 電子ランドセル, 電子学用鞄 (学校に設置されたサーバー内の生徒別ストックスペースの意).

carte *n.f.* **1** カード, 証明書, 券. ~ à mémoire IC カード. ~ bancaire 銀行カード. ~ blanche 白紙〔委任状〕. donner (laisser) la ~ blanche à qn …に白紙委任状を渡す, 全権を委任する. C~ bleue ブルー・(フランスのクレジット・カードの名称). ~ de crédit クレジット・カード. ~ d'électeur 有権者カード, 有権者証. ~ d'étudiant 学生証. ~ internationale d'étudiant 国際学生証. ~ d'identité 身分証明書. ~ d'invalidité 身障者証明書. ~ de paiement 支払手形. ~ de presse プレスカード, 記者証. ~ de priorité 優先権所有証明書. ~ professionnelle des journalistes 職業記者証. ~ de séjour 滞在許可証. ~ de travail 労働許可証. 〔de visite〕名刺.〔生化〕~ génétique (染色体の) 遺伝子配列図示カード. ~ grise 自動車登録証.〔交通〕~ hebdomadaire 週間定期券 (1日1往復有効).〔情報〕~ magnétique 磁気カード.〔交通〕~ orange カルト・オランジュ, オレンジ・カード (フランスの首都圏の電車・バスに共通の定期乗車券. 5つの地域 zone に分かれ, 通用期間は週間, 月間, 年間の3種). ~ perforée 穿孔カード. ~ sociale des économiquement faibles 低所得者福祉カード. ~ télécommunications テレフォンカード (=télécarte). ~ vermeil カルト・ヴェルメイユ (60歳以上を対象にしたフランス国鉄の老齢者優待パス). ~ verte 自動車保険加入証.
2 料理の品書き, メニュー, 献立表 (= ~ de restaurant). à la ~ ア・ラ・カルト (定食 menu に対し, 料理を一品ずつ選んで注文する食べ方). ~ des vins カルト・デ・ヴァン,

ワインリスト.
3 〖葉書〗(= ~ postale). ~ postale illustrée 絵葉書. ~ de vœux クリスマス・カード, 年賀状, お祝いのカード.
4 トランプ (= ~ à jouer). un jeu de ~s 一組のトランプ. jouer aux ~s トランプをする. jouer sa dernière ~ 最後のチャンスに賭ける. tirer les ~s トランプで運勢を占う.
5 図;地図 (= ~ géographique). ~ astronomique 天文図, 星図. ~ géologique 地質図. ~ marine 海図. ~ météorologique 気象図, 天気図. ~ Michelin ミシュラン社の道路地図. ~ muette 白地図. ~ routière 道路地図. ~ touristique 観光地図.
6 〖電算〗~ à puce 集積回路チップ式メモリーカード. ~ de mémoire de 1GO 1 ギガバイトのメモリーカード. ~ mère マザー・ボード. ~ graphique (コンピューターの) グラフィックカード. ~ vidéo ヴィデオ・カード.

cartel *n.m.* **1** 〖経済〗カルテル, 企業連合. ~ des prix pour les exportations 輸出価格カルテル. ~ de production 生産〔制限〕カルテル.
2 〖政治〗(政党・労働組合などの) 連合, 共同戦線. ~ des gauches 左翼連合. ~ de la drogue 麻薬対策共同戦線.

carte-lettre (*pl.* ~s-~s) *n.f.* 〖郵〗カルト=レットル, 書簡葉書 (1890年 Auguste Maquet が導入, 書簡箋を折りたたむと葉書大になる).

cartellisation *n.f.* 〖経済〗カルテル化, 企業連合.

carte-réponse (*pl.* ~s-~s) *n.f.* 〖郵〗返信用葉書;返信カード.

Carthage *n.pr.f.* 〖史〗カルタゴ.

cartilage *n.m.* 〖解剖〗軟骨;軟骨組織. ~ articulaire 関節軟骨. usure du ~ 軟骨摩耗.

cartilagineux(se) *a.* 〖解剖〗軟骨の. hyperplasie ~se 軟骨過形成症.

cartogramme *n.m.* 統計地図, カルトグラム.

cartographie *n.f.* **1** 地図作成〔法〕. ~ aérienne 航空写真による地図作成. ~ par satellite 衛星による地図作成.
2 〖医〗図示法. ~ du cortex 大脳皮質図示〔法〕.
3 〖生〗(染色体の) 遺伝子配列図示〔法〕.

cartographié(e) *a.p.* 地図化された, 地図表示した. éclairs ~s 稲妻の地図表示.

cartomancie *n.f.* カード占い;トランプ占い.

carton *n.m.* **1** ボール紙, 厚紙, 板紙. ~-cuir 擬革厚紙 (厚紙の表面をゴム・合成樹脂加工を施したもの). ~-feutre フェルト紙. ~ lustré 光沢厚紙. ~-mixte 混合厚紙 (厚紙の両面に強い紙を貼り合わせたもの). ~ ondulé 段ボール. ~-paille 藁入り厚紙. ~-pâte 混凝紙. ~-pierre 堅厚紙 (石亜・粘土を加え石材を模した厚紙). de ~ 厚紙製の;〖比喩的〗見せかけの, 見かけ倒しの. boîte de ~ ボール箱. couverture de livre en ~ 厚紙製の本の表紙. homme de ~ 見かけ倒しの人間. meubles de ~ 見かけ倒しの家具. poupée de ~ 張り子の人形.
2 ボール紙箱 (= boîte de 〔en〕 ~);紙挟み, カルトン (= ~ à dessins);書類整理箱. ~ à chapeau〔x〕 帽子箱. ~ à chaussures 靴箱. ~ d'écolier 学童鞄. classer un dossier dans un ~ 書類を整理箱に分類する. projet qui reste dans les ~s 握りつぶされている計画.
3 〖美術〗下絵. ~ de Raphaël ラファエロの下絵.
4 招待状 (= ~ d'invitation). envoyer (recevoir) un ~ 招待状を発送する (受け取る).
5 〖射撃〗厚紙製の標的. faire un ~ 標的を射つ;〖スポーツ〗楽勝する. faire un ~ sur *qn* 人を射つ. 〔話〕〖スポーツ〗prendre un ~ 手ひどくやっつけられる.
6 〖サッカー〗~ jaune (rouge) イエロー (レッド) カード.
7 〖地図〗部分拡大地図.
8 〖隠〗トランプ. taper le ~ トランプをやる.
9 〖広告〗ディスプレー.

carton-cuir (*pl.* ~s-~s) *n.m.* 模造皮革.

cartonnage *n.m.* **1** 厚紙包装 (= emballage en carton).
2 厚紙製品. ~ robuste 丈夫な厚紙製品.
3 厚紙製品業 (= cartonnerie). travailler dans le ~ 厚紙製品業界で働く.
4 厚紙表紙装幀 (製本). ~ pleine toile 総クロース製本.

cartonnerie *n.f.* 厚紙〔製品〕製造業 (工場);厚紙〔製品〕販売業.

carton-pâte *n.m.* 混凝紙. paysage de ~ 作りもののような風景. personnage en ~ 生気のない作中人物. sentiments de ~ 見せかけの優しさ.

cartothèque *n.f.* カルトテック, 地図室 (庫);地図収集館, 地図専門所蔵館.

cartouche *n.f.* **1** 〖銃器〗薬莢, 薬包, 弾薬筒. ~ à balle 実包, 実弾. ~ à blanc 空包. ~ de chasse 猟銃用薬包. ~ de dynamite ダイナマイト管.
2 カートリッジ. ~ d'encre インク・カートリッジ. ~ d'encre couleur カラーインク・カートリッジ.
3 (紙巻煙草の) カートン. une ~ de Gauloise 1 カートンのゴーロワーズ.
4 〖写真〗(フィルムの) パトローネ.
5 ヴィデオテープのカートリッジ.

cartoucherie *n.f.* **1** 薬包 (弾薬) 製造所 (工場).
2 弾薬庫. ~ d'un arsenal 兵器庫の弾薬庫.
3 la C ~ de Paris (la C ~-Paris) パリの弾薬庫趾 (パリ市第 12 区, ヴァンセンヌの森

Bois de Vincennes の中にある；1970 年 Ariane Mnouchkine ムヌーシュキヌ率いる → 「太陽劇場」Théâtre du Soleil 劇団の本拠となる；2008 年現在合計 5 つの劇団群が活動している）．

cary, carry ⇒ curry

caryatide, cariatide ［ギ］*n.f.*〘建築・美術〙女人像柱．

caryo- ［ギ］ELEM「核，種子」の意《*ex. caryo*type 核型》．

caryocinèse, caryokinèse *n.f.*〘生〙細胞核分裂 (=division nucléaire), 核動．

caryolyse *n.f.*〘薬〙細胞核溶解．

caryolytique *a.*〘薬〙細胞核溶解性の．——*n.m.*〘薬〙細胞核溶解剤 (抗癌剤)．

caryotype *n.m.*〘生化〙核型《細胞の染色体の系統的配列》；染色体地図 (=carte chromosomique), 遺伝地図, 遺伝学的地図 (=carte génétique).

Carzodelan *n.m.*〘薬〙カルゾデラン《ドイツ製の抗癌剤》．

cas *n.m.* **1** ケース, 例, 場合, 事態, 事例. ~ d'école 典型的なケース (事例, 事態). ~ d'espèce 特殊な事例, 固有のケース；〘法律〙法の解釈を必要とするケース. ~ de figure 想定されるケース. La situation présente ne correspond à aucun des ~ de figure envisagés dans le projet de loi de finances initial. 現状は当初予算案で想定されたどのケースにも当てはまらない. ~ de force majeure 不可抗力のケース. ~ de guerre (casus belli) 開戦の事態, 戦火を開く事態 (理由, 名目). ~ échéant 必要な場合には. ~ limite 極端な事例. ~ type 典型的なケース. dans le ~ contraire 逆のケースでは. dans le ~ présent (dans ce ~-là) その場合には. Les fusions d'entreprises débouchent sur un échec dans plus d'un ~ sur deux. 企業合併は 5 割以上, 失敗に終わる. Comme c'était le ~ les années précédentes, l'association organise le 1er mars une réunion d'études pour ses membres. 近年同様, 協会では 3 月 1 日に会員の研究会を開催する.
◆〘成句〙
au ~ où+*cond.* …の場合には. au ~ où vous auriez décidé de changer d'avis, nous serions heureux de vous aider. 考えが変わったときにはお役に立てます．
au ~ que+*subj.*〘古〙万一のときには, …の場合には.
dans le ~ de …については.
dans tous les ~ いずれにしても, どのようなケースでも. Les élections doivent avoir lieu dans tous les ~ d'ici l'automne. いずれにしろ秋までに選挙がある.
en aucun ~ 決して, いかなる場合にも.
en ~ de+無冠詞名詞 …の場合には, もしそのような事態が起これば. En ~ d'attaque extérieure, le traité prévoit la mobilisation des forces alliées. 外部攻撃の場合には, 条約は同盟国軍の動員を定めている.
en ~ de besoin 必要ならば.
en tout ~ (=誤用 en tous les ~) いずれにしろ, ともかく.
en tel ~ (=en pareil ~) そのような場合には. pour le ~ où+*cond.* …の場合には.
c'est (bien) le ~ de+*inf.* …する機会である, …するのが相応しいケースである. C'est bien le ~ de le dire. まさにそれが当てはまる.
c'est le ~ ou jamais de+*inf.* …するまたとない (絶好の) 機会である. être dans le ~ de+*inf.* …する立場にある.
2〘多くの場合 grand を伴う〙重大な事態, ケース. faire ~ de … を重視する. faire grand ~ de … を重く見る, 大事にする, 誇張する. ne faire aucun ~ de … を完全に無視する. faire peu de ~ de … を軽視する, 無視する.
3〘医〙症例, ケース, 病状；患者.〘話〙Celui-là, c'est un ~. あいつはどうにもならないやつだ.
4〘宗教〙~ de conscience 良心の問題, (道徳上, 宗教上の) 微妙な問題；〘話〙良心の戸惑い, 軽々には決められない問題. ~ réservé 留保事項 (法王, 司教だけが赦免できる罪).
5〘法律〙事件, 事例, ケース, 事態；事由；事故・事件, 訴訟. ~ d'ouverture du pourvoi en cassation 破毀上告事由. ~ fortuit 不可抗力, 実行の不可能性；偶発事故.
6〘社〙~ social 社会福祉士, ケースワーカーの手に委ねられるべきケース.

cascade *n.f.* **1** 滝, 瀑布. ~ artificielle (naturelle) 人工 (自然) の滝. la Grande C~ ラ・グランド・カスカード《パリのブーローニュの森にある名レストラン》. tomber en ~ 滝となって流れ落ちる.
2〘比喩的〙次々に起こること；滝のように垂れるもの. une ~ de 次々に起こる…, あふれるばかりの…. une ~ d'applaudissements 鳴り止まぬ拍手喝采. une ~ de boucles de cheveux 垂れさがる豊かな巻き毛. une ~ de pièces de monnaie 溢れ出る貨幣. une ~ de rire 笑いの渦. en ~ 次から次へと続く. effets en ~ 連続効果. L'événement s'est produit par ~. 事件が次々と起こった.
3〘映画〙危険を伴う演技, スタンドインの演技.
4〘スポーツ〙危険な技.
5〘電〙カスケード, 縦続接続 (=montage en ~). couplage en ~ 直列接続.

caséeux(*se*) *a.* **1** チーズ状の；チーズ質の. partie ~*se* du lait 牛乳のチーズ質の部分.
2〘医〙乾酪性の. dégénération ~*se* 乾酪変性. nécrose ~ *se* 乾酪性壊死. pneumonie

~se 乾酪性肺炎. sinusite ~se 乾酪性副鼻腔炎.
casei *n.m.* 凝乳. yaourt au ~ 凝乳入りヨーグルト.
caséification (<caséifier) *n.f.* **1** チーズ化 (=caséation). **2** 〖医〗乾酪化, 乾酪変性, 乾酪壊死 (=nécrose caséeuse).
caséinate *n.m.* 〖化〗カゼイナート, カゼイン塩.
caséine *n.f.* 〖生化〗カゼイン《燐蛋白質の一つで, 乳の主要成分》. ~ végétale 植物性カゼイン《菜種・オリーヴの絞りかすから抽出される蛋白質》.
casemate *n.f.* **1** (城砦内の) 地下堡塁. **2** トーチカ. **3** (艦上の) 砲郭.
caserne *n.f.* **1** 兵営, 兵舎. être à la ~ 入営している, 軍隊に入隊している. vie de ~ 軍隊生活; 厳しい生活.
2 〔集合的〕兵営 (兵舎) 居住兵士. plaisanteries de ~ 兵士の野卑な冗談.
3 〖広義〗(兵舎に似た) 建造物, 集合住宅. ~ de gendarmes (pompiers) 憲兵隊舎 (消防署).
casernement *n.m.* **1** 入営; 入隊. **2** 〔集合的〕兵営; 軍隊駐屯地. revue de ~ 兵営での閲兵.
caséum [kazeɔm] [ラ] *n.m.* 〖医〗酪化, 酪壊死. ~ sec (ramolli) 乾酪化, 乾酪変性, 乾燥性凝固壊死.
cash [kaʃ] [英] *ad.* キャッシュで, 現金で. payer ~ 現金で支払う. cent euros ~ 現金で100ユーロ.
—— *n.m.* 〖俗〗現金 (=argent liquide, espèces). avoir du ~ sur soi 現金を持ち合わせている.
cash-and-carry [英] *a.* 現金払い持ち帰り制の.
—— *n.m.* **1** 現金払い持ち帰り制〔店〕. **2** 現金問屋. **3** キャッシュ・アンド・キャリー《商品・証券などを現金で買って先物市場で売る取引; 公用推奨語は payer-prendre》.
cash-flow (*pl.* ~-~s) [英] *n.m.* **1** 〖商業〗キャッシュ=フロー, 現金収支《フランス語の公用推奨語は marge brute d'autofinancement: MBA》. **2** 〖証券〗キャッシュ・フロー《税引純利益に減価償却費を加えた金額; 通常1株当たりで表わす》. **3** 〖俗〗現金収入; 現金.
casier *n.m.* **1** (書類などの) 整理棚, キャビネット; (整理棚などの) 区画, 区分; メールボックス (=~ du courrier). ~ à bouteilles 酒瓶棚. ~ à disques レコード・キャビネット. ~ à musique 楽譜棚. ~ de bibliothèque 書棚. ranger des dossiers dans un ~ 書類をキャビネットに整理する.
2 記録・記録保管所. 〖法律〗~ civil 民事身分記録. ~ fiscal 納税記録. ~ judiciaire 犯罪記録, 前科簿; 犯罪記録保管所. C~ judiciaire national automatisé 電算化全国犯罪記録保管所. avoir un ~ judiciaire chargé (vierge) 前科がある (ない). bulletins de ~ judiciaire 犯罪記録証明書.
3 〖漁〗甲殻類捕獲用金属籠. ~ à homards オマール海老漁籠.

casino [伊] *n.m.* カジノ, 賭博場. ~ d'Enghien カジノ・ダンギャン (Paris 北郊). ~ d'une station thermale 温泉場のカジノ. ~ municipal 市立カジノ. jeux de ~ カジノのゲーム (baccara, black jack, boule, chemin de fer, roulette, trente-et-quarante, vingt-trois など).
cas(-)limite *n.m.* 〖医〗境界〔事〕例《精神病と神経症の境界に位置づけられる精神障害》.
Caspar *n.m.* 〖医〗カスパール《医療ロボットの名称》. bras robotisé de ~ カスパールのロボットアーム.
caspien(ne) *a.* カスピ海の. la mer C~ne カスピ海 (=la C~ne). caviar ~ カスピ海産キャヴィア. nombre d'esturgeons dans la C~ カスピ海に棲息する蝶鮫の数.
—— *n.* カスピ海沿岸の住民.
casque *n.m.* **1** 鉄かぶと (=~ en acier); 〖古〗兜.
2 ヘルメット, 保護帽. les ~s bleus (青ヘルメット→) 国連軍兵士. ~ colonial 熱帯用コルク内張りヘルメット. ~ de moto オートバイ用ヘルメット. ~ de pompier 消防士のヘルメット. ~ intégral フルフェース・ヘルメット.
3 〖電〗ヘッドホン (=~ d'ecoute); (頭部装着) レシーバー. ~ d'un baladeur ウォークマンのヘッドホン. écouter au ~ ヘッドホンで聴く.
4 〖美容〗~ (de coiffeur) ヘヤドライヤー.
5 〔比喩的〕髪の毛. ~ d'or 金髪〔の頭〕.
6 〖貝〗とうかむり.
7 〖植〗(蘭科の花の) 兜状上萼.
casquette *n.f.* **1** (ひさし付の) 帽子.
2 〔話〕(個人の) 社会的 (職業的) 職責. avoir plusieurs ~s 数多くの職務に従事している.
cassation *n.f.* **1** (行政, 司法上の) 決定取消, 破毀. ~ d'un jugement 判決の破毀. Cour de ~ 破毀院. pourvoi (demande) en ~ 上告. requête en ~ 決定取消の申立(申請).
2 〖軍〗下士官, 伍長の階級格下げ.
cassé(e) *a.p.* **1** 壊れた; 割れた; 折れた; 切れた. jambe ~e 骨折した脚. vase ~ 壊れた壺. voix ~e かすれた声.
2 老衰した; 腰の曲った. vieillard tout ~ よぼよぼの老人.
3 〖法律〗破棄された. arrêt ~ 破棄された判決.
4 〖軍〗降等 (降級) になった. sergent ~ 降等された軍曹.
5 変質した. un blanc ~ de jaune 黄色がかった白.

casse-croûte *n.m.*〘話〙**1** 軽食；サンドイッチ．**2**〘カナダ〙スナック・バー(= snack-bar)．

casserole *n.f.* **1**〘料理〙カスロール(円筒形の平底片手鍋；俗称 russe「リュス」)；シチュー鍋；ソースパン；カスロールの内容物；カスロール料理．~ à pommes Anna じゃがいものアンナ風用カスロール．~ au riz à l'ancienne 古式の米のカスロール(料理名)．batterie de ~s カスロール一式．〘話〙passer à la ~ 〘話〙ひどい目にあう；殺される．〘話〙passer qn à la ~ (人を)ひどい目にあわす；(人を)殺す；(女性を)犯す．une ~ d'eau カスロール1杯分の水．
2〘ベルギー〙~ à pression 圧力鍋(=autocuiseur)．
3〘話〙映写機(=projecteur)．
4〘話〙調子外れの声(楽器)；(特に)ボロピアノ．chanter comme une ~ 調子外れで歌う．faire un bruit de ~ 不快な音を立てる．
5〘話〙評判を落とすような出来事(行為)．traîner une ~ 評判を落とす．

cassette *n.f.* **1** カセット，カセット・テープ．~ pour magnétoscope ヴィデオ・カセット・テープ(=vidéocassette)．enregistrer sur ~ カセット・テープに録音する．lecteur de ~s カセット・プレーヤー(= platine)．magnétophone à ~s カセット・テープ・レコーダー．mini-~ ミニカセット．poste de radio à ~s カセット付ラジオ，ラジカセ．
2 (貴重品，現金などを入れる)小函．
3 (君主の)内帑金(ないどきん)；〘話〙ポケットマネー．

casseur(se) *n.* **1** 砕く人，(誤って)壊す人．~ de pierres 砕石工．~ d'un objet précieux 貴重品を壊した人．
2 (主に男性形で)(車などの)解体屋，スクラップ業者．
3〘比喩的〙~ d'assiettes (皿を割る人→)喧嘩早い人，喧嘩好き．~ de prix〘商業〙価格破壊業者；廉価店．
4 (デモなどでの)壊し屋．répression des agissements des ~s 狼藉者の侵害行為の制圧．
5〘隠・話〙押し込み強盗(=cambrioleur)．
—*a.*〘稀〙へまでよく壊す人．employée de maison ~se よく物を壊す女中．

Cassic (=Commandement air des systèmes de surveillance, d'information et de communication) *n.m.*〘軍〙空軍哨戒・情報・通信司令部．

cassis [-s] *n.m.* **1**〘植〙カシスの木(=〘稀〙cassissier)．
2〘植〙カシスの実．〘酒〙crème de ~ クレーム・ド・カシス(カシス酒), カシス酒 (= liqueur de ~). sirop de ~ カシス・シロップ．
3〘酒〙カシス酒(=liqueur de ~). vin blanc-~ カシス入り白葡萄酒(ブルゴーニュ地方の伝統的食前酒)；キール(kir)．
4〘葡萄酒〙カシス(南仏カシス Cassis (市町村コード 13260) 地区産の白と赤の AOC 葡萄酒)．
5〘話〙頭(=tête)．

cassolette *n.f.*〘料理〙カソレット(オーヴン用の小型調理器)．
2〘料理〙カソレットで調理した料理．~ d'escargots エスカルゴのカソレット料理．
3 香炉(=vase brûle-parfum)．

cassoulet *n.m.*〘料理〙**1** カスーレ(鷲鳥・鴨・豚・羊などのコンフィと白隠元豆 haricots blancs を土鍋で煮込んだラングドック地方 le Languedoc の郷土料理)．~ de Castelnaudary カステルノーダリーのカスーレ料理(発祥地の名物料理)．~ toulousain トゥールーズ風カスーレ(トゥールーズのソーセージが加わる)．~ en conserve カスーレの缶詰．mijoter des ~s カスーレを弱火で煮込む．
2 カスーレ用土鍋．

cassure (<casser) *n.f.* **1** 裂け目，割れ目，切れ目；裂開，破損．~s du plâtre 漆喰の割れ目．
2 (布地の)折り目，折り返し．~ d'un pantalon パンタロンの裾の折り返し．
3 (鉱物の)断口，断面．
4〘地形〙断層(= ~ de l'écorce terrestre)．
5〘比喩的〙亀裂，破綻；断絶．~ d'une amitié 友情の亀裂(断絶)．

Castille [西] *n.pr.f.* la ~ カスティリヤ(スペインの中北部の地方；形容詞 castillan(e)). la ~-Léon カスティリャ=レオン自治共同体(中心都市 Valladolid；昔のla Vieille-~). la ~-la Manche カスティリア=ラ・マンチャ自治共同体(中心都市 Tolède；昔のla Nouvelle-~).

castillon *n.m.*〘チーズ〙カスチヨン(コンテ・ド・フォワ地方で牛乳からつくられる硬質，自然外皮の円盤状チーズ；脂肪分 45 %).

casting [kastiŋ] [英] *n.m.*〘映画・演劇〙キャスティング，配役(フランス語の公用推奨語 distribution artistique)．

castor *n.m.* **1**〘動〙カストール，海狸(かいり)，ビーバー．~ canadenis カナダ・ビーバー(= ~ du Canada)．
2 カストール(海狸・ビーバー)の毛皮．manteau de ~ カストールの毛皮のコート．
3 [pl. で]〘比喩的〙les ~s 住居の共同建築者集団．

castoréum [-reɔm] *n.m.*〘薬〙カストリウム，海狸香(海狸・ビーバーの性腺分泌物；薬品・香水・抗痙攣薬などに利用)．

castrat *n.m.* **1** 去勢された人．
2〘音楽〙カストラート(ソプラノを保持するため幼少時に去勢された男性ソプラノ歌手)．

castration *n.f.* **1** 生殖腺除去〔術〕，精巣(卵巣)摘出〔術〕(男性・雄の場合は éma-

suculation「去勢」, 女性の場合は ovariectomis「卵巣摘出術」ともいう).
2 去勢〔術〕, 精巣摘出術.
3〖精神分析〗angoisse de ~ 去勢不安（男児は陰茎切除恐怖症, 女児は陰茎のないことに対する不安症). complexe de ~ 去勢コンプレックス.
4〖植〗生殖器官の退化. ~ parasitaire 寄生除去（寄生植物による生殖器官の退化).

castrisme (<Fidel Castro [1926-], キューバの政治家) *n.m.*〖政治〗カストロ主義, カストロ体制.

castriste *n.* カストロ主義者, カストロ支持派.

casuel[1] (**le**) *a.* 偶発的な, 偶然の. impressions ~ les 偶然の印象.

casuel[2] *n.m.* **1** 臨時収入. **2**（洗礼・結婚式などで司祭が受け取る) 謝礼金.

casus belli [kazysbɛlli]〔ラ〕*n.m.inv.*〖国際法〗宣戦理由, 開戦の名目.

CAT[1] (= centre d'aide par le travail) *n.m.* 労働による援助センター.

CAT[2] (=〔英〕Computerized axial tomography) *n.f.* コンピューター断層写真, CTスキャン.

CAT[3] (= Confédération autonome du travail) *n.f.* 労働自主組合連合 (1947年 CGT から独立した派が 1953年に結成).

CAT[4] (= consommateur assisté par téléphone) *n.m.*〖商業〗電話利用消費者.

CAT[5] (= contrat d'aide par le travail) *n.m.*〖労働〗(身障者に対する) 就労援助契約.

catabolisme *n.m.*〖生化〗異化作用, 異化（代謝の一側面. anabolisme の対).

catabolite *n.m.*〖生化〗カタボライト, 異化生成物.

cataclysme *n.m.* **1** 天変地異, 大災害（大地震, 大洪水, 暴風雨などの自然災害).
2〔比喩的〕大変動, 大異変, 大動乱.
3〔比喩的〕混乱の元凶；ものを滅茶苦茶にする人間. Ce gosse est un vrai ~. この餓鬼は大混乱の元凶だ.

cataclysmique *a.* **1** 天変地異の；天変地異を思わせる, 大災害の. activité ~ 大変動. événement ~ 天変地異. pluie ~ 大豪雨.〖地学〗théorie ~ de la formation de l'écorse terrestre 地殻形成の大変動理論. vent d'une violence ~ 大災害をもたらすほどの暴風.
2 (政治的, 社会的) 大変動の.

catacombe *n.f.*〔多く *pl.*〕**1**〖史〗カタコンベ（初代キリスト教徒の地下墓所). ~s de Rome ローマのカタコンベ.
2 カタコンブ（墓地の骨を移した地下納骨所). ~s de Paris パリのカタコンブ.

catadioptre *n.m.*〖光学〗反射屈折.
catadioptrique *a.*〖光学〗反射屈折性の. télescope ~ 反射屈折望遠鏡.
——*n.m.*〖言語〗カタルーニャ（カタルーニュ) 語.

catalan(**e**) *a.* カタローニャ (la Catalogne) の, カタルーニャ（[カタローニャ語] Cataluña) の；~ 住民の；~ 語の. littérature ~ e カタルーニャ文学.
——**C**~ *n.* カタローニャ（カタルーニャ) 地方の住民.
——*n.m.*〖言語〗カタラン語, カタローニャ語.

catalepsie *n.f.*〖医〗カタレプシー, 強直症.

cataleptique *a.*〖精神医学〗カタレプシー（強直症) に罹った. sommeil ~ カタレプシー性睡眠.
——*n.* カタレプシー患者.

Catalogne(**la**) *n.pr.f.* カタルーニャ（カタローニャ) 地方（[[西] Cataluña, [カタローニャ語] Catalunya；スペイン東北部の自治地方；首都 Barcelone).

catalogue *n.m.* **1** 目録, カタログ；リスト, 一覧表；名簿, (特に) 商品目録. ~ d'une bibliothèque 図書館の蔵書目録.〖天文〗~ des étoiles 星表. ~ de livres 書籍目録.〖教会〗~ des livres interdits par l'autorité pontificale 教皇庁禁書目録 (= index). ~ des saints (des martyrs) 聖者（殉教者) 名簿. ~ des tableaux d'une exposition 展覧会の絵画カタログ (= livret). ~ de vente par correspondance 通信販売カタログ. vente sur le ~ カタログ販売, 通信販売. ~ de vêtements 衣類カタログ. ~ publicitaire 宣伝カタログ.
acheter (feuilleter) un ~ 商品カタログを買う（ひもとく). dresser un ~ 目録（リスト, 一覧表) を作成する.
2〔比喩的〕列挙, リスト. faire le ~ de … を列挙する. Rayez cela de votre ~. 信じてはならない；あてにしないでください.

catalyse *n.f.*〖化〗触媒作用；接触反応. ~ hétérogène (homogène) 異質 (同質) 触媒作用. ~ positive (négative) 加速（減速) 触媒作用.

catalyseur *n.m.* **1**〖化〗触媒. ~ colloïdal コロイド触媒. ~ des réactions biochimiques 生化学反応触媒. ~ négatif (positif) 負 (正) 触媒. poison d'un ~ 触媒毒.
2〔比喩的〕触媒；触媒的なもの. ~ d'une agressivité 攻撃性を惹起するもの.
——*a.m.* 触媒する. rôle ~ 触媒的役割.

catalytique *a.*〖化・生化〗触媒 (catalyseur) の, 触媒性の；接触性の. action ~ 触媒作用. activité ~ 触媒部位. analyse ~（触媒作用を利用した) 接触分析〔法〕.〖生化〗anticorps ~ 触媒抗体. craquage (cracking) ~（触媒を用いる) 接触分解. réaction ~ 触媒反応. réformage ~（石油精製の工程の) 接触改質.〖生化〗site ~（酵素の) 触媒部位.

catamaran *n.m.* カタマラン, 双胴船.
cataménial (**ale**) (*pl.* **aux**) *a.*〖医〗月経の. douleurs ~ ales 月経痛.

cataphote [商標] *n.m.* 〖光学〗反射板；〖交通〗(夜間にライトの光を反射する) 反射板標識, カタフォート. bicyclette munie d'un ~ ライト反射標識をつけた自転車.

cataplasme *n.m.* **1** 〖医〗湿布薬, 巴布 (はっぷ) 剤. ~ d'amidon sur une brûlure 火傷に貼る澱粉湿布. ~ de moutarde 芥子湿布 (＝~ sinapisé). ~ émollient 皮膚軟化性湿布. ~ irritant 刺激性湿布.
2 〔話〕どろどろした消化の悪い食物.

cataplectique *a.* 〖医〗カタプレクシー の, 脱力発作性の.

cataplexie *n.f.* 〖医〗カタプレクシー, 脱力発作.

catapultage *n.m.* 〖航空〗(航空機の) カタパルト射出；(グライダーの) 始走；(航空機からの) 射出脱出. ~ d'un avion sur un porte-avions 航空母艦からの航空機のカタパルト射出.

catapulte *n.f.* **1** 〖航空〗カタパルト (空母等の航空機射出装置)；(グライダーの) 発進装置；(航空機からの) 射出式脱出装置.
2 〔古〕(古代の) 弩 (いしゆみ), 投石器.

cataracte¹ *n.f.* **1** 大滝, 大瀑布 (cascade より大きい滝). ~s du Niagara ナイアガラの滝.
2 滝のような水流, 豪雨. ~s de pluie 滝のような降雨. Il tombe des ~s. 土砂降りになる.

cataracte² *n.f.* 〖医〗白内障, 白そこひ. ~ acquise 後天的白内障. ~ congénitale 先天的白内障. opération de la ~ 白内障手術.

catarrhal (ale) (*pl.* **aux**) *a.* 〖医〗カタル性の. appendicite ~ale カタル性虫垂炎. inflammation ~ale カタル性炎. tonsillite ~ale カタル性扁桃炎, 急性扁桃炎 (＝amygdalite aiguë). ulcère ~ カタル性角膜潰瘍.

catarrhe *n.m.* 〖医〗カタル, カタル性炎症. ~ bronchique 気管支カタル. ~ du nez 鼻カタル. ~ intestinal 腸カタル；腸炎 (＝entérocolite). ~ printanier 春季カタル《アトピー性疾患》. ~ sinusal 洞カタル《副鼻腔の漿性炎症》.

catarrheux (se) *a.* 〖医〗カタル性の；カタルにかかった. toux ~se カタル性の咳. vieillard ~ カタルに罹った老人.
──*n.* カタル患者.

catastrophe *n.f.* **1** 破局, 惨事, 大災害, 大事故. ~ aérienne (ferroviaire) 大規模な航空機 (鉄道) 事故. ~ économique 経済的破局. ~ financière 財政破綻. ~ naturelle 自然災害. bilan de la ~ 事故 (災害) の犠牲者 (被害) 一覧. en ~ 大慌てで. film ~ (大規模な事故による) パニック映画. lutte contre les ~s humaines et naturelles 大規模災害・事故対策.
2 〔話〕惨憺たる事態, ひどいこと, 失敗作. C'est la ~! 大失敗だ.
3 〖数〗カタストロフィー. théorie des ~s カタストロフィー理論.
4 〔文〕詩・悲劇の大団円, 終局. ~ d'une tragédie 悲劇の大団円.

catastrophique *a.* **1** 大災害的な；破局的な, 破滅的な；致命的な. accident ~ 大災害事故, 致命的な事故. discontinuité ~ (カタストロフィー理論における) 破局的不連続性. épidémie ~ 疫病の大流行. famine ~ 大飢饉. 〖数〗point ~ (破局理論の) 破局点. 〖数〗théorie ~ カタストロフィー理論.
2 ひどい, 重大な. hausse ~ des prix 物価の暴騰.
3 〔話〕(結果などが) 惨憺たる；(処置などが) 破局を招く；(作品などが) 拙劣極まりない, ひどい. mesures ~s 破局的措置. projet ~ 目茶苦茶な計画. obtenir une note ~ ひどい点数をとる.

catatonie *n.f.* 〖精神医学〗緊張病《精神分裂病の一種》.

catatonique *a.* 〖精神医学〗緊張病性の. excitation ~ 緊張病性興奮. syndrome ~ 緊張病症候群.

catch [katʃ] *n.m.* プロレスリング, プロレス. match de ~ プロレスの試合.

catcheu*r* (se) *n.* プロレスラー (＝lutteu*r* (se)).

caté *n.m.* 〔話〕公教要理；教理問答 (＝catéchisme).

catéchèse *n.f.* 〖カトリック〗カテケーシス (問答形式の公教要理教授)；〖プロテスタント〗教理口授法.

catéchine *n.f.* 〖化〗カテキン, カテコール (catéchol)《茶などの植物に多く含まれる, タンニンの母体》.

catéchisme *n.m.* **1** 〖カトリック〗公教要理, カテシズム, カテキスム；〖新教〗教理問答. ~ romain カトリックのローマ公教要理. ~ protestant プロテスタントの教理問答.
2 公教要理書；教理問答書；公教要理 (教理問答) の授業, 教理学習. aller au ~ 公教要理 (教理問答, 教理学習) に行く.
3 〔比喩的〕入門書, 概説；基礎知識.
4 基本的信条, 信念 (credo), 教理 (dogme).
5 〔話〕お説教.

catéchol *n.m.* 〖化〗カテコール, ピロカテキン (pyrocatéchine), ピロカテク酸.

catécholamine *n.f.* 〖生化〗カテコールアミン《アドレナリン adrénaline, ノルアドレナリン noradrénaline, ドーパミン dopamine など. ホルモンあるいは神経伝達物質として作用する》.

catégorie *n.f.* **1** 範疇. 〖哲〗les dix ~s d'Aristote アリストテレスの10範疇《最高類概念》. les douze ~s de Kant カントの12範疇《純粋悟性概念》. 〖言語〗~ grammaticale 文法範疇.
2 種類, 部類, 等級. ranger des livres par

~ 書籍を部類別に並べる.
3 階層. répartition de la population selon les ~s socioprofessionnelles 人口の社会職業階層別分布.
4 〖スポーツ〗(体重別の) 階級. champion toutes ~s 無差別級チャンピオン.

catégorique *a.* **1** 断定的な, 断固とした, きっぱりした; 〖広義〗頑固な. refus ~ はっきりした拒絶. d'un ton ~ 断定的な口調で. faire une réponse ~ きっぱりと返答する. Je suis ~. 私は頑固だ.
2 〖哲・論理〗絶対的な, 無条件の. impératif ~ 至上命令. proposition ~ 定言命題.

caténaire *a.* **1** 〖解剖〗リンパ連節の. **2** 連鎖状の. réaction ~ 連鎖反応. **3** 〖鉄道〗懸吊式の. suspension ~ 懸吊下線, 懸垂線.
—*n.f.* 懸吊下線, カテナリー.

catergol *n.m.* 〖宇宙〗(ロケットなどの) 触媒式推進薬, 触媒式燃料.

catgut [katgyt] 〖英〗 *n.m.* 〖医〗カットグート (縫合用の腸線糸, 術後組織に吸収される).

cathare *n.* 〖宗教史〗カタリ派(11-13世紀に西南フランスにひろまったキリスト教異端派; アルビジョワ派 albigeois).
—*a.* カタリ派の. évêque ~ カタリ派司教.

catharisme *n.m.* 〖宗教史〗カタリ派の教義.

catharsis [-sis] 〖ギ〗 *n.f.* **1** 〖哲〗カタルシス(悲劇による感情浄化). **2** 〖精神分析〗カタルシス, 浄化(法).

cathartique *a.* **1** 〖哲〗カタルシスの.
2 〖精神分析〗カタルシスの, 浄化の. méthode ~ 浄化法.
3 〖医〗便通をよくする, 瀉下(しゃげ)作用のある.
—*n.m.* 〖医〗便通薬, 瀉下薬, 下剤.

cathédral(*ale*[1])(*pl.* **aux**) *a.* 〖稀〗司教座の, 司教座のある. église ~*ale* 司教座聖堂, 大聖堂 (= ~*ale*).

cathédrale[2] *n.f.* **1** 〖キリスト教〗カテドラル, 司教座聖堂, 大聖堂 (= église ~) (教会の司教(主教)区本部の教会堂). Notre-Dame de Paris パリのノートル=ダム大聖堂. ~ romane (gothique) ロマネスク(ゴシック)様式の大聖堂. ancienne ~ 旧司教座聖堂.
2 〖広義〗由緒ある古い大教会堂.
3 〖装幀〗reliure à la ~ (ロマン主義時代の) ネオ・ゴシック風装幀.
4 〔同格〕verre ~ 石目ガラス.

cathéter [katetɛr] *n.m.* 〖医〗カテーテル. ~ cardiaque 心臓カテーテル. ~ pulmonaire 肺カテーテル.

cathétérisme *n.m.* 〖医〗カテーテル検査; カテーテル治療. ~ cardiaque 心臓カテーテル検査. ~ duodénal 十二指腸カテーテル治療.

cathine *n.f.* 〖薬〗カチーヌ, カチン(興奮剤).

cathode [katɔd] *n.f.* 〖電子〗陰極, カソード (anode 「陽極」の対).

cathodique *a.* **1** 陰極の, 陰極から出る; 陰極線の.
2 ブラウン管の; TV メディアに関する, TV の. écran ~ ブラウン管の画面. élitisme ~ TV のエリート主義. rayons ~s 陰極線. réaction ~ 陰極還元反応. tube ~ 陰極〔線〕管; ブラウン管 (= tube à rayons ~s).

catholicisme *n.m.* 〖キリスト教〗カトリシズム, カトリック教, 旧教; 〖カトリック〗教体制; カトリック教信仰. ~ austère 厳格なカトリック信仰. se convertir au ~ カトリック教に改宗する.

catholique *a.* **1** カトリック教の, カトリック教徒の, カトリック教会の, カトリック的な. l'Eglise ~ カトリック教会(組織として), ローマ公教会. institut (faculté) ~ カトリック学院(私立高等教育機関). peuple ~ カトリック教徒の民族. religion ~ カトリック教, 旧教. 〖史〗les Rois ~s スペイン王, とくにカスティリャのイザベル一世[1451-1504]とアラゴンのフェルディナンド二世[1452-1516].
2 〖話〗〖否定的に〗まっとうな, 正統的な. C'est une affaire pas très ~. 胡散臭い話だ.
3 〖古〗普遍的な.
—*n.* カトリック教徒(catho と省略することがある.

CATV (= 〖英〗 Community Antenna Television 共同アンテナ・テレヴィジョン; 〖英〗 Cable television ケーブル TV) *n.f.* 有線 TV, ケーブル TV (= télévision par câble).

Caucase *n.pr.m.* 〖地理〗le ~ カフカス(コーカサス) 山脈. le ~ du Nord 北カフカス(コーカサス) 山脈. le Grand (Petit) ~ 大(小) カフカス(コーカサス) 山脈.

Caucasie *n.pr.f.* la ~ カフカス(コーカサス) 地方.

cauchemar *n.m.* **1** 悪夢. faire des ~s 悪夢を見る.
2 悪夢のようなもの; 強迫概念. vision de ~ おそろしい幻覚.
3 〖話〗悩みの種; つきまとう人間.

CAUE (= Centre d'architecture, d'urbanisme et d'environnement) *n.m.* 建築・都市計画・環境センター.

causalgie *n.f.* 〖医〗灼熱痛, カウザルギー(反射性交感神経性ジストロフィーに特徴的な疼痛).

causalité *n.f.* 因果関係. principe (loi) de ~ 因果律. rapport de ~ 因果関係. théorie de la ~ adéquate 相当因果関係説.

cause *n.f.* 〖Ⅰ〗(原因, 理由) 〖法律〗 ~ illicite 不正違法な原因. ~ légitime 正当な事由. absence de ~ 原因の欠缺. fausse ~ 誤った原因. juste ~ 正当な事由. relation de ~ à effet 因果関係.

A petite ~, grands effets. 小事が大事を招く. Il n'y a pas d'effets sans ~. 原因なくして結果なし. L'une des ~s de la réussite économique du Japon d'après-guerre se trouve dans la qualité exceptionnelle de la main-d'œuvre. 戦後日本の経済的成功のひとつの理由は, 労働力が例外的に優れていたことにある.
◆〖成句〗
à ~ de …が原因で, …ゆえに.
pour ~ 当然である, 理由は十分にある.
pour ~ de …を理由として.
sans ~ (non sans ~) 理由がない (いわれはある, しかるべき理由がある).

II 1〖法律〗訴訟, 訴訟の原因. avocat sans ~s 依頼人がつかない弁護士. gain de ~ 勝訴. mise en ~ 強制的訴訟参加. en tout état de ~ 訴訟のいかなる段階においても. défendre (plaider) la ~ de qn …の弁護をする. gagner (perdre) la ~ 勝訴(敗訴)する.
2 立場, 主義主張, 信条, 思想. La guerre a été ouverte pour la grande ~ de la démocratie 民主主義の大義のために戦火が開かれた.
◆〖成句〗
avoir la ~ gagnée 訴訟に勝つ, 主張を通す.
être en ~ 係争中である, 裁判に巻き込まれている, かかわり合いになる, …の原因と目される (疑いをかけられる)
faire ~ commune 人と力を合わせる, 共同戦線を張る, 同じ陣営に加わる.
mettre (remettre) en ~ 問題視する, 疑問視する, 判断を覆す, 裁判所に出頭を命ずる, 嫌疑をかける.
mettre qn (qch) hors de ~ 無罪放免にする, かかわりを否定する, 無関係であることを認める.
obtenir gain de ~ 訴訟に勝つ, 立場を貫く, 交渉を有利に導く.
pour les besoins de la ~ 自分に有利に, 自己中心的に.
prendre fait et ~ pour qn …を全面的に支持する.
La ~ est entendue. 事情はよく理解した, 事件は結審した.
en connaissance de ~ すべてを弁えた上で.
en désespoir de ~ ほかに何の手段もないので.
en tout état de ~ いずれにしろ, 事態の推移にかかわらず.
C'est une ~ perdue. 勝ち目はない.

causerie *n.f.* **1** 雑談, おしゃべり. ~s à bâtons rompus よもやま話.
2 談話, 閑談, 形式ばらない講話. *C~s de lundi* de Sainte-Beuve サント=ブーヴ『月曜閑談』(1851-62年). ~ littéraire 文芸閑談. ~ télévisée TV 放談.

causette *n.f.* 〖話〗ちょっとした雑談 (お喋り); 〖電算〗チャット (= [英] chat; ネットワーク上でのメッセージのやりとり).
faire la ~ ちょっと雑談する; チャットする.

causse *n.m.* コース (中央山塊中・南部の石灰岩質の高原).

Causses *n.pr.m.pl.* les ~ コース地方 (中央山塊南域の石灰岩質の高原; 形容詞 caussenard(e)). les Grands ~ レ・グラン・コース, 大コース諸地方 (causse Comtal, c. du Larzac, c. de Sauveterre, c. de Séverac, c. Méjean, c. Noir などの総称). les ~ du Quercy レ・コース・デュ・ケルシー (ケルシー地方の高原地帯; causse de Gramat, c. de Limogne, c. de Martel など).

causticité *n.f.* **1**〖化・医〗腐蝕性, 苛性度. ~ d'un acide 酸の腐蝕性.
2〖比喩的〗辛辣さ. ~ d'une satire 風刺の辛辣さ. être d'une ~ froide 冷徹な辛辣さをそなえている.

caustique *a.* **1**〖化・薬〗腐蝕性の; 苛性の. agent ~ 腐蝕剤. potasse ~ 苛性カリ, 水酸化カリウム. soude ~ 苛性ソーダ. substance ~ 腐蝕性物質.
2〖比喩的〗辛辣な. épigramme ~ 辛辣な警句. humeur ~ 辛辣な気質.
——*n.m.* 〖化・薬〗腐蝕剤. acide ~ 酸性腐蝕剤. ~ alcalin アルカリ性腐蝕剤. ~ puissant 強力腐蝕剤. ~ superficiel 表面腐蝕剤; 塗料剝離剤.
——*n.f.* 〖光〗火面 (=surface ~), 火線 (=ligne ~).

cautérisation *n.f.* 〖医〗焼灼術. ~ des amygdales 咽頭扁桃の焼灼〔手術〕.

caution *n.f.* **1** 保証; 保証金; 担保; 権利金, 敷金; 保釈金. ~ bancaire 銀行の保証. 〖法律〗~ judiciaire 裁判上の保証(担保). ~ juratoire 宣誓保証. 〖文〗~ morale 精神的保証. être libéré sous ~ 保釈金を払って保釈される. mettre qn en liberté sous ~ 保釈金を積んで人を釈放する. mise en liberté sous ~ 保釈. payer (verser) une ~ 保証金 (権利金, 敷金) を支払う. sujet à ~ 信用のおけない, 怪しげな. témoignage sujet à ~ 疑わしい証言.
2 保証人 (=garant). ~ conjointe 共同保証人. ~ personnelle 債務保証人 (自らの資金によって債務を保証する者). ~ réelle 担保提供保証人 (自らの資金でなく物的担保を提供する者). ~ solidaire 連帯保証人. donner une ~ 保証人を立てる. se porter ~ pour qn 人の保証人になる.

cautionnement *n.m.* **1**〖法律〗保証契約〔証書〕; 保証債務. ~ solidaire 連帯保証契約. signer un ~ 保証契約に署名する.
2 保証; 保証金; 保釈金; (選挙の) 供託金. ~ électoral 選挙供託金. déposer qch en ~ 何を担保に入れる.
3 支援, 支持, 援助.

Cavaillon *n.pr.* カヴァイヨン(ヴォークリューズ県 département du Vaucluse, アプト Apt 郡の郡庁所在地, 果実特にメロンの名産地；市町村コード 84300, 形容詞 cavaillonnais(e)). melons de ~ カヴァイヨン産のメロン(橙色果肉の特産品).

cavaillon[1] *n.m.* 〖農〗(葡萄の株と株の間の)鋤き残した帯状の農地.

cavaillon[2] *n.m.* 〖農〗カヴァイヨン・メロン(=melon de Cavaillon ; 黄色い外皮で, 果肉が橙色で芳香の強い品種).

cavalerie *n.f.* **1** 〖軍〗〖古〗騎兵隊. ~ de ligne 前線騎兵隊. ~ légère (lourde) 軽(重)騎兵隊. grosse ~ 重騎馬隊. trompette de ~ 騎馬ラッパ.
2 〖軍〗機甲部隊. ~ blindée 装甲機甲部隊 ; 戦車隊. division (brigade, régiment, escadron, peloton) de ~ 機甲師団(旅団, 連隊, 中隊, 小隊). officier de ~ 機甲部隊士官 ; 〖古〗騎兵隊士官.
3 〖集合的〗馬. ~ de cirque サーカスの馬.
4 〖貨幣〗~ de Saint-George 英国貨幣(裏面に聖ジョージの騎馬像が刻まれている貨幣). traite de ~ 英国の金の手形.
5 〖話〗traite (effet) de ~ 融通手形.

cavalier(**ère**) *n.* **1** 騎乗者, 騎手. ~ de cirque サーカスの曲馬師. ~ participant à un concours hippique 馬術競技に参加する騎手. bon (mauvais) ~ 上手な(下手な)騎乗者. 〖聖書〗les Quatre ~s de l'Apocalypse 黙示録の4騎士(侵略, 戦争, 災害, 死を象徴). à la ~ère 騎乗者風に. être vêtu à la ~ 乗馬姿である.
2 (ダンスなどの)パートナー, 相手. 〖舞〗~ seul (カドリーユ踊りの)男性ソロ.〖比喩的〗faire ~ seul 単独行動をとる. jeune fille qui n'a pas de ~ パートナーのいない娘. servir de ~ à une dame 女性のパートナーをつとめる ; 女性に親切に接する.
—*a.* **1** 乗馬用の. allée ~ère (森などの)乗馬道. piste ~ère (道路傍の)乗馬者専用路.
2 無遠慮な, 無作法な ; 横柄な, 生意気な. procédé ~ 無礼なやり口. réponse ~ère 横柄な返事.
3 颯爽とした ; のびのびした, 自由闊達な. air ~ 颯爽とした様子.
4 〖幾何〗perspective ~ère カバリエリの投象法(後上方からの斜投象法). vue ~ère 後上方からの風景画.

cave[1] *n.f.* **1** 地下貯蔵室(庫), 地下倉 ; 地下室 ; 穴蔵. ~ à charbon 地下の石炭貯蔵室.
2 地下の葡萄酒蔵(=~ à vin) ;〖集合的〗地下の酒蔵に貯蔵されている葡萄酒(=réserve de vins). qualités d'une ~ à vin 葡萄酒蔵の特性(室温 9-12℃ ; 湿度 70%). avoir une bonne ~ 葡萄酒の品揃えがよい.
3 葡萄酒販売店 ; 酒店. Les C ~ s Taillevent レ・カーヴ・タイヴァン, タイヴァン酒類販売店.
4 地下のナイトクラブ(ダンシング, キャバレー). Les ~s de Saint-Germain-des-Près (パリの) サン=ジェルマン=デ=プレのカーヴ (ナイトクラブ).
5 キャビネット, 仕切つきの棚. ~ à liqueur リクール(リキュール)酒用キャビネット. ~ à cigares 葉巻保存用ケース.
6 〖話〗rat de ~ (地下倉の鼠→)収税吏 (=commis de contributions indirectes).

cave[2] *a.* **1** 窪んだ. joues ~s 落ち窪んだ頬. yeux ~s 窪んだ眼.
2 〖解剖〗veine ~ supérieure (inférieure) 上(下)大静脈.
3 année ~ (太陰暦で)353日の年. mois ~ 29日の月.

caveau (*pl.* ~**x**) (<cave) *n.m.* **1** 小さな地下倉, 穴倉. ~ à vin 地下の小さな酒倉.
2 (教会堂・墓地の)地下埋葬所 ; 地下廟堂. ~ dans une crypte 地下聖堂内の納骨所. ~ de famille surmonté d'un mausolée 霊廟をいただく一族の地下埋葬所. être enterré dans un ~ 地下廟堂に埋葬される.
3 カヴォー(文人・芸術家がたむろした18世紀のキャバレー・カフェ) ;〖現用〗キャバレー風のシャンソン小屋. ~x de Montmartre モンマルトルのシャンソン小屋. C ~ des Oubliettes カヴォー・デ・ズーブリエット(パリ5区 rue Galande 52 番地にある地下シャンソン小屋).

caverne *n.f.* **1** 洞窟, 洞穴. 〖先史〗âge (homme) des ~s 穴居時代(人). exploration des ~s 洞窟探検(=spéléologie).
2 〖医〗空洞. ~ du poumon 肺の空洞.
3 〖比喩的〗巣窟. ~ d'Ali-Baba アリ=ババの洞窟(盗賊の盗品隠しの場所). ~ de brigands (de voleurs) 盗賊の巣窟 ; べらぼうに高い店.

caverneux(**se**) *a.* **1** 洞窟の多い. montagne ~se 洞窟の多い山.
2 〖解剖〗海綿状の. corps ~ 海綿体.
3 〖医〗空洞のある. poumon ~ 空洞のある肺. râle ~ 小泡音.
4 洞窟の奥から聞こえてくるような. voix ~se うつろな声.

caviar [kavjar] *n.m.* **1** カヴィヤール, キャヴィヤ(ちょうざめ esturgeon の卵) ;〖誤用〗イクラ (=rouge). ~ beluga (sevruga) ベルーガ(セヴルーガ)キャヴィヤ(最上級品). ~ russe (iranien) ロシア(イラン)産のキャヴィヤ. ~ de la Gironde ジロンド河産のキャヴィヤ.
2 (検閲の際に塗りつぶす)黒インク. passer au ~ 黒インクで塗りつぶす(=caviarder).

caviste *n.* **1** (レストランなどの)葡萄酒倉係 ; 酒係り, ソムリエ (=sommelier).
2 酒蔵職人 (=ouvrier ~).
3 酒類販売人 (=marchand de vin). Il y a un excellent ~ au coin de la rue. 街角にいい酒屋がある.

cavitaire *a.*〖医〗**1** 空洞〔性の〕；(特に)肺空洞の；空洞の存在を示す. lésion ~ 空洞性病変(病巣). signes ~s 空洞のある徴候.
2〖解剖〗腔(窩)の(に関する). liquide ~ 腔内液；窩液.
cavité *n.f.* **1** 窪み，空洞，穴.
2〖解剖〗腔，窩. ~ abdominale 腹腔. ~ articulaire 関節腔. ~ buccale 口腔. ~ cœlomique 体腔. ~ des yeux 眼窩(=orbite). ~ du col utérin 子宮頸部. ~ du crâne 頭蓋腔(脳頭蓋の内腔). ~s du nez 鼻腔(=fosses nasales).
3〖医〗空洞(=caverne). ~ dans une dent 虫歯の空洞. ~ d'un abcès 膿瘍の空洞. ~ pulmonaire 肺の空洞.
4〖物理〗空洞；〖冶〗(鋳物の) 巣. ~s dans un liquide 液体中の空洞. ~ résonnante 空洞共振装置.
cayeu ⇨ **caïeu**
CB (=*c*anaux *b*analisés) *n.m.pl.* 市民用通信周波数帯，(無線通信の) 市民バンド；市民無線(=［英］CB [sibi]：Citizen Band). code ~ 市民バンド・コード.
Cb (=columbium) *n.m.*〖化〗〖古〗コロンビウム，ニオブ(niobium)《元素》.
CBI (=*C*ommission *b*aleinière *i*nternationale) *n.f.* 国際捕鯨委員会(=［英］IWC：*I*nternational *W*haling *C*ommission) (1946 年創設).
CBM (=*c*orps *b*lindé-*m*écanisé) *n.m.* 機械化装甲軍団.
CBN (=*C*onservatoires *b*otaniques *n*ationaux) *n.m.pl.* 国立植物保存院(Bailleul, Brest, Gap-Charance, Mascarin, Nancy, Porquerolles に設置). ~ alpin 国立高山植物保存院(Hautes-Alpes 県の Jap に設置).
CBNBP (=*C*onservatoire *b*otanique *n*ational du *B*assin *p*arisien) *n.m.* 国立パリ盆地植物保存センター.
CBW (=［英］*C*hemical, *B*iological *W*arfare) *n.f.* 化学・生物兵器使用戦争(=guerre chimique et biologique).
CC (=*c*ompte *c*ourant) *n.m.* 当座預金口座.
Cc (=*c*irro-*c*umulus) *n.m.* 巻積雲.
CCA[1] (=*C*entre de *c*ommunication *a*vancée) *n.m.* 先端コミュニケーション・センター.
CCA[2] (=*C*ommission des *c*lauses *a*busives) *n.f.*〖商業〗濫用条項監視委員会(経済省管轄；1978 年創設).
CCA[3] (=*C*ommission de *c*ontrôle des *a*ssurances) *n.f.* 保険管理委員会.
CCAM (=*c*lassification *c*ommune des *a*ctes *m*édicaux) *n.f.*〖社会保障〗(健康保険の) 医療行為共通分類. la nouvelle ~ 医療行為の新規共通分類. données descriptives de la version V0 bis de la ~ 医療行為共通分類 V0 bis の記述データ.
CCAS (=*C*entre *c*ommunal d'*a*ide *s*ociale) *n.m.*〖社会保障〗市町村社会扶助センター.
CCC[1] (=*c*ellule *c*ommuniste *c*ombattant) *n.f.*〖政治〗戦闘的共産主義細胞.
CCC[2] (=*c*hlorure de *c*hlorocholine) *n.m.*〖化〗塩化クロロコリン《農薬》.
CCCC (=*C*aisse *c*entrale de *c*rédit *c*oopératif) *n.f.*〖金融〗中央協同貸付金庫.
CCCCNU (=*C*onvention-*c*adre sur les *c*hangements *c*limatiques des *N*ations *u*nies) (=CCNUCC) *n.f.*〖環境〗国連気候変動枠組み条約(=［英］UNFCCC：*U*nited *N*ations *F*ramework *C*onvention on *C*limate *C*hange).
CCCE (=*C*aisse *c*entrale de *c*oopération *é*conomique) *n.f.*〖金融〗経済協力中央金庫(1946 年設立の公定機関. 開発途上国に対するフランスの援助を支えるもの).
CCCEP (=*C*aisse *c*entrale des *C*aisses d'*é*pargne et de *p*révoyance) *n.f.*〖金融〗貯蓄預託金庫中央金庫.
CCCM (=*C*aisse *c*entrale de *C*rédit *m*utuel) *n.f.* 相互銀行中央金庫.
CCCOMC (=*C*oordination pour un *c*ontrôle *c*itoyen de l'*O*rganisation *m*ondiale du *c*ommerce) *n.f.* 世界貿易機関に対する市民の管理をめざす調整団体.
CCD[1] (=*C*entre *c*ollectif de *d*épollution) *n.m.*〖環境〗(廃棄物を処理する) 共同環境浄化センター.
CCD[2] (=［英］*c*harge *c*oupled *d*evice) *n.m.*〖電子工〗電荷結合素子(=dispositif à transfert de charge)《光信号を電気信号に変える撮像素子；電子カメラ，ヴィデオカメラなどに用いる》. capteur ~ de 15,5×23,5 mm d'une résolution de 10,2 M pixels(ディジタルカメラの) 15.5×23.5 mm サイズ，総画素数 10.2 メガピクセルの電荷結合素子(CCD) 撮像素子.〖電算〗mémoire ~ 電荷結合素子(CCD) メモリー.
CCE (=*c*omité *c*entral d'*e*ntreprise) *n.m.* 企業中央委員会(労使によって構成される).
CCEI (=*C*onférence sur la *c*oopération *é*conomique *i*nternationale) *n.f.* 国際経済協力会議(=［英］CIEC：*C*onference of *I*nternational *E*conomic *C*ooperation) (1973 年の第 1 次石油危機のあと，フランスのジスカール・デスタン大統領の提唱によって，産油国，石油消費国間の対話の場として構想され，非産油発展途上国をも含め 27 か国参加の下 1975 年 12 月から 1977 年 6 月にかけて開催された).
CCERS[1] (=*C*omité *c*onsultatif d'*e*xperts sur la *r*églementation du *s*ang) *n.m.*〖医〗血液の規制に関する専門家諮問委員会.
CCERS[2] (=*C*omité *c*onsultatif *e*uropéen de la *r*echerche en *s*anté) *n.m.* (ヨーロッパ連合の) ヨーロッパ保健問題研究諮問委員

CCETT (=Centre commun d'études des télécommunications) n.m. 電気通信研究共同センター.

CCFD (=Comité catholique contre la faim et pour le développement) n.m. 飢餓救済・開発促進カトリック委員会《第三世界開発援助の民間公益組織. 1961年設立. 1984年6月公益団体に認定. 本部Paris》.

CCFP (=Commission nationale des comptes de campagne et des financements politiques) n.f. 選挙経費・政治資金管理国家委員会.

CCG (=Conseil de coopération des Etats arabes du Golfe) n.m. 湾岸アラブ諸国協力評議会《1981年創設；=[英] CCASG: Cooperation Council for the Arabe States of the Gulf》.

CCI[1] (=Centre de création industrielle) n.m. 工業デザインセンター.

CCI[2] (=chambre de commerce et d'industrie) n.f. 商工会議所.

CCI[3] (=Comité consultatif international) n.m. 国際諮問委員会《国際電気通信連合ITUの二つの常設委員会：国際無線通信諮問委員会CCIRと国際電信電話諮問委員会CCITの総称》.

CCIC (=Centre catholique international de coopération avec (pour) l'Unesco) n.m. ユネスコ支援国際カトリック・センター《1947年設立》.

CCIFP (=Chambre de compensation des instruments financiers de Paris) n.f. 《金融》パリ手形交換所.

CCIJP (=Commission de la carte [d'identité des journalistes professionnelles]) n.f. 職業記者証(プレスカード)管理委員会《1935年7月29日の法律によって設立されたジャーナリズム関係労使同数委員会》.

CCIP (=Chambre de commerce et d'industrie de Paris) n.f. パリ商工会議所.

CCIR (=Comité consultatif international des radiocommunications) n.m. 国際無線通信諮問委員会《国際電気通信連合ITUの常設機関のひとつ》.

CCITT (=Comité consultatif international télégraphique et téléphonique) n.m. 国際電信電話諮問委員会《国際電気通信連合ITUの常設機関のひとつ. 世界各国間のダイヤル即時通話を目的とし, 地域と国別の番号を制定. アジアは8, 日本は81》.

CCL (=compagnie de commandement et logistique) n.m. 《軍》(歩兵連隊の)指揮・補給中隊.

CCLIN (=Centre de coordination de la lutte contre les infections nosocomiales) n.m. 《医》院内感染防止対策調整センター《フランスに5カ所設置》.

CCM[1] (=caisse de crédit municipal) n.f. 市町村貸付金庫, 公営質店.

CCM[2] (=contrat court marine) n.m. 《軍》海軍短期雇用契約.

CCMB (=Centre de commutation de messages bancaires) n.m. 《情報処理》銀行メッセージ交換センター.

CCMC (=Comité des constructeurs automobiles du Marché commun) n.m. ヨーロッパ共同市場自動車製造業委員会.

CCNE (=Comité consultatif national d'éthique) n.m. フランス医療倫理諮問委員会.

CCNUCC (=Convention-Cadre des Nations Unies sur les Changements Climatiques) n.f. 国連気候変動枠組条約 (=C-CCCNU；=[英] UNFCCC：United Nations Framework Convention on Climate Change)《1992年締結, 1994年発効》.

CCO (=Centre de contrôle des opérations) n.m. 運航管理センター. ~ d'Air France エール・フランス運航管理センター.

CCOA (=Centre de conduite des opérations aériennes) n.m. 《軍》空軍作戦指揮センター.

CCP[1] (=certificat de compétence professionnelle) n.m. 職務遂行能力証明書.

CCP[2] (=compte courant postal；compte chèque postal) n.m. 郵便振替口座.

CCP[3] (=Conseil central palestinien) n.m. パレスチナ中央評議会《CNPパレスチナ全国評議会とComité exécutif 執行委員会との連絡機関；1973年創設》.

CCPC (=Conférence consultative politique du peuple chinois) n.f. (中国の)全人代(全国人民代表大会).

CCPPRB (=comité consultatif de protection des personnes dans la recherche biomédicale) n.m. 《医》生物医学研究従事者保護に関する諮問委員会《1998年の法律により設置》. Conférance nationale des ~ 生物医学研究従事者保護に関する諮問委員会全国大会.

CCQAB (=Comité consultatif pour les questions adiministratives et budgétaires) n.m. (国連の)事務機構・予算問題諮問委員会.

CCR (=coefficient de capitalisation des résultats) n.m. 《証券》株価収益率《株の時価と1株当たりの利益との比率；=[英] PER：price earnings ratio》.

CCRAD (=Comité consultatif pour la répression des abus de droit) n.m. 権利濫用抑止諮問委員会.

CCRE (=comité consultatif régional de l'environnement) n.m. 地方環境問題諮問委員会.

CCSDN (=Commission consulative du secret de la défense nationale) n.f. 国防機密に関する諮問委員会《1988年創設, 3名の法務官と与野党各1名の国会議員の計5

CCU (=compagnies de circulation urbaines) n.f.pl. 都市巡回警官隊.
CD¹ (=Centre démocrate) n.m. 民主中道派《1966-76》.
CD² (=［英］certificate of deposit；C/D とも記す) n.m.『金融』預金証書《記載金額が預金として預け入れられていることを証明する銀行発行の記名証書. =［仏］certificat de dépôt》. ~ négociable 譲渡性預金〔証書〕.
CD³ (=［英］Compact Disc；［仏］compact disque) n.f. コンパクト・ディスク (=disque compact, disque numérique).
◆コンパクト・ディスクの種類：CD-A (=audio) オーディオ・コンパクト・ディスク. CD-E (=effaçable) 消去可能コンパクト・ディスク《ex. 光磁気ディスク》. CD-I (=intractif) 双方向性コンパクト・ディスク《1988年 Philips 開発. AV の情報を対話形式で検索・利用できるもの》. CD-Photo フォト・コンパクト・ディスク《1992年 Kodak の開発. フィルムの映像をコンパクト・ディスクに記録したもの》. CD-R (=à enregistrement unique) 書込み専用コンパクト・ディスク. CD-ROM (=［英］Read Only Memory,［仏］à lecture seulement) 読み取り専用コンパクト・ディスク《ex. Data Discman》. CD-V (=vidéo) ヴィデオ・コンパクト・ディスク.
CD⁴ (=［英］Conference on Disarmament) n.f. (国連の) 軍縮会議；ジュネーヴ軍縮会議 (=［仏］la Conférence du désarmement de Genève).
CD⁵ (=corps diplomatique) n.m. 外交団
Cd (=cadmium) n.m.『化』「カドミウム」の元素記号.
CD2C (=centre [de] Défense 2ème chance) n.m. 国防省第2のチャンス・センター《国防省が主体となり, 18-21 歳の就学困難者, 学校の修了免状未取得者, 無職で健康な志願者を対象とする職業訓練センター；2005年8月に設置が決まり全国各地に, 2006年11月30日までに11カ所, 2007年7月までに14カ所が開設され, 更に23カ所が開設予定；民間人扱いで軍人訓練は実施されず, 建築・土木・調理・ホテル業務・緑地管理・介護などの職業訓練を10カ月行う；給与は支給》.
CD4 (=classe de différenciation n°4) n.f.『生』第四分化群. molécule ~ 第四分化群分子.
CDA (=couche de demi-atténuation) n.f.『原子力』半価層, 半減層《放射線の強度を半減させるのに必要な吸収物質の厚さ；=［英］HVT：half [-value] thickness, HVL：half-value layer》.
CDAG (=consultation de dépistage anonyme et gratuit) n.f.pl.『医』無記名無料検診. ~ du VIH ヒト免疫不全ウイルス (エイズ) 無記名無料検診.
CDAOA (=commandement de la défense aérienne et des opérations aériennes) n.m.『軍』防空・空軍作戦司令部.
CDC (=Caisse des dépôts et consignations) n.f. 預金供託金庫.
CDCA (=Comité de défense des commerçants et des artisans) n.m. 商人・職人擁護委員会.
CDCAE (=Confédération de défense des commerçants et artisans européens) n.f. ヨーロッパ商人職人擁護連盟.
CDD (=contrat à durée déterminée) n.m. 期間限定契約, 有限契約《CDI：contrat à durée indéterminée「不定期契約」の対》.
CDDP (=centre départemental de documentation pédagogique) n.m. 県教育学資料センター.
CDEC (=commission départementale d'équipement commercial) n.f. 県商業施設委員会.
CDES (=commission de l'éducation spéciale) n.f. 特別教育委員会.
CdF (=Charbonnages de France) 〔無冠詞〕n.m. フランス石炭公社. subventions de l'Etat à ~ フランス石灰公社に対する国庫助成金.
CdF-chimie (=Charbonnages de France-chimie) 〔無冠詞〕n.pr. フランス石炭化学《フランス石炭公社の子会社》.
CDG (=Charles de Gaulle) パリ=ロワシー=シャルル=ド=ゴール空港 aéroport de Paris-Roissy-Charles-de-Gaulle のコード. **2** le《~》シャルル=ド=ゴール号《フランス海軍の航空母艦》.
CDI¹ (=centre de documentation et d'information) n.m.『教育』資料・情報センター.
CDI² (=centre des impôts) n.m. 税務署.
CD[-]I³ (=［英］compact disc interactif) n.m.『情報処理』双方向性 CD (=［仏］DCI：disque compact imformatique) 《記録可能な CD》.
CDI⁴ (=contrat à durée indéterminée) n.m. 不定期契約《CDD：contrat à durée déterminée「期間限定契約」の対》.
CDIA (=Centre de documentation et d'information de l'assurance) n.m. 保険資料・情報センター.
CDIT (=Centre de documentation et d'information sur le tabac) n.m. タバコ資料・情報センター.
CDJ (=centre de détention des jeunes) n.m. 少年拘置所《13-21歳の男子のみを拘留する》.
CDMA (=［英］Code Division Multiple Access) n.m.『通信』符号分割多重アクセス方式《ディジタル携帯電話の通信方式》.
CDMO (=Centre de droit maritime et

*oc*é*anique*) *n.m.* 海洋法センター《ナント Nantes 大学法学部内》.

CDN (=*C*entre *d*ramatique *n*ational) *n. m.* 国立演劇センター. ~ Enfance et Jeunesse 青少年演劇センター (= ~ pour l'enfance et la jeunesse) (1979 年創設).

CDO (= [英] *c*ollateralised *d*ebt *o*bligations) *n.f.pl.* 《金融》債務担保証券《社債や貸出債権などで構成される資産を担保とする証券》; = [仏] *o*bligations *a*dossées à *d*es *a*ctifs). marché des ~ 債務担保証券市場. risques des ~ 債務担保証券のリスク.

CDP[1] (=*C*entre *d*émocratie et *p*rogrès) *n.m.* 民主進歩中道派《1976 年民主中道派と合併して CDS となる》.

CDP[2] (=*C*ongrès des *d*éputés du *p*euple) *n.m.* 《史》(ソ連の) 人民代議員大会.

CD-Photo *n.m.* フォト CD《1992 年コダック開発の写真を収録したコンパクト・ディスク》. ~ vierge 無録画の新品フォト CD. lecteur ~ フォト CD プレーヤー.

CDR (=*C*onsortium *d*e *r*éalisation) *n.m.* 《財政》(金融資産などの) 現金化企業連合 (コンソーシアム); 実行組合. ~ chargé de vendre les actifs de la banque 銀行株売却実行組合.

CdR (=*C*omité *d*es *r*égions) *n.m.* 《行政》(UE, EU, ヨーロッパ連合の) 地方委員会 《1992 年の traité de Maastricht で創設が決まり, 1994 年発足; ヨーロッパ評議会・ヨーロッパ議会・ヨーロッパ委員会に対する地域問題の諮問委員会; ヨーロッパ評議会が任命する任期 4 年の地域代表 344 名により構成》.

CD-ROM, CDRom [sederɔm], **cédérom** (= [英] *C*ompact *D*isk-*R*ead *O*nly *M*emory) *n.m.* シー・ディー＝ロム《CD のフォーマットを利用した読み出し専用の光ディスク》; = [仏] disque optique compact コンパクト光ディスク). lecteur de ~ CD-ROM ドライヴ装置.

CD-RW (= [英] *c*ompact *d*isc *r*e*w*ritable) *n.m.* 《情報処理》リライタブル・コンパクトディスク, 書き換え可能 CD (= [仏] compact disque réenregistrable).

CDS[1] (=*C*entre *d*es *d*émocrates *s*ociaux) *n.m.* 社会民主中道派《1966 年設立の民主中道派 CD と 1969 年設立の民主進歩中道派 CDP が 1976 年に合併した政治団体》.

CDS[2] (=*C*omité *d*irecteur *s*cientifique) *n. m.* (ヨーロッパ連合ヨーロッパ委員会の) 科学問題指導委員会.

CdS (= [英] *c*a*d*mium *s*ulfide) *n.m.* 《化》硫化カドミウム (= [仏] *s*ulfure *d*e *c*admium)《淡黄またはオレンジ色の非水溶性粉末で塗料・顔料や, カメラの露光測定の受光素子などに用いられる》. cellule ~ カドミウム電池.

Cds, CDS[3] (=*C*onseil *d*e *s*écurité) *n. m.* 国連安全保障理事会.

CDST (=*C*entre de *d*ocumentation *s*cientifique et *t*echnique) *n.m.* 科学技術資料センター.

CDTD (=*C*entre de *d*istribution de *t*ravail à *d*omicile) *n.m.* 内職配分センター《成人心身障害者援助機関》.

CDU[1] (= [独] *C*hristlich-*D*emokratische *U*nion) *n.f.* (ドイツの) キリスト教民主同盟 (党)《1945 年結成; = [仏] Union chrétienne-démocrate, Parti chrétien-démocrate [allemand]》. 《史》le ~-Est 東ドイツ・キリスト教民主同盟.

CDU[2] (= *c*lassification *d*écimale *univer*selle) *n.f.* 国際十進分類法 (= [英] UDC : *U*niversal *D*ecimal *C*lassification).

CDUC (= *c*ommission *d*épartementale d'*u*rbanisme *c*ommercial) *n.f.* 県商業都市計画委員会.

CDU-CSU (= [独] *C*hristlich-*D*emokratische *U*nion–*C*hristlich-*S*oziale *U*nion) *n.f.* (ドイツの) キリスト教民主同盟＝キリスト教社会同盟連合《1949-69 年と 1982 年以降与党; = [仏] Union chrétienne-démocrate-Union chrétienne-sociale または Union démocrate-chrétienne-Union sociale-chrétienne》.

CD[-]V (= [英] *C*ompact *D*isk-*V*ideo) *n.m.* ヴィデオ・コンパクト・ディスク (= [仏] vidéo-disque compact).

CDZ (= *C*omité de *d*éfense de *z*one) *n.m.* 《軍》防衛管区委員会.

CE[1] (*c*omité d'*e*ntreprise) *n.m.* 《経済・労働》企業委員会《労使協議委員会; 1945 年導入》.

CE[2] (= *C*ommunauté(s) *e*uropéenne(s)) *n. pr.f.* ヨーロッパ共同体 (= [英] EC : *E*uropean *C*ommunity) (1993 年 1 月 1 日 CEE (*C*ommunauté *é*conomique *e*uropéenne ; [英] EEC) を改称; 1993 年 11 月 1 日 UE (Union européenne) に移行).

CE[3] (=*c*ycle *é*lémentaire) *n.m.* 《教育》基礎課程《フランスの初等教育の第二段階. 小学校の第 2・第 3 学年で 7～9 歳児を対象. CE 1 基礎課程第 1 年次と CE 2 基礎課程第 2 年次から成り, それぞれ旧制度の第 10 学級 10e, 第 9 学級 9e に相当》.

Ce (= *c*érium) *n.m.* 《化》「セリウム」の元素記号.

CEA[1] (= *C*ommissariat à l'*é*nergie *a*tomique) *n.m.* 原子力局.

CEA[2] (= *C*ommission *é*conomique pour l'*A*frique) *n.f.* アフリカ経済委員会.

CEA[3] (= *C*omité *é*conomique *a*gricole) *n.m.* 農業経済委員会.

CEA[4] (= *C*onfédération *e*uropéenne de l'*a*griculture) *n.f.* ヨーロッパ農業連合.

CEAA (= *c*ertificat d'*e*tudes *a*pprofondies en *a*rchitecture) *n.m.* 《教育》建築学専門教育修了証.

CEAC (= *C*ommission *e*uropéenne pour

l'*a*viation *c*ivile) *n.f.* ヨーロッパ民間航空委員会.

CEAE (=*C*ompagnie *e*uropéenne d'*a*ccu-mulateurs *é*lectriques) *n.f.* ヨーロッパ蓄電池会社 (CGE の系列会社).

CEAO (=*C*ommunauté *é*conomique de l'*A*frique de l'*O*uest) *n.f.* 西アフリカ経済共同体 (1973 年 4 月創設. 加盟国 le Bénin, Burkina, la Côte-d'Ivoire, le Mali, la Mauritanie, le Niger, le Sénégal. 本部 Ouagadougou).

CEAQ. (=*C*entre d'*é*tudes sur l'*a*ctuel et le *q*uotidien) *n.m.* (ソルボンヌの) 現在・日常研究所 (=~ de la Sorbonne).

CEAT[1] (=*C*entre d'*e*ssai *a*éronautique de *T*oulouse) *n.m.* 〖航空〗トゥールーズ試験飛行センター.

CEAT[2] (=*C*ycle d'*e*nseignement d'*a*gri-culture *t*ropicale) *n.m.* 熱帯農業教育センター (1946 年創設).

CEAUSESCU(**CEAUŞESCU**), **Nicolae** *n.pr.* ニコラエ・チャウセスク ([1918-89], ルーマニアの政治家; 1965 年共産党第一書記, 1967 年国家評議会議長, 1974 年大統領. 独裁者として君臨したが 1989 年 12 月夫人と共に銃殺刑死).

cébiste *n.* 〖電波〗市民バンド (CB) 利用者 (cibiste の公用推奨語).

CeBIT (=〖独〗*C*entrum der *B*üro-und *I*nformations*t*echnik) *n.m.* セビット (毎年 Hannover ハノーファー (ハノーヴァー) で開催される世界最大規模の国際情報技術機器見本市; 〖仏〗Salon des technologies de l'information et de la bureautique de Hanovre). le ~ 2007 2007 年のセビット.

CEC[1] (=*c*irculation *extra*c*orporelle) *n.f.* 〖医〗体外循環, 人工心肺による循環; 人工心肺装置. ~ pour intervention cardiovasculaire 心臓血管手術のための人工心肺利用. thoracotomie avec (sans) ~ 人工心肺装置を利用した (利用しない) 開胸手術.

CEC[2] (=*C*onfédération *e*uropéenne des *c*adres) *n.f.* ヨーロッパ幹部職員連盟.

CEC[3] (=*c*ontrat *e*mploi *c*onsolidé) *n.m.* 〖労働〗強化雇用契約.

CECA (=*C*ommunauté *e*uropéenne du *c*harbon et de l'*a*cier) *n.f.* ヨーロッパ石炭鉄鋼共同体 (1951 年のパリ条約により設立; 本部 Luxemburg).

cécité *n.f.* **1** 〖医〗失明, 盲, 盲目. être frappé de ~ 失明する, 盲になる. ~ acquise (congénitale) 後天性 (先天性) 失明. ~ corticale 皮質盲. ~ diurne (du jour) 昼盲〔症〕. ~ fonctionnelle 機能的盲. ~ légale 法的盲. ~ totale (partielle) 完全 (部分的) 失明.
2 〖精神医学〗盲. ~ psychique 精神盲. ~ verbale 言語盲.
3 〔比喩的〕盲目状態, 無感覚, 無理解. ~ à (pour) *qch* …に対する盲目的状態.

Cecod (=*C*entre d'étude de la *c*ommer-cialisation et de la *d*istribution) *n.m.* 商品化・流通研究センター.

cécogramme *n.m.* 〖郵〗点字郵便.

cécographie *n.f.* 点字〖法〗(=braille).

CECOS[1], **Cecos** (=*C*entre d'*é*tude et de *c*onservation des *œ*ufs et du *s*perme humains) *n.m.* 〖医〗人間の卵子・精子保存研究センター.

CECOS[2] (=*C*entre de *c*onservation du *s*perme) *n.m.* 精液保存センター.

CECSMO (=*c*ertificat d'*é*tudes *c*lini-ques *s*péciales *m*ention *o*rthodontie). *n.m.* 〖教育〗歯科矯正学臨床特別教育修了証.

CED[1] (=*C*entrale *é*olienne de *D*unkerque) *n.f.* ダンケルク風力発電所.

CED[2] (=*C*ommunauté *e*uropéenne de *d*éfense) *n.f.* ヨーロッパ防衛共同体 (1952 年創設).

Cedeao (=*C*ommunauté *é*conomique des *É*tats de l'*A*frique de l'*O*uest) *n.f.* 西アフリカ諸国経済共同体 (1975 年創設, 1977 年発足; 本部 Lagos (Nigéria)).

CEDEL [sedɛl] (=S.A. *C*entrale de li-vraison de valeurs mobilières) *n.f.* 有価証券預託中央株式会社, セデル (1970 年設立のユーロ債の集中預託・決済機関; 本社 Lu-xembourg).

cédérom (< 〖英〗*c*ompact *d*isc *R*ead *O*nly *M*emory) *n.m.* CD-ROM (読み出し専用記憶装置としてのコンパクト・ディスク).

cédétiste *a.* 〖労働〗CFDT (=*C*on-fédération *f*rançaise *d*émocratique du *t*ra-vail, フランス民主主義労働同盟) の.
——*n.* CFDT 加入組合員.

CEDEX, **Cedex** [sedɛks] (=*c*ourier d'*e*ntreprise à *d*istribution *ex*ceptionnelle) *n.m.* 〖郵便〗セデックス, 企業用特別配達郵便 (企業ごとに固有の郵便番号が与えられる). Hachette Livre, 43 quai de Grenel-le, 75905 Paris ~ 15 アシェット書籍編集部, パリ市第 15 区グルネル河岸 43 番地~ 75905.

CEDH (=*C*onvention *e*uropéenne de sau-vegarde des *d*roits de l'*h*omme) *n.f.* 人権擁護に関するヨーロッパ協定.

CEDIAS (=*C*entre d'*é*tudes, de *d*ocu-mentation, d'*i*nformation et d'*a*ction *s*o-ciale) *n.m.* 社会福祉研究・資料・情報・活動センター.

CÉDRA (=*C*oopérative pour l'*e*ntrepo-sage de *d*échets *r*adioactifs) *n.f.* 放射性廃棄物集積協同組合.

Cedre (=*C*entre de *d*ocumentation, de *r*echerche et d'*e*xpérimentations) *n.m.* 資料・調査・実験センター. ~ sur les pollu-tions accidentelles des eaux 事故による水質汚染資料・調査・実験センター.

cèdre *n.m.* **1** 〖植〗セードル (セドルス属

の樹木；地中海原産の Cedrus libani, Cedrus atlantica, Cedrus brevifolia の3種と，ヒマラヤ原産の Cerdrus Deodara の4種がある；［英］cedar）．
~ blanc 白セードル（アメリカ白杉 White Cedar；学名 Thuja occidentalis；Thuja 属の樹木；おにひば，ぬまひのき）. ~ bleu 青セードル，アトラス・セードル（~ de l'Atlas ; 学名 Cedrus atlantica）. ~ de l'Himalaya ヒマラヤ・セードル，セードル，ヒマラヤ杉（学名 Cedrus Deodara；枝垂れ ~ pleureur ともいう）. ~ du Chili チリ・セードル，チリ杉（学名 Austrocedrus chilensis ; Libocedre 属の樹木）. ~ du Liban レバノン・セードル，レバノン杉（学名 Cedrus libani）. ~ rouge occidental 大西洋赤セードル（西洋赤杉）；＝［英］Western Red Cedar；学名 Thuja plicata ; Thuja 属の樹木）.
2 セードル材．

CEDUCEE (= *C*entre d'*é*tudes et de *do*cumentation sur l'*U*RSS, la *C*hine et l'*E*urope de l'*E*st) *n.m.* ソ連・中国・東欧研究資料センター（Documentation française の1部門）．

cédulaire *a.*『税制』所得種目別の．impôt ~ 種目別所得税．

cédule *n.f.* **1**『税』課税所得種目. ~ des bénéfices industriels et commerciaux 商工業課税所得の部．
2『法律』証書；借用証；覚書，メモ. ~ hypothécaire 抵当証書．

CEE[1] (= *C*entre d'*é*tudes de l'*e*mploi) *n.m.* 雇用問題研究所．

CEE[2] (= *C*ommunauté *E*conomique *E*uropéenne) *n.f.* ヨーロッパ経済共同体（1958年ローマ条約発効に伴い，当初は6加盟国で発足．1967年にヨーロッパ石炭鉄鋼共同体（CECA）およびユーラトムとの間で事務局を統合．1993年11月マーストリヒト条約発効に伴いヨーロッパ連合（UE）になる）．

CEEA (= *C*ommunauté *e*uropéenne de l'*é*nergie *a*tomique) *n.f.* ヨーロッパ原子力〔エネルギー〕共同体．

CEES (= *C*omité *e*uropéen de l'*e*nvironnement de la *s*anté) *n.m.*『医』（ヨーロッパ連合の）ヨーロッパ保健環境委員会（1995年創設；Web サイト www.euro.who.int/）．

CEEU (= *C*omité d'*E*tat pour l'*é*tat d'*u*rgence) *n.m.*『史』（ソ連の）国家非常事態委員会（1991年8月19日発足の8人委員会，翌日解体．

CEF (= *C*entre *é*ducatif *f*ermé) *n.m.*『法律』隔離式少年教護センター（13-16歳の常習累犯者を収容する教護施設）．

CEFA (= *C*entre de *f*ormation aux *a*ffaires) *n.m.* 実業養成センター（1971年創立，在 Reims）．

céfaclor *n.m.*『薬』セファクロル（セフェム系第一世代抗生物質；薬剤製品名 Alfatil (*n.m.*)）．

CEFAGI (= *C*entre d'*é*tudes et de *f*ormation des *a*ssistants en *g*estion *i*ndustrielle) *n.m.* 産業経営補助員養成研究センター．

CEFE (= *C*entre d'*é*cologie *f*onctionnelle et *é*volutive) *n.m.* 機能・進化環境学研究所．

CeFeM (= *C*ompanie *f*rançaise du *m*éthane) *n.f.* フランスメタン公社（フランスガス公社 GDF の系列会社）．

céfixime *n.m.*『薬』セフィキシム（セフェム系抗生物質；略記 CFIX）；グラム陰性桿菌などに著効；薬剤製品名 Oroken (*n.m.*) など）．

céfotaximine *n.f.*『薬』セフォタキシミーヌ. ~ de sodium セフォタキシムナトリウム（第三世代のセファロスポリン系抗生物質；商品名 Cloforan など）．

cefpodoxime *n.m.*『薬』セフポドキシム（セフェム系第三世代抗生物質；薬剤製品名 Orelox (*n.m.*)）．

CEFTA (= ［英］*C*entral *E*uropean *F*ree *T*rade *A*greement) *n.m.* 中部ヨーロッパ自由貿易協定（=［仏］ALEEC : Accord de libre échange d'Europe centrale；1992年12月成立；加盟国 : Bulgarie, Hongrie, Pologne, Rép. tchèque, Slovaquie, Slovénie, Roumanie）．

ceftriaxone *n.f.*『薬』セフトリアクソン（第三世代セフェム系抗生物質；薬剤製品名 Rocéphine (*n.f.*) など）．

céfuroxime *n.m.*『薬』セフロキシム（第二世代セフェム系抗生物質；略記 CXM；薬剤製品名 Zinnat (*n.m.*) など）．

CEG (= *c*ollège d'*e*nseignement *g*énéral) *n.m.* 普通教育コレージュ（旧制；1983年以降 CES, 旧制リセの第1課程と合わせ中学校 collège に再編）．

cégep *n.m.*［カナダ］一般教育・職業教育コレージュ（*c*ollège d'*e*nseignement *gé*néral *et p*rofessionnel の略称）．

cégésima*l* (***ale***) (*pl. **aux***) *a.* C.G.S. 単位系の．

cégétiste *a.*『労働』CGT (= *C*onfédération *g*énérale du *t*ravail「フランス労働総同盟」) の．
― *n.* CGT 加入組合員．

CEI (= *C*ommunauté d'*E*tats *i*ndépendants) *n.f.* 独立国家共同体（=［露］Sodroujestvo *N*ezavissimykh *G*ossoudarstv (SNG)；=［英］CIS : *C*ommonwealth of *I*ndependent *S*tates；1991年12月のソ連邦崩壊後，旧連邦構成共和国11カ国によって構成された組織）. les pays ~ 独立国家共同体加盟諸国．

ceinture *n.f.* **1**『服』帯，ベルト，バンド. serrer (attacher) sa ~ バンドを締める. ~ japonaise 和服の帯．『柔道』~ noire 黒帯，黒帯の柔道家（初段から5段）．『柔道』~ blanche large 幅広白帯；~ の柔道家（12段）．『カナダ』~ fléché（カーニヴァルで着

用する) 矢柄模様の帯.〖ボクシング〗frapper au-dessous de la 〜 ローブローを打つ. faire 〜 ; se mettre (se serrer) la 〜 〖話〗何も食べずにすます, 空腹を我慢する ;〖比喩的〗何もしないですます.〖俗〗s'en mettre plein la 〜 鱈腹食べる.
2 帯状のもの;腹帯, 腹巻;たすき. 〜 de chasteté 貞操帯. 〜 de grossesse (妊婦用の)腹帯. 〜 de sauvetage 救命胴衣. 〜 de sécurité (座席の) 安全ベルト. conducteur sans 〜 安全ベルトを着用していない運転者. port obligatoire de la 〜 de sécurité 安全ベルトの義務的着用. Attachez vos 〜s !安全ベルトをお締めください (機内放送);〖比喩的〗危険に御用心.〖医〗〜 médicale (orthopédique) 整形用の腹部コルセット.
3〖解剖〗肢帯. 〜 abdominale 腹筋帯. 〜 pelvienne〖解剖〗骨盤帯;〖動〗腰帯 (ようい).〖解剖〗〜 scapulaire 肩帯 (肩甲骨 omoplate と鎖骨 clavicule).
4 胴巻き, 巾着 (きんちゃく).
5 腰, 胴, ウエスト. avoir de l'eau au-dessus de la 〜 腰の上まで水につかる.
6〖レスリング〗胴締め. 〜 avant ボディー・ロック.
7 環状のもの;環状地帯, ベルト;(鉄道, 道路などの)環状線. 〜 de murailles d'une ville 城塞都市を取巻く城壁. la 〜 de Paris パリ外環地区 (27,746 ha). 〜 dorée (ブルターニュの) 黄金海岸 (Locquirec 岬から Plouescat まで). la C 〜 rouge 赤色ベルト地帯 (パリを取巻く郊外の左翼支配地区). 〜 séismique 地震帯. 〜 verte 緑地帯, グリーンベルト.
la Grande C 〜 パリの外環道路. la Petite C 〜 パリの内環道路 (略記 PC). boulevards de 〜 環状大通り.〖鉄道〗ligne 〜 〔de chemin de fer〕 de Paris パリ環状線.
8 帯金, 鉄輪. 〜 de la bouche d'un canon 大砲の砲口の帯金.
9 帯状装飾;〖美術〗(円柱の) 環状装飾, 縁輪 (へりわ). 〜 d'un fauteuil 肱掛椅子の帯状装飾.
10〖海〗(船の) 索製防舷物, ロープ・フェンダー.
11〖天文〗帯. 〜 de rayonnement 放射帯. 〜 Van Allen ヴァン・アレン帯.

CEIP (= Centre d'évaluation et d'information sur la pharmacodépendance) n.m.〖医〗薬物依存症に関する評価・情報センター.

CEJ[1] (= Centre d'études juridiques) n.m. 法律学センター (大学付属).

CEJ[2] (= Centre européen de la jeunesse) n.m. ヨーロッパ青少年センター (1972年設立. 本部 Strasbourg).

CEL (= compte épargne-logement) n.m. 住居貯蓄口座.

-cèle 〔ギ〕 ELEM 〖女性語尾〗「腫瘍, ヘルニア」の意 (ex. bronchocèle 気管支瘤).

célébration n.f. **1** (儀式・祭典などの) 挙式, 挙行;〖カトリック〗(ミサなどの) 執行. 〜 d'un mariage 結婚の挙式, 結婚式. 〜 de la messe ミサの執行.
2 祝賀. 〜 d'un anniversaire de naissance 誕生日の祝賀.

célèbre a.〖時に名詞の前〗**1** 有名な, 著名な;名高い. 〜 écrivain;écrivain 〜 著名な作家. événement 〜 有名な事件. personnage 〜 dans le monde entier 世界的有名人. 〜 par (pour) qch 何で有名か. région 〜 pour ses vins rouges 赤葡萄酒の生産地として名高い地方. devenir (se rendre) 〜 有名になる.
2〖古〗厳粛な;荘厳な;壮麗な.

célébrité n.f. **1** 有名さ;名声. 〜 d'une œuvre 作品の名高さ. acquérir la 〜 名声を獲得する.
2 有名人, 知名人, 名士, 花形. 〜s du jour 当代の名士たち. 〜s du monde artistique 美術界の著名人たち.
3〖古〗荘厳さ;壮麗.

céleri n.m. セルリ, セロリ (= ordinaire, 〜 à côtes);セルリ=ラヴ, 根セロリ (= céleri-rave). 〜 à côtes セロリ (主に茎を食用に供する).

céleri-rave (pl. 〜s-〜s) n.m. セルリ=ラヴ, 根セロリ (主に, 千切りにしてゆでたものをマヨネーズで和えて食べる).

céleste a. **1** 天空の, 空の, 天の;空色の. corps 〜s 天体. couleur bleu 〜 空色. espaces 〜s 天空, 空.〖文〗voûte 〜 天空, 空.
2 天上の, 天国の, 天界の;神の. armée 〜 天使の群れ. cité (demeure) 〜 天国. colère 〜 神の怒り. esprits 〜s 天上の精霊. le Père 〜 天にまします父, 神.〖カトリック〗pain 〜 聖体のパン.
3 この世のものとは思われない, 玄妙な, 天使のような. beauté 〜 この世のものとは思われない美しさ. voix 〜 天使のような声.〖音楽〗ヴォワ・セレスト (オルガンの奏法).
4 le C 〜 Empire 天子の帝国, 天下楽園 (天子とされる皇帝の治める中国).
5〖化〗eau 〜 シュヴァイツァー試薬, テトラアンミン銅 (II) 硫酸塩水溶液.

célibat n.m. **1** 独身;独身生活. vivre dans le 〜 独身で暮す.
2〖カトリック〗(聖職者の) 独身制. 〜 ecclésiastique 聖職者の独身制.
3〖古〗(夫婦間の) 禁欲;禁欲生活.

célibataire a. **1** 独身の;独身者の;独身者らしい. habitudes 〜s 独身者の生活習慣.〖法律〗mère 〜 未婚の母 (旧称 fille-mère). rester 〜 独身のままでいる. **2**〖物理〗électron 〜 奇電子.
── n. 独身者. vivre en 〜 独身暮しをする.〖話〗voyager en 〜 独り旅をする.

céliprolol n.m.〖薬〗セリプロロール (β

cellophane

遮断薬；本態性高血圧症・狭心症治療薬；薬剤製品名 Célectol (*n.m.*) など).

cellophane (<*C~*, 商標) *n.f.* セロファン；セロファン紙 (=papier ~).

cellulaire[1] *a.* **1** 〚生〛細胞の. adhérence ~ 細胞接着. cycle ~ 細胞周期. eau ~ 細胞内液. division ~ 細胞分裂. fusion ~ 細胞融合. granule ~ 細胞質顆粒. immunité ~ 細胞性免疫. membrane ~ 細胞膜. pathologie ~ 細胞病理学, 体液病理学. tissu ~ 細胞組織.
2 〚刑法〛独房の régime ~ 独房制.
——*n.f.* 独房拘禁；独房制.

cellulaire[2] 〚電気通信〛セル方式の, セルラー〔サービスエリアを小区画に分割し, 小出力の中継局を設置する方式〕. téléphone ~ セル方式(セルラー)電話, 携帯電話.

cellulase *n.f.* 〚生, 化〛セルラーゼ (セルローズ分解酵素).

cellule *n.f.* **1** 独房, 独居房, 個室, 私室；〚軍〛営倉. ~ de moine 僧房.
2 房, 胞, 穴, 小部屋, (蜂の巣の)穴, 〚解剖〛蜂巣.
3 〚生〛細胞. ~ autonome 単細胞生物. ~ embryonnaire 胚性幹細胞, ES 細胞. ~ pluripotente 多能性幹細胞. ~ pluripotente induite 誘導多能性幹細胞, iPS 万能細胞. ~-souche 芽細胞, 幹細胞, 万能細胞. ~ souche totipotente 万能幹細胞. ~ stomatique (気孔の)孔辺細胞.
4 構成要素, 基本単位；〚政治〛(共産党などの)細胞, 細胞の集会；(官庁の)小組織, タスクフォース. ~ de crise 危機管理室.
5 〚航空〛機体と翼.
6 〚電〛セル, 電池. ~ photoélectrique 光電管, 光化学電池, 光電池. ~ sélénière セレン電池. ~ solaire 太陽電池.
7 〚写真〛露出計 (=posemètre).
8 〚情報〛セル.
9 〚家電〛(レコードプレーヤーの)カートリッジ (= ~ de lecture). ~ magnétodynamique 磁石作動型カートリッジ.

cellule-souche (*pl.* ~s-~s) *n.f.* 〚生〛幹細胞. ~ totipotente 万能幹細胞.

cellulite *n.f.* **1** セリュライト (臀部, 大腿部, 腹部, 腰部, 二の腕などに蓄積された皮下脂肪の塊り；俗称「オレンジ肌」peau d'orange).
2 〚医〛蜂巣炎, 蜂窩織炎, 蜂巣織炎, フレグモーネ. ~ orbitaire 眼窩蜂巣炎, 眼窩蜂巣織炎.

cellulitique *a.* 〚医〛蜂巣炎の. tissu ~ 蜂巣組織.
——*n.* 蜂巣炎患者.

celluloïd[e] (<Celluloid<cellulose+oid, 商標) *n.m.* **1** セルロイド. jouet en ~ セルロイド製玩具.
2 (アニメ製作用の)透明シート, セルロイド.
▶ 〔俗〕**cellulo**.

cellulose [selyloz] *n.f.* **1** 〚化〛セルロース, 繊維素. acétate de ~ 酢酸セルロース.
2 パルプ. ~ sodique ソーダパルプ.

cellulosique *a.* セルロースの；セルロースを含む. matière ~ セルロース質物質. paroi ~ セルロース壁. vernis ~ セルロース系ニス.

celluloyse *n.f.* 〚生物工学〛セルロース分解.

CELSA (=*C*entre d'*é*tudes *l*ittéraires et *s*cientifiques *a*ppliquées) *n.m.* 文学科学応用研究センター (1966 年創立. 宣伝, マーケッティング, パブリック・リレーション, ジャーナリズム関係の養成機関. À Neuilly；=Institut des hautes études de l'information et de la communication 情報・コミュニケーション高等研究院).

Celsius (<Anders C~ [1701-44], スウェーデンの天文学者・物理学者；1742 年に水の氷点を 100℃, 沸点を 0℃とする温度目盛を考案, 後に 1 atm 下の水の氷点を 0℃, 沸点を 100℃に改めた). degré ~ セルシウス温度, 摂氏(氏)温度 (表記℃；0℃はケルヴィン温度-273.15 に相当).

CELT (=*c*ompte d'*é*pargne à *l*ong *t*erme) *n.m.* 長期貯蓄口座.

Celte *n.* ケルト人.

celte *n.m.* ケルト語.

Celtes *n.m.pl.* ケルト族.

celtique *a.* **1** ケルト族 (les Celtes)の. art ~ ケルト芸術. langue ~ ケルト語. religion ~ ケルト族の宗教.
2 〚言語〛ケルト語の.
——*n.m.* ケルト語.

celtium *n.m.* 〚化〛セルチウム, ハフニウム (hafnium) (元素).

CEM[1] (=*c*hamp *é*lectro *m*agnétique) *n.m.* 〚物理〛電磁場.

CEM[2] (=*c*ompatibilité *é*lectro*m*agnétique) *n.f.* 〚情報処理〛電磁的互換性.

Cema (=*c*hef d'*é*tat-*m*ajeur des *a*rmées) *n.m.* 〚軍〛統合軍参謀長.

Cemac (=*C*ommunauté *é*conomique et *m*onétaire de l'*A*frique *c*entrale) *n.f.* 中央アフリカ経済通貨共同体 (=Udeac：*U*nion *d*ouanière et *é*conomique de l'*A*frique *c*entrale「中央アフリカ関税経済同盟」の後身；1994 年の N'Djamena 条約で設立が決まり, 1998 年発足).

CEMAGREF (=*C*entre national du *m*achinisme *a*gricole, du *g*énie *r*ural, des *e*aux et *f*orêts) *n.m.* 国立農業機械・農業土木・水利・森林研究所.

CEMEA (=*C*entre d'*e*ntraînement aux *m*éthodes d'*é*ducation *a*ctive) *n.m.* 〚教育〛活動的教育方法 (アクティヴ・メソッド) トレーニング・センター.

cémentation *n.f.* セメント結合；接合；〚冶〛浸炭, セメンテーション (木炭粉を用いる製鋼法).

cementerie n.f. セメント製造業；セメント製造工場.

cémentite n.f. 〖冶〗セメンタイト(Fe_3C；一炭化三鉄).

cémentome n.m. 〖医〗セメント質腫, セメント質形成繊維腫.

Cemt (=Conférence européenne des ministres des transports) n.f. ヨーロッパ運輸大臣会議.

CEN (=Centre d'études nucléaires) n.m. 原子力研究センター.

cénacle n.m. **1** イエスと12人の弟子の最後の晩餐(la Cène)の開かれた広間. **2** セナークル(文人・芸術家・学者・政治家などが小数で組織する結社), クラブ, サークル, 同人組織. le C~〖romantique〗ロマン派のセナークル.

CENCEP (=Centre national des caisses d'épargne) n.m. 全国貯蓄金庫センター.

cendre n.f. **1** 灰, 燃えかす, 燃えがら. タバコの灰 (=~〖s〗 d'une cigarette). ~ de bois 木灰. ~ de houille 石炭灰. ~ d'os 骨灰. ~s volantes 飛散灰, フライアッシュ. faire cuire des marrons sous la ~ 栗を灰の中で焼く. Mets la ~ dans le cendrier. タバコの灰を煙皿(すいがら入れ)に入れなさい. feu qui couve dans la ~ 灰の中でくすぶる火. couver sous la ~ (火が)灰の下でくすぶる；〖比喩的〗(反乱などが)くすぶり続ける；(情熱が)心の中で燃え続ける. couvrir un feu de ~ 火に灰をかぶせる(火種を残す). laisser à qn un goût de ~ 人に苦い後味を残す. réduire (mettre) en ~〖s〗 灰儘に帰せしめる.
2 (灰状のもの)粉末, 灰. ~ bleue 群青灰, 塩基性炭酸銅 (cuivre azuré；藍銅鉱の粉末；顔料). ~ verte 岩漿玻璃灰 (孔雀石の粉末；炭酸銅 carbonate de cuivre；顔料). ~s volcaniques 火山灰.
3 灰色 (=couleur de ~)；灰状. ciel de ~ 灰色の空.
4〖文〗〖多く pl.〗遺骨, 遺骸；遺灰；(死者に対する)追憶. transfert des ~s de Napoléon au Panthéon ナポレオンの遺骨のパンテオンへの移葬. ~s du passé (苦々しい)過去の思い出. honorer les ~s des morts 故人を偲ぶ. Paix à ses ~s! (死者に安らぎを→)故人の悪口は止めよう. remuer (troubler) la ~ (les ~s) des morts 死者の行状をあげつらう. renaître de ses ~s 灰の中から甦る.
5〖宗教〗(悔悟の印としての)灰；〖カトリック〗〖pl. で〗聖灰《人間が塵に帰すものであることを銘記させるため司祭が四旬節の初日に信徒の額に十字形に塗る灰》. faire pénitence avec le sac et la ~ 四旬節の断食で贖罪する. 〖カトリック〗cérémonie des C~s 聖灰塗布式. 〖カトリック〗mercredi des C~s 灰水曜日《四旬節 carême の初日》.
6〖狩〗~ de plomb 小粒の鉛の散弾.

cendré¹ n.m. 〖チーズ〗サンドレ《外皮に灰をまぶしたチーズ；=fromage ~). ~ d'Aisy サンドレ・デジー《ブルゴーニュ地方 la Bourgogne で牛乳からつくられる, 軟質, 洗浄外皮のチーズ；脂肪分 45%, 直径 10-12 cm, 厚さ 4-6 cm の円盤状；350-600 g). ~ d'Argonne サンドレ・ダルゴンヌ《シャンパーニュ地方 la Champagne で低脂肪牛乳からつくられる軟質, 灰をまぶした自然外皮のチーズ；脂肪分 30-35%). ~ de Champagne サンドレ・ド・シャンパーニュ, サンドレ・デ・リセー (=~ des Riceys)《シャンパーニュ地方 la champagne で脱脂牛乳からつくられる, 軟質, 灰をまぶした自然外皮のチーズ；脂肪分 20-30%；直径 11 cm, 厚さ 3 cm の平らな円盤状；250 g).

cendré²(**e**) a. **1** 灰色の, 灰色がかった. cheveux blond ~ 灰色がかった金髪. **2** 灰をまぶした. fromage ~ 灰をまぶしたチーズ, サンドレ (=~, n.m.).

cendrier n.m. **1** 灰皿. ~ de verre ガラスの灰皿. vider les ~s 灰皿を掃除する. **2** (機工)灰うけ, 灰だめ；(蒸気機関車の)灰箱 (=~ de foyer). vider le ~ d'un poêle ストーヴの灰うけを掃除して空にする.

cène n.f. **1** la C~ キリストの最後の晩餐；〖美術〗キリスト最後の晩餐図. **2**〖カトリック〗洗足式《聖木曜日の祭儀). **3**〖プロテスタント〗la sainte ~ 聖餐式.

CENECA (=Centre national des expositions et concours agricoles) n.m. 〖農〗国立農業博覧会・コンクール・センター《国際農業見本市 Salon international de l'Agriculture, 農業コンクール Concours général agricole, 国際農業会議などを組織・運営).

cenelle n.f. 〖植〗オーベピーヌ (aubépine「西洋さんざし」)の実.

cenellier, senellier [sənɛlje] n.m. 〖植物〗(中部フランス, カナダ)オーベピーヌ (=aubépine「西洋さんざし」).

cénesthésie, cœnesthésie n.f. 〖医・心〗体感.

cénesthésique a. 体感の.

cénesthopathie n.f. 〖精神医学〗セネストパシー, 体感異常, 体感症《体感の幻覚症).

cénozoïque n.m. 〖地学〗新生代 (=ère tertiaire 第三紀).
— a. 新生代の. ère ~ 新生代.

CENS (=Centre d'études nucléaires de Saclay) n.m. サクレー原子力研究センター.

censeur n.m. **1** (出版物などの)検閲官 (=~ des livres). ~ des films 映画検閲官. ~ des journaux 新聞検閲官. Il (Elle) est ~. 彼(彼女)は検閲官である.
2〖法律〗(政府任命の)財政監査官；(会社の)計算検査役；会計監査役 (=commissaire aux comptes). ~s de la Banque de

censorial(*ale*)

France フランス銀行監査役.
3〖教育〗〖古〗(lycée の) 生徒監, 生徒主事 (=~ des études);〖現用〗副校長 (=proviseur adjoint)《女性の場合は Madame le ~ または la ~;カナダでは la censeure).
4〖比喩的〗あら探し屋;厳しい批評家. ~ équitable 公平な批評家. ~ injuste 不当なあら探し屋 (批評家).
5〖古ローマ〗(人口調査・風俗取締の) 監察官.

censorial(*ale*) (*pl.aux*) 検閲 (censure) に関する (の). loi ~*ale* 検閲法.

censure *n.f.* **1** 検閲;(検閲結果としての) 不許可, 否認処分. ~ a posteriori 事後検閲. ~ a priori 事前検閲. visa de ~ 検閲済証.
◆新聞・雑誌の検閲は 1881 年に廃止, 演劇については 1906 年に同じく廃止されたが, 映画は 1919 年以来, 検閲の対象となっている.
2 検閲担当官;検閲係〔機関〕.
3 不信任. motion de ~ 内閣不信任案, 問責動議.
4〖法律〗《国会議員, 司法官, 公吏に適用される》懲罰譴責処分.
5〖教会〗譴責, 禁書.

censuré(*e*) *a.p.* 検閲された;検閲により改正された;検閲処分を受けた;検閲により発禁になった. auteur ~ 検閲の対象となった作家;検閲処分を受けた作家. film (journal) ~ 検閲された映画 (新聞);発禁処分を受けた映画 (新聞).
——*n.m.* 検閲の対象となった語 (=mot ~);検閲で削除された語 (文章).

cent *a.num.card.* **1** 100 の. ~ ans 100 年.〖史〗la Guerre de C~ Ans 百年戦争. avoir ~ ans 100 歳である.〖史〗les C~ Jours (ナポレオン 1 世の) 百日天下. ~ kilomètres〔à〕l'heure 時速 100 キロ. ~ litres 100 リットル (=hectolitre). ~ mètres 100 メートル.〖スポーツ〗un ~ mètres 100 メートル競走.〖水泳〗un ~ mètres nage libre messieurs 男子 100 メートル自由型〖競泳〗.〖陸上競技〗courir un quinze ~*s* mètres 1500 メートル・レースに出走する.
2 100 もの;数多くの. ~ fois 100 倍も, 100 回も. ~ fois moins 100 分の 1 の. avoir ~ fois raison この上なく正しい. faire les ~ pas 行きつ戻りつする. C'est ~ fois mieux. それはずっとよい. Je l'ai dit ~〔et ~〕fois. 口が酸っぱくなるほどそう言ったろう.
——*a.num.ord.inv.* 100 番目の. le numéro cinq ~ 500 番. page deux ~ 第 200 ページ. en dix-neuf (mil neuf) ~ quatre-vingt-dix-neuf 1999 年に.
——*n.m.* (*pr.num.card.*) **1** (数の) 100 (100 の倍数の時は複数語尾の *s* がつくが;端数がつく場合は *s* なし. *ex* trois ~*s*: 300; trois ~ un [trwasɑ̃]: 301). Cinq fois [multi-plié par] vingt égale (font) ~. 5×20=100. multipliés de ~ の倍数.
pour ~ 100 について, パーセント (%). cinq pour ~ d'intérêt 5 % の利率 (=intérêt de cinq pour ~). fromage à 45 pour cent de matière grasse 脂肪分 45 %のチーズ.〔à〕~ pour ~ 100 %;〖比喩的〗完全に. une production ~ pour ~ française 100 %のフランス製品. Elle est parisienne à ~ pour ~. 彼女は生粋のパリっ子である. augmenter de quatre pour ~ 4 %増や〔増える〕. Soixante pour ~ de la population a voté. 住民の 60 % が投票した. Trent pour ~ des gens se sont abstenus. 30 %の人々が棄権した.
2 100 (=numéro ~);100 番地;100 号室. habiter〔au〕~ de la rue Grenelle グルネル通りの 100 番地に住む. Le ~ a gagné. 100 番が当選した. Le ~ est libre. 100 号室は空室.
3 100 ほど;多数. ~ et un (*e*) 沢山の. ~ et une histoire 数多くの物語.〖話〗~ sept ans 長い間. il y a ~ sept ans ずっと以前に. un ~ (deux ~*s*) d'œufs 100 (200) 個ほどの卵. en un mot comme en ~ 手短かに言えば;要するに. des mille et des ~*s* 数千数百;厖大な量 (額). gagner des mille et des ~*s* べらぼうに稼ぐ.〖話〗Je vous le donne en ~. 言い当てられたらえらいもんだ.
4〖ゲーム〗100 点勝負. un ~ de domino (de piquet) ドミノ (ピケ) の 100 点勝負.
◆〖序数詞の代りに用いられる時と, うしろに端数および mille を伴う時は無変化〗. trois ~ mille 30 万. deux ~*s* millions 2 億. deux ~ cinquante millions 2 億 5 千万.

centaine *n.f.* **1**〖数〗100;(数値の) 100 の位. La ~ comprend dix dizaines. 100 は 10×10. la colonne des ~*s* dans une addition 加算での 100 の位 (桁).
2 100 人;100 個. dix euros la ~ 100 個につき 10 ユーロ. numéroter la première ~ d'exemplaires 最初の 100 部に番号をふる.
3 およそ 100, 約 100. une ~ de+複数名詞 約 100 の…(une ~ de+複数名詞が主語の時, 動詞は時に単数). Une ~ d'années a (ont) coulé (s). 100 年ほどの年が過ぎ去った. une bonne ~ たっぷり 100 ほど. plusieurs ~ de voitures 数百の車.
4〔*pl.* で〕~*s* 多数, 多量. Je te l'ai dit des ~*s* de fois. あれほど繰返して君に言ったのに. par ~*s* 大量に (=à la ~). Les participants arrivent par ~*s*. 参加者は大挙してやって来た.
5 la ~ 百歳 (=âge de cent ans). atteindre la ~ 百歳に達する.
6〖織〗糸枠 (かせ) の括り糸;糸枠.

Centaure *n.m.* **1**〖ギ神話〗ケンタウルス《半人半馬の怪物》. **2**〖天文〗le ~ ケンタウルス座.

centaurée *n.f.* 〖植〗矢車菊(草)(= bleuet；学名 Centaurea cyanus). ~ des montagnes 深山矢車菊(草)〖高山植物；学名 Centaurea montana〗.

centenaire *a.* **1** 百歳の，百歳を経た；百年の，百年を経た；非常に古い. chêne ~ 樹齢百年の楢. possession ~ 百年にわたる所有.
2 百年毎の(= centennal). exposition ~ 百年毎の展示.
—*n.* 百歳の人；百歳を越えた人. une ~ encore active 百歳でなお現役の女性.
—*n.m.* 百年祭；百年毎の記念祭. le ~ de la mort (la naissance) de Zola ゾラの死後(生誕)百周年. célébrer le ~ (le deuxième ~) de la fondation d'une université 大学創立百年(二百年)祭を祝う.

centennal(**ale**)(*pl.aux*) *a.* 百年毎の，百年毎に巡ってくる.

centésimal(**ale**)(*pl.aux*) *a.* **1** 100 等分された；100 分の 1 単位の；100 進法の；100 分法の. échelle ~*ale* 百分の一の縮尺. 〖数〗fraction ~*ale* 分母が 100 の分数.
2〖薬〗(溶液などの) 1 パーセントの.

centime *n.m.* **1** サンチーム (100 分の 1 フラン)；1 サンチーム貨幣. n'avoir pas un ~ 文無しである. pièce de 10 ~*s* 10 サンチーム貨幣.
2〖古〗 ~ additionnel 付加サンチーム税.

centimètre *n.m.* **1**〖度量〗センチメートル(1/100 メートル；略号 cm). ~ carré 平方センチメートル(cm²). ~ cube 立方センチメートル(cm³).
2 (洋服屋などの)巻尺，メジャー. ~ de couturière (de tailleur) 仕立屋のメジャー.

centimétrique *a.* センチメートルの；センチメートル目盛の，センチメートル単位の. 〖電波〗onde ~ センチメートル波.

centrafricain(**e**) *a.* 中央アフリカ共和国 (la République ~*e*)の；~人の.
—*C*~ *n.* 中央アフリカ共和国人.

Centrafricaine(**la**) *n.pr.f.* [国名通称] 中央アフリカ[共和国](公式名称 la République *c*~ 中央アフリカ共和国)；国民：Centrafricaine(*e*)；首都：Bangui バンギ；通貨：franc CFA [XAF]].

centrage (<centrer) *n.m.* **1** 中心(重心, 浮心)の決定. ~ d'un avion 飛行機の浮力の中心(浮心).
2〖工〗心出し，心立て.
3〖スポーツ〗センターリング.
4〖比喩的〗集中，焦点合わせ.

central(**ale**)¹ (*pl.aux*) *a.* **1** 中心の，中央の. administration ~*ale* 中央行政；中央官庁. 〖地理〗l'Asie ~*ale* 中央アジア. 〖教育〗Ecole ~*ale* [des arts et manufactures] 中央工芸学校(1829 年 Paris に創設された国立の技師養成グランド・エコール). 〖物理〗force ~*ale* 中心力. 〖鉄道〗gare ~*ale* 中央駅. maison (prison) ~*ale* (県の) 中央刑務所(刑期 1 年以上の囚人用). 〖地理〗le Massif ~ マシフ・サントラル，中央山塊. poste ~ *ale* 中央郵便局. pouvoir ~ 中央権力. quartier ~ 中心街[区]. 〖解剖〗système nerveux ~ 中枢神経系.
2 集中方式の. chauffage ~ 中央暖房，セントラルヒーティング. 〖電〗unité ~*ale* 中央演算(処理)装置.
3 主要な，枢要な；中核を成す. point ~ de la philosophie de Kant カント哲学の核心. problème ~ 主要(中心)課題.

central² (*pl.aux*) *n.m.* 〖電気通信〗電話交換局(= ~ téléphonique)；電報局(= ~ télégraphique).

centrale² *n.f.* **1** 発電所. ~ hydraulique 水力発電所. ~ marémotrice 潮力発電所. ~ nucléaire 原子力発電所. ~ solaire 太陽熱発電所. ~ thermique au fuel (au charbon) 石油(石炭)火力発電所.
2 la *C*~ 工科大学校(l'Ecole ~ des Arts et Manufactures の略称).
3 中央刑務所(= prison [maison] ~). la *C*~ [-prison] (県の)中央刑務所. la ~ de Clairvaux クレールヴォ中央刑務所.
4 ~ [syndicale] 労働組合全国組織(= Confédération nationale de syndicats).
5〖商業〗 ~ d'achat 共同仕入機構.
6〖航空〗 ~ inertielle 慣性操縦装置.
7 ~ à béton 生コン製造所.

centralien(**ne**) *n.* 国立中央工科学校 (Ecole centrale)の学生(卒業生).

centralisateur(**trice**) *a.* 中央集権的な. politique ~ 中央集権的政治. régime ~ 中央集権体制.
—*n.* 中央集権主義者.

centralisation *n.f.* 中央集中化，中央集権化. ~ administrative 行政の中央集中化. ~ des pouvoirs 権力の集中. ~ économique 経済の中央集中化. ~ industrielle 産業の中央集中化. ~ politique 政治の集中化.

centralisé(**e**) *a.p.* **1** 集中された. forces ~*es* 集中力.
2〖行政〗中央集権化された. pays fortement ~ 強度の中央集権国家.

centralisme *n.m.* 中央集権主義. ~ bureaucratique 官僚集権制. 〖共産主義〗 ~ démocratique 民主集中制.

Centre *n.m.* 〖行政〗le ~ サントル(= la Région ~；フランスとヨーロッパ連合の広域地方行政区画；中部フランス・ロワール河流域地方；le Cher, l'Eure-et-Loir, l'Indre, l'Indre-et-Loire, le Loir-et-Cher, le Loiret の 6 県から成る；39,150 km²；人口 2,440,329；地方庁所在地 Orléans).

Centre(**canal du**) *n.pr.m.* サントル運河 (la Saône ソーヌ川 と la Loire ロワール河を結ぶ運河；長さ 114 km).

centre *n.m.* **I**〖物，空間，思想などの中心〗**1** 中心. 〖気象〗 ~ de dépression (de haute pression) 低(高)気圧の中心. 〖物理〗

~ de gravité 重心.〖数〗~ de symétrie 対称中心. ~ de la Terre 地球の中心.〖解剖〗~ nerveux 神経中枢;〖比喩的〗最重要部分, 中枢部. ~s vitaux 中枢器官.
2 中心部, 中央部, 真ん中. ~ de la ville (= ~ ville) 都心, 町の中央部. habiter au ~ de Paris パリの中心部に住む.〖行政〗région C~ サントル地方.
3 中心点, 核心. ~ d'attention (d'intérêt) 中心的なテーマ, 主要な関心事. au ~ du problème 問題の中心にある.〖同格〗idée ~ 核心にある考え. mot ~ キーワード.
4 (政治の) 中道派. ~ droit (gauche) 保守 (左派) 中道派. parti du ~ 中道政党.
Ⅱ (活動などの中心となる施設, 機関, 場所) commercial ショッピングセンター. ~ d'appel 電話によるコールセンター. ~ industriel (technique) 工業 (技術開発) の中心地. ~ culturel 文化センター. ~ hospitalier universitaire (CHU) 大学病院センター. C~ national d'études spatiales (CNES) 国立宇宙研究所. C~ national de la recherche scientifique (CNRS) 国立学術研究センター.
Ⅲ **1** (活動の) 中心的人物. se croire le ~ de l'univers 自分が世界の中心だと思いこむ. **2**〖スポーツ, 特にサッカー〗センター, センターフォワード (avant-~), センタリング. demi-~ センターハーフ. faire un ~ センタリングをする.

centre-auto (pl. ~s-~s) n.m. 自動車用品センター.

Centre Naturopa n.m. ナチュロパ・センター, ヨーロッパ自然センター 《=〖仏〗Centre européen d'information et de documentation sur la conservation de la nature ヨーロッパ自然保護情報資料センター; 1967 年 Strasbourg に設置》.

centre-ville (pl. ~s-~s) n.m. 都心; 中心街.

centrifugation n.f. 遠心分離.

centrifuge a. 遠心性の (centripète「求心性の」の対). force ~ 遠心力. pompe ~ 遠心 (渦巻) ポンプ.

centrifugeur(se) a. 遠心分離〔機〕の.
——n.m. 遠心分離機.
——n.f. ジューサー, ミキサー.

centriole n.m.〖生〗中心小体.

centripète a. 求心性の (centrifuge「遠心性の」の対). accélération ~ 求心加速. force ~ 求心力. nerfs ~s 求心性神経.

centrisme n.m.〖政治〗中道主義. ~ de droite (de gauche) 右翼 (左翼) 中道主義.

centriste a. 中道〔派〕の. groupe ~ 中道会派, 中道派グループ.
——n. 中道派, 中道主義者.

centromère n.m.〖生〗動原体.
centrosome n.m.〖生〗中心体.
CEP[1] (=Centre d'expérimentation pédagogique) n.m. 教育学実験センター.

CEP[2] (=Centre d'expérimentation du Pacifique) n.m. (フランス領ポリネシアのムルロワ環礁にある) 太平洋核実験センター《1966 年創設; 1998 年閉鎖》.
CEP[3] n.m. **1** (=certificat d'études primaires) 初等教育修了証.
2 (=certificat d'études professionnelles) 職業教育修了証.
CEP[4] (=Compagnie des eaux de Paris) n.f. パリ水道会社.
cep [sɛp] n.m. 葡萄の株 (= ~ de vigne).
cépage n.m. 葡萄の品種; 葡萄の苗. ~ blanc 白葡萄の品種. ~ noir 赤葡萄の品種.
C.E.P.Communication n.pr.f. ヨーロッパ出版, 情報伝達《会社名, 1975 年設立. ヨーロッパ最大の経済・技術関係の専門出版社. 1979 年 Nathan 社, 1983 年 Larousse 社等を傘下におさめた. le Moniteur, l'Usine Nouvelle, Industries et Techniques, OI Informatique, LSA などの定期刊行物を発行》.
CEPE (=certificat d'études primaires et élémentaires) n.m. 初等基礎教育修了証.
cèpe n.m. セップ《食用茸》. ~s à la bordelaise ボルドー風セップ料理《セップをニンニク入りの油でいためたもの》.
cépée n.f.〖植〗ひこばえ.
CEPES (=Comité européen pour le progrès économique et social) n.m. ヨーロッパ経済社会開発委員会.
CEPH (=Centre d'études du polymorphisme humain) n.m. 人間の多形性研究センター.
céphal[o]- [ギ] ELEM 「頭」の意 (ex. céphalalgie 頭痛).
céphalalgie n.f.〖医〗頭痛 (=céphalée; mal de tête). ~ diffuse (localisée) 広域 (局所的) 頭痛. ~ du hot-dog ホットドッグ頭痛《ホットドッグによって惹き起こされる頭痛》.
céphalalgique a.〖医〗頭痛の.
-céphale, -céphalie [ギ] ELEM 「頭」の意 (ex. dolichocéphale 長頭).
céphalée n.f.〖医〗激しくしつこい頭痛 (=céphalagie, mal de tête).
céphalhématome n.f.〖医〗(新生児の) 頭蓋血腫《良性》.
céphaline n.f.〖生化〗ケファリン (=phosphatidyléthanolamine).
céphalique a.〖解剖・医〗頭の. artère ~ 頚動脈. douleur ~ 頭痛 (=céphalalgie).〖人類学〗indice ~ 頭長幅指数《頭幅の頭長に対する百分比; 指数 75 未満は長頭 dolico-céphale, 75 以上は短頭 brachycéphale》. remèdes ~s 頭痛薬. veine ~ 橈側皮静脈.
céphalopodes n.m.pl.〖動〗頭足類. La seiche, le calmar, la pieuvre, le nautile sont des ~. コウイカ, イカ, タコ, オウム貝は頭足類である.

céphalo[-]rachidien(ne) a.【解剖・医】脳と脊髄の (=cérébro-spinal). liquide ～ 脳脊髄液 (略記 LCR).

céphalosporine n.f.【薬】セファロスポリン《セファロスポリウム Cephalosporium 属の不完全菌からつくる抗生物質》.

céphalosporines n.f.pl.【薬】セファロスポリン系《第三世代のセフェム系抗生物質群》.

CépiDc-Inserm (=Centre d'épidémiologie sur les causes médicales de décès de l'Institut national de la santé et de la recherche médicale) n.m.【医】国立保健医学研究所付属の死亡者の医学的死因に関する疫学センター《1968 年創設》. le serveur Internet du ～ 死亡者の医学的死因に関する疫学センターのインターネット・サーヴァー (www.cepidc.idf.inserm.fr/).

CEPII (=Centre d'études prospectives et d'informations internationales) n.m. 未来研究・国際情報センター.

CEPME[1] (=Comité d'équipement des PME) n.m. 中小企業設備整備委員会《1980 年設立の公共融資機関》.

CEPME[2] (=Crédit d'équipement des petites et moyennes entreprises) n.m. 中小企業設備信用金庫.

CEPMMT (=Centre européen pour les prévisions météorologiques à moyen terme) n.m.【気象】ヨーロッパ中期気象予報センター (=[英] ECMRWF : European Centre for Medium-Range Weather Forecasts)《1975 年設立；英国の Reading レディング所在》.

CEPNA (=Centre d'études pour la protection de la nature) n.m. 自然保護研究センター《1976 年設立》.

CEPP (=Commission d'évaluation des produits et prestations) n.f.【社会保障】製品ならびに給付金に関する評価委員会《保健大臣の管轄》.

CEPS[1] (=Comité économique des produits de santé) n.m. 保健医療製品経済委員会《薬価基準の策定などを担う》.

CEPS[2] (=Centre d'études politiques et société) n.m. 政治・社会研究センター.

CEPT (=Confédération européenne des administrations des postes et télécommunications) n.f. ヨーロッパ郵便・遠距離通信経営連合.

CER[1] (=Centre d'éducation renforcée) n.m.【教育】強化教育センター.

CER[2] (=Centre d'expansion régional) n.m. 地方開発委員会.

CER[3] (=Commission pour l'égalité raciale) n.f. 人権平等促進委員会.

Cerafel (=Comité économique régional agricole des fruits et légumes) n.m.【農】青果に関する地方農業経済委員会.

céramide n.m.【生化】セラミド.

céramique (<「粘土焼成物」を示すギリシア語ケラミコス Keramikos に由来) a. 窯業の, 製陶の；セラミックの. art ～ 陶芸. condensateur ～ セラミック・コンデンサー. industrie ～ 窯業；セラミックス製造業. matériau ～ セラミック材. musée ～ 陶芸博物館.
— n.f. **1** 製陶術；陶芸 (=art de ～). industrie de la ～ 窯業, 製陶業；セラミックス製造業. ～ dentaire 陶製義歯製造法.
2 焼物, 陶器；陶磁器, 窯業製品. ～ à pâte imperméable 不透水性の素地による焼物《磁器 porcelaine など》. ～ à pâte poreuse 透水性の多孔質の素地による焼物《陶器 faïence, テラコッタ terre cuite など》. carreaux de ～ peinte 彩色陶製タイル.
3 セラミックス. ～ fine ファインセラミックス.

céramiste n. 陶工；陶芸家；窯業家；セラミックス専門家.

céramologue n. 窯業研究者.

Ceram Sophia-Antipolis n.pr.m.【教】ソフィア＝アンティポリス経営学教育応用研究センター《Ceram=Centre d'enseignement et de recherche appliquée en management；ニースにある経営学のグランド・エコール；旧 ESC-Nice ニース高等商業学校》.

CERC (=Centre d'études des revenus et des coûts) n.m. 所得・生活費研究センター.

CERCEE (=Centre d'études et de recherches de création et d'expansion d'entreprises) n.m. 企業創立発展研究調査センター.

CERCHAR (=Centre d'études et de recherche des charbonnages de France) n.m. フランス石炭研究調査センター.

cerclage n.m. **1** 丸く囲むこと. ～ de tonneaux 樽のたが掛け. ～ d'un colis 包の紐掛け.
2【医】締結〔法〕. ～ du col de l'utérus 子宮頚部締結法 (=～).

cercle n.m. [I] **1** 円. ～ concentrique (excentrique) 同心(離心)円. demi-～ 半円. quadrature du ～ 円積法, 解決不可能な問題.
2 丸, 輪, 円周；【地理】圏, 環. ～ polaire arctique 北極圏.【航空】route de grand ～ (日米間の航空運輸に関連して) 北極圏ルート.
3 環状のもの.
[II] 限られた人の集まり, クラブ, サークル, グループ. ～ d'amis 友人のグループ. ～ de qualité 品質管理サークル (=[英] QC : quality circle). ～ littéraire 文学サークル. ～ militaire 将校クラブ.
[III] **1** 広がり, 枠. briser le ～ du quotidien 日常の枠を破る.
2【論理】～ vicieux 循環論法, 悪循環. ～ vertueux 好循環, 良循環.

cercueil *n.m.* 棺, 柩. ~ de bois 木棺. ~ plombé 鉛張りの棺. du berceau au ~ 揺りかごから墓場まで.

céréale *n.f.* 穀物, 穀類, 禾穀(かこく)類. déficit de ~ 穀物不足. production de ~s 穀物生産.

◆ 主要な穀類 avoine オート麦, 燕麦；blé 小麦；maïs トウモロコシ；millet 黍(きび)；orge 大麦；riz 米；seigle ライ麦；sorgho モロコシ.

céréaliculture *n.f.* 〖農〗穀物栽培.

céréalier(**ère**) *a.* 〖農〗禾穀(かこく)の, 穀類の；穀物の. culture ~ère 穀物栽培(= céréaliculture). faim ~ 穀物欠乏飢饉. production ~ère 穀物生産. région ~ère 穀倉地方.
── *n.m.* **1** 穀物栽培農家, 穀類生産農家. **2** 穀物専用ばら積み貨物船(=navire ~).

cérébelleux(**se**) *a.* 〖解剖〗小脳(cervelet)の. 〖解剖〗artères ~ ses 小脳動脈. 〖医〗ataxie ~se 小脳失調症, 小脳性運動失調症. 〖医〗atrophie ~se 小脳萎縮症. 〖解剖〗pédoncules ~ses 小脳脚. 〖医〗syndrome ~ 小脳症候群.

cérébral(**ale**)(*pl.* **aux**) *a.* **1** 〖解剖・医〗大脳(cerveau)の；脳の. angiographie ~ale 脳血管造影〔法〕. apoplexie ~ale 脳卒中. artère ~ale 大脳動脈. chirurgie ~ale 脳の手術. commotion ~ale 脳振盪. congestion ~ale 脳充血. contusion ~ale 脳挫傷. cortex ~ 大脳皮質. embolie ~ale 脳塞栓. hemisphères ~aux 大脳半球. hémorragie ~ale 脳出血. infarctus ~ ale 脳梗塞. lobes ~aux 脳葉. mort ~ale 脳死. nerfs ~aux 脳神経. paralysie ~ale 脳性麻痺. scintigraphie ~ale 脳シンチグラフィー. thrombose ~ale 脳血栓.
2 (人が)頭脳を使う；知的な. amour ~ 知的愛. travail ~ 知的(頭脳)労働. Il est trop ~. 彼は知的にすぎる.
3 理知的に過ぎる；主知的な.
── *n.* 主知的な人；過度に知的な人.

cérébro-spinal(**ale**)(*pl.* **aux**) *a.* 〖解剖〗脳脊髄の. 〖医〗méningite ~ale 脳脊髄膜炎(=méningite à méningocoque 髄膜炎菌性髄膜炎).

cérébro(-)vasculaire *a.* 〖解剖〗脳血管の. 〖医〗accident ~ 脳血管障害(発作)(略記 ACV；=〔英〕cerebrovascular accident：CVA).

Cerec[1] (=Centre d'études et de recherches sur l'énergétique et la couleur) *n.m.* 色エネルギー研究所.

Cerec[2] (=Centre d'études et de recherches sur les qualifications) *n.m.* 職能研究所.

CEREL (=Centre d'études et de recherches 《Egalités et Libertés》) *n.m.* 〖政治〗「平等と自由」研究・調査センター《1974年設立の政治団体；Chaban-Delmas の提唱する「新しい社会」の建設を目標とする》.

cérémonial[1] (**ale**)(**aux**) *a.* 〖宗教〗〔古〕祭儀の, 典礼の. loi ~ale 典礼法.

cérémonial[2] (*pl.* **~s**) *n.m.* **1** 礼式, 礼法；〖宗教・外交〗儀典. ~ de cour 宮廷礼法. ~ diplomatique 外交儀典(=protocole).
2 〖宗教・外交〗儀典書.
3〔古〕礼儀, 作法, 礼儀作法(=~ des convenances). être attaché au ~ 礼儀作法にしばられる.

cérémonie *n.f.* **1** 儀式, 祭式, 祭礼, 典, 式, 祭. ~ commémorative 記念式典. ~ d'initiation (結社への) 入社儀式. ~ du mariage 結婚式. ~ funèbre 葬式. maître de ~ 式部官. tenue de ~ 礼服, 式服. uniforme de ~ 式礼服. La ~ d'ouverture de l'exposition s'est déroulée en présence du ministre. 展覧会の開会式は大臣臨席の下で executed り行われた.
2 儀礼, 格式. avec ~ 仰々しく, 麗々しく, うやうやしく. sans ~ 格式ばらずに, 勿体をつけずに. faire des ~s 勿体をつける, 堅苦しく.

CEREN (=Centre d'études et de recherche sur l'énergie) *n.m.* エネルギー研究センター.

CEREP (=Centre d'études et de réalisations pour l'éducation permanente) *n.m.* 生涯教育研究実施センター.

CEREQ[1], **Cereq** (=Centre d'études et de recherches sur l'emploi et les qualifications) *n.m.* 雇用・職業養成研究センター.

CEREQ[2] (=Centre d'études et de recherches sur les qualifications) *n.m.* 資格問題調査研究センター.

CERES (=Centre d'études, de recherche et d'éducation socialiste) *n.m.* 〖政治〗社会主義研究・調査・教育センター《1966年設立の政治団体；フランス社会党最左派グループ》.

cerf *n.m.* 〖動〗鹿；(特に)赤鹿(=élaphe)；牡鹿(牝鹿 は biche). ~ dix-cors 6(7)歳鹿. ~ paumé 角が掌状の老鹿. Le ~ brame. 鹿が鳴いている.

CERFA, Cerfa [sɛrfa] (=Centre d'enregistrement et de révision des formulaires administratifs) *n.m.* 行政関係書式登記校閲センター.

cerfeuille *n.m.* 〖植〗セルフイユ(ombellifères せり科の香草；〔英〕chervil チャーヴィル). ~ commun 通常のセルフイユ. ~ tubéreux 球根セルフイユ.

cerf-volant [sɛrvɔlɑ̃](*pl.* **~s-~s**) *n.m.* **1** 凧(たこ). lancer un ~ 凧を上げる.
2 凧上げ競技. **3** 〖昆〗くわがたむし(=lucane).

cerf-voliste (*pl.* **~s-~s**) *n.* 凧上げをする人(=lucanophile).

CERI¹ (=*C*entre d'*é*tudes et de *r*echerches *i*nternationales) *n.m.* 国際問題研究センター.

CERI² (=*C*entre pour la *r*echerche et l'*i*nnovation dans l'enseignement) *n.m.* 教育研究・革新センター《1968年設立；OCDE加盟各国とユーゴースラヴィアが加入》.

cérifère *a.* 〖植・動〗蠟を作る, 蠟を分泌する. plante ~ 蠟性植物.

cerise *n.f.* **1** 〖植〗スリーズ, 桜桃(cerisier)の果実, さくらんぼ. ~ à l'eau-de-vie 蒸留酒漬けのさくらんぼ. ~ de Montmorency モンモランシーのさくらんぼ《品種名》. ~s sauvages 野生のさくらんぼ(=mérise).
aux ~s さくらんぼの実る頃. confiture de ~s さくらんぼのジャム. tarte aux ~s さくらんぼのパイ. bouche en ~ (さくらんぼのように) 丸くて赤い口元. temps des ~s 春；青春. C'est un panier de ~s. すべて完璧だ. devenir rouge comme une ~ (人が)真っ赤になる, 赤面する.
2 (さくらんぼ状の果実) ~ des Antilles マルピギア(malpighie)の実. ~ de Cayenne 丁字の実 (= ~ carrée). ~ sèche チコリーの実. ~ séchée ほおずき(=cirisette, morelle). 〖同格〗tomate ~ チェリー・トマト, ミニ・トマト, プチット・トマト(=tomate cocktail).
3 〖隠〗不運. avoir la ~ ついていない.
4 〖話〗頭. la ~ sur le gâteau(ケーキの上のさくらんぼ→)(物事の)頂点. en plein sur la ~ 頭のてっぺんに.

cerisier *n.m.* 〖植〗**1** 桜桃(さくらんぼう)の木《~ à bigarreaux, ~ à griottes, ~ à guignes の3種に大別される果樹》. 〖~ à〗bigarreau ビガロー種桜桃《野生桜桃系》. 〖~ à〗griottes グリオット種桜桃《酸味の強い実, merisier系》. 〖~ à〗guignes ギーヌ種桜桃《心臓型の赤い実をつける；merisier系》. ~ sauvage 野生桜桃の木(=mérisier).
2 ~ à fleurs 桜, 花桜(=prunus). ~ du Japon 日本桜, 桜.
3 桜桃材.

cérite *n.f.* 〖鉱〗セライト, セル石《セシウムの天然水酸化珪酸塩》.

cérium [serjɔm] *n.m.* 〖化〗セリウム《元素記号 Ce, 原子番号 58. 1803年発見の希土類元素》.

cérivastatine *n.f.* 〖薬〗セリバスタチン《高コレステロール血症治療薬；薬剤製品名 Cholstat (*n.m.*), Staltor (*n.m.*) など》.

CERM¹ (=*C*entre d'*é*tudes du *r*enseignement *m*ilitaire) *n.m.* 軍事情報研究センター.

CERM² (=*C*entre d'*e*xploitation du *r*enseignement *m*ilitaire) *n.m.* 軍事情報開発センター.

cermet *n.m.* 〖治〗サーメット《セラミックと金属の複合材料；耐熱材・工具用》.

CERN, Cern [sɛrn] (=*C*onseil *e*uropéen pour la *r*echerche *n*ucléaire) *n.m.* ヨーロッパ原子核研究評議会, セルヌ, セルン《1954年設立, 本部 Genève. 現在の名称は l'Organisation européenne pour les recherches nucléaires ヨーロッパ原子核(力)研究機構. 傘下にヨーロッパ素粒子研究所 Laboratoire européen de physique de particules をもつ》.

cerne *n.m.* **1** 隈(くま), あざ, 縁. ~ bleuâtre autour des yeux 目のまわりの青い隈. ~ d'une plaie 傷口のまわりの青い縁.
2 (しみ抜きをした後に布に出来る)隈(=auréole). nettoyer des ~s 布地の隈をとる.
3 (月の)暈(かさ)(=halo).
4 (木の)年輪. estimer l'âge d'un arbre par le nombre de ~s 年輪によって樹齢を推定する.
5 (図形などの)輪郭線. ~s noirs autour d'une figure 図像の縁の黒い輪郭線.

CERQUA (=*C*entre de *D*éveloppement des *Cer*tifications des *Qu*alités *A*gricoles et *A*limentaires) *n.m.* 農業食品品質保証制度開発センター.

CERS (=*C*entre *e*uropéen de *r*echerches *s*patiales) *n.m.* ヨーロッパ宇宙研究センター(=〖英〗ESRO：*E*uropean *S*pace *R*esearch *O*rganization).

certain(e) *a.* **①** 〖名詞の後, または属詞〗
1 (物について可能性が)確かな, 確実な；疑う余地のない, 正しい. C'est un fait ~. それは確かな事実だ. C'est possible, mais pas ~. その可能性はあるが, 確かではない. J'en ai la preuve ~e. 私はその確かな証拠を持っている. La date du document est ~e. 資料の日付に間違いはない. Rien n'est moins ~. これほど確実なことはない.
〖非人称構文〗Il est ~ qu'il viendra. 彼が来ることは確かだ. Il n'est pas ~ qu'il puisse arriver à l'heure. 彼が定刻に着くとは限らない.
2 (物について)蓋然性が高い；不可避の(=inévitable, inéluctable). 〖数〗événement ~ 確率が1の事象. résultat ~ 必然的結果.
3 (日付などが)確定された；特定の, 個別化された；固定した. 〖法律〗corps ~ 特定物 (corps fongible 「代替物」の対). 〖法律〗date ~e 確定日付. La date de réservation est ~e. 予約の日付は決っている. 〖法律〗dette ~e 確定債務. Ils se réuniront à des jours ~s. 彼らは決まった日に会合する. 〖法律〗terme ~ 確定期限.
4 (人が)確信を抱いた. être ~ de qch (de+*inf.*, que+*ind.*) 何(何すること, 何であること)を確信している. Es-tu bien ~ d'avoir fermé la porte? 確かにドアを閉めただろうね？Je suis ~ de sa bonté. 私は彼の善意を信じている. J'en suis ~. それには

確信がある. Je suis ~ qu'elle viendra. 私は彼女がきっと来ると思っている.
n'être pas ~ de qch (de+inf., que+subj.) 何について (何すること, 何であることに) 確信がない. Je ne suis pas ~ de ses capacités. 彼の能力については確信が持てない. Je ne suis pas ~ qu'il puisse nous aider. 彼がわれわれを助けることができるかどうか私には確信がない.
être sûr et ~ de+qch (de+inf., que+ind.) 何 (何すること, 何であること) は絶対に間違いない. J'en suis sûr et ~. それには絶対間違いがないと思っています.
5 âge ~ 高齢. femme d'un âge ~ 高齢の女性.
Ⅱ 〔名詞の前〕 *a.ind.* 〔リエゾンで鼻母音化する〕: *ex.* ~ auteur [sɛrtɛ̃notœːr]〕 **1** 〔一般に不定冠詞を伴い, 単数名詞の前で〕 或る, と或る ; 〔抽象名詞を伴え〕 ある程度の, かなりの, 相当の (特定できない数の). un ~ nombre de gens かなりの数の人々. un ~ soir ある晩. un homme d'un ~ âge 年輩の男. au bout d'un ~ temps しばらく後に. dans une ~*e* mesure ある程度まで. d'une ~*e* manière ある見方からすれば. jusqu'à un ~ point ある程度までは. sous un ~ angle ある角度から見ると.
avoir une ~*e* idée de la France フランスについて或る特定の考えを抱く. Il lui a fallu un ~ courage pour dire «non». 彼がノンと言うためにかなりの勇気を要した.
2 〔不定冠詞を伴い人名の前で〕 un ~ Durand デュランとかいう男.
3 〔複数名詞の前に置かれ, 一般に無冠詞で〕 或るいくつかの ; 何人かの. ~s peuples いくつかの民族. à ~s moments 時には. dans ~s pays 或る国々では. en ~es occasions いくつかの機会に. C~s spécialistes ne reconnaissent pas ce fait. この事実を認めない専門家が何人かいる.
—*pr.ind.pl.* **1** ある人々 (=certaines personnes). aux yeux de ~s ある人々の目には. C~s étaient d'accord, d'autres pas. ある人々は同意し, 他は同意しない. C~s prétendent que... ある人々は…と主張する.
2 (複数の人・物のなかの) 或る人々 ; いくつかの物. ~s d'entre nous われわれのうちのある人々. C~s de ces tableaux me plaisent beaucoup. これらの絵のなかでとても気に入ったものがいくつかある.

certainement *ad.* **1** 確実に, 確かに, 間違いなく. vérité ~ établie 確実に証明された真理.
2 きっと, 確かに ; 十中八九, おそらく. Elle est ~ la plus charmante. 彼女はおそらく最も魅力的だろう. 〔話〕 C~ que+*ind.* きっと…するだろう. C~ qu'il vous écriva puisqu'il l'a promis. 彼は約束したのだからきっとあなたに手紙を書いてくるよ.
3 〔返答として〕 間違いなく, 勿論. Viendrez-vous? —C~! おいでになりますか? —もちろん. Réussira-t-il? —C~ pas. 彼は成功するだろうか?—いや, きっと駄目だ.

certes *ad.* 〔次の語とリエゾンしない〕
1 〔文〕 確実に, 確かに, 間違いなく. Ah! ~ oui! ああ確かにそうだ! Oui, ~! そう, 確かに! C~, je le vois bien. 確かにそれがよく見える.
2 〔譲歩を示す〕 確かに, 勿論. C~ je voudrais le croire, mais je ne le peux. それを信じたいところだが, できない.

certif *n.m.* 〔学〕〔話〕 学業証明書 (=certificat d'études) ; (特に) 初等教育修了証 (=certificat d'études primaires) ; 学士資格証明書 (=certificat de licence).

certificat *n.m.* **1** 証明書. ~ d'addition 実用新案登録. ~ de bonne vie et mœurs (de bonne conduite, de moralité) (警察署で発行する) 品行証明書. ~ de complaisance 義理で出す証明書. ~ de conformité 原本と相違ないことの証明書. ~ de domicile (de résidence) 居住証明書. ~ d'inscription 在籍証明書. ~ de nationalité 国籍証明書. ~ de navigabilité (de visites) 耐航証明書. ~ d'origine 原産地証明書. ~ de scolarité 在学証明書. ~ de travail 就業証明書. ~ de vaccination 予防接種証明書. ~ de vie 生存証明書. ~ médical 診断書. ~ prénuptial 婚前健康診断書.
2 免状, 修学証書 ; 資格証明書. ~ d'aptitude professionnelle (CAP) 職業適性証書. ~ d'aptitude au professorat des collèges d'enseignement général (CAPCEG) 一般教育コレージュ教員適性証書. ~ d'aptitude au professorat de l'enseignement de second degré (CAPES) 中等教育教員適性証書. ~ d'aptitude au professorat de l'enseignement technique (CAPET) 技術教育教員適性証書. ~ d'études primaires 初等教育修了証 (Certif と略す). ~ d'éducation professionnelle 職業教育修了証.

certificateur *n.m.* 〔法律〕 認証者, 証明者, 保証人. ~ de caution 担保保証人, 副保証人. 〔同格〕 notaire ~ (公的年金受領者に対する) 生存証明書交付公証人.
—*a.* 認証 (証明, 保証) する. organisme ~ de la qualité d'un produit 商品の品質認証 (保証) 機関.

certification *n.f.* **1** 〔法律〕 (文書による) 証明, 保証 ; (小切手の) 支払保証. ~ de signature[s] 署名の認証, 署名証明.
2 (製品の) 品質 (性能) 保証. ~ de produit et de service 製品・サービスの品質証明.

certifié(e) *a.* 公的に証明された ; (特に) 中等教育教員適性証書を保有した. professeur ~ 中等教育教員適性証書を保有した教員.
—*n.* 中等教育教員適性証書 (CAPES) 保有者 (=professeur ~).

certitude *n.f.* **1** 確実性，確実なこと，確実な事実．～ absolu 絶対に確実なこと．～ d'un fait 事実の確実性．～ d'un témoignage 証言の確実性．
2 確信．～ morale (physique) 心証に基づく確信(事実)．avec ～ 確信をもって．en toute ～ 疑いの余地なく．sans ～ 確信なく．esprit plein de ～s 確信にみちた精神．

céruléen(ne) *a.* 空色の；空色がかった．bleu ～ セルリアン・ブルー(空色がかった青色)．

céruléoplasmine *n.f.* 〖生化〗セリュレオプラスミーヌ，セルロプラスミン(=〔英〕ceruloplasmin)(血漿中の青色蛋白質)．

cérumen [serymɛn][ラ] *n.m.* 耳垢，耳あか．bouchon de ～ 耳垢塞栓．ôter le ～ par un cure-oreille 耳かきで耳あかをとる．

cérumineux(se) *a.* 耳垢の，耳あかの．〖解剖〗glandes ～ses 耳垢腺(じこうせん)．

céruse *n.f.* 〖化〗鉛白(=blanc de ～, blanc d'argent；猛毒性の白色顔料)．

cérusite *n.f.* 〖鉱〗白鉛鉱．

cerveau (*pl.*～**x**) *n.m.* **1** 大脳；脳．～ antérieur (moyen, postérieur) 前(中，後)脳．inflamation du ～ (encéphalite) 脳炎．mort du ～ (mort cérébrale) 脳死．tumeur au ～ 脳腫瘍．
2 頭脳，知能，頭．lavage de ～ 洗脳．fuite des ～x 頭脳流出．avoir le ～ malade (dérangé, fêlé) 狂気である．se creuser le ～ 脳みそをしぼる．
3 知性；中枢，中心的な存在．～ électronique 電子頭脳．

cervelas (<〔伊〕cervellato) *n.m.* 〖料理〗セルヴラ(香辛料を多用し火を通したニンニク風味の太くて短いソーセージ)．～ en salade セルヴラのサラダ仕立て．～ de poissons de Reims ランスの魚のセルヴラ(川カマス，じゃがいも，バター，卵を混ぜてつくる；四旬節 carême 用郷土料理)．～ de Lyon リヨンのセルヴラ(豚肉とトリュッフ入り)．～ de Strasbourg ストラブールのセルヴラ(サラダ仕立てでソース・ヴィネグレットで食べる)．

cervelet *n.m.* 〖解剖〗小脳．écorce du ～ 小脳皮質．lobes du ～ 小脳葉．

cervelle *n.m.* **1** 〖話〗脳味噌(人間の脳味噌は通常 cerveau；cervelle は動物の脳味噌を指す)．brûler la ～ à qn 人の頭に弾丸を打ち込む．se brûler la ～ 頭に一発打ち込んで自殺する．
2 〖料理〗セルヴェル(仔牛や羊の脳味噌〔料理〕)．～s de veau en matelote 仔牛のセルヴェルの赤葡萄酒煮．～ de canut セルヴェル・ド・カニュ(「絹織工のセルヴェル」の意；塩・胡椒をした白チーズにエシャロット，香草，生クリーム，白葡萄酒，オリーブ油を加えたリヨン Lyon の郷土料理)．
3 〖話〗頭脳，知能．～ d'oiseau (de moineau) 小鳥(雀)ほどの頭の持主．homme sans ～ 頭の空っぽな人．tête sans ～ 空っぽの頭．se creuser la ～ 脳味噌を絞る．

CERVI (= *C*entre *e*uropéen de *r*echerche en *v*irologie et *i*mmunologie) *n.m.* 〖医〗ヨーロッパ・ウイルス学免疫学研究センター．

cervical(ale)(*pl.***aux**) *a.* **1** 〖解剖〗首の．nerfs ～*aux* 頚神経．vertèbres ～*ales* 頚椎．
2 〖解剖〗頚部の；子宮頚部の．canal ～ 子宮頚管．〖医〗grossesse ～*ale* 〔子宮〕頚管妊娠．

cervicalgie *n.f.* 〖医〗頚部痛；首痛．

cervicarthrose *n.f.* 〖医〗頚椎関節炎 (= arthrose cervicale, arthrose de la colonne cervicale)．

cervicite *n.f.* 〖医〗〔子宮〕頚管炎．

cervicobrachial(ale)(*pl.***aux**) *a.* 〖解剖〗頚・上腕部の．

Cervin *n.pr.m.* le mont ～ ル・モン・セルヴァン(〔独〕Matterhorn マッターホルン，〔伊〕monte Cervino モンテ・チェルヴーノのフランス名；標高 4,478 m)．

CES[1] (= *c*ollège *d*'enseignement *s*econdaire) *n.m.* 中等教育コレージュ(旧制；1983 年以降の改革により，中等校 collège に再編成)．

CES[2] (= *C*onfédération *e*uropéenne des *s*yndicats) *n.f.* ヨーロッパ労働組合連合．

CES[3] (= *C*onseil *é*conomique et *s*ocial) *n. m.* (フランスの)経済社会評議会．

CES[4] (= *C*onseil *é*conomique et *s*ocial) *n. m.* 国連経済社会理事会 (=〔英〕ECOSOC：Economic and Social Council)．

CES[5] (= *c*ontrat *e*mploi-*s*olidarité) *n.m.* 連帯雇用契約．

CESAP (= *C*omité *d'é*tudes, de *s*oins et *d'a*ction *p*ermanente en faveur des déficients mentaux) *n.m.* 精神薄弱(知的不全)者研究・養護・恒常的援助活動委員会(精神薄弱(知的不全)者援助委員会)．

césarien(ne) *a.* **1** 〖古代ローマ〗ユリウス・カエサル〔派〕の；皇帝の，帝王の．〖医〗opération ～*ne* 帝王切開 (= ～ *ne*)．
2 軍事独裁者の，武断派の．
—*n.f.* 〖医〗帝王切開．pratiquer (subir) une ～ 帝王切開を施す(受ける)．

CESDIP, Cesdip (= *C*entre de *r*echerches *s*ociologiques sur le *d*roit et les *i*nstitutions *p*énales) *n.m.* 刑法と刑罰制度に関する社会学的研究センター．

CESEC (= *C*entre *d'é*tudes *s*upérieures *e*uropéennes de *C*aen) *n.m.* 〖教育〗カン・ヨーロッパ高等研究センター(別称 Cesec Sup Europe；bac 取得後 4 年課程の経営専攻グランド・エコール；2004 年 Ecole de Management de Normandie ノルマンディー経営学校に統合)．

CESEM (= *C*entre *d'é*tudes *s*upérieures *e*uropéennes de *m*anagement) *n.m.* 〖教育〗ヨーロッパ高等マネージメント・センター

《Reimsにある商業系のグランド・エコール；1974年創立》.

CESG (=Centre européen des sciences du goût) n.m. ヨーロッパ味覚科学センター《1998年Dijonに創設》.

CESI (=Centre d'études supérieures industrielles) n.m. 高等産業研究センター《1958年設立の教育・養成機関》. groupe ~ 高等産業研究センター・グループ《ei. ~ 技術養成学校, eXia ~ 高等情報科学学校, ~ Entreprise 企業幹部・技師・技術者養成センターの3本の柱からなり，フランス全土に24の教育・研究・養成施設，海外4校を展開する私立機関》.

césium [sezjɔm] n.m. 〖化〗セシウム《アルカリ金属元素；原子番号55. 略記Cs. caesiumとも綴る》.

CESMA (=centre d'études supérieures en management) n.m. 高等経営研究センター.

CESP (=Centre d'étude des supports de publicité) n.m. 広告媒体研究センター《1956年設立》.

CESR[1] (=Comité économique et social régional) n.m. 地方経済社会委員会.

CESR[2] (=Conseil économique et social régional) n.m. 地方経済社会評議会《1972年創設》.

cessation n.f. 停止，中止，休止. ~ des hostilités 休戦，停戦 (=trêve, cessez-le-feu). ~ de paiements 支払停止. être en ~ de paiements 支払停止中である. ~ du travail 操業停止；就業停止. ~ momentanée 一時中止《休止》.

cesse n.f. 中断，中止，休止〖常に無冠詞で否定的に用いる〗. sans ~ 絶えず，休みなく，ひっきりなしに. sans ~ ni repos 休止も休息もなく，絶え間なく. n'avoir (pas) de ~ que (ne) +subj. …するまでやめない.

cessez-le-feu n.m.inv. 停戦；停戦協定；停戦命令. ligne de ~ 停戦ライン. signature du ~ 停戦協定の調印.

cessibilité n.f. 譲渡可能性. ~ d'un bail 賃貸借譲渡性. ~ d'un fonds de commerce 営業財産譲渡性.

cession n.f. 〖法律〗譲渡. faire ~ de qch 何を譲渡する. 〖国際法〗~ à bail 《租借地の》租借. ~ de biens 財産譲渡. ~ de créance 債権譲渡. ~ de droit litigieux 係争中の権利の譲渡. ~ de l'entreprise 企業譲渡. ~ de territoire 領土の割譲. acte de ~ 譲渡証書.

cession-bail n.f. 〖金融〗賃貸借契約付き売却，借り戻し，リースバック；設備貸付 (= [英] lease-back).

cessionnaire n. 〖法律〗譲受人. ~ d'une créance 債権の譲受人.

CESTA (=Centre d'études des systèmes et des technologies avancées) n.m. 先端技術システム研究センター.

Cesti =Centre d'évaluation de la sécurité des systèmes d'information) n.m. 〖情報〗情報システム安全評価センター.

CET[1] (=centre d'enfouissement technique) n.m. 〖環境〗最終廃棄物 (déchets ultimes) 地中埋蔵処理センター.

CET[2] (=collège d'enseignement technique) n.m. 技術教育コレージュ《旧制；1985年12月1日以降LEP職業教育高校に改組》.

CET[3] (=collège européen de technologie) n.m. 〖教育〗ヨーロッパ工科高等学校. le ~ à Longwy ロンウィ・ヨーロッパ工科高等学校.

CETA (=Centre d'études techniques agricoles) n.m. 農業技術研究センター.

cétacé(e) a. 〖動〗鯨目の.
—**~s**, n.m.pl. 鯨目. ~ à dents 有歯鯨亜目 (=odontocètes). ~ à fanons ヒゲ鯨亜目 (=mysticètes).

cétal n.m. 〖化〗ケタール.

cétane n.m. 〖化〗セタン《石油中の飽和炭化水素》. indice de ~ セタン価《ディーゼル燃料の発火性を示す指数；通常はセタン価45以上で発火》.

Cetef (=Centre d'études techniques forestières) n.m. 林業技術研究センター.

cétène n.m. 〖化〗ケテン；ケテン化合物.

cétirizine n.f. 〖薬〗セチリジン《アレルギー治療薬；薬剤製品名 Zyrtec (n.m.)》.

cétogène a. 〖生化〗ケトン (cétone) 体形成の.

cétol n.m. 〖生化〗ケトール (=cétone-alcool), ヒドロキシケトン (hydroxycétone)《ケトン基とアルコール基を含む有機化合物》.

cétologie n.f. 鯨学.

cétone n.f. 〖化〗ケトン《2個の炭素原子に結びついたカルボニル基をもつ化合物》.

cétonémie n.f. 〖医〗ケトン血症.

cétonique a. 〖化〗ケトン (cétone) の，ケトンを含む，ケトンから誘導された.

cétonurie n.f. 〖医〗ケトン尿〔症〕.

cétose n.m. 〖生化〗ケトース，ケト糖《ケト基をもつ単糖》.

cétostéroïde n.m. 〖生化〗ケトステロイド《ステロイドの誘導男性ホルモン》.

CETP (= [英] cholesteryl ester transfert protein) n.f. 〖生化・医〗コレステロール・エステル転送蛋白質《=protéine de transfert des esters de cholestérol；善玉コレステロールHDLを悪玉コレステロールに変える蛋白質》. 〖薬〗inhibiteurs de la ~ コレステロール・エステル転送蛋白質阻害剤《高脂血症治療薬》.

Cetu (=Centre d'études des tunnels) n.m. トンネル研究センター.

Cévennes n.pr.f.pl. les ~ セヴェンヌ山地《中央山塊東南縁の高地地方，最高峰

mont Lozère 1,699m). Parc national des ~ セヴェンヌ山地国立公園.
Ceylan 〔無冠詞〕 *n.pr.m.* **1** セイロン島. **2** 〔国名〕セイロン共和国 (= la république de ~) (1972年以後スリランカ社会主義民主共和国 la république socialiste démocratique de Sri Lanka, Sri Lanka Janarajaya; 首都 Colombo (= Sri Jayawardanapura Kotte); 形容詞 ceylanais(*e*)).
cézanien(***ne***) *a.* セザンヌ (Paul Cézanne [1839-1906]) の; セザンヌ風の.
CF (= complément *f*amilial) *n.m.* 家族補助金.
Cf (= *c*alifornium) *n.m.* 〖化〗「カリフォルニウム」の元素記号.
cf. (= 〔ラ〕 confer) 参照 〔のこと〕.
CFA[1] (= *c*entre de *f*ormation d'*a*pprentis) *n.m.* 職業訓練所.
CFA[2] (= *C*ommunauté *f*inancière *a*fricaine) *n.f.* アフリカ金融共同体. franc ~ アフリカ金融共同体フラン (通貨).
CFA[3] (= *C*onfédération *f*rançaise de l'*a*viculture) *n.f.* フランス養禽業連盟.
CFA[4] (= *c*ongés de *f*in d'*a*ctivité) *n.m.pl.* 〖労働〗退職直前の特別休暇. suppression progressive des ~ 退職直前特別休暇の段階的廃止.
CFAC (= *C*ommandement des *f*orces *a*ériennes de *c*ombat) *n.m.* 〖軍〗戦術空軍司令部.
CFAM (= *c*omplément *f*amilial) *n.m.* (社会保障の) 家族補足加給金.
CFAO (= *c*onception et *f*abrication *a*ssistée par *o*rdinateur) *n.f.* 〖情報・機械〗コンピューター援用自動製造技術.
CFAP (= *C*ommandement de la *f*orce *a*érienne de *p*rojection) *n.m.* 〖軍〗空軍輸送司令部.
CFAPSE (= *c*ertificat de *f*ormation aux *a*ptitudes de *p*remiers *s*ecours en *é*quipe) *n.f.* 〖医〗救急隊員資格証明書.
CFAS (= *C*ommandement des *f*orces *a*ériennes *s*tratégiques) *n.m.* 〖軍〗戦略空軍司令部 (共和国大統領直属).
CFAT (= *C*ommandement de la force d'*a*ction *t*errestre) *n.m.* 〖軍〗地上軍司令部.
CFB (= *C*ommission *f*édérale des *b*anques) *n.f.* (スイスの) 銀行に関する連邦委員会.
CFC (= *c*hloro-*f*luoro-*c*arbone) *n.m.* クロロ・フルオロ・カーボン (= 〔仏〕CFM: *c*hloro-*f*luoro-*m*éthane クロロ・フルオロメタン) (スプレーなどに用いられる噴射剤・冷媒).
CFCA (= *C*onfédération *f*rançaise de la *c*oopération *a*gricole) *n.f.* 〖農〗フランス農業協同組合総連合 (1966年FNCAとCGCAの合併により設立).
CFCE (= *C*entre *f*rançais du *c*ommerce *e*xtérieur) *n.m.* フランス対外通商センター, フランス貿易センター.
CFCF (= *C*omité *f*rançais *c*ontre la *f*aim) *n.m.* 飢餓救済フランス委員会.
CFCM (= *C*onseil *f*rançais du *c*ulte *mu*sulman) *n.m.* 〖宗教〗イスラム教フランス評議会.
CFDP (= *C*ompagnie *f*rançaise de *d*éfense et de *p*rotection) *n.f.* フランス保障救護会社 (保険会社名).
CFDT (= *C*onfédération *f*rançaise *d*émocratique du *t*ravail) *n.f.* フランス民主主義労働同盟 (1964年, CFTCの左派系が独立して結成).
CFE[1] (= *C*aisse des *F*rançais de l'*é*tranger) *n.f.* 国外在住フランス人金庫.
CFE[2] (= *C*onfédération *f*rançaise de l'*en*cadrement) *n.f.* 〖労働〗フランス幹部職員総同盟.
CFE[3] (= 〔英〕 *C*onventional *F*orce in *E*urope) *n.f.* ヨーロッパ通常戦力 (= 〔仏〕FCE: *f*orces *c*onventionnelles en *E*urope).
CFEC (= *C*ompagnie *f*rançaise d'*é*lectrochimie) *n.f.* フランス電気化学会社.
CFE-CGC (= *C*onfédération *f*rançaise de l'*e*ncadrement-*C*onfédération *g*énérale des *c*adres) *n.f.* 〖労働〗フランス幹部同盟・管理職総同盟 (1944年創設; 1981年まではCGCを名乗る).
CFEI (= *C*entre *f*éminin d'*é*tudes et d'*i*nformation) *n.m.* (フランスの) 女性問題研究情報センター (1965年設立. CFEI-Femme Avenirともよばれる).
CFES (= *C*omité *f*rançais d'*é*ducation pour la *s*anté) *n.m.* フランス保健教育委員会. site du ~ sur l'usage des drogues 麻薬使用に関するフランス保健教育委員会のインターネット・サイト (www.cfes.santé.fr).
CFF (= *C*hemins de *f*er *f*édéraux) *n.m.pl.* スイス連邦鉄道.
CFG (= *c*ertificat de *f*ormation *g*énérale) *n.m.* 〖教育〗一般教育課程修了証.
CFI[1] (= *C*anal *F*rance *I*nternational) *n.m.* 〖放送〗カナル・フランス国際放送会社 (1989年設立; 放送衛星を利用して国外にTV番組を提供する).
CFI[2] (= *c*rédit-*f*ormation *i*ndividualisé) *n.m.* 職業訓練個人貸付け (16-25歳を対象). ~-salariés サラリーマン職業訓練個人貸付け (1990年導入).
CFJ (= *C*entre de *f*ormation des *j*ournalistes) *n.m.* ジャーナリスト養成センター (1946年創立).
CFL (= *C*hemins de *f*er *l*uxembourgeois) *n.m.* 〖鉄道〗リュクサンブール鉄道会社.
CFLN (= *C*omité *f*rançais de la *L*ibération *n*ationale) *n.m.* 〖史〗フランス解放委員会 (1943年6月3日~1944年6月3日).
CFLT (= *C*ommandement de la *f*orce *lo*-

gistique terrestre) n.m. 〖軍〗陸軍兵站軍司令部.

CFM[1] (=chloro fluoro méthane) n.m. 〖化〗クロロフルオロメタン（冷凍機器等の冷媒，エアゾール噴射剤）.

CFM[2] (=Companie française de méthane) n.f. フランス・メタン会社.

CFP[1] (=Compagnie française des pétroles) n.f. フランス石油会社（1924年設立の株式会社．世界の10大石油グループのひとつ）.

CFP[2] (=Communauté française du Pacifique) n.f. 太平洋フランス共同体.

CFP[3] (=comptoirs français du Pacifique) n.m.pl. 太平洋フランス勘定. franc ～ 太平洋フランス勘定フラン（Polynésie française, Nouvelle-Calédonie, Iles Wallis-et-Futuna の通貨）.

CFP[4] (=congé de formation professionnelle) n.m. 〖労働〗職業訓練休暇.

CFPA[1] (=Centre de formation pour adultes) n.m. 成人教育センター.

CFPA[2] (=Centre de formation professionnelle agricole) n.m. 農業職業教育センター.

CFPC[1] (=Centre de formation des personnels communaux) n.m. 地方公共体職員養成センター.

CFPC[2] (=Centre français des patrons et dirigeants chrétiens) n.m. フランス・キリスト教企業経営者センター（1926年設立の企業者団体）；旧 Centre français du patronat chrétien）.

CFPN (=Centre de formation professionnelle notariale) n.f. 公証人養成センター. ～ de Paris パリ公証人養成センター.

CFPP (=Centre de formation professionnelle et de perfectionnement〔du ministère de l'Economie et des Finances〕) n.m.〔フランス経済財政省〕養成研修センター.

CFR (=Compagnie française de raffinage) n.f. フランス石油精製会社（Total 社の子会社, 1929年設立）.

CFS (=〔英〕chronic fatigue syndrome) n.m.〖医〗慢性疲労症候群（=〔仏〕SFC : syndrome de fatigue chronique）.

CFSE (=Comité français de secours aux enfants) n.m. フランス児童救済委員会（1919年創立；maisons d'enfant「子供の家」を経営）.

CFSN (=Conseil du Front de salut national) n.m.（ルーマニアの）救国戦線評議会（1989年12月結成．チャウセスク大統領失脚後政権を担当）.

CFT (=Confédération française du Travail) n.f. フランス労働同盟（1959年創立；CSLの前身）.

CFTC (=Confédération française des travailleurs chrétiens) n.f. フランス・キリスト教徒労働者同盟（1919年結成．1964年に分裂するまではフランス第二の労働組合であった；組合員数約13万）.

cg (=centigramme) n.m. センチグラム, 100 g.

CGAD (=Confédération générale de l'alimentation en détail) n.f. 食品小売業組合総連合.

CGAF (=Confédération générale de l'artisanat français) n.f. フランス職人総連盟.

CGB (=Commission du génie biomoléculaire) n.f. 生体分子工学委員会.

CGC (=Confédération générale des Cadres) n.f. 幹部労働者総同盟（正式には CFE-CGC : Confédération française de l'encadrement de la CGC. 1944年結成, 1981年に現在の正式名称を採択；組合員数約20万）.

CGE[1] (=Compagnie générale d'électricité) n.f. 総合電気会社（フランス最大手の電機会社. groupe CGE を構成し，傘下に Alsthom-Atlantique, CIT Alcatel 等の有力会社を収める；1981年国営化, 1987年5月民営化）.

CGE[2] (=Compagnie générale des eaux) n.f. 水利総合会社.

CGE[3] (=Conférence des Grandes Ecoles) n.f.〖教育〗グランド・ゼコール協議会（国が認可したグランド・エコールの協会；1973年に設立；2006年現在加盟校226：うち正会員校 membre actif 181, 準会員校 membre associé 9, 通信会員校 membre correspondant 36）.

CGI (=Code général des impôts) n.m.〖税〗租税総合法典.

CGL[1] (=Confédération générale des locataires) n.f. 不動産賃借人総連合.

CGL[2] (=Confédération générale du logement) n.f. 住居問題総連合（1954年設立の賃借人，共有者の権利擁護運動組織. 機関誌 Action-Logement を発行）.

CGM (=Compagnie générale maritime) n.f. フランス総合海運会社（1974年に大西洋総合海運会社 CGT と海運郵船会社 MM を統合）.

CGP (=Commissariat général du Plan) n.m.（経済計画・国土整備省の）経済計画総局.

CGPF[1] (=Confédération générale de la production française) n.f. フランス生産総連合（1919-40；CGPF, CNPF, Medef の前身）.

CGPF[2] (=Confédération générale du patronat français) n.f. フランス経営者連合（1940年解散）.

CGPM (=Conférence générale des poids et mesures) n.f. 国際度量衡総会.

CGPME[1] (=Confédération générale des petites et moyennes entreprises) n.f. フランス中小企業総連合（1944年創設の中小企

業経営者団体〕.

CGPME² (=Confédération générale des petites et moyennes entreprises et du patronat réel) *n.f.* フランス中小企業経営者総連盟.

CGS (=centimètre-gramme-seconde) *n. m.*〖単位〗センチメートル=グラム=秒. système ~ CGS 単位系.

CGSI (=Confédération générale des syndicats indépendants) *n.f.* (フランスの) 独立労組総連合.

CGT (=Confédération générale du travail) *n.f.* 労働総同盟〖1895年結成. 後, 数回の分裂を繰り返し, 1939年に再団結. 組合員数71万の労働組合. 共産党系〗.

CGT-FO (=Confédération générale du Travail-Force Ouvrière) *n.f.* 労働総同盟・労働者の力派〖1946年, CGTの分裂に伴い, 社会党系を中心に1948年に結成. とくに官公庁に勢力をもつ. CFDTと並んで100万を越す組合員をもつ〗.

CGT-U, CGTU (=Confédération générale du travail unifié) *n.f.* 統一労働総同盟.

CH (=centésimale hahnemanienne) *n.f.*〖薬〗ハーネマン・パーセント〖ドイツの医師で類似療法 homéopathie の創始者 [1755-1843] に由来；類似療法物質100分の1希釈に相当〗.

ch (=cheval-vapeur) *n.m.* 馬力.

chabazite [ka-] *n.f.*〖鉱〗菱沸石, 斜方沸石.

chabichou *n.m.*〖チーズ〗シャビシュー. ~ fermier シャビシュー・フェルミエ〖ポワトゥー地方 le Poitou で山羊乳からつくられる, 軟質, 自然外皮のチーズ；脂肪分45%；小さな円錐台形；最大100g〗. ~ laitier シャビシュー・レーチエ〖ポワトゥー地方でつくられる, 軟質, 白かび外皮のチーズ；脂肪分45%；小さな円錐台形；80-100g〗.

chablis [ʃabli] *n.m.*〖葡萄酒〗シャブリ〖ブルゴーニュ地方 la Bourgogne de Chablis シャブリ地区で, chardonnay シャルドネ種の葡萄からつくられる辛口の白のAOC葡萄酒〗. le ~ grand cru (premier cru) 特級 (一級) シャブリ酒. le petit ~ プチ・シャブリ (chablis と共に並級のシャブリ酒).

chabris *n.m.*〖チーズ〗シャブリ〖ベリー地方 le Berry で山羊乳からつくられるチーズ；脂肪分45%〗.

chacun(e) *pr.ind.sing.* **1**〖de+〖代〗名詞を伴うか, 既述の複数の語に関連して〗それぞれ, めいめい. C~ d'eux (d'elles) s'en alla. 彼ら (彼女ら) の誰もが立ち去った. Elles s'en vont ~ de son (leur) côté. 彼女たちは思い思いの方向に立ち去る. Ils font ~ ce qui lui (leur) plaît. 彼らはそれぞれ好きなことをする. Ils ont bu ~ sa (leur) bouteille. 彼らはそれぞれ自分の壜を飲んだ.

Ces estampes coûtent cent euros ~ -e. これらの版画はそれぞれ1枚100ユーロする.

2〔単数で〕誰でも, 各人〖女性形は用いられない〗. C~ cherche le bonheur. 誰でも幸福を求めるものだ. C~ pense d'abord à soi. 誰でもまず自分のことを考える. tout un ~,〔古〕tout ~ 誰でも. Il voudrait bien réussir, comme tout un ~. 誰でもそうだが, 彼はうまく成功したいと願っている.〔諺〕C~〔à〕son goût. 好みは人さまざま, 蓼喰う虫も好き好き. C~〔à〕son tour. 各自順番で.〔諺〕C~ a sa manière. 人にはそれぞれの流儀がある.〔諺〕C~ son métier. 各人己れの職業に励むがよい.〔諺〕C~ pour soi et Dieu pour tous. 自分のことは自分でして, 他人のことは神様にお任せしよう. C~ rentra chez soi. 各自自宅に戻った. Retournez ~ à votre place. 各自自分の席に戻りなさい.

chafi'isme ⇒ shafi'isme
chafi'ite ⇒ shafi'ite

chagrin¹ *n.m.* **1** 悲しみ, 心の傷. ~ d'amour 恋の傷手. avoir du ~ 悲嘆に暮れる. éprouver un grand ~ 大きな悲しみで味わう. faire du ~ à qn 人を悲しませる. mourir de ~ 傷心のあまり死ぬ；死ぬほど悲しむ. noyer son ~ dans l'alcool 酒に悲しさを紛らわす.

2〔古〕不機嫌.

3〔俗〕つらい仕事. aller (revenir) au ~ 仕事に行く (戻る).

chagrin² *n.m.* (羊・山羊・ろば・らば・馬などの皮を加工した) 粒起鞣し革, シャグラン, シャグリン (製本用), livre relié en plein ~ シャグラン革製本本.〔比喩的〕peau de ~ (願いをかなえるごとに縮んでいく魔法の革；縮み切った時死が訪れる→) 次第に細りゆく生命 (財産). *la Peau de ~* de Balzac バルザックの『あら皮』(1831年). diminuer comme une peau de ~ 次第に縮んでいく. C'est une peau de ~. それは次第に細りゆくものだ.

chah ⇒ schah

chai *n.m.* **1** 醸造酒倉. **2** (樽詰めの葡萄酒・蒸留酒などを寝かす) 酒倉, シェー〖地上1階に設置〗. ~ de vin nouveau 新酒用シェー. ~ de vin vieux 古酒用シェー.

chaîne *n.f.* Ⅰ **1** 鎖, チェーン. ~ d'attache つなぐための鎖. ~ de bicyclette 自転車のチェーン. ~ de sûreté ドア・チェーン. tenir un chien à la ~ 犬を鎖につないでおく.

2 鎖でできた装身具. ~ d'or 金のチェーン装身具.

3 ~ coupante チェーンソー.〖海〗~ d'ancre 錨鎖. ~ sans fin エンドレス・チェーン.〖pl.〗~ タイヤ・チェーン.

Ⅱ **1** 束縛, 拘束, 絆；くされ縁. ~s du mariage 結婚の絆. ~ de solidarité 連帯の絆. briser ses ~s 束縛を断ち切る. se don-

ner des ~s 鎖につながれる.
2（文学的表現として）強制労働, 懲役.
III 1 連結(連続)した要素で構成されるもの；連鎖. collision en ~ 玉突き衝突. réaction en ~ 連鎖反応. structure de ~ 連鎖構造.
2 人の列. faire la ~（ものを速く運ぶために）列を作る.
3 組立ライン, 連続工程. ~ de montage 組立ライン. travail à la ~ 単純な反復作業, 流れ作業.
4 繊維の横糸.
5 山脈（= ~ de montagnes）. ~ des Alpes アルプス山脈.
6〘生〙連鎖. ~ alimentaire 食物連鎖.
7〘放送〙放送局；チャンネル, 放送番組. ~ de télévision TV 放送局(番組). ~ nationale (locale) 全国(地方)放送局. ~ payante (à péage) 有料放送局. ~ privée (publique) 民営(公共)放送局. première ~ de télévision TV 第 1 チャンネル.
8 録音再生装置セット. ~ hi-fi ハイファイセット.
9〘航空, 海〙誘導装置.
10〘商業〙チェーン（= ~ commerciale）. ~ de succursalistes チェーンストア組織. ~ volontaire ヴォランタリーチェーン.
11〘情報〙チェイン, ストリング.
12〘建築〙壁を補強する石柱積み.

chaînette *n.f.* **1** 小さな(細い)鎖. ~ de bracelet 腕輪の細い鎖. maille d'une ~ d'acier 鋼の鎖網.
2〘刺繍〙point de ~ 鎖縫, チェーンステッチ；〘編物〙鎖縫. 〘製本〙couseuse au point de ~ 鎖縫の仮綴機.
3〘工〙懸垂線.

chaînon *n.m.* **1** 鎖の環（=anneau d'une chaîne）.
2 網の目（=maille d'un filet）.
3〘比喩的〙(一連の人・物の)一人, ひとつ；(連続物の)継ぎ目；〘生〙(進化の過程の)環. 〘生・進化〙~ manquant（ヒトと類人猿の間の）失われた環, ミッシング・リンク（=〘英〙missing link）. Chaque être humain est un ~ de la société. 個々の人間は社会という鎖の一環である.
4〘地形〙小山脈；支脈；山稜.

chair *n.f.* **I 1**（具象的）**1**（人間・動物の）肉；筋肉；身体. la ~ et l'os (la peau) 肉と骨(皮膚). 〘医〙~s gangrenées (mortes) 壊疽にかかった(壊死した)肉. ~ vive 生肉. dégénérescence et régénération des ~s 筋肉の変性と再生.〘なめし皮〙côté ~ d'une peau 獣皮の内側.
en ~ et en os 生身で. en plein ~ 体の奥深く；〘比喩的〙心の底で（から）. entre cuir et ~ 皮膚の下で. lésion des ~s 傷, 傷口. La ~ est triste, hélas! et j'ai lu tous les livres. 嗚呼, 肉体は悲し！我はすべての書物を読破せり.《Mallarmé *Brise marine*

「海風」の 1 節》.
2 肌, 皮膚；〘*pl.* で〙肌の露出部. ~ avachie (grasse) よれよれの(脂)肌. ~ de poule 鳥肌. avoir la ~ de poule 鳥肌が立つ. donner la ~ de poule à *qn* 人を戦慄させる. ~ fraîche 瑞々しい肌. ~ humaine 人体. 〘couleur de〙~ 肌色（の）. bas〘couleur de〙~ 肌色のストッキング.
3 食肉, 肉；挽肉. ~〘à saucisse〙ソーセージ用の挽肉. ~ à pâté パテ用の細かい挽肉.〘話〙hacher menu comme ~ à pâté こま切りにする. ~ crue 生肉. ~ d'un grand gibier 大型狩猟獣(猪・鹿など)の肉. ~ de la poule (du saumon) 鳥肉(鮭肉). ~ fraîche 精肉. ~ salée 塩漬肉. manger de la ~ 肉を食べる.
4〘宗教〙鳥獣肉（魚肉の対）. Vendredi ne mangeras. 金曜日には鳥獣肉を食べるべからず.〘比喩的〙n'être ni ~ ni poisson 正体不明である.
5 果肉（= ~ d'un fruit）. ~ du melon メロンの果肉. ~ fondante de la poire 洋梨のとろけるような果肉.

II（抽象的）**1**〘宗教〙人性（=nature humaine；nature divine「神性」の対）；肉体（=corps；âme「魂」, esprit「精霊」の対）. ~ de *qn* 人の体. la ~ de sa ~ 己れの血肉を分けた子. un être de ~ et de sang 生身の人間である. parents selon la ~ 実の両親. plaisirs de la ~ 肉の快楽. resurrection de la ~ 肉体の復活. devenir à une seule ~ 一心同体となる. Le Verbe s'est fait ~. 言葉(神言)は肉体となった（『ヨハネ福音書』I, 14）.
2〘宗教〙肉体の欲求；肉欲, 性本能（=instinct sexuel）. appel de la ~ 肉欲の誘惑（=tentation）. concupiscence de la ~ 情欲, 色欲. œuvre de ~ 肉の交わり.

chaire *n.f.* **1**〘教会〙シェール《背もたれと肘掛のある教皇・司教の椅子》. ~ de saint Pierre 聖ペテロの座；聖座. ~ du pape à Saint-Pierre ローマのサンピエトロ大バシリカ聖堂の教皇座. ~ épiscopale 司教座. ~ pontificale 教皇座.
2（教会堂の）説教壇（= ~ du prédicateur）；〘比喩的〙説教（=prédication）. abat-voix de la ~ 説教壇の反響盖. éloquence de la ~ 説教壇の雄弁術. monter en ~ 説教壇にのぼる.
3（大学などの）教壇；大学教授の地位；講座. professeur titulaire de ~ 講座担当正教授. obtenir une ~ de philosophie 哲学教授の地位を獲得する. création d'une ~ 講座の新設.

chaise *n.f.* **I 1**（椅子）(肘掛のない)椅子（fauteuil「肘掛椅子」の対）. ~ de chœur 教会堂内陣の聖職者用椅子（=stalle）. ~ d'enfant (haute) 子供椅子. ~ de jardin 庭椅子. ~〘électrique〙電気椅子；電気椅子による死刑. envoyer à la ~ 電気椅子に送る. ~

longue デッキチェア；デッキチェアに寝そべる休息. faire d'une heure de ~ longue 寝そべって1時間を過ごす. ~ paillée (de paille) 麦藁椅子.〔話〕~〔percée〕便座. ~ pliante 折りたたみ椅子. ~ rembourrée 詰めものをした椅子.
politique de la ~ vide (議会の) 欠席戦術. offrir une ~ à qn 人に椅子を勧める. s'asseoir sur une ~；prendre une ~ 椅子に座る. se trouver (être assis) entre deux ~s 不安定な立場にある.
Ⅱ（椅子に似たもの）**1**〔古〕輿（こし）(= ~ à porteurs).〔比喩的〕mener une vie de bâton de ~ 放埒な生活を送る.
2〔古〕馬車 (= ~ roulante). ~ de poste 駅馬車.
3〖建築〗支え, 支柱；土台, 基底部；〖機工〗(伝達軸の) 軸受け.
4〖海〗~ de gabier ボースンチェア. nœud de ~ double 腰掛結び. nœud de ~ simple もやい結び.

chaland n.m. **1**〖船〗(河川・運河用の) 平底貨物運搬船；(港の) はしけ.
2〖軍〗上陸用舟艇.〖軍〗~ de débarquement d'infanterie et de chars 歩兵・戦車上陸舟艇.〖軍〗~ de transport de matériel 軍用資材揚陸用舟艇.

chaland-citerne (pl. ~s-~s) n.m. 河川・運河用タンカー.

chalazion [ʃa-, ka-] n.m.〖医〗霰粒腫（さんりゅうしゅ）（瞼板腺の慢性肉芽性炎症）.

chalcopyrite [kal-] n.f.〖鉱〗黄銅鉱 $(CuFeS_2)$.

chalcosine n.f.〖鉱〗輝銅鉱 (=chalcosite) (Cu_2S).

chalcosite n.f.〖鉱〗輝銅鉱 (=chalcosine) (Cu_2S).

chaldéen(ne) [kal-] a. カルデア (la Chaldée) の；カルデア語の；カルデア典礼 (=rite ~) の.
――**C**~ n. カルデア人.
――n.m. カルデア語.

châle n.m.〖衣服〗シャール, ショール, 肩掛. ~ en soie (en laine) 絹 (羊毛) のショール. mettre son ~ ショールをまとう.

chalet n.m. **1** シャレー（高地の牧畜小屋). ~ d'Auvergne オーヴェルニュ地方の牧畜小屋.
2 シャレー風の山荘, 山地の木造家屋. ~ savoyard (suisse) サヴォワ (スイス) の山荘.
3〔カナダ〕（湖畔や河畔などの）田園の別荘 (=maison de campagne).
4〔北仏〕海浜の木造小屋.
5〔古〕~ de nécessité 便所.

chaleur n.f. **1**〖物理〗熱, 熱さ. ~ animale 体温. ~ d'échappement 廃熱. ~ de réaction 反応熱. ~ latente 潜熱. ~ réduite 換算熱量. ~ spécifique 比熱. bouffée de ~ 発熱によるほてり. coup de ~ 熱射病. quantité de ~ 熱量.
2 暑さ. grandes ~s 猛暑. premières ~s その年最初の暑さ. Quelle ~! なんて暑いんだ. bouche de ~ 暖房の吹き出し口.
3 熱意, 情熱, 熱心さ. ~ de la jeunesse 青年の情熱. regard plein de ~ 熱っぽい目つき. Nous avons été particulièrement sensible à la ~ de votre accueil. 暖かい歓迎を賜り心から感謝しております. parler avec ~ 熱っぽく話す.
4（動物の雌の）発情, さかり.

Châlons-en-Champagne n. pr. シャーロン=アン=シャンパーニュ (département de la Marne マルヌ県の県庁所在地；フランスと UE の広域地方行政区 région Champagne-Ardenne シャンパーニュ=アルデンヌ地方の地方庁所在地；1995 年までの旧称は Châlons-sur-Marne シャーロン=シュール=マルヌ；市町村コード 51000；形容詞 Châlonnais(e)). cathédrale Saint-Etienne de ~ シャーロン=アン=シャンパーニュのサン=テチエンヌ大聖堂.

chaloupe n.f.〖海〗**1**（甲板のない）舟艇, ランチ, ボート. ~ de sauvetage 救命艇, 救命ボート.
2〔カナダ〕手漕ぎボート. ~ de pêche 釣り用ボート.

chalumeau (pl. ~x) n.m. **1**（麦藁, 葦などの）管；ストロー. boire avec un ~ ストローで飲む.
2〖楽〗笛；パイプ. ~ du biniou ビニュー (風笛) のパイプ.
3 鳥刺竿.
4〖工〗吹管, トーチ. ~ à gaz hydrique 酸水素吹管. ~ à hydrogène atomique 原子水素吹管. ~ à plasma プラズマトーチ. ~ de chauffe 加熱トーチ. ~ oxyacétylénique 酸素アセチレン吹管, アセチレンガスバーナー. ~ oxyhydrique 酸水素吹管. ~ soudeur 溶接トーチ.

chalut n.m.〖漁〗トロール網；底引き網. ~ pélagique 遠洋トロール網. pêcher au ~ トロール網漁をする.

chalutage n.m. 底引き網漁業, トロール漁業. ~ pélagique 遠洋トロール漁業.

chalutier n.m.〖漁〗**1** トロール船；底引き網漁船. ~ à chalut pélagique 遠洋トロール船. ~ congélateur 冷凍トロール船 (冷凍室を備えたトロール漁船). ~ latéral 沿海トロール船.
2 トロール網漁師.

chaman(e) [トンガ語] n.m.〖人類〗シャーマン, 巫者, 巫女.

chamanisme n.m.〖人類〗シャーマニズム.

chamarrure n.f.〔多く pl.〕けばけばしい装飾, ごてごてした悪趣味な装飾.

chambarand n.m.〖チーズ〗シャンバラン, トラピスト・ド・シャンバラン (=trappiste de ~)（ドーフィネ地方 le Dauphiné で牛乳からつくられる, 軽く圧搾した, 自然

外皮チーズ；脂肪分45％；直径8cm, 厚さ2cmの小円盤状；160g）.

chambellan *n.m.* 侍従. grand ~ 侍従長.

chambérat *n.m.* 〖チーズ〗シャンベラ（ブールボネ地方 le Bourbonnais で牛乳からつくられる，非加熱圧搾，洗浄外皮のチーズ；脂肪分40-45％；直径16-20cm, 厚さ4-5cmの平たい円盤状；1-1.5kg〗.

chambertin *n.m.* 〖葡萄酒〗シャンベルタン（ブルゴーニュ地方 la Bourgogne, département de la Côte-d'Or コート=ドール県のジュヴレー=シャンベルタン Gevrey-Chambertin 村（市町村コード21220）にある特級畑のAOC酒；最高級の赤の銘酒〗.

Chambéry *n.pr.* シャンベリー（département de la Savoie サヴォワ県の県庁所在地；市町村コード73000；旧サヴォワ伯爵領・公爵領の首都；形容詞 chambérien(ne)〗. archevêché de ~ シャンベリー大司教区. château de ~ シャンベリー城（14-15世紀〗. le Vieux ~ シャンベリー旧市街.

chambolle-musigny *n.m.* 〖葡萄酒〗シャンボール=ミュジニー（ブルゴーニュ, la Côte de Nuits の Chambolle-Musigny（市町村コード21220）村でつくられる赤のAOC葡萄酒〗.

Chambord *n.pr.* シャンボール（département de Loir-et-Cher ロワール=エ=シェール県の村；市町村コード41250〗. château de ~ シャンボール城（1519-37年；フランソワ1世の造営したルネサンス様式の名城〗. Parc national cynégétique de ~ 国立シャンボール狩猟公園（城館を中心とする 5,500 ha の狩猟保護区〗.

chambre *n.f.* Ⅰ **1**（寝台のある）部屋；寝室. ~ à coucher 寝室. ~ d'ami（客用の）予備室. ~ de bonne 使用人（女中）部屋. ~ d'hôte（個人住宅の）来客用の部屋（寝室〗, ゲスト・ルーム. ~ d'hôtel ホテルの客室. maison à trois ~s 三寝室の家. Avez-vous une ~ libre à deux lits?（ホテルで）ツインの部屋が空いていますか. garder la ~ 病気で寝ている. **2** 部屋に関する人（もの）. femme de ~ 小間使い，掃除女. musique de ~ 室内楽. robe de ~ 部屋着. valet de ~ 侍従，従僕. stratège en ~ 知ったかぶりで批判する人. faire la ~ 掃除をする. travailler en ~ 自宅で仕事をする. **3** 特殊な装置などがある部屋. ~ à gaz（強制収容所の）ガス室. ~ blindée 金庫室. ~ des machines 機械室. ~ de sûreté（憲兵隊の）拘置室. ~ forte 金庫室. ~ froide 冷蔵室. ~ noire¹ 暗室.

Ⅱ 〖政治〗議会, 議院. la C~ 国民議会. C~ basse 下院. C~ des communes（特にイギリスの）下院. C~ des députés 国民議会. C~ des lords（pairs）（特にイギリスの）上院. C~ des représentants（特にアメリカの）下院. C~ haute 上院. C~ introuvable 与党が圧倒的多数を占める議会（1815年, 王政復古最初の選挙結果を見てルイ18世が言ったとされる〗. les deux ~s du Parlement 議会の両院. dissoudre la C~ 議会を解散する.

Ⅲ 〖法律〗**1**（裁判所の）部. ~ correctionnelle 軽罪部. **2**（破毀院の）部. ~ civile 民事部. ~ commerciale et financière 商事・金融部. ~ criminelle 刑事部. ~ des requêtes（1947年までの）審査部. ~ mixte 合議部. ~s réunies（1967年までの）大法廷. ~ sociale 社会部. **3** ~ d'accusation 控院の弾劾部（予審判事の決定に対する上訴, 刑事事件における予審の第二審, 国外追放案件, 警察官の懲罰案件などを担当〗.

Ⅳ 会議所；職能団体，業界団体；農業会議所（各県ごとに選挙によって選ばれた者から構成される主として諮問的役割をもつ機関〗. ~ de commerce et d'industrie 商工会議所（CCI〗. ~ de commerce internationale 国際商工会議所. ~ des métiers 手工業会議所. ~ syndicale de l'industrie aéronautique 航空機産業会.

Ⅴ 〖機械〗**1** ~ à air（空気タイヤの）チューブ. **2** ~ noire² 写真機〔の本体〕；暗箱. **3** ~ de combustion 火室. **4** ~ d'explosion（内燃機関の）燃焼室.

Ⅵ 王の寝室, 王室. musique de la ~ 御寝の奏楽.

chameau（*pl.*~**x**）*n.m.* **1** 〖動〗駱駝（らくだ〗；（特に）ふたこぶらくだ（=~ à deux bosses）（牝は chamelle〗. ~ à deux bosses；~ d'Asie ふたこぶらくだ, アジア駱駝. ~ à une bosse；~ d'Arabie ひとこぶらくだ（=dromadaire）, アラビア駱駝. Le ~ blatère. 駱駝が啼く. caravane de ~x 駱駝の隊商. 〖衣〗manteau en poil de ~ キャメルコート. 〖繊維〗poil de ~ 駱駝の毛, 駱駝の毛布. essayer de faire passer un ~ par le trou d'une aiguille 駱駝に針の孔を通らせようとする, 不可能なことを試みる（『マタイ』19, 24〗.
2〔話〕いやな奴, 意地悪な奴.

chamois *n.m.* **1** 〖動〗シャモワ（ヨーロッパや中東の山岳地帯に棲息する哺乳動物；牛科 Rubicapra 属の野生の山羊〗. ~ des Pyrénées ピレネー山脈のシャモワ, イザール（isard〗.
2 シャモワの革；〔広義〕（羊・山羊の）裏革. gant de ~ シャモワ革（羊・山羊の裏革）の手袋. peau de ~ セーム革（銀器, ガラス, 写真機器などの手入れ用の革〗.
3 〖スキー〗（スラロームの）技能検定試験；技能検定試験の合格者等級；技能検定試験合格者. ~ de（de vermeil, d'argent, de bronze）金（真紅, 銀, 銅）級シャモワ
——*a.inv.* シャモワ色（黄土色）の. robes ~ 黄土色のドレス.

Chamonix-Mont-Blanc n.pr.m. シャモニー=モン=ブラン《département de la Haute-Savoie オート=サヴォア県, le mont Blanc の麓の町, 登山・スキーの拠点；市町村コード 74400；形容詞 chamoniard(e)》.

champ n.m. Ⅰ《具体的》**1** 畑, 農地. ~ de blé (de betteraves, de colza de pommes de terre) 小麦 (砂糖大根, 菜種, じゃが芋) 畑. un ~ de dix hectares 10 ha の畑. ~ d'expérimentation (d'expérience) 試験農場 (圃場). ~ fertile (stérile, en jachère) 肥沃な (不毛な, 休耕中の) 畑. ~ moissonné 刈入れ済みの畑 (=chaume). ~s ouverts 開放農地. ~s plantés d'arbres プランテーション；果樹園. culture d'un ~ 農地の耕作. culture en plein ~ 露地栽培. lisières d'un ~ 農地の境界. travaux des ~s 野良 (畑) 仕事. en plein ~ 露地で. cultiver (labourer) un ~ 畑を耕す. emblaver (semer) un ~ 畑に種を播く. irriguer un ~ 畑に灌水する.
2 [pl. で] 田野, 野原；田園；田舎 (ville, village, habitation の対；=campagne). fleurs des ~ 野の花. vie des (aux)~s 田園生活, 田舎暮し. à travers ~s 野原を横切って. couper à travers ~s 野原を横切って近道をする. 〔比喩的〕se sauver à travers ~s 逃亡する. en pleins ~s 畑 (野原) の真中で. passer la nuit en pleins ~s 野宿する. courir les ~s 野をさまよい歩く.《比喩的》prendre la clé des ~s 放免する；逃亡する.
3 一面のひろがり；原, 場, 用地. ~ d'aviation 飛行場. ~ de course〔s〕競馬場 (=hippodrome). ~ de foire 市 (いち) の会場.〔軍〕~ de manœuvre〔s〕演習場.〔軍〕~ de mines 地雷原.〔古〕~ des morts 墓地 (=cimetière).〔軍〕~ de tir 射撃場；(ミサイルなどの) 発射場.
4 〔神話・史〕野, 場.〔ギ神話〕les C~s Elysées エリュシオンの野《神々に愛された英雄などが死後過ごす至福の野》(パリの) シャン=ゼリゼ大通り (=avenue des C~s-Elysées).〔古代ローマ〕~ de Mars 練兵場. C~s-de-Mars (パリの) シャン=ド=マルス《1765年に創設された練兵場；現在は緑地帯》.
5 〔地学〕~ de filons 連鎖鉱脈. ~ de fracture 断層地帯. ~ de glace 氷原；流氷原. ~ de neige 雪原. ~ de pétrole (pétrolifère) 油田〔地帯〕. ~ gazier 天然ガス埋蔵地層.
6 戦場 (= ~ de bataille). mourir (tomber) au ~ d'honneur 名誉の戦死を遂げる.〔古〕~ d'armes 武闘場, 騎馬試合場. ~ d'honneur 栄誉礼の場, 表敬場. battre aux ~ 太鼓を打ち鳴らす. sonnerie aux ~s 表敬ラッパ.
7 〔古〕~〔clos〕(棚で囲った) 騎馬試合場；決闘場. se battre en ~ clos 騎馬試合をする；決闘する. débat en ~ clos 一騎打ちの論争. laisser le ~ libre 試合場から退出する.
8 〔美術〕(彩色・彫刻を施す) 画布, メダル, 貨幣, 七宝などの) 地；〔紋章〕(楯の) 地.

Ⅱ《比喩的》**1** 領域, 分野；ひろがり；行動の幅, ゆとり. ~ d'activité (d'action) 行動分野. ~ d'observation 観察領域. ~ de recherches 研究領域 (分野). ~ d'une science (d'un art) 科学 (芸術) の領域. agrandir le ~ de la connaissance humaine 知識の領域を拡げる. donner libre ~ à ~ の発揮されるがままに任す. laisser du ~ à qn 人に行動の幅を与える. laisser le ~ libre à …に行動の自由を与える, …の自由裁量に委ねる. prendre du ~ 後退する.〔比喩的〕一歩退く.
2 〔科学用語〕場, 界, 野, 領域. ~ acoustique (sonore) 音場. ~ auditif (olfactif) 聴覚 (嗅覚) 野.〔心〕~ de la conscience 意識野.〔解剖〕~s du cortex 皮質野. ~ de force d'un aimant 磁石の磁力の場 (磁場). ~s de gravitation (de gravité) 重力の場.〔物理〕~ électrique 電界, 電場.〔物理〕~ magnétique 磁界, 磁場.〔医〕~〔opératoire〕手術野；手術野を囲むガーゼ. poser des ~s 手術野にガーゼをあてる.〔数〕~ scalaire (vectoriel) スカラー (ベクトル) 場.
3 (眼の) 視野 (= ~ visuel). 〔光学機器の〕視界；〔写真〕写界. ~ des instruments d'optique 光学機器の視界. ~ visuel monoculaire (binoculaire) 単眼 (両眼) 視野.〔写真〕angle de ~ 写角.〔写真〕profondeur de ~ (レンズの) 焦点深度, 写界の深度. un hors ~ 写界から外れたショット.
4 〔言語〕場. ~ conceptuel (notionnel) 概念の場. ~ lexical 語彙の場. ~ sémantique 意味場.

Champagne n.pr.f.〔地理〕**1** la ~ シャンパーニュ地方《フランス東北部の地方名》. l'ancienne province de ~ シャンパーニュ旧州《フランスの旧州；州都 Troyes；現在の la Marne, la Haute-Marne, l'Aube の各県と, les Ardennes, l'Yonne, la Seine-et-Marne 各県の一部地域に相当》. la ~ humide 湿ったシャンパーニュ地方《東部；湖沼と草地の多い酪農地帯》. la ~ pouilleuse 荒地シャンパーニュ地方《西部；穀倉地帯》.〔史〕foires de ~ シャンパーニュ地方の定期市《Troyes, Lagny, Provins, Bar-sur-Aube などの定期市が有名》.〔行政〕la région ~-Ardennes《フランスおよびヨーロッパ連合の広域地方行政区》シャンパーニュ=アルデンヌ地方 (州)《地方庁所在地シャーロン=アン=シャンパーニュ Châlons-en-~》. appellation ~ contrôlée (葡萄酒の) シャンパーニュ地方原産地管理呼称. vin de ~ シャンパーニュ地方産葡萄酒 (= le c~；主に白, 若干の赤とロゼ). vins de ~ シャンパーニュ地方産の葡萄酒《発泡

性のシャンパーニュ酒と非発泡性のシャンパーニュ酒 champagne non mousseux (nature)がある).
2 la Grande ~ グランド・シャンパーニュ地区 (コニャック Cognac 地方のコニャック Cognac 周辺の地区名；最上級のコニャック酒の産地，別称 la Grande Fine ~). la Petite ~ プチット・シャンパーニュ地区 (コニャック地方の la Grande ~ の南に隣接する地区名；la Grande ~ に比べ地質に含まれる石灰分が少ないが上質のコニャック酒の産地).

champagne[1] *n.f.* **1** 〚地質〛石灰質の平野 (=plaine calcaire). la ~ de Saintonge サント地方の石灰質平野.
2 〚紋章〛楯の下3分の1の部分.
3 〚コニャック酒〛fine ~ フィーヌ・シャンパーニュ (la Grande Champagne と la Petite Champagne 地方産のコニャックをブレンドした上質のコニャック).

champagne[2] *n.m.* 〚葡萄酒〛シャンパーニュ〔酒〕, シャンパン, シャンペン (= vin de C~) (特に発泡性のシャンパーニュ酒；〔俗〕champ [ʃɑ̃p]).
~ brut シャンパーニュ・ブリュット (辛口のシャンパーニュ酒).
~ demi-sec シャンパーニュ・ドミ=セック (半辛口のシャンパーニュ酒).
~ frappé よく冷やしたシャンパーニュ酒.
~ millésimé シャンパーニュ・ミレジメ, 年号入りシャンパーニュ (葡萄の出来が極めて良い年の原酒のみでつくられる優れたシャンパーニュ酒).
~ nature 非発泡性シャンパーニュ酒 (通常の赤・白の葡萄酒).
~ rosé シャンパーニュ・ロゼ (黒葡萄をマセラシヨン処理したり, 通常の赤のシャンパーニュ酒を混ぜてつくる淡紅色のシャンパーニュ酒).
assemblage de ~ シャンパーニュ酒の調合過程 (シャンパーニュ地方各地の葡萄畑 cru の葡萄酒を配合する過程；調合法には葡萄畑による assemblage des crus と原酒の生産年による assemblage des années がある；champagne brut non millésimé は一般に生産畑・生産年の異なる原酒を混合してつくられたもの；chardonnay 種による白の原酒のみからつくられるシャンパーニュ酒は blanc de blancs；pinot noir または pinot meunier の赤葡萄による白い原酒からつくられるものを blanc de noirs とよぶ).
bouteilles de ~ シャンパーニュ酒の壜 (容量：quart：20*cl*；demie：40*cl*；bouteille：80*cl* (78*cl*)；magnum：1.6*l*；jeroboam：3.2*l*；réhoboam：4.8*l*；mathusalem：6.4*l*；salmanazar：9.6*l*；balthazar：12.8*l*；nabuchodonosor：16*l*).
cépages de ~ シャンパーニュ酒の葡萄の品種 (公認されているのは力強さが特徴の pinot noir, 果実香の pinot meunier, 繊細さの chardonnay の3種のみ).
coupe de ~ シャンパーニュ酒用の平たいグラス.
crus de ~ シャンパーニュ地方のクリュ (特定葡萄畑) (grand cru「特級畑」が19村, premier cru「一級畑」が41村にある).
dosage de ~ シャンパーニュ酒の加糖度 (二次発酵のため；1*l*当たりの糖分含有量は extra-brut [bryt] で 0 ~ 6 g (3 g 未満のものは brut nature, non dosé, dozage zéro などともいう)；brut で 0 から 15 g 未満, extra dry で 12 ~ 20 g；sec で 17 ~ 35 g；demi-sec で 33 から 50 g 未満；doux で 50 g 以上).
étiquette de ~ シャンパーニュ酒のラベル (必ず記載されるのは champagne の呼称, 銘柄名, 超辛口から甘口までの加糖度, 醸造地, 醸造業者名, 壜の内容量；必要に応じシャンパーニュ地方葡萄酒生産同業者委員会 CIVC が交付する業者地位規定略号とその登録番号, 特定年, grand cru または premier cru, blanc de blancs, blanc de noirs, cuvée spéciale (Prestige)「特選酒」などの表示が加わる).
flûte de ~ シャンパーニュ酒用フリュート・グラス (細長い形のグラス). grand ~ 高級シャンパーニュ酒.
statut professionnel du producteur de ~ シャンパーニュ酒生産業者地位規定 (略号：NM：*n*égociant-*m*anipulant 卸売・醸造業者；RM：*r*écoltant-*m*anipulant 栽培・醸造業者；CM：*c*oopérative de *m*anipulant 醸造協同組合；MA：*m*arque d'*a*cheteur 購入販売業者銘柄；RC：*r*écoltant-*c*oopérateur 栽培協同組合；SR：*s*ociété de *r*écoltants 栽培者組合；ND：*n*égociant-*d*istributeur 卸売・販売業者；これらは登録番号と共にラベルに記載).
battre son ~ シャンパーニュ酒の壜をゆさぶる (炭酸ガスを噴出させるため). faire un repas au ~ シャンパーニュ酒を飲んで食事をとる.
——*a.inv.* シャンパーニュ酒色の (淡い黄金色). robe de crêpe ~ シャンパーニュ酒色のクレープのドレス.

Champagne-Ardenne *n.pr.f.* 〚行政〛région ~ シャンパーニュ=アルデンヌ地方 (フランスと UE の広域地方行政区画の一；les Ardennes, l'Aube, la Marne, la Haute-Marne の4県から成る；地方庁所在地 Châlons-en-Champagne；面積 25,064 km², 人口 1,342,363；形容詞 champardennais(e)).

champagnisation *n.f.* 〚葡萄酒〛シャンパーニュ化, 発泡酒化 (糖分を加えて, 壜の中で二次発酵させて発泡酒のシャンパーニュ酒をつくる方法).

champagnisé(e) *a.p.* (葡萄酒に糖分を加えて2次醸酵させ) 発泡性にした；シャンパーニュ酒の醸造法によってつくられた.

champagne non ~ 通常の醸造法による発泡性でないシャンパーニュ地方産葡萄酒 (＝champagne nature). vins ~s de Californie カリフォルニアの発泡性葡萄酒.

champagnophile *n.* シャンパーニュ〔酒〕愛好者.

champenois(e) *a.* **1** シャンパーニュ地方(la Champagne)の；シャンパーニュ地方人の.
2 シャンパーニュ酒の. bouteille ~*e* シャンパーニュ酒の壜. méthode ~*e* シャンパーニュ酒製造法.
3〖言語〗le ~ シャンパーニュ方言.
—*C*~ *n.* シャンパーニュ地方人.

champenoise *n.f.* (通常の) シャンパーニュ酒用壜 (775 ml).

champêtre *a.* **1**〖文〗田園の, 田舎の；農地の. divinités ~s 農業神. fleur ~ 野の花. garde ~ 田園監視官〔農林警察官の役割〕. travaux ~s 野良仕事. vie ~ 田園生活.
2 野原での, 戸外の；鄙(ひな)びた. bal ~ 野外舞踏会. décor ~ 鄙びた装飾.

champignon *n.m.* **1** シャンピニョン；茸；かび；〖*pl.* で〗菌類. ~ comestibles (mortels) 食用(毒)茸. ~ de couche blanc neige (ivoire) 雪白(象牙色の) 栽培マッシュルーム《生食用》. ~ de couche blond 褐色の栽培マッシュルーム《缶詰用》. ~〔de Paris〕シャンピニョン・ド・パリ, マッシュルーム〔学名 Agaricus bisporus〕. ~ noir 黒茸 (＝oreille-de-Judas「ユダの耳」茸). ~s inférieurs 下等菌類(かびなど). ~s supérieurs 高等菌類(茸など). ~s vénéneux 毒茸. cueillette des ~s 茸狩り.〖料理〗omelette aux ~s マッシュルーム入りオムレツ.〖料理〗~s à la grecque ギリシア風茸料理(マッシュルームとエシャロットの炒め煮にレモンを加えた冷製前菜料理). pied (chapeau) de ~ 茸の足(傘). ramasser des ~s 茸を採る.〖比喩的〗pousser comme un ~ (子供・植物などが)みるみる成長する；(町などが)急成長する. ville ~ 急成長(急膨張)する町.
2〖比喩的〗茸状のもの；(ランプ, 蠟燭の芯の) 黒くふくらんだ燃えかす；帽子掛；〖鉄道〗レールの上首；〖自動車〗〖話〗アクセルペダル. ~ atomique 原爆のきのこ雲.〖自動車〗appuyer sur le ~ アクセルペダルを踏み込む. poser son chapeau sur un ~ 帽子を帽子掛にかける.

champignonnerie *n.f.* 茸(特にマッシュルーム champignon de Paris, champignon de couche)の栽培場, 食用茸栽培所.

champignonniste *n.* 茸栽培者.

champion(ne) *n.* **1**〖スポーツ〗選手権保持者, チャンピオン；チャンピオン・チーム；優秀選手. ~ du monde (d'Europe・, de France) du 100 mètres messieurs 男子100メートル世界(ヨーロッパ, フランス)選手権者. ~ du monde de boxe ボクシングの世界チャンピオン. ~ olympique オリンピック・チャンピオン. ~s du ski スキーの優秀選手.
2 (主義などの)擁護者, 守り手. ~ de la paix 平和の守り手. se faire le ~ de *qch* 何の擁護者になる.
3〖比喩的〗〖話〗第一人者, リーダー.
—*a.* **1** 選手権を保持する, チャンピオンの. équipe ~*ne* du monde 世界チャンピオン・チーム.
2〖女性形は稀〗〖話〗ずば抜けた, 素晴らしい. Elle est ~, cette fille-là. あの娘は最高だ. *C*~！ 凄い！ ブラヴォー！

championnat *n.m.* 選手権；選手権試合, タイトルマッチ；選手権大会. ~ amateur アマチュア選手権〔大会〕. ~ du monde d'athlétisme en plein air 世界屋外陸上競技選手権〔大会〕. gagner le ~ de France de natation 水泳のフランス選手権を獲得する. remporter un ~ 選手権試合に勝つ.

chance *n.f.* **1** 運. Bonne ~! ご幸運を祈ります. souhaiter bonne ~ 幸運を祈る. mauvaise ~ 不運, 悪運. courir (tenter) sa ~ 運試しをする. mettre la ~ de son côté 運を味方につける. La ~ a tourné. つきが変わった.
2 幸運, チャンス, 好機. avoir la ~ de... 幸いにも…できる. coup de ~ 偶然の幸運, まぐれ当たり. par ~ 幸運にも. C'est la faute à pas de ~. 誰のせいでもない. 〔Il n'a〕 pas de ~! 運がなかった！
3 可能性, 機会, 確率. avoir de la ~ de... …する見込みがある. donner sa ~ à *qn* にチャンスを与える. laisser passer sa ~ チャンスを逃す. saisir sa ~ チャンスをつかむ. Il y a toutes les ~s pour que les négociations aboutissent avant une semaine. 交渉が1週間以内にまとまる可能性は大である. Il y a une ~ sur trois qu'il sorte indemne de l'épreuve. 彼がこの試練を無傷で乗り越えられる可能性は3分の1である.

chancelant(e) *a.* **1** よろめく. démarche ~*e* よろめく足取り. d'un pas ~ よろよろした足取りで.
2 (国家・権力・信念などが)ぐらつく；(健康などが)脆弱な. autorité ~*e* ぐらつく権威. empire ~ 危機に瀕した帝国. santé ~*e* 脆弱な健康. volonté ~*e* ぐらつく意思. avoir une foi ~*e* 信仰がぐらつく.

chancelier(ère) *n.* **1** 尚書；(ドイツ, オーストリアの)首相. ~ fédéral ドイツ連邦首相. grand ~ de la Légion d'honneur レジオン・ドヌール賞勲局総裁.
2 総務担当者；公印管理者. ~ d'ambassade 大使館総務担当. droit de ~ 公印料.

chancellerie *n.f.* **1** 事務当局.
2 la ~ 司法省事務当局.

3 ~ diplomatique 大使館事務当局(事務所). Toutes les ~s du monde commentent l'événement. 全世界の外交当局が事件を論評する.
4 la grande ~ de la Légion d'honneur レジオン・ドヌール賞勲局.
5 学区総長事務当局.
6 ドイツの首相府(官邸).
7 ~ pontificale (du Vatican) 教皇庁尚書院.

Chan-chiang ⇨ **Zhanjiang**

chancre *n.m.* **1** 〖医〗下疳(げかん). ~ induré (syphilitique) 硬性下疳. ~ mixte 混合下疳. ~ mou 軟性下疳 (=chancrelle).
2 〖植〗癌腫〖病〗(=~ des arbres). ~ du pommier 林檎の木の癌腫.
3〔比喩的〕癌, 害毒.

chancrelle *n.f.* 〖医〗軟性下疳 (=chancre mou).

chandail (<marchand d'ail) *n.m.* シャンダイユ(厚手のセーター).

Chandeleur *n.f.* 〖カトリック〗主の奉献の祝日 (=fête de la Présentation de Jésus au Temple), 聖母マリア清めの祝日 (=fête de la Purification de la Vierge) 〖蠟燭 chandelle の祝別式がある. 2月2日〗.

chandelle *n.f.* **1** 蠟燭(bougie の旧称). dîner aux ~s 蠟燭の明かりの下での夕食. brûler la ~ par les deux bouts 太く短く生きる;財産(精力)を浪費する. des économies de bouts de ~s 爪に火をともすようにして貯めた金. devoir une fière ~ à qn 人に大恩を受けている. en voir trente-six ~s〔頭をつよく打って〕殴られて)目から火が出る. Le jeu n'en vaut pas la ~. 骨折り損だ. s'éclairer à la ~ 蠟燭で明かりをとる. 〔話〕tenir la ~ 男女の仲をとりもつ.
2 〖建築〗垂直の支柱.
3 〖航空〗垂直上昇, 急上昇. monter en ~ 急上昇する.
4 〖テニス〗ロブ. faire une ~ ロブを上げる.
5〔俗〕立鼻汁(=stationne).

Changan [中国] *n.pr.* 長安(西安 Xi'an の旧称).

Changchun, Tch'ang-Tch'ouen [中国] *n.pr.* 長春(ちょうしゅん), チャンチュン(吉林省 le Jilin の省都).

Changde, Changteh [中国] *n.pr.* 常徳(じょうとく), チャントー(湖南省北部の都市).

change *n.m.* **1** 両替, 為替. agent de ~ 両替商(業者). bureau de ~ 両替所. contrat de ~ 為替契約. contrôle des ~s 為替管理. cours de ~ 為替相場. garantie de ~ 為替保障. lettre de ~ 為替手形. marché des ~s 為替市場. opération de ~ 為替取引. pair de ~ 法定平価, 金平価. parité de ~ 為替平価. taux de ~ 為替レート.
2 為替制度. ~ fixe 固定為替相場. ~ flexible 屈伸為替相場. ~ flottant 変動為替相場.
3 交換, 貨幣的価値をもつものの取引. agent de ~ 公認有価証券(株式)仲買人 〖1988年の改革によって廃止されるまで, 大蔵大臣の認可を受け, 仲買人組合の承認を得た上, 職株を取得して就ける公職officier-ministériel として, 証券取引所で正規の取引に加わるために必要な資格だった〗.
4 donner (faire prendre) le ~ 人をだます.

changeant(e) *a.* **1** 変りやすい;〔天候が〕変りやすい. idées ~es 変りやすい考え. temps ~ 変りやすい(不安定な)天気.
2 移り気な;気まぐれな. caractère ~ 移り気な性格. humeur ~e 気まぐれな気質. sentiments ~s 気まぐれな感情. être ~ 気まぐれである.
3 (外観, 色などが)変化する. étoffe aux reflets ~s 玉虫色に輝く生地 (=étoffe ~e).

changement *n.m.* **1** (変えること) 変更, 改変;変換, 転換;交換, 取り替え;乗換え (=~ de train). 〖劇〗~ à vue 居所替 (観客の面前での場面転換);〔比喩的〕急変. ~ d'adresse 住所変更;転居. ~ d'air 転地. ~ d'axes 座標軸の変換. ~ de舞台装置の転換. ~ de marche 機械の逆転;逆転装置. ~ de peau 脱皮. 〖舞踊〗~ de pied 足の踏み変え;〖馬術〗(ギャロップの際の)足の踏み変え. ~ de roue タイヤの変換. ~ de vitesse 変速;変速装置, 変速機. ~ de voie 分岐器. 〖鉄道〗~ de voie à aiguille 先端転轍器.
2 (変わること) 変化. 〖物理〗~ d'état 状態変化. ~ de saison 季節の推移. ~ de température 温度変化. ~ de temps 天候の変化(崩れ). ~ de variables 変数変化. ~ en mal (mieux) 悪化(改善, 好転). ~ sénile 老人性変成, 老化. ~ social 社会変動.

Chang-hai, Shanghai [ʃɑ̃gai] [中国] *n.m.pr.* 上海, シャンハイ, シャンガイ.

Changhua [台湾] *n.m.pr.* **1** le ~ 彰化(チャンホワ)県(台湾中西部の県). **2** 彰化, チャンホワ(彰化県の県庁所在地).

Chang Jiang [中国] *n.pr.* 長江(ちょうこう), チャンジャン(揚子江 YangziJiang の正式名称).

Changsha [中国] *n.pr.* 長沙(ちょうさ), チャンシャー(湖南省 le Hunan の首都;馬王堆漢墓遺跡, 中国共産党の揺籃の地).

changteh ⇨ **changde**

Changwon [韓国] *n.pr.* 昌原(しょうげん), チャンウォン(慶尚南道の都市).

Changzhou, Tch'ang-tcheou [中国] *n.pr.* 常州(じょうしゅう), チャンチョウ(江蘇省南部の都市).

chanoine *n.m.* 〖カトリック〗**1** 司教座聖堂(参事会聖堂)参事会員, 教会参事会員. ~ titulaire (honoraire) 正(名誉)参事会員. communauté des ~s 司教座聖堂参事会(=chapitre). 〔話〕être gras comme un ~ で

っぷり太っている。〔比喩的〕mener une vie de ～ 安楽に暮す。
2〔特定の修道会の〕修道士。～s de l'ordre de Prémontré プレモントレ会修道士。

chanson *n.f.* **1** 歌、シャンソン；諷刺的シャンソン（=～ satirique）；歌の楽譜。～ de table (à boire) 酒席の歌、宴会で歌う歌。～ de toile 紡ぎ歌。～ folklorique 民謡。～ italienne カンツォーネ。～ polyphonique 多声シャンソン。～ populaire 大衆歌謡、流行歌、ポピュラーソング。～ satirique 諷刺的シャンソン。
air (paroles) d'une ～ 歌のメロディー（歌詞）。auteur (compositeur, interprète) d'une～ シャンソンの作詞家（作曲家、歌手）。récital de ～s シャンソン・リサイタル。mettre *qn* (*qch*) en ～ 人（何）を諷刺的シャンソンで皮肉る。
〔諺〕L'air ne fait pas la ～. うわべだけでは真実は判らぬ。〔En France〕tout finit par des ～s.〔フランスでは〕すべてが歌でけりがつく；フランス人は軽薄である《Beaumarchais の『フィガロの結婚』の幕切れの文句から》。
2（鳥・虫の）鳴き声；（風・波などの）快い響き。～ du rossignol ロシニョール（ナイチンゲール）の鳴き声。～ du vent dans les feuilles 葉むらをゆさぶる風のそよぎ。
3〔比喩的・話〕決り文句。Il n'a (ne sait) qu'une ～. 彼は決り文句しか口にしない。C'est toujours la même ～. いつもの決まり文句だ。Voilà une autre ～! それは別の話だ！；別の厄介事だ！
4〔*pl.* で〕〔古〕下らぬこと。
5〔仏文史〕(中世の) 叙事詩；(特に) 武勲詩 (= ～ de geste). la C～de Roland 『ロランの歌』。

chansonnier (ère) *n.* **1** シャンソニエ（自作の諷刺的シャンソン・寸劇を演じる芸人）。～s de Montmatre モンマルトルのシャンソニエ。Théâtre de ～s シャンソニエ小屋。**2**〔古〕諷刺的シャンソン作家。

chant *n.m.* **1** 歌、歌曲；声楽曲。～ de guerre (guérier) 軍歌。～ grégorien グレゴリオ聖歌。～ populaire (folklorique) 民謡。～ profane 世俗歌曲、非宗教的歌曲。～s sacrés 宗教的歌曲、聖歌。
2 歌声；歌唱。～ apprendre le ～ avec un professeur chant 教師について声楽を学ぶ。
3（楽曲の）メロディー、旋律部（=mélodie）。Le ～ est repris par les hautbois. メロディーがオーボエで繰返される。
4 美しい音；（鳥の）囀り；（動物の）鳴き声。～ de l'alouette ひばりの囀り。～ du cygne 白鳥の歌（最後の傑作；絶筆）. le C～ de la Terre de Mahler マーラーの『大地の歌』。(*Das Lied des Erde*, 1908年）. au ～ du coq 鶏声に、明け方に。
5 詩、詩編；歌われるための詩、詩歌。～ funèbre 弔歌、挽歌。～ nuptial 祝婚歌。

6〔文〕歌（長編詩の構成単位）. les C～s de Maldoror de Lautréamont ロートレアモンの『マルドロールの歌』(1869年). le premier de l' *Odyssée*『オデュッセイア』第一歌。

chantage *n.m.* **1** 恐喝〔罪〕、強請（ゆすり）. faire de ～s 強請を働く。
2 脅迫、脅迫的策動。～ moral 精神的脅迫。

chantemerle-les-Blés *n.m.*〔チーズ〕シャントメルル=レ=ブレ（ドーフィネ地方 le Dauphiné で山羊乳からつくられる、軟質、自然外皮のチーズ；脂肪分 45 %）。

chanterelle *n.f.*〔茸〕シャントレル、あんずたけ（担子菌綱、カンテルレス科 Cantharellus 科の食用茸）. ～ commune シャントメルル・コミューヌ（通常シャントレル）、ジロール (girolle).

chanteur (se) *n.* 歌手、歌い手；声楽家。～ amateur (professionnel) アマチュア（プロ）の歌手。～ ambulant 流しの歌い手。～ compositeur 歌手兼作曲家、シンガーソングライター。～ de chorale 合唱団員。～ d'opéra オペラ歌手。～ de ryrhme ジャズシンガー。maître ～ マイスタージンガー(=〔独〕Meistersinger);〔話〕ゆすりの常習者。

chantier *n.m.* **1**（大工・石工などの）作業台；『造船』船台（酒樽）の台。en ～ 進行中の. navire en ～ 建造中の船。opération en ～ 進行中の作業。mettre *qch* en ～ (sur le) ～ 何を台に乗せる；何に取りかかる。
2 工事場；（建設・建造・作業）現場。～ de construction (de déstruction) 建設（取壊し）現場。～ (naval) (= ～ de construction navale) 造船所。
3（石炭などの）置場；建設資材置場。～ de charbon 石炭置場。
4〔話〕散らかした場所。Quel ～! まるで工事現場だ！
5〔史〕～s de jeunesse 青年作業所（ヴィシー政権下の義務教育制度；1940-44年）。

Chantilly *n.pr.* シャンティイ《オワーズ県 département de l'Oise の小郡庁所在地；市町村コード 60500；形容詞 cantilien(ne)》. château de ～ シャンティイ城館 (1528-31；現フランス学士院所属コンデ美術館 le musée Condé).〔料理〕crème ～ クレーム・シャンティイ《砂糖入りホイップ生クリーム；=chantilly》. la forêt de ～ シャンティイの森 (6300 ha). l'hippodrome de ～ シャンティイ競馬場。

chantilly *n.f.*〔料理〕泡立てた生クリーム（ホイップ生クリーム）；〔菓子〕砂糖入りのホイップ生クリーム(=crème ～ クレーム・シャンティイ). à la ～ シャンティイ風の《ホイップ生クリームを用いた》.〔菓子〕charlotte à la ～ シャルロット・シャンティイ風《ホイップ生クリームにさいの目の果物を加えたシャルロット》.〔料理〕poularde à la ～ シャンティイ風肥育鶏《ホイップ生

クリームを加えたソース添え).〖料理〗sauce ~ シャンティイ・ソース (ホイップ生クリームを加えたシュプレームソース；鶏肉またはもつ料理に添える).

chanvre *n.m.* **1** 大麻, 麻. fibre de ~ 大麻, 繊維 (=filasse, étoupe). graines de ~ 麻の実, 麻実 (のみ).
2 インド大麻 (= ~ indien ; cannabis, haschisch, kif, marijuana).
3 麻繊維 (= ~ écru).
4 大麻・麻に似た植物 (繊維). ~ de Manille マニラ麻. ~ du Bengale ジュート (=jute).
5 〖植〗~ d'eau ひよどりばな (=eupatoire).

Chaoan 〖中国〗*n.pr.* 潮安 (ちょうあん), チャオアン (広東省東部の都市).

chaos [kao]〖ギ〗*n.m.* **1** 〖神話・宗教〗le C ~ (天地創造前の) カオス, 渾沌 (こんとん). ~ originel 原初の渾沌.
2 大混乱, 無秩序〔状態〕. ~ de la guerre civile 内戦の大混乱状態. en ~ 雑然と, 混然と.
3 〖数〗カオス. théorie de ~ カオス理論.
4 〖化〗混乱 (無秩序) 状態. ~ moléculaire 分子的無秩序.
5 〖物理〗カオス, 混乱. ~ déterministe 決定性カオス.
6 〖地形〗岩海 (= ~ de blocs, ~ de rochers). ~ de Gavarnie (ピレネー山脈の) ガヴァルニーの圏谷の岩海.

chaotique *a.* **1** カオス (原初の渾沌) を思わせる. paysage ~ 原初の渾沌を思わせる景色.
2 無秩序な, 混乱した, 雑然とした. amas ~ de rochers 雑然とした岩の山. discussion ~ 混乱した議論.

chaource *n.m.* 〖チーズ〗シャウールス (シャンパーニュ地方 la Champagne で牛乳からつくられる, 軟質, 白かび外皮のチーズの AOC；脂肪分 45-50 %；直径 12 cm, 厚さ 6 cm の円筒形；600-650 g).

chapeau (*pl.* ~**x**) *n.m.* Ⅰ 帽子. ~ de femme (d'homme) 婦人 (紳士) 帽. ~ de paille 麦藁帽. ~ haut de forme シルクハット. C ~ bas! / C ~ ! 脱帽！ donner un coup de ~, tirer son ~ à qn 帽子に手をかけて (人に) 挨拶する；(人に) 敬意を表する. mettre (enlever, ôter) son ~ 帽子をかぶる (ぬぐ). 〖話〗porter le ~ (人に) 罪をかぶせる. recevoir le ~ 枢機卿になる. 〖話〗travailler du ~ 頭がおかしい, たわごとを言う.
Ⅱ (帽子状のもの) **1** キャップ；傘；頭部, 上部. ~ d'un champignon 茸の傘. 〖機械〗~ de coussinet 軸受キャップ. ~ de lampe ランプの傘. 〖自動車〗~ de roue ハブキャップ (=enjoliveur). démarrer (virer) sur les ~x de roues 全速力で発進する (カーブを曲る). manger le ~ d'une religieuse au chocolat チョコレート入りルリジューズ

(菓子) の上蓋を食べる.
2 (新聞・雑誌の記事の) 前文, リード. ~ d'un article de journal 新聞記事の前文.
3 〖音楽〗~ chinois クレセント.

chapeauter *v.t.* 〖話〗最高責任者を務める, キャップを務める. homme qui chapeaute la Sécurité préventive 予防治安局のキャップを務める男.

chapelet *n.m.* **1** シャプレ, 数珠；〖カトリック〗ロザリオの祈り. dire (réciter) son ~ ロザリオの祈りを唱える. égrener (défiler) un ~ 数珠を爪繰る. 〖比喩的〗défiler (dévider) son ~ 心の内を一気にまくしたてる.
2 数珠状のもの；数珠繋ぎ. ~ de saucisses 数珠繋ぎのソーセージ. ~ d'injures 罵詈雑言. en ~ 連続して.
3 〖建築〗シャプレ, 玉縁.
4 〖機械〗~ hydraulique 鎖ポンプ, 揚水装置.

chapelle *n.f.* **1** 小規模な教会；礼拝堂 (特に教区 paroisse を持たない教会, 城館などに附属する礼拝堂, チャペル). Au XIIIe siècle, Saint-Louis fait dresser la Sainte-Chapelle à l'intérieur du Palais des rois. 13世紀に聖王ルイが王宮 (現在のパレ・ド・ジュスティス) 内にサント=シャペルを建立させた.
2 教会内の祭壇；礼拝堂, 小祭壇場. ~ du chœur 内陣の礼拝室. ~ latérale (rayonnante) 側廊の (後陣に放射線状に配置された) 礼拝室, 祭壇. Notre-Dame est entourée de ~s, ajoutées entre les contreforts aux XIIIe et XIVe siècles. ノートル=ダム大聖堂には, 控壁の間に 13, 14 世紀に加えられた礼拝室が, 周囲を巡るように配置されている.
3 ミサの聖具一式.
4 教会付属聖歌隊. maître de ~ 聖堂楽長, カペルマイスター.
5 ~ ardente 遺体安置場所.
6 〖比喩的〗閉鎖的な小グループ, 仲間. esprit de ~ 偏狭な仲間意識. querelle de ~ 枝葉末節にかかわる論争. prêcher pour sa ~ 自分の利害に直接かかわることについて熱弁を振るう.

chapelure *n.f.* パン粉. ~ blanche 白パン粉 (パンの身を細かく砕き焙煎せず乾燥させたもの；主にフライの衣用). ~ blonde ブロンド色のパン粉 (パン皮やビスコットを細かく砕き軽く焙煎したもの).

chapiteau (*pl.* ~**x**) *n.m.* **1** 〖建築〗シャピトー, 柱頭. ~ historié 聖書に関する人像装飾を施した柱頭. ~ roman ロマネスク様式の柱頭. ~ sculptés 彫刻を施した柱頭. volutes d'un ~ 柱頭の渦巻形装飾.
2 〖建築〗頂部装飾, 屋根状装飾物；(家具上端の) 蛇腹 (壁龕の) 天蓋. ~ de colonnette 小柱状頂部装飾. ~ de niche 壁龕の小天蓋. ~ d'une armoire たんす上端の縁取り装飾. ~ à balustres

3 頂部；蓋. ~ d'un alambic 蒸留器の頂部. ~ d'un canon 砲門の蓋. ~ d'une ruche 蜂の巣の蓋.
4 巡回サーカスのテント；サーカス (cirque). monter (démonter) le ~ サーカスのテントを組む (解体する).
5 (催し物・集会用の)仮設テント. concert sous ~ テント・コンサート.

chapitre *n.m.* Ⅰ **1** (書物の)章. ~ premier (deux) 第 1 (2) 章. numéro (titre) d'un ~ 章の番号 (題名). roman divisé en ~s 章立てになっている小説. vignette à la fin d'un ~ 章末のカット.
2 〖会計〗項目，費目. ~ des recettes (des dépenses) 収入 (支出) 項目, 収入 (支出) の部. voter le budget par ~ 費目毎に予算の賛否投票をする.
3 〖比喩的〗問題, 事項. à (sur) ce ~ この問題に関して. au (sur le) ~ de …の件について. Ne traitons pas ce ~. この事項は取り扱わない (論じない) ことにしよう.
4 〖キリスト教〗(宗教会議の冒頭で朗読する) 聖書の一節 (修道会規則の一章).
Ⅱ **1** (教会・修道会の) 会議 〔室〕; 聖堂参事会; (特に) 司教座聖堂参事会. ~ conventuel 修道院会議. ~ de Notre-Dame ノートルダム大聖堂参事会議. salle de ~ 修道院 (司教座聖堂参事会) 会議室. avoir voix au ~ 発言権 (投票権) がある；〖比喩的〗発言力がある, 幅が利く.
2 (同業団体の) 例会, 定例集会 (祝宴を伴う). ~ de Printemps (des Roses) de la Confrérie des Chevaliers du Tastevin au château du Clos de Vougeot クロ・ド・ヴージョ城館における利酒の騎士団の春 (薔薇) の例会.

chapon *n.m.* **1** シャポン《去勢した肥育若雄鶏》. ~ bressans ブレス地方特産のシャポン (AOC 鶏). ~ du Mans ル・マン特産のシャポン. aile (cuisse) de ~ シャポンの胸肉 (腿肉).
2 シャポン《まだ実をつけることのない葡萄の若芽》.
3 〖料理〗シャポン《ブイヨンに浸したパン》. ~ 〔de Gascogne〕ガスコーニュ地方のシャポン《ニンニクをすりつけたパンの薄切り；サラダに加える》.
4 〖魚〗シャポン, 赤笠子 (あかかさご) (=rascasse rouge).

CHAPSA (=centre d'hébergement et d'accueil pour les personnes sans abri) *n. m.* ホームレス受入・収容センター.

chaque *a.ind.* 〖複数形なし〗**1** それぞれの, 各々の, 各…. ~ pays 各国. ~ personne 各自. de ~ côté de l'entrée 入口の両側に. entre ~ phrase それぞれの文章の間に. C~ chose a sa place. 物それぞれに置くべき場所へ. C~ chose en son temps. それぞれ適当な時期に. C~ homme a ses défauts. 人には誰でも欠点がある. A ~ jour suffit sa peine. 一日の苦労は一日で足れり (マタイ 6, 34).
◇ **REM** 動詞の一致は多く単数. *C*~ ouvrier et ~ ingénieur fera (feront) son travail. 工員と技師はそれぞれの仕事を遂行するであろう.
2 …ごとに, 毎…. ~ jour (matin, nuit) 毎日 (毎朝, 毎晩). ~ lundi 月曜毎に. ~ semaine 毎週. ~ trois jours; ~ troisième jour 〖話〗三日 〔目〕ごとに (=tous les trois jours).
à ~ heure 1 時間ごとに. à ~ instant (moment) 絶えず (=à tout instant (moment)). 〔à〕 ~ été 夏ごとに. 〔à〕 ~ fois そのたびに. ~ fois que+*ind.* …するごとに.
— *pr.ind.* 〖話〗それぞれ (=chacun). Ces cravates coûtent trente euros ~. これらのネクタイはそれぞれ 30 ユーロする.

char *n.m.* **1** 車, 山車. ~ de carnaval カーニヴァルの山車. ~ fleuri 花車, 花山車. ~ funèbre 霊柩車.
2 〖軍〗戦車 (= ~ de bataille, ~ d'assaut, ~ de combat). ~ léger (lourd) 軽 (重) 戦車. régiment de ~s 戦車連隊.
3 〖古代〗戦車. ~ romain 古代ローマの戦車 (2 頭立て馬車型式).
4 〖カナダ〗自動車 (=automobile).

charadriiformes *n.m.pl.* 〖鳥〗千鳥目；千鳥目の鳥類 (bécasse やましぎ, goéland かもめ, pluvier むなぐろ, vanneau げり, など).

charbon *n.m.* Ⅰ **1** 炭：石炭 (= ~ de terre, ~ minéral)；木炭 (= ~ de bois). ~ à coke コークス炭. ~ actif (activé, absorbant) 活性炭. ~ aggloméré (boulet, briquette) 練炭. ~ animal 獣炭. anthracite 無煙炭. ~ bitumineux 瀝青炭. ~ collant 粘性炭. ~ de tourbe 泥炭. ~ en poudre 粉炭. ~ graphitique グラファイト炭. ~ houille 石炭. lignite 亜炭, 褐炭. ~ luisant 無煙炭. ~ pulvérisé 粉炭. ~ végétal 植物炭. chauffage au ~ 石炭暖房. extraction de ~ 採炭. mine de ~ 炭坑. poussière de ~ 炭塵.
◆石炭の利用：chauffage au ~ 石炭暖房. chimie du ~ (carbochimie) 石炭化学. coup de poussier 炭塵爆発 (=grisou). criblage du ~ 選炭. extraction du ~ 石炭掘削. marchand de ~ (=charbonnier, bougnat) 炭屋, 石炭商. mine de ~ 炭鉱. poussière de ~ 炭粉 (=poussier). soute à ~ 石炭庫.
◆〖成句〗
aller au ~ つらい仕事を引き受ける, こつこつと働く. C'est encore nous qui devons aller au ~. いやな仕事はいつも俺たちに回ってくる.
~s ardents 火のついた炭. être sur des ~s 〔ardents〕不安でいらいらする. Si ton ennemi a faim, donne-lui à manger, s'il a soif, donne-lui à boire, car, ce faisant,

tu amasseras des ~s ardents sur sa tête (Epître de Paul aux Romains, 12-20) もしあなたの敵が飢えているなら、彼に食わせ、かわくなら、彼に飲ませなさい。そうすることによって、あなたは彼の頭に燃えさかる炭火を積むことになるのである (ローマ人への手紙 12, 20—口語訳書. 悪に報いるに善をもってする).
2 デッサン用木炭 (= ~ à desciner, fusain); 木炭画 (= dessin au ~).
3 (電池の) カーボン〔電極〕. ~ s d'une pile 電池の電極.
4 (モーターの) 炭素ブラシ.
5 〚薬〛活性炭剤, チャコール錠剤 (= pastilles de ~).
II 〚炭状のもの〛**1** 〚医〛炭疽〔病〕, 脾脱疽. bactérie du ~ 炭疽菌 (= Bacillus anthracis). ~ contagieux du mouton 羊の伝染性炭疽病. maladie du ~ 炭疽病 (= anthrax).
2 〚植〛(麦などの) 黒穂病, 炭疽病. ~ de la vigne 葡萄の炭疽病.

charbonnage *n.m.* **1** 石炭採掘, 採炭.
2 木炭製造, 炭焼き. **3** 〔多く *pl.*〕炭坑, 炭鉱, 炭田 (= houillère). ~ s du Nord 北仏炭田.

charbonneux(se) *a.* **1** 炭 (煤) で黒くなった, 黒く汚れた, 黒ずんだ; 石灰状の. yeux ~ アイシャドーで黒くくまどりした目.
2 〚医〛炭疽病の; 炭疽病に罹った; 炭疽病を媒介する. maladie ~ se 炭疽病 (= anthrax).

charcuterie *n.f.* **1** シャルキュトリー (豚肉・豚の臓物加工品; andouille, boudin, galantine, jambon, pâté, rillette, salami, saucisse, saucisson, terrine など). assortissement de ~ シャルキュトリーの盛合わせ.
2 豚肉〔加工品〕販売店 (本来は豚肉・豚肉加工品を扱う専門店であるが, 家禽・野禽・仔牛・牛・羊の肉や魚・甲殻類をベースにした食品も扱うことがある); 惣菜店.
3 豚肉加工業; 豚肉〔加工品〕販売業; 豚肉加工場.

charcutier(ère) *n.* **1** 豚肉商 (豚肉・豚肉加工品販売業者).
2 豚肉加工業者.
3 〚料理〛à la ~*ère* ア・ラ・シャルキュチエール (玉葱とコルニションをベースにしたソースを添えた). côtes〔de porc à la〕 ~ *ère* 豚の骨付あばら肉のシャルキュチエ・ソース添え.
4 〔比喩的〕〚話〛下手な外科医.

chardon[n]ay *n.m.* **1** シャルドネー種 (辛口の白葡萄酒用の葡萄の品種). **2** シャルドネー種からつくった白葡萄酒.

charentais[1]**(e)** *a.* シャラント県 (département de la Charente) の; シャラント=マリチーム県 (département de la Charente-Maritime) の.
——*C*~ *n.* ~人.

charentais[2] *n.m.* 〚農〛シャランテー (果肉が褐色の球型メロン).

Charente *n.pr.f.* **1** 〚地理〛la ~ シャラント川 (Limousin リムーザン地方に源を発し, Angoulême アングレーム, Saintes サント, Rochefort ロシュフォールを経て, 大西洋に注ぐ; 長さ 360 km).
2 〚行政〛la ~ シャラント県 (= département de la ~; 県コード 16; フランスと UE の広域地方行政区 région Poitou-Charente ポワトゥー=シャラント地方に属す; 県庁所在地 Angoulême; 主要都市 Cognac コニャック, Conflorens コンフロラン; 3 郡, 35 小郡, 404 市町村; 面積 5,953 km²; 人口 339,628; 形容詞 charentais (*e*)).

Charente-Maritime *n.pr.f.* 〚行政〛la ~ シャラント=マリチーム県 (= département de la ~; 県コード 17; フランスと UE の広域地方行政区 région Poitou-Charentes ポワトゥー=シャラント地方に属す; 県庁所在地 La Rochelle ラ・ロシェル; 主要都市: Jonzac ジョンザック, Rochefort ロシュフォール, Saintes サント, Saint-Jean-d'Angély サン=ジャン=ダンジェリー; 5 郡, 51 小郡, 472 市町村; 面積 6,848 km²; 人口 557,024; 形容詞 charentais (*e*)).

charge *n.f.* **I 1** 責任, 任務. cahier des ~ s 入札条件明細書, 仕様書, 業務運営規則. avoir la ~ de *qn* (*qch*) …について責任を持つ, …を世話する. être à la ~ de *qn* …の世話になっている, 扶養される. personne à ~ 扶養家族.
2 職務, 公務. ~ de notaire 公証人職, 公証人の職株.
3 費用, 負担金. ~ d'habitation 不動産運営経費 (光熱費や保険料など). ~ du ménage 家事費用負担. ~s familiales 家計負担. ~ fiscale 税負担, 税金. 〚社会保障〛~s indues 超過負担. ~s locatives 賃借人負担費用 (家賃以外). ~s publiques 公財政負担. ~s salariales (企業の) 賃金負担. ~s sociales 企業の社会的負担 (社会保障および労働保険の雇用主負担分, 福利厚生費, 雇用関係租税負担を含む). ~s et ressources de l'Etat 国の歳出・歳入. égalité devant les ~s 負担の平等〔の原理〕. prise en ~ 社会保険による医療費補填.
4 起訴事実, 訴追事項; (被告に不利な) 証拠 (証言). témoin à ~ 検察側証人.
5 〚法律〛立証責任 (= ~ de la preuve).
6 戯画的な誇張.
II 1 荷物, 積荷, 重量; 負荷. ~ utile 有効積載重量, 積載荷重. bête de ~ 荷物を運ぶ家畜. navire de ~ 貨物船. ligne de ~ 満載喫水線. tirant de ~ 満載喫水.
2 〚機工〛負荷; 電荷 (= ~ électrique); 荷重, 応力. ~ admissible 許容荷重. ~ de

rupture 破壊荷重(応力).
3 装填された火薬. ~ d'un fusil 小銃の装弾.
4 充電. ~ d'une batterie d'accumulateurs 充電式電池の充電.
Ⅲ 突撃, 攻撃；『スポーツ』チャージ.
◆〖成句〗
à ~ pour qn de+inf. …するという条件で.
à ~ de revanche 同じことをするという条件で.
prendre à sa ~ 費用を負担する.
prendre en ~ 世話をする, (乗り物に) 乗せる.

chargé(e) *a.* **1** 荷を負った, 荷物を積んだ. cheval ~ 荷物を積んだ馬.〖比喩的〗ciel ~ du nuage 雲のたれこめた空. Vous êtes bien ~, je vais vous aider. 重い荷物をお持ちですね, お助けしましょう.
2 任を負った, 責任を委ねられた.
― *n.* **1** ~ d'affaires 代理大使. ~ de cours 講師. ~ de mission 特任公務員, 大臣官房秘書官, 特任担当官. **2**〖話〗麻薬服用者(=dopé, drogué).

chargement *n.m.* **1** (荷物の) 積み込み, 積載, 積み荷. ~ des marchandises 商品の積み込み. ~ d'un camion トラックへの荷積み. ~ en grenier 穀置場への穀の積み込み. appareil de ~ 積載機械, 積込機.
2 積荷, 積載貨物(=cargaison). ~ à cueillette (複数の荷主からの)寄せ集め貨物の船積. ~ de blé (de bois) 小麦 (木材) の積荷. ~ en pontée 甲板積み荷物. Le ~ du navire est avarié. 船の積載貨物が損傷した. lourd ~ 重い積荷.
3 装填, 充填, 装入. ~ d'un appareil photo カメラへのフィルム装填. ~ d'une arme à feu 銃砲への弾丸の装填.〖冶〗~ d'un four 溶鉱炉への(鉱石・燃料の)装入.
4〖郵〗価格表示書留にすること；価格表示書留. bureau des ~s 価格表示書留取扱窓口.
5〖保険〗付加保険料.

chargeur *n.m.* **1** 荷積作業員, 仲士(なかし).
2 荷主.
3〖軍〗火砲装填手；(弾薬の)自動装填装置；弾倉. ~ d'une mitrailleuse 機関銃の弾子(弾倉).
4〖機工〗積込機, ローダー；給炭機；供給装置. capacité de ~ automatique de documents (スキャナー, ファックスの)原稿自動給紙能力.
5〖電〗充電器. ~ d'une batterie〔d'accumulateurs〕充電式電池充電器.
6〖写真〗~〔photo〕(フィルムの)パトローネ, カートリッジ, マガジン(= ~ de film).
7〖冶〗(熔鉱炉の)装入機(= ~ d'un four).

chargeuse *n.f.* 荷積機械；『鉱』鉱石積込機, ローダー；〖冶〗装入機.

charî'a, charia *n.f.*〖イスラム教〗シャリーア《コーランとスンナに由来する宗教法》, イスラム法, 聖法.

chariot *n.m.* **1** 四輪荷車；炭車, 鉱車, 台車. ~ élévateur à fourche フォークリフトトラック.
2 シャリオ, 手押車；(スーパーなどの) ワゴン. ~ à bagages (駅・空港などの) 手荷物用シャリオ (手押車). ~ à liqueurs (レストランなどの) 酒類用ワゴン.
3 ~ alsacien 車輪付揺籃. ~ d'enfant 幼児用歩行補助具.
4〖機工〗(施盤の) 往復台, 刃物台. ~ de machine-outil 工作機の往復台. ~ porte-outil (平削盤の) 刃物台.
5『タイプライター』キャリッジ(= ~ de machine à écrire).
6〖映画・TV〗移動撮影機台, ドリー. faire un travelling au ~ シャリオで移動撮影をする.
7〖天文〗le grand (petit) C~ 大熊(小熊)座.

charismatique *a.* **1** カリスマの, 教祖の. **2** カリスマ的な, 教祖的な. autorité ~ 教祖的権威.

charisme *n.m.* **1**〖宗教〗カリスマ《神から授った特殊な能力》.
2〖広義〗(大衆を惹きつける) カリスマ的能力(資質, 存在), 教祖的影響力, カリスマ性.

charité *n.f.* **1**〖キリスト教〗愛徳, 愛(= ~ chrétienne) (foi 信徳, espérance 望徳と並ぶ3対神徳の一つ)；(神の人間に対する)愛 (amour de Dieu「人間の神に対する愛」の対). la ~ du Christ キリストの愛. relatif à la vertu de ~ 愛徳に関する(=caritatif).
2 慈悲心；思いやり, 善意, 寛容；隣人愛. ~ douce (généreuse) 優しい (寛大な) 思いやり. avoir la ~ de+inf. 思いやりから…する. avoir la ~ de pardonner à qn 寛容にも人を赦す. visiter par ~ les malades 慈悲心から病人を見舞う.〖諺〗C~ bien ordonnée commence par soi-même. 他人のためを考える前に自分のことを考えよ.
3 慈悲, 施し；慈善(事業). dame de ~ 慈善事業に専念する婦人. fête (vente) de ~ 慈善パーティー(バザー). Filles de la ~ 愛徳童貞会《1633年 Saint Vincent de Paul が設立した女子修道会》.〔hôpital de〕la C~ (Paris, Lyon の) 慈善病院. œuvre de ~ 慈善事業；慈善団体. demander (faire) la ~ 施しを求める(施しをする). La ~, s'il vous plaît. どうぞお恵みを. être à la ~ 乞食暮しをする.
4 厚情, 親切. Faites-moi la ~ de m'écouter. 後生だから私の話を聞いてください. Je vous avertis par pure ~. 純粋な好意からあなたに警告するのです.

charlatan *n.* **1** 香具師(やし), 的屋(てきや). boniments d'un ~ 香具師の口上.
2 いんちき医者, 薮医者(=médecin ~).
3 山師, ペテン師；大法螺吹き. ~ politi-

que政治の山師. faire le ~ ペテンにかける；大法螺を吹く.

Charles-de-Gaulle（略記 CDG）**1** le ~ (=le porte-avion ~)航空母艦シャルル=ド=ゴール号（1999年就役，排水量40,600トン）. **2** l'aéroport ~ de Paris パリのシャルル=ド=ゴール空港. **3** la place ~ シャルル=ド=ゴール広場.

Charleville-Mézières *n.pr.* シャルルヴィル=メジエール（département des Ardennes アルデンヌ県の県庁所在地；市町村コード 08000；形容詞 carolomacérien(*ne*)）. Musée Rimbaud de ~ シャルルヴィル=メジエールのランボー記念館. Place Ducale de ~ シャルルヴィル=メジエールのプラス・デュカル.

charme[1] *n.m.* **1** 魅力, 魅惑. avoir du ~ 人をひきつける力がある. faire du ~ (異性に)愛嬌をふりまく.
2〖*pl.*で〗(女性の)肉体的魅力, 性的魅力, 色香. photo de ~ ヌード写真.
3〖古〗呪文；呪縛, 魔力；護符, お守り, 魔除け；霊薬. exercer (jeter) un ~ 呪縛的な力を発揮する, 魔力をふるう. mettre (tenir) *qn* sous son ~ 人を魅了する. rompre le ~ 呪縛を破る(解く).〖話〗se poter comme un ~ 驚くほど健康である.
4〖物理〗チャーム(ハドロンを区別する物理量).

charme[2] *n.m.*〖植〗シャルム, くましで(= ~ commun；かばのき科 Bétulacées の低木；学名 Carpinus betulus). ~ houblon ホップかばのき(学名 Ostrya carpinifolia). ~ japonais 日本くましで.

charmille *n.f.*〖園〗シャルミーユ, くましでの苗(苗床)；くましでの生垣；雑木の生垣；木蔭道；青葉棚(トンネル).

charnel(*le*) *a.* **1** 肉の, 肉体的の. couleur ~ 肌色. être ~ 生身の人間. lien ~ 骨肉の絆.
2 肉体的な；物質的な (spirituel「精神的な」の対). biens ~s 物質的な(地上の)富.
3 肉欲の, 官能の；性的な (=sexuel). acte (commerce) ~ 肉体関係, 性交. amour ~ 官能的愛情. appétits (désirs) ~s 肉欲. instinct ~ 性的本能.

charnière *n.f.* **1** 蝶番(ちょうつがい), 丁番(ちょうばん)；〖工〗ヒンジ, 継手. ~ de portes 扉の蝶番. ~ universelle 自由継手.
2〖解剖〗蝶番関節. ~ du genou 膝の蝶番関節.
3〖貝〗蝶番. ~ d'une coquille (二枚貝の)貝殻の蝶番筋.
4 ヒンジ(切手をアルバムに貼る糊つき紙片).
5〖地形〗ヒンジ, (背斜の)冠, (向斜の)底.
6〖軍〗(2つの部隊の)連結点；(布陣の)結節点.
7〖比喩的〗つなぎ目, 接点；ターニングポイント.〖同格〗âge-~ 転換期, 過渡期.

〖同格〗œuvre ~ 転換点となる作品. être à la ~ de deux époques 二つの時代の境目にある.

charnu(*e*) (<chair) *a.* **1** 肉から成る, 肉質の. parties ~*es* du corps 体の肉質部.
2 肉付きのよい, 肉厚の. lèvres ~*es* 分厚い唇.
3〖植〗多肉質の. feuilles ~*es* des plantes grasses 多肉植物の多肉質の葉. fruit ~ 多肉質の果実.

charolais[1](*e*) *a.* **1** シャロレー地方 (le Charolais)の. race ~*e* シャロレー種(牛, 羊).
2〖畜産〗シャロレー種 (=race des Charolais)の. bœuf ~ シャロレー種の肉牛. mouton ~ シャロレー種の羊(食肉用). vache ~*e* シャロレー種の乳牛.
—*C*~ *n.* シャロレー地方の住民.

charolais[2] *n.m.* **1** シャロレー牛(département de Saône-et-Loire ソーヌ=エ=ロワール県の郡庁所在地 le Charolais で17世紀に開発された全身乳白色の肉牛・乳牛；20世紀に全世界にひろまった；体重750 kgに達する). viande de ~ シャロレー牛の食肉(高級品).
2 シャロレー羊(シャロレー地方で開発された高品質の食肉用羊).
3〖チーズ〗シャロレー (<*C* ~, 原産地名)(シャロレー地方を中心に, 山羊乳, 半山羊乳, 牛乳などでつくられる軟質, 自然外皮の円筒形のチーズ；脂肪分 40-45 %).

charolles *n.m.* (<*C* ~ : département de Saône-et-Loire ソーヌ=エ=ロワール県の郡庁所在地；市町村コード 71120) *n.m.*〖チーズ〗シャロール(山羊乳と牛乳からつくられる非加熱, 非加圧, 軟質, 自然外皮, 直径 5-6 cm, 高さ 7-8 cm の円筒形チーズ；脂肪分 45 %).

charpente *n.f.* **1**.(建造物の)骨組み；木組み, フレーム, トラス. ~ en bois 木組み, 木構造. ~ métallique 鉄骨構造, 金属トラス.〖建築・土木〗~ rigide ラーメン〔構造〕. pièce de ~ 構造建材.
2 (人間の)骨格；(果樹の)枝ぶり；葉脈. ~ osseuse 骨格. avoir une ~ solide 体ががっしりしている.
3〖比喩的〗(文学作品などの)骨組み, 構成. ~ d'un roman 小説の構成.

charpenté(*e*) *a.p.* **1** (木材が)削られた. poutre ~ 四角く切削された梁.
2 (人間の)骨格がしっかりした. homme solidement ~ がっしりした体格の人.
3〖比喩的〗(文学作品などが)構成のしっかりした. discours ~ 構成のしっかりした講演.
4〖葡萄酒〗vin rouge ~ しっかりした赤葡萄酒 (~ でタンニンによる, 甘味と酸味のバランスがとれた赤葡萄酒).

charpentier (*ère*) *n.* **1** 大工. ~ expérimenté 経験豊富な大工.〖同格〗maître-

～ 大工の棟梁(親方). 〚同格〛menuisier-～ 指物大工, 指物師. outillage de ～ 大工道具.
2 〚建築〛～ en fer 鉄筋(鉄骨)工.
3 〚比喩的〛(作品の)構想立案者. Cézanne, ～ de la couleur 色彩職人セザンヌ.
4 〚古〛～ de baleine 鯨の解体作業員.

charrette *n.f.* **1** 轅(かなえ)と荷枠つきの二輪荷車. atteler une ～ 二輪荷車に馬(牛)を繋ぐ. ～ des condamnés (大革命の恐怖時代の)処刑者護送用荷車.
2 〚集合的〛犠牲者(解雇者)の群. faire partie d'une ～ 犠牲者の仲間入りをする.
3 ～ anglaise 高級二輪軽馬車(2～4人乗).
4 (特に建築関係の)期限間際の追い込み作業. être en ～ 追い込み作業中である.
―― *a.* être ～ 緊急の作業で忙殺されている.

charrue *n.f.* **1** 犁(すき). ～ trisoc 3 刃式犁. ～ vigneronne 葡萄栽培用犁, 跨ぎ犁(＝enjambeuse). mettre la ～ devant (avant) les bœufs 馬の前に犁をつける；物事の順序を逆にする.
2 〚古〛シャリュー(犁 1 台で耕作できる耕地；90-120 アルパン arpents).

charte *n.f.* la *C*～(constitutionnelle) (1814 年の)憲法. la Grande *C*～ 〚d'Angleterre〛マグナカルタ(1215 年). *C*～ des droits fondamentaux de l'Union européenne ヨーロッパ連合の基本権利憲章. ～ des Nations Unies 国連憲章(1945 年調印). ～ atlantique 大西洋憲章.
2 (中世の)勅許状, 認許証.
3 les *C*～s (パリの)古文書学校(＝Ecole nationale des *C*～s).

charter 〚ʃartɛr〛〚英〛*n.m.* (航空輸送の)チャーター〔制〕；チャーター機. Air ～〚無冠詞〛エア・チャーター(航空会社名). voyager en ～ チャーター機を利用して旅行する.

chartiste[1] *n.* 古文書学院(l'Ecole des chartes) の学生(卒業生).
chartiste[2] *n.* 立憲王党派, 憲章支持派；〚英史〛チャーチスト(人民憲章)運動推進者.
―― *a.* チャーチスト運動(chartisme) の.
chartiste[3] *n.* 〚英〛〚株〛罫線家(罫線表chart に基づいて株式市場の動向や為替の変動を分析して予測する専門家).

chartrain(e) *a.* シャルトル(Chartres) の. imagerie ～*e* du XVIIIe siècle 18 世紀にシャルトルで制作された版画. pays ～ シャルトル地方. pèlerinage ～ シャルトル巡礼.

Chartres *n.pr.* シャルトル(département d'Eure-et-Loir ユール＝エ＝ロワール県の県庁所在地；市町村コード 28000；形容詞 chartrain(*e*)). cathédrale Notre-Dame de ～ シャルトルのノートル＝ダム大聖堂 (1194-1235 年；ゴシック様式の名聖堂). le bleu de ～ シャルトルの青(大聖堂のステ

ンドグラス固有の深味のある美しい青). le Vieux ～ シャルトルの旧市街.

chartreux(se[1]**)** *n.* 〚カトリック〛カルトジオ会(サン＝ブルノ Saint-Bruno 会)修道士(女).
―― *n.m.* 〚動〛シャルトルー猫(＝chat ～；青味がかった灰色の毛, 丸い頭のおとなしい猫の品種).

chartreuse[2] *n.f.* **1** カルトジオ会修道院. la Grande-*C*～ カルトジオ会大修道院 département de l'Isère イゼール県の山中にある).
2 シャルトルーズ酒(カルトジオ会大修道院で開発された薬草入りリキュール). ～ verte 緑色シャルトルーズ酒(アルコール度 55°). ～ jaune 黄色シャルトルーズ酒(アルコール度 40°).
3 〚地理〛le massif de la 〚Grande〛 *C*～ 〚グランド・〛シャルトルーズ山脈(アルプスの前山山脈；最高峰 pic de Chamechaude 標高 2,087 m). Parc naturel régional de *C*～ シャルトルーズ地方自然公園(69,000 ha).

Chasong 〚北朝鮮〛*n.pr.* 慈城(じしょう), チャソン(慈江道の都市).

chassable *a.* 狩猟が許されている, 狩猟可能な. animaux ～*s* 狩猟対象獣.

Chassagne-Montrachet *n.pr.* シャサーニュ＝モンラシェ(département de la Côte d'Or コート＝ドール県の村；市町村コード 21180；葡萄酒の名産地 les Criots-Bâtard-Montrachet, Montrachet, Bâtard-Montrachet の 3 つの AOC 特級畑がある).

chassagne-montrachet *n.m.* 〚葡萄酒〛シャサーニュ＝モンラシェ(ブルゴーニュ, la Côte de Beaune の Chassagne-Montrachet 地区で生産される辛口の白と赤の AOC 銘酒).

chasse[1] *n.f.* ⓘ **1** 狩猟, 狩. ～ à courre (鹿, 猪などを対象として, 猟犬を使う)騎馬猟(ラッパや太鼓などの音で獲物を狩り出す. ～ à tir (au fusil) 銃を用いる猟. ～ au canard 野鴨猟. ～ au marais (au gibier d'eau) 水鳥猟. ～ royale, noble ともいう). ～ aux engins(罠, 網などの)道具を用いる猟. ～ au furet (飼いならしたフュレットを使う)兎狩り. chien de ～ 猟犬. fusil de ～ 猟銃. lobby de ～ 狩猟愛好家(団体)の圧力団体. partie de ～ 狩猟〔の催し〕. permis de ～ 狩猟許可証. aller à la ～ 狩に行く. tableau de ～ 狩の成果(獲物, 戦果). 〚諺〛Qui va à la ～ perd sa place. 留守をすると居場所を失う.
2 狩猟場, 猟場. ～ gardée 私有の狩猟場, 独壇場, 他人の手出しを許さない分野. 〚話〛～ du Roi 王室専用狩猟場.
3 狩猟期. La ～ est ouverte (fermée). 狩猟が解禁となる(禁猟期が始まる).
4 狩の獲物. manger la ～ 狩の獲物を食べ

る.

5 狩猟に参加する人(一行);狩猟団. suivre la ~ 狩猟団の後を追う.
6 発情期. être en ~ 発情期である.
II (追跡, 追求, 捜索) **1** 追い求めること, 徹底的に探すこと. ~ à l'emploi 就職活動. ~ à l'homme 人間狩り, 犯人の徹底的な捜索, 山狩り. ~ aux sorcières 魔女狩り. donner la ~ à qn (qch) …を捜索する(追跡する, 追撃する). faire la ~ à qn (qch) …を追い求める. partir à la ~ de qch …を求めて奔走する. prendre qn en ~ …を追跡(追及, 捜索)する.
2 〖軍〗追撃;戦闘機(= avion de ~);戦闘機小隊(= escadrille de ~);空中戦. avion de ~ (d'interception, d'escorte) 戦闘(迎撃, 護衛)機. pilote de ~ 戦闘機のパイロット. pièces de ~ 艦首砲.
III (追い出し, 追い払うこと) **1** ~ d'eau 便所の水洗装置(水洗レバー). actionner (tirer) la ~ (d'eau) 水洗便所の水を流す.
2 〖工〗(機械の)遊び. ~ des roues 車輪の遊び.
3 〖印刷〗活字の厚み;定められた版面をはみ出す厚み, 次ページへの送り.
4 〖製本〗ちり《厚表紙が中身より飛び出している部分》.

châsse² *n.f.* **1** 〖カトリック〗聖遺物匣(こう). ~ d'or 黄金の聖遺物匣. ~ en émail 七宝細工を施した聖遺物匣. la ~ de sainte-Geneviève 聖女ジュヌヴィエーヴの聖遺物匣. 〖比喩的〗être paré comme une ~ けばけばしくめかしこむ. 〖比喩的〗porter qch comme une ~ 何を慎重に手に持ち運ぶ.
2 〖工〗枠, 縁, 柄. 〖外科〗~ d'une lancette ランセットの柄. ~ d'une verre de lunette 眼鏡のレンズ枠.
3 〔*pl.* で〕〖話〗眼. coup de ~〔s〕一瞥. avoir de belles ~ s きれいな眼をしている.

chassé-croisé (*pl.* ~s-~s) *n. m.*
1 〖舞踊〗シャッセ=クロワゼ. **2** 行き違い.
3 入れ換え. ~ des élèves 生徒の入れ換え.

chasselas [ʃasla] (< *C* ~, 原産地名) département de Saône-et-Loire ソーヌ=エ=ロワール県の小集落) *n.m.* 〖農〗シャスラ種の葡萄《生食用の黄色味を帯びた甘い白葡萄の品種名》.

chasse-neige *n.m.inv.* **1** 除雪機;除雪車. ~ rotatif ロータリー式除雪車.
2 〖スキー〗シャス=ネージュ《全制動滑降》. virage ~ ボーゲン.

chasse-pierres *n.m.inv.* 〖鉄道〗(機関車前部の)排障器.

chasser *v.t.* 狩る, 追いかける, 追い出す. 〔諺〕*Chassez* le naturel, il revient au galop. 付け焼き刃はすぐ剝げる, 人の本性は直そうにも直せない. La faim *chasse* le loup hors du bois. 背に腹はかえられない. Un clou *chasse* l'autre. 新しい釘が古い釘を押し出す, 新しい物が古い物を忘れさせ

る.
— *v.i.* 狩りをする. ~ à courre 猟犬を使う狩をする. permis de ~ 狩猟許可. Bon chien *chasse* de race. 血筋は争えぬ.

chasseur¹(***se***) *n.* **1** 猟師;狩猟家, ハンター, 狩人. grand ~ 大狩猟家. Ce chien est un bon ~. この犬は優秀な猟犬だ.
2 〖比喩的〗ハンター;収集家. ~ de champignons 茸狩りをする人. ~ d'images 映像ハンター;写真家;映像作家;映画作家, 映像レポーター. ~ de papillons 蝶蛾収集家. ~ de primes (犯罪者逮捕の)賞金稼ぎ. ~ 〔s〕de têtes 首狩り族;〖社〗ヘッドハンター《人材引抜き業者》;〖政治〗政敵打倒工作人.
3 〖料理〗à la ~ ア・ラ・シャスール《茸入りの調理法(料理)》. poulet 〔à la〕~ 茸入り鶏肉料理.

chasseur² *n.m.* **1** (ホテル, レストランの)シャスール, ドアマン, ページボーイ(= ground). Le ~ va vous appeler un taxi. シャスールがタクシーをお呼びします.
2 〖軍〗~ à cheval (à pied) 猟騎(猟歩)兵. ~ alpin アルプス猟歩兵, 山岳部隊員. ~ d'Afrique アフリカ猟騎兵.
3 〖空軍〗戦闘機;戦闘機乗り. ~ à réaction ジェット戦闘機. ~ d'escorte 護衛戦闘機. ~ d'interception 迎撃戦闘機. 〖史〗~ zéro 零(ゼロ)戦.
4 〖海軍〗駆潜艇(= ~ sous-marins). ~ de mines 掃海艇.
5 〖漁〗(捕鯨の)キャッチャーボート(= ~ à la baleine).

chasseur-bombardier (*pl.* ~s-~s) *n.m.* 〖軍〗戦闘爆撃機.

chassie *n.f.* 〖医〗目やに.

châssis *n.m.* **1** 枠, フレーム;框(かまち), サッシ;〖鉱山〗坑木枠, 鋼枠;〖冶〗鋳型枠. ~ à moulettes 巻上げ櫓. ~ de fenêtre 窓枠, サッシ. 〖美術〗~ d'un tableau カンヴァスの木枠. ~ ouvrant 両開き窓(窓枠);(鋳型枠の)開閉抜き枠.
2 窓, ガラス窓. ~ à croisée 開き窓〔の窓枠〕. ~ à guillotine 上げ下げ窓. ~ fixe (dormant) はめ殺し窓. ~ mobile 可動窓.
3 〖園〗フレーム, 温室. ~ à melon メロン栽培温室. culture sous ~ フレーム式栽培.
4 (自動車・鉄道車両などの)車台, シャーシ;(機械の)台枠;〖軍〗砲座. ~ de bogie ボギー車台. ~ d'une automobile 自動車のシャーシ. ~ d'une locomotive 機関車の台枠. ~ intégré モノコック車台. ~ soudé 溶接台枠.
5 〖写真〗乾板撮り枠, 取枠(= ~ négatif). ~ positif 焼き枠, プリンター(= ~-presse).
6 〖印刷〗組盆, 締め枠, チェース. ~ de presse à bras 手動締め枠.
7 〔話〗女性の体. Elle a un beau ~. 彼女

はいい体をしている.

chaste *a*. **1** (人が) 純潔な, 貞節な, 操正しい；純潔を守る. Diane, la ~ déesse 純潔な女神ディヤナ. les ~*s* sœurs 純潔な姉妹《ムーサイ les neuf Muses》. femme (fille) ~ 貞節な女性(娘). fiancés ~*s* 純潔を守る婚約者.
2 (態度, 服装, 行為などが) 純潔な；慎ましい, 控え目な. amour ~ 純愛, 清らかな愛. vêtements ~*s* 控え目な衣服.
3 (文体などが) 清澄な, 清らかな. style ~ 澄んだ文体.

chasteté *n.f.* **1** 純潔；貞操, 貞節. ~ conjugale 貞操, 貞操. ceinture de ~ 貞操帯.〘カトリック〙vœu de ~ des prêtres et des religieux 聖職者の不犯の誓い《聖職者の独身制 célibat の宣誓》.
2 純潔な人 (= personne chaste).
3 〔比喩的〕純粋さ, 清澄性. ~ du ciel 空の清澄. ~ d'un style 文体 (様式) の純粋さ.

chat[1] (***te***) *n.* **1** 猫；雄猫 (雌猫). ~ *te* et ses chatons 雌猫とその仔猫. ~ blanc (gris, noir) 白猫 (灰色の猫, 黒猫). ~ de gouttière 普通の家猫. ~ domestique 飼猫, 家猫. ~ sauvage 野良猫. Le ~ miaule. 猫はにゃあ (miaou) となく. Le ~ ronronne. 猫がごろごろ喉を鳴らす.
◆ 主な品種 : ~ abyssin アビシニア猫, アビシニヤン. ~ angora アンゴラ猫. ~ chartreux シャルトルー猫 (灰色). ~ chinchila チンチラ猫. ~ de l'île de Man マン島猫 (黒猫). ~ européen ヨーロッパ猫 (= ~ commun「普通の猫」). ~ havana ハヴァナ猫. ~ maine coon メーン・クーン猫《アメリカ産》. ~ persan ペルシア猫. ~ rex レックス猫. ~ siamois シャム猫. ~ somali ソマリア猫 (褐色).
◆〘de ~〙 écriture de ~ 悪筆, 読みにくい字. langue de ~ ラング・ド・シャ《猫の舌状のクッキー》. œil-de-~ 猫目石.〘舞〙 pas de ~ パ・ド・シャ.〘舞〙 saut de ~ ソー・ド・シャ. toilette de ~ ぞんざいな身づくろい；鳥の行水. yeux de ~ 猫のような眼.
◆〔成句〕acheter ~ en poche 品物を見ずに買う.
appeler un ~ un ~ 率直に物を言う；ずけずけと物を言う.
avoir un ~ dans la gorge 声がしわがれる.
avoir d'autres ~*s* à fouetter 他になすべきことが沢山ある.
donner sa langue au ~ (難問などに) 兜をぬぐ, 答を見つけるのを諦める.
être câlin (caressant) comme un ~ ひどく甘えん坊である.
être comme chien et ~ (犬と猫のように) 仲が悪い, 犬猫の仲である.
jouer au ~ et à la souris どうしても相手がつかまらない；仲々相手をつかまえない.
retomber comme un ~ sur ses pattes 巧みに難関を切り抜ける.
◆〔諺〕A bon ~ bon rat. 敵もさる者, 好敵手.
Il ne faut pas réveiller (Ne réveillez pas) le ~ qui dort. (ねている猫を起こしてはならぬ→) 触らぬ神に祟りなし.
Il n'y a pas de quoi fouetter un ~. 大したことではない.
Il n'y a pas un ~. (猫一匹いない→) 人っ子ひとりいない.
La nuit tous les ~*s* sont gris. (夜はどの猫も灰色だ→) 夜目はあてにならず.
Quand le ~ n'est pas là, les souris dansent. 鬼の居ぬ間に洗濯.
2 猫科 (félidés) の動物 (= félin)《猫の他 lion, jaguar, tigre など》.〔幼児語〕gros ~ 大きいにゃあにゃあ《虎, 豹, ライオンなど》.
3 〔呼びかけ〕mon〔petit〕~ ; ma〔petite〕~*te* 坊や (お前)《多くは子供・女性に対する親しみをこめた呼びかけ》.
4 〘遊戯〙鬼ごっこ；鬼ごっこの鬼. jouer à ~ 鬼ごっこをする. jouer à ~ perché 高鬼をして遊ぶ《高い所にのがれる鬼ごっこ》.
5 〘法律〙〔戯〕fourré《毛皮をまとった猫 → 裁判官《かつて白てんの毛皮の服をまとっていたことに由来》.
6 〔古〕爪のついた熊手状の道具. ~ à neuf queues (旧英軍の) 懲罰用の9本紐の鞭.
——*a*. (人が) 甘える, 甘ったれの；(女が) コケットな. Elle est très ~ *te*. 彼女はひどい甘ったれだ (ひどくコケットだ).

chat[2] *n.m.* 野生猫.〘動〙 ~ sauvage の猫科動物, 野生猫, 山猫 (guépard「山猫」, ocelot「オセロット」《豹紋のある中南米産の野生猫》, once「雪猫」《中央アジアの野生猫》, serval「サーヴァルキャット」《アフリカの長脚山猫》)；〘カナダ〙洗い熊 (= raton laveur). ~ -cervier 大山猫 (= lynx). ~ ocellé 豹紋野生猫《中南米産》. ~ -pard サーヴァルキャット. ~ -tigré 虎猫, 豹猫《虎紋のある山猫》.

chat[3] [tʃat]〔英〕*n.m.* 〘情報〙チャット《インターネット上でのリアルタイムの双方向のメッセージ交換(お喋り)》; =〘仏〙causeries interactives,〘カナダ〙bavardage〔-clavier〕. choisir un canal de ~ チャット・ルームのチャンネルを選ぶ. participer à un ~ チャットに参加する (= chatter [tʃate]).

châtaigne *n.f.* **1** 〘植〙シャテーニュ《シャテニエ châtaignier の実で食用になるもの；= marron》. ~ cultivée 食用シャテーニュ, 栗 (= marron).〘料理〙polenta de ~ 栗のポレンタ《栗の粉でつくるコルシカのスープ風料理》.
2 シャテーニュに似た実. ~ d'eau 菱 (ひし). ~ de mer ウニ.
3 〔話〕拳固, 拳固の一撃. envoyer une ~ sur le nez de *qn* 人の鼻面に一発くらわす.

―― *a.inv.* robe ～ 栗色のドレス.
châtaigneraie *n.f.* 栗林.
châtaignier *n.m.* **1** 〘植〙栗の木. fruit du ～ 栗(＝châtaigne, marron). **2** 栗林.
châtain(e) *a.* 栗色の, 茶褐色の(《女性形の～*e*は稀). cheveux ～*s* 栗色の髪. femme ～〔*e*〕栗色の髪の女.
―― *n.* 栗色の髪の人.
―― *n.m.* 栗色, 茶褐色. ～ clair 明るい栗色, 淡栗色. ～ français フランス人固有の髪の茶褐色.
château *n.m.* **1** 城, 城砦, 城郭；城館；館. ～ de cartes トランプのお城. ～ de sable 砂のお城.
　◆城の種類：bastille 城砦, 砦, 牢獄. castel 小規模な城館, 邸宅. château fort 城塞. châtelet 小城. citadelle (都市を守る)城砦, 砦. fort 砦, 防衛拠点. forteresse 要塞. palais (都会にある)宮殿. gentilhommière 別荘, 小さな城, 城館. manoir 館, 小城館. le Château de Versailles ヴェルサイユ城. les châteaux de la Loire ロワール地方の城〔と館〕.
lettre de ～ (友人の家などに逗留したときに出す)お礼の手紙. vie de ～ 王侯のような暮らし(閑暇で豪奢な生活). construire (faire) des ～*x* en Espagne 空中楼閣を築く, 取らぬ狸の皮算用をする.
2 〘政治〙大統領〔府〕.
3 (ボルドー地方の)高級(銘柄)葡萄酒の蔵元, 葡萄園, 醸造所, シャトー. ～ Lafite-Rothschild à Pauillac ポイヤックのシャトー・ラフィット・ロートシルト.
4 給水, 貯水塔 (＝～ d'eau).
5 (船舶の)上部構造物.
château ausone *n.m.inv.* 〘葡萄酒〙シャトー・オーゾンヌ(ボルドー地方 le Bordelais, サン=テミリヨン Saint-Emilion 村(市町村コード 33330)でつくられる AOC Saint-Emilion の最高級赤葡萄酒；第一特級畑認定酒 A (premier grand cru classé A)に格付；作付面積 7 ha；葡萄の品種は merlot 55％, cabernet-sauvignon 25％, cabernet-franc 15％).
chateaubriand, châteaubriant *n.m.* 〘料理〙シャトーブリヤン(牛肉のフィレ肉の厚切りのグリエまたはポワレにソース・ベアルネーズやクリームソースを添えたもの).
château-chalon *n.m.* 〘葡萄酒〙シャトー=シャロン(le Jura ジュラ地方の Château-Chalon, Ménétru-le-Vignoble, Nevy-sur-Seille の村でつくられる vin jaune の AOC 酒；葡萄の品種は savagnin, 1 ha 当りの収穫量の上限は 20 hl；収穫期は 11 月 1 日-15 日；樽でねかせる期間は 6 年以上；clavelin とよばれる樽に詰めて売られる).
château cheval-blanc *n.m.inv.* 〘葡萄酒〙シャトー・シュヴァル=ブラン(ボルドー地方 le Bordelais, サン=テミリヨン村 Saint-Emilion (市町村コード 33330)でつくられる AOC Saint-Emilion の最高級赤葡萄酒；第一特級畑認定酒 A premier grand cru classé A に格付；作付面積 37 ha；葡萄の品種は cabernet-franc 約 60％, merlot 40％；セカンド・ラベルは le petit-cheval).
château d'yquem *n.m.inv.* 〘葡萄酒〙シャトー・ディケム(ボルドー地方 le Bordelais のソーテルヌ Sauternes 村(市町村コード 33210)でつくられる Sauternes の甘口の白の最高級銘酒；ソーテルヌ地区の第一高級畑酒 premier cru supérieur；作付面積 113 ha；葡萄の品種は sémillon 80％, sauvignon blanc 20％).
château-grillet *n.m.* 〘葡萄酒〙シャトー=グリエ(ローヌ河右岸, Vienne ヴィエンヌの西南に位置する白の AOC 葡萄酒；viognier 種のみ使用).
château haut-brion *n.m.inv.* 〘葡萄酒〙シャトー・オー=ブリヨン(ボルドー地方 le Bordelais のグラーヴ Graves 地区, プサック Pessac 村(市町村コード 33600)でつくられる AOC Pessac-Léognan の最高級赤葡萄酒；グラーヴ地区の認定畑 cru classé (1855 年の格付では第一特級葡萄畑酒)に格付；作付面積は赤 43.2 ha で, 葡萄の品種は merlot 58％, cabernet-sauvignon 31％, cabernet-franc 11％；白が 2.7 ha, sauvignon-blanc 51％, sémillon 49％；赤のセカンド・ラベル bahans-haut-brion).
château lafite〔-rothschild〕 *n.m.inv.* 〘葡萄酒〙シャトー・ラフィット〔=ロートシルト〕(ボルドー地方 le Bordelais のポイヤック Pauillac 村(市町村コード 33250)でつくられる AOC Pauillac の赤の最高級銘酒；メドックの第一特級畑酒 premier grand cru classé；作付面積 103 ha；葡萄の品種は cabernet-sauvignon 71％, merlot 25％, cabernet-franc 3％, petit-verdot 1％；セカンド・ラベルは carruades de lafite).
château latour *n.m.inv.* 〘葡萄酒〙シャトー・ラトゥール(ボルドー地方 le Bordelais のポイヤック Pauillac 村(市町村コード 33250)でつくられる AOC Pauillac の赤の最高級銘酒；メドックの第一特級畑酒 premier grand cru classé；作付面積 65 ha；葡萄の品種は cabernet-sauvignon 75％, merlot 20％, petit-verdot 5％；セカンド・ラベルは les forts de latour).
château margaux *n.m.inv.* 〘葡萄酒〙シャトー・マルゴー(ボルドー地方 le Bordelais のマルゴー Margaux 村(市町村コード 33460)でつくられる AOC Margaux の最高級銘酒；メドックの第一特級畑酒 premier grand cru classé；作付面積は赤の 87 ha, 白の 12 ha；葡萄の品種は赤が cabernet-sauvignon 75％, merlot 20％, ca-

bernet-franc 5 %, petit-verdot 5 %；白が
sauvignon blanc；セカンド・ラベルは赤の
pavillon rouge, 白の pavillon blanc）.

château mouton-rothschild *n.*
m.inv.〚葡萄酒〛シャトー・ムートン＝ロートシルト（ボルドー地方 le Bordelais のポイヤック Pauillac 村（市町村コード 33250）でつくられる AOC Pauillac の赤の最高級銘酒；メドックの第一特級畑酒 premier grand cru classé；作付面積 84 ha；葡萄の品種は cabernet-sauvignon 77 %, cabernet-franc 12 %, merlot 9 %, petit-verdot 2 %；セカンド・ラベルは le petit mouton de mouton-rothschild）.

Châteauneuf-du-Pape *n.pr.* シャトーヌフ＝デュ＝パップ（département du Vaucluse ヴォークリューズ県, arrondissement d'Avignon アヴィヨン郡の村；市町村コード 84230；葡萄の栽培地；形容詞 châteauneuvois (*e*)）. château des Papes de ～ シャトーヌフ＝デュ＝パップの教皇城《14世紀》；廃墟）.

châteauneuf-du-pape *n.m.*〚葡萄酒〛シャトーヌフ＝デュ＝パップ（Châteauneuf-du-Pape 地区で生産される主に赤葡萄酒の AOC）.

Châteauroux *n.pr.* シャトールー（département de l'Indre アンドル県の県庁所在地；市町村コード 36000；交通の要衝；形容詞 castelroussin (*e*)）. forêt domaniale de ～ シャトールー国有林.

Château-Thierry *n.pr.* シャトー＝チエリー（département de l'Aisne エーヌ県の郡所在地；市町村コード 02400；形容詞 castrothéodoricien (*ne*)）. maison natale de La Fontaine de ～ シャトー＝チエリーのラ・フォンテーヌの生家（12, rue Jean-de-la-Fontaine；現記念館）.

châtelperronien(ne) *a.*〚先史〛シャテルペロン文化の.
—*n.m.* シャテルペロン文化（後期石器時代の文化層相）, 古ペリゴール文化（= périgordien ancien）.

châtiment *n.m.*〚文〛罰, 懲罰. ～ capital 極刑. ～ corporel 体罰. ～ de l'enfer 地獄の劫罰（= damnation）, 地獄墜ち. ～ exemplaire 見せしめの罰. ～ léger 軽罰. infliger un ～ 罰を課す. recevoir (subir) un ～ 罰を受ける.
juste ～ 正当な罰. Les C～s de Victor Hugo ヴィクトル・ユゴーの『懲罰詩集』（1853 年）. Crime et C～ de Dostoïevski ドストイエフスキーの『罪と罰』（1866 年）. infliger un ～ 罰を課す, 処罰する. recevoir (subir) un ～ 罰を受ける, 処罰される.

chatte *n.f.*〚卑〛プッシー・キャット（若い娘）；プッシー（女性性器）（=〚英〛pussy (cat)）.

chaud(e)[1] *a.* ① (高温)〚多くの名詞の後〛
1 暖かい；熱い；暑い (frais, froid の対). air ～ 温風；熱風. animaux à sang ～ 温血動物. bain ～ 熱い風呂. prendre un bain ～ 熱い風呂に入る. établissement de bains ～s 温泉場 (= thermes). climats ～s 温暖な気候. eau ～e 温水, 湯.〚医〛fièvre ～e 高熱病.〚気象〛front ～[1] 温暖前線. hors-d'œuvre ～ 温製オール・ドゥーヴル（前菜）. journée ～e 暑い一日 (日中). marrons ～s 焼栗. plats ～s 温かい料理. poêle ～ 暖かいストーヴ. saison ～e 暑い季節；夏 (= été). serre ～e 温室. atmosphère de serre ～e 温室効果の影響を受けた大気. temps ～ et humide 蒸し暑い天気. vents ～s 熱風. vin ～ ヴァン・ショー（あたためた葡萄酒に砂糖, レモンを加えた冬の飲み物）.
à peine ～ 生温かい, ぬるい. ni ～, ni froid 生温かい. Cela ne lui fait ni ～, ni froid. そんなことは彼にとってどうでもよい. boire du lait tout ～ 熱いミルクを飲む. manger du pain ～ 熱いパンを食べる. pleurer à ～es larmes 熱い涙を流す, さめざめと泣く. rendre ～ あたためる.
Il fait ～. 暑い. Il fait très ～. とても暑い.
2 熱い感じを与える (froid, refroidi の対). front ～[2] de fièvre 発熱で熱い額. avoir le front ～ 額が熱い (熱がある). soleil ～ 暑い日射し.
3 (衣服が) 暖かい, 保温性の良い. couverture ～e 暖かい掛布団 (毛布). manteau ～ 暖かいコート.
4 まだ熱い；ほやほやの；最新の. nouvelle toute ～e ホットニュース. battre le fer tant qu'il est ～ (鉄を熱いうちに打つ→) すかさず好機に乗ずる. dire tout ～ すぐさま言う. C'est trop ～. まだ熱すぎる；まだ微妙で危険だ.
5〚原子力〛放射能の高い. laboratoire ～ 高放射能実験室.
Ⅱ〚比喩的〛〚人について言う時は多く名詞の前〛**1** 熱のこもった, 熱心な. ～ admirateur (partisan) 熱烈な礼賛者 (信奉者). ～e discussion 白熱した議論. ne pas être très ～ pour + *n.* (+ *inf.*)〚話〛…に (…すること に) あまり乗り気でない. se montrer peu ～ pour une affaire 事業に熱が入らない様子を示す.
2 熱しやすい. une tête ～e 怒りっぽい人. avoir la tête ～e (le sang ～) 熱しやすい, 怒りっぽい.
3 激しい, 激烈な；危機的な. ～e alarme 非常警報. guerre ～e ホットウォー, 武力戦争. mois ～s 激動の数か月.〚軍〛points ～s 戦闘地域；紛争区域；(交通の) 難所；(活動の) 中心点；争点, ホットな問題点. La bataille fut ～e. 激戦だった. La campagne législative fut ～e. 国会議員選挙の選挙運動は過熱した.
4 情熱的な；多情な, 好色な. ～es amours 情熱的な情事.〚話〛quartier ～ 売春街.〚話〛rue ～e 街娼の立つ通り. avoir les

mains froides et le cœur ~ 手は冷たくが心は熱い. ~e（動物の雌が）発情している. être ~ comme braise（燠のように熱い→）そわそわして待つ.〔話〕être ~ comme une caille 情が深い.

5 熱っぽい, 熱意に満ちた；強烈な. ~e éloquence 熱っぽい雄弁. coloris ~s 強烈な色調. parfum ~ 濃厚な香水. style ~ 熱気に満ちた文体. voix ~e 低くてよく通る声.

6〔方言〕酔っぱらった（=ivre）. se mettre ~ 酔い痴れる.

7〔医〕abcès ~ 熱膿瘍.

chaud² *ad.* **1** 熱くして, 高温で. manger (boire) ~ 熱して（熱いところを）食べる（飲む）. servir ~（料理・飲物などを）熱くして供る.

2 tenir ~ à qn（衣類などが）人を温かく保つ.

3〔話〕coûter ~ 高くつく.

4 tout ~ すぐに, 即座に. porter tout ~ une nouvelle ホットニュースを流す.

chaud³ *n.m.* **1** 熱さ；暑さ, 暖かさ；熱いもの. ne craindre ni le ~ ni le froid 暑さも寒さも恐れない；暑さも寒さもこたえない. ne pas supporter le ~ 猫舌である. prendre un ~ et froid 悪寒を覚える.〔比喩的〕souffler le ~ et le froid 矛盾した言動をする；ほめたりけなしたりする；取りしきる.〔俗〕On crève de ~. やりきれない暑さだ.

2〔副詞的用法〕avoir ~（体が）熱い（ほてっている）, 暑く感じる. Elle est très ~. 彼女はひどく暑がっている.〔話〕J'ai eu ~. 危いところだった.

3 au ~ 暖かく；暖かいところで, 熱いうちに. être bien au ~ chez soi 家でぬくぬく暮す. garder (tenir) un plat au ~ 料理を保温する.

4 à ~ 熱して, 高温状態で. agir à ~ 熱くなって行動する. étrier un métal à ~ 金属を熱間引抜加工をする. opérer à ~（患者の発熱・炎症をおこして）緊急手術をする. régler un problème à ~ 問題を即座に解決する.

chaude² *n.f.* **1** 加熱, 加熱度. ~ blanche (rouge) 白（赤）熱. ~ d'une pièce de métal 金属材の加熱. donner deux ~s au fer 鉄を2度加熱する.

2〔方言〕勢いよく火を焚くこと；焚火. faire une ~ 部屋を急いで暖める；焚火をする. faire une petite ~ 焚火をする. à (sur) la ~ たちどころに.

chaude-pisse（*pl.* ~s-~s）*n.f.*〔俗〕淋病（=blennorragie 淋疾）.

chaud-froid（*pl.* ~s-~s）*n.m.*〔料理〕ショー=フロワ《家禽・野鳥・魚等を焼き, さめた肉にゼリー・ソースをかける調理法；加熱してから冷す調理法に由来する呼称》. ~ de poulet (de saumon) 若鶏（鮭）のショー=フロワ.

chaudière *n.f.* ボイラー. ~ à charbon (mazout) 石炭（燃料油）ボイラー. ~ à chauffage extérieur (intérieur) 外焚（内焚）ボイラー. ~ à eau chaude 温水ボイラー. ~ à tube d'eau 水管ボイラー（=~ tubuleuse）. ~ à vapeur 蒸気ボイラー. ~ de bateau 船舶用ボイラー. ~ de chauffage central 中央暖房用ボイラー.

chaudron *n.m.* **1**〔料理〕ショードロン《取手のついた銅製または鋳物製の小さな鍋》；ショードロンで調理した料理名. ~ de légumes 温野菜のショードロン.

2〔俗〕〔蔑〕ぼろ楽器.

chaudronnier（**ère**）*n.* **1** ボイラー製造（販売）業者.

2 鍋釜（加熱器具）製造（販売）業者；鍋釜修理業者, 鋳掛屋.

―― *a.* ボイラー（鍋釜）製造（販売）に関する.

chauffage *n.m.* **1** 加熱, 暖めること. appareil de ~ 加熱機器.

2 暖房〔法〕；暖房装置（設備）. ~ au gaz (électrique, à l'électricité) ガス（電気）暖房. ~ central 集中暖房, セントラルヒーティング. ~ de bois 薪暖房. ~ solaire 太陽熱暖房. ~ urbain 都市暖房, 都市の地域暖房. Le ~ est tombé en panne. 暖房装置（器具）が故障した. mettre (allumer) le ~ 暖房を入れる.

chauffagiste *n.* 集中暖房装置（設備）施工（修理）業者.

chauffant（**e**）*a.* 加熱用の；暖房用の. couverture ~e 電気毛布. surface (plaque) ~e パネルヒーター.

chauffard *n.m.*〔話〕下手な（乱暴な）ドライバー（交通法規を無視するドライバー）；〔広義〕乱暴な操縦者. ~ des mers 船の乱暴な操縦者.

chauffe *n.f.* **1** 加熱；(ボイラーの) 火焚き；ボイラーの運転〔時間〕. bleu de ~ ボイラーマンの青い作業服. chambre de ~ (船の) ボイラー室. contrôle de ~ 火焚きの管制. surface de ~ 加熱面. conduire la ~ ボイラーを運転する.

2 (ボイラー, 溶鉱炉の) 火室, 燃焼室. ~ d'une chaufferie ボイラー（炉）の火室. porte de ~ 焚き口.

3 過熱. ~ du lait 牛乳の過熱.

4 蒸溜（=distillation）；蒸溜の産物.

chauffe-bain *n.m.* 風呂用湯沸器. ~ électrique 電気式風呂沸器.

chauffe-biberon *n.m.* 哺乳壜温め器《湯煎式家電器具》.

chauffe-eau *n.m.inv.* 湯沸器, 給湯器. ~ à accumulation 蓄熱式給湯器. ~ au gaz ガス湯沸器. ~ instantané 瞬間湯沸器. ~ solaire individuel 戸外設置太陽熱利用給湯器.

chauffe-plat〔**s**〕*n.m.*〔料理〕ショーフ=プラ, 料理保温用コンロ.

chaufferie *n.f.* **1** ボイラー室；(船の) 機

関室. **2** (住居の)集中暖房ボイラー室.

chauffeur *n.m.* **1** (自動車の) 運転手《女性運転手は une ~ または chauffeuse》. ~ d'autobus バスの運転手. ~ de taxi (poids lourd) タクシー(重量車)の運転手. ~ du dimanche 日曜ドライバー《下手糞な運転手》. voiture sans ~ レンタカー
2 (ボイラー等の) 罐焚き係, 火夫；ボイラーマン. ~ des locomotives à vapeur 蒸気機関車の罐焚き, 機関助手.

chaume *n.m.* **1** (穀草の) 茎, 藁 (わら) (=paille)；〖植〗稈(かん)《禾穀(かこく)の茎》. brûler le ~ 藁を焼く. couper le ~ 茎を刈る.
2 (麦などの) 刈株；刈株の残る畑. se promener dans les ~ 刈株の残る畑を散策する.
3 (屋根の) 葺き藁；藁屋根 (=toit de ~).

Chaumont¹ *n.pr.* ショーモン《département de la Haute-Marne オート=マルヌ県の県庁所在地；市町村コード 52000；形容詞 chaumontais (*e*)》.

Chaumont²[**-sur-Loire**] *n.pr.* ショーモン〔=シュール=ロワール〕《département du Loir-et-Cher ロワール=エ=シェール県の町；市町村コード 41150；形容詞 chaumontais (*e*)》. château de ~ ショーモン〔=シュール=ロワール〕城《15-16 世紀》.

chaunay *n.m.* 〖チーズ〗ショーネー《ポワトゥー地方 le Poitou で山羊乳からつくられる工場生産チーズ》.

chaussée *n.f.* **1** 車道 (accotement 「路肩」, trottoir「歩道」の対)；路面 (= ~ de route). ~ asphaltée アスファルト舗装道路. ~ empierrée 砂利道. ~ gallo-romaine 古代ガリア=ローマ時代の街道. ~ glissante スリップし易い路面.
2 堤防, 土手；土手道. ~ de retenue 貯水池の土手. ~ dans un marais 沼沢地の土手〔道〕.
3 (長堤状の) 暗礁. ~ de Sein サンの暗礁.
4 (時計の) 二番真の筒かな.

chaussette *n.f.* **1** ソックス, 半靴下. ~ en laine (nylon) 毛 (ナイロン) のソックス. ~ russe 足に巻く布 バンド. laisser tomber *qn* comme une vieille ~ 人を古靴下のように見捨てる.
2〔話〕jus de ~ まずいコーヒー.

chaussure *n.f.* **1** 靴, 履〔き〕物. ~ d'homme[s] (de femme[s]) 紳士 (婦人) 靴. ~ à talon haut ハイヒール. ~ de basket バスケットシューズ. ~ de marche 歩行靴, ウォーキングシューズ. ~ sur mesure 注文 (誂え) 靴. marchand de ~s 靴屋. taille d'une ~ 靴の寸法. mettre ses ~s；porter des ~s 靴をはく. **2** 製靴業. travailler dans la 製靴業で働く.

◆ 靴の種類：botte ブーツ. bottine 半長靴. bottillon 深靴. brodequin 編み上げ靴. espadrille (ピレネー地方, スペインで はかれる) ズック靴. haut talon ハイヒール. mocassin スリッポン, モカシン. sabot 木靴. sandale サンダル靴. socque 足駄, 底の高い木靴. soulier 靴, 短靴. ~ de ski スキー靴. ~ de sport スポーツシューズ. ~ de tennis テニスシューズ.

◆ 靴の部分：claque 甲皮. contrefort かかと革. empeigne 甲. languette 舌皮革. œillet ひも孔. quartier 腰皮. semelle 靴底. talon かかと. tige (長靴の) 胴. tirant つまみ革. trépointe (靴底と甲皮の間に入る) 細革.

chaux *n.f.* 石灰. ~ anhydre 生石灰, 酸化カルシウム. ~ calcinée 焼石灰. ~ carbonatée 炭酸カルシウム (=carbonate de ~). ~ éteinte 消石灰, 水酸化カルシウム (=~ hydratée；hydroxyde de calcium [Ca(OH)$_2$]). ~ fluatée 蛍石, 弗化カルシウム. ~ sulfatée 石膏, 酸化カルシウム. ~ vive 生石灰, 酸化カルシウム (=oxyde de calcium anhydride). eau de ~ 石灰水. lait [blanc] de ~ 石灰乳, 野呂(のろ). pierre à ~ 石灰石. bâtir à ~ et à sable (石の建材を) 石灰モルタルで接着して建てる.〔比喩的〕être bâti à ~ et à sable 頑丈な体つきである.

Chavignol *n.pr.* シャヴィニョル《département du Cher シェール県, サンセール Sancerre 地方の地区》. crottin de ~ クロタン・ド・シャヴィニョル《Sancerre 地方で山羊乳からつくられるチーズの AOC；脂肪分 45 %；押しつぶされた小球型で自然外皮には白・青・茶色のかびの斑点があり, 中身は柔かい；50-60 g》.〖料理〗crottins de ~ rôtis クロタン・ド・シャヴィニョルのロースト.

chavignol (<*C* ~, 生産地名) *n.m.* 〖チーズ〗シャヴィニョル. ~ -sancerre シャヴィニョル=サンセール《ベリー地方 le Berry で山羊乳からつくられる, 軟質, 自然外皮のチーズ；脂肪分 45 %；直径 5 cm, 厚さ 2 cm の平たい球形；60-80 g》.

Chazhou［中国］*n.pr.* 潮州(ちょうしゅう), チャオチョウ (Chaoan 潮安の別称；広東省東部の都市).

CHEAR (=*C*entre des *h*autes *é*tudes de l'*ar*mement) *n.m.* 〖軍〗武装高等研究所.

Chechon［韓国］*n.pr.* 堤州 (ていしゅう), チェチョン《忠清北道の都市》.

check-list (*pl.* ~-~**s**)［英］*n.f.* チェック・リスト, 一覧照合表；〖電算〗チェック・リスト《特定の検査項目のリスト》《公用推奨語：liste de contrôle》.

check-point (*pl.* ~-~**s**)［英］*n.m.* **1** 〖軍〗検問所. **2**〖スポーツ〗チェックポイント.

chécy *n.m.* 〖チーズ〗シェシー《オルレアネ地方 l'Orléanais で牛乳からつくられる, 軟質, 青カビ外皮のチーズ；脂肪分 45 %；直径 12-13 cm, 厚さ 2 cm の小円盤状》.

cheddite [ʃɛdit] (<開発生産地であるオート=サヴォワ県département de la Haute-Savoie の Passy村の地区名シェッド Chedde に由来する) *n.m.* シェディット, シェダイト(塩素酸系爆薬の名称).

chef *n.m.* **Ⅰ**(指導者, 頭, 長, 親分)
1〖公的役職名〗~ de bureau 課長. ~ de cabinet 官房秘書長. ~ d'Etat 国家元首. ~ de l'Etat français フランス国家元首. ~ de gare 駅長. ~ de service 部(課)長.
2〖一般に〗~ d'atelier 職場主任. ~ de bande 頭, 頭目, 首領. ~ d'école 流派の首領. ~ d'entreprise 企業主, 経営者. ~ d'équipe キャプテン.〖農〗~ d'exploitation 農業経営者. ~ de famille 世帯主, 家長. ~ de file 指導者, 先頭に立つ者.〖法律〗~ de juridiction 裁判機関最高責任者.〖海〗~ de quart 当直主任. de son propre ~ みずからの権限で;率先して.
3〖軍隊〗~ de bataillon 大隊長. ~ d'état-major 参謀長. ~ d'état-major des armées 統合参謀長. ~ d'état-major de terre 陸軍参謀長. ~ de musique 軍楽隊長. ~ de section 小隊長. adjudant-~ 准尉. sergent-~ 曹長.
4〖同格〗~ cuisinier チーフコック. ~ navigateur 主任航空士. ~ pilote チーフパイロット.
5〖音楽〗~ d'orchestre オーケストラの指揮者.
6〖料理〗料理長, チーフ(= ~ de cuisine). femme ~ 女性のシェフ(=la ~).
7 en ~ 主任, 長として. ingénieur en ~ 主任技師. rédacteur en ~ 編集長.
Ⅱ 1 項目, 条項. ~ d'accusation 起訴箇条, 起訴事実, 咎めるべき事. au premier ~ まず第一に.
2(論文などの)要点.
3 de son propre ~ 自らの意志で.

chef-adjoint *n.m.* 副長.
~ de cabinet ministériel 副官房長.

chef-d'œuvre (*pl.* **~s-~**) *n.m.*
1 傑作, 名作;(個人の)最高傑作品.
2 極致. ~s-~d'habileté 熟練の極致. ~s-~ de sottise 愚行の極み.
3〖古〗(職人が親方に昇格するために制作する)マスターワーク, マスターピース.

chef-lieu *n.m.* 首邑;〖行政〗行政中心地. ~ de département 県庁所在地. ~ d'arrondissement 郡庁所在地. ~ de canton 小郡庁所在地.

chéilite *n.f.*〖医〗口唇炎. ~ grandulaire 腺性口唇炎.

chéioplastie *n.f.*〖医〗口唇形成術.

Che-ju〔韓国〕*n.pr.* 済州(さいしゅう)〔島〕, チェチュ.

Chekiang ⇒ Zhejiang

chélate *n.m.*〖化〗キレート.

chélation *n.f.*〖化〗キレート化, キレーション.

chéloïde [kelɔid] *n.f.*〖医〗ケロイド. ~ cicatricielle 瘢痕(はんこん)ケロイド. ~ spontané 特発性ケロイド.
——*a.* ケロイドの, ケロイド状の. cicatrice ~ ケロイド状傷痕.

CHEM (= Centre des hautes études militaires) *n.m.*〖軍〗軍事高等研究所.

chemin *n.m.* **1** 道, 道路(国道以外の公有, 私有の道路;多くの場合, 小規模なものだが, 県道, 村道などには比較的交通量が多く, 市町村間の連絡道として重要なものも含まれる). ~ départemental 県道. ~ rural 農道. ~ vicinal 村道;県道(村落相互や, 村落と県庁所在地を結ぶ道路). ~ creux 切り通し. ~ de fer 鉄道. Société nationale des ~s de fer (SNCF) フランス国鉄. ~ de grande randonnée 自然遊歩道(正式には sentier de grande randonnée といい, 白と赤, 黄と赤の標識で示される). ~ de montagne 山道.〖比喩的〗~ de paradis 一人しか通れない狭い道. ~ de ronde (城砦の胸壁に沿った)巡察路. ~ de Saint-Jacques〔de Compostelle〕サンチャゴ・デ・コンポステラへの巡礼路;天の川. ~ de traverse 抜け道, 迂回路. ~ enneigé 雪に覆われた道. ~ sinueux 曲がりくねった道. grand ~ 街道. voleur de grand ~ 追いはぎ.
2 道のり, 道筋, 道順, 道程, 行程. ~ de la gare 駅への道順. ~ de Paris パリへ行く道. en ~ 途中で. C'est à deux heures de ~. 2時間の道のりです. demander son ~ 道順をたずねる. Je vous dépose, c'est sur mon ~. 通り道だから車に乗せてあげますよ.
3 進路, 行路, 経路.〖情報〗~ critique クリティカルパス. ~ de〔la〕croix 十字架の道行き, 十字架の道行きをあらわす絵画(彫像), 十四の留(とまり). faire le ~ de la croix 十四の留を巡りながら祈りを捧げる. ~ des écoliers 道草, 回り道. ~ de Damas パウロが回心を決意したダマスカスへの道. Tous les ~s mènent à Rome. すべての道はローマへ通じる(ひとつの目的に到達するには, いろいろな道がある).
4 手段, 方法, 道.〖多く *pl.* で〗~ battu 常套手段, ありきたりの方法. La réalisation du projet est possible par différents ~s. このプロジェクトは色々な方法で実現可能だ. Il a essayé, en vain, tous les ~s imaginables. 彼は考えられるあらゆる手段を試みたが, 無駄だった.
5 道状のもの. ~ d'escalier 階段に敷く絨毯. ~ de table 細長いテーブルセンター.
6〖成句〗
aller son petit bonhomme de ~ 地道に努力する.
barrer le ~ de qn …の行く手を遮る.
~ faisant 行く道々, 歩きながら.
en ~ 途中で, 途上.

être dans le droit ~ 正しい道を辿る, 正道を歩む.
être en bon ~ 順調である.
être sur le bon ~ 正しい道を行く.
être sur le ~ de …への道を行く, 辿る.
être toujours sur les ~s (par voies et par ~s) いつも旅行している.
faire du ~ 前進する, 出世する.
faire la moitié du ~ 歩み寄る, 妥協する.
faire son ~ 前進する, 進展する, 受け入れられる. Vivement critiquée au moment de son lancement, l'idée a depuis fait son ~, à tel point qu'elle fera prochainement l'objet d'un projet de loi. この考え方は当初は厳しく批判されたが, その後, 受け入れられて, 近く法案として具体化するまでになった.
moitié ~ 中途, 途中, 前途多難, 前途遼遠.
montrer le ~ 道順を教える, 模範を示す.
ne pas en prendre le ~ しかるべき道を辿らない, 成功の見込みがない.
ne pas y aller par quatre ~s 回りくどい手段をとらない, 目的へ直進する.
ouvrir le ~ 道を建設する, 道を開く.
perdre son ~ 道に迷う.
poursuivre son ~ 前進を続ける, 休まずに進む.
rebrousser ~ 途中で引き返す, とって返す.
se frayer un ~ 道を開く.
se mettre en ~ 出発する.
se mettre sur le ~ de qn …の邪魔をする, …の行く手を遮る.
trouver qn (qch) sur son ~ …に行く手を阻まれる, 邪魔される.
trouver son ~ de Damas 回心する.

cheminée *n.f.* **1** 暖炉. âtre de ~ 暖炉の火床. ~ adossée 壁付け暖炉.
2 マントルピース (= manteau de ~). ~ de marbre 大理石のマントルピース.
3 煙突;煙道. ~ de locomotive (de navire, d'usine) 蒸気機関車 (船舶, 工場) の煙突.
4 ダクト;〖鉱〗坑井, 坑道. ~ d'aération 通風 (排気) ダクト. 〖鉱〗~ d'évacuation 鉱石落とし坑道, シュート.
5 〖地学〗~ d'un volcan 火山の溶岩火道. 〖地学〗~ des fées 土柱.
6 〖登山〗シュミネー, チムニー (岩場の垂直な裂け目).
7 〖工〗~ d'équilibre 調圧水槽, ナージタンク

cheminement *n.m.* **1** 歩行;ゆっくりした進行;たゆまぬ歩み;〖軍〗前進, 接敵;接敵路;〖pl. で〗〖軍〗対壕. ~ à travers le bois 森を横切る歩行. suivre un ~ 敵に気付かれぬよう接敵路を進む.
2 緩やかな伸長. 〖鉄道〗~ de la voie レールの伸び (匍出).
3 (川の水の) 緩やかな流れ;(道路の) 延び;(事業などの) 進渉;(事態の) 推移;(思想の) 進展, 展開. ~ des eaux 水流. ~ de la pensée 思想の進展.
4 〖航空〗航空路. suivre les ~s précis 正確に指定空路を飛ぶ.
5 〖測量〗トラバース (多角) 測量.

cheminot(e) *n.* 鉄道員. grève des ~s 鉄道員のスト.

chemise *n.f.* **1** a) シャツ (多く男性用);ワイシャツ;婦人用のメリヤス肌着. ~ à manches courtes 半袖シャツ, ホンコンシャツ. ~ à rayures 縞柄シャツ. ~ américaine 婦人用のメリヤス肌着. ~ de bébé 乳児用肌着. 〖古〗~ de femme 婦人用肌着. ~ pour femme ブラウス. ~ d'homme 紳士用シャツ;ワイシャツ;紳士用下着. ~ de nuit ナイトガウン. ~ de sport スポーツシャツ. changer de qch comme de ~ …を次々と取り替える. être comme cul et ~ 切り離せない仲である.
être en bras (manches) de ~ 上着を脱いで, ラフなスタイルで. laisser dans une affaire jusqu'à sa dernière ~ 財産を使い果たす, 破産する. mouiller sa ~ 手間暇いとわず. 〖菓子〗nègre en ~ クリームをかけたチョコレートケーキ. se soucier (moquer) de qch comme de sa première ~ …をまったく気にかけない, 無視する. vendre sa ~ 裸一貫になる.
b) (とくに政治団体などの制服としての) シャツ;(転じて) その団体, その構成員. ~ brune ナチスの制服, ナチス党. ~ noire イタリアのファシスト党の制服, その党, その党員. ~ rouge イタリアのガリバルディ党の制服, その党, その党員.
2 書類ファイル, フォルダー, 書類ばさみ. apportez-moi la ~ de l'affaire X X 事件に関する書類を持ってきてください.
3 〖工〗機械部品の被覆, ライニング, ライナー;〖建築〗擁壁;〖砲〗弾帯.

chemiserie *n.f.* **1** (男物の) シャツ・下着類製造 (販売) 業.
2 シャツ屋, 紳士用品店.
3 〖集合的〗紳士用シャツ (下着), 紳士用品 (ネクタイ, ハンカチなど).

chemisette *n.f.* 〖衣〗**1** シュミゼット (薄手の半袖シャツ).
2 薄手のブラウス (胴衣).

chemisier[1] (**ère**) *n.* シャツ (chemise) 製造 (販売) 業者.

chemisier[2] *n.m.* 〖婦人服〗シャツブラウス.

chémosis *n.m.* 〖医〗結膜浮腫.

chémotaxonomie [kemo-] *n.f.* 化学的生物分類学.

chênaie *n.f.* 楢 (なら) 林.

chênaie-hêtraie *n.f.* 楢 (なら) 林, 橅 (ぶな) 林.

Chenchiang ⇒ Zhenjiang

chêne *n.m.* **1** 〖植〗シェーヌ;楢 (なら)

類(genre Quercus；約250種；なら、かし、わ、かし、ぶな、オークなど；フランスでは chêne pédonculé (葉柄の短いもの), ch. pubescent (葉根に繊毛のあるもの), ch. rouvre (葉柄の長いもの) の3種が主). ～ à feuilles de châtaignier 栗葉シェーヌ《学名 Quercus montana》. ～ blanc シェーヌ・ブラン、ホワイト・オーク (Q. alba). ～ rouvre ヨーロッパなら (Q. sessilifora). ～ vert シェーヌ・ヴェール, せいようひいらぎ (Q. Ilex).
2 楢材(=bois du rouvre), オーク材. noces de ～ シェーヌ(オーク)婚〔式〕《結婚80周年》.

chêne-liège (pl. ～s-～s) n.m. 〖植〗シェーヌ=リエージュ, コルク樫《樹皮からコルクをとる樫の木》.

Chengchou, chengchow ⇒ Zhengzhou

Chengde, Chengteh［中国］n.pr. 常徳(じょうとく), チャントー《湖南省北部の都市》.

Chengdu, Ch'engtu［中国］n.pr. 成都(せいと), チョントゥー《四川省 le Sichuan の省都》.

chenin n.m. 〖農〗シュナン《白葡萄酒用の葡萄の品種》. ～ blanc シュナン・ブラン種《l'Anjou, la Touraine 地方で多く栽培される》.

Chenonceau n.pr. château de ～ シュノンソー城《1515-22年；le Cher シェール河畔のルネサンス様式の名城》. galeries du château de ～ シュノンソー城の回廊《1560年, Catherine de Médicis が造営させたシェール川を跨ぐ翼棟》.

Chenonceaux n.pr. シュノンソー《département de l'Indre-et-Loire アンドル=エ=ロワール県の村；市町村コード 37150；村外れに château de Chenonceau がある》.

CHEN Shui-bien［台湾］n.pr. 陳水扁(ちん・すいへん), チェン・シュイビイン《台湾民主進歩党総裁, 2000年3月18日中華民国・台湾総統に当選》.

cheptel［ʃɛptɛl］n.m. **1** (国・地方の)家畜総体. ～ bovin français フランス全土の牛の飼育数.
2 〖法律〗家畜賃貸借〔契約〕(=bail à ～). ～ à moitié 折半家畜賃貸借. ～ simple 単純家畜賃貸借.
3 〖法律〗賃貸家畜(=～ vif)；賃貸農具 (=～ mort).

chèque n.m. **1** 小切手. ～ à ordre 指図小切手. ～ au porteur 持参人払い小切手. ～ barré 横線小切手. ～ certifié 支払い保証小切手. ～ circulaire 巡回小切手. ～ de casino カジノ小切手. ～ de voyage 旅行小切手, トラベラーズチェック. ～-emploi 雇用小切手《従業員5名以下の小企業で, 雇用契約書と賃金支払明細書を兼ねる》. ～ en blanc 白地小切手. donner un ～ en blanc 白紙委任をする. ～ impayé 非現金化小切手. ～ restaurant レストラン食券. ～ sans provision 不渡り小切手, 不渡り小切手行使罪(=［話］～ en bois). ～ service 役務小切手. ～ vacances ヴァカンス小切手. carnet de ～s 小切手帳(=chéquier). endosser un ～ 小切手に裏書きする. payer par ～ 小切手で払う. tirer un ～ 小切手を振り出す. toucher un ～ 小切手を現金化する.
2 為替, 証券. ～ documentaire 荷為替手形. ～ postal 郵便為替, 郵便小切手. compte ～ postal (CCP) 郵便為替口座.

chèque-départ (pl. ～s-～s) n.m. 〖俗〗退職特別手当.

chèque-emploi (pl. ～s -～s) n.m. 〖経済・労働〗雇用小切手《従業員5名以下の企業に認められた給与支払方式；労働契約と給与支払明細書の代りとなる》.

chèque-vacances n.f. ヴァカンス小切手《企業が従業員に支給するヴァカンス用割引クーポン》.

chéquier n.m. 小切手帳 (=carnet de chèques).

Cher n.pr.m. **1** 〖地理〗le ～ シェール川《ロワール河右岸の支流；Montluçon モンリュッソン, Vierzon ヴィエルゾン, Tours トゥールを流れる；長さ350 km》.
2 〖行政〗le ～ シェール県 (=département du ～；県コード18；フランスとUEの広域地方行政区 région Centre サントル地方に属す；県庁所在地 Bourges ブールジュ；主要都市 Saint-Amand-Montrond サン=タマン=モンロン；3郡, 35小郡, 290市町村；面積 7,228 km²；人口 321,428；形容詞 berrichon(ne)).

cher[1] **(ère)** a. Ⅰ(大切な) **1** 〔多く名詞の前〕親愛な, 愛する, 愛しい；懐しい. [Mes] ～s auditeurs 聴衆の皆さん《呼びかけの文言》. Mes ～s compatriots... 親愛なる同胞諸君...《共和国大統領などが国民に対しておこなう演説の冒頭の文言》. C～ Monsieur, C～ ami；C～ ère Madame, C～ère amie 拝啓《手紙の書出しの文言》. l'ami le plus ～ 最高の親友. ma ～ère ville natale 懐しい私の生れ故郷.
2 (à にとって)大切な, 貴重な. le thé ～ aux Anglais 英国人に欠かせぬ紅茶. L'honneur m'est plus ～ que la vie. 名誉は私にとって生命より尊い. Ses enfants lui sont ～s. 子供は彼にとって大切な存在だ.
Ⅱ(高価な) **1** (物が)高価な, 高い；高くつく. lutte contre la vie ～ère 高い生活費との戦い. C'est ～. 値段が高い. Ce n'est pas ～. あまり高くない, 安い. Ces vêtements sont trop ～s. この服は高過ぎる. Ce sont de ～ères vacances. 金のかかるヴァカンスだ.
2 (人・商店が)高い料金を取る, 高い. *Paris pas* ～.『金のかからぬパリ案内書』. restau-

rant pas ~ 手頃な料金のレストラン.
——n. 親しい人, いとしい人（呼びかけ）. Oui, mon ~(ma ~ère). そうだよ, お前.

cher[2] ad. **1** 高価に, 高く. acheter (vendre) ~ 高く買う（売る）. Cette boucherie vend ~. この肉屋は高い. coûter ~ 値段が高い, 高くつく. Ça coûte ~！それは金がかかるぞ！それは高くつくぞ！payer ~ 高い料金を払う. prendre ~ 高い料金を取る.〔比喩的〕ne pas donner ~ de qch 何をあまり評価しない. ne pas valoir ~ （物が）大して値打ちがない;（人が）くだらない, いかがわしい. Ce livre vaut ~. この本は高価だ.
〔話〕On a eu cette maison pour pas ~. この家を安く手に入れた. Je donnerais ~ pour l'obtenir. それが手に入るなら何でもするだろう.
2 高価な犠牲を払って. vendre ~ sa vie 敵に大損害を与えてから死ぬ. La victoire a coûté ~. 勝利は高くついた. Ils ont payé ~ leur victoire. 勝利は彼らにとって高くついた. Il me le payera./Je le lui ferai payer ~. いずれ彼には思い知らせてやるぞ.

Cherbourg〔**-Octeville**〕n.pr. シェルブール〔=オクトヴィル〕（département de la Manche マンシュ県の郡庁所在地；市町村コード 50100；la presqu'île de Cotentin コタンタン半島北端の軍港・商港都市；形容詞 cherbourgeois (e)）. aéroport de ~-Maupertuis シェルブール=モーペルチュイ空港. arsenal de ~ シェルブール海軍工廠. port militaire de ~ シェルブール軍港.

chercheur[1](**se**) n. **1** 研究者；研究員（称号・資格）. ~s du CNRS 国立学術研究センター研究員. ~s et assistants de recherche 研究員と研究助手.
2 探す人. ~ d'or 砂金掘り（=orpailleur）. 金探鉱者. ~ de minerais 探鉱者. ~ de trésor 宝探し（人）.
——a. **1** 探究心に富む. esprit ~ 探究心；探究者.
2〔工〕情報検索用の.〔情報〕tête ~se（情報検索機の）選別ヘッド；〔比喩的〕情報収集係. tête ~se d'un engin ミサイルの自動誘導弾頭.

chercheur[2] n.m. **1**（望遠鏡の）ファインダー（=~ de téléscope）.
2 検知器, 探知器.〔無線〕~ de détecteur à glaène 方鉛鉱検出器. ~ de fuites〔de gas〕ガス漏れ探知器（=cherche-fuites）.

chéri(**e**) a. **1** 最愛の, 愛しい. enfant ~ de ses parents 両親に深く愛されている子供. enfant ~ de la Victoire 勝利の女神の寵児（ナポレオンの異名）. sa femme ~e 彼の最愛の妻. ma fille ~e 私の愛娘.
2（物が）大切な.
——n. 最愛の人, 愛しい人；お気に入り. Mon ~；Ma ~e；Ma petite ~e お前（愛情をこめた呼びかけの言葉）. Oui,〔ma〕~ そうだよ, お前. le ~ à sa maman 母親のお気に入り. le ~ de ses parents 両親の秘蔵っ子.

chester [tʃɛstœr, ʃɛstɛːr] n.m. **1**〔英〕〔チーズ〕チェスター・チーズ, チェダー・チーズ (cheddar).
2〔チーズ〕シェステール（フランスで生産されるチェスター風チーズ；牛乳からつくられる非加熱圧搾, 蠟質外皮, 脂肪分 45％のチーズ）.

chétif(**ve**) a. **1**（人が）虚弱な；（植物が）成育の悪い. arbre ~ ひょろひょろの木. enfant ~ ひ弱な子供, 虚弱児. homme ~ 貧相な男.
2〔文〕（物が）貧弱な；みすぼらしい, 取るに足りない, 無駄な. écrivain ~ 三文文士. récolte ~ve 不作. repas ~ みすぼらしい食事.
3〔古〕身分の低い, 賤しい.
——n. 虚弱な人；貧相な人（= personne ~ve）.

cheval (pl. **aux**) n.m. **1** 馬. ~ de bât 荷馬. ~ de bataille 軍馬. ~ de boucherie 食肉用の馬. ~ de cavalerie 軍馬. ~ de cérémonie (de parade) 儀仗馬. ~ de cirque サーカスの馬. ~ de course 競走馬. ~ de ferme 農耕馬. ~ de fiacre (carrosse) 馬車馬. ~ de labour 農耕馬. ~ de poste (relais) 駅馬車用の馬. ~ de selle 乗馬用の馬. ~ de somme 荷馬, 駄馬. ~ de trait 挽馬. ~ favori (競馬の) 人気馬 (outsider「穴馬」の対). ~ sauvage 野生馬. monter un ~ 馬に乗る, 乗馬する. monter un ~ à califourchon またがる, 馬乗りになる. monter un ~ en amazone 馬に横乗りする. monter un ~ en croupe 手綱を持つ人の後ろに乗る. monter un ~ sans selle (à cru, à poil) 裸馬に乗る. faire une chute de ~ 落馬する (= tomber de ~).
◆ 馬の種類 races de ~：~ demi-sang 片親だけが純血種の馬. ~ pur-sang 純血種の馬, サラブレッド. ~ arabe アラブ種. ~ hongrois ハンガリア種. ~ mongol モンゴル馬. ~ percheron ペルシュロン種. poney ポニー. étalon 種馬. mustang ムスタング.
2 馬術. costume de ~ 馬術用の乗馬服. faire du ~ 馬術をする.
◆ 馬の歩調 allures du ~：amble アンブル. aubin 不整歩調. canter カンテル. キャンター. galop ガロ, ギャロップ. pas 常歩, 並足. train 速歩. trot 駆歩, トロ, トロット.
3 馬肉 (= viande de ~).
4 馬の形をしたもの. ~ de bois 木馬. ~x de bois メリーゴーランド. ~ d'arçon (体操競技の) 鞍馬. C ~ de Troie トロイの木馬. jouer aux petits ~x 競馬ゲームをし

5(馬のように)よく働く人. grand ~ 不屈工な大女.
6 馬力(= ~ -vapeur；略記 ch). ~ fiscal 税法上の馬力(略記 CV；1) 1956 年 12 月 28 日の通達では税馬力 P の算定方式は：P＝C×K；C はエンジンのシリンダー容積のリットル数値，指数 K はガソリン車で 5.7294，ディーゼル車で 4.0106；2) 1977 年 12 月 23 日に導入された算定方式は：P＝m (0.0458×C/K) 1.48 m は指数でガソリン車 1，ディーゼル車 0.7；C はシリンダー容量の cm³；K はパラメーター；3) 1998 年 7 月以降の税馬力 Pa (*puissance a*dministrative 行政馬力)の算定方式は：Pa＝(Co 2/45) ＋ (P/40) $^{1.6}$；Co 2 は km 当たりの二酸化炭素排出量のグラム数；P はエンジンの最高出力の kw 数値；上記の計算式で得られた数値の小数点以下は切上げ又は切下げる).
~ SAE (DIN) 馬力(自動車技術協会(ドイツ工業規格)馬力；実馬力；ch と略記；1,360 ch. DIN＝1 kw). voiture de deux (quatre)~*x* 税法馬力 2 (4) 馬力の自動車. acheter une deux ~*x* ドゥー・シュヴォー(シトロエン製の車 2 CV)を買う.
7〔成句〕
à ~ 騎馬で, 馬に乗って；二人にまたがる.
A ~ donné, on ne regarde pas la bouche (les dents, la bride). もらった馬の口(歯, 手綱)は見ない；もらい物に苦情を言うな.
à ~ sur deux périodes 二つの時代にまたがった.
à pied, à ~ et en voiture どのような手段をとっても, 何としても.
brider son ~ par la queue 物事の順序をさかさまにする.
C'est son ~ de bataille. それが彼の十八番だ, それが彼の主張である.
C'est pas le mauvais ~. 悪いやつじゃない.
Cela ne se trouve pas sous (dans) le pas d'un ~. 簡単に見つかるものではない.
changer un ~ borgne contre un aveugle 損な取引をする, 現状を悪化させる.
~ de retour 常習犯, 累犯.
être à ~ sur *qch* …について厳しい態度をとる. Il est très à ~ sur ses prérogatives 彼は自分の権限についてとてもうるさい.
fièvre de ~ 高熱.
Il n'est si bon ~ qui ne bronche. どんなに良い馬でもつまずかないものはない；弘法も筆の誤り.
L'œil du maître engraisse le ~. 主人の目は馬を肥やす；田畑の肥えは主人の足跡で最上.
la mort du petit ~ 事件(希望)の終わり.
monter sur ses grands ~ *aux* えらそうに振舞う, 立腹する.
queue de ~ ポニーテール.
remède de ~ 強い薬, 劇薬.

cheval-〔d'〕arçon (*pl.* **~aux-~, ~-~**) *n.m.*〖スポーツ〗鞍馬；鞍馬競技.
chevalement *n.m.* **1** 支柱. **2**(油井・竪坑の)掘削櫓, 巻上げ櫓. ~ de sondage ボーリング櫓.
chevalet *n.m.* **1** 架台；〖絵〗画架, イーゼル(＝ ~ de peintre)；受け台；〖機工〗軸受け台；ジャッキ. ~ de charpentier 大工の作業台.〖軍〗~ de pointage 照準台. ~ de scieur 鋸作業台. ~ porte-serviette タオル掛け.
2〖楽器〗駒. ~ d'un violon ヴァイオリンの駒. sur le ~「駒の近くで弾くこと」(奏法の指示).
3〖建築〗支柱.〖鉱〗~ d'un puits de mine 竪坑の支柱.
4〖天文〗le C ~ de Peintre 画架座.
5〔古〕(刑罰用の)木馬, 拷問台.
chevalier *n.m.* **1 a)** 中世の騎士.《 le ~ au lion》『獅子の騎士』(クレチヤン・ド・トロワ作 Chrétien de Troyes 作；12 世紀). les ~s de la Table ronde 円卓の騎士. ~ errant 遍歴の騎士. ~ à la Figure Triste 憂い顔の騎士(ドン・キホーテ Don Quichotte のこと). ~ servant 貴婦人に仕える騎士, 女性に尽くす男. se faire le ~ de *qn* …を擁護する.
b)騎士, ナイト；〖金融〗企業買収者, 乗っ取り会社.〖金融〗~ blanc (noir) 善意(悪意)の企業買収者, ホワイト(ブラック)ナイト.
2〖史〗騎士修道会員. ~ de Malte マルタ騎士団員. ~ de l'ordre du Temple テンプル騎士団員. ~ teutonique (中世ドイツで栄えた)チュートン騎士修道会員.
3〖勲章〗(Légion d'honneur, mérite national などの)勲章のシュヴァリエ等級(最下位)；その佩綬者. ~ de la Légion d'honneur レジオン・ドヌール勲章シュヴァリエ佩綬者.
chevalin(e) *a.* **1** 馬の, 馬に関する(＝équin(e)). amélioration de la race ~*e* 馬の品種改良. boucherie ~*e* 馬肉専門店(＝boucherie hippophagique).
2 馬に似た. figure ~*e* 馬面(うまづら).
cheval-vapeur(*pl.* **~aux-~**) *n.m.* 馬力(略記 ch).
chevelu(e) *a.* **1** 髪の生えた. cuir ~ 頭皮.
2 髪のふさふさした, 長髪の.
3〔比喩的〕毛髪状の；(木, 河川などが)小枝状に分岐した.〖植〗racine ~*e* 毛根.〖天文〗astre ~ 彗星.〖詩〗mont ~ 樹木(緑)に覆われた山.
── *n.* 髪のふさふさした(長髪の) 人.
chevelure *n.f.* **1** 髪(全体)；長い髪. ~ abondante 豊かな(ふさふさした)髪. ~ blonde 金髪. ~ emmêlée もつれ髪. ~ bouffante (ほうはつ). fausse ~ かつら(＝perruque).
2〖天文〗C ~ de Bérénice 髪(かみのけ)座.

~ d'une comète 彗星の髪.
3〖植〗根毛 (= ~ d'une racine；chevelu).
4〖詩〗~ des arbres 木々の枝 (葉).

Cheverny *n.pr.* シュヴェルニー (département de Loir-et-Cher ロワール＝エ＝シェール県の村；Cour-~ クール＝シュヴェルニー村と合併；市町村コード 41700). Château de ~ シュヴェルニー城館 (1604-34年；古典様式).

chevet *n.m.* **1** (寝台の) 枕元. lampe de ~ 枕元の明り. livre de ~ 枕頭 (ちんとう) の書, 愛読書. table de ~ 枕元の小卓 (= table de nuit). être (veiller) au ~ de qn 人の枕元で看病する.
2〖古〗(寝台の) 長枕.
3〖建築〗シュヴェ (教会堂の後陣)；(特に) 聖歌隊席 (chœur) の外側. ~ roman ロマネスク様式のシュヴェ.
4〖鉱〗鉱脈の母岩, 鉱床.

cheveu (*pl.* **~x**) *n.m.* Ⅰ〖毛髪〗**1** 髪の毛. à un ~ près 僅かな差はさておき. mince (fin, ténu) comme un ~ 髪の毛のように細い. arriver (venir, tomber) comme un ~ (des ~x) sur la soupe 見当外れになる, 場違いだ. Il y a un ~! ちょっとしたきずがある；難問・障害がある；〖話〗ne pas toucher à un ~ de qn 人に何の危害も加えない.
2〖集合的〗髪. avoir le ~ noir 黒い髪をしている.
3〖*pl.*で〗頭髪, 髪の毛, 髪. ~x blancs (argentés) 白 (銀) 髪. ~x blonds (bruns foncés, châtains, noirs, roux) 金 (暗褐色の, 栗色の, 黒い, 赤) 髪. ~x clairsemés まばらな (薄い) 髪. ~x en désordre 乱れ髪.
~x fins (raides, souples) 細い (ごわごわした, しなやかな) 髪. ~x frisés 縮れ髪. ~x longs (courts) 長い (短い) 髪. ~x nattés お下げ髪. ~x poivre et sel ごま塩の頭髪, ごま塩髭. ~x torsadés 長く編んだ髪.
brosse a ~ ヘア・ブラシ. shampooing pour ~x secs (gras) 乾燥性 (脂性) 頭髪用シャンプー. chute des ~x 頭髪の抜け落ち, 抜け毛. disposition des ~x 髪型. faux ~x かつら, ツケ毛. perte des ~x 頭髪の脱毛. soins de ~x 髪の手入れ.
arranger les ~x 整髪する. avoir beaucoup (peu) de ~x 髪の毛が多い (少ない). couper les ~x 髪を切る. laver (se laver) les ~x 髪を洗う. peigner les ~x 髪を櫛でとかす. teindre les ~x 髪を染める.
Ⅱ〖髪状のもの〗**1** ~ d'ange (天使の髪→) クリスマスツリーの飾り紐；〖食品〗極細麺 (極細のヴェルミセル).
2〖植〗~-de-la Vierge がまずみ (= viorne).
3〖植〗~ de-Vénus アディアンタム (= adiante, capillaire；観賞用羊歯植物).

cheville [-ij] *n.f.* **1** 木釘, 留釘；ボルト.〖機工〗barbelée 鬼ボルト. ~ ouvrière

〖機工〗中心ピン；〖比喩的〗主動力, 主要人物.〖話〗être en ~ avec qn 人と仕事仲間である；人と利害を同じくしている.
2〖楽器〗(弦を張る) 糸巻, 栓. ~ de bois (de métal) 木製 (金属製) 糸巻.
3 (物を掛ける) 鉤, 釘, 突起.〖海〗~ d'amarrage 索止め大釘, ビレービン (= cabillot). vente à la ~ (食品処理場での) 肉の卸売り.
4〖解剖〗踝 (くるぶし)；足首. avoir la ~ fine 足首が細っそりとしている. se fouler la ~ 足首をくじく. ne pas aller (arriver, venir) à la ~ de qn 人の足元にも及ばない.
5〖詩法〗(脚韻・韻律を整えるための) 埋め草 (= redonnance).

chèvre *n.f.* **1** 牝山羊 (bouquetin アイベックス, chamois シャモワ, など). ~ du Cachemire カシミア山羊 (= cachemire). barbe de ~ 山羊ひげ. cri de la ~ 山羊の啼き声 (→ béguéter, chevroter). fromage de ~ 山羊乳チーズ, シェーヴル (= ~) (羊乳のチーズも含む；cabécou, cabichou, chevret, chevreton, chevrotin, crottin, gazimelle, rogeret, sainte-maure など). lait de ~ 山羊乳. faire devenir (tourner) qn ~ 人をからかう. ménager la ~ et le chou 双方にうまいことを言う.
2〖機械〗巻揚機.
3〖天文〗la C ~ カペラ (= Capella；御者座 (le Cocher) の二重星；主星は 0.1 等星).
—— *n.m.*〖チーズ〗山羊乳チーズ, シェーヴル.

chevreau (*pl.* **~x**) *n.m.* **1**〖動〗仔山羊；仔山羊の肉.
2〖仔〗山羊のなめし革, キッド. gants de (en) ~〖仔〗山羊革の手袋.

chèvrefeuille *n.m.*〖植〗すいかずら, 忍冬 (にんどう).

chevret *n.m.*〖チーズ〗シュヴレー (フランシュ＝コンテ地方 la Franche-Comté で山羊乳からつくられる, 軟質, 自然外皮のチーズ；脂肪分 45 %；小さい円盤状, 小さい角形；150 g).

chevrette *n.f.* **1** 若い牝山羊 (= biquette).
2 ノロ鹿 (= chevreuil) の牝.
3 三脚五徳.
4〖方言〗シュヴェット・ローズ, クルヴェット・ローズ (= crevette rose；紅小海老), ブーケ海老 (= bouquet).

chevreuil *n.m.*〖動〗**1** シュヴルイユ, 獐鹿 (のろしか) (ヨーロッパ, アジアに棲息する小型の鹿；学名 Capreolus capreolus). femelle de ~ のろしかの牝. ragout de ~ のろしかの煮込み料理.
2 カナダ鹿, ヴァージニア鹿 (= cerf de Virginie；学名 Odocoileus virginianus).

chevron *n.m.* **1** 垂木 (たるき)；角材. assemblage de ~s sur un faîte 棟の垂木組み.
2〖紋章〗山形文様.

3〖軍〗シュヴロン, 山形腕章(山形の階級章).
4〖織〗山形のジグザグ模様. tissu à ~s 杉綾織物. veste à ~ 杉綾織布地のジャケット.
5〖工〗V字形の. engrenage à ~ V字型歯車.

chevrotin *n.m.* **1** ノロ鹿(chevereuil)の仔.
2 シュヴロタン(山羊乳のチーズの名称). ~ du Bourbonnais ブールボネ地方特産のシュヴロタン・チーズ.

chevroton *n.m.*〖チーズ〗シュヴロトン. ~ d'Ambert シュヴロトン・ダンヴェール, ブリック・デュ・フォレ(brique du Forez)(オーヴェルニュ l'Auvergne のリヴラドワ Livradois 地方で, 山羊乳または山羊乳と牛乳の混合乳からつくられる, 軟質, 自然外皮のチーズ). ~ des Aravis シュヴロトン・デ・ザラヴィス(サヴォワ地方 la Savoie で, 山羊乳または山羊乳と牛乳の混合乳からつくられる, 非加熱圧搾, 自然外皮のチーズ;脂肪分45%;直径13cm, 厚さ4cmの平たい円盤状;400-700g). ~ du Bourbonnais シュヴロトン・デュ・ブールボネ(ブールボネ地方 le Bourbonnais で山羊乳からつくられる, 軟質, 自然外皮のチーズ;脂肪分45%;小さな円錐台形;100-120g). ~ de Conne シュヴロトン・ド・コンヌ, コンヌ(ブールボネ地方で山羊乳からつくられる, 軟質, 乾燥自然外皮のチーズ;脂肪分45%). ~ de Moulins シュヴロトン・ド・ムーラン(ブールボネ地方で山羊乳からつくられる;脂肪分45%). ~ de Souvigny シュヴロトン・ド・スーヴィニー(ブールボネ地方で山羊乳からつくられるチーズ;脂肪分45%).

chevru *n.m.*〖チーズ〗シュヴリュ(イール=ド=フランス地方 l'Ile-de-France で牛乳からつくられる, 軟質, 白かび外皮のチーズ;昔風ブリー ancien brie;脂肪分45-50%;直径16cm, 厚さ3cmの円盤状;0.5kg).

chewing-gum [ʃwiŋgɔm]〖英〗*n.m.* チューインガム.

CHG (=Centre hospitalier général) *n.m.* 総合医療センター, 中央医療センター.

Chiamussu ⇨ Jiamusi
CHIANG Kaishek ⇨ JIANG Jieshi
chiasma [ki-] *n.m.*〖解剖〗(神経・腱などの)交叉;染色体交叉, キアズマ. ~ optique 視神経交叉(=~ des nerfs optiques, ~).

chiasmatique *a.*〖解剖〗視神経交叉の, 視交叉の.〖医〗syndrome ~ 視神経交叉症候群.

Chiayi〖台湾〗*n.pr.* 嘉義(かぎ), チィアイ(台湾中西部の都市;産糖地).

chic *n.m.* **1**〖話〗(服装などの)優雅さ, 粋(いき). allure ~ 粋で趣味のよい風采. bon ~ bon genre 粋で趣味がよい(形容詞的;略記BCBG). avoir du ~ 洒落ている, 垢抜けしている, シックである. manquer de ~ 無粋である.
2〖話〗巧妙さ, こつ. avoir le ~ pour (de)+*inf.* …を巧みにやってのける;…するこつを心得ている. Il a le ~ pour réussir ce genre d'examen. 彼はこの種の試験なら お手のものだ.〖皮肉〗Il a le ~ pour m'énerver. 彼は不躾にも私をいらいらさせる.
3〖美術〗de ~ 想像で. peindre de ~ モデルなしで描く.〖比喩的〗faire *qch* de ~ 準備なしで(ぶっつけで)何かをする.
——*a.inv.*〖しばしば名詞の前〗**1**〖話〗優雅な, 粋な, 洒落た;〖俗〗豪勢な, 素晴らしい. dîner ~ 素晴らしいディナー. gens ~ スマートな人々. toilette ~ 洒落た化粧. faire ~ un voyage 素晴らしい旅行をする.〖副詞的〗s'habiller ~ 粋な身なりをしている. Elle est ~. 彼女はおしゃれだ.
2〖俗〗親切な, 行き届いた;寛大な. C'est une ~ fille. いい娘だ. C'est un type ~. いい奴だ. Il a été très ~ avec moi. 彼は私にとても親切であった.
——*int.*〖話〗C~〔alors〕! 素晴しいぞ!

chicane *n.f.* **1**〖話・蔑〗(裁判での)三百代言的な詭弁;厄介な裁判沙汰(裁判手続). la ~;les gens de ~ 詭弁家ども(弁護士, 裁判好きなど).
2 言いがかり, こじつけ;策略;争いごと. esprit de ~ あげ足取り屋. chercher ~ à *qn* 人に言いがかりをつける.
3(障害物による)ジグザグの通路;〖スキー〗回転競技(スラローム)のコース.
4〖機工〗じゃま板, 整流壁.
5〖ブリッジ〗シキーン(切札のない手に当った人〔の点〕).

chiche *a.* **1**〖話〗(人が)けちな, être ~ de ses paroles 無口である. être ~ de ses regards 見向きもしない.
2〖話〗僅かな;貧弱な. ~ récompense 僅かな報酬.
3 être (ne pas être) ~ de+*inf.* …することができる(できない). T'es pas ~ de parler à elle. おまえなんか彼女に口がきけるもんか.
——*int.*〖俗〗そうだとも!(断言;挑戦). C~ que je le fais! — C~〔que tu ne le feras pas〕! やってみせるぞ!—できるもんか!

Ch'i-ch'ihaerh ⇨ Qigihar
chicorée *n.f.* **1**〖植〗シコレ, チコリ;きくぢしゃ;きくにがな, にがちしゃ(Cichorium intybus;菊科の食用野菜).
◆ きくぢしゃの栽培種: ~ frisée シコレ・フリゼ, 縮れ葉シコレ, シコレ,〖英〗エンダイブ. ~ scarole シコレ・スカロール, スカロール(やや縮れが大きい品種).
◆ きくにがな (=~ sauvage) の栽培種: ~ barbe-de-capucin バルブ=ド=カピュ

サン〔種のシコレ〕(「カプチン会修士のひげ」の意;苦味が強い細長い葉を軟白して食べる).
~ endive (endivia) アンディーヴ (新芽を軟白化して食用に供する; ベルギーでは〔~〕witloof「ウィットローフ」, chicon「シコン」とよばれる).
~ mignonette ミニョネット種シコレ (小ぶりのシコレ).
~ pain-de-sucre パン=ド=シュクル種シコレ (白く甘味のある白菜型のシコレ).
~ rouge 赤シコレ.
~〔rouge de〕Trévise トレヴィゾ種赤シコレ, トレヴィーズ(=trévise) (赤紫の葉の球型, 苦味弱し).
~ vérone ヴェローネ種シコレ, ヴェローヌ (赤紫と白い葉の球型, 苦味弱し).
2〖植〗~ à café 代用コーヒー用シコレ (チコリ)(根を培煎して粉にする).

chien(ne) n. **1** 犬. ~ de ~ race 純血種の犬, 血統書つきの犬. De quelle race est-il, ce ~? この犬は何の種類ですか. ~ bâtard 雑種犬. ~ courant 追跡犬. ~ d'appartement 小型の室内犬. ~ d'arrêt ポインター, セッター. ~ d'aveugle 盲導犬. ~ de berger 牧羊犬. ~ de chasse 狩猟犬, 猟犬. ~ de garde 番犬. ~ de manchon 小型の愛玩犬. ~ de traîneau 橇犬. ~ errant 野良犬. ~ perdu 迷い犬. ~ policier 警察犬. ~ sauvage 野生の犬. ~ trouvé 拾い犬.
comme un ~ 惨めに, 哀れな状態で. être malade comme un ~ 重病である. traiter qn comme un ~ ひどい扱いをする, ひどい応対をする. tuer qn comme un ~ 冷酷無残に殺す.
de ~ 悲惨な, 惨めな, ひどい. caractère (humeur) de ~ 悪い性格 (気分).〖海〗coup de ~ 突然の嵐. mal de ~ ひどい苦痛, 大きな困難. métier (travail) de ~ (いやな) 仕事. temps de ~ 悪天候. vie de ~ つらい生活.

◆ 主な犬の種類: airedale エアデルテリア. basset バセット. beagle ビーグル. berger 牧羊犬. berger allemand シェパード. berger shetland シェットランド・シープドッグ, シェルティー. bichon ビション. bobtail ボブテイル, オールドイングリッシュ・シープドッグ. bouledogue フレンチ・ブルドッグ. bouvier ブヴィエ・ド・フランドル. boxer ボクサー. braque ポインター. briard ブリアール. bulldog ブルドッグ. bull-terrier ブルテリア. caniche プードル. caniche toy トイプードル. carlin パグ. ~-loup 狼犬, シェパード. chihuahua チワワ. chow-chow チャウチャウ. cocker コッカー. colley コリー. corgi コーギー. dalmatien ダルマシアン. danois ジャーマンドッグ. doberman ドーベルマン. épagneul スパニエル. fox フォックステリア. greyhound グレイハウンド. griffon グリフォン・ブリュセロワ. groenendael グリーンランド犬. havanais ハバナ犬. husky ハスキー. king-charles キングチャールス・コッカー・スパニエル. labrador ラブラドール. lévrier 兎猟犬. lévrier afghan アフガンハウンド. lévrier anglais グレートハウンド. lévrier russe ボルゾイ. limier ブラッドハウンド. loulou (de Poméranie) ポメラニアン. malinois ベルギアン・シープドッグ. mastiff マスチフ. pékinois ペキニーズ. pointer ポインター. retriever レトリバー. roquet パグ. saint-bernard サンベルナール, セントバーナード. samoyède サモエド. setter セッター. shin-tzu シーズー. sloughi サルキー. teckel ダックスフント. terre-neuve ニューファウンドランド犬. terrier テリア. yorkshire ヨークシャーテリア.

◆〔成句〕
arriver (venir) comme un ~ dans un jeu de quilles 具合の悪いときにくる, 時をわきまえずにやってくる.
Bon ~ chasse de race. 血は争えない.
C'est Saint-Roch et son ~. いつも一緒にいる.
Cela n'est pas fait pour les ~s. 捨てたものではない.
C ~ qui aboie ne mord pas. ギャンギャン言わせておけばよい, がなりたてる人は恐くない.
entre ~ et loup たそがれ時.
être bête comme un jeune ~ 軽はずみである.
faire comme le ~ du jardinier 自分に不必要なものでも他人に使わせない.
faire le ~ couchant へつらう, 媚びる.
faire le jeune ~ やたらにはしゃぐ, 軽はずみである.
faire les ~s écrasés 新聞の三面記事を担当する.
garder à qn un ~ de sa chienne 仕返しを企む.
Il fait un temps à ne pas mettre un ~ dehors. ひどい悪天候だ.
le *chien-chien* à sa mémère 赤ちゃん言葉〔で話す〕.
Les ~s aboient, la caravane passe. 言いたいやつには言わせておけ.
Merci qui? Merci mon ~! 誰に有難うっていっているのか, 犬にでもお礼するつもり (フランス語では merci の後に, 相手の名前あるいは敬称 monsieur, madame などつけるのが正しい).
mieux vaut un ~ vivant qu'un lion mort 命あっての物だね (旧約聖書伝道の書 9, 4.《En effet, qui sera préféré? Pour tous les vivants, il y a une chose certaine: un ~

vivant...》から).
ne pas attacher son ~ avec des saucisses ひどいけちだ.
〔悪態〕nom d'un ~ こんちくしょう.
Qui veut noyer son ~ l'accuse de la rage. 難癖はどうにでもつけられる.
recevoir qn comme un ~ dans un jeu de quilles すげなく扱う.
rompre les ~s 狩猟のとき, 猟犬を呼び戻す. 都合の悪い会話を中断する.
s'entendre (vivre, être) comme ~ et chat 犬猿の仲である, 始終けんかをしている.
se regarder en ~s de faïence 敵意を持ってにらみ合う.
Un ~ regarde bien un évêque. 身分は違っても付き合いはできる.
2〔天文〕le Grand (Petit) C~ 大 (小) 犬座.
3 (女性の) 色気, 魅力.
4 銃の撃鉄. être couché en ~ de fusil 丸くちぢこまって寝る.
5 C~nes de garde 牝番犬団 (Florence Montreynaud フローランス・モントレーノーが1999年に創設したフェミニストの団体名).
6〔動〕~ de prairie プレーリードッグ. 〔魚〕~ de mer 小型ザメ.
7〔話〕〔蔑〕(官憲などの) いぬ, 手先;〔蔑〕奴;因業な奴. ~ du commissaire 警察署長のいぬ (秘書). ~ de quartier (de caserne) 特務曹長 (=adjudant). ~ de cour (学校の) 運動場監督官.

chiendent n.m. **1**〔植〕ギョウギシバ.
2〔話〕面倒なこと, 困ったこと. ~ de la mer 海の厄介知.

chiffon n.m. **1** ぼろきれ, ぼろ, シフォン. ~ à poussière 雑巾. essuyer un meuble avec un ~ 雑巾で家具を拭く.
2 ぼろ着;皺くちゃの服.
3 ~ de papier 紙屑, 粗悪な紙;反故 (ほご);反故同然の契約. ~ rouge 挑発, 挑戦;挑発行為.
4〔pl. で〕〔話〕〔反語的〕(女性の) 衣装;装身具. parler (causer)~s 着物 (おしゃれ) の話をする. とりとめのないお喋りをする.

chiffonnade n.f.〔料理〕シフォナード (オゼイユ, アンディーヴ, サラダ菜などの葉を細長い帯状に切ったもの;それに火を通して料理のつけ合わせにしたもの). ~ d'endives à la crème アンディーヴのシフォナード, 生クリーム風味 (アンディーヴを30分ほど弱火に通したあと生クリームを加えて強火で仕上げた料理). ~ de laitue cuite サラダ菜に火を通したシフォナード.

chiffrage n.m. **1** 番号 (数字) をつけること. ~ des pages d'un registre 登録簿のページに番号をつけること.
2 数量的評価, 見積り. ~ de ses revenus 所得の算定.
3 暗号化 (= chiffrement, codage). ~ d'une correspondance secrète 秘密通信文の暗号化.
4〔音楽〕(和音などの) 数字による指示. ~ d'un accord 和音の数字指示.

chiffre n.m. **1** 数字. ~ pair (impair) 偶 (奇) 数. ~s romains ローマ数字. ~ rond 切りのよい数, 四捨五入した数字.
2 数値, 金額. ~ d'affaires 売上高. ~ des dépenses 支出高. faire du ~ 売上げをのばす.
3 暗号;暗号課 (=service du ~);電信課. écrire en ~s 暗号で書く (écrire en clair 「平文 (普通文) で書く」の対). clef du ~ 暗号解読の鍵 (キー).

chiffré(e) a.p. **1**〔音楽〕数字で示した. accord ~ 数字化和音. basse ~e 数字付低音. notation ~e 数字化音記譜法.
2 暗号化した. langage ~ 暗号言語. message ~ 暗号化メッセージ.

chiffrement n.m. 暗号化 (=chiffrage, codage). ~ d'un message (d'une dépêche) 通信文 (急送公文書, 電報) の暗号化.

chiisme, chi'isme n.m.〔イスラム〕シーア派〔の教義〕.

chiite, chi'ites a.〔イスラム〕シーア派の;シーア派教義の. minorités ~s du sud de l'Irak イラク南部のシーア派の小数住民.
—n. シーア派信徒.

Chili(le) n.pr.m. 〔国名通称〕チリ (公式名称;la République du C~ チリ共和国;国民:Chilien (ne);首都:Santiago サンチャゴ;通貨:peso chilien [CLP];形容詞 chilien (ne)).

chili〔西〕n.m.〔植〕チリ (小さい赤唐辛子);〔料理〕チリ〔パウダー〕(香辛料);チリ・ソース;チリ入りシチュー. 〔料理〕~ con carne チリ・コン・カルネ (牛の挽肉の唐辛子入り煮込み;メキシコの名物料理).

chilien(ne) a. チリ (le Chili) の, チリ共和国 (la République du Chili) の, ~ 人の. peso ~ チリ・ペソ (通貨).
—C~ n. チリ人.

chimère n.f. **1**〔ギ神話〕C~ キマイラ (Kimaira) (ライオンの頭と胸前 (むなさき), 山羊の胴, 竜の尾を持ち, 火を吐く神話上の怪物).
2 空想, 妄想, 幻想, 夢想. vaines ~s 見果てぬ夢. caresser une ~ 空想を温める. se créer des ~s 妄想を抱く.
3〔魚〕銀鮫 (ぎんざめ) (=rat de mer).
4〔生〕キメラ (2つ以上の異なる遺伝子をもつ組織が一個体を形成したもの). ~ de caille et de poulet 鶉と鶏のキメラ.

chimie n.f. 化学. ~ appliquée 応用化学. ~ biologique 生化学. ~ fine ファインケミカル. ~ minérale 無機化学. ~ organique 有機化学.

◆化学産業部門:colorants 塗料. électrochimie 電気化学. engrais 肥料. médicaments 薬品. parachimie 化学関連産業.

parfum 香料. pétrochimie 石油化学. photochimie 光化学. plastique プラスチック.

chimio-luminescence *n.f.* 〖化〗化学ルミネセンス (化学エネルギー発光).

chimioluminescent(e) *a.* 化学発光〖性〗の. analyse ~ *e* 化学発光分析.

chimionucléolyse *n.f.* 〖医〗化学的髄核分解〖法〗(椎間板疾患の治療法).

chimionucléose *n.f.* 〖医〗化学的髄核分解術 (椎間板疾患の治療法).

chimioprophylaxie *n.f.* 〖医〗化学医薬品利用による疾病予防措置, 化学的予防医療.

chimiorecep*teur*(*trice*) *a.* 〖生理〗化学受容性の.
—*n.m.* 〖生理〗化学受容器.

chimiorésistance *n.f.* 〖医〗化学耐性 (化学療法に対する腫瘍・微生物の耐性).

chimiosensible *a.* 化学刺激を感知する, 化学受容性の.

chimiosynthèse *n.f.* 〖生化〗化学合成.

chimiothérapeutique *a.* 〖医〗化学療法の. coefficient ~ 化学療法係数 (化学療法医薬品の効力・安全性を示す数値). index ~ 化学療法指数 (=〖英〗chemotherapeutic index ; 略記 CI).

chimiothérapie [ʃimjɔterapi] *n.f.* 〖医・薬〗化学療法の. ~ adjuvante 補助的化学療法 (癌などの外科的手術療法に対する補助的治療手段). ~ anticancéreuse 癌の化学療法.

chimique *a.* 化学の, 化学的な. agent ~ 化学薬剤. armes ~ *s* 化学兵器 (毒ガスなど). Convention sur l'interdiction des armes ~ *s* 化学兵器禁止に関する協定 (1993年調印 ; 1997年4月29日発効). élément ~ 元素. engrais ~ 化学肥料. industrie ~ 化学工業. médiateur ~ 化学の伝達物質. pollution ~ 化学製品による汚染. produit ~ 化学製品. réaction ~ 化学反応. symbole ~ 化学記号. transmission ~ 化学的伝達.

chimiquier *n.m.* 〖船〗化学薬品専用運搬船.

chimisation *n.m.* 化学製品化. ~ d'engrais 化学肥料化.

chimisme *n.m.* 〖化〗化学変化 (作用) ; 化学的性質 ; 化学的現象. ~ stomacal 胃液の化学成分.

chimisorption *n.f.* 〖化〗化学吸着 (=absorption chimique).

chimiste *n.* 化学者.

chimpanzé [ʃɛ̃pɑ̃ze] *n.m.* 〖動〗チンパンジー.

Chin ⇒ Qin
Chinan ⇒ Jinang

chinchilla [ʃɛ̃ʃila] 〖西〗*n.m.* **1**〖動〗チンチラ. **2** チンチラの毛皮 (=fourrure du ~).

Chinchou ⇒ Jinghou

Chine (la) *n.pr.f.* **1**〖国名通称〗中国 (公式名称 : la République populaire de *C* ~ 中華人民共和国 ; 国民 : Chinois(*e*) ; 首都 : Beijin ベイジン (Pékin 北京) ; 通貨 : yuan 元 [CNY]). **2** République de *C* ~ 中華民国 (=Taiwan 台湾).

chinetoque *n.* 中国人 (差別的蔑称).
—*a.* 中国人の.

Chinghai ⇒ Qinghai
Chingtechen ⇒ Jingdezhen
Chingyuan ⇒ Qingyuan

Chinhae 〖韓国〗*n.pr.* 鎮海 (ちんかい), チンヘ (慶尚南道の臨海都市).

Chinju 〖韓国〗*n.pr.* 晋州 (しんしゅう), チンジュ (慶尚南道の古都).

chino 〖商標〗*n.m.* 〖衣〗チノ・パンツ (木綿の長ズボン).

chinoforum *n.m.* 〖薬〗キノホルム (葡萄球菌, 連鎖球菌, 大腸菌等の殺菌治療薬 ; スモン病の原因物質として発売停止).

chinois¹(e) *a.* **1** 中国の, 中国産 (製) の. à la ~ *e* 中国風の (に). cuisine ~ *e* 中国料理. la nouvelle cuisine ~ *se* ラ・ヌーヴェル・キュイジーヌ・シノワーズ (新中国料理). langue ~ *e* 中国語. paravant ~ 中国屏風. restaurant ~ 中華料理店. thé ~ 中国茶. vase ~ 中国製の壺.
2 中国語の. caractère ~ 漢字. grammaire ~ 中国語文法.
3〖比喩〗込み入った, ややこしい. casse-tête ~ 知恵の板 ; ややこしい難問. portrait ~ 細々とした人物紹介.
—*C* ~ *n.* 中国人.

chinois² *n.m.* **1** 中国語. ~ cantonais 広東語. ~ officiel 公用中国語. transcription officielle du ~ en caractères latins 中国語漢字の公的ローマ字表記 (=pinyin).〖話〗C'est du ~. ちんぷんかんぷんだ, 全然わからない.
2 金柑 (きんかん) (kumquat). ~ confit 金柑の砂糖漬.
3〖料理〗シノワ (円錐形の金属製漉し器). passer une sauce au ~ ソースを漉し器で漉す.

chinoiserie *n.f.* **1** 中国趣味.
2 中国趣味の家具調度 (美術工芸品, 骨董品).
3〖比喩的・話〗〖*pl.* で〗七面倒臭さ, ややこしさ. ~ *s* administratives 役所の手続きのわずらわしさ.

Chinon *n.pr.* シノン (département de l'Indre-et-Loire アンドル=エ=ロワール県の郡庁所在地 ; 市町村コード 37500 ; ヴィエンヌ川 la Vienne 右岸の城下町 ; 形容詞 chinonais (*e*)). château de ~ シノン城 (12-15 世紀). le Vieux ~ シノン城下の旧市街.

chinon *n.m.* 〖葡萄酒〗シノン《Chinon 周辺で cabernet-franc 種の葡萄からつくられる赤とロゼの AOC 酒》.

chips [ʃips]〔英〕*n.m.* ポテト・チップス, シップス (=pomme ~).

chir[o]-〔ギ〕ELEM「手」の意《*ex. chiro*-mancie 手相占い》.

chiral(ale)(*pl.***aux**) *a.* 〖化〗掌性の；〖物理〗光学異性の. molecules ~ *ales* 掌性分子.

chiralité *n.f.* 〖化〗キラリティー；掌性.

chiraquien(ne) *a.* ジャック・シラク (Jacques Chirac [1932-]) の；~派の.

Chiri-san〔韓国〕*n.pr.m.* 智異山 (ちいさん), チリサン《全羅北道, 全羅南道, 慶尚南道にまたがる山塊；最高峰は天王峰 1,915 m》. Parc national du ~ 智異山国立公園.

chirographaire *a.* 〖法律〗無担保の (hypothécaire「抵当権のある」の対). créance ~ 無担保債権. obligation ~ 無担保債務.

chirographie *n.f.* 手相学.

chiromancie *n.f.* 手相占い. faire de la ~ 手相を占う.

chironome *n.m.* 〖昆虫〗ゆすり蚊.

chiropracteur *n.m.* 〖医〗指圧療法師, カイロプラクティック療法師；(特に) 脊椎矯正指圧療法師 (=chiropracticien).

chiropracticien(ne) [kirɔpraktisjɛ̃, ɛn] *n.* 指圧療法師, カイロプラクティック療法師 (=chiropracteur).

chiropractie [kilɔprakti]**, chiropraxie** [kilɔpraksi] *n.f.* 〖医〗指圧療法, カイロプラクティック；脊椎矯正指圧療法.

chiroubles *n.m.* 〖葡萄酒〗シルーブル (département du Rhône ローヌ県のボージョレ地区 le Beaujolais の村《市町村コード 69115》でつくられる赤の AOC 葡萄酒).

chirurgical(ale)(*pl.***aux**) *a.* **1** 〖医〗外科の, 外科的な. actes ~ *aux* 外科的医療行為. cure ~ *ale* 外科的治療. intervention (opération) ~ *ale*〔外科〕手術. instruments ~ *aux*〔外科〕手術器具. spécialité ~ *ale* 外科の専門領域. techniques ~ *s* 外科技術；手術のテクニック.
2〔比喩的〕〖軍〗attaque ~ 《軍事目標に対する》超精密攻撃.

chirurgie *n.f.* 外科〔学〕；〔外科〕手術. ~ ambulatoire 通院外科, 外来外科. ~ cardiovasculaire 心臓血管外科. ~ dentaire 歯科. ~ du cœur 心臓手術 (= cardiaque). ~ du vitré 硝子体手術. ~ esthétique 美容外科. ~ générale 総合外科. ~ plastique 形成外科. ~ reconstructive 再建外科. ~ réparatrice 修復手術. ~ restauratrice 《植皮など》による回復手術. ~ sous microscope 顕微鏡利用手術 (=microchirurgie). 〖獣医〗~ vétérinaire 獣医外科. petite ~ 小手術, 単純手術. exercer la ~ 手術を行なう.

chirurgien(ne) *n.* 外科医. ~ praticien hospitalier 病院勤務手術担当外科医.

chirurgien(ne)-dentiste (*pl.* ~**s-**~**s**) *n.* 歯科医；口腔外科医.

chisel *n.m.* 〖農〗シゼル《トラクターに牽引される耕土用大型農業機器》, チゼルプラウ.

chitine [ki-] *n.f.* 〖動・化〗キチン質《甲殻類, 昆虫などの甲の成分》.

chitineux(se) *a.* キチン (chitine) 質の, キチンを含有する. couche ~ *se* キチン層.

CHIVA (=cure hémodynamique de l'incontinence valvulaire en ambulatoire) *n.f.* 〖医〗通院による心臓弁機能不全症に対する血行改善治療《通院による静脈瘤の外科的治療》.

chlamydia(*pl.* **chlamydiae, chlamydias**) *n.f.* 〖生・医〗クラミジア《偏性細胞寄生性の細菌》. ~ pneumoniae 肺炎クラミジア. ~ psittaci オウム病クラミジア. ~ trachomatis トラコーマクラミジア. MST à ~ クラミジアによる性感染症.

chlamydiose *n.f.* 〖医〗クラミジア感染症.

chloasma *n.m.* 〖医〗肝斑, 褐色斑《顔面に発症する褐色の斑点；=tache hépatique》. ~ de la grossesse 妊娠性肝斑. ~ utérine 子宮肝斑.

chloracétate *n.m.* 〖化〗クロロ酢酸塩.

chloracétique *a.* 〖化〗acide ~ クロロ酢酸.

chloracné *n.f.* 〖医〗塩素痤瘡《塩素化合物に触れて発症する痤瘡《にきび》》.

chloral(*pl.*~**s**) *n.m.* 〖化〗クロラール《三塩化アルデヒド CCP₃CHO. 催眠薬として使用された》.

chloralisme *n.m.* 〖医〗クロラール中毒《催眠薬クロラール中毒症》.

chloramine *n.f.* 〖化〗クロラミン.

chloramphénicol *n.m.* 〖薬〗クロラムフェニコール《抗生物質；[商品名] クロロマイセチン chloromycétine》.

chlorarsine *n.f.* 〖化〗クロラルシン《アルシン, 砒化水素の塩素誘導体》.

chlorate *n.m.* 塩素酸塩. ~ de potasse 塩素酸カリ〔ウム〕《火薬等の原料》.

chloration *n.f.* 《水の》塩素殺菌, クロール浄水〔法〕.

chlorcyclizine *n.f.* 〖薬〗クロルシクリジン《塩酸塩製剤》.

chlordane *n.m.* 〖薬〗クロルデン《殺虫剤》.

chlordiazepoxyde *n.m.* 〖薬〗クロルジアゼポキシド《ベンゾジアゼピン系精神安定薬》.

chlore *n.m.* **1** 〖化〗塩素《元素記号 Cl》. **2**〔話〕さらし粉, ジャヴェル水 (eau de Javel).

chloré(e) *a.* 〖化〗塩素を含む. eau ~ *e* de

la piscine プールの塩素を含んだ水.
chlorelle n.f. 〚植〛クロレラ.
chloreux(se) a. 〚化〛亜塩素酸塩の. acide ～ se 亜塩素酸 ($HClO_2$).
chlorhexidine n.f. 〚薬〛クロルヘキシジン. hydrochlorate de ～ 塩酸クロルヘキシジン(口腔内殺菌消毒薬トローチ；商品名 Mercryl).
chlorhydrate n.m. 〚化〛塩酸塩. ～ de morphine 塩酸モルヒネ.
chlorhydrique a. 〚化〛塩化水素の；塩酸の. gas ～ 塩化水素ガス(＝chlorure d'hydrogène；HCl). acide ～ 塩酸(HCl).
chlorique a. 〚化〛acide ～ 塩素酸 ($HClO_3$).
chlorite n.m. 1 〚鉱〛緑泥岩, クロライト(粘土鉱物). 2 〚化〛亜塩素酸塩(漂白剤). ～ de sodium 亜塩素酸ナトリウム (ClO_2^-).
chlormézanone n.f. 〚薬〛クロルメザノン(中枢性筋弛緩薬).
chlornitrophène n.m. 〚化〛クロルニトロフェン(発癌性の疑いがもたれている除草剤；略記 CNP).
chlorobenzène n.m. 〚化〛クロロベンゼン, 塩化フェニル(＝chlorure de phényl) (C_6H_5Cl；無色の液体；溶剤).
chlorochimie n.f. 〚工〛塩素化学；塩素製品製造化学工業.
chloroéthène n.m. 〚化〛クロロエテン.
chlorofibre n.f. 〚繊維〛クロロファイバー(1941-42年にフランスで開発されたテレフタル酸・エチルグリコール系の合成繊維；保温・吸湿・水分発散性に豊み, 登山などのスポーツ用下着類に用いられる).
chlorofluométhane n.m. 〚化〛クロロフルオロメタン(冷凍機等の冷媒, エアゾール噴射剤).
chlorofluorocarbones n.m.pl. 〚化〛クロロフルオロカーボン (CCl_nF_{4-n}；略記 CFC；商品名；フレオン fréon；chlorofluoro-carbures；フロン).
chlorofluorocarbure n.m. クロロフルオロカーボン, 塩素・フッ素・炭素化合物, フロン〔ガス〕. bombes aérosols aux ～s フロンガス使用エアゾル・ボンベ.
chloroforme n.m. 〚化・薬〛クロロホルム.
chloroformisation n.f. 〚医〛クロロホルム麻酔.
chlorome n.m. 〚医〛緑色腫.
chlorométhane n.m. 〚化〛クロロメタン, 塩化メチル(CH_3Cl).
chloromycétine [klɔrɔmisetin] n.f. 〚薬〛クロロマイセチン(抗生物質).
chloro-organique a. 〚化〛有機塩素の. composés ～s 有機塩素化合物.
chlorophylle n.f. 〚植〛葉緑素, クロロフィル.
  ▶ **chlorophyllien(ne)** a.

chlorophyllien(ne) a. 〚生化〛クロロフィルの, 葉緑素の. assimilation ～ (植物の)光合成, 炭酸同化作用(＝photosynthèse).
chloropicrine n.f. 〚化〛クロロピクリン, 塩化ピクリン(殺虫殺菌剤；毒ガスに利用).
chloroplaste n.m. 〚生〛葉緑体(光合成を行う細胞小器官).
chloroprène n.m. 〚化〛クロロプレン(合成ゴムの原料).
chloropsie n.f. 〚病〛緑視症.
chloroquine n.f. 〚薬〛クロロキン(マラリアの特効薬).
chlorose n.f. 1 〚医〛萎黄(いおう)症(鉄欠乏性貧血). 2 〚植〛退緑, 〔黄〕白化(葉や茎が黄色っぽくなる現象).
chlorosulfoné(e) a. 〚化〛クロロスルフォン化した. polyéthylène ～ クロロスルフォン化ポリエチレン(布地のコーテング剤).
chlorosulfuré(e) a. 〚化〛クロロ硫化の. acide ～ クロロ硫酸. polyéthylène ～ クロロ硫化ポリエチレン.
chlorotétracycline [klɔrɔtetrasiklin] n.f. 〚薬〛クロロテトラサイクリン(抗生物質；オーレオマイシン auréomycine の製品名で販売されている).
chlorotyrosine n.f. 〚化・生化〛クロロチロシン.
chlrpromazine n.f. 〚薬〛クロルプロマジン, 塩酸クロルプロマジン(フェノチアジン系の合成神経弛緩(遮断)薬；抗精神病薬, 強力精神安定剤；制吐剤).
chlortétracycline n.f. 〚薬〛クロールテトラサイクリン(抗生物質).
chlorure n.m. 〚化〛塩化物. ～ d'acide 酸塩化物. ～ de chaux 晒し粉(塩素処理石灰). ～ de magnésium 塩化マグネシウム. ～ d'ethylène 塩化エチレン. ～ de polyvinyle ポリ塩化ヴィニル. ～ de sodium 塩化ナトリウム. ～ de vinyle 塩化ヴィニル. ～s décolorants 塩素系漂白剤.
chlorzoxanone n.f. 〚薬〛クロルゾキサゾン ($C_7H_4ClNO_2$；中枢性筋弛緩薬).
choanal(ale)(pl.**aux**) a. 〚解剖・医〛後鼻孔 (choanes) の. 〚医〛atrésie ～ ale 後鼻孔閉鎖症. 〚医〛polype ～ 後鼻孔ポリープ(茸).
choane [kɔ-] n.f. 〚解剖〛後鼻孔.
choc n.m. 1 衝突, 衝撃, ぶつかり合い, 触れあい, 対立. ～ des civilisations 文明の衝突. ～ en retour 雷の側激；はねかえり, 反動. de ～ 戦闘的な, 先端的な, 活動的な；刺激的な. ～ sur (contre, entre, de) qch …との衝突. onde de ～ 衝撃波. patron de ～ 戦闘的な経営者. troupe de ～ 突撃部隊. sous le ～ de …の影響を受けて, …に打ちのめされて.
 2 (心理的な)ショック, 打撃. ～ yen 円シ

ョック. traitement de ~ ショック療法. ~s pétroliers 石油ショック. 〖同格〗prix ~ 激安, 破綻の安値.

chocolat *n.m.* **1**〖菓子〗ショコラ, チョコレート. ~ au lait ミルク・チョコレート (カカオ 25 ％以上). ~ au lait supérieur 上質ミルクチョコレート (カカオ 30 ％以上). ~ mousseux チョコレート・ムース. ~ noir ショコラ・ノワール, ブラック・チョコレート (カカオ 43 ％以上). fondant au ~ フォンダン・オー・ショコラ (水飴入りの柔かいチョコレート). gâteau au ~ ガトー・オー・ショコラ, チョコレート・ケーキ. glace au ~ チョコレート・アイスクリーム. marquise au ~ マルキーズ・オー・ショコラ (ムースとパルフェの中間の, バター, 卵, 砂糖入りのチョコレートケーキ；冷やしてヴァニラ・クリームやホイップクリームなどを添えて供する). mousse au ~ ムース・オー・ショコラ, チョコレート・ムース. tablette de ~ 板チョコ.
2〖飲物〗ショコラ, ココア. ~ chaud ホット・チョコレート (ココア).
—— *a.inv.* **1** チョコレート色の. **2**〖話〗être ~ くわされる, 当てが外れる.

chocolaté(e) *a.* チョコレートを含む；チョコレート風味の.

chocolaterie *n.f.* チョコレート製造所 (工場).

chocolatier(ère) *a.* チョコレートを製造 (販売) する.
—— *n.* チョコレート製造 (販売) 業者.

chocolatière *n.f.* ココア用ポット, ショコラチエール.

chœur [kœːr] *n.m.* **1** 合唱団 (隊)；(教会堂の) 聖歌隊. ~s de l'Opéra 歌劇場合唱団. **2** 合唱, コーラス；合唱曲. ~ à quatre voix mixtes 混声四部合唱〖団〗. ~s de Haendel ヘンデルの合唱曲.
en ~ 声をそろえて. chanter en ~ 合唱する. rire en ~ 一斉に笑う.
3 (教会堂の) 聖歌隊席, クール, 内陣 (= d'une église, d'une cathédrale). enfant de ~ 侍者, ミサ答え (司祭の助手をつとめる少年)；〖比喩的〗〖話〗純真な人；騙されやすい人.
4〖古代ギリシア〗踊り歌う人の群；〖劇〗(ギリシア劇の) コロス (合唱隊)〖の歌う詩〗.
5 (バレエの) 群舞団. dame (fille) de ~ バレエの群舞団の踊り手.
6〖神学〗(天使の階級) 隊《ordre「級」の下位区分》. ~ des anges 天使隊.
7〖比喩的〗(態度, 目的を同じくする) 一群の人々；世論. ~ de mécontents 不満分子の群. ~ de protestations 一斉にあがる抗議の声. faire ~ avec *qn* 人と声を揃えて言

choisi(e) (<choisir) *a.p.* **1** 選ばれた. cocher la réponse ~*e* 選んだ回答に印をつける.
2 選び抜かれた, えり抜きの. morceaux ~*s* 選文集. poésies ~*es* 詩選. société ~*e* 選び抜かれた人々.
3 選び抜いた, 洗練された, 上品な. s'exprimer en termes ~*s* 選び抜いた言葉で表現する.
4〖宗教〗神に選ばれた. Israël, le peuple ~ de Dieu 神に選ばれた民イスラエル.

choix *n.m.* **1** 選択, 選定, 選ぶこと. avancement au ~ 抜擢による昇進. ~ d'un mobilier 家具の選択. faire le ~ de *qn* (*qch*) …を選ぶ. laisser le ~ 選択を任せる. porter son ~ sur *qn* (*qch*) …を指名 (選択) する.
2 選択の余地, 可能性, 自由. au ~ お好みで, 自由に選べる. de son ~ 自ら選んだ, Vous avez le ~. お選びいただけますよ. n'avoir que l'embarras du ~ 選り取り見取りである, 選択に迷うばかりである. offrir un très grand ~ d'articles 商品の品揃えが豊富である.
3 選び抜かれたもの, 選りすぐったもの, 選集. de ~ 最高級の, 特選の. ~ de nouvelles 名作短編集. de premier (second) ~ 最高級 (二級品) の.

chol[é]- 〖ギ〗ELEM 「胆汁」の意.

cholagogue *a.*〖薬〗胆汁分泌促進作用のある. médicament ~ 催胆薬.
—— *n.m.*〖薬〗利胆薬, 胆汁分泌促進薬 (= cholérétique) 〖催胆薬〗.

cholangiocarcinome *n.m.*〖医〗胆管上皮腫, 胆管癌.

cholangiocellulaire *a.*〖生・医〗肝内胆管細胞の. carcinome ~ 肝内胆管細胞癌.

cholangiographie *n.f.*〖医〗胆道造影〖法〗. ~ intraveineuse 経静脈胆道造影. ~ rétrograde 逆行性胆道造影. ~ transhépatique 経肝胆道造影.

cholangiome *n.m.*〖医〗胆管腫瘍；胆管癌 (=cholangiocarcinome 胆管上皮腫). ~ bénin (malin) 良性 (悪性) 胆管腫瘍.

cholangioscope *n.m.*〖医〗胆道鏡, 胆道内視鏡, 胆道ファイバースコープ.

cholangite *n.f.*〖医〗胆管炎, 胆道炎 (= angiocholite). ~ sclérosante 胆管硬化症.

cholécalciférol *n.m.*〖医〗コレカルシフェロール (ビタミン D$_3$).

cholécyste *n.m.*〖解剖・医〗胆嚢 (= vésicule liliaire).

cholécystectomie *n.f.*〖医〗胆嚢摘出術. ~ classique 開腹による胆嚢摘出術. ~ par laparoscopie 腹腔鏡利用胆嚢摘出術 (= ~ coelioscopique).

cholécystite *n.f.*〖医〗胆嚢炎. ~ aiguë (chronique) 急性 (慢性) 胆嚢炎.

cholécystographie *n.f.*〖医〗胆嚢造影法.

cholécystokinétique *a.*〖生理〗胆嚢運動促進の.
—— *n.m.* 胆嚢運動促進剤.

cholécystokinine *n.f.* 〖生化〗コレシストキニン《胆嚢収縮と膵酵素の分泌を促すホルモン》.

cholécystolithiase *n.f.* 胆嚢結石〔症〕, 胆石症.

cholécystopathie *n.f.* 〖医〗胆嚢症《胆石, 炎症, 胆道·胆管運動失調症の総称》.

cholécystostomie *n.f.* 〖医〗胆嚢造瘻術, 胆嚢瘻造設術.

cholédocho-jéjunostomie *n.f.* 〖医〗胆管空腸吻合術.

cholédocholithotomie *n.f.* 〖医〗総胆管砕石術.

cholédoctomie, cholédochotomie *n.f.* 〖医〗総胆管切開術.

cholédoque *a.* 〖解剖·医〗canal ~ 総胆管. rétablissement du canal ~ 総胆管再建術. cyste ~ 総胆管嚢胞.
—*n.m.* 総胆管 (= canal ~).

cholée *n.f.* 〖解剖〗(内耳の) 蝸牛 (= limaçon).

cholélithiase *n.f.* 〖医〗胆石症.

cholémie [kɔ-] *n.f.* 〖医〗**1** 血中胆汁濃度. **2** 胆血症.

cholépéritoine *n.m.* 〖医〗胆汁性腹膜炎 (= péritonite biliaire).

choléra *n.m.* 〖医〗(真性) コレラ (= ~ asiatique, ~ morbus). ~ infantile 乳児コレラ. faux ~ 疑似コレラ.

cholérétique *a.* 〖薬〗胆汁の分泌を促進させる, 利胆性の. médicament ~ 胆汁分泌促進薬.
—*n.m.* 〖薬〗胆汁分泌促進薬, 利胆薬.

cholériforme *a.* 〖医〗コレラに似た《大量の液状便が出る》.

cholérine *n.f.* 疑似コレラ (= faux choléra); 軽症コレラ.

cholérique *a.* 〖医〗コレラ (choléra) の. vibrion ~ コレラ菌《学名 vibrio cholerac ; = bacille virgule コンマ状菌》. diarrhée ~ コレラ性下痢. vibrion ~ コレラ菌(ビブリオ).
—*n.* コレラ患者.

cholestase *n.f.* 〖医〗胆汁鬱滞 (うったい). ~ extrahépatique 肝外胆汁鬱滞. ~ intrahépatique 肝内胆汁鬱滞.

cholestatique *a.* 〖医〗胆汁鬱滞性の. hépatite ~ 胆汁鬱滞型肝炎, 胆細管炎性黄疸 (= ictère hépatocanaliculaire).

cholestéatome *n.m.* 〖医〗真珠腫. ~ de l'oreille moyenne 真珠腫性中耳炎, 類表皮腫, 上鼓室化膽腫《中耳の良性腫瘍》.

cholestérol *n.m.* 〖生化〗コレステロール, コレステリン (cholestérine) ($C_{27}H_{46}O$). 〖医〗calcul ~ コレステロール〔結〕石. HDL-~ 高比重リポ蛋白コレステロール (*h*igh-*d*ensity *l*ipoprotein cholesterol ; 善玉コレステロール). LDL-~ 低比重リポ蛋白コレステロール (*l*ow-*d*ensity *l*ipoprotein cholesterol ; 悪玉コレステロール).

taux de ~ コレステロール含有率. surveiller son ~ コレステロール量に注意する.

cholestérolémie *n.f.* 血中コレステロール. taux de ~ 血中コレステロール値. dosage de la ~ 血中コレステロール量.

choline [kɔlin] *n.f.* 〖化·生化〗コリン《ビタミンB複合体の一つ》.

cholinergie [kɔ-] *n.f.* 〖生化〗コリン作動性.

cholinergique *a.* 〖医·薬〗コリンを作用(動)性の. nerf ~ コリン作動性神経. récepteur ~ コリン受容体.
—*n.m.* 〖薬〗コリン作用薬, 副交感神経作用薬 (= parasympathomimétique).

cholinestérase [kɔlinɛsteraz] *n.f.* 〖生化〗コリンエステラーゼ《アセチルコリンの加水分解を触媒する酵素》.

cholurie [kɔlyri] *n.f.* 〖医〗黄疸尿.

chômable *a.* 休業してよい, 休業すべき (ouvrable「労働すべき」の対). jour ~ 休業可能日, 休日.

chômage *n.m.* 失業. ~ complet 完全失業. ~ conjoncturel 景気的失業. ~ cyclique 景気(循環, 周期)的失業. ~ déguisé 偽装失業. ~ économique 経済的失業. ~ frictionnel 摩擦的失業. ~ partiel 一時的解雇, レイオフ. ~ saisonnier 季節的失業. ~ structurel 構造的失業. ~ technologique 技術的失業. allocation-~ 失業手当. assurance-~ 失業保険. indemnité-~ 失業補償. taux de ~ 失業率.

chômage-formation *a.inv.* 失業と職業訓練に関する. assurance ~ 失業·職業訓練保険.

chômé(e) *a.* 休業の, 働かない. jour ~ 休日. Le 1er mai est un jour férié, ~ et payé. 5月1日（メーデー）は有給の祝祭休日である.

chômeur(se) *n.* 失業者. ~ créateur d'entreprise 起業失業者. ~ indemnisé 失業手当受給失業者. ~s《PSRE》(= ~s *p*opulation *s*ans emploi à la *r*echerche d'un *e*mploi) 求職失業者. ~ radié 登録抹消失業者. ~s secours 救済対象失業者《労災事故, 職業者, 人種差別, 難民, 亡命賃金労働者など特定の条件をみたし, 救済の対象となる失業者》. allocation ~s âgés 老年失業者手当 (60歳未満). travail légal des ~s 失業者合法就労《一定の制限つきで失業者に認められる臨時的就業》.

chondr[o]- [ギ] ELEM 「軟骨」の意 (ex. *chondro*me 軟骨腫).

chondre *n.m.* 〖鉱〗コンドル, コンドリュール《コンドライト(球粒隕石)に含まれる紫蘇輝石から成る球状物質》.

chondriome *n.m.* 〖生〗コンドリオーム (mitochondrieの旧称).

chondriosome *n.m.* 〖生〗コンドリオソーム, 糸粒体 (mitochondrieの旧称).

chondrite[1] *n.m.* 〖鉱〗球粒隕石, 球顆隕

石, コンドライト.
chondrite² *n.f.* 〖医〗軟骨炎.
chondroblastome *n.m.* 〖医〗軟骨芽細胞.
chondrocalcinose *n.f.* 〖医〗軟骨石灰化症. ～ articulaire 関節軟骨石灰化症.
chondrocyte *n.m.* 〖生〗軟骨細胞.
chondrodysplasie *n.f.* 〖医〗軟骨異形成症.
chondrodystrophie *n.f.* 〖医〗軟骨異形成〔症〕, 軟骨形成不全症, 軟骨発育不全症.
chondrohypertrophie *n.f.* 〖医〗軟骨過形成症(＝hyperplasie cartilagineuse).
chondromalacie *n.f.* 〖医〗軟骨軟化症. ～ rotulienne 膝蓋軟骨軟化症.
chondromatose *n.f.* 〖医〗軟骨腫症.
chondrome *n.m.* 〖医〗軟骨腫.
chondrosarcome *n.m.* 〖医〗軟骨肉腫.
Chongjing 〔北朝鮮〕*n.pr.* 清津(せいしん), チョンチン《北朝鮮北東部の都市》.
Chongju 〔韓国〕*n.pr.* 清州(せいしゅう), チョンジュ《忠清北道の道庁所在地》.
Chongju 〔韓国〕*n.pr.* 公州(こうしゅう), コンジュ《忠清南道の都市；百済の古都》.
Chongqing, Ch'ungching, Chungking 〔中国〕*n.pr.* 重慶(じゅうけい), チョンチン《四川省南東部の都市》.
Chonju 〔韓国〕*n.pr.* 全州(ぜんしゅう), チョンチュ《南西部の都市》.
Chon Tu-Hwan ⇒ **Chun Doo-Hwan**
choral¹ (***ale***) (*pl.* ***aux***/***～s***) (＜chœur) *a.* 合唱の, 合唱用の；合唱隊の. chant ～ 合唱〔曲〕. groupe ～ 合唱団.
choral² (*pl.* ***～s***) *n.m.* **1** 〖宗教〗(合唱の)聖歌. ～ de Luther ルターの合唱用聖歌. **2** 〖音楽〗コラール, 衆讃歌《オルガン用》. ～s harmonisés par J. S. Bach バッハの和声コラール.
chorée *n.f.* 〖医〗舞踏病. ～ congénitale 先天性舞踏病. ～ majeure 大舞踏病(ヒステリー性舞踏病). ～ mineure 小舞踏病, 急性舞踏病《小児に多い急性舞踏病》.
chorégraphe *n.* **1** 舞踊(舞踏)作者. **2** 振付師. ～ des ballets バレエの振付師.
chorégraphie *n.f.* **1** 舞踊(舞踏)術；舞踊(舞踏)表記法(＝notation chorégraphique). **2** 振付師, 振付け. régler une ～ 振付けを決める. **3** 舞踊(舞踏)作品.
chorégraphique *a.* **1** 舞踊術の, 振付の. signe ～ 振付記号. **2** 舞踊の. œuvre ～ 舞踊作品.
choréique *a.* 〖医〗舞踏病の. mouvement ～ 舞踏様運動.
—*n.* 舞踏病患者.
Chorey-lès-Beaune *n.pr.* ショレー＝レ＝ボーヌ《département de la Côte-d'Or

コート＝ドール県, ボーヌ Beaune 北郊の村《市町村コード 21200》；主に côte-de-beaune-villages の名で売られる赤葡萄酒の産地》.
chorioamnionite *n.f.* 〖医〗絨毛膜羊膜炎.
chorio-capillaire *n.f.* 〖解〗脈絡膜毛細血管板.
choriocarcinome *n.m.* 〖医〗絨毛癌, 絨毛上皮腫(＝chorioépithéloime).
chorioépithéliome *n.m.* 〖医〗絨毛上皮腫, 絨毛癌(＝choriocarcinome；胎盤の変性から発生する悪性腫瘍), 胞状奇胎(＝môle).
choriogonadotropine *n.f.* 〖生化・医〗絨毛性ゴナドトロピン《絨毛性性腺刺激ホルモン》.
chorion *n.m.* 〖解剖〗絨毛膜；〖動〗漿膜.
chorionique *a.* 〖生〗絨毛〔性〕の；絨毛膜の. circulation ～ 絨毛膜血行. hormone ～ gonadotrophique 絨毛性性腺刺激ホルモン, ヒト絨毛性ゴナドトロピン, 絨毛性ゴナドトロピン(＝choriogonadotrophine, ganadotrophine ～；胎盤で合成される糖蛋白ホルモン；排卵・黄体化作用のあるホルモン；略記 hCG). membrane ～ 絨毛膜.
choriorétinite *n.f.* 〖医〗網脈絡膜炎.
choriste *n.* 〖音楽〗合唱団員, 合唱隊員. les solistes et les ～s 独唱歌手と合唱歌手.
—*n.m.* 教会聖歌隊員.
choroïde *n.f.* 〖解剖〗脈絡膜. atrophie de la ～ 脈絡膜萎縮症. décollement de la ～ 脈絡膜剥離. 〔同格〕membrane ～ 脈絡膜. 〔同格〕plexus ～ 脈絡叢.
choroïdien (***ne***) *a.* 〖解剖〗脈絡膜の. colobome ～ 脈絡膜欠損. fissure ～*ne* 脈絡膜裂. hémangiome ～ 脈絡膜血管腫.
choroïdite *n.f.* 〖医〗脈絡膜炎. ～ géographique 地図状脈絡膜炎(＝ serpigineuse 匐行性脈絡膜炎).
chorologie [kɔ-] *n.f.* 〖生態〗コロロジー, 生物分布学《一定地域内の生物の分布を研究する学問；個々の生物の分布の研究は autochorologie, 動植物の共存分布学は synchorologie という》.
Chosan 〔北朝鮮〕*n.pr.* 楚山(そさん), チョサン《慈江道；中国との国境の都市》.
chose *n.f.* **1** もの, 物体, 存在, 現実. leçon de ～s 実物教育. avant toute ～ 第一に, まず最初に. entre autres ～s なかんずく, とくに, とりわけ. appeler les ～s par leur nom ずばりという, 回りくどい言い回しをしない. être la ～ de *qn* …の支配下にある, 従属している. chaque ～ en son temps ものには順序がある. Le nom ne fait rien à la ～. 名は実を表さない.
2 品物, もの. petites ～s à offrir aux enfants 子供へのプレゼント用小物. Que de bonnes ～s à manger! すごいご馳走だ.
3 こと, 事柄, 物事. ～s humaines 人事に

関する事柄. aller au fond des ~s 物事の本質に迫る, 根源を追求する. parler de ~s et d'autres 四方山話をする. regarder les ~s en face 物事を直視する, 現実から目をそらさない.
4 出来事, 事実, 問題, 話題になっていること. pour vous bien expliquer la ~ 問題をはっきりご説明しますと.
5 事情, 事態. état de ~s 事態. état actuel des ~s (état de ~s actuel) 現状, 現況. au point où en sont les ~s 事態がここに到ってはは.
6 〖法律〗 ~ commune 公有物, 公共財産, 公共財產;共同物（空気, 水など）. ~ consomptible 消費物. ~s fongibles 代替可能, ~ inanimés 無生物.〖法律〗la ~ jugée 既判事項.〖古〗~ publique 国益, 国家;国事.〖法律〗~s sans maître 無主物（野鳥など）.
7〖成句〗
autre ~ 別のもの, 別物, 異なるもの. C'est autre ~. 別の話だ. Son silence n'est autre ~ qu'une approbation. 彼が黙っているということは同意したと同じことだ.〖話〗Voilà autre ~. 思いがけない話だ.
C'est ~ commune. ありふれたことだ.
C'est ~ faite. すんだことだ.
C'est dans l'ordre des ~s. 当然の成り行きだ.
C'est la moindre des ~s. 当然至極のことです, お礼を言われるなどとんでもありません.
C'est une ~ de+inf.;C'en est une autre (C'est une autre ~) de+inf. …することと…することとはまったく違うことだ.
Ce sont des ~s qui arrivent. ありうることだ.
~ dite, ~ faite 言った以上は実行しなければならない.
~ promise, ~ due 約束は果たされなければならない.
de deux ~s l'une 二つに一つだ.
Dites-lui bien des ~s de ma part (bien des ~s à ...) よろしくお伝えください.
〖俗〗être porté sur la ~ あれ（性器, 性的なこと）に興味を持つ.
faire bien les ~s きちんとする, 大判振る舞いをする.
faire la part des ~s 諸般の事情を考慮する, あまり厳密に考えない.
Le hasard fait bien les ~s. 思いがけずうまく運んだ.
par la force des ~s 成り行きで, 仕方なく, 状況には逆らえず.
prendre les ~s comme elles sont 物事をありのままに見る.
quelque ~ 何か, あるもの.
C'est déjà quelque ~. それだけでも大したものだ.
Il est pour quelque ~ dans cette affaire.

彼はこの件に何らかのかかわりを持っている.
quelque ~ me dit 私の勘では.
toutes ~s égales d'ailleurs その他の条件はすべて同一として.
Voilà une bonne ~ de faite. これで一区切りだ, 一件落着だ.
── n.m.〖話〗(人やものの名前がわからなかったり, 言いたくないときに) あれ, なんとかさん, どこそこ. Le petit C~ ちび君 (A. Daudet の小説の題). Madame ~ なんとか夫人. être (se sentir) tout ~ なんとも気分が優れない, 困惑している.

chou (pl.~x) n.m. **1** キャベツ, シュー. ~ à choucroute シュークルート用キャベツ. ~ blanc 白キャベツ. ~ cabus 縮れ葉結球キャベツ. ~ chinois 白菜（=pé-tsai「ペ・ツァイ」)〔他に pak-choï「パク・チョイ」など〕. ~ de Bruxelles シュー・ド・ブリュッセル, 芽キャベツ. ~ de Milan シュー・ド・ミラン, ミラノ・キャベツ, 緑キャベツ (=~ vert). ~-fleur シュー・フルール, カリフラワー. ~ frisé シュー・フリゼ, 縮れ葉キャベツ, ケール. ~ navet シュー・ナヴェ, 白ルタバガ (=rutabaga blanc). ~ pointu とがりキャベツ. ~ pommé シュー・ポメ, 結球キャベツ. ~-rave シュー・ラーヴ, コールラビ. ~ rouge 紫キャベツ. feuilles de ~[1] キャベツの葉.
2〖料理〗シュー（キャベツ料理）. ~x à la mousse de foie gras フォワグラのムース入りシュー. ~ braisé 蒸し煮キャベツ料理. ~ farci キャベツの肉詰め, ロールキャベツ. soupe au ~ キャベツ・スープ.
3〖料理〗シュー（ふくらんだ小型の菓子）. ~〔à la crème〕シュー・ア・ラ・クレーム, シュークリーム. pâte à ~x d'office (ordinaire) 料理用（菓子用）シュー生地.
4〖植〗~ palmiste 椰子の芽の芯（食用）.
5〖話〗feuille de ~[2] 三文新聞, くだらぬ記事.
6 (リボンの) 薔薇結び, 蝶結び.
7〖話〗かわいい (可哀そうな) ひと. mon〔petit〕~ かわいいお前 (呼掛け).
8〖成句〗
aller planter ses ~x 田舎に隠遁する.
entrer (rentrer) dans le ~ à ~ qn 人を真向から（手ひどく）やっつける；人に殴りかかる.
faire ~ blanc 儲けがない；不猟である；しくじる.
faire ses ~x gras de qch 何から思わぬ利益を引き出す, うまい汁を吸う.
C'est bête comme ~. 大馬鹿だ；実に簡単だ.

chouannerie (<chouan<Jean Chouan：Jean Cotteau：バ=メーヌ地方 le Bas-Maine の農民一揆の指導者) n.f. **1**〖仏史〗シューアンヌリー, ふくろう党の反革命的反乱 (1793-1800 年).
2 (ふくろう党のような) ゲリラ活動.

choucroute *n.f.*【料理】シュークルート(<アルザス語 sûkrût<[独]Sauerkraut サワークラウト；細切りのキャベツを塩漬にし醱酵させたもの)；シュークルート料理(=~ garnie)(塩漬けキャベツの細切りを主体として，ハム・ソーセージやじゃが芋を加えた，アルザス地方料理). la vraie ~ (アルザスの) 真正シュークルート料理(シュークルートに，Frankfort, Strasbourg, Montbéliardの3種のソーセージ，羊の胸肉，牛肉のいちぶ，鷲鳥の腿肉を添えたもの；Curnonskyによるルセット). ~ à l'allemande ドイツ風サワークラウト料理(ライン河畔の白葡萄酒を加えて加熱し，Nuremberg と Frankfort ソーセージ，豚のあばら肉の燻製，豚のハム，フライドポテトなどを添えたもの). ~ aux poissons 魚肉添えのシュークルート料理(鮭，干鱈，大鮃，帆立貝，あんこう，魚肉のソーセージとシュークルートにソース・ムスリーヌなどをかけたもの).

CHOU En-Lai ⇒ ZHOU Enlai

chou-fleur(*pl.* ~ **x**-~**s**) *n.m.* カリフラワー，花キャベツ．

chou-navet(*pl.* ~ **x**-~**s**) *n.m.* スウェーデンかぶ，ルタバガ．

chou-palmiste(*pl.* ~ **x**-~**s**) *n.m.*【食材】シュー=パルミスト(檳椰子(arec)の芽；食用).

chou-rave(*pl.* ~ **x**-~**s**) *n.m.* 球茎かんらん(キャベツの変種).

CHR (= *c*entre *h*ospitalier *r*égional) *n.m.* 地方病院センター．

chrétien(***ne***) (<Christ) *a*. **1** キリスト教の；キリスト教徒の；キリスト教を信奉する. art ~ キリスト教美術. baptême ~ キリスト教の洗礼. démocratie ~*ne* キリスト教民主主義. l'Eglise ~*ne* キリスト教会〔体制〕. l'ère ~*ne* キリスト教紀元，西暦. le monde ~ キリスト教世界. non-~ 非キリスト教〔徒〕の. peuple ~ キリスト教を信奉する民族. religion ~*ne* キリスト教. la Science ~*ne* クリスチャン・サイエンス (=[英] Christian Science). traditions ~*nes* キリスト教の伝承.【ドイツ・政党】Union ~*ne* démocrate キリスト教民主同盟 (=[独] CDU: Chrislich-*D*émokratische *U*nion). mener une vie ~*ne* キリスト教徒として暮す．**2** (キリスト教徒らしく) 慈悲心のある，寛大な；〔話〕道義にかなった，誠実な，真面目な；〔カナダ〕人間らしい. moyen peu ~ ひどい (不正な) 手段．
——*n.* **1** キリスト教徒. un vrai ~ 真のキリスト教徒．〔話〕~ du dimanche (日曜のミサに出るだけの) 形だけのキリスト教徒．〔政治〕~*s* conservateurs 保守的キリスト教徒．〔政治〕~*s* de gauche 左派キリスト教徒．〔政治〕~*s* de progressistes 進歩的キリスト教徒. mourir en bon ~ 良きキリスト教徒として死ぬ；まともな往生を遂げる．**2**〔話〕(キリスト教国で) 人，奴. un plus hideux ~ おぞましい限りの奴．〔古〕parler ~ まともな言葉遣いをする. Il fait un temps à ne pas laisser un ~ dehors. (人を外に出しておけない天気だ→) ひどい天気だ．**3** Bon-~ ボン=クレチアン(洋梨の品種名)．
——*n.* キリスト教徒．

chrétien(***ne***)-**démocrate**(*pl.*~**s**-~**s**) *a.* キリスト教民主主義の. Union ~*ne*-~ (ドイツの) キリスト教民主同盟(党) (=[独] CDU: *C*hristlich- *D*emokratische *U*nion；1949年西独で Adenauer により結成)．
——*n.* キリスト教民主主義者(党員). les ~*s*-~*s* ouest-allemands 西ドイツ・キリスト教民主党員．

chrétienté *n.f.*〔集合的〕キリスト教徒；キリスト教団. ~ primitive 初期キリスト教徒. défendre la ~ キリスト教徒を擁護する．

chrisme *n.m.* クリスム (XとPを重ね合わせたキリストの組合せ文字)．

Christ [krist] *n.pr.m.* **1**『ユダヤ教』救世主 (=messie)．**2**『キリスト教』le ~ キリスト (救世主として現われたナザレ生まれのイエス Jésus de Nazareth に与えられた称号)；救世主 (Messie). Jésus-~ イエス=キリスト，救世主イエス (=Jésus le ~). le ~ en croix 十字架にかけられたキリスト. corps et sang du ~ キリストの肉と血 (聖体). transsubstantiation des espèces du pain et du vin en corps et en sang du ~ (聖餐の) パンと葡萄酒の形色がキリストの肉と血の全き実体に変化すること．『美術』la Résurrection du ~ キリストの御復活，キリスト復活図 (像)．

christ *n.m.*『美術』キリスト磔刑 (たっけい) 図 (像) (=crucifix).

christaudin *n.m.*『キリスト教』新教徒，プロテスタント (「キリストの声を聴く人」の意).

christiania *n.m.*『スキー』クリスチャニア (回転)；『スケートボード』クリスチャニア．

christianisation *n.f.* キリスト教化．

christianisme *n.m.* キリスト教；キリスト教信仰. ~ primitif 初期 (原始) キリスト教；ユダヤ・キリスト教 (=judéo-~). convertir *qn* au ~ (人を) キリスト教に改宗させる. doctrine du ~ キリスト教の教義. *Le génie du* ~ de Chateaubriand シャトーブリヤンの『基督教精髄』(1802年).

christologie *n.f.*〔神学〕キリスト学，キリスト研究．

chrom[**o**]- [ギ] ELEM 「色」の意 (ex. *chromo*some 染色体)

chroma-, chromat[**o**]-, **chro-**

mo- [ギ] ELEM 「色」の意 (ex. *chroma*tisme 配色, *chromato*graphie 色層分析, *chromo*some 「染色体」).
chromage *n.m.* クロムメッキ (=chromatisation).
chromate *n.m.* 【化】クロム酸塩.
chromatide *n.f.* 【生】クロマチド, 染色分体 (ADN の細長い螺旋状の糸体).
chromatine *n.f.* 【生】クロマチン, 染色質.
chromatique *a.* **1** 色に関する, 色彩の. 【光学】aberration ~ 色収差. **2** 【音楽】半音階的 (diatonique「全音階の」の対). échelle ~ 半音階的音程. gamme ~ 半音階.
chromatisme *n.m.* **1** 【光学】色収差. **2** 【音楽】半音階性, 半音階法.
chromatogramme *n.m.* 【化】クロマトグラム (クロマトグラフィーによって得られる映像).
chromatographie *n.f.* 【化】クロマトグラフィー, 色層分析 (吸着・分離による定性・定量分析法や分離・精製技術). ~ d'absorption 吸着クロマトグラフィー. ~ de partage 分配クロマトグラフィー. ~ 〔en phase〕gazeuse ガスクロマトグラフィー. ~ en phase liquide 液体クロマトグラフィー. ~〔sur〕colonne カラムクロマトグラフィー. ~ sur échangeurs d'ions イオン変換クロマトグラフィー.
chromatophore *n.m.* 【生】色素胞, 色素細胞.
chromatophorotrope *a.* 【生化】色素細胞刺激性の (=chromatophorotropique).
chromatophorotropine *n.f.* 【生化】色素細胞刺激ホルモン.
chromatopsie *n.f.* 【医】色視〔症〕(無色の物や本来の色が種々の色を帯びて見える状態: 赤視症 erythropsie, 緑視症 chloropsie, 黄視症 xathopsie, 青視症 cyanopsie など).
chromatothérapie *n.f.* 【医】色光線利用治療〔術〕(皮膚に種々の色彩の光線を当てて治療する方法).
chrome *n.m.* **1** 【化】クロム (元素記号 Cr, 原子番号 24, 原子量 51.996). **2** (青味を帯びた白色の硬質重金属; 比重 7.19, 融点 1875℃, 沸点 2665℃). ~ hexavalent 六価クロム (Cr^{6+}). acier ~ クロム鉄 (ステンレス鋼). aulne de ~ クロム明礬 (革なめし用). chromate de ~ クロム中産. 【顔料】jaune de ~ クロームイエロー. oxyde de ~ 酸化クロム (クロム鉱 chromite). sel de ~ クロム酸塩 (=chromate). **3** [pl. で] (自動車, 自転車などの) クロムメッキ (クロム合金) のアクセサリー.
chromé(e) *a.* **1** クロムメッキの, クロムメッキを施した; クロムを含有する.

acier ~ クロム鉄鋼. **2** クロムなめしの, cuir ~ クロムなめし革. veau ~ ボックス革 (クロムなめしの仔牛の革).
-chrome, -chromie [ギ] ELEM 「色」の意 (ex. mono*chrome*「単色の」, poly*chromie*「多彩」).
chromeux(se) *a.* 【化】二価クロム塩の, クロム (II) 塩の.
　—*n.m.* 第一クロム塩.
chrominance *n.f.* 【光学】クロミナンス, 色度. signal de ~ 色信号.
chromique *a.* 【化】第2クロムの, クロム (III) 塩の. acide ~ クロム酸 (有毒汚染物質). anhydride ~ 無水クロム (CrO_3).
chromisation *n.f.* 【治】クロムメッキ〔加工〕.
chromiste *n.* 多色刷オフセット印刷工.
chromite *n.m.* 【化】クロマイト, 第二クロム塩.
　—*n.f.* 【鉱】クロム鉄鉱 (= ~ de fer) (鉄, マンガンを含む酸化クロム鉱).
chromo *n.f.* **1** 多色刷オフセット印刷 (=chromolithographie の略称・俗称); 多色刷オフセット印刷版; 多色石版刷. **2** 〔俗・蔑〕俗悪な色刷画.
chromoblastomycose *n.f.* 【医】黒色分芽菌症, 黒色真菌症 (=chromomycose).
chromodynamique *n.f.* 【物理】色力学. ~ quantique 量子色力学.
chromogène *a.* **1** 【化】色を生じる. **2** 【生】色素を造る. substance ~ 造色素物質.
chromolithographie *n.f.* 多色刷オフセット印刷, 多色刷オフセット版 (略称・俗称 chromo); 多色石版刷り.
chrommomycose *n.f.* 【医】黒色真菌症, クロモミコーシス (黒色真菌に起因する皮膚性肉芽腫性疾患).
chromophile, chromatophile *a.* 【生】(細胞などが) 易染性の, 好染性の, クロム親和性の.
chromoplaste *n.m.* 【植】クロモプラスト, 有色体 (花弁や果物の細胞内にある色素体).
chromoprotéine *n.f.* 【生化】色素蛋白質 (複合蛋白質の一つ).
chromosome *n.m.* 【生】染色体. ~ géant 巨大染色体. ~ sexuel 性染色体.
chromosomique *a.* 【生化】染色体の.
chromosphère *n.f.* 【天体】彩層 (特に太陽光球面のすぐ外側の白熱ガス層).
chronaxie *n.f.* 【生理】クロナキシー, 時値.
chronicité *n.f.* 【医】慢性性. ~ d'une maladie 疾病の慢性性.
chronique[1] *a.* 【医】慢性の (aigu「急性の」の対). maladie ~ 慢性疾患. ruhmatisme ~ 慢性リウマチ. **2** 〔一般に〕慢性的な, 慢性化した, 持続す

る. chômage ~ 慢性的失業状況.

chronique² *n.f.* **1**〔編年体の〕年代記. 〖旧約聖書〗Le Livre des ~s 歴代志.《Les ~s de Louis XI》『ルイ11世年代記』.
2 噂, ゴシップ. ~ scandaleuse 悪い噂. défrayer la ~ 噂の種になる, 話題の的となる.
3〖新聞・雑誌〗消息〔欄〕, 通信. ~ artistique (littéraire, théâtrale) 芸術 (文芸・演劇) 消息〔欄〕. ~ mondaine 社交界消息欄.
4〖統計〗時系列.

chroniqueur¹ *n.m.* 編年史家, 年代記作者. les grands ~s du moyen âge 中世の大年代記作者.

chroniqueur² (**se**) *n.*〖新聞・放送〗(特定記事・欄・番組を担当する) 記者 (=courriériste) 《女性にも男性形を用いることあり》. ~ littéraire (parlementaire, sportif) 文芸 (国会, スポーツ) 欄 (番組) 担当記者.

chronobiologie *n.f.*〖生〗時間生物学, クロノバイオロジー〖生物と時間との相関関係の研究〗; 時間生体学.

chronographe *n.m.* **1**〖気象・天文〗クロノグラフ, 描時器 (時刻の信号記録装置).
2 クロノメーター (=chronomètre).

chronologie *n.f.* **1** 年代学, 編年学. ~ géologique 地質学的編年学. ~ préhistorique 先史先代学.
2 年代記; 年表. ~ de la Révolution française フランス大革命年代記 (年表).
3 年代順配列, 編年体.

chronologique *a.* 年代に関する; 年代順の, 編年体の. ordre ~ 年代順. tableau ~ 年表.

chronomé*teur* (*trice, teuse*) *n.* 作業時間測定係,〖スポーツ〗計時係, タイムキーパー.

chronomètre *n.m.* **1** クロノメーター (高精度の時計);〖一般に〗ストップウォッチ《略称 chrono(s)》.
2 (航海・観測用) 時辰儀, クロノメーター.〖海〗~ de bord ボード・クロノメーター. ~ étalon 時間測定原器.
3〖比喩的〗réglé comme un ~ クロノメーターのように正確な (規則正しい).

chronométrie *n.f.* **1** 精密時間測定〔法, 学〕. **2** クロノメーター製造.

chronophage *n.*〖話〗時間を食う, 時間のかかる. tâches ~s 時間を食う仕事.

chronopharmacologie *n.f.*〖薬・医〗時間薬理学〖薬物の効果と時間の関係を研究する学問〗.

chronophotographie *n.f.* (運動体の) 分解写真〔撮影術〕.

chronopost *n.m.*〖郵便〗クロノポスト (1986年導入; 30 kgまでの封書・小包を国内外に急送する; Sofipost が 100%出資する民間会社の名称と業務).

chronorupteur *n.m.*〖電〗タイムスイッチ.

chronostratigraphie *n.f.*〖考古〗地層 (層位) 年代測定〔学〕.

chronotachygraphe [krɔnotakigraf] *n.m.*〖自動車〗クロノタキグラフ, クロノタコグラフ, 自記運転時刻速度計 (トラックなどの時速, 時刻, 走行距離などを記録する装置). ~ électronique 電子式運転時間記録装置 (通称 mouchard).

chronothérapeutique *n.f.* 時間治療学 (治療と時間との相関関係を研究する学問).

chronothérapie *n.f.*〖医〗時間療法. ~ de l'ulcère gastrique 胃潰瘍の時間療法.

chronovore *a.* 時間を食う.
——*n.m.* 時間を食うもの, 時間を必要とするもの.

CHRU (= Centre hospitalier régional universitaire) *n.m.*〖教育・医〗地方大学病院センター. ~ de Clermont-Ferrand クレルモン=フェラン地方大学病院センター.

chrysanthème *n.m.*〖植〗菊, クリサンセマム; 菊の花.

chrysanthémique *a.*〖化〗acide ~ 除虫菊酸 (殺虫剤).

chrysobéryl *n.m.*〖鉱〗金緑石.

chrysocolle *n.f.*〖鉱〗珪孔雀石.

chrysolite *n.f.*〖鉱〗クリソライト, 貴橄欖 (かんらん) 石.

chrysothérapie *n.f.*〖医〗金療法.

CHS (= Centre hospitalier spécialisé) *n.m.* 特殊 (専門) 病院センター.

CHSCT (= Comité d'hysiène, de sécurité et des conditions de travail) *n.m.* 衛生・安全・労働条件管理委員会 (1981年12月23日の法律により創設).

CHU [seaɥy] (= Centre hospitalier universitaire) *n.m.inv.* 大学病院センター.

Chunchon〔韓国〕*n.pn.* 春川 (しゅんせん), チュンチョン (江原道の道庁所在地).

Chun Doo-Hwan, Chon Tu-Hwan〔韓国〕*n.pr.* 全斗煥 (ぜん・とかん), チョン・ドゥ・ファン (韓国の軍人, 政治家〔1931~〕. 1980年から1988年にかけて韓国の第11代・第12代大統領).

Ch'ungching ⇒ Chongging

Chungju〔韓国〕*n.pr.* 忠州 (ちゅうしゅう), チュンジュ (忠清北道の都市).

Chungking ⇒ Chongging

Chungli〔台湾〕*n.pr.* 中壢 (ちゅうれき), チュンリ (北西部の都市).

chut [ʃyt] *int.*〖擬音語〗シーッ (沈黙の要請).

chute *n.f.* **1** 落下, 降下, 墜落, 転倒, 脱落. ~ d'avion 飛行機の墜落. ~ d'eau 滝. ~ de feuilles 木の葉の落下; 落葉;〖詩〗秋. ~ de neige 降雪. ~ de pluie 降雨.〖電〗~ de potentiel 電位降下. ~ du jour 日没. ~ du rideau 閉幕, 芝居のはね. ~ libre 際限のない落下, 暴落. faire une ~ 転ぶ. point de ~ 落下点;〖比較的〗宿泊場所.

2 堕落, 転落, 没落, 失墜.《la ~ de la maison Usher》『アッシャー家の崩壊』(Poeの小説). ~ d'Adam アダムの堕罪. ~ de la monarchie de juillet 7月王政の崩壊.
3 陥落. ~ de Dien Bien Phu ディエン・ビエン・フーの陥落.
4 下落, 暴落. ~ des prix 物価の大幅下落. ~ du chiffre d'affaires 売上の大幅な落ち込み. ~ du dollar ドルの下落.
5〚医〛下垂；(器官の)機能低下；衰え；発病. ~ de la matrice 子宮下垂.
6 末端部；下方；末尾；裁ち屑.〚解剖〛~ des reins 腰部, 仙骨部.〚建築〛~ d'un toit 屋根の急勾配部.〚海〛~ d'une voile 帆の高さ.

chutney [ʃœtnɛ][ヒンディー, 英] n.m. チャツネー.

Chutung〚台湾〛n.pr. 竹東(ちくとう), チュートン(中西部の都市).

chylangiome n.m.〚医〛乳糜(にゅうび)管腫(=腸間膜のリンパ管腫).

chyle [ʃili] n.m.〚生・医〛乳糜(にゅうび)(=腸管リンパ).

chyleux(se) a.〚生理・医〛乳糜の, 乳糜状の, 乳糜性の. ascite ~ se 乳糜腹水. kyste ~ 乳糜嚢胞.

chylifère a.〚生理〛乳糜を運ぶ.
—n.m. 乳糜管(=vaisseau ~).

chylomicron n.m.〚生理〛キロミクロン, カイロミクロン, 乳状脂粒.

chylurie n.f.〚医〛乳糜尿.

chyme n.m.〚生理〛糜汁(びじゅう), 糜粥(びじゅく), 消化粥.

Chypre〚無冠詞〛n.f.［国名通称］キプロス(公式名称: la République de ~ キプロス共和国；国民: Chypriote；首都: Nicosie ニコシア；通貨: livre cypriote [CYP]).

chypriote a. キプロス〔島〕(Chypre)の, キプロス共和国 (la République de Chypre)の；~の住民の(=cypriote). livre ~ キプロス・ポンド(通貨単位). position ~ grecque キプロス島におけるギリシアの立場.
—C~ n. キプロス人, キプロス島民. C~s grecs (turcs) ギリシア(トルコ)系キプロス人.

CI (=circuits intégrés) n.m.pl.〚電子・情報〛集積回路 [=〚英〛IC: integrated circuit).

Ci¹ (=cirrus) n.m.〚気象〛巻雲.

Ci² (=curie) n.m.〚原子物理〛キュリーの記号〚放射能の強さの単位〛.

CIA¹ (=〚英〛Central Intelligence Agency) n.f. (アメリカ合衆国の)中央情報局, シー・アイ・エー (=〚仏〛Agence centrale du renseignement).

CIA² (=Confédération internationale de l'agriculture) n.f. 国際農業連盟(通称「緑のインターナショナル」l'Internationale Verte).

CIA³ (=contrat d'insertion en alternance) n.m.〚労働〛交替制就労契約.

CIAB (=〚英〛Coal Industry Advisory Board) n.m. 石炭産業諮問委員会 (IEA が1980年に設置).

CIADT (=Comité interministériel pour l'aménagement et le développement du territoire) n.m. 国土整備開発省間委員会.

CIASI (=Comité interministériel pour l'aménagement des structures industrielles) n.m. 産業構造整備省間委員会 (1982年 CIRI に改組).

CIAT (=Comité interministériel d'aménagement du territoire) n.m. 国土整備省間委員会.

CIB (=Classification internationale des brevets) n.f. (世界知的財産管理機構 OMPI, WIPO の)国際特許分類.

CIBC (=Centre interinstitutionnel de bilan de compétences) n.m. 制度間権限総合判断センター.

cibiste n.〚通信〛市民バンド無線(CB = citizen band)の利用者(公用推薦語は cébiste).

cible n.f. **1** 標的, 的, ターゲット. ~ fixe (mobile) 固定(移動)標的. cercles concentriques d'une ~ 標的の同心円. tir à la ~ 標的射撃；射撃練習.
atteindre la ~ en plein centre 的の真ん中に当る. manquer (toucher) la ~ 的を外す(的に当てる). prendre qch pour ~ 何かを的確に狙う. tirer à la ~ 標的を狙って撃つ.
2〚核物理〛標的〔核〕, ターゲット.〔同格〕atome ~ 標的原子.〚気象〛ballon ~ 標的観測気球.〚放射線医学〛organe ~ 標的器官.
3〚言語〛目標.〔同格〕langue ~ 目標言語(学習, 翻訳などの対象言語).
4〚商業〛ターゲット. ~ publicitaire 宣伝対象(宣伝の対象となる消費者・地域など). cœur de ~ 宣伝対象の中核(最良の顧客).
5〚比喩的〛(視線, 批判などの)的. être la ~ des quolibets 冷やかしの的である. servir de ~ aux railleries de qn 人の嘲弄の的になる, 人に散々からかわれる.

ciboule n.f.〚植〛シブール, シーウ(=cive)(ゆり科の細長い玉葱に似た香味野菜).

ciboulette n.f.〚植〛シブーレット, シヴェット(=civette)；細葱(ゆり科の葱；細長い中空の緑色の茎を香味野菜として用いる).

CIC¹ (=Centre d'information civique) n.m. 市民情報センター.

CIC² (=Confédération internationale des cadres) n.f. 国際管理職組合連合(1950年創設；本部 Paris).

Cica (=Centre international de communication avancée) n.m. 国際先端通信技術センター.

CICAS (=Centre d'information et de

cicatrice *n.f.* 1 〘医〙瘢痕（はんこん）. ~ de brûlure 火傷の痕（あと）. ~ pathologique 病的瘢痕. visage couvert de ~s 瘢痕で覆われた顔, 傷痕だらけの顔.
2 〔比喩的〕傷痕. ~s de la guerre 戦争の傷.
3 〘植〙（葉・果実の落ちた）痕, 瘢痕.

cicatriciel(*le*) *a.* 〘医〙瘢痕〔性〕の. carcinome ~ 瘢痕癌. chéloïde ~ *le* 瘢痕性ケロイド. contracture ~ *le* 瘢痕拘縮. hernie ~ *le* 瘢痕ヘルニア. pemphigoïde ~ *le* 瘢痕性類天疱瘡. tissu ~ 瘢痕組織.

cicatrisation *n.f.* 1 〘医〙瘢痕化. ~ d'un ulcère 潰瘍の瘢痕化.
2 〔比喩的〕（心の傷が）癒えること. ~ affective 感情の治癒, 慰め (=consolation). ~ d'une blessure morale 心の痛手の治癒.
3 〘植〙癒傷, 傷痕化.

ciclosporine *n.f.* 〘薬〙シクロスポリン, サイクロスポリン（臓器移植後の拒絶反応を防止するための免疫反応抑制剤；薬剤製品名 Néoral (*n.m.*), Sandimmun (*n.m.*) など）.

ciconiiformes *n.m.pl.* 〘鳥〙こうのとり科；こうのとり科の鳥類（cigogne こうのとり, aigrette 白鷺, héron 青鷺, marabout はげこう, など）.

ci-contre *ad.* 反対側のページに；すぐ脇に.

CICP (=Centre international de culture populaire) *n.m.* 国際民衆文化センター（女性問題機関. 在 Paris）.

CICR (=comité international de la Croix Rouge) *n.m.* 国際赤十字委員会.

cicutine *n.f.* 〘化〙シクチン（毒人参 grandeciguë から抽出した猛毒のアルカロイド）, コニシン (conicine).

CIDCE (=Centre international de droit comparé de l'environnement) *n.m.* 国際比較環境法センター.

-cide 〘ラ〙ELEM「…殺し」の意 (*ex.* herbi*cide* 除草剤. homi*cide* 殺人. insecti*cide* 殺虫剤).

CIDEF (=Centre international de documentation et d'echanges de la francophonie) *n.m.* 国際フランス語圏資料・交流センター.

ci-dessous *ad.* 下に；下記に (=infra). Vous êtes prié de se reporter ~. 下記を御参照ください.

ci-dessus *ad.* 上に；上記 (=supra).

CIDEX, Cidex (=courrier individuel à distribution exceptionnelle) *n.m.* 〘郵便〙シデックス, 個人用特別配達郵便.

CIDJ (=Centre d'information et de documentation pour la jeunesse) *n.m.* (雇用促進を目的とした) 青年対策情報資料センター.

CIDOC (=Centre intellectuel de documentation) *n.m.* 知的情報センター（1965年メキシコの Guernavaca に設立された革新的カトリック運動の拠点）.

cidre *n.m.* シードル, 林檎酒（リンゴの果汁を発酵させてつくる）. ~ brut 超辛口のシードル. ~ demi-sec 半辛口のシードル. ~ sec 辛口のシードル. ~ mousseux 発泡性シードル. 〘料理〙coq au ~ 雄鶏のシードル煮. ~ de poire 梨酒.

cidrerie *n.f.* シードル（林檎酒）醸造；シードル醸造所.

CIE (=contrat initiative-emploi) *n.m.* 〘労働〙雇用創設発議契約（1995年国が導入；失業者を雇用した企業に対する補助制度）.

Cie (=compagn*ie*) *n.f.* 会社, 商会.

CIEDOC (=Centre d'information et de documentation sur la consommation) *n.m.* 消費問題情報資料センター（在 Marseille）.

CIEEMG (=Commission interministérielle d'étude d'exportation de matériels de guerre) *n.f.* 各省合同軍需品輸出研究委員会.

ciel 〔*pl.* は一般的には **ciels** を用いる. 宗教的, 詩的な用法として ***cieux*** があるが, sous d'autres cieux を除いて, 単数と同意義〕*n.m.* 1 a) 空, 天. 〔詩〕le ~ d'automne d'un bleu profond 深い青の秋の空. eau du ~ 雨. 〔詩〕feu du ~ 雷. en plein ~ 空中高く. entre ~ et terre 宙に浮いた. sous le ~ de …で. sous le ~ de Paris パリで. sous les *cieux* 世界で, この世で, 現世で. sous d'autres *cieux* 異郷で, 他国で. lever les bras au ~ 腕を高く上げる. tomber du ~ 思いがけず起こる, 天から降ってわく, 驚いてぽかんとする. Les Gaulois avaient peur de voir le ~ tomber sur leur tête. ガリア人は天が落ちることを恐れていた. ~ bleu (bas, brumeux, calme, chargé, clair, couvert, dégagé, de plomb, lourd, menaçant, nuageux, orageux, pommelé, pluvieux, pur, serein) 青い (低い, 霧っぽい, 静かな, 雲に覆われた, 明るくすんだ, 曇った, すっきりとした, 鈍いろの, 重たい, 嵐の来そうな, 曇った, 嵐っぽい, いわし雲に覆われた, 雨を含んだ, 雲のない, 澄んだ, 落ち着いた) 空.
b) 空色, 青 (=couleur du ~) bleu [de] ~ 空の青色, 空色.
2 天空, 天体, 天, 星. septième ~ 第七天, 最高天（古代天文学における九(十)天の一つ）. être 〔ravi〕au septième ~ 至福の喜びを得る. 〔俗〕オルガスムスを得る. remuer ~ et terre 大騒ぎをする.
3 天国, 天上. a) 《Notre père qui êtes (es) aux *cieux*》「天におられるわたしたちの父よ」（主の祈りの冒頭）. C'est écrit au ~. それは運命だ. messager du ~ 天使. la reine du ~ 聖母マリア. aller au ~ 死ぬ. être

au ~ 死んでいる.
b) 神様, 神. grâce au ~ 神様のお力添えで, 幸いにして. Au nom du ~ 是が非でも《懇願するときに用いる成句》. C'est le ~ qui t'envoie. 天のお使いだ, 天のお助けだ. Le ~ m'est témoin (J'en atteste le ~). 神に誓っても偽りはありません.
4 上部を覆うもの, 屋根, 天蓋. à ~ ouvert 露天, 屋根なし, 野外. mine de fer exploitée à ~ ouvert 露天掘りの鉄鉱石採掘場. agir à ~ ouvert 公明正大に行動する.

Ciem (=*C*onseil *i*nternational pour l'*e*xploration de la *m*er) *n.m.* 海洋資源調査国際評議会.

CIEMG (=*C*ommission *i*nterministérielle pour les *d*'exportations de *m*atériel de *g*uerre) *n.f.* 軍事物資輸出省間委員会.

cierge *n.m.* **1** 《教会用の》大蠟燭, シエルジュ. ~ pascal 復活祭用の大蠟燭. brûler un ~ à un saint 聖人に感謝の大蠟燭を捧げる. 《話》brûler un ~ à *qn* 人に感謝する. éteignoir à ~s 大蠟燭消し器.
2《植》《大蠟燭の形をした》シエルジュ・サボテン. 《植》~ de Notre-Dame モレーヌ (=molène).

CIES (=*C*entre *i*nternational des *é*tudiants et *s*tagiaires) *n.m.* 国際学生・研修生センター.

CIF[1] (=*C*entre *d*'information *f*éminine) *n.m.* 女性問題情報センター.

CIF[2] (=*c*ircuit *i*mprimé *f*lexible) *n.m.* 《電子》フレキシブル・プリント回路基板 (=〖英〗FPC：*f*lexible *p*rinted *c*ircuit；FPB：*f*lexible *p*rinted *w*iring *b*oard). ~ double (simple) face 両面 (片面) 印刷フレキシブル回路.

CIF[3] (=*c*ontribution des *i*nstitutions *f*inancières) *n.f.* 金融機関税.

Cif (=*c*ongé *i*ndividuel de *f*ormation) *n.m.* 個人研修休暇.

Cife (=*C*entre *i*nternational de *f*ormation *e*uropéenne) *n.m.* 国際ヨーロッパ教育センター《1954年設立の私立の高等教育機関》.

CIG (=*C*onférence *i*ntergouvernementale) *n.f.* 政府間会議. ~ sur la réforme des institutions de l'UE ヨーロッパ連合の制度改革に関する政府間会議.

cigale *n.f.* **1**《昆虫》蟬. **2**《比喩的》楽天家. **3**《甲殻》~ de mer 蝦蛄 (しゃこ). **4**《海》錨環.

cigare *n.m.* **1** 葉巻, シガール, シガー. ~ de la Havane ハバナ産葉巻 (=havane). bague d'un ~ 葉巻のバンド《商標表示》. humidicateur à ~ 葉巻用加湿器. petit ~ 小葉巻, シガリヨ.
2 ~ des mers 海底油田採掘施設 (=off-shore).
3《俗》頭 (=tête). avoir un coup sur le ~ 頭に一発喰らう.

4《ベルギー》小言, 叱責 (=remontrance). donner (passer) un ~ à *qn* 人を叱る.

cigarette *n.f.* **1** シガレット, 紙巻煙草. ~ 〔à bout〕filtre フィルター付きのタバコ. ~ blonde シガレット・ブロンド《黄色種の葉タバコを用いた紙巻煙草；アメリカタバコなど》. ~ brune シガレット・ブリュンヌ《褐色種の葉タバコを用いた紙巻煙草；Gauloises (Gitanes) brunes など》. fumer un ~ 紙巻煙草を吸う. une cartouche de ~s 1カートンのタバコ. un paquet de ~s シガレット1箱. papier à ~ 手巻タバコ用紙.
2 棒状の菓子, 棒チョコ.

cigarillo [-rijo]《西》*n.m.* シガリヨ《細巻の小葉巻》.

ci-gît (<ci+gésir) *loc.* ここに眠る《墓碑銘の文言；埋葬者が複数の場合には ci-gisent》.

Cigref (=*C*lub *i*nformatique des *g*randes *e*ntreprises *f*rançaises) *n.m.* フランス大企業情報処理クラブ.

ciguë *n.f.* **1**《植》シギュ, 毒人参《散形花序科；コニシン conicine と呼ばれるアルカロイドを含む毒草》. grande ~ 大シギュ, 毒人参. petite ~ 小毒人参, 小シギュ, エチューズ (æthuse；有毒の散形花植物). ~ d'eau 毒芹.
2 シギュ毒；毒人参毒.

CII (=*C*ompagnie *i*nternationale pour l'*i*nformatique) *n.f.* 国際情報処理会社《フランスのコンピュータ関連機器製造会社》.

ci-inclus(e) *a.* 同封の《名詞の前では多く不変》. Vous trouverez la quittance ~ e. / Vous trouverez ~ la quittance. 受領証を同封します.

CIJ (=*C*our *i*nternationale de *j*ustice) *n.f.* 国際司法裁判所 (=〖英〗ICJ：*I*nternational Court of *J*ustice)《1945年デン・ハーフ (ハーグ) Den Haag, La Haye 設置》.

ci-joint(e) *a.* 添付の《名詞の前では多く不変》. pièce ~e 添付書類. Vous trouverez ~ les documents. 添付の資料を御覧ください.

cil *n.m.* **1** 睫毛 (まつげ). faux ~s つけ睫毛. avoir de long ~s 睫毛が長い. battre des ~s 睫毛をしばたく. ne pas remuer (bouger) un ~ まばたきひとつしない, じっと動かずにいる.
2《生》繊毛 (=vesticule).
3《植》絹のような毛. ~s d'une feuille 葉の絹毛.

CILAT (=*C*omité *i*nterministriel de *l*utte *ant*iterroriste) *n.m.* テロ対策省間委員会《内務大臣, 総理大臣, 大統領府・総理府・テロ対策担当部局の代表から成る委員会, 内務大臣が委員長を務める》.

CILD (=*C*omité *i*nterministériel de *l*utte contre la *d*rogue) *n.m.* 麻薬対策省間委員会《1989年設立；首相が委員長》.

Cildi (=*C*ellule *i*nterministérielle de *l*utte contre la *d*élinquance *i*tinérante) *n.f.* 移動犯罪対策省間組織.

ciliaire *a.* 〖解剖・医〗睫毛の. corps ~ 毛様体(虹彩と脈絡膜の間のぶどう膜). ganglion ~ 毛様体神経節. grandes ~*ses* 睫毛腺. muscule ~ 毛様体筋.

CIM (=*C*lassification *i*nternationale des *m*aladies) *n.f.* 〖医〗国際疾病分類(=［英］ICD：*I*nternational *c*lassification of *d*iseases）; 世界保健機関WHOが定めた疾病・傷害, 死因の分類体系; 第9版(CIM-9)までは6桁の数字で表示していたが, 1990年5月のWHO総会で第10版(CIM-10)への改訂が決まり, 6桁の最初の3桁がアルファベット1字と2つの数字の表示に変わり, 1994年より各国で導入開始; *ex.* 脳血脈障害 accident cérébrovasculaire (ACV) は430-438からⅠ61-Ⅰ64に改められた).

CIME (=*C*omité *i*ntergouvernemental pour les mouvements *m*igratoires d'*E*urope) *n.m.* ヨーロッパ移住問題政府間委員会(=［英］ICEM：*I*ntergovernmental *C*ommittee for *E*uropean *M*igration).

cime *n.f.* **1** 頂上, 頂; 梢. ~ d'une montagne 山頂. ~ d'un sapin 樅の梢. ~ des vagues 波頭.
2〔比喩的〕頂点, 最高峰. atteindre la ~ des honneurs 栄誉の絶頂に達する.

ciment *n.m.* **1** セメント. ~ à haute résistance 高強度セメント. ~ armé 鉄筋コンクリート(誤用)(=béton armé). ~ d'amiante アスベストセメント. ~ réfractaire 耐火セメント. 〖医〗gale du ~ セメント湿疹. enduire avec du ~ セメントを塗る.
2 (歯科の)セメント; (金工の)接着剤, 接合剤. ~ dentaire 歯科用セメント.
3〔比喩的〕絆. ~ de l'amitié 友情の絆.

cimentation *n.f.* **1** セメントによる膠結, 膠結作用, セメンテーション.
2 セメント注入強化工事.

cimenterie *n.f.* セメント製造工場.

cimentier(**ère**) *n.* **1** セメント製造工.
2〔建〕セメント工.

Cimes (=*C*ollège des enseignants d'*i*nformatique *m*édicale, de biomathématiques, de méthodes en *é*pidémiologie et *s*tatistiques) *n.m.* 医療情報処理学・疫学対策・統計学教員養成学校.

cimetière *n.m.* **1** 墓地, 墓場. ~ marin 海辺の墓地.〔比喩的〕(産業廃棄物, とくに放射性廃棄物の)海洋投棄場. ~ militaire 軍用墓地. ~ municipal 市営墓地. ~ souterrain 地下墓地. tombes d'un ~ 墓地の墓碑. aller au ~ le jour de la Toussaint 万霊節(11月1日)に墓参する. porter un mort au ~ 死者を墓地に葬る.
2〔比喩的〕墓場. faire d'une ville un ~ par le bombardement 爆撃で町を墓場と化
す.
3〔比喩的〕墓場. ~ de voitures 車のスクラップ置場.

cinabre *n.m.* **1** 〖鉱〗辰砂(しんしゃ)(天然の硫化水銀, 朱の顔料). **2** シナーブル, シナバー, 朱, 朱色(vermillon). ~ d'antimoine アンチモン朱.

cinchonine [sɛ̃kɔ-] *n.f.* 〖薬〗シンコニン(キナの樹皮から採るアルカロイド; キニーネ quinine の代用品).

cindynique *n.f.* (天災・技術的災害などの)危険学; 危険予防学.

ciné *n.m.* 〔話〕映画館(=cinéma).

ciné-¹ ［ギ］ ELEM 「運動」の意(*ex. ci-né*tique 運動の, 動力学).

ciné-² ELEM 「映画」の意(*ex. ciné*-club 映画愛好会).

cinéaste *n.* シネアスト, 映画作家; 映画監督; 映画関係技術者.

Ciné Cité *n.f.* シネ・シテ(複合映画館).

cinéma *n.m.* **1** 映画. ~ d'animation アニメ映画, 動画. ~ d'art et d'essai 芸術〔実験〕映画. ~ en couleur カラー映画. ~ en noir et blanc 白黒映画. ~ muet (parlant, sonore) 無声(トーキー)映画. ~〔-〕vérité シネマ・ヴェリテ(極力演出を排除したドキュメンタリー的映画).《*Cahier du* ~》「カイエ・デュ・シネマ」(雑誌名). critique de ~ 映画評論家. plateau (studio) de ~ 映画スタジオ. salle de ~ 映画館. adapter un roman pour le ~ 小説を映画用に脚色する. faire du ~ 映画を作る; 映画の仕事をする; 芝居をする, わざとらしく振舞う. C'est du ~. それは絵空事だ, 作り事だ, こけおどしだ. Tu as vu ça au ~. とても信じられない.

En prônant l'exception culturelle lors des négociations de l'Uruguay round, la France a fait valoir que le ~ n'est pas une industrie comme les autres. フランスはウルグアイ・ラウンドで文化的例外を唱えたとき, 映画は普通の産業ではないと主張した.

◆映画製作に携わる人たち：acteur 俳優. caméraman カメラマン. décorateur 美術担当者. électricien 電気技術者. ingénieur du son 音響担当者. maquettiste 装置担当者. maquilleur メーク. metteur en scène 監督(=réalisateur). monteur モンタージュ. scénariste 脚本家. scripte スクリプター. script-girl 記録係. star 看板俳優. technicien 技術者. vedette 主演俳優.

2 映画館. ~ complexe 複合映画館, シネマコンプレックス(一つの建物の中に複数の映写室を擁する映画館). ~ d'art et d'essai アートシアター. ~ de quartier 近所の映画館. ~ d'exclusivité 封切館, ロードショー館. aller au ~ 映画を見に行く. travailler comme ouvreuse de ~ 映画館の案内係として働く. La fréquentation de ~*s* tend à se redresser. 映画鑑賞者の数は回復へ向かっている.

cinéma[to]- ELEM **1**「運動」の意 (*ex. cinémato*graphie 運動学). **2**〔古〕「映画」の意 (*ex. cinémato*graphie 映画撮影術).

cinémathèque *n.f.* シネマテーク (映画フィルムなどの資料の保存と公開上映を行なう施設). C ~ française シネマテーク・フランセーズ (1936 年設立; 1972 年 Paris の palais de Chaillot 他に設置; 2005 年 Paris のベルシー公園 parc de Bercy に移転; 2007 年 BiFi (*B*ibliothèque du *f*ilm) と合併).

cinématique *n.f.* 運動学.
—*a.* 運動学の. viscosité ~ d'un fluide 液体の運動学的粘性.

cinématographie *n.f.* 映画術.

cinématographique *a.* 映画の. art ~ 映画芸術. film ~ 映画用フィルム. industrie ~ 映画産業. Institut des hautes études ~s 高等映画学院 (略称 IDHEC [idɛk]; 1943-86 年の呼称; 1986 年 la FEMIS (= *F*ondation *e*uropéenne pour les *m*étiers de l'*i*mage et du *s*on「ヨーロッパ映像音響職業学院」) となり, 1998 年文化省所管の Ecole nationale supérieure des métiers de l'image et du son「国立高等映像音響職業学校」となる; 通称として FEMIS を継承; 1999 年 Paris の元 studio Pathé の跡に入る).

cinéol *n.m.*〖化〗シネオル (殺虫剤に利用される植物性芳香エッセンス).

cinéparade *n.f.*〖映画〗シネパラード, 映画のヒット番付.

ciné-parc [カナダ] *n.m.* シネ・パルク, 野外映画館, ドライヴィン映画館 (= 〔英〕drive-in cinema).

cinéphile *n.* 映画愛好家, 映画ファン.
—*a.* 映画愛好家の, 映画ファンの.

cinérama 〔商標〕*n.m.*〖映画〗シネラマ.

ciné[-]roman *n.m.* シネロマン; 映画用小説; (特に 1920-30 年の無声映画時代の) オムニバス映画 (= film à épisodes), 連続物語映画.

cinéscénie *n.f.*〖観光〗音と光の野外歴史ショー (= spectacle son et lumière).

cinéscope *n.m.*〖電子〗キネスコープ (TV 画像用の電極管).

cinestopathie *n.f.*〖医〗体感異常, 体感性, セネストパシー.

cinétique *a.* 運動の, 運動に関する.〖美術〗art ~ キネティックアート.〖物理〗énergie ~ 運動エネルギー.
—*n.f.*〖物理〗動力学. **2**〖化〗~ chimique 反応速度論.

cingalais(e), cinghalais(e) [sɛ̃galɛz] *a.* スリランカ (le Sri Lanka) の, セイロンの.
—*n.* スリランカ人, セイロン人.

—*n.f.* スリランカ語, セイロン語.

cingulaire *a.* 帯状の;〖解剖〗(脳の大脳内側面の) 帯状回 (帯状回) の. cortex ~ (脳の) 帯状回皮質 (感覚を司る部位). cortex ~ antérieur 前部帯状大脳皮質.

cinnamique *a.*〖化〗肉桂 (にっけい) の. acide ~ 桂皮酸 (けいひさん) (C_6H_5-CH = CHCOOH).

cinnamome *n.m.* **1**〖植〗樟, くすのき (Lauracées「樟科」の木); 肉桂. ~ camphre 樟. ~ cannelier 肉桂 (木).
2〖料理〗シナモン, 肉桂, 桂皮 (香料) (= cannelle).

Cinq (La) *n.f.* ラ・サンク (フランス第 5 の TV チャンネル (= la cinquième chaîne). 1985 年開局; 略記 La 5).

cinq [sɛ̃; sɛ̃k] (子音の前では [sɛ̃]; 時に [sɛ̃k]) *a.num.card.inv.* **1** 5 つの; 5 人の. ~ enfants jumeaux 五つ児 (= quintuplés). ~ euros 5 ユーロ. mille 5 千. les ~ premiers livres de la *Bible* 旧約聖書の初めの 5 書, モーゼ五書 (= le *Pentateuque*). les ~ sens 五感. ensemble de ~ exercices d'athlétisme 陸上競技の 5 種競技 (pentathlon) の合計点. tragédie en ~ actes 5 幕の悲劇. dans ~ minutes 5 分後に; すぐさま (= presque tout de suite).〖話〗en ~ sec 素早く, あっという間に.
2〔序数詞に代って〕5 番目の. ~ heures 5 時. chambre ~ 5 号室. Charles ~ [V] [sɛ̃k] シャルル五世. tome ~ 第 5 巻.
— *pr.num.card.inv.* 五つ; 五人. Il est dix heures moins ~. 10 時 5 分前.〖話〗Il est moins ~. (5 分前 ~) ぎりぎりのところだ.
— *n.m.inv.* **1** (数・数字の) 5 (= le nombre ~). le ~ arabe アラビア数字の 5. C~ et quatre font neuf. 5+4=9. un virgule ~ 1.5. Ils sont venus tous les ~. 5 人全員が揃ってやって来た.
2〔トランプ〕le ~ de cœur ハートの 5.
3 (年月日の) 5 日 (= cinquième jour). le ~ avril 4 月 5 日.
4 5 番; 5 番地 (= numéro ~). le 5 rue de Seine セーヌ通り 5 番地.
5〔話〕~ [-] à [-] sept (5 時から 7 時までの) パーティー.

cinq+cinq (cinq et cinq = les *cinq* pays de la rive nord de la Méditerranée occidentale et les *cinq* pays de la rive sud) *n.m.pl.* 西地中海の北岸 5 カ国と南岸 5 カ国. sommet des ~ 西地中海の北岸 5 カ国と南岸 5 カ国の首脳会談.

cinquante *a.(pr.) num.card.* 50〔の〕; 50 番目の. ~ euros 50 ユーロ. numéro ~ 50 番; 50 番地. page ~ 第 50 ページ. avoir ~ ans 50 歳である.
　◆ ~ et un [e] 51〔の〕. ~-deux 52〔の〕. ~ et unième 51 番目〔の〕. ~-deuxième 52 番目〔の〕.
— *n.m.inv.* **1** (数字の) 50. Cinq fois dix ~.

5×10=50.
2 50番；50番地(=numéro 〜). habiter au 〜 50番地に住む.

cinquième *a.num.ord.* 第5の, 5番目の. 〖劇〗〜 acte 第5幕.〖学〗〜 classe 第5学級(中等教育(中学校)の第2学年). la 〜 édition 第5版. la 〜 partie 5分の1.〖労働〗la 〜 semaine 5週目の年次有給休暇. la C〜 Symphonie de Beethoven ベートーヴェンの『第五交響曲』. la 〜 République (フランスの) 第五共和政(1958年以降の政体).

——*n.* 5番目の人(物). se présenter le 〜 5番目に出頭する. Elle est née la 〜. 彼女は第5子として生まれた.

——*n.m.* **1** 5分の1. trois 〜s 5分の3. consacrer un 〜 du budget au loyer 家計の5分の1を家賃に充てる.
2 6階(=〜 étage). habiter au 〜 〔à〕droite (gauche) 6階の右(左)に住む.

——*n.f.* 〖学〗第5学級〔の生徒全体・教室〕(=〜 classe, classe de 〜)(中等教育(中学校)の第2年次). professeur de 〜 第5学級の教諭. être en 〜 第5学級の生徒である.

cinsaut, cinsault *n.m.* 〖葡萄〗サンソー(主にローヌ河 le Rhône 流域, プロヴァンス, コルス, アルジェリアなどで栽培される, 重口の赤葡萄酒用の葡萄品種；picardan noir, espagne, malaga などとよばれることもある).

CIO[1] (=Centre d'information et d'orientation) *n.m.* 進学情報・指導センター.

CIO[2] (=Comité international olympique) *n.m.* 国際オリンピック委員会(=〔英〕IOC：International Olympic Commitee).

CIP (=certificat d'investissement privilégié) *n.m.* 特権的投資許可証明書.

CIPC (=Commission internationale de police criminelle) *n.f.* 〖警察〗刑事警察国際委員会(1938-46年, 本部 Wien；OIPC-Interpol の前身).

CIPM (=Comité international des poids et mesures) *n.m.* 国際度量衡委員会.

CIPR[1] (=Commission internationale de protection radiologique) *n.f.* 〖医〗国際放射能防護対策委員会.

CIPR[2] (=Commission internationale pour la protection du Rhin) *n.m.* ライン河保護国際委員会(ドイツ, スイス, フランス, オランダ, ルクセンブルク5カ国で構成する水質保全のための組織).

ci-présent(e) ここに出頭(出席)している. témoins 〜s 出頭している証人.

Cipro *n.m.* 〖薬〗シプロ(炭疽菌に効く抗生物質).

ciprofloxacine *n.f.* 〖薬〗シプロフロキサシン(化学療法剤・キノロン剤；薬剤製品名 Ciflox (*n.m.*), Ciproxan (*n.m.*) など).〖薬〗hydrochloride de 〜 塩酸シプロフロキサシン.

CIQV (=Comité interministériel pour la qualité de la vie) *n.m.* 生活水準向上省間委員会.

CIR (=Comité interministériel du renseignement) *n.m.* 〖国防〗情報に関する省間委員会.

CIRAD, Cirad (=Centre de coopération internationale en recherche agronomique pour le développement) *n.m.* 開発のための農学研究国際協力センター.

Circ (=Centre international de recherches sur le cancer) *n.m.* 国際癌研究センター(=〔英〕IARC：International Agency for Research Cancer；1965年 Lyon に創設；国連の世界保健機関 OMS/WHO の機関).

circadien(ne) *a.* 〖生・医〗日周の, 概日の(ほぼ24時間の). rythme 〜 日周期, 概日リズム, 24時間のリズム(生体のほぼ24時間サイクルのリズム).

circiné(e) *a.* 連環状の, 輪状の.〖医〗impétigo 〜 輪状とびひ.〖医〗rétinite 〜 e 輪状網膜症.

circoncis(e) *a.* 割礼 (circoncision) を受けた.

——*n.* 〜人.

circoncision *n.f.* **1** 〖医〗(陰茎の) 包皮環状切除〔術〕, 包茎切除〔術〕；(陰核の) 包皮切除〔術〕.
2 割礼(特にユダヤ教, イスラム教の儀式). C〜 de Jésus-Christ キリスト割礼の祝日(1月1日).

circonférence *n.f.* **1** 〖幾何〗周；円周. Longueur de la 〜 est égale à $2\pi R$. 円周の長さは半径×2π.
2 周囲, 周り；周辺. 〜 d'une ville 都市周辺.

circonscription *n.f.* 区画, 区域, 管轄区域, (特に) 選挙区(=〜 électorale). 〜 consulaire 領事館の管轄区域. 〜 d'action régionale (=région) 地域圏, 州. 〜 ecclésiastique 教区. 〜 électorale 選挙区. 〜 législative 国民議会(下院)選挙区. 〜 militaire 軍管区. 〜 sénatoriale 元老院(上院)選挙区. 〜 territoriale 地方行政上の区域. faire le tour de sa 〜 選挙区を遊説する.

circonspection *n.f.* 用心深さ, 慎重さ, 用心周到さ. avec 〜 用意周到に.

circonstance *n.f.* 〔多く *pl.*〕**1** 状況, 事情. 〜s économiques 経済状況(事情). 〖法律〗〜s exceptionnelles 例外的事情.〖文法〗adverbe (complément) de 〜 状況の副詞(状況補語). de 〜 時宜を得た；その場限りの. mesure de 〜 臨機応変の措置. poèmes de 〜 折々の詩. visage de 〜 うわべだけ繕った顔. dans (pour) la 〜 この場合. dans les 〜s actuelles 現状では. en (dans de) pareilles 〜s こうした場合. en raison (du fait) des 〜s このような事態に鑑

み. en toute ~ いかなる状況においても. étant données (vu) les ~s こうした状況なので. agir selon (suivant) les ~ 状況に応じて行動する. s'adapter aux ~s 状況に対応する.
2 付帯状況, 事情；情状.〖法律〗~s aggravantes (atténuantes) 刑の加重 (減軽) 情状.〖法律〗~s et dépendances (不動産の) 従物. loi de ~ 当座の必要のための法律.

circonstanciel(le) *a.* **1**〖文法〗状況に関する. complément ~ de temps (de lieu) 時 (場所) の状況補語. proposition ~ *le* 状況節.
2 状況を示す, 状況に応じた. déclaration ~ *le* 時宜にかなった宣言.

circonvolution *n.f.* **1** 周転, 旋転, 旋回. escalier à double ~ 二重螺旋階段.
2 曲りくねり. 屈曲；〖解剖〗回, 襞襞.〖解剖〗~s cérébrales 大脳回.〖解剖〗~s intestinales 腸の襞襞.

Circosc (= *C*entre *i*nter*r*égional de *co*ordination *o*pérationnelle de la *sé*curité *ci*vile) *n.m.* 民間安全対策地方間調整センター.

circuit *n.m.* **1** 周回, 一巡, 巡回, 巡行. faire le ~ d'une ville 町を一巡する.
2 周回路, 回り道. J'ai fait un ~ pour arriver ici. ここにたどり着くまで回り道をした.
3〖スポーツ〗サーキット, レース場. ~ du Mans ル・マンのサーキット.
4〖観光〗周遊〔旅行〕, ツアー (= ~ touristique). ~ d'une semaine 1週間のツアー旅. faire le ~ des châteaux de la Loire ロワール河の城めぐりをする.〔比喩的・俗〕ne plus être dans le ~ (計画などに) 通じていない, 参画していない.
5〖玩具〗(鉄道・自動車模型用の) サーキット.
6〖電〗回路. ~ à action en retour 帰還 (フィードバック) 回路. ~ auxiliaire 補助回路. ~ d'alimentation 給電回路. ~ de commande 制御回路. ~ électrique 電気回路. ~ fermé 閉鎖回路. ~ imprimé プリント回路. ~ intégré 集積回路, IC. ~ logique 論理回路. fermer (rétablir) le ~ 回路を切る (入れる).〔比喩的〕être hors ~ 局外にいる.
7〖通信・情報処理〗回路, 通信回線.
8〖原子炉〗パイプ系統. ~ primaire (secondaire) de refroidissement 一次 (二次) 冷却系統.
9〖映画・興行〗系列店, チェーン店, 興行系統.
10〖スポーツ〗(プロの) 巡回式トーナメント・シリーズ, サーキット, ツアー. ~ du golf (du tennis) ゴルフ (テニス)・ツアー.
11〖経済〗~ économique 経済循環, 流通経路. ~ de distribution 流通 (販売) 経路.

circuiterie *n.f.* 回路構成；回路要素；回路体系；回路設計. ~ cérébrale 脳の回路構造.

circulaire *a.* **1** 円形の.〖数〗fonction ~ 円関数. **2** 循環する. billet ~ 周遊券.
—*n.f.* 回状, 通達. ~ administrative 行政上の通達. ~ ministérielle 大臣 (本省) 通達. ~ réglementaire 規制通達.

circulation *n.f.* **1** 循環. ~ du sang 血液の循環.〖生理〗grande (petite) ~ 大 (小) 循環.
2 交通. ~ à sens unique 一方通行. ~ routière 道路交通. accident de la ~ 交通事故. fluidité de la ~ 交通の流れの良さ. liberté de la ~ 往来の自由.
3 流通, 流布, 伝播. billet en ~ 流通紙幣. droit de ~ 流通税. mise en ~ 発売, 流布させること. vitesse de ~ 流通速度.

circulatoire *a.*〖生理〗循環の；循環系の；血液循環の, 血流の, 血行の. appareil ~ = appareil cardiovas-culaire). fonction ~ 血液循環機能. système ~ 循環系. troubles ~s 循環系障害, 血行障害.

circumduction [sirkɔm-] *n.f.* **1** (軸を中心にした) 旋転, 回転.
2 (四肢や指などの) 分回し運動 (関節を軸とした円周運動).

circumnavigation [-kɔm-] *n.f.*〖海〗大航海, 世界一周航海.

circumpolaire *a.*〖天文〗極の周りの, 極に近い；〖地学〗極点の周囲の. étoiles ~s 周極星. expédition ~ 極地探検.

circumterrestre *a.* 地球の周囲の, 地球を巡る. orbite ~ 地球周回軌道.

CIRE (= *c*ellule *i*nter*r*égionale d'*é*pidemiologie) *n.f.* 疫学に関する地方横断分院 (InVS「保健監視院」の地方組織).

cire *n.f.* **1** 蜜蠟 (= ~ d'abeilles, ~ animale)；蠟. ~ végétale 植物蠟；木蠟. ~ vierge 加工前の(蜜) 蠟. arbre à ~ 蠟のとれる木 (= cirier；楊梅 (ようばい) 科の木). poupée de ~ 蠟人形.
2 ワックス. ~ à parquet 床用ワックス.
3〖化粧品〗~ à épiler 脱毛用ワックス.
4 (手紙・壜などの) 封蠟 (= ~ à cacheter, ~ d'Espagne).
5 (型取り用の) 蠟 (= ~ à modeler).〖鋳造〗moulage à ~ perdue 蠟型法.
6 蠟細工品；(等身大の) 蠟人形. musée de ~ 蠟人形館.
7〔比喩的・話〕~ molle 人の言いなりになる人.
8〔俗〕耳あか (= cérumen).
9〖鳥〗(嘴の) 蠟膜.

CIRED, Cired (= *C*entre *i*nternational de *r*echerche sur l'*e*nvironnement et le *d*éveloppement) *n.m.* 国際環境問題・開発研究所 (1973年 Paris の社会科学高等研究学院内に設立).

cireur(se) *n.* **1** 靴磨き. **2** 床にワックスをかけて磨く人.

——n.f. 1 靴磨機. 2 床磨機.
CIRI (=Comité interministériel de restructuration industrielle) n.m. 産業再編成省間委員会 (1982年, 従来の CIASI (Comité interministériel d'aménagement des structures industrielles) に代って設置).

Cirpes (=Centre interdisciplinaire de recherches sur la paix et d'études stratégiques) n.m. 平和と戦略に関する学際的研究所 (社会科学高等研究学院 EHESS 付属).

cirque n.m. [I] 1 サーカス (小屋, 一座); 曲馬, 曲馬場; 〚話〛騒々しい音楽.
 2 〚話〛乱痴気騒ぎ; 騒々しい場所. Arrête ton ~! 馬鹿騒ぎはやめろ! farre du ~ どんちゃん騒ぎをする.
 3 〚古代ローマ〛大競技場.
 [II] 1 〚地学〛シルク, 圏谷, カール (=~ glaciaire). la ~ de Gavarnie シルク・ド・ガヴァルニー《ピレネー山脈中の大圏谷》.
 2 〚天文〛クレーター. ~ lunaire 月面のクレーター.

cirrhose [siroz] n.f. 〚医〛硬変〔症〕; 肝硬変 (=~ du foie). ~ alcoolique アルコール性肝硬変, 萎縮性肝硬変 (=~ à petit foie). ~ atrophique 萎縮性肝硬変.

cirrhotique a. 〚医〛硬変の; 肝硬変の; 肝硬変に罹った. foie ~ 肝硬変になった肝臓. sclérose ~ 肝硬変性硬化症.
——n. 肝硬変患者.

cirripèdes n.m.pl. 〚動〛蔓(まん)脚類《下等甲殻類の一類; anatife えぼし貝, balane ふじつぼ, など》.

cirro-cumulus [sirɔkymylys] n.m. 〚気象〛巻積雲《国際記号 Cc》.

cirro-stratus [sirɔstratys] n.m. 〚気象〛巻層雲《国際記号 Cs》.

cirrus [sirys] n.m. 〚気象〛巻雲《国際記号 Ci》.

Cirst (=Comité interministériel de la recherche scientifique et technologique) n.m. 政府間科学技術研究委員会.

CIS = [英] Commonwealth of Independent States) n.f. 独立国家共同体《ソ連崩壊後の旧ソ連邦共同体の一部による再編組織》; =[ロシア] SNG : Sodroujestvo Nezavissimykh Gossoudarstv; [仏] CEI : Communauté d'Etats indépendants.

cis- [ラ] ELEM 「のこちら側の」の意 (ex. cisalpin (イタリアから見て)「アルプスのこちら側の」).

CISAC (=Confédération internationale des sociétés des auteurs et compositeurs) n.f. 作詞作曲家協会国際連合, シザック《本部 Paris》.

cisalpin(e) a. (古代ローマから見て) アルプスのこちら側の (transalpin「アルプスの向う側の」の対). 〚古代ローマ〛la Gaule ~e ガリア・キサルピナ《ケルト民族が住むポー河盆地; 現在のロンバルディアのLombardie, ピエモンテ le Piemont 地方》. 〚史〛la République C~e チザルピナ共和国《1797年ボナパルトにより建国》.

CISB (=Centre d'information scientifique sur la bière) n.m. ビールに関する科学的情報センター.

CISC (=Confédération internationale des syndicats chrétiens) n.f. 国際キリスト教労連.

CISE (=Comité interprofessionnel social et économique) n.m. 全職業共通社会経済委員会.

ciseau(pl.~x) n.m. 1 〔pl. で〕鋏 (はさみ). une paire de ~x 一丁の鋏. ~x à ongles 爪切り鋏. découper qch avec des ~x (une paire de ~x) 鋏で何を切る.
 2 鑿 (のみ), たがね. 〚海〛~ de calfat かしめたがね. ~ de sculpteur 彫刻鑿. tailler qch au ~ 何を鑿で削る.
 3 en ~x 鋏状に開いて. arrêt en ~x (スキーの後部を開く) 全制動停止. bloquer les cartes en ~x トランプのカードをシャッフルする. 〚海〛mettre les voiles en ~x 帆を互違いに向ける. 〚ダンス〛saut en ~x シザー (宙で両脚上着地の時に閉脚する跳躍).
 4 〚体操〛両足開閉; 〚レスリング〛ヘッドシザース.

ciselure n.f. 1 彫金術; (微細な) 彫刻術. ~ repoussée 打出彫金術. outils à la ~ 彫金工具 (burin, ciselet, échoppe, gouge, grattoir, marteau, masque, molette, ognette, recingle, rifloir など).
 2 彫金細工; 彫金装飾; 彫金製品; 彫刻物.
 3 〔比喩的〕(文章などの) 彫琢.

CISIH (=Centre d'information et de soins de l'immunodéficience humaine) n.m. 〚医〛人免疫不全症情報治療センター, エイズ情報治療センター. réseau des ~ 人免疫不全症情報治療センター網.

Cisjordanie n.pr.f. la C~ シスジョルダニー《パレスチナ自治区の「ヨルダン川西岸地区」》; district de Jéricho, bande de Gaza と Djénine, Kalkīliya, Tulkarem, Naplouse, Bethléem, Ramallah, Hébron の都市を含む; 形容詞 cisjordanien(ne).

CISL[1] (=Comité interministériel des sites lointains) n.m. 遠隔用地に関する省間委員会《閣僚, 高級官僚, 高級将校等により構成され, フランスの核実験の場所, 回数などを決定する》.

CISL[2] (=Confédération internationale des syndicats libres) n.f. 国際自由労働組合連合, 国際自由労連. (=[英] ICFTU : International Confederation of Free Trade Unions. 1949年12月結成. 西側諸国を中心とする国際的労働組織. 本部 Bruxelles).

CISR (=Comité interministériel de sécurité routière) n.m. 交通安全に関する省間委員会.

CISS (=collectif intrassociatif sur la santé) *n.m.* 〚医〛保健社会連合集団(www.leciss.com.).

cistercien(ne) (<Cîteaux) *a.* シトー修道会(l'ordre de Cîteaux)の. abbaye ~*ne* シトー修道会大修道院.
—*n.* シトー修道会修道士(女).

cisternographie *n.f.* 〚医〛脳槽造影〔術〕.

CIT[1] (=Comité international des transports par chemin de fer) *n.m.* 国際鉄道輸送委員会.

CIT[2] (=Convention internationale des Télécommunications) *n.f.* 国際電気通信協定.

citadelle (<〔伊〕citadella) *n.f.* **1**(町を守る)城砦;〔一般に〕砦. ~ avancée 前衛城砦. ~ d'Anvers アントウェルペンの城砦. ~ imprenable 難攻不落の砦.
2〔比喩的〕牙城;防衛の拠点. ~ du catholicisme カトリック教会の牙城であるローマ. ~ ouvrière 労働者の抵抗拠点.
3〔比喩的〕~ de connaissance(知識の砦→)頭脳.

citadin(e) *a.* 都市の, 都会の. habitudes ~*es* 都会の習慣. population ~*e* 都市人口. vie ~*e* 都市生活.〔古〕voiture ~*e* 市内公衆馬車;〔現用〕市内向小型乗用車.
—*n.* 都会人.

citalopram *n.m.* 〚薬〛シタロプラム(抗鬱薬;薬剤製品名 Seropram (*n.m.*)).

citation *n.f.* **1** 引用;引用句, 引用文;引証. dictionnaire des ~*s* 引用句辞典. fin de ~ 以上引用(引用の結びの文言).
2〔法律〕召喚;召喚状(=~ à comparaître). ~ directe 直接召喚.
3〔軍〕表彰. ~ d'un militaire à l'ordre de la Nation 軍人の国家表彰.

cité *n.f.* **1** 都市, とくに古代都市, 都市国家. droit de ~ 市民権, 公的な存在権.
2(特定の役割, 機能を持つ)都市, 街区, 住宅の集まり. ~ commerçante 商業都市. ~ de transit 仮設住居区. ~-dortoir ベッドタウン. ~ minière 炭鉱街. ~ ouvrière 労働者街. ~ sainte 聖都(エルサレム Jérusalem, メッカ La Mecque など). ~ universitaire 大学都市(学生寮の集まった街区). C ~ des sciences et des techniques de la Villette ラ・ヴィレット科学技術都市.
3 都市の中心部. la C ~ de Carcassonne カルカッソンヌの城塞都市. la C ~ de Londres ロンドンのシティー. l'Ile de la ~(パリの)シテ島.
4〔比喩的〕国. ~ céleste (de Dieu) 天国, 神の国, 楽園.

Cîteaux *n.pr.* シトー(コー=ドール県 département de la Côte-d'Or, ディジョンの南23kmの小村;サン=ニコラ=レ=シトー Saint-Nicolas-lès-~ 村(市町村コード 21700)に所属;1098年シトー修道会が設立された). l'ordre de ~ シトー修道会(=

l'ordre des Cisterciens). la forêt domaniale de ~ シトーの国有林(3,500 ha).

cité-dortoir(*pl.* ~**s**-~**s**) *n.f.* ベッドタウン(=ville-dortoir).

CITEPA (=Centre interprofessionnel technique d'étude de la pollution atmosphérique) *n.m.* 全産業間大気汚染研究技術センター.

citerne *n.f.* **1** (雨水の)貯水槽. **2** (液体・燃料等の)タンク;(特にタンカーの)油槽. ~ à mazout 燃料タンク. ~ à vin 葡萄酒タンク. **3**〔同格的〕camion-~ タンクローリー. bateau-~ 油送船.

CITES (=〔英〕Convention on International Trade in Endangered Species of Wild Fauna and Flra) *n.f.* 絶滅のおそれのある野生動物の種の国際取引に関する条約(ワシントン条約, 1973年調印;=〔仏〕Convention de Washington sur le commerce international des espèces sauvages menacés).

CITI (=Confédération internationale des travailleurs intellectuels) *n.f.* 国際知的労働者連盟.

citokinèse ⇒ **cytocinèse**

citoyen(ne) *n.* **1**〚政治〛市民, 公民;(共和国の)国民(sujet「臣民」の対). ~ d'honneur 名誉市民. ~ du monde 世界市民, 世界人. devoir de ~ 市民の義務. droits du ~ 市民権, 公民権(=droit civique). Déclaration des droits de l'homme et du ~. 人間および市民の権利の宣言(1789年8月26日立憲議会で採択). liberté de circulation totale des ~*s* de l'Union européenne ヨーロッパ連合市民に認められた域内の完全な自由通行〔権〕.〚政治〛Mouvement des ~*s* 市民運動党(1992年 J.-P. Chevènement と Max Gallo らにより結成;1993年政党化). C ~*s en mouvement*「行動する市民」(市民運動党の隔月機関誌). Aux armes, ~*s*! 市民よ銃をとれ(フランス国歌の一節). devenir ~ français par naturalisation 帰化によってフランス国民となる.
2〔史〕市民(1792年10月10日, monsieur, madame に代る呼称として大革命時代に採用された). le ~ Robespierre 市民ロベスピエール殿.
3〔古代〕市民権所有者(外国人, 奴隷などの対). ~ romain ローマ市民.
4〔古〕一般市民, 文民(軍人の対);同国人, 同郷人;町民.
5〔話〕人間, 奴. le drôle de ~ 変な奴.
—*a.* 市民の;市民権に関する. exigence ~*ne* 市民的欲求.

citoyenneté *n.f.* 市民権, 市民である身分(資格);〔集合的〕国民. ~ européenne ヨーロッパ連合市民権(ヨーロッパ連合 UE 構成国の市民権).

citrate *n.m.* 〚化〛クエン酸塩〔エステル〕. ~ de sodium クエン酸ナトリウム(〚薬〛血

citrique *a.* 〖化〗acide ~ クエン酸(H_2CrO_4).

citron *n.m.* **1** レモン. ~ givré シトロン・ジヴレ(レモンの中にレモン風味のアイスクリームを詰めて冷凍したもの). ~ pressé シトロン・プレッセ《レモンの圧搾汁》, 生レモン・ジュース. ~ vert ライム(= lime). confiture de ~ レモン・ジャム. Fête du ~ レモン祭(南仏マントン Menton でマルディグラの10日前から2週間続く祭). sorbet au ~ ソルベ・オー・シトロン, レモン・シャーベット. tarte au ~ レモン・パイ. thé au ~ レモン・ティー.
2〔話〕頭(=tête). se taper sur le ~ 自分の頭を叩く.
——*a.inv.* レモン色の, 淡黄色の.

citronnade *n.f.* シトロナード, レモネード.

citrouille *n.f.* **1** シトルイユ, 西洋かぼちゃ(学名 Cucurbita pepo). **2**〔俗・蔑〕かぼちゃ頭；間抜け. donner un coup sur la ~ 頭をなぐる.

citrus [-rys] *n.m.pl.* 柑橘類(citronnier, clémentinier, mandarinier, oranger, pamplemoussier など).

CIV[1] (=Centre d'information des viandes) *n.m.* 食肉情報センター.

CIV[2] (=contrat de transport international ferroviaire des voyageurs et des bagages) *n.m.* 〖鉄道〗旅客および手荷物の国際鉄道輸送契約.

CIV[3] (=culture intra-vaginale) *n.f.* 〖医〗(受精卵の)腟内育成.

Çiva, Shiva *n.pr.m.* 〖ヒンドゥー教〗シヴァ神(ブラフマン Brahmā, ヴィシュヌー Vishunu とともに三主神を形成する；破壊を司る神).

CIVB (=Comité interprofessionnel des vins de Bordeaux) *n.m.* ボルドー産葡萄酒関連業者委員会.

CIVC (=Comité interprofessionnel du vin de Champagne) *n.m.* シャンパーニュ酒関連業者委員会.

civelle *n.f.* 〖魚〗シヴェル(鰻の幼魚の一形態；幼生 larve の次の状態；川に溯上する時は透明で体長6-8 cm).

civet *n.m.* 〖料理〗シヴェ(猟獣の赤葡萄酒煮；つなぎに血を使う)；〖広義〗(甲殻類・魚介類の)赤葡萄酒煮. ~ de chevreuil (de lièvre) ノロ鹿(リエーヴル〔野兎〕)のシヴェ. ~ de hommard オマールのシヴェ.

civette[1] *n.f.* **1**〖動〗シヴェット, 麝香猫 (じゃこうねこ)(東南アジアに棲息する viverridés「麝香猫科」, Viverra 麝香猫属の肉食哺乳動物). ~ vraie 真種麝香猫(爪が引っ込む). ~ palmiste あぶらやし麝香猫(爪が半分引っ込む). musc secrété par la ~ 麝香猫が分泌する麝香.
2〖動〗はくびしん. La ~ pourrait être à l'origine de l'épidémie de pneumatique atypique SRAS. はくびしんは新型肺炎サーズ SARS の流行の原因となった可能性がある.
3 麝香(香水の原料).
4 麝香猫の皮.

civette[2] *n.f.* 〖植〗シヴェット, えぞ葱(= cive チャイブ, ciboulette シブーレット).

Civi (=Commission d'indemnisation des victimes) *n.f.* 犯罪被害者補償委員会.

civil(e) *a.* **1** 市民の, 市民生活に関する. défense ~e 市民防衛. état ~ 戸籍. guerre ~e 内戦, 市民戦争.
2〖法律〗民事の. code ~ 民法典. droit ~ 民法. procédure ~e 民事訴訟手続き. tribunal ~ 民事法廷. se porter partie ~e (刑法上の処分とは別に)損害賠償を求める訴訟を起こす.
3 文官の, 文民の, 民間の. administrateur ~ 一般行政職上級国家公務員. aviation ~e 民間航空. dépenses ~es de fonctionnement 民事経常支出. Direction de la Sécurité ~e 民間安全局. fonctionnaire ~ 文官. vêtement ~ 私服 (uniforme「制服」の対).
4 世俗の, 非宗教の. enterrement ~ 非宗教的埋葬. mariage ~ 役場で行う結婚式.
5 常用の. année ~ 常用年, 暦年 (année astronomique「天文年」の対). jour ~ 常用日, 暦日.
——*n.m.* **1**〖法律〗民事法廷, 民事訴訟. poursuivre qn en ~ …に対して民事訴訟を起こす. **2** 文官；平服；市民生活. s'habiller en ~ 私服を着る.

civilisation *n.f.* 文明；文化；文化圏 (野蛮, 自然の反語；特定の国, 地域の政治, 宗教, 経済などの総称). ~ méditerranéenne 地中海文明. ~ occidentale 西欧文明. ~ des loisirs レジャー文化. bienfaits de la ~ 文明の恩恵.

civilisé(e) *a.* **1** 文明化した, 開花した. nation ~e 文明開化した国(民族).
2〔文〕礼儀正しい, 洗練された. un homme ~ きちんとした人.
——*n.* 文明人.

civilité *n.f.* **1**〔やや古〕礼儀作法.〔皮肉〕~ puérile et honnête 型通りの礼儀作法. formule de ~ (手紙の)挨拶の文言. règles de la ~ 礼儀作法. manquer de ~ 礼儀作法に欠ける.
2〔pl. で〕〔文〕敬意を示す言葉, 挨拶. faire (présenter) ses ~s à qn 人に敬意を表す (挨拶する). Agréez mes ~s. 敬具(手紙の末尾の文言).
3〖印刷〗caractères de ~ シヴィリテ字体 (エラスムスの *Civilité puéril* [1530] で初めて用いられた書体).

civique *a.* 市民としての, 公民の；市民の. devoirs ~s 市民としての義務. droits ~s 公民権. instruction ~ 公民教育. sens ~ 市民感覚(意識). vertu ~ 公徳心.

Civis (=contrat d'*i*nsertion dans la *vie* *sociale*) *n.m.*〖労働〗社会生活への同化契約.

civray *n.m.* 〖チーズ〗シヴレー《ポワトゥー地方 le Poitou で山羊乳からつくられる,軟質,かび付外皮のチーズ,小円錐台状;脂肪分 45 %》.

CIWL (=*C*ompagnie *i*nternationale des *w*agons-*l*its) *n.f.* 〖鉄道〗国際ワゴン=リ会社.

CJCE, Cjce (=*C*our de *j*ustice des *C*ommunautés *e*uropéennes) *n.f.* ヨーロッパ共同体法廷《通称 Cour de Luxembourg ルクセンブルク裁判所》.

CJD¹ (=*C*entre des *j*eunes *d*étenus) *n.m.* 少年拘置所.

CJD² (=*C*entre des *j*eunes *d*irigeants d'entreprise) *n.m.* 青年経営者センター.

CJE (=*C*our de *j*ustice *e*uropéenne) *n.f.* ヨーロッパ法廷, ヨーロッパ裁判所.

CJM¹ (=*C*ode de *j*ustice *m*ilitaire) *n.m.* 軍法廷法.

CJM² (=*C*ongrès *j*uif *m*ondial) *n.m.* 世界ユダヤ会議.

CJR (=*C*our de *j*ustice de la *R*épublique) *n.f.* 共和国法廷《国会議員 6,元老院議員 6,破毀院の裁判官 3 の 15 名で構成;政府閣僚の職務上の重罪と軽罪の刑事責任を裁く特別裁判所》.

Cl (=*c*h*l*ore) *n.m.*〖化〗「塩素」の元素記号.

CLA (=〖英〗*c*onjugate *l*inoleate *a*cid) *n.m.*〖化〗共役リノール酸 (=acide linoléique acid).

clabot ⇒ **crabot**

clair¹ (*e*) *a.* Ⅰ (具体的) **1** 明るい. ciel ~ 明るく晴れわたった空. feu ~ 明るく燃えさかる火. temps ~ 快晴. Il fait ~. 晴れている.
2 (色が) 明るい, 淡い;淡色の, 明色の (foncé「暗色の, 濃色の」の対).〖話〗faire de l'eau ~*e* しくじる. cheveux châtain ~ 明るい栗色の髪. couleur ~ 明色. étoffe ~ 明るい色の生地.〖絵具〗jaune de cadmium ~ ジョーヌ・ド・カドミヨム・クレール, カドミウム・イエロー・ライト (=〖英〗cadmium yellow light)《淡いカドミウム黄色》. tons ~*s* 明るい色調. yeux bleu ~ 淡青色の瞳. avoir le teint ~ 色白の肌をしている. préférer le bleu ~ au bleu foncé 濃い青より淡い青を好む.
3 明るく澄んだ, 透明な;曇りのない;ぴかぴかの. une ~*e* fontaine 澄んだ泉. de l'eau ~*e* 澄んだ水, 清水.〖比喩的〗C'est de l'eau ~*e*. 面白くもおかしくもない.〖話〗Croyez cela et buvez de l'eau ~. そんなことを信ずるなんておめでたい. ruisseau très ~ 水の澄んだ小川. vaisselle ~*e* ぴかぴかの食器. vitres ~*es* 透明な窓ガラス.
4 (音,声などが) 明るく澄んだ, 冴えた. note ~*e* 明るく澄んだ音色. sonnette ~*e* du bétail 家畜の澄んだ音色の鈴. d'une voix ~*e* よく通る声.
5 まばらな;(織物の) 目が粗い. bois ~ まばらな林. chevelure ~*e* まばらな髪の毛. de la gaze bien ~*e* 目の粗いガーゼ. manches ~ aux coudes 肱のところがすり切れて薄くなった袖. Les blés sont ~*s*. 小麦畑はまばらだ.
6〖料理〗淡味の, 淡白な, 薄い, 軽い. bouillon ~ 薄いブイヨン. sauce ~*e* 淡味のソース. vin ~ 淡紅色の軽口の赤葡萄酒 (=clairet).
Ⅱ (抽象的) **1** 明快な, 平明な;〖哲〗明晰な. idée ~*e* 明晰な観念. style ~ 明快な文体. Ce qui n'est pas ~ n'est pas français. 明晰でないものはフランス語〔的〕ではない (Rivarol の言葉).
2 明白な, 明瞭な. conséquence très ~*e* 極めて明白な帰結. termes ~*s* 明瞭な言葉. être ~ pour tout le monde 誰の目にも明らかである.
C'est ~. はっきりしている. C'est ~ comme le jour. それは火を見るより明らかだ. Est-ce ~? 私の言うことがわかりますか? La conclusion en est ~. その結論は明白だ. Il est ~ que+*ind.* …であることは明らかだ. Cette affaire n'est pas ~*e*. この一件ははっきりしない. La chose est ~*e*. 事態は明らかだ.〖話〗Son affaire est ~*e*. 彼の一件は罪状が明らかだ.
3 (態度などが) 公明な. Cette affaire n'est pas ~*e*. この一件はうさんくさい.
4 平静な, 平穏な. heures ~*es* de la vie 人生の平穏な時.
5 (頭脳が) 明敏な, 冴えた. un esprit ~ 頭脳明晰な人. avoir l'esprit ~ 頭脳が明晰である, 頭が冴えている.

clair² *ad.* **1** はっきり (=clairement). ~ et net きっぱり, 正味・諸経費を差し引いて. parler ~ 明瞭に話す;明らさまに話す, 率直に話す. sonner ~ 明るい音色で鳴りわたる. voir ~ 明るく見える;はっきりわかる. voir ~ dans l'affaire (dans l'esprit de qn) 事件の内実 (人の心中) を見通す. Essayons d'y voir ~ 事態をはっきり見極めようではないか. ne pas voir ~ はっきり見極めない.
2 まばらに. planter ~ まばらに植える.

clair³ *n.m.* **1** 明り. ~ d'étoiles 星明り. ~ de lune 月明り;月光. au ~ de 〔la〕 lune 月明りに.〖天文〗~ de terre 地球照.
au ~ はっきりと;être au ~ sur *qch* (人が) 何についてはっきり知っている. mettre au ~ 清書する. mettre sabre au ~ サーベルを抜き放つ. tirer au ~ 明るみに出す.
en ~ 明白に;明瞭な. En ~, cela signifie que 分かりやすく言えば, …という意味になる. message en ~ 普通文で書いた通信文 (message en chiffrés「暗号化通信文」の対). se détacher en ~ くっきり浮か

び上がる. Il fait ~. 明るい天気だ.
2 [*pl.* で] 〘絵〙明るい部分. les ~s et les noirs d'un tableau 絵の明るい部分と暗い部分. ~-obscur 明暗技法.
3 [*pl.* で] (布の) すり切れて透けて見える部分. ~ d'un bas ストッキングのすり切れた部分.
4 le plus ~ 主要部. Le plus ~ de l'affaire, c'est que 事件の要点は…ということである. passer le plus ~ de son temps à+*inf*. 大部分の時間を…して過ごす.

clairance (<[英] clearance) *n.f.* **1** 清掃, 整理, 除去, 解除, クリアランス.
2 (森林の) 開墾.
3 〘商業〙(銀行間の) 手形交換〔高〕.
4 〘航空〙離着陸許可;〘海〙出入港許可.
5 〘スポーツ〙(ボールの) クリア.
6 〘生化〙清掃値, 浄化値 (= coefficient d'épuration).
7 〘機械〙(工作機械の) 逃げ角.

claire *n.f.* **1** 牡蠣養殖場 (=parc à huîtres). **2** 養殖牡蠣 (=fine de ~). manger des ~s 養殖牡蠣を食べる.

clairette *n.f.* 〘農〙クレーレット〘地中海地方原産の白の弱発泡性葡萄酒用の葡萄の品種〙.

clairette-de-bellegarde *n.m.* 〘葡萄酒〙クレーレット=ド=ベルガルド (=vin de la ~-de-B~;南仏 Nîmes 近郊の白の AOC 葡萄酒;clairet 種).

clairette-du-languedoc *n.m.* 〘葡萄酒〙クレーレット=デュ=ラングドック (= vin de la C~-du-L~;南仏 département de l'Hérault エロー県の辛口の白の AOC 葡萄酒;clairette 種を中心に picpoul, terret 種が加わる).

clairvoyance *n.f.* 慧眼, 明察;明敏さ;洞察力. analyser la situation avec ~ 明敏に状況を分析する. faire preuve de ~ 洞察力のあることを証明する.

clairvoyant(**e**) *a.* **1** (人が) 目の見える, 明視の (aveugle「盲目の」の対). être ~ 目が見える.
2 慧眼の, 明敏な, 洞察力のある. esprit ~ 明敏な精神. œil ~ 慧眼.
——*n.* 明視者. les ~s et les aveugles 明視者と盲人.

clam [klam] *n.m.* 二枚貝の総称;食用二枚貝;(特に) クラム貝〘大西洋産の食用二枚貝;学名 venus mercenaria;〘仏〙palourde〙.〘料理〙[英] ~ chowder クラム・チャウダー〘クラム貝のホワイト・ソース煮〙.

clameur *n.f.* **1** (群衆の) 叫喚 (きょうかん), ざわめき. ~s de la foule 群衆のどよめき. ~ tumultueuse 阿鼻叫喚 (あびきょうかん).
2 〘比喩的〙 [多く *pl.*] 憤激, 抗議. ~s des mécontents 不満分子の抗議.

clamp [klɑ̃] *n.m.* 〘医〙クランプ, 鉗子 (か

んし).

clampage *n.m.* 〘医〙クランパージュ〘鉗子による脈管や消化管などの閉塞術〙.

clan [英] *n.m.* **1** 徒党, 派閥, 閥;党派;一味, 仲間. esprit de ~ 徒党 (派閥, 仲間) 意識.
2 〘人類・社〙クラン〘単系親族集団〙;(特にスコットランド, アイルランドの) 氏族. tartan d'un ~ 氏族のタータン.
3 一族;一門.
4 (ボーイスカウトの) 隊. ~ de routiers シニアスカウト隊.

clandestin(**e**) *a.* **1** 内密の, 秘密の;隠匿の;非合法の, もぐりの. commerce ~ 闇取引. marché ~ 闇市場. mariage ~ 秘密結婚. passager ~ 密航者. presse ~*e* 非合法 (地下) 出版. possession ~*e* 隠匿物, 内密 (秘密) の占有. publication ~*e* 秘密出版. travailleur (immigré) ~ 不法移入労働者.
2 地下運動の. journal ~ 地下新聞. réunion ~*e* 地下運動の秘密集会.
——*n.* **1** 密航者;不法就労者. **2** 地下運動家.

clandestinité *n.f.* **1** 非合法性, 秘密性;非合法状態. travailler (vivre) dans la ~ 非合法で働く (暮らす).
2 〘法律〙秘匿, 隠匿, 内密. La ~ empêche la validité du mariage. 秘匿が婚姻の有効性を阻害する.
3 地下運動;地下運動者 (特に 1940-44 年のフランス・レジスタンス運動 (活動家)).

claquage *n.m.* **1** 〘医〙クラッカージュ (少々の筋繊維の断裂または伸馬);捻挫.
2 〘電〙絶縁破壊;破裂放電. ~ d'un condensateur コンデンサーの絶縁破壊.

claquebitou *n.m.* 〘チーズ〙クラックビトゥー〘オート=ブルゴーニュ地方 la Haute-Bourgogne で山羊乳からつくられる香草またはニンニク入りのフレッシュ・チーズ;脂肪分 45 % 以上〙.

claqueret *n.m.* 〘チーズ〙クラクレ. ~ lyonnais クラクレ・リヨネ〘リヨン地方 le Lyonnais で牛乳からつくられる, 香草入りのフレッシュ・チーズ〙.

clarifiant[1](**e**) (<clarifier) *a.* **1** 澄ます;透明にする;(異物を取り除いて) 純化する, 精製する.
2 〘比喩的〙明快にする, 解明する. propos ~s 解明的言辞.

clarifiant[2] *n.m.* 〘醸造〙清澄剤. utiliser des ~s 清澄剤を用いる.

clarification *n.f.* **1** 清浄化, 浄化. ~ par filtration 濾過式浄化.
2 〘比喩的〙解明. ~ d'une situation 状況の解明.

clarinette *n.f.* 〘音楽〙クラリネット. concerto pour ~ et orchestre クラリネット協奏曲. jouer de la ~ クラリネットを吹く.

clarithromycine *n.f.* 〘薬〙クラリスロマイシン〘マクロライド系抗生物質;ピロ

リ菌などに著効；薬剤製品名 Zeclar (*n.m.*), Naxy (*n.m.*) など).

clarté (＜clair) *n.f.* Ⅰ 《具体的》**1** 明るさ, 明り；光. ~ artificielle 人工光, 人工照明. ~ de l'aurore 曙光. ~ du jour 陽の光, 陽光. ~ de la lune 月明り (＝clair de lune). douce ~ 柔らかな明り. à la ~ de …の光で, …の灯りを頼りに. lire à la ~ d'une lampe ランプの灯下で読書する.〔文〕jouir de la ~〔du jour〕生きている. perdre la ~ 明るさを失う. répandre de la ~ 光りを投げる, 照明する.
2 澄明, 清澄, 透明. ~ de l'eau (du verre) 水（ガラス）の透明性.
3 輝き. ~ du teint 顔色の輝き. ~ d'une vaisselle bien lavée きれいに洗った食器の輝き.
4〔詩〕燈火, 松明；〔*pl.* で〕光, 輝き, 光源. ~s l'aurore オーロラの輝き. apporter une ~ 明りを持ってくる.
5〔光学〕(光学機器の)明るさ.
Ⅱ〔抽象的〕**1** 明晰さ, 明快さ. ~ d'esprit 明晰な精神. ~ du style (du texte) 文体(文章)の明快さ. avec ~ 明快に. en pleine (toute) ~ 明快そのもので.
2〔*pl.*で〕〔文〕知識, 情報. avoir des ~s de tout すべてを知り尽している.

CLAS, Clas (＝Conversations sur la *l*imitation des *a*rmements *s*tratégiques) *n.f.pl.* 戦略〔核〕兵器削減交渉 (＝〔英〕SALT, Salt：Strategic Arms Limitation Talks).

classe *n.f.* Ⅰ《等級, 階級》**1** 社会階級, 階層. ~ bourgeoise ブルジョア階級. ~ moyenne 中産階級, 中間層. ~ ouvrière (laborieuse) 労働者階級. ~ possédante 資本家階級, 有産階級. ~ sociale 社会階級(階層). conscience de ~ 階級意識. justice de ~ 階級的正義. lutte des ~s 階級闘争. Créateur et premier défenseur de la notion de ~, le marxisme établit d'abord que les ~s sont nées en même temps que la division du travail. 階級概念を生み出し, その最大の擁護者であるマルクス主義は, 階級がまず分業から派生したとしている.
2 等級. conseiller des affaires étrangères de première ~ 一等外務参事官. hors ~ 別格の. soldat de deuxième ~ 二等兵. wagon de première ~ 一等車, グリーン車.
3〔生〕綱 (こう)(classe の下位には ordre 目, famille 科, genre 属, espèce 種がある). ~ des mammifères 哺乳類〔綱〕. ranger par ~ 種類ごとに分類整理する.
4 資質, 品格. grande ~ 高級の, 一流の. Il a de la ~ 彼には品格がある.
Ⅱ《学級, 学年, クラス》**1** 学級. ~ de troisième 第3学級(中学校の最終学年に相当). ~ préparatoire 準備学級(グランド・ゼコール grandes écoles などへの進学予備校). Les lycées comportent des ~s de se- conde, de première et de terminale. リセには第2学級, 第1学級および最終学級がある. camarade de ~ 同級生.
2 学校, 授業, レッスン, 教室. ~ d'histoire 歴史の授業. ~ de mer (de neige, verte) 臨海学校(冬期スキー学級, 林間学級). livre de ~ 教科書. petite ~ 低学年. rentrée des ~s 新学年. salle de ~ 教室. avoir ~ 授業がある. faire la ~ 授業をする. suivre la ~ 授業についてゆく.
3〔軍〕同じ年に召集される兵士, 同年兵, 年内に除隊になる兵士. faire ses ~s 軍事教練を受ける, 経験を積む.

classé(e) *a.p.* **1** 分類された；分類整理された. documents bien ~s 分類整理がゆきとどいた資料. élèves ~s suivant l'âge 年齢別に分けられた生徒.
2 (文化財が) 指定された, 認定された. Il y a en France, au 1er janvier 2004, 15.235 monuments historiques ~s et 33.063 monuments historiques inscrits. フランスには, 2004年1月1日現在, 15,235の指定歴史的記念建造物と33,063の登録歴史的記念建造物がある.
3 格付け (等級付け) された；順位付けされる；指定の, 特定の. crus ~s du médoc en 1855 1855年に格付けされたメドック地区の葡萄畑(産出の葡萄酒). château chevalblanc, premier grand cru ~ A de Saint-Emilion サン＝テミリヨン地区の第1級A特定特級畑のシャトー・シュヴァル＝ブラン. Quelques grands crus ~s, qui ne le méritent plus, descendent en seconde division, celle des saint-émilion normaux ou grands crus tout court. いくつかの特定特級畑は最早の格付けに値しなくなり, 第2部類すなわちただのサン＝テミリヨンか「特定」の文字のない特級畑に格下げになる.

classe-atelier(*pl.*~s-~s) *n.f.* アトリエ学級〔工作場での実習学級, 略称CA〕.

classement (＜classer) *n.m.* **1** 分類；分類整理. ~ alphabétique アルファベット順分類. ~ de livres 書籍の分類. ~ de mots par catégorie (＝nomenclature). ~ définitif (provisoire) 決定的(仮)分類. ~ méthodique 組織的分類. divisions d'un ~ 分類の区分.
2 等級付け；順位付け；格付け；席次, ランク. ~ des candidats admis à un examen 試験の合格者の席次. ~ des concurrents 競技者(競争者)の順位付け. ~ des monuments 記念建造物の格付け. ~ des routes 道路の等級付け (nationale「国道」, départementale「県道」, chemin rural「村道」). le ~ de 1855 des vins rouges du Médoc メドック地区の赤葡萄酒の1855年の格付(1855年の万国博覧会の際に導入；第1級から第5級までの5等級). le ~ du vignoble de Champagne シャンパーニュ地方の葡萄畑の格付(grand cru, premier cru, se-

cond cru の3段階). ~ final d'un concours コンクールの最終席次. ~ hiérarchique 階級的等級付け；序列格付け．~ trois étoiles 3つ星の格付け．~ par points 点数による順位付け.
avoir un bon ~ 席次が上位である. donner à des élèves leur ~ 生徒に席次をつける.
3 (取引の)決済；(処分の)決裁.〖法律〗~ sans suite (検察官による) 不起訴処分.

classeur *n.m.* **1** 書類分類用ファイル, バインダー. **2** 書類立て, 書類戸棚；ファイルキャビネット. **3**〖機械〗ソーター.

classicisme *n.m.* **1**〖文学・美術〗古典主義(古代ギリシア・ローマや17世紀フランス). **2** (作家・作品の) 古典性, 古典的性格. **3** 規範性, 典型的性格.

classifica*teur*(*trice*) *n.* 分類専門家, 分類者.
—*a.* 分類に関する, 分類する；選別する. goût ~ 選別的味覚. méthode ~ 分類法.
—*n.m.*〖鉱〗選鉱分類機.

classification *n.f.* **1** 分類, 種別；分類法；(特に)図書分類法. ~ biologique 植物分類法(学).〖図書館〗~ décimale universelle〖万国〗十進分類法. ~ dirigée 遠隔監視分類(=〖英〗supervised classification).〖化〗~ périodique (universelle) des éléments 元素周期率表《元素の周期率による分類=table de Mendeleïev「メンデレーエフの周期表」》.〖理〗~ spectrale スペクトル分類.
〖医〗numéro de la ~ internationale des maladies 国際疾病分類番号《略記 CIM；*ex.* 循環器疾患は第9版(CIM-9)では6桁の数字のはじめの3桁が 390-459；第10版 (CIM-10) では I00-I99 に変更). science des ~s 分類学. système de ~ 分類大系.
2 格付け.〖船〗Société de ~ 船級協会.
3〖冶〗分級；〖鉄道〗(貨車の)仕訳.〖冶〗~ à l'air 空気分級.

classificatoire *a.* **1** 分類に関する, 分類する.
2〖文化人類学〗類別的な. parenté ~ 類別的親族系.

classique[1] *a.* **1**〖文〗古典主義の(17世紀, 特に1660年代). théâtre ~ 古典劇.
2〖美術・建築〗古典主義〖様式〗の, 古典派の. architecture (peinture) ~ 古典主義様式建築(絵画).
3〖音楽〗古典派の；〖広義〗クラシックの. musique ~ 古典派音楽；クラシック音楽 (民謡, 軽音楽, ジャズなどの対).
4 古典古代の (古代ギリシアの, 特にペリクレス時代の；古代ローマの, 特にアウグストゥス時代をいう). langues ~s 古典語 (古代ギリシア語とラテン語). licence de lettres ~ 古典文学士号. études ~s 古典学.
5 古典的な, 正統派の, 伝統的な. armes ~s 通常兵器(核・化学・生物兵器に対して). force ~ 通常兵力.〖経済〗école ~ 古典 (正当)学派《A.Smith, D.Ricardo, T.R.Malthus, J.S.Mill らに代表される古典経済学派》. vêtements très ~s 極めて正統的な衣服. s'habiller (en style) ~ 正統的な身づくろいをする.
6 模範的な, 典型的な, 手本となる, 典型的な. ouvrage ~ 模範的作品.
7 学校(クラス)で教えられる. auteurs ~s 教科書に載る作家たち.
8〖話〗お定まりの, よくある. C'est le (un) coup ~！いつもの手だ！

classique[2] *n.m.* **1**〖文学・美術〗古代ギリシア・ローマの作家(芸術家)；(17世紀フランスの)古代主義者, 古典派；古代(古典)文学. étudier les ~s 古代(古典)作家を研究する.
2〖広義〗古典的作家；古典, 古典作品 (= œuvre ~)；規範的作品；模範, 典型. ~s en format de poche ポケットブックの古典. ~ de la comédie musicale ミュージカルの古典.
3 教科書に載る作家(作品)；〖*pl.* で〗古典叢書, 教科書. les ~s Larousse (Garnier) ラルース(ガルニエ)古典叢書.
4〖音楽〗クラシック〖音楽〗(= la musique ~)；古典主義音楽.
5 伝統的趣味, 伝統. s'habiller en ~ 伝統的な着こなしをする.
—*n.* 古典主義者, 古典派.

classique[3] *n.f.* **1**〖自転車競技〗クラシック・レース(1日のロードレース).
2〖登山〗(困難を伴う)クラシック登山コース (normal「ノーマル登山コース」の対).

clathrate *n.m.*〖化〗クラスレート化合物, 包接化合物.

claudication *n.f.*〖医〗跛行(はこう) (= boiterie). ~ intermittante spinale 脊髄性間欠性跛行. ~ pendulaire 振子跛行.

clause *n.f.* **1**〖法律〗条項, 約款；個条. ~s d'un contrat (d'une loi, d'un traité) 契約(法律, 条約)の条項. ~ à ordre 指図条項. ~ abusive 濫用条項. ~ compromissoire 仲裁(和解)条項. ~ d'accession 国際条約への)加盟条項. ~ de célibat 独身条項. ~ de compétence 権限条項. ~ d'échelle mobile スライド条項. ~ de la nation la plus favorisée 最恵国条項. ~ de non-responsabilité 免責約款. ~ de nullité 無効約款. ~ de style 例文条項. ~ expresse 明白な条項. ~ pénale (契約書中の)過怠約款, 違約条項. ~ résolutoire 解約(解除)条項.
2〖比喩的の〗規定. ~ d'arbitrage 仲裁規定.

claustrophobe *n.*〖精神医学〗閉所恐怖症の人, 閉所恐怖症患者.

claustrophobie *n.f.*〖精神医学〗閉所恐怖〖症〗(agoraphobie「広場恐怖〖症〗」の対).

clavaire *n.f.*〖茸〗クラヴェール, ほうき茸(食用と毒茸がある). ~ dorée 金色ほう

き茸（食用）.
clavatoxine *n.f.*〖生化〗クラヴァトキシン（食中毒の原因物質の一つ）.
clavecin *n.m.*〖楽器〗クラヴサン，チェンバロ（=[伊] cembalo），ハープシコード（=[英] harpsichord）.
claveciniste *n.*〖音楽〗クラヴサン奏者，ハープシコード奏者.
clavicorde *n.m.*〖楽器〗クラヴィコルド，クラヴィコード（ピアノの前身）.
claviculaire *a.*〖解剖〗鎖骨の. os ~ 鎖骨.
clavicule *n.f.*〖解剖〗鎖骨. fracture de la ~ 鎖骨骨折.
clavier *n.m.* **1**〖音楽〗鍵盤. ~ d'un piano ピアノの鍵盤. musique pour ~ 鍵盤楽器音楽.
2 （タイプライター，コンピューターなどの）キーボード. ~ AZERTY (QWERTY) AZERTY (QWERTY) 配列のキーボード（文字の鍵の最上段の左側にA, Z, E, R, T, Y (Q, W, E, R, T, Y) の順で鍵を配列するキーボード）.
3 （楽器・声の）音域. ~ d'un instrument 楽器の音域. ~ d'une voix 声域.
4〖比喩的〗拡がり，幅. ~ des caractères 性格の幅. ~ des sentiments 感情の拡がり.
clavus [klavys]〖ラ〗*n.m.*〖医〗魚の目，鶏眼（けいがん）（=œil-de-perdrix, cor）.
CLCC （=*C*entre de *l*utte *c*ontre le *c*ancer）*n.m.*〖医〗対癌センター.
CLDP （=*C*entre *l*ocal de *d*ocumentation *p*édagogique）*n.m.* 地域教育学資料センター.
CLER （=*C*omité de *l*iaison des *é*nergies *r*enouvelables）*n.m.*〖環境〗再生可能エネルギー連絡委員会（1984年発足の多種企業連絡委員会）.
clearing [英] *n.m.* 清算，相殺；手形交換. accord de ~ 清算協定.
clef [clef de voûte を除いて，clé とも綴る] *n.f.* **1** 鍵. ~ de chambre 部屋の鍵. ~ de contact （自動車の）イグニッションキー. ~ d'or 金の力. fausse ~ （不法に作った）合鍵. donner un tour de ~ 鍵をしめる.
2〖同格〗基幹的な，最重要の，鍵を握る. industrie ~ 基幹産業.
3 要衝；関門. Sedan était une des ~s de la France. スダンはフランスの要衝の一つであった.
4 糸口；〖比喩的〗鍵，要点，核心. ~ d'accès パスワード. ~ d'une affaire 事件の核心. ~ électronique 電子鍵，プロテクトキー. mot ~ パスワード；キーワード. roman à ~s 実在のモデルがある小説.
5〖音楽〗音符記号，キー. ~ d'ut ハ音記号.
6 鉤型の工具，スパナ，レンチ.
7〖建築〗要石. ~ de voûte 円天井の要石.
8〖レスリング〗ロック.
9〖成句〗

à la ~ 最後に必ず…がついてくる. Il y a une récompense à la ~. おしまいにご褒美が待っている（報酬がある）.
~s de Saint-Pierre 聖ペトロの鍵（ローマ教皇の権威の象徴）.
~s du paradis 天国の鍵.
~s du royaume (des Cieux) 天国の鍵.
~s en main すぐに使える状態で，フル・ターン・キー方式で. louer un appartement ~s en main 即入居可のアパートを借りる. livrer une usine ~s en main フル・ターン・キー方式で工場を引き渡す.
mettre sous ~ 鍵をかけてしまう，閉じ込める.
mettre *qch* sous ~ …を鍵をかけた場所にしまう.
mettre *qn* sous ~ …を閉じ込める，投獄する.
mettre la ~ sous la porte (le paillasson) 夜逃げする，引っ越す.
prendre les ~s des champs 逃げ出す，辞職する.
présenter les ~s de la ville 投降する.
clémentine （<Clément，開発者）*n.f.*〖農〗クレマンチーヌ（皮が薄く甘味のつよい小粒の柑橘類；clémentinier の果実）. ~ sans pépins 種なしクレマンチーヌ.
clémentinier *n.m.*〖植〗クレマンチーヌの木（蜜柑亜科 Aurantiacées の果樹；bigaradier ビガラディエ（酸橙）と mandarinier マンダリン・オレンジの木の交配雑種；果実はクレマンチーヌ clémentine）.
clenbutérol *n.m.*〖薬〗クレンブテロール. ~ hydrochlorique 塩酸クレンブテロール（β_2-アドレナリン受容体刺激薬；スポーツ選手のドーピング剤；家畜の飼育用）.
clepsydre *n.f.* 水時計（=horloge à eau, horloge hydraulique）.
clerc [klɛr] *n.m.* **1** 聖職者（laïc「世俗人」の対）. ~ régulier 修道会士. ~ tonsuré 剃冠聖職者.
2〖古〗神学生.
3〖古〗知識人；学識者.
4〖法律〗（法律事務所の）見習職員；書記. ~ de notaire (d'avoué, d'huissier) 公証人（代訴人，執達吏）の資格取得準備中の見習職員. premier (maître) ~ 筆頭（主席）書記. pas de ~ （経験不足，無知，不注意などによる）へま，失策. faire un pas de ~ へまをしでかす.
clergé *n.m.*〖集合的〗聖職者；（英国教の）牧師. ~ régulier 律修聖職者（abbé 大修道院長, moine 修道士，religieux 修道会員）. ~ séculier 教区付聖職者（curé 教区主任司祭, évêque 司教, prêtre 司祭など）. haut (bas)~ 高位（低位）聖職者.〖史〗privilège de ~ 聖職者特権.
clérical (*ale*) (*pl.aux*) *a.* **1** 聖職者の. fonctions ~*ales* 聖職者の職務. ordres ~*aux* 聖職者の位階，聖品.

2 教権主義の. journal ~ 聖職者主義新聞. parti ~ 教権主義政党.
— n. 教権主義者, 教権主義者勢力拡大主義者.

cléricalisme n.m. 聖職権(教権)主義, 聖職者至上主義.

Clermont-Ferrand n.pr. クレルモン=フェラン (département du Puy-de-Dôme ピュイ=ド=ドーム県の県庁所在地; フランスと UE の広域地方行政区 région Auvergne オーヴェルニュ地方の地方庁所在地; 市町村コード 63000; 形容詞 clermontois (e)). le Vieux Clermont クレルモン=フェランの旧市街 (旧 Clermont の中心街区). aéroport ~-Auvergne クレルモン=フェラン=オーヴェルニュ空港 (東郊 6 km). cathédrale Notre-Dame de ~ クレルモン=フェランのノートル=ダム大聖堂. circuit automobile de ~-Charade クレルモン=フェラン=シャラードの自動車レース・サーキット (西南郊).

clermontois(e) a. **1** クレルモン=フェラン (Clermont-Ferrand) の; クレルモン=フェランの住民の.
2 クレルモン=ド=ロワーズ (Clermont-de-l'Oise) の; の住民の.
— C~ n. **1** クレルモン=フェランの住民.
2 クレルモン=ド=ロワーズの住民.

CLES, Cles (=Convention libérale, européenne et sociale) n.f. 自由ヨーロッパ社会協定 (1988 年 1 月 Raymond Barre の提唱した政策).

clichage n.n. 〖印刷〗製版. ~ par électrolyse 電解製版.

cliché n.m. **1** 〖印刷〗(印刷用の)版. ~ en alliage (cuivre, plomb, zinc) 合金(銅, 鉛, 亜鉛)板. ~ en bois 木版. ~ en caoutchouc ゴム版, オフセット. ~ métalique d'une photographie 写真金属板.
2 〖写真〗陰画, ネガ (=négatif); 乾板; 写真原板 (= ~ photographique); 〖広義〗写真. ~ radiographique X 線ネガ. ~ voilé かぶった乾板.
3 〖話・蔑〗きまり文句, ありふれた表現, 月並みな考え.

clicherie n.f. 〖印刷〗製版工場, 製版所.

client¹(e) n. **1** (商店・ホテルなどの)客, 顧客; (医者の)患者; (弁護士などへの)依頼人. ~ d'un avocat 弁護士の依頼人. ~ d'un médecin 患者. ~ fidèle 常連客, 得意客.
2 常連客, 得意客 (= ~ fidèle). ~s d'une boutique 店の常連.
3 社会福祉員の世話を受ける人.
4 〖経済〗買手; 消費者 (=consommateur). être ~ pour des actions 株式の買手である. 〖諺〗Le ~ a toujours raison. お客様は神様です.
5 〖経済〗輸入国 (=importateur). Le Japon est un très gros ~ de l'Arabie-Saoudite sur le marché pétrolier. 日本はサウジ・アラビアからの原油の大輸入国である.

6 〖話〗〖蔑〗個人. C'est un drôle de ~. 変な奴だ.
7 〖多く pl.〗(集団の利益の)支持者. ~s d'un parti 政党のお得意たち.
— a. 買手の; 輸入する. pays ~s 買手国, 輸入国. sociétés ~es 顧客会社; 得意先会社.

client² n.m. 〖電算〗**1** (サーバに対する)クライアント.
2 他ソフト援用ソフト.

clientèle n.f. **1** 〖集合的〗顧客, 得意先.
2 常連; 常連客.
3 〖比喩的〗(政党, 政治家などの)支持者〖支持と引き換えに対価を得る人〗. soigner sa ~ 選挙区の面倒をみる.
4 庇護を受ける人.

clientélisme n.m. 〖蔑〗(民衆煽動による)支持者獲得主義(体制).

client-serveur n.m.inv. 〖情報処理〗クライアントサーバー (LAN 上でサーバーとそれを利用するクライアントすなわちアプリケーションソフトを連携させて処理する方式). architeture ~ クライアント・サーバー・システム (=[英] CSS : Client-server system).

climat n.m. **1** 気候. ~ continental 大陸性気候. ~ équatorial 赤道気候. ~ littoral 沿岸性気候. ~ local 局地気候, ミクロ気候 (=microclimat). ~ méditerranéen 地中海性気候. ~ montagnard 山岳気候. ~ océanique 海洋性気候. ~ polaire 極地気候. ~ tropical 熱帯性気候. modification des ~s 気候の変動.
2 風土; 〖やや古〗(気候から見た)土地. changer de ~ 転地する.
3 (精神的)風土, 雰囲気. ~ politique 政治的風土. dans un ~ amical 友好的雰囲気の中で.
4 〖葡萄酒〗(ブルゴーニュ地方 la Bourgogne の) クリマ〖葡萄生産村の特定地籍の葡萄畑の気候と自然条件を指す〗(=cru en Bourgogne).

climatère n.m. 〖医〗更年期. ~ chez la femme 女性更年期; 閉経期 (=ménopause). ~ chez l'homme 男性更年期 (=andropause 男性的機能衰退)

climatérique a. **1** 転換期の, 危機の; 厄年の; 〖医〗更年期の; 閉経期の. année ~ 厄年 〖7または9の倍数年齢; 特に 49 歳と 63 歳〗; 〖医〗更年期.
2 〖誤用〗風土的な, 気候の (=climatique).
3 〖医〗更年期の. déséquilibre ~ 更年期障害.
4 〖文〗危機的な.
— n.f. 転機, 転換期; 厄年; 〖医〗更年期; 閉経期. grande ~ 大厄年〖49, 63, 81 歳など〗.

climatique a. 気候の. perturbations ~s 気候の変調. station ~ 保養地. variations ~s 気候変動.

climatisation *n.f.* **1** 空気調整《温度・湿度の調整》,空調,空調冷暖房；エアコンディショニング. **2** 空調装置.

climatisé(e) *a.p.* **1** 空調設備のある；エアコンのきいた. air ~ 空調のきいた空気. restaurant ~ 空調設備のあるレストラン. voiture ~e エアコン付き車輌.
2(機器を)気候に合わせて調整された. appareil photo ~ 気候に合わせて調整したカメラ.

climatiseur *n.m.* 〖電器〗(冷暖房)装置,エアコン(=appareil de climatisation).

climatisme *n.m.* 〖医〗気候医学；(特に)保養地医学.

climatographie *n.f.* 気候誌.
climatologie *m.f.* 気候学；風土学.
climatologique *a.* 気候学の. carte ~ 気候図.

climatologiste, climatologue *n.* 気候学者.

climatopathologie *n.f.* 〖医〗気候病理学.

climatope *n.m.* 〖環境〗気候生態系.
climatothérapie *n.f.* 〖医〗気候療法.
climax 〖ギ〗*n.m.* **1**〖生・環境〗(植物群叢の)極相,安定期. communauté de ~ (植物の)極相群叢.
2〖比喩的〗クライマックス,絶頂,頂点,最高潮. ~ d'une maladie 疾病の頂点. ~ d'un roman 小説の最高潮場面.
3〖修辞〗漸層法.

CLIN (=Comité de lutte contre les infections nosocomiales) *n.m.* 〖医〗院内感染防止委員会. responsables du ~ du CHU d'Angers アンジェ大学病院センターの院内感染防止委員会担当者.

clinicien(ne) *n.* 臨床医(=médecin ~).

clinique *a.* **1**〖医〗臨床の. diagnostic ~ 臨床診断. examens ~s (医学生に対する)臨床試験. leçons ~s 臨床授業. médecin ~ 臨床医. médecine ~ 臨床医学. signe ~ 臨床所見(signe biologique「生物医学的所見」, signe radiologique「放射線医学的所見」の対).
2〖心〗psychologie ~ 臨床心理学.
——*n.f.* **1** クリニック,診療所；(特に)私立病院. ~ d'accouchement 産院. ~ chirurgicale 外科クリニック,外科医院. ~ conventionnée 社会保険制度加入クリニック. ~ infantile 小児科クリニック. séjour en ~ 私立病院への入院.
2 臨床医学教育,臨床医学実習；臨床医学施設. chef de ~ 医学実習生指導主任医. professeur de ~ 臨床医学教授. service de ~ (病院の)臨床実習部.
3 臨床診断,臨床医学.
4 〖*pl.*〗臨床医学試験.

clique *n.f.* **1**〖話, 蔑〗一味,徒党；〖政治〗派閥,党派. ~ de politiciens véreux 悪党政治家の一味. militaire 軍閥.
2〖社〗クリーク(排他的派閥集団)；利益団体.
3〖軍〗太鼓とラッパによる連隊軍楽隊.

Clis (=classe d'intégration scolaire) *n.f.* 〖教育〗(初等教育課程における心身障害児童の)同化教育学級.

clitoridectomie *n.f.* 〖医〗陰核摘除〔術〕.

clitoris [klitɔris] *n.m.* 〖解剖〗陰核,クリトリス.

clivage *n.m.* **1**〖鉱〗劈開(へきかい). ~ à faille 断層劈開. ~ ardoiseux 石板状劈開. face (plan) de ~ 劈開面.
2〖比喩的〗分裂,断層,溝. 〖精神分析〗~ du moi 自我の分裂. ~ politique 政治的亀裂.

CLJ (=centre de loisirs des jeunes) *n.m.* 青少年レジャー・センター.

clochadiser *v.t.* 浮浪者化する.
——**se** ~ *v.pr.* 浮浪者化する.

clochard[1](**e**) *n.* クロシャール(クロシャルド),浮浪者,ホームレス(=SDF : sans domicile fixe), ルンペン.

clochard[2] *n.f.* 〖林檎〗クロシャール(レーネット種系の黄色い果皮の林檎；=reinette ~).

clochardisation (<clochard) *n.f.* 浮浪者化,ホームレス化,貧困化.

cloche[1] *n.f.* Ⅰ (教会堂などの)鐘,釣鐘；(時計の)鐘；時鐘装置；鐘の音(=son de ~). ~ électrique 電鈴, ベル. coup de ~ 打鐘；警鐘. son de ~ 鐘の音；〖比喩的・話〗見方,見解. un autre son de ~ 別の見方.
〖諺〗Qui n'entend qu'une ~ n'entend qu'un son. 一方の言い分だけを聞くのは片手落ちだ. sonner les ~s 鐘を打ち鳴らす.〖話〗sonner les ~s à qn 人をがみがみ叱りつける；人をさんざん殴りつける.〖話〗déménager à la ~ de bois (木の鐘の音を聞いて引越す→)夜逃げする.
2〖スポーツ〗(最後の一周を告げる)鐘の音.
3〖俗〗間抜け(叩き方によってどのようにでも鳴る鐘のような人). Quelle ~ ! なんという間抜けだ.
Ⅱ (鐘のようなもの) **1**〖植〗鐘状花冠(=fleur en ~).
2 鐘形の覆い. ~ à fromage[s] チーズ覆い. ~ [de métal] (料理の保温用の)皿覆い, クローシュ. 〖話〗se taper la ~ 美味い料理を食べる.
3〖化〗ガラス鐘(= ~ de verre).
4〖海〗~ à plongeur 潜水鐘(函).
5〖服〗釣鐘形婦人帽,クロシュハット(=chapeau [-] ~).
6〖数〗courbe en ~ 正規分布曲線.
7 ~ à air (ポンプの)空気室(= ~ d'air).
——*a.inv.* **1**〖服〗釣鐘形の. jupe ~ (釣鐘形の)フレア・スカート.
2〖俗〗間抜けな,へまな.

cloche² *n.f.* **1**〔俗〕浮浪者, クロシャール (clochard), ホームレス (=SDF : *sans domicile fixe*).
2 浮浪者生活. être de (à) la ~ 浮浪生活をしている. C'est ~ ! それはまずい (残念だ).

cloche-pied (à) *l.ad.* 片足で, けんけんで. sauter à ~ けんけんする.

clocher *n.m.* **1**(教会堂の)鐘楼, 鐘塔. ~ roman ロマネスク様式の鐘楼. ~ séparé 独立鐘楼. le coq d'un ~ 鐘楼の風見鶏.
2〔比喩的〕自分の教区(町); 生れ故郷.〔話〕esprit de ~ 盲目的排他主義. querelles (rivalités) de ~ 内輪もめ, 内輪の争い(対立). n'avoir jamais quitté son ~ 生れ故郷を一度も離れたことがない.

clocheton *n.m.*〔建築〕**1** 小鐘塔. **2** 小尖塔, クロシュトン.

clochette *n.f.* **1** クロシェット, 小さな鐘;鈴 (=sonnette). ~ au cou du bétail 家畜の首の鈴.
2〔植〕鐘状花. ~s du muguet 鈴蘭の鐘状花.〔俗〕~ des blés 昼顔 (=liseron).〔俗〕~ des bois 野生ヒヤシンス (=jacinthe sauvage).〔俗〕~ d'hiver 雪割草 (=perce-neige).〔俗〕~ des murs ほたるぶくろ, カンパニュル (=campanule).

clodo〔t〕 *n.*〔俗〕浮浪者, ホームレス (=clochard, SDF).

cloison *n.f.* **1**(建物の)仕切り壁;(棚の)仕切り板;(船の)隔壁. ~ ajouré 透かし模様のある仕切り壁. ~ d'incendie 防火壁.
2〔解剖〕隔膜, 隔壁. ~ du cœur 心臓中隔. ~ nasale 鼻中隔. ~ des fosses nasales.
3〔比喩的〕障壁. abattre les ~s entre les classes 階級間の障壁を打ち破る.

cloisonnement *n.m.* **1** 間仕切り〔の設置〕;隔壁〔の設置〕(=cloisonnage).
2〔比喩的〕縄張り主義, 細分化. ~ des partis politiques 政党の縄張り主義(細分化).

cloître *n.m.* **1**(修道院の)クロワートル(在俗者laïque立ち入りを許されず, 修道士(女)がそこから出ない場所).
2〔広義〕修道院 (=monastère), 大修道院 (=abbaye).
3 修道院生活;隠遁生活. rigueurs du ~ 修道院生活の厳しさ. faire entrer dans un ~ 修道院に入れる.
4 クロワートル《修道院, 修道院付属聖堂, 大聖堂などの中庭回廊; =〔英〕cloister》. ~ de l'ancienne abbaye Saint-Pierre de Moissac モワサックの旧サン=ピエール修道院のクロワートル.

clomifène *n.m.*〔薬〕クロミフェン(排卵誘発剤).

clonage *n.m.*〔生化〕クローン化, クローニング(=〔英〕cloning).〔医〕~ thérapeutique 治療的クローニング.

clone *n.m.* **1**〔生〕クローン, 栄養系, 分枝系;純株.
2〔生〕そっくりなもの;遺伝的に同一の複製生物, クローン生物. ~ d'agneau クローン羊, 試験管羊. la brebis Dolly, ~ réalisé à partir d'une cellule adulte par Ian Wilmut イヤン・ウィルマットによって成熟細胞からつくられたクローン羊ドリー《1996年》.
3〔電算〕クローン, 互換機《全く同等の機能をもつ複製物》. ~ d'IBM IBM 互換機.
4 そっくり人間, コピー人間.
5 安い模造品;原物のコピー品 (=copie conforme).

cloné(e) *a.p.* **1**〔生〕クローン技術による. agneaux ~s クローン仔羊.
2 原物とそっくりに複製された;原物とそっくりの.

Clong (=*C*omité de *l*iaison des *ONG*) *n.m.* 非政府組織連絡委員会.

clonie *n.f.*〔医〕(筋の)間代(かんたい)性痙攣 (=myoclonie).

clonique *a.*〔医〕(痙攣について)間代性の. convulsions ~s 間代性筋痙攣, ミオクローヌス (myoclonie)《収縮と弛緩が素早く交代を繰返す痙攣》.

clonorchiase *n.f.*〔医〕肝吸虫症 (=opisthorchiase).

clonus〔klɔnys〕*n.m.*〔医〕クローヌス, 間代(かんたい)《筋が周期的に収縮と伸縮を繰返す現象》.

clopidogrel *n.m.*〔薬〕クロピドグレル(抗血液凝固薬;薬剤製品名 Plavix (*n.m.*)).

clorazépate *n.f.*〔化〕クロラゼプ酸.〔薬〕~ dipotassique クロラゼプ酸二カリウム(抗不安薬;薬剤製品名 Tranxène (*n.m.*) など).

clos¹(**e**) (<clore) *a.p.* **1** 閉ざされた;閉じた. bouche ~e 口を閉ざして, 沈黙して. garder (avoir) la bouche ~e 口をつぐむ, 秘密を明かさない. champ ~ 騎馬試合場. débat en champ ~ 一対一の論戦. espace ~ 閉鎖空間. le huis ~〔法律〕傍聴禁止;〔政治〕(議事などの)非公開. à huis ~ 部屋を閉め切って;部外者の立入りを禁止して;〔法律〕傍聴禁止で;〔政治〕(議事などが)非公開で. système ~ 閉鎖系. visage ~ むっとした顔付. volets ~ 家を閉め切って. les yeux ~ 目を閉じて.
à la nuit ~e 夜になって. en vase ~ 外界から遮断して. enfant élevé en vase ~ 箱入りで育てられた子供.〔化〕expérience en vase ~ 進開実験.
2(会議などが)閉会になった;終了した. compte ~ 勘定(帳簿)の締め. La séance est ~e. 会議は閉会した. L'incident est ~. 一件落着だ.

clos² *n.m.* **1** 囲いをした耕作地, 囲い込み農地. ~ d'arbres fruitiers 囲いをした果樹園. ~ normand ノルマンディーの囲い込み

農地.
2 クロ《壁で囲んだ葡萄畑》. le ~ 〔de〕 Vougeot クロ・〔ド・〕ヴージョ.
3 〖行政〗le ~ et le couvert《建物の》囲いと屋根.

close-combat(pl.~s-~s) n.m. 白兵戦.

Clos-Lucé n.pr.m. クロ=リュセ. Château du ~ クロ=リュセ城館《アンボワーズAmboise 東南部のルネサンス期の館；フランソワ 1 世に招かれた Léonard de Vinci レオナルド・ダ・ヴィンチが 4 年間滞在し 1519年に亡くなった館；現在は IBM が復元したダ・ヴィンチの発明品を展示》.

clostridium n.m. 〖生・医〗クロストリジウム菌《グラム陽性の嫌気性ガス生産菌；ガス蜂窩織炎の病原》. ~ botulinum ボツリヌス菌. ~ difficile クロストリジウム・ディフィシレ《グラム陽性桿菌》. 〔ラ〕 ~ tetani 破傷風菌.

clos-vougeot n.m. 〖葡萄酒〗クロ=ヴージョ《ブルゴーニュ地方 la Bourgogne のla Côte de Nuits コート・ド・ニュイ地区, Vougeot ヴージョ村《市町村コード 21640》にある Clos de Vougeot (50ha) の葡萄畑で造られる赤の AOC 葡萄酒》.

clôture n.f. **1** 囲い《柵, 塀, 垣根など》. ~ de champ (de pâturage) 畑《牧草地》の柵《囲い》. ~ de fossés 溝《壕》囲い. ~ de haies vives 生垣. mur de ~ d'un parc 公園の囲い壁.
2 修道院禁域. vœu de ~ 修道隠遁の誓い.
3 閉店, 閉館；休館；休業. ~ annuelle 年次定例休館《休業》.
4 終結, 終了；閉会；締め, 締切. ~ des débats 口頭弁論の終結. ~ du débat 審議の終了. ~ de la scession parlementaire 議会の閉会. ~ d'un compte 計算の締め. ~ d'un scrutin 投票の締切. cours de~《証券市場の》終値, 引値, 引値. séance de ~ 閉会式.

clou n.m. **1** 釘；鋲, リベット《=~à rivet》. ~ à ardoise 屋根の瓦留め釘. ~ à crochet 折釘. ~ à tête plate (ovale) 平《丸》頭釘. tête (pointe) d'un ~ 釘の頭《尖端》. 〖比喩的〗compter les ~s de la porte 待ちくたびれる. enfoncer (planter) un ~ avec un marteau 金槌で釘を打ちこむ. 〖比喩的〗planter son ~ 腰を落ちつける. 〖比喩的〗Ça ne vaut pas un ~. 何の値打ちもない. 〖俗〗Des ~s! お生憎さま！
2 釘《鋲》の頭《=tête de ~》；釘《鋲》飾り.
3 〖活字〗caractères typographiques en têtes de ~s 釘の頭型の活字.
4 〖pl. で〗《鋲でマークした》横断歩道《= passage clouté》. prendre les ~s；traverser aux (dans les) ~s 横断歩道を渡る.
5 〖料理〗~ de girofle クローブ, 丁香《丁字の蕾を乾燥した調味料》.
6 〖話〗《催しの》呼び物, 目玉. le ~ de la fête 祭の呼び物.

7 〖医〗癤(せつ), ねぶと《=furoncle》；刺痛.
8 〖話〗ぼろ車《=mauvais véhicule》. un vieux ~ 古いおんぼろ車.
9 〖話〗質屋《=mont-de-pitié》. porter sa montre au ~ 腕時計を質屋に持ち込む.

clouté(e) a.p. **1** 鋲を打った, 飾り鋲をつけた. ceinture ~e 飾り鋲付きのベルト. chaussures ~es 鋲を打った靴. pneus ~s スパイク・タイヤ.
2 鋲型の金具を打ちこんだ. passage ~ 横断歩道.

clovisse n.f. 〖貝〗クロヴィス《地中海産のまるすだれ貝属 Vénus の二枚貝；はまぐりに似た食用貝》.

clown [klun] 〔英〕 n.m. **1** 《サーカスの》道化師, クルーン, クラウン, ピエロ, 〔古〕道化. ~ blanc 白面の道化師《ピエロ》. numéro de ~ ピエロの出し物.
2 〖比喩的〗道化者, おどけ者, ふざけ屋. faire le ~ おどける.

cloxacilline n.f. 〖薬〗クロキサシリン《メチルクロルフェニルイソキサゾリルペニシリン；イソキサゾル系合成ペニシリン》.

CLPC (=Commission des limites du plateau continental) n.f. 大陸棚境界問題委員会.

CLS (=contrat local de sécurité) n.m. 〖行政〗《国と地方公共団体との間に締結される》地方治安協約.

CLT (=Compagnie luxembourgeoise de télédiffusion) n.f. ルクセンブルク・TV 放送会社《旧 RTL》.

club¹ [klœb] 〔英〕n.m. **1** 同好会, クラブ. ~ alpin 登山クラブ, 山岳会. ~ d'automobile 自動車同好会《=automobile-~》. ~ de fans ファンクラブ《=fan-~》. ~ de livres 読書クラブ. le C~ français du Livre フランス書籍クラブ《書籍の通販グループ》. ~ sportif スポーツクラブ. aéro-~s 航空クラブ.
2 会員制クラブ；《特に》スポーツ・クラブ；協会, 連盟. l'Aéro-C~ de France フランス航空連盟《略称 ACF；1910 年設立》. l'Automobile-C~ de France フランス自動車連盟《略称 ACF；1899 年設立》. Jockey-C~ ジョッキー・クラブ《馬の品質改良・競馬管理の団体》. le Racing C~ de France レーシング・クラブ・ド・フランス《略称 RCF；1880 年設立のスポーツ協会》. le Tennis C~ de Paris パリ・テニス・クラブ《略称 TCP；1896 年設立》. le Yacht C~ de France フランス・ヨット・クラブ《1867 年設立》. C~ Méditerranée 地中海クラブ《フランスの観光開発・旅行会社；略称 C~ Méd.》.
3 《特定目的の》団体. ~ des Cent 百人クラブ《美食家 100 人の団体；1912 年設立；毎週木曜日に例会》. ~ gastronomique Prosper-Montagné プロスペール=モンタニュ美食クラブ《1949 年設立》.

4〖経済〗クラブ,グループ；結社.~ d'actionnaires (d'investissement) 株主(投資)クラブ(グループ). le C~ de Londres ロンドン・クラブ《債権者銀行グループ》. le C~ de Paris パリ・クラブ《対開発途上国主要債権国会議》. Le C~ de Paris rassemble dix-huit grands pays créanciers. パリ・クラブは18の主要債権国を集めている. le C~ de Rome ローマ・クラブ《世界の諸問題を検討する会員100人のグループ；1968年結成》.
5 政治結社(グループ) (=~ politique). ~ des Jacobins ジャコバン・クラブ《大革命下の政治結社；1951年結成の政治結社》. ~ de l'Horloge ロルロージュ・クラブ《1974年結成》. ~ Témoin テモワン (証人) ・クラブ《1992年結成の社会党系政治クラブ》.
6 (会員制の) クラブ；社交クラブ；懇話会. ~ de la presse 記者クラブ. inviter un ami à dîner au ~ クラブでの夕食に友人を招待する.〖古〗~ de nuit ナイト・クラブ (=boîte de nuit).
7〖話〗小人数の仲間. Bienvenue au ~! ようこそわれわれの仲間に.
8 革製のゆったりした安楽椅子 (=fauteuil ~).
9〖衣〗cravate ~ 斜めのストライプタイ.
club² [klœb]〖英〗*n.m.* (ゴルフの) クラブ (=crosse de golf) (bois ウッド, fer アイアン, putter パター). ~ à face ouverte スプーン (=spoon).
Club Med (=Club Méditerrannée) *n.m.* クラブ・メッド, 地中海クラブ《1950年設立の旅行クラブ》.
Cluny *n.pr.* **1** クリュニー《département de la Saône-et-Loire ソーヌ=エ=ロワール県の小郡庁所在地；市町村コード71250；大修道院の門前町；形容詞 clunysois(e)》. ancienne abbaye de ~ 旧クリュニー大修道院《910年創立のベネディクト会大修道院；1088-1150年に造営された付属聖堂は, ローマのサン=ピエトロ聖堂建立まで世界最大であった；一部残存》.
2 Hôtel de ~ [de Paris] (パリの) クリュニー館《旧クリュニー大修道院長邸；現 Musée national du Moyen Age-Thermes de ~ 国立中世=古代ローマ浴場博物館》.
clupéidés *n.m.pl.*〖魚〗鰊 (にしん) 科；鰊科の魚《hareng 鰊, alose アローズ, anchois アンチョビー, pilchard ピルシャール, sardine 鰯など；=clupéiformes》.
Clusif (=*C*lub de la *s*écurité des systèmes d'*i*nformation *f*rançais) *n.m.*〖情報処理〗フランス情報システム保安クラブ.
cluster bomb [英] *n.f.*〖軍〗クラスター爆弾, 集束爆弾《多くの小爆弾をまき散らす爆弾；=〖仏〗bombe à dispersion》.
CM¹ (=*c*oopérative-*m*anipulante) *n.f.* (シャンパーニュ酒の) 製造協同組合.
CM² (=*c*ycle *m*oyen) *n.m.* 中期課程《フランスの初等教育の第三段階；小学校の第4・第5学年で9-11歳児を対象. CM 1 中期課程第1年次と CM 2 中期課程第2年次から成り, それぞれ旧制度の第8学級 8ᵉ と第7学級 7ᵉ に相当》.
Cm (=*c*urium) *n.m.*〖化〗「キュリウム」の元素記号.
cm (=*c*entimètre) *n.m.* センチメートル (1/100メートル).
CM1 (=*c*ours *m*oyen première année) *n.m.* 初等教育中期課程第1年次.
CM2 (=*c*ours *m*oyen deuxième année) *n.m.* 初等教育中期課程第2年次.
cm² (=*c*entimètre carré) *n.m.* 平方センチメートル.
cm³ (=*c*entimètre cube) *n.m.* 立方センチメートル.
CMA¹ (=*C*ode *m*ondial *a*ntidopage) *n.m.* ドーピング防止世界法規.
CMA² (=*C*ompagnie *m*aritime d'*a*ffrètement) *n.f.* 海運傭船会社.
CMA³ (=*c*oncertation *m*aximale *a*dmissible) *n.f.* (放射線核種の) 最大許容濃度 (=[英] MPC: *m*aximum *p*ermissible *c*oncertation).
CMAO [sɛmao] (=*c*omposition *m*usicale *a*ssistée par *o*rdinateur) *n.f.* コンピュータ援用作曲.
CMD (=*c*irconscription *m*ilitaire de *d*éfense) *n.f.*〖軍〗防衛軍管区.
CMF (=*C*onseil des *m*archés *f*inanciers) *n.m.* 金融市場審議会《1996年7月2日創設；16名の委員から成り, フランスの金融市場の規制・監督を担当》.
CMFP (=*C*entre *m*ilitaire de *f*ormation *p*rofessionnelle) *n.m.* 職業軍人養成センター.
CMH (=*c*omplexe *m*ajeur d'*h*istocopatibilité) *n.m.*〖生化〗主要組織適合性複合体, 主要組織適合遺伝子複合体 (=[英] MHC: *m*ajor *h*istocopatibility *c*omplex).
CMI (=*c*oncertation *m*inimale *i*nhibitrice) *n.f.pl.*〖薬〗(薬剤の細菌に対する) 最少発育阻止濃度 (=[英] MIC: *m*inimum *i*nhibitory *c*oncertation).
CMIDF (=*C*ommandement *m*ilitaire de l'*I*le-*d*e-*F*rance) *n.m.*〖軍〗イール=ド=フランス軍管区司令部.
CMJN (=*c*yan, *m*agenta, *j*aune, *n*oir) (カラープリンター用インクの) 青緑色, 深紅色, 黄色, 黒色. mode ~ (カラープリンターの) シアン, マゼンタ, 黄色, 黒色インク方式.
CMM (=*C*entre *m*étéorologique *m*ondial) *n.m.*〖気象〗世界気象センター《Washington, Moscou, Melbourne の3カ所に設置された世界気象監視機関》.
CMOS (=[英] *c*omplementary *m*etal-*o*xide *s*emiconductor) *n.m.*〖電子〗相補型金属膜半導体, シーモス.

CMP¹ (=*c*ommission *m*ixte *p*aritaire) *n. f.*〖政治〗(国民議会と元老院が合同で設置する)両院同数合同委員会. ~ sur le projet de loi sur la famille 家族法案に関する両院同数合同委員会.

CMP² (=*c*oût *m*oyen *p*ondéré) *n.m.* 加重平均経費(コスト).

CMP³ (=*C*rédit *m*unicipal de *P*aris) *n.m.* パリ公益質店. vente aux enchères au ~ パリ公益質店の質流れ品競売.

CMR¹ (=le *C*amer*o*un) *n.m.* カメルーン(国名略記).

CMR² (=*c*ancérigène, *m*utagène, *re*protoxique) *a.*〖医〗発癌性・突然変異誘発性・毒物生成性の. substances ~ 発癌性・突然変異誘発性・毒物生成性物質.

CMR³ (=*c*ancérogènes, *m*utagènes et *r*eprotoxiques) *n.m.pl.*〖医・環境〗発癌物質, 突然変異誘発物質と生殖阻害有毒物質.

CMT¹ (=*c*ancer *m*édullaire de la *t*hyroide) *n.m.*〖医〗甲状腺髄膜様癌.

CMT² (=*c*hasseur de *m*ines *t*ripartite) *n.m.* 三国合同開発掃海艇(仏・白・蘭3国が共同で建造した掃海艇).

CMT³ (=*c*ommission *m*inistérielle de *t*herminologie) *n.f.* 省内用語委員会. ~ des techniques spatiales 宇宙技術用語委員会.

CMT⁴ (=*C*onfédération *m*ondiale du *t*ravail) *n.f.* 国際労働組合連合, 国労連(=〖英〗WCL:*W*orld *C*onfederation of *L*abour;1920年結成の国際キリスト教労働組合連合 CISC=*C*onfédération *i*nternationale des *s*yndicats *c*hrétiens の後身;第三世界中心の国際的労組組合組織;本部 Bruxelles).

CMU (=*c*ouverture *m*aladie *u*niverselle) *n.f.*〖社会保障〗普遍的医療保険制度(困窮者に無料で医療をうける道を開く制度).

CMV (=*c*yto*m*égalo*v*irus) *n.m.*〖医〗サイトメガロウイルス(ヘルペスウイルス科のウイルス;間質性肺炎や肝炎などをひきおこす). infection de ~ サイトメガロウイルス感染症. porteur de ~ サイトメガロウイルス保有者.

CMYK (=〖英〗*c*yan *m*agenta *y*ellow blac*k*) シアン(青)・マゼンタ(深紅色)・黄・黒(=〖仏〗CMJN:*c*yan *m*agenta *j*aune *n*oir).

Cn (=*c*umulo-*n*imbis) *n.m.*〖気象〗積乱雲.

CNAB (=*C*onfédération *n*ationale des *a*dministrateurs de *b*iens) *n.f.* 全国不動産管理者総連合.

CNAC¹ (=*C*entre *n*ational d'*A*rt *c*ontemporain) *n.m.* 国立現代芸術センター.

CNAC² (=*C*onseil *n*ational des *a*rts *c*ulinaires) *n.m.*〖料理〗フランス全国調理術評議会. la semaine du goût, parrainée par le ~ フランス全国調理術評議会後援の味覚週間(1989年 Jack Lang が創設, 著名料理人が小学校などに赴き, 料理を試食させることで知られる).

CNAC G. P. (=*C*entre *n*ational d'*a*rt et de *c*ulture Georges-Pompidou) *n.m.* 国立ジョルジュ=ポンピドゥー芸術文化センター(通称ポンピドゥー・センター;1977年開場. 内部に公共情報図書館 BNI, 国立近代美術館 MNAM, 工業デザインセンター CCI, 音響音楽調整研究所 IRCAM などがある).

CNAF (=*C*aisse *n*ationale des *a*llocations *f*amiliales) *n.f.* 国立家族手当金庫.

CNAH (=*C*entre *n*ational pour l'*a*mélioration de l'*h*abitat) *n.m.* 国立住居改善センター.

CNAL (=*C*omité *n*ational d'*a*ction *l*aïque) *n.m.* 非宗教活動全国委員会.

CNAM¹ (=*C*aisse *n*ationale d'*a*ssurance *m*aladie) *n.f.*〖社会保障〗国立疾病保険金庫.

CNAM² (=*C*onfédération *n*ationale de l'*a*rtisanat et des *m*étiers) *n.f.* 全国手工業・工芸連盟(1913年創設).

CNAM³**, Cnam** (=*C*onservatoire *n*ational des *A*rts et *M*étier) *n.m.* 国立工芸保存院(1794年創立のグランド・エコール. 本部 Paris;地方に55のセンターがある. パリには工芸博物館併設).

CNAMS (=*C*onfédération *n*ationale de l'*a*rtisanat, des *m*étiers et des *s*ervices) *n.f.* 全国家内工業・工芸・サービス業総連合(1945年創設).

CNAMTS, Cnam-TS (=*c*aisse *n*ationale d'*a*ssurance *m*aladie des *t*ravailleurs *s*alariés) *n.f.*〖社会保障〗国立賃金労働者健康保険金庫.

CNASEA, Cnasea (=*C*entre *n*ational pour l'*a*ménagement des *s*tructures des *e*xploitations *a*gricoles) *n.m.* 国立農業経営構造整備研究所(1965年設立).

CNAV (=*C*aisse *n*ationale d'*a*ssurance *v*ieillesse) *n.f.* 国立老齢保険金庫.

CNAVPL (=*C*aisse *n*ationale *a*utonome d'*a*ssurance *v*ieillesse des *p*rofessions *l*ibérales) *n.f.* 全国自由業老齢保険自主金庫.

CNAVTS (=*C*aisse *n*ationale d'*a*ssurance *v*ieillesse des *t*ravailleurs *s*alariés) *n.f.*〖社会保障〗国立賃金労働者養老保険金庫.

CNB (=*C*aisse *n*ationale des *b*anques) *n.f.* 国立銀行金庫(1982年, 銀行の国有化に伴う債務処理の目的で設立).

CNBF (=*C*aisse *n*ationale des *b*arreaux *f*rançais) *n.f.* フランス弁護士全国金庫(弁護士の老齢退職年金制度;民間).

CNC¹ (=*C*ompagnie *n*ouvelle des *c*onteneurs) *n.f.* コンテナー輸送新社(フランス国鉄グループ).

CNC² (=〖英〗*C*omputer *N*umeric[al] *C*ontrol) *n.f.* コンピュータ数値制御(=

[仏] comande numérique par ordinateur).

CNC[3] (=Conseil national de la consommation) *n.m.* 消費問題全国審議会《1983年創設の消費問題諮問機関》.

CNC[4] (=Centre national de la cinématographie) *n.m.* 国立映画センター. Archives de film du ~ 国立映画センター付属フィルム保存館.

CNCA[1] (=Caisse nationale du crédit agricole) *n.f.* 国立農業貸付金庫.

CNCA[2] (=Conseil national de la Communication audiovisuelle) *n.m.* 視聴覚通信国家審議会.

CNCCFP (=Commission nationale des comptes de campagnes et des financements politiques) *n.f.* 選挙運動会計および政治資金に関する国の委員会《1990年設立の独立行政機関》.

CNCDH (=Commission nationale consultative des droits de l'homme) *n.f.* 人権問題全国諮問委員会.

CNCE (=Centre national du commerce extérieur) *n.m.* 国立対外貿易センター.

CNCIS (=Commission nationale de contrôle des interceptions de sécurité) *n.f.* 治安目的の電話盗聴管理国家委員会.

CNCL (=Commission nationale de la communication et des libertés) *n.f.* コミュニケーション・自由に関する国家委員会.

CNCM (=Comité national de liaison et d'action des classes moyennes) *n.m.* 中産階級連絡行動全国委員会《1946年創設. 中小企業・職人・農業・自由業の組織》.

CNCP (=Confédération nationale des caves particulières) *n.f.* フランス個人経営葡萄酒店総連合.

CNCT (=Comité national contre le tabagisme) *n.f.* フランス・タバコ中毒対策委員会.

CNCV (=Confédération nationale des coopératives vinicoles) *n.f.* 全国葡萄酒生産協同組合総連合《1932年発足》.

CND[1] (=commande numérique directe) *n.f.* 直接数値制御, コンピュータ統括制御 (=〔英〕DNC : direct numerical control).

CND[2] (=contrôle non destructif) *n.m.* 〖工〗非破壊試験管理.

CNDC (=Centre national de danse contemporaine) *n.f.* 国立現代ダンス・センター.

CNDP (=Centre national de documentation pédagogique) *n.m.* 国立教育資料センター.

CNDS (=Commission nationale de déontologie de la sécurité) *n.f.* 治安倫理に関する国の委員会《2000年設立の独立行政機関》.

CNDT (=Centre national de documentation sur la toxicomanie) *n.m.* 国立禁止薬物依存症資料センター《Université de Lyon-II内》.

CNE[1] (=Caisse nationale de l'énergie) *n.f.* 国立エネルギー金庫.

CNE[2] (=Comité national d'éthique) *n.m.* 〖医〗国の医学倫理委員会.

CNE[3] (=Comité national d'évaluation des universités) *n.m.* 全国大学評価委員会《1984年1月サウアリ法 loi Savary により設立 ; 1985年5月発足 ; 委員17名. 任期4年》.

CNE[4] (=contrat nouvelle(s) embauche(s)) *n.m.* 〖労働〗新規雇用契約《2005年8月導入の雇用促進措置 ; 契約期間に制限はないが, 当初の2年間は契約解除の理由を表明することなく短期間の予告と賃金の8％の補償を支払えば解除可能の契約 ; 適用されるのは従業員20人以下の私企業》.

CNEA (=Comité national pour l'éducation artistique) *n.m.* 美術教育促進全国委員会《1966年設立》.

CNEARC, Cnearc (=Centre national d'études agronomiques des régions chaudes) *n.m.* 国立熱帯地方農業研究所《1902年 Montpellier に設立》.

CNED, Cned (=Centre national d'enseignement à distance) *n.m.* 国立通信教育センター.

CNEEL (=Centre national d'essais éoliens) *n.m.* 国立風力実験センター《ブルターニュ地方 la Bretagne の Lannion (市町村コード 22300) にある》.

CNEF (=Centre national d'etudes et de formation) *n.m.* （フランス国家警察の）国立研究教育センター（=~ de la police nationale).

CNERNA (=Centre national d'études et de recherches sur la nutrition et l'alimentation) *n.m.* 国立栄養食品研究所.

CNERP (=Conseil national des économies régionales et de la productivité) *n.m.* 地方経済・生産性全国評議会.

Cnerta (=Centre national d'études et de recherches en technologies avancées) *n. m.* 国立先端技術研究センター（在 Dijon).

CNES [knɛs] (=Centre national d'études des spatiales) *n.m.* 国立宇宙研究所《1961年設立 ; 本部 Paris). Centre spatial de Toulouse (CST) du ~ 国立宇宙研究所のトゥールーズ宇宙センター. Site de Kourou du ~ 国立宇宙研究所のクール・ロケット打上センター.

CNESER (=Conseil national de l'enseignement supérieur et de la recherche) *n. m.* 高等教育及び研究に関する国家評議会《文相主宰》.

CNESS (=Centre national d'études supérieures de sécurité sociale) *n.m.* 国立高等社会保障センター《1960年設立 ; 在 Saint-Etienne》.

Cnet (=Centre national d'études des

*t*élécommunications) *n.m.* 国立遠距離通信研究所《1944 年創設の電信・電話・TV 等の各種通信分野の研究所；2003 年 3 月入り France Télécom Recherche & Développement に改組》.

Cneva (=*C*entre *n*ational d'*é*tudes *v*étérinaires et *a*limentaires) *n.m.* 国立獣医学・飼料研究所.

CNEXO (=*C*entre *n*ational d'*e*xploitation des *o*céans) *n.m.* 国立海洋開発センター《1984 年 ISTPM (*I*nstitut *s*cientifique et *t*echnique des *p*êches *m*aritimes) 海洋漁業科学技術研究所》と合併して IFREMER (*I*nstitut *f*rançais de *r*echerche pour l'*e*xploitation de la *m*er フランス海洋開発研究所)に改組；本部 Paris》.

CNFF[1] (=*C*entre *n*ational de *f*ormation *f*orestière) *n.m.*〖林業〗国立営林署員養成センター《国立営林局 ONF に所属》.

CNFF[2] (=*C*omité na*i*onal pour le *f*lorissement de la *F*rance) *n.m.* フランス花一杯運動推進全国委員会.

CNG (=*C*entre *n*ational de *g*énotypage) *n.m.* 国立ゲノム解読センター.

CNHIM (=*C*entre *n*ational *h*ospitalier d'*i*nformation sur le *m*édicament) *n.m.*〖医〗国立病院医療品情報センター.

CnHm *n.m.pl.*〖化〗未飽和芳香族炭化水素 (=carbures d'hydrogène non saturé et aromatique) (C は炭素, H は hydrogène 水素, n と m は整数).

CNI[1] (=*C*aisse *n*ationale de l'*i*ndustrie) *n.f.* 国立産業金庫《1982 年，企業の国有化に伴う債務処理のために設立》.

CNI[2] (=*C*entre *n*ational des *i*ndépendants et paysans) *n.m.* 独立派・農民全国センター《CNIP とも略記；1949 年創立の保守系政党》.

CNID (=*C*omité *n*ational d'*i*nformation sur la *d*rogue) *n.m.* 麻薬情報国家委員会.

CNIDF (=*C*entre *n*ational d'*i*nformation sur les *d*roits des *f*emmes) *n.m.* 国立女性の権利情報センター《1982 年設立，在 Paris；1986 年 CNIDFF となる》.

CNIDFF (=*C*entre *n*ational d'*i*nformation sur les *d*roits des *f*emmes et des *f*amilles) *n.m.* 国立女性と家族の諸権利に関する情報センター《1986 年 CNIFF を改編；114 の地方支部 CIDFF (*c*entre d'*i*nformation sur les *d*roits des *f*emmes et des *f*amilles) と 15 の地方連合 URACIF (*u*nion *r*égionale des *a*ssociations et *c*entres d'*i*nformation et de documentation des *f*emmes et des *f*amilles) がある》.

cnidoblaste *n.m.*〖動〗刺胞芽細胞 (=nématoblaste).

cnidocyste *n.m.*〖動〗刺胞 (=nématocyte).

Cniel (=*C*entre *n*ational *i*nterprofessionnel de l'*e*conomie *l*aitière) *n.m.* 全国乳業経済関連産業センター《1974 年創設》.

CNIL (=*C*ommission *n*ationale de l'*i*nformatique et des *l*ibertés) *n.f.* 情報処理と自由に関する国家委員会《プライヴァシーの保護を目的に 1978 年 1 月 6 日の法律により設置された情報処理管理委員会》.

CNIP (=*C*entre *n*ational des *i*ndépendants et *p*aysans) 独立派と農民の全国センター《1949 年設立の政治団体》.

CNIPE (=*C*entre *n*ational d'*i*nformation pour la *p*roductivité des *e*ntreprises) *n.m.* 企業の生産性に関する国立情報センター《1968 年設立》.

Cnir (=*C*entre *n*ational d'*i*nformation *r*outière) *n.m.* 全国道路情報センター《在 Rosny-sous-Bois；通称 Bison Futé》.

CNIT (=*C*entre *n*ational des *i*ndustries et *t*echniques) *n.m.* 国立工業技術センター《パリ西郊デファンス Défense 地区に 1958 年創設》.

CNJA (=*C*entre *n*ational des *j*eunes *a*griculteurs) *n.m.* 全国青年農民センター《1961 年設立の組合組織》.

CNL (=*C*onfédération *n*ationale de *l*ogement) *n.f.* 全国住居連合《1916 年設立. 機関誌 *Logement et Famille* を発行》.

CNLC (=*C*ommission *N*ationale des *L*abels et *C*ertifications) *n.f.* 国家ラベル保証委員会《ラベル・ルージュ label rouge の認証を管理する国の組織》.

CNMCCA (=*C*onfédération *n*ationale de la *m*utualité, de la *c*oopération et du *c*rédit *a*gricole) *n.f.* 全国農業共済組合・農業協同組合・農業金庫連合.

CNMHS (=*C*aisse *n*ationale des *m*onuments *h*istoriques et des *s*ites) *n.f.* 国立歴史的建造物・風致地区保存基金《1914 年設立，本部パリの Hôtel de Sully》.

CNMO (=*c*ommande *n*umérique de *m*achines-*o*utils) *n.f.* 工作機械数値制御 (=〖英〗NCMT：*n*umerical *c*ontrol for *m*achine *t*ools).

CNN (=〖英〗*C*able *N*ews *N*etwork) *n.m.*〖放送〗ケーブル・ニュース・ネットワーク《1980 年に設立されたアメリカのニュース専門 TV 放送会社》.

CNOSF (=*C*omité *n*ational *o*lympic et *s*portif *f*rançais) *n.m.*〖スポーツ〗フランス・オリンピック・スポーツ全国委員会.

CNOUS (=*C*entre *n*ational des *œ*uvres *u*niversitaires et *s*colaires) *n.m.* 国立学生・生徒厚生センター，クヌース《学生生活の条件改善を目的に 1955 年設立. 各学区 académie ごとに 1 ヵ所の地方センター CROUS (クルース) がある》.

CNP (=*C*onseil *n*ational *p*alestinien) *n.m.* パレスチナ国家評議会《1964 年創設》.

CNPF (=*C*onseil *n*ational du *p*atronat *f*rançais) *n.m.*〖経済〗フランス経営者全国評議会《1998 年 10 月 27 日 le MEDEF (Medef) = *Mouvement des entreprises de France* フランス企業運動に改称). ~ International フランス経営者全国評議会国際部. (1990年創立).

CNPN (= *Centre national pour la protection de la nature*) *n.m.* 国立自然保護センター.

CNPSY (= consultation *neuro-psychiatre*) *n.f.* 〖医〗神経・精神科医による診察〔料〕.

CNR[1] (= *Centre national de référence*) *n.m.* 〖保健行政〗(感染症に関する) 国立照会センター.

CNR[2] (= *Conseil national de la Résistance*) *n.m.* 全国レジスタンス評議会 (1943年ジャン・ムーラン Jean Moulin が創設したレジスタンスの全国組織).

CNRPA (= *Comité national des retraités et personnes âgées*) *n.m.* 退職者・老齢者に関する国の委員会 (労働省所管).

CNRS (= *Centre national de la recherche scientifique*) *n.m.* 国立学術研究センター, セーエヌエルエス 《国立の学術研究機構; 1939年創設》 物理・数学, 核物理学, 工学, 宇宙科学, 化学, 生命科学, 人間・社会科学の7部門をもつ).

CNS (= *Conseil national de sécurité*) *n.m.* (アメリカの)国家安全評議会 (=[英] NSC: *National Security Council*).

CNSF (= *Confédération nationale des salariés de France*) *n.f.* フランス賃金労働者全国連盟.

CNSS[1] (= *Caisse nationale de sécurité sociale*) *n.f.* 国立社会保障金庫.

CNSS[2] (= *Comité national de la sécurité sanitaire*) *n.m.* 保健衛生の安全保障に関する国の委員会.

CNSS[3] (= *Conseil national de la sécurité du sang*) *n.m.* 血液の安全に関する国の評議会 (2003年 CCERS (*Comité consultatif d'experts sur la réglementation du sang*) 「血液の規制に関する専門家諮問委員会」と合併).

CNTE (= *Centre national de télé-enseignement*) *n.m.* 国立放送教育センター.

CNTS (= *Centre national de transfusion sanguine*) *n.m.* 国立輸血センター.

CNU (= *Conseil national des universités*) *n.m.* 全国大学評議会.

Cnuc (= *Commission nationale d'urbanisme commercial*) *n.f.* 全国商業都市計画委員会.

CNUCED (= *Conférence des Nations unies sur le commerce et le développement*) *n.f.* 国連貿易開発会議 (=[英] UNCTAD: *United Nations Conference on Trade and Development*).

CNUDCI (= *Commission des nations unies pour le droit commercial international*) *n.f.* 国連国際商法委員会.

CNUED, Cnued (= *Conférence des Nations unies sur l'environnement et le développement*) *n.f.* 〖環境〗国連環境開発会議 (=[英] UNCED: *United Nations Conferance on Environment and Developpement*).

CNUSTED (= *Conférence des Nations unies pour la science et la technique*) *n.f.* 国連科学技術会議.

CNV (= *Centre national du volontariat*) *n.m.* 全国奉仕活動センター (1974年設立; 本部 Paris).

CNVA (= *Conseil national de la vie associative*) *n.m.* 協会活動に関する全国評議会 (首相の諮問機関).

CO (= *monoxyde de carbone*) *n.m.* 一酸化炭素.

Co (= *cobalt*) *n.m.* 〖化〗「コバルト」の元素記号.

CO₂ (= *bioxyde de carbone*) *n.m.* 二酸化炭素; 炭酸ガス (= *gaz carbonique*).

COA (= *Centre opérationnel des armées*) *n.m.* 〖軍〗統合作戦センター.

CoA (= *coenzyme A*) *n.m.(f.)* 〖生化〗補酵素 A.

coaccusé(e) *n.* 〖法律〗共同被告.

coach [kotʃ] [英] *n.m.* **1** 〖自動車〗2 ドア4人乗り乗用車. **2** 〖スポーツ〗コーチ (= entraîneur).

coacquéreur(se) *n.* 共同取得者.

coadministrateur(trice) *n.* 共同管理者.

coagulable *a.* 凝固し得る, 凝結し得る. liquides organiques ~s 凝結し得る有機液体.

coagulant(e) *a.* 凝固させる, 凝結させる; 凝固性の. substance ~ e 凝固物質.
── *n.m.* 凝固剤, 凝結剤; 収斂剤, 凝血薬, 止血薬. ~ du lait 牛乳の凝固剤.

coagulateur(trice) *a.* 凝固を生む, 凝結を生む.

coagulation *n.f.* **1** 〖化〗凝固, 凝結. ~ du sang, ~ sanguine 血液の凝固. temps de ~ 凝固時間.
2 〔比喩的〕(感情・興味などの)凝固, こり固まり.

coalisé(e) *a.p.* 連合 (連携, 連立, 提携, 同盟) した. les puissances ~es 連合強大国, 連合国 (= les ~ s).

coalisés *n.m.pl.* 連合国, 有志同盟国.

coalition *n.f.* **1** 一体化, 合体; (国家, 政党などの)同志連合, 連立; 同盟; 提携. ~ électorale 選挙連合. 〖軍〗 forces de ~ 同志連合軍, 連合国軍. ~ politique 政治的の連合. gouvernement de ~ 連立内閣. forces multinationales de ~ 多国籍同志連合軍, 連合国軍. ~ des volontaires 有志連合 (特に 2003年のイラク戦争でアメリカを支持した「有志連合」を la ~ と表記することがある).

2 (選挙, 議会活動, 職業活動などにおける) 団結；協定. ~ ouvrière 労働者の団結. ~ patronale 使用者の団結. Le délit de ~ a été abrogé en 1864. 団結違反罪は1864年に廃止された.
3 〔比喩的・しばしば蔑〕談合, 共謀行為. ~ des intérêts 利益を目的とする談合.

coaltar [kɔltar] 〔英〕 *n.m.* コールタール (=〔仏〕goudron de houille). 〔比喩的〕être dans le ~ 精神が朦朧としている, 狼狼している.

coaptation *n.f.* **1** 〖医〗(傷の) 癒合；(骨の) 接合, 接骨. ~ de deux extrémités articulaires luxées 脱臼した関節の接合. ~ d'un os fracturé 骨折した骨の接合, 接骨.
2 〖生〗接着, 接合.

coapteur *n.m.* 〖医〗骨接合副子.

coarctation *n.f.* 〖医〗縮窄症. ~ de l'aorte 大動脈縮窄症.

coassocié(e) *n.* 共同事業者.

coassurance *n.f.* 〖保険〗共同保険.

coauteur *n.m.* **1** 共著者. **2** 〖法律〗共犯者, 共同正犯. ~ d'un délit 軽罪共同正犯.

coaxial(ale) (*pl.* **aux**) *a.* 同軸の. 〖音響・通信〗câble ~ 同軸ケーブル. 〖航空〗hélices ~ales 同軸反転プロペラ.

COB (= Commission des opérations de Bourse) *n.f.* 証券取引所取引委員会 (1967年設立).

cobalt [kɔbalt] *n.m.* **1** 〖化〗コバルト (元素記号 Co；原子番号 27；原子量 58.9332).
2 〖金属〗コバルト (銀白色の展性金属, 密度 8.9, 融点 1495℃, 沸点 2900℃). 〖鉱〗~ arséniacal 砒コバルト鉱 (= ~ d'acier). 〖顔料〗~ d'outremer コバルト・ウルトラマリン. 〖鉱〗~ gris 輝コバルト鉱 (=cobaltite, cobaltine). ~ métal 金属コバルト. 〖医〗~ radioactif 放射性コバルト (= ~ 60). ~ 60 コバルト 60, 放射性コバルト. alliage au ~ コバルト合金. arséniure de ~ コバルト砒素化合物；呉須(ごす)〖青色染料, safre〗. 〖顔料・絵具〗bleu de ~ コバルト・ブルー. 〖鉱〗minerai de ~ 鉱 (=cobaltite, cobaltine). 〖顔料・絵具〗vert de ~ コバルト・グリーン.

cobaltage *n.m.* コバルト・メッキ〔加工〕.

cobaltine *n.f.* 〖鉱〗輝コバルト鉱 (=cobaltite).

cobaltothérapie, cobalthérapie *n.f.* 〖医〗コバルト照射療法.

cobaye [kɔbaj] 〔南米インディアン〕 *n.m.* **1** 〖動・医〗モルモット, 天竺鼠. **2** 〔話〕実験台 (人).

cobée, cobéa, cobæa [kɔbea] *n.m.* 〖植〗コベア (ハナシノブ科, 熱帯アメリカ原産の蔓性植物).

cobelligérant(e) *a.* (共通の敵と) 共同して戦う. Pays ~ ； nation ~ *e* 共同戦国.

—*n.* (正式に同盟を結ばない) 共戦国 (= pays ~).

Coblence 〔独〕 *n.pr.* コーブレンツ (〔独〕 Koblenz).

COBOL, cobol (= 〔英〕 Common Business Oriented Language [kubɔl]) *n.m.* 〖情報処理〗コボル (事務用データ処理のための共通プログラム言語).

coboliste (<Cobol コボル, プログラム言語) *n.* コボル専門家, プログラマー (= programmeur).

coca *n.m.(f.)* 〖植〗コカ. vin de ~ コカ酒.
—*n.f.* 〖薬〗コカ (乾燥したコカの葉から抽出した物質；コカインを含み, 刺激剤などに用いる).

cocagne *n.f.* **1** 〖民俗〗mât de ~ マ・ド・コカーニュ, 宝棒 (上端部に景品類をつけた高い棒).
2 〔比喩的〕安楽, 満足 (=jouissance). pays de ~ 桃源郷, 理想の楽園. vie de ~ 満ち足りた安穏な生活.

cocaïer *n.m.* 〖植〗コカの木 (=coca).

cocaïne *n.f.* 〖化〗コカイン (コカノキ cocaの葉から抽出されるアルカロイド ($C_{17}H_{21}NO_4$)) ；〖薬〗コカイン (コカインのアルカロイド系医薬品；麻酔薬；習慣性の強い興奮剤として麻薬・禁止薬物に指定). sel de ~ コカイン塩酸塩. sulfate de ~ 硫酸コカイン. utilisation thérapeutique du chlorhydrate de ~ 塩酸コカインの治療薬としての利用.

cocaïnisation *n.f.* 〖医〗コカイン利用療法.

cocaïnisme *n.m.* 〖医〗コカイン中毒.

cocaïnomane *n.* コカイン常習者, コカイン中毒者, コカイン中毒患者.

cocaïnomanie *n.f.* コカイン中毒.

cocci [kɔksi] *n.m.pl.* 〖生〗コッカス (coccus), 球菌 (単数は coccus).

coccidie [kɔksidi] *n.f.* 〖獣医〗コクシジウム (脊椎や椎間の上皮細胞に麻痺を起こす胞子虫).

coccidiose [kɔksidioz] *n.f.* 〖獣医〗コクシジウム症 (コクシジウム coccidie による家畜の伝染病).

coccinelle [-ksi-] *n.f.* **1** 〖昆虫〗てんとう虫 (=bête á bon Dieu).
2 〖自動車〗てんとう虫 (小型フォルクスワーゲン車の俗称；〔英〕beetle).

coccobacille *n.m.* 〖細菌〗球桿菌.

coccus [kɔkys] (*pl.* ~, または ***cocci***) *n.m.* 〖生〗コッカス, 球菌 (通常は *pl.* の coccus を使用).

coccygien(ne) [kɔksizjɛ̃, -ɛn] *a.* 〖解剖〗尾骨の, 尾骶骨の；尾骨部の. vertèbres ~nes 尾骶椎骨.

coccygodynie *n.f.* 〖医〗尾骨痛.

coccyx [kɔksis] *n.m.* 〖解剖〗尾骨, 尾骶 (びてい) 骨. résection du ~ 尾骨切除〔術〕.

coché(e) *a.p.* 印をつける. motif ~ dans la liste リスト上でチェックをする理由.

nom ~ sur une liste リスト上で印をつけた名前.
cochenille *n.f.* **1**〖昆虫〗コシュニーユ, えんじ虫;〖一般に〗貝殻虫. **2**〖色素〗コチニール, 臙脂(えんじ)(えんじ虫を乾燥してつくるえんじ色の色素).
cochléaire [kɔkleɛr] *a.*〖解剖〗蝸牛(かぎゅう)〖状〗の. implant ~ (耳の)人工蝸牛, 蝸牛移植組織片. noyaux ~s 蝸牛核(髄脳にある聴覚を司る神経核).〖解剖〗organe ~ (内耳の)蝸牛.
——*n.f.*〖植〗ともしりそう.
cochléanien(*ne*) *a.*〖解剖〗(内耳の)蝸牛の. implant~ 人工蝸牛(=oreille artificielle 人工耳).
cochléo-vestibulaire *a.*〖解剖〗蝸牛・前庭の. nerf ~ 蝸牛前庭神経, 聴覚神経.
cochon(*ne*) *n.* **1** 豚, コション(コションヌ)(porc「豚」の通称;牡豚は truie「牝豚」ともいう;(特に)cochon は去勢した食肉用牡豚で verrat「種〖牡〗豚」の対). femelle du ~ 牝豚(=cochonne). ~ de lait 乳飲み豚, 仔豚(生後 2 カ月未満).〖料理〗~ de lait rôti entier 乳飲み豚のロースト.〖料理〗blanquette de ~ de lait 乳飲み豚肉のブランケット. repas du ~(de la saint-cochon);régal de ~ 豚肉大饗宴(クリスマス, 謝肉祭などの豚肉づくしの祝宴). viande de ~.
élever (engraisser) des ~s 豚を飼育(肥育)する.〖比喩的〗avoir une tête de ~ たちが悪い;頑固である, 意地張りである. avoir des yeux de ~ 寄った小さな目をしている. comme un ~ 豚のように. gros (gras) comme un ~ 豚のように太った. manger comme un ~ がつがつ食い散らかす. être copains (amis, camarades) comme des ~s とても親しい仲間(友達)である. C'est donner des perles (de la confiture) aux ~s. 豚に真珠をやるようなものだ.
2 豚肉(=viande de ~).〖料理〗fromage de ~ 豚の煮こごり.〖料理〗pieds de ~ 豚足〖料理〗.
3(他の動物の俗称)~ cuirassé アルマジロ(=tatou). ~ d'Amérique ペッカリ(=pécari). ~ d'eau カピバラ(=cabiai). ~ de fer やまあらし(=porc-épic). ~ d'Inde てんじくねずみ(=cobaye). ~ de mer ねずみイルカ(=marsouin). ~ marin あざらし(=phoque).
——*a.*〖話〗(人が)汚い, いけ好かない, いやな;〖話などが〗下卑た. film ~ ポルノ映画. histoire ~*ne* 猥談. C'est pas ~. 悪くないね;見事だ.
——*n.*〖話〗汚い人間;(特に)卑劣漢. Quel ~!何てひどいやつだ!〖比喩的〗temps de ~ 最悪の天候. travail de ~ ぞんざいな仕事. jouer un tour de ~ à *qn* 人に汚い手を使う. C ~ qui s'en dédit! 武士に二言はなし.

cochonnaille *n.f.*〖話〗〖多く *pl.*〗豚肉(=viande de porc);豚肉製品(=charcuterie).
cochonnet *n.m.* **1**〖稀〗小豚(=porcelet). **2**〖球戯〗コショネ(ペタンクの標的小球). **3** 小さい繰型用引板.
cocker [kɔkɛr]〖英〗*n.m.*〖動〗コッカー犬.
cockpit [kɔkpit]〖英〗*n.m.* **1**〖海〗(ヨットの)コックピット, 操縦室. **2**(航空機の)コックピット, 操縦室(=habitacle du pilot, cabine de pilotage).
cocktail [kɔktɛl]〖英〗**1**〖飲料〗カクテル. ~ au whisky ウィスキー入りカクテル. ~ maison 店の自慢のカクテル. **2**〖料理〗カクテル(グラスに盛りつけた海老と生野菜の冷たい前菜). ~ de crevettes 小海老のカクテル.
3 カクテルパーティー(=coquetèle). robe de ~ カクテルドレス. être invité à un ~ カクテルパーティーに招かれる.
4〖比喩的〗混淆. ~ de tradition et de modernisme 伝統と近代趣味の混淆.
5 ~ Molotov カクテル・モロトフ, 火炎瓶(=projectile incendiaire).
6〖医〗anesthésie ~ カクテル麻酔.
coco¹ *n.m.* **1** ココ椰子(cocotier)の実, ココナッツ(=noix de ~). beurre de ~ ココナッツバター. eau de ~ ココナッツ汁(=lait de ~). fibre de noix de ~ ココナッツ繊維, コイア(=coir)(ロープ, 工芸品用). gâteau à la noix de ~ ココナッツケーキ. huile de ~ 椰子油(食用, 石鹸用(=huile de coprah)).
2 ココナッツ繊維(=fibre [de la noix] de ~). tapis en ~ ココナッツ繊維の敷物.
3〖古〗甘草水(かんぞうすい)(甘草 réglisse ジュースの水割り).
coco² *n.f.*〖話〗コカイン(cocaïne);コーク(coke).
coco³ *n.m.* **1**〖擬音・児童語〗たまたま(卵 œuf).
2〖愛称〗坊や(女児は cocotte). mon petit ~ おちびちゃん.
3〖*pl.* で〗〖植〗ココ豆(卵型の実の白隠元の品種).
coco⁴ *n.m.*〖話・蔑〗奴(やつ);変な奴. drôle de ~ 変な奴(=joli ~).
coco⁵ *n.*〖話〗共産党員(=communiste).
COCOM [koukɑm] (=〖英〗Coordination Committee for Export Control to Communist Area) *n.m.* ココム, 対共産圏輸出規制委員会(1949 年設立, 西側先進 17 カ国加盟, 本部 Paris;1994 年 3 月 31 日廃止).
cocon *n.m.* **1** 繭(まゆ), ~ de ver à soie 蚕の繭.
2 繭状のもの, 卵囊. ~ d'araignée 蜘蛛の卵囊.

3〔比喩的〕安全で快適な場所. vivre dans un ~ 自分の殻に閉じこもる.

Cocona(=*C*omité de *coo*rdination *nord-at*lantique) *n.m.* 北大西洋調整委員会, 北大西洋協力評議会, ナックシー（=〔英〕NACC：*N*orth *A*tlantic *C*ooperation *C*ouncil；1991年12月設立）.

co〔-〕**contractant**(*e*) *a.*〔法律〕契約の相手方となる, 共同契約をする.
——*n.* 契約の相手方, 共同契約者.

cocorico〔擬声音〕*n.m.* **1** コケコッコー（雄鶏の鳴き声）.
2 ココリコ（熱狂的なフランス愛国者）. les ~s qui ont salué la victoire de l'équipe de France フランス・チームの勝利を祝福したココリコたち.

cocosoïdées *n.f.pl.*〔植〕ココ椰子亜科〔植物〕(cocotier ココ椰子など).

cocotier *n.m.*〔植〕ココ椰子の木（arécacées 檳榔子科：果実は noix de coco「ココ椰子の実」）.〔比喩的〕secouer le ~ 老人や生産性の低い人を排除する.

cocotte¹ *n.f.* **1**〔幼児語〕こっこ（牝鶏）. ~ en papier 折り紙のめんどり.
2〔話〕ココット（女性に対する愛称）. Ma petite ~. 可愛いおまえ.
3〔古〕尻軽女；妾. sentir la ~ 安香水の匂いがする.
4〔馬術〕Hue, ~! どーどー（牝馬に対し）.
5〔服〕とさか型縁飾り.
6〔医〕〔話〕ものもらい, 眼瞼炎（=blépharite）.
7〔獣医〕アフタ熱（=fièvre aphteuse）.

cocotte² *n.f.*（蒸焼き用の）蓋付両手鍋, ココット. ~ en fonte 鋳物のココット.〔商標〕~-minute 圧力鍋.〔料理〕〔同格〕œufs ~ ウー・ココット（温泉卵風なので卵）.〔料理〕poulet [en] ~ 鶏の蒸焼き料理.

cocotte-minute(*pl.* ~**s**-~)（< ~-*M*~, 商標）*n.f.* **1** ココット・ミニュット, 圧力鍋（=auto-cuiseur）. **2**（ショート専門の）売春婦.

Cocovinu（=*C*ommission de *co*ntrôle, de *v*érification et d'*in*spection des *N*ations *u*nies）*n.f.* 国連監視検査察委員会（=〔英〕UNMOVIC：*U*nited *N*ations *M*onitoring, *V*erification and *I*nspection Commission；イラクの大量破壊兵器の査察のため1999年設置）. Hans Blix, président exécutif de la ~ 国連監視検査察委員会（国連査察団）委員長ハンス・ブリックス（スウェーデンの政治家[1928-]；外相[1978-79]；国際原子力機関AIEA事務局長[1981-97]；2000年 Cocovinu の委員長に就任, 2003年6月辞任）.

cocu(*e*) *n.* **1** *n.m.*〔俗〕コキュ, 女房を寝取られた男, 間男された亭主. ~ en herbe コキュになりそうな亭主. ~ en gerbe 女房を寝取られた男.〔比喩的〕avoir une chance (veine) de ~ 運がよい.
2 *n.f.*〔稀〕夫を寝取られた女性.
3〔比喩的〕だまされた.
——*a.* 妻（夫）を寝取られた；だまされた.

COD¹（=*C*entre *o*pérationnel de *d*éfense）*n.m.*〔軍〕（各省庁合同の）防衛作戦センタ.

COD²〔=〔英〕*C*hemical *O*xygen *D*emand〕*n.f.* 化学的酸素要求量（=〔仏〕DCO：*d*emande *c*himique en *o*xygène）.

COD³ [seode]（=*c*omplément d'*o*bjet *d*irect）*n.m.*〔文法〕直接目的補語.

CODA（=*C*entre *o*pérationnel de la *d*éfense *a*érienne）*n.m.*〔軍〕防空作戦センター.

codage *n.m.*〔情報処理〕コード化, 符号化, 記号化（=encodage）.

code *n.m.* **1** 法令集, 法典. ~ de Justinien ユスティニアヌス法典（le *C*~ とも言う）. ~ civil（pénal）民法（刑法）典. ~ de commerce 商法典. ~ du travail 労働法典, 労働基準法. ~ électoral 選挙法典, 公職選挙法. ~ général des impôts 総合租税法典. ~ Napoléon ナポレオン法典.
2 法律, 法令. ~ de la nationalité 国籍法（民法典の一部）. ~ de la route 道路交通法. apprendre le ~（自動車運転免許取得のために）法規を学ぶ. passer l'épreuve du ~（運転免許の）筆記試験. ~ de la route（自動車の）下向き前照灯（単に ~（*s*）とも言う）. C'est dans le ~. それは合法だ.
3 規範, 規則, 作法. ~ de l'honneur 名誉のおきて. ~ de la politesse 礼儀作法. ~ de [bonne] conduite（企業などの）行動規範. L'OCDE a défini un ~ de conduite que tout investisseur doit observer dans les pays en développement. OECD が途上国における投資活動に関する行動規範を決めた.
4 記号, 暗号, 略号, 符号, コード. ~ à barres (~-barre) バーコード. ~ ASCII アスキーコード. ~ d'une carte bancaire クレジットカードの暗証番号. ~ génétique 遺伝子コード. ~ gestuel 身振りによる信号, 記号. ~ graphique 絵文字, 絵信号, 標識. ~ Morse モールス信号. ~ postal 郵便番号.〔情報〕~-source ソースコード. ~ typographique 印刷記号. mettre un message en ~ 通信文を暗号化する.

codé(*e*) *a.* **1** コード化された. **2** 暗号化された. signal ~ コード信号.

code-barres(*pl.* ~**s**-~) *n.m.* バーコード（=code à barres）. lecteur de ~*s*-~ *s* バーコード読取装置.

codébiteur (**trice**) *n.*〔法律〕共同債務者（=coobligé）. ~*s* conjoints 連帯責任のない共同債務者. ~*s* solidaires 連帯責任共.

codécision *n.f.* 共同決定, 合意決定, 共同裁決. ~ entre le Conseil des ministres européens et le Parlement européen ヨーロ

ッパ閣僚会議とヨーロッパ議会の合意決定.
codéfendeur(eresse) n. 【法律】共同被告.
CODEFI (=Comité départemental d'examen des problèmes de financement des entreprises) n.m. 企業財政問題検討県委員会.
codéine n.f. 【薬】コデイン《阿片からつくられる鎮痛・咳止め・催眠剤》.
codéinomane a. 【医】コデイン中毒の. — n. コデイン中毒患者.
codéinomanie n.f. 【医】コデイン中毒〔症〕.
codemandeur(eresse) n. 【法律】共同原告.
CODER (=Commission de développement économique régional) n.f. 地方経済開発委員会.
codet n.m. 【生化】遺伝暗号因子(=〔英〕code element).
codétenteur(trice) n. 【法律】共同所有者.
codétenu(e) n. 【法律】同囚. ~s d'une cellule 獄房の同囚.
codeur n.m. 1 【情報処理】符号化装置, 符号器; エンコーダー(=encodeur; 〔英〕encoder). 2 暗号器.
codéveloppement n.m. 【経済】(先進国と後進国の)共同経済発展.
CODEVI (=comptes pour le développement industriel) n.m.pl. 産業開発会計.
codex [kɔdɛks] 〔ラ〕n.m. 薬局方(=pharmacopée).
codicillaire a. 【法律】遺言補足書に定められた. clause ~ 遺言補足書条項.
codicille [-sil] n.m. 【法律】遺言補足書《遺言を変更, 補足, 破棄する証書》.
codificateur(trice) a. 法典を作成する. — n. 法典作成者.
codification n.f. 1 【法律】法典(code)編纂, 法令集成; 法典化. ~ des lois 法律集成; 法典編纂. 2 【法律】国際慣習の法典化 (成文化). 3 【言語】体系化. ~ d'un mot 語彙化(=lexicalisation). 4 【情報処理】コード化, 符号化(=codage). 【電算】théorie de ~ 符号化理論.
codifié(e) a. 1 法典化(法規化)された. situation non ~e 法規化されていない状況. 2 体系化された. 3 【電算】コード(符号)化された. signe ~ コード記号.
codominance n.f. 【生】共優位, 共優生.
codon n.m. 【生化・遺伝子】コドン《ヌクレオチドが3個配列した, 特定のアミノ酸を指定する遺伝情報の記号単位》.
COE (=Centre d'observation économique) n.m. 経済観測センター. ~ de la chambre de commerce et d'industrie de Paris パリ商工会議所の経済観測センター.
coéchangiste n. 【法律】財物交換の当事者(=copermutant).
coéditeur(trice) n. 共同出版者.
coédition n.f. 共同出版. ~ internationale 国際共同出版.
coéducation n.f. 【教】男女共学(=éducation mixte, mixité).
coefficient n.m. 係数, 率, 比重.
a) 【経済】~ de capital 資本係数. ~ de capitalisation des résultats (CCR) 株価収益率(=〔英〕PER: price-earning ratio). ~ de liquidité 現金比率. ~ d'occupation de sol (COS) 建蔽(ぺい)率. ~ de remplissage (輸送手段, 劇場などの)実車率, 搭乗率, 有料入場者率. ~ de retenue 中期手形最低保有率. ~ de trésorerie 流動〔性〕比率. ~ fiscal 租税負担率. ~ hiérarchique 給与係数. ~ technique 生産係数.
b) 【技術】~ de charge 負荷倍数. ~ de dilatation 熱膨張率. ~ d'élasticité 弾性係数. ~ d'inertie 慣性係数. ~ de puissance 出力係数. ~ d'utilisation 負荷率.
cœlacanthe [selakɑ̃t] n.m. 【魚】シーラカンス《インド洋に棲息する中生代からの深海魚》.
cœliaque [seljak] a. 【解剖】腹腔の, 腹と腸の(=céliaque). artère ~ 腹腔動脈. ganglion ~ 腹腔神経節. 【医】maladie ~ 腹腔病; 小児脂肪便症《慢性下痢・栄養障害・発育障害を伴う》.
cœliochirurgie n.f. 【医】クルドスコープ利用手術《=腹腔鏡利用手術 chirurgie cœlioscopique, chirurgie par laparoscopie, TVモニター利用手術 chirurgie par vidéoscopie, vidéochirurgie》.
cœlioscope n.m. 【医】セリオスコープ, クルドスコープ, 腹腔鏡.
cœlioscopie n.f. 【医】クルドスコピー, カルドスコピー, ラパロスコピー (laparoscopie), 腹腔鏡検査法.
cœlioscopique a. 【医】腹腔鏡利用の. cholecystectomie ~ 腹腔鏡利用胆嚢摘出術.
cœliotomie n.f. 【医】開腹手術.
cœlome [selom] n.m. 【動】体腔(たいこう).
cœnesthésie ⇒ **cénesthésie**
coentreprise n.f. 【経済】共同企業体, 合弁企業, ジョイント・ベンチャー《〔英〕joint venture に対応する公用推奨語》.
co(-)enzyme n.m(f). 【生化】補酵素, 助酵素. ~ A 補酵素A(略記CoA). ~ Q 補酵素Q, ユビキノン(=ubiquinone). ~ R 補酵素R, ビオチン(=biotine).
coercitif(ve) a. 1 強制的な, 強制手段を行使する. force ~ve 強制力. moyen ~ 強制手段. pouvoir ~ 強制力.
2 【物理】保磁性の. champ ~ 保磁磁界.

force ~ve 保磁力.

coercition *n.f.* 強制；強制手段；威圧.〖法律〗droit de ~ 強制権. exercer une ~ 強制権を行使する. par ~ 強制的に.

Coëtquidan *n.pr.*〖地名〗コエトキダン《ブルターニュ地方 la Bretagne のモルビアン県 département du Morbihan にある軍用地；1946 年特別軍学校 Ecole spéciale militaire がサン=シール=レコール Saint-Cyr-l'Ecole より移転》.

cœur *n.m.* [I]《心臓・胸》**1** 心臓《形容詞は cardiaque》. anatomie du ~ 心臓の解剖学的構造《aorte「大動脈」, artère coronaire droite (gauche)「右 (左) 冠状動脈」, artère pulmonaire「肺動脈」, auricule droite (gauche)「右 (左) 心耳」, branches artérielles「動脈枝」, cordages tendineux「腱索」, endocarde「心内膜」, myocarde「心筋」, nœud sino-auriculaire(de keith et Flack)「洞房結節」, oreillette droite (gauche)「右 (左) 心房」, paroi cardiaque「心臓壁」, péricarde「心膜」, septum interauriculaire (interventriculaire)「心房 (心室) 中隔」, sinus coronaire「冠状静脈洞」, valvule aortique「大動脈弁」, valvule mitrale「僧帽弁」, valvule pulmonaire「肺動脈弁」, valvule tricuspide「(心臓右心室の) 三尖弁」, veine cave inférieure (supérieure)「下部 (上部) 大静脈」, veine coronaire「冠状静脈」, veines pulmonaires droites (gauches)「右 (左) 肺静脈」, ventricule droite (gauche)「右 (左) 心室」》.〖医〗~ artificiel 人工心臓. ~ droit (gauche) 右心 (左心).〖生理〗~ d'athlète スポーツ心臓.〖医〗~ du soldat 兵士心臓，心臓神経症 (=névrose cardiaque).〖医〗~ en goutte 滴状心. ~ sénile 老人心《老化した心臓》. battement du ~ 心臓の鼓動. contraction du ~ 心臓の収縮. maladie de ~ 心臓病. avoir un coup au ~ 心臓発作を起こす；心にショックを受ける. faire battre le ~ à qn 人の胸をどきどきさせる. tant que mon cœur battra 私が生きている限り. Le ~ me bat. 私の心臓がどきどきする. **2** 胸；胸部 (=poitrine). angoisse au ~ 胸をしめつけられるような苦悶. appuyer (mettre) la main sur son ~ 胸に手を当てる. la main sur le ~ 胸に手を当てて. serrer qn sur (contre) son ~ 人を胸に抱きしめる. **3**〖成句〗avoir le ~ gros 胸が一杯になる. avoir le ~ sur les lèvres 今にも吐きそうだ；〖比喩的〗洗いざらい話す. avoir mal au ~ 胸がむかつく. avoir qch sur le ~ 胸につかえている. faire mal au ~ 胸を痛めさせる；吐き気を催させる. Ça fait mal au ~ de voir ça. それを見ると胸が痛む (むかつく). mettre le ~ à l'envers 嫌気を催す. rester sur le ~ (食物が) 胸につかえている. 腹の虫がおさまらない.

[II]《心》**1** 心, 心持ち, 心根, 心情；胸中, 本心；〖文〗勇気. ~ enflammé d'amour 恋に燃え上った心. ~ fidèle 忠実 (貞節) な心. ami de ~ 親友. cri du ~ 心の叫び. noblesse (bassesse, petitesse) du ~ 心の気高さ (卑しさ). serrement de ~ 胸をしめつけられるような苦悩；傷心. au (du) fond de son ~ 心の底で (から). d'un ~ léger 心も軽く. avoir un ~ de lion 獅子のように勇猛な心を持つ. avoir un ~ de pierre 石のように冷たい心の持主である. avoir un ~ sensible 感じやすい心を持つ. avoir qch au (dans le) ~ 心に何を抱く. briser (déchirer, fendre, serrer) le ~ à qn 人に胸の張り裂ける思いをさせる. dévoiler (ouvrir) son ~ à qn 人に胸中を打ち明ける. écouter son ~ 自分の心に問うてみる. laisser parler son ~ 心情を吐露する. toucher le ~ de qn 人の心を打つ. venir du ~ 心からほとばしり出る. Si le ~ vous en dit. もしお気に召せば；その気があれば. A votre bon ~! お慈悲を！お恵みを！〖諺〗C ~ qui soupire n'a pas ce qu'il désire. 溜息は心の満たされぬ証拠. **2** 心の持主. un ~ simple 純朴な心の持主, 純心な人. un brave ~ 立派な心の持主. C'est un ~ de pierre. 石のように冷たい人だ.

3〖成句〗
◆〖動詞句〗avoir du ~ 思いやりがある；勇気がある. ne pas avoir de ~；manquer de ~ 思いやりがない.
avoir du (le)~ au ventre 勇気がある, 腹がすわっている.
avoir le ~ de+*inf*. …する勇気がある；〖反語〗無慈悲にも…する.
〖話〗avoir le ~ sur la main 寛大である；正直である.
avoir bon (mauvais)~ 心根がやさしい (意地が悪い).
avoir (prendre) qch à ~ 何に執心する, 何を熱心に望む.
avoir à ~ de+*inf*. …しようと心掛ける. J'ai à ~ de vous remercier. 是非お礼を申し上げたいのです.
aller [droit] au ~ de qn 人の胸を打つ.
en avoir le ~ net 事をはっきり (すっきり) させる.
〖話〗donner (mettre) à qn du ~ au ventre 人を元気づける.
être de tout ~ avec qn 人と喜怒哀楽を共にする.
perdre ~ 意気沮喪する.
tenir à (au)~ à qn 人の心を片時も離れない.
◆〖副詞句〗~ à ~ 胸襟を開いて, 腹蔵なく.
à ~ joie 大喜びで, 心ゆくまで.

à ~ ouvert 率直に, 心を開いて.
avec ~ 心から, 熱心に.
de bon (mauvais) ~ 心から (いやいや).
de grand ~ 衷心から, 心をこめて.
de tout 〔son〕 ~ 心底から.
par ~ 暗記して, そらで. apprendre *qch* par ~ 何を暗記する. connaître par ~ 知り尽している.〔話〕dîner par ~ 食事を抜く.
◆〔形容詞的〕de ~ 思いやりのある;〔古〕勇気のある. homme de ~ 心の優しい人;〔古〕勇者. sans ~ 思いやりがない, 無情な, 非情な. homme sans ~ 非情な男. selon son ~ 気に入った. 好みの. femme (paysage) selon son ~ 意にかなった妻(気に入った風景).
4 気持, 関心;気力, 意欲. avoir du (le) ~ à l'ouvrage 仕事に精を出す. Je n'ai pas avoir de ~ à rien. 私は何もする気になれない. avoir le ~ à+*inf*. …する気がある. Je n'ai pas le ~ à rire. 私は笑う気にはなれない. donner du ~ à *qch* 何に打ち込む. Le ~ y est. やる気がある. Le ~ n'y est pas. 気が乗らない. Le ~ lui manque. 彼には気力 (やる気) がない.
5 情愛, 愛情;恋愛. donner son ~ à *qn* 自分の愛情を人に与える. être gentil comme un ~ とてもやさしい. gagner le ~ de *qn* 人のハートを射止める. ne pas porter *qn* dans son ~ 人が嫌いである. refuser son ~ à *qn* 人に愛情を拒む. trouver le chemin du ~ de *qn* 人の心に通い路をつける.
6〔呼び掛け〕mon ~;mon cher (petit) ~ あなた, おまえ(親愛の情, 愛情をこめた呼び掛け).
III〔ハート形のもの〕**1**〔トランプ〕ハート〔の札〕. valet de ~ ハートのジャック;〔隠語〕恋人. en ~ ハート型の. pendentif en ~ ハート型のペンダント.〔話〕faire la bouche en ~ おちょぼ口をする;科をつくる.
2〔鉄道〕轍叉 (てっさ), 鼻端 (=pointe de ~). ~ d'aiguille (分岐の) 鼻軌尖.
3〔料理〕~ à la crème ハート型のクリームチーズ. ~ d'Arras クール・ダラス《アルトワ地方 l'Artois, ピカルディー地方 la Picardie で牛乳からつくられる洗浄外皮の軟質チーズ;脂肪分 45%》. ~ de Bray クール・ド・ブレー《ノルマンディー地方 la Normandie ブレー地区で牛乳からつくられる白かび外皮の軟質チーズ;脂肪分 45%》.
IV〔中心〕**1** 中心部, 真中, 中央. à ~ 心まで. fromage fait à ~ 中心まで熟したチーズ. au ~ de;en plein ~ de …の中心 (真只中) に. au ~ de l'été (de l'hiver) 夏 (真冬) に. au ~ de la nuit 真夜中に. au ~ de la ville 都心に. La cathédrale Notre-Dame est située en plein ~ de Paris. ノー

トル=ダム大聖堂はパリの中心にある.
2 心臓部, 中心, 中核;芯;心材. ~ d'artichaut アルティショー (アーテチョーク) の芯. ~ du bois (木材の) 心材. ~ de filet de bœuf 牛肉のフィレの中心部. ~ d'un fruit 果物の芯. ~ de laitue レタスの結球部.〔食材〕~ de palmier クール・ド・パルミエ《椰子の若芽の芯;食用》. ~ réactif 原子炉の炉心.
3〔比喩的〕核心. ~ du débat 討議の核心. ~ de la question 問題の核心.
cœur-poumon (*pl.* ~**s**-~**s**) *n.m.*〔医〕心肺. ~ artificiel 人工心肺.
coexistence *n.f.* 共存, 同時存在, 併存. ~ de l'ancien et du nouveau décret 新旧デクレの併存. ~ pacifique 平和的共存 (guerre froide「冷戦」の対).
COF (=*C*omité *o*lympique *f*rançais) *n.m.* フランス・オリンピック委員会.
COFACE[1] (=*C*ompagnie *f*rançaise d'*a*ssurance par le *c*ommerce *e*xtérieur) *n.f.* フランス貿易保険会社《輸出保険を取扱う》.
COFACE[2] (=*C*onfédération des *o*rganisations *f*amiliales de la *C*ommunauté *e*uropéenne) *n.f.* ヨーロッパ共同体家族組織総連合 (1969年設立;本部 Bruxelles).
COFAS[1] (=*C*enre *o*pérationnel des *f*orces *a*ériennes *s*tratégiques) *n.m.*〔軍〕戦略空軍作戦本部.
COFAS[2], **Cofas** (=*C*ommandement des *f*orces *a*ériennes *s*tratégiques) *n.m.* 戦略空軍司令部.
coffre *n.m.* **1** 蓋付の箱, 櫃 (ひつ), 長持. ~ à jouets おもちゃ箱. ~ à outils 工具箱.
2 金庫 (= ~-fort);(銀行の) 貸金庫. ~s des banques 銀行の金庫;銀行の貸金庫. chambre des ~s 金庫 (貸金庫) 室. avoir un ~ à la banque 銀行に貸金庫を持つ.
3〔比喩的〕~s de l'État 国庫.
4 (自動車の) トランク. mettre des bagages dans le ~ 車のトランクに荷物を入れる.
5 (ピアノ, オルガンなどの) 外側ケース. ~ d'un orgue オルガンケース (=buffet).
6〔海〕船体 (= ~ d'un navire;coque).
7〔海〕係船ブイ (= ~ d'amarrage).
8〔話〕胸 (=thorax);肺活量;声量. avoir du ~ 胸が厚くてがっしりしている;肺活量が大きい;声量がある;勇気がある.
9〔食肉〕胸郭内 (左右の背肉と胸肉の塊り).
10 (壁から突出した) 煙道.
11〔魚〕はこふぐ (=poisson ~).
coffre-fort (*pl.* ~**s**-~**s**) *n.m.* 金庫.
cofidéjusseurs *n.m.pl.*〔法律〕同一債務者の同一債務の) 共同保証人.
cofinancement *n.m.*〔財政〕共同融資 (出資).
Cofinoga (carte) *n.f.* カルト・コフィノガ《百貨店 BHV のクジットカード》.

cofonda*teur*(*trice*) *a.* 共同創設者の.
——*n.* 共同創設者. ~ d'une société commerciale 商事会社の共同創設者.
COFRAC, Cofrac (=*Co*mité *fr*ançais d'*ac*créditation) *n.m.* フランス信用保証委員会, コフラック. société de contrôle de l'agriculture biologique agréée par le ~ フランス信用保証委員会認定のバイオ農業管理会社.
COG (=*C*entre *o*pérationnel de la *g*endarmerie) *n.m.* 憲兵隊作戦センター.
COGEMA [kɔʒema] (=*Co*mpagnie *gé*nérale des *ma*tières nucléaires) *n.f.* (フランスの) 総合核燃料公社, コジェマ.
cogénération *n.f.* 〖エネルギー〗熱電併給, コジェネレーション《発電時に発生する熱を給湯, 冷暖房等に利用するエネルギーの併用供給》.
cogestion *n.f.* **1** 〖経済〗共同経営 (管理, 運営). **2** 労使共同経営 (管理, 運営).
Cognac *n.pr.* コニャック《département de la Charente シャラント県の郡庁所在地;市町村コード 16100;蒸溜酒コニャックの中心地;形容詞 cognaçais (*e*)》. ancien château de ~ コニャック古城《13・15・16 世紀;François I^erが生まれた城》. eau-de-vie de ~ コニャック酒 (=cognac). musée du cognac de ~ コニャック市立コニャック博物館.
cognac *n.m.* 〖酒〗コニャック《Cognac 周辺のシャラント県 département de la Charente, シャラント=マリチーム県 dép. de la Charente-Maritime, ドルドーニュ県 dép. de la Dordogne, ドゥー=セーヴル県 dép. des Deux-Sèvres にまたがる特定の地域内で, ugni blanc を中心に, colombard, folle-blanche, saint-émilion des Charentes, sémillon といった品種による白葡萄酒を蒸溜してつくられる AOC の eau-de-vie》. 地域内には Grande Champagne, Petite Champagne, Borderies, Fins Bois, Bons Bois, Bois ordinaires という地区がある;Grande Champagne と Petite Champagne 産のコニャック酒をブレンドしたもののうち前者の比率が 50% を超えるものに fine champagne という呼称が認められる;格付けは trois étoiles (3 ツ星), VS (*very special*) が熟成 2 年以上のもの;VO (*very old*), VSOP (*very superior old pale*), réserve が熟成 4 年以上;extra, XO (extra old), Napoléon, vieille réserve が熟成 6 年以上;複数のコニャック酒を調合した場合は一番若い熟成年数を示すのが決まり》.
cognassier [-ɲa-] *n.m.* マルメロ, マルメロ・オレンジ《果実は coing》. 〖植〗~ du Japon ぼけ.
cogniticien(ne) *n.* 〖情報〗人工頭脳専門人.
cogniti*f*(*ve*) *a.* **1** 〖哲〗認識の, 認識に関する. faculté ~*ve* 認識能力.

2 〖心・医〗認知の. neurosciences ~*ves* 認知神経科学. psychologie ~*ve* 認知心理学.
cognition [kɔgn-] *n.f.* **1** 〖哲〗認識力.
2 〖心〗認知.
cognitivo-comportementa*l*(*ale*)(*pl.aux*) *a.* 〖医〗認知・行動の. thérapie ~*ale* 認知・行動療法, 認知療法.
cohabitant(e) *a.* **1** 同居する;同棲する. **2** 〖政治〗保革共存政権の.
——*n.* **1** 同居人;同棲者. **2** 〖政治〗保革共存政権担当者.
cohabitation *n.f.* **1** 同居;(特に) 夫婦の同居 (=~ des époux);同棲 (=concubinage). ~ harmonieuse entre générations 多世代の調和のとれた同居. ~ de l'homme et du robot 人間とロボットの共存. devoir de ~ 夫婦の同居義務.
2 〖政治〗(異なる政党, 政治勢力の) 共存;(特に第五共和政下での) 保革共存, 保革共存政権 (=C ~).
cohabitationniste *a.* 〖政治〗保革共存の;保革共存政権の. risque ~ 保革共存政体をまねく危険性.
——*n.* 保革共存支持派;保革共存主義者.
cohérence *n.f.* **1** 一貫性. ~ d'un raisonnement 推論の一貫性. avec ~ 理路整然と. manquer de ~ 一貫性を欠く.
2 〖光学〗干渉性. ~ des faisceaux lumineux émis par les lasers レーザー光束の干渉性.
3 緊密な結合. ~ des molécules 分子の結合性.
coherent(e) *a.* **1** 首尾一貫した;理路整然とした. argument ~ 筋道の通った議論. politique ~*e* 首尾一貫した政策.
2 まとまりのある, 結束力の固い. équipe ~*e* まとまりのあるチーム.
3 〖物理〗干渉性のある, コヒーレントな. lumière ~*e* コヒーレント光. radiation ~*e* 干渉性放射.
4 凝集した. roche ~*e* 同質凝集石.
cohéritier(ère) *n.* 〖法律〗共同相続人.
cohési*f*(*ve*) *a.* 凝集させる. force ~*ve* 凝集力.
cohésion *n.f.* **1** 〖物理〗凝集 [力]. ~ des mortiers モルタルの凝集.
2 団結力, 結集力. ~ d'un groupe グループの団結力.
3 (論旨などの) 一貫性;緊急性. ~ parfaite d'un récit 物語の一貫性.
cohorte *n.f.* **1** 〖ローマ史〗歩兵隊《6 つの百人隊からなり, 10 隊で légion レギオン (軍団) を編む》.
2 〖話〗一群, 一隊, 一団;集団. une ~ de touristes 一団の観光客.
3 〖統計〗(人口統計上の) 世代.
cohue *n.f.* 群衆, 雑踏, 人込み.
COI [seoi] (=*c*omplément d'*o*bjet *i*ndirect) *n.m.* 〖文法〗間接目的補語.
Coia (=*C*entre *o*pérationnel *i*nter*armées*)

n.m.〘軍〙三軍作戦センター.
coïcidence *n.f.* **1** 偶然の一致, 暗合, 符合. par une heureuse ~ うまい具合に, 運良く. simple ~ 単なる偶然の一致.
2 同時発生〔事件〕.
3 〘幾何〙(図形の)一致.
4 〘電〙circuit de ~ 一致回路.
coiffe *n.f.* **1** コワッフ(婦人用のかぶりもの). ~ bretonne ブルターニュのコワッフ. ~ paysanne 農婦のかぶりもの.
2 (修道女の)頭布 (= ~ des religieuses).
3 (帽子の)裏 (= ~ de chapeau);(軍帽の)カヴァー (=doublure).
4 〘植〙毛根鞘 (苔の)帽子.
5 (幸運児の)頭を覆う羊膜.
6 〘製本〙花ぎれ.
7 〘軍〙(ロケット用の)弾頭保護カヴァー. ~ éjectable 排出可能弾頭保護カヴァー.
8 (酒壜などの)栓カヴァー (= ~ d'une bouteille).
coiffé(e) *a.p.* **1** 帽子をかぶった;髪飾りをつけた. ~ d'un béret ベレー帽をかぶった.
2 〔古〕頭を羊膜で覆われた. enfant ~ 頭を羊膜で覆われた幸運児. être né ~ (羊膜をつけて生まれた→)幸運の星に生まれた, 非常に好運である.
3 髪を結った. ~ avec un chignon シニョンで髪を結った. femme ~e à la mode 流行の髪型の女性. bien (mal)~ 髪をきちんと結った(髪の乱れた).
coiffeur(se) *n.* 理容師, 美容師, 理髪師. ~ pour dames 美容師. ~ pour hommes 理髪師. aller au (chez le) ~ 散髪屋(美容院)に行く. des minutes de ~ 床屋の数分(長い待ち時間).
coiffure *n.f.* **1** かぶり物(帽子・頭巾など);髪飾り. mettre (porter) une ~ 帽子をかぶる;かぶり物を着用する;髪飾りをつける. ôter sa ~ かぶり物を脱ぐ. ~s de magistrat 司法官帽. ~s ecclésiastiques 聖職者のかぶり物(barrette「ビレタ」, chapeau「帽子」, mitre「司教冠」, tiare「教皇三重冠」など). ~s militaires 軍帽.
2 髪型, 髪の結い方;調髪;理髪業. ~ courte (longue) 短い(長い)髪型. changer de ~ 髪型を変える. ~ à la brosse 髪のブラッシング. salon de ~ 理髪店, 美容院. travailler dans la ~ 理髪業界で働く.
coin *n.m.* Ⅰ (角, 隅, 端) **1** 角, 隅. les quatre ~s d'une chambre 部屋の四隅. épousseter ~s et recoins 隅々まできれいにする. mettre un enfant au ~ 子供を部屋の隅に立たせる, 叱る, 罰する.
2 コーナー, 端っこ. ~ fenêtre (汽車などの)窓側の席. ~ repas 休憩コーナー(食事の場). ~ du feu 炉辺, くつろいだ雰囲気. causerie au ~ du feu 炉辺閑談. conversation au ~ du feu 形式ばらない会談. ~-de-feu (炉辺用の)小型椅子. meuble de ~ コーナー家具. jeu des quatre ~s 陣取りゲーム.
3 街角, 界隈, 地域. à tous les ~s de rue そこら中. On en rencontre à tous les ~s de rue. どこに行っても見かける, ありきたりのことだ. au ~ de la rue 街角, 四つ角, 辻. être au ~ de la rue 界隈(地区)の人(もの)である. manger au bistrot du ~ すぐそばのビストロで食事をする. Les délégués viennent des quatre ~s du monde. 代表団員は世界中から集まっている.
4 人目につかない場所. vivre dans son ~ つつましく暮らす. petit〔s〕~〔s〕便所, トイレ. aller au petit ~ トイレに行く. au ~ d'un bois 森の端, 淋しい場所. On n'aimerait pas le rencontrer au ~ d'un bois. うす気味悪いやつだ.
5 端, 隅っこ. connaître une question dans les ~s ある問題を隅々まで知っている. regarder du ~ de l'œil 横目で盗み見る. sourire en ~ 薄ら笑い. blague dans le ~ 冗談はさておき. Tu m'en bouches un ~. お前にはあきれてものも言えない.
6 〘製本〙かど, かど花.
Ⅱ 〘道具〙(楔, 刻印) **1** 楔(くさび). ~ de bûcheron 樵のくさび. en forme de ~ 楔形. assujettir avec des ~s 楔でとめる. 〔比喩的〕enfoncer un ~ 楔を打ち込む, 調和を乱す, 結束を崩す. La décision italienne de retirer ses troupes d'Irak enfonce un ~ dans la coalition dirigée par les Etats-Unis. イタリアがイラク派遣軍を撤退させる決定をしたことは, アメリカ主導の連合の一角を崩壊させる.
2 (硬貨, メダルなどの)打抜型, 刻印プレス. monnaie (médaille) à fleur de ~ 作りたての硬貨(メダル).
3 (宝石, 貴金属などの品質保証となる)刻印 (=empreinte, marque). 〔比喩的〕marqué (frappé) au ~ de …を特徴とする, …の刻印を押された. une réflexion marquée au ~ du bon sens 良識にあふれた考え.
4 〘獣医〙門歯.
coïncidence (<coïncider) *n.f.* **1** 偶然の一致, 事態の暗合. ~ curieuse 奇妙な偶然の一致. par une heureuse ~ うまい具合に. C'est une simple ~. 単なる偶然の一致だ.
2 同時発生. ~ entre deux faits 二つの事態の同時発生.
3 〘幾何〙(図形の)一致. ~ de figures homologues 相応図形の一致.
coincident(e) *a.* **1** 同時に起る;同時に存在する. symptômes ~s d'une maladie 疾病の同時発症.
2 〘幾何〙(図形が)一致する, 重なり合う. empreintes ~s 一致した指紋.
coïndivisaire *n.* 〘法律〙共有者;共同相続人.
co-infection *n.f.* 〘医〙(複数の病原による)同時感染.

coing [kwɛ̃] *n.m.* 【植】マルメロ (cognassier) の実, マルメロ・オレンジ. confiture (pâte) de ~s マルメロ・オレンジ・ジャム (= cotignac).〔話〕être jaune comme un ~ マルメロの実のように顔色が黄色っぽい.

cointreau 【商標】*n.m.* 【酒】コワントロー (コワントロー家がアンジェ Angers などで製造するキュラソー系のリキュール).

coir *n.m.* ココナッツ繊維, コイア (ロープ, 工芸品用) (=fibre de noix de coco).

coite *n.f.* 【医】股関節炎. ~ séreuse aiguë 急性漿液性股関節炎.

coïtégrat *n.m.* 【生化】2つのレプリコンの融合による分子.

coke[1] [kɔk]〔英〕*n.m.* コークス. ~ métallique 溶鉱炉用コークス. ~ de gaz ガス化用コークス. four à ~ コークス炉.

coke[2] *n.f.*〔俗〕コカイン (cocaïne).

cokéfaction, cokéifaction *n.f.* **1**〔石炭の〕コークス化. **2**〔石油ピッチの〕乾溜〔英〕coking).

col *n.m.* **1** 襟, カラー. ~ blanc (bleu) ホワイト (ブルー) カラー. ~ claudine ピーターパンカラー. ~ de chemise シャツの襟 (カラー). ~ de dentelle レースの襟. ~ droit 立襟. ~ haut 高襟. ~ ouvert 開襟. ~ roulé タートルネック. faux ~ 付け外しの出来る襟;〔話〕コップに注いだビールの泡.
2〔瓶の〕口;〔解剖〕頚部, 頚. ~ d'une bouteille 瓶の口. ~ du fémur 大腿骨頚部. ~ vésical 膀胱頚部. épithélioma de la cavité du ~ utérin 子宮頚癌.
3〔山の〕鞍部, 辶, 峠. ~ de l'Iseran イズラン峠〔標高2,770 m〕. le ~ sud du mont Everest エヴェレストのサウス・コル. ~ ouvert (fermé) 通行可能な (閉鎖された) 峠.

col-bleu (*pl.* ~s-~s) *n.m.*〔俗〕【海】フランス海軍水兵.

colchicine *n.f.* 【薬】コルヒチン (発作治療薬, 痛風薬).

colchique *n.m.* 【植】コルチカム (種子の乾燥鱗からコルヒチンを採る;俗称「草原サフラン」safran des prés,「犬殺し, 犬サフラン」tue-chien).

colcotar *n.m.* 【化】コルコタール, ベンガラ, 鉄丹 (顔料・ガラス磨き粉となる酸化第二鉄 oxyde ferrique).

cold-cream [kɔldkrim]〔英〕*n.m.* 【化粧品】コールド・クリーム.

-cole〔ラ〕ELEM「栽培」(=culture) の意 (*ex.* viti*cole* 葡萄栽培).

colectasie *n.f.* 【医】(ガスによる) 結腸膨張〔症〕.

colectomie *n.f.* 【医】結腸切除〔術〕.

colégataire *n.* 【法律】(遺産の) 共同受遺者.

colère *n.f.* **1** 怒り, 立腹. ~ blanche (froide) 秘めた怒り, 内なる怒り. entrer (se mettre) en ~ 怒る, 腹を立てる. être en ~ contre *qn* 人に対して怒っている. ~ blanc (rouge) de ~ に対する怒りで真蒼 (真赤) になっている. être dans une ~ noire (bleue) 激怒する. décharger (passer) sa ~ sur …に怒りをぶちまける. laisser exploser sa ~ 怒りを爆発させる. mettre *qn* en ~ 人を怒らせる. parler avec ~ 怒って話す. rentrer (retenir) sa ~ 怒りを腹に収める (抑える). sentir la ~ monter 怒りがこみ上げてくるのを覚える. sous le coup de la ~ かっとなって. trembler de ~ 怒りに体を震わす.
2〔不定冠詞とともに〕怒りの発作 (=accès de ~;crise de ~). avoir des ~s terribles ひどい怒りの発作を起こす. faire des ~s 癇癪を起こす.〔話〕piquer (prendre) une ~ かっとなる.
3〔聖書〕天の怒り (= ~ celeste), 神の〔大いなる〕怒り (= ~ divine; ~ de Dieu). jour de ~〔神の大いなる〕怒りの下る日 (最後の審判が下る日).
4〔比喩的・文〕~ des éléments 荒れ狂う大自然. ~ des flots 荒波. ~ du vent 吹き荒れる風.

colibacille [kɔlibasil] *n.m.* 大腸菌.

colibacillose *n.f.* 【医】大腸菌症. ~ intestinale 大腸菌性腸炎. ~ urinaire 泌尿器大腸菌症.

colibri *n.m.* 【鳥】コリブリ, 蜂鳥 (俗称:oiseau-mouche「虫鳥」の意).

coliéco *n.m.* 【郵】コリエコ, 経済的郵便小包 (0-30 kg;配達日が3-5日後のもの).

coliforme *a.* 【生・医】大腸菌様の.
—— *n.m.* 大腸菌様菌類, 腸内常住菌類 (大腸菌に類似した性状をもつ, 結腸常住のグラム陰性桿菌;クレブシエラ属菌 Klebsiella, エンテロバクター属菌 Enterobacter, シトロバクター属菌 Citrobacter など).

colimaçon *n.m.* **1**【動】〔古〕コリマソン, かたつむり (=limaçon, escargot).
2〔比喩的〕en ~ 螺旋状の. escalier en ~ 螺旋階段.

colin *n.m.* **1**【魚】コラン, しろいとだら (=lieu noir). **2** メルリュ merlu (メルルーサ merluce の市販名).

COLINE (= *C*omité *l*égislatif d'*in*formation *é*cologique) *n.m.* 環境保護情報立法委員会.

coliphage *n.m.* 【生】大腸菌バクテリオファージ. ~ $T_{1\sim6}$ 大腸菌につく T 系毒性ファージ (T_1 から T_6 までの6種).

colique *n.f.* **1**〔しばしば *pl.*〕【医】疝痛〔発作〕, 痙攣性疼痛〔発作〕;腹痛;さしこみ. ~ biliaire 胆疝痛. ~ de plomb 鉛疝痛 (= ~ saturnine). ~ hépatique 胆疝痛, 胆道疝痛. ~ pierreuse 胆石疝痛. ~ muqueuse 粘液疝痛. ~ néphrétique 腎疝痛, 腎石疝痛.
2〔話〕下痢 (=diarrhée). avoir la ~ 腹がくだる. Quelle ~! うんざりだ.

—*a.* 結腸の.

colis *n.m.* 小包, 郵便小包 (=~ postal); 小荷物; 鉄道小荷物. ~ encombrant (lourd) かさばる(重い)小荷物. ~ envoyé par bateau 船便小包. ~ épargne 損害免除小包.〔鉄道〕~ express 急送鉄道小荷物. ~ postal 郵便小包. expédier (envoyer) un ~ 小包を送る. livraison d'un ~ 小包の配達.

colisage (<colis) *n.m.* (商品の)包装作業; 包装; 荷造り, 梱包.

colissimo *n.m.*〔郵〕コリシモ, 速達郵便小包(同一地方は翌日, 全国で2日後配達).

colistier(ère) *n.* (名簿式投票制選挙における)共同立候補者; (選挙に際して立候補者があらかじめ指名する)指定代理人; (アメリカなどの)副大統領候補.

colite *n.f.*〔医〕大腸炎, 結腸炎.

colitigant(e) *a.*〔法律〕反訴する. parties ~es 反訴訴訟当事者.

collabo *n.*〔俗・蔑〕コラボ(第二次世界大戦下の対独協力者 collaborateur の略).

collaborateur(trice) *n.* **1** 協力する人, (特に)部下, 配下の者, スタッフ《同格ないしは目上の人には用いない》. **2** 共著者, 寄稿家; 執筆者; 記者. **3** (第二次世界大戦時に)占領独軍に協力した者, コラボ; 占領敵軍に協力する者.

collaboration *n.f.* 協力; 共同作業; 共同研究; 共著, 共編. livre écrit en ~ 共同執筆者, 共著書. Je vous remercie de votre ~. あなたの協力に感謝します. **2**〔史〕対独協力《1940-44年》.

collaborationniste *a.*〔史〕(第二次大戦下の)対独協力体制の. politique ~ 対独協力政策. —*n.* 対独協力主義者.

collage *n.m.* **1** 接着, 貼付け, 糊付け. ~ d'affiches ポスター貼り. ~ du papier 紙の糊付け. **2**〔美術〕コラージュ《貼付け絵画》. ~ de Braque ブラックのコラージュ作品. **3**〔映画〕コラージュ映画. **4**〔電〕(電気接点の)接合. **5**〔醸造〕おり引き. ~ du vin 葡萄酒のおり引き《卵白などによりおりを除去して澄ませる工程》. ~ au blanc d'œuf 卵白によるおり引き. **6**〔冶〕~ de sable しみつき《鋳物の欠陥》. **7**〔話〕同棲(=concubinage).

collagène *n.m.*〔生〕コラーゲン, 膠原質.

collagénose *n.m.*〔医〕膠原病(=maladie du collagène, connectivité).

collant(e) *a.* **1** くっつく, 接着性の, 接着のある; べたつく. papier ~ 接着紙. riz ~ (炊き上がりの)粘りのある米飯. **2** 体にぴったりの, 体の線をくっきり見せる. pantalon ~ 体にフィットしたパンタ

ン.
3〔話〕うるさくつきまとう.

collapsothérapie *n.f.*〔医〕虚脱療法, 萎縮療法(肺の人工気胸術 pneumothorax, 骨膜外充填術 plombage extrapériostal, 胸膜外充填術 plombage extrapleural, 胸郭形成術 thoracoplastie など; 肺を虚脱(萎縮)させることにより病巣空洞を縮小する治療法).

collapsus [kɔlapsys] *n.m.*〔医〕虚脱. ~ cardiovasculaire 心臓血管虚脱症. ~ de chaleur 熱虚脱症. ~ pulmonaire 肺虚脱症, 無気肺(=atélectasie).

collatér*al*(*ale*)(*pl.aux*) *a.* **1** 中心線に並行する; 中心線の両側にある.〔建築〕nef ~*ale* d'une église 教会堂の側廊. rues ~*ales* (大通りなどに)並行する通り. **2**〔解剖〕側幅の. artère ~*ale* 側副動脈. **3**〔地理〕points ~*aux* 中間方位 (Nord-Est, Sud-Ouest など). **4**〔法律〕傍系の. parents ~*aux* 傍系親族 (frères, sœurs, oncles, tantes, cousin(e)s など). succession ~*ale* 傍系相続. —*n.* 傍系親族. —*n.m.*〔建築〕側廊 (=nef ~).

collation[1] *n.f.* **1** (学位・聖禄などの)授与. ~ d'un doctorat 博士号の授与. **2** (原本との)照合, 校合.

collation[2] *n.m.* **1** 軽食 (=casse-croûte); 間食. faire ~; prendre une ~ 軽食をとる. **2**〔カトリック〕(修道院での)夕べの小会議(あとに軽食が供される).

collationnement (<collation, collationner) *n.m.* (テキストの)照合, 校合(きょうごう);〔製本〕丁合い. ~ des textes テキストの照合.

colle *n.f.* **1** 糊; 接着剤; 膠(にかわ).〔話〕うるさくつきまとう人. ~ au caoutchouc ゴム糊. ~ d'amidon (de pâte) 小麦粉糊. ~ de poisson 魚膠(ぎょこう). ~ forte 膠. ~ liquide 液状糊. ~ végétale 植物性の糊. ~ vinylique ヴィニール糊. bâton de ~ スティック糊. pot de ~ 糊の瓶.〔話〕つきまとう人. Quel pot de ~ celui-là! あいつは何てしつこい奴だ!〔話〕vivre à la ~ 同棲する. **2**〔学・隠〕模擬試験, 予備試験. passer une ~ d'anglais 英語の模擬試験を受ける. **3**〔話〕難問. poser une ~ 難問を出す. **4**〔学・隠〕(懲罰的)課外勉強. une heure de ~ 罰としての1時間の課外勉強. **5**〔話〕焦げついた食物. C'est de la ~, ton riz! 米が焦げついているぞ.

collé(e) *a.p.* **1** 貼られた, くっついた. affiche ~*e* sur un mur 壁に貼られたポスター(掲示). timbre ~ sur une enveloppe 封筒に貼られた切手. visage ~ à (contre) une vitre 窓ガラスにくっつけた顔. **2** (人が)離れない. rester ~ à la fenêtre 窓

から離れないでいる.
3〖話〗(人が)(à に)くっついて離れない；(avec と)同棲している. Ils sont ~s. 彼らはくっついている；同棲している.
4〖紙〗サイズを加えた. papier ~ サイズ加工した紙.
5〖学校〗居残りの，禁足の(＝consigné). élève ~ 居残り生.
6〖葡萄酒〗澱(おり)を取った. vin ~ 澱引き葡萄酒.

collectage (<collecter) *n.m.* 集めること；集荷. ~ du lait 牛乳の集荷.

collecte *n.f.* **1** 収集；採集. ~ sélective des ordures ménagères 家庭ごみの分別収集. ~ du lait dans les fermes 農家からの牛乳の集荷.
2 寄付集め，募金；(会費の)徴集. ~ de vêtements 寄付用の衣類集め. faire une ~ au profit des œuvres 慈善事業のために募金する.
3〖カトリック〗(ミサの)集会祈禱，集禱文.
4〖古〗徴税.

collect*eur*[1] (*trice*) *a*. 集める. barre ~ de courant 集電棒. égout ~ 下水主管.
—*n.* 収集者；徴集者，~ d'impôts 徴税人.

collecteur[2] *n.m.* **1**〖電〗(モーター，発電機の)集電器，整流子，(トランジスターの)コレクター，集電極.
2〖通信〗~ d'ondes 電波収集装置(antenne アンテナ, cadre ループアンテナなど).
3 (排水設備の)集水管，合流管. ~ d'eaux pluviales 雨水合流管.
4〖内燃機関〗マニホルド. ~ d'échappement (d'admission) 排気(吸気)マニホルド.
5 収集装置；収熱装置. ~ de poussières 集塵器.

collectif(**ve**) *a*. **1** 共同の，集団の，団体の；公共の. besoins ~s 社会全体のニーズ. conscience ~ve 集団意識. équipement ~ 公共施設，インフラストラクチャー. intérêt ~ 公共の利益(intérêt privé「私的利益，私利」の対). œuvre ~ve 共同作品. service ~ 公共サービス. transports ~s 公共輸送.
2 補正予算に関する. loi de finances ~ve 補正予算法.
—*n.m.* **1** 補正予算. ~ budgétaire 補正予算.
2〖文法〗集合名詞. **3**〖社会〗(労働紛争などに際して複数の組織・団体が構成する)共同会議委員会，ネットワーク.

collection *n.f.* **1** (美術品，標本などの)収集；収集品，コレクション. ~s d'un musée 博物館(美術館)の収蔵品. ~ de disques レコード・コレクション. ~ de papillons 蝶・蛾の標本収集(コレクション). ~ de voitures anciennes クラシックカーのコレクション. ~ privée de tableaux 絵画の私的コレクション. avoir le goût de la ~ 蒐集趣味(癖)がある. faire ~ de *qch* 何を収集する.

2〖出版〗叢書. ~s de poche ポケットブック叢書.
3 見本集；(ファッションの)コレクション，新作モード集(発表会). ~ de haute couture オート・クーチュールのコレクション. ~ de prêt-à-porter プレタポルテ(プレアポルテ)のコレクション. ~ d'été (d'hiver) 夏(冬)の新作発表会.
4〖話〗寄せ集め. une belle ~ d'imbéciles 愚か者の見事な寄せ集め，愚者の集団.
5〖医〗膿の集積(＝amas de pus).

collectionneur(**se**) *n.* 収集家，コレクター. ~ d'objets d'art 美術品収集家. ~ de timbres 切手収集家(＝philatéliste).

collectivisation *n.f.*〖経済〗(生産手段の)共有化，集産化. ~ de l'industrie 産業の集産化. ~ forcée 強制的集産化.

collectivisme *n.m.*〖経済〗集産主義；(生産手段・商取引の)共同体化(共有化)体制.

collectivité *n.f.* **1**〖法律〗団体；(特に)地方公共団体，地方自治体.〖行政〗~ locale (territoriale) 地方自治体，地方公共団体(市町村 commune, 県 département, 地方 région など). ~ territoriale à statut particulier 特別自治体 (la Mayotte, Saint-Pierre-et-Miquelon の 2 つ；首長は préfet；2003 年の憲法改正により la Mayotte は POM：*p*ays d'*o*utre-*m*er「海外地方」となった). ~ publique 公共団体. aides économiques des ~s locales 地方自治体に対する補助金. endettement des ~s locales 地方自治体の負債.
2 (共通の利益をもつ人々の)集団，団体. ~ des copropriétaires 共同所有者団体. ~ professionnelle 職業団体(組合，協会など). vivre en ~ 集団生活をする.
3 共有(＝possession en commun). ~ des moyens de production 生産手段の共有.

collège *n.m.* **1** コレージュ，中学校，中等教育機関(1977 年のアビ Haby 改革で単一コレージュ collège unique 制が敷かれるまで，中等教育の第 1 段階を教える公立の学校で，それぞれ 2 年間の cycle d'observation 観察段階と cycle d'orientation 指導階が 4 年間続き，lycée につながった). ~ climatique (虚弱体質児童，生徒を対象とする)サナトリウム学校. ~ d'enseignement général (CEG) 一般教育コレージュ. ~ d'enseignement secondaire (CES) 中等教育コレージュ. ~ d'enseignement technique (CET) 技術教育コレージュ.
2 私立教育機関(中等教育第 1，第 2 段階を含む). C~ Stanislas コレージュ・スタニスラス(Nancy にある有名な私立学校).
3 C~ de France コレージュ・ド・フランス(1530 年，フランソワ一世 François Ier がソルボンヌに対抗して創設した，大学とは別個の高等教育機関で，聴講は自由). ~ universitaire 大学コレージュ(1957-68 年，正

規の大学がない町に置かれた〕.
4〔集合的〕コレージュの生徒.
5(特定の資格, 職能を共有する者の) 集団, 団体；会議, 機関. ~ des cardinaux 枢機卿参事会(=sacré ~)(167 名. 教皇顧問会議, うち 120 名が教皇の選挙権をもつ). ~ de magistrats 裁判官の合議, 裁判官会議. ~ électoral 選挙人団, 選挙会, 選挙母体.

collégial(**ale**)[1](pl.**aux**) a. **1** 合議体の；合議体として組織された. juridiction ~ ale 合議裁判権.
2〔カトリック〕教会堂参事会の. église ~ ale 参事会聖堂, 参事会教会〔堂〕.
3〔カナダ〕〔教育〕cours ~ 一般教育・職業講座〔中等教育と大学の間に設置〕.

collégiale[2] n.f. 参事会聖堂, 参事会教会〔堂〕(=église ~).

collégialité n.f. 合議体；合議制；合議体構成員.

collégien(**ne**) n. 中学生(コレージュ collège の生徒).

collègue n. **1** 同僚. **2**〔南仏〕〔話〕仲間 (=camarade).

collet n.m. **1** 襟 (=col). prendre (saisir) qn au ~ 人の襟首をつかまえる；人を逮捕する. se prendre au ~ 取っ組み合う.
2〔服〕(婦人用の) ケープ.〔形容詞的・比喩的〕~ monté 乙に澄ました.
3〔料理〕(仔牛・羊などの) 頚肉, 首肉 (=collier) の首肉(煮込みや navarin 用). ~ de mouton 羊の首肉 (煮込みや navarin 用). ~ de veau 仔牛の首肉(骨なし／ロースト, 煮込み, ブランケット用).
4(鳥, 兎などの首などにかけて捕らえるための) 輪差(わさし). ~ à ~ 兎用輪差.
5〔解剖〕歯頸(しけい)(= ~ de la dent)〔歯冠 couronne と歯根 racine の中間, エナメル質とセメント質の間の部分〕.
6〔工〕(管の) フランジ, つば, コレット. ~ d'une bouteille 瓶の首のつば. ~ du palier de butée スラスト軸受けのコレット(つば). ~ d'un tuyau 管のフランジ.
7〔植〕(維管束植物の) 茎と根の環状の移行部.
8〔解剖〕起始部. ~ de l'axone (ニューロンの) 軸索小丘(起始部). ~ de l'uretère 尿管起始部.

collier n.m. **1** 首飾り, ネックレス；頚章(勲章). ~ à chaînons en or 金のチェーンネックレス. ~ de fleurs 花の首飾り. ~ de l'Ordre du Saint-Esprit 聖霊勲章頚章. ~ de perles 真珠のネックレス. ~ en or 金のネックレス.〔比喩的〕un grand ~ 主要人物, 有力者. porter un ~ ネックレスをつける.
2(首飾り状のもの) ~ de barbe コリエひげ, 首飾り状のあごひげ〔顎からこめかみを経て頭髪につながる環状のひげ〕；= barbe en ~, barbe ~. ~ de Vénus(ウェヌスの首飾り→) 女性の首の皺(性病による) 胸の

3(犬などの) 首輪. ~ à (de) chien 犬の首輪. plaque d'identité d'un ~ de chien 犬の首輪の鑑札. ~ de force 犬の躾用首輪(内側に突起がある). tirer un chien par le ~ 犬を首輪でひっぱる.
4(牛馬の) 首当て, 頚帯；(奴隷の) 首環. ~ de vache 乳牛の頚帯. cheval de ~ 馬車馬, cheval franc de ~ 曳く力の強い馬.〔比喩的〕~ de misère 辛い仕事.〔比喩的〕être franc du ~ 力一杯仕事をする.〔比喩的〕donner un coup de ~ ひとふんばりする.〔比喩的〕à plein ~ 力一杯. reprendre le ~ 仕事を再開する.
5(鳥・動物の) 首の環紋, 頚圏(くびわ). pigeon à ~ 首に環紋のある鳩.
6〔機械〕環, つば. ~ de serrage 絞め環. ~ de tuyau パイプの留め環.
7〔建築〕(円柱の) 環状玉縁.

collimateur n.m. (銃砲の) 照準器；〔天文〕コリメーター, 視準儀. ~ de tir 射撃照準器.〔話〕avoir qn dans le ~ (人を) 監視する, 人に狙いをつける.

collimation n.f.〔天文〕視準.

colline n.f. 丘, 丘陵, 小山〔地理学では標高 500 m 以下；それ以上は montagne〕. sommet d'une ~ 丘の頂き(=butte). pied d'une ~ 丘の麓. la ville aux sept ~s 七つの丘の都(ローマ).

collioure (<C ~, 南仏 département des Pyrénées-Orientales ピレネー=オリヤンタル県の地中海沿岸の町) n.m.〔葡萄酒〕~ et banyuls コリウール・エ・バニュルス (C ~, Banylus-sur-Mer (市町村コード 66650), Cerbère (市町村コード 66290) の周辺地区の AOC 酒；コリウール地区 (400 ha) では, grenache noir, syrah, mourvèdre を主体に, carignan, cinsault などの品種の葡萄から, 赤・ロゼがつくられる). ~ rouge コリウールの赤葡萄酒.

collision n.f. **1** 衝突. ~ d'avions en plein vol 航空機の空中衝突. ~ de trains 列車の衝突. entrer en ~ avec qch 何と衝突する. Les deux voitures sont entrées en ~. 二台の車が衝突した.
2〔比喩的〕衝突. ~ d'idées 意見の衝突. ~ d'intérêts 利害の衝突.
3〔言語〕(音や意味の) 衝突.
4〔物理〕(粒子などの) 衝突. ~ élastique 弾性衝突.

collisionneur n.m.〔物理〕(粒子の) 衝突型粒子加速器. ~ de particules LEP 巨大陽電子加速器〔衝突型〕加速器. grand ~ d'hadrons 大型衝突型ハドロン加速器 (= [英] LHC : Large Hadron Collider). Super- ~ supraconducteur 超大型超伝導衝突型粒子加速器〔英語の略称 SSC = Super conducting Super Collider〕.

collocation n.f. **1**〔法律〕債権の弁済順序；債権の弁済順を決める手続. bordereau

de ~ 債権弁済順位表.
2〖言語, 論〗並置, 配列；連語.
3 順位 (等級) 付け.
4〖言語〗連語関係.
5〖ベルギー〗〖話〗収監, 投獄 (＝emprisonnement). mesure de ~ 収監措置.
collodion *n.m.*〖化〗コロジオン (ニトロセルロースをエーテル・アルコールに溶かしたもの；コロジオン膜は傷口の被覆用や透折膜, 電子顕微鏡用試料の支持膜として利用される).
colloïdal (ale) (*pl.* **aux**) *a.* コロイド状の, 膠質状の. particule ~*ale* コロイド粒子. radioisotope ~ コロイド状放射性同位元素, コロイド状ラジオアイソトープ (＝colloïde radioactif). solution ~*ale* コロイド溶液.
colloïde *n.m.*〖化〗コロイド, 膠質. ~ hydrophobe 疎水コロイド, 疎水膠質. ~ lyophile 親水コロイド, 親水膠質. ~ micellaire ミセル・コロイド, 親液コロイド粒子. ~ moléculaire 分子コロイド, 巨大分子 (macromolécule：ADN や蛋白質など). ~ radioactif 放射性コロイド, コロイド状放射性同位元素, コロイド状アイソトープ.
colloque *n.m.* **1** コロック, シンポジウム, セミナー, 討論会 (congrès より少人数). ~ économique (littéraire, scientifique) 経済 (文学, 科学) シンポジウム. participer à des ~*s* internationaux 国際シンポジウムに参加する.
2 対談, 話合い；〖話〗密談, ひそひそ話. tenir un ~ amical 友好的に話し合う.
collure *n.f.*〖映画〗(フィルムの) 接合.
collusion *n.f.*〖法律〗(人を欺くための) 共謀, 通謀, 結託.
collusoire *a.*〖法律〗共謀の, 結託した, なれあいの. arrangement (transaction) ~ 共謀和解. fraude ~ 共謀詐欺.
collutoire *n.m.*〖薬〗口腔内塗布液薬. pulvérisation de ~ 口腔内治療液薬の噴霧.
colluvion *n.f.*〖地学〗崩積層 (斜面や断崖の下にたまる岩石の破片), 崩積土.
collyre *n.m.*〖医〗点眼薬, 眼薬 (＝gouttes oculaires). ~ myotique 縮瞳点眼薬.
Colmar *n.pr.* コルマール (département du Haut-Rhin オー=ラン県の県庁所在地；市町村コード 68200；形容詞 colmarien (*ne*)). Musée Unterlinden de ~ コルマールのウンターリンデン博物館 (retable d'Issenheim de Grünewald などを収蔵). le Vieux ~ コルマール旧市街 (maison Pfister, maison des Arcades, maison des Têtes, Ancienne Douane など). église des Dominicains ドメニコ修道会聖堂 (Vierge au buisson de ronces など). aéroport de ~-Houssen コルマール＝ウーサン空港 (北 3.5 km).
colobome *n.m.*〖医〗欠損. ~ choroïdien 脈絡膜欠損. ~ de l'uvée 葡萄膜欠損

(＝ ~ uvéal).
colocataire *n.* 共同賃借人, 共同借家人.
colocation *n.* 共同賃借, 共同借家 (＝collocation). être en ~ 共同で賃借している.
Cologne *n.pr.* ケルン (＝〖独〗Köln；ライン河畔のドイツの古都；ノルトライン=ヴェストファーレン Nordrhein-Westfalen 州 (＝〖仏〗Rhénanie-du-Nord-Westphalie) の州都). la cathédrale de ~ ケルン大聖堂. eau de ~ ケルン水 (＜〖独〗Kölnisch〔es〕Wasser), オー・ド・コローニュ, オー・デ・コロン (化粧水).
colombage *n.m.*〖建築〗コロンバージュ, ハーフ・ティンバー (木組みの間に煉瓦, 漆喰を充填した木骨壁). maison à ~*s* 木骨壁の家屋.
Colombie (la) *n.pr.f.*〔国名通称〕コロンビア (公式名称；la République de C ~ コロンビア共和国；国民：Colombien (*ne*)；首都：Santa Fe de Bogota サンタフェ・デ・ボゴタ；通貨：peso colombien；略記 COP).
colombien (ne) *a.* コロンビア (la Colombie) の；コロンビア人の.
—*C* ~ *n.* コロンビア人.
colombium *n.m.*〖化〗〖古〗コロンビウム (→ niobium ニオブ).
Colombo *n.pr.* コロンボ (スリランカ le Sri Lanka の首都, 海港都市). Plan de ~ コロンボ計画 (アジア・太平洋地域の経済協力と社会的開発を目的とする計画 plan de ~ pour la coopération économique et le développement social en Asie et dans l'océan Pacifique；1950 年コロンボで提唱).
colon[1] *n.m.* **1** 植民者, 入植者；入植者の子孫；居留民. premiers ~*s* d'Amérique アメリカ大陸への初期の入植者. ~*s* français d'Algérie アルジェリアのフランス人入植者.
2〖話〗林間 (臨海) 学校 (＝colonie de vacances) の参加児童.
colon[2] *n.m.* **1**〖軍隊俗語〗大佐 (＝colonel). **2**〖比喩的〗〖話〗大将. Ben, mon ~! これはこれは (揶揄をこめた驚き・感嘆・共感・非難などを表わす).
côlon *n.m.*〖解剖〗結腸；大腸 (＝gros intestin). ~ ascendant 上行結腸. ~ descendant 下行結腸. ~ sigmoïde S 状結腸. ~ traverse 横行結腸. affection du ~ 結腸炎 (＝colopathie). cancer du ~ 結腸癌. carcinome du ~ 結腸癌.
colonel *n.m.*〖軍〗(陸・空軍) 大佐 (海軍大佐 は capitaine de vaisseau). ~ d'artillerie 砲兵大佐. ~ d'aviation 空軍大佐.
colonelle *n.f.* **1** 大佐夫人. **2** (女性の) 大佐.
colonial (ale) (*pl.* **aux**) *a.* 植民地の. casque ~ (防暑用の) 軽ヘルメット. comptoir ~ 植民地支店. expansion ~*ale* 植民

colonialisme

地の拡張. produits ~ *aux* 植民地生産物, 植民地産品. régime ~ 植民地制度, 植民地体制. 〖軍〗troupes ~ *ales* 植民地軍, 植民地駐留軍《1961年以降の呼称は troupe de marine「海兵隊」》.
— *n.m.* **1** 植民地の住民；植民地居留民. **2** 植民地軍兵士.
— *n.f.* フランス植民地軍. servir dans la ~ 植民地軍で軍務に就く.

colonialisme *n.m.* **1** 植民地主義；植民地体制. ~ économique 経済的植民地主義. lutte contre le ~ 植民地主義反対運動. **2** 植民地気質；植民地時代の遺風.

colonie *n.f.* **1** 植民地, 入植地, 入植者(移民)集団. administration de ~ 植民地担当行政当局《かつてフランスには「海外フランス省」ministère de la France d'outre-mer など, 植民地を担当する専門官庁があった》. La France a conclu entre la fin des années 1950 et la première moitié de la décennie suivante des accords d'indépendance avec la plupart de ses anciennes ~s. フランスは1950年代の終わりと1960年代前半の間に大半の旧植民地と独立協定を締結した. L'extension des ~s israéliennes dans les territoires occupés continue de rendre difficile la détente entre Jérusalem et les pays arabes. 被占領地におけるイスラエル入植地の拡大がイスラエル政府とアラブ諸国の関係改善を困難にしつづけている.
2（特に外国, 異郷に住む）同郷者, 同国人. La ~ française du Japon ne cesse de se développer au point qu'elle s'approche des 10,000 membres. 在日フランス人は増えつづけ, 今や1万人近くになろうとしている.
3 生活集団, グループ. ~ de vacances 林間（臨海）学校《略して colo と言う》. ~ japonaise de Paris パリの日本人街. ~ pénitentiaire 少年鑑別所.
4〖生〗コロニー, 群団. ~ d'abeilles 蜜蜂のコロニー.

colonisateur(trice) *a.* 植民地化する, 植民地化を創設する. nation ~ *trice* 植民地政策推進国.
— *n.* 植民地創設（開発）者.

colonisation *n.f.* **1** 植民地化, 植民地開拓（開発）. ~ française sous l'Ancien Régime 旧体制下のフランスの植民地開拓. ~ de l'Afrique par la France フランスによるアフリカの植民地化.
2（開墾地への）入植.
3〖比喩的〗植民地的支配；開発.〖情報〗 ~ des sites サイトの植民地的支配.
4〖生態〗コロニー化, 群体化.

colonisé(e) *a.* 植民地化された；植民地支配下におかれた. peuple ~ 植民地支配下の民族.
— *n.* 植民地支配下の人. les colonisateurs et les ~s 植民地支配者と被植民地支配者.

colonne *n.f.* Ⅰ（円柱）**1**〖建築〗円柱, コロンヌ. ~ dorique (ionique) ドーリア（イオニア）式円柱. ~ galbée (cannelée) エンタシスのある円柱. ~ torse ねじれ円柱. ~s d'une galerie 回廊の列柱. rangée de ~s コロナード（= colonnade）.
2 円柱記念碑, 記念柱（= ~ commémorable）. la ~ de Juillet 七月革命記念円柱《パリの place de la Bastille にある1830年の七月革命の犠牲者追悼記念碑；後に1848年の二月革命の犠牲者を追加；1840年建立》. la ~ Vendôme（パリの）ヴァンドーム広場の記念円柱《ナポレオン大軍団の戦勝記念碑；1810年建立》.
3〖広告〗 ~ Morris モリス広告塔《円柱型の広告塔》.
4〖家具〗（ベッドの天蓋を支える）円柱状支柱；（テーブル・椅子の）脚,（家具の）飾り柱. lit à ~s 円柱に支えられた天蓋付ベッド.
5〖比喩的〗〖文〗大黒柱. ~s de l'Etat 国の大黒柱.
Ⅱ（円柱状のもの）**1** 柱.〖理〗 ~ d'air (d'eau) 気柱（水柱）.〖理〗 ~ de mercure 水銀柱（= ~ barométrique）. ~ de feu (de fumée) 火柱（煙の柱）.
2〖解剖〗柱. ~ vertébrale 脊柱. déviation de la ~ vertébrale 脊柱の彎曲.
3〖軍〗（兵員・車輌の）縦列, 縦隊；（艦船の）縦列, 縦陣；隊. ~ d'infanterie 歩兵部隊の縦列. ~ de camions (de chars) トラック（戦車）の縦隊. ~ de secours 救助隊. défiler en ~ par deux 2列縦隊で行進する. cinquième ~ 第五列《敵地潜入のスパイ》.
4〖数〗列；数列. ~ d'une matrice 行列.
5（新聞・本・手稿などの）段, 欄, 縦欄. cinq ~s à la [page] une 一面5段抜きの見出し. titre sur trois ~s 3段組みの見出し（タイトル）. ~ d'un journal 新聞の記事欄. ~ des chiffres 数字の縦欄. ~ gauche d'un dictionnaire 辞書のページの左欄.
6〖数〗縦列. ~ des unités 単位の縦列. ~ des dizaines de l'addition 加算の十位の縦列.
7〖建築〗 ~ montante（建物内部の）立ち管, 供給主管. ~ d'eau (de gaz) 水道（ガス）の供給主管.〖消防〗 ~ sèche（建物内の）消火ホース接続管.
8〖地学〗岩柱. ~ de calcaire 石灰石柱.
9〖工〗 ~ à plateaux（蒸溜用）棚段塔, プレート塔. ~ de direction（自動車の）ハンドル支柱. ~ de lavage 洗浄塔. ~ de production（原油の）採油管.

colonoscope *n.m.*〖医〗結腸鏡；大腸内視鏡（= coloscope）；下部消化管内視鏡.

colonoscopie *n.f.*〖医〗直腸鏡検査〔法〕（= coloscopie）.

colopathie *n.f.*〖医〗結腸障害, 結腸疾患. ~ fonctionnelle 結腸機能障害（= syndrome de l'intestin irritable 刺激腸疾患群）.

colopexie n.f.〖医〗結腸固定術.
colophane n.f.〖化〗コロフォニウム, コロファーヌ（松脂樹脂）；弦楽器の弓に塗る).
coloplastie n.f.〖医〗結腸形成術.
coloproctologie n.f.〖医〗結腸・直腸・肛門病学(科).
colorant[1](**e**) a. 着色する, 着色性の. matière (substance) ~ e 染料. principe ~ 着色成分, 色素. produit ~ 着色料, 染料. shanpooing ~ 毛染めシャンプー.
colorant[2] n.m. 色素；染料；(食品の)着色剤；染色液. ~ à pigment 顔料. ~ alimentaire synthétique (naturel) 合成 (天然) 食品着色剤. ~ autorisé 公認着色剤. ~ minéral 鉱物性色素.〖生化〗(ex. bleu de méthylène「メチレンブルー」(細菌を着色する青色塩基染料), vert de méthyle「メチルグリーン」など).
coloration n.f. **1** 着色. ~ des fruits 果物の色づき. ~ des métaux 金属の着色.〖医〗~ maladive de la peau 皮膚の病的着色 (cyanose「チアノーゼ」, jaunisse「黄疸」など).
2〖生〗染色. ~ de Gram グラム染色.
3〖美容〗毛染め. se faire faire une ~ 毛を染めてもらう.
4 色合い, 色調. ~ naturelle des bois 木立の自然な色合い.
5 (顔などの) 血色 (= ~ du teint). ~ de la peau 肌の色艶.
6〖比喩的〗ニュアンス, 調子. ~ d'un sentiment 感情のニュアンス. ~ vocale 声の調子.
colorectal(**ale**)(pl.**aux**) a.〖解剖・医〗大(結)腸と直腸の；~に関する. antimétabolites ~ aux 大腸直腸代謝阻害剤(制癌剤).
colorimètre n.m.〖化〗比色計.
colorimétrie n.f. **1**〖化〗比色定量〔分析〕, 比色分析 (= analyse colorimétrique). **2** 測色〔学〕.
colorimétrique a. 比色の, 比色による.〖化〗analyse ~ 比色分析 (= colorimétrie). dosage ~ 比色定量.
coloris n.m. **1**〖美術〗配色, 色彩効果. tissus aux riches ~ 色彩豊かな布施.
2 色つや. ~ des joues 顔の色つや. ~ d'une pêche 桃の色つや.
3〖比喩的〗(文体などの) 生彩, 色合い. Ce style manque de ~. この文体は生彩に欠ける.
colorisation n.f.〖写真〗(白黒フィルム・映像などの) 着色.
coloscope n.m.〖医〗結腸鏡, 結腸内視鏡 (= colonoscope).
coloscopie n.f.〖医〗大腸内視鏡検査〔術〕.
colostomie n.f.〖医〗結腸壁切開術；結腸人工肛門, 結腸瘻設設；人工肛門 (= anus artificiel). ~ permanente (temporaire) 永久的 (一時的) 人工肛門.
colp[**o**]- 〖ギ〗ELEM「膣」の意 (ex. colposcope 膣鏡).
colpocèle n.f.〖医〗膣脱出症, 膣脱.
colpocystographie n.f.〖医〗膣膀胱造影〔術〕.
colpopérinéorraphie n.f.〖医〗膣会陰縫合術.
colpophystérectomie n.f.〖医〗膣切除〔術〕(= colpectomie) (膣の部分的切除または全摘).
colportage n.m. **1** 行商；訪問販売.〖文史〗littérature de ~ 行商本. règlements sur le ~ 訪問販売規則.
2〖比喩的〗(悪口・噂などの) 吹聴, 言い触らすこと. ~ des idées思想の吹聴.
colporteur(**se**) n. **1** 行商人；訪問販売員. ~ de toiles 生地の行商人.
2〖比喩的〗(蔑) 吹聴者, 言い触らす人. ~ de ragôts 悪口を言い触らす人間.
——a. 行商の. marchand ~ 行商人.
colposcopie n.f.〖医〗膣腔検査〔法〕.
columbarium [kɔlɔ̃barjɔm](pl.**~s, columbaria**)〖ラ〗n.m. 納骨堂.
col-vert(pl.**~s-~s**) n.m.〖鳥〗青頸鴨 (= canard ~) (colvert ともいう).
colza [kɔlza] [オランダ] n.m.〖植〗コルザ, 西洋油菜, 菜種. champ de ~ 菜種畑. huile de ~ コルザ油, 菜種油.
COM (= collectivité d'outre-mer) n.f.〖行政〗海外自治体 (2003年3月の憲法改正に伴い, 旧海外領土 (TOM) の廃止により誕生；la Polynésie-française, la Mayotte, Saint-Pierre-et-Miquelon, Wallis-et-Futuna, Saint-Martin, Saint-Balthélemy が COM となる；このうち la Polynésie-française と la Mayotte は特殊なもので POM = pays d'outre-mer「海外地方」と呼ばれる).
coma[1] n.m.〖医〗昏睡. ~ au stade II 第2段階昏睡 (意識はないが, 不快な刺激に反応する). ~ au stade III 第3段階昏睡 (自力呼吸ができず, 人工呼吸器が必要). ~ dépassé 限外昏睡 (昏睡の第4段階 stade IV)；脳死 (= mort cérébrale). ~ de l'ivresse 泥酔による昏睡. ~ diabétique 糖尿病性昏睡. ~ hépatique 肝性昏睡. ~ hypoglycémique 血糖低下性昏睡. ~ urénique 尿毒症性昏睡. ~ vigil 覚醒昏睡 (昏睡の第1段階 stade I；意識はないが刺激に反応し目を開けたりする). entrer (être) dans le ~ 昏睡状態に陥る.
coma[2] n.m.〖光学〗コマ (レンズの収差).
comandant n.m.〖法律〗共同委託(委任)者.
Comar (= commandant maritime) n.m.〖軍〗海軍基地司令部. ~ Cherbourg シェルブール海軍基地司令官.
comateux(**se**) a. **1**〖医〗昏睡性の. état ~ 昏睡状態.

combat

2〔比喩的〕意識が朦朧とした. air ~ 意識が朦朧とした様子.

combat *n.m.* **1**〘軍〙戦闘；交戦. ~ à arme blanche 白兵戦. ~ aérien (naval) 空中戦, 空戦 (海戦). ~ de rues 市街戦. ~ sanglant 血戦. ~ terrestre 地上戦. de ~¹ 戦闘用の. avion de ~〔狭義〕攻撃機；〔広義〕実戦機 (輸送機 avion de transport；支援機 avion d'appui の対). bâtiment de ~ 戦闘艦. char de ~ 戦車. hélicoptrère de ~ 攻撃ヘリコプター. position de ~ 攻撃態勢. technique de ~ 戦闘技術. tenue de ~ 戦闘服. hors de ~ 戦闘不能になった. être mis hors de ~ 戦闘不能に陥る. commencer (ouvrir) le ~ 戦闘を開始する. mourir en plein ~ 戦死する.
2〘スポーツ〙格闘；闘技；試合. ~ de boxe (de catch) ボクシング (レスリング) の試合. ~ de coques 闘鶏. coq de ~ 軍鶏 (しゃも). ~ de taureaux 闘牛. ~ singulier 一騎打.
3 喧嘩, なぐり合い.〔話〕~ de geule 口喧嘩.
4〔文〕〘*pl.* で〙いくさ (=la guerre). dieu des ~s 軍神.
5〔比喩的〕闘い, 闘争. ~ de *qn* contre *qch* 何に対する人の闘い. ~ spirituel 精神的闘い. ~ de l'esprit. littérature de ~ 戦闘的文学, 参加の文学.
6〔比喩的〕(対立する 2 つのものの) 相克, 葛藤. ~ de Bien et du Mal 善悪の相克. La vie est un ~. 人生は葛藤である.
7〔文〕〘~ de+無冠詞名詞〙競い合い, 角逐. ~ de générosité 雅量の競い合い.

combatif (**ve**) *a.* 戦闘的な；喧嘩早い, tempérament ~ 喧嘩早い気質.
—*n.* 戦闘的人物.

combattant(**e**) *a.* 戦う, 戦闘に関わる.
—*n.* 戦う人, 戦闘員, 兵士. ancien ~ 退役軍人, 在郷軍人；傷痍軍人. ministère des anciens ~s 在郷軍人省. La lutte s'arrêta faute de ~s. 戦う者がいなくなって戦闘は終了した.
—*n.m.* **1**〘鳥〙エリマキシギ. **2**〘魚〙ベータ.

combinaison *n.f.* **1** 組合せ. ~ de couleurs 色の組合せ.〘政治〙~ ministrielle 党派別閣僚構成.
2〔化〕化合；化合物. ~ chimique 化学結合；化合物. ~ cyclique 環式化合物.
3〔数〕組合せ.
4 (鍵の) 数字の組合せ. système de fermeture à ~ 組合せ暗号式開閉装置.
5〘言語〙組合せ, 結合. ~ de mots 言の結合.
6〔比喩的；しばしば *pl.* で；多く 蔑〕手筈, 段取り；策略, たくらみ. ~s politiques 政略.
7〘服〙コンビネーション (=~ culotte)；シュミーズ, スリップ. ~ courte コンビネット (combinette), ペティコート.
8〘服〙つなぎ, オーバーオールズ (=~ pantalon).〘航空〙~ anti-G 耐加速度飛行服, アンチ G スーツ. ~ d'aviateur 飛行服. ~ de mécanicien (上下一体の) 作業服, つなぎ. ~ de plongée〔sous-marine〕潜水服. ~ de sauteur à ski スキーのジャンプスーツ.

combinard(**e**) *a.*〔話〕陰謀 (策略) (combine) の. garçon ~ 抜け目のない若者.
—*n.* **1** 陰謀家, 策略家. **2** 非合法的製造者.

combinat [kɔbina]〔ロシア〕*n.m.* コンビナート (=complexe). ~ pétrochimique 石油化学コンビナート.

combinateur *n.m.*〘鉄道〙(電車の) 制御器, コントローラ.

combinatoire *a.* 組合わせの, 結合の.〘数〙analyse ~ 組合わせ理論.〘哲〙art ~ 結合術.〘言語〙variante ~ 結合変異体.
—*n.f.* 組み合わせ理論 (=analyse ~).

combiné¹ (**e**) *a.p.* 結合された：結合した；〘化〙化合した；セットになった. billet ~ (複合の博物館・史跡などの) セット入場券.〘調理器〙four ~ 電子レンジ組込みオーヴン.〘医〙immunodéficience ~*e* 複合免疫不全〔症〕.〘軍〙opérations ~*es* terre-air 陸空協同 (連合) 作戦.

combiné² *n.m.* **1**〘電話〙送受信器 (= ~ téléphonique；送話器と受信器が一体なった電話器).
2〘服〙コンビネ (ブラジャーとコルセットが一体になった下着).
3〘航空〙(ヘリコプターと航空機の) 複合航空機.
4〘スポーツ〙(異種の競技種目の) 複合競技.〘スキー〙~ alpin アルペン複合競技 (滑降 descente と回転 slalom の複合).〘スキー〙~ nordique ノルディック複合競技 (ジャンプ saut と距離 fond の複合).

comble *n.m.* **1**〘建築〙小屋組, 屋根組, トラス；小屋裏, 屋根裏. ~ à la Mansart マンサール風小屋裏, マンサード小屋根 (= ~ brisé「腰折れ屋根」). ~ à un (deux) pan (s) 片流れ (両流れ) 屋根. ~ en bois 木製の小屋根組. ~ en pavillon 方形屋根.
faux ~ 利用できない小屋裏. poutres qui forment un ~ 屋根組を構成する梁. de fond en ~ 土台から屋根まで；〔比喩的〕何から何まで, すっかり. détruire *qch* de fond en ~ 何を完璧に破壊し尽す.
2〔多く *pl.*〕屋根裏部屋. aménager les ~s en appartement 屋根裏部屋を住居に改修する. loger sous les ~s 屋根裏部屋に住む.
3〔比喩的〕頂点；絶頂, 極限, 極. ~ du ridicule 滑稽の極. être au ~ de la joie 有頂天になって

いる. mettre le (un) ~ à qch 何に輪をかける. pour ~ おまけに, その上. Le ~, c'est que＋ind. 驚いたことに…である. C'est le ~！ それはあんまりだ！ひどすぎる！
4〔古〕(桝などの) 山盛り. ~ d'un boisseau ボワソー桝の山盛り. La mesure est à son ~. 桝は山盛りになっている；〔比喩的〕忍耐は極限に達している.

comburant(e) a.〔化〕燃焼させる.
—n.m. 燃焼起剤.

combustibilité n.f. 可燃性.

combustible a. **1** 可燃性の. matière ~ 可燃性物質. **2**〔比喩的〕激昂し易い. tempérament ~ 激昂し易い気質.
—n.m. 燃料. ~ composé 合成燃料 (濃縮ウランなど). ~ gazeux 気体 (ガス) 燃料. ~ irradié 使用済核燃料 (＝~ nucléaire usé). ~ d'uranium enrichi 濃縮ウラニウム燃料. ~s liquides (solides) 液体 (固体) 燃料；(特に) 核燃料 (＝~ nucléaire). ~ retraité 再処理燃料. cycle de ~〔nucléaire〕核燃料サイクル.〔航空〕surcharge de ~ 燃料特別付加運賃 (通常運賃に上乗せして徴収).

combustion n.f. **1** 燃焼. ~ chimique 化学的燃焼. ~ fumivore 無煙燃焼. ~ lente (vive) 緩 (急激) 燃焼. ~ nucléaire 核燃料の燃焼. ~ spontanée 自然発火. chambre de ~ 燃焼室. moteur à ~ interne 内燃機関. résidu d'une ~ 燃えかす.
2〔比喩的〕騒ぎ, 興奮. mettre la France en ~ フランスを興奮状態に陥らせる.

COMECON (＝〔英〕Communiste Economic Conference) n.m. コメコン〔1949年設立. 社会主義諸国間の経済協力機構「経済相互援助会議」：＝〔英〕Council for Mutual Economic Assistance；〔仏〕CAEM：Conseil d'assistance économique mutuelle に対する西側の通称. ロシア語の略称セフSEV；1991年6月解散〕.

comédie n.f. **1** 喜劇, コメディー (tragédie「悲劇」の対). ~ à ariettes アリエッタ (小詠唱) 喜劇 (＝~ à couplets). ~ de boulevard ブールヴァール喜劇, 大道喜劇 (ブールヴァールの芝居小屋風の喜劇). ~ de mœurs 風俗喜劇. ~s de Molière モリエールの喜劇. ~ lyrique オペラ＝コミック (＝opéra-comique). ~ musicale ミュージカルコメディー, ミュージカル. acteurs d'une ~ 喜劇役者. personnages d'une ~ 登場人物；〔比喩的〕喜劇的人物.
2 劇, 演劇. jouer la ~¹ 芝居に出る.
3 劇場 (＝théâtre). aller à la ~ 劇場に行く.
4〔集合的〕劇団員；劇団. la C~-Française コメディー＝フランセーズ (1680年創設) (＝le Théâtre-Française).
5〔比喩的〕芝居, ふり, 見せかけ. donner la ~ 一芝居打つ. jouer la ~² de …のふりをする. C'est de la ~. お芝居さ.

6〔文〕Le C~ humaine de Balzac バルザックの『人間喜劇』. La Divine C~ de Dante ダンテの『神曲』.
7〔話〕大騒ぎ, ごたごた. Quelle ~！ 何て馬鹿馬鹿しいことだ！
8〔話〕(子供の) 悪ふざけ. Cessez votre ~！ 悪ふざけはおやめ！

Comédie-Française(la) n.f. ラ・コメディー＝フランセーズ〔1680年創設の劇団；パリの le Palais-Royal の一角のle Théâtre-Français に本拠を置く；劇団員は sociétaire 正則団員 (歩合給制), pensionnaire 固定給劇団員 と sociétaire honoraire 名誉劇団員の3種〕.

comédien(ne) n. **1** (演劇, 映画, TVの) 俳優, 役者 (＝acteur). ~ de cinéma 映画俳優. ~ de talent 名優. C~s-Français コメディー＝フランセーズ (la Comédie-Française) の所属俳優. mauvais ~ 大根役者 (＝cabot, cabotin). troupe de ~s 劇団.
2〔狭義〕喜劇俳優 (役者) (＝tragédien「悲劇俳優 (役者)」の対) (＝acteur comique).
3〔比喩的〕芝居がかった人, 役者；偽善者. Quel ~！ 何て役者なんだろう.
—a.〔比喩的〕芝居がかった, 芝居のうまい. Elle est un peu ~ne. 彼女は少し芝居がかっている, 彼女はちょっとした役者だ.

comédon n.m. 黒にきび.

COMES (＝Commissariat à l'énergie solaire) n.m. 太陽エネルギー局.

comestible a. 食用になる, 食べられる. champignon ~ 食べられる茸.
—n.m.〔多く pl.〕食品 (＝produit alimentaire), 食物. boutique de ~s 食料品店.

cométaire a.〔天文〕彗星の (＝comète) の. noyau ~ 彗星の核.

comète n.f. **1** 彗星, ほうき星. ~ de Halley ハレー彗星. ~ vissine 彗星年産の葡萄酒. tirer des plans sur la ~ 夢のような計画を思いめぐらす.
2〔紋章〕彗星紋 (8本の先芒と1本の尾を引く星の図柄).
3〔製本〕(本の背裏上下の) コメット, 花ぎれ, ヘドバン.

comics [kɔmiks]〔英〕n.m.pl. 劇画, コミックス (＝bande dessinée, dessins d'humour). 劇画本 (＝comic book). lire des ~ 劇画を読む.

Cominform ⇒ **Kominform**

comique a. **1** 喜劇 (comédie) の (tragique「悲劇」の対). acteur ~ 喜劇役者. auteur ~ 喜劇作者. film ~ 喜劇映画. genre ~ 喜劇のジャンル；喜劇. opéra-~ オペラ＝コミック (台詞のはいるオペラ). pièce ~ 喜劇作品.
2 喜劇の, 喜劇じみた, 滑稽な, おかしい. aventures ~s おかしな出来事. situation ~ 滑稽な状況. visage ~ 面白い顔.
3〔文〕演劇の；役者の. Muse ~ 演劇を司るムーサ (＝Thalie タレイア). Le Roman

~ de Scarron スカロンの『役者物語』(1651年).
——n.m. **1** 喜劇作者 (=auteur ~).
2 喜劇 (=genre ~; comédie); 喜劇性; 喜劇的要素. acteur expert dans le ~ 喜劇の老練な役者. le ~ de boulevard ブールヴァールの軽喜劇. le ~ burlesque おどけ喜劇. haut (bas) ~ 優れた(低俗な)喜劇性.
3 滑稽さ, おかしさ. Le ~ de l'histoire, c'est que+ind. おかしいことに, それは…ということだ.
——n. 喜劇役者 (俳優) (=acteur ~); コメディヤン; おどけ役. le ~ de la troupe 一座のおどけ役, 道化役;〔比喩的〕ひょうきん者, 幇間(ほうかん)的人間, 座興役.

comité n.m. **1** 委員会, 会議. ~ central (CC) 中央委員会. ~ consultatif 諮問委員会. ~ directeur 指導委員会 (一部政党の指導部をなす機関). ~ de coordination 調整委員会. ~ d'organisation 組織委員会. ~ des parents 父母代表者会議. ~ interministériel 関係省庁連絡委員会. en petit ~ 少人数で, 内輪で.
2 (制度化された) 委員会. C~ constitutionnel (第4共和政の) 憲法委員会 (法律の憲法に対する適合性を審査する機関). ~ d'agrément des groupements agricoles d'exploitation en commun (GAEC) 農業共同事業体審査委員会. C~ des bourses de valeurs 証券取引所委員会 (1942-68年まで証券取引所の組織, 機能に関する決定機関; 68年に Commission des opérations de bourses (COB) の設置に伴って廃止). C~ de défense 国防委員会 (大統領が主宰する国防政策決定機関の一つ). ~ d'entreprise 企業委員会 (1946年に従業員50人以上の全企業に設置が義務づけられた, 企業経営への労働者の参加と, 労働者の権利保護を目的とする機関). ~ de grève ストライキ委員会. ~ d'hygiène et de sécurité 衛生安全委員会 (企業委員会の下部機関で労働条件を衛生, 安全面で話し合う機関). C~ des chefs d'état-major 三軍参謀長会議. C~ des représentants permanents 常任代表委員会 (閣僚理事会の下に置かれ, 加盟各国の常任代表 (大使) によって構成). C~ économique et social 経済社会委員会 (1972年に設置された地方圏の諮問機関;ヨーロッパ連合の一機関).〔労働〕~ interentreprise 複数企業間企業委員会. C~ international de la Croix-Rouge (CICR) 国際赤十字委員会. C~ international olympique (CIO) 国際オリンピック委員会. C~ national de la consommation (CNC) 全国消費委員会 (1960年設置. 経済財政省の外郭団体で消費者保護を目的とする).〔史〕C~ national français フランス国民委員会 (1941年ド・ゴール将軍がロンドンで組織した自由フランスの臨時政府). ~ secret 秘密会. C~ technique des sociétés d'aménagement foncier et d'établissement rural (SAFER) 農地開発・農業施設組合専門委員会.

comitial(**ale**) (pl. **aux**) a.〔医〕癲癇 (てんかん) の. mal ~ 癲癇 (=comitialité, épilepsie).
——n. 癲癇患者.

comitialité n.f.〔医〕癲癇.

commandant(**e**) n. **1**〔軍〕指揮官, 司令官. ~ d'armes 駐屯部隊指揮官. ~ en chef 総指揮官, 司令長官. ~ en second 副指揮官, 副指令官.
2〔陸・空軍〕少佐.
3〔海軍〕艦長 (= ~ de navire); 海軍少佐 (=capitaine de corbette); 船長.
4 (空軍機・旅客機・宇宙船の) 機長 (= ~ de bord).
5〔アフリカ〕行政長官.

commande n.f. **1** 注文, 発注, 受注. bon de ~ 注文書. carnet de ~s 受注残高. avoir un carnet de ~s fourni 大量の受注を抱える. de ~ 特注された, 無理に状況に合わせた. sur ~ 注文による. passer une ~ 発注する. recevoir une ~ 受注する.
2 操作, 制御;指揮. ~ à distance 遠隔操作. ~ automatique 自動制御. ~ numérique 数値制御. boule de ~ (ミニ・パソコンの) トラックボール. NC. machine à ~ numérique NC 工作機械. poste de ~ 指揮所, 制御センター.〔機工〕table de ~ 制御盤, 操作盤;〔電算〕コマンド盤, トラックボール. tenir (prendre) les leviers de ~ 牛耳る, 思い通りに操る, 主導権を握る.

commandement (<commander) n.m. **1** 命令, 指揮;号令.〔法律〕~ de l'autorité légitime 正当な権限上の命令. ~ écrit (verbal) 文書 (口頭) 命令. ton de ~ 命令口調. à mon ~ 私の命令一下. avoir de+inf. …するようにとの命令を受けている.
2 命令権, 指揮権. ~ d'une armée 軍隊の指揮権. ~ en chef 最高指揮権. bâton de ~ 指揮棒. poste de ~ 司令所. tourelle de ~ 司令塔. avoir le ~ sur …について命令権を持つ.
3〔軍〕司令部;〔集合的〕司令部員. ~ de l'air 空軍司令部. haut ~ 最高司令部.
4〔宗教〕戒律, 掟.〔キリスト教〕les dix C~s de Dieu (モーセ Moïse の) 十戒. observer les ~s 戒律を遵守する.
5〔法律〕(執達吏による) 債務の弁済催告.
6〔スポーツ〕(競走の) 先頭 (=place en tête). groupe de ~ 先頭グループ. être au ~ 先頭に立っている. prendre le ~ トップにおどり出る.

commandeur n.m. **1**〔史〕(聖堂騎士団・マルタ騎士団などの) コマンドゥール, 有栄騎士, 騎士分団長.
2〔勲章〕コマンドゥール;コマンドゥール叙勲 (叙任) 者 《女性にも用いる》. ~ de la Légion d'honneur レジョン・ドヌール勲章のコマンドゥール (chevalier, officier より

上位で, 下から三番目の等級; この上は grand officier, grand-croix の 2 位階; したがって上からも 3 番目になる). ~ de la Confrérie des chevaliers du Tastevin 利酒の騎士団のコマンドゥール. être promu ~ コマンドゥールに昇進叙勲する.
3 〖イスラム〗 ~ des croyants 信徒の首長, アミール (=émir; イスラム教国の首長, 総督, 司令官).

commanditaire n. **1** 〖商業〗(合資会社 société en commandite の) 有限責任社員 (=associé ~).
2 〔一般に〕出資者 (=bailleur); スポンサー (=sponsor).

commandite n.f. **1** 〖商業〗合資会社 (=société en ~). société en ~ par actions 株式合資会社. gérant d'une ~ 合資会社の業務執行人.
2 (合資会社の) 有限責任社員の出資金.

commandité(e) n. 〖商業〗(合資会社 société en commandite の) 無限責任社員.

commando [ポルトガル] n.m. **1** 〖軍〗コマンド, 特別攻撃部隊, 奇襲部隊; 決死隊; ~隊員. ~ de parachutistes 降下傘降下奇襲部隊. raid de ~s コマンド部隊の奇襲.
2 (テロリストなどの) コマンド, ゲリラ隊; ~隊員. ~ de terroristes テロリストのコマンド.

commedia dell'arte [kɔmedjadɛlarte] 〖伊〗 n.f. 〖劇〗コメディア・デラルテ (16 世紀中葉から 18 世紀末にかけての仮面即興劇).

commémoratif(ve) a. 記念の. fête ~ 記念祭, 記念式典. jour ~ de la Révolution フランス大革命記念日 (=le 14 juillet). plaque ~ve 記念銘板, 記念プレート.

commémoration n.f. 記念; 記念日, 記念祭; 〖カトリック〗(ミサ, 聖務日課中の) 死者の記念. ~ de la fête d'un armistice 休戦記念日の祝祭行事. ~ des morts 死者の日, 万霊節 (fête des Trépassés: 11 月 2 日).

commencement n.m. **1** 始め; 始まり; 発端, 端緒. ~ de l'année (du siècle, du mois) 年 (世紀, 月) の始め (始まり). ~ de la fin 終りの始まり. ~ du monde 世界の起源. ~ du printemps 春の始まり. ~ du spectacle ショーの始め (始まり).
au ~ d'avril 4 月の始めに. Au ~ était le Verbe. 始めに神言があった (ヨハネ, I, 1). depuis le ~ 始めからずっと. dès le ~ 始めからすでに. du ~ à la fin 始めから終りまで, 終始. commencer par le ~ 始めから順を追って始める.
C'est le ~ de la fin. 死 (敗北, 潰走) の時が迫っている.
〔諺〕Il y a un ~ à tout. (何ごとにも始めがある→) 何事も始めからうまくは行かない.
〔諺〕La crainte est le ~ de la sagesse. 怖

れは知恵の初めである 《詩編 III, 10》.
2 始まり, 起点, 端; 先頭. ~ d'un couloir 廊下の端. ~ d'une rue 通りの起点. ~ du train 列車の先頭.
3 〖法律〗 ~ d'exécution (未遂犯の) 実行の着手. ~ de preuve par écrit 書証の端緒, 書面による証拠の手がかり.
4 〔pl. で〕初期. ~s de l'empire napoléonien ナポレオン帝国の初期. ~s d'une technique nouvelle 新技術の揺籃期.
5 〔pl. で〕初歩, 基本, 基礎. ~s rudes つらい初歩.

commentaire n.m. **1** (本文の) 注釈, 注解. ~ biblique 聖書の注解. texte avec ~ [s] 注釈本. faire le ~ d'un texte 本文の注釈をする.
2 (~についての) 解説, 論評, 所見. ~s de presse 新聞の論評. résumé des ~s de l'étranger 海外論評の要約. Sans ~s!¹ ノーコメント! 〔話〕Cela se passe de ~s. 余計な解説は無用だ.
3 〔話〕(人の言動について) とやかく言うこと. prêter (donner lieu) aux ~s de qn 人からとやかく言われる原因となる. 〔話〕Pas de ~s! /Sans ~s!² つべこべ言うな!
4 〔pl. で〕史的回想録. 《C~s》de César カエサルの『ガリア戦記』.
5 〖言語〗評言.

commenta*teur*(*trice*) n. **1** (本文の) 注釈者, 注解者; 〖法律〗判例の注釈者. ~ de la Bible 聖書の注釈者. ~ d'une édition critique 校訂版の注釈者.
2 〖放送〗論評者, コメンテーター. ~ sportif スポーツ番組の解説者.

commerçant(e) n. **1** 商人; 小売商人 (=petit ~, ~ en détaille). ~ du quartier 居住街区の商人. ~ en gros (en détail) 卸売 (小売) 商人. boutique (magasin) d'un ~ 商店. gros (petit) ~ 卸売 (小売) 商人 (=grossiste, détaillant). syndicat de ~s 商人組合. Union fédérale des coopératives de ~s 商人協同組合連盟 (略称 UFCC).
2 商売人. Cet écrivain est un ~. この作家は商売人に過ぎない.
—a. **1** 商業活動を行う. nations ~es 商業国家. ville ~e 商業都市.
2 商売の多い, 商業活動の盛んな. quartier ~ 商業地区. rue ~e 商店街, 商店通り.
3 商才のある; 商人らしい. amabilité toute ~e 商人らしい愛想の良さ. Elle est très ~e. 彼女は商売に長けている. hôtelier très ~ 商売上手なホテル経営者.

commerce n.m. Ⅰ **1** 商業, 商行為; 通商, 貿易; 商い, 取引. ~ concentré 集約商業 (~ intégré 統合商業と同義). centrale d'achat 共同仕入れセンター, coopérative 協同組合, grand magasin 百貨店, magasin populaire 大衆百貨店, [magasin] succursaliste チェーンストアなどを含む). ~ de (en) détail 小売業. ~ de (en) gros 卸業. ~

commercial (ale)

extérieur 貿易, 国外取引. ~ indépendant 小規模独立商業. ~ intérieur 国内商業. ~ international 国際貿易；〔広義〕国際交流. bourse de ~ 商品取引所. chambre de ~ et d'industrie 商工会議所(CCI). chose hors du ~ 非売品；禁制品. employé de ~ 店員, 被雇用商業従業員. effet de ~ 商業手形. flotte de ~ 商船隊. fonds de ~ 商店・商業営業権, 経営権, 暖簾代.〖簿記〗livre de ~ 会計簿. maison de ~ 商社, 商店, 商会. Organisation mordiale du ~ (OMC) 世界貿易機関. petit ~ 小規模小売店. traité de ~ et de navigation 通商航海条約. tribunal de ~ 商業裁判所. voyageur de ~ セールスマン.
2 商業界, 商人.
3 商店；商業権, 営業権.
4（本来商取引の対象とならないものの）商い, 取引（軽蔑的）. Elle fait ~ de sa chair. 彼女は春をひさいでいる.
Ⅱ 人間関係, 付き合い, 交際, 社交. Il est de ~ agréable. 彼とは気持ちよく付き合える.

commercial (ale) (pl. **aux**) a. **1** 商業の；貿易の, 通商の. accord ~ 通商協定. attaché ~ 商務アタッシェ, 商務官. balance ~ale 貿易収支. centre ~ 商業センター, ショッピング・センター. comptabilité ~ale 商業会計. conseiller ~ 商務参事官. crédit ~ 商業信用, サプライヤーズ・クレジット. déséquilibre ~ 貿易不均衡. droit ~ 商法. échanges ~aux 貿易. établissement ~ 商店, 商業関係事業所. établissement public industriel et ~ 商工業的性格の公的施設法人, 商工業的公施設（商業または工業の分野で活動する国営ないし公共企業・機関；たとえば民営化される前のルノー公社など, 略記 EPIC）.〖金融〗papier ~ コマーシャル・ペーパー（=titre de créance négociable）（=〖英〗commercial paper (CP)）. service ~ （企業の）営業部, （大使館などの）商務部. service public industriel et ~ 商工業的性格の公共事業. véhicule ~ ライトバン.
2 営利目的の. chaîne ~ale 民間放送〔局〕.

commercialisable a. **1** 商品化できる, 市場に出せる. brevet d'invention ~ 商品化できる特許.
2〖法律〗（債務を）商業証券化できる, 商事化できる. dette ~ 商業証券化できる債務.

commercialisation n.f. 商品化；商業化, 営利化；商法化.

commercialisé (e) a.p. **1** 商品化された；商業化された；市場に出された. produit ~ 商品化製品, 商品. découverte scientifique ~ e 商業化された科学的発明.
2〖法律〗商業化された；商事化された. dette ~e 商業証券化された債務.

commercialité n.f. **1**（土地の）商業的価値.

2（街区などの）商業性；商業的活動性. dynamiser la ~ d'un quartier 街区の商業性を活発化する.
3〖法律〗商事性. ~ d'une dette 債務の商事性.

commettant (e) n.〖法律〗**1** 使用者 (préposé「被用者」の対)（=employeur).
2 委任者, 委託者（=mandant).
3〖商業〗顧客（注文主), 運送依頼人 (commissionnaire「受託者, 取次業者」の対).

comminatoire a. **1**〖法律〗威嚇的な. jugement (sentence) 威嚇的裁判（判決). sanction ~ 威嚇的制裁.
2 脅迫的な, 脅しの. lettre ~ 脅迫状.

comminutif (ve) a.〖医〗粉砕された, 粉砕性の. fracture ~ve 粉砕骨折.

commis n.m. **1** 被用者, 店員（=de magasin); 事務員（=~ de bureau); （官庁の）（事務）職員, 役人, 〔古〕作男（=~ de ferme). ~ aux écritures 簿記係（=facteur).〖海〗~ aux vivres 司厨員, スチュワード. ~ d'un grand magasin 百貨店の店員（販売員). ~-greffier（裁判所の）書記補.〖海〗~ succursaliste 海運会社陸上代理人（=agent maritime).〔古〕~ voyageur 外交販売員, セールスマン（=voyageur-représentant, VRP).
grand ~ de l'Etat 高級官僚, 行政上級公務員（=administrateur).〖仏史〗premier ~ （王政下の）主席秘書官.
2〖法律〗受任者 (commettant「代理指定人」の対).

commis-greffier n.m.（裁判所の）書記補.

commissaire n. **1 a)** 委員；役員, 臨時特務委員. ~ aux comptes 会計監査人, 監査役. ~ du gouvernement（一部裁判所に派遣される）政府委員, 論告担当官；（国会審議に出席する）政府委員（官僚). ~ du peuple（ソ連などの）人民委員（閣僚). ~ européen ヨーロッパ委員会委員. ~ de la République (1982-88 年の) 共和国委員（知事). ~ de la France en Nouvelle-Calédonie 在ヌーヴェル＝カレドニー高等弁務官. haut-~ 高等弁務官；（官庁の）長官（非閣僚). haut-~ des Nations unies aux réfugiés (aux droits de l'homme) 国連難民（人権）高等弁務官. **b)**〖スポーツ〗競技監督員.
2 警察署長；警視（=~ de police). ~ d'Auteuil オートゥイユ警察署長. ~ de police 警視. ~ divisionnaire (principal) 警視長（警視正).
3 ~ du bord〖海軍〗（商船の）パーサー, 事務長；〖軍〗海（空）軍主計将校（官).
4 ~-priseur 動産公売官, 競売吏, 動産鑑定士（裁判所補助官 officier ministériel であり, 動産の鑑定とその競売を行う).
5 軍事法廷検察官.

commissaire-priseur (pl. **~s-~**

s) *n.m.* 競売吏《公開競売で評価・競売を担当する裁判所付属官吏》.

commissariat *n.m.* **1** 警察署《= ~ de police》《警視 commissaire de police の駐在署》. ~ central 中央警察署. ~ d'arrondissement 区警察署.
2 委員 (commissaire) の身分《職, 任期》；委員の官庁, 委員会事務局. C ~ à l'Energie atomique 原子力庁《略記 CEA》. C ~ au Tourisme 観光庁. le haut-~ à la jeunesse et aux sports 青少年スポーツ庁.
3〖海〗~ de la marine 海事委員職. ~ marine 海事委員事務所.

commission[1] *n.f.* [I] **1** 委員会. ~ administrative 行政委員会, 経営委員会. ~ administrative paritaire 行政同数委員会. C ~ bilatérale franco-japonaise 日仏クラブ《= Club franco-japonais》. ~ d'arbitrage 調停委員会. ~ d'arrondissement《パリ市の》区委員会《区行政の執行機関》. C ~ de Bruxelles ヨーロッパ委員会 政府. C ~ des bourses 証券市場委員会《証券取引の公正さを監督する機関；フランス銀行総裁を長とする》. C ~ des Communautés européennes ヨーロッパ共同体委員会《1967 年 ~ 1993 年まで, EEC, ESSC およびユーラトム 3 共同体の合同委員会として機能；1993 年に EU 発足後はヨーロッパ委員会 Commission européenne となる》. C ~ de contrôle des banques 銀行監督委員会《1941 年設置；フランス銀行総裁を長とする》. C ~ de développement économique régional (CODER) 地域圏経済発展委員会. ~ d'enquête 調査委員会. C ~ des lois 法務委員会《国民議会の常任委員会の一つ》. C ~ des opérations de bourse 証券市場取引理事会《証券市場取引の公正と投資家の保護を監視する機関；2003 年 8 月に金融市場委員会 Autorité des marchés financiers に統合された》. C ~ de première instance de sécurité sociale 社会保障第一審委員会. C ~ des sondages 世論調査委員会. C ~ de la sécurité des consommateurs 消費者安全委員会. C ~ de vérification des comptes des entreprises publiques 公共企業会計監査委員会《1948 年設置》. ~ départementale 県政常任委員会《県議会の一機関》. C ~ de l'Union européenne ヨーロッパ連合委員会, UE (EU) 委員会. ~ exécutive 執行委員会. ~ mixte《利害関係の異なる集団の代表を集めた》合同委員会,《特に》両院合同同数委員会. ~ mixte paritaire 両院合同同数委員会. C ~ nationale de l'aménagement du territoire 全国国土整備委員会《国土整備に関する諸機関》. C ~ nationale de la communication et des libertés 自由国家委員会《視聴覚政策の実施監視機関として 1986 年に創設, 1988 年に廃止》. C ~ nationale de contrôle des campagnes électorales 選挙運動監査全国委員会. C ~ nationale de l'information et des libertés 情報処理・自由全国委員会. C ~ nationale des publications et agences de presse 出版・通信社同数委員会. ~ parlementaire 国会の委員会. ~ permanente 常任委員会.
2 ~ militaire 軍事法廷.
[II] **1** 特別臨時任務, 公務の委託, 委任.〖法律〗~ consulaire 領事委任. ~ rogatoire 司法委任《裁判官または予審判事が他の裁判官ないしは司法警察官に対して行う委任》；《国際間でなされる》司法共助の委託.
2 業務の委任, 委託, 代行, 取次業務；取次, 仲買. contrat de ~ 業務委託契約. maison de ~ 取次《代理》店. vente à la ~ 委託売買, 仲買.
3 手数料, コミッション, 歩合. ~ de courtage 仲買手数料. ~ de représentants 代理店手数料. ~ secrète 袖の下；心付け, チップ.
4〖多く *pl.*〗伝言, 言づけ. faire une ~ à qn 人に伝言をする.
5〖多く *pl.*〗買い物, お使い. faire les ~s 買物をする.
6 依頼を受けてする仕事.

commission[2] *n.f.*《民事・刑事の》違反, 違反行為.

commissionnaire *n.* **1**〖商業〗受託者, 取次人《業者》, 仲介業者；問屋；代理業者, エージェント. ~ d'achat et de vente 売買取次業者, 問屋. ~ de transport 運送取扱人《業者》. ~ du croire 支払保証仲介人《業者》. ~ en douane 通関事務代理業者. ~ exportateur (importateur) 輸出《輸入》代理業者.
2 使い走りの人, メッセンジャー〔ボーイ〕；《ホテル, レストランの》ページ・ボーイ, ポーター《= ~ d'hôtel, ~ de restaurant》.

commissionnement《< commissionner》*n.m.* **1** 委任, 委託. **2**〖商業〗コミッション《手数料》の支払い.

commissoire *a.*〖法律〗契約解除に関する. pacte ~ 契約解除協約.

commissural (ale)(*pl.* **aux**) *a.*〖解剖〗交連の. affection ~ale 交連炎.

commissure *n.f.* **1**〖解剖〗交連. ~ d'une valve cardiaque 心臓弁交連. ~ grise de la moelle 脊髄灰白交連.
2《一般に》~s des lèvres 口角. ~ des paupières 目尻.

commissurotomie *n.f.*〖医〗《僧帽弁狭窄症に対する》交連切開術. ~ mitrale 僧帽弁交連切開術.

commodat *n.m.*〖法律〗使用貸借《= prêt à usage》.

commode[1] *a.* **1** 目的に合った, 好都合な, 具合のよい；便利な, 使い勝手のよい, 使い易い. chemin ~ 都合のよい《便利な》道. maison ~ 住み易い家；住み心地のよ

い家.
~ à+*inf.* …するのに具合のよい, …し易
い. machine ~ à manipuler 使い易い機械.
~ pour *qch*(+*inf.*) 何の(…するために)好
都合(便利)な. lieu ~ pour la conversation
話をするのに向いた場所. Il est (C'est) ~
pour *qn* de+*inf.* …することは人に都合が
よい.
2 容易な, 易しい, 簡単な. ~ à faire …し
易い. moyen ~ 容易な手段. Ce que vous
me demandez n'est pas ~. あなたの要求は
私にとって容易なことではない. Il est plus
~ pour moi de prendre le train. 私には列
車に乗るほうが簡単です.
3 (人が)気さくな, つき合い易い. carac-
tère ~ 気さくな性格. pas ~ ; peu ~ つき
合いにくい. C'est un homme qui n'est pas
~. あいつはつき合いにくい人だ.
4〔蔑〕安易な, 安直な. morale ~ 安直な
道徳感. C'est trop ~. それはあまりに安易
なやり方だ.

commode² *n.f.*〖家具〗コモード(脇を
つける高さの整理だんす). ~ de bois
d'acajou マホガニー材でつくられたコモード.
~ Louis XVI ルイ16世時代様式のコモー
ド.

commodité *n.f.* **1** 便利さ;使いやす
さ;利便性. ~ d'un lieu 地の利のよさ. ~
d'une maison 家の住みやすさ. à (selon) sa
~ 意のままに, 自分の都合にあわせて.
pour plus de ~ 一層の便利をはかるために.
rechercher la ~ en tout すべてに便利さを
探し求める.
2〔*pl.*で〕生活を快適にする物品(設備)(=
~*s* de la vie), ユーティリティー. apparte-
ment avec toutes les ~*s* 諸設備完備のアパ
ルトマン. prendre ses ~*s* 快適に暮らす.
3〔古〕便所. aller aux ~*s* 便所に行く.

commotion *n.f.* **1**〖医〗振盪(しんと
う). ~ cérébrale 脳振盪. ~ médullaire 脊
髄振盪. ~ de la rétine 網膜振盪(症).
2 震動, ショック. ~ électrique 電気ショ
ック(=électrochoc).
3 (精神的な)ショック, 衝撃;(社会の)激
動. La mort de son fils a été une terrible ~
pour elle. 息子の死は彼女にとってひどい
ショックであった.

commuable (<commuer) *a.*〖法律〗
(刑が)軽減可能な(=commutable). peine
~ 軽減刑.

commuer *v.t.*〖法律〗(刑を)軽減する.

commun¹(**e**) *a.* **1** 共通の;同一の, 共
通の目的,〖数〗diviseur ~ 共約数.
nos ennemis ~*s* われわれの共通の敵. gage
~ 共通担保. intérêt ~¹ 共通の利益.〖数〗
le plus grand ~ diviseur 最大公約数(略記
PGCD).〖数〗le plus petit ~ multiple 最小
公倍数(略記PPCM). point ~ 共通点.
2 共同の (individuel「個人の」の対). ~ ac-
cord 共同合意. d'un ~ accord 全員一致で.

front ~ 共同戦線. le Marché ~ ル・マル
シェ・コマン, ヨーロッパ共同市場(ヨーロ
ッパ経済共同体 la Communauté écono-
mique européenne (1957年創設) の通称). œu-
vre ~ 共同制作, 合作.〖政治〗programme
~ de la gauche 左翼の共同綱領.〖国際法〗
souveraineté ~*e* 共同領有権(=condomi-
nium). travail ~ 共同作業. vie ~ *e*
époux (des religieux) 夫婦(修道士)の共同
生活. faire vie ~*e* 一緒に暮す.
3 共有の;〖法律〗(夫婦財産共通制で)共通
財産に属する. biens ~*s* 共有財産. mur ~
共有壁. terres ~*es* 共有地.
4 万人に共通の, 公共の;共用の. bien ~
公共福祉. cour ~*e* 共用中庭. intérêt ~²
公共の利益. langue ~*e*¹ 標準語, 共通語
(地方語・方言の対). lieu ~ ありふれた考え,
常套句. maison ~*e* 市(区)役所, 町(村)役
場(=mairie). opinion ~*e* 世論. sens ~ 常
識, コモンセンス;〖哲〗共通感覚. utilité
~ *e* 公益(=utilité publique).
5 一般的な, 普通の, 通常の, ありふれた;
並の, 一般的な, 通有的な;原則的な. au-
bépine ~*e* 通常の山査子(さんざし)(学名
cratœgus oxyacantha). année ~*e* 平年.
cerfeuil ~ 普通のセルフイユ(香草).
châtaignier ~ 通常の栗の木(学名 Casta-
nea sativa).〖法律〗dispositions ~*es* à
toutes les juridictions 全裁判所に適用され
る通則規定.〖法律〗droit ~ 一般法.〖法
律〗juridiction de droit ~ 通常裁判機関,
通常裁判所. erreurs ~*es* 世間的な錯誤. fa-
çons ~*es* ありふれたやり方. langue ~*e*²
通常言語(langue spéciale「特殊言語」の
対). nom ~ 普通名詞(nom propre「固有名
詞」の対). peu ~ 並外れた, 類い稀な. for-
ce peu ~*e* 並外れた力. variété ~*e* 通常品
種, ありふれた品種. Il est ~ de+*inf.* …す
るのはありふれたことだ.
6〔蔑〕俗っぽい, 卑俗な, 品のない. esprit
le plus ~ 俗物. avoir des manières ~*es* マ
ナーが悪い.

commun² *n.m.* **1** 共同, 共用. en ~ 共
同で(の). transports en ~ 公共輸送, 公共
交通〔機関〕(バス, 地下鉄, 市電など). vie
en ~ 共同生活. avoir *qch* en ~ 何を共有
する. mettre *qch* en ~ 何を共用にする.
posséder des biens en ~ 財産を共有する.
2 平凡. hors du ~ 並み外れた, 非凡な.
œuvre hors du ~ 非凡な作品.
3〔やや古〕大多数.〔話〕le ~ des mortels
一般大衆, 庶民. un homme du ~ 一般の
人, 庶民.
4〖カトリック〗共通典礼. le ~ des
apôtres (des martyrs) 使徒(殉教者)の共
通典礼.
5〔*pl.*で〕(城館, 大邸宅などの)付属建物
(調理場, 召使室, 車庫, 厩舎など).

communal (**ale**) (*pl.***aux**)¹ *a.* 市(町,
村 commune)の;~に属する;~に関係す

る. affouage ~ 市(町, 村)の入会伐採権. autorité ~ale 市(町, 村)当局. bois ~ aux 市(町, 村)有林, 入会伐採林. conseil ~ (ベルギーの)市(町, 村)会. école ~ale 市(町, 村)立小学校, 公立小学校. fête ~ale 市(町, 村)の祝祭日. maison ~ale (ベルギーの)市役所, 町(村)役場. voies ~ales 市(町, 村)道.

communale[2] *n.f.*〔俗〕公立小学校(= école ~). aller à la ~ 公立小学校に行く.

communautaire *a.* **1** 共同体(communauté)の; 言語(文化)共同体(=communauté linguistique (culturelle))の. vie ~ 共同体の生活.
2 (特に)ヨーロッパ共同体(la Communauté européenne)の; ヨーロッパ連合(l'Union européenne)の; ヨーロッパ経済共同体(la Communauté économique européenne)の. l'Europe ~ ヨーロッパ連合圏のヨーロッパ. commission ~ ヨーロッパ共同体(経済共同体, 連合)委員会.
—*n.* **1** 共同体構成員. **2** ヨーロッパ共同体(連合)市民.

communautarisation *n.f.* 共同体形成の; (特に)ヨーロッパ統合.

communauté *n.f.* **1** 共同体. ~ autonome 自治共同体.〖行政〗~ d'agglomération 人口密集共同体(人口5万以上).〖行政〗~ de communes 市町村共同体(人口3,500以上). ~ d'habitants 住民共同体.〖行政〗~ de villes 都市共同体.〖行政〗~ urbaine 都市共同体(人口50万以上). la C ~ des Etats indépendants (旧ソ連邦構成国家による)独立国家共同体(略記 CEI; 1991 年結成). la C ~ économique européenne ヨーロッパ経済共同体(略記 CEE; =〔英〕EEC : *European Economic Community*;共同市場 le Marché commun〔européen〕; 1957). la C ~ européenne ヨーロッパ共同体(略記 CE; =〔英〕EC : *European Community*; ヨーロッパ連合 l'Union européenne の前身). C ~ s européennes ヨーロッパ共同体組織. la C ~ européenne du charbon et de l'acier ヨーロッパ石炭鉄鋼共同体(略記 CECA; =〔英〕ECSC : *European Coal and Steel Community*; 1951). la C ~ européenne de l'energie atomique ヨーロッパ原子力エネルギー共同体(略記 CEEA; =〔英〕Euratom : *European Atomic Energy Community*; 1957). la C ~ française フランス共同体(フランスと旧フランス植民地で構成; 1958-60).
~ entre époux 夫婦の財産共同体, 夫婦財産共通制. ~ linguistique 言語共同体. ~ nationale 国民共同体.
2〖法律〗共通制. ~ conventionnelle 約定共通制. ~ d'acquêts 後得財産共通制. ~ de meubles et acquêts 動産および後得動産共通制. ~ légale 法定共通制. ~ matrimoniale 夫婦財産共通制. ~ universelle 包括共通制.
3 (思想・趣味・利害などの)共通性, 共有; (財産の)共有, ~ d'intérêts 利害の共有. ~ de sentiment 感情の共有. ~ de vues 見解の共通性. mettre *qch* en ~ 何を共有する. posséder *qch* en ~ avec *qn* 何を人と共有する.
4〖宗教〗修院共住団;修道院. ~ de moines 修道士共住団, 修道院. règle d'une ~ 修道院規律.
5〖精神医学〗~ thérapeutique 地域治療; (特に)地域精神医療.
6〖環境〗生物共同体, 生物群集(=biocénose).

communaux[2] *n.m.pl.*〖法律〗公有地, 入会地(=biens ~); 入会牧場(=prés ~); 入会伐採林(=bois ~).

commune *n.f.* **1**〖行政〗(国土行政単位としての)市(町, 村) 《commune の上には小郡 canton, 郡(区) arrondissement, 県 département, 広域地方行政区の地方 région がある; commune の規模は大小さまざまで, 住民数 10 人から 100 万を超えるものまである. commune の長は maire, 議会は conseil municipal, 役所は mairie あるいは hôtel de ville と言う 》. ~ urbaine 都市圏市(町村). En 2004 il y a 36,570 ~s en France métropolitaine. 2004 年現在フランス本国には 36,570 の市町村がある.
2〖史〗自由都市, コミューヌ(コミューン). la C ~ de Paris パリ・コミューヌ(1789-95 年のパリ革命的自治政府; 1871 年 3 月 18 日-5 月 27 日のパリ・コミューヌ). ~ populaire 中国の人民公社.
3〖政治〗イギリスの下院. la Chambre des C ~s (les C ~s と略すこともある; 〔英〕the Lower House (Chamber)).

communicant(e) *a.* つながっている.〖医〗artère (veine) ~ e 交通動脈(静脈). chambres ~ es つづき部屋.〖理〗vases ~ s 連通管.
—*n.* 通信連絡専門家, コミュニケーション担当者.

communica*teur*(*trice*) *a.* 連絡用の. fil ~ 通信線.
—*n.m.*〖機工〗伝達装置.
—*n.* **1** 連絡者; 広報係. **2**〖新聞〗地方通信員.

communicatif(ve) *a.* **1** (喜び, 笑いなどが)伝わりやすい. rire ~ 伝染する笑い.
2 (人が)明けっぴろげな, 開放的な, 隠しだてをしない. caractère peu ~ なかなか打ち解けない性格.

communication *n.f.* ⓘ〖交流, 連絡, 通信, 意思疎通のコミュニケーション〗
1 交流, 連絡, 相互理解. science de la ~ コミュニケーション学. entrer en ~ avec *qn.* …と連絡をとる.

communicationnel(le)

2 通信, 交通. voie de ~ terrestre 陸上交通路.
3 通信；広報, メディア. ~ d'entreprise 企業広報. stratégie de ~ 広報戦略. ministre de la culture et de la ~ 文化コミュニケーション大臣. ~ de masse マスコミ, マスメディア.
4 電話による通話. On m'a coupé la ~. 通話が途中で切れた. ~ avec préavis パーソナル・コール (略 PAV). ~ en PCV コレクト・コール.
5 つながり, 従来, 連結. porte de ~ (部屋, 建物などを結ぶ) 連絡扉.
II〖伝達, 送付〗
1 通知, 発表. ~ du gouvernement 政府発表.
2 通達, 通告.
3 伝達, 送付, (官庁間の) 書簡；(資料などの) 閲覧. ~ audiovisuelle 視聴覚情報伝達. ~ au dossier 記録閲覧. ~ des documents comptables (会計検査役への) 会計書類の伝達〔義務〕. ~ des pièces 書証の伝達. droit de ~ 資料調査権. demander ~ de dossier 一件書類の伝達を要請する. Dans votre ~ du 3 janvier, vous soulevez le problème de difficultés budgétaires que connaît le service de presse de votre poste. 1月3日付貴信において, 貴館広報部の予算不足の問題を提起されている.
4 (学会などの) 報告, (会合などにおける) 発表. Au conseil des ministres de ce matin, le chef de la diplomatie a fait une ~ sur la convention internationale interdisant les mines anti-personnel. 今朝の閣議で外務大臣が対人地雷禁止条約について報告を行った.
5〖医〗 ~ interauriculaire 心房中隔欠損症.〖医〗 ~ interventriculaire 心室中隔欠損症.

communicationnel(le) a. コミュニケーションの, …に関する；マスコミの. nouvelle technique ~le コミュニケーションの新技術.

communicatique a. 情報工学の.

communion n.f. **1**〖カトリック〗(ミサの) 交わりの儀式；(特に) 聖体拝領；拝領の歌；〖プロテスタント〗聖餐〔式〕.〖カトリック〗la première ~ 初聖体〔拝領〕. ~ solennelle 信仰告白 (= profession de foi). table de ~ 聖体拝領台；聖餐台.
2〖カトリック〗(信者の) 共同体；(信者の集りとしての) 教会. ~ des fidèles au sein de l'Eglise catholique カトリック教会の信徒共同体. ~ des saints 諸聖人の通功. exclure de la ~ 教会から排除する.
3 (思想・感情などの) 一体感；共感；結びつき. être en ~ avec la nature 自然と共感している. être en ~ d'idées avec qn 人と思想が一致する. vivre en parfaite ~ de pensée 完璧な共感を抱いて生きる.

communiqué n.m. (当局が報道機関に対して行なう) コミュニケ, 公式発表 (声明) (= ~ officiel). ~ commun 共同声明. ~ de presse 報道機関に対するコミュニケ.

communisant(e) a. 共産主義 (共産党) に同調する；共産主義に近い. idées ~es 共産主義に近い思想.
——n. 共産党シンパ.

communisme n.m. **1** 共産主義；共産主義体制. ~ soviétique ソヴィエト共産主義.
2〖古〗共産制. ~ primitif 原始共産制.

communiste a. **1** 共産主義の；共産主義による, マルクス主義の, マルクス主義を信奉する. le Parti ~ français (PCF) フランス共産党.
2 共産党の.
3 共産主義的な.
4〖法律〗共有者；共同相続人 (= coïndivisaire).
——n. 共産主義者；共産党員.

commutateur n.m. **1**〖電〗整流子, 整流器, 転換器, 切替スイッチ；〖電話〗交換器 (= ~ téléphonique 電話交換器).〖電話〗 ~ automatique 自動交換器.
2〖数〗(群論の) 交換子.

commutatif(ve) a. **1** 交換の, 双務の.〖法律〗contrat ~ 双務契約.〖倫理〗justice ~ve 均衡的正義.
2〖数・論理〗可換性のある, 可換的. opération ~ve 可換的演算 (加算, 乗算など).

commutation n.f. **1** 入れ換え, 置換.
2〖法律〗 ~ de peine 減刑. obtenir une ~ de peine 減刑をかち取る.
3〖電〗(回路の) 切換え, 転換；整流.
4〖電気通信〗交換. ~ automatique 自動交換. ~ électronique 電子式交換.
5〖数〗交換. loi de ~ (演算の) 交換律.
6〖言語〗換入. épreuve de ~ 換入テスト.

Comores(les) n.pr.f.pl.〖国名通称〗コモロ (コモール) 諸島 (公式名称: la République fédérale islamique des ~ コモロ (コモール) 諸島イスラム連邦共和国)；国民: Comorien (ne)；首都: Moroni モロニ；通貨: franc des Comores [KMF].

comorien(ne) a. コモロ (les Comores) の, コモロ・イスラム連邦共和国 (la République fédérale islamique des Comores) の；…の住民の.
——C~ n. コモロ人；コモロ諸島の住民.

COMPA (= Conservatoire du machinisme agricole et des pratiques agricoles) n.m. 機械農業と農業実践に関する保存院 (Chartres の西郊 2 km).

compact[1] n.m. **1**〖化粧品〗コンパクト (= poudre compacte).
2 コンパクトカメラ, 小型カメラ (= appareil [de photo] ~). ~ numérique 小型ディジタルカメラ. un ~ 24×36 à objectif 28mm 28ミリレンズ付き35ミリ版フィルム使用コンパクト・カメラ.

3 〖音響〗小型ステレオ装置 (=chaîne compacte)；コンパクトディスク (=disque ~ ; ~-disque ; ~-disc).
4 コンパクト・スキー (=ski ~).
— n.f. 〖compact または compacte〗コンパクトカー, 小型乗用車.

compact² (**e**) [kɔ̃pakt] a. **1** 密な, 目のつまった, 緻密な. bois ~ 木目のつまった固い木材. terre ~e 密な土壌, 締まった重い土.
2 濃密な, 濃い；中身の濃い. brouillard ~ 濃霧. édition ~e 中身の濃いコンパクト版. poudre ~ コンパクト〖化粧品〗(=un ~).
3 〖音声学〗(母音が) 密な (〖ɑ〗など) (diffus(e)〖散音型の〗の対).
4 密集した, 稠密な. foule ~ 密集した群集, ぎゅうぎゅう詰めの人混み, 雑踏.
5 小型の, かさばらない. appareil photo ~ コンパクト・カメラ (=un ~). chaîne 〖Hi-Fi〗~e コンパクト・ハイファイ・セット, モジュール・ステレオ (=un ~). disque ~ コンパクト・ディスク (=un ~〖-disque〗). voiture ~e コンパクトカー, 小型乗用車.
6 (集団が) 結束の固い；まとまった. majorité ~e まとまりの良い与党. raisonnement ~ まとまった推理.
7 重苦しい, 鈍重な. esprit ~ 鈍重な精神. silence ~e 重苦しい沈黙.
8 〖数〗(位相空間が) コンパクトな. espace ~ コンパクト空間.

compactage n.m. **1** 〖土木〗締固め. **2** 〖情報処理〗(データの) 圧縮.

compacteur n.m. 〖土木〗ローラー. ~ à pneus タイヤローラー.

CompactFlash 〖英〗〖商標〗n.pr.f. コンパクトフラッシュ (1994年に SanDisk 社が開発したコンパクト・フラッシュ・メモリーカード；略記 CF). carte (mémoire) ~, type I, 〖capacité de〗 2 GO 記録容量 2 ギガバイト (GB) の I 型コンパクトフラッシュ・〖メモリー〗カード.

compact-zoom (pl. **~s-~s**) 〖写真〗コンパクト・ズーム (小型ズームレンズ)；コンパクト・ズーム・カメラ. ~ panorama パノラマ機能付コンパクト・ズーム・カメラ.

compagne n.f. **1** (生活・仕事などを共にする) 女友達, 女性の仲間 (男性は compagnon). ~ de la classe 同級生. ~ de jeu ゲームのパートナー. ~s de travail 仕事仲間の女性たち. ~ de voyage 旅仲間, 旅の道連れ.
2 人生の伴侶, 連れ合い (妻または女人). Ils (=ces féroces soldats) viennent jusque dans nos bras égorger nos fils, nos ~s. あの獰猛な〖敵軍の〗兵士たちがわが国に攻め入って息子や妻たちの喉をかき切るのだ (フランス国歌の一節).

compagnie n.f. **1** 同席, 同伴, 一緒にいること, 相手を務めること. aller de ~ avec qch …を伴う, 付き物である. apprécier la ~ de qn …と一緒にいることが嬉しい (楽しい). fausser ~ à qn …を置き去りにする, …から逃げ出す, 脱走する. tenir ~ à qn …とともに過ごす, 相手をする, 無聊を慰める.
de ~ 一緒に. animal de ~ ペット動物, コンパニオン・アニマル. dame (demoiselle) de ~ 話し相手として雇われた女性, コンパニオン. être de bonne (mauvaise) ~ 行儀がよい (悪い). voyager de ~ 一緒に旅行する.
en ~ 人と一緒にいる, 同席する, 同行する. être en galante ~ 女性同伴で.
2 〖集合的〗同席者, 人の集まり, 社交仲間. en bonne ~ 立派な人々. Je vous laisse en bonne ~. お先に失礼します. 〖俗〗salut la ~ 皆さん, さようなら. 〖諺〗Il n'y a si bonne ~ qui ne se sépare (se quitte). 会うは別れの始まり.
3 劇団, 一座, 楽団. la C ~ コメディー・フランセーズ (=la Comédie française).
4 学会, 教団. ~ savante 学会 (=société savante). l'illustre (la noble) ~ (=la C ~) アカデミー・フランセーズ.
5 (特に保険, 運輸などの) 会社, (昔の貿易会社など) 商社, 商会. ... et Cⁱᵉ ..., 合名会社, 合資会社, 会社 (本来は「その他の出資者」を意味する). 〖話〗C'est ... et ~. どいつもこいつも…だ.
6 〖軍〗中隊；隊；〖古〗軍勢. ~ de Jésus イエズス会. ~ d'infanterie 歩兵中隊. ~s républicaines de sécurité (CRS) 共和国治安隊 (国家警察 Police nationale 所属の治安機動隊；1944年創設).
7 (動物, 鳥などの) 群.

compagnon n.m. **1** 〖文〗仲間, 相棒. ~ de chambrée 同室仲間. ~ d'études 学友 (=condisciple). ~ de jeu ゲームのパートナー (partenaire). 〖政治〗~ de route 政党のシンパ. ~ de table 食卓仲間. ~ de travail 仕事仲間, 同僚 (=collègue). ~ de voyage 旅行仲間, 旅の道連れ. de pair à ~ 対等に. en ~ 仲間同志で.
2 伴侶, 連れ合い (夫, 男性の愛人)；(動物のつがいの) 雄.
3 職人 (=artisan) (親方 maître と徒弟 apprenti の中間位). ~ du Tour de France フランス巡歴中の職人.
4 〖フリーメイソン〗コンパニヨン (位階の一つ).

compagnonnage n.m. **1** 同業職人組合 (1268年に起源を発する職人の遍歴職人の互助・養成組織). société de ~ 同業職人組合結社. ~ du Devoir du Tour de France フランス遍歴職務同業職人組合.
2 (見習いの後の) 修業期間.

comparaison n.f. **1** 比較, 対比, 類比.

comparaître

en ~ de (par ~ avec (à)) …と比べて. faire la ~ entre A et B (de A et de B) A と B を比較する. faire des ~s avec …と比較する. hors de ~ 類例のない. sans ~ 比べるべくもなく, 文句なく／比べる訳ではないが.
2〖文法〗比較. adverbe de ~ 比較の副詞 (aussi, autant, moins, plus など). degrés de ~ 比較の階程（原級, 比較級, 最上級).
3〖修辞〗直喩（ちょくゆ)(comme, tel, plus, moins などを用いる比喩表現). pour employer une ~ 例えを使って言えば.〖諺〗C ~ n'est pas raison. 似ているからといって何の証明にもならない.
4〖法律〗比定, 鑑定. ~ d'écritures 筆跡鑑定. pièces (écriture, signature) de ~ 鑑定の基準となる文書（筆跡, サイン).

comparaître v.i. **1**〖法律〗出頭する. ~ en jugement (en justice) 出廷する. ~ en personne (personnellement) 本人が出廷する. ~ par avoué 代訴人が出頭する. ordre de faire ~ 出頭命令. refus de ~ 出頭拒否.
2 ~ devant qn 人のところに出頭する. ~ devant le tribunal de Dieu 神の裁きの前に出る；死ぬ. faire ~ un élève devant le directeur 生徒を校長の前に出頭させる.
3〖文〗faire ~ 登場させる.

comparant(e) a.〖法律〗(devant に) 出頭する；出廷する. ~ parties ~es (訴訟・契約などの) 出頭当事者.
— n. 出頭人. déclaration du ~ 出頭人宣言.

comparatif(ve) a. **1** 比較の；比較によ. étude ~ve des religions 宗教の比較研究. tableau ~ 対照表.
2〖文法〗比較を表す；比較級の. adverbe ~ 比較の副詞. forme ~ve 比較級の形. proposition ~ve 比較の従属節.
— n.m.〖文法〗比較級. ~ d'égalité (d'infériorité, de supériorité) 同等 (劣等, 優等) 比較級.

comparé(e) a. **1** 比較の；比較する, 比較研究の. anatomie ~e 比較解剖学. grammaire (linguistique) ~e 比較文法 (比較言語学). littérature ~e 比較文学.
2 ~ à qn (qch) 人 (物) と比べて.

compartiment n.m. **1** (列車の) コンパルチマン, コンパートメント (仕切のある車室). ~ (non) fumeurs 喫煙 (禁煙) コンパートメント. voiture à ~s コンパートメント式客車.
2 仕切り, 区画. ~ à glace (冷蔵庫の) 製氷室.〖生〗~ cellulaire 細胞区画. ~ des piles (カメラの) 電池収納部. ~ à réfrigérateur 冷蔵庫内の仕切り. ~ éjectable 脱出用カプセル. tiroir à ~s 仕切りのある引出し.
3 (チェス盤・床などの) ます目, 碁盤の~

d'un échiquier チェス盤のます目. parquet à ~s モザイク床.
4 部門.

comparution n.f. **1**〖法律〗出頭；出廷. ~ immédiate 即時出頭. ~ par avoué 代訴人による出頭. ~ personnel 本人出頭. ~ volontaire 任意出頭. mandat de ~ 出頭令状, 召喚状. en cas de non-~ 出頭なき場合は.
2 訴訟代理人 (弁護士・代訴人) の選任.

compas [-pa] n.m. **1** コンパス. ~ à pointes sèches ディバイダー. ~ à verge ビームコンパス, 楕円コンパス. ~ balustre スプリングコンパス (=~ à ressort). ~ de dessin 製図コンパス. ~ d'épaisseur 外パス. ~ de proportion 比例コンパス. mesurer au ~ コンパスで計測する.〖話〗avoir le ~ dans l'œil 正確に目測する；狂いのない目をしている. faire qch au ~ コンパスで測ったように~をする, 精確に…する.
2〖船・航空〗羅針儀, コンパス. ~ gyroscopique ジャイロコンパス (=gyrocompas). ~ magnétique 磁気コンパス. naviguer au ~ 羅針儀で航行する.
3〖話〗歩幅, 視野. allonger le ~ 足を速める. ouvrir le ~ 大股で歩く. ouverture de ~ 視野の広さ.

compassion n.f. 同情心, 思いやり, 惻隠の情. éprouver (avoir) de la ~ pour qn 人に同情の念を抱く.

compassionnel(le) a. 思いやりに基づく, 同情心に満ちた. cocktail ~ 同情カクテル (安楽死用薬剤；=cocktail lytique 溴散カクテル).

compatibilité n.f. **1** 融和性, 適合性, 両立性, 親和性, 和合性. ~ d'humeur 気質の和合性. ~ sanguine 血液型適合性.
2〖電算〗互換性.
3〖数〗連立性.

compatible a. **1** 両立する；相容れる. caractères ~s 相性のよい性格. être ~ avec ~ と両立する.
2〖電算〗互換性のある；〖電気通信〗互換性のある, 両立性の. matériels ~s 互換性のある機器. mode ~ 互換モード. ordinateurs ~s 互換性コンピュータ.
3〖医〗(臓器移植・輸血などで) 適合性のある, 拒否反応のない；〖薬〗配合禁忌のない. donneur ~ (臓器移植などの) 適合ドナー. médicaments ~s 配合禁忌のない医薬品.
4〖数〗équations ~s 連立方程式.
5〖統計〗événements ~s 非排反事象.
6〖論理〗相矛盾しない.
7〖化〗相溶性の.
8〖植〗和合性の.
— n.m.〖電算〗互換機.

compatriote n. **1** 同国人, 同邦. **2** 同郷人. ~ breton ブルターニュ地方の同郷人.

compensateur(trice) a. **1** 補償の, 埋め合せとなる. indemnité ~trice 補償手

当. repos ~ 代休.
2 補正用の；補正する.〖物理〗pendule ~ 補正振子.
—*n.m.* 補正器具, 調整装置.

compensatif(**ve**) *a.* 補償の(=compensatoire). forfait ~ 違約賠償金. indemnité ~*ve* 補償手当.

compensation *n.f.* **1** 補償, 代償, 償い, 埋合せ. à titre de ~ 代償として. en ~ その代りに. en ~ de qch …の償いに, …の埋合せとして. par ~ 代償として.
2 賠償金. recevoir une ~ 賠償金を受け取る.
3〖法律〗相殺. ~ conventionnelle (légale, judiciaire) 契約による(法定の, 裁判所の決定による) 相殺. ~ entre les dettes et les créances 債務と債権の相殺.
4〖労働〗(賃金の) 相殺払い.
5 負担の分配. ~ des dépens 訴訟費用の分担.
6〖経済〗決済;(貿易の) バーター制. ~ bancaire 銀行決済. chambre de ~ 手形交換所. contrat de ~ バーター制契約.〖株式〗cours de ~ 清算価格.
7〖医〗(器官・組織の) 代償〔機能〕;〖精神分析〗補償, 代償.〖心〗代償作用.〖医〗organe de ~ 代償器官.
8〖電・工〗補償；調整;〖計測〗補正.〖海〗~ d'un compas 羅針儀(コンパス)の補正. circuit de ~ 補償回路. horloge de ~ 補正装置付時計.〖数〗loi de ~ 大数の法則(= loi des grands nombres).

compensatoire *a.* 補償の, 償いの, 代償の；埋め合せの.〖言語〗allongement ~ 代償延長. éducation ~ 補償教育, 補講. heures ~*s* 代休時間. indemnité ~ 補償金, 賠償金；補償手当. intérêt ~ 違約金. montants ~*s* monétaires 国境調整税(1969年 CEEで共通農業政策の一環として導入；略記 MCM), 農業補償金(=montants ~*s* agricoles). prestation ~ (離婚による) 補償給付.

compensé(**e**) *a.* **1** 釣合のとれた, 均衡のとれた.〖海〗gouvernail ~ 釣合舵, 平衡ラダー.〖商業〗publicité ~*e* 業界広告.
2 semelles ~*es* 船底形のヒール.
3〖医〗(病障害が) 代償性の. affection ~*e* 代償性疾患. cardiopathie ~*e* 代償性心疾患.

compérage (<compère) *n.m.* なれあい, 談合；共謀, 謀議.

compétence *n.f.* **1** 権限, 管轄, 所轄；資格, 能力；適性；権威；見識, 学識経験.〖行政〗~ liée 処分権限(~ discrétionnaire「裁量権限」の対). ~ professionnelle 職務遂行能力. avoir de la ~(des ~*s*) 識見を備えている. Cela n'entre pas dans mes ~*s*. それは私の専門外(権限外)のことだ.
2〖話〗学識経験者, 権威. consulter les ~*s* 識者の見解を求める. être une ~ en la matière この問題の権威である.
3〖法律〗(裁判機関の) 裁判管轄. ~ administrative 行政裁判管轄. ~ d'attribution 権限管轄. ~ judiciaire[1] 司法裁判管轄. ~ matérielle 事物管轄. ~ personnelle[1] 人的管轄. ~ territoriale[1] 土地管轄.
4〖国際私法〗主権, 管轄. ~ directe 直接的一般管轄, 審理管轄. ~ exclusive 専属管轄. ~ générale (国際裁判に関する)一般管轄. ~ internationale 国際裁判管轄. ~ judiciaire[2] 裁判上の管轄. ~ législative 立法上の管轄. ~ spéciale 国内土地管轄(=~ interne).
5〖国際法〗管轄権. ~ nationale 国内管轄権. ~ personnelle[2] (自国民に対する) 人的管轄権. ~ territoriale[2] (自国領土の) 土地管轄権.
6〖言語〗言語能力 (performance「言語運用」の対).
7〖地理〗(河川・風などの) 運搬能.
8〖生〗反応能, 受容能力.
9〖医〗免役適格.

compétent(**e**) *a.* **1** (ある分野に) 精通した, 造詣の深い, 有能な. expert ~ 有能な専門家. professeur ~ 学殖豊かな教授. être ~ en écologie 環境学に精通している. dans les milieux ~*s* 消息通の間では.
2〖法律〗権限(権能, 資格)のある, 法的適格性のある；管轄権を有する. autorité ~*e* 所轄(主務)官庁. juge ~ 管轄判事.
3〖法律〗(à の) 管轄に属する. affaire ~*e* à un tribunal 裁判所の管轄に属する事件.
4〖生〗反応能をもつ. celles ~*es* 反応能をもつ細胞, コンピテント細胞. tissu ~ 反応能のある組織.

compétiteur(**trice**) *n.* **1**〖経済〗競争相手, 競争者；競合企業.
2 (稀) 競争者. ~*s* sportifs スポーツの競争者.

compétitif(**ve**) *a.* **1**〖商業〗競争に耐える, 競争力のある；競争状態にある；自由競争の. marché ~ 自由競争市場. prix ~ 競争のある価格. produits ~*s* 競争に耐える(競争力のある) 製品.
2〖心〗競争心の強い.

compétition *n.f.* **1** 競争, 競合. ~ acharnée 熾烈な競争. ~ entre partis politiques 政党間の競争. en ~ 競争(競合) 関係にある. entrer en ~ avec qn 人と競争する(張り合う).
2〖スポーツ〗競技, 対抗試合(=~ sportive)(略称 compé または compét [-t]). esprit de ~ 闘争心. participer à une ~ d'athlétisme 陸上競技の試合に参加する.
3〖生〗(個体間の) 競争, 競合. ~ microbienne 細菌の競合.

compétitivité *n.f.*〖商業・経済〗競争力. ~ des entreprises 企業の競争力. ~ des prix 価格競争力.

Compiègne *n.pr.* コンピエーニュ

compila*teur*(*trice*)

(département de l'Oise オワーズ県の郡庁所在地；市町村コード 60300；形容詞 compiégnois (*e*)). forêt domaniale de ~ コンピエーニュ国有林 (144 km²；森の一角に 1918 年と 1940 年の独仏休戦条約締結の客車が保存展示されている). Palais de ~ コンピエーニュ宮殿 (18 世紀；ナポレオン 3 世の居城；現在 Musée de la voiture「車輛博物館」, Musée du Second Empire「第二帝政博物館」などとして活用).

compila*teur*(*trice*) *n.*〔資料〕編纂者.
— *n.m.*〔情報処理〕コンパイラー (=〔英〕compiler；機械語命令変換プログラム).

compilation *n.f.* **1** (資料の) 編纂, 編集；編纂資料. ~ d'érudit 碩学の編纂資料. **2** 盗作〔本〕, 剽窃〔本〕. **3**〔音楽〕ヒットナンバー選集ディスク. **4**〔電算〕(プログラム言語で書かれたプログラムの) コンパイリング (=〔英〕compiling). erreur de ~ コンパイルエラー. unité de ~ コンパイル単位.

complaisance *n.f.* **1** (他人に対する) 愛想のよさ, 親切, 心遣い. ~ humble 敬意 (=déférence). ~ indulgente 寛大な心遣い. abuser de la ~ de *qn* 人の好意につけこむ. avoir la ~ de+*inf.* 親切に…する. Auriez-vous la ~ de+*inf.* …していただけませんか？ manquer de ~ 愛想が悪い. montrer de la ~ 心遣いを示す. avec (par) ~¹ 愛想よく；好意から. billet (effet) de ~ 融通手形. certificat de ~ 名目上の証明書. **2**〔蔑〕追従, 迎合. basse ~ へつらい. sourire de ~ お追従笑い. **3**〔蔑〕(自分に対する) 甘さ；自己満足. avec ~² 得々として. s'écouter avec ~ 自分の言葉に聞きほれる. **4**〔*pl.* で〕迎合的行為. ~*s* d'un mari qui ferme les yeux sur l'inconduite de sa femme 妻の不貞に目をつぶる甘い夫. avoir des ~*s* pour un homme (女性が) 男にすり寄る. **5**〔海〕pavillon de ~ 便宜置籍船.

complément *n.m.* **1** 補足, 補充, 補完〔物〕；残余. ~ à une lettre 追伸 (=postscriptum). ~ à un ouvrage imprimé 印刷物の付録 (補遺), ~ à un testament 遺言補足書 (=codicille). ~ d'information 追加情報；補充調査.〔映画〕~ de programme (本番組に上映される) 短編映画. ~ d'une somme 残金.
payer le ~ à la livraison (商品の) 配達 (引渡し) 時に残金を支払う. **2**〔文法〕補語. ~ d'attribution 所属の補語. ~ de circonstance 状況補語. ~ d'objet 目的補語. ~ direct (indirect) 直接 (間接) 補語. ~ explicatif 説明補語. **3**〔数〕~ arithmétique 補数. ~ d'angle 余角. ~ d'un ensemble 補修合. **4**〔生〕補体 (=alexine) (免疫に関与する血清の 1 成分). réaction de fixation du ~ 補体結合反応. **5**〔天文〕~ de hauteur d'un astre 天体の頂に対する角距離. **6**〔音楽〕~ d'un intervalle 補足 (補充) 音程.

complémentaire *a.* **1** 補足的な, 補完的な.〔教育〕cours ~ 補講 (1959 年までの小学校高等科). explication ~ 補足説明. informations ~*s* 補足情報. médecine ~ 補完医療. régimes ~*s* 補足的制度.〔社会保障〕retraite ~ 補足的退職年金〔制度〕. **2** 相補的な.〔幾何〕angle ~ 余角. couleurs ~*s* 補色, 余色.〔言語〕distribution ~ 相補分布. **3**〔生化〕補足的な. gène ~ 補足遺伝子. **4**〔電〕transistors ~*s* 相補トランジスター.
— *n.m.*〔数〕補集合, 余集合.

complémentalité *n.f.* 補完性, 相補性. ~ des caractères 性格の補完性.〔言語〕~ de plusieurs éléments 多数要素の相補性.〔物理・化〕principe de ~ 相補性原理.

complet¹ (*ète*) *a.* **1** 完全な, 全部揃った, 欠けるところのない, 完備した. aliment ~ 完全食品 (滋養分がすべて揃った食品). assortiment ~ 完全な品揃え.〔植〕fleur ~*ète* 完全花, 完備花. jeu ~ d'outils 工具の完全セット. œuvres ~*ètes* de Victor Hugo ヴィクトル・ユゴー全集. pain ~ ふすま入りパン.〔petit déjeuner〕~ コンプレ, 朝食セット (パン・バター・ジャムと飲物付き). un café (thé) ~ コーヒー (紅茶) 付朝食セット.

2 完全な, 完璧な；全面的な；欠陥のない；申し分のない；徹底的な. athlète ~ 万能選手. bonheur ~ 無上の幸福. destruction ~*ète* 徹底的破壊. égalité ~*ète* 完全平等. enquête ~*ète* 遺漏のない調査. étude ~*ète* 網羅的な (徹底的な) 研究. homme ~ 非の打ちどころのない人間. obscurité ~*ète* 真暗闇. travail très (moins) ~ 完璧な (出来の良くない) 仕事. victoire ~*ète* 完全勝利, 完勝.
donner une idée ~*ète* 十分に説明する. essuyer un échec ~ 完全に失敗する.〔話・皮肉〕C'est ~ ! 何も言うことはないね！；泣き面に蜂だ！ C'est un ~ idiot. あいつはまるっきりの馬鹿だ.

3 完了した；(時が) 経過した. à huits jours ~*s* 丸一週間後. pendant dix années ~*ètes* 丸 10 年間. parties ~*ètes* d'une œuvre 作品の完成部分.

4 (乗物, ホテル, 劇場などが) 満員の. bus (train) ~ 満員のバス (列車). afficher《C~》「満員 (満室)」の掲示を出す. C'est ~. 満員 (満室) です.

complet² *n.m.* **1**〔服〕コンプレ《男物のスーツ》(特に) 三つ揃いの背広 (veste, pantalon, gilet) (= ~-veston). ~ en tweed ツイードのスーツ. ~ sur mesure オ

―ダーメイドのスーツ.
2 au〔grand〕～ 全部揃って；完全に. conseil d'administration réuni au ～ 全員出席した取締役会. Le parti, au ～, a aprouvé son chef. 政党は全員一致で党首に賛同した.

complexation *n.f.* 〖化〗錯体生成, 錯体形成.

complexe¹ *a.* **1** 複雑な, 複合した, 複数の要素を含む. mot ～ 合成(複合)語. 〖数〗nombre ～ 複素数. phrase ～ 複文. terme ～ 複合名辞.
2 錯綜した, ややこしい, 厄介な. situation ～ 厄介な状況. Il s'agit d'un problème ～ dont la solution risque de se faire attendre. これはややこしい問題で, 解決には時間がかかるかもしれない.

complexe² *n.m.* **1** コンプレックス；複合体, 観念複合〔体〕. ～ de castration 去勢コンプレックス. ～ d'Œdipe (d'Electre) エディプス(エレクトラ)・コンプレックス. ～ d'infériorité (de supériorité) 劣等(優等)コンプレックス, 劣等感(優越感). avoir des ～s (病的に)内気である. sans ～s 臆面もなく, 平然と.
2 コンビナート, 工業団地；複合施設. ～ pétrochimique 石油化学コンビナート. Cinema-～ 複合映画館.
3 〖化〗錯合；〖数〗複体；〖生理〗複合物, プロトロンビン. 〖病理〗～ ganglio-pulmonaire 肺リンパ節病変. 〖病理〗～s primaires 初期変化群. 〖生理〗～ prothrombique プロトロンビン複合物, プロトロンビン.

complexité *n.f.* 複雑性. ～ de la situation 状況の複雑性, 複雑な状況.

complexométrie *n.f.* 〖化〗錯滴定.

complication *n.f.* **1** 複雑さ, 錯綜. ～ d'un mécanisme メカニズムの複雑さ. ～ d'une situation 状況の錯綜.
2〔多く *pl.*〕紛争；もめ事；混迷. ～s internationales 国際紛争. ～s sentimentales 感情のもつれ.
3〔*pl.* で〕〖医〗合併症.

complice *a.* **1** 共犯の, (悪事に)加担する. être ～ d'un meurtre 殺しの共犯である. se faire ～ de *qn* 人とぐるになる. se faire ～ d'un complot 陰謀の片棒をかつぐ.
2 共犯者的な；なれあい的な. attitude ～ 共犯的態度, なれあい. sourire ～ 暗黙の了解を示す微笑.
――*n.* 共犯者；加担者. dénoncer ses ～s 共犯者を密告(告発)する.

complicité *n.f.* **1** 共犯〔性〕, 共謀；(悪事への)荷担；連坐. ～ de meurtre 殺人の共犯；. être accusé de ～ 共犯で告発(起訴)される. agir en ～ avec *qn* 人と共謀して行動する.
2〔比喩的〕暗黙の了解, 黙認. Il y a entre eux une ～ totale. 彼らの間には完全な暗黙的了解がある.

compliment *n.m.* **1** 讃辞, お世辞 (= ～ flatteur). ～ hypocrite 心にもない讃辞. ～ maladroit ぎこちない讃辞(お世辞). ～ sincère 心からの讃辞.
faire ～ à *qn* de son succès 人の成功を称える.〖皮肉〗retourner ～ à *qn* son ～ (人のお世辞にお世辞を返す→)非難に非難で返す. sans ～ お世辞抜きで, 率直に言って. Mes ～s! おめでとう! 〖皮肉〗(失敗など)に対し やっちゃったね!
2(儀礼的な)挨拶；祝辞. ～ du jour de l'an 新年の挨拶(祝詞). formule de ～s 挨拶(祝辞)の文言(決り文句). Mes ～s à votre femme. 奥様によろしく. Faites bien mes ～s à *qn*；Je vous charge mes ～s pour *qn*. 人によろしくお伝えください.

compliqué(e) *a.p.* **1** 複雑な, 錯綜した, ややこしい；判りにくい, 難しい. histoire ～ e こみ入った話. mécanisme ～ 複雑なメカニズム. C'est assez ～ à+*inf.* …するのはむずかしい. Ce n'est pas ～. 明白だ, 当然のことだ.
2 気難しい. esprit ～ つむじ曲り, へそ曲り.
3〖医〗合併症を伴う. grippe ～ *e* de troubles digestifs 消化不良を伴う流感.
――*n.*〖話〗うるさ型, 厄介な人.

complot *n.m.* **1** 陰謀；共同謀議；(特に)(国家, 政府, 体制に対する)謀反計画；(要人の)暗殺計画. faire (former, ourdir, tramer) un ～ 陰謀をたくらむ. ～ contre le Premier ministre 首相暗殺計画. ～ contre la sûreté de l'Etat 国家の安全をおびやかす陰謀.
2〖話〗はかりごと.

compograveur *n.m.* 〖印刷〗組版・写真製版工.

comportement *n.m.* **1** 振舞, 態度；行動；習性. ～ étranger 異様な振舞. ～ d'un auditoire 聴衆の反応.
2〖心〗行動, 反応. psychologie du ～ 行動心理学 (=béhaviorisme), 反応心理学 (=psychologie de réaction).
3 動き, 動勢；〖物理〗運動, 作用, 挙動. 〖物理〗～ d'un électron 電子の挙動. 〖生〗～ des chromosomes 染色体の動き. 〖物理〗～ d'une particule 粒子の運動.

comportemental(ale)(*pl.***aux**) *a.* 〖心〗行動の；行動に関する. science ～ *ale* 行動科学. troubles ～ *aux* 行動障害. 〖精神医学〗thérapie ～ *ale* 行動療法.

composant(e¹**)** *a.* (全体を)構成する. élément ～ 構成要素.

composante² *n.f.* **1** 分力 (=force ～)；(ベクトルの)成分；〖天文〗成分星；〖文法〗(生成文法での)部門, 構成素.
2 構成要素；〖軍〗(軍隊の)部隊の装備と構成要員. ～ aérienne 空軍の兵装.

composé(e¹**)** *a.p.* **1** (複数の要素から)合成された, 複合した, 化合した. 〖数〗ap-

composée²

plication ~ *e* 複合写像.『化』corps ~ 化合物. engrais ~ 配合肥料.『植』feuille ~ *e* 複葉.『経済』intérêts ~ *s* 複合利息.『音楽』mesure ~ *e* 複合拍子.『言語』mot ~ 合成語 (contrepartie, porte-avion など).『物理』mouvement ~ 合成運動. parfum ~ 合成香料.『文法』passé ~ 複合過去.『料理』salade ~ *e* ミックスサラダ (= salade mixte).『文法』temps ~ 複合時制 (temps simple「単純時制」の対). vitesse ~ *e* 合成速度.
2〖稀〗とりすました. attitude ~ *e* とりました態度.
— *n.m.* **1** 複合体, 混合物.
2〖化〗化合物 (= corps ~). ~ benzénique 芳香族化合物. ~ chimique 化学化合物. ~ organique 有機化合物.
3〖言語〗合成語 (= mot ~).
4〖数〗合成.

composée² *n.f.* **1**〖*pl.*で〗『植』菊科〖植物〗(= astéracées).
2『植』複葉. ~ palmée 掌状複葉.
3〖数〗合成関数 (= fonction ~).

composite *a.* **1** 混成の; 混淆の; 寄せ集めの; ちぐはぐの; 様式が統一を欠く. formule ~ 雑多な書式. matériau ~ 複合材料. mobiliers ~ *s* 様式が不統一な家具.
2〖建築〗コンポジット様式の, 混合様式の, ordre ~ コンポジット様式〖イオニア式の円天井とコリント式の柱頭アカンサスを組み合わせた混淆様式〗.
— *n.m.* **1**〖建築〗コンポジット様式.
2 複合材料, コンポジット (= matériau ~). ~ carbone-carbone 炭素繊維と炭素材のコンポジット. ~ céramique-céramique セラミック・セラミック・コンポジット.

composi*teur*(*trice*) *n.* **1** 作曲家. **2**〖印刷〗〖古〗植字工.

composition *n.f.* Ⅰ〖構成〗**1** 構成; 編成; 構造. ~ du gouvernement 組閣; 内閣の構成員. ~ d'un mets 調理. ~ des trains 列車の編成.
2〖言語〗(語の) 合成, 複合語形成.
3(団体や会議体の) 構成および構成員; (会議体の) 出席者 (列席者). ~ de la Cour de cassation 破毀院構成員. ~ du tribunal à l'audience 法廷出席者.
4 構成法; 構成内容. ~ de l'Assemblée nationale 国民議会の構成 (勢力分布). ~ d'un menu 定食の構成内容. étiquette précisant la ~ d'un produit 製品の構成内容 (成分) を明記するラベル. Quelle est la ~ de cette sauce? このソースは何で作られているのですか?
5〖化〗成分, 組成; 合成物. ~ chimique 化学組成. ~ de l'air 空気の成分. ~ d'un médicament 医薬品の成分. ~ isotopique 同位体元素組成.
6〖印刷〗植字, 組版〖略称 compo〗; 植字係〖部局〗. ~ à la main 手作業による組版.

~ informatisée 電子 (コンピュータ) 組版. serrer la ~ 組版を締める.
7〖力学〗~ des forces 力の合成.
8〖数〗loi de ~ 算法.
Ⅱ〖知的・芸術的作業〗**1** 創作, 制作. ~ d'un poème 詩の創作.
2〖音楽〗作曲; 作曲法. étudier la ~ au Conservatoire 音楽院で作曲を学ぶ.
3 芸術作品. ~ florale 生け花. ~ pour piano ピアノ曲. dernière ~ d'un peintre 画家の最後の作品.
4〖美術〗コンポジション, 構図. ~ abstraite 抽象的な構図.
5〖学〗作文; 小論文; 論述試験〖略称 compo, composé〗. corriger des ~ *s* 作文 (小論文) を採点する. être premier en ~ d'histoire 歴史の論述試験で1位になる.
Ⅲ〖古〗妥協, 和解; 示談〖金〗. amener qn à ~ 人を妥協に導く. entrer en ~ avec qn …と示談に入る. être de bonne ~ 妥協的である.

compost [kɔ̃pɔst]〖英〗*n.m.* コンポスト, 堆肥.

compostage¹ *n.m.*〖農〗堆肥施肥; (生ゴミの) 堆肥化.

compostage² *n.m.* (切符などに) パンチを入れること, 日付印字. ~ des billets de chemin de fer 鉄道の切符にパンチと日付印字を入れること.

composter¹ *v.t.* 堆肥を施す.

composter² *v.t.* (切符等に) パンチを入れる, 日付を印字する.

composteur *n.m.* **1** (日付・番号等の) 押捺 (おうなつ) 機, スタンパー.
2〖鉄道〗(乗車券の) 自動検札機〖すべての切符をこの機械に通さなければ有効とならず, 検札の際に課徴金をとられる〗.
3〖印刷〗(植字用の) ステッキ.
4〖農〗堆肥 (compost) の製造容器〖生ゴミ・落葉などを投入して堆肥にする容器〗.

compote *n.f.* **1**〖料理〗コンポート〖果物のシロップ煮〗. ~ de cerise[s] (de fraise[s], de marron[s], de pêche[s]) 桜桃 (苺, 栗, 桃) のコンポート. ~ de figue sèche 干しいちじくのコンポート. ~ de pruneau 干しプラムのコンポート.
2〖料理〗コンポート〖家禽・兎などのトロ火の煮込み料理〗(= ragoût). パテ, テリーヌ. ~ de pigeons 鳩のコンポート. ~ de lapereau 仔兎のコンポート.
3〖比喩的〗ぐしゃぐしゃになったもの.〖話〗avoir les membres en ~ 足がくたくたである. avoir le visage en ~ 殴られて顔がぐちゃぐちゃだ.

compréhensible *a.* **1** 理解されうる, 了解しうる. texte ~ 理解可能なテクスト. expliquer d'une manière ~ 分かりやすく説明する.
2 もっともな, 納得のいく; 許せる; 自然な. attitude ~ もっともな態度. réaction

bien ~ 十分納得のいく反応, ごく自然な反応.

compréhensif(**ve**) *a.* **1** (他人の立場に) 理解のある；ものわかりの良い；包容力のある, 寛大な；親切な. homme ~ ものわかりの良い人. parents ~ s 理解のある両親. Soyez ~ ! よくわかって下さい！
2 (語, 概念が) 包括的な. sens ~ 包括的意味.
3 〘論理〙内包的な (extensif 「外延的な」の対). terme ~ 内包的用語.
4 〔古〕理解力に富む. intelligence ~ *ve* 理解力に富む知性.

compréhension *n.f.* **1** 理解；分り易さ. ~ d'un texte テクストの理解. poème d'une ~ difficile 分り難い詩.
2 理解力. avoir la ~ lente のみこみが遅い. Cela dépasse ma ~. それは私の理解を越えている.
3 (他人に対する) 理解；思いやり；包容力. avoir de la ~ pour *qn* 人を理解する. être plein de ~ à l'égard des autres 他人に対する思いやりに満ちている. manquer de ~ 度量が狭い.
4 〘論理〙内包 (extension 「外延」の対).

compresse *n.f.* 〘医〙圧定布, ガーゼ (= ~ de gaz), コンプレス (= ~ de gaze hydrophile 吸湿性ガーゼ片). ~ d'eau froide 冷水湿布. ~ humide 湿布. mettre une ~ sur une plaie 傷口にガーゼをあてる.

compresseur *n.m.* コンプレッサー, 圧縮機. ~ à piston ピストン式圧縮機. axial 軸流圧縮機. ~ d'air エア・コンプレッサー.
— *a.m.* 圧縮する. 〘土木〙rouleau ~ ロードローラー.

compressible *a.* **1** 圧縮しうる. frais ~ s 圧縮可能な経費. **2** 〘物理〙圧縮可能な. L'air est ~. 空気は圧縮可能である.

compressibilité *n.f.* **1** (経費・人員などの) 圧縮可能性. ~ des effectifs 人員の圧縮可能性. ~ des frais généraux 一般経費の圧縮可能性.
2 〘物理〙圧縮性, 圧縮率. coefficient de ~ 圧縮係数.

compressif(**ve**) *a.* **1** 圧縮 (圧迫) する. 〘医〙pensement ~ 圧迫包帯. **2** 〔比喩的〕弾圧的な. mesures ~ *ves* 自由を束縛する措置.

compression *n.f.* **1** 〘物理〙圧縮. ~ adiabatique 断熱圧縮. ~ isotherme 等温圧縮. ~ du ~ (エンジンの) 圧縮.
2 〔比喩的〕圧縮；縮小. ~ des dépenses 支出の圧縮 (削減). ~ du personnel 人員の縮小.
3 〘電算〙logiciel de ~ des données データの圧縮ソフト.
4 〘医〙圧迫 (症). syndrome de ~ de moelle épinière 脊髄圧迫症候群.

comprimé(**e**) *a.* **1** 圧縮された, 圧搾さ

れた. air ~ 圧搾空気.
2 抑えた. larmes ~ *es* 抑えた涙.
— *n.m.* 〘薬〙錠剤. ~ d'aspirine アスピリンの錠剤. ~ dragéifié 糖衣錠.

compris(**e**) (< comprendre) *a.p.* **1** 含まれた. angle ~ entre deux côtés égaux 二等辺の間の角. espace ~ entre un bâtiment et un mur 建物と塀との間の空間. jours ~ entre deux dates 二つの日付の間の日数. tout ~ 全部込みで (の)；諸経費込みで (= net). cent euros, tout ~ 諸経費込みで 100 ユーロ. 〔voyage-séjour〕tout ~ パッケージツアー. y ~ (*e*) …を含めて〔名詞に先行する時は無変化〕. Il a tout vendu, y ~ la maison (la maison ~ *e*). 彼は家屋を含めて一切を売り払った. non ~ (*e*) …を除き〔名詞に先行する時は無変化〕. cent euros, taxe non ~ *e* 税金を除き 100 ユーロ. Cela fait cent euros, service ~. サービス料込みで 100 ユーロです.
2 理解された；了解された；構想された. un auteur mal ~ 理解されていない作家. logement bien ~ うまく設計された住居. problème bien ~ 正しく捉えられた問題. L'anglais est la langue la plus ~ *e* dans le monde entier. 英語は世界中で最もよく理解される言語である.
3 〔会話で〕C ~ ! 分かった！了解 (=J'ai ~). C'est ~ ?/C ~ ? 分ったね？〘軍〙Bien ~ ! 了解！〘軍〙Bien ~ ? (通信などで) 了解したか？

compromettre *v.t.* **1** (dans の) 巻き添えにする. ~ *qn* dans une affaire suspecte 人をいかがわしい事件に巻き込む.
2 (人の) 名誉を傷つける, 評判を危うくする. ~ une femme 女性の評判を落とす. ~ l'honneur de *qn* 人の名誉を傷つける.
3 危うくする, 危険にさらす, 成功の可能性を著しく損する. ~ la réputation de *qn* 人の評判を落とす. ~ sa santé 健康を害する.
— *v.i.* 〘法律〙仲裁契約 (=compromis d'arbitrage) を結ぶ；示談にする.
— **se** ~ *v.pr.* **1** (dans の) 巻き添えになる.
2 自分の評判を落とす. Cette femme se compromet. この女性に悪い噂が立つ.
3 身を危うくする.

compromis *n.m.* **1** 妥協；妥協案. en arriver à un ~ 妥協に達する. parvenir à un ~ 妥協にこぎつける. trouver un ~ 妥協点を見出す.
2 〘法律〙示談；示談書；仲裁, 仲裁契約, 仲裁付託合意. dresser un ~ 示談書を作成する. faire un ~ 示談にする. mettre en ~ une affaire litigieuse 係争を示談にする. signer un ~ 示談契約に署名する.
3 折衷；中間物. ~ entre le romanesque et le gothique ロマネスク様式とゴチック様式の折衷.
4 〘精神分析〙formation de ~ 妥協形成.

compromission

5 〖法律〗~ de vente 売買仮契約.
compromission *n.f.*〖多く *pl.*〗**1** かかわり合い, 巻添え, 身を危うくすること. être exposé à des ~s かかわり合い (巻添え) になる.
2 歩み寄り, 妥協. consentir à toutes les ~s あらゆる妥協策に応じる.
compromissoire *a.*〖法律〗clause ~ 仲裁 (和解) 条款.
comptabilité *n.f.* **1** 会計；簿記；会計帳簿. ~ analytique 原価会計, 原価計算. ~ budgétaire 予算会計. ~ en partie simple (double) 単式 (複式) 簿記. ~ générale 財務諸表. ~ industrielle 工業簿記. ~ matières 在庫 (材料) 元帳. ~ nationale 国民経済計算. ~ publique 公共財政. livre de ~ 会計簿, 出納簿.〖電算〗programme de ~ 会計処理プログラム. apprendre la ~ 簿記を学ぶ. tenir la ~ 帳簿をつける, 会計を担当する.
2 会計課. chef de la ~ 会計主任.
comptable *a.* **1** 会計の, 簿記の, 経理の；会計用の；会計係の；会計係の. agent ~ 会計 (経理) 担当者. audit ~ 会計監査〖役〗. documents ~s 会計 (経理) 資料. machine ~ 会計機器.〖軍〗officier ~ 主計将校. pièce (quittance) ~ 正式領収書. plan ~ général 総合会計原則. service ~ 会計課；主計部.
2〖比喩的〗(de について) 報告の義務がある；責任がある. gouvernement ~ de sa politique envers le Parlement 議会に対し政策の説明義務を負う政府.
——*n.* 会計係；会計士, 計理士；(官公庁の) 収入役, 会計官 (= ~ public). ~ agréé 公認計理士. ~ assignataire 会計支出官. ~ de Trésor 国庫収入役. chef ~ 会計主任. expert-~ 公認会計士. ~ principal 主任会計役.
comptage *n.m.* 計数；勘定. faire un ~ 計数する. ~ d'impulsions パルス計数. ~ des particules 粒子の計数. ~ des voitures sur une autoroute 高速道路上の走行車輌の計数.
comptant *n.m.* 現金, 即金. au ~ 現金で, 現物で. achat au ~ 現金買入 (achat à crédit の対). marché au ~ 現物市場 (marché à terme「期日指定取引」の対). opération au ~ 現物取引.
——*a.inv.* すぐに勘定できる, 現金の. argent ~ 現金；〖副詞的〗現金で；即金で. prendre *qch* pour argent ~ …を掛け値なしだと信じる.
——*ad.* 現金で, 即金で. payer ~ 現金で支払う.
compte *n.m.* 〖Ⅰ〗**1** 勘定；計算；会計.〖国民経済計算〗~ d'affectation 処分勘定. ~ de capital 資本調達勘定《実物資産》. ~ complémentaires 取引主体別勘定. ~s développés 個別勘定. ~ d'exploitation 国民可処分所得と処分勘定. ~s de la nation 国民所得勘定. ~ de patrimoine 国民資本勘定, 貸借対照表勘定. ~ de production 生産勘定. ~ de réconciliation 調整勘定. ~ de revenu 所得勘定. ~ d'utilisation de revenu 所得支出勘定. ~ financier 金融取引勘定. ~s satellites (医療, 教育など) 機能部門別勘定. ~s simplifiés 統合勘定.
~ consolidé 連結会計, 連結勘定. ~ d'affectation spéciale (予算の) 特別会計. ~ d'avance du Trésor 国庫短期融資会計. ~ d'exploitation 経常損益. ~ de prêts et de consolidation (予算の) 国庫融資・債務準備会計. ~ de pertes et profits 損益計算書. ~s spéciaux du Trésor 国庫特別会計. Cour des ~s 会計検査院.
2 口座. ~ chèque postal (CCP) 郵便振替口座. ~ courant 当座預金口座. ~ courant commercial 商業当座預金口座. ~ d'épargne-logement 住宅積立預金口座. ~ en banque 銀行口座. ~ sur livret 定期性積立預金口座.

◆〖成句〗
à ~ 内金として. à ~ d'auteur 自費出版. à bon ~ 安く, 容易に, 犠牲を払わずに. à son ~ 自分のために, 自費で, 自分の責任で, 自前で. à tout bon ~ revenir 念には念を入れて. avoir un ~ à régler 決着をつけるべきことがある. avoir son ~ ひどい目にあう, 酔っぱらう, 殺される. ~ à rebours カウント・ダウン, 秒読み. de ~ à demi avec *qn* …と折半する. demander son ~ (給料の支払いを要求して) 暇をもらう. donner son ~ à *qn* (給料を払って) 暇を出す. en avoir pour son ~ ひどい目にあう. faire des ~s d'apothicaire 長々とした面倒な計算をする. faire le ~ de *qn* …の利益に適う, 思いどおりである. laissé-pour-~ de ~の犠牲者.〖諺〗Les bons ~s font les bons amis. 勘定をきれいにするのが良い友達をもつ秘訣. mettre *qch* sur le ~ de *qn* …を…の責任にする. pour le ~ de *qn* …のために, …の名義で, …の代理として. règlement de ~s 決算, 果し合い. régler un ~ 清算する, 決着をつける. Son ~ est bon. 身から出たさびだ, 目にものを見せてやる. trouver son ~ à *qch* …することが得になる.

〖Ⅱ〗**1** 報告, 説明. avoir des ~s à rendre à *qn* …に報告する義務がある, …に釈明しなければならない. ~ rendu 報告, 議事録, 書評, 紹介記事. se rendre ~ de *qch* (que) …を理解する, …を認識する, …に気付く.
2 考慮, 考え. à bout du ~ 結局のところ. à ce ~〖-là〗その調子では. A la fin du ~! いいかげんにしろ. en fin de ~ 結局のところ, よく考えてみれば. entrer en ligne de ~ 考慮の対象となる. être loin de (du) ~ 見込み違いをする. tenir ~ de …を考慮する, 勘定に入れる (→~ tenu de …を考えて). tout ~ fait 要するに.

compte[-]chèques (pl. ~s-~s) n.m. 小切手口座. ~ à la banque 銀行の当座預金口座. ~ à la poste 郵便振替口座.
compte-gouttes n.m.inv. 計滴管, 滴数計；点滴器.〔比喩的〕au ~ けちけちと, 小出しに.
compte[-]rendu (pl.~s[-]~s) n.m. **1** 報告；報告書. ~ d'une séance 会議の報告〔書〕. faire ~ à qn de qch 何について人に報告する.
2 批評；分析. ~ d'un livre 書評. ~ d'un spectacle 劇評.
compte-tours n.m.inv. 回転計, 回転速度計；積算回転計；タコ(タキ)メーター (=tachomètre, tachymètre).
compteur[1] (**se**) n.〔稀〕数える人, 計数者 (=calculateur)；〔古〕(市場の) 商品計数係.
compteur[2] n.m. 計器, メーター；計数器；計量器；計量管, カウンター. ~ à eau 水量計；水道メーター. ~ à gaz ガス計量器；ガス・メーター. ~ bleu 動力電力計. ~ d'électricité 電力計, 電力メーター. ~ d'une pompe à essence ガソリンスタンドの給油メーター (=volucompteur). ~ de stationnement 駐車メーター. ~ de taxi タクシーの料金メーター. ~ de vitesse 速度計. ~ [de] Geiger [ʒeʒɛr] ガイガー計数管, ガイガー・カウンター. ~ proportionnel 比例計数管. relever le ~ メーターの検針をする.
comptoir n.m. **1** カウンター. consommation de ~ カウンターでの飲食. ~-caisse カウンターのレジ.
2 支店；〔歴史〕貿易会社, 商社の海外支店. ~s français en Extrême-Orient 極東のフランス支店. ~ d'une banque 銀行の支店.
3 銀行, 企業の名称. ~ des entrepreneurs コントワール・デ・ザントルプヌール《不動産関係の融資を専門とする特殊金融機関》；Crédit foncier de France フランス不動産銀行の子会社). ~s modernes コントワール・モデルヌ《大型チェーンストア》. C~ national d'escompte de Paris 国立パリ割引銀行.
4 企業集団.
5 ~ central d'achats 中央購買企業. ~ en vente en commun 共同販売会社 (協調)《カルテル cartel, トラスト trust など》.
compulsif(**ve**) a.〔心・医〕強迫的な. achat ~ 強迫買い. action ~ve 強迫行為. personnalité ~ve 強迫性格. syndrome ~ 強迫症候群 (=syndrome obsessionnel). troubles obsessionnels ~s 強迫性障害症候群 (TOC と略記).
compulsion n.f. **1**〔精神医学〕強迫〔行為〕. ~ de répétition 反復性強迫〔行為〕. **2**〔古〕〔法律〕強制.
compulsionnel(**le**) a.〔精神医学〕強迫性の. personnalité ~le 強迫性格.

syndrome ~ 強迫症候群.
computérisé(**e**) a. コンピュータ援助方式の (=assisté[e] par ordinateur). tomographie axiale ~e コンピュータ断層撮影〔法〕(略称：TAC).
COMT (=Commission des marchés à terme de marchandises) n.f. 商品先物取引委員会.
Comt (=commandant)〔略記〕n.m. **1**〔軍〕司令官, 指揮官. **2**〔陸軍・空軍〕少佐. **3** 艦長, 船長, 機長 (= ~ de bord).
comtadin(**e**) a. ヴナスク伯爵領 (le Comtat Venaissin) の；ヴナスク伯爵領の住民の.
——C~ n. ヴナスク伯爵領の住民.
comtat (<南仏の地名表記) n.m. 伯爵領. C~-Venaissin ヴナスク (Venasque) 伯爵領《現在のVaucluse 県域に相当》(= le C~).
comte n.m. 伯爵《侯爵 marquis と子爵 vicomte の間の爵位》. ~ de Paris パリ伯爵.
comté[1] n.m. **1** 伯爵領. C~ de Foix フォワ伯爵領.
2 (英国, カナダの) 州；(アイルランドの) 県；(米国の) 郡；(英連邦の一部の) 郡 (=〔英〕county).
comté[2] n.m.〔チーズ〕コンテ《フランシュ=コンテ地方 la Franche-Comté を中心に, アン県 département de l'Ain, ソーヌ=ロワール県 dép. de Saône-et-Loire, オート=サヴォワ県 dép. de la Haute-Savoie 一帯で生産される牛乳による加熱圧搾, ブラシがけ自然外皮, 硬質, 直径 40-70 cm, 厚さ 9-13 cm の円形, 脂肪分 45％以上の穴あきチーズ》.
comtesse n.f. **1** 伯爵夫人；女性の伯爵. **2**〔史〕伯爵領主 (婦人).
comtois(**e**) a. フランシュ=コンテ (la Franche-Comté) の (=franc-comtois).
——C~ n. フランシュ=コンテの住民.
Comtox (=Commission d'étude de la toxicité) n.f. 毒性検討委員会.
concassage (<concasser) n.m. 粉砕. machine de ~ 粉砕機 (=concasseur).
concassée n.f.〔料理〕コンカセ《野菜を賽の目に切った料理》. ~ de tomates トマトのコンカセ.
concaténation n.f. **1**〔哲〕連鎖, (原因と結果などの) 論理的連鎖；〔言語〕(音素・文要素などの) 連鎖.
2〔情報処理〕(2 つのファイルなどの) 連鎖, 連結.
concave a. 凹面の, 凹の. lentille ~ 凹レンズ. miroir ~ 凹面鏡.
concavité n.f. **1** (レンズ, 鏡などの) 凹面, 凹状. ~s d'un miroir 凹の凹面.
2 くぼみ. ~s du crâne 頭蓋のくぼみ.
concédant(**e**) n.〔法律〕譲渡人.
concédé(**e**) a.p. **1** (利権などを) 譲与さ

concélébration

れた，譲渡された；認可された. droit de l'exploitation 〜 d'une mine 鉱山の認可採掘権. privilège 〜 認可特権. réseau autoroutier 〜 譲渡高速道路網〔国が建設し，混合経済会社または民間会社に譲渡した高速道路網〕.
2 譲歩して認めた，一歩譲って認めた.
3〖スポーツ〗認定された. but 〜 認定ゴール.

concélébration *n.f.*〖カトリック〗(ミサ等の) 共同司式.

concentrateur *n.m.* **1**〖情報機器〗(データの) 集中処理装置.
2〖通信〗集線装置, 集信装置.
3〖光学〗集光装置.
4〖鉱〗選鉱機.
5〖化〗(液体の) 濃縮器.

concentration *n.f.* **1** 集中；集結, 集約. 〜 de la population dans la région parisienne 人口のパリ地方 (首都圏) への集中. 〜 du pouvoir 権力の集中. 〜 des troupes 部隊の集結. 〜 urbaine de la population 人口の都市集中. camp de 〜 (捕虜・政治犯などの) 強制収容所.
2 集合体；密集地帯. grandes 〜s urbaines 都市人口の大密集地帯.
3〖経済〗(企業の) 集中, 集約, 統合. 〜 horizontale (企業の) 水平統合〔同一製品製造会社間の統合〕. 〜 verticale 垂直統合〔製品の製造過程の面での集中統合〕.
4 (精神の) 集中, 集中力. 〜 d'esprit 精神集中. effort de 〜 精神集中の努力. Ce travail exige une grande 〜. この仕事は強度の精神集中を必要とする.
5〖化〗(溶液などの) 濃縮；濃度 (=degré de 〜). 〜 biologique 生物学的濃度. 〜 équivalente (molaire) モル濃度. 〜 maximale admissible 最大許容濃度. 〜 minimale inhibitrice (抗生物質等の薬剤の細菌に対する) 最小発育阻止濃度.
〜 relative 相対濃度, 比濃度.
6〖鉱〗精選, 選別, 選定. 〜 à eau 比重選鉱. 〜 du minerai 選鉱.
7〖軍〗集中射撃, 火力集中.

concentrationnaire *a.* 強制収容所 (camp de concentration) の；〜を思わせる.
——*n.* 強制収容所収容者.

concentré(e) *a.p.* **1** 濃縮した. lait 〜 練乳, コンデンスミルク (=lait condensé). solution 〜*e* 濃縮溶液. tablette de bouillon 〜 固形ブイヨン.
2 濃厚な. odeur 〜 濃厚な匂い.
3〖比喩的〗集中した. esprit 〜*e* 集中した精神状態.
——*n.m.* **1** 濃縮物. du 〜 de tomates 濃縮トマト. **2**〖鉱〗精鉱.

concept [-pt] *n.m.* **1**〖哲, 言語〗概念 (percept「知覚対象」の対). **2**〖商業・工業〗(新製品の) 立案.

concepteur(trice) *n.* (建築, 造園, 広告などの) 計画立案者, 構想者. les 〜s du parc de Bercy à Paris パリのベルシー公園の立案者たち.

conception *n.f.* **1** 考え方, 概念；意見. 〜 du monde 世界観. se faire une 〜 originale de *qch* 何について独自の見解をもつ.
2 理解力；〖哲〗概念作用. avoir la 〜 vive (lente) 物わかりが早い (遅い).
3 構想, 着想；立案；設計. 〜 assistée par ordinateur コンピュータ援用設計〔略記 CAO〕. 〜 et fabrication assistées par ordinateur コンピュータ援用設計・製造〔略記 CFAO〕. 〜 d'un ouvrage 作品の着想 (構想). 〜 d'un projet 計画の立案. 〜 publicitaire 広告の立案. urbanisme d'une 〜 révolutionnaire 斬新な構想の都市計画.
4 構想の産物.
5 受胎, 妊娠. éviter la 〜 避妊する.〖キリスト教〗Immaculée *C*〜 聖母の無原罪のやどり〔祝日は12月8日〕.

concernant *prép.* 〜に関して, について, 〜についての. *C*〜 les nouvelles mesures du gouvernement 政府の新措置についての. article 〜 la crise économique 経済危機に関する記事. loi 〜 l'avortement 人工中絶に関する法律.

concerner *v.t.* 〜に関係がある, 〜にかかわる. en (pour) ce qui *concerne* 〜に関しては, 〜については. en ce qui me *concerne* 私としては. affaire vous *concernant* あなたにかかわりのある事柄.

concert *n.m.* **1** コンサート, 音楽会, 演奏会；公演, 催し. aller au 〜 コンサートに行く. donner un 〜 コンサートを開く. 〜 de danse 舞踏の公演. 〜 donné en plein air 野外コンサート. 〜 jazz ジャズ・コンサート. 〜 spirituel 宗教音楽コンサート. salle de 〜 コンサート・ホール. café-〜 カフェ=コンセール.
2〔*pl.* で〕楽団；合奏団；合唱団. les *C*〜s Colonne コロンヌ交響楽団.
3 合奏, 合唱, 斉唱. 〜s de louanges 賞賛の嵐. 〜s des oiseaux 小鳥の合唱.
4 協調. 〜 des nations 国家間の協調. 〜 européenne ヨーロッパ諸国の協調.

concertation *n.f.* **1** (政治, 経済, 外交上の) 協議〔制〕, 合議〔制〕. 〜 économique 経済協議.
2 話し合い, 協議. 〜 et participation 話し合いと参加.

concerté(e) *a.p.* 協議の上の, 打ち合わせ済みの；熟慮された；計画的な. action 〜*e* 熟慮の上の行動. économie 〜*e* 協議経済. plan bien 〜 よく練られた計画.

concerto 〖伊〗*n.m.*〖音楽〗コンチェルト, 協奏曲. *C*〜*s brandebourgeois* de J. S. Bach J. S. バッハの「ブランデンブルク協奏曲」〔全6曲；1721年〕. 〜 grosso コンチェルト・グロッソ, 合奏協奏曲. 〜 pour piano (violon) ピアノ (ヴァイオリン) 協奏曲.

concession *n.f.* **1** 譲歩. ~ tarifaire 関税譲許. aller de ~ en ~ 譲歩を重ねる. 〖文法〗proposition de ~ 譲歩節.
2 譲渡, 譲与, 委譲, (特に公共財産の) 使用許可. ~ d'eau (d'électricité) 水道 (電気) 使用許可. ~ de voirie 公道の使用許可.
3 〖行政〗(公共事業や公益事業などの) 認可, 開発許可, 営業認可；営業権；開発権；ディーラー契約. ~ commerciale 商事排他的供給契約, 専売契約. ~ de service public 公共サービスの委託. ~ de travaux publics 公共事業の営業権を伴う委託. ~ funéraire 墓地使用権. ~ immobilière 不動産の長期使用契約；不動産権委譲契約. ~ minière 鉱業開発権. brut de ~ 開発契約に基づいて採掘される原油.
4 委譲された土地, 払い下げ地, 鉱区, (墓地の) 区画, (特に) 租界, 外国人居留地.

concessionnaire *n.* **1** 特約店, 代理店. ~ exclusif 総代理店. ~ Renault ルノーの特約店 (ディーラー).
2 (開発等の) 権利の名義人, 権利保有者, 権利受益者.
—*a.* (専売・開発等の) 権利を取得した. société ~ 権利取得会社.

concessionnel(*le*) *a.* 〖国際金融〗譲許的性格の. crédit ~ 譲許的借款 (信用). aide dont le caractère ~ est élevé 譲許率の高い援助.

conchyliculture *n.f.* 〖漁〗貝の養殖. Comité national de la ~ (CNC) 全国貝養殖委員会.

conchyliologie *n.f.* 貝類学.

concierge *n.* **1** (建物, アパルトマンなどの) 管理人, コンシエルジュ；門番, 門衛. loge du ~ コンシエルジュ室.
2 (ホテルの) コンシエルジュ, 接客係《観劇や旅行などの手配をする係》.
3 〖話〗お喋りな人. C'est un vrai ~. 奴は本当にお喋りだ.

concile *n.m.* 〖カトリック〗**1** 公会議 (= ~ œcuménique). ~ de Trente トリエント公会議 (1545-63；教会改革を決議). ouvrir un ~ 公会議を開催する.
2 (国ごとの) 教会会議.
3 〔*pl.* で〕公会議の決議. recueil des ~s 公会議の決議録.

conciliabule *n.m.* **1** 密談, ひそひそ話. avoir un ~ avec *qn* (人と) ひそひそ話をする.
2 〔古〕悪事の密談 (秘密集会). tenir un ~ 悪事の密談を開く.

conciliaire *a.* 〖キリスト教会〗**1** 公会議 (教会会議)(concile) の. canon ~ 公会議 (教会会議) 決定条文. décision ~ 公会議 (教会会議) の決定.
2 公会議 (教会会議) に出席する. père ~ 公会議 (教会会議) に出席する司教.

conciliateur(*trice*) *a.* 調停する, 和解をはかる. mesures ~*trices* 調停措置.

—*n.* 調停者；調停員. rôle de ~ 調停者の役割.

conciliation *n.f.* **1** 調停；和解. esprit de ~ 協調の精神. moyen de ~ 和解策. tentative de ~ 調停 (和解) の試み.
2 〖法律〗調停；調停手続. citation de ~ 調停召喚. citer *qn* en ~ 調停のために人に出頭を命じる. bureau de ~ (労働裁判所の) 調停部. comité de ~ (労働争議の) 調停委員会. procédure de ~ 調停手続.
3 (理論などの) 折衷；両立させること.

conciliatoire *a.* 調停の, 和解をはかる. démarche ~ 調停工作. 〖法律〗procédure ~ 調停手続.

concitoyen(*ne*) *n.* **1** 同じ都市の市民；同郷人. C'est mon ~. 彼は私と同郷だ. Mes chers ~*s* わが親愛なる市民諸君.
2 同国人 (= compatriote).
3 〔話〕仲間.

conclave *n.m.* **1** 〖カトリック〗コンクラーヴェ, 教皇選挙会議；教皇選挙会場. **2** (比喩的) 秘密会議；実力者会議.

concluant(*e*) *a.* 結論づける, 異論の余地のない；(論証, 実験などの) 決定的な. argument ~ 異論の余地のない議論. expérience ~*e* 決定的実験.

conclusif(*ve*) *a.* **1** 結論となる.
2 〖音楽〗終結部に導く. accord ~ 終結和音.

conclusion *n.f.* **1** 締結, 取り決め. ~ d'un accord (d'un traité) 協定 (条約) の締結.
2 結論；(鑑定人などの) 意見；〖論理〗帰結. arriver à la ~ que+*ind.* …という結論に達する. en ~ 結論として；結局. tirer une ~ de …から結論を引出す.
3 結末, 結び. ~ d'un discours 演説の結び. ~ d'un roman 小説の結末.
4 〖音楽〗(楽曲の) 終結部, コーダ.
5 〔*pl.* で〕〖法律〗(訴訟当事者の) 申し立て〔書〕；(検察側の) 論告；〖行政訴訟〗(政府委員が行政裁判所に提出する) 係争解決案報告書. ~ du commissaire du gouvernement 政府委員の意見. ~ du ministre public 検察側の論告. ~ en réplique 抗弁. ~ en réponse 被告の抗弁.

concombre *n.m.* **1** 〖植〗コンコンブル (西洋胡瓜)；胡瓜 (きゅうり)(cucurbitacées きゅうり科の植物とその果実). ~ blanc très gros de Bonneuil ボヌイーユ産の太い白胡瓜《露地物の品種》. ~ vert long de Chine 中国原産の長い緑胡瓜《露地物の品種》. ~ à forcer 促成栽培胡瓜. ~ de châssis (de serre) フレーム (温室) 栽培の胡瓜. ~*s* de plein champ；~*s* à la culture de pleine terre 露地栽培の胡瓜. péponides des ~*s* de serre 温室栽培の胡瓜の果実. 〖料理〗~*s* farcis au crabe 胡瓜の蟹肉詰め《冷菜》. 〖料理〗potage froid au ~ 胡瓜の冷たいスープ. salade de ~*s* 胡瓜サラダ.
2 〖動〗なまこ (= ~ de mer ; holothurie).

concomitant(e) *a.* 同時に起こる；共存する(＝coexistant)；随伴的な；(à に) 付随する.〖神学〗grâce ～ *e* 相伴的聖寵.〖論理〗méthode des variations ～ *es* 共変法.〖医〗symptômes ～ *s* 併存性症候.

concordance *n.f.* **1** 一致, 符合. ～ en nombre 数の一致. ～ de deux témoignages 二つの証言の符合.〖論理〗méthode de 一致法. mettre A en ～ avec B A を B と一致させる.
2 照応.〖文法〗～ des temps 時制の照応 (一致).
3 語句索引.〖聖書〗～ des Évangiles 四福音書のコンコルダンス《異同一覧書》.
4〖物理〗一致；〖地学〗(地層の) 整合.〖物理〗～ de phases 振動位相の一致.〖地学〗～ sphénoïde くさび状整合.

concordat *n.m.* **1**〖カトリック〗政教条約 (協定)《教皇と国家との間の協定・条約》. le C～ コンコルダ, 政教条約《1801年7月15日, 教皇ピオ7世とボナパルトの間で結ばれた政教条約》.
2〖スイス〗州間協約.
3〖法律・商業〗強制和議. ～ amiable 同意和議. ～ préventif 破産予防のための強制和議.

concordataire *a.* **1** 政教条約(＝concordat) の；(特に)〖史〗1801年の政教条約の；～ に関する；～ を承認した.
2〖法律〗強制和議に従った. failli ～ 強制和議に服した破産者.

Concorde *n.m.inv.* コンコルド《英仏合作の超音速長距離旅客機；1976-80 製造；1976年定期運航開始, 2003年運航中止》. Air France disposait de 5 ～. エール・フランスは 5 機のコンコルドを保有していた.

concorde *n.f.* 和合, 融和, 調和. esprit de ～ 和合精神. faire naître (rompre, rétablir) la ～ 和合を生む (破る, 再建する). vivre dans la ～ 仲良く暮す.〔la place de〕la C～《パリの》コンコルド広場《国民の和合を象徴する名称；Gabriel の設計》.

concours *n.m.* **1** コンクール, 競争試験, 選抜試験, コンテスト. ～ d'accès à la carrière diplomatique et consulaire 外交官試験. ～ de beauté 美人コンテスト. ～ d'entrée 入学試験. ～ de l'ENA 国立行政学院入学試験. ～ général (高校生を対象とする) 全国学力コンクール.
2 援助, 協力, 助力, 扶助, 貢献. exposition organisée avec le ～ du ministère de la culture 文化省共催展覧会. obligation de ～ 協力義務.
3 補助, 資金供給. ～ à l'équipement 社会資本整備資金供給. ～ au Trésor 対国庫資金供給. ～ des institutions financières à l'économie 金融機関の対経済活動資金供給.
4 偶然の一致, 符合, 遭遇. ～ de circonstances 諸事情の重なり.
5〖法律〗競合.〖刑法〗～ de qualification 法性の競合. ～ d'infraction 併合罪. ～ idéal (réel) d'infractions 犯罪の観念的 (実在的) 競合.
6〖法律〗(法律行為への) 参加 (＝participation).

concret(ète) *a.* **1** 具体的な；具象的な (abstrait「抽象的な」の対). art ～ 具象芸術. exemple ～ 具体例.〖音楽〗musique ～ *ète* ミュージック・コンクレート.〖文法〗nom ～ 具象名詞.〖数〗nombre ～ 名数.〖心〗pensée ～ *ète* 具体的思考. rendre ～ 具体的にする.
2 現実的な, 実質的な, 実際の. avantage ～ 実質的利益. soyons ～ *s* 現実的になりましょう.
3〖古〗固形の, 凝固した. huile ～ *ète* 固形油.
—— *n.m.* 具体的なもの, 具象.

concrétion *n.f.* **1** 凝固, 凝結, 焼結. ～ de l'huile sous l'action du froid 低温による油の凝結.
2 凝結物；〖地学〗結核体；〖医〗結石；梗塞.〖地学〗～ calcaire 石灰結核体《stalactite, stalagmite など》.〖医〗～ conjonctive 結膜結石.〖医〗～ de la glande de Meibom マイボーム腺 (瞼板腺) 梗塞.

concrétisation *n.f.* **1** 具体化, 具象化. ～ d'une idée en mots 観念の言語化. **2** 実現. ～ des espoirs 希望の実現.

concubin(e) *n.* 内縁の夫 (妻)；情夫 (婦)；〔*pl.* で〕内縁の夫婦 (＝couple de ～). statut de ～ *s* 内縁関係の身分〔規定〕.

concubinage *n.m.* 内縁〔関係〕, 同棲 (＝cohabitation, union libre). vivre en ～ 同棲する. certificat de ～ 内縁 (同棲)〔関係〕証明書《市町村役場で交付；法的価値はないが, 手当, 医療保険, 国鉄割引などには有効；＝attestation d'union libre》.

concurrence *n.f.* **1** (経済的な) 競争, 競合, 競業. ～ anticontractuelle 契約違反競争. ～ déloyale 不公正競争. ～ illicite 非合法的競争, 不当競争. Conseil de la ～ 公正取引委員会. libre ～ 自由競争.
2 jusqu'à ～ de …を上限として. ouvrir un crédit jusqu'à ～ de dix mille euros 1万ユーロを限度として信用貸をする.

concurrent(e) *a.* **1** 競争する, 競合する, 張り合う；並列的な. commerçants ～ *s* 競合する商人. entreprises ～ *es* 競合企業.〖電算〗ordinateur ～ 並列動作型計算機. produit ～ 競合製品.
2〖やや古〗同じ目的に向かう. forces ～ *es* 協同勢力.
—— *n.* **1** 競争相手, 競争者, 競合者, 商売がたき. ～ négligeable (sérieux) とるに足らぬ (手ごわい) 競争相手. vaincre ses ～ *s* 競争者に勝つ.
2〖スポーツ〗競技者. ～ *s* engagés dans la course レースに参加した競技者.

concurrentiel(le) *a.* **1** 競争力のある,

競争に耐える. entreprises ~ les 競争力のある企業. prix ~ 競争に耐える価格. produits ~s 競争力のある製品.
2 競争的な, 競争原理による, 競争が行われる. marché ~ 競争市場. situation ~ le 競争的状況.

concurrents *n.m.pl.*〖天文〗無曜日 (= jours ~)〘暦年と太陽年とのずれを調整するために加えられる日〙.

concussion *n.f.* (公務員による) 公金横領, 汚職. crime ~ 公金横領罪. fonctionnaire accusé de ~ 公金横領で起訴された公務員. exercer des ~s 公金を横領する.

concussionnaire *a.* 公金を横領した. ministre ~ 公金横領大臣.
— *n.* 公金横領者 (犯), 汚職者.

condamnation *n.f.* **1** 有罪判決；刑の宣告；刑；〖民法〗敗訴の判決. ~ à la détention perpétuelle 終身刑の宣告. ~ à mort 死刑宣告. ~ à prison 禁固刑の宣告. ~ par contumace 欠席判決. ~ par défaut 欠席裁判の判決. ~ politique 政治犯に対する刑の宣告 (bannissement 追放刑, exil 国外追放, indignité nationale 非国民罰, 市民権剝奪など). ~ pour crime de guerre 戦争犯罪の刑の言い渡し. ~ pour meurtre (vol) 殺人 (窃盗) 罪の刑の言い渡し. ~ religieuse 宗教的断罪 (excommunication 破門など). prononcer une ~ 判決 (刑) を言い渡す. subir ~ 判決に服する.
2 (使用の) 禁止；(出版物などの) 発禁〔処分〕. ~ des *Fleurs du mal* de Baudelaire ボードレールの『悪の華』の発禁処分.
3 断罪, 非難, 糾弾；否認. ~ du régime actuel 現体制に対する糾弾 (非難). Cette mesure est la ~ de la petite entreprise. この措置は小企業を破滅に陥し入れるものである.
4〖医〗不治の宣告. prononcer la ~ d'un malade 病人に不治の宣告をする.
5 (戸・窓などの) 閉め切り, はめ殺し. ~ automatique des portes d'une voiture 車のドアのオートロック. ~ des fenêtres 窓のはめ殺し.

condamnatoire *a.*〖法律〗有罪の. sentence ~ 有罪判決.

condamné(e) *a.p.* **1** 有罪宣告を受けた；断罪された. conduite ~ e 断罪された行為. criminel ~ à vingt ans de prison 20年の刑に処せられた重罪 (殺人) 犯.
2 (à e) 余儀なくされた. coutume ~ e à disparaître 消え去る運命にある風習. être ~ à l'immobilité じっとしていることを余儀なくされる.
3 (病人が) 不治宣告された, 助かる見込みのない. malade ~ 不治の宣告をされた病人；助かる見込みのない病人.
4 (扉・窓などが) 閉め切りの, はめ殺しの；(部屋が) 使われていない. fenêtre (porte) ~ e 閉め切りの窓 (扉).

— *n.* **1** 受刑者, 囚人. ~ à mort 死刑囚. **2** 不治を宣告された病人；不治の病いに冒された人 (= malade ~).

condensateur *n.m.* **1**〖電〗蓄電器, コンデンサー. ~ céramique セラミック・コンデンサー. ~ électrolytique 電解コンデンサー. ~ variable 可変コンデンサー. capacité d'un ~ コンデンサー容量.
2〖光学〗集光鏡, 集光レンズ. ~ optique 光学的集光器.

condensation *n.f.* **1**〖理〗凝縮, 縮合；(気体の) 凝結, 液化；〖機械〗腹水. ~ de la vapeur d'eau 水蒸気の凝結. hygromètre à ~ 露点温度計. point de ~ 凝結点.
2〔一般に〕濃縮；簡約化, 要約. ~ des populations 人口の集中. ~ de ce texte このテクストの要約.
3〖電〗蓄電.
4〖精神分析〗(夢の中での) 圧縮.

condensé(e) *a.* **1** 濃縮された. lait ~ コンデンスミルク. **2** 要約された, 簡約された. texte ~ 要約文. théorie ~ e 簡約された理論.
— *n.m.* 要約, ダイジェスト.

condenseur *n.m.* **1**〖機械〗コンデンサー；凝縮装置；冷却器；復水器 (= ~ barométrique). ~ échangeur 熱交換コンデンサー.
2〖光学〗集光レンズ, 集光鏡, 集光装置.
3〖電〗〖古〗コンデンサー, 蓄電器 (= dispositif capacitif).

condiment *n.m.* **1**〖料理〗調味料；香辛料 (胡椒, 塩, 砂糖, 酢, 辛子など食材の味を引き立てるために用いる多種多様なものを含む).
2 甘口の辛子 (= moutarde douce).
3〔比喩的・文〕興奮させるもの；ピリッとさせるもの.

condisciple *n.* 学友, 同級生. ~ s au lycée リセの同級生.

condition *n.f.* ① (条件) **1** (満たすべき) 条件, 要件, 必須条件. ~ nécessaire (suffisante) 必要 (十分) 条件. ~ sine qua non 必要不可欠の条件.
armistice (capitulation) sans ~ 無条件休戦 (降伏). se rendre sans ~ 無条件降伏する. poser ses dernières ~s 最後通告をする. poser (remplir) une ~ 条件をつける (満たす). poser comme ~ que + *ind.* (*subj.*) …という条件をつける. La santé est la première ~ du bonheur. 健康は幸福にとって第一の要件である.
à〔la〕~ de + *inf.*；à〔la〕~ que + *subj.* (*ind.*) …するという条件で；…するなら；…しさえすれば. Je lui écrirai à ~ qu'il me réponde. 彼が返事をくれるなら手紙を書きましょう. à (sous) ~¹ 条件 (留保) つきで. baptiser sous ~ 条件つきで洗礼を施す. promettre sous ~ 留保つきで約束する.

2 (売買の) 取引条件, 取り決め；価格の取り決め (=~ de prix), 料金. ~s avantageuses (intéressantes) 有利な取引条件. ~s onéreuses 厄介な取引条件. faire les meilleures ~s (相手にとって) 最も有利な条件を提示する.
〖商業〗à (sous)~² 場合により返品するという条件で；保証付で. acheter (vendre) sous ~ 返品保証付で買う (売る).
3 (約約・協定などの) 条項 (=convention). ~ d'un traité 条約の条項.
4 〖法律〗(効力発生・消滅の) 条件, 要件. ~ casuelle 偶発条件. ~ illicite 不法条件. ~ potestative 随意条件. ~ résolutoire 消滅条件. ~ suspensive 停止条件.
II 〖状況・状態〗**1**〖多く pl.〗(人間の置かれている) 状況, 環境；生存 (生活) 条件. ~s atmosphériques 気象状況；気象条件. ~s économiques d'un marché 経済市況. ~ de l'existence humaine 人間生活の環境. ~ de vie 生存条件；生活条件. ~s favorables à l'existence 好ましい生活環境. ~ humaine 人間の生存条件, 人間の条件, 人間の定め (運命). travailler dans de bonnes (mauvaises)~s よい (悪い) 環境で働く. dans ces ~s このような状況下なら.
2 地位；社会的地位 (=~ sociale), 身分, 社会的階層. haute (grande)~ 高い社会的地位 (身分). ~ de célibataire 独身の身分. 〖国際法〗~ des étrangers 外国人の地位. ~ féminine 女性の地位. ~ juridique (人の) 法的地位；(物の) 法的状況. ~ sociale 社会的地位 (環境, 身分). gens de ~ (élevée) 身分の高い人びと. gens de ~ inférieure 身分の低い人びと. gens de peu de ~ 貧民, 庶民, プロレタリアート. 〖史〗les trois ~s (中世社会の) 三つの身分 (nobles 貴族, vilaines 農民・自由民, serfs 農奴). améliorer la ~ de la classe ouvrière 労働者階級の社会的地位 (環境) を改善する. épouser qn de sa ~ 自分と同じ階層の人と結婚する. se satisfaire de sa ~ 己れの社会的地位に甘んじる. sortir de sa ~ その社会的地位 (身分) を脱却する. vivre selon sa ~ 分相応の暮しをする.
3〖やや古〗奉公人の身分. entrer (être) en ~ chez qn の家に奉公に入る (している).
4 コンディション, 状態；体調 (=~ physique), 調子. en ~ (選手・馬などが) 好調な. être en bonne (mauvaise)~ pour …にとって良い (悪い) 状態にある. mettre en ~ (選手などの) コンディションを整える；(宣伝などにより人心を) 操作する. mise en ~ コンディション作り；(宣伝などによる) 人心操作, 条件づけ (=conditionnement). mise en ~ du public 大衆の条件づけ.
5 (物の) 状態. bonne ~ 良好な状態. livre en bonne ~ 保存状態の良い本. Cette marchandise a été livrée en bonne ~ (dans de bonnes ~s). この商品は良い状態で届けられた.

6〖物理〗~s normales (温度・気圧の) 標準状態 (0 °C, 1 気圧の条件下).
7〖織〗(織物の) 水分含有度；(織物の) 温度調整場.

conditionnable a.〖法律〗仮釈放しうる.
——n. 仮釈放の可能性のある人.

conditionné(e) a.p. **1** 条件付けられた；方向付けられた. masse ~e par la propagande 宣伝によって操作される大衆. personne ~e par son milieu 環境によって左右される人間.〖心〗reflexe ~ 条件反射.
2 調整 (調節) された. appareil à air ~ エアコン. hôtel à air ~ エアコン付きのホテル (=~ climatisé). bien (mal)~ 良 (不良) な状態にある.
3〖商業〗包装された. marchandise ~e 包装商品.

conditionnel(le) a. **1** 条件付きの；〖論理〗制約的.〖法律〗contrat ~ 条件付契約；仮契約.〖論理〗jugement ~ 制約的判断.〖法律〗libération ~le 条件付釈放, 仮釈放. promesse ~le 条件付きの約束.〖心〗reflexe ~le 条件反射.
2〖文法〗条件の. mode ~ 条件法. proposition ~le 条件節.
——n.m.〖文法〗条件法 (=mode ~). mettre au ~ 条件法に置く.

conditionnement n.m. **1** (湿度・温度などの) 調整. ~ du blé (製粉前の) 小麦の品質調整. ~ de l'air 空気の温度・湿度調整, エアコンディショニング (=〖英〗air conditioning).
2〖織〗(織物の) 湿度調整. ~ des textiles 織物の湿度調整.
3 (加工の) 前処理.
4 (商品の) 包装. ~ d'un médicament 医薬品の包装.
5〖心・生理〗心理的条件づけ；人心操作. ~ du public par les médias マス・メディアによる大衆の操作.

conditionneur(se) n. 包装係.
——n.m. **1** エアコンディショナー, エアコン (=~ d'air). **2** (食品の) 包装装置.
——n.f.〖農〗秋収集機.

condoléances n.f.pl. 悔み, 哀悼の意, 弔意；弔辞. faire (offrir, présenter) ses ~ 弔意を表する. lettre de ~ 悔み状. Toutes mes ~. お悔みを申し上げます, 御愁傷さまです.

condom [kɔ̃dɔm] (<Condom, 開発者) n.m.〖古〗コンドーム (=préservatif [masculin]).

condominium [-njɔm]〖英〗n.m. **1**〖国際法〗(2国以上による) 共同統治；被共同統治国 (地域). コンドミニウム. ~ franco-britannique des Nouvelles-Hébrides ニュー=ヘブリデス諸島の英仏共同統治 (1980年まで).

2〘カナダ〙(集合住宅の) 共有方式；共同住宅, 分譲マンション, コンドミニアム(〘話〙略称 condo). s'acheter un ~ 共同住宅を自分のために購入する.

condrieu *n.m.* 〘葡萄酒〙コンドリユー(=vin du C~；ローヌ河右岸；Vienne ヴィエンヌ南郊の C~ (市町村コード 69420) 地区の白葡萄酒の AOC).

conductance 〘英〙 *n.f.* 〘電〙コンダクタンス. ~ équivalente (mutuelle) 等価 (相互) コンダクタンス.

conduc*teur*(*trice*) *n.* **1** (列車・車輌の) 運転者, 運転手, 運転士；(馬車の) 御者；(船の) 船頭. ~ d'autobus バスの運転手 (=machiniste, chauffeur d'autobus). ~ de camions (de poids lourdes) トラック運転手 (=camionneur, routier). ~ de locomotive électrique 電気機関車の運転士 (=mécanicien). ~ de TGV TGV 運転士 (=tégéviste). ~ d'une voiture à cheval 馬車の御者 (=cocher).
2 (機械などの) 操作係, 運転担当者；運転監視係. ~ de four 炉の運転監視員. ~ de machines 機械操作係.
3 (動物などの群れの) 先導者, 牧人. ~ de troupeau 家畜の群れの先導者.
4 (土木・建築の) 監督者. ~ de travaux 現場監督.
5 〘文〙指導者, リーダー；(軍隊などの) 指揮官. ~ d'âmes 精神的指導者.
── *a.* **1** 導く, 指導的な. fil ~¹ 針金.
2 〘物理〙伝導性の. corps ~ 導体. fil ~² 導線；電線.
── *n.m.* 〘物理〙導体, 導線；電線 ~ blindé シールド線. ~ d'électricité 電導体. ~ isolé 絶縁導線. ~ nu 裸線, 裸導体.

conductibilité *n.f.* **1** 〘物理〙伝導性；伝導率 (=coefficient de ~). ~ électrique 電気伝導性. ~ thermique 熱伝導性.
2 〘生理〙(神経刺激の) 伝導性. ~ des fibres nerveuses 神経性維の伝導性.

conduction *n.f.* **1** 〘物理〙(電気・熱の) 伝導. ~ de chaleur 熱の伝導. ~ électrique (thermique) 電気 (熱) 伝導.
2 〘生理〙神経伝導. ~ des fibres musculaires 筋繊維の神経伝導. ~ électrique du myocarde 心筋の電気伝導. système de ~ 刺激伝導系. troubles de la ~ 神経伝導障害.

conductivité *n.f.* 〘物理〙伝導；伝導率. ~ spécifique électrique 電気伝導率. ~ thermique 熱伝導率.

conduire *v.t.* **1** 導く, 案内する.
2 指導する, 指揮する, 統率する, 率いる, 監督する. ~ un orchestre 交響楽団を指揮する. ~ une entreprise 企業を運営する. ~ une mission 使節団を率いる. ~ une politique 政策を実施する, 政治を担当する.
3 至らせる, やらせる, させる. La compétition internationale *a conduit* l'industrie française à se restructurer. 国際競争の結果, フランス産業は構造改革を迫られた.
4 運転する, 操縦する.
5 伝える, 伝導する.
── *v.i.* **1** 運転する, 運転できる. permis de ~ 運転免許証. **2** 通ずる, 導く. **3** 生みだす.
── **se** ~ *v.pr.* **1** 行動する, 振る舞う. **2** (車, 飛行機などが) 運転される, 操縦される. Cette voiture *se conduit* facilement. この車は運転しやすい.

conduit *n.m.* **1** 導管, パイプ, ダクト, 水路 (= ~ d'eau). ~ souterrain 暗渠.
2 〘解剖〙管. ~ auditif 耳管. ~ urinaire 尿管 (=uretère).

conduite *n.f.* **1** 誘導, 引率；案内. ~ d'un aveugle 盲人の誘導. ~ d'un troupeau 家畜の群れの誘導. 〘話〙faire la ~ à *qn* 人を見送って行く. sous la ~ de *qn* 人に導かれて (誘導されて).
2 運転, 操縦. ~ à droite (車の) 右側通行；右ハンドル. ~ en état d'ivresse 泥酔運転. règles de la ~ 運転規則.
3 指導；指揮；監督, 管理, 運営. ~ des travaux 作業 (工事) の監督. 〘軍〙~ d'une troupe 部隊の指揮. sous la ~ de l'auteur 作曲者自身の指揮による. sous la ~ d'un professeur 教授の指導のもとに.
4 振舞い, 行動；品行, 素行；品行の正しさ (=bonne ~). 〘学〙操行. mauvaise ~ 素行の悪さ, 不行跡. zéro de ~ 操行点ゼロ. adopter une ligne de ~ 行動方針を採用する. 〘話〙acheter une ~ 行いを改める.
5 〘工〙導管, パイプ. ~ d'eau (de gaz) 水道 (ガス) 管. ~ à pression 圧力管. ~ d'alimentation (de distribution) (上水道の) 給水 (配水) 管. ~ du frein 制動管, ブレーキ管.

condyle *n.m.* 〘解剖〙関節突起, 骨頭.

condylome *n.m.* 〘医〙コンジローマ, 湿疣 (しつゆう). ~ acuminé 尖形コンジローマ, 尖圭湿疣 (ヒト乳頭腫ウイルス感染症によるイボ).

cône *n.m.* **1** 錐；円錐 (= ~ circulaire)；錐面. ~ droit 直円錐. ~ oblique 斜円錐. 〘光学〙~ de lumière 光円錐. 〘天文〙~ d'ombre 本影. 〘天文〙~ de pénombre 半影.
2 円錐状のもの；円錐状のくぼみ；〘機工〙段車 (だんぐるま). ~ à trois étages 三段段車. 〘航空〙~ d'ablation (ロケットの) アブレーション・コーン 〘摩擦熱による溶融から守る円錐カバー〙. ~ de synchronisation (変速機の) 等速かみ合いコーン. ~ de transmission 円錐ベルト車. embrayage à ~s 円錐クラッチ.
3 〘火山〙円錐丘. ~ volcanique 火山錐, 火山円錐丘. ~ de déjections 火山扇状地.
4 〘解剖〙~ rétinien 網膜錐体. ~ terminal de la moelle épinière 脊髄の末端錐体.
5 〘植〙球果. ~ du pin 松かさ.

confabulation

6〖植〗(ホップの)錐状雌花.
7〖貝〗いもがい(有毒のものあり).
confabulation *n.f.*〖医〗作話症(=fabulation).
confection *n.f.* **1** 製作, 製造;〖料理〗調理, 調合;〖服〗仕立て. ~ d'un horloge 時計の組立(製造). ~ d'un vêtement 衣服の仕立て. gâteaux de sa ~ 手作りの菓子.
2 既製服(=vêtement de ~; prêt-à-porter); 既製服製造; 既製服製造業; 既製服業界. costume de ~ 出来あいの背広. s'habiller en ~ 既製服を着る. travailler dans la ~ 既製服業界で働く.
confectionneur(se) *n.* 製造人;糖菓製造人;(特に)既製服(=vêtement de confection)の仕立て人.
confédéral(ale) (*pl. aux*) *a.* **1** 連邦の. armée ~*ale* (スイスの)連邦軍. congrès ~ 連邦議会. Etat ~ 連邦. 〖スイス〗solidalité ~*ale* 連邦構成州間の連帯.
2 連盟の, 同盟の. secrétaire ~ d'un syndicat 組合の連盟書記.
confédération *n.f.* **1** 連邦, 連邦国家. la C ~ suisse スイス連邦(=la C ~ helvétique).
2 連盟, 同盟. C ~ *f*rançaise *d*émocratique du *t*ravail フランス民主主義労働同盟(略記 CFDT). C ~ *g*énérale des *p*etites et *m*oyennes *e*ntreprises 中小企業総連合(略記 CGPME). C ~ *g*énérale du *t*ravail 労働総同盟(略記 CGT). C ~ *g*énérale du *t*ravail-*F*orce *o*uvrière 労働総同盟=労働者の力(略記 CGT-FO). C ~ *i*nternationale des *s*yndicats *l*ibres 国際自由労働者組合連合, 国際自由労連(略記 CISL;=〖英〗ICF-TU: the *I*nternational *C*onfederation of *F*ree *T*rade *U*nions). C ~ nationale des syndicats de travailleurs paysans 全国農業労働者組合連盟.
confédéré(e) *a.p.* **1** 連合(同盟)した, 連邦を形づくる. nations ~*es* 連合(同盟)国. **2** 連盟を構成した. **3** (組合の)同盟派の.
——*n.m.* **1** 連邦(連合, 同盟)加入国;連盟加入者;〖スイス〗スイス連邦構成州. **2** 〖米史〗les C ~*s* 南部連合諸州. armées des C ~*s* 南軍.
conférence *n.f.* **1** 会議, 会談, 協議. ~ au sommet 首脳会議, 首脳会談. ~ administrative régionale (地方圏知事を補佐する)地方圏行政会議. ~ budgétaire (事務段階の)予算予備折衝. ~ des médecins 医師会議, 医学会. C ~ des Nations unies sur le commerce et le développement (CNUCED) 国連貿易開発会議(=〖英〗UNCTAD : *U*nited *N*ations *C*onference on *T*rade *a*nd *D*evelopment). C ~ des présidents 議院運営委員会理事会. ~ d'une société savante 学会の会議. ~ diplomatique 外交会議(会談). C ~ Nord-Sud 南北会議. ~ pour la paix 和平会談. C ~ sur la coopération économique internationale (CCEI) (=〖英〗*C*onference on *I*nternational *E*conomic *C*ooperation : CIEC) 国際経済協力会議(いわゆる産消会議). C ~ sur la sécurité et la coopération en Europe (CSCE) 欧州安全保障協力会議(1973年創設;1995年より Organisation pour la sécurité et la coopération en Europe と改称;=〖英〗*O*rganization for *S*ecurity and *C*ooperation in *E*urope (OSCE)). être en ~ 会議中である. se mettre à la table de ~ 交渉に参加する.
2 講演, 講義. maître de ~ 助教授. salle de ~ 講義室.
3 会見. ~ de presse 記者会見.
conférencier(ère) *n.* 講演会講師.
confesseur *n.m.* **1** 〖カトリック〗聴罪司祭, 聴聞師.
2 〖宗教史〗(初期キリスト教の)信仰告白者(= ~ de foi);(使徒でも殉教者でもない)聖人.
3 〖比喩的〗打ち明け話をする人;打ち明け話のできる相手(=confident).
confession *n.f.* **1** 〖カトリック〗告解(聴罪師への罪の告白(懺悔)). billet de ~ 告解聴取済証. entendre *qn* en ~ (聴罪師 confesseur が)人の告解を聴く.
2 〖広義〗(罪の)告白, 白状, 自白;〖*pl.* で〗告白録. faire une ~ de …について告白する. les C ~*s* de Jean-Jacques Rousseau ジャン=ジャック・ルソーの『告白〔録〕』.
3 (信仰の)告白, 公言;信仰箇条. ~ de foi 信仰告白.
4 〖宗教〗宗派. Il est de ~ catholique. 彼はカトリック教徒である.
confessionnel(le) *a.* **1** 信仰告白(信仰箇条)に関する, 信仰の;〖宗教上の〗. appartenance ~ 宗教的帰属.
2 宗派の. école ~ *le* 宗派に属する学校(=érablissement ~).
confiance *n.f.* **1** 信頼, 信用. ~ absolue (aveugle, inébranlable, totale) 絶対的(盲目的, ゆるぎない, 全面的)信頼. avoir ~ dans les médecins 医者を信頼する. avoir ~ en *qn* (*qch*) 人(物)を信ずる. avoir toute la ~ de *qn* 人から全面的に信頼(信用)される. donner ~ 信頼(信用)する. faire ~ à *qn* (*qch*) 人(何)を信頼(信用)する;人(何)を信ずる. gagner (perdre) la ~ de *qn* 人の信頼をかちとる(失う). inspirer ~ à *qn* 人に信頼感を抱かせる. mettre sa ~ dans *qn* (*qch*) 人(何)を信頼(信用)する. perdre ~ 信頼感をなくす, 不安になる. perdre la ~ de *qn* 人の信頼(信用)を失う. trahir (tromper) la ~ de *qn* 人の信頼を裏切る.
de ~ 信用して;安心して;信用のできる. acheter *qch* de ~ 信用して何を買う. climat de ~ 安心(信用)できる雰囲気(環境).

homme (maison) de ~ 信用できる人(店). poste de ~ 信頼できる人にしか任せられない地位. en [toute] ~ 信頼して, 安心して.
2 自信 (= ~ en soi). ~ excessive 過信. avoir (manquer de)~ en soi 自信がある(ない). perdre toute ~ en soi 自信を喪失する. être plein de ~ 自信満々である. avec ~ 自信をもって.
3〖政治〗信任 ; (大衆の) 信頼感. question de ~ 信任問題. Le gouvernement a posé la question de ~ sur *qch*. 政府はこの問題について信任を求める. vote de ~ (政府に対する国民議会の)信任投票. voter la ~ 投票で政府を信任する.

confidence *n.f.* **1** 打明け話. faire ~ de *qn* à *qn* 人に何かを打明ける. recevoir des ~s de *qn* 人から打明け話をきく. fausse ~ 偽りの告白.
2 秘密を知っていること. être dans la ~ de *qch* 何の秘密かされている. mettre *qn* dans la ~ 人に秘密を打明ける. en ~ ひそかに, 内密に. parler en ~ こっそり話す.

confident(e) *n.* **1** 打明け話のできる人 (confesseur「打明け話をする人」の対). ~ des chagrins (des secrets) 悲しみ(秘密)を打明けられた人.
2〖劇〗聴き役 《古典劇で主役の打明け話の相手になる脇役》. Céphise, ~ d'Andromaque アンドロマックの聴き役セフィース.

confidentialité *n.f.* 秘密性, 守秘性. ~ des informations médicales 医療情報の秘密性 (非公開性).

confidentiel(le) *a.* **1** 内密の, 秘密の. 《*C*~》「親展」《手紙の上書》; 秘密《書類の上書》. à titre ~ 内密に. dossier ~ 秘密書類. lettre ~ *le* 親展の手紙, 親書.
2 守秘義務を伴う. mission ~ *le* 密命.
3 信頼に関する. air ~, 信頼した様子. relation ~ *le* 信頼関係.

confié(e) *a.p.* 付託された, 委ねられた. chose ~ *e* 付託物. enfant ~ à la garde d'un tiers 第三者に監護を委ねられた子供.

configuration *n.f.* **1** 外形, 外観 ; 形態, 形状 ; 全貌. ~ du corps humain 人体の形状. ~ d'un pays 地勢. ~ de la terre 地形.
2 配置 ; 配位. ~ d'étoiles 星座, 星団.
3〖電算〗(機器の) 構成, コンフィギュレーション. ~ d'un ordinateur individuel パソコンの仕様 (=caractéristiques). ~ minimale (nécessaire, recommandée) (コンピュータに要求される) 最低 (必要, 推奨) 性能.
4〖化・物理〗コンフィグレーション《分子内での原子の配置 ; 原子内での電子の配置》. ~ électronique 電子配置.

confinement *n.m.* **1** 封じ込め, 閉じ込め ; 閉じこもり. 〖医〗(病室からの) 外出禁止 ; (伝染病患者の) 隔離 (=quarantaine) ; 〖法律〗独房監禁. ~ d'un malade à la chambre 患者の病室への隔離. ~ des prisonniers dans leur cellule 囚人の独房監禁.
2〖物理〗閉じ込め, 封じ込め. enceinte de ~ (原子炉の) 遮蔽壁. ~ inertiel (プラズマの) 慣性閉じ込め. ~ magnétique du plasma プラズマの磁気閉じ込め.

confins *n.m.pl.* **1** 境界地帯, 境い目 ; 果て. ~ d'un désert 砂漠の境い目. ville située aux ~ de deux départements 二つの県の県境に位置する都市. jusqu'aux ~ de la Terre 地の果てまで.
2〖比喩的〗極限 ; 極致 ; 境い目. ~ de la science 学問の極致. ~ de la vie (de la mort) 生死の境い目.

confirmatif(ve) *a.* **1** 確認の ; (de を) 確認する.
2〖法律〗追認 (批准) の ; 原審判決を確認する. arrêt ~ de la Cour d'appel 控訴院の原判決維持判決. arrêt ~ d'un jugement (上級裁判所の) 確定判決. signe ~ 同意の合図.

confirmation *n.f.* **1** 確認 ; 確証 ; 裏付け. ~ d'une témoignage 証言の確認 (確証). ~ d'une théorie 理論の裏付け. avoir (donner) ~ de *qch* …の確認 (確証) を得る (与える).
2〖法律〗追認, 批准, 是認 ; 原審判決の確認. arrêt de ~ (上級審による下級審の判決に対する) 是認判決. ~ d'un jugement en appel 控訴院における前判決の是認.
3〖カトリック〗堅信〖の秘蹟〗 (=sacrement de la ~). ~ donnée par l'évêque 司教の授ける堅信の秘蹟. recevoir la ~ 堅信の秘蹟を授かる.

confirmé(e) *a.p.* **1** 確認された ;〖法律〗追認された, 批准された. information ~ *e* 確認情報. réservation ~ *e* 確認済みの予約.
2 確実な. victoire ~ *e* 不動の勝利.
3〖カトリック〗堅信の秘蹟を授けられた.
—*n.*〖カトリック〗堅信の秘蹟を授けられた者.

confiscation *n.f.*〖法律〗没収, 押収. ~ générale (spéciale) 一般 (特別) 没収. ~ par l'Etat des profits illicites 不正利益の国家による没収.

confiscatoire *a.* 没収の, 押収の ; 没収的な. mesure ~ 没収 (押収) 措置. taux ~ d'un impôt 没収的税率《総所得を取り込む高い税額》. taxation ~ 没収的課税.

confiserie *n.f.* **1** (果物の) 砂糖漬け ; 砂糖菓子製造 ; オリーヴなどの保存技術. ~ d'olives オリーヴ瓶詰加工.
2 砂糖菓子製造所 (工場) ; (オリーヴ, ピックルスなどの) 瓶詰加工工場 ; 鰯の缶詰製造所 (=conserverie).
3 砂糖菓子販売業 ; 砂糖菓子屋.
4〖多く *pl.*〗砂糖菓子《berlingot ピラミッド型キャンディー, bonbon ボンボン, bou-

chée 大型ボンボン, calisson カリソン, caramel キャラメル, chocolat チョコレート, crotte クロット・ボンボン, dragée ドラジェ, fondant フォンダン, gomme ゴム・ボンボン, guimauve マシュマロ, halva ハルヴァ, loukoum ルークーム, nougat ヌガー, nougatione ヌガチーヌ, pastille ドロップ, praline プラリネ, roudoudou ルードゥードゥー, sucette 棒キャンディー, touron トゥーロン, truffe トリュッフ・チョコレート, など). manger des ~s 砂糖菓子を食べる.

confit[1] (**e**) (<confire) a.p. **1** (保存のため)砂糖(漬, ヴィネガーなど)に漬けた. cornichons ~s dans le vinaigre コルニション(小胡瓜)のピックルス. fruits ~s 砂糖漬けの果物. gésiers de canard ~s 合鴨の砂ぎものコンフィ(加熱した後その脂汁につけたもの).
2〔比喩的〕(en に)どっぷり漬った, (で)満ちあふれた, 凝り固まった. être ~ en dévotion 信心に凝り固まっている.
3〔比喩的〕甘ったるい. mine ~e 甘ったるい顔付.

confit[2] n.m. 〔料理〕コンフィ(肉を加熱した後, その脂汁に漬ける保存用調理法). ~ d'oie (de canard) 鵞鳥(鴨, 合鴨)のコンフィ. ~ de foie de porc 豚の肝臓のコンフィ.

confiture n.f. **1**〔食品〕コンフィチュール, ジャム. ~ aux quatre fruits 4種の果物混合ジャム. ~ d'abricots (d'agrumes, d'oranges) 杏(柑橘類, オレンジ)ジャム. ~ de fraises (de framboises, de pommes) 苺(木苺, 林檎)ジャム. ~ extra エクストラ・ジャム(果肉含有量45％の高級ジャム). ~ ordinaire 並級ジャム(果肉量35％). ~ pur fruit, pur sucre 果実と砂糖だけでつくった純ジャム (~ artificille「人工着色料・香料を用いたジャム」の対). manger de la ~ (des ~s) ジャムを食べる.
2〔話〕mettre en ~ ぐちゃぐちゃにする.
3〔古〕砂糖漬け. ~s séches 砂糖漬けのドライ・フルーツ.

confiturerie n.f. **1** ジャム製造業(販売業). **2** ジャム製造所.

conflictualité n.f. 〔社〕紛争性；紛争関係.

conflictuel(le) a. **1** 闘争的な, 抗争的な；抗争を誘発する. situations ~ les 抗争的状況；抗争の危機をはらんだ状況.
2〔心〕闘争的の, 葛藤的. pulsions ~ les 葛藤的欲動.

conflit n.m. **1** (利害・意見に関する)対立, 紛争, 衝突, 争議, 戦争. ~ armé 軍事紛争(衝突). ~ collectif du travail 集団的労働争議(ストライキ, ロックアウトなど). ~ d'intérêts 利害対立. ~ du travail 労働争議. ~ économique 経済紛争. ~ juridique 法律争議, 権利争議. en cas de ~ 有事の際, 有事. entrer en ~ avec qn …と対立する. L'OMC est dotée d'organismes pour arbitrer les ~s entre les Etats membres. 世界貿易機関(WTO)は加盟国間の係争を調停する機関を備えている.
2 矛盾, 抵触 (＝incompatibilité). ~ de filiation 親子関係の抵触. ~ de lois 法の抵触(衝突). ~ de nationalité 国籍の抵触. ~ de systèmes 〔法〕体系の抵触. ~ international 国際的抵触. ~ interterritorial 地域的抵触.
3〔法律〕競合；権限争議. ~ d'attributions 権限争議. ~ de compétences entre les administrations concernées 関係省庁間における権限争い, 官公庁の管轄争い. ~ de compétitions 管轄争議, 権限争議；裁判管轄の競合. ~ de juridictions 裁判管轄権に関する国家間の係争. tribunal des ~s 権限裁判所(司法権と行政権との間に管轄に関する争いが生じた際にそれを裁く).
4〔心〕葛藤. ~ affectif 感情の葛藤.

confluence n.f. **1** (河川の)合流. ~ de la Moselle et du Rhin à Coblence コーブレンツでのモーゼル川とライン川の合流.
2〔比喩的〕合流. ~ de deux corps d'armées 二つの軍団の合流 (遭遇〔戦〕). ~ des courants de pensées 思潮の合流.

confluent n.m. **1** (河川の)合流点. Lyon est au ~ de la Saône et du Rhône. リヨンはソーヌ川とローヌ河の合流点に位置する. 〔広義〕~ de deux rues 二つの街路の合流点.
2〔解剖〕(血管の)交会.

conformation n.f. **1** (有機体の)均斉のとれた配置.
2〔化〕(有機分子の)立体配座. ~ moléculaire 分子の立体配座.
3〔地学〕整合.
4 構造, 形態. ~ anatomique 解剖学的形態(構造). ~ du squelette 骨格構造. 〔医〕vice de ~；mauvaise ~ 先天性奇形.

conforme a. **1** (àに)合致した, 一致した；適合した. ~ à la règle 規則に合致した. acte ~ à l'esprit de justice 正義感に合致した行為. livraison ~ à la commande 注文通りの配達. mener une vie ~ à ses goûts 好みに合った生活をする.
2 原物と合致した；原本通り正確な. ~ au modèle モデル (手本) 通りの. copie ~ à l'original 謄本 (＝vidimus). Pour copie ~ 原本と相違ないことを証明する《略記 PCC》. 〔数〕représentation (transformation) ~ 等角写像.
3 型通りの；大勢順応的な. avoir des opinions ~s (une vie ~) 型にはまった意見を持つ(生活を送る). faire un choix ~ 穏当な選択をする.
4〔行政〕規格に合った, 所定の. papiers ~s 所定の用紙.

conformé(e) a.p. bien ~ 形の良い；肉体的に欠陥のない. mal ~ 形の悪い；肉体的に欠陥のある. corps bien ~ 欠陥のない

体. un nouveau né bien ~ 肉体的に欠陥のない新生児.

conformément *ad.* (à に) 従って, 基づいて, 応じて; 適合して. ~ à la loi 法に従って. vivre ~ à son état 身分に応じた暮しをする.

conformère *n.m.* 〖化〗配座異性体.

conformiste *a.* **1** 習慣に盲従する, 順応主義の, 伝統主義の. esprit ~ 習慣盲従的(伝統墨守)精神. morale ~ 順応主義的倫理感(道徳).
2 英国国教を遵奉する (=anglican). Eglise ~ 英国国教会, アングリカン教会.
——*n.* **1** 順応主義者. **2** 英国国教徒.

conformité *n.f.* **1** 合致, 一致; 適合. 〖法律〗契約適合性. certificat de ~ 適合証明書, 適合証; 〖農・食品〗高品質認定証(赤ラベル label rouge は取得していないが, 赤ラベルの高品質基準に適合していることを示す証明書). en ~ avec (de) …に合致して; …に従って. agir en ~ avec la loi 法に従って行動する. être en ~ de goûts avec qn 人と好みが合う. mise en ~ 適合化.
2 〖数〗(射影の) 等角性.

confort[1] *n.m.* **1** (物質的な)安楽; (住み心地・乗り心地などの)快適さ, 快適性; (住居の)近代的設備 (= ~ moderne). ~ d'un appartement アパルトマンの快適な居住性. appartement de grand ~ 豪華なアパルトマン. ~ de lecture 読みやすさ. hôtel deux étoiles ~ 2ツ星の快適なホテル. hôtel tout ~ 設備の整った快適なホテル. avoir tout ~ le ~ 近代的設備が完備している. niveau de ~ 快適度. 〖同格〗pneus ~ 衝撃緩和タイヤ.
2 〖比喩的〗(精神的な)安逸. ~ intellectuel 知的安逸.

confort[2] *n.m.* 強壮. médicament de ~ 強壮剤.

confortable *a.* **1** 快適な; 心地の良い. appartement (maison) ~ 住み心地の良いアパルトマン(家屋). siège ~ 座り心地の良い椅子. mener une vie ~ 快適な生活を送る.
2 安心のゆく, 十分な. ~ majorité 安全多数. retraite ~ 安心していられる年金生活. revenus ~s ゆとりのある収入. Il est ~ de penser que …と考えて安心する.
3 〖古〗裕福な. bourgeois ~ 金に困らないブルジョワ.
——*n.m.* **1** 安楽椅子 (=fauteuil ~). **2** 〖*pl.*〗毛裏のスリッパ (=pantoufles ~s). **3** 大型のビア・グラス. **4** 〖古〗安楽 (=confort).

confrère *n.m.* (自由業・医師・弁護士などの)同業者; (学会などの)同僚〖女性は consœur; 官庁・学校・企業などでは collègue を用いる〗. médecin estimé de ses ~s 同業者によって高く評価されている医師.

confrérie *n.f.* **1** コンフレリー, 同業(同志)組合, 協会. ~s gastronomiques de France フランスの美食組合《~ des Chevaliers de Taste-Fromage de France フランス・チーズ賞味騎士団; ~ de Gastronomie normande la Tripière d'or ノルマンディー「黄金の臓物業」美食組合; ~ des Taste-Andouilles du val-d'Ajol ヴァル=ダジョル・アンドゥイユ・ソーセージ賞味組合, など〗. ~s vineuses de France フランスの葡萄酒愛好家組合《~ des Chevaliers du Tastevin (ブルゴーニュの)利酒の騎士団; ~ des Hospitaliers de Pomerol ポムロールの慈善修道士組合; ~ des Piliers chablisiens シャブリの支持者組合, など〗.
2 〖宗教〗信心会, 信徒団体; 慈善団体.
3 〖話〗仲間, 同志, 同類. être de la même ~ 同類である.

confrontation *n.f.* **1** 対決, 対質. ~ de l'accusé avec les témoins 被告と証人の対決.
2 対比, 比較, 照合. ~ de deux écritures 二つの筆跡の照合.
3 対向, 対置, 直面. ~ à une difficulté 困難に直面すること.

confucianisme *n.m.* 儒教.

confucianiste *a.* 儒教 (confucianisme) の.
——*n.* 儒者.

confus(e) *a.* **1** 雑然とした, ごちゃまぜになった, 混りあって判然としない. amas ~ 雑然たる堆積. bruit ~ 騒音. clameur ~e 阿鼻叫喚. ombres ~es 判然としない影. voix ~e 雑然とした植生. voix ~es 入り混った声.
2 (考え・文章などが)混乱した, 不明瞭な, 曖昧な. explication ~e はっきりしない説明. idées ~es 曖昧な考え. langage ~ 不明瞭な言葉遣い. situation ~e 入り組んだ状況. souvenir ~ ぼんやりした記憶.
3 当惑した, 狼狽した; 恥じ入った; 恐縮した. Je suis ~. 申し訳ありません; 恐れ入ります(恐縮です). être ~ des bontés de qn 人の親切に恐縮する. être ~ de son erreur 誤ちに恥じ入る(狼狽する).

confusion *n.f.* **1** 混乱, 無秩序. ~ bruyante 喧噪. ~ d'ornements 装飾の無秩序. ~ originelle de monde 世界の原初の混乱 (=chaos). mettre la ~ dans l'assemblée 集会を混沌に陥れる. 〖聖書〗la ~ des langues dans la tour de Babel バベルの塔での諸言語の混乱.
2 (考え・文章などの)曖昧さ, 不明瞭. ~ des idées 考えの曖昧さ. 〖心〗~ mentale 精神錯乱 (=démence).
3 混同, 取違え, 思い違い. ~ de dates (de noms, de personnes) 日付(名前, 人)の取違え. faire ~ de …を取違える. C'est une ~ que de dire …と言うのは思い違いだ. Il y a ~. 混同がある.
4 当惑; 狼狽; 恐縮. à ma grande ~ お恥

confusionnel(*le*)

しいことですが. remplir qn de ～ 人を恐縮させる. rougir de honte et de ～ 恥と狼狽で赤面する.
5〚法律〛(債権, 債務の)混同；(権利, 権利名義の)混同, 併合；(資産の)混同；(権利の)集中；〔刑の〕併合. ～ de droit 権利の併合(混同). ～ de paternité (de parts) 父子の関係の混乱. ～〔des peines〕刑の併合. ～ des pouvoirs 権力の集中. ～ des voix 得票の併合.

confusionnel(*le*) *a.*〚医〛精神錯乱(confusion mentale)の, 錯乱性の.état ～〔精神〕錯乱状態.

congé *n.m.* **1** 休暇. ～s annuels 年次休暇, 年休. ～ de bilan de compétence 勤務評定に基づく休暇. ～ de conversion 転職休暇. ～〔de〕formation 職業訓練(研修)休暇. ～ de formation professionnelle 職業訓練休暇《略記 CFP》. ～ individuel de formation 個人研修休暇《略記 Cif》. ～ de maternité 出産休暇, 産休. ～ parental 育児休暇. ～s payés 有給休暇. ～s payés annuels 年次有給休暇. ～ postnatal 産後休暇. ～ par évènements familiaux 家事休暇. ～ pour la création d'entreprise 企業創設休暇. ～ sabbatique サバチカル休暇.
demander un ～ de maladie 病気休暇(欠勤)を願い出る. donner ～ à qn¹ 人に休暇を与える. être en ～ 休暇中である, 休んでいる. obtenir un ～ de quatre jours 4日の休暇をもらう. prendre un ～ 休暇を取る.
2〚軍〛休暇《30日以上；30日未満は permission「外出許可」》. ～s de fin de campagne 従軍後の休暇. ～s de longue durée 長期休暇. ～s spéciaux 特別休暇.
3 休み；(学校・商店・工場などの)休日. avoir ～ 休みをとる, 休む, 休みである. A Pâques, on a ～ pendant trois jours. 復活祭には3日間休みます.
4〔所有形容詞とともに〕労働契約の解除；辞職；解雇. délai- ～ 解雇予告期間. demander son ～ à qn 人に辞職を願い出る. donner son ～ à qn 人を解雇する. prendre son ～(官吏・軍人などの)辞職する. recevoir son ～¹ 解雇される.
5(賃貸契約の)解約通知；解約通知書. donner ～ à qn² 人に賃貸契約の解約を通知する. donner ～ à un locataire 借家人に明け渡しを要求する. recevoir son ～² 立ち退きを要求される.
6〚古〛出発の許可.〚現用〛prendre ～ de qn 人にいとまごいをする. donner ～ à qn³ 人が立ち去るのを許す.
7〚税法〛(酒類などの)運搬許可(証)；〔輸送税払い済みの証〕. ～ pour le transport des vins 葡萄酒の運搬許可(証).
8〚海〛出港許可〔証〕(＝～ de navigation)《関税支払い済みの船舶に税関が交付するもの》. ～ de douane 税関の出港許可〔証〕.

9〚法律〛(原告欠席の)欠席裁判. jugement de défaut- ～ 欠席判決.
10〚建築〛コンジェ(4分の1円周の)凹刳型.
11〚工〛くり形, くり抜いた部分(＝évidement).

congédiement *n.m.* **1** 解雇, 免職(＝licenciement). indemnité de ～ abusif 濫用解雇手当. lettre de ～ 解雇通知状. **2** 休暇(congé)の授与. **3**(賃貸契約の)解除, 解約.

congélateur *n.m.* 冷凍器, フリーザー；冷凍庫；冷凍室. navire ～ 冷凍運搬船. réfrigérateur- ～ 冷凍冷蔵庫.

congélation *n.f.* **1** (食品の)冷凍, 冷凍処理. ～ de viande 食肉の冷凍〔処理〕. **2**〚物理〛凝固, 固化(物質が気相または液相から固相に変ること)(＝solidification). point de ～ de l'eau 水の氷結点.
3〚土木〛(水分を含んだ土地の)凝固, 凍結.

congelé(*e*) *a.* 冷凍した. embryon ～ 冷凍保存胚(＝F. I. V.；fivète). viande ～e 冷凍肉.

congé-maternité(*pl.*～s-～) *n.m.* 産休, 出産休暇(＝congé de maternité).

congénital(*ale*)(*pl.aux*) *a.*〚医〛先天性の. maladie ～ale du cœur 先天性心疾患. syphilis ～ale 先天〔性〕梅毒.

congestif(*ve*) *a.* **1**〚医〛鬱血性の. cardiomyopathie ～ve 鬱血性心筋症. cirrhose ～ve 鬱血性肝硬変. insuffisance cardiaque ～ve 鬱血性心不全. rein ～ 鬱血腎.
2 充血した. face ～ve 充血した顔.

congestion *n.f.* **1** 充血；〚医〛鬱血(＝hyperémie). ～ active 能動性鬱血. ～ cérébrale 脳充血, 脳卒中. ～ passive 受動性鬱血. ～ pulmonaire 肺充血.
2〔比喩的〕人口密集；交通渋滞.

conglomérat *n.m.* **1**〚地学〛礫岩(れきがん). ～ à éléments anguleux 角礫岩. ～s volcaniques 火山礫岩.
2(異質の物・人の)寄せ集め. ～ de races diverses 多民族集団.
3〚経済〛コングロマリット(＜〚米〛conglomerate), (異種業種の)複合企業.
4〚建築〛(セメントなどで固めた)人工材, ブロック.

conglutination *n.f.* **1** 粘着, 凝着, 接着；凝着体.
2〚医〛癒着, 癒合；(血液の)膠着. ～ du sang par l'amas de globules rouges 赤血球の塊りによる血液の膠着.

Congo(**le**) *n.pr.m.*〔国名通称〕コンゴ《公式名：la République démocratique du C ～ コンゴ民主共和国；国民：Congolais(e)；首都：Kinshasa キンシャサ；通貨：franc CFA〔略記 XAF〕；1971-97年は la République du Zaïre》.

congolais(*e*) *a.* コンゴ(le Congo, la république du Congo)の；コンゴ人の.
——C～ *n.* コンゴ人.

congre *n.m.* 〖魚〗あなご (= anguille de mer).
congrégation *n.f.* **1** 〖カトリック〗コングレガション《単式誓願の修道会》; (ベネディクト会の) 修族《自主修道会団体》. ~ bénédictine ベネディクト会修族. ~ de la Sainte Vierge 聖処女 (聖母) 修道会. ressources des ~ *s* religieuses 修道会の財源. **2** 〖仏史〗la C~ コングレガシヨン《1801-09 年, 1814-30 年王政復古期に政権を左右した修道会》. **3** 〖平信徒の〗信心会. **4** 〖教会〗聖省《教皇庁内の職務別高僧委員会》. ~ des évêques 司教委員会. ~ de la Propagande 布教聖省. **5** 〖プロテスタント〗会衆派組合, 会衆. **6** 〖比喩的〗集会; 会衆; 団体.
congrégationaliste *a.* 〖プロテスタント〗会衆派教会制の, 組合派教会制の.
—— *n.* 会衆派教会主義者, 組合派教会主義者.
congrès *n.m.* **1** 会議. C~ de Vienne ウィーン会議. C~ de l'union internationale de mathématiques 国際数学連合会議.
2 〖政治〗党大会. 23ᵉ~ du parti communiste soviétique ソ連共産党第 23 回大会. 〖仏史〗C~ de Tours (1920 年, フランス社会党が開き, フランス共産党発足の場となった) トゥール大会.
3 ~ (第 3, 第 4 共和政下の) 両院合同会議; (第 5 共和政下の憲法改正のための) 両院合同会議. parlement réuni en ~ 両院合同会議として招集された議会.
4 アメリカ連邦議会.
5 ~ national 〔indien〕 (インドの) 国民会議派.
conicine *n.f.* 〖化〗コニシン《毒人参から抽出した猛毒のアルカロイド》, シクチン (cicutine).
conifère *n.m.* 〖植〗毬果 (きゅうか) 植物, 針葉樹 (= araucaria, cèdre, cyprès, épicéa, if, mélèze, pin, sapin, séquoia, thuya など; 裸子植物目 gymnospermes). forêt de ~ 針葉樹林.
—— *a.* 毬果を結ぶ.
conisation *n.f.* 〖医〗円錐状切除術. ~ cervicale 子宮頚部円錐状切除術.
conjecture *n.f.* 推測, 推量; 憶測. ~ absurde (bien fondée) 馬鹿げた (しっかりした) 推測. par ~ 推測によって. parler de qch par ~ 憶測によって何について語る. en être réduit aux ~ *s* 推測に頼らざるを得ない. faire (former) des ~ *s* sur qch 何について推測する. se perdre en ~ *s* あれこれと憶測をめぐらす.
conjoint(e) *a.p.* **1** 結合された, 結びついた, 密接な関係にある; (à に) 付属した, 付随した. note ~ *e* 付帯註解, 付注. obligations ~ *es* 共同債務. problèmes ~ *s* 切り

2 〖法律〗共同の, 連帯の, 共同名義の. legs ~ 共同遺贈.
3 〖音楽〗隣接する. degrés ~ *s* (全音階の) 隣接する段階. intervalle ~ 隣接音程.
—— *n.* 配偶者; 〖*m.pl.*〗夫婦. le ~ de qn 人の配偶者 (夫). ~ survivant 生存配偶者《やもめ veuf, 未亡人 veuve》. les futurs ~ *s* 婚約者.
conjonctif(ve) *a.* **1** 結合する (連結) する. cellules ~ *ves* 結合細胞. 〖解剖〗fibre ~ *ve* 結合繊維. 〖解剖〗membrane ~ *ve* 結膜 (= ~ ve). 〖解剖〗tissu ~ 結合組織.
2 〖文法〗接続の; 接続詞の. locution ~ *ve* 接続句《bien que, parce que など》. proposition subordonnée ~ *ve* 従属節, 従節 (= ~ ve).
3 連結的, 結合的, 共同的; 複数人の同意に基づく; 複数人に帰属する. testament ~ 共同遺言.
4 〖法律〗(債務が) 重畳的な. obligation ~ *ve* 重畳の債務.
conjonction *n.f.* **1** 結合; 結びつき. ~ de la nature et de l'histoire 自然と歴史の結合. ~ des sexes 性交. par une ~ de circonstances いくつかの事情が重なって.
2 〖文法〗接続詞. ~ de coordination 等位接続詞《et, mais など》. ~ de subordination 従位接続詞《quand, si など》.
3 〖論理〗連言.
4 〖天文〗合 (ごう); 合朔 (がっさく). ~ inférieure (supérieure) 内 (外) 合.
conjonctival(ale) (*pl.* **aux**) *a.* 〖解剖〗結膜の. 〖医〗hémorragie sous-~ 結膜下出血. 〖医〗xérose ~ *ale* 結膜乾燥症.
conjonctive *n.f.* 〖解剖〗結膜.
conjonctivite *n.f.* 〖医〗結膜炎. ~ allergique アレルギー性結膜炎. ~ granuleuse 顆粒性結膜炎, トラコーマ (= trachome). ~ infectieuse 感染性結膜炎. ~ non infectieuse 非感染性結膜炎. ~ purulente 化膿性結膜炎.
conjoncture *n.f.* **1** 情勢, 状況; 局面. ~ favorable (difficile) 好ましい (困難な) 状況. ~ politique 政治情勢, 政治的局面. ~ sociale 社会情勢. dans la ~ actuelle 現状では.
2 〖経済〗景気, 経済情勢 (= ~ économique). basse (haute) ~ 不 (好) 景気. ~ internationale 国際的経済情勢.
3 景気動向 (経済情勢) の分析. faire de la ~ 景気の動向を探る.
conjoncturel(le) *a.* 〖経済〗経済情勢の, 景気の. 〖経済〗crise ~ *le* 景気による. politique ~ *le* 景気対策政策. variation ~ *le* 景気変動.
conjoncturiste *n.* 〖経済〗景気分析専門家, 経済アナリスト.
conjugaison *n.f.* **1** 〖文法〗(動詞の) 活用; 動詞変化表, 活用表 (= tableaux de ~); (同一変化をする) 活用群. ~ régulière (irrégulière) 規則 (不規則) 活用. verbes de

conjugal(ale)

la 1re ～ 第一群規則動詞. **2** 結合；結成. ～ des efforts 努力の結集. **3** 〖生〗接合, 抱合. ～ de glutamine グルタミン抱合. **4** 〖解剖〗cartilages de ～ 結合軟骨. trous de ～ 軟骨小孔.

conjugal(ale)(pl.**aux**) a. 夫婦の；婚姻上の. abandon du domicile ～ 夫婦の別居, 家庭の遭棄. amour ～ 夫婦愛. chambre ～ale 夫婦の寝室. devoir ～ 夫婦の義務〔性生活上の義務〕. disputes ～ales 夫婦喧嘩. 〖法律〗domicile ～ 夫婦の住居〔夫の住居〕. foyer ～ 家庭. union ～ale 婚姻〔関係〕, 結婚 (=mariage). vie ～ale 夫婦生活.

conjurateur(trice) n. **1** 陰謀の首謀者 (=conspirateur). **2** (悪魔, 災厄などを) 祓う人, 呪術師. —a. **1** 陰謀を企む. **2** (悪魔, 災厄を) 祓う.

conjuration n.f. **1** 〖文〗陰謀, 謀反 (=complot, conspiration). entrer dans une ～ 陰謀に加担する. étouffer (réprimer) une ～ 陰謀を封じこめる. monter une ～ 陰謀を企てる. **2** 共謀, 結託. ～ des mécontents 不満分子の結託. **3** 悪魔祓い, まじない；呪文. faire une ～ pour écarter les esprits maléfiques 悪霊を遠ざけるために呪文を唱える.

conjuré(e) a. 陰謀に加担した. —n. 陰謀加担者, 謀反人.

connaissance n.f. [I] (〖認識・知識〗) **1** 知ること；〖哲〗認識. ～ abstraite (pratique) 抽象的(実用的)認識. ～ de Dieu 神を知ること. ～ de l'avenir 未来の認識 (予知, 予測). 〖天文・海〗des Temps (経度事務局が毎年当該年の2年前に発行する) 天文暦 (=éphéméride)；航海用暦. ～ d'un objet 対象の認識. ～ d'un pays 一国を知ること. ～ exacte 正確な認識. ～s humaines 人知. ～ intuitive 直観的認識. ～ sensorielle 感覚的認識, 知覚. 〖哲〗théorie de la ～ 認識論 (=épistémologie). à ma ～ 私の知る限り, 私の知るところでは. à la ～ de tous 周知の. avoir ～ de qch；faire ～ avec qch；faire la ～ de qn 何を知る. donner ～ de qch à qn；porter ～ à la ～ de qn 人に何かを知らせる. J'ai l'honneur de porter à votre ～ que+ind. 謹んで…であることを御報告申し上げます. prendre ～ de qch 何を知る (検討する). prendre ～ d'un texte テクストを読む. venir à la ～ de qn 人の知るところとなる, 人の耳にはいる.

2 意識, 知覚. avoir toute sa ～ 意識がはっきりしている. être sans ～ 気絶している. perdre ～；tomber (rester) sans ～ 気を失う. reprendre ～ 意識を回復する, 我に返る.

3 〔多く *pl.*〕知識；〖集合的〗学問. ～s acquises 獲得した知識. C～ des Arts 「芸術の知識」(美術月刊誌). C～ du Rail 「鉄道の知識」(月刊誌). ～s théoriques 理論的知識. contrôle des ～s 知識の点検；試験. diffusion des ～s 知識の普及. ensemble des ～s 知識の集大成. dans toutes les branches de la ～ 知識の全領域で, 学問の全分野で. agrandir le cercle de ses ～s 知識の輪を拡げる. approfondir (enrichir) ses ～s 知識を深める (涵養する). posséder des ～s sur qch 何について明るい.

4 〖文〗識別；識別力, 認識力, 理解力. ～ du bien et du mal 善悪の識別〔力〕. voies de la ～ 時到の方策. être doué de ～ 識別力をそなえている.

5 〖法律〗(判事の) 裁判権；裁判所の権限, 管轄. en ～ de cause 事情をわきまえた上で；〖比喩的〗正当に.

[II] (〖面識〗) **1** (人と) 知り合うこと, 面識を得ること. faire la ～ de qn；faire ～ avec qn 人と知り合いになる. J'ai fait ～ avec lui. 私は彼と知り合いになった. Je suis heureux de faire votre ～. お近づきになれて うれしく存じます (初対面の挨拶の文言). faire faire ～ à deux personnes 二人を引き合わせる. lier ～ avec qn 人と交際する. de ～ 面識のある, 知り合いの. personne de ma ～ 私の知っている人. visage de ～ 見たことのある顔. être en pays de ～ 顔なじみの多い場所にいる；勝手がわかっている.

2 知人, 知り合い, 知己. se faire des ～s 知り合いとなる. inviter ses amis et ～s 友人知己を招く. 〖話〗vieille ～ 昔からの友達, 古くからの知り合い, 旧知の人.

3 〖俗〗情婦, 恋人. Il est sorti avec sa ～. 彼は情婦と出かけた.

[III] (〖手がかり〗) **1** 〖古〗証拠. **2** 〖狩〗(獣の) 足跡.

connaissement n.m. 〖海事法〗船荷証券；船荷の受領；船荷輸送契約. ～ net 無留保船荷証券. ～ reçu pour embarquement 受取船荷証券.

connaisseur(se) n. 通, 玄人；目きき, 鑑定家. ～ en cuisine 料理通. —a. 通の, 玄人の. regard ～ 玄人らしい目付.

conne (<C～, 生産地名) n.m.〖チーズ〗コンヌ, シュヴロトン・デュ・ブールボネ (=chevroton du Bourbonnais)《ブールボネ地方で山羊乳からつくられる, 軟質, 乾燥自然外皮のチーズ；脂肪分45%；底部直径7cm, 上部直径6cm, 高さ6cmの円筒形；200g》.

connecteur n.m. **1** 〖電〗コネクター, 接続プラグ. ～ téléphonique 電話交換機のコネクター.

2 〖論理, 言語〗結合子. ～ binaire 二項結合子. ～ de la négation 否定の結合子. ～ propositionnel 命題結合子.

connectif[1](**ve**) a. 結合する；接続する. **1** 〖解剖〗tissu ～ 結合組織. 〖電算〗vitesse ~ve 接続速度.

connectif[2] *n.m.* **1** 〖解剖〗縦連合《神経節を結ぐ神経繊維》.
2〖植〗葯隔 (やくかく).
3〖論〗結合子;〖言語〗連結詞 (=connecteur).

connectique *n.f.* 〖技術〗(ケーブル,コンピューター網などによる) 情報連絡網構築工学 (技術), コネクティックス.

connectivite *n.f.* 〖医〗膠原 (こうげん) 病 (=collagénose).

connexe *a.* **1** 密接な関係のある, 関連する. affaires (idées, sciences)~s 関連事業 (思想, 科学).
2〖法律〗(請求が) 相互に関連した; (債権債務などが) 相互依存関係にある; (権利が) 隣接した.
3〖数〗連結した.

connexion *n.f.* **1** 関連, 密接な関係. ~ des faits 事物の関係. ~ des idées 思想の連関.
2〖解剖〗結合, 連接. ~ des parties d'un organe 器官各部の連接.
3〖電〗接続, 結線. ~ enroulée 巻線結線.
4〖電算〗コネクション, 接続《データ通信で, 相手局との接続》.
5 コネクション, コネ, 縁故関係;〖俗〗[英] 麻薬密輸 (密売) 組織, 麻薬の売人.

connexité *n.f.* **1** 関連 [性], 密接な関係.
2〖法律〗(事件・請求の) 関連性, 牽連性. exception de ~ 関連性の抗弁;関連請求併合審理の申立て.

connivence *n.f.* **1** なれあい;共謀, 黙契, 暗黙の合意. être de ~ avec *qn* 人となれあう, 人とぐるになる, 人と暗黙の了解を交す.
2 見ぬふり, 黙認, 黙許.
3〖解剖〗ひだを形成する接触性.

connu(e) (<connaître) *a.p.* 知られた, 既知の;知れわたった, 周知の, 有名な, 著名な. artiste bien (peu)~ 著名な (あまり知られていない) 芸術家. chose ~e sous le nom de …の名で知られているもの. homme ~ dans les milieux économiques 経済界での名の通った人. nouvelle déjà ~e 既知のニュース.
être ~ comme (en tant que) …として知られている. être ~ pour …として知られている. C'est bien ~. それはよく知られていることだ. C'est ~! /Air ~! そんな言訳は聞き飽きた! L'anglais est une langue ~e dans le monde entier. 英語は世界中で知られている言語である.
— *n.m.* 既知のこと, 既知. le ~ et l'inconnu 既知〔のこと〕と未知〔のこと〕.

conque *n.f.* **1** 大型巻貝;法螺貝 (=triton).
2 大型海産二枚貝のくぼんだ貝殻.
3〖解剖〗耳甲介; (巻貝型の) ヘッドフォン.
4〖建築〗〖古〗(礼拝堂後陣の) 半ドーム (= cul-de-four; abside).
5 法螺貝型の装飾.

Conques *n.pr.* コンク《西南フランス, département de l'Aveyron アヴェロン県の小郡庁所在地;市町村コード 12320;形容詞 conquois(e). 聖女フォワ sainte Foy の巡礼の聖地》. Abbatiale romane Sainte-Foy ロマネスク様式のサント=フォワ大修道院付属聖堂 (11 世紀;12 世紀のタンパン彫刻と, 9-15 世紀の金銀細工宝物群で名高い).

conquêt *n.m.* 〖法律〗(婚姻中の) 後得財産 (=aquêt).

conquête *n.f.* **1** 征服, 征覇, 攻略, 奪取. à la ~ de …の征服 (獲得) を目指して. ~ de l'espace 宇宙の征服. faire la ~ d'un pays 国を征服する.
2 〖多く *pl.*〗征服された領土. ~s d'Alexandre アレクサンダー大王の征服領土.
3〖比喩的〗征服したもの. ~s de la science 科学の征覇.
4〖比喩的〗獲得. ~ du bonheur (pouvoir) 幸福 (権力) の獲得.
5〖比喩的〗(人の心・愛情・共感などを) つかむこと, かちとること. ~ des cœurs 人心をつかむこと. faire la ~ d'une femme 女性の心 (愛情) をかちとること.
— *n.* 〖話〗un (une) ~ 手に入れた男 (女).

conquis(e) (<conquérir) *a.p.* **1** 征服された. pays ~ 征服された国. se conduire comme en pays ~ わがもの顔に振舞う. terres cultivables ~es sur la forêt 森の開墾地.
2〖比喩的〗心を奪われた. une femme ~e 心を奪われた女性. public ~ 虜になった大衆.

consacré(e) *a.p.* **1** 聖別された; (神に) 捧げられた. hostie ~e 聖別された聖体パン. temple ~ à Zeus ゼウスに捧げられた神殿. terre ~e d'un cimetière 墓地の聖別された土地.
2 (…に) 捧げられた;当てられた. numéro spécial ~ à la musique contemporaine 現代音楽特集号.
3 慣例の, 慣用の. terme ~ 慣用語. selon la formule ~e 慣例的表現によれば.

consanguin(e) *a.* **1** 父系の血族の, 異母腹の. frère ~ 腹違いの兄弟, 異母兄弟 (frère utérin「同母異父兄弟」の対).
2 近親間の;近親交配の. mariage ~ 近親結婚.
— *n.* 父系血族《異母兄弟, 異母姉妹》;血族.

consanguinité *n.f.* **1** 父系血族関係. degré de ~ 親等. second degré de ~ 二等親の血族関係.
2〖広義〗血族関係.
3〖生〗近親交配.

conscience *n.f.* 〖I〗(意識)**1** 意識;自

consciencieux(se)

覚 (= ~ de soi); 認識力, 識別力. ~ claire (obscure) はっきりした (漠然とした) 意識. 〖社〗~ collective 集団意識. ~ de classe 階級意識. ~ de soi (de soi-même) 自意識. ~ de vivre (d'exister) 生きているという意識 (自覚).
perte de ~ 意識の喪失. prise de ~ …を意識すること；〖精神分析〗意識化. avoir ~ de qch 何を意識 (自覚) している. avoir (perdre) la ~ de soi 自意識をもつ (失なう). avoir ~ de+inf. …することを意識 (自覚) している, することに気付いている. n'avoir pas ~ que+subj. …であることに気付いていない. prendre ~ de qch 何を意識 (自覚) する, 何に気付く.
2 正気, 意識. perdre ~ 気 (意識) を失う. reprendre ~ 正気 (意識) を取り戻す.
Ⅱ〖良心〗**1** 良心, 道義心. homme de 〔haute〕 ~ 良心的な (道義心の強い) 人. objecteur de ~ 良心的兵役拒否 (忌避) 者. voix de ~ 良心の声. agir selon (contre) sa ~ 良心に従って (反して) 行動する. soulager sa ~ 良心の苛責をなくす.
◆〖成句〗avoir bonne ~ 良心に恥じるところがない；恥知らずに平然としている. avec (en) bonne ~ 良心に恥じることなく. se donner bonne ~ やましさを感じない. avoir mauvaise ~; avoir la ~ chargée 気がとがめる, うしろめたい. avoir la ~ tranquille (en paix) 心にやましさを感じない. avoir qch sur la ~ 何が良心にとがめる, 何が気になる. en avoir gros sur la ~ 大いに良心にとがめるところがある. dire tout ce qu'on a sur la ~ 胸のうちを洗いざらいぶちまける. la main sur la ~ 良心にかけて. dans ma ~ 良心に照らし. en ~ 正直なところ, 率直に言って.
2 職業的良心 (= ~ professionnelle); 職業倫理；~の認識と実践；(判事・陪審員・仲裁人などの) 良心. clause de ~ (医師・ジャーナリストなどの) 良心条項.
3 (思想・信条上の) 良心；信教.〖カトリック〗directeur de ~ 霊父《信仰上の問題について信者を教導する聴罪神父》. liberté de ~ 思想・信教の自由.
4 (仕事の上での) 入念さ；熱意. travail en ~ 入念な仕事. mettre beaucoup de ~ dans son travail 仕事に入念な配慮をする.

consciencieux(se) a. 良心的な；丹念な, 念入りな. ouvrier ~ 良心的な職人. travail ~ 丹念な仕事.

conscient(e) a. **1** 意識のある；自覚した, 明晰な. L'homme est un être ~. 人間は意識のある存在である. être ~ de qch (de+inf.) 何 (…すること) を意識している (自覚している). être ~ de ses obligations 自分の義務 (責務) を自覚している. être res-

té ~ 意識を失わないでいる.
2 意識的な. mouvements ~s 意識的な動作.
—— n.m.〖心〗意識 (inconscient「無意識」の対).

conscription n.f.〖軍〗徴兵適齢者名簿登録；徴兵, 徴兵制度 (= ~ militaire). atteindre l'âge de la ~ 徴兵適齢に達する.

conscrit n.m. **1**〖軍〗徴兵適齢者；新兵. incorporer les ~s 徴兵適齢者 (新兵) を入隊させる.
2〔話〕同年兵；同期生. ~s de la classe 1995 1995 年の同期生.
3〔話〕〔古〕新米, 新参者.

consécration n.f. **1** (神への) 奉献；〖カトリック〗聖別〔式〕；(司教の) 叙階〔式〕；聖職受任〔式〕. ~ d'une église 教会堂の聖別〔式〕. ~ d'un évêque 司教の叙階〔式〕.
2〖カトリック〗(ミサにおけるパンと葡萄酒のキリストの肉と血への) 聖変化.
3〔比喩〕確認, 是認, 容認. ~ du temps (par le temps) 時間の経過による容認. ~ d'une œuvre par le succès 成功による作品の評価の確立.
4 充当 (=destination). ~ à l'usage public 公共の用に供すること.

consécutif(ve) a. **1** 相次ぐ, 引き続く, 連続する；隣接する. numéros ~s 連続番号, 通し番号. pendant huit jours ~s 8 日間続けて, 1 週間ぶっ通しで.
2 (à に) 引き続いて起きる；(の) 結果生じる. accident ~ à une imprudence 不注意に由来する事故.
3〖文法〗結果を表す. proposition ~ve 結果節.
4〖音楽〗平行の (= parallèle). octaves ~ves 平行 8 度. quintes ~ves 平行 5 度.
5〖論理〗relation ~ve 条件と帰結の関係.

conseil n.m. **Ⅰ 1** 助言, 忠告, 意見. ~ d'ami 友人としての忠告. homme de bon ~ 分別のある人, 良き助言者.〖諺〗La nuit porte ~ 一晩寝れば知恵も浮かぶ.
2 コンサルタント, 相談役, 顧問. avocat-~ 顧問弁護士. ingénieur-~ 顧問技師.〖法律〗~ judiciaire (浪費癖のある人, 精神薄弱者などの) 補佐人. ~ juridique 法律顧問局.
Ⅱ 1 会議, 評議会, 理事会. ~ d'administration 理事会, 取締役会. ~ d'arrondissement (パリ市の) 区議会. ~ de cabinet 非公式閣議《大統領欠席下で開かれるもの》. ~ de classe 学級会議. ~ de famille 親族会. ~ de guerre 軍法会議《1926 年以降は tribunal militaire》；作戦会議. ~ des ministres 閣議. ~ de l'ordre (弁護士, 医師など特定職能集団の) 理事会. ~ de révision 徴兵審査会. ~ de surveillance (株式会社・株式合資会社の) 監査役会, 監事会. ~ général 県議会. ~ interministériel 関係閣僚会議, 関

係省庁会議. ~ municipal 市 (町村) 議会. ~ régional 地方議会.

2 (機関, 団体などの名称) 会議, 評議会, 理事会. C ~ constitutionnel 憲法院. C ~ de l'aide économique mutuelle 経済相互援助会議 (=COMECON；1991年解体). C ~ de l'Atlantique Nord 北大西洋理事会 (北大西洋条約機構 (NATO) の理事会). C ~ d'Etat コンセイユ・デタ. C ~ de la République (第4共和政下の) 上院, 共和国評議会. C ~ de l'Europe 欧州理事会, ヨーロッパ評議会. C ~ de prud'hommes 労働審判所. C ~ de sécurité (国連の) 安全保障理事会. C ~ de tutelle (国連の) 信託統治理事会. C ~ du (de) réveil (イラクの) 覚醒評議会 (イラクで米軍のアル・カイダ掃討作戦に協力するスンニ派の武装組織). C ~ économique et social (国連の) 経済社会理事会, (フランスの) 経済社会評議会. C ~ européen ヨーロッパ理事会 (いわゆる EU (UE) 首脳会議). C ~ national du crédit 国家信用理事会. C ~ national du patronat français (CNPF) フランス全国経営者評議会 (1946-98；1998年 MEDEF: *M*ouvement des *E*ntreprises *de F*rance に改組). C ~ national de la planification 国家計画会議. 〖史〗C ~ national de la Résistance (CNR) レジスタンス国民会議 (1943年 Jean Moulin が結成). C ~ supérieur de l'audiovisuel (CSA) 視聴覚高等評議会 (1988年の法改正に伴って Commission nationale de la communication et des libertés (CNCL) コミュニケーション・自由国家委員会に代わって創設された). C ~ supérieur de la défense nationale 国防高等評議会. C ~ supérieur de la magistrature 司法高等評議会.

3 〖史〗~ des Anciens (総裁政府時代の) 元老会議. ~ des Cinq-Cents (総裁政府時代の) 五百人会議. ~ du Roi (中世, 絶対王政下の) 国務会議.

conseil*ler (ère)* *n.* **1** 助言者, 顧問. ~ juridique 法律顧問.〖諺〗La colère est mauvaise ~ ère 怒りの感情に従うとろくなことはない.

2 参事, 参与；議員. ~ à la cour d'appel 控訴院判事. ~ à la Cour de cassation 破毀院判事. ~ d'arrondissement (Paris, Lyon, Marseille など区制をもつ都市の) 区会議員. ~ d'Etat コンセイユ・デタ評議官. ~ du travail 労働問題評議官. ~ général 県会議員. ~ municipal 市 (町村) 議会議員. ~ référendaire à la Cour de cassation 破毀院調査判事. ~ référendaire à la Cour des comptes 会計検査院検査官 (調査評定官).

3 参事官. ~ commercial 商務参事官. ~ culturel 文化参事官. ~ d'ambassade 大使館参事官. ~ des affaires étrangères 外務参事官 (キャリア外交官の階級の一つ). ~ scientifique 科学参事官. ministre-~ 公使.

4 〖労働〗相談員. ~ du travail 労働相談員.

consensuel*(le)* *a.* **1** 〖法律〗合意の, 総意による. contrat ~ 諾成契約.
2 合意に基づく. société ~ le 合意社会.
3 〖生理〗共感 (同感) 性の.〖医〗réaction pupillaire ~ le 共感性瞳孔反応.

consensus [kɔ̃sɛ̃sys][ラ] *n.m.* **1** (意見, 証言などの) 一致, 同意, コンセンサス；〖法律〗合意, 総意. ~ social 社会的コンセンサス.
2 〖生理〗(身体の異なる部分間の) 共感 (同感).

consentement *n.m.* 同意, 承諾, 賛同；〖法律〗(複数当事者の) 合意. avec le ~ unanime 満場一致で. donner (refuser) son ~ à *qch* 何に同意 (反対) する.

consenti*(e)* (<consentir) *a.p.* 許諾された, 承認された. accord ~ 許諾同意. impôt ~ 許認課税.

conséquence *n.f.* **1** 結果；波及効果. ~s graves (sérieuses) 重大な結果. ~s incalculables 計算できない結果. ~ indirecte 間接的波及効果. ~s prévisibles 予見しうる結果.
de ~ 重大な；重要な. événement gros de ~s 重大な結果をはらむ出来事. affaire de grandes ~s 極めて重要な事柄. chose peu de ~ あまり重大でない事柄. Ce n'est pas d'aucune ~. それは全く重大 (重大) ではない.
en ~ その結果, それ故, 従って；それに適合するように, 然るべく. en ~ de *qch* 何の結果として；何に適合するように. sans ~ 重要でない.
affaire sans ~ 重要でない事柄. homme sans ~ 大したことのない人物.
avoir des ~s graves 重大な結果をもたらす. avoir pour ~ de+*inf.* …することになる. Qu'est-ce que cela aura pour ~? それがどういう結果をもたらすことになるのだろう？
être la ~ de …の結果である. produire des ~s imprévisibles 予見できない波及結果を生み出す. subir les ~s de sa faute 自分の過失の波及効果を蒙る. tirer à ~ 重大な結果をもたらす. Cela ne tire pas à ~. それは大したことでない.
2 〖論理〗帰結；〖文法〗帰結, 結果. ~s exactes (erronées) 的確な (誤った) 帰結. ~ nécessaire 必然的帰結 (結果).〖文法〗conjonction de ~ 結果の接続詞.〖文法〗proposition de ~ 結果節, 帰結節. par voie de ~ 従って. Ce droit a pour ~ un devoir. この権利は当然義務を伴う.

conséquent*(e)* *a.* **1** 首尾一貫した, 筋の通った；(à に, avec と) 合致 (一致) した. conduite ~ *e* des principes 原則に則した行動. être ~ dans sa conduite 行動が首尾一貫している.
2 後に続く.〖文法〗relatif ~ 後続関係詞. terme ~ 〖論理〗後件；〖文法〗後続詞.

3 〖地形〗rivière ～e 必従川.
4 〖話〗重大な, 重要な, かなりの. affaire ～e 大きな取引. magasin ～ 大きな店. recevoir un héritage ～ かなりの遺産を受けとる.
— n.m. 1 〖論理〗(仮言的判断の) 後件 (= terme ～). par ～ 従って, それ故.
2 〖数〗(比の) 後項.
3 〖文法〗後続詞 (= terme ～).

conservateur¹ (*trice*) a. 1 保守的な; 保守主義の; 保守党の. esprit ～ 保守的精神. parti ～ 保守党.
2 保存力のある, 保存性の. agent ～ 保存剤, 保存料. puissance ～ trice du froid 低温の保存能力.
— n. 1 保守主義者; 保守党党員.
2 保存 (保守) 管理責任者 (公務員); (博物館の) 学芸員; (図書館の) 貴重書担当司書. ～ des eaux et des forêts 水利森林管理官. ～ des hypothèques 抵当権登記担当官. ～ de musée 博物館学芸員.

conservateur² n.m. 1 (食品の) 保存剤, 保存料 (= agent ～).
2 冷凍貯蔵庫, 冷凍食品保存庫.
3 〖航空〗～ de cap ジャイロコンパス (= compas gyroscopique; 方位角確保装置).

conservation n.f. 1 保存, 貯蔵; 保存状態. ～ des aliments par le froid 食品の冷蔵. ～ par la chaleur (le fumage, le salage) 加熱 (燻製, 塩漬) 保存. durée (limite) de ～ 保存期間 (期限).
2 (建物・文書などの) 保全, 保護; 保管 (保管) 状態; 保全 (保管) 業務 (職); 保管所. ～ des hypothèques 登記所. ～ des musées 博物館の保存業務. ～ des sols 土壌保全. ～ d'un monument historique 歴史的建造物の保全. état de parfaite ～ 完璧な保全 (保管) 状態.
3 (権利・地位などの) 保全, 保持;〖政治〗保守. ～ des droits 権利の保全.
4 自己保存. instinct de ～ 自己保存本能.
5 〖物理〗(エネルギーなどの) 保存. loi de ～ エネルギー保存の法則. ～ de la masse 質量保存.

conservatisme n.m. 保守主義;保守体制;保守的傾向.

conservatoire a.〖法律〗保存の, 保全の. acte ～ 保存行為. mesure ～ 保全措置. saisie ～ 保全差押.
— n.m. 1 伝統芸術保存院 (学院). C～ national d'art dramatique 国立伝統演劇保存学院. C～ national des arts et métiers 国立工芸保存院 (1794年 Paris に 創立;略記 CNAM [knam];工芸博物館と国立高等工芸学院 Ensam を併設). C～ national supérieur d'art dramatique 国立高等演劇保存学院. C～ national supérieur de musique et de danse 国立高等音楽舞踏保存学院 (通称コンセルヴァトワール;1795年 Paris に創設された国立音楽学院を継承;1979年 Lyon 校も創設). Société des Concerts du C～ コンセルヴァトワール管弦楽団会社 (現 Orchestre de Paris「パリ管弦楽団」).
2 保存院, 保存機関. C～s botaniques nationaux 国立植物保存院 (1988年創設の植物保存機関;環境省所管;略記 CBN). C～ du littoral et des rivages lacustres 沿岸・湖畔保存機関 (1975年創設の自然環境保全を目的とする行政機構).

conserve n.m. 1 缶詰 (= boîte de ～); 瓶詰 (= bocal de ～). en (de)～¹ 缶 (瓶) 詰にした. asperges en ～ 缶 (瓶) 詰のアスパラガス. mettre en ～ 缶 (瓶) 詰にする. ouvrir une ～ 缶 (瓶) 詰を開ける.
2 〖古〗(塩漬, 燻製, 乾物などの) 保存食品.
3 〖海〗de ～² 一緒に. naviguer de ～ 同航する (同一航路を共に航行する).
4 〖話〗de ～³ 一緒に, 同調して. aller de ～ au cinéma 一緒に映画に行く. prendre une décision de ～ 同調して決心する.

conservé(e) a. 保存された;良好な状態を保った. être bien ～(e) よく保存された; (人が) いつまでも若々しい.

conserverie n.f. 缶詰 (瓶詰) 製造所;缶詰 (瓶詰) 製造業 (= industrie de la conserve).

considérable a. 1 (数量・価値などが) 多大の, 莫大な;重要な. fortune ～ 莫大な資産. succès ～ 多大な成功. travail ～ 大仕事.
2 〖古〗尊重すべき. homme ～ 重要人物.

considérant n.m. 1 〖法律〗(コンセイユ・デタの) 行政裁判関係や, 控訴院の) 判決理由 (= ～s d'un jugement).
2 (法令などの) 前文.

considération n.f. 1 考慮, 顧慮;考慮すべきこと. être digne de ～ 考慮に値する. en ～ de …を考慮に入れる;…と比べれば. mériter ～ 一考に値する. prendre qn (qch) en ～ 人 (何) を考慮に入れる. sans ～ de …を考慮に入れずに.
2 動機, 行動理由. ～s d'honneur 名誉に対する配慮, 名誉的動機. entre autres ～s いろいろな動機の中でも.
3 〖pl. で〗(sur について の) 考察, 省察. C～s sur les causes de grandeur des Romains et leur décadence de Montesquieu モンテスキューの『古代ローマ人の偉大さと衰退に関する考察』(1734年). présenter des ～s sur …についての考察を展開する. prendre en ～s sur …を考慮する. se perdre en ～s あれこれと考えあぐねる, 思いに耽る. Il résulte de ses ～s que 考察の結果…ということになる.
4 尊重;重要性. prise en ～ d'un projet de loi 法案の審議開始.
5 〖文〗重視, 敬意. avoir la ～ de ses supérieurs 上司から一目おかれている. avoir pour qn une ～ respectueuse 人に敬意を抱く. jouir de la ～ publique 多くの人々から

重く見られている. par ~ pour …に対する敬意から. Veuillez agréer, Monsieur, l'assurance de ma parfaite ~ (ma ~ distinguée) 敬具《手紙の末尾の文言》.

consignataire *n.m.* **1** 〖法律〗(供託金の) consignation の受託者.
2 〖商業〗(商品の) 受託者, 荷受人；委託販売者.
3 〖海〗(積荷を含む船舶の) 受託業者, 代理船業者. ~ de la cargaison 船荷の受取代理人. ~ du navire 船荷の保管・引渡人.

consignation *n.f.* **1** 〖法律〗(金の) 供託；供託金. Caisse des dépôts et ~ s 預金供託金庫.
2 〖商業〗委託；委託販売；委託販売品, 委託貨物 (=marchandises en ~) ; (委託販売者への) 商品の引渡し.
3 (瓶などの返却時に買手に返す) 保証金 (=consigne).

consigne *n.f.* **1** (駅・空港などの) 手荷物一時預り所. ~ automatique コインロッカー, 暗証番号式ロッカー. bulletin de ~ 手荷物一時預り証. mettre sa valise à la ~ スーツケースを一時預り所に預ける. retirer de la ~ 手荷物一時預り所から引き取る.
2 (壜などの返却とひきかえに返される) 保証金. verser un franc pour la ~ d'une bouteille 壜の保証金として1フランを払う. rembourser la ~ 保証金を払い戻す.
3 (歩哨・看守などの) 守るべき規則；指令, 命令；指示. ~ de sécurité (旅客機内などの) 安全規則〖書〗. donner (passer) la ~ 指令を与える. observer la ~ 命令を守る.
4 (兵士・寄宿生に対する) 外出禁止, 禁足. soldat en ~ 禁足中の兵士. quatre jours de ~ 4日間の禁足.
5 〖心理〗インストラクション, 指示. ~ d'un test テストの指示.

consigné(e) *a.p.* **1** (公的に) 記録 (記入) された, 書き止められた. déposition ~ e au procès-verbal 調書に記録された証言. faits ~ s dans un carnet ノートに記入された事柄.
2 保証金を支払った. bouteilles non ~ es 保証金を払っていない瓶.
3 (手荷物などの) 一時預けされた；〖法律〗(金などが) 供託された；〖商業〗(商品が) 委託された. somme ~ 供託金. valise ~ e 一時預けのスーツケース.
4 外出禁止 (禁足) になった；〖学生〗(罰として) 居残りを命じられた. 〔soldat〕~ 外出禁止中の兵士.
5 立入禁止の. compartiment ~ aux civils 民間人が立入禁止の区画. salle ~ e 立入禁止室.
6 〖海〗(検疫のため) 隔離された (=en quarantaine). navire ~ dans un port 港に隔離された船舶.
——*n.* 外出禁止者.

consilium fraudis [kɔ̃siljɔm frodis] 〔ラ〕*l.ad.* 〖法律〗詐害の意図で.

consistance *n.f.* **1** (液体の) 濃度；(固体の) 堅さ, 硬度. ~ de béton コンクリートの軟かさ. ~ de terre 土の緊硬度. donner de la ~ 濃くする. prendre 〔de la〕~ 濃くなる；固まる.
2 〔比喩的〕堅実さ；確実性；安定性；首尾一貫性. bruit sans ~ 根拠のない噂. caractère sans ~ 首尾一貫しない気性. personne sans ~ 無定見な人.
3 〖論理〗無矛盾性, 整合性；〖電算〗整合性 (データベースの首尾一貫性).

consistant(e) *a.* **1** 濃い, 堅い, しっかりした. chairs ~ es 堅い肉. petit déjeuner ~ 盛り沢山の朝食. plat ~ 実質的な料理；しっかりした (充実した) 料理. sauce ~ e 濃厚なソース.
2 堅実な, 確実な, 安定した. argument ~ 堅実な議論. rumeur ~ 根拠のある噂. souvenirs ~ s はっきりした思い出.
3 〖数〗無矛盾の. 〖数〗équation ~ e 無矛盾の方程式. 〖電算〗théorie ~ e 無矛盾性定理.

consistoire *n.m.* 〖カトリック〗(教皇主催の) 枢機卿会議；(ユダヤ教・プロテスタント) 長老会議. ~ central (régional) 中央 (地方) 枢機卿会議.

consolation *n.f.* 慰め, 慰安, 慰めとなるもの；慰めの言葉；慰めとなる人. apporter (donner) la ~ à *qn* 人に慰めをもたらす. paroles de ~ 慰めの言葉. prix de ~ 残念賞. Tu es ma seule ~. あなただけが私の慰め.

console *n.f.* **1** 〖建築〗コンソール《渦形 (S字形) 持ち送り》.
2 コンソール・デスク《壁面にとりつけたS字形の脚付き小卓》. ~ Empire 帝政時代様式のコンソール・デスク.
3 〖音楽〗コンソール《パイプオルガンの操作部》(= ~ d'orgue)；(ハープの) 上部 (= ~ de harpe).
4 〖機器〗コンソール, 制御盤, 操作卓；端末. ~ de jeux vidéo ビデオゲーム機の操作盤. 〖音響〗~ de mixage ミキシング制御卓. ~ graphique CRT (ブラウン管)；~ de visualisation CRT CRT (ブラウン管) 端末, CRT ディスプレー.

consolidation *n.f.* **1** 強固にすること, 強化；補強. ~ d'un régime politique 政体の強化. nervure de ~ 補強材, 助材. travaux de ~ d'un bâtiment 建物の補強工事.
2 〖医〗(傷の) 癒合；(骨の) 癒着；(病状の) 安定化；(組織の) 硬化. ~ des blessures 傷の安定《労災の適用を受ける傷害について, 治療費の支給停止と傷害年金の支給開始の目安となる》. ~ d'une fracture 骨折の癒着.
3 〖法律〗(物権や権利名義の) 併合, 混同. ~ de l'usufruit 用益権の併合. acte de ~ 結合的法律行為. La ~ de la dette publique des pays en développement sera l'un des

principaux thèmes à l'ordre du jour du sommet. 途上国の公的債務繰り延べがサミットの主要議題の一つになろう.
4〖金融〗(借入金の)償還の繰り延べ(= réaménagement); (債務の)借り換え, リスケージュリング. ~ de dette flottante 流動負債の繰り延べ, 一時借入金の長期債権化.
5〖会計〗(企業グループの会計の)連結. ~ du bilan 貸借対照表の連結.
6〖行政〗(ヨーロッパ連合内の)立法補正(= ~ des textes législatifs).
7〖電算〗(表計算の)串刺し計算, 三次元演算.

consolidé(e) *a.p.*〖会計〗連結された. bilan ~ 連結貸借対照表. comptes ~s 連結決算.

consommable *a.* **1** 消費し得る; 食べられる(=mangeable). viande ~ まだ使える食肉.
2 消耗する. objet ~ 消耗品.
—*n.m.*〖経済〗消耗品. principaux ~s de la bureautique 事務用主要消耗品(紙, トナーなど). coût des ~s 消耗品費.

consommac*teur* (*trice*) (<*consomm*ateur+*act*eur) *n.*〖経済〗主体的消費者(公正な価格・環境等を重視する消費者).

consomma*teur* (*trice*) *n.* **1** 消費者. coopérative de ~s 消費者協同組合. mouvement de ~s 消費者運動(=consumérisme).
2 喫茶店などの客.
3 消費する人(もの). industrie ~*trice* de pétrole 石油消費型産業. pays ~ 消費国.

consommation *n.f.* **1** 消費. ~ des ménages (des administrations) 個人(政府)消費. bien de ~ courante (durable) 一般(耐久)消費財. dépense de ~ 消費支出.〖法律〗droit de la ~ 消費〔者〕法. société de ~ 消費社会. Le marasme de la ~ continue de peser sur l'économie. 消費の低迷が経済的に重しとなりつづけている.
2 消費されるもの, 特に飲食物; 飲食費. ~ d'essence ガソリン消費. la ~ pour 100 kilomètres 走行100キロあたり燃費. régler les ~s (レストラン, 喫茶店などで)料金を払う.
3〔古〕完成, 完結, 成就. ~ du mariage 床入れ. jusqu'à la ~ des siècles 世の終わりまで.

consommatoire *a.*〖経済〗消費の. système ~ 消費体制, 消費システム.

consommé[1] **(e)** *a.p.* 完全な, 完璧な; 熟達した. adresse ~e 完璧な技. comédien ~ 巧みな俳優. diplomate ~ 熟達した外交官.

consommé[2] *n.m.*〖料理〗コンソメ. à l'essence de truffe トリュッフ入りコンソメ(冷製). ~ blanc clarifié 牛挽肉・野菜・卵の白身入りの澄んだコンソメ. boire un ~ chaud 熱いコンソメを飲む.

consommer *v.t.* **1** 消費する. ~ des aliments 食料を消費する. à ~ de préférence avant la date figurant sur l'un des fonds (缶詰等の)底面に記されている日付までに賞味することが望ましい(食品の賞味期限に関する記述). Cette voiture *consomme* trop d'essence. この車はガソリンを食いすぎる.
2〖文〗完成(成就)する.
3(犯罪を)遂行する, 犯す.
—*v.i.* カフェで飲食する.

consomptibilité *n.f.*〖法律〗消費可能性.

consomptible *a.*〖法律〗消費し得る, 消費可能な. biens ~s 消費財. chose ~ 消費物.

consompti*f (ve)* *a.*〖医〗消耗性の, 衰弱性の. phase ~*ve* d'une maladie 疾病の消耗期.

consort *n.m.* **1**〔*pl.* で〗〖法律〗~s (訴訟の)共同当事者.
2〔*pl.* で〕〔しばしば蔑〕一味. et ~s およびその一味.
—*a.m.* prince ~ 女王の配偶者, 王婿.

consortage [スイス]*n.m.* 農業経営者協会.

consortia*l (ale)* (*pl.* **aux**) *a.* コンソーシアムに関する; 企業共同体の. crédits ~ *aux* コンソーシアムによる貸付〔金〕.

consortium [kɔ̃sɔrsjɔm]〔ラ〕*n.m.*〖経済〗**1** 企業共同体, 共同企業体, コンソーシアム. ~ bancaire 銀行コンソーシアム.
2(開発途上国を援助する)債権国会議; (国際的)借款団.

conspira*teur* (*trice*) *n.* 政治的陰謀家. affecter (prendre) un air de ~ 陰謀家ぶったふりをする.
—*a.* 陰謀的, 陰謀を企む. menées ~*trices* 政治的陰謀. ruses ~*trices* 陰謀の術策.

conspiration *n.f.* **1** 政治的陰謀; 策謀, 共謀. fomenter une ~ 陰謀をあおる. tramer une ~ contre *qn* 人に陰謀をめぐらす. tremper dans une ~ 陰謀にどっぷりつかる.
2 示し合わせた了解. ~ du silence 沈黙の申し合わせ, 黙契.

constance *n.f.* **1** 不変〔性〕, 不易, 恒常性; 持続性. ~ d'un phénomène 現象の不変性.〖心〗~ perceptive 知覚の恒常性〔度〕.〖精神分析〗principe de ~ (心的エネルギーの)恒常原則.
2〖文〗心変わりの無さ; 粘り強さ, 堅忍不抜. ~ d'une amitié 変らぬ友情. ~ en amour 貞節. ~ de l'effort 努力の粘り強さ. avec ~[1] 粘り強く, 我慢強く. travailler avec ~ 粘り強く働く.〔話〕Vous avez de la ~! あなたは随分我慢強い人ですね; どこまで図々しい人ですか.
3〔やや古〕不屈の精神力, 剛毅. avec ~[2] 毅然として. souffrir son mal avec ~ 毅

として苦しみに耐える.

constant(e[1]) *a.*〔時に名詞の前〕**1** 恒常的な, 不変の；絶え間ない. bonheur ~ 変ることのない幸せ. bruit (souci) ~ 絶え間のない騒音 (気苦労). emploi ~ de certains mots 特定の語の頻繁な使用.〖経済〗en frans ~s 恒意 (不変) フランで, 不変価格表示で.〖数〗quantité ~e 一定量. traditions ~es 不変の伝統. valeur ~e 不変の価値. vitesse ~e 一定速度, 定速.
2〔文〕(人・行為が) 心変りしない, 粘り強い. être ~ dans la poursuite d'un but 目的を執拗に追求する.
3〔文〕確かな, 疑う余地がない. délit ~ 確実な罪. Il est ~ qut+*ind.* …ことは確実である. C'est un fait ~. それは確かである.
4〔古〕不動の, 不抜の. ferme et ~e résolution 確乎不抜の決意.

constante[2] *n.f.* **1**〖物理・数〗定数, 数, 恒数, 不変数. ~ d'Avogadro アヴォガドロ定数. ~ astronomique 天文常数. ~ chimique 化学定数. ~ d'élasticité 弾性定数, 弾性率. ~ de l'espace-temps 時空常数 (光速). ~ de la gravitation 重力定数. ~ diélectrique 誘電 (透電) 率.〖数〗~ d'intégration 積分定数. ~ radioactive (放射能の) 崩壊定数. ~ solaire 太陽常数. ~ universelle 普遍定数.〖化〗table de ~s 定数 (常数) 表.
2 不変性, 恒久性. ~s de l'histoire 歴史の不変事項.
3〖生〗恒常性. ~ biologique 生物恒常性.

constat [kɔ̃sta] *n.m.* **1**〖法律〗事実確認調書；公的証明書. ~ amiable 示談調書. ~ d'accident 事故調書. ~ d'huissier 執行官調書 (証明).
2 事実確認の行為；確認〔書〕. ~ d'échec 失敗の否定的総括.〖行政〗~ d'urgence 緊急調査手続.

constatant *n.m.*〖法律〗(裁判官によって任命される) 事実確認人.

constatation *n.f.* **1** (事実の) 確認；検証；調査；断言. ~ d'un fait par des témoins 証人による事実の確認. faire une ~ 確認 (検証) する.
2 確認事項, 確認. ~s d'une enquête 調査による確認.

constaté(e) *a.p.* **1** 確認された. erreur ~e 確認された過誤.
2 確認された, 検証された. décès ~ (医師により) 証明された死亡. état d'authenticité d'une pièce ~ 文書の確認された真憑性.

constater *v.t.* **1** 実地に確かめる；確認する. ~ une erreur 誤りを見つける. ~ un fait 事実を確認する. Je *constate* que+*ind.* …ことを私は確認する.
2 確認 (検証) する；〖法律〗文書で証明する. ~ *qch* par procès-verbal 何を調書で検証する. ~ le décès de *qn* (医師が) 人の死

亡証明をする. ~ l'état authentique d'une pièce 文書の真正性を確認する.

constellation *n.f.* **1**〖天文〗星座. ~ du Lion 獅子座. ~s zodiacales 黄道十二宮の星座. être né sous une heureuse ~ よい星まわりの下に生まれる.
2〔比喩的〕光り輝く群れ；きら星のような人の群れ. ~ de célébrités 著名人の群れ. ~ de lumières 点々と輝く光.

consternation (< consterner) *n.f.* 悲嘆；意気消失；茫然自失；落胆. ~ muette 物も言えない茫然自失状態. être plongé dans une profonde ~ 深い悲嘆の淵に突き落とされる. frapper de ~ 意気消沈する. avec ~ 悲嘆に暮れて.

constipation *n.f.*〖医〗便秘. ~ aiguë 急性便秘. ~ chronique 慢性便秘. ~ fonctionnelle bénigne 良機能的便秘. ~ organique 器質的便秘.

constipé(e) *a.* **1** 便秘した, 便秘になった.
2〔比喩的〕〔話〕窮屈そうな, 不安な, 当惑した. air ~ しかめ面, 当惑した格子.
—*n.* 便秘した人；便秘症患者.

constituant(e)[1] *a.* **1** (de e) 構成する. élément ~s d'un mélange 混合物の構成要素.
2〖政治〗憲法を制定する. assemblée ~e 憲法制定議会. pouvoir ~ 憲法制定権力.
3 (年金, 嫁資などの) 権利の設定者.
—*n.* 憲法制定者.

constituant[2] *n.m.* **1** 構成要素；成分. l'hydrogène et l'oxygène, les deux ~s de l'eau 水の構成要素である水素と酸素.
2〖政治〗憲法制定議会議員；〖仏史〗1789年の憲法制定議会議員.
3〖言語〗(文の) 構成要素.

constituante[2] *n.f.* **1**〖仏史〗la C~ 1789年の憲法制定議会. **2**〖カナダ〗(ケベック大学の) 構成学部・研究所.

constitué(e) *a.p.* **1** 設立された, 創設された；設定された；成立した. assemblée ~e de membres élus 選出された構成員である会議. corps ~ (特別な国家機関の) 顕官構成員. délit ~ 成立した犯罪. rente ~e 設定された年金. société ~e 成立した組合.
2 憲法で定められた, 法定の；公式に設立された. autorités ~es；corps ~s 法定権限機関；当局；官憲.
3 つくりあげられた. le monde ~ つくりあげられた世界.
4 bien (mal) ~ 体格の良い (悪い). enfant bien (mal) ~ 体格の良い (悪い) 子供.

constitutif(ve) *a.* **1** 創設的な, 形成的な. actes ~s 創設的行為.
2 権意設定の. acte ~ d'hypothèque 抵当権設定行為. titre ~ de propriété 不動産の権利証書.
3 法廷設立に関する. assemblée ~ve

constitution

d'une société 会社設立総会.
4 構成要素の. le consentement, élément ~ du contrat 契約の構成要素としての合意. éléments ~s de l'eau 水の構成要素.
5 基礎的な,本質的な. propriété ~ve 本質的特性.

constitution *n.f.* [I] **1** 〘法律〙設定, 制定, 指定;選任行為. ~ d'avoué (d'avocat) 代訴人 (弁護人) の選任. ~ de partie civile 民事上の賠償請求. ~ de pension 年金の設定.
2 構成,構造,組成. ~ d'un corps (d'une substance) 物体(物質)の構造. ~ de la terre 地球の構造. ~ interne 内部構造.
3 身体構造,体格;体質,素質. avoir une bonne ~ いい体格をしている. être de ~ délicate 華奢な体である.
4 設立, 設置, 構成, 作成. ~ d'un dossier 書類の作成. ~ d'un gouvernement 組閣. ~ d'une société 会社の設立.
5 〘法律〙申立て. ~ par voie d'action 告訴による申立て.
[II] **1** 憲法〔典〕. ~ coutumière 慣習的憲法. ~ écrite 成文憲法. ~ républicaine 共和国憲法. la C ~ française フランス憲法. la C ~ de l'an VIII 共和暦8年の憲法. la C ~ du 28 septembre 1958 1958年9月28日の憲法《フランス第五共和国憲法》. projet de la C ~ européenne ヨーロッパ連合憲法案. loi conforme à la C ~ 合憲的な法律. réviser la C ~ 憲法を改正する.
2 基本法;憲章 (=charte). 〘カトリック〙~s apostoliques (papales) 教皇憲章, 教会憲章, 教義.
3 〘仏史〙la C ~ civile du clergé 聖職者世俗法(1790年7月12日制定).

constitutionnalité *n.f.* **1** 合憲性, 立憲性. ~ des lois 法律の合憲性.
2 基本法, la ~ de la déclaration des droits de l'homme 人権宣言の憲法規範性.

constitutionnele (le) *a.* [I] 体質的な, 生来の. faiblesse ~le 体質の弱さ, 虚弱体質. psychose ~le 体質性精神病.
[II] **1** 憲法の, 憲法に関する;合憲的な, 立憲的な;憲法による. le Conseil ~ 憲法評議会. droit ~ 憲法, 憲法学. loi ~le du 2 Novembre 1945 1945年11月2日の憲法的法律(憲法) (国家基本法)《フランス第四共和政憲法》. monarchie ~le 立憲君主制(国). Cette loi n'est pas ~le. この法律は違憲である.
2 憲法を支持する, 立憲派の. parti ~ 憲党.
3 〘仏史〙聖職者に関する民事基本法(聖職者世俗法)に賛成する. clergé ~ 聖職者に関する民事基本法に賛成した聖職者.
——*n.* 立憲派, 憲法擁護派, 護憲派.

constricteur (trice) *a.* **1** 〘解剖〙緊縮性の, 収縮作用のある (dilatateur「拡張性の」の対). 〘解剖〙muscle ~ 括約筋.
2 〘動〙獲物を絞め殺す性質の. boa ~ 獲物を絞め殺す大蛇, コンストリクター (constrictor).
——*n.m.* 〘解剖〙括約筋 (=muscle ~);〘薬〙(血管の)収縮剤 (=vasoconstricteur 血管収縮剤);〘医〙(血管の)圧迫器.

constrictif (ve) *a.* **1** 〘医〙攣縮 (絞窄, 収縮)性の. action ~ve d'un muscle 筋肉の攣縮. douleur ~ve 攣縮痛. péricardite ~ve 収縮性心膜炎.
2 〘発音〙狭窄音の. [consonne] ~ve 狭窄子音 ([f], [s], [v], [z], [ʃ], [ʒ] など).

constriction *n.f.* 〘医〙**1** 攣縮, 絞窄, 収縮, 括約, 狭窄. ~ d'un muscle 筋肉の攣縮.
2 圧縮, 圧迫. ~ des vaisseaux sanguins 血管の圧迫 (結紮 (けっさつ)).

constrictive *n.f.* 〘発音〙狭窄子音.

construc*teur* (*trice*) *n.* **1** 建造者, 建設者;製作者. ~ d'automobiles 自動車製造業者. ~ d'édifices 建築家 (=architecte). ~ de navires 造船業者;造船技師. ~ mécanicien 機械製作者;機械技師.
2 構築者, 創設者, 建設者. ~ d'empire 帝国の創設者.
3 〘地質〙~ d'escarpement 造崖層.
——*a.* **1** 建造 (建設, 製作)する. animaux ~s 造巣動物. société ~ *trice* de navire 造船会社. **2** 構想力のある. esprit ~ 構想力に富んだ人.

constructible *a.* **1** 〘法律〙建築物を建てることができる. terrain ~ 建物の建築可能な土地. **2** 建築可能な (=bâtissable).

construc*tif* (*ve*) *a.* **1** 建設的な. critique ~ *ve* 建設的な批判. dialogue ~ 建設的対話. effort ~ 建設的努力. proposition ~ *ve* 建設的提案. Ce n'est pas ~. それは建設的ではない.
2 創造力のある. dialogue ~ 実りのある対話. esprit ~ 創造的精神.

construction *n.f.* **1** 建築, 建造, 建てること. ~ d'un grand ensemble 団地の建設. ~ d'une maison 住宅の建築.
2 建築業. matériau de ~ 建築材料.
3 製造産業. ~ aéronautique 航空機産業. ~ automobile 自動車産業. ~ électrique 電機産業. ~ mécanique 機械産業. ~ navale 造船業.
4 建物, 建造物, 建築物. ~ en dur 鉄筋コンクリートの建物. ~ imposante 壮大な建造物.
5 構成, 構築, 構図, (抽象的な)構築物. ~ de l'esprit 頭で考えたもの.

Consuel (= *Co*mité *n*ational pour la *s*écurité des *u*sages de l'*él*ectricité) *n.m.* 電気利用安全管理全国委員会.

consul (e) *n.m.* **1** 領事. ~ génerai 総領事. ~ honoraire 名誉領事.
2 〘史〙執政《1799-1804年. 1799年11月9日(ブリュメール18日)のクーデタによっ

てナポレオンが樹立した統治制度).
3 〖中世〗市参事会員(12世紀-1789年).
4 〖古代ローマ〗ローマ執政官.

consulaire *a*. **1** 領事の;領事館の. agent ~ 領事代理. carrière ~ 領事職コース. circonscription ~ 領事館の管轄区域. section ~ d'une ambassade 大使館の領事部.
2 商事裁判の. commission ~ 商事裁判委員会. juge ~ 商事裁判所判事.
3 〖史〗執政政府の, 執政時代の.
4 〖古代ローマ史〗執政官の.

consulat *n.m.* **1** 領事館;領事職. ~ général 総領事館. ~ honoraire 名誉領事館.
2 〖史〗執政政府(1799-1804年), 市参事会(12世紀から1789年まで).
3 〖古代ローマ〗執政官の地位(職務), 執政官の統治.

consultant(e) *a*. 相談相手になる. avocat ~ 顧問弁護士(=avocat-conseil), 法律顧問. médecin ~ 診察医(médecin traitant「治療医, 主治医」の対).
—*n*. 受診者;(弁護士の)依頼人;鑑定人.

consultatif(ve) *a*. 諮問的な;参考意見としての;相談相手になる. à titre ~ 相談相手として. assemblée ~*ve* 諮問会議. comité ~ 諮問委員会. avoir voix ~*ve* 発言権を持つ《議決権はない》.

consultation *n.f.* **1** 相談, 協議, 評議;(文献)の参照. ~ d'opinion 世論調査. ~ populaire 民意を問うこと(選挙, 国民投票など). dictionnaire d'une ~ facile 引きやすい辞書. être en ~ avec *qn* 人と協議中である.
2 (弁護士, 医師, 学者などに対し)意見を求めること;諮問, 意見照会;諮問に対する答申. donner une ~ 諮問に答える.
3 (医師の)診察, 診断;診断の協議. ~ externe 外来患者の診察. cabinet de ~ 診察室. heures de ~ 診察時間.
4 (弁護士の)鑑定;鑑定意見書, 鑑定結果.
5 諮問会議, 協議会. faire une ~ 協議を行なう.
6 〖法律〗答申.
7 〖法律〗(判事による)事実調査委託.

consumé(e) *a.p.* **1** (火が)燃え切った;燃え尽くされた. quartier ~ par les flammes 炎に焼き尽くされた街区. toisons entièrement ~*s* 完全に燃え切った残り火.
2 やつれた, 憔悴した. cœur ~ d'amour 愛に燃え尽きた心. être ~ de chagrin 悲しみでやつれ果てている.
3 使い果たした. vie ~*e* dans l'étude 研究に捧げられた人生.

consumérisme *n.m.* 消費者運動.
consumériste *a*. 消費者運動の;消費者運動を支持する. journaux ~*s* 消費者運動新聞.
—*n*. 消費者運動家.

contact [-kt] *n.m.* **1** (物との)接触. ~ à terre 接地. ~ étroit¹ 密着. 〖写真〗épreuve par ~ コンタクト(密着)印画. maladies qui se propagent par le ~ 接触によって伝染する病気. 〖幾何〗point de ~ 接〔触〕点. 〖化〗procédé de ~ 接触法. sensation de ~ 感触. établir (maintenir) un ~ 接触を保つ. au ~ de l'air 空気に触れて. être (entrer, mettre) en ~ avec … と接触している(する).
2 (人との)接触, 交際, 交渉, 連絡, 関係, 出会い;(社交・職業上の)つて, 縁故, コネ;(スパイの)交際相手;〖軍〗(敵との)接触. 〖精神医学〗~ affectif 結合(他人との感情的つながり). ~ étroit² 密接な人間関係. ~*s* humains 人的つながり, 知人, コネ. ~ radio 無線連絡.
le premier ~ 初対面. prise de ~ 接触;〖軍〗敵情偵察. avoir un ~ avec *qn* 人と接触する. en ~ avec *qn* 人との交際によって, 人の感化で. entrer (se mettre, rester) en ~ avec *qn* 人と接触する;人と近づきになる. prendre ~ avec *qn* 人と連絡をとる. 〖軍〗rompre le ~ 敵との接触を断つ, 敵から離脱する.
3 〖電〗接点;接続装置, スイッチ(=contacteur). ~ à fiche 差込み(プラグ)接点. ~ électrique 電気接点. clef de ~ (エンジンの)イグニッションキー. appuyer sur le ~ スイッチを押す. couper le ~ スイッチを切る. établir le ~ スイッチを入れる.
4 〖光学〗lentilles (verres) de ~ コンタクトレンズ.

contactologie *n.f.* 〖眼科〗コンタクトレンズ学.
contage *n.m.* 〖医〗伝染病原体との接触.
contagieux(se) *a*. **1** 伝染性の, 感染性の. caractère ~ d'une maladie 疾病の伝染性. maladie ~*se* 伝染病, 接触感染症.
2 伝染病にかかった. personne ~*se* 伝染病患者.
3 〖比喩的〗伝染する. rire ~ 笑いの伝染.
—*n*. 伝染病患者. mettre en quarantaine les ~*x* 伝染病患者を隔離する.

contagion *n.f.* **1** 〖医〗伝染, 感染. ~ des maladies 病気の感染. ~ directe (indirecte) 直接(間接)感染. période de ~ 感染期. s'exposer à la ~ 感染の危険にさらされる. précautions contre la ~ 感染予防措置.
2 〖比喩〗伝染, 伝播, 拡大. ~ du malheur 不幸の拡大. ~ du rire 笑いの伝染.

contagiosité *n.f.* (疾病の)伝染性. ~ du coryza 鼻風邪の伝染性.

contaminant(e) *a*. 〖環境〗汚染する, 汚染性の.
—*n.m.* 汚染物質(=agent ~; polluant).

contaminateur(trice) *a*. 〖医〗伝染性の;(特に性病を)伝染する;汚染性の. maladie ~ *trice* 伝染病.

──*n.m.* 〖医〗伝染源；汚染源. ~ de l'eau 水の汚染源.

contamination *n.f.* **1** 〖医〗感染, 伝染. ~ bactérienne 細菌感染. ~ par contact direct 直接接触感染.
2 汚染 (=pollution). ~ de l'eau par des produits chimiques 化学製品による水の汚染. ~ radio(-)active 放射能汚染.
3 〖比喩的〗悪に染まること.
4 〖冶〗(合金の) 不純物混入.
5 〖言語〗混交, 混成.

contaminé(e) *a.* **1** 伝染病にかかった；(特に)エイズウイルスに感染した. hémophile ~ エイズに感染した血友病患者. malades ~s 伝染病感染患者. personnes ~ es (伝染病・エイズウイルスなどの) 感染患者.
2 汚染された；エイズウイルスに汚染された；放射能に汚染された. eau ~e 汚染水. nappe phréatique ~e 汚染自由地下水. poulet ~ à la dioxine ダイオキシン汚染鶏. produits ~s 汚染製品. sang ~ 汚染血液 (特にエイズ汚染血液). zone ~e 汚染地域.

conte *n.m.* **1** 架空の話；物語；短編小説. コント. ~ de fées 妖精物語, お伽話. ~ fantastique 幻想的短編小説, 幻想小説. ~ populaire 民話.
2 〖古・文〗作り話.

contemplation *n.f.* **1** 熟視, 凝視. rester en ~ devant un paysage 景色に見とれる.
2 瞑想, 黙想, 熟考；〖哲〗静観. Les C~s de victor Hugo ヴィクトル・ユゴーの『静観詩集』. être plongé (s'abîmer) dans la ~ 瞑想に耽る.
3 〖宗教〗観照, 観想.

contemporain(e) *a.* **1** (de と) 同時代の. écrivains ~s de Victor Hugo ヴィクトル・ユゴーと同時代の作家. événements ~s 同時代の出来事.
2 現代の. auteur ~ 現代作家. histoire (littérature, musique) ~ 現代史 (現代文学, 現代音楽).
──*n.* 同時代人. nos ~s われわれの同時代人, 現代人.

contenance *n.f.* **1** 容積, 容量. ~ d'une bouteille 壜の容量. caisse d'une grande ~ 大容積の箱.
2 (船の) 積載量 (=tonnage). ~ d'un navire 船舶の積載量.
3 (土地の) 面積. ~ d'un champ 畑の面積.
4 〖比喩的〗態度, 挙動, 様子. ~ embarrassée (gênée) 困惑した態度. ~ modeste 控えめな態度. faire bonne ~ 平然としている, 落ち着いている；毅然とした態度をとる. perdre ~ 取り乱す.

contenant *n.m.* 容器. le ~ et le contenu 容器と容量.

conteneur *n.m.* **1** コンテナー (〖英〗container の公用推奨語). ~ frigorifique 冷凍 (冷蔵) コンテナー. 〖船〗porte-~s コンテナー船.
2 〖園芸〗プランター.
3 分別式ゴミ箱.

conteneurisé(e) *a.* コンテナー方式の, コンテナー化された. trafic ~ コンテナー運送取扱い.

content¹(e) *a.* 満足した, 喜んでいる. avoir l'air ~ 満足げである. Il a un air pas ~ du tout. 彼は全然満足していないようだ. être ~ de qch (qn) 何 (人) に満足している. être ~ de sa situation (de sa secrétaire) 自分の地位 (秘書) に満足している. être ~ de soi 自分に満足している, 気をよくしている；自惚れている. être ~ de+*inf.* …してうれしい. Je suis ~ de vous voir. お目にかかれうれしゅうございます. être ~ de ce que+*ind.* (*subj.*)；être ~ que+*subj.* …がうれしい. Je suis fort ~ (de ce) que vous soyez venu. /Je suis fort ~ de ce que vous êtes venu. おいで下さいましてまことに喜びに耐えません. non ~ de qch (de+*inf.*) …に (で) 満足せずに, …に飽き足らず.

content² *n.m.* 〔所有形容詞と共に〕欲しいだけのもの. avoir (tout) son ~ de qch 何を欲しいだけ持っている. 〖皮肉〗avoir son ~ de malheurs たっぷり不運に見舞われる. dormir (manger) son ~ 思い切り眠る (食べる).

contentement *n.m.* 満足. ~ de soi 自己満足；自惚れ. ~ des désirs 欲望の充足.

contentieux(se) *a.* 係争に関わる, 訴訟の対象となる. affaire ~se 訴訟事件. jugement ~ 訴訟事件判決. juridiction ~se 訴訟事件の裁判権 (juridiction gracieuse「非訟裁判権」の対立概念). recours ~ 行政上の不服申し立て.
──*n.m.* 係争, 紛争, 訴訟. ~ administratif 行政訴訟. ~ commercial 貿易紛争, 貿易摩擦. ~ fiscal 税制上の係争. ~ territorial 領土紛争. section du ~ (コンセイユ・デタの) 争訟部. service du ~ (大蔵省税制局の) 係争審査部.

contentif(ve) *a.* 〖医〗固定用の, 留めるための, 与えるための. appareil ~ 固定器具. bandage (pansement)~ 固定包帯.

contention¹ *n.f.* (神経, 筋肉などの) 緊張；(精神の) 集中. ~ d'esprit 精神的集中.

contention² *n.f.* **1** 〖医〗(治療目的の) 固定, 固定整復. ~ des fractures 骨折部の固定. ~ élastique 弾性固定 〔術〕.
2 〖精神医学〗(拘束衣などによる患者の) 拘束.
3 〖医・獣医〗moyen de ~ 固定用具.

contenu¹(e) (<contenir) *a.p.* **1** 中に含まれた. objets ~s dans une boîte 箱に詰められた物品.
2 〖比喩的〗抑えられた, 抑制された. colère ~e 抑えられた怒り.

contenu² *n.m.* **1** 中味；内容物；積荷. ~ d'une boîte 箱の中味. ~ d'un camion (d'un bateau) トラック (船) の積荷.
2 〔比喩的〕内容. ~ d'une lettre 手紙の内容.

contestable *a.* 異論の余地がある；疑わしい. droit ~ 係争の的となる権利. fait ~ 疑わしい事実. Il est ~ que+*subj.* …こ とには議論の余地がある. Il n'est pas ~ que+*subj.* (*ind., cond.*) …ことは疑いを いれない.

contestant(e) *n.* 異議を申し立てる. 〖法律〗parties ~es 訴訟人. personalité ~e 異議申し立て人.
——*n.* 異議申し立て者 (=contestataire).

contestataire *a.* **1** 異議申し立ての；反体制の. action ~ 異議申し立て行動. mouvement ~ 反体制運動. **2** 新左翼の.
——*n.* 反体制派，異議申し立て主義者，新左翼.

contestation *n.f.* **1** 異議, 異議；異議申立, 抗議；論争, 争論. ~ d'un droit (d'une qualité) 権利 (資格) に対する異議. donner matière à ~ 異議を招く余地がある. élever une ~ sur …について異議を申し立てる. sans ~ 異議なく. susciter des ~s 論争を惹き起こす.
2 紛争. entrer en ~ avec *qn* 人と紛争を起こす.
3 (体制に対する) 異議申し立て. ~ étudiante 学生の異議申し立て.

conteste *n.f.* 異論. sans ~ 異論なしに, 異論の余地なく, 勿論.

contesté(e) *a.p.* 異議を申し立てられた；疑義をさしはさまれた. autorité ~e 不確かな権威. créance ~e 疑義のある債権. écrivain très ~ 酷評されている作家. héritier ~ par les autres prétendants 他の相続要求者から異議を申し立てられている相続人. théorie ~ 疑義のある理論.

contexte *n.m.* **1** 文脈, (文の) 前後関係, コンテクスト. se reporter au ~ 文脈に当たる (即する).
2 情況, 背景. ~ économique (politique) 経済 (政治) 情況. dans le ~ actuel 現状では.

contigu(ë) *a.* (à に) 隣接している；関係の深い. cuisine ~ë à la salle à manger 食堂に隣接した台所. deux maisons ~ës 隣接する二軒の家. notions ~ës 近接概念.

continence *n.f.* **1** 肉欲を断つこと, 禁欲；純潔, 貞節. observer la ~ 禁欲を守る.
2 〖医〗(排便, 排尿の) 自制 (incontinence「失禁」の対). ~ rectale (vésicale) 直腸 (膀胱) 自制, 排便 (排尿) の自制.

continent *n.m.* 大陸. ~ africain アフリカ大陸. ~ américain アメリカ大陸. ~ antarctique 南極大陸. ~ eurasiatique ユーラシア大陸. ~ noir 黒い大陸 (=l'Afrique). l'Ancien ~ 旧大陸《ヨーロッパ l'Europe, アジア l'Asie, アフリカ l'Afrique》. le Nouveau ~ 新大陸《アメリカ大陸 l'Amérique》.

continental(ale)(*pl.aux*) *a.* **1** 大陸の；大陸性の；内陸の (côtier「沿岸の」の対). climat ~ 大陸性気候. plateau ~ 大陸棚. théorie des dérives ~ales 大陸漂移説.
2 ヨーロッパ大陸の. 〖史〗Blocus ~ (ナポレオンによる 1806 年の) 大陸封鎖.
——*n.* 大陸の住民；ヨーロッパ大陸の住民.

continentalité *n.f.* (気候の) 大陸性；大陸的特性.

contingence *n.f.* **1** 〔*pl.* で〕偶発事, 不測の事態. ~s de la vie de tous les jours 日常茶飯事. se soucier des ~s 瑣末な事を気にかける.
2 〖哲〗偶発性, 偶然性 (nécessité「必然性」の対).

contingent¹(**e**) *a.* **1** 〖哲〗偶発的な, 偶然の (nécessaire「必然的な」の対)；状況に依存する, 偶有的な. événement ~ 偶発事件. futurs ~s 偶発的な未来事象.
2 末梢的な, 瑣末な, 取るに足らぬ. faits ~ de ma vie 私にとっての日常茶飯事.

contingent² *n.m.* **1** 〖集合的〗(徴兵の) 同一時期割当定員《国民役務 service national に服すため同一年度・時期に新規徴集された若者の総体》. soldats de ~ 徴集された新兵.
2 〖商業〗割当量 (額)；輸入割当量 (額) (= quota). retourner au grossiste un ~ de marchandises avariées 損傷した (いたんだ) 商品を卸問屋に返品する. ~ limité 制限輸入割当量.
3 〖財政〗地方自治体分担金.

contingentaire *a.* 〖経済〗輸入割当量の.

contingentement *n.m.* 割当て. ~ des importations 輸入割当, 輸入制限.

continu(e) *a.* **1** 〔時間的に〕続く, 連続 (継続) する, 連続 (連続, 持続) 的. action ~e 連続的行動. 〖音楽〗basse ~e 通奏低音. bruit ~ 持続音. 〖電〗courant ~ 直流. feu ~ (銃器の) 連射. 〖医〗fièvre ~e 持続熱. 〖労働〗journée ~e 昼休み短縮勤務方式. métier à tisser ~ 自動精紡機. mouvement ~ 連続運動. puissance ~e 連続出力. travail ~ 持続的労働.
〔比喩的〕à jet ~ ひっきりなしに, 休みなく. bavarder à jet ~ とめどもなく喋る.
2 (空間的に) 続いた, 連続した. codage ~ 連続符号化, アナログコード化 (codage à binaire「ディジタル符号化」の対). enceinte ~ e 連続した城壁. 〖数〗fonction ~e 連続関数. 〖数〗fraction ~e 連分数. ligne ~e 連続した線.
——*n.m.* **1** 連続〔体〕. le ~ et le discontinu 連続体と不連続体. 〖数〗puissance du ~ 連

続の濃度.
2 en ~ 連続して；連続した. fabrication en ~ 流れ作業式生産体制. papier en ~ 連続紙；連続伝票.
3〖機械〗~ à filer 自動精紡機 (=métier ~).

continuateur(**trice**) n. (事業などの) 継承者；後継者.
—a. 継承する, 後継の. écrivain ~ d'une tradition d'école 流派の伝統を継承する作家. ministre ~ de la politique de ses prédécesseurs 前任者たちの政策を継承する大臣.

continuation n.f. **1** 連続, 継続；継続, 継続性；相続. ~ de la mission 任務継続. ~ d'un programme 計画の継続.〖法律〗affaire en ~ 継続中の訴訟事件.〔話〕Bonne ~！その調子でお続け下さい；よい旅(仕事)をお続け下さい！
2 延長.

continuel(**le**) a.〖時に名詞の前〗(時間的に) 連続的な, 絶え間のない, 不断の. allées et venues ~ les 絶え間ない往来. de ~ les disputes 絶え間のない口論. pluie ~ le 降り続く雨.

continuité n.f. (時間的) 継続, 持続；(空間的) 連続. ~ d'une politique 政策の持続性. principe de la ~ de l'Etat 国家の継続性の原則. solution de ~ 断絶, 切れ目. sans solution de ~ 切れ目なく.

contorsionniste n. 曲芸師, アクロバット (acrobate)《体を自由自在に曲げる軽業師》.

contour n.m. **1** 輪郭. ~ d'un visage 顔の輪郭.
2 縁. ~ d'une table 机の縁.
3〖pl. で〗(川の) 屈曲. ~s de la Seine セーヌ河の蛇行.
4 外縁, 範囲. ~ du Code pénal 刑法典の外縁.
5 ~ d'oreille 補聴器.

contraceptif(**ve**) a. 避妊用の；避妊の. méthode ~ve 避妊法.
—n.m.〖薬〗避妊薬；避妊具. ~ oral 経口避妊薬. prescrire un ~ 避妊薬を処方する.

contraception n.f. 避妊. ~ active (passive) 積極的 (受動的) 避妊. liberté de la ~ 避妊の自由.

contractant(**e**) a. 契約の, 契約を結んだ；協定締結の. hautes parties ~es 条約の)締結国.
—n.m.pl. 契約当事者, 契約締結者 (= parties ~es).

contracté(**e**) a.p. **1** (筋肉, 顔などが) ひきつった, 緊張した. muscles ~s ひきつった筋肉. traits ~s par la douleur 苦痛にゆがんだ表情. visage ~ ひきつった顔.
2〔話〕(人が) 緊張した, 固くなった. Ne soyez pas si ~. そんなに固くならないでください.

3〖言語〗縮約した. forme ~e 縮約形 (au, du など).
4〖法律〗契約事項の (=contractuel).

contractile a.〖生理〗収縮性の. fibres ~s (筋肉の) 収縮繊維.

contractilité n.f.〖生理〗収縮性. ~ des cellules de la fibre musculaire 筋繊維細胞の収縮性.

contraction n.f. **1** 収縮. ~ par la pression 圧力による収縮.
2〖生理〗〖筋〗収縮 (= ~ musculaire). ~ anormale (violente) 異常筋収縮, 痙攣. ~ des muscles du visage 顔のひきつり (ゆがみ).
3 (出産時の) 子宮収縮；〖pl. で〗陣痛. ~s〔utériens au moment d'accouchement〕分娩時の子宮の収縮；陣痛 (=tranchée). avoir des ~s 陣痛が起こる.
4〖比喩的〗縮小, 減少. ~ de la production (des ventes) 生産 (販売) の縮小 (減少).
5 短縮；〖言語〗縮約. ~ de texte テクストの要約. ~ des articles 冠詞の縮約 (au, aux, du, des).

contractualisation n.f.〖法律〗嘱託契約. ~ des établissements de santé 保健施設との公務嘱託契約〔締結〕.

contractuel(**le**) a. **1**〖法律〗契約の；契約による. clauses ~les 契約条項. obligations ~le 契約義務.
2 契約による. agent ~ (官公庁の) 臨時職員, 嘱託.
—n. 臨時職員；契約職員；嘱託 (=agent ~)；(特に) 駐車違反摘発の婦警察臨時職員《女性は制服の色から aubergine とよばれ 1981 年からは pervenche と呼ばれるようになった》.

contracture n.f. **1**〖建築〗(円柱の) 上部漸縮《円柱の上部を先細りにすること》.
2〖医〗(筋肉の) 攣縮 (れんしゅく), 拘縮. ~ musculaire 筋肉攣縮 (拘縮). ~ reflexe 反射攣縮.

contradicteur(**trice**) n.m. **1** 反対者；反論者；反駁者. **2**〖法律〗(対審判決の) 相手方. ~ légitime (親子関係訴訟での) 相手方代表当事者.

contradiction n.f. **1** 反論, 反駁, 反対意見, 抗弁. (訴訟の) 対審. ~ 対審の原則. apporter (porter) la ~ 反論する. accepter (refuser) la ~ 反論を受けいれる (拒否する). esprit de ~ 何にでも反対する人；反抗心.
2 矛盾. ~ entre A et B A と B の間の矛盾. ~s d'une politique 政策の内部矛盾. exposé rempli de ~s 矛盾だらけの口頭発表.〖哲〗théorie ~ 矛盾原理, 矛盾律.
3 不一致, 食い違い. ~ au sein d'un parti politique 政党内部の意見の不一致. en ~ avec …と矛盾して. entrer en ~ avec son entourage 取り巻きと意見の食い違いが生じる. se mettre en ~ avec soi-même 自己

撞着に陥る.

contradictoire *a.* **1** 矛盾した, 対立する. débat ~ 討論会. opinions ~s 対立する意見. témoignages ~s 矛盾する(相反する)証言.
2〚論理・数〛矛盾する. propositions ~s 矛盾命題. théorie ~ 矛盾理論.
3〚法律〛対審(反論)し合う. examen ~ 反対尋問. jugement ~ 対審判決 (jugement par défaut「欠席判決」の対).
4 矛盾だらけの;首尾一貫しない. attitude ~ 首尾一貫しない態度. récit ~ 矛盾だらけの話. circonstances ~es 矛盾的状況.
——*n.m.*〚論理〛矛盾対当. les ~s 正反対の事物.

contragestif (ve) *a.*〚医〛卵子着床阻害の;配偶子成長抑制の;避妊用の. pilule ~ve 避妊薬.
——*n.m.*〚薬〛(卵子着床阻害性の)避妊薬(妊娠中絶薬).

contraignable *a.*〚法律〛拘束しうる;強制しうる. Il est ~ par corps. 彼は身体拘束可能である.

contraignant(e) *a.* **1**〚法律〛強制する, 拘束する. action ~e 拘束力をもつ行動. circonstances ~es 強制的状況.
2〚法律〛法的強制力をもつ. accord ~ 強制力をもつ合意. usage ~ 強制力をもつ慣行. obligation ~e 強制力をもつ義務.

contraint(e¹) *a.* **1** 強制された. ~ et forcé やむをえず. Nous n'avons accepté que ~ et forcé. われわれはやむを得ず受諾しただけだ.
2 不自然な, ぎこちない. Il a l'air ~. 彼はぎこちない様子をしている. sourire ~ 作り笑い.

contrainte² *n.f.* **1** 強制, 圧迫. par (la) ~;sous la ~ 強制的に, 無理やり. céder sous la ~ やむを得ず譲歩する. obtenir qch par la ~ 何を無理やり手に入れる. employer (exercer, user de) la ~ 強制的手段を用いる.
2 束縛, 拘束, 制約. ~s économiques 経済的制約. ~ sociale 社会的束縛(拘束). vivre dans une ~ permanente 絶え間ない束縛の日々を送る.
3 自制, 気がね, 窮屈な感じ. avec (sans) ~ 遠慮して(遠慮なく). rire sans ~ 屈託なく笑う. agir sans ~ 気がねなしに振舞う.
4〚法律〛拘束力;〚税〛強制的納税催告. ~ administrative (公金取立ての)執行令状. ~ par corps (債務不履行者に対する)身柄の拘束, 収監.
5〚物理〛応力, 拘束, 制約. ~ admissible 許容応力. ~ à la flexion 曲げ応力. ~ à la traction 引張り応力.〚電〛~ diélectrique 誘電応力. ~ thermique 熱(温度)応力, 熱的制約.

contraire *a.* **1** 反対の, 逆の;(à に)反した, (と)対立する. conduite ~ au bon sens 良識に反する行動. deux opinions ~s 対立する二つの意見.〚数〛événements ~s 余事象.〚地学〛faille ~ 逆断層(= anormale, ~ inverse). mot de valeur ~ 反意語.〚音楽〛mouvement ~ 反進行.〚法律〛parties ~s en fait 申立てが対立する訴訟当事者.〚論理〛proposition ~ 反対命題. routes ~s 逆方向の道. sauf avis ~ 反対意見がなければ. tirer en sens ~ 反対方向に引っぱる.
2 (à に)有害な, 適さない, 合わない. régime ~ à la santé 健康に有害な食事療法. Le climat lui est ~. 気候が彼に合わない.
3 不利な, 逆の;(à に)不利な. destin ~ 不運. vent ~ 逆風. Le sort me fut ~. 運命は私に味方しなかった.
——*n.m.* **1** 反対の事(人). concilier les ~s 対立する人々を和解させる. faire le ~ de ce que l'on dit 人から言われたことの反対のことをする. C'est tout le ~. それは正反対のことだ. C'est le ~ d'un honnête homme. 彼は正直者とは全く正反対の人間だ. J'ai la preuve du ~. 私は正反対の証拠をもっている.
2〚文法〛反意語(synonyme「同義語」の対).《Haut》est le ~ de《bas》.「高い」は「低い」の反意語である.
3 au ~;bien (tout) au ~ 反対に, それどころか. au ~ de …に反し, …とは反対に.

contrariété *n.f.* **1** 困惑;不満, いらだち. ~ légère 軽いいらだち. geste de ~ 困惑の仕種. éprouver une vive ~ ひどく困惑する.
2 障害, 困難;不都合. éprouver de grandes ~s 大きな障害を経験する.
3〚論理〛矛盾;対立.〚法律〛~ de jugements 複数の確定判決の矛盾. ~ de lois 法律間の矛盾. ~ d'opinions 意見の対立. esprit de ~ へそ曲り, あまのじゃく, つむじ曲り (= esprit de contradiction).

contraste *n.m.* **1** 対照, 対比. ~ de deux caractères 二つの性格の対照. être en ~ 対照(対比)をなす, 対照的である. faire ~ avec …と対照をなす. mettre A en ~ avec B A を B と対比させる. par (en) ~ 対照的に, 対比によって.
2 (映像・色調などの)コントラスト. ~ de couleurs 色のコントラスト;対比色. ~ d'une image optique 光学的映像のコントラスト. régler le ~ d'un poste de télévision TV 受像機の映像のコントラストを調整する.
3〚医〛produit de ~ (X 線撮影用の)造影剤.
4〚言語〛対比;〚修辞〛対照法.

contrat *n.m.* **1** 契約, 協約. ~ social 社会契約. ~ sous seing privé 私署契約. établissement d'enseignement privé sous ~ 国と契約を結んだ私学.
2 契約書. ~ authentique 真正の契約書.

3〖トランプ〗コントラクトブリッジ.
◆ 契約の種類〗~ administratif 行政契約. ~ aléatoire 射倖契約. ~ à titre gratuit (onéreux) 無(有)償契約. ~ bilatéral 双務契約. ~ cadre 枠組契約. ~ collectif 団体(集団)契約. ~ consensuel 諾成契約. ~ commutatif 交換契約. ~ conjonctif 結合契約. ~ d'adhésion 同意(附従)契約. ~s couplés 連結契約〔条項〕. ~ d'assurance 保険契約. ~ d'audit 監査契約. ~ de bien-faisance 無償契約(=~ à titre gratuit). ~ de communication de savoir-faire ノウハウ伝達契約. ~ d'entreprise 請負契約. ~ de gré à gré 談合契約. ~ de licence 特許権譲渡契約. ~ de maintenance 保守契約. ~ de mariage 夫婦財産契約. ~ de plan (国と地方公共団体との間の) 計画契約. ~ de programme (国と企業間の) 計画契約. ~ de progrès (国の奨励によって結ばれる) 賃上げ保証労使契約. ~ de solidarité 連帯契約. ~ de sous-traitance 下請負契約. ~ de stabilité (国と企業間で結ばれる) 物価安定契約. ~ de transports 輸送契約. ~ de travail 雇用 (労働) 契約. ~ formel 要式契約. ~ individuel 個人契約. ~ innomé 無名 (非典型) 契約. ~ judiciaire (訴訟事件に) 和解契約. ~ nommé 有名 (典型) 契約. ~ réel 要物契約. ~ sans loi 無準拠法契約. ~ synallagmatique 双務契約. ~ type モデル契約. ~ unilatéral 片務契約.

contravention *n.f.* **1** (法令, 契約に対する) 違反, 違警罪〖(特に) 刑事〗crime, 軽罪 délit より軽い;第1級から第5級まで5段階あり;刑罰は罰金, 権利剥奪・制限, 各種免許の停止, 没収, 補充刑, 公益労働刑など〗;駐車(スピード)違反.〖行政〗~ de grande voirie 幹線交通路侵害罪.
2 違反調書. dresser ~ 違反調書を作製する.
3 罰金, 科料(=amende).

contraventionnel(le) *a.*〖法律〗違警罪に関する. amende ~le 違警罪による罰金. infraction ~le 違警罪的犯罪.

contre-alizé *n.m.*〖気象〗反貿易風 (貿易風の上空に吹く逆方向の高層気流).

contre-allée *n.f.* 側道.

contre-amiral (*pl.*~-~ ***aux***) *n.m.*〖軍〗海軍准将.

contre-assurance *n.f.* 再保険.

contre-attaque *n.f.* **1**〖軍〗反撃, 反攻 (=contre-offensive).
2〖スポーツ〗カウンター攻撃, 反撃, 逆襲 (=riposte).

contrebande *n.f.* **1** 密売買;(特に) 密輸入. ~ du tabac (des armes) タバコ (武器) の密輸入. faire de la ~ 密輸入を行なう.
2 密輸品 (=marchandises de ~);輸入禁制品 (=article de ~). ~ de guerre 戦時禁制品. acheter (vendre) de la ~ 密輸品を買う (売る). receleur de ~ 密輸品隠匿者.

contrebandier(ère) *n.* 密輸入者. ─*a.* 密輸入を行う. navire ~ 密輸船.

contrebasse *n.f.* **1**〖楽器〗コントラバス;ベース (basse). voix de ~ 最低音の歌声.
2 コントラバス (ベース) 奏者 (=contrebassiste).

contrebasson *n.f.*〖楽器〗コントラバスーン, コントラファゴット.

contrebatterie *n.f.*〖軍〗対砲兵射撃.

contre[-]choc *n.m.* 反動, はね返り (=contrecoup), カウンターショック. ~ pétrolier 石油反動ショック (石油価格の下落によりディスインフレーションが起きること).

contrecollage *n.m.*〖工〗接着加工 (接着剤で素材を貼り合わせること).

contrecoup *n.m.* **1** (事件などの) 余波, 影響, とばっちり. ~ d'un désastre 災害の余波. par ~ 余波を受けて, とばっちりで.
2〖医〗反衝;対側打撃, 反動損傷.
3〖古〗はね返り, 反動. ~ d'une balle 弾丸のはね返り.

contre-courant *n.m.* **1**〖海洋〗逆流, 反流. ~ équatorial (海流の) 赤道反流. à ~ 流れと逆方向に;時流に逆らって. aller à ~ de la mode 流行に逆行する. nager à ~ 流れに逆らって泳ぐ.
2〖化〗向流.
3〖電〗逆電流.

contre-culture *n.f.* 反文化 (既存文化に対する反抗).

contre-dénonciation *n.f.*〖法律〗第三債務者 (tiers saisi) に対する債権差押えの通知.

contre-digue *n.f.*〖土木〗副堤, 控え堤, 二番堤.

contredit *n.m.* **1**〖文〗異議, 異論, 反駁. sans ~ 勿論, 確かに, 明らかに (=assurément, certainement, à l'évidence, sans conteste). sauf ~ 異議なく.
2〖法律〗異議の申立て, 不服申立て;答弁書. les dits et les ~s 申立てと抗議の申立て. ~ de compétence 管轄のみに関する判決に対する不服申立て.

contrée *n.f.*〖文〗地方. ~ méditerranéenne 地中海沿岸地方. ~ riche (pauvre) 豊かな (貧しい) 国 (地方).

contre-écrou *n.m.*〖機工〗ねじ止め, 止めナット, 二重ナット.

contre-électromotrice *n.f.*〖電〗逆起電性の. force ~ 逆起電力 (略記 f.c.é.m.).

contre[-]enquête *n.f.* 再調査;反対 (対抗) 尋問.

contre-épreuve *n.f.* **1**〖彫版〗逆校正刷り, 転写刷り;〖比喩的〗裏返しの存在. tirer une ~ 逆校正 (転写) 刷りを刷る.

2 再吟味, 再検討. soumettre des résultats d'une analyse à une ~ 分析結果を再検討にまわす.
3〖会議〗反対投票〖賛成投票の後, 反対票数を正確に数えるための投票〗.
contre-espionnage *n.m.* **1** 防諜, スパイ対策, スパイ活動監視. faire du ~ 防諜活動をする, スパイ対策を講じる.
2 防諜機関, スパイ対策部 (=services de ~)（DST 所属）.
contre-essai *n.m.* 対照実験 (=contre-épreuve).
contre-étiquette *n.f.* コントルエチケット〖葡萄酒の樽の主ラベルの反対側に貼られているラベル〗.
contre-exemple *n.m.* 反証, 反例.
contre-expertise *n.f.* **1** 再鑑定. **2** 再鑑定書.
contre-extension *n.f.*〖医〗(骨折, 脱臼の場合の)反対牽引.
contrefaçon *n.f.* **1** 偽造, 贋造, 贋作；(版権・商標などの)侵害；知的財産権侵害；(文学作品などの)偽作. ~ de billets de banque 紙幣の偽造. ~ d'un livre 書籍の版権侵害. délit de ~ 贋造罪.
2 偽造物.
3〖広義〗模倣.
contrefac*teur*(*trice*) *n.* 偽造者, 贋作者；贋札づくり (=faussaire).
contrefaction (<contrefaire) *n.f.*〖法律〗偽造, 贋造 (=contrefaçon). ~ de billets de banque (de monnaie) 紙幣（貨幣）の偽造. ~ des sceaux de l'Etat 国璽の偽造. ~ de signature 署名の不正模倣.
contrefait(*e*) (<contrefaire) *a.p.* **1** 偽造(贋造)された；模造された. maladie ~*e* 仮病. marchandise ~*e* 模造商品. monnaie ~*e* 偽造貨幣. signature ~*e* 真似た署名. voix ~*e* 作り声.
2 ゆがんだ, 奇形の. avoir des jambes ~*es* 脚が曲がっている.
contre(-)fil *n.m.* 反対方向, 逆向き. à ~ 逆方向に；逆って；(木目の)目に. à ~ de l'eau 流れを遡って.
contre-filet *n.m.*〖食肉〗コントル・フィレ, フォー・フィレ (faux-filet), サーロイン (牛の腰尻肉 aloyau の一部).〖料理〗~ grillé コントル・フィレの網焼.
contrefort *n.m.* **1**〖建築〗控え壁, 扶壁, バットレス. **2**〖*pl.* で〗(山脈の)支脈. les ~s des Alpes アルプスの支山脈. **3** (靴の)かかと革.
contre-fossé *n.m.*〖土木〗側溝.
contre-gouvernement *n.m.*〖政治〗影の内閣, シャドー・キャビネット.
contre-indication *n.f.*〖医〗(薬剤・手術などの)禁忌.
contre-indiqué(*e*) *a.*〖医・薬〗禁忌された, 使用が禁止された；〖比喩的〗危険な, 不適当な. médicament ~ 禁忌薬剤.〖比喩

的〗mesures ~*es* 不適当な措置.
contre-interrogatoire *n.m.*〖法律〗反対尋問.
contre-jour *n.m.* **1** 逆光〔線〕. à ~ 逆光で. prendre une photo à ~ 逆光で写真を撮る.〖写真〗effet du ~ 逆光効果.〖写真〗touche ~ 逆光補正用スイッチ. être gêné par le ~ 逆光に悩まされる.
2〖写真〗逆光の写真.
contre-la-montre *n.m.inv.*〖スポーツ〗タイムレース；(自転車の)タイムトライヤル (=course contre la montre).
contre-lettre *n.f.*〖法律〗反対証書〖表向きの証書とは別の秘密約定〗.
contrema*ître*(*sse*) *n.*〖労働〗職工長.
contre-manifestation *n.f.* 対抗デモ.
contremarque *n.f.* **1** (貨物の)副票. ~ apposée sur des marchandises 商品に添付された副票.
2 (金銀細工の)検証刻印.
3 (貨幣の)付加刻印.
4〖劇場〗(幕間などの)一時外出券. Réclamez une ~ avant de quitter la salle ホールを離れる前に一時外出券をお求め下さい.
5 半券. ~ d'une carte d'accès à bord 搭乗券の半券. ~ d'un ticket de consigne (de vestiaire) 一時預け荷物 (クローク) の半券.
contre-mesure *n.f.* **1** 対策；対抗手段, 反対措置. prendre des ~s pour éviter la spéculation 投機を防止するために対策を講じる.
2〖軍〗制裁措置；報復手段. ~*s* électroniques 電波妨害.
contre-offensive *n.f.*〖軍〗反攻；〖比喩的〗逆襲.
contrepartie *n.f.* **1** 代償, 対価；反対給付. ~ de la masse monétaire 通貨供給量の裏付けとなる資産. en ~ 代償として, 交換で.
2 反対意見, 反論. soutenir la ~ d'une opinion 反対意見を支持する.
3〖株式〗背任的証券取引.
4 (帳簿の)副本, 写し (=~ d'un registre).
contre(-)passation *n.f.* **1**〖商業〗(簿記の)訂正記入, 転記訂正 (=contre-passement).
2〖財政〗(不渡手形の)振出人への返還.
contre(-)performance *n.f.* 期待外れの成果.
contre(-)pied *n.m.* **1** (意見・行動などの)正反対. Vos opinions sont le ~ des miennes. あなたの意見は私と正反対です. à ~ 逆に；逆のやり方で. Il fait tout à ~. 彼は何でも人と反対のことをする. prendre le ~ de … と正反対のことをする, …の逆手をとる.
2〖スポーツ〗逆. être à ~ 逆をつかれる. prendre un adversaire à ~ 相手の逆をつ

く(虚をつく).
3 〖狩〗獲物の逆方向への追跡.
contre-placage n.m. 合板製造法；合板.
contre〔-〕plaqué(e) a. はり合せた.
——n.m. 合板；ベニヤ板.
contrepoids n.m. **1** 対重，カウンターウエイト，釣合いおもり；(時計の)分銅. ～s d'une horloge 時計の分銅. faire [le] ～ à …と釣合いをとる.
2 〔比喩的〕釣合い，補い. apporter un ～ à …と釣合いを保つ，均衡を保つ. Sa gentillesse fait ～s à sa sévérité. 彼の優しさが峻厳さと釣合っている. servir de ～ 調整力として働く.
contrepoint n.m. **1** 〖音楽〗対位法；多声音楽(=polyphonie)；対位旋律.
2 〖芸術〗対位的手法.
3 〖芸術〗副主題；対照的要素. en ～ 〔de〕 の副主題として，と対位をなして；〔比喩的〕と平行して.
contrepoison n.m. 〖薬〗拮抗毒，解毒性毒素；解毒剤(=antidote).
contre-porte n.f. **1** (二重扉の)外戸. **2** (冷蔵庫・車などの)ドアポケット.
contre-pouvoir n.m. 〖政治〗反権力，反体制.
contre-préparation n.f. 〖軍〗敵攻撃準備に対する先制攻撃. ～ d'artillerie 敵の攻撃準備をたたく砲兵隊の先制攻撃.
contre-prestation n.f. **1** (双務契約における)反対給付(=contrepartie).
2 〖人類学〗(贈物に対する)お返し，返礼.
contre-productif(ve) a. 生産効果を下げる，好ましくない結果を生む. mesures ～ves 逆効果の措置.
contre-programmation n.f. 〖放送〗(他の放送局の番組に対抗する)裏番組の制作，対抗番組の編成.
contre〔-〕projet n.m. 対案. proposer des ～s 対案を出す.
contre-propagande n.f. 対抗プロパガンダ，対抗宣伝.
contre-proposition n.f. 対案，反対提案.
contre-publicité n.f. **1** 逆宣伝，対抗宣伝. **2** 逆効果をもたらす宣伝(広告).
contrepulsion n.f. 〖医〗反対拍動法，カウンターパルセーション法.
contre-rapport n.m. 反論レポート.
contre-réaction n.f. 〖工〗逆反応，フィードバック(=〔英〕feed-back).
Contre-Réforme n.f. 反宗教改革.
contre-révolution n.f. 〖政治〗反革命.
contre-révolutionnaire a. 反革命の；反革命的な. gouvernement ～ 反革命政府.
——n. 反革命家，反革命分子.
contreseing 〔-sɛ̃〕 n.m. **1** (確認・認証のための)副署，連署. ～ ministériel 大臣による副署(公文書の元首の署名に添えてその真正性を証明する大臣副署；国会の議決法案に対する元首署名に添え，大臣が責任をとるための副署). les actes du président soumis au ～ 副署を義務づけられた大統領の決定.
2 (公用郵便物の)無料配達表示.
contresens 〔-sɑ̃s〕 n.m. **1** (文章の)誤った解釈，誤読；誤訳. traduction pleine de ～ 誤訳だらけの翻訳. faire un ～ 意味を取り違える；誤読(誤訳)する. interpréter à ～ les paroles de qn 人の言葉をはき違える. Cette interprétation de Hamlet est un ～. このハムレットの解釈は誤読である.
2 不条理，非常識，常軌の逸脱.
3 逆方向，逆向き. à ～ 逆方向に；誤って；やみくもに. interpréter une phrase à ～ 文意を取違える. prendre une rue à ～ 道を逆向きに入る. à ～ de …と反対の向きに；…に逆らって；…とあべこべに.
contresignataire n. 連署人，副署人.
——a. 連署(副署)による. autorité ～ 副署当局.
contre〔-〕société n.f. 反社会；反社会グループ.
contre-sommet n.m. 〖政治〗対抗的首脳会談.
contre-surestaries n.f.pl. 〖海〗(船積み・陸揚げのための)追加的帯船期間；追加的帯船料.
contretemps n.m. 思いがけない不都合；不時の出来事. cruel ～ ひどい不都合. facheux ～ とんだ不都合.
à ～ 折悪しく. agir à ～ 場違いな事をする. arriver à ～ 間の悪い時にやってくる. 〖音楽〗être à ～ 拍子を外す. jouer (chanter) à ～ 拍子外れの演奏をする. (拍子外れに歌う). jouer en ～ 弱拍のみを演奏する.
contre-ténor n.m. 〖音楽〗カウンターテノール(テノールより高い男声〔歌手〕).
contre-terrorisme n.m. 報復テロ. les terrorismes et les ～s テロと報復テロ.
contre-timbre n.m. 〖法律〗印紙の表示金額変更証印.
contre-tropilleur n.m. 〖軍〗駆逐艦(「対魚雷艦」の意；=destroyer；1,800-3,000トン級).
contretype n.m. **1** (陰画のコピーまたは陽画の反転による)陰画；反転ネガ.
2 焼付けた写真のコピー.
contre-valeur n.f. 等価，対価.
contrevenant(e) n. 〖法律〗(法規などに)違反する者，違警罪の.
——n. 〖法律〗(法規などの)違反者；違警罪犯.
contre〔-〕vérité n.f. **1** 真実に反する主張；虚偽；偽証.

contre-visite *n.f.* 【医】(医師の)再検診, 再回診.

contre-voie *n.f.* 【鉄道】反対路線. descendre à ~ (間違って) ホームとは逆の側に降りる. rouler à ~ 逆走する.

Contrex *n.pr.* コントレックス《Contrexéville でつくられるフランス産ミネラルウォーターの呼称》.

Contrexéville *n.pr.* コントレクセヴィル《ヴォージュ県 département des Vosges, ヌフシャトー郡 arrondissement de Neufchâteau の町 (市町村コード 88140); 古代ローマ時代からの温泉場の町》. station thermale de ~ コントレクセヴィルの温泉場《肝臓病・腎臓病に効く》. eau minérale de ~ コントレクセヴィルのミネラルウォーター《略称 Contrex; マグネシウムと硫化カルシウムを含むミネラルウォーター; 100 *ml* 当りの含有量: ナトリウム 0.91 mg, カリウム 0.32 mg, カルシウム 48.6 mg, マグネシウム 8.4 mg, 硫酸塩 118.7 mg》.

contribuable *n.* 納税義務者, 納税者. petit (gros) ~ 低額 (高額) 納税者. ~ payant en nature 現物納税者. aux frais du ~ 公費を浪費して.

contributif (ve) *a.* 出資の; 納税の. état ~ 納税申告書. part ~*ve* 出資分; 納税分.

contribution *n.f.* **1** 貢献, 寄与. ~ de la France à l'effort du désarmement 軍縮努力に対するフランスの貢献.
2 使役. mettre *qn* (*qch*) à … を利用する, …を働かせる.
3 〖多く *pl.*〗税金, 租税; 税務当局. ~ directe (indirecte) 直接 (間接) 税. ~ mobilier 動産税. ~ pour le remboursement de la dette sociale (CRDS) 社会保障負債償還税. ~ sociale généralisée (CSG) 一般社会保障税. bureau de ~*s* 税務署.
4 負担金, 分担金; 出資; 【社会保障】社会保障負担金. ~ à la dette 求償権の対象となりうる債権の分担. ~*s* versées aux organismes internationaux (予算の一項目として) 国際機関分担金. distribution par ~ (差押物件競売後の) 債権者間での分配.

contrôle *n.m.* **1** 管理, 規制; 検査, 監査; 監視; 校閲; チェック; 改札. ~ administratif de la Cour des comptes 会計検査院による行政検査.〖学〗~ continu 平常点. ~ continu d'un enregistrement 録音 (録画) のモニタリング(=【英】monitoring). ~ de la constitutionnalité des lois 法律の合憲性の監査. ~ de l'exécution du budget 予算の執行状況の管理. ~ de qualité 品質管理.〖鉄道〗~ des billets de chemin de fer 検札; 改札. ~ des changes 為替管理. ~ des pièces d'identité par la police 警察による身分証明証の検査. ~ d'inventaire 在庫管理. ~ d'une comptabilité 会計監査. ~ d'une voiture 車検. ~ radiographique 放射線照射検査. ~ sanitaire 保健管理. ~ statistique des qualités 統計的品質管理.〖軍〗〖集合的〗corps de ~ (会計などの) 検査官. liste de ~ チェックリスト. exécuter un ~ sévère sur la conduite de *qn* 人の行動を厳しく監督する. mettre *qch* sous ~ judiciaire 何を法の監視下に置く.
2 管制; 統制; 制御; 管理, 監督. ~ à distance 遠隔制御 (操縦). ~ automatique de train 自動列車制御. ~ de soi 自制. ~ des prix 物価統制. ~ d'un réacteur nucléaire 原子炉の制御. ~ financier 財政統制. ~ judiciaire 裁判所監督, 司法統制処分.〖航空〗centre de ~ コントロール・センター, 管制センター. tableau de ~ 制御盤. tour de ~ d'un aérodrome 飛行場のコントロール・タワー, 管制塔. perdre tout ~ sur soi-même 自制心を完全に失う. prendre le ~ d'une entreprise 企業をコントロールする.
3 検問所, 検査場;〖劇〗(予約・招待席などを扱う) 受付.
4 調節, 調整, コントロール. ~ des naissances 産児制限, 妊娠調節.
5 在籍者名簿, 登録簿;〖軍〗兵員名簿, 軍籍簿. officier rayé des ~*s* de l'armée 軍籍簿から除外された士官.
6 (貴金属の) 純分 (純度) 検証. cachet (poinçon) de ~ 純分検証印, 極印.

contrôlé(e) *a.p.* **1** 規制された; 管理された; 検査された, 監査された.〖農, 商業〗appellation 〖d'origine〗~*e* 原産地名管理呼称 《略記 AOC, AC》. dépenses ~*es* 監査済支出. navigation aérienne ~*e* 管制飛行. presse ~*e* (権力の) 管理下の新聞雑誌. titre de transport ~ 検札済みの乗車券.
2 確認された; 点検された; (貴金属などが) 検印を刻まれた. texte ~ sur l'original 原本と照合済みのテクスト.
3 制御された; 抑制された;〖政, 軍〗支配下におかれた, 制圧された. mouvements ~*s* 制御された作動. naissance ~*e* 管理出産, 産児制限. région stratégique ~*e* par armées 軍に制圧された戦略的地域. syndicat ~ par le patronat 経営者の支配下にある組合.

contrôleur¹ **(se)** *n.* **1** 管理者, 規制担当者.
2 監査官; 監督者; 監査役. ~ des Finances 財務監査官.〖経営〗~ de gestion 監査役. ~ du travail 労働監査官. ~ général de Police 警視長.
3〖交通〗検札係, 改札係; 車掌. ~ des chemins de fer (d'autobus) 鉄道 (バス) の車掌.
4〖航空〗管制官. ~ de la navigation aérienne 航空管制官.

contrôleur² *n.m.*〖機械〗制御器, 調節器, モニター, 監視装置;〖電〗テスター. ~

contrôlographe n.m. 『交通』大型トラック（重量車輛）運転管理機器.

contrordre n.m. 取消命令. Partez, sauf ~. 別命なき限り出発せよ.

controverse n.f. 論争；議論. ~ scientifique 科学的論争. ~ théologique 神学論争. matière à ~ 論争の種（根拠）. Il y a là matière à ~. それには論争の余地がある. soulever (provoquer) une vive ~ 激論を惹起する. soutenir une ~ contre …に対して反論する.

contumace n.f. 『法律』（重罪院における被告の）欠席. jugement par ~ 欠席判決. ordonnance de ~ 欠席判決. purge de la ~ （判決後の出頭による）欠席判決の失効.
——a. 法廷に欠席した. accusé ~ 欠席した被告.
——n. 法廷欠席者.

contumax [-maks]〖ラ〗n. 『法律』法廷欠席者（=contumace）. être déclaré ~ 法廷欠席者と宣告される.
——a. 法廷欠席者の.

contus(e) a. 打撲を受けた. plaie ~e 打撲傷.

contusif(ve) a. 打撲による. douleurs ~ves 打撲痛. pneumonie ~ve 挫傷性肺炎.

contusion n.f. 『医』挫傷, 挫創, 打撲傷. ~ cérébrale 脳挫傷. ~ du globe oculaire 眼球打撲.

conurbation n.f. 『地理』（大都市とその周辺を併せた）連合都市, コニュルバシヨン, コナベーション. ~ Lille-Roubaix-Tourcoing（北仏の）リール=ルーベー=トゥールコワン連合都市.

convaincant(e) a. 1 説得力のある. argument ~ 説得力のある論議. preuve ~e 決定的証拠.
2 （人が）説得力のある, 雄弁な. orateur ~ 雄弁な説得者. ton ~ 人を納得させる口調.

convaincu(e) (<convaincre) a.p. 1 (de；que+ind.) …の確信を抱いた；確信にみちた, 断乎たる. air ~ 確信にみちた態度. auditeurs ~s 納得した聴衆. d'un ton ~ 断乎たる口調で. Je suis ~ de ne pas me tromper. 私には間違っていないという確信がある.
2 『法律』(de で) 有罪と認められた. ~ d'un crime 重罪と認められた.
——n. 頑固な人.

convalescence n.f. 1 （疾病の）回復期 (=période de ~)；予後. entrer en ~ 回復期に入る. être en ~ 回復期にある. maison de ~ 保養所.
2 『軍』病後休暇（俗称 convalo）. partir en ~ 病後休暇に入る.
3〖比喩的〗回復, 立ち直り. ~ morale (politique, sociale) 精神的（政治的, 社会的）立ち直り.

convalescent(e) a. （病気の）回復期にある, 快方に向かった. air ~ 快方に向かった容体.
——n. 回復期の患者.

convecteur n.m. 対流放熱器, 対流式暖房器, コンヴェクター《放熱器》. ~ électrique 対流式電気暖房器.

convection n.f. 『物理・気象』対流, 対流現象. ~ thermique 熱対流.

convenable a. 1 適当な, 恰好の；(à, pour) にふさわしい. mesures ~s pour obtenir un résulat 成果を挙げるにふさわしい措置. parti ~ 恰好の結婚相手. solution ~ 都合のよい解決. au moment ~ 適当な時期に.
2 慣習（作法）にかなった；礼儀正しい；穏当な；きちんとした. conduite peu ~ ぶしつけな振舞い. tenue ~ きちんとした身なり. Il est ~ de+inf. (que+subj.) …する（である）ことが望ましい. C'est une personne très ~. しきたりに非常にうるさい人である.
3〖話〗妥当な, かなり良い, 承服できる. salaire ~ まずまずの給与. Ce vin est très ~. この葡萄酒はなかなか良い. Ce n'est pas ~. それはよくない.

convenance n.f. 1〖文〗適合；合致. ~ de caractère entre deux époux 夫婦間の性格の一致. ~ des termes 用語の的確性. rapport de ~ 適合関係.
2 好都合；便宜, 好み. congé pour (de) ~ personnelle 一身上の都合による休暇. mariage de ~ （財産や社会的地位を考慮した）便宜的結婚. par ~ 自分の便宜のために. agir à sa ~ 自分の都合の良いように行動する. être à la ~ de …に都合が合う, 自分の要求に合う. trouver qch à sa ~ 何が自分の好みに合っていると思う. consulter les ~s de qn 人の都合を尋ねる.
3〖一般に pl.〗礼儀作法；しきたり. par pure ~ 単なる体面から. manquer aux ~s 礼節に欠ける. observer (respecter) les ~s 礼儀作法を守る. ne pas se soucier des ~s 作法（しきたり）を気にしない.

convention n.f. 1 条約, 協約, 協定, 契約, 約定. ~ collective（労使関係上の）労働協約, 団体協約. ~ de portage 伝達契約. ~ de Vienne relative aux relations diplomatiques 外交関係に関するヴィーン条約. C ~ européenne des droits de l'homme ヨーロッパ人権規約. ~ fiscale 租税条約. ~ internationale de travail 国際労働条約. ~ matrimoniale 婚姻契約. C ~ sur l'avenir de l'Europe ヨーロッパの将来に関する諮問会議（2001年創設；EUの将来を検討する諮問会議；議長 Valéry Giscard d'Estaing）.
2 取り決め, 了解事項, 慣習, 慣例, 良風. de ~ 慣例による, 約束に基づく. par

慣例によって. ~ du théâtre 演劇の約束事.
3 (政党名として) 同盟, 連盟. C ~ des institutions républicaines 共和制度同盟 (《1960年代後半, Mitterrand などが結成し, 後に社会党と合体》).
4 政党の大会, 特に臨時党大会, (アメリカで) 大統領候補を選出するための党大会.
5〚史〛C ~〔nationale〕国民公会 (1792-95 年).

conventionné(**e**) *a.* 協定を結んだ; 社会保障機構に加入した. clinique ~ *e* 社会保障加入診療所. médecin ~ 保険医.

conventionnel[1](***le***) *a.* **1** 協定 (契約) で定めた; 約定による; 慣用による. acte ~ 協定 (契約) 証書. clauses ~ *s* 協定 (契約) 条項. langage ~ 符牒. liquidation ~ *le* 約定清算. obligation ~ *le* 約定義務 (obligation légale「法定義務」の対).〚史〛régime ~ 国民公会制. signes ~ *s* 慣用記号, 符号. valeur ~ *le* de la monnaie 通貨の協定価値.
2 慣例の, 便宜的な; 常套的な, 形だけの; 因襲的な. avoir des idées ~ *les* 因襲的な考えをもつ. formule ~ *le* de politesse 儀礼上のきまり文句.
3〚兵器〛通常の, 旧来の, 古典的な (《核, 化学, 生物によらない》). armes ~ *les* 通常兵器 (armes nucléaires「核兵器」などの対).

conventionnel[2] *n.m.*〔時に C ~〕〚仏史〛国民公会 (Convention) の議員.

conventionnement *n.m.*〚社会保障〛医師 (病院) と疾病保険金庫との間の協定〔締結〕.

conventuel(***le***) *a.* 修道院 (couvent) の. architecture ~ *le* 修道院建築. église ~ *le* 修道院付属聖堂. vie ~ *le* 修道院生活.
—*n.m.* 修道士. les C ~ *s* フランシスコ会 (= les frères mineurs ~ *s*).

convenu(**e**) (< convenir) *a.p.* **1** 取り決められた, 決定された, 了解された. chose ~ *e* 了解事項. mot ~ 合言葉, 符牒. prix ~ 申し合せ価格. C'est ~. 承知しました.
2 紋切り型の, 月並な. langage ~ 月並な言葉.

convergence *n.f.* **1**〚数, 理〛収斂, 収束;〚光学〛収斂;〚生〛集中, 収斂;〚気象〛収束.〚光学〛~ d'une lentille レンズの収斂.〚数〛~ en moyenne 平均収束.〚数〛~ en probabilité 確率収束.
2 〚比喩的に〛集中, 集中; (同一目的に向かう) 結束, 一致. ~ des intérêts 利害の一致. ~ des volentés 意志の一致. critères de ~ 収斂の基準 (《EU 単一通貨参加基準》).〚人類〛phénomènes ~ *s* entre cultures très différentes 異文化間の収斂現象.

convergent(**e**) *a.* 集中する, 一点に向かう; 収束 (収斂) する. efforts ~ *s* 一点集中型の努力.〚光学〛lentille ~ *e* 集光レンズ, 凸レンズ. opinions ~ *es* 一点に集中する意見. témoignages ~ *s* 一致した証言.

conversation *n.f.* **1** 会話, 談話; 話し方, 話の内容, 話題. salle de ~ 談話室. ~ brève (courte) 短い会話. ~ secrète 密談; ひそひそ話. La ~ se traîne (s'éteint). 会話が長びく (途切れる). avoir une ~ avec *qn* 人と話をする. avoir de la ~ 話がうまい, 話題に事欠かない. avoir une longue ~ téléphonique 電話で長話する. changer de ~ 話題を変える. être à la ~ 話題に耳をかたむける. éviter un sujet de ~ 話題を避ける. lier ~ avec *qn*; faire la ~ avec (〚話〛à) *qn* 人と話をする. dans la ~ courante 日常会話で; 〚政治〛非公式の談話の中で.
2 会談. ~ *s* diplomatiques 外交会談.
3〚古〛交際.

conversationnel(***le***) *a.*〚情報処理〛対話方式の, 双方向性の (= interactif). langage ~ (コンピューターの) 対話型言語. vidéographie ~ *le* 対話型コンピュータ・グラフィックス.

conversion *n.f.* **1**〚宗教〛(à への) 改宗, 回心. ~ d'un protestant au catholicisme プロテスタントのカトリックへの改宗. ~ d'un athée 無神論者の回心.
2 転向. ~ au socialisme 社会主義への転向.
3 (en への) 変更, 転換, 切り換え; 改造; (通貨の) 兌換, 換算. ~ d'un billet de banque en or 銀行券の金への兌換. ~ de dollars en euros ドルのユーロへの変換 (両替). ~ d'énergie エネルギー変換. ~ des heures en minutes 時間の分換算. ~ des métaux 金属の変換. ~ industrielle 産業の転換.
4 方向転換, 転回;〚軍〛旋回;〚スキー〛キックターン.
5〚医・精神分析〛転換, 変換. ~ du gène 遺伝子変換. hystérie de ~ 転換ヒステリー.
6〚論理〛換位.
7〚情報処理〛変換, 移行, コンヴァージョン. programme de ~ 変換プログラム. réaction de ~ 転換反応. syndrome de ~ 転換症状.

converti(**e**) *a.p.* **1** 改宗した, 回心した. païens ~ *s* キリスト教に改宗した異教徒.
2 転向した.
—*n.* **1** 改宗者, 回心者.〚話〛Prêcher un ~ 釈迦に説法する. **2** 転向者.

convertibilité *n.f.* 転換の可能性, 交換性, (特に) 銀行券の兌換性. ~ en or 金兌換.

convertible *a.* **1** 転換の可能性のある.
2 交換可能な, 兌換性をもつ, 変換可能な. billet〔de banque〕~ en or 兌換紙幣. monnaie ~ 交換可能通貨. obligation ~〔en action〕転換社債.
3 (他の用途に) 変換できる.〚航空〛avion ~ 水平・垂直離着陸両用機.〚家具〛canapé ~ ソファーベッド (= canapé -lit).〚自動車〛voiture ~ コンヴァーティブル・カー (折りたたみ式幌つきのオープンカー).
—*n.m.* **1** ソファベッド (= canapé ~). **2**

転換式航空機 (= avion ~).
convertissant(e) *a.* 変換する. carte vidéo ~ l'image numérique en un signal PAL ディジタル映像をパル方式の信号に変換するヴィデオカード.

convertissement *n.m.* 〖財政〗(貨幣の) 交換, 兌換;(証券などの) 現金化. ~ des monnaies 貨幣の交換. ~ d'une somme en monnaie étrangère 金額の外国貨幣への交換. ~ d'un titre 証券の (記名方式の) 切換え. ~ des biens en espèces 財産の現金化.

convertisseur *n.m.* **1** 〖冶〗転炉. ~ de Bessemer ベッセマ転炉. ~ Thomas トーマス転炉.
2 〖原子力〗転換炉 (= réacteur ~).
3 〖電〗変換器;整流器;調整器, コンヴァーター (= 〖英〗converter, convertor). ~ de fréquence 周波数変換器. ~ de phase 位相変換器. ~ de tension 変圧変換器.
4 〖情報処理〗変換器 (装置);〖TV〗輝度調整器. ~ analogique-numérique アナログ・ディジタル (A-D) 変換器 (略記 CAN). ~ numérique-analogique ディジタル・アナログ (D-A) 変換器 (略記 CNA). ~ de données データ変換器. ~ d'images 映像変換装置. ~ de monnaie 通貨換算器 (ヨーロッパ連合加盟国の通貨をユーロに変換する計算機器). ~ de PAL à SECAM (TV の) パル方式をセカム方式に変換する装置. calculatrice ~ d'euros ユーロ換算電卓.
5 〖機工〗コンヴァーター, 変換器;〖写真〗コンヴァーター・レンズ;〖化〗硫酸製造の) 転化器;〖農〗製粉機.〖機工〗~ de couple トルク・コンヴァーター.〖写真〗~ de focale 焦点距離変換コンヴァーター・レンズ.
6 〖戯〗改宗 (転向) させる人, 教化者.

convexe *a.* 凸 (とつ), 凸面の, 凸状の (concave「凹」の対). lentille ~ 凸レンズ. miroir ~ 凸面鏡.〖地形〗rive ~ (河川の) 滑走斜面. surface ~ 凸面.

conviction *n.f.* **1** 確信, 自信;〖話〗真剣さ, 真剣味. intime ~ 深い確信. avoir la ~ de (que + *ind.*) …という確信がある. avec ~ 熱をこめて;真面目に, 一心に. parler avec ~ 真剣に話す. manquer de ~ 真剣味に欠ける. par ~ 確信をもって. agir par ~ 確信をもって行動する.
2 〔多く *pl.*〕信念, 信条. ~s politiques (religieuses) 政治的 (宗教的) 信念.
3 〖法律〗〖古〗有罪の証拠.〖現用〗pièce à ~ 証拠物件.

convive *n.* 会食者, 食事仲間.

convivial(ale) (*pl.* **aux**) *a.* **1** 会食の, 宴会の;懇意の. repas ~ 懇親のための会食. **2** 〖情報処理〗共生的な, 誰にでも利用できる.

convivialité *n.f.* 懇親. espace de ~ 懇親用スペース.

convocable *a.* 〖法律〗召集できる;召

喚しうる.

convocation *n.f.* **1** 召集, 召喚, 呼び出し, 呼び出し手続. ~ du Parlement 国会の召集. se rendre à une ~ 召集 (召喚) に応じる. ~ d'un concil 公会議の召集 (= indiction).
2 (英国国教の) 聖職会議;(米国聖公会の) 主教区会議.
3 召集状, 召喚状 (= billet de ~).〖学〗~ à un examen 試験通知書. recevoir une ~ 召喚状を受け取る.

convoi *n.m.* **1** 葬儀の列, 葬列 (= ~ funèbre). le ~, le service et l'enterrement 葬列, 葬儀, 埋葬. suivre un ~ 葬列に従う.
2 〖軍〗輸送車隊;輸送船団 (= ~ maritime). ~ de munitions 弾薬の輜重隊. escorter un ~ 輸送車隊 (船団) を護衛する. former un ~ 隊列 (船団) を組む.
3 車の列, 車列. ~ de camions トラックの車列. se déplacer en ~ 列をなして移動する.
4 〖鉄道〗列車 (= ~ de chemin de fer). ~ de marchandises (de voyageurs) 貨物 (旅客) 列車.
5 (同一方向に向かう) 人の列. ~s de réfugiés 避難民の列.

convolvulacées *n.f.pl.* 〖植〗ひるがお科;ひるがお科植物 《convolvulus ひるがお, jalap ヤラパ, liseron 西洋ひるがお, patate さつまいも, など》.

convolvulus [-lys] *n.m.* 〖植〗ひるがお (= belle-de-jour).

convoyage *n.m.* 〖軍〗(船団などの) 護送;護衛;護送船団, 輸送船団;輸送.〖軍〗~ des avions neufs 新造軍用機の前線への移送. ~ de minerai 鉱石の輸送.

convoyeur(se) *n.m.* **1** 護衛艦 (= bâtiment ~). **2** 〖鉄・軍〗輸送監督者;輸送警備員. ~ de fonds 現金輸送警備員. **3** コンヴェア;ベルトコンヴェア (= ~ à bandes).
——*n.f.* 女性警備員.
——*a.* 護送用の. navire ~ 護衛艦.

convulsant(e) *a.* 〖医・薬〗痙攣を引き起こす.
——*n.m.* 〖薬〗痙攣薬, 痙攣毒 (= agent ~) 《中枢神経興奮薬の一種》.

convulsif(ve) *a.* **1** 〖医〗痙攣性の. attaque ~ve 痙攣発作. désordres ~s 痙攣性疾患. tic ~ 顔面痙攣, 痙攣性チック (= spasme facial).
2 ひきつったような. mouvement ~ ひきつったような動作. rire ~ 痙攣笑い, ひきつり笑い, こみあげる笑い. sanglots ~s しゃくりあげる嗚咽.

convulsion *n.f.* **1** 〔多く *pl.*〕痙攣, ひきつけ.〖医〗~ clonique 間代性痙攣.〖医〗~ tonique 強直性痙攣. être pris de ~s 痙攣に見舞われる.
2 〔比喩的〕激発, 爆発. ~s de colère 怒り

の爆発, 爆発的怒り.
3〔比喩的〕激動, 激発. ~s politiques (sociales) 政治的(社会的)激動.
convulsionnaire a.〚医〛痙攣を起こす.
——n.〚医〛痙攣を起こす人.
——n.pl.〚仏史〛熱狂的ヤンセン派信徒(1723年から1727年にかけてParisのSaint-Médard墓地で痙攣を伴う集団的狂躁状態を示した).
convulsivothérapie n.f.〚精神医学〛痙攣療法.
coobligation n.f.〚法律〛共同債務.
coobligé(e) n.〚法律〛共同債務者(=codébiteur).
——a. 債務の共同弁済義務を負う.
cooccupant(e) a.〚法律〛(住居などの)共同占有の. locataire ~ 共同賃借人(=colocataire).
——n. 共同占有者;共同居住者.
coopérant(e) a. 協力的な,協力する.
——n. 海外協力隊員〖国民役務〔兵役〕の代わりに,対外技術・産業・経済協力協定に基づき,海外に派遣される〗. ~ du service national (SN) 国民役務としての海外協力隊員. ~ du service national en entreprise (SNE) 国民役務による企業への海外協力隊員. instituteur (technicien) ~ 協力隊員としての教員(技術者).
coopérateur(trice) n. **1** 協力者, 仲間. ~s solidaires 連帯協力者.
2 協同組合員.
——a. **1** 協力する. agent ~ 協力員. **2** 協同組合員の.
coopératif(ve) a. **1** 協力的な, 協調的な. se montrer ~ 協力的な態度をとる.
2 協同組合方式の. société ~ve 協同組合. système ~ 協同組合制.
——n.f. 協同組合. ~ agricole 農業協同組合. ~ de consommateurs 消費者協同組合. ~ de production 生産協同組合.
coopération n.f. **1** 協力, 協同, 協調. ~ culturelle 文化協力. ~ internationale 国際協力. accord de ~ culturelle et scientifique 文化科学協力協定.
2 (特に開発途上国を対象とする経済)協力, 対外援助. ministère de la ~ 国際協力省. C~ économique Asie-Pacifique (CEAP) アジア太平洋経済協力会議(=〔英〕APEC : Asia-Pacific Economic Cooperation Conference). service national de ~ 国民協力役務〖兵役に代わって途上国向け協力に携わる役務〗. faire son service dans la ~ 協力事業に携わって兵役に代える.
3 協同組合制.
cooptation (<coopter) n.f. 現会員(役員)による新会員(役員)の選考(選任, 指名). ~ d'un conseil d'administration 取締役会の役員選任. ~ de la Cour de cassation 破毀院の判事選任.

COORACE (=Comité de coordination des associations d'aide aux chômeurs par emploi) n.m. 雇用促進失業者援助協会間調整委員会.
coordinateur(trice) a. 調整する. bureau ~ 調整部局. intelligence ~trice 調整能力.
——n. (情報取材・調整, 諸活動などの)調整者, コ〔オ〕ーディネーター;〚航空〛航路調整係.
coordination n.f. **1** 調整;整合. ~ des projets 計画案の調整(=harmonisation). ~ du rail 鉄道の運転調整. ~ tarifaire 運賃調整. avion de ~ E8CJ 空中作戦調整司令機 E 8 CJ.
2〚生理〛(諸器官, 特に筋肉の運動の)協調, 同調. ~ des mouvements 運動協調.
3〚文法〛等位(subordination「従属」の対). conjonction de ~ 等位接続詞(et, mais, car, donc, ou など).
4〚化〛配位. composé de ~ 配位化合物(=complexe de ~). indice de ~ 配位数.
5 (ストライキの時の)組合組織外の代表機関.
coordonné(e¹) a.p. **1** 調整された, 整合された. action ~e 整合的行動. plans bien ~s 十分調整された計画. travaux ~s 協同作業.
2 調和のとれた;(服飾が)コーディネイトされた, セットになった. veste et gilet ~s コーディネイトされた(調和のとれた)上衣とチョッキ.
3〚文法〛等位の. propositions ~es 等位節.
4〚数〛座標の. axes ~s 座標軸. système ~ 座標系.
coordonnée² n.f. **1** 座標成分;〔pl. で〕〚数・天文〛座標. ~s célestes 天球座標. ~s rectilignes directes (平行) 座標. ~s sélénographiques 月面座標. ~s sphériques (三次元の)極(球)座標. système de ~s 座標系.
2〚地理〛経緯(=~s géographiques).
3〔比喩的〕〔話〕所在, 居所, 居場所. Donnez-moi vos ~s. 住所(旅程, 日程)を教えてください. Voici mes ~s pour le mois d'août. これが8月の私の予定です.
4〚文法〛等位節(=proposition ~).
COP¹ (=Conférence de parties) n.f. 締約国会議. ~ de la CCNUCC 国連気候変動枠組条約締約国会議〚最高議決機関〛. la ~ 13 (CCNUCCの)第13回当事者会議.
COP² (=contrat d'orientation professionnelle) n.m. 職業指導契約.
COP 13 (=la 13ème conférence des parties à la Convention cadre des Nations unies sur les changements climatiques) n.f.〚環境〛第13次国連気候変動枠組条約締結国会議〖2007年12月3日-14日インドネシアのバリ島で開催;同時に開催された第3回京都議定書調印国会議と併せてCOP13/MOP3 (=〔英〕the third meeting of the

parties；〔仏〕la 3ᵉ réunion des parties au protocole de Kyoto）と表記．

copain(f.**copine**) n. 仲間, 仲良し, 相棒；〔俗〕彼, 彼女《恋人》. ~ de bureau 仕事仲間. ~ de classe 学友. ~s de syndicat 組合仲間. vieux ~ 旧友. Salut les ~s! やあみんな元気かい, じゃあ皆元気でな！
——a.〔話〕仲が良い. être ~~~ 非常に仲が良い. être ~ avec qn 人と仲が良い. Ils sont très ~s. 彼等は非常に仲が良い. Je ne suis pas du tout ~ avec ce type. 私はこんな奴の仲間なんかじゃない.

copartage n.m.〖法律〗(財産の) 共有；共同相続.

copartageant(e) n.〖法律〗共同相続 (分割) する者.
——a. 共同相続 (分割) の. héritier ~ 共同相続人.

coparticipant(e) a. 1 共同分担 (加担) の. 2 共同参加の；共同出資の.
——n. 1 共同加担者. 2 共同参加者；共同出資者.

coparticipation n.f. 1 共同分担 (加担). ~ criminelle 犯罪の共同加担, 共犯. 2 共同出資. ~ à la gestion 管理運営の共同参加. ~ financière 経済的利益の共同参加.

copeau(pl.~**x**) n.m. 1 (木の) 削りくず；木っ葉；チップ. ~ de hêtres ぶなの木くず.
2〔広義〕(金属の) 削りくず. ~ d'acier 鉄鋼の削りくず.

Copenhague n.pr. コペナーグ《デンマークの首都 København コーベンハウンのフランス語表記；英語表記は Copenhagen コペンハーゲン》. Jardin d'attraction de Tivoli à ~ コーベンハウンのチヴォリ遊園地.

copépodes n.m.pl.〖甲殻〗橈脚 (かいあし) 類《動物性プランクトンの過半数を占める海水・淡水性プランクトン；ex. cyclope ケンミジンコ》.

copermutant(e) a. (財の) 交換者, 交換相手 (=coéchangiste, échangiste).

copie n.f. 1 写し, 控え, 複写, コピー；〖法律〗複本, 謄本.〖法律〗~ collationnée à (sur, avec) l'original 原本と照合済みの写し. ~ d'un acte notarié 公正証書の複本 (謄本). ~ d'un contrat (d'une pièce officielle) 契約書 (公文書) の複本. ~ d'un contrat (d'une pièce officielle) 契約書の複本. ~ de factures 請求書の写し. ~-lettres 商業通信文の記録簿. ~ exacte d'une lettre 手紙の正確な写し (コピー). garder ~ de qch 何のコピーをとっておく. pour ~ conforme「原本と相違ないことを証明する」(略記PCC). prendre ~ de qch 何のコピーをとる.
2〔印刷〕原稿. ~ manuscrite (dactylographiée) 手書き (タイプ) 原稿. donner de la ~ à l'imprimerie 印刷所に原稿を渡す.〔話〕journaliste en mal de ~ 原稿の種にこと欠く記者.〔話〕pisseur de ~ 三文文士, ヘボ記者.
3〖学〗答案, レポート；答案用紙；〖政治〗政策. corriger des ~s 答案を直す. rendre ~ blanche à l'examen 白紙の答案を出す.〖政治〗revoir la ~ 政策を見直す.
4 複製；模写；コピー；(映画の) プリント. ~ d'un film 映画のプリント. ~ d'un tableau 絵画の複製 (模写). ~ réduite 縮写.
5 模作 (=imitation)；模作, 盗作 (=plagiat).

copié-collé, copier-coller n.m.〖情報処理〗(コンピュータでの) テクストのコピーと貼り付け.

copieur(**se**)¹ a. (教科書や他人の答案などを) 不正に丸写しする.
——n. ~人.

copieur² n.m. 1 複写機, コピー機 (=photocopieur). ~ électrostatique 静電気式複写機. ~ laser couleur カラー・レーザー複写機. ~ multifonction[s] 多機能複写機. ~ numérique ディジタル式複写機.
2〖工〗複製製作機, コピー装置.

copieux(**se**²) a. 1 (料理の) たっぷりした, こってりした. repas ~ 盛り沢山の食事. 2 たっぷりの. pourvoire ~ たっぷりのチップ.

co[-]**pilote** n. (航空機の) 副操縦士.

copinerie n.f.〔話〕1 仲間付き合い, 友達関係. 2〔集合的〕仲間.

copiste 1〔古〕手稿筆写者, 写学生.
2〖美術〗複写 (複製)；〖文〗模作者, 擬作者.
3〖音楽〗写譜者.
4〖印刷〗製版工.
5〔蔑〕模倣者；剽窃者；不正コピー人.

copolymère n.m.〖化〗共重合体, コポリマー. ~ de styrène スチレン共重合体.

copolymérisation n.f.〖化〗共重合.

copositionnement n.m. (複数の放送衛星の) 同一軌道での位置調整.

copossession n.f.〖法律〗1 共有 (=possession en commun). 2 共有物.

copra[h] n.m. 1 コプラ《ココ椰子の胚乳を乾燥させたもの》. huile de ~ 椰子油 (=coco).
2 椰子油 (= ~ ; coco).

copreneur(**se**) n.〖法律〗共同賃借人.

coprésidence n.f. (複数の組織の代表による) 議長役の共同執行；議長団.

coprésident(e) n. 共同議長.

coprin n.m.〖茸〗コプラン, ひとよたけ (一部食用). ~ chevelu 毛コプラン (食用).

coprocesseur n.m.〖情報処理〗コプロセッサー. ~ graphique グラフ用コプロセッサー. ~ mathématique 数値演算コプロセッサー；浮動小数点演算ユニット (=〔英〕FPU; floating-point unit；〔仏〕calculs en virgule flottante).

coproculture *n.f.* 〖医〗糞便培養検査.
coproduc*teur* (***trice***) *n.* 〖映画〗共同制作者, コプロデューサー.
co[-]production *n.f.* (映画, TV 番組の) 共同制作；共同制作の作品.
coprolalie *n.f.* 汚言, 穢言, 醜語症.
coprolithe *n.m.* 〖古生物学・医〗糞石.
coprophagie *n.f.* 〖医〗食糞〖症〗(自分の糞便を食べる食欲倒錯).
copropriétaire *n.* (土地・集合住宅の) 共有者, 共同所有者. réunion de ~s 共有者会議.
copropriété *n.f.* 〖法律〗共同所有〔状態〕；共同所有権. ~ des immeubles 共同住宅不動産の共同所有〔状態〕. ~ forcée 強制的共同所有. ~ ordinaire 通常共同所有. ~ perpétuelle 永続的共同所有.
coprospérité *n.f.* 共存共栄. ~ asiatique アジア諸国の共同繁栄.
COPS (= *c*omité *p*olitique de *s*écurité) *n.m.* 〖防衛〗(ヨーロッパ連合内の) 安全保障問題政治委員会 (軍事作戦・戦略の政治的管理機関 (=〔英〕PSC：*P*olitical and *S*ecurity *C*ommittee)).
copte *a.* コプト人の, コプト語の. église ~ コプト教会.
— *C*~ *n.* コプト人.
— *n.m.* コプト語.
copyright [kɔpirajt]〔英〕*n.m.* **1** 著作権, 版権, コピーライト. **2** 著作権マーク (©).
coq *n.m.* **1** 雄鶏 (鳴き声は cocorico ココリコ (コケコッコー)). au chant du ~ 雄鶏が時を告げる時に, 夜明けに. 〖料理〗~ au vin コック・オー・ヴァン (雄鶏の赤葡萄酒煮). ~ de combat 闘鶏用の雄鶏, 軍鶏 (しゃも). ~ 〔de clocher〕 (鐘楼の上の) 風見鶏 (=figure de ~). ~ gaulois ガリアの雄鶏 (フランス・チームの紋章). être comme un ~ en pâte (パイ生地の雄鶏のようである→) 何不自由なく暮している. faire le ~, jouer au ~ 空威張りする. fier comme un ~ 威張る. rouge comme un ~ (怒りなどで) 真赤な.
2 鳥の雄. ~ d'Inde 七面鳥の雄 (=dindon). ~ faisan 雉の雄.
3 〖鳥〗~ de bruyère 雷鳥 (=tétras). ~ de roche 岩鶏 (=rupicole).
4 〔比喩的〕~ de village 村一番の伊達男.
5 〖ボクシング〗poids ~ バンタム級 (=〔英〕bantum weight；プロでは 52.164-53.524 kg；アマチュアでは 51-54 kg).
coque *n.f.* **1** (卵の) 殻. œuf (œufs) à la ~ ウフ (ウー)・ア・ラ・コック, 半熟卵.〔比喩的〕sortir de sa ~ まだ青二才である.
2 (果実の) 殻. ~ de noix くるみの殻；〔比喩的〕小舟. (=figure de ~) se renfermer dans sa ~ 殻に閉じこもる.
3 〖貝〗コック (海産の双殻貝；食用になる). ~ crue (cuite) 生 (ゆでた) コック貝.

4 〖海〗船体, 船殻；(紡綱の) 締金. navire à double ~ 二重船殻 (船体) 船.
5 〖航空〗機体.
6 〖自動車〗一体式車体, モノコック・ボディー (=monocoque).
7 〖建築〗シェル〔構造〕；曲面板. ~s cylindriques 円筒シェル構造. ~s de révolution 回転シェル構造. ~s incurvées 湾曲シェル構造.
8 〖スポーツ〗防具；(ローラースケート靴の) コック.
9 〖菓子〗コック (小さなメレンゲ菓子).
coquelet *n.m.* (去勢していない) 若い雄鶏, コクレ. 〖料理〗~ grillé (rôti) コクレ・グリエ (ロチ) (網焼きにした (ローストした) コクレ料理).
coquelicot *n.m.* **1** 〖植〗コクリコ, ひなげし. fleurs (pétales) de ~ コクリコの花 (花弁). rouge comme un ~ 顔が紅潮した (赤面した).
2 〖菓子〗~s de Nemours コクリコ・ド・ヌムール (平たく四角いボンボン；ひなげしの赤い花弁を着色剤に使用).
— *a.inv.* 鮮紅色の. écharpe ~ 鮮紅色のスカーフ.
coqueluche *n.f.* **1** 〖医〗百日咳 (咳を雄鶏の啼声 chant du coq にたとえた命名). vaccin contre la ~ 百日咳ワクチン (略称 vaccin C).
2 〖俗〗評判の人, 寵児. être la ~ de 人気の的である, はやっている. Ce chanteur est la ~ des jeunes. この歌手は若者の人気の的である.
coquet(***te***) *a.* **1** お洒落な, 上品な, コケティッシュな. un homme trop ~ 色男. une petite Parisienne ~*te* お洒落なパリ娘.
2 〔多く蔑〕異性の目を惹こうとする；色気たっぷりの, 媚態を示す. mines ~*tes* 気を引く表情. se montrer ~ 女の気を惹こうとする.
3 (物について) 洒落た, 小綺麗な, 手入れの行き届いた. mobilier ~ 洒落た家具. ~*te* villa 瀟洒な別荘.
4 〖話〗かなりの, 相当な. une ~*te* fortune ちょっとした財産.
— *n.f.* **1** お洒落な女性, なまめかしい女性, コケット. 〖劇〗rôle de grande ~*te* なまめかしいコケット役.〖劇〗jouer les grandes ~*tes* なまめかしい態度をとる, しなをつくる.
2 〖蔑〗浮気女.
coquetèle *n.m.* カクテルパーティ.
coquetterie *n.f.* **1** 洒落っ気；色気, 媚態, コケットリー. ~ féminine 女性の媚態. ~ masculine 伊達男振り. être en ~ avec qn 人に気に入られようとする, 媚態を示す. faire des ~s à qn 人に思わせぶりな態度をとる.
2 洒落た好み (様子). être habillé avec ~ 洒落た服装をしている.

3 気に入られたい気持；てらい，気取り．parler sans ~ 何のてらいもなく(率直に)話す．
4〘話〙avoir une ~ dans l'œil ちょっと斜視である．

coquillage *n.m.* **1** 貝，貝類；貝の身．~s comestibles 食用の貝．manger des ~s 貝を食べる．
2 貝殻（=coquille）．collier de ~s 貝殻のネックレス．

coquille *n.f.* Ⅰ〘殻〙**1**（貝・かたつむりなどの）殻．~ d'huître (d'escargot) 牡蠣(エスカルゴ)の殻．~ de perle 真珠層．~ Saint-Jacques コキーユ・サン=ジャック，帆立貝；〘史〙(サン=チャゴ=デ=コンポステラ Saint-Jacques-de-Compostelle (=〔西〕Santiago de Compostela）への巡礼が身につけた帆立貝の貝殻および巡礼の象徴である）帆立貝の貝殻文様．〘料理〙~s Saint-Jacques en gratin 帆立貝のグラタン．〘料理〙~s Saint-Jacques sautées à la provençale 帆立貝のプロヴァンス風炒め．ouvrir une ~ Saint-Jacques 帆立貝の貝殻を開ける．〘比喩的〙rentrer dans sa ~ 自分の殻に閉じこもる，黙りこむ．〘比喩的〙rester dans sa ~ 自分の家に閉じこもる．sortir de sa ~¹ 殻を破って姿を現わす．
2（卵・くるみなどの）殻．~ de noix クルミの殻；〘比喩的〙小型舟艇．~ d'œuf 卵の殻；卵の殻の色（淡いクリーム白色）．chemise ~ d'œuf 卵の殻色のシャツ．
〘比喩的〙sortir de sa ~² ひよっ子（経験に乏しい若者）である．
Ⅱ〘貝殻に似たもの〙**1** 貝殻型の食器・調味料．~ à hors-d'œuvre 前菜用コキーユ皿．~ de beurre 貝殻型に固めたバター．
2〘料理〙コキーユ（貝殻型の食器で調理したグラタン料理）．~s de poisson à la provençale プロヴァンス風の魚のコキーユ．
3〘建築〙貝殻型装飾．~ de fontaine 泉水の貝殻装飾．~ Louis XV ルイ 15 世様式の貝殻型模様《家具などの模様》．
4〘紋章〙貝殻文様〘帆立貝の貝殻を模した文様；サン=チャゴ巡礼の象徴〙．
5〘医〙~ platrée 石膏ギプス《脊柱を固定する着脱可能の治療具》．
6（刀剣の）鍔(つば)（=~ d'épée）．
7〘工〙鋳型，金型．~ de fonderie 冷し鋳型．~ de sable シェル鋳型．
8〘紙〙貝殻のすかし入りの便箋，用箋．
9〘紙〙format ~ コキーユ版（44×56 cm の紙型）．
Ⅲ〘印刷〙誤植．corriger une ~ 誤植を直す．épreuve pleine de ~s 誤植だらけのゲラ．

COR（=Conseil d'orientation des retraités) *n.m.* 退職年金生活者指導評議会．

cor *n.m.* **1** 角笛；狩猟用らっぱ（=~ de chasse）．chasser à ~ et à cri らっぱと猟犬で獲物を狩り立てる．〘比喩的〙réclamer qch à ~ et à cri 何をうるさく請求する．
2〘音楽〙ホルン，フレンチホルン（=~ d'harmonie）．~ anglais イングリッシュホルン．~ de basset バセットホルン．premier ~ à un orchestre オーケストラの第一ホルン奏者．solo de ~ ホルンの独奏．
3〘（鹿の）枝角．cerf dix ~s 1 本の角に 5 本の枝角のある鹿《7 歳鹿》．
4〘話〙(足にできる) 魚の目，鶏眼 (=œil-de-perdrix)．

coraco-huméral (**ale**) (*pl.* **aux**) *a.*〘解剖〙(肩甲骨の) 烏口 (うこう) 突起と上腕骨の．ligament ~ 烏口突起と上腕骨部の靭帯．

coracoïde *a.*〘解剖〙烏口状の，烏喙状の．apophyse ~ 烏口突起，烏口喙突起．

coracoïdien(**ne**) *a.*〘解剖〙烏口突起の．apophyse ~ 烏状突起．échancrure ~ne 烏口突起部の切れ込み．

corail (*pl.* **aux**) *n.m.* **1**〘動〙珊瑚〘虫〙．récifs de ~ 珊瑚礁 (=récifs coralliens). anneaux de ~ 珊瑚礁環（=atoll). mer de C~ 珊瑚海．
2（装身具用の）珊瑚．collier de ~ のネックレス．~ rouge (blanc) 赤 (白) 珊瑚．
3〘*pl.* で〙珊瑚類 (hydrocoralliaires, madrépores など).
4〘食材〙帆立貝などの身の赤い部分．
5 珊瑚色（=couleur ~；鮮紅色）．
6〘動〙serpent ~ 珊瑚蛇．
7〘鉄道〙voiture ~ （フランス国鉄の）コライユ型客車〘通常路線の遠距離列車用；confort「快適さ」+ rail「鉄道」の合成語〙．
—— *a.inv.* 珊瑚色の (=de ~；couleur ~), 鮮紅色の．

Coran (**le**) *n.m.* **1**〘イスラム〙コーラン（イスラムの聖典），アル=クーラン (al-Qur'ān). **2**〘比喩的〙枕頭の書 (=livre de chevet).

coranique *a.* コーランの；コーランに基づく．école ~ コーラン学校．loi ~ コーラン法．

corbeille *n.f.* **1**（柄のない）籠．~ à ouvrage 手芸用籠．~ à pain (食卓用) パン籠．~ à papier 紙屑籠．une ~〔de fruits〕果物籠；一籠の果物．
2 男性が婚約者に贈る結納品；〘一般に〙結婚のお祝品（=~ de mariage, ~ de noces）．
3〘建築〙コルベイユ〘柱頭の花籠形装飾彫刻〙．
4（劇場の）2 階正面桟敷席；1 階後方の桟敷席．
5（証券取引所の）立会場（=parquet）．
6〘園芸〙円形または楕円形の花壇．
7〘植〙~ d'argent いたかたばこお (=arabette). ~ d'or いわありすすむ (=alysse).
8〘生〙~ vibratile 鞭毛質．
9〘電算〙(ディスプレー上の) 屑籠 (ごみ箱) のアイコン．

corbières *n.m.*〚葡萄酒〛コルビエール(南仏の les Corbières コルビエール地区でつくられる赤の AOC 葡萄酒).

corbillard *n.m.* 霊柩車；霊柩自動車(= fourgon mortuaire).

corde *n.f.* **I**〚綱〛**1** 綱, 縄, ロープ, 索. ~ à linge 洗濯ロープ. ~ de chanvre 麻のロープ. ~ de manœuvre 操縦索. ~ de (en) nylon ナイロン・ロープ. ~s de suspension 懸架索. ~ en fils de fer 鋼索. ~ sans fin エンドレス・ロープ. échelle de ~ 縄梯子. attacher (lier, suspendre, tirer) qch par ~ 縄(ロープ)で何を結ぶ(繋ぐ, 吊す, 引っ張る). nouer une ~ 縄(ロープ)を結ぶ.〚話〛Il pleut des ~s 土砂降りだ.〚諺〛Quand la ~ est trop tendue, elle casse. (綱は張りすぎると切れる→)物には限度がある.
2〚登山〛ザイル. ~ d'assurance 安全確保ザイル. ~ de rappel 懸垂下降用ザイル.
3 (弓の)弦(つる) (= ~ d'arc). tendre (bander) la ~ d'un arc 弓の弦を引く(引きしぼる).〚比喩的〛tirer sur la ~ やり過ぎる, 図に乗る.〚比喩的〛Si la ~ ne trompe (弦が切れなければ→)万事順調ならば.
4〚幾何〛弦(げん).
5 (ラケットの)ガット. retendre les ~s d'une raquette ラケットのガットを張り(締め)直す.
6 (首吊り用の)ロープ；絞首刑 (=pendaison). condamner qn à la ~ 人に絞首刑の宣告を下す. mériter la ~ 絞首刑に値する. parler de ~ dans la maison d'un pendu (首吊り人の家で綱の話をする→)言ってはならないことを口にする. se mettre (avoir) la ~ au cou (自分の首に紐をかける→)自分の首を絞める, 窮地に陥る；〚皮肉〛(男が)結婚する.
7 (競馬場のコース内側の)張り網(柵) (= ~ de piste)；インコース. prendre un virage à la ~ カーブぎりぎりの内側を曲る. tenir la ~ (馬・走者が)インコースを走る；有利な位置を占める.
8 (綱渡りの)綱 (= ~ raide). danseur de ~ 綱渡りの芸人, 綱渡り師. marcher (danser, être) sur la ~ raide 危ない綱渡りをする.
9〚遊戯〛~〔à sauter〕縄跳び用の縄. sauter à la ~ 縄跳びをする.
10〚体育〛ロープ. ~ à nœuds 結び目つきのロープ. ~ lisse 吊り綱, クライミング用ロープ.
11〚ボクシング〛〔*pl.* で〕(リングの)ロープ. être (envoyé) dans les ~s ロープ際に追い詰められる.
12 (すり切れて現れた)織糸. vêtement usé jusqu'à la ~ すりきれてぼろぼろになった衣服.〚比喩的〛argument usé jusqu'à la ~ 言い古された(ありきたりの)議論.
13 (薪の積垂を計る)綱；〚度量〛コルド(綱で計る薪の積量の単位；約 4 m³). une

~ de bois 1 コルドの薪.
II〚弦〛**1** (楽器の)弦, 線；〔*pl.* で〕弦楽器 (=instrument à ~s). à (pour) ~s 弦楽の(ための). quatuor à ~s 弦楽四重奏曲.
2〚比喩的〛(心の)琴線. toucher (faire vibrer) la ~ sensible de qn 人の琴線に触れ；人を感動させる.
3〚解剖〛~s vocales 声帯；声域. avoir les ~s vocales fatiguées pour avoir trop chanté 歌いすぎて声がつぶれてしまう. Ce n'est pas dans mes ~s. 私の縄張りではない.
4〚解剖〛束, 索. ~ du tympan 鼓索〔神経〕.
5〚解剖〛筋肉の靱帯；筋肉の緊張による突出部. ~ cervicale 頸部突起.
6〚動〛脊索 (= ~ dorsale ; chorde dorsale).

cordée *n.f.* **1** 把(わ)《1 本の綱でくくれる量》. une ~ de fagots 1 把の薪束.
2〚登山〛ザイルパーティー. premier de ~ ザイルパーティーのトップ. former une ~ ザイルパーティーを組む.
3〚漁業〛(底延縄の)みち糸.

cordial (*ale*) (*pl.* *aux*) *a.* **1** 心からの, 真心をこめた, 衷心からの. ~ *aux* remerciements 心からの感謝の念. accueil ~ 歓迎, 歓待. amitié ~*ale* 真心のこもった友情. ami ~ 親友.
2〚反語的〛心の底からの, ひどい, 激しい. haine ~ 心の底からの(激しい)憎しみ.
3〚薬〛強心作用のある. remède ~ 強心剤.

cordialement *ad.* **1** 真心をこめて. C~〔vôtre〕敬具《手紙の末尾の文言》. parler ~ 心情を吐露する. vivre ~ avec ses voisins 隣人と仲良く暮す.
2〚反語的〛ひどく. haïr qn ~ 人を心底憎む.

cordome *n.m.*〚医〛コルドーマ, 脊索腫(せきさくしゅ) (=tumeur vertébrale).

cordon *n.m.* **1** 紐；飾り紐, リボン. ~ d'un chapeau 帽子の飾りリボン. ~ de rideaux カーテンの引紐. ~ de sonnette 呼鈴の引紐. ~ de souliers 靴紐. tenir les ~s de la bourse 財布の紐を握っている.
2 (門番が戸を開閉するために用いた)戸引紐. tirer le ~ 戸引紐を引く；戸を開ける.
3 紐状のもの；コード；電気コード (= ~ électrique). ~ de Bickford 遅発導火線. ~ prolongateur〔électrique〕延長電気コード.
4 (貨幣の)縁飾り. ~ rogné d'une pièce d'or 不正に削りとられた金貨の縁飾り.
5 (勲章の)綬(じゅ). ~ bleu (聖堂騎士団騎士の)青綬；〚料理〛コルドン・ブルー(= ~ bleu) (料理上手の女性(料理人)). grand ~ de la Légion d'honneur レジヨン・ドヌール 1 等勲章の大綬.
6〚解剖〕紐状器官(部位), 索. ~ médullaire 髄索. ~ nerveux 神経索. ~〔ombilical〕臍帯(さいたい), 臍の緒. ~ spermatique 精索.

7 列. un ~ d'arbres 並木. ~〔d'agents〕de police 警察の非常線. ~ de troupes 軍隊の非常線. ~ sanitaire 防疫非常線.
8〖地形〗~ littoral 沿岸洲, 浜堤.
9〖建築〗水平原形. ~ sculpté 彫刻を施した水平原形.

cordon-bleu(pl.~s-~s) n.m. 腕利きの女料理人.

Cordon Bleu Paris(le) n.m. パリ・コルドン・ブルー料理・製菓学校《1895年創立》.

cordonnier(ère) n. **1** 靴の修理屋, 靴直し. **2**〖古〗製靴業者；靴屋.

cordotomie n.f.〖医〗コルドトミー, 脊髄前側索切断術.

cordouan(e) a. コルドバ(Cordoue；〔西〕Córdoba) の；コルドバの住民の.
――C~ n. コルドバ〔州〕の住民.
――n.m. コルドバ革《コルドバ特産の山羊または羊の革》.

Cordoue n.pr.〖地名〗**1** コルドバ(=〔西〕Córdoba；アンダルシア地方の古都). mosquée de ~ コルドバ・モスク(メスキータ Mezquita).
2 コルドバ州.

co-récepteur n.m.〖生化〗共受容器(体).

Corée(la République de) n.f.〔国名〕大韓民国《通称：la Corée du Sud 韓国；国民：Sud-Coréen(ne)；首都：Séoul ソウル；通貨：won〔KRW〕》.

Corée(la République démocratique populaire de) n.f.〔国名〕朝鮮民主主義人民共和国《通称 la Corée du Nord 北朝鮮；国民：Nord-Coréen(ne)；首都：Pyong-Yang ピョンヤン(平壤)；通貨：won〔KPW〕》.

coréen(ne) a. 朝鮮(la Corée) の；朝鮮の住民の, 朝鮮人の；朝鮮語の.
――C~ n. 朝鮮人. C~ du Nord 北朝鮮人 (=Nord-Coréen). C~ du sud 韓国人 (=Sud-Coréen). les C~s 朝鮮〔民〕族.
――n.m.〖言語〗朝鮮語.

COREPER (=Comité des représentants permanents) n.m. (国連の) 常任代表委員会.

CORÉPHAE, Coréphae (=commission régionale pour le patrimoine historique, archéologique et ethnologique) n.f. 歴史的・考古学的・民族学的遺産保護地方委員会.

coresponsabilité n.f. 共同責任.
coresponsable a. 共同責任の；共同責任を負う.
――n. 共同責任負担者.

coriandre n.f.〖植〗コエンドロ, 香菜 (シアンツァイ) 《地中海沿岸原産のセリ科の香草. 種子と葉を香味料として利用；俗称アラブ・パセリ persil arabe, 中国パセリ persil chinois). graine de ~ コ

リアンダーの種子《香味料》. huile essentielle de ~ コリアンダー精油《香料》.

CORIFJEC (=Comité régional pour l'information et la formation du jeune consommateur) n.m. 青少年消費者情報・養成地方委員会.

corindon n.m.〖鉱〗コランダム, 鋼玉石.
corinne [kɔrin] n.f.〖隠語〗コリンヌ《コカインの暗号名》.

cormoran n.m.〖鳥〗鵜. ~ huppé 冠毛鵜. grand ~ 大鵜.

cornacées n.f.pl.〖植〗みずき科；みずき科の樹木.

cornas n.m.〖葡萄酒〗コルナ《ローヌ河右岸, département de l'Ardèche アルデーシュ県の村 Cornas (市町村コード 07130)の周辺で9世紀頃からシラー syrah 種の葡萄 100 %でつくられる赤のAOC酒》.

corne n.f. **1** (動物の) 角 (つの). ~s de bœuf n et de ~. ~s frontales des bovidés 牛科動物の前頭角. ~ nasale des rhinocéros 犀の鼻角. bêtes à ~s 有角動物《牛, 山羊, 犀など》.
◆〖成句〗attaquer (prendre) le taureau par les ~s (雄牛の角をつかむ→) 真向から難局に立ち向かう.
〖話〗avoir (porter) des ~s (角を生やす→) 妻(夫)に不貞を働かれている.
faire (montrer) les ~s à qn (指を角の恰好に立ててみせて) 人を挑発する《馬鹿にする》.
montrer ses ~s 身構える.
transpercer à coup de ~ 角で突く.
2 角状突起《(昆虫の) 触角《(かたつむりの) 角. ~s d'un escargot かたつむりの角.
3 (悪魔の) 角. ~s de Satan 悪魔大王の角.
4 角状のもの.〖海〗~ d'artimon スパンガフ《斜桁》.〖植〗~ de cerf おおぼこ (=plantain). ~ de cerf-volant 凧の角.〖海〗~ de charge カーゴブーム《積荷用マスト》.〖解剖〗~ dorsale (脊柱の) 背角. ~ d'une enclume 鉄床の角.〖菓子〗~s de gazelle かもしかの角《北アフリカ原産の揚げ菓子》.〖解剖〗~ du larynx 喉頭角. les ~s de la lune 三日月の両尖端. chapeau à deux (trois) ~s 二角帽 (三角帽). à la ~ du bois 林の突端で.
5 (紙, カードなどの) 角の折りこみ. faire une ~ à une carte de visite 名刺の角を折る《不在中に訪問したしるし》. faire une ~ à la page d'un livre 本のページの角を折ってマークする.
6 角質, 角質物質《bec, corne, écailles de tortue「亀甲」, fanons de baleine「鯨のひげ」, griffes, ongle など》；(皮膚の) 角質層, 胼胝 (たこ). dur comme de la ~ 非常に固い. avoir de la ~ sous les pieds 足の裏に胼胝ができている. tailler la ~ (馬の) 蹄をけずる.
7 角製品, 角質物の製品, 角細工. ~ à

chaussure[*s*] 靴べら (=chausse-pied). bouton en (de)~ 角製のボタン. peigne de ~ 角の櫛.
8 角笛；らっぱ；〔やや古〕自動車の警笛，クラクション (=klaxon). ~ d'appel 集合ラッパ.〖海〗~ de brume 霧笛. ~ de chasse 狩の角笛. donner un coup de ~ 角笛 (らっぱ) をふきする；クラクションを鳴らす.
9 〖ギ神話〗~ d'abondance 豊饒の角.
10 〖城塞〗ouvrages à ~ 角堡.

corné(e[1]) *a.p.* **1** 角質の；角質化した. couche ~*e* 角質層. avoir la peau ~*e* たこ (まめ) ができている.
2 角の形をした. silex ~ 角岩 (かくがん).
3 角を折って印をつけた. carte ~*e* (不在中に訪問したことを示す) 角を折り曲げた名刺. pages ~*es* 角を折ってマークしたページ.

cornée[2] *n.f.* 角膜. dégénérescence de la ~ 角膜変性. greffe de ~ 移植角膜. dystrophie de la ~ 角膜ジストロフィー.

cornéen(*ne*) *a.* 角膜の. opacité ~*ne* 角膜混濁. réflexion ~ 角膜反射. ulcère ~ 角膜潰瘍.

cornement *n.m.* **1** 〖医〗耳鳴り (=bourdonnement).
2 ごろごろいう音, 唸る音 (=grondement).
3 〖音楽〗(オルガンのパイプの) サイファリング (sifflement).

corner [kɔrnɛr] 〖英〗*n.m.* **1** 〔サッカー〕コーナー；コーナーキック (=〖英〗corner kick). tirer un ~ コーナーキックを蹴る.
2 〖商業〗買い占め；買い占めによる市場支配.
3 (百貨店の) 特定商品コーナー.

corn[-]**flakes** [kɔrnflɛks] 〖米〗*n.m. pl.* コーンフレークス (=flocons de maïs).

cornichon *n.m.* **1** 〖植〗コルニション (コルニション (小胡瓜) 採取用の蔓性植物). fruits du ~ コルニションの実, 小胡瓜 (=~).
2 〖食品〗コルニション (コルニションのピックルス・酢漬). bocal de ~ コルニション用広口瓶.
3 〔話〕間抜け.
4 〔学生俗語〕サン=シール士官学校入学準備クラス (=corniche) の生徒.
—*a.m.* 間抜けな.

cornier(*ère*) *a.* 隅の, 角の.〖建築〗poteau ~ d'une charpente 木組みの隅柱.
—*n.m.* 〖林業〗伐採区域標識木 (=arbre ~).
—*n.f.* **1** (山形の) 谷瓦.
2 山形鋼 (L, T, V 字型鋼)；山形材. ~ couvre-joint 角形継目板. ~ égale 等辺山形鋼.
3 〖印刷〗(印刷機の) コーナー補強材.

cornique *a.* (英国の) コーンウォール (Cornouailles；〖英〗Cornwall) の.
—*n.m.* 〖言語〗コーンウォール語 (ケルトの一方言).

cornouaillais(*e*) (<Cornouaille) *a.* (ブルターニュの) コルヌアイユ地方の.

Cornouaille (la) *n.pr.f.* (ブルターニュ地方 la Bretagne の) コルヌアイユ地方. Quimper, ancienne capitale de la ~ コルヌアイユ地方の旧首都カンペール.

Cornouailles 〖英〗*n.pr.f.* コーンウォール州 (=〖英〗Cornwall；英国西南端の州).

cornouille *n.f.* 〖植〗やまぐみ (cornouiller) の実.

cornouiller *n.m.* 〖植〗みずき (みずき科 cornacées, みずき属 cornus の喬木). ~ femelle (sanguin) やまぐわ, やまぼうし. ~ mâle やまぐみ, 山茱萸 (さんしゅゆ).

corn-picker [kɔrnpikœr] 〖英〗*n.m.* 〖農〗コーンピッカー (トウモロコシの穂軸を刈り取り, 皮をむく機械).

corn-sheller [kɔrnʃɛlœr] 〖英〗*n.m.* 〖農〗コーンシェラー (トウモロコシの穂軸を刈り取り, 穀粒を収穫する機械).

cornus [-s] 〖ラ〗*n.m.* 〖植〗コルニュス〔属〕, みずき〔属〕. ~ florida アメリカやまぼうし, 花水木.

coronaire *a.* 〖解剖〗冠状の. artères ~*s* (心臓の) 冠状動脈 (=~*s*). grande veine ~ 冠状大静脈.
—~*s* *n.f.pl.* 冠状動脈. ~*s* droites (gauches) 右 (左) 冠状動脈. ~*s* malades 病変冠状動脈.

coronal(*ale*)(*pl.aux*) *a.* **1** 〖天文〗(太陽の) コロナの；光輪の, 光冠の.
2 〖医〗冠状の.〖解剖〗os ~ 冠状骨；前頭骨. suture ~*ale* (頭蓋の) 冠状縫合.
—*n.m.* 〖解剖〗冠状骨；前頭骨 (=frontal).

coronarien(*ne*) *a.* 〖解剖〗冠状動脈の. insuffisance ~*ne* 冠状動脈不全. occlusion ~*ne* 冠状動脈閉塞〔症〕. thrombose ~*ne* 冠状動脈血栓〔症〕.

coronarite *n.f.* 〖医〗冠状動脈炎.

coronarographie *n.f.* 〖医〗冠状動脈造影〔法〕(=coronographie), 冠動脈シネアンギオグラフィー.

coronaropathie *n.f.* 〖医〗冠状動脈疾患.

coronavirus *n.m.* 〖医〗コロナウイルス. ~ nouveau ~ 新型コロナウイルス (Sras：*syndrome respiratoire aigu sévère*；=〖英〗Sars：*severe acute respiratory syndrome*「重症急性呼吸器症候群」の病原とされるウイルス；Sars-Cov と略記されることあり；A型H_5N_1鳥インフルエンザ grippe aviaire の病原ウイルス).

coronographe *n.m.* 〖天文〗コロナグラフ (コロナ観測装置).

coronographie *n.f.* **1** コロナ観測. **2** 〖医〗冠状動脈造影〔法〕(=coronarographie), 冠動脈シネアンギオグラフィー.

corporatif(*ve*) *a.* **1** 協同の, 協調の.

esprit ~ 協調的精神. **2** 同業組合の. groupement ~ 同業組合グループ.

corporation [英] *n.f.* **1**〖仏史〗(フランス革命以前の)同業組合.
2 職業団体, 同業者団体；同一職業の人々の総体. ~ des avocats 弁護士会.
3〖政治〗(労使協調団体主義 corporatisme に基づく)公権力統制下の職業組織.

corporatisme *n.m.* 同業組合主義；労使協調組合主義.

corporatiste *a.*〖政治・経済〗労使協調組合主義.
——*n.* 同業組合主義者；共同組合主義者.

corporel(le) *a.* **1** 身体(corps)の, 肉体の. accident ~ 人身事故. art ~ ボディーアート. besoin ~ 生理的欲求. châtiment ~ 体罰. expression ~ *le* 身体表現, ジェスチャー. hygiène ~ *le* 身体衛生. langage ~ ボディーランゲージ.〖精神医学〗schéma ~ 身体図式.
2 物体の, 物質の；有形の, 有体の.〖法律〗bien ~ 有形(有体)財産.

corps *n.m.* Ⅰ **1** (人間, 動物の)身体, からだ；からだつき；〖キリスト教〗キリストのからだ. ~ humain 人体. étude du ~ 身体(人体)学.
◆〖成句〗
à bras le ~ 両腕で胴を締めつけて. à son ~ défendant いやいやながら, 心ならずも. à ~ perdu 必死に, 盲滅法に. avoir le diable au ~ 堂々と悪事を働く, 人並みはずれた活力を示す, 血気にはやる. ~ à ~ 取っ組み合い, 肉弾戦. ~ et âme 身も心も, 全身全霊で. ~ et biens 人も財産も, すべてつくるめて. être folle de son ~ (女性が)ふしだらである. garde du ~ 護衛官, ガードマン. prise de ~ 身体の拘束.〖法律〗séparation de ~ 夫婦の別居.
2 胴体.
3 死体, 遺体, 遺骸. levée du ~ 出棺.
Ⅱ **1** 物体. ~ céleste 天体.〖医〗~ étranger 異物. ~ fluide 流体. ~ gras 脂肪. ~ minéral 鉱物体. ~ pur 純粋物体. ~ solide 固体.
2 本体, 主要な部分. le ~ d'un article 記事の本文. ~ de logis 母屋, 本館 (aile の対).〖法律〗~ du délit 罪体, 犯罪事実. donner 〔du〕~ à … に実体を与える, ~ を明確化する. prendre ~ 具体化する, 実体を伴う.
Ⅲ **1** 職能集団, 社会集団, 組織；特定の資格をもつ人の集まり, 共同体. les ~ constitués 国の主要立法・行政・司法機関. ~ de ballet コール・ド・バレエ, 舞踏団. ~ de contrôle (官庁の)査察機関. ~ des inspecteurs des finances 財務査察官団, 財務査察官(総称). ~ des ingénieurs de mines 鉱山技師団, 鉱山技師(総称). ~ diplomatique 外交団. ~ électoral 選挙人団, 選挙母体, 有権者(総称). ~ enseignant 教員(総称). ~ intermédiaire 仲介者(直接の利害関係者

をもつ集団の中間に位置する者の総称, 例えば政府と有権者とに対する国会議員). ~ judiciaire 司法官団. ~ préfectoral 知事団；知事(総称). ~ social 社会階層. esprit de ~ (特定集団に固有の)団体精神, 身内意識. les grands ~ 〔de l'Etat〕グラン・コール (狭義にはコンセイユ・デタ, 財務査察部, 会計監査院を指すが, 多くの場合, それに加えて外務省および内務省のキャリア官僚も含める).
2〖軍〗部隊. ~ d'armée 軍団. général de ~ d'armée 中将. ~ de garde 歩哨(総称).
3〖法律〗(動産又は不動産の)有体物. ~ certain (incertain) 特定(不特定)物.
4 (文書, 書籍などを)集めたもの, 集録. ~ des lois 法律大系, 法令集. ~ de preuves 証拠資料.

corps-à-corps *n.m.inv.*〖軍〗白兵戦, 肉弾戦.

corps-mort *n.m.*〖海〗係留, 係船；錨泊；もやい柱. bouée de ~ 係留ブイ.

corpulence *n.f.* **1** 体の太り具合；体つき. de forte ~ 太った体格の. ~ de même ~ 同じ体つきの.
2 肥満 (= forte ~). avoir de la ~ 太っている.

corpulent(e) *a.* 肥満した, 太った, 肉付きのよい. homme ~ 太った男.〖比喩的〗voix ~ *e* 太い声.

corpus [-pys][ラ] *n.m.* **1** (同一学問領域の)資料集, コルピュス；大全, 集成；典. ~ d'inscriptions grecques et latines ギリシア・ローマ碑文集.
2〖言語〗コーパス, 資料体, 言語資料体.
3〖法律〗[ラ] le ~ [juris] 法大全. [ラ] le ~ juris civilis ローマ法大全. [ラ] le ~ juris canonici 教会法大全.
4〖生・解剖〗体 (= corps). [ラ]〖解剖〗~ callosum 脳梁 (= corps calleux). [ラ]〖生理〗~ luteum 黄体ホルモン (= corps jaune). [ラ]〖解剖〗~ spongiosum 海綿体 (= corps spongieux).

corpusculaire *a.* **1**〖物理〗〔微〕粒子の. physique ~ 粒子物理学. théorie ~ 粒子説, 粒子論. **2**〖解剖・医〗小体の；血球の.

corpuscule *n.m.* **1**〖物理〗微粒子 (= particule).
2〖解剖・医〗微小体, 小体. ~s de Döhle デーレ小体. ~s de Malpighi マルピギー小体, 腎小体. ~s élémentaires 基本小体. ~ tactile 触覚小体 (= ~ du tact).

correct(e) [-t] *a.* **1** 正しい, 正確な, 的確な. copie ~ *e* 原本と一致したコピー. phrase grammaticalement ~ *e* 文法的に間違いのない文章. réglage ~ 的確な調整. traduction ~ *e* 正確な翻訳.〖俗〗*C* ~ ! その通り.
2 礼儀正しい；端正な, きちんとした. conduite ~ *e* 礼儀正しい振舞い. Une tenue ~ *e*

est de rigueur. 必ずきちんとした服を着用のこと《招待状の注意書き》. avoir une tenue ~*e* 身なりがきちんとしている.
3 (人が) 公正な；良心的な. attitude politique ~*e* 政治的に公正な立場. être ~ avec qn 人に公正に対処する.
4〔話〕まずまずの，世間並みの，大過のない. devoir ~ まずまずの出来の宿題. C'est un hôtel modeste, mais ~. 簡素だがきちんとしたホテルだ.

correc*teur* [1] (***trice***) *n*. **1** (答案の) 添削者；(試験の) 採点者. ~ d'un devoir 宿題の添削者. jury des ~s du baccalauréat バカロレアの採点者団.
2 校正係；校閲者.
——*a*. 補正 (補整) 用の. dispositif ~ 補正 (補整) 装置. verres ~s de lunettes 眼鏡の視度補正レンズ.

correcteur [2] *n.m.* **1** 補正 (矯正) 装置. ~ de tonalité 音質調整装置. ~ gazométrique ガス定量補正装置.
2〖電算〗誤字(綴字)訂正ソフト (= ~ orthographique；= versificateur).
3〖文具〗修正用文具. ~ liquide 修正液 (= effaceur).
4〖服〗矯正下着《ガードル gaine, コルセット corset など》.

correctif (***ve***) *a*. **1** 矯正を目的とする，矯正用の. exercices ~s de prononciation 発音矯正練習. gymnastique ~*ve* 矯正体操 (= correctrice).
2〖薬〗緩和性の，中和性の. substance ~*ve* 矯正薬，調製剤.
3 (行動を) 矯正する. châtiment ~ 矯正的懲罰.
——*n.m.* **1** 中和剤，緩和剤. **2**〔比喩的〕緩和措置. **3** 緩和表現〔語句〕.

correction *n.f.* Ⅰ (正しく直すこと) **1** 訂正，修正. ~ d'une date erronée 間違っている日付の訂正. ~ d'une erreur 誤りの訂正. sauf ~ 違っていたら訂正するとして；私の思い違いでなければ.
2 (計画・著作などの) 訂正，改訂. ~s de forme (de fond) 形式 (内容) の訂正. manuscrit chargé de ~s 訂正だらけの手稿. pièce de théâtre reçue à ~ 訂正を条件として受理された芝居の脚本. faire de nombreuses ~s à un conte 短編小説に数多くの書き直しをする.
3〖印刷〗校正 (= ~ d'épreuves)；校正作業；校正部 (= service de ~). ~s d'auteur 筆者校正. ~s typographiques 活字校正. signes de ~ 校正記号. s'occuper de la ~ d'une revue 雑誌の校正に従事する. la rédaction et la ~ d'un journal 新聞社の編集部と校正部.
4 (答案などの) 添削；採点. ~ des copies de composition 作文の添削. ~ de l'écrit 筆記試験の採点.
5 修正，補正；補正値；改修.〖海〗~ des compas 羅針盤の修正. ~ de gravité 重力補正. ~ d'une erreur 誤差の修正. ~ des rivières 河川改修.〖機工〗came de ~ 補正カム.
6〖薬〗(副作用などの) 緩和，矯正.
7 (水質などの) 調整，中和. ~ des eaux calcaires 石灰分を多く含んだ水の中和 (軟水化).
8 体罰，お仕置き. ~ paternelle 両親によるお仕置き. infliger une sévère ~ à un enfant 子供に厳しい体罰を加える.
9〔古〕矯正，懲治. ~ des défauds 欠点の矯正.〔古〕maison de ~ 少年院，感化院 (= 現 centre d'éducation surveillée「教護院」). envoyer un enfant en ~ 少年を感化院に送致する.
Ⅱ (正しいこと) **1** 正確さ，的確さ. ~ d'une traduction 翻訳の正確さ.
2 (身なりの) 端正さ；礼儀正しさ，公正さ. ~ parfaite dans la tenue 身の端正さ. être d'une parfaite ~ 極めて礼儀正しい. ~ en affaire 仕事の公正さ. avec ~ きちんと；礼儀正しく.

correctionnalisation *n.f.*〖法律〗(重罪の) 軽罪化. ~ judiciaire 裁判上の軽罪化. ~ légale 法律上の軽罪化.

correctionnel (***le***) *a*.〖法律〗軽罪 (délit) の (criminel「重罪」, contravention-nel「違警罪の」の対). peine ~*le* 軽罪の刑罰；懲治刑. tribunal ~ (フランスの) 軽罪裁判所 (= tribunal de police ~ *le*).
——*n.f.* 軽罪裁判所 (= tribunal ~). passer en ~ *le* 軽罪裁判所に送られる.

corrélatif (***ve***) *a*. **1** 相関的な，関連のある. Droit et devoir sont des termes ~s. 権利と義務は相関辞項である. obligation ~ *ve* 相関的義務《一つの義務に付随する義務》.
2〖文法〗相関の. mots ~s 相関語.
——*n.m.*〖言語〗相関語 (= mot ~)；相関辞項 (= terme ~) (tel ... que, assez ... pour など).

corrélation *n.f.* **1**〖統計〗相関，相関関係. coefficient de ~ 相関係数.〖数〗fonction de ~ 相関関数.
2〖生理〗(諸器官・機能の) 相互依存〔関係〕, 相関.
3〖地学〗(層序・年代・構造の) 対比.
4〔一般に〕相互関係, 相関関係, 相関, 関連性. être en ~ avec …と相関関係にある. Il y a une ~ entre ces événements. これらの事件には相関関係 (関連性) がある.

correspondance *n.f.* **1** 対応, 照応, 一致, 合致.《*C~s*》『交感』(Baudelaire の詩集). théorie des ~s 感覚交感の説《スウェーデンボルイ Emanuel Swedenborg [1688–1772] の説》.
2 文通, 書簡, 通信；(新聞・雑誌の) 通信員；通信欄. ~ de Flaubert フロベールの書簡集. ~ d'un journal 新聞の外信欄. ~s

correspondant(e)

étrangères 外国通信〔欄〕, 外信〔欄〕. carnet (bulletin, cahier) de ~ 通信簿, 成績通知表. droit de ~ 通信権. enseignement par ~ 通信教育.
3 (交通機関の)連絡, 乗り換え, 接続；乗り換え駅；連絡列車. ~ assurée 接続保証. ~ entre deux avions 2便の旅客機の乗継. ticket de ~ 乗換切符. La ~ pour Paris est au quai n°2. パリへの乗換えは2番線です.

correspondant(e) *a.* 対応する, 相応する, 関連する；〚交通〛接続する.〚数〛angles ~s 同位角. effets ~s de plusieurs causes 数多くの原因の相乗効果. trains ~s 接続列車.
——*n.* **1** 特派員, 通信員. ~ à étranger 外国特派員. ~ de guerre 従軍特派員. ~ local 地方通信員. ~ permanent 常駐特派員 (envoyé spécial は臨時特派員).
2 文通相手, 電話の相手.
3 連絡員. honorable ~ 諜報機関の外部協力者.
4 membre ~ (学会の)外国会員, 通信会員.
5〚金融〛コレスポンデント, コルレス先. ~s du Trésor 国庫預託元.

Corrèze *n.pr.f.* **1**〚地理〛la ~ コレーズ川 (中央山塊に源を発し, Tulle チュル, Brive-la-Gaillarde ブリーヴ＝ラ＝ガイヤルドを経て, la Vézère ヴェゼール川と合流；長さ85 km).
2〚行政〛la ~ コレーズ県 (= département de la ~ ；県コード19；フランスUEの広域地方行政区 région Limousin リムーザン地方に属す；県庁所在地 Tulle；主要都市 Brive-la-Gaillarde, Ussel ユセル；3郡, 37小郡, 286 市町村, 面積 5,860 km², 人口 232,576；形容詞 corrézien(ne)).

corrézien(ne) *a.* コレーズ (Corrèze) 県の.
——*C~ n.* コレーズ県人.

CORRI (= *c*omité *r*égional de *r*estructuration *i*ndustrielle) *n.m.* 産業再編成地方委員会.

corridor 〔伊〕 *n.m.* **1** 廊下, 通路.
2〚地理〛回廊地帯, 回廊. ~ d'évacuation 脱出回廊. ~ de sécurité pour l'évacuation (住民の)脱出のための安全回廊. 〚史〛 ~ polonais ポーランド回廊 (1918-39).

corrigé(e) *a.p.* **1** 直された, 改められた；修正された. erreur ~e 直された過ち. surface ~e (家賃の算定基準となる)修正面積.
2 訂正された. édition revue et ~e 改訂版.
3 校正された. épreuves ~es 校正刷.
4 添削された；採点された. composition française ~e 添削されたフランス語作文.
5 修正された, 補正された. compas ~s 修正された羅針儀.
——*n.m.*〚学〛添削された宿題 (=devoir ~)；模範答案, 正解；模範答案集.

corrigeage *n.m.*〚印刷〛(ゲラ刷りの)校

正〔作業〕.

corroboration *n.f.* 確証, 証拠づけ, 裏づけ；確立. ~ d'une preuve 立証.

corroboré(e) *a.p.* 確証された, 証明された；確立された. récit du témoin ~ 立証された証人の証言. situation ~e par l'acte de naissance 出生証書で確立された地位.

corrosion *n.f.* **1** 腐蝕, 融蝕；〚地学〛浸蝕, 溶食；腐蝕物. ~ littorale 海岸浸蝕. ~ par un acide 酸による腐蝕. agent de ~ 腐蝕剤.
2〚比喩的〛消耗, ゆっくりした破壊. ~ d'un sentiment 感覚の消耗.

corrupteur(trice) *n.* **1** 買収する人, 贈賄者.
2 (健全なものを)堕落させる人；(風俗などを)頽廃させる.
——*a.*〚文〛頽廃させる；堕落させる. influence ~trice 頽廃的影響. livre ~ 人を堕落させる書物.

corruptible *a.* **1** 腐りやすい. produit ~ 腐りやすい製品.
2 買収し得る；堕落しうる. juge ~ 買収できる裁判官. mœurs ~s 頽廃しうる風俗.

corruptif(ve) *a.* 腐敗させる；(特に)贈賄で腐敗させる.

corruption *n.f.* **1** 腐敗. ~ de la viande 肉の腐敗.
2〚文〛変質, 改変, 改悪, 歪曲. ~ du goût 趣味の低俗化. ~ d'un texte テクストの改竄.
3〚比喩的〛堕落, 頽廃, 紊乱. ~ des mœurs 風俗の頽廃 (紊乱).
4 汚職；贈収賄；買収行為. ~ de fonctionnaire 公務員の汚職 (収賄). ~ électorale 選挙にからむ贈収賄, 選挙買収行為, 選挙違反. tentative de ~ 汚職未遂〔罪〕.

Corse *n.pr.f.* **1** la ~ コルス島, コルシカ島 (地中海上の島).
2〚行政〛la Région ~, la ~ コルス島地方 (フランスと UE の広域地方行政区画の一；la ~-du-Sud と la Haute-~ の2県から成る；地方庁所在地 Ajaccio；面積 8,682 km², 人口 260,196；形容詞 corse).
3 cap ~ コルス岬 (コルス島北端の岬).

corse *a.* コルス (コルシカ) (la Corse) の；~ 人の；~ 語の. Front armé révolutionnaire ~ コルス革命的武装戦線 (略記 FARC). peuple ~ コルス (コルシカ) 民族；コルス (コルシカ) 島民.
——*C~ n.* コルス (コルシカ) 人；コルスの住民. les *C~s* continentaux フランス本土のコルス島出身者.
——*n.m.*〚言語〛コルス (コルシカ) 語.

corsé(e) *a.p.* **1**〚料理・酒〛こくをつけた, 濃厚な；こってりした. repas ~ こってりした食事. sauce ~e (香辛料をきかせた)濃厚なソース. vin ~ こくのある葡萄酒；(アルコールなどを添加して)こくをつけた葡萄酒. ~ de … で強い味にした；を添加した.

café ~ de calvados カルヴァドス酒を加えたコーヒー.
2 水増しした. addition ~*e* 水増し勘定.
3 (話が)こみ入った；露骨な, きわどい. affaire ~*e* 錯綜した問題. histoire ~*e* きわどい話. problème ~ 厄介な問題.
4 極めて強い. critique ~*e* 手厳しい批評. maladie ~*e* 重病.
5 重要な；過度の. punition ~*e* 厳罰.
6 〔古〕(布が)厚手の. drap ~ 厚手の織物. vernis ~ 厚いニス.

Corse-du-Sud *n.pr.f.* 〖行政〗la ~ コルス゠デュ゠シュッド (南コルス) 県 (= département de la ~；フランスと UE の広域地方行政区 région Corse に属す；県コード 2 A；県庁所在地 Ajaccio アジャクシオ；主要都市 Sartène サルテーヌ；2 郡, 22 小郡, 124 市町村, 面積 4,014 km²；人口 118,593).

corset [kɔrsɛ] *n.m.* **1** (婦人用) コルセット.
2 〖医〗~ orthopédique 整形用コルセット, 医療用コルセット (= ~ médical).
3 〔比喩的〕~ de fer (鉄のコルセット→) 厳しい締めつけ.
4 〖林業〗(若木の) 保護具, 副木 (= ~-tuteur, corselet).

cortège *n.m.* **1** 随員；お供 (の列), お付き. ~ d'un haut personnage 高官の随員. ~ funèbre 葬列.
2 行列. ~ des manifestants デモ隊の隊列.
3 〔比喩的〕付随物, つきもの. vieillesse et son ~ d'infirmités 老齢とそれに伴う心身障害.
4 〖物理〗~ d'électrons (électronique) 電子雲.

cortex [ラ] *n.m.* **1** 〖植〗皮質.
2 〖動・解剖〗皮質；大脳皮質 (= ~ cérébral). ~ cérébral 大脳皮質 (= écorce cérébrale). ~ préfrontal 前頭大脳皮質 (感覚皮質から送られる情報を処理する). ~ sensoriel 感覚皮質 (感覚器官からの情報を転送する機能をもつ). ~ surrénal 副腎皮質. ~ visuel primaire 第一次視覚皮質.

cortical (**ale**)(*pl.aux*) *a.* **1** 〖植〗皮層の. **2** 皮質の, 大脳皮質の, 副腎皮質の. hormones ~ales 副腎皮質ホルモン (=〖英〗ACTH：*a*dreno*c*ortico*t*ropic *h*ormone「副腎皮質刺激ホルモン」).

corticodépendant(**e**) *a.* 〖医・薬〗コルチコイド依存性の. maladie ~*e* コルチコイド依存性疾患.

corticoïde *n.m.* 〖生化〗コルチコイド (副腎皮質ホルモンの総称).
——*a.* コルチコイドの. hormone ~ コルチコイドホルモン, 副腎皮質ホルモン.

corticolibérine *n.f.* 〖生化〗副腎皮質刺激ホルモン放出ホルモン (=hormone de libération de corticotrophine；=〖英〗CRH：*c*orticotropin-*r*eleasing *h*ormone).

corticostéroïde *n.m.* 〖生化・医〗コルチコステロイド, コルチコイド (=corticoïde) (副腎皮質で合成, 分泌されるステロイドホルモン).

corticostimuline *n.f.* 〖生化・医〗コルチコスチムリン, 副腎皮質ホルモン (=〖英〗ACTH：*a*dreno*c*ortico*t*ropic *h*ormone).

cortico[-]**surrénal** (**ale**)(*pl.aux*) *a.* 副腎皮質の (=cortico surrénalien). hormones ~ales 副腎皮質ホルモン (ステロイドなど).
——*n.f.* 副腎皮質 (=cortex surrénal).

cortico[-]**surrénalien**(**ne**) *a.* 副腎皮質から分泌される. hormones ~nes 副腎皮質ホルモン.

corticosurrénalien(**ne**) *a.* 〖生化〗副腎皮質の. hormones ~nes 副腎皮質ホルモン (=corticoïde).

corticothérapie *n.f.* 〖医〗副腎皮質ホルモン療法, ステロイド療法.

corticotrope *a.* 〖生化〗副腎皮質刺激性の. hormone ~ 副腎皮質刺激ホルモン (= hormone adrénocorticotrope；=〖英〗ACTH：*a*dreno-*c*ortico*t*ropic *h*ormone).

corticotrophine *n.f.* 〖薬〗コルチコトロピン, 副腎皮質刺激ホルモン (=corticostimuline, =〖英〗ACTH：*a*dreno-*c*ortico*t*ropic *h*ormone).

cortinaire *n.m.* 〖茸〗コルチネール, ふうせんたけ (食用・有毒・致死性のもの混在). ~ couleur de rocou 赤橙色のコルチネール (Cortinarius oreillanus；致死性). ~ de Berkeley バークレー・コルチネール (食用).

cortisol *n.m.* 〖生化〗コルチゾール, ヒドロコルチゾン (副腎皮質でつくられる副腎皮質ステロイドホルモンの一種グルココルチコイド；抗炎, 免疫抑制物質).

cortisone 〖英〗*n.f.* 〖化〗コルチゾーヌ, コーチゾン (副腎皮質ホルモンの一種で消炎剤として用いられる；cortex+hormone の合成造語).

corton *n.m.* 〖葡萄酒〗コルトン (ブルゴーニュ地方 la Bourgogne, département de la Côte-d'Or コート゠ドール Aloxe-Corton アロス (アロクス)゠コルトン村 (市町村コード 21420) の葡萄畑の AOC 酒；赤と白のグラン・クリュ (特級畑) の銘酒).

corton-charlemagne *n.m.* 〖葡萄酒〗コルトン゠シャルルマーニュ (ブルゴーニュ地方 la Bourgogne, département de la Côte-d'Or コート゠ドール県, コート・ド・ボーヌ地区 la Côte de Beaune, アロス (アロクス)゠コルトン Aloxe-Corton 村 (市町村コード 21420) の葡萄畑の AOC 酒；グラン・クリュ (特級畑) の白の銘酒).

corvette *n.f.* **1** 〖軍〗コルヴェット艦, 対潜護衛艦 (=aviso)；哨戒フリーゲート艦 (=frégate de surveillance)；海防艦.
2 〔古〕コルヴェット艦 (帆走軽巡洋艦；フリゲート艦 fregate と小型帆走艦 brick の

中間).
corvidés *n.m.pl.* 〖鳥〗烏科；烏科の鳥類(corbeau 大烏, corneille 小烏, geai かけす, pie かささぎ, など).
coryza [ギ] *n.m.* 〖医〗鼻風邪, 鼻カタル(=rhume de cerveau)；鼻炎 (=rhinite)；急性鼻炎 (=rhume = rhinite aiguë)；感冒, 風邪 (=rhume). ~ infectueux 感染性鼻炎, ウイルス性感冒. ~ spasmodique 痙攣性鼻炎 (=rhume des foins 枯草風邪, 花粉症).
COS[1] (=*c*oefficient d'*o*ccupation du *s*ol) *n.m.* (建造物の) 土地占有指数.
COS[2] (=*c*ommandement des *o*pérations *s*péciales) *n.m.* 〖軍〗特別作戦司令部.
COS[3] [seɔɛs] (=*c*omplément d'*o*bjet *s*econd) *n.m.* 〖文法〗第二目的補語 (直接目的補語をとる動詞の間接目的補語のこと).
COS[4] [kos] (<cosinus) *n.m.* 〖数〗余弦, コサイン.
Cosa (=*C*omité d'*o*rientation pour la *s*implification du langage *a*dministratif) *n.m.* 行政用語簡素化指針検討委員会 (2001年8月発足).
Cos d'Estournel (château) *n.pr.m.* 〖葡萄酒〗シャトー・コス・デストゥールネル《ボルドーの le Haut-Médoc 地区, Saint-Estèphe サン=テステーフ村 (市町村コード 33210) に第二級格付特級畑をもつシャトー；中国風のシャトーと cabernet-sauvignon 60 %, merlot 40 % を植えた 67 ha の葡萄畑がある；cos は「小石だらけの小さな丘」を意味する地方古語》. château *c*~ d'*e*~ シャトー・コス・デストゥールネル酒 (1855 年の第二級格付特級酒；セカンドラベルは les pagodes de cos).
cosignataire *n.* 連署人；連帯保証人. ~ d'un contrat 契約書の連署人.
cosignature *n.f.* 〖法律〗連署；連帯保証署名.
cosinus [-s] *n.m.* 〖数〗コサイン, 余弦 (略記 cos).
cosmétique *a.* **1** 美容の, 化粧に関する；整髪用の. produits ~*s* 化粧品.
2 〖比喩的〗うわべの, 表面的な. réforme ~ 見せかけの改革.
——*n.m.* 化粧品, コスメチック；(特に) 整髪用化粧品.
cosmétofood *n.m.* 美容食品.
cosmétologie *n.f.* 美容学；化粧品学.
cosmétologue *n.* 美容家, 美容専門家.
cosmide *n.f.* 〖生化〗コスミド.
cosmique *a.* **1** 〖天文〗宇宙の. année ~ 宇宙年 (太陽が銀河系の中心に対し 1 周する期間；1 宇宙年：2 億 2500 万年). corps ~ 宇宙物体, 天体. neutrino ~ 宇宙ニュートリノ. poussières ~s 宇宙塵. rayons ~*s* 宇宙線 (=rayonnement ~). vaisseau ~ 宇宙船. voyage ~ 宇宙旅行.
2 〖哲〗宇宙に関する, 宇宙的の. espaces ~*s* 宇宙空間. lois ~*s* 宇宙法則. philosophie ~ 宇宙論.
3 〖比喩的〗無限の, 目もくらむほど広大な.
cosmochimie *n.f.* 宇宙化学.
cosmochronologie *n.f.* 〖天文〗宇宙年代学.
cosmodrome *n.m.* (特にソ連の) 宇宙船打上基地, 宇宙基地. ~ de Baïkonour (ソ連の) バイコヌール宇宙船打上基地.
cosmogonie *n.f.* 宇宙生成論, 天地創造論；〖天文〗宇宙進化論.
cosmogonique *a.* 宇宙生成論の, 天地創造論の；〖天文〗宇宙進化論の. mythe ~ 創世神話.
cosmographie *n.f.* 〖天文〗宇宙形状誌；宇宙構造論.
cosmographique *a.* 〖天文〗宇宙形状誌学の；宇宙構造論の.
cosmologie *n.f.* 宇宙論；宇宙構造論；宇宙進化論. ~ newtonienne ニュートンの宇宙論. ~ relativiste 相対的宇宙論.
cosmonaute *n.* 宇宙飛行士 (=astronaute, spacionaute).
cosmophysique *n.f.* 宇宙物理学.
cosmopolite *a.* **1** 国際色豊かな, 世界各地の人から成る. ville ~ 国際的な都市.
2 (人が) 国際的感覚をもつ, 世界の事情に通じている. esprit ~ 国際感覚.
3 〖古〗世界主義を信奉する.
4 〖生態〗全世界に分布する (=ubiquiste) (endémique「局地性」の対).
——*n.* 国際人, コスモポリタン.
cosmopolitisme *n.m.* **1** 世界主義, コスモポリタニズム. **2** 国際性.
cosmos[1] [-s] *n.m.* **1** 宇宙, コスモス. **2** 宇宙空間 (大気圏外の空間).
cosmos[2] [-s] *n.m.* 〖植〗コスモス.
COSPAR (=〖英〗*Co*mmittee on *Spa*ce *R*esearch) *n.f.* コスパール, 国際宇宙空間研究委員会 (=〖仏〗Commission de la recherche spatiale) (1958 年設立).
costal (ale) (*pl.* **aux**) *a.* 〖解剖〗肋骨 (côtes) の. 〖医〗anomalie ~*ale* 肋骨奇形. 〖解剖〗arc ~ 肋骨弓. 〖医〗carie ~*ale* 肋骨カリエス. 〖医〗douleur ~*ale* 肋骨痛. 〖解剖〗région ~*ale* 肋骨部. 〖医〗résection ~*ale* 肋骨切除〖術〗. respiration ~*ale* 胸式呼吸.
Costa Rica (le) *n.pr.m.* 〖国名通称〗コスタ・リカ (公式名称：la République du *C*~ コスタ・リカ共和国；国民：Costaricain (*e*)；首都：San Jusé サン・ホセ；通貨：colon costaricain [CRC]).
costaricain (e) *a.* コスタ・リカ (le Costa Rica) の, コスタ・リカ共和国 (la République du Costa Rica) の；~ 人の.
——*C*~ *n.* コスタ・リカ人.
costaricien (ne) *a.* コスタ・リカ (le Costa Rica) の；コスタ・リカ共和国 (la République du Costa Rica) の；コスタ・リ

力人の.
—**C~** n. コスタ・リカ人.

costaud(e) a.〔女性形は不変の場合もある〕〔俗〕頑健な, 丈夫な, 逞しい. un type très ~ がっしりした奴. Elle est vraiment ~〔e〕. 彼女は本当に逞しい.

costume n.m. **1** (ある地域, 国, 時代に固有の)衣装, 服装. ~ breton ブルターニュの民俗衣装.
2 衣服, 服装. ~ de cérémonie 礼服, 礼装. ~ de ville 街着. ~ de sport スポーツウェアー. ~ ecclésiastique 聖職者の服装. ~ paysan 農民の服装.
3 (一組の)衣服;(特に男性用)スーツ. ~ sur mesure 注文紳士服. ~-tailleur (婦人服の)テーラードスーツ. en ~-cravate ネクタイをしたきちんとした身なりで. mettre un ~ pour aller dîner 夕食のためにスーツを着る.
4〔舞台〕衣裳. ~ de scène (演劇・映画などの)舞台衣裳. mettre un ~ de pirate 海賊の衣裳を身にまとう.

costumé(e) a. 舞台衣装を身にまとった;変装した(=déguisé). bal ~ 仮装舞踏会.

costumier(ère) n. (演劇・映画・舞踏・TVなどの)衣装制作(販売, 賃貸)業者;衣装方, 衣装担当者.

côt n.m.〔農〕コット種《赤葡萄の品種, 別称 malbec, pied-rouge, cahor》.

COTAM, Cotam (=Commandement du transport militaire aérien) n.m. 空輸軍司令部.

cotan (<cotangente) n.f.〔数〕コタンジェント (余接)の記号(旧 cotg).

cotangente n.f.〔数〕コタンジェント, 余接(記号 cotan).

cotation n.f. **1** 値付け, 相場付け, 建値, 取引価格, 時価. ~ à la criée 競売での値付け. ~ boursière 株式相場. ~ des valeurs (actions) en Bourse 証券取引所での証券(株式)の建値.
2〔商業〕商品運賃の見積もり(算定), 運賃計算, 運賃提示. ~ du fret international 国際貨物運賃の見積もり.
3 (答案・試験などの)採点, 評点. ~ d'une copie 答案の採点.
4 (書籍・書類などの)整理番号付け. ~ d'un livre 図書の分類番号付け.
5 (図面の)実寸数字表示. ~ d'un dessin 設計図の実寸数字表示.

cote n.f. **1** (図書・資料などの)整理番号, 分類番号(記号). ~ de la Bibliothèque Nationale 国立図書館の蔵書登録番号(記号)《Rés.Y2-2171;8Ln²⁷ 58092;B.N.F. ms.;N.a.fr 19242 など》.
2 (税金の)賦課金額, (分担金などの)割当て額. ~ foncière 固定資産税査定額. ~ mal taillée 大雑把な割当て〔額〕(当事者の譲歩による)妥協, 妥結. ~ mo-
bilier 動産課税査定額.
3 (証券, 為替, 商品などの)相場, 時価(=cours);相場表;(特定商品の)標準価格;価格表. ~ à terme 先物相場. ~ au comptant 現物相場. ~ de la Bourse 株式相場. ~ des changes 為替相場. ~ des voitures d'occasion 中古車価格表. actions inscrites à la ~ 上場株. hors-~ 場外相場. marché hors-~ 場外市場, 店頭市場. titre hors-~ 場外取引の証券.
4 (競走馬の)賭率, 勝つ確率;(競争相手に対する)勝ち目. ~ d'un cheval 競走馬の賭率.
5 (人物の)評価, 評判;評点(=note). ~ d'amour (人物, 商品に対する)評点;人気度. ~ d'Ordinateur individuel『パーソナル・コンピュータ』誌の製品評点. ~ de popularité du Premier ministre 首相の人気度. ~ d'un devoir 宿題の評点. avoir la ~ auprès de qn 人の受けがよい.
6 標高;海抜(=~ au-dessus du niveau de la mer). la ~ 203 標高 203 メートル地点.
7 (河川の)水位. ~ d'alerte (河川の)危険水位, 警戒水位. ~ d'un fleuve);〔比喩的〕(上限・下限の)限界点;危機的状況. ~ maximum 最高水位.
8 (図面上の)実寸を示す数字. ~ d'une machine 機械の実寸表示. indiquer les ~s 実寸数字を記入する.

côte n.f. ① (体の部分) **1**〔解剖〕肋骨. les douzes paires de ~s 12 対の肋骨.『聖書』la ~ d'Adam アダムの肋骨《神がそれでEve をつくった》. Nous sommes tous la ~ d'Adam. われわれは皆同じ出自だ. ~s vraies;vraies ~s 真肋. fausses ~s 仮肋. douleur aiguë dans la région des ~s 肋骨周辺の急性痛. fracture des ~s 肋骨骨折. muscle costo-vertébral des ~s 肋骨の肋骨・脊椎筋. nerf des ~s 肋間神経(=nerf intercostal). se fracturer une ~ 肋骨を折る. On lui voit (compterait) les ~s 彼(彼女)は骨と皮ばかりだ.
◆〔成句〕avoir les ~s en long 怠け者である;〔古〕異様である. chatouiller (mesurer, rompre) les ~s à qn 人を殴りつける. se tenir les ~s〔de rire〕腹をかかえて笑う.
2 ~ à ~ 横に並んで;一緒に, 共に. marcher ~ à ~ 並んで歩く.
3〔料理〕(牛, 仔牛, 豚, 羊などの)コート(背肉の骨付きの切り身). ~ anglaise (牛の)骨付きコート. ~ parisienne de veau 仔牛のパリ風コート(仔牛のタンドロンまたは胸肉を切りわけたもの). ~ première (secondaire) de veau (de porc) 仔牛(豚)の後部(前部)コート. ~ de bœuf à la florentine フィレンツェ風の牛のコートのオリーヴ炭焼き, ビステカ・フィオレンティーナ《フィレンツェの名物料理》. plat (train) de ~ de bœuf 牛

côté(e)

の骨付きバラ肉(リブロース).

II〖(物の突出した部分)〗**1**〖建築〗~s d'une coupole (d'un dôme) 円屋根の稜(りょう), 装飾用桁縁. ~s d'une colonne 円柱の溝彫りの突出部.
2〖植〗太い葉脈,芯;(果皮の)筋. ~ de chou キャベツの葉の芯. ~ de citrouille (de melon) 南瓜(メロン)の外皮の筋.
3〖織〗うね. étoffe à ~s うね織.
4〖船〗~ d'un navire 船の肋骨.

III〖(地形)〗**1** コート(丘陵の斜面), 丘陵地帯;河岸段丘;山腹;〖地理〗ケスタ. la ~ d'Or コート・ドール, 黄金の丘陵地帯《ブルゴーニュ地方 la Bourgogne の丘陵地帯;葡萄の名栽培地区》. les ~s de Provence プロヴァンス地方の丘陵地帯. les ~s du Rhône ローヌ河畔の丘陵地帯. ~ raide 急斜面.
2 海岸. ~escarpée 切り立った海岸. la C~ d'Azur コート・ダジュール, 紺碧海岸. la C~ d'Emeraude コード・デモロード, エメラルド海岸《英仏海峡の Cancale と Saint-Brieuc 間の変化に富んだ海岸》. la C~ d'Opale コート・ドパール, オパール海岸《英仏海峡と北海に面した海岸》. la C~ Vermeille コート・ヴェルメイュ《地中海に面した Collioure と Cerbère 間の海岸》.
◆〖成句〗aller à la ~ (船が)浅瀬に乗り上げる. être à la ~ (船に)座礁する;〖比喩的〗(座礁した船のように)にっちもさっちもゆかない, 文無しである.
3 坂道. monter (graver) la ~ 坂道をのぼる. ~ vitesse en ~ d'une automobile 自動車の坂道スピード
4〖自転車競技〗course de ~ 急斜面路レース.

côté(e) *a.p.* **1** 相場をつけられた;〖株〗上場された. ~ à l'Argus 中古自動車相場専門誌「アルギュス」で相場が示された. vieux modèle qui n'est plus ~ 相場を示されなくなった老朽モデル. valeur ~e en Bourse 株式市場上場証券(株). valeur boursière non ~e 非上場証券.
2 評判のいい, 受けがいい. restaurant très ~ 大変評判のいいレストラン.
3 (図面, 地図で)実寸の数字が示された.

côté *n.m.* **I**〖(側面)〗**1**(人・動物の)脇腹, 脇, 横腹;(身体全体の)側面, 横. avoir mal au ~ 脇腹が痛い. recevoir un coup dans le ~ 横腹に一発くらう. se coucher sur le ~ 横を向いて寝る. paralysie d'un ~ 半身の激しい胸痛. point de ~
2 (物の)側面, 脇;側(がわ), 横, 傍ら. 〖海〗~ au vent (sous le vent) 風上(風下)側. 〖海〗~ bâbord (tribord) 左舷(右舷)側. 〖劇〗~ cour (jardin) 上手(下手)《舞台に向って右》. 〖宗〗~ de l'épître (de l'évangile) (教会堂の祭壇の)書簡側(福音書側)《祭壇に向かって右(左)》. ~ droit (gauche) 右(左)側. ~ extérieur (intérieur) de *qch*

物の外(内)側. ~ français des Alpes アルプス山脈のフランス側. ~ pair (impair) d'une rue 街路の偶(奇)数番地側. le milieu et les ~s 真中と両側.
3 (多角形の)辺;(立体の)面;(表裏の)面. les ~s d'un triangle 三角形の辺. le grand (petit)~ d'un triangle 三角形の長(短)辺. triangle ayant deux ~s égaux 二等辺三角形. ~ face (pile) d'une pièce de monnaie 貨幣の表(裏)面. le beau (mauvais)~ d'une étoffe (d'une monnaie) 生地(貨幣)の表(裏)面. les deux ~s d'une feuille de papier 紙の表裏の両面《紙の表は recto, 裏は verso》. les quatre ~s d'un carré 正方形の四辺. un carré de cinq centimètres de ~ 1辺5cmの正方形.
4 (事柄・性質などの)面, 側面;局面, 様相. le ~ faible 弱点;弱味. le bon ~ d'une chose 物事の良い面. les bons et les mauvais ~s d'une entreprise 企業の良い面と悪い面. les bons (mauvais)~s de *qn* 人の長所(短所). prendre *qch* par le bon (du bon)~ 何の良い面を見る;何を楽観的に捉える. les petits ~s de *qn* 人の弱味(欠点, 卑小さ). 〖話〗C~, tout va bien. 金の面では, すべて順調だ.
5 (対立する)陣営, 立場. Il est de votre ~. 彼はあなたの側だ. Les torts sont de mon ~. 誤りは私の方にある.
6 血統. ~ maternel (de la mère) 母方. ~ paternel (du père) 父方. grand-père du ~ maternel 母方の祖父. être né du ~ gauche 内縁関係の子として生まれる.

II〖(と共に)〗**1** à ~ 横に, 脇に, 傍に, 隣に;的を外れて;比較するに;その上に. demeurer à ~ 傍に住んでいる. les gens d'à ~ 隣人たち. Passons à ~ (dans la pièce d'à ~) 隣の部屋に移りましょう. La balle est passée à ~. /A~! 弾が外れた. Vous êtes complètement à ~. あなたは全く見当違いをしている. avoir le travail à ~ サイドワークを持っている.
2 à ~ de 〜の横に, の脇に, の傍に, の隣に;を外れて, を避けて;と比べれば;のほか, の他に. 〖話〗à ~ de ça それでいて, そのくせに. à ~ mon (mes) ~(s) 私の傍に. salon à ~ de la cuisine 台所の隣の居間. Asseyez-vous à ~ de moi. 私の傍にお坐りください. être à ~ de la vérité 真実を外れている. passer à ~ de la difficulté 困難を避けて通る. Mes maux ne sont rien à ~ des siens. 私の苦労は彼に比べれば何でもない.
3 au ~ de *qn* 人の傍らに. aux ~s de *qn* 人の傍らに;人の側について. lutter aux ~s du prolétariat プロレタリアートの側に立って戦う. rester aux ~s d'un malade 病人に付き添う.

III〖(de と共に)〗**1** de ~ 斜めに;横に, 脇に;別にして;放り出して. laisser de ~

放ったらかしておく；そっとしておく．marcher de ～ 斜め(横)に歩く．mettre de l'argent de ～ 金を別にとっておく，貯金する．regarder de ～ 横目で見る．se jeter de ～ 脇に飛びのく．de ～ et d'autre あちこちに(から)．de tout ～；de tous (les) ～s 四方八方に(から)．courir de tous ～s 四方八方かけずり廻る．
2 du ～ de …の方へ(から)；のそばに；の側に(から)；に関して．*Du ～ de chez Swann* de Proust プルーストの『スワン家の方へ』(1913年). aller (venir) du ～ de la gare 駅の方へ行く(駅の方から来る). n'être ni d'un ～, ni de l'autre どちらの側にもつかない (中立である). se placer du ～ de la fenêtre 窓辺に位置する．
Du ～ du confort, il n'y a rien à dire. 快適さについては申し分がない．*Il y a eu opposition du ～ des socialistes.* 社会主義者の側から反対があった．
3 de ce ～ そちらの方へ(から)；その点に関しては；(de の)こちら側で(こちら側から). *De ce ～ [-là], il n'y a rien à craindre.* その点に関しては，何も心配はない．aller de ce ～ こちらの方へ行く．habiter de ce ～(de l'autre ～) de la rue 通りのこちら(向う)側に住む．
de mon (son, votre)～ 私(彼(女), あなた)の方では；私(彼(女), あなた)の側に立って(味方して). *De mon ～, il n'y a rien à dire. 私の方では何も言うことはない．*Je suis de votre ～.* 私はあなたの味方です．
d'un ～ … d'un (de l'autre)～… 一方では…，他方では….
coteau(*pl.*～**x**) *n.m.* **1** 小さい丘．
2 小さい丘の斜面；小丘の葡萄畑．*les ～x de Beaujolais* ボージョレ地方のコトー《葡萄栽培地》．
coteaux-champenois *n.m.pl.*《葡萄酒》コトー=シャンプノワ《la Champagne シャンパーニュ地方の AOC 酒；Chardonnay, pinot noir, pinot meunier の品種》．
coteaux-de-la-méjanelle *n.m.pl.*《葡萄酒》コトー=ド=ラ=メジャネル《西南フランス, le Languedoc ラングドック地方, Montpellier モンプリエの南, 白の AOC 葡萄酒》．
coteaux-du-languedoc *n.m.*《葡萄酒》コトー=デュ=ラングドック《le Languedoc ラングドック地方の Narbonne から Nîmes に至る 91 か村の地域でつくられ, 12 地区の名称を付記する赤と白の AOC 葡萄酒》．
coteaux-du-vendômois *n.m.inv.*《葡萄酒》コトー=デュ=ヴァンドーモワ《Vendôme (市町村コード 41100) ヴァンドーム西郊の 180 ha の葡萄栽培地で産出される葡萄酒の AOC；2000 年指定；pineau d'Aunis 種による赤と極淡桃色のグリ, chenin 種による白》．

côte-chalonnaise *n.m.*《葡萄酒》コート=シャロネーズ《département de la Saône-et-Loire ソーヌ=エ=ロワール県のシャロン=シュール=ソーヌ Chalon-sur-Saône (市町村コード 71100) の西に展開する丘の葡萄畑で生産される赤と白の AOC 酒；この地区には mercurey, givry, rully, montagny などの AOC 酒あり》．
Côte d'Amour *n.pr.f.*《地理》コート・ダムール《「愛の海岸」の意；ブルターニュ地方 la Bretagne の大西洋沿岸 la Baule-Escoublac ラ・ボール=エスクーブラック (市町村コード 44500) 周辺の海岸名》．
Côte d'Argent *n.pr.f.*《地理》《西南フランスの》コート・ダルジャン《「白銀海岸」の意；la Gironde ジロンド河と la Bidassoa ビダソア川の両河口の中間の大西洋に面した海岸名》．
Côte d'Azur *n.pr.f.*《地理》コート・ダジュール《「紺碧海岸」の意；南仏の Cassis カシス (市町村コード 13260) から Menton マントン (市町村コード 06500) に至る地中海沿岸地方；冬温暖, 夏暑く太陽光線が一杯の高級保養地として名高い》．
Côte de Beaune *n.pr.f.*《葡萄酒》la ～ コート・ド・ボーヌ地区《ブルゴーニュ地方 la Bourgogne, département de la Côte-d'Or コート=ドール県南部の Beaune を中心とした地区；Ladoix から Santenay までの間の 19 の村から成る；pinot noir, pinot Liebault と pinot beurot 種による赤が 80 %；chardonnay による白 20 %；80 % が premier cru；aloxe-corton, corton, chassagne-montrachet, beaune, meursault, montrachet, pommard, puligny-montrachet, volnay などの著名な AOC 酒がある》．
côte-de-buzet *n.m.*《葡萄酒》コート=ド=ビュゼ《西南フランス département du Lot-et-Garonne ロット=エ=ガロンヌ県の Buzet-sur-Baïse ビュゼ=シュール=バイーズ (市町村コード 47160) 地区で生産される赤と白の AOC 葡萄酒》．
Côte d'Émeraude *n.pr.f.*《地理》コート・デムロード《「エメラルド海岸」の意；英仏海峡に面した Dinard ディナール (市町村コード 35800), Saint-Malo サン=マロ (市町村コード 35400) 周辺の海岸名》．
Côte de Nuits (la) *n.pr.f.* ラ・コート・ド・ニュイ《ブルゴーニュ地方 la Bourgogne, département de la Côte-d'Or コート=ドール県のフィクサン Fixin (市町村コード 21220) からコルゴロワン Corgoloin (市町村コード 21700) に至る丘の斜面；chambertin, musigny, clos-vougeot, romanée-conti など最高級の AOC 銘酒の産地》．
côte-de-nuits *n.m.inv.*《葡萄酒》コート=ド=ニュイ《ブルゴーニュ地方 la Bourgogne の Côte de Nuits 地区の AOC 酒；Dijon 南郊の Marsannay (市町村コード

21160)からCorgoloin(市町村コード21700)までの長さ20km,幅200-300mの帯状に南北に伸びる丘陵の斜面に植えられたpinot noir種による高品質の赤；地域内にはfixin, gevrey-chambertin, chambertin, chambolle-musigny, Echézeaux, morey-saint-denis, nuits-saint-georges, vougeot, vosne-romanéeなどの著名なAOC酒がある).

côte-de-nuits-villages *n.m.inv.* 【葡萄酒】コート=ド=ニュイ=ヴィラージュ(Côte de Nuits地区のFixin, Brochon, Prissey, Comblanchien, Corgoloin地区でつくられるAOC酒；大半が赤).

côte-de-saint-mont *n.f.* 【葡萄酒】コート=ド=サン=モン(ピレネー山麓, département du Gers ジェール県Saint-Mont(市町村コード32400)周辺の葡萄畑のAOVDQS酒).

Côte d'Ivoire(la) *n.pr.f.* 【国名通称】コート・ディヴォアール《公式名称：la République de C~ コート・ディヴォアール共和国》；国民：Ivoirien(ne)；首都：Abidjan アビジャン=Yamoussoukro ヤムースークロ；通貨：franc CFA [XOF]》.

Côte d'Opal *n.pr.f.* 【地理】コート・ドパール地方,オパール海岸《ソンム湾baie de Somme からDunkerque ダンケルクに至る英仏海峡沿岸地区の名称》.

Côte d'Or[1] *n.pr.f.* 【地理】コート・ドール丘陵地帯《「黄金の丘」の意；ソーヌ川流域平野を見おろすブルゴーニュ地方la Bourgogne の丘陵地帯；葡萄酒の名産地：aloxe-corton, clos-vougeot, gevrey-chambertin, meursaul, nuits-saint-georges, pommard など多くの著名AOC酒がある》.

Côte-d'Or *n.pr.f.* 【行政】la ~ コート=ドール県(=département de la ~；フランスとUEの広域地方行政区 région Bourgogne ブルゴーニュ地方に属す；県コード21；県庁所在地：Dijon；3郡,43小郡, 707 市町村；形容詞 côte-d'orien(ne)；主要都市：Beaune ボーヌ, Montbard モンバール, Semur-en-Auxois スミュール=アン=ノーソワ, Saulieu ソーリユ；面積8,765 km², 人口506,755).

côtelette *n.f.* **1** 【料理】コートレット(羊,仔牛,豚などの背肉の骨つきの切身). ~s découvertes 肩ロースのコートレット. ~s d'agneau grillées 仔羊のコートレットのグリエ. ~ pannée パン粉をまぶして調理したコートレット(カツレツ). ~ première (seconde) de mouton 羊の後部(前部)コートレット.
2 【料理】コートレット仕立て(=~ composée). ~ d'œuf 卵のコートレット仕立て.
3 〔話〕(人間の)あばら骨.

Cotentin *n.pr.m.* 【地理】le ~ コタンタン半島《ノルマンディー地方la Normandie の西部にある半島》.

côte-rôtie (*pl.* ~s-~s) *n.m.* 【葡萄酒】コート=ロチ(=vin de Côte-Rotie) (ローヌ河の右岸, département du Rhône 県のAmpuis (市町村コード69420)とTupin-et-Semons (市町村コード69420)村にひろがる約200haの地区で, serine種を中心とした赤のAOC葡萄酒).

côtes-canon-fronsac *n.m.* 【葡萄酒】コート=カノン=フロンサック(ボルドー地方le Bordelais 東部ドルドーニュ河la Dordogne の河畔のCôtes de Canon et Fronsac (市町村コード33126)周辺の赤のAOC葡萄酒).

côtes-d'agly *n.m.* 【葡萄酒】コート=ダグリー(西南フランス, le Roussillon ルシヨン地方の甘口の白葡萄酒と若干の赤のAOC酒).

Côtes-d'Armor *n.pr.f.pl.* 【行政】les ~ コート=ダルモール県(=département des ~；県コード22；フランスとUEの広域地方行政区 région Bretagne ブルターニュ地方に属す；1990年まではdép. des Côtes-du-Nord コート=デュ=ノール県；県庁所在地Saint-Brieuc サン=ブリュ；主要都市：Dinan ディナン, Guimgamp ガンガン, Lannion ラニヨン；4郡,52小郡, 372 市町村；面積6,878 km², 人口542,373；形容詞 costarmoricain(ne)).

côtes-de-beaune-villages *n.m. inv.* 【葡萄酒】コート=ド=ボーヌ=ヴィラージュ《ブルゴーニュ地方la Bourgogne のコート・ド・ボーヌla Côte de Beaune にあるbeaune, pommard, volnay, aloxe-corton を除く16の村で産出する赤のAOC酒；monthélie とよばれるものもある》.

côtes-de-bordeaux-saint-macaire *n.m.* 【葡萄酒】コート=ド=ボルドー=サン=マケール(département de la Gironde ジロンド県のガロンヌ河la Garonne 右岸の小郡庁所在地Saint-Macaire (市町村コード33490)で生産される白のAOC酒).

côtes-de-bourg *n.m.* 【葡萄酒】コート=ド=ブール(ボルドー地方le Bordelais のガロンヌla Garonne, ドルドーニュla Dordogne 両川を見下ろすブールBourg 丘陵の赤・白のAOC葡萄酒).

côtes-de-brulhois *n.f.pl.* 【葡萄酒】コート=ド=ブリュールオワ(Agenの上流, ガロンヌ河la Garonne を見おろす葡萄畑のAOVDQS酒).

côtes-de-buzet *n.m.* 【葡萄酒】コート=ド=ビュゼ(西南フランス, ボルドー地方le Bordelais とアルマニャック地方l'Armagnac の中間の, ガロンヌ河左岸に位置する赤・白のAOC葡萄酒).

côtes-de-castillon *n.m.* 【葡萄酒】コート=ド=カスチヨン(département de la Gironde ジロンド県東部, ドルドーニュ河la Dordogne の河畔のカスチヨン=ラ=バタ

イユ Castillon-la-Bataille（市町村コード 33350）の周辺地区で生産されるボルドーのAOC酒：通常 bordeaux-～ または bordeaux supérieur ～ と表示；cabernet, merlot, malbec 種による）（= bordeaux-～）.

côtes-de-duras *n.m.*〖葡萄酒〗コート=ド=デュラ〔ス〕（西南フランス, Bergerac ペルジュラックの西隣り, Duras デュラ〔ス〕（市町村コード 47120）周辺の葡萄畑のAOC酒；白は sémillon, sauvignon, muscadelle, mauzet の各品種；赤は cabernet, merlot, malbec 種による）.

côtes-de-fronsac *n.m.*〖葡萄酒〗コート=ド=フロンサック（ボルドー地方le Bordelais の東部 Fronsac（市町村コード 33126）周辺の赤のAOC葡萄酒）.

côtes-de-fronton *n.m.*〖葡萄酒〗コート=ド=フロントン（département de la Haute-Garonne オート=ガロンヌ県の小郡庁所在地フロントン Fronton（市町村コード 31620）を中心とする葡萄畑でネグレット種 la négrette の葡萄から生産される赤・白・ロゼのAOVDQS酒）.

côtes-de-toul *n.f.pl.*〖葡萄酒〗コート=ド=トゥル（東仏ロレーヌ地方 la Lorraine のトゥル Toul（市町村コード 54200）周辺のモーゼル河畔で生産される AOVDQS 葡萄酒の呼称；pinot, gamay 種による淡いロゼ vin gris を中心に, 若干の赤と白がある）.

côtes-du-frontonnais *n.f.pl.*〖葡萄酒〗コート=デュ=フロントネ（西南フランス, département de la Haute-Garonne オート=ガロンヌ県の Fronton（市町村コード 33126）フロントン周辺地区のAOC酒；赤・白・ロゼ）.

côtes-du-jura *n.m.inv.*〖葡萄酒〗コート=デュ=ジュラ（ジュラ地方 le Jura の Lons-le-Saumur（市町村コード 39000）の南の72村でつくられる AOC 葡萄酒；poulsard, pinot noir, pinot gris による赤；chardonay, gamay, blanc, melon-d'Arbois, savagnin による辛口の白；vin jaune, vin de paille，ロゼなど）.

côtes-du-marmandais *n.m.*〖葡萄酒〗コート=デュ=マルマンデー（département du Lot-et-Garonne ロット=エ=ガロンヌ県の郡庁所在地マルマンド Marmande（市町村コード 47200）周辺の丘で abouriou 種からつくられるロゼのAOC酒；他に赤と白）.

Côtes-du-Nord *n.pr.f.pl.*〖行政〗les ～ コート=デュ=ノール県 (= département des ～)（県コード番号 22；県庁所在地 Saint-Brieuc；1990年 département des Côtes-d'Armor と改称）.

côtes-du-rhône *n.m.inv.*〖葡萄酒〗コート=デュ=ローヌ酒（AOC C～-du-R～；ローヌ河 le Rhône の両岸の Vienne から Avignon に至る地域で生産される赤・白・ロゼ）.

côtes-du-rhône-villages *n.m.inv.*〖葡萄酒〗コート=デュ=ローヌ=ヴィラージュ酒（ローヌ河流域の16村でつくられる AOC 葡萄酒；主な生産地は Cairanne, Chusclan, Gigondas, Roaix, Rochegude, Saint-Maurice-sur-Eygues, Seguret, Vacqueyras, Valréas, Visan で赤・白・ロゼ；Rasteau は主に甘口酒）.

côtes-du-roussillon *n.f.pl.*〖葡萄酒〗コート=デュ=ルシヨン（西南フランス, département des Pyrénées-Orientales ピレネー=オリアンタル県で生産されるAOC葡萄酒；リヴサルト Rivesaltes（市町村コード 66600）地区に相当；carignan と grenache noir 種からつくられる濃紅色の重口の赤の他, 香りの良いロゼと爽やかな白）. le ～-villages コート=ド=ルシヨン=ヴィラージュ酒（25の町村で生産される上質の赤のAOC酒）.

côtes-du-ventoux *n.f.pl.*〖葡萄酒〗コート=デュ=ヴァントゥー（ローヌ河 le Rhône の河畔, ヴァントゥー山 mont Ventoux の斜面で生産される AOC 葡萄酒；赤とロゼを中心に, 少量の白）.

coteur *n.m.* (証券取引所の) 建値表示係；(新聞の) 株式欄担当者.

Côte Vermeille *n.pr.f.* コート・ヴェルメイユ（地中海沿岸の Collioure（市町村コード 66190）から Cerbère（市町村コード 66290）に至る海岸；「鮮紅海岸」の意）.

cothérapie *n.f.*〖精神医学〗多種療法併用医療.

cotidal (ale) (*pl.aux*) *a.*〖海洋〗潮の.〖地理〗courbe (ligne) ～ *ale* 等潮時曲線, 同時高潮曲線.

côtier (ère) *a.* 沿岸の. fleuve ～ 沿岸河川（水源が海に近い川）. navigation ～ *ère* 沿岸航行. pêche ～ *ère* 沿岸漁業. région ～ *ère* 沿岸地方.
——*n.m.* 沿岸航行船 (= bateau ～).

cotisant(e) *a.* 会費 (分担金) を納める. personnes ～ *es* 会費 (分担金) を納入する人.
——*n.* 会費 (分担金) 納入者 (会員, 組合員).

cotisation *n.f.* 分担金, 負担金；保険料；会費. ～ [de Sécurité] sociale 社会保障の分担金. payer sa ～（労働組合, 政党などへの) 会費を収める, 組合員 (党員) である.

coton *n.m.* **1** 木綿, 綿；綿花. ～ d'Egypte エジプト綿. huile de ～ 綿花油.
2 綿布. chemise de (en) ～ 木綿のシャツ. robe de ～ imprimé プリント綿布のドレス.
3 綿糸 (= fil de ～). ～ à broder 木綿の刺繍糸.
4 ～ [hydrophile] 脱脂綿. ～ imbibé d'alcool 消毒用アルコールを浸み込ませた脱脂綿.
5 綿の木, 綿 (= cotonnier).
6 綿毛. ～ du Tuléar（マダガスカル原産

の)トゥーレアール犬《白い縮れ毛が特徴》.
7〖成句〗avoir les bras (les jambes) en ~ 腕(脚)が綿のように疲れている；腕(脚)に力がない. enlever un enfant dans du ~ 子供を甘やかして(過保護で)育てる. filer un mauvais ~ 《健康・事業・評判などが》思わしくない.
——*a.inv.*〔俗〕難しい. C'est ~. これは厄介だ. affaires ~ 難しい事業.

cotonnade *n.f.* 綿織物；混紡綿織物. robe de ~ 綿のドレス.

cotonnerie *n.f.* **1** 綿花栽培.
2 綿花栽培地, 綿畑(=champ de coton).
3 綿花作業所, 綿花工場.

cotonneux(se) *a.* **1**〖植〗綿毛(産毛)で被われた. feuille ~*se* 綿毛(産毛)で被われた葉.〖比喩的〗visage ~ 産毛の生えた顔.
2〖比喩的・文〗綿のような. brume ~*se* 淡い霧. ciel ~ 綿雲に被われた空. des nuages ~ 綿雲.
3(果肉が)ざくざく(ぶよぶよ)した. fruit ~ 柔らかい果肉の果実.
4〖比喩的〗力のない, 締まりのない；響きの鈍い. bruit ~ 鈍い音. style ~ 締まりのない文体.〔話〕avoir le cerveau tout ~ 頭がぼーっとしている.

cotonnier(ère) *a.* 綿の. industrie ~*ère* 綿産業《綿糸紡績, 綿布製造業》.
——*n.* 綿産業労働者《製糸紡績工, 綿布製造工》.
——*n.m.*〖植〗綿の木.

coton-poudre (*pl.* ~*s*-~*s*) *n.m.* 〖化〗綿火薬《ニトロセルロース系火薬》(=fulmicoton).

coton-tige (*pl.* ~*s*-~*s*)〖商標〗*n.m.* 綿棒.

COTOREP, Cotorep (= *Commission technique d'orientation et de reclassement professionnel*) *n.f.*〖労働・社会〗職業的社会復帰と進路指導に関する作業委員会《満20歳以上(就労者は16歳以上)の身障者の社会復帰を目的とする公的機関》.

cotriade *n.f.* **1**〖料理〗コトリヤード《玉葱とじゃがいもを入れたブルターニュ地方 la Bretagne の魚のスープ；ブルターニュ語で鍋を意味する kaoter が語源》.
2(せりの前に)漁師に与える魚の分け前.

cotyle *n.f.*〖解剖〗寛骨臼, 股臼(=cavité cotyloïde). perforation du ~ 寛骨臼遊走, 股臼.

cotylédon *n.m.* **1**〖植〗子葉. **2**〖解剖〗子葉, 胎盤葉.

cotyloïde *a.*〖解剖〗寛骨の. cavité ~ 寛骨臼, 股臼.

cou *n.m.* **1** 首, 頸；頸部. arrière (devant) du ~ 後(前)頸部. avoir le long ~ 長い首をしている. ~ de cygne 白鳥のように細いしなやかな首. ~ de taureau 牡牛のように太い首, 猪首.

artères du ~ 頸動脈(=carotide). cartilage saillant du ~ のどぼとけ(=pomme d'Adam).〖医〗douleur dans le ~ 首の痛み；斜頸(=torticolis). glandes du ~ 胸腺(=thymus)；甲状腺(=thyroïde). veines du ~ 頸静脈. vertèbres du ~ 頸椎骨.
avoir un bijou au ~ 首に宝飾品をつける. couper le ~ à *qn* 人の首を刎ねる. laisser à *qn* la bride sur le ~ 馬に手綱をあずける, 人を勝手に走らせる；〖比喩的〗(人に)勝手にさせる. mettre à *qn* la corde au ~ 人の首に綱をつける.〔話〕prendre ses jambes à son ~ 一目散に逃げ出す. sauter (se jeter, se prendre) au ~ de *qn* 人の首に飛びつく(抱きつく). serrer le ~ de *qn* 人の首を絞める. se rompre (se casser) le ~ 首を折る, 大怪我をする；〖比喩的〗失敗する. tendre le ~ 首を差し出す. tordre le ~ を絞めて殺す, 絞殺する. jusqu'au ~ 首まで, 完全に, 徹底的に. être dans ses études jusqu'au ~ 研究に没頭する.
2〖服〗襟首, 襟元. robe qui dégage le ~ 襟元がむき出しのドレス.
3(びんなどの)首. ~ d'une bouteille びんの首.

couac [kwak]〖擬音〗*n.m.* クワック, 調子外れの音(声).

couchage *n.m.* **1** 寝ること；宿泊；就寝. ~ des troupes 部隊の宿泊.
2 寝具(=matériel de ~). sac de ~ 寝袋, シュラーフ・ザック(=duvet).
3〔俗〕(異性と)寝ること(=coucherie)；性交.
4〖製紙〗(紙の)アート加工《papier couché「アート紙」の製造工程》.

couchant[1] (**e**) (<coucher) *a.* **1** 横になる；寝る. chienne ~*e* 横たわる雌犬.〖比喩的〗faire le chien ~ (指示犬になる→)盲従する.
2 (太陽が)沈む. soleil ~ 夕陽, 入日；日暮れ時, たそがれ.〖比喩的〗soleil ~ d'une vie 人生のたそがれ時. ciel ~ 日暮時の空, 夕空.

couchant[2] *n.m.* **1** 夕陽；日暮れ；日暮れ時. juste avant le ~ ちょうど日没前に. maison exposée au ~ 夕陽(西陽)の当たる家.
2〖文〗西(=ouest). pays du ~ 西国.
3〖文〗凋落；老年. au ~ de la vie 人生のたそがれ時に.

couche *n.f.* ① **1** 層. ~ de neige 積もった雪の層. ~ de peinture ペンキの塗り.
2 階層. ~ culturelle (教養程度を同じくする)文化層. ~ d'âge 年齢層. ~ moyenne 中間層. ~ sociale 社会階層. ~ supérieure 上級階層.〔話〕jeunes ~*s* 若い世代.
3 地層；大気層. ~ de l'atmosphère 大気層. ~ de calcaire 石灰層. ~ d'inversion (大気の)逆転層. ~ sédimentaire 堆積層.
4〖園芸〗温床, 苗床. champignon de ~

(腐植土で栽培した) マッシュルーム.
5〖機械〗arbre de ~ 主軸, 駆動軸.
6〖原子物理〗電子殻 (= ~ d'électrons).
7〖解剖〗~s optiques 視床.
8 plaque de ~ (銃の) 床尾板.
II 1 褥 (しとね), 寝床; 婚姻の床. ~ conjugale (nuptiale) 夫婦の褥.〖話〗honorer la ~ d'une personne 人と性交する.
2〔pl. で〕産褥, 出産, 分娩. ~s laborieuses 難産. femme en ~ 産婦.〔sing. で〕fausse-~ 流産. retour de ~s 産後の初経. être en ~ 出産の床にある. faire ses ~s 分娩する.
3 おむつ, おしめ (= ~-culotte).
4〔成句〕en avoir (en tenir) une ~ あきれた馬鹿である.
couché(e) *a.p.* **1** 寝ている, 横たわっている. chien ~ 横たわっている犬. ~ sur le dos 仰向けに寝た. être (rester)~ à terre 地面に横たわっている.
2 傾いた, 傾斜した.〖活字〗écriture ~*e* 斜字体.〖地学〗pli ~ 横臥褶曲.
3 (太陽が) 沈んだ. Le soleil est déjà ~. 太陽はもう沈んでいる.
4〔紙〕塗付加工を施した.〔papier〕~ アート紙.
—*int.* C~! 伏せ!〔犬に向って〕.
couchette *n.f.* **1** 簡易寝台, 小型ベッド. ~ pliante 折りたたみ式小型ベッド (= couche-partout).
2〖海〗船室寝台, ハンモック. ~ à tiroirs (オフィサー室の) 引出し付寝台.
3〖鉄道〗クーシェット〖各国の国営または旧国営鉄道会社直轄の簡易寝台; Compagnie Internationale des Wagons–lits が管理する高級寝台車とは異なる〗. ~ de première〔classe〕1 等クーシェット (SNCF の場合 1 室 2 段 4 寝台). ~ de seconde〔classe〕2 等クーシェット (1 室 3 段 6 寝台). compartiment à ~ クーシェット用車室. wagon (voiture) à ~s 寝台車 (= wagon-~s). train autos-~s オート=クーシェット列車〖クーシェット式寝台車付きの自動車運搬列車 (寝台車付カートレイン)〗.
couché-vérac *n.m.*〖チーズ〗クーシェ=ヴェラック〖ポワトゥー地方 le Poitou で山羊乳からつくられる, 軟質, 自然外皮のチーズ; 脂肪分 45 %; 一辺 8-9 cm, 厚さ 2.5 cm の角形; 220-250 g〗.
coucoumelle *n.f.*〖茸〗クークーメル, 腟状天狗茸 (=amanite vaginée)〖食用〗.
coude *n.m.* **1**〖解剖〗肘 (ひじ). ~ à ~ 肘をつき合わせて, 並んで. un ~ à ~ 肘をつき合わせること; 提携.〔比喩的〕des ~s à ~s fraternels 連帯.〔比喩的〕l'huile du ~ エネルギー, 活力. mettre de l'huile du ~ 精力的に働く. jusqu'au ~ 肘まで. luxation du ~ 肘〔関節〕脱臼. synovite du ~ 肘滑膜炎, テニス肘 (=tennis-elbow). courir ~s au corps 肘を体につけて走る.

donner un ~ à *qn* 人を肘でつっついて注意を促す. garder *qch* sous le ~ 肘の下に置く, 手をつけずに放置する.〖話〗jouer des ~s 肘で人波をかきわけ進む;〔比喩的〕世の中を巧みに泳ぎ渡る. lever le ~ 痛飲する. mettre ses ~s sur la table テーブルに両肘をつく. ne pas se moucher du ~ 思い上がる. s'appuyer sur le ~ 肘をつく. se serrer les ~s 間隔をつめて並ぶ; 提携する.
2〖服〗(衣服の) 肘の部分. veste trouée aux ~s 肘のすり切れた上着.
3 (肘型の) 屈曲部; 曲り角. ~ du chemin (d'une rivière) 道 (川) の曲り角. ~ d'un tuyau 管の屈曲部. arbre de transmission à deux ~s 二つの屈曲部をもつ伝導軸.
4〖配管〗エルボ〖肘型接合管〗. ~ de 90°(60°) 直角 (60 度) エルボ.
cou-de-pied (*pl.* **~s-~-~**) *n. m.*〖解剖〗足の甲.
coudière *n.f.* 肘当て, 肘プロテクター.
coudoiement (<coude) *n.m.* **1** 人と肘をつき合わせること; 接触, 交際. ~ fraternel 親交.
2 (物と物との) 隣接.
couenne *n.f.* **1**〖料理用の〗豚の皮脂, クーエンヌ (= ~ de porc). ~ de lard 豚の脂身の皮脂.
2〖俗〗(人の) 皮膚. se gratter la ~ ひげを剃る.
3〖俗〗頓馬 (とんま). Quelle ~! 何て頓馬な奴だ.
4〖医〗(豚の皮脂様の) 軟膜, 偽膜.
5〖ベルギー, スイス〗チーズの外皮 (= croûte).
coulabilité *n.f.* **1** 可鋳性, 鋳造性. **2** (砂の) 流動性.
coulage (<couler) *n.m.* **1** (流動物の) 流し込み; 流出. ~ du béton セメントの流し込み, コンクリート打ち. ~ d'un métal en fusion 熔解した金属の流し込み. ~ du vin 葡萄酒の流出.
2〔比喩的〕垂れ流し, 浪費. tenir compte du ~ dans une entreprise 企業内での浪費に留意する.
coulandon *n.m.*〖チーズ〗クーランドン, ショースチエ (chaucetier)〖ブールボネ地方 le Bourbonnais で低脂肪牛乳からつくられる, 軟質のフレッシュチーズ〗.
coulant(e) (<couler) *a.* **1** (液体が) さらさらした; (固体が) どろどろした;(パン種などが) 柔かい. camembert ~ どろっとしたカマンベール・チーズ (=camembert bien fait). vin ~ 口当たりのよい軽口の葡萄酒.
2〔比喩的〕(文体・詩句などが) 流麗な, 自在な. style ~ 流れるような文体.
3〔話〕(人が) 気のおけない, 寛大な. professeur ~ 寛大な先生.
4 nœud ~ 輪差〖紐の端を引くと締まったりほどけたりする輪結び〗.
—*n.m.* **1** (ベルトなどの) 輪金, 輪革. **2**

〖植〗葡匍(ほふく)枝.

coulée *n.f.* **1** 〖冶〗鋳造；湯（鋳型に流しこむ溶解した金属）；湯道；鋳造を含む）．complémentaire〔d'une ～ continue 連続鋳造．～ des moules 型注ぎ．～ en chute 上注ぎ(=～ directe)．～ en source 底注ぎ, 下注ぎ鋳造．～ sous pression ダイキャスト．trou de ～ 湯口．
2 〖地質〗流出；流出物．～ de boue (boueuse) 泥流．～ de lave 溶岩流．～ d'une seule ～ 一気に．
3 〖狩猟〗けもの道．〖広義〗～ verte（都市の）緑化遊歩道．

coulemelle *n.f.* 〖茸〗クールメール, きつねのからかさ（食用茸 lépiote の通称）．

couleur *n.f.* Ⅰ 〖色〗**1** 色（白・黒・グレーを含む）．complémentaire〔d'une ～ primaire〕補色．～s fondamentales 基本色（rouge, orangé, jaune, vert, bleu, indigo, violet の 7 色）；原色(=～s primaires). les trois ～s primaires 三原色（rouge 〔primaire〕, jaune〔primaire〕, bleu〔primaire〕）．～ claire (foncée) 淡い（濃い）色．～s composées 複色．～s simples 単色．～s de l'arc-en-ciel 虹色（7 色）．～ des cheveux 髪の色．～s du prisme プリズム分光（7 色）．～ de nuit 濃灰色, 黒．～s spectrales スペクトル色．système additif des ～s 加色系（rouge primaire, vert primaire, bleu primaire の 3 原色の加色混合からなる色体系；別称 système Rouge Vert Bleu (RVB；=〔英〕RGB (Red, Green, Blue) system). système soustracti des ～s 減色系（cyan, magenta, jaune の 3 原色の減色混合式体系；別称 système CMJ (=〔英〕CMY (YMC) system；印刷・絵画・ステンドグラスなどに利用). De quelle ～ est votre voiture? あなたの車は何色ですか？
2 （白・黒・グレー以外の）色．de ～¹ 色物の．chemise de ～ カラーシャツ．en ～ カラーの, 天然色の．photo〔en〕～ カラー写真 (photo en noir et blanc「白黒写真」の対)．télévision〔en〕～ カラーTV．〖写真・映画〗faire de la ～ カラーで撮る．sensation de ～ 色彩感覚．
3 肌の色(=～ de la peau). de ～² (人種などが)有色の；(特に)黒人の．homme de ～ 有色人種（黒人）の男性．
4 〖多く *pl.*〗顔色, 血色(=～s du teint). avoir des (de belles) ～s 顔色（血色）がいい．changer de ～s 顔色を変える；青ざめる；真赤になる．être haut en ～〔s〕血色が良い；個性的である．perdre ses ～s 青ざめる, 蒼白になる．reprendre des ～s 血色が戻る．
5 (絵の)色調, 色彩(=coloris). ～ générale d'un tableau 絵の全体的色調．arts de la ～ 色彩芸術．maître de la ～ 色彩の巨匠．
6 〖絵〗～ locale 固有色；〖一般に〗地方色, ローカルカラー；時代色．costume ～ locale 地方色豊かな衣装．faire très ～ locale 地

方色豊かである．
Ⅱ 〖具体的〗**1** 染料；絵具；ペイント, ペンキ．～s à l'eau (à l'huile) 水彩(油)絵具．～s en tube チューブ入り絵具．〖広義〗marchand de ～s 雑貨屋（人）, ドラッグストア店主(=droguiste). mettre de la (en) ～ 塗装する．
2 色物の生地（衣服). laver le blanc et les ～s séparément 白地のものと色物を別々に洗う．porter des vêtements de ～ 色物の衣服を着る．renoncer à la ～ 色物を着るのを諦める．
3 〖トランプ〗(carreau, cœur, pique, trèfle の)マークの札, 組札, スート；（特に)切札 (atout)〔のマーク〕．〖ブリッジ〗～ majeure 強い組札 (pique, cœur). 〖ブリッジ〗～ mineure 弱い組札 (trèfle, carreau). annoncer la ～¹ （ある組札を）切札と宣言する．jouer dans la ～ 同じマークの札を出す．
4 〖ルーレット〗(盤上の)色（赤と黒). jouer la ～ (赤か黒の)色に賭ける．
5 〖*pl.*で〗固有色, シンボルカラー；〖紋章〗色地（赤, 青, 緑, 黒, 紫). ～s d'un club sportif スポーツ・クラブのシンボルカラー．〖競馬〗～s d'une écurie (厩舎を示す騎手の)色彩レース服．
6 〖*pl.*で〗(王・領主の紋章の色を配した)仕着せ, 制服(=livrée). porter ～s お仕着せを着る；〖比喩的〗僕（しもべ）になる．
7 〖*pl.*で〗国旗；国旗(=～s nationales). ～s du drapeau 国旗の国別固有色．Aux ～s! 国旗掲揚！ les trois ～s français フランスの三色旗．〖海〗amener (baisser, rentrer) les ～s 旗をおろす．〖海〗envoyer (hisser) les ～s 旗を掲げる．
8 〖料理〗焦げ目．Cette viande n'a pas de ～. この肉は焦げ目がついていない．
Ⅲ 〖比喩的〗**1** 様相, 外観；輪郭；旗色, 形勢．～ du temps¹ 時の形勢, 時流．La situation apparut sous de nouvelles ～s. 事態は新しい様相を帯びた．prendre ～ 輪郭がはっきりしてくる．prendre une ～ tragique 悲劇的様相を帯びる．voir tout ～ de rose すべてを楽観視する．
2 （文章などの)生彩．description pleine de ～ 生彩に富んだ描写．haut en ～ 生彩に豊んだ, 絢爛たる．style sans ～ 冴えない文体．
3 (政治的・思想的)傾向, 色．～ d'anarchisme 無政府主義色．annoncer la ～² 旗幟（きし）を鮮明にする．changer de ～ 政治的傾向を変える．Cette journal est d'une ～ politique indécise. この新聞にははっきりした政治色がない．
4 〖文〗口実, まことしやかな理由．revêtir un mensonge de belles ～s 美辞麗句で嘘をごまかす．sous ～ de+*n.* (de+*inf.*) …を口実として．attaquer sous ～ de se défendre 自己防衛を口実に攻撃する．
5 〖成句〗en dire de toutes les ～s 人を散々

こきおろす；人に情容赦なく本当のことを言う. en voir de toutes les ～s 辛酸をなめる. en faire voir de toutes les ～s à qn 人を散々な目にあわせる. ne pas voir la ～ de qch 何の影さえ見たことがない. On ne connaît pas de ～ de son argent. 誰も彼に金を返してもらったことがない.
—a.inv. ～〔de〕+n. …色の. ～ du temps² スカイブルーの. des bas ～ chair 肌色のストッキング.

coulis n.m. 1 〖料理〗クーリ（野菜, 甲殻類, 果物などを調味, 加熱したあと漉してつくる液状のピュレ）. ～ d'écrevisses ざりがにのクーリ, ビスク. ～ de fruits rouges 赤い果実（苺・木苺など）のクーリ. ～ de tomate トマトのクーリ.
2 目地用モルタル, しっくいとろ；溶解した金属. ～ de ciment セメントペースト.

coulisse n.f. Ⅰ〖工〗1 （敷居などの）溝；（カーテンなどの）レール；スライド式鎧戸；（蒸気機関の）リンク装置. pied à ～ はさみ尺. porte à ～ 引き戸.〖楽器〗trombone à ～ スライド・トロンボーン. ovurir (fermer) la ～ 鎧戸を開ける（閉める）.
2〔解剖〕（骨の表面の）溝（=gouttière）. ～ bicipitale de l'humérus 上腕骨の二頭筋溝.
3〔裁縫〕（紐・ゴムを通す）折返し.
4〔比喩的〕regard en ～ 流し目. faire des yeux en ～ 横目でそっと見る.
Ⅱ（多く pl.）〖劇〗舞台裏；舞台の裾. argot des ～s 芝居の隠語. rester dans les ～s 舞台の裾にとどまる.
2〔比喩的〕内幕；黒幕. les ～s de la politique 政界の内幕. être (rester, se tenir) dans la ～ 陰で操っている, 黒幕である.
3〖株〗（非公認の仲買人による）場外（市場）；場外取引.

coulissier n.m. 1 〖株〗場外の証券仲買人,（株式取引所の）非公認仲買人（agent de change「公認の仲買人」の対）.
2〔比喩的〕下っ端, 下役（=personne subalterne）.

couloir n.m. 1 廊下, 回廊. ～s du métro 地下鉄の地下通路.
2 （客車・バス等の内部）通路. ～ d'un wagon de chemin de fer 鉄道車輌の通路.
3〔pl. で〕（会議場；法廷などに隣接する）ロビー. ～ d'une assemblée politique 議会のロビー. bruits de ～ 議会周辺の噂. intrigues de ～〔s〕ロビー活動, 裏工作. faire les ～s 根回しする.
4〖地形〗回廊, 地峡（狭い回廊状地形）；〖登山〗クーロワール〔=〖独〗Runse ルンゼ；狭くて険しい登山ルート〕. ～ d'avalanche 雪崩路. ～ rhodanien ローヌ河回廊, ローヌ地峡.
5〖道〗ルート, ルート；〖道路〗車線, レーン. ～ aérien 飛行回廊, 航空ルート（限定された空ルート）. ～ d'autobus バス専用車線, バスレーン. ～ humanitaire 人道的救助ル

ート.
6〖スポーツ〗（テニスコートのダブルスの）アレー；（競争トラックの）セパレート・コース；（スキー競技の）コリドール. ～ extérieur (intérieur) アウト（イン）コース.
7〖映画〗フィルム・トラック.

coulomb [kulɔ̃]（＜Charles de C ～, フランスの物理学者 [1736-1806]）n.m.〖電〗クーロン（電気量のSI単位；略記 C；1 C=1A・s：1Aの不変電流が1秒間に運ぶ電気量）.

coulommiers（＜C ～, département de Seine-et-Marne の小郡庁所在地；市町村コード 77120）n.m.〖チーズ〗クーロミエ（牛乳からつくられる非加熱・非加圧の軟質チーズ；脂肪分 40 ％以上；直径 12.5-15 cm, 高さ 3-4 cm の円形）.

Coulommiers n.pr.〖地理〗クーロミエ（セーヌ＝エ＝マルヌ Seine-et-Marne 県の郡庁所在地；市町村コード 77120；人口 13,852）.

counoise n.f.〖農〗クーノワーズ種（プロヴァンス地方 la Provence などで古くから栽培されている赤葡萄の品種）.

country [kwantri]〖英〗a.inv.〖音楽〗musique ～ カントリー・ミュージック.
—n.f. カントリー・ミュージック.

coup n.m. Ⅰ〖打撃〗1 打つこと, 叩くこと, 蹴ること, 突くこと, 殴打. ～ bas（ボクシングの）ローブロー；〔比喩的〕不正なやり口. ～ de bâton 棒で叩くこと. ～ de coude 肘で突くこと；肘打ち. ～ de couteau ナイフで突き刺すこと. ～ d'envoi〖サッカー〗キックオフ；しょっぱな. ～ de pied 足蹴り, キック.〖サッカー〗～ de pied de réparation ペナルティーキック（=penalty）. ～ de pierre 投石. ～ de poing 拳打. ～ de tête¹ 頭突き. ～ droit〖フェンシング〗突き.〖テニス〗フォアハンド. ～ fourré〖フェンシング〗相打ち；〖話〗だまし打ち.〖スポーツ〗～ franc フリーキック. ～ sur fesse 尻蹴り.
marque de ～ 殴られた跡（あざ）. les trois ～s〖劇〗舞台の床を木槌で3度叩くこと（開演の合図）；〔比喩的〕（事件などの）序幕, 開幕, 開始.
avoir le corps meurtri de ～s 殴られて体にあざがたきている. compter les ～s 殴り合いを傍観する. donner un ～ 殴る. donner un ～ de bec 嘴でつつく. en venir aux ～s 殴り合いになる. frapper qn à ～s redoublés 立て続けに人を殴打する. recevoir des ～s ぽかぽか殴られる. rendre ～ pour ～ 殴られて殴り返す. rouer qn des ～s 人を目茶苦茶に殴る. se donner des ～s 殴り合う.
2 発砲, 発射. ～ de canon 砲撃.〖狩〗double 1 発で 2 匹（2 羽）の獲物を仕止めること. faire ～ double 一石二鳥の効果をあげる. revolver à six ～s 6 連発のピストル. tir ～ par ～ 連続射撃. tirer un ～ de feu

(de fusil) 発砲する. tuer qn d'un ~ de revolver 人をピストルの一撃で撃ち殺す.
3 打撃音；銃声, 砲声. ~ de cloche (de sonnette) 鐘（ベル）の音. un ~ de sifflet ホイッスルの一吹き. ~ de tonnerre 雷鳴；〖比喩〗突発事. ~ de téléphone (〖話〗de fil) 電話のベルの音. passer un ~ de téléphone (de fil) à qn 人に電話をかける. ~ sec 乾いた音. les douze ~s de midi 正午を知らせる12の鐘の音. sur le ~ de six heures 6時を打つ時に, 6時に.
4〖比喩的〗精神的（肉体的）打撃, ショック.〖医〗~ de chaleur 熱射病, 日射病, 熱中症；日焼け.〖医〗~ de couperet；~ de hache (刃物による) 割創.〖医〗~ de point 刺創. ~ dur¹ 深い痛手, つらい目；災難, 不幸；戦闘, 危険な作戦行動. ~ de foudre (雷撃, 落雷→) 一目惚れ. ~ fatal 致命的打撃. donner le ~ fatal à qn 人に致命的打撃を与える. mauvais ~ 不愉快な目. sale ~ ひどい打撃, いやな目, 大きなショック；悪事.
〖話〗accuser le ~ ショックをあらわにする. donner le dernier ~ とどめをさす. en prendre un [bon] ~ ひどい打撃（損害）を蒙る. porter un rude ~ au prestige de qn 人の権威に強烈な打撃を与える. tenir le ~ ショックに耐える；（物が）流行遅れにならない, 長持ちする. La crise a porté un ~ décisif à l'économie. 危機が経済に決定的打撃を及ぼす.

Ⅱ 〖動き〗**1**（身体の部分を）動かすこと, 働かせること；作動；動作. ~ d'aile 羽ばたき.
~ de main 手さばき；奇襲；妙策；助力. avoir le ~ de main 器用である, 腕が立つ. donner à qn un ~ de main pour + inf. 人が…するのに手を貸す.
~ d'œil 一瞥；概観；〖話〗眺め, 景色. au (du) premier ~ d'œil ちらっと見てすぐに. avoir le ~ d'œil [juste] 的確で素早い判断を下す. jeter un ~ d'œil sur qch 何々を一瞥する；何を素早く頭に入れる.
~ de pouce 親指の一押し；最後の手直し；ちょっとした介入；〖蔑〗ちょっとした粉飾；裏工作. donner le ~ de pouce à un tableau 絵の最後の仕上げをする. donner un ~ de pouce à l'économie 経済活動を一押しする. ~ de tête² 軽挙.
2（物・道具などを）動かすこと, 使うこと；作動. ~ d'accélérateur アクセルを踏むこと；〖比喩的〗急速な加速；刺激策. ~ de balai 箒で掃く, 掃除. donner un ~ [de balai] dans le salon 客間をさっと片付ける. ~ de chiffon 雑巾がけ；掃除. ~ de fer アイロンがけ. ~ de fouet 鞭打ち. ~ de frein 急ブレーキ；〖比喩的〗（活動などの）抑制.
à ~ [s] de + n. …を使って. obtenir qch à ~s de billets de banque 札びらを切って何

を手に入れる. traduire un texte à ~s de dictionnaire 辞書を使ってテクストを訳す.
donner un ~ de chapeau à qn 帽子をとって（に手をかけて）人に挨拶する；人に敬意を表する. donner brusquement un ~ de volant à droite 右に急ハンドルを切る. faire un croquis en quelques ~s de crayon 鉛筆でさっとスケッチする.
3（自然の力の）働き, 動き, 現われ, 現象. ~ de chien〖気象〗突然の嵐；〖比喩的〗突発的暴動；激しい喧嘩. ~ de froid 寒気〔の襲来）；〖医〗〖話〗風邪.〖気象〗~ de vent 一陣の風；突風（Beaufort の風力段階で8）. repartir en ~ de vent 風のように立ち去る.〖話〗prendre un ~ de vieux 急に老けこむ.
4〖遊戯〗勝負〔の仕方〕；（さいころの）一振り；（チェスなどの）一手；（ビリヤードの）一突き. ~ adroit うまい手；うまい一打ち（一突き）. ~ de dés (出た) 賽の目, 一打ち. ~ de dés 骰子（さいころ）の投, 骰子一擲；〖比喩的〗一か八かの賭け, 運試し. jouer à ~ sûr¹ 着実な勝負運びをする. valoir le ~ それだけの値打ちがある.
5（飲物の）一飲み, 一杯. ~ de l'étrier 別れの盃. boire un ~ [de vin] (葡萄酒を) 一杯ひっかける. boire à petits ~s ちびりちびり飲む.〖俗〗avoir un ~ dans le nez ほろ酔い加減である. payer (offrir) un ~ 一杯おごる.

Ⅲ〖1回の行為〗**1** 行為, 行動；仕打ち；事件. ~ de chance まぐれ当り. C'est un ~ de chance que + subj. …は幸運というものだ. ~ d'éclat 華々しい行為；〖蔑〗仰々しい行為, スキャンダル. ~ d'essai 小手調べ.〖政治〗~ d'Etat クーデタ（違法な手段・武力などによる権力の奪取）. ~ de folie 気違いじみた行為, 狂気の沙汰.〖話〗~ du père François 追い剥ぎ；悪だくみ. ~ de théâtre〖劇〗(筋の) どんでん返し；〖比喩的〗青天の霹靂. ~ monté 陰謀, 策謀. ~ [s] parti [s] (着手したら中止できないような) 大事業. ~ pour rien 無駄な行為. mauvais ~ 悪行.
réussir un beau ~ 大成功を収める；〖皮肉〗へまをしでかす.
2 度, 回 (= fois)（多く成句として：ex. d'un ~「一度に」). Ce ~-ci c'est bon. 今回はこれでよし.

Ⅳ〖成句〗
◆〖特定の動詞と共に〗attraper (avoir) le ~ pour + inf. することを心得ている.
en mettre un [bon] ~ 努力する.
être aux cent ~s 不安でたまらない；途方に暮れている.
〖話〗être (se sentir) dans le ~ (仕事などに) 関係している；秘密を知っている；時流に乗っている, 流行っている.
〖話〗être hors du ~ (仕事などに) 無関係で

ある.
être sur le ~ （金儲けの仕事に）加わっている.
〖話〗expliquer le ~ 事の次第を説明する.
faire le ~ 事を仕出かす.
〖話〗faire les cent (quatre cents)~s 放埒な仕事を送る；手当り次第に何でも仕出かす.
marquer le ~ 事の重みをはっきりさせる；はっきりした反応を示す；（特に）不愉快さを表に出す.
〖話〗mettre qn dans le ~ 人に内情を知らせる.
〖話〗valoir le ~ やってみるだけの価値がある.
◆〖副詞句〗~ sur ~ 次々に, 続けざまに.
à ~ sûr² 確かに, 確実に.
au ~ par ~ 出たとこ勝負で, ケース・バイ・ケースで. régler les problèmes au ~ par ~ 問題をケース・バイ・ケースで処理する.
à tout ~；à tous les ~s¹ いつも.
à tous les ~s² きっと, 間違いなく. A tous les ~s l'on gagne! 必ず勝つ!
après ~ その後で, 遅まきに.
du ~ 従って, そのために；すぐさま.
du même ~ 従って；同時に, ついでに.
d'un ~ 一挙に.
d'un seul ~ 一度に；〖俗〗突然.
du (au) premier ~ 一度で, 最初から. Il a réussi du premier ~. 彼は一度で成功した.
pour le (un) ~ 今度は；今度こそは.
sur le ~ すぐさま；とっさに. comprendre sur le ~ すぐさま理解する.
tout à ~ 突然.
tout d'un ~ 突然；一挙に.
3〖前置詞句〗sous le ~ de …におびやかされて；…に支配されて；…の影響を受けて.
coupable a. **1** 有罪である, 罪を犯した, 罪のある. être ~ d'un délit (d'un crime) 軽罪（重罪）犯である. être ~ de+inf. …した責任がある. s'avouer ~ 罪を認める（告白する）. se sentir ~ 罪の意識をもつ. se sentir ~ d'avoir menti 嘘をついたことが悪いと思う.〖法律〗plaider ~ （被告側が）罪状（起訴事実）を認める；〖比喩的〗過失（責任）を認める. Plaidez-vous ~ ou non ~？ 有罪もしくは無罪を主張しますか；罪を認めますか認めませんか.
2〖比喩的〗（考え・行為の）罪に値する, 非難すべき, 咎むべき. ~s pensées 罪深い考え. action ~ 非難すべき行為. amour ~ 不倫の恋.
——n. **1** 罪 人；犯 人. appréhender (rechercher) les ~s 犯人を逮捕する（捜査する）. pardonner aux ~s 罪人を赦す.
2〖話〗責任者；張本人. ~ d'une plaisanterie 悪戯の張本人.
coupage n.m. **1** （葡萄酒・蒸留酒などの）クーパージュ, ブレンド, 調合（シャンパー

ニュ地方 la　Champagne・ボルドー地方 le Bordelais では assemblage という）. ~ d'un vin par un autre 葡萄酒のブレンド. vins de ~ ブレンド葡萄酒.
2 （酒を）水で割ること, 水割り. ~ du whisky par l'eau ウイスキーの水割り.
coupe¹ n.f. **1** 盃, カップ, グラス（広口, 浅底, 脚つきのグラス）. ~ à champagne en cristal クリスタル製のシャンパーニュ・グラス. une ~ de champagne グラス一杯のシャンパーニュ. ~ à glace アイスクリーム用カップ. ~ antique 古代盃.〖文史〗~ du Graal 聖杯. ~ rituelle 典礼用杯. boire la ~ jusqu'a la lie. 辛酸をなめる. en forme de ~ 半球形の. lever sa ~ 盃を上げる；乾盃する.
2 鉢, 深皿. ~ à fruits 果物鉢.
3 優勝盃, 優勝カップ；カップ争奪戦.〖テニス〗~ Davis デヴィス・カップ. ~ du monde de football サッカーのワールドカップ〖争 奪 戦〗. gagner (remporter) la ~ 優勝カップを獲得する.
4〖天文〗la C~ コップ座.
coupe² (<couper) n.f. **1** 切ること, 切断；刈り取り. ~ des blés 麦刈り.
2〖林業〗伐採；（森林の）伐採区域. ~ blanche 皆伐（=blanc-estoc）. ~ claire 強〖度〗間伐. ~ sombre 弱〖度〗間伐.
〖比喩的〗faire des ~s sombres dans le budget (dans le personnel) 予算（人員）を削減する. ~ réglée 定期的定量間伐.〖比喩的〗mettre qn (qch) en ~ réglée 事ある毎に人から金をまき上げる（何を食い物にする）. acheter une ~ de bois 伐採地を購入する.
3 （服の）裁断, カッティング. ~ élégante 優雅な裁断. vêtement de bonne ~ カッティングがよい服.
4〖理髪〗カット；散髪（=~ de cheveux）. ~ au rasoir レザー・カット. ~ ordinaire 通常のカット.
5 切り取られたもの；〖鉄道〗切り離された貨車. ~ d'étoffe （巻かれた布地から一定の長さに）切り取られた布地. fausse ~ 端布（はぎれ）.
6〖理・医〗切片. ~ histologique （顕微鏡用の）組織片. faire une ~ histologique 組織片をつくる. ~ ultramince 超薄切片.
7 切断面；断面図. ~ d'une machine 機械の断面図. ~ géologique 地質断面図.
8〖比喩的〗輪郭, 形. ~ gracieuse du visage 優雅な顔立ち. Cette voiture a une jolie ~. この車はスタイルがよい.
9 （文, 詩句, 作品の）区切り, 切れ目.〖演劇〗~ de cinq actes 五幕仕立て, 五幕物.
10〖トランプ〗カット, 切ること. être (se trouver, tomber) sous la ~ de qn （相手が切ったカードを最初に取る羽目になる→）人の言いなりになる. faire sauter la ~ 切るふりをしてごまかす.
11〖水泳〗抜き手. nager à la ~ 抜き手で

泳ぐ (= faire la ~).

coupé[1] *n.m.* **1**〖自動車〗クーペ（2ドア，2-5人乗りの乗用車）(= ~ automobile). **2**〔古〕二人乗り四輪箱馬車. **3**〖紋章〗水平2分割図形.

coupé[2](**e**) *a.p.* **1** 切られた, 刈られた；裁断された. blés ~s 刈られた小麦. cheveux ~s court ショートカットの髪. costume bien ~ 裁断のよいスーツ.〖建築〗pan ~ 角を落とした面. **2**（動物が）去勢された. cheval ~ 去勢された馬, 騸馬. **3** 仕切られた. pièce ~e par une cloison 間仕切りで仕切られた部屋. **4** 絶たれた, 途絶えた. communications ~es 断たれた連絡. route ~e 通行止めの道路. voix ~e par les sanglots すすり泣きで途切れ途切れの声. **5** 分断された. pays ~ de canaux 運河で分断された地方. **6**〖紋章〗（楯形紋が）横に2分割された. **7**〖スポーツ〗balle ~e カットされたボール. **8**（液体が）(de) で割った, を混ぜた. vin ~ d'eau 水割りの葡萄酒. **9**〖遊戯〗cartes ~es カットしたトランプ札. chat ~ 鬼ごっこ. levée ~e 切り札で切った集め札.

coupe-circuit *n.m.inv.*〖電〗ヒューズ；電流遮断器, ブレーカー.

coupé-collé (*pl.* ~s-~s) *n.m.*〖電算〗(テクストの) カットとペースト操作 (=〔英〕cut-and-paste).

coupe-faim *n.m.inv.*〖薬〗食欲抑制剤.

coupe-feu *n.m.inv.* **1**〖林業〗防火用空地, 防火帯；防火林道. **2**（建物の）防火壁 (= cloison ~). porte ~ 防火扉.

coupellation *n.f.*〖冶〗灰吹法, 試金. ~ humide (sèche) 湿式 (乾式) 試金.

coupe-ongles *n.m.inv.* 爪切り.

coupe-papier *n.m.inv.*〖文具〗ペーパーナイフ.

couperet *n.m.* **1** 肉切り庖丁. **2** ギヨチーヌの刃 (= ~ de la gillotine). **3**〖工具〗エナメル線カッター.

couperose *n.f.* **1** 硫酸塩 (sulfate の旧称). ~ blanche 皓礬 (こうばん)（硫酸亜鉛 sulfate de zinc). ~ bleue 青礬（硫酸銅 sulfate de cuivre). ~ verte 緑礬（硫酸第一鉄 sulfate de fer). **2**〖医〗酒皶 (しゅさ) 性座瘡 (= acné avec ~), 酒皶 (しゅさ)；〔一般に〕赤ら顔；〔俗〕赤鼻.

couplage *n.m.* **1** (2つのものの) 結合, 連動；二者の密接な連関；統合. ~ des hausses des salaires et des prix 賃金の上昇と物価の連動. ~ de la recherche et de l'industrie 研究と産業の結合. **2** 1対にすること, ペアにすること.

3〖電・電子〗(二つの回路の) 連結；(モーターなどの) 接続 (= accouplement). ~ de deux moteurs en série 2つのモーターの直列接続. ~ électromagnétique 電磁結合. ~ en parallèle (モーターの) 並列接続. ~ en série 直列接続. **4**〖化〗カップリング. **5**〖電〗連結, 接続. ~ d'une nouvelle centrale au réseau 新発電所の電気回線への接続. **6**〖機械〗(機器・設備などの) 連結；継手；〖鉄道〗連結；連結器. **7**〖船〗(2隻の船舶の) 接舷繋留.

couple *n.m.* **1** (結婚・恋愛などで結ばれた) 一組, カップル；夫婦；(友情・利害・同棲などで結ばれた) 一組, 二人. ~ de concubins 同棲関係のカップル, 内縁の夫婦. ~ de danseurs ペアの踊り手. ~ d'homosexuels 同性愛者のカップル. ~ de jeunes mariés 新婚夫婦. ~ heureux 幸せなカップル (夫婦).〖天文〗~ mixte 異人種同志のカップル.〖天文〗~ optique 光学的二重星. ~ sans enfants 子供のない夫婦. vivre en ~ 世帯を持つ. **2** (動物の) 一対, 一番 (ひとつがい). un ~ de pigeons 番いの鳩. un ~ de bœufs 一対の農耕馬. **3**〖船〗肋材, 肋骨, フレーム (= ~ de construction).〖船〗maître ~ 中央部肋材 (フレーム). **4**〖機械〗力対, 偶力, トルク, 回転力. ~ de démarrage 始動トルク. ~ de forces 偶力. ~ de torsion ねじりモーメント. ~ moteur 駆動トルク, トルク. ~ thermo〔-〕électrique 熱電対. moment d'un ~ 偶力 (回転) モーメント. **5**〖数〗対 (つい). ~ de vecteurs ベクトル対. **6**〖方言〗二つのもの, 二つ (*n.f.*). un ~ d'heures 2時間 (une ~ d'heures ともいう).
—*n.f.* **1**〖狩〗(同種の動物を繋ぎ合わせる) 繋索, 革紐. une ~ de chiens de chasse 猟犬を繋ぎとめる革紐. **2**〔古・方言〕(同じ種類の) もの. une ~ d'œufs 2個の卵. **3**〔古〕2, 3の, 僅かの. une ~ d'années 2, 3年；une ~ de journées 2日；2, 3日；数日. assortir par ~ ~ s 対にする (= apparier).

couplé[1](**e**) *a.p.* **1** 2つずつつないだ, 1対になった.〖狩〗chiens ~s 革紐で2匹ずつつながれた犬. **2** 結合した, 連動した, 接続した, 連結した. deux moteurs ~s en parallèle (série). 並列 (直列) に接続した2つの電動機.〖競馬〗pari ~ 連勝式馬券 (= couplé).〖写真〗télémètre ~ 連動距離計. **3** (船が) 横付けに繋留された. deux bateaux ~s 横付けに繋留された2隻の船.

couplé[2] *n.m.*〖競馬〗連勝式. ~ gagnant 連勝複式. ~ placé クープレ・プラッセ (上

位3頭のうち順位を問題にせず2頭を当てる連勝式).

coupleur *n.m.* **1**〚電〛(電流・動力の)断続器, 結合子. ~ électrique 電気配線連結器.
2〚写真〛発色剤, カプラー (= couplant).
3〚電算〛カプラー. ~ accoustique 音響カプラー.

coupole〚伊〛*n.f.* **1**〚建築〛クーポラ, クーポール, 円蓋《多く半球状の屋根・天井》; (特に内部から見た) 丸天井, 円屋根《外から見た円屋根はdôme》. ~ à pans 多面体円屋根. ~ d'un observatoire 天文台の円屋根. ~ du Panthéon (パリの) パンテオンの円屋根. ~ de Saint-Pierre de Rome サン=ピエトロ聖堂の円屋根. ~ en bulbe 球根型円屋根. ~ hémisphérique 半球状円屋根. église romane à ~s 円屋根群をいただくロマネスク様式の聖堂. en ~ 円屋根 (丸天井) 状の, 半球状の.
2 la C~ フランス学士院の円屋根 (= la ~ de l'Institut); フランス学士院 (= l'Institut de France), アカデミー・フランセーズ. être reçu sous la C~ アカデミー・フランセーズの会員に選ばれる.
3〚軍〛(半球型の) 砲塔. ~ cuirassée 装甲砲塔.
4 (灯台の) 灯火収納部 (= ~ d'un phare).
5〚解剖〛~ diaphragmatique 隔膜の内面の窪み.

coupon *n.m.* **1** 券, 引き換え券, クーポン, 利券. ~ de dividende 利益配当券. ~ d'intérêt 利札. ~ magnétique 磁気切符. ~ mensuel d'une carte orange カルト・オランジュの月間券.
2 (株, 債券の) 配当, 利息《かつては株券に付属する利札を提出しなければ配当を受け取れなかったことに由来》. dernier ~ payé 最近の配当.

couponing *n.m.*〚商業〛資料請求券 (= coupon-réponse) 利用販売促進策, クーポン利用販売 (= couponnage).

couponnage *n.m.*〚商業〛クーポン利用販売 (= couponing).

coupon-réponse (*pl.* ~s-~) *n.m.*
1〚郵便〛返信用クーポン. ~ international 国際返信用クーポン.
2 (広告の) 資料請求用クーポン.

coupure *n.f.* **1** 切傷. ~ au doigt 指の切傷.〚比喩的〛~s du froid 身を切る寒さ.
2 切断, 裁断 (= coupe), 切れ目. ~ dans une étoffe 布地の切れ目.
3 削除, カット. faire des ~s d'un film 映画フィルムのカット.
4 切抜き. ~ de journaux (de presse) 新聞 (雑誌) の切抜き.
5 供給停止; 停電 (= ~ de courant). ~ d'eau 断水. ~ de gaz ガスの供給停止.
6〚地学〛断層, 地溝.
7 (河川の) ショートカット.
8〚比喩的〛断絶, へだたり. ~ entre le présent et le passé 現在と過去の断絶.
9〚数〛切断.
10 紙幣, 銀行券 (= billet de banque). ~s imprimées par la Banque de France フランス銀行券. grosses (petites) ~s 高額 (小額) 紙幣.
11〚話〛connaître la ~ 打つ手を心得ている.

cour *n.f.* Ⅰ 裁判所, 法廷. ~ arbitrale de la Communauté〔フランス〕共同体仲裁法院《第5共和政憲法第84条で設置が定められている》. ~ d'appel 控訴院. ~ d'assises 重罪院《重罪 crime を裁く》. ~ de cassation 破毀院. ~ des comptes 会計検査院. ~ de discipline budgétaire 予算規律法院. ~ de sûreté de l'Etat 国家公安法院《1953-82年. 国家公安, 軍の規律に対する罪, 政府転覆の試みなどを裁くために設置された》. C~européenne des droits de l'homme ヨーロッパ人権法廷《略記 CEDH;=〔英〕ECHR: European Court of Human Rights;1959年設立;1998年より常設の単一法廷となる》. ~ européenne de justice ヨーロッパ司法裁判所《略記 CEJ;=〔英〕ECI: European Court of Justice;1952年 Luxembourg-Kirchberg に設置;公式名称は Cour de Justice des Communautés européennes「ヨーロッパ共同体司法裁判所」(略記 CJCE;=〔英〕CJEC: Court of Justice of the European Committies;2004年のリスボン条約が発効すれば, Cour de justice de l'Union européenne「ヨーロッパ連合司法裁判所」となる》. ~ internationale de justice 国際司法裁判所. C~ pénale internationale 国際刑事裁判所《略記 CPI;=〔英〕ICC; International Criminal Court;1998年のローマ条約で設立が決まり, 2002年7月1日発足. オランダの Den Haag (La Haye) に設置》. Haute ~〔de justice〕高等法院《大統領および閣僚が職務に関連して犯す犯罪を裁く》.〚中世史〛~ d'amour 恋愛法廷.
Ⅱ **1** 庭, 中庭, 広場.〚建築〛~ anglaise ドライエリア. ~ d'honneur (大規模な建造物の) 正面広場. ~ de récréation (d'une école) 校庭. côté ~ 舞台の上手 (左) (côté jardin の対).
2 袋小路. ~ des Miracles 貧民街, 物騒な界隈, 泥棒などの隠れ場;《中世の大都市で》乞食・泥棒などが集まっていた地域.
Ⅲ **1** 王宮, 宮廷. ~ de Louis ⅩⅣ ルイ14世の官廷.
2〚集合的〛廷臣, 宮廷人, 王と廷臣. noblesse de ~ 宮廷貴族 (noblesse provinciale の対).
3 王国政府. la ~ d'Angleterre 英国政府.
4 取り巻き, 賛美者の集まり, おべっか使い.〚蔑〛homme de ~ おべっか使い.

5〔成句〕
eau bénite de ~ 内容空疎な約束. être bien (mal) en ~ 寵愛を受ける (疎んじられる). faire la ~ à qn …に言い寄る, …に取り入る, …の御機嫌をとる. faire sa ~ à …のもとに同行する. la ~ du roi, Pétaud 収拾のつかない混乱した集まり《Pétaud は乞食の王様》.

courage n.m. **1** 勇気, 元気. avec ~¹ 勇敢に. avoir du ~¹ 勇気がある. Bon ~ ! 頑張って下さい. donner du ~ à qn 人に勇気を与える, 勇気づける. perdre ~¹ 意気沮喪する.
2 熱意, やる気, 気力. avec ~² 熱心に. avoir du ~² やる気がある. perdre ~² やる気をなくす. prendre son ~ à deux mains 渾身の気力 (勇気) をふりしぼる.

courageux(se) a. **1** 勇敢な, 勇ましい, 勇猛な. ~ guérier 勇猛果敢な戦士. homme ~ 勇ましい人.
2 熱心な, エネルギッシュな; 働き者の. étudiant ~ 熱心な学生. ouvrier ~ 働き者の工員.
3 毅然とした, 物おじしない. attitude ~se 毅然とした態度. caractère ~ 物おじしない性格. d'air ~ 毅然として
—n. **1** 勇敢な人. **2** 熱心な人.

courant¹ n.m. **1** 水の流れ, 海流, 潮流. ~ chaud 暖流. ~ froid 寒流. ~ marin 潮の流れ, 海流.
2 空気の流れ. ~ atmosphérique 気流. ~ d'air すきま風; 風通し, 空気の動き.
3 時の流れ, 経過, 期間. dans le ~ du mois 月内に.
4 動き, 動向, 傾向, 思潮. ~ de l'opinion 世論の動向. ~ de populations 人口の流動 (移動). remonter le ~ 支配的な傾向に逆らって進む, 状況を立て直す.
5 電流 (= ~ électrique), 電気. ~ alternatif 交流. ~ continu 直流. ~ de haute (basse) tension 高圧 (低圧) 電流. ~ triphase 三相電流. coupure du ~ 停電. prise de ~ 差し込み, コンセント.
6〔成句〕
être au ~ de qch …を知っている. mettre (tenir) qn au ~ de qch …について…に知らせる. se déguiser en ~ d'air こっそり立ち去る. Le ~ passe. 気持ちが通じる.

courant²(**e**) a. Ⅰ **1** 走っている, 流れている. eau ~e 水道; 流水. main ~e 階段の手すり; ザイル, 命綱.
2 淀みない, 流れるような. écriture ~e 流麗な筆蹟.
Ⅱ **1** 現在の, 進行中の. année ~e 今年. le 3 ~ 今月の3日.
2 日常の, 普通の, ありふれた. affaires ~es 日常業務. expédier les affaires ~es (後任者との交代を待つ間) 日常業務をこなす. langage ~ 普通の言葉. monnaie ~e 流通貨幣; 〔比喩的〕ありふれた事.

3〔経済〕経常の, 当座の. compte ~ 当座預金口座. opération ~e 経常取引. balance des opérations ~es 経常取引収支.

courant-fusée (pl. ~s-~) n.m.〔気象〕ジェット気流 (= 〔英〕 jet-stream).

courant-jet [kurɑ̃dʒɛt] (pl. ~s-~) n.m.〔気象〕ジェット気流 (= 〔英〕 jet-stream).

courantomètre n.m. 海流計, 流速計. ~ enregistreur 記録海流計.

courbature n.f. だるさ, 疲労感; 体の節々の痛み, (体の) 凝り. avoir des ~s dans les membres 手足が凝る. être plein de ~ へとへとである.

courbe a. 曲った, 彎曲した. ligne ~ 曲線. surface ~ 曲面.
—n.f. **1** 曲線 (= ligne ~); 彎曲, カーヴ. ~ des sourcils 眉の彎曲. ~ d'un mouvement 運動の曲線. ~ en S S字カーヴ. faire une ~ 曲線 (カーヴ) を描く.
2〔数〕曲線. ~ algébrique 代数曲線. ~ brisée 折れ線. ~ fermée 閉曲線 (円, 楕円など). ~ gauche 空間曲線 (= ~ dans l'espace). ~ plane 平面曲線.
3 グラフ, 曲線.〔気象〕~ barométrique 等圧線. ~s caractéristiques 特性曲線.〔医〕~ d'audibilité 聴力グラフ (= audiogramme).〔物〕~ de fatigue 疲労曲線. ~ de la température 気温 (体温) のグラフ.〔地図〕~ de niveau 等高線. ~ des prix (des salaires) 物価 (賃金) 変動グラフ.
4〔船〕彎曲. ~ de la quille d'un navire 船の竜骨の彎曲.
5〔比喩的〕変動. ~ des sentiments 感情の波.

courbu n.m.〔農〕クールビュ種《西南フランスの jurançon, pacherenc-du-vic-bilh などの白葡萄酒用の品種》.

courbure n.f. **1** 曲り, 反り, 彎曲, 彎曲部. ~ de la colonne vertébrale 脊椎の彎曲. ~ d'un arc 弓形の反り. ~ rentrante (sortante) 凹 (凸) 状. double ~ S字型のねじれ (= ~ en S).
2〔数〕曲率. ~ de l'espace 空間曲率. ~ moyenne 平均曲率. rayon de ~ 曲率半径.

coureur(se) n. **1** 走る人, 走者. ~ infatigable 疲れを知らぬ走者. ~ rapide 足の速い人.
2〔鳥〕走鳥類 (= oiseaux ~s) 《autriche, émeu など》.
3〔スポーツ〕競走者, ランナー (= ~ à pieds); レーサー, 競走選手. ~ automobile カー・レーサー. ~ cycliste 自転車競技の選手. ~ de 110m haies 110m ハードル選手. ~ de demi-fond (de fond) 中 (長) 距離ランナー. ~ de Marathon マラソン選手. ~ de vitesse スピードランナー, スプリンター (= sprinter). ~ sur route ロードランナー.
4 (ダンスパーティー, ショー, カフェなど

に）入り浸る人，常連. ~ de cafés カフェの常連. ~ de mauvais lieu 悪所通いをする人. ~ de nuit 夜出歩く人.
5 (de を) 追い求める人，漁る人.〔カナダ〕~ de (des) bois 毛皮目当ての猟師. ~ de places 地位を漁る人.
——*a*. 女(男)を追いかける；身持ちが悪い，ふしだらな. Il est assez ~. 彼はかなりの漁色家だ. Elle est plutôt ~*se*. 彼女はむしろ尻軽女だ.
——*n.m.* 漁色家，放蕩者；女たらし (= ~ de filles). ~ de dots 持参金目当てに娘をたらしこもうとする男.
——*n.f.* 尻軽女；身持ちの悪い女，ふしだらな. Elle est une petite ~*se*. 彼女はふしだらな娘だ.

courge *n.f.* **1**〔植〕クールジュ，瓜；かぼちゃ (= potiron)〔学名 Cucurbita maxima；うり科植物 cucurbitacées〕. ~ d'hiver 冬かぼちゃ. ~ musquée クールジュ・ムスケ (麝香かぼちゃ).
2 かぼちゃの実.〔料理〕~ au gratin クールジュのグラタン. fleurs de ~ en beignets クールジュの花の揚げ物 (前菜).
3〔話〕間抜け，馬鹿. Quelle ~! 何て間抜けなんだ！

courgette *n.f.*〔植〕クールジェット瓜 (学名 Cucurbita pepo)；ズッキーニ. ~ diamant ディヤマン種のクールジェット (代表的品種).

couronne *n.f.* Ⅰ (冠，環) **1** (花や枝葉で編んだ) 冠，環. ~ d'épines 茨の冠《キリストが十字架にかけられた時，嘲笑の意をこめて頭にかぶされた》；〔比喩的〕深い苦悩. ~ de fleurs d'oranger オレンジの花の冠《純潔の象徴として花嫁の頭を飾る》. ~ de laurier 月桂冠. ~ de première communiante 初聖体拝領の少女の頭を飾る冠. ~ de vainqueur 勝利者 (優勝者) の栄誉の冠. ceindre la tête de *qn* d'une ~ 人の頭に冠をつける. être coiffé d'une ~ 冠をいただく.
2〔宗教〕冠，光背；天の報償. ~ du juste 正義の冠. ~ du martyre 殉教者の光背.
3〔比喩的〕栄冠，栄誉；報償. ~ académique アカデミー賞. ~ de gloire 勝利の冠 (栄誉). ~ du lauréat 受賞者の栄冠. décerner (donner) une ~ à *qn* 人に栄誉を授ける.
4 (高い身分，権威などを象徴する金属製の) 冠，宝冠；〔紋章〕(紋章に加えられた) 冠印 (= ~ héraldique). ~ impériale 皇帝の冠. ~ royale 王冠. ~ de duc (de marquis, de comte, de vicomte, de baron) 公爵 (侯爵，伯爵，子爵，男爵) の冠. la triple ~ (教皇の) 三重宝冠 (= tiare de pape). ~ d'or 金冠. ~ perlée 真珠をちりばめた冠.
5〔比喩的〕王位；王権. discours de la ~ (議会などで君主が行う) 開会の演説. domaine de la ~ 王領. héritier de la ~ 王位継承者. aspirer (prétendre) à la ~ 王位

を求める. perdre la ~ 王位を失墜する.
6〔比喩的〕王国；帝国. la ~ de France (d'Angleterre) フランス (イギリス) 王国.
7〔比喩的〕〔文〕国王，皇帝，君主. traiter de ~ à ~ 君主間で交渉する.
Ⅱ《冠・環状のもの》**1** (僧侶などの頭頂の) 円形剃髪部；環状の髪. ~ cléricale (de prêtre) 聖職者 (司祭) の頭の円形剃髪部.
2 王冠を刻印した貨幣；〔通貨〕クローネ〔貨〕，クローナ〔貨〕. ~ anglaise 英国の 5 シリング貨幣.
3 環状のもの. en ~ 環状の.〔解剖〕artères (veines) en ~ 冠状動 (静) 脈.〔園芸〕greffe en ~ 冠接ぎ.
4 花環. ~ de fleurs artificielles 造花の花環. ~ funéraire (mortuaire) 葬儀の花環. Ni fleurs ni ~*s*. 弔花供物は御辞退申し上げます.
5〔教会〕~ de lumière 燭台.
6〔パン〕pain en ~ クーロンヌ (冠状のパン).
7〔歯科〕~〔dentaire〕歯冠；(虫歯にかぶせる) クラウン，冠. ~ à tenon radiculaire 歯冠継続歯. ~ en or 金冠. ~ jacket ジャケット・クラウン. base de la ~ 歯頸 (しげ) (歯冠と歯根の境界部).
8〔機工〕歯車；リム. ~ à denture intérieure 内歯車. ~ de différentiel 差動機の歯車. ~ d'embrayage クラッチの歯車. ~ rapportée 歯車の組立リム.
9〔土木，採鉱〕ボーリング・クラウン (= ~ de forage)；(ボーリングの) 輪状配置 (= ~ de sondage). ~ diamantée ダイヤモンド付クラウン.
10〔城〕半円形稜堡 (= fortification à ~).
11 (馬の) 蹄冠.
12〔天文〕光環，コロナ. ~ lunaire (solaire) 月光 (日光) 環.
13〔天文〕la C ~ australe 南冠 (みなみかんむり) 座. la C ~ boréale 冠座.
14〔物理〕effet de ~ コロナ効果.
15〔地理〕大都市周辺環状地区. la grande ~ (パリの) 大環状地区 (l'Essonne, la Seine-et-Marne, le Val-d'Oise, les Yvelines の 4 県区域). la petite ~ (パリの) 小環状地区 (les Hauts-de-Seine, la Seine-St-Denis, le Val-de-Marne の 3 県区域).
16 (頭部の) 周り. ~ de fer (頭をしめつけるような) 頭痛.
17〔音楽〕フェルマータの半円印.
18〔家具〕円型天蓋. lit à ~ 円型天蓋付寝台.
19〔紙〕クラウン紙 (= papier ~) (王冠の透かし模様のある 36×46 cm 判の紙).
20〔植〕副花冠. ~ des blés せんのう (= lychnis). ~ de Saint-Jean よもぎ (= armoise). ~ impériale ばいも，くろゆり (= fritillaire). ~ royale うまごやし (= mélilot).

couronné(e) *a.p.* **1** 冠を戴いた；王位

に就いた. tête ~e 帝王. vainqueur ~ de lauriers 月桂冠を戴いた勝利者.
2 栄誉を授けられた, 受賞した. ouvrage ~ de l'Académie française アカデミー・フランセーズの受賞作品.
3 達成した. entreprise ~e de succès 成功裡に終った企て.
4 (馬が) 膝に円い傷のある.

couronnement *n.m.* **1** 戴冠〔式〕；聖別〔式〕(=sacre). le ~ de Napoléon Ier ナポレオン1世の戴冠式.〖美術〗*le C~ de la Vierge* de Fra Angelico フラ・アンジェリコの「聖母マリアの戴冠」. cérémonie du ~ 戴冠式.
2 〔比喩的〕栄誉の冠の授与.
3 〔比喩的〕完成, 成就；頂点. Ce succès fut le ~ de sa carrière. この成功は彼の人生の行きついた最高の栄誉であった.
4 〖園芸〗(木を) 冠状に刈り込むこと.
5 〖建築〗(建物・柱・家具などの) 最上部；上部飾り. ~ d'un toit 屋根の最上部, 切妻 (pignon). ~ d'une route bombée 反った道路の最上部. ~ d'une voûte 円天井の頂点.
6 〖軍〗~ d'une position 戦略地点の拠点.
7 馬の膝の擦傷.

courrier *n.m.* **1** 郵便物,〔集合的〕手紙. ~ d'entreprise à distribution exceptionnelle (CEDEX) 特別配達企業郵便〔企業別に特別の郵便番号を付与して特別に配達する制度〕. ~ individuel à distribution exceptionnelle (CIDEX) 特別配達個人郵便. ~ intra-départemental 県内郵便. ~ intrarégional 地域圏内郵便. ~ local 局区内郵便.
2 郵便物の輸送, 輸送手段, 輸送人《*C~Sud*》『南方郵便機』(Saint-Exupéry の作品).
3 新聞の紙名. *Le C~ de l'Ouest* ル・クーリエ・ド・ルエスト (Angers 市で発行されている主要地方紙の一つ).
4 (新聞・雑誌の) 欄. ~ de lecteurs 読者投書欄.

courriériste *n.* クーリエリスト《新聞の特定記事や欄を担当する記者》. ~ du cœur 身上相談担当記者. ~ littéraire 文芸欄担当記者.

courroie *n.f.* **1** バンド, 帯, 紐. ~ de cuir (de nylon) 革 (ナイロン) 紐. nouer une ~ 紐を結ぶ.
2 〖機械〗ベルト. ~ de transmission 伝動ベルト. ~ de ventilateur (自動車の) ファンベルト. ~ transporteuse コンベアベルト.
3 〔比喩的〕橋渡し役, パイプ役.

cours *n.m.* Ⅰ **1** 流れ, 川の流れ. ~ d'eau 水路, 河川. donner libre ~ à (感情などを) あふれ出させる. laisser libre ~ à なるがままにする.
2 航路, 航程. navire au long ~ 遠洋航海船.
3 (天体の) 運行, 動き. ~ du soleil (de la lune) 太陽 (月) の運行.

Ⅱ **1** (時の) 流れ, 経過. ~ des saisons 季節の移ろい.
◆〖成句〗
au ~ de …の間に. au ~ de ces dix années この10年間に.
dans le ~ de …の間に.
en ~ 進行中の；現行の；準備中の, 申請中の；期間中の.
en ~ de …の間に, 途中で. en ~ de délibération 審議中の. en ~ de route 道すがら.
2 展開, 推移. ~ des événements 事態の推移. ~ de l'ouvrage 作品の展開. suivre son ~ 成り行きにそって進行する.

Ⅲ **1** (商品・貨幣の) 流通, 通用. ~ forcé 不換通貨制度, 強制通貨. ~ légal 法定貨幣 (制度), 強制通用力. avoir ~ 通用する, 用いられる.
2 相場；為替相場 (= ~ des changes 為替相), レート. ~ de la bourse ;~ boursier 株式相場, 市況. ~ du dollar ドルの為替レート. ~ du marché 市価. le ~ le plus élevé 高値. le dernier ~ 終値. manipulation de ~ 相場の人為的な操作.

Ⅳ **1** 講義, 講座, 授業；〖教育〗課程. ~ élémentaire 初等課程. ~s d'été 夏期講習. ~ du soir 夜学. ~ magistral (大教室で教授が行う) 講義. ~ par correspondance 通信教育講座.
2 講習会, 各種学校. ~ de danse ダンス講習会.
3 講義録, 教本. ~ de science illustré 図解入り科学教材.

course (<courir) *n.f.* Ⅰ〖走ること〗**1** 走る, 走行, 駆足, 疾走. ~ rapide 疾走 (=galopade). au pas de ~ 駆足で, 走って；大急ぎで. accélérer (ralentir) sa ~ 走るスピードを上げる (落とす).〔比喩的〕être à bout de ~^{1} 疲れ果てている. être léger (prompt, rapide) à la ~ 走るのが速い. prendre sa ~ 走り出す. rattraper *qn* à la ~ 走って人に追い付く. s'arrêter en pleine ~ 全速力で走っていて立ち止まる.
2 競争；〖スポーツ〗競争, レース；〔*pl.* で〕競馬 (=les ~s hippiques). ~ à pied 徒競走. voiture (cheval) de ~ レーシングカー (競走馬). être dans la ~ 競走に加わっている；〔話〕事情に通じている.
◆〖スポーツ〗~ au large 外洋ヨットレース. ~ autour du monde en solitaire (ヨットの) 単独世界一周レース. ~ contre la montre タイムトライヤルレース.〔比喩的〕時間との闘い. ~ cycliste (de bicyclettes) 自転車レース；競輪. ~s d'automobiles (de motos) カー (オートバイ) レース. ~ de bateaux à voile ヨットレース.〖陸上〗~ de fond 長距離競走. ~ de grand fond マラソン (=marathon). ~s de natation 競泳. ~ de relais リレー競走. ~ de ski スキーの距離レース.

court

de vitesse スピードレース;〖陸上〗短距離競走《=sprint;100, 200, 400 m レース》. ~ en terrain varié クロスカントリーレース(=cross-country);障害競走(=steeple).〖自転車〗~ poursuite 追抜きレース;〖比喩的〗抜きつ抜かれつの激しい競争.〖陸上〗~ sur (de) cent mètres 100 メートル競走. ~ sur piste (route) トラック(ロード)レース.
◆〖競馬〗~s〔de chevaux〕競馬. ~ attelée 繋駕レース. ~ d'entraînement 調教レース. ~ d'obstacles 障害レース(= steeple-chase). ~ de plat 平地レース. ~ de trot 速歩レース. champ de ~ 競馬場;競走場. écurie de ~ 同一馬主の馬全体;同一馬主の出走馬;〖転じて〗(自動車・自動車レースの)同一チームの全選手(全車);(一出版社傘下の)作家群. aller aux ~s 競馬に行く. gagner (perdre) aux ~s 競馬で儲ける(すってしまう).
3(を目指しての)競争. ~ aux armements 軍備競争. ~ au pouvoir 権力闘争.
4 ~ de taureaux 闘牛.
Ⅱ《動くこと》**1** 散歩,遠足(= ~ d'école). à cheval 騎馬散策. aller en ~ d'école 遠足に行く. faire une ~ en voiture ドライヴする.
2 コース,行程;走行距離. ~ de dix kilomètres 10 キロのコース(行程). prix de la ~ (タクシーの)走行料金. Il y a une longue ~ d'ici à la ville. ここから町までは遠い.
3〖スイス〗移動;通勤. simple ~ 片道(= aller simple). faire les ~ 通勤する. Il fait les ~s en train. 彼は列車で通勤している.
4〖登山〗コース. ~ avec (sans) guide ガイド付き(なし)の登山コース. ~ difficile 難コース. faire une longue ~ en montagne 長い登山コースを踏破する.
5〔多く pl.〕用足し,使い走り,奔走;買物;〖話〗買物の品. garçon de ~s 使い走りの小僧;メッセンジャーボーイ. faire une (des) ~(s) 使い走りをする. aller faire des ~s 買物に行く. être en ~s 買物に出掛けている. J'ai quelques ~s à faire. いくつか買い物をしなくてはならない.
6(物の)速い動き;(弾丸の)飛ぶコース;(天体の)運行;(雲・川などの)流れ;(時間の)経過,流れ;(人の)生涯. ~ des nuages dans le ciel 雲の流れ. ~ d'un projectile 弾道. ~ du temps 時の流れ. être au sommet de sa ~ 彼の人生での最頂期にある.
7〖海〗私掠. faire la ~ 敵船を掠奪する.〖史〗Guerre de ~ 私掠合戦.
8〖機工〗(ピストンなどの)往復運動,行程. ~ rectiligne d'un piston ピストンの直線的往復運動. piston à mi-~ 行程半ばのピストン. être à bout de ~² 行程を終える;(人が)にっちもさっちも行かなくなる.

course-croisière (pl. **~s-~s**) n.f. (ヨットの)外洋レース.

course-poursuite (pl. **~s-~s**) n.f. 〖自転車〗追跡競走,パーシュート・レース.

court¹ (**e**) a. Ⅰ(空間的) **1** 短 い (long 「長い」の対). le plus ~ chemin 最短路,最も短い近道. aller par le ~ chemin 近道を行く. chemise à manches ~es 半袖シャツ. cheveux ~s 短髪. muscle (os) ~ 短い筋肉(骨). nez ~ 短い鼻. Si le nez de Cléopâtre eût été plus ~... もしクレオパトラの鼻がもっと短かったならば…(Pascal の Pensées 中の文言). robe ~e 短いドレス.
avoir la vue ~e (la ~ vue) 近眼である;〔比喩的・蔑〕近視眼的である,先明のないさま. avoir des vues (des idées) ~es 考えが偏狭である. à ~e vue 近視眼的に. homme à ~e vue 目先の利かぬ人. politique à ~e vue 近視眼的な政策.
faire la ~e échelle à qn (手・肩を貸して)人を上に昇らせる;〖比喩的〗人の成功に力を貸す. rendre ~ 短くする. tirer à la ~e paille 短い当り籤の藁を引く.
2 (人が)背丈の低い;(動物が)体長の短い;(植物が)丈の低い;(手足などが)短い の. ~ bras ~s 短い腕. cheval ~ 体長の短い馬. homme gros et ~ 太って背の低い人. jambes ~es 短い足. avoir la taille ~e;être ~ de taille 背丈が低い.
3 短い,簡潔な. exposé ~ et complet 簡潔にして完璧な発表. lettre ~e 短い手紙. texte ~ 短い(簡潔な)テクスト. rendre plus ~ son récit 話を短くする. pour faire ~ 簡潔に言えば. Il est ~ dans ses arguments. 彼は話が早い.
4 不十分な,足りない. avoir l'esprit ~ 思慮に欠ける. avoir l'haleine ~e (le souffle ~) すぐ息切れする.〖話〗Cent francs, c'est un peu ~. 100 フランでは,ちょっと足りない. Le repas est un peu ~. 食事の量が少し足りない.
5〖料理〗sauce ~e 煮つまったソース.
Ⅱ《時間的》**1** 短 い,短期の. un ~ moment 一瞬,束の間. une ~e nuit d'été 夏の短い夜. effet à ~e échéance 短期手形. maladie ~e mais grave 短期だが重い病い. rythme ~ 短い周期のリズム. à ~ terme 短期の. crédit à ~ terme 短期融資. de honte 当惑.
avoir un ~ entretien 手短かに話し合う. trouver le temps ~ 時間が経つのが速いと感じる.〖話〗vouloir la vie ~e et bonne 人生を太く短かく暮そうと思う.
2 長続きしない. avoir la mémoire ~e 物忘れが早い;忘恩の輩である.
3 手っ取り早い. le plus ~ expédient 一番手っ取り早い方法. les moyens les plus ~s pour réussir 成功するための最も手っ取り早い方策.

court² ad. **1** 短く. couper les cheveux ~ 髪を短く切る. s'habiller ~ 短い服を着る.

2 手早く；手短かに；突然；急に. couper ~ à qch 何を手早く(突然)打ち切る. couper ~ à un entretien 話し合いを打ち切る. couper ~ au mal 痛みをおさえる. demeurer (rester, se trouver) ~ はたと言葉(返答)に詰まる. tourner ~ (車を)急旋回させる；急に向きを変える；すぐ行き詰まる.

3 tout ~ 単に，ただ；突然，急に. Appellez-moi Monsieur tout ~. ただムッシューと呼んでください. s'arrêter tout ~ dans la lecture d'une lettre 手紙を読むのを突然止める.

4〔de ~〕 prendre qn de ~ 人の不意を突く. tenir qn de ~ 人をしっかりつかまえておく；〔比喩的〕人を勝手にさせない.

5〔à ~；à ~ de〕être à ~ d'argent 金に不自由している，金が足りない. à ~ de souffle 息を切らして. Il s'est tu, à ~ d'idées. 考えがつきて，彼は黙りこんだ.

court³ *n.m.* **1** 短道，近道(= ~ chemin). le plus ~ 最短路，最短の近道；〔比喩的〕最も手っ取り早い方法. Le plus ~ et le meilleur, c'est... 最も手っ取り早くて最良の策は，…である. prendre le plus ~；couper au plus ~；aller au plus ~ 最短距離の道を通る；手っ取り早い方法をとる.

2〔服〕ショートスタイル，短い衣服. La mode est au ~. ショートスタイルが流行だ.

court⁴ [kur]〔英〕 *n.m.* テニス・コート. ~ central センター・コート.

courtage *n.m.* **1** 証券取引手数料. **2** 斡旋業，仲買業.

court-bouillon (*pl.* ~s-~s) *n.m.*
1〔料理〕クール＝ブイヨン(香味野菜，香辛料，酢または白葡萄酒，塩に水または魚のだし汁で作った煮汁；魚のゆで煮に用いる). carpe au ~ クール＝ブイヨンでゆでた鯉料理. ~ fait avec du vinaigre 酢を加えたクール＝ブイヨン (carpe au bleu「鯉の青仕上げ」などに用いる).
2〔料理〕クール＝ブイヨン・ソース. ~ de volaille en gelée 家禽のクール＝ブイヨン・ソースのゼリー.
3〔俗・古〕海 (= mer).

court-circuit (*pl.* ~s-~s) *n.m.*〔電〕ショート，短絡.

court-circuité(*e*) *a.p.* **1**〔電〕短絡(ショート)した.
2〔話〕(手続きなどを)無視した，端折った，直接交渉(取引)をした. distribution ~*e* 通常の経路を無視した流通. Nous avons été ~s. われわれはつんぼ桟敷に置かれた.

court-courrier *n.m.* 短距離旅客機 (= avion ~).

courtier (*ère*) *n.* **1**〔商業・財政〕仲買人，代理人，周旋人，ブローカー(= broker). ~ d'affrètement 傭船ブローカー. ~ d'assurance 保険ブローカー (中立人). ~ de change 両替ブローカー. ~ de publicité 広告取次業者. ~ en immeubles 不動産斡旋業者. 〔古〕~ en valeurs mobiliers (非上場銘柄の)証券仲買人. ~ en vins 葡萄酒仲買人.
2〔やや古〕仲介者，仲介業者. ~ de mariage 仲人. ~ électoral 選挙ブローカー. ~ maritime 船舶仲立人.

court-métrage (*pl.* ~s-~s) *n.m.*〔映画〕短編映画，短編フィルム (長さ1,600 m 以下).

couscous [kuskus]〔アラビア〕 *n.m.*〔料理〕クスクス (挽割り小麦を蒸し，肉・野菜を添え，辛味ソースをかけて食べる北アフリカ料理).

cousin¹(*e*) *n.* **1** いとこ；いとこの子孫；いとこ〔の子孫〕の配偶者. ~(*e*) germain (*e*) 実のいとこ(父・母の兄弟・姉妹の息子(娘)). ~*s* issus de germain またいとこ(実のいとこのいとこ). ~(*e*) par alliance いとこの配偶者. ~ éloigné 遠縁の者.
2〔話〕瓜ふたつの人物；似通った人(者).

cousin² *n.m.*〔昆虫〕蚊 (学名 Culex pipens).

cousinage *n.m.* **1** いとこの間柄.
2 親戚関係；親戚，親族. Le ~ s'est réuni. 親戚が一同に会した.
3〔比喩的〕類似. air de ~ 類似の雰囲気.

coussin *n.m.* **1** クッション. ~*s* de canapé 長椅子(ソファー)のクッション. être calé avec des ~*s* クッションでゆったり座る.
2〔ベルギー〕枕 (= oreiller).
3〔機工〕~ d'air エア・クッション (空気式緩衝装置；空気式浮上装置). ~ gonflable (自動車の) エア・バック.

coût *n.m.* **1** 費用，経費，コスト. ~ d'une marchandise 商品の原価. ~ de la vie 生活費. ~ de production (de distribution) 生産(流通)コスト. ~ fixe 固定コスト.
2〔比喩的〕代償. ~ social d'une politique économique 経済政策の社会的代償.

Coutancie *n.pr.* クータンシー (département de la Dordogne ドルドーニュ県の村 Saint-Priest-lès-Fougères (市町村コード 24450) の地名). bœuf de ~ クータンシー牛 (クータンシー農場 ferme de ~ で飼育出荷される高品質のラベル牛).

couteau (*pl.* ~x) *n.m.* **1** ナイフ，小刀，包丁. ~ à beurre (à pain) バター(パン切り)ナイフ. ~ à cran d'arrêt 刃止め付ナイフ. ~ de poche ポケット・ナイフ. ~ pliant 折りたたみナイフ. ~ pour éplucher；~-éplucheur 皮むきナイフ. couper qch avec un ~ 何をナイフ(包丁)で切る.〔比喩的〕avoir le ~ sous la gorge 脅迫される. être à ~*x* tirés avec qn 人と公然と敵対する. bataille au ~ 激闘，乱闘.〔話〕second ~ 下っ端.
2〔ナイフ状のもの〕〔美術〕~ à palette パレット・ナイフ. ~ à papier ペーパー・ナイフ. 〔医〕~ de chirurgie メス. ~ de la guil-

couvert[1](**e**)

lotine 断頭台の刃. ~ de vitrier パテナイフ. ~ mécanique de charcuterie de ハム切り機, スライサー.
3（天秤の桿の）ナイフエッジ（＝~ de balance）.
4〘貝〙かみそり貝, まて貝〘食用〙.

couteau-scie (*pl.***~x-~s**) *n.m.* 鋸歯のナイフ.

coutelas [-la] *n.m.* **1**〘料理〙クートラ, 大型包丁. **2**〘古〙片刃の短剣.

coûteux(**se**) *n.* **1** 高価な；費用のかかる, 高くつく. peu ~ あまり金のかからない. voyage ~ 金のかかる旅行.
2〘比喩的〙高くつく, 犠牲を伴う；苦労の多い. victoire ~ 犠牲とひきかえの勝利.

coutume *n.f.* **1**（民族・社会などの）慣習；慣例；しきたり, ならわし. ancienne (vieille) ~ 古くからの（古い）しきたり. selon sa ~ 慣例に従って.
2（個人の）習慣. avoir ~ de+*inf.* …する習慣がある. 〘諺〙Une fois n'est pas ~. 異例は習慣にあらず. de ~ いつものように. 〘主に比較級で〙Il est aussi gai que de ~. 彼はいつものように陽気だ.
3〘法律〙慣習法；〘*pl.*で〙慣習法集. pays de ~ 慣習法地域（昔の北仏・中仏；pays de droit écrit「成文法地域（昔の南仏）」の対）. *C*~*s* du Beauvaisis 中世ボーヴェ地方慣習法集.

couture *n.f.* **1** 裁縫；縫製；縫い物；（服の）仕立て. ~ d'un vêtement 洋服の仕立て. aprendre la ~ 裁縫を習う. faire de la ~ 裁縫（縫い物）をする. cours de ~ 裁縫の授業. travaux ~ 針仕事, 縫い物.〘同格〙veste ~ 仕立ての上着.
2 縫い合わせ；縫い方；縫い目；継ぎ目. ~ à grands points 仮縫い. ~ à la main (à la machine) 手縫い（機械縫い）. ~ à petits points 細かい目の縫い方. ~ apparente 縫い目を見せた縫い方. ~ bord à bord 緣かがり, へり縫い. ~ plate (rabattue) 伏せ縫い. ~ solide しっかりした縫い目.
sans ~ シームレス. bas sans ~*s* シームレス・ストッキング.
〘比喩的〙battre à plate[s] ~[s] 完膚なきまでに打ちのめす.〘比喩的〙examiner *qn* (*qch*) sur (sous) toutes les ~*s* 人（物）を丹念に調べる（吟味する）.
3 婦人服仕立業, ドレスメーキング. la haute ~ オート・クチュール（高級服デザイナー grand couturier とその店）；オート・クチュール製品.
〘同格〙vêtement haute ~ オート・クチュール仕立ての高級服. maison de ~ ドレスメーカー, モード店. travailler dans la ~ 婦人服仕立業界で働く.
4〘医〙縫合；縫合痕, 傷跡. ~ d'une plaie 傷口の縫合.
5〘製本〙糸綴じ, 糸かがり. ~ d'une brochure 小冊子の仮綴じ. fils de ~ 製本用綴じ糸.

couturier[1] *n.m.* クーチュリエ, ファッションデザイナー；~の店. des grands ~*s* グラン・クーチュリエ, 一流ファッションデザイナー, オート・クーチュール (haute couture). collection d'un grand ~ 一流ファッションデザイナーの新作コレクション. robe portant marque d'un grand ~ 一流デザイナーの商標付きのドレス, デザイナー・ブランドのドレス.

couturier[2] *a.*〘解剖〙muscle [grand] ~ 縫工筋.
——*n.m.* 縫工筋.

couvent *n.m.* **1**〘キリスト教〙修道院；〘広義〙僧院, 尼僧院. ~ de carmelites カルメル女子修道会修道院. entrer au ~ 修道院に入る；修道女になる.
2〘集合的〙修道院共住者.
3〘古〙（修道女が経営する）寄宿制女学校. jeune fille élevée au ~ 寄宿制女学校で教育を受けた少女.

couvercle *n.m.* **1** 蓋. ~ d'une boîte (d'une marmite) 箱（鍋）の蓋. lever (mettre) le ~ 蓋を取る（する）.〘諺〙Il n'est si méchant pot qui ne trouve son ~. 割れ鍋に綴蓋（とじぶた）.
2〘解剖〙蓋；栓. ~ du larynx 喉頭蓋.〘魚〙~ des branchies d'un poisson 鰓蓋（えらぶた）.
3〘機工〙~ d'un cylindre à compression 圧縮シリンダーの押え輪.
4〘話〙頭蓋（＝crâne）；帽子. partir du ~ 支離滅裂なことを言う.
5〘醸造〙醱酵液の表層.
6〘比喩的〙蔽うもの. ~ des nuages (de brume) 雲（霧）の層. ~ des mœurs 抑圧的風習.

couvert[1](**e**) (<couvrir) *a.p.* **1** (de を) 身にまとった. bien (chaudement) ~ たっぷり着込んだ, 厚着をした. être ~ comme un oignon 厚着（重ね着）のしすぎである. être ~ d'un manteau コートを着用している. être ~ de laine 毛製品を身にまとっている. Restez ~. どうぞ帽子はそのままで.
2 (de で) 覆われた. allée ~*e* 緑のトンネルになっている並木道. arbre ~ de fruits 実が一杯なった木. ciel ~ [de nuages] 雲で覆われた空, 曇り空. court [de tennis] ~ 室内テニスコート. maison ~*e* en tuile 瓦葺きの家. marché ~ 屋根付（屋内）市場. piscine ~*e* 屋根付（室内）プール. préau ~ 雨天体操場. être ~ de gloire 栄誉に満ちあふれている. être ~ de poussière (de sang) ほこり（血）まみれである.
3 (de で) 隠された；包み隠した, 秘かな. faute ~*e* par le mensonge 嘘でぬりかためた過失. visage ~ d'un masque マスクで隠された顔. voix ~*e* こもった声. à mots ~*s* 言葉をほかして, それとなく.
4 (par によって) 保護（保証, カヴァー）さ

れた. être totalement ~ par une assurance 保険で完全に保証されている. Il est ~ contre le vol. 彼は盗難保険をかけている. La France est ~e de toutes parts. フランスは全面的に防衛体制下にある.

couvert² *n.m.* Ⅰ (覆い) **1** 〔古〕雨露をしのぐ屋根, 宿. 〔現用〕donner à *qn* le vivre et la ~ 人に衣食を提供する.
2 〔文〕木蔭 (= ombrage); 蔭をつくる木の繁み. ~ de marronniers マロニエの木蔭. ~ végétal (地表を覆う) 緑地〔森林や田畑などで覆われた地帯〕.
3 〔文〕掩護物, 庇護者.
4 〔成句〕à ~ 物陰に; 掩護 (庇護) されて. fuir à ~ 物陰に隠れる. se mettre à ~ 物陰に隠れる, 身を避ける;〔比喩的〕逃げを打つ.
à ~ de *qch* 何から掩護 (遮蔽) されて; 何を免れて; 何を避けて; 何の陰に隠れて. à ~ de l'ennemi 敵に隠れて. ~ de la pluie 雨を避けて.
〖商業〗être à ~ 確実な保証がある, 保証されている.
mettre sa responsabilité à ~ (何かを隠し蓑にして) 責任を免れる.
sous le ~ de *qch* 何を隠し蓑にして, 何の口実のもとに, 何の外見のもとに.
trahir *qn* sous le ~ de l'amitié 友人だと見せかけて人を裏切る.
sous le ~ de *qn* 人の保証 (責任) のもとに; 〖郵便物〗人の気付で. agir sous le ~ de ses chefs 上司を笠に着て (の責任のもとに) 行動する. écrire une lettre à *qn* sous le ~ d'un tiers 第三者気付で手紙を書き送る.
Ⅱ (食器) **1** クーヴェール (食卓上の食事用具のすべて: テーブルクロス nappe, ナプキン serviette, 皿類 assiette, グラス verre, フォーク fourchette, スプーン cuiller, ナイフ couteau などの一括名称). mettre le ~ 食卓の準備をする.〔比喩的〕remettre le ~ 再開する.
2 (食卓用の) 一式の食器類 (couteaux, cuillers, fourchettes). ~ d'argent massif 純銀の食器セット. coffre à ~s 蓋付きの食器箱 (= ménagère). une douzaine de ~s 一ダースのナイフ・スプーン・フォーク・セット. ménagère à douze ~s 1 ダースの食器セット入れ. avoir son ~ mis chez *qn* 人のところへ行けばいつでも食事ができる (歓迎される).
3 一人前のテーブル・セット (食器一揃い). banquet de cent ~s 会食者 100 人の宴会. table à six ~s 6 人用の会食テーブル, 6 人のテーブル・セット. réserver deux ~s au restaurant レストランの 2 人席を予約する.
4 (特定の用途の) 食器セット. ~ à dessert (à poisson) デザート (魚) 用食器セット.

couverte² *n.f.* 〖窯〗釉薬, うわぐすり.
couverture *n.f.* Ⅰ (具体的) **1** (材質から見た) 屋根の葺き方 (= ~ d'une maison). ~ de chaume 藁葺き. ~ en ardoises (en tuiles, de zinc) スレート (瓦, 亜鉛板) 葺き.
2 蔽い. ~ imperméabilisée sur des marchandises 商品を蔽う防水シート. ~ mobile de voiture 車の可動式幌.〖登山〗~ de survie サヴァイヴァルシート.
3 毛布, 掛けぶとん (= ~ de lit); ベッドカバー (= couvre-lit). ~ chauffante 電気毛布. ~ de laine 毛布. ~ de voyage 旅行用膝掛毛布.〔比喩的〕amener (tirer) la ~ à soi うまい汁を吸う.
4 (本・ノートなどの) 表紙, カバー. ~ cartonnée ハードカバー. ~ de maroquin モロッコ革の表紙.
5 〖農〗敷藁.
6 〖地学〗表土 (= pli de ~).
Ⅱ (抽象的) **1** 掩護, 庇護; 掩護物; 〖軍〗防護; 防護範囲 (= zone de protection). ~ atomique 核の傘.〖軍〗~ d'une zone 地域防護. troupe de ~ 防護部隊.
2 (計器の) 有効範囲. ~ 〔d'un〕radar レーダーの有効範囲.
3 〖通信〗サービスエリア.
4 (ジャーナリストの) 取材. ~ de l'actualité 時事問題 (ニュース) の取材.
5 (保険などの) 保証範囲, 適用範囲, 支払限度額. ~ sociale 社会保険の適用範囲. ~ *maladie universelle* (社会的弱者に対する) 福祉的総合疾病保険体制 (略記 CMU).
6 〖解剖〗表膜. ~ graisseuse 脂肪膜;〖料理〗脂身 (= lard gras). ~ musculaire 筋肉の表膜.
7 〖商業〗担保 (物), 保証金; 手付金, 預託金. commande sans ~ 保証金 (手付金) なしの注文.
8 〔古〕隠れ蓑; うわべ. sous ~ d'amitié 友情を装って.

couveuse *n.f.* **1** 抱卵鶏 (= poule ~). **2** 人工孵卵器, 人工孵化器 (= ~ artificielle).
3 〖医〗保育器.

couvre-feu *n.m.* **1** 消灯合図; 消灯の鐘; 消灯ラッパ; 消灯時間. **2** 外出禁止〔令〕. décréter le ~ 外出禁止令を布告する.

couvre-lit *n.m.* ベッドカヴァー (= dessus-de-lit, jeté de lit).

couvre-livre *n.m.* ブックカヴァー; 本の表紙.

couvreur *n.m.* 屋根職人, 屋根屋.

COV (= *c*omposé *o*rganique *v*olatil) *n.m.* 〖化・環境〗揮発性有機化合物 (aldéhyde アルデヒド, phtalate フタラート, toluène トルエンなど).

covalence *n.f.* 〖化〗共有原子価.

cover-girl [kɔvœ(ɛ)rgœrl] 〔米〕*n.f.* カヴァーガール.

COVNM (= *c*omposé *o*rganique *v*olatil *n*on *m*éthanique) *n.m.* 〖環境〗非メタン性浮遊有機物質.

covoiturage *n.m.* 自動車の相乗り.

cow-boy [kawbɔj, kobɔj]〔米〕*n.m.* カウボーイ，牧童.

cow-pox [kopɔks]〔英〕*n.m.inv.* 牛痘 (=vaccine). virus du ～ 牛痘ウイルス.

COX (=*c*yclo *ox*ygénase) *n.f.*《生化》シクロオキシゲナーゼ《酸素添加酵素》. ～-2 第2型シクロオキシゲナーゼ.《薬》le coxib, inhibiteur de la ～-2 第2型シクロオキシゲナーゼ抑止薬「コキシーブ」.

cox〔o〕- [ラ]ELEM「腰」の意 (*ex. cox*algie 股関節痛).

coxa [ラ] *n.f.*《解剖》股.《医》～ magna 大腿骨頭過大化〔症〕. ～ plana 扁平股, 大腿骨頭扁平化〔症〕. ～ valga 外反股. ～ vera 内反股, 股内反.

coxal (ale)(*pl.aux*) *a.*《解剖》股関節の, 腰の. os ～ 寛骨.

coxalgie *n.f.*《医》股関節痛；股関節結核.

coxarthrose [kɔksartroz] *n.f.*《医》〔変形性〕股関節炎.

coxib *n.m.*《薬》コキシーブ《第2型シクロオキシゲナーゼ(酸素添加酵素) 抑制剤；商品名parécoxib, valdécoxib など》.

coxite *n.f.*《医》股関節炎. ～ séreuse aiguë 急性漿液性股関節炎. ～ tuberculeuse 結核性股関節炎, 股関節結核.

coxo-fémoral (ale)(*pl.aux*) *a.*《解剖》股関節と大腿部の.
────*n.f.*《医》股関節大腿部障害.

CP[1] (=〔英〕*c*ommercial *p*aper) *n.m.*《金融》コマーシャル・ペーパー, 商業手形《小切手, 約束手形, 為替手形などの金融商品総称；=〔仏〕papier commercial；billet de trésorerie》.

CP[2] (=*c*ycle (cours) *p*réparatoire) *n.m.* 準備課程《フランスの初等教育の第一段階. 小学校の第1学年, 旧制度の第11学級11ᵉに相当, 原則として6歳で入学》.

CPA[1] (=*c*lasse *p*réparatoire à l'*a*pprentissage) *n.f.* (中学校の) 職業実習準備学級.

CPA[2] (=*c*ommando *p*arachutiste de l'*a*ir) *n.m.*《軍》空軍降下傘降下コマンド部隊.

CPAG (=*c*entre de *p*répa à l'*a*dministration *g*énérale) *n.m.* 一般行政職準備センター《公務員養成学校受験準備の通信教育》.

CPAM (=*c*aisse *p*rimaire d'*a*ssurance *m*aladie) *n.f.*《社会保障》健康保険第一次金庫《フランス本国に128設置された地方レヴェルの健康保険金庫》. ～ de l'Esonne エソンヌ県第一次疾病保険金庫. conseil d'administration d'une ～ 健康保険第一次金庫の経営評議会《労使代表により構成》.

CPC (=*c*ode de *p*rocédure *c*ivile) *n.m.*《法律》民事訴訟法.

CPCE (=*C*ontrôle *P*resse *C*ourrier *E*ntreprise) *n.m.*《郵》《フランス郵便公社の》企業定期刊行物郵便管理局. la Poste-Paris ～ 郵便公社パリ企業定期刊行物郵便管理局《54/56 rue d'Aboukir 75080 Paris CEDEX 02》.《Dispensé de timbrage Paris ～》パリ企業刊行物郵便管理局による郵券貼付免除承認〔便〕《郵便物の表書きの文言》.

CPCU (=*C*ompagnie *p*arisienne du *c*hauffage *u*rbain) *n.f.* パリ都市暖房会社.

CPE[1] (=*c*onseill*er(ère) p*rincipal(*e*) d'*é*ducation) *n.*《教育》主任教育指導員.

CPE[2] (=*c*ontrat *p*remière *e*mbauche) *n.m.*《労働》初雇用契約.

CPE[3] (=*E*cole supérieure de *c*himie et *p*hysique *é*lectronique de Lyon) *n.f.* リヨン高等化学・電子物理学校《1992年創設のグランド・エコール》.

CPED (=*C*entre *p*rotestant d'*é*tudes et de *d*ocumentation) *n.m.* プロテスタント研究資料センター《在 Paris》.

CPEF (=*C*entre de *p*lanification et d'*e*ducation *f*amiliale) *n.m.* 家族計画教育センター.

CPER (=*c*ontrat de *p*lan *E*tat-*r*égions) *n.m.* 国と諸地方間の経済計画調整契約.

CPG (=*c*hromatographie (en) *p*hase *ga*zeuse) *n.f.*《化》ガスクロマトグラフィー, ガスクロ.

CPGE (=*c*lasse *p*réparatoire aux *g*randes *é*coles) *n.f.*《教育》グランゼコール準備学級.

CPI[1] (=*c*entre de *p*lacement *i*mmédiat) *n.m.*《法律》(未成年犯罪者の) 即時収容センター.

CPI[2] (=*C*our *p*énale *i*nternationale) *n.f.* 国際刑事法廷《=〔英〕ICC：*I*nternational Criminal Court；1998年のローマ条約で設立が決まり，2002年7月1日発足；2002年10月1日現在加盟国105；日本は2007年7月17日加入；在 Den Haag (La Haye)》.

CPIE (=*C*entre *p*ermanent d'*i*nitiation à l'*e*nvironnement) *n.m.* 環境保護運動推進常設センター.

CPIM (=*C*ommandement *p*opulaire *i*slamique *m*ondial) *n.m.* 世界イスラム人民司令部《リビアのカダフィ Kadhafi 大佐を長とするイスラム機関》.

CPJI (=*C*our *p*ermanente de *j*ustice *i*nternationale) *n.f.* 常設国際司法裁判所《現在の国際司法裁判所 Cour internationale de Justice》.

CPK (=*c*réatine *p*hospho*k*inase) *n.f.*《生化》クレアチン・フォスフォキナーゼ《燐酸反応の触媒となる酵素》.

CPL (=*c*ourants *p*orteurs en *l*igne) *n.m. pl.* 送電線利用通信《=〔英〕PLC：*p*ower *l*ine *c*ommunication》.

CPLD (=*C*onseil de *p*révention et de *l*utte contre le *d*opage) *n.m.* 麻薬の不正使用の防止対策評議会.

CPM[1] (=*C*entre *P*ompidou 〔à〕 *M*etz) *n.m.* メッス・ポンピドゥー・センター《パリのポンピドゥー・センターの分館である美

術館；2007年開館）．
CPM² (=*C*onseil de la *p*olitique *m*onétaire) *n.m.* 〖金融〗フランス銀行 Banque de France の通貨政策理事会．
cpm (=*c*ycle *p*ar *m*inute) *n.m.* サイクル分（1分間あたりの周波数）．
CPN (=*c*entre de *p*roduction *n*ucléaire) *n.m.* 原子力生産センター，原子力発電所 (=centrale nucléaire). le ~ de Chinon シノン原子力発電所．
CPNT (=*P*arti *c*hasse, *p*êche, *n*ature et *t*raditions) *n.m.* 狩猟・釣・自然・伝承党（政党と狩猟連盟を兼ねた組織）．
CPP¹ (=*c*ode de *p*rocédure *p*énale) *n.m.* 〖法律〗刑事訴訟法．
CPP² (=*C*omité de la *p*révention et de la *p*récaution) *n.m.* (環境汚染の)予防・警戒委員会．
CPPN (=*c*lasse *p*ré*p*rofessionnelle de *n*iveau) *n.f.* 〖学〗職業教育事前補習学級（第5学級終了時に14歳の生徒で，職業高校LPの第1年次に進学する学力に達していない者に対する補習学級）．
CPPP (=*C*entre *p*our *p*romotion des *p*roduits *p*alestiniens) *n.m.* パレスチナ物産開発センター．
CPS¹ (=*c*arte *p*rofessionnelle de *s*anté) *n.f.* 保健関係職員証カード．
CPS² (=*C*ommission du *P*acifique *S*ud) *n.f.* 南太平洋委員会（1947年設立．加盟国 オーストラリア，アメリカ，フランス，ニュージーランド，英国，オランダ）．
CPS³ (=*C*onférence du *P*acifique *S*ud) *n.f.* 南太平洋会議．
cps (=*c*aractères *p*ar *s*econde) 〖情報処理〗(プリンターの)1秒当たりの印字数．
CPU (= 〖英〗*c*entral *p*rocessing *u*nit) *n.f.* 〖電算〗中央処理装置 (=unité centrale de traitement).
CPUN (=*C*onseil *p*rovisoire d'*u*nité *n*ationale) *n.m.* 〖史〗(チェコスロヴァキアの)国民統一臨時評議会．
CPV (=*c*oncentrateur *p*hoto*v*oltaïque) *n.m.* 〖電〗光起電力凝集器（太陽光発電用凝集器）．
CQFD, cqfd (=*c*e *q*u'il *f*allait *d*émontrer) 以上証明終り．
CR (=*c*arte de *r*ésident) *n.f.* 居住証明書．
Cr (=*C*hrome)「クロム」の元素記号．
crabe *n.m.* **1** 蟹（araignée de mer 蜘蛛蟹, étrille がざみ, tourteau 大西洋いちょう蟹などの一般的名称）． ~ des cocotiers 椰子蟹．〖料理〗~ farci au gratin 蟹の身の甲羅詰めのグラタン． ~ vert 緑蟹（学名 Carcius maenas）．capapace (pinces) du ~ 蟹の甲羅（はさみ）．salade de ~ 蟹サラダ．
2〖比喩的・話〗panier de ~s（蟹籠→）呉越同舟．
3〖比喩的〗marcher en ~（蟹のように）横歩きする．

4〖天文〗le *C*~ 蟹座．nébuleuse du ~ 蟹座の星雲．
crabot, clabot *n.m.* 〖機械〗咬み合いクラッチ．
CRAC (=*C*entre de *r*echerche et d'*a*ction *c*ulturelle) *n.m.* 文化活動研究センター．
crachat *n.m.* 〖医〗痰，喀痰 (=expectoration, 〖俗〗glaviot, mollard); 唾．~ de sang 血痰，血性痰 (=hémoptysie). ~ mucineux 粘液性痰．~ purulent 膿性痰．~ séreux 漿液性痰．
crachement (<cracher) *n.m.* **1**（唾，痰）を吐くこと．〖医〗~ de sang 咯血 (=hémoptysie).
2 噴出，噴射．~ de gaz (de vapeur) ガス(蒸気)の噴出．~ d'une mitrailleuse 機砲の連射．
3 火花が散ること，スパーク (= ~ d'étincelles).
4（スピーカーなどの）パチパチいう雑音 (=crépitation, crépitement).
crack〖英〗*n.m.*〖話〗〖麻薬〗クラック（高純度精製コカイン (=chlorohydrate de cocaïne 「コカイン塩化水素」)．
cracker [krakœr]〖英〗*n.m.* **1**〖菓子〗クラッカー．**2**〖俗〗クラッカー（コンピュータ・システムに不法に侵入し，データなどを改変する人）．
crackeur(se) *n.*〖話〗クラック (crack) 吸引者，コカイン中毒者．
Cracovie *n.pr.f.* クラクフ，クラコウ（ポーランドの旧首都〔14-16世紀〕；ポーランド語表記 Kraków；形容詞 cracovien (ne)）．
craie *n.f.* **1** 白亜．〖地層〗falaise de ~ blanche 白亜の断層．
2 白墨，チョーク (=bâtonet de ~); チョークの粉．écrire à la (avec une) ~ 白墨で書く．
crainte (<craindre) *n.f.* **1** 恐れ，恐怖；心配，懸念．~ de la mort 死に対する恐怖．~ de qn pour (envers) qch 人の何に対する恐怖（心配）．
dans la ~ de; de ~ de; par ~ de; ~ de+n. (inf.) …を恐れて．dans la ~ que; de ~ que; par ~ que+(ne)+subj. …を心配して，…するといけないから，…することがないように．
apaiser la ~ de qn 人の恐怖（懸念）を鎮める．éprouver le sentiment de ~ 恐怖を覚える．donner de la ~ à qn 人を恐れさせる．frémir (pâlir) de ~ 恐怖におののく（蒼ざめる）．
N'ayez ~. 心配することはない．Soyez sans ~. 心配無用です．
2 畏敬．~ de Dieu 神に対する畏敬の念．~ révérencielle 畏敬の念．
CRAM (=*c*aisse *r*égionale d'*a*ssurance *m*aladie) *n.f.* 地方疾病保険金庫．~ de Nantes ナント市地方疾病保険金庫．

CRAMIF, Cramif (=Caisse régionale d'assurance-maladie de l'Île-de-France) n.f. イール=ド=フランス地方疾病保険金庫.

cramoisi(e) a. 深紫紅色の. rideau ~ 深紫紅色のカーテン. teint ~ 赤黒い顔色 (肌色). devenir ~ (怒りや恥しさなどで)顔が真赤になる.
— n.m. 深紫紅色. teindre une étoffe en ~ au moyen de la cochenille えんじ虫を用いて布を深紫紅色に染める.

crampe n.f. 〖医〗痙攣(けいれん); (特に)こむら返り (= ~ au mollet). ~ de chaleur 熱痙攣症. ~ d'estomac 胃痙攣. ~ des écrivains 書痙. ~ musculaire 筋痙攣. ~ musculaire des triceps surae 腓腹(ひふく)筋痙攣, こむら返り (=au mollet).

crampon n.m. **1** 鎹(かすがい).
2 (蹄鉄の)すべり止め突起;〖登山〗クランポン, アイゼン. ~ à douze pointes 12つめのアイゼン. chaussures à ~s スパイク・シューズ. fer à ~s 突起付蹄鉄. pneus à ~s スパイク・タイヤ.
3〖植〗気根.
4〖話〗しつこい人. Quel ~! 何てしつこい奴なんだ.
—a.inv.〖話〗しつこい. interlocuteurs ~ しつこい交渉相手. Ce que tu peux être ~! お前は何てしつこいんだ!

crâne n.m. **1**〖解剖〗頭蓋;頭蓋骨(=os du ~;人間の場合, frontal, temporal, pariétal, sphénoïde, ethmoïde, occipital). ~ facial 顔面頭蓋. cavité de ~ 頭蓋腔. fracture de ~ 頭蓋骨骨折.
2〖話〗頭;頭頂. ~ chauve 禿頭. avoir mal au ~ 頭痛がする. bourrer le ~ de (à) qn 人を籠絡する, 嘘八百を述べたてる. Mettez-vous ça dans le ~. それをしっかり頭にたたきこんでおきなさい.
3〖比喩的〗頭脳;理解力, 分別;物覚え.

craniectomie n.f. 〖医〗頭蓋骨切除〔術〕.

crânien(ne) a.〖解剖〗頭蓋〔骨〕の. capacité ~ne 頭蓋容量. indice ~ne 頭蓋骨長幅指数. nerfs ~s 頭蓋神経, 脳神経. traumatisme ~ 頭蓋外傷.

cranio-cérébral(ale)(pl. **aux**) a.〖解剖〗頭蓋と脳の. perturbation de la circulation ~ale 頭蓋脳血液循環障害.

craniopharyngiome n.m. 〖医〗頭蓋咽頭腫(先天性頭蓋内腫瘍).

cranioplastie n.f. 〖医〗頭蓋骨形成術.

craniosténose n.f. 〖医〗頭蓋骨狭窄症.

craniotomie n.f. 〖医〗頭蓋骨穿孔術, 開頭〔術〕.

craquage n.m. 〖化〗熱分解, クラッキング (= 〖英〗cracking).

craquement (<craquer) n.m. **1** (物が折れたり, 破れたりする時の)乾いた音《カサカサ音, ギシギシ, メリメリなど》;ポキポキいう音. ~ des feuilles sèches sous les pieds 踏みしめた枯葉のカサカサいう音. ~ d'une poutre qui casse 梁の折れる音. ~ des doigts 指のポキポキいう音.
2〖医〗~ pulmonaire 呼吸時の軋轢音.
3〔比喩的〕(政体, 社会などの)崩壊の前兆;不和(軋轢)の兆し. ~ d'un projet 計画案の崩壊.

craquètement (<craqueter) n.m. **1**〖医〗軋(いあつ)音;歯ぎしり (= ~ des dents).
2 (鳥が)嘴を叩き合わせる音. ~ de la cigogne こうのとりの嘴音.
3 蟬の鳴き声 (= ~ de la cigale).

crash [kraʃ]〖英〗n.m. **1** (航空機の)墜落.
2 (車の)衝突.

crasher [kraʃer]〖英〗n.m.〖俗〗クラッシャー《コンピュータ・システムを破壊するハッカー》.

cratère n.m. **1** (火山の)火口, 噴火口, クレーター. ~ d'explosion 爆裂火口. lac de ~ 火口湖.
2〖天文〗隕石孔 (= ~ météorique);クレーター, 衝突クレーター (= ~ d'impact). ~s lunaires 月面のクレーター.
3 (爆弾, 砲弾の着弾地の)クレーター, 爆裂孔.
4 (ガラス炉の)上部の孔, 火口(ほくち).
5〖古代〗クラテラ, 混酒器《酒を水で割るのに用いた把手つきの広口の甕》.
6〖医〗孔, 開口. ~ d'un anthrax 癰(よう)の開口部.

craterelle n.f. 〖茸〗クラトレル, くろらっぱたけ, くろうすたけ(通称 trompette-de-la-mort, trompette-des-morts;食用).

cravate n.f. **1** ネクタイ. ~ blanche (招待状の服装指定で)「燕尾服着用のこと」. ~ noire (招待状の服装指定で)「正装のこと」. ~ club 斜めの縞柄ネクタイ. ~ de soie (de laine) 絹(ウール)のネクタイ. en costume-~ スーツにネクタイをしめて. épingle de ~ ネクタイピン, タイピン. fixe ~ ネクタイ留め. nœud de ~ ネクタイの結び, ノット. porter le ~ ネクタイを付けている.
2 (婦人用の)毛皮の襟巻.
3 (旗竿・槍などにつける)房飾り (= ~ de drapeau).
4 (勲章の)綬(じゅ). ~ de commandeur de la Légion d'honneur レジヨン・ドヌール勲章のコマンドゥールの綬.
5〖海〗(マスト, 錨などの)吊り索, スリング.
6〖レスリング〗ヘッドロック (= 〖英〗head lock).
7〖話〗~ de chanvre 絞首索.

crayon n.m. **1** 鉛筆. écrire au ~ 鉛筆で書く.〖カナダ〗~ à bille ボールペン (= stylo à bille). ~ à mine シャープペンシル (=porte-mine). ~ de couleur 色鉛筆.〖電算〗~ électronique 電子ペン.〖電算〗~

lecteur optique 光学式ペン型スキャナー (=［英］optical wand). ～ lumineux 光（ライト）・ペン (=photostyle). tailler un ～ 鉛筆をけずる.

2 〖絵画〗色材 (charbon デッサン用木炭, pastel パステルなど); クレヨン (=～ gras). ～ Conté コンテ.

3 鉛筆画 (=dessin au ～); 素描. collection de ～s d'Ingres アングルの鉛筆画のコレクション.

4 筆致. avoir le ～ facile 器用な筆致.

5 (鉛筆に似た)棒状のもの；桿剤. ～ à lèvres; ～ de rouge スティック口紅. ～ à sourcils 眉墨.〖医〗～ hémostatique 止血棒.

6 ～ lumineux ライトペン (=photostyle).

crayon-feutre (pl. ～s-～s) n.m. フェルトペン, サインペン (=stylo-feutre).

crayon-lecteur (pl. ～s-～s) n.m. 光学式読取装置; バーコード読取器; 光学スキャナー.

crayon-optique (pl. ～s-～s) n.m. 〖電算〗光学ペン (=photostyle).

CRBF (=Centre de recherche sur le budget familial) n.m. 家計調査センター.

CRC[1] (=centre de renseignement et de coordination) n.m. 〖軍〗情報調整本部《フランスの地方と県のレヴェルで設置》.

CRC[2] (=chambre régionale des comptes) n.f.〖法律〗地方会計法院. magistrats des ～ 地方会計院司法官.

CRC[3] (=commission régionale de conciliation) n.f. (医療事故に関する)地方調停委員会《2002年度創設》.

CRCT (=Centre de recherche sur la culture technique) n.m. 技術文化研究センター.

CRDP (=centre régional de documentation pédagogique) n.m. 教育学資料地方センター《文部省所管》.

CRDS (=contribution pour le remboursement de la dette sociale) n.f. 社会保障の負債返還のための税《社会保障制度の赤字を補填するため1996年導入》. Le taux de la ～ est à 0.5% quel que soit le revenu concerné. 社会保障負債返還税の税率は所得の如何を問わず0.5%である.

CRE[1] (=Commission de régulation de l'électricité) n.f. 電力調整委員会《2000年設立》; 電力の競争規則の遵守を監視.

CRE[2] (=contrat de retour à l'emploi) n.m.〖労働〗復職契約.

créance n.f. **1** 債権; 債権証書. ～ certaine 有担保債権. ～ douteuse 不良債権 (=mauvaise ～). saisie de ～ 債権の強制執行. **2** 信頼, 信用. lettre de ～ (大使の)信任状.

créancier (ère) n. 債権者 (débiteur「債務者」の対). ～ chirographaire (無担保の)普通債権者. ～ hypothécaire 抵当権者. ～ poursuivant 差押債権者; 被差押債権

割請求債権者. ～ privilégié 先取特権を有する債権者. ordre des ～s 債権者順位. payer (satisfaire) ses ～s 借金を返す. saisie par ～ 債権者による差押え.
——a. 債権をもつ. nations ～ères 債権国.

créateur (trice) n. **1** 創始者, 創立者; 発明者, 考案者. ～ d'entreprise 企業の創立者, 創業者. ～ d'un genre littéraire 文学ジャンルの創始者.〖服〗～ de mode モードのデザイナー. ～ d'une théorie scientifique 科学理論の考案者.

2 独創的芸術家(作家)(imitateur「模倣者」, suiveur「追随者」の対). Homère et Shakespeare sont de grands ～s. ホメロスとシェイクスピアは偉大な独創的文学者である.

3〖劇〗～ d'un rôle 初演の俳優.

4〖商業〗(商品の)製造元. ～ exclusif de ce modèle この型の商品の独占的製造元.
——a. 創造する; 創造的な; 独創的な. acte ～ 創造行為. esprit ～ 独創的精神. l'Evolution ～trice de Bergson ベルクソンの『創造的進化』(1907年). force ～trice 創造力. génie ～ 創造的才能.
——n.m.〖宗教〗創造者; 造物主 (=le C～), 神. ～ du ciel et de la terre 天地創造の神. le souverain ～ de toutes choses 万物の至高の創造者, 造物主, 神. le C～ et les créatures 造物主と被造物.

créatif (ve) a. **1** 創意に富んだ; 創造的な. enfant ～ 創意工夫の才能に恵まれた子供.

2 創造を助長する. ambiance ～ve 創造を支える雰囲気.
——n. (広告, デザイン, モードなどの業界で)新製品開発担当者.

créatine n.f.〖生化〗クレアチン, メチルグリコシアミン (méthylglycocyamine).〖生化〗～ kinase クレアチンキナーゼ(略記 CK), クレアチンホスホキナーゼ (=créatine phosphokinase. 略記 CPK)《筋肉内の酵素》.

créatinémie n.f.〖医〗クレアチン血症.

créatinine n.f.〖化・医〗クレアチニン.

créatininurie n.f.〖医〗クレアチニン尿〔症〕.

création n.f. **1** 創造; 創始, 創立, 創設; 創案, 創出; 発明; 創作. ～ artistique (littéraire) 芸術的(文学的)創作〔活動〕. ～ d'entreprises 起業. ～ de nouveaux emplois 新規雇用の創出. ～ d'idées nouvelles 新しい思想の創案. ～ d'un impôt 新税の導入. ～ d'un nouveau produit 新製品の創出. ～ d'une société 会社の創立. ～ d'un système monétaire 通貨制度の創設.

2 創造物, 作品; 新作, 新製品. ～s de l'art 芸術作品. ～s de Molière モリエールの作品群. ～ géniale (originale) 卓抜な(独創的な)作品(製品). ～s des grands couturiers 著名デザイナーの新作(=ニューモード). dernières ～s de la mode モードの最新作, 最

新モード.
3〖劇〗初演；新演出. ~ d'une pièce 劇作品の初演. ~ d'un rôle 役の初演.
4〖宗教〗(神による)創造；天地創造(= ~ du monde, ~ de l'univers).〖神話・哲〗~ continuée 持続的創造.〖聖書〗~ ex nihilo 無からの天地創造. les sept jours de la ~ 天地創造の7日間. récit de la ~ 創世譚.
5 神の創造物；宇宙, 世界. toutes les plantes de la ~ 世界のあらゆる植物.

créature *n.f.* **1** 被造物(le Créateur「造物主, 神」の対)；(被造物としての)人間(= ~ humaine). ~s animées (inanimées) 生き物, 生命(無生物). l'homme, ~ raisonnable 理性をそなえた生き物である人間.
2 人(=homme). massacre d'innocentes ~s 罪なき人々の殺戮(虐殺)；〖聖書〗(ヘロデ王による)幼子の虐殺. On n'aperçoit aucune ~. 人っ子一人見えない.
3 (人に似た)生物. ~ humanoïde サイボーグ, 人造人間. ~ infernale 悪魔. ~s venues d'un autre monde 宇宙人, ET.
3〖時に蔑〗〖形容詞とともに〗女. belle ~ 美人, 別嬪. Quelle sotte ~！何て馬鹿な女だ.
4 身持ちの悪い女；浮気女(=femme galante)；遊女；高級娼婦(=courtisane). sortir avec des ~s 遊女と外出する.
5〖蔑〗(権力者などの)子飼いの子分. C'est la ~ du premier ministre. 奴は首相の子分だ.

Crécerelle *n.f.*〖軍〗クレスレル《フランス製のUAV(無人航空機)；=〔英〕unmanned aerial vehicule；=〔仏〕aéronef sans pilote》.

CRECH (=Centre de recherche européen de création hypermédia) *n.m.* ヨーロッパ・ハイパーメディア制作研究センター.

crèche *n.f.* **1** (3歳未満の子供を預かる)保育園, 託児所. ~ collective 集団保育園. ~ familiale 個人託児施設, mini-~ (15人以下の子供を預かる)小規模保育園.
2 キリスト生誕の場を表す模型. les ~s exposées dans l'église de Noël à l'Epiphanie クリスマスから三王来朝の祝日(1月6日)まで教会堂に展示されるキリスト誕生の情景模型.
3 まぐさ桶. la〔sainte〕C~ キリストが生れたまぐさ桶.

CREDECO (=Centre de recherche en droit économique) *n.m.* 経済法研究センター《Université de Nice-Sophia Antipolis内に設置；1993年CNRS, 1998年INRAと協定；コード：UMR 6043 CNRS/INRA》.

Credes (=Centre de recherche, d'etude et de documentation en économie de la santé) *n.m.*〖医〗保健経済調査研究資料センター.

crédibilité *n.f.* **1** 信頼性, 確実性, 信憑性. ~ d'un dogme 教義の信頼性. ~ d'une intrigue de roman 小説の筋の信憑性. ~ de *qn* 人の信頼性. ~ d'une preuve 証拠の信憑性. manquer de ~ 信頼性に欠ける.
2〖軍〗(核戦略の)確実性.

CREDIF [kredif] (=Centre de recherche et d'étude pour la diffusion du français) *n.m.* クレディフ, フランス語普及研究センター《テープとスライドを視聴覚教材として活用したフランス語教育法の開発で知られる》.

crédirentier(*ère*) *n.* 年金受給権利者；定期金受取権利者(débirenti*er*(*ère*)「年金(定期金)債務者」の対).
——*a.* 年金を受給する(定期金を受取る)権利のある.

crédit *n.m.* Ⅰ 信用. faire ~ à *qn* …を信用する. jouir du ~ de *qn* …から信用される.
Ⅱ〖経済・金融〗**1** 金融. Conseil national du ~ 国家信用理事会《金融政策を決定する機関；1996年に Conseil national du ~ et du titre 国家信用証理事会と改名. それに伴い, 役割も金融政策の決定から金融機関の監督に変更》. politique du ~ 金融政策. resserrement du ~ 金融引締め.
2 信用, 信用供与；貸付け, 融資, ローン. ~ à long (à moyen, à court) terme 長(中, 短)期信用. ~ à la production (à la consommation) 生産者(消費者)信用. ~ acheteur (fournisseur) バイヤーズ(サプライヤーズ)・クレジット. ~ confirmé 確認信用. vente à ~ 信用販売；掛け売り. acheter à ~ ローンで買う.
3 信用機関, 銀行. C~ agricole クレディ・アグリコル《1894年に農業相互信用金庫として発足；1980年代に全国規模の信用機関として発展；2003年の C~ Lyonnais との合併を経て, フランス第1の銀行となる；しばしば Banque verte と呼ばれる》. C~ Lyonnais クレディ・リヨネ《1863年に創立されたフランス最大の銀行だったが, 1993年に過剰投資のため資金難に陥り, 2003年 C~ agricole と合併, 2005年に Le C~ Lyonnais (LCL) と改称》. ~ municipal 公営質店(=mont-de-piété).
4 予算；予算額. ~ d'autorisation 支出の授権. ~ d'engagement 繰越明費. ~ de paiement 歳出予算. ~ militaire 軍事予算.
5〖会計〗貸方(débit「借方」の対).
6〖税〗納税方法. ~ de droit (間接税に関する)納税の猶予. ~ d'impôt 税額控除.
7〖写真・映画・TV〗~ phorographique 写真のクレジット《提供者・版権所有者の名前》.

crédit-bail(*pl.*~s-~s) *n.m.*〖経済〗リース(=leasing).

créditeur(*trice*) *a.* (débiteur の対) 債権を持つ；〖会計・簿記〗貸方の, 貸し越しの. compte ~ 貸方勘定. solde ~ 黒字収

支.
—n. 債権者, 貸し主.

crédit-relais(pl.~s-~) n.m. 〖経済〗つなぎ融資.

crédit-temps[1] (pl.~s-~) n.m. 〖労働〗(労働者の代表に認められる) 職務執行時間 (任務遂行のために労働時間中に利用できる時間で, 労働時間に導入される) (= crédit d'heures).

crédit-temps[2] (pl.~s-~) n.m. 〖労働〗クレディ=タン, 保証休暇 (民間企業の全ての労働者を対象に, 2002年1月1日に導入された有給休暇制度；勤続1年以上の労働者を対象に, 原則として, 最低3カ月から最長1年間認められる). ~ à temps plein 全休クレディ=タン. ~ à mi-temps 半休クレディ=タン. réglementation du ~ entre l'employeur et le travailleur 労使間のクレディ=タンに関する取り決め. La durée du ~ est d'un an sur l'ensemble de sa carrière. クレディ=タンの期間は全就業年限について1年間である.

credo [ラ] n.m.inv. **1** 〖宗教〗信仰箇条, 信経, 信条, クレド. 〖カトリック〗le C~ クレド, 使徒信経 (条). le C~ de Nicée ニカイア信条 (325年).
2 〖ミサ〗クレド (通常ミサで唱われる5つの歌唱の一つ；kyrie, gloria の次, sanctus, agnus Dei の前).
3 信条, 信念. ~ politique 政治信条.

CREDOC (=Centre de recherches, d'études et de documentation sur la consommation) n.m. 消費問題調査・研究・資料センター (1953年設立. Consommation を発行).

CREI (=Centre de recherche en économie industrielle) n.m. 産業経済研究センター.

crémaillère n.f. **1** (暖炉に吊す) 自在鉤. 〖比喩的〗pendre la ~ 新居披露の宴会をひらく.
2 〖機工〗(平板歯車の) ラック, 歯竿；(棚板調節の) 自在 縁 (へり) (= d'une bibliothèque). ~ circulaire 冠歯車. ~ et pignon ラック・ピニョン. chemin de fer à ~ アプト式鉄道. cric à ~ ラック駆動ジャッキ. direction à ~ ラック式舵取装置.
3 〖比喩的〗〖経済〗parité à ~ クローリングペッグ (= [英] clawling peg：長期にわたる漸進的な平価変更方式).

crémant n.m. 〖葡萄酒〗**1** champagne ~ 軽い発泡性のシャンパーニュ酒. **2** クレマン (シャンパーニュ酒と同じ製法の発泡酒). ~ de Bourgogne ブルゴーニュ産クレマン酒.

crémation n.f. 火葬, 荼毘 (だび) (=incinération).

crématoire a. 火葬用の, 火葬の.
—n.m. 火葬炉 (=four ~)；火葬場 (=crématorium).

crématorium n.m. 火葬場.

crème n.f. **1** 〖食材〗クレーム, クリーム；生クリーム (= ~ fraîche) (未殺菌牛乳または低温殺菌牛乳からつくられる乳脂肪分30-40%のもの). ~ aigre サワークリーム. ~ crue 生乳クリーム (未殺菌牛乳からつくられる). ~ épaisse pasteurisée 低温殺菌発酵クリーム (= ~ maturée；~ double). ~ légère 低脂肪クリーム (乳脂肪分12-30%). ~ liquide pasteurisée 低温殺菌液状クリーム (= ~ fleurette). ~ liquide stérilisée 高温殺菌液状クリーム. ~ liquide UHT 超高温殺菌液状クリーム. battre la ~ クリームを泡立てる.
2 (煮立てた牛乳に張る) 皮膜.
3 〖料理〗クレーム, クリーム (調理したクリーム).
~ anglaise クレーム・アングレーズ (牛乳・卵黄・グラニュー糖にヴァニラまたはレモンやオレンジの皮で風味づけして加熱したもの).
~ au beurre à l'anglaise クレーム・アングレーズにバターを加えてつくるクレーム・オー・ブール (デザート用).
~ brûlée クレーム・ブリュレ (= ~ caramélisée) (牛乳・卵黄・砂糖に風味を加えてオーヴンで焼き, 粗糖を振りかけた表面をバーナーで焼き目をつけたデザート菓子).
~ Chantilly クレーム・シャンティイ (生クリームと牛乳を冷やし, グラニュー糖；ヴァニラエッセンスを加えて泡立てたもの；=chantilly).
~ au chocolat チョコレート・クリーム. ~ (au) caramel クレーム (オー) カラメル, カスタードプリン. ~ d'amande クレーム・ダマンド, アーモンドクリーム, フランジパン (frangipane). ~ d'entremets クレーム・ダントルメ (アントルメ用生クリーム)；デザートクリーム. ~ de pâtisserie 製菓用クリーム. ~ fouettée クレーム・フエテ (泡立てた生クリーム), ホイップクリーム. ~ glacée アイスクリーム (=glace). ~ pâtissière クレーム・パティシエール (牛乳・全卵・コーンスターチ・砂糖・ヴァニラを加熱したあと冷やした菓子用クリーム). ~ renversée クレーム・ランヴェルセ, カスタードプリン. chou à la ~ シュー・ア・ラ・クレーム, シュークリーム.
4 〖料理〗クリームスープ (= ~ -potage). ~ d'asperges アスパラガスのクリームスープ. ~ de champignons クレーム・ド・シャンピニョン, マッシュルームのクリームスープ. ~ d'orge クレーム・ドルジュ (大麦のクリームスープ). ~ de poireau ポロ葱のクリームスープ. ~ de volaille クレーム・ド・ヴォライユ (鶏のクリームスープ).
5 〖料理〗クリーム状のもの. ~ de marron クレーム・ド・マロン (栗のピュレ).
6 〖酒〗クレーム (多量の糖分を含むリキュール). ~ de cacao クレーム・ド・カカオ. ~

de cassis クレーム・ド・カシス(黒すぐり酒).
7 クリーム・コーヒー(=café ~).
8 〖化粧品〗クリーム, 乳液. ~ de beauté 美容(化粧)クリーム. ~ de nuit ナイト・クリーム.
9 乳剤;クリーム. ~ à (pour) chaussures 靴クリーム, 靴墨.
10 〖比喩的〗〖話〗(de のうちで)最良の人(物). la ~ 〔de la société〕選良, より抜きの人々;上流社会. C'est la ~ des hommes. 最良の人. 〖話〗la ~ de la ~ エリート.
―*n.m.* **1** クリーム色.
2 クリーム・コーヒー(=café ~).
―*a.inv.* クリーム色の. gants ~ クリーム色の手袋.

crème-dessert *n.f.* 〖菓子〗クリーム・デザート.

crème-potage *n.f.* 〖料理〗クレーム・ポタージュ, クリームスープ.

crémerie *n.f.* **1** ミルクの搾取・クリームの製造・販売所.
2 クレムリー, 乳製品専門販売店 (beurre, crème, fromage, lait のほか卵も売る).
3 〔古〕ミルクホール;簡易食堂, 安いレストラン.
4 〖話〗changer de ~ 河岸を変える;転宿する.

crémeux(se) *a.* **1** 乳脂 (クリーム) を多く含む. lait ~ クリーム分を多く含む牛乳.
2 クリームの入った;クリーム状の. préparation ~*se* クリームを加えた調理. sauce ~*se* クリーム状ソース.
3 クリーム色の. couleur ~*se* クリーム色.

crémier (ère) *n.* **1** 乳製品 (beurre, crème, fromage, lait) と卵の販売商. acheter des fromages (des œufs) chez le ~ 乳製品販売店でチーズ(卵)を買う.
2 クリーム保存容器.

crénelage *n.m.* 〖電算〗再命名, エイリアジング(=〔英〕aliasing);偽信号(コンピュータ画面の曲線や斜線図形のぎざぎざ).

crénothérapie (<〔ギ〕krênê 鉱泉) *n.f.* 〖医〗鉱泉療法.

créole *n.* 〖民族〗クレオル;(特に西インド諸島の)植民地生まれの白人. ~ de la Guadeloupe (de la Martinique) グワドループ島(マルチニック島)のクレオル.
―*a.* **1** クレオルの. littérature ~ クレオル文学. noirs ~*s* 白人入植者と黒人の混血の人.
2 〖言語〗クレオル語の.
―*n.m.* 〖言語〗クレオル語(熱帯植民地で原住民が用いる, 英語・フランス語・オランダ語・スペイン語・ポルトガル語などと原地語との混合語). le ~ français de la Guadeloupe グワドループのフランス語系クレオル語. parler ~ クレオル語を話す.
―*n.f.* 大きな環状の耳飾り.

créosote *n.f.* 〖化〗クレオソート.

crêpe[1] *n.m.* **1** 〖織〗クレープ, 縮み, 縮緬(しじら). ~ de Chine クレープ・デシーヌ, デシン, フランス縮緬. ~ de soie 絹のクレープ. ~ georgette〔クレープ〕ジョーゼット. ~ satin サテンクレープ. robe de (en) ~ champagne シャンパーニュ酒色のクレープのドレス.
2 (黒い)縮みの喪章. voile de ~ 未亡人のベール. porter un ~ 喪のベールをかぶる;喪章をつける.
3 (縮み皺をつけた)クレープゴム. chaussures à semelles〔de〕~ クレープゴム底の靴.

crêpe[2] *n.f.* 〖料理〗クレープ. ~ bretonne ブルターニュ風クレープ. ~ de froment 小麦粉を用いたクレープ. ~ de sarrasin 蕎麦粉を用いたクレープ. ~ épaisse 厚手のクレープ (=matefaim). ~ flambée クレープ・フランベ(グラン・マルニエ酒をかけ, 火をつけてアルコール分を飛ばしたもの). 〖菓子〗~ Suzette クレープ・シュゼット (オレンジ・ジュースとグラン・マルニエ酒を加え, フランベしたもの).

crépine *n.f.* 〖料理〗クレピーヌ, 網脂(食肉用家畜の内臓を包んでいる脂膜);(特に)豚の網脂(=~ de porc).
2 濾過器;エアフィルター;ごみどめ.
3 飾り総(ふさ).

crépinette *n.f.* 〖料理〗クレピネット, 網脂包み(小型の平たいソーセージ;挽き肉を網脂で包んだもの). ~ de lapin (de porc) 兎肉(豚肉)の網脂包み(クレピネット).

crépitation *n.f.* **1** 〖擬音〗(火花の)パチパチいう音;(銃砲の)連続発射音;(拍手の)パチパチいう音. ~ du feu 火のパチパチ燃える音.
2 〖医〗捻髪(ねんぱつ)音. ~ pulmonaire 肺炎の捻髪音. ~ osseuse(骨折の)断骨音. ~ sanguine(血腫内の)血塊の破裂音.

crépuscule *n.m.* **1** 夕暮の薄明り;たそがれ, 夕暮. au ~; à l'heure du ~ 夕暮に, たそがれ時に.
2 〔古〕薄明り, 黎明. ~ du matin 明け方の薄明り.
3 〔比喩的〕末期. ~ d'un empire 帝国の凋落期.

crépy *n.m.* 〖葡萄酒〗クレピー(département de la Haute-Savoie オート=サヴォワ県産のAOC 白葡萄酒;chasselas 種の葡萄からつくられる香りの高い辛口の白;発泡性のものもある).

crésol *n.m.* 〖化〗クレゾール(殺菌消毒薬). solution de ~ savoneux クレゾール石鹸液.

Cressa (= Centre de recherches du service de santé des armées) *n.m.* 〖軍〗軍衛生業務研究センター.

cresson *n.m.* **1** 〖植〗クレソン(あぶらな科の多年生植物). ~ alénois こしょう草

(子葉を食用にする). ~ de fontaine オランダがらし, クレソン. ~ de jardin ふがらし (=~ de terre). ~ des prés はなたねつけばな (=cressonnette). ~ de roche 岩場クレソン.
2 〖俗〗n'avoir plus de ~ sur la fontaine つるはに禿げている.

crêt n.m. **1** 〖地形〗(渓谷の) 懸崖.
2 (ジュラ le Jura 地方の) クレ (背斜谷の縁の岩の断崖). le ~ de la Neige クレ・ド・ラ・ネージュ (「雪の岩峰」の意; ジュラ山脈の岩峰; 標高 1,718 m).

Crète n.pr.f. 〖地理〗la ~ クレタ島.

crête n.f. **1** (鶏などの) 鶏冠 (とさか). ~ de coq 雄鶏の鶏冠.
2 〖比喩的〗(鶏冠を尊大・高慢・優越感などの象徴とみなして) 頭. baisser (lever) la ~ へりくだる (昂然としている). rabattre la ~ à qn 人の高慢の鼻をへし折る.
3 (鳥の) 羽冠, 冠毛; (爬虫類・魚などの) 突起. d'une alouette 雲雀の冠毛. ~ du caméléon カメレオンの頭部突起. ~ de morue 鱈の顎の突起.
4 〖解剖〗(骨の) 突起部. ~ du tibia 頸骨の前稜. ~ dermique 皮膚の突起.
5 〖建築〗(塀壁の) 頂上部・(屋根の) 棟.
6 〖地形〗(山の) 稜線, 尾根; 分水嶺 (界) (= ligne de ~); 頂上.
7 (兜の) 頭頂突起.
8 〖農〗(畝の) 上部盛り上り部. 〖海〗~ d'une vague 波頭.
9 (グラフの) 最高値. ~ de haute pression 高気圧の帯. 〖電〗tension de ~ ピーク電圧.

crête-de-coq (pl.~s-~-~) n.f.
1 〖植〗鶏頭 (けいとう).
2 (花が鶏冠状の植物) いがまめ, フランスおうぎ (=sainfoin); おくえぞがらがら (= rhinanthe).
3 〖医〗尖圭 (せんけい) コンジローム.

Créteil n.pr. le ~ クレテイユ (département du Val-de-Marne ヴァル=ド=マルヌ県の県庁所在地; 市町村コード 94000; 形容詞: cistolien (ne)). Université de ~ クレテイユ大学.

crétin(e) n. **1** 〖医〗クレチン病 (=crétinisme 甲状腺ホルモン欠乏症) 患者; 知恵遅れ.
2 〖話〗馬鹿者 (=idiot, imbécile); 劣等生. Quel ~! ばかもん!
— a. 〖話〗馬鹿な, 間抜けの. Quelle réaction ~e! 何て馬鹿げた反応だ!

crétinisme n.m. **1** 〖医〗クレチン病 (甲状腺ホルモン欠乏症, 小人症・知恵遅れの症状を呈する). **2** 〖話〗低能, 愚鈍.

Creuse n.pr.f. **1** 〖地理〗la ~ クルーズ川 (le Limousin リムーザン・le Berry ベリー地方を流れ, la Vienne ヴィエンヌ川に注ぐ; 長さ 255 km).
2 〖行政〗la ~ クルーズ県 (=département

de la ~; 県コード 23; フランスと UE の広域地方行政区 région Limousin リムーザン地方に属す; 県庁所在地 Guéret ゲレ; 主要都市 Aubusson オービュッソン; 2 郡, 27 小郡, 260 市町村; 面積 5,565 km²; 人口 124,470; 形容詞 creusois (e)).

creuset n.m. **1** 〖化・冶〗るつぼ; キューポラ (coupelle) の湯溜部. ~ de verrerie ガラスるつぼ. ~ en platine (en terre) 白金 (粘土) るつぼ.
2 〖冶〗高炉炉床.
3 〖比喩的〗るつぼ (雑多なものが共存・融合している場所; =〖英〗melting pot); (浄化する手段としての) 試練のるつぼ. ~ de civilisations 文明のるつぼ. ~ de la souffrance 苦悩のるつぼ.

creusois n.m. 〖チーズ〗クルーゾワ, クーピ (coupi). 《マルシュ地方 la Marche で, 脱脂牛乳からつくられる, 軟質, 自然外皮のチーズ; 脂肪分 10%; 直径 12-15 cm, 厚さ 3-5 cm の円盤形; 350-500 g》.

Creutzfeldt-Jakob [krøtsfɛltʒakɔb] n.pr. 〖医〗maladie de ~ クロイツフェルト=ヤコブ病 (プリオン prion による海綿状脳症; =〖英〗Creutzfeldt-Jakob disease, 略記 CJD).

creux¹ (se) a. **1** 中空の, 空洞の. arbre ~ 洞のできた木. bijouterie ~ 中空の宝飾品. dent ~se (虫歯で) 穴のあいた歯. os ~ 中空の骨.
〖話〗avoir l'estomac (le ventre) ~ 空腹である. 〖話〗avoir le nez ~ 嗅覚が鋭い, 鼻が利く. 〖話〗Il n'y en a pas pour une dent ~se. (虫歯の穴をうめる量もない→) まるで食べるものがない.
2 うつろな. rendre un son ~ うつろな音を出す.
3 中身のない, 空疎な. discours ~ 無内容な話. idée ~se 空虚な考え. paroles ~ses 空疎な言葉. tête ~se 空っぽな頭脳.
4 中身の薄い; 目の粗い. tissu ~ 目の粗い織物. viande ~se 栄養分の少ない肉; 〖比喩的〗内容のないもの; 空疎な考え. se repaître de viandes ~ses 空想に耽る.
5 くぼんだ, へこんだ; 深い. assiette ~se 深皿. chemin ~ くぼんだ道. mer ~se うねりの大きい海. 〖服〗pli ~ ボックスプリーツ. vallée ~se 深い谷. voix ~se 重々しく響きこもった声. au plus ~ du sommeil 深い眠りの底で. avoir les yeux ~ (les joues ~ses) 眼がくぼんでいる (頬がこけている).
6 (数量などが) 落ち込んだ, 減少した. classes ~ses (出生率の減少による) 労働力人口 (兵役適齢者) の少ない世代; (人口ピラミッドで) くぼみの目立つ世代. heures ~ses 手あきの時間; (列車などの) すいている時間帯; 〖経済〗(生産, 需要などの) 落ち込み期. jours (mois) ~ (経済活動などの) 停滞日 (月).

creux[2] *n.m.* **1** 空洞, 洞穴, 穴. ~ du sol 洞穴；地面の窪み. ~ d'un rocher 岩穴. ~ d'une vallée 谷底. avoir le ~ dans l'estomac 空腹である. avoir un bon ~ よく響く低い声の持主である. sonner le ~ (中空の物が) うつろな音を出す；〔比喩的〕無関心である.
2 窪み, 凹部. ~ de l'épaule 肩の窪み. ~ de l'estomac みぞおち. ~ des joues えくぼ. le ~ et le dos de la main 手の平と甲. ~ de la vague 波の谷.〔比喩的〕être dans le ~ de la vague スランプにおちこんでいる.
3〔海〕竜骨から上甲板までの高さ (= ~ d'un navire).
4〔海〕波高. mer d'un mètre de ~ 波高1mの海.
5 手あきの時間；〔経済〕(活動の) 停滞期, 落ち込み. heure de ~ 空いている時間. période de ~ 停滞期. ~ des vacances ヴァカンスの谷間. ~ des ventes 売れ行きの落ち込み.
6〔彫刻・印刷・工〕母型 (ぼけい), 凹型. ~ de plâtre 漆喰の母型. graver en ~ 母型を彫る.
—*ad.* うつろに. sonner ~ (中空の物が) うつろな音を出す；〔比喩的〕(内容空疎に) うつろに響く. songer (rêver)~ 空想に耽る.

crevaison *n.f.* **1** (タイヤなどの) パンク；(風船などの) 破裂. ~ d'un pneu d'automobile 自動車のタイヤのパンク. réparer une ~ パンクを修理する.
2〔比喩的・俗〕くたばること, 死；へとへとになること.

crevasse *n.f.* **1** 裂け目, 割れ目, 亀裂. ~ dans le sol 地割れ. ~ d'un mur 壁のひび割れ.
2 (氷河・岩盤などの) クルヴァス, クレバス. tomber dans la ~ クレバスに落ちる.
3〔医〕(皮膚の) ひび割れ, ひび, あかぎれ (=gerçure). avoir des ~s aux mains 手にあかぎれができている.

crève *n.f.*〔俗〕死；重病. attraper la ~ 病気になる；(特に) 風邪をひく. avoir une bonne ~ ひどい風邪をひく.

crevé(e) *a.* **1** 裂けた；破裂した, パンクした. pneu ~ パンクしたタイヤ.
2 (動植物が) 死んだ, 枯死した, 枯れた. rats ~s 死んだねずみ.
3〔話〕くたびれ果てた, へとへとの. Je suis complètement ~(e). 私はくたばってしまった. yeux ~s 疲れ果てた目.

crève-cœur *n.m.inv.* 断腸の思い, 無念さ.

crève-la-faim *n.m.inv.*〔話〕貧窮者, 食うや食わずの貧乏人.

crevette *n.f.* クルヴェット, 小海老. ~ grise クルヴェット・グリーズ, 灰色クルヴェット (学名 Crangon crangon；体長3-6 cm；俗称 boucaud). ~ rose クルヴェット・ローズ, 淡紅色クルヴェット (学名 Palaemon squilla；体長5-6 cm；俗称 bouquet). ~ rouge クルヴェット・ルージュ, 赤クルヴェット, ガンバ (gamba) (体長6-20 cm). ~ d'eau douce 淡水産クルヴェット (学名 Gammarus pulex).〔料理〕~s frites クルヴェットの空揚げ.〔料理〕salade de ~s クルヴェット (小海老) のサラダ.

crézancy *n.m.*〔チーズ〕クレザンシー. ~-sancerre クレザンシー=サンセール (ベリー地方 le Berry で山羊乳からつくられる, 軟質, 自然外皮のチーズ；脂肪分45％；直径6 cm, 厚さ3 cmの平たい球形；80-100 g).

CRF (=*C*roix *R*ouge *f*rançaise) *n.f.* フランス赤十字社.

CRF-PEGC (=*c*entre *r*égional de *f*ormation de *p*rofesseurs d'*e*nseignement *g*énéral de *c*ollège) *n.m.* コレージュ (中学校) 一般教育教員養成地方センター.

CRH (=*c*oordinateur *r*égional d'*h*émovigilence) *n.m.*〔医〕(輸血用) 血液の安全監視に関する地方調整官.

Cri (=*C*aisse de *r*etraite *i*nterentreprise) *n.f.* 企業間退職年金金庫.

cri *n.m.* **1** 叫び声, 大声；(赤ん坊の) 泣き声；(病人などの) うめき声. ~ aigu 鋭い叫び声. ~ d'appel (注意を惹くための) 呼び声. ~ déchirant 悲痛な叫び声, 悲鳴. ~ de guerre (とき) の声；〔政治〕スローガン. ~ de joie 歓声. ~ du nouveau-né 新生児の泣き声. ~s de la rue 物売りの声 (= ~ vendeurs). ~ étouffé 押し殺した叫び, うめき声. à grands ~s 大声で, 声高に；執拗に. appeler à grands ~s 大声で呼ぶ.〔話〕dernier ~ 最新型；〔形容詞的に〕最新の. le dernier ~ de la mode 流行の最新型. voitures dernier ~ 最新型の車. élever (pousser) un ~ (des ~s) 叫び声をあげる.
2 (賛成・反対の) 叫び, 声. ~ d'approbation 賛同の声. ~ de protestation 抗議の声. ~ public 大衆の声. protester à grands ~s 声高に抗議する.
3 (感情などを表す) 叫び, 訴え. ~ d'adieu 別れの叫び. ~ d'alarme 警告の声. ~ du cœur 心情の吐露. ~ de la conscience 良心の叫び声. ~ de louange 称賛の声. être accueilli aux ~s de vive 万歳の声で迎えられる.
4 動物の鳴き声. désignation des ~s des animaux 動物の鳴き声の表現. ~ d'un chien 犬の鳴き声 (aboi, aboiement；aboyer).
5 軋る音, 摩擦音. ~ des ciseaux 鋸の音. ~ de la soie 絹ずれの音.

crico-aryténoïdien(ne) *a.*〔解剖〕輪状披裂の. ~s postérieurs (latéraux) 後部 (側面) 輪状披裂筋.

cricoïde *a.*〔解剖〕輪状の. cartilage ~ 輪状軟骨.

—*n.m.* 輪状軟骨.
crico-thyroïdien(ne) *a.* 〖解剖〗輪状甲状腺の. articulation ~*ne* 輪状甲状関節. cartilage ~ 輪状甲状軟骨.
CRICR, Cricr (= *C*entre *r*égional d'*i*nformation et de *c*irculation *r*outière) *n.m.* 道路交通情報地方センター.
criée *n.f.* **1** 競売, せり；〖法律〗公売(= vente à la ~). audience des ~*s* 不動産競売期日. chambre des ~*s* 競売(公売)場. vente à la ~ du poisson 魚のせり売り.
2 競売所；(漁港の)魚のせり売り会場, 魚市場.
3 la *C* ~ (マルセイユ Marseille の)クリエ劇場《魚のせり市の建物を劇場に改装》.
crieur(se) *n.* **1** 呼び売り人；行商人. ~ de journaux 新聞売子.〔古〕~ publique (布令などの)触れ役人.
2 よくどなる人. faire taire un ~ 大声を出す人を黙らせる.
CRIF[1] (= *C*onseil *r*égional d'*I*le-de-*F*rance) *n.m.* 〖行政〗イール=ド=フランス地方議会.
CRIF[2] (= *C*onseil *r*eprésentatif des institutions juives de *F*rance) *n.m.* フランス・ユダヤ団体代表評議会(1943 年設立).
Crii-Rad (= *C*ommission de *r*echerche et d'*i*nformation *i*ndépendantes sur la *ra*dioactivité) *n.f.* 放射能に関する独立研究情報委員会.
Crim (= *B*rigade *crim*inelle) *n.f.*〖俗〗(フランス司法警察の)刑事班.
crime *n.m.* **1** (一般的に法・道徳に反する)罪, 犯罪.《*C* ~ *et Châtiment*》『罪と罰』(Dostoïevski の小説). ~ contre les biens (propriétés) 財産に対する罪. ~ contre l'humanité 人類に対する罪. ~ contre les mœurs 風紀紊乱の罪. ~ contre les personnes 人身に対する罪. ~ crapuleux 強盗, 強盗殺人. ~ passionnel 情痴による犯罪, 特に殺人.
2 〖法律〗重罪(contravention 違警罪, délit 軽罪より重く, cour d'assises 重罪院で裁かれ無期または 10 年以上の有期懲役以上の刑または名誉刑の対象となる). ~ international 国際法上の犯罪.
3 殺人(= assassinat, meurtre). arme du ~ 凶器. ~ parfait 完全犯人犯罪. auteur d'un ~ 殺人犯.
4 犯罪的な行為, 赦し難い過失. ~ d'Etat 国の犯罪行為《皮肉, 冗談で用いることが多い》.
Crimée *n.pr.f.* le ~ クリム〔半島〕(形容詞 criméen(*ne*)). la guerre de ~ クリム(クリミア)戦争 (1854-55 年).
criminalisation *n.f.* **1** 犯罪化《犯罪とされていなかった行為を犯罪とすること》.
2 重罪化《軽罪 délit を重罪 crime に改めること》. ~ d'une affaire 事件の重罪化.
criminaliste *n.* 刑法学者(= pénaliste).

—*a.* 刑法学者の. médecin ~ 刑法学医. théories ~*s* 刑法学者の理論.
criminalistique *n.f.* 犯罪科学；犯罪捜査学. laboratoire de ~ 犯罪科学研究所.
criminalité *n.f.* **1** 犯罪性, 有罪性. **2** 犯罪率(= taux de ~). **3** (総称的に)犯罪行為, 犯罪行為；犯罪. ~ légale 法定犯罪. index de ~ 犯罪発生率. science de la ~ 犯罪学(= criminologie).
criminel[1](*le*) *a.* **1** (法律上・道徳上の)罪を犯した, 罪を構成する；(特に)重罪(crime)を犯した；殺人を犯した；殺人の(軽罪 délit, 違警罪 contravention を除く). âme ~ *le* (道徳上の)罪を犯した魂. complot ~ 重罪(殺人)の陰謀. enquête ~ *le* 重罪の捜査. homme ~ 重罪人. peine ~ *le* 重罪の刑.
2 〖法律〗刑事上の(= pénal). chambre ~ *le* (破毀院の)刑事部. droit ~ 刑法. politique ~ *le* 刑事政策. procès ~ 刑事訴訟. sciences ~ *les* 刑事学.
3 一般刑法犯の(「政治犯の」の対).
4 違法の；犯罪的な；〔話〕罪深い, けしからぬ, 罪つくりな. actes ~*s* 違法行為. avortement ~ 違法の妊娠中絶. désirs ~*s* けしからぬ欲望. passion ~ *le* 罪深い情熱. vie ~ *le* 罪深い生活. C'est ~ de jeter du pain. パンを捨てるなんてけしからんことだ.

—*n.* **1** 〖法律〗重罪犯；(特に)殺人犯. ~ d'Etat 国事犯. ~ de guerre 戦争犯罪人, 戦犯. demander l'extradition d'un ~ 重罪人の引渡しを要求する. exécuter un ~ 殺人犯を処刑する.
2 〔話〕(過失, 失敗などの)張本人, 責任者. ~ d'une faute 過失の張本人. Voilà le ~! あれが張本人だ.
criminel[2] *n.m.* 〖法律〗重罪裁判機関(= juridiction ~ *le*) (民事裁判機関 juridiction civile, 軽罪裁判機関 juridiction correctionnelle の対). avocat au ~ 重罪事件専門の弁護士. être jugé au ~ 重罪裁判機関で裁かれる. poursuivre *qn* au ~ 人を重罪裁判機関で訴追する.
criminologie *n.f.* 犯罪学. ~ clinique 臨床犯罪学. ~ générale 一般犯罪学.
criminologiste *n.* 犯罪学者(= criminologue).

—*a.* 犯罪学者の；犯罪学者養成の. école ~ 犯罪学者養成校. théories ~*s* 犯罪学者の理論.
CRIN (= *C*omité des *r*elations *in*dustrielles) *n.m.* 産業関係委員会(CNRS 内の委員会).
crise *n.f.* **1** 〖医〗発作, 発症；病状の急変. ~ acoustique(cardiaque, hallucinatoire, mentale, rhumatismale) 聴覚(心臓, 幻覚, 精神, リウマチ)発作. ~ d'appendice 虫垂炎の発症. ~ d'asthme 喘息の発作. ~ de dépression 鬱病の発症. ~ d'épilepsie 癲癇

の発作. ~ de folie 精神錯乱の発作, 発狂. ~ d'hyperventilation 過換気症候群の発作, 過呼吸発作. ~ gastrique 胃発症〔心窩部の激痛と悪心, 嘔吐の発症〕. ~ psychomotrice 精神運動発作. ~ viscérale 内臓発作. être pris d'une ~ 発作に襲われる.
2〖医〗分利《発熱の急速な下降現象》.
3 精神的興奮；熱狂. ~ d'enthousiasme 熱狂的興奮. ~ de nerfs 神経発作, ヒステリー. avoir (piquer) une ~ de nerfs ヒステリーを起こす. avoir une ~ de larmes わっと泣き出す. piquer une ~〔de colère〕急に怒り出す. par ~s 突然として；発作的に.
4〔比喩的〕危機；危機的状況；難局. ~ agricole 農業危機. ~ américaine de 1929 1929 年のアメリカの大恐慌. ~ du pétrole 石油危機. ~ ministérielle 省の危機《大臣の不在状態・不在期間》. ~s économiques 経済的危機, 恐慌. ~s périodiques 周期的危機. ~ politique 政治危機. mesures de lutte contre les ~s économiques 経済危機対策. période de ~ 危機の時期.
5 不足（欠乏）状態. ~ de logement 住宅難. ~ de〔la〕main-d'œuvre 労働力の不足.

crispation n.f. **1** 縮んで皺ができること. ~ d'une feuille de papier 紙が縮んで皺になること.
2（筋肉などの）ひきつり, 痙攣. ~ de douleur 痛みによる痙攣. ~ du visage (des traits) 表情のひきつり.
3〔比喩的〕いら立ち. ~s de l'opinion publique 世論のいら立ち. donner des ~s à qn 人をいら立たせる.
4〔比喩的〕(思考・文体などの) こわばり, 硬直.

crispé(e) a.p. **1** 縮んで皺になった. parchemin ~ 縮んで皺になった羊皮紙.
2 ひきつった, 痙攣した. sourire ~ こわばった微笑. visage ~ ひきつった顔.
3 いら立った. opinion publique ~e いら立った世論.
4〔比喩的〕こわばった, 硬直した. style ~ 硬直した文体.

cristal (pl. **aux**) n.m. **1** 水晶 (= ~ de roche). oscillateur à ~ 水晶発振器.
2 結晶〔体〕. ~ cubique 立方晶. ~ liquide 液晶 (= ~ électro-optique；=〔英〕LCD：liquid crystal display). ~ semi-conducteur 半導体水晶. ~ aux à facettes 多面体結晶. ~aux de glace 氷晶. ~ de neige 雪の結晶. ~ de quartz クオーツ〔石英の純粋結晶〕.
3 クリスタル・ガラス《鉛入りガラス》；〔pl. で〕クリスタル・ガラス製品. ~aux de Baccarat バッカラ〔市産〕のクリスタル・ガラス製品. ~ de Bohême ボヘミヤのクリスタル製品. verre en ~ クリスタル・ガラスのコップ. ~ taillé カット・クリスタル.
4〔話〕洗濯ソーダ (= ~aux de soude).

cristallerie n.f. クリスタル・ガラス製造

〔所〕；〔集合的〕クリスタル・ガラス製品.

cristallin[1]**(e)** a. **1** 結晶 の. structure ~ 結晶構造.
2 結晶した；結晶質の；結晶を含む. calcaire ~ 石灰岩. réseau ~ 結晶格子. roche ~s 結晶質岩. schiste ~ 結晶片岩. système ~ 結晶系 (système cubique 立方晶系・等軸晶系；s. hexagonal 六方晶系；s. monoclinique 単斜晶系；s. orthorhombique 斜方晶系；s. quadratique 正方晶系；s. rhomboédrique 長斜方晶系；s. triclinique 三斜晶系の 7 種).
3〔比喩的〕(水晶のように) 透明な, 清澄な, 澄み切った. eaux ~es 透明な水. voix ~e 澄み切った声.

cristallin[2] n.m. 〖解剖〗(眼球の) 水晶体. courbure du ~ 水晶体の彎曲度.

cristallinien(ne) a. 〖解剖〗(眼球の) 水晶体 (cristallin) の；水晶体に関する.〖医〗astigmatisme ~ 乱視. fibres ~nes 水晶体繊維.

cristallisation n.f. **1** 結晶作用, 結晶化, 晶化, 晶出. ~ fractionnée 分別結晶.
2 結晶, 結晶体. ~ basaltique 玄武岩結晶.
3〔比喩的・文〕具体化；(スタンダールの説く) 結晶作用. ~ amoureuse 愛の結晶作用. ~ des espérances 期待の具現.

cristallisé(e) a.p. 結晶した. 結晶化した, 具体化した. café ~ インスタント・コーヒーの粒. sucre ~ ざらめ〔砂糖〕.
2〔比喩的〕具体化した；固定した. idées ~es en image 映像化した観念. souvenirs ~s 不動の思い出.

cristallisoir n.m. 〖化〗結晶皿, 晶析器.

cristallite n.f. **1**〖鉱〗クリスタライト, 晶子；〖物理〗クリスタリット, 微結晶. **2** 〖植〗(細胞壁中の) セルロース・ミセル.

cristallochimie n.f. 結晶化学.

cristallographie n.f. 結晶学.

cristalloïde[1] n.m. 〖物理〗結晶質, 晶質, クリスタロイド (colloïde「コロイド」の対).

cristalloïde[2] n.f. 〖解剖〗水晶体被膜.

cristallophyllien(ne) a. 〖地質〗変成岩から成る.

critère n.m. **1**〖哲〗(真偽などを判別する) 標識 (= criterium, critérium). ~s de〔la〕vérité 真理の標識.
2〔一般に〕(判断の) 基準；根拠, 目安. ~s de la beauté 美の判断基準. Le style n'est pas le seul ~ pour juger de la valeur d'une œuvre. 文体だけが作品の価値を判断する基準ではない. C'est un bon ~. それはよい判断基準だ. Ce n'est pas un ~. それは根拠にならない.
3〖経済〗規準, 基準 (相関関係の指標). ~ de choix 選択規準. ~ de rendement 収率規準. ~ de rentabilité 収益規準. ~ monétaire 通貨規準.
4〖社〗測定基準. ~ sociométrique 計量社会学的基準.

5 〖数〗判断基準. ~ de résolubilité d'une équation 方程式の解答可能性の基準.
6 〖電算〗規準, 標準《製品生産の共通項目を定めた規準》.

criterium, critérium [kriterjɔm] [ラ] n.m. 1 〖競馬〗(同年齢の馬同志によるクラス別の)選抜レース(omnium「オールカマーレース」[4歳以上の馬ならクラスに関係なく参加できるレース]の対). ~ des deux ans 2歳馬選抜レース.
2 〖スポーツ〗選抜試合. ~s cycliste 自転車選手の選抜試合, クリテリスム.
3 〖哲〗〖古〗標識(=critère)

criticité n.f. 〖原子炉〗臨界(=état critique, criticalité).

critique[1] n.f. 1 批評(術); (特に)文芸批評. ~ littéraire[1] (artistique, dramatique, musicale) 文芸(美術, 演劇, 音楽)批評. histoire de la ~ littéraire française フランス文芸批評史. faire la ~ d'un roman 小説の批評をする. soumettre une œuvre à la ~ de qn 作品を人の批評に委ねる.
2 批評〔文〕, 評論; (新聞などの)批評欄. ~ cinématographique (de cinéma) 映画批評〔文, 欄〕. ~ théâtrale 演劇批評〔欄〕. avoir une bonne ~ 良い評価を得る. lire les ~s avant d'aller voir un film 映画作品を観る前に批評を読む. s'occuper de la ~ littéraire dans un grand journal 大新聞の文芸欄を担当する.
3 〔集合的〕批評家; 批評界. le grand prix de la ~ 批評家大賞. La ~ a éreinté cette pièce. 批評家たちはこぞってこの芝居を酷評した.
4 (価値・真偽などの)批判; 判断; 批判的研究(検討). ~ de la vérité 真理の判断. ~ historique (pilologique) 史料(文献学的)批判. ~ d'un texte テクストの校訂(本文批判). ~ textuelle de la Bible『聖書』の原典批判. La C~ de la raison pure de Kant カントの『純粋理性批判』(1783年).
5 批判〔的言動〕, 非難, 難癖. ~ amère (sévère) 厳しい批判(=dure ~). ~ injuste 不当な批判, 中傷. esprit de ~ あら探し. faire l'object de ~s 批判の的となる. La ~ est aisée. 人の非難をするのはたやすいこと.
—a. 1 批評的な; 批判性を備えた; 批評を含む. analyse ~ 批判的分析. esprit ~ 批判的精神〔の持主〕. œil ~ 批判的な目.
2 考証的な. bibliographie ~ 書評付き書誌. édition ~ 校訂版.
3 批判好きな, 口うるさい. humeur ~ あら探し的性格.
—n. 1 批評家. ~ littéraire[2] (artistique, cinématographique, dramatique, musicale) 文芸(映画, 演劇, 音楽)評論家.
2 〔古〕酷評家, あら探し屋.

critique[2] a. 1 危機的な, 危険の迫った; 運命を左右する, 決定的な. année ~ 厄年(7か9の倍数; 特に49歳と63歳). moment ~ 決定的瞬間. périodes ~s de l'histoire d'un pays 一国の歴史の転換期. L'heure est ~. 現下の事態は切迫している. se trouver dans une situation ~ 危機的状況に置かれている.
2 〖医〗(病状が)重大な, 決定的な, 危機的な. âge (temps) ~ 更年期. jours ~s; époque ~ (女性の)月経期間. période ~ de l'épidémie 流行病(疫病)の危機的時期. phase ~ d'une maladie 疾病の危険な段階(局面).
3 〖理〗臨界の. 〖電算〗chemin ~ 臨界経路, クリティカル・パス(=〔英〕critical path). masse ~ (原子炉の)臨界〔質〕量. point ~ 臨界点. 〔比喩的〕(病状などの)激変期. pression ~ 臨界圧. taille ~ d'un réacteur nucléaire 原子炉の臨界寸法. température ~ 臨界温度. vitesse ~ 臨界速〔度〕; 〖航空〗音速.

CRITT (=centre régional d'innovation et de transfert de technologie) n.m. 地方工学刷新新技術移転センター.

CRLCC (=centre régional de lutte contre le cancer) n.m. 〖医〗地方対癌センター.

croate a. クロアチアの(クロアチア共和国)の.
—C~ n. クロアチア国民; クロアチア人. ~s de Bosnie ボスニアのクロアチア人.
—n.m. 〖言語〗クロアチア語. le serbo- ~ セルビア=クロアチア語.

Croatie (la) n.pr.f. 〔国名通称〕クロアチア《公式名称: la République de C~ クロアチア共和国; 国名: Croate; 首都: Zagreb ザグレブ; 通貨: kuna [HRK]》.

crochet n.m. Ⅰ 〖鉤(かぎ)〗 1 鉤, 掛け鉤, 吊し鉤, フック. ~ d'attelage d'une locomotive 機関車の連結器. ~ en S S字型フック. clou à ~ 掛け釘. effort au ~ (機関車の)牽引力. prendre qch à un ~ 何を鉤に吊す. 〔話〕vivre aux ~s de qn 人に食わせてもらう.
2 〖道具・工具〗 ~ à fumier 堆肥用レーキ. ~ de gouttière 樋受け金物. ~ de serrurier 錠前をこじあける鉤棒.
3 〖編物〗鉤針; 鉤針編み〔物〕. dentelle au ~ 手編みレース. travail au ~ 鉤棒編み. faire une écharpe au ~ スカーフを鉤棒で編む.
4 (蛇・くもなどの)彎曲した牙(口器); 〔話〕(人の)歯. 〔話〕avoir les ~s 腹がぺこぺこだ.
5 〔pl. で〕背負子(しょいこ).
Ⅱ 〖鉤状のもの〗 1 〖建築〗クロケット, 拳花(こぶしばな).
2 〖印刷〗鉤括弧, ブラケット([ ]); 〖数〗大括弧. mettre un mot entre ~s 語を鉤括弧でくくる.
3 (道などの)急な曲り; 迂回. faire un ~

(道が)鉤の手に曲る；(人が)回り道をする，寄り道をする．
4〚ボクシング〛フック. parer un ~ du droit (du gauche) 右(左)フックをかわす．
5〚サッカー・ラグビー〛フェイント．
6(聴衆参加の)歌謡コンクール(《聴衆からC~！と声を掛けられた歌手が退場する方式》). participer à un ~ 歌謡コンクールに参加する．〔話〕C~！おしまいだ！

croco *n.m.*〔話〕クロコ，クロコダイル(crocodile). sac de ~ クロコ〔ダイル革〕のハンドバッグ．

crocus [-kys] *n.m.*〚植〛**1** クロッカス〔の花〕. **2** サフラン〔の花〕(=safran；学名 crocussativus).

croisade *n.f.* **1**〚史〛十字軍. 7ᵉ ~ sous la conduite de Louis IX (Saint Louis) ルイ9世(聖王ルイ)に率いられた第7次十字軍(1248-54年). ~ contre les Albigeois アルビジョア十字軍. ~ des enfants 少年十字軍(1212年).
2〚比喩的〛世論を喚起する運動，キャンペーン. ~ contre le tabagisme (l'alcoolisme) 禁煙(禁酒)運動. ~ en faveur de l'alphabétisation 識字率向上キャンペーン.

croisé¹ *n.m.* **1** 十字軍参加者. **2**〚織〛綾織生地(=tissu ~).

croisé²(**e**¹) *a.p.* **1** 十字形の；交差した. bras ~s 腕組み. 〚軍〛feux ~s 十字砲火. subir les feux ~s 十字砲火を浴びる；〚比喩的〛一斉攻撃を受ける. mots ~s クロスワードパズル. 〚詩法〛rimes ~es 交〔差〕韻(《男性韻と女性韻が交差する脚韻》).
2〚生〛交雑の. chien ~ avec un loup 狼と交配した犬. race ~e 雑種，交配種.
3〚織〛綾織の. étoffe ~e 綾織生地.

croisée² *n.f.* **1** 交差部，交差点；四辻. ~ des chemins 十字路；〚比喩的〛人生の岐路. se trouver à la ~ des chemins 交差点に立つ；人生の岐路に立つ.
2〚建築〛交差部；(特に教会堂の)翼廊交差部(= ~ du transept). ~ d'ogives 交叉リブ.
3 開き窓；開き窓の窓枠；窓(=fenêtre).

croisement *n.m.* **1** 交差すること，すれ違うこと. ~ des bras 腕組み. ~ des jambes 脚組み. ~ de deux véhicules 2台の車のすれ違い.
2 交差点(= ~ de chemins)，十字路，四辻(=carrefour). ~ de la voie ferrée et de la route 鉄道と道路の交差点. ralentir aux ~s 交差点で減速する.
3 (動植物の)交雑，交配. consanguin 近親交配.
4〚織〛綾織加工.
5〚言語〛交差；交差語原.

croiseur *n.m.* **1**〚海軍〛巡洋艦. ~〔à propulsion〕nucléaire 原子力巡洋艦. ~ de bataille 巡洋戦艦. ~ lance-missiles ミサイル巡洋艦. ~ léger (lourd) 軽(重)巡洋艦.

2〚ヨット〛クルーザー，巡洋ヨット. ~ côtier 沿岸航行用クルーザーヨット.

croisière *n.f.* **1**〚軍〛(軍艦の)巡航，遊弋(ゆうよく).
2 クルージング，巡航船利用の観光旅行. yacht de ~ 巡航ヨット，レジャーヨット. faire une ~ en Grèce ギリシアで巡航船遊覧旅行をする. partir en ~ 遊覧旅行に出かける.
3 (航空機，船などの)巡航. vitesse de ~ 巡航速度.
4〚軍〛missile de ~ 巡航ミサイル(missile balistique「弾道ミサイル」の対).

croisiériste *n.* 遊覧旅行客．

croisillon *n.m.* **1** (十字架の)横木(= bras d'une croix).
2〚教会建築〛袖廊(そでろう)，翼廊，トランセプト(transept).
3〚建築〛(窓の)横桟，十字形の補強材.

croissance *n.f.* **1** 経済成長. ~ en valeur (en volume) 名目(実質)成長. ~ équilibrée 均衡成長. ~ extensive 生産力の拡大による成長. ~ intensive 生産性の向上による成長. ~ négative マイナス成長. ~ zéro ゼロ成長. partager les fruits de la ~ 経済成長の成果を分け合う. pôle de ~ 成長の核となる都市. taux de ~ 成長率.
2 増加，増大，伸び. ~ démographique 人口の増加. ~ de la production 生産の増加.
3 生長，発育.

croissant¹ (**e**) (<croître) *a.* 増大する，増加する；生長(発育)する. ambition ~e ふくれ上がっていく野心. en nombre ~ 次第に数を増して，増大しつつ.〚数〛fonction ~e 増加関数. suite ~e 増加数列.

croissant² *n.m.* **1** 三日月(= ~ de lune).
2 新月から満月までの期間.
3 三日月形. en (forme de) ~ 三日月の. le C~ 旧トルコ帝国；イスラム国. la lutte de la Croix contre le C~ キリスト教徒のイスラム軍との戦い，十字軍遠征. la C~ Rouge 赤新月社(イスラム諸国の赤十字社).
4〚紋章〛新月紋．
5 (三日月形のもの)クロワッサン(パン)；(剪定用の)鉈鎌. manger des ~s au petit déjeuner 朝食でクロワッサンを食べる．

Croissant-Rouge *n.m.pr.* 赤新月社(イスラム圏の赤十字)．

croix *n.f.* ① (十字架) **1**〔古〕(磔刑台として)の十字架. supplice de la ~ 十字架刑，磔刑(たっけい). mettre *qn* en ~ 人を十字架にかける. mourir sur la ~ 十字架にかけられて死ぬ．
2 la C~ (キリストがはりつけられた)十字架(=la sainte C~「聖十字架」). Jésus portant sa ~ 十字架をかつぐイエス・キリスト. chemin de (la) C~ 十字架の道(《キリ

ストの十字架の道行きと受難を記念・追体験するために各地に14面の聖画・聖像を配置した巡礼路). faire le (un) chemin de ~ 十字架の道の巡礼を行なう(十字架の道に詣でる). le mystère de la C~ 十字架の奥義(キリストの死による人類の贖罪の玄義). faire signe de〔la〕~ (キリスト教徒が)十字を切る.

3 キリストの磔刑像(図), 十字架にかけられたキリスト像(図)(=crucifix);(その象徴としての)十字架, 〔墓碑の〕十字架;十字刑の飾り. ~ d'or 金の十字架〔の首飾り〕. offrir une ~ à un premier communiant 初聖体拝領者に十字架の飾りを贈る. ~ funéraire 墓碑の十字架, 十字架形の墓標. ~ pectorale des évêques 司教の胸飾りの十字架. ~ processionnelle プロセッション(祭列・葬列)の先頭を進む十字架. combattre pour la ~ キリスト教のために戦う. jurer sur la ~ 十字架にかけて誓う.

4〔比喩的〕(キリストの受難を思わせる)苦難;試練. Chacun porte sa ~. 人にはそれぞれ苦難(試練)がある.

Ⅱ (十字架形) **1** 十字のマーク;〔紋章〕十字紋. ~ de Lorraine ロレーヌ十字(第二次大戦下の自由フランスのシンボルであった二重十字①). ~ de Malte¹ マルタ十字. ~ de Saint-André 聖アンドレア十字. ~ de Sainte-Antoine (en tau) 聖アントニウス十字, タウ十字(②). ~ de Saint-Louis 聖ルイ十字. ~ en roue 丸に十の字型十字. ~ gammée 右まんじ(③);ナチスのハーケンクロイツ. ~ grecque ギリシア十字(④). ~ latine ラテン十字(⑤). ~ papale 教皇十字架(⑥). ~ potencée 腕木付十字(⑦). ~ tréflée 先端に三葉飾りをつけた十字(⑧). ~ rouge 赤十字. ~ verte 緑十字(薬局のマーク).

2 十字章(十字型・星型の勲章);レジヨン・ドヌール勲章(= ~ de la Légion d'honneur). recevoir la ~ レジヨン・ドヌール勲章を授与される. ~ de fer (ドイツの)鉄十字勲章. ~ de guerre 大戦十字勲章. ~ de Malte² マルタ十字勲章.

3 十字形. faire une ~ au bas d'un acte 証書の下に署名代りに十を書く. marquer qch d'une ~ 何に十(×)印をつける. 〔話〕 mettre (faire une) ~ sur une chose 何をきれいさっぱり断念する. en ~ 十文字に, 直交させて. carrefour en ~ 十字路. couverts disposés en ~ sur une assiette 皿の上に交叉させて置いたナイフとフォーク. pétales disposés en ~ 十字形の花弁. étendre les bras en ~ 腕を真横に伸ばす. point de ~ (刺繡の)クロスステッチ.

4 (十字形のもの)〔天文〕la C~ du Sud 南十字星. 〔機械〕~ de Malte³ ゼネバ歯車.

5 〔日刊紙〕la C~ ラ・クロワ(カトリック系日刊紙;1956年より la C~ l'événement となる).

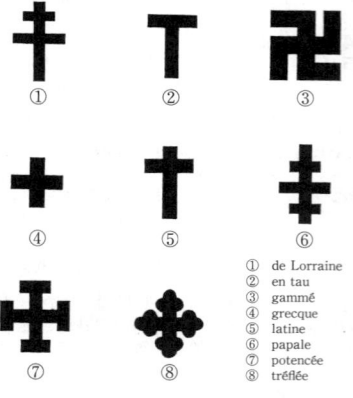

① de Lorraine
② en tau
③ gammé
④ grecque
⑤ latine
⑥ papale
⑦ potencée
⑧ tréflée

Croix-Rouge n.f. 赤十字社. ~ internationale 国際赤十字社. Comité international de la ~ 赤十字国際委員会(ICR). ~ française フランス赤十字社(CFCR). Ligue des sociétés de la ~ et du Croissant-Rouge 赤十字・赤新月社連盟.

cromlech [krɔmlɛk] (<ブルトン語で「曲った」を意味する kromm と「場所」を意味する lec'h からなる語) n.m. 〔考古〕クロムレック, 環状列石, ストーンサークル.

cromoglycate n.m. 〔化〕クロモグリク酸塩. ~ sodique クロモグリク酸ナトリウム(アレルギー性喘息・鼻炎治療薬).

crône n.m. 〔海〕(貨物船用の)クレーン, 起重機.

croque-madame n.m.inv. 〔料理〕クロック・マダム(ハムをはさんだ2枚の食パンの上に目玉焼をのせて焼いた軽食).

croquembouche n.m. 〔菓子〕クロカンブーシュ(カラメルで固めた小型のシュークリームを積み上げてつくるピエス・モンテ).

croque-monsieur n.m.inv. 〔料理〕クロック・ムッシュー(ハムをはさんだ2枚の食パンの上にチーズをのせて焼いた軽食).

croquis n.m. **1** 〔絵画〕クロッキー, 素描;下絵. ~ au fusain 木炭画. ~ d'un paysage 風景の下絵. carnet de ~ クロッキー帳.

2 略図, 見取図. 〔製図〕~ coté 寸法入り見取図. ~ des lieux d'un accident 事故現場のスケッチ.

3 簡単な報告;概要;草案. ~ biographique 伝記の草案. faire un ~ de la situation 状況を手短に説明する.

croskill (<C~, 発明者) n.m. 〔農〕土塊粉砕機(=brise-mottes).

croskillette n.f. 〔農〕小型土塊粉砕機.

CROSS¹ (=centre régional opérationnel de surveillance et de sauvetage) n.m. 〔海洋・水上〕監視救難活動地方センター. sous-

~ permanent 常設海洋監視救難活動地方副センター.

CROSS² (=*c*omité *r*égional de l'*o*rganisation *s*anitaire et *s*ociale) *n.m.* 保健社会機構に関する地方委員会.

cross-country [krɔskuntri] (*pl.* ~-~*s*, ~-*countries*) [英] *n.m.* 〚スポーツ〛クロスカントリー(=cross).

croton *n.m.* 〚植〛クロトン〔巴豆(はず)の類〕, とうだいぐさ科 euphorbiacées の熱帯小潅木 ; 種子は有毒. huile de ~ 巴豆油(下剤, 化膿薬).

crotonate *n.m.* 〚化〛クロトン酸塩(合成樹脂の原料).

crottin *n.m.* **1** (馬・羊類の)糞. ~ de cheval 馬糞.
2 〚チーズ〛クロタン(山羊乳からつくられる小さい円筒型のチーズ ; 白・青・褐色のカビがついた自然外皮, 脂肪分 45% 以上, 軟質). ~ de Chavignol クロタン・ド・シャヴィニョル(サンセール地方 le Sancerrois の名産).
3 〚海藻〛~ d'âne クロタン・ダーヌ(ろばの糞の形状をした海藻).

croup [krup] [英] *n.m.* 〚医〛クループ(ジフテリア性咽頭炎), 偽膜性咽頭炎(=laryngite à fausses membranes).

croupe *n.f.* **1** (馬などの)薦骨部, 尻. monter en ~ (騎乗者の後の)馬の尻に乗る. prendre *qn* en ~ (自分の乗った)馬の尻(オートバイ, 自転車の荷台)に人を乗せる.
2 〚話〛(人, 特に女性の)尻, ヒップ(=cul, fesse). ~ rebondie 丸々とした尻. avoir une large ~ 大きな尻をしている. onduler de la ~ 尻を振って歩く.
3 〚地形〛(山の)円い頂 ; 小山. ~ boisée 木の生えた円い山頂.
4 〚建築〛(寄棟造りの)隅合掌面.
5 〔古〕(利益の)分与.

CROUS [krus] (=*C*entre *r*égional des *œ*uvres *u*niversitaires et *s*colaires) *n.m.* 地方学生・生活センター, クルース(CNOUS の地方センター. 学生活動のサービス機関).

croustade *n.f.* 〚料理〛**1** クルスタード(さまざまな生地を揚げたり焼いたりしたものに詰め物をする料理). ~*s* de foies de volaille 鶏の肝臓のクルスタード.
2 クルスタード(クルスタード用のパイケース). ~*s* de pain de mie クルスタード用の食パンケース. ~*s* de pommes de terre duchesse クルスタード用じゃがいものデュシエス風ケース.

croustillant(*e*) *a.* **1** 〚料理〛(食感が)かりかりした. frites ~*es* かりっとした揚げ物. gaufrettes ~*es* かりかりしたゴーフレット(ワッフル).
2 〚比喩的〛刺激的な, 際どい. histoire ~*e* 際どい話.
3 〚話〛(女が)男心をそそる.

croûte *n.f.* Ⅰ (食物) **1** パンの皮(mie の対) ; パイ皮 ; 〚*pl.* で〛パン屑(パンの固くなったかけら) ; クルートン(croûton). ~ de pain (乾いて固くなった)パンの皮 ; クルートン(croûton). pain tout en ~ (中味の少ない)固いパン. ~*s* de pain râpées パン粉(=chapelure). ~ frite 揚げたパン皮(=croustade).
2 〔話〕食事 ; 食物. A la ~ ! さあ食べよう ; 食事ですよ (=A table!). casser la ~ 食事をする (=croûter). casser la ~ avec *qn* 人と簡単な食事をする. casser une (petite) ~ 簡単な食事をする. casse-~ 軽食 ; おやつ. gagner sa ~ 生計を立てる. travailler pour la ~ 生計を立てる. C'est l'heure de la ~. 食事時である.
3 焼いたパイ皮 ; 〚料理〛クルート(パイ皮を用いた料理). 〚料理〛~ aux champignons 茸のパイ皮包み(グラタンの一種). ~ au fromage チーズ入りクルート. 〚料理〛~*s* aux fruits de mer 海の幸(貝・海老など)のパイ皮包み(グラタンの一種). bœuf en ~ 牛肉のパイ皮包み焼き. ~ d'un pâté パテのパイ皮(外皮). pâté en ~ パイ皮包みのパテ.
Ⅱ (外皮) **1** チーズの外皮. 〔俗〕~ rouge オランダチーズ. fromage à ~ fleurie 外皮に白かびのついたチーズ. fromage à ~ naturelle tachetée de moisissures blanches 白カビが点々とついた自然外皮チーズ. fromage de lait de vache à pâte molle et à ~ lavée 牛乳からつくられる洗浄外皮軟質チーズ(époisse, livarot, munster, pont-l'évêque など). 〔俗〕~ rouge オランダ・チーズ. enlever la ~ チーズの外皮を除く.
2 (堅くなった)表皮, 表層 ; 〚冶〛鋳肌. calcaire ; ~ de tartre 湯垢. ~ de glace (水上に)張った氷. ~ minérale 石化表層.
3 〚地形〛(固くなった)表土 ; 地殻(=~ terrestre). ~ continentale (océanique) 大陸(大洋)地殻.
4 〚医〛かさぶた(=~ d'une plaie). ~*s* dartreuses 発疹のかさぶた. faire tomber la ~ d'une plaie かさぶたを剥がす.
5 〚皮革〛裏革(=~ d'un cuir) (fleur「表革」の対). sac en ~ 裏革のハンドバック.
6 〚窯業〛(ろくろによる)下づくりの陶器.
7 〚比喩的〛うわべ. ~ de culture うわべだけの教養.
8 〔話〕下手くそな絵. Ce peintre ne fait que des ~*s*. この画家は下手くそな絵しか描かない.
9 〔話〕時代遅れの石頭. Quelle ~ ! 馬鹿め! C'est une vieille ~. あいつは古臭い石頭だ.

croûton *n.m.* **1** 〚料理〛クルートン, クルトン(食パンを小さく切り, ニンニクをつけてトーストしたり揚げたりしたもの). ~*s* au thym タイム風味のクルートン.
2 〚料理〛クルートン(包丁や抜き型で切っ

たジュレ).
3〔比喩的・話〕時代遅れの人間；視野の狭い人間.

croyance (<croire) *n.f.* **1** (à, dans, en を)信じること, 確信すること. ～ à la liberté 自由を信じること. ～ en Dieu 神を信じること, 神の信仰. ～ en la grandeur de l'homme 人の偉大さに対する確信. ～en soi 自己確信, 矜持. ～ vague en *qch* 何に対する漠然とした確信(疑念).
〔古〕avoir ～ en；donner (prêter)～ à …を信じる；信用する.〔古〕avoir la ～ que …であることを信じる. contrairement à la ～ populaire 人々の信じていることとは逆に. contre la ～ de tout le monde 大方の予想に反して.
2〔多く *pl.*〕(宗教上の) 信仰；(哲学的・政治的)信念, 信条, 確信. ～ au Messie 救世主(メシヤ)信仰. ～ aux esprits 精霊信仰 (=spiritisme). ～ à la réalité 現実に対する確信. ～ aux sciences occultes 隠秘思想信仰. ～ des chrétiens キリスト教徒の信仰. ～*s* philosophiques (politiques) 哲学的(政治的)信念(信条). ～*s* religieuses 宗教的信条, 信仰. respecter toutes les ～*s* あらゆる信条(信条, 信仰)を尊重する.
3〔*pl.* で〕迷信 (= ～*s* superstitieuses).

croyant(e) *a.* 宗教を信じる, 信仰を持った；(à を) 信じている. chrétien (bouddhiste)～ キリスト教(仏教)信者.
——*n.* **1** 信者. ～ qui pratique sa religion 信仰を実践する信者. **2**〔*pl.* で〕イスラム教徒, 回教徒 (=musulman). le commandeur des ～*s* 回教徒の長, カリフ (calife).

crozes-hermitage *n.m.*〖葡萄酒〗クローズ=エルミタージュ (département de la Drôme ドローム県のタン=レルミタージュ Tain-l'Hermitage (市町村コード 26600) 地区の 11 の村で生産される赤と白の AOC 酒).

CRP (= [英] *C-r*eactive *p*rotein) *n.f.*〖生化〗C 反応性蛋白質, 急性期蛋白質, アミロイド A 蛋白質 (= [仏] protéine c-réactive；抗体に反応して肝臓で合成される血中の糖蛋白質；炎症や組織破壊性病変の発生に伴って急速に増加し, 回復と共に正常に復する蛋白質で, 炎症や組織破壊性病変の病態の活動性を判断する指標となる). taux de ～ dans le sang 血中 C 反応性蛋白質率.

CRPCEN (= *C*aisse de *r*etraite et de *p*révoyance des *c*lercs et *e*mployés de *n*otaires) *n.f.*〖社会保障〗公証人事務所書記・職員退職養老年金金庫.

CRPF (=*c*entre *r*égional de la *p*ropriété *f*orestière) *n.m.*〖林業〗地方林業センター. Association nationale des ～ 全国地方林業センター協会.

CRPS (= *c*ommission *r*égionale du *p*atrimoine et des *s*ites) *n.f.* 文化遺産と景勝地に関する地方委員会. examen des ～ à la demande du maire 市町村長の要請に基づく文化遺産と景勝地に関する地方委員会の検討.

CRPV (=*c*entre *r*égional de *p*harmacovigilence) *n.m.*〖医〗医薬品の安全監視に関する地方センター.

CRR (=*C*ommission de *r*ecours des *r*éfugiés) *n.f.* 避難民不服申立委員会.

CRRAV (=*c*entre *r*égional de *r*essources *a*udio*v*isuelles) *n.m.* 視聴覚資料地方センター.

CRRIF (= *C*entre de *r*echerches, de *r*éflexions et d'*i*nformation *f*éministes) *n.m.* 女性問題調査研究情報センター《在 Paris》.

CRS[1] [seɛrɛs] (= *C*ompagnie *r*épublicaine de *s*écurité) *n.f.* セー・エル・エス, 共和国保安隊 (1945 年設立の国家警察機動隊).
——*n.m.* CRS 隊員.

CRS[2] (=*c*onseil *r*égional de *s*anté) *n.m.* 地方保健評議会.

CRT[1] (= [英] *c*athode-*r*ay *t*ube) *n.m.*〖電〗陰極線管, ブラウン管 (= [仏] tube à faisceau cathodique；écran cathodique).

CRT[2] (=*c*omité *r*égional du *t*ourisme) *n. m.* 地方観光委員会. le ～ Languedoc-Roussillon-Septimanie (Riviera-Côte d'Azur) ラングドック=ルーシヨン=セプティマニー (リヴィエラ=コート・ダジュール) 地方観光委員会.

CRTS (=*c*entre *r*égional de *t*ransfusion *s*anguine) *n.m.*〖医〗地方輸血センター.

CRU (= [英] *C*ollective *r*eserve *u*nit) *n.f.*〖経済〗集団準備金単位 (= [仏] unité collective de réserve).

cru[1] *n.m.* **1**〔古〕(植物の) 生育量 (=croissance). le ～ d'un arbre pendant une période de donnée 一定期間の樹木の成長量.
2〔古〕(特定地方での) 生育植物；特定植物の生育地区.
3〖葡萄酒〗クリュ, (特定の) 葡萄畑 (原義は「個性的な葡萄酒を産出する限定された葡萄畑」の意). 特定の葡萄畑 (クリュ) で生産される葡萄酒. les vins du ～ 特定の葡萄畑から産出する個性的な葡萄酒. les vins de grand ～ 特級畑の葡萄酒；特級葡萄酒, 銘酒. boire un grand ～ 銘酒を飲む. classification officielle des Grands *C-s* de la Gironde en 1855. 1855 年のジロンド県特級畑の公式格付. ～*s* artisans du Haut-Médoc オー=メドック地区の職人畑.
◆〔ボルドー地方〕
◇**les grands ～*s* classés du Bordelais** ボルドー地区の格付特級畑〔産出の葡萄酒〕(1855 年選定, 1973 年一部改定後の格付けでは, les premiers grands ～*s* classés 第 1 級格付特級畑は château. Lafite-Rothschild, ch. Latour, ch. Margaux, ch. Haut-Brion, ch. Mouton-Rothschild の 5 つ；les deuxièmes ～*s* classés 第 2 級格付特級畑が ch. Rauzan-Ségla,

ch. Rauzan-Gassies, ch. Léoville-Poyferré, ch. Léoville-Barton, ch. Durfort-Virens, ch. Lascombes, ch. Gruaud-Larose, ch. Brane-Cantenac, ch. Pichon-Longueville, ch. Pichon-Longueville Comtesse de Lalande, ch. Ducru-Beaucaillou, ch. Cos d'Estournel, ch. Montroseの14；les troisièmes grands ~s classés 第3級格付特級畑は ch. Giscours, ch. Kirwan, ch. d'Issan, ch. Lagrange, ch. Langoa-Barton, ch. Malescot-Saint-Exupéry, ch. Cantenac-Brown, ch. Palmer, ch. La Lagune, ch. Desmirail, ch. Calon-Ségur, ch. Ferrière, ch. Marquis d'Alesme-Becker, ch. Boyd-Cantenac の14；les quatrième grands~s classés 第4級格付特級畑は ch. Saint-Pierre, ch. Branaire-Ducru, ch. Talbot, ch. Duhart-Milon, ch. Pouget, ch. La Tour-Carnet, ch. Lafont-Rochet, ch. Beychevelle, ch. Prieuré-Lichine, ch. Marquis de Termeの10；les cinquièmes grands ~s 第5級特級畑は ch. Pontet-Canet, ch. Batailley, ch. Grand-Puy-Lacoste, ch. Grand-Puy-Ducasse, ch. Haut-Batailley, ch. Lynch-Bages, ch. Lynch-Moussas, ch. Dauzac, ch. d'Armailhac, ch. du Tertre, ch. Haut-Bages-Libéral, ch. Pédesclaux, ch. Belgrave, ch. de Camensac, ch. Cos Labory, ch. Clerc-Milon, ch. Croizet-Bages, ch. Camerleの18格付；シャトーの順序は1855年発表時による).
◇ **les crus bourgeois** クリュ・ブルジョワ (本来は貴族や領主以外の町人bourgeoisが所有経営した町人の意；現在はgrands ~s に次ぐ格付の葡萄畑およびそこで産出される葡萄酒を指す；2003年6月の新法により、メドック地区の247のシャトーは、9つのcrus bourgeois exceptionnel「別格クリュブルジョワ」、87のcrus bourgeois supérieurs「上級クリュ・ブルジョワ」、151の「クリュ・ブルジョワ」に選別された). Syndicat des ~s bourgeois du Médoc メドック地方クリュ・ブルジョワ組合（クリュブルジョワの格付認定を行う).
◆〔ソーテルヌ Sauternes 地区〕le premier grand ~ supérieur 上級第1級特級畑 (ch. d'Yquemのみ；les premiers grands ~s 第1級特級畑は11；les deuxièmes grands ~s 第2級特級畑は14).
◆〔サン=テミリヨン Saint-Emilion 地区〕(特級畑 grands crus は10年毎に見直しが行なわれる). les premiers grands~s classés 第1級格付特級畑 (AとBとに分かれ、A は ch. Ausoneとch. Cheval-Blanc. Bは2006年9月14日の改定で

15). les premiers grands ~s 第1級特級畑 (2006年の改定で55).
◆〔ブルゴーニュ地方〕les grands ~s de Bourgogne ブルゴーニュの特級畑 (Chambertin, Clos-Vougeot, Corton, Corton-Charlemagne, Montrachet, Romanée-Conti, La Tâche など32カ所). les premiers ~s 第1級特級畑 (約600；ラベルに村名と畑名が記載される).
◆〔シャブリ地方〕les grands ~s de Chablis シャブリ地方の特級畑 (Blanchot, Bougros, les Clos, Grenouilles, Preuses, Valmur, Vaudésirの7地区). les premiers ~s de Chablis シャブリ地方の第1級特級畑 (79か所).
◆〔アルザス Alsace 地方〕les grands ~s d'Alsace アルザスの特級畑 (1975年制定、1983, 1992改定；50か所).
◆〔シャンパーニュ Champagne 地方〕les grands ~s 特級畑 (村の畑の100％がcruに認定された17村に与えられる呼称). les premiers ~s (畑の90～99％がcruに認定される40村に与えられる呼称). les seconds ~s (畑の80～89％がcruに認定される143村に与えられる呼称).
4〔成句〕du ~ その地方(土地)の. journal du ~ 地元の新聞. mœurs du ~ 土地の風習. de son〔propre〕~ 自分が創り出した、独自の、独特の. C'est une idée de son ~. 彼が自分でひねり出したアイデア.
5〔話/戯〕種類. divers ~s politiques 種々の政治党派.
6〔商業〕産地；特産品. ~ de beurre バターの産地.

cru² (**e**) *a*. **1**(食物が)生の、加熱調理していない. jambon ~ 生ハム. légumes ~s 生野菜. poisson ~ 生魚. viande rouge ~ 生の赤肉. bifteck presque ~ ほとんど生焼きのステーキ (=bifteck bleu, ~ saignant).〔比喩的〕avaler qch tout ~ 人の言うことを鵜呑みにする (素直に信じる).〔比喩的〕vouloir avaler (manger) qn tout ~ 人にひどく腹を立てる.
2 未加工の. bois ~ 白木 (しらき). cuir ~ 生皮. eau ~e 硬水. faïence ~e 陶器の生地 (釉薬を施す前の乾かしたもの). métal ~ 粗金属、未精練金属. soie ~e 生糸 (=soie écrue). toile ~e 生地.
3 どぎつい. couleur ~e けばけばしい色. lumière ~e どぎつい光. éclairer de manière ~e むき出しの光で(どぎつく)照らす. ombre ~e くっきり浮かび上がる影. son ~ どぎつい音.
4 あからさまの；むき出しの；手心を加えない. histoire (plaisanterie) un peu ~e 少々きわどい話 (冗談). réponse ~e あけすけな (率直な) 返事. dire la chose toute ~e 物事をあからさまに話す. employer le mot (le terme) ~ むき出しの言葉を用いる. fai-

re une description ~*e* 露骨な描写をする.
5 〖気象〗(東北フランス, ベルギー, スイス, カナダなどで) じめじめして寒い. temps ~ じめじめして寒い天気. Il fait un peu ~, ce matin. 今朝は少々じめじめして寒い. appartement ~ しめっぽくて寒々としたアパルトマン.
6 à ~ *l.ad.* 直接に, じかに. construction 〔qui porte〕 à ~ 地面に土台なしでじかに建てられた建物. lumière qui tombe à ~ じかに当たるどぎつい光. dire *qch* à ~ 準備なしで何を言う. monter à ~ 裸馬に乗る, 鞍なしで乗る.
—*ad.* ずけずけと, はっきり, 率直に, 手心を加えずに. dire tout ~ 歯に衣きせず言う.

cruauté (<cruel) *n.f.* **1** 残酷さ, 残忍さ; 虐待. ~ d'un acte 行為の残忍性. ~ d'un tyran 専制君主の残忍さ. ~ impitoyable 非情な残酷さ. accuser son mari de ~ mentale 精神的虐待を理由に夫を訴える. 〔話〕 avoir la ~ de+*inf.* 情容赦なく…する. traiter *qn* avec ~ 人を虐待する.
2 残酷な行為, 虐待. ~*s* néronniennes ネロ (Néron, Nero) の暴虐. exercer sa ~ sur *qn* 人を虐待する. subir des ~*s* 虐待される, 残酷な目に遭う.
3 苛酷さ, 厳しさ. ~ du sort (du destin) 非運.
4 (女の) つれなさ (=~ d'une femme). ~ d'une maîtresse 情婦のつれなさ.

crucial (*ale*) (*pl. aux*) *a.* **1** 十字架形の, 十字形の. 〖医〗 incision ~*ale* 十字切開 〔術〕.
2 〔比喩的〕 岐路に立った, 決定的な; 基本的な, 極めて重大な; 分岐点となる. moment ~ 決定的瞬間. point ~ 分岐点. question ~*ale* 重大問題.
3 〖哲〗 expérience ~*ale* 決裁的実験.

crucíféracées *n.f.pl.* 〖植〗 十字花 (はな) 科, あぶらな科; 十字花科植物.

crucifère *a.* **1** (人が) 十字架を持った; 〖建築〗 十字架をつけた. colonne ~ 十字架をいただく円柱. nimbe ~ 十字架のある光輪 (キリストを示す光輪).
2 〖植〗 十字花の, 花弁が十字形の.
—*n.f.* 〖植〗 十字花植物.

crucifères *n.f.pl.* 〖植〗 十字花科; 十字花科植物 (chou キャベツ, colza 菜種, cresson クレソン, giroflée ジロフレ, navet 蕪, radis ラディシュなど).

crucifié (*e*) *a.* **1** 十字架にかけられた, 磔刑に処された. le Divin C~ 十字架にかけられたイエス・キリスト.
2 〔比喩的〕 苦悩に満ちた. mère ~*e* 苦悩にさいなまれた母親.
—*n.* 十字架にかけられた人, 磔刑に処された人. le C~ イエス・キリスト (Jésus Christ).

crucifiement *n.m.* **1** 磔刑 (たっけい),

十字架にかけること; (特に) キリストの磔刑 (=~ du Christ).
2 〖美術〗 キリストの磔刑図 (像).
3 〖宗教〗 苦行, 厳しい訓練. ~ de la chair 肉体の苦行.

crucifix [-fi] *n.m.* キリストの磔刑像, キリスト磔刑の十字架. ~ d'ivoire 象牙製のキリスト磔作像.

crucifixion *n.f.* **1** キリストの磔刑. **2** キリストの磔刑画 (磔刑彫刻).

cruciforme *a.* 十字架形の, 十字形の. plan ~ des cathédrales 大聖堂の十字架形の平面. vis ~ プラスねじ釘.

cruciverbiste *n.* クロスワード・パズル (=mots croisés) 愛好者.

crudité *n.f.* **1** 〔*pl.* で〕 生野菜 (生の果物), クリュディテ. 〖料理〗 assiette de ~*s* アシエット・ド・クリュディテ, 生野菜の盛合せ (各種の生野菜・生果物をそのままもしくは薄切り・千切りにし, ソースをかけて供する前菜料理). ~*s* en salade 生野菜のサラダ.
2 〔比喩的〕 生々しさ, どぎつさ. ~ des couleurs (de la lumière) 色 (光) の生々しさ.
3 〔比喩的〕 露骨さ; 〔*pl.* で〕 露骨な言葉 (話). ~ d'expressions 表現の露骨さ (どきつさ). dire des ~*s* どきついこと (あけすけなこと) を言う.
4 〔稀〕 (食物が) 生であること.

crue *n.f.* **1** 増水, 水位の上昇. fleuve en ~ 増水した河川. les ~*s* du Nil ナイル河の水位上昇.
2 〔比喩的〕 (都市などの) 膨張; (植物などの) 成長. ~ d'une plante 植物の成長.

cruel (*le*) *a.* **1** 残酷 (残忍) な; (獣が) 獰猛な. action ~ *le* 残酷な行為. air (visage) ~ 残忍な様子 (顔付). bataille ~ *le* 血みどろの戦い. mot ~ 残酷な言葉. sourire ~ 冷酷な微笑. être ~ avec (envers) *qn* 人に残酷である.
2 辛い, 耐え難い; 苦しい. ~ époque 辛い時期. ~ hiver 厳冬. ~ le maladie 苦しい病気. douleur ~ *le* 耐え難い苦痛. malheur ~ 耐え難い不幸. perte ~ *le* 哀しい死別. tâche ~ *le* 難儀な任務.
3 わずらわしい, 厄介な. ~ homme うるさい人. ~ situation 厄介な立場 (状況).
4 苛酷な, 非情な, 容赦ない. destin (sort) ~ 苛酷な運命. lois ~ *les* 厳しい法律; 非情な掟. parents ~*s* 肉親の情愛に欠ける両親. plume ~ 容赦ない筆致.
5 無関心な; つれない. comportement ~ 無関心な振舞. femme ~ *le* つれない女 (= une ~ *le*). 〔話〕 Elle n'est guère ~ *le*. 彼女は情にほだされやすい.

cruenté (*e*) *a.* 〖医〗 (傷が) 出血している, 血がにじんだ. plaie ~ 出血している傷口.

cruise [kruz] 〖英〗 *n.f.* クルーズ, 巡航 (=〖仏〗 croisière). 〖軍〗 ~ missile 巡航ミサイル (=missile de croisière).

cruiser [kruzœr] [英] *n.m.* 〖船〗クルーザー《モーター付巡航ヨット》；巡航船；観光船.

cruor [ラ] *n.m.* 〖医〗凝血, 凝血塊, 血餅(けっぺい) (=caillot [sanguin]).

crural (**ale**)(*pl*.**aux**) *a.* 〖解剖〗大腿の. artère ~ *ale* 大腿動脈. biceps ~ 大腿二頭筋. nerf ~ 大腿神経.

cruralgie *n.f.* 〖医〗**1** 大腿痛. **2** 大腿神経痛.

crustacés *n.m.pl.* 〖動〗甲殻類；甲殻類の動物；食用水性甲殻類(= ~ aquatique comestible). ~ inférieurs 下等甲殻類；切甲類(entomostracés；下等甲殻類を含む亜綱；cirripèdes 蔓脚類, copépodes 橈脚類, daphnie みじんこ, phyllopodes 葉脚類など). ~ supérieurs 高等甲殻類；軟甲類(= macacostracés) (cloporte わらじむし, crabe 蟹, crevette クルヴェット(小型の海老), écrevisse ざりがに, homard オマール海老, langouste ラングスト(伊勢海老), langoustine ラングスチーヌ, pagure やどかり, など). 〖料理〗assiette de ~*s* 甲殻類の盛り合わせ料理. métamorphose des ~*s* 甲殻類の変態.

cruzeiro [kruzεro, krusejro] [ポルトガル] *n.m.* クルゼイロ《ブラジルの旧通貨単位, Cz$と略記, 1 Cr$=100 centavos》.

cry〔**o**〕**-** [キ] ELEM 「低温, 寒冷」の意 (*ex. cryo*génie 低温科学).

cryanesthésie *n.f.* 〖医〗低体温麻酔〔法〕(=hypothermie), 寒冷麻酔〔法〕(= réfrigération générale).

cryoagglutination *n.f.* 〖生化・医〗(赤血球の) 寒冷凝集反応.

cryoagglutinémie *n.f.* 〖医〗寒冷凝集素症《寒冷凝集素に起因する疾患》.

cryoalternateur *n.m.* 〖電〗超低温交流発電機.

cryobiologie *n.f.* 低温生物学, 寒冷生物学.

cryochimie *n.f.* 〔超〕低温化学.

cryochirurgie *n.f.* 〖医〗(局部の) 凍結手術《組織凍結による組織細胞破壊を目的とする手術法》；低温手術〔法〕.

cryoclastie *n.f.* 〖地学〗(岩石の) 凍結破屑〔作成〕《岩石が凍結と氷解によって破壊される現象；=gélifraction》.

cryoconduct**eur** (**trice**) *a.* 〖電〗超低温下超伝導性の, 超伝導特性《超低温下で電気抵抗がゼロに近くなる特性》を示す.
—*n.m.* 〖電〗超低温下超伝導特性物質《超低温下で電気抵抗がゼロになる金属・合金》.

cryoconservation *n.f.* 超低温 (冷凍) 保存；〖医〗(生体組織・細胞・精子・卵子等の) 冷凍保存.

cryodéhydratation *n.f.* 凍結乾燥 (脱水) (=cryodessication, lyophilisation).

cryodessiccation *n.f.* 凍結乾燥〔法〕, フリーズドライ〔法〕(=lyophilisation).

cryoélectronique *n.f.* 超低温電子工学《超伝導電子工学》.
—*a.* ~ の.

cryofracture *n.f.* 凍結破断法《電子顕微鏡の資料を凍結してから破断する技術》.

cryogène *a.* 〖物理〗低温生成の；超低温をつくる.
—*n.m.* 〖化〗起寒剤, 低温寒剤, 寒剤《〔超〕低温を生む物質；液化ガスなど》.

cryogénie *n.f.* 〖物理〗低温生成；超低温生成工学.

cryogénique *a.* 〔超〕低温の；〔超〕低温学の；〔超〕低温を必要とする；〔超〕低温下の. conservation ~ 超低温保存. engineering ~ 〔超〕低温工学. thermostat ~ 低温恒温装置, クライオスタット (=cryostat).

cryogiltration *n.f.* 低温濾過〔法〕.

cryoglobuline *n.f.* 〖生・医〗クリオグロブリン, 寒冷グロブリン《低温下でゲル状に沈降するグロブリン》.

cryoglobulinémie *n.f.* 〖医〗クリオグロブリン血症, 寒冷グロブリン血症.

cryolit〔**h**〕**e** *n.f.* 〖鉱〗氷晶石《アルミニウムとナトリウムの弗化物, アルミニウム冶金の融剤として利用》.

cryologie *n.f.* 〔超〕低温科学；氷雪学, 氷水学 (cryochimie, cryogénie, cryophysique など).

cryoluminescence *n.f.* 超低温発光.

cryométrie *n.f.* 〖化・物理〗氷点測定〔法〕, 凝固点測定〔法〕；〔超〕低温測定〔法〕.

cryomicroscopie *n.f.* 超低温顕微鏡検査〔法〕.

cryophysique *n.f.* 〖物理〗〔超〕低温物理学.

cryoprécipitation *n.f.* 〖化〗寒冷沈降反応.

cryoprotect**eur** (**trice**) *a.* 〖生〗(細胞の) 凍結を防止する.
—*n.m.* (細胞の) 凍結防止物質.

cryoscopie *n.f.* 〖化〗(液体の) 氷点測定, 凝固点降下法, 氷点法.

cryoscopique *a.* 氷点法の. méthode ~ 凝固点降下法, 氷点法 (=cryoscopie).

cryosphère *n.f.* 氷圏.

cryostat [kriɔsta] *n.m.* **1** クライオスタット, 低温恒温装置〔槽〕《液化ガスを用いて超低温を維持する装置》. **2** 〖電〗超低温起伝導特性保持装置.

cryosublimation *n.f.* 凍結乾燥 (= cryodéhydratation, lyophilisation).

cryotechnique *n.f.* 超低温工学《超低温をつくり出したり, 超低温を利用する工学》.

cryotempérature *n.f.* 極 (超) 低温《絶対温度 120 度 = −153℃ 以下》.

cryothérapie *n.f.* 〖医〗冷凍療法《癌組織などを凍結して壊死させる療法》；冷凍凝

固法；低温療法；寒冷療法.
cryotron *n.m.* 『電』クライオトロン《磁場を利用して超伝導状態を維持または消滅させる装置》.
cryoturbation *n.f.* 『地学』(土壌の)凍結擾乱〔作用〕(凍結と流土による土壌の変性；＝gélituration).
crypt[o]- (＜[ギ] kruptos) ELEM「隠れた」，「秘密の」，「神秘的な」の意(*ex.* *crypto*game 隠花植物，*crypto*gramme 暗号文).
cryptage *n.m.* **1** 暗号化. **2** 『放送』スクランブルをかけること(音声信号と映像信号の変調).
cryptanalyse *n.f.* 暗号解読〔学〕.
crypte *n.f.* **1** (教会堂の)クリプト，地下聖堂；地下納骨所；地下礼拝堂. ～ de la basilique de Saint-Denis サン＝ドニのバジリカ聖堂のクリプト《フランス王家の墓所》. **2** (建物の)秘密の地下室. ～ d'un château 城の秘密の地下室.
3 『解剖』(上皮の)陰窩，腺窩. ～s amygdaliennes 扁桃腺窩.
crypté(e) *a.* **1** 暗号化された. message ～ 暗号文.
2 『放送』スクランブルをかけた(音声信号や映像信号を変調して，デコーダーを用いなくては復調できない方式). chaîne de télévision ～e スクランブルをかけた TV チャンネル.
crypto[-]communiste *a.* 密かに共産主義を信奉している.
—— *n.* 隠れコミュニスト，共産党の隠れシンパ.
cryptogame *a.* 『植』隠花植物の(phanérogame「顕花植物の」の対). plantes ～s 隠花植物.
—— *n.m.(f.) pl.* 隠花植物(bryophytes 蘇苔植物，ptéridophytes 羊歯植物，thallophytes 葉状植物の3門に分かれる). ～s cellulaires 非管束隠花植物. ～s vasculaires 維管束隠花植物門〔類〕.
cryptogamie *n.f.* 『植』**1** 隠花植物特性. **2** 隠花植物研究.
cryptogamique *a.* 『農』寄生菌類性の. maladie ～ 寄生菌類病《mildiou べと病，など》.
cryptogénétique *a.* 『医』原因不明の，潜原性の，特発性の. maladie ～ 潜原性疾患. épilepsie ～ 潜因性癲癇.
cryptogramme *n.m.* 暗号文. chiffrer (déchiffrer) un ～ 暗号文を作成(解読)する.
cryptographie *n.f.* 暗号法；暗号表，暗号コード. procédés de ～ 暗号文作成法.
crypto-lepéniste *n.a.* 隠れル・ペン派〔の〕.
cryptologie *n.f.* 暗号作成〔術〕；暗号解読〔術〕；暗号学.
cryptomeria *n.m.* 『植』スギ属(＝criptomère)；(特に)日本杉(＝cèdre du Japon；学名 Cryptomeria japonica).
cryptorchidie [kriptɔrkidi] *n.f.* 『医』停留精巣(睾丸)，潜伏(在)精巣.
cryptosoviétisme *n.m.* 『政治』隠れソ連体制.
cryptotélégraphie *n.f.* 暗号電報作成(解読)法；『軍』暗号化電信.
cryptozoologie *n.f.* 未知動物学，神秘動物学(雪男やネッシーなど実在が確認されていない動物，あるいは絶滅動物の研究).
Cs[1] (＝*ces*ium) *n.m.* 『化』「セシウム」の元素記号.
Cs[2] (＝*c*onsultation *s*pécialiste) *n.f.* 『健保』専門医診療〔料〕.
CSA[1] (＝*C*onfédération *s*yndicale des *a*vocats) *n.f.* 弁護士組合連合.
CSA[2] (＝*C*onseil *s*upérieur de l'*a*udiovisuel) *n.m.* 視聴覚高等評議会《1989年旧CNCL (Commission nationale de la communication et des libertés「コミュニケーション・自由に関する国家委員会」1986-89)に代って設立；TVとラジオ放送に関する最高評議会》.
csardas [kzardas], **czardas** [tsardaʃ] [ハンガリー] *n.f.* チャルダーシュ《ハンガリーの民族舞曲・民族舞踊》.
CSAT (＝*c*ontrôle de la diffusion des *s*upports *a*udiovisuels et *t*élématiques) *n.m.* 『情報処理』視聴覚と情報通信の媒体伝達の管制.
CSCE (＝*C*onférence sur la *s*écurité et la *c*oopération en *E*urope) *n.f.* ヨーロッパ安全保障協力会議(＝[英] CSCE: Conference on Security and Cooperation in Europe) (1975年のヘルシンキ協定と1977-78年のベルグラード会議に基づいて発足；1995年より OSCE: Organisasion pour la sécurité et la coopération en Europe；＝[英] OSCE: Organization for Security and Cooperation in Europe と改称).
CSCT (＝*c*ertificat de *s*ynthèse *c*linique et *t*hérapeutique) *n.m.* 『教育・医』臨床治療統合技術取得証明書.
CSCV (＝*C*onfédération *s*yndicale du *c*adre de *v*ie) *n.f.* 生活環境組合連盟《＝旧CNAPF: Confédération nationale des associations populaires familiales 庶民家庭協会全国連盟. 1952年設立；季刊機関誌 *Cadre de vie*》.
CSEH (＝*c*ellule *s*ouche *e*mbryonnaire *h*umaine) *n.f.* 『医』ヒト胚産出細胞 (＝[英] HESC: Human Embryonic Stem Cell).
CSERC (＝*C*onseil *s*upérieur de l'*e*mploi, des *r*evenus et des *c*oûts) *n.m.* 雇用・所得・生活費に関する高等評議会.
CSF (＝*C*onfédération *s*yndicale des *f*amilles) *n.f.* 家族組合連盟《1946年結盟》.
CSFE (＝*C*onseil *s*upérieur des *F*rançais de l'*e*tranger) *n.m.* 海外在住フランス人最

高評議会.
CSG¹ (=Centre spatial guyanais) *n.m.* ギュイヤーヌ宇宙センター《フランスの海外領土仏領ギュイヤーヌのクール Kourou の近くに開設》.
CSG² (=contribution (cotisation) sociale généralisée) *n.f.* 一般社会税 (分担金)《社会保障制度の赤字を補填するために 1991 年導入の新税》.
CSH (=Conseil supérieur d'hygiène publique) *n.m.* 公衆衛生高等評議会.
CSHPF (=Conseil supérieur d'hygiène publique de France) *n.m.*《行政・医》フランス公衆衛生高等評議会.
CSI (=Conseil de sécurité intérieure) *n.m.* 国内治安評議会.
CSIS (=Conseil supérieur de l'information sexuelle) *n.m.* 性情報高等評議会.
CSL (=Confédération des syndicats libres) *n.f.*《フランスの》自由労連.
CSM (=Conseil supérieur de la magistrature) *n.m.* 司法最高評議会.
CSMF (=Confédération des syndicats médicaux français) *n.f.* フランス医師組合連合.
CSN (=coopérant du service national) *n.m.* 国民役務 (兵役) としての海外協力隊員《民間業務》.
CSNE (=coopérant du service national en entreprise) *n.m.* 国民役務 (兵役) としての企業勤務海外協力隊員.
CSP¹ (=catégorie socio(-)professionnelle) *n.f.* ~ du chef de ménage 世帯主の社会職種階層.
CSP² (=cellule souche périphérique) *n.f.*《生・医》末梢基幹細胞.
CSP³ (=Collège pour une société de participation) *n.m.* 市民参加の社会のための学院《1975 年設立のド・ゴール派の政治団体》.
CSP⁴ (=Comité des spécialités pharmaceutiques) *n.m.*《薬》専門医薬品委員会.
CSP⁵ (=Conseil supérieur de la pêche) *n. m.* 高等漁業評議会《環境省の監督下の公益管理機構》.
CSR¹ (= [チェコ・スロヴァキア] Ceskoslovenska Republika) *n.f.* [国名略記] チェコスロヴァキア共和国 (=la République tchécoslovaque)《1993 年チェコとスロヴァキアが分離・独立》.
CSR² (=comités syndicalistes révolutionnaires) *n.m.pl.*《労働》(CGT 内の) 革命的組合主義委員会《1920 年 CGT から除名》.
CSR³ (= [英] corporate social responsability) *n.f.* 企業の社会的責任 (= [仏] RSE : responsabilité sociale des entreprises).
CSRT (=Conseil supérieur de la recherche et de la technologie) *n.m.* 研究・工学最高評議会《研究担当大臣の諮問組織. 1982 年設立；委員数 40》.
CSSPF (=Conseil supérieur du service public ferroviaire) *n.m.* 公共鉄道業務に関する高等評議会. évaluation par la ~ 公共鉄道業務に関する高等評議会の評価.
CST¹ (= [英] Central Standard Time) 中央標準時.
CST² (=comptes spéciaux du Trésor) *n. m.pl.* 国庫特別勘定.
CSTB (=Centre scientifique et technique du bâtiment) *n.m.* 建築物科学技術センター.
CSTEE (=Comité scientifique de la toxicité, de l'écotoxicité et de l'environnement de la Commisson) *n.m.* (ヨーロッパ連合ヨーロッパ委員会の) 毒性・環境汚染および環境に関する科学委員会 (= [英] SCTEE : Scientific Committee on Toxicity, Ecotoxicity and the Environment；1997 年 7 月発足).
CSU (= [独] Christlich-Soziale Union) *n.f.* キリスト教社会同盟《ドイツ連邦共和国の政党. 1945 年結成》.
CSV (= [英] comma separated value) *n.f.*《電》コンマ区切り値.《電算》format ~ コンマ区切り方式 (フォーマット).
CT (=compagnie de transmissions) *n.f.*《軍》通信中隊.
CTAA (=Commandement des transmissions de l'armée de l'air) *n.m.*《軍》空軍通信連絡司令部.
CTBA (=Centre technique des bois et de l'ameublement) *n.m.* 木材・家具技術センター.
CTBT (= [英] Comprehensive Test Ban Treaty) *n.m.*《軍縮》包括的核実験禁止条約《条文合意 1996；批准国不足で未発効》；[仏] TICE : traité d'interdiction complète des essais nucléaires).
CTC (=Centre technique de crise) *n.m.*《原子力》危機対策技術センター (=Fontenay aux Roses [Hauts-de-Seine]).
CTD¹ (=compagnie de transmissions divisionnaire) *n.f.*《軍》師団通信中隊.
CTD² (=conduit de tir digitale) *n.m.*《軍》ディジタル射撃指揮装置.
CTE (=contrat territorial d'exploitation) *n.m.*《農》農地開発契約《農民と政府間の農地契約》.
CTFT (=Centre technique forestier tropical) *n.m.* (フランスの) 熱帯森林技術センター.
CTI (=Confédération des travailleurs intellectuels) *n.f.* 知的労働者連合《1928 年 3 月設立. 本部 Paris》.
CTIFL (=Centre technique interprofessionel de fruits et légumes) *n.m.*《農》青果業間技術センター.
CTM (=chaland de transport de matériel) *n.m.*《海軍》物資輸送用舟艇.

CTNERHI (=Centre technique national d'études et de recherches sur les handicaps et les inadaptations) *n.m.* 身体障害・環境不順応に関する国立技術研究所.

CTR (=comité technique radiophonique) *n.m.* ラジオ放送技術委員会.

CTRC (=Comité technique régional de la consommation) *n.m.* 消費問題地方委員会.

CTS (=Centre de transfusion sanguine) *n.m.* 〚医〛輸血センター.

Cu[1] (=cuivre) *n.m.* 〚化〛「銅」の元素記号.

Cu[2] (=cumulus) *n.pr.m.* 〚気象〛積雲.

Cuba *n.pr.f.* 〚無冠詞〛[国名通称] キューバ (公式名称: la République de ～ キューバ共和国; 国民: Cubain (*e*); 首都: La Havane ラ・ハバナ; 通貨: peso cubain [CUP]).

cubain(e) *a.* キューバ (Cuba) の, キューバ共和国 (la République de Cuba) の; ～人の.
——C～ *n.* キューバ人.

cube *n.m.* **1** 〚幾何〛立方体, 正六面体 (=hexaèdre régulier). volume d'un ～ 立方体の体積 (容積). en forme de ～ 立方体の (=cubique).
2 立方形のもの. ～ de Rubik ルービックス・キューブ. jeu de ～s 積み木; 六面体パズル.
3 体積, 容積 (m³で表わす); 立米. ～ d'air d'une chambre 寝室の空気容積. ～ de barrage ダム体積.
4 〚数〛立方, 3乗. Le ～ de 2 est 8. $2^3=8$ (2の3乗は8). élever un nombre au ～. 数を3乗する.
5 〚機工〛(エンジンの) 気筒容量. un gros ～ 大型オートバイ.
6 〚学生隠語〛(グランド・ゼコール準備学級の) 2年次学級留年生 (3年次生). carrés, ～s et bicarrés グランド・ゼコール準備学級の2年次生, 2年次留年生 (3年次生) と2年次再留年生 (4年次生).
——*a.* 立方の, 3乗の. mètre ～ 立方メートル (m³). centimètre ～ 立方センチメートル (cm³). cylindrée de 1500 centimètre ～s 1500 cm³ (1500 cc) のエンジン気筒容量.

cubilot *n.m.* 〚冶〛キュビロ, キューポラ, 溶銑炉. ～ à vent chaud (froid) 熱 (冷) 風キューポラ.

cubique *a.* **1** 立方体の; 立方形の. maison ～ 立方形の家. 〚鉱〛système ～ 等軸晶系, 立方晶系.
2 〚数〛立方の; 3次の. équation ～ 3次方程式. racine ～ 立方根.
——*n.f.* 〚数〛3次曲線.

cubisme *n.m.* 〚美術〛キュビスム, 立体派.

cubital(ale)(*pl.aux*) *a.* 〚解剖〛尺骨 (cubitus) の; 肘 (coude) の, 肘関節の. nerf ～ 尺骨神経. os ～ 尺骨 (=cubitus). tunnel ～ 肘部 (ちゅうぶ) 管.

cubitus [-tys] [ラ] *n.m.* 〚解剖〛尺骨 (=ulna, os cubital); 肘; 肘関節. ～ valgus 外反肘. ～ varus 内反肘.

cuboïde *a.* 立方体形の. os ～ 立方骨.
——*n.m.* 〚解剖〛立方骨 (=os ～).

CUC (=contrat d'union civile) *n.m.* 〚社〛市民的同居契約. proposition de loi sur le ～ 市民的同居契約に関する議員提出法案.

cucurbitacées *n.f.pl.* 〚植〛瓜科; 瓜科植物 (calebasse ひょうたん, chayote シャイヨット, citrouille シトルイユ, coloquinte コロシント瓜, concombre 胡瓜, cornichon コルニション, courge クールジュ, courgette クールジェット (ズッキーニ), giraumon ジローモン, melon メロン, pastèque 西瓜, pâtisson パティソン, potiron ポチロン (かぼちゃ), など).

CUDL (=Communauté urbaine de Lille) *n.f.* リール都市圏共同体. 87 communes de la ～ リール都市圏共同体構成87市町村.

CUEA (=Conseil de l'unité économique arabe) *n.m.* アラブ経済統合評議会. (1957年創設, 1964年発足).

cueillaison *n.f.* **1** 摘み取り, 収穫; 収穫期. ～ des pêches 桃の収穫 〔期〕.
2 〚比喩的〛収穫. ～ d'un rêve 夢の収穫.

cueillette *n.f.* **1** (果実・花などの) 摘み取り, 収穫. ～ manuelle 手摘み. ～ des pommes 林檎の摘み取り.
2 〚集合的〛摘み取った果物 (花), 収穫物. belle ～ 見事な収穫物.
3 (果物・花などの) 収穫期.
4 〚社会人類学〛(非農耕民の) 食物採集.
5 〚海〛集荷. navire chargé à la ～ 集荷貨物を積んだ船.

cuiller, cuillère *n.f.* **1** 匙 (さじ), キュイエール, スプーン. ～ à café petite ～ 小匙, コーヒースプーン, 茶匙. ～ à dessert デザートスプーン. ～ à pot 汁杓子, おたまじゃくし. ～ à salade サラダ用杓子. ～ à soupe スープスプーン. ～ d'argent 銀の匙. ～ de glacier アイスクリーム屋のスプーン. ～ et fourchette assorties スプーンとフォーク・セット (=couvert). ～ -fourchette フォーク兼用スプーン.
〚話〛être à ramasser à la petite ～ 惨めな状態にある; のびている. 〚話〛faire une chose en deux coups de ～ 手っとり早く事をする. 〚話〛ne pas y aller avec le dos de la ～ たっぷり食物を盛る; 言動が極端である.
2 匙1杯 〔の量〕, ひと匙 (=cuillerée). Une ～ pour maman, une ～ pour papa. ママのためにひと口, パパのためにひと口お食べ (幼児に食物を勧める表現). Prenez une ～ à café de cette potion matin et soir. この水薬を朝夕茶匙1杯ずつ服用しなさい.
3 〔匙形の道具〕〚冶〛柄杓 (ひしゃく); 〚釣〛スプーン (ルアーの一種); 〚軍〛(手榴弾の)

安全桿(=~ d'une grenade). ~ de forgeron 鍛冶屋の柄杓(=gouge).〖軍〗~ de tube lance-torpilles 魚雷発射管口のスプーン型装置. ~ de verrier ガラス工の柄杓(=casse).〖外科〗~ d'un forceps 鉗子の匙型端子. pêcher à la ~ スプーン型擬似餌で魚を釣る.
4〖俗〗手. serrer la ~ à qn 人と握手する.

cuillerée n.f. 匙(cuiller, cuillère) 1杯の量. boire par petites ~s スプーンで少しずつ飲む. Une ~ pour papa (pour maman)! パパ(ママ)にお匙1杯!〈子供に食欲を起こさせる表現〉.

cuir n.m. **1** 獣皮, 革；皮. ~ artificiel 人造(合成)皮革(=faux ~). ~ bouilli 防水革, 耐水性皮革. ~ brut (なめし用の)生皮 (=cru, vert). ~ de chèvre モロッコ革(=maroquin). ~ de mouton 羊革 (=basane). ~ de Russie ロシア革《白樺油を含んだ植物タンニンなめしの仔牛革》. ~ de veau 仔牛のなめし革, ボックス革. ~ grenu ぶつぶつのある革. ~ racorni 硬くなった革. ~ suédé スウェード.
de (en) ~ 皮革製の, 革の. blouson (manteau) de ~ 革ジャンパー(コート). chaussures de ~ 革靴. gants de ~ 革手袋. objects de (en) ~ 革製品. porte-monnaie en ~ 革の小銭入れ. vêtement de ~ 革の衣服.
2 革製品；(特に)革ジャンパー, 革のコート. porter un ~ 革製品を着用する.
3〖動〗皮；厚い皮膚. ~ de l'hippopotame (de l'éléphant, du rhinocéros) 河馬(象, 犀)の皮膚.
4〖やや古〗(人間の)皮膚. ~ chevelu 頭皮.〖比喩的〗tanner le ~ à qn 人をなぐる. entre ~ et chair 皮膚の下に, 皮下に.〖話〗avoir le ~ dur 頑丈である.〖話〗avoir le ~ épais 面の皮が厚い, 厚顔(鉄面皮)である, 図々しい.
5 (魚の)皮(=~ de poisson). carpe ~ うろこのない鯉.
6 皮革状のもの. ~ fossile 海綿, アスベスト(=asbeste).
7〖話〗リエゾン(連音)の誤り. faire un ~ リエゾンを誤る.

cuirassé n.m.〖軍〗戦艦. croiseur ~ 巡洋戦艦, 高速戦艦.〖映画〗le C~ Potemkine「戦艦ポチョムキン」《Eisensteinの作品, 1925年》.

cuisine n.f. **1** 台所；炊事場, 調理室. batterie (ustensiles) de ~ (一式)の台所用品. coin ~ キチネット(=[英] kitchenette, cuisinette). de ~ 1) 台所[用]の；2) いい加減の.〖軍〗~ roulante 炊事車. table de ~ 食卓.
2 調理, 料理法. ~ française (italienne) フランス(イタリア)料理. la nouvelle ~ ラ・ヌーヴェル・キュイジーヌ(新料理). la nouvelle ~ française フランスの新料理. livre de ~ 料理書. recettes de ~ 料理の作り方 (レシピ). sel de ~ 食塩, 粗塩. faire la ~¹ 料理をする, 料理業務に携る.
3 料理されたもの, 料理. faire la ~² 料理をつくる. ~ grasse (légère, épicée) 脂っこい(軽い, 香辛料の効いた)料理. amateur de bonne ~ 美食家 (=gourmand, gourmet). odeurs de ~ 料理の匂い.
4〖話〗駆引き, 取引き. ~ électorale (parlementaire) 選挙戦(議会)の裏工作.

cuisiné(e) a.p. **1** 料理された, 調理済みの. plat ~ à rechauffer 温めなおして食べる調理済み料理.
2 (料理が)手の込んだ. plat ~ 手の込んだ料理.
3〖比喩的・俗〗訊問された, 自白を強要された. détenu ~ par les policiers 警察官に訊問を受ける拘留者.

cuisinette n.f. キュイジネット, 簡易台所, キッチンネット, キチネット, 小台所 (=[英] kitchenette).

cuisinier(ère¹) n. 料理人, 調理師, コック；料理をつくる人. toque de ~ コック帽. Elle est très bonne ~ère. 彼女は料理上手である.

cuisinière² n.f.〖料理器具〗キュイジニエール, レンジ, 調理用かまど(=fourneau). ~ à gaz ガスレンジ. ~ électrique 電気レンジ. ~ monobloc 一体型レンジ.

cuisiniste n. 調理用(台所用)機器製造・販売・設置業者.

cuisse n.f. **1**〖解剖〗腿(もも). muscle de la ~ 大腿筋. os de la ~ 大腿骨 (=fémur). se croire sorti de la ~ de Jupiter (自分がユピテルの腿から生まれたと思う→)〖話〗生れを鼻にかける, 思いあがる.
2 (動物の)腿；腿肉. ~ de grenouilles 食用蛙の腿. ~ de poulet 鶏の腿肉.
3〖昆虫〗腿節.

cuisson (<cuire) n.f. **1**〖料理〗(食物に)火を通すこと(焼く, 煮るなど), 加熱調理. ~ à l'anglaise 英国風加熱調理(熱湯・ブイヨンなどで煮ること).〖調理法〗~ à l'eau 茹で, 蒸し. ~ au four オーヴンでの加熱. ~ de la bière ビール製造工程の沸騰加熱ホップ添加(=houblonnage). ~ du pain パン焼き. ~ juste ちょうど良い焼き(煮)加減. ~ rapide 急速加熱. à mi-~ 半焼き. degré de ~ d'un bifteck ステーキの焼き具合(très saignant または bleu, saignant, à demi saignant, à point, bien cuit など). Comme ~ ? (ステーキの)焼き具合はいかがいたしましょうか? liquide de ~ 煮汁, 茹で汁. plaque de ~ d'une cuisinière オーヴンの天板. techniques de ~ 加熱調理の方法(braisage「蒸し煮」, friture「油揚」, grillade「網焼」, immersion (exposition) dans l'eau「茹で煮」, poêlage「蒸し焼」, rôti「オーヴンでのロースト」, sauté「ソーテ(炒め, フライパン焼き)」の7通り).

cuit(e)¹

temps de ~ 加熱調理時間.
2 〖料理〗煮汁, 茹で汁 (=liquide de ~).
3 〖窯業〗(陶磁器・煉瓦などを)焼くこと, 窯焼き;〖冶〗焼成. ~ des briques (de la porcelaine, des poteries) 煉瓦 (磁器, 陶器)の焼き上げ.〖冶〗~ de la chaux 石灰焼成.
4 〖養蚕〗(糸取りのための繭の)加熱処理.
5 〔比喩的〕火傷のような激痛, 灼けるような痛み;苦悩. ~ d'une blessure 灼けるような傷の痛み. ~ d'une douleur morale 精神的苦悩.

cuit(e)¹ (<cuire) *a.p.* **1** 火を通した;焼いた;煮た (cru「生の」の対). ~ à point ほどよく火の通った;(ステーキが)ア・ポワンの焼き具合の, ミディヤムの. bien ~ よく火の通った;(ステーキが)ビヤン・キュイの, よく焼きの, ウエルダンの. baguette bien ~*e* よく焼けたバゲット.
légumes ~*s* au beurre バターで炒めた野菜. viande ~*e* au four オーブンで焼いた肉. vin ~ (葡萄液を煮つめて発酵させた)ヴァン・キュイ(濃縮葡萄酒;アペリティフ向き).〔比喩的〕avoir son pain ~ (充分な蓄えで)安楽に暮す.
2 加熱加工した, 焼いた. aliments tout ~*s* 加熱済食品.
3 (太陽・寒さなどで)皮膚が焼けた;日焼けした(-brûlé). mains ~*es* par la neige 雪焼けした手. plantes ~*es* 日焼けした植物 (強い日光に当たって変質した植物). avoir le visage ~ 顔が日焼けしている.
4 焼き上げた;熱処理した. brique ~*e* 煉瓦. soie ~*e* 熱湯処理した生糸, 練った生糸.〖窯業〗terre ~*e* テラコッタ.
5 〔絵〕(色調が)暖かい. couleurs ~*es*;tons ~*s* 暖かい色調.
6 〔俗〕泥酔した. être ~ 泥酔している.
7 〔話〕失敗した (=ruiné). C'est ~. おじゃんだ. Je suis ~. やられた, もう駄目だ.
8 〔話〕準備万端整った, お膳立てができた. occasion toute ~*e* おあつらえ向きの機会.

cuit² *n.m.* **1** 火を通したもの (cru「なまもの」の対).
2 焼き上がったもの;出来上ったもの.〔話〕C'est du ~. いとも簡単なことだ.

cuite² *n.f.* **1** (陶磁器・煉瓦の)焼き, 焼成. ~ de la porcelaine 磁器の焼き. donner une première (seconde) ~ 一度 (二度) 焼きする.
2 〖精糖〗(糖液の)濃縮;(砂糖の)結晶化 (= ~ du sucre).
3 〔俗〕泥酔 (=ivresse). prendre une (bonne) ~ 酔っぱらう. tenir une bonne (sacrée) ~ 泥酔する.

cuivrage *n.m.* 銅めっき. opération du ~ 銅めっき加工.

cuivre *n.m.* **1** 〖化〗銅 (元素記号 Cu, 原子番号 29, 原子量 63.55 の金属元素).
2 〖金属〗銅 (比重 8.92, 融点 1083℃, 沸点 2567℃の赤褐色の金属);銅鉱. ~ arsenical 砒素銅. ~ blanc 白銅. ~ bleu 藍銅鉱. ~ brut 粗銅 (= ~ noir). ~ électrolytique 電解銅. ~ gris 黝銅鉱. ~ jaune 黄銅;真鍮. ~ natif (vierge) 自然銅. ~ oxydé 酸化銅. ~ pyriteux 黄銅鉱. ~ repoussé 打出し銅. ~ rouge 純銅 (= ~ pur).〖考古〗l'âge du ~ 銅器時代. alliage de ~ 銅の合金. de (en) ~ 銅の. mine de ~ 銅山. monnaie de ~ 銅貨. sulfate de ~ 硫酸銅. ustensiles de (en) ~ 銅製調理器具.
3 〔*pl.* で〕銅製品;(銅・真鍮製の)台所用品;銅製装飾品 (=objets en ~*s*). astiquer les ~*s*;faire les ~*s* 銅 (真鍮) 製品を磨く.
4 銅版画 (=gravure sur ~);銅版画原版. acheter les ~*s* des illustrations d'un livre 銅版挿絵を買う.
5 〖音楽〗金管楽器 (clairon, cor, cornet, trombone, trompette, saxhorn など). orchestre de ~*s* ブラスバンド.
6 銅色, 赤銅色. ~ d'un sous-bois en automne 秋の下草の紅葉. ~ ~ 赤褐色の, 赤銅色の;(声が)かん高い (= ~ cuivré). ciel de ~ 赤銅色の空, 夕焼空. voix de ~ かん高い声.〔同格〕rouge ~ 赤銅色.

cuivré(e) *a.* **1** 銅色の, 赤銅色の (=bronzé). blond ~ 赤銅色を帯びたブロンド色. peau ~ 赤銅色の肌.
2 (声・音などが)かん高い. voix ~*e* かん高い声.

cuivreux(se) *a.* **1** 〖化〗第一銅の. oxyde ~ 亜酸化銅.
2 銅に似た, 銅色の. peau ~*se* 赤銅色の肌.
3 銅を含む. alliage ~ 銅合金. eaux ~*ses* 銅含有水;(温泉等の)銅泉.

cuivrique *a.* 〖化〗第二銅の. oxyde ~ 酸化第二銅. sulfate ~ 硫酸銅 [II], 硫酸第二銅.

cul [ky] *n.m.* **1** 〔俗〕(人, 動物の)尻, けつ (=derrière). gros ~ 大きな尻;〔比喩的〕大型トラック. trou du ~ 尻の穴, 肛門 (=anus);〔比喩的〕馬鹿.
avoir mal au ~ 尻が痛い. botter le ~ de *qn* 人を足蹴にして追いはらう. courir au ~ de ~ 女の尻を追い着こうとする. donner des coups de pied au ~ 尻をけとばす;〔比喩的〕侮辱する. en tomber sur le ~ 尻もちをつく;吃驚仰天する. ~ par-dessus tête まっさかさまに, もんどりうって.
◆〔成句〕avoir *qn* (*qch*) au ~ 人 (何) に追われる;人 (何) を嫌う (馬鹿にする). avoir du ~ チャンスがある. avoir le feu au ~¹ 尻に火がつく, 駆け出す, 逃げ出す. en avoir plein le ~ うんざりしている. l'avoir dans le ~ 負ける, 失敗する. être à ~ 素寒貧である. être comme ~ et chemise 切っても切れない関係にある. être (rester) le ~ entre deux chaises 不安定な状態にある. lécher le ~ à *qn* (人の尻をなめる→) 人におべっかを使う. prêter plus haut que son ~ 高望みをする. en rester sur le ~ 吃驚仰天する. se

casser le ~ 苦労する. se tapper le ~ par terre 反抗的態度を示す；笑い転げる.〖軍隊語〗tirer au ~ さぼる.
2〖俗〗性；(特に女性の)性器. affaires de ~ 情事. aller au ~ 性交する. avoir des couilles au ~ (男が)性技にたけている；肝っ玉がすわっている，豪胆である. avoir du poil au ~ (女の)性技にたけている；精力にあふれている. avoir le feu au ~² 性的に興奮している. prêter (vendre) son ~ 売春する.
3 (物の)尻, 底, 下部, 後部. ~ d'artichaut アルティショーの芯. ~ de bouteille 壜の底. navire sur ~ (荷積で)船尾の沈んだ船. faire ~ sec ひと息に飲み干す. pousser la voiture au ~ 車の後を押す.
4〖俗〗馬鹿, 間抜け, とんま. Quel ~! 何て馬鹿な奴だ!
5 *exclam*. Mon ~! 絶対にちがう! S'ils comptent m'attraper, mon ~! 奴らが俺をつかまえようと思っても, 全く無駄なことだ!

culasse *n.f.* **1** 銃尾, 砲尾；(銃身・砲身の)閉鎖器. ~ d'un canon (d'un fusil) 大砲(小銃)の尾部. ~ mobile (銃の)遊底. charger par la ~ (弾丸を)元込めする.
2〖内燃機関〗シリンダーヘッド. ~ à ailettes 空冷式シリンダーヘット. joint de ~ シリンダーヘッドガスケット. refroidissement des ~ s シリンダーヘッドの冷却.
3〖宝石〗(カットしたダイヤの)下底.
4〔比喩的〕〖話〗尻 (=cul). tomber sur la ~ 尻餅をつく.

culatello 〔伊〕*n.m.* クラテッロ (最高級のパルマ・ハム jambon de Parme).

culbutage *n.m.* (宇宙船の)翻転.

culbute *n.f.* **1** とんぼ返り, でんぐり返り. faire la ~¹ とんぼ返りする.
2〖水泳〗クイックリターン, クイックターン.
3 のけぞって倒れること, 転倒. ~ d'une automobile dans un ravin 峡谷への車の転落. faire une ~ 仰向けに倒れる, ひっくり返る.〖診〗Au bout du fossé, la ~! 図に乗っているとひどい目に会うぞ!
4〔比喩的〕〖話〗転落, 破産；逆転, どんでん返し. ~ du gouvernement 内閣の瓦解. faire la ~² 破産する, 破滅する, 瓦解する.
5〔比喩的〕〖商業〗faire la ~³ 買値の2倍で転売する.

cul-de-sac (*pl.* **~s-~-~**) [kyd-] *n.m.* **1** 行き止まり, 袋小路 (=impasse). couloir qui se termine en ~ 行き止まりの廊下.
2 将来性のない地位(職)；行き詰りの状況. être dans un ~ 行き詰まりの状況にある.
3〖解剖〗盲嚢. ~ s-~-~ péricardiques 心膜盲嚢. ~ ovarien 卵巣盲嚢. ~ s-~-~ pleuraux 胸膜盲嚢 (=~ s-~-~ des plèvres).

culex [kylɛks] *n.m.*〖昆虫〗家蚊.
culicidés *n.m.pl.*〖昆虫〗蚊科 (ædes しま蚊, anophèle はまだら蚊, culex 家蚊など).

culinaire *a.* 料理の, 調理の. art ~ 料理術. école ~ 料理学校. préparation ~ 調理.

culminant(e) (<culminer) *a.*〖天文〗最高度の；南中の. astre ~ 南中の天体.〖天文〗point ~ (天体の)最大高度；〖地形〗(山脈の)最高峰；〔比喩的〕絶頂, 頂点, クライマックス. point ~ d'une chaîne de montagne 山脈の最高点. point ~ de la gloire 栄光の絶頂.

culmination *n.f.* **1**〖天文〗(天体の)子午線通過, 正中, 南中. ~ supérieure 極上正中. point de ~ 正中点.
2〔比喩的〕絶頂, 頂天 (=point culminant).

culot [kylo] *n.m.* **1** 底, 底部；薬莢の底部 (=~ d'obus)；〖建築〗萼形装飾；教会堂用ランプの下部 (=cul de lampe). ~ de bougie 点火プラグ本体. ~ d'une lampe 電球の口金.
2 (容器の底の) 残存物, 残りかす；(パイプの内側についた) カーボン；〖冶〗(るつぼの)底にたまる金属. ~ de concentration (遠心分離物の)底にたまる濃縮液.〖地学〗~ de lave, ~ volcanique 岩栓, 火山栓.
3〖話〗末っ子 (=benjamin).
4〖学生語〗びりの生徒；びりの合格者.
5〖俗〗あつかましさ, 図々しさ. avoir du ~ あつかましい, 図々しい. Il a un sacré ~. 彼は実にあつかましい奴だ.

culotte *n.f.* **1**〖衣服〗〖古〗キュロット, 短袴(たんこ)(上流階級の男子用).
2 半ズボン (=~ courte)；(スポーツ用)パンツ；〖話〗長ズボン (=~ longue)(1着でも時に *pl.*). ~ à braguette ファスナー付ズボン. ~ de bain 水泳パンツ. ~ de cheval (de cavalier) 乗馬ズボン. ~ de cycliste 自転車競技用黒パンツ. ~ de golfe ゴルフズボン, ニッカーボッカー. ~ de peau (軍人の)革ズボン. une vieille ~ de peau 偏狭な老軍人. ~ de sport スポーツパンツ. jupe-~ キュロットスカート.
〖俗〗baisser (poser) ~ トイレに行く, 用を足す.〖話〗faire (trembler) dans sa ~ (ズボンに小便をもらすほど)おびえる, 怖がる. porter des ~ s ズボン(パンツ)をはく.〖話〗porter la ~ 亭主を尻に敷く.〖話〗user ses fonds de ~ sur les bancs de l'école 学校に通う.
3 (婦人用下着)キュロット, スリップ, パンティー (=panty). ~ en soie 絹のキュロット. gaine-~ パンティー・ガードル
4 (子供用下着) ~ de bébé 乳児用パンツ.
5〖話〗(賭事・株などの)大損；〖俗〗泥酔. prendre une ~ 大損する；泥酔する.
6〖料理〗キュロット, いちぼ(臀部の肉). ~ de bœuf (de mouton, de pigeon, de

veau) 牛(羊, 鳩, 仔牛)のキュロット.
7〚工〛又管, 枝管;汽管;〚海〛煙路(=~ de cheminée).〚鉄道〛~ d'echappement (蒸気機関車の)排気管. ~ simple Y 型管.

culpa［ラ］*n.f.*〚法律〛非行(=faute). ~ lata 重い非行(=faute large). ~ levis 軽い非行(=faute légère). ~ levissima 最も軽い非行(=faute la plus légère).

culpabilité *n.f.* **1** 罪過;有罪性, 有罪性;罪状. présomption de ~ 有罪性の推定. La ~ de cet homme est évidente. この人間の有罪性(罪状)は明白である. établir la ~ de *qn* 人の有罪を立証する.
2〚心〛罪責感(=sentiment de ~). complexe de ~ 罪責コンプレックス.

culte *n.m.* **1**〚宗教〛(神, 聖者などに対する)礼拝. ~ des saints 聖者に対する礼拝. ~ du feu 火の礼拝. rendre un ~ à Dieu (un dieu) 神を礼拝する.
2(宗教的)儀式, 祭儀, 祭式(=rite). ministre du ~ 祭司, 神職者.
3〚プロテスタント〛礼拝〔式〕. aller au ~ 礼拝に行く.
4〔広義〕宗教;信仰. ~ catholique (protestant, israélite) カトリック(プロテスタント, ユダヤ教). liberté des ~s 信仰の自由.
5〔集合的〕崇拝者, 礼讃者.
6〔カルト〔教団〕(狂信的宗教集団).
7〔比喩的〕崇拝, 礼讃. ~ de la personalité 個人崇拝.
8〔同格〕film〔-〕~ 狂信的煽動映画.

cul-terreux［kytɛrø〕(*pl.* **~s-~**) *n.m.*〚蔑〛どん百姓.

cultivable *a.* **1**〚農〛耕作可能の, 耕作に適した. terrain ~ 耕作可能の土地.
2〔比喩的〕教育によってつちかうことのできる. L'intelligence est ~. 知性はみがくことができる.

cultivar (<*culti*vé+*vari*été) *n.m.*〚植・農〛栽培変種植物;栽培品種.

cultivateur[1] (***trice***) *n.*〚農〛**1** 農耕者;耕作者, 栽培者;農業経営者;農民. petits (riches) ~s 貧(富)農. **2** 栽培主任. —*a.* 耕作に従事する. peuple ~ 農耕民.

cultivateur[2] *n.m.*〚農〛耕耘機(こううんき).

cultivé(***e***) *a.* **1** 耕された. terres ~*es* 耕地.
2〚植〛栽培された. espèce ~*e* 栽培種.
3 教養のある. esprit ~ 教養人.

cultuel(***le***) (<culte) *a.* **1** 礼拝の, 祭祀の. association ~ *le* 祭祀扶助協会. édifice ~ 礼拝堂.
2 カルト(狂信的宗教団体)の. activités ~ *les* カルト集団の活動.

cultural (***ale***) (*pl.* ***aux***) *a.* 耕作の, 耕作に関する. procédé ~ 耕作法.

culture *n.f.* Ⅰ〚耕作〛**1** 耕作, 耕うん). ~ d'un champ 畑の耕作. ~ familiale 自家耕作. ~ mécanique 機械耕耘. grande (petite)~ 大(小)農経営. pays de petite ~ 小規模農業地方. instruments de ~ 農耕機器. rotation de ~ 輪作. travail de ~ 耕耘作業. mettre une terre en ~ 土地を耕作する.
2〚*pl.* で〛耕地(=terres cultivées). étendue des ~*s* 耕地面積.
3〚農〛栽培;農法;養殖. ~ alterne 輪作(=rotation de ~). ~ du blé 小麦の栽培. ~ des huîtres 牡蠣の養殖. ~ de pleine terre 露地栽培. ~ de la soie 養蚕. ~ en serre 温室栽培. ~ fruitière 果樹栽培. ~ hâtée (forcée) 促成栽培. ~ intensive (extensive) 集約(粗放)農法. ~ sèche 乾地農法(=〚英〛dry-farming).
frais de ~ 栽培経費. méthodes de ~ 農法. perle de ~ 養殖真珠. faire de la ~ maraîchère 野菜の栽培をする.
4〚生〛培養. ~ cellulaire 細胞培養. ~ de tissu 組織培養. ~ en gélatine ゼラチン培養. ~ microbienne 細菌培養. ~ pure 純粋培養. bouillon de ~ 培養用ブイヨン, ブイヨン培地.
Ⅱ〚比喩的〛**1** (素質・知性などの)涵養, 育成. ~ de l'esprit 精神の涵養. ~ physique 体育.
2 教養;素養. ~ classique 古典の教養. ~ générale 一般教養. ~ littéraire (scientifique) 文学的(科学的)素養. homme de haute (forte)~ 高い教養人. avoir une vaste ~ 幅広い教養を有する.
3 文化. ~ de classe 階級文化. ~ d'entreprise 企業文化. ~ de masse マスコミ文化. 大衆文化. ~ japonaise (occidentale, orientale) 日本(西欧, 東洋)文化. ~ populaire (bourgeoise) 民衆(ブルジョワ)文化. Maison de la ~ 文化会館.

culturel(***le***) *a.* **1** 文化の;文化的な;文化面での, 文化活動の. attaché ~ 文化担当アタシェ. centre ~ 文化センター. échange ~ 文化交流. la Révolution ~ *le* (中国の) 文化大革命.
2 教養的な. facteurs naturels et facteurs ~*s* 自然的要素と教養的要素. milieu ~ 教養の環境.

culturisme *n.m.* ボディービル(=〚英〛boddy building).

CUMA (=*coo*pérative d'*u*tilisation du *m*atériel *a*gricole) *n.f.* 農業機器利用協同組合.

cumène *n.m.*〚化〛クメン(C_9H_{12};イソプロピルベンゼン isopropylobenzène).

cumin *n.m.*〚植〛**1** クミン, ひめういきょう《トルクメニスタン le Turkménistan 原産の ombellifère せり科の植物;種子を香料とする》.〚植〛~ des prés キャラウェー(=carvi).
2 クミンの実(=graine de ~)《香料》. pain au ~ クミンの実入りパン.

cumul *n.m.* **1** 〖法律〗併合, 併有. ~ d'actions 訴訟の併合. ~ des peines 刑の加重.
2 兼職；兼任；兼業. ~ des activités 兼職. ~ de fonctions 職務の兼任. ~ de mandats 議員の兼任(同一人物が複数の公職を兼任すること). ~ d'exploitations agricoles 複合農業経営. impossibilité de ~ 兼職(兼任)の不可能性. réglementation des ~s 兼職(兼業)の規制.
3 合併所得. ~ des traitements 給与の合併；合併給与の所得.
cumulable *a.* **1** 兼職(兼任)可能な. mandats ~s 兼職(兼任)可能な職務.
2 併合し得る. escomptes ~s 併合し得る割引.
cumulatif(**ve**) *a.* **1** 〖法律〗累積的な, 併合的な. assurances ~s 併合(複合)保険. donation ~ve 累積的贈与. sentence ~ve (刑の)累積宣告(判決).
2 重複的な, 複合的な. assurances ~ves 重複保険.
3 〖生〗累加性の. facteurs ~s 累加要素.
4 〖薬〗蓄積性の.
5 〖経済〗累積的な, 詰め込み主義の. processus ~s 累積的プロセス.
cumulo-nimbus [kymylɔnɛbys] *n.m.* 〖気象〗積乱雲(国際略記号 Cn).
cumulo-stratus [kymylostratys] *n.m.* 〖気象〗積層雲(国際略記号 Cs) (=strato-cumulus (国際略記号 Sc)).
cumulus [kymylys] *n.m.* 〖気象〗積雲 (国際略記号 Cu).
Cuncolta *n.pr.f.* (コルス〔コルシカ〕の) クンコルタ(地下秘密組織の公然活動組織). ~ naziunalista 民族主義的クンコルタ.
cunéiforme *a.* 楔形の. caractères ~s 楔形文字. 〖解剖〗os ~ 楔状骨.
――*n.m.* 〖解剖〗楔状骨(=os ~) (内側, 中間, 外側の3種がある).
cupri- [ラ] ELEM 「銅」の意. (*ex. cupri*fère 銅を含む. *cupro*uranite 銅ウラン鉱).
cuprifère *a.* 銅を含有する. minerai ~ 銅含有鉱石.
cuprique *a.* 銅の, 銅質の；第二銅の, 銅[II]の. protéine ~ 銅蛋白質.
cuprite *n.f.* 〖鉱〗赤銅鉱.
cupro- [ラ] ELEM 「銅」の意(*ex. cupro*nickel 白銅).
cuproalliage *n.m.* 〖冶〗銅合金.
cupro(-)**alluminium** *n.m.* アルミ銅, アルミニウム青銅(=bronze d'alminium).
cupro(-)**ammoniacal**(**ale**)(*pl. aux*) *a.* 〖化〗銅アンモニアの. liqueur ~ale 銅アンモニア液(紙・布などの防水剤), シュワイツァー試薬(銅[II]のアンミン錯体溶液).
cupronickel *n.m.* 白銅, キュプロニッケル(ニッケルを15-25%含有する銅合金).

cuproplomb *n.m.* 銅鉛合金(減摩メタル材).
curabilité *n.f.* 治癒可能性.
curable *a.* 治癒可能な(=guérissable) (incurable「治癒不能な」の対). malade (maladie)~ 治癒可能な病人(疾病).
curaçao [kyraso] (<*C*~, アンティル諸島 île des Antilles の島名) *n.m.* 〖酒〗キュラソー(オレンジの果皮からつくるリキュール). ~ triple sec 超辛口キュラソー.
curage (<curer) *n.m.* **1** (井戸などの)掃除；浚渫(しゅんせつ). ~ des égouts 下水の掃除.
2 〖医〗(手を用いる)掻爬(そうは)術(=curetage). ~ de l'utérus (流産時の)子宮掻爬. ~ ganglionnaire (癌の転移を防ぐための)リンパ節掻爬〔術〕.
curarisant(**e**) *a.* 〖医・薬〗運動神経を麻痺させる.
――*n.m.* 〖薬〗運動神経麻痺剤(curare, turbocurarine など).
curatelle *n.f.* 〖法律〗保佐；保佐制度(補佐または監督を要する成人に対する扶助〔制度〕).
cura*teur*(*trice*) *n.* 〖法律〗**1** 保佐人 (保佐 curatelle に携わる人；後見判事が任命).
2 他者の利益の保護を任務とする者. ~ à une succession vacante 相続人の存在しない相続財産の管理人. ~ au ventre 妊娠中の未亡人の保護管理人.
3 倒産財団管理人.
4 〖ベルギー〗大学管理者.
curatif(**ve**) *a.* 治療の, 治療用の(préventif「予防の」の対). remède ~ 治療薬. traitement ~ 治療措置. vaccin ~ 治療用ワクチン.
curcuma [ラ] *n.m.* 〖植〗うこん, 鬱金 (=zingibéracée). ~ longa うこん(=safran des Indes「インド・サフラン」；カレー粉の原料；=〔英〕turmeric ターメリック).
cure¹ *n.f.* **1** 〖医〗療養, 養生；療法；(特に)温鉱泉療法(=~ thermale). ~ d'air 転地養法. ~ chirurgicale 手術療法. ~ psychanalytique 精神分析療法. ~ de repos 休養療法. ~ de servage 禁断療法. ~ de sommeil 睡眠療法. ~ thalasothérapie 海洋療法. ~ thermale 鉱泉(温泉)療法, 湯治. établissement de ~ 療養所. faire une ~ à Vichy ヴィシーで湯治をする.
2 〖広義〗健康療法. ~ d'amaigrissement 痩せる療法. ~ de fruits フルーツ療法.
3 〖土木〗応急護岸工事.
4 〔古〕〔文〕n'avoir ~ de …を気にかけない.
cure² *n.f.* **1** 〖カトリック〗小教区(聖堂区)主任司祭の職.
2 主任司祭聖堂区, 小教会区(=paroisse). ~ de village 村の聖堂区.
3 〔古〕小教区主任司祭館(=résidence du

curé.

curé *n.m.* **1** 〖カトリック〗小教区(聖堂区)(cure=paroisse)の主任司祭, 主任神父. Monsieur le ~ 主任司祭様. ~ de campagne 田園(農村)小教区主任司祭, 田舎司祭. ~-doyen 首席司祭〖複数の小教区主任司祭を統括〗. résidence du ~ 小教区主任司祭館.
2 〔話〕カトリック司祭(神父);〔蔑〕坊主;〔*pl.* で〕聖職者(=clergé).

cure-dents *n.m.inv.*, **cure-dent** (*pl.*~-**s**) *n.m.* つまようじ.

cure-oreille(*pl.*~-~**s**) *n.m.* 耳かき.

curetage, curettage *n.m.* 〖医〗掻爬術. ~ biopsique de l'utérus 子宮生検掻爬〔術〕. ~ exploratif 試験(診査)掻爬〔術〕. ~ par succion 吸引掻爬術.

curi*al* (*ale*)(*pl.***aux**) *a.* 主任司祭(curé)の. maison ~*ale* 主任司祭館(=cure).

curie (<*C*~, 物理学者夫妻) *n.m.* 〖物理〗キュリー〖放射能の旧単位, 略記 Ci ; 1 Ci = 3.7×10^{10} becquerels〗.

curiethérapie *n.f.* 〖医〗放射線治療(= radiothérapie). ~ intracavitaire 腔内照射〖放射線治療の一方法〗.

curieux(se) *a.* **1** 好奇心の強い. ~ de *qch* 何に興味がある, 何を知りたがる. être ~ de nouvelles (de tout) ニュースを(何でも)知りたがる.
~ de+*inf.* …したい. Je suis ~ de voir la fin de cette affaire. この事件の結末を見たい. esprit ~ 好奇心.
2 穿鑿好きな, 物見高い, 野次馬的な. homme ~ 穿鑿好きな人. être trop ~ 好奇心が強すぎる.
3 〔時に名詞の前〕好奇心をそそる, 奇妙な, 珍妙な, 不思議な, 風変りな. ~ animal 珍獣(=bête ~se). 〔蔑〕regarder *qn* comme une bête ~*se* まるで珍獣みたいに人をじろじろ見つめる. 〔副詞的〕chose ~*se* 奇妙なこと. C'est (Il est)~ que+*subj.* …なのは変だ. Ce qui est ~, c'est que 妙なのは…ということだ. garçon ~ おかしな子. homme ~ 変な人. par ~ coïncidence 不思議な巡りあわせで.
4 〔古〕(de に)配慮を示す;趣味をもつ. Il est ~ de vieux livres. 彼は古書が好きで収集している.
—— *n.* **1** 好奇心の強い人, 野次馬;穿鑿好き. foule des ~ et des ~*ses* 野次馬の群れ. écarter les ~*s* 野次馬を遠ざける.
2 〔隠〕予審判事(=juge d'instruction);警察署長(=commissaire de police).
3 骨董品収集家, 好事家.

curiosité *n.f.* **1** 好奇心, 知識欲. ~ amoureuse 恋愛欲. ~ de *qch* 何に対する好奇心. ~ de *qn* pour (à l'égard de) *qch* 人の何に対する好奇心. ~ littéraire (scientifique) 文学的(科学的)好奇心.
avoir de la ~ pour *qn* (*qch*) 何(人)に対し

好奇心を抱く. exciter (attirer, inspirer) la ~ de *qn* 人の好奇心をかき立てる(惹る, 刺激する).
2 穿鑿(詮索)好き, 物見高さ, 野次馬根性. ~ du public 大衆の物見高さ. démon de la ~ 穿鑿の魔. par ~ 野次馬根性から;好奇心から. poussé par la ~ 好奇心に駆られて.
3 珍しさ, 特異性. voir *qch* pour la ~ du fait 事態の特異性の故に何を見る.
4 珍しいもの;珍しいこと;〔*pl.* で〕骨董品. ~*s* d'une collection コレクションの珍品. ~*s* naturelles 珍しい自然. amateur des ~*s* 骨董好き. magasin de ~*s* 骨董店. visiter les ~*s* d'une ville 町の珍しい見所を訪ねる.
5 骨董趣味, 好事癖. avoir la ~ des vieux livres 古書に強い関心がある.
6 〔古〕配慮.

curiste *n.* 湯治客.

curium [kyrjɔm] *n.m.* 〖化〗キュリウム〖元素記号 Cm, 原子番号 96. 1944 年発見の放射性金属元素〗.

curriculum vitae [kyrikylɔmvite] 〔ラ〕*n.m.inv.* 履歴;履歴書〖略記 CV [seve]〗.

curry, cari, cary, carry (<タムール語 kari) *n.m.* **1** カレー粉. riz au ~ カレーライス.
2 カレー料理. ~ de poulet チキンカレー.

curseur *n.m.* **1** (計算尺の)カーソル, スライダー. **2** (コンピューター・ディスプレーの)カーソル. **3** 〖天文〗(測微尺の)可動糸, (小銃の照準器の)カーソル.

CUS[1] (= Communauté *urbaine* de Strasbourg) *n.f.* ストラスブール都市共同体(ストラスブール都市圏).

CUS[2] (=contrat d'*union* sociale) *n.m.* 〖社〗社会的同居契約.

cutané(e) *a.* 皮膚の. cancer ~ 皮膚癌;上皮性悪性腫瘍. maladie ~*e* 皮膚病. respiration ~*e* 皮膚呼吸. tissus ~*s* 皮膚組織.

cuthétérisme *n.m.* 〖医〗カテーテル法.

cuti (<cuti-réaction の略) *n.f.* 〔話〕ツベルクリン反応. ~ négative (positive) ツベルクリン陰性(陽性)反応. 〔話〕virer sa ~ ツベルクリン反応が陽転する. (生き方, 考えなどを)急変させる.

cuticule *n.f.* 〖生〗角皮, クチクラ, キューティクル.

cuti[-]réaction *n.f.* 〖医〗(ツベルクリンやアレルギーの)皮膚反応(通称 cuti).

cutis [kytis] 〔ラ〕*n.m.* 〖解剖〗皮膚(= peau). 〖医〗~ luxa 弛緩性皮膚, 皮膚弛緩症. 〖医〗~ marmorata 大理石様皮膚. 〖解剖〗~ vera 真皮 (=derme).

cuve *n.f.* **1** (葡萄酒・ビールなどの)発酵槽(タンク, 大樽).

2 〔一般に〕タンク, 樽, 桶. ~ à mazout 燃料油タンク. 〖写真〗~ de développement (de photography) 現像タンク. ~ de réacteur 原子炉容器. ~ de teinturier 染料タンク.
3 〖冶〗(高炉の) 炉胸, シャフト.

cuvée *n.f.* **1** 〖葡萄酒〗醗酵槽 (cuve) の内容量, 同一醗酵槽でつくられる葡萄酒の量. tête de ~ 醗酵槽のトップの品質. vin de la première (la seconde) ~ 一番 (二番) 醗酵槽の葡萄酒;一級 (二級) の葡萄酒. Ces tonneaux sont de la même ~. これらの樽の酒は同一醗酵槽のものである.
2 一つの醗酵槽でつくられる葡萄酒〔の品質〕. excellente (médiocre) ~ 素晴らしい (並の) 品質〔の葡萄酒〕. ~ réservée (spéciale) 特選醗酵槽〔の葡萄酒〕;特選葡萄酒. 〖話〗buveur de première ~ 酔っぱらい (=ivrogne). 〖話〗prendre une ~ 酔っぱらう.
3 〖シャンパーニュ酒〗vin de ~ 第一次絞りによるシャンパーニュ酒;シャンパーニュ酒の調合酒.
4 一つの葡萄畑の生産量. totalité de la ~ 葡萄畑の収穫総量.
5 〔比喩的〕de la dernière ~ 最新の, 出来たての. de la même ~ 同質の;同じ出所の;同工異曲の. bons résultats aux examens de la ~ 2000 2000 年の試験における好成績. chose de première (seconde) ~ 一 (二) 級品.

cuvette *n.f.* **1** 洗面器, 金だらい;(洗面台の) 流し. ~ en plastique プラスチックのたらい.
2 (水洗便所の) 便器 (= ~ des cabinets, ~ de WC).
3 (温度計などの) 水銀槽 (球). ~ barométrique 気圧計の水銀槽.
4 (懐中時計の) 中蓋.
5 (ボールベアリングの) レース (走り面) (= ~ d'un roulement à billes).
6 〖地理〗盆地;盆地皺曲, 窪地. ~ à faille 断層盆地. ~ lacustre 湖盆.
7 〖写真〗現像皿.

CV¹ (=*c*heval-*v*apeur, *c*hevaux-*v*apeur) *n.m.* 税馬力;馬力. ~ fiscaux 税馬力 (= 行政馬力 puissance administrative). ~ SAE (Society of Automotive Engineers 「自動車技師協会」) 実馬力 (略記 ch SAE が普通). la 2 ~ (= deux chevaux) ドゥー・シュヴォー《シトロエン社製の実用的な小型自動車. 2 税馬力の車であることからくる名称》.

CV² (=*c*urruculum vitæ) *n.m.* 履歴書. ~ complet 完全な履歴書. ~ détaillé 詳細な履歴書. Merci d'écrire avec ~, photo. 履歴書・写真同封の上文書で申し込まれたし《求人広告中の文言》.

CVA (=*c*ontribution sur la *v*aleur *a*joutée) *n.f.* 付加価値税.

CVBG (=*C*onsortium *v*inicole de *B*ordeaux et de *G*ironde) *n.m.* ボルドーおよびジロンド県葡萄酒関連企業連合.

CVL (=*C*onseil de la *v*ie *l*ycéenne) *n.m.* 〖教育〗リセ (高校) 生活審議会.

CVP (=*C*omité *v*étérinaire *p*ermanent) *n. m.* 常設獣医学委員会. le ~ de l'Union européenne ヨーロッパ連合常設獣医学委員会.

CVR (=*c*omposite *v*erre-*r*ésine) *n.m.* ガラス繊維と樹脂の複合材料. coque en ~ ガラス繊維と樹脂製の舟体 (車体).

CVS (=*c*orrigé des *v*ariations *s*aisonnières) *a.* 季節変動による修正を加えた. l'indice mensuel ~ de l'INSEE 国立統計経済研究所が公表する月間指数の季節変動修正値. 1 milliard de francs ~ 季節変動修正込みで 10 億フラン.
——*n.m.* 季節変動修正値.

CVT (=*c*orrespondant en *v*aleurs du *T*résor) *n.m.* 〖金融〗国債取引先.

C-W (= 〖英〗*c*areer-*w*oman) *n.f.* キャリアー・ウーマン;職業婦人;キャリアー・ガール (career girl).

Cx [seiks] *n.m.* 〖物理〗(流体・気体の) 抵抗係数記号;= coefficient de traînée).

CXP (=*C*entre d'*ex*périmentation des *p*rogiciels) *n.m.* 〖情報処理〗汎用プログラム実験センター (1973 年 à Paris に創設).

cyamémazine *n.f.* 〖薬〗シアメマジン (抗精神病薬;薬剤製品名 Tercian (*n.m.*) など).

cyan *n.m.* 〖印刷・写真〗シアン, 青緑色.
——*a.inv.* シアン色の. encre ~ シアン色のインク.

cyanamide *n.f.* 〖化〗シアナミド (N CNH₂).

cyanhydrique *a.* 〖化〗シアン化水素の. acide ~ シアン化水素酸, 青酸 (猛毒).

cyanique *a.* 〖化〗シアンの. intoxication ~ 青酸中毒, シアン中毒.

cyanoacrylate *n.m.* 〖化〗シアノアクリラート (合成接着剤).

cyanobactérie *n.f.* 〖生〗シアノバクテリア, 藍藻〔類〕(富栄養化の進んだ湖沼で増殖する酸素発生型光合成細菌, アオコ (= algue bleue, cyanophycée).

cyanocobalamine *n.f.* 〖生化〗シアノコバラミン, ビタミン B_{12} (= vitamine B_{12})(抗悪性貧血性ビタミン).

cyanogène *n.m.* 〖化〗シアン, ジシアン (NC-CN;猛毒性の気体).
——*a.* 〖医〗チアノーゼをひきおこす.

cyanophycée *n.f.* 〖生〗藍藻〔類〕(= cyanophyte, cyanobactérie).

cyanophyte *n.f.* 〖生〗藍藻〔類〕(= cyanobactérie, cyanophycée).

cyanopsie *n.f.* 〖医〗青視症.

cyanosé(e) *a.* 〖医〗チアノーゼ症状を呈した, チアノーゼを起こした. peau ~ チア

ノーゼ症状を呈した皮膚.
cyanose [sjanoz] *n.f.* 【医】チアノーゼ.
cyanuration *n.f.* 【治】シアン化法, 青化法.
cyanure *n.m.* 【化】シアン化物. ~ de potassium シアン化カリウム《俗称「青酸カリ」》. ~ d'argent シアン化銀. ~ d'or シアン化金.
cyber- [sibɛr] (<*cyber*nétique) ELEM「インターネット Internet の」の意(*ex.* ~ -café [sibɛrkafe] インターネット=カフェ).
cyberbouquin *n.m.* 【情報処理】シベールブーカン, 電子本(=livre électronique, livre numérique, e-livre, e-Book).
cyberboursier(ère) *n.* 【経済】コンピュータ利用相場師, パソコン利用株式仲買人.
cyber[-]café *n.m.* サイバー・カフェ《パソコンを設備したカフェ》.
cyber-campagne *n.f.* インターネット上での選挙キャンペーン.
cyber card [英] *n.f.* 電子銀行カード, サイバーカード. chiffrement du code dans le lecteur ~ サイバーカード読取器のコードの数字処理.
cybercitoyen(ne) *n.* インターネット市民.
cybercommerce *n.m.* 【商業】インターネット利用商取引, インターネット通販, 電子商業(=commerce électronique).
cybercommissariat *n.m.* インターネット利用犯罪対策警察署.
cyberconsommation *n.f.* 電子購買消費, インターネット利用購買消費.
cybercriminalité *n.f.* コンピュータ(インターネット利用)犯罪. lutte contre la ~ コンピュータ犯罪防止対策.
cyberculture *n.f.* インターネット文化.
cyberdéclaration *n.f.* (所得税など の)コンピュータネットワーク利用申告, 電子申告.
cyberdépendance *n.f.* 【情報処理】パソコン依存症, パソコンマニア;インターネット依存症.
cyberélecteur(trice) *n.* インターネット利用選挙人《有権者, 投票人》.
cyberespace *n.m.* 【情報処理】サイバースペース(=[英] cyber-space:コンピュータ・ネットワークで構築されるディジタル化情報世界;cybermonde);仮想現実的空間.
cyberindustrie *n.f.* 【情報】サイバー産業《インターネットや仮想現実, 人工頭脳等を利用した産業》.
cyberlecteur(trice) *n.* インターネット利用読者.
cyberlibrairie *n.f.* インターネット書店.
cybermagazine *n.m.* シベールマガジン《インターネット利用雑誌》.

cybermarché *n.m.* 【商業】インターネット利用市場(www.telemarkat.fr;www.ooshop.com;www.houra.fr;www.c-mescourses.com など).
cybermarketing [英] *n.m.* サイバーマーケティング《インターネット利用のマーケティング》.
cybermonde [sibɛr-] *n.m.* 【情報】インターネット空間, サイバースペース(=[英] cyber-space)《インターネット上の仮想空間》.
cybernaute *n.* 【情報処理】インターネット利用者.
cybernéticien(ne) *n.* サイバネティックス専門家《学者》.
—*a.* ~の.
cybernétique [sibɛrnetik] (<[英] cybernetics) *n.f.* サイバネティックス《動物と機械における通信と制御に関する総合科学》, 情報科学(= [science] informatique).
cyberpatient(e) *n.* 【医】《遠隔医療 télémédecine で, ネットワーク上のディスプレーなどに表示される》情報化された患者.
cyberpirate *n.m.* 【情報処理】ハッカー(=[英] hacker).
cyberpolice *n.f.* コンピュータ(インターネット)利用犯罪対策警察.
cyberrévolution *n.f.* 【情報処理】情報化革命, 情報革命.
cybersanté *n.f.* 【医・薬】インターネット利用保健《業》. Les groupes pharmaceutiques s'essaient à la ~. 製薬グループがインターネット保健業を試みようとしている.
cybersexe *n.m.* サイバーセックス, インターネット利用ポルノ.
cyberspatial(ale)(pl.aux) *a.* サイバースペース (cyberespace) の《コンピュータ・ネットワーク上の仮想空間の》.
cyberterrorisme *n.m.* 【情報】サイバーテロリズム, インターネット・テロ《コンピュータ利用テロ》.
cybertraque *n.f.* 【情報処理】ネットワーク上の人間狩り.
cybervigie *n.f.* 【情報】通信衛星利用位置監視システム, GPS利用監視システム.
cyborg (=[英] *cyber*netic *org*anism) *n.* サイボーグ(=créateur cybernétique), ロボット.
cycas [-s] *n.m.* 【植】蘇鉄(そてつ) (=cycadales) 《蘇鉄科》.
cyclable *a.* 自転車専用の. piste ~ 自転車専用道路《車線》.
cyclamate (< *cycl*ohexyle sulf*amate*) *n.m.* 【化】シクラメイト, チクロ《無栄養の人工甘味料;蔗糖の25~30倍の甘味;禁止薬物;cyclohexyl sulphamate シクロヘキシル・スルファメイト》.
cyclamen [-mɛn] *n.m.* **1**【植】シクラ

メン. ~ cultivé 栽培シクラメン. ~ d'Europe ヨーロッパ・シクラメン. ~ de Perse ペルシャ・シクラメン. ~ nain 矮性シクラメン. ~ sauvage de montagne 高山の野生シクラメン.
2 〖香料〗シクラメン.
——*a.inv.* シクラメン色(桃色・モーヴ・薄紫色の). robes ~ シクラメン色のドレス.

cyclane *n.m.* 〖化〗シクラン, シクロパラフィン (cycloparaffine).

cycle¹ *n.m.* **1** 循環；周期；サイクル；回路. 〖内燃機関〗~ à quatre temps 4〔衝程〕サイクル. 〖熱工学〗~ de Carnot カルノー・サイクル. ~ de l'azote (du carbone) 窒素(炭素)循環. ~ du combustible nucléaire 核燃料サイクル. ~ d'entretien 保守点検周期. ~ d'érosion fluviale 河食輪廻. ~ de régénération du combustible nucléaire 核燃料増殖サイクル. ~ des saisons 季節の循環. ~ économique 景気循環. ~ fermé 閉じた回路. ~ génital (sexuel) 性周期. ~ hydrologique 水文循環. 〖理〗~ limite リミット・サイクル. ~ menstruel 月経周期. ~ neutronique 中性子サイクル. ~ œstral 発情周期. 〖電〗~ par seconde サイクル毎秒 (略記 cps, c/s ; hertz ヘルツ). ~ tricarboxylique トリカルボン酸サイクル, TCA サイクル.
2 〖天文〗循環期, 周期. ~ d'éclipse 食の循環. ~ de tache 黒点周期. ~ lunaire 太陰循環期 (9年). ~ solaire 太陽循環期 (28年).
3 〖数〗サイクル, 輪体.
4 〖化〗環. ~ hexagonal 六員環.
5 〖植〗~ floral 花葉.
6 〖文史〗(共通の主題・人物をめぐる物語・叙事詩の) 作品群(系). ~ d'Arthur (arthurien) アーサー王物語群. ~ breton ブルターニュ物語系.
7 〖教育〗教育課程 (= ~ d'études).
a) 〖中等教育〗premier ~¹ 第1課程 (classe de 6ᵉ ~ 3ᵉ ; 11-15歳). deuxième (second) ~¹ 第2課程 (classe de 2ᵉ ~ 1ᵉʳᵉ et classe terminale ; 15-18歳).
b) 〖大学教育〗premier ~¹ 第1課程 (大学1, 2年次の基礎教育課程). deuxième (second) ~² 第2課程 (大学3, 4年次；専門教育・学士・修士課程). troisième ~ 第3課程 (博士課程). doctorat (thèse) de troisième ~ 第3課程博士 (博士論文). faire un troisième ~ 大学第3課程に在学する.

cycle² *n.m.* **1** 2輪車 (bicyclette「自転車」, motocycle「原付2輪車」など)；〖稀〗3 (4) 輪車. ~ à 2人乗り自転車 (=tandem). ~ à moteur 原付2輪車. ~ à quatre roues 4輪車 (=quadricycle). ~ à trois 3輪車；オート3輪 (=tricycle). fabricant de ~s 自転車製造業者. marchant de ~s 自転車販売業者 (= vélociste).
2 原付2輪車 (=cyclomoteur).

cyclique *a.* **1** 周期的な, 循環的な.〖経済〗crise ~ 周期的恐慌.〖医〗folie ~ 循環精神病.〖医〗maladie ~ 周期性疾患. phénomènes ~s 周期的現象.
2 〖天文〗循環年期の, 天文周期の. année ~ 循環年.
3 〖化〗環式の, サイクリック. AMP (= *a*dénosine *mono*phosphate) ~ サイクリック AMP (アデノシン一燐酸). composé ~ 環式化合物. polimérisation ~ 環化重合. série ~ 環式化合物系列.
4 〖植〗輪生の, 環状の. fleur ~ 輪生花.
5 〖音楽〗循環の. forme ~ 循環形式. thème ~ 循環テーマ.
6 〖文史〗(詩・物語が) 同一テーマの；同一主人公の. personnages ~s 同一登場人物群.
7 〖数〗円の；輪体の, 巡回の.〖電算〗code ~ 巡回コード. groupe ~ 巡回群.

cyclisme *n.m.* **1** サイクリング, 自転車に乗ること；自転車旅行 (=cyclotourisme).
2 自転車競技. ~ professionnel 競輪, プロの自転車競技. Fédération *f*rançaise du (FFC) フランス自転車協議会連盟 (1979年設立；前身は1881年創立の l'*U*nion *v*élocipédique de *F*rance (UVF) フランス・ヴェロシペード連合). *U*nion *i*nternationale de ~ (UIC) 国際自転車競技連合.

cycliste *a.* 自転車の；自転車競技の. course ~ 自転車競技.
——*n.* **1** 自転車に乗る人, サイクリスト, サイクラー.
2 自転車競技選手.
3 自転車利用配達者 (=livreur à bicyclette)；自転車利用警官 (=agent de police à bicyclette).
——*n.m.* 〖衣〗(自転車競技選手が着用する体にフィットした) 半パンツ, シクリスト (= cuissard).

cyclite *n.f.* 〖医〗毛様体炎.
cycloaddition *n.f.* 〖化〗環式化合物.
cycloalcane *n.m.* 〖化〗シクロアルカン (C_nH_{2n} ; シクロパラフィン cycloparaffine).
cycloalcène *n.m.* 〖化〗シクロアルケン (C_nH_{2n-2}).
cyclocoagulation *n.f.* 〖医〗毛様体冷凍凝固術.
cyclo-cross [sikrɔkrɔs] *n.m.* 〖スポーツ〗自転車のクロスカントリー〔レース〕.
cyclocryothérapie *n.f.* 〖医〗毛様体冷凍術.
cyclogenèse *n.f.* 〖気象〗低気圧の発生.
cyclohexane *n.m.* 〖化〗シクロヘキサン (C_6H_{12} ; シクロパラフィンの一種. hexaméthylène, hexahyrobengène ともいう).
cycloheximide *n.m.* 〖化〗シクロヘキシミド (殺菌用農薬).

cyclohexylamine n.f.【化】シクロヘキシルアミン《殺虫剤・腐食防止剤・劣化防止剤》.

cycloïdal (**ale**)(pl. **aux**) a.【数】サイクロイド(cycloïde)の. courbe ~ale サイクロイド曲線.

cycloïde n.f.【数】サイクロイド.

cyclomoteur n.m. ミニ〔モーター〕バイク《排気量50cc未満の原動機付二輪車.「シクロ」cycloと略称される》.

cyclone n.m. **1**【気象】低気圧(=dépression), サイクロン(anticyclone「高気圧」の対). ~ tropical 熱帯低気圧. **2** 暴風雨, 旋風(=tornade), ハリケーン(=ouragan), 台風(=typhon). l'œil du ~ 台風の目. **3**《比喩的》つむじ風のようにあわただしい人(出来事). arriver comme un ~ 疾風のように(=en trombe). **4**(工業用)集塵(除煙)装置;サイクロン式掃除機(=aspirateur à ~s).

cyclonique a.【気象】サイクロンの;低気圧の(=cyclonal).

cyclopentadiène n.m.【化】シクロペンタジエン《コールタールの分溜により生じる液体;プラスチック製造原料》.

cyclopentane [siklopɛ̃tan] n.m.【化】シクロペンタン《シクロパラフィンの一種. pentaméthylèneともいう》.

cyclophosph**amide** n.m.【薬】シクロホスファミド《略記CPA;免疫抑制薬・抗腫瘍薬》.

cyclopie[ギ](<《ギ神話》C~ キュクロプス〔一つ目の巨人〕) n.f. **1** 巨人. **2**【医】単眼奇形. **3**【甲殻】けんみじんこ.

cycloplégie n.f.【医】(目の)毛様体筋麻痺.

cyclopropane n.m.【化】シクロプロパン, サイクロプロペン(C_3H_6;吸入麻酔薬).

cyclos**érine** n.f.【薬】サイクロセリン《略記CS;化学的の結核治療薬》.

cyclosporine n.f.【薬】シクロスポリン《臓器移植の拒否反応・免疫反応を抑える医薬品》.

cyclothymie n.f.【医】循環性格《躁鬱が周期的に循環する性格》.

cyclotourisme n.m. 自転車旅行(=randonnée à vélo, randonée cycliste). Semaine fédérale de ~ 自転車旅行連盟週間《8月》.

cyclotron n.m.【物理】サイクロトロン.

cygne n.m. **1**【鳥】白鳥. ~ d'Avon エーヴォンの白鳥《Shakespeare》. ~ noir 黒鳥. blancheur de ~ 輝くような白色. chant du ~ 白鳥の最期の啼声;【文】芸術家の最後の傑作. coup de ~[1] すらりとした首. **2**【天文】le C ~ 白鳥座. **3** 白鳥の綿毛(=duvet de ~). **4** bec de ~ 白鳥の嘴状の蛇口. col de ~ (白鳥の首のように)湾曲した管.

cylindraxe, cylindre-axe n.m.【解剖】(神経細胞の)軸索(=axone), 神経繊維.

cylindre n.m. **1** 円柱, 円筒;【幾何】柱(ちゅう), 筒(とう). ~ central (植物の)中心柱. ~ circulaire (de révolution) 円柱. directrice (génératrice) du ~ 円柱の準線(母線). volume du ~ 円柱容積($\pi R^2 h$). **2** (蒸気機関・内燃機関の)シリンダー, 気筒. ~ à plat (en ligne, en V) 水平(直列, V型)配置気筒. moteur à huit ~s disposés en V V型8気筒エンジン. volume des ~s d'un moteur エンジンの気筒容量.《話》un n ~s n 気筒のエンジン. une 6 ~s 6気筒エンジン搭載の自動車. **3**【機械】ローラー, ロール;シリンダー;輪転機の回転胴, 輪転胴;印刷胴;ポンプ胴. ~ à air 空気シリンダー. ~ à tôle 板材圧延ロール. ~ compresseur コンプレッサー・シリンダー. ~ de laminoir 圧延ロール(= ~ lamineur). ~ du blooming 分塊圧延ロール. ~ d'une machine à écrire タイプライターのシリンダー. ~ d'une orgue de Barbarie (d'une boîte à musique) 手廻しオルガン(ジュクボックス)のシリンダー. ~ d'une pompe ポンプのシリンダー. ~ de révolver リボルバー式拳銃の回転式弾倉. ~ forgeur 鍛造ロール. **4** (管楽器の)シリンダー, 筒. **5** 筒形のもの. bureau à ~ シリンダー・デスク《蛇腹式の蓋付き机》. **6**【生理】円柱. ~s épithéliaux 上皮円柱. ~s hyalins ガラス質円柱. ~s muqueux 粘液円柱. ~s urinaires 尿円柱. **7**【考古】円筒印章.

cylindrée n.f.【機械】(ピストンの)行程体積;気筒容積, 排気量;(エンジンの)総排気量(= ~ totale). une ~ de six litres 総排気量6 l. une grosse (petite) ~ 大(小)排気量の自動車, 大(小)型車.

cylindroïde a. 円筒様の, 円筒状の. patte ~ du cheval 馬の円筒様脚. protubérances ~s 円筒状隆起.
—n. 円筒様(状)のもの.
—n.m.【幾何】曲線柱, 楕円柱.

cylindrome n.m.【医】(眼窩内の)円柱腫.

cylindrurie n.f.【医】尿円柱症.

cymbale n.f.〔多く pl.〕【音楽】シンバル. donner un coup de ~s シンバルを鳴らす;《比喩的》人々の注意を喚起する.

cyme n.f.【植】集散花序.

cynégétique a. 狩猟の. gestion ~ du gibier 野鳥獣の狩猟管理. groupement d'intérêts ~s 狩猟利益団体《略記GIC》. société ~ 狩猟協会. tir ~ 銃による狩猟.
—n.f. 狩猟術.

cynique a. **1**【古代ギリシア哲学】キニク学派の, 犬儒派の《道徳, 習慣などを蔑視

する).
2〔蔑〕犬儒派的な；シニカルな，冷笑的な．
— *n*. **1**〔哲史〕les ~*s* キニク学徒．**2** シニカルな人，冷笑家，皮肉屋．

cynophile *n*. 愛犬家．
— *a*. 犬を愛する，愛犬の．〖軍〗formation ~ 軍用犬養成訓練．

cyphoscoliose *n.f.* 〖医〗脊椎後彎側彎〔症〕．

cyphose *n.f.* 〖医〗脊柱後彎．~ de Pott ポット脊柱後彎．~ juvénil 若年性脊柱後彎，若年性円背．

cyphotique *a*. 〖医〗脊柱後彎症の，円背症の．

cyprès [siprɛ] *n.m.* 〖植〗糸杉．allée de ~s 糸杉の並木道．〖植〗~ chauve ヌマスギ．

cyprinidés *n.m.pl.* 鯉科〔の魚類〕(carpe 鯉, barbeau バルボー, gardon ガルドン, tanche タンシュなど).

cypriote [siprjɔt], **chypriote** [ʃiprijɔt] *a*. キプロス島(île de Chypre) の．
— *n*. キプロス島の住民．

cyprotérone *n.f.* 〖薬〗シプロテロン(抗男性ホルモン薬；前立腺癌治療薬；薬剤製品名 Androcur (*n.m.*)).

cyrillique (<saint Cyrille [827 頃-869]) *a*. キリルの．alphabet ~ キリル字母(聖キリルが考案したと伝えられるスラヴ文字).
— *n.m.* キリル字母(=alphabet ~).

cyst[o]- 〔ギ〕ELEM「膀胱」の意 (*ex. cysto*scope 膀胱鏡).

cystadénome *n.m.* 〖医〗囊腺腫；囊腫(=cystome). ~ mucineuse 粘液性囊胞腺腫．

cystalgie *n.f.* 〖医〗膀胱痛．

cyste *n.m.* 〖医〗囊胞(=kyste).

-cyste 〔ギ〕ELEM「囊，空洞」の意 (*ex.* blasto*cyste* 胚盤胞).

cystectomie *n.f.* 〖医〗膀胱切除(摘出)〔術〕．~ totale 膀胱全摘出〔術〕．

cystéine *n.f.* 〖化〗システイン(蛋白質内の含硫アミノ酸の一種).

cysti- 〔ギ〕ELEM「膀胱，囊」の意 (*ex. cysti*te 膀胱炎).

cysticercose *n.f.* 〖医〗有鉤条虫症；囊虫症(=landrerie).

cystine *n.f.* 〖化〗シスチン(含硫アミノ酸の一種；$C_6H_{12}N_2O_4S_2$).〖医〗~ calcaire シスチン結石．

cystinose *n.f.* 〖医〗シスチノーシス(シスチン結晶沈着症).

cystinurie *n.f.* 〖医〗シスチン尿〔症〕．

cystique *a*. 〖解剖・医〗**1** 膀胱 (vessie) の；囊胞性の. cystite — 囊胞性膀胱炎, 慢性膀胱炎. lymphangiome — 囊胞性リンパ管腫．
2〔稀〕胆囊の，胆管の (=vésiculaire). canal ~ 胆管(胆囊と肝管を結ぶ).

cystite *n.f.* 〖医〗膀胱炎 (膀胱カタル). ~ aiguë 急性膀胱炎．~ allergique アレルギー性膀胱炎．~ chronique 慢性膀胱炎．~ tuberculeuse 結核性膀胱炎, 膀胱結核．

cystocèle *n.f.* 〖医〗膀胱瘤．

cystographie *n.f.* 〖医〗膀胱造影術〔法〕, 膀胱撮影法．

cystolithe *n.m.* 〖医〗膀胱結石．

cystolithotripsie *n.f.* 〖医〗膀胱砕石術(膀胱内結石を細かく砕いて取り出す治療法).

cystomanométrie *n.f.* 〖医〗膀胱内圧測定〔法〕(=cystométrie).

cystome *n.m.* 〖医〗囊腫(のうしゅ)；囊腺腫(=cystodénome). ~ ovarien 卵巣囊腫．

cystométerie *n.f.* 〖医〗膀胱内圧測定〔法〕(膀胱機能検査のひとつ).

cystoplastie *n.f.* 〖医〗膀胱形成術．

cystoscope *n.m.* 〖医〗膀胱鏡．

cystoscopie *n.f.* 〖医〗膀胱鏡検査．

cystostomie *n.f.* 〖医〗膀胱瘻〔孔〕設置術, 膀胱造瘻術．

cystotomie *n.f.* 〖医〗膀胱切開〔術〕．

cystourétoscope *n.m.* 〖医〗膀胱尿道鏡．

cyt[o]- [sit(ɔ)] ELEM「空洞, 細胞」の意 (*ex. cyto*logie 細胞学；mélano*cyte* 黒色細胞, メラノサイト).

cytale *n.m.* シタール(フランスの電子ブック). C~ S.A. シタール株式会社(電子ブックの製造販売元；1998 年 4 月設立).

cytaphérèse *n.f.* 〖医〗血液成分離法, シタフェレーシス(採取血液から白血球や血小板など特定の成分を抽出し, 残りは供血者に戻す治療法).

-cyte 〔ギ〕ELEM「細胞, 空洞」の意 (*ex.* ostéo*cyte* 骨細胞).

cytidine *n.f.* 〖生化〗シチジン, シトシンリポシド．~ diphosphate シチジン二燐酸 (CDP). ~ monophosphate シチジン一燐酸 (CMP), シチジル酸 (=acide cytidilique). ~ triphosphate シチジン三燐酸 (CTP).

cytoarchitecture *n.f.* 〖生〗細胞構築．

cytobactériologique *a*. 〖医〗細菌の. examen ~ 細胞細菌検査. examen ~ des urines 尿の細胞細菌検査 (ECBU と略記).

cytobiologie *n.f.* 細胞生物学 (=biologic cellulaire).

cytochimie *n.f.* 〖医〗細胞化学．

cytochrome *n.m.* 〖生化〗シトクロム(細胞内のヘム蛋白質の総称). ~ oxydase シトクロムオキシダーゼ. ~ peroxidase シトクロム・ペルオキシダーゼ(酵素の一種). ~ réductase シトクロム・レダクターゼ(シトクロムを受容体とする酵素).

cytocinèse, citokinèse *n.f.* 〖生〗細胞質分裂.

cytodiagnostic *n.m.* 〖医〗細胞診；癌の細胞診 (=~ du cancer).
cytofluométrie *n.f.* 〖生〗細胞蛍光測定〔法〕.
cytogénétique *n.f.* 〖医〗細胞遺伝学.
cytokine *n.f.* 〖生化〗シトキーヌ，サイトカイン；インターロイキン (=interleukine), リンホカイン (=lymphokine).
cytologie *n.f.* 〖生〗細胞学，細胞生物学 (=biologie cellulaire). 〖医〗~ pathologique humaine 人体細胞病理学.
cytologique *a.* 細胞学の. examen ~ 細胞検査，細胞診.
cytologiste, cytologue *n.* 細胞学者.
cytolyse *n.f.* 〖生〗細胞崩壊，細胞溶解，細胞融解.
cytolytique *a.* 〖生・医〗細胞溶(分)解の. toxine ~ 細胞溶解毒素 (溶血毒，白血球毒など).
——*n.m.* 細胞溶(分)解物質.
cytomégalique *a.* 〖医〗サイトメガロウイルス〔性〕の. maladie des inclusions ~s サイトメガロウイルス包含疾患，サイトメガロウイルス感染症.
cytomégalovirose *n.f.* 〖医〗サイトメガロウイルス感染症.
cytomégalovirus [sitɔmegalovirys] *n.m.* 〖生・医〗巨細胞ウイルス，サイトメガロウイルス (諸器官の巨大化をひきおこすヘルペスウイルス，CMV と略記). infection de ~ サイトメガロウイルス感染症.
cytopathologie *n.f.* 〖医〗細胞質病理学.
cytopathologiste *n.* 〖医〗細胞病理学者.
cytophylactique *a.* 〖医〗細胞活性法の(による). traitement ~ (ポリオの治療の) 細胞活性化治療.
cytophylaxie *n.f.* 〖医〗細胞活性化療法 (ポリオなどの治療法. ミネラルウォーターや塩化マグネシウム溶液を飲用させ，細胞を活性化させるもの).
cytoplasme *n.m.* 〖生〗細胞原形質，細胞質 (= [旧称] protoplasme).
cytoplasmique *a.* 〖生〗細胞質の，細胞形質の. gène ~ 細胞質遺伝子. granule ~ 細胞質顆粒，細胞質顆粒. hérédité ~ 細胞質遺伝.
cytoponction *n.f.* 〖医〗穿刺細胞学.
cytosine *n.f.* 〖生化〗シトシン (DNA, RNA の構成塩基の一つ；$C_4H_5N_3O$).
cytosquelette *n.f.* 〖生〗細胞骨格.
cytostatique *a.* 〖医〗細胞の増殖を抑制する.
——*n.m.* 〖薬〗細胞増殖抑制剤.
cytotoxicité *n.f.* 〖生化・医〗細胞傷害性 (細胞毒性物質による細胞破壊性).
cytotoxine *n.f.* 細胞毒 (細胞に作用する毒素生産菌の毒物).
cytotoxique *a.* 〖生・医〗細胞毒〔性〕の，細胞傷害性の. cellule T ~ 細胞傷害性 T 細胞，キラー T 細胞 (= [英] killer T cell). lymphocyte T ~ 細胞傷害性 T リンパ球 (= [英] cytotoxic T lymphocyte；CTL と略記). médicament ~ 細胞毒製剤. œdème ~ 細胞傷害性浮腫.
cytoxicité *n.f.* 〖生〗細胞傷害；細胞毒性. épreuve de ~ 細胞傷害試験 (細胞の傷害度を測定する免疫学的試験法)，細胞傷害テスト，細胞毒性試験.
czar ⇨ tsar
czardas ⇨ csardas

D

D¹, d *n.m.inv.* フランス語字母の第4字.
D²〖略記・略号〗**1** (ローマ数字の) 500 (D は 5,000, D は 50,000). MDXVI=1516.
2 〖化〗*d*eutérium「ジュウテリウム, 重水素」の元素記号.
3 〖物理〗*d*ebye「デバイ」の記号 (電気双極子モーメントの単位).
4 〖音楽〗〖古〗ニ音, ニ調 (=ré; 英・独では現用).
5 〖自動車〗ドイツ *D*eutschland を示す国籍識別記号.
6 (<*d*ébrouillard) *a.* 〖話〗機敏な, 抜け目のない; 臨機応変の. 〖話〗système ~ 要領のよい (抜け目のない) やり方.

D2-Mac *n.m.* 高品位テレヴィジョン (TVHD) 放送用の規格 (走査線 1250 本). la norme ~ D 2-Mac 規格. émettre en ~ D 2-Mac 規格で放送する.

DA¹ (=*d*éfense *a*érienne) *n.f.* 防空, 防衛空軍. Mirage 2000 ~ 防空用ミラージュ 2000 型戦闘機.

DA² (=*d*ivision *a*lpine) *n.f.* 〖軍〗(フランスの) 山岳師団.

DAB (=*d*istributeur *a*utomatique de billets) *n.m.* 自動紙幣引出機.

DAC¹ (=〖英〗*D*evelopment *A*ssistance *C*omittee) *n.m.* 開発援助委員会 (=〖仏〗CAD: *C*omité d'*a*ide au *d*éveloppement) (1960 年発足の OCDE/OECD の下部機関).

DAC² (=〖英〗*d*igital-to-*a*nalogue *c*onverter) *n.m.* 〖音響, 情報処理〗D/A 変換器 (ディジタル信号をアナログ信号に変換する装置; =〖仏〗convertisseur numérique analogique).

dacron 〖商標〗*n.m.* ダクロン (ポリエステル系合成繊維).

dacryoadénite *n.f.* 〖医〗涙腺炎. ~ aiguë (chronique) 急性 (慢性) 涙腺炎.

dacryocystite *n.f.* 〖医〗涙嚢炎. ~ aiguë 急性涙嚢炎.

dacryocystorhinostomie *n.f.* 〖医〗涙嚢鼻腔吻合術.

dactylo *n.* タイピスト (dactylographe の略称).

dactylo-, -dactyle 〖ギ〗 ELEM 「指」の意 (*ex.* dactylologie 手話法. ptérodactyle 指に翼を持つ).

dactylogramme *n.m.* 指紋像 (指紋 empreintes digitales の表示像).

dactylographe *n.m.* タイピスト (=dactylo).
──*n.m.* 〖カナダ〗タイプライター.

dactylologie *n.f.* 手話〖法〗.
dactyloscopie *n.f.* 指紋鑑定〖法〗.
DAEU (=*d*iplôme d'*a*ccès aux *é*tudes *u*niversitaires) *n.m.* 〖教育〗(大学入学資格試験合格者以外を対象とする) 大学教育適性資格; 大学教育適性資格所有者 (=diplômé ~).

daguerréotype (<Louis-Jacques Daguerre [1787-1851], 発明者) *n.m.* ダゲレオタイプ, 銀板写真〖機・術〗.

Daguestan (le), Daghestan (le) *n.pr.m.* ダゲスタン (公式名称 la République du *D* ~ ダゲスタン共和国; カスピ海西岸に位置するロシア連邦の自治共和国; 首都 Makhatchkala マハチカラ; 形容詞 daguestanais(*e*), daghestanais(*e*)).

dahlia *n.m.* 〖植〗ダリヤ. ~ à fleurs d'anémone アネモネ咲きダリヤ. ~ à fleurs doubles (simples) 八重 (一重) 咲きダリヤ. ~ cactus カクタス咲きダリヤ. ~ nain 倭性ダリヤ. ~ pompon ポンポン・ダリヤ (=liliput).

DAI (=*D*irection des *a*ffaires *i*nternationales) *n.f.* (フランス国防省の) 国際問題局.

daigner *v.t.* ~ +*inf.* …しようという気になる; …して下さる; …してやる. *Daignez* agréer, Madame, mes hommages. どうか私の賛辞をお受け下さい. *Daignez* agréer, Monsieur, l'expression de mes sentiments./*Daignez* recevoir, Monsieur, mes salutations respectueuses. 敬具 (手紙の末尾の文言). Le roi *a daigné* nous voir. 国王はわれわれに謁見を賜った. 〖皮肉〗Quand est-ce que tu vas ~ m'écouter? いつになったら私の言葉に耳を傾けて下さるおつもりかな? ne pas ~ +*inf.* …さえしてくれない; …することを潔しとしない. Il ne *daigne* rien faire. 彼は何ひとつしてくれようとはしない.

Dakota *n.m.* 〖航空〗ダグラス DC-3 の通称.

dalaï-lama (*pl.* ~-~s) 〖モンゴル〗 *n.m.* 〖宗教〗ダライ=ラマ (チベット仏教の教主). ~ XIV ダライ=ラマ 14 世 (1935- ; 在位 1940- ; 本名 Tenzin Gyasto; 1959 年インドに亡命; 1989 年ノーベル平和賞).

Dali 〖中国〗*n.pr.* 大理 (だい り), ダーリー (雲南の古都; 昔の南詔国, 大理国の首都).

Dalian, Talien 〖中国〗*n.pr.* 大連 (だいれん), ターリェン (遼寧省の港湾都市; 旧称 Lüda 旅大).

dallage *n.m.* タイル張り〖工事〗; 敷石

〔工事〕. ~ de marbre 大理石のタイル張り(敷石).

dalle n.f. **1** (石, 陶製, コンクリートなどの)薄板, タイル；タイル張り. ~ de marbre 大理石板. ~ de trottoir 歩道の敷石. ~ d'un couloir 廊下の敷石. ~ funèbre (funéraire, tumulaire) 平墓石《床, 壁面にはめこむ墓石版).
2 薄板(タイル)状のもの. ~ de pelouse 芝生張り.
3 〖地学〗滑面の岩のプレート；〖登山〗滑面岩盤.
4 〖料理〗魚の薄い切身(=darne). une ~ de colin 鱈(たら)の切身.
5 〖建〗(柱, 壁の上に張る)頂板. ~ de verre ガラスの頂板. plancher-~ 頂板張りの床.
6 〖土木〗(木, 金属製の)排水溝.
7 〖林業〗~ humuide 筏.
8 〖俗〗咽喉, のど(=gorge, gosier). avoir la ~ 腹ぺこである. avoir la ~ en pente 飲んべえである. se rincer la ~ 一杯やる.

daltonisme [daltonism] (< John Dalton [1766-1844], イギリスの化学・物理学者) n.m. 〖医〗二色型色覚〔色盲〕.

DAM[1] (=Direction des applications militaires) n.f. 軍事利用局. la ~ du CEA フランス原子力庁軍事利用局.

DAM[2] (=division aéromobile) n.f. 〖軍〗空輸機動師団.

Damas [-ma] n.pr.m. ダマスカス《シリア la Syrie の首都). chemin de ~ 《ダマスカスへの道→)改宗(翻意)の契機《使徒行伝第 9 章).

damas [-ma] n.m. **1** 〖織〗ダマスク織(両面に同じ模様ができるダマスカス原産の絹織物)；ダマスク風の綾織物. ~ broché 錦織のダマスク. ornements d'église en ~ 教会堂装飾.
2 〖冶〗ダマスク鋼《波紋の浮き出た手打ち合金鋼)；ダマスク鋼の剣(=sabre à lame de ~).
3 〖植〗ダマスカス原産の西洋すもも(prunus)(接木の台木用).

dame n.f. 〖Ⅰ〗(女性) **1** 婦人(成人女性に対する丁寧語). Bonjour, Messieurs ~s. 「旦那さま奥さま今日は」(商人などの挨拶). La D ~ aux camélias d'Alexandre Dumas fils アレクサンドル・デュマ・フィスの『椿姫』(小説 1848 年；戯曲 1852 年).
~ de lavabo (de vestiaire) トイレ(クローク)係の女性. ~ de petite vertu 娼婦. petite ~ お妾さん. vêtements pour ~s 婦人服. Il était en compagnie d'une ~. 彼は女性と一緒にいた. Qui est cette ~ ? あのご婦人はどなたですか？
2 貴婦人；上流婦人. ~ de charité 慈善事業をする上流婦人(=~ patronnesse). 〖謔〗les belles ~s 酒落た身なりの上流婦人. grande ~ 立派な婦人. 〖話〗faire la

(grande) ~ 貴婦人ぶる. la première ~ de France フランス共和国大統領夫人. la première ~ d'un pays 一国のファースト・レディー.
3 (英国の)デイム《knight に相当する勲位を得た婦人に対する敬称；knight または baronet の夫人に対する敬称).
4 〖古〗(領主・貴族の)奥方, 姫；騎士が忠誠を誓った貴婦人；女神. 〖美術〗la D ~ à la licorne 『一角獣を伴う貴婦人』(le Goût, l'Odorat, l'Ouïe, A mon seul désir, le Toucher, la Vue の 6 面から成るタピスリー；1480年-1500 年；パリのクリュニー美術館所蔵).
〖北欧神話〗la D ~ blanche 白姫(幽霊). la D ~ du Ciel 聖母マリア. 〖話〗la ~ de ses pensées 彼の意中の女性. la D ~ fortune (justice) 運命(正義)の女神.
5 修道女. ~ de chœur 教会堂聖歌隊席に座ることのできる修道女(sœur converse 「平修道女」の対)；〖舞〗バレエの女性合唱隊員. ~s du Sacré-Cœur 聖心修道会の修道女.
6 既婚の女性 (demoiselle「未婚の女性」の対)；(召使から見た)奥様；妻(=épouse). 〖法律〗affaire de la ~ X contre le sieur Y X 夫人の Y 氏に対する訴訟事件. C'est une ~ ou une demoiselle? あの女性は既婚ですか未婚ですか？ Et votre ~, ça va? ところであなたの奥さんはお元気ですか？ Ma petite (bonne) ~. ねえ君「妻への呼びかけ」.
7 〖スポーツ〗[pl. で]女子 (messieurs「男子」の対). 100 mètres nage libre ~s 女子 100 メートル自由形競泳. la finale ~s 女子決勝戦. malathon ~s 女子マラソン.

〖Ⅱ〗(転義) **1** (トランプの)クィーン；(チェスの)女王(=reine)；(チェッカーで歩の)成王；(トリックトラックの)駒. 〖トランプ〗~ de trèfle クローバーのクィーン. la D ~ de pique de Pouchkine プーシキンの『スペードの女王』(1834 年).
aller à ~ (歩が)成る；〖やや古〗ぶっ倒れる. envoyer à ~ ぶっ倒す. mener un pion à ~ (チェス・チェッカーで)歩を成らす. courtiser (taquiner, peloter) la ~ de pique トランプに夢中である.
2 [pl. で]チェッカー(=jeu de ~s). jouer aux ~s チェッカーをやる.
3 〖土木〗(地面を突き固める)突き棒, ドロップハンマー, たこ.
4 〖土木〗(水路工事中に仮設する)防水壁, 堰.
5 〖海〗~ de nage オール受け.
6 〖話〗~ blanche 白葡萄酒の壜. ~ verte アプサント(=absinthe).
7 〖冶〗高炉の出滓口.
8 〖地学〗煙突岩, 柱状岩.

damier n.m. **1** チェッカー盤.
2 市松模様. étoffe en ~ 市松模様の布地. jupe à ~s 市松模様の布地のスカート.
3 〖建築〗(敷石, タイルなどの)市松〔仕上〕.

dalle en ~ 市松模様の敷石.
4 〖都市計画〗格子状パターン. rues en ~ 格子状の道路網.

damnation (<damner) *n.f.* 永遠の断罪, 劫罰（ごうばつ）, 地獄堕ち; 地獄の責苦. La D~ de Faust de Berlioz ベルリオーズの『ファウストの劫罰』(1828-46 年). condamner à la ~ 劫罰を受けさせる; 地獄に堕す.
——*int.* 畜生（憤怒, 絶望などを表す）.

Dandong ［中国］*n.pr.* 丹東（たんとう）, タントン（遼寧省鴨緑江岸; 北朝鮮との国境に位置する都市）.

Danemark (le) *n.pr.m.* ［国名通称］デンマーク《公式表記: le Royaume du D~ デンマーク王国; 国民: Danois(e); 首都: Copenhague コペンハーグ, クペンハウン（現地表記 København）, コペンハーゲン（英語表記 Copenhagen）; 通貨: couronne danoise [DKK]》.

danger *n.m.* 1 危険; 危機; 不都合, 害毒; 懸念, 心配. ~s de la guerre 戦争の災禍. ~ de mort 死の危険 (= ~ mortel, ~ de mourir). ~ grave; grave ~ 重大危険. ~ inévitable 不可避の危険. ~ imminent さし迫った危機. ~ pour la sécurité nationale 国家の安全に対する危機. abri contre le ~ 避難所. signal de ~ 危険信号. situation pleine de ~s 危険が一杯の状況. en cas de ~ 危急の場合には. affronter le ~ 危険に直面する. courir un ~ 危険を冒す. craindre le ~ 危険を恐れる. être en ~ 危険である, 危機に直面している. être en ~ de+*inf.* …しかねない, ~ する恐れがある. être hors de ~ 危険な状態を脱している. mettre *qch* en ~ 何を危険にさらす. se trouver en ~ de mort 死の危機に直面している. sortir sain et sauf d'un ~ 危険な状態から無事脱却する. tirer *qn* d'un ~ 危険から人を救出する. Il y a un ~ à+*inf.* …するには危険が伴う. Il y a ~ que [+ne] +*subj.* …する恐れがある. 〔話〕Il n'y a pas de ~! 心配無用. C'est un ~ public. はた迷惑な人だ. 〔間投詞的に〕D~! 危ない!
2 〖海〗（航行の障害となる）暗礁, 岩礁. bouées indiquant les ~s à éviter 避けるべき暗礁を示すブイ.

dangereux(se) *a.* 〔時に名詞の前〕1 危険な; 危険を伴う; 危機に瀕した. ~ posture 危険な立場. activités et choses ~ses 危険な活動および物. aventure (exploration) ~se 危険を伴う冒険（探検）. blessure ~se 瀕死の重傷. côte ~se à la navigation 航行に危険な沿岸. entreprise ~se 危険を伴う企て. établissements ~ 危険施設. liaisons ~ses 危険な関係. maladie ~se 危険な疾病. rivière ~se à traverser 渡るのが危ない川. zone ~se 危険地帯.
Il est ~ de+*inf.* …するのは危険である.

2 (人・動物が) 危険な, 有害な, 危害を加える. ~ séducteur 危険な誘惑者. individu ~ 危険人物. serpent ~ 毒蛇. C'est un type ~. あいつは危険な奴だ.
——*n.* 〔話〕危険人物.

dangerosité *n.f.* 危険性;〖精神医学〗(犯罪などを犯す) 危険度. fermé pour cause de ~ 危険性のために閉鎖.

danois(e) *a.* デンマーク (le Danemark) の, デンマーク王国 (le Royaume du Danemark) の; ~人の.
——D~ *n.* デンマーク人.
——*n.m.* 〖言語〗デンマーク語.

dansant(e) *a.* 1 (人が) 踊る, 〔比喩的〕(光・炎などが) 踊るような. démarche ~*e* 踊るような足取り. troupe ~*e* 踊る一隊.
2 舞踊用の. musique ~*e* ダンス音楽.
3 ダンスを楽しむ, ダンスの催しのある. soirée ~*e*（宵の）ダンスパーティー, 舞踏会. thé ~ お茶とダンス会.

danse *n.f.* 1 ダンス, 舞踊, 舞踏; 舞踏法. ~ classique 古典舞踊; 古典バレエ. ~ de salon (de société) 社交ダンス. ~ folklorique 民族舞踊. ~ libre 自由舞踊. 〖中世美術〗~ macabre 死の舞踏〔図〕. ~ sur glace アイスダンス. championnat de ~ ダンス選手権. cours de ~ ダンス教習. musique de ~ ダンス音楽, バレエ音楽. pas de ~ ダンス・ステップ; バレエのパ. salle de ~ ダンスホール. 〔比喩的〕avoir l'air à la ~ 張り切っている. entrer dans la ~ 踊りの輪に加わる; 踊り始める;〔比喩的〕集団行動の仲間に加わる; 活動を始める. exécuter une ~ ダンスを踊る. mener la ~ 先頭に立って踊る; (過激な行動の) 先頭に立つ. ouvrir (commencer) la ~ 最初に踊る;〔比喩的〕真っ先に行動する.
2 ダンス曲, 舞踏曲, 舞曲 (=musique de ~). ~ hongroise ハンガリア舞曲. suite de ~ 舞踏組曲.
3 〔話〕喧騒, 戦闘;〔俗〕折檻. Dans la ~! / En ~! さあ行動開始だ! Voilà la ~ qui va commencer. いよいよ戦闘開始だ. 〔俗〕donner (flanquer) une ~ à *qn* 人にこっぴどいお仕置きをする.
4 (動物の) 踊り, 舞い; 踊るような姿. ~s nuptiales des oiseaux 生殖期の鳥の舞い踊り. ~ de l'ours 熊の体のゆさぶり.
5 〔比喩的〕舞い; (葉むらなどの) そよぎ; (波などの) うねり. 〔比喩的〕~ des flocons de neige 風花の舞い.
6 〖医〗~ de Saint-Guy 舞踏病 (=chorée).

danseur(se) *n.* 1 踊る人, 踊り手; (ダンスの) パートナー (=cavalier, cavalière). être bon (ne) ~(se) 踊りがうまい. un couple de ~s ダンスのカップル.
2 舞踊家; 踊り子; ダンサー; バレーサー. ~se étoile 花形ダンサー. premier ~ プリモ・バレリーノ, バレエダンサー《étoile

の次のランク). première ~se プリマ・バレリーナ.〔比喩的〕~(se) de corde 綱渡り師(芸人)(= funambule).

danseuse² n.f.〔比喩的・話〕**1** 金のかかる愛人.
2 金のかかる趣味. Les courses de chevaux, c'est sa ~. 競馬は彼の金のかかる趣味だ.
3〘自転車〙en ~ 立ったままでペダルを踏む姿勢で.

Danube n.pr.m. le ~ ドナウ川 (=〔独〕die Donau)〘形容詞 danubien(ne)〙. le canal ~-Oder ドナウ=オーデル運河.

DAO (= dessin animé par ordinateur) n.m. コンピュータ援用動画(アニメ).

DAP (= distributeur automatique de produits) n.m. 商品自動販売機 (=〔英〕vending machine).

daphnie n.f.〘動〙みじんこ.

DAPN (= Direction de l'administration de la police nationale) n.f. 国家警察管理局(人事局と物資補給局が合併して1995年発足).

Daqing〔中国〕n.pr. 大慶(大庆)(だいけい), ターチン(黒龍江省le Heilongjiangの工業都市;大慶油田あり;別記 Tak'ing).

Dards (= démonstrateur autonome à rapidité de déplacement pour la surveillance) n.m. 緊急移動自走監視警報機.

darne n.f.〘料理〙ダルヌ《大型魚の筒切り, 薄い輪切り》. ~ de saumon 鮭の筒切り.

darsonvalisation n.f.〘医〙高周波療法.

darwinien(ne) a. ダーウィン(Charles Darwin [1809-82])の, ダーウィニズムの. selection ~ne ダーウィン淘汰, 正の淘汰. reflexe ~ ダーウィン反射, 把握反射.

darwinisme [darwi-] (< Charles Darwin [1809-82], 英国の博物学者) n.m. ダーウィン説, ダーウィニズム《自然淘汰と適者生存を基調とする生物進化論》.

darwiniste a. ダーウィンの; ダーウィニズム(ダーウィン説)の; ダーウィン説信奉者の.
―n. ダーウィニズム(ダーウィン説)信奉者, ダーウィン派.

DAS (= déclarations annuelles de salaires) n.f.pl. 賃金の年次申告. fichiers ~ 賃金年次申告ファイル.

DASS (= Direction de l'action sanitaire et sociale) n.f. 衛生社会福祉活動局.

DAT¹ (=〔英〕 dementia of Alzheimer type) n.f.〘医〙アルツハイマー型痴呆〔症〕(=〔仏〕démence de type Alzheimer).

DAT² n.f. **1** (=〔英〕Digital Audio Tape) ディジタル・オーディオ・〔カセット〕テープ《ディジタル録音再生のできるカセット・テープ; =〔仏〕cassette audionumérique).
2 (=〔英〕Digital Audio Taperecorder;=〔仏〕magnétophone à cassettes audionumérique) ディジタル・オーディオ・カセットテープレコーダー.

DAT³ (= Direction des armements terrestres) n.f. (フランス軍備総局DGAの)陸軍装備局.

datable a. 日付(年代)を推定(決定)し得る. fossile ~ 年代推定可能な化石. manuscrit ~ 執筆の日付の推定可能な写本(筆稿).

datagramme n.m.〘情報処理〙データグラム (=〔英〕datagram).

DATAR [datar] (= Délégation à l'aménagement du territoire et à l'action régionale) n.f. (フランスの)国土整備地方振興局.

datation n.f. **1** 日付の記入. ~ et signature d'un acte 証書への日付記入と署名.
2 年代の推定(決定).〘考古〙~ d'un site préhistorique par le carbone 14 放射性炭素14(C 14)による先史時代の発掘遺跡の年代推定. méthode de ~ 年代測定法.

datcha [datʃa]〔ロシア〕n.f. (ソ連の)郊外の別荘. ~ de Gorbatchev ゴルバチョフの別荘.

date n.f. **1** 日付, 年月日. Quelle est la ~ d'aujourd'hui? 今日は何日ですか(「何曜日?」は Quel jour sommes-nous?/Quel jour est-ce aujourd'hui?). ~ d'une lettre 手紙の日付. à la (en) ~ de … 日付に. lieu et ~ de naissance 出生地と生年月日.
2 日取り, 日時; 時代. ami de fraîche ~ できたての友人. amitié de longue ~ 古くからの友情. le dernier (le premier) en ~ 最新(最古)のもの. sans ~ (作品などの)製作年代不明の. fixer la ~ d'une visite 訪問の日取りを決める. prendre ~ 日時〔と場所〕を決める, 待合わせの日時を決める.
3 (歴史上の)重要な日付(年代), 重要な出来事, 重大事件. une grande ~ dans l'histoire d'un pays 一国の歴史上の重要な日付. la Révolution, la plus grande ~ de l'histoire de France フランス史の最大の出来事である大革命. faire ~ 重要な日付となる, 時代を画する.
4 期日; 期限. ~ de valeur (de paiement d'un billet) 手形の期限(支払期限).

dateur(se) a. 日付を表示する.
―n.m. **1** 日付押印器 (= timbre ~). **2** 日付表示装置. cadran de montre avec ~ 日付表示装置付腕時計の文字盤. version ~ (カメラなどの)デート表示装置付の製品.

dation n.f. **1** 相続税の物納. ~ en paiement 代物弁済. **2**〘法律〙付与.

Datong, Tatong〔中国〕n.pr. 大同(だいどう), タートン(山西省北部の古都).

datte n.f.〘植〙棗椰子(dattier)の実, デーツ. ~ séchée 乾燥デーツ.

dattier n.m.〘植〙棗椰子(なつめやし)の木.

daube *n.f.* **1**〖料理〗ドーブ(肉類,家禽,時に野菜や鮪を,出し汁と香味野菜と共に蒸し煮にした料理;特に南仏の牛肉の葡萄酒風味の蒸し煮を指す).bœuf en ～ 牛肉のドーブ.manger une ～ ドーブを食べる.**2**〔俗〕つまらぬもの(こと).C'est de la ～! それはくだらん!

dauphin[1] *n.m.* **1**〖動〗いるか.**2**〖工〗樋受け石;堅樋のいるかの頭状の吐水口.

dauphin[2] *n.m.*〖チーズ〗ドーファン(ベルギーおよびフランスのエーノー地方 le Hainaut で,牛乳からつくられる,エストラゴンと胡椒で風味づけした,軟質,洗浄外皮のチーズ;脂肪分 50 ％以上).

Dauphiné (le) *n.pr.m.* ドーフィネ地方(フランス東南部の旧州名;現在の l'Isère, les Hautes-Alpes の県域と,la Drôme の県域の大部分,l'Ain の県域の一部に相当;中心都市 Grenoble).le bas (haut) D～ 低(高)ドーフィネ地方.

dauphinois(e) *a.* ドーフィネ地方(le Dauphiné)の;～の住民の.〖料理〗gratin ～ グラタン・ドーフィノワ(じゃがいもの薄切りに牛乳,バター,チーズを加えてつくるドーフィネ地方固有のグラタン).
—*D*～ *n.* ドーフィネ地方人.
—*n.m.*〖言語〗ドーフィネ地方語(ドーフィネ地方北部で話されるロマン語系言語).

daurade, dorade *n.f.*〖魚〗ドラード,鯛(鯛科 Sparidés の魚の総称).～ grise ドラード・グリーズ(Spondyliosoma 属;黒鯛;俗称グリゼ griset).～ rose ドラード・ローズ(Pagellus 属;地中海産の真鯛に似た鯛,俗称パジェ paget, rousseau).～ royale ドラード・ロワイヤル(Sparus 属;鱗が金銀色の鯛).〖料理〗～ grillée aux fenouil 香草のフヌイユ(茴香)で香り付けした鯛の塩焼.

DAV (=*d*ispensaire *a*ntivénérien) *n.m.*〖医〗抗毒(毒物対策)無料診療所.

Davos *n.pr.* ダヴォス(スイス,グリゾン州 canton des Grisons の保養地,冬季スポーツ基地).〖経済〗meeting annuel à ～ ダヴォス会議(世界経済フォーラム The World Economic Forum (Forum de l'économie mondiale)の年次総会;毎年 1 月世界の有力経済人,政治家,学者等を集めてダヴォスで開催;1971 年創設).

DB (=*d*ivision *b*lindée) *n.f.*〖軍〗機甲師団.

dB (=*d*éci*b*el) *n.m.* デシベル(音の強さ単位;10 分の 1 bel).

DBLE (=*d*emi-*b*rigade de la *L*égion *é*trangère) *n.f.*〖軍〗外人部隊特科連隊.

DBMS (=〔英〕*D*ata*b*ase *M*anagement *S*ystem) *n.m.*〖情報処理〗データーベース・マネージメント・システム(=〔仏〕SGBD:*s*ystèm de *g*estion de *b*ase de *d*onnées).

DBO (=*d*emande *b*iochimique en *o*xygène) *n.f.*〖環境〗生化学的酸素要求量(=〔英〕BOD:*b*iochemical *o*xygen *d*emand)(有機的水質汚染度を示す数値).

DBO5 (=*d*emande *b*iochimique en *o*xygène pendant *cinq* jours) *n.f.*〖環境〗5 日間生化学的酸素必要量.

DBRD (=*d*épense *b*rute de *r*echerche et *d*éveloppement) *n.f.* 研究開発粗(総)支出.

DBRDM (=*d*épense *b*udg*é*taire de *r*echerche-*d*éveloppement *m*ilitaire) *n.f.*〖軍〗兵器研究開発予算支出.

DBS (=〔英〕*D*irect *B*roadcasting *S*ystem) *n.m.* 直接放送システム;直接放送衛星 (=〔仏〕satellite de diffusion directe).

DC (=*d*éfense *c*ivile) *n.f.*〖保険〗民事保障〔保険〕.

DCA [desea] (=*d*éfense *c*ontre *a*éronefs (avions)) *n.f.*〖軍〗対空防衛〔体制〕;対空砲部隊.

DCB[1] (=*d*écimal *c*odé *b*inaire) *n.m.* 二進化十進法 (=〔英〕BCD:*B*inary *c*oded *d*écimal).

DCB[2] (=*d*iplôme de *c*onservateur des *b*ibliothèques) *n.m.* 図書館貴重書司書免状.

DCC (=〔英〕*D*igital *C*ompact *C*assette) *n.f.* ディジタル・コンパクト・カセット.

DCEM (=*d*euxième *c*ycle d'*é*tudes *m*édicales) *n.m.*〖教育〗医学教育第二課程(4 年間).

DCI (=*d*énomination *c*ommune *i*nternationale) *n.f.*〖薬〗(医薬品の)国際共通名称 (=〔英〕INN:*I*nternational *N*on-*P*roprietary *N*ames).

DCN (=*D*irection des *c*onstructions *n*avales) *n.f.* (フランス国防省装備総局の)海軍工廠局,造艦局.

DCO (=*d*emande *c*himique en *o*xygène) *n.f.*〖生・環境〗化学的酸素要求量 (=〔英〕COD:*c*hemical *o*xygen *d*emand)(有機的水質汚染度を示す数値).

DCPD (=*d*i*c*yclo*p*enta*d*iène) *n.m.*〖化〗ジシクロペンタジエン.

DCPJ (=*D*irection *c*entrale de la *p*olice *j*udiciaire) *n.f.* 中央司法警察局(フランスの国家警察の中央部局).

DCRG (=*D*irection *c*entrale des *r*enseignements *g*énéraux) *n.f.* 中央情報局(フランスの国家警察の中央部局).

DCSP (=*D*irection *c*entrale de la *s*écurité *p*ublique) *n.f.* 中央公安局(フランス国家警察の中央部局).

DDA (=*D*irection *d*épartementale de l'*A*griculture) *n.f.* 県農業局.

DDAF (=*D*irection *d*épartementale de l'*a*griculture et de la *f*orêt) *n.f.* 県農林局.

DDASS (=*d*irection *d*épartementale de l'*a*ction *s*anitaire et *s*ociale (des *a*ffaires *s*anitaires et *s*ociales)) *n.f.* 県保健・厚生局.

DDCCRF (=*d*irection *d*épartementale de la *c*oncurrence et de la *c*onsommation

et de la *r*épression des *f*raudes) *n.f.* 県経済競争・消費・不正行為防止局.
DDE (=*D*irection *d*épartementale de l'*é*quipement) *n.f.* 県設備局.
DDEC (=*d*otation *d*épartementale d'*é*quipement des *c*ollèges) *n.f.* 〘財政〙県中学校設備補助金.
DDI (=*d*iplôme de *d*octeur *ing*énieur) *n. m.* 工学博士免状.
DDOEF (=*d*iverses *d*ispositions d'ordre *é*conomique et *f*inancier) *n.f.pl.* 〘政治〙多様な経済的・財政的諸措置. adoption du ~ (=du projet de loi portant ~) 多様な経済的・財政的諸措置に関する法案の採択.
DDOS (=*d*iverses *d*ispositions d'ordre *s*ocial) *n.f.pl.* 〘政治〙社会問題に関する多様な措置. projet portant ~ 社会問題諸措置に関する法案.
d.d.p. [dedepe] (=*d*ifférence *d*e *p*otentiel) *n.f.* 〘物理〙電位差. ~ de contact 接触電位差; 界面電位.
DDR(la) (=〔独〕*D*eutsche *D*emokratische *R*epublik) *n.pr.m.* 〘史〙ドイツ民主共和国《=〔仏〕RDA : *R*épublique *d*émocratique *a*llemande ; 〘俗〙旧東ドイツ》l'Allemagne de l'Est, l'Allemagne orientale.
DDT (=*d*ichloro-*d*iphényl-*t*richloréthane) *n.m.* ジクロロ=ジフェニル=トリクロレタン, ディー・ディー・ティー《有機塩素化合物系殺虫剤》.
DDTE (=*d*irection *d*épartementale du *t*ravail et de l'*e*mploi *n.f.* 県労働雇用局.
DDTEFP (=*d*irection *d*épartementale du *t*ravail, de l'*e*mploi et de la *f*ormation *p*rofessionnelle) *n.f.* 県労働・雇用・職業訓練局.
DE (=*d*iplôme (*e*) d'*E*tat) *n.* 国家認定資格保有者.
dé[1] *n.m.* **1** 骰子 (さいころ), 賽 (さい) (=~ à jouer); 骰子形のもの; 賽子遊び, ダイス (=jeux de ~s). ~ chargé (pipé, truqué) いかさま骰子. jeter (lancer) les ~s 賽を投げる. jouer aux ~s ダイス遊びをする. ~ en forme de toupie 独楽型骰子, さいころこま (=toton).
Les ~s sont pipés. いかさまが行われている. cornet à ~s ダイスカップ, 賽筒. coup de ~s 骰子一擲; (出た) 賽の目; 運試し. Les ~s sont jetés. 賽は投げられた. jouer sa fortune sur un coup de ~ 一か八かやってみる. 〘古・文〙tenir le ~ dans la conversation 会話を独占する.
2 ドミノの札 (=domino).
3 〘建築〙(円柱などの) 台石, つか石. ~ d'un piédestal 柱脚の台石.
4 〘料理〙賽の目. couper des carottes en ~s 人参を賽の目に刻む. ~s de lard ベーコンの賽の目.
5 〘機工〙軸受合金. ~ en bronze 砲金座金.
dé[2] *n.m.* **1** 指貫 (=~ à coudre[1]). ~ de métal 金属製の指貫. ~ ouvert (仕立屋用の) 開き指貫.
2 〘比喩的・話〙(飲物の) 少量. ~ à coudre[2] 小さいグラス 〔の中味〕. boire un ~ à coudre de cognac コニャックをちょっぴり飲む.
3 〘比喩的・話〙狭い空間 (=~ à coudre[3]). travailler dans un ~ à coudre 狭い場所で働く.
DEA (=*d*iplôme d'*é*tudes *a*pprofondies) *n.m.* 〘教育〙専門研究課程修了証《高等教育第3課程博士課程で取得; 博士論文執筆の要件となる》.
déalkylation *n.f.* 〘化〙脱アルキル化 (=désalkylation).
déambulateur *n.m.* 〘医〙歩行補助具 (=cadre de marche).
déambulatoire *n.m.* 〘建築〙(教会堂の) 後陣回廊, 周歩廊 (=galerie ~). ~ de l'église romane de Paray-le-Monial パレ=ル=モニアルのロマネスク様式教会堂の後陣回廊.
DEB (=*d*éclaration d'*é*change de *b*iens) *n.f.* 財産交換申告.
débâcle *n.f.* **1** (川などの) 解氷. crues de ~s 解氷期の河川増水.
2 〘比喩的〙崩壊; 倒壊; 瓦解. ~ financière 財政破綻. ~ d'une entreprise 企業の倒産.
3 〘比喩的〙(軍隊の) 潰走; 総崩れ (=~ générale). *La D* ~, roman de Zola ゾラの小説『潰走』(1892年)
4 〘話〙下痢 (=~ intestinale ; colique, diarrhée).
déballage *n.m.* **1** 荷ほどき; 荷解きされたもの. ~ d'un colis 小包の荷ほどき. faire le ~ de *qch* 何の荷ほどきをする. Range tout ce ~, s.v.p. 荷解したものを片付けて下さい.
2 露天の営業; 露天の商品. 〔vente〕au ~ 露天売り, (露天の) たたき売り.
3 〘話〙告白, 白状.
4 〘話〙ひどい散らかし方, 乱雑さ. Quel ~ ! 何て散らかしぶりだ.
5 〘俗〙(女性の) 脱衣.
déballé(*e*) *a.p.* **1** 荷ほどきされた. marchandise ~*e* 荷ほどきされた商品. paquet ~ 荷解きされた箱.
2 〘比喩的〙告白された, 白状した, さらけ出した. attitude ~*e* 何事もさらし出す態度. secret ~ ぶちまけられた秘密.
3 〘比喩的・話〙意気沮喪した, 疲れ果てて やる気を失った. Après ces échecs, elle est complètement ~*e*. この失敗のあと, 彼女はすっかり意気沮喪してしまった.
débarcadère *n.m.* **1** 船着場; 埠頭. accoster au ~ 船着場へ接岸する (横付けする).
2 〘海〙荷揚場.
3 〘鉄道〙〘古〙貨物駅のフォーム.

débardeur(**se**) n.〔古〕荷揚げ人夫，港湾労働者；(木材・石材の)搬出人夫.
——n.m.〔服〕デバルドゥール《深く切りこんだ襟ぐりと袖ぐりの上着シャツ》，タンクトップ．

débarquement n.m. **1** 荷揚げ． ~ des marchandises 貨物の荷揚げ．
2 上陸，下船；〔鉄道〕下車，降車． ~ des passagers 乗客の下船. carte de ~ (航空機・客船などからの) 入国カード. formalités de ~ 上陸手続. passerelle de ~ 下船用タラップ. quai de ~ 下船用埠頭；〔鉄道〕降車ホーム．
3 〔軍〕敵前上陸；上陸作戦.〔史〕le *D*-ノルマンディー上陸作戦《1944年6月6日》. chaland de ~ 上陸用舟艇. compagnie de ~ (海軍の)陸戦隊. troupes de ~ 上陸舞台.
4 〔話〕免職，罷免，解雇，厄介払い．

débarras n.m. **1** 〔話〕厄介払い.〔カナダ〕vente-~ 不用品セール. Les voilà partis, bon ~! 奴等は出て行った，せいせいした！ Quel ~! 何という厄介払いか！
2 物置部屋，納戸 (=cabinet de ~).

débat n.m. **1** 論議，論争，議論，討論，討論会，ディベート． ~ télévisé TV討論. conférence suivie d'un ~ 質疑応答つきの講演会. La séance a été marquée par un ~ houleux. 会議は激論の場となった. Le droit d'intervention humanitaire fait toujours l'objet d'un ~ dans les médias internationaux. 人道介入権はなお，世界のマスコミで議論されている．
2 〔pl. で〕(議会の) 審議，討論；〔法律〕審理，弁論. comptes-rendus ~s parlementaires 議会議事録. clôture des ~s 結審.
3 葛藤. ~ de conscience 良心の葛藤．

débauchage (<débaucher) n.m.〔法律〕(労働者の) 引き抜き．

débauche n.f. **1** 遊蕩，放蕩；性的放縦. lieu de ~ 悪所. partie de ~ 乱痴気パーティ. mener une vie de ~ 放蕩生活を送る，酒色に溺れる. s'adonner (s'abandonner) à la ~ 酒池肉林に身を委ねる．
2 〔法律〕淫行 (prostitution「売春」, proxénétisme「売春斡旋」など)；性的乱行, 不行跡. excitation des mineurs à la ~ 未成年者の淫行教唆．
3 〔比喩的〕(de の) 濫用，過剰，反乱. une ~ de 多量の，おびただしい，多量の. une ~ de couleurs 色彩の氾濫. faire une ~ de cigarettes 紙巻煙草を吸いすぎる．
4 〔pl. で〕〔古〕遊興, 暴飲暴食．

débit n.m. **1** 〔会計・簿記〕借方 (crédit「貸方」の対)；(預貯金通帳の) 預入欄．**2** (商店の) 売上伝票作成・商品受け渡し所．
——n.m. **1** 小売所，商店. ~ de boissons 公認酒類提供店；喫茶店，バー. ~ de tabac 公認タバコ販売店．
2 売れ行き. article d'un bon (faible) ~ 売れ行きのよい(悪い)商品．
3 話し方，台詞まわし. avoir un ~ saccagé せかせかとぎこちない話し方をする．
4 (液体の) 流量，排出量；単位時間当りの生産量；輸送量，交通量.〔河川〕~ de base 基底流量. ~ journalier 日流量；日交通量. ~ d'une ligne 路線交通量；線路容量．
5 〔コンピュータ〕仕事量.〔電算〕~ binaire ビット伝送速度．

débiteur¹(**se**) n. **1** (商店の)伝票・商品受け渡し係. **2** n.f. 挽割機械 (=débiteuse).
3 n.m.〔写真・映画〕フィルム・マガジン．

débiteur²(**trice**) a. 債務がある，借方の (créditeur「債権者」の対). compte ~ 借方勘定.
——n. 債務者, 主たる債務者 (=~ principal)；(道義的な)借りを負う人．

débitmétrie n.f.〔物理・医〕流量測定. ~ à effet Doppler ドップラー効果利用流量測定，超音波式流量測定 (= ~ ultrasonique). ~ électromagnétique 電磁気流量測定.〔医〕~ sanguine 血液流量測定〔法〕．

déblocage (<débloquer) n.m. **1** ブロック状態を解除すること. ~ du balance d'une horloge 時計の振子の固定解除. ~ des freins ブレーキの解除；〔比喩的〕抑制措置の解除．
2 〔社〕障害除去；〔経済〕(統制などの) 解除，〔比喩的〕局面の打開. ~ des crédits 貸付けの凍結解除. ~ des prix 物価の統制解除. ~ des salaires 賃金の凍結解除. ~ d'une situation politique 政治的状況の打開．
3 〔心〕抑制(阻害)解除 (blocage「反応阻止」の対)．
4 綿状加工物の除去作業. ~ de l'amiante アスベストの除去．
5 〔話〕馬鹿なことを言うこと．

débloquer v.t. **1** (閉じていたもの，締めてあったものを)解除する，解放する；障害物を排除する．
2 制限を撤廃する，統制を解く，自由化する. ~ le crédit 金融を緩和する. ~ les prix 物価統制を撤廃する. ~ les salaires 賃金を自由化する．
3 捻出する. ~ le crédit nécessaire à la rénovation du quartier Montparnasse モンパルナス界隈再開発に必要な予算を捻出する．
4 (停滞している，困難な状況を) 打開する．

déboisement (<déboiser) n.m. 山林伐採．

déboîtement n.m. **1** 〔医〕脱臼 (=désarticulation, luxation). ~ de l'épaule 肩の脱臼．
2 〔話〕車列から抜け出すこと，車線変更. ~ sans clignotant ウィンカーを出さない車線変更．

débordement (<déborder) n.m. **1** あ

ふれ出ること，溢出；氾濫．〖医〗~ de bile 胆汁溢出．~ du cadre de la question 問題の枠組からの逸脱．~ d'un cours d'eau 河川の氾濫．~ d'un liquide 液体の溢出．

2〔比喩的〕(deの)氾濫；横溢；爆発．~ d'injures 罵言雑言．~ de joie 溢れる喜び．~ de paroles 言葉の氾濫．~ de vie 溢れんばかりの生命力．

3〖軍・スポーツ〗包囲攻撃；侵攻，迂回攻撃．~ des armées enemies sur un pays 一国への敵軍の侵攻．manœuvre de ~ 包囲作戦．

4〔pl. で〕〔比喩的〕放埓な生活，放蕩．tomber dans des ~s 放埓な生活に陥る．

débouchage (<bouche) n.m. **1** (壜の)栓を抜くこと．~ d'une bouteille 壜の栓抜き．

2 (詰った管などを)通すこと；〖治〗(出銑口の)栓抜き．~ d'un conduit 導管の詰りの開通．

débouché n.m. **1** (狭い所から広い所へ)出口．~ d'une pièce d'eau 泉水の出口．~ d'une vallée 谷間の出口．

2 (商品の)はけ口，販路，市場．théorie des ~s de Jean-Baptiste Say ジャン=バチスト・セー[1767-1832]の販路理論．chercher des ~s à l'étranger 国外に販路を求める．créer des ~s 市場を開拓する．

3 就職口，行き先．~s offerts par les études supérieures 高等教育によってひらかれる就職口．crise des ~s 就職難．

4〖土木〗~ d'un pont 橋台の中間部．

5〖軍〗進出．

débourbage n.m. **1** (鉱石の)洗鉱．~ mécanique 機械洗鉱．

2〖葡萄酒〗(醗酵前の葡萄液の)清澄化．

débourrement n.m. (小潅木，特に葡萄の)発芽，芽出し．

déboussolé(e) a.〔話〕途方に暮れた，狼狽した；挫折した；理性を失った，狂った．

──n.〔話〕~人．

debout ad.〔多くは無変化形容詞として機能する〕Ⅰ (人が) **1** 立って，立った．dormir ~ 立ったまま眠る．être (se tenir) ~ 立っている．manger ~ 立ったまま食べる，立食する．mourir ~ 執務中に急死する．ne pas (plus) tenir ~ 眠くて(疲れて)立っていられない．rester ~¹ 立ちっ放しである．se mettre ~ 起立する．voyager ~ faute de places 席が無かったので立席で旅行する．

2〔付加辞として〕magistrat ~ 検察官(立って弁論する司法官；magistrat assise「裁判官」の対)．places ~ (乗物の)立席；(劇場の)立見席．station ~ 立った姿勢．tir ~ 立ち射ち．

3 起きて(=levé)；生きて(=vivant)．rester ~² toute la nuit 夜通し起きている．Il est ~ dès l'aube. 彼は夜明けから起きている．Il va mieux ; il est déjà ~. 彼は快方に向かって，もう起きている．Heureusement je suis encore ~. 幸いなことに私はまだしゃんとしている．

4 *D~!* 立て！起立！；起きろ！ *D~*, mon peuple! 国民よ立ちあがれ！

Ⅱ (物が) **1** 立てて；垂直に．mettre une échelle ~ 梯子を立てかける．

2〔比喩的〕être encore ~ (建物などが)まだ壊れずに立っている；(制度などが)まだ存続している．L'église est encore ~. 教会堂はまだ健在である．mettre une affaire ~ 事業を軌道に乗せる．

〔話〕tenir ~ しっかり立っている；(理論などが)筋が通っている．Cette chaise ne tient pas ~. この椅子はぐらぐらしている．théorie qui ne tient pas ~ 支離滅裂な理論．Ça tient ~. 理路整然としている．Le bombardement n'a rien laissé ~. 爆撃は何一つ残さず破壊した．

3〖海〗vent ~ 向い風，逆風．naviguer vent ~ 向い風に向かって航行する．

débrayage (<débrayer) n.m. **1**〖機工〗駆動軸から切り離すこと；〖自動車〗クラッチを切ること．~ automatique 自動クラッチ着脱装置．〖自動車〗pédale d'embrayage et de ~ クラッチペダル．

2〔話〕操業中止；短期ストライキ．~ du personnel 職員のストライキ．

débris n.m. **1**〔多く pl.〕破片，かけら；残骸；(食事の)残り物，残飯；ごみ．~ de bouteille 瓶の破片．~ d'un navire naufragé 難破船の残骸．~ d'un repas 食事の残り物，残飯．~ de vêtement 衣服の切れはし．ramasser des ~ ゴミを収集する．

2〔pl. で〕名残り，残滓．~ d'une armée 敗軍の残党．~ d'une fortune 残された一握りの財産．~ d'un royaume 王国の名残り．

3〔pl. で〕(建物の)残骸；(人・動物の)死骸．~ d'animaux 動物の死骸．~ d'un édifice en ruine 廃墟と化した建物の残骸．

4〔俗〕vieux ~ 老いぼれ(=personne très âgée)．

débrouillage (<débrouiller) n.m. **1** 難局を切り抜けること；巧みな機略．

2 もつれをほどくこと；(紛糾した問題などの)解決(=débrouillement)．

débroussaillage n.m.〖林業〗下草刈り，除草．

débroussaillant n.m.〖農・林業〗除草剤．

──a.m. 除草の，下草を除去する．

débroussaillement n.m.〖林業〗下草刈り，除草．

débroussailleuse n.f. 下草刈り機，除草機．

débudgétisation (<débudgétiser) n.f.〖経済・政治〗(費目の)予算からの削除．~ des investissements 投資の非国家予算化．

début n.m. **1** 初め，発端，冒頭，端緒；第

一歩, 出発点. ~ de la guerre 緒戦. ~ du jour 明け方 (=aube). ~ d'un livre 本の書出し. ~ du mois (de l'année) 月初め (年初). ~ d'une réunion 会議の冒頭. ~ de la vie 人生の第一歩.
au ~ 初めに (は). au ~ du xxe siècle 20世紀初頭に. tout au ~ 一番初めは. dès le ~ ; du ~ ; depuis le ~ 最初から. dans les ~s 冒頭で. du ~ jusqu'à la fin 始めから終りまで, 終始.
2〔多く *pl.*〕(役者などの) デビュー, 初舞台 ; (社交界への) デビュー, お目見え ; (職業活動などの) 出だし, 第一歩 ; (作家の) 処女作 (=livre de ~). ~ d'une carrière 経歴の出だし. appointements de ~ 初任給. rôle de ~ 初舞台の役. *La Thébaïde*, ~ de Racine ラシーヌの処女作『テバイド』.
faire ses ~s au théâtre 初舞台を踏む. faire son ~ dans le monde 世界の檜舞台に登場する. faire un beau ~ 華々しいデビューを果たす.

débutant(e¹**)** *a.* デビューしたばかりの, 新進の. pianiste ~ 新進ピアニスト. professeur ~ なりたての教師.
——*n.* デビューしたての人, 新参者, 初心者.

débutante² *n.f.* デビュタント《社交界にデビューする娘》;〔俗称〕deb》. bal des ~s デビュタントの披露舞踏会.

décade *n.f.* **1** 10日間, 旬日.
2〔仏史〕~ républicaine 共和暦のデカード《フランス共和暦で週に代って導入された10日間》.
3 10年 (=décennie). la dernière ~ du xxe siècle 20世紀の最後の10年.
4〔*pl.*で〕10巻 (10章) で一体をなす著作.

décadence *n.f.* **1** 衰微, 凋落. ~ d'un état 国家の衰微. génie en ~ 衰退する才能. tomber en ~ 凋落する.
2 頽廃. ~ des arts 芸術の頽廃.
3 頽廃期 ; (特に) ローマ帝国頽廃期. les Romains de la ~ ローマ帝国頽廃期のローマ人.
4〔古〕(建造物の) 荒廃. ~ d'un palais 宮殿の荒廃.

décadent(e) *a.* **1** 衰退的な, 凋落に向かう ; 頽廃的な. civilisation ~*e* 凋落期 (頽廃期) の文明. comportement ~ 頽廃的な行動 ; 自堕落. monarchie ~*e* 頽廃期の王政.
2〔文史〕デカダンの ; デカダン趣味の. école ~*e* デカダン派.
——*n.* 頽廃的人物 ; デカダン趣味の人.
——*n.m.pl.*〔文史〕デカダン派の芸術家達.

décaféiné *n.m.* カフェイン抜きコーヒー (=café ~).

décaissement *n.m.* (預金の) 引出し, 払い戻し (encaissement「入金」の対).

décalable *a.* 差動可能な, シフト可能な.〔写真〕mode d'exposition : programme ~ シフト可能なプログラム式露出モード.

décalage *n.m.* **1** (空間的, 時間的) ずれ, 差. ~ de l'heure 時差 (= ~ horaire). ~ avant (en arrière) 早まる (遅れる) 時差. ~ horaire entre Tokyo et Paris 東京とパリ間の時差. Le ~〔horaire〕l'a fatigué après son voyage en avion. 航空機を用いた旅行による時差が彼を疲れさせた.
2〔比喩的〕ずれ, 落差. ~ entre la politique du gouvernement et le sentiment populaire 政府の政策と国民感情とのずれ.
3 車止め (くさび) の除去 ; ピンを抜くこと. ~ d'un wagon 貨車の車止めの除去.
4〔理〕偏移, 変移. ~ gravitationnel 重力変移.〔天文〕~ spectral スペクトル偏移. ~ vers le rouge 赤色 (赤方) 偏移.

décalcifiant(e) *a.* カルシウム分を除去する, 脱灰〔性〕の, 骨質石灰を除去する. régime ~ 脱カルシウム食餌療法.

décalcification *n.f.* **1** カルシウム除去 ; 石灰除去. **2**〔医〕脱灰 ; ミネラル成分の欠乏. **3**〔地質〕(炭酸石灰の) 溶脱.

décaline *n.f.*〔化〕デカリン.

Décalogue *n.m.*〔聖書〕《シナイ山におけるヤハウェのモーゼへの》十戒《=dix commandements [de Dieu]》;『出エジプト記』*Exode*, 20, 2-17 ; Tu n'auras pas d'autres dieux devant moi. Tu ne feras aucune image sculptée qui ressemble à ce qui est dans les cieux.〔…〕Tu ne prononceras pas le nom de Yahvé ton Dieu à faux〔…〕. Observe le sabbat pour le sanctifier〔…〕. Honore ton père et ta mère〔…〕. Tu ne tueras pas. Tu ne commettras pas l'adultère. Tu ne voleras pas. Tu ne porteras pas de faux témoignage contre ton prochain. Tu ne convoiteras pas la femme de ton prochain〕.

décalvation *n.f.*〔医〕毛髪の脱落, 禿頭化.

décamétrique *a.*〔度量衡〕デカメートル (10m) の ; デカメートル単位の.

décantage *n.m.* **, décantation** *n.m.* 傾瀉 (けいしゃ) ; デカンタージュ《赤葡萄酒の瓶を傾け, おりを底に残して上澄みを décanteur などの容器に移しかえること ; 味がまろやかになったり, 深味が増す》; 上澄み.

décanter *v.t.* 傾瀉 (けいしゃ) する《液体の滓を沈殿させて澄ませる》. ~ du vin〔赤〕葡萄酒のデカンタージュをする.〔比喩的〕~ ses idées じっくりと考えをまとめる.
——*v.i.* (液体が) 澄んでくる.
——**se ~** *v.pr.* **1** (葡萄酒などが) 澄んでくる. **2** (考えなどが) はっきりしてくる.

décanteur *n.m.* 傾瀉器 ; (葡萄酒の) デカンター.

décapitalisation *n.f.*〔経済〕資本流出 ; 資本の引上げ ; 減資.

décapitation *n.f.* **1** 断頭〔刑〕, 斬首〔刑〕. être condamné à la ~ 断頭 (斬首) 刑

に処される.
2〖医〗骨頭切除〔術〕.
3〖植〗摘芽, 摘芯. ~ d'un arbre 樹木の摘芽.
4〔比喩的〕首領(指導者)の追放. ~ d'une dangereuse organisation 危険な組織の首領の追放.

décapodes *n.m.pl.*〖動〗**1** 十脚類(crabe 蟹, langouste 伊勢海老, pagure やどかり, écrevisse ざりがに, など).
2〖動〗十腕類(calmar いか, seiche こういか, など).

décarbonation *n.f.* 脱炭素, 脱炭, 炭素除去, 脱カーボン. ~ des eaux industrielles 産業用水の脱炭.

décarboxylase *n.f.*〖生化〗脱炭酸酵素. ~ de L-acide aminé aromatique 芳香族L-アミノ酸デカルボキシラーゼ. ~ glutamique グルタミン酸デカルボキシラーゼ(L-グルタミン酸をγ-アミノ酪酸と二酸化炭素に分解する酵素).

décarboxylation *n.f.*〖化〗脱炭酸〔反応〕, 脱カルボキシル化. ~ oxydative 酸化的脱炭酸.

décarburant(e) *a.*〖冶〗脱炭する, 脱炭性の.
——*n.m.* 脱炭剤.

décarburation *n.f.*〖冶〗脱灰(鉄合金などの表面から炭素を除去すること).

décarcération *n.f.* (事故車輌に閉じ込められた人の)救出.

décathlon *n.m.*〖陸上競技〗十種競技(100 m, 400 m, 1500 m, 110 m haies 110メートルハードル, 走高跳 hauteur, 走幅跳 longueur, 棒高跳 perche, 砲丸投 poids, 円盤投 disque, 槍投 javelot).

décathlonien *n.m.*〖陸上競技〗十種競技選手.

décélération *n.f.* 減速；景気の鈍化(accélération「加速」の対). ~ d'un train 列車の減速. forte ~ 急減速.

décembre *n.m.* (<古代ローマ暦の第10月 decembris) 〖暦〗12月 (略記 déc.). Dans le calendrier romain, ~ était le dixième mois. 古代ローマ暦では, décembre は1年の10番目の月であった. le mois de ~ 12 月. au mois de ~ 12 月に (=en ~). L'hiver commence le 21 ~. 冬は12月21日にはじまる. Fête de la naissance de Jésus-Christ célébrée le 25 ~. キリスト降誕祭(ノエル, クリスマス)は12月25日にとり行われる.

décennal(ale) (*pl.aux*) *a.* **1** 10年間の. garantie ~ale 10年保証.
2 10年毎の, 10年に1回の. exposition ~ale 10年毎の展覧会.

décennie *n.f.* 10年間. durant la dernière ~ 最近10年間.

décentrage *n.m.* **1**〖光学〗偏心(=décentrement, décentration). **2**〖写真〗あおり. appareil à ~ あおり装置付カメラ.

décentralisateur(trice) *a.*〖行 政〗地方分権の；〖産業〗地方分散の. politique ~ *trice* 地方分権政策. réforme ~ *trice* 地方分権的改革.
——*n.* 地方分権主義(論)者；地方分権推進者.

décentralisation *n.f.* **1**〖行 政〗地方自治, 地方分権 (= régionalisation).
2 地方分権化(中央権力の地方委譲；中央権力を残した行政事務分散の déconcentration とは異なる). ~ administrative 行政の地方分権化.
3 地方分散〔化〕(= délocalisation). ~ industrielle 産業の地方分散.

décentrement *n.m.*〖写真〗(レンズの) 光軸変動, あおり, シフト. objectif à ~ シフト・レンズ.〖写真〗~ horizontal et vertical maxi de 20 mm et de 17 mm en diagonale sur 360°(レンズの) 水平および垂直方向の最大シフト量20ミリ, 360度対角線方向最大シフト量17ミリ.

déception *n.f.* 失望, 期待外れ；落胆. amère ~ 苦い失望感. causer une ~ à *qn* 人を失望させる. éprouver une ~ 失望を味わう. ressentir une ~ 落胆する.

décérébration *n.f.* **1** 大脳除去. **2** 脳の損傷による異常行動.

décès *n.m.* 死亡, 死去；自然死(mort naturelle) (mort に比べてより格式ばった状況や, 行政文書で用いる). acte de ~ 死亡証明書. déclaration judiciaire de ~ 死亡判決.

DECF (= *d*iplôme *d'é*tudes *c*omptables et *f*inancières) *n.m.*〖教育〗会計・財務学修得証.

décharge *n.f.* Ⅰ (放出) **1** ごみ捨場, ごみ処理場. ~ [publique] 公共のごみ捨場, 廃棄物処理場. ~ de déchets industriels spéciaux 特殊産業廃棄物処理場(classe I「第1種」). ~ d'ordures ménagères et déchets industriels banals 家庭ごみと一般産業廃棄物処理場(classe II「第2種」). ~ de matériaux inertes 不活性建設資材(小石材・石屑など)廃棄物 (classe III「第3種」). ~ légale (illégale) 合法(不法)廃棄場. terrain de ~ 廃棄場.
2 排水；流出；溢水池. tuyau de ~ 排水管, 放流管渠.〖海洋〗courant de ~ (湾内から海への)流出海流, 傾斜流. ~ d'un étang 池の溢水池.
3 発砲；一斉射撃(= ~ générale；salve)；弾丸. ~ d'artillerie 砲兵隊の一斉射撃. recevoir une ~ 弾丸に当たる.
4〖電〗放電(= ~ électrique). ~ à gaz 気体放電 (= ~ gazeuse). ~ à lueur グロー放電. ~ à pointe 尖端放電. ~ atmosphérique 大気放電, 雷, 稲妻 (= foudre). ~ d'étincelles 火花放電. ~ d'une batterie d'accumulateurs 蓄電池の放電. ~ en vide 真空

放電．
5〖生理〗大量分泌．
6〖精神分析〗(心的エネルギーの)放出．~ agressive (émotionnelles) 攻撃的 (情動的)エネルギー放出．~ nerveuse 神経放射．
7〖建築〗筋かい．arc de ~ 荷受けアーチ．voûte de ~ スパンドルアーチ．
8〖印刷〗間紙(あいし)．
9〔話〕射精；排便(= ~ de ventre)．
10〔古〕荷揚げ，荷卸し(=déchargement). ~ d'une cargaison 積荷の荷卸し．
〖Ⅱ〗〖免除〗**1**〖法律〗(義務・負担などの)減免．~ de compte de tutelle 後見の計算の減免．~ de l'obligation alimentaire 扶養義務の減免．
2 (債務の)弁済〔証書〕．〖会計〗porter une somme en ~ 金額を弁済と記帳する．~ de mandat 手形の支払証明書．
3〖財政〗弁償責任の減免．arrêt de ~ 会計適正判決．
4〖税〗減税(=dégrèvement d'impôt). réclamation en ~ 減税請求．
5〔比喩的〕(心の)負担の軽減．Je l'avoue pour la ~ de ma conscience. 心の重荷を軽減するために私はそれを告白した．à la ~ de qn 人を弁護するために．〖法律〗témoin à ~ 弁護側の証人．
6 (配達品の)受領書，受取り．signer une ~ 受取りにサインする．

déchargement *n.m.* **1** 荷揚げ，荷おろし．~ d'un wagon 貨車からの荷おろし．lieu de ~ 荷揚げ場．opérations de ~ 荷揚げ(荷おろし)作業．port de ~ 荷揚げ港．
2 弾薬(爆薬)の抜き取り．~ d'une arme à feu 火器からの弾薬の抜き取り．~ d'une mine 地雷(機雷)の爆薬抜き取り．

déchéance *n.f.* **1** 失墜，(地位・身体的)能力などの)低下，衰微；頽廃，堕落．~ des mœurs 風俗の頽廃．~ d'une grande civilisation 大文明の衰退．~ intellectuelle (physique) 知力(体力)の低下(衰退)．~ morale 精神的頽廃．tomber dans la ~ la plus totale 完全に(気力が)衰えてしまう；すっかり堕落する．
2〖法律〗権利(能力，資格，利益)の喪失，失権，(証書などの)失効，(君主の)廃位，退位．~ de nationalité 国籍喪失．~ de la puissance paternelle 父権の喪失．~ d'un droit 権利の失効．~ du roi 国主の廃位．~ quadriennale 4年の時効．proclamer la ~ de Louis XVI ルイ16世の廃位を宣言する．

déchet *n.m.* **1** 目減り〔分〕；損耗〔分〕；〔冶〕焼減り，溶解損失．~ de route (商品の)輸送中の損耗〔分〕(= ~ de freinte)．
2〔多く *pl.*〕屑；切屑；裁ち屑．~s de coke コークス屑．~s de lin 亜麻布(リンネル)の裁ち屑．~s de papeterie 紙の裁ち屑．~s de viande 肉の切り屑(切り落とし)．~s métalliques 金属屑．
3〔*pl.* で〕廃棄物，ごみ．~s agro〔-〕alimentaire 農産食品廃棄物．~s biodégradables 生物分解性ごみ．~s dangereux 危険廃棄物．~s high-tech ハイテク産業廃棄物．~s industriels 産業廃棄物．~s issus de médicaments 医薬品廃棄物；未使用医薬品．~s ménagers 家庭ごみ(=ordures ménagères). ~s nucléaires 核廃棄物．~s organiques 有機廃棄物，有機ごみ．~s polluant l'eau 水質汚染廃棄物．~s radioactifs 放射性廃棄物．~s recyclables リサイクル可能な廃棄物．~s spéciaux 特種廃棄物．loi sur l'élimination des ~s 廃棄物除去に関する法律．poubelle des ~s ごみ箱．recyclage des ~s 廃棄物のリサイクル(再利用)．
4〖生理〗代謝廃棄物．~ de la nutrition 栄養廃棄物．
5〔比喩的〕屑のようなもの；かす；人間の屑．C'est un ~ de l'humanité. あいつは人間の屑だ．

déchéticien(ne) *n.* 廃棄物処理の専門家．

déchetterie *n.f.* ごみ処理場．

déchiffré(e) *a.p.* **1** (暗号文，象形文字などが)解読された．correspondance secrète ~e 解読された暗号通信文．hiéroglyphes ~s 解読された象形文字．
2 (読みにくい文字・文章が)判読された．écriture ~e 判読された筆跡．
3〖音楽〗(楽譜が)初見で演奏された．la musique ~e 初見による楽曲．
4 (意図，企みなどが)見抜かれた；(謎が)解かれた．énigme ~ 解かれた謎．intrigue ~e 露見した陰謀．

déchiffrement *n.m.* 解読，判読；(謎などの)解明．~ d'un manuscrit 手稿の判読．~ d'un texte codé 暗号文書の解読．~ d'une affaire compliquée 複雑な事件の解明．

déchiqueté(e) *a.p.* 鋸歯状の．feuille ~e 縁にぎざぎざのある葉．montagnes ~es 稜線が鋸歯状の山並み．

déchiqueteur *n.m.*〖機工〗粉砕機；シュレッダー(=déchiqueteuse, *n.f.*). passer des lettres à détruire au ~ 破棄すべき書信をシュレッダーにかける．

déchiré(e) *a.p.* **1** 引き裂かれた；破れた．muscle ~ 断裂した筋肉．plaie ~e 裂傷．robe ~e 裂けたドレス．
2 (共同体などが)分裂した．〖宗史〗L'Eglise est ~e par le schisme. 教会分離によって分裂したキリスト教会．pays ~ par la guerre civile 内戦で分裂した国家．
3 苦悩にさいなまれた；胸が引き裂かれるような．cœur ~ 断腸の思い．

déchirement (<déchirer) *n.m.* **1** 引き裂くこと；引き裂かれること；断裂．~ d'un muscle 筋肉の断裂；肉離れ．
2 (共同体などの)分裂．
3 断腸の思い；引き裂かれるような悲しみ．

déchirure (<déchirer) *n.f.* **1** (布地など

déchu(e)

の) 裂け目, 裂断. faire une ~ à un vêtement 衣服に裂け目をつくる.
2〖医〗裂傷, 断裂. ~ musculaire 筋断裂 (=rupture d'un muscle). ~ rétinienne 網膜裂孔.
3(雲の) 切れ間. ~ bleue derrière la nuée 雲の切れ間の青空.
4〔比喩的〕切き裂かれるような苦しみ, 悲嘆.

déchu(e) (<déchoir) a.p. 名声(信用・地位・権威など)を失った；失脚した；〖法律〗失格した；〖カトリック〗聖寵を失った. ~ de sa renommée 名声を失った. ange ~ 堕天使, 悪魔. bâtisse ~e 崩壊した石組み. fortune ~e 破産. roi ~〔de son trône〕王位を剝奪された王.

décibel n.m.〖物理〗デシベル(音の強さのレベル. 10分の1ベル bel；略号 dB)；音圧レベル.

décidé(e) a.p. **1** 決断力のある, 決然とした, きっぱりした, 決心した. caractère ~ 決断力のある性格. garçon ~ 決断力のある少年. d'un pas ~ 決然たる足取りで. être ~ à+inf. ~する決心をしている. J'y suis ~. 私はそう決心している.
2 決定した. C'est〔une〕chose ~e. もう決まったことだ.
3 はっきりした. goût ~ pour la philosophie はっきりした哲学好き.

décideur(se) n. 決定権者；〖経済〗(経済動向の)決定権を握る人(銀行家・開発業者など). ~s du Forum de l'économie mondiale (ダヴォス Davos の) 世界経済フォーラム参加者.
——a. 決定権のある. organisme ~ 決定機関.

décigramme n.m.〖度量〗デシグラム (1/10 gramme；略号 dg).

décile n.m.〖統計〗デシル, 十分位数.

décilitre n.m.〖度量衡〗デシリットル (1/10 リットル, 略記 dl).

décimal(ale¹)(pl.**aux**) a. **1**〖数〗十進法による；小数の. calcul ~ 十進数演算. classification ~ale (図書などの) 十進分類法. fraction ~ale；nombre ~ 小数. numération ~ale；système ~ 十進法. virgule ~ale 小数点〔.〕(日本, 英米加などでは point ~〔.〕で示す).
2〖医〗(薬品の希釈度が) 10分の1の. dilution ~ale 10分の1希釈〔液〕. méthode ~ale；procédé ~ 10分の1希釈(倍散)法. trituration ~ale 10分の1倍散〔剤〕.

décimale² n.f. **1** 小数. première ~ 小数第1位. seconde (deuxième)~ 小数第2位. troisième ~ 小数第3位.
2〖医〗10分の1希釈液 (=dilution ~)；10分の1倍散剤 (=trituration ~).

décimètre n.m. **1**〖度量〗デシメートル〔1/10 mètre；略号 dm〕. ~ carré 平方デシメートル(略号 dm²). ~ cube 立方デシメー

トル(略号 dm³).
2 10 センチ尺. double ~ 20 センチ尺. tracer une figure à l'aide d'un ~ 10 センチ尺を用いて図形を描く.

décimétrique a.〖度量衡〗デシメートルの (1/10 メートル (dm) の),〖電波〗onde ~ デシメートル波(周波数 300 ~ 3000 MHz).

décisif(ve) a. **1** (物事が)決定的な. argument ~ 異論の余地のない議論.〖法律〗arrêt ~ 決定判決. jugement ~〖法律〗決定判決；〖教会〗宗教会議(司教区会議)の裁判. moment ~ 決定的瞬間；危機.〖法律〗preuve ~ve 決定的な証拠. avoir une influence ~ve sur la vie de qn 人の生活に決定的な影響を持つ. vivre des heures ~ves 最期の時を過ごす.
2〔古, やや蔑〕(人が)断定的な, 決断的な；尊大な. ton ~ 有無を言わさぬ口調.

décision n.f. **1** 決定, 裁定, 決議, 議決. ~ irrévocable 撤回不能の決議. organe de ~ 決定〔権を持つ〕機関. théorie de la ~ 決定理論.
2 (裁判所の) 決定, 判決；(特に憲法院, コンセイユ・デタの) 判決, 裁決；(憲法 16 条の緊急措置権に基づく) 大統領の決定. ~ définitif 最終判決.
3 決意, 決断, 決心. agir avec ~ 決断して行動する. avoir de la ~ 決断力がある.

décision-cadre n.f.〖法律〗枠組決議. proposition de ~ du conseil 審議会の枠組決議案.

décisionnaire a. (政治・行政・司法上の命令の)決定権を行使する, 決定権に関する. pouvoir ~ 決定権力.
——n. 決定権行使者, 決定権者 (=décideur).

décisoire a.〖法律〗訴訟的な. motif ~ (判決理由中の)訴訟的理由. serment ~ 訴訟的宣誓.

décitex n.m.〖繊維〗デシテックス(繊維糸の織度〔繊維の太さ〕の単位；1 デシテックスは糸 10,000m で 1g).

déclarant(e) a. 申告した. témoin ~ 申告した証人.
——n. **1**〖法律〗宣言の主体. **2**〖法律, 行政〗(特に市町村身分吏 officier d'état civil への)申告人, 届出人.

déclaratif(ve) a. **1**〖法律〗宣言的な；確認的な (=déclaratoire). acte ~ 申立書, 確信宣言書. effet ~ du partage 遺産分割の確認効. jugement ~ 宣言的判決, 宣告.
2〖文法〗verbe ~ 陳述動詞 (déclarer, dire, expliquer, juger など).

déclaration n.f. **1** 宣言. ~ des droits de l'homme et du citoyen (1789 年 8 月 26 日の) 人および市民の権利の宣言 (いわゆる「人権宣言」). ~ de guerre 宣戦布告. ~ économique du sommet des pays industrialisés 主要先進国首脳会議経済宣言.
2 発言, 言明, 宣言, 演説.〖法律〗~ des

droits 権利宣言. ~ de politique générale 施政方針演説. 〘政治〙~ faite au cours d'une conférence de presse 記者会見の席上でなされた発言.
3 申告, 届出. ~ d'état civil 戸籍上の届出. ~ d'impôts 税の申告. ~ fiscale 課税申告.
4 宣告. ~ de faillite 破産宣告.
5 告白, 意志表示. ~ d'amour 愛の告白. 〘法律〙~ d'appel 控訴の申立て. ~ de candidature 立候補の届出.
6 〘法律〙(公権力からの) 確認, 認知. ~ de la Cour d'assises 重罪院の評決. ~ d'utilité publique 公用収用決定.

déclaratoire *a*. 〘法律〙宣言的な; 確認的な. acte ~ 確認宣言書. sentence ~ 宣言的裁定.

déclaré(e) *a.p.* 宣言 (表明) された. ennemi ~ 宣言した敵, 明らかな敵. volonté ~ *e* 宣言 (表明) された意思; 明示の意思. mener une guerre ~*e* contre *qn* 人に宣戦を布告する.

déclassé(e) *a*. **1** 社会的地位を失った; 降格した; 落伍した.
2 〘スポーツ〙ランクを下げた, 格下げになった. athlète ~ ランクを下げたスポーツ選手. club ~ ランクを下げたスポーツ・クラブ.
3 〘鉄道・航空・船〙等級を変更した. place d'avion ~*e* 旅客機の等級を下げた座席. voiture de première ~*e* 2 等に転用された 1 等車.
4 指定等級を格下げした; (文化財の) 指定を取消された. hôtel ~ 等級を格下げしたホテル. monument ~ 指定を取消された記念建造物.
5 整理を乱された. livres ~*s* 乱雑になった書籍.

déclassement *n.m.* Ⅰ **1** (社会的階層・地位の) 格下げ; 落伍.
2 〘鉄道〙等級変更; 等級区分の無視 (撤廃) (1 等の 2 等転用など).
3 〘法律〙(軍事施設などの) 廃棄, 公用廃止. 〘海軍〙(艦船・兵員などの) 除籍.
4 (ホテルの等級などの) 格下げ; (文化財の) 指定解除. ~ d'un monument historique 歴史的記念建造物の指定解除.
5 〘スポーツ〙着順・最終成績の罰則的下方修正.
Ⅱ (書類・書籍などの) 分類整理のとりくずし. ~ des livres 書籍分類の乱れ.

déclencheur¹**(se)** *a*. 作動させる. facteur ~ 作動要因 (因子). 〘行動生物学〙stimulus ~ 触発刺激 (=évocateur).

déclencheur² *n.m.* **1** 〘写真〙シャッター (=obturateur). ~ automatique 自動シャッター; セルフタイマー. ~ électromagnétique 電磁シャッター. ~ mécanique 機械式シャッター. pression du ~ à mi-course シャッター・ボタンの半押し.
2 〘機械〙解放器, 引きはずし装置; 作動装置; リレー. ~ à action différée 時限リレー. ~ à maximum de courant 過電流リレー.

déclic *n.m.* **1** (機器の) 引き外し装置, 制止装置, 歯車止め; (呼鈴の) 振れ止め. chronomètre à ~ ストップウォッチ. levier à ~ 制動レバー. se lever d'un ~ 飛び起きる.
2 (制止装置が外れる) カチッという音; (写真機の) シャッター音.
3 〘比喩的〙〘話〙突然のひらめき. les célèbres ~*s* de Sherlock Holmes シャーロック・ホームズの名高いひらめき.

déclin *n.m.* 下方への傾き; 下落, 下降; 衰微, 衰退; 退歩, 堕落. le ~ et la chute de l'Empire romain ローマ帝国の衰退と崩壊. ~ du jour 日没. ~ d'une maladie 病勢の衰退 〔期〕. ~ de popularité 人気の衰退. au ~ de la vie 晩年に. être sur le ~, être sur (dans) son ~ 衰えつつある, 傾きつつある. Le soleil est à son ~. 太陽は傾きつつある.

déclinaison *n.f.* **1** 〘文法〙語形変化 (名詞・代名詞・形容詞などの性・数・格による変化).
2 〘天文〙赤緯. ~ d'un astre 星の赤緯.
3 〘物理〙(地磁気の) 偏角 (= ~ magnétique). ~ magnétique 地磁気の偏角, 磁針偏差.
4 〘商業〙(同一製品の) 多様な展示.

déclinatoire *a*. **1** 〘法律〙無訴権の. exception ~ 無管轄 (管轄違い) の抗弁.
2 〘法律〙法的に宣言する. acte ~ 宣言書. sentence ~ 宣言的判決 (裁定).
—*n.m.* **1** 〘法律〙無訴権, 管轄違いの抗弁 (= ~ de compétence). présenter (accueillir, rejeter) un ~ 管轄の抗弁を呈示する (受理する, 却下する).
2 〘測量〙方位角計 (=déclinateur, déclinomètre).

déclinisme *n.m.* (国家・経済などの) 衰退予測ペシミズム.

décloisonnement (<décloisonner) *n.m.* **1** 仕切り壁 (隔壁) の撤廃.
2 〘比喩的〙障壁の撤廃; 縄張りの撤廃. ~ administratif 行政上の縄張りの撤廃. ~ économique 経済障壁の撤廃.

décoction *n.f.* **1** 煎出 (=infusion), 浸出 (=macération).
2 浸出液; 煎じ薬 (=décocté); 〘蔑〙不味い飲物. boire une ~ 煎じ薬を飲む.
3 〘話〙une ~ de (非難などの) 雨, 洪水. une ~ de coups de poing 拳骨の雨.

décodeur *n.m.* **1** 〘情報〙デコーダー, コード解読機. **2** (言語の) コード解読者.

décollage *n.m.* **1** (接着しているものを) 剥がすこと, 剥離. ~ d'une affiche ポスターの剥がし取り.
2 〘航空〙離陸 (atterrissage 「着陸」の対);

décollecte

離陸時. ~ d'un avion 航空機の離陸. avion à ~ et atterrissage verticaux 垂直離着陸機（略記 Adav）.
3〖比喩的〗〖経済〗(停滞・低開発状態からの)離陸, 離脱, 脱却上昇;(学問・流行などの)急速な展開. ~ économique 経済の離陸.

décollecte n.f.〖経済〗(基金の)徴収率の低下. ~ des livrets de caisse d'épargne 貯蓄金庫通帳の預金率の低下.

décollement n.m. 剥がれること；剥がすこと, 剥離, 離解.〖医〗~ de la choroïde 脈絡膜剥離. ~ d'une affiche ポスターの剥がし取り.〖医〗~ prématuré du placenta 胎盤早期剥離.〖医〗~ de la rétine 網膜剥離.

décollté(**e**) a.p. **1**〖服〗襟を深くえぐった. robe ~e ローブ・デコルテ《襟を深くえぐった夜会用のドレス》.
2 ローブ・デコルテを着た. femme ~e ローブ・デコルテを着て肩や背中を露出した女性.
3〖比喩的〗露骨な, 卑猥な. propos ~s みだらな言葉.
—— n.m. **1**〖服〗襟刳(えぐり). ~ carré スクエア・ネック. ~ en pointe V ネック. être en grand ~ ローブ・デコルテを着ている.
2 (ローブ・デコルテを着て)露出した肩と背中. avoir un beau ~ 美しい肩と背中を見せている.

décolonisation n.f. 非植民地化, 植民地の独立(解放), 植民地状態からの脱却.

décolorant(**e**) a. 脱色する, 漂白する, 褪色作用のある. action ~e 脱色(漂白作用). substance ~e 漂白剤.
—— n.m. 脱色剤, 漂白剤.

décoloration n.f. **1** 脱色, 漂白, 色抜き；〖美容〗ブリーチ(=~ des cheveux)(毛髪を脱色し金髪に近くすること).
2 褪色；変色. ~ d'une étoffe exposée au soleil 光にさらされて褪色した布.
3 無色.
4〖比喩的〗(顔色の)生気のなさ；精彩の欠如. ~ d'un style 文体の精彩の無さ.

décombre n.m.〔多く pl.〕**1** 瓦礫の山, 残骸. ~s d'une incendie 焼け跡.
2〖比喩的〗(栄耀栄華の)廃墟, 夢の跡. ~ d'un empire 帝国崩壊の跡. la nouvelle compagnie aérienne Swiss née sur les ~s de Swissair スイス航空倒産の後に誕生した新スイス航空会社.

décompensation n.f. **1**〖医〗代償不全(血液循環の不全). ~ d'une maladie cardiaque 心臓病の代償不全. **2**〖精神医学〗心理補償喪失.

décompensé(**e**) a.〖医〗代償不全の. cardiopathie ~e 代償不全性心臓疾患.

décompilation n.f.〖情報〗アウト；逆コンパイラ化.

décomposé(**e**) a.p. **1**〖理, 数〗分解された. eau ~e en hydrogène et oxygène 水素と酸素に分解された水. lumière ~e par le prisme プリズムによる分光. produit ~ en facteurs 構成要素に分解された製品.
2 (化学的に)変質した；腐敗した. cadavre ~ 腐敗した死体.
3 (表情などが)ゆがんだ, 引きつった. traits ~s par la frayeur 恐怖に引きつった顔付.

décomposeur n.m.〖生, 農〗分解者(有機物質を無機化したり, 堆肥化する物質；菌類, 細菌類).

décomposition n.f. **1** 分解. ~ chimique 化学分解, 化学的風化. ~ de la lumière par le prisme プリズムによる分光.
2〖数〗分解. ~ d'une fraction rationnelle 有理数分解. ~ d'un nombre en facteurs premiers 素因数分解.
3 腐敗. cadavre en〔état de〕~ avancée 腐爛死体.
4〖比喩的〗ゆがみ. ~ des traits 顔のゆがみ.
5〖比喩的〗解体, 崩壊. ~ d'une société 社会の崩壊.

décompresseur n.m. **1**〖機械工学〗減圧装置. **2** (エンジンの)圧力逃がし弁.

décompression n.f. **1** 減圧, 圧力軽減；除圧. accident de ~ (潜水夫などの)減圧事故, 潜水夫病；ケーソン病, 潜函病(= maladie des caissons). chambre de ~ 減圧室. soupape de ~ 減圧弁.
2〖医〗除圧術, 内圧減少術. ~ cardiaque 心圧減少術.

décompte [-ɔ̃t] n.m. **1** 明細計算, 計算書. ~ d'un salaire 給与明細.
2 割引, 減額；残額, 差額. dix euros de ~ 10 ユーロの割引. faire le ~ 割引く.

déconcentration n.f. **1**〖行政〗非中央集権化, 権力の地方分散化(décentralisation「権限の地方委譲(地方自治)」との違いは中央の権力に従いつつ権限を地方に分散すること).
2〖経済〗(事務所・工場などの)地方分散, 本社への集中排除.
3 (過密人口の)分散. ~ urbaine 都市の非集中化, 都市の人口分散.
4〖化〗希釈. ~ d'une substance liquide 液体の希釈.

déconfessionnalisation n.f.〖政治〗宗教の信仰告白からの離脱, 非宗教化, 政教分離.

déconfiture n.f. **1**〔話〕(政党, 思想などの)総崩れ；完敗. grande ~ 大敗北. ~ d'un parti politique 政党の総崩れ.
2〖経済〗破産. ~ d'un banquier 銀行家の破産. être en ~ 破産状態になる. société qui tombe en ~ 破産状態に陥った会社.
3〖法律〗(商人でない負債者の)明白な支払不能状態.

décongélation n.f. 解凍.

décongestif(ve) a.〚薬〛鬱血(充血)除去(緩和)する. médication ~ve 鬱血除去投薬.
——n.m.〚薬〛鬱血(充血)除去(緩和)剤.

décongestion n.f. **1**〚医〛鬱血(充血)除去. ~ des poumons 肺充血の除去. **2**〚比喩的〛(街区・道路などの)過密解消；混雑緩和. ~ du centre-ville 都心の過密(混雑)解消. ~ d'une rue 道路の混雑(渋滞)緩和.

déconnexion n.f. **1** (結合されたもの の)分離. **2**〚電〛切断；断線. **3**〚生理〛(組織の)離断. ~ neuro-végétative 植物(自律)神経の離断.

déconseillé(e) a.p. …しないように勧められた, 中止を勧告された；使用を禁じられた；思いとどまされた；勧められない. médicament ~ 使用しないよう勧められた医薬品. mot ~ 使わないよう勧告された語. voyage ~ 旅行の中止勧告. C'est tout à fait ~. とてもお勧めできません.

déconsommation n.f.〚経済〛消費の低迷, 消費の危機的状況.

déconstitutionnalisation n.f.〚法律〛非憲法化, 一般法律化.

décontaminant n.m. 汚染除去装置；除染剤.

décontamination n.f. (放射能・公害等の)汚染除去, 環境汚染物質の除去(= dépollution, désactivisation). ~ chimique 化学汚染除去. ~ radioactive 放射能除去 (=désactivisation).

décontamineur(se) n.m. 汚染〔物質〕除去専門家；(特に)放射能汚染除去専門家. ~ des poussières radioactives 放射能汚染塵埃除去専門家.

décontraction n.f. **1** (筋肉の)弛緩. ~ du muscle 筋肉の弛緩. **2** リラックス, 骨休め(=relaxation). **3**〚話〛呑気, 無造作；無遠慮. faire qch en ~ 何を無造作にする.

décontractuant(e) a. **1**〚薬〛筋肉を弛緩させる. **2** リラックスさせる. paroles ~es 緊張を解きほぐす言葉.
——n.m.〚薬〛筋弛緩剤(=myorelaxant)；緊張緩和剤.

décor n.m. **1** 装飾；装飾文様, 図柄. ~ Empire 帝政時代様式の装飾. tissu à ~ floral 花文様の織物. **2**〚劇・映画〛舞台装置, 背景, セット；〚pl. で〛大道具. changement de ~ 舞台変換；〚比喩的〛情勢の変化. installateur de ~s 大道具係.〚映画〛tournage en ~ naturel 野外撮影. changer les ~s 舞台を転換する. **3**〚比喩的〛外見. envers du ~ (舞台裏→)物事の裏面. **4** 環境；自然環境；周囲の情況；景観. mon ~ quotidien 私の日々の暮し. **5**〚話〛aller (entrer) dans le〔s〕~〔s〕(車

が)道路脇に突っ込む；(飛行機が)滑走路をそれる.

décorateur(trice) n. **1** 装飾家；(特に)室内装飾家, インテリア・デザイナー(=~ d'intérieurs). ~ d'appartement アパルトマン(居室)の室内装飾家. **2** 舞台装置家(=~ de théâtre, scénographe)；〚映画〛セット専門家(=~ de cinéma). **3** 装飾芸術家.

décoratif(ve) a. **1** 装飾の. art〔s〕~〔s〕 装飾芸術, 装飾美術. Musée des arts ~s 装飾芸術博物館. **2** 飾りとなる, 引き立たせる. un invité très ~ 引き立て役の招待客. personnage ~ 引き立て役. **3**〚蔑〛飾りものの；副次的な, 無意味な. avoir un rôle purement ~ 純粋に飾りものの役割を果たす.

décoration n.f. **1** 装飾；装飾術；室内装飾, 内装(=~ intérieure；通称 déco). ~ d'un appartement アパルトマンの内装. **2**〚集合的〛装飾品. ~ florale d'une table 食卓の花飾り. ~ d'un palais 宮殿の装飾品. ~s de Noël クリスマス・デコレーション. **3** 勲章；綬(じゅ). recevoir une ~ 勲章を受ける.

décoré(e) a. **1** 勲章を授与された；(特に)レジョン・ドヌール勲章(=la Légion d'honneur)を授与された. soldat ~ d'une médaille 勲章を受けた兵士. **2** 装飾を施された.
——n. 受勲者. ~ de la Légion d'honneur レジョン・ドヌール勲章受勲者.

décorticage n.m., **décortication** n.f. **1** (穀物の)脱殻；(豆の)さや取り；殻むき. ~ des amandes アーモンドの殻むき. ~ des écrevisses ざりがにの殻むき. ~ du riz 米の脱殻. **2** (木の)皮むき. ~ d'un arbre à la raclette かき取り具による樹皮はがし. **3**〚医〛剝皮〔術〕；皮質剝離〔術〕；(特に)大脳皮質剝離術. ~ du cortex cérébral. ~ pulmonaire 肺剝皮術.

décortiquer v.t. **1** (樹皮を)剝ぎ取る；(穀物を)脱殻する；(豆の)さやを取る；(甲殻類・果実などの)殻を取る. ~ des arachides en coque ピーナッツの殻を取る. ~ des langoustines ラングースチーヌ(手長海老)の殻を取り去る. **2**〚医〛皮質を除去する；(特に)大脳皮質を除去する. **3**〚話〛細かく分析する. ~ un texte テクストを細かく分析する.

décote n.f. **1**〚税〛(税の)控除. impôt après ~ 控除後の税額. **2**〚金融〛(通貨・証券などの)相場の下落, 値下がり. **3**〚比喩的〛低落, 下降, 失墜. ~ d'un homme politique 政治家の信用の失墜. ~ d'un

découpage (＜découper) *n.m.* **1** 切ること, 切り取ること；切り抜き；切り分け；切断, 打抜き；裁断. ~ à la presse プレス切断. ~ du cuir 皮革の切断. ~ d'une étoffe 布地の裁断. ~ d'un gâteau ケーキの切り分け. ~ d'une image en carton 厚紙の絵の切り抜き. ~ de la viande 食肉の切り分け.
2 (子供向きの)切抜用の絵；切抜き絵. acheter des ~s à un enfant 子供に切抜用の絵を買い与える.
3 〖映画〗カット割り, コンテ. établir le ~ d'après un synopsis シノプシスに基づいてコンテをつくる.
4 〖行政〗(地域などの)区分, 区割り. ~ électoral 選挙区の区割り.

découpe *n.f.* **1** 切断；切抜き. ~ de la viande 食肉の切断.
2 (布地の)裁断, カッティング；装飾用カット. ~ d'un chemisier シャツブラウスのカット. blue-jean bicolore à ~s 装飾カットのある二色ジーンズ.

découpé(e) *a.p.* **1** 切断した. papier ~ 切った紙. volaille ~e ぶつ切りの家禽の肉.
2 凹凸のある；ぎざぎざになった. côtes ~es 凹凸の多い海岸線. feuille ~e 鋸歯状の縁をもつ葉. silhouettes ~es sur l'horizon 地平線の凹凸のあるシルエット.

découpure *n.f.* **1** 切り抜くこと；切り抜かれたもの. faire de la ~ 切り抜く.
2 〖服〗裁断. ~ d'une étoffe 布地の裁断.
3 ぎざぎざの輪郭線；(海岸線などの)凹凸. ~s d'une dentelle レースの波形の縁. ~ d'une feuille 葉の縁の凹凸.

découragé(e) *a.p.* **1** 落胆した, がっかりした. attitude ~e 落胆(意気沮喪)した態度.
2 意気沮喪した. armée ~e 戦意を喪失した軍隊.

décourageant(e) *a.* **1** 落胆させる, がっかりさせる, 期待を裏切る；絶望的な. nouvelle ~ がっかりさせる知らせ. obstacle ~ 絶望的な障害. résultat ~ 期待はずれの結果.〔皮肉〕Il est d'une douceur ~e. 彼はひどく優しい.
2 (人について)期待はずれの. enfant ~ がっかりさせる子供.

découragement *n.m.* 落胆, 失望. comble du ~ 落胆の極み. être en proie au ~ 失望の虜となる, 失望に苛まれる. se laisser aller au ~ がっくりと力を落つ (~ がっかりして. renoncer par ~ がっかりして諦める.

découvert(e)[1] *a.p.* 覆いのない, むき出しの, 遮蔽物のない. terrain ~ 無防備の土地. à visage ~ 逃げ隠れせず, 正々堂々と. avoir la tête ~e 頭に何もかぶらないでいる.

découvert[2] *n.m.* Ⅰ **1** 木立のない場所；〖軍〗開闊(かいかつ)地.
2 〖スポーツ〗(フェンシング, ボクシングの)すきのある構え.
3 〖金融〗(無担保の)貸越, 借越. ~ de caisse 当座〔短期〕貸付欠損. ~ d'un compte (銀行取引における)当座貸(借)越. ~ de trésorerie 借越.
4 〖財政〗欠損(一時的な赤字；déficit は最終的な赤字). ~〔du budget〕財政赤字, 歳出超過. ~ de la balance commerciale 貿易欠損.
5 〖保険〗非保険部分(物). ~ obligatoire 必要的非保険部分.
Ⅱ〔à ~〕**1** むき出しに, 遮蔽物なしに. combattre à ~ むき出しで戦う. mettre qch à ~ 何をむき出し(あらわ)にする.
2 公然と, 隠し立てせずに. 率直に. agir à ~ 正々堂々と行動する. parler à ~ 腹を割って話す.
3 〖金融, 証券〗無担保；投資対象である現物を所有せずに. chèque à ~ 不渡り小切手. crédit à ~ 信用貸. vente à ~ (現物のない) 空(から)売り. vendre à ~ 空(から)売りする. tirer à ~ 不渡小切手を振出す.

découverte[2] *n.f.* **1** 発見. ~ de l'Amérique par Christophe Colomb クリストファー・コロンブスのアメリカ大陸発見. ~ d'un complot 陰謀の摘発(発覚). ~ d'une mine 鉱床の発見. ~ de ruines antiques 古代遺跡の発見. ~ d'un vaccin ワクチンの発見. ~ et invention 発見と発明. grandes ~s scientifiques 科学的大発見. Palais de la ~ 発見の殿堂(パリの le Grand Palais の一部を占める科学博物館；1937年開館).
2 発見物, 掘出しもの(=chose découverte). belle ~ archéologique 見事な考古学的出土品. ce pianiste, une récente ~ 最近の掘り出しものであるピアニスト.
3 探険；〖軍〗偵察. à la ~ de … の探険(偵察)のために；…を求めて；…を探ねて. partir à la ~ du pôle sud 南極探検に出かける.
4 〖劇・映画〗遠見, バック, パントロン (戸・窓を通して見える背景).

décret *n.m.* **1** 〖法律〗デクレ(日本の政令に当たる執行令および固有の行政立法という二つの異なる性格を持つ), 政令, 行政令, 執行令. ~ de grâce 恩赦令. ~ en Conseil d'Etat コンセユ・デタの審議を経たデクレ. ~ en conseil des ministres 閣議で採択されたデクレ(必ず大統領が審署する). ~ individuel 個人に関するデクレ. ~-loi デクレ=ロワ, 政令法(第3, 第4共和国下で用いられた行政立法の手段で, 政府に対する『全権』授権法に基づいていた；第5共和政ではオルドナンス ordonnance と呼ばれる). ~ réglementaire 命令事項に関わるデクレ. ~ simple 個人の任命に関するデクレ.

2 〖教会〗教令, (公会議などの) 決定, 決議.

décret-loi (*pl.* **~s-~s**) *n.m.* 〖法律〗デクレ=ロワ〖第三・第四共和政における政府による委任立法；第五共和政の ordonnance に相当〗.

décriminalisation *n.f.* (立法措置による) 非刑法犯化；(重罪の) 軽罪化.

décrochage *n.m.* **1** (掛けてあるものを) はずすこと；(掛けたものが) はずれること. ~ d'un tableau 掛けてある絵のとりはずし. levier de ~ 掛け外し用レバー.
2 〖軍〗離脱, 回避行動.
3 〖政治〗撤退, 回避；離脱.
4 切り離し. ~ des wagons 貨車の切り離し.
5 中断；断絶, 解消；(経済活動の) 後退, 低迷.
6 〖放送〗ネットワークからの離脱 (地方局独自の放送をするため). émettre en ~ ネットワークから離脱して独自の番組を放送する.
7 〖電子〗同調はずれ；発振停止.
8 〖航空〗失速 (=chute de la portance).
9 〖宇宙〗(軌道からの) 離脱. ~ de l'orbite lunaire 月の周囲軌道からの離脱.
10 〖自動車〗(タイヤの路面からの) 離脱, 浮き上がり.
11 〖カナダ〗離脱. ~ scolaire 学校からの離脱, 中途退学.

décroissance *n.f.* **1** 減少, 低下；漸減. 減衰, 衰退. ~ de la natalité 出生率の減少. ~ de la population 人口の減少. ~ des revenus 所得の減少. 〖物理〗 ~ radioactive 放射能減衰.
être en ~ 減少中である. La fièvre est en ~. 熱は下がりつつある.
2 〖政治・経済〗国内総生産の成長率抑制策.

décroissant(e) *a.* 減少する, 漸減する, 衰微する. bruit ~ 減衰する音. 〖数〗fonction ~*e* 減少関数. frais ~*s* 漸減する経費. 〖数〗suite ~*e* 減少数列. vitesse ~*e* 徐々に落ちる (落とす) 速度. par ordre ~ 減数順に.

décryptage *n.m.* 暗号解読 (=décryptement). ~ des données データの暗号解読.

décrypter *v.t.* **1** (暗号文を) 解読する (=déchiffrer). ~ un message 通信文を解読する.
2 〖放送〗(スクランブル放送をデコーダーで) 復号する (=décoder).
3 〖俗〗見抜く.

DECS (=*d*iplôme d'*é*tudes *c*omptables *s*upérieures) *n.m.* 〖教育〗高等会計学修了免状.

décubitus [-tys] *n.m.* 〖医〗臥位 (が い). ~ dorsal 仰臥. ~ latéral 横臥. ~ ventral 腹臥, うつぶせ臥. être en ~ 横になっている. escarre de ~ 褥瘡 (じょくそう), 床ずれ (=~ aigu).

de cujus [de kyʒys, de kujus] 〖ラ〗*n.m. inv.* 〖法律〗遺言者, 被相続人 (相続の開始する死者). volonté du ~ 遺言者の遺志.

décuplé(e) *a.* 10倍の；倍加した. population ~*e* en un siècle 1世紀の間に10倍になった人口.

dédain *n.m.* **1** 軽蔑, 侮蔑. ~ de l'argent 金銭に対する蔑視. ~ hautain 尊大な蔑視. paroles de ~ 侮辱的言辞. sourire de ~ 軽蔑的薄笑い. considérer avec ~ 軽蔑的にじろじろ見つめる. n'avoir que du ~ pour qn 人を軽蔑しきっている. témoigner du ~ à qn 人に侮蔑的態度を示す.
2 〔古, 文〕〔*pl.*で〕軽蔑のしるし.

dédicace *n.f.* **1** 献辞. séance de ~ à la sortie d'un livre 新刊書発売時のサイン会.
2 (教会堂・礼拝堂などの) 奉献, 献堂式；(ユダヤ教の) エルサレム寺院の奉献. ~ d'une église 教会堂の奉献 〖式〗. fête de la *D* ~ (教会堂の) 奉献祭.
3 記念碑の建立；記念碑の銘文.

dédit *n.m.* **1** 〖法律〗違約, 破約. clause de ~ 違約条項. en cas de ~ 違約の場合. frais de ~ 違約金.
2 〖法律〗違約金. payer les mille euros de ~ 違約金として 1000 ユーロを支払う.
3 〔稀〕前言撤回, 食言, 約束破棄.

dédollariser *v.t.* ドル支配から脱却させる.

dédommagement *n.m.* **1** 損害賠償, 弁償；賠償金. à titre de ~, en ~ de *qch* (何の) 賠償として. obtenir dix mille francs de ~ 1万フランの賠償金を獲得する.
2 償い, 代償, 埋合せ. ~ de la souffrance 苦悩の償い. trouver un ~ à ses malheurs 不幸に対する償いを見出す.

dédouanement *n.m.* **1** 通関. ~ d'une marchandise 商品の通関. **2** 関税撤廃. **3** 〔比喩的〕名誉回復, 復権 (=réhabilitation).

déductibilité *n.f.* **1** 〖財政〗控除可能性. ~ de certains frais dans une déclaration de revenus 所得申告における特定経費の控除認定可能性.
2 〖哲〗演繹の可能性.

déductible *a.* 〖財政〗除去し得る. frais ~*s* du revenu 所得から控除できる経費.

déduction *n.f.* 〖**I**〗〖財政〗(経費などの) 控除〖額〗, 差引〖額〗 (=défalcation). ~ faite des arrhes versées 前払金の差引き. faire la ~ de …を控除する (差引く).
〖**II**〗**1** 〖論理〗演繹〖法〗 (induction「帰納〖法〗」の対). ~ mathématique (philosophique) 数学的 (哲学的) 演繹.
2 推論；結論. ~*s* hasardeuses 根拠のない結論.

DEEE (=*d*échets d'*é*quipements *é*lectriques et *é*lectroniques) *n.m.pl.* 〖環境〗電気・電子機器廃棄物 (=〖英〗WEEE：*W*aste *E*lectric and *E*lectronic *E*quip-

déesse *n.f.* **1** 女神, 女性神 (=divinité féminine). ~ de la fécondité 豊穣の女神. ~-mère 母神. Vénus, ~ de l'amour et de la beauté 愛と美を司る女神ウェヌス(ヴィーナス).
2 女神《女神の形で神格化された存在》. la *D* ~ de la Liberté 自由の女神. 『史』la *D* ~ de la Raison (大革命下の) 理性の女神 (『理性』の神格化).
3 女神のような存在. allure (port) de ~ 女神のようなたたずまい, 神々しい気品. C'est une ~! まるで女神のようだ.

DEFA (=*d*iplôme *d'é*tudes *f*ondamentales en *a*rchitecture) *n.m.* 『教育』建築学基礎教育修了免状.

de facto [defakto] [ラ] *ad.* 『法律』事実上, 実際に (de jure「法的に」の対). reconnaître un gouvernement ~ 政府を事実上承認する.

défaillance *n.f.* **1** (体力・気力などの) 衰弱, 衰退, 減退;(記憶などの) 一時的喪失; 失神, 卒倒. 『医』 ~ cardiaque 心不全. ~ de mémoire 失念, 度忘れ. ~ de la volonté 意欲の衰退. avoir une ~ (tomber en ~) 気を失う, 卒倒する.
2 (制度・組織などの) 脆弱さ, 弱さ, 無能, 欠陥;(機械の) 故障;(作品などの) 弱点. ~ des pouvoirs publics 公権力の脆弱さ (非能率). ~ mécanique 機械的機能低下 (不全). sans ~ 欠陥のない, しっかりした, 確固たる. mémoire sans ~ しっかりした記憶.
3 『法律』不履行 (=non-exécution);債務不履行. ~ d'entreprise 支払停止.

défaillant(e) (<défaillir) *a.* **1** (体力, 気力などが) 衰えた, 減退した, 弱った;(人が) ぐったりした;気が遠くなった. force ~*e* 衰えた体力. mémoire ~*e* 衰退した記憶. raison ~*e* 衰えた理性. se sentir ~ de fatigue 疲労困憊を感じる.
2 『法律』(法廷に) 不出頭の. accusé (témoin) ~ 不出頭の刑事被告人 (証人).
3 〔税〕申告義務を怠った.
4 〔古〕(家系が) 絶えた. ligne ~*e* 断絶した家系.
——*n.* 『法律』(法廷に) 不出頭の証人 (=témoin ~).

défaisance *n.f.* (信託的譲渡の担保目的物の) 抽出;(契約の) 破棄, 無効 (=〔英〕defeasance).

défait(e[1]**)** (<défaire) *a.p.* **1** ほどけた;乱れた. cheveux ~*s* 乱れ髪. lit ~ 乱れたベッド. nœud ~ ほどけた結び目.
2 やつれた, 憔悴した;色を失った. mine ~*e* 憔悴した顔つき. visage ~ 蒼白な顔.
3 敗北した, 撃滅された. armée ~*e* 敗軍.

défaite[2] *n.f.* **1** 敗北;敗戦. la ~ de 1871 1871年普仏戦争の敗戦. la ~ de Waterloo ワーテルローの会戦の敗北. ~ d'une équipe sportive スポーツチームの敗北. essuyer (subir) une ~ 敗北を喫する.
2 敗北, 失敗;落選 (= ~ électorale). ~ d'un parti politique 政党の敗北. ~ électorale (aux élections) (選挙での) 落選.

défaitisme *n.m.* **1** 敗北主義;敗戦主義. **2** 悲観論.

défaitiste *a.* 敗北主義の;敗戦主義の;悲観論の. propos ~*s* 悲観的言辞. tenir des propos ~*s* 悲観的な発言をする.
——*n.* 敗北主義者;悲観論者 (=pessimiste).

défalcation *n.f.* 差引 (控除)〔額〕. ~ faite des frais 経費の差引 (控除).

défaut *n.m.* Ⅰ〈欠点, 短所, 欠陥〉
1 欠点, 短所. Chacun a ses ~*s*. 人にはそれぞれ欠点があるものだ. Malgré ses nombreux ~*s*, ce garçon a l'indéniable qualité d'accomplir avec rapidité les tâches qu'on lui confie. この少年は多くの欠点を持ってはいるが, 言われたことをすぐにやるという点では, 申し分がない.
2 欠陥, 瑕疵 (かし), きず. Ce produit présente des ~*s* de fabrication. この製品には製造上の欠陥がある.
3 欠点, 粗, 不完全な点. Il n'est pas difficile de relever les ~*s* de ce roman. この小説の欠点をあげつらうのは難しくない.
Ⅱ〈欠如, 不足, 欠損〉
1 欠けているもの (こと), 欠如, 不足. ~ d'imagination 想像力の欠如. 『物理』 ~ de masse 質量欠損 (不足). 『数』valeur approchée par ~ 切捨てにする概数. faire ~ 不足する, 足りない, 欠けている. contravention pour ~ d'éclairage ライトのつけ忘れによる交通違反. à ~ そうでなければ. Les négociations devraient aboutir avant dimanche ; à ~, les Américains pourraient mettre en œuvre les sanctions prévues par leur législation nationale. 交渉は日曜日までに妥結すると思われる. そうでない場合には, アメリカは国内法に基づいて制裁措置をとることになろう. à ~ de *qch* (*qn*) …がない場合には, …の代わりに.
2 末端部分, 隙間, 切れ目. ~ de la cuirasse (装甲の隙間→) 弱点, 弁慶の泣きどころ.
3〔金融〕デフォルト, 支払停止. ~ de paiement 支払停止. déclarer ~ デフォルトを宣言する. être en situation de ~ 破産状態にある.
4 『法律』欠席, 不出頭. jugement par ~ 欠席裁判. jugement de ~-congé 不出頭による召喚失効判決. faire ~ 欠席する.
5 〔狩〕(犬が) 獲物を見失うこと. être (se mettre) en ~ (犬が) 追跡の手がかりを失う, 過ちを犯す, 規則に違反する, 約束に背く.

défaveur *n.f.* **1** 信用失墜;不評判. homme politique en ~ 評判を落とした政治家. s'attirer la ~ du public 世間の不評を招く.

déférer

2 (人・物に対する)不快感, 悪感情. être en ~ auprès de qn 人の不興を買っている.

défavorable *a.* **1** (à に)好意的でない. avis ~ 反対意見. jury ~ à l'accusé 被告に好意的でない陪審. être ~ à qn 人に好意的でない. faire une impression ~ 好ましくない印象を与える.
2 好ましくない, 不利な, 不都合な. hypothèse la moins ~ 最も不利な仮定. situaion ~ 不利な状況. être ~ à qn (qch) 人(何)にとって好ましくない. faire une impression ~ 好ましくない印象を与える.

défavorisé(e) *a.p.* **1** 不利な状況下にある. candidat ~ 不利な候補者. classes sociales ~es 恵まれない社会的階層. **2** (経済的に)恵まれない. pays ~s économiquement 貧困国.
――*n.* 不利な状況下にある人；恵まれない人, 貧しい人.

défécation *n.f.* **1** 〖生理〗排便. acte de ~ 排便〔行為〕. **2** 〖化〗(液体の)澄明化, 清澄化 (=clarification).

défection *n.f.* **1** (政党・組織からの)離脱, 脱党, 脱会；〖軍〗戦線離脱, 敵前逃亡. faire ~¹ 離脱する. ~ massive 大量脱党(脱会).
2 欠席, 不参加, 出席中止. faire ~² 欠席する, すっぽかす.

défectueux(se) *a.* **1** 欠陥のある, 不完全な. article ~ 欠陥品, 不良品, きず物. outil ~ 欠陥工具. raisonnement ~ 不完全な推論.
2 〖法律〗不備な. acte ~ 不備な証書.

défend*eur*(*eresse*) *n.* 〖法律〗(民事訴訟の) 被告 (demandeur「原告」の対).

défendu(e) *a.p.* (<défendre) **1** 守られた；保護された；擁護(弁護)された, 正しいと主張された. assassin ~ par un grand avocat 有力弁護士に弁護された殺人犯. ville ~e par ses remparts 城壁で守りを固めた都市.
2 禁じられている. fruit ~ 禁断の木の実；〖比喩的〗禁じられた快楽(欲望). livre ~ 禁書. Il est (〖話〗C'est) ~ de+*inf.* …することは禁止されている. C'est ~ de fumer ici. ここは禁煙です.

Défense (la) *n.pr.f.* (パリ西郊の)デファンス地区《Courbevoie, Nanterre, Puteauxの3コミューヌにまたがる；パリの副都心的機能をもつビジネスセンター》. la Grande Arche de la ~ デファンス地区の グランド・アルシュ《新凱旋門》. Société d'économie mixte nationale Tête-~ テット=デファンス地区国立混合資本会社《1984年設立；Paris 西郊 Défense 地区の公共施設開発会社》.

défense¹ *n.f.* **1** 防衛；国防；防御. ~ aérienne 対空防衛, 空軍力. D ~ atlantique NATO諸国防衛体制, NATO軍. ~ civile 民間防衛, 市民防衛. ~ contre avions (DCA) 対空防御, 対空砲火. ~ maritime 海域防衛, 海軍力. ~ nationale 国防. ~ opérationnelle du territoire (DOT) 国土作戦防衛戦力《核戦力, 緊急出動戦力と共に1980年代以来, フランス軍組織の根幹をなす》. ~ terrestre 陸上防衛, 陸上戦力. Comité de ~ 国防委員会《国防政策全体を統轄；議長は共和国大統領》. ministère de la ~ 防衛省, 国防省. zone de ~ 防衛管区.
2 (個人的な)防衛, 身を守ること. légitime ~ 正当防衛. 〖心理・精神分析〗防衛；〖生理〗防御.
3 保護, 擁護, 支援. ~ du franc フラン防衛. ~ de l'ordre établi 既存秩序の防御. 《*D ~ et illustration de la langue fraçaise*》 『フランス語の擁護と顕揚』《16世紀の詩人 Du Bellay の宣言書》.
4 弁護, 弁護側, 被告側, 弁護人. ~ au fond 民事訴訟の実質的弁護. droit de la ~ 弁護権. liberté de la ~ 弁護の自由.
5 禁止. 《*D ~ d'afficher, loi du 29 juillet 1881*》「1881年7月29日法により貼り紙禁止」.

défense² *n.f.* **1** (象・猪などの)牙；象牙 (= ~ d'éléphant). ~ de mammouth マンモスの牙. **2** 〖植〗とげ.

défenseur *n.m.* **1** 守護者, 擁護者, 庇護者, 防御者, 保護者. ~ de la patrie 祖国の守護者. ~ des opprimés 被抑圧者の庇護者.
2 〖比喩的〗(意見などの)支持者. ~ de la paix 平和の支持者.
3 〖法律〗弁護人. avoir un bon ~ 有能な弁護人をもっている.
4 〖スポーツ〗(サッカーなどの)ディフェンダー, ディフェンス (=arrière「バック, 後衛」).

défensif(ve) *a.* 防御の, 防衛の；守勢の. armes ~ves 防御用武具(武器). attitude ~ve 守勢, 防衛態勢. moyens ~s 防衛手段.
――*n.f.* 〖軍〗防御態勢；〖比喩的〗守勢. être (se tenir) sur la ~ 防衛態勢を固めている, 守勢に立つ.

déféré(e) *a.p.* 〖法律〗**1** 帰属した；一定の順番で伝達された；本人の地位に応じて付託された. affaire ~e à un tribunal 裁判所に付託された事件. succession ~e à un descendant 卑属に帰属した相続. tutelle ~e à un ascendant 尊属に付託された後見.
2 (刑事被告人が司法当局に)召喚された. coupable ~ à la justice 司法当局に召喚された犯罪人.

déférent(e) *a.* **1** うやうやしい, 敬意を表する. attitude ~e うやうやしい態度. être ~ envers (à l'égard de) qn 人に敬意を払う.
2 〖生〗排出する；外部に通じる；〖医〗輸精の. 〖解剖〗canaux ~s 輸精管；〖植〗通導管.

déférer *v.t.* 〖法律〗**1** (司法機関に)付託

défervescence

する (=conférer) ;（犯罪人を）引致する, 召喚する. ~ une affaire à un tribunal案件を裁判所に付託する. ~ une affaire devant un nouveau juge 案件を新判事に付託する. ~ un coupable à la justice 犯罪人を司法機関に引致 (召喚) する.
2（à に）任せる；服従する. ~ le serment à *qn* 人に宣誓を命じる.
3〖古〗（肩書・称号などを）授ける, 与える. ~ un commandement 指揮権を与える. ~ une dignité (un grade, un titre) 高位 (位階, 称号) を授ける.

défervescence *n.f.* **1**〖医〗下熱, 解熱；下(解)熱期. **2**〖化〗泡立ちの減少.

défeuillaison *n.f.*〖植〗落葉；落葉期.

défi *n.m.* **1** 挑戦；〖古〗決闘の申入れ. attitude de ~ 挑戦的態度. regard de ~ 挑戦的視線. regarder avec ~ 挑戦的な目つきで見る. accepter (relever) le ~ 挑戦に応じる；〖古〗決闘の申入れに応じる. lancer (jeter, porter) un ~ à *qn* 人に挑戦する；〖古〗人に決闘を申入れる. mettre *qn* au ~ de+*inf*. 人に到底…できまいという.
2（à に対する）無視, 軽侮；反抗. ~ à bon sens 良識に対する挑戦, 良識の無視. ~ à l'opinion 世論に対する反抗.
3 チャレンジ, 挑戦；克服すべき障害. ~ atomique 原子力のチャレンジ. ~ français フランスの挑戦 (チャレンジ). ~ naturel 自然の障害. Il n'y a pas de croissance sans ~. チャレンジなきところに成長なし.

défiance *n.f.* **1** 不信 (confiance「信頼」の対)；危惧の念；疑念. ~ envers (à l'égard de, vis-à-vis de) soi-même 自信のなさ. ~ injustifiée 根拠のない不信 (疑念). éprouver (ressentir, témoigner) de la ~ pour (envers, à l'égrad de, vis-à-vis de) *qn* 人に不信の念を抱く. inspirer de la ~ à *qn*；mettre *qn* en ~ 人に不信の念を抱かせる. parler avec ~ 用心して話す. 〖諺〗 *D* ~ est mère de sûreté. 不信は安全の母.
2 不信任. vote de ~ 不信任投票.

défiant(*e*) *a.* **1**（人・性格が）疑い深い, 用心深い, 信用しない. caractère ~ 用心深い性格. mari ~ 疑い深い夫. être ~ envers (à l'égard；vis-à-vis de) *qn* 人に対して疑い深い.
2 疑念 (用心深さ) を表わす, 警戒的な. air ~ 警戒的な様子.

défibrillateur *n.m.*〖医〗（心臓の）細動除去器, 除細動器. ~ cardiaque implantable 体内埋込式心臓細動除去器, 埋込型除細動器 (=〖英〗ICD = *i*mplantable *c*ardioverter *d*efibrillator). ~ implanté 体内埋め込み型除細動器.

défibrillation *n.f.*〖医〗（心臓の）細動除去, 除細動《心室細動・心房細動などに対する電気ショック法による救急療法》.

défibrination *n.f.*〖医〗脱繊維素.

déficience *n.f.* **1**〖医〗（肉体的・精神的）欠陥, 不全. ~ cardiaque aiguë 急性心不全. ~ intellectuelle 知的不全, 精神薄弱. ~ mentale 精神薄弱. ~ visuelle 視覚不全. Tout homme a ses ~*s*. 人は誰しも精神的な弱味をもっている.
2（記憶などの）一時的欠如.
3 不完全, 欠点, 機能不全. ~ du gouvernement 政府の機能不全. ~ du système de sécurité 安全システムの不調.

déficient(*e*) *a.* **1**（肉体的・精神的に）欠陥のある. cœur ~ 欠陥のある心臓. enfant ~〔心身〕障害児. intelligence ~*e* 精神薄弱.
2 不十分な. alimentation ~*e* 不十分な栄養補給.
3 根拠薄弱な, 欠落のある, 不十分な. argumentation ~*e* 不十分な議論. vocabulaire ~ 貧弱な語彙.
—— *n.* 障害者. ~ auditif (moteur) 聴覚 (運動機能) 障害者.

déficit *n.m.* **1** 赤字, 欠損. ~ budgétaire 財政赤字. ~ commercial 貿易〔収支〕の赤字. ~ des paiements extérieurs 国際収支の赤字. ~ jumeau 双子の赤字《アメリカの財政赤字と貿易赤字》.
2 不足. ~ de céréales 穀物の供給不足. ~ énergétique エネルギー源の不足. ~ démocratique 民主主義の赤字《UE (EU) の決定に民主的手続きが不足しているとの批判を象徴する表現》. ~ d'explication 説明不足.
3〖医・生理〗不全, 欠陥. ~ immunitaire 免疫不全.

déficitaire *a.* **1** 赤字の. budget ~ 赤字予算. entreprise ~ 赤字企業. finances ~*s* 赤字財政.
2 不足した；〖農〗不作の, 平年以下の. année ~ en blé 小麦の不作年. recolte ~ 予想を下まわる収穫.

défilé *n.m.* **1**〖軍〗（閲兵の）分列行進. ~ du 14 Juillet 7月14日《フランス大革命記念日》の分列行進.
2（車の）列. ~ de chars au carnaval 謝肉祭の山車の列. ~ des manifestants デモの隊列.
3 山間の隘路, 狭窄部. col en ~ 狭窄状の峠.

défilement *n.m.* **1**〖軍〗（敵の砲火に対する）遮蔽物.
2〖機械〗（ヴィデオ, テープレコーダーなどの）テープの走行 (巻取)；（映写機の）フィルムの走行.
3〖宇宙〗satellite à ~ 極軌道衛星.

défini(*e*) *a.* **1** 定義された. concept bien ~ 明確に定義された概念. mot ~ 定義された語.
2 明確な；限定された. tâche bien ~*e* 極めて明確な任務.
3〖文法〗article ~ 定冠詞.〖古〗passé ~ 定過去 (passé simple「単純過去」の旧称).

défricheur(se)

4 〖化〗loi des proportions ~ es 定比例の法則, プルーストの法則 (= loi de Proust; Joseph-Louis Proust [1754-1826]).
5 〖数〗intégrale ~ e 定積分.
── n.m. 限定されたもの;〖論理〗限定概念.

définitif(ve) a. **1** 決定的な;最終的な. accord ~ 最終的合意. décision ~ 最終決定. édition ~ ve d'une œuvre 作品の決定版, 定本. jugement ~ 終局判決.
2 en ~ ve l.ad. 結局, 最終的に;結論として. En ~ ve, je crois qu'il a raison. 結局彼が正しいと思います.

définition n.f. **1** 定義;概念規定. ~ des mots 言葉の定義. par ~ 論理的帰結として;定義上. La ~ doit être courte, claire et précise. 定義というものは短く, 明快で, 正確でなくてはならない.
2 説明, 明示;策定. ~ d'une politique 政策の策定.
3 (制度などの)本質. ~ du régime parlementaire 議院内閣制の本質.
4 〖教会〗教理決定. ~ s des conciles 公会議の教理決定.
5 (TV 画像の) 走査線数, 精細度.〖電算〗~ d'écran (コンピュータの) ディスプレーの表示性能. ~ horizontale de 1280 lignes 水平走査線数 1280 本. télévision 〔à〕 haute ~ 高精細度 (高品位) TV (略記 TVHD), ハイヴィジョン TV.

défiscalisation n.f. 〖税〗課税免除;免税.

déflagration n.f. **1** 〖化〗爆燃, デフラグレーション (高熱と閃光を伴う急激な爆発的燃焼で, 音速以下で;音速以上の détonation「爆轟」よりは緩やかな反応).
2 〔話〕爆発;爆発音.

déflation n.f. **1** 〖経済〗デフレーション, デフレ, 通貨収縮 (inflation「インフレーション」の対);デフレ政策.
2 (気球の) ガス放出.
3 〖地学〗デフレーション, 乾蝕 (かんしょく);風蝕. cuvette de ~ 風蝕盆地.

déflationniste a. 〖経済〗デフレーションの;デフレーションをもたらす. effet ~ デフレ効果. mesures ~ s デフレ的措置. politique économique ~ デフレ経済政策.
── n. 〖経済〗デフレ論者.

déflecteur n.m. (自動車の) スポイラー (空気抵抗を減少させる装置).

déflexion n.f. **1** 〖物理〗(光の) 偏差;(電子ビームの) 偏向, ぶれ;(計器の) ふれ;〖光学〗屈折. ~ d'un rayonnement lumineux 光線の偏差. ~ d'une particule chargée 荷電粒子の偏向.
2 〖医〗児頭反屈〔位〕, 反屈胎勢;(心電図の) 動揺. ~ de la tête du fœtus 胎児の児頭反屈〔位〕(反屈胎勢).
3 〖精神分析・心〗放心 (= distraction).
4 〖航空〗(尾翼後部空気流の向きの) 偏向;尾翼方向舵の歪み.

5 (路面の) 歪み.

défloraison n.f. 〖植〗落花;落花の季節.

défloration n.f. 処女性の喪失, 破瓜 (はか) (= ~ de l'hymen);処女を奪うこと.

DEFM (= demandes d'emploi en fin de mois) n.f.pl. 月末求職数.

défoliant(e) a. 葉を枯らす, 落葉作用のある. herbicide ~ 枯れ葉剤, 落葉剤.
── n.m. 枯れ葉剤 (= herbicide ~).

défoliation n.f. 〖植〗落葉. **2** 〖軍〗(枯葉剤による) 枯葉作戦.

défonçage, défoncement n.m.
1 (樽・箱などの) 底を抜くこと. ~ d'un tonneau 樽の底抜き.
2 突き破ること;大穴を開けること. ~ d'une porte ドアの突破.
3 〖農〗深耕 (深さ 40-60 cm 程度).
4 〖機工〗(木工フライス盤での) 穿孔.
5 〖画〗(幻覚剤による) 陶酔.

défonceuse n.f. **1** 〖農〗大鋤. **2** 〖機械〗木工フライス盤. **3** 〖土木〗ルーター (=〔英〕rooter), リッパー (ripper) (土を掘りおこす機械).

déforestation n.f. 森林破壊;森林の消滅. zone touchée par la ~ 森林破壊の影響を受けた地域.

déformant(e) a. 変形させる;変形性の.〖医〗arthrite ~ e 変形性関節炎. glace ~ e 映像変形鏡.〖医〗ostite ~ e 変形性骨炎.〖医〗spondylose ~ e 変形性脊椎症. verres ~ s 変形ガラス.〔比喩的〕vision ~ e des faits 事実に対する歪曲した見方.

déformation n.f. **1** 変形;歪み, それ;〖医〗畸形, 変形. ~ critique 臨界変形. ~ de la croûte terrestre 地殻変形. ~ due à la compression (à la torsion, à la traction) 圧縮 (ねじり, 引張り) 変形. ~ d'un orteil 足指の変形. ~ élastique 弾性変形. ~ plastique 塑性変形.
2 〔比喩的〕歪曲, ねじまげ;ゆがみ, いびつ. ~ de la vérité 真実の歪曲. ~ professionnelle 職業的偏見.

déformé(e) a.p. **1** 変形した;ゆがんだ. dents ~ s 変形した歯. visage ~ ゆがんだ顔.
2 歪曲した, ゆがめられた. caractère ~ ゆがんだ性格. paroles ~ es ゆがめられた言葉.

défragmentation n.f. 〖電算〗断片化の解消. ~ d'un disque dur ハードディスクの断片化の解消. lancer une ~ 断片化の解消を行う.

défrichage, défrichement n.m.
1 〖農〗開墾;開墾地. ~ des forêts (landes) 森林 (荒地) の開墾.
2 〔比喩的〕問題点の洗い出し, 事前の準備. ~ d'un sujet difficile 難題の問題点の洗い出し.

défricheur(se) n. **1** 開墾者, 開拓者

défunt(e)

~ de forêts 森林の開墾者.
2〔比喩的〕開拓者, 草分け, 先駆者, パイオニア (=pionnier). ~ de l'inconnu 未知の分野の開拓者.

défunt(e) *a.*〔文〕**1** 死亡した, 故. le ~ M.X 故X氏. sa ~*e* mère ; sa mère ~*e* ; ~*e* sa mère 彼の亡き母上.
2〔比喩的〕過去のものとなった. la ~*e* gare Montparnasse 今はなきモンパルナス駅. amours ~*s* 消え去った恋.
——*n.* 故人. les enfants du ~ 故人の子供. prière pour les ~*s* 死者への祈り.

dégagé(e) *a.p.* **1** 障害物を取り除いた ; がらんとした. ciel ~ 雲ひとつない空. nuque ~*e* むき出しのうなじ. route ~*e* 障害物を取り除いた道, 渋滞を脱した道路. vue ~*e* ひらけた視界.
2 (de から) 解き放たれた. âme ~*e* des liens terrestres 地上の絆から解放された魂. armée ~*e* d'une position périlleuse 窮地を脱した軍隊.〔法律〕terre ~*e* de toute hypothèque 抵当をすべて解除された土地.
3 (態度などが) くつろいだ ; (口調などが) 自由な, 遠慮のない. air ~ くつろいだ様子. propos ~*s* 自由闊達な言葉. parler d'un ton ~ てきぱきと率直に話す.

dégagement *n.m.* ［I］〔解放〕**1** (埋まった人, 物の) 掘り出し ; 救出. ~ des victimes ensevelies sous l'avalanche 雪崩に埋まった犠牲者の救出.
2 (質物の) 受け出し ; (抵当物件の) 解除. ~ d'effets déposés au mont-de-piété 質屋に質入れをした物品の受け出し.
3 (約束, 責任などからの) 解放. ~ d'une promesse 約束の解消.
4〔政治〕(他国から) 手を引くこと, 撤退 ; (同盟などからの) 離脱 (=désengagement). ~ d'une alliance 同盟からの離脱. politique de ~ 離脱政策.
5 (通路などの) 障害物の除去 ; (建物の) 空間拡張工事. ~ de la voie publique 公道の障害物除去. ~ d'un camion renversé ひっくり返ったトラックの撤去.
6 ~ des cadres (職務ポストの廃止による) 公務員解職の特別立法措置.
7 (ガス, 蒸気などの) 放出, 排出 ; (熱などの) 発散, 放散. ~ de chaleur 放熱. ~ de gaz carbonique 炭酸ガスの排出.
8〔スポーツ〕(サッカー, ラグビーのボールの) クリア ; (フェンシングの) デガージュマン《相手の剣先を外すこと》.
9〔医〕(胎児の) 排出機序, 娩産.
［II］〔空間〕**1** (部屋と部屋との間の) 通路 ; 出入口. ~ de secours 非常口. escalier de ~ 非常階段. porte (sortie) de ~ 非常口. route de ~ 出口の通路.〔鉄道〕voie de ~ 側線. Cette maison manque de ~*s*. この家には出入口が少ない.
2 納戸 ; 収納棚.
3 空間, 空き, ゆとり. ~ devant la maison

家の前の空地. ~ d'un véhicule au-dessus du sol 車輛の地上高.

dégasolinage, dégazolinage *n.m.* (湿性天然ガス gaz humide からの) 液化炭化水素回収.
▶ **dégasoliner, dégazoliner** *v.t.*

dégât *n.m.* (多く *pl.*)〔事故, 天災などによる〕被害, 損害, 損傷. assurance contre les ~*s* des eaux 水害 (漏水被害) に対する保険. constater les ~*s* 損害を確認する. limiter les ~*s* 最悪の事態を回避する.

dégel *n.m.* **1** 雪解け, 霜解け ; 解氷 ; 雪解け水.〔交通〕barrière de ~ 雪解け時の重量車通行制限.
2〔比喩的〕雪解け ; 緊張緩和 ; 活動再開. ~ des relations entre deux Etats 二国間の緊張緩和.
3〔比喩的〕〔財政〕凍結解除. ~ des crédits 金融の凍結解除.

dégénératif(ve) *a.*〔医〕変性の, 変性を伴う, 変性性の. arthrite ~*ve* 変性関節炎. atrophie ~*ve* 変性萎縮. myopie ~*ve* 変性近視.

dégénération *n.f.*〔古〕〔生〕退化 ;〔医〕変性 (=dégénérescence).

dégénéré(e) *a.p.* **1** 変質した ; 悪化した, 退行した.〔医〕rhume ~ en bronchite 悪化して気管支炎となった感冒.〔医〕ulcère gastrique ~ 悪化した胃潰瘍.
2〔生〕退化した, 退行した. animal ~ 退化動物.
3 頽廃した, 廃れた. mœurs ~*es* 頽廃的風俗.
——*n.*〔精神医学〕精神薄弱者 ;〔話〕馬鹿.

dégénérescence *n.f.* **1**〔生〕退化.
2 (精神・肉体などの) 衰え, 衰微 ; (道徳感などの) 低下. ~ de la moralité publique 公徳心の低下.
3〔医〕(組織・細胞などの) 変性. ~ calcaire 石灰変性 (帯状角膜変性). ~ de la cornée (眼の) 角膜変性. ~ fibrinoïde フィブリノイド変性 (壊死). ~ hyaline 硝子質変性. ~ lenticulaire レンズ核変性. ~ maculaire liée à l'âge (眼の) 老人性黄斑変性《略記 DMLA ; =~ *m*aculaire *s*énille, 略記 DMS》.
4〔精神医学〕変質. ~ mentale 精神の変質.

dégivrage *n.m.* 除霜 ; 着氷防止 ; (ガラスの) くもり止め.

dégivrant(e) *a.* 霜を取る, くもり止め式の. rétroviseur électronique ~ 電子式くもり止めバックミラー.

dégivreur *n.m.* 霜取り装置, 除霜装置. ~ automatique (冷蔵庫等の) 自動霜取り装置.

déglaçage *n.m.* **1** (道路の) 除雪, 除氷.
2〔料理〕デグラサージュ《鍋底についた旨味を葡萄酒・ブイヨン・水などを加えてこそ

ぎ取ること).
3〖工〗(紙の)艶消し加工.

déglingué(e) *a.* **1** (自転車, 椅子, 時計などが)がたがたになった. vélo 〜 がたがたの自転車.
2〖比喩的〗(体が)がたがたの. champions 〜s 体がたがたのチャンピオンたち.

déglutition *n.f.* 嚥下. épreuve de 〜 嚥下機能検査. pneumonie de 〜 嚥下性肺炎, 誤嚥性肺炎. troubles de la 〜 嚥下障害.

dégonflage *n.m.* **1** 空気が抜けること;圧力喪失. 〜 d'un pneu タイヤの空気抜け.
2〖医〗腫れがひくこと, 腫脹減退.
3〖経済〗(価格の)低下. 〜 des prix 価格低下.
4〖話〗意気沮喪;おじけづくこと.

dégonflement *n.m.* **1** しぼむこと;しぼませること. 〜 d'un ballon 風船のしぼみ.〖経済〗〜 de la bulle financière 金融バブルのはじけ(しぼみ). 〜 d'un pneu タイヤの空気抜け.
2〖医〗腫れのひき, 腫れをひかせること, 腫張減退. 〜 d'une tuméfaction 腫れのひき.
3 縮小;縮化. 〜 d'une ville surpeuplée 過密都市の縮小.

dégorgement *n.m.* **1**〖医〗排出. 〜 de la bile 胆汁の排出. 〜 de l'estomac 嘔吐 (=vomissement).
2 流出. 〜 d'une foule 群衆の退出.
3 不純物の除去. 〜 des cuirs (des laines) 皮(羊毛)のさらし(洗滌)工程.
4 (管などの)詰りを通すこと (が通ること).〖醸造〗(シャンパーニュ酒の製造過程で)壜口の澱(おり)の除去 (=dégorgeage). 〜 d'un égout 詰った下水管の清掃.

dégoût *n.m.* **1** (食物に対する)嫌悪;食欲不振. 〜 pour le poisson 魚嫌い. avoir du 〜 pour qch¹ 何を嫌う. grimace 〜 嫌悪の情を示す渋面.
2 嫌悪感, 嫌気. avoir du 〜 pour qch² 何に嫌悪感を抱く. 〜 de l'étude (du travail) 勉強(仕事)嫌い. 〜 de soi 自己嫌悪. objet de 〜 嫌悪の対象. avec 〜 いやいや, むかつきながら. faire un travail sans 〜 嫌がらずに仕事をする. prendre qch en 〜 何が嫌いになる.

dégoûtant(e) *a.* **1** (料理が)胸の悪くなるような, ひどく不味い. nourriture 〜e 胸の悪くなるような食物.
2 ひどく汚ない, 不潔な. table 〜e 汚れたテーブル.
3〖比喩的〗胸糞の悪くなるような, 不快な. histoire 〜e 聞くに耐えない話. type 〜 いやな奴.
4〖話〗人を憤慨させるような, けしからん. C'est vraiment 〜! 実にけしからん!
——*n.* いやな奴;不愉快な人.

dégradation *n.f.* **1** (地位・資格・階級な

どの)剝奪, 降格;罷免.〖法律〗〜 civique 公民権剝奪, 降格.〖軍〗〜 militaire 降任, 降格.〖史〗〜 du capitaine Alfred Dreyfus アルフレッド・ドレフュス大尉の降任 (1895年).
2 (建造物の)毀損, 損傷, 損壊. 〜 de monument (d'édifice public) 記念建造物(公共建造物)の損壊〔罪〕. 〜 de l'environnement 環境破壊.
3 荒廃;〖比喩的〗悪化. immeuble dans un état de 〜 pitoyable 見るも無残に荒廃した集合住宅. 〜 de la situation économique 経済状況の悪化.
4〖理〗減成. 〜 de l'énergie エネルギーの散逸.
5〖土壌〗退化;〖地学〗削平衡作用, デグラデーション.
6 (光・色調などの)次第に弱まること, 段階的減少.

dégraffitage *n.m.* 落書き(graffiti, tag)の除去. crédits municipaux pour le 〜 落書落とし用の市町村予算.

dégraissage *n.m.* **1** 脱脂. 〜 d'une viande 食肉からの脂の除去.
2 しみ抜き. 〜 d'un vêtement 衣類のしみ抜き.
3〖織〗粗毛の脱脂精練加工.
4〖比喩的〗贅肉落し, スリム化, (人員整理による)合理化. 〜 d'une entreprise 企業の贅肉落とし.

degré *n.m.* Ⅰ 〖具体的〗〖建築〗階段, 段. 〜s d'un amphithéâtre 階段教室の段. 〜s d'un escalier 階段の段. 〜s d'une échelle 梯子の段 (=échelon).
monter (descendre) les 〜s d'une église 教会堂の階段を昇る(降りる).〖比喩的〗monter (gravir) les 〜s du trône 王座に就く.
Ⅱ 〖抽象的〗 **1** 度, 度合い;目盛. 〜 de dispersion 分散度. 〜 de dissociation électrolytique 電離度. 〜 de dureté 硬度. 〜 de précision 精度. 〜 de sécurité 安全度, 信頼度. 〜 d'intensité sismique 震度. 〜 d'oxydation 酸化度. 〜 géothermique 地温増加深度, 地下増温率.
2 度合, 加減, 程度, 段階. 〜s de la connaissance 知識の度合い.〖料理〗〜 de cuisson (肉などの)焼き加減. premier 〜 初段階. au premier 〜 (解釈・評価の)第一段階で. le deuxième 〜 (解釈・評価の)第二段階で. le dernier 〜 de la perfection 完成の最終段階. par 〜(s) 徐々に, 段階を経て.
3 (階層秩序の)等級, 段階;層位;〖法律〗審級. 〜s à l'intérieur d'une profession 職階.〖登山〗〜s de difficulté 難度. 〜s de l'échelle sociale 社会的階層.〖法律〗〜 de juridiction 裁判組織の審級. enseignement du second 〜 中等教育. parvenir au plus haut 〜 de la célébrité 最高の知名度を首尾よく手にする.
4〖法律〗親等 (=〜 de parenté). computation des 〜s 親等計算. premier 〜 1親等

(父に対する息子). deuxième ~ 2 親等(父に対する孫息子；傍系では兄弟関係など). troisième ~ 3 親等(伯叔父と甥など). ~ de parenté proche (éloignée) 近親 (遠い親戚). ~ prohibé 婚姻禁止親等.
5 〖文法〗(比較級の)等級. ~s de comparaison 比較の等級 (positif「原級」；comparatif「比較級」；superlatif「最上級」) (= ~ de dignification).
6 〖数〗次数. équation du premier (second) ~ 一次 (二次)方程式.
7 〖医〗(火傷の)度. brûlure de premier (second, troisième)~ 第1度 (2度, 3度)の火傷.
8 〔英〕〖教育〗学位 (=〔英〕degree).
Ⅲ 《単位》**1** 〖数〗度 (角度の単位；表記°). angle de 360 ~s 360° (=angle plein). angle de 180 ~s 180°, 平角 (=angle plat). angle de 90 ~s 90°, 直角 (=angle droit). sous-multiples du ~ 度の約数 (minute, seconde).
2 〖地理〗度. ~ de latitude (de longitude) 緯度 (経度). Paris est situé par 48 ~s 50 minutes 11 secondes (48° 50′ 11″) de latitude nord et 2 ~s 20 minutes 14 secondes (2° 20′ 14″) de longitude est. パリは北緯48度50分11秒, 東経2度20分14秒に位置する.
3 〖温度〗度. ~ Celsius 摂氏〔温〕度, C目盛 (= ~ centésimal)《表示℃》. ~ Fahrenheit 華氏〔温〕度, F目盛《表示°F；0℃=32°F；100℃=212°F》. ~ Kelvin ケルヴィン(絶対)温度, K目盛 (= ~ absolu)《絶対温度を0°, 氷点273.15, 水の沸点373.15とする》. ~ Réaumur レ氏〔温〕度, R目盛《水の氷点を0°, 沸点を80とする》.
4 〖濃度〗度. ~ acétique 酢酸度. ~ alcoolique (en alcool) アルコール度. vin à 12 ~s アルコール度12度の葡萄酒. ~ Baumé ボーメ度《表記°Bé》. ~ Gay-Lussac ゲー=リュサック度. ~ hydrométrique (水の)硬度. alcool à 40 ~s 40度のアルコール〔飲料〕.
5 〖地学〗~ d'intensité sismique 震度 (~ Ⅰ から ~ Ⅻ までの12段階；1992年制定). ~ Ⅻ 震度12 (= ~ catastrophique 大災害をもたらす最大震度).
6 〖金属〗純度, 貴金属含有度；(合金の)純分 (=titre) (= ~ de fin).
7 〖音楽〗音程, 度. ~s de la gamme 全音階の度. ~ conjoint (disjoint) (全音階の)隣接 (跳躍)音程. troisième ~ 3度.

dégressif(ve) *a.* 逓減する. impôt ~ 逓減税. tarif ~ 逓減料金〔制〕. taux ~ 逓減率.

dégrèvement *n.m.* 減額, 免除；(特に)減税, 免税. ~ pour charge de famille 扶養控除.

dégriffé(e) *a.p.* 〖商業〗(特価販売のために)商標を取り除いた. robe ~e 商標を取り除いた特価ドレス.

—*n.m.* 〖商業〗商標を取り除いた特価商品. boutique de ~ 商標を取り除いた特価商品販売店；アウトレット・ストア. s'habiller en ~ 商標を取り除いた特価品を身にまとう.

dégriffeur(se) *n.* 〖商業〗商標を取り除いた特価商品販売店経営者.

dégringolade *n.f.* 転落；暴落；没落, 凋落. ~ du billet vert ドルの暴落. ~ des cours en Bourse 株式相場の暴落. ~ d'une entreprise 企業の没落.

dégrippant *n.m.* 〖薬〗インフルエンザ薬, 流行性感冒薬.

déguerpissement (<déguerpir) *n.m.* 〖法律〗(課税や債務を免れるための)所有権 (占有権)の放棄. ~ d'un héritage 遺産相続の放棄.

dégueulasse (<gueule)〔俗〕*a.* **1** 不潔な；ひどい (=sale, répugnant).〔省略形 dégueu〕. cabinets ~s ひどく不潔なトイレ. temps ~ ひどい天気. toilettes ~s ひどく汚い便所. travail ~ 嫌な仕事.
2 (人が)下司な；(やり方が)汚い. T'es ~! お前は本当に嫌な奴だ. C'est ~ de dire ça! そんなことがよく言えたもんだ！ C'est un travail ~! いい加減な仕事だ！
3 (食物が)ひどく不味い. plat ~ 不味い料理. C'est pas ~. これはいける (うまい).
—*n.* 下司な奴, うす汚い奴, 下劣な奴. C'est un ~! 奴は下司野郎だ！

déguisé(e) *a.p.* **1** 変装した, 仮装した. bal ~ 仮装舞踏会. femme ~e en homme 男装の女性.
2 〖比喩的〗変装 (仮装)した, 装った.〖法律〗donnation ~e en vente 売買を装った贈与.
3 〖比喩的〗隠された, 隠蔽された. ambition ~e 包み隠された野心. orgueil ~ 秘められた誇り. profectionnisme ~ 偽装的保護主義.
4 〖料理〗fruit ~ フリュイ・デギゼ《果物を模したマジパン細工菓子》.

déguisement *n.m.* **1** 変装, 仮装；仮装用具. ~ de bal masqué 仮装舞踏会の仮装. ~ de carnaval 謝肉祭の仮装.
2 〔比喩的〕隠蔽；糊塗. ~ de la pensée 考えの隠蔽. ~ de la vérité 真実の糊塗. parler sans ~ 腹蔵なく (率直に, ありていに)話す.

dégustateur(trice) *n.* (酒・食品の)味の鑑定人, 利き酒 (味見)をする人. ~ professionnel プロの試飲 (試食)鑑定人；味見の専門家.

dégustation *n.f.* **1** (酒類の)試飲, 利き酒；(食物の)味見, 試食. ~ à l'aveugle du vin 葡萄酒の目隠し試飲. ~ de beurre バターの味見. ~ gratuite des vins 葡萄酒の無料試飲. menu ~ 試食セットメニュー《レストランの自慢料理を組み合わせた定食》.
2 試飲 (試食)スタンド.
3 賞味. ~ d'un bon vin 上物の葡萄酒の賞

味.

déhanchement *n.m.* **1** (片方の脚に重心をかけ)腰を振って歩くこと,腰振り歩行.
2 腰を張り出した姿勢. ~ d'une statue 彫像の腰を張り出した姿勢.

déhuilage *n.m.* 油の除去, 油除去処理.

déhydrochlorométhyltestostérone *n.f.* 〖生化〗デヒドロクロロメチルテストステロン《ステロイド剤》.

déhydroépiandrostérone *n.f.* 〖生化〗デヒドロエピアンドロステロン《副腎皮質や性腺でつくられるアンドロゲン;略記 DHEA》.

déicide *n.m.* **1** 神殺し;キリストの磔刑(たっけい)(=crucifixion du Christ).
2 信仰(宗教)の弾圧(破壊).
——*a.* 神殺しの;キリストを磔刑に処した.
——*n.* **1** 神の殺害者;キリストの殺害者.
2 信仰(宗教)の破壊者.

déification *n.f.* **1** 神格化, 神聖化. **2** 崇拝.

déjà[-]**vu** *n.m.inv.* **1** デジャ゠ヴュ, 既視のもの, 既知のもの;ありふれたもの. sentiment (impression) de ~ 既視感. C'est ~! それはありふれたものだ.
2 〖心〗既視感. illusion de (du)~ 既視幻想, 再認錯誤(=fausse reconnaissance).

déjection *n.f.* **1** 〖医〗糞便の排出, 排便;〔*pl.* で〕糞便, 排出物(=excrément).
2 〖地学〗排出物;火山噴出物(= ~ s volcaniques). cône de ~ 火山排出物による円錐丘.

déjeuner *n.m.* **1** 昼食, 午餐. ~ d'affaires 社用の昼食〔会〕. prendre son ~ 昼食をとる.
2 petit ~ 朝食. prendre son petit ~ 朝食をとる.
3 〔古〕朝食(dé+jeûne「絶食を解く」の原義から, 1日で最初に摂る食事のこと);(北仏・ベルギー・スイスなどで) 朝食(=repas du matin).
4 モーニングカップ. ~ en porcelaine 陶器のモーニングカップ.
5 〔比喩的〕~ de soleil 色のあせやすい布;束の間のもの. La chance est un ~ de soleil. チャンスは長続きしないもの.

déjeunette *n.f.* デジュネット《バゲットの半分大の細長いパン;150 gr 程度》.

déjudaïsation *n.f.* **1** ユダヤ教信仰の放棄, 非ユダヤ教化. ~ d'un pays 一国の非ユダヤ教化.
2 (地区の)非ユダヤ化, ユダヤ人による所有の放棄. ~ d'un territoire 領土の非ユダヤ化.

de jure [deʒyre][ラ] *l.ad.* 〖法律〗法律上, 法的に当然に;正当に(=[仏] de droit) (de facto「事実上」の対). présomption juris et ~ 法律上正当な推定.
——*l.a.* 法的な;正式な. reconnaissance ~ 正式承認.

DEL (=*d*iode *é*lectro*l*uminescente) *n.f.* 〖電子工学〗発光ダイオード, エレクトロルミネセンス・ダイオード(= [英] LED:*l*ight-*e*mitting *d*iode).

délabré(*e*) *a.p.* **1** (建物・部屋などが)荒廃した, 崩れかかった;(衣服などが)ぼろぼろの. maison ~ es 廃屋. vêtements ~ s ぼろぼろの衣服.
2 〔比喩的〕(健康・器官などが)蝕まれた. santé ~ e 蝕まれた健康.
3 〔比喩的〕破綻した. affaires ~ es 破綻した事業. fortune ~ e 崩壊した財産.

délabrement *n.m.* **1** (建物などの)荒廃. ~ d'un édifice 建造物の荒廃.
2 〔比喩的〕(健康などが)蝕まれた状態. ~ de la santé 健康の衰退.
3 〔比喩的〕(事業などの)破綻. ~ d'une institution 制度の破綻.

delai *n.m.* 期間, 期限;猶予期間, 所要時間. ~ conventionnel 協定期間. 〖法律〗~ d'action 訴訟提起期限(= ~ de diligence). 〖法律〗~ d'ajournement 期日延期呼出期間. 〖工〗~ d'allumage 点火遅延時間. ~ d'attente 待機期間;〖交通〗(乗り換えの) 待ち時間;〖情報処理〗遅延時間. ~ de carence (社会保険の)無保険期間. 〖法律〗~ de congé 解約予告期間. 〖法律〗~ de grâce 特別猶予(恩恵)期間. ~ de livraison 納期, 納入期限. ~ de préavis (de congé) 解雇予告期間(= ~ -congé). 〖法律〗~ de réflexion (消費者保護法における)熟慮(再考)期間, クーリング・オフ期間. 〖法律〗~ de viduité 寡居期間, 再婚禁止期間. ~ fixe 所定の期限. ~ franc 正味期間(初日と最終日を除く).
à bref ~ 近日中に. 〖法律〗assignation à bref ~ 出頭期限を短縮した呼出状. dans les ~ s 期限内に. travaux à terminer dans les ~ s 期限内に完工すべき工事. dans un ~ de deux ans 2年以内に. accorder un ~ supplémentaire à *qn* 人に猶予期間の延長を認める. dernier ~ de rigueur 最終期限. expiration du ~ 期限切れ. sans ~ 即刻. tenir (respecter) le (les) ~ (s) 期限を守る.

délaissé(*e*) *a.p.* **1** (人が)ひとりぼっちの, 身寄りのない;ほったらかしにされた. enfant ~ ほったらかされた子供. épouse ~ e 夫にかまってもらえぬ妻. mourir ~ ひとりぼっちで死ぬ. Il est ~ de tous ses amis. 彼はすべての友人に見放されている.
2 (物が)見捨てられた, ほったらかされた. profession ~ e かえりみられない職業. terres ~ es ほったらかしの土地.

délaissement *n.m.* **1** 〖法律〗遺棄;放棄;委付;〖海〗保険委付. ~ d'un héritage 相続財産の放棄. 〖行政〗droit de ~ (公共目的のための)土地委付権.
2 〖刑法〗被保護者遺棄〔罪〕.

délation

3 見捨てられた状態. être dans un état de ~ complet (dans un grand ~) 孤立無援の状態にある.

délation *n.f.* **1** 密告 (=dénonciation). faire une ~ 密告する. **2**〖法律〗~ de serment 宣誓を課すこと.

délégant(e) *n.*〖法律〗(職務・権限などを)委任(授権)する人；指図人 (délégataire「受任者」の対).

délégataire *n.*〖法律〗(職務・権限などの)委任を受ける者, 受任者；弁済受領者, 債権譲受人 (délégant(e)「授権者, 指図人」の対).

délégation *n.f.* **1** 代表団, 使節. ~ ouvrière d'un syndicat 組合の労働者代表〔団〕. ~s parlementaires 国会議員代表.
2 委任, 委託, 代理権, 授権, 委任状. ~ de compétence (pouvoir) 権限の授権. ~ de magistrat 裁判官委任. ~ de signature 権限の委託. ~ de vote 票決の授権. ~ législative 立法委任.
3 債務支払い委任.
4〖行政〗*D*~ à l'*a*ménagement du *te*rritoire et à l'*a*ction *ré*gionale (DATAR) 国土整備地方振興庁《総理大臣の管轄下にあるが, 担当大臣が置かれることも多い). *D*~ *g*énérale à la *re*cherche *s*cientifique et *t*echnique (DGRST) 科学技術研究総局《総理大臣の管轄下にあるが, 担当大臣が置かれることもある). *D*~ *g*énérale à l'*a*rmement (DGA)《国防省》兵器総局《1961-77年は *D*~ ministérielle à l'armement と称した》.

délégué(e) *a.* 権限を委譲された, 代表(代理) に指名された, 職務を託された. administrateur ~ (社長, 理事長の職務を代行する)取締役(理事), 常務取締役(理事). ministre ~ 担当大臣, 受命大臣《大臣 ministre と副大臣 secrétaire d'Etat の間に位置する閣僚に付される肩書き》. ministre ~ auprès du ministre des affaires étrangères chargé de la coopération 外務大臣付協力担当大臣のように, 大臣の権限下に置かれるが, 担当分野については大臣と同等の権限を持つ). M. X., ~ dans les fonctions de sous-directeur 課長職代行 X 氏.
――*n.* 代表者, 代理人, 代表団員, 委員. ~ consulaire 商事裁判所の選挙代理人. ~ de classe クラス委員. ~ du personnel 従業員代表. ~ médical (製薬会社の)医薬情報担当者 (DM). ~ militaire départemental (防衛軍事管区司令官 commandant de la circonscription militaire de défense から県知事のもとへ派遣された)司令官代表. ~ syndical 組合代表《組合によって指名され企業主に対して組合を代表する；従業員 50 人未満の企業では従業員代表が組合代表を兼務できる. また, 同 300 人未満の企業では組合代表は企業委員会組合代表 représentant syndical au comité d'entreprise とな

る；ただし原則として, 組合代表の職務と従業員代表および企業委員会組合代表の職務は別のものである》.

délibérant(e) *a.* 議決権を有する (consultatif「諮問的な」の対)；審議する, 協議する. assemblée ~*e* 議決権を有する集会, 決議採択のための会議体.

délibératif(ve) *a.* **1** 議決権を有する, 討議の；議決の (consultatif「諮問的な」の対). avoir voix ~ *ve* dans une assemblée 議決権を有する.
2〖言語〗自問形の. forme ~ 自問形.
3〖修辞〗genre ~ 審議的ジャンル.
――*n.m.*〖言語〗自問形 (=forme ~).

délibération (<délibérer) *n.f.* **1** 熟慮；反省. après mûre ~ 熟慮の末. agir après ~ 熟慮の上行動を起こす.
2 協議, 合議；審議. ~ du jury 審査委員会の協議. ~ publique (secrète) 公開(非公開)審議. mettre qch en ~ 何を審議に付す.
3 (協議・合議のための)集会；会期 (=séance).
4 (協議・合議によって採択された)決定事項, 決議, 議決. ~s prises par l'assemblée 会議の議決事項.

délibératoire *a.* 討議(審議)の. examen ~ 審議検討, 審議.

délibéré[1] *(e)* *a.p.* **1** 熟慮の上の, 意図的な. volonté ~*e* 明確な意思. de propos ~ 意図的に, 故意に, わざと.
2 断乎たる, ためらいのない. d'un air ~ 断乎たる面持で. marcher d'un pas ~ しっかりした足取りで歩く.

délibéré[2] *n.m.*〖法律〗(判決・決定の前に行われる裁判官の)合議；(合意による)判決. mettre une affaire en ~ 案件を合議に付す《判決の言渡しを後日の法廷に先送りする》. mise en ~ 合議付託. secret du ~ 合議の秘密.

délicat(e) *a.* **1**〔文〕柔らかな；繊細な；ほのかな；心地よい；美味な. cou ~ 柔らかなうなじ. couleur ~*e* 繊細な色彩. forme ~*e* 繊細な形. mets ~ 美味な料理. parfum ~ そこはかとない芳香. peau ~*e*[1] 柔肌. plaisir ~ 心地よい歓び. repas ~ 美味しい食事.
2 細い；薄手の；微妙な；細やかな；繊細な. fleur ~*e* 繊細な花. teint ~ 微妙な色調. tissu ~ 薄手の織物.
3 虚弱な；傷つきやすい；敏感な. enfant ~ 虚弱児. peau ~*e*[2] デリケートな肌. santé ~*e* 虚弱体質.
4 微妙な；慎重を要する；デリケートな；難しい. affaire ~*e* à traiter 取扱いが難しい問題. négociation ~*e* 慎重を要する交渉. opération chirurgicale ~*e* デリケートな外科手術. problème ~. question ~*e* 難しい問題, 難問. être dans une situation ~*e* 微妙な立場に置かれている. Voilà le point ~. そこが問題となる点だ.

5 鋭い, 鋭敏な；洗練された；繊細な. goût ~ 洗練された趣味 (味覚), 鋭敏な感覚. style ~ 洗練された (磨かれた) 文体. avoir une oreille ~*e* 鋭い耳をもっている.
6 (細工などが) 精巧な；上品な, 優美な. bijou ~ 精巧な宝飾品. dentelle ~*e* 精緻なレース. exécution ~*e* 優美な仕上げ. miniature ~*e* 精緻に描かれた細密画 (ミニアチュア). ouvrage ~ 精巧な作品. touche ~*e* d'un peintre 画家の細かい筆致.
7 心遣いにあふれた. ~*e* bonté 細やかな思い遣り. témoigner une attention ~*e* 細やかな心遣いを示す.
8 誠実な；潔癖な. ami ~ 誠実な友人. conscience ~*e* 潔癖な良心. être peu ~ en affaires 商売についてあまり良心的でない.
9 (人が) 難しい；注文のうるさい. être très ~ sur la nourriture 食物に大変うるさい. Il ne faut pas être si ~. そんなにうるさく注文してはいけない.
——*n.* 難しい人；満足することのない人. faire le ~ (la ~*e*) あれこれうるさく注文をつける.

délicatesse *n.f.* **1** 〔文〕(感覚的な) 心地よさ, 柔らかさ；繊細さ；優しさ；美味しさ, 口当りのよさ. ~ d'un parfum 香水の心地よさ. ~ d'un repas 食事の美味さ.
2 細かさ, 繊細さ. ~ de la peau des bébés 赤ん坊の肌の繊細さ. ~ d'un tissu 布の繊細さ.
3 ひ弱さ, もろさ. ~ d'un enfant 子供のひ弱さ. ~ d'un organe 器官のもろさ.
4 精緻, 精妙. ~ de l'exécution 細工の精妙さ. tableau peint avec ~ 精緻に描かれた絵. saisir un objet fragile avec ~ 壊れ易い物をそっとつかむ.
5 (感性の) 鋭さ；(趣味, 文体などの) 洗練さ, 上品さ. ~ de goût 味覚の鋭さ. ~ du langage 言語感覚の鋭さ. ~ du style 文体の繊細さ (洗練). grande ~ d'oreille 驚くほどの耳の良さ (聴覚の鋭敏さ).
6 思いやり, 心遣い；機転；デリカシー. ~ de cœur 心遣い, 気遣い. manque de ~ デリカシーの欠如. avoir des ~*s* pour (envers) *qn* 人に細やかな心遣いを示す.
7 〔稀〕気難しさ.
8 〔*pl.* で〕美味しいもの, デリカテッセン (=〔独〕Delikatessen) (特に豚肉加工品などに用いる)；素晴らしいもの.

délice[1] *n.m.* **1** 大きな喜び. avec ~ うっとりと. écouter avec ~ une mélodie harmonieuse 心地よい調べにうっとりと聴き入る.
2 魅力に溢れたもの；快適なもの. Cette musique est un ~. この音楽は実に楽しい. Cette poire est un ~. この洋梨はこたえられないうまさだ.
3 〖チーズ〗~ de Saint-Cyr デリス・ド・サン=シール (イール=ド=フランス地方 l'Ile-de-France で濃縮牛乳からつくられる軟質, 白ロウ外皮の, 脂肪75％の3倍クリーム含有の円盤状チーズ).
——*n.f.pl.* 至上の喜び；悦楽. ~*s* de l'amour 至高の愛の喜び. ~ de la campagne 田園の悦楽. instant de ~*s* 悦楽の時. jardin des ~*s* 地上の楽園. goûter aux ~*s* de la vie 人生の至上の喜びを味わう.

délicieux (se) *a.* **1** 心地がよい；うっとりさせる. conversation ~*se* 楽しい会話. rêverie ~*se* 心地よい空想 (夢). séjour ~ 快適な滞在.
2 美味な, おいしい；繊細な, 素晴らしい. ~ parfum 素晴らしい香り. fruit (mets) ~ おいしい果物 (料理). C'est ~！とてもおいしい！
3 魅力的な, 感じの良い, 素晴らしい. femme ~*se* 素晴らしい女性. robe ~*se* 魅力的なドレス. Ce morceau de musique est ~. この曲は素晴らしい.

délictuel (le) *a.* 〖法律〗**1** 不法行為に関する. acte de nature ~*le* 不法行為的行為. responsabilité ~*le* 不法行為責任.
2 故意の. faute ~*le* 故意の非行.

délictueux (se) *a.* 〖法律〗不法行為 (軽罪, 犯罪) (délit) を構成する (の性質を持つ). faits ~ 不法 (軽犯, 犯罪) 行為. intention ~*se* 不法的意図, 犯意.

délimitation *n.f.* **1** (国境・境界などの) 画定；境界. ~ des frontières 国境の画定. procéder à la ~ de propriété 所有地の境界を画定する.
2 〔比喩的〕(権限・テーマなどの) 範囲の限定. ~ des attributions d'une commission 委員会の権限の限定. ~ d'un sujet 主題の限定, 主題をしぼること.

délimité (e) *a.p.* **1** 境界を定めた. frontière ~*e* entre deux états 二つの国家の境界を示す国境.
2 限定された. attributions ~*es* 限定された権限. vin ~ de qualité supérieure 上級品質限定葡萄酒 (略記 VDQS；AOC 酒と vin de qualité supérieure の中間の品質の葡萄酒；AOVDQS (= *a*ppellation *d'o*rigine *v*in ~ de *q*ualité *s*upérieure) 「産地呼称上級品質限定酒」 が正式名称).

délimiteur *n.m.* 〖情報処理〗デリミター (=〔英〕delimiter) (データを区切る特殊文字；séparateur).

délinéateur *n.m.* 〖道路〗反射式導柱 (反射盤のついた路肩を示す標柱).

délinquance *n.f.* (社会現象としての) 犯罪行為, 犯罪状態, 非行. ~ économique (financière) 経済 (金融) 犯罪. ~ informatique 情報処理関係の犯罪行為. ~ juvénile 青少年非行. ~ routière 道路交通違反 (犯罪). acte de ~*s* du mineur 未成年者の非行. grande (petite) ~ 重度 (軽度) 犯罪行為 (非行). lutte contre la ~ 犯罪行為 (非行) 抑止対策.

délinquant(e) *n.* 犯罪者；〚狭義〛軽犯罪；非行青少年. ~ d'habitude 常習犯. ~ juvénile 青少年非行. ~ primaire 初犯者(~ récidiviste「再犯者」の対).
— *a.* 軽罪を犯す(犯した)；非行を行なう. jeune ~ 非行青少年.〚集合的〛jeunesse ~ e 非行青少年. ordonnance du 2-2-1945 relative à l'enfance ~ e 非行児童に関する1945年2月2日のオルドナンス.

délinquantiel(le) *a.*〚法律〛軽犯罪の；違反行為の. organisations ~ les 軽犯罪組織.

délirant(e) *a.* **1**〚医〛譫妄状態の；うわごとを言う；妄想の；妄想による. fièvre ~ 譫妄状態の発熱. idées ~ es 妄想. malade ~ 譫妄状態の病人. propos ~ うわごと.
2〚比喩的〛熱狂した；並外れた；過度の. enthousiasme ~ 並外れた熱狂. foule ~ e 熱狂した群衆. joie ~ e 有頂天の喜び. prix ~ 並外れた値段. C'est ~ ! 常軌を逸していますよ!
— *n.*〚医〛譫妄状態の病人.

délire *n.m.* **1**〚医〛譫妄(せんもう)〔状態〕；妄想. avoir le (être en) ~ ある. ~ alcoolique アルコール性譫妄. ~ collectif 集団妄想. ~ de persécution 被害妄想. ~ hallucinatoire 幻覚譫妄.
2 熱狂，無我夢中. ~ de l'amour 恋の狂乱. foule en ~ 熱狂した群衆.
3〚話〛異常なこと，無茶苦茶なこと，不合理なこと. C'est du ~ ! 物凄い熱中ぶりだ；正気の沙汰ではない.

délit *n.m.* **1** 不法行為，違法行為；犯罪. ~ civil 民事上の違法行為(犯罪). ~ contraventionnel 違警罪的軽罪. ~ correctionnel 軽罪(tribunal correctionnel で裁かれる犯罪). ~ d'audience 法定内違法行為. ~ de blanchiment 違法の資金洗浄(マネー・ロンダリング). ~ de fuite 引き逃げ. ~ d'imprudence 過失犯罪. ~ d'initié インサイダー取引. ~ de presse 言論上の犯罪，報道犯罪. ~ intentionnel 故意犯. ~ militaire 軍事犯. ~ politique 政治犯罪. ~ successif 継続犯(= ~ continu). corps du ~ 罪体. flagrant ~ 現行犯. flagrant ~ de mensonge 一目瞭然の嘘. prendre qn en flagrant ~ …を現行犯で捕らえる.
2〚法律〛軽罪(2カ月以上10年以下の懲役，または3,750ユーロ以上の罰金に処せられる罪で，contravention 違警罪と crime 重罪の中間に位置する).

délivrance *n.f.* **1** 釈放；救出；解放. ~ d'un prisonnier 囚人の釈放. ~ d'un pays occupé 占領国〔国〕の解放. La ville fête sa ~. 町が解放を祝賀する.
2〚比喩的〛解放；ほっとした気持. ~ d'une inquiétude 不安からの解放.
3 交付；引渡し. ~ des marchandises 商品の引渡し. ~ d'une ordonnance 処方箋の交付. ~ d'un passeport 旅券の交付.

4 分娩；〚医〛後産.

délocalisation *n.f.* **1** 非局地化；移転；〚経済〛地方分散. ~ des activités économiques 経済活動の国外移転. ~ industrielle 産業の地方分散.
2〚物理〛非局在. énergie de ~ 非局在化エネルギー.
3〚化〛非局在化.

délogement (< déloger) *n.m.* **1** (借家人などの)追立て；立ち退き. ~ d'un locataire 借家人の追立て.
2〔古〕引越 (= déménagement).
3 (タイヤの)リム外し.

déloyal(ale)(*pl.* **aux**) *a.* 信義に反する；不実な；不正直な. caractère ~ 不誠実な性格. concurrence ~ ale 不当競争.〚ボクシング〛coups ~ aux 反則打，ローブロー.

déloyauté *n.f.* 不実；不誠実.

delta *n.m.* **1** *inv.* デルタ《ギリシア字母の第4字：δ, Δ》. en forme de ~ 大文字のデルタ形の.
2〚地理〛三角洲，デルタ；三角洲地帯. le ~ du Rhône ローヌ河の三角洲.
3〚航空〛(翼の)デルタ型，三角形. aile en ~ 三角翼.
— *a.inv.* **1** デルタ(四番目)の.〚物理〛rayon ~ δ線.
2 デルタ型の，三角形の.〚航空〛aile ~ (航空機の)三角翼；〚スポーツ〛ハンググライダー (= aile volante, deltaplane).

deltaïque *a.*〚地理〛三角洲 (delta) の.〚農〛culture ~ 三角洲農業. plaine ~ 三角洲平野.

deltaplane *n.m.* デルタプラーヌ (ハンググライダーの商標).

deltatocophérol *n.m.*〚生化〛デルタトコフェロール，δ-トコフェロール(ビタミンEの一種；抗酸化剤). ~ de synthèse 合成 δ-トコフェロール.

deltiste *n.*〚スポーツ〛ハンググライダー (deltaplane) 競技者(愛好者) (= libériste).

deltoïde *a.* 三角形の.〚解剖〛muscle ~ 三角筋.
— *n.m.*〚解剖〛三角筋.

deltoïdien(ne) *a.*〚解剖〛三角筋の.〚医〛contracture ~ ne 三角筋拘縮症.

déluge *n.m.* **1**〚神話・伝説〛大洪水；〚聖書〛le D~ 大洪水. le D~ et l'arche de Noé 大洪水とノアの方舟. mythe mésopotamien du ~ メソポタミアの大洪水神話.〚比喩的〛Après moi (nous) le ~ ! 後は野となれ山となれ!〚比喩的〛remonter au ~ ；être d'avant le ~ きわめて古い；〚話〛時代遅れである.
2 豪雨，土砂降り；洪水.
3〚比喩的〛大量. ~ de compliments 拍手の雨. ~ de larmes 溢れる涙.

démagnétisant(e) *a.*〚物理〛消磁的な，消磁する，反磁化の. champ ~ 反磁場.

démagnétisation *n.f.* **1** 消磁，減磁，

~ d'une montre (d'un ticket de métro) 時計(メトロの磁気式切符)の消磁.
2〚海〛(磁気機雷よけの)消磁装置.

démagogie *n.f.* **1** 民衆煽動〔政策〕, デマゴギー. faire de la ~ 民衆を煽動する.
2 衆愚政治 (=ochlocratie); 大衆に支配される政治.
3〚古〛民衆指導者.

démagogue *n.* デマゴーグ; 煽動家; 煽動政治家.
——*a.* 煽動する; 大衆におもねる. orateur ~ 民衆を煽動する弁士. politique ~ 煽動的政治家.

demain *ad.* **1** 明日, あす. ~ matin (soir) 明朝(明晩). ~ à dix heures 明日の10時. ~ dans la matinée 明日の朝. ~ en huit 8日後に《来週の同じ曜日に》. *D*~ il fera jour. 明日も陽は昇る; 何も慌てて今日やることはない. *D*~ on rase gratuit. 明日髭剃り無料《理髪店の広告; 空約束の例》.〚話〛Ce n'est pas ~ la veille. /Ce n'est pas pour ~. それは今日明日のことではない; それはすぐ起るわけではない. Vous avez tout ~ pour réfléchir. 明日じっくり考えなさい.
2 近い将来は. Que viendrons-nous ~? 明日のわが身はどうなるのだろう?
——*n.* **1** 明日. Au revoir, à ~! さよなら, またあした! d'ici〚à〛~ 今日から明日まで. jusqu'à ~ 明日まで. 長々と. pour ~ 明日までに. C'est pour ~? もうすぐですか? *D*~ est jour férié. 明日は祭日だ; 何も今日慌ててやることはない. Je le ferai dès ~. 明日にもやります. Quel est le programme de ~? 明日の予定は?
2 将来, 未来 (=futur). les ~ prestigieux 輝やかしい未来. les ~s prestigieux 輝やかしい未来. le monde de ~ 明日の世界.

demande *n.f.* **1** 頼み, 願い, 要望, 要求, 請求, 依頼, 請願, 申請, 申請書. ~ d'emploi 求職. ~s d'emploi non satisfaites 有効求職. ~ impérative (pressante) 命令 (強い)要望. à (sur) la ~ de qn …の要望に基づいて. à la ~ générale 全員の願いにより. formulaire de ~ 申請用紙. présenter une ~ d'inscription au club de tennis du quartier 町内のテニスクラブに入会申し込みを出す. En réponse à votre ~ de renseignements, nous avons l'honneur de vous faire savoir ce qui suit. ご要望に応えて以下の点をお知らせ申し上げます.
2《特に》求婚 (=~ en mariage).
3〚経済〛需要;〚商業〛注文. équilibre entre l'offre et la ~ 需給バランス. Le retard tendanciel de la ~ globale sur la hausse de la productivité s'exprime à l'échelle du marché mondial. 総需要が生産性の上昇に対して趨勢的に遅れる現象は, 世界市場規模で現れる (Emmanuel Todd「経済幻想」).
4〚法律〛訴え, 請求. ~ additionnelle 追

の訴え (請求). ~ en justice 裁判上の訴え (請求). ~ incidente 付帯請求. ~ initiale 当初の訴え (請求). ~ principale 主たる請求;訴訟の本質的目的物に関する請求. ~ reconventionnelle 反訴 (請求). ~ en divorce (en dommages-intérêts) 離婚の申し立て (損害賠償の請求).
5〚トランプ〛(ブリッジなどで) 宣言, ビッド.
6 要求量. ~ biochimique en oxygène (DBO) 生物化学的酸素要求量. ~ chimique en oxygène (DCO) 化学的酸素要求量.
7〚古〛質問.

demandeur¹ (***eresse***) *n.*〚法律〛原告 (défenseur「被告側弁護人」, intimé「被告」の対). ~ en appel 上訴原告. ~ principal 訴訟当初の主たる請求者.

demandeur²(*se*) *n.* **1** 依頼人; (de を) 要求する人, 要求者;注文者, 買手. ~ d'argent 金銭を要求する人. ~ d'asile 政治的庇護の要求者, 亡命希望者. ~ de conseils 助言を求める人. ~ d'emploi 求職者 (l'ANPE「国立雇用事務所」の求職登録者).
2〚電話〛通話申込者.
——*a.* (de の)取得を要求する. personne ~se d'aide à domicile 自宅扶助 (介護) を要求する人.

démangeaison *n.f.* **1** 痒み, むず痒さ, 掻痒 (そうよう)〚感〛. ~ agréable 快い痒み, くすぐったさ (=chatouillement). avoir une (des) ~(s) dans le dos 背中が痒い. calmer la ~ 痒さを鎮める.
2〚比喩的〛むずむずする気持. une ~ de + *inf.* …したくてむずむずする, …したくてたまらない.

démantelé(*e*) *a.p.* **1** 取り壊された, 解体された. centrale nucléaire ~*e* 解体された原子力発電所. fortifications ~*es* 取り壊された要塞.
2〚比喩的〛(組織, 制度などが) 解体された; 分割された. réseau de trafiquants ~ 消滅した密輸網.

démantèlement *n.m.* **1** (城塞, 城壁などの)取壊し. ~ d'un fort 要塞の取壊し.
2〚比喩的〛(組織, 制度などの) 解体, 潰滅. ~ d'un empire 帝国の崩壊. ~ d'une institution 制度の解体. ~ d'un réseau de trafiquants de drogues 麻薬密売網の潰滅.

démaquillage *n.m.* 化粧落とし.

démarcage ⇒ démarquage

démarcatif(*ve*) *a.* 境界を示す, 境界となる. ligne ~*ve* 境界線.

démarcation *n.f.* **1** 境界の画定;境界. ligne de ~ 境界線《特に第二次世界大戦下1940-42年, フランスをドイツ軍占領地域 zone occupée de la France とヴィシー政権の統治する自由地域 zone libre に二分した境界線》.
2〚比喩的〛区分;区別. ~ entre les classes sociales 社会的階級区分.

démarchage *n.m.* 〖商業〗訪問販売, 消費者自宅への直接販売, 戸別セールス. ~ financier 有価証券訪問販売. ~ par correspondance 通信販売. ~ par téléphone 電話による売りこみ.

démarche *n.f.* **1** 歩き方, 足取り；歩行. ~ assurée しっかりした歩き方. ~ ataxique 失調歩行. ~ de l'ivresse 酔っぱらいの千鳥足. ~ légère (lourde) 軽やかな (重々しい) 足取り.〖医〗troubles de la ~ 歩行障害.
2 やり方, 進め方；過程. ~ de la raisonnement 推理の進め方. ~ intellectuelle (logique) 知的 (論理的) 推理.
3 奔走, 働きかけ；交渉, かけひき；請願, 懇願. ~ comminatoire 脅迫的働きかけ. ~ infructueuse 実りのない働きかけ. ~s occultes 裏面工作, 根回し. faire des ~s auprès de *qn* 人に働きかける. faire des ~s pour obtenir un poste 地位を得るために工作する.

démarcheur(se) *n.* 〖商業〗訪問販売員；外交員；勧誘員.

démariage *n.m.* **1** 婚姻解消 (離婚 divorce, 別居 séparation de corps, 婚姻無効 annulation du mariage など). contrat de ~ 婚姻解消契約.
2〖農〗間引き (=éclaircie). ~ des betteraves ベトラーヴ (砂糖大根) の間引き.

démarquage, démarcage (< démarquer) *n.m.* **1** 剽窃. ~ d'une œuvre littéraire 文学作品の剽窃.
2 (ゲームの) 減点法 (=démarque).
3〖スポーツ〗相手のマークを外すこと.
4 商標の取り外し.

démarque *n.f.* **1** (ゲームの) 減点法.
2〖商業〗(安売のための) 正札のつけ替え, 値下げ；見切り売り. ~ des marchandises 商品の正札替え (値下げ〔売り〕).
3〖商業〗~ inconnue (棚卸しの際の) 商品過不足.

démarrage *n.m.* **1** (乗物の) 発進；(エンジン, 機械などの) 始動, スタート. ~ d'une voiture 自動車の発進. ~ en côte 坂道発進. ~ en trombe 急発進. avoir un ~ difficile (自動車が) エンジンがかかりにくい.
2〖海〗解纜 (かいらん)；出帆. ~ d'un navire 船舶の解纜 (出帆).
3〖スポーツ〗スパート. ~ foudroyant 急スパート. double ~ ダブル・スパート.
4〔比喩的〕(計画, 事業などの) 開始, スタート；(一つの) 始動. ~ d'une campagne électorale 選挙キャンペーンの始動. ~ d'une entreprise 企業のスタート.

démarreur *n.m.* (エンジンの) 始動装置, スターター. ~ pour moteur d'auto (d'avion) 自動車 (航空機) のエンジンのスターター. appuyer sur le ~ スターターのボタンを押す.

dématérialisation *n.f.* **1** 非物質化；無形化, 消滅.
2〖原子物理〗(粒子・反粒子が光子に変化する) 非物質化；消滅. ~ de paire 対 (つい) 消滅.
3〖財〗(弁済手段, 取引手段の) 非物質化, コンピュータ化《動産価値の物的表示を所有者又は中介者の口座に振替えること). ~ des valeurs mobilières 有価証券の決済手段のコンピュータ化.

démazouté(e) *a.* 重油汚染を洗浄した. goélands ~s 重油汚染から救われた鷗.

démédicalisation *n.f.* 非医療化；治療 (投薬) 中止. ~ des produits pharmaceutiques 医薬品の投薬中止.

démédicalisé(e) *a.p.* 治療を中止した；投薬を中止した. diététique ~e 非治療性栄養学. produits pharmaceutiques ~s 投薬中止の医薬品.

démembrement *n.m.* **1** 分割. ~ de l'administration 行政管理分割. ~ d'une organisation 組織の分割.〖史〗~ de la Pologne ポーランド分割. ~ de territoire 国土分割. **2**〖法律〗所有権の部分委譲. **3**〖狩〗(獲物の) 解体.

déménagement *n.m.* **1** 引越し. camion de ~ 引越しトラック. entreprise de ~ 引越し業者. faire son ~ 引越しをする. préparer son ~ 引越し準備をする.
2 転居, 移転.
3〔話〕引越し荷物 (=mobilier déménagé).

déménageur *n.m.* 引越し業者；引越し業従業員.

déménageuse [スイス] *n.f.* 引越しトラック (=camion de déménagement).

démence *n.f.* **1** 精神異常, 精神錯乱, 狂気 (=aliénation, folie)；〖医・心〗痴呆, 認知症. ~ précoce 早発性痴呆. ~ sénile 老年性痴呆；アルツハイマー型痴呆 (= ~ de type d'Alzheimer). ~ subcorticale 皮質下痴呆. ~ vasculaire 脳血管性痴呆. tomber dans la ~ 発狂する.
2 妄想・錯乱状態, 心神喪失 (= délire). C'est de la ~! それは狂気の沙汰だ!

dément(e) *a.* **1** 精神に異常をきたした；〖法律〗心神喪失した；〖心〗痴呆状態に陥った. **2**〔比喩的〕(計画, 値段などが) 常軌を逸した, 気違いじみた；異常な (= extraordinaire). Elle a une mémoire, c'est ~! 彼女は驚くべき記憶の持主だ.
——*n.* 精神異常者；〖法律〗心神喪失者；〖心〗痴呆者.

démenti *n.m.* **1** 打消し, 否定, 否認. ~ officiel 公式の否定 (否認). témoignage sans ~ 反駁の余地のない証言. donner (infliger) un ~ à *qch* 何を否定 (否認) する. Les faits apportent un ~ formel à votre hypothèse. 事実があなたの仮説を明白に否定している. Sa conduite donne un ~ à ses déclarations. 彼の行為は宣言と矛盾している.
2〔比喩的〕avoir (recevoir) le ~ de *qch* 何

に裏切られる，何のしっぺ返しを受ける．

démesuré(e) (<mesure) *a.* 並外れて大きい；過度の；法外な. ambition ～*e* 法外な野望. appétit ～ 並外れた食欲. empire ～ 巨大帝国. taille ～*e* 並外れて大きい体格.

déméthylchlortétracycline *n.f.*〖薬〗デメチルクロルテトラサイクリン《$C_{21}H_{21}ClN_2O_3$；四環構造の抗生物質；略記DMCTC》.

demeure *n.f.* Ⅰ **1** 住居《domicile「住所」と résidence「居所」の包括概念》；館，屋敷. une belle ～ 美しい館（屋敷）. **2**〔比喩的〕〖文〗la dernière ～ 終の栖（すみか）；墓，墓所. conduire *qn* à sa dernière ～ 野辺の送りをする. ～ céleste 天国. Ⅱ〖法律〗遅滞. mettre *qn* en ～ de+*inf.* 人に…することを督促する. mettre *qn* en ～ de tenir ses promesses 人に約束の履行を命じる. se mettre en ～ de+*inf.* …する手筈を整える. mettre un débiteur en ～ de payer 債務者に債権の支払いを命じる（督促する）.〖法律〗mise en ～ 催告，支払命令；督促. Il y a péril en la ～. 一刻の猶予もならぬ. Ⅲ à ～ 恒久的に；固定して.〖法律〗à perpétuelle ～ 恒久的に，決定的に；終身で. châssis fixé à ～ 固定フレーム. s'installer à ～ à l'étranger 外国に永住する.

demi(e)¹ *a.*〔名詞＋et ～(*e*) の形をとり，名詞と同性の単数名詞とみなされる〕半分の. cinq heures et ～*e* 5 時半. midi et ～〔*e*〕12時半《例外的に～*e* もある》.
——*n.* 半分《受ける名詞と同性とみなされる》. Vous prenez un pain (une baguette) ? ——Non, un ～(une ～ *e*) seulement, s'il vous plaît. パン（バケット）を1つお求めですか？——いいえ，半分で結構です. à ～ 半分だけ，半ば；〖な〗à ～ nu 半裸の(の). faire les choses à ～ 物事を中途半端にやる. ouvrir une porte à ～ 扉を半分開ける.

demi² *n.m.* **1** 2分の1. trois ～*s* 2分の3. **2** 小ジョッキ1杯分の生ビール《＝375 cc》(＝un ～ pression). boire un ～ 小ジョッキ1杯の生ビールを飲む. Un ～, s'il vous plaît.「小ジョッキ1杯の生ビールをお願いします」《注文の文言》. **3**〖サッカー〗ハーフバック.〖ラグビー〗～ de mêlée (d'ouverture) スクラムハーフ（スタンド・オフ）.

demi- ELEM **1**〔名詞の前〕「半分の；中途半端の，不完全な」の意《*ex. demi*-heure「半時間」；*demi*-mesure「中途半端なもの」；*demi*-savant「えせ学者」》. **2**〔形容詞の前〕「半ば，半分に」の意《*ex. demi*-cuit「生煮え（生焼え）の」；*demi*-mort「半死半生の」》.

demi-bas *n.m.inv.* ハイソックス(＝

mi-bas).

demi-bouteille *n.f.*（葡萄酒などの）小瓶《0.375 *l*》；小瓶の葡萄酒.

demi-brigade *n.f.*〖軍〗半旅団，特科連隊《2～3の大隊により編成》；隊長は大佐》.

demi-centre *n.m.*〖スポーツ〗ドミ＝サントル《サッカーで自陣中央部に位置し，デフェンスを組織したり，フォワードに配球する選手》，ミッドフィールダー，ハーフバック.

demi-cercle *n.m.* 半円.

demi-circulaire *a.* 半円形の. structures ～*s* 半円形構造物.

demi-colonne *n.f.*〖建築〗半円柱《円形断面の半分が壁面に埋め込まれた円柱》.

demi-deuil *n.m.* **1** 半喪期，略式喪. **2** 半喪服《服喪の後半に着る白と黒の喪服》. **3**〖料理〗半喪服風の《白い生クリームソースと黒トリュッフを用いた》. poularde ～ 半喪鶏.

demi-dieu *n.m.* **1**〖ギ・ロ神話〗半神《男神と人間の女性または女神と人間の男の間に生れた子；Atlas, Argos など》；神格化された英雄. **2**〔比喩的〕超人，神のような人間.

demi-douzaine *n.f.* 半ダース，6；約半ダース. une ～ d'escargots エスカルゴ6個.

demi-droite *n.f.*〖幾何〗半直線.

demie² *n.f.* 半時間 (＝demi-heure). sonner les ～*s* (時計が) 半を打つ，毎時半の時を打つ. Est-il six heures ? ——Non, il est la ～. 6時ですか？——いいえ〔6時〕半です. Nous partirons à la ～. 半になったら出発しよう.

demi-écrémé(e) *a.* 半脱脂の. lait ～ 半脱脂乳.

demi-enfoncé(e) *a.*〖機械〗半押しの.〖写真〗mémorisation du point par le déclencheur maintenu à ～（オートフォーカスの）シャッター半押しの状態での合焦点の維持.

demi-entier(ère) *a.*〖物理〗半整数の. valeur ～ *ère* du spin d'une particule quantique 量子のスピンの半整数値.

demi-figure *n.f.*（肖像画の）半身像.

demi-fin¹(**e**) *a.* **1** 細めの；小さめの；中細の. aiguilles ～*s* 中細の針. petits-pois ～*s* 小さめのグリーンピース. **2**（合金が）純度 50 ％の；12 金の. bijouterie ～*e* 12 金の宝飾品.

demi-fin² *n.m.* 12 金. bracelet en ～ 12 金の腕輪.

demi-finale *n.f.* 準決勝.

demi-finaliste *n.*〖スポーツ〗準決勝出場選手（チーム）.

demi-fond *n.m.inv.*〖スポーツ〗**1** 中距離トラック・レース《800 ～ 3000 m》(＝

demi-frère

course de ~).
2（自転車の）ドミ=フォン・レース（オートバイに先導されるトラックレース）．
demi-frère *n.m.* 異父（異母）兄弟．
demi-gros *n.m.* 中間卸業（卸売と小売の中間業種）．
demi-groupe *n.m.* 〖数〗半群．
demi-heure *n.f.* 半時間，30分．toutes les ~s 半時間ごとに．
demi-jour(*pl.*~-~〔*s*〕) *n.m.* **1**（夜明け・夕暮の）薄明；薄暮．
2 薄暗がり．
demi-journée *n.f.* **1** 半日．à (pour) la ~ 半日制で，半日間．travaux faits dans la ~ 半日で仕上がった仕事．
2 半日勤務，半日の労働時間，半ドン（=~ de travail）．avoir un emploi à ~ 半日勤務の職に就く．
démilitarisation *n.f.* 非武装化，非軍事化．
démilitarisé(*e*) *a.* 非武装化した，武装解除した．zone ~*e* 非武装地帯（=〔英〕DMZ：*de*militarized *z*one）．
demi-longueur *n.f.* 〖スポーツ〗半馬身，半艇身．gagner d'une ~ 半馬身（半艇身）の差で勝つ．
demi-mesure *n.f.* **1** 升目の半分．une ~ de blé 升目半分の小麦．
2 一時しのぎの手段，一時的措置；中途半端なもの．
3〖服〗イージーオーダー；イージーオーダー服．s'habiller en ~ イージーオーダーの服を着る．
demimétal(*pl.aux*) *n.m.* 〖物理〗半金属（グラファイト，砒素，アンチモン，ビスマスなど）．
demi-mort(*e*) *a.* 半死半生〔状態〕の．Ils étaient ~s de faim．彼らは飢えで半死半生の状態であった（餓死寸前であった）．à ~ 半死半生で．
demi-mot(**à**) *l.ad.* ほのめかして，さりげなく．
déminage *n.m.* 〖軍〗地雷除去；機雷除去，掃海．
déminéralisation *n.f.* **1** ミネラル分の除去；ミネラル分除去状態．
2〖医〗（骨・歯からの）ミネラル分の喪失，カルシウム分の喪失（=décalcification）．
démineur(*se*) *n.* 〖軍〗地雷(機雷)処理兵．
demi-pause *n.f.* 〖音楽〗2分の1休止；2分休符．
demi-pension *n.f.* **1** ドミ・パンシオン（朝食の他に昼食または夕食がつく2食付きホテルの宿泊〔下宿〕制）．prendre la ~ dans un hôtel 1泊2食付きでホテルに泊る．prix minimum (maximum) de la ~ 1泊2食付最低（最高）料金．
2〖学〗昼食給食；給食費．payer la ~ par trimestre（3カ月の）学期毎に給食費を払

う．
3 半額年金．
demi-pensionnaire *n.* 半寄宿生（昼食を学校でとる通学生）．
demi-place *n.f.* （乗物や劇場などの）半額料金席．
demi-portion *n.f.* **1** 〖料理〗半人前．**2** 〔話・蔑〕半人前，ひ弱な人．
demi-produit *n.m.* 半製品（=semi-fini）．
demi-quart *n.m.* 〖重量〗8分の1リーヴル（=62.5g）．~s de beurre バター8分の1リーヴル．
demi-réaction *n.f.* 〖化〗半反応．
demi-relief *n.m.* 〖彫刻〗半浮彫．
demi-reliure *n.f.* 〖製本〗背革(背布)装幀．
demi-saison *n.f.* 暑くも寒くもない季節（春・秋に相当）．vêtement de ~ 合服．
demi-sang *n.m.inv.* 半純血馬（純血種の種馬との雑種）．
demi-sel *n.m.* **1**〖チーズ〗ドミ=セル（塩分2%以下の牛乳からつくられる殺菌フレッシュチーズ，脂肪分40-45%，塩の量2%未満）．
2〔バター〕半塩バター（=beurre ~）．
3〔話〕やくざぶる男；組織に属さないポン引き，ひも．
――*a.inv.* 薄塩の．
demi-sœur *n.f.* 異父(異母)姉妹．
demi-solde *n.f.* **1** （退役軍人・軍属に支払われる）半額俸給．
2〖仏史〗退役後の半給士官（王政復古時代に退役になったナポレオン帝政時代の軍人）．
――*n.m.* （退役軍人・軍属の）半額俸給受給者．
demi-sommeil *n.m.* 半睡状態，うとうとしている状態．
démission *n.f.* **1** 辞職，辞任（〔話〕dém〔dɛm〕）．~ collective d'une assemblée 議会の総辞職．~ d'office 解任，罷免．~ en blanc 白紙辞任．~ forcée 強制的辞職，解任．~ volontaire 自発的辞任．lettre de ~ 辞職願，辞表．préavis de ~ 退職予告．accepter la ~ de qn 人の辞職を諒承する．donner sa ~ 辞職する，辞表を提出する．recevoir la ~ de qn 人の辞表を受理する．
2〖比喩的〗（権利，責任などの）放棄．
démissionnaire *a.* 辞職した，辞任した．ministre ~ 辞職した大臣．
――*n.* 辞職(辞任)者．
demi-tarif *n.m.* 半額料金，半額割引．billet〔à〕~ 半額割引切符．
demi-tendineux *a.m.inv.* 〖解〗半腱性の．muscle ~ 半腱筋（臀部の後ろの脚部を曲げる筋肉）．
――*n.m.inv.* 半腱筋（=muscle ~）．
demi-tige *n.f.* 〖農・園芸〗成長抑制果樹苗木（樹高1.3m程度）．
demi-ton *n.m.* 〖音楽〗半音．~ diatoni-

que (chromatique) 全(半)音階的半音.

demi-tour *n.m.* 半回転. *D*~, droite! 回れ右! faire ~ 引き返す.

demi-vie *n.f.*〖原子力〗半減期(=période radioactive).

demi-volée *n.f.*〖スポーツ〗(テニス, ラグビー, サッカーなどの)ハーフ・ヴォレー.

démixtion *n.f.*〖化〗デミキシング《液体の相の分離》.

démobilisation *n.f.* **1**〖軍〗動員解除, 復員. procéder à la ~ générale 総動員解除.
2〔比喩的〕〖政治〗闘争意欲の低下(衰退). ~ de l'opinion 世論の非政治化.

démocrate *a.*〖政治〗**1** 民主主義を信奉する. parti ~ 民主党.
2 民主主義者の;民主党の.
——*n.* 民主主義者;民主党員. ~ libéral 自由民主主義者. ~ socialiste 社会民主主義者.

démocrate-chrétien(**ne**)(*pl.* **~s-~s**) *a.*〖政治〗キリスト教民主主義の. parti ~ キリスト教民主党.
——*n.* キリスト教民主主義者;キリスト教民主党員.

démocratie *n.f.* 民主主義;民主主義運動〔政党〕. ~ avancée 先進民主主義. ~ chrétienne キリスト教民主主義(運動)《フランスでは1945年以降1950年代の終わりまでのMRP=*M*ouvement *r*épublicain *p*opulaire が特に重要;またドイツ,イタリアでも強い影響力を持つ》. ~ directe 直接民主主義. ~ de masse 大衆民主主義. ~ libérale 自由民主主義. ~ parlementaire 議会制民主主義. ~ populaire 人民民主主義〔国〕《特に東欧社会主義国を指したが, その他にも北朝鮮, キューバ, ベトナムを含むこともある》. ~ représentative 代議制民主主義.〖環境〗carbon-~ 炭酸ガス・デモクラシー(=〔英〕carbon-democracy)《炭酸ガスの排出権は万民に平等であるとする体制;London市長の提唱》.

démocratique *a.* **1** 民主主義の;民主〔主義〕的な. élection ~ 民主的選挙. institutions ~*s* 民主的制度. régime ~ 民主〔主義〕体制(政体).
2 民衆的な,大衆向けの. moyen de transport ~ 大衆向け交通手段.

démocratisation *n.f.* 民主化.

démodulateur *n.m.*〖通信〗復調器. 検波器. modulateur ~ 変調復調器,モデム(modem).

démodulation *n.f.*〖通信〗復調;検波. ~ d'amplitude 振幅復調. ~ de fréquence 周波数復調. ~ de phase 位相復調.

démographe *n.* 人口統計学者;人口問題専門家.

démographie *n.f.* **1** 人口学,人口統計学;(動物の)個体数調査. ~ dynamique 人口動態統計. ~ statique 人口静態統計.
2 人口数,人口の数的状態.

démographique *a.* **1** 人口統計学の,人口学の. bilan ~ 人口統計学的総括.
2 人口に関する. explosion ~ 人口の爆発的増加. poussée ~ 人口急増.

demoiselle *n.f.* **1** 未婚の婦人;老嬢;〔俗〕娘;〔皮肉〕女の子. rester ~ (女性が)独身を通す. ~ de compagnie 付添いの娘. ~ d'honneur(花嫁の)付添いの少女;(王妃・王女の)侍女.〖話〗~ de petite vertu 尻軽娘;娼婦. courir les ~*s* 女の子の尻を追いかける.〔俗/方言〕Votre ~ お宅の娘さん.
2〔やや古〕女子従業員. ~ de magasin 女店員. ~ du téléphone 電話交換嬢.
3〔古〕(大革命以前の)貴族の娘;小貴族の妻;(大家の)御内儀,お嬢さん.
4〖昆〗〔俗〕とんぼ(=libellule).
5〖鳥〗〔俗〗~ de Numidie 姉羽鶴(あねはづる).
6〖土木〗(道路工事用の)撞槌(つきづち),蛸胴突(たこどうつき)(=dame, hie);(革手袋の)指先広げ具(= de gantier).
7〖地学〗~〔coiffée〕土柱(どちゅう)(= cheminée des fées);柱状岩.

démolisseur(**se**) *n.* **1**(建物の)解体業者,取壊し人. **2**〔比喩的〕(学説・理念・主義などの)破壊者,顛覆者,打倒者.

démolition *n.f.* **1**(建物,街区などの)取壊し,解体工事(=travaux de ~). ~ d'un vieux quartier 老朽街区の取り壊し. chantier de ~ 解体工事現場. entreprise de ~ 解体工事業.
2〔比喩的〕(主義,学説などの)打倒,打破,粉砕. ~ des anciennes institutions 旧制度の打破. ~ d'un système 体系の打倒.
3〖*pl.* で〗(取り壊した建物の)残骸;廃墟. cadavres retrouvés sous les ~*s* 廃墟の下で発見された遺体.

démon *n.m.* **1**(キリスト教・ユダヤ教における)悪魔,堕天使《多くは神学・哲学用語,常用語は diable》. le *D* ~ 魔王(= Satan). culte du ~ 悪魔崇拝. être possédé du ~ 悪魔にとりつかれている.〔比喩的〕avoir de l'esprit comme un ~ おそろしく才気煥発である.
2〖ギ神話〗ダイモン,神霊《個人・町・国家などの運命を司る存在》. ~ familier 守護神霊,守り神. ~ de Socrate ソクラテスのダイモニオン《決断を迫られた時にささやきかけた内心の声の象徴》.
3〔文〕霊感,霊力.
4 悪魔的な人物,邪悪な人物. C'est un petit ~. 手のつけられぬうるさいいたずらっ子だ. Méfiez-vous d'elle, c'est un vrai ~. あの女には気をつけろ,実に性悪だから.
5 魔,魔力,誘惑. ~ de l'analogie 類推の魔. ~ de la curiosité 抑えがたい好奇心. ~ de midi 中年の男女を襲う愛欲の迷い. les

vieux ~s de qn 人の悪癖.

démonétisation n.f. **1** 通貨の通用停止, 廃貨. ~ des pièces d'or 金貨の通用停止.
2 〔比喩的〕信用失墜 (=discredit). ~ d'une théorie 学説の信用失墜.

démonstra*teur*(*trice*) n. **1** 実演販売人, デモンストレーター. ~ *trice* en produits de beauté 美容製品 (化粧品) の女性実演販売員.
2 実地指導員；実地教育者.

démonstratif(ve) a. **1** 証明する, 論証的な, 説得力のある. argument ~ 論証明議論. preuve ~*ve* 説得力のある証拠.
2 〖論理〗genre ~ 演示的雄弁術.
3 〖文法〗指示的な. adjectif (pronom) ~ 指示形容詞 (代名詞).
4 《人について》感情を表に出す, あけっぴろげな. une femme peu ~*ve* あまり感情をあらわさない女性

démonstration n.f. **1** 証明, 論証, 証拠. ~ d'un théorème 定理の証明.
2 実地教示, 実地教育；実演；(商品の) 実演販売. ~ faite par un vendeur 売り子の実演.
3 〔多く pl.〕(感情・意志などの) 表明. ~s de joie 喜びの表明. faire des ~s d'amitié à qn 人に友情を示す.
4 〖軍〗示威行動；陽動作戦. ~ aérienne (navale, terrestre) 空軍 (海軍, 陸軍) の示威行動.
5 〔一般に〕公開ショー；デモンストレーション. grande ~ aérienne organisée par l'aéro-club 飛行クラブが開催した大航空ショー.

démontage n.m. **1** 分解；取り外し. ~ et remontage d'une montre 腕時計の分解と再組立.
2 解明. ~ de l'énigme à la fin d'un roman policier 推理小説の終結部での謎解き.

démonte-pneu n.m. 〖自動車〗タイヤ交換工具.

démoralisation n.f. **1** 意気沮喪；戦意喪失；気落ち. ~ d'une armée 軍の戦意喪失.
2 道徳的頽廃, 風俗壊乱, 風紀紊乱. ~ d'une société 社会の道徳的頽廃.

démoustication n.f. 蚊の駆除.

démultiplica*teur*(*trice*) a. 〖機工〗減速用の. roue ~*trice* 減速歯車.
—n.m. 〖機工〗減速装置. moteur à ~ 減速装置付モーター.
2 計数装置；計数回路. ~ binaire (décimal) 二進 (十進) 計数回路.

démultiplication n.f. 〖機工〗**1** (歯車装置などの) 減速；減速装置. **2** 減速比.
3 〔比喩的〕減退. ~ des pouvoirs 権力の減退.

démyélinisant(e) a. 〖医〗脱髄性の,

髄鞘を崩壊させる. maladies ~es 脱髄疾患.

démyélinisation n.f. 〖解剖〗髄鞘喪失.

dénatalité n.f. 出生率の低下.

dénationalisable a. 〖経済〗非国有化の, 非国有化し得る, 非国有化の対象となり得る；民営化し得る. entreprise ~ 非国有化対象企業.

dénationalisation n.f. **1** (企業等の) 非国有化；民営化 (=privatisation). **2** 〔古〕国籍喪失.

dénaturalisation n.f. 帰化国籍の剝奪.

dénaturation n.f. **1** (物の) 変性, 変質. ~ d'une protéine 蛋白質の変性, 蛋白変性.
2 〔比喩的〕歪曲, ねじまげ. ~ d'une théorie 理論の歪曲.

dénaturé(e) a.p. **1** 〖化〗変性された. alcool ~ 変性アルコール. 〖生化〗protéine ~*e* 変性プロテイン.
2 〔比喩的〕歪められた, 歪曲された. fait ~ 歪められた事実. texte ~ 歪曲されたテクスト.
3 自然 (本性) に反する；人倫にもとる. mœurs ~es 人倫にもとる風習. parent ~s 肉親の情愛に欠ける親.

dénazification n.f. (第二次大戦後の) 非ナチ化 〔政策〕.

dendrite n.f. **1** 〖鉱〗模樹石 (もじゅせき)；しのぶ石；樹木の化石 (=dendrolithe).
2 〖物理〗樹枝状結晶.
3 〖解剖〗(神経細胞の) 樹状突起.

dendritique a. **1** 〖鉱〗樹枝状の, 模樹石の；〖解剖〗(神経細胞などが) 樹枝状の, 樹状突起をもつ；〖地学〗(水系が) 樹枝状に細かく分岐した. cellules ~s immatures 未成熟の樹枝状細胞.

dendrochronologie n.f. 〖考古・地学〗年輪年代学.

dénégation n.f. **1** 否定, 否認 (=démenti). digne de ~ 否認に値する. opposer une ~ formelle à des allégations mensongères 虚偽の申立をきっぱり否認する.
2 〖法律〗否認, 拒否. ~ d'action 訴権の否認. ~ d'écriture 文書の真正性の否認；筆跡の真正性の否認.
3 〖精神分析〗(欲望・感情の) 否定, 拒絶.

dénégatoire a. 〖法律〗否認の. exception ~ 否認の抗弁, 否認の異議申立て.

déneigement (<déneiger) n.m. **1** 除雪. ~ d'une route au chasse-neige 除雪機による道路の除雪.
2 雪解け. ~ périodique des alpages 高地牧草地の定期的雪解け.

dénervation n.f. 〖医〗神経切除〔術〕, 除神経, 脱神経.

dengue [dɛg] n.f. 〖医〗デング熱, ウイルス性出血熱 (fièvre rouge 赤熱病, grippe tropicale 熱帯風邪ともいう 熱帯伝染病). ~ hémorragique 出血性デング熱. ~

hémorragique avec syndrome de choc シ ョック性出血性デング熱《略記 DSC》.

déni *n.m.* **1** 〖法律〗拒否. ~ de justice 裁判の拒否, 裁判拒絶；判決の矛盾；裁判管轄の不存在.
2 否認. apporter un ~ formel aux affirmations de la presse 報道機関の主張をきっぱり否認する.
3 〖精神分析〗否認. ~ de la réalité 現実の否認.

dénicotinisé(e) *a.* ニコチンを除去した. tabac ~ ニコチン除去タバコ.

denier *n.m.* **1** 〖古銭〗(古代ローマの)デナリウス銀貨；ドニエ《フランスの古金幣, 1/12 sou》. les trente ~s de Judas ユダがイエスを売って得た銀貨 30 枚. ~ d'or (d'argent) ドニエ金貨(銀貨). n'avoir pas un ~ 一文無しである.
2 奉納金, 喜捨；献金. ~ de Saint-Pierre 教皇への献金.《カトリック》~ du culte 信者の教区司祭への献金. ~ de la veuve (寡婦の献金→) 貧者の一燈.
3 〔*pl.* で〕金銭 (=argent). ~s publics 公金；国庫収入, 国庫. malversation dans le maniement des ~s publics 国庫公金汚職. acheter *qch* à ses propres ~s 私費で何を購入する.
4 〖繊維〗ドニエ, デニール《絹糸・ナイロン糸などの織度〔繊維の太さ〕の単位；1 デニールは長さ 450 m で 50 mg〔= 9000 m で 1 g〕》. bas de soixante ~s 60 デニール糸のストッキング.

dénigrement *n.m.* 中傷, 悪口, 難癖. ~ systématique 計画的中傷. par ~ さげすんで, いやしめて (=péjorativement).

denim [denim] 〖米〗*n.m.* 〖織〗デニム《はじめフランスの département du Gard ガール県の都市 Nîmes ニーム (市町村コード 30000) でつくられた木綿生地；アメリカでジーンズの生地として開発された》. jean en ~ デニムのジーンズ.

dénitraté(e) *a.* 〖化〗硝酸塩を除去した, 脱硝酸塩処理済の, 脱硝された. eau ~*e* 脱硝酸塩水, 脱硝処理水.

dénitrifiant(e) *a.* 〖化〗脱窒性の, 窒素を除く作用のある. bactéries ~*es* 脱窒性バクテリア.

dénitrification *n.f.* 〖化〗窒素除去, 脱窒.

dénombrement *n.m.* **1** 数えること；列挙, 枚挙. ~ des causes d'un phénomène 現象の諸原因の列挙.
2 (人口・戸数などの)調査 (=recensement). ~ d'une population 人口調査. méthodes de ~ en statistique 統計的調査法.

dénominateur *n.m.* 〖数〗分母. numérateur et ~ 分子と分母. ~ commun 公分母；〔比喩的〕共通の目的(意見), 共通点, 共通項. le *p*lus *p*etit ~ *c*ommun 最小公分母 (略記 PPDC). Il existe entre les hommes un ~ commun. 人間の間にはひとつの共通点がある.

dénomination *n.f.* **1** 命名；名称, 呼称. ~ commune internationale (医薬品の)国際共通名称《略記 DCI》(=〖英〗*I*nternational *N*on-Proprietary *N*ames：INN). ~ commerciale des médicaments 医薬品の商品名. ~ scientifique 科学的名称.
2 〖法律〗営利社団 (société) の名称. ~ sociale 社名.

dénommé(e) *a.p.* **1** 命名された, 名付けられた. un (le) ~ Dupont デュポンなる人物. le Fonds européen d'orientation et de garantie agricole, ci-après ~《Fonds》ヨーロッパ農業基本方針保証基金, 以下「基金」と呼ぶ.
2 〖法律〗指名された, 名をあげられた. légataires ~*s* dans le testament 遺言状に名をあげられている受遺者.

dénonciateur(trice) *n.* 告発者；密告者.
—*a.* 告発する；密告する. lettre ~ *trice* 告発状；密告文書.

dénonciation *n.f.* **1** 〖法律〗犯罪の通報；告発, 告発文書；密告. 〖法律〗~ calomineuse 誣告 (ぶこく). ~ obligatoire 義務的告発.
2 (条約などの)破棄通告. ~ d'armistice 休戦の破棄通告.
3 〖法律〗通達, 通告. ~ de la constitution 選任通告. ~ d'une saisie 差押えの通告.

dénouement *n.m.* (事件などの) 結末, 決着；(問題などの) 解決；(戯曲などの) 大団円, 大詰め. ~ d'une aventure 事件の結末. ~ d'une crise 危機の解消. ~ inattendu 思いもつかぬ結末. heureux ~ ハッピー・エンド.

denrée *n.f.* **1** 食料品, 食品 (=~*s* alimentaires). ~ de luxe 高級食品. ~*s* périssables (いたみやすい) 生鮮食品.
2 飼料.
3 〔比喩的・通常単数で〕品物, 代物. une ~ rare 珍品, 滅多にお目にかかれないもの.

densification *n.f.* **1** 濃縮. **2** 人口の稠密化. **3** (木材の)圧縮加工.

densimètre *n.m.* 〖物理〗密度計, 比重計.

densimétrie *n.f.* 〖物理〗密度測定, 比重測定.

densité *n.f.* **1** 密度；比重. ~ apparente 単位容積重量. ~ relative 比重. ~ sociale 社会的密度 (Durkheim デュルケームの用語).
2 人口密度 (=~ démographique, ~ de population). ~ agricole 農業人口の構成比.
3 濃度, 濃さ. ~ du trafic 交通量.

densitomètre *n.m.* 〖物理〗濃度計, 密度計.

densitométrie *n.f.* 密度測定〔法〕. 〖医〗~ osseuse 骨密度測定.

dent *n.f.* Ⅰ《歯》**1**(人間の)歯.〔~s〕canines 犬歯. ~ s de lait (temporaires) 乳歯. ~ de sagesse 智歯, 親知らず.〔~s〕incisives 切歯, 門歯.〔~s〕molaires 臼歯. ~ s permanents (définitives) 永久歯.〔~s〕prémolaires 小臼歯.
la série de 32 ~ s permanentes dont 4 premières molaires, 4 incisives centrales, 4 incisives latérales, 8 prémolaires, 4 canines, 4 deuxièmes molaires, 4 troisièmes molaires dites ~ s de sagesse 合計 32 本の永久歯の内訳は, 第一臼歯 4, 中央部切歯 4, 側部切歯 4, 小臼歯 8, 犬歯 4, 第二臼歯 4, 第三臼歯すなわち智歯 4 本.
~ artificielle 人工歯, 義歯 (= fausse ~). ~ s blanches 白い歯. ~ cariée 虫歯. ~ du haut (du bas) 上(下)の歯. ~ en or (en céramique) 金歯(セラミック歯). ~ qui branle ぐらぐらしている歯.
brossage des ~ s 歯磨き. brosse à ~ s 歯ブラシ. couronne d'une ~ 歯冠. ensemble des ~ s 歯並び (= denture). grincement des ~ s 歯ぎしり. maladie des ~ s の疾患. racine d'une ~ 歯根. rage (mal) de ~ s 歯痛. verre à ~ s うがい用コップ.
avoir mal aux ~ s 歯が痛い. faire ses ~ s (子供の)歯が生える. se faire arracher (extraire) une ~ 歯を抜いてもらう. se nettoyer les ~ s 歯を磨く. serrer les ~ s 歯をくいしばる.
2 (動物の)歯, 牙. se faire les ~ s 歯(牙)を研ぐ;〔比喩的〕戦いに備える.
3〔成句〕〔俗〕avoir la ~ 腹ぺこである. avoir la ~ dure 歯に衣着せない, 辛辣である. avoir les ~ s longues 野心満々である. avoir une ~ contre qn 人に怨みを持つ. donner un coup de ~ 噛みつく;辛辣なことを言う. être armé jusqu'aux ~ s 十分のすきもなく武装に身を固めている. être sur les ~ s 疲労困憊している. manger du bout des ~ s まずそうに食べる. montrer les ~ s (動物が)歯をむき出す;敵意を示す. mordre à belles ~ s がりがりかじる. n'avoir rien à se mettre sous la ~ 食べるものが何もない. parler entre ses ~ s 口の中でもぐもぐ(ぶつぶつ)言う, はっきりしない物言いをする. se casser les ~ s sur qch (qn) 何(人)に歯がたたない.
Ⅱ《歯状のもの》**1** 歯;ぎざぎざ;目;爪;(刺繍の)スカラップ;(構造材用の)大釘. ~ d'arrêt 止め爪. ~ d'engrenage 歯車の歯. ~ d'une lame 鑢の目. ~ d'un peigne 櫛の歯. ~ d'un râteau 熊手の爪. ~ d'une scie 鋸の歯. en ~ s de scie 鋸歯状の, ぎざぎざの. côte découpée en ~ s de scie ぎざぎざの海岸線. tension en ~ s de scie (TV受像機の水平走査線用の)鋸歯状電圧. ~ d'un timbre-poste 切手の縁のぎざぎざ.
2〔植〕(葉の)鋸葉状の縁. feuille à trois ~ s 三叉葉.

3(山の)針峰, 尖峰. montagne en ~ s de scie 鋸歯状の尖峰. les D ~ s du Midi モン＝ブラン山塊の) レ・ダン・デュ・ミディ, ル・ミディ針峰群. la D ~ -Blanche ダン・ブランシュ(スイス・アルプスの針峰 4,357 m).

dentaire *a.* 歯(dent)の. arcade ~ 歯列弓. artère ~ 歯動脈. bridge ~ 架工義歯, ブリッジ. bulbe ~ 歯根. calcul ~ 歯石. carie〔~〕歯牙齲触, 虫歯. chirurgie ~ 歯科外科〔学〕. école ~ 歯科学校. faire D ~ 歯科学校へ行く. fluxion ~ 歯茎の腫れ. follicules ~ s 歯嚢. formule ~ 歯式. greffe ~ 義歯, さし歯, 接ぎ歯. implant ~ インプラント, 人工歯根. infection focale ~ 歯性病巣感染. nerf ~ 歯神経. os ~ 歯骨 (= os alvéolaire「歯槽骨」). papille ~ 歯乳頭. plaque ~ 歯石, プラーク. prothèse ~ 義歯. prothèse ~ mobile 取り外し式義歯, 入れ歯. pulpe ~ 歯髄. racine ~ 歯根. soins ~ s 歯の治療;歯の手入れ. syndrome ~ 歯科症状. veine ~ 歯静脈.

dental (ale) (*pl.* **aux**) *a.*〘言語〙歯音の. consonnes ~ ales 歯音字.
——*n.f.* 歯音([d], [n], [t] など);歯音字.

dentalgie *n.f.* 歯痛 (= odontalgie; mal aux dents).

denté (e) *a.* **1**〘動〙有歯の, 歯のある (édenté「無歯の」の対). mâchoire ~ e 有歯顎.
2〔比喩的〕歯状突起のある, ぎざぎざのある. feuille ~ e 鋸歯状葉. funiculaire à rail ~ 歯状突起のあるレール式(アプト式)登山鉄道. roue ~ e 歯車.

dentelle *n.f.* **1** レース;〔*pl.* で〕レース細工品, レース製装飾. à l'aiguille 編針レース. ~ à la machine 機械編レース. ~ à la main 手編みレース. ~ aux fuseaux ボビンレース. col (robe) de ~ レース襟(ドレス). ne pas faire dans la ~ 荒々しく振舞う.
2 レース様のもの;レース様装飾. ~ de papier 紙レース.
3〔同格〕*inv.* bas ~ レース模様入りストッキング. crêpes ~ 極薄焼クレープ.

dentellerie *n.f.* レース製造(販売)業.

dentellier (ère) *a.* レースの. industrie ~ ère レース製造業.
——*n.* レース工.
——*n.f.* レース編機.

dentelure *n.f.* **1** 鋸歯状の刻み目(凹凸), ぎざぎざ. ~ des timbres-poste 切手のミシン目.
2〘植〙(葉の)細かい鋸歯 (= ~ d'une feuille).
3〘建〙歯状剤型.
4(山の)鋸歯状の稜線(連峰). ~ s calcaires 石灰岩質の鋸歯状連峰.

denti- [dɑ̃ti] [ラ]〘ELEM〙「歯」の意 (*ex.* *denti*-frice 歯磨).

denticule *n.m.* **1** 小さい歯;〘医〙(小さい)過剰歯. **2**〔*pl.* で〕〘建〙歯状(波状)

割形.

dentier *n.m.* **1** 有床義歯. **2** 〖機械〗〖集合的〗(歯車などの)歯, 歯列.

dentifrice *n.m.* 歯磨. ~ médical 薬用歯磨.

dentine *n.f.* 〖解剖〗(歯の)象牙質.

dentiste *n.* 歯科医, 歯医者 (=chirurgien 〔-〕~).
—*a.* 歯科医の.

dentisterie *n.f.* 歯科治療学(術), 歯科医療(術) (=médecine dentaire).

dentistique *a.* 〖歯科〗コンピュータ援用義歯制作〔術〕.

dentition *n.f.* **1** 〖医〗歯牙発生, 生歯. ~ de lait 乳歯発生 (=~ lactéale; ~ temporaire). ~ définitive 永久歯発生 (=~ permanente).
2 〔集合的〕歯; 歯並び (=denture). avoir une belle ~ きれいな歯(歯並び)をしている.

dento[-]facial (**ale**) (*pl. aux*) *a.* 歯科美容の. orthopédie ~ 歯科美容整形外科〔学〕(略記 ODF).

dento-labial (**ale**) (*pl. aux*) *a.* 〖言語〗歯唇音の (=labio dental 唇歯音の).
—*n.f.* 歯唇音 ([f], [v] など, 歯と唇を用いて発音する音).

denture *n.f.* **1** 〖解剖・医〗〔集合的〕歯; 歯並び, 歯列. La ~ complète de l'adulte comprend 32 dents. 成人の歯の総数は 32 本である (8 incisives 切歯, 4 canines 犬歯, 8 prémolaires 小臼歯, 12 molaires 臼歯 (うち 4 dents de sagesse 親知らず)).
2 〖工〗〔集合的〕(歯車・鋸などの)歯, 歯状突起, 歯型, 歯面. ~ à couronne 冠状歯.
3 歯科医療器設備 (=appareillage dentaire).

dénucléarisation *n.f.* 非核化, 非原子力化; 非核戦力化. ~ de l'Europe ヨーロッパの非核戦力化. pourparlers sur la ~ de la Corée du Nord 北朝鮮の非核化交渉.

dénucléarisé(e) *a.* 非核化された; 核装備を禁止された. zone ~ e 非核化地帯; 非核武装地帯.

dénudation *n.f.* **1** 〖医〗(骨, 血管などの)露出〔状態〕. ~ d'un vaisseau 血管の露出.
2 (樹木の)樹皮(葉)のない状態. ~ d'un tronc d'arbre 樹幹の樹皮欠如.
3 (地表の)植生のない状態.
4 〖地学〗削剥(さくはく)作用(状態), 地表侵蝕.
5 〔比喩的〕(文学・芸術作品の)精否.

dénuement *n.m.* **1** 貧窮, 困窮. vivre dans un profond ~ 赤貧の中にある.
2 (精神・思想などの)貧しさ. ~ de l'âme 心の貧しさ.

dénutri(e) *a.* 〖医〗栄養失調の. enfant ~ 栄養失調児.

dénutrition *n.f.* 栄養失調〔症〕, 栄養障

害.

déodorant *a.m.* 体臭を消す. savon ~ 体臭除去石鹸, デオドラント・ソープ.
—*n.m.* デオドラント・ローション, 体臭除去剤 (=~ corporel). ~ en bâton スティック式デオドラント・ローション. parfum de toilette ~ 体臭消去化粧香水. spray parfumant ~ 体臭消去芳香スプレー.

déontologie *n.f.* **1** 職業倫理; (特に)医道, 医師倫理 (=~ médicale). code de ~ médicale 医師の職業倫理規範.
2 〖哲〗〔古〕義務論.

déontologique *a.* **1** 〖倫理〗義務論の.
2 職業倫理の. règles ~ s 職業倫理的規則.

DEP (= 〔英〕*d*iesel *e*xhaust *p*articles) *n.f. pl.* 〖環境〗ディーゼル排気微粒子 (= 〔仏〕PED: *p*articules *d'é*chappement de *di*esel).

dép. (= *dép*artement) *n.m.* 県.

dépannage *n.m.* **1** (自動車, 機械などの)応急修理. ~ à domicile 自宅での修理. atelier de ~ 修理工場. voiture de ~ サービスカー.
2 〔話〕急場を救うこと, 応急措置. en ~ 急場しのぎに.

dépanneur(se)[1] *a.* 故障を直す; 〔応急〕修理をする.
—*n.* 修理工. ~ d'automobiles 自動車修理工.

dépanneur[2] *n.m.* 〖カナダ〗時間外営業認可食料品店.

dépanneuse[2] *n.f.* 〖自動車〗レッカー車; 応急修理車, サービスカー (=voiture de dépannage).

dépareillé(e) *a.p.* **1** 半端になった. chaussette ~ e 片方だけの靴下. jeu de cartes ~ 半端になったトランプのカード.
2 不完全な, 不揃いの. gant ~ 不揃いの手袋. volume ~ (全集などの)端本.

départ[1] (<partir) *n.m.* **1** 出発, 出立; 発車; 出帆; 〖スポーツ〗スタート. ~ du courrier 郵便物の発送. ~ d'une fusée ロケットの発射. ~ s en vacances ヴァカンスへの出発〔日〕. grand ~ (ヴァカンス客の)大挙出発〔日〕. 〖スポーツ〗faux ~ フライング〔スタート〕. heure de ~ 発車(出)時間. ligne de ~ スタート・ライン. point de ~ 出発点; 起点; 事の始め; 出だし. (quai de) ~ 発車ホーム. tableau des ~ s et des arrivées 発車・到着時刻表. donner le signal du ~ 発車(スタート)の合図をする. prendre le ~ スタートする.
2 出発点; 出発地点, スタート〔地点〕, (階段の)第 1 段. ~ des grandes lignes 長距離列車の発車ホーム. rassembler des coureurs au ~ ランナーをスタート地点に集結させる.
3 初め, 始まり, 起り, 発端; 始動, スタート. 〖会計〗~ d'un compte 帳簿の最初の日付. au ~ 最初は, 当初は; 出だしに. de ~ 最初の,

当初. idée de ~ 当初の考え. prix de ~ (競売の)最初の付け値. salaire de ~ 当初賃金, 初任給. dès le ~ はじめから, はなから. prendre (faire) un bon ~ 好調なスタートを切る. prendre (faire) un mauvais ~ 出だしでつまづく.
  4 辞任, 辞職, 離任, 離職. ~ d'un ministre 大臣の辞任.

départ² (<départir) *n.m.* 分割；区別, 弁別. ~ du bon et du mauvais 善と悪の弁別. faire le ~ entre A et B A と B を区別(弁別)する.

département *n.m.* **1** 県. hôtel du ~ 県庁. La France métropolitaine se compose de 22 régions, 96 ~ s, 329 arrondissements, 3.883 cantons eux-mêmes subdivisés en 36.782 communes au 1er mars 2007. フランス本国には 2007 年 3 月 1 日現在, 22 の地方, 96 の県, 329 の郡, 3,883 の小郡があり, 小郡はさらに 36,782 の市町村に分かれている. ~s d'outre-mer (略記 DOM) 海外県《グアドループ la Guadeloupe (県コード 971), マルティニク la Martinique (県コード 972), ギュイヤヌ la Guyane française (県コード 973), レユニョン la Réunion (県コード 974); これら 4 つの海外県は 2003 年の憲法改正により, それぞれ単一県・地方région monodépartement すなわち海外地方 région d'*o*utre-*m*er (ROM) を構成する》.
  2 省庁, 部課, 部；学科. ~ ministériel 省. Quelle est la réponse du ~? 本省はなんと言ってきているのか. ~ d'Etat アメリカの国務省. ~ des antiquités du Louvre ルーヴル博物館の古代美術部〔門〕. ~ de la fabrication 製造部門.

départemental (**ale**¹) (*pl.* **aux**) *a.* 〖行政〗県の. route ~*ale* 県道 (= ~ *ale*). taxe ~ *ale* 県税.

départementale² *n.f.* 県道 (=route ~).

départementalisation *n.f.* **1** 県制化. ~ d'un territoire 領土の県制化.
  2 〖行政〗(国の power などの)県への移管. ~ d'une compétence de l'Etat 国の権限の県政移管.

départiteur *n.m.* 〖法律〗(賛否同数の際の)裁決者.
  ─*a.m.* 裁決を下す. juge ~ 決裁裁判官.

dépassé(e) *a.p.* **1** 追い越された, 凌駕された；敗けた, 遅れをとった. être ~ 遅れをとっている.
  2 時代遅れの (=démodé, vieilli). idée ~*e* 時代遅れの考え.
  3 〔話〕力量を越えた, 力の及ばない, お手上げの. être ~ par les événements 事態に先を越されている (お手上げである).

dépassement *n.m.* **1** 〖交通〗(自動車などの)追い越し, 追い抜き. ~ dangereux 危険な追い越し. ~ interdit 追い越し禁止.

2 〖会計〗(予算, 見積り, 収支決算などの)超過. ~ de crédit 予算超過.
  3 自己を乗り越える (超越する) こと；〖哲〗止揚.

dépaysement *n.m.* **1** 異郷 (日常と異なる環境) に身を置くこと；〔古〕国外追放.
  2 異郷 (異なる環境) に身を置くことによる居心地の悪さ (異和感)；異郷感覚. supporter mal le ~ 異郷感覚に耐えられない.
  3 異郷感覚のもたらす新鮮な印象 (快感). rechereher le ~ 日常から離れた新鮮な感覚を追い求める.
  4 〖法律〗(予審の)管轄外付託.

dépeçage (<dépecer) *n.m.* **1** 解体. ~ d'un bateau 船の解体. ~ d'un mouton 羊の解体.
  2 分割, 細分化. ~ d'un territoire 領土の分割.
  3 精緻な分析. ~ d'un ouvrage 作品の精緻分析.

dépêche *n.f.* **1** 急送公文書. ~ diplomatique 外交書簡.
  2 〖郵便〗至急便；(特に) 電報 (= ~ télégraphique；télégramme). sac de ~ 至急便行嚢.
  3 〖情報〗(新聞・電子新聞などの)至急報, 至急ニュース (= ~ de presse). ~ d'agence 通信社速報. 〖新聞〗la D ~ *du* Midi「ラ・デペーシュ・デュ・ミディ」(Toulouse で発行されている日刊紙).

dépénalisation *n.f.* 〖法律〗刑罰の軽減, 非刑罰化；罰則廃除, 刑事免責. ~ de la drogue 麻薬の刑事免責, 麻薬の合法化 (→ drogues douces).

dépendance *n.f.* **1** 従属〔関係〕, 隷属；依存〔関係〕. ~ économique 経済的依存〔関係〕, 経済的従属性. être sous (dans) la ~ de *qn* 人の支配下にある. mettre (tenir) *qn* dans (sous) sa ~ 人を支配下に置く (置いておく).
  2 因果関係；相関関係. ~ mutuelle 相互関係.
  3 〖多く *pl.*〗付属物；(特に) 付属建造物；(不動産の)付帯物件；付属地. le château et ses ~s 城館とその付属建造物.
  4 属領；属国. Cette île était une ~ de la France. この島はフランスの属領であった.
  5 〖心〗依存；〖医〗依存症.〖医〗~ à la morphine モルヒネ中毒.〖医〗~ alcoolique アルコール依存症 (=alcoolisme). drogues avec ~ physique (psychique) 肉体的 (精神的) 依存性麻薬.〖社会保障〗*p*restation *s*pécifique ~ 依存症特別手当(略記 PSD；1997 年導入；60 歳以上の依存症患者への特別給付金). pharmaco ~ 薬物依存症.

dépens *n.m.pl.* 〖法律〗(敗訴者が勝訴者に支払う) 訴訟費用. être condamné aux ~ 訴訟費用の支払いを命じられる.〔比喩的〕aux ~ de *qn* (*qch*) 人の犠牲において, (人)

の費用で；(何を)犠牲にして. à ses [propres] ~ 自腹を切って. réussir aux ~ d'autrui 他人を犠牲にして成功する.

dépense *n.f.* **1** 支出, 出費, 経費, 費用；支出額.『財政』歳出. ~ civile 民事支出. ~ de consommation 消費支出. ~ de fonctionnement 経常支出 (~ en capital (d'équipement)「資本支出, 設備費, 投資の支出」の対). ~ du ménage 家計支出. ~ de transfert 移転支出 (=intervention publique). ~ définitive 確定的歳出 (~ temporaire「暫定的歳出」の対). ~ en capital 資本支出 (投資). ~ militaire 軍事支出, 防衛費. ~ nationale 国民支出. ~ nationale brute 国民総支出. ~s publiques 公共支出, 政府支出. ~ ordinaire (courante) 経常費. ~ somptuaire 贅沢な支出, 見栄を張るための出費. excédent des ~s sur les recettes 支出 (歳出) 超過. regarder à la ~ 倹約する.
2 (時間, エネルギーなどを) 費やすこと, 燃料消費〔量〕. ~ de carburant 燃費. ~ d'essence d'une voiture 自動車のガソリン消費量.
3 〔一般に〕使用. ~ de temps 時間の消費. ~ intellectuelle 知力の使用.
4 帳場,〔古〕物品貯蔵所.

déperdition *n.f.* **1** (熱・電気などの) 消耗, ロス；(ガスの) 漏出. ~ de chaleur 熱エネルギーのロス.
2『化』減耗, 消耗.
3〔比喩的〕(体力・気力の) 減退, 衰退. ~ des forces 体力の減退.

dépérissement (<dépérir) *n.m.* **1** 衰弱, 衰え. ~ d'un organe 器官の衰え (萎縮). ~ d'une personne 人の憔悴. ~ d'une plante 植物の衰弱 (萎凋). ~ de la santé 健康の衰え.
2 減少. ~ d'un troupeau 家畜の群れの減少.
3〔比喩的〕衰退, 衰微. ~ d'une entreprise (d'une industrie) 企業 (産業) の衰退.『法律』~ des preuves par la longueur du temps 時間の経過に伴う証拠の証明力減損.

dépersonnalisation *n.f.* **1** 非人格化；没個性化；無名化, 匿名化. ~ du pouvoir 権力の非人格化.
2『医・精神医学』離人症, 人格喪失；現実感喪失 (=déréalisation), 空虚感 (=sentiment de vide).

dépeuplé(e) *a.p.* **1** 住民のいなくなった；人口が減少した, 過疎の. quartier ~ 人口減少地区 (街区). région ~e 過疎地域. village ~ 過疎の村；廃村.
2 棲息動物が減少した.

dépeuplement *n.m.* **1** 人口減少；過疎化. **2** (野獣・森林の樹木等の) 減少.

DEPFM (=*d*emandes *d*'emplois à temps *p*artiel en *f*in de *m*ois) *n.f.pl.* 月末パートタイム求職数.

déphosphoration *n.f.*『冶』脱燐 (燐の除去) 反応.
déphosphorylation *n.f.*『生化』脱ホスホリル化. réaction de ~ 脱ホスホリル化反応.
dépigeonnage *n.m.* 鳩の駆除.
dépigmentant(e) *a.*『薬』脱色作用のある, 脱色性の.
——*n.m.*『薬』脱色剤, 脱色素薬.
dépigmentation *n.f.*『生理・医』脱色, 脱色素, 色素脱失.
dépilation *n.f.* 除毛；脱毛.
dépilatoire *a.* 脱毛 (除毛) 用の. crème ~ 脱毛クリーム.
——*n.m.* 脱毛剤.
dépiquage *n.m.*『農』(移植のための) 苗の抜き取り.
dépistage *n.m.* **1** 追跡；『医』検診. ~ d'un criminel 犯人の探索. ~ de la tuberculose 結核の検診. ~ de masse 集団検診. ~ obligatoire de l'infection par le virus du Sida エイズ・ウイルス感染の強制検診. ~ systématique du SIDA エイズの強制検診.
2 追跡, 足取り調査.

dépit *n.m.* **1** 悔しさ；恨み；悔恨；いら立ち. ~ amoureux 痴話喧嘩. ~ douloureux 断腸の思い. par ~ 悔しまぎれに. avoir (éprouver) du ~ 悔しがる；むしゃくしゃする. manifester du ~ いら立ちを露わにする. pleurer de ~ 悔し泣きする.
2 en ~ de …にもかかわらず. Il a agi en ~ de mes conseils. 彼は私の忠告を無視して行動した. en ~ du bon sens 良識を無視して；めちゃくちゃに, でたらめに. Cette affaire est dirigée en ~ du bon sens. この事業は無茶苦茶に取りしきられた. en ~ qu'il en ait (dise) 彼が何と思おう (言おう) と, 否応なしに.

déplacement *n.m.* **1** 移動；移転. ~ d'air 空気の移動 (流れ) (=courant d'air)；排空容積. ~ d'un meuble 家具の移動.
2 (人の) 移動；旅行；出張；通勤. être en ~ professionnel 出張中である. frais (indemnités) de ~ 出張手当. moyen de ~ 交通手段. Cela vaut le ~. わざわざ出向いて行く値打ちがある.
3 人事異動；配置換え, 転任, 転勤；移住. ~ d'un fonctionnaire 公務員の配置換え (転任).
4『医』(器官・骨などの) 変位. ~ d'une organe 器官の変位. ~ d'une vertèbre 脊椎のずれ.
5『船』排水量 (= ~ d'un navire). bâtiment de 20 000 tonnes de ~ 排水量 2 万トンの船.
6『化』置換；『物理』変位, 偏移.『化』~ d'un équilibre 平衡置換. ~ chimique ケミカルシフト. ~ électrique (magnétique) 電気 (磁気) 変位.
7『数』変換；移動. ~ rigide 合同変換. ~

parallèle 平行移動.
8〖精神分析〗(心的エネルギーの) 置換. libre ~ 自由置換.
9〖法律〗(権利・所有権などの) 剝奪, 喪失. sûreté sans ~ 権利の移転・制約を伴わない担保.
10〖比喩的〗転向. ~ à droite de l'électorat 選挙権行使の右翼的転向.

déplafonnement *n.m.* 〖財政〗上限撤廃；上限引上げ. ~ des cotisations de la Sécurité sociale 社会保障制度分担金の上限撤廃 (引上げ). ~ des crédits 貸付け金の上限撤廃 (引上げ).

déplafonner (<plafond) *v.t.* 〖財政・社会保障〗上限を撤廃する (引上げる). ~ les cotisations de la Sécurité sociale 社会保障の分担金算定の所得上限額を引上げる.

déplétion *n.f.* **1** 減少, 涸渇, 消耗.〖生〗 ~ de stocks ストックの減少.
2〖医〗体液減少 (涸渇)；放血, 失血；失血による衰弱. ~ plasmatique 血漿欠乏〔症〕. ~ potassique 血中カリウム欠乏〔症〕.
3〖生態〗消耗.
4〖石油〗(石油資源の) 減耗, 涸渇.
5〖天文〗負のマスコン (天体上の局所的重力減少).

dépliant *n.m.* **1** 折畳みパンフレット (観光案内など). ~ commercial 広告パンフレット. ~ d'une agence de voyages 旅行代理店のパンフレット.
2 折畳み付図 (地図). ~s chronologiques d'un livre d'histoire 歴史書に挿入されている折畳み年表.

déploiement *n.m.* **1** 拡げること；拡げた状態. ~ d'un parachute 落下傘の展開.〖船〗~ des voiles 帆を張ること.
2〖軍〗展開, 散開. manœuvre de ~ des troupes 部隊の展開作戦.
3 発揮；誇示. ~ de courage (d'énergie) 勇猛心 (エネルギー) の発揮. ~ de richesse 富の誇示.

dépoitraillé(e) *a.* 〔話〕乳房 (胸) を露出させた, 胸も露わな. jeune fille ~e 胸をはだけた娘.

dépolitisation *n.f.* 非政治化, 政治色の払拭. ~ des syndicats 組合の非政治化.

dépolluant(e) *a.* 汚染除去 (防止) の, 環境浄化の.
——*n.m.* 汚染除去 (防止) 剤；環境浄化剤.

dépolluer *v.t.* 汚染を低減 (防止, 除去) する. ~ de petits plans d'eau saturés d'hydrocarbures 炭化水素で満ちあふれた水面の汚染を除去する. ~ une plage 砂浜の汚染を除去する.

dépollueur(se) *a.* 汚染防止 (除去) 用の. navire ~ 汚染対策船, 汚染処理船.
——*n.* 汚染除去作業員, 汚染除去者. les pollueurs et les ~s 汚染者と汚染除去者.
——*n.m.* 汚染除去装置.

dépollution *n.f.* 環境汚染物質の処理, 公害浄化. ~ des eaux 水の汚染処理. centres collectifs de ~ (産業廃棄物などの) 環境汚染物質集積処理場.

dépopulation *n.f.* **1** 人口減少. **2** 過疎化 (=dépeuplement). ~ des campagnes 農村の過疎化.

déport[1] *n.m.* (report の対)〖株式〗逆日歩, 品借り料, 信用取引の更新；(売株の) 繰延べ料 (report「繰上げ料」の対)；〖為替〗先物ディスカウント, 直物高先物安〔現象〕.

déport[2] *n.m.* 〖法律〗**1** (裁判官の) 辞退, 回避 (= ~ d'un juge). **2** (仲裁人の) 辞退, 回避 (= ~ d'un arbitre).

déport[3] *n.m.* **1** (レーダーからの) 情報伝達；(TV 放送番組のケーブル TV などによる) 転送伝達.
2〖機械〗転位；(歯車の) 転位量.
3〖比喩的〗転位, 移動.

déportation *n.f.* **1** (政治犯の) 流刑, 国外追放. La ~ a été remplacée en 1960 par la détention criminelle. 流刑は 1960 年禁鋼に変わった.
2 強制収容所送り, 強制移住. camp de ~ (特にナチの) 強制収容所. ~ des Juifs ユダヤ人の強制収容所送り.

déporté(e) *a* **1** 流刑に処された. **2** 強制収容所 (=camp de concentration) に送られた.
——*n.* **1** 流刑囚. **2** 強制収容所の拘留者. camp de ~s 強制収容所.

déposant(e) *a.* **1** 預金する；委託する. **2**〖法律〗証言 (供述) する.
——*n.* **1** 預金者, 委託者. **2** 証人, 供述者.

déposé(e) *a.p.* **1** 寄託された, 預託された. bagages ~s à la consigne 手荷物一時預り所に預けられた手荷物. de l'argent ~ à la banque 銀行預金. testament ~ chez le notaire 公証人に預託された遺言書.
2 証言された；供述した. plainte ~ en justice 告訴.
3 (公的機関に書面・資料などが) 提出された；登録された. bilan ~ 破産申立で提出する貸借対照表. marque ~e 登録商標. plainte ~e 提出された訴状, 告訴. projet de loi ~ 提出された法案.

dépositaire *n.* **1** 預り人, 受託者；〔比喩的〕継承者；受任者. ~ de l'autorité publique 公権執行者；国家公務員. ~ de la puissance publique 公権執行者. ~ d'une tradition 伝統継承者. public ~ 公共財産 (供託物) 管理者.
2〖商業〗受託販売者. ~ exclusif d'une marque 商標付製品の独占販売者 (特約店).

déposition *n.f.* **1**〖法律〗証言, 供述. faire sa ~ 証言 (供述) する. signer sa ~ 証言 (供述) に署名する.
2 情報提供；陳述.
3〔稀〕(王などの) 廃位 (=déstitution)；(司教などの) 罷免. ~ d'un évêque 司教の罷免.
4〖美術〗D~ de croix キリスト降架画

(像).
dépositoire *n.m.* 遺体安置所.
dépossession *n.f.* **1** (de の) 剝奪. ~ de la liberté 自由の剝奪. ~ d'un privilège 特権の剝奪.
2 〘法律〙所有権の剝奪, 占有剝奪, 没収. ~ d'un bien immeuble 不動産の没収. ~ de soi (soi-même) 自我の喪失. sûreté sans ~ 占有移転を伴わない担保.
dépôt *n.m.* Ⅰ **1** 預金. ~ à terme 定期性預金. ~ à vue 一覧払い預金. banque de ~s 預金銀行 (金融機関の一つで, 事業銀行 banque d'affaires, 中長期信用機関 banque de crédit à long et moyen terme などと区別されるが, 1966 年に行われた法改正の結果, 従来あった多くの制約が預金銀行になった；さらに, 1985 年の銀行制度の大幅な改革を経て, 2007 年現在 banque commerciale 商業銀行, banque mutualiste 相互銀行のほか, société financière 金融会社, institution financière spécialisée 専門金融機関, entreprise d'investissement 投資企業の 5 種類に分けられる). certificat de ~ 〔négociable〕(CD) 譲渡可能預金証書. compte de ~ 預金勘定 (口座), 寄託口座.
2 供託物, 供託金, 保証金. Caisse des ~s et consignations 預金供託金庫 (1816 年創設の特殊金融機関で郵貯, 普通貯金金庫および社会保障金庫の資金を管理して, 国庫ならびに地方公共団体に貸付けている).
3 沈殿物. 〘医〙 ~ calcaire dans l'organisme 器官へのカルシウム沈澱. ~ des vins 葡萄酒のおり.
Ⅱ **1** 置くこと, 預けること, 捧げること.
2 登録；届出；供託, 寄託. ~ de candidature 立候補の届出. ~ de bilan 破産申し立て. ~ d'un projet de loi sur le bureau de l'assemblée 国民議会への法案の提出. ~ judiciaire 裁判上の寄託. ~ légal (著作物などの) 法定寄託義務；納本.
3 留置, 拘留. mandat de ~ 拘留状.
Ⅲ **1** 保管場所, 倉庫. ~ d'archives 古文書保管所. ~ de marchandises 商品倉庫. ~ public 公共寄託所. **2** 車庫, 機関区. **3** 留置所, 収容所.
dépôt-vente (*pl.* **~s-~s**) *n.m.* 委託品販売店.
dépouillement (<dépouiller) *n.m.* **1** (財産などの) 剝奪；零落；無一文. état de ~ 貧窮状態. vivre dans le ~ 赤貧に甘んずる.
2 一切の装飾を取り去った状態, 簡潔さ. style d'un ~ 簡潔な文体 (様式).
3 精査；明細書. ~ d'un texte テクストの精密な検討.
4 検討. ~ des votes 開票作業. ~ du scrutin 開票.
dépoussiérage *n.m.* 除塵, 集塵；(スキャナー, デジタル一眼カメラの撮像素子などの) ゴミ除去. ~ des fumées d'usine 工場排煙の除塵. ~ électrique 電気集塵. fonction de ~ ゴミ除去機能.
dépoussiérant *n.m.* 除塵剤, 集塵剤.
dépoussiéreur *n.m.* 除塵器, 除塵機, 除塵装置；除塵機, 集塵装置. ~ électrique 電気集塵機.
——*a.* 除塵する, 除塵機能のある. appareil ~ 集塵機.
dépréciation *n.f.* **1** 価値の下落 (低下), 減価；減価償却. ~ du dollar ドル下落 (平価切り下げ) dévaluation とは区別すること). ~ des immeubles 不動産の価値低下. ~ de la monnaie 通貨 (貨幣) 価値の下落. provisions pour ~ 減価償却引当金.
2 軽視；過小評価.
déprédateur (**trice**) *n.* **1** 掠奪者, 強奪者. **2** 横領 (着服) 者. ~ des deniers publics 公金横領者.
——*a.* **1** 掠奪する；(財物を) 破壊する. insecte ~ 破壊をもたらす昆虫. **2** 公金を横領する. ministre ~ 公金横領大臣.
déprédation *n.f.* **1** (器物損壊を伴う) 強奪, 掠奪. ~s commises par des armées d'invasion 侵略軍による掠奪.
2 横領, 着服. ~ des biens d'Etat 国有財産の横領. ~ des finances publiques 公金横領 (着服).
3 環境破壊, 自然破壊. ~ de la nature 自然の環境破壊.
dépresseur *n.m.* 〘薬〙抑制剤 (stimulant「機能亢進剤」の対). ~ de système nerveux central 中枢神経抑制剤. ~ de tension intracrânienne 脳圧降下剤.
dépressif (**ve**) *a.* **1** (地盤などを) 沈下させる, 沈下性の；〔比喩的〕下がる. fièvre ~ve 下降傾向の体温.
2 気力 (体力) を弱らせる, 意気銷沈させる.
3 〘医〙抑鬱性の, 鬱の；鬱病性の. états ~s cycliques 周期性鬱状態. névrose ~ve 抑鬱性神経症, 神経性鬱病 (= dépression névrotique). pseudodémence ~ve 鬱病性仮性痴呆. psychopathe ~(ve) 抑鬱性精神病質者. réaction ~ve 抑鬱反応. tempérament ~ 抑鬱性体質.
4 〘経済〙不景気の, 景気後退の. effets ~s 景気後退効果.
dépression *n.f.* **1** 〘地学〙沈下；沈下地盤；陥凹地, 低地；海凹, 舟状海盆. ~ du sol 地盤沈下.
2 〘気象〙 (気圧の) 下降；低気圧；〘電〙 (電圧の) 下降. ~ atlantique 大西洋低気圧. ~ atmosphérique (barométrique) 気圧の下降；低気圧. 〘電〙 ~ cathodique 陰極電圧降下. ~ chaude 温暖低気圧. ~ cyclonique 低気圧. ~ froide 寒冷低気圧. ~ météorologique 低気圧.
3 〘医〙鬱病 (= ~ mentale)；意気銷沈. ~ de l'involution 退行期鬱病. ~ existentielle 実存鬱病. ~ masquée 仮面鬱病 (= ~ ca-

dépressionnaire

chée). ~ nerveuse 鬱病. ~ névrotique 神経性鬱病. ~ psychogénique 心因性鬱病. ~ réactionnelle 反応性鬱病. ~ sénile 老人性鬱病.
4〖経済〗景気後退 (= récession)；経済危機 (= crise économique), 不景気, 不況. les ~s des années 30 1930 年代の不況.

dépressionnaire *a.*〖気象〗低気圧〔性〕の. couloir ~ 気圧の谷. zone ~ 低気圧帯.

dépressurisation *n.f.* (航空機・宇宙船等の) 内部与圧低下.

De profundis [deprɔfɔ̃dis]〔ラ〕*n.m.* デ・プロフォンディス,「深き淵より」(『詩篇』第130番の冒頭句), 死者への祈り, 哀悼歌.

déprotéinisation *n.f.*〖医〗除蛋白法.

dépuratif(ve) *a.* **1**〖医〗(血液・体液を) 浄化する, 老廃物 (不純物, 毒物) を除去する. plantes ~ves (血液・体液の) 浄化薬用植物「bourrache「るりじしゃ」, cresson「クレソン」, douce-amère「ひよどりじょうご」, femeterre「えんごさく」, marrube「にがはっか」, salspareille「サルサパリル」など〗.〖薬〗remède ~ 浄化剤.
2〖比喩的〗心を洗うような. lecture ~ve 心を洗われる読書.
——*n.m.*〖薬〗浄化剤 (diaphorétique「発汗剤」, diurétique「利尿剤」, purgatif「下剤」, sudorifique「発汗剤」など). prendre un ~ 浄化剤を服用する.

dépuration *n.f.* (血液・体液などの) 浄化〔作用〕.

députation *n.f.* **1** 国民議会議員 (député) の職 (地位)；議員団. candidat à la ~ 国民議会議員への立候補. se présenter à la ~ 国民議会議員に立候補する.
2 公的使節 (大使・特使など)；使節団, 代表団 (= délégation, mission).

député(e) *n.*〖女性にも男性形を用いることあり〗**1** 代議士, 下院議員, 国民議会議員. à l'assemblée parlementaire européenne 欧州議会議員. Chambre des ~s 下院 (復古王政および第3共和政時代の衆議院の正式名称)；第4共和政以降は国民議会 Assemblée nationale の別名として用いられる.)

◆ 第5共和政における国民議会議員は5年の任期をもって直接普通選挙で選ばれる. 定員は 2006 年現在 577 名. 選挙権は満18歳以上の男女に認められ, 被選挙権は満23歳以上の男女に認められている.

2 公的使節 (大使・特使など).

déqualification *n.f.* **1** (職業上の) 資格喪失；無資格. ~ des travailleurs 労働者の資格喪失.
2 (職業人の) 質的低下.
3 (職業人の) 資格以下の雇用；地位低下. ~ des femmes 女性の地位低下.

DER (= *d*ispositif *é*ducatif *r*enforcé) *n.m.*

〖教育〗強化教育体制 (施設).

déraillement *n.m.* **1**〖鉄道〗脱線. **2**〖比喩〗脱線, 逸脱, 乱調.

dérangé(e) *a.p.* **1** 乱れた, 乱雑な. chevelure ~e 乱れ髪. papiers ~s 散乱した紙.
2 調子の狂った；(健康状態が) 変調した. estomac ~ 具合の悪い胃. avoir l'esprit ~ 頭がおかしい；〖話〗腹具合は悪い, 下痢している.〖話〗Le temps est ~. 天気が不順である.
3 (人が) 身持ちの悪い；素行不良の. conduite ~e 素行不良.

dérangement (< deranger) *n.m.* **1** 散らかすこと；乱雑, 不整頓；乱脈.
2 邪魔をすること；邪魔；迷惑. causer du ~ à *qn* 人の邪魔になる.
3 座を立つこと.
4 (身体, 機械などの) 乱調, 不調；故障. ~ d'une machine 機械の不調. machine en ~ 調子の悪い機械.〖医〗~ de l'intestin 下痢.
5 精神錯乱 (= ~ d'esprit)；〖古〗素行不良, 不行跡 (= ~ de la conduite).

dérapage *n.m.* **1** (車などの) 横滑り, スリップ. ~ d'un véhicule sur une route mouillée 濡れた路面での車のスリップ.
2〖スキー〗デラパージュ (横滑り). ~ du christiania arrêt クリスチャニアの停止デラパージュ. ~ en biais 斜めデラパージュ.
3〖航空〗横滑り旋回；(航空機の) 横滑り角.
4〖海〗錨の浮動, 走錨；投錨.
5〖比喩的〗(予期しない制御不能の) 急変動. ~ des prix 物価の暴騰.

dératisation *n.f.* 鼠の駆除.

derby [derbi] *n.m.* **1**〖競馬〗(< D~, 英国のダービーシャー州の州都名) D~ ダービー〔競馬〕. D~ français デルビ・フランセ, フランス・ダービー《パリ北郊シャンティィ Chantilly 競馬場で行われるジョッキー・クラブ賞 prix du Jockey Club のレース》.
2〖スポーツ〗(同一市町村または近隣の二町村の代表チームによる) 対抗試合.
3 ダービー靴《かかとの低いスポーツシューズ》.

dérèglement *n.m.* **1** (機械の) 乱調；(精神の) 錯乱；(体調の) 変調. ~ d'un mécanisme 装置の乱調. ~ de l'esprit 精神錯乱. ~ de l'estomac 胃の変調. ~ du jugement 判断力の欠如. ~ du pouls 脈の不整. ~ du temps 天候異変 (不順).
2 乱脈；(風紀の) 紊乱；〖*pl.* で〗不品行, 身持ちの悪さ. ~ des mœurs 風紀紊乱. ~s de la jeunesse 若者の不品行. vivre dans le ~ 放埓な暮しをする.

déréglementation *n.f.*〖経済〗規制緩和 (= dérégulation)；規制撤廃；自由化. processus de ~ 規制緩和措置.

dérégulation *n.f.*〖経済〗規制緩和 (撤廃), 統制解除；自由化 (= libéralisation). ~ des prix agricoles 農産物価格の規制緩

和. ~ des monopoles 独占企業体の規制緩和.

déréistique *a.* 〖心〗非現実性の；自閉的な.

déremboursement *n.m.* 〖社会保障〗還付停止, (特定の医薬品代に関する) 償還 (払戻し) の停止；還付金の減額.

déresponsabilisation *n.f.* 責任免除, 免責.

DERF (=*D*irection de l'*e*space *r*ural et de la *f*orêt) *n.f.* (農林水産省の) 農村空間・森林局.

dérision *n.f.* **1** 嘲弄, 嘲笑, 愚弄, 嘲罵. gestes de ~ 愚弄的身振り. objet de ~ 嘲笑の的. rire de ~ 嘲笑. par ~ 愚弄して. tourner *qn* (*qch*) en ~ 人 (何) を嘲る. **2** とるに足らぬもの；滑稽なほど僅かなもの. C'est une ~ que de vous offrir un tel cadeau. これはごくつまらぬ贈物です.

dérisoire *a.* **1** 笑うべき, 滑稽な. ton ~ 滑稽な口調. **2** 馬鹿みたいな, 滑稽なほど僅かの. salaire ~ 雀の涙ほどの賃金. à un prix ~ 馬鹿みたいに安い値段で. **3** 〖古〗嘲弄的な.

dérivatif(**ve**) *a.* **1** 〖医〗誘導性の. activités ~*ves* 誘導性活動, 派生行動. **2** 〖言語〗派生語を導く. préfixe (suffixe) ~ 派生接頭辞 (接尾辞). verbe ~ 派生動詞. ── *n.m.* **1** 〖医〗誘導体, 誘導薬. 〖薬〗~*s* de pyrazolone ピラゾロン誘導体 《鎮痛・解熱剤》. **2** 気晴らし. Le travail est un ~ au chagrin et aux soucis. 仕事は傷心と不安の気晴らしになる.

dérivation *n.f.* **1** 流れの方向変更, 分水, 導水；放水路；〖工〗分流装置, バイパス；〖海・空〗偏流, 漂流 (潮流・風によって流されること) (=dérive). canal de ~ 分水路. en ~ 分流した. **2** 〖射撃〗(気流または旋転による弾丸の) 偏流, ドリフト. correction de ~ 偏流の補正. **3** 〖道路交通〗迂回させること；迂回路 (=déviation), バイパス. emprunter une ~ pour éviter un bouchon 渋滞を避けるため迂回路 (バイパス) を通る. **4** 〖工〗分流, 分路, 分岐, 並列, シャント, 偏移. ~ de la fréquence 周波数偏移. circuits en ~ 並列回路. monter une ligne en ~ 並列に結ぐ. **5** 〖言語〗派生. ~ propre 本来の派生. ~ impropre 偽派生. ~ regressive 逆成. **6** 〖心〗派生現象. **7** 〖医〗誘導, 導出. ~ urinaire 尿路変更術. **8** 〖数〗微分. **9** 〖電算〗派生, 導出.

dérive *n.f.* **1** 〖海・空〗偏流 (潮流・風によ り真針路から外れること)；漂流. ~ sur bâbord (sur tribord) 左 (右) 舷への偏流. angle de ~ 偏流角. navire en ~ 漂流してい る船舶. pêche à la ~ 流し釣. 〖地学〗théorie de la ~ des continents 大陸漂移説. être (aller) à la ~ (船などが) 漂流する；〖比喩的〗成行きにまかせる；行き当りばったりである. entreprise qui va à la ~ 成行きまかせの企業. **2** 〖物理・電〗偏移, ドリフト. ~ de fréquence 周波数偏移. **3** 〖海〗(ヨットの) 可動竜骨, センターボード, ドロッピングキール；〖空〗垂直安定板；方向舵. ~ centrale (ヨットの) センターボード. appareil à double (triple) ~ 2枚 (3枚) 方向舵の航空機. **4** 〖砲術〗(砲弾の偏流に対する) 照準調整, 偏流修正.

dérivé(**e**)¹ *a.p.* **1** 流れの方向を変えられた；迂回させられた；分路を作った. canal ~ 迂回水路. **2** 第二義的な；派生的な. 〖法律〗droit ~ 派生権. 〖言語〗mot ~ 派生語. produits ~*s* 派生製品 (商品). **3** 〖化〗誘導された. corps (produit) ~ 誘導体. **4** 〖電〗分流された. circuit ~ 分路, 並列回路. correcteur ~ 高域フィルターによる制御装置. courant ~ 分路電流. **5** 〖数〗ensemble ~ 導集合. fonction ~*e* 導関数. **6** 〖舞〗position ~*e* ポジション・デリヴェ (片脚を軸にした脚のポジション) **7** 〖経済〗金融派生商品の, デリバティブの. marché ~；marché des produits ~*s* 金融派生商品 (デリバティブ) 市場. **8** 〖化〗誘導された. 〖生化〗protéine ~*e* 誘導蛋白質.

dérivé² *n.m.* **1** 〖言語〗派生語 (=mot ~). **2** 副産物 (=produit ~)；〖化〗誘導体. **3** 〖数〗~ d'un ensemble 導集合. **4** 〖金融〗金融派生商品, デリヴァティヴ (=〔英〕derivative) (商品, 通貨, 株式, 債券などを先物やオプション, スワップなどと組み合せた商品). marché des ~*s* 金融派生商品市場.

dérivée² *n.f.* 〖数〗導関数. ~ partielle 偏導関数.

dermabrasion *n.f.* 〖医〗皮膚病変部剥離術 (あざやにきびの跡の削離術).

dermatite *n.f.* 〖医〗皮膚炎 (=dermite). ~ atopique アトピー性皮膚炎. ~ au papillon venimeux 毒蛾皮膚炎. ~ de contact 接触〔性〕皮膚炎. ~ de photo-contact 光接触皮膚炎. ~ des nageurs 水泳皮膚炎, 海岸症, 水田皮膚炎. ~ des primevères 桜草皮膚炎. ~ exfoliatrice 剝離性皮膚炎, 紅皮症 (=érythrodermie). ~ herpériforme ヘルペス様皮膚炎. ~ professionnelle 職業性皮膚炎. ~ solaire 日光皮膚炎, 日焼け.

dermatofibrome *n.m.* 〖医〗皮膚繊維腫.

dermatoglyphes *n.m.pl.* 〖生・医〗皮

膚紋理, 皮膚紋.

dermatologie n.f. 〚医〛皮膚科学.
dermatologue n. 皮膚科医 (=dermatologiste).
dermatomycose n.f. 〚医〛皮膚真菌症.
***dermato*myosite** n.f. 〚医〛皮膚筋炎 (略記 DM；リウマチ症状の一).
dermatose n.f. 〚医〛皮膚疾患.
dermato-vénérologie n.f. 皮膚科・性病科医学.
derme n.m. 〚解剖・医〛真皮.
dermique a. 真皮の. greffe ~ 真皮移植〔術〕.
dermite n.f. 〚医〛皮膚炎 (=dermatite). ~ aux produits cosmétiques 化粧品皮膚炎. ~ bulleuse 水疱性皮膚炎. ~ de stase 鬱血皮膚炎. ~ des prés 牧草皮膚炎. ~ du siège 腰掛皮膚炎, 臀部紅斑 (=érythème fessier). ~ des jambes 下肢黄土色皮膚炎, 紅色斑性皮膚血管炎 (=angiodermite purpurique et pigmentée). ~ orthoergique (化学薬品との接触による) 人工的皮膚炎 (=~ artificielle). ~ séborrhéique 脂漏性皮膚炎, 脂漏性湿疹 (=eczéma séborrhéique).
dermocorticostéroïde n.m. 〚生化・薬〛デルモコルチコステロイド (副腎皮質ホルモンの一種；消炎作用あり).
dermocosmétique a. 皮膚の手入れ用の. crème (lait) ~ 皮膚化粧用クリーム (乳液).
——n.m. 皮膚用化粧品.
dermographisme n.m. 〚医〛皮膚描記症 (=dermographie) (皮膚をひっかくだけでみみずばれになる症状).
dermopharmacie n.f. 〚薬〛皮膚治療薬；皮膚治療用化粧品.
dermoprotec*teur* (***trice***) a. 〚医〛皮膚を保護する.
——n.m. 〚薬〛皮膚保護剤.
dermotrope a. 〚医〛(病原菌などが) 皮膚向性の, 粘膜向性の (皮膚・粘膜に好んでつく). microbe ~ 皮膚向性病原菌.
dernier (**ère**)[1] a. **1** 〔原則として名詞の前〕最後の；最終の (premier の対). ~ ères années〔de la vie〕de qn 人の晩年. ~ ère chance 最後のチャンス. ~ coureur (nageur)〔リレー競技の〕アンカーの走者 (泳者). 〚株式〛~ cours 終り値, 引け値. ~ édition 最終版. ~ effort 最後の努力. ~ étage 最上階. la ~ ère maison avant la sortie du village 村の出口の最後の家. la ~ ère minute 最後の瞬間. les ~s moments de qn 人の臨終. ~ train 終列車.〚キリスト教〛le ~ Jugement ~ 最後の審判 (例外的に後に置く). en ~ ère 要するに. en ~ lieu 最後に, 終りに. pour la ~ fois 最後に. à la ~ ère にある. lire un livre jusqu'à la ~ ère page 本を最後まで読む. mettre la ~ ère main à qch に最後の仕上げをする. rendre les ~ s devoirs à qn 人の葬儀に列席する. rendre le ~ soupir 息を引き取る.
2〔多く名詞の後〕直前の；この前の (prochain の対). l'an ~ 去年. le mois ~ 先月. la nuit ~ ère 昨夜. samedi ~ この前の土曜日〔に〕. à la ~ ère guerre この前の戦争で.
3〔多く名詞の前〕最新の, 最近の. ces ~ s temps (jours)；les temps (les jours) ~ s 最近, 近頃. le ~ cri 最新型〔商品〕. robe〔du〕~ cri 最新流行のドレス. la ~ ère mode 最新流行, トップモード. s'habiller à la ~ ère mode 最新流行の衣服を身にまとう. nouvelles de la ~ ère heure 最新ニュース, ホットニュース.
4〔名詞の前〕最高の, 極度の. le ~ supplice 極刑. question de la ~ ère importance 極めて重要な問題. au ~ degré (point) 最高度に, 極度に. être du ~ bien avec qn 人と極く親しい. protester avec la ~ ère énergie 必死に抗弁する.
5〔名詞の前〕最低の, 最劣等の. le ~ prix ぎりぎり最低の値段. article de ~ choix (de ~ ordre, de ~ ère qualité) 最下等品.
——n. **1** 最後の物(者). le ~ d'une famille 家族の末子. le petit ~ 末のちびっ子. en ~ 最後に, おしまいに. Cela vient en ~. それは最後にやって来た. arriver le ~ (la ~ ère) 最後に到着する. être le ~ (la ~ ère) à + inf. (関係代名詞 + subj.) …する最後の者である；および…しない人である. Il a été le ~ à prendre la parole. 彼が最後に発言した. Elle est la ~ ère qui puisse faire cela. 彼女はとてもそんなことができるひとではない. C'est le ~ de la file. 行列の最後尾の人だ.
2 最下等(最下位)の物(人). le ~ des ~ s 屑の屑. le ~ des hommes 人間の屑. le ~ des imbéciles 極めつきの馬鹿者. être le ~ (la ~ ère) de la classe クラスでびりである. C'est le ~ de mes soucis. そんなことは一向に気にしていない.
3 ce ~ (cette ~ ère) 後者 (最後に言及されたもの(人)). Oui, répondit ce ~.「そう」と今しがた話題にしていた男が答えた. Tu ne connais pas la ~ ère? さっき起きたことを知らないの？
dernière[2] n.f. (新聞の) 最終版 (=édition ~)；最新ニュース (= ~ nouvelle). Le Monde, ~「ル・モンド」紙の最終版.
dernier-né (f. **dernière-née**) (pl. **~s-~s**) n. **1** 末子. **2** 最近生まれたもの；新製品. les ~s-~s des appareils numériques ディジタルカメラの新製品.
dérogation n.f. 〚法律〛法に対する特例, 例外的な扱い, 適用除外, 免除；違反, 背馳 (はいち). ~ administrative 行政上の適用除

外. ~ judiciaire 判決による適用除外. ~ législative 特別法, 特則.

dérogatoire a.〘法律〙(一般的規範と異なる)適用除外を定めた, (原則に)違反する. clause ~ 適用除外条項.

déroulage n.m. 1〘製材〙(丸太の)むき皮作業. 2 (巻いたものを)ほどくこと.

déroulement (<dérouler) n.m. 1 巻いたものをひろげること(がひろがること), ほどけること；展開；ときほぐし. ~ d'une bande magnétique 磁気テープの走行. ~ d'un câble (巻かれた)ケーブルのときほぐし. ~ d'un parchemin 羊皮紙の展開. ~ des vagues sur la plage 浜辺に次々打ち寄せる波浪.
2〘比喩的〙展開, 経過, 進行. ~ de l'action dans une pièce de théâtre 戯曲における筋の展開. ~ d'un match 試合の経過. ~ de sa pensée 考えの筋道.

déroute n.f. 1 敗走, 潰走；完敗；逃避. ~ des capitaux 資本逃避. ~ électorale 選挙戦での完敗. ~ générale 総崩れ. mettre en ~ 潰走させる；〘比喩的〙狼狽させる. mettre une armée en ~ 敵軍を潰走させる.
2〘比喩的〙混乱, 破綻, 失敗, 危機的状況. ~ des idées 考えの混乱. affaires en ~ 破綻に瀕した事業.

déroutement, déroutage n.m.
1〘交通〙行先変更；経路変更. ~ criminel 乗っ取り(ハイジャック)による行先変更 (=détournement). ~ d'avion sur Marseille 航空機のマルセイユへの経路(行先)変更.
2〘国際法〙(戦時下で軍艦の艦長が商船に対して行なう)航路変更命令.
3〘電算〙ソフトの誤作動.

derrick [dɛrik] 〔英〕n.m. 1 デリック；起重機. 2 (石油井の)鑿井(さくせい)やぐら, ボーリングやぐら (=tour de forage).

derrière prép. 1 の後ろに(へ, を). ~ la maison 家の後ろ(裏)に(へ, を). avoir qn ~ soi 人に後押しされている. avoir le lourd passé ~ soi 重い過去をひきずっている. avoir les mains ~ le dos 手を後ろにまわしている. cacher qch ~ soi 何を後ろに隠す. se cacher ~ un rocher 岩陰に身を隠す(隠れる). être ~qn 人にバックアップされている. fuir sans regarder ~ soi 一目散に逃げる. laisser qn loin ~ 〔soi〕人を遙かに凌ぐ. marcher l'un ~ l'autre 縦一列になって歩く.
de ~ …の後ろから, sortir de ~ la haie 生垣の後から出てくる. par ~ ¹ …の後ろから；の裏を通って. passer par ~ la masion 家の後ろを通る.
2〘比喩的〙の背後に, の陰に. pensées de ~ la tête 下心, 底意. avoir une idée ~ la tête 下心がある, 腹に一物がある. deviner de la haine ~ son cordialité 好意の裏に憎悪を見抜く.
——ad. 後ろに. 〔le〕devant ~ 前後に, 逆

に. mettre un vêtement sens devant ~ 衣服を後前に着る. vêtement qui se boutonne ~ 背中でボタンをとめる衣服. marcher ~ 後ろから歩いていく. monter ~ 後ろの座席に乗る. par〔-〕~ 背後から；背後で. attaquer qn par〔-〕~ 人を背後から襲う. dire du mal de qn par〔-〕~ 陰で人の悪口を言う, 人の陰口をきく. entrer dans une maison par〔-〕~ 裏から家に入る.
——n.m. 1 後部, 後方；背面；裏, 裏側. ~ d'une maison 家の裏側. pattes de ~ 後脚. porte de ~ 裏口；逃げ口. roues de ~ 後輪. train de ~ 列車の後部. être logé sur le ~ de l'immeuble 集合住宅の裏側の部屋に住んでいる.
2〔pl. で〕〘軍〙後方部隊, 殿(しんがり) (= ~s d'une armée). protéger ses ~s 後方部隊を守る.
3 尻, 臀部 (=cul). poche de ~ 尻ポケット. avoir un gro ~ 大きな尻をしている. avoir le feu au ~ (尻に火がついている→)浮き足立っている；あわてる, 急ぐ；逃げ出す. botter le ~ de qn 人の尻を蹴とばす；尻を蹴って追い出す. 〘俗〙montrer son ~ 後ろを見せる, 逃げる；(尻が見えるほどの)みすぼらしい身なりをしている. tomber sur le ~ 尻餅をつく.

DES¹ (=diéthylstilboestrol) n.m. 〘薬〙ジエチルスチルベストロール ($C_{18}H_{20}O_2$；卵胞ホルモン作用をもつ合成物質；市販薬剤名 Stilbestrol).

DES² (=diplôme d'études supérieures) n.m. 〘教育〙高等教育修了証, 高等教育免状.

DESA¹ (=diplômé de l'Ecole spéciale d'architecture) n. 〘教育〙特別建築学校修了者.

DESA² (=diplôme d'études supérieures approfondies) n.m. 〘教育〙専門高等研究課程修了証(高等教育第3課程の専門教育機関で取得). ~ en gestion du personnel 人事管理専門高等教育免状.

désaccord n.m. 1 不一致；不和, 仲違い；食い違い, 矛盾. ~ entre les idées 意見の不一致. ~ entre deux partis 2党間の意見の食い違い. ~ entre les paroles et les actes 言行の不一致.
léger (grave) ~ 軽度の(重大な)不和. en ~ 不和の；不一致の. famille en ~ 不和の家庭. être en ~ avec qn sur qch 何に関する人の意見が分かれている. Les membres du jury sont en ~. 審査員たちの意見は分かれている.
2〘音楽〙不協和；調律(調弦)の狂い. piano en ~ 調律の狂ったピアノ.
3 (色などの)不調和；不一致.

désaccoutumance (<désaccoutumer) n.m. 〘医〙(タバコ, 薬物などの)嗜癖からの脱却, 常習停止. ~ des stupéfiants 麻薬の常習停止. ~ du (au) tabac 禁煙.

désacidifiant(e) a. 酸性化防止作用の

ある.
— *n.m.* 酸性化防止剤(重炭酸ソーダ, 炭酸塩など).

désactivé(*e*) *a.p.* **1**〖生〗機能停止の. synapse ~*e* 機能停止シナプス. **2**〖物理〗放射能を除去した. lieu ~ 放射能を除去した場所. **3**〖化〗不活性化した.

désactiver *v.t.* **1** 放射能を除去する. **2**〖化〗不活性化する. **3** 作動をなくする；(コンピュータ・ソフトの)機能を停止させる. ~ la fonction 機能を停止する.

désaffectation *n.f.*〖行政〗公用廃止(affectation「公用開始」の対). ~ d'une gare (d'un immeuble domanial) 駅(国有ビル)の公用廃止.

désaffection *n.f.* 愛想づかし；愛着を失うこと. ~ des Parisiens pour la capitale パリっ子たちの首都に対する愛想づかし. ~ du peuple pour un régime 政体に対する国民の愛想づかし.

désagréable *a.* 不愉快な, 不快な, いやな；感じの悪い. ~ à entendre 耳障りな. ~ à voir (à l'œil) 目障りな, 見るも不愉快な. événement ~ 不快な出来事. goût ~ いやな味. personne ~ 感じの悪い人. visage ~ いやな顔. Il est ~ de+*inf.* (que+*subj.*) …するのは(なのは)不愉快だ. Il est très ~. 彼は大変不愉快な奴だ.

désagrégation *n.f.* **1** (岩石の)風化. ~ d'une pierre tendre もろい石の風化. **2** (社会, 組織, 家などの)崩壊, 解体. ~ d'une association の崩壊. ~ d'une force armée 武装勢力の解体. **3**〖精神医学〗分裂. ~ de la personnalité 人格の崩壊. ~ mentale 精神分裂障害, 精神分裂病 (=schizophrénie).

désagrément *n.m.* 不愉快, 不快；迷惑, 厄介；不安. causer du ~ à *qn* 人を不快にさせる. s'attirer des ~*s* 不愉快な目に遭う. Quel ~! 何て面倒な!

désamiantage *n.m.* アスベスト除去〔作業〕.

désamination *n.f.*〖化〗脱アミノ〔化〕反応. ~ oxydative 酸化的脱アミノ化.

désappointé(*e*) *a.p.* 期待が外れた, 失望した；落胆した, がっかりした. mine ~*e* がっかりした表情.

désappointement *n.m.* 期待外れ；失望；落胆 (=déception). cacher son ~ 失望を隠す.

désapproba*teur*(*trice*) *a.* 不賛成を示す；非難めいた. air ~ 不賛成の様子. silence ~ 不同意を示す沈黙. faire un signe ~ 不賛成の意を表す.
— *n.* 不賛成者；反対者.

désapprobation *n.f.* 不賛成, 不承認；非難. jugement de ~ 非難(不承認, 非難)の判断. entraîner la ~ 非難をまねく.

désargenté(*e*) *a.* **1** 銀メッキがはがれた. **2**〖俗〗金欠の；資金難に陥った. banque d'affaires ~*e* 経営難の事業銀行.

désarmement *n.m.* **1**〖国際〗武装解除, 非武装化. ~ d'une forteresse 城砦の非武装化. **2** 軍備縮小. conférence sur le ~ 軍縮会議. ~ nucléaire 核軍縮(=dénucléarisation). ~ progressif 段階的軍縮. ~ universel 全世界的軍縮, 包括的軍縮. **3**〖海〗(艦船の)艤装解除, 退役係留. **4**〖フェンシング〗coup de ~ 相手の剣を払い落とす一撃.

désarroi *n.m.* 精神的混乱(動揺), 狼狽. être en plein (grand) ~ 混乱(動揺)の極に達する；周章狼狽する.

désarticulation *n.f.*〖医〗関節離断術. ~ de la hanche 股関節離断術.

désarticulé(*e*) *a.p.* **1** 脱臼した, 関節が外れた. épaule ~ 脱臼した肩. **2** 関節から切断した. poulet ~ 関節を外して解体した肥育鶏. **3**〖機械〗分解した. pièces d'un mécanisme ~*es* 機械のばらばらの部品. **4** 自由自在に曲がる. pantin ~ 自由自在に曲がる操り人形. **5**〔比喩的〕支離滅裂な, ばらばらになった. phrase ~*e* 支離滅裂な文章.

désassortiment *n.m.* **1** 不揃い, 半端. ~ des chaussures 靴の不揃い. **2** 品薄；品切れ. ~ de marchandise 商品の品薄(品切れ).

désastre *n.m.* **1** 災害, 災厄；天災；災難, 惨事；災禍. ~ naturel 自然災害, 天災. ~ irréparable 修復不能の大災害. ~ qui frappe une famille 一家を襲った災難(災禍). **2**〖軍〗大敗. **3** 大失敗；破局. ~ boursier de Wall Street en octobre 1929 1929年10月のウォール・ストリートの株価の大暴落. ~ financier 金融破綻. **4**〔話〕ひどい事態；大失敗. Ce film, quel ~! この映画はひどい失敗作だ.

désavantage *n.m.* **1** 不利, 不利益；劣勢. ~ du nombre 数の上での劣勢. se montrer à son ~ 不利な印象を与える. tourner au ~ de *qn* 人の不利になる. **2** 不利な条件, 不都合, 支障；ハンディキャップ. Cette situation présente quelques ~*s*. この状況には若干の不都合がある.

désavantageux(*se*) *a.* 不利な, 劣勢になる；損になる. affaire ~*se* 損になる取引. condition ~*se* 不利な条件. position ~*se* 劣勢な立場.

désaveu (*pl.*~*x*) *n.m.* **1** (自分のものであることの)否認. ~ d'un ouvrage 自作と認めないこと.〖法律〗~ de parenté 嫡出否認. **2** (前言, 約束などの)撤回, 取消し；〖法律〗

自白(aveu)の撤回. faire un ~ public de sa doctrine 自説の公式撤回.
3 越権の宣言. Il a subi le ~ de ses supérieurs. 上役たちから越権宣言を受ける.

DESC (=*d*iplôme d'*é*tudes *s*pécialisées *c*omplémentaires) *n.m.*〖教育〗補足的専門学習修了証. ~ en gynécologie médicale 婦人科医学補足的専門学習修了証(3年間のインターン後2年間で取得する).

descendance *n.f.* **1**〖集合的〗子孫, 後裔, 末裔;〖法律〗卑属. avoir une nombreuse ~ 大勢の子孫がいる.
2 家系, 血統. Ils sont de la même ~. 彼等は同じ家系の人間である.

descendant(e) *a.* **1** 下がる, 下方に向かう. chemin ~ 下り坂.〖解剖〗côlon ~ 下行結腸. marée ~*e* 引き潮. mouvement ~ 下降運動.
2〖比喩的〗下降の;下車の.〖音楽〗gamme ~*e* 下降音階.〖軍〗garde ~*e* 下番衛兵(当直から下りる衛兵;garde montante 当直に就く「上番衛兵」の対). progression ~*e* 減少数列.〖鉄道〗trafics montant et ~ 乗降客数.〖情報処理〗voie ~*e* à haut débit 高速度高容量のダウンロード回路.
3〖法律〗ligne ~*e* 卑属系.
——*n.* 子孫, 後裔;〖法律〗直系卑属親.

descendeur[1] (*se*) *n.* **1**〖スキー〗滑降競技選手. **2**〖自転車競技〗山下りが得意な選手.

descendeur[2] *n.m.*〖登山〗デサンドゥール〖懸垂降下機器〗.

descente (<descendre) *n.f.* Ⅰ〖下りること〗 **1** 下降, 降下. ~ à la cave 地下室に下りること. ~ aux enfers 地獄下り. ~ dans la rue 街頭デモ. ~ d'une montagne 下山. ~ en ascenseur エレヴェーターで下りること. ~ en parachute パラシュート降下. ~ en piqué d'un avion 飛行機の急降下.〖登山〗~ *s* en rappel 懸垂下降. ~ en ski スキーによる滑降.
2〖乗物からの〗下車. à la ~ de …から降りた時に, 降り際に.
3 投宿. ~ à l'hôtel ホテルでの宿泊.
4〖スキー〗滑降〖競技〗(= ~ à (en) ski);〖自転車競技〗下り坂降下滑走. ~ en ligne droite 直滑降(=〖独〗Schuss). piste de ~ 滑降コース.
5 下り坂(=pente). ralentir dans les ~*s* 下り坂で減速する.
6〖河川の〗流下;〖水位の〗下降. ~ d'un fleuve 河川の流下. ~ de la mer 干潮.
7〖医〗下垂〖症〗(=ptose);ヘルニア(=hernie);〖話〗内臓脱出(=prolapsus);腸下垂, 脱腸(=entéroptose). ~ de l'estomac 胃下垂(=gastroptose). ~ de l'utérus 子宮下垂(=métroptose). ~ d'organe 器官下垂〖症〗.
8〖比喩的〗突入, 侵入, 闖入;〖警察の〗手入れ, 臨検;〖軍〗急襲, 襲撃, 侵攻;〖スポーツ〗攻撃, 攻め込み.〖スポーツ〗~ dans le camp adverse 敵陣への攻め込み. ~ de police 警察の手入れ.〖法律〗~ sur les lieux (~ de justice)〖裁判官による〗現場検証(=visite sur les lieux).〖軍〗~ sur une côte 海岸への上陸侵攻, 上陸作戦.
Ⅱ〖下ろすこと〗 **1**〖荷物を〗下ろすこと, 荷下ろし;積荷おろし. ~ des marchandises dans la cale 船倉への貨物の荷下ろし.
2〖キリスト教〗~ de croix キリスト降架;〖美術〗キリスト降架図〖像〗.
3〖軍〗~ en flammes〖航空機の〗炎上墜落;〖敵機の〗撃墜;〖比喩的〗〖人を〗こっぴどくやっつけること.
Ⅲ〖下って行くもの〗 **1** 下り坂, 下り斜面, 下り勾配. ~ rapide (douce) 急坂(ゆるやかな坂). au bas de la ~ 坂の下で. freiner dans les ~*s* 坂道でブレーキを踏む.
2〖海〗ハッチ, 艙口;〖鉱〗斜坑;〖建築〗排水管, 竪樋;階段の手すり;〖電〗〖アンテナの〗引込線(= ~ d'antenne). ~ d'eaux pluviales 雨水用竪樋. tuyau de ~ 排水管, 竪樋.〖俗〗avoir une bonne ~〖de gosier〗がぶ飲みする.
3 ~ de lit〖ベットサイドの〗小マット, ベッドマット;〖蔑〗おべっかつかい.

descriptif (ve) *a.* **1** 描写的な;叙述的な;叙景的な. peintre ~ 叙景〖風景〗画家. musique ~*ve* 描写音楽. style ~ 叙述体.
2 記述的な, 記載的な. biologie ~*ve* 記載生物学. géométrie ~*ve* 図形〖画法〗幾何学. grammaire ~ 記述文法. label ~ 品質表示ラベル. linguistique ~*ve* 記述言語学. statistique ~*ve* 記述統計学.〖社〗terme ~ 〖親族の〗記述的名称(oncle を frère du père (de la mère)と表記することなど).
3 観察に基づく. anatomie ~*ve* 生態観察〖記述〗解剖学.
——*n.m.* 記述図, 明細図.

description (<décrire) *n.f.* **1** 叙述, 記述;描写. ~ anatomique 解剖学的描写. ~ d'un paysage 叙景. ~ d'une personne 人物描写. ~ écrite (orale) 記述〖口述〗. ~ exacte (détaillée) 正確な〖詳細な〗描写. ~ scientifique 科学的記述. donner (faire) une ~ de qch 何を記述する〖描写する〗.
2〖文学作品の〗叙述〖描写〗部分;叙景, 描写;artificielle わざとらしい叙述. ~ banale (colorée, monotone, pittoresque, vivante) 陳腐な(生彩に富んだ, 単調な, 絵のような, 活き活きとした)描写部分. ~ détaillée (exacte, fidèle, précise, sommaire) 詳細な(正確な, 忠実な, 厳密な, 大まかな)描写〖記述〗. ~ d'un sentiment 感情描写. alternance de ~*s* et de narrations 描写部分と語りの部分の交互構成.
3〖分類学の〗記載.
4 説明〖書〗. ~ d'un produit et de son utilisation 製品とその取扱い説明〖書〗.
5〖法律〗(差押財産や競売財産などの)明細

目録〔の作成〕. ~ d'un mobilier 動産の明細目録.
6〚言語〛記述. ~ structurale (文 の) 構造的記述.

DESE (= *d*iplôme d'*é*tudes supérieures *é*conomiques) *n.m.* 〚教育〛経済学高等研究免状.

désectorisation *n.f.* 部門化 (地域の分散) の廃止；分散的活動の統合. ~ des universités parisiennes 地域的に分散しているパリ地区の大学の統合.

désémulsifiant(e) *a.* 〚化〛乳化を阻止する；乳化物を分離する.
——*n.m.* 〚化〛乳化防止剤；乳化物分離剤.

désendettement *n.m.* **1** 〚経 済〛負債返済；負債返済金. ~ de l'Etat 国の債務返済. un ~ de plusieurs millions d'euro 数 100 万ユーロの負債返済額.
2 〚法律〛債務名義者の変更. ~ de fait 実体的債務名義者の変更.

désengagement *n.m.* **1** (契約, 約束などの) 解消；解約. ~ d'une obligation 債務の解消.
2 解除, 解放, 離脱；(軍隊の) 引揚げ；遊離. ~ de capitaux 資本の引揚げ. ~ d'une alliance 同盟からの離脱.

désensibilisation *n.f.* **1** 〚写真〛減感. ~ d'une émulsion 乳剤の減感〔処理〕.
2 〚医〛脱 (減, 除) 感作；減 (脱) 感作療法. ~ des allergiques アレルギー患者の脱感作〔療法〕. ~ systématique 系統的脱感作療法.
3 〚比喩〛感受性の減退.

déséquilibre *n.m.* **1** 不均衡；アンバランス. ~ commercial 貿易の不均衡. ~ de la balance des paiements 国際収支の不均衡.
2 〚医〛精神不均衡 (= ~ psychique). ~ alimentaire 栄養均衡障害.

déséquilibré(e) *a.p.* **1** 均衡を欠いた, アンバランスな. style ~ 均衡を欠いた様式 (文体).
2 〚精神医学〛精神的均衡を欠いた；性格異常の；〚話〛頭のおかしい.
——*n.* 〚精神医学〛精神不均衡者, 精神病質者, 性格異常者；〚話〛頭のおかしい人.

désert *n.m.* **1** 砂漠, 不毛地帯. ~ chaud 熱帯性砂漠 (年間降水量 200 ミリ未満の地域の砂漠). ~ froid 寒帯性不毛地帯 (北極や南極の極地地帯の不毛地帯). ~ du Sahara サハラ砂漠.
2 (砂漠のような) 不毛の地, 荒野. prêcher dans le ~ (荒野で説教する→) 誰も聞いていない説教をする.
3 〚古〛(砂漠のような) 人気(ひとけ)のない淋しい場所；僻地.
4 〚比喩〛孤独な状況, 不毛状態, 虚無. 《Le D ~ de l'amour》『愛の砂漠』(François Mauriac の小説；1925 年).

désert(e) *a.* **1** 無人の. ile ~*e* 無人島. maison ~*e* 空家.
2 人気(ひとけ)のない, 淋しい；さびれた. quartier ~ 寂しい街区. rue ~*e* 人気(ひとけ)のない通り.
3 不毛の, 荒れ果てた, 植生の少ない. paysage ~ 荒涼たる風景.

déserteur *n.m.* **1** 〚軍〛脱走兵(者). fusiller un ~ 脱走兵を銃殺する.
2 〚比喩的〛脱党者；脱会者；職場放棄者；変節者, 信仰放棄者.

désertification *n.f.* **1** 〚地学〛砂漠化. convention sur la ~ 砂漠化防止協定. région à risque de ~ très élevée 砂漠化危険地域. **2** (地域の) 過疎化, 無人化. ~ d'une région 地方の過疎化.

désertion *n.f.* 〚軍〛脱走；逃亡. ~ à l'ennemi 投降. ~ à l'étranger 国外逃亡. ~ devant l'ennemi 敵前逃亡. ~ en temps de guerre 戦時脱走.
2 脱会, 脱党；職場放棄；変節, 信仰放棄.
3 放棄. ~ (地域の) 過疎化. ~ des campagnes par les populations 住民の離村 (離農).

désertique *a.* **1** 砂漠の；砂漠性の. climat ~ 砂漠性気候.
2 〚比喩的〛砂漠のような, 人気(ひとけ)のない. région ~ 砂漠のように荒涼たる地方.

désertisation *n.f.* 砂漠化 (= désertification).

désespérant(e) *a.* **1** 人の望みを絶つ, 意気沮喪させる. nouvelle ~*e* 絶望的なニュース. spectacle ~ 意気沮喪させる光景.
2 絶望的にさせる, 好転の望みのない, がっかりさせる, 手のつけようがない；いやになるような；うんざりさせる. chance ~*e* 絶望的な機会. enfant ~ 手に負えない子供. lenteur ~*e* うんざりさせられるのろさ. situation ~*e* 絶望的状況. Il est ~ que + *subj.* …であるとはがっかりだ. Il fait un temps ~. いやになる天気だ.
3 太刀打ちできない, 到底かなわない；手の届かない. perfection ~*e* 太刀打ちできない完璧さ. prix ~ 手の届かぬ高値.

désespéré(e) *a.* **1** 絶望した, 希望を失った. amour ~ 望みのない恋. être ~ de qch …に絶望した.
2 申し訳なく思っている, 残念に思っている. Je suis ~ de vous avoir fait attendre si longtemps. こんなに長くお待たせしてしまい申訳ありません.
3 絶望をあらわす. regard ~ 絶望的な眼差し.
4 〚広義〛必死の. tentative ~*e* 必死の試み.
5 希望のない. situation ~*e* 絶望的状況.
——*n.* **1** 絶望した人. **2** (絶望の果ての) 自殺者.

désespoir *n.m.* **1** 絶望；落胆；悲嘆；〚*pl.* で〛絶望状態. coup de ~ 絶望的打撃, 絶望のショック. cris de ~ 絶望的叫び声. être en proie au ~ 絶望に苛まれる. lutter

contre le ~ 絶望と闘う. réduire qn au ~ 人を絶望に突き落とす. s'abandonner au ~ 絶望に身を任せる. s'arracher les cheveux de ~ 絶望のあまり髪の毛を掻きむしる. se plonger (sombrer) dans le ~ 絶望の淵に身を投げる.
de (par)~ 絶望して. se suicider par ~ d'amour 失恋して絶望のあまり自殺する. en ~ de cause 窮余の一策として；仕方なしに.
2 絶望 (落胆, 悲嘆) の種. être au ~ de+inf. …を申訳なく思っている. Je suis au ~ de ne pas pouvoir vous aider. あなたをお助けできなくて申訳なく存じます. faire (être) le ~ de qn 人の悲嘆の種となる. faire le ~ de ses parents 親の悲嘆の種である. **3** 力の及ばぬこと, 太刀打ちできぬこと. le ~ de qn 人の力の及ばぬこと. **4**〖植〗 ~ des peintres ひかげのゆきのした (=saxifrage ombreuse).

désétatisation n.f.〖経済〗非国営化 (=dénationalisation)；国家管理の縮小 (緩和).

déseuropéanisation n.f. 非ヨーロッパ化.

déshabilloir n.m. **1** 更衣室, 脱衣所. **2** 試着室.

désherbage [dezɛrbaʒ] n.m. 除草. ~ chimique 化学製剤を用いた除草.

désherbant(e) a. 除草〔用〕の, 除草作用のある；雑草を除去する.
——n.m. 除草剤 (=herbicide).

déshérence n.f.〖法律〗相続人の不存在. succession [qui tombe] en ~ 相続人皆無の場合の相続.

déshérité(e) a. **1** 相続権を喪失した (奪われた).
2 利益 (財産) を奪われた.
3〖比喩的〗自然の恵みのない.
——n. 恵まれない人. aider des ~s 恵まれない人を助ける.

déshonneur n.m. **1** 不名誉；恥辱；辱しめ. survivre au ~ 生き恥をさらす. vivre dans le ~ 恥辱の中に生きる. Il n'y a pas de ~ à+inf. …することは不名誉なことではない.
2 不名誉な行為, 恥ずべきこと. obtenir réparation d'un ~ 恥ずべき行為について の謝罪をかちとる.

déshonorant(e) a. 不名誉な, 名誉をけがす, 恥となる. conduite ~e 恥ずべき行動. n'avoir rien de ~ 不名誉な点は何もない；何でもできる.

déshonoré(e) a.p. **1** 名誉をけがされた, 恥をした. jeune fille ~e 辱められた娘. mari ~ 寝取られた夫 (=cocu). se croire ~ de faire qch …することを恥と思う.
2〖比喩的〗台無しになった；堕落した. arbre ~ (下手な剪定で) 美観を損なった樹木.

bon sens ~ 台無しになった良識. édifice ~ 痛んだ建物.

déshumanisation n.f. 非人間化；人間性の喪失 (剝奪).

déshumidificateur n.m. 除湿機 (humidificateur「加湿機」の対).

déshydratation n.f. **1** 脱水, (食品の) 脱水乾燥. **2**〖医〗脱水〔状態, 症状〕, 脱水症.

déshydraté(e) a. 脱水した. légumes ~s 乾燥野菜.

déshydrogénase n.f.〖化・生化〗脱水素酵素, デヒドロゲナーゼ.

déshydrogénation n.f.〖化・生化〗脱水素〔反応〕.

DESI (=diplôme d'études supérieures d'instituteur) n.m.〖教育〗小学校教員のための高等教育修了証書.

désignation n.f. **1** 指名, 任命；選任 (=nomination). ~ d'un délégué 代表の任命. ~ d'un expert 鑑定人の選任. ~ du successeur 後継者の指名.
2 指示, 特定, 標示, 指定. ~ d'une date (d'un lieu) 日時 (場所) の指定.
3 標識, 名称, 名称. ~ de la main 手による合図.〖言語〗sémantique de la ~ 命名の意味論.

désillusion n.f. **1** 幻滅. amertume de ses ~s 幻滅の苦々しさ. grave ~ 深刻な幻滅. eprouver une ~ 幻滅を味わう. Quelle ~！がっかりだ！
2 幻滅の対象, がっかりさせられたもの, 失敗作. Quelle ~, ce film! この映画には全くがっかりだ！

désimpliqué(e) a. **1** 巻き添えになっていない, 巻き込まれていない；連坐していない. femme ~e par rapport aux produits de beauté 美容製品にのめりこんでいない女性.
2 含まれていない, 想定されていない.

désincarcération n.f.〖交通〗閉じ込め解除 (事故車両に閉じ込められた人の救出).

désindexation n.f. 指数に合わせないこと, 指数に応じてスライドさせないこと；(特に) 物価非スライド制. ~ des salaires par rapport à l'inflation 賃金のインフレ非スライド制.

désindustrialisation n.f.〖経済〗非工業化, 脱工業化.

désinfectant(e) a. 消毒作用のある. produit ~ 消毒剤.
——n.m. 消毒薬. ~ légal 法定消毒薬 (石炭酸水, クレゾール水, 昇汞水, 生石灰, クロル石灰水など).

désinfecteur a.m. 消毒用の.
——n.m. 消毒器具 (=appareil ~).

désinfection n.f. 消毒《病原性微生物を殺し, その伝染性を失わせること》(=stérilisation). ~ à l'eau bouillante 煮沸消

毒. ~ d'une salle d'hôpital 病室の消毒.

désinflation n.f. 〖経済〗ディスインフレーション《インフレ率の抑制》. mener une politique de ~ インフレ抑制政策を遂行する.

désinformation n.f. 故意に誤った情報を流す）情報操作，情報隠蔽，情報の歪曲. Selon certains, la guerre du Golfe a été l'occasion pour les gouvernements occidentaux de pratiquer sur une grande échelle la politique de ~. 一部の見方によれば，湾岸戦争は西欧諸国政府にとって情報操作を大々的に実践する場であった.

désinhibant(e) a. 脱抑制作用のある，脱阻害性の. drogue à effet ~ 脱抑制効果麻薬.

désinhiber v.t. 〖生理・心・化・医〗抑制を解く. ~ le comportement sexuel 性的行動の抑制を解く.

désinhibition n.f. 〖生理・心〗脱抑制；〖化〗脱阻害.

désinsectisation n.f. 害虫駆除，除虫.

désinsertion n.f. 1 〖医〗(筋，肉，腱，膜などの）つけ根の引き剥し.
2 社会的地位の喪失.

désinstalleur n.m. 〖電算〗不要ソフトの除去ソフト.

désintégrant(e) (<désintégrer) a. 1 分解（崩壊，風化）させる；分解（崩壊，風化）力のある. substance ~e 分解性物質.
2 壊滅させる；分裂させる.

désintégration n.f. 1 分解，粉砕，破砕. 〖医〗~ par ultrason 超音波破砕法.
2 〖物理〗(放射性元素の）壊変（崩壊）. ~ α アルファ壊変（崩壊）(原子核が α 粒子を放出して別の核種に変る現象). ~ à noyau atomique 核壊変（崩壊）(原子核が α 線, β 線を放出して別の原子核になる現象). ~ bêta β (ベータ）壊変（崩壊）.
3 〖地学〗風化.
4 〖比喩的〗(国家等の）壊滅. ~ de la société 社会の壊滅.

désintégré(e) a.p. 分解した，風化した；〖比喩的〗崩壊した. corps radioactif ~ 崩壊した放射性物質. classe sociale ~e 崩壊した社会階級.

désintéréssé(e) a.p. 1 私利私欲のない，無欲な，恬淡とした；利害を離れた. action (attitude) ~e 無私の行動（態度). recherches ~es de science pure 基礎科学の利害を離れた研究.
2 公正な，不偏不党の. jugement ~ 公正な裁き.
3 〖古〗無関心な. être ~ du monde 世の中に無関心である.

désintéressement n.m. 1 無私，無欲，公平無私；恬淡（てんたん）と. parfait ~ 完璧な無私無欲. agir avec ~ 私利私欲抜きで行動する. faire preuve de ~ 私利私欲のなさの証しを示す.

2 弁済，弁償. ~ des créanciers 債権者への弁済.
3 興味の喪失，無関心. vivre dans le ~ de toutes choses 万事に無関心で暮す.

désintérêt n.m. 無関心な；〖文〗不感無覚. 〖精神医学〗~ pour l'environnement 周囲の出来事に対する無関心〔症〕.

désintoxication n.f. 1 〖医〗解毒；中毒症の治療 (= cure de ~)；〖法律〗(薬物中毒者などに対し司法機関が言い渡す）中毒治療措置.
2 〖話〗(体内の）毒素の除去；(特に）疲労の回復.
3 〖比喩的〗(知的・精神的）病毒の除去. ~ de l'opinion publique 世論の健全化.

désintoxiquant(e) a. 解毒作用のある，解毒性の. produit ~ 解毒剤.

désinvestissement n.m. 1 〖経済〗資本の撤収；投資の削減.
2 〖軍〗包囲解除. ~ d'une place forte 要塞の攻囲解除.
3 〖精神分析〗備給の撤収.

désinvestiture n.f. (公務員の）解職；解任；免職.

désinvolte a. 1 無造作な，ぞんざいな，無遠慮な，厚かましい. langage ~ 無遠慮な言葉遣い. réponse ~ ぞんざいな返答. être ~ avec qn 人に対して遠慮がない.
2 屈託のない；軽快な. allure ~ 屈託のない態度. marche ~ 軽快な足取り.

désir n.m. 1 欲望，欲求；願望；要求；〖精神分析〗欲望. ~ brûlant 激しい欲望. ~ de l'argent (des honneurs) 金銭（名誉）欲. ~ de posséder (de réussir) 所有（成功）欲. ~ de savoir 知識欲. ~ de vivre 生きようとする意欲. ~ insatiable (insatisfait) 飽くなき（満たされない）欲求. ~ naturel 自然な欲求.
allumer (apaiser, satisfaire) un ~ 欲望をかきたてる（鎮める，かなえる). avoir le ferme ~ 断乎たる願望を抱く. brûler du ~ de+inf. …しようと熱望する. prendre ses ~s pour la réalité 幻想を抱く. Le repos est mon seul ~. 休息が私の唯一の願いだ.
2 情欲，肉欲 (= ~ charnel, ~ sexuel). ~s amoureux 愛欲. éprouver du ~ pour qn 人に欲情する. absence de ~ 無性欲，性欲減退（喪失) (= anaphrodisie).
3 欲望の対象. Quel est votre ~? あなたのお望みのものは何ですか.

désirable a. 1 望ましい. situation ~ 望ましい状況.
La santé est de tous les biens le plus ~. 健康は何よりも望ましい財産である.
2 好まれている. Vous n'êtes pas ~ ici. あなたはここで好かれてはいない.
3 情欲をそそる. femme ~ 情欲をそそられる女性.

désireux(se) a. 1 ~ de+inf. (que+

désistement *n.m.* **1** 立候補の取下げ (= ~ de candidature). ~ entre les deux tours de scrutin 第1回投票と第2回投票の間になされる立候補の取下げ. ~ en faveur du parti socialiste 社会党候補者を有利にするための立候補の取下げ.
2 身を引くこと；権利の放棄，取下げ. ~ d'action 訴権の取下げ，告訴の撤回. ~ de plainte 告訴の取下げ. ~ d'instance 訴訟手続の取下げ.

désister(se) *v.pr.* **1** 〖法律〗(de ~) 放棄する，取り下げる. se ~ d'une action en justice 訴権を放棄すること，告訴を取り下げる.
2 〖政治〗立候補を取り下げる (= ~ d'une candidature). se ~ en faveur d'un candidat mieux placé より有力な候補者のために立候補を取り下げる.
3 〖古・文〗(前言・約束などを) 反古にする，取消す. se ~ d'un engagement (d'une promesse) 約束を反古にする.

désobéissance *n.f.* **1** 不従順；反抗；命令違反. active (passive) 積極的 (消極的)不服従 (反抗).
2 御し難さ，反抗的態度.

désobstruction *n.f.* **1** 邪魔物を取り除くこと，障害物除去. ~ d'un canal 運河の障害物除去.
2 (不通道路の) 開通；(管の) 詰りの除去；〖医〗閉塞除去〔術〕. ~ de l'artère rénale 腎動脈の閉塞除去〔術〕.

désocialisation *n.f.* 社会化の阻害，社会への非順化，社会関係の軽減・断絶；村八分. ~ des ghettos ゲットーの孤立化.

désodorisant(e) *a.* 脱臭の；防臭の. bombe ~ e 脱(防)臭スプレー.
―*n.m.* 脱(防)臭剤. ~ pour la toilette トイレの防臭剤.

désodorisé(e) *a.* 臭いを消した，臭みを取った. huile ~ e. 脱臭油.

désolé(e) *a.p.* **1** (de のために) 悲嘆にくれた. Il est ~ de la mort de sa mère. 彼は母の死を嘆き悲しんでいる. avoir l'air ~ 悲嘆にくれた様子をしている.
2 être ~ de + *qch* (de + *inf.* ; que + *subj.*) …を済まなく(残念に)思う. Je suis ~ de vous déranger. お邪魔して済みません. Je suis ~. 申し訳ありません. D ~, je n'ai pas le temps. 済みません，暇がないのです.
3 荒らされた；荒れ果てた. paysage ~ 荒涼たる風景. ville ~ e 荒廃した都市.

désolidarisation *n.f.* **1** 連帯の解除. ~ d'un parti politique 政党の連帯感の消滅.
2 〖機械〗(機械の) 連携作動解除. ~ du mo-teur de la transmission エンジンとトランスミッションの連動解除.

désorbitation *n.f.* 〖天文・宇宙〗(天体，衛星・宇宙船などの) 軌道離脱.

désordonné(e) *a.* **1** 無秩序な；乱雑な；乱れた；混乱した. combat ~ 乱戦. exposé ~ 支離滅裂な口頭発表. fuite ~ 潰走. mouvements ~ s 不規則な運動.
2 だらしのない. agir d'une manière ~ e だらしなく行動する.
3 〖文〗無軌道な，放埒な；奔放な；身持ちの悪い，自堕落な. imagination ~ e 奔放な想像力. vie ~ e 自堕落な生活.
4 法外な，途方もない. dépenses ~ es 法外な出費.

désordre *n.m.* **1** 無秩序，乱雑；乱れ. en ~ 乱れた；乱雑な. cheveux en ~ 乱れ髪. maison en ~ 乱雑な家の中.
2 混乱，支離滅裂. ~ des idées 頭の混乱.
3 乱脈. ~ des finances 経理の乱脈.
4 混乱状態，無秩序状態. Un grand ~ règne dans l'assemblée. 会議は大混乱に陥っている.
5 〖多く *pl.*〗〖医・心〗機能障害，不調. ~ hormonal ホルモン障害. ~ s intestinaux 腸の不調.
6 〖文〗放蕩. vivre dans le ~ 自堕落に暮す.
7 〖*pl.* で〗動乱，暴動. de grands ~ s dans le pays 国内の動乱.

désorganisation *n.f.* **1** 解体；崩壊；混乱. ~ d'une armée 軍隊の解体. être en ~ 崩壊状態にある.
2 (人体組織・器官などの) 破壊.

désoufration *n.f.* 〖化・工〗脱硫.
désoxydant(e) *a.* 〖治〗脱酸する.
―*n.m.* 脱酸素剤，脱酸剤.
désoxydation *n.f.* 〖化〗脱酸素，脱酸.
désoxygénation *n.f.* 〖化〗脱酸素化.
désoxyhémoglobine *n.f.* 〖生理〗デオキシヘモグロビン.
désoxyribonucléase *n.f.* 〖生〗デオキシリボヌクレアーゼ (ADN 分解酵素).
désoxyribonucléique *a.* 〖生化〗 acide ~ デオキシリボ核酸 (ADN ; = [英] DNA : *d*eoxyribo*n*ucleic *a*cid ; 細胞核染色体の基礎物質で遺伝情報をもつ).
désoxyribose *n.m.* 〖生化〗デオキシリボース (DNA などの構成分糖).
désoxyribotide *n.m.* 〖生化〗デオキシリボヌクレオチド (= désoxyribonucléotide).

déspatialisation *n.f.* 〖都市計画〗(都市の)非空間化《従来の物質的空間概念を捨て，都市を，人・物・金銭・情報の流動する場ととらえる考え方》.

déspécialisation *n.f.* **1** 〖商業〗(商事賃貸借における) 目的外利用. ~ des commerces d'alimentation 食品店の目的外利用. ~ partielle (plénière) 部分的 (完全)目

的外利用.
2 特別扱いの廃止；専門化の廃止. ～ en matière professionnelle 職業の非専門化.

DESPO (=*d*iplômé de l'*E*cole libre des sciences *po*litiques) *n*.〖教育〗政治学自由学院修了免状取得者.

despotique *a*. **1** 専制的な, 独裁的な. état ～ 独裁国家. souverain ～ 専制君主.
2 横暴な, 威圧的な；〔文〕絶対的な. amour ～ 絶対的な愛. attitude ～ du gouvernement 政府の横暴な姿勢. ton ～ 威圧的口調.

despotisme *n.m*. **1** (専制君主 despote の)独裁権；独裁制, 独裁体制；専制政治. ～ de Napoléon ナポレオンの独裁政治. éclairé 啓蒙専制君主政治. ～ oriental 東洋的専横政治.
2 横暴, 専横. ～ d'un père de famille 家父の横暴.
3 絶対的な影響力. ～ d'une mode 流行の絶対的影響力.

desquamation *n.f*. **1**〖医〗(表皮の)落屑(らくせつ)〔症状〕. **2**〖地学〗(岩石の)鱗剝(りんぱく)作用.

DESS (=*d*iplôme d'*é*tudes *s*upérieures *s*pécialisées) *n.m*.〖教育〗高等専門研究修了証(高等教育の第3段階で, 1年間で取得).

dessablage, dessablement *n. m*.〖土木〗砂の除去, (廃水の)沈殿物の除去；〖冶〗(鋳物の)砂落し.〖冶〗～ à la grenaille ショットブラスト.〖土木〗bassin de ～ 沈殿池.

dessaisissement *n.m*.〖法律〗**1** (人について)(財産の管理・処分権などの)喪失；自発的放棄. ～ du créancier gagiste 質権者の質権喪失.
2 (裁判所について)裁判管轄権の喪失, 事件関与からの解放, 職務解除. ordonnance de ～ 管轄権喪失命令.
3〔文〕意気消沈(=déprise).

dessaisonalisation *n.f*.〖経済・統計〗季節変動による修正.

dessalage, dessalement (<dessaler) *n.m*. **1** (塩漬けの)塩出し；(海水の)淡水化；(原油の)脱塩,〖農〗(農地の)除塩. ～ de l'eau de mer 海水の淡水化. ～ des terres 土地の除塩. ～ du pétrole brut 原油の脱塩. ～ d'une morue verte 塩鱈の塩出し.
2〖海〗(船の)顛覆；海中に放り出されること.

dessèchement, desséchement *n.m*. **1** (池・沼の)水抜き；(土地の)排水, 干拓；(草木の)立ち枯れ；(皮膚などの)乾燥. ～ d'un étang 池の水抜き. ～ des végétaux provoqué par la gelée 霜による草木の立ち枯れ.
2〔比喩的〕脱水状態；痩せ細ること；憔悴.

3〔比喩的〕精神的枯渇. ～ de l'âme 心がひからびること. ～ de l'imagination 想像力の枯渇.

dessein *n.m*. **1** 計画, 目論見；意図. coupables ～s 犯罪の予謀. grand ～ 大プロジェクト. nourir de grands ～s 大望を抱く. ～s secrets 密かな目論見.
à ～ 故意に. Il l'a fait ～. 彼はわざとそうしたのです. dans le ～ (à ～) de+*inf*. …するつもりで. avoir [le] ～ de+*inf*. …する意図をもつ. avoir [le] ～ d'écrire un roman 小説を書く意図がある. concevoir (former) le ～ de+*inf*. …しようと企てる.
2〖神〗～s de Dieu 神の思召し.
3 確乎たる意図(目的). sans ～ 確乎とした意図なしに, たまたま, 偶然に, Il y a du ～. 熟慮の上でのことだ.

dessert [dεsεr] *n.m*.〖料理〗**1** デザート. prendre du café après le ～ デザートの後でコーヒーを飲む.
2 デザートを食べる時点. boire du champagne au ～ デザートの時にシャンパーニュ酒を飲む.

desserte[1] *n.f*. **1**〔古〕〖カトリック〗(受持ち以外の小教区・礼拝堂の)祭事執行.
2〖交通〗連絡；連絡路. ～ d'un port par voie ferrée 鉄道による港への連絡路. chemin de ～ (工事用の)特設道路.

desserte[2] *n.f*. **1** (下げた食器を置く)食器台. **2**〖広義〗～ de bureau 書斎のサイドテーブル.

dessiccateur *n.m*. 乾燥器(装置)；脱水器(装置).

dessiccatif (ve) *a*. 乾燥させる；〖医〗(傷口の)膿・漿液を吸収する.
——*n.m*. 乾燥剤.

dessiccation *n.f*. 乾燥, 脱水. ～ à froid 凍結乾燥, フリーズドライ. ～ du ciment セメントの乾燥. ～ des fruits 果物の乾燥. ～ du lait 牛乳の脱水乾燥(粉ミルクの製造). ～ des terrains argileux 粘土質土壌の乾燥. ～ sous vide 真空乾燥.

dessin *n.m*. **1** 素描(デッサン)画, 下絵；図. ～ à la plume ペン画. ～ à main levé 自在画. ～[s] animé[s] 動画, アニメーション. ～ humoristique (d'humeur) 漫画. le cabinet des *D*～s du musée du Louvre ルーヴル美術館の素描画展示室.〔比喩的〕〔話〕faire un ～ à *qn* 人に事細かに説明する.
2〖美術〗デッサン, 素描；デッサン力. ～ de Michel-Ange ミケランジェロのデッサン. arts du ～ デッサンの技法. papier à ～ デッサン用紙. apprendre le ～ デッサンを習う.
3 (絵の)〔輪郭〕線. le ～ et la couleur 線と色彩.
4 製図；図面；設計図. ～ assisté par ordinateur コンピュータ援用製図(略記 DAO；=〔英〕CAD；*c*omputer-*a*ided *de*sign). ～ d'architecture 建築設計図. ～ in-

dustriel 工業製品の製図 (設計図). ~ linéaire 線画, 用器図. table (planche) à ~ 製図台 (板).
5 意匠, 模様, 図案；デザイン. ~ de fleurs sur un tapis 絨毯の花柄. ~ graphique グラフィック・デザイン. ~ industriel 工業デザイン. bureau de ~ 製図室.
6 輪郭. ~ d'un visage 顔の輪郭.
7 (芸術作品の) 構想. ~ général d'un ouvrage littéraire (musical) 文学 (音楽) 作品の全体の構想. 【音楽】 ~ mélodique 旋律線.
8 【舞踏】脚で描く線.

dessinateur (trice) n. **1** デッサン画家, 素描家；意匠図案家, デザイナー. ~ de mode モード (ファッション, 服飾) デザイナー. ~ de publicité 広告デザイナー. ~ humoristique 漫画家 (=caricaturiste). ~ illustrateur de livre 書籍挿絵画家.
2 【美術】線描重視画家 (coloriste 「色彩画家」の対).
3 製図士, ドラフトマン；デザイナー. ~-cattographe 地図製図士. ~ en bijouterie 宝飾デザイナー. ~ industriel 工業デザイナー.

dessinateur (trice)-cartographe (pl. ~s-~s) n. 地図製図士.

dessiné(e) a. **1** 描かれた, 描写された. bande ~e 劇画《略記 BD》.
2 形のよい, 形がくっきり描かれた, 緑の美しい. bouche bien ~e 形の良い口.

dessous-de-bouteille n.m.inv. ボトルマット, 壜敷き.

dessous-de-table n.m.inv. 袖の下.

dessus-de-lit n.m.inv. ベッドカヴァー.

DEST (=diplôme d'études supérieures techniques) n.m. 【教育】技術高等教育免状.

déstabilisation n.f. 不安定化.

déstalinisation (<Staline) n.f. 脱スターリン主義, 非スターリン主義化, スターリン主義の否定.

destin n.m. **1** 運命, 宿命, 天運, 命運. le D~ 運命を司る神. arrêts du ~ 運命の定め. ~ cruel 残酷な運命. croyance au ~ 宿命論；諦観.
2 定め, 運命, 運勢. avoir un ~ tragique 非業の死を遂げる；悲惨な生活を送る. prédire le ~ de qn 人の運勢を占う.
3 成り行き, 将来；未来の生活；幸運 (= ~s favorables). ~ d'une civilisation 文明の成り行き. ~ du monde 世界の将来. croire en son ~ 自分の幸運を信じる. se faire un meilleur 自分の運命を切り拓く.

destinataire n. 名宛人, 受取り人 (expéditeur「差出人」の対)；【言語】メッセージの受け手. adresse du ~ 名宛人の住所.
——a. 荷受けの. gare ~ 着駅.

destination n.f. **1** 用途, 使途, 利用目的. 【法律】 ~ commericiale d'un local loué 不動産賃貸借の商業用途.【法律】 ~ d'édifice (d'un immeuble) 建物 (不動産の) 用途. ~ d'une somme d'argent 金額の使途. ~ d'origine (primitive) 当初の利用目的. 【法律】immeuble par ~ 用途による不動産. Cet appareil n'a pas d'autre ~. この機器には他の用途はない.
2 【法律】合意文書の目的.
3 【法律】定着関係. ~ du père de famille (地役権設定方法としての) 家父の用途指定. immeuble par ~ (土地・建物に付属した) 定着物, 用途による不動産.
4 目的地 (=lieu de ~) (provenance「出発地点」の対). arriver (partir) à ~ 目的地に着く (向かう). avion à ~ de Paris パリ行き旅客機. train en partance à ~ de Nice ニース行きの出発列車. voyage à ~ du Japon 日本への旅行.
5 届け先, 送り先, 宛先. classer (répartir) les lettres suivant leur ~ 手紙を宛先により分類する.

destinatoire a. 使途に関する. clause ~ 使途条項.

destinée n.f. **1** 運命 (=destin). ~ cruelle 残酷な運命. ~ d'un royaume 王国の運命. se soumettre à la ~ 運命に従う. C'est la ~. それは運命だ.
2 (個人の) 運命；宿命 (= ~ irrévocable). ~ humaine 人間の運命. astre (étoile) de la ~ 運命の星. heureuse (malheureuse) ~ 幸せな (不幸な) 運命. trame des ~s 運命の糸. s'abandonner (se laisser aller) à sa ~；suivre sa ~ 宿命に身を任す. tenir entre ses mains la ~ de qn 人の運命を握る.
3 生涯；命. ~ tumultueuse 波瀾万丈の生涯. enchaîner sa ~ à qn 人と運命を共にする. finir sa ~ 寿命を終える. unir sa ~ à qn 人と結婚する.

destitution n.f. **1** 【法律】(懲戒あるいは刑罰としての) 解任, 免職, 罷免. ~ d'un fonctionnaire 公務員の免職.
2 【法律】(民事上の制裁としての) 解任 (=exclusion). ~ de la tutelle 後見人の解任.
3 【軍】(軍法上の制裁としての) 軍籍剥奪；【広義】資格剥奪. ~ d'un officier 士官の軍籍剥奪. ~ d'un académicien アカデミー会員の資格剥奪. annoncer à qn sa ~ 人に軍籍剥奪 (解任) を通告する.

déstockage n.m. 【経済】在庫を減らすこと, 在庫品の売却.

destructeur (trice) n. 破壊者.
——a. 破壊する, 破壊的. guerre ~trice 破壊的戦争. idée ~trice 破壊的の危険思想.

déstructif (ve) a. 破壊する；破壊的な. pouvoir ~ d'un explosif 爆発物の破壊力.

destruction n.f. **1** 破壊；破滅, 崩壊, 損壊；破滅的被害. ~ d'une ville par un incendie 火災による都市の壊滅. arme de ~ massive 大量破壊兵器 (略記 ADM=

[英]*weapon of mass destruction* (WMD)：NBC兵器：核兵器, 生物兵器, 化学兵器). engins de ~ 破壊兵器. Le pays a subi de graves ~s lors de bombardements ennemis. 国は敵の空爆によって壊滅的被害を受けた.
2 分解, 解体, 壊滅的変質. ~ des déchets nucléaires 核廃棄物の処理. ~ des tissus organiques 器官組織の壊滅的変質.
3 根絶；〖軍〗殲滅；駆除. ~ d'une armée 軍隊の殲滅. ~ des insectes (rats) 害虫(鼠)の駆除. ~ d'un peuple 民族の根絶.
4 隠滅；破棄. ~ de documents compromettants 人目に触れると困る資料の破棄. ~ de pièces à conviction 証拠の破棄.
5 崩壊. ~ de l'Empire romain ローマ帝国の崩壊.

destructivité *n.f.* 〖医・精神医学〗破壊指向性, 破壊性；破壊能力. ~ à caractère collectif (革命・暴動・戦争などの)集団的破壊性.

déstructuration *n.f.* 無構造化, 構造喪失, 構造破壊. 〖心〗~ de la personnalité 人格の構造喪失, 人格解体.

Desu (=*diplôme d'études supérieures d'université*) *n.m.* 〖教育〗大学上級教育修了資格. ~ de pratiques cliniques 大学上級臨床教育実習修了資格.

désuet(**ète**) *a.* 古びた, 時代遅れの；流行遅れの；すたれた. coutume ~*ète* すたれた慣習.

désuétude *n.f.* すたれること, 廃用. tomber en ~ すたれる. loi tombée en ~ 空文化した法律.

désulfitage *n.m.* 〖農〗(葡萄液moût, 葡萄酒などの)無水亜硫酸除去〔工程〕.

désulfurant *n.m.* 〖化〗脱硫剤.

désulfuration *n.f.* 〖化〗脱硫(硫黄分の除去). ~ des produits pétroliers 石油製品の脱硫.

désulfurisation *n.f.* 〖化〗脱硫(硫黄分除去). ~ des produits pétroliers 石油製品の脱硫.

désunion *n.f.* **1** (結合の)分離, 分解. **2** 〔比喩的〕意見の不一致, 不和. ~ dans une famille 家族内の不和. ~ d'un couple 夫婦仲の決裂, 離婚.

désynchronisation *n.f.* 〖工〗非同期化. ~ du son et de l'image 音と映像の非同期化.

désyndicalisation *n.f.* **1** (組合員の)組合離れ, 組合加入率の低下. **2** 組合〔主義〕への愛想づかし.

détachage[1] *n.m.* 切り離し, 引き離し, 分離. ~ d'un élément de l'ensemble 全体からの構成要素の引き離し.

détachage[2] *n.m.* しみ抜き. ~ d'un vêtement 衣服のしみ抜き.

détaché(**e**) *a.p.* **1** 綱を解かれた；ほどけた. ruban ~ ほどけたリボン.
2 全体から離された. pièces ~*es* 部品. 〖スポーツ〗gagner ~ 競走相手を遠く離して勝つ, ぶっちぎりで勝つ.
3 (de に)無関心な；(から)超然とした. air ~ 無関心な様子. être ~ de tout すべてに超越して(興味を失って)いる. répondre d'un ton ~ 気のない返事をする.
4 (公務員が)一時的に配置換えされた, 在籍出向中の. fonctionnaire ~ 出向公務員.
5 〖音楽〗note ~ スタッカートのついた音符.

détachement *n.m.* **1** (deからの)解脱, 超越；(に対する)無関心. ~ du monde 世間からの超越. ~ de soi 自己からの解脱. parler (répondre) avec ~ 素気なく話す(答える).
2 〖行政〗(公務員の)一時的配置換え, 在籍出向, 出向. être en〔position de〕~ 出向中である. mettre un fonctionnaire en ~ à l'étranger 公務員を海外に出向させる.
3 〖文法〗(文字を)離して書くこと；(言葉を)一つ一つ区切って発音すること.
4 〖軍〗別動隊, 分遣隊. ~ à l'avant 前衛隊. ~ chargé de la surveillance パトロール. ~ d'un coup de main コマンド部隊.

détail *n.m.* **1** 細部, 詳細, ディテール. ~ estimatif 見積明細. entrer dans le ~ 詳細にわたって述べる. expliquer en ~ 細かく説明する. ne pas faire le ~ 細々したことにこだわらない.
2 小売り；小売業. commerce de (en) ~ 小売業. prix de ~ 小売価格, 小売物価. vente au ~ 小売, 店頭売り.
3 〖軍〗officier de〔s〕~〔s〕経理将校.

détaillant(**e**) *n.* 小売商, 小売商人 (=vendeur au détail).
——*a.* 小売りの. marchand ~ 小売商人.

détartrage *n.m.* **1** (ボイラーなどの)湯垢除去. **2** 〖医〗歯石除去 (= ~ des dents).

détaxation *n.f.* 免税；減税.

détaxe *n.f.* **1** 間接税の減額(免除), 減(免)税. marchandises vendues en ~ 減(免)税販売商品.
2 税金の還付. ~ postale 超過郵税の返還.

détecteur[1] (**trice**) *a.* 検知に役立つ, 検出する. dispositif ~ 検知装置. 〔lampe〕 ~*trice* 検波真空管.
——*n.* 発見係；探知者. ~ de talents ヘッドハンター (=chasseur de têtes).

détecteur[2] *n.m.* 検出器, 探知器；検波器. ~ à cristal 鉱石検波器. ~ à semi-conducteur 半導体検出器. ~ de choc 衝撃検出器. ~ de fuite de gaz ガス漏れ検出器. ~ de mensonge 嘘発見器. 〖軍〗~ de mines 地雷探知器. ~ d'incendie 火災報知器. ~ d'ondes 検波器.

détection *n.f.* **1** 検出, 探知, 探査；検波. ~ à distance 遠隔探査〔法〕 (=télédétection). 〖医〗~ de la toxine métallique 金属毒検出〔法〕. ~ des gaz toxiques

毒ガス探知. ~ des mines〔de guerre〕地雷(機雷)の探知. ~ des nappes de pétrole 石油層の探査. ~ électromagnétique par radar レーダーによる電磁探知. ~ linéaire 直線検波. ~ parabolique パラボラ検波. appareil de ~ 検出器；検波器(=détecteur).
2〔電〕復調(=démodulation).

détective〔英〕*n.m.* **1** 捜査官, 刑事. ~s de Scotland Yard スコットランド・ヤードの刑事.
2 私立探偵(=~ privé). agence de ~s privés 私立探偵事務所.
3〔写真〕ボックスカメラ《箱型カメラ》.

détendeur *n.m.* (圧縮ガスの)減圧弁, 逃がし弁；〔冶〕圧力調整器.

détendu(*e*) (<détendre) *a.p.* **1** 緩んだ. ressort ~ 緩んだバネ.
2 (体, 緊張が)緩んだ；(表情が)和らいだ；くつろいだ. atmosphère ~e くつろいだ雰囲気. esprit ~ 緊張の解けた精神. malade ~ 落ち着いた病人. muscle ~ 弛緩した筋肉.

détente *n.f.* **1** (緊張したものの)緩み, 弛緩；伸び. ~ d'un ressort ばねの緩み.
2〔スポーツ〕ばね. sauteur qui a une ~ (de la) ばねのある跳躍選手.
3 (火器の)引金. ~ du fusil 銃の引金. appuyer sur une ~ 引金を引く. être dur à la ~ 引金が堅い；〔話〕金を出ししぶる, 財布の紐がかたい, けちだ；呑み込みが遅い, 反応が鈍い.
4〔機工〕調整歯車, 歯止め；止め金；(時計の)時報装置.
5 膨張. ~ adiabatique 断熱膨張.
6 くつろぎ, 息抜き；休息, 休養. être à la ~ くつろぐ. prendre un moment de ~ くつろぎのひとときを過す.
7 (紛争・係争などの)緊張緩和, デタント. ~ internationale 国際的緊張緩和. politique de ~ 緊張緩和(デタント)政策.

détenteur(*trice*) *n.* 所持(所有, 保有)者, 保持者；〔法律〕一時的所持(占有)者, 容仮占有者；実効的所持(占有)者. ~ du pouvoir majoritaire. ~ de titres 有価証券保持者, 株主. ~ du titre mondial de longueur 走幅跳の世界選手権保持者. ~ d'un record 記録保持者.〔法律〕tiers ~ 第三取得者.

détention *n.f.* **1** 所有, 所持, 保有, 所持；〔法律〕一時的所持(占有), 容仮保持, 仮保持 (=~ précaire)；実効的所持(占有). ~ d'armes 武器の所持. ~ de titres タイトルの保持. ~ illégale d'armes 武器の不法所持.
2 監禁；拘禁, 勾留；禁鋼 (=~ criminelle), 留置. ~ arbitraire 不法監禁. ~ criminelle 禁鋼, 拘禁. ~ provisoire 未決拘留 (=〔旧〕~ préventive). centre de ~ 拘置所.〔刑期1年以上の囚人を収容する〕être en ~ 拘留される. être condamné à dix ans de ~ 10年の禁鋼刑に処される. juge de la ~ 拘留担当判事.
3〔国際法〕(戦時下の) 船舶の抑留.

détenu(*e*) *a.* 拘留 (拘置, 監禁, 禁鋼) された. personne ~e 拘留された人.
——*n.* 留置人；禁鋼人；受刑者. ~ politique 禁鋼政治犯.

détergence *n.f.* 洗浄力, 洗浄性.

détergent(*e*) *a.* 洗浄用の, 洗浄力のある, 洗浄する. huile ~ 洗浄油.
——*n.m.* 洗浄剤, 洗剤.

détérioration *n.f.* **1** 破損；変敗, 腐敗. ~ de marchandises 商品の変敗. ~ d'une machine 機械の破損. ~ volontaire 意図的破損, サボタージュ.
2〔比喩的〕低下, 悪化, 頽廃. ~ de l'atmosphère politique 政治的状況の頽廃. ~ des conditions de vie 生活条件の低下. ~ de la santé 健康の悪化.
3〔精神医学〕荒廃. ~ mentale 精神的荒廃.
4〔法律〕毀棄.

détérioré(*e*) *a.p.* **1** 破損した, 役に立たなくなった. machine ~e 破損した機械.
2 (価値・品質が)低下した. monnaie ~e 価値が低下した通貨.
3 悪化した. santé ~e 悪化した健康. temps ~ 悪化した天候.
4 堕落した. âme ~e 堕落した心.

déterminant[1](*e*) *a.* **1** 決定する；決定要素の. cause ~e 決定因. facteur ~ 決定要素.〔哲〕jugement ~ 規定的判断力. raison ~e 決定的原因.
2〔文法〕限定する. mot ~ 限定辞.

déterminant[2] *n.m.* **1**〔論理, 文法〕限定辞.
2 決定因；〔生〕決定子, 決定基.〔医〕~ antigénique 抗原決定基. ~s de la conduite 行動の決定因. L'effet de serre est le ~ du réchauffement global. 温室効果は地球温暖化の決定的原因である.
3〔数〕行列式.

détermination *n.f.* **1** 決定, 確定；測定〔法〕；定量〔法〕；検定；〔法律〕裁決；終決；終了.〔医〕~ de l'acide urique dans le sérum 尿酸測定〔法〕. ~ de l'âge d'une roche 岩石の年代測定〔法〕. ~ de la capacité physique 体力測定. ~ de la longitude et de la latitude 経度と緯度の決定 (測定). ~ de la paternité 親子鑑定〔法〕.〔医〕~ de l'urée sérique 尿素定量法.〔医〕~ des proteines de l'urine 尿蛋白定量法.〔医〕~ du liquide extracelluaire 細胞外液量測定〔法〕. ~ du point de fusion 融点測定法. ~ d'une date 日付の確定. ~ en double 再検定.
2〔哲〕規定, 限定；〔文法〕限定；〔数〕(未知数の)決定.〔神学〕~ de la destinée humaine 人間の運命の規定. ~ d'un phénomène 現象の規定.〔数〕~ d'une solution 解の決定.
3 決心, 決意；意図. ~ immédiate 即断,

déterminé¹(**e**) 即決. avoir la ~ de+*inf.* …する決心をする. prendre une ~ 決心する.
4 決断力. agir avec ~ 断固として行動する. faire preuve de ~ 決断力の証を示す.

déterminé¹(**e**) *a.* **1** 決った, 定められた, 確定した, 明確な；〖文法〗限定された. but ~ 明確な目的. heure ~*e* 定刻. pour une durée ~*e* 一定期間に. somme ~*e* 一定額.〖文法〗terme ~ 限定辞.
2〖哲〗決定論に基づく, 決定された. phénomène ~ 決定論的現象.
3 決断力のある, 果断な；決然とした. air ~ 決然とした様子. homme ~ 決断力のある人.

déterminé² *n.m.*〖文法〗被限定辞 (déterminant「限定辞」の対).

détersif(**ve**) *a.* **1** 洗浄する. produit ~ 洗剤 (lessive 洗剤, savon 石鹸など).
2〖医〗〖古〗消毒する.
— *n.m.* **1** 洗浄剤, 洗剤. ~ puissant 強力洗剤. **2**〖医〗消毒薬.

détersion *n.f.* **1** 洗浄. **2**〖医〗消毒 (=désinfection). ~ d'une plaie 傷口の消毒.

DETFM (=*d*emandes d'*e*mploi *t*emporaire en *f*in de *m*ois) *n.f.pl.* 一時雇用求職月末数.

détonateur *n.m.* **1** 雷管, 信管, 起爆装置；起爆剤. ~ électrique 電気雷管.
2〖比喩的〗導火線, 引き金. ~ à la crise 危機の引き金.

détonation *n.f.* **1** 爆音, 爆発音；砲声, 銃声. ~ d'une bombe 爆弾の爆発音.
2〖物理・化〗爆轟(ばくごう)（音速をこえる爆発的化学反応）；(内燃機関の)爆燃, デトネーション. vitesse de ~ 爆燃速度. additif destiné à éviter la ~ 爆燃防止添加剤.

détour *n.m.* **1** 屈曲, 曲りくねり, ~s d'une rue 街路の曲りくねり. les tours et ~s d'une rivière 川の曲りくねり (蛇行).
2 曲り角. au ~ du chemin 道の曲り角で, 道を曲ったところで.
3 遠回り；迂回, 遠回りの道, 迂回路 (=déviation). ~ obligatoire pour cause de travaux 工事のための強制的迂回路. site qui vaut le ~ わざわざ回り道をして立寄る値打ちのある景勝地. faire un ~ 回り道をする. faire un long ~ をする. J'ai fait un~pour vous dire bonjour. 御挨拶するために回り道をして立ち寄りました. Cuisine excellente, cette table mérite un ~. 素晴らしい料理, このレストランのテーブルはわざわざ回り道をして立ち寄るに値する (*Gude Michelin rouge* の 2 つ星レストランに関する説明文).
4〖比喩的〗紆余曲折. les ~s du cœur 人情の機微.
5〖比喩的〗遠回しな言い方. ~s dans le langage 言葉の回りくどさ. personne sans ~ 率直な人. Pas tant de ~s! 回りくどいことを言うな！ s'expliquer sans ~ 率直（単刀直入）に意見を述べる.

détourné(**e**) *a.p.* **1** 屈曲した；遠回りな. chemin ~ 回り道；迂回路.
2 遠回しな, 婉曲な. allusion ~*e* 遠回しなほのめかし. expression ~*e* 遠回しな表現. sens ~ こじつけした意味.
3 回りくどい, 間接的な. prendre des moyens ~*s* 回りくどい手段を講じる.

détournement *n.m.* **1**（川の流れなどを）迂回させること, 流路変更. ~ d'un cours d'eau 川の水流の迂回〔工事〕.
2〖法律〗（公金・株券などの）横領, 着服；不正行為濫用. ~ d'actif 資産隠匿. ~ des biens 財産の横領. ~ de fonds (de valeurs, de titres) 資金(有価証券, 証券)の横領. ~ de pouvoir 職権濫用.
3〖法律〗~ de mineur 未成年者の誘拐 (=enlèvement, rapt).
4〖航空〗~〔d'avion〕航空機の行先の強制変更, ハイジャック, 航空機の乗っ取り.

détoxication *n.f.* 解毒；解毒作用.

détraqué(**e**) *a.p.* **1**（機械などが）調子が狂った. machine ~*e* 調子がおかしい機械. temps ~ 狂った天気.
2〖医〗異常をきたした；〖話〗頭の狂った. intestins ~*s* 具合の悪い腸. santé ~*e* 狂った健康. avoir le cerveau ~*e* 頭がおかしい.
— *n.*〖話〗頭がおかしい人.

détresse *n.f.* **1** 悲嘆, 悲痛, 苦悩, 心痛. amère ~ 耐え難い苦悩. crise de ~ 悲痛な叫び. être dans la ~ 悲嘆に暮れている.
2 窮迫状態, 困窮, 貧苦. vivre dans la ~ 窮乏生活を送る.
3〖空・海〗遭難；危難. avion (navire) en ~ 遭難機（遭難船). signal de ~ 遭難信号 (SOS). train en ~ 立往生した列車. entreprise en ~ 倒産寸前の企業.
4〖医〗急性機能不全. ~ cardiaque 急性心機能不全. ~ verbale 非文法症 (=agrammatisme).〖精神分析〗état de ~ 不全状態.

détriment *n.m.*〖古〗損害.〖現用〗au ~ de qn (qch) 人(何)を犠牲にして, に損害を与えて. à mon (son) ~ 私(彼)の不利を顧みず. abaisser les prix au ~ de la qualité 質を落して値下げする. travailler au ~ de sa santé 自分の健康を犠牲にして働く.

détritique *a.*〖地質〗砕屑性の. gisement ~ 砕屑鉱床. roche ~ 砕屑岩.

détritus [detritys][ラ] *n.m.* **1**〖地質〗砕屑 (さいせつ).
2（多く *pl.*）塵芥, ごみ (=ordures), 汚物 (=immondices)；残滓. Espèce de ~! ごみみたいな奴だ！
3〖医〗頽廃物, デトリタス（組織の壊死で生じる）.

détroit *n.m.* **1** 海峡. ~ du Bosphore ボスポラス海峡.
2〖解剖〗峡部. ~ inférieur (supérieur) 骨

盤出口 (入口).
3 *D~n.pr.* (米国の) デトロイト. les *D ~s n.pr.pl.* ボスポラス海峡 (le Bosphore) とダーダネルス海峡 (les Dardanelles) の両海峡地帯.

dette *n.f.* **1** 債務, 金銭債務；負債, 借金. ~ bancaire 対銀行 (民間) 債務. ~ consolidée 繰延べ債務. ~ extérieure 対外債務. ~ perpétuelle 永久公債. ~ publique 公債, 政府債務. allégement de la ~ 債務の軽減. annulation de ~ 債務の帳消し. rééchelonnement de ~ 債務の繰り延べ (リスケジュール, リスケ). réduction de la ~ 債務の削減. restructuration de la ~ 債務の再構成, 債務条件の変更. service de la ~ 債務返済費用《元本, 利息を含む》.〚諺〛Qui paye ses ~ s s'enrichit. 借金を返す者は金持ちになる.
2 (道義的な) 借り, 恩, 恩義, 義理. payer sa ~ à la nature 往生を遂げる. payer sa ~ à son pays 兵役に服す. payer sa ~ à la société 服役する, 処刑される.

détumescence *n.f.*〚医〛腫脹減退《腫れが引くこと》；(勃起器官の) 消退. ~ d'une tumeur 腫瘍の腫脹減退.

DEUG (= *d*iplôme d'*é*tudes *u*niversitaires *g*énérales) *n.m.*〚教育〛大学一般教育課程修了証《大学の第1・第2学年の2年間で取得；1973年以降導入》.

deuil *n.m.* **1** 哀悼；服喪；〔比喩的〕深い悲しみ (苦悩). jour de ~ 哀悼 (服喪) の日. être en ~ de qn 人の喪に服している, 喪中である. être plongé dans le ~ 喪の悲しみに沈んでいる.〔比喩的〕faire son ~ de qch 何をあきらめる.〔比喩的〕La nature est en ~. 自然は悲しみに沈んでいる.
2 死別.
3 喪服 (= vêtements de ~)；葬儀用黒幕. en ~ 喪服をまとった, 喪服姿の. grand ~ 正式喪服. petit (demi-)~ 略式喪服. s'habiller de ~；se mettre en ~；prendre le ~ 喪服を着る. porter le ~ 喪に服する. journée de ~ national 国民の喪に服す日.〔比喩的〕〚料理〛poularde demi-~ 半喪鶏《黒トリュッフと白いクリームソースを添えた鶏料理》.
4 服喪期間. finir le ~ de qn 人の喪が明ける.
5 葬列. mener (conduire) le ~ 葬列の先頭に立つ；喪主となる.

deus ex machina [deusɛksmakina]〔ラ〕*n.m.* デウス・エクス・マキナ《芝居で突如登場して難局を打開する人物》；〔比喩的〕救いの神.

DEUST [dœst] (= *d*iplôme d'*é*tudes *u*niversitaires *s*cientifiques et *t*echniques) *n.m.*〚教育〛大学科学技術教育修了証《科学職業教育の大学第1課程修了の国家認定資格》.

deutérium [døterjɔm] *n.m.*〚化〛重水素, デューテリウム《化学記号 D. 水素の同位元素で, 質量が水素の2倍. 重水 eau lourde の構成要素》.

deutérocanonique *a.*〚カトリック〛第二正典の. livres ~s de l'Ancien Testament 旧約聖書の第二正典《旧約聖書中ギリシア語訳の聖書には含まれているが, ヘブライ語の聖書には含まれなかったもの；『聖書外典』apocryphe の大部分に当たる》.

deutéron *n.m.*〚化〛重陽子, デューテロン《重水素の原子核》.

Deutéronome *n.m.*〚聖書〛(旧約聖書の) 申命 (しんめい) 記《モーセ五書 le Pentateuque の第五書；略記 D., Deut.》.

deutschemark [dœ(ɔj)tʃmark]〔独〕*n.m.*〚通貨単位〛ドイツマルク《略記 DM》.

deux *a.num.card.* **1** 二つの；二人の. ~ ans 2年. avoir ~ ans 2歳である. ~ bouts d'un objet 物の両端. ~ cents 200. ~ côtes de la rue 通りの両側. ~ points コロン (：). ~ pôles 両極. de ~ choses l'une 2つに一つの可能性しかない. hôtel ~ étoiles 2つ星ホテル. tous les ~ jours 1日おきに. choisir entre ~ choses 2つのうち1つを選ぶ. *D* ~ sûretés valent mieux qu'une. 二重の安全策は一つに優る.
2 僅かの. à ~ pas すぐ近くに. dans ~ minutes すぐに, 即刻.
——*a.num.ord.inv.* 2番目の (= deuxième). Acte ~ 第2章. chapitre (page) ~ 第2章 (ページ). Elisabeth ~ (II) エリザベス2世. arriver ~ 2着でゴールする. Il est ~ heures de l'après-midi. 午後2時です.
——*pr.num.card.* 二つ；二人. ~ à ~；~ par ~ 二つ (二人) ずつ. à ~ 二人で. la vie à ~ 二人暮し；夫婦生活；共同生活. travailler à ~ 二人で働く, 共稼ぎする. A nous ~！さあかかって来い！《挑戦・脅しの文言》.〚競馬〛coup de ~ 複式.〚話〛en moins de ~ 瞬く間に. entre les ~ どちらでもない. être ~ 二人でいる.〚話〛ne faire ni une ni ~ ためらわずにやる, 即決する. piquer des ~ 両方の拍車を入れる；スピードをあげる. plier (couper) *qch* en ~ 何を2つに折る (切る).
〚話〛Cela (Ça) fait ~. 別ものである, 別のことだ. Il sont venus tous ~. 彼等は揃ってやって来る. Jamais ~ sans trois. 二度あることは三度ある.
——*n.m.inv.* **1** (数・数字の) 2；(月の) 第2日；2番地. ~ en chiffres romains ローマ数字の II (ii). *D* ~ et ~ [font] quatre. 2+2=4. le ~ février 2月2日. habiter le 2, rue Saint-Honoré サン=トノレ通り2番地に住む.
2〚トランプ〛le ~ de trèfle クローバーの2.
3〚舞〛pas de ~ パ・ド・ドゥー.
4〚漕艇〛~ barré (sans barreur) 舵手付 (舵手なし) 2漕艇, ダブルスカル (= dou-

5 C'est clair comme ~ et ~ font quatre. それは単純明快なことだ.

deux-chevaux, 2CV [dɸʃvo] *n.f. inv.* (税馬力が) 2 馬力の自動車 (特に Citroën 社の車種を指す).

deuxième *a.num.ord.* 第 2 の, 二番目の. ~ acte d'une tragédie 悲劇の第 2 幕. ~ (IIe) arrondissement de Paris パリ市第 2 区. ~ étage 3 階. habiter au ~ 〔étage〕3 階に住む. 『葡萄酒』château cos-d'estournel, ~ grand cru classé de Saint-Estèphe サン=テステフ村の第二級格付特級畑の葡萄酒シャトー・コス=デストゥールネル. 『仏史』la D~ République 第二共和政 (1848-51 年). ~ vie 第二の人生. être ~ en mathématiques 数学で2番である. soldat de ~ classe 二等兵, 一兵卒.
—— *n.* 2番目の人(物). le (la) ~ de la classe クラスで2番. Elle est née la ~. 彼女は第2子である. arriver le ~ 2番目に着く.

deux-mâts [dɸmɑ] *n.m.inv.* 『船』2本マストの帆船.

deux-points *n.m.inv.* (句読点の) コロン (：).

deux-ponts *n.m.inv.* 『航空』2 階床航空機 (= avion à ~).

deux-quatre *n.m.inv.* 『音楽』4 分の 2 拍子 (= mesure à ~).

deux-roues *n.m.inv.* 2 輪車 (自転車・バイクなどの総称).

Deux-Sèvres *n.pr.f.pl.* 『行政』les ~ ドゥー=セーヴル県 (= département des ~ ; 県コード 79 ; フランスと UE の広域行政地区 région Poitou-Charentes ポワトゥー=シャラント地方に所属；la Sèvre nantaise セーヴル・ナンテーズ川 と la Sèvre niortaise セーヴル・ニオルテーズ川の 2 つのセーヴル川が流れる；県庁所在地 Niort ニオール；主要都市 Bressuire ブレッシュイール, Parthenay パルトネー；3 郡, 33 小郡, 308 市町村；面積 6,036 km² ; 人口 344,392 ; 形容詞 deux-sévrien *(ne)*).

deux-temps *n.m.inv.* **1** 『音楽』2 分の 2 拍子 (記号 ¢). **2** 2 サイクル・エンジン (= moteur à ~).

dévalorisation (< dévaloriser, valeur) *n.f.* **1** 『経済』(特に貨幣の) 価値低下. ~ du dollar ドルの値下がり. ~ d'une marchandise 商品の価値低下.
2 過小評価；軽視. ~ d'une politique 政治の信用低下. ~ d'un talent 才能の過小評価.

dévaluation *n.f.* **1** 平価の切り下げ；減価, 下落 (通貨に関しては dépréciation 「「貨幣価値の」下落」と区別すること). ~ du yen 円の平価切下げ.
2 〖比喩的〗(信用・価値などの) 低下 (= dévalorisation). ~ de crédit 信用の低下.

devancement (< devancer) *n.m.*
1 前に出ること, 先行；追い抜き；先着.

~ de son siècle 時代の先取り.
2 先手を打つこと, 機先を制すること. ~ d'une objection 反対を見越して予防線を張ること.
3 予定の時期に先行すること. 『軍』~ d'appel 適齢前入隊. ~ d'un paiement 期限前支払い.

devanture *n.f.* **1** 商店の正面, 店先, 店頭. ~ en marbre 大理石の店構え. Défense d'appuyer des bicyclettes contre la ~. 店先に自転車を置かないで下さい. refaire la ~ d'un magasin 店の正面を改装する.
2 (ショーウィンドーの) 展示；展示品 (= marchandises en ~). ~ éclairée par une rampe ランプで照明された展示.
3 (暖炉などの前面の) 衝立 (= devant).

dévasta*teur* (***trice***) *a.* 荒廃させる, 被害を与える, 荒らす. puissance ~ *trice* de la tempête 嵐の破壊力.

dévastation *n.f.* **1** 蹂躙 (じゅうりん), 荒らすこと. guerre ~ *trice* 荒廃をもたらす戦争. maladie ~ *trice* 甚大な被害をもたらす疾病. ~s d'un pays par les occupants 占領軍による一国の蹂躙.
2 荒廃. ~s causées par l'inondation 洪水の災害. ~s de la guerre 戦禍, 戦災.
—— *n.* 破壊者, 略奪者.

développé(***e***) *a.p.* **1** (体・筋肉などが) 発達した；(子供が) 発育のよい. corps bien ~ 発育のよい体. poitrine ~*e* 発達した胸.
2 (国・産業などが) 発展した, 開発された. économie ~*e* 発展した経済. pays ~ 先進国.
3 (議論などが) 展開された. raisonnement ~ logiquement 論理的に展開された推論.
4 『写真』現像された. pellicule ~*e* 現像されたフィルム.

développement *n.m.* **1 a)** (経済的な) 発展, 発達；開発. aide au ~ 開発援助. Comité d'aide au ~ (OECD の) 開発援助委員会 (CAD) (= [英] DAC : *D*evelopment *A*ssistance *C*ommittee). Conférence des Nations unies pour le commerce et le ~ (CNUCED) 国連貿易開発会議 (= [英] UNCTAD : *U*nited *N*ations *C*onference on *T*rade and *D*evelopment). pays en (voie de) ~ 発展途上国 (PVD).
b) (英語から) (製品, 資源などの) 開発. ~ de fusées ロケット開発. ~ des gisements en uranium ウラン鉱開発. 『電算』~ de logiciels ソフトウェアの開発. recherche et ~ 研究開発.
c) (抽象的概念の) 発達, 発展, 進展. ~ du commerce international 国際貿易の発展. ~ des relations d'amitié 友好関係の発展. ~ d'une théorie 理論の展開.
d) (生物学的な) 発育, 成長, 拡張. ~ du corps 身体の発育. ~ d'une maladie 病気の進行. ~ d'une tige 茎の成長.
2 展開；波紋. 『軍』~ d'une armée 兵力の

3 詳述, 敷衍. ~ rhétorique 修辞学的敷衍.
4 〖写真〗現像；〖幾何〗展開；〖自転車〗ペダルの１回転で進む距離. 〖幾何〗~ d'une courbe カーブの展開. 〖写真〗~ d'une pellicule フィルムの現像.

développeur(se) n. **1** 開発者, 開発業者, デヴェロッパー；（特に）コンピュータソフト開発業者. ~ de jeu vidéo ヴィデオゲーム開発業者. **2** 〖写真〗現像業者.

dévergondé(e) a.p. ~ ふしだらな, 淫蕩な, 放埓な；猥褻な. propos ~s 猥談. vie ~e ふしだらな生活.
—n. ふしだらな人；放蕩者.

déverrouillage n.m. **1** 閂（かんぬき）を外すこと. ~ d'une porte 戸の門を外すこと.
2 〖写真〗~ de l'objectif 交換レンズの取り外し.
3 (銃の) 遊底を引くこと. ~ d'une arme à feu 火器の遊底を引くこと.
4 〖空港〗(滑走路の) 開放. ~ du terrain d'atterrissage 着陸空港の開放.
5 〖比喩的〗突破. ~ d'une position militaire 戦略地点 (陣地) の突破.
6 〖経済〗僻地の開発.
7 〖電算〗（システム、画面などの）ロックの解除.

déversement n.m. **1** 排水, 放水；流出. **2** 〖比喩的〗~ de haine 憎悪の情のほとばしり.

déversoir n.m. **1** 排水 (放水) 口. ~ d'un barrage ダムの放水口.
2 排水貯水池.
3 〖比喩的〗はけ口.

déverticalisation n.f. 〖経済〗（企業の）系列化廃止, 垂直的企業合併の廃止.

déviation n.f. ① (方向からそれること)
1 偏流；偏角；偏差. 〖医〗~ conjugée des yeux 共同偏視. ~ de l'aiguille aimantée (羅針儀の) 磁針の振れ, 自差. ~ d'un avion (navire) 航空機 (船舶) の偏流. ~ d'un projectile 弾丸の偏流, ドリフト. ~ d'un faiseau d'électrons 電子ビームの振れ. ~ d'un rayon lumineux 光線の偏角. ~ du vent 風の偏角. 〖統計〗~ standard 標準偏差.
2 〖医〗（器官の）偏位；彎曲. ~ de la cloison 鼻中隔彎曲症. ~ de la colonne vertébrale 脊柱偏位 (彎曲).
3 〖生〗異常；異型. ~ sexuelle 性欲異常, 異常性欲.
4 〖比喩的〗(行為の) 常軌逸脱；(主義・綱領などからの) 逸脱.
② (そらすこと) **1** 迂回させること. ~ d'un cours d'eau 水路の迂回. ~ des voitures pour cause de travaux 工事による車の迂回.
2 迂回路. prendre une ~ 迂回路を通る, 迂回する.

déviationniste a. 〖政治〗（党の）綱領

から逸脱した, 偏向した.
—n. 反主流派の人. ~s de gauche 左翼の反主流派.

devinette n.f. 謎, なぞなぞ〔遊び〕. ~ mathématique 数学の謎. poser une ~ 謎解きの問題を出す.

devis [dəvi] n.m. 見積り；見積書 (= ~ descriptif). établir un ~ 見積りをする, 見積書を作成する. signer un ~ 見積書に署名する.

devise n.f. **1** 外国通貨, 外貨, (交換性をもつ) 通貨, 対外支払い手段. ~ américaine アメリカの通貨, ドル. ~ convertible 交換可能通貨, 外貨. ~ forte 強い通貨. réserves en or et en ~s 金外貨準備.
2 標語, 銘句, 題銘；スローガン, モットー. La ~ de la République française est : liberté, égalité et fraternité. フランス共和国の銘句は「自由, 平等, 友愛」である.

dévissage (< dévisser) n.m. **1** ねじ釘を抜くこと；（壜の）ねじ蓋を取り除くこと.
2 〖登山〗滑落；転落.
3 〖比喩的〗(株式市場の) 暴落.

dévissé n.m. 〖重量挙〗プレス（押し上げ〗；arraché「スナッチ」, épaulé「クリーン」, épaulé -jeté「ジャーク」の対).

dévitalisant(e) a. 〖医〗除活性の, 失活作用のある.
—n. 〖薬〗除活剤《歯髄の神経を殺す薬剤》.

dévitalisation n.f. 〖医〗除活法, 失活法；歯髄失活〔術〕, 歯髄除活〔術〕(= ~ de la pulpe).

dévoilé(e) a.p. **1** ヴェールを取り除いた；ヴェールをつけない. femme ~e ヴェールをつけない女性. statue ~e 除幕された彫像.
2 〖比喩的〗（隠されているものを）明らかにした；暴かれた, 暴露された. complot ~ 暴かれた陰謀. mystère ~ 解き明かされた神秘.

dévoilement n.m. **1** ヴェールをとり除くこと；除幕. ~ d'une statue 彫像の除幕〔式〕.
2 暴露；（隠されているものの）解明. ~ des mystères 神秘の解明.

devoir n.m. **1** 〔一般に〕義務；義務感 (= sentiment du ~). moral 道徳的義務. professionnel 職業的義務. conscience (sentiment) du ~ 義務感. homme (femme) de ~ 義務感の強い人, 義務を重んじる人. respect du ~ 義務の尊重 (遵守). agir par ~ 義務感から行動する. avoir le ~ de + inf. …する義務がある. faire son ~ 義務を果す；本分を尽す. se faire un ~ (croire de son ~) de + inf. …することを義務と考える. Il est de mon ~ de + inf. …するのは私の義務である.
2 (法的・一般規範としての) なすべきこと, 義務, 本分；本務. ~ facile (pénible) 容易

dévolu(e)

な(つらい)本分. ~s du médecin 医師の本分, 医業倫理(=déontologie). ~s des parents envers les enfants 親の子供に対する扶養義務. ~ de renseignement 情報提供の義務. ~ de réparation 加害者の賠償義務. ~ de sincérité 正直の義務. ~ militaire 軍人の本分／軍務. ~ s religieux 信徒の果たすべき務め(勤行).
accomplir (remplir) son ~ 本分(義務)を果たす. être à son ~ 職務に就いている. négliger (oublier) son ~ 本分を無視する(忘れる). observer ses ~s 本分を守る. rentrer dans son ~ 職務に復帰する. s'imposer des ~s なすべきことを自らに課す. se mettre en ~ de+inf. …に取りかかる, …する用意をする.
3〖学〗宿題. ~s de vacances 休暇中の宿題. ~ surveillé 監督付き宿題. faire ses ~s 宿題をする. corriger des ~s 宿題を添削する.
4〔pl. で〕敬意. présenter (rendre) ses ~s à qn 人に敬意を表する.〔文〕rendre à qn les derniers ~s 人の葬儀に列席する.

dévolu(e) a. **1** (à に)(権利・財産が)帰属した, 移転した. droits héréditaires ~s au degré subséquent 後続親等に移転した相続権. succession ~e à l'Etat, faute d'héritiers 相続人不在のため国庫に帰属した相続財産.
2 (à に)属するものとされた, 当てられた. roles ~es aux femmes 女性のものとされる役ši.

dévolutaire n.〖法律〗(権利・財産移転の)受益者;(権利・財産の)帰属者. héritier ~ 相続財産の終局の相続人.

dévolutif(ve) a.〖法律〗(権利・財産の)帰属(移転)を生じる. effet ~ (上訴によって生じる)移審的効果.

dévolution n.f.〖法律〗(権利・義務・財産・地位などの)移転;(特に)相続人への移転(帰属). ~ successorale 相続権の移転. droit de ~ 相続権帰属権.〖史〗guerre de D~ 相続権帰属戦争, フランドル戦争(1667-68 年).

dévonien(ne) a.〖地学〗デヴォン紀の. ──n.m. デヴォン紀(古生代の第4紀;前4億1000万年~前3億6000万年).

dévot(e) a. **1** 信心深い;〔蔑〕信仰に凝り固まった. personne ~e 信心家.
2 敬神の;信心深そうな, 敬虔な. livre ~ 宗教書. vie ~e 信仰生活. avoir l'air ~ 信心深そうな様子をしている.
3 (à に) 信仰を捧げた. être ~ à la Vierge 聖母マリアに信仰を捧げる.
4〔比喩的〕熱狂的な. admiration ~e 熱狂的な賛美.
──n. **1** 信心家;〔蔑〕信仰に凝り固まった人. faux ~s えせ信者.
2〔比喩的〕崇拝者, 信奉者. ~ du pouvoir 権力の信奉者.

dévotion n.f. **1** 信仰, 信心;〔蔑〕凝り固まった信仰.〔古〕fausse ~ えせ信心. livre (tableau) de ~ 宗教書(画). objets de ~ 信心用具(十字架・数珠・宗教画など). pratiques de ~ 信心の実践, 勤行. être plein de ~ 信心に凝り固まっている.
2〔多く pl.〕信心の務め, お務め;勤行(告白・祈禱・聖体拝受など)(=pratiques de ~). faire ses ~s お務めをする.
3 (à への) 信仰, 崇拝. la ~ à la〔sainte〕Vierge 聖母マリア崇拝.
4〔比喩的〕(pour への) 執着, 献身, 崇拝, 畏敬. avec ~ うやうやしく;献身的に. avoir pour qch une véritable ~ 何かに献身的である.
5〔成句〕être à la ~ de qn 人に一身を捧げる;人に跪く.

dévoué(e) a.p. (à に) 忠実な, 誠実な, 献身的な. âme ~e à Dieu 神に対し献身的な. ami ~ 忠実な友. homme ~ à sa patrie 祖国に忠実な人. serviteur ~ 献身的な僕(しもべ). Votre ~. /Veuillez croire à mes sentiments ~s. 敬具(手紙の末尾の文言).

dévouement n.m. **1** 忠誠, 誠実;献身〔的行為〕;犠牲的精神. ~ à la patrie (au parti) 祖国(党)に対する忠誠. ~ à ses amis 友人に対する誠実さ. ~ d'un artiste à son œuvre 作品に対する芸術家の献身的行為. ~ pour une personne aimée 愛する人への献身. protestations de ~ 献身的抗議行動.
avoir un grand ~ pour qn (qch) 人(何)のためにひたむきに尽す. soigner qn avec ~ 人を献身的に看護する. Recevez l'assurance de mon respectueux ~. 敬具(手紙の末尾の文言).
2〔古〕生贄に捧げること.

dexaméthasone n.f.〖薬〗デキサメタゾン(合成コルチコイド;炎症治療剤).

dextralité n.f. 右利き.

dextranase n.f.〖生化〗デキストラナーゼ(デキストラン分解酵素;歯垢を除去する).

dextrine n.f.〖化〗デキストリン, 糊精(澱粉からつくられるゴム状物質. 糊, 染料, 薬品の原料).

dextro- [dεkstrɔ]〔ラ〕ELEM「右の, 右方へ」の意 (ex. dextrocardie 右胸心).

dextroamphétamine n.f.〖薬〗デキストロアンフェタミン(覚醒剤, 食欲抑制剤;略称 dex).

dextrocardie n.f.〖医〗右胸心, 右方心, 右心症(心臓の右側転位).

dextrogyre a.〖光学・化〗右旋性の. cristal ~ 右旋性結晶.

dextromoramide n.m.〖薬〗デキストロモラミド(強力な合成鎮静剤).

dextroposition n.f.〖医〗右位, 右偏位. ~ de l'aorte 大動脈右位, 大動脈右偏位.

dextropropoxyphène n.m.〖薬〗デ

キストロプロポキシフェン《鎮痛・解熱薬；薬剤製品名 Propofan (*n.m.*)》など）

dextrorsum [-ɔm] [ラ] *a.inv.* 右巻きの (=dextrorose).
——*ad.* 右巻きに. fil enroulé ~ 右巻きの撚糸.

dextrose *n.m.* 〖化〗右旋糖.

dF (=*d*ocumentation *F*rançaise) *n.pr.f.* フランス資料刊行センター《インターネットのアドレス www.ladocumentationfrancaise.fr/》. dossiers d'actualité de la ~ フランス資料刊行センターの最新資料.

DFEO (=*d*iplôme de *f*in d'*é*tudes *o*bligatoires) *n.m.* 〖教育〗義務教育修了免状.

DFLP (= [英] *D*emocratic *F*ront for the *L*iberation of *P*alestine) *n.m.* パレスチナ解放民主戦線 (= [仏] FDLP : *F*ront *d*émocratique pour la *l*ibération de la *P*alestine)《1969年結成》.

DFPN (=*D*irection de la *f*ormation de la *p*olice *n*ationale) *n.f.* 〖警察〗国家警察の養成局.

DG[1] (=*d*irecteur *g*énéral) *n.m.* 総局長；総支配人；副社長. ~ de l'Agriculture de la Commission européenne ヨーロッパ委員会農業総局長.

DG[2] (=*d*irection *g*énérale) *n.f.* 〖行政〗総局. ~ des affaires économiques et monétaires de l'Union européenne ヨーロッパ連合経済通貨総局. ~ des impôts 租税総局. la ~ [de l'] 《*é*largissement》（ヨーロッパ連合の）拡大問題担当総局. ~ des relations extérieures de l'UE ヨーロッパ連合対外関係総局.

DGA (=*D*irection *g*énérale pour l'*a*rmement) *n.f.* （フランス国防省の）軍備総局.

DGAC (=*D*irection *g*énérale de l'*a*viation *c*ivile) *n.f.* （フランス運輸省の）民間航空総局.

DGAL (=*D*irection *g*énérale de l'*al*imentation) *n.f.* 〖行政〗（フランス農業水産省の）食品総局.

DGCCRF (=*D*irection *g*énérale de la *c*oncurrence, de la *c*onsommation et de la *r*épression des *f*raudes) *n.f.* 経済競争・消費・不正行為防止総局《フランス経済財政省所属の消費問題担当局》.

DGCL (=*D*irection *g*énérale des *c*ollectivités *l*ocales) *n.f.* 地方公共団体総局《内務省の総局》.

DGCP (=*D*irection *g*énérale de la *c*omptabilité *p*ublique) *n.f.* （フランス経済財政省の）公共財政総局.

DGD (=*D*otation *g*lobale de *d*écentralisation) *n.f.* 〖財政〗地方分権に伴う国の地方交付税《1983年導入》.

DGDDI (=*D*irection *g*énérale des *d*ouanes et des *d*roits *i*ndirects) *n.f.* 〖行政〗関税間接税総局.

DGE (=*d*otation *g*lobale d'*é*quipement) *n.* *f.* 〖財政〗施設整備に関する国の地方交付税《政府から地方公共団体に毎年交付される》.

DGF (=*d*otation *g*lobale de *f*onctionnement) *n.f.* 〖財政〗運営費に対する国の地方交付税.

DGGN (=*D*irection *g*énérale de la *g*endarmerie *n*ationale) *n.f.* 国家憲兵隊総局《国防省の中央部局》.

DGI (=*D*irection *g*énérale des *i*mpôts) *n.f.* （フランス経済財政省の）税務総局；主税局.

DgN (=*d*échets *g*énérateurs de *n*uisance) *n.m.pl.* 公害類廃棄物.

DGPN (=*D*irecteur *g*énéral de la *p*olice *n*ationale) *n.m.* （フランス内務省の）国家警察総局長.

DGRT (=*D*irection *g*énérale de la *r*echerche et de la *t*echnologie) *n.f.* （フランス教育・研究・技術省の）研究・技術総局.

DGS (=*D*irection *g*énérale de la *s*anté) *n. f.* （フランス保健・家族・身障者省の）保健総局.

DGSE (=*D*irection *g*énérale de la *s*écurité *e*xtérieure) *n.f.* （フランス国防省の）対外安全保障総局《1982年に SDECE : *D*irection *g*énérale du *s*ervice de *d*ocumentation *e*xtérieure et de *c*ontre-*e*spionnage を改称》.

DGSNR (=*D*irection *g*énérale de la *s*ûreté *n*ucléaire et de la *r*adioprotection) *n.f.* （フランスの環境・継続的発展省の）原子力安全・放射能防護総局.

DGT (=*D*irection *g*énérale des *t*élécommunications) *n.f.* （フランスの郵政通信省の）電気通信総局《1986年 France - Télécom として独立》.

DGTR (=*d*éfense *g*énérale *t*ous*r*isques) *n.f.* 全災害総合保障〔保険〕.

DHA (= [英] *d*ocosa*h*exaenoic *a*cid) *n.m.* 〖生化〗ドコサヘキサエン酸《魚油などに多く含まれる不飽和脂肪酸；血中コレステロールを下げたり, 脳の働きを高める効果がある；[仏] acide docosahéxaénoïque》.

DHEA[1] (=*d*é*h*ydro*é*pi*a*ndrostérone) *n.f.* 〖生化〗デヒドロエピアンドロステロン《副腎皮質および性腺でつくられるアンドロゲン》.

DHEA[2] (=*d*i*h*ydrotestérone) *n.f.* 〖生化・薬〗ジヒドロテステロン《ステロイドホルモンの一種,「真の雄性ホルモン」》.

DHEI (=*d*iplôme des *h*autes *é*tudes *i*nternationales) *n.m.* 〖教育〗国際学高等研究修了証.

DHM (=*d*ictionnaire *H*achette *m*ulti-*m*édia) *n.m.* アシェット・マルチメディア電子辞書.

DI[1] (=*d*éfibrillateur *i*mplantable) *n.m.* 〖医〗体内に埋込可能な細動除去器《電気ショックにより心臓の筋繊維の細動を抑える機器》.

DI² (=*division d'infanterie*) *n.f.* 歩兵師団.
DIA (=*décision individuelle d'affectation*) *n.f.* 〖軍〗非軍徴用志願(国民役務で兵役以外の役務を希望すること).

diabète *n.m.* 〖医〗糖尿病；真性糖尿病 (=~ sucré). ~ de la grossesse 妊娠糖尿病 (= ~ gestationnel). ~ insipide central (néphrogénique) 中枢性(腎性)尿崩症. ~ insulinodépendant インスリン依存性糖尿病, I 型糖尿病, 若年発症型糖尿病. ~ non insulinodépendant インスリン非依存性糖尿病, II 型糖尿病, 成人発症型糖尿病. ~ rénal 腎性尿病. ~ sucré 真性糖尿病.

diabétique *a.* 〖医〗糖尿病の；糖尿病性の. amyotrophie ~ 糖尿病性筋萎縮性. cataracte ~ 糖尿病性白内障. coma ~ 糖尿病性昏睡. gangrène ~ 糖尿病性壊疽. néphropathie ~ 糖尿病性腎症(ネフロパシー). neuropathie ~ 糖尿病性神経障害(ニューロパシー). rétinopathie ~ 糖尿病網膜症.
── *n.* 糖尿病患者.

diabétologie *n.f.* 〖医〗糖尿病学.
diabétologue *n.* 糖尿病専門医.

diable *n.m.* 〖I〗〖宗教〗悪魔, 魔神.〖キリスト教〗le *D*~ (*D*~) 悪魔, 魔王, サタン (=Satan). adoration (culte) du ~ 悪魔崇拝. beauté du ~ 悪魔の美しさ；若さがもたらす少女のあでやかな美しさ(醜い悪魔も若い時は美しい天使であったことに由来). le Dent du *D*~ 悪魔の尖峰(山の名). le petit ~ 小悪魔；〔比喩的〕いたずらっ子(=diabolotin). ricanement des ~s 悪魔の冷笑.
Le *D*~ au corps, roman de Radiguet ラディゲの小説『肉体の悪魔』(1923 年；1946 年 Autant-Lara が映画化). croire au ~ 悪魔の実在を信じる. exorciser les ~s 悪魔を祓う. signer un pacte avec le ~ 悪魔と契約を結ぶ.
◆〔成句〕avoir le ~ au corps (体に悪魔を持っている→)活動力に溢れている, 血気にはやる, 超人的に動きまわる；ありとあらゆる悪事を働く.
crier comme un ~ 大声で叫ぶ.
donner (vendre) son âme au ~ 悪魔に魂を売り渡す.
faire le ~ à quatre 大騒ぎをする；何かを手に入れる(妨げる)ために大童になる.
loger le ~ dans sa bourse 財布が空っぽである.
ne craindre ni Dieu ni *D*~ 何者も恐れない.
s'agiter comme un [beau] ~ 精力的に動きまわる；目茶苦茶に暴れまわる.
se faire l'avocat du ~ 強弁する；敢えて異論を立てる.
tirer le ~ par la queue ひどく金に困っている, 生活難にあえぐ.
C'est [là] le ~. そこが厄介な(難しい)点だ.〔話〕C'est le ~ pour+*inf.* …することは難しい. Ce n'est pas le ~. 難しいことではない.
C'est le ~ et son train. それは悪魔とその手下どもの仕業だ；ひどい厄介事の連続だ.
le ~ et son train〔列挙の後で〕その他いろいろ.
C'est bien le ~ si …したら不思議だ, …ということはあり得ない.
Que le ~ l'emporte. 奴なんぞ悪魔にでもさらわれてしまえ；奴なんぞ悪魔にくれてやる.
[Que] le ~ m'emporte si... /Du ~ si... 断じて…しない. Le ~ m'emporte si j'y comprends un mot. 私には一言もわからない. Du ~ si j'y comprends quelque chose. そんなこと私にはわかりっこない.
quand le ~ y serait；quand ce serait le ~ どれほどの困難があろうと, 何としてでも.
◆〔前置詞と共に〕[Allez] au ~. どこへでも行ってしまえ. Au ~ les importuns! うるさい奴は消え失せろ！Au ~ [soit] son projet! 奴の計画など糞くらえだ！
envoyer *qn* (*qch*) au ~ (à tous les ~s；aux cinq cents ~s) 人を追い払う, 厄介払いする(何をほったらかす).
aller au ~ vauvert (〔話〕au ~ vert) とても遠くへ行く.
habiter au ~ 遠くに住む.
à la ~¹ (=à la manière de ~) (悪魔のように→)ぞんざいに；急いで, そそくさと.
travail fait à la ~ やっつけ仕事.
du ~；de tous les ~s 甚だしい；極端な.
avoir un esprit de tous les ~s 才気に溢れている. avoir une faim du ~ (de tous les ~s) ひどく腹がへっている.
faire un bruit du ~ (de tous les ~s) どえらい音を立てる.
en ~ 甚だしく, おそろしいほど, 極端に. être sévère en ~ おそろしく厳しい.
〖II〗(人) 1 悪魔のような極悪人(女性についても用いる). un ~ déchaîné 悪魔のように荒れ狂った極悪人. Cette femme est un vrai ~. あの女は正真正銘の魔物だ.
2 手に負えない子供, 暴れん坊, いたずらっ子 (=diablotin). un bon petit ~ 気の優しいいたずらっ子. Il est très ~.〔形容詞的用法〕彼はきかんつきの暴れん坊だ.
3 男. bon ~ 気のいい男. grand ~ 背高のっぽ. pauvre ~ 哀れな男. un pauvre ~ de poète 惨めな詩人.
4 ~ de+*n*.〔限定詞は名詞に一致〕un ~ de temps ひどい天気. une ~ d'affaire 厄介な仕事. cette ~ de femme あの手に負えない女.
5〖軍・史〗~s bleus (青い軍服の) アルプス猟歩兵(=chasseurs alpins).
〖III〗〖物理・動物〗1 (荷物運搬用の)手押し2輪車 (=chariot).
2〖漁〗(鰊用の) 定置網.

3 びっくり箱. surgir comme un ~ d'une boîte (びっくり箱の小悪魔のように姿を現わす→) 不意に姿を現わす.
4〖料理〗ディヤーブル鍋 (素焼きの蓋付加熱調理器具).
5〖料理〗sauce ~ ソース・ディヤーブル (=sauce à la ~)(白葡萄酒・ヴィネガー・香辛料による辛味の強いソース). à la ~ ディヤーブル風〔の〕. volaille à la ~ ディヤーブル風の家禽料理(背開きしてのばした家禽を調味し, パン粉をまぶしてこんがりグリエしたものに, ソース・ディヤーブルを添える).
6〖魚〗~ de mer かさご(=scorpène); あんこう(=baudroie).

diabolique *a.* **1** 悪魔の(=démoniaque). culte ~ 悪魔崇拝. pouvoir ~ 魔力. tentation ~ 悪魔の誘惑.
2〔比喩的〕悪魔のような; 極悪非道の, 悪辣な. idée ~ 悪辣な考え. invention ~ 極悪非道の創意. sourire (visage) ~ 悪魔のような微笑(顔付).
3 難しい, 不快な; 驚くべき. problème ~ 難問.
——*n.* 悪魔のような人. Les *D*~s de Barbey d'Aurevilly バルベー・ドールヴィの『悪魔のような女たち』(1874年).

diacérhéine *n.f.*〖薬〗ジアセレン, ディアセレーヌ(変成性関節症鎮痛薬; 薬剤製品名 Art (*n.m.*) など).
diacétate *n.m.*〖化〗ジアセタート.
diacétyle *n.m.*〖化〗ジアセチル.
diacétylmorphine *n.f.*〖化〗ジアセチルモルフィネ(ヘロイン héroïne の学名).
diachronie *n.f.*〖言語〗通時態; 通時論(synchronie「共時態」の対).
diachronique *a.* 通時的. linguistique ~ 通時言語学.
diacide *n.m.*〖化〗二塩基酸(=biacide).
diaconat *n.m.*〖カトリック〗助祭職; 助祭執務室;〖新教〗執事職; 執事室.
diacoustique *n.f.*〖物理〗屈折音響学.
diacre *n.m.*〖カトリック〗助祭職;〖プロテスタント〗執事;〖東方正教会〗輔祭.
Diadème *n.m.* ディヤデーム〔衛星〕(=satellite ~)《フランスの科学技術衛星. レーザーとドップラー効果による測地が目的. 1号機(略号 D-1C)は1967年2月8日, 2号機(略号 D-1 D)は1967年2月15日打上げ》.
diagenèse *n.f.*〖地学〗続成作用(堆積物が固まって岩石になるまでの物理的・化学的変化).
diagnose *n.f.* **1**〖医〗診断. **2**〖生〗記相, 標徴, 特徴の記述; 識別.
diagnostic [djagnɔstik] *n.m.* **1**〖医〗診断. émettre un ~ 診断を下す. ~ échographique 超音波診断法. ~ prénatal 出産前胎児診断(=dépistage anténatal「産前検診」).

2〖情報〗(コンピュータの誤りの)診断.
diagnostique *a.*〖医〗診断の. test ~ 診断テスト.
diagonal (ale) (*pl. aux*) *a.*〖幾何〗対角線の. ligne ~*ale* 対角線.
diagonale *n.f.* **1** 対角線. ~ de l'écran en pouces ディスプレーの対角線インチ数.
2 en ~ 斜めに.〔話〕lire en ~ 斜め読みをする, (テクストに)さっと目を通す.
diagramme *n.m.* **1** 図表, 線図, ダイアグラム; 図形, 図解. ~ de montage 結線図. ~ de phase 位相線図. ~ d'une fleur 花式図.
2 グラフ, 表. ~ de la fièvre 体温表. ~ en bâtons 棒グラフ. ~ en secteurs 扇形グラフ.
3 (鉄道の)ダイヤ(= ~ de la marche des trains).
4 幾何学的図式.
dialcool *n.m.*〖化〗二価アルコール, グリコール(glycol).
dialectal (ale) (*pl. aux*) *a.* 方言の. atlas ~ 方言地図. géographie ~ 方言地理学.
dialectalisme *n.m.*〖言語〗方法語法.
dialecte *n.m.* **1** 方言. **2** 通語(職業などに固有の方言). ~ social 社会的方言(隠語・術語など).
dialectique *n.f.* **1** 弁証法. ~ hégélienne ヘーゲルの弁証法(テーゼ(定立)thèse, アンチテーゼ(反定立)antithèse を止揚して総合 synthèse へ至る). La ~ est une logique du mouvement, de l'altération où les "sauts qualitatifs" brisent la continuité de la progression quantitative et où les contradictions sont dépassées. 弁証法とは運動の論理であり, 「質的飛躍」が量的前進を打破し, 矛盾が止揚される変化の論理である(Hegel ヘーゲル). ~ transcendantale 先験的弁証法.
2 論争術, 論理の組み立て術; 論理体系.
——*a.* 弁証方法的な, 弁証法に関する.《Critique de la raison ~》弁証法的理性批判(J.-P. Sartre の著作). matérialisme ~ 弁証法的唯物論. théologie ~ 弁証法的神学.
dialectologie *n.f.* 方言学.
dialogue *n.m.* **1** 対話, 対談. ~ animé (vif) 活発な対話. ~ de sourds 行き違いの会話, 交渉, 相手の話に耳を貸そうとしない者同士の会談. ~ intercoréen (朝鮮半島の)南北対話. ~ Nord-Sud 南北対話, 南北交渉(開発途上国と先進国の対話). ~ intérieur 自問自答. homme de ~ 話し合いを好む人, 調整型の人. avoir un ~ avec *qn* sur *qch* 人と何について対談する.
2 会談; 談判; 交渉. ~ entre deux pays 2国会談(2国間の交渉). établir (rompre) le ~ 会談する(会談を決裂させる).
3〔文〕対話; 対話体作品. les *D*~s de Platon プラトンの『対話』.

4 (劇・映画の) 台詞 (せりふ). auteur de 〜s 台詞作者.
5 〖情報〗de 〜 対話方式の, 対話型の(コンピュータと利用者が対話する方式). mode de 〜 対話方式. 〖電算〗système de 〜 対話方式.

dialoguiste *n.* (映画, テレビなどの) 台詞作家.

dialyse *n.f.* 〖化〗透析；〖医〗透析療法. 〜 péritonéale 腹膜透析.

dialysé(e) *n.* 〖医〗人工透析治療を受けている人.

dialyseur *n.m.* 〖化〗透析器, 透析装置 (=appareil 〜)；〖医〗人工透析器 (=rein artificiel).

diamagnétique *a* 〖物理〗反磁性の. matière 〜 反磁性体.

diamagnétisme *n.m.* 〖物理〗反磁性 (磁場を加えると磁場と反対方向に磁化される磁性).

diamant *n.m.* **1** ダイヤモンド, ダイヤ；金剛石 (〖話〗略称 diam[s]). 〜 blanc-bleu ホワイト・ブルー・ダイヤ. 〜 brut ダイヤの原石. 〜 de couleur 色つきダイヤ (〜 doré, rose-bleu, rouge, vert など). 〜 de trois carats 3 カラットのダイヤ. 〜 en taille brilliant ブリリアント・カットのダイヤ. 〜 synthétique 合成 (人工) ダイヤ. bague de 〜[s] ダイヤの指輪. défauts d'un 〜 ダイヤのきず. faux 〜 疑似ダイヤ (zircon ジルコンなど). mines de 〜 ダイヤモンド鉱山. normes CIBJO (=Confédération internationale de la bijouterie, joaillerie et orfèvrerie) du 〜 ダイヤの国際宝石・宝飾・金銀細工業連盟規格 (blanc exceptionnel+, blanc exceptionnel, blanc extra+, blanc extra, blanc, blanc nuancé, légèrement teinté, tenté など). pureté du 〜 ダイヤの純度 (VVS 1=very very small inclusion 1 など). taille d'un 〜 ダイヤのカット (研磨). 〔taillé〕à 58 facettes 58面カットのダイヤ.
2 ダイヤ入りの宝飾品；(特に) ダイヤの指輪. offrir un 〜 ダイヤの宝飾品を贈る.
3 〖工具〗(ダイヤの小片を先端につけた) ガラス切り (= 〜 de vitrier).
4 〔比喩的〕(ダイヤのように) 輝くもの, 硬いもの, 貴重なもの, 冷たいもの. 〜 noir 黒いダイヤ《石炭 charbon, トリュッフ・ノワール (黒松露) truffe noire など》. 〜s de la rosée きらめく露のしずく. 〖文〗cœur de 〜 冷酷な心.
5 〖建築〗en (à) pointes de 〜 (建物の調度・装飾などが) ダイヤのように面取りカットされた. bossage à pointes de 〜 ダイヤモンド・カットされた石壁の打出し模様.
6 〖宇宙工学〗lanceur *D*〜*A*(フランスの) 衛星打上げロケット『ディヤマン *A* 型』.

diamantaire *a.* ダイヤモンドの輝きをもつ. pierre 〜 ダイヤモンドのように輝く石.
—— *n.* ダイヤモンド研磨師；ダイヤモンド商. 〜 d'Anvers アントウェルペンのダイヤモンド研磨師 (ダイヤモンド商).

diamanté(e) *a.* **1** ダイヤ (イリジウム) をかぶせた, ダイヤの粉末で補強した. scie 〜 ダイヤ補強加工の鋸.
2 ダイヤのようにきらめく. éclat 〜 ダイヤのようなきらめき.

diamantifère *a.* ダイヤモンドを含有する. gisement 〜 ダイヤモンド鉱脈.

diamètre *n.m.* 直径, 径. 〜 de la Terre 地球の直径. demi-〜 半径.
2 〖天文〗〜 apparent 視角.

diamide *n.m.* 〖化〗ジアミド.

diamidophénol *n.m.* 〖化〗ジアミドフェノール, ジアミノフェノール (diaminophénol)；〖写真〗アミドール (現像薬).

diamine *n.f.* 〖化〗ジアミン.

diaminophénol *n.m.* 〖化〗ジアミノフェノール ($C_6H_8N_2O$)；ジアミノベンゼノール diamidophénol).

diamorphine *n.f.* 〖化〗ジアモルフィン；ジアセチルモルヒネ (=diacétylmorphine)；ヘロイン (=héroïne).

DIANE [djan] (=〖英〗*D*irect *I*nformation *A*ccess *N*etwork in *E*urope) *n.m.* 〖情報〗ヨーロッパ直接アクセス網 (=〖仏〗Réseau européen d'information en ligne)；ヨーロッパ共同体の社会・科学・技術情報データーバンク・システム. 古代ローマ神話の女神に因む命名).

dianosine *n.f.* 〖薬〗ジアノシン (エイズ治療薬；略記 DDI=*di*deoxy*i*nosine).

Diaoyutai (Islands) 〖英〗*n.pr.pl.* 釣魚台 (ちょうぎょだい, ティアオユータイ) 列嶼 (日本名「尖閣諸島」のピンイン表記).

diapason *n.m.* **1** 〖音楽〗音域. 〜 de la clarinette クラリネットの音域.
2 音叉 (おんさ)；(弦楽器の) 調子笛 (=〜 à bouche)；(パイプオルガンの) 基本音栓.
3 基音. 〜 normal 標準基音.
4 〔比喩的〕調子. 〜 d'un groupe グループの調子. être (se mettre) au 〜 de *qn* 人と調子が合う (調子を合わせる). n'être plus au 〜 もはや現状にそぐわない.

diapause *n.f.* 〖生〗休眠, 発生休止.

diapédèse *n.f.* 〖生理〗漏出 〔性出血〕, 血管外遊出.

diaphanoscopie *n.f.* 〖医〗(透明度を調べるための) 徹照検査 〔法〕.

diaphonie *n.f.* 〖通信〗混線；混信；漏話；クロストーク (回線間の干渉).

diaphorèse *n.f.* 〖医〗発汗；発汗療法.

diaphorétique *a.* 〖医〗発汗性の；発汗を促進する (=sudorifique). médicament 〜 発汗薬.
—— *n.m.* 〖薬〗発汗薬.

diaphragmatique *a.* 〖解剖〗横隔膜の (=phrénique). coupole 〜 横隔膜円蓋

部. éventration ~ 横隔膜弛緩症. hernie ~ 横隔膜ヘルニア. paralyse ~ 横隔膜麻痺. respiration ~ 横隔膜呼吸, 腹式呼吸 (=respiration abdominale).

diaphragme [djafragm] *n.m.* **1**〖医〗横隔膜, 隔膜. ~ pelvien 主要骨盤隔膜. orifices du ~ 横隔膜裂孔. **2**〔一般に〕隔膜, 隔壁. mur ~ 隔壁〔ロマネスク様式の教会堂の横断壁の上の半円型小壁〕. **3** ~ contraceptif ペッサリー〔女性用薄膜避妊具〕. **4**〖化〗(2種の液体を隔てる)隔膜. ~ électrolytique 電解膜. **5**〖音響〗振動板. ~ de haut-parleur スピーカーの振動板. **6**〖写真〗絞り. ~ pour lentille レンズの絞り. bague de ~ 絞りリング. commande de ~ 絞りの設定. régler le ~ 絞りを調節する.

diaphysaire *a.*〖解剖〗骨幹の (diaphyse)の.〖医〗dysplasie ~ 骨幹異形成症.

diaphyse *n.f.*〖解剖〗骨幹〔長骨の中央部〕.

diapo (=*diapo*sitive) *n.f.* ディアポ, スライド用フィルム. ~ en couleur カラースライド〔フィルム〕.

diaporama *n.m.*〖視聴覚〗**1** 音声付スライド映写, ディアポラマ. **2** (CD-ROMに収録された)非動画群.

diapositive *n.f.*〖写真〗ディアポジティヴ, 透明陽画；スライド(略記 diapo). ~〔en〕couleur カラースライド. projeter des ~s〔en〕couleur カラースライドを映写する.

diarrhée *n.f.*〖医〗下痢. avoir la ~ 下痢をする. ~ aiguë 急性下痢. ~ chronique 慢性下痢. ~ du nourrisson 幼児期下痢, 急性消化不良症(=dispepsie aiguë). ~ des voyageurs 旅行者下痢(=turista). ~ épidémique 伝染性下痢〔症〕；急性流行性胃腸炎. ~ nerveuse 神経性下痢〔過敏性腸症候群〕. ~ osmotique 浸透性下痢. ~ sécrétoire 分泌性下痢.

diarrhéique *a.*〖医〗下痢の, 下痢性の. selles ~s 下痢便.

diarrhogène *a.*〖医〗下痢を起こす. Escherichia coli ~ 下痢性大腸菌；〔腸管〕病原性大腸菌(=E. c. entéropathogène；=〔英〕EPEC：*entero*pathogenic *E*scherichia *c*oli).

diarthrose *n.f.*〖解剖〗関節, 可動結合, 滑膜性の連結〔genou 膝, など〕.

diaspora 〔ギ〕*n.f.* **1**〖宗教史〗ディアスポラ〔バビロン捕囚〔前597‐前538〕の後, ユダヤ人がパレスチナから離散したこと〕. **2** (民族の)離散. ~ tzigane ジプシーの離散.

diastéréoisomère *n.m.*〖化〗ジアステレオ異性体, ジアステレオマー.

diastole *n.f.*〖生理・医〗〔心〕拡張〔期〕.
diastolique *a.*〖生理・医〗(心臓の)拡張〔期〕の. pression ~ 拡張期血圧, 最小血圧, 下の血圧.

diathermie *n.f.*〖医〗ジアテルミー, 電気透熱装置；ジアテルミー療法(électrocautère 電気焼灼器や électrocoagulation 高周波による電気凝固). ~ chirurgicale 手術用ジアテルミー. ~ médicale 医療用ジアテルミー.

diathèse *n.f.*〖医〗素質, 体質, 素因〔特定の病気に罹り易い体質〕. ~ morbide 疾病素質.

diatonique *a.*〖音楽〗全音階の (chromatique 「半音階の」の対). gamme ~ 全音階.

diazépam [djazepam] *n.m.*〖化・薬〗ジアゼパム〔ベンゾジアゼピン系の精神安定剤〕.

diazine *n.f.*〖化〗ジアジン (6員環内に2つの窒素原子をもつ3種の異性体の総称).

diazocopie *n.f.*〖印刷〗ジアゾタイプ (ジアゾニウム化合物を利用した光複写法), ジアゾ (diazo).

diazoïque *a.*〖化〗composé ~ ジアゾ化合物.
——*n.m.* ジアゾ化合物.

diazotation *n.f.*〖化〗ジアゾ化.

diazote *n.m.*〖化〗窒素ガス (=azote gazeux；N_2).

DIB (=*d*échets *i*ndustriels *b*anals) *n.m.pl.* 通常産業廃棄物. ~ en mélange 通常混合産業廃棄物.

dibasique *a.*〖化〗二塩基〔性〕の (=bibasique).

dibenzo-anthracène *n.m.*〖化〗ジベンゾ=アントラセン〔原油に含まれる発癌物質〕.

dibrome *n.m.*〖化〗臭素の分子 (Br_2).

dicarbonylé(e) *a.*〖化〗2個のカルボニル基を導入した.
——*n.m.* ジカルボニル〔分子内に2個のカルボニル基をもつ物質〕.

Diccilec (=*Di*rection *c*entrale de *c*ontrôle de l'*i*mmigration et de la *l*utte contre l'*e*mploi des *c*landestins) *n.f.* (国家警察の)入国管理・密入国者雇用防止対策総局；国境警察 PAF (=*P*olice *a*ux *f*rontières).

dicétone *n.f.*〖化〗ジケトン〔1分子中にケト基2個をもつ有機化合物〕.

dichlore *n.m.*〖化〗塩素の分子 (Cl_2).
dichloroéthane *n.m.*〖化〗ジクロロエタン. 1,2-~ 1,2-ジクロロエタン(二酸化エチレン dichloroéthylène, $ClCH_2CH_2Cl$).

dichloroéthylène *n.m.*〖化〗二塩化エチレン(1,2-ジクロロエタン 1,2 dichloroéthane, $ClCH_2CH_2Cl$).

dichlorure *n.m.*〖化〗二塩化物.
dichotome *a.* **1**〖天文〗lune ~ 半月 (=demi-lune).

2〖植〗二股に分かれた, 叉状の (=bifurqué). tige ~ du gui 宿り木の二股の茎.

dichotomie [dikɔ-] *n.f.* **1** 2種類(2群)に分けること, 二分;〖論理〗二分法. tri par ~ 二分式選別.
2 2つのものの対立. ~ entre recherche fondamentale et recherche appliquée 基礎研究と応用研究の対立 (分岐).
3〖植・動〗二叉分枝, 二股分枝.
4〖天文〗半月〔状態〕.
5〖医〗(医師と医師, 医師と検査ラボの間などの) 謝礼金の分配 (不当行為).

dichotomique *a.* **1** 二分法の (に関する).
2 二分法による. classification ~ 二分法による分類. teste ~ 二者択一式テスト, イエス・ノー方式のテスト.
3〖植・動〗二叉分枝する.

dico *n.m.* 〔話〕辞書, 辞典 (=dictionnaire).

dicotylédone *a.* 〖植〗双子葉の. arbre ~ 双子葉樹木.
——*n.f.pl.* 双子葉類, 双子葉植物 (=plante ~ 双子葉植物).

dicrofénac *n.m.* 〖薬〗ジクロフェナック《鎮痛・消炎薬;薬剤製品名 Voltarène (*n.m.*)》.

dicrote *a.* 〖医〗重拍の, 重拍性の. pouls ~ 重拍脈, 重拍.

dicrotisme *n.m.* 〖医〗重複脈, 重 拍 重波.

DICS (=déficit immunitaire combiné sévère) *n.m.* 〖医〗重度複合免疫不全〔症〕.

dictaphone (<*D*~, 商標) *n.m.* ディクタフォン《手紙の口述筆記用録音機》, 小型のポータブル・テープレコーダー (=magnétophone).

dicta*teur* (*trice*) 1 *n.m.* 〖古代ローマ〗独裁執政官. César, ~ à vie 終身独裁執政官カエサル.
2 *n.* 独裁者. ~ communiste 共産主義の独裁者. allure de ~ 独裁的振舞い. faire le ~ 独裁者ぶる.

dictatorial (ale) (*pl.aux*) *a.* **1** 〖古代ローマ〗独裁執政官の.
2 独裁の. pouvoir ~ 独裁的権力. régime ~ 独裁制.
3 尊大な, 横柄な;有無を言わさぬ. parler sur un ton ~ 高飛車に話す.

dictature *n.f.* 独裁, 独裁政治, 独裁体制, 強権, 絶対的な権威者. ~ du prolétariat プロレタリアートの独裁. ~ militaire 軍事独裁.

dictionnaire *n.m.* **1** 辞典, 辞書;事典. ~ analogique 類語辞典. ~ de la langue française フランス語辞典. ~ de la médecine (du droit) 医学 (法学) 事典. ~ de poche ポケット辞典. ~ du français contemporain 現代(時事)フランス語辞典. ~ électronique 電子辞書. ~ encyclopédique 百科事典. ~ français-japonais (japonais-français) 仏和(和仏)辞典. ~ historique 歴史辞典. ~ illustré 図解辞典 (事典).
à coups de ~ 辞書と首っ引きで. consulter un ~ 辞書にあたる, 辞書で調べる.〔話〕 passer le ~ sur un document 資料の表記を辞書で確かめる.
2 (ある時代・個人などの) 総語彙.
3〔比喩的〕辞書のような人, 物知り. ~ vivant; vrai ~ 生き字引.

dictionnairique *a.* 辞書の;辞書に関する. production ~ 辞書の製作.
——*n.f.* 辞書編纂.

dictyosome *n.m.* 〖生〗ディクチオソーム, 網状体, ゴルジ体 (=appareil de Golgi).

dicyandiamide *n.m.* 〖化〗ジシアンジアミド (プラスチックの原材料).

dicyanoargentate *n.m.* 〖化〗ジシアノ銀酸塩 (銀メッキ用;有毒).

dicyanoaurate *n.m.* 〖化〗ジシアノ金酸塩 (金メッキ用).

DID[1] (=*d*échets *i*ndustriels *d*angereux) *n.m.pl.* 有害産業廃棄物.

DID[2] (=*d*iabète *i*nsulino*d*épendant) *n.f.* 〖医〗インスリン依存型糖尿病 (=diabète insulinoprivé); 若年性インスリン依存性糖尿病 [=〖英〗IDDM: *i*nsulin *d*ependent *d*iabetes *m*ellitus], I 型糖尿病 (=diabète du type I; 若年性糖尿病 le diabète juvénile).

didacthèque *n.f.* 〖情報処理〗教育用ソフトウェア資料館.

didacticiel *n.m.* 〖情報処理〗訓練用教育ソフト《コンピュータ利用教育用のソフト; didactique と logiciel の合成語》=〖英〗 courseware, teachware, lernprogramme).

didacticien(ne) *n.* 〖電算〗コンピュータ支援教育プログラム設計者.

didactique *a.* **1** 教訓的な;教育的な. 〖精神分析〗analyse ~ 教育分析. poème ~ 教訓詩. traité ~ 教育論.
2 専門的な. langue ~ 専門的言語. terme ~ 専門用語, 術語.
——*n.f.* 教育法.

DIDON (=*di*ffusion *d*es *don*nées) *n.f.* 〖情報処理〗データ伝達.

didotien(ne) (<libraire Didot) *a.* (出版社の) ディド書店の;ディド書店風の. esthétique d'illustration ~*ne* ディド書店開発のイラスト美学.

didovudine *n.f.* 〖薬〗ジドブジン《エイズ治療薬;アジドチミジン AZT: *az*ido*t*hymidine》.

DIE (=*d*épense *i*ntérieure d'*é*ducation) *n.f.* 国内教育費総支出.

dièdre *a.* 〖数〗二面の. angle ~ 二面角.
——*n.m.* **1** 二面体. **2** 〖航空〗上反角.

dieldrine *n.f.* 〖化〗ジエルドリン《殺虫剤;ドイツの化学者2人の姓をとったディ

ールス=アルダー反応 Diels-Alder reaction からつくられた名称).
diélectrique a.〖電〗誘電の, 誘電性の. constante ~ 誘電率 (=permittivité); 比誘電率 (=permittivité relative). fonction ~ 誘電関数. lame ~ 誘電箔. perte ~ 誘電損失. polarisation ~ 誘電分極, 電気分極. ──n.m. 誘電体 (=substance ~), 電気の絶縁体.
diencéphale n.m.〖解剖〗間脳 (=cerveau intermédiaire).
diencéphalique a.〖解剖〗間脳の.〖医〗syndrôme ~ 間脳症候群.
diène n.m.〖化〗ジエン(=dioléfine ジオレフィン; 分子内に炭素原子の二色結合を2個もつ化合物の総称).
diénique a.〖化〗ジエンの. synthèse ~ ジエン合成.
Dieppe n.pr. ディエップ《département de la Seine-Maritime セーヌ=マリチーム の郡庁所在地, 市町村コード 76200》英仏海峡に面した漁港・商業港・フェリー港の町, 形容詞 dieppois(e)). château de ~ ディエップ城(14-17 世紀;象牙細工の収集で知られる博物館として活用).
diergol n.m.〖宇宙〗ジエルゴル, ビエルゴル, 二剤式燃料 (=biergol)《2 種混合推進薬;コンポジット型推進薬》.
dièse n.m.〖音楽〗シャープ, 嬰記号 (♯). ── a. 嬰記号の付いた.
diesel [djezεl] (< Rudolf D~, 発明者に由来) n.m. **1** ディーゼル・エンジン (=moteur ~). ~ deux temps 2 サイクル・ディーゼル・エンジン.〖鉄道〗automotrice ~ ディーゼルカー, 気動車.〖鉄道〗locomotives ~ ディーゼル機関車. **2**〖自動車〗ディーゼル車 (=véhicule à moteur ~).
diesel-électrique (pl. ~s-~s) a. ディーゼル・エンジンによる発電方式の. ──n.m. ディーゼル式電気機関車.
diésélisation n.f.〖運輸〗(自動車・列車のエンジンの) ディーゼル化.
diéséliste n. ディーゼル機関専門家; ディーゼル機関技士.
diète[1] n.f.〖史〗(ドイツ, スウェーデン, スイス, ポーランドなどの) 国会, 議会. la ~ de Worms ヴォルムスの国会.
diète[2] n.f. **1**〖医〗食餌療法, ダイエット; 治療食. ~ hydrique 水分を補給するだけの絶食療法. ~ lactée 牛乳食餌療法. ~ végétale 菜食.
2 節食, 絶食; 食 (= ~ absolue). mettre qn à la ~ 人に節食 (絶食) させる.
diététicien (**ne**) n. 栄養学者; 栄養士; 食事療法専門家.
diététique n.f.〖医〗栄養学; 食事療法. ~ pour ulcéreux 胃潰瘍食事療法. ──a. 食事療法用の. aliment ~ 食事療法食品, 規定食.
diététiste n. **1**〖医〗食餌 (栄養) 療法医.

2〖カナダ〗(大学で保健学を学んだ) 栄養士 (食餌療法).
3 栄養学者; 栄養士 (=diététicien).
diéthanolamine n.f.〖化〗ジエタノールアミン, 2,2′-イミノジエタノール (HN(CH$_2$CH$_2$OH)$_2$).
diéthylstilbestrol n.m.〖薬〗ジエチルスチルベストロール《略記 DES; 合成エストロゲン; 前立腺癌治療薬, 市販商品名 Distilbène》.〖薬〗~ phosphate 燐酸ジエチルスチルベストロール.
diétothérapie n.f.〖医〗食餌養法 (=diète, diététique).
diétotoxique a.〖医〗食餌毒性の.
dieu (pl. **~x**) n.m. **[I]**《世界存在の説明原理としての神》神. D~ créateur 造物主. croyance en seul ~ 唯一神教. 一神教 (=monothéisme). croyance en plusieurs ~x 多神教 (=polythéisme). culte rendu à D~ 神の崇拝, 宗教. étude de l'existence et de la nature de D~ 神の存在と神性に関する研究, 神学 (=théologie). existence de D~ (d'un ~) 神の実在.
[II]《一神教の神》〔D~, 多く無冠詞〕**1**《キリスト教の》神. D~ est Père, Fils et 〔Saint-〕Esprit. 神は父と子と聖霊である. Agneau 〔de D~〕神の仔羊 (=Agneau mystique; キリスト). le bras (la main) de D~ 神の力; 神助; 神罰. la colère de D~ 神の怒り. le Fils 〔unique〕de D~ 神の子. la gloire de D~ 神の栄光. homme de D~ 聖職者; 信心深い人. jour consacré à D~ 主日, 日曜日 (=dimanche). la mère de D~ 聖母マリア (=Vierge, Notre-Dame). Messie promis par D~ 神の約束された救世主. le royaume de D~ 神の国, 天国 (=Ciel, paradis). la Verbe de D~ 神言. la voix de D~ 神の声 (御心).
〔冠詞と共に〕〔話〕le bon D~ 神様; 聖体拝受. le D~ biblique (de la Bible) 聖書に書かれた神. le D~ chrétien キリスト教の神.
adorer D~ 神を崇める. croire en D~ 神の実在を信じる, 神を信じる. demander pardon à D~ 神に赦しを求める. obéir à D~ 神の教えに従う. paraître devant D~ 死ぬ. prier D~ 神に祈る.
D~ sait que (si) …ということが (かどうか) は神のみぞ知る《断言・否認・疑惑を示す》. D~ sait si je dis la vérité! 私が真実を言っていることは神様が御存じだ. Grand D~! quelle aventure! 何てこった! D~ m'est témoin que …は神様が御存知です. D~ me pardonne, こう申すのも何ですが. D~ merci. 神様のお蔭で. D~ vous bénisse! 神の御加護がありますように;〔話〕(くしゃみをした人に) 鶴亀鶴亀. D~ veuille vous bénir. 神様があなたを祝福してくださいますように. Plût à D~ que + subj. …

diffama*teur*(*trice*)

であればよいが(よかったのに). A *D*~ ne plaise que+*subj.* …ことの断じてないよう に. S'il plaît à *D*~ 神のみ心にかなうなら. Si *D*~ le veut. 神のおぼしめしなら. au nom de *D*~ 神の御名において,神かけて;きっと;後生だから. 〖間投詞〗Nom de *D*~ 畜生！ grâce à *D*~ 幸いにも,運よく. *D*~ aidant 神のお助けにより. Que *D*~ vous aide! 神のお助けのあらんことを. 〖諺〗Chacun pour soi, *D*~ pour vous. 自分のことは自分でして,他人のことは神にまかせよ. 〖諺〗L'homme propose, *D*~ dispose. 事を計るは人,成否を決めるは神. **2** (ユダヤ教の)神. *D*~-Yahweh (YHVH, Yhvh) イスラエルの神ヤハウェ. **3** (イスラム教の)神. le *D*~ du Coran (de l'islam) コーラン(イスラム教)の神《アッラー Allah》. **4** 〖間投詞〗〖Mon〗*D*~! / Bon *D*~! / Grand (Juste) *D*~! /*D*~ du ciel! おやま あ；やれうれしや；素晴らしい；けしからん；ええと《喜び,賞賛,驚嘆,怒り,躊躇など》.〖俗〗Bon *D*~! /Nom de *D*~! 畜生！ 糞っ！ Ⅲ 〖神話,多神教の神〗**1** 神；男神《女神は déesse》. les ~*x* grecs ギリシア神話の神々. les ~*x* de l'Olympe オリンポス山の神々. Seth, ~ égyptien du Mal et des Ténèbres 悪と冥界を司るエジプト神セトス. Zeus, ~ suprême de la Grèce antique 古代ギリシアの最高神ゼウス. généalogie des ~*x* 神統図. être aimé des ~*x* 才能と幸運に恵まれている. promettre ses grands ~*x* que …と神かけて誓う. **2** 神像,神の図像(彫像). **3** 〖比喩的〗神とあがめられる人,神格化された人；偶像,アイドル. ~*x* de la terre 「地上の神々」→ 皇帝(国王,君主)；世に時めく人々. ~ tutélaire 守護者,庇護者. faire de qch son ~ 何を崇拝する. garder qn comme un ~ 人を神のように守る.

diffama*teur*(*trice*) *n.* 中傷家,名誉毀損者. ——*a.* 中傷の. pamphlet ~ 中傷パンフレット.

diffamation *n.f.* 名誉毀損,中傷；〖法律〗誹毀(ひき),文書毀損. ~*s* des journaux 新聞の中傷記事. 〖法律〗délit de ~ 名誉毀損罪.

différé(*e*) *a.* 延期された；事後の. crédit ~ 延べ払い融資. paiement ~ 延べ払い. ——*n.m.* 〖放送〗(ラジオの)録音方式；(テレビの)録画方式. émission en ~ 録音(録画)放送《émission en direct「実況放送」の対》.

différence *n.f.* **1** 相違,差異,違い,差別. ~ entre A et B　AとBとの相違,差. d'âge 年齢差. ~ d'opinions 意見の相違. Ils ont trois ans de ~. 彼等は3歳違いだ. à la ~ de …と違って. faire des ~*s* entre ses élèves 生徒に差別をつける. faire la (une) ~ 違いを見分ける. 〖話〗faire une (de la) ~ 違いがある. faire (mettre) de la ~ entre A et B　AとBとを区別する. **2** (数量の)差；(金額の)差；〖株式〗利鞘,さや. **3** 〖数〗差；差分. ~ entre 40 et 30 est 10. 40と30の差は10である. ~ de deux ensembles A et B　2つの集合A,Bの差集合. ~ symétrique (2つの集合A,Bの)対称差. **4** 〖理〗差. ~ de phase 相差,位相差. ~ de potentiel 電位差《略記 ddp》. ~ moyenne de la température 平均温度差. **5** 〖生〗spécifique 種差.

différencia*teur*(*trice*) *a.* 分化させる. élément ~ 分化要素.

différenciation *n.f.* **1** 区別,区別立て；弁別,判別. ~ sociale 社会的区別. **2** 〖地学〗分化(作用). ~ de gravité 重力分化作用. **3** 〖生〗分化. ~ cellulaire 細胞分化. **4** 〖言語〗分化；〖音声学〗隣接異化.

différencié(*e*) *a.p.* **1** 区別された. **2** 分化した. organes ~*s* 分化した器官. **3** 〖労働〗パート・タイムの. **4** 〖数〗微分された.

différend *n.m.* (意見・利害の)対立；衝突；紛争,係争. avoir un ~ avec qn 人と意見が衝突する. calmer le ~ 衝突(紛争)を鎮める. partager un ~ 歩み寄る.

différent(*e*) *a.* **1** 異なった. ~ de とは異なった；とちがう. Mes idées sont bien ~*es* des vôtres. 私の意見はあなたと全く異なる. Ils sont ~*s* d'opinion. 彼らは意見を異にする. aspects ~*s* 異なる様相. couleurs nettement ~*es* 明かに異なる色彩. **2** 特異な. Cela est tout ~. 全く別問題だ；事情は全く違う. **3** 〖*pl.* で〗〖名詞の前〗いろいろな,異なったいくつかの,さまざまの. *D*~*es* personnes me l'ont dit. さまざまの人が私にそう言った. Ce mot a ~*s* sens. この言葉には異なるいくつかの意味がある. par ~*s* moyens いろいろな方法で.

différentiation *n.f.* 〖数〗微分〖法〗.

différentiel(*le*)[1] *a.* **1** 差別の；分化させる. droit ~ 差別関税. 〖社会保障〗indemnité ~ *le* 損害補填. salaire ~ 差別賃金. tarif ~ 〖経済〗賃金格差；〖鉄道〗逓減制運賃. thermomètre ~ 示差温度計. **2** 〖数〗微分の. calcul ~ 微分学(法). équation ~ *le* 微分方程式. **3** 〖機械〗差動性の. engrenage ~ 差動ギア. mouvement ~ 差動. **4** 〖心〗差異の. psychologie ~ *le* 差異心理学《集団内の個人差を研究する心理学》. seuil ~ 弁別閾. **5** 〖言語〗示差的な.

différentiel[2] *n.m.* **1**〖機械〗ディファレンシャルギア, 差動ギア. coquille de ~ 差動ギア・ボックス.
2〖経済〗格差. ~ de croissance 成長格差. ~ d'inflation インフレ格差.
différentielle[2] *n.f.*〖数〗微分. ~ *le* binôme 二項微分. ~ totale 全微分.
difficile *a*. **1** 困難な, 骨の折れる, 難しい；微妙な. entreprise ~ 困難な企て. rôle ~ 難しい役割. travail ~ 骨の折れる仕事.
~ à+*inf*. …しにくい. C'est ~ à dire. それは言いにくい. Ce n'est pas si ~ à faire. さほど難しいことではない.
Il m'est ~ de+*inf*. …することは私には難しい. Il m'est ~ de ne pas y aller. 私は行かざるを得ない. Il est ~ d'en parler devant les enfants. 子供の前でそれについて話すのは微妙な問題だ.
2 (作品・作家が)難解な. auteur (problème, texte) ~ 難解な作家 (問題, 文章).
3 難しい, 危険を伴う. chemin (route) ~ 難路, 嶮しい道.
4 厳しい, 苦しい, 辛い. circonstances ~s 厳しい状況. moment ~ 苦しい時. situation ~ 辛い立場. mener une vie ~ 辛い生活を送る.
5 気難しい. caractère ~ 気難しい性格. personne ~ 難しい人. cheval ~ 扱いの難しい馬.
6 なかなか満足しない. critique ~ 手厳しい批判. goût ~ 難しい好み.
difficulté *n.f.* **1** 難しさ, 困難, 困難なこと, 困難な箇所. ~ d'une affaire (d'un travail) 事態 (仕事) の難しさ. ~ d'un chemin 道の嶮しさ. avoir de la ~ à+*inf*. …することが困難である. mettre *qn* en ~ …を難関に立たせる, 厄介な立場にたたせる. avec ~ 苦労しながら, かろうじて, 骨を折って. sans ~ 難なく, やすやすと. Excellent en principe, le projet se heurte à des ~s matérielles et financières. その計画は原則的には素晴らしいが, 物質的, 財政的な困難にぶつかる. La ~ de l'entreprise réside dans l'absence quasi totale entre les personnes concernées de consensus sur le but à atteindre. すべての企ての難しさは, 関係者の間に到達すべき目的についてのコンセンサスがほとんどないことにある.
2 難解さ. ~ d'un poème (d'un texte) 詩 (文章の) 難解さ.
3 異議, 反対；障害；(作品の) 難解な個所；(演奏の) 難所. affronter une ~；faire face aux ~s 困難に立ち向かう, 困難に直面する. ~s intellectuelles 知的障害. dictionnaire des ~s de la langue française フランス語難問事典. faire des ~ pour+*inf*. …するのに文句をつける, なかなか…しようとしない. reculer devant les ~s 困難を前にして尻込みする. rechercher la ~ 進ん

で困難に立ち向かう. se heurter à des ~s 障害にぶちあたる. soulever des ~s 問題にぶつかる, 邪魔をする；異議を唱える. surmonter les ~s 苦境 (障害) を克服する.
4〔*pl*. で〕意見の対立. avoir des ~s avec *qn* …と仲違いしている, 意見が合わない.
5 不足, 貧しさ. La société souffre de graves ~s financières. その会社は深刻な資金不足に悩んでいる. se trouver en ~ 困窮状態にある, 困っている.
difficultueux(se) *a*. 厄介な, 面倒な；困難. entreprise ~*se* 困難な企て.
diffluent(e) *a*. **1** 四方に流出する；広がる.〖地学〗glacier ~ 分岐する氷河.〖生〗tissus ~s 軟化組織.
2〖比喩的〗たるんだ；四方八方に広がる. imagination ~*e* 奔放な想像力. organisation ~*e* たるんだ組織.
——*n.m.*〖地学〗分岐. ~s d'un glacier 氷河の分岐.
diffraction *n.f.*〖物理〗回折.
diffus(e) *a.p.* **1** 四散した, 拡散した. chaleur ~*e* 散熱人. lumière ~*e* 散光.
2〖音声学〗(母音が) 散音型の.
3 ぼんやりした, 漠然とした；取りとめのない. exposé ~ 取りとめのない発表.〖医〗phlégmon ~ 非局所性蜂巣組織炎.
4〖文〗style ~ 冗漫な文体.
diffusant(e) *a*. **1** 発散 (拡散) させる；拡散する.〖医〗douleur ~*e* 拡散痛.
2〖経済〗経済発展をもたらす；雇用を広げる.
diffuseur *n.m.* **1** (ニュースの) 伝播者；(知識の) 普及者；(書籍の) 配給業者；(情報伝達の) 媒体, メディア.
2〖機械〗放散器, 拡散器；〖電〗散光装置, 散光器；〖内燃〗ディフューザー, 散気装置, 噴気装置；〖音波〗拡散体；〖写真〗ディフューザー (光線の拡散装置)；(ホースの) 噴霧用筒口.
3 (高速道路の) インターチェンジ.
diffusion *n.f.* **1** 拡散；散乱；浸透.〖原子力〗séparation isotopique par ~ gazeuse ガス拡散法によるウラニウム同位元素235の濃縮. ~ par réflexion 反射による拡散. ~ par résonance 共鳴散乱. ~ thermique 熱拡散.
2 (ラジオ・TVの) 放送；放映. ~ d'un programme 番組の放送.
3 普及, 伝播, 流布. ~ de l'instruction 教育の普及. ~ massive de l'information 情報のマスコミュニケーション. ~ de la pensée 思想の流布.
4 (書籍の) 配給. ~ des ouvrages de librairie 書籍の配給.
5〖行政〗~ de l'impôt 税金の消費者への転嫁.
digest [diʒɛst, daidʒɛst] 〔英〕*n.m.* (書籍・記事の) 要約；要約版, 要約書. 〔英〕*Readers D* ~ リーダーズ・ダイジェスト.

digestibilité *n.f.* 消化性, 消化率.

digestif[1](**ve**) *a.* **1** 消化する, あずかる, 消化機能のある. appareil ~ 消化器官. enzyme ~ 消化酵素. ferment ~ 消化酵素. tube ~ 消化管.
2 消化に関する. trouble ~ 消化器障害.
3 消化を助長する. médicament ~ 消化薬. tisane ~*ve* 消化促進用煎じ薬.

digestif[2] *n.m.* **1** 食後酒, ディジェスティフ (=liqueur ~). **2**〖薬〗消化薬.

digestion *n.f.* **1** 消化. ~ chimique (消化液による) 化学的消化. ~ intestinale 腸内消化, 管腔内消化. ~ membraneuse 膜消化. ~ physique (咀嚼や消化管の運動による) 物理的消化. aliments de ~ difficile 消化しにくい食材. faire la ~ d'un aliment 食物を消化する.
2〖化〗(薬の)浸出；浸漬, 蒸解；熟成.〖薬〗produit obtenu par ~ 浸出によって得られる製品.

digicode *n.m.* ディジコード《門扉を開けるためのディジタル・コード装置》.

digit [dizit] (<〖英〗ディジット) *n.m.*〖情報処理〗(記数法上の) 数字；ビット (bit).

digita*l* (**ale**)(*pl.***aux**)[1] *a.* 指の；指質の. artères (veines) ~ *ales* 指動脈 (静脈). empreintes ~ *ales* 指紋.〖医〗impressions ~*ales* (頭蓋骨X線造影における) 指圧痕, 脳回圧痕. nerfs ~ *aux* 指神経.

digita*l* (**ale**)(*pl.***aux**)[2] *a.* 〖情報・数〗デジタル (デジタル) の；ディジタル (デジタル) 方式の 《公用推奨語は numérique》. affichage ~ ディジタル表示. calcul (code) ~ ディジタル計算 (コード). enregistrement ~ ディジタル録音. montre ~ ディジタル腕時計.

digitale[3] *n.f.*〖植・薬〗ジギタリス. ~ pourpre キツネノテブクロ《学名 Digitalis purpurea》. traitement à ~ ジギタリス療法.

digitaline *n.f.*〖薬〗ジギタリン《ジギタリスの葉から抽出されるグルコシド；心筋収縮増強剤, 強心性グルコシド (=glucocide cardiotonique)》.

digitalique *a.*〖植・薬〗ジギタリスの, ジギタリスに起因する. intoxication ~ ジギタリス中毒.
——*n.m.*〖薬〗ジギタリス製剤 (=glucoside cardiotonique 強心グルコシド)《強心剤, 利尿剤》.

digitopuncture *n.f.*〖医〗指圧〔療法〕.

digitoxine *n.f.*〖薬〗ジギトキシン《ジギタリスの葉に含まれる強心配糖体；猛毒；強心剤・利尿剤》.

digne *a.* **1** (de ~ *qch*；de+*inf.*；que+*subj.*)(に)値する,(するに)足る. conduite ~ de louanges 賞賛に値する行動. coupable ~ d'un châtiment 処罰に値する犯人. objet ~ d'attention 注目に値する事物. témoin ~ de foi 信頼するに足る証人. être ~ de sa réputation 名声に値する. ne pas être ~ de vivre 生きるに値しない. Il est ~ de+*inf.* …するに値する. Il est ~ qu'on s'occupe de lui. 彼は世話をされる資格がある.
2 (de *qn*, *qch*) (に) 似つかわしい, ふさわしい. fils ~ de son père 父親に似合いの息子. roman ~ d'un grand écrivain 大家にふさわしい小説. Sa célébrité est ~ de sa valeur. 彼の名声はその価値にふさわしい.
3〖名詞の前〗尊敬に値する. ~ homme 立派な人. faire un ~ usage de son argent 金を有用に使う.
4 威厳のある, 品位のある；〖皮肉〗勿体ぶった, 偉そうな. personne ~ 自尊心のある人. avoir un air ~ 重々しい (控え目な) 様子をしている. Il était très ~. 彼は勿体ぶっていた.

Digne-les-Bains *n.pr.* ディーニュ=レ=バン《département des Alpes-de-Haute-Provence アルプ=ド=オート=プロヴァンス県の県庁所在地；市町村コード 04000；形容詞 dignois (*e*)；省略形で Digne とだけ記すこともあり》. marché de la lavande de ~ ディーニュのラヴェンダー市. préalpes de ~ ディーニュ・アルプス前山地帯. station thermale de ~ ディーニュの温泉場《リウマチに効くとされる》.

dignitaire *n.m.* 高位の人；高官 (= ~ de l'Etat)；高僧 (= ~ de l'Eglise).
——*s n.f.pl.* 高位修道女.

dignité *n.f.* **1** 尊厳, 尊さ, 偉大さ, 立派さ. ~ de la personne humaine 人格の尊厳. ~ humaine 人間の尊厳. ~ de l'homme comparé aux autres êtres 他の生き物と比較した人間の偉大さ. ~ d'une pensée 思想の立派さ. atteinte à la ~ de la personne 人の尊厳に対する侵害.
2 威厳, 貫禄；品位, 気品；面目, 体面；誇り, 自尊心. conduite pleine de ~ 威厳に満ちた振舞い. droit de mourir avec ~ 尊厳死の権利.
avoir de la ~ 威厳 (気品) がある. avoir de la ~ dans ses manières 物腰に威厳 (気品) がある. manquer de ~ 威厳 (品位) に欠ける. perdre sa ~ 面目を失う. sauver (garder) sa ~ 体面を繕う (保つ).
3 高位, 顕職；高官 (高僧) 位 (maréchal de France「フランス国元帥」, amiral de France「フランス国提督」, grand-croix de la Légion d'honneur「レジオン・ドヌール最高勲章佩受者」など). les plus hautes (grandes) ~ *s* 最高の顕職. ~ de comte 伯爵位. ~ d'évêque 司教位. ~ prééminente 顕位. ~ souveraine 最高位. personne revêtue d'une ~ 高位を授けられた人. accéder à la plus haute ~ de l'Etat 国の最高位にのぼりつめる. conférer une ~ à *qn* 人を顕職につける. être élevé à la ~ de …の高位にのぼる.

digramme *n.m.* 〖言語〗二字一音字 (eu, ch など) (= digraphe).

digraphie *n.f.* **1** 〖簿記〗複式簿記. **2** 〖電算〗有向グラフ.

digression *n.f.* **1** (主題からの) 脱線. faire une ~；se perdre (tomber) dans les ~s (話が) 脱線する. récit coupé de nombreuses ~s 脱線ばかりで途切れた話. **2** 〖天文〗離角.

digue *n.f.* **1** 堤防, 突堤, 防波堤. ~ en pleine mer 防波堤 (= brise-lames). ~s fluviales 河川堤防. ~s mobiles 可動式堤防. **2** 〔比喩的〕防壁, 歯止め. ~s rigides des conventions 協約による堅固な歯止め. élever une ~ (des ~s) contre *qch* (物に対して) 防禦を固める.

Dihad ⇒ **Jihad**

diholoside *n.m.* 〖化〗ジホロシド (2 糖 配糖体).

dihydr[o]- ELEM「水素原子 2 個と結合した」の意. (*ex. dihydr*ate 二水化物).

dihydroergotamine *n.f.* 〖薬〗ジヒドロエルゴタミン (偏頭痛薬).

dihydrogène *n.m.* 〖化〗水素の分子 (H_2). sulfure de ~ 硫化水素 (H_2S).

dihydrotestostérone *n.f.* 〖生化〗ジヒドロテストステロン (男性ホルモン；略記 DHT；筋力増強剤としてスポーツ選手のドーピングにも利用される).

dihydroxyacétone *n.f.* 〖化〗ジヒドロキシアセトン, ジオキシアセトン (dioxyacétone) (シアン化物中毒の解毒剤).

Dijon *n.pr.* ディジョン (département de la Côte-d'Or コート=ドール県の県庁所在地, フランスと UE の広域地方行政区 région Bourgogne ブルゴーニュ地方の地方庁の所在地；市町村コード 21000；旧ブルゴーニュ州 la Bourgogne の首都；形容詞 dijonnais (*e*)). aéroport de ~-Bourgogne ディジョン=ブルゴーニュ空港 (東南郊 4.5 km). AOC cassis de ~ 原産地ディジョン呼称管理カシス (ディジョン地方の特産). cathédrale Saint-Bénigne de ~ ディジョンのサン=ベニーニュ大聖堂 (13-14 世紀ゴシック様式). église Notre-Dame de ~ ディジョンのノートル=ダム聖堂 (ゴシック様式；1210-40 年). Foire internationale et gastronomique de ~ ディジョン国際美食見本市 (1921 年創設, 11 月前半 2 週間). gare de ~-Ville ディジョン=ヴィル駅 (国鉄中央駅). moutarde de ~ ディジョン特産ムータルド (マスタード). Palais des ducs et des Etats de Bourgogne à ~ ディジョンのブルゴーニュ公爵宮殿および政庁 (内部に美術館). université de Bourgogne de ~ ディジョンのブルゴーニュ大学.

diktat [-at] [ラ・独] *n.m.* **1** (強制的) 指示, 指図；〖政治〗(戦勝国による) 強制命令. le ~ de Versailles (ドイツ側から見た) ヴェルサイユ条約の強制命令. **2** 力で押しつけられたもの, 強制されたもの.

dilacération (< dilacérer) *n.f.* **1** 引き裂くこと；(文書などの) 破棄. ~ d'un acte 証書の破棄. **2** 〖医〗切裂. **3** 〖歯科〗湾曲歯.

dilapida*teur* (***trice***) *a.* **1** 浪費する (économe「節約する」の対).
――*n.* **1** 浪費家 (= prodigue). **2** 横領者.

dilapidation *n.f.* **1** (時間・財産などの) 浪費. ~ d'un héritage 遺産の浪費. ~ des richesses naturelles 天然資源の浪費. politique de ~ 浪費政策.
2 横領, 着服. ~ des finances publiques 公金横領.

dilapidé(e) *a.p.* 浪費された；使い果たされた. argent public ~ 浪費された公金. fortune ~e 使い果たした資産.

dilata*teur* (***trice***) *a.* 〖解剖〗muscle ~ 拡張筋；(瞳孔の) 散大筋.
――*n.m.* 〖解剖〗拡張筋；〖医〗拡張器 (手術器具).

dilatation *n.f.* **1** 膨脹, 膨出；膨脹度. ~ d'un ballon 気球の膨脹. ~ d'un gaz 気体の膨脹. ~ thermique 熱膨脹. coefficient de ~ linéaire (volumique) 線 (体積) 膨脹係数.
2 拡張, 拡大；〖医〗拡張〔症〕；〖医〗拡張〔術〕. ~ de la pupille 瞳孔の散大. 〖医〗~ du col de l'utérus 子宮頚管拡大術, 子宮口開大法. 〖医〗~ gastrique 胃拡張〔症〕. impression de ~ du temps 時間の拡大感
3 〔比喩的〕気持が晴れ晴れすること. ~ du cœur 心が晴れ晴れすること. impression de ~ 解放感.

dilatoire *a.* **1** 時間稼ぎの, 引き延ばしの. 〖法律〗appel ~ 時間稼ぎの上訴. moyen ~ 引き延ばしの手段. réponse ~ 引き延ばし回答.
2 〖法律〗延期する, (手続きを) 遅延させる. exception ~ 延期的抗弁.

dilemme *n.m.* 〖論理〗両刀論法. **2** ジレンマ, 板挟み；難題. se trouver confronté à un ~ ジレンマに直面する, 苦しい選択を迫られる.

dilettante *n.* ディレッタント, 素人愛好家. faire de la peinture en ~ 素人芸として絵を描く. 〔蔑〕C'est un ~ たかが素人さ.

dilettentisme *n.m.* ディレッタンティズム, 道楽, 素人芸.

diltiazem *n.m.* 〖薬〗ジルチアゼム (Ca 拮抗薬, 狭心症・本態性高血圧症治療薬；薬剤製品名 Mano-Tildiem (*n.f.*) など).

diluant *n.m.* (ペイントの) 稀釈剤.

diluti*f* (***ve***) *a.* 〖証券〗稀薄化 (一株当たりの価値を減らす) (relutif「一株当たりの価値を増加させる」の対). opération ~ *ve* 稀薄化操作.

dilution *n.f.* **1** 希釈, 希薄；〖化〗希釈

diluvial(*ale*)度；希釈物, 希釈溶液. ~ normale 標準希釈度.〖医〗syndrome de ~ 希釈症候群《体内の水がナトリウムなどの溶質に比して著しく増加した病態. taux de ~ 希釈率；(ターボファンエンジンの)バイパス比(=〔英〕bypass ratio).
2〖経済〗(株式などの)実質的価値の低下.

diluvial(*ale*)(*pl.aux*) *a.* **1**〖地層〗洪積層の；洪積期の. **2** 大洪水的な. débordement ~ (河川の)大氾濫.

diluvien(*ne*) *a.* **1** 大洪水(déluge)に関する. eaux ~ *nes* (聖書の)大洪水；大洪水を思わせる大水害. époques ~ *nes* 大洪水時代.
2〔古〕洪積層の(=diluvial). terrains ~ *s* 洪積層(=diluvial).
3 大洪水を思わせるような. pluies ~ *nes* 豪雨.

diluvium [-vjɔm] *n.m.*〖地層〗洪積層.

DIM (=*d*ivision d'*i*nfanterie de *m*ontagne) *n.f.*〖軍〗山岳歩兵師団. 27ᵉ ~ 第27山岳歩兵師団《司令部 Grenoble).

dim. (=*dim*anche) *n.m.* 日曜日(略記).

DIMa (=*D*ivision d'*i*nfanterie de *ma*rine) *n.f.*〖軍〗海兵師団.

dimanche *n.m.* 日曜日；〖カトリック〗主日(週の最終第7日の安息日；=jour du Seigneur). aller à l'église le ~ 日曜日に教会堂に行く. messe du ~ 日曜日のミサ. observer le ~ 安息日を守る. le ~ de Pâques 復活祭の日曜日. le ~ de la Pentecôte 聖霊降臨の大祝日(復活祭後7週目の日曜日). le ~ des Rameaux 枝の主日(復活祭直前の日曜日). habits (costumes) du ~(des ~s) 晴着. repos obligatoire du ~ (勤労者の)日曜休息義務制. salariés travaillant le ~ 日曜出勤サラリーマン. *le Journal du* ~ 日曜新聞(1948年創刊の日曜紙). chauffeur du ~ 日曜ドライバー.〔話〕未熟な運転手. peintre du ~ 日曜画家；素人画家. passer ses ~s à bricoler 日曜大工を楽しむ.

dimension *n.f.* **1** 寸法《longueur 長さ(奥行), largeur (幅), hauteur (高さ))；広さ, 面積；大きさ；太さ. prendre les ~s de *qch*¹ 何の寸法を測る. prendre les ~s d'une pièce 部屋の広さを測る.
2 次元. espace à une ~ 1次元の空間(直線). espace à deux (trois) ~s 2 (3) 次元空間(平面(立体)). quatrième ~ 第4次元《相対性理論での temps「時間」).
3〔比喩的〕規模. ~ d'une entreprise 企業の規模. ~ internationale d'un événement 事件の国際的広がり.
4〔比喩的〕(事物・人間の)大きさ；(事の)重大さ；意義. ~ historique d'un événement 事件の歴史的意義. ~ sociale d'une décision politique 政治的決断の社会的重大さ. prendre la ~ (les ~s) de *qch*² (人が)何の重大さを理解する；(物が)重大性を帯び

る. à la (aux) ~(s) de *qch* 何の大きさに合わせて；何に適合した, 何にふさわしい. politique économique à la ~ de notre époque 我々の時代に適応した経済政策.
5 重大な局面(様相)；深遠さ. prendre des ~s politiques 政治的様相を帯びる.

dimère *n.m.*〖化〗**2** 量体, ダイマ《2個の分子の重合により生ずる物質).
——*a.* **1**〖化〗2 量体の. **2**〖生〗2つの部分から成る.

diméthylamphétamine *n.f.*〖薬〗ジメチルアンフェタミン(覚醒剤；ドーピング禁止薬物；略記 DMA).

diméthylformamide *n.m.*〖化〗N, N'-ジメチルホルムアミド(HCON(CH₃)₂；略記 DMF).

diméthylhydrazine *n.f.*〖化〗ジメチルヒドラジン(無色・猛毒の可燃性液体, ロケット燃料；略記 UDMH).

diméthylsulfoxyde *n.m.*〖化〗ジメチルスルホキシド, メチルスルホキシド((CH₃)₂S=O；略記 DMSO).

diméthyltryptamine *n.f.*〖薬〗ジメチルトリプタミン(幻覚剤；略記 DMT).

diminué(*e*) *a.p.* **1** 減らされた.〖建築〗colonne ~ *e* 先細の円柱. impôts ~*s* 減額された税.〖音楽〗intervalles ~*s* 減音程.〖編物〗rang ~ 減目(へりめ)をした段.
2 体力の衰えた；(肉体的・精神的に)やつれた. Il est très ~ depuis son accident. 事故以来彼はひどくやつれてしまった.

diminution *n.f.* **1** 減少, 軽減, 節減；短縮；値下げ. ~ de la durée de travail 労働時間の短縮. ~ de l'inflation インフレの減少. ~ du personnel 人員削減. ~ des prix 価格の値下げ. ~ des salaires 賃金の削減. ~ de la vitesse 減速.
2〖編物〗減目(へりめ). faire des ~s 減目をする.
3 (体力の)減退. ~ de l'appétit 食欲減退. ~ de l'énergie 精力の減退. ~ physique 肉体の衰え.

DIN¹ (=〔独〕*D*eutsche *I*ndustrie-*N*ormen) *n.f.pl.* ドイツ工業規格(=〔仏〕normes industrielles allemandes). 170 Ch ~ ドイツ工業規格170馬力. pellicule à 18 ~ ドイツ工業規格感度18 DIN (ASA50, ISO50)のフィルム. ch〔evaux〕~ 実馬力(DIN馬力).

DIN² (=〔独〕*D*eutsches *I*nstitut für *N*ormung e. v.) *n.m.* ドイツ規格統一協会.

dinde (<coq d'Inde) *n.f.* **1** 七面鳥の雌(雌は dindon).〖料理〗~ de Noël クリスマスの七面鳥料理(雌雄は問わない).〖料理〗~〔farcie〕aux marrons 七面鳥の栗詰め.
2〔話〕間抜けな女(娘), 馬鹿女(娘).

dindon *n.m.* **1** 七面鳥.
2 七面鳥の雄(成鳥).〖料理〗cuisses de ~ réveillantes 七面鳥の腿肉の目覚まし風(七面鳥のローストに, 仔牛の胸腺の角切りに

茸・香草を加えたソースを添えた料理).
3 〘話〙間抜けな男. ê tre la ~ de la farce 人の物笑いになる；だまされる，鴨になる.

dindonneau(*pl.* ~**x**) *n.m.* 七面鳥の雛 (若鳥). 〘料理〙rôti de ~ 七面鳥の若鳥のロースト.

dîner *n.m.* **1** 夕食, 晩餐 (=repas du soir). ~ d'affaires 社用の晩餐〔会〕. ~ de famille 家族揃っての夕食. ~-spectacle ショー付きの夕食. heure du ~ 夕食の時刻. inviter *qn* à ~ 人を夕食に招く.
2 〘古〙(北仏・カナダ・スイスで) 昼食 (=repas de midi, déjeuner).
3 〘集合的〙夕食の料理. ~ copieux 盛り沢山の夕食. Le ~ est servi. 夕食の支度ができました.

dingue *a.* **1** 〘話〙頭のいかれた. Il est ~, ce type! 奴は頭がいかれている！
2 常軌を逸した. ambiance ~ 異様な雰囲気.
——*n.* 頭のいかれた奴.

dinitrotoluène *n.m.* 〘化〙ジニトロトルエン (チェディット, チェダイト (cheddite) などの爆薬の原料).

DINK (*pl.* ~**s**) (=〘英〙*d*ouble *i*ncome, *n*o *k*ids) *n.* 共稼ぎで子供のない夫婦の一方, ディンク.

dinosaure *n.m.* **1** 〘古生〙恐竜, ディノサウルス.
2 〘比喩的〙(人・制度が) 恐竜の存在 (古風だが絶大な影響力をもつ). ~ de la politique 怪物的政治家.

dinosauriens *n.m.pl.* 〘古生〙恐竜目の動物.

dinothérium [-jɔm] *n.m.* 〘古生〙ディノテリウム, 長鼻恐獣.

dinucléotide *n.m.* 〘生化〙ジヌクレオチド.

diocésain(**e**) *a.* 司教 (監督, 主教) 区の. circonscriptions ~*es* 司教 (監督, 主教) 管区. évêque ~ 教区司教.
——*n.* 教区信者.

diocèse *n.m.* **1** 〘カトリック〙司教区；〘プロテスタント〙教区, 監督区, 主教管区. ~ de Paris パリ司教区. Il y a en France métropolitaine 95 ~*s* dirigés par 93 évêques ou archevêques nommés par le Pape. フランスには 95 の司教区があり, 教皇によって任命された 93 人の司教もしくは大司教の管理下にある. église d'un ~ 司教区教会堂, 司教座教会堂 (=cathédrale). tribunal d'un ~ 司教区裁判所 (=officialité).
2 〘古代ローマ〙州.

diode [djɔd] *n.f.* 〘電子〙ダイオード；二極〔真空〕管. ~ à cristal クリスタル・ダイオード. ~ luminescente 発光ダイオード. ~ semi-conductrice 半導体ダイオード. ~ tunnel トンネル・ダイオード, 江崎ダイオード.

dioïque, diœcique *a.* 〘植〙雌雄異体の, 雌雄異株の (monoïque「雌雄同体(株)」の対；*ex.* chanvre 大麻, dattier 棗 (なつめ) 椰子, houblon ホップ, palmier 椰子).

diol *n.m.* 〘化〙ジオール, 二価アルコール (=dialcool).

dioptrie *n.f.* 〘光学〙ジオプトリ (略記 δ, D；レンズの屈折率の単位).

dioptrique *n.f.* 〘光学〙屈折光学.
——*a.* 屈折光学の；光屈折の；光屈折による. 〘写真〙réglage ~ (ファインダーの) 視度調整.

diorama *n.m.* ディオラマ, ジオラマ (立体小形模型によるパノラマ展示).

diosmectite *n.f.* 〘薬〙ディオスメクチット, ジオスメクチット (下痢治療薬；薬剤製品名 Smecta (*n.f.*)).

diosmine *n.f.* 〘薬〙ディオスミーヌ, ジオスミン (昇圧薬；薬剤製品名 Diovenor (*n.m.*) など).

dioxine [di(j)ɔksin] *n.f.* 〘化〙ダイオキシン, ジオキシン (テトラクロロ=ディベンゾ=パラディオキシン TCDD「四塩化ダイオキシン」の異性形の一つ；猛毒の化学物質で, 催奇性・発癌性があり, 枯葉剤としても使用された). poulet à la ~ ダイオキシン汚染鶏.

dioxyde *n.m.* 〘化〙二酸化物 (=bioxyde). ~ d'azote 二酸化窒素 (NO_2；大気汚染物質). ~ de silicium 二酸化珪素 (SiO_2；俗称シリカ silice). ~ de soufre 二酸化硫黄 (大気汚染物質). ~ d'uranium 二酸化ウラン (軽水炉の核燃料).

dioxygène *n.m.* 〘化〙酸素の分子 (O_2).

dipeptidase *n.f.* 〘生化〙ジペプチダーゼ (酵素).

dipeptide *n.m.* 〘生化〙ジペプチド (2 個の α-アミノ酸がペプチド結合した物質).

diphasé(**e**) *a.* 〘電〙二相の. 〘電流〙courant ~ 二相交流.

diphasique *a.* 二相の, 二相性の. mélange ~ liquide-vapeur 液体と気体の二相性混合物.

diphénol *n.m.* 〘化〙ジフェノール.

diphényle *n.m.* 〘化〙ジフェニル, ビフェニル ($C_{12}H_{10}$=biphényle；二つのフェニル基をもつ化合物；熱伝導剤).

diphtérie *n.f.* 〘医〙ジフテリア (レフラー菌 bacille de Loeffler 感染症). 〘獣医〙~ avienne 鳥ジフテリア.

diphtérique *a.* 〘医〙ジフテリアの；ジフテリアに罹った. angine ~ ジフテリア性口峡炎 (アンギナ). enfant ~ ジフテリアに罹った子供.
——*n.* ジフテリア患者.

diphyllobothrium [ラ] *n.m.* 〘医〙裂頭条虫. ~ erinacei マンソン裂頭条虫 (=Spirometra erinaceri). ~ latum 広節裂頭条虫 (鮭・鱒に寄生する条虫).

diplocoque *n.m.* 〘医〙双球菌.

diplodocus [-s] *n.m.* 〘古生〙ディプロ

コックス《ジュラ紀にアメリカ大陸に棲息した草食性恐竜, 体長27 m》.

diploé *n.m.* 〖解剖〗《頭蓋骨の》板間層《ばんかんそう》. canaux veineux du ~ 頭蓋骨の板間層の静脈.

diplomate *n.* **1** 外交官《フランスの外交官は名誉称号としてのフランス国大使 ambassadeur de France, 階級としての全権公使 ministre plénipotentiaire, 外務参事官 conseiller des affaires étrangères, 外務書記官 secrétaire des affaires étrangères などに分かれ, 職務としては大使 ambassadeur, 公使 ministre-conseiller, 参事官 conseiller, 一等書記官 premier secrétaire, 外交官補 attaché などに分かれる》. ~ de carrière キャリア外交官. femme ~ 女性外交官 (=une ~).
2 駆け引きに長けた人, 交際のうまい人. C'est une vraie ~. 彼女は実に駆け引き上手である.
3 *n.m.* 〖菓子〗ディプロマット《菓子の名; ビスケット, ジャムとラム酒やキルシュで香りづけした生クリームからつくる》.

diplomatie *n.f.* **1** 外交, 外交政策. ~ au sommet 首脳外交. ~ des canons 砲艦外交. chef de la ~ 外務大臣.
2 外交機関《外務省本省および出先機関》, 〖集合的〗外交官, 外交官職. entrer dans la ~ 外交官になる.
3 外交的手腕, 駆け引き, 交渉術, 社交術.

diplomatique¹ *a.* **1** 外交の, 外交上の. agent ~ 外交官僚 (=diplomate). cadres ~s 幹部外交官. caractère ~ 外交官的資質. Corps ~ 外交団 (CD). histoire ~ 外交史. immunité ~ 外交官免除特権, 外交特権. négociations ~s 外交交渉. rupture des relations ~s entre deux pays 二国間の外交関係の断絶. valise ~ 外交行李.
2 〖比喩的〗外向的手腕のある, 腕利きの, 駆け引きのうまい. Ce n'est pas ~. そいつはうまくない.

diplomatique² *a.* 歴史的公文書の, 古文書の; 免状の, 憲章の. critique ~ 古文書の批判的研究. écritures ~s 免状用書体.
―*n.f.* 歴史的公文書学, 古文書学.

diplôme *n.m.* **1** 資格免状, 免許状, 免状; 免許. ~ de docteur 医師免状. ~ d'enseignement 教員免状. ~ d'infirmier (infirmière) 看護師免状. ~ d'interprète 通訳免許. ~ national 国家免状. décerner (obtenir) un ~ 免許状を授与(取得)する.
2 〖学位〗免状; 学位記; 資格証明書. ~ d'accès aux études universitaires《バカロレアによる大学入学資格を持たない者を対象とする》大学教育入学適性証《略記 Daeu》. ~ de baccalauréat 大学免状. ~ de doctorat 博士学位記. ~ d'Etat de doctorat ès lettres 国家文学博士号. ~ de deuxième cycle《大学の》第二課程学位免状 (licence, maîtrise). ~ de troisième cycle《大学の》第三課程学位免状 (DES, DEA, doctorat). harmonisation européenne des ~s grâce à la règle du 3-5-8 (licence-master-doctorat)《学士・修士・博士号取得に要する年限》3-5-8年制規則の導入による学位のヨーロッパ連合内調整.
3 〖学業〗修了証書, 卒業証書 (= ~ de fin d'études). ~ d'études approfondies 専門教育課程修了証書《略記 DEA》. ~ d'études supérieures 高等教育課程修了証書《略記 DES》. ~ d'études supérieures économiques 高等経済学校修了証書《略記 DESE》. ~ d'études supérieures spécialisées 専門高等教育課程修了証書《略記 DESS》. ~ d'études universitaires générales 大学一般教育課程修了証書《略記 DEUG》. ~ d'études universitaires scientifiques et techniques 大学科学技術教育課程修了証書《略記 Deust》. ~ de l'Ecole des hautes études commerciales 高等商業学校修了証書. ~ universitaire de technologie 工科短期大学 (IUT) の修了証書《略記 DUT》.
~ imprimé (manuscrit) 印刷された (手書きの) 修了証書 (免状, 免許状). copie conforme d'un ~ 修了証書 (免状, 免許状) の謄本.
4 資格取得試験. passer un ~ 資格試験を受ける.
5《展覧会などの》賞状 (= ~ d'honneur).
6 〖史〗《皇帝・国王の授ける》免許状, 特許状.

diplomé(e) *a.p.* 免状 (資格) を持った; (特に) 高等教育の修了免状を持った. infirmière ~e 有資格の女性看護師. ~ par le gouvernement 政府公認の《略記 DPLG》.
―*n.* 免状所有者; 高等教育修了免状所有者. ~ de baccalauréat 大学入学資格免状所有者. ~ d'une grande école グランド・エコールの修了免状所有者.

diplopie *n.f.* 〖医〗複視《物が二重に見える視覚異常》.

diplosome *n.m.* 〖生〗倍数体.

dipolaire *a.* 〖物理・化〗二極性の, 双極性の. 〖化〗ion ~ 双極性 (両性) イオン. 〖電〗moment ~ 双極子モーメント.

dipôle *n.m.* **1** 〖物理〗双極子; 〖化〗双極分子. ~ électrique (magnétique) 電気 (磁気) 双極子.
2 〖電気通信〗ダイポール空中線 (アンテナ).

dipsomanie *n.f.* 〖医〗飲酒癖, 渇酒癖, 嗜酒症; アルコール中毒.

diradical (ale) (*pl.* **aux**) *a.* 〖化〗二端遊離基の. molécule ~ale 二端遊離基分子.
―*n.m.* 〖化〗二端遊離基.

dircab *n.* 〖政治〗〖話〗官房長 (=directeur de cabinet).

DIRCEN (= *Dir*ection des *c*entres d'*ex*périmentation *n*ucléaire) *n.f.* 核実験センター本部《フランス国防省直轄; 軍とCEA : Commissariat à l'énergie atomique

との合同組織；1998年8月1日廃止）．

dircom (=*dir*ecteur (trice) de la *com*munication) *n*. (大企業の) 広報部長 (室長)．

DIRD (=*d*épense *i*ntérieure de *r*echerche et *d*éveloppement) *n.f.* 研究開発国内支出. indice de la ~ 研究開発国内支出指数. ratio ~ /PIB 国内総生産に占める研究開発費の比率.

direct(**e**) [dirɛkt] *a*. **1** 直接の. 〖法律〗action ~*e* 直接訴権《action indirecte (oblique)「債権者代位権」の対》. 〖政治〗Action ~*e* アクション・ディレクト《1980 年代フランスの極左テロ集団》. 〖文法〗complément ~ 直接補語. discours ~ 直接話法. fiscalité ~*e* 直接税〔制〕. impôt ~ 直接税. investissement ~ 直接投資. 〖教育〗méthode ~*e* (語学の) 直接教育法. **2** 直通の, まっすぐの, 直に接した, 直系の. ligne ~*e* 直通電話, ホットライン；直通路線；直系. train ~ 直通列車, 準急, 快速列車. **3** 単刀直入の, 露骨な, むき出しの. accusation ~*e* あからさまな非難. regard ~ 露骨な視線.
　――*n.m.* **1** 直通路線. **2** 〖ボクシング〗ストレート. **3** en ~ 直送. émission en ~ 生放送. Je vous parle en ~ de Tokyo. 東京からの生中継です.

direc*teur* (***trice***) *n*. **1** 組織の長；社長, 局長, 部長, 課長；支配人, 経営者, マネージャー. ~ administratif 経営部長. ~ de budget 予算局長. ~ du cabinet du premier ministre 首相官房長《フランスの大臣官房は大臣と個人的な関係の深い少数の人々から構成され, 官房長をはじめ, 構成員は必ずしも官僚ではなく, また官僚であっても当該官庁に属さない場合もある》. ~ commercial 営業部長, マーケッティング部長. ~ d'école 校長. ~ d'établissement 所長, 校長. ~ de journal 新聞の主幹. ~ de recherche 研究指導教授. ~ de thèse 論文指導教授. ~ du Trésor 国庫局長《経済財政省の主要官僚の一人で, 日本財務省の国際金融, 銀行, 証券, 理財各局にまたがる権限をもつ》. ~ d'usine 工場長. ~ général 専務取締役, 副社長；総局長；局長. ~ général adjoint 副社長, 専務取締役. président ~ général 社長, 取締役会長・社長 (略記 PDG).
2 〖映画〗~ de production 製作主任. ~ de salle 映画館支配人. 〖演劇〗~ artistique アートディレクター. ~ de scène 舞台監督.
3 〖仏史〗総裁政府 Directoire (1795-99) を構成する 5 人の総裁.
4 〖宗教〗~ de conscience (spirituel) 霊的指導者.
　――*a*. **1** 指導的な, 基本になる. comité ~ 役員会, 指導委員会. idée ~*trice* 基本概念. schéma ~ d'aménagement et d'urbanisme (SDAU) 国土整備・都市計画基本計画. schéma ~ d'aménagement de la région parisienne パリ地方整備基本計画.
2 操舵の, 方向を決定する. roue ~*trice* 操舵輪.
3 〖軍〗plan ~ 戦闘地図, 大縮尺地図.
4 〖数〗cercle ~ 準円. ligne ~*trice* 準線.

directif (**ve**[1]) *a*. **1** 指導的な, 押し付けがましい, 権威主義的な, 独断的な. **2** 指向性がある.

direction *n.f.* Ⅰ **1** 指導, 指揮. ~ des travaux pratiques 演習の指導. ~ d'une opération militaire 軍事作戦の指揮. ouvrage réalisé sous la ~ de X X 監修による著作. préparer une thèse de doctorat sous la ~ de professeur X X 教授の指導下で博士論文を準備する. travailler sous la ~ de qn …の下で働く.
2 指導部, 指導者, 責任者. ~ du parti socialiste 社会党指導部.
3 管理, 経営；経営者, 経営陣, 役員, 首脳. assumer la ~ d'une entreprise 企業の経営を担当する. La négociation salariale entre syndicat et ~ n'a pas abouti. 労使の賃金交渉は妥結に至らなかった.
4 (官庁, 企業の) 局, 部, 社 (局, 部) 長室. ~ des affaires politiques 政治局. ~ du personnel 人事部. ~ générale des relations culturelles 文化関係総局. sous-~ des établissements culturels à l'étranger 在外文化施設課. aller à la ~ 社 (局, 部) 長室へ行く.
5 〖古〗~ de conscience 霊的指導.
Ⅱ **1** 方向, 方角, 方位, 行き先. ~ Châtelet シャトレ行き (パリの地下鉄の表示). ~ Paris パリ方面 (道路の表示). ~ obligatoire 通行 (進入) 指定方向 (道路の表示). toutes ~*s* 全方向《市街地の入口などに見られる道路標識で幹線道路のいずれにも出られる》. dans la (en) ~ de …の方角へ, …へ向かって, …行きの. changer de ~ 方向転換する. suivre la bonne ~ 正しい方向に向かう.
2 方針, 指針, 方向, 道筋. donner une ~ différente à la politique extérieure 外交政策の方針を変更する. orienter la recherche dans une nouvelle ~ 捜査を新しい方向へ進める.
Ⅲ 操縦装置, (特に自動車の) ステアリング, ハンドル. ~ à crémaillère ラックアンドピニオン・ステアリング. ~ assistée パワーステアリング. ~ molle 柔らかいハンドル.

directionnel (**le**) *a*. **1** 指向性の (=unidirectionnel；公用推奨語は directif). antenne ~*le* 指向性アンテナ. micro ~ 指向性マイク.
2 指示的な. comité ~*le* 指示委員会. panneau ~ 指示標識.

directive[2] *n.f.* **1** 命令, 指令, 指針, ガイドライン；(UE 〔EU〕の) 指令, ガイドライン《UE 〔EU〕法において規則 règlement と

決定 décision の中間に位置する. 加盟国の国内法によって法制化されることで執行される). ~ européenne ヨーロッパ連合の指令 (UE [EU] の閣僚理事会または UE [EU] の委員会が発する指令で, 構成国を拘束する).
2 〖軍〗(司令部による) 指揮.
3 〖行政〗要綱, 裁量基準. ~ d'aménagement national 全国整備基準.

directmedica.com. n.pr.m. 〖無冠詞〗ディレクトメディカ・コム (医薬品の受注を行うインターネットのサイト名).

directoire n.m. 1 〖史〗総裁政府 (1795-99年). style D~ 総裁政府様式. 2 〖商業〗重役会, 取締役会；業務執行役員会.

dirigé(e) a.p. 指導された；方向づけられた. activités ~es 方向づけられた活動. économie ~e 統制経済. 〖教育〗travaux ~s 演習〖科目〗(略記 TD).

dirigeable a. 操縦可能な. ballon ~ 飛行船.
—n.m. 飛行船 (=ballon ~).

dirigeant(e) n. 指導者, リーダー. ~ d'un club sportif (d'une entreprise) スポーツクラブ (企業) の指導者. ~ d'un parti politique 政党のリーダー. ~s politiques 政治的指導者.
—a. 指導する, 指導的な. classes ~es 指導階級. personnel ~ 幹部職員, 管理職.

dirigisme n.m. 政府主導型経済運営, 国家介入主義〖政府〗, 権威主義.

DIS (= déchets industriels spéciaux) n.m. pl. 特殊産業廃棄物 (第1級廃棄処理. décharge de classe 1 の対象となる).

disarticulation n.f. 〖医〗関節離断〖術〗.

discal(ale)(pl.**aux**) a. 〖解剖〗椎間板の (=disque intervertébral). hernie ~ale 椎間板ヘルニア.

discale n.f. (輸送・在庫中の) 目減り (= freinte).

discarthrose n.f. 〖医〗椎間板関節症, 椎間板炎.

discernement n.m. 1 判断力, 分別, 事理弁識能力. âge de ~ 善悪の判断 (分別) のつく年頃. esprit de ~ 判断力. agir avec ~ 分別のある行動をする. manquer de ~ 判断力に欠ける.
2 〖文〗識別, 判別, 見分け, 弁別. ~ des nuances 微妙な相違の識別. ~ d'une cause 原因の判別. ~ de la vérité d'avec le faux 本物と偽物の弁別.

disciple n. 1 弟子, 門弟, 門人, 門下〖生〗. les ~s de Jésus-Christ キリストの12使徒；〖現用〗キリスト教の信奉者. Aristote, ~ de Platon プラトンの門弟アリストテレス.
2 信奉者. Elle est une ~ de Beauvoir. 彼女はボーヴォワールの信奉者である.

disciplinaire a. 1 規律上の, 規律にかかわる. faute ~ 規律違反. règlement ~ 服務規律.
2 (規律違反に対する) 懲戒上の. action ~ 懲戒上の訴追. 〖軍〗bataillon ~ 懲治部隊 (軍規違反の兵士により編成された大隊；1972年までの呼称). juridiction ~ 懲戒上の審理機関. 〖軍〗locaux ~s d'une caserne 兵舎の営倉. mesures ~s 懲戒処分. peine (sanction) ~ 懲戒罰, 懲罰. pouvoir ~ 懲戒権.
—n. 〖軍〗懲治部隊の兵士. compagnie de ~s 懲治兵中隊.

discipline n.f. 1 規律, 規範, 規則, 職業上の倫理規定. ~ budgétaire 財政規律. respecter une rigoureuse ~ budgétaire 財政を引きしめて運営する. ~ de vote (政党などの) 投票時の一致行動, 投票規制. ~ militaire 軍規. 〖軍〗compagnie de ~ 懲治部隊. conseil de ~ (学校などの) 懲罰委員会. Cour de la ~ budgétaire et financière 財政・金融規律監査院 (行政裁判機関). faire régner la ~ dans la classe 教室内の秩序を保つ. observer une ~ stricte dans les ventes extérieures 厳しい輸出自粛をする.
2 学科, 科目, 教科, 学問の分野；スポーツの種目. ~ littéraire 文科系学科. ~ scientifique 理科系学科.

discipliné(e) a.p. 規律正しい, 躾けのよい；統制のとれた. armée bien ~e 規律正しい (よく訓練された) 軍隊. écoliers ~s 躾けのよい生徒. exécutants ~s 統制のとれた楽団員.

discompte n.m. 〖商業〗安売り, 割引販売 (= 〖英〗discount).

discompté(e) a. 〖商業〗割引いた. prix ~ 割引価格 (=prix discompte).

discompteur n.m. 〖商業〗安売り業者 (= 〖英〗discounter).

discontinu(e) a. 不連続の, 断続的な；継続しない, 中断された. 〖数〗fonction ~ 不連続関数. ligne ~e 不連続線, 破線. mouvement ~ 不連続 (断続的) 運動. 〖法律〗possession ~e 非継続的占有. 〖言語〗unité ~e 不連続単位 (ne…pas など).
—n.m. 不連続, 断続. machine qui travaille en ~ 断続的に作動する機械.

discontinuation n.f. 1 中断, 中止.
2 〖法律〗取下げ, 取消, 停止. ~ des poursuites 強制執行の停止 (取消).

discontinuité n.f. 1 不連続〖性〗；不連続面. ~ du moi 自我の不連続性. 〖数〗point de ~ (関数の) 不連続点.
2 切れ目, 中断, 断絶. travailler sans ~ 中断なく働く.

discopathie n.f. 〖医〗椎間板症. ~ dégénérative 椎間板変性〖症〗.

discoradiculographie n.f. 〖医〗椎間板造影〖法〗(=saccoradiculographie).

discordance n.f. 1 不一致, 不調和. ~ des caractères (des opinions) 性格 (意見) の不一致. ~ de couleurs 色彩の不調和.

2 〖音楽〗不協和. être en ~ (音が)不協和である.
3 〖地質〗不整合. ~ de stratifications 層理の不整合.

discordant(e) a. 調和を欠く；不一致の；相いれない；(色彩などが)不調和な；(音などが)耳障りな. caractères ~s 相いれない性格. couleurs ~es 不調和な色. instruments de musique ~s 調和を欠く楽器. 〖地質〗stratification ~e 不整合成層. voix ~es 耳障りな声.

discorde n.f. **1** 〖文〗仲たがい, 不和, 軋轢, 葛藤, 反目. brandon de ~ 不和(紛争)の火種, 火つけ役. pomme de ~ 不和(論争)の種. être en ~ 仲たがいしている. semer la ~ 不和の種をまく.
2 〖ローマ神話〗la D~ ディスコルディア《不和の女神》.

discothèque n.f. **1** ディスコテック, ディスコ. **2** 貸レコード業；貸レコード店. **3** レコード・コレクション. **4** レコード収納家具.

discount [diskawnt/-kunt][英] n.m. **1** 安売り, 値引販売, ディスカウントセール《公用推奨語は discompte》. faire (pratiquer) le ~ 安売りをする.
2 安売店, 値引販売専門店, ディスカウントショップ(=magasin de ~). acheter un appareil de photo dans un ~ 安売店でカメラを買う.

discours n.m. **1** 演説；講演；挨拶, スピーチ；説教；(弁護士の)口頭弁論. ~ d'ouverture (de clôture) 開会(閉会)の挨拶. ~ de réception レセプションのスピーチ. ~ d'une campagne électorale 選挙演説. ~ politique 政見演説. ~-programme 計画法演説, 施政演説. ~ religieux 説教. ~ sensé 筋の通った演説. ~ télévisé TV演説. faire (prononcer) un ~ 演説をする.
2 〖蔑〗(行動・事実・証拠を伴わない)空言；駄弁, 長たらしい話. Assez de ~! 無駄話はもう沢山！ perdre son temps en ~ 長話をして時間を無駄にする.
3 〖文法〗話法. ~ direct (indirect) 直接(間接)話法. ~ indirect libre 自由間接話法. parties du ~ 品詞(nom, article, adjectif, pronom, verbe, adverbe, préposition, conjonction, interjection).
4 〖言語〗言述, 言説, 話(わ) (langue「言語」の対). analyse de (du)~ 談話分析.
5 (思想表現としての)言説；〖哲・論〗論証, 論文. l'univers du ~ 言説世界. Le D~ de la méthode de Descartes デカルトの『方法叙説』(1637年). ~ préliminaire en tête d'un livre 書物の冒頭の前書き.

discrédit n.m. **1** 価値の下落. ~ d'une monnaie 通貨価格の下落. actions (valeurs) tombées dans le ~ 価値が下落した株(有価証券).
2 信用の失墜；不人気, 不評判. 〖法律〗sur une décision juridictionnelle 司法への信用失墜. gouvernement en ~ 不人気の政府. être en (dans le) ~ auprès de qn 人に信用がない. faire tomber qn dans le ~ 人の信用を失墜させる. jeter le ~ sur …の信用を傷つける.

discret(ète)[1] a. **1** (人が)控え目な, 慎み深い, 慎ましい. caractère ~ 控え目な性格. personne ~ète 慎み深い人.
2 (人が)秘密を守る, 口が堅い. Soyez ~! 黙っていてくださいよ.
3 目立たぬ, 人目を引かない；地味な；(色が)渋い, 落ちついた；(音が)弱い. couleur ~ète 渋い色. coups ~ frappés à la porte ドアをノックする控え目な音. endroit ~ 人目につかぬ場所. parfum ~ 香水のほのかな香り. pas ~ 忍び足. policier en civil très ~ 人目につかぬよう慎重に気を配っている私服警官.
4 秘密を守る, 口が堅い. personne ~ète 口の堅い人.

discret(ète)[2] a. **1** 〖数・言語〗離散的な. 〖数〗quantité ~ète 離散量. 〖言語〗unité ~ète 離散的単位.
2 〖電算〗ディスクリート, 個別の, 離散型の. circuit ~ ディスクリート回路. système ~ 離散系.
3 〖医〗(皮疹が)散在性の. variole ~ète 散在性痘瘡.

discrétion n.f. **1** 控え目, 慎ましさ, 遠慮深さ. agir avec ~ 慎ましやかに振舞う. interroger qn avec ~ 控え目に人に尋ねる. se retirer par ~ 遠慮して席を外す.
2 地味, 目立たぬこと. s'habiller avec ~ 地味な服装をする.
3 秘密の厳守, 秘匿. ~ du confesseur (du médecin) 聴罪司祭(医師)の守秘義務. 《D~ assurée》「秘密厳守」《求職者に対する雇用側の保証条件》. obligation de ~ 守秘義務.
4 〖古〗判断力；裁量. à ~ 好きなだけ, 勝手に. 《Pain à ~》パンはお好きなだけ召し上がってください. manger (boire) à ~ 好きなだけ食べる(飲む). Servez-vous à votre ~. お好きなだけお取りください. à la ~ de qn 人の思いのままに. à la ~ du gouvernement 政府の裁量による. être à la ~ de ses créanciers 債権者の言いなりになる. mettre sa fortune à la ~ d'un ami 財産の管理を友人に一任する. s'en remettre à la ~ de qn 人の判断に一任する.
5 〖ゲーム〗(勝者が決める)不確定の賭金.

discrétionnaire a. 〖法律〗〔自由〕裁量の. pouvoir ~ (行政官, 裁判官などの)〔自由〕裁量権. pouvoir ~ du ministre de Budget 予算担当大臣の自由裁量権. 〖商業〗pratique ~ 差別的取扱い.

discrimination n.f. **1** (社会的)差別, 差別待遇. ~ raciale 人種差別. ~ sociale 社会的差別. non ~ 非差別, 平等処遇.

discriminatoire

sans ~ 分け隔てなく, 平等に.〖商業〗interdire la ~ dans les prix (同一であるべき)価格の差別を禁止する.
2〖文学〗区別, 差異；〖心〗弁別, 識別. ~ entre le vrai et le faux 真実と虚偽の識別.
3〖電子工学〗弁別.
4〖税〗差別課税；課税区分.
5〖商業〗差別的取扱い (=pratique discriminatoire).

discriminatoire *a.* (社会的に)差別的な. mesures ~s 差別的措置. sélection ~ 差別的選別. traitement ~ 差別待遇.

disculpation *n.f.*〖法律〗無実の証明(立証)；正当化.

discussion *n.f.* **1** 話し合い, 論議, 討議, 討論, 交渉；検討；(法案などの)審議；弁論. ~ du budget (d'un projet de loi) à l'Assemblée nationale 国民議会での予算(法案)の審議. ~ en réunion 会議での討論. ~ théologique 神学論争. matière à ~ 検討課題. être sujet (donner matière) à ~ 検討の余地がある. être en ~ 審議されている. mettre *qch* en ~ 何を討議(審議)に付す. le projet de loi en ~ au parlement 国会で審議中の法案. ouvrir une ~ en vue d'un traité de commerce 通商条約締結の交渉を開始する. soulever une ~ 議論をまきおこす.〖諺〗De la ~ jaillit la lumière. 三人寄れば文殊の知恵. Pas de ~! 文句をいうな. Sans ~! すぐに実行しろ.
2〖法律〗反証. bénéfice de ~ (財産の)検索の抗弁の利益.
3 反論, 異議. pas de ~ つべこべ言わずに；議論の余地なく. Pas de ~! 文句をいうな.
4 口論. ~ de ménage 夫婦喧嘩 (=scène de ménage). avoir une ~ avec *qn* 人と口論する. J'ai eu une violente ~ avec mon voisin. 隣人と激しく口論した.
5〖数〗吟味. ~ d'une équation 方程式の吟味.

discutable *a.* **1** 異論のある；問題のある, 疑わしい. faits ~s 疑わしい事実. théorie ~ 異論のある理論. C'est fort ~. それは大変疑わしい. Cela n'est pas ~. それには異論の余地がない.
2 好ましくない, あまり褒められない, 評判の悪い. goût ~ 好ましくない趣味.

discuté(e) *a.p.* **1** 討議に付された. projet de loi ~ par l'assemblée 議会で討議された法案.
2 異論の多い. opinion ~*e* 異論の多い意見.
3 (人が)評判の悪い, とかくの評判のある. un homme très ~ 大変評判の悪い人.

disette *n.f.* **1** (生活必需品の)欠乏；(特に)食糧の欠乏 (= ~ des vivres)；飢饉 (=famine). ~ d'eau 水不足, 水飢饉.
2〖戯〗金欠病 (= ~ d'argent), 貧乏 (=pauvreté).
3〖比喩的〗乏しさ, 貧しさ, 欠乏, 欠如. ~ de bonnes pièces de théâtre 魅力ある芝居の乏しさ. ~ d'idées nouvelles 新しい発想の貧困さ.

disgrâce (<grâce) *n.f.* **1** 失寵；不興. encourir (s'attirer) la ~ de *qn* 人の不興を買う. être (tomber) en ~ 不興を買う；失脚する.
2 失脚. ~ d'un ministre 大臣の失脚.
3〖文〗優雅さに欠けること, 醜さ. ~ de nature 不具.
4〖古〗不幸な出来事；不幸. cruelle ~ 惨事. pour comble de ~ その上不幸なことには.

disharmonie ⇒ **dysharmonie**

disjoncteur *n.m.*〖電〗ブレーカー, サーキットブレーカー (過電流に対して自動的に作動する電流遮断器).

disjonction *n.f.* **1** 分離.〖法律〗~ d'instances 訴訟手続の分離.
2〖論理〗選言〔命題〕, 離接；〖電算〗論理和.
3〖法律〗(法案などの)一部撤回, 一部留保. ~ d'un article de projet de loi 法案の条項の一部撤回. voter la ~ 一部撤回案に投票する.

dislocation *n.f.* **1**〖医〗転位, 脱臼. ~ d'une articulation 関節の脱臼.
2〖地学〗転位；転層. ~ de l'écorce terrestre 地殻の転位.
3 ばらばらになること；(機械の部品が)はずれること；(機械の)分解, 解体. ~ des pièces d'une machine 機械部品の分解.
4 散開；解散；(国の)崩壊. ~ d'une armée 軍隊の解散 (帰営). ~ d'un cortège 行列行進の解散. ~ d'un empire 帝国の崩壊.

disloqué(e) *a.p.* **1**〖医〗脱臼した, 転位した；〖一般に〗はずれた. articulation ~*e* 関節脱臼. rouages ~s はずれた歯車.
2 解体した, ばらばらになった；解散した. cortège ~ ばらばらになった行列. une voiture ~*e* 解体された車.
3〖比喩的〗ぎこちない. corps ~ ぎこちない体. pantin ~ ぎくしゃくした身振り.

dismutation *n.f.*〖化〗不均化変化.

disopyramide *n.m.*〖薬〗ジソピラミド (不整脈治療薬).

dispache *n.f.*〖海〗海損清算書.

dispacheur *n.m.*〖海〗海損清算人 (=expert répartiteur).

disparité *n.f.* 不均等, 不釣合, 不同, 不統一, 相違, 格差. ~ d'âge 年齢の不釣合. ~ des salaires 賃金格差. ~ entre deux couleurs 二つの色の不調和. ~ régionale 地域格差.

disparition *n.f.* **1** 紛失；失踪, 行方不明. ~ de l'enfant 子供の失踪. ~ d'une grosse somme d'argent 大金の紛失.
2 消失；滅亡；死滅, 死去. ~ d'une civilisation 文明の滅亡. espèces en voie de ~

絶滅しかかっている種.

disparu(e) (<disparaître) *a.p.* **1** 見えなくなった, 姿を消した, 紛失した；失踪した；行方不明の. bijoux ~s 紛失した宝飾品. marin ~ en mer 海で行方不明の船員. **2** 消滅した, 絶滅した；亡くなった. civilisation ~e 消滅した文明.
——*n.* 行方不明者；故人. être porté ~ 行方不明と判断される. ~ en mer 海難の行方不明者.

dispensaire *n.m.* 無料診療所, 保健相談所《無料で治療, 診察, 予防活動を行なう公立または私立の診療所》. ~ public antituberculeux 公立結核診療所. aller au ~ 無料診療所に行く.

dispense *n.f.* **1** (教会法の)特免, 適用緩和. ~ accordée par le pape 教皇の認可した特免. accorder (demander, obtenir) une ~ 特免を認可する《請求する, 獲得する》. **2** (義務などの)免除. ~ d'âge 年齢制限の免除. ~ d'examen 試験免除. ~ d'impôts 納税免除. ~ de scolarité 学費免除. ~ du service militaire 兵役免除.
3 免除許可書(証明書).

dispersant(e) *a.* 〖化〗分散させる.
——*n.m.* 分散剤；〖環境〗(特に)(石油の生物分解を助ける)界面活性剤.

dispersé(e) *a.p.* **1** 散らばった, 散乱した, 分散した. déchets ~s 散らばったごみ. 〖理〗système ~ 分散系. **2** 散逸した. manuscrits ~s 散逸した自筆草稿. **3** 散りぢりになった；散開した. amis ~s 散りぢりになった友人.〖軍〗ordre ~ 散開命令. population ~e 散開した(まばらな)住民. **4** 〔比喩的〕散漫. attention ~e 散漫な注意力. efforts ~s 散漫な努力.

dispersion *n.f.* **1** 散らばること, 散乱, 四散, 潰走；解散. ~ des manifestants デモ隊の解散. ~ des nuages 雲の散乱. **2** 〖物理・化〗分散；〖建築〗(音の)散乱；(弾道の)散飛.〖建築〗~ acoustique 音の分散.〖光学〗~ optique 光の分散.〖光学〗verre spécial à faible ~ 特殊低分散ガラス. **3** 〖統計〗ばらつき. ~ anormale 異常なばらつき. **4** 〔比喩的〕(注意力の)散漫.

disphorie *n.f.*〖医・心〗気分の悪さ, 不快, 不機嫌, ディスフォーリア.

disponibilité *n.f.* **1** 自由であること, 拘束されないこと, 柔軟性, こだわりのなさ. faire preuve d'une remarquable ~ d'esprit 驚嘆すべき自由な考え方をする. **2** すぐに使用可能な状態；現存性.〖経済〗~s monétaires 通貨供給高. ~s monétaires et quasi-monétaires マネーサプライ. **3** 〔原子力〕稼働. taux de ~ 時間稼働率(→ taux d'utilisation 設備利用率). **4** 〖行政〗待命；休職；〖軍〗待命予備. être

en ~ 待命(休職)中である.
5 〖言語〗待機性. ~ d'un mot 語の待機性.

disponible *a.* **1** 自由な, 拘束されない. esprit ~ 何物にも捉われない精神(人物). **2** 自由に使える, すぐに入手できる, 空いている. actif ~ 現物；流動資産. marchandises ~s 在庫品.〖法律〗quotité ~ (遺言, 贈与の)自由処分分 (part réservatrice「遺留分」の対).〖経済〗revenu ~ 可処分所得. valeurs ~s 流動資産.
3 暇な, 手が空いている, 他人の役に立つ. Il est toujours ~. 彼はいつでも手を貸してくれる. Je ne suis pas ~ ce soir. 今晩は空いていません.
4 〖行政〗休職中の, 待命中の. fonctionnaire (officier) ~ 待命中の公務員(将校).
5 〖言語〗待機性の. vocabulaire ~ 待機語彙.
——*n.m.* 使用可能な物；現物. marché au (en) ~ 現物市場. vente au ~ 現物販売, 在庫販売.

disposant(e) *n.* (有償または無償の)処分者.

disposé(e) *a.p.* **1** 並べられた；配置された；準備された, 整えられた. fleurs ~es avec goût 趣味よく生けられた花. objets ~s symétriquement 対称形に並べられた物体. troupes ~es autour d'une place de guerre 戦場に配置された部隊.
2 être ~ à + *inf.* …する気になっている；…する準備ができている. Nous sommes tout ~s à vous rendre service. われわれはあなたのお役に立つつもりでおります.
3 être bien ~ pour (à l'égard de, envers) qn 人に好意を抱く. être bien (mal) ~ 機嫌が良い(悪い).

dispositif[1] (**ve**) *a.* 規律する, 決定する. loi ~ve 処方規定, 任意規定 〖法規〗.〖法律〗principe ~ 処方(権)主義.

dispositif[2] *n.m.* **1** 装置. ~ amortisseur 耐震装置. ~ d'alarme 警報装置. ~ d'arrêt automatique des trains 列車自動停止装置.〖鉄道〗~ d'homme morte デッドマン装置. ~ de sûreté 安全装置. ~ scénique d'opéra オペラの舞台装置.
2 〖法律〗(法令の)主文 (préambule「前文」の対)；(判決の)主文 (considérant「判決前文」, motif「判決理由」の対)；判決案. ~ d'une loi (d'un décret, d'un arrêté) 法律(デクレ, 行政命令)の主文. ~ d'un jugement 判決案文.
3 措置, 手筈, 配備, 配置；態勢.〖軍〗~ d'attaque (de combat, de défense) 攻撃(戦闘, 防御)配置(態勢). ~ policier 警察の警備態勢.

disposition *n.f.* **1** 配置, 配列, 並べ方, レイアウト. ~ des couches géologiques d'un terrain 土地の地質層の配置構造. ~ des meubles dans une pièce 部屋の内の家具の配置.〖軍〗~ des troupes 部隊の配置.

~ d'un appartement アパルトマンの間取り. ~ d'un discours 講演の構成. ~ d'un jardin 庭園のレイアウト.『印刷』~ d'un texte autour d'une illustration 図版を中心としたテクストの割付け(レイアウト)(= habillage).
2 自由に使用(処分)できること. à ~ de *qn* 人の意のままに. A votre ~. どういたしまして, お安い御用です《礼を言われた時の応答》. être (se tenir) à la ~ de *qn* (人が)人の意のままになる; (物を)人が自由に使える. Je suis à votre entière ~. 何なりとお申し付けください. mettre (laisser) *qch* à la ~ de *qn* 何を人に勝手に使わせる.
3 傾向；性向；『医』(罹病しやすい)体質, 素因. ~ à + *n*. (à + *inf*.) …への(…する)傾向；…しやすいこと. ~ à des colères violentes かっとなりやすい性質. ~ des prix à la hausse (à la baisse) 物価の値上り(値下り) avoir une ~ à s'enrhumer 風邪を引きやすい体質である.
4〔多く *pl.*〕素質, 天分, 適性. ~s héréditaires 遺伝的素質. ~s naturelles 生来の天分. avoir des ~s pour la musique 音楽の才がある. Il manque de ~s. 適性に欠ける.
5 健康状態；(一時的な)気分, 機嫌, 〔*pl.* で〕(人に対する)気持, 感情；(物に対する)心構え, 意向；受入れ態勢. ~ du corps 体の健康である(ない)；上(不)機嫌である. avoir de bonnes ~s pour *qn*；être dans de bonnes ~s à l'égard de *qn* 人に好意を抱いている. être dans de bonnes ~s pour + *inf*. …する気分ではない.
6〔*pl.* で〕手筈, 処置, 準備. prendre ses ~s pour + *inf*. (pour que + *subj*.) …する手筈を整える. prendre ses ~s pour partir en voyage 旅行の準備をする.
7〖法律〗(法令の正文に書かれた)規範, 規定；(法律行為の)条項. ~s testamentaires 遺言条項. suivant les ~s de l'article x du Code civile, sauf ~ contraire 他に異なる定めのない限り, 民法典第 x 条の定めるところに従って.
8〖法律〗処分. ~ à titre gratuit (onéreux) 無償(有償)処分. acte de ~ 処分行為.
9〖税〗〔*pl.* で〕(登録税, 登記税における) 登録(登記)項目. ~s dépendantes (indépendantes) 関連(独立)項目.
10〖法律〗判示項目. ~s distinctes (判事の判決主文での)別個の判示項目.

disproportion *n.f.* 不釣合い, 不均衡. ~ de fortune entre deux personnes 2 人の人間の富の不均衡.

disproportionné(e) *a.* **1** (à と)釣り合いのとれていない, 不釣合いな. récompense ~e au mérite 功績に不釣合いな報酬.
2 並外れて大きい. taille ~e 並外れて大きい背丈.

dispute *n.f.* **1** 言い争い, 口論. ~ ac- compagnée de coups 殴り合いの言い争い. ~ de ménage 夫婦喧嘩. sujet de ~ 口論の種. apaiser une ~ 口論を鎮める. chercher [la] ~ 喧嘩を売る.
2 争奪戦, 奪い合い. ~ d'un titre タイトルの争奪戦. ~ pour le pouvoir 権力闘争.
3〔古〕論争(= débat, discussion).

disquaire *n.*〖商業〗(音楽の)レコード, カセット小売業者. ~ indépandant 独立レコード販売業者.

disqualification *n.f.* **1** 失格〔処分〕；資格停止(剥奪). ~ d'un concurrent 競争者の資格停止.
2〖法律〗軽減的法性決定.
3 不利, 劣勢；不利な条件. ~ de l'âge 年齢的不利.

disqualifié(e) *a.p.* **1** 失格した；資格を喪失した, 資格を停止された. boxeur ~ pour coup bas ローブローで失格したボクサー. cheval ~ 失格馬.
2〖法律〗(犯罪の)構成要件の軽減. infraction ~e 構成要件を軽減された犯罪.
3 信用を失った；けなされた. gouvernement ~ 信用を失った政府.

disque *n.m.* **1** レコード. ~〔de〕longue durée LP レコード(= ~ microsillon). ~ 45 tours 45 回転レコード. ~ laser レーザーディスク. marchand de ~s レコード店 (= disquaire). pochette de ~ レコードジャケット. changer de ~ 話題を変える.
2 ディスク. ~ compact コンパクトディスク. ~ dur (souple) ハード(ソフト)ディスク. ~ magnétique 磁気ディスク. ~ optique compact (DOC) コンパクト光学ディスク. ~ optique numérique ディジタル光学ディスク, CD-ROM.
3 円盤, 円板, 円板状のもの. lancer le ~ 円盤を投げる. ~ d'embrayage クラッチ板. freins à ~ ディスクブレーキ.
4〖解剖〗~s musculaires 横紋筋繊維.
5 ~ de stationnement (~ bleu)(パリ市内などで時間駐車が認められている街区で用いる) 駐車票《時間を表示する円板が内蔵されたもので, フロントグラスに置く》.
6 ~ du soleil 太陽の表面.

disque-jockey *n.* ディスク・ジョッキー (= disc-jockey；略記 DJ, D. J.).

disquette *n.f.*〖情報〗ディスケット (=〔英〕diskette), フロッピー・ディスク (=〔英〕floppy disk).

dissaccharide *n.m.* 〖化〗〔古〕二糖〔類〕 (= diholoside).

dissection *n.f.* **1** 解剖. ~ du corps humain 人体解剖. ~ d'un cadavre 死体解剖 (= ~ cadavérique), 検死 (= autopsie). instruments de ~ 解剖器具. table de ~ 解剖台.
2〖医〗解離, 剥離. ~ aortique 大動脈解離 (= anévrisme disséquant 解離性大動脈瘤).
3〔比喩的〕精密な分析, 吟味. ~ du bacil-

le du charbon 炭疽菌の分析. ~ d'un problème 問題の細かい分析.

dissémination *n.f.* 四散;〖植〗(種子などの)散布;〖軍〗散開, 分散配置;(核兵器などの)拡散;〖生〗播殖;〖医〗播種[転移];(思想の)伝播, 普及. ~ des armes nucléaires 核兵器の拡散.〖医〗~ d'un cancer dans l'organisme 癌の転移(=généralisation). ~ des graines 種子の散布. ~ des idées 思想の伝播(普及).〖軍〗~ des troupes 部隊の散開.

disséminé(e) *a.p.* 散らばった, 分散した;拡散した;伝播した;〖医〗転移した. armes nucléaires ~es 拡散した核兵器.〖医〗infection ~e 転移巣. peuple ~ 散りぢりになった民族. troupes ~es dans les différents villages 異なる村に分散展開した部隊.

dissension *n.f.* 紛争, 対立, 軋轢. ~s civiles familiales 家庭のもめごと. ~s franco-américaines 仏米間の意見の相違(衝突).

dissensus [-sys] *n.m.*〖話〗不合意, (意見の)不一致 (consensus「合意」の対).

dissentiment *n.m.* 見解の相違. ~ d'idées 考えの相違. en cas de ~ ; s'il y a ~ 意見の相違がある場合には. Il y a ~ entre nous sur ce point. この点に関して我々の間に対立がある.

disséquant(e) *a.*〖医〗解離性の, 離断性の, 剥離性の. anévrisme ~ 解離性大動脈瘤, 剥離性大動脈瘤. ostéochondrite ~e 解離性骨軟骨炎.

dissertation *n.f.* **1**〖学〗(lycéeの生徒や大学生に課される文学・哲学・歴史学などの)小論文, ディセルタション《略称: dissert (e)》. ~ d'examen 試験小論文. corrigé de ~ 小論文の模範答案. sujet de ~ 小論文の課題. corriger des ~s 小論文を添削(採点)する.
2〔蔑〕長弁舌. ~s ennuyeuses 退屈な長弁舌. Il m'a envoyé toute une ~ sur les joies de la campagne. 田舎暮しの歓びについて長々と書いてよこした.
3〔古〕論考, 論文.

dissidence *n.f.* **1** (団体内部の)分裂, 反対, 反逆, 離脱, 離党. faire ~ (加盟している団体の指導部に)反対する, 反旗を翻す, 離脱する.
2 分派, 党内反対派;反体制. ~ armée 武装反体制.
3 意見の不一致. ~ violente d'opinion 意見の激しい不一致.
4 少数意見, 少数説.

dissident(e) *a.* 離反した, 反逆的な;〖教会〗離教した.
—*n.m.* 離反者, 脱退者;叛徒;反体制派;〖教会〗離教者. ~s soviétiques ソ連の反体制派.

dissimulation *n.f.* **1** (感情・意図など

を)隠すこと, そらすとぼけ;偽装;偽善. parler sans ~ 隠し立てなく話す. petite ~ つまらぬ隠し立て(=cachotterie). agir avec ~ 本心を偽って行動する.
2 隠すこと;〖法律〗隠蔽, 隠匿;〖精神医学〗疾患隠蔽.〖法律〗~ d'actif (差押えを免れるための)資産の隠匿. ~ de revenus dans la déclaration au fisc 税務署への申立における所得隠し. ~ de testament 遺言書の隠匿.

dissipation *n.f.* **1** 散乱, 分散, 四散;潰走;解散.〖史〗~ des Juifs ユダヤ人の離散(=diaspora). ~ des nuages 雲の散乱. ~ d'une armée 軍隊の潰走. ~ des pièces d'une collection コレクションの散逸. donner l'ordre de ~ 解散命令を下す.
2〖理〗分散, 散乱, 散逸, 消散;〖医・生〗散布;〖弾道〗散飛;〖統計〗ばらつき.〖理〗~ critique 臨界散乱.〖理〗~ d'électron 電子の分散.〖理〗~ de la lumière 光の散乱. ~ d'une série statistique 統計数値のゆらぎ. ~ du tir 弾道の散飛. ~ normale (anormale) 正常(異常)散飛.〖理〗degré de ~ 分散度.〖化〗milieu de ~ 分散媒(=milieu dispersif).〖理〗surface de ~ 分散面.〖理〗théorie de la ~ 分散(散乱)理論.
3〔比喩的〕(注意力などの)散漫;(努力などの)分散. ~ de l'esprit 精神力の散漫さ. ~ des forces 力の分散.

dissociatif(ve) *a.* 解離性の, 分離性の.〖医・薬〗anesthésique ~ 解離性麻酔薬.〖医〗désordre ~ 解離性障害(ヒステリー).

dissociation *n.f.* 分離;〖化〗解離;〖医〗解離;〖心〗分裂.〖医〗~ de la sensibilité 解離性感覚障害.〖化〗~ électrolytique 電離.〖心〗~ mentale 支離滅裂.〖医〗~ segmentaire du myocarde 心筋断節(断裂).

dissolution *n.f.* **1** (議会, 団体などの)解散. ~ de l'Assemblée nationale 国民議会の解散. droit de ~ 解散権《フランスの国民議会については解散権は大統領にある》. ~ autonome 自律解散. ~ d'une société 会社の解散.
2 (契約の)解除, 解消, 解約. ~ du mariage 結婚の解消.
3 (制度, 政体などの)崩壊. ~ des mœurs 道徳の崩壊.
4〖化〗溶解, 溶液;(特に)ゴムのり, ゴム接着剤. chaleur de ~ 溶解熱.

dissolvant(e) *n.f.* **1**〖化〗溶解性の.
2〔比喩的〕信念(信仰)を揺がす. critique ~s 既成概念をくつがえすような批評.
3〔比喩的〕気だるくさせる, 衰弱させる. chaleur ~e 体力を消耗させる暑さ.
—*n.m.* **1**〖化〗溶剤;溶媒(=solvant). **2** (マニキュアの)除光液, リムーヴァー.

dissous(te) (<dissoudre) *a.p.* **1** 溶けた, 溶解した. gaz ~ dans un liquide 液体中に溶解したガス. graisses ~tes (加熱して)溶けた脂.

dissuasif (ve)

2 崩壊した, 壊滅した；解散した；(結婚を)解消した. amitié ~ te 崩れた友情. assemblée ~ te 解散した議会. empire ~ 崩壊した帝国. parti ~ 解散した政党.

dissuasif (ve) *a.* **1** 抑止効果のある, 思い止まらせる. conclusion ~ ve 思い止まらせる結論.
2『軍』抑止的な. menace ~ ve 抑止の威嚇. stratégie ~ ve 抑止的戦略.

dissuasion (<dissuader) *n.f.* 思いとどまらせること. armement ~ 核抑止戦力. force de ~ 抑止力. puissance (capacité) de ~ 抑止能力.

distance *n.f.* **1** 距離；隔たり, 間隔. ~ à compter 運賃計算距離. ~ angulaire 角距離.『天文』~ apparente 視距離. ~ d'arrêt 制動距離 (= ~ de freinage).『天文』~ de périphélie 近日点距離. ~ de quatre kilomètres 4 キロの距離. ~ de visibilité 見通し距離. ~ de vision distincte 明視距離. ~ d'unité astronomique 天文単位距離. ~ d'une ville à une autre 2 都市間の距離.『工』~ entre appuis 支間.『光学』~ focale 焦点距離.『地学』震源距離 (= ~ sans hypocentrale). ~ franchissable 航続距離 (= ~ sans escale). ~ interatomique 原子間隔.『法律』~ légale[1]（隣地との間の建物・日照権に関する）法的距離.『写真』~ minimale de mise au point（レンズの）最短焦点距離. ~ moyenne 平均距離. ~ parcourue 走行距離. mesure des ~ s 距離測定. prendre ses ~ s 左右の間隔をとる.『スポーツ』tenir〔bien〕la ~ 所定の距離を走り抜く；『比喩的』努力を保ち続ける.
à ~[1] 遠くから, 遠くに. banque à ~ 電子取引銀行（インターネット利用銀行）. à une ~ de …の範囲で；半径…で. à ~ égale 等間隔に. à courte (faible, petite) ~ 遠からぬ所に. à une grande ~ 遠く離れた所に. à la même ~ 等距離の所に. à dix kilomètres de ~ 10 キロ離れた所に.
de ~ en ~ 間隔を置いて, ところどころに. arbres plantés de ~ en ~ 間隔を置いて植えられた樹木.
2 時間的隔たり. ~ de dix ans entre deux événements 2 つの事件の 10 年の隔たり.『法律』~ légale[2] 法定猶予期間. à ~[2] 長い時間を隔てて.
3 (地位・階級などの) 隔たり, 格差；(気持の上での) 隔り. ~ sociale 身分の違い, 身分格差. abolir les ~ s 身分格差をなくす. conserver (garder) ses ~ s avec (à l'égard de) qn 人となれなれしくしない. observer les ~ s 身分の違いをわきまえる. prendre ses ~ s avec qn 人を近づけない, 人になれなれしくさせない. tenir qn à ~〔respectueuse〕人を近づけない, 人になれなれしくさせない.
4『数』(実数の) 差.

distension *n.f.* **1** 伸長, 拡張, 膨張. ~ abdominale 腹部膨張.『医』~ de l'estomac 胃拡張 (= dilatation gastrique).
2 (伸び切ったものの) ゆるみ. ~ d'une courroie ゴム紐のゆるみ.

distilbène *n.m.*『生化』ジスチルベーヌ, スチルベストロール (stilbestrol), ジエチルスチルベストロール (DES = *di*éthylstilbestrol)（合成エストロゲン）.

distillation [distilasjɔ̃] *n.f.* **1** 蒸溜. ~ azéotropique 共沸蒸溜. ~ extractive 抽出蒸溜. ~ fractionnée 分溜. ~ moléculaire 分子蒸溜. ~ sèche 乾溜. ~ sous vide 真空蒸溜.
2 (木材・石炭の) 乾溜. ~ de la houille 石炭の乾溜.

distillerie **1** 蒸溜所, 蒸溜工場；蒸溜酒 (eau-de-vie) 製造所. ~ de pure malt ピュア・モルト蒸溜所. sucrerie-~ de betterave 砂糖大根蒸溜製糖工場.
2 蒸溜酒製造業.

distinct(e) [-tɛ̃(kt), -tɛ̃kt] *a.* **1** はっきりした, 判然とした；はっきり見える. bruit ~ はっきりした物音. traces ~ es はっきりした足跡. parler d'une voix ~ e はっきりした声で話す.
2 (de とは) 違った, 異なる, 別の. couleurs bien ~ es les unes des autres それぞれはっきり異なる色. domaines ~ s 異なる領域.
3 明快な,『哲』明晰な. concepts ~ s 明快な概念. idées claires et ~ es 明晰にして明哲な思想.

distinctif (ve) *a.* 区別を示す, 識別する. caractère ~ d'une espèce 種の特徴. signe ~ de grade 階級章. trait ~ 識別上の特徴；『言語』弁別特徴.

distinction *n.f.* **1** 区別, 識別, 弁別. ~ de A et de B (entre A et B) A と B との区別. faire la ~ entre le bien et le mal 善悪を弁別する.
2 差別, 差異. ~ s sociales 社会的差別. sans ~ 無差別に. sans ~ de rang 階級の別なしに.
3 区分, 分離. ~ des pouvoirs exécutif et législatif 行政権と立法権の分立.
4 顕彰, 叙勲；栄誉, 勲章. ~ honorifique 栄誉顕彰, 表彰. décerner (recevoir) une ~ 表彰する (を受ける).
5 (態度の) 上品さ, 高雅, 優雅. avoir de la ~ 洗練されている, 品がある. manquer de ~ 品がない.
6〔古〕優越性. ~ de sa naissance 生れの良さ. personne de ~ 高貴の人, 身分の高い人.

distingué(e) *a.p.* **1** 混同されない. sens d'un mot juridiquement ~ 法律的にはっきりした語義.
2〔文〕秀でた, 優れた, 卓抜な, 傑出した. écrivain ~ 卓越した作家. société ~ e 上流社会. C'est l'un des peintres contemporains les plus ~ s. 最も傑出した現代画家の

ひとりである.
3〔人,服装など〕上品な,品のいい. air 〜 気品のある物腰. toilette 〜e 品のいい化粧.〔話〕faire 〜 (物が)洒落ている.
4〔儀礼用語〕notre 〜 collaborateur われらの卓越した協力者. Recevez l'assurance de mes sentiments 〜s l'expression de ma considération 〜e) 敬具(手紙の末尾の文言).

distomatose *n.f.*〖医〗吸虫症, ジストマ感染症. 〜 hépatique 肝吸虫症, 肝臓ジストマ感染症. 〜 intestinale 小腸吸虫症, 横川吸虫症. 〜 pulmonaire 肺吸虫症.

distorsion *n.f.* **1** ゆがみ, ねじれ, 歪曲;〖医〗捻挫. 〜 de la face 顔面のひきつり(ゆがみ). 〜 du tronc 胴体のねじれ. 〜 d'une cheville 足首の捻挫.
2〖光学・写真〗(像の)ひずみ, 歪曲, ディストーション. 〜 en barillet (レンズの) 樽型歪曲(〜 en tonneau). 〜 en coussinet (レンズの)糸巻型歪曲. 〜 en S S字型歪み. 〜 peu sensible ほとんど感じられない歪曲.
3〖電・音響〗歪み. 〜 d'affaiblissement 減衰ひずみ. 〜 d'un signal électrique (acoustique) 電気(音響)信号のひずみ.
4〔比喩的〕(事実の)歪曲;不均衡, ひずみ, ずれ. 〜 des faits dans un récit 物語での事実の歪曲. 〜 entre la demande et l'offre d'un produit 製品の需要と供給の不均衡(ずれ).

distraction *n.f.* **1** 気晴らし, 楽しみ, 娯楽. par 〜¹ 気晴らしに. La lecture est ma principale 〜. 読書は私の主な娯楽だ.
2(de から)不注意, 放心. par 〜² うっかりして. se tromper d'étage par 〜 うっかりして階を間違える.
3〖法律〗分離, 分割, 流用. 〜 des dépens 訴訟費用の分離. demande en 〜 差押解消請求.

distrait(e) (<distraire) *a.p.* **1** 他のことに気をとられた;放心した, ぼんやりした. esprit 〜 放心した精神状態. avoir l'air 〜 ぼんやりしているように見える. écouter d'une oreille 〜e les conseils de qn 人の忠告をうわのそらで聞く.
2 (de から)切り離された. wagon 〜 d'un convoi 列車から切り離された車輌.
——*n.* ぼんやり者;うっかり者.

distributaire *a.*〖法律〗配当の分配金を受領する.
——*n.* 配当分配金受領者.

distribut*eur*¹ (*trice*) *a.* **1** 分配する, 配分する;配布する, 配給する;流通する.〔appareil〕〜 de titres de transport 乗車券自動販売機. coût 〜 流通コスト. organe 〜 分配装置〔機関〕.
2〖論理〗周延的な;〖文法〗配分的な;〖数〗配分の;〖電算〗配分の, 分散の.
——*n.* **1** 配布者. 〜 de tracts ビラの配布者.
2〖商業〗配給者, 配給業者;販売業者;卸売業者. 〜 agréé (exclusif) 公認(独占)販売業者. 〜 de films 映画配給業者. 〜 de journaux 新聞販売員(業者).

distribut*eur*² *n.m.* **1** (点火装置の)配電器, ディストリビューター;(吸気)分配器;(蒸気機関の)すべり弁;(印刷機の)インク付けローラー;〖電算〗ディストリビューター《データ伝送ソフト》. 〜 d'allumage〕点火装置の配電器, ディストリビューター.
2〔自動〕発券機;〔自動〕販売機 (= 〜 automatique). 〜 automatique des billets de banque 紙幣の自動引出機, キャッシュディスペンサー. 〜 d'engrais 肥料散布機. 〜 d'essence 給油ポンプ. 〜 de monnaie 両替機. 〜 des boissons 飲物の自動販売機. 〜 des titres de transport 乗車券の自動券売機, 切符の自動販売機.

distributi*f* (*ve*) *a.* **1** 分配する.〖倫〗justice 〜 ve 配分的正義(justice commutative 「均衡的正義」の対);〔話〕平等の処罰.
2〖文法〗配分的な;〖論理〗周延的な.〖文法〗adjectif 〜 配分形容詞(chaque など).
3〖数〗配分的な.

distribution *n.f.* **1** 配布, 配給, 分配. **a)** 分配;〖株, 法律〗配当. 〜 des bénéfices 利益分配. 〜 de dividendes aux actionnaires 株主への配当. 〜 de films 映画の配給. 〜 des pouvoirs 権力分立. 〜 des prix (学期, 学年の終わりに行われる)授賞式. 〜 gratuite de journaux 新聞の無料配布. **b)**〖郵〗配達. Il n'y a pas de 〜 le dimanche. 日曜には(郵便の)配達はない. **c)**〖映画〗配役.
2 供給. 〜 des eaux (de l'électricité) 給水(配電). ligne de 〜 配電線.
3 流通, 流通業, 流通機構. 〜 exclusive 独占販売.
◆ 主な流通形態:centrale d'achat 購買センター. chaîne volontaire ボランティア・チェーン. commerce de détail (de gros) 小売業(卸売業). coopérative 協同組合. franchise (franchisage) フランチャイズ. grand magasin 百貨店. grande surface 大規模小売店. hypermarché 超大型スーパー. magasin populaire 大衆百貨店. magasin succursaliste チェーン店. supermarché スーパーマーケット. supérette コンビニエンスストアー. vente par correspondance et à distance 通信販売.
4 分布, 分類.〔古〕〜 des plantes 植物の分類.
5〖機械〗(内燃機関の)吸気と点火の配分, (蒸気機関の)弁装置.
6〖数〗超関数.

district [distrikt] *n.m.* **1** 地方, 地域, 区画. 〜 houiller 炭鉱地区. la 〜 des lacs en Angleterre 英国の湖沼地帯.
2〖行政〗ディストリクト, 地域圏, 広域事

業区画, 地区《人口密集地域の複数の市町村を包摂する広域行政促進地区》；旧称～urbain「都市圏」》. ～ fédéral（米国などの）連邦直轄地区. le ～ fédéral de Columbia コロンビア特別区《米国の首都 Washington と地域が重なる連邦直轄区》. ～ du grand Paris 大パリ地区《パリ市とその周辺のコミューヌからなる大都市圏》. ～ de la région parisienne パリ地方事業区画.《鉄道》～ de la voie 線区. ～ urbain 都市圏事業区画, 都市圏行政地区, 市町村連合（組合）.
3《仏史》ディストリクト（1789年12月22日の法律によって制定された行政区画；現在の arrondissement「郡」に相当する》.
4《仏史》裁判管区. ～ d'un juge 判事の裁判管区.

disulfirame *n.m.*《薬》ジスルフィラム（=antabuse アンタビュース；アルコール中毒治療剤》.

disulfite *n.m.*《化》二硫化物. ～ de sodium 二硫化ナトリウム《抗酸化剤》.

disulfure *n.m.*《化》二硫化物（=bisulfure）. ～ dichloride 二塩化二硫黄（S_2Cl_2）. ～ monoxide 一酸化二硫黄（$(SO)_2$）. ～ trioxide 三酸化二硫黄（S_2O_3）.

dit(**e**)(<dire) *a.p.* **1** 言われた. Aussitôt ～, aussitôt fait. 言うが早いか実行された. autrement ～ 換言すれば, 即ち；別名では. C'est bien ～. / Bien ～. けだし左様. C'est bientôt (vite) ～. 言うは易しだ. cela (ceci) ～ そう（こう）言うと；そう（こう）言った上で；それはそれとして.〔cela〕soit ～ en passant ついでに言えば. soit ～ sans vous fâcher ～するのは何ですが. Tout est ～¹. すべては言い尽されている.
2 と呼ばれた, 所謂；綽名された；別名. le Brésil, la Russie, l'Inde, la Chine, ces quatre pays ～s《BRICs》「ブリックス」と呼ばれるブラジル, ロシア, インド, 中国の4か国《新興大国》. endroit ～ touristique 所謂観光地. Henri Beyle, ～ Stendhal アンリ・ベール, 通称スタンダール. Henri IV, ～ le Vert-Galant ヴェール・ギャランと綽名されたアンリ4世. lieu〔-〕～ des《Trois-Chênes》通称「三本楢」という名の場所.
3 決められた. à l'heure ～ *e* 定刻に. C'est ～. /Voilà qui est ～. もう決まった；承知しました. Ce qui est ～ est ～. 決めたことは決めたことだ. C'est une chose ～ *e*. それは決まったことだ. Il est ～ que+*ind*. …となる定めだ. Il ne sera pas ～ que+*ind*. …ということは許されない. Tenez-vous-le pour ～. しっかり覚えておけ. Tout est ～². 話は決まった. Tout n'est pas ～. 状況は変りうる.

diterpène *n.m.*《化》ジテルペン《炭素数20のテルペン》.

dithiocarbamate *n.m.*《化》ジチオカルバミン酸塩.

dithiocarbonate *n.m.*《化》二チオ炭酸塩.

dithionate *n.m.*《化》ジチオン酸塩.

dito (<〔伊〕ditto) *ad.* 同一（=〔ラ〕idem, susdit).
　――*n.m.inv.*（商業文書で）同一のもの《略記 d°》.

DIU (=*d*ispositifs *i*ntra-*u*térins) *n.m.pl.*《医》子宮内避妊器具（=～ anticeptiques, stérilet）（=〔英〕IUD : *i*ntra*u*terine〔contraceptive〕*d*evice).

diurèse *n.f.*《医》排尿；排尿量；利尿. troubles de ～ 排尿障害. accroître la ～ 尿量を増やす.

diurétique *a.*《医》利尿の, 利尿性の.
　――*n.m.* 利尿剤（=remède ～).

diurne *a.* **1** 1日の；24時間で行われる；日周；日周性の.《天文》arc ～ 日周弧.《天文》mouvement ～ 日周運動. variation ～ de la température 気温の日変化.
2《動》1日だけ生存する.
3 昼間の, 昼間に行われる；(動物が）昼行性の；(鱗翅類が）昼飛性の；(花が）昼咲きの（nocturne の対）. animal ～ 昼行性動物. plante ～ 昼咲き植物. rapaces ～ 昼行性猛禽類（aigle, faucon など）. rythme ～ 昼間リズム. température ～ 昼間気温. travaux ～ *s* 昼間作業.
2《昆虫》蝶（=papillon ～).

DIV (=*d*iagnostic *i*n *v*itro) *n.m.*《医》体外《試験管内》診断.

diva (<〔伊〕) *n.f.*〔古〕(オペラの）歌姫；花形女優, スター.

divagation *n.f.* **1**《法律》(家畜の）野放し, 家畜放置（=～ d'animaux）《違警罪》.
2（話の）脱線；〔多く *pl.*〕(病人, 酔漢などの）取りとめもない言葉, うわごと；たわごと. ～s d'un rêveur 夢想家のたわごと.
3《地学》河床変動. ～ d'une rivière 川の河床変動.

divan (<〔トルコ〕diouan) *n.m.* **I**（背・腕木のない）長椅子. ～-lit ソファーベッド（=lit-～). s'allonger sur un ～ 長椅子に寝そべる.
II 1《史》オスマン帝国の閣議〔室〕. grand vizir, chef du ～ オスマン帝国の閣議を司る宰相.
2（トルコの）クッションを配した大きな客間.
3（ロマン派時代の）東洋風の内装のカフェ.
4 近東抒情詩集.

divergence *n.f.* **1** 次第に広がる（離れていく）こと；《光学》(光の）発散；《数》(数列の）発散；《理》(大気流の）発散；《心》拡散；《生》分岐；《医》開散〔性〕. ～ d'une lentille レンズの光の発散.
2《原子物理》(原子炉中の連鎖反応の）発散. entrer en ～ 発散状態に入る.
3〔比喩的〕(意見の）開き, 食違い；相違, 対立；逸脱. ～ d'opinions 意見の相違.

divergent(e) *a.* **1** 発散する；拡散する．〖生化〗évolution ~ *e* 分岐進化．発散レンズ〖凹レンズ〗．lignes ~ *es* 発散線．〖環境〗radiation ~ *e* 適応放散．〖植〗rameaux ~ *s* 拡散性小枝．rayons ~ *s* 発散光線．〖原子物理〗réaction en chaîne ~ *e* 発散連鎖反応．〖数〗série ~ *e* 発散級数．
2〔比喩的〕相反する，食い違った，離反する．pensées ~ *es* 相反する考え．

divers[1]**(e)** *a.*〔多く名詞の後〕**1**〔*pl.* で〕異なった，いろいろな．les ~ sens d'un mot 一つの語のさまざまな意味．〖報道〗faits [-] ~ 雑報記事，三面記事；雑報．frais ~ *s*, dépenses ~ *es* 諸経費，雑費．opinions ~ *es* さまざまな意見．à ~ *es* reprises 何度も繰り返して．
2 多様な，変化に富んだ．pays très ~ 変化に富んだ国（地方）．peuples ~ *s* 多民族．L'homme est ~. 人間は変りやすいものだ．
3〔代名詞的用法〕さまざまな人；〔政治〕諸派．~ droite (gauche) 保守的（左翼的）諸派．D~ pensent que さまざまな人が次のように考えている．
——*a.ind.pl.*〔名詞の前〕いくつもの，多種の．à ~ *es* heures 異なるいくつもの時間に．mélanger ~ *es* espèces d'argile いろいろな粘土を混ぜる．

divers[2] *n.m.* 雑費(=frais ~).

diversification *n.f.* 多様化；多角化．~ des activités 活動の多様化．~ des cellules 細胞の多様化．~ des produits 製品の多様化．~ du savoir 知識の多様化．

diversifié(e) *a.p.* 多様化された；多角化された．couleurs ~ *es* 多彩な色．produits ~ *s* 多様化製品．〖学〗programme ~ 多様化（選択性）カリキュラム（programme unique「単一カリキュラム」の対）．

diversiforme *a.*〖生〗異形の(=hétéromorphe)；多形の(=polymorphe)．

diversion *n.f.* **1**〖軍〗牽制攻撃，陽動作戦．faire ~[1] 牽制攻撃（陽動作戦）をする．
2（相手の）気をはぐらかすこと；気晴らし，気分転換．faire ~[2] 話題をそらす；気晴らしをさせる．

diversité *n.f.* 多様性．~ biologique 生物多様性(=biodiversité)．~ des opinions 意見の多様性．

diverticulaire *a.*〖解剖〗憩室の．hernie ~ 憩室ヘルニア，リットレ・ヘルニア(=hernie de Littré)．

diverticule *n.m.* **1**〖解〗憩室．~ de l'œsophage 食道憩室．~ de Meckel メッケル憩室．**2** 細長い形の奥まった片隅．~ s d'un lac 湖凪．

diverticulite *n.f.*〖医〗憩室炎；大腸憩室〔症〕．~ du côlon 結腸憩室炎．

diverticulose *n.f.*〖医〗憩室症，憩室疾患．~ colique 結腸憩室症．~ œsophagique 食道憩室症．

divertimento〔伊〕*n.m.*〖音楽〗ディヴェルティメント，喜遊曲．

divertissement *n.m.* **1** 気晴らし；娯楽；憂さ晴らし；〖哲〗(本質的な問題から)人の関心を外らすこと．~ d'une fête 祭りの気晴らし．~ du public 大衆娯楽．
2〖劇〗幕間の余興．
3〖音楽〗ディヴェルティスマン，喜遊曲(=divertimento)；幕間の接続曲．D~ de Mozart モーツァルトの喜遊曲．
4〖法律〗(相続財産・夫婦共通財産の)横領，流用．~ par la veuve des effets de la communauté 夫婦共通財産の未亡人による横領．

dividende *n.m.* **1** 配当，配当金．~ fictif 虚偽配当，違法配当，蛸配当．premier ~ 第一次配当．action à ~ prioritaire 優先配当株式(略記 ADP)．
2〖法律〗(破産債権者が破産管財人から受け取る)配当弁済(額)．
3 被除数．

divin(e) *a.* **1** 神の，神性の．le ~ enfant 神の御子(=Christ)．la ~ *e* Providence 神の摂理．
2 神授の．autorité (pouvoir) de droit ~ 神授王権．
3 神に捧げた．amour ~ 神に対する愛 (amour profane「世俗の愛」の対)．culte ~ 神に対する礼拝．
4 神格化された．le ~ Auguste 神の如きアウグストス．
5 神々しい；崇高な；神聖な．la D~ *e* Comédie de Dante ダンテの『神曲』．
6 素晴らしい；完璧な；心地よい．beauté ~ *e* 完璧な美しさ．Ce dîner est tout simplement ~. この夕食はとにかく素晴らしい．Il fait un temps ~. 素晴らしい天気だ．

divination *n.f.* **1** 占い．~ artificielle 人為的占い(星占いなど)．~ spontanée 自然的占い(神のお告げなど)．~ par les cartes トランプ占い(=cartomancie)．
2〔比喩的〕予見〔能力〕．posséder un pouvoir de ~ 予見能力をもっている．

divinatoire *a.* **1** 占いの．art ~ 占い術．baguette ~ 占い棒．pratique ~ 占い．
2 予知の，予見の．don ~ 予知の才能．

divinité *n.f.* **1** 神性．~ de Jésus-Christ イエス=キリストの神性．~ du Verbe 神言の神性．
2 (異教の)神．adorer la D~ 神を崇める．~ *s* antiques 古代の神々．~ *s* des eaux 水の神．
3〔比喩的〕神と崇める人(物)．L'argent est ma ~. 私は金を神のように崇めている．

divinylique *a.*〖化〗benzène ~ ジビニルベンゼン(合成ゴム・イオン交換樹脂などの製造原料)．éther ~ ジビニルエーテル．

diviseur *n.m.* **1**〖数〗約数，除数(=nombre ~)．~ de zéro 零因子．premier ~ 素因数．commun ~ 公約数．le plus grand commun ~ 最大公約数．
2 抗争を起こす人(力)．~ au sein de la

droite 右翼の抗争分子.
3〖工〗分割機；ディバイダー.
divisible *a.* **1** 分割しうる.〖法律〗obligation ～ 可分債務.
2〖数〗割り切れる. Six est ～ par trois. 6 は 3 で割り切れる.
division *n.f.* **1** 分けること, 分割, 区分, 分裂. ～ cellulaire 細胞分裂. ～ du territoire en circonscriptions électorales 国土の選挙区割り. ～ d'une règle 物差しの目盛り. ～ internationale du travail 国際分業.〖行政〗～ territoriale 領土の行政区分.〖法律〗bénéfice de ～（共同保証人の）分別の利益. vote par ～ 分割投票.
2 除算, 割り算, 除法. ～ de 10 par 5 10 を 5 で割ること. Cette ～ tombe juste. これは割り切れる.
3（組織の）部分, 局, 部. **a)**〖軍〗師団. ～ aéroportée (blindée, d'infanterie) 空輸（機甲, 歩兵）師団. général de ～ 陸軍少将. général de ～ aérienne 空軍少将.
b)〖教育〗(生徒の) 班.
c)〖生〗門 (embranchement ともいう. ordre Ⅰ, classe 綱の上).
d)〖スポーツ〗(リーグの) 部. Le Paris Saint-Germain appartient à la ～ 1. パリ・サン＝ジェルマンは（サッカーの）1 部リーグに属している.
4 分裂, 対立, 衝突, 不和. ～ d'opinions 意見の分裂（対立）. Le parti au pouvoir souffre de ～*s* entre ses différentes factions. 与党は派閥間の分裂に苦しんでいる.
divisionnaire *a.* **1**〖軍〗師団 (division) の. artillerie ～ 師団砲兵隊. état-major ～ 師団参謀部. général ～（陸・空軍の）少将 (=général de division).
2〖行政〗部局の. ingénieur ～ 部局技師.
3 下位区分の. monnaie ～ 補助貨幣.
— *n.m.* **1**（陸・空軍の）少将 (=général ～；師団長の位). **2** 管区警視長 (=commissaire〔de police〕～).
divorce *n.m.* **1**〖法律〗離婚. ～ par consentement mutuel〔相互〕同意離婚（～ sur demande conjointe des époux 協議離婚と ～ sur demande par un époux et accepté par l'autre 認諾離婚の 2 種）. ～ par consentement mutuel 同意離婚（協議離婚と認諾離婚を含む）. ～ pour faute 有責離婚. ～ pour rupture de la vie commune 破綻離婚. demander le ～ 離婚を請求する. être en instance de ～ 離婚係争中である. obtenir le ～ 離婚される.
2〖比喩的〗離反, 対立；絶交, 絶縁. ～ entre la raison et la passion 理性と情念の離反. ～ entre la théorie et la pratique 理論と実践の乖離. ～ idéologique イデオロギーの対立（矛盾, 相克）.
divorcé(e) *a.* 離婚した. père (mère) ～(e) 離婚した父（母）.
— *n.* 離婚者.

divortialité *n.f.* 離婚現象；離婚率 (=taux de ～).
divulga*teur* (*trice*) *a.* 秘密を暴露する（漏洩する）.
— *n.* 秘密暴露（漏洩）者. ～ de secrets militaires 軍事機密の漏洩者.
divulgation *n.f.* (秘密等の) 暴露, 漏洩, すっぱ抜き；公開. ～ d'un secret d'Etat 国家機密の漏洩. droit de ～（文芸作品の）公表権.
divulsion *n.f.* 引き裂くこと；〖外科〗裂開, 強制離断〔法〕. fracture par ～ 剝離骨折.
DivX *n.pr.m.*〖電算〗インターネット上で転送可能なヴィデオ圧縮技術の商標名. ～ toutes versions すべてのヴァージョンの DivX. platines (lecteurs)〔de〕～ DivX プレーヤー.
dix [dis]（子音の前では [di], リエゾンの時は [diz]）*a.num.card.inv.* **1** 10 の. ～ ans 10 年.〖聖書〗les ～ commandements de Dieu 十戒. ～ fois plus (moins) 10 倍 (10 分の 1). ～ mille 10000. ～ mois 10 カ月. ～ personnes 10 人. D～ heures s'écoulent. 10 時間が流れた.
2 多くの；僅かの. répéter ～ fois la même chose 同じことを何度も繰返す. en ～ lignes 数行で, 数語で.
— *a.num.ord.inv.* 10 番目の (=dixième). l'an ～ avant Jésus-Christ 西暦紀元前 10 年. le ～ août 8 月 10 日. Nous sommes le ～. 今日は 10 日です. ～ degrés 10 度. article ～ 第 10 条. Charles ～ シャルル 10 世 (Charles X と表記). numéro ～ 10 番. habiter au〔numéro〕～ 10 番地に住む. page ～ 第 10 ページ. système procédant ～ 10 進法 (=décimal). Il est ～ heures du matin. 午前 10 時だ.
— *pr.num.card.inv.* 十, 10 人, Ils sont ～. 彼らは 10 人である.
— *n.m.* [dis] **1**（数の）10. D～ et ～ font vingt. 10+10=20. ～-huit [dizɥit] 18. soixant-～ 70. neuf sur ～ 十中八九, ほとんどいつも.
2（通りの）10 番地 (=numéro ～). habiter au ～, rue de Passy パッシー通り 10 番地に住む.
3 10 点 (=la note ～). D～ sur ～ 10 点満点の 10 点.
4 Les D～〔pays〕10 カ国. l'Europe des D～. 10 カ国によるヨーロッパ経済共同体. réunion du Groupe des D～ 10 カ国蔵相会議 (G 10).
5〖スポーツ〗ゼッケン番号 10 の選手（競争馬）. Le ～ passe en tête. 10 番が先頭をきっている.
6〖遊戯〗10 の札. ～ de cœur ハートの 10.
dixième *a.num.ord.* 第 10 の, 10 番目の. le ～ arrondissement de Paris パリ市第 10 区. la ～ fois 10 度目. Pour la ～ fois,

tais-toi! 何度言ったらわかるんだ. 黙れ！ la ~ partie 10分の1. le ~ siècle avant Jésus-Christ 西暦紀元前10世紀. être au ~ rang 10番目である (=être ~).
——n. 10番目の人(物).
——n.m. **1** 10分の1. sept ~s 10分の7. les neuf ~s 10中9 (=neuf sur dix)；大部分 (=quasi-totalité).〖史〗redevance du ~ de la récolte 収穫10分の1賦課租 (=dime「10分の1」税).
2〖史〗(旧体制下の) 10分の1所得税.
3 (宝籤の) 1割券.
——n.f. **1**〖学〗第10学級 (=la classe de ~)《初等教育初級科 (cours élémentaire) の第1年次 (CE1) の旧称；小学校 (école élémentaire) の第2学年に相当》. entrer en ~ 第10学級に進級する.
2〖音楽〗10度《音程》.

dizaine n.f. **1** 10；10個；10日. dix ~s forment une centaine 10の10倍は100.
2 10位の数. colonne des ~s dans une addition 足し算の10の位の数の縦列.
3 約十. une ~ d'années 約10年. une ~ de personnes 10人ばかりの人.
4〖カトリック〗ロザリオの1連 (=~ de chapelet；10個の玉から成る数珠)；1連のロザリオの祈り. chapelet de quinze ~s ロザリオ (15連のロザリオ；=rosaire).

dizygote a. 二卵性の. jumeaux ~s 二卵性双生児.

DJ, D.J. [didʒe/didʒi]〖英〗n. ディスクジョッキー (disc-jockey).

DJA (=dose journalière admissible) n.f. 1日許容摂取量.

Djibouti n.m.〖無冠詞〗**1**〔国名通称〕ジブチ《公式名称: la République de D~ ジブチ共和国；国民: Djiboutien (ne)；首都: Djibouti ジブチ；通貨: franc de Djibouti [DJF]》.
2 ジブチ《ジブチ共和国の首都》.

djiboutien(ne) a. ジブチ (Djibouti) の, ジブチ共和国 (la République de Djibouti) の；~ 人の.
——D~ n. ジブチ人.

djihad [dzijad, dziəd]〔アラビア〕n.m. ジハード《イスラム防衛のための聖戦》. combattants du ~ ジハードの戦士, 聖戦派闘士 (=djihadiste).

djihadisme n.m. ジハード主義(思潮)；聖戦体制 (=jihadisme).

DKP (=〖独〗Deutsche Kommunistische Partei) n.m. ドイツ共産党《略記DKP；=〖仏〗Parti communiste allemand；PCA》.

DKR (=〖デンマーク〗Danske Krone) n.f.〖通貨〗デンマーク・クローネ (=couronne danoise).

DL (=Démocratie libérale) n.f. 自由民主主義 (政党名). liste RPR-~「共和国連合=自由民主主義」の候補者リスト.

dl (<décilitre) n.m. デシリットル.

DLB (=division légère blindée) n.f.〖軍〗軽機動師団.

DLC (=date limite de consommation) n.f. (食品の) 消費期限.

DLUO (=date limite d'utilisation optimale) n.f. (食品の) 最適利用期限, 賞味期限《A consommer de préférence avant fin 1991.「1991年末までに消費することが望ましい」という様に表示される》.

DM[1] (=délégué(e) médical(ale)) n.〖医・薬〗医療情報担当者《別称: représentant (e) médical(ale), visiteur(se) médical(ale)》；(特に製薬会社の) 医薬情報担当者 (=délégué(e)pharmaceutique (DP)；=〖英〗MR: medical representative).

DM[2] (=〖独〗Deutsche Mark) ドイツ・マルク (=Mark allemand).

dm (<décimètre) n.m. デシメートル.

DMA (=dose maximale admissible) n.f.〖薬〗(医薬品の) 最大許容服用量.

DMD (=〖英〗Duchenne muscular distrophy) n.m.〖医〗デュシェンヌ筋ジストロフィー〔症〕《1868年にフランスの医師Guillaume Duchenne [1806-75] が発表した筋萎縮症；=〖仏〗myopathie de Duchenne》. gène ~ デュシェンヌ筋ジストロフィーの発症遺伝子.

DMDIV (=dispositif médical de diagnostic in vitro) n.m.〖医〗体内診断医療装置.

DME (=diméthyléther) n.m.〖化〗ジメチルエーテル.

DMF[1] (=diméthylformamide) n.m.〖化〗N, N'ジメチルホルムアミド.

DMF[2] (=Direction des musées de France) n.f. フランス博物館局.

DMLA[1] (=dégénérescence maculaire liée à l'âge) n.f.〖医〗加齢性黄斑変成症, 老人性黄斑変性〔症〕《眼科疾患》.

DMLA[2] (=dégénéscence masculaire liée à l'âge) n.f.〖医〗加齢に伴う男性機能の衰退〔症〕.

DMN (=Direction de la Météorologie nationale) n.f. 国立気象局.

DMO (=densité minérale osseuse) n.f.〖医〗骨ミネラル密度, 骨密度, 骨塩量. la ~ mesurée par l'ostéodensiométrie 骨密度測定法で測定された骨ミネラル密度.

DMOS (=diverses mesures d'ordre social) n.f.pl.〖政治〗多様な社会的諸措置. le ~ 多様な社会的諸措置に関する法案 (=le projet de loi portant ~).

DMP (=dossier médical personnel) n.m.〖社会保障〗個人医療履歴資料.

DMS (=dégénérescence maculaire sénille) n.f.〖医〗老年性黄斑変成症 (=DMLA: dégénérescence maculaire liée à l'âge).

DMSO (=diméthylsulfoxyde) n.m.〖化〗ジメチルスルホキシド, メチルスルホキシド.

DMT (= [英] *di*methyl*t*ryptamine) *n.f.*【薬】ジメチルトリプタミン《幻覚剤》= [仏] *di*méthyl*t*ryptamine；俗称 dimitri》

DNA (= [英] *d*eoxyribo-*n*ucleic *a*cid) *n. m.*『生化』デオキシリボ核酸 (= [仏] ADN：*a*cide *d*ésoxyribo*n*ucléique).

DNAT (=*D*ivision *n*ationale *a*nti*t*erroriste) *n.f.* テロ対策本部《司法警察のテロ対策局部》.

DNB (=*D*épenses *n*ationales *b*rutes) *n.f. pl.* 国民総支出.

DNC (= [英] *D*irect *N*umerical *C*ontrol) *n.m.* コンピュータ統括制御, 直接数値制御 (= [仏] CND：*c*ommande *n*umérique *d*irecte).

DNEF (=*D*irection *n*ationale des *en*quêtes *f*iscales) *n.f.*『経済』税務調査総局.

DNID (=*d*iabète *n*on *i*nsulo*d*épendant) *n.f.*『医』インスリン非依存性糖尿病 (= [英] NIDDM：*n*on-*i*nsulin *d*ependent *d*iabetes *m*ellitus), II型糖尿病 (=diabète du type II).

DNRD (=*d*épense *n*ationale de *r*echerche et *d*éveloppement) *n.f.*『財政』国民研究開発支出.

DNRED (=*D*irection *n*ationale du *r*enseignement et des *en*quêtes *d*ouanières) *n. f.*『行政』フランス関税情報調査総局.

DNVSF (=*D*irection *n*ationale de *v*érification de *s*ituation *f*iscale) *n.f.* 税務状況検査総局.

DO (= [英] *D*isolved *o*xygen) *n.m.* 溶存酸素量《水中に溶けこんでいる酸素の量, p. p.m. の単位で示される》；= [仏] teneur en oxygène).

DOB[1] (=*d*ébat d'*o*rientation *b*udgétaire) *n.m.* 《フランス国民議会の》予算の基本方針に関する討論.

DOB[2] (=*d*imét*ho*xy-*b*romamphétamine) *n.f.*『薬』ジメトキシ=ブロムアンフェタミン《坐薬》.

doberman [dɔbɛrman] [独] *n.m.* ドーベルマン犬.

DOC (=*d*isque *o*ptique *c*ompact) *n.m.* 光コンパクト・ディスク《CD-ROM の公用推奨語》. ~ interactif 双方向性 DOC.

docetaxel *n.m.*『薬』ドスタキセル, ドセタキセル. ~ hydrate ドスタキセル水和物《乳癌, 胃癌, 頭頸部癌, 非小細胞肺癌などのアルカロイド系抗癌剤；Sanofi-Aventis 社の製品名 Taxotere》.

DOCG (= [伊] *d*enominazione di *o*rigine *c*ontrollata *g*arantita) *n.f.* 《イタリアにおける葡萄酒などの》産地名保証呼称.

docimasie *n.f.* **1** 精査, 分析検査. **2** 《薬物の》効力測定. **3**『法医学』《死因鑑定のための》組織検査.

docimologie *n.f.*『教育』《特に試験の》成績評価方法論, ドシモロジー.

docker [dɔkɛr] [英] *n.m.* 港湾労働者 (= dockeur).

docteur *n.m.* **1** 博士《女性にもこの形を用いる》. ~ en droit (en médecine) 法学 (医学) 博士. ~ ès lettres (ès sciences) 文学 (理学) 博士. ~ d'Etat (de 3e cycle, d'université) 国家《第3課程, 大学》博士. ~ honoris causa de l'Université de Paris パリ大学名誉博士.
2 医学博士 (= ~ en médecine) の学位所有者, 医師 (=médecin)；《略称『話』doc). diplôme d'Etat de ~ en médecine 医師の国家免許. femme ~ 女医 (doctoresse は稀). Elle est bon ~. 彼女はいい医師です. [Monsieur] le ~ X X 先生《Madame le ~ は稀》. le ~ Marie Dupont マリー・デュポン先生《女性医師の時 prénom をつける》. ~-vétérinaire 獣医 (=médecin-vétérinaire).
aller chez le ~ 《『話』au ~》医者に行く. appeler le ~ 医者を呼ぶ. faire venir le ~ 医師の往診を求める.
Au revoir [monsieur le] ~. 先生さようなら《医師への挨拶》. Bonjour ~. 先生こんにちは《医師への挨拶》.
3《古》学者, 碩学；《蔑》衒学者, 物知り. ~ de l'Eglise 教会博士《キリスト教会の学識の高い聖人への尊称》. saint Augustin, ~ de l'Eglise latine ローマ教会の教会博士, 聖アウグスティヌス. ~ de la loi ユダヤ律法学者. prendre un ton de ~ 偉ぶった態度を見せる.

doctoral (*ale*) (*pl. aux*) *a.* **1** 博士 (docteur) の；博士学位取得試験 (doctorat) の. titre ~ 博士号, 博士の称号.
2《蔑》衒学的な；威張った. ton ~ 偉ぶった口調.

doctorant(e) *n.*『教育』博士号準備者《すでに DEA を取得し, 博士論文を準備中の学生》.

doctorat *n.m.* **1** 博士号；学位. ~ ès lettres (sciences) 文学 (理学) 博士の学位. ~ en droit (médecine) 法学 (医学) 博士の学位. ~ d'Etat 国家博士. ~ de troisième cycle 第三課程博士. cours de ~ 博士課程《コース》. thèse de ~ 博士論文.
2《法・医学系の》学位取得資格試験. passer son ~ 学位取得試験に合格する.

doctoresse *n.f.*《古》女性医学博士；女性医師.

doctrinaire *n.m.* **1**『宗教』教義 (教理) 主義者.
2『仏史』純理論派.
3 教条主義者；偏執的な信奉者.
—— *a.* **1**『仏史』純理論派の. école ~ 純理論派.
2 教条主義的な. attitude ~ 融通のきかぬ態度. déclarations ~s 教条主義的宣言.
3 尊大な, もったいぶった. ton ~ 尊大な調子.

doctrinal (*ale*) (*pl. aux*) *a.* **1** 教義上

の, 理論上の, 学説上の. analyse ~ale 学説上の分析. classification ~ale 教義(学説)による分類. jugement ~ 教義(理論上)の判断. médecine ~ale 理論医学. querelles ~ales 理論闘争.
2〔蔑〕学者然とした, もったいぶった, 独断的な. ton ~ 学者然とした口調.
3 博士としての, 博士の. chaire ~ale 博士の正教授職.

doctrine *n.f.* **1** 主義, 教義, 学説, 理論, 教理；文献；学説書. ~ nouvelle 新説. ~ secrète 秘義, 奥義.
2 政策指針, 主義, ドクトリン. ~ de Monroe モンロー主義(1823年, アメリカのモンロー大統領が提唱した非植民・非干渉主義政策).
3 判断, 意見, 考え, 見解. ~ d'un arrêt 判決の見解. se faire une ~ sur qch …についての見解をまとめる.
4 法理論, 法の解釈；法解釈者.
5〔カトリック〕congrégation de la D~ chrétienne キリスト教教育修道会. frères de la D~ chrétienne キリスト教教育修道会士(=ignorantins).

docu(-)drame *n.m.*〖映画〗ドキュメンタリー調映画.

docufiction *n.f.* (TVの)ドキュメンタリー調フィクション番組.

document *n.m.* **1** 資料, 書, 文書, 文献, 記録, 史料. ~ d'archives (映画, TVの)資料映像. Dans le ~ signé hier, les deux parties s'engagent à s'abstenir de tout acte d'hostilité. 昨日調印された文書において, 双方はいかなる敵対行為も行なわないことを約束している.
2 証拠. objets saisis comme ~ 証拠として差押えられた物品.
3〖商業〗船積書類. ~ administratif unique (DAU) (UE [EU] 加盟国間で用いられる) 統一通関書類.

documentaire *a.* **1** 参考資料の, 資料的な, 史料的な. à titre ~ 参考までに. intérêt ~ 資料的価値.
2 証書(の)による), 文書(の)による).〖商業〗~ accréditif 荷為替信用. faux ~ 文書偽造.〖商業〗paiement par crédit ~ 荷為替信用状による決済. traite (effet) ~ 荷為替手形.
3〖映画・文学〗事実を記録した, ドキュメンタリー的な. film ~ 記録(ドキュメンタリー)映画.
4 資料を扱う, 資料に関する. informatique ~ 資料情報処理〔学〕. recherche ~ 資料調査. stock ~ 資料保有〔量〕.
——*n.m.* 記録(ドキュメンタリー)映画(=film ~)；ドキュメンタリー作品(文学；ラジオ・TV 番組など).

documentaliste *n.* 資料(記録, 文書, 文献)収集(整理, 分類, 管理, 配布)係, 〔公〕文書係, ドキュメンタリスト.

documentariste *n.* 記録(ドキュメン タリー)映画(映像)作家；ドキュメンタリー文学作家.

documentation *n.f.* **1** 資料による裏付け, 考証. travail de ~ 考証作業.
2〔集合的〕参考資料, 資料. ramasser une ~ 資料を収集する. la D~ française フランス資料出版社(インターネットのサイト www.ladocumentationfrancaise.fr/). la D~ catholique「カトリック資料」誌. riche ~ 豊富な資料.
3 文献・資料の収集・整理・保存・配布；文献・資料の検索.〖電算〗~ automatique (データーの)自動検索. centre de ~ 資料センター. Centre protestant d'études et de ~ プロテスタント研究・資料センター(略記 CPED；在 Paris). service de ~ 資料部. Union française des organismes de ~ フランス資料収集組織連合(略記 UFOD).

documenté(e) *a.p.* **1** 資料に基づく. étude sérieusement ~ 丹念に資料を精査した研究.
2 数多くの資料を駆使した. chercheur mal ~ 資料検索が不十分な研究者.

docu(-)soap [英] *n.m.* (TVの)ドキュメンタリー風の連続ホームドラマ.

Dod (=disponibilité opérationnelle différenciée) *n.f.*〖軍〗各種作戦対応要員数.

dodécaèdre *n.m.*〖幾何・結晶〗十二面体.

dodécagone *n.m.*〖幾何〗十二辺〔角〕形.

dodécaphonique *a.*〖音楽〗十二音による, 十二音技法を用いた. musique ~ 十二音音楽.

dodécaphonisme *n.m.*〖音楽〗十二音技法.

dodécaphoniste *n.*〖音楽〗十二音技法作曲家(演奏家).

dogmatique *a.* **1**〖宗教〗教義(教理)(dogme)に関する. querelles ~s 教義(教理)論争. théologie ~ 教義(教理)神学；独断神学.
2〖哲〗独断論の(sceptique「懐疑論の」の対). philosophie ~ 独断哲学, 独断論.
3 独断的な. esprit ~ 独断的精神. opinions ~s 独断的意見. ton ~ 決めつけるような口調(態度).
——*n.* **1** 独断論者. **2** 教条主義者.
——*n.m.*〖哲〗独断論者(=dogmatiste).
——*n.f.*〖宗教〗教義神学, 教義論, 独断神学. histoire de la ~ chrétienne キリスト教教義神学史.

dogmatisme *n.m.* **1**〖哲〗独断論；教条主義(scepticisme「懐疑論」の対).
2 独断的主張(態度)；独断性. ~ des idées 思想の独断性. ~ politique 政治的独断〔主義, 体制〕.

dogme *n.m.* **1** ドグマ, 教義, 教条, 独断的な見解. La religion fut longtemps tenue

pour la seule gardienne du ~ ; mais à présent, on nomme "~" tout système philosophique qui prétend à la certitude et "dogmatisme" toute propension à admettre comme vérité absolue un corps de doctrine tenu pour immuable. 長い間、宗教が教義の唯一の守り手とみなされていたが、現在では確信を前面に押し出すすべての哲学体系を「ドグマ」と呼び、不動とされる教義を絶対的な真理とするすべての傾向を「ドグマティスム」と呼ぶ.
2 定説, 信条. ~ scientifique 科学的定説.

DOHC (= 〔英〕 *d*ouble *o*ver*h*ead *c*amshaft) *n.m.* 〖自動車〗（エンジンの）ダブル・オーバーヘッド・カムシャフト (=double arbre à cames en tête). un 6 cylindres ~ 3,6 litres 24 soupapes ダブル・オーバーヘッド・カムシャフト 6 気筒, 排気量 3.6 リットル, 24 バルブのエンジン.

doigt *n.m.* **1** （人の）指 (pouce「親指」; index「人差指」; majeur, médius「中指」; annulaire「薬指」; auriculaire「小指」); 手の指. cinq ~s de la main 手の 5 本の指. ~s de pied 足の指 (= orteil). petit ~ 小指 (= auriculaire). ne pas remuer (lever) le petit ~ 小指 1 本動かさない; 手をこまねく. ~s fins (courts, longs) 細っそりした (短い, 長い) 指. ~s gourds かじかんだ指. adresse (agilité) des ~s 指先の器用さ (敏捷さ). empreinte du ~ 指紋 (= empreinte digitale). maladie (inflammation) du ~ 指の疾患 (炎症). pansement des ~s 指繃帯, バンドエイド (= poupée). 〖解剖〗pulpe des ~s 指先の肉, 指尖球.
compter sur ses ~s 指を折って数える. On peut les compter sur les ~s d'une main. 指で数えられるほど少ない (5 以下). croiser les ~s 指を交叉させる (悪運をはらいのけるまじない). lever le ~ （発言を求めて）指をあげる. manger avec ses ~s 手づかみで食べる. mettre son ~ sur sa bouche 口に指を当てる（黙れという指示）. montrer (désigner) du ~ 人を指さす; 人にうしろ指をさす. pétrir *qch* dans ses ~s でこねる. pincer (prendre) avec ses ~s でつまむ. presser avec ses ~s 指先で押す. toucher *qch* du ~ 何かに指で触れる; 〔比喩的〕何をはっきり理解する; 何をはっきりさせる. toucher *qch* du bout de ses ~s 指先でそっと触れる; 〔比喩的〕手加減をして接する.
◆〔比喩的成句〕avoir les ~s de fer （部下などに）手厳しい.
avoir un morceau de musique dans les ~s 曲を暗譜で弾きこなす.
avoir de l'esprit jusqu'au bout des ~s 才気が全身にみなぎっている, 機知に富む.
être comme les 〔deux, cinq〕~s de la main 切っても切れない親密な仲である.
glisser (filer) entre les ~s de *qn* 人の指の間

からこぼれ出る, 人の手をすりぬける.
mener (conduire, faire marcher) *qn* au ~ et à l'œil 指や目の合図だけで人を意のままに動かす.
mettre le ~ dessus （隠されている事物を）見抜く. mettre le ~ sur *qch* 何を見抜く.
ne rien faire de ses dix ~s のらくら暮す.
savoir (connaître) *qch* sur le bout du ~ 何をすみずみまで熟知している.
se bruler les ~s 指に火傷をする；〔比喩的〕ひどい目に遭う.
〖話〗se lécher les ~s 御馳走を前に舌鼓をうつ.
〖話〗se mettre (se fourrer) le ~ dans l'œil ひどい間違いをしでかす.
tapper (donner) sur les ~s à *qn* 人を罰する, 人を叱る.
toucher du ~ le but 目的を達成しようとしている.
faire toucher *qch* du ~ 何の明白な証拠を示して説得する.
y mettre les quatre ~s et le pouce わしづかみにする；粗暴な振舞いをする.
Mon petit ~ me l'a dit. 小指がそう言ったのさ；第六感ですよ（明確な理由を隠す表現).
2 （鳥獣の）指. ~s munis de griffes 爪のある指.
3 （手袋などの）指. ~s d'un gant 手袋の指.
4 〖機工〗指状のもの. ~ de came カムの張出部. 〖電〗~ de contact 指片. ~ d'entraînement (旋盤の回し板の) 爪.
5 〔比喩的〕〖文〗le ~ de Dieu 神の御心のしるし.
6 〖度量〗ドワ（指 1 本の幅：約 1 ~ 2 cm）；少量. être trop long de deux ~s 2 ドワほど長すぎる.
un ~ de ... 少量の…. un ~ de vin 少量の葡萄酒. 〖話〗faire un ~ de cour à une femme 女をちょっとくどく. à un ~ (deux ~s) de *qch* 何のすぐ近くに. La balle est passée à un ~ de sa tête. 弾丸が彼の頭をかすめた. être à deux ~s de sa perte (de réussir) もうすこしで破滅（成功）するところである.
7 〖漁〗ドワ（漁網の目の大きさ）. mailles à trois ~s 3 ドアの漁網の目.

Doi moi *n.m.* （ヴェトナムの）ドイモイ（再生）政策.

dojo 〔日〕 *n.m.* 道場.

dol *n.m.* 〖法律〗詐欺. ~ incident 付随的詐欺. ~ principal 契約締結の決定的原因となった詐欺.

dolce vita [dɔltʃevita] (<〔伊〕「甘い生活」, Federico Fellini の映画 *La Dolce Vita* から). *n.f.inv.* （快楽・乱行にみちた）甘美な生活.

Dol-de-Bretagne *n.pr.* ドル=ド=ブルターニュ（département d'Ille-et-Vilaine イル=エ=ヴィレーヌ県の小郡庁所在地；市町村コード 35120；11 世紀の家並が残る；

形容詞 dolois(e))．cathédrale Saint-Samson de ～ ドル=ド=ブルターニュのサン=サンソン大聖堂《13 世紀》．marais de ～ ドルの湿地帯《野菜と果物の産地》．

doldrums [dɔldrœms] *n.m.pl.* **1** 《気象》ドルドラムス《赤道無風帯》．**2** ふさぎこみ．

Dole *n.pr.* ドール《département du Jura ジュラ県の郡庁所在地；市町村コード 39100；昔の la Franche-Comté 地方の首都；形容詞 dolois(e)》．église collégiale Notre-Dame de ～ ドールのノートル=ダム参事会聖堂《16 世紀》．maison natale de Louis Pasteur à ～ ドールのルイ・パストゥールの生家《1827 年 12 月 27 日；rue Pasteur》．le Vieux ～ ドール旧市街．

doléances *n.f.pl.* **1** (不満, 苦痛などの) 訴え；不平, 泣言, 苦情；非難．～ des avocats 弁護士たちの不平．faire ses ～s à qn 人に不平 (泣言, 苦情) を言う．**2** 《仏史》cahiers de ～ (三部会の) 陳情書．

dollar *n.m.* ドル《アメリカ以外のドルについては ～ australien (canadien)… と形容詞をつける》．～ pétrolier (pétro-～) オイル・ダラー．《金融》～-gap ドル不足《第二次世界大戦直後に見られた現象》．arabo-～ アラブ・ダラー．avoirs-～ ドル残高．baisse du ～ ドル安．crise du ～ ドル危機．étalon-～ ドル本位制．euro-～ ユーロ・ダラー．

dollarisation *n.f.* 《経済》ドル化, ドル決済制の導入．

dolmen [dɔlmɛn] (<ブルトン語で「テーブル」を意味する tol と「石」を意味する men からなる語) *n.m.* 《考古》ドルメン, 石室墳墓．

dolosif (*ve*) *a.* 《法律》詐欺的な．manœuvre ～ *ve* 詐欺的策動, 詐欺．

DOM [dɔm, deoɛm] (=*d*épartement d'*o*utre-*m*er) *n.m.* 《行政》海外県 (la Guadeloupe, la Martinique, la Guyane française, la Réunion)．～-TOM [dɔmtɔm] 海外県・海外領土《2003 年の憲法改正により DOM は DOM-ROM, TOM：territoire d'outre-merは territoire d'outre-mer (Wallis-et-Futuna), collectivité d'outre-mer (Saint-Pierre-et Miquelon, Mayotte), pays d'outre-mer (la Polynésie française) などに再編；形容詞 domien(ne)》．

dom [dɔ̃] *n.m.* **1** ドン, 師《ベネディクト修道会, シャルトルーズ修道会などの修道士の尊称》．D～ Pérignon ドン・ペリニョン《発泡性シャンパーニュ酒の製法の開発者とされる人物の名前を冠した Moët & Chandon 社の高級製品名》．**2** (ポルトガルの) 卿《貴族の尊称》D～ Miguel ミゲル卿．

domaine *n.m.* **1** 分野, 領域, 専門．～ de la loi (du règlement) 法律 (命令) の領域《第五共和国憲法は第 37 条でこの二領域を区別している》．～ privé 'public' 私的 (公的) 領域《フランスの政治, 社会全体を律する重要な考え方の一つ, 例えば非宗教性の原則 principe de la laïcité に見られるように, 信仰の自由は私的領域ではいかなる制限からも守られるが, 公的な領域では制限される場合もある》．～ réservé (大統領) 専管事項《第五共和政では大統領と内閣総理大臣のいずれも国政指揮権があるが, 外交, 防衛など一部の分野では大統領の優位が認められるとの説に基づく》．C'est du ～ de la médecine. それは医学の領域に属する．De la culture à la politique internationale, la France entend jouer un rôle de premier plan dans tous les ～s. フランスは文化から国際政治まで, あらゆる分野で一線級の役割を果たすことを望んでいる．**2** 所有地, 地所, 領地；(特に) 国有地；固有財産．～ de la couronne 王室御料地．～ de l'Etat 国有財産．《法律》～ privé² 公共団体の財産のなかで原則として私法が適用される部分．～ puiblic² 公共財産．directeur du ～ (経済財政省の) 理財局長．service des ～s 公有財産管理局 (部)．tomber dans le ～ public (著作物などの) 権利が消滅する．**3** 《数》領域．～ de définition 定義域．《物理》～ magnétique 磁区．

domanial (*ale*) (*pl.aux*) *a.* 《法律》所有地の；(特に) 国有地の．action ～ *ale* 公物訴訟．biens ～ *aux* 公有財産．forêt ～ *ale* 国有林．

domanialité *n.f.* 《法律》(土地の) 国有性, 国有であること．～ publique 行政財産の国有性．cession de la ～ d'ADP パリ空港の国有権の譲渡．

domanier *n.m.* 《法律》(地主の解約権留保付借地, 借地人．

dôme[1] *n.m.* **1** 《建築》ドーム, 円屋根, 円天井, 穹窿．le ～ du Panthéon à Paris パリのパンテオン (万神殿) のドーム．**2** ドーム状のもの．～ du ciel 蒼穹, 天空．**3** 《地形》ドーム, 円頂丘．～ s du Massif central 中央山塊のドーム群．～ de lave 熔岩円頂丘．chaîne des monts D～ ドーム山脈《オーヴェルニュ地方 l'Auvergne の火山群》．le puy de D～ ピュイ・ド・ドーム《クレルモン=フェラン Clermont-Ferrand 西郊のドーム状火山；標高 1,465 m》．volcan en ～ ドーム状火山, 鐘状火山．**4** 《機械》蒸気溜 (= ～ de la chaudière)．～ de vapeur 蒸気ドーム．**5** 《鉱》(結晶の) 庇面．～ monoclinique 単斜庇面体．

dôme[2] [伊] *n.m.* **1** (イタリアの) ドゥオーモ (duomo), 大聖堂．le ～ de Milan ミラノ大聖堂．**2** (ドイツの) ドム (Dom), 大聖堂．le ～ de Cologne ケルン大聖堂．

domestication *n.f.* **1** 家畜化；飼いな

らし, 馴致(じゅんち). ~ d'animaux sauvages 野生動物の家畜化.
2〔比喩的〕家庭化, 家庭利用. ~ de l'énergie solaire 太陽エネルギーの家庭利用.
3〔比喩的〕懐柔. ~ de peuples 民族の懐柔.

domestique *a.* **1** 家庭生活の；家庭の. affaire ~ 家庭問題. économie ~ 家計.〔集合的〕personnel ~ 奉公人. querelles ~s 家庭内のいざこざ. travaux ~s 家事.〔古〕dieux ~s 家の守り神. tyran ~ 家庭内の暴君.
2 (動物が) 飼い馴らされた, 飼育された (sauvage「野生の」の対). animaux ~s 家畜. canard ~ あひる, 家鴨；合鴨 (=canard croisé sauvage). chat (chien) ~ 飼猫(飼犬).
3〔英〕〔経済〕国内の (=intérieur).〔航空〕ligne ~ 国内線. marché ~ 国内市場. réglementation ~ 国内規制.〔航空〕vols ~s 国内便.
――*n.* 召使, 下男 (下女), 使用人《現在では employé(e) de maison；gens de maison を用いる》. ~ stylé(e) 充分仕込まれた召使.

domestiqué(e) *a.p.* **1** (動物が) 飼い馴らされた. animal ~ 飼い馴らされた動物, 家畜. espèce ~ 家畜種.
2 (人が) 懐柔された. peuples ~s 懐柔された民族.
3 (自然力を) 利用した. fleuve ~ 利用河川.

domicile *n.m.* 住所, 住居, 家. ~ commun (異なった国籍を持つ夫婦の) 共通住所. ~ conjugal 夫婦の家. quitter ~ conjugal 夫婦の一方が家を出る. ~ d'attache (船上生活者・露天商などの) 本拠住所. ~ d'origine (出生の) 原住所. ~ élu 選定住所. ~ légal 法定住所《公民権の行使と国民としての義務を行うべき住所；実際の居住地 résidence と区別されるが, 日本の本籍とはかならずしも一致しない》. ~ réel 現住所. attestation (certificat) de ~ 居住証明書. changement de ~ 転居. élection de ~ 住居の選定. inviolabilité de ~ 住居の不可侵性. sans ~ 住所不定. sans ~ fixe 住所不定〔者〕, ホームレス《略記 SDF》. à ~ 自宅で. livraison à ~ 配達. vente à ~ 訪問販売.

domiciliaire *a.* 住居の；家宅の. visite (perquisition) ~ 家宅捜査.

domiciliataire *n.*〔法律〕(手形・小切手の) 支払人, 支払銀行.

domiciliation *n.f.* **1**〔商業〕商取引の本拠地の指定 (= commerciale et fiscale). ~ à Paris 8ᵉ パリ 8 区での本拠地指定.
2〔商業〕有価証券 (手形・小切手) の支払所指定. ~ bancaire (有価証券の) 支払銀行指定. ~ des effets de commerce 有価(商業)証券支払場所の指定.

domicilié(e) *a.p.* (à に) 在住の. personne ~e à Paris パリ在住の人.

2〔法律〕(手形の) 支払場所を指定された.

dominance *n.f.* **1** 優位, 優勢. ~ d'une couleur dans un tableau 絵画における一つの色彩の支配.
2〔生〕(遺伝における) 優性；(種・個体の) 優位.

dominant(e¹**)** *a.* **1** 支配する, 支配力を行使する. classe ~e 支配階級.〔法律〕fonds ~ 要役地. pays ~ (植民地などの) 宗主国. société ~e (企業グループの) 支配会社.
2 支配的な, 優勢な, 主要な；基調となる. couleur ~e 基調色. idée ~e 主要概念. opinion ~e 支配的 (圧倒的) 意見. religion ~e 支配的宗教. trait ~ 主な特徴.〔気象〕vent ~ 卓越風.
3〔生〕優性の (récessif「劣性の」の対). caractère ~ 優性形質. gène ~ 優性遺伝子.
4 見おろす. position ~e 周囲を見おろせる位置.

dominante² *n.f.* **1** 支配的特徴, 基調, 主調. 基調色 (=couleur ~). ~ verte sur une photo 緑が基調の写真. La ~ de son œuvre est l'ironie. 彼の作品は皮肉が基調だ.
2〔音楽〕ドミナント, 属音 (音階の) 第 7 音. septième de ~ 属 7 の和音.
3〔生〕優性形質 (=caractère dominant).
4〔学〕主専攻 (mineure「副専攻」の対). choisir le japonais en ~ 日本語を主専攻に選択する.
5〔農〕特殊要素, 特殊成分 (=élément ~).
6〔占星〕(誕生時の) 優勢な星のしるし.

dominateur(trice) *n.* 支配者, 覇者 (はしゃ). ~ de l'Asie アジアの覇者.
――*a.* **1** 支配の. force ~trice 支配力. pouvoir ~ 覇権. **2** 威圧的な, 威丈高な. caractère ~ 威圧的な性格.

domination *n.f.* **1** 支配, 統治；制覇, 圧倒的な影響. ~ absolu 絶対的支配. ~ de soi-même 自己制御. ~ despotique (tyranique) 専制 (独裁的) 統治. établir sa ~ sur …に対する支配権を確立する. étendre la ~ à l'ensemble du continent 支配を大陸全域に拡大する. exercer sa ~ sur …を制覇する. sous la ~ de …の支配下に. vivre sous la ~ étrangère 外国の支配下で生きる.
2 (精神的な) 支配力, 影響. ~ de soi-même 自制心. ~ spirituelle 精神的影響.
3〔カトリック〕〔*pl.* で〕les D~s 主天使《第二等級第一隊の天使》.

dominicain(e)¹ *n.* ドミニコ会修道士 (女)《1215 年聖ドミニコ saint Dominique によって創設された「説教修道士会」ordre des frères prêcheurs 所属》.
――*a.* ドミニコ会の. liturgie ~e ドミニコ会典礼.

dominicain(e)² *a.* **1** ドミニカ共和国の, ドミニカの. la République ~e ドミニカ共和国. peso ~ ドミニカ・ペソ《通貨単位》.

2 サント=ドミンゴ島 (l'île de Saint-Domingue) の；～の住民．
——**D～** n. **1** ドミニカ人．**2** サント=ドミンゴ島民．

Dominicaine (la République) n.pr.f. [国名] ドミニカ共和国 (国民：Dominicain (e) ；Saint-Domingue サント=ドミンゴ；通貨：peso dominicain [DOP]).

dominic*al* (***ale***) (*pl.* ***aux***) *a.* **1** 神の，主の，主イエス=キリストの．jour ～ 主日，日曜日 (=dimanche). oraison ～ *ale* 主の祈り (=le Pater). **2** 日曜日の．repos ～ 日曜日の安息；(日刊紙の) 日曜休刊．

Dominique (la) n.pr.f. [国名通称] ドミニカ《公式名称：le Commonwealth de la D～ ドミニカ連邦 (国)；国民：Dominiquais (e) ；首都：Roseau ロゾー；通貨：dollar des Caraïbes orientales [XCD]》.

domino n.m. **1** [*pl.* で]《遊戯》ドミノ，ドミノゲーム．
2 ドミノの牌《28枚で1セット》．
3 [比喩的] effets de ～ ドミノ効果《ドミノの牌倒しを連想させる連鎖反応》．théorie de ～ ドミノ理論《特に一国が共産化すると隣接国が連鎖的に共産化するとする理論》．
4 [電] 導体を接続する角型部品．
5 [話] couple ～ 白人と黒人のカップル．

dommage n.m. **1** 損害，被害，損失，損傷．～ corporel 身体損害．～s de guerre 戦争災害，戦災賠償．～ direct 直接損害．～ matériel 物の損害．～ moral 精神損害．～ prévisible (imprévisible) 予見しうる (予見しえない) 損害．～s et intérêts 損害賠償 (=～s-intérêts). assurance ～s tous accidents (車両等の) 総合保険 (=assurance tous risques). assurance ～s collisions (車両等の) 衝突保険．se tirer d'un accident sans ～ 事故にはあったが被害はなくてすむ．
2 残念なこと，残念でした，また今度．D～, c'est dommage. C'est (il est) ～ de+*inf.* (que) … は残念だ，困ったことだ．C'est ～. 残念です．Quel ～! 何と残念な．

dommages-intérêts, dommages et intérêts n.m.pl. [法律] 損害賠償．～ moratoires 遅延賠償．

domotique n.f. 住居管理自動化工学《エネルギー・通信・安全等の自動管理システム技術》．

dompéridone n.f. [薬] ドンペリドン《悪心・嘔吐治療薬；薬剤製品名 Motilium (n.m.) など》．

DOM-ROM (=*d*épartement d'*o*utre-*m*er-*r*égion d'*o*utre-*m*er) *d*épartement et *r*égion d'*o*utre-*m*er) n.m. [行政]《フランスの》海外県=地方《2003年の憲法改正に伴い実施された海外県・海外領土 (DOM-TOM) の改正により誕生；単一県で地方を構成する région monodépartementale で県議会と地方議会をもつ地方行政区；ヨーロッパ連合の超周辺 (遠隔) 地方 région ultra-périphérique (RUP) にも位置付けられる；DROM とも表記する》．Les quatre ～ sont la Guadeloupe, la Martinique, la Guyane et la Réunion. 4つの海外県=地方は，グアドループ (地方行政区コード 971)，マルチニック (972)，ギュイヤンヌ (973) とレユニヨン (974) である．

domtomi*en*** (***enne***)** *a.* 海外県 (DOM) と海外領土 (TOM) の．
——**D～** n. 海外県と海外領土の住民．

DON (=*d*isque *o*ptique *n*umérique) n.m. 光ディジタルディスク．

don n.m. **1** 寄贈，寄付，贈与；贈り物．～ d'organes 臓器提供．loi sur les ～s d'organes 臓器提供に関する法律．～ du corps 献体．～ du corps à la médecine 医学用献体．～ du sang 献血．～ fait à Dieu 寄進，喜捨．carte de ～ (脳死臟器移植を認める) ドナー・カード．faire ～ de *qch* …を贈る．～ de soi 自己献身．
2 [経済，国際政治] 贈与，無償援助．en nature 無償商品援助．élément ～ [国際金融] 贈与要素，グラント・エレメント．
3 才能，素質．avoir le ～ de *qch*(+*inf.*)… の(をする)才能がある．

donataire n. [法律] 受贈者．

dona*teur* (***trice***) n. **1** 寄贈者；(教会への) 寄進者．**2** [法律] 贈与者．

donation n.f. **1** 贈与，寄贈，寄付．～ entre vifs 生前贈与．～ indirecte 間接贈与．～ par contrat de mariage 夫婦財産契約による贈与．～-partage 生前分割．～ universel 包括贈与．～ X (美術館などで) X氏 (家) 寄贈品．
2 贈与契約書．transcrire une ～ 贈与契約書を登記する．

donation-partage (*pl.* ～***s***-～***s***) n.f. [法律]《相続財産の》生前分割贈与．

dondon n.f. [話・蔑] 太った女．grosse ～ でぶ女．

DONE (=*d*isque *o*ptique *n*umérique *e*ffaçable) n.m. 消去可能なディジタル光学ディスク (CD-RW など)．

donépézil n.m. [薬] ドネペジル《アルツハイマー型痴呆治療薬；薬剤製品名 Aricept (n.m.)》．

dông n.m. ドン《ヴェトナムの基本通貨単位》．

Dongguan [中国] n.pr. 東莞 (とうかん)，ドングアン《広東省の工業都市》．

Dongsha Qundao [中国] n.pr.pl. 東沙 (とうさ，トンシャ) 群島 (諸島) (=[英] Pratas Islands プラタス諸島》．

Dongting (lac) n.pr.m. 洞庭湖 (どうていこ)，トンティンホ《中国湖南省北東部の湖》．

Dongying [中国] n.pr. 東営 (とうえい)，

トンイン《山東省 le Shandong, 黄河 Huang He 河口の都市》.

donjon *n.m.* **1** (城塞の)ドンジョン, 主塔, 本丸. le ~ du château de Loches ロシュ城のドンジョン《方型本丸》. le ~ du château de Vincennes ヴァンセンヌ城のドンジョン《旧監獄》.
2 (軍艦の) 司令塔.

don Juan [dɔ̃ʒyɑ̃] *n.pr.m.* **1** ドン・ファン, ドン・ジュアン《スペインの伝説的放蕩者》. **2** 女たらし.

donné(e[1]) *a.p.* **1** 与えられた; 天賦の. caractère ~ 生来の性格. propriété ~e en dot 持参金として与えた財産.
2 開催された; 上演された. fête ~e au profit d'une bonne œuvre 優秀作のために開かれた祝賀会. pièce ~e au théâtre national 国立劇場で上演される戯曲.
3 定められた; 特定の; 既知の. quantités ~es 特定量. à une distance ~e 一定の距離を置いて. à un moment ~ ある時; 突然 (=tout à coup; soudain). en un lieu (un temps) ~ 所定の場所 (時間) に.
4 étant ~ que+*ind.* …だから (=puisque). étant ~ qu'il est venu, nous pouvons partir. 彼が来たので, 我々は出発できる. étant ~+*n.* 〘多く不変; 稀に後続の名詞と性数一致〙…を考慮して. étant ~(*es*) les circonstances 事情に鑑み.

donnée[2] *n.f.* **1** 既知事実, 与件. 〘哲〙 ~s immédiates de la conscience 意識の直接与件.
2 〘情報処理〙データ, 資料. ~ analogique (digitale) アナログ (ディジタル) データ. ~s statistiques 統計資料. base de ~s データ・ベース. système de gestion de base de ~s データ・ベース管理システム (略記 SGBD). banque de ~s データ・バンク. traitement de ~s データ処理.
3 〘数〙既知数 (inconnue「未知数」の対).
4 〘文〙構想, 主題. ~s d'un roman (d'une comédie) 小説 (戯曲) の基本構想.

donneur(se) *n.* **1** (de を) 与える人. ~ d'aval (手形の) 保証人, 裏書人. ~ de caution 保証人. ~ de conseils 忠告者, 助言者. 〘株〙 ~ d'ordres 売買の指示者; 投機家, 相場師.
2 〘医〙供血者, 献血者 (= ~ de sang); 〘移植臓器の〙提供者, ドナー. le ~ et le receveur 提供者 (供血者) と受益者 (被輸血者). groupe sanguin du ~ 供血 (献血) 者の血液型. ~ universel 万能供血者 (誰にでも供血できる人). ~ d'organes (de tissus) 臓器 (組織) 提供者.
3 〘俗〙密告者.
4 〘トランプ〙札を配る人, ディーラー.

donquichottisme *n.m.* ドン・キホーテ (don Quichotte) 的行動 (性格).

donzelle *n.f.* 〘話・蔑〙もったいぶった娘, きざな娘.

dopage *n.m.* **1** 興奮剤の投与 (服用), ドーピング (= [英] doping). ~ des coureurs 競走者 (競走馬) のドーピング. produit de ~ ドーピング剤 (=dopant).
2 〘電子工学〙ドーピング《単結晶に微量の不純物を加えて半導体にすること》.

dopamine *n.f.* 〘生化〙ドーパミン《中枢神経における神経伝達物質; dihydroxy-phénylalanine「ディヒドロキシフェニルアラニン」の略称》.

dopant(e) *a.* **1** 興奮作用のある. substance ~e 興奮剤. **2** 添加剤を加えた.
——*n.m.* **1** 興奮剤. **2** 添加剤, 強化剤.

dopé(e) *a.p.* **1** 麻薬を使用した; 麻薬中毒の. coureur ~ 麻薬を使用したランナー.
2 〘比喩的〙強化策を講じられた. économie ~e 補強経済.
3 bombe ~e 強化核爆弾.
4 〘電子工学〙ドーピング加工をした《半導体に不純物を少量添加して電気的性質を変えた》.
5 〘化〙添加剤を加えた.
——*n.* 麻薬使用者, 麻薬常用 (中毒) 者.

doper *v.t.* **1** 興奮剤を与える. **2** 添加剤を加える, 強化する.

doping [dɔpiŋ] [英] *n.m.* **1** 〘スポーツ〙興奮剤の使用, ドーピング (= [仏] dopage). **2** 興奮剤.

dorade *n.f.* **1** ドラード, 鯛 (=daurade).
2 〘天文〙la D~ 旗魚座.

Dordogne *n.pr.f.* **1** 〘地理〙la ~ ドルドーニュ川《西南フランス, la Garonne ガロンヌ河の支流; 長さ 472 km》.
2 〘行政〙la ~ ドルドーニュ県 (=département de la ~; 県コード 24; フランスと UE の広域地方行政地区 région Aquitaine アキテーヌ地方に所属; 県庁所在地 Périgueux ペリグー; 主要都市 Bergerac ベルジュラック, Sarlat-la-Canéda サルラ=ラ=カネダ; 4 郡, 50 小郡, 557 市町村; 面積 9,184 km²; 人口 388,293).

doré(e[1]) *a.p.* **1** 金張りの; 金箔押しの; 金メッキした; 金色の. argent ~ 金メッキを施した銀 (=vermeil). bouton ~ 金ボタン. cadre ~ 金色の額縁. lettres ~es 金文字. tranche ~ d'un livre 書物の金箔押しの小口. ~ sur tranche 書物の小口に金箔を押した; 〘比喩的〙きらびやかに飾り立てた; 派手に気取った. une vie ~e sur tranches きらびやかな人生.
2 金色に輝く; 黄金色の, 金色の; 赤銅色の (=bronzé). carpe ~e 金色の鯉. cheveux d'un blond ~ 金髪; ブロンドの髪. feuilles ~es 黄金色の葉. fruit ~ 黄金色の果実. lumière ~e 金色に輝く光. moissons ~es 黄金色の小麦の穂. peau ~e 日焼けした (赤銅色の) 肌.
3 〘料理〙卵黄を塗って焼き色をつけた. gâteau ~ 卵黄で焼き色をつけた菓子.

pain ~ パン・ドレ《牛乳と卵をつけて揚げた パン》(=pain perdu).
4〔比喩的〕豪華な, 豊かな. jeunesse ~*e* 金色の青年《〖史〗大革命期の反ロベスピエール Robespierre 派の富豪の子弟たち》;〔現用〕金持ちで洒落た若者たち》.
5〔比喩的〕申し分のない (=en or). âge ~ 最盛期 (=âge d'or). langue ~*e* よくまわる舌, 流暢な弁舌. La Légende ~ *e*『黄金伝説』(13 世紀の聖者伝集). Vers ~ *s* (ピタゴラス作とされる)『黄金詩編』.

doré[2] *n.m.* **1** 金箔, 金メッキ (=dorure). ~ d'un cadre 額縁の金箔. bijouterie en ~ 金メッキの宝飾品.
2〖カナダ〗ドレ《美味な淡水魚; すずき目パーチ科; 〖英〗 walleyed pike, 学名 stizostedion canadense (vitreum)》.

dorée[2] *n.f.*〖魚〗ドレ, 的鯛 (=saint-pierre).《魚》~ d'étang テンチ《(=tanche; 鯛に似た淡水魚)》.

dormant(**e**) *a.* **1** 眠っている. La Belle au bois ~『眠りの森の美女』(Perrault の童話).
2 動かない, 静止している. eau ~*e* 静水, よどんだ水.
3 固定された. châssis ~ 固定枠, はめ殺し窓.《釣魚》ligne ~*e* 固定系.《海》manœuvres ~*es* 静索.
—*n.m.*〖建築〗(窓, 扉の)固定枠.

dormeur(**se**) *n.* **1** 眠っている人. **2** よく寝る人, 寝坊.
—*n.m.*〖動〗いちようがに (=crabe~).
—*n.f.*〖宝飾〗ボタン止め式イヤリング.
—*a.* poupée ~*se* 眠り人形.

dornecy *n.m.*〖チーズ〗ドルヌシー《ニヴェルネー地方 le Nivernais で山羊乳または半山羊乳からつくられる, 軟質, 自然外皮のチーズ; 脂肪分 45 %; 底部直径 8 cm, 上部直径 5-6 cm の円盤形; 250 g》.

dorsal(**ale**)[1] (*pl.* **aux**) (< dos) *a.* **1** (人・動物の) 背の. colonne ~*ale* 脊柱 (=colonne vertébrale). douleur ~*ale* 背痛. épine ~*ale* 脊椎, 脊柱. muscles ~*aux* 背筋. nageoires ~*ales* 背鰭 (=les ~ *ales*). position ~*ale* 背面. vertèbres ~*ales* 脊椎骨.
2 (手・足の) 甲の. face ~*ale* des os du carpe 手根骨の甲の面. région ~*ale* de la main (du pied) 手(足)の甲の部分 (région palmaire「手の平, 足の裏」の対).
3 背の側の; 背負う. parachute ~ 背負い式パラシュート (parachute ventral「腹側のパラシュート」の対).
4〔発音〕舌背 (dos de la langue) で発音される. articulation ~*ale* 舌背調音《〖k〗〖ʁ〗など》. consonne ~*ale* 舌背子音.

dorsal[2] (*pl.* **aux**) *n.m.*〖解剖〗背筋 (=muscle ~). grand ~ 大背筋. long ~ 長背筋.
2 (教会堂聖歌隊席の腰掛けの) 背もたれ用の壁掛け.

dorsale[2] *n.f.* **1**〖地形〗山稜, 尾根; 海嶺 (=chaîne sous-marine). la D~ guinéenne ギニア山脈. ~ océanique 大洋海嶺. la D~ tunisienne チュニジア山稜.
2〖気象〗気圧の尾根線 (谷線) (=barométrique); thalweg).
3〔発音〕舌背〔子〕音 (=consonne ~).

dorsalgie *n.f.*〖医〗脊椎痛 (=douleur spinale); 背痛 (=douleur dorsale). dégénérative 変性脊椎痛 (arthrose (非炎症性)「関節炎」など). ~ inflammatoire 炎症性背痛 (arthrite (炎症性)「関節炎」など). ~ mécanique 機能性背痛 (cyphoscoliose「脊柱後側彎」など). ~ traumatique 外傷性背痛 (骨折などによる).

dorsolombaire *a.*〖解剖・医〗腰椎背部. myélographie ~ 腰椎背部造影〖法〗. 腰部放射線造影〖法〗 (=radiographie lombaire).

dortoir *n.m.* **1** (寄宿舎などの) 共同寝室. ~ de caserne 兵営の寝室棟. ~ d'un monastère 修道院の共同寝室.
2〔同格〕banlieue-~; cité-~; quartiers-~ *s*; ville-~ ベッドタウン. Cette ville n'est qu'un ~. この町はベッドタウンにすぎない.

doryphore *n.m.*〖昆虫・農〗レプチノタルサ (じゃがいもの害虫).

dos *n.m.* **1** 背, 背中. ~ large 広い (がっちりした) 背中. ~ droit (voûté) まっすぐな (丸めた) 背筋. avoir mal au ~ 背中が痛い. sac à ~ リュックサック. tourner le ~ 背を向ける, そっぽを向く.
2 (衣服, いす, 書籍などの) 背. ~-nu 背中の開いた服.
3 (手, 足の) 甲; (刀, ナイフの) 峰; (紙の) 裏面. ~ d'âne 路面の突起した部分. en ~ d'âne 山なりの, 凸状の. ~ du nez 鼻筋, 鼻柱. ~ de la langue 舌背. signer au ~ d'un chèque 小切手の裏に署名する, 小切手を裏書する. voir au ~ 裏面を見よ.
4 背面, バック.〖写真〗~ dateur (カメラボディー背面の) データバック.
5〖スポーツ〗背泳.
6〔成句〕
à ~ de …に乗って.
agir dans le ~ de *qn* …に隠れて行動する.
avoir bon ~ 批判にさらされる, 責任を負わされる, 平然と非難を受け流す, 口実に利用される.
avoir l'ennemi à ~ 背後から襲われる可能性がある.
avoir le ~ large 非難, 嘲笑に耐える.
avoir *qn* à ~ …を敵に回す.
avoir *qn* sur son ~ …につきまとわれる, 悩まされつづける.
casser du sucre sur le ~ de *qn* 陰で悪口を言う.
courber le ~ 背中を丸める, 諦める, 譲歩する.

dosage

en avoir plein le ~ うんざりする.
être le ~ au mur 追い詰められる.
être toujours sur le ~ de qn …を常時監視下に置く.
faire froid dans le ~ de qn 背筋を寒からしめる, 背筋をぞっとさせる.
faire le gros ~ (猫が)背を丸める.
faire un enfant dans le ~ de qn …に隠れて悪意のある悪戯をする.
l'avoir dans le ~ しくじる, 失敗する.
mettre deux personnes ~ à ~ 二人の人を背中合わせに立たせる.
mettre qch sur le ~ de qn …を…のせいにする, 責任を負わせる.
ne pas y aller avec le ~ de la cuillère 極端な言動をする.
n'avoir rien à se mettre sur le ~ 着るものがなにもない.
passer la main dans le ~ へつらう, おべっかを使う.
prendre qch sur son ~ …の責任を負う.
renvoyer ~ à ~ 黒白をつけない, どちらにも味方しない.
s'accorder sur le ~ de qn …を犠牲にして手を組む.
se mettre qn à ~ …を敵に回す.
se laisser manger la laine sur le ~ 食い物にされる.
tirer dans le ~ de qn 不意を襲う, 背後から撃つ.
tomber sur le ~ de qn 背後から襲う, 突然(物が)降りかかる.
tondre la laine sur le ~ de qn 身ぐるみ剝ぐ, 何もかも取り上げる.
tourner le ~ à qn 話を打ち切る, 交際を絶つ, 見離す.
tourner le ~ à qch …と逆方向へ向かう.

dosage *n.m.* **1** 定量法；含有量 (率). 〖医〗 ~ biologique 生物学的定量. ~ de l'alcool dans le sang 血液中のアルコール定量. 〖医〗 ~ des enzymes sanguines 血中酵素検査. 〖葡萄酒〗 ~ du sucre dans les vins de Champagne シャンパーニュ酒の糖分含有量. 〖医〗 ~ du taux de sucre sanguin 血糖定量法.
2 〖化〗定量測定, 含有量測定；〖物理〗(放射線の)線量；放射線量測定.
3 〖薬〗薬剤調合, 調剤；投薬；(薬剤の)服用量, 適量. ~ d'un médicament 医薬品の調合 (服用量).
4 配合, 混合. ~ en pois (en volume) 重量 (容積) 配合.
5 〖比喩的〗比率, 配分. un bon ~ de souplesse et de rigueur 柔軟性と厳格性の絶妙の配分.

dose *n.f.* **1** (医薬品の) 用量, 服用量. ~ prescrite 処方服用量. ~ initiale 初回量. ~ journalière 一日量. ~ optimum 最適量. ~ toxique 中毒量.
2 配合量, 用量. mettre une ~ d'anisette pour cinq d'eau 水5に対しアニゼット (アニス酒) 1を配合する.
3 〖物理〗放射線量. ~ lét[h]ale 致死〔線〕量〖略記 Dl〗. ~ minimale admissible de rayonnements 放射線最小許容量. ~ minimale mortelle 最小致死量. ~ radioactive 放射線量. ~ tolérable 許容線量.
4 〖比喩的〗量. avoir sa ~ たっぷりもつ. une forte ~ d'orgueil (de sottise) ひどいうぬぼれ (愚か).

dosé(e) *a.p.* **1** 用量を定めた, 調合した. ~ à 2 gr 2グラムで定量された. remède exactement ~ 正確に調合された医薬品.
2 〖比喩的〗混ぜ合わせた. compliments et critiques ~s 賞讃と批判のないまぜ.

dose-dépendant(e) *a.* 〖薬〗服用量に依存する. effet ~ 服用量依存効果.

doseur *n.m.* 液量計；水薬用メートルグラス. 〖同格〗verre ~ 液量計量グラス.

dosimètre *n.m.* **1** 〖物理〗放射線量計, 線量計. ~ à thermoluminescence 熱ルミネサンス線量計. ~ au sulfure de cadmium 硫化カドミウム (CdS) 線量計. ~ chimique 化学線量計. ~ de verre ガラス線量計. ~ individuel 個人線量計. ~ photographique personnel 個人被曝放射線表示フィルムバッジ.
2 〖薬〗薬量計；(水薬の) 計量計.

dosimétrie *n.f.* **1** 〖物理〗放射線量測定. **2** 〖薬〗薬量測定.

dos-nu *n.m.* 〖服〗ド・ニュ《背中がむき出しの衣服》.

dossard *n.m.* 〖スポーツ〗ゼッケン.

dossier *n.m.* **1** 書類, 一件書類, ファイル. ~ de candidature 応募書類. ~ de presse 関連記事コレクション, マスコミ発表用資料. sélection sur ~ 書類選考. Pouvez-vous m'apporter le ~ sur cette affaire? この件に関するファイルを持ってきてください. Il connaît parfaitement le ~. 彼は問題を完全に把握している. Ce ~ est à classer. この問題はもう片付いた.
2 (マスコミの) 特集. Le prochain numéro comportera un ~ sur le Kosovo. 次号はコソヴォ特集.
3 椅子の背, ベッドのヘッドボード. ~ réglable リクライニング・バックレスト.

DOT, Dot (= *d*éfense *o*pérationnelle du *t*erritoire) *n.f.* 〖軍〗国土防衛作戦.

dot [dɔt] *n.f.* **1** (結婚する娘の) 持参金. avoir une grosse ~ 莫大な持参金がある. épouser une jeune fille pour sa ~ 持参金目当てに若い女性と結婚する. coureur (chasseur) de ~ 持参金目当てに嫁を探す男.
2 〖法律〗嫁資財産；(第三者が新郎または新婦に贈る) 婚資.
3 〖宗教〗(修道院に入る女性の) 寄贈財産.

dotal(ale)(*pl.***aux**) *a.* 〖法律〗嫁資財産の. biens ~ *aux* 嫁資財産. régime ~ 嫁資財産制度《1965年に廃止》.

dotalité *n.f.*〚法律〛**1** 嫁資財産性, 嫁資性. **2** 嫁資財産制度.

dotation *n.f.*〚法律〛**1**(公的施設などへの)一定の財産(収入)の付与. ~ initiale d'une fondation 財団(基金)への当初出資. **2** 基金；歳費；(市町村の設備などへの)予算割当額, 補助金.

dotcom (<〚英〛*dot*+*com*munication) *n.f.*〚経済〛ドットコム《インターネット上の事業の立ちあげ》.

douane *n.f.* **1** 税関. administration des ~*s* 税関当局. agent de ~ 税関吏. agent en ~ 税関手続代行業者. carnet〔de passage en ~〕カルネ, 臨時通関証. code des ~*s* 税関法〔典〕. direction des ~*s*(財務省)関税局. droit de ~ 関税. service des ~*s* 税関部局. **2** 税関事務所, (場所としての)税関. passer à la ~ 通関する. **3**〔集合的〕税関吏. **4** 関税.

douani*er*(*ère*) *a.* **1** 税関の. **2** 関税の. accord ~ 関税協定. barrières ~*ères* 関税障壁. nomenclature ~*ère* 関税リスト. protectionnisme ~ 保護貿易体制(主義). tarif ~ 関税率. taxe ~*ère* 関税. union ~*ère* 関税同盟. ——*n.* 税関吏, 税関職員. ~*s* d'un aéroport 空港の税関吏. uniforme de ~ 税関職員の制服.

doublage *n.m.* **1** 2倍(二重)にすること, 倍加. **2**〚織〛練条, 合糸. **3**〚印刷〛(同文字・同語・同行などの)重複(=doublon). **4**(衣服, 画布などの)裏打ち, 補強；〚船〛二重船殻. ~ d'un tableau(d'un vêtement)絵画(衣服)の裏打ち. **5**〚映画〛吹替え, アテレコ；〚劇〛代役を立てること. ~ d'un film américain en français アメリカ映画のフランス語吹替え.

double *a.*〔しばしば名詞の前〕**1** 2倍の；二重の. ~ colline 二重の丘. ~ décalitre 20リットル容器. ~ dose 二倍定量. ~ exemplaire ダブル版. ~ fenêtre 二重窓. ~ malheur 二重の不幸. ~ nœud ふたえ結び.〚法律〛~ peine 二重刑罰《外国人が刑務所で服役したあと国外追放になること》；二重刑罰に処された人. ~ rangée d'arbres 二列の並木.〚光学〛~ réfraction 複屈折. ~ rideaux 二重カーテン. ~ semelle 二重靴底. ~ vaccin 二混(二種混合)ワクチン.〚言語〛~ consonne ~ 二重子音《ll, nn など》. échelle ~ スライド式二重梯子.〚薬〛essai en ~ aveugle(à ~ issu)二重盲検法(=épreuve à ~ feinte). étoffe〔à〕~ face 表裏などの二重織地.〚カトリック〛fête ~ 復誦の祝日.〚医〛fièvre ~ 二回熱《一日 2 回の間歇熱》. fleur ~ 八重咲きの花. fond ~；~ fond 二重底.

hélice ~ 二重螺旋；二重プロペラ.〚数〛point ~ 二重点.〚スポーツ〛score ~ ダブルスコア. **2** 両面を持つ；二重の. agent ~ 二重スパイ. caractère ~ 二重人格. mot à ~ sens 両義語. personne ~ 裏面のある人；偽善者；二重人格者. faire ~ emploi 無用に重複する. jouer ~ jeu 両天秤にかける；二つの態度を使い分ける. mener une ~ vie 二重生活を送る.
——*ad.* 2倍；二重に. payer ~ 2倍金を支払う. voir ~ (物が)二重に見える.
——*n.m.* **1** 2倍；倍額；倍量. gagner le ~ du salaire moyen 平均賃金の2倍稼ぐ. gagner plus du ~ 倍額以上稼ぐ. mettre le ~ de temps 2倍の時間をかける. payer le ~ d'un prix 価格の倍額を支払う. La vie a augmenté du ~. 生活水準は倍加した. au ~ 2倍にして. rendre au ~ l'argent emprunté 借金を2倍にして返す. en ~[1] 二つに；二重に. plier *qch* en ~ 何を二つ折りにする. taper une lettre en ~ タイプで手紙のコピーをとる. **2** 写し, コピー；謄本, 副本；複製(収集品などの). ~ d'un acte(d'un papier)証書(書類)の副本(写し). ~ d'un registre 帳簿の複本. articles en ~ コピー付論文. **3** 分身, ドッペルゲンガー(=〚独〛Doppelgänger), 瓜ふたつの人, 生き写し. ~ d'une personne 人の分身. **4**〚神秘学〛霊体, アストラル体(=corps astral)；幽霊(=fantôme). **5**〚テニス〛ダブルス. ~ messieurs(dames, mixte)男子(女子, 混合)ダブルス. jouer un ~ ダブルスの試合をする. **6**〚ヨット〛en ~[2] 2人乗りの(en solitaire「1人乗りの」の対). la Transat en ~ 2人乗りの大西洋横断ヨットレース.

doublé(e) *a.p.* **1** 2倍になった；二重になった. colonne ~*e* 対をなす円柱(=géminée). effectif ~ 2倍になった定員数. lettre ~*e* 二重文字(mm, ll など). poids ~ 2倍になった重量. **2** 裏をつけた, 裏打ちした. manteau ~ de fourrure 毛皮の裏付きコート.〔veste〕~*e*〔de〕mouton 羊の毛皮の裏付きジャケット. **3**(de ~)を兼ねた. compliment ~ d'une moquerie からかい半分の讃辞. philosophe ~ d'un mathématicien 哲学者兼数学者. **4**〚映画〛吹替えした(en version originale「原語版の」の対). film ~ en français フランス語に吹替えた映画. **5**(車が)追い越された. voitures ~*es* 追い抜かれた車.

double-actif(ve) (*pl.* **~s-~s**) *a.*〚経済〛二つの職業に従事する.
——*n.* 二重職業労働者.

double(-)arbre *n.m.* ツイン・カム軸(=~ à cames). moteur ~ ツイン・カム・

シャフト・エンジン. un V6 de 3, 5 litres à ~ à cames en tête ツイン・オーヴァーヘッド・カム式 3.5 リットル V6 エンジン.

double-clic *n.m.* 〖電算〗ダブルクリック.

double-cliquer *v.t.* 〖電算〗(コンピューターのマウスを)ダブルクリックする.

double-crème *n.f.* 〖チーズ〗ドゥーブル=クレーム《脂肪分が 60-75 ％の高乳脂含有チーズの法定呼称》.

double-faute (*pl.* ~s-~s) *n.f.* 〖テニス〗ダブルフォールト (= 〖英〗double-fault).

doublement *n.f.* **1** 倍増, 倍加.
2 二つ折りにすること.
3 (文字を)重ねること. ~ d'une consonne 子音の二重化.
4 〖軍〗2 列にすること.

double-page (*pl.* ~s-~s) *n.f.* 〖印刷〗見開きページ.

double-scull [-skœl] (*pl.* ~s-~s) *n.m.* 〖漕艇〗ダブルスカル.

doublet *n.m.* **1** 〖言語〗二重語《形と意味の異なる同一語源の 1 対の語; *ex.* hôpital と hôtel》.
2 模造品; 〖宝飾〗にせ玉《水晶の下に金箔を敷いたもの》.
3 1 対のもの; 〖物理〗共有結合分子の電子ペア; (スペクトルの)二重項; 〖電〗双極子 (= ~ électrique).
4 〖商業〗1 対の同一商品.

doubleur(se) *n.* **1** 〖映画〗(外国映画の)吹き替え声優.
2 〖服〗裏地職人.
3 〖宝飾〗メッキ職人.
4 〖ベルギー, カナダ〗落第生, 留年生 (= redoublant (*e*)).

doublure *n.f.* **1** 〖服〗裏地; 裏打ち布地. ~ d'un manteau コートの裏地.
2 〖劇・映画〗代役, スタンドイン; 〖一般に〗(危機的状況での)代役, ピンチヒッター.

Doubs *n.pr.m.* **1** 〖地理〗le ~ ドゥー川《フランス・ジュラ山脈 le Jura français に源を発し, スイス, Besançon ブザンソン, Dole ドールを経て, la Saône に注ぐ; 長さ 430 km》.
2 〖行 政〗le ~ ドゥー 県 《= département du ~ ; 県コード 25; フランスと UE の広域地方行政地区 région Franche-Comté フランシュ=コンテ地方に所属; 県庁所在地 Besançon; 主要都市 Montbéliard モンベリヤール, Pontarlier ポンタルリエ; 3 郡, 35 小郡, 594 市町村; 面積 5,228 km²; 人口 499,062; 形容詞 doubien (*ne*), doubiste》.

doucement *ad.* **1** ゆるやかに, ゆっくりと. La pente descend ~. 坂はゆるやかに下がっている. travailler ~ あわてずにゆっくり働く.
2 優しく. traiter qn ~ 人を優しく遇する.
3 並以下に, どうにかこうにか. Les affaires marchent ~. 事業は何とかやっていている.
—*int.* ゆっくり! *D*~! Vous allez tomber. そんなにあわてないで! ころびますよ. Tout ~! もっとゆっくり!

douceur *n.f.* **1** 甘さ, 甘味; 〖*pl.* で〗甘いもの, 菓子. ~ d'un fruit (du miel) 果物 (蜂蜜)の甘さ. aimer les ~s 甘いものを好む; 甘党である. offrir des ~s à un enfant 子供に菓子を与える.
2 (感覚的な)快さ, 馨しさ; 手触りの良さ, 柔らかさ; (気候などの)穏かさ. ~ des coloris dans un tableau 絵画の色調の快さ. ~ d'une musique (d'une voix) 音楽(声)の優しさ. ~ de la peau 肌の柔らかさ. ~ de la soie (des velours) 絹 (ビロード) の手触りの良さ.
3 (機械などの作動の)なめらかさ. ~ d'un démarrage 始動(発進)のなめらかさ. 〖話〗en ~ 静かに; こっそりと. atterrissage en ~ 軟着陸. démarrer en ~ (車が)すべるように動き出す. filer en ~ こっそり立ち去る.
4 楽しさ, 喜び; 〖*pl.* で〗楽しいこと. ~ de vivre 生きる喜び.
5 (人の)柔和さ, 優しさ; (性格の)穏かさ, 温和; 心遣い; いたわり. ~ angélique 天使のような優しさ. ~ d'un caractère 性格の柔和さ (優しさ). ~ d'un profil 顔付の柔和さ. mouvements pleins de ~ 優しさに溢れた動作. avec ~ 優しく. parler avec ~ 優しく話す. prendre qn par la ~ 下手に出て人を操る. 〖諺〗Plus fait ~ que violence. 柔は剛にまさる.
6 〖*pl.* で〗甘い言葉; 〖皮肉〗手厳しい言葉. dire des ~s à une femme 女に甘い言葉を使う.

douche *n.f.* **1** シャワー, シャワー室. une salle de bain avec ~ et baignoire シャワーとバスタブつき浴室. prendre une ~ シャワーを浴びる. préférer la ~ au bain 風呂よりもシャワーを好む. ~ écossaise 湯と水が交互に出るシャワー; 〖比喩的〗良いことのすぐ後に起こる悪いこと, 誉めたあとですぐにけなすこと.
2 にわか雨; 体にかかる水.
3 〖比喩的〗熱気を冷ますもの, 叱責, 幻滅. Cette nouvelle a eu un effet de ~ froide. このニュースは冷水を浴びせるようなものだった.

doué(e) *a.p.* **1** 才能がある, 天分豊かな. être ~ en mathématiques 数学が得意である. être ~ pour qch (*inf.*) 何の(…する)才能がある. Il est ~. 彼は才能豊かである.
2 (de に) 恵まれた, (の)素質がある. ~ d'une bonne mémoire 生れつき記憶力がよい. ~ de grâce 生れつき優雅な.

douleur *n.f.* **1** (肉体的な)痛み, 苦痛. ~ abdominale 腹痛. ~ aiguë (vive) 激痛. ~ atroce (horrible) おそろしい(耐え難い)痛

み (=~ insupportable). ~ brusque et brève 急性の短い痛み(=élancement「急性の間歇性激痛」). ~ cuisante 刺すような痛み, ひりひりする痛み, 疼痛. ~ cutanée 皮膚の痛み. ~ d'avaler 嚥下痛. ~ déchirante 劇痛. ~s de tête 頭痛. ~ dorsale 背痛. ~ d'os de nuit 夜間骨痛. ~ en ceinture 帯状痛. ~ faciale 顔面痛. ~ lancinante 電撃痛. ~ localisée 局部痛. ~ physique 肉体的苦痛. ~ post-prandiale 飢餓痛. ~ pulsative 搏動性疼痛《ずきずきする痛み》. ~ sourde 鈍痛. ~ sous-sternale 胸骨下痛. ~ spinale 脊椎痛. exclamation de ~ 苦痛の叫び, lit de ~ 病床. sensibilité à la ~ 痛みの感覚. tourments de la ~ 苦痛. sans ~ 痛みなしに(の), 無痛で(の) ; 難なく. accouchement sans ~ 無痛分娩. adoucir (apaiser, calmer, soulager) la ~ 痛みを和らげる (鎮める). aggraver la ~ 痛みを悪化させる. éprouver (sentir, ressentir) une ~ (à l'estomac, au genou) 頭痛(胃痛, 膝の痛み)を覚える. être en proie à des ~s 苦痛に苛まれる. supporter la ~ 痛みに耐える. supprimer la ~ 痛みを取り除く.

2 〔pl. で〕陣痛(=~s de l'accouchement);〔話〕リウマチ. avoir des (ses) ~s 持病のリウマチが痛む. être dans les ~s 陣痛を起こしている. une femme dans les ~s 陣痛を起こしている妊婦. provoquer la ~ 陣痛を誘発させる.

3 (精神的な)苦痛, 痛み;苦悩;心痛;悲痛. ~ cruelle 耐え難い苦痛(心痛). ~ morale 精神的苦痛. muette 口に出さない苦痛. 〔諺〕Les grandes ~s sont muettes. 大いなる苦悩は沈黙す. accepter la ~ 苦痛を甘受する. avoir la ~ de perdre qn 人を亡くす苦しみを味わう. consoler la ~ de qn 人の苦痛を慰める. éprouver une grande ~ 深い悲痛を覚える. être accablé de ~ 心痛にうちひしがれる. partager la ~ de qn 人と苦痛を分かち合う.

douleureux(se) a.〔時に名詞の前〕**1** (肉体的に)苦痛を与える, 苦しい, 痛い, つらい. ~se blessure (plaie ~se) 痛い傷. élancements ~ ずきずきする激痛, 疼痛. goutte ~ つらい痛風. maladie ~se 痛みを覚える病気. sensation ~se 痛い感覚;つらい気持.

2 痛みを覚える. cœur ~ 傷心. point ~ 痛い部位;圧痛点. avoir les pieds ~ 足が痛い.

3 (精神的に)苦しい, つらい, 痛々しい. ~ devoir つらい義務. attente ~se つらい待機. heures ~ses つらい時間. règles ~ses 峻厳な規則. séparation ~se つらい別離. spectacle ~ 痛ましい光景.

4 苦痛を表わす, 痛ましげの. cri ~ 悲痛な叫び. regard ~ 痛ましげな眼差し.

Douma [ロシア] n.f. 〘史〙**1** ドゥーマ《ロシア帝国議会:la 1ère ~ 第1次ドゥーマ [1905年5月10日発足]; la 2e ~ 第2次ドゥーマ [通称 la ~ des extrêmes 過激派ドゥーマ, 1907年3月5日発足]; la 3e ~ 第3次ドゥーマ [通称 la ~ des seigneurs 領主ドゥーマ, 1907年10月20日発足]; la 4e ~ 第4次ドゥーマ [1913年11月28日発足, 1917年廃止]》. **2** 代議員会, 議会《1917年以前》. **3** 国家会議《ロシア連邦議会の下院》.

doute n.m. **1** 疑い, 疑惑;迷い, とまどい, 不安;疑念, 不審. ~ bien fondé 根拠のある疑念. air de ~ 疑っている様子. regarder qn d'un air de ~ 人を疑わしげに見つめる. maladie (folie) du ~ 疑惑癖, 詮索症(=obsessions interrogatives). ombre d'un ~ 疑惑の影. avoir des ~s sur qn 人に嫌疑をかける. avoir un ~ sur l'authenticité d'un document 資料の信憑性を疑う. confirmer ses ~s 疑念に確証を抱く. dissiper le ~ 疑い(疑い)を払拭する. être acquitté au bénéfice du ~ 疑わしきは罰せずの原則に基づいて無罪となる. être dans le ~ 疑念を抱く;迷っている. 〔諺〕Dans le ~, abstiens-toi. 疑わしい時には行動を控えよ. laisser planer un ~ sur …に関する疑念を抱かせる. être hors de ~ 疑う余地がない. Il est hors de ~ que + ind. …ことは疑う余地がない. laisser qn dans le ~ 人をやきもきさせる. mettre (révoquer) qch en ~ 何を疑う. ne pas mettre en ~ que + (ne) + subj. …することを疑わない. sans ~ 恐らく, 多分(=probablement). 〔古〕疑いなく;〔譲歩構文〕sans ~ mais なるほど…だが. sans aucun ~;sans nul ~ 疑いもなく, 確かに. Nul ~ que + (ne) + subj. (que + ind.) …であることは疑いない. Il ne fait pas (Il n'y a pas) de ~ que + ind. …ことは疑う余地がない.

2 〔哲学・神学〕(神の存在, 信仰に対する)懐疑 (的態度) (=~ sceptique); 懐疑, 詮索. ~ méthodique (デカルトの)方法的懐疑(= ~ cartésien). ~ métaphysique 形而上学的疑念, 無神論, 神の存在に関する疑念. ~ religieux 宗教的懐疑. vivre dans le ~ 懐疑的に生きる.

douteux(se) (<doute) a. **1** 疑わしい, 不確実な, 怪しい. fait ~ 疑わしい事実. Il est ~ que + subj. …であることは疑わしい. Il est fort ~ qu'elle vienne ce soir. 彼女は今晩来れるかどうかは大変疑わしい. Il n'est pas ~ que + ind. ([ne] + subj.) …であることは疑う余地がない. Il n'est pas ~ qu'elle a raison. 彼女が正しいことは確かだ.

2 あやふやな, どっちつかずの. jour ~ 薄明り. phrase de sens ~ 意味が曖昧な文. raisonnement ~ あやふやな推理. temps ~ 怪しい天気.

3 疑問の余地のある. hypothèse ~se 疑わ

しい仮説.
4〖蔑〗(品質が)怪しげな；不潔な. propreté ～ se 不潔さ. vêtement ～ 薄よごれた衣服. viande ～ se 品質の怪しげな肉.
5〖蔑〗(人の，素姓などが)いかがわしい，信用できない. ami ～ 当てにならない友人. individu ～ うさんくさい男，いかがわしい人. plaisanterie d'un goût ～ 趣味のよくない冗談. réputation ～ se いかがわしい評判. avoir des mœurs ～ ses 素行がいかがわしい.

Douvres〖英〗n.pr. ドーヴァー(Dover)(英国 Kent 州の港町).

doux(ce) a.〖時に名詞の前〗**1** 甘い，甘味のある，甘口の. ～ comme le miel 蜂蜜のように甘い. aigre-～ 甘酸っぱい，酸味と甘味の混った. champagne ～ 甘口のシャンパーニュ. fruits ～ 甘い果物. plat ～ 甘味のある料理. vin ～ 甘口葡萄酒(vin sec「辛口葡萄酒」の対)；未醱酵の葡萄液.
2 淡い，薄い，軟かい；刺激性のない. beurre ～ 無塩バター. eau ～ ce 淡水，真水；軟水. 〖比喩的〗marin d'eau ～ ce 大海に乗り出したことのない船乗り；未経験の人. poissons d'eau ～ ce 淡水魚. moutarde ～ ce 辛味の少ない辛子. piment ～ 辛くない辛子. sauce trop ～ ce 薄味過ぎるソース.
3 柔らかい；柔らかい感じの；甘美な；快い；手触りのよい，すべすべした. ～ ce caresse 優しい愛撫. ～ oreiller 柔らかい枕. ～ parfum 芳香, 甘い香り. brosse ～ ce 柔らかいブラシ. 〖言語〗consonne ～ ce 軟子音(=consonne sonore). étoffe ～ ce 柔らかい布(手触りのよい)布地. lit ～ 柔らかいベッド. peau ～ ce すべすべした肌. voiture ～ ce 乗り心地のよい車.
4 優しい；温和な；穏やかな；おとなしい. ～ ces paroles 愛想のよい言葉遣い. ～ regards 優しい眼差. ～ sourire 優しい微笑. billet ～ 恋文. caractère ～ 温和な性格. être trop ～ avec qn 人に甘すぎる. faire les yeux ～ (les ～ yeux) 色目を使う. parler d'un ton ～ 穏やかな口調で話す.
5(目や耳に)優しい，どぎつくない. couleur ～ ce 柔らかい(どぎつくない)色. lumière ～ ce 目に優しい光. musique ～ ce (～ ce musique) ソフトな音楽. reflets ～ 穏やかな反射光. voix ～ ce 優しい声.
6(気候が)温暖な，厳しくない；(風などが)穏やかな. brise ～ そよ風. climat ～ 温暖な気候. hiver ～ 暖冬. temps ～ 穏やかな天気. Il fait ～ ce matin. 今朝は暖かい.
7(動きが)なめらかな，静かな. démarrage ～ ゆるやかな始動. mort ～ ce ゆるやかな死；穏やかな死.
8 心地よい，快い，楽しい. la ～ ce France ラ・ドゥース・フランス(優しく，美しく，心地よい国フランス). ～ souvenir 懐かしい思い出. mener une vie ～ ce 安楽な(呑気な)暮しをする. Il est ～ de+inf. …するのは

楽しい.
9 適度の，過度でない，ほどほどの；緩やかな. châtiment trop ～ 手ぬるい罰. 〖経済〗croissance ～ ce 低成長. drogues ～ ces 弱い麻薬. lois ～ ces 緩やかな法律. montée ～ e 緩やかな上り坂(上昇). pente ～ ce 緩やかな坂，緩斜面. au (dans les) prix ～ 手ごろな値段で，安く. cuire à feu ～ とろ火で煮る.
10 自然を利用する，環境にやさしい，環境を汚染しない. énergies ～ ces 地球にやさしいエネルギー，低公害(無公害)エネルギー(風・潮など). médecines ～ ces ソフト医療，自然医療(東洋医学，薬草・漢方・鍼・灸，指圧など).(=homéopathie).
11〖冶〗acier (fer)～ 軟鉄.
12〖工〗lime ～ ce 細目やすり.
——n. 穏和な人，柔和な人. C'est un ～. あいつは柔和な人だ. faire la ～ ce 優しい素振りをする. 〖話・呼びかけ〗Ma ～ ce ねえきみ. Il va voir sa ～ ce 彼は女友達(いいなずけ)に会いに行く.

doux-amer[duzamɛr]**, douce-amère** a. 快適であると同時に辛い. réflexions ～ es-～ s 快くも辛い反応.

douzaine n.f. **1** 12；1 ダース. une ～ d'œufs 1 ダースの卵. demi-～ 半ダース. douze ～ s 1 グロス(=grosse). à la ～ 1 ダース単位で. objets vendus à la ～ ダース単位で販売される物品. treize à la ～ 1 ダースで1個のおまけ付き.
2 約12. une ～ de jours 12日ほど. garçon d'une ～ d'années 12歳前後の少年. 〖話〗Il y en a la ～. そんなものはざらにある. poète à la ～ ありふれた詩人.

douze a.num.card.inv. 12の. les ～ Apôtres 十二使徒. ～ cents 1200 (=mille deux cents). ～ douzaines 1 グロス(144個). ～ heures ou la moitié du jour 12 時間 すなわち半日. ～ mille 12,000. les ～ mois de l'année 一年の12カ月. les ～ signes du zodiaque 獣帯の12記号，黄道十二宮記号. immeuble de ～ étages 13 建ての高層ビル. vers de ～ syllabes 十二音綴の詩句(=alexandrin).
——a.num.ord.inv. 12番目の(=deuxième). ～ heures 12時(=midi)〖正午のにのみ用いる〗. Il est ～ heures trente. 12時30分です(=Il est midi et demi). le ～ mai 5月12日. Louis ～ ルイ12世(Louis XII と表記). numéro ～ 12番. page ～ 第12ページ. être reçu ～ au concours 12番でコンクールに合格する.
——n.m. **1** 12. 〖数〗Deux fois six font ～. 2×6=12. quatre-vingt-～ 92. système dont la base est ～ 12進法(=duodécimal).
2〖キリスト教〗les D～ 十二使徒(=les Apôtres).
3 les D～ ヨーロッパ経済共同体 CEE (ヨーロッパ共同体 CE, ヨーロッパ連合 UE)

の加盟12カ国《1986-95；1986年から1993年まではCEE；1993年Communauté européenne，次いでUnion européenneとなる；1995年15カ国，2004年25カ国，2007年27カ国となる；12 pays membres de la CEE(CE, UE)：l'Allemagne fédérale, la Belgique, la France, l'Italie, le Luxembourg, les Pays-Bas；le Danemark, la Grande-Bretagne, l'Irlande；la Grèce；l'Espagne, le Portugal》．l'Europe de ~ 12カ国によるヨーロッパ経済共同体(共同体，連合)．Parlement des D ~ 12カ国によるヨーロッパ議会．
4 〖印刷〗12ポイント(= ~ points；cicéro)．
5 《月の》12日．le ~ mai 5月12日．
6 12番地(=numéro ~)．hahiter au ~ rue de Seine セーヌ通り12番地に住む．

Dow Jones [dawdʒɔns] n.pr. 〖経済〗indice ~ ダウ・ジョーンズ平均株価指数，ダウ〖式〗平均〖株価指数〗《米国のダウ・ジョーンズ社が公表する代表的な株価指数》．

doxorubicine n.f. 〖薬〗ドキソルビシン《抗腫瘍性抗生物質；adriamycine；略記ADM》．

doyen(ne) n. **1** 最年長者(= ~ d'âge)；(組織の)最古参者．~ d'une réunion 会議の最年長者(最古参者)．
2 〖学〗学部長．~ de la Faculté des lettres 文学部長．madame le professeur X ~ 学部長のX女性教授．
3 〖教会〗首席司祭(=curé ~)；聖堂参事会の長(= ~ d'un chapitre)；修道院の長．~ne de l'abbage 女子修道院長(=abbesse)．
4 〖アフリカ〗長老《呼称》．
5 〖比喩的〗最古のもの．le ~ des arbres du pays この地方の最古の木．

DP[1] (=délégué (e) pharmaceutique) n. 〖薬〗医薬品販売担当者(=[英] MR：médical representative)．

DP[2] (=développement personnel) n.m. 個人開発《個人の生活状況の改善》．La mode du ~ gagne la France．個人開発ブームがフランスに生じている．

DP[3] (=division parachutiste) n.f. 〖軍〗パラシュート降下師団．

DPCA (=dialyse péritonéale continue ambulatoire) n.f. 〖医〗通院継続腹膜透析．

DPCE (=diplôme de premier cycle économique) n.m. 〖教育〗大学経済学第一課程修了証書．

DPCT (=diplôme de premier cycle technique) n.m. 〖教育〗大学技術教育第一課程修了証．

DPE (=diplômé(e) par l'Etat) n. 国家認定資格保有者．

DPI (=diagnostic préimplantatoire) n.m. 〖医〗(受精卵の)着床前診断．~ à titre exceptionnel 例外的受精卵着床前診断．

dpi (= [英] dot(s) per inch) n.m. 〖電算〗ドット・パー・インチ《1インチ当りの画素数；=[仏] point(s) par pouce (ppp)》．

DPLG[1] (=diplôme (délibéré) par le gouvernement) n.m. 政府公認免許．

DPLG[2] (=diplômé par le gouvernement) a. 政府認可の，公認の．architecte ~ 公認建築士．diplôme ~ 公認免許《資格》．

DPMAA (=Direction du personnel militaire de l'Armée de l'air) n.f. 〖軍〗空軍人事局．

DPMAT (=Direction du personnel militaire de l'Armée de terre) n.f. 〖軍〗陸軍人事局．

DPMM (=Direction du personnel militaire de la Marine) n.f. 〖軍〗海軍人事局．

DPN[1] (=diagnostic prénatal) n.m. 〖医〗出産前診断．

DPN[2] (=Direction de la protection de la nature) n.f. 〖行政〗自然保護局．

DPP (=Direction de la prévention des pollutions) n.f. 〖行政〗環境汚染予防局．

DPPE (=diplôme professionnel de professeur des écoles) n.m. 学校教員就職免許．

DPPR (=Direction de la prévention des pollutions et des risques) n.f. 〖行政〗汚染危険防止局．

DPS (=droit préférentiel de souscription) n.m. (株主の)新株優先引受権．

DPSD (=Direction de la protection et de la sécurité de la défense) n.f. 〖軍〗国防治安局《旧 Direction de la sécurité militaire 軍事保安局》．

DPU (=droit de préemption urbain) n.m. 〖法律〗都市先買権．

DPUP (=Direction de la police urbaine de proximité) n.f. 〖警察〗都市および周辺地区警察局．

DQD (=dose quotidienne déterminée) n.f. 〖薬〗(薬物の)一日当り服用定量(= [英] DDD：defined daily dose)．

DQP (=dès que possible) l.ad. 可及的速かに，できるだけ早く．

DQV (=Délégation à la qualité de vie) n.f. 生活の質に関する代表団．

DR (=drachme) n.f. ギリシアの通貨単位「ドラクマ」の略記．

DRAC[1] (=direction régionale de l'action culturelle) n.f. 〖行政〗地方文化活動局．

DRAC[2] (=direction régionale des affaires culturelles) n.f. 〖行政〗地方文化局．

drachme [drakm] n.f. **1** ドラクマ《現代ギリシアの通貨単位；DRと略記．1 DR＝100 lepta》．
2 〖古代ギリシア〗ドラクマ《重さの単位．1ドラクマ＝3.24 g》．

draconien(ne) a. (<Dracon, 古代ギリシアの立法者) a. 峻厳な，厳しい．mesures ~ nes 峻厳な措置．

DRAE (=Direction régionale à l'architecture et à l'environnement) n.f. 〖行政〗地方建築環境局.

DRAF (=Direction régionale de l'agriculture et de la forêt) n.f. 〖行政〗地方農林局 (1985年設置).

dragage n.m. **1** (川・港などの)浚渫(しゅんせつ), 泥さらい. ~ d'un chenal 水路の浚渫. **2** (機雷除去のための)掃海 (= ~ de mines).

dragée n.f. **1** 〖菓子〗ドラジェ(アーモンドなどに糖衣をまぶした菓子). ~ à la liqueur リキュール入りボンボン. ~s de baptême(新生児に代父が贈る)洗礼祝いのドラジェ. ~ Julienne ドラジェ・ジュリエンヌ(隠元豆などの形をしたドラジェ).〖比喩的・話〗tenir la ~ haute à qn 人をじらす; 人に高い代償を支払わせる.
2〖薬〗糖衣錠. ~ purgative 糖衣下剤.
3〖狩〗小鉛弾;〖隠〗弾丸.

dragline [draglajn]〖英〗n.f.〖鉱, 土木〗ドラッグライン(鉱石・土砂などをかき取るケーブル式掘削機).

dragon n.m. **1**〖神話〗ドラゴン, 竜(ライオンの爪と蛇の尾を持つ有翼の怪獣).
2〖美術〗ドラゴン, 竜(キリスト教の宗教画で悪魔をあらわす). Saint Michel terrassant le ~ 悪魔をふみつける大天使聖ミカエル.
3〖紋章〗ドラゴン(狼の頭, 蛇の尾, 2本の足をもつ怪獣を描いた紋章).
4〖比喩的〗(竜のように)厳格な監視人.〖戯〗~ de vertu 貞操堅固な女性, 貞節の権化.
5〖比喩的〗〖話〗気性の荒い女, がみがみいう女.
6〖天文〗le D~ 竜座.
7〖軍〗(昔の)竜騎兵. ~s blindés (portés) (現代の)機械化(自転車)部隊. le 6e〔régiment〕de ~s 第6機械化連隊.
8〖経済〗les ~s du Sud-Est asiatique 東南アジアのドラゴン諸国(急成長をとげる東南アジアの開発途上国に対する呼称).
9〖動〗大蜥蜴(おおとかげ). ~ de Komodo コモド大蜥蜴. ~ volant 飛び蜥蜴.

drag-queen (pl. ~-~s)〖英〗n.m.〔俗〕女装好きのホモ, 女装趣味の男;ニューハーフ.

dragstar〖英〗n.m.〖自動車〗ドラッグスター(強大なエンジンを搭載したドラッグレース用の自動車).

drague n.f. **1**〖漁〗ドラグ, 桁網(貝類をさらう杓子型の漁具). ~ à huîtres (moules) 牡蠣(ムール貝)網. pêcheur à la ~ ドラグ漁漁師.
2 浚渫(しゅんせつ)機, ドレッジャー;浚渫船 (= ~ flottante). ~ à benne piocheuse ドラグショベル式浚渫船. ~ à benne preneuse グラブ船. ~ à bras (main) 泥さらい用スコップ. ~ à godets バケット式浚渫船. ~ sèche 掘削機. ~ suceuse ポンプ式浚渫船.
3〖軍〗(機雷除去用)掃海装置.
4〖話〗ガール(ボーイ)ハント.

dragueur n.m. **1** 浚渫(しゅんせつ)作業員. **2** 浚渫船 (= bateau ~). **3**〖軍〗掃海艇 (= ~ de mines). **4**〖漁〗(貝の)桁網漁師.

Draguignan n.pr. ドラギニャン(département du Var ヴァール県の郡庁所在地;市町村コード 83300;1974年までヴァール県の県庁所在地;形容詞 dracénois(e)). Musée des Arts et Traditions populaires de moyenne Provence de ~ ドラギニャン中代プロヴァンス地方民芸・民間伝承博物館.

drain [drɛ̃]〖英〗n.m. **1**〖農〗(湿地の)排水管(溝), 排水暗渠, 排水路.
2 下水管.
3〖医〗ドレイン, ドレナージュ管, 排液(膿)管. ~ en silicone シリコンのドレイン. retrait d'un ~ 排液(排膿)管の引抜き.

drainage n.m. **1**〖農〗(湿地の)排水;排水施設;排水路;〖地学〗(河川の)集水域, 流域.
2〖医〗排液, 排膿;排液(排膿)法, ドレナージュ, ドレナージ, 誘導法. ~ lymphatique リンパ・ドレナージュ(リンパ循環を活性化するマッサージ).
3〖経済・労働〗吸いあげ. ~ des capitaux 資本の吸いあげ.

drainant(e) a. 排水促進の, 排水性の. terrain ~ 排水性土壌.
——n.m.〖土木〗排水性アスファルト.

draineur n.m.〖薬〗代謝老廃物排出薬.

drainothérapie n.f.〖医〗蜂巣炎の送風マッサージ療法.

draisine n.f.〖鉄道〗保線用小型電動車.

DRAM (=〖英〗dynamic random access memory) n.f.〖情報処理〗ダイナミック RAM (記憶保持動作が必要な随時書き込み読み出しメモリー;=〖仏〗mémoire dynamique à accès aléatoire, mémoire vive dynamique).

dramatique a. **1** 演劇の. art ~ 演劇芸術. Centre national d'art ~ 国立演劇芸術センター. activités ~s 演劇活動. artiste ~ 俳優 (=acteur, comédien). auteur ~ 劇作家. critique ~ n.f. 劇評;n. 劇評家. émission ~ (ラジオ・TV の)ドラマ番組. musique ~ 劇音楽. œuvre ~ 劇作品.
2〖仏文史〗正劇の. théâtre tragique et théâtre ~ 悲劇と正劇.
3 劇的な;感動的な. dénouement ~ 劇的な結末. scène ~ 感動的な情景.
4 悲劇的な, 悲惨な, 深刻な. accident ~ 悲惨な事故, 大惨事. situation ~ 深刻な状況. Ce n'est pas ~. 大したことではない.

dramaturge n. 劇作家.

dramaturgie n.f.〖演劇〗ドラマツルギー, 劇作法;劇作論, 演劇論.

drame n.m. **1** 劇, 演劇, ドラマ, 戯曲;

〖文学史〗正劇, ドラマ. ~ bourgeois 市民劇. ~ liturgique 典礼劇. ~ lyrique オペラ. ~ populaire 庶民演劇.
2 劇的な事件, 悲劇, 惨劇, 惨事. ~ ferroviaire 鉄道の大事故. ~ humain du Kosovo コソボの悲惨な人道状況. faire (tout) un ~ de …について大げさに騒ぎ立てる. tourner au ~ 悲劇的なことになる.

drap n.m. **1** ドラ, シーツ; 敷布 (= ~ de lit). ~ de dessous 敷きシーツ, 敷布. ~ de dessus 掛けシーツ, 掛け布. un pair de ~s 上下一組のシーツ《間に入って寝る》. être entre deux ~s (dans les ~s) ベッドに入っている. se mettre (se fourrer) dans les ~s ベッドにもぐりこむ. changer les ~s シーツを替える.〔比喩的〕être dans de beaux (mauvais, vilains) ~s 進退きわまる, 窮地に陥る. mettre qn dans de beaux ~s 人を窮地に陥れる.
2 ~ de bain バス・マット. ~ d'hôpital 病院の防水ゴムマット. ~ de plage ビーチタオル.
3 ラシャ; 毛織物. ~ de Roubaix (de Sedan) ルーベー(スダン)産のラシャ地. manteau (veste) de ~ ラシャのコート (上着). négociant en ~ ラシャ地の商人. ~ mortuaire (funéraire) 葬儀用ラシャ布.
4（毛織物以外の）上等の織物. ~ d'argent 銀糸織. ~ d'or 金糸織. ~ de soie 緞子(どんす).

drapeau (pl. ~**x**) n.m. **1** 旗, 国旗. le ~ bleu, blanc, rouge (=tricolore) 三色旗《フランス共和国の国旗》. blanc 白旗《王政時代のフランス国旗; ~ blanc des rois de France》; 白旗《敵軍との交渉の意図を示す白旗; 降伏の意を示す白旗》. hisser le ~ blanc 白旗を掲げる. ~ du Soleil levant 日章旗, 日の丸. ~ en berne 半旗. ~ noir 黒旗《アナーキストの旗, 海賊の旗》. ~ rouge 赤旗《革命派の旗》. abaisser le ~ 《自動車レースで》チェッカーフラッグを振る. planter son ~ 旗幟(きし)を鮮明にする; 一番乗りする.
2 軍旗. ~ militaire). ~ d'un régiment 連隊旗. Au ~! 国旗に敬礼!《命令》. garde du ~ 軍旗の旗手(=porte-~). être sous les ~x 兵役に服している《履歴書などでは sous les ~x で兵役期間を示す》.
3 祖国; 軍隊. mourrir pour le ~ 国のために死ぬ.
4 旗がしら, 旗じるし. lever son ~ 旗幟(きし)を鮮明にする. mettre son ~ dans sa poche 自分の考えを隠す. porter le ~ (党派, 主義などの)旗がしらである, 先頭に立つ. se ranger sous le ~ de qn. …の主張に同調する, 戦列に加わる.
5〖同格〗train-~ 看板列車. Le D~ フランス国鉄のパリ・ボルドー間特急列車の愛称.
6〖商業〗負債. planter un ~ 金を払わず

に立ち去る.

DRASS (=Direction régionale de l'action sanitaire et sociale) n.f.〖行政〗地方保健社会活動局.

Drassm (=Département des recherches archéologiques subaquatiques et sous-marines) n.m.〖文化財保護行政〗水中・海中考古学調査局.

drastique a. **1**〖薬〗急激に利く. purgatif ~ 峻下剤.
2 強烈な, 徹底的な, 思い切った; 厳しい, 峻厳な. mesures ~s 思い切った(峻厳な)措置. réforme ~ 抜本的改革.
—— n.m.〖薬〗峻下剤.

drawback〖英〗n.m.〖商業〗(関税の)割戻し.

DRE (=Direction régionale de l'équipement) n.f.〖行政〗地方施設局.

DREE (=Direction des relations économiques extérieures) n.f.〖行政〗対外経済関係局.

DREES, Drees (=Direction de la recherche des études de l'évaluation et des statiques) n.f.〖行政〗(雇用連帯者の)評価・統計研究局.

drépanocytose n.f.〖医〗鎌状赤血球症, 鎌状赤血球貧血 (=anémie à hématite falciforme).

DRES (=dotation régionale d'équipement scolaire) n.f.〖財政〗教育施設助成地方補助金.

Dresde n.pr. ドレースド《ドイツの古都, ザクセン州の州都ドレスデン Dresden のフランス語表記》. palais du Zwinger de ~ ドレースデンのツヴィンガー宮殿. Semper-Oper de ~ ドレースデンのゼンパー歌劇場. Staatskapelle saxonne de ~ ドレースデンのザクセン・シュターツカペレ《世界最古のオーケストラ; 1548年宮廷楽団として発足》.

dressage n.m. **1** 組立て. ~ d'un échafaudage 足場の組立て. ~ d'une tente テントの設営.
2（板材・金属棒などの）仕上げ, くせ(ひずみ)取り. ~ des pièces de bois au rabot 鉋による木材の仕上げ.
3（動物の）調教;〖馬術〗馬場馬術, ドレサージュ. ~ du cheval 馬の調教, 調馬. épreuve de ~ au concours hippique 馬術大会における馬場馬術試合.
4〖話・蔑〗厳格な訓練(教習).

dresseur(se) n.（動物の）調教師.
dressoir n.m. 食器棚.
DRET (=Direction des recherches, études et techniques) n.f. (国防省の)調査研究技術局.

dreyfusard(e) (<affaire Dreyfus) a.〖仏史〗ドレフュス擁護派の《Alfred Dreyfus [1859-1935] フランスのユダヤ系軍人; ドイツのスパイの嫌疑をかけられ,

誤って処罰された；1897年から1899年にかけ批判の気運がたかまり，ドレフュース事件と呼ばれた；1899年恩赦，1906年名誉回復).
——*n.* ドレフュース擁護派.
DRFP (=*D*irection *r*égionale à la *f*ormation *p*rofessionnelle) *n.f.*〖行政〗地方職業訓練局.
DRH[1] (=*D*irection (*d*épartement) des *r*essources *h*umaines) *n.f.*(*n.m.*)（企業の）人材部，人事部，社員募集部（旧称direction du personnel).
DRH[2] (=*d*irecteur〔*d*irectrice〕des *r*essources *h*umaines) *n.* 人事部長；社員募集担当部長.
DRIM (=*D*irection du *r*enseignement d'*i*ntérêt *m*ilitaire) *n.f.*（国防省の）軍事関係情報局.
DRIR (=*D*irection *r*égionale de l'*i*ndustrie et de la *r*echerche) *n.f.*〖行政〗地方産業研究局.
DRIRE (=*D*irection *r*égionale de l'*i*ndustrie, de la *r*echerche et de l'*e*nvironnement) *n.f.*〖行政〗地方産業・研究・環境局.
DRM[1] (=〖英〗*d*igital *r*ights *m*anagement) *n.f.*〖情報〗ディジタル権利管理（=〖仏〗gestion des droits numériques). technologie ~ ディジタル権利管理技術.
DRM[2] (=*D*irection du *r*enseignement *m*ilitaire)〖軍〗軍情報局.
drogue *n.f.* **1**〔古〕(医薬・化学・染料などの原料の）薬品.
2〔蔑〕薬. Il absorbe trop de ~. 彼は薬の飲みすぎだ.
3 麻薬，ドラッグ，薬（やく). ~s douces 弱い麻薬，ソフト・ドラッグ，合法化麻薬（中毒性の弱い麻薬；haschisch インド大麻, marijuana マリファナ, mescaline メスカリン，など）. ~s dures 強い麻薬，ハード・ドラッグ（中毒性の強い麻薬；cocaïne コカイン, héroïne ヘロイン, LSD, morphine モルヒネ，など）. législation contrôlée des ~s 麻薬の管理法制. trafiquant de ~s 麻薬密売人.
drogué(e) *a.* 麻薬常習の，麻薬中毒の；〔比喩的〕(de に) 中毒した. lycéen ~ 麻薬常習の高校生. personne ~*e* de travail 仕事中毒者.
——*n.* 麻薬常習（中毒）者 (=toxicomane, accro, camé, junkie). seringue de ~ 麻薬常習者の注射器.
droguerie *n.f.* 雑貨販売業《薬・化粧品・日用雑貨などを扱う》；雑貨屋，ドラッグストアー.
droguiste *n.* ドラッグストアー経営者.
droit[1] *n.m.* ❶ 権利. avoir le ~ de+*inf.* …する権利がある. avoir ~ à *qch* …を要求する権利がある. avoir ~ de vie et de mort sur *qn* …に対して生殺与奪の権利をもつ. donner à *qn* le ~ de +*inf.* …に…をする権

利を与える. donner ~ à *qch* …を享受する権利を与える, 特典を与える. être en ~ de +*inf.* …する権利がある.
ayant-~ 権利所有者. ~ acquis 既得権. ~s civiques 公民権. ~ corporel 物権, 有体財産権. ~ d'asile (外国公館などの) 保護権, 被庇護権.〖株式〗~ d'attribution 新株無償引受権. ~ d'auteur[1] 著作権 (=copyright). ~ d'autodétermination 民族自決権. ~ de cité 市民権. avoir ~ de cité 市民権をもつ, 一般的な価値を認められる. ~ de coalition (de grève) ストライキ権. ~ de créance 債権 (= ~ personnel). ~s de l'enfant 子供の権利. ~ de garde[1]（親が子に対してもつ）監護権. ~ d'habitation 居住権. ~s de l'homme 人権. Déclaration des ~s de l'homme et du citoyen 人間と市民の諸権利に関する宣言, 人権宣言 (1793年). Déclaration universelle des ~s de l'homme 世界人権宣言 (1948年). défense des ~s de l'homme 人権擁護. ~ d'initiative 発議権. ~ de jouissance 利用権, 使用権. ~ de parole 発言権. ~ des peuples à disposer d'eux-mêmes 民族自決権. ~ de la personnalité プライバシーの権利. ~ de préemption 先買権. ~ de propriété 所有権. ~ de la propriété intellectuelle 知的所有権. ~ de regard 監督権. ~ de reproduction 複製権. ~ de rétention 留置権.〖株式〗~ de souscription 新株引受権. ~ de superficie 地上権. ~ de suite 越境追跡権. ~ de visite (家族法で) 訪問権, (刑事訴訟法で) 現場検証権. ~ de veto 拒否権. ~ de vote 投票権. ~ éventuel 期待権. ~ exclusif 独占権. ~ extrapatrimonial 非財産権. ~ héréditaire 相続権. ~ immobilier 不動産権. ~ intellectuel 無体(知的)財産権. ~ mobilier 動産権. ~ moral 著作者人格権；精神的権利. ~s politiques 参政権. ~ régalien 王権；国家の基本的な機能にかかわる権利《外交, 税制など》. ~ réel 物権. Charte des ~s fondamentaux de l'Union européenne ヨーロッパ連合基本的権利憲章.
❷ **1** 法, 法律. ~ administratif 行政法. ~ civil 民法. ~ commercial 商法. ~ commun 普通法；普通法犯 (=prisonnier de ~ commun；~ politique「政治犯」の対). ~ constitutionnel 憲法. ~ coutumier 慣習法. ~ de l'espace 宇宙法 (= ~ spatial). ~ des gens 万民法, 国際公法. ~ de la mer 海洋法. ~ des transports 運送法. ~ du travail 労働法. ~ écrit 成文法. ~ international 国際法. ~ maritime 海商法. ~ naturel 自然法. ~ pénal 刑法. ~ positif 実定法. ~ privé 私法. ~ public 公法. ~ rural 農事法. Etat de ~ 法治国家. dire〔le〕~ 判決を下す. avant dire ~ 判決を下す前に. jugement avant dire ~ 中間判決.
2 法律学. ~ comparé 比較法〔学〕. étudiant en ~ 法学部学生. faculté de ~ 法学

部. licencié en ~ 法学士. professeur de ~ 法学教授. faire du ~ 法律を勉強する. **3** 道理, 正義. de ~ 正当な, 当然な, 法 (理論) に基づいた (de fait の対). de bon ~ 正当に. de plein ~ 当然のこととして. en ~ 理論上の. à qui de ~ しかるべき人 (筋) へ (申し入れ書などで宛先人が特定できない場合などに用いる). avoir le ~ pour soi 正しい立場にある, 理がある (= être dans son ~). faire ~ à …の正当性を認める, 要求に応じる.

Ⅲ **1** 税金, 税; 手数料, 料金. ~ ad valorem 従価税. ~ au comptant 即時徴収税. ~ compensateur 相殺関税. ~ constaté 賦課課税. ~ d'acte 公正証書作成手数料. ~ de circulation (アルコール飲料) 流通税. ~ de consommation (アルコール飲料) 消費税. ~ de douane 関税. ~ d'enregistrement 登録免許税. ~ d'entrée 入場料. ~ de garde² 保護預り手数料. ~ d'inscription (学校などの) 登録料. ~ de mutation 譲渡税. ~ de recommandation (郵便物の) 書留料. ~ de représailles 報復関税. ~ de succession 相続税. ~ de timbre 印紙税. ~ indirect 間接税. ~ spécifique 従量税. **2** 報酬, 礼金; [*pl.* で] 印税. ~*s* d'auteur 印税. ~ de présence (株主総会出席に対する) 礼金.

droit²(**e**¹) *a*. **1 a)** 真っ直ぐな, 直線の. ligne ~*e* 直線. la dernière ligne ~ *e* (陸上競技でラストスパートをつける) 最後の直線; [比喩的] 目標到達にあと一歩の重要な時. en ~*e* ligne 直線で, 真っ直ぐに, 直接に. le ~ fil 糸の方向; [比喩的] (思想, 信念などの) 方向. être dans le ~ fil de *qch* …と轍を一にしている, …の延長線上にある. **b)** [比喩的] 真っ直ぐな, 正しい. ramener *qn* dans le ~ chemin (voie ~*e*) 人を正道へ連れ戻す. **c)** coup ~ [テニス] フォアハンド, [フェンシング] 突き. **2 a)** 垂直の, 真っ直ぐ立った. écriture ~*e* 立った字体. être ~ comme un i (piquet) i の字 (杭) のように真っ直ぐ立っている, ぴんとしている. se tenir ~ 背筋を伸ばす. **b)** [服装] jupe ~*e* タイトスカート. manteau ~ ボックス型のコート. piano ~ アップライトピアノ. [解剖] muscle ~ 直筋. **3** 直角をなす. angle ~ 直角. **4** 正しい, 真っ直ぐな, 健全な. un homme ~ 廉直の士, 誠実な人.
—*ad*. 真っ直ぐに, 一直線に, 横道にそれずに. tout ~ 真っ直ぐに. aller ~ au but 目的へ一直線に突き進む, 単刀直入にことを進める. marcher ~ 正しい道を歩む, おとなしくする, 真っ直ぐ歩く. venir tout ~ de *qch* …直伝の, …に直接由来する.
—*n.m.* 直角の角. au ~ de *qch* …と直角をなして.
—*n.f.* 直線. tracer une ~*e* 直線を引く.

droit³ (**e**²) *a*. **1** 右の, 右側の. aile ~*e* d'un bâtiment 建物の右翼. rive ~*e* de la Seine セーヌ川右岸 (川下へ向かって右手). être le bras ~ de *qn* …の右腕である (最も近く優秀な部下である).
2 右派の, 右翼の, 保守の. aile ~*e* d'un parti 政党の右派 (タカ派). Le président candidat a réussi à imposer une grande coalition du centre ~ et de la ~*e*. 再選を目指す大統領は中道右派と保守の大連合を強引に作ることに成功した.
—*n.f.* **1 a)** 右, 右側, 右方向. prendre (tourner) à ~*e* 右へ曲がる. regarder à ~*e* 右側へ目を向ける. voisin de ~*e* 右隣の人, 右隣の住人. La place à ~*e* de l'hôte est celle de l'invité d'honneur. ホストの右側は主賓の席だ. Vous aurez sur la (votre) ~*e* la cathédrale Notre-Dame. 右手にノートル=ダム大聖堂が見えるでしょう. à ~*e* et à gauche; de ~*e* et gauche (右に左に→) いたるところで, 手当たり次第に. [宗教] à la ~*e* de Dieu (du Père) 天国における神の右手 (義人の座). **b)** [軍] 右翼. à ~*e*! 回れ右. **c)** 道路の右側, (高速道の) 走行車線. garder (tenir) sa ~*e* 右側通行を守る, おとなしく走る. Et votre ~*e* 右側を歩くんだ! **d)** [船] 右舷, 面舵. le gouvernement Raffarin à ~*e* toute ラファラン内閣, 面舵いっぱい.
2 右翼, 保守. la ~ d'une assemblée politique (議員席から見て) 議会の議場の右手議席を占める議員団; 右派, 保守派. idées de ~ (de gauche) 保守 (革新) 的な思想, 考え方. parti (gouvernement) de ~ 保守政党 (政府). La ~ est constituée traditionnellement par les tenants de l'ordre établi ("*Le dictionnaire de politique*" Ed. Larousse, 1978) 伝統的に保守派は既成秩序支持者によって構成されている (『政治事典』ラルース出版, 1978). voter à ~ 保守政党に投票する.
3 右手; [宗教] 神の右手; [ボクシング] 右パンチ.

droitier (**ère**) *a*. **1** (手が) 右利きの (gaucher (ère) 「左利きの」の対). boxeur ~ 右利きのボクサー.
2 [政治] 右派の; 保守派の; 右寄りの. déviation ~ère d'un parti 政党の右派.
—*n*. **1** 右利きの人.
2 [政治] 右翼的政治家, 右派の人 (gauchiste 「左派の人」の対).

droitisme *n.m.* [政治] (特に左翼政党における) 右寄りの態度, 保守的態度; 右傾.

droitiste *n*. [政治] 右派党員.

droits-de-l'hommisme *n.m.inv.* [政治] [俗] 人権第一主義, 人権擁護主義.

droiture *n.f.* **1** 正しさ, 公正, 廉直. ~ de caractère 性格の廉直さ. ~ du jugement 判断の公正さ. agir avec ~ 公明正大に振舞う.
2 [古] 一直線の方向. à [la] ~; en ~ 一

直線に.

drôle *a.* **1** 滑稽な, おかしな, おどけた；愉快な. histoire ～ おかしな話. mot ～ 冗談；洒落. Cet acteur est ～. この俳優は滑稽だ. Ce n'est pas ～. それは愉快なことではない.
2 奇妙な, 妙な, 変な, 異様な, 驚くべき. se sentir ～ 体調が変である；気分がすぐれない. trouver ～ de + *inf.* (que + *subj.*) … するのは奇妙に思う. Vous êtes ～! あなたは変だ!
3 ～ de + *n.* 〔～ と前の限定語は *n.* と一致〕妙な, 変な；〔話〕物凄い, 異常な. de (des)～*s* de gens 妙な人たち. des ～*s* de progrès 物凄い進歩. un ～ de personnage 変な人物. avoir un ～ d'air 様子が変である. en voir de ～ 奇妙に思う, 不快に思う. Quelle ～ d'idée! 何て変な考えだ! J'ai une ～ de faim 腹がぺこぺこだ.
——*n.* 妙な人, 変な奴, 変人.

dromadaire *n.m.* 〖動〗ひとこぶらくだ.

Drôme *n.pr.f.* **1** 〖地理〗la ～ ドローム川(アルプスに源を発し, Die ディーを経て, le Rhône ローヌ河に注ぐ；長さ 110 km).
2 〖行政〗la ～ ドローム 県 (= département de la ～)；県コード 26；フランス UE の広域地方行政地区 région Rhône-Alpes ローヌ：アルプ地方に所属；県庁所在地 Valence ヴァランス；主要都市 Die, Nyons ニヨン；3 郡, 36 小郡, 370 市町村；面積 6,576 km²；人口 437,778；形容詞 drômois (*e*)).

drone 〖英〗 *n.m.* 〖軍〗(無線操縦または自動式の) 無人偵察機；小型無人標的機. ～ armé 武装無人機. ～ d'observation 観測(偵察)無人機. ～ espion 無人偵察機.

drop-goal 〖英〗 *n.m.* 〖ラグビー〗ドロップゴール(公用推奨語は coup de pied tombé).

Drouot (hôtel) *n.m.* ドルーオ館(パリ市第 9 区にある競売場).

Drouot-Montaigne (le) *n.pr.* ドルーオ=モンテーニュ競売場(= salle ～；パリ市第 8 区 avenue Montaigne にある).

Drouot-Richelieu (le) (= Hôtel de Drouot-Richelieu) *n.pr.m.* ドルーオー=リシュリユ競売場(パリ市第 11 区の rue Drouot にある競売場 (Hôtel des ventes). Le Nouveau Drouot ともよばれる).

DRPJ (= *D*irection *r*égionale de la *p*olice *j*udiciaire) *n.f.* (フランス国家警察の)地方刑事警察局. la ～ de Paris パリ地方刑事警察局.

DRRF (= *d*élégation *r*égionale au *r*ecrutement et à la *f*ormation) *n.f.* (国家警察の) 募集・養成地方支局.

DRSH (= *d*irecteur des *r*elations *s*ociales et *h*umaines) *n.m.* 渉外人事部長.

DRSJ (= *D*irection *r*égionale *s*ports et *j*eunesse) *n.f.* 地方スポーツ青少年局.

DRT[1] (= *d*iplôme de *r*echerche *t*echnologique) *n.m.* 〖教育〗技術研究修了証.

DRT[2] (= *D*irection *r*égionale des *t*ransports) *n.f.* 〖行政〗地方運輸局.

DRTE (= *D*irection *r*égionale du *t*ravail et de l'*e*mploi) *n.f.* 〖行政〗地方労働雇用局.

dru(e) *a.* **1** 密生した, 密に. barbe ～*e* 濃いひげ. flamme ～*e* 燃え上る炎. herbe haute et ～*e* 高く生い茂る草. pluie ～*e* 降りしきる雨.
2 〔比喩的〕逞しい, 力強い. style ～ 力強い文体.
——*ad.* 密に. balles qui tombent ～ 雨霰と降り注ぐ弾丸. Le blé pousse ～. 生い茂る小麦. La pluie tombe ～. 雨が降りしきる. Le soleil tape ～. 太陽がじりじりと照りつける.

drugstore [drœgstɔr] 〖英〗 *n.m.* 〖商業〗ドラッグストア(フランスでは, カフェ, レストラン, バーなどをそなえ, 贈答品, 書籍・雑誌, 食品等の売場をもつ高級店舗を指す).

druide *n.m.* ドルイド(古代ガリア, ケルトの高僧；宗教・信仰のみならず教育・司法を司る役割も果たした). religion des ～*s* ドルイド教 (= druidisme).

druidique *a.* 〖宗教〗ドルイドの；ドルイド教の. enseignement ～ ドルイド教の教え. monument ～ ドルイド教の史蹟. religion ～ ドルイド教.

druidisme *n.m.* 〖古代〗ドルイド教(古代ガリア, ケルト族の僧侶ドルイドの司る宗教・信仰).

drupe *n.f.* 〖植〗石果, 核果(杏 abricot, 桜桃 cerise など).

dry [draj] 〖英〗 *a.inv.* 〖葡萄酒〗(シャンパーニュ酒の)ドライ(英語表示の sec に相当する；二次醗酵時に添加する liqueur が 2-4 ％のもので, 辛さは brut, extra-sec (dry) に次ぐ).
——*n.m.* 〖カクテル〗ドライ(ヴェルモットとジンをベースにしたもの).

dry-farming (*pl.* ～-～*s*) 〖英〗 *n.m.* 〖農〗ドライ・ファーミング, 乾地農業(公用推奨語は culture sèche).

DSA (= *d*éfibrillateur *s*emi-*a*utomatique) *n.m.* 〖医〗半自動除細動器(半自動式心臓電気ショック機器). (= 〖英〗SAED：*s*emi-*a*utomatic *e*xternal *d*efibrillator).

DSB (= *d*iplôme *s*upérieur de *b*ibliothécaire) *n.m.* 上級司書免状.

DSC (= *D*irection de la *s*écurité *c*ivile) *n.f.* (内務省の)民間安全保障局.

DSIN (= *D*irection de la *s*ûreté des *in*stallations *n*ucléaires) *n.f.* 核施設安全管理局.

DSK (= *D*ominique *S*trauss-*K*ahn) *n.pr.* ドミニク・ストロース=カン(フランスの政治家 [1949-]. フランス社会党員. ジョスパン内閣の蔵相；2007 年 9 月 IMF のdirecteur général に就任).

DSP (=〔英〕*d*igital *s*ignal *p*rocess) *n.m.*〘情報処理〙アナログ信号のディジタル処理 (=〔仏〕TNS : *t*raitement *n*umérique du *s*ignal).

DSQ (=*d*éveloppement *s*ocial des *q*uartiers) *n.m.* 街区の社会福祉的発展〔政策〕.

DSS (=*D*irection de la *S*écurité *s*ociale) *n.f.*〘行政〙社会保障局 (Ministère du travail, des relations sociales, de la famille et de la solidarité 労働・社会関係・家族・連帯省の中央部局〕.

DST [deɛste] (=*D*irection de la *s*urveillance du *t*erritoire) *n.f.* (フランス内務省の)国土監視局《国家警察の防護担当局》.

DSU (=*d*otation de *s*olidarité *u*rbaine) *n.f.*〘財〙(収入の少ない地方自治体に対する)都市連帯補助金.

DT (=〔vaccin associé contre〕la *d*iphtérie et le *t*étanos) *n.m.*〘医〙ジフテリア・破傷風混合ワクチン.

DTA (=*D*irective *t*erritoriale d'*a*ménagement) *n.f.* 国土整備指針.

DTAB (=*d*iphtérie *t*yphoïde paratyphoïde A et B) *n.f.*〘医〙vaccination 〜 ジフテリア・チフス・パラチフスAおよびB型ワクチン接種.

DTASS (=*D*irection *t*erritoriale d'*a*ction *s*anitaire et *s*ociale) *n.f.*〘行政〙海外領土保健社会活動局.

DTAT (=*D*irection *t*echnique des *a*rmements *t*errestres) *n.f.*〘軍〙陸軍兵器技術局.

DTCA (=*D*irection *t*echnique des *c*onstructions *a*éronautiques) *n.f.*〘軍〙航空機製造技術局.

DTCN (=*D*irection *t*echnique des *c*onstructions *n*avales) *n.f.*〘軍〙造艦技術局.

D.T.Coq Polio *n.m.*〘医〙ジフテリア (diphtérie)・破傷風 (tétanos)・百日咳 (coqueluche)・ポリオ (polimyélite) の. vaccination 〜 ジフテリア・破傷風・百日咳・ポリオ予防の4種混合ワクチン接種.

DTCP (=*d*iphtérie, *t*étanos, *c*oqueluche, *p*olyomyélite)〘医〙「ジフテリア・破傷風・百日咳・ポリオ」(ワクチン) の略.

DTD (=*d*éfinition du *t*ype de *d*ocument) *n.f.*〘電算〙文書形式定義ソフト (=〔英〕DTD : *d*ocument *t*ype *d*efinition).

DTom (=*d*épartements et *t*erritoires d'*o*utre-*m*er) *n.m.pl.* 海外県と海外領土.

DTP (=〔英〕*D*esk *T*op (Desktop) *P*ublishing) *n.m.*〘情報処理〙デスクトップパブリシング, コンピュータ利用印刷出版, コンピュータ出版 (=〔仏〕la PAO : *p*ublication *a*ssistée par *o*rdinateur ; 1985年アメリカで発表されたソフトの Page Maker により生まれた概念〕.

DT Polio (=〔vaccin associé contre〕la *d*iphtérie, le *t*étanos et la *polio*myélite) *n.m.*〘医〙ジフテリア・破傷風・ポリオ混合ワクチン.

DTRE (=*D*irection des *t*élécommunications des *r*éseaux *e*xtérieurs) *n.f.* 対外通信局《France télécom の子会社》.

DTS (=*d*roits de *t*irage *s*péciaux) *n.m.pl.* (国際通貨基金 IMF の) 特別引出権 (=〔英〕SDR : Special Drawing Rights).

DTTPAB (=〔vaccin associé contre〕la *d*iphtérie, le *t*étanos, la *t*yphoïde et les *p*aratyphoïdes A et B) *n.m.*〘医〙ジフテリア・破傷風・チフス・パラチフスA・B混合ワクチン.

dû¹ (**ue**) (<devoir) *a.p.* **1** 支払われるべき；当然与えられるべき. respect qui lui est 〜 彼に払われるべき敬意. en port 〜 運賃(郵税)着払いで. verser la somme 〜 *ue* 借金を返済する.〔諺〕Chose promise, chose 〜 *ue*. 約束したことは果たさねばならぬ.
2 (à に) 帰すべき, 起因する. grande fatigue 〜 *ue* au surmenage 過労による疲労困憊.
3〘法律〙en bonne et 〜 *ue* forme (法定の) 正規の方式による, 所定の手続をふんだ(で), 形式が完備した；〔話〕ちゃんと；〔皮肉〕型通りに. acte en bonne et 〜 *ue* forme 正規の方式による文書.

dû² *n.m.* 支払うべきもの；当然与えられるべきもの. payer son 〜 借金を払う.〔諺〕A chacun (selon) son 〜. 人はそれぞれ当然受けるべきものを受けるべきである.

dual (**ale**) (*pl.* **aux**) *a.* 二元性の；二重性の；〘数, 論理〙双対の, 双対性の.〘経済〙économie 〜 *ale* 二重経済.〘電算〙opération 〜 *ale* 双対演算.〘心〙personalité 〜 *ale* 二重人格.〘電算〙système 〜 デュアル・システム.
── *n.m.*〘数〙双対空間.

dualisation *n.f.*〘経済〙(企業の) 二分割.

dualisme *n.m.* **1**〘哲〙二元論 (monisme「一元論」の対).
2 二元的体制；二大政党制；〘史〙二重国家制. 〜 de l'Autriche-Hongrie (1867-1918年の) オーストリア=ハンガリー二重国家制. 〜 des parties 二大政党制.

dualiste *a.* **1**〘哲〙二元論の. philosophie 〜 二元論哲学, 二元論.
2 二元論的な；二元的な；〘政治〙二大政党制の. religion 〜 二元論的宗教 (善悪二元論的宗教 manichéisme など). système 〜 二元的体制.
── *n.* **1**〘哲〙二元論者. **2** 二元的体制支持者.

dualité *n.f.* **1** 二元性, 二重性；〘心〙二重人格. 〜 de l'homme 人間の二元性 (心と体).
2〘数, 論理〙双対；双対性.〘数〙relation de 〜 双対関係.

dubitatif (**ve**) *a.* 疑いを示す；疑わし気な. air 〜 いぶかし気な様子.〘文法〙pro-

position ~ve 疑問節.
dubnium [-njom] n.m. 《化》ドブニウム《元素記号 Db；原子番号 105, 原子量 262, 1144；人工元素》.
duc[1] n.m. 公爵《女性形は duchesse》；(公国 duché の) 君主, 公. ~ de Bourbon ブルボン公. ~s de Bourgogne 歴代のブルゴーニュ公.
duc[2] n.m. 《鳥》梟 (ふくろう), みみずく (hibou の俗称). grand ~ 大梟, わしみみずく (学名 Bubo bubo). moyen ~ 中型の梟, みみずく (学名 Asio otus). petit ~ 小型の梟, このはずく (学名 Otus scops).
ducal(**ale**)(*pl.* **aux**) 1 公爵 (duc) の；公爵夫人 (duchesse) の. couronne ~ale 公爵の冠. palais ~ 公爵館. place D~ale de Charleville-Mézières シャルルヴィル=メジエールのプラス・デュカル《17 世紀に建造の広場》.
2 《史》(ヴェネツィア共和国の) ドージュ (統領 doge) の.
duché n.m. 公国, 公領. l'ancien ~ de Bourgogne (Bretagne, Normandie) 旧ブルゴーニュ (ブルターニュ, ノルマンディー) 公国.《仏史》~-pairie 公爵議員領.
duchesse n.f. 1 公爵夫人；(公国の) 女領主, 女性公爵, 女公)；公妃. Anne de Beaujeu, ~ de Bourbon ブールボン公爵夫人アンヌ・ド・ボージュー [1461-1522].《仏史》la ~ Anne de Bretagne ブルターニュ公国領主アンヌ・ド・ブルターニュ [1477-1514].《話》faire la ~ お高くとまる.
2 《家具》デュシェス《ソファに近い, 背のそり返った長椅子；18 世紀中葉》. ~ brisée 分別式デュシェス. lit à la ~ デュシェス風の寝台.
3 《果樹》デュシェス梨《果肉がやわらかく芳香のある冬の洋梨の品種》.
4 《料理》pommes ~ ポム・デュシェス《マッシュポテトにバター, 卵黄を加えて揚げたり, オーヴンで焼き上げたもの》. à la ~ デュシェス風の；ポム・デュシェスを添えた.《菓子》アーモンドで仕上げた.
DUEL [dyɛl] (=*d*iplôme *u*niversitaire d'*é*tudes *l*ittéraires) n.m. 《教育》大学文科系第一課程修了証書《1966-73. 大学の最初の2年間で取得；後 DEUG に統一》.
duel n.m. 1 決闘, 一騎打ち.《古》~ judiciaire 決闘裁判《裁判の代わりに一騎打ちで黒白を付ける制度で, 中世までヨーロッパの一部で用いられた》. se battre en ~ 決闘する. provoquer *qn* en ~ 決闘を挑む.
2 〔比喩的〕闘い, 二勇の決戦 (combat triangulaire は三者の争い). ~ oratoire (二人の間で行われる) 論戦. ~ télévisé テレビ論戦.
DUES [dyɛs] (=*d*iplôme *u*niversitaire d'*é*tudes *s*cientifiques) n.m. 《教育》大学理科系第一課程修了証書《1966-73. 大学の最初の2年間で取得；後 DEUG に統一》.

DUEST (=*d*iplôme *u*niversitaire d'*é*tudes supérieures *t*echnologiques) n.m. 《教育》大学高等工学修了証.
DUET (=*d*iplôme *u*niversitaire d'études *t*echniques) n.m. 《教育》大学技術教育課程修了証.
duetto 〔伊〕n.m. 《音楽》小二重奏 (唱), デュエット；小二重奏 (唱) 曲.
DUFCS (=*d*iplôme *u*niversitaire *f*inance et *c*omptabilité *s*upérieures) n.m. 《教育》大学高等経理会計学修了証.
duffel-coat, duffle-coat [dœfəlkɔt] (*pl.* ~-~s) [英] (<Duffel, ベルギーの都市名) n.m. 《服》ダッフルコート.
dugong [dygɔ̃(g)] n.m. 《動》ジュゴン (=dugon).
dulçaquicole a. 《生》淡水に棲息する, 淡水性の. poisson ~ 淡水魚.
dulcicole a. 《生》淡水に棲息する, 淡水性の. poisson ~ 淡水魚.
dulcification n.f. 《薬》(苦く飲みにくい液剤を) 飲みやすくすること, 甘味添加.
dulie n.f. 《宗教》天使 (聖人) 崇拝. culte de ~ 天使 (聖人) 信仰.
dum-dum [dumdum] n.f. 《軍》ダムダム弾《大きな傷口を生ずる特殊弾》. L'emploi des balles ~ a été interdit en 1899 par la conférence de La Haye. ダムダム弾の使用は 1899 年デン・ハーフ (ハーグ) 会議で禁止された.
dûment ad. 1 《法律・行政》正式に, 規定通りに. ~ autorisé 正式に認可された.
2 〔話〕申し分なく.
dumper [dœnpœr] [英] n.m. 《土木》ダンプカー《公用推奨語は tombereau〔automobile〕》.
dumping [dœmpiŋ] [英] n.m. 《経済》ダンピング, 投げ売り, 不当廉売, 安値輸出.《貿易》~ commercial 通商的ダンピング.《貿易》~ social 福祉的安売り《後進国に安値で輸出すること》. faire du ~ ダンピングをする (=casser les prix).
dune n.f. 砂丘. ~ continentale 大陸性砂丘. ~s des Landes ランド地. ~ en croissant 拡大する砂丘. ~ littorale 海浜砂丘. ~ mouvante 移動性砂丘. région de ~s 砂丘地域.
Dunhuang 〔中国〕n.pr. 敦煌 (とんこう), ドゥンホアン《甘粛省, シルクロードの拠点の古都；南東 25 km に莫高密 grottes de Mogao がある》.
Dunkerque n.pr. ダンケルク《département du Pas-de-Calais パ=ド=カレー県の郡庁所在地；市町村コード 59140；形容詞 dunkerquois(*e*)》. port de ~ ダンケルク港.
duo n.m. 1 《音楽》デュオ, 二重唱 (奏), 二重奏 (奏) 曲. ~ de vilon バイオリン二重奏. chanter en ~ 二重唱で歌う.
2 〔話〕言葉の言い合い. ~ d'injures 悪口

の言い合い.
3 一対のもの；〖料理〗二食材のセット料理. ~ de saumon et de crabe 鮭と海老のデュオ.
4〖治〗二段圧延機.

duodécimal (**ale**)(pl. **aux**) a. 十二進法の. système de numération ~ale 十二進法.

duodénal (**ale**)(pl. **aux**) a.〖解剖〗十二指腸 (duodénum) の.〖医〗cancer ~ 十二指腸癌.〖解剖〗caroncule ~ale 十二指腸乳頭.〖医〗tubage ~ 十二指腸ゾンデ法.〖医〗ulcère ~ 十二指腸潰瘍.

duodénite n.f.〖医〗十二指腸炎.

duodénum [dųodenɔm] n.m.〖解剖・医〗十二指腸. ulcère du ~ 十二指腸潰瘍.

duopole n.m.〖経済〗二極独占, 複占.

dupe n.f. だまされた人, だまされやすい人. être la ~ (les ~s) de …にだまされる. faire des ~s ペテンを働く. jeu de ~s (marché de ~s) 欺きの取引, ペテン, 双方の思惑が食い違ったまま結ばれる契約 (合意). L'accord de cessez-le-feu n'est en fait qu'un marché de ~s. 停戦の合意は実際には双方の思惑の違いを埋めるものではない.〖史〗la journée des D ~s「欺かれたものたちの日」(1630 年 11 月 10 日, 大方の予想に反してルイ 13 世がリシュリユを政権に留めた日. この陰の策謀に勝ったのはリシュリュの政敵. 転じて, 自分に有利になると予想していた出来事が逆転すること).
— a. だまされる, だまされやすい.

duplex [-ks] n.m. **1**〖通信〗同時送受信方式 (simplex「単信方式」の対)；〖放送〗多元放送 (=émission ~).
2〖建築〗デュプレックス (上下 2 階から成る重層型アパート), メゾネット.
3〖鉄道〗総 2 階建車輛；〖航空〗総 2 階式機体.〖航空〗Airbus A-380 ~ 総 2 階式エールバス A-380 型. TGV-~ 総 2 階建 TGV《超高速列車》.
4〖生化〗2 本鎖 AND (ANR).
— a.〖通信〗双方向性の；〖建築・運輸〗2 階建の；二連式の, 複式の.

duplicata (pl. ~[**s**])[ラ] n.m.〖法律・行政〗複本, 副本, 写し. ~ d'un diplôme 免許状の複本. ~ d'une quittance 受領証の写し.

duplicateur n.m. 複写機, コピー機.

duplication n.f. **1** 2 倍にすること. ~ du cube 立方倍積.
2〖音響〗録音のコピー；〖通信〗同時送受信方式, 多元放送方式 (=duplexage).
3〖生〗重複, 複製. ~ chromosomique 染色体重複. ~ de l'ADN デオキシリボ核酸の複製 (=réplication).
4 複写物.

duplicité n.f. **1** (人の) 裏表のあること；二重人格；偽善性；欺瞞 (ぎまん).
2〖古〗二重性.

duplireprographie n.f. 副本複写法.

dur(**e**)[1] a. **1** 堅い, 硬い, 固い；硬質の；硬固な. blés ~s 硬質小麦. bois ~ 堅い木質の木 (木材). crâne ~ 硬い頭蓋骨. crayon ~ 芯の硬い鉛筆. disque ~ ハードディスク. eau ~e (eau douce「淡水」の対). fromage ~ 硬質チーズ. fruit ~ (未熟な) 果実. matière ~e 固い物質 (素材). métaux ~s 硬質金属. œuf ~ ゆで卵. pain ~ 固いパン；固くなりかけたパン. peau ~e 硬い皮膚. avoir la peau ~e 面の皮が厚い, 鉄面皮である；非情である. pierre ~e 硬い石. plastique ~ 硬質プラスチック. sol sec et ~ 乾いた固い地面. tête ~e 石頭.
avoir la tête ~e 石頭である, 頭が固い, 頑迷である. avoir le sommeil ~ ぐっすり眠る. avoir la vie ~e (病人・老人が) なかなか死なない, 不死身である；(物が) 根強く続く. être ~ comme le diamant (le marbre) ダイヤモンド (大理石) のように硬い.
2 (作動が) 硬い；柔軟性に欠ける. barbe ~e 硬い口髭. draps ~s ごわごわしたシーツ. fusil ~ à la détente 引金の硬い小銃.〖話〗être ~ à la détente 財布の紐が固い；呑み込みが遅い. lit (siège) ~ 堅いベッド (腰掛). porte (fenêtre) ~e à ouvrir 硬くて開けにくいドア (窓). ressort ~ 堅いバネ.
3 堪え難い, 不快な；(音・声が) 耳障りな (気候が) 厳しい；(色が) どぎつい；(光が) 強烈な；(子供が) 手に負えない；(酒が) えがらっぽい；(文体が) 生硬な. dessin ~ 硬い筆致のデッサン. drogue ~e 強い麻薬 (drogue douce「弱い麻薬」の対). hiver ~ 厳冬. mer ~e 荒海. photo exécutée en lumière ~e 強烈な光線下 (トップライト) で撮影した写真. pluie ~e 激しい雨. style ~ 生硬な文体. vent ~ 烈風. vin ~ えがらっぽい葡萄酒. visage ~ 厳しい顔付. voix ~e 耳ざわりな声.
avoir l'oreille ~e；être ~ d'oreille (de la feuille) 耳が遠い. avoir les traits ~s 厳しい顔付きをしている. avoir les yeux ~s 険しい眼付きをしている. Cet enfant est ~. この子は手に負えない.
4 つらい, 苦しい；(坂が) 険しい；(階段が) 急な；(法律・罰・条件などが) 厳しい, 苛酷な；(闘争が) 激烈な；(問題が) 難しい. ~s combats 激戦. ~ épreuve 苦しい試練. ~ pénitence 厳罰. ~ travail；travail ~ つらい仕事. ~s vérités 苛酷な真実.
coup ~ 深い痛手；災難；戦闘；悪天候. escalier ~ 急階段. livre ~ 難解な書物. route ~e 難路.
en dire de ~es à qn 人に痛いことをずけずけ言う.〖話〗en voir de ~es つらい目に遭う.〖話〗en faire voir ~es à qn 人をつらい目に遭わせる.〖話〗rendre (faire, mener) la vie ~e à qn 人を苦しめる. D~, ~! つらいよ.

dur²

C'est ~. それはつらい(難しい). Ce n'est pas ~. それは難しくない. Il est (C'est)~ de+inf. …するのはつらい. Ce problème est trop ~ pour moi. この問題は私には難しすぎる.
5 厳格な, 厳しい；無情な, 非情な；辛辣な, 痛烈な；〖政治〗強硬派の；タカ派の；硬派の. cœur ~ 非情. éléments ~s de l'opposition 野党の強硬派. homme ~ 非情な人. mine ~ 冷酷な顔付. parole ~e 手厳しい言葉. être ~ en affaire 仕事に厳しい. être ~ pour soi et pour les autres 自分と他人に厳しい.
6 〔~ à〕~ à qch 何によく耐える. être ~ au mal 苦痛によく耐える. ~ à+inf. …するのが困難な；…するのがつらい. machine ~e à manipuler 取り扱うのが難しい機械. paroles ~es à entendre 耳に痛い言葉. 〖料理〗~ à cuire 煮えにくい；〖比喩的〗(人が)煮ても焼いても食えない, したたかな. ~ à digérer (食物が)消化しにくい；〖話〗堪え難い, 容認し難い.
—ad. **1** 〖話〗激しく, 力一杯. frapper ~ 力一杯ぶんなぐる；(太陽が)かんかん照りつける. travailler ~ 精一杯働く；猛勉強する. Il gèle ~. 厳しい冷え込みだ. Le vent souffle ~. 風が激しく吹く.
2 croire qch ~ comme fer 何を固く信じる.
—n. **1** 〖話〗忍耐強い人；こわいもの知らず.
2 〔俗〕やくざ(=homme du milieu). ~ de ~ やくざの中のやくざ, 超知らず.
3 〖政治〗強硬派(タカ派)の人(=épervier, faucon)；硬派. les ~s et les mous 強硬派(タカ派)と柔軟派(ハト派).
4 手に負えない子供, 問題児.

dur² n.m. **1** 堅い物. le ~ et le mou 堅い物と軟らかい物. en ~ 恒久的な；〖話〗はっきりした. bâtiment en ~ 恒久建造物.〖航空〗piste en ~ コンクリート舗装滑走路(piste de terre battue「未舗装滑走路」の対).
2 (ロープの)張り. donner du ~ 張りを与える, ピンと張る.
3 〖話〗列車(=train). brûler le ~ 列車にただ乗りする. prendre le ~ 列車に乗る.
4 〔俗〕ブランデー(=eau-de-vie). un verre de ~ 一杯のブランデー.
5 〖話〗監獄(=prison). être aux ~s 投獄されている.

durabilité n.f. **1** 持続性；耐久性. ~ moyenne d'un bois 木材の平均耐久性.
2〖法律・経済〗耐用年数；有効性. ~ d'un bien 財の耐用年数. ~ d'un droit 権利の有効性.

durable a. 持続性のある, 持続可能な, 長持ちする, 恒久的な, 耐久性のある. amitié ~ 長続きする友情. biens ~s 耐久財. changement ~ 持続的変化. développement ~ 持続可能な開発. marchandises

~s 耐久性のある商品. Aux Etats-Unis et au Canada, les politiques macro-économiques doivent continuer d'être axées sur le maintien d'un taux de croissance ~ et d'une faible inflation. アメリカとカナダでは, マクロ経済政策は持続可能な成長率および低インフレの維持を目指すべきである(2000年7月の沖縄サミットにおけるG7経済宣言). Au Proche-Orient, il faut établir une paix ~ en respectant le droit d'Israël de vivre à l'intérieur de frontières sûres et reconnues et celui des Palestiniens de disposer d'un Etat. 近東においてはイスラエルの確実かつ公認された国境内で生存する権利と, パレスティナ人の国家を持つ権利を尊重しながら, 恒久的な平和を確立しなければならない.
—n.m. 持続性；持続的状態.

dural(**ale**)(pl.**aux**) a. 〖解剖・医〗硬膜の. hématome ~ 硬膜血腫.

duralumin [dyralymɛ̃] (<D~, 商標) n.m. ジュラルミン(アルミニウム, 銅, マグネシウム, マンガンからつくる高アルミニウム合金). cadre de bicyclette en ~ ジュラルミン製の自転車の骨組み.

durant prép. …の間, …を通じて. ~ l'été 夏の間. ~ une heure 1時間ずっと. ~ la Renaissance ルネサンス時代を通じて. 〔古〕~ que+ind. …する間じゅう(=pendant tout le temps que)；…する間に(=pendant que).
—p.prés. (<durer) …の間ずっと続く. une heure ~ 1時間ぶっ通しで. Il a souffert sa vie ~. 彼は一生涯耐え続けた.

duras n.m. 〖農〗デュラ[ス]〖赤葡萄酒用の葡萄の品種〗.

durci(**e**) (<durcir) a.p. **1** 堅くなった；硬化した. artères ~es 硬化した動脈. muscle ~ 硬くなった筋肉. neige ~e 固まった雪. sol ~ par la sécheresse 旱魃で固くなった地面.
2 〖比喩的〗強固になった, 硬化した；厳しくなった, 苛酷な. attitude ~e 硬化した態度. conditions ~es 苛酷な条件. position ~e 防備を固めた陣地；強化した立場.
3 〖比喩的〗とげとげしくなった. regard ~ par la haine 憎悪で鋭くなった目付. traits ~s 硬化した表情. voix ~e par la colère 怒りでとげとげしくなった声.

durcissement n.m. **1** 硬化；〖冶〗焼入れ硬化.〖医〗~ des artères 動脈硬化(=artério-sclérose). ~ du ciment セメントの硬化.
2〖比喩的〗硬化, 強化, 激化. ~ d'une attitude 態度の硬化.

durcisseur n.m. 〖化〗硬化剤.

dure² n.f. **1** 地面. coucher sur la ~ 地べたに寝る.
2 à la ~ 厳格に. coucher à la ~ 寝心地が悪いところに寝る. élever un enfant à la

~ 子供を厳しく育てる. en dire (en faire, en voir) de ~s 耐え難いことを言う(する, 見る).

durée *n.f.* **1** 持続期間(時間), 継続期間(時間); 期間; 年限. ~ d'attente 待ち時間. ~ d'insolation 日照時間. ~ de la vie 寿命. ~ de validité 有効期間. ~ de vol 航続時間. ~ des études 修学年限. ~ des vacances ヴァカンス期間. ~ déterminée (indéterminée) 有限期間(無期間, 無期). ~ d'un éclair 一瞬. ~ d'un mandat 委任期間, 任期. ~ hebdomadaire de travail 週間労働期間. ~ légale du travail 法定労働時間. bonheur de courte ~ 束の間の幸福. chômeur de longue ~ 長期失業者. contrat de travail à ~ déterminée 有期労働契約(略記 CCD). contrat de travail à ~ indéterminée 無期労働契約(略記 CDI). microsillon de longue ~ LP レコード. La ~ du spectacle est de trois heures. 上演時間は3時間です.
2 持続性, 耐久性. ~ du bois 木材の耐久性.
3〖哲・心〗持続. l'espace et la ~ 空間と時間.
4〖音楽〗(音の)持続.

dure-mère (*pl.* ~s-~s) *n.f.*〖解剖〗硬膜(一番外側の脳膜).

dureté *n.f.* **1** 堅さ;〖理〗(材料・水質の)硬度;(材料・放射線の)硬さ. ~ de la barbe あごひげの硬さ. ~ du diamant ダイヤモンドの硬さ. ~ du l'eau 水の硬度. ~ permanente (temporaire) de l'eau 水の永久(一時的)硬度. ~ d'un lit ベッドの堅さ. degré de ~ d'une substance 物質の硬度.〖鉱〗échelle de ~ de Mohs モース尺度; モース硬度計(鉱物の硬度測定基準). être d'une grande ~ 極めて堅い.
2(気候・仕事などの)厳しさ;(道の)険しさ;つらさ, 耐え難さ. ~ d'un climat 気候の厳しさ. ~ d'une condition 条件の厳しさ. ~ de la séparation 離別のつらさ. ~ d'un travail 仕事の厳しさ(つらさ).
3(人の)厳格さ, 厳しさ;冷酷, 無情, 苛酷さ;(表情・目付の)険しさ;(声の)荒々しさ. ~ d'un chef envers ses subordonnés 部下に対する上司の厳しさ. ~ du regard 目付の険しさ. ~ d'un visage 表情の堅さ(厳しさ, 険しさ). ~ d'une voix 声の荒々しさ. avec ~ 苛酷に; 乱暴に. repousser qn avec ~ 人を乱暴に押しやる. traiter qn avec ~ を苛酷に扱う.〖法律〗clause de ~ 例外的苛酷条項. clause d'exceptionnelle ~ 例外的苛酷条項.
4 生硬さ, 硬さ. ~ du contours 輪郭の硬さ. ~ du style 文体の硬さ.
5 [*pl.* で]〖古〗非情な行為(言葉). dire des ~s 非情な言葉を口にする.

durham [dyram] *n.*〖畜産〗ダラム牛(英国原産の牛で, フランス原産の牛の改良のため移入された).

durillon *n.m.* **1**〖医〗(手足の)たこ. extirper des ~s たこをとる. **2**(大理石の)硬い石理.
—*a.* つらい, 困難な.

DUST (=*d*iplôme *u*niversitaire de *s*pécialité *t*echnologique) *n.m.*〖教育〗大学工学専門教育修了証.

DUT (=*d*iplôme *u*niversitaire de *t*echnologie) *n.m.*〖教育〗技術短期大学修了証(IUT で2年間の課程を修了した者に与えられる).

DUTA (=*d*iplôme *u*niversitaire de *t*echnologie *a*pprofondie) *n.m.*〖教育〗大学専門工学修了証.

duvet *n.m.* **1**(鳥の)綿毛, 綿羽, ダウン. ~ de canard あひるの羽毛(ダウン). ~ des poussins ひよ子の綿毛. oreiller de ~ 羽枕.
2 羽蒲団;羽毛入り寝袋. ~ d'un campeur キャンパーの羽毛入り寝袋.
3〖広義〗うぶ毛, むく毛;(果皮の)けば, 生えはじめの薄いひげ.

DVD[1] (=[英] *d*igital *v*ersatile *d*isk) *n.m.*〖電算〗ディジタル万能ディスク(=disque numérique à usages multiples;disque numérique polyvalent). ~-Ram (=[英] DVD *r*andom *a*ccess *m*emory)データ書き込みと読み出しが繰返し可能な DVD. ~-Rom (=[英] DVD *r*ead *o*nly *m*emory)データの読み出し専用 DVD. ~-R (=[英] DVD *r*ecordable)一度だけ書き込みできる DVD. ~-RW (=[英] *r*ewritable)書き換え可能な DVD (=~ réengistrable). ~-Vidéo ヴィデオ DVD. graveur ~ DVD レコーダー.

DVD[2] (=[英] *d*igital *v*idéo *d*isk) *n.m.* ディジタル・ヴィデオ・ディスク (=vidéodisque numérique) (=DVD-Vidéo). lecteur ~ DVD プレーヤー.

DVDthèque *n.f.* DVD コレクション.

DVNI (=*D*irection des *v*érifications *n*ationales et *i*nternationales) *n.f.*〖税務〗国内・国際租税審査局.

DVU (=[独] *D*eutsche *V*olksunion) *n.f.* ドイツ人民連合(極右政党; =[仏] UPA: Union du peuple allemand).

Dy (=*dy*sprosium) *n.m.*〖化〗「ジスプロシウム」の元素記号.

dyarchie *n.f.* 二頭政治.

dydrogestérone *n.f.*〖薬〗ジドロゲステロン(黄体ホルモン製剤;薬剤製品名 Duphaston (*n.m.*) など).

dynamique *a.* **1** 力の;力学的な. unité ~ 力の単位.
2 力動的な, 動的な, ダイナミックな;動態の (statique「静態」の対). art ~ 力動的芸術. économie ~ 動態経済学. électricité ~ 動電気 (électricité statique「静電気」の対);電流 (=courant électrique). image ~ 動画像 (image statique「静止画

像」の対). météorologie ~ 気象力学.〖電算〗objet ~ 動的オブジェクト. psychologie ~ 動的心理学, 力学的心理学. publicité ~ ダイナミック宣伝活動(キャンペーン). viscosité ~ 粘性率(=coefficient de viscosité).
3〖薬・医〗(薬剤の)効力, 効力に関する. vertus médicinales ~s des substances officinales 薬剤の薬効.
4 (人が)活動に溢れた, エネルギッシュな, 精力的な. personne ~ エネルギッシュな人.
——n.f. 1〖物理〗動力学;力学. ~ analytique 解析力学. ~ des fluides 流体力学. ~ de gaz 気体力学. lois de la ~ 力学の法則.
2〖社〗力学, ダイナミックス, 動学. ~ de [s] groupe [s] グループダイナミックス, 集団力学. ~ sociale 社会動学.
3〔比喩的〕力学;動態;推進力. ~ des populations 人口動態. ~ politique 政治力学. ~ révolutionnaire 革命の推進力. créer une ~ 推進力を創出する. en ~ 進展しつつある.
4〔音響〕ダイナミック・レンジ. ~ d'un signal 電気信号のダイナミックレンジ.

dynamisation *n.f.* 1〖薬〗(薬剤の)効力増強. ~ d'un remède 薬剤の効力増強.
2 活気(活力)の付与. ~ d'une entreprise 企業の活性化.

dynamisme *n.m.* 1〖哲〗ダイナミズム, 力本説.
2 精力, 活力, エネルギー. avoir du ~ エネルギーがある. manquer de ~ 活力に欠ける. mener une entreprise avec ~ 精力的に企業を引っぱる.

dynamitage (<dynamiter) *n.m.* 1〖土木〗ダイナマイト爆破〔作業〕.
2〔比喩的〕(伝統の)破壊, (因襲・偏見などの)打破. ~ de la politique 政治体制の打破.

dynamite *n.f.* 1 ダイナマイト《1866年に Alfred Nobel が発明したニトログリセリン系爆薬》. attentat à la ~ ダイナマイトによる暗殺. faire sauter un rocher à la ~ ダイナマイトで岩を爆破する.
2〔話〕C'est de la ~. ダイナマイトのような活力のある人だ;一触即発の状況だ.

dynamo (=*dynamo*électrique) *n.m.* 発電機, ダイナモ (=machine *dynamo*-électrique). ~ d'une bicyclette 自転車用発電機.

dynamo- [ギ] ELEM 「力, 動力」の意 (*ex. dynamo*mètre 握力計, 動力計).

dynamoélectrique *a.*〖電〗力学エネルギーを電気エネルギーに変換する, 機械電気結合系の. machine ~ 発電機 (=dynamo).

dynamogène, dynamogénique *a.*〖生理〗動力発生の, 筋力発生の;機能亢進の. aliment ~ 体力を増進させる食物. sensation ~ 機能亢進感.

dynamogénie *n.f.*〖生理〗動力発生 《感覚刺激によって筋肉や神経のエネルギーが増すこと》;(薬物による)機能亢進.

dynamographe *n.m.*〖医〗自動記録力量計, 筋力記録器.

dynamomètre *n.m.*〖物理〗動力計, 検力計;〖生理〗筋力計, 握力計, 力量計. ~ enregistreur 記録式動力計.

dynamométrique *a.* 動力測定の, 力量測定の. mesures ~s 動力(力量)測定.

dynastie *n.f.* 1 (歴代の)王朝. ~ capétienne カペー王朝. ~ des Bourbons ブルボン王朝(家).
2 (有名人の)家系. ~ de commerçants 商業一家. ~ financière 財閥.

dyne [dyn] *n.f.*〖物理〗ダイン《力の CGS 単位;記号 dyn;1 dyn=10^{-5}newton》. pression d'une ~ par cm^2 1平方センチ当り1ダインの圧力.

dys- [dis(z)] [ギ] ELEM 「困難」の意 (*ex.* **dys**fonction 機能不全).

dysacousie *n.f.*〖医〗聴覚不全, 聴覚障害.

dysarthrie *n.f.*〖医〗構語障害, 構言障害. ~ paralytique 麻痺性構語障害. ~ non paralytique 非麻痺性構語障害.

dysbarisme *n.m.*〖医〗減圧病, ケーソン病 (=maladies des caissons), 潜水夫病.

dysbasie *n.f.*〖医〗歩行困難, 歩行障害.

dysboulie *n.f.*〖精神医学〗意志障害, 薄志弱行, 無為 (=aboulie).

dyscalculie *n.f.*〖医〗計算機能障害, 計算障害.

dyschésie *n.f.*〖医〗排泄障害. ~ rectale 直腸排泄障害, 排便障害.

dyschondroplasie *n.f.*〖医〗軟骨形成異常〔症〕(=enchondromatose 内軟骨腫).

dyschromatopsie *n.f.*〖医〗色覚異常, 色弱. ~ congénitale 先天性色覚異常.

dyschromie *n.f.*〖医〗皮膚色素異常 (achromie 色素欠乏症, albinisme 白皮症, hyperchromie 色素の過剰沈着症, hypochromie 色素減少症, vitiligo 白斑など).

dyscinésie *n.f.*〖医〗運動異常, ジスキネジー (=dyskinésie). ~ orale 口囲ジスキネジー(口囲の不随意運動).

dyscrasie *n.f.*〖医〗1 体液障害, 機能障害. ~ du sang (薬物による)造血機能障害.
2 悪液質 (=cachexie).

dysembryome *n.m.*〖医〗(胚の)性細胞発育異常による)奇形腫.

dysembryoplasie *n.f.*〖医〗胎生期発育不全, 胎生期性奇形.

dysendocrinie *n.f.*〖医〗内分泌障害.

dysenterie *n.f.*〖医〗赤痢;細菌性赤痢 (=~ bacillaire). ~ amibienne アメーバ赤痢. ~ bacillaire 細菌性赤痢 (=shigelloise「赤痢菌性赤痢」).

dysentérique *a.*〖医〗赤痢の. bacille

~ 赤痢菌. colique ~ 赤痢性疝痛 (腹痛).
——n. 赤痢患者.
dysesthésie n.f. 〖医・心〗知覚不全, 感覚異常.
dysfibrinogénémie n.f. 〖医〗フィブリノゲン (繊維素原) 異常血症.
dysfonction n.f. 〖医〗機能不全〔症〕. ~ de mastication 咀嚼障害.
dysfonctionnement n.m. **1**〖医・心〗機能不全, 機能障害 (=dysfonction). ~ du pilier (心臓の) 乳頭筋機能不全. **2**〖比喩的〗異常な動き, 狂い, 機能不全. ~ de l'économie 経済の混乱. ~ des institutions 諸制度の機能不全.
dysgénésie n.f. 〖医〗生殖障害.
dysgénique a.〖生〗劣生学の. 劣生学的な, 非優生学的な (eugénique「優生学的な」の対).
dysgénitalisme n.m. 〖医〗性器発育不全症.
dysgeusie n.f. 〖医〗味覚異常.
dysglobulinémie n.f. 〖医〗グロブリン異常血症. ~ monoclonale isolée 単独モノクローン性グロブリン異常血症.
dysgraphie n.f. 〖医〗書字障害, 先着〔症〕.
dysgueusie n.f. 〖医〗味覚障害, 味覚異常.
dysharmonie, disharmonie n.f. **1**(人・物の) 調和の欠如, 不調和. ~ de couleurs 色の不調和. **2**〖医〗(精神分裂病に見られる) 不調和, 分裂状態.
dysharmonique a. 不調和の; 不一致の, 調和を欠く, バランスを失した.〖地形〗pli ~ 不調和褶曲.〖人類〗régime ~ 不一致系統.
dys〔h〕idrose n.f. 〖医〗発汗異常症, 異汗症, 発汗障害.
dyskératose n.f. 〖医〗異常角化 (病的角化 kératinisation pathologique の一種). ~ congénitale 遺伝性角化異常症.
dyskinésie n.f. 〖医〗運動異常〔症〕, ジスキネジー. ~ fonctionnelle 運動機能障害
dyslalie n.f. 〖医〗構音障害.
dysleptique a.〖精神医学〗機能異常を諸発 (助長) する.
dyslexie n.f. 〖医〗失語〔症〕, 読字障害 (文字を形態として認知できるが音読や理解ができなくなる症状).
dyslexique a. 〖医〗失語症状の.
——n. 失読症患者.
dyslipidémie n.f. 〖医〗(血液中の) 脂質異常〔症〕, 脂血症 (hyperlipidémie 高脂血症, hypolipidémie 低脂血症).
dyslogie n.f. 〖医〗論理障害.
dysmature a.〖医〗新生児の成育不全.
dysmélie n.f. 〖医〗肢異常, 四肢形態形成障害 (奇形).
dysménorrhée n.f. 〖医〗月経困難〔症〕. ~ fonctionnelle 機能性月経困難症.

~ organique 器質性月経困難症.
dysmétrie n.f. 〖医〗距離測定障害 (小脳性運動失調の一種).
dysmnésie n.f. 〖医〗記憶障害; 軽度の健忘症; 物忘れ, 度忘れ.
dysmorphie n.f. 〖医〗形態異常.
dysorexie n.f. 〖医〗食欲異常.
dysorthographie n.f. 〖医〗正書不全, 正書障害.
dysosmie n.f. 〖医〗嗅覚不全〔症〕, 嗅覚異常.
dysostose n.f. 〖医〗(先天性) 骨格形成症.
dyspareunie n.f. 〖医〗(女性の) 性交疼痛〔症〕.
dyspepsie [dispεpsi] n.f. 〖医〗消化不良. ~ acide 胃酸過多性消化不良.
dyspepsique, dyspeptique a.〖医〗消化不良症の. symptômes ~s 消化不良症状.
——n. 消化不良症患者.
dysphagie n.f. 〖医〗嚥下困難, 嚥下障害.
dysphasie n.f. 〖医〗不全失語〔症〕; (小児の) 言葉遅れ.
dysphonie n.f. 〖医〗発声障害.
dysphorie n.f. 〖精神医学〗気分変調〔症〕.
dysplasie n.f. 〖医〗形成異常〔症〕, 異形成. ~ cotyloïde 臼蓋不全 (先天性股関節脱臼の状態). ~ du col de l'utérus 子宮頚管形成異常. ~ fibreuse 繊維性骨異形成 (骨腫瘍類似疾患).
dyspnée n.f. 〖医〗息切れ (=anhélation, essouflement); 呼吸困難.
dyspnéique a. 〖医〗呼吸困難症の. toux ~ 呼吸が困難になるほどの咳.
——n. 呼吸困難症患者.
dyspraxie n.f. 〖医〗統合運動障害, 不全失行症.
dysprosium [disprozjɔm] n.m. 〖化〗ジスプロシウム (元素記号 Dy, 原子番号 66. 1886 年発見の希土類元素).
dysprotéinémie n.f. 〖医〗血中プロテイン (蛋白質) 異常症, 異常蛋白血症 (血漿蛋白異常, 免疫グロブリン異常症 (dysglobulinémie グロブリン異常血症)).
dysrythmie n.f. 〖医〗リズム障害, 律動異常.
dystasie n.f. 〖医〗直立障害, 直立困難〔症〕.
dysthymie n.f. 〖精神分析・医〗気分変調〔症〕(抑鬱気分や爽快気分など); (特に) 抑鬱性変調気分.
dysthyroïdie n.f. 〖医〗甲状腺機能障害〔症〕(甲状腺機能亢進症 hyperthyroïdie, 甲状腺機能低下症 hypothyroïdie など).
dystocie n.f. 〖医〗異常分娩, 難産 (=accouchement difficile) (eutocie「安産」の対).
dystocique a. 難産の. accident ~ 難産.

dystomie *n.f.* 〖医〗発音異常〔zézaiement, chuintement など〕.

dystonie *n.f.* 〖医〗(筋の)失調〔症〕, 異常緊張〔症〕, ジストニー(不随意運動の一種；書痙, 斜頸, よじれ腰など). ~ musculaire déformante 捻転性筋緊張異常症, 捻転ジストニー. ~ neurovégétative 自律神経失調症.

dystrophie *n.f.* **1** 〖医〗栄養失調〔症〕, 栄養不良；異栄養〔症〕, ジストロフィー. ~ musculaire progressive 進行性筋ジストロフィー.
2 〖生態〗腐植栄養.

dystrophine *n.f.* 〖生化〗ジストロフィーヌ(筋肉の維持・再生に不可欠なプロティン；この欠乏によって筋障害や筋ジストロフィー症 dystrophie musculaire が発症する).

dystrophique *a.* 〖医〗**1** ジストロフィー〔性〕の, 栄養失調症の, 異栄養性の. calcification ~ 異栄養性石灰化.
2 ジストロフィーに罹った.
——*n.* ジストロフィー患者.

dystrophisation *n.f.* 〖環境〗(産業廃棄物による湖水の)栄養分異常.

dysurie *n.f.* 〖医〗排尿障害, 排尿困難.

dysurique *a.* 〖医〗排尿困難性の, 排尿障害の.
——*n.* 排尿困難症患者.

E

E¹, e¹ [ə, e] *n.m.inv.* フランス語字母の第5字 (l'*e*, le *e* と表記). *e* atone 強勢のない e. *e* dans l'o 合字の œ. *e* fermé 閉音の (狭い) e [e]. *e* ouvert 開音の (広い) e [ɛ]. ê: *e* accent aigu アクサン・テギュ付の e. è: *e* accent grave アクサン・グラーヴ付の e. ê: *e* accent circonflexe アクサン・シルコンフレックス付の e. ë: *e* tréma トレマ付の e.

E², e² 〖略記, 略号〗 **1** E (= *e*st) 東〖略号〗. longitude *E* 東経.
2 〖自動車〗スペイン (l'*E*spagne) の国籍表識記号.
3 〖音楽〗〔古〕ホ音, ホ調 (現在では *mi*; 英独では現用).
4 〖化〗*e*insteinium アインスタイニウムの元素記号 (1957 年まで; 以降 Es).
5 〖生〗vitamine E ビタミン E (= tocophénol).
6 〖数〗e: 自然対数の底 (base des logarithmes népériens) の記号 (e = 2.71828...).
7 〖物理〗*E*: エネルギー (*é*nergie) の記号.
8 〖物理〗*é*lectron 電子の記号.
9 *E*xcellence 閣下の略. S.*E*. le ministre X X 大臣閣下.
10 〔俗〕E: *e*cstacy (幻覚剤).

e- ELEM (< 〖英〗*e*lectronics)「インターネットによる伝達方式の, 電子式」の意 (*ex. e*-commerce インターネット利用商業, 電子商業).

€ (= euro) *n.m.* ユーロ (ヨーロッパ連合の通貨の記号).

E7 (= les *e*pt plus grandes compagnies électriques du monde) *n.f.pl.* 世界 7 大電力会社連合.

EA (= *E*cole de l'*A*ir) *n.f.* 〖軍〗空軍学校 (1935 年 Versailles に創設の空軍士官学校; 1937 年 Salon に移転).

EAA (= *E*cole d'*a*pplication de l'*a*rtillerie) *n.f.* 〖軍〗砲術管理学校 (Draguignan にある陸軍砲術学校).

EAD (= *E*cole d'*a*dministration et *d*irection des affaires) *n.f.* 〖教育〗事業経営管理学校 (1961 年 Paris に創設のグランド・エコール).

EADS (= 〖英〗*E*uropean *A*eronautic, *D*efense and *S*pace company) *n.pr.f.* ヨーロッパ航空・防衛・宇宙産業会社 (1999 年フランスの Aerospatiale-Matra 社とドイツの DASA (= *D*eutsche *A*erospace [*SA*]) 社が合併して誕生した宇宙・航空・兵器製造会社).

EAE (= *e*nquête *a*nnuelle d'*e*ntreprise) *n.f.* 〖経済〗企業年次調査.

EAEC (= 〖英〗*E*ast *A*sia *E*conomic *C*aucus) *n.f.* 〖経済〗東アジア経済会議 (= 〖仏〗AEAE: *A*ssemblée *é*conomique de l'*A*sie de l'*E*st).

EAI (= *E*lf *A*quitaine *I*nternational) *n.pr.m.* 国際エルフ・アキテーヌ会社 (会社名).

EAO (= *e*nseignement *a*ssistée par *o*rdinateur) *n.m.* 〖情報処理〗コンピュータ援用教育 (= 〖英〗CAT: *c*omputer *a*ided *t*eaching, = CAI: *c*omputer *a*ssisted *i*nstruction, = CBE: *c*omputer *b*ased *e*ducation). système d'~ コンピュータ援用教育システム.

EAP (= *E*cole européenne des *a*ffaires *P*aris-*O*xford-*B*erlin) *n.f.* 〖教育〗ヨーロッパ実業学校 (パリにある商業系のグランド・エコール. 1973 年創立).

EARL (= *e*xploitation *a*gricole à *r*esponsabilité *l*imitée) *n.f.* 有限責任農業開発会社 (1985 年導入の民事会社).

Eassa (= *E*cole d'*a*pplication du *s*ervice de *s*anté des *A*rmées) *n.f.* 〖軍〗軍衛生業務応用学校. ~ de Lyon-Bron リヨン=ブロン軍衛生業務応用学校.

East (= 〖英〗*E*urêka *A*dvanced *S*oftware *T*echnologie) *n.f.* 〖情報〗ユーレカ先進ソフトウェア開発技術.

EAU (= les *E*mirats *a*rabes *u*nis) *n.m.* アラブ首長国連邦 (= la Fédération des emirats arabes unis; Abū Dhabi, Dubaï, Chārdja, 'Adjmān, Umm al-Qaywayn, Fudjayra, Ra's al-Khayma の 7 首長国から成る; 首都 Abū Dhabi, Abou Dhabi).

eau (*pl.* **~x**) *n.f.* ① **1** 水. ~ de mer 海水. ~ douce 淡水; 軟水. ~ dure 硬水. ~ lourde (légère) 重 (軽) 水. ~ minérale gazeuze (non gazeuze) 炭酸ガスを含んだ (含まない) ミネラル・ウォーター, 鉱泉水. ~ potable (non potable) 飲用 (非飲用) 水. ~ pressurisée 加圧水. château d' ~ 給水塔. conduite d' ~ 給水管. épuration d' ~ 浄水. pollution de l'~ 水質汚染.
2 (河川・湖沼・海の) 水. cours d' ~ 河川, 水流. promenade sur l'~. 河川・湖上の遊覧.
3 雨. Il tombe de l'~. 雨が降る.
4 (汗・涙などの) 水分. être tout en ~ 涙にくれる.
5 果汁 (= suc de fruit).
6 (特殊な) 水, 液体. ~ de Cologne オー・

ド・コローニュ, オー・デ・コロン (<[独] Kölnischwasser ケルン水). ~ de constitution 組成水分. ~ de cristallisation 結晶水. ~ de toilette オー・ド・トワレット, 化粧水. ~ de vie 蒸溜酒. ~ mère 母液. ~ régale 王水.〖工〗écran d'~ 水幕.
7〖宝石の〗透明度. perles d'une belle ~ 美しくすき透った真珠.
Ⅱ〖*pl.* で〗*E*~*x* et Forêts (フランスの) 河川森林局. ~*x* thermales 温泉. basses (hautes)~*x* 干(満)潮. grandes ~*x* 高水位. Grandes ~*x* à Versailles ヴェルサイユ宮の大噴水祭. ville d'~*x* 湯治場.

eau-de-vie(*pl.*~**x**-~-~) *n.f.*〖酒〗オー=ド=ヴィー(「生命の水」の意), 蒸留酒 (果実・植物・穀類などからつくられる醸造酒を蒸留してつくるもの; armagnac アルマニャック, cognac コニャック, brandy ブランディー, rhum ラム, whisky ウィスキー, など). ~ de canne à sucre 砂糖きびのオー=ド=ヴィー(rhum ラム酒, tafia タフィア酒). ~ de cidre シードルのオー=ド=ヴィー (calvados カルヴァドス). ~ de fruit 果実酒 (brou くるみ酒, framboise 木苺酒, kirsch 桜桃酒, mirabelle ミラベル酒, poire 梨酒, prune プラム酒, quetsche クエッチ酒など). ~ de graine 穀物の蒸留酒 (aquavit アクワヴィット, genièvre 杜松(ねず)酒, gin ジン, kummel クミン酒, vodka ウオツカ, whisky ウィスキーなど). ~ de vin 葡萄の蒸留酒 (armagnac, cognac, fine-champagne など). cerises à l'~ 蒸留酒用の桜桃 (kirsch の材料).

eau-forte(*pl.*~**x**-~**s**) *n.f.* **1**〖美術〗オー=フォルト, エッチング, 腐蝕銅板術 (画).
2〖化〗硝酸《俗称》;(エッチング用の)腐蝕液, 稀釈硝酸.

ébahissement (<ébahir) *n.m.* 驚愕, びっくり仰天.

ébauche *n.f.* **1** (絵画の) 下絵, 粗描;(彫刻の) 下彫り;(小説などの) 草案, 草稿.
2 素案. ~ d'une législation 法律の素案 (たたき台).
3 始まり, 芽生え. ~ d'un sourire 唇に浮かぶかすかな微笑.

EBBA (= éthoxybenzilidène-butyl-aniline) *n.f.*〖化〗エトキシベンジリデン=ブチル=アニリン.

EBE (= excédent brut d'exploitation) *n.m.*〖農〗農業粗利益.

ébénacées *n.f.pl.*〖植〗柿科, 柿科の植物 (ébénier 黒檀の木, plaqueminier 柿の木など).

ébène *n.f.* **1** 黒檀材. bracelet en ~ 黒檀製のブレスレット. placage d'~ 黒檀材の化粧合板.
2 [比喩的] (黒檀を思わせる) 漆黒, 黒光りする色. chevelure d'~ 漆黒の髪. noir comme l'~ 黒檀のように黒い.

3〖蔑〗bois d'~ 黒ん坊 (奴隷商人による呼称), trafic du bois d'~ 黒人奴隷売買.

ébénier *n.m.*〖植〗**1** 黒檀の木. ~ de Ceylan セイロン島の黒檀の木. **2** faux ~ えにしだ (=cytise).

ébéniste *n.m.* **1** 黒檀材化粧板製造職人;高級家具製造職人, 高級家具師;指物師. **2**〖一般に〗高級家具の製造職人 (販売業者).

ébénisterie *n.f.* **1** (ébène 黒檀などの) 高級家具製造業. bois d'~ 高級家具材 (acajou マホガニー, citronnier レモンの木, 黒檀, palissandre 紫檀など).
2 高級家具.

éblouissant(*e*) (<éblouir) *a.* **1** 目をくらます, まぶしい. blancheur ~*e* de la neige 雪の目をくらます白さ. diamant ~ まばゆく輝くダイヤモンド. éclat ~ des dorures 金箔のまばゆい輝き. lumière ~*e* まばゆい光.
2 目もくらむばかりの;魅力的な. beauté ~*e* 目のくらむような美しさ, 魅惑的な美しさ. femme ~*e* 魅力的な女性. fête ~*e* きらびやかな祭典. style ~ きらびやかな文体.
3〖古〗人をまどわせる.

éblouissement *n.m.* **1** (強い光で)目が眩むこと.
2 眩暈, めまい. ~*s* causés par la fatigue 疲れによるめまい. avoir des ~*s* めまいがする, 目が眩む.
3 感嘆;感嘆の的. Le spectacle fut un ~. その光景は感嘆の的であった.

EBO (= [英] Employee Buy Out) *n.m.*〖経済〗従業員による企業買収 (= [仏] RES: *r*achat de l'*e*ntreprise par ses *s*alariés).

Ebola *n.pr.* エボラ (アフリカのザイールの川の名). le virus ~ エボラ・ウイルス (エボラ熱 fièvre (maladie) d'~ と呼ばれる出血熱の病源).

e-bombe *n.f.*〖軍〗e 爆弾, 電子爆弾 (強力な電磁波により電子機器を作動不能にする爆弾).

ébonite *n.f.* エボナイト (ゴムと硫黄の化合物, 絶縁材).

e-Book (= [英] electronic Book) *n.m.*〖情報処理〗イー・ブック;電子本;[商標] 電子ブック (= e-livre, livre électronique).

éboueur *n.m.* ゴミ収集人.

éboulement *n.m.* **1** (土地・建物などの) 崩壊, 落下, 落下;(坑道などの) 落盤;土砂崩れ, 土砂災害 (= ~ de terre);山崩れ (= ~ en montagne). ~ d'une falaise attaquée par la mer 波浪による断崖の崩壊. ~ d'une galerie de mine 鉱山の坑道の落盤. ~ d'un mur 壁の崩落. lent ~ de terrain 緩やかに進行する地滑り. ~ de terre 山 (地) すべり. victimes d'~ 土砂崩れ (土砂災害, 山崩れ) の犠牲者.
2 崩れ落ちた土砂 (=éboulis). Un ~ bou-

chait le passage. 崩落した土砂が道路を塞いでしまった.

éboulis [-li] *n.m.* **1** 落石. danger d'~ 落石の危険. **2** 崩れた土砂(落石)の堆積.

ébourgeonnage, ébourgeonnement (<ébourgeonner) *n.m.* 〖農〗(果樹の)摘芽.

EBR[1] (=efficacité biologique relative) *n.f.* 〖医〗(放射線の)相対的生物学的効果 (=〖英〗RBE : relative biological effectiveness), 生物学的効果比.

EBR[2] (=engin blindé de reconnaissance) *n.m.* 〖軍〗偵察(哨戒)装甲車.

EBR[3] (=équivalent bois rond) *n.m.* 丸太換算量. en ~ 丸太換算量で.

ébranlement *n.m.* **1** 震動. ~ du sol 地盤の震動. ~ du train 列車の震動.
2 〔比喩的〕揺らぐこと, 動揺;崩壊の兆し. ~ d'un empire 帝国の動揺(崩壊の兆し). ~ de la confiance en qch 何に対する信頼のゆらぎ.
3 〔比喩的〕精神的動揺, 精神的ショック (=~ nerveux). ~ dû à un accident 事故に起因する精神的ショック.

EBRC (=engin blindé à roues de contact) *n.m.* 〖軍〗車輪式接敵装甲車.

ébriété *n.f.* 酩酊. être en état d'~ 酩酊状態にある. sensation d'~ 酩酊感.

EBS[1] (=encéphalite bovine spongiforme) *n.f.* 牛の海綿状脳炎, 狂牛病 (=〖英〗BSE : bovine spongiform encephalopathy).

EBS[2] (=〖英〗European Business School) *n.f.* ヨーロッパ・ビジネス・スクール《パリにある商業系のグランド・エコール. 1967年創立》.

EBSE (=endoscopie à bande spectrale étroite) *n.f.* 〖医〗狭帯域光式内視鏡検査〔法〕(=〖英〗narrow band imaging [NBI] endoscopy ; narrow band spectrum endoscopy ; 2006年開発された新方式の内視鏡胃癌検査).

ébullition *n.f.* **1** 〖物理〗沸騰. point d'~ 沸点.
2 〔話〕極度の興奮. être en ~ 熱狂に沸き返っている. ville en ~ 沸騰する町.

e-business 〖英〗*n.m.* 〖商業〗e-ビジネス, 電子ビジネス, インターネット利用商業 (=e-commerce).

EC[1] (=École centrale) *n.f.* 〖教育〗中央工科学校〖工学系のグランド・エコール〗. l'~ 〔de〕Paris パリ中央工科学校《1797年設立の名門校;正式名称 l'~ des arts et manufactures 中央工芸学校(通称 Centale);略称 ECP》. l'~ 〔de〕Lille リール中央工科学校《1872年設立》. l'~ 〔de〕Lyon リヨン中央工科学校《1857年設立》. l'~ 〔de〕Nantes ナント中央工科学校《1919年設立;旧国立高等機械学校 ENS de mécanique》. réseau international des ~ 国際エコール・サントラル網《高等工科学校の国際的ネットワーク》.

EC[2] (=〖英〗Euro-City) *n.m.* 〖鉄道〗ユーロシティー(西ヨーロッパ諸国の主要都市を結ぶ国際特急列車). ~ 65 ユーロシティー特急65号(パリとウィーン(ウィーン)を結ぶ国際特急;愛称モーツァルト(モザール) Mozart).

EC[3] (=〖英〗European Community) *n.f.* ヨーロッパ共同体, 欧州共同体 (=〖仏〗CE : Communauté〔s〕européenne〔s〕)《1992年2月7日調印のマーストリヒト条約により, 1957年発足の EEC (CEE) を EC (CE) と改称;1993年11月1日のマーストリヒト条約発効に伴い European Union [EU] (Union européenne [UE] として発足》.

ECAFE (=〖英〗Economic Commission for Asia and the Far East) *n.f.* エカフェ, 国連アジア極東経済委員会 (=〖仏〗Commission économique des Nations Unies pour l'Asie et l'Extrême-Orient;1974年 ESCAP と改称》.

écaillage (<écailler) *n.m.* **1** (魚の)鱗おとし;(牡蠣などの)殻むき. **2** (絵具・塗料などの)剥離, 剥落. ~ du vernis ニスの剥離.

écaille *n.f.* **1** 鱗(うろこ). ~s des poissons 魚の鱗.
2 〖昆虫〗(鱗翅類の)鱗片. ~s des ailes des papillons 蝶の羽根の鱗片.
3 〖植〗(球根の)鱗葉;(芽の)芽鱗. ~s des bourgeons 芽鱗. ~ du bulle des lis 百合の球根の鱗葉.
4 (甲冑の)小札(こざね).
5 〖建築〗鱗形装飾模様 (=~ de poisson). chapiteau à ~ 鱗形装飾模様を施した柱頭.
6 (二枚貝の)貝殻. ~s de moules ムール貝の貝殻.
7 亀甲 (=~s doublées des tortures);べっこう;模造べっこう. lunettes〔à monture〕d'~ べっ甲縁の眼鏡. 〖製本〗veau ~ べっ甲に染めた仔牛の革.
8 〖解剖〗側頭骨 (os temporal) の一部.
9 剥片. ~s de peinture ペンキの剥片. neige en ~ 牡丹雪. tomber par ~s 剥片となって落ちる. Les ~s lui sont tombées des yeux. 眼から鱗が落ちる(『使徒行伝』11, 18より).
10 〖建築〗(壁面保護用の)薄板.

écailler (**ère**) *n.* 牡蠣売り;海の幸 (=fruits de mer) 売り.

écailleux (**se**) *a.* **1** 鱗をもった;鱗片をもった. 〖植〗bulbe ~ 鱗茎. 〖魚〗poisson ~ 鱗をもった魚.
2 鱗状の. ardoise ~se 鱗状のスレート.

écaillure *n.f.* **1** 鱗片, 薄片. ~ d'un vernis はげ落ちたニスの薄片.
2 〔集合的〕鱗(うろこ).

ECAM (=École catholique d'arts et

métiers) n.f. 〖教育〗カトリック工芸学校(1900年創立の私立のグランド・エコール. 在 Lyon).

écart (<écarter) n.m. **1** 隔たり, 間隔. ~ des branches d'un compas コンパスの脚の開き. ~ interpupillaire 瞳孔の間隔. à l'~ 離れて. se tenir à l'~ 皆から離れている. tenir qn à l'~ 人を仲間外れにする. **2** 開脚. grand ~ 〖舞踊〗大股開き；〖比喩的〗大きな隔り. 〖舞踊〗faire le grand ~ 大股開きをする. 〖体操〗sortir à l'~ 開脚跳びをする.
3 離れた場所, 飛地. maison à l'~ de la route 街道筋から離れた家. Ce hameau est un ~ de la commune. この小部落は村の飛地である. laisser qn à l'~ d'une affaire 人を事業から遠ざける.
4 差；偏り, 偏差. ~ de temps entre deux opérations 二つの作業の時間差. ~ de température 温度差. ~ 〖射撃〗en direction 方向偏差. ~ entre le prix de revient et le prix de vente 原価と販売価格との差. 〖統計〗~ type 標準偏差 (= ~ quadratique moyen).
5 〖言語〗隔り. ~ stylistique 文体の隔り.
6 逸脱. ~ de conduite 不行跡, 不品行. ~ de l'imagination 非常識, 狂気の沙汰. ~ de la jeunesse 若気の至り(過ち). ~ de langage 間違った言葉遣い. ~ de régime 正常作動状態からの逸脱. faire un ~ (馬が)進路をはずす；(人が)脇に飛びのく；正道から外れる.
7 〖音楽〗(2つの音の)間隔.
8 〖獣医〗(牛・馬の肩の)捻挫 (= ~ d'épaule).
9 〖経済〗~ d'inflation インフレ格差 (〖英〗inflation gap の公用推奨語).

e-carte n.f. 電子クレジットカード. l'(la) ~ bleue 電子カルト・ブルー.

écartement n.m. **1** 離すこと；離れること；分離. ~ des bras (jambes) 開腕(開脚).
2 間隔, 距離, 隔たり；〖鉄道〗軌間, ゲージ (= ~ des rails)；(金額などの)隔たり, 差異. ~ des essieux 軸距. ~ des roux 輪距. 〖鉄道〗~ étroit (large) 狭(広)軌. 〖鉄道〗~ normal (ヨーロッパでの)標準軌間 (1.435 m).

écarteur n.m. **1** 〖医〗開創器(傷口, 洞壁, 筋肉面などを開く医療器具).
2 (ランド地方の闘牛で)牛の突進をかわす闘牛士.

ECBU (= examen cytobactériologique des urines) n.m. 〖医〗尿の細胞細菌検査.

ecce homo [ɛksɛɔmo] [ラ] n.m.inv. 〖美術〗茨の冠をいただいたキリスト像(絵画・彫刻；「この人を見よ」の意).

ecchymose [ekimoz] n.f. 〖医〗斑状出血, 溢血斑, 皮下溢血；あざ.

ecclésiastique a. 教会の；(特に)ローマ教会の；聖職にある (civil 「世俗の」, laïque「非聖職者の」の対). fonctions ~s 聖職者の仕事.
— n.m. **1** 聖職者；神父；牧師.
2 le livre de l'E~ 〖カトリック〗『集会の書』；〖プロテスタント〗『ベン・シラの知恵の書』(la Sagesse de Jésus, fils de Sirach；旧約聖書の外典).

ECE (= 〖英〗Economic Comission for Europe) ヨーロッパ経済委員会《国連経済社会理事会の地域委員会, 1947年設置》；〖仏〗CEE：Comission économique pour l'Europe).

ECG (= electrocardiogramme) n.m. 〖医〗心電図.

échafaudage n.m. **1** 〖建築〗足場. ~ en tubes métaliques 金属パイプの足場. ~ volant (窓拭きなどの)吊り足場. dresser un ~ 足場を組む.
2 〖比喩的〗段階的構築. ~ d'une fortune 資産の蓄積. ~ d'un système 体系の構築.
3 (雑多なものの)積み重ね. ~ de livres 本の山.
4 (議論・証拠・論拠などの)あやふやな積み重ね. Tout cet ~ de preuves s'est écroulé devant les faits. このいい加減な証拠の積み重ねは事実の前に崩れ去った.

échalot[t]e n.f. 〖植〗エシャロット《百合科 liliacées の球根香味野菜；学名 Allium ascalonicum》. ~ de tradition 伝統のエシャロット(球根で増殖する). ~ de semis 種子から栽培するエシャロット(オランダで開発). Seuls peuvent être vendus sous le nom d'~ les produits issus d'une multiplication par bulbes. エシャロットの名で販売できるのは球根から増殖する方式で生産されたものだけである《フランスの規則》.

échange n.m. **1** 交換, 取替え. 〖物理〗~ de chaleur 熱交換. 〖生〗~ gazeux ガス交換. faire l'~ de qch pour (contre) qch …と…を交換する. faire un ~ de qch avec qn …と…交換部品. pièce d'~ 交換部品. en ~ de qch …と引き換えに, …の代わりに. par ~ 交換によって.
2 交流. ~s culturels 文化交流. ~ de personnes 人的交流.
3 取引, 貿易, 交易. ~s de biens et de services 財サービス取引. les ~s de la France avec les Etats-Unis フランスとアメリカの貿易. solde des ~s extérieurs 貿易収支. termes de l'~ 交易条件. valeur d'~ 交換価値.
4 やり取り, 取り交わし. ~ de bons procédés 親切のやり取り, 互いに役立ちあうこと；〖皮肉に〗やられればやり返す. ~ de lettres 手紙のやり取り. 〖テニス, 卓球〗~ de vues 意見交換. 〖テニス, 卓球〗~ de balles ラリーの応酬.

échangeable a. 交換可能な. obligation ~ 転換社債. produits ~s 交換可能な製品.

échangeur(**se**) *a.* 交換する. résine ~ *se* d'ions イオン交換樹脂.
—*n.m.* **1** 〖工〗交換器. ~ de chaleur (~ thermique) 熱交換器.
2 〖道路〗インターチェンジ. ~ de la porte de la Chapelle à Paris パリのポルト・ド・ラ・シャペルのインターチェンジ.
3 〖化〗~ (d'ions) イオン交換器.

échangisme *n.m.* **1** 〖経済〗交換理論(生産と消費の関係に交換重視理論).
2 スワッピング・セックス(異なる夫婦間の交換セックス).

échangiste *n.* **1** (財の)交換当事者(= coéchangiste, copermutant).
2 交換性愛(スワッピング)を行なう人.
—*a.* **1** 交換を行なう；交換に基づく. **2** 交換性愛(スワッピング)の.

échantillon *n.m.* **1** 商品見本；試供品，生地見本(=~s d'étoffe). ~ de blé 小麦の見本. ~ de parfum 香水の試供品. ~ factice destiné à l'étalage 展示用の模造見本.〖郵便〗~s sans valeur「商品見本」(非売品). cahier d'~ 見本帖. jeux d'~ (外交販売の)見本一式. vente à l'~ 見本に基づく販売. acheter (choisir) qch sur l'~ 見本で何を買う(選ぶ).
2 標本, 試料, サンプル. prélever des ~s d'eau aux fins d'analyse 検査目的で水のサンプルを採取する.
3 〖統計〗サンプル, 標本. ~ au hasard 無作為〔抽出〕標本. sondage sur un ~ de 1 000 personnes 1,000 人をサンプルにとった世論調査.
4 (人・物の)典型 (= ~ typique). charmant ~ de la beauté des femmes de Paris パリの女性美の典型.〖皮肉〗Quel ~! 小物め！
5 規格；材料寸法. bois d'~ 規格木材.

échantillonnage *n.m.* **1** 商品見本作成, 見本集.〖印刷〗~ de papiers peints 色見本. choisir dans un ~ 見本集から選ぶ.
2 〖統計〗標本抽出, サンプリング；試料採取. ~ au hasard 無作為標本抽出法.
3 〔集合的〕標本, 試料, サンプル.
4 〖情報処理〗サンプリング(アナログ信号のディジタル変換)；〖音楽〗サンプリング(ディジタル録音音楽の再利用). fréquence d'~ サンプリング周波数.
5 〖度量衡〗度量衡器との照合.

échantillonneur(**se**) *n.* 見本係.
—*n.m.* 〖音楽〗音楽標本作成機器, サンプラー；〖英〗sampler；〔英〕sampler.

échappatoire *n.f.* **1** 遁辞, 逃げ口上；逃げ道. chercher des ~s 遁辞(逃げ道)を探す. répondre par une ~ 逃げ口上で答える.
2 〖自動車〗(サーキットのカーヴの出入口に設けられた)緊急避難地帯.

échappé[1] *n.m.* 〖舞〗エシャペ(逃げるような足の運びの跳び方).

échappé[2](**e**)[1] *a.p.* 逃げた；逃れた.
—*n.* 逃亡者, 脱走者. ~ de prison 脱獄者.

échappée[2] *n.f.* **1** 逃げ出すこと. ~ du gibier 狩の獲物の逃亡.
2 〖スポーツ〗(自動車選手などの)飛出し. ~ d'un coureur 自転車選手(走者)の飛出し.
3 隙間；見通しのきく空間, 見通し. ~ à travers les nuages 雲間. ~ dans les arbres 木立の間の見通し. ~ sur la mer 海の見通し.
4 短い時間, 瞬間. ~ de beau temps 束の間の晴れ間.〖絵〗~s de lumière (局所的に射し込む)日光の筋. par ~s 時折；思い出したように, ふらりと. avoir des ~s de bons sens 時折良識を発揮する.
5 通路；空きスペース；(階段の)空き高(階段から天井までの空間). ~ d'un escalier 階段の空き高. Cet escalier a une ~ de deux mètres. この階段は2メートルの空き高がある. ~ d'un garage ガレージの空きスペース.

échappement *n.m.* **1** (水・ガスの)漏れ. ~ d'eau 水漏れ.
2 排気；排気管. ~ de la vapeur (des gaz) 蒸気(ガス)の排出. ~ libre 自由排気(エンジンからの直接排気). gaz d'~ 排気ガス. pot d'~ 排気消音器, マフラー (=silencieux). soupape d'~ 排気弁. tuyau d'~ muni d'un silencieux マフラー付きの排気管.
3 〖時計〗脱進装置, エスケープメント. ~ à recul 逆進脱進装置. montre à ~ 脱進装備付腕時計.

écharnage, écharnement *n.m.* (獣皮の)肉の除去作業.

écharpe *n.f.* **1** 〖服〗エシャルプ, ショール, マフラー. ~ en soie 絹のエシャルプ(ショール).
2 懸章, 飾緒, 飾帯. ~ tricolore de maire 市(町・村)長の三色の懸章.
3 〖医〗吊り包帯. porter le bras en ~ 腕を吊り包帯で支える.
4 〖工〗筋かい.
5 en ~ 肩から斜めに；斜めに.〖軍〗tir en ~ 側面射撃, 斜射. prendre un véhicule en ~ 車に斜めから衝突する.

échassier *n.m.* **1** 〖鳥〗渉禽(しょうきん)；〔pl. で〕渉禽類(脚の長い鳥類：cigogne こうのとり, grue 鶴, héron あおさぎ, outarde 野雁など). ~ migrateur 渡鳥の渉禽(やましぎ, たしぎの類).
2 〔話〕脚の細長い人.

échaudé(**e**) *a.* (<échauder) 熱湯を通した(浴びた), 火傷を負った；痛い目にあった. les Américains ~s ひどい目にあったアメリカ人.

échauffement *n.m.* **1** 熱くなること, 帯熱, 発熱, 異常な温度上昇；熱くするこ

と, 加熱. ~ de l'atmosphère 大気の温度上昇. ~ du charbon dans une mine dû à l'oxydation 鉱床の石炭の酸化による発熱. ~ des pneus d'une automobile 自動車のタイヤの帯熱. ~ des terres sous l'action du soleil 太陽による地面の加熱.
2〚スポーツ〛ウォーミングアップ, 準備運動. exercices d'~ ウォーミングアップ運動.
3 熱によるむれ; (発酵初期の) むらし. ~ du bois 木材の熱による変質. ~ des céréales 穀物のむれ (むらし).
4〚比喩的・文〛熱気, 興奮; 激昂.
5〚医〛〚古〛炎症, いらいら; 軽い便秘.

échauffourée *n.f.* つかみ合い, 乱闘.

échéance *n.f.* **1** 支払い期日, 期限, (債務, 義務などの) 履行期日. arriver à ~ 期限が来る. payer à l'~ 期日に支払う.
2 期限の来た債務, 手形, 支払い義務, 負債. faire face à une lourde ~ 重い負債に直面する.
3 決着のつく日; 重要な期日, 日程, 予定. ~ électorale 選挙の投票日, 選挙の予定. ~ fatale 年貢の納め時, 運命の時. ~s internationales 国際政治上の重要日程. ~ politique 政治上の重要日程 (予定). grande ~ de la scène mondiale 世界政治上に予見される主要な出来事.
4 いずれは, 将来的には. à brève (longue) ~ 短期 (長期) に.

échéancier *n.m.* 〚金融〛手形明細帳 (支払い受取りの期日などを記したもの).

échéant(e) (<échoir) *a.* **1** 期限がきた. effet ~ 手形.
2 le cas ~ そうなった場合; 万一の場合, ことによると. Je m'en occuperai, le cas ~. 必要とあれば私がお引受けしましょう.

échec *n.m.* **1** 失敗, 挫折, 敗北. ~ électoral 落選. ~ scolaire 落第, 不合格. projet voué à l'~ 失敗するに決まっている計画. faire ~ à *qn* (*qch*) …を失敗させる (食い止める). En n'obtenant pas le vote du projet qu'il qualifiait de plus important, le gouvernement a subi un grave ~. 政府は最重要としていた法案の採択獲得に失敗して, 大きな痛手を蒙った.
2〚*pl.* で〛チェス, (総合的に) チェスの駒. pièces d'~s チェスの駒 (roi 王, reine (dame) 女王, fou ビショップ, 僧正, cavalier ナイト, tour ルーク, pion ポーン, 歩). partie d'~s チェスの試合. jouer aux ~s チェスをする.
3 (チェスにおける) 王手. faire ~ au roi チェックをかける, 王手をかける. ~ et mat チェック, 詰み.
4 困難な立場, 追い込まれた状況, 苦境. être en ~ 苦境に立つ, 進退に窮する. tenir *qn* en ~ 難しい立場にたたせる, 失敗に追い込む.

échelette *n.f.* **1**〚商業〛compte par ~

利子差引勘定; (転じて) 借金のなし崩し.
2〚鳥〛かべばしり (=grimpereau).
3〚古〛(荷鞍の横につける) 小型子状の荷物掛け.

échelle *n.f.* **Ⅰ 1** 梯子. ~ pliante 折りたたみ式梯子. ~ coulissante 繰り出し式の梯子. ~ double 脚立. ~ d'incendie 避難梯子. ~ de cale 船艙梯子. ~ de corde 縄梯子. ~ de coupée (船の) タラップ, 舷梯. ~ de meunier 梯子式の階段. faire la courte ~ à *qn* 手助けする, 力を貸す. monter à l'~ 冗談を真に受ける. Après cela, il faut tirer l'~. これ以上の努力は無駄で, 引き下がる以外にない. Après lui, il faut tirer l'~. 彼以上にうまくはできない. faire ~ 停泊する.
2 停泊地. ~s du Levant 中近東の通商拠点.

Ⅱ 1 段階, 度合い, 等級, 序列. ~ sociale 社会階級. ~ des salaires 給与体系. ~ mobile (給与, 社会保障給付などの) スライド制. ~ des sons 音階. ~ diatonique 全音階. ~ des couleurs 色彩諧調.
2 目盛り, 尺度. ~ de Beaufort ビューフォート (イギリスの提督) 風力段階. ~ des eaux 水位標. ~ du thermomètre 温度計の目盛り. séisme de force 5 à l'~ de Richter リヒタースケールで震度5の地震.
3 縮尺. ~ d'une maquette 模型の縮尺. carte à grande ~ 大縮尺の地図. carte à l'~ de 1/10.000 1万分の1の縮尺の地図. faire *qch* à grande ~ …を大掛かりにする.
4 規模. La préservation de l'environnement est un problème qui se pose à l'~ de la planète. 環境保全は地球規模で提起されている問題だ. selon une enquête menée sur une ~ nationale 全国規模で実施された調査によれば.

échelon *n.m.* **1** (梯子の) 横木, 段; (梯子状の) 桟, 横棒. manquer un ~ 梯子を踏み外す. monter (descendre) les ~s 梯子を登る (降りる).
2〚比喩的〛階段; (公務員の) 等級, 級. ~s de la carrière d'un fonctionnaire 公務員の職階. administrateur civil de troisième classe, deuxième ~ 第3等第2級の文官. le dernier ~¹ 最高 (最低) の位階. gravir tous les ~s de la hiérarchie 位階を登りつめる. monter (descendre) un ~ (地位・等級などが) 1段階 (等級) 上がる. s'élever par ~s (d'~ en ~) 地位を一つずつ昇進する; 次第に昇進する.
3〚比喩的〛レベル, 次元, 段階; 局面, 規模. à l'~ communal (départemental, national) 市町村 (県, 国) のレベル (規模) で. à tous les ~s あらゆるレベルで.〚軍〛~ de commandement 指揮の次元. à l'~ de la division (du corps d'armée) 師団 (軍団) の規模で.
4〚軍〛梯形編成の各部隊, 梯隊. ~ d'atta-

que 攻撃梯隊. le dernier ~² 後衛部隊, 予備部隊. marcher en premier ~ 先頭梯隊として進軍する.
5〖光学〗lentille à ~s de Fresnel フレネル〔の帯状〕レンズ.

écheveau(*pl.*~**x**) *n.m.* **1** (糸の)かせ(桛), ~ de soie 絹糸のかせ. mettre en pelote un ~ かせを巻取る.
2 エシュヴォー《綿糸の長さの単位=1000 m》.
3〔比喩的〕錯綜, もつれ. ~x de fumée もつれるようにたちのぼる煙. ~ de ruelles 迷路のような小路. démêler (débrouiller) l' ~ de ses souvenirs もつれた記憶を解きほぐす.

échevelé(*e*) *a.p.* **1** 髪の乱れた；髪をふり乱した. tête ~e 髪をふり乱した頭.
2〔比喩的〕(樹木・波浪などが)風に騒ぐ. arbre ~ 葉むらが騒ぐ樹木.
3〔比喩的〕奔放な；狂乱した. improvisation ~e 熱狂的即興演奏. patriotisme ~ 狂信的祖国愛.

échevin(*e*) *n.* **1**〖ベルギー〗市町村長(bourgmestre)の補佐, 助役.
2〖カナダ〗市町村会議員《形容詞échevinal(ale)》.

échézeaux *n.m.*〖葡萄酒〗エシェゾー《ブルゴーニュ地方 la Bourgogne, la Côte de Nuits 地区の Flagey-Echézeaux フラジェ−エシェゾー村《市町村コード 21640》でつくられる特級畑の赤の AOC》.

échine *n.f.* **1** 背骨；背中, 背筋. se rompre l' ~ 背筋(背中)を痛める.〔比喩的〕avoir l' ~ souple (flexible) ぺこぺこする, 腰が低い. courber l' ~ 他人の言いなりになる.
2〖料理〗エシーヌ《豚の肩肉》. ~ du porc 豚の肩肉. ~ braisée 豚の肩肉の蒸し煮 (= ~ à la braise).
3〖地形〗山稜.

échinococcose [ekinokɔkoz] *n.f.*〖医〗包虫症. ~ uniloculaire 単包虫症.

écho *n.m.* **1** こだま, 反響音. L' ~ répond. こだまが帰ってくる. ~ des montagnes 山彦. à tous les ~s あらゆる方向に；広く, 公に, いたるところに.
2〖物理〗反響；エコー, 反射波；(テレビ画面の)ゴースト. ~ d'un son 音の反響. ~ de spin スピン・エコー. ~ hertzien 電波の反射. ~ multiple 多重反響.〖物理〗~ photonique フォトン・エコー. ~ radar レーダーの反射. chambre à ~ エコー・ルーム《放送・録音用の共鳴壁のあるスタジオ》. effet d' ~ 反響効果.
3〔比喩的〕(他人の意見などの)おうむ返し；おうむ返しに言う人；付和雷同者；模倣者. répondre en ~ おうむ返しに答える. faire ~ à *qch* 何を繰返す(広める).〖文法〗question-~ 問い返し疑問文《*ex.* Il est parti. — Il est parti?》.

4〔比喩的〕反響；噂, ニュース；〔*pl.* で〕(新聞などの)ゴシップ欄, ローカル・ニュース欄 (= ~ d'un journal).《Les E~s》「レ・ゼコー」《1908 年創刊の日刊全国紙》. se faire l' ~ de …の噂を流す. faire des ~s 噂をひろめる. J'en ai eu quelques ~s. それについていくらかの噂(ニュース)を聞いている.
5〔比喩的〕反応, 反映, 反響, 影響；賛同, 共鳴, 共感. être (rester) sans ~ 反応(反響)がない(ないままである). ne pas trouver d' ~ 賛同(共感)を得られない.
6〖音楽〗エコー, 残響効果, note en ~ エコー音.
7〖詩法〗反響韻, 反響反復韻. vers en ~ 反響韻の詩.
8〖電算〗(データ伝送の)エコー.

échocardiogramme *n.m.*〖医〗超音波心臓検査図, 心〔臓〕エコー, エコーカルディオグラム.

échocardiographie *n.f.*〖医〗超音波心臓造影法, 超音波心悸動描写法, 超音波カルディオグラフィー.

échoencéphalogramme *n.m.*〖医〗超音波脳造影図.

échoendoscopie *n.f.*〖医〗超音波内視鏡併用検査〔法〕.

échogramme *n.m.* 音響測深記録.
échographie *n.f.*〖医〗超音波検査法, 超音波造影〔法〕, エコーグラフィー, エコー. en 3D (=trois dimensions) 三次元エコグラフィー, 三次元超音波造影〔法〕. passer une ~ エコーの検査をする.

écholalie *n.f.*〖医〗反響言語《他人と同じ言葉を自動的に繰返す症状》.

écholocation *n.f.*〖動〗音響測距《音響反射器官による位置測定》. système d' ~ des chauve-souris こうもりの音響測距システム.

échopraxie *n.f.*〖医〗反響動作《他人と同じ動作を自動的に繰返す症状》.

échosondage *n.m.* 音響測深.
échosonde *n.f.* **1** 音響探査〔機〕. **2** 音響測深機 (=échosondeur). **3** 音響気象観測機.

échosondeur *n.m.* 音響測深器, ソナー (sonar).

échotier(*ère*) *n.* (新聞・雑誌等の)ゴシップ欄(échos)担当記者.

échotomographie *n.f.*〖医〗エコー断層撮影〔法〕.

échouage *n.m.* **1**〖船〗(水位の低下により)船の着底《船が海底などに着くこと》；(修理などのために)船を浜に乗り上げること.
2〔誤って〕座礁 (=échouement).

échoué(*e*) *a.p.* **1** 座礁した；浅瀬に乗り上げた；浜辺に打ち上げられた；〔比喩的〕落ち着く. barque de pêche ~*e* sur la plage 岸に打ち上げられた漁船. navire ~ sur les

écueils 座礁した船.
2〔比喩的〕(à, dans に) 失敗した, 挫折した. être ~ à un examen 試験に失敗する.

échouement *n.m.* 〖船〗座礁.

échourgnac *n.m.*〖チーズ〗エシュールニャック, トラピスト・デシュールニャック (trappiste d'*E*~)《ペリゴール地方 le Périgord で牛乳からつくられる非加熱圧搾, 洗浄外皮のチーズ；脂肪分 40 %；小さな厚い円盤状；300 g》.

écimage (<écimer) *n.m.* (樹木・植物の) 剪定 (摘芽, 剪枝, 摘葉など).

ECJS (=enseignement civique, juridique et social) *n.m.*〖教育〗公民・法律・社会教育 (教科).

ECL (=Ecole Centrale de Lyon) *n.f.*〖教育〗リヨン中央工科大学校 (Ecully にあるグランド・エコール；1857 年設立).

éclaboussure *n.f.* **1**〔多く *pl.*〕(水・泥などの) はね, しぶき. ~ de café コーヒーのはね. ~ s de sang 血しぶき.
2〔話〕とばっちり. recevoir des ~s de la guerre 戦争のとばっちり.
3 (名誉・名声などに対する) しみ, 汚点. ~s d'un scandale 醜聞による汚点.

éclair[1] *n.m.* **1** 稲光り, 稲妻. Il fait (Il y a) des ~s. 稲光りがする. ~ de chaleur 遠くの稲妻 (雷鳴を伴わない). ~ d'un coup de feu 電撃的砲火. 〔比喩的〕~ de malice 意地悪い目の光. en ~ trait 条状稲妻. en zigzag ジグザグ型の稲妻. avec la rapidité de l'~；comme un ~ 稲妻のように速く, 電光石火に. ~ de bonheur qui s'enfuie comme un ~ たちまち失せる幸福. durée d'un ~ 一瞬. dans (en) un ~ 一瞬, ちらっと. apercevoir qn (qch) en un ~ 人 (何) を垣間見る. Ses yeux lancent des ~s. 彼は目をらんらんと光らせる (怒りなど強い感情の表出).
◆〖同格〗déjeuner ~ あっという間の昼食. 〔商標〕fermeture *E*~ ジッパー. guerre ~ 電撃戦. message ~ 短いメッセージ. nouvelle ~ ニュース速報, フラッシュニュース. visite ~ 短時間の訪問. voyage ~ 駈け足旅行.
2 輝き；閃光；火花.〖写真〗フラッシュ.〖写真〗~ de magnésium マグネシウムの閃光. ~s d'un phare 灯台の閃光. ~ des pierres précieuses 宝石の輝き. ~ du soleil 太陽の輝き. ~ des yeux 目のきらめき.〖写真〗lampe ~ フラッシュ・バルブ.〖化〗point d'~ 発火点.
3〔比喩的〕(喜びなどの束の間の) 輝き；(才能などの) ひらめき；インスピレーション. ~ de bon sens 良識のひらめき. ~ de génie 天才のひらめき. ~ d'intelligence 知〔性, phot〕.

éclair[2] *n.m.*〖菓子〗エクレール, エクレア. ~ au chocolat チョコレート入りエクレール. manger des ~s エクレールを食べる.

éclairage *n.m.* **1** 照明；照明設備 (= dispositif d'~)；(車輛の) ライト, (劇場等の) 照明. ~ électrique 電気照明 (=~ à l'électricité). ~ indirect (direct) 間接 (直接) 照明. ~ public 街頭. chauffage et ~ compris (家賃に) 光熱費を含む.
2 明るさ, 採光 (=lumière). ~ insuffisant 採光不十分. ~ naturel 自然採光 (~ artificiel「人工照明」の対).
3 光の当て方；(劇場等の) 照明〔の当て方〕.〔比喩的〕見方, アングル. sous cet ~ この見方で.
4〖軍〗偵察行動. bâtiment en ~ 哨戒活動艦.

éclairant(e) *a.* **1** 照明する, 照明用の. bombe ~e 照明弾. pouvoir ~ 照明力.
2 解明する, 明らかにする. raisons peu ~es はっきりしない理由. C'est tout à fait ~. 明解だ.

éclaircie *n.f.* **1** (雲・霧などの) 切れ目；(雨の) 晴れ間. ~ de brume (de nuages) 霧 (雲) の切れ目. Le temps sera pluvieux avec quelques ~s. 天気は雨時々晴れの見込み.
2 林の切れ目, 林間の空地.
3〖林業〗間伐；〖農〗間引き；(果樹の) 摘果 (=~ des fruits). ~ des grappes de raisin 葡萄の実の間引き (=cisellement).
4〔比喩的〕一時的緊張緩和, 一時的関係改善, 小康状態. ~ dans la situation internationale 国際関係の一時的緊張緩和. La situation diplomatique présente des ~s. 外交関係に小康状態にある.

éclaircissement *n.m.* **1** 解明；説明. ~ d'un doute 疑念の解明. ~ d'une énigme 謎解き. sans ~ 説明なしに (の).
2 注解. ~ d'un texte テクストの注解.
3〔多く *pl.*〕弁明, 釈明. demander (exiger) des ~s sur qch 何について釈明を求める. donner un ~ pour se justifier 身の証しを立てるために弁明する.
4 (空が) 明るくなること. ~ du ciel 空の澄明.
5 薄くなること；粗密化. ~ des cheveux 髪が薄くなること. ~ d'une forêt 森林の粗密化.

éclairé(e) *a.p.* **1** 照明された. salle bien ~e 明るいホール. vitrine ~e 照明されたショーウィンドー.
2〔比喩的〕知識・経験の豊かな, 教養ある, 見識豊かな. critique ~ 見識ある批評.〖史〗despotisme ~ 啓蒙専制主義. homme ~ 教養人. intelligences ~es 知識・経験豊かな知性人.

éclairement *n.m.* **1**〖光〗照度. ~ d'une surface 表面照度. unité d'~ 照度の単位 (lux, phot).
2〖植〗受光量. phénomènes végétatifs liés à l'~ 受光量に対応する植物栄養現象.
3〖文〗明るくなる (する) こと；顔色の輝

き，喜色．~ solaire 太陽の明るさ．~ soudain de ses traits 顔色の突然の輝き．

éclaireur(se) n. 〖軍〗斥候(せっこう)．envoyer qn en ~ 人を斥候に出す；〖比喩的〗人を下見に派遣する．
—n.m. **1** 〖軍〗偵察機(=avion)；偵察艦(=bâtiment ~)．**2** 〖医〗(内視鏡などの)ライトガイド，照明付診察器具．

éclampsie n.f. 〖医〗子癇(しかん)(〘妊娠中毒症による痙攣発作〙)．

éclamptique a. 〖医〗子癇の；子癇に罹った．
—n.f. 子癇の発作を起こした妊婦．

éclat n.m. Ⅰ (物体)破片，裂片．~ de verre ガラスの破片．〖考古〗~ de silex 燧石石器の破片．voler en ~s 粉々に飛び散る；〖比喩的〗突然終る．
Ⅱ (音) **1** 突発する強い物音，響き；炸裂．~ de rire はじけるような笑い〘声〙．~s de voix 響き渡る声(怒声)．parler de grands ~s de voix 声高に話す．~ de joie (colère) 喜び(怒り)の爆発．rire aux ~s けたたましい声で笑う，噴き出す；大笑いする．
2 〖比喩的〗噂，評判；スキャンダル．faire un (de l')~ センセーションをまきおこす；スキャンダルになる．sans ~[1] 静かに，目立たぬように．
Ⅲ (光) **1** 閃光，輝く強い光；(宝石などの)輝き，光沢；〖物理〗輝度；光度．~ d'un astre 天体の輝き．~ d'un diamant ダイヤモンドの輝き．~ d'un phare 灯台の閃光．~ du jour 白日の光．~ métallique 金属光沢．~ soyeux des cheveux 髪の絹状の(柔らかな)光沢．sans ~[2] 光沢のない，くすんだ．
2 〖比喩的〗輝かしさ，華々しさ，きらめき，鮮やかさ．~ d'une cérémonie 式典の華麗さ．~ d'une rose 薔薇の花の色鮮やかさ．~ du style 文体のきらめき．~ du teint 顔色の輝かしさ．~ d'un titre 肩書きの華々しさ．action d'~ 偉功；武勲．avec ~ 華々しく；公然と．d'~ 輝かしい，華々しい．sans ~[3] 地味な，控え目な．

éclatant(e) a.〖時に名詞の前〗**1** (音・声が)鳴り響く；けたたましい．chant ~ des oiseaux 小鳥のはじけるような啼き声．rire ~ けたたましい笑い声．son ~ 鳴り響く音．pousser des cris ~s 甲高い叫びをあげる．
2 光り輝く，きらめく；(色が)鮮やかな；色鮮やかな；潑溂とした，生き生きした．~e blancheur 純白．~e main d'une ~ blancheur 真白な手．ciel ~ de lumière 光輝く空．couleur ~e 鮮やかな色．décoration ~e きらきらした装飾．fleurs ~es 色鮮やかな花．métal ~ きらきら光る金属．être ~ de beauté 美しさに輝くばかりである．être ~ de santé 健康で潑溂としている．
3 〖比喩的〗輝かしい，見事な．action ~e

めざましい行動．dons ~s 際立った才能．succès ~ めざましい成功．victoire ~e 赫赫たる勝利．
4 〖比喩的〗明らかな，顕著な．joie ~e 明らかな喜び；はじけるような喜び．mensonge ~ 真っ赤な嘘．preuves ~es 明白な証拠．

éclaté n.m.〖工〗(機械などの)分解組立図．

éclatement n.m. **1** (音を伴う)破裂；炸裂，爆発，バースト．~ d'une bombe (d'un obus) 爆弾(砲弾)の炸裂(爆発)．~ d'une chaudière ボイラーの破裂．~ d'un pneu タイヤのパンク．
2 (音を伴わない)破裂．〖医〗~ d'un abcès 膿瘍の破裂．~ d'un bourgeon 花芽の急激な開化．〖医〗~ d'un vaisseau sanguin 血管の破裂．
3 〖比喩的〗分裂；分散．~ d'un parti 政党の分裂．gare (port) d'~ 貨物の分別駅(港)．
4 〖比喩的〗急成長，急展開．un art en plein ~ 急成長を遂げる芸術．

éclectique a. **1** 〖哲〗折衷主義の；折衷主義を信奉する．philosophie ~ 折衷主義哲学．
2 多彩な，幅広い；〖蔑〗御都合主義の．goûts (opinions) ~s 幅広い趣味(意見)．être ~ en littérature (en politique) 文学(政治)の面で定見がない．
—n. **1** 折衷派哲学者．**2** 折衷主義者．

éclipse n.f. **1** 〖天文〗(天体の)食，蝕；〘一般に〙日食(=~ de Soleil)，月食(=~ de Lune)；(星の)掩蔽，星食．~ annulaire 金環食．~ partielle (totale) 部分(皆既)食．
2 (光の)一時的消滅；点滅．à ~s (光などが)明滅する；間欠的に繰返す．phare à ~s 周期的全暗式灯台，点滅灯台．publicité à ~s 繰返し現れる広告．
3 〖比喩的〗(名声・栄光などの)一時的かげり（凋落，低落），衰退〘期〙．activité à ~ かげった行動力．mémoire sujette à de brèves ~s 途切れ途切れの記憶．périodes d'~s dans l'histoire d'une civilisation 歴史上の一時の衰退〘期〙．Sa popularité connaît une ~. その人気に翳りが見える．
4 〖話〗(人が)姿をくらますこと，雲隠れ；(物の)消失．faire une courte ~ 一時的に姿を隠す．
5 〖医〗一時的麻痺(喪失)．~ cérébrale (高血圧患者の)一時的脳麻痺．~ de mémoire 記憶の一時的喪失．~ visuel 失明の発作．
6 〖医〗エクリプス(〘暗黒現象；細胞内ウイルスの増殖陰性期〙)．

écliptique n.m. 〖天文〗黄道(おうどう)〘面〙．obliquité de l'~ 黄道傾斜．
—a. 〖天文〗黄道の．coordonnées ~s 黄道座標．latitude ~ 黄緯．longitude ~ 黄経．

éclosérie n.f. (養殖漁業の)孵化場．~ de homards オマールの孵化場．marine ~ 海の生簀．

éclosion n.f. **1** (卵の)孵化；(昆虫の)羽

化. ~ des œufs 卵の孵化. ~ d'une couvée 雛の孵化.
2〔花の〕開花. ~ d'une rose 薔薇の開花. ~ du printemps 春の訪れ.
3〔比喩的〕(才能などの) 出現;(思想・文明などの) 開花, 発現;(病気などの) 突発. ~ d'un monde nouveau 新世界の誕生. ~ d'un talent 才能の発現(開花, 開眼).

écluse *n.f.* **1** (流量調節のための) 水門, 閘門(こうもん). ~ à sas 閘門付水門. ~ d'un canal 運河の閘門. ~ fluviale 河川の水門. portes coulissantes de l' ~ 水門の引戸. vannes ouvertes (fermées) de l' ~ 水門の開いた(閉じられた)堰板. fermer les ~s 水門を閉める. lever (ouvrir) les ~s 水門を開ける.
2 閘門式運河.
3 (圧搾空気室からの) 空気出入口. ~ d'un caisson ケーソン(潜函)のエアロック.
4〔比喩的〕堰.〔話〕lâcher les ~s 堰を切ったように涙を流す;排尿する. ouvrir les ~s de la colère 堰を切ったように怒りをぶちまける.
5〔冶〕(溶鉱炉の) 可動式仕切り板.

éclusée *n.f.* 水門の開閉間に流れた水量, 水門通過流水量.

ecmnésie [εkmnezi] *n.f.*〖精神医学〗エクムネジー(過去の情景を現在のものと見る記憶障害).

ECO (= [英] *E*conomic *C*ooperation *O*rganization) *n.f.* 経済協力機構(イスラム諸国の経済協力機構;1985年発足;= [仏] OCE: *O*rganisation de *c*oopération *é*conomique).

éco-[1] [ギ] ELEM「家, 住環境」の意 (*ex*. *éco*logie 環境学. *éco*nomie 経済).

éco-[2] ELEM「環境」の意 (*ex*. *éco*cide 環境破壊. *éco*-industrie 環境保全関連産業).

écobilan *n.m.* 環境アセスメント, 環境影響調整報告書(工業製品の製造が環境に及ぼす影響の判定評価). produit industriel qui présente un bon ~ 環境アセスメントで良好な結果を示した工業製品.

écobranchiste *n.* 森林伐採に反対し, 森林地帯で活動する環境保全派.

ECOCERT, Ecocert *n.pr.m.*〖無冠詞〗エコセール(1991年設立, 1992年農業省, 財務省公認の有限責任会社 SARL;バイオ農業食品の管理・保証を行う;世界各地に支社あり).《Certifié par ~ sas》「エコセール保証」(保証商品に添付する文言). contrôle ~ エコセール管理. label ~ エコセール保証ラベル. marque ~ エコセール認定証.

écocide *n.m.*〖環境〗生態系破壊(自然環境の全面的破壊).

écocitoyen(***ne***) *a.* 都市環境を重視する. habitudes ~*nes* 都市環境を重視する習慣.
——*n.* 都市環境重視派. se comporter en ~ s 都市環境派として行動する.

écoclimatologie *n.f.* 環境気候学(気候が生物に及ぼす影響の研究).

écoconception *n.f.*〖環境〗(工業製品の) 環境に及ぼす影響に配慮した開発, 環境重視設計.

écoconditionnalité *n.f.* 環境保全条件遵守性. ~ des subventions à l'agriculture 農業に対する補助金の環境保全条件遵守性.

écodéveloppement *n.m.*〖経済〗環境重視開発.

écoemballage *n.m.* エコ包装, 環境重視包装.

écœurant(***e***) (<écœurer) *a.* **1** 胸をむかつかせる, 吐気を催す;食欲をそぐ. odeur ~*e* むかむかする匂い.
2〔比喩的〕嫌気を催させる, いやらしい. flatteries ~*es* 歯の浮くようなお世辞.
3〔比喩的〕落胆させる, 意気沮喪させる. résultats ~s 落胆させる結果.

écœurement *n.m.* **1** 胸がむかつくこと, 悪心, 吐気, 胸をむかつかせること. sensation d' ~ 吐気.
2〔比喩的〕嫌悪感. être saisi d' ~ 嫌悪感に襲われる.
3〔比喩的〕意気沮喪. ~ causé par des échecs répétés 相次ぐ失敗による意気銷沈.

écogarde *n.* 環境保全監視人.

éco-industrie *n.f.*〖経済〗環境関連産業(環境汚染防止, 環境保全産業).

écolabel *n.m.*〖環境〗エコラベル(製品の製造・販売・消費のすべての面で環境と健康に無害であることを保証するラベル, ヨーロッパで1992年に導入).

eco-labelling [英] *n.m.* エコ=ラベル付与(= [仏] étiquetage écologique)(環境保護を考慮して製造・生産される認証の付与).

école *n.f.* **1** 学校, 小学校, 教育機関. ~ communale 市(町村)立学校. ~ de musique (de danse, de dessin) 音楽(ダンス, 絵画)学校(学校). ~ maternelle (primaire, élémentaire) 幼稚園(小学校). ~ normale 師範学校. ~ normale supérieure 高等師範学校. ~ publique (privée, libre) 公立(私立)学校. grandes ~s グランド・ゼコール(高等専門教育機関).
E ~ centrale des arts et métiers 中央工芸学校(*E* ~ centrale, さらにパリの同校は la Centrale と略される). *E* ~ des hautes études commerciales (HEC) 高等商業学校. *E* ~ des mines (正式には *E* ~ nationale supérieure des mines) 鉱業学校(本来は鉱山技師や地質学者の養成機関だったが, 現在は理工系の高級官僚を養成する専門高等教育機関となっている). *E* ~ d'administration 国立行政学院(ENA と呼ばれる;1945年に創立. 国家の高級官僚を養成する高等教育機関). *E* ~ nationale des

chartes 国立古文書学校. E ~ nationale des ponts et chaussées 国立土木学校. E ~ nationale supérieure d'agronomie 国立高等農学校. E ~ polytechnique ポリテクニック《高等理工科大学校；国防省所属》；理学，工学関係の最高度の教育機関》. E ~ militaire 陸軍士官学校. E ~ navale 海軍兵学校. La "Jeanne d'Arc", navire-~ de la Marine française, fait périodiquement le tour du monde avec à son bord des élèves-officiers. フランス海軍の練習艦「ジャンヌ・ダルク」は士官候補生を乗せて定期的に世界一周を行っている. auto-~ 自動車運転教習所.
2 学校の建物，校舎，教室. aller à l'~ 校へ行く，就学する.
3 全校の教職員と生徒. fête de l'~ 学園祭.
4 学校教育；教育；学級. ~ d'adultes 成人学級. ~ du dimanche 日曜学校.
5 教え，教訓，薫陶，感化. à l'~ de la pauvreté 貧しさを師として. être à bonne ~ 良い師を得て，教育環境に恵まれて. être à rude ~ 苦労する.
6〔軍〕訓練，教練；〔馬術〕調教. ~s à feu 実弾射撃訓練. basse ~ 基礎馬術. haute ~ 高等馬術.
7 流派，学派，派.〔美術〕~ de Fontainebleau フォンテヌブロー派.〔美術〕~ de Paris エコール・ド・パリ. être de la vieille ~ 伝統的なしきたりを守る，古臭い. faire ~ 理論が拡がる，一派をなす，弟子(信奉者)が周囲に集まる.
8 スコラ哲学.
9〔成句〕
faire l'~ buissonnière 学校をサボって遊びまわる.
renvoyer qn à l'~ 無知を思い知らせる.
sentir l'~ 衒学的である，書生っぽい.
E.coli(= Escherichia coli)[ラ] n.m.〔医〕大腸菌《= colibacille の学名 < Theodor Escherich《ドイツの小児科医テオドール・エシェリヒ[1857-1911]》.
écolier(ère) n. **1** 生徒，小学生，中学生，幼稚園児.〔同格〕cahier format ~ 学習ノート. cartable d'~ ランドセル，カルターブル. chemin des ~s 廻り道，よそ道，迂路. prendre le chemin des ~s 廻り道をする，道草を食う.〔同格〕papier ~ (方眼目・罫線入りの)ノート用箋.
2〔比喩的〕初心者，駆け出し，新前. Il est encore un ~ dans ce domaine. この分野では彼はまだ新前だ.
3〔古〕学生. ~s des universités du Moyen Age 中世の大学生.
écolo (< écologiste) n., a. 環境保護派(の).
écologie n.f. **1** 生態学，環境学，エコロジー. **2** 環境保護理論，環境保護運動. Journalistes-écrivains pour la nature et l'~ (JNE) 自然，環境保護新聞記者・作家協会.
◆ écologie の対象となるのは écosystème (生物の) 生態系と écotope (気候，土壌の) 生態系である；生物の生育環境は biotope, 気候環境は climatope, 土壌環境は édaophotope；なお écotype は環境条件による自然淘汰を通して発生した生態型の地域変種.

écologique a. **1** 生態学的な，生態系の，自然に関する，環境の. équilibre ~ 生態系の均衡. système ~ 生態系.
2 環境保護運動の，環境保護の. étiquetage ~ エコラベル認証付与，エコラベリング (=[英]eco-labelling)《環境保護を考慮して製造・生産される認証の付与》. mouvement ~ 環境保護運動.
écologisme n.m. 環境保護運動，環境保護主義(体制).
écologiste n. **1** 生態学者，環境学者. **2** 環境保護主義者，環境派(略称 écolo).
——a. 環境保護主義の，環境派の. manifestation ~ 環境保護主張デモ.〔政治〕Mouvement ~ indépendant 独立環境保護運動〔党〕. parti ~ 環境保全主義政党.
écologue n. 生態学者，環境学派.
e-commerce n.m.〔商業〕電子取引，電子商業；インターネット取引.
écomusée n.m. **1** エコミュゼー，経済史博物館.
économat n.m. **1** (宗教団体，病院，学校などの)会計係，出納係；~の事務室. ~ d'un hospice ホスピスの会計係.
2 (企業内の)売店，職員(社員)用販売店.
3 E~ エコノマ(チェーンストア方式の企業名).
économe n. **1** (修道院・病院・学校などの)会計係，出納係. ~ d'un lycée リセの会計係(= intendant universitaire). le père (la mère) ~ 会計係神父(修道女). sous-~ 会計係補佐.
2〔古〕執事(= intendant, régisseur).
——a. 節約(倹約)の，しまりやの；(de の)無駄をしない.〔商標〕couteau ~ (野菜の)皮むき. maîtresse de maison ~ しまりやの主婦. être ~ pour pouvoir épargner 貯金ができるように節約する. être ~ de ses paroles 無駄口を利かない. être ~ de son temps 時間を無駄にしない；時間を有効に利用する.
économétricien(ne) n. 計量経済学者.
économétrie n.f.〔経済〕計量経済学.
économie n.f. Ⅰ **1** 経済. ~ nationale 国民経済. société d'~ mixte 混合資本会社，公私合資会社. société d'~ mixte locale 地方自治体が過半数の資本を占める》. **2** 経済学. ~ pure 純粋経済学. ~ appliquée 応用経済学.
Ⅱ **1** 倹約，制約. ~ d'échelle 規模の経済. ~ externe (interne) 外(内)部経済. ~

d'énergie 省エネルギー. **2**〔*pl.* で〕貯蓄. **Ⅲ** 構成, 組織.

économique *a.* **1** 経済に関する, 経済学に関する, 経済の. activité ~ 経済活動. situation ~ 経済状況, 景気. agent ~ 経済主体. aide ~ 経済援助. budget ~ (政府など公的機関による)経済見通し. calcul ~ 経済計算. théorie du calcul ~ 経済計算理論. conjoncture ~ 景気. Communauté ~ européenne (CEE) ヨーロッパ経済共同体. coopération ~ 経済協力. croissance ~ 経済成長. cycle ~ 経済循環. développement ~ 経済開発(発展). dirigeants ~ et industriels 財界人. gestion ~ 経済運営. homme ~ ホモ・エコノミクス, 経済人. intégration ~ 経済統合. mécanisme ~ 経済の仕組み. milieux ~s 経済界. observatoire ~ régional 地域圏経済統計機関. politique ~ 経済政策. science ~ 経済学. système ~ 経済体制. Système européen de comptes ~s intégrés (SEC) ヨーロッパ総合経済勘定制度. tableau ~ d'ensemble (TEE) 総合経済表. zone ~ 経済水域.
2 安上がりの, 経済的な. classe ~ (旅客機の)エコノミークラス.〔医〕syndrome de la classe ~ (旅客機の)エコノミー・クラス症候群《肺血栓症》. voiture ~ 燃費のよい車.
── *n.m.* 経済に関する事(物), 経済事項.
séparation du politique et de l' ~ 政経分離.
── *n.f.* 経済学.

économiser *v.t.* **1** 節約する. ~ l'énergie エネルギーを節約する. ~ ses revenus 収入を節約する. ~ sur tout すべてに倹約する.
2 貯蓄する (= épargner) (dépenser の対). ~ une partie de son salaire 給与の一部を貯金する.
3 うまく使う (管理する) (= ménager) (gaspiller の対). ~ son temps (ses forces) 時間(体力)を大切にする.

économiseur *n.m.* **1** (燃料などの)節約装置；(ボイラーの)復熱器, 空気予熱器.
2〔電算〕節約ソフト. ~ d'écran ディスプレーの省エネルギー・ソフト.
── *a.m.* 節約する, 省エネの. dispositif ~ 省エネ装置.

économisme *n.m.* 経済優先主義.
économiste *n.* **1** 経済学者. **2** エコノミスト, 経済専門家. **3**〔仏史〕重農主義者 (= physiocrate).
écophysiologie *n.f.* 環境生理学.
écoplis *n.m.pl.*〔郵〕エコプリ《封筒入り・帯封式の普通配達郵便；250 gr 未満；書留・巻物状は不可》.
écopratique *n.f.* 環境保護対策の実践.
écoproduit *n.m.* 環境保護製品.
écorce *n.f.* **1** 樹皮；〔植〕皮層. ~ argentée des peupliers ポプラの銀色の樹皮. ~ gercée (lisse, rugueuse) ひび割れした(すべすべの, ごつごつした)樹皮.〔諺〕Entre l'arbre et l' ~, il ne faut pas mettre le doigt.《木と樹皮の間に指を入れてはいけない→》内輪喧嘩に口出しは禁物. Il ne faut pas juger de l'arbre par l' ~.《樹皮を見て木を判断してはいけない→》見かけで判断してはならない.
2 果実の皮, 果皮. ~ de mangue マンゴーの皮.〔地学〕~ terrestre (類似から)地殻.〔諺〕On presse l'orange et on jette l' ~.《オレンジを絞って皮を捨てる→》人を搾り取ったあと, 非情に捨て去る.
3〔医〕〔古〕皮質 (= cortex). ~ cérébrale 大脳皮質 (= cortex cérébral). ~ surrénale 副腎皮質.
4〔比喩的〕〔文〕外観, 外見；見せかけ. ~ superficielle うわべの見せかけ.

écorchure *n.f.*〔医〕擦過傷, 擦り傷, 表皮剥脱 (= ~ superficielle).
ECOSOC (= conseil *éco*nomique et *so*cial；〔英〕*Eco*nomic and *Soc*ial Council) *n.m.*(国連の)経済社会評議会《略称》.
écossais (*e*) *a.* **1** スコットランド (l'Ecosse) の；スコットランド人の；スコットランド語の. danse ~ e スコットランド舞踊. loch ~ スコットランドのロッホ《湖, 入江》. terrier ~ スコッチ・テリア《犬》.〔tissu〕~ タータン, 格子縞の生地. whisky ~ スコッチ・ウィスキー.
2 タータン地の. écharpe ~ e タータン地のマフラー.
── *E* ~ *n.* スコットランド人.
── *n.m.* スコットランド語《ケルト語の一つ》.
── *n.f.*〔音楽〕スコットランド舞曲, エコセーズ.

Ecosse (l') *n.pr.f.* スコットランド (=〔英〕Scotland)《旧「スコットランド王国」；現「連合王国」le Royaume-Uni と「ヨーロッパ連合」l'UE の一地方；首都(中心都市)エディンバラ Edimbourg (〔英〕Edinburgh)》.

écosystème *n.m.*〔環境〕生態系, エコシステム《環境と生物群集の総合体系》；環境生態学.
écotaxe *n.f.* 環境税.
écotechnologie *n.f.* 環境工学, エコテクノロジー, エコロジカル・エンジニアリング.
écothèque *n.f.* エコテック《1973年 Montpellier に設立の環境保全運動組織；「環境博物館, 生態博物館」の意》.
écotone (<〔英〕eco+tonos〔tension〕) *n.m.*〔環境〕エコトーン, 推移帯《2種の動植物群落間の移行部》.
écotope *n.m.*〔環境〕環境生態系, エコトープ《生物群集と生活圏の総体》.
écotourisme *n.m.* エコツーリズム, グリーンツーリズム (=〔英〕green tourisme ；〔仏〕tourisme vert)《自然の生態系や歴史的・文化的遺産の保全を重視し, 自然

écotoxicité *n.f.* 環境毒性, 環境有害性.
écotoxicologie *n.f.* 環境毒物学, 生態系汚染学.
écotoxique *a.*〖環境〗環境に有害な；動植物に有毒な.
écotron *n.m.*〖環境〗エコトロン《実験環境学の人工小宇宙空間；écologie＋synchrotronの合成語》. le premier ~ britannique créé en 1991 1991年に設置された英国初のエコトロン.
écotrope *a.*〖生〗(ウイルスが)宿主の細胞内で増殖する(xénotrope「宿主外の細胞だけで増殖する」の対).
écotype *n.m.*〖環境〗生態型.
écoulement *n.m.* 1 (液体・気体の)流れ, 流動；流出, 排出；〖生理〗分泌物；(体液の)漏；帯下(たいげ). ~ annuel 年間流出量. ~ des eaux 水流.〖医〗~ de pus 膿漏.〖医〗~ jaune 黄色帯下. ~ laminaire 層流. ~ turbulent 乱流. canal (fossé) d'~ 排出(排水)路(溝). coefficient d'~ 流出係数.〖法律〗servitude d'~ des eaux 通水地役. tuyau d'~ 排水管；ドレーン管. vitesse d'~ 流速. 2 (人, 集物の)流れ, 通行. ~ de la foule 人波. ~ des véhicules 車の流れ. 3 (時の)流れ, 経過. ~ du temps 時の流れ. 4 (商品の)流通；物流；販路, 販売. ~ de faux billets 贋札の流通. ~ de marchandises 商品の流通.
écoutant(e) *n.*〖心〗電話相談の聴取担当者.
écoute *n.f.* 1 聴くこと, 聴取, 視聴. durée d'~ ラジオ・TVの聴取(視聴)時間. taux d'~ ラジオ・TVの聴取(視聴)率. être à l'~ 耳を傾ける, 聴く. être aux ~s de …に聴き耳を立てる, 注意深く推移を見守る. 2 (電話の)盗聴. ~s téléphoniques 電話盗聴. table d'~ 盗聴装置, モニター装置. mettre *qn* sur ~s …の電話を盗聴する. 3〖軍〗音響(電波)傍受, 音波探知. poste d'~ 電波傍受施設.
écouteur *n.m.* 1〖物理〗電気信号の音声化装置；イヤホーン. 2 (電話の)受話器. prendre l'~ 受話器をとる.
écoutille [-ij] *n.f.* (艦船の)ハッチ. ~ de sortie (潜水艦の)脱出用ハッチ.
écovigilance *n.f.*〖環境〗環境保全監視体制；(特に)動物衛生監視体制.
ECP (=*E*cole *c*entrale de *P*aris) *n.f.*〖教育〗パリ中央工科大学校《Châtenay-Malabryにあるグランド・エコールの名門；1829年設立；正式名称Ecole centrale des arts et manufâctures de Paris パリ中央工芸学校；通称《Piston》ピストン又は《Central》サントラル》.
ECPM (=*E*cole européenne de *c*himie, *p*olymères et *m*atériaux de Strasbourg) *n.*

f.〖教育〗ストラスブール・ヨーロッパ化学・ポリマー・資材学校《1995年創設のグランド・エコール；Université Louis-Pasteur de Strasbourg に併設》.
écran *n.m.* 1 (熱・光・音などの)遮蔽物；(暖炉の)防火(熱)板；(画家の用いる)遮光幕；(建築現場の)目かくし；(放射線・原子炉の)防護壁. ~ antibruit 防音壁.〖写真〗~ coloré カラーフィルター(=filtre coloré). ~ de fumée 煙幕. ~ de verdure 目かくしの木立. ~ des préjugés 偏見の壁.〖電〗~ électrodynamique (électromagnétique) 動電(電磁)遮蔽物. ~ en osier 柳細工の目かくし. ~ métallique (暖炉の前の)火の粉よけ板 (=pare-étincelles). ~ solaire 陽よけクリーム (= ~ total). ~ thermique 熱遮蔽.〖経済〗société ~ (利益隠蔽用の)ダミー会社. faire ~ 立ちはだかる；遮る. les arbres qui font ~ entre la mer et la maisons 海と家並を遮る木立. faire ~ à *qch* 何を見え(わかり)にくくする. faire un ~ de sa main (光を遮って)小手をかざす.
2〖映像〗(映画の)画面, 映写幕, スクリーン (= ~ de projection)；映画；(TVの)画面 (= ~ d'un récepteur de télévision)；(コンピュータの)ディスプレー, モニター (=moniteur), パネル；〖写真〗映写スクリーン.〖電算〗~ à matrice active 15″ 15インチ・アクティヴ・マトリックス式液晶ディスプレー(モニター).〖TV・電算〗~ à tube cathodique ブラウン管式ディスプレー.〖写真〗~ de chambre noire 暗箱のピントグラス.〖映画〗~ de cinémascope (de cinérama) シネマスコープ (シネラマ)の画面(スクリーン). ~ de contrôle コントロールパネル. ~ fluorescent (cathodique) (テレビ・コンピュータ・レーダーなどの)ブラウン管, 蛍光面. ~ large〖映画〗ワイドスクリーン；〖電算〗ワイドディスプレー. ~ panoramique〖映画〗パノラマスクリーン；〖電算〗パノラマディスプレー. ~ plat フラット・ディスプレー. ~ plat à plasma プラズマ式平面ディスプレー. ~ plat LCD 液晶平面ディスプレー. ~ publicitaire (テレビ・ラジオの)コマーシャル・タイム.〖医〗~ radioscopique X線透視スクリーン. (grand) ~ 映画のスクリーン；映画. nouveautés de l'~ 映画の新作. vedettes de la scène et de l'~ 演劇と映画のスター. petit ~ TV画面；テレヴィジョン. vedettes du petit ~ TVスター. crever l'~ (画面を破って飛び出す→)(俳優・作品が)強烈な効果を与える. porter un roman à l'~ 小説を映画化する.
3〖美術〗シルクスクリーン (= ~ de soie)；sérigraphie).
4〖音響〗(スピーカーの)バッフル板 (=baffle).
écrasant(e) *a.* 押し潰す, のしかかる；

重い；圧倒的な. ~e défaite 潰滅的敗北. chaleur ~e 耐え難い暑さ，酷暑. charge ~ 重荷. dettes ~es 尨大な借金. impôts ~s 酷税，重税. labeur ~ 重労働. responsabilité ~e 重くのしかかる責任. succès ~ 圧倒的勝利.

écrasement (<écraser) *n.m.* **1** 押し潰す(粉砕する)こと；押し潰される(粉砕される)こと；圧潰, 圧砕；〖医〗圧挫, 圧減；圧潰音. 〖医〗~ accidentel d'un organe 器官の偶発性圧挫. ~ du raisin dans la cuve 槽内での葡萄の圧潰. 〖外科〗~ linéaire 綿状切除術. force d'~ 圧砕力. 〖医〗syndrome d'~ 圧減性症候群, 尿細管圧減(壊死)症候群(=~ de Bywater).
2 すし詰め状態(=entassement). ~ de la foule dans le métro 地下鉄内での群衆のすし詰め状態.
3〔比喩的〕圧殺；圧迫. ~ d'un directeur par les responsabilités 部長としての責任感の重圧. sentiment d'~ 圧迫感.
4〔比喩的〕絶滅, 潰滅；制圧, 鎮圧. ~ complet de la résistance ennemie 敵軍の抵抗の完全制圧. ~ d'une insurrection 反乱の鎮圧.
5〔比喩的〕格差是正. ~ de l'évantail des salaires 賃金格差の是正.
6〖言語〗(語の)短縮(n'est-ce pas → spa).
écrémage (<écrémer) *n.m.* **1** 脱脂, 乳脂の除去. **2**〖冶〗垢かき；浮きかすの除去. **3**〔比喻的〕(コレクションなどから)良質のものを選別すること. ~ d'une bibliothèque 蔵書の良書選別.
écrémé(e) *a.* 脱脂した, 乳脂を除去した. lait ~ 脱脂乳. lait demi-~ 半脱脂乳.
écrémer *v.t.* **1** 脱脂する. ~ le lait 牛乳を脱脂する. lait *écrémé* 脱脂乳.
2〔比喻的〕選別する. ~ une collection コレクションから良質のものを抜き取る.
3〖冶〗浮きかすを除去する.
écrémeuse *n.f.* 牛乳の脱脂装置, 乳脂分離器(機). ~ centrifuge 乳脂遠心分離機.
écrêtement (<écrêter, crête) *n.m.* **1** 突出部を切り捨てること；平滑化；平準化. ~ des horaires les plus longs 最長勤務時間の平準化. ~ d'un signal électrique 電気信号の平滑化.
2〖軍〗(要塞などの)最高所の砲撃による破壊.
écrevisse *n.f.* **1**〖甲殼類〗エクルヴィス(淡水産のざりがに；学名 Astacus pluviatilis). ~ à pieds rouges 赤脚エクルヴィス(オーヴェルニュ地方 l'Auvergne 産の最高級品). ~ américaine アメリカざりがに(学名 Cambarus affinis). 〖料理〗bisque d'~ ビスク・デクルヴィス(ざりがにのスープ). queue d'~ ざりがにの尾の身. 〖料理〗gratin de queues d'~s エクルヴィスの尾の身のグラタン. marcher comme une ~ (en ~) 後ずさりする. rouge comme une ~ ゆでたざりがにのように真赤になる.
2〖天文〗*E*~ 蟹座, 巨蟹宮(=Cancer).
3〖古〗小ざね胄(15・16世紀の歩兵用胄).

Ecricome (=banque d'épreuves *écrites communes*) *n.pr.*〖教育〗Concours ~ エクリコム共通筆記選抜試験(経営関係グランド・ゼコール5校が採用した共通筆記試験バンクによる選抜入試；2008年は BEM-Bordeaux Management School, Euromed Marseille-Ecole de Management, ICN Business School, Reims Management School, ESC Rouen, ESC Toulouse, ESCEM Tours-Poitiers の7校が参加).

écrit *n.m.* **1** 書類, 文書, 書面, (特に法的効力をもつ)正式文書. par ~ 書面で. La demande doit être présentée par ~. 申請は書面で提出されなければならない.〔諺〕Les paroles s'envolent, les ~s restent. 言葉は消えてゆくが, 書いたものは残る.
2 著作, 著書, 作品, 出版物. ~s posthumes 没後出版された作品.
3 筆記試験. réussir à l'~ comme à l'oral 筆記試験も口頭試問も合格する.
4 書き言葉(=langue écrite).

écrit(e) (<écrire) *a.p.* **1** 書かれた. caractères bien (mal) ~s 上手に(下手に)書かれた文字；綴りの正しい(間違った)文字.
2 文書に記された；文書の. droit ~ 成文法(droit coutumier「慣習法」の対). épreuves ~es 筆記試験. langue ~ 書き言葉(langue parlée「口語, 話し言葉」の対). papier ~ 文字の書かれた紙.
3 (神の意志・予言として)聖書に記された；天の意志に基づく, 運命的な. Il est ~ que+*ind.* …することは必定である. C'était ~. それが定めであった.
4〔比喻的〕はっきり見てとれる. C'est ~ sur son visage. それは顔に書いてある.

écriteau (*pl.*~x) *n.m.* 掲示, 掲示板, 標識；貼紙, 立札. ~ publicitaire 公告掲示, 公示. petit ~ 小標識, ラベル, レッテル. enlever un ~ 貼紙をはがす.

écritoire *n.f.* **1** 文箱. **2** 書きもの台.

écriture (<écrire) *n.f.* **1** 文字法, 表記法；表記文字, 文字体系；文字. ~ alphabétique アルファベット文字. ~ arabe (hébraïque) アラビア(ヘブライ)文字. ~ chinoise 漢字. ~ cunéiforme 楔形文字. ~ hiéroglyphique (idéographique, phonétique) 象形(表意, 表音)文字. ~ secrète 暗号表記法.
déchiffrement des ~s anciennes 古代文字の解読. système d'~ 文字表記システム. système d'~ des aveugles 盲人用表記システム, 点字法(=braille, cécographie).
2 書体, 字体. ~ anglaise (moulée) (手書き文字の)斜(体)体. ~ en caractères d'imprimerie 活字体の書体(表記). ~ gothique en grands caractères (活字の)大文字ゴシック体. ~ romaine ローマ字；(活字の)ロ

マン体. transcrire l'arabe en ~ romaine アラビア文字をローマ字に書き替える.
3 筆跡；字；筆記法. ~ arrondie 丸字. ~ descendante (montante) 右肩下り(上り)の字. ~ droite つっ立った字. ~ illisible 判読不能の文字. ~ inégale 不揃いの筆蹟. expert en ~s 筆跡鑑定家. leçon d'~ 習字. avoir une belle (mauvaise) ~ 麗筆(悪筆)である.
4 エクリチュール；書くこと；書いたもの；記述；『文学』著述；文体；『美術』筆致, 画法, 画風, 様式；『音楽』書法. ~ à la machine タイプライターによる記述, タイプライティング.『文学』~ automatique (シュールレアリストの)自動記述.『文学』~ blanche 白い文体(生彩に欠ける文体). ~ d'un roman 小説の執筆. ~ d'une lettre 手紙を書くこと.《 le degré zéro de l'~》「エクリチュールの零度」(Roland Barthes の評論, 1953 年). roman d'une ~ recherchée 凝った文体の小説.
5〔比喩的〕(空間的・時間的)創作活動《彫刻・舞踊・音楽・映画》. ~ filmique 映画芸術.
6〔法律〕文書；〔*pl.*〕訴訟書類. ~ privée (publique) 私(公)文書. dénégation d'~ 文書の真正性の否認.〔行政〕employé aux ~s 事務員, 書記. faits énoncés par les ~s 訴訟書類で記述された事実. vérification d'~ 文書の検査；筆跡鑑定.
7〔商業〕帳簿記載；〔*pl.* で〕簿記. passer une ~ 帳簿をつける. tenir les ~s 簿記をする.
8〔キリスト教〕l'*E*~〔*sainte*〕, les〔*Saintes*〕*E*~s 『聖書』(=les Livres Saints；Bible). concordance des *E*~s 聖書の語句索引.

écrivain *n.m.* **1** 作家, 文人, 文筆家, 文学者；文章家, 文章 文人, 大作家. ~s de toujours 不朽の文学者たち. Elle est un ~. 彼女は作家である. Un écrivain n'est pas nécessairement un "~". 作家必ずしも名文家にあらず (P. Valéry の言葉).
2〔古〕書記.〔現用〕~ public 代書人. ~ apostolique 教皇庁書記官. ~ de navire 商船の帳簿係.〔印刷〕~ lithographe 活字の母型職人.

écrivailleur(se) *n.*〔話・蔑〕へぼ作家, 三文文士；へぼ記者.

écrivaine *n.f.* 女流作家.

écrivassier(ère) *n.* もの書き狂；三文文士.

écrou¹ *n.m.*〖法律〗(収監された)在監者記録《氏名, 収監日, 収監理由などを記載》. levée d'~ 収監者釈放命令(令状)；釈放(=libération). ordre d'~ 収監令状(=ordre d'incarcération). registre d'~ 在監者名簿.

écrou² *n.m.*〖機工〗ナット, 雌ねじ(boulon「ボルト」, vis「ビス, ボルト」の対). ~ à couronne 溝付きナット, 菊ナット. ~ à oreilles 蝶ナット(= ~ papillon). ~ à six pans 六角ナット. ~ de mouvement 移動ナット. ~ de réglage 調整ナット. serrer (desserrer) un ~ ナットをしめる(ゆるめる).

écroué(e) *a.p.*〖法律〗(受刑者として)在監者名簿に記載された；収監された, 拘禁された, 投獄された (=incarcéré). être arrêté et ~ 逮捕収監される.

écroui(e) (<écrouir) *a.p.*〖治〗冷鍛された, 冷間加工された. acier ~ 冷延鋼.

écrouissage *n.m.*〖治〗冷鍛, 冷間圧延, 冷間加工.

écroulement (<s'écrouler) *n.m.* **1**(建造物などの)崩壊, 倒壊；(崩壊による)瓦礫, 残骸. ~ d'une montagne 山崩れ. ~ d'un mur 壁の倒壊. ~ d'un rocher 岩の崩落.
2〔比喩的〕没落, 瓦解, 滅亡；消滅, 消失. ~ d'un empire 帝国の瓦解. ~ d'une entreprise 企業の没落. ~ des espérances 希望の消失. ~ d'une fortune 破産. ~ d'un projet 計画の挫折. ~ d'un système システムの崩壊.
3 昏倒, 卒倒.

écru *a.* **1** 生(き)の, 未精練の, 生成りの. cuir ~ 生皮. fer ~ (スラグの多い)焼きすぎ鉄. fil ~ 未晒しの糸. pâte〔à papier〕~*e* 未漂白パルプ. soie ~*e* 生糸. toile ~ *e* 晒していない亜麻布, オランダ布.
2 (生糸のような)ベージュ色の.
——*n.m.*〖織物〗生成りの布地 (=étoffe ~*e*).

ECS¹ (= *é*lectrode au *c*alomel *s*aturé) *n.f.*〖化・電〗飽和カロメル電極.

ECS² (=〚英〛 *E*uropean *C*ommunication *S*atellite) *n.m.* ヨーロッパ通信衛星. ~ 1 a été lancé le 16 juin 1983 par Ariane 6. ヨーロッパ通信衛星第1号機は1983年6月16日アリアーヌ・ロケット6号機により打ち上げられた.

ecstasy〔εkstazi〕〚英〛*n.m., n.f.*〔俗〕〖薬〗エクスタシー(アンフェタミン誘導体の合成幻覚誘発剤, 幸福感促進剤, 興奮剤の俗称).

ECT (=〚英〛 *e*lectro*c*onvulsive *t*herapy) *n.f.*〖精神医学〗電気痙攣療法(=〚仏〛thérapie par électroconvulsion；電気ショック療法(électrochoc)など).

ectasie *n.f.*〖医〗拡張症. ~ bronchique 気管支拡張症. ~ d'un vaisseau 脈管拡張症.

-ectasie ELEM〚ギ〛〖医〗「拡張」の意. (*ex.* gast*ectasie*「胃拡張」).

ecthyma *n.m.*〖医〗膿瘡. ~ gangreneux 壊疽性膿瘡. ~ vulgaire 尋常性膿瘡 (=impétigo ecthyma), とびひ.

ecto- 〚ギ〛 ELEM 「外(部)」の意(*ex. ecto*derme 外胚葉).

ectoderme *n.m.*〖生〗外胚葉.

ectogenèse *n.f.*〖医〗体外受精胚の育成技術.

-ectomie〚ギ〛 ELEM〔女性名詞語尾〕

『医』「切除」の意（ex. ganglionectomie 神経節切除〔術〕）.

ectopie n.f. 『医』偏位, 転位. ~ de la lentille（眼の）水晶体偏位. ~ du cœur 心臓転位《心臓の先天性位置異常》. ~ testiculaire 睾丸転位.

ectopique a. 『医』転位（変位）性の, 異所性の. glande mammaire ~ 異所性乳腺. grossesse ~ 子宮外妊娠（=grossesse extra-utérine）. uretère ~ 異所性輸管.

ectoplasme n.m. 1 『生』外部原形質, 外質, 外形質. 2（霊媒から発する）心霊体（=zombie）.

ectotherme a. 『生理』外（変）温性の（endotherme「内温性の」の対）. animaux ~s 外（変）温動物.

ectropion n.m. 『医』外反；眼瞼外反（= ~ palpébral）(entropion「眼瞼内反」の対). ~ cervical 子宮頚管粘膜外反.

ECU, écu [eky]（=［英］European Currency Unit）n.f. ヨーロッパ通貨単位, エキュ（=Unité monétaire européenne, Unité de compte européenne）《ヨーロッパ通貨制度の共通通貨単位；略記 XEU；1979 年導入, 1999 年より euro「ユーロ」となり, 2002年1月1日 euro に完全移行；1 écu=1 euro》.

écueil n.m. 1 暗礁, 岩礁；顕礁. mer semée d'~ s 暗礁が点在する海域. heurter un ~ 暗礁に衝突する, 座礁する.
2〔比喩的〕難関, 障害. ~s d'une politique 政治の障害. La vie est pleine d'~s. 人生は難関に満ち溢れている.

éculé(e) a.p. 1（履物の）踵がすり減った, 踵がつぶれた.
2〔比喩的〕使い古しの, 新味のない. plaisanteries ~es 陳腐な冗談.

écumant(e) a. 1 泡立つ. mer ~e 泡立つ海.
2 泡をふく. cheval ~ 泡をふく馬.
3〔比喩的〕口角に泡を飛ばすほど怒り狂った. ~ de rage たけり狂った.

écume n.f. 1 『詩』泡立ち. ~ à la crête des vagues 白い波頭.『料理』~ d'un bouillon ブイヨンの泡. ~ d'une cascade (d'un torrent) 滝（急流）の泡立ち. ~ de la mer 海面の泡, 泡立つ海. mer blanche d'~ 白く泡立つ海.
2『冶』(溶解した金属の) スラグ, ドロス, 浮き滓, 鉱滓. ~ de fonte 鋳鉄のキッシュ.
3『鉱』~ de manganèse 泡マンガン鉱. ~ de mer 海泡石, メーアシャウム. pipe en ~ 〔de mer〕海泡石のパイプ.
4 口角の唾の泡；(牛馬の) 泡立つ汗. ~ d'un épileptique 癲癇患者のふく泡. avoir l'~ à la bouche 口に泡を吹いて憤激する.
5〔比喩的〕（人間, 社会の）かす, 屑；（過去の）無価値の残りかす. ~ de la société 社会の屑（最下層民）. L'~ des jours de Boris Vian ボリス・ヴィアン『日々の泡（残滓）』

(1947 年).

écumoire n.f. 『料理』エキュモワール, 穴杓子.

écureuil n.m. 『動』りす, エキュルイユ. ~ commun 普通のりす. ~ volant むささび, ももんが. agile comme un ~ りすのように敏捷な.『電』moteur à cage d'~ ケージ形モーター.

écurie n.f. 1 厩（うまや）, 厩舎, 馬小屋. ~ d'entrainement 調教厩舎. ~ de ferme 農家の馬小舎. paille de l'~ 厩舎（馬小屋）の敷藁（=litière）. valet (garçon) d'~ 厩番, 馬丁；馬丁；厩務員（=lad). les Grandes E~s du château de Chantilly シャンティイ城館の大厩舎（18 世紀）.
entrer dans un lieu comme dans une ~ ある所に挨拶もせずにずかずかと入る. sentir l'~（厩に近くなったのを感じて馬が）足を速める；（先が見えてきて人が）仕事を急ぐ.
2〔集合的〕一つの厩舎の馬. ~s〔de course〕同一馬主の持馬全体；（1レースでの同一馬主所有の）全出走馬；（自動車, 自動車レースに出走する）同一チームの全車（全選手）；同一出版社傘下の作家全体. ~ Gallimard ガリマール出版社傘下の作家たち. couleurs d'une ~ 同一厩舎（馬主, チーム）固有色のレース服.
3『史』(王侯の) 主馬寮；主馬頭の職；〔集合的〕厩舎.

écusson（<écu）n.m. 1『紋章』楯形紋；(楯形紋に象眼された) 小楯形.
2『建築』楯形紋装飾；(鍵穴, ノッカーなどの) 飾り板. ~ d'une serrure 鍵穴の飾り板.
3『服』エキュソン《楯形のワッペン》；(軍服の) 襟（袖）章；(公証人の) 楯形看板（= ~ d'un notaire). ~ en tissu de Paris パリの布製エキュソン.
4『動』(甲虫の) 小楯板；(魚の) 稜鱗；(乳牛の) 乳鏡.
5『園芸』接芽. greffe en ~ 芽接.
6『生』~ embryonnaire 胚盤葉.

écussonnage（<écussonner）n.m.『農・園芸』芽接ぎ.

écussonnoir n.m.『農・園芸』芽接ぎ用ナイフ.

eczéma n.m.『医』湿疹. ~ aiguë (chronique) 急性 (慢性) 湿疹. ~ alergique de contact 接触性アレルギー性湿疹, 接触皮膚炎（=dermite de contact). ~ atopique アトピー性湿疹, 体質性湿疹（= ~ constitutionnelle）, アトピー性皮膚炎（=dermite atopique）. ~ infantile 乳児湿疹. ~ marginé 頑癬, 輪郭性湿疹. ~ nummulaire 貨幣状湿疹. ~ séborrhéique 脂漏性湿疹.

eczémateux(se) a.『医』湿疹性の, 湿疹状の. dermatite ~se 湿疹性皮膚炎.

éda-（<［ギ］edaphos）ELEM「土, 土壌」の意（ex. édaphologie 土壌環境学）.

édam [edam]（<E~ エダム；オランダの地名）n.m. エダムチーズ.

édaphique *a.*〖環境〗土壌の，土壌環境〔学〕の《土壌と生物に関する》. facteurs ~s 土壌因子《生物の環境因子のひとつ，土壌と密接に結びついた非生物的因子》.
édaphisme *n.m.*〖環境〗土壌が生物に及ぼす物理化学的影響.
édaphologie *n.f.*〖環境〗土壌環境学《土壌と生物の関連を研究する環境学》.
édaphon *n.m.*〖環境〗エダフォン《同一土壌に生存する生物の総体》.
édaphotope *n.m.*〖環境〗エダフォトープ《土壌圏》.
EDC (=*E*cole des *d*irigeants et *c*réateurs d'entreprises) *n.f.*〖教育〗起業家・企業経営者養成学校《1950年 Paris で創設；Bac+5 年制の私立の経営関係グランド・エコール；在 Defense, Courberoie》.
EDD (=*E*urope des *d*émocraties et des *d*ifférences) *n.f.*〖政治〗(ヨーロッパ議会の)民主主義と差異のヨーロッパ党《ヨーロッパ統合に懐疑的な eurosceptique とよばれる政治家集団》.
edelweiss [edɛlvɛs, edélvajs]〖独〗*n.m.*〖植〗エーデルヴァイス；みやまうすゆきそう.
édénique *a.* **1** エデンの園のような；地上の楽園を思わせる. **2**〖文〗楽園の至福を味わわせる.
édentation *n.f.*〖医〗抜歯(欠歯)状態.
édenté(e) *a.p.* 歯の抜けた；歯の欠けた. peigne ~ 歯の欠けた櫛. vieillard ~ 歯の抜けた老人.
――*n.* 歯の抜けた人.
――*n.m.pl.*〖動〗貧歯目.
EDF (=*E*lectricité *d*e *F*rance) フランス電力公社.
EDHEC (=*E*cole *d*e *h*autes *é*tudes *c*ommerciales du Nord) *n.f.*〖教育〗北仏高等商業学校《Lille にある商学系の私立のグランド・エコール. 1921年創立；1991年 Nice 校, 2002年 La Défense 校を開設》.
EDI [edei] (=*é*change *d*e *d*onnées *i*nformatisées) *n.m.*〖情報処理〗コンピュータ化データー交換《ソフト》，ハンドシェーク (=〖英〗handshaking).
édiction (<édicter) *n.f.*〖法律〗(法令の)公布；(法令による)規定. ~ d'une loi 法律の公布. ~ d'une peine 刑罰の規定.
édicule *n.m.*〖建築〗**1** (公道に設けられた)小建造物《Kiosque 新聞売店, urinoir 公衆小便所など》.
2 (聖堂内部の)龕(がん), 厨子, 小礼拝堂.
édification (<édifier) *n.f.* **1** (建物の)建造, 建立. ~ d'un monument 記念碑の建立. ~ d'une ville nouvelle 新都市の建造.
2〖比喩的〗(理論, 創設, 創成, 構築. ~ d'une doctrine 理論の構築. ~ d'un empire 帝国の創建. ~ d'une œuvre 作品の創造.
3 教化, 感化；啓発. ~ du public 大衆の啓蒙.

édifice *n.m.* **1** 大規模な建造物；〖法律〗建造物. ~s publics 公共建造物. ~ de culte 宗教建造物. statut des ~s catholiques カトリック建造物に関する法規.
2〖比喩的〗構築物, 体系, 組織, 機構. ~ de savoir 知の体系. ~ féodal 封建主義的体制. ~ politique et social 政治的社会的機構.
3〖比喩的〗大袈裟なもの, 仰々しいもの. ~ d'une coiffure ごてごてした髪形.
Edimbourg *n.pr.* エディンバラ (=〖英〗Edinburgh)《スコットランドの首都》. Festival international de musique, de danse et de théâtre d'~ エディンバラ国際音楽・舞踏・演劇祭.
édipost *n.m.*〖郵便〗エディポスト《電子書留郵便；2002年導入》.
édit *n.m.* (旧制度下の)王令, 使令. l'*E* ~ de Nantes ナントの勅令《1598年, アンリ4世が新教徒に信仰の自由を許すため発布》.
éditeur (trice) *n.* **1** 出版者, 発行者, 刊行者, (新聞, 雑誌の)発行責任者, 発売元.
2〖電算〗~〔de texte〕テキスト・エディタ.
――*a.* 出版する, 発行する. société ~ trice 出版社.
édition *n.f.* **1** 出版, 発行, 制作；本；〔*pl.* で〕出版社. *E* ~s du Seuil スイユ出版社. ~ à compte d'auteur 自費出版. ~ de luxe 豪華本. ~ de poche ポケット版. ~ épuisée 絶版本. ~ numérotée 番号入り限定本. ~ rare 稀覯本. maison (société) d'~ 出版社.
2 出版業, 出版業界. ~ française フランスの出版業界. travailler dans l'~ 出版業で働く.
3 (書物などの)版. ~ définitive (ne variatur) 決定版. ~ originale 初版. ~ revue et augmentée 増補改訂版. ~ revue et corrigée 改訂版. ~ variorum 集注版. première ~ 初版.〖比喩的〗C'est la deuxième (troisième) ~ 焼き直し, 繰り返しだ.
4 (新聞などの)版. ~ de Paris パリ版. ~ du matin 朝刊. ~ du soir 夕刊. dernière ~ du *Monde*『ル・モンド』最終版.
5 校訂；校訂本.
6〖電算〗編集, エディット.
éditique *n.f.*〖電算〗編集ソフトの創出.
édito (<*édito*rial) *n.m.*〖話〗エディト, 論説.
éditorial (ale) (*pl.***aux**)¹ *a.* 出版に関する；出版業の. projets ~aux 出版計画. réunion ~ale 出版業会合.
éditorial (*pl.***aux**)² *n.m.* (新聞・雑誌等の)論説, 社説 (略記 édito).
éditorialiste *n.* 論説(社説)委員, 論説(社説)執筆者, 論説(社説)記者.
EDP (=〖英〗*e*lectronic *d*ata *p*rocessing) *n.f.*〖情報処理〗電子データ処理 (=〖仏〗

AED：analyse électronique des données).

EDRF (= [英] *E*rythroid *D*ifferentiation *R*elated *F*actor) *n.m.* 〖生理・医〗赤血球分化関連因子《プロテイン》. diminution du taux d'~ 赤血球分化関連因子率の減少.

EDTA (= acide *é*thylène*d*iamine*t*é- tra*a*cétique) *n.m.* 〖化〗エチレンジアミン四酢酸.

éduca*teur*(*trice*) *n.* 教育者；教師, (特に) (教護施設, 養護施設の) 教員. ~ attaché à un centre pénitiaire 教護院(少年院) 勤務教員. ~ spécialisé 特別教員 (教護施設・養護施設勤務). excellant ~ 優れた教育者.
— *a.* 教育的な；教育効果のある. fonction ~ *trice* 教育的機能. méthodes ~ *trices* 教育方法. moniteur ~ (社会) 教育指導員.

éducatif(*ve*) *a.* **1** 教育の, 教育に関する. système ~ 教育制度.
2 教育の, 教育に役立つ. film ~ 教育映画. télévision ~*ve* 教育 TV. un épisode fort ~ 大変教訓的な話.

éducation *n.f.* **1** 教育《知識, 人格, 体力すべてにわたる教育概念；主として学校教育, 教育制度を意味する enseignement や, 知育教育を指す instruction より広義》. ~ civique 公民(道徳)教育. ~ maternelle 幼稚園教育. ~ nationale 文教, 国民教育. ministère de l'~ nationale 〖国民〗教育省, 文部省. Fédération de l'~ nationale (FEN) 教職員連盟. ~ permanente 生涯教育. ~ physique 体育. ~ préscolaire 就学前教育(幼児教育). ~ populaire 社会教育. ~ professionnelle 職業教育.《~ *sentimentale*》『感情教育』(Flaubert の小説). ~ spéciale 特殊教育(障害児などを対象とする)(= ~ spécialisée 特殊教育). ~ surveillée 感化教育.
2 しつけ, 家庭教育 (= ~ familiale)；礼儀作法. un enfant de bonne ~ しつけのよい子.
3 教養. avoir de l'~ 教養がある.
4 (感覚などの) 訓練. ~ de la mémoire 記憶力の訓練.

édulcorant(*e*) *a.* 〖薬・食品〗甘味をつける.
— *n.m.* 甘味料. ~ de synthèse 人工甘味料. ~ intense 強力甘味料《サッカリンなど》. ~ nutritif 高カロリー甘味料《砂糖などの糖類》.

éduqué(*e*) *a.p.* **1** 教育を受けた, 教養のある；しつけのよい. personne bien (mal) ~*e* 教養のある(ない)人；しつけの良い(悪い)人. **2** 訓練された.

EEC (= [英] *E*uropean *E*conomic *C*ommunity) *n.f.* ヨーロッパ経済共同体《= [仏] CEE：Communauté économique européenne；1992 年 2 月 7 日調印のマーストリヒト条約により EC (*E*uropean *C*ommunity) と改称；1993 年 11 月 1 日の条約発効により EU (*E*uropean *U*nion), UE (*U*nion *E*uropéenne) となる》.

EEE[1] (= *E*ntente *e*uropéenne pour l'*e*nvironnement) *n.f.* ヨーロッパ環境問題合意.

EEE[2] (= *E*space *é*conomique *e*uropéen) *n.m.* ヨーロッパ (欧州) 経済地域《東西ヨーロッパの自由貿易圏》. projet d'adhésion de la Suisse à l'~ スイスのヨーロッパ経済区域加入計画.

EEG (= *é*lectro[-]*e*ncéphalo*g*ramme) *n.m.* 〖医〗脳波.

EEI (= *e*scadron d'*é*clairage et d'*i*nvestigation) *n.m.* 〖軍〗探照捜査中隊.

EELF (= *E*glise *é*vangélique *l*uthérienne de France) *n.f.* 〖宗〗プロテスタント『フランス・ルター派福音教会.

EEM (= *E*cole d'*é*tat-*m*ajor) *n.f.* 〖軍〗陸軍参謀学校《1766 年創立；1980 年より Compiègne》.

EEZ (= [英] *e*xclusive *e*conomic *z*one) *n.f.* 排他的経済水域《= [仏] zone économique exclusive：ZEE》.

EFA (= [英] *E*uropean *f*ighter *a*ircraft) *n.m.* 〖軍〗ヨーロッパ戦闘用航空機, ヨーロッパ戦闘機《= [仏] avion de combat européen. NATO 加盟国を中心とする西ヨーロッパ諸国で共同開発中の戦闘機》.

Efab (= *E*cole *f*rançaise de l'*a*dministration de *b*iens) *n.f.* 〖教育〗フランス不動産管理学校《1996 年創立のグランド・エコール Groupe Sciences-U 所属；Paris, Lille, Lyon, Nantes, Rennes, Sophia Antipolis に Efab あり》.

EFAO (= *é*lément *f*rançais d'*a*ssistance *o*pérationnelle) *n.m.* 〖軍〗フランス作戦援助部隊.

EFAP (= *E*cole *f*rançaise des *a*ttachés de *p*resse) *n.f.* 〖教育〗フランス広報担当者養成学校《Paris に 1961 年創設の私立グランド・エコール；他に Lyon に EFAP-Rhône-Alpes, Bruxelles に EFAP-Internationale, Abidjan に EFAP-Afrique, EFAP-New York といった姉妹校がある》.

Efeo (= *E*cole *f*rançaise d'*E*xtrême-Orient) *n.f.* 〖教育〗フランス極東学校《1900 年創立；1902 年 Hanoi 校設立；本部 Paris；東京を含め世界各地に拠点あり；極東研究の国立高等教育研究機関》.

effacé(*e*) *a.p.* **1** 消された, 消えた. couleur ~*e* 褪せた色. écriture ~*e* 消えた(消された) 文字. pays ~ de la carte 地図から抹消された国. souvenirs ~*s* うすれた記憶. tableau ~ 消された黒板. tradition ~*e* 消滅した伝承.
2 (態度などが) 控え目な；目立たない.〖舞〗position ~*e* ポジション・エファセ《右足を前で斜めに構える姿勢》. vie ~*e* 人目につかぬ暮し. jouer un rôle ~ 控え目な役を演じる.
3 ひっこんだ. épaules ~*es* なで肩. poitri-

ne ~ e ぺちゃんこな胸. ventre ~ ひっこんだ腹部.
4〖鉄道〗signal ~ 通行自由信号.

effacement *n.m.* **1** 消すこと, 抹消, 削除. ~ des lettres d'un manuscrit 手稿の文字の抹消.〖機工〗tête d'~ 消去ヘッド. touche d'~ 消去キー.
2 消えること, 消失. ~ d'une impression sous l'action du temps 時の経過による印象のうすれ.
3〔比喩的〕控え目な態度, 謙譲 (= ~ de soi-même). rester (vivre) dans l'~ 控え目にしている (生きる).

effectif[1] (**ve**) *a.* **1** 実効のある, 有効な. aide ~ ve 実効のある援助. collaboration ~ ve 有効な協力関係.
2 実際の, 現実に達成された. accomplissement ~ du service 役務の実際の遂行. pouvoir ~ 実際の力. valeur ~ ve d'une monnaie 通貨の実勢価値.
3 事実上の；実質的な.〖法律〗autorité ~ ve 実権.〖財政〗circulation ~ ve des billets 銀行券の発行 (流通) 高. Ce règlement devient ~ dès demain. この規則は明日から発効する.

effectif[2] *n.m.* **1** (集団の) 実人員；構成員〔数〕；定員；〖軍〗実員〔数〕, 兵員数. ~ d'une entreprise 企業の従業員数. ~ employé 雇用人員.〖軍〗~ s militaires totaux 全兵員実数. L'~ est au complet. 定員は充足されている. réductions d'~ s 人員整理；〖軍〗兵員削減.
2〔*pl.* で〕〖軍〗兵員. ~ s de la Force océanique stratégiqre 戦略海軍の兵員.

effectivement *ad.* **1** 実際に, 現実に, 事実. C'est ~ arrivé. それは実際に起こったことだ.
2 たしかに, なるほど, その通り. 全く (肯定的応答). Oui ~. 全くその通り.

effectivité *n.f.* **1**〖法律〗(法規範の) 実効性, 奏功性.
2 現実性. ~ d'un blocus 封鎖の現実性.

efféminé(**e**) *a.* 女らしい, 女性的な；めめしい. allure ~ e 女っぽい物腰.
——*n.* 女性的な人；軟弱な人, めめしい人.

efférent(**e**) *a.*〖解剖〗**1** (血管, リンパ管などが) 輸出性の (afférent「輸入性の」の対). vaisseaux ~ s 輸出血管.
2 (神経が) 遠心性の (afférent「求心性の」の対). fibre ~ 遠心性繊維. nerf ~ 遠心性神経.

effervescence *n.f.* **1**〖化〗発泡, 沸騰, 消和. entrer en ~ 沸騰する.
2〔比喩的〕(一時的な) 興奮；動揺. ~ des passions 情熱の高揚. être en ~ 沸き立っている, 動揺している.

effervescent(**e**) *a.* **1** 発泡性の, 泡立つ. boisson ~ 発泡性飲料. vin ~ 発泡性葡萄酒.
2〔比喩的〕沸き立っている, 興奮している.

foule ~ e 興奮に沸く群衆.

effet *n.m.* Ⅰ **1** 効果, 結果, 効力, 効能, 効き目.〖法律〗~ constitutif 創設効力.〖法律〗~ déclaratif 確認効〔力〕.〖法律〗~ dévolutif 移審の効力. ~ de démonstration デモンストレーション効果. ~ d'imitation 模倣効果.〖気象〗~ de serre 温室効果.〖法律〗~ direct 直接的効力, 直接効.〖法律〗~ immédiat de la loi 法律の即時効. ~ multiplicateur 相乗効果. ~ pervers (通貨価値の変更に伴う) 逆効果. ~ rétroactif 遡及効〔果〕. ~ secondaire 副作用. ~ suspensif 効力の一次停止効果,〖法律〗判決確定遮断の効果. rapport de cause à ~ 因果関係. avoir pour (comme) ~ de + *inf.* 結果として…になる, …の効果をもつ.
2 印象, 影響, 効果. faire l'~ de …のような効果を生む. …のような印象を与える. faire sentir ses ~ s 効果を表す, 影響を与える. Les mesures prises pour stimuler la consommation commencent à faire sentir leurs ~ s. 消費促進のために実施された施策は効力を発揮し始めている. sous l'~ de …の影響下で.
3〔同格〕(政治, 社会的な) 効果, ブーム, 現象. ~ Le Pen sur les élections présidentielles 大統領選挙に表れたル・ペン効果.
4 実行, 実現, 効力. à l'~ de …するために. à cet ~ そのために. en ~ 事実, 実際, たしかに, なぜなら. prendre ~ 効力をもつ, 発効する.
5 表現効果, わざとらしい表現, ひけらかし.
6〖物理, 機械, 工学〗効果, 効力. ~ Doppler (-Fizeau) ドップラー効果.
7〖球技〗スピン, カット.
Ⅱ《財物・財産》**1** 証券, 手形. ~ bancable 再割引適格商業手形. ~ bancaire 銀行引受手形. ~ de cautionnement 担保手形. ~ de commerce 有価 (商業) 証券, 商業手形 (lettre de change 為替手形, billet à ordre 約束手形, chèque 小切手, warrant ワラントを含む). ~ de complaisance 融通手形. ~ de renouvellement 更新証券. ~ négociable 譲渡可能手形.
2〔*pl.* で〕持ち物, 衣類. Ce sont mes ~ s personnels. それは私の個人的なものだ.

efficace *a.* **1** 効力のある, 実効のある, 有効な. aide ~ 有効な援助.〖哲〗cause ~ 作用 (実効) 因.〖電〗intensité ~ d'un courant alternatif 交流電流の実効値. médicament ~ 効き目のある医薬品. procédé ~ 効果のやり方.
2 (人が) 有能な；能率的な. fonctionnaire peu ~ 無能な役人. ministre ~ 有能な大臣.
3〖神学〗grâce ~ 効果的聖寵 (grâce suffisante「充足的聖寵」の対).

efficacité *n.f.* **1** 有効性；効力, 効果, 効き目. ~ d'un médicament 薬の効能, 医薬

品の薬効. ~ d'une méthode 方法の有効性.
2 効率, 収率. ~ lumineuse d'une ampoule 電球の光効率《ワット当たりのルーメンで示す》. technologie d'une haute ~ 高効率の工学.
3 能率, 生産性. ~ d'une organisation commerciale 商業組織の能率.

efficience (<〔英〕efficiency) *n.f.* 能率, 効率 (=efficacité). ~ d'une technique 技術の効率.

effigie *n.f.* **1** (貨幣・メダルなどに刻まれた)肖像画像.
2 〔比喩的〕人物化, 化身. vivante ~ du malheur まるで不幸が歩いてるような姿.

effleurage (<effleurer) *n.m.* 〔医〕軽くなでるようなマッサージ.

efflorescence *n.f.* **1** 〔化〕風化, 風解；(風解で生じた) 露華；(コンクリートの) レイタンス. ~s phytoplanctoniques 植物プランクトンの風解.
2 〔医〕発疹 (=éruption cutanée).
3 〔植〕(葉・果実などにできる) 蠟粉.
4 〔比喩的・文〕開花. ~ de jeunes talents 若い才能の開花. en pleine ~ 花盛りの.

effluent(e) *a.* 流出する.
——*n.m.* **1** 〔地学〕(湖水・氷河などからの)流出水.
2 廃水, 廃液. ~s radioactifs 放射性廃液. ~ urbain 都市廃水 (雨水, 生活廃水など, 下水で排出される水).

effluve *n.m.* 〔多く *pl.*〕(生物などの) 発散物, 匂い. ~s du marché aux fleurs 花市場の香り. ~s d'un mets ご馳走の匂い. ~s du printemps 春の息吹き.
2 〔電〕~ électrique グロー放電.
3 〔比喩的〕〔文〕(心に働きかける) 発散. ~s de la vie 生の息吹き.

effondrement (<effondrer) *n.m.*
1 崩壊, 倒壊. ~ d'un bâtiment 建物の倒壊. ~ d'un mur 壁の崩壊.
2 崩壊, 滅亡；瓦解. ~ d'un empire 帝国の崩壊. ~ de ses espérances 彼の希望の瓦解.
3 失脚. ~ d'un homme politique (d'un ministre) 政治家 (大臣) の失脚.
4 暴落 (=baisse, chute). ~ des cours (des prix) 相場 (価格) の暴落.
5 意気消沈, 気落ち, 元気の喪失. Il est dans un état d'~ total. 彼はすっかり意気消沈している.
6 〔地学〕陥没. cratère d'~ 陥没クレーター. lac d'~ 陥没湖.
7 〔農〕深耕；深耕農地.
8 〔スポーツ〕昏倒.

effort *n.m.* **1** 努力. avec ~ つらそうに, ようやく, 骨を折りながら. sans ~ 軽々と, わけもなく, 簡単に. faire un ~(des ~s) pour …するように努める, 努力する. faire l'~ de …しようとする. faire un ~ d'imagination 想像力を働かせる. Fais un petit ~! もうちょっと頑張るんだ. Encore un dernier ~! 最後の力を出せ. un ouvrage qui sent l'~ 無理がある (自然でない) 作品.
2 〔古〕筋肉, 関節などの痛み, 筋違い；〔獣医〕捻挫.
3 〔物理〕応力, 抵抗力.

effraction *n.f.* 〔法律〕施錠破壊；不法侵入；住居侵入. vol avec ~ 侵入盗, 押込み強盗 (= 〔話〕fric-frac).

effrayant(e) (<effrayer) *a.* **1** 恐ろしい, ぞっとするような. accident ~ 恐ろしい事故. cris ~s ぞっとするような叫び声. rêve ~ 恐ろしい夢. spectacle ~ ぞっとするような光景.
2 恐るべき. énergie ~e 恐るべきエネルギー.
3 〔話〕物凄い, ひどい, とてつもない. chaleur ~e 物凄い暑さ. prix ~ 途方もない値段. C'est ~. それはひどい.

effrayé(e) *a.p.* おびえた, びくびくした. ~ à l'apparition 亡霊におびえた. ~ d'apprendre *qch* 何を知ってびくびくした. air ~ おびえた様子. enfant ~ おびえた子供. pudeur ~e 用心深い慎み深さ. être ~ d'un changement 変化におびえる.

effréné(e) (<frein) *a.p.* はめを外した. désirs ~s 途方もない欲望. spéculation ~e 度を超した投機.

effritement (<effriter) *n.m.* **1** 風化. roches ~es 風化してほろほろになった岩.
2 (価値の) 減少；凋落, 衰退. 〔株式〕~ des cours 相場の下落. 〔政治〕~ de la majorité 与党の凋落.

effroi *n.m.* **1** 〔文〕激しい恐怖. hurlement d'~ 恐怖のうめき声. avec (sans) ~ pâlir d'~ (平然と). pâlir d'~ 恐怖に蒼ざめる. trembler d'~ 恐怖におののく. vivre dans l'~ おびえて暮す.
2 恐怖の根源. Ce tyran est l'~ de son peuple. この暴君は国民の恐怖のもとである.

effroyable (<effroi) *a.* 〔時に名詞の前〕
1 恐ろしい；ぞっとするような. ~ tremblement de terre ぞっとするような地震. crime ~ 恐ろしい犯罪. scène ~ 身の毛のよだつような情景.
2 〔話〕物凄い, ひどい, 途方もない. dépenses ~s 途方もない支出. embouteillage ~ ひどい渋滞. Il fait un temps ~. ひどい天気だ.

effusif(ve) *a.* **1** 〔地学〕噴出性の. roche ~ve 火山岩.
2 〔文〕心情を吐露する. épanchements ~s des romantiques 浪漫派の心情の吐露.

effusion *n.f.* **1** 心情の吐露 (= ~ de cœur)；感情の表明 (流露). ~ d'amour 愛情の吐露. avec ~ 胸中をさらけ出して.
2 (液体の) 流出, 噴出. 〔文〕~s de larmes 流涕, 落涙. 〔古〕~ de sang 流血；出血 (= hémorragie). révolution sans ~ de sang 無血革命.

EFG (=*E*tablissement *f*rançais des *g*reffes) *n.m.* 〖医〗フランス臓器移植管理機構《1994年1月18日の法律により設立》. coordinateur interrégional de l'~ フランス臓器移植機構に所属する地方間コーディネーター.

e-formation *n.f.* インターネットによる養成〔プログラム〕.

EFREI (=*E*cole *f*rançaise d'*é*lectronique et d'*i*mformatique) *n.f.* 〖教育〗フランス電子・情報工学校《1936年Parisで Ecole française de radio électricité として設立された私立のグランド・エコール；1987年 Villejuif に移転；現在の名称は Ecole d'ingénieurs des technologies de l'information et du management だが EFREI の略称を継承；Bac+5年制》.

EFS (=*é*conomie *f*amiliale et *s*ociale) *n.f.* 家庭・社会経済. professeur d'~ 家庭・社会経済担当教員.

EFTA (=〖英〗*E*uropean *F*ree *T*rade *A*ssociation) *n.f.* ヨーロッパ自由貿易連合 (=〖仏〗AELE : *A*ssociation *e*uropéenne de *l*ibre-*é*change)《1959年11月20日のストックホルム協定により創設. 1960年5月発足》.

Eg (=*é*ther de *g*lycol) *n.m.* 〖化〗グリコール・エーテル.

e.G. (=〖独〗*e*ingetragene *G*enossenschaft) *n.f.* 〖経済〗登録協同組合 (=〖仏〗coopérative enregistrée).

e.g. (=〖ラ〗*e*xempli *g*ratia) *ad.* 例えば (=par exemple).

EGA (=〖英〗*E*nhanced *G*raphics *A*daptor) *n.m.* 〖情報処理〗拡張グラフィックス・アダプター(IBM-PCのヴィデオボード. 640×350ドット以上の解像力をもち, 64色中16色を同時発色できる》. écran ~ 14″14インチEGA方式ディスプレー.

égal (ale)(*pl.***aux**) *a.*〔時に名詞の前〕**1** 等しい, 同等の, 均等の；〖幾何〗(図形が)合同の. choses ~ales en grandeur (en hauteur) 大きさ(高さ)の等しい物. distribution ~ale 均等配分.〖数〗ensembles ~s 等しい集合. figures ~ales 同じ形(図形). somme ~ale ou supérieure à dix euros 10 ユーロと同等またはそれ以上の金額, 10 ユーロ以上の金額. troupes ~ales en nombre 数の上で同等の軍隊. toutes choses ~ales d'ailleurs 他のことは同じとして. ~ à …と等しい. Deux plus trois est ~ à cinq. 2プラス3は5. Rien n'est ~ à cette splendeur. この素晴らしさは何物にも及ばない. diviser un tout en parties ~ales 全体を均等に分ける. habiter à ~ale distance de ces deux villes 2つの町から等距離のところに住む. partager un héritage en deux parts ~es 遺産を2等分する. **2** 一様な；むらのない；変らない. bruit ~ 一様な物音. pouls ~ 安定した脈拍.

région au climat ~ 気候に変化のない地方. avoir un caratère ~ 気性が変らない. être (rester) ~ à soi-même 自分を見失わない, 人が変らない. marcher d'un pas ~ 一定の足取りで歩く. maintenir la distance ~ale 等距離を保つ.

3 (土地が)平坦な；(坂が)一様な傾斜の. terrain ~ 平坦な土地.

4 公正な, 公平な；平等の, 対等の. justice ~ale 公正な裁き. combattre à armes ~ales 同じ条件で戦う. faire jeu ~ 対等の勝負を挑む. A travail ~ salaire ~. 同一労働には同一賃金を. La partie n'est pas ~ale. 差がありすぎて勝負にならない. Nous sommes nés ~aux. われわれは生れながらして平等である.

5 どちらでも同じである, どうでもよい. être ~ à *qn.* 人にとって同じことである.〔話〕Cela m'est ~. それは私にとってどうでもことだ(同じことだ). Cela m'est ~ qu'elle vienne ou non. 彼女が来るかないか, 私にとってはどうでもよいことだ. La chose est ~ale. それはどうでもよい.〔話〕c'est ~, je pars. いずれにせよ, 私は発ちます. Il lui était parfaitement ~ d'être ici on non. 彼にとってここにいるかいないかは全くどちらでもよいことであった. Tout m'est ~. 私はすべてにうんざりしている.

── *n.* 同等(対等)の人；同等の物. à l'~ de …と同じに, 同程度に. d'~ à ~ 対等に. s'entretenir d'~ à ~ avec *qn* 人と対等に話し合う. sans ~ 比類ない(égal は一般的なことも一致のこともあるが égaux の形は普通用いられない). chagrins sans ~ 比べるもののないような悲しみ. étourderie sans ~ *ale* 考えられない軽率さ. n'avoir d'~ que …以外に匹敵するものがない. n'avoir point d'~ 匹敵するものがない. traiter *qn* comme ses ~aux 人を自分と対等に扱う. La femme est l'~ ale de l'homme. 女性は男性と対等の存在である.

égalisa*teur* (*trice*) *a.* **1** 等しくする, 平等にする；平準化する. action ~ *trice* 平等化作用. système ~ 平準化システム.

2 〖スポーツ〗同点にする. but ~ 同点ゴール.

égalisation *n.f.* **1** 平等化, 均等化；平均化. ~ des conditions 条件の平等化. ~ des lots 取り分の均等化. ~ des salaires 給与の平均化.

2 平準化. ~ d'un terrain 土地の平準化.

3 〖スポーツ〗同点, タイ. ~ en fin de match 試合の終盤での同点. obtenir l'~ タイにもちこむ.

égaliseur *n.m.* 〖電〗イコライザー(=〖英〗equalizer, equaliser). ~ graphique グラフィック・イコライザー.

égalitaire *a.* **1** (社会・政治における)平

等主義の. doctrine ~ 平等主義的綱領. socialisme ~ 平等主義的社会主義. système ~ 平等主義的体制.
2 平等を尊重する, 平等に適った. partage ~ 平等な分配.
—*n.* 平等主義者. ~ systématique 型には (教条主義的) 平等主義者.

égalitarisme *n.m.* 平等主義.〚蔑〛~ systématique 機械的平等主義, 悪平等.

égalité *n.f.* **1** 平等, 同等, 等しさ. ~ politique (économique, sociale) 政治的 (経済的, 社会的) 平等. ~ des chances 機会の平等. E~ des droits 権利の平等. ~ homme-femme 男女平等 (= ~ entre les hommes et les femmes). L'~ devant la loi de tous les citoyens, assurée par la constitution de 1958, correspond à l'interdiction des distinctions fondées sur le sexe, la religion ou la race et au refus des privilèges (*Dictionnaire de la constitution*, Ed. Cujas). 1958年の憲法が保障するすべての市民の法の前における平等とは, 性, 宗教あるいは民族の違いに基づく差別の禁止と, 特権の拒絶に対応している.
Liberté, E~, Fraternité 自由, 平等, 友愛 (1789年のフランス大革命の理想に基づくフランス共和国の標語). Les deux joueurs sont à ~. 2人のプレーヤーは同順位 (同タイム) である.〚テニス〛ジュース (アゲイン) である. sur un pied d'~ 平等の立場で. Malgré la grande différence d'âges qui existe entre elles, les deux personnes discutent sur un pied d'~. 2人は年齢が大きく違うにもかかわらず対等に議論している. à ~ de …が同じならば (同じ場合には). A ~ de suffrages, le vote est départagé par la voix du président. 票数が同じだったため, 議長の票で採決が決まった.
2〚数〛等式〔関係〕.〚競馬〛parier à ~ sur un cheval 配当が掛け金と同じになるように馬券を買う.
3 均質〔性〕, 同一〔性〕, 規則性, 平静さ. ~ d'humeur 常に感情が一定していること, いつも物静かなこと.
4 平坦さ, 起伏のないこと.

égard *n.m.* **1** 考慮, 配慮, 斟酌 (現代では以下のように成句の一部として用いられる場合がほとんど). à l'~ de *qch* (*qn*) …に関して (関する), …に対して (対する). à cet ~ この点から見れば, この見地からすれば. ~ à différents ~s さまざまな見地から. ~ à mon (votre) ~ 私 (あなた) に関しては. à tous [les] ~s あらゆる点で, どこから見ても. faire preuve d'une sensibilité particulière à l'~ des mots 言葉についてとくに敏感である. se montrer gentil à l'~ des parents 両親に対してやさしくする. à certains ~s ある意味では, ある観点から見れば. à cet ~ その意味では, この点からすれば. à son (votre…) ~ 彼に (あなた…) に対

して (à mon ~ は, 自分に対して尊敬を求めることになるので正しい使い方ではないという説もある. その説に従えば, 自分については égard のかわりに endroit を用いるべきである). à tous (les) ~s あらゆる点から, すべての意味で. Ce travail est irréprochable à tous ~s. この仕事はすべての意味で非の打ち所がない.
avoir ~ à …を顧慮する. eu ~ à …を考慮して, に鑑みて. eu ~ à l'âge (la saison) 年齢 (季節) を考えれば.
par (sans) ~ pour …を考慮して (考慮せずに). Il y a consenti par ~ pour ma situation. 彼は私の立場を考えてそれに同意したのです.
2〚*pl.* で〛尊敬, 敬意. marque d'~s 敬意のしるし. avoir de grands ~s pour *qn* 人を大いに尊敬する. manquer aux ~s 礼を失する. traiter *qn* avec beaucoup d'~s 人を大いなる敬意を抱いて遇する. L'assistance a manifesté au président de la République les ~s qu'exigeait son rang. 集まった人々は大統領にその地位にふさわしい敬意を表した.

égaré(***e***) *a.p.* **1** 道に迷った. voyageur ~ 道に迷った旅人.
2〚比喩的〛道を踏み外した, 脇道にそれた, 分別を失った, 錯乱した. air ~ 逆上した様子.〚聖書〛la brebis ~s 迷える羊.
3 散逸した, 失われた. objet ~ 紛失物. voix ~*es* dans une élection sur des candidats peu sérieux 選挙における泡沫候補への散票.

EGC (= *é*cole de *g*estion et de *c*ommerce) *n.f.*〚教育〛経営・商業学校 (グランド・エコール；Bac+ 3 年制). ~ Brive (Montauban) ブリーヴ (モントーバン) 経営・商業学校.

EGCG (= *é*pi*g*allocate-*c*hine-3-*g*allate) *n.m.*〚化〛エピガロカート=シーヌ=3=没食子 (もつしょくし) 酸塩 (茶葉に含まれる制癌物質).

EGCI (= *é*cole de *g*estion, *c*ommerce et *i*nformatique) *n.f.*〚教育〛経営・商業・情報科学学校 (グランド・エコール；Bac+ 3 年制). ~ Toulouse トゥールーズ経営・商業・情報科学学校.

EGEE (= *é*thylène glycol *é*thyl *é*ther) *n.m.*〚化〛エチレン・グリコール・エチル・エーテル (発癌物質).

EGF (= *E*lectricité-*G*az de *F*rance) *n.f.* フランス電力・ガス会社.

EGFR (=〚英〛*e*pidermal *g*rowth *f*actor *r*eceptor) *n.m.*〚医〛表皮増殖因子受容体 (=〚仏〛RFCE：*r*ecepteur de *f*acteur de *c*roissance *é*pidermique；発癌因子).

Egg *n.pr.f.*〚経済〛エッグ (電子取引銀行；Prudential グループの子会社：www.egg.com).

égide *n.f.* **1**〚ギ神話〛ゼウスの楯；アテ

ナの楯. **2**〔文〕庇護. sous l'~ de …の保護のもとに.
églantier *n.m.*〖植〗エグランチエ, 野薔薇(花は églantine).
églantine *n.f.*〖植〗エグランチーヌ, 野薔薇(églantier)の花.
églefin *n.m.*〖魚〗エグルファン, もんつきだら, たらだまし(鱈科 gadidés). ~ fumé 燻製たらだまし, ハドック(= haddock).
église *n.f.* Ⅰ〖建物〗教会, 教会堂(プロテスタントの教会堂は temple). ~ abbatiale 大修道会付属教会堂. ~ collégiale 参事会教会堂(司教座聖堂 cathédrale ではないが, 司教座参事会 chapitre de chanoines をもつ教会). ~ conventuelle 修道会付属教会堂. ~ paroissiale 教区教会堂. ~ gothique (romane) ゴシック(ロマネスク)様式の教会堂.
　◆ 教会堂の種類：basilique 大教会堂(教皇が一部のとくに由緒ある教会堂に与える呼び方)；バシリカ様式の教会. cathédrale 司教座聖堂, 大聖堂. chapelle 礼拝堂, 礼拝室. mosquée イスラム教の教会. synagogue ユダヤ教の教会. temple プロテスタントの教会, 仏教寺院, 神道の神社など(キリスト教, イスラム教, ユダヤ教以外の宗教の教会, 寺院, 神社). sanctuaire 神殿, とくに重要な神社.
Ⅱ **1** (制度, 組織としての)キリスト教会,〖集合的〗キリスト教徒. ~ militante 戦いの教会(地上の信者を指す). ~ souffrante 苦しみの教会(煉獄で罪を贖う霊魂). ~ triomphante 凱旋の教会(天国で至福を得た霊魂). ~ anglicane イギリス聖公会. ~ catholique, apostolique et romaine カトリック, 使徒的, ローマ教会(カトリック教会の正式名称). ~ œcuménique 世界教会. ~ orthodoxe 正教会. ~ primitive 原始キリスト教会, 初期キリスト教会. ~s réformées (protestantes) プロテスタント教会. séparation de l'*E* ~ et de l'Etat 政教分離.
2 l'*E* ~ (特に)カトリック教会. chef visible de l'*E* ~ 教皇. les Etats de l'*E* ~ (1870 年までローマ教皇に属した)カトリックを国教とする国. siège de l'*E* ~ ローマ・カトリック教会の本拠(ヴァチカン vatican). la fille aînée de l'*E* ~ カトリック教会の長女(フランスのこと).〖諺〗Hors de l'*E* ~, point de salut. 教会の外に救いなし, 道を外れて救われる者なし. *E* ~ de France フランスのカトリック教会総本部.
3 聖職者, 聖職. homme d'*E* ~ 聖職者. appartenir à l'*E* ~ 聖職にある. retrancher *qn* du sein de l'*E* ~ 破門する.
4〖比喩的〗(小文字で)同じ信条・理論に基づく宗派(党派, 集団).
églogue *n.f.* 牧歌, 田園詩.
eGmuH (= 〔独〕*e*ingetragene *G*enossenschaft (= *m*it *u*nbeschränkter *H*aftpflicht) *n.f.*〖経済〗登録無限責任会社(= 〔仏〕

coopérative enregistrée à responsabilité illimitée).
Egnos (= 〔英〕*E*uropean *G*lobal *N*avigation *O*verlay *S*ystem) *n.m.*〖情報通信〗全世界通信衛星運航オーバーレイ・ヨーロッパ・システム.
ego 〔ラ〕*n.m.* **1**〖哲, 心〗エゴ, 自我.
2〖人類〗エゴ, 自己(親族関係の基点となる人物).
3 自尊心, うぬぼれ.
égocentrique *a.* 自己中心の. attitude ~ 自己中心的態度.〖人類〗自己を中心に形成されるグループ.〖心〗langage ~ d'un enfant 子供の自己中心語.
—— *n.* 自己中心主義者(= égocentriste).
égocentrisme *n.m.* **1** 自己中心主義. **2**〖心〗自己中心性.
égoïsme *n.m.* エゴイズム, 自己中心主義；利己主義, 自尊心, うぬぼれ；自己中心癖, 身勝手, わがまま. ~ d'une classe sociale 階級エゴイズム. monstre d'~ エゴイズムの塊り. agir avec ~ 身勝手に振舞う.
égoïste *a.* 利己主義の, 自己本位の；身勝手な. bonheur ~ 自己中心的な幸せ. conduite ~ 身勝手な振舞い. instincts ~s 自己中心本能.
—— *n.* エゴイスト, 利己主義者；自己中心主義者；身勝手な人. grand ~ ひどいエゴイスト. vivre en ~ 自己本位な生き方をする.
égout *n.m.* **1** 下水道, 下水渠. ~s collecteurs 下水主管. bouche d'~ (道路の)下水口(ごみ, 雨水, 清掃用水などを下水に流し込む道路沿いの開口部). eaux d'~ 下水. rat d'~ どぶねずみ. tout-à-l'~ 下水道直結水洗装置(水洗便所など).
2 雨樋；屋根の傾面；軒先；(屋根からの)雨水. comble à deux ~s 切妻屋根.
3〖比喩的・文〗汚穢(おわい), 汚水だめ(= cloaque), 汚泥(= bourbier).
égoutier *n.m.* 下水係員(清掃・維持・点検担当).
égouttoir *n.m.*〖食器〗水切り器；〖器具〗水切り台 (= bouteilles 瓶の水切り台 (= hérisson). ~ à fromages チーズ用水切り簀の子. ~ à légumes 野菜の水切り (= passoir). ~ à vaisselle 食器洗いの水切り台.
égrappage *n.m.*〖農〗葡萄の粒の摘み取り(房から実を摘み取ること).
égrappé(e) *a.p.* 葡萄の粒を房から摘み取った. vendange ~ 葡萄の粒摘み収穫.
égrappoir *n.m.*〖農〗葡萄の粒取り器.
EGS (= *é*valuation *g*énérale de *s*écurité) *n.f.*〖原子力〗(原子力発電所などの)総合安全評価.
EGY (= l'*Egy*pte) *n.f.* エジプト(国名略記).
Egypte(l') *n.f.* 〔国名通称〕エジプト(公式名称；la République arabe d'*E* ~ エジプト・アラブ共和国；国民：Egyptien (*ne*)；

首都：Le Caire カイロ；通貨：livre égyptienne [EGP]）．

égyptien(ne) *a.* エジプト (l'Egypte) の；エジプト人の；エジプト語の． antiquités ~*s* 古代エジプト．civilisation ~*ne* antique 古代エジプト文明．momie ~*ne* エジプトのミイラ．
　——*E*~ *n.* **1** エジプト人．**2**〔古〕ジプシー．

égyptologie *n.f.* エジプト学．

Eh (=*é*quivalent-*h*abitant) *n.m.* (生活排水汚染度を示す)住民当り等量 (1 Eh=含有有機物 57 g）．

EHESS (=*E*cole des *h*autes *é*tudes en *s*ciences *s*ociales) *n.f.*〔教育〕社会科学高等研究学校（1975年高等研究実践学校 Ecole pratique des Hautes Etudes の第6部門が独立した国立のグランド・エコール相当高等教育研究機関 grand établissement とよばれる；本校は Paris, 他に Marseille, Lyon, Toulouse に研究所がある）．

EHF (=*e*xtrême *h*aute *f*réquence) *n.f.*〔通信〕極高周波，ミリメートル波《30-300 GHz》(=〔英〕*e*xtremely *h*igh *f*requency).

Ehpad (=*é*tablissement d'*h*ébergement *p*our *p*ersonnes *â*gées *d*épendants) *n.m.*〔社会保障〕独居老齢者収容施設 (logement-foyer, maison de retraite, unité de soins de longue durée などの総称）．

EI (=*e*ntreprise *i*ndividuelle) *n.f.*〔経済〕個人企業．

éicosanoïde *n.m.*〔生化〕エイコサノイド（生理活性物質）．

éicosapentaénoïque *a.*〔生化〕acide ~ エイコサペンタエン酸 (=〔英〕EPA：*e*icosa*p*entaenoic *a*cid；青魚に多く含まれる不飽和脂肪酸）．

einsteinium [ainʃtajnjɔm, ɛjnstɛjnjɔm], **einstenium** [ɛnstɛnjɔm] (<Einstein) *n.m.*〔化〕アインスタイニウム（元素記号 Es, 原子番号 99, 1955 年発見の超ウラン元素）．

EIP (=*é*tablissement d'*i*ntérêt *p*ublic) *n.m.*〔教育〕公益機関(施設). transformation des écoles libres en ~ 自由学校(私立学校)の公益機関化．

EIR (=*e*xpress d'*i*ntérêt *r*égional) *n.m.*〔鉄道〕地方利益急行鉄道．

éjacula*teur* (***trice***) *a.*〔生〕(体液を)射出する；射精の. canaux ~*s* 射精管．

éjaculation *n.f.*〔生理〕(体液の)射出；射精 (=~ de spermatozoïdes). ~ précoce 早発射精, 早漏. ~ tardive 遅発射精, 遅漏．

éjection (<*é*jecter) *n.f.* **1** 排出；噴出；射出；排出物. ~ automatique d'une bande テープの自動排出. ~ d'une douille (銃器の)薬莢の自動排出.〔航空〕~ d'un pilote パイロットの離脱射出. ~*s* volcaniques 火山噴出物 (=éjecta). **2**〔生理〕(糞尿の)排泄；排泄物. ~ d'ex-créments 大便の排泄. **3**〔話〕追放. ~ d'un contestataire 異議申立者の排除 (放逐). **4**〔発音〕放出性閉鎖(破擦, 摩擦)子音 (consonne éjective) の発音．

EJP (=*e*ffacement *j*ours de *p*ointe) *n.m.*（電気の)日中ピーク時不使用. tarif ~ (電気の)深夜料金制．

ektachrome〔商標〕〔英〕*n.m.*〔写真〕エクタクローム〔フィルム〕(Eastman Kodak 社製の外式現像リヴァーサル・カラーフィルム；俗称省略形 ektas[s]).

élaboration *n.f.* **1** 作成, 策定, 立案, 推敲. ~ d'un projet de loi 法案の策定. plan économique en cours d'~ 立案段階の経済計画. **2**〔生理〕同化, 生成. ~ des aliments 食物同化(消化). ~ de la bile par le foie 肝臓による胆汁の生成. **3**〔精神分析〕加工. ~ secondaire de rêve 夢の二次加工, 修正．

élaboré(e) *a.p.* **1** 念入りに作成された；推敲された.〔社会言語学〕code ~ 精密コード. cuisine ~*e* 念入りに調理された料理. ouvrage ~ 練成された作品. projet ~ 練り上げられた計画. vers ~*s* 推敲を重ねた詩句. **2**〔生理〕同化された. aliments ~*s* par l'appareil digestif 消化器官で同化された食物．

élagage (<élaguer) *n.m.*〔園芸〕剪定, 枝おろし．

élagueur *n.m.* **1** 剪定職人, 枝おろし職人. **2** 剪定用具, 剪定用なた (=émondoir).

élan *n.m.* **1** 跳躍, 飛躍, 助走, はずみ. ~ vital 生命の飛躍 (Bergson の言葉). course d'~ 跳躍競技. d'un seul ~ 一跳びで, 一気に. prendre son ~ 跳ぶ. prendre son ~ pour sauter はずみをつけて跳ぶ. **2** 勢い；前進；(軍の)進撃；跳進. camion (skieur) emporté par son ~ 勢い余って素っ飛んだトラック(スキーヤー). donner un ~ (de l'~) à qch 何にはずみをつける. L'aide gouvernementale a donné de l'~ à l'industrie. 政府の援助が産業を躍進させた. ralentir l'~ des troupes 軍隊の進撃の速度を落とす. **3**〔比喩的〕(感情などの)激発, 爆発；(熱情の)ほとばしり；(心の)高ぶり, 高揚；(声の)急な高まり. ~ du cœur 心の高ぶり. ~*s* d'enthousiasme 熱情のほとばしり. ~*s* de l'espérance 期待の高まり. ~ de solidarité 連帯感の高まり. avoir un ~ envers qn 人に強く心を惹かれる. parler avec ~ 勢いこんで話す. dans les ~*s* de la colère 憤怒のあまり, ついかっとなって．

élancé(e) *a.p.* **1** すらりと伸びた；ほっそりした. arbre au tronc ~ 幹がすらりと伸びた樹木. clocher ~ すらりと中天高く伸びた鐘楼. cou ~ 長くほっそりした首

taille ~e ほっそりとしたスマートな体軀. **2**〖古〗やせこけた (=maigre). **3**〖紋章〗cerf ~ 疾走する鹿の文様.

élancement *n.m.* **1**〖医〗急性(間歇性)の激痛, うずきを伴う間歇的激痛, ずきずきする痛み, 疼痛; うずき.〖比喩的〗~ au cœur 心のうずき. abcès qui provoque des ~s ずきずきする膿瘍. **2**〖文〗精神の高揚; 渇仰. ~ de pitié 憐憫の情のたかまり. ~ vers Dieu 神への憧れ. **3**〖工〗細長比〖材料の長さと最も細い部分との比率〗;〖海〗(船首・船尾)の傾斜. ~ avant (arrière) 船首(船尾)の傾斜.

élargissement (<élargir) *n.m.* **1** 幅の拡張, 幅の拡がり. 拡張. ~ d'une jupe vers le bas スカートの裾ひろがり. ~ d'une voie publique 公道の拡張. **2** 拡大, 増大.〖労働〗~ des conventions collectives 労働協約の拡大〔適用〕. ~ de l'expérience 経験の拡大. **3**〖法律〗(刑務所に収監された者の) 釈放. ~ d'un détenu 拘留者の釈放.

élasticimétrie *n.f.*〖物理〗応力変形測定, 弾性測定.

élasticité *n.f.* **1** 弾力;〖物理〗弾性;〖生理〗(筋肉などの) 弾力性. ~ des artères (des muscles, des poumons) 動脈(筋肉, 肺)の弾力性. ~ des métaux 金属の弾性. ~ du caoutchouc ゴムの弾力(弾性). ~ du gaz ガスの弾力(圧縮・拡張)性. ~ de torsion ねじれの弾性. coefficient d'~ 弾性係数. limite d'~ 弾性限界. module d'~ 弾性率. **2** (身体の) 柔軟性, しなやかさ. ~ d'un acrobate 軽業師の柔軟な身のこなし. **3**〖比喩的〗(精神などの) 柔軟性;(解釈などの) 融通性;〖経済〗弾力性.〖経済〗~ de la demande et de l'offre 需要と供給の弾力性. ~ de l'esprit 精神の柔軟性.〖蔑〗~ d'une morale モラルの軟弱性. ~ d'un règlement 規則の融通性.

élastique *a.* **1**〖物理〗弾性の; 弾性のある弾性体の. câble ~ 弾性ケーブル. cartilage ~ 弾性軟骨. choc ~ 弾性衝突. fibre ~〖繊維〗弾性繊維;〖解剖〗弾性繊維. gomme ~ 弾性ゴム. limite ~ 弾性限界(限度). matière ~ 弾性素材. onde ~ 弾性波.〖解剖〗tissu ~ 弾性組織. **2** 弾性素材でつくった. matelas ~ 弾性マットレス. **3**〖比喩的〗軽快な, しなやかな. démarche ~ du chat 猫のしなやかな足取り. **4**〖比喩的〗弾力的な, 柔軟性のある, 融通のきく;〖蔑〗ルーズな, 妥協的な.〖法律〗clause ~ 弾力条項. horaires ~s 融通のきく日程. règlement ~ 弾力的な(柔軟性のある)規則. conscience ~ 御都合主義の道義心. **5**〖軍〗défense ~ 縦深防御. replis ~ 弾力的後退.

—*n.m.* ゴム紐; ゴム糸; ゴム索; 輪ゴム; ゴム糸入りの伸縮性布地;〖*pl.*で〗靴下止め. s'attacher les cheveux avec un ~ ゴムバンドで髪を束ねる. saut à l'~ バンジー(=benji)〖ゴム索降下〗.〖俗〗les lâcher avec un ~ 金離れが悪い.

élastiqué(e) *a.* 伸縮性を付与された. jupe à taille ~ フリーサイズのスカート.

élastomère *n.m.*〖化〗エラストマー《弾性の高い高分子物質, 合成ゴム》. ~ thermoplastique 熱可塑性エラストマー, 熱可塑性ゴム, 加硫ゴム. semelles en ~ エラストマーの靴底.

ELDO (= 〖英〗*E*uropean *L*auncher *D*evelopment *O*rganization) *n.f.* ヨーロッパ宇宙ロケット開発機構《= 〖仏〗Organisation pour le développement de lanceurs européens; 1973年 Agence spatiale européenne (ASE)「ヨーロッパ宇宙機関」に統合》.

eldorado〖西〗*n.m.* **1** l'*E* ~ エルドラド, 黄金郷《南米にあるとされる架空の黄金郷》. **2** 楽園, 豊饒と悦楽の理想郷.

élec*teur*(*trice*) *n.* **1** 有権者, 選挙人《フランスでは正規に登録を済ませた~ inscrit のみが選挙権を行使できる. 投票権は満18歳以上のフランス国籍をもつ男女にあるが, その他いくつかの条件がある》. ~ inscrit (登録済) 有権者. carte d'~ 投票券, 投票所入場券. grand ~ 間接選挙で投票権をもつ者. **2**〖史〗神聖ローマ帝国の皇帝を選ぶ権利をもつ貴族, 選帝侯. le Grand ~ ブランデンブルク大選帝侯.

élec*tif*(*ve*) *a.* **1** 選挙に基づく. fonction ~ve 選挙によって任命される役職. pouvoir ~ 選挙に基盤を置く権力, 権限. **2** 選択的な. affinité ~ve (特定の人などを対象とする) 親和感, 親近感.〖化〗選択的親和性.〖精神医学〗amnésie ~ve 選択健忘.〖医〗traitement ~ 選択的治療.

élection *n.f.* **1** 選挙, (投票による) 選出《選ばれる者が複数の時には *pl.*》. ~ cantonale 県議会議員選挙. ~s générales 総選挙. ~ législative 下院選挙《フランスでは国民議会議員選挙》. ~ locale 地方選挙. ~ municipale 市町村議会議員選挙. ~ partielle 補欠選挙. ~ présidentielle 大統領選挙. ~ professionnelle 企業委員会委員選挙. ~ sénatoriale 上院議員選挙《フランスでは元老院議院選挙》. ~ sociale 社会保障基金理事会選挙. ~ du bureau (集会, 議会などの) 役員選挙. ~ du pape ローマ教皇選挙. **2** 選定, 選択; 選任.〖法律〗~ du domicile 住居の選定. ~ d'un tuteur 後見人の選任. le peuple d'~ ユダヤ人《神に選ばれた民》. terre d'~ 選ばれた土地, 国. **3**〖史〗(フランス革命前の) 徴税管区. pays d'~ 直接徴税区 (pays d'Etat の対).

électoral(ale)(*pl.***aux**) *a.* 選挙の, 選挙に関する. campagne ~e 選挙運動. circonscription ~e 選挙区. code ~ 選挙法典. collège ~ (間接選挙制における)選挙人団. contentieux ~ 選挙に関わる係争問題. 〔集合的〕corps ~ 有権者. frais ~ *aux* 選挙費. liste ~e 有権者名簿.

électorat [-ra] *n.m.* **1** 選挙人の資格; 選挙人の資格の行使, 選挙権の行使. La constitution de 1946 accorde l'~ aux femmes. 1946年の憲法が婦人に選挙権を認める.
2〔集合的〕選挙民, 有権者. ~ féminin 婦人有権者. ~ urbain 都市の有権者.
3〖史〗(神聖ローマ帝国の)選帝侯の位;選帝侯国.

électr[o]- [ギ] ELEM「電気」の意 (*ex. electro*lyse 電気分解).

électret *n.m.*〖物理〗エレクトレット(残留分極を有する誘電体).

électricien(ne) *n.* 電気技術者;電気技師(=ingénieur ~);電気屋. ouvr*ier* (*ère*) ~ 電気工.

électricité *n.f.* **1** 電気. ~ atmosphérique 空中(気象)電気. ~ dynamique 動電気. ~ statique 静電気. ~ positive (vitrée) 陽(正)電気. ~ négative (résineuse) 陰(負)電気.
2 電気エネルギー, 電力, 電気設備, 電灯. E~ de France フランス電力公社. alimentation de villes en ~ 都市への電力供給. distributeur d'~ 電力配給会社. consommation d'~ 電力消費. panne d'~ 停電. secteur de l'~ 電力産業.
3 張り詰めた雰囲気, 緊張感. Il y a de l'~ dans l'air. 険悪な空気がみなぎっている.

électrification (<électrifier) *n.f.* **1** 送電, 配電. **2** 電化. ~ des chemins de fer 鉄道の電化.

électrique *a.* **1** 電気の;電導の;電気で動く;電機の. appareillage ~ 電気機器. centrale ~ 発電所. charge ~ 電荷. choc ~ 電気ショック. construction ~ 電機産業. courant ~ 電流. moteur ~ (主に電気自動車用の)電動エンジン. voiture ~ 電気自動車.
2〔比喩的〕電気のように鋭い, 素早い, 強烈な. impression ~ 強烈な印象.

électrisation *n.f.* 帯電. ~ par frottement 摩擦による帯電.

électro-acousticien(ne) *n.* 電気音響技術者.
—*a.* 電気音響技術者の.

électro[-]acoustique *n.f.* 電気音響学.
—*a.* 電気音響の. musique ~ 電子音楽.

électro[-]affinité *n.f.*〖化〗電気親和性(énergie d'ionisation「電離力」の対).

électro[-]aimant *n.m.* 電磁石.

électrobiologie *n.f.* 電気生物学, 生物電気学.

électrocapillarité *n.f.*〖物理・化〗電気毛管現象, 毛管電気現象.

électrocardiogramme *n.m.*〖医〗心電図, ECG (=〔英〕électrocardiogram).

électrocardiographe *n.m.*〖医〗心電計.

électrocardiographie *n.f.*〖医〗心電図検査〔法〕(心電計利用診断, 略記 ECG.).

électrocautère *n.m.*〖医〗電気焼灼器.

électrochimie *n.f.* 電気化学.

électrochimiothérapie *n.f.*〖医〗電気化学療法.

électrochimique *a.* 電気化学の. équivalent ~ 電気化学当量. potentiel ~ 電気化学ポテンシャル, 電極位.

électrochirurgie *n.f.*〖医〗電気外科(電気凝固électrocoagulation, 電気メス切開électrodissectionなどを利用する外科手術).

électrochoc *n.m.*〖医〗電気ショック〔療法〕.

électrocinétique *n.f.* 動電学.

électrocoagulation *n.f.* 電気凝固;〖医〗電気凝固法(電気メスによる止血法).

électrocochléographie *n.f.*〖医〗内耳電位図検査〔法〕, (耳の)蝸電図.

électroconvulsivothérapie *n.f.*〖医〗電気痙攣療法, 電気ショック療法(=électrochoc).

électrocopie *n.f.*〖印刷〗静電印刷.

électrocorticogramme *n.m.*〖医〗皮質脳波(ECoGと略記).

électrocution *n.f.* **1** 感電;電撃死, 感電死(=mort par électricité). **2** 電気処刑(= ~ légale) (電気椅子による処刑).

électrode *n.f.* **1**〖化〗電極;溶接棒. ~ négative 陰極. ~ positive 陽極. ~ de soudure 溶接用電極, 電弧溶接棒. ~ d'entrée (de sortie) 入用(出力)電極.
2〖医〗(心電計などの)電極, 導子. ~ cutanée 皮膚電極.

électrodéposition *n.f.*〖化〗電着(=dépôt électrolytique);電着塗装.

électrodiagnostic *n.m.*〖医〗電気診断(心電図など電位変化の記録による診断法).

électrodialyse *n.f.*〖化〗電気透析, 電解透析.

électrodissection *n.f.* 電気解剖.

électrodomestique *a.* 家電用の. civilisation ~ 家電文明. matériel ~ 家電製品.
—*n.m.* 家庭用電気製品, 家電製品(appareils ménagers 家事用家電製品, ordinateur individuel パーソナルコンピュータ, outil de bricolage 電動工具など).

électrodynamique *n.m.*〖物理〗電力学.

électrodynamisme *n.m.*〖物理〗**1** 流電現象. **2** 電気力学現象.

électrodynamomètre n.m. 〚電〛電流力計, ダイナモメーター.
électro-encéphalogramme n.m. 〚医〛電気式脳造影図, 脳波, EEG.
électroencéphalographie n.f. 〚医〛脳波検査, 脳波図検査〔法〕.
électro(-)érosion n.f. 〚治〛放電加工, 電気侵蝕法.
électrofaible a. 〚物理〛電弱の. théorie ~ 電弱理論.
électro(-)fioul a. 電化灯油式の. chaudière ~ 電化灯油暖房器.
électroformage n.m. 〚治〛電気鋳造, 電鋳.
électrogène a. 電気を発生させる. groupe ~ 発電装置(熱機関と発電機の一式).
électrohydrothérapie n.f. 〚医〛電気水治療法(電気療法と水治療法の併用).
électrologie n.f. 1 電気学. 2 電気医学 (= ~ médicale).
électroluminescence n.f. 〚物理〛電界発光, エレクトロルミネセンス(蛍光体の電場発光. 略記 EL).
électro(-)luminescent(e) a. 〚物理〛放電発光の, エレクトロルミネセンス性の. diode ~e 発光ダイオード, LED (= 〚英〛light-emetting diode ; 〚仏〛DEL).
électrolysable a. 電解性の. composé ~ 電解性化合物.
électrolyse n.f. 〚化〛電気分解, 電解.
électrolyser v.t. 電気分解する.
électrolyseur n.m. 〚化〛電解槽, 電気分解装置.
électrolyte n.m. 〚化〛電解質 ; 電解液. ~ fort 強電解質.
électrolytique a. 1 電解の ; 電解による. argenture ~ 電解銀メッキ. cellule ~ 電解槽. 〚化〛polymérisation ~ 電解重合. protection ~ 電気防蝕. solution ~ 電解液.
2 電解質の ; 電解液の. condenseur ~ 電解コンデンサー.
électromagnétique a. 〚物理〛1 電磁気の. champ ~ 電磁場. 〚写真〛diaphragme ~ 電磁駆動絞り. force ~ 電磁気力. gyroscope ~ 電磁ジャイロスコープ (= 〚英〛electromagnetic gyro : 略記 EMG). impulsion ~ 電磁パルス (= 〚英〛electromagnetic pulse : 略記 EMP). induction ~ 電磁誘導. onde ~ 電磁波. parasite ~ 電磁妨害 (= 〚英〛electromagnetic interference : 略記 EMI). potentiel ~ 電磁ポテンシャル. table de cuisson à induction ~ 電磁調理器.
2 電磁気学の. unités ~s 電磁気学単位 (gauss, gilbert, maxwell, œrsted).
électromagnétisme n.m. 〚物理〛電磁気 ; 電磁気学.
électromécanicien(ne) n. 電気機械師. 〚同格〛ouvrier ~ 電気機械工.
électromécanique n.f. 電気機械技術, 電気機械工学.
——a. 電気と機械の. 〚機工〛tête ~ 電気機械式ヘッド.
électro(-)ménager(ère) a. 家庭用電化の, 家電の. appareils ~s 家庭用電化機器, 家電製品.
——n.m. 家庭用電化製品製造業, 家電産業 ; 〔集合的〕家電製品.
électroménagiste n. 家電製品販売業者.
électrométallurgie n.f. 〚治〛電気冶金〔学〕.
électrométéore n.m. 〚気象〛電気現象(オーロラ, 雷, セント=エルモの火などの電気的大気現象).
électromètre n.m. 電位計.
électrométrie n.f. 〚電〛電気測定.
électromoteur(trice) a. 1 起電の, 電動の. appareil ~ 電動機器.
2 force ~trice 起電力(略記 f.e.m.), 動電力.
——n.m. 電動機, モーター.
électromyogramme n.m. 〚医〛筋電図(略記 EMG).
électromyographie n.f. 〚医〛筋電図検査法(EMG と略記).
électron n.m. エレクトロン, 電子 ; 陰電子 (= ~ négatif, négaton)(素粒子の一種 ; 記号 e または e⁻). ~ libre 自由電子(真空中や物質中で自由に運動する電子) ; 〔比喩的〕気儘勝手な行動をする人. ~ libre d'un parti 政党内で気儘に行動する党員. laser à ~ libre 自由電子レーザー. ~ positif 陽電子 (= positon). émission d' ~s 電子の放出.
électronarcose n.f. 〚精神医学〛電気麻酔, 電気ショック催眠法. séance d' ~ 電気麻酔治療.
électronégatif(ve) a. 負に電荷した, 負電荷の ; 〚化〛〚電気〛陰性の. constituant ~ 電気陰極成分.
——n.m. 電気陰性物質.
électronégativité n.f. 電気陰性度.
électroneurographie n.f. 〚医〛神経電図〔記録法〕.
électronicien(ne) n. 電気工学者, 電子技術者.
électronique a. 電子の, 電子工学の, エレクトロニクスの ; 電子技術(エレクトロニクス)利用の ; 電子式. agenda ~ 電子手帳. appareil ~ 電子機器. calculateur ~ 電子計算機. campus ~ 電子学校, インターネット学校. charge ~ 電子電荷. composant ~ エレクトロニクス部品(産業). fichier ~ 電子ファイル, コンピュータ処理用文書管理システム. industrie ~ エレクトロニクス産業. musique ~ 電子音楽.
——n.f. エレクトロニクス, エレクトロニ

ス産業, 電子工学. ~ aérospatiale 航空電子工学. ~ grand public 民生用エレクトロニクス. ~ professionnelle 産業用エレクトロニクス.

électronothérapie *n.f.* 〖医〗電子治療（癌などに高エネルギー電子を照射する治療法）.

électronucléaire *a.* 原子力発電の. centrale ~ 原子力発電所, 原発. énergie ~ 原子力発電エネルギー. Le programme ~ a pour but de réduire le taux de dépendance énergétique de la France. 原発推進計画の目的はフランスの対外エネルギー依存率を引き下げることにある.
——*n.m.* 原子力発電部門；原発で生産された電力；原子力発電工学, 核発電工学. la part de l'~ dans la production totale de l'électricité 電力総生産量に占める原子力発電の割合.

électron〔-〕volt *n.m.* 電子ボルト, エレクトロンボルト（記号 eV；1eV＝1.602×10^{-19}J）.

électronystagmographe *n.f.* 〖医〗眼振計（略記 ENG；électrooculographe〔EOG〕）.

électronystagmographie *n.f.* 〖医〗(電気)眼振計検査.

électro-oculogramme *n.m.* 〖医〗電気眼球図, 眼電図（略記 EOG）.

électro〔-〕oculographie *n.f.* 〖医〗眼球電図検査〔法〕.

électro-optique *a.* 電気・光学的, 電気光学の. effet ~ エレクトロ・オプティック効果. télescope ~ 電気光学式望遠鏡.

électro-osmose *n.f.* 電気浸透（＝osmose électrique).

électrophile *a.* 〖化〗求電子の, 親電子の. réactif ~ 求電子試薬. réaction ~ 求電子反応.

électrophone *n.m.* 〖音響〗電蓄（アンプ, スピーカー, レコード・プレーヤーからなる再生装置).

électrophorèse *n.f.* 〖物理・化〗電気泳動.

électrophysiologie *n.f.* 電気生理学.

électroponcture *n.f.* 〖医〗電気鍼（はり）治療（＝électropuncture).

électroporation *n.f.* 〖生化〗電気穿孔法（ADN (DNA) または染色体をバクテリアの細胞に取り込むため, 電気パルスで細胞膜に穿孔する方法).

électroportatif(ve) *a.* 〖工具〗携帯電動式の. scie ~ve 電動携帯鋸.

électropositif(ve) *a.* 電気陽性の（正に帯電した).

électropuncture *n.f.* 〖医〗電気針鍼術（＝électroponcture).

électroradiologie *n.f.* 〖物理〗電子放射線学.

électroradiologiste *n.* 〖医〗電気放射線医師.

électrorestrictif(ve) *a.* 電子を拘束する. matériaux ~s 電子拘束素材.

électrorétinogramme *n.m.* 〖医〗網膜電位図, 網電図（ERG と略記).

électrorétinographie *n.f.* 〖医〗網膜電図検査〔法〕.

électroscope *n.m.* 検電器.

électrostatique *a.* 〖物理〗静電気の. induction ~ 静電誘導. potentiel ~ 静電位.
——*n.f.* 静電気学.

électrostriction *n.f.* 〖電〗電歪(でんわい), 電気ひずみ.

électrotechnicien(ne) *n.* 電気工学者；電気工学技師.

électrotechnique *n.f.* 電気工学.
——*a.* ~の.

électrothérapie *n.f.* 〖医〗電気療法.

électrothermie *n.f.* 1 〖化〗電熱化学. 2 電熱工学. 3 〖治〗電熱工法.

électrotypie *n.f.* 〖印刷〗電気製版法, 電鋳〔法〕.

électrovalence *n.f.* 〖化〗イオン原子価.

électrovalve *n.f.* 電磁ヴァルヴ, 電気制御ヴァルヴ.

électrovanne *n.f.* 電磁弁, 電気制御弁.

électrum [elε(e)ktrɔm] *n.m.* 〖鉱〗エレクトラム, 自然金《金と銀の自然合金》；(古代の)琥珀金.

élégance *n.f.* 1 優雅, 端麗；洗練；気品, よさ. ~ d'une fleur 花の優美さ. ~ d'un geste 仕種の洗練. ~ d'une œuvre d'art 芸術作品の上品さ. ~ d'une réunion 集会の品のよさ. ~ de la taille 体つきの優雅さ. femme d'une grande ~ 際立って優雅な女性. parler avec ~ 洗練された話し方をする.

2 趣味のよさ, 粋. ~ affectée うわべだけの趣味のよさ. ~ féminine 女らしいお洒落. ~ d'une toilette 化粧の趣味のよさ. s'habiler avec ~ 趣味のよい身なりをしている.

3〔多く *pl.*〕洒落た表現；気取った言い回し, お上品ぶった言葉（態度）. ~s inutiles けばけばしさ. faire des ~s 気取る.

4 繊細さ, 奥ゆかしさ；細やかな気遣い, 鮮やかさ, 手際のよさ. ~ d'une raisonnement 推理の鮮やかさ. point de vue avec ~ 繊細な見方. procédé sans ~ やぼなやり口. savoir perdre avec ~ いさぎよい敗け方を心得ている.

élégant(e) *a.* 1 優美な, 優雅な；洗練された；気品のある, 上品な；趣味のいい；粋な. clientèle ~e 上品な顧客. femme ~e 優雅な（趣味のいい）女性. restaurant ~ 洗練されたレストラン. robe ~e シックなドレス. style ~ 洗練された文体. toilette ~e 粋な化粧.

2 手際のいい, 気のきいた, 鮮やかな；礼

にかなった,奥ゆかしい. mensonge ~ 気
のきいた嘘. procédé ~ やほなやり方.
C'est la solution la plus ~e. それが一番すっきりした解決法だ.
——n. 服装の趣味のいい人.

élément *n.m.* [I]《構成要素,要素,部分》**1** 構成要素,部分,側面. ~ constitutif 構成要素. ~s d'un ensemble 全体の各部分.〖言語〗~ de formation d'un mot 造語成分.〖哲〗~s de connaissance 認識の要素.〖医〗~s d'une maladie 疾病構成要因.〖軍〗~s de tir 砲学の諸元. Pour bien comprendre le problème, il faut prendre en considération chacun des ~s qui le composent. 問題をよく理解するためには,それを構成している要素一つ一つを考慮に入れなければならない. L'euro a une relation avec le politique... qui contient des ~s spécifiques qui découlent du fait que la monnaie européenne est une《monnaie sans Etat》. ユーロは政治と関係がある. その関係にはユーロが「国家のない通貨」であるという事実から来る特異な要素がある.
2(集団の)構成員,分子,〔蔑〕人々. La direction du parti condamne sévèrement les ~s réformateurs. 党の中央は改革分子を厳しく非難している.
3〖機械〗機械要素,ユニット,元. ~ neutre 単位元. ~ préfabriqué プレハブユニット.
4〖数〗(集合の)元,要素.
5〖電〗電池,単一電池,バッテリーの単位. ~ à l'acide chromique クロム酸電池. ~ fixe 据え置き蓄電池.
[II]《元素,要素,基礎原理》**1**〖化〗元素. ~ radioactif 放射性元素. tableau périodique des ~s chimiques 元素周期率表. ~s rares 希有元素. ~s transitionnels 遷移元素.
2〔pl. で〕基礎,原理,原論,要素,初步. Les ~s d'Euclide エウクレイデス(ユークリッド)の「ストイケイア」(「原本」,あるいは「幾何学原論」) Les ~s de mathématique (Nicolas Bourbaki)《複数の数学者による集団名》「数学原論」.
3〔古〕les quatre ~s 四大(しだい)《空気 air, 火 feu, 土 terre, 水 eau》.〔文〕les ~s déchaînés 大自然の力.
4(最適な,住みよい)環境,本領を発揮できる場所. être dans son ~ 水を得た魚のようである.

élémentaire *a.* **1** 基礎原理の；基礎の,基礎的な；初歩の,初等の,初級の. cours d'anglais ~ 基礎英語講座. notions ~s 基礎概念. principes ~s 基礎原理. traité de géométrie ~ 基礎幾何学.〖旧制度〗classe ~ (リセの)基礎学級(第8・7学級). classe de mathématique ~ (リセの)基礎数学学級《通称 classe de mathélem (=matelem)》；理系バカロレア受

験者向けの最終学級). école ~ 小学校 (= école primaire). école pré-~ 幼稚園 (= école maternelle).
2 初步的な,極めて単純な；基本的な,必要最小限の.〔話〕C'est ~ de faire qch. ⋯するのは最低限の心得である(分かり切ったことだ). la plus ~ des politesses 最低限の礼儀. précautions ~s 最小限の用心.
3〖化〗元素の. analyse ~ 元素分析.
4〖物理〗particules ~s 素粒子.
5〖古代哲学〗四大《空気・火・土・水》の一つに関する.

élément-trace *n.f.*〖地学〗元素痕跡《試料中に含まれる数 ppm 以下の極微量元素》.

éléphant *n.m.* **1**〖動〗象；牡の象 (= ~ mâle). ~ d'Afrique (d'Asie, d'Inde) アフリカ(アジア,インド)象. ~ dressé 調教された象. ~ femelle 牝の象 (=éléphante). défenses d'~ 象牙. avoir une mémoire d'~ (象のように)物覚えがいい；執念深い.
2〖動〗~ marin (de mer) ぞうあざらし.
3〔比喩的〕象のような巨漢.
4〖海〗〔隠〕新米の水夫；船旅が初めての客.

éléphantiasis [elefɑ̃tjazis] *n.f.*〖医〗象皮病, ~ de la vulve 外陰象皮病. ~ tropique 熱帯性象皮病.

élevage *n.m.*〖農〗(家畜・家禽・魚などの)飼育,飼養,養殖,育種. ~ des abeilles 養蜂 (=apiculture). ~ des vers à soie 養蚕 (=sériculture). ~ des volailles 家禽の飼育. ~ du bétail 牧畜. truite d'~ 養殖のます.

éléva teur (trice) *a.* **1** 高所にあげる,持ちあげる；上昇させる.〔chariot〕~ リフトトラック.〔chariot〕~ à fourche フォークリフト. transformateur ~ de tension 昇圧変圧器.
2〖解剖〗muscle ~ 挙上筋,挙筋. muscle ~ de la paupière 眼瞼挙上筋, 上眼瞼筋.
——*n.m.* **1** 持ち上げ装置, リフト；エレヴェーター (=ascenseur). ~ à fourche フォークリフト. ~ hydraulique 水力エレヴェーター.
2〖解剖〗挙上筋,挙筋. ~ de la paupière 上眼瞼挙筋.

élévation *n.f.* **1** 上げる(揚げる)こと. ~ de la main 挙手. parler avec une ~ de (la) voix 声を高めて話す.
2 上昇. ~ du niveau de vie 生活水準の向上. ~ du niveau des eaux 水位の上昇.〖医〗~ du pouls 脈拍の昂進. ~ des prix 価格の上昇. ~ des tarifs 料金の引き上げ. ~ de la température 温度の上昇.
3 建立；建設. ~ d'un monument 記念碑の建立.
4 昇進. ~ à une dignité 高位への昇進. ~ au grade d'officier 士官への昇進. ~ de Louis XIV sur le trône ルイ14世の即位.
5〖カトリック〗聖体奉挙 (= ~ de la hos-

tie). ~ du Saint-Sacrement 聖体の奉挙.
6 高揚. ~ de l'âme vers Dieu 神に向かう魂の高揚.
7 気高さ, 品格の高さ. ~ des sentiments 感情の高揚.
8 高台 (= ~ de terrain); 〖古〗高さ. se cacher derrière une ~ 高台 (高所) の後に隠れる.
9 〖幾何, 建築〗立面〖図〗, エレヴェーション; 立ち上がり. ~ de côté (de face) 側面 (正面) 図.
10 〖砲〗射角, 照準角; 仰角.
11 〖数〗累乗. ~ au carré (au cube) 2乗 (3乗). ~ à la puissance deux cinq 2の5乗.
12 〖舞踊〗エレヴァシオン《跳躍中の姿勢》.

élévatoire *a.* 〖機工〗(物を) 持ちあげる; (水を) 揚げる. appareil ~ 荷揚機; 揚水機, 汲み上げ機. pompe ~ 揚水ポンプ.

élève *n.* **1** (学問, 芸術上の) 弟子, 門弟 (=disciple) (maître 「師, 先生」 の対). Platon est l'~ de Socrate. ソクラテスの弟子プラトン.
2 (小学校, 中学校, 高等学校の) 生徒; (グランド・ゼコールの) 学生; 在校生. ~ des écoles primaires 小学生 (=écolier (ère)). ~ des collèges 中学生 (=collégien (ne)). ~ des lycées 高校生 (=lycéen (ne)). ~ des classes préparatoires aux grandes écoles グランド・ゼコール受験準備学級の生徒. ~ de l'Ecole des chartes (du Conservatoire) 古文書学校 (コンセルヴァトワール) の学生. ancien ~ de l'Ecole normale [supérieure] 高等師範学校出身者 (肩書に用いる). ~ boursier 給費生. association de parents d'~s 父兄会.
3 〖軍〗候補生; (軍学校の) 生徒, 学生. ~ caporal 上等兵候補生. ~ officier d'active 現役士官候補生 (略記 EOA). ~ officier de réserve 予備役士官候補生 (略記 EOR).
4 〖古〗〖農〗幼い家畜; 〖植〗苗木, 苗.

élevé(e) *a.p.* **1** (位置, 丈などが) 高い. arbre ~ 高木. hauteur peu ~*e* さほどでもない高さ. latitude ~*e* 高緯度. montagne ~*e* 高山. pic très ~ 高い尖峰.
2 (等級・程度・数値などが) 高い. 〖医〗 pouls très ~ 非常に早い脈拍. prix ~ 高い価格. tarif peu ~ あまり高くない料金. température ~*e* 高温. ton ~ 高い音調. arriver au point le plus ~ de la carrière 最高位に到達する, 位を極める. prêter de l'argent à un taux ~ 高い利率で金を貸す. subir des pertes ~*es* 甚大な損害を蒙る.
3 (位階, 等級などが) 高い, 高位の. dignité la plus ~*e* 最高位. grade le plus ~ 最高の階級. rang social très ~ 非常に高い社会的地位.
4 (人, 資質などが) 高貴な, 気高い; 格調の高い. des cœurs ~*s* 高貴な心の持主. es-

prit ~ 気高い精神. style ~ 格調の高い文体.
5 (人について) bien (mal) ~ 躾け (行儀) が良い. enfant bien ~ 躾け (行儀) の良い子供. 〖話〗C'est très mal ~ de dire cela. そんなことを言うのは大変失礼だ.
— *n.* bien (mal) ~ 行儀の良い (悪い) 人.

élève-maître (élève-maîtresse) *n.m.(n.f.)* 小学校教員養成師範学校 (école normale d'instituteurs (d'institutrices)) の学生.

ELF (= [英] extremely *l*ow *f*requency) *n.f.* 極超低周波, 極低周波 (= [仏] fréquence extrêmement basse).

éligibilité *n.f.* 被選挙資格〖権〗《フランスでは, 大統領および国民議会議員については23歳, 元老院議員については30歳から被選挙権がある》. conditions d'~ 被選挙資格の諸条件.

éligible *a.* 被選挙資格のある, 被選挙権のある.
— *n.* 被選挙有資格者, 被選挙権者.

élimination (<éliminer) *n.f.* **1** 除去, 削除. ~ des causes de guerre 戦争の原因の除去. ~ d'un nom dans une liste 名簿からの名前の削除. ~ d'un souvenir 記憶の削除.
2 〖数, 論理〗消去〖法〗. méthode d'~ entre deux équations algébriques 2つの代数方程式間の消去法. procéder par ~ 消去法を用いる; 消していく.
3 排除, 除名, 追放 (=expulsion). ~ de plusieurs dirigeants 多数の指導者の追放.
4 選抜; 〖スポーツ〗選抜; (チームからの) 除外. ~ des candidats 志願者からの選抜. ~ en huitième de finale 準々決勝での選抜. ~ par accident (crevaison) 事故 (疲労困憊) による脱落. ~ par décision des commissaires 審判団の決定による失格 (=disqualification). course par ~*s* successives 順次選抜レース 《トラックの周回毎に最後尾の走者が脱落していくレース》.
5 淘汰; 自然淘汰 (=selection naturelle). ~ des espèces du fait de la concurrence vitale 生存競争による種の淘汰. ~ des inadaptés 不適応者の淘汰. 〖比喩的〗~ d'un sentiment 感情の排除.
6 抹殺. ~ d'un gangster par une bande rivale 抗争一味によるギャングの抹殺.
7 〖生理〗(老廃物, 毒物などの) 排出, 排泄 (=évacuation, excrétion). ~ des toxines 毒物の排泄. ~ excessive de substances minérales ミネラル分の過剰排出. agents actifs de l'~ 排出作用器官. organes d'~ 排泄器官.
8 〖化〗離脱. réaction d'~ 離脱反応.

éliminatoire *a.* 除去する; 選抜する. épreuve ~ 選抜試験; 予選. note ~ (試験の) 失格点〖数〗. procédé ~ 選抜方法.
— *n.f.* 〖スポーツ〗選抜試合; 予選. ~ d'un

championat 選手権の予選.

ELISA (=〔英〕*e*nzyme-*l*inked *i*mmuno sorbent *a*ssay) *n.m.*〖医〗酵素免疫抗体法. test ~ 酵素免疫抗体テスト.

élite *n.f.* **1**〔集合的〕エリート, 選り抜きの人々, 精鋭, 選良. ~ artistique (intellectuelle) 芸術の (知的) エリート. ~ cultivée 教養あるエリート. ~ syndicaliste 組合のエリート.
d'~ 選抜きの, 精選された, エリートの. livre d'~ (家畜の) 血統台帳. sujet d'~ 優秀な生徒 (= ~ brillant). troupe d'~ 精鋭部隊;〖スイス〗(20-32歳の軍人で編成される) エリート部隊.
2〔*pl.* で〕一流人, 社会のエリート. ~s locales 地方のエリート. recrutement des ~s 一流人の募集.

élitisme *n.m.* エリート主義;エリート体制. maladie de l'~ エリート〔主義〕病.

élitiste *a.* エリート主義の. enseignement ~ エリート教育.
——*n.* エリート主義者.

e-livre *n.m.* 電子本 (=〔英〕e-book).

élixir〔アラビア〕*n.m.* **1**〔古〕エリクシール, 霊液, 霊薬;万能薬. ~ d'amour 媚薬. ~ de diable 悪魔の霊液. ~ de longue vie 不老長寿の霊薬.
2〔現用〕〖薬〗エリキシル剤 (シロップまたはグリセリンに芳香材を加えたアルコールを混ぜた液剤) (=teinture composée「合成チンキ剤」). ~ dentifrice (pectoral) 液体歯薬 (咳止め薬). ~ parégorique 阿片安息薬チンキ.
3〔古〕精髄.

elliptocytose *n.f.*〖医〗楕円細胞症.

ELM (=*e*scorteur *l*ance-*m*issiles) *n.m.*〖海軍〗ミサイル装備護衛艦.

El Niño〔西〕*n.m.*〖気象〗エル・ニーニョ (毎年クリスマス前後にエクアドルからペルー北部沿岸にかけて現れる暖水塊の南下現象). phénomène ~ エル・ニーニョ現象 (数年に一度ペルー沖に発生する異常暖水塊の出現現象;地球全体に異常気象をもたらす).

élocution *n.f.* **1** 発声法. ~ nette はっきりした発声法.
2 話し方. ~ lente (rapide) 遅い (早口の) 話し方.
3〔修辞〕措辞, 表現法. ~ harmonieuse 調和のとれた表現法. talent d'~ 雄弁の才.

éloge *n.m.* **1** 称賛の演説. ~ académique アカデミー会員の称賛演説 (死去した会員の功績を称える後任会員の就任演説). ~ funèbre 追悼演説. prononcer un ~ 称賛の演説をする.
2 称賛の言葉, 賛辞. *E~ de la Folie* d'Erasme エラスムスの『痴愚神礼賛』(1511年). ~ exagéré 大袈裟な賛辞. conduite digne d'~s 称賛に値する行為. décerner (donner) des ~s 称賛の言葉をお

くる. faire l'~ de *qn* 人を称賛する. recevoir des ~s 賛辞を受ける. avec ~ 称賛して, 称賛の念を抱いて. parler de *qn* (*qch*) avec ~ 何 (人) を称賛して語る.

éloigné(e) *a.p.* **1** (空間が) 遠く離れた;遠い. pays ~ 遠国, 異国;遠隔地. province ~ 辺鄙な田舎. village ~ de la route 街道から離れた村. faire une promenade ~*e* 遠出の散策をする.
2 (時間が) 隔った, 遠い. échéance ~*e* 遠い先の期限. événements assez ~s かなり前の出来事. souvenirs ~s 遠い昔の思い出. à une époque bien ~*e* ずっと前に. dans un avenir ~ 遠い将来に.
3 (関係が) 遠い. parents ~s 遠い親戚.
4〔比喩的〕(de から) 程遠い;(de とは) かけ離れた, 異った. causes ~es d'un phénomène 現象の遠因. doctrines ~es l'une de l'autre かけ離れた理論. récit bien ~ de la vérité 真相とは遙かにかけ離れた話. être ~ de+*inf.* …するどころではない. Je suis bien ~ d'y consentir. とても同意できません.

éloignement (<éloigner) *n.m.* **1**〔空間的〕遠ざけること;遠ざかること;遠ざけられていること;隔離, 離隔, 離別. ~ de nos demeures われわれの住居の隔り. ~ des personnes suspectes 被疑者の隔離.〖幾何〗~ d'un point 垂直投影図上の1点の距離. progressif d'une voiture 車が徐々に遠ざかること. bruit étouffé par l'~ 距離をおくことで弱められた騒音. prendre contre *qn* des mesures d'~ 人に対して隔離措置を講じる. Ce tableau doit être regardé avec un certain ~. この絵は少し退がって見るべきだ.
2〔時間的〕時間の隔り. Avec l'~, les impressions s'atténuent. 時がたつにつれて, 印象は薄れる.
3〔比喩的〕疎遠;別離. être dans l'~ des pratiques religieuses 信仰の実践に疎遠になっている. vivre dans l'~ du monde 世間から遠ざかって暮す.
4〔文〕距離を置いた態度;反感;嫌悪. avoir de l'~ pour *qn* 人に冷たい態度をとる.

élongation *n.f.* **1**〖医〗伸長術. ~ d'un tendon 腱延長術. ~ musculaire 筋延長症.
2〖物理〗(計器の) 最大振れ, 振り幅.
3〖天文〗離角, 離隔.

éloquence *n.f.* **1** 雄弁;雄弁術. ~ naturelle 飾らぬ雄弁. ~ persuasive 説得力のある雄弁. manque d'~ 口下手. parler avec ~ 雄弁に語る.
2 (言葉によらない) 雄弁, 説得力. ~ des chiffres 数字の説得力. ~ d'une mimique 雄弁な身振り.

ELTSINE, Boris Nicolaïevitch〔ロシア〕*n.pr.* ボリス・ニコライエヴィッチ・エリツィン (1931-2007;ロシアの政治

家；1991年初代のロシア連邦la Fédération de Russie 大統領に選出, 1996年再選, 1999年再任；形容詞 eltsinien(ne)).

élu(e) a. 選ばれた, 神に選ばれた；選ぎされた, 当選した. député ~ dans la première circonscription de Paris パリ第一区選出代議士. le peuple ~ 選民《ユダヤの民》.
── n. **1** 選挙で選ばれた人, 当選者, 議員. ~s locaux 地方議員.
2 意中の人, (特に)結婚の相手として選ばれた人. Qui est l'heureuse ~e? 幸せな婚約相手の女性は一体誰ですか？
3 〔多く pl.〕神の恩寵を受ける人.

éluant n.m. 〖化〗抽出試薬, 抽出剤, 流出液, 溶出液. ~ de colonne カラム通液.

élution n.f. 〖化〗溶離.

élyséen(ne) a. **1** (大統領府)エリーゼ宮の. milieux ~s 大統領筋.
2 〖ギ神話〗エリュシオン(Elysée)の. Champs ~s エリュシオンの野(=Champs-Elysées).
3 〔比喩的〕仙境の, 楽土の.

EM (=*é*tat-*m*ajor) n.m. 〖軍〗参謀部, 幕僚部；〖海軍〗軍令部.

EMA (=*E*cole *m*ilitaire de l'*A*ir) n.f. 〖軍〗空軍学校(1922年創設の空軍パイロット, 機関士官, 基地担当士官養成校).

émaciation n.f. **1** 〖医〗羸痩(るいそう), 痩せ(標準体重の −10% 以下に体重が減少した状態).
2 〔文〕やつれ, 憔悴.

émail (pl. **~aux**) n.m. **1** エナメル, 琺瑯(ほうろう). ~ commun エナメル, ~ champlevé エマイユ・シャンルヴェ(生地彫り七宝). ~ cloisonné エマイユ・クロワゾネ, 七宝. ~ niellé ニエロ象眼七宝. ~ peint 描画七宝.
2 エナメル塗料；〔陶器の〕釉薬(ゆうやく, うわぐすり)；琺瑯引き. casserole en ~ 琺瑯引きのカスロール(片手鍋).
3 〔pl. で〕エナメル細工, 七宝細工. ~aux de Bernard Palissy ベルナール・パリッシーの七宝細工.
4 エナメル質. ~ des dents 歯のエナメル質.
5 〔pl. で〕〖紋章〗原色.
6 〔文〕(花の)変化に富む鮮やかな彩り.

E-Mail, e-mail [imɛil] n.m. Eメール, 電子メール(=messagerie électronique, courrier électronique). adresse ~ personnelle Eメールの個人アドレス.

émaillage n.m. **1** エナメル加工, 琺瑯引き. ~ de la fonte 鋳物の琺瑯引き.
2 〔陶〕釉薬をかける作業. ~ de la porcelaine 磁器の釉薬がけ.

émaillé(e) a.p. **1** 〔製陶〕琺瑯(うわぐすり)をかけられた.
2 エナメル加工をした, 琺瑯(ほうろう)引きの. casserole en fonte ~e 琺瑯引きの鋳

物鍋.
3 〔比喩的〕彩られた；ちりばめた. discours ~ citations 引用をちりばめた講演. prairies ~es de fleurs 花に彩られた牧草地.

émanation n.f. **1** 発散物(蒸気 vapeur, 匂い odeur など)；〖地学〗エマネーション；〖化〗エマネーション, エマナチオン. ~ d'un mets 料理の香り. ~s fétides (puantes) 臭気.
2 発現, 発露. ~ de Dieu 神の発現. ~ de l'autorité 権威の発現. ~ de la beauté idéale 理想的美の発露.
3 〖キリスト教〗(三位一体における)発出；〖哲〗流出.

émancipation n.f. **1** 〖法律〗(未成年者の)親権(後見)解除. acte juridique de l'~ 親権(後見)解除の法的行為.
2 〔比喩的〕(奴隷・婦人・植民地などの)解放；精神的解放. ~ de la femme 婦人の解放. ~ sexuelle 性的解放.

émancipé(e) a.p. **1** 〖法律〗親権(後見)を解除された. mineur ~ 親権(後見)を解除された未成年者.
2 (因襲などから)解放された；偏見を脱した. colonie ~e 解放された植民地. esclaves ~s 解放された奴隷.
3 放縦な, ふしだらな.

EMAT (=*E*tat-*m*ajor de l'*A*rmée de *t*erre) n.m. 〖軍〗陸軍参謀本部.

emballage n.m. **1** 包装, 梱包, 荷造り.
2 包装(梱包)材. ~ perdu 使い捨て容器(包装).
3 包装(梱包)産業(業界).
4 〖自転車競走〗ラストスパート.

embarcadère n.m. 埠頭, 船着場.

embarcation n.f. 舟艇, 短艇, 小型船舶. ~ de sauvegarde 救命ボート.

embargo n.m. **1** 禁輸, 出港禁止措置. ~ de Cuba キューバ封鎖. ~ sur le pétrole 石油禁輸. décréter (imposer) l'~ sur qch… を禁輸にする.
2 〔報道〕発表の時限付禁止, エンバゴ. nouvelle frappée d'~ jusqu'à minuit 24時まで公表を禁止されたニュース.

embarqué(e) a. (船・航空機・車などに)乗り込んだ；積み込んだ. aviation ~e 艦載機(群).

embarquement n.m. **1** (船, 航空機, 車)に乗り込むこと(乗船, 搭乗, 乗車)；積込み. ~ des passagers 乗客の乗船(搭乗, 乗車). ~ du matériel 資材の積み込み. E~ immédiat, porte n° 11 搭乗口11番から直ちに搭乗して下さい(空港の案内表示・アナウンス). carte d'~ 乗船(搭乗)券. 〔鉄道〕quai d'~ 乗車ホーム；〔船〕乗船埠頭.
2 船出. l'E~ *pour l'île de Cythère* de Watteau ヴァトーの『キュテラ(シテール)島への船出』(油絵, 1717年). ~ pour New York ニューヨークへの船出.
3 〖海〗船員名簿への登録；海上勤務期間.

~ d'un an 1年の海上勤務期間. ordre d'~ 乗船(搭乗)命令.

embarras *n.m.* **1** 支障, 邪魔, 面倒；厄介. créer (susciter) des ~s à qn 人に迷惑をかける.
2 窮地, 苦境. ~ pécuniaires 経済的苦境. aider qn dans l'~ 苦境にある人を助ける. mettre qn dans l'~ 人を窮地におとし入れる. se tirer d'~ 窮地を脱する.
3 困惑, 当惑. ~ du choix 選択の迷い. avec ~ どぎまぎして. avoir l'~ 困惑する. ne pouvoir dissimuler son ~ 困惑を隠せない.
4 〔話〕faire des ~ (de l'~) ぎこちない態度をとる；もったいぶる.
5 〔医〕~ gastrique (intestinal) 胃(腸)カタル. souffrir d'un ~ 胃腸の具合が悪い.
6 〔古〕交通妨害；交通渋滞 (= ~ de voitures).

embarrassant(e) (<embarrasser) *a.*
1 邪魔になる. bagages ~s 邪魔な旅行荷物.
2 厄介な；困った, 当惑させる. choix ~ à faire 厄介な選択. question ~e 難しい. silence ~ 気まずい沈黙. c'est un cas ~ à résoudre. 解決がむずかしい事例.

embarrassé(e) *a.p.* **1** (動作を)邪魔された, (機能を)阻害された；(場所が)塞がった. cerveau ~ 機能麻痺に陥った脳. circulation ~e 渋滞した交通. pièce ~e 家具で手狭になった部屋. rue ~e 混雑した通り. avoir l'estomac ~ 胃がもたれている. avoir les mains ~es 手がふさがっている.
2 (言葉などが)混乱した, もたもたした. discours ~ 回りくどい話. explications ~es もたもたした説明. paroles ~es しどろもどろの言葉.
3 困惑(当惑)した. air ~ どぎまぎした様子. être très ~ pour répondre どう答えたらよいか困惑している.

embarreur(se) *n.m.* (商品の)包装(梱包)業者；荷作り係.

embarrure *n.f.* 〔医〕頭蓋陥没骨折.

embauchage *n.m.* (賃金労働者の)雇用, 雇い入れ (=embauche).

embauche *n.f.* **1** 雇用, 雇い入れ (=embauchage). bureau d'~ 雇用事務所.
2 職, 職場. offre d'~ 求人. chercher de l'~ 働き口を探す.

embaucheur(se) *n.* 雇主；募集係.

embaumement *n.m.* **1** (死体の)防腐処理；防腐保存 (= ~ d'un cadavre). opérations de l'~ d'un cadavre 死体の防腐処理作業.
2 〔比喩的〕荒廃 (悪化, 汚染) 状態から守る措置.
3 芳香措置.

embaumeur(se) *n.* 死体の防腐処理係.

embellie *n.f.* **1** 〔海〕疾風(大波)の切れ目(合間). grain coupé d'~s 途切れ途切れの疾風.
2 〔気象〕一時の晴れ間. ~ au cours d'un orage 嵐の晴れ間.
3 〔比喩的〕一時的好転. ~ d'une situation 状況の一時的晴れ間.

embellissement *n.m.* **1** (建物など)の美化；改善. ~ d'une maison 家屋の化粧直し. ~ d'une ville 都市の美化.
2 (人・状況などの)美化. ~ d'une époque (d'un héros) 時代 (英雄) の美化. ~ moral 精神的美化.
3 (物語などの)潤色；粉飾. ~ d'une histoire 歴史の粉飾.
4 〔多く *pl.*〕飾り, 装飾.

embêtant(e) (<embêter, bête) *a.* 〔話〕
1 (人が)うるさい, 厭な. Ce garçon est ~. この少年は厭な奴だ.
2 うんざりする, 面倒な. choses ~es 面倒な事. C'est ~ que+*subj.* …とはうんざりだ. Toutes ces histoires, c'est ~. そんな話はみなうんざりだ.
──*n.m.* うんざりすること. L'~, c'est que je dois partir bientôt. もう出かけなくてはならないなんて, うんざりだ.

emblavure *n.f.* 〔農〕小麦(穀物)の種を播いた畑.

emblée(d') *l.ad.* 直ちに, 一気に, 一挙に；難なく. adopter d'~ un projet 直ちに計画を採用する. être reçu d'~ un concours 選択試験に一遍に合格する. marquer d'~ un but あっさり得点を入れる.

emblématique *a.* **1** 徽章(記章, 紋章)の(に関する), 象徴的な. décor ~ 紋章入り装飾.
2 (de を) 象徴する. la colombe, figure ~ de la paix 平和の象徴である鳩.

emblème *n.m.* **1** (銘句などを添えた)紋章, 徽章, 記章, 印, エンブレーム, マーク. L'~ de Louis XIV comportait un soleil. ルイ14世の紋章は太陽であった. la croix, ~ des chrétiens キリスト教徒の印である十字架. ~s maçonniques フラン・マソン(フリー・メイスン)の階級章. ~s militaires 軍の徽章；軍旗.
2 象徴, シンボル. Le lis est l'~ de la pureté. 純真のシンボルである百合の花. Mercure a pour ~ une caducée. メルクリウスはその象徴として2匹の蛇がからみ頂に2枚の翼をもった杖である.

emboîtage *n.m.* **1** 箱詰め作業 (=mise en boîte). ~ des pièces 部品の箱詰作業.
2 豪華本の箱・帙(ちつ)；〔製本〕表紙くるみ. ~ d'une édition de luxe en feuilles 未製本の箱入り豪華本.

emboîtement *n.m.* **1** 嵌め込み, 嵌入 (かんにゅう), 入れ子.〔木工〕assemblage à ~ ほぞ継ぎ.
2 〔解剖〕関節 (=articulation, jointure). ~ d'un os dans un autre 骨と他の骨との嵌

め込み《関節》. ~ réciproque 球窩《きゅうか》.

3〖比喩的〗包含,包括;〖言語〗嵌入(=enchâssement). ~ de classes 分類の包含《下位分類の上位分類への包含》.

4 嵌め込まれたもの, 入れ子になったもの. tuyaux à ~s 嵌め込み式パイプ.

embolie *n.f.* 〖医〗塞栓(そくせん)症. ~ ammiotique 羊水塞栓症. ~ artérielle 動脈塞栓. ~ cérébrale 脳塞栓. ~ d'azote《血管の》窒素塞栓症《潜水病,減圧症に関与》. ~ gazeuse《血管の》空気塞栓症. ~ graisseuse《血管, リンパ管の》脂肪塞栓症. ~ paradoxale《静脈の》奇異塞栓症. ~ pulmonaire 肺塞栓〖症〗《肺血管系の循環障害》. ~ tumorale 腫瘍塞栓〖症〗.

embolique *a.* 〖医〗塞栓性の;塞栓に関する. accident ~ 塞栓の発症.

embolisation *n.f.* 〖医〗《血管の》閉塞手術.

embonpoint *n.m.* **1** 肥満. léger ~ 軽度の肥満. excès d'~ 肥満過度. avoir de l'~ 肥満している. prendre de l'~ 太る. **2**〖古〗健康な状態.

embouche *n.f.* **1**《家畜の》放牧肥育. ~ des bovins 牛の放牧肥育.
2 肥沃な放牧場《牧草地》(=pré d'~).

embouchure *n.f.* **1**《海・湖への》河口. Le Havre est situé à l'~ de la Seine. ル・アーヴルはセーヌ河の河口に位置している.
2《食器, 配水管の》注ぎ口.
3〖音楽〗《管楽器の》吹口, 吹管, 歌口. ~ d'une trompette トランペットの吹口.
4〖馬具〗馬銜(はみ).

embouquement *n.m.* 〖海〗**1**《狭い水路 bouque の》入口.
2《狭い水路への船の》進入.

embourgeoisé(e) *a.p.* ブルジョワ化した, 中産階級化した;小市民化した, 保守化した.

embourgeoisement *n.m.* ブルジョワ化, ブルジョワ化現象. ~ des centres-ville 都心部のブルジョワ化.

embout *n.m.* **1**《傘・ステッキなどの》石突き. ~ d'un parapluie 傘の石突き. ~ en caoutchouc d'une canne ステッキのゴムの石突き.
2〖医〗《注射器の》針の取付け口(=~ d'une seringue).

embouteillage *n.m.* **1** 瓶詰め作業.
2〖比喩的〗渋滞;《特に》交通渋滞, 混雑;過密状態, すし詰め状態. faire une ~ 交通渋滞を起こす. ~ aux heures de pointe ラッシュアワー時の交通渋滞. ~ des lignes téléphoniques 電話線の混雑.

embouteillé(e) *a.* **1** 壜《瓶》詰めの. eaux minérales naturelles ~es 壜詰めの天然ミネラルウォーター.
2〖比喩的〗身動きがとれなくなった, 混雑した;渋滞した. carrefour ~ 混雑した四辻. expédition ~*e* とどこおった発送〖業務〗. port ~ 封鎖された港. être ~ 渋滞している.

emboutissage (<emboutir) *n.m.*
1〖工〗型打ち, プレス加工;《金属板の》絞り加工, 据え込み. ~ des flans 板金のプレス《絞り》加工.
2《布地の》エンボッシング.
3《車の》衝突のショック.

embranchement (<embrancher, branche) *n.m.* **1** 枝分れ, 分岐;《川の》分流, 支流;〖鉄道〗分岐線, 支線, 側線;分岐点, 分れ目;〖鉄道〗~ d'un arbre 樹木の枝分れ. ~s d'une décision 決断の分れ目. 〖鉄道〗~ d'une voie ferrée principale et d'une ligne secondaire 本線と支線の分岐点〖点〗.
2〖工〗支管. ~ d'un conduit 配管の支管.
3《学問の》部門, 分野;〖生〗《分類の》門;分枝. 〖生〗~s réunis en clades クレード《系統群》にまとめられた門.

embrasement (<embraser) *n.m.* 燃えるような輝き;明るい照明.

embrayage (<embrayer) *n.m.* **1** クラッチを入れること;クラッチ合わせ.
2 クラッチ, 二軸の連動〖装置〗. ~ à disque 円盤クラッチ. ~ à friction 摩擦クラッチ. ~ à griffes かみ合わせクラッチ. magnétique 電磁クラッチ. pédale d'~ クラッチペダル.

embrigadement (<embrigader, brigade) *n.m.* **1**〖軍〗旅団編成;旅団への編入. ~ des régiments 複数の連隊による旅団編成. ~ des soldats 兵士の連隊編入.
2〖比喩的〗動員;強制的編入《加盟, 加入》. ~ des agents de police 警官の動員. ~ de partisans dans une ligue politique 支持者の政治連盟への編入.

embrocation *n.f.* 〖医〗**1**《薬液・ローションなどの》塗擦. **2**〖薬〗外用塗擦剤, 塗布剤(=liniment).

embrouillage (<embrouiller) *n.m.* **1**〖稀〗紛糾;〖話〗混乱(=embrouillement)
2〖通信〗信号にスクランブルをかけること. 通信妨害(=brouillage).

embrouillé(e) *a.p.* **1** もつれた. fils ~s もつれた糸.
2〖比喩的〗もつれた, 紛糾した, こんがらがった. affaires ~*es* 紛糾した事件. esprit ~ こんがらがった頭. raisonnement ~ こんがらがった推論.
3〖通信・放送〗スクランブルをかけた. signaux ~s スクランブルをかけた信号.

embrun *n.m.* 〖多く *pl.*〗波しぶき.

embryogenèse *n.f.* 〖生〗胚発生, 胚形成.

embryogénie *n.l.* 〖生〗胚発生.

embryologie *n.f.* 〖生〗発生学.
▶ *embryologique a.*

embryon *n.m.* **1**〖生〗胚;幼胚, 胚子;胎児《人間の場合 2 カ月まで, 以後は fœ-

tus）；〖植〗胞子体. ~ congelé 冷凍人工授精胚. congélation d' ~ 冷凍胚子, 冷凍受精卵. transfert d'~s 人工授精胚子の移植, 胚盤移植《臨床前の胚を他の子宮に移植すること》.
2〖比喩的〗(事物の) 発生初期の未完成状態；(組織などの) 創始初期；萌芽. ~ d'une organisation 組織の創成期. ~ d'un projet 計画の萌芽. à l'état d'~ 萌芽状態にある, 素案段階の, 未発達の.

embryonnaire a.〖生・医〗胎生の, 胎児性の. carcinome ~ 胎生癌, 胎児性癌. cellule souche ~ 胚幹細胞.

embryopathie n.f.〖医〗胚子異常, 胚子障害；胚芽病, 胎児障害.

embryopneumonie n.f.〖医〗胎児性肺炎, 新生児肺炎 (=pneumonie du nouveau-né).

embryoscopie n.f.〖医〗(妊婦の) 内視鏡胚検査.

embûche n.f. **1** 〔pl. で〕罠 (わな), 落し穴；策略. dresser (tendre) des ~s à qn 人を罠にかける.
2〖古〗待ち伏せ.
3〖神学〗悪魔の誘惑.

embué(e) a.p. **1** (湯気, 水蒸気 bue で) 曇った. pare-brise ~ 曇ったフロントガラス. vitres ~es 曇った窓ガラス.
2 (眼が) 涙で曇った. regard ~ うるんだ眼差し. yeux ~s de larmes 涙で曇った眼.

embuscade n.f. **1**〖軍〗待伏せ；待伏せの場所；伏兵. être (se tenir) en ~ 待伏せする. poser une ~ 伏兵を配置する. préparer (dresser) une ~ 待伏せの奇襲を準備する. tomber dans une ~ 待伏せの罠にひっかかる.
2 (人を陥れる) 策略, 罠. ~s d'un examen 試験問題の罠.

EMC (=état modifié de conscience) n.m.〖医〗意識の変容状態《脳の病的な興奮による不安, 興奮, 錯覚, 幻覚などが出没する状態》.

EMCTA (=Ecole militaire du corps technique et administratif) n.f.〖軍〗技術・管理軍学校《1977 年ブルターニュ地方モルビアン県département du Morbihan の Coëtquidan に設立された陸軍の技術・事務担当士官養成学校；2006 年より ESM, EMIA と併せ Ecoles militaires de Saint-Cyr Coëtquidan の総称でよばれる》.

EMDR (=〔英〕eye mouvement desensitization and reprocessing) n.m.〖精神医学〗眼球運動による脱感作および再処理治療法 (=thérapie ~) (〔仏〕mouvement des yeux, désensibilisation et retraitement；Francine Shapiro が開発した心理療法；PTSD (post-traumatic stress disorder) 心的外傷後ストレス障害などに有効》.

EMEA, Emea (=〔英〕European Medicament Evaluation Agency) n.f.〖薬〗ヨ
ーロッパ医薬品評価機関 (=〔仏〕AEEM : Agence européenne d'évaluation des médicaments).

Emeishan(l') 〔中国〕n.pr.m. 峨眉山 (がびさん), ア〔オ〕―メイシャン《四川省の名山；最高峰は万仏頂の 3,099 m》.

émeraude n.f. **1**〖鉱・宝石〗エメラルド (béryl「緑柱石」の一種). ~s brutes エメラルドの原石 (=morillon). ~ orientale 緑鋼石 (corindon「コランダム, 鋼玉」の一種).
2 エメラルド色 (鮮緑青色).〖同格〗(顔料・絵具) vert ~ エメラルド・グリーン.
——a.inv. エメラルド色の (鮮緑青色の). ruban ~ エメラルド色のリボン.

émergence (<émerger) n.f. **1**〖物理〗(光線の) 射出. point d'~ d'un rayon lumineux 光線の射出点.
2〖地学〗噴出. ~ d'un geyser 間歇泉の噴出.
3〖解剖〗(神経, 血管などの) 導出. ~ d'un nerf 神経の導出.
4〖生〗毛状体.
5〖哲〗創発. théorie de l'~ 創発理論.
6〖比喩的〗突発的出現. ~ d'un fait historique 歴史的事実の出現. ~ d'une solution 解決策の急浮上.

émeri n.m. **1**〖鉱〗エムリ, エメリー (鋼玉 corindon の一種；研摩材に用いられる).
2 研摩粉 (=poudre d'~), 金剛砂. bouchon à l'~ すり合せガラスの栓.〖話〗être bouché à l'~ 全く愚鈍である. papier (toile)〔d'〕~ 紙 (布) やすり.

émersion n.f. **1**〖鉱〗水面浮上. ~ d'un sous-marin 潜水艦の浮上.
2〖天文〗(日食, 月食などの後の天体の) 再現.

émerveillement (<émerveiller) n.m. **1** 驚嘆, 感嘆. contempler qch avec ~ 何も感じずて眺め入る. pousser un cri d'~ 驚嘆の叫び声をあげる.
2 驚嘆すべき美しさ. ~ d'un spectacle 景観美.

émétine n.f.〖化〗エメチン ($C_{29}H_{40}N_2O_4$).

émétique a.〖医〗催吐性の；吐き気を催させる (=vomitif).
——n.m.〖薬〗催吐薬, 吐剤.

émetteur[1] (**trice**) a. **1** (銀行券・紙幣を) 発行する；(手形などを) 振出する. banque ~trice 発券銀行 (銀行券 (紙幣) の発行銀行). ~ d'un chèque 小切手の振出人.
2〖通信〗送信する；放送する. poste ~ 送信機, 送信装置；送信施設. station ~trice 送信局；放送局 (=émetteur). station ~trice de radiodiffusion (de télévision) ラジオ (TV) 放送局.
——n. **1** (銀行券・紙幣などの) 発行人, 発行機関, (手形などの) 振出人. **2**〖言語〗発信者.

émetteur[2] n.m. **1** 送信機, 送信装置；

送信施設；放送局. ~ de télévision TV 放送局. ~ radiophonique ラジオ放送局. ~ radiotélégraphique 無線電信発信所. ~ de brouillages 電波妨害装置(施設). ~ pirate 海賊放送局.

émeute *n.f.* 民衆蜂起, 暴動, 騒乱, 騒擾(そうじょう), 騒乱. ~ de paysans 農民一揆.

émeutier(ère) *n.* 暴徒；暴動参加者；暴動煽動者. bandes d'~s 暴徒の群れ. dissiper les ~s 暴徒を蹴散らす.
——*a.* 暴徒的な；暴動する. populace ~ère 暴徒と化した賤民.

EMF (=*E*cole *m*ilitaire de la *F*lotte) *n.f.* 《軍》海軍士官学校(1969年 Brest に創設).

E-MG (=*E*tat-*m*ajor *g*énéral) *n.m.* 《軍》参謀本部.

EMIA[1] (=*E*cole *m*ilitaire *inter*armes) *n.f.* 《軍》総合軍学校《ブルターニュ地方のCoëtquidan に1947年に創設された陸軍の総合兵科士官養成学校；2006年より ESM, EMCTA の3校を Ecoles militaires de Saint-Cyr Coëtquidan と総称》.

EMIA[2], **Emia** (=*E*tat-*m*ajor *inter*armées de planification opérationnelle) *n.m.* 《軍》総合作戦計画参謀部.

-émie [ギ] ELEM 《女性形語尾》「血」の意. (*ex.* hyperlipid*émie* 高脂血症).

émigrant(e) *a.* **1** 他国へ移住する. **2** 移住する. **3** 《動》移住性の. troupe ~e d'oiseaux 渡り鳥の群れ.
——*n.* **1** 移民, 移住民. navire d'~s 移民船. **2** 亡命者.

émigration *n.f.* **1** 移住, 移出 (immigration「移入」の対). ~ à l'étranger 国外移住. ~ obligatoire 強制移住. réglementation de l'~ 移住の規制.
2 〔集合的〕移民, 移住民. ~ italienne aux Etats-Unis 米国へのイタリア移民.
3 《仏史》〔大革命下の〕亡命；〔集合的〕亡命者, 亡命貴族.
4 《動》移動；(鳥の)渡り；(魚の)回遊；(蜜蜂の)分封. ~ des hirondelles 燕の渡り.
5 〔比喩的〕国外流出. ~ de capitaux 資本の国外流出.

émigré(e) *n.* **1** (外国への) 移民, 移住者. l'accueil des ~s espagnols en France pendant la guerre d'Espagne スペイン内戦下にフランスに移住したスペイン人の受け入れ.
2 亡命者. ~ politique 政治的亡命者.
3 《仏史》〔大革命下の〕亡命者；亡命貴族 (=noble ~).
——*a.* **1** (外国に) 移住した, 移民の. travailleurs ~s 国外移住労働者, 移出労働者. **2** 亡命した.

éminence *n.f.* **1** 高み, 高所；高台, 丘. ~ qui domine la ville 町を見おろす高台. observatoire établi sur une ~ 高地に建設された観測所.
2 〔解剖〕隆起. ~s osseuses 骨隆起. ~ thénar 母指球.
3 〔比喩的〕卓越, 傑出. par (en) ~ 卓越して.
4 E~ 猊下《枢機卿の尊称》. Son E~ cardinal X X 枢機卿猊下. E~ grise「影の助言者」《Richelieu の側近の Père Joseph》. l'~ grise d'un homme politique 政治家の黒幕.

éminent(e) *a.* **1** 〔時に名詞の前〕(人が) 卓越した, 傑出した, 抜きんでた；高位の. mon ~ collègue 卓越した わが同僚《儀礼的表現》. hommes ~s 卓越した人々. personnalité ~e 傑出した人物. place ~e 高位. à un degré ~ 並外れて, 高度に. rendre d'~s services à …に著しく貢献する.
2 〔哲〕(スコラ哲学, デカルト哲学で) 優越的な.
3 〔古〕(場所が) 高い.

émir [アラビア] *n.m.* アミール《ムハンマドの娘ファティマの子孫に対する尊称》；(イスラム国の) 首長；(イスラム国の) 軍司令官.

émirat [emira] *n.m.* **1** アミール (émir) の地位.
2 アミールの総治領；首長国. la Fédération des ~s arabes unis アラブ首長国連邦.

émirati(e) *a.* **1** アラブ首長国連合 (= Fédération des Emirats arabes unis) の；~人の. **2** 首長の.
——E~ *n.* ~人.

Emirats arabes unis (les) *n.pr.m. pl.* 〔国名〕アラブ首長国連合(国民 Emirien (*ne*)；首都：Abou Dhabi アブ・ダビ；通貨：dirham [AED]).

émirien(ne) *a.* アラブ首長国連邦 (les Emirats arabes unis) の；~人の.
——E~ *n.* ~人.

émissaire[1] *a.* 排水用の. ruisseau ~ d'un étang 池の排水路.
——*n.m.* **1** (湖の) 排出河川.
2 排水路. ~ d'évacuation 下水道幹線.
3 〔*pl.* で〕〔解剖〕導出静脈 (=veines ~s).

émissaire[2] *a.m.* bouc ~ 〔古ユダヤの〕身代りの山羊, スケープゴート；〔比喩的〕身代り.

émissaire[3] *n.m.* 密使.

émission *n.f.* **1** 送信, 放送；番組. ~ de programmes télévisés TV番組の送信. ~ en direct 中継放送(番組). programme d'~s de ce soir 今夕の番組予定.
2 発行, 発券, 振出し, 起債. ~ d'emprunts 起債, 債券の発行. banque d'~ 発券銀行. institut d'~ 発券銀行, 中央銀行.
3 発声, 発音. ~ d'une voyelle 母音の発音.
4 〔物理, 化〕放射, 放出, 発光. ~ électronique 電子放出. microscope à ~ de champ 電界放射型顕微鏡.
5 〔生〕排出, 射出, 放出. ~ de sperme 射精. ~ d'urine 放尿.

6 〖カトリック〗~ de vœux 請願宣立.
EM Lyon (=*E*cole de *m*anagement de *Lyon*) *n.f.* 〖教育〗リヨン経営学校(1872年創設;Bacのあと準備1年,修業3年制のグランド・エコール;在Lyon郊外Ecully).
EMM (=*E*tat-*m*ajor de la *M*arine) *n.m.* 〖軍〗海軍軍令部.
Emma (=*é*chantillonnage de *m*asse d'eau *m*arines) *n.m.* 〖海洋・気象〗海水サンプリング装置《海水の温度・塩度を測定する水中ゾンデの名称》.
emmagasinage [ɑ̃-] *n.m.* **1**(商品なのど)庫入れ,倉庫保管. **2** 庫入れ料,庫敷料(=frais d'entreposage). payer l'~ 庫敷料を払う. **3**〖商品・食料品の〗貯蔵,(エネルギーなどの)蓄積;(知識・記憶などの)蓄積. ~ de la chaleur 蓄熱. ~ de l'énergie エネルギーの蓄積. ~ des connaissances 知識の蓄積.
emmanchure *n.f.* 〖服〗袖ぐり. ~ échancrée V字状に抉られた袖ぐり.
Emmaüs [ɛmays] *n.pr.m.* 〖キリスト教史〗エマオ(エルサレム近郊の町;キリストが復活後初めて弟子の前に姿を現わしたところ).
emménagement (<emménager) *n. m.* **1** 入居,引越し入居(déménagement「引越し転出」の対). **2** 〖*pl.* で〗〖船〗居住区画;船室部分.
emménagogue *a.* 〖薬〗月経を促す,通経の. tisane ~ 通経用煎じ薬.
—*n.m.* 通経薬.
emment〔h〕al *n.m.* 〖チーズ〗エメンタール《スイスのエンム川l'Emm川渓谷地帯原産の,円盤状で穴のあいた硬質チーズ,フォンデューに最適》.
emmetropie *n.f.* 〖生理〗正視,正常視.
EMN (=*E*cole de *m*ines de *N*ancy) *n.f.* 〖教育〗ナンシー鉱山学校《1919年創設のグランド・エコール;通称Mines Nancy》.
émollient(e) *a.* **1** 〖医〗軟化させる;緩和作用のある,炎症を緩和する. remède ~ 炎症緩和薬. décoction ~ e 緩和性煎じ薬. atmosphère ~ 和らげる雰囲気.
—*n.m.* 〖薬〗軟化剤.
émolument *n.m.* **1** 〖法律〗(相続・共同財産の分配などの)取り分,分配利益. **2** 〖*pl.* で〗(裁判所付属吏officier ministériel に対する)謝礼,報酬;〖広義〗俸給,給与.
émonctoire *n.m.* 〖生理〗〖古〗排泄器官.
émondage (<émonder) *n.m.* **1** 剪定,枝おろし. **2** 〖医〗創傷清拭,デブリードマン(=débridement)《鉄で創傷組織を切除すること》.
émotif(ve) *a.* **1** 感じ易い. caractère ~ 感受性の強い性格. enfant ~ 感じ易い子供.

2 感情の;激情を惹き起こす. crise ~*ve* ヒステリー,神経発作(=crise de nerfs). réaction ~*ve* 感情的な反応. troubles ~s 感情障害.
—*n.* 感じ易い人,感受性の強い人.
émotion *n.f.* **1** 感動;強い感情の動き,動揺;感慨. Il arrive à peine à cacher son ~. 彼は心の動揺を隠しきれない. assister sans ~ à la scène de violence 無感動に暴力的な場面を見つめる. évoquer les souvenirs d'enfance avec ~ 幼少時の思い出を感慨深く語る.
2 不安. Cette nouvelle nous a donné bien des ~s. このニュースは私たちに大きな心配をもたらした.
3 〖古〗騒擾,〖集合的〗動揺.
EMP (=[英]*E*lectro*m*agnetic *P*ulse) *n.f.* 電磁パルス(=[仏] IEM: *i*mpulsion *é*lectro*m*agnétique).
empâtement (<empâter, pâte) *n.m.* **1** (絵具・塗料などの)厚塗り. ~ des couleurs 絵具の厚塗り. ~ du style 文体の厚化粧.
2 〖多く *pl.*〗ねばつき. ~ de la bouche 口のねばつき. ~*s* de boue 泥のねばつき.
3 〖印〗活字の不鮮明.
4 肥育(=engraissement). ~ des volailles 家禽の肥育.
empathie *n.f.* 〖心〗共感,感情移入.
EMPB (=*é*quivalent *m*atière *p*remière *b*ois) *n.m.* 〖単位〗(木材の)原木換算値.
empêchement *n.m.* 差しつかえ,支障,障害. avoir un ~ ;être retenu par un ~ 差しつかえがある,都合がつかない. en cas d'~ 差しつかえのある場合には. 〖法律〗~ à mariage 婚姻障害. 〖法律〗~ dirimant (婚姻の)無効障害. ~ d'un magistrat 司法官の職務執行障害. ~ légitime 職務執行障害の正当理由. ~ prohibitif (婚姻の)禁止的障害.
empennage *n.m.* **1** 矢羽の取りつけ;〔集合的〕矢羽.
2 〔集合的〕(飛行機の)尾部,尾翼;(飛行船の)安定板;(砲弾の)羽. ~ de l'A 380 エアバス A 380 の尾部.
empenne *n.f.* 矢羽.
empereur 〔女性形は *impératrice*〕*n.m.* **1** 皇帝,帝王;神聖ローマ帝国皇帝(日本の)天皇. ~ d'Occident 西ローマ帝国皇帝. ~ d'Orient 東ローマ帝国皇帝. l'*E* ~ ナポレオン1世(3世). ~ romain ローマ皇帝. ~ Hirohito 天皇裕仁〔昭和天皇〕. ~ d'Allemagne ドイツ皇帝(=Kaiser). ~ de Russie ロシア皇帝(=Tsar).
2 〔比喩的〕王者,帝王. ~ de l'acier 鉄鋼王. ~ des mers 海の王者.
emphysémateux(se) *a.* 〖医〗**1** 気腫の,肺気腫の. bulle ~*se* 気腫性囊胞. **2** 気腫に罹った.
—*n.* 肺気腫症患者.

emphysème n.m. 〖医〗気腫. ~ pulmonaire 肺気腫.

emphytéose n.f. 〖法律〗長期不動産賃貸借〔契約〕；永久小作権〔期間 18-99 年〕.

emphytéote n. 〖法律〗不動産の永代賃借権者；永代小作権者.

emphytéotique a. 〖法律〗長期賃貸借の. bail ～ 長期賃貸借契約. canon ～ 永代不動産賃借料.

empiètement n.m. **1**（sur に対する）侵蝕, 蚕食；（権利・財産などの）侵害；越権. ～ sur le droit d'autrui 他人の権利の侵害.
2〖法律〗不法に占拠された不動産部分.
3〖法律〗(権限の) 簒奪, 濫用. ～ des autorités 行政機関による他の機関の権限の簒奪.

empire n.m. **1** 帝国, 帝政, 帝位. l'E~ byzantin ビザンチン帝国. le Saint E~ romain 神聖ローマ帝国. le〔premier〕E~ 第一帝政（1804-14 年, ナポレオン一世の時代）. le second E~ 第二帝政（1852-70 年, ナポレオン三世の時代）. l'E~ du Milieu（特に革命前の）中国. l'E~ du Soleil levant 日本帝国. meuble second E~ 第二帝政様式の家具.
2（複数の国を支配する）大国家,（大国の）版図. E~ottoman オスマン帝国. E~ français（旧植民地時代の）フランス帝国. pas pour un ～ 何をもらっても…をしない.
3（産業などの）巨大グループ, 帝国, 王国. ～ Hersant, le premier groupe de presse français フランス最大のメディアグループであるエルサン帝国.
4 支配権, 権威, 影響力. ～ des sens 感覚の支配,（特に）肉欲の支配《大島渚監督の「愛のコリーダ」の原題》. sous l'～ de qch …の支配下で, …の影響を受けて.
5〖文〗国, 領域.

empirique a. **1** 経験に基づく, 経験的な (rationnel「純理的な」, systématique「体系的な」の対). politique ～ 経験的政治. procédé ～ 経験的な方法.
2〖哲〗経験論の. philosophie ～ 経験論的哲学.
3〖古〗〖医〗経験だけに頼る；〖蔑〗いかさまの. médecine thérapeutique ～ 経験だけに頼る（いかさまの）治療医学.
4〖蔑〗大雑把な. recettes ~s 大まかな収入.
―― n. **1** 経験主義者；〖哲〗経験論者 (=empiriste).
2〖古〗経験だけに頼る医者；いかさま医者 (=médecin ~).

emplacement n.m. **1** 用地；建設用地, 敷地. ～ à louer 貸地. ～ aménagé pour un terrain de sport スポーツ場として整備された用地. ～ destiné à l'usine 工場用地. arrêter l'～ d'un camp キャンプ地を決める.
2（車の）置き場所. ～ réservé aux livraisons (au personnel de l'entreprise) 配達（職員）専用駐車場. louer l'～ dans un garage ガレージに車の置き場所を借りる.
3 跡地；遺跡. ～ de la Bastille（パリの）バスチーユ監獄のあった場所. ～ de la maison natale d'Honoré de Balzac à Tours トゥールのオノレ・ド・バルザックの生家跡地（別の建物が建っている）. fouilles exécutées sur l'～ d'une ville antique 古代都市の遺跡の発掘.
4 位置, ありか, 所在. ～ d'un chantier 工事現場.

emplâtre n.m. **1** 膏薬, パップ；湿布薬；〖医〗硬膏. ～ calmant 消炎パップ. ～ fondant 軟膏. mettre un ～ adhésif 絆創膏を貼る.〔話〕C'est un ～ sur une jambe de bois.（義足に膏薬というものだ→）それは何の役にもたたない.
2（パンクしたタイヤ用の）補修片；ゴム片 (=colle).
3〔話〕腹にもたれる食物.
4〔話〕平手打ち. donner un ～ à qn 人に平手打ちをくわせる.
5〔俗〕ろくでなし, ぐうたら. Espèce d'～! ろくでなしめ！

emplette n.f. **1**（日用品の）買物. faire des ~s 買物をする. faire l'～ de qch 何を購入する.
2〔多く pl.〕買物品, 買ったもの. montrer ses ~s 買ってきたものを見せる.

emploi n.m. Ⅰ **1** 使うこと, 使用, 行使, 用途. ～ de la force 力の行使. ～ du temps 日程, 予定表；時間割. mode d'～ 使用法.
2〖簿記〗記帳, 記入. double ～ 二重記入. faire double ～ 重複する, 無駄である, 屋上おくを重ねる. faux ～ 不正記帳, 誤記.
3〖国民経済計算〗〔pl. で〕総需要《処分可能な財産による財物の購入；家計消費, 政府消費, 設備投資, 輸出の合計. ressources 「総供給」の対》.
Ⅱ **1** 仕事, 職, 職務, 官職. ～ civil 文官職. ～ militaire 武官職. ～ public 公職. ～ réservé (特定の人を対象とする) 留保ポスト. ～ supérieur 高級官職. création d'～s 雇用（機会）創出. demandeur d'～ 求職者. offre d'～ 求人. être sans ～ 失業中である. le sans ～ 失業者.
2 雇用, 雇用情勢, 雇用機会. plein ～ 完全雇用. sous-～ 不完全雇用. contrôle de l'～ 雇用統制. politique de l'～ 雇用政策. problème de l'～ 雇用問題. situation de l'～ 雇用情勢. stabilité de l'～ 雇用の安定. statistiques de l'～ 雇用統計. volume d'～ 雇用量.
Agence nationale pour l'～ (ANPE) 国立雇用局《1967 年設置. 雇用情勢全般の把握と統計, 職業紹介, 求職者の職業訓練, 障害者の雇用促進などを任務とする. 全国に 25 の地方支部をはじめ, 102 の県出張所, 714 の地域事務所を持つ). Association pour l'～

dans l'industrie et le commerce (ASSEDIC) 商工業雇用協会《1958年, フランス経団連 CNPF と労働団体との協約に基づいて設立された失業保険管理組織；全国的には UNEDIC = *U*nion *n*ationale interprofessionnelle pour l'~ *d*ans l'industrie et le *c*ommerce 全国商工業雇用連合にまとまっている》. Théorie générale de l'~, de l'intérêt et de la monnaie『雇用, 利子および貨幣の一般理論』(Keynes ケインズの代表的諸作の題名；1936年).
3〖演劇〗役柄. tenir l'~ de valet de comédie 喜劇の召使の役をつとめる.

emploi-jeunes(*pl.* **~s-~**) *n.m.*〖労働〗若年失業者雇用〔対策〕.

emploi-tremplin(*pl.* **~s-~s**) *n.m.*〖労働〗トランポリン式雇用《若者の雇用促進策》.

employabilité *n.f.* (新しい勤労形態への) 雇用適応能力.

employé(**e**) *n.* 事務労働者, 従業員, サラリーマン, 職員《ouvrier 産業労働者・工員, cadre 幹部職員, 管理職, profession libérale 自由業のいずれにも属さない雇用者で, employeur 雇用主の反対語》. ~ de bureau 事務員. ~ de maison 家事就業者. ~ d'un ministère 官庁職員.

employeur(**se**) *n.* 雇主, 雇用者；〖労働〗使用者. l'~ et l'employé 雇用者と被雇用者(被用者). certificat de l'~ (前雇用者が前被雇用者に与える) 人物 (勤務状況) 証明書, 雇主証明書. déclaration obligatoire annuelle de l'~ 雇用者による年次申告義務. immatriculation des ~s (疾病保険などの) 雇用者登録番号.

empoignade *n.f.*〖話〗口論, 激論；つかみ合い, 喧嘩；衝突.

empoisonnement *n.m.* **1** 毒を盛ること；毒殺(=meurtre par le poison)；服毒.
2〖医〗中毒, 中毒症(=intoxication)；中毒症状. ~ dû à des champignons vénéneux 毒茸中毒. ~ métallique 金属中毒. ~ par l'alcool アルコール中毒. ~ par les médicaments 薬物中毒.
3〖環境〗汚染(pollution). ~ des eaux 水質汚染.
4〖話〗面倒なこと, うんざりすること(= embêtement, emmerdement). petits ~ 細々とした厄介事.

empoisonneur(**se**) *n.* **1** 毒殺者；毒殺犯；〖話〗ひどい料理を食わせる料理人 (=mauvais cuisinier).
2〖比喩的〗(人, 社会などを) 毒する人. public 良俗破壊者.
3〖話〗いやな奴；うるさい奴.
—*a.*〖稀〗有害な；害毒を流す.

emportement *n.m.* **1** 激怒, 激昂. avec ~¹ 激昂して, かっとなって.
2 熱狂, 忘我. ~s d'amour 恋の熱狂. ~s

d'imagination 想像力の昂揚. avec ~² 熱狂的に, 我を忘れて, 夢中で.

empreinte *n.f.* **1** (押した)跡；押し型；刻印；足跡(=~ de pas). ~ d'un sceau 印璽の押印. ~ d'une médaille (d'une monnaie) メダル(貨幣)の刻印. ~ s d'un renard 狐の足跡. ~ portée sur un acte 証書の刻印. ~ sur étoffe (sur métal) 布地(金属)への押し型.〖歯科〗pâte à ~s 歯型. prendre des ~s avant l'exécution d'un appareil de prothèse 義歯の作成前に歯型を取る.
2 [*pl.* で]指紋(=~s digitales). laisser des ~s 指紋を残す.
3〖遺伝〗~ génétique 遺伝子指紋法, 遺伝子標識(=carte d'identité génétique) (ADN (DNA)鑑定).
4〖解剖〗(器官・骨などへの)圧痕.
5〖狩〗(動物の残した)痕跡.
6〖動物行動学〗刷り込み, インプリンティング.
7〖地質〗痕跡. ~s animales (végétales) 動物(植物)の痕跡《化石など》. ~s de feuilles sur des roches 岩に印された葉痕.
8〖印刷〗紙型. prise de l'~ 紙型をとること.
9〖比喩的〗跡, 痕跡, 影響；しるし, 刻印. ~ de la douleur sur un visage 顔に刻まれた苦悩の跡. ~s des maladies 病気の傷痕, 病痕. recevoir l'~ d'un milieu 環境の影響を受ける.

empressé(**e**) (<s'empresser) *a.p.* **1** 熱烈な；献身的な, 慇懃な；追従的な. accueil ~ ねんごろなもてなし. admirateur ~ 熱烈な崇拝者. air ~ 献身的な様子.
fair une cour ~ e à une femme 女を熱心に口説く. Veuillez agréer mes salutations ~es. 敬具《手紙の末尾の文言》.
2 ~ à (de)+*inf.* …するのに熱心な；急いで…したがる. Il ne s'est guère montré ~ à nous aider. 彼はわれわれを助けるのにはとんど熱心ではなかった.

empressement *n.m.* **1** 熱意, 熱心さ；親切. ~ des électeurs 選挙民の熱意. ~ d'un homme auprès des femmes 女性に対する男の下心のある慇懃さ.
avec ~¹ 熱心に, いそいそと, 喜んで. manifester (montrer, témoigner) de l'~ à l'égard (auprès) de *qn* 人に親切な態度を示す. mettre beaucoup d'~ à+*inf.* …するのに一所懸命である. Il montre peu d'~ pour ce travail. 彼はこの仕事に気乗り薄である.
2 (熱意から来る)性急さ；敏活さ. avec ~² 急いで, てきぱきと.
3 [*pl.* で]〖文〗愛情(慇懃さ)のしるし〔の行為〕.

emprise *n.f.* **1** (精神的)支配, 権威, 影響力. ~ de la presse sur l'opinion 世論に及ぼすジャーナリズムの影響力. avoir de l'~ sur *qn* 人に影響力をもつ. sous l'~ de *qch* 何の支配下に. sous l'~ de la colère 怒りに

駆り立てられて.
2 〖法律〗不動産侵奪, 収用；収用地；公物侵害. ~ régulière (法律上の権限に基づく) 合法的収用. ~ irrégulière 非合法的収用. théorie de l'~ 不動産収奪理論.

emprisonné(e) *a.p.* **1** 収監(拘禁)された. meurtrier ~ 収監された殺人犯.
2 閉じ込められた, 身動きがとれなくなった. cou ~ dans un col étroit きついカラーに絞めつけられた首. liquide ~ 閉じ込められた液体. être ~ chez soi par la neige 雪で家に閉じ込められる. être ~ dans ses préjudices 偏見にがんじがらめになっている.

emprisonnement (< emprisonner) *n.m.* 収監, 投獄, 拘禁；禁錮, 拘留；拘禁刑. ~ à vie 終身禁錮. ~ correctionnel 軽罪犯に対する拘禁刑(6ヵ月から10年). ~ de simple police 違警罪犯の拘留. peine d'~ 拘禁刑.

emprunt *n.m.* **1** 借りること, 借りたもの. ~ fait à la bibliothèque 図書館での借り出し. d'~ 借り物の, 偽の. nom d'~ 仮名, 偽名. mot d'~ 借用語, 外来語.
2 借金；借款；(特に)公債, 社債. ~ à sensibilités opposées (ESOPE) 二重変動金利債券《金利動向の先行きを上げ, 下げ双方に予測して取引可能な金融債》. ~ d'Etat 国債. ~ forcé 強制国債. ~ garanti 政府保証債. ~ indexé スライド条項付公債. ~ perpétuel 永久公債；永久貸借. ~ russe 帝政ロシア国債《第一次世界大戦前にロシア政府が発行した国債で個人投資家が多く購入したことから, ロシア革命後, その返済が停止された時に大きな問題になった. 1988年に解決》. ~ souscrit dans le public 公募債. ~ Giscard ジスカール国債《1973年に発行された国債で金価格とのスライド制がとられたため多くの投資家が購入した》. ~ Pinay ピネー国債《1953年に発行. ナポレオン金貨の価格とのスライド制を取り入れて成功を収めた》. émission d'~ 起債.
3 〖比喩的〗(表現などの)借用.

emprunté(e) *a.* **1** 借りた, 借用した. argent ~ 借りた金, 借金. 〖言語〗mot ~ 借用語. nom ~ 借りた名前. somme ~ 借用した金額.
2 ぎこちない, 不自然な, 借り物の. air ~ ぎこちない様子.

empyème *n.m.* 〖医〗蓄膿〔症〕. ~ pleural 胸腔蓄膿, 膿胸(= pyothorax).

EMR[1] (= 〖英〗 *e*lectro *m*agnetic *r*adiation) *n.f.* 電磁放射(= 〖仏〗REM：*r*adiation *é*lectro*m*agnétique).

EMR[2] (= 〖英〗 *E*ndoscopic *m*ucosal *r*esection) *n.f.* 内視鏡的粘膜切除術《食道・胃・大腸などの消化器の早期ガンやポリープを内視鏡を用いて切除する治療法；résection muqueuse endoscopique；mucosectomie endoscopique》. ~ œsophagienne 内視鏡的食道粘膜切除術.

Emsat (= *E*nseignement *m*ilitaire *su*périeur de l'*a*rmée de *t*erre) *n.m.* 〖軍〗陸軍高等軍事教育課程《第一段階は Ecole d'état major 陸軍参謀学校, 第二段階は Cours supérieurs d'état-major 高等参謀課程》.

EMSST (= *E*nseignement *m*ilitaire *su*périeur *s*cientifique et *t*echnique) *n.m.* 〖軍〗陸軍科学技術軍事教育課程.

EMT (= *é*quivalent *m*éga*t*onnique) *n.m.* メガトン相当量(値).

ému(e) (< émouvoir) *a.p.* **1** 感動した, 心を動かされた；感動のあらわれた. cœur ~ 感動した心. regrets ~s 心からの後悔. souvenir ~ 感慨深い思い出. parler d'une voix ~e 感動した声で話す.
2 〖古・文〗動揺した；動揺のあらわれた；かき乱された；波立った. mer ~e 波立つ海. populace ~e 動揺した下層民.

émulateur *n.m.* 〖情報処理〗エミュレーター(= 〖英〗emulator. 異なる種類のコンピュータ用のデーターやコードを操作するために用いられる別のコンピュータのハードウェア).

émulation *n.f.* **1** 競争心, 対抗意識. ~ entre élèves 生徒間の競争心. donner de l'~ à qn 人のライバル意識を掻き立てる.
2 〖電算〗エミュレーション, 模倣《他機種のコンピュータの動作をプログラムで擬似的に行うこと》. mode d'~ エミュレーション・モード.

émulseur *n.m.* 〖化〗乳化機.

émulsif(ve) *a.* 〖化〗乳化性の.
—*n.m.* 乳化剤.

émulsifiant(e) *a.* 〖化〗乳化作用のある, 乳化性の.
—*n.m.* 乳化剤.

émulsine *n.f.* 〖化〗エムルシン《β グリコシドの加水分解酵素》.

émulsion *n.f.* **1** 〖化〗乳濁.
2 乳濁液；乳剤, エマルション. ~ à grain fin 微粒子乳剤. ~ chromatisée 光学(分光)増感乳剤. ~ nucléaire 原子核乳板. ~ photographique 写真乳剤, 感光乳剤. numéro d'~ (フィルム・乾板等の)乳剤番号.

émulsionné(e) *a.* **1** 〖薬〗乳濁液を加えた. **2** 〖化〗乳化した. **3** 〖写真〗(フィルム)感光乳剤を塗布した.

EN (= *E*cole *n*avale) *n.f.* 〖軍〗海軍兵学校《1810年創設, 通称 la Baille》.

ENA [ena] (= *E*cole *n*ationale d'*a*dministration) *n.f.* 〖教育〗国立行政学院, エナ《Paris にある行政関係のグランド・エコール；1945年創立；コンセイユ・デタ, 会計検査院, 財政総監督官, 外交官, 知事, その他高級官僚を養成する最高の高等教育機関；首相府所管》.

ENAC (= *E*cole *n*ationale de l'*a*viation *c*ivile) *n.f.* 〖教育〗国立民間航空学校《1948

年創立のグランド・エコール；在 Toulouse).

énalapril *n.m.*〖薬〗エナラプリル《降圧薬；本態性高血圧症，慢性心不全治療薬；薬剤製品名 Renitec (*n.m.*) など》.

énanthème *n.m.*〖医〗内疹，内発疹，粘膜疹.

énantiomère *n.m.*〖化〗鏡像体，異性体，対掌体.

énantiomorphe *a.* 左右対称像の，鏡像関係の；〖化〗(結晶が) 左右像の，左右晶の. formes ～ de son image dans un miroir 鏡に映った自分の左右対称像.

énantiotrope *a.*〖化〗互変性の，エナンチオトロピーの.

énarchie *n.f.* **1**〖集合的〗エナルク官僚，エリート官僚. **2** エナ (ENA) 出身官僚の独占的支配体制.

énarque *n.* 国立行政学院 (ENA = *E*cole *n*ationale d'*a*dministration) 出身者，エナルク.

énarthrose *n.f.*〖解剖〗球関節.

en-avant *n.m.inv.*〖ラグビー〗ノックオン.

en-but [-t] *n.m.inv.*〖ラグビー〗インゴール.

ENC[1] (= *E*cole *n*ationale des *C*hartes) *n.f.*〖教育〗国立古文書学校《1821年ルイ18世により創立．在 Paris》.

ENC[2] (= *E*cole *n*ationale du *c*adastre) *n.f.*〖教育〗国立地籍学校《1944年新設のグランド・エコール．在 Toulouse》.

encadré *n.m.* 囲み記事. voir ～ 囲み記事を参照のこと.

encadrement (< encadrer) *n.m.* **1** 額縁 (枠) に入れること. ～ d'un tableau 絵の額縁装着.
2 縁組；枠；縁取り，へり；枠状装飾；(戸の) かまち. ～ d'une fenêtre 窓枠. ～ d'une glace 鏡の縁.
3 環境；(作品などの) 背景；枠組み，額，囲み. ～ de verdure 緑地の枠組み. parc qui sert d' ～ à un château 城を取り巻く庭園.
4〘指導者のもとに〙編成すること，(組織の) 指導体制を確立すること，指導体制；〖集合的〗幹部. 指導者. ～ des recrues 新兵の統率.
5〖集合的〗(軍隊・企業などの) 幹部 (= personnel d'～). L'～ est insuffisant. 幹部が不足している.
6〖経済〗規制すること. ～ du crédit 銀行の貸出規制，金融引締め.
7〖軍〗(砲撃の) 夾叉 (きょうさ).

encagement *n.m.* **1** (鳥を) 籠に入れること；(獣を) 檻に入れること.
2〖比喩的〗投獄，収監.
3〖軍〗tir d'～ 封鎖射撃.

encaisse *n.f.* **1** 手元流動性，手持ち現金・預金，現金残高. ～ active 活動貨幣，取引貨幣. ～ d'une banque (d'une maison de commerce) 銀行 (商会) の手持ち現金 (有価証券).
残高. ～ de précaution 予備的動機の現金残高. ～ de spéculation 投機的動機の現金残高. ～ de transaction 取引的動機の現金残高. ～ désirée 所望現金残高. ～ monétaire 貨幣量.
2 (銀行の) 支払準備. ～ métallique (発券銀行の) 金 (銀) 保有高. ～-or 金準備.

encaissé(e) *a.* **1** 入金された，徴収された，～s 徴収額.
2〖地形〗両側から切り立った. rivière ～*e* 両岸が断崖になっている川.

encaissement (< encaisser) *n.m.*
1 (配当金，年金，掛け金などの) 収納，領収，入金；(商業証券の) 取立，取立て. ～ de sommes dues 借金の取立て. ～ de valeurs 有価証券の現金化. remise à l'～ (商業証券の) 現金化 (取立て) 委任.《sans ～》「条件つきで」《期日に取立てが確認されなければ割引かないことを示す表示》. remettre un chèque à l'～ 小切手を取立てに出す.
2 (道，川などの) 両側が切り立っていること；〖土木〗築堤. ～ artificiel d'un fleuve 河川の人工築堤. ～ d'une vallée 峡谷.
3 骨組による囲い.〖海〗～ d'un mât 檣座 (しょうざ), 柱筒.

encaisseur(se) *n.* (銀行の) 集金係.

encaustique *n.f.* **1** (床，家具などに塗る) ワックス, 艶出し. passer à l'～ ワックスをかける.
2〖美術〗(顔料を蠟に融かした) 蠟引剤. peinture à l'～ 蠟引絵具.

enceinte *n.f.* 囲い，城壁，塀. les ～s successives de l'ancien Paris 旧パリ市街を囲む歴代の城壁.
2 敷地，構内，室内. L'～ d'une ambassade est protégée de l'extraterritorialité. 大使館の敷地内は治外法権で守られている.《原子力》～ étanche (原子炉の) 格納容器.
3 機関，機構. ～ internationale 国際機関.
4〖音響〗スピーカーシステム (= ～ acoustique).

encencement *n.m.* **1** 香 (encens) をたくこと；〖カトリック〗撒香 (さんこう). **2**〖比喩的〗賞讃；追従，おべっか.

encens [ãsã] *n.m.* **1** 香 (こう). bâtonnet (baguette) d'～s 線香. brûler de l'～ 香をたく.
2〖比喩的〗〖古〗賞讚；追従. brûler de l'～ à (devant) qn 人をほめそやす；人におべっかを使う.

encépagement *n.m.*〖農〗〖集合的〗(葡萄畑の) 葡萄の木. ～ de 70% de merlot et 30 % de cabernet-sauvignon メルロー種 70 %, カベルネ=ソーヴィニョン種 30 % の葡萄畑. ～ en sémillon et sauvignon セミヨン種とソーヴィニョン種から成る葡萄畑.

encéphalalgie *n.f.*〖医〗脳痛，頭痛.

encéphale *n.m.*〖解剖〗〖医〗脳.

encéphalique *a.*〖解剖〗脳の.〖解剖〗cavité ~ 脳腔, 頭蓋腔.〖医〗lésion ~ 脳損傷.

encéphalite *n.f.*〖医〗脳炎. ~ grippale インフルエンザ脳炎. ~ japonaise 日本脳炎. ~ léthargique 嗜眠性脳炎.

encéphalo-〔ギ〕ELEM「脳」の意 (*ex. encéphalo-*myélite 脳脊髄炎).

encéphalocèle *n.f.*〖医〗脳ヘルニア.

encéphalogramme *n.m.*〖医〗脳造影図, 脳撮影図.

encéphalographie *n.f.*〖医〗脳造影法, 脳撮影法, エンセファログラフィ. ~ gazeuse ガス注入脳造影法.

encéphaloïde *a.*〖医〗脳状の. tumeur ~ 脳状腫瘍.

encéphalo〔-〕**myélite** *n.f.*〖医〗脳脊髄炎.

encéphalopathie *n.f.*〖医〗脳症, 脳病. ~ aiguë 急性中枢神経脳害. ~ hépatique 肝性脳症〔肝不全に伴う脳障害〕. ~ hypertensive 高血圧性脳症. ~ plumonaire 肺性脳症. ~ spongiforme 海綿状変性脳症〔クロイツフェルト・ヤコブ(ヤコブ)病, 狂牛病など〕.

enchaîné(**e**) *a.p.* 鎖につながれた; 束縛された. captifs ~s 鎖につながれた捕虜. *Le Canard* ~「ル・カナール・アンシェネ」(諷刺的週刊紙; 1915 年創刊).〖映画〗fondu ~ オーバーラップ, 暗溶. mots ~s 関連語.〖劇〗réplique ~e 返し科白.〖ギ神話〗Prométhée ~ 鎖につながれたプロメテウス. être ~ par une promesse 約束に縛られる.

enchaînement *n.m.* **1** 鎖で繋ぐこと. ~ des forçats 強制労働者の鎖繋ぎ. **2** 連鎖, つながり; 脈絡, 関連. ~ de circonstance 一連の状況. ~ des heures 時の流れ. ~ des saisons 季節の移り変り. ~ des vertèbres 脊椎骨の連鎖. ~ logique 論理的脈絡. **3**〖言語〗アンシェーヌマン, 連音〔語の切れ目で, 先行する子音を後続母音の音節に組入れて発音すること. *ex.* Il a [i-la]〕. **4**〖音楽〗(和音の) 連結. **5**〖舞踏〗アンシェーヌマン〔一連のパ〕. **6**〖劇〗つなぎ; 二つながるの科白. **7**〖映画〗オーバーラップ.

enchanté(**e**) *a.p.* **1** (de に) 非常に満足した. être ~ de+*inf.* …して非常にうれしい. Je suis ~ 〔de faire votre connaissance〕. お近付きになれて大層うれしく存じます; 初めまして 《初対面の挨拶の文言; 省略的に E ~!》. être ~ que+*subj.* …であることに大喜びしている. Je suis ~ que vous veniez. おいでくださってうれしく存じます. **2** 魔法にかけられた; 魔法の. *La Flûte* ~*e* de Mozart モーツァルトの『魔笛』(〔独〕*Die Zauberflöte* 1791 年). pays ~ 魔法の国, 不思議の国. la princesse ~*e* de *la Belle au bois dormant*『眠りの森の美女』の魔法にかけられた王女. **3** 魅惑された. *L'Ame* ~*e* de Romain Rolland ロマン・ローランの『魅せられた魂』(1922-34 年).

enchère *n.f.* **1** (競売での) せり上げ; 付け値, 競り値; 入札. folle ~ 〔支払能力を越える〕馬鹿げた付け値, 無謀な競り値, 空競り. payer la folle ~ 自分の法外な付け値と次位入札者との差額を支払う;〔比喩的〕つけを払う. première ~ 最初の競り値. faire une ~ de cent francs 100 フラン高の値をつける. couvrir une ~ 前の入札者より高値をつける. porter une ~ à mille euros sur *qch* 何に 1000 ユーロの値をつける. pousser les ~s 次々にせりあげる. **2**〔多く *pl.*〕競売, せり売り. mettre (vendre) *qch* aux ~s 何を競売に付す;〔比喩的〕何を金で売る. mettre une voix aux ~s 選挙の票を金で売る. ~s au rabais〔工事などの〕入札〔最低入札価格制〕. vente aux ~s〔公開〕競売. vente aux ~s des vins des Hospices de Beaune ボーヌ施療所所有葡萄園産出酒の競売. au feu des ~s 競売にかけられて. **3**〖トランプ〗せり上げ, オークション. bridge aux ~s オークション・ブリッジ.

enchevêtrement (<enchevêtrer) *n.m.* **1** もつれさせること; 入り組ませること. ~ de ruelles 路地の入り組み. **2** もつれ, 絡みあい; 錯綜; 混乱. ~ de fils 糸のもつれ. ~ des mots 言葉の混乱. ~ d'une situation 状況の錯綜.

enchondral (**ale**)(*pl.***aux**) *a.*〖解剖・医〗軟骨内の.〖医〗dysplasie ~*ale* 軟骨異形成症.〖医〗ossification ~*ale* 軟骨内化.

enchondromatose *n.f.*〖医〗内軟骨腫症.

enchondrome *n.m.*〖医〗内軟骨腫.

enclave *n.f.* **1** 飛び地, 袋地;〔他国領土内にある〕飛び領土 (= étrangère). **2** 内陸国. La Gambil est une ~ en territoire sénégalais. ガンビアはセネガル領に囲まれた内陸国である. **3**〖建築〗喰い込み《室内に張り出した部分》. **4**〖地学〗捕獲岩. ~ énallogène 外来捕獲岩.

enclavement (<enclaver) *n.m.* **1** 飛び地 (飛び領土) (enclave) を成していること. **2**〖医〗嵌入; (胎児の頭の) 嵌頓 (かんとん). ~ d'un calcul 結石の嵌入. ~ de l'utérus 子宮嵌入.

enclenchement (<enclencher) **1**〖機械〗連結; 連動; 連結 (連動) 装置. électrique (mécanique) 電気 (機械) 連動. **2**〖鉄道〗鎖錠; 鎖錠装置. ~ de transit 進

3 〖比喩的〗始動，開始；連動. processus d' ~ de la crise 危機の始動過程.

encliquetage *n.m.* 〖機械〗ラチェット機構.

enclume *n.f.* **1** 鉄床(かなとこ)，鉄敷(かなしき). ~ de cordonier 靴屋の鉄敷. ~ de forgeron 鍛冶屋の鉄床. être entre l' ~ et le marteau 板挟みになって苦しむ.
2 〖解剖〗キヌタ骨《内耳第2小骨》.
3 〖気象〗積乱雲の頂部.

encodage *n.m.* 〖情報処理・言語〗コード化，符号化，記号化 (décodage「コード解読」の対).

encolure (<cou) *n.f.* **1** (動物の) 首，頸部. 〖競馬〗gagner d'une ~ 首の差で勝つ.
2 (人間の) 頸部，首の恰好；〖文〗風采. homme de robuste ~ 頸のがっしりした男.
3 (シャツの) 首回り，カラーサイズ. chemise d' ~ 39 首回り 39 センチのワイシャツ. tour bas ~ 首の下の部分の首回り.
4 〖裁縫〗襟刳(えぐり). ~ à col roulé タートルネックの襟. ~ au ras du cou 丸首. robe à ~ échancrée 襟刳の深いドレス，ローブ・デコルテ. ~ en V Vネック.
5 (船) (船体中央の) 肋材の厚さ (= ~ d'une varangue).

encombrant(*e*) *a.* **1** かさばる，場所をふさぐ，邪魔な. bagage ~ かさばる手荷物. marchandises ~*es* かさばる商品. meuble ~ 場所ふさぎの家具. Otes-toi du passage! Que tu es ~! 道を空けろ！おまえは邪魔なんだ！
2 〖比喩的〗厄介な，わずらわしい. une ~*e* richesse わずらわしい富. personnage ~ 厄介な人物. Sa présence est ~ *e*. 彼が居るのはわずらわしい.

encombré(*e*) *a.p.* **1** (人，物で) いっぱいの，ふさがった. bureau ~ de papiers 書類でいっぱいの事務机. estomac ~ 食物をたらふく詰め込んだ胃袋. magasin ~*e* de marchandises 商品が山積みの店. place ~*e* de la foule 人波で埋まった広場. rue ~*e* 雑踏する通り.
2 飽和状態の；渋滞した. chaussée ~ d'un flot de voiture 車で渋滞した車道. marché ~ 飽和状態の市場. C'est une carrière très ~*e*. 業績がびっしり詰った経歴だ.

encombrement *n.m.* **1** 混雑，すし詰め〖状態〗；雑踏 (特に) 交通渋滞 (=embouteillage de véhicules). ~ du marché 市場の混雑. ~ des rues 通りの雑踏. ~ des voitures 車の渋滞.
2 (物の) かさばり. ~ de papiers 書類の山.
3 〖機工〗外まわり寸法. ~ d'une auto 車の車幅.
4 飽和状態；殺到. ~ des candidats 志願者の殺到. ~ de la mémoire 記憶の飽和状態.

encoprésie *n.f.* 〖医〗遺糞(いふん)，大便失禁.

encornet *n.m.* やりいか (=calmar, calamar).

encourageant(*e*) (<encourager) *a.* **1** 元気づける，励ましとなる，奨励する. paroles ~*es* 励ましの言葉.
2 有望な. résultats ~*s* 将来に希望を抱かせる結果.

encouragement *n.m.* **1** 激励，奨励，鼓舞. prix d' ~ 奨励賞.
2 はげましの言葉 (行為). recevoir des ~*s* de toute part 四方八方から激励を受ける.
3 (産業・才能などの) 奨励，育成，振興，助成. ~ des arts (des sciences) 芸術 (科学) 振興 (助成). ~*s* de l'Etat 国庫助成. société d' ~ 振興団体. Société française d' ~ à l'agriculture 農業振興協会.

en〖-〗**cours** *n.m.* 貸付残高，(手形など) の未決済残高，残高. ~ de créances 債権残高. ~ de crédits 貸付残高. ~ des emprunts d'Etat 国債残高. limitation des ~ 貸付限度規制.

encouru(*e*) (<encourir) *a.p.* **1** (刑罰が) 対象となる. peines ~*s* 課される刑罰.
2 (非難などを) 被った. reproches ~*es* 浴びせられた非難.

encrassement *n.m.* **1** すす汚れ；油汚れ；クリンカ形成. ~ d'une machine 機械の油汚れ.
2 あか汚れ.
3 〖比喩的〗機能低下. ~ d'un catalyseur 触媒の機能低下. ~ de l'esprit 精神力の鈍化.

encre *n.f.* **1** インク. ~ bleue (noire, rouge) 青 (黒，赤) インク. ~ de Chine 墨. ~*s* de couleur カラー・インク. ~ d'imprimerie 印刷インク. ~ sympathique あぶり出しインク. cartouches d' ~ インク・カートリッジ. imprimante à jet d' ~ インク・ジェット式プリンター. nuit d' ~ 真暗な夜. 〖比喩的〗C'est la bouteille à l' ~. 訳がわからない. écrire à l' ~ インクで書く. faire couler beaucoup d' ~ (大量のインクを流させる→) 人の話題の的となる. noir comme de l' ~ 墨のように真黒な. 〖比喩的〗se faire un sang d' ~ 気を揉むる.
2 いかの墨. 〖料理〗calmars à l' ~ いかの墨煮.
3 〖農〗アンクル (栗の真菌病；黒い汁が出る).

encyclique *n.f.* 〖カトリック〗回勅 (教皇が司教を通して示す教書).

encyclopédie *n.f.* **1** 百科事典. ~ en vingt volumes 20巻の百科事典. l'*E* ~ 『百科全書』(18世紀に Diderot と d'Alembert が編纂).
2 〖広義〗(単一の領域・学問の) 百科. ~ de la musique 音楽百科.

3 〔比喩的〕百科事典的人物，博識の人．~ vivante 生き字引．
encyclopédique *a.* **1** 百科に関する；百科事典の．dictionnaire ~ 百科事典．**2** 百科事典的な；博識な．esprit ~ 博識な人．savoir ~ 博識な知識，博識．**3** 〔蔑〕総花的な．ignorance ~ 完全な無知．
encyclopédiste *n.f.* **1** 百科事典の著(編)者．**2** 〔史〕les ~s (18世紀の)アンシクロペディスト(百科全書の執筆者).
END (=*E*cole *n*ationale des *d*ouanes) *n.f.* 〔教育〕国立税関学校(1946年創設．在 Neuilly-sur-Seine).
endartère *n.f.* 〔解剖〕終動脈(=artère terminale). ~ fonctionnelle 機能的終動脈．
endartérectomie *n.f.* 〔医〕動脈内膜切除〔術〕, 終動脈切除〔術〕. ~ de la carotide 頚動脈内膜切除〔術〕.
endémicité *n.f.* 〔医〕(疾病の)風土性, 局地性．
endémie *n.f.* 〔医〕風土病；風土病的流行．
endémique *a.* **1** 〔医〕(病気の)風土的な, 局地的な. maladie ~ 風土病 (=endémie).
2 〔比喩的〕(特定の地方に)慢性的な, 恒常的な. chômage ~ 慢性的失業．
3 〔環境〕局地的に棲息する．espèce ~ 局地的固有種．
endémoépidémie *n.f.* 〔医〕風土病的流行．
endetté(e) *a.* 借金を負った, 債務を抱えた. pays ~ 累積債務国, 債務国, 借金国. pays lourdement ~ 重(症)債務国. pays pauvre très ~ (PPTE) 重債務貧困国 (=〔英〕HIPC : *h*eavily *i*ndebted *p*oor *c*ountries).
endettement *n.m.* 債務, 負債〔額〕, 借入れ, 借金. ~ du tiers-monde 途上国の累積債務. coefficient (ratio) d'~ 債務(資本)比率. problème de l'~ 累積債務問題．
endiguement, endigage (<endiguer) *n.m.* **1** 堰とめること；築堤〔工事〕. ~ du courant 水流の堰どめ〔工事〕. ~ de terre 築堤〔工事〕.
2 堰堤, 堤防．
3 〔比喩的〕抑制. ~ des passions 情念の抑制．
endive *n.f.* 〔植〕**1** アンディーヴ, 菊じしゃ (chicorée sauvage「野生シコレ」の改良種である chicorée de Bruxelles「ブリュッセル・シコレ」あるいは〔chicorée〕witloof「ウィットロフ・シコレ(白菜シコレ)」, フラマン語の chicon「シコン」の通称；学名は Chicorium intybus var. foliosum；2年目の新芽を軟白させて食用に供する).
2 ~ vraie 真正アンディーヴ (chicorée frisée「縮れ葉シコレ」や chicorée scarole「スカロル・シコレ」の2種があり, 通常 endive とよばれているものとは異なる；学名 Chichorium endivia；生野菜として葉を食べる).
endivisionnement *n.m.* 〔軍〕師団の編成；師団化．
endo- 〔ãdɔ〕〔ギ〕PREF「内部」の意 (*ex. endo*derme 内皮；内胚葉).
endo-atmosphérique *a.* 大気圏内の. missile ~ 大気圏内飛行ミサイル．
endoblaste *n.m.* 〔生〕内胚葉 (=endoderme).
endoblastique *a.* 内胚葉の (=endodermique).
endocarde *n.m.* 〔解剖〕心内膜．
endocardite *n.f.* 〔医〕心内膜炎. ~ bactérienne 細菌性心内膜炎. ~ infectieuse 感染性心内膜炎. ~ pariétale fibroplastique 繊維形成性壁心内膜炎. ~ rhumatismale リウマチ性心内膜炎．
endochondral(ale)(*pl.aux*) *a.* 〔解剖・医〕軟骨の, 軟骨内の. dysplasie ~ale 軟骨異形成症. ossification ~ale 軟骨内骨化．
endocrine *a.* 〔生理〕内分泌の. glande ~ 内分泌腺 (=glande à sécrétion interne).
endocrinien(ne) *a.* 〔生理〕内分泌腺の. 〔解剖・医〕système ~ 内分泌器官. 〔医〕troubles ~nes 内分泌障害．
endocrinologie *n.f.* 〔生理〕内分泌学．
endocrinologiste *n.* 〔医〕内分泌学専門家, 内分泌科医．
endocrinologue *n.* 〔医〕内分泌学専門家, 内分泌科医．
endocytose *n.f.* 〔生〕(細胞の)飲食作用, エンドサイトーシス (細胞外の固形物や液体を細胞内にとりこむこと).
endoderme *n.m.* **1** 〔植〕内皮. **2** 〔生〕内胚葉．
endodontie *n.f.* 〔医〕歯髄医学, 歯髄治療学．
endogène *a.* 内部に生じる；〔生〕内生の；〔医〕内因性の；〔地学〕内成の (《地球の内部から生じる》). 〔精神医学〕dépression ~ 内因性鬱病. intoxication ~ 内因性中毒. roches ~s 内生岩. 〔数〕variables ~s 内生変数．
endomètre *n.m.* 〔解剖〕子宮内膜．
endométriome *n.m.* 〔医〕子宮内膜腫．
endométriose *n.f.* 〔医〕子宮内膜症, エンドメトリオーシス．
endométrite *n.f.* 〔医〕子宮内膜炎．
endommagé(e) *a.p.* 損害を蒙った, 破損した. maison ~e ぼろ家. récoltes ~es par la grêle 雹で傷んだ収穫物. réputation ~e 傷ついた評判. voiture ~e dans un accident 事故で破損した車．
endomorphine *n.f.* 〔化〕エンドルフィン (endorphine).
endonucléase *n.f.* 〔生化〕エンドヌク

レアーゼ《核酸分解酵素》．

endoparasite *n.m.*〖生・医〗内部寄生虫．
——*a.* 内部寄生性の．

endopéptidase *n.f.*〖生化〗エンドペプチターゼ《酵素》．

endoplasme *n.m.*〖生〗内質．

endoplasmique *a.*〖生〗(細胞質の) 内質の. réticulum ~ 小胞体．

endoprothèse *n.f.*〖医〗動脈内挿入ステント《動脈の収縮を防止し，血流を確保するために挿入される小さなバネ状補綴材》．~ aortique 大動脈用ステント．~ vasculaire 血管内挿入ステント．

endoréisme *n.m.* (河川の) 内陸消失性《海に注がず，内陸部の地溝に消えること》．

endormi(*e*) (＜endormir) *a.p.* **1** 眠っている，眠りこんだ．bêtes ~ es 眠りこけた動物．enfant à moitié ~ 半ば眠ったような子供．**2** 眠ったように静かな．campagne ~ e 眠ったように静かな田園．cité ~ e 眠りこんだ都市．**3** 眠そうな，眠ったような．gestes ~ s 眠そうな振舞い．regard ~ 眠そうな目付き．**4** 活力を失った，活気のない，鈍い．intelligence ~ e 眠ったように鈍い知力．méfiance ~ e 弱まった疑念．passion ~ e 眠ったような情熱．**5** ぼんやりした；無気力な．
——*n.* ぼんやりした (無気力な) 人．faire l' ~ 眠ったふりをする．

endorphine *n.f.*〖薬〗エンドルフィン《内因性モルヒネ様物質；鎮静作用がある》．

endoscope *n.m.*〖医〗内視鏡．~ cardiaque 心臓〔内視〕鏡．~ rigide 剛性内視鏡．~ souple 柔軟性内視鏡，ファイバースコープ (＝fibroscope). ~ ultrasonique 超音波内視鏡．

endoscopie *n.f.*〖医〗内視鏡検査．

endoscopique *a.*〖医〗内視鏡による．chirurgie ~ 内視鏡利用手術，内視鏡外科．examens ~ s 内視鏡検査．lithotritie ~ 内視鏡的胆石破砕術．

endosmomètre *n.m.*〖物理〗内渗透計．

endosmose *n.f.*〖物理〗内渗透．

endosperme *n.m.*〖植〗内乳，内胚乳．

endossable *a.* (小切手が) 裏書き可能の．

endossataire *n.* (小切手・手形の) 被裏書人，讓受人．

endossement *n.m.* **1**〖商業〗(手形などの) 裏書．~ de propriété 讓渡裏書 (＝translatif). ~ en blanc 白地式裏書 (裏書人の署名のみの裏書)．**2**〖外交〗~ diplomatique 外交的擁護．

endosseur *n.m.* (小切手・手形の) 裏書人．

endothélial(*ale*)(*pl.* **aux**) *a.*〖解剖・医〗内皮の．tumeur ~ ale 内皮系腫瘍，内皮

腫 (＝endothéliome).

endothéliome *n.m.*〖医〗内皮腫，内皮系腫瘍 (＝tumeur endothéliale).

endothélium [ɑ̃dɔteljɔm] *n.m.*〖解剖〗内皮．

endotherme *a.*〖生理〗内温性の (ectotherme「外温性の，変温性の」の対)．〖動〗animaux ~ s 内温動物 (哺乳類，鳥類など)．

endothermique *a.*〖化・物理〗吸熱の；〖動〗内温性の．réaction ~ 吸熱反応．〖物理〗transformation ~ 吸熱変換．

endotoxine *n.f.*〖生化・医〗〔細菌〕内毒素 (exotoxine の対)．

endovasculaire *a.*〖医〗血管内の．traitement ~ 血管内治療．

endroit *n.m.* **I**〖空間内の点〗**1** 場所；地点．A quel ~ de la ville habitez-vous? この町のどこにお住いですか．le plus bel ~ de la région この地点の最も美しい場所．bel ~ pour bâtir 良好な建築用地．〖俗〗petit ~ 便所．montrer l' ~ précis 正確な場所 (地点) を示す．par ~ s あちこちに，所々に (で)．**2** (人が住む) 土地 (＝localité). ~ perdu 片田舎，人里離れた場所．gens de l' ~ 土地の人．**3** 部位；個所．à l' ~ des bras 腕の部位 (に). le bon ~〖俗〗尻．〖俗〗recevoir un coup de pied au bon ~ 尻を足蹴にされる．**4** (人格の) 側面．~ sensible 感じやすいところ．attaquer qn à l' ~ sensible 人の最も傷つきやすいところを攻める．chercher l' ~ faible de qn 人の弱点を探す．**5** (作品の) 部分；時点．~ qui n'est pas clair 明快でない部分．les meilleurs ~ s d'un roman 小説の最良の個所．à cet ~ de la conversation 会話のこの時点で．**6**〖文〗à l' ~ de qn 人に対して．son attitude à mon ~ 私に対する彼の態度．**II**〖表〗(envers「裏」の対) **1** 表，表の面．~ d'un feuille 紙の表 (＝recto). étoffe à deux ~ s 両面の生地．à l' ~ 表にして；正常な面にして．remettre à l' ~ un gant retourné 裏返した手袋を元に戻す (表にする)．**2** 表面．ne voir que l' ~ des événements 事件の表面しか見ない．**3**〖スイス〗(谷・山の) 日の当る斜面，南斜面 (＝adret).

enduction *n.f.*〖織〗コーティング．~ des tissus 布地のコーティング加工．

enduit *n.m.* **1** 塗料．~ protecteur 表面保護用塗料．**2**〖絵画〗下塗り．~ pour la fresque フレスコ画用の下塗り．~ pour la peinture à l'huile 油絵用のカンヴァス下塗り．**3**〖建築〗(壁面の) 上塗り，表面仕上材《漆喰，モルタル，セメントなど》．appliquer un ~ sur une surface 表面に上塗りを施す．~ armé 鉄筋補強仕上げ．~ crépi 荒塗り．~ jeté 鏝仕上げの上塗り．

4〖医〗苔被(たいひ). ~ de la langue 舌苔.
5(物の表面の)垢, 滓(かす). ~ de suie 油汚れ.

endurance *n.f.* 忍耐力；耐久力, 持久力；耐性. ~ au froid 耐寒性. avec ~ 辛抱強く. ~ d'un moteur エンジンの耐久力. ~ morale 忍耐心. ~ physique 肉体的持久力. épreuve d'~ 耐久テスト；(自動車, オートバイなどの)耐久レース《略称 enduro》.

enduro *n.m.* (オートバイ, 自動車の)耐久レース(= épreuve d'endurance). ~ du Touquet ル・トゥーケ・オートバイ耐久レース《フランス選手権大会, 1975 年創設》.
——*n.f.* 耐久レース用オートバイ(= moto pour l'~).

ENE (= *E*st-*N*ord-*E*st) *n.m.* 東北東.

-ène SUFF〖化〗「炭化水素化合物」の意 (*ex.* benz*è*ne ベンゼン).

énéolithique *n.m.* 〖考古〗金石併用期 (= chalcolithique；先史時代の最新期).
——*a.* 金石併用期の. période ~ 金石併用期, 銅石器時代.

énergéticien(ne) *n.* エネルギー工学専門家.

énergétique *a.* エネルギーの；エネルギーに関する；エネルギー源の.〖生理〗aliments ~*s* エネルギー補助食品. apport ~ エネルギー供給. besoins ~*s* エネルギー必要量. bilan ~ d'une réaction 反応のエネルギー効率. conversion ~ エネルギー転換. ressources ~*s* d'un pays 一国のエネルギー資源. théorie ~ エネルギー理論.
——*n.f.* **1** エネルギー理論(= théorie ~). **2** エネルギー生産技術；エネルギー関連技術.

énergie *n.f.* **1** 生命力, 活力(= ~ vitale)；精力, 気力；体力(= vitalité physique)；エネルギー. avec ~ 力をこめて, 力一杯. agir avec ~ エネルギッシュに行動する. concentrer son ~ 力を集中する. manquer d'~ 精力(気力)を欠く. se sentir plein d'~ 全身に力がみなぎるのを感じる.
2 効力. ~ d'un remède 薬の効力.
3〖比喩的〗(表現などの)力強さ, 力. ~ d'un style 文体の力強さ.
4〖理〗エネルギー, 力. ~ atomique 原子力エネルギー. Commissariat à l'~ atomique 原子力庁(略称 CEA). ~ cinétique (potentielle) 運動(位置)エネルギー. ~ des vagues 波浪エネルギー. ~ électrique 電気エネルギー, 電力(= électricité). ~ éolienne (marémotrice) 風力(潮力)エネルギー. ~ géothermique 地熱エネルギー. ~ interne 内部エネルギー. ~ mécanique (thermique) 機械(熱)エネルギー. ~*s* nouvelles 新エネルギー. ~ nucléaire 核エネルギー. ~ renouvelable 再生エネルギー. ~ solaire 太陽〔光〕エネルギー. ~ verte 緑のエネルギー, 生物エネルギー, バイオマス(biomasse). 地球にやさしいエネルギー(= ~*s* douces).

économie d'~ 省エネルギー. principe de la conservation de l'~ エネルギー保存の法則. sources d'~ エネルギー源.
5〖生理・精神分析〗エネルギー. ~ libre (liée) 自由(拘束)エネルギー. ~ psychique 心的エネルギー.
6〖栄養〗(食物の)エネルギー, 栄養価, カロリー価(= ~ calorifique).

énergique *a.* **1** (人が)精力的な, エネルギッシュな, 力強い. homme ~ 精力的な人. style ~ 力強い文体. visage ~ エネルギッシュな顔付.
2 (物が)厳格な. intervention ~ de la police 警察の積極的介入. prendre des mesures ~*s* contre l'inflation 厳格なインフレ対策を講じる.

energisant(e) *a.* (薬などが)活力を与える. action ~*e* d'un médicament 医薬品の賦活作用.
——*n.m.* 〖薬〗精神賦活剤(= psychotonique). prendre des ~*e* 精神賦活剤を服用する.

energivore *a.* 〖俗〗エネルギーを大量に消費する.

énervé(e) *a.p.* **1** いらだった, 興奮した. foule ~*e* 興奮した群衆. geste ~ いらいらした動作. être ~ par *qch* …でいらいらする. **2**〖古・文〗無気力な, 衰弱した.
——*n.* 〖話〗神経質な人；興奮した人.

enfance *n.f.* **1** 幼少期《出生時から adolescence「思春期」のはじまる 13 歳頃まで》. amis d'~ 幼な友達. camarades d'~ 幼馴染(仲間). première ~ 乳幼児期. souvenirs d'~ 幼少時代の思い出. avoir eu une ~ heureuse (malheureuse) 幸せな(不幸な)幼少時代を過す. depuis son ~ 幼少時代から, 幼い頃から.
2〖集合的〗子供, 児童. ~ abandonnée 見捨てられた子供たち. Fonds des Nations unies pour l'~ 国連児童基金《略記 FISE, ユニセフ([英] Unicef : *U*nited *N*ations *I*nternational *C*hildren's *E*mergency *F*und)》.
3 (老人の)耄碌(もうろく). être en ~ 耄碌している, ぼけている. retomber en ~ 耄碌する, ぼける.
4〖比喩的〗黎明期, 揺籃期. l'~ de l'humanité 人類の黎明期. l'~ du monde 創世記. être dans son ~ 初期の段階にある.〖話〗C'est l'~ de l'art. それはごく基礎的なことだ；至極簡単なことだ.

enfant *n.* **1** (成人に対して)子供；未成年者(mineur)；〖比喩的〗子供っぽい人. un ~ et une ~ 男の子と女の子.
~ abandonné 遺棄された子, 捨て子.〖比喩的〗~ de chœur 聖歌隊の子供；純真な(無邪気な)子供. ~ difficile 問題児. ~ gâté 甘やかされた子供. l'*E* ~ Jésus 幼な子イエス. ~ martyr 被虐待児, いじめられっ子. ~ prodige 神童. ~ sage (bruyant) おとなしい

(騒々しい)子供. ~ sauvage 野生児. ~ terrible やんちゃ坊主, 暴れん坊, 家庭の秘密を喋りまくる子；〔比喩的〕やんちゃ者, もてあまし者. ~ trouvé みなし児, 孤児.
bon (bonne) ~ (形容詞句として)人の善い, 善良な. tout ~ (形容詞句として)幼くして.
intérêt de l' ~ 未成年の子の利益. jeu d' ~ 児戯；児戯に類すること；取るに足らぬこと. Ce n'est pas un jeu d' ~. それはひどく難しい(重大な問題だ). maladies de l' ~ 小児病. spectacle pour ~s 子供向けのショー(見世物). faire l' ~ 子供っぽく振舞う(見せる). Ce sont de grands ~s. あいつらは大きな子供だ.

2(親に対して)子；息子 (fils), 娘 (fille). ~ à charge 被扶養子. ~ adopté (adoptif) 養子. ~ adultérin 姦生子. ~ conçu 胎児. ~ d'un premier lit 初婚子. ~ en danger 危険な状態にある子. ~ en garde 監護対象児. ~ illégitime 非嫡出子, 私生児. ~ incestueux 乱倫子. ~s jumeaux 双生児. ~ légitime 嫡出子. ~ légitimé 嫡出転化された子, 準正子. ~ naturel 私生児, 自然児, 非嫡出子, 庶出の子. ~ prodigue 蕩児. ~ pupille de l'Etat 国の被後見子. ~ recueilli 一時保護児. ~ surveillé 保護観察児.
aliments pour ~ 乳児食, ベビーフード. chambre d' ~ 子供部屋. psychologie de l' ~ 小児心理学. attendre un ~ 妊娠している. Combien d' ~s avez-vous? お子様は何人いらっしゃいますか?

3 子孫, 末裔. ~s de Dieu 神の子, 人間. ~s de l'Eglise キリスト教会の子, キリスト教徒. ~s de France (旧体制下の)フランス王族. ~s de Marie 聖母マリア女子修道院；〔比喩的〕清純無垢な乙女.

4 (地方・階層などの)出身者. ~ de la balle 父から技芸を仕込まれた子. ~ de la bourgeoisie ブルジョアの子. ~ de Paris パリ生まれ, パリッ子. ~s de la patrie 祖国の子ら. ~ du peuple 庶民の子. ~ de troupe 軍隊の子(国費で軍人養成校に通う軍人の子弟).

5 〔比喩的〕成果. Le succès est un ~ de l'effort. 成功は努力の賜物である.

6 〔話〕(愛情・親愛・激励などを表わす年下の者への呼びかけ) Mon ~；mon cher ~, ma chère ~ お前. mes ~s；les ~s 君たち.

—— *a. inv.* **1** 子供の頃の. portrait de Louis XIV ~ ルイ14世の少年時代の肖像画.
2 子供っぽい, 幼稚な, 単純な. Il (Elle) est très ~. 彼(彼女)はとても子供っぽい.

enfantillage *n.m.* 子供じみた言動(考え), 児戯, 幼稚なこと. dire des ~s 子供じみたことを言う. C'est un ~ sans conséquence. それは取るに足らぬ幼稚なことだ.

enfantin(e) (<enfant) *a.* **1** 子供の；子供で構成される. auditoire ~ 子供の聴衆. classe ~e 幼児学級《幼稚園のない地方で4歳から6歳児を受け入れる学級》. école ~e (スイスの)幼稚園 (= école maternelle). innocence ~e 子供の純真無垢さ. langage ~ 子供言葉.
2 〔蔑〕子供っぽい, 幼稚な. reflexions ~es 子供っぽい考え.
3 (子供にもわかる程度に)簡単な, 易しい. problème ~ 幼稚な問題. C'est d'une simplicité ~e. 子供にもわかるほど簡単なことだ.

enfer *n.m.* [I] (*sing.* で) **1** 地獄. le Paradis et l'E ~ 天国と地獄. aller en ~ 地獄に堕ちる. châtiment (peines) de l' ~ 地獄の責苦.
d' ~ 地獄のような；物凄い. feu d' ~ 激しい砲火. plan d' ~ 物凄い(卓抜な, 愚劣な)計画. vision d' ~ 怖ろしい幻視. jouer un jeu d' ~ 大ばくちを打つ.
2 〔比喩的〕地獄のような場所(機会, 状態). descente aux ~s 破滅の事態；壊滅；破産. ~ de la drogue 麻薬地獄.
3 (図書館の)禁書庫. ~ de la Nationale フランス国立図書館の禁書管理部.
[II] (*pl.* で) **1** 《古代ギリシア・ローマ》冥界, 地獄. descente aux ~s d'Orphée オルフェウスの地獄下り. dieu des ~s 冥界の神 (Hadès ハデス, Pluton プルートーン). fleuves des ~s 冥界の河.
2 《聖書》死者の国.

enfermement *n.m.* **1** 閉じ込めること, 幽閉. ~ des opposants au régime dans des hôpitaux psychiatriques 反体制派の精神病院への幽閉.
2 閉じこもること, 閉じこもり. ~ dans sa chambre pour travailler 仕事のために部屋に閉じこもること.

enfiévré(e) *a.p.* **1** 熱狂した, 熱気を帯びた, 興奮した. étreinte ~e 情熱的な抱擁. foule ~e 熱狂した群衆. voix ~e^1 熱気を帯びた声.
2 〔古〕発熱した. voix ~e^2 熱にうかされた声.

enfilade (<enfiler) *n.f.* **1** ひとつながり, 連続. une ~ de … 一連の …；〔蔑〕延々と続く…. une ~ de chambres 1列に並んだ部屋. une ~ d'images 一連の映像. en ~ (ドアでつながった)ひとつづきの部屋.
2 《軍》tir d' ~ 縦射. être pris en ~ 縦射にさらされる.

enflammé(e) *a.p.* **1** 炎を上げて燃えている. torche ~e 燃え上る松明.
2 〔比喩的〕ほてった, 燃えるように赤い, 紅潮した, 上気した. visage ~ de honte 恥じらいの赤面.
3 炎症をおこした. blessure ~e 炎症をおこした傷.
4 〔比喩的〕燃えるように激しい, 情熱的な.

enfoncement

discours ~ 熱弁. lettre ~e 情熱的な手紙.
〚医〛syndrome ~ 燃え尽き症候群, バーンアウトシンドローム.

enfoncement (<enfoncer) *n.m.* **1** 深く入ること；打ち込むこと. ~ d'un clou dans le mur 壁への釘の打込み. ~ d'un pieu en terre 地中への杭の打込み. ~ du sol 窪地. ~ progressif dans l'eau 水に徐々に沈めること.
2 打ち破ること. ~ des murailles à coup de bélier ドロップハンマーによる壁の打破.
3 〚軍〛突破. ~ d'une armée 軍の敵の前線突破.
4 窪み；ひっこみ；入江；(谷の)奥. ~ d'une côte rocheuse 岩場海岸の入江. ~ d'un mur 壁の窪み. ~s d'un paysage 風景の奥.
5 〚医〛(骨の)陥没. ~ du crâne 頭蓋の陥没骨折.
6 〚建築〛基礎の深さ.

enfouissement *n.m.* **1** 土に埋めること；埋蔵. ~ du fumier 堆肥の地中混入. ~ d'un trésor 宝物の埋蔵.
2 〔比喩的〕隠匿；埋没. ~ des documents 資料の隠匿 (埋没).

engagé(e) *a.p.* **1** 〚建築〛(壁, 柱などに)一部嵌め込まれた. colonne ~e 壁に半分埋め込まれた〔ように見える〕円柱.
2 〚軍〛志願入隊した. soldat ~ 志願兵.
3 (事業などに)身を投じた, 着手した. La partie est ~e. 勝負は始まった.
4 (社会・政治問題に)積極的に関与した；社会参加の, 政治参加の. écrivain ~ (社会・政治)参加の作家. littérature ~e 参加の文学. être politiquement ~ 政治参加をしている.
5 〚海〛(何かにからまって)動かなくなった. cordage ~ からまったロープ. navire ~ 横倒しになった船.
6 (人が)道に入る；(車が)道に乗り入れる.
——*n.* 〚軍〛志願兵 (= ~ volontaire) (appelé「召集兵」の対). ~ par devancement d'appel 召集を受ける前の志願兵.

engagement *n.m.* **1** 約束, 誓い, 誓約. ~ diplomatique 外交上の約束 (議定). ~ moral 道義的約束. ~ public 公約. prendre un ~ 約束をする. tenir un ~ 約束を守る.
2 契約, 履行義務. ~ par volonté unilatérale 単独行為による契約.
3 雇入れ, 雇用契約. lettre d'~ 採用通知. ~ à l'essai 試験雇用. contrat d'~ 雇用契約.
4 (資本, 手段などの)投入, 投下；(特に軍隊の)投入. ~ de grands moyens pour réaliser un projet d'industrialisation 工業化計画実現を目指す大規模な手段の投入.
5 開始, 着手. ~ d'une discussion au parlement 国会における審議の開始. ~ des travaux de construction 建築工事の着手.
6 〚文学, 思想〛アンガージュマン, 政治参加, 社会参加.
7 〚軍〛兵役志願；〔比喩的〕小競り合い. ~ à court terme 短期志願. ~ volontaire 自発的志願. prime d'~ 志願兵手当.
8 〚財政〛支出負担行為 (= ~ financier). ~ de dépenses publiques 公共支出の負担.
9 〚金融〛融資, 貸付；負債. avoirs et ~s vis-à-vis de l'extérieur 対外金融ポジション. ~ à court terme 短期負債.
10 〚スポーツ〛参加, エントリー；(サッカー, ラグビーなどの)キックオフ；(テニスの)サーブ. balle d'~ サービス.
11 〚フェンシング〛~ corps à corps 相打ち.
12 〚医〛嵌頓(かんとん). ~ cérébelleux 小脳扁桃嵌頓. ~ temporal 天幕切痕嵌頓.

engelure *n.f.* しもやけ, 凍瘡(とうそう)(軽度の寒冷によって生じる皮膚障害；時に紅斑, 水疱, びらんを伴う).

engin *n.m.* **1** 道具, 工具；機械. ~s de levage 起重機. ~s de pêche 漁具, 釣道具. ~s prohibés 使用禁止の漁具 (猟具). ~s de travaux publics 土木機械.
2 武器, 兵器 (= ~ de guerre). ~ à retardement 時限式兵器 (手榴弾 grenade など). ~ à tir courbe 曲射砲. ~ blindé 装甲車. compagnie d'~s 重装備歩兵中隊.
3 ロケット, ミサイル (= ~ spécial ; missile). ~ balistique 弾道弾. ~ sol-air (mer-sol) 地対空 (艦対地) ミサイル. sous-marins nucléaires lanceurs d'~ ミサイル発射原子力潜水艦 (略記 SNLE).
4 マシン, 機器 (自動車・オートバイ, 飛行体など). ~ spatial 人工宇宙飛行物体 (人工衛星, スペースシャトルなど).
5 〚話〛奇妙なもの, 名状しがたいもの. Qu'est-ce que c'est que cet ~-là ? それは一体何だ.

engineering [ɛn(d)ʒinirin] 〚英〛 *n.m.* 〚工〛エンジニアリング, 工学；工学技術 (公用推奨語は ingénierie).

engorgé(e) *a.p.* **1** 詰まった. tuyau ~ 詰まったパイプ.
2 渋滞の, 交通渋滞の多い. Los Angeles, la ville américaine la plus ~e アメリカで最も交通が渋滞している都会ロス・アンジェルス.
3 〚医〛鬱血した, 腫脹した. tissus ~s 鬱血した組織.
4 〚文〛喉を締めつけられたような. voix ~e 喉を締めつけられたような声.

engorgement *n.m.* **1** 詰まること. ~ de l'égout 下水の詰まり. ~ d'un tuyau パイプ詰まり.
2 (道路, 交通の)渋滞 (=bouchon, encombrement). ~ à l'entrée des grandes villes 大都会の入口での渋滞.
3 〚医〛鬱滞；鬱血, 腫脹. ~ des voies respiratoires 呼吸器官の鬱血. ~ mammaire 乳房の腫脹, 鬱乳.
4 (市場の)滞貨；滞留. ~ des capitaux 資

本の滞留.
engouement (＜s'engouer) *n.m.* **1** (de, pour に対する) 熱中, 心酔. être pris d'~ pour une nouveauté 新しいものに熱中する.
2 〖医〗閉塞；便秘 (=constipation). ~ du poumon au cours d'une pneumonie 肺炎の際の肺閉塞；閉塞性肺炎.

engourdissement *n.m.* **1** しびれ, 麻痺. ~ du bras (des doigts) 腕 (指) のしびれ. ~ du corps 体の麻痺 (無力感).
2 〖比喩的〗(精神的) 麻痺；(活動的の) 鈍化. ~ des facultés intellectuelles 知的能力の麻痺 (鈍化). ~ des activités économiques (sociales) 経済 (社会) 活動の鈍化.
3 〖動〗冬眠 (=hibernation).

engrais *n.m.* **1** 肥料. ~ ammoniacaux アンモニア肥料. ~ ammonico-nitriques アンモニア硝酸肥料. ~ azotés 窒素肥料. ~ composés 配合肥料. ~ minéraux 化学肥料. ~ organiques 有機肥料. ~ organo-minéraux 有機化合混合肥料. ~ phosphatés 燐酸肥料. ~ potasiques カリ肥料. ~ végétaux (verts) 緑肥, 堆肥.
2 à l'~ 肥育中の. porcs à l'~ 肥育中の豚.

engraissement, engraissage *n.m.* **1** (家畜の) 肥育. ~ des veaux 仔牛の肥育. ~ extensif des bestiaux 家畜の粗放肥育 (牧草による). ~ intensif 集約肥育 (濃厚な人工飼料による強化肥育). **2** (浜辺の) 流砂の蓄積の増大.

ENGREF (=*E*cole *n*ationale du *g*énie *r*ural, des *e*aux et des *f*orêts) *n.m.* 〖教育〗国立農業土木・水理・林業学校 (1965年 Orsay に創立, 2007年 Agro ParisTech に統合されたグランド・エコール).

engrenage *n.m.* **1** 歯車, ギア；歯車式伝動装置；歯車のかみ合い (かみ合わせ). ~ à denture droite (hélicoïdale) 平 (ヘリコイド) 歯車装置. ~ de direction d'une automobile 自動車のハンドル・ギア装置.
2 〖比喩的〗(行為・状況などの) 連鎖, からみ合い, もつれ. ~ de la violence 暴力沙汰の連鎖反応. mettre le doigt dans l'~ 厄介なことに巻きこまれる.

ENH (=*é*lectrode *n*ormale à *h*ydrogène) *n.f.* 標準水素電極.
ENI (=*E*cole *n*ationale des *i*mpôts) *n.f.* 〖教育〗国立税務学校 (Paris と Clermont-Ferrand にある税務関係のグランド・エコール).

énième ⇒ **nième**

énigmatique *a.* 謎めいた, 謎の；真意不明の, 曖昧な；(人が) 正体不明の. doctrine ~ 難解な理論. personnage ~ 謎の (正体不明の) 人物. question ~ 謎かけのような質問. sens ~ d'un livre 本の難解な意味. sourire ~ de la Joconde モナ・リザの謎めいた微笑.

énigme *n.f.* **1** 謎. ~ du Sphinx スフィンクスの問いかける謎. mot de l'~ 謎を解く答；理解し難い言葉. déchiffrer (résoudre) une ~ 謎を解く. parler avec ~ 謎をかけるように (曖昧に) 話す. proposer une ~ 謎をかける.
2 難問；不可解な (説明し難い) 出来事. ~ indéchiffrable 解けない難問. Sa conduite est pour nous une ~. その行動はわれわれにとって不可解である.

Enit[1] (=*E*cole *n*ationale d'*i*ngénieurs de *T*arbes) *n.f.* 〖教育〗国立タルブ技師養成学校 (1963年創立のグランド・エコール).
ENIT[2] (=〖伊〗*E*nte *N*azionale *I*taliano per il *T*urismo) *n.f.* イタリア政府観光局 (=〖仏〗Office national italien de tourisme).

ENITA (=*E*cole *n*ationale d'*i*ngénieurs des *t*ravaux *a*gricoles) *n.f.* 〖教育〗国立農業技師学校 (Bordeaux, Clermont-Ferrand, Dijon その他にあるグランド・エコール).

enivrement *n.m.* **1** 陶酔, 夢見心地；熱狂. doux ~ 甘美な夢見心地. ~ de l'âme 魂の恍惚. ~ du succès 成功に酔い痴れること, 成功のもたらす陶酔感.
2 (酒の) 酔い. ~ par l'eau-de-vie オー=ド=ヴィーによる酔い.

enjeu (*pl.* ~**x**) (＜en+jeu) *n.m.* **1** 賭け金；賭けた物. perdre son ~ 賭け金を失う. retirer son ~ 賭け金を取り戻す；〖比喩的〗事業から利益を得る.
2 〖比喩的〗賭けられている物；賭けの得失；(目的追求の) 代償；中心課題. ~ d'une guerre 戦争の代償. ~ d'un projet 計画の成否. ~ économique (politique) 経済的 (政治的) 賭けの得失.

enjôlement (＜enjôler) *n.m.* 籠絡；誘惑.

enképhaline *n.f.* 〖医〗エンケファリン (脳下垂体の分泌物；内因性モルヒネ様物質).

enkysté(**e**) *a.* 〖医〗被嚢化した, 褐色化した.

enkystement *n.m.* 〖医〗(異物, 腫瘍の) 嚢胞化, 被嚢化.

enlèvement *n.m.* **1** 〖法律〗誘拐, 略取 〔罪〕(=rapt). ~ d'enfant 幼児略取. ~ de mineur 未成年者略取誘拐〔罪〕. ~ des personnes 略取誘拐〔罪〕.
2 除去, 引き取り, 搬出；収集. ~ de marchandises (買い手による) 商品の引取り. ~ des ordures ménagères 家庭ゴミの収集.
3 〖法律〗奪取, 領得〔罪〕. ~ de pièces 〔旧〕公文書領得 (〖現用〗détournement「領得・横領」).
4 〖軍〗(拠点の) 奪取. ~ d'une position militaire 軍事拠点の奪取.

ENM[1] (=*E*cole *n*ationale de la *m*agistrature) *n.f.* 〖教育〗国立司法学校 (Bordeaux

にある司法官養成のグランド・エコール；1958年 Centre national d'études judiciaires「国立法律学センター」として設立；1970年現称に；〔法務省所管〕.

ENM[2] (=*E*cole *n*ationale de *m*étéorologie) *n.f.*『教育』国立気象学校《通称《Météo》；Toulouse にある気象関係のグランド・エコール．1948年創立；運輸省所管》．

ENNA (=*é*cole *n*ormale *n*ationale d'*a*pprentissage) *n.f.*『教育』国立職業訓練師範学校《1946年設立；Paris-Nord, Paris-Sud, Nantes, Lyon, Toulouse の5校；1990年 IUFM (*i*nstitut *u*niversitaire de *f*ormation des *m*aîtres)「教員養成大学学院」に改組》．

enneigeur *n.m.*『スポーツ』スノーガン，人工降雪機 (= canon à neige；〔英〕snow gun).

ennemi(e) *n.* **1** 敵；敵対者；敵対物. ~ déclaré 公然たる敵. ~ du genre humain 人間嫌い．(= l'*E*~). ~ du peuple 人民(民衆)の敵. ~ juré (mortel) 不倶戴天の敵 (= ~ à mort).『生』~ naturel 天敵. ~ politique 政敵. ~ public (社会の秩序を乱す)公衆の敵. vieil ~ 仇敵. se faire des ~s 自分に敵をつくる. vivre en ~s 敵同志として生きる.
2 恋仇 (= rival amoureux). une belle ~e つれない女.
3 (de に)悪意をもつ人. être l'~ du travail 仕事嫌いである.
━━*a.* **1** (人に)敵意をもつ.『文』fortune ~e 逆境. frères ~s 憎しみ合う兄弟.
2 (de に)敵意(悪意)をもつ；(de の)大嫌いな. être ~ de l'alcool アルコール(酒)嫌いである.
3 敵の；敵対する. armée ~e 敵軍. camp ~ 敵陣. flotte ~e 敵艦隊. nation ~e 敵国.
━━*n.m.* **1** 敵国 (= nation ~e)；敵軍 (= ~ militaire)；〔集合的〕敵兵，敵. ~ redoutable 強敵. affronter l'~ 敵軍(敵兵)と対峙する. attaquer (vaincre) l'~ 敵を攻撃する，敵を撃破する. être tué à l'~ 戦死する. mettre l'~ en fuite 敵を敗走させる. passer à l'~ 敵に走る，裏切る. tomber entre les mains de l'~ 敵の手に落ちる.
2 ~ intérieur スパイ (= espion).

ennième ⇒ **nième**

ennui *n.m.* **1**〔多く *pl.*〕心配事, 気がかり, 不安；不都合；面倒, いざこざ, トラブル. ~s mécaniques 機械の不具合. avoir beaucoup d'~s 心配事が多い. avoir des ~s d'argent 金に困っている. avoir des ~s de santé 身体の具合が悪い. avoir des ~s de voiture 車がトラブっている. avoir des ~s avec *qch* (*qn*) 何のことで(人に)問題をかかえている. Il a eu des ~s avec son travail (son fils). 彼は仕事(息子)のことでごたごたがあった. Il a eu des ~s avec la police. 彼は警察の御厄介になった. faire des ~s à *qn* 人に面倒をかける, 人を困らせる.
2 困ったこと, いやなこと, 残念なこと. L'~, c'est que + *ind.* 困ったことには(残念ながら)…である. Quel ~! 何ていやなことか! 何てついてないことだ! 糞!
3 退屈さ, 倦怠. ~ de la vie à la campagne 田舎暮しの退屈さ. bâillir d'~ 退屈してあくびする. éprouver de l'~ 倦怠を覚える. mourir d'~ 死ぬほど退屈する. tromper son ~ 退屈を紛らせる.
4〔文〕倦怠；もの憂さ, けだるさ, やるせなさ；憂愁, メランコリー. ~ incurable 癒し難い憂愁.
5〔古〕深い悲しみ, 悲痛.

ennuyé(e) *a.p.* **1** (人が)困惑した, 困った, 残念に思う. être ~ de + *inf.* (que + *subj.*) …なので困る；…を残念に思う. Je suis très ~ de son retard. 彼の遅刻に困惑している.
2 うんざりしたような；つまらなそうな, 気のない. Il a l'air très ~. 彼は退屈し切った様子だ.

ennuyeux(se) (< ennui) *a.* **1** (人, 物が)不愉快な, いやな, 煩わしい, 面倒な. collègue ~ 煩わしい同僚. démarche ~se うんざりしたやり方. question ~se 人を困らせるような質問.
Il est ~ de + *inf.* …するのはいやなことだ. Il est ~ que + *subj.* …なのは困る. C'est ~ à dire. 言いにくいことだ. C'est bien ~. 全く困ったことだ.
2 (人, 物が)退屈な, つまらない, うんざりする. gens ~ うんざりするような人びと. livre ~ 退屈な本. être ~ comme la pluie ひどくつまらない.
━━*n.m.* **1** 困ったこと, 面倒なこと. L'~, c'est que 困ったことは, 次のようなことだ.

énol *n.m.*『化』エノール.

énolase *n.f.*『生化』エノラーゼ《グルコース分解にかかわる酵素》.

énoncé *n.m.* **1** (考えなどの)表明, 陳述；(判決などの)言い渡し；表明(陳述)された内容, 文面, 文言. ~ d'un jugement 判決の言い渡し(朗読). ~ d'une loi 法律の条文 (文言).
2〔数〕(問題の)与えられた条件. ~ d'un problème 問題の与件と設問.
3〔言語〕言表, 発話.

énonciatif(ve) *a.* **1** 指示的, 例示的 (exclusif「排他的」, limitatif「限定的」の対).
2〔文法〕叙説の (exclamatif「感嘆の」, interrogatif「疑問の」の対). phrase ~ve 平叙文.

énonciation (< énoncer) *n.f.* **1** (書面または口頭による)表明, 表示, 陳述；『法律』開陳. ~ affirmative (négative) 肯定的 (否定的)陳述. ~ d'un acte de l'état civil 身分

証書の表示. ~ d'une clause dans un acte 証書における条項の表示. ~ des faits par un témoin 証人による事実の開陳. ~ d'un jugement 判決の表示.
2〖言語〗発言(発話)行為. circonstances de l'~ 言表行為の状況. Le sujet de l'~ est je. 発話の主体は「私」である.

énophtalmie *n.f.*〖医〗眼球陥没.

énorme *a.* **1** 巨大な；並外れた. ~ fortune 莫大な資産. ~ majorité 大多数. ~ quantité de とてつもない量の…. dettes ~s 巨額の負債. erreur ~ ひどい間違い. foule ~ 大群集. perte ~ 巨大な損失. prix ~ 法外な値段. succès ~ 大成功. travail ~ 大仕事. commettre une ~ sottise ひどく馬鹿なことをしでかす.
2 大規模な，巨大な. ~ construction 巨大建造物. ~ dictionnaire 大辞典. foie ~ 肥大した肝臓. poitrine ~ 巨乳.
3〖話〗凄い. type ~ 凄い奴. C'est ~. そいつは凄い.

énoxaparine *n.f.*〖薬〗エノキサパリン(抗血液凝固薬；薬剤製品名 Lovenox (*n. m.*)).

ENP (=*E*cole *n*ationale du *p*atrimoine) *n. f.*〖教育〗国立文化財学校(1990年創設のグランド・エコール；文化財保護官の養成校；在 Paris. 2001年12月国立文化財学院 Institut national du patrimoine と改称；校舎は Paris と Saint-Denis-La-Plaine の2カ所).

ENPC (=*E*cole *n*ationale des *P*onts et *C*haussées) *n.f.*〖教育〗国立橋梁土木学校(略称「レ・ポン」les Ponts. 1747年 Paris に設立の名門グランド・エコール；橋梁・土木・都市計画・情報工学・応用数学・経営学等の技師の養成に当る).

enquête *n.f.* **1** 調査，アンケート. ~ d'opinion publique 世論調査. ~ par téléphone 電話による聴取り調査(アンケート). ~ parlementaire 国会の調査，国政調査. ~ sociale〖離婚訴訟の際，民事判事・少年担当判事が命じる社会調査〗. ~ sociologique 社会学的調査. ~ sur place 現地(実地，現場)調査. commission d'~ 調査委員会. contre-~ 再調査；対抗尋問調査.
2〖法律〗尋問. ~ contraire (被告人側の)反対尋問. ~ in futurum 証拠保全証人尋問 (=~ à futur). ~ ordinaire 通常尋問(《命判事の証人尋問》). ~ préparatoire (préliminaire, officieuse) (警察官・憲兵などによる)予備尋問. ~ respective 各側証人尋問. ~ sommaire (法定での)口頭尋問. ~ sur-le-chanp (判事による)即時尋問. conduire (mener) une ~ 尋問を行なう. ouvrir (clore) une ~ 尋問を開始する(終える).
3〖行政〗聴聞 (=~ administrative; ~ publique préalable). ~ de commodo et incommodo (公共土木事業の)可否に関する諮問，公用収用調査. ~ parcellaire 土地収

用調査.
4 (警察の)捜査 (=~ policière). ~ en vertu d'une commission rogatoire 委託裁判事務による捜査.

enquêteur¹(*se*)〖女性形は稀〗*n.* (警察などの)捜査員. ~ de police 捜査警察官.
——*a.* 捜査担当の，調査担当の. commissaire ~ (警察の)統括捜査官，捜査責任者. juge ~ 調査判事.

enquêteur²(*trice*) *n.* アンケート調査員 (=sondeur).

enragé(*e*) *a.p.* **1** 狂犬病(rage)に罹った. chien ~ 狂犬病に罹った犬.
2 正気を失った，狂った. mener de la vache ~*e* 食いつめる，困窮する. mener une vie ~*e* つらい暮しをする.
3 (狂犬病に罹った人のように)怒り狂った，いら立った. être ~ contre *qn* 人に対して怒り狂う.〖比喩的〗tempête ~*e* 怒り狂う嵐.
4〖話〗(de に)熱中した. ~ bavard 熱中しておしゃべり. être ~ de musique 音楽に熱中している.
——*n.* **1** 狂犬病患者.
2 怒り狂っている人. les ~s 1)〖仏史〗ウルトラ革命派(1793-99年)；2) (1968年の五月革命時の)過激派学生.
3 (de に)熱中している人，マニア. ~ de littérature policière 探偵小説マニア.
4〖古〗狂人.

enregistrable *a.* **1** 記録されるべき.
2 記録しうる；記録が可能な. DVD ~ 録音(録画)が可能な DVD (=DVD-R). image (son) ~ 記録しうる映像(音).

enregistré(*e*) *a.p.* **1** 登録された，登記された；受理された；記載された.〖法律〗acte ~ 登録(登記，受理)された証書. bagage ~ 登録手荷物. événement ~ dans un journal 新聞に記載された出来事. images ~*es* dans la mémoire 記憶に刻まれた映像.
2 録音された. musique ~*e* 録音された音楽. voix ~*e* 録音された音声.

enregistrement *n.m.* **1** 登録，登記，登記当局. administration d'~ 登記当局. bureau d'~ 登記所. droit d'~ 登記税.
2 録音，録画. ~ magnétique 磁気録音. ~ mécanique 機械録音，レコードのカッティング. ~ optique 光学式録音. ~ pirate 海賊版レコード(カセット). appareil d'~ et de reproduction d'images et de sons 映像音響再生装置ヴィデオ，VTRCD, DVD プレーヤー.
3 記録，採録，収録.
4 別送荷物の受託(受付), (鉄道・航空・手荷物の)チェックイン.
5〖電算〗レコード. ~ logique 論理的レコード. ~ physique 物理的レコード.

enregistreur¹(*se*) *a.* 記録用の，自動記録式の，自記式の. appareil ~〖自動〗記

録機器. baromètre ~ 自記気圧計. caisse ~ se 金銭登録器, レジスター. thermomètre ~ 自記温度計.

enregistreur² *n.m.* 〔自動〕記録計器, レコーダー(=appareil ~). ~ de la profondeur 深度計. ~ de pression 圧力計, 気圧計. ~ de temps タイムレコーダー(=pointeur).〖航空〗~ de vol フライトレコーダー, ブラックボックス(=boîte noire). ~ magnétique テープレコーダー.

enrhumé(e) *a.*〖医〗風邪(rhume)をひいた, 風邪にかかった;風邪の徴候を示す. Elle est ~ *e*. 彼女は風邪をひいている. voix ~ *e* 風邪声.

enrichi(e) *a.* **1** 金持ちになった;成金の. commerçant ~ 成金商人.
2 新しい要素を加えた;(de)で飾られた. édition ~ *e* 増補版. livre ~ d'illustrations 挿絵入りの本.
3〖鉱・原子力〗濃縮された. uranium ~ 濃縮ウラン.
4〖食品〗(栄養分を)強化した. pain ~ 強化パン.

enrichissement *n.m.* **1** 富裕化, 富の増加, 富化. ~ d'un pays 富国化.〖法律〗~ sans cause 不法蓄財. politique d'~ 富国政策.
2 価値の増加;充実, 強化. ~ de la langue française フランス語の強化拡充. ~ d'une collection コレクションの充実.
3〔比喩的〕豊かにするもの;糧;(美術館などの)新規収蔵品. ~ d'une pensée 精神の糧. recents ~ s d'un musée 美術館の新規収蔵品.
4〖鉱〗選鉱, 選別, 品位向上;〖地学〗富化, 富化作用. ~ par gravité 重力選鉱. ~ secondaire 二次的富化作用.
5〖原子力〗濃縮. ~ d'un uranium ウランの濃縮.

enrichisseur *n.m.* (エンジンの)起動機, スターター(starterの公用推奨語).

enrochement *n.m.*〖土木〗(堤防, 突堤, 橋脚などの基礎を保護する)捨石工事;捨石.

enrôlé(e) *a.* **1**〖軍〗軍籍簿に登録された.
2〔広義〕団体に登録された.
—— *n.* 軍籍簿登録者.

enrôlement *n.m.* **1** 軍籍登録. ~ d'un marin 水兵の軍籍登録. ~ forcé 強制的軍籍登録.
2 軍籍登録証明書(=acte d'~). signer son ~ 軍籍登録済証明書に署名する.
3〔広義〕団体への加入. ~ dans un parti 政党への加入.

enrouement *n.m.* 声嗄(が)れ.

enrubanneuse *n.f.*〖農〗(麦藁・牧草などの円筒型にまとめる)結束機.

ENS¹ (=École normale supérieure) *n.f.*〖教育〗高等師範学校;(特にパリの1794年創立の)ウルム通りの高等師範学校 École normale supérieure de la rue d'Ulm;パリの高等師範学校 ENS〔de) Paris(ウルム通りの高等師範学校と, 1881年創立の女子高等師範 ENS de jeunes filles(通称《Sèvres》)とが合併して1985年に誕生;通称 Normale sup). ~ de Cachan 国立カシャン高等師範学校(旧 ENSET:国立高等技術教育師範学校;1912年創立. ~ de Fontenay-Saint-Cloud 国立フォントネー=サン=クルー高等師範学校(1987年創立;1880年創立の国立フォントネー高等師範学校と, 1882年創立の国立サン=クルー高等師範学校が合併). ~ scientifique de Lyon 国立リヨン科学教育高等師範学校.

ENS² (=*é*cole nationale supérieure) *n.f.*〖教育〗国立高等専門学校(《グランド・エコール). ~ des arts et métiers (ENSAM)国立高等工芸学校.

ENSA¹ (=École nationale de ski et d'alpinisme) *n.f.*〖教育〗国立スキー登山学校(Chamonix-Mont-Blanc にあり. 山岳ガイドの養成校. 1938年 Val d'Isère に創立;1945年 Chamonix-Mont-Blanc に移転;保健・青少年・スポーツ省所管).

ENSA² (=*é*cole nationale supérieure agronomique) *n.f.*〖教育〗国立高等農学校(農学関係のグランド・エコール;Paris, Montpellier, Rennes, Toulouse, Nantes その他にある).

ENSA³ (=École nationale supérieure d'aéronautique) *n.f.*〖教育〗国立高等航空学校(通称:SupAéro「シュップアエロ」;1909年 Paris に創設;1928年 ENSA となり, 1972年 ENSAE と改称;1968年 Toulouse に移転;国防省兵器総局 DGA の管轄下のグランド・エコール).

ensablement (<ensabler) *n.m.* **1** 砂の堆積;砂で埋まること. ~ progressif de la baie du Mont-Saint-Michel モン=サン=ミシェル湾における漸進的な砂の堆積.
2 (船の)坐洲(さす);(車の)砂地での立往生.

ENSAD (=École nationale supérieure des arts décoratifs) *n.f.*〖教育〗国立高等装飾芸術学校(Paris にあるグランド・エコール;1766年創立;通称 Arts Déco「アール・デコ」).

ENSAE¹ (=École nationale de la statistique et de l'administration économique) *n.f.*〖教育〗国立統計経理学校(在 Paris 近郊 Malakoff にあるグランド・エコール).

ENSAE² (=École nationale supérieure de l'aéronautique et de l'espace) *n.f.*〖教育〗国立高等航空宇宙学校(略称 SupAéro「シュップアエロ」;1909年設立;航空・宇宙工学を中心とする先端分野のグランド・エコール;在 Toulouse).

ENSAIS (=École nationale supérieure des arts et industries de Strasbourg) *n.f.*〖教育〗国立ストラスブール高等技術工業学

ENSAIT (=*E*cole *n*ationale *s*upérieure des *a*rts et *i*ndustries *t*extiles) *n.f.* 【教育】国立高等繊維技術・産業学校《1889年Roubaixで創設されたグランド・エコール》.

ENSAM (=*E*cole *n*ationale *s*upérieure d'*A*rts et *M*étiers) *n.f.* 【教育】国立高等工芸学校《1780年創立の工科系グランド・エコールの名門；在Paris. 現在では1, 2年次をChâlons-sur-Marne, Angers, Aix-en-Provence, Cluny, Lille, Bordeauxの分校で学び, 最終学年はParisで学ぶ》.

ENSAPVS (=*E*cole *n*ationale *s*upérieure d'*a*rchitecture de *P*aris-*V*al-de-*S*eine) *n.f.* 【教育】国立パリ=ヴァル=ド=セーヌ高等建築学校《別の略称ENSA Paris-Val-de Seine, EAPVS；2001年1月9日のデクレにより, Paris-Conflens, Paris-la-Seine, Paris-Villeminの3高等建築学校を廃校にし, quartier Paris-Rive-Gauche地区の工場跡地に2007年4月に新設されたグランド・エコール》.

ENSBA (=*E*cole *n*ationale *s*upérieure des *B*eaux-*A*rts) *n.f.* 【教育】国立高等美術学校《Parisにある絵画・彫刻・建築関係の名門グランド・エコール；1648年創立；通称Beaux-Arts「ボー・ザール」》.

ENSBANA (=*E*cole *n*ationale *s*upérieure de *b*iologie *a*ppliquée à la *n*utrition et à l'*a*limentation) *n.f.* 【教育】(ディジョンの)国立高等栄養・食品応用生物学院《グランド・エコール》.

ENSCCF (=*E*cole *n*ationale *s*upérieure de *c*himie de *C*lermont-*F*errand) *n.f.* 【教育】国立クレルモン=フェラン高等化学学校《1908年創設のグランド・エコール》.

ENSCI (=*E*cole *n*ationale *s*upérieure de *c*éramique *i*ndustrielle) *n.f.* 【教育】国立高等窯業学校《1893年創立のグランド・エコール；在Limoges》.

ENSCL (=*E*cole *n*ationale *s*upérieure de *c*himie de *L*ille) *n.f.* 【教育】国立リール高等化学学校《1894年創立のグランド・エコール》.

ENSCM (=*E*cole *n*ationale *s*upérieure de *c*himie de *M*ontpellier) *n.f.* 【教育】国立モンプリエ高等化学学校《1889年創設のグランド・エコール》.

ENSCMu (=*E*cole *n*ationale *s*upérieure de *c*himie de *M*ulhouse) *n.f.* 【教育】国立ミュルーズ高等化学学校《1822年創立のグランド・エコール》.

ENSCP (=*E*cole *n*ationale *s*upérieure de *c*himie de *P*aris) *n.f.* 【教育】国立パリ高等化学学校《1896年創設のグランド・エコール》.

ENSCPB (=*E*cole *n*ationale *s*upérieure de *c*himie et de *p*hysique de *B*ordeaux) *n.f.* 【教育】国立ボルドー高等化学・物理学校《1891年創設のグランド・エコール》.

ENSCR (=*E*cole *n*ationale *s*upérieure de *c*himie de *R*ennes) *n.f.* 【教育】国立レンヌ高等化学学校《1919年創設のグランド・エコール》.

ENSCT (=*E*cole *n*ationale *s*upérieure de *c*himie de *T*oulouse) *n.f.* 【教育】国立トゥールーズ高等化学学校《1906年創設のグランド・エコール》.

ENSEA (=*E*cole *n*ationale *s*upérieure de l'*é*lectronique et de ses *a*pplications) *n.f.* 【教育】国立高等電子・応用電子学校《1952年創立のグランド・エコール；在Cergy》.

ENSEEG (=*E*cole *n*ationale *s*upérieure d'*é*lectrochimie et d'*e*lectrométallurgie de *G*renoble) *n.f.* 【教育】国立グルノーブル高等電気化学・電気冶金学校《1921年創設の工学系グランド・エコール》.

ENSEEIHT (=*E*cole *n*ationale *s*upérieure d'*é*lectrotechnique, d'*é*lectronique, d'*i*nformatique et d'*h*ydraulique de *T*oulouse) *n.f.* 【教育】国立トゥールーズ高等電子工学・電子・情報工学・水理学校《1907年創設のグランド・エコール；通称《N 7》》.

enseignant(e) *a.* 教育にあたる, 教育に携わる. corps ～ 教員団.
—*n.* 教員. ～ de l'université 大学教員《professeur 教授, maître de conférence 助教授・準教授, lecteur 講師, assistant 助手・助教など》.

enseigne[1] *n.f.* **1** 看板, ネオンサイン. ～ lumineuse ネオンサイン. 〖諺〗Au bon vin, point d'～. 良い酒には宣伝は無用. Nous sommes logés à la même ～. 皆おなじ(厄介な)状況にある.
2 軍旗, 旗幟, 旗印, (海軍の)将艦旗.
3 証拠. à bonne ～ 確実な保証つきで. à telle ～ que+*ind.* …ほど…だ. Cet homme est riche, à telle ～ qu'il peut s'offrir en deux jours un Van Gogh et un Renoir. この男の金持ちさかげんときたら, 2日でゴッホとルノワールの絵を買う位なのだ.

enseigne[2] *n.m.* 〖軍〗～ de vaisseau de 1ère (2ème) classe (海軍)中(少)尉.

enseignement *n.m.* **1** 教育, (特に)学校教育, 教育制度《éducationは家庭, 学校を問わず知識, 道徳双方を教えることを指し, instructionは主として知識を教えることを指す》. ～ agricole 農業教育. ～ élémentaire (primaire) 初等教育. ～ préscolaire 就学前教育. ～ secondaire 中等教育. ～ court (long) 短期(長期)中等教育《短期は日本の中学で終了し, 長期は高校まで続く；現在ではpremier (second) cycle de l'～ secondaire という》. ～ supérieur (universitaire) 高等教育. ～ assisté par ordinateur (EAO) コンピュータ援用教育《=〖英〗CAI》. ～ laïc 非宗教教育. ～ libre 私学. ～ ménager 家庭科教育. ～ obligatoire 義務教育《フランスでは6歳か

ら16歳まで）．~ par correspondance 通信教育．~ privé 私学．~ professionnel 職業教育．~ public 公教育．~ spécial (spécialisé) 特殊学級教育《障害をもつ児童を対象とする》．~ technique 技術教育．~ de français フランス語教育．
2 教職，教育界．entrer dans l'~ 教職に就く．
3 教訓，教え．~ de l'histoire 歴史の教訓．

ensemble[1] *n.m.* **1** (構成要素の)全体，総体．~ des habitants 全住民．~ d'idées 思想大系．~ des médecins 医師の総体．~ du personnel 全職員．~ de son œuvre その全作品．~ du territoire national 国土の全体．~ moteur-carrosserie (車の)エンジンと車体の総体．
d'~ 全体的，総合的(=général). effet d'~ 総合効果．étude d'~ 総合的研究．plan d'~ 総合プラン．vue d'~ 全体像，概観．
dans son ~[1] 全体的に；各部分にわたって．étudier un problème dans son ~ 総合的に問題を研究する．dans l'~；dans son ~[2] 全体として，総じて，全般的に．Dans l'~ cet hiver a été doux. この冬は総じて温暖であった．
2 (構成要素の)まとまり，統一，調和，アンサンブル．former un bel ~ 見事な統一(調和)をかもし出す．tableau qui manque d'~ まとまりのない絵．Il y a beaucoup d'~ dans ce ballet. このバレエは調和がよくとれている．Les troupes ont manœuvré avec un ~ impressionnant. 軍隊は驚くほどの統率のもと演習(作戦)を実施した．
avec ~ いっせいに．Ils se sont retournés avec ~. 彼らはいっせいにふり向いた．mentir avec un ~ touchant うまく口裏を合わせて嘘をつく．
3 集団，集合；(家具の)一揃い，セット；〖建築〗建築群．~ Louis XVI ルイ16世紀式の家具調度セット．~ mobilier 家具調度セット．〖建築〗grand ~ 団地．
4 〖音楽〗アンサンブル(合奏団，合唱団)；(オペラなどの)重唱．~ instrumental 合奏団．~ vocal 合唱団．les airs et les ~s アリアと重唱．musique d'~ 合奏(合唱)曲．
5 〖服〗アンサンブル(色・生地を揃えた婦人服の揃い)．~ pantalon アンサンブル・パンタロン．
6 〖数〗集合．~ fermé (ouvert) 閉(開)集合．~ fini (infini) 有限(無限)集合．~ vide 空集合．théorie des ~s 集合論．
7 〖宇宙〗一式の装置，装置群．~ de lancement (ロケット発射基地の)発射台．

ensemble[2] *ad.* **1** 一緒に．aller ~ 一緒に行く；調和する．aller bien (mal) ~；être bien (mal) ~ 仲が良い(悪い)．dîner ~ 夕食を共にする．venir ~ 連れ立ってやって来る．vivre ~ 一緒に暮す；共同生活をする．
2 同時に(=en même temps)．crier (parler) ~ 同時に叫ぶ(話す)．mener plusieurs affaires ~ 複数の事業を同時に展開する．coureurs qui arrivent ~ 同着のランナー．Les malheurs arrivent souvent ~. 不幸は屡々同時にやってくる．〖文〗tout ~ ...et... …であると同時に…である．Dieu est tout ~ Père, Fils et Saint-Esprit 神は父であり，子であり聖霊である．Je suis tout ~ ravi et fâché. 私は喜ぶと同時に怒っている．

ensemblier(**ère**) *n.* **1** 室内装飾家，インテリアデザイナー．
2 〖映画・TV〗大道具係；舞台装飾補佐．
3 〖工〗内装備品納入業者．

ensemencement *n.m.* 播種；培地への菌の植付．

ENSET (=*E*cole *n*ationale *s*upérieure de l'*e*nseignement *t*echnique) *n.f.* 〖教育〗国立高等技術教育学校《1912年ParisでENET (Ecole nationale de l'enseignement technique)として創設；1932年ENSETと改称，1956年Cachanに移転，1985年ENS de Cachanと改称したグランド・エコール》．

ensevelissement *n.m.* **1** (死体の)埋葬．~ d'un cadavre dans la tombe 遺体の墓への埋葬．
2 埋没．~ d'une ville dans les décombres 瓦礫に埋もれた町．
3 〖比喩的〗隠遁；隠蔽．~ dans un cloître 修道院への隠遁．~ du passé 過去の隠蔽，過去を葬り去ること．

ENSG (=*E*cole *n*ationale *d*es *s*ciences *g*éographiques) *n.f.* 〖教育〗国立高等地理学校《St-Mandéにあるグランド・エコール．1941年創立》．

ENSH (=*E*cole *n*ationale *s*upérieure d'*h*orticulture) *n.f.* 〖教育〗国立高等園芸学校《1874年Versaillesで創立のグランド・エコール；通称《Horti》；1995年Angersに移転；1998年ENITHP (Ecole nationale d'ingénieurs des travaux agricoles et du paysage d'Angers)と合併してInstitut national d'horticultureとなる；農林省所管》．

ENSI (=*é*cole *n*ationale *s*upérieure d'*in*génieurs) *n.f.* 〖教育〗国立高等技師養成学校《Bourges (ENSIB), Caen (ENSIC), Limoges (ENSIL), Le Mans (ENSIM)にあるグランド・エコール》．

ENSIA (=*E*cole *n*ationale *s*upérieure *d*es *i*ndustries *a*gricoles et alimentaires) *n.f.* 〖教育〗国立高等農産業・食品産業学校《1893年Douaiに創設された国立農産業学校の後身；1961年ENSIAとなる；Paris南郊のMassyにある；2007年Agro Paris-Techに統合》．

ENSIC (=*E*cole *n*ationale *s*upérieure *d*es *i*ndustries *c*himiques de Nancy) *n.f.* 〖教育〗国立ナンシー高等化学産業学校《1887年創設のグランド・エコール》．

ENSICA (=*E*cole *n*ationale *s*upérieure d'*i*ngénieurs de *c*onstructions *a*éronautiques) *n.f.*〖教育〗国立高等航空機製造技師養成学校《1945年創立；1979年 ENSICA となり、2007年 ISAE (*I*nstitut-*s*upérieur de l'*a*éronautique et de l'*e*space「高等航空・宇宙学院」) と合併；Toulouse にあるグランド・エコール》.

ENSIEG (=*E*cole *n*ationale *s*upérieure d'*i*ngénieurs *é*lectriciens de *G*renoble) *n.f.* 〖教育〗国立グルノーブル高等電気技師養成学校《1901年創立のグランド・エコール》.

ensilage *n.m.*〖農〗**1** 牧草のサイロ貯蔵，エンシレージ．**2** サイロ貯蔵牧草飼料．

ensileuse *n.f.*〖農〗サイロ用牧草刈取り細断機《牧草を刈り取り，サイロ貯蔵用に細断処理する農業機械》．~ automotrice サイロ貯蔵用牧草の自走刈取り処理機．

ENSIMEV (=*E*cole *n*ationale *s*upérieure d'*i*ngénieurs de *m*écanique et d'*é*nergétique de *V*alenciennes) *n.f.*〖教育〗国立ヴァランシエンヌ高等機械・エネルギー技師養成学校《1979年創立のグランド・エコール》.

ENSITM (=*E*cole *n*ationale *s*upérieure des *i*ndustries *t*extiles de *M*ulhouse) *n.f.*〖教育〗国立ミュールーズ繊維産業学校《1861年創立のグランド・エコール》.

ENSJF (=*E*cole *n*ormale *s*upérieure de *j*eunes *f*illes) *n.f.*〖教育〗国立女子高等師範学校《パリにある1881年創立の名門グランド・エコール；通称「セーヴル」Sèvres；1985年 ENS de la rue d'Ulm と合併して ENS de Paris となる》.
▶ Sévrienne *n.f.*

ENSM (=*E*cole *n*ational *s*upérieure de *m*écanique) *n.f.*〖教育〗国立高等機械工学校《Nancy にあるグランド・エコール；1919年創立》．

ENSMIC (=*E*cole *n*ationale *s*upérieure de *m*eunerie et des *i*ndustries *c*éréalières) *n.f.*〖教育〗国立高等製粉・穀物産業学校《1924年創立のグランド・エコール；在 Paris》.

ENSMM[1] (=*E*cole *n*ationale *s*upérieure d'*i*ngénieurs de *m*écanique et des *m*icrotechniques) *n.f.*〖教育〗国立高等機械・ミクロ工学技師養成学校《1927年 Paris で創立のグランド・エコール；在 Marne-la-Vallée》.

ENSMM[2] (=*E*cole *n*ationale *s*upérieure de *m*écanique et des *m*icrotechniques) *n.f.*〖教育〗国立高等機械・精密工学校《通称《Chrono Besançon》；1927年 Besançon に創立のグランド・エコール》.

ENSMP (=*E*cole *n*ationale *s*upérieure des *m*ines de *P*aris) *n.f.*〖教育〗国立パリ高等鉱山学校《略称《Mines de Paris》；1783年 創立《鉱山・地下力の分野を中心とする理工系の名門グランド・エコール》.

ENSMSE (=*E*cole *n*ationale *s*upérieure de *m*ines de *S*aint-*E*tienne) *n.f.*〖教育〗国立サン=テチエンヌ高等鉱山学校《1816年創設のグランド・エコール；通称《Mines St-Etienne》》．

ensoleillé(*e*) *a.p.* **1** 陽当たりのよい；日照のある. appartement ~ 陽当たりのよいアパルトマン. après-midi ~ 太陽の光のさす午後，晴れた午後. pluie ~*e* 狐の嫁入り，日照り雨．
2 〔比喩的〕晴れ晴れとした. visage ~ 晴れ晴れとした顔付．

ensoleillement *n.m.* **1** 陽が当たること，日当り，日照．**2** 日照時間《durée d'~；〖気象〗insolation)．~ d'une vallée 谷間に陽が当たること．

ensouilleuse *n.f.*〖電気通信〗《海底電線敷設用》溝掘削機．

ENSPM (=*E*cole *n*ationale *s*upérieure de *p*hysique de *M*arseille) *n.f.*〖教育〗国立マルセイユ高等物理学校《通称《Physique Marseille》；1959年創立のグランド・エコール》．

ENSPS (=*E*cole *n*ationale *s*upérieure de *p*hysique de *S*trasbourg) *n.f.*〖教育〗国立ストラスブール高等物理学校《1981年創立のグランド・エコール．1994年 Strasbourg 南郊の新研究学園都市 Parc d'innovation d'Illkirch 内にある Pole API に移転》．

ENS(-)**PTT** (=*E*cole *n*ationale *s*upérieure des *p*ostes et *t*élécommunications) *n.f.*〖教育〗国立高等郵政電気通信学校《1888年創立；Paris にあるグランド・エコール》．

ENSPV (=*E*cole *n*ationale *s*upérieure du *p*aysage de *V*ersailles) *n.f.*〖教育〗国立ヴェルサイユ高等造園学校《1926年創設のグランド・エコール》．

ENSSAA (=*E*cole *n*ationale *s*upérieure des *s*ciences *a*gronomiques appliquées) *n.f.*〖教育〗国立高等応用農業科学学校《1965年創立；Dijon にあるグランド・エコール》．

ENST (=*E*cole *n*ationale *s*upérieure des *t*élécommunications) *n.f.*〖教育〗国立高等通信学校《略称 Sup. Télécom.「シュップ・テレコム」；1942年 Paris で設立のグランド・エコール. 通信・電子工・情報・視聴覚の諸工学；前身は 1878年創設の Ecole supérieure de télégraphie》．

ENSTA (=*E*cole *n*ationale *s*upérieure de *t*echniques *a*vancées) *n.f.*〖教育〗国立高等先端技術学校《略称《Techniques avancées》；1970年 Paris で設立のグランド・エコール．海洋工学・原子力・化学・電子・機械その他の分野の先端技術；国防省所管》．

ENSTBr (=*E*cole *n*ationale *s*upérieure des *t*élécommunications de *B*retagne) *n.f.*〖教育〗国立ブルターニュ高等電気通信学校《1977年創設のグランド・エコール；通称《Télécom Bretagne》》．

entartrage *n.m.* 《ボイラー，パイプなどの》湯垢の付着．

ente *n.f.* **1**〖園芸〗接穂(つぎほ);(接木の)台木;〔古〕接木(=greffe).
2〖園芸〗prune d'~ 乾燥すもも(pruneau)用のすもも(「アジャンのすもも」prune d'Agen の変種).

entendement *n.m.* **1** 理解力, 判断力, 分別. ~ humain 人間の理解力(判断力). perdre l'~ 分別を失う. Cela dépasse l'~. それは理解を超えている(理解できない).
2〖哲〗悟性.

entendu(e) (<entendre) *a.p.* **1** 了解された, 合意された. C'est une affaire ~ *e.* / C'est〔bien〕~. /E-~! 分った, 承知している, 了解. C'est ~, mais... 分っているが, しかし…《譲歩的》. bien ~ 勿論, 確かに, 当然. Bien ~, mais... なるほどそうだが, しかし…《譲歩的》.〖話〗comme de bien〔bien〕~ もちろんのこと, 当然ながら. Il est〔bien〕~ que+*ind.* …ということは了解済みである;…ということは分っている. L'affaire est ~*e*. 事態は了解済みである.
2(人・行為について)わけ知りの;よく事情に通じた. air ~ わけ知り顔. prendre un air ~ わけ知り顔をする. homme ~ à tout 万事に通じた人. sourire ~ わけ知り顔の薄笑い.
3(事柄などが)理解された《次の表現で》. bien(mal)~ 正しく(間違って)理解された;当を得た(得ない);〔古〕然るべき(見当外れの). sévérité ~*e* 正しく理解されている厳しさ. zèle mal ~ 見当違いの熱意.
4〖法律〗(判事によって)審問(聴取)される. L'autre partie doit être ~*e*. 相手当事者も審問されるべきである.
 ——*f.* faire l'~ 知ったかぶりをする;した顔をする. Ils font les ~*s*. 彼らはしたり顔をしている.

entente *n.f.* **1** 相互理解, 了解. ~ des associés(des parents)組合員(親族)の相互理解. ~ tacite(secrète)暗黙の了解.
2 合意(=accord, convention). arriver à une ~ 合意に達する.〖行政〗marché par ~ directe 直接契約, 随意契約(=marché de gré à gré).〖社会保障・医〗principe de l'~ directe 自由診療契約原理.
3 協調;妥協(=arrangement). bonne ~ 和合. esprit d'~ 協調精神. trouver dans une transaction un terrain d'~ 和解において妥協点を見出す. ~ entre les choses 事物の調和.
4 協定;協商;〖経済〗カルテル. ~ entre producteurs 生産者間協定.〖商業〗~ illicite 違法カルテル.〖行政〗~ interdépartementale 多県間協定.〖国際法〗~ régionale 地域協定.〖史〗l'E-~ balkanique バルカン協定(1934 年).〖史〗la Petite E-~ 三国小協商(ルーマニア, チェコ, ユーゴ間;1921年).〖史〗la Triple E-~ (英仏露の)三国協商(1907 年)(=l'E-~).
5(語句の)含意, 意味. phrase à double ~ 両義性の文.
6〔古〕理解. ~ des affaires 物事の理解.

entér[o]-〔ギ〕ELEM「腸」の意《*ex.* en*téro*coque 腸球菌》.

entéralgie *n.f.*〖医〗腸痛.

-entère〔ギ〕ELEM「腸」の意《*ex.* més*entère* 腸間膜》.

entérinement (<entériner) *n.m.*〖法律〗承認(=approbation);確認, 追認. ~ des lettres de grâce 恩赦状の承認.

entérique *a.*〖医〗腸の;小腸(=intestin grêle)の. bactérie ~ 腸内細菌. cyste ~ 腸管嚢胞. fièvre ~ 腸熱《チフス, パラチフス》. infection ~ 腸管感染症. plexus ~ 腸壁内神経叢, 腸管内神経系.

entérite *n.f.*〖医〗腸カタル, 腸炎(=entérocolite). ~ nécrotique 壊死性腸炎.

entéro[-]anastomose *n.*〖医〗腸吻合術.

entérobactérie *n.f.*〖医〗腸内細菌.

entérocèle *n.f.*〖医〗腸壁ヘルニア, 腸壁嵌頓(かんとん).

entérocolite *n.f.*〖医〗腸炎. ~ bactérienne 細菌性腸炎. ~ due à une tuberculose intestinale 腸結核性腸炎, 消化器結核(=tuberculose digestive). ~ infectueuse 感染症腸炎. ~ inflammatoire 炎症性腸炎. ~ parasitaire 寄生虫性腸炎. ~ pseudomembraneuse 偽膜性腸炎. ~ virale ウイルス性腸炎.

entérocoque *n.m.*〖医〗腸球菌. エンテロコッカス《腸内のグラム陽性連鎖球菌》.

entérohépatique *a.*〖医〗腸と肝臓の. circulation ~ 腸肝循環.

entérokinase *n.f.*〖生化〗エンテロキナーゼ, エンテロペプチターゼ(entéropeptitase), 腸活素.

entérolithe *n.m.*〖医〗腸石, 糞石(=fécalithe).

entérologue *n.*〖医〗腸管専門医. gastro-~ 胃腸病専門医.

entéropathie *n.f.*〖医〗腸疾患;小腸炎. ~ au gluten グルテン不耐性腸疾患, 腹腔病(=maladie cœliaque). ~ associée aux déficits en immunoglobulines 免疫グロブリン欠乏症に伴う腸疾患. ~ exsudative 滲出性腸疾患.

entéropathogène *a.*〖医〗腸管病原性の. Escherichia coli ~〔腸管〕病原性大腸菌.

entéroptose *n.f.*〖医〗脱腸.

entéro[-]rénal(ale)(*pl.* **aux**) *a.*〖医〗腸と腎臓の.

entérorraphie *n.f.*〖医〗腸内の傷の縫合〔術〕.

entérostomie *n.f.*〖医〗腸瘻造設術, 腹迫瘻術.

entérotoxine *n.f.*〖生化・医〗エンテロトキシン, 腸毒素.

entérovaccin *n.m.*〖医〗(腸内吸収)経

ロワクチン.

entérovirus *n.m.* 〖医〗エンテロウイルス, 腸管ウイルス, 腸内ウイルス. ~ 72 エンテロウイルス 72 型, A 型肝炎ウイルス (=virus de l'hapatite A). infection d'~ エンテロウイルス感染症《ポリオ, A 型肝炎, 胃腸炎など》.

enterrement (<enterrer) *n.m.* **1** (死者の)埋葬 (=inhumation). procéder à l'~ des cadavres 死体の埋葬を執り行なう.
2 埋葬式；葬儀, 葬式 (=funérailles). ~ civile (religieuse) 無宗教 (宗教) 葬.〖話〗faire une tête (une mine, une figure) d'~ 悲しそうな顔をする.
3 葬列 (=convoi funèbre). regarder passer un ~ 葬列が通るのを見つめる.
4〔比喩的〕(計画などを) 葬り去る, 忘れ去る, 放棄. ~ d'une affaire 事業の放棄.

en-tête *n.m.* **1** (官庁・会社などの公用箋の) 頭書, レターヘッド.〖話〗papier〔à lettre〕à ~ レターヘッド付の公用箋〔正式用箋〕.
2〖印刷〗ヘッドバンド, 見出し〔頁上の飾り模様〕. édition illustrée d'~ 見出しの飾り模様付の版本.
3〖情報〗ヘッダー, 見出し, 表題《通信文の冒頭におかれる》.

entêtement *n.m.* **1** 頑固, 強情. âge (période) d'~ 反抗期. faire qch par ~ 何々するのに固執する. Cet enfant est d'un ~ incroyable. この子は信じ難い程頑固だ.
2〔古〕心酔.
3〔古〕頭痛, めまい.

enthalpie *n.f.*〖物理〗エンタルピー.

enthousiasme *n.m.* **1** 熱狂, 有頂天；感激, 大喜び. ~ déchaîné せきを切ったように湧き上がる熱狂. ~ religieux 宗教的熱狂. débordements d'~ 爆発的熱狂. avec ~ 熱狂的に, 有頂天になって；大喜びで. sans ~ 無感動に；やる気なく.
calmer l'~ 熱狂を鎮める. éprouver de l'~ pour qch 何に熱狂する. se laisser gagner par l'~ 熱狂の虜となる.
2 熱中の対象. La musique était ses premiers ~s. 音楽は彼が最初に熱中したことであった.
3〔古〕精神的昂揚；興奮；忘我の境. ~ de l'artiste 芸術家の精神的昂揚. ~ poétique 詩的興奮.
4〔古〕熱情.
5〔古〕神がかり.

enthousiaste *a.* **1** 熱狂的な, 有頂天になった；熱烈な歓迎. éloge ~ 熱狂的讃辞. jeunesse ~ 熱狂した (熱中しやすい) 若者. salle ~ 熱狂したホール (観衆).
2 (de ~) 熱中した, 心酔した. partisan ~ des idées nouvelles 新しい思想の熱狂的支持者. être ~ de son nouveau métier 新しい仕事に熱中している.
—— *n.* **1** 熱中している人；熱狂的な人. ~ des sports スポーツに熱中している人. C'est un ~. 彼は熱しやすい.
2〔古〕神に憑かれた人.

entier¹ (**ère**) *a.* **1**〔名詞の後；しばしば tout ~ の形で〕全体 (全部) の, 丸ごとの. corps ~ 体全体. famille ~ère 家族全体. foie gras d'oie (de canard) ~ フォワ・グラ・ドワ (ド・カナール)・アンチエ《一対または切り離さない 1 ないし数個の脂肪肝葉の丸ごと；その加工製品》. une heure (une année) ~ère 丸 1 時間 (丸 1 年). l'humanité ~ère 全人類, 人類全体. le pays tout ~ 国全体. un train ~ de 一列車全体の…. l'univer ~ 全宇宙, 宇宙全体, 全世界. dans le monde ~ 全世界で, 世界中で. durant une vie ~ère 生涯を通じて. 彼の評判に何ら変りはない.
connaître l'œuvre ~ère d'un écrivain 作家の全作品を知る. manger un pain ~ パンを丸ごと一個食べる. passer un jour ~ (une nuit ~ère) 一日ずっと (夜通し) 過ごす. payer une place ~ère (劇場・列車などの) 正規料金を払う《割引なしの料金を払う》.
2〔名詞の後〕手つかずの, 元通り完全な (=complet)；元のままの (=intact). cheval ~ 非去勢馬 (hongre「去勢馬」の対). lait ~ 全乳. La question reste ~ère. その問題は手つかずのままだ. Sa réputation est ~ère. 彼の評判に何ら変りはない.
3〔抽象的なものについて；名詞の前または後〕十全な, 欠けるところのない, 完全無欠な, 完璧な. ~ère confiance；confiance ~ère 全幅の信頼. la liberté ~ère 完全な自由.〖数〗nombre ~ 整数.〖数〗partie ~ère d'un nombre 数の整数部分《小数点の左側の部分》.〖古〗une pucelle ~ère 完璧な処女. à part ~ère 完全な資格 (権利) をそなえた；〔比喩的〕完全な, 完全に. être dans une ~ère dépendance (ignorance) 完全に依存している (無知である).
4《人について》頑固一徹な, 譲歩しない. caractère ~ 頑固一徹な性格. homme d'un esprit ~ 頑固な人.

entier² *n.m.* **1**〖数〗整数 (=nombre ~). ~ algébrique 代数的整数. ~ naturel 自然整数. ~ rationnel 有理整数. ~ relatif 相対整数 (−1, 0, +1…).
2 全体. en ~ すっかり全部, 完全に. en (dans) son ~ 完全に, すっかり残らず. lire un livre en ~ 本を終りまで読む. restitution en ~ 完全返還 (復旧). raconter une histoire dans son ~ 話を首尾始終物語る.
3〖郵趣〗~ postal 切手の初日カヴァー・セット.
4 非去勢馬 (=cheval ~).

entièrcement *n.m.*〖法律〗**1** (質権目的物の) 第三者占有委託.
2 (係争物などの) 第三者委託.

entolome *n.m.*〖茸〗アントローム, いっぽんしめじ《森に生える松茸科の茸；食用

と猛毒のものあり). ~ livide 蒼白アントローム〖猛毒性〗.

entomo- [ギ] [ELEM]「昆虫の」の意《ex. entomologiste「昆虫学者」》.

entomologie [ɑ̃tɔmɔlɔʒi] n.f. 昆虫学.

entomologique a. 昆虫学の.

entomophage a. 食虫性の. oiseau ~ 昆虫を餌にする鳥. plante ~ 食虫植物.

entomophile a.〖植〗虫媒の. plante ~ 虫媒花植物.

entonnage (＜entonner) n.m. 樽詰め.

entonnoir n.m. **1** 漏斗, じょうご. ~ à vin 葡萄酒の樽詰め用漏斗. en ~ じょうご型の.
2 (地面の)漏斗状の窪み, (砲弾・爆弾などの漏斗状の)炸裂痕.

entorse n.f. **1** 捻挫. bénigne 良性捻挫, 軽症の捻挫(=élongation 腱の伸び, foulure 軽い捻挫). ~ grave 重症の捻挫(=rupture 腱の断裂).
2〖話〗ねじまげ, 歪曲.

entourage n.m. **1** (茂み, 芝生などの)囲い, 縁飾り. ~ d'une tombe 墓の囲い.
2 (宝石の)縁飾り.
3 取り巻き; 知人, 友人, 仲間; 近親者. ~ du président de la république 共和国大統領の取り巻き.

entouré(e) a.p. **1** (de で) 囲まれた. maison ~e de verdure 緑に囲まれた家. ville ~e de remparts 城壁に囲まれた都市, 城塞都市.
2 (人に)取り巻かれた. ~ d'amis (d'ennemis) 多くの友人(敵)に取り囲まれた. ~ de suspicion 疑惑に包まれた. être bien (mal) ~ 取り巻きが良い(悪い). Elle est très ~e. 彼女には取り巻きが多い; 彼女はちやほやされている.

ENTPE (=École nationale des travaux publics de l'État) n.f.〖教育〗国立国家管理土木工事専門学校《1953年創立のグランド・エコール; 在Vaux-en-Vexin》.

entracte n.m. **1** (芝居, コンサートなどの)幕間(まくあい).
2〖劇, 舞〗幕間狂言; インテルメッツォ(=intermezzo).
3〖音楽〗間奏曲.
4〖比喩的〗中休み; 中断. ~s d'une carrière politique 政治的経歴の中断. se ménager un ~ dans une journée de travail 一日の仕事で中休みをとる.

entraide n.f. 助け合い, 相互扶助(=aide mutuelle). ~ sociale 社会的扶助.

entrailles n.f.pl. **1** 内臓, 臓物; はらわた. ~ de poisson 魚のはらわた. consulter (examiner, interroger) les ~ des victimes 犠牲者の検死を行う.
2〖古, 文〗母胎, 胎. enfant de ses propres ~ 自分の腹を痛めた子.《Jésus, le fruit de vos ~, est béni.》「あなたの御胎内の御子イエズスも祝せられ給うが」

《Ave Maria「マリア讃歌」の一節》.
3〖古, 文〗腹; 腸(=intestin), 胃(=estomac). ~ affamées 空腹. douleurs d'~ 腹痛(=colique). avoir mal aux ~ 腹が痛む. entendre crier ses ~ 腹が鳴る, 空腹を覚える.
4〖比喩的〗〖文〗(物の)内奥, 奥底. ~ d'un navire 船底. ~ de la terre 大地の胎内. ~ de la ville 都心. creuser une idée jusqu'aux ~ 思想の内奥に迫る.
5〖比喩的〗〖文〗心, 情愛. ~ de pierre 木石腹, 木石の心. homme sans ~ 非情な男. du fond des ~ 腹(心)の底から. émouvoir qn jusqu'aux ~ 人を心の底から感動させる.

entrainement n.m. **1**〖機械〗駆動; 駆動装置. ~ motorisé (カメラのフィルムなどの)電動巻上げ. arbre d'~ 駆動軸. courroie d'~ 伝導ベルト. poulie d'~ (テープレコーダーの)プーリー, キャプスタン.
2〖文〗成行き, 勢(すう)せい, の赴くまま. ~s 自分の気持に負ける. céder à l'~ des passions 情動に身を任せる. effet de l'~ 波及効果. par ~ 事の成行きで.
3〖経済〗他の分野に対する波及効果.
4 トレーニング, 練習, 訓練; 〖馬術〗調教. ~ d'un boxeur ボクサーのトレーニング. ~ d'un cheval 馬の調教.〖軍〗~ des soldats 兵士の教練. ~ intensif 強化トレーニング. match d'~ 練習試合. terrain d'~ トレーニングトラック(フィールド). manquer d'~ 練習不足である.

entraîneur(se)[1] a. **1** (競走馬の)調教師(＝~ de chevaux de course).
2 (スポーツ選手の)トレーナー, コーチ. ~ d'un boxeur ボクサーのトレーナー. ~ d'une équipe de football サッカー・チームのコーチ.
3 (自転車競技の)前走オートバイ. course avec ~s à motocyclette オートバイの前走によるレース.
4〖比喩的〗~ d'hommes 人々のリーダー(指導者). ~ de peuples 国民のリーダー.

entraîneur[2] n.m.〖化〗担体, キャリア. ~ de retention 保持担体. sans ~ 無担体の, キャリア・フリーの.

entraîneuse[2] n.f. **1** (バー, キャバレー, ナイトクラブなどの)ホステス(=taxi-girl).
2 (バーなどにたむろする)娼婦.

entrant(e) (＜entrer) a. **1** 新入りの. élèves ~s 新入生.
2 入場(入会)する. spectateurs ~s 入場観客.
3 新任の. député ~ 新任議員. fonctionnaires ~s 新任公務員.
——n. 新入生; 新入社員; 入場者; 新任者. les ~ et les sortants 新入生(入場者, 新任者)と卒業生(退場者, 退任者).

entrave n.f. **1** (牛馬などの)足枷(あし

せ), (奴隷, 囚人の) 足枷, 鉄鎖.
2〖比喩的〗(à に対する) 妨げ, 妨害, 阻害.〖法律〗~ à l'arrivée des secours 救助の妨害. ~ à la commerce 通商の阻害. ~s à la justice 司法権の妨害. ~ aux mesures d'assistance 援助措置への妨害.〖労働〗délit d'~ 制度阻害罪. se libérer des ~s de la dictature 独裁制の桎梏から解放される.

entraxe *n.m.*〖機工〗(歯車の) 中心距離；軸間距離 (=entre-axes).〖鉄道〗~ des rails 線路間隔.〖鉄道〗~ des voies 軌道中心間隔.

entrecôte *n.f.* **1**〖料理〗アントルコート《牛の肋間肉；牛の前半身の背に位置する部位で, 骨を外したリブロース train de côtes を切り分けたもの》. ~ grillée (braisée) 網焼き (蒸し煮) のアントルコート. noix de l'~ アントルコートの芯.
2〖話〗(人間の) 肋骨 (=côte humaine).

entre-deux-guerres *n.m.(f.),inv.* 両大戦間 (特に 1918 年-39 年). génération de l'~ 両大戦間世代.

entre-deux-mers *n.m.inv.*〖葡萄酒〗アントル=ドゥー=メール《ボルドー地方 le Bordelais のガロンヌ川 la Garonne とドルドーニュ川 la Dordogne の間の地区の AOC 酒；辛口・甘口の白》.

entre-deux-mers-haut-benauge *n.m.*〖葡萄酒〗アントル=ドゥー=メール=オー=ブノージュ《ジロンド県 département de la Gironde 東部のガロンヌ河とドルドーニュ川に挟まれたアントル・ドゥー=メール地区にある旧ブノージュ伯爵領の 9 村で生産される甘口白の AOC 酒》.

entrée *n.f.* Ⅰ (入る動作) **1** 入ること；導入, 開始. ~ d'un navire dans le (au) port 船舶の入港. ~ d'un train en gare 列車の駅への入構. ~ en charge (en fonctions) 就任, 着任. ~ en jeu 勝負の開始. ~ en jouissance d'un locataire 賃借人の使用開始. ~ en matière (演説・論文などの) 本題の導入部.〖法律〗~ en possession 占有開始. ~ en vigueur du protocole de Kyoto 京都議定書の施行 (発効)《2005 年 2 月 15 日》.
A mon ~, le silence se fit dans la salle. 私が入って行くと場内は静まりかえった.
2 (場所, 団体などに) 入ること；入場；入会, 加入；入学；入国；入るための料金, 入場料；入る許可 (権利). ~ d'un écrivain à l'Académie française 作家のアカデミー・フランセーズ会員就任. ~ d'un enfant au lycée 子供のリセ入学. ~ de dix pays à l'Union européenne 10 カ国のヨーロッパ連合への加入.
~ gratuite 入場無料.《*E* ~ interdite》「立ち入り禁止」.《*E* ~ libre》「自由にお入りください」；「入場無料」.《*E* ~ payante》「入場有料」. ~ : 100 € 入場料 100 ユーロ. 〔billet d'〕~ 入場券. ~ de faveur 優待券. concours d'~ 入学試験. droit d'~ 入場

料；〖経済〗輸入税 (=taxe à l'~). porte qui donne ~ dans la salle 場内に通じる扉. avoir ses ~s 入る許可を得ている. avoir ses ~s dans un théâtre 劇場に自由に入れる. avoir ses ~s chez *qn*；avoir ses grandes et ses petites ~s chez *qn* 人の家に自由に出入りできる. payer dix euros d'~ 入場料として 10 ユーロを支払う.
3〖劇〗(役者の) 登場, 出場 (で ば) (= ~ en scène). faire son ~ (役者が) 登場する. manquer son ~ 出場 (で ば) をとちる.〖比喩的〗~ en scène d'une nouvelle puissance 新強国の台頭.
4〖商業〗(商品の) 仕入れ；(証券などの) 受領；〖*pl.* で〗仕入れ高, 受領高；入金. balance d'~ et de sortie 収支のバランス.
5〖電器, 電算〗入力, インプット (= 〔英〕input) (sortie「出力」「アウトプット」の対). ~s entrées d'un ampli アンプの入力と出力端子. opérations d'~ et de sortie インプットとアウトプットの操作. organe d'~ 入力装置.
Ⅱ (入る場所) **1** 入口；戸口 (=porte d'~)；玄関ホール, 玄関. ~ des artistes 楽屋口. ~ d'une gare 駅の入口. ~ d'une maison 家の玄関. ~ de service 通用口. ~ principale 正面玄関.
2 開口部；孔；口. ~ d'air 通風孔, 通気口；(ジェットエンジンの) 空気取入れ口 (= ~ d'air d'un réacteur d'avion). ~ d'une bouteille 瓶の口. ~ d'une manche 袖口. ~ de poste (アンテナケーブルなどの) 引きこみ口. ~ de serrure 鍵穴.〖数〗tableau à double ~ (2 要素の相関を示す) 2 次元の表. avoir une ~ de tête trop large 帽子のサイズが大きすぎる.
3 (辞書の) 見出し語, 項目. encyclopédie comportant 10 000 ~s 10 万項目の百科事典.
Ⅲ (発端, 始まり) **1**〖文〗初め, 初期. à l'~ de l'hiver 初冬に. d'~ 最初から；真先に (=dès l'~). d'~ de jeu 勝負の最初に；〖比喩的〗初めから.
2〖料理〗アントレ《古典料理では前菜またはポタージュ, 魚料理に続く 3 番目の料理でロースト料理に先立つもの；現在では hors-d'œuvre のあとの最初の料理を指し, キャヴィア, フォワグラ, 海の幸, テリーヌ, パスタ, 魚料理, 卵料理, 野菜料理などがある》. ~s chaudes 温かいアントレ (bouchée, timbale, soufflé, vol-au-vent など). ~s froids 冷製アントレ (pâtés froids, viandes froides など). ~ mixte 混成アントレ (croustade, pâté, timbale などの盛合せ).
3〖舞踊〗アントレ；〖音楽〗登場曲；(フーガなどの) 入り. ~ de ballet バレエのアントレ. ~s d'un motif de fuge フーガの主題の入り. ~ du violoncelle dans un quatuor 四重奏曲でのチェロの入り.

entrée-sortie, entrée/sortie (pl. ~s-~s) n.f. 〖情報処理〗インプット/アウトプット(=〖英〗input-output)《略記 E-S, E/S》. ~ des données データーのインプット/アウトプット.

entre(-)jambe(s) n.m. 1 〖服〗ズボンの股の間の縫目. 2 (家具の)脚の間の空間；脚つなぎ.

entre(-)jeux n.m.inv. 〖サッカー〗パスまわし.

entrelardé(e) a.p. 1 〖食肉〗脂身と赤身の混ざり合った. viande ~e 三枚肉；霜降り肉 (= viande persillée).
2 〖料理〗豚の背脂 (lardon) を刺しこんだ (ピケした). volaille ~e 豚の背脂をピケした家禽肉.
3 〔比喩的〕入り混じった. discours ~ de citations 引用が散りばめられた講演.

entremets n.m. 〖料理〗1 アントルメ (チーズの後に出す甘いもの)；デザート(= dessert). ~ de cuisine 料理のアントルメ (クレープ、クロケット、スフレなど). crèmes d'~ クリーム・デザート.
2 〔古〕アントルメ (料理の間に出す皿；野菜料理と甘いものの総称). ~ de légumes 野菜のアントルメ. ~ sucrés 甘いアントルメ.

entremise n.f. 1 仲立ち, 仲裁, 調停. ~ de qn auprès de qn 人に対する人の仲立ち (仲裁). par (grâce) à l'~ de qn 人を介して (人の仲立ちのお蔭で). offrir son ~ dans une affaire 事件に仲介の労をとる.
2 〖工〗縦梁.

entre-nœud (pl. ~s-~s) n.m. 〖植〗(茎の)節間.

entrepont n.m. (船舶の)中甲板〖甲板の間の場所〗.

entreposage n.m. 倉入れ；集積. ~ de déchets radioactifs 放射性廃棄物の集積. ~ des marchandises 商品の〔保税〕倉庫保管.

entrepositaire n. 1 〖法律〗保税倉庫業者. 2 倉庫業者.
——a. 〖保税〗倉庫業者の.

entrepôt n.m. 1 倉庫, 物資集積所. ~ des essences ガソリン集積所. ~ des vins 葡萄酒倉庫. ~ d'un port 港湾倉庫. ~ frigorifique 冷蔵倉庫. marchandises en ~ 倉庫の商品. stockage dans un ~ 倉庫保管 (在庫).
2 保税倉庫 (= ~ de douane)；保税制度. ~ d'exportation 輸出保税倉庫. ~ (réel) 私設 (官設) 保税制度. ~ industriel 生産保税制度.
3 物資 (貨物) 集積地. port d'~ 物資 (貨物) 集積港. ville d'~ 物資 (貨物) 集積都市.

entreprenant(e) (< entreprendre) a.
1 進取の気性に富む；積極的な, 行動的な；大胆な, 向う見ずの. caractère ~ 進取の気性. homme d'affaires actif et ~ 積極果敢な実業家.
2 (女性に対して)積極的な, 押しの強い, 厚かましい. jeune homme ~ 女性に対し積極的な若者.

entreprenaute n. アントルプルノート 《インターネット利用企業家》.

entrepreneur(se) n. 1 請負人, 請負業者；(特に)建築 (建設) 請負業者 (= ~ de (en) bâtiments；~ de construction). ~ de spectacles 興行師. ~ de transports 運送業者.
2 〖法律・経済〗企業家, 起業家；(個人としての)企業.

entrepreneurial (ale) (pl. aux) a. 企業 (起業) 家の；企業の. stimuler une culture ~ale auprès de différents publics 種々の大衆間に起業文化を活気づける.

entrepreneuriat n.m. 企業 (起業) 家としての職務 (活動). formation en ~ 企業家活動教育. promotion de l'~ féminin 女性企業家活動の促進.

entreprise n.f. 1 企業. ~ commune 共同企業体, ジョイント・ヴェンチャー. ~ d'économie mixte 混合経済企業. ~ multinationale 多国籍企業. ~ nationale 国営企業, 国有化企業. ~ publique 公企業. chef d'~ 企業主. comité d'~ 企業委員会《企業内における労使連絡機関で, 法律によって設置が義務づけられている》.
2 企て, 計画. vaste ~ 壮大な企て. exécution d'une ~ 計画の実施.
3 請負い. contrat d'~ 請負契約.

Entreprise-et-droit n.pr. 企業法情報協会 (= Association Information Droit et Entreprises) の無料ポータルサイト名.

entre-rail n.m. 〖鉄道〗軌間, ゲージ (= écartement).

entresol n.m. 1 〖建築〗アントルソル, 中二階 (1階 rez-de-chaussée と 2 階 premier étage の間の階). étage en ~ 中二階. habiter (dans) un ~ 中二階に住む.
2 〔古〕中間階.

entre-temps ad. その間に.

entretenu(e) (< entretenir) a.p. 1 手入れされた, 維持された, 保守管理された. maison bien (mal) ~e 手入れの行き届いた (悪い) 家.
2 〖ラジオ〗ondes ~es 持続波.
3 (人が) 養われた. femme ~e 囲い女, 妾.
——n. 囲われ者.

entretien[1] n.m. 1 維持；保守, 手入れ, 整備, メンテナンス；維持費 (= frais d'~). ~ d'un immeuble ビルの保守管理. ~ d'une machine (d'une voiture) 機械 (車) の手入れ (整備).
agent d'~ 保守要員. notice d'~ 保守に関する注意事項. produits d'~ (家屋内外の) 手入れ用品. 〖電算〗programme d'~ 保守プログラム.
2 〔集合的〕保守管理業務, 保守管理部. tra-

vailler à l' ~ 保守部門で働く.
3（親による子の）養育；生計維持. ~ du ménage（夫婦による）家庭の生計維持. devoir d' ~ 養育義務.
4 現状維持. gymnastique d' ~ 体力維持体操. traitement médical d' ~ 寛解維持医療.

entretien[2] *n.m.* **1** 話し合い, 対談；会談；会見. ~ entre deux chefs 首脳会談. ~ secret 秘密会談. ~ téléphonique 電話会談. avoir un ~ avec qn 人と話し合いを持つ, 人と対談（会談）する.
2 専門者会議.《医》l' ~ de〔l'hôpital〕Bichat ビシャ会議《パリのビシャ病院で1947年に創設された医学関係者会議；現在は毎年パリ大学第 6 Pierre-et-Marie-Curie 大学医学部の大学病院センター Pitié-Salpêtrière 内で開催される》.

entrevue *n.f.* 会見, 会談；インタビュー（=〔英〕interview）. ~ d'un personnage célèbre et d'un journaliste ジャーナリストの著名人インタビュー. ~ de Tilsit ティルジット会談. ~ secrète 秘密会談. avoir une ~ avec qn 人と会見（会談）する. fixer une ~ à qn 人と会う約束をする.

entrisme *n.m.*《政治》（政党・組織などへの）潜入工作, 潜入活動《政策・目的などの変更を狙った潜入工作》.

entropion *n.m.*《医》内反；眼瞼内反（= ~ palpebrale）.

énucléation *n.f.*《医》(腫瘍などの)摘出〔術〕, 核出〔術〕. ~ du kyste cervical 正中・側頚嚢胞摘出〔術〕.

énumératif (ve) *a.* 列挙する. appendice ~ 巻末の列挙的補遺. liste ~ve 一覧表.

énumération *n.f.* **1** 数え上げること, 列挙, 枚挙. ~ dans la loi 法律における列挙. ~ des votes 票読み.《論理》définition par ~ 枚挙法による定義.《論理》induction par ~ 枚挙法による帰納. faire une ~ 列挙する.
2 リスト. ~ des objets d'une collection コレクションの物品リスト.

énurésie *n.f.*《医》遺尿症. ~ nocturne 夜間遺尿性, 真性遺尿症（= ~ vraie）, 夜尿症（=nycturie）；寝小便. ~ par immaturité vésicale 膀胱未成熟性遺尿症.

énurétique *a.*《医》遺尿症の；夜尿症の.
—*n.* 遺尿症患者；夜尿症患者.

ENV (=école nationale vétérinaire) *n.f.*《教育》国立獣医学校《年齢制限がなく, バカロレア合格者又はそれと同等の資格をもつ者に門戸が開かれているグランド・エコール》. ~ d'Alfort 国立アルフォール獣医学校 (=ENVA)（~ Lyon=ENVL, ~ de Toulouse=ENVT, ~ de Nantes= ENVN）.

ENVA (=École nationale vétérinaire d'Alfort) *n.f.*《教育》国立アルフォール獣医学校《1765年創立のグランド・エコール》.

envahissement *n.m.* **1**（領土の）侵略. ~ d'un pays par une armée 軍隊による一国の侵略. préparatifs d' ~ 侵略準備.
2 侵入；殺到, 乱入；氾濫. ~ des eaux 洪水の氾濫. ~ du stade par la foule 競技場への群衆の殺到. ~ d'un verger par les mauvaises herbes 果樹園への雑草の侵入.
3 侵害；干渉, 越権行為. ~s du pouvoir 権力による侵害.
4 (感情などの) 占拠. lutter contre l' ~ de l'ennui 忍びよる倦怠と闘う.

envahisseur (se) *a.* **1** 侵略する. armées ~ses 侵略軍. Etat ~ 侵略国.
2 侵入する. virus ~ 侵入ウイルス.
—*n.m.* **1** 侵略者, 侵入者；〔集合的〕侵略軍. chasser (repousser) les ~s 侵略者を駆逐する（撃退する）. ~s venus de l'espace 宇宙からの侵入者, スペース・インヴェーダー.
2 侵入物.

enveloppe *n.f.* **I**（包むもの）**1** 覆い, カバー, 外被；包装, 袋；気嚢；《機械》ケーシング. ~ calorifuge 断熱覆い. ~ d'un aérostat 気球の球皮. ~ d'un ballon de football サッカーのボールの外被. ~ d'un câble ケーブルの被覆. ~ d'un cigare 葉巻の外巻葉. ~ d'un pneu タイヤの外被 (= bandage), タイヤ. ~ d'un projectile 弾丸の外被. ~ en papier (en toile) 紙 (布) 袋.《電工》~ isolante 絶縁被覆. ~ protectrice 保護外被. ~ radiale ラジアル・タイヤ.
2 封筒. ~ à fenêtre 窓付き封筒. ~ autocollante (gommée) 糊付き封筒. ~ doublée 二重封筒. ~ réponse 返信用封筒. ~ transparente 透明封筒. acheter des ~s et du papier à lettre 封筒と便箋を買う. cacheter (décacheter) une ~ 封をする (切る).
3 包み金, 袖の下, リベート (=dessous-de-table；pot-de-vin). donner (recevoir) une ~ 袖の下（リベート）を渡す（受け取る）.
4《財政》予算の大枠 (= ~ budgétaire). ~ de la recherche 研究費の予算総額.
5《生》外被, 被膜.《解剖》~ de l'abdomen 腹膜. ~ d'un bulbe 球根の外皮 (=tunique). ~ des champignons 茸の外皮膜 (=volve). ~ de la châtaigne 栗のいが (=bogue).《解剖》~ du cœur 心膜《endocarde, péricarde》. ~s florales 花被. ~s des graines（種子）の莢.《解剖》~ d'un os 骨膜 (=périoste).《解剖》~ des poumons 胸膜 (=plèvre).《解剖》~s fœtales 胎嚢, 胎児被膜.
6《幾何》包絡線.
II《外見》《文》**1**（魂を包みこむ）肉体, 現身（うつしみ）, 人体. ~ mortelle 死すべき運命にある肉体.
2 外見, 外観. cacher un mauvais caractère sous une ~ aimable 愛想のよい外見の

下に隠された人の悪さ.

enveloppé(e)¹ *a.p.* **1** 包まれた. paquet bien (mal) ~ 上手に(下手に)包装された小包.
2 覆い隠された；はっきりしない. vérités ~es 覆い隠された真実. parler d'une manière ~e 奥歯に物のはさまった言い方をする.
3 太り気味の. être un peu ~ 少し太目である.

enveloppé² *n.m.* 〖舞〗アンヴロペ(後足を軸足に近付けながら回転する技法).

enveloppée² *n.f.* 〖幾何〗包絡線を持つ曲線(=ligne ~).

enveloppement *n.m.* **1** 包むこと, 包装. ~ d'un objet 物品の包装.
2 包まれた状態.
3 〖軍〗包囲. ~ d'une armée 軍隊による包囲. manœuvre d'~ 包囲作戦.
4 〖医〗湿布, 巴布(はっぷ). faire des ~s 湿布をする.
5 〖医〗病巣のひろがり. ~ généralisé (partiel) 全身(部分)拡大.

envenimation *n.f.* 〖医〗(毒蛇・毒虫・蜂などによる)咬毒症；刺毒症.

envenimé(e) *a.* **1** (傷が)黴菌の入った, 悪化した, 化膿した. blessure ~e 化膿した傷口.
2 〖比喩的〗(言葉などが)毒のある, 悪意に満ちた. propos ~s 毒のある言辞.
3 〖比喩的〗(状況・関係などが)悪化した, 険悪になった. conflit ~ 激化した紛争. crise ~e 悪化した危機的状況. querelle ~e 険悪化した揉め事.

enveniment (<envenimer) *n.m.* **1** (傷の)悪化. ~ d'une plaie 傷口の悪化.
2 (蛇毒などによる)咬毒.

envergure *n.f.* **1** 〖海〗帆桁に帆を結びつけた状態；帆幅.
2 (鳥の)翼開帳；翼を拡げた時の全幅. Le condor atteint 3,50m d'~. コンドルの翼を拡げた幅は3.50 mに達する.
3 (航空機の)翼幅, スパン(= ~ d'un avion). ~ totale 全幅.
4 〖比喩的〗スケールの大きさ, 度量；視野の広さ. d'~；de grande ~ 大規模な, 遠大な；気宇雄大な；幅の広い. entreprise de vaste ~ 壮大な事業. esprit de grande (large) ~ 視野の広い人.

envers¹ *prép.* 〖通常はリエゾンしない〗**1** …に対して, …に対する(=à l'égard de). nos devoirs ~ la loi 法律に対するわれわれの義務. trahison ~ sa patrie 祖国に対する裏切り. contracter une dette ~ qn 人に借りができる. être courtois ~ les dames 女性に対して慇懃である. pêcher ~ Dieu 神に対して罪を犯す. s'engager ~ qn 人と掛り合いになる.
2 〖古〗…に直面して. 〖現用〗~ et contre tous 万人に抗して. aider qn ~ et contre tous 誰が何と言おうと人を助ける. ~ et contre tout 万難を排して；何が何でも.

envers² *n.m.* 〖Ⅰ〗〖名詞〗**1** 裏面, 裏(endroit「表」の対). ~ d'une feuille de papier 紙の裏面(=verso). ~ d'une médaille メダルの裏面(=revers)；〖比喩的〗内幕. étoffe sans ~ 裏表のない布地, リヴァーシブルの布(=réversible).
2 〖比喩的〗隠れた裏面；醜い反面. du décor 舞台裏；内幕. découvrir l'~ du décor 内幕を暴く. ~ des événements 真相の裏側. ~ de la gloire 栄光の惨めな反面. Ce qu'il dit est l'~ même du bon sens. 彼の言ったことは常識とは全く裏側だ.
3 (山の)日陰の斜面.
〖Ⅱ〗〖副詞句〗〖à l'~〗**1** 裏返しに(à l'endroit「表向きに」の対). mettre un vêtement à l'~ 衣服を裏返しに(後ろ前に)着る.
2 逆向きに, 逆さまに. tableau posé à l'~ 上下逆に掛けられた絵. valse à l'~ 時計の針とは逆まわりのワルツ. 〖話〗faire des progrès à l'~ 逆行する, 後戻りする. lire un texte à l'~ 後ろからテクストを読む. prendre les paroles de qn tout à l'~ 人の言葉を全く逆に解釈する.
3 目茶苦茶に, 乱雑に；狂う. avoir la tête à l'~ 頭が混乱している. être à l'~ 散らかっている, Tout va à l'~. すべてが狂っている.

envie *n.f.* **1** 欲求, 欲望. ~ pressante 差し迫った欲求. une furieuse ~ 狂おしい欲望. L'~ lui a pris (lui est venue) d'aller à Paris. /Il lui a pris (lui est venu) d'aller à Paris. /Il a été pris d'une ~ d'aller à Paris. パリに行きたい気持が彼に起こった.
avoir ~ de+*inf.* …したい. J'ai bien (bonne, grande, 〖話〗très) ~ de voyager. 旅行がしたくてたまらない. avoir ~ de *qch* 何が欲しい, 何がしたい. J'ai ~ d'une voiture. 私は車が欲しい. J'ai des ~s de voyage. 私は旅行がしたい. avoir ~ que+*subj.* …してもらいたがる. Tu as ~ que je me fâche? 僕を怒らせたいのか？
brûler (mourir) d'~ de *qch* (de+*inf.*) 何が欲しくて(…したくて)たまらない. Il meurt (〖俗〗Il crève) d'~ d'une voiture (d'aller en France). 彼は死ぬほど車が欲しい(フランスに行きたい). contenter (passer) son ~ 欲望を満たす. donner ~ à *qn* de+*inf.* 人に…したい気持を起こさせる. éprouver (ressentir) l'~ de+*inf.* …したい気持を感じる. faire ~ à *qn* 人に…したい気持を起こさせる. Ce gâteau me fait ~. このケーキを食べたくてたまらない. faire passer à *qn* l'~ de *qch* 何を欲しい気持を人になくさせる. se passer l'~ de *qch* 我慢しないで何を手に入れる.
2 生理的欲求；性的欲求. ~ de boire 喉の渇き. ~ de dormir 眠む気. ~ de manger

食欲. 〖話〗avoir ~ 便意を催す；女(男)が欲しい. ~ de qn 人に性的欲望を覚える；(性欲の対象として) 人が欲しい.
3 羨望；ねたみ；〖キリスト教〗嫉妬(七つの大罪 sept péchés capitaux の一). 〖精神分析〗~ de pénis (女性の)ペニス願望. regard d' ~ 羨望の眼差し. avec ~ 羨やましく；ねたましく. avec un œil d' ~ 羨やましそうな眼付きで.
attirer (exciter) l' ~ de qn 人のねたみを招く(かきたてる). être dévoré par l' ~ (rongé d'~) 嫉妬の念にさいなまれる. faire ~ à qn² 人に羨望の念を起させる. 〖諺〗Il vaut mieux faire ~ que pitié. 憐みをかけられるよりねたまれるほうがましだ.
4 〖生理〗~ de femme enceinte 妊婦の気まぐれな嗜好.
5 〖生理〗〖俗〗母斑(= nævus, tache de vin)《妊婦の欲求不満が出生児のあざとなって現れるという迷信に由来》.
6 〖pl. で〗〖俗〗爪の生え際のささくれ.

environ ad. およそ，…くらい〖多く数字の前〗(= à peu près, approximativement). ~ trois cents at about 300. un homme d' ~ soixante ans 60歳前後の男. depuis ~ cinquante ans ほぼ50年前から. il y a dix ans ~ 約10年前.
couper ~ à la moitié およそ半分に切る. Cela coûte ~ cent euros. 値段はおよそ100ユーロ. Il possède ~ deux cent cinquante hectares de terre. 彼はおよそ250ヘクタールの土地を持っている.
—prép. **1** 〖文〗…の頃に. ~ l'année 1960 1960年ごろに. ~ ce temps その頃に.
2 〖古〗…の近くに.

environnant(e) a. **1** 周りを取巻く，周囲の. bois ~s 周りを取巻く森. milieu ~ 周囲の環境. zones ~es 周辺地帯.
2 環境の，環境を形づくる. monde ~ 環境世界.

environnement n.m. **1** 環境；(特に) 自然環境. ~ familial 家庭環境. ~ social 社会環境. Agence de l'~ et de la maîtrise de l'énergie 環境およびエネルギー統御機構 (略称 Ademe；Paris に1990年設立). Agence européenne pour l'~ ヨーロッパ環境管理機構 (1990年設立：本部コペンハーゲン). Charte de l'~ 環境憲章. défense de l'~ 環境保護. Direction régionale de l'~ 地方環境局 (略記 Diren). Fonds pour le ~ mondial 地球環境基金 (略記 FEM；[英] GEF：Global Environnement Facility；1991年創設). Institut français de l'~ フランス環境研究所 (略記 Ifen；1991年 Orléans に創立. 環境・持続的開発省所管). Institut national de l'~ industriel et des risques 国立産業環境および危機研究所 (略記 Ineris；1990年 Verneuil-en-Halatte (Oise) に設立. 環境・

持続的開発省所管). ministère de l'~ 環境省. politique de l'~ 環境保護政策. préservation (protection) de l'~ 環境保全(保護). Programme des Nations unies pour l'~ 国連環境計画 (機関) (略記 PNUE；1972年策定；=[英] UNEP：United Nations Environnement Programme). 〖都市計画〗zones d'~ protégé 環境保護地区 (略記 ZEP；1977-86年；以後 plans d'occupation des sols (POS) に改変).
2 情勢，状況，環境. l'~ international dans lequel s'insère la politique asiatique du Japon 日本の対アジア政策をとりまく国際情勢.
3 〖言語〗環境.
4 〖美術〗環境芸術.
5 〖電算〗(コンピュータの)システム環境 (= ~ système；コンピュータの機器の構成とソフトウェアの機能の総体).

environnemental (ale) (pl. **aux**) a. 環境の(に関する)，環境問題の(= écologique). biologie ~ale 環境生物学(生態学). ingénieur ~ 環境問題技術者. protection ~ale 環境保護. science ~ale 環境科学.

environnementariste n. 環境学者，環境問題専門家；エコロジスト(= écologiste)，環境保護論者；環境芸術作家.
—a. 環境学者的な；環境問題の；環境保護的な. conception ~ 環境学者的構想；環境保護的発想.

environs n.m.pl. **1** 周辺・近郊. Paris et ses ~ パリとその近郊. aux ~ de¹；dans les ~ de …の近くに. habiter aux ~ (dans les ~) de Paris パリ近郊に住む.
2 (基準値・数値の)前後. aux ~ de² …の前後〖に〗. aux ~ de Nöel クリスマスの前後〖に〗. aux ~ de 1900 1900年前後〖に〗. Cela coûtera aux ~ de cent euros. かれこれ100ユーロはするだろう. Il doit avoir aux ~ de trente ans. 彼は30歳位だろう.

ENVL (= École nationale vétérinaire de Lyon) n.f. 〖教育〗国立リヨン獣医学校 (1762年創立のグランド・エコール).

envoi (< envoyer) n.m. **1** 送付，発送. ~ d'un paquet par la poste 小包の郵送. 〖商業〗bordereau d'~ 納品書. frais d'~ 送料. 〖商業〗lettre d'~ 送り状.
2 派遣. ~ d'une délégation 代表団の派遣.
3 送る物；送られた物. 〖商業〗~ franco de port 元払い荷. J'ai bien reçu votre ~. お送りくださったもの確かに受取りました. réception d'un ~ 送付物の受領.
4 (贈呈本の)献辞. ~ autographe de l'auteur 著者の自筆の献辞.
5 〖詩〗(バラードの)反歌.
6 〖法律〗~ en possession (相続財産の) 占有付与.
7 〖サッカー〗coup d'~ キック・オフ.

envol n.m. **1** (鳥が)飛び立つこと，飛翔；(航空機の)離陸. ~ d'un oiseau 鳥の飛

び立ち. piste d'~〔離陸〕滑走路. prendre son ~ 飛び立つ,舞い上がる.
2〔比喩的〕上昇；（物価の）高騰；（思想などの）高揚；（心配事などの）霧散. ~ de notes 音程の上昇. ~ de la pensée 思想の高揚. ~ des prix 物価の高騰.
3〔*pl.* で〕〖工〗（ガスの燃焼による）固体粒子.

envolée *n.f.* **1**（鳥が）飛び立つこと. brusque ~ de moineaux 雀の急激な飛び立ち.
2（枯葉などが）風に舞うこと；ひるがえること. ~ des feuilles mortes 枯葉が舞うこと.
3〔比喩的〕(調子の)高揚；（物価の）急騰. ~ poétique 詩の調子の高揚. ~ du prix du pétrole 石油価格の急騰. ~ d'un coureur cycliste 自転車競技者の急進.

envoûtement *n.m.* **1**（人形などを突き刺したりする）呪い,呪術. conjurer un ~ 呪いをかける.
2〔比喩的〕魅惑；魅了.

envoyé(e) *n.* 使節,派遣員. ~ du ciel 天使（=ange).〔話〕Vous êtes l'~ du ciel! いいところに来てくれましたね. ~ extraordinaire 特派使節；特命公使（大使）. porteur d'un message メッセージの使者.〖ジャーナリズム〗~ spécial 特派員. de notre ~ spécial à Paris（当社の）パリ特派員発.
——*a.p.* **1** 送られた,送付された,発送された. colis ~ par avion à l'étranger 外国へ航空便で送られた小包.
2 命中した；適中した；的確な. balle bien (mal) ~e 見事に命中した（外れた）弾丸.〔比喩的〕réponse (réplique) bien ~ 当意即妙の応答.〔話〕C'est (bien) ~ ! お見事！

ENVT (=*E*cole *n*ationale *v*étérinaire de *T*oulouse) *n.f.*〖教育〗国立トゥールーズ獣医学校（1828年創立のグランド・エコール）.

enzootie [-ti] *n.f.*〖医〗（地域・地区限定の）獣疫（動物伝染病）.

enzymatique *a.*〖生化〗酵素（enzyme）の.〖医〗bloc ~ surrénalien 副腎皮質酵素機能不全症. spécificité ~ 酵素の特異性.

enzyme [ɑ̃zim] *n.f.(m.)*〖生化〗酵素. ~ amylolytique 澱粉加水分解酵素. ~ glycolitique 解糖酵素. ~ sérique 血清酵素.
▶ enzymatique, enzymique *a.*

enzymologie *n.f.*〖生化〗酵素学.
enzymopathie *n.f.*〖医〗酵素病.

EOCA (=*é*lément *o*rganique de *c*orps d'*a*rmée) *n.f.*〖軍〗軍団構成要素.

éocène *n.m.*〖地学〗始新世《古第三紀の第二・三半期）.
——*a.*〖地学〗始新世の.

éogène *n.m.*〖地学〗始第三紀《古第三紀 paléogène, 貨幣石紀 nummulitique》.

Éole [eɔl] *n.pr.m.* **1**（ギリシア神話の風神）アイオロス. **2** エオル〔衛星〕（1971年8月16日打上げのフランスの気象衛星）.

éolien(ne) (<Éole) *a.* **1** 風神アイオロスの.
2 風の；風力による；風による, 風成の. énergie ~ne 風力エネルギー. érosion ~ne 風蝕. moteur ~ 風力発電機. pompe ~ne 風力ポンプ, (揚水用)風車.
3〖音楽〗harpe ~ne エオリアン・ハープ.
——*n.f.* 風力ポンプ, (揚水用)風車（=pompe ~ne)；風力発電機（=moteur ~). ~ tripale 3翼式風力発電機.

éosine [eɔzin] *n.m.*〖化〗エオシン（染色色素）.

éosinophile *a.*〖生化〗（細胞・組織が）好酸性の, エオシン好性の；好酸球性の. gastro-entérite ~ 好酸球性胃腸炎. granulome ~ 好酸球性肉芽腫. leucocyte ~ 好酸球.〖生理〗polynucléaires ~s 好酸性多核白血球.
——*n.m.*〖生理〗好酸球（=leucocyte ~), エオシン好性細胞.

éosinophilie *n.f.*〖医〗好酸球増加症（好酸球数 450/µL 以上）.

éosinophilique *a.*〖医〗好酸球性の, エオシン好性の. granulome ~ 好酸球性肉芽腫. inclusion ~ 好酸球性封入体. indice ~ エオシン好性指数. leucémie ~ 好酸球性白血病. pneumonie ~ 好酸球性肺炎. syndrome ~ 好酸球性症候群.

éotaxine *n.f.*〖化〗エオタキシン.

EP (=*É*cole *p*olytechnique) *n.f.*〖教育〗理工科学校, エコール・ポリテクニック（1794年創立の理工系の名門グランド・エコール；国防省所管. 通称 l'X [liks]；1976年パリ郊外 Palaiseau（市町村コード91120）に移転).

ép(i)- [ギ ELEM] **1**「上, 外」の意（*ex. épi*gastre「上胃部, みぞおち」；*épi*carpe「外果皮」).
2「につづく, による」の意（*ex. ép*hélide「そばかす」；*épi*gone「亜流」).

EPA[1] (=*é*tablissement *p*ublic d'*a*dministration) *n.m.*〖法律〗行政的公共施設（国立大学, 国立学校, 国立病院, 国立博物館, 国立図書館, 商業会議所, 貯蓄金庫など).

EPA[2] (=*é*tablissement *p*ublic d'*a*ménagement) *n.m.* 国土整備公社.

épais(se) *a.* **1** 厚い；分厚い（mince「薄い」の対). ~ se couche d'or 厚い金箔. ~ se masse d'eau 深い水量. ~ se liasse de billets de banque 分厚い札束. ~ se tranche de pain 厚切りのパン. étoffe ~ se 厚布. papier ~ 厚紙. planche ~ se d'un centimètre 厚さ1センチの板.
2〔しばしば蔑〕（手・指などが）太い；（体が）ずんぐりした. lèvres ~ ses 分厚い唇. petit homme ~ ずんぐりした小男.
3 濃厚な；濃密な；深い. boisson ~ se et imbuvable 濃すぎて飲むに耐えない飲物. brouillard ~ 濃霧. ciel ~ 厚い曇空. fumée ~ se 濃い煙. nuage ~ 厚い雲. nuit ~

se 深い闇夜. ombre ~se 黒々とした影. vin ~ 濃厚な葡萄酒. tomber dans un sommeil ~ 深い眠りに落ちる. Cette sauce est un peu trop ~se. このソースは少々濃すぎる. Mon sang est trop ~. 私の血は濃すぎる.
4 密生した；ぎっしり詰った. chevelure ~se 濃い髪. forêt ~se 深い森. foule ~se 人混み, 雑踏. herbe ~se 密生した雑草.
5 〖蔑〗(精神・知力が)鈍い；粗野な, がさつな；垢抜けしない. esprit ~ 鈍重な頭脳. plaisanterie ~se 垢抜けしない冗談. sensibilité ~se 鈍い感受性. avoir la langue ~se 舌が回らない, 口が重い.
—ad. **1** 厚く；ぎっしりと. couler ~ どっと流れる. semer ~ 厚播きする. Il a neigé ~. 雪が厚く降り積った.
2 〔話〕たくさん (=beaucoup). Il n'y en a pas ~. 沢山はよくない.

épaison ⇨ **épiage**

épaisseur n.f. **1** 厚さ, 厚み；分厚さ. ~ d'une couche) de neige 積雪の厚さ, 積雪量. 〖地学〗~ d'une croûte terrestre 地殻の厚さ. ~ d'un livre (d'un mur) 本(壁)の厚さ. 〖工具〗compas d'~ 外パス. papier à double ~ 二重に折り重ねた紙. avoir un mètre d'~ 厚さ(奥行き)が1メートルある. en ~ 厚さで.
〔話〕Il s'en est fallu de l'~ d'un cheveu (d'un fil, d'une épingle). 間一髪であった.
2 奥行き (=profondeur) (hauteur と largeur, largeur と longueur の対；三次元の一). ~ d'une armoire たんす(戸棚)の奥行き.
3 (体の)厚味 (= ~ corporelle). ~ des muscles 筋肉の厚味.
4 濃さ；濃厚さ. ~ du brouillard 霧の濃さ. ~ d'une crème (d'une sauce) クリーム(ソース)の濃さ (濃厚さ). ~ des neiges 雪の厚さ；厚い雪. ~ des ténèbres 闇の深さ.
5 (葉・草の繁みの)濃さ；(毛の)濃さ. ~ d'un bois 木立の濃い繁み；木立の奥. ~ d'un pelage 毛並の濃さ.
6 (人柄・作品などの)深味. Ce personnage manque d'~. この人物は深味に欠ける(軽薄である). Ce roman a beaucoup d'~. この小説は非常に深味がある.
7 (精神の)鈍さ, 鈍重さ. ~ de son esprit その精神の鈍重さ. ~ de son ignorance その恐ろしい程の無知.

EPALA (=*E*tablissement *p*ublic pour l'*a*ménagement de la *L*oire et de ses *a*ffluents) n.m. ロワール河及び支流整備開発公社.

Epa-Marne (=*E*tablissement *p*ublic d'*a*ménagement de Marne-la-Vallée) n.m. マルヌ=ラ=ヴァレー開発公社.

épanchement n.m. **1** 〖医〗滲出, 漏出. ~ de sang 出血 (=hémorragie). ~ de synovie 関節液滲出 (= ~ synovial). ~

pleural 滲出性胸膜炎 (=pleurésie).
2 〖地学〗~ volcanique 熔岩流出.
3 〔比喩的〕吐露, 表明. ~ de (du) cœur 心情の吐露. ~s de l'amitié 友情の表明.

épandage (<épandre) n.m. **1** (農薬・肥料などの)散布. ~ d'une solution de sulfate de cuivre (農薬の)硫酸銅溶液の散布.
2 champ d'~ (土壌の濾過作用を利用した)散布式下水処理場；汚水処理場.
3 〖地形〗(河川の)拡散.

épandeur n.m. 〖農〗(農薬・肥料等の)散布機.

épandeuse n.f. 〖土木〗(アスファルト等の)散布機.

épandre v.t. 散布する. ~ des engrais 肥料を散布する.

épanoui(*e*) (<épanouir) a.p. **1** 咲いた, 開花した. rose ~*e* 開花した薔薇.
2 晴れ晴れとした. sourire ~ 嬉し気なほほえみ. visage ~ 晴れ晴れした顔.
3 成熟した；〔話〕豊満な. une jeune fille ~*e* 花の盛りの少女.

épanouissement n.m. **1** 開花. ~ des fleurs 花の開花.
2 (表情などが)晴れやかになること. ~ du visage 晴々とした表情.
3 (人の)成熟. ~ d'un enfant 子供の成熟. ~ de la beauté 美しさの開花.
4 〔比喩的〕(文化・芸術・才能などの)開花. ~ des arts 芸術の開花. ~ d'un talent 才能の開花.
5 〖生理〗細分化, 分岐化. ~ d'un nerf (d'un vaisseau) 神経(脈管)の分化化.

épargne n.f. **1** 貯蓄, 倹約, 節約. caisse d'~ 貯蓄金庫, 貯蓄銀行《民間の特殊法人》. caisse nationale d'~ 郵便貯金金庫. système d'~ collective 集団的社会貯蓄制度. encourager l'~ 貯蓄をすすめる.
2 〔集合的〕貯金；預金；貯金(預金)額. ~ nationale 国民総貯蓄. ~-logement 住宅資金積立貯金, 住宅貯蓄. ~-réserve 予備的貯蓄. la petite ~ (小額預金者たちの)総貯金高. accumulation de l'~ (des ~s) 貯金の蓄積. plan à long (moyen) terme 長(中)期貯蓄計画《定期預金》. rémunération de l'~ 貯金(預金)利子. taux d'~ 貯蓄率. 〖史〗trésorier de l'~ 国庫金経理官. vivre de ses ~s 貯金で暮らす.
3 〔比喩的〕節約. ~s d'énergie エネルギーの節約. ~ du temps 時間の節約. aliments d'~ 嗜好性飲料 (茶, コーヒーなど). bassin d'~ (運河で船舶通過時の水の消費量を節約するための)水門内貯水池.
4 〖美術〗(彫板の)彫り残し部分；(エッチングの)地(腐蝕されない部分). gravure en taille d'~ 凸版画.
5 〖果実〗(poire d'~) ~ エパルニュ洋梨《7月末に収穫する品種》.

épargne[-]logement n.f. 住宅貯蓄〔制度〕.

épargne〔-〕retraite *n.f.* 退職貯蓄〔制度〕.

éparpillement (<éparpiller) *n.m.* **1** 散乱. ~ de papiers 紙の散乱. **2**〖比喩的〗浪費, 空費. ~ des efforts 労力の無駄使い. ~ des idées 考えの浪費.

épars(e) *a.* **1** 散らばった, 散乱した；乱れた. arbres ~ dans une clairière 林間の空地のまばらな木々. cheveux ~ 乱れ髪. feuilles ~es sur le gazon 芝生の上に散乱した落葉. hommes ~ 散らばった（散開した）人々. village aux maisons ~es 家のまばらな村落. **2** 脈絡のない；散漫な. esprit ~ 散漫な精神. idées ~es とりとめのない考え. souvenirs ~ 脈絡のない思い出.

épaule *n.f.* **1** (人の)肩. ~s carrées (tombantes) いかり (なで) 肩. ~ luxée 脱臼した肩. creux de l'~ 肩のくぼみ. le fusil sur l'~ 銃砲を肩にかついで. largeur de l'~ 肩幅. muscles (os) de l'~ 肩の筋肉 (骨). par-dessus l'~ 肩越しに. regarder (traiter) qn par-dessus l'~ 人を見くだす (ぞんざいに扱う). robe à ~s nues 肩がむき出しのドレス. avoir la tête sur les ~s 分別がある. baisser (plier) les ~s 肩を下げる；おとなしく従う. changer son fusil d'~ やり方を変える. charger (porter) un fardeau sur les ~s 重荷を肩で担う. donner un coup d'~ à qn 人に肩入れする, 人に力を貸す.〖レスリング〗faire toucher les ~s フォール勝ちする. hausser les ~s 肩をすくめる. peser sur les ~s (責任などの)肩に重くのしかかる. rouler les ~s；marcher des ~s 肩で風を切って歩く. **2**〖料理〗(四足獣の) 肩；肩肉. ~ de porc 豚の肩肉. **3**〖服の〗肩. pattes d'~ 肩パット. **4**〖城〗(稜堡の) 肩角.

épaulé *n.m.*〖重量挙〗クリーン（ジャークで, バーベルを肩まで上げること；=〖英〗clean).

épaulé-jeté *n.m.*〖重量挙〗ジャーク (=〖英〗jerk).

épaule-main *a.inv.* 肩と手の.〖医〗syndrome ~ 肩・手症候群（algodystrophie「痛覚ジストロフィー」とも).

épaulette *n.f.* **1**〖軍〗肩章；(特に)将校の肩章 (= ~s d'officier)；〖転じて〗士官の位. ~ sans frange 総のない肩章 (=contre-~). gagner ses ~s 士官に昇進する. **2**〖服〗(婦人服の) 肩章, ショルダー・ストラップ；(洋服の) 肩当て, 肩パット. ~ de robe ドレスの肩紐 (肩パット).

épave *n.f.* **1**〖法律〗遺失物. **2** (難破船の) 残骸；修理不能の自動車, ポンコツ車. **3** 漂着物, 漂流物 (= ~ de mer；~ maritime). droit d'~ 漂着 (流) 物取得権. **4**〖比喩的〗〖多く *pl.*〗(災害などの) 残骸；名残り. ~ du bonheur 幸せの名残. ~s de véhicule 車の残骸. **5**〖比喩的〗落伍者, 敗残者.

épaviste *n.*〖自動車〗廃車解体業者, 廃車回収業者.

EPC (= *é*cole de *p*hysique et de *c*himie) *n.f.*〖教育〗物理化学校（グランド・エコール；ENSCPB=Ecole nationale de chimie et de physique de Bordeaux (1891年設立), CPE=Ecole supérieure de chimie et de physique électronique de Lyon (1992年設立), ESPCI=Ecole supérieure de physique et de chimie industrie de Ville de Paris その他がある).

EPCI (= *é*tablissement *p*ublic de *coopération intercommunale*) *n.m.*〖行政〗コミューヌ (市町村) 間協力公共機関.

EPCSCP (= *é*tablissements *p*ublics à *ca*ractère *s*cientifique, *c*ulturel et *p*rofessionnel) *n.m.pl.*〖教育〗公立科学・文化・職業教育機関 (大学・グランド・エコールなどの公立高等教育機関).

épée *n.f.* **1** 剣. ~ nue 抜身の剣. ~ à deux tranchants 両刃の剣. un coup d'~ 剣の一突き (一振り). coup d'~ dans l'eau 無駄な努力 (試み). pointe (fil, plat) d'une ~ 剣の切先 (刃, 平 (ひら)).〖比喩的〗avoir l'~ sur la gorge 切羽つまっている. croiser l'~ avec qn 人と剣を交える, 人と戦う；〖比喩的〗人と論争を交える. mettre la main à l'~ 剣に手をかける. remettre l'~ au fourreau 剣を鞘におさめる；戦いを止める. mettre à qn l'~ dans les reins 人をせきたてる. rendre son ~ 降伏する. **2** 剣の使い手, 軍人, 武人. **3** 軍職. 軍務. **4**〖フェンシング〗エペ (=escrime à l'~；épéisme)；エペ競技. **5**〖魚〗~ de mer めかじき (=espadon).

épeiche *n.f.*〖鳥〗エペシュ, 赤げら (= pic ~；学名 Picoides major).

épeichette *n.f.*〖鳥〗エペシェット, 小赤げら (=pic ~；学名 Picoides minor, ヨーロッパで最小のきつつき).

épéiste *n.*〖フェンシング〗エペ競技者, エペ選手.

épendyme *n.m.*〖解剖〗上衣, 脳室上衣, 髄腔上皮.

épendymome *n.m.*〖医〗脳室上衣 (皮) 腫.

éperdu(e) (<éperdre) *a.p.* **1** 取り乱した, 狂乱した. ~ d'administration (de joie) 驚嘆のあまり (喜びに) 我を忘れた. ~ de désir 欲望の虜となる. **2** (感情が) 強烈な；狂おしいまでの. amante ~e 狂おしいまでの恋心を抱く女. amour ~ 狂恋. douleur ~e 激しい苦悩. **3** 極端に素早い, 必死な；絶望的な. fuite

~e 必死の逃亡. rythme ~ 狂ったように早いリズム. des yeux ~s 絶望的な眼差し.

éperlan *n.m.* 〖魚〗エペルラン《鮭科 Salmoniformes の小型の海魚；産卵のため川に溯上する；胡瓜の香りがするため「きゅうりうお」と呼ばれる；学名 Osmerus eperlanus）.〖料理〗friture d' ~ エペルランのから揚げ.

éperon *n.m.* **1** 〖乗馬〗拍車. ~ de bronze (d'argent, de vermeil) 銅（銀，真紅）の拍車《フランス乗馬連盟の技能検定の格付け》. donner de l' ~ (piquer des ~ s) 馬に拍車を入れる.〖比喩的〗agir sous l' ~ de l'intérêt 欲に駆られて行動する. connaître l'~ （馬が）拍車によく従う.
2 (鶏の）蹴爪；(犬の）上趾（= ergot).
3 〖植〗距（きょ）《花冠の狭く長い管状突起部》. ~ de la capucine カピュシーヌ（のうぜんはれん）の距.
4 〖地理〗脚；山脚；海脚. ~ d'une montagne 山脚 (2つの谷間に挟まれた突出部).
5 〖土木〗~ d'un pont 橋脚の水切り.
6 〖建築〗控壁；(城塞）稜角.
7 〖海〗(船首の）衝角.

épervier *n.m.* **1** 〖鳥〗エペルヴィエ，はいたか《学名 Accipiter nisus). chasse à l' ~ 鷹狩.
2 〖比喩的〗〖政治〗タカ派の人物 (= faucon) (colombe「ハト派」の対).
3 投網（とあみ). jeter l' ~ 投網を投げる. pêche à l' ~ 投網漁.

EPF (= *E*cole *p*olytechnique *f*éminine) *n.f.* 〖教育〗女子理工科学校《1925 年創立のグランド・エコール；à Sceaux).

EPG (= 〖英〗*E*lectronic *P*rogram *G*uide) *n.m.* 〖TV〗電子番組案内 (= guide électronique des programmes).

EPHE (= *E*cole *p*ratique des *h*autes *é*tudes) *n.f.* 〖教育〗国立高等研究実践学校《1868 年設立；sciences de la vie et de la Terre 生命・地球科学, sciences historique et philologique 歴史・修辞学, sciences religieuses 宗教学の3部門から成る高等教育機関；à Paris).

éphédra *n.m.* 〖植〗エフェドラ, 麻黄（まおう）（エフェドリンを抽出する薬用植物；黄花，葉は小さく固い，赤い漿果は食用になる）.

éphédrine *n.f.* 〖薬〗エフェドリン《エフェドラ éphédra から抽出するアルカロイド；合成もされる；$C_{10}H_{15}NO \cdot HCL$；気管支喘息，感冒などの治療薬).

éphélide *n.f.* 〖医〗〖多く *pl.*〗そばかす, 雀卵斑 (= tache de rousseur).

éphémère *a.* **1** 一日限りの；短命の；一過性の. fleur ~ 一日で咲きしぼむ花. insecte ~ 一日限りの寿命の昆虫.
2 束の間の, はかない, かりそめの, その場限りの. bonheur ~ 束の間の幸福.
—— *n.m.* 〖昆虫〗もんかげろう.

éphéméride *n.f.* **1** 日めくりカレンダー, 日めくり暦.
2 (過去の同一日付の事件を記した）年代暦.
3 〖天文〗(翌年度の）天象暦；〖*pl.* で〗(天体の）位置推算暦, 天体暦.

épi *n.m.* **1** (麦・稲などの）穂. ~ de blé 麦の穂. ~ d'épillets (麦の）小穂（しょうすい）穂. en ~ 穂を出した；穂の形をした. 〖建築〗appareil en ~ （煉瓦などの）矢はず積み. voitures garées en ~ 穂形の斜め駐車. 〖パン〗baguette ~ 穂状バゲット.
2 〖植〗穂状花序. ~ simple (composé, ramifilé) 単一 (複合, 分岐）穂状花序.
3 ~ de cheveux 逆毛. avoir un ~ 逆毛がある.
4 〖建築〗~ de faîtage 頂華.
5 〖土木〗(川に突出した杭による）突堤.
6 〖鉄道〗側線 (= ~ d'une voie ferrée).
7 （展示室の）補助パネル.

épiage *n.m.*, **épaison** *n.f.* 〖農〗穂が出ること；出穂（しゅっすい）期.

EPIC (= 〖英〗*E*uropean *P*rospective *I*nvestigation into *C*ancer and *N*utrition = 〖仏〗Etude prospective européenne sur le cancer et la nutrition) *n.f.* 癌と栄養摂取に関するヨーロッパの未来予測研究.

Epic (= *é*tablissement *p*ublic [à caractère] *i*ndustriel et *c*ommercial) *n.m.* 商工業的公共施設, 商工業公共事業体《学校など).

épicanthus [epikãtys] *n.m.* 〖解剖, 医〗内眼角贅皮 (= pli épicanthique), 蒙古襞 (= pli mongolien).

épicarde *n.m.* 〖解剖〗心外膜.

épice *n.f.* **1** 香辛料, スパイス（anis, bétel, cannelle, câpre, colombo, cubèbe, cumin, curcuma, curry, gingembre, clou de girofle, fines herbes, moutarde, noix muscade, paprika, piment, poivre, safran, sauge, vanille など). quatre ~ s カトル・エピス (cannelle もしくは gingembre, girofle, muscade, poivre の4種混合香辛料). boîtes à ~ s 香辛料箱. commerce des ~ s 香辛料業. pain d' ~ パン・デピス（ライ麦粉，蜂蜜，砂糖，干し葡萄またはチョコレートなどでつくる菓子パン). route des ~ s 香辛料の道《インドとの香料交易航路).
2 〖*pl.* で〗〖古〗果物の香料入り砂糖煮.〖史〗~ s des juges 裁判官への贈答品；(旧制度下の）裁判費用税.

épicé(e) *a.* **1** 香辛料を加えた, スパイスの利いた. plat très ~ 香辛料がたっぷり入った料理.
2 〖比喩的〗猥褻な, みだらな. récit ~ 猥談.

épicéa *n.m.* 〖植〗エピセア, 針樅（はりもみ). ~ commun 普通のエピセア《学名 Picea excelsa). ~ de Yézo 蝦夷（えぞ）針樅《学名 Picea jezoensis). ~ pleureur de l'Hymalaya エマラヤ枝垂針樅《学名 Picea Morinda》.

épicène *a.*〖文法〗**1**（名詞が）通性の, 男女・雌雄に共通の《ex-enfant, rat》.
2 性によって形の変化しない. adjectif (pronom, substantif) ~ 性によって変化しない形容詞（代名詞, 名詞）《*ex.* facile；je, tu, nous；secrétaire》.

épicentre *n.m.*〖地震〗震央 (= ~ sismique).

épicerie *n.f.* **1** 食品販売；食品店. ~ de quartier 居住街区の食料品店. travailler dans l' ~ 食品販売業界で働く.
2（保存のきく）食料品；総合食料品 (= alimentation générale). rayon ~ dans une grande surface 大型スーパーの食料品陳列棚.
3〔古〕香辛料 (épice) 販売；香辛料店；薬種販売〔店〕；〔*pl.* で〕香辛料.

épicier(ère) *n.* **1** 食料品店経営者. ~ au détail (en gros) 小売り（卸売り）食料品業者. ~ du coin 街区の食料品屋. boutique (magasin) de l' ~ 食料品店 (= épicerie).
2〔古〕香辛料・薬種商人；砂糖煮・蠟燭商人.
3〔蔑〕（自分の商売しか考えない）俗物；金儲け主義者. gent ~ ère 俗物. idées ~ ères 俗物根性.

épicondyle *n.m.*〖解剖〗上髁（じょうか）, 上腕骨上髁（~ huméral；肘の外側の上腕骨端の突起）.

épicondylite *n.f.*〖医〗上髁（じょうか）炎；（特に）上腕骨上髁炎 (= ~ humérale), テニス肘；[~ des joueurs de tennis；〔英〕 tennis-elbow].

épicontinental(ale) (*pl.* ***aux***) *a.*〖地形〗大陸外縁の. mer ~ ale 大陸外縁の縁海.

épicrâne *n.m.*〖解剖〗頭蓋頂.
──*a.* 頭蓋頂の. muscle ~ 頭蓋頂筋.

épicrânien(ne) *a.*〖解剖〗頭蓋頂の；頭皮の. aponévrose ~ ne（頭皮の）帽状腱膜. injection ~ ne 頭皮注射.

épicritique *a.*〖生理〗精密識別（判別）性の. sensation ~ 識別（判別）性感覚.

épicurien(ne) *a.* **1**〖ギ哲〗エピクロス (Epicure)〔派〕の. doctrine ~ ne エピクロス〔派〕の学説. philosophe ~ エピクロス哲学.
2 エピクロス流の；快楽主義の；享楽趣味の. mœurs ~ nes 快楽主義的素行（風習）.
──*n.* **1**〖ギ哲〗エピクロス派の人. **2** 快楽主義者, 享楽家.

épicurisme *n.m.* **1**〖ギ哲〗エピクロス〔派〕の哲学, エピキュリスム.
2 快楽（享楽）主義（語源的には誤用）. ~ délicat 繊細な快楽主義. déchaînement d' ~ 快楽主義の猛威.

EPIDe (= *E*tablissement *p*ublic *d*'*i*nsertion de la *D*éfense) *n.m.* 国防省所管公立社会同化機構（2005年8月発足の職業訓練管理機構；国防省第2のチャンス・センター CD 2 C を統轄）.

épidémicité *n.f.*〖医〗(病気の) 流行性 (sporadicité「散発性」の対).

épidémie *n.f.* **1** (伝染性疾患の) 流行, 蔓延. ~ de choléra (grippe) コレラ（インフルエンザ）の流行. cycle d' ~ 流行周期.
2〔比喩的〕(悪習などの) 流行, 蔓延. ~ de suicides 自殺ばやり. ~ de violence 暴力沙汰の蔓延.〖電算〗 ~ sur ordinateurs コンピュータ・ウイルス汚染.
3 疫病, 悪疫, 流行病 (= maladie épidémique).

épidémiologie *n.f.*〖医〗疫学.
épidémiologique *a.* 疫学的な, 疫学上の. conditions ~ s 疫学的状況.

épidémio-surveillance *n.f.* 疫病監視. Réseau national d' ~ de l'ESB 狂牛病流行全国監視網.

épidémique *a.* 流行性の. maladie ~ 流行病, 疫病. parotidite ~ 流行性耳下腺炎, おたふく風邪.

épiderme *n.m.*（〔古〕*n.f.*）**1**〖解剖〗(皮膚の) 表皮,〔俗〕肌 (= peau). L' ~ se compose de cinq couches superposées. 表皮は重なる5層から成る（下から couche basale 基底層, couche de Malpighi 有棘層, couche glanuleuse 顆粒層, couche claire 透明層, couche cornée 角層）.〔比喩的〕avoir l' ~ sensible 敏感である.
2〖植〗表皮. ~ du fruit 果皮.

épidermique *a.* **1**〖解剖〗表皮の. cellule ~ 表皮細胞.〖医〗test ~ 表皮テスト（皮膚アレルギー, 呼吸器アレルギーのテスト）.
2〔比喩的〕うわべの, うわっつらの, 表面的な. enthousiasme ~ うわべだけの熱狂.

épidermoïde *a.*〖解剖・動・植〗類表皮の.

épidermolyse *n.f.*〖医〗表皮病変. ~ bulleuse 表皮水疱症.

épidermomycose *n.f.*〖医〗表皮真菌（糸状菌）症.

épidermotest *n.m.*〖医〗表皮テスト (= test épidermique, test épicutané)《皮膚アレルギー, 呼吸器アレルギーのテスト》.

épididymaire *a.*〖解剖, 医〗精巣上体の, 副睾丸の. agénésie ~ 精巣上体形成不全.

épididyme *n.m.*〖解剖〗精巣上体, 副睾丸. inflamation de l' ~ 精巣上体炎 (= épididymite). kyste de l' ~ 副睾丸嚢胞.

épididymectomie *n.f.*〖医〗精巣上体摘除術, 副睾丸摘除術.

épididymite *n.f.*〖医〗精巣上体炎. ~ aiguë 急性精巣上体炎. ~ tuberculeuse 結核性精巣上体炎, 精巣上体（副睾丸）結核.

épididymotesticulaire *a.*〖解剖〗精巣上体と睾丸の.〖医〗abcès ~ 精巣上体

睾丸膿瘍.

épidural(**ale**)(*pl.* **aux**) *a.* 〖医〗硬膜外の. abcès ~ 硬膜外膿瘍. anésthesie ~ *ale* 硬膜外麻酔. hématome ~ 硬膜外血腫. tissu ~ 硬膜外組織.

épidurite *n.f.* 〖医〗硬膜外炎《硬膜と脊椎管の間の硬膜外組織の炎症》.

épigastralgie *n.f.* 〖医〗上胃部痛, みぞおちの痛み. ~ nerveuse 神経性上胃部痛, 神経性胃痙攣, 上腹部疝痛発作.

épigastre *n.m.* 〖解剖〗上胃部, みぞおち (=creux épigastrique).

épigastrique *a.* 〖解剖, 医〗上胃部の. artère ~ 上胃部動脈. creux ~ みぞおち. douleurs ~s 上胃部痛.

épigenèse *n.f.* 〖生〗後成;後成説 (préformationnisme「前成説」の対).

épigénétique *a.* **1**〖生〗後成の, 後成遺伝の. processus ~s 後成過程. **2**〖地学〗後生の《外的要因によって変化した》.
—*n.f.* 後成遺伝学, エピジェネティックス《遺伝子の働きが後天的に調整される仕組みの研究》.

épiglotte *n.f.* 〖解剖〗喉頭蓋.

épiglottite *n.f.* 〖医〗喉頭蓋炎. ~ aiguë 急性喉頭蓋炎.

EPIGN (=*e*scadron *p*arachutiste d'*i*ntervention de la *g*endarmerie *n*ationale) *n.m.* 国家憲兵隊緊急出動降下兵中隊.

épigone (<*E*~*s*, *n.m.pr.pl.*〖ギ神話〗エピゴノイ) *n.m.* 〖文・多く蔑〗エピゴーネン, 亜流, 模倣者. Ce n'est qu'un pâle ~. あいつは影の薄いエピゴーネンにすぎない.

épigramme[1] *n.f.* **1** (古代の10行以下の) 短詩;(近代の) 寸鉄詩, 諷刺画, エピグラム. **2** 警句;諷言.

épigramme[2] *n.f.* 〖料理〗エピグラム《仔羊の胸肉や脇腹肉をパン粉をつけてグリエまたはソテーした料理;他に鮃や舌鮃, 小型の猟鳥も使う》. ~ d'agneau 仔羊のエピグラム.

épigraphe *n.f.* **1** (建造物の日付・目的などを記した) 銘, 碑銘. monument sans ~ 無銘の記念碑.
2 (書物の巻・章などのはじめに置かれた) 銘句, 標語, エピグラフ.

épigraphie *n.f.* 碑銘学, 金石学. ~ grecque (latine) 古代ギリシア (ローマ) 碑銘学.

épilation *n.f.* 脱毛, 除毛. ~ avec une crème 脱毛クリームによる脱毛. ~ des sourcils 眉の脱毛. ~ électrique 電気脱毛.

épilatoire *a.* 脱毛用の. crème ~ 脱毛クリーム (=crème dépilatoire). produit ~ 脱毛剤.
—*n.m.* 脱毛剤.

épilepsie *n.f.* 〖医〗癲癇 (てんかん).

épileptique *a.* **1**〖医〗癲癇 (てんかん) 性の;〖広義〗(身振りなどが) 激しく乱れた. convulsions ~s 癲癇性痙攣. gestes ~s 激しい身振り.
2 癲癇にかかった. enfant ~ 癲癇症の小児.
—*n.* 癲癇患者.

épileptoïde *a.* 〖医〗癲癇性の;〖心〗癲癇病質の;〖心〗(気質が) 癲癇質の.
—*n.* 〖医〗類癲癇者;〖心〗癲癇質の人.

Epinal *n.pr.* エピナル (département des Vosges ヴォージュ県の県庁所在地;市町村コード 88000;形容詞 spinalien (*ne*)). Foire internationale forestière d'~ エピナル国際森林見本市. imagerie d'~ エピナル版画.

épinard *n.m.* 〖植〗ほうれん草. ~ au gratin ほうれん草のグラタン. ~ d'été 夏物ほうれん草. ~ d'hiver 冬物ほうれん草. ~ de Tétragonie テトラゴニアほうれん草 (=tétragone つるな;オーストラリア原産). ~ géant du Mexique メキシコ巨大ほうれん草《ほうれん草とすかんぽ oseille を合わせたような味のするメキシコ産潅木》. salade d'~ ほうれん草サラダ.

épine *n.f.* **1** (植物の) 棘 (とげ). ~s du rosier 薔薇の棘. couronne d'~s 《キリスト》の茨の冠. 〖比喩的〗fagot d'~s 棘のある人物. plante à ~s (sans ~s) 棘のある (ない) 植物.
2 棘のある潅木, いばら. 〖植〗~ blanche 山査子 (=aubépine). 〖植〗~ noire りんぼく (=prunellier). haie d'~s 棘のある潅木の生垣.
3 (動物の) 棘. 〖魚〗~ de Judas はちみしま. 〖動〗~ du hérisson はりねずみの針. 〖魚〗~ vierge とげうお. coquillage à ~s 棘のある貝殻.
4〖解剖〗(骨の) 棘 (きょく), 棘状突起. ~ dorsale 脊髄, 脊柱;〖転じて〗背骨のような) 山脈, 山稜. ~ du tibia 脛骨の棘. ~ nasale 鼻棘. 〖医〗~ irritative 刺激棘.
5〖比喩的〗困難, 苦しみ;〖文〗(棘が食い入るような) 荊棘 (けいきょく), 激しい苦悩. avoir une ~ dans le cœur 胸に激しい苦しみを抱く. enlever (ôter, tirer) à *qn* une ~ du pied 人の心配の種を取り除いてやる. être (marcher) sur des ~s 困難な状態におかれている;もどかしくてたまらない. Il n'y a pas de vie sans ~s. 困難のない人生というものはない.
6 ~ d'été (d'hiver) 夏物 (冬物) のエピーヌ《洋梨の品種》.

épinéphrine *n.f.* 〖生化〗エピネフリン《副腎髄質ホルモン;止血・強心剤》.

épineux (**se**) *a.* **1**〖植〗棘のある;〖動〗棘をもっている. arbuste ~ 棘のある小潅木. coquillage (poisson) ~ 棘のある貝殻 (魚).
2〖比喩的〗(事件・問題などが) 手のつけられぬほど厄介な, 困難な. affaire ~se 大変厄介な事柄.

3 〖解剖〗棘(きょく)状の. apophyse ~ se 棘状突起.

épingle *n.f.* ピン, 留め針;(帽子などの)飾りピン. ~ à cheveux ヘアピン. virage en ~ à cheveux (道路・サーキットの)ヘアピン・カーヴ. ~ à linge 洗濯ばさみ. ~ de sûreté (anglaise, de nourrice, double) 安全ピン.〖比喩的〗coup d' ~ 針を含んだ言葉, 意地悪. pelote à ~s 針差し, 針山. pointe d' ~ ピンの先;〖比喩的〗極端に細いもの (もろいもの). chercher une ~ dans une botte (une meule) de foin (乾草の山の中に1本のピンを探す→)見つかる当てのない物を探す. monter qch en ~ 何をひけらかす.

épinière *a.f.*〖解剖〗棘状突起 (épine) の. moelle ~ 脊髄.

épipélagique *a.*〖海洋〗表海水層の(水深250メートルまでの大陸棚の海水層).

Epiphanie *n.f.*〖カトリック〗1 イエスの公現, 神の顕現.
2 エピファニー, 御公現の祝日, 公現祭(クリスマスの12日後の1月6日;東方の三博士のベツレヘム来訪の祝日;三王来朝の祝日 = fête des Rois, jour des Rois). manger la galette des rois le jour de l' ~ 御公現の祝日に諸王のガレット《中に一粒の空豆が入っている》を食べる.

épipharyngien(ne) *a.*〖解剖〗上咽頭の.〖医〗cancer ~ 上咽頭癌.

épipharyngite *n.f.*〖医〗上咽頭炎, 鼻咽頭炎. ~ aiguë (chronique) 急性(慢性)上咽頭炎, 急性鼻咽頭炎.

épiphénomène *n.m.* 1 付帯現象. 2〖医〗付帯徴候. 3〖哲〗髄伴現象, 付髄現象.

épiphora *n.m.*〖医〗流涙(りゅうるい)〔症〕.

épiphysaire *a.*〖解剖〗骨端 (épiphyse) の. ligne ~ 骨端線.

épiphyse *n.f.*〖解剖〗1 骨端 (extrémité). 2 (脳の)上生体, 松果体 (= glande pinéale), 松果腺.

épiphysiolyse *n.f.*〖医〗骨端離解症, すべり症. ~ de la tête fémorale 大腿骨頭すべり症.

épiphysite *n.f.*〖医〗骨端炎, 骨端症.

épiphyte *a.*〖植〗着生の. plantes ~s 着生植物《他の植物に付着する植物》;蘭科植物, 羊歯(しだ)類, 地衣類など》.
──*n.m.(f.)* 着生植物 (= plante ~).

épiphytie [-ti] *n.f.*〖植〗特発的流行病, 流行性植物病 (mildiou べと病, oïdium オイディオム菌病, rouille 錆(さび)病など).

épiploon [-plɔɔ̃] *n.m.*〖解剖〗間膜, 網膜;(特に)大網膜. grand (petit) ~ 大(小)網膜.

épisclère *n.f.*〖解剖〗(眼の)上強膜.

épisclérite *n.f.*〖医〗(眼の)上強膜炎.

épiscopal(ale) (*pl.aux*) *a.* 1 司教の;司教に属する. palais ~ 司教館.
2 Eglise ~ ale 英国教会, 聖公会 (= Eglise épiscopalienne).

épiscopat *n.m.*〖カトリック〗1 司教の地位.
2 司教の任期.
3〖集合的〗司教団 (= corps des évêques). ~ français フランスの司教団.

épisiotomie *n.f.*〖医〗会陰切開〔術〕.

épisode *n.m.* 1 (小説・詩・映画などの)挿話, エピソード;(連続ドラマなどの)1回分の挿話;〖劇〗傍筋 (= action accessoire;主筋 action principale の対). film à ~s 連続物の映画. premier ~ d'un feuilleton d'une série télévisée TV連続ドラマの第1挿話.
2 偶発事, 付随的な出来事. un ~ de la Révolution française フランス大革命下の一挿話. ~ marquant 注目すべき偶発事.
3〖医〗一過性障害. ~ circulaire 一過性循環障害.

épisodique *a.* 1 挿話的な. scène ~ 挿話的情景.
2 付随的な, 二次的な. rôle ~ 付随的役割. C'est un événement ~. それは二次的な出来事だ.
3 断続的な;不規則な. crises ~s 断続的な危機.

épisome *n.m.*〖生化〗エピゾーム. ~ F エピゾームF (= facteur F;F 因子).

épistaxis [epistaksis] *n.f.*〖医〗鼻出血, 鼻血 (= rhinorragie).

épistémologie *n.f.* 認識論. ~ des sciences 科学認識論.

épistolaire (<épître) *a.* 書翰の, 手紙による. commerce ~ 文通. recueil ~ 書簡集. roman ~ 書翰体小説. être en relations avec qn 人と文通している.
──*n.* 書翰作家 (= épistolier(ère)).

épitaphe *n.f.* 1 墓碑銘;墓標詩 (= ~ en vers). graver une ~ 墓碑銘を刻む.
2〖考古〗銘を記した墓碑.

épitaxie *n.f.*〖物理〗(結晶の)エピタクシー《結晶表面に一定の方位関係をもった結晶を成長させる技術》.〖電子〗~ à faisceau moléculaire 分子線エピタクシー.

épithélial(ale) (*pl.aux*) *a.*〖生〗上皮の. cellule ~ale 上皮細胞. tumeur ~ale 上皮腫.

épithélioma, épithéliome *n.m.*〖医〗上皮腫 (= carcinome), エピテリオーマ, 上皮性腫瘍 (= tumeur épithéliale), 上皮癌 (= cancer malphigien). ~ basocellulaire 基底細胞上皮腫, 基底細胞癌. ~ de la cavité du col utérien 子宮頚管癌. ~ de la trompe de Fallope 卵管癌. ~ de la vulve 外陰癌. ~ mucipare 粘液癌. ~ pavimenteux 扁平上皮癌. ~ spinocellulaire 有棘細胞癌.

épithélium [epiteljɔm] *n.m.*〖解剖〗上皮. ~ alvéolaire 肺胞上皮. ~ pavimenteux 扁平上皮. ~ pigmentaire de la rétine 網膜色素上皮. ~ pseudostratifié 多列上皮. ~ simple 単層上皮. ~ stratifié 重層上皮. ~ transitionnel 移行上皮.

épithète *n.f.* **1**〖文法〗付加形容詞《名詞に直接つく形容詞》(=adjectif ~).
2 形容語〔句〕; 形容. ~ de caractère 性格的形容〔句〕. ~ de nature 性質的形容〔句〕. ~ injurieuse (louangeuse) 侮辱的 (賞賛的) 形容.
——*a.* 〖文法〗付加的に用いられる. adjectif ~ 付加形容詞.

épitope *n.m.* 〖免疫〗エピトープ, 抗原決定基 (=déterminant antigénique).

épître *n.f.* **1**〖文学史〗書簡詩. les E~s de Marot マロの書簡詩. ~ dédicatoire 書簡詩体の献辞, 献辞書簡詩.
2 書簡; 〔文〕手紙. 〖新約聖書〗~ aux Galates ガラテヤ人への書. 〖新約聖書〗~s des Apôtres 使徒書簡. ~ de Cicéron キケロの書簡.
3〖カトリック〗(ミサでの) 使徒書簡の朗読. côté de l' ~ (祭壇の) 書簡側《祭壇に向かって右側》.

épitrochlée *n.f.* 〖解剖〗(上腕骨の) 上滑車.

épizootie *n.f.* 〖獣医〗獣疫, 動物流行病. ~ de fièvre aphteuse アフタ熱獣疫, 口蹄疫.

épizootique *a.* 〖獣医〗獣疫の, 動物間流行性の. lymphangite ~ 流行性リンパ管炎.

EPJ (=*E*uropéenne de *p*rotection *j*uridique) *n.f.* ヨーロッパ法的保障保険.

EPLE (=*é*tablissement *p*ublic *l*ocal d'*en*seignement) *n.m.* 〖教育〗地方公共教育施設.

EPNdB (=〔英〕*E*ffective *P*erceived *N*oise *D*ecibel) *n.m.* 〖環境〗(航空機の) 実効感知騒音レベル. bruit en ~ au décollage (à l'approche de l'atterrissage) 離陸 (着陸) 時の騒音の実効感知レベル.

EPO (=*é*rythro*po*ïétine) *n.f.* 〖薬・生理〗エリスロポイエチン, エポ《赤血球増加作用物質, スポーツ選手のドーピングに利用》. dopage d' ~ 薬物としての EPO 使用 (=utilisation de l' ~ comme dopant). taux sanguin de l' ~ naturelle 血液中の自然造成 EPO の成分.

époisses *n.m.* (<E~, 地名) エポワス〔産〕チーズ《AOC; 牛乳からつくられるブルゴーニュ地方のチーズの特産チーズ, 脂肪分 45 %, ブリヤ=サヴァランが「チーズの王様」と絶賛し, ナポレオン 1 世が好んで賞味した》.

éponge *n.f.* **1** 海綿; スポンジ. ~synthétique 合成スポンジ. nettoyer avec une ~ スポンジで洗う.
avoir une ~ dans le gosier; boire comme une ~ 鯨飲する. passer l' ~ sur qch 何かを

水に流す. presser une ~ 海綿 (スポンジ) を絞る; 人を搾取する.
2 海綿質のもの. ~ de platine 白金海綿. ~ métallique 金属たわし. ~ végétale へちまたわし.
3 浴用タオル (=serviette ~); 吸水性織物. tissu ~ 吸水性布地, タオル地. 〖ボクシング〗jeter l' ~ タオルを投入する, 試合を放棄する; 〔転じて〕降参する.
4〖動〗海綿. pêcheur d' ~s 海綿採り.

épopée *n.f.* **1** 叙事詩. *La Chanson de Roland*, la plus belle des ~s français du Moyen Age 中世のフランス叙事詩の最高傑作である『ローランの歌』(武勲詩).
2 一連の英雄的偉業. ~ napoléonienne ナポレオンの偉業.

époque *n.f.* **1** (歴史上の) 時代, 時期; (様式の) 時代. ~ actuelle; notre ~ 現代. l' ~ révolutionnaire 革命期. la Belle E~ ラ・ベル・エポック《1900 年代; 「古きよき時代」の意》. style Belle E~ ベル・エポック様式. les grandes ~s de l'Histoire 歴史上の偉大な時代. à la même ~ 同時代に (の). costume d' ~ 時代衣裳. fauteuil (d'~) Henri IV アンリ 4 世時代〔様式〕の肘掛椅子. littérature de l' ~ classique 古典時代の文学. meuble d' ~ 時代物の家具, 純正の年代家具 (copie「複製」の対). être de son ~; vivre avec son ~ 時代に遅れない. lutter contre l' ~ 時代に逆らう.
2 同時代の人びと. être reconnu par son ~ 同時代の人々に認められる.
3 (特定の) 時期, 期間. ~ critique de la femme (= ~ climatérique) 女性の更年期. ~ de la floraison 開花期. ~ des semailles (des vendanges) 種播き (葡萄の収穫) 期. ~ des vacances ヴァカンスの時期 (季節). les ~s de la vie 人生の諸期. l'année prochaine, à la même ~ (à pareille ~) 来年の今頃. à l' ~ où j'étais jeune. 私の若かりし頃に(は). J'avais dix ans à l' ~ (à cette ~). その頃私は 10 歳だった.
4 (物語, 書物, 映画などの) 時代区分. la première ~ des *Thibault*『チボー家の人びと』の初期を扱った部分.
5〖地学〗(地質年代の) 世 (période「紀」と âge「期」の中間区分); 時代, 時期. ~ diluviale 洪積世. ~ glaciaire 氷河時代, 氷期.
6〖天文〗元期.
7〔古〕紀元; (画期的事件の起きた) 時期. La naissance de Jésus-Christ est l' ~ où commence l'ère chrétienne. イエス=キリストの誕生は西暦の紀元である. 〔現用〕faire ~ 時代を画する. L'exposition de 1887 a fait ~. 1887 年の万国博覧会は一時代を画した. Ces choses-là font ~ dans la vie. あのことは人生において画期的である.

épouse *n.f.* 妻 (femme では「女性」か「妻」か曖昧なとき). mon ~ 私の妻 (=ma femme).

époustouflant(e) a.〔話〕人を驚かす，驚嘆すべき，あっといわせるような (=étonnant). nouvelle ~ びっくりするニュース.

épouvantable a. **1** 恐ろしい. accident ~ ぞっとするような事故. cauchemar ~ 恐ろしい悪夢. crime ~ 身の毛もよだつ重犯罪. épidémie ~ 恐るべき疫病. **2** 憂慮すべき；ひどい；ひどく不快な；〔話〕ぶざまな. mine ~ ひどい顔色. odeur ~ ひどく不快な匂い, 悪臭. situation économique ~ 惨憺たる経済状況. Il fait un temps ~. ひどい天気だ. **3** 甚だしい，ひどい，激しい. ~ colère (fureur)激怒. appétit ~ 猛烈な食欲. choc ~ ひどいショック. pluie ~ 土砂降りの雨. vitesse ~ 猛スピード.

épouvante n.f. **1** 急激な恐怖, 激しい恐怖. cris d'~ 恐怖の叫び声. film d'~ 恐怖(ホラー)映画. roman d'~ ホラー小説, 暗黒小説 (=roman noir). être saisi d'~ 恐怖にとらわれる. jeter (semer) l'~ 恐怖をまき散らす. reculer d'~ 恐怖を覚えて尻込みする. rester cloué d'~ 恐怖に釘付けになる. **2** 激しい不安. avec ~ どきどきして. **3** 恐怖の的. ~s de la guerre 戦争の生み出す恐るべき事態.

époux[1] (**se**) n.〔法律〕配偶者. prendre qn pour ~ 人を配偶者とする.

époux[2] n.m. **1** 夫 (=mari). mon ~ 私の夫 (=mon mari).〔キリスト教〕l'~ de l'Eglise；celeste ~ イエス=キリスト (=Jésus-Christ). **2** 配偶者(夫のみならず妻をも指しうる). ~ survivant 生残配偶者(やもめ). **3**〔pl. で〕夫婦 (=les deux ~). ~ assortis 似合いの夫婦.〔法律〕~ communs 共有財産制による夫婦. communauté entre ~ 夫婦財産共通制.

époxidation n.f.〔化〕エポキシ化.

époxy n.m.〔化〕**1** エポキシド重合体. **2** エポキシ樹脂 (=résine ~).
— a.inv. エポキシの. résine ~ エポキシ樹脂.

époxyde n.m.〔化〕エポキシド(三員環をなすオキシド).
— a. エポキシ系の. résine ~ エポキシ樹脂.

époxydique a.〔化〕エポキシド性の. résine ~ エポキシ樹脂 (=résine époxyde, résine époxy).

époxyéthane n.m.〔化〕エポキシド (époxyde), オキシラン (oxirane), エチレンオキシド (H_2COCH_2).

EPP (=〔英〕enchanced parallel port) n.m.〔電算〕(コンピュータの)改良型パラレル・コネクター・ポート (=〔仏〕port parallèle amélioré).

EPR[1] (=établissement public régional) n.m. 地方公共機関.

EPR[2] (=〔英〕European pressurized reactor) n.m.〔原子力〕ヨーロッパ型加圧水炉 (=〔仏〕réacteur européen à eau pressurisée).

épreintes n.f.pl.〔医〕しぶり, 裏急後重(りきゅうこうじゅう)(強い便意があるのに便が出ないことの反復症状) (=ténesme).

épreuve (<éprouver) n.f. ① (試み) **1** 試み, 試験, テスト；〔医〕試験, 検査〔法〕. ~ à luminol ルミノール試験. ~ de diphénylamine ジフェニルアミン試験(皮膚硝酸試験)(銃火器発射確認試験法).〔医〕~ d'effort 負荷試験 (=électrocardiographie d'effort「負荷心電図検査法」).〔医〕~ de〔la〕fonction (~ fonctionnelle) rénale thyroïdienne 腎(甲状腺)機能検査〔法〕.〔医〕~ de l'histocompatibilité 組織適合検査. ~ d'outrance (à outrance) 耐久試験. ~ de résistance au feu 耐火試験. ~ galvanique 電気װ試験. ~ par choc 衝撃試験.〔医〕~ rotatoire 回転〔眼振〕検査.〔電〕plan d'~s (電荷の負無を調べる)験電板. faire l'~ de qch 何を試験(検査, テスト)する. à l'~ de qch 何の試験(試練)に耐えう. ~ des balles (du feu) 防弾(耐火)服. à toute ~ あらゆる試練に耐えう. courage à toute ~ ゆるぎない(堅固な)勇気. mettre qn à l'~；tenter une ~ sur qn 人を試す. mettre qch à l'~ 何を試す(テストする). mettre un moteur à l'~ エンジンをテストする.
2 試練, 艱難(かんなん)；〔文〕逆境, 不幸. ~s subies par le héros 英雄が耐えた試練. le creuset de l'~ 試練のるつぼ. temps d'~s 試練の時；逆境の時期. vie pleine d'~s 艱難辛苦の人生.
essuyer (passer par, subir) de dures ~s つらい試練に遭遇する. imposer une ~ à qn 人に試練を課す. subir des ~s (秘密結社などの)入社の試練(テスト)を受ける. supporter (surmonter) une ~ 試練に耐える(を克服する).
3 試験, 考査, テスト；試験問題；答案 (= ~ d'un examen). ~ d'admission au conservatoire 音楽院の入学オーディション. ~ d'un concours コンクールの選抜試験. ~s écrites (orales) 筆記(口述)試験. ~s éliminatoires[1] 選抜試験.〔史〕~s judiciaires 神明裁判. ~s obligatoires 必須試験. ~s vexatoires 新入生(新兵, 新参者)いじめ. correction des ~s 答案の採点. subir des ~s 試験を受ける.
4〔スポーツ〕試合, 競争, マッチ, レース. ~ contre la montre タイム・レース. ~s d'athlétisme 陸上競技の試合. ~s des Jeux olympiques オリンピックの試合. ~s éliminatoires[2] 選抜試合, 予選. ~ finale 決勝戦 (=finale).〔自転車〕~ spéciale (ラリーの)タイムレース. gagner une ~ 試合に勝つ.
5〔統計〕~〔aléatoire〕確率事象.

6〚会議〛~ par assis et levé 起立採決.
Ⅱ〚試された結果〛**1**〚印刷〛校正刷り. ~ en colonnes séparées 棒組の校正刷り. première ~¹ (seconde, tierce) 初 (二, 三) 校刷り. corriger (revoir) les ~s 校正刷りを直す. faire une ~ à la brosse ざっと校正刷りにする.
2〚版画〛試し刷り;〚転じて〛版画 (=estampe). ~ avant la lettre 題名 (作家名) の記入前の下刷り. ~ numérotée 番号入り版画. première ~² 試し刷り (=fumée).
3〚写真〛陽画, プリント (= ~ positive). ~ en couleurs (en noir et blanc) カラー (白黒) プリント. ~ négative 陰画, ネガ. ~ par agrandissement 引伸しプリント.
4〚映画・TV〛ラッシュ・プリント (= ~ de tournage) (= 〚英〛 resh [es]).

épris(e) (＜s'éprendre) *a.p.* **1** (de に) (感情に) とらわれた. ~ de passion pour la musique 音楽の虜となった.
2 ~ de *qn* 人に惚れた. un couple très ~ 相思相愛のカップル. être ~ l'un de l'autre 惚れ合っている.
3 ~ de *qch* 物に夢中な. être ~ de peinture 絵画に熱中している. un peuple ~ de la liberté 自由を熱愛する民族.

éprouvé(e) *a.p.* **1** 証明済みの, テスト済みの;信用のできる. ami ~ 信用のできる友人. métal ~ 品質証明済みの金属.
2 確認済みの, 確かな;試練を経た;熟練した. courage ~ 試練に耐えた勇気. dégustateur ~ 熟練した賞味鑑定人. soldat ~ 古参兵.

éprouvette *n.f.* **1** 試験管;試験容器. ~ à bec 口付きシリンダー. ~ graduée メスシリンダー (= ~ divisée). 〚話〛 bébé ~ 試験管ベビー.
2 〚冶〛試験片, 供試体 (= ~ d'essai). ~ de pliage 折曲げ試験片.

EPS¹ [epees] (= *é*ducation *p*hysique et *s*portive) *n.f.* 〚教育〛体育スポーツ教育.
EPS² (= *é*tudes *p*robabilistes de *s*ûreté) *n.f.pl.* 〚原子力〛安全確率研究.
EPSCI (= *E*cole des *p*raticiens *s*upérieurs du *c*ommerce *i*nternational) *n.f.* 〚教育〛国際的高級事業家養成学校 〚1975 年創設;Bac+4 年制の経営関係のグランド・エコール;AACSB と Equis の 2 つのラベル取得校;在 Cergy-Pontoise〛.

épuisé(e) *a.p.* **1** 汲み (掘り, 使い, 売り) つくされた. édition ~e 絶版 (品切れ) の本. 〚比喩的〛imagination ~e 涸渇した想像力. mine ~e 掘りつくされた鉱山. source ~e 涸れた泉. terre ~e 疲弊した土地.
2 (de で) 疲れ切った. nageur ~ 疲れ切った泳者. être ~ de fatigue 疲労困憊した. être ~ par la maladie 病気で消耗している.

épuisement *n.m.* **1** 汲みつくすこと. pompe d'~ 排水ポンプ.
2 涸渇;品切れ, 売り切れ. ~ des finances 財政窮乏. ~ d'une galerie de mine 鉱脈の掘りつくし. ~ des provisions 貯えの涸渇. ~ du sol 土地の疲弊. ~ du Trésor 国庫金の涸渇. vendre *qch* jusqu'à [l'] ~ du stock 在庫がなくなるまで売りつくす.
3 (心身の) 消耗, 衰弱. ~ de la maladie 病気による衰弱. ~ nerveux 神経が参っていること. ~ physique 肉体的消耗. être dans un état d'~ extrême 疲労困憊している. mourir d'~ 衰弱して死ぬ. tomber dans l'~ 消耗する.

épulis [epylis] *n.m.* 〚医〛歯肉腫, エプーリス.

épurateur¹ *n.m.* (液体・気体の) 浄化器, 浄化装置. ~ d'eau 浄水器.
— *a.* 浄化用の. tube ~ 浄化管.

épurateur² *n.m.* 〚化〛捕捉器 (= piège).

épuratif(ve) *a.* 〚工〛浄化用の (= épuratoire).

épuration *n.f.* **1** (水などの) 浄化;(油・石油などの) 精製;(金属の) 精錬. ~ des eaux 浄水. ~ des huiles 油の精製, 精油. ~ des pétroles 石油精製, 精油 (= raffinage). bassin d'~ 浄水池. station d'~ [des eaux] 浄水場.
2 (言語・風俗などの) 洗練. ~ de la langue 言語の浄化. ~ des mœurs 風俗浄化. ~ du goût 趣味の洗練.
3 (党・団体などからの) 追放, 除名;(特に第二次世界大戦末期の) 対独協力者の追放. ~ du personnel d'un parti 党員の除名. ordonnances de 1944 et de 1945 sur l'~ administrative et sur l'~ des entreprises 1944-1945 年の行政機構および企業からの対独協力者の追放令.
4 〚医〛透析. ~ extrarénale 人工透析 (= ~ par rein artificiel).

épuratoire *a.* 浄化作用のある (= épuratif). filtre ~ 浄化フィルター.

équarrissage (＜équarrir) *n.m.* **1** (木材・石材を) 四角に切ること;角材, 角石. ~ à la scie 鋸による角材製材. ~ d'une poutre 梁の角材.
2 (食用に不適な牛馬の) 屠殺・解体作業 《皮, 骨, 油脂などをとる》.
3 〚話〛暗殺.

Equateur(l') *n.pr.m.* [国名通称] エクアドル (公式名称:la République de l'E ~ エクアドル共和国);国民:Equatorien (*ne*);首都:Quito キト;通貨:sucre [ECS]).

équateur *n.m.* **1** 赤道. 〚天文〛 ~ celeste 天の赤道. 〚物理〛 ~ magnétique 地磁気赤道. ~ terrestre 地球の赤道 (= ligne équinoxale). demi-cercles perpendiculaires à l'~ 赤道に対する垂直半円 (= méridien 子午線).
2 赤道地帯 (= zone équatoriale), 赤道地方. produits de l'~ 赤道地方の製品.
3 〚数〛(回転面の) 赤道.
4 〚生〛 ~ de la cellule 細胞の赤道.

équation *n.f.* **1**〖数〗方程式. ~ à deux (plusieurs) inconnues 二元 (多元) 方程式. ~ différentielle (intégrale) 微分 (積分) 方程式. ~ du premier (second) degré 一次 (二次) 方程式.〔比喩的〕mettre un problème en ~ 問題を解く方程式を見つける. résoudre une ~ 方程式を解く.
2〖化〗~ chimique 化学方程式.
3〖天文〗差. ~ du temps 時差, 均時差.
4〖心〗~ personnelle (観察の) 個人方程式, 個人差, 個人的可能性.

équato-guinéen(ne) *a.* 赤道ギニア (la Guinée équatoriale) の; 赤道ギニア共和国 (la République de Guinée équatoriale) の; ~人の.
——**E~-G~** *n.* 赤道ギニア人.

équatori*al* (***ale***)(*pl.***aux**) *a.* **1** 赤道の. climat ~ *ale* 赤道気候. zone ~ *ale* 赤道地帯.
2〖天文〗天の赤道の. coordonnées ~ *ales* (天体の) 赤道座標. monture ~ *ale* 赤道儀式架台.
3〖解剖・生〗赤道の.〖生〗plaque ~ *ale* (細胞分裂時の) 赤道板.
——*n.m.*〖天文〗赤道儀.

équatorien(ne) *a.* エクアドル (l'Equateur) の, エクアドル共和国 (la République de l'Equateur) の; ~人の.
——**E~** *n.* エクアドル人.

équestre *a.* **1** 騎馬の. statue ~ 騎馬像.
2 乗馬の. art (sport) ~ 乗馬, 馬術〔競技〕. exercices ~s 乗馬 (馬術) 訓練. randonnée ~ 馬の遠出 (散策), 乗馬, 騎行.
3〔古代ギリシア・ローマ, 中世〕騎士〔階級〕の. ordre ~ 騎士階級.

équi-〔ラ〕(<œquus) ELEM「等しい」の意 (*ex. équi*angle「等角の」; *équi*valence「等価」).

équidés *n.m.pl.*〖動〗馬科. types actuels d'~ 現存する馬科の動物 (cheval, âne, hémione, onagre, zèbre など).

équidistance *n.f.* **1**〖幾何〗等距離. **2**〖地図〗等高線間隔.

équidistant(e) *a.* **1**〖幾何〗等距離の. arbres ~s 等間隔で植えられた樹木. villes ~es de Paris パリから等距離にある諸都市.
2〖製図〗projection ~e 正主距投法.

équilatér*al* (***ale***)(*pl.***aux**) *a.* **1**〖幾何〗等辺の. triangle ~ 正三角形.
2〖貝〗valve ~ (二枚貝の) 等殻.
3〔話〕Ça m'est ~. 私にはどちらでもいいことだ (=Ça m'est égal).

équilibrage *n.m.* 釣合せること; 釣合うこと; 平衡;〖機械〗釣合, 釣合せ. ~ dynamique 動的釣合.〖自動車〗vérifier l'~ (des roues) タイヤの平衡をチェックする.

équilibration *n.f.* **1**〖生理〗平衡, trouble de l'~ 平衡障害.
2 平衡 (釣合) をとること.

équilibre *n.m.* **1** (身体, 物体の) 均衡, 平衡, バランス. tour d'~ 軽業;〖バレエ〗バランス, バランステクニック;(物質的力, 作用の) 釣合い, 平衡. ~ budgétaire 予算の均衡. ~ de la terreur 恐怖の均衡. ~ des pouvoirs 権力の釣り合い. ~ du commerce extérieur 貿易の均衡. ~ des forces sur la scène internationale 国際政治上の力の均衡. budget en ~ 均衡予算;(芸術, 文学などの) 調和, 均整, 釣り合い. ~ indifférent 中立の平衡, ~ instable 不安定平衡. ~ stable 安定平衡. un homme d'~ バランス感覚を備えた人. réactions d'~ 平衡反応.《Traité de l'~ des liqueurs》『流体の釣り合い論』(Pascal の著作);(精神の) 安定, 平衡. sens de l'~ 平衡感覚;(政治的, 経済的力の) 均衡, 平衡, バランス.
2〖経済〗需給関係. grands ~s de l'économie française フランス経済の主要な指標《生産と消費, 求職と求人, 輸出と輸入などの需要と供給関係を指す》.

équilibré(e) *a.p.* 釣合 (均衡) のとれた, バランスのとれた. budget ~ 均衡予算. femme ~e バランス感覚のとれた女性. match ~ 実力伯仲の試合. mélange ~ 平衡混合物.

équilibriste *n.* **1** 綱渡りの軽業師;曲芸師. ~ d'un cirque サーカスの綱渡り軽業師. ~ qui jongle avec des assiettes 皿廻し師. troupe d'~s 曲芸団.
2〔比喩的〕軽業師;綱渡り師. ~ de la finance 金融の業師. ~ du monde politique 政界の軽業師.

équinoxe *n.m.*〖天文〗昼夜平分時, 二分;分点, 二分点. ~ d'automne 秋分点, 秋分 (= ~ automnal)《9月23日》. ~ de printemps 春分点, 春分 (= ~ vernal)《3月21日》. tempête d'~ 彼岸嵐.

équinoxi*al* (***ale***)(*pl.***aux**) *a.* **1**〖天文〗昼夜平分の;赤道の, 赤道の近くの;天の赤道の. ligne ~ *ale* 昼夜平分線;赤道;天の赤道. pays ~ *aux* 赤道周辺国. points ~ *aux* 昼夜平分点, 分点. point ~ d'automne (de printemps) 秋 (春) 分点.
2〖植〗(花が) 定時に開閉する. fleurs ~ *ales* 定時性開閉花.

équipage *n.m.* Ⅰ **1**〖海〗(船舶の) 乗組員, クルー;船員 (=homme d'~). capitaine et son ~ 船長と乗組員. ~ et passagers 船員と船客. corps des ~s de la flotte 下士官以下の艦隊勤務者. rôle d'~ 船員名簿.
2〔航空機・宇宙船〕搭乗員, 乗務員, 乗員, クルー. le commandant de bord et son ~ 機長と乗務員一同 (copilote 副操縦士, hôtesse スチュワーデス, mécanicien 航空機関士, steward スチュワード). ~ d'une navette spatiale スペースシャトルの乗組員.
Ⅱ (装備一式) **1**〖軍〗〔古〕輜重.〔現用〕train des ~s 輜重隊.
2〔狩〕(騎馬と猟犬による狩猟の) チーム,

狩猟隊.
3〔古〕(王侯貴族の) 共廻り；旅行装備一式.
4〔古〕身なり, 服装, 状態. [文]être en mauvais (piteux, triste)~ 哀れな状態にある.
5〖工〗装置一式；道具一式. ~ de métiers 仕事に必要な装置一式.〖気象〗~ mobile 移動式観測装置.

équipe *n.f.* **1** (共同作業の) 班, 組, チーム, 団.〖カトリック〗*E~s* apostoliques 使徒団 (Eucharistique des jeunes「青少年聖体秘蹟団」(MEJ) の下部組織；17-19 歳を対象). ~ de chercheurs 研究班. ~ de nuit dans une usine 工場の夜間作業班. ~ de secours 救護班.〖教 育〗~ éducative 教育班 (教員・父兄・中高校生により構成).〖教育〗~ pédagogique 教育指導班 (職業高校 LEP の教員で構成され, 教科教育の調整と就学困難な生徒などの指導にあたる組織). ~ gouvernementale 内閣構成員；内閣. chef d'~ 班長 (=contremaître). esprit d'~ 団結心, 連帯精神. Fédération Française des ~s Saint-Vincent サン=ヴァンサン団フランス連盟 (1968 年結成の慈善団体；前身は 1617 年創設の Confrérie de Charité「慈善信徒団」). faire ~ avec *qn* 人と組になる. faire partie d'une ~ 班 (チーム) の一員となる. former une ~ 班 (チーム) を作る. travailler en ~ 組 (班, チーム) になって働く.
2〖スポーツ〗エキップ, チーム. ~ de football サッカーのチーム. ~ de France フランス代表チーム. capitaine (entraîneur) d'une ~ チームの主将 (コーチ, 監督). jeu d'~ 団体競技. sports d'~ 団体スポーツ. jouer en (par) ~ チームでプレーする.
3〖新聞〗*L'É*~「レキップ」(スポーツ専門の朝刊日刊紙；1946 年創刊). *L'É* ~ *Magazine*「レキップ・マガジーヌ」(「レキップ」紙の週刊付録版；1980 年創刊).
4〔話〕グループ, 仲間.

équipé(e) *a.p.* **1**〖海〗艤装した. navire ~ 艤装した船舶.
2 設備の整った；(de, en を) 装備した. armée mal ~*e* 装備の不十分な軍隊. région bien ~*e* d'un réseau routier 道路網がよく整備されている地方. être ~ pour la photo 充分な写真機材を整えている.

équipement *n.m.* **1** 設備, 施設. ~*s* collectifs 社会資本. ~ de ménage 家庭用耐久消費財. ~ lourd 大型設備財. ~ sanitaire 公衆衛生施設. ~ scolaire 教育施設. bien d'~ 設備財, 資本財. dépense d'~ 投資支出. subvention d'~ 設備投資補助. taux d'~ 装備率.
2 装備, 設備を施すこと；(特に) 船の艤装；軍隊の装備, 兵器調達.
3 軍装品.

4 用具, 装備. ~ de survie (宇宙飛行士などの) 非常脱出装置.

équipier[1](***ère***) *n.* **1**〖スポーツ〗チームの構成員, メンバー. ~ en titre レギュラー選手 (~ remplaçant「交代メンバー」の対).
2〖ヨット〗クルー・メンバー.

équipier[2] *n.m.* 〖空軍〗エキピエ (2 機からなる編隊単位).

équipollent(e) *a.* (概念などが) 等価の, 等値の (=équivalent). la faute ~*e* au dol 詐欺と同視される重過失.〖論理〗systèmes déductifs ~*s* 等価の演繹体系.

Equis (<〖英〗*E*uropean *Q*uality *I*mprouvement *S*ystem) *n.m.*〖教育〗ヨーロッパ特質改善システム「エキス」(高等教育機関格付システム). label ~ ヨーロッパ高等教育機関格付認定証.

équitable *a.* **1** (人が) 公正な, 公平な. homme ~ 公平な人. juge ~ 公正な裁判官.
2 (物について) 公平な. jugement ~ 公正な裁判 (判断). partage ~ 公平な配分.

équitation *n.f.* 馬術；乗馬. ~ de cirque 曲馬. ~ de compétition 競技馬術. école d'~ 乗馬学校. exercices d'~ 馬術訓練. faire de l'~ 乗馬する.

équité *n.f.* **1** 公正, 公平. ~ d'un jugement 裁判の公正. esprit d'~ 公平の精神. avoir le sens de l'~ 公平感覚を抱く. avec l'~ 公正に. traiter un ennemi avec l'~ 敵を公正に扱う. en toute ~ 全く公平に. agir en toute ~ envers chacun 誰にも公平に振舞う.
2〖法律〗衡平, エクィティー. juger selon l'~ (en ~) 衡平に基づいて裁く.
3 公正 (公平) 性. ~ d'une loi 法の公正性. ~ d'un partage 配分の公平性.
4〖経済〗~ privée プライヴェイト・エクィティー (=〖英〗private equity), 代替投資.

équivalence *n.f.* **1** 等価, 等値, 同値, 同等；等量.〖理〗principe de l'~ 等価原理.〖数〗(relation d') ~ 等 (同) 値関係.
2 (資格・学位などの) 対等性, 同等性. bureau des ~*s* 学位対等性検討事務所 (室). accorder une ~ à *qn* 対等の資格 (学位) 保有を人に認める.

équivalent[1] *n.m.* **1** (質・量などが) 等価値のもの, 同等のもの. Un mille anglais est l'~ de 1609 mètres. 英国の 1 マイルは 1609 メートルに等しい. une société qui n'a pas son ~ 他に比類のない社会. donner l'~ de ce qu'on reçoit 受取ったものと同じ価値のものを与える. sans ~ 匹敵するものがない.
2〖言 語〗類義 (相 当) 語句 (= ~ d'un mot)；類義 (相当) 表現 (= ~ d'une expression). sans ~ en français フランス語に類義語句 (表現) なし. trouver un ~ exact 正確な類義 (相当) 語句 (表現) を見出す. mots japonais qui n'ont pas d'~ en français フラ

équivalent² (**e**)

ンス語に相当語句のない日本語.
3 〖理〗当量. ~ d'air (d'eau) 空気 (水) 当量. ~ électrochimique d'un métal 金属の電気化学当量. ~ mécanique de la chaleur 熱の仕事当量. ~ photochimique 光化学当量. théorie des ~s chimiques 化学当量理論.

équivalent² (**e**) *a.* **1** (質的に) 等価among, 等価の; 意味 (機能) の等しい. acte ~ 等価値の証書. concepts ~s 意味の等しい概念. deux expressions ~es 意味の等しい二つの表現. diplôme ~ 等価値の免状. faits ~ 互いにそっくりな事例. indemnité ~e au dommage 損害と等価の賠償金. monnaies ~es 等価貨幣. punition ~e 同等刑罰. ~ à qch 何に等しい価値.
2 (量的に) 同等の, 同値の. 〖数〗éléments ~s (集合の) 同値元. 〖数〗équations ~es 同値方程式. 〖数〗figures ~es 等積図形. longueur ~e 同等の長さ. 〖地図〗projection ~e 正積投象図法.

équivoque *a.* **1** 多義 (両義) にわたる; 色々に解釈しうる; 曖昧な. attitude ~ はっきりしない態度. expérience ~ 色々に解釈しうる実験. mots ~s 多義 (両義) 語. phrases ~s 曖昧な文章. signes ~s 種々の病気に当てはまる徴候. 〖医〗signes non ~s 明確な徴候.
2 〖蔑〗いかがわしい; うさんくさい; 際どい. allures ~s うさんくさい態度. passé ~ いかがわしい過去. milieu ~ 暗黒街. plaisanteries ~s 際どい冗談. regards ~s いかがわしい目つき. avoir des fréquences ~s いかがわしい仲間と付き合っている.
3 〖古〗(語句の) 同音異義の. 〖詩法〗rimes ~s 地口韻.
— *n.f.* **1** 多義, 両義; (意味の) 曖昧さ. traduction sans ~ 曖昧なところのない翻訳.
2 不明確; 不確実. agir sans ~ 明確に行動する. dissiper l'~ はっきりさせる. lever l'~ 曖昧さを除去する. Il n'y a aucune ~ entre nous. 我々の間に誤解はない.
3 多義 (両義) の語句; 〔やや古〕地口. ~s grossières 下がかった洒落.

Er (=erbium) *n.m.* 〖化〗「エルビウム」の元素記号.

érable *n.m.* 〖植〗エラーブル, 楓 (かえで) (Acéracées 楓科, Acer 楓属の高木・小潅木). ~ à grandes feuilles 大葉楓 (学名 Acer macrophyllum). ~ à sucre 砂糖楓, カナダ楓 (= ~ du Canada) (学名 Acer saccharinum). ~ champêtre 田園楓 (学名 Acer campestre). ~ plane プラタナス楓, 白楓 (= ~ blanc) (学名 Acer platanoides). ~ sycomore エラーブル・シコモール; 西洋かじ楓, 大かえで, 偽プラタナス (=faux platane) (学名 Acer pseudoplatanus). sirop d'~ シロ・デラーブル, メープルシロップ (~ à sucre かえでの樹液から作る). sucre d'~ 楓糖.

érablière *n.f.* **1** かえでの植林; かえで林.
2 〖カナダ〗さとうかえで (= érable à sucre) 栽培林. sucrerie d'~ さとうかえで林の製糖所.

éradication (<éradiquer) *n.f.* **1** 〖医〗剔出 (てきしゅつ). ~ des polypes de l'utérus 子宮ポリープの剔出.
2 〔比喩的〕根絶. ~ du paludisme マラリアの根絶.

éraflure *n.f.* **1** 〖医〗擦過傷, かすり傷, 表皮剝脱. ~s aux jambes 足の擦り傷.
2 切り傷, 擦り傷. mur couvert d'~s 擦り傷だらけの壁.

ERAL (=Eglise réformée d'Alsace et de Lorraine) *n.f.* アルザス・ロレーヌ地方改革派教会《カルヴァン派改革教会》.

erbine *n.f.* 〖化〗エルビウム酸化物.

erbium [ɛrbjɔm] *n.m.* 〖化〗エルビウム (元素記号 Er, 原子番号 68. 1843 年発見の希土類元素. スウェーデンの発見地 Ytterby に因む命名).

ère *n.f.* **1** 紀元. ~ chrétienne キリスト紀元, 西暦紀元. troisième siècle avant notre ~ 西暦紀元前 3 世紀. L'hégire marque le début de l'~ musulmane. ヘジラ (622 年) がイスラム暦の紀元となる. première année de l'~ de Meiji 明治元年.
2 時代, 期. ~ atomique 原子力時代. l'~ des croisades 十字軍の時代. à l'ère de la liberté 自由の時代. ~ nouvelle 新時代. ~ stalinienne スターリン時代. entrer dans une ~ de prospérité 繁栄期に入る.
3 〖地層〗代 (= ~ géologique). ~ paléozoïque 古生代. ~ secondaire (mésozoïque) 中生代.

érection *n.f.* 〖生〗(陰茎, 陰核, 乳頭などの) 勃起.

éréthisme *n.m.* **1** 〖医〗(特に心臓や循環器系の) 異常興奮 (=hyperexcitabilité). ~ cardiaque 心悸亢進, 動悸. **2** 〖文〗激しい興奮; 極度の緊張.

éreut[h]ophobie *n.f.* 〖医〗赤面恐怖 (症) (= érythrophobie).

ERF (=Eglise réformée de France) *n.f.* フランス改革教会.

ERG (=électrorétinogramme) *n.m.* 〖医〗網膜電図.

erga omnes [ラ] *ad.* 無差別に. ouverture du marché qui s'applique ~ 無差別に実施される市場自由化.

ergocalciférol *n.m.* ビタミン D (= calciférol).

ergol *n.m.* 〖宇宙〗(ロケットなどの) 推進剤〔薬〕(ロケット推進剤の燃焼剤 comburant と可燃剤・燃料 combustible の混合物の総称) (= 〖英〗propellant).

ergologie *n.f.* 人間活動学, 人間作業学, 労力学.

ergonomie *n.f.* **1** 人間工学, エルゴノミー (= 〖英〗ergonomics). **2** 人間工学的

ergonomique *a.* **1** 人間工学の. recherche ~ 人間工学的研究. **2** 人間工学的に設計された.〖電算〗clavier ~ 人間工学的キーボード. siège ~ de dactylo タイピスト用人間工学的の椅子.

ergostérine *n.f.*〖生化〗エルゴステリン《ライ麦の麦角から抽出されるアルカロイド；血管収縮剤に利用》.

ergostérol *n.m.*〖植〗エルゴステロール《麦角, 酵母, 椎茸などの菌類に含まれるステロール；紫外線照射によりビタミンDになる》.

ergostressie *n.f.*〖医〗作業ストレス症.

ergot *n.m.* **1**〖鳥〗けづめ. ~s du coq 雄鶏のけづめ.〔比喩的〕se dresser (monter) sur ses ~s 威丈高になる. **2**〘鹿などの〙偽蹄；〘犬の〙上趾. **3**〖農〗麦角；麦角病. ~ du blé (du seigle) 小麦 (ライ麦) の麦角. alcaloïdes des ~s 麦角アルカロイド. hallucinogène tiré de l'~ du seigle ライ麦の麦角から抽出された幻覚剤. céréales sujettes à l'~ 麦角病に罹った穀類. **4**〖園芸〗(果樹の枯枝の) 尖端, 折れ口. **5**〖機械〗つめ, 突起. **6**〖解剖〗突起. ~ de Morand モラン突起, 小海馬 (= petit hippocampe).

ergotamine *n.f.*〖化〗エルゴタミン, 麦角アルカロイド, エルゴメトリン.

ergothérapeute *n.* 筋肉治療士.

ergothérapie *n.f.*〖医〗作業療法.
▶ ergothérapique *a.*

ergotine *n.f.*〖薬〗エルゴチン, 麦角エキス《昔止血剤として用いられた》.

ergotisme *n.m.*〖医〗エルゴチン中毒, 麦角中毒.

érica *n.f.*〖植〗エリカ《つつじ科エリカ属の小灌木；約500種あり》, ブリュイエール, ヒース (= bruyère). ~ australis スペイン・ヒース (= bruyère d'Espagne).

éricacées *n.f.pl.*〖植〗つつじ科；つつじ科植物《arbousier いちごのき；azalée アザレア；bruyère ブリュイエール (ヒース)；myrtille ミルチーユ；rhododendron 石楠花など》.

érigne, érine *n.f.* (外科用) 支持鉤, 支持器.

erlichia *n.f.*〖医〗エルリッキア《グラム陰性菌；白血球減少症 leucopénie, 血小板減少症 thrombocytopénie などの病原菌》.

ermitage *n.m.* **1**〘古〙隠者 (行者) の庵；隠者会修道院. **2**〘文〙草深い隠棲の地；田舎の別荘. vivre dans un ~ 隠遁生活を送る. **3** l'E ~ エルミタージュ宮殿 (博物館)《ロシア, サンクト=ペテルブルクの女帝エカテリーナの旧宮殿》,「考古博物館」,「装飾博物館」,「美術館」: Musée de l'E ~). **4** l'E ~ (l'Hermitage) エルミタージュ荘

(パリ北部 Montmorency；J-J. Rousseau が1756-57年に滞在；ルソー記念館 Musée J-J. Rousseau).

ermite *n.m.* **1**〖宗教〗隠者, 行者；〖カトリック〗隠修士 (cénobite「共住修道士」, moine「修道院修道士」の対)；托鉢僧. **2** 隠遁者, 世捨人. vivre en ~ 隠遁生活を送る.

érogène *a.*〖生理〗性的に敏感な, 性感的な；催情性の, 発情の. zones ~s 性感帯.

Eros *n.pr.m.* **1**〖ギ神話〗エロス, 愛の神 (Aphrodite アフロディテの子；ローマ神話の Cupidon クピド)；〖美術〗エロスの彫像 (絵画). **2**〖天文〗エロス《小惑星》.

éros *n.m.* **1**〖精神分析〗エロス《生の欲動の象徴；thanatos タナトス (死の本能) の対》. **2** 愛の原理. ~ platonicien プラトンの愛. **3** 性愛, 性欲.

érosif (ve) *a.* **1**〖地学〗浸蝕性の；浸蝕による；浸蝕されやすい. action ~ve des glaciers 氷河の浸蝕作用. facteur ~ 浸蝕要因. roche ~ve 浸蝕されやすい岩石. ur-sure ~ve 浸蝕性磨耗. **2** 腐蝕性の.

érosion *n.f.* **1**〖地学〗浸食, 浸食作用. ~ glaciaire 氷食作用. ~ du sol 土地の自然破壊,〘人間による〙土地の荒廃. **2**〘比喩的〙緩慢な消耗, 減衰；価値の目減り. ~ du pouvoir d'achat 購買力の衰退. ~ monétaire (インフレによる) 貨幣価値の目減り. **3**〖医〗糜爛 (びらん), ただれ；〖歯〗歯牙浸食. ~ buccale 口腔の糜爛.

érotique *a.* **1** 官能的な, 性愛の, エロチックな. désirs ~s 性欲. impulsion ~ 性的衝動. littérature ~ 官能文学. spectacle ~ エロチックなショー. termes ~s エロチカ・ヴェルバ (erotica verba). **2**〖精神分析〗色情 (性愛) の. délire ~ 色情妄想. **3**〖文史〗恋愛の. poésie ~ 恋愛詩.
—*n.f.* **1** 官能性；性愛；エロチズム, エロチシズム. **2**〖文史〗恋愛感情. ~ des troubadours 南仏吟遊 (恋愛) 詩人の恋愛感情.
—*n.m.* **1** エロチズム, 性愛感情. **2**〖文史〗恋愛詩人；性愛文学者.

érotisme *n.m.* **1** 好色；色情過多. **2** 官能性, エロチズム, エロチシズム. ~ agressif 挑発的エロチズム. ~ de Picasso ピカソのエロチズム. **3**〖精神分析〗性愛. ~ anal 肛門愛.

érotologie *n.f.* **1** 性愛研究. **2** 性愛文学 (芸術) 研究, エロチズム研究.

érotomanie *n.f.*〖医〗恋愛妄想, エロトマニー, 色情狂.

erpétologie, herpétologie *n.f.* 爬虫類 (reptiles)・両棲類 (amphibiens) 学,

爬虫類学.

errant(e)[1] *a.* 遍歴する. chevalier ~ 武者修行で遍歴する騎士. le Juif ~ さまよえるユダヤ人《刑場に向かうキリストを侮辱した罰として最後の審判の日まで世界をさらうよう運命づけられた》. peuples ~s 流浪の民.
—— *n.* さまよう人.

errant(e)[2] (<errer) *a.* **1** 定着しない, さまよう；放浪する. chien ~ 野良犬. nuages ~s 移ろう雲. peuplades ~es 放浪民, 流浪の民. vie ~e 放浪生活.
2〔文・比喩的〕落ち着きのない；(考えが)取り留めのない. imagination ~e 気まぐれな想像力. pensées ~es 取り留めのない考え. regards (yeux) ~s 落ち着きのない視線(眼).

errata ⇒ **erratum**.

erratique *a.* **1** 定着しない；(鳥獣が)渡りの. oiseaux ~s 漂鳥《頻繁に場所を変える鳥》.
2〔地学〕bloc (roche) ~ 迷子石. terrain ~ 漂礫平野.
3〔医〕移動性の；間断不定の. douleur ~ 移動熱. fièvre ~ 間断不定熱, 不規則熱.
4〔天〕(人が)移り気な, 不安定な.

erratum [ɛratɔm] (*pl.* **errata**) [ラ] *n.m.*〔印刷〕誤植. liste des *errata* 正誤表.

erreur *n.f.* **1** 誤り, 間違い, ミス, 手抜かり. ~ capitale 重大な誤り. ~ de calcul 計算違い(ミス). ~ d'estimation 評価の誤り.〔印刷〕~ d'impression (typographique) 誤植. ~ de jugement 判断ミス. ~ des sens 錯覚. ~ grossière 大きな誤り. commettre une ~；faire〔une〕~ 誤りを犯す, 間違う. par ~ 誤って. faire *qch* par ~ 誤って…する. sauf ~ 私の思い違いがなければ. sauf ~ ou omission 誤謬脱落は別にして. C'est une ~〔que〕de + *inf.* …するのは誤りだ. Il y a ~ sur la personne. 人違いだ. E ~ n'est pas compte. 間違いは誰にもある, 故意の間違いではない《計算違いをした時の言い訳》.
2 誤った考え；謬見, 謬説；〔宗教〕誤謬. ~ en matière de convictions religieuses 宗教的信念の誤謬《異端》. ~ populaire 大衆の誤った考え. combattre des ~s 誤説と闘う. persister dans l'~ 誤った考えにしがみつく. Toute ~ n'est qu'~ et mensonge. すべては謬見と虚構に他ならない.
3 過失, 過ち, ミス, へま(= faute)；〔*pl.* で〕不身持. ~s de jeunesse 若気の過ち. ~ de tactique 戦術上のミス. ~ humaine 人為的ミス.
4〔度量, 理〕誤差, 偏差. ~ absolue (moyenne, relative) 絶対(平均, 相対)誤差. ~ accidentelle 偶然誤差.〔心〕~s individuelles d'observation 観察の個人偏差. ~s instrumentales 計器誤差. ~ statistique 統計誤差. calcul d'~ 誤差計算. marge d'~ 誤

差の幅(範囲).
5〔法律〕誤認, 錯誤, 誤り. ~ de droit 法の錯誤《法の解釈・適用の誤り》. ~ de fait 事実錯認.〔話〕~ judiciaire 誤審. ~ sur la personne 人に関する錯誤.
6〔電算〕エラー. code d'~ エラー・コード. correction d'~ エラー訂正.
7〔機械〕エラー. ~ de piste (音響機器の)トラッキング・エラー.
8〔古〕彷徨.

erroné(e) *a.* 誤った, 不正確な. adresse ~e 間違った住所, 誤った住所表記. jugement ~ 誤った判断.

ersatz [ɛrzats]〔独〕*n.m.* **1** 代用品；代用食. ~ de café 代用コーヒー. La saccharine est un ~ du sucre. サッカリンは砂糖の代用品である.
2 代替物. un ~ du canal de Suez : les oléoducs スエズ運河の代替である石油パイプライン.
3〔蔑〕まがいもの.

érucique *a.*〔化〕acide ~ エルカ酸《葡萄・菜種油, 鱈の肝油中にグリセドとして存在する不飽和脂肪酸》.

éructation *n.f.* **1** げっぷ, おくび(= renvoi, rot). **2**〔比喩的〕粗野な表現. ~ des injures 侮辱的言辞の吐き捨て.

érudit(e) *a.* **1** 博学な, 学殖豊かな. historien ~ 博識な歴史家. être très ~ en histoire 歴史に造詣が深い.
2 学識を示す, 学識に裏付けられた；専門的な. commentaire ~ 学識を示す注釈. ouvrage ~ 専門的作品. thèse ~e 学識に裏付けられた学位論文.
—— *n.* 碩学(せきがく)の, 博学の人. travaux d'~ 碩学の業績.

érudition *n.f.* 博識, 博学. avoir une grande ~ 大変な博識である. ouvrage d'~ 博学の書.

éruptif(ve) *a.* **1**〔地学〕(火山から)噴出した. roches ~ves 噴出岩, 溶岩.
2〔医〕発疹性の, 発疹を伴う. fièvre ~ve 発疹熱.

éruption *n.f.* **1**〔地学〕(火山の)噴火；(溶岩の)噴出；(石油の)噴出. ~ explosive (火山の)爆発的噴火. volcan en ~ 活火山.
2〔天文〕~ solaire 太陽面爆発《光子の間歇的放出》.
3〔医〕発疹(= exanthème). ~ à aspirine アスピリン疹. ~ de boutons 吹出物の噴出. ~ médicamenteuse 薬疹. ~ primaire 原発疹. ~ secondaire 続発疹.

ERV (= entérocoque résistant à la vancomycine) *n.m.*〔医〕バンコマイシン耐性腸球菌《重症院内感染病原菌》.

érysipélateux(se) *a.*〔医〕丹毒の, 丹毒にかかった.
—— *n.* 丹毒患者.

érysipèle *n.m.*〔医〕丹毒. ~ de la jambe 下肢丹毒. ~ du visage 顔面丹毒.

érysipéloïde *n.m.* 〖医〗類丹毒（エリジペロスリックス菌感染性皮膚炎）；豚丹毒（=rouget du porc）.

érythémateux(**se**) *a.* 〖医〗紅斑の, 紅斑性の, 紅斑状の. éruption ~ se 紅斑様発疹. lupus ~ chronique (disséminé) 円板状 (全身性) エリテマトーシス.

erythématose *n.f.* 〖医〗紅斑症.

érythème *n.m.* 〖医〗紅斑, 発赤. ~ annulaire centrifuge 遠心性環状紅斑. ~ fessier (幼児の) 臀部紅斑, 腰掛皮膚炎 (=dermite du siège). ~ généralisés 全身紅斑. ~ induré de Bazin バザン硬結性紅斑. ~ s localisés 限局型紅斑. ~ multiforme 多形紅斑. ~ mycosique infantile 乳児寄生菌性紅斑. ~ noueux 結節性紅斑. ~ pigmenté fixe 固定薬疹. ~ polymorphe 多形滲出性紅斑 (= ~ exsudatif multiforme), 外胚皮膚症 (=ectodermose pluri-orificielle). ~ polymorphe solaire 多形日光疹, (炎症を起こすほどの) 日焼け (=coup de soleil).

érythermalgie *n.f.* 〖医〗皮膚紅痛症 (=érythromélalgie).

erythrasma *n.m.* 〖医〗紅色陰癬（グラム陽性桿菌 corynebacterium minutissimum 感染症）.

Érythrée(**l'**) *n.pr.f.* エリトレア；エリトレア共和国（公式名称 la république d'E~ ；東アフリカ, 紅海南岸沿いの国；首都 Asmara アスマラ；住民 Érythréen (ne), 公用語 le tigrinya ティグリニャ語, 通貨 nafka [ERN]). Front populaire de libération de l'~ エリトレア解放人民戦線（略称 FPLE）. Front populaire pour la démocratie et la Justice (エリトレア) 民主主義と正義のための解放戦線（略称 FPDJ；1994年2月 FPLE を改称）. mer ~ エリトレア海（インド洋, 紅海, ペルシア湾の古代の名称）.

érythréen(**ne**) *a.* エリトレア (l'Erythrée) の；エリトレアの住民の.
——**E**~ *n.* エリトレア人.

érythro- ［ギ］ ELEM 「赤」 の意（*ex.* érythroblaste 赤芽球）.

érythroblaste *n.m.* 〖生〗赤芽球, 赤芽細胞, 有核赤血球.

érythroblastopénie *n.f.* 〖医〗赤芽球 (細胞) 減少〔症〕.

érythroblastose *n.f.* 〖医〗赤芽球症.

érythrocyanose *n.f.* 〖医〗紅皮チアノーゼ. ~ sus-malléolaire des jeunes filles 少女の上踝紅皮チアノーゼ.

érythrocytaire *a.* 赤血球の. indices ~ s 赤血球値.

érythrocyte [eritrɔsit] *n.m.* 〖生理〗赤血球 (=hématie, globule rouge〔du sang〕).

érythrodermie *n.f.* 〖医〗赤皮症.

érythromélagie *n.f.* 〖医〗皮膚紅痛症, 肢端紅痛症 (=acromégalie).

érythromycine *n.f.* 〖薬〗エリトロマイシン（1952年 MacGuire が発見したマクロライド系の抗生物質）.

érythropénie *n.f.* 〖医〗赤血球減少症.

érythrophobie *n.f.* 〖医〗赤面恐怖〔症〕(=éreut[h]ophobie).

érythropoïèse *n.f.* 〖生理, 医〗赤血球造血, 赤血球生成（骨髄での赤血球の産生）. ~ périmée 無効造血.

érythropoïétine *n.f.* 〖薬・生理〗エリトロポイエチン, エリスロポイエチン（赤血球増加物質：EPO と略記；スポーツ選手のドーピング剤として利用）.

érythropoïétique *a.* 〖生理〗造血促進の. facteur ~ 造血促進因子.

érythropsie *n.f.* 〖医〗赤視症.

érythrose *n.f.* 〖医〗(特に顔面にひろがった) 赤斑 (酒皶性痤瘡 acné rosacé の初期段階).

érythrosine *n.f.* 〖化〗エリスロシン（紅色のキサンテン染料；食品添加色素（食紅）・写真用増感剤）.

E/S (=entrée (s)/sortie (s)) *n.f.* インプット・アウトプット (=〔英〕I/O：input/output).

Es (=einsteinium, einstenium) *n.m.* 〖化〗「アインスタイニウム」の元素記号.

ès [ɛs] (en les の縮約形) *prép.* …の分野での. docteur ~ lettres (sciences) 文学 (理学) 博士. licencié ~ lettres 文学士.

ESA[1] (=École spéciale d'architecture) *n.f.* 〖教育〗特別建築学校（Paris にある建築学の私立のグランド・エコール；1865年創立）.

ESA[2] (=〔英〕European Space Agency) *n.f.* ヨーロッパ宇宙機関 (=〔仏〕ASE：Agence spatiale européenne).

ESACG (=École supérieure d'application des corps gras) *n.f.* 〖教育〗高等油脂利用学校（1952年創立のグランド・エコール；在 Pessac）.

ESACI (=École supérieure des affaires et du commerce international) *n.f.* 〖教育〗高等実業貿易学校（1976年創設の私立のグランド・エコール；在 Paris）.

ESAE (=École supérieure d'administration des entreprises) *n.f.* 〖教育〗高等企業経営学校（Paris にある商学系のグランド・エコール. 1978年創立）.

ESAP (=École supérieure d'agriculture de Purpan) *n.f.* 〖教育〗ピュルパン高等農業学校（1919年創設のグランド・エコール；ESA Purpan とも表記；通称《Purpan》；在 Toulouse）.

ESAT (=École supérieure d'agronomie tropicale) *n.f.* 〖教育〗高等熱帯農学学校（1946年 Montpellier に創設された国立のグランド・エコール）.

ESB[1] (=École supérieure du bois) *n.f.* 〖教育〗高等木材学校（Nantes にある 1934

ESB² (= *e*ncéphalopathie *s*pongiforme *b*ovine) *n.f.* 牛海綿状脳症, 狂牛病 (= vache folle) (= [英] BSE : *B*ovine *s*pongiform *e*ncephalopathy).

ESBS (= *E*cole *s*upérieure de *b*iotechnologie de *S*trasbourg) *n.f.*〖教育〗ストラスブール高等バイオテクノロジー学校《1982年ストラスブール第 1 大学によって創立されたグランド・エコール；1988 年 Bâle, Fribourg, Karlsruhe の 3 大学と共に Ecole européenne des universités du Rhin-Supérieur「ライン河上流大学群付属ヨーロッパ学校」を構成する多国籍公立高等教育機関；1994 年 Strasbourg 南郊 Illkirch の研究学園都市 Pole Api に移転》.

ESC (= *é*cole *s*upérieure de *c*ommerce). *n.f.*〖教育〗高等商業学校《略称 sup. de Co；ビジネス・スクールに相当するグランド・エコールで多く商工会議所 CCI 所管；ESC の名称をもつものは Amiens, Bordeaux, Brest, Chambéry, Clermont-Ferrand, Dijon, Grenoble, Le Havre, Lille, Marseille, Montpellier, Pau, Paris, Reims, Rennes, La Rochelle, Rouen, Saint-Etienne, Toulouse, Tours-Poitiers, Troyes にある》. ~ de Paris パリ高等商業学校《略称 ESCP；1999 年に，1973 年創立の Ecole des affaires de Paris (EAP パリ実業学校) と合併して ESCP-EAP となる》.

escabeau (*pl.*~*x*) *n.m.* **1** 踏台, 脚立；折りたたみ椅子. **2** 腰掛, 床几.

escabèche (< [西] escabechar) *n.f.*〖料理〗エスカベーシュ, エスカベーチェ《小魚・鶏肉などのフライまたは油いためのマリネ》. sardines en ~ 鰯のエスカベーシュ.

escadre *n.f.*〖軍〗**1** (海軍の) 艦隊. vice-amiral d'~ 海軍中将.
2 (空軍の) 航空師団 (連隊) 《= ~ aérienne；複数の escadron から成る；通常 30-75 機編成》.

escadrille [-ij] *n.f.*〖軍〗**1** (海軍の) 小艦隊《小型艦艇による編成》.
2 (空軍の) エスカドリーユ, 飛行小隊《実戦空軍の最小単位；1977 年以降 escadron に変る》. ~ de chasse (bombardement) 戦闘機 (爆撃機) 小隊.

escadron *n.m.*〖軍〗**1** (騎兵隊, 機甲部隊, 憲兵隊などの) エスカドロン, 中隊. ~ de reconnaissance motorisé 機動偵察中隊. chef d'~ (機甲部隊の) エスカドロン隊長, 機甲中隊長 (大尉)；(砲兵隊, 憲兵隊, 輜重部隊の) 中隊長 (少佐).
2 (空軍の) 飛行中隊；飛行隊, エスカドロン《1977 年以降, 空軍の基本単位；通常 6 機編成》.

ESCAE (= *é*cole *s*upérieure de *c*ommerce et d'*a*dministration des *e*ntreprises) *n.f.*〖教育〗高等商業経営学校《商業系のグランド・エコールで, フランス各地に 18 校；略称《Sup. de Co》；ESC (*é*cole *s*upérieure de *c*ommerce) の旧称》.

escalade *n.f.* **1** (塀・柵などを) 乗り越えること；〖法律〗(窓などからの) 家宅侵入. ~ d'un mur 壁の乗り越え. vol à l'~ 押し込み強盗.
2 (山・岸壁などに) よじ登ること, 登攀. ~ artificielle 人工登攀《登攀器具使用》. ~ libre 自由登攀, フリークライミング. difficultés de l'~ (フリークライミングの) 登攀難度. mur d'~ フリークライミング用人工岩壁. faire l'~ d'un paroi rocheuse 岩壁を登攀する.
3〖軍〗(局地戦の) 戦術的拡大, エスカレーション；〖一般〗拡大, 激化；(物価の) 上昇. ~ de la violence 暴力の拡大. ~ des prix 物価の上昇.

escalator [英] 〖商標〗 *n.m.* エスカレーター (= [仏] escalier mécanique, escalier roulant).

escale *n.f.*〖海・空〗**1** 寄港, 寄航.〖航空〗~ technique 技術的寄港《給油など》. vol sans ~ 無着陸飛行. faire ~ à Hong Kong 香港に寄港 (寄航) する.
2 寄港 (寄航) 時間. ~ d'une heure 1 時間の寄港 (寄航).
3 寄港 (寄航) 地 (= port d'~). arriver à l'~ 寄港 (寄航) 地に到着する.

escalier *n.m.* 階段. ~ à vis 螺旋階段 (= ~ tournant). ~ d'honneur 正面階段. ~ de service (召使・出入商人用の) 裏階段. ~ de secours 非常階段. ~ dérobé 秘密階段. ~ mécanique (roulant) エスカレーター. cage d'~ 階段室. marches d'~ 階段のステップ. rampe d'~ 階段の手すり. en ~ 階段状の (に).〖数〗fonction en ~ 階段関数.〖話〗avoir l'esprit de l'~ いつも後になって思いつく；当意即妙の答えができない. monter l'~ (les ~s) jusqu'au 5ᵉ étage 6 階まで階段をのぼる.

escalope *n.f.*〖料理〗エスカロップ《肉・魚の薄切〔料理〕》；(特に) 仔牛のエスカロップ. ~ de veau；仔牛の薄切肉のカツレ《= [独] Wiener Schnitzel ヴィナーシュニツェル》. ~ de dinde (saumon) 七面鳥 (鮭) のエスカロップ料理.

escamotage (< escamoter) *n.m.* **1** 手品 (= tour d'~). ~ d'une carte トランプ手品.
2 すり取ること, 抜き取り, 置引き. ~ d'une portefeuille 財布のすり取り.
3〖機械〗引込み. ~ du train d'atterrissage d'un avion après l'envol 離陸後の航空機の着陸装置の引込み.
4〖比喩的〗ごまかし, はぐらかし. ~ d'une question génante 難問のはぐらかし.

escamoteur (*se*) *n.* **1** 手品師, 奇術師 (= illusionniste)
2 掏摸 (すり) (= pickpocket).

3 〖比喩的〗ごまかす人，はぐらかす人．

ESCAP (=〖英〗*E*conomic and *S*ocial *C*ommission for *A*sia and the *P*acific) *n.m.* エスカップ，国連アジア太平洋経済社会委員会 (=〖仏〗Commission économique et sociale des Nations Unies pour l'Asie et le Pacifique)．

escargot *n.m.* **1**〖動〗かたつむり (=colimaçon, limaçon)．
2〖食材・料理〗エスカルゴ，食用かたつむり《フランスには~ de Bourgogne「ブルゴーニュ・エスカルゴ」と petit-gris「プチ・グリ」の 2 種あり》．~ de Bourgogne ブルゴーニュ・エスカルゴ《40-45 mm の大粒の品種；通称~ des vignes「葡萄畑のエスカルゴ」，gros blanc「グロ・ブラン」，大粒白エスカルゴ」；la Bourgogne, la Champagne, le Franche-Comté, la Savoie などで養殖》．~s à bourguignonne ブルゴーニュ風エスカルゴ料理《下拵えしたエスカルゴを殻に詰めエスカルゴ・バターを加えてオーブンで焼いた代表的エスカルゴ料理》．beurre d'~ (pour ~s) エスカルゴ・バター《ニンニク，パセリを加えたエスカルゴ料理用のバター》．

escargotière *n.f.* **1** エスカルゴ養殖場．
2〖料理〗エスカルゴチエール，エスカルゴ皿 (=plat à escargots)《エスカルゴを入れるくぼみがたくさんある焼皿》．

escarpé(e) *a.* **1** 切り立った；険しい．chemin ~ 険しい道．rochers ~s 切り立った岩．
2〖比喩的・文〗困難な；近寄り難い．question ~e 難問．

escarre *n.f.*〖医〗痂皮 (かひ)，褥瘡 (じょくそう)，床ずれ．

ESCE (=*E*cole *s*upérieure du *c*ommerce *e*xtérieur) *n.f.*〖教育〗高等対外貿易学校《Paris にある商学系のグランド・エコール；1968 年創立》．

Escem Tours-Poitiers *n.f.*〖教育〗トゥール=ポワチエ高等商業経営学校《1998 年に ESC Tours と ESC Poitiers が合併して誕生したグランド・エコール；la Touraine, la Vienne, le Poitou-Charente 各地方の商工会議所，ポワチエ市，ヴィエンヌ県議会所管；AACSB, Equis 認定校》．

ESCG (=*E*cole *s*upérieure de *c*ommerce et de *g*estion) *n.f.*〖教育〗高等商業経営学校《Bac+5 年制の商業関係のグランド・エコール；1978 年 Paris で創立》．

eschatologie *n.f.*〖神学〗終末論，終末神学．~ individuelle 個人終末観．~ universelle 世界終末論．

Escherichia coli [ɛʃrikja kɔli]〖ラ〗*n.f.*〖医〗大腸菌《エシェリキア属の細菌：colibacille》．

ESCI (=*E*cole *s*upérieure de *c*ommerce *i*nternational) *n.f.*〖教育〗高等国際商業学校《Avon-Fontainebleau にある商学系のグ

ランド・エコール；1983 年創立》．

esclavage *n.m.* **1** 奴隷の身分；奴隷状態；奴隷制．~ antique 古代の奴隷制．~ des Noirs 黒人の奴隷身分 (状態)．abolisme de l'~ 奴隷制の廃止．emmener (réduire) qn en ~ 人を奴隷状態にする．
2 隷属；隷属状態．~ politique 政治的隷属．tenir un peuple dans ~ 人民を隷属状態に置く．
3 盲従；隷属．~ de la drogue 麻薬への隷従．
4 (奴隷の鎖を思わせる) 半円形の首飾り．

esclave *n.* **1** 奴隷．~ affranchi 解放奴隷．~ fugitif 逃亡奴隷．~ noir 黒人奴隷．affranchissement (émancipation) des ~s 奴隷解放運動．commerce (trafic) des ~s 奴隷売買．marchand d'~s 奴隷商人．
2 (体制・外国勢力などに) 隷属する人．traiter qn en ~ 人を奴隷扱いする．
3 (人・習慣などに) 隷属する人；奴隷のように献身的につくす人，盲従する人．~ de ses habitudes 習慣の奴隷．âme d'~ 奴隷根性．devenir l'~ de qn 人の言いなりになる．
4〖電算〗スレーヴ《他のシステムにより制御される装置》．
——*a.* **1** 奴隷〔状態〕の．négresses ~s 黒人女性奴隷．peuple ~ 奴隷状態の民衆．
2 être ~ de …の虜である．Il est trop ~ de son travail. 彼は仕事の虜だ．être ~ de l'alcool アルコールにおぼれている．l'homme ~ de la machine 機械の奴隷となっている人間．

ESCM (=*E*cole *s*upérieure de *c*himie de *M*arseille) *n.f.*〖教育〗マルセイユ高等化学学校《1909 年マルセイユ商工会議所によって創設されたグランド・エコール；1989 年 ESIPSO (*E*cole d'*i*ngénerie, de *p*étrochimie et de *s*ynthèse *o*rganique エンジニアリング・石油化学・有機合成化学学校) と合併して ENSSPICAM (*E*cole *n*ationale *s*upérieure de *s*ynthèse de *p*rocédés et d'*i*ngénerie *c*himiques d'*A*ix-*M*arseille 国立高等合成化学・化学工学学校) に再編された》．

ESCOM (=*E*cole *s*upérieure de *c*himie *o*rganique et *m*inérale) *n.f.*〖教育〗高等有機・無機化学学校《1957 年創立の私立のグランド・エコール；在 Paris》．

escompte *n.m.* **1** (手形，債務などの) 割引，割引手数料，割引率．~ au comptant 現金払割引 (=~ de caisse)．Comptoir national d'~ de Paris パリ国立割引銀行《1966 年に Banque nationale pour le commerce et l'industrie 国立商業・工業銀行と合併して Banque nationale de Paris (BNP) パリ国立銀行になる》．taux d'~ 割引歩合；公定歩合 (=taux de l'~ officiel)．
2〖証券〗(先物買いの) 割引前決済．

escompteur(se) *a.* 手形の割引きをする．banquier ~ 割引銀行業者．
——*n.*〖比喩的〗予測を確かめ対応する人．

―― n.m. 手形割引人，手形仲買人．

escorte n.f. **1** 護衛班(隊)；護送隊；護衛，エスコート．sous bonne ~ 厳重な護衛(護送)体制下で．faire ~ à un ministre 大臣を護衛する．servir d' ~ 護衛の任に当たる． **2** 護衛艦(=navire d' ~ ；bâtiment d' ~)．un convoi et son ~ 護衛(護送)船団． **3** (要人の)供回り，エスコート．~ présidentielle 大統領の供回り． **4** (複数の)付添い．faire ~ à qn 人に付添って行く． **5**〔文〕(一連の)付随(付帯)現象．la guerre et son ~ de deuils 戦争とそれに伴う死者たち．

escorteur n.m.〔軍〕護衛艦(=navire ~)．
――a.m. 護衛する，護送する．navire ~ 護衛艦．

ESCOTA (=autoroute de l'Estérel-Côte-d'Azur) n.f. エステレル=コート=ダジュール高速道路〔会社〕．

ESCP (=Ecole supérieure de commerce de Paris) n.f.〔教育〕パリ高等商業学校 (Paris で 1819 年にパリ商工会議所により創立された商業系グランド・エコールの名門校；1999 年に ESCP-EAP となる)．

ESCP-EAP (=Ecole supérieure de commerce de Paris-Ecole des affaires de Paris) n.f.〔教育〕高等商業学校・パリ実業学校 (1819 年創立の ESCP と 1973 年創立の EAP が 1999 年に合併したグランド・エコール)．

escrime n.f. **1** フェンシング (épée「エペ」，fleuret「フルーレ」，sabre「サーブル」の 3 種目がある)．~ à l'épée (au fleuret, au sabre) フェンシングのエペ (フルーレ，サーブル) 種目．amateur d' ~ フェンシング愛好者．moniteur d' ~ フェンシング・コーチ．positions d' ~ フェンシングの構え．salle d' ~ フェンシング場．tournoi d' ~ フェンシング試合 (競技会)．faire de l' ~ フェンシングをする．
2〔比喩的〕鍔 (つば) ぜり合い，激闘．~ intellectulle 知的鍔ぜり合い．

escrimeur(se) n. フェンシング競技者，フェンシング選手．~ à l'épée エペ種目のフェンシング競技者 (選手)，エペ選手 (=épéiste)．

escroc [ɛskro] n.m. **1** 詐欺師，ぺてん師．être victime d'un ~ 詐欺にかかる．femme ~ 女詐欺師． **2** 悪党，ならず者．
――a. 詐欺師の．espèce ~ 詐欺師の類い．

escroquerie n.f. **1** 詐取，だまし取ること，ぺてん，かたり．
2〔法律〕詐欺．~ à l'assurance 保険金詐欺．〔比喩的〕~ morale 背信 (背任)〔行為〕．délit d' ~ 詐欺罪．tentative d' ~ 詐欺未遂〔罪〕．

escudo n.m. **1** エスクード (ポルトガルの旧通貨．1 ~ =100 centavos)．zone ~ エスクード圏． **2** カーボ・ヴェルデ諸島 (république des îles du Cap-Vert) の通貨 (= ~ du Cap-Vert)．

esculine n.f.〔化〕エスクリン (とちのきの樹皮から採る紫外線吸収剤；日焼け止め剤)．

ESDE (=Ecole supérieure des dirigeants d'entreprise) n.f.〔教育〕高等企業経営者学校 (Paris にある商学系のグランド・エコール；1967 年創立)．

ESDES (=Ecole supérieure pour le développement économique et social) n.f.〔教育〕高等経済社会開発学校 (1987 年リヨン・カトリック大学に創設された商業・経済学・社会学のグランド・エコール；Bac+5 年制)．

ESE (=Ecole supérieure d'électricité) n.f.〔教育〕高等電気学校 (略称 Supélec「シュペレック」；1894 年創立．電気・電子・電子技術・放送技術・自動機械・情報工学等の分野の名門グランド・エコール；在 Plateau-du-Moulon (市町村コード 91192))．

E.-S.-E. (=Est-Sud-Est) n.m.；a.inv.〔方位〕東南東 (の)．

ESEM (=Ecole supérieure de l'énergie et des matériaux) n.f.〔教育〕高等エネルギー・資源学校 (1983 年創立；Orléans にあるグランド・エコール；2002 年 4 月，ES-PEO：Ecole supérieure des procédés électronique et optique「高等電子・光学工学学校」と共にオルレアン大学工科学校 Ecole polytechnique de l'université d'Orléans (略称 Polytech'Orléans) に統合)．

ESEO (=Ecole supérieure d'électronique de l'Ouest) n.f.〔教育〕西仏高等電子学校 (1956 年 Angers に創設のグランド・エコール)．

ésérine n.f.〔薬〕エゼリン (アフリカ産カラバル豆 calabar の種子から抽出されるアルカロイド；縮瞳剤など)．~ salicylate サリチル酸エゼリン．

ESEU (=examen spécial d'entrée à l'université) n.m.〔教育〕大学入学特別試験．

ESF (=Ecole supérieure de fonderie) n.f.〔教育〕高等鋳造学校 (1923 年創立の私立のグランド・エコール；在 Courbevoie)．

ESFP (=examen de situation fiscale personnelle) n.m.〔経済〕個人税務調査．

ESG (=Ecole supérieure de guerre) n.f.〔軍〕高等軍学校 (高等士官学校 Ecole militaire supérieure の後身；1880 年創立；在 Paris)．

ESGC (=Ecole supérieure de gestion et communication) n.f.〔教育〕高等経営・通信学校 (1988 年 Paris で創立のグランド・エコール)．

ESGF (=Ecole supérieure de gestion et finances) n.f.〔教育〕高等経営経理学校 (Paris にある商学系のグランド・エコール；1975 年設立)．

ESGI(=*E*cole *s*upérieure de *g*estion et d'*i*nformatique) *n.f.* 〖教育〗高等経営情報処理学校《Paris にある商学系のグランド・エコール；1983 年創立》.

ESGM(=*E*cole *s*péciale du *g*énie *m*ilitaire) *n.f.* 〖教育〗工兵学専門軍学校《1946 年創立の *E*cole *s*upérieure *t*echnique du *g*énie 高等工兵技術学校 (ESTG) を 1976 年改組；在 Versailles》.

ESGT(=*E*cole *s*upérieure des *g*éomètres et *t*opographes) *n.f.* 〖教育〗国立高等測量測地学校《Evry にあるグランド・エコール；1945 年創立》.

ESI(=*E*cole *s*upérieure d'*i*nformatique) *n.f.* 〖教育〗高等情報処理学校《1965 年 Paris 郊外 Montreuil に創立されたグランド・エコール》.

ESIAE(=*E*cole *s*upérieure *i*nternationale d'*a*dministration des *e*ntreprises) *n.f.* 〖教育〗高等国際企業経営学校《1978 年 Paris で創立のグランド・エコール》.

ESIAME(=*E*cole *s*upérieure pour l'*i*nnovation et l'*a*ction vers les *m*étiers de l'*e*ntreprise) *n.f.* 〖教育〗高等企業家指向革新学校《1992 年 Cholet に創立された私立のグランド・エコール；Bac+4 年制》.

ESICA(=*E*cole *s*upérieure des *i*ndustries du *ca*outchouc) *n.f.* 〖教育〗高等ゴム産業学校《1943 年 Vitry-sur-Seine に創立のグランド・エコール》.

ESIEA(=*E*cole *s*upérieure d'*i*nformatique-*é*lectronique-*a*utomatique) *n.f.* 〖教育〗高等情報処理・電子・オートメーション工学校《1958 年 Paris に創立された私立のグランド・エコール；在 Ivry-sur-Seine (市町村コード 94200) (*ESIEA*-Paris) および Laval (*ESIE*-Ouest) の 2 校》.

ESIEE(=*é*cole *s*upérieure d'*i*ngénieurs en *é*lectronique et *é*lectrotechnique) *n.f.* 〖教育〗高等電子工学・電気工学技師養成学校. ~ Amiens アミアン高等電子工学・電気工学技師養成学校. ~ Paris パリ高等電子工学・電気工学技師養成学校《パリ商工会議所が経営する私立のグランド・エコール；在 Noisy-le-Grand》.

ESIM(=*E*cole *s*upérieure d'*i*ngénieurs de *M*arseille) *n.f.* 〖教育〗マルセイユ高等技師養成学校《1972 年創立のグランド・エコール》.

ESIT(=*E*cole *s*upérieure d'*i*nterprètes et de *t*raducteurs) *n.f.* 〖教育〗高等通訳・翻訳家養成学校《パリ第三大学 Sorbonne Nouvelle に併設されたグランド・エコール；1957 年創立》.

Esite(=*E*cole *s*upérieure des *i*ndustries *t*extiles d'*E*pinal) *n.f.* 〖教育〗エピナール高等繊維産業学校《1905 年創立のグランド・エコール》.

ESITPA(=*E*cole *s*upérieure d'*i*ngénieurs et de *t*echniciens *p*our l'*a*griculture) *n.f.* 〖教育〗高等農業技師・技術者養成学校《1919 年 Val-de-Rueil に創立のグランド・エコール》.

ESIV(=*E*cole *s*upérieure des *i*ndustries du *v*êtement) *n.f.* 〖教育〗高等衣料産業学校《1945 年 Paris に創設のグランド・エコール》.

ESLSCA(=*E*cole *s*upérieure *l*ibre des *s*ciences *c*ommerciales *a*ppliquées) *n.f.* 〖教育〗高等応用商学自由学校《Paris にある商学系のグランド・エコール；1949 年創立》.

ESM(=*E*cole *s*péciale *m*ilitaire) *n.f.* 〖軍〗特別軍学校《1802 年 Napoléon により Fontainebleau の城館に創立された陸軍士官学校. 1808 年 St-Cyr に, 1945 年 Coëtquidan に移転；2006 年より EMIA EMCTA と共に Ecoles militaires de Saint-Cyr Coëtquidan の総称で呼ばれるようになった》.

ESO[1](=*E*cole *s*upérieure d'*o*ptique) *n.f.* 〖教育〗高等光学学校《略称 Supoptic「シュポプティック」. 1920 年 Paris に設立のグランド・エコール；1967 年 Orsay に新校舎, 2006 年 Palaiseau に移転し Institut d'Optique と改称》.

ESO[2](=[英]*E*uropean *S*outhern *O*bservatory) *n.m.* 南ヨーロッパ天文台 (=[仏] Observatoire européen austral；1962 年 Paris で設立；本部ドイツのミュンヘン郊外ガルヒンク Garching；2008 年 7 月現在 14 カ国が参加》.

Esog(=*E*cole des *s*ous-*o*fficiers de la *g*endarmerie) *n.f.* 憲兵隊下士官学校. ~ de Fontainebleau フォンテーヌブロー憲兵隊下士官学校.

ésotérique *a.* **1**〖哲・宗教〗密教的な, 秘教的な (exotérique「公教的な」の対). boudhisme ~ 密教〖仏教〗. doctrine ~ de Puthagore ピタゴラスの秘教的理論. données ~s de la Kabbale カバラの秘教的内容. philosophie ~ 密教的哲学. **2** 奥義の, 秘伝の. livre ~ 秘伝書. **3**〖比喩的〗難解な. caractère ~ 難解性. poésie ~ 難解な詩.

ésotérisme *n.m.* **1**〖哲・宗教〗密教；密教主義；秘教性. **2**〖比喩的〗難解性；晦渋；奥義；秘伝.

espace *n.m.* ① (空間, 場所) **1** スペース, 空間, 場所. ~ naturel 自然が守られている場所 (区域). ~ protégé (公園など) 保護地区. ~ publicitaire (新聞・雑誌などの) 広告用スペース. ~ rural 農村, 農村環境. ~ social européen ヨーロッパ社会空間《社会党政権下のフランスが提唱していた EC 加盟国間における労使関係法規の調和, 統一》. ~ vert 緑地.〖政治〗~ vital 生活空間. La région de Tokyo manque d'~s libres. 東京地方には空いている場所が不足している. Une grosse voiture occupe beaucoup d'~

pour peu de personnes. 大型車はわずかな人のために大きな場所を占める.
2〔専門語〕空間.〖哲〗l'E ～ selon Kant カントによる空間.〖心〗～ visuel 視覚空間.〖数〗～ euclidien (métrique) エウクレイデス (ユークリッド) 空間, 三次元空間.〖建築〗～ de transition 媒体 (移行) 空間.〖物理〗～-temps 時空間.
3 空, 宙, 宇宙；〔pl. で〕〔古〕空, 天空. ～ atmosphérique 大気圏空間. ～ cosmique 宇宙空間. ～ extra-atmosphérique 大気圏外空間, 宇宙. conquête de l'～ 宇宙の征服. développement de l'～ 宇宙開発.〖法律〗droit de l'～ 宇宙法. industrie de l'～ 宇宙産業. traité interdisant les expériences d'armes nucléaires dans l'～ atmosphérique et cosmique et dans les eaux 大気圏内, 宇宙空間および水中における核兵器実験を禁止する条約 (いわゆる部分的核実験禁止条約). regarder dans l'～ 空を見つめる, 虚空を見つめる.
4 領域. E ～ économique européen (EEE) ヨーロッパ経済領域 (1992年にヨーロッパ共同体とヨーロッパ自由貿易連合それぞれの加盟国の間で結ばれた協力協定に基づいて設定). violation de l'～ aérien 領空侵犯.
5 (特定の空間を占める) 施設. l'E～ Japon エスパス・ジャポン (パリにある日本関係の民間資料センター). L'E～ Pierre Cardin エスパス・ピエール・カルダン (旧アンバサドゥール劇場 Théâtre des Ambassadeurs).
6 空白, 余白, 間隔, スペース. Prévoyez un ～ suffisamment grand entre les lignes pour qu'on puisse apporter les corrections nécessaires. 必要な訂正を行えるように行間を十分にとっておいて下さい.
7 距離.
Ⅱ (時間) en l'～ de …の間に. Tout a changé en l'～ de quelques jours. 数日の間に様変わりだ. pendant le même ～ de temps 同じ時間で.

ESPAD (=〔英〕European School Survey Project on Alcool and Other Drugs) n.f. ヨーロッパの学校におけるアルコールおよびその他の不法薬物に関する調査 (=〔仏〕Enquête européenne en milieu scolaire sur la consommation d'alcool et de drogues) (ヨーロッパ35カ国の学校における 15～16歳の生徒のアルコール, タバコ, 大麻等の使用に関する調査).
espadon n.m. **1**〖魚〗めかじき, エスパドン (すずき目 perciformes の海魚). pêche à l'～ めかじき漁.
2 l'E ～ レスパドン (パリのリッツ・ホテル Hôtel Ritz 内のレストラン名).
Espagne(l') n.f.〔国名通称〕スペイン (公式名称：le Royaume d'E ～ スペイン王国；国民：Espagnol(e)；首都：Madrid マドリード；旧通貨 peseta〔ESP〕).
espagnol[1] (e) a. **1** スペイン (l'Espagne)

の；スペイン王国 (le Royaume d'Espagne) の；スペイン人の；スペイン語の；スペイン風の. ancienne colonies ～es 旧スペイン植民地. broderie ～e スペイン刺繍. cuisine ～e スペイン料理. danse (économie, littérature, musique) ～e スペイン舞踊 (経済, 文学, 音楽). fierté ～e スペイン人の矜恃. la guerre civile ～e スペイン内戦. langue ～e スペイン語. monnaie ～e スペイン通貨. peuple ～ スペイン民族 (=hispanique). restaurant ～ スペイン料理店.
2〔比喩的〕auberge ～e 自前の持物しかない場所 (状況). grippe ～e スペイン風邪.〔語〕parler 〔le〕français comme un Basque ～ (une vache ～e) 茶苦茶なフランス語を話す.
——**E～(e)** n. スペイン人 (スペインの住民；スペイン出身者).
espagnol[2] n.m. スペイン語. apprendre l'～ スペイン語を学ぶ. parler 〔l'〕～ スペイン語を話す. ～ d'Argentine (du Mexique) アルゼンチン (メキシコ) で話されるスペイン語.
espalier n.m.〖園芸〗果樹墻 (しょう) (果樹を壁や垣根沿いに面状に仕立てたもの)；樹墻 (じゅしょう) 仕立ての果樹. pommiers en ～ 樹墻仕立ての林檎の木.
esparcette n.f.〖植〗エスパルセット, フランスおうぎ (=sainfoin)〔牧草〕.
ESPCI (=Ecole supérieure de physique chimie industrielle) n.f.〖教育〗高等工業物理化学学校 (グランド・エコール；通称《PC》；前身は1882年創立の Ecole supérieure de chimie industrielle de la Ville de Paris；1948年現在の名称になる；1994年生物学専攻を追加).
espèce n.f. Ⅰ〔種類〕**1** 種類. différentes ～s de véhicules 種々の乗物. diverses ～s de délits 多様な不法行為. livres de 〔la〕même ～ 同じ種類の本. personnages de toute ～ あらゆる種類の人物.
2〔蔑〕人, 奴, 輩. une belle ～ 嘘つき, つまらない奴. une pauvre ～ 哀れな奴. Ils sont tous de 〔la〕même ～. 奴らは皆同じような連中だ.
3 une ～ de 一種の, …のようなもの (人については多く蔑). une ～ de tumeur 一種の腫瘍. une ～ d'avocat 凡庸な弁護士. un (誤用) ～ de chapeau 帽子のような.〔cette〕～ d'imbécile 馬鹿な奴.
4〖法律〗件；当該訴訟事件, 事案；係争点.〖法律〗cas d'～ 特殊事件；〔常用〕特別な場合, 特殊ケース. décision d'～ 事案判決.〖法律〗en l'～ 本件においては；〔常用〕この件については (=dans la présente ～). la présente ～ 本件.
5〖医〗～s morbides 病気 (=maladies).
Ⅱ〔学術用語〕〔種〕**1**〖論理〗種概念 (genre「類」の下位概念).
2〖生〗種；種類；〔常用〕人類 (=～, hu-

maine；humanité．～s animales (végétales) 動物 (植物) の種 (類)．～ biologique 生物学的な種．～ commune d'une plante 植物の通常種．～ en voie d'extinction 絶滅途上の種．～ rare 珍種．
classification des ～s 種の分類．*De l'origine des～s*，(par voie de selection naturelle) de Darwin ダーウィンの『種の起源』(1859 年)．divisions de l'～ 種の下位区分 (race「品種」，variété「変種」，type「類型」)．variation des ～s par mutation 突然変異による種の変異．
3〖言語〗~s de mots 語種 (〖品詞〗)．
4〖多く *pl.*〗〖薬〗薬種．~s apéritives (astringentes, diurétiques, émollientes) 食欲増進性 (収斂性, 利尿性, 緩和性) 薬種．
Ⅲ（通貨）〖*pl.* で〗**1**〖古〗硬貨 (billet「紙幣」の対)．~s d'or (d'argent) 金 (銀) 貨．
2 通貨，現金〖硬貨と紙幣〗．en ~s 現金で (par chèque「小切手で」の対)；金銭で (en nature「現物で」の対)．en ~s 有価証券の現金化．paiement en ~s 現金払い，キャッシュ払い．somme payable en ~s 現金払いの金額．
Ⅳ（宗教）**1**〖スコラ哲学〗形質．~s intelligibles 叡知的形質．~s sensibles 感知し得る形質．
2〖*pl.* で〗〖カトリック〗(聖体の秘蹟の後の全実体変化後のパンと葡萄酒の) 形色 (= ~s du pain et du vin，〖プロテスタント〗外観．〖カトリック〗les saintes ~s 聖体のパンと葡萄酒．〖カトリック〗communier sous les deux ~s (パンと葡萄酒の) 両形色における聖体を拝領する．
3〖古〗〖文〗sous les ~s de …の形のもとに．

ESPEME (=*E*cole *sup*érieure de *ma*nagement de l'*e*ntreprise) *n.f.*〖教育〗高等企業経営学校 (1988 年 Lille のカトリック大学に創設のグランド・エコール；Bac + 4 年制)．

espérance *n.f.* **1** 希望，期待，期待感．
2 希望の対象，期待の的；相続で受け取れる財産．
3 ~ de vie (à la naissance) 平均寿命，平均余命．~ mathématique 期待値．
4〖カトリック〗望 (foi, charité と並ぶキリスト教の 3 対神徳)．

Espi (=*E*cole *sup*érieure des *p*rofessions *i*mmobilières) *n.f.*〖教育〗高等不動産業学校 (1972 年 Paris で創設されたグランド・エコール)．

espiogiciel (<*espio*n + lo*giciel*) *n.m.*〖電算〗スパイソフト，スパイウェア (=〖英〗spyware)．

espion(ne) *n.* **1** スパイ，間諜，諜報員．~ démasquée 正体を現した女スパイ．double 二重スパイ (=agent double)．fourmillière d'~s スパイの巣窟．surveillance des ~s 防諜〔活動〕(=contre-espionnage)．

avion-~ スパイ偵察機．bateau-~ スパイ船．caméra-~ 隠しカメラ．satellite-~ スパイ衛星，偵察衛星．
2 (産業，政党などを内偵する) 内偵者，私立探偵．~ industriel 産業スパイ．
3〖古〗(秘密警察などの) 密偵；密告者；〖軍〗軍事探偵．

espionnage (<espionner) *n.m.* **1** スパイ活動 (行為)．~, crime contre la sûreté de l'Etat 国家の安全を脅かす重罪のスパイ行為．~ industriel 産業スパイ活動．faire de l'~ スパイ活動をする．réseau d'~ スパイ網．roman d'~ スパイ小説．service d'~ 諜報機関．
2 内偵，内密の監視．~ des camarades 仲間の内密の監視．

esplanade *n.f.* **1**〖軍〗〖古〗城塞前の防御用空地．
2 (建造物の前の) 人工的平坦地．l'~ des Invalides à Paris. パリの廃兵院前の広場．
3 見晴らし台，テラス；高台．~ bordée d'arbres 並木に縁取られた見晴らし台．

espoir *n.m.* **1** 希望；期待 (espérance よりも日常的)．~ de paix 平和への望み (期待)．~ de réussir 成功の望み．~ inébranlable 揺ぎのない希望．~ vague 淡い希望．fol ~ 途方もない希望．maigre ~ 僅かな期待．vain ~ はかない期待．amour sans ~ 望みのない恋心．lueur (rayon) d'~ 一縷の望み．
dans (avec) l'~ de *qch* (de + *inf.*)；que + *ind.*) …の (する；という) 希望をもって．
dans l'~ de votre réponse あなたのお返事を期待しつつ．dans l'~ de vous revoir bientôt 間もなくまたお目にかかれるものと期待して．
avoir de l'~ 希望をもつ．avoir l'~ de + *inf.* (que + *subj.*) …する (という) 期待を抱く．donner un ~ à *qn* 人に希望を与える．lutter sans ~ 絶望的に戦う．perdre l'~ 希望を失う．placer son ~ en *qch* 何に期待をかける，何に希望を托す．retrouver l'~ 希望を取り戻す．
Il n'y a plus d'~. 最早望みはない．〖諺〗L'~ fait vivre. 希望は人を生かす．
2 希望の的；頼みの綱．~ d'un parti 政党の希望の星．~ du tennis français フランス・テニス界のホープ．

espoudassage *n.m.* (葡萄畑の) 蔓 (若枝) の剪定・整枝作業．

ESPRIT [εspri] (=〖英〗*E*uropean *S*trategic *P*rogram[me] for *R*esearch in *T*elecommunication *D*evelopment) *n.m.*〖情報処理・通信〗ヨーロッパ遠距離通信開発研究戦略計画 (=programme ~)．

esprit *n.m.* **Ⅰ**（精神）**1** 精神；(精神が宿る場所としての) 人間，気風．l'~ et le corps 精神と肉体．l'~ et la matière 精神と物質，être sain de corps et d'~ 心身とともに健康である．~ chagrin 気苦労の多い人．~

fort〖皮肉〗懐疑主義者；〖古〗自由思想家．~ libre 自由検討の精神；自由思想家．bel ~ 才人, 軽薄才子．petit ~ 度量の小さい人, くだらない人間．largeur (étroitesse) d'~ 考え(気持ち)の広さ(狭さ)．calmer les ~s 人々の動揺を鎮める．
2 知性, 才能, 頭脳, 性向．avoir l'~ d'analyse 分析的な頭脳を持つ, 物事を分析して考える能力を持つ．avoir l'~ des affaires 商才(事業の才)がある．avoir l'~ mathématique 数学的な頭脳を持つ．
3 態度, 意図, 意志．~ d'équipe チームプレーの精神, 仲間意識．sans ~ de retour 引き返す意思なしに．L'~ de révolte couvait dans le groupe. そのグループの中では反執行部の機運が潜行していた．Nous étudierons votre proposition dans un esprit constructif. 我々はあなたの提案を前向きに検討するでしょう．Dans le même ~, la délégation a pris l'initiative d'une contre-proposition hardie. 同じ考え方から, 代表団は大胆な対案を出した．
4 エスプリ, 才気, 機知．〖侮蔑的〗faire de l'~ 才気をひけらかす．trait d'~ 才気(機知)に富んだ言葉, 気のきいた言葉．
5 気風, 性格, 心情, 風潮．~ pratique 実践的な性格, 実益重視の考え方．~ terre à terre 俗物, 低俗な考え方．~ du temps 時代の風潮．Son œuvre est représentative de l'~ de la seconde moitié de XXème siècle. 彼の作品は 20 世紀後半の風潮をよく表している．
6 真意, 真髄, 精髄, 本義, 精神．《l'E~ des lois》『法の精神』(Montesquieu の著書)．l'~ et la lettre 精神と文字, 本意(真意)と字面．La lettre tue, l'~ vivifie. 文字は人を殺し, 霊は人を生かす(コリント人への第二の手紙 3-6)．Bien qu'elle ne viole pas la lettre de la loi, la décision gouvernementale ne respecte guère l'~ de cette dernière. 政府の決定は法文には違反していないが, その考え方はあまり尊重していない．
◆〖成句〗
avoir de l'~ 才気煥発である．
avoir le bon ~ de+inf. 賢明にも…する意図(考え)を持つ．
avoir l'~ ailleurs 上の空である．
avoir l'~ à+qch (inf.) …するつもり(気持ち)を持つ．
avoir bon ~ 気立てがよい, 協力的である．
avoir mauvais ~ (悪意, 反抗的な態度など)たちが悪い．
avoir (garder) présent(e) à l'~ 念頭に置く, 考えに入れる．Les responsables doivent toujours avoir présente à l'~ la nécessité de réduire les inégalités sociales. 責任ある立場にある人は常に社会的不平等を減らす必要を頭においておかなければならない．
bienheureux les pauvres en ~ 心の貧しい人は幸いである(『マタイによる福音書』5-3. この場合,「心の貧しい」とは知性がないという意味ではなく, 欲望に支配されていないという意味)．
dans l'~ de qn 人の頭の中では(気持ちでは)．Dans mon ~, même à 50 ans, il est toujours mon fils. 私にとっては, 彼は 50 歳になっても自分の息子なのだ．
dans un ~ de …を意図して, 目指して, 目的として．C'est dans un ~ de réconciliation qu'il a présenté cette proposition. 彼がこの提案をしたのは和解のためである．
disposition d'~ 精神状態．
en ~ 心の中で．En ~, nous sommes toujours près de vous. 私たちはいつも心の中であなたのそばにいます．
~ d'initiative 進取の気取り, 積極的に行動する意思．
~ de corps (de clocher) (自分が属する)集団(地域社会)の利益を優先する考え方．
état d'~ 精神状態．
homme d'~ 才人, 知性の人．
il m'est venu à l'~ de+inf. (que+ind.) …という考えが浮かんだ．
jeu d'~ 現実からかけ離れた考え, 企図．Ce projet n'est qu'un jeu d'~. この計画は非現実的だ．Pour certains, la littérature n'est qu'un jeu d'~. ある人々にとっては, 文学は精神の遊びに過ぎない．
〖諺〗〖皮肉〗Les grands ~s se rencontrent. 大人物は考えが似る, 思いがけない場所で出合う．
manquer d'~ 才気に欠ける, 機知がない．
perdre l'~ 発狂する．
perdre ses ~s 平常心を失う, 気絶する, 意識を失う．
présence d'~ 沈着, 臨機応変, 機転．
reprendre ses ~s 意識を取り戻す, 正気にかえる．
tour (tournure) d'~ 考え方, 思考方法．
〖軽蔑的〗vue de l'~ 抽象論, 空論．

[II](霊的, 非物質的存在) **1** 霊, 聖霊, 霊魂；『聖書』神の息吹．Saint-E~ (Esprit saint) 聖霊．〖カトリック〗opération du Saint-E~ (処女懐胎を実現させた)聖霊の働き, 神秘的な業．L'~ souffle où il veut. 風は思いのままに吹く(聖書, ヨハネによる福音書 3-8)．au nom du Père, du Fils et du Saint-E~ 父と子と聖霊のみ名において．~ céleste (des lumières) 天使．~ des ténèbres 悪魔．~ du Mal サタン．n'être pas un pur ~ 肉欲, 物質欲を持っている．〖古〗rendre l'~ 死ぬ(=rendre l'âme)．
2 妖精, 精霊, 死霊．~ du bois 森の精．famillier 個人の守り神, 守護精．évoquer les ~s 死霊を呼び出す．

[III] 1 〖pl. で〗〖古〗(物体から発散される)精気．~s vitaux 精気．~s des animaux (végétaux) 動物(植物)精気．
2 〖化〗〖古〗揮発性の液体．~-de-bois 木

精, メチルアルコール. ~-de-sel 塩酸. ~-de-vin 酒精, エチルアルコール.
 Ⅳ 〘ギリシア語文法〙 ~ dur (rude) 帯気音. ~ doux 無気音.

Esprit-Saint *n.m.* 〘キリスト教〙聖霊 (=Saint-Esprit)《父と子と共に三位一体を形成》.

ESPT (=*é*tat de *s*tress *p*ost-*t*raumatique) *n.m.* 〘精神医学〙心的外傷後ストレス障害 (=〘英〙PTSD：*p*ost-*t*raumatic *s*tress *d*isorder).

esquiche *n.f.* 〘石油採掘〙(セメント液などの)圧搾注入 (=〘英〙squeeze).

esquille *n.f.* 〘医〙(破砕骨折の) 骨片.

esquisse *n.f.* **1** 〘美術・建築〙エスキス, スケッチ, 粗描. ~ au charbon 木炭の粗描画.
 2 (文学作品などの) 草案, 草稿. ~ d'un roman 小説の草案.
 3 粗描, 略図. ~ d'une époque (d'une société) 時代 (社会) の粗描. ~ *d'un tableau historique des progrès de l'esprit humain par Condorcet* コンドルセによる『人間精神の発展に関する歴史的略図』.
 4 〘比喩的〙気配, 素振り. faire l' ~ d'un sourire かすかに微笑む.

ESR (=*e*ngagement *s*pécial dans la *r*éserve) *n.m.* 〘軍〙予備役特別志願.

ESRO (=〘英〙*E*uropean *S*pace *R*esearch *O*rganization) *n.f.* 〘英〙ヨーロッパ宇宙研究機構《1962 年設立, 1975 年 ESA に吸収改組》.

ESS (=*e*ncéphalopathies *s*ubaiguës *s*pongiformes) *n.f.pl.* 〘医〙亜急性海綿状変性脳症, 伝染性痴呆《プリオンが原因の脳症；クロイツフェルト・ヤコブ病など》.

essai *n.m.* **1** 試験, 検査, 検定, テスト；試運転. ~ analytique 分析試験 (検査). ~ biologique 生物学的検定法. ~ de consommation 燃料消費 (燃費) テスト. ~ de contraste (TV の) コントラスト・テスト. ~s de laboratoire 実験室での試験. ~ d'un moteur エンジンのテスト. ~ d'un remède 薬剤検定. ~s d'usure 摩耗テスト (試験) (=~ à l'usure). ~ des vins 葡萄酒の試験 (=dégustation). ~s mécaniques des tissus 織物の機械的強度試験. ~s médicaux 医学的試験.
 〘機械〙banc d' ~ 試験台；性能検査；ベンチマーク (=〘英〙benchmark)；〘比喩的〙(商品などの) 性能比較テスト；(学校などの) 比較評価；(人・物の可能性を検証する) テストケース. 〘映画〙cinéma d' ~ (商業ベースに乗せる前の) 試験的上映館 (=前衛映画用の) アートシアター. les compacts numériques au banc d' ~ 性能比較テストにかけたディジタル・コンパクトカメラ. les grandes écoles au banc d' ~ グランド・ゼコールの順位づけ. épreuves d' ~¹ 試行試験, テスト. période d' ~ (雇用の) 試験 (試用) 期間. pilot d' ~ テストパイロット. théâtre d' ~

実験劇場, 前衛的劇場. vol d' ~ 試験飛行. faire l' ~ de *qch* 何の試験 (テスト) をする.
 2 試み, 試し, 試行；試用. ~ d'une nouvelle politique 新しい政策の試み. 〘心〙apprentissage par ~s et erreurs 試行錯誤による学習. coup d' ~ 小手調べ. 〘印刷〙épreuves d' ~² 試し刷り.
 à l' ~ 試みに, 試しに. vente à l' ~ 試験的 (テスト) 販売. mettre *qn* (*qch*) à l' ~ 何 (人) を試してみる. prendre (engager) à l' ~ un employé 職員を試しに使ってみる (試用する). faire ~ de son courage (de ses forces) 勇気 (力) を試す. faire plusieurs ~s 繰返し試みる. tenter un ~ de conciliation 和解を試みる.
 3 〘陸上〙試技；〘ラグビー〙トライ；〘自動車レース〙試走《本レースのスタート順位を決めるタイムトライヤル；予選》. premier (second) ~ 第一 (第二) 試技. 〘バスケット〙 ~ au panier 試技. ~ refusé pour en-avant (hors-jeu) ノックオン (オフサイド) によるトライの非認定. faire le meilleur temps aux ~s 試走で最高タイムを出す. 〘ラグビー〙transformer un ~ en but トライをゴールにする.
 4 試作品, 試供品 (=échantillon). boire (manger) ~ 試供品を試飲 (試食) する.
 5 〘文〙試論, 小論；随筆, エッセー. ~ critique (historique, philosophique) 批評 (歴史, 哲学) 試論. les *E* ~ s de Montaigne モンテーニュの『随想録』. auteur d' ~ エッセイスト (essayiste).
 6 〘映画〙bout d' ~ (俳優のオーディションに撮った) プリント, スクリーンテスト (= ~ filmé).
 7 〘化・採鉱〙試金.

essaim *n.m.* **1** (分封する蜜蜂の) 群 (= ~ d'abeilles)；〘転じて〙(蠅などの) 群. ~ primaire (蜜蜂の) 一次分封群 (旧女王蜂のまわりに集まる). ~ secondaire (tertiaire) (若い女王蜂を中心とする) 第二 (三) 次分封群.
 2 〘比喩的〙(動物・人間の移動する) 群. ~ d'écoliers (d'agents de police) 生徒 (警官) の群.
 3 〘文〙多数. un ~ d'idées 群がるように湧いてくる考え.

essaimage *n.m.* **1** (蜂の) 分封, 分封期.
 2 〘比喩的〙(会社などの) 分社化, 支店設置；衛星都市建設.

essayage (<essayer) *n.m.* **1** (機械などの) 試験, テスト. **2** (服の) 試着；仮縫い. ~ d'une robe ドレスの仮縫い. cabine d' ~ 試着室.

ESSCA (=*E*cole *s*upérieure des *s*ciences *c*ommerciales d'*A*ngers) *n.f.* 〘教育〙アンジェ高等商業学校《1909 年創立のグランド・エコール》.

ESSEC [ɛsɛk] (=*E*cole *s*upérieure des *s*ciences *é*conomiques et *c*ommerciales) *n. f.* 〘教育〙高等経済商業学校《1907 年イエズ

ス会士により école économique として Paris で創立された商業系私立グランド・エコールの名門校；1912 年より官立となる；1973 年 Cergy-Pontoise に移転；AACSB, EQUIS 認定の名門校）.

essence *n.f.* [I]〘本質〙**1**〖哲〗本質 (accident「偶有性」, existence「実在」の対), 〔常用〕本性, 実体, 真髄, 粋 (apparance「外見」の対). ~ des choses 事物の本質. ~ divine 神の本質. la divine ~ 神. ~ première 絶対的(根本的)本質〘神〙. ~ humaine 人間の本質. L'~ de l'homme réside en la pensée. 人間の本質は思考することにある. ~ d'un projet 計画の真髄.〔文〕par ~ 本質的に. L'homme est par ~ un être faible. 人間は本質的に弱い存在である.
2 理想的典型. se croire d'une ~ supérieure 生まれつき自分が偉いと思い込む.
3 〖林業〗(樹木の)種類 (=espèce). ~s à feuilles caduques (à feuilles persistantes) 落葉樹(常緑樹).
[II]〘抽出エキス〙**1** (植物から抽出した)エッセンス, 精油, オイル；(食物の)エキス. ~ de café コーヒー・エキス. ~ de framboise 木苺のエキス. ~ de lavande ラヴェンダー・オイル (芳香料；画材). ~ de minthe はっか油. ~ de mirbane ミルバン油, ニトロベンゼン (nitrobenzène)〘石鹸の原料〙. ~ d'œuillette けし精油, ポピー・オイル〘画材〙. ~ de térébenthine 松脂精油, テレビン こんろ. vernis à l'~ de térébenthine テレビン油を溶剤とするワニス〘画材〙. ~ synthétique 合成精油. extraction industrielle des ~s par distillation (macération) 蒸溜(浸漬)法によるエッセンス(精油)の工業的抽出.
2 〔古〕〖錬金術〗精髄, 精 (=élixir, quintessence).
3 ガソリン；石油 (=~ minérale). ~ de voiture 自動車用ガソリン. ~ légère 軽油. ~ raffinée 精製ガソリン. ~ sans plomb 無鉛ガソリン. bidon d'~ 携帯用ガソリン・タンク. briquet d'~ オイル・ライター. nettoyage de vêtement à l'~ 衣服のドライクリーニング. pompe à ~ 燃料ポンプ. poste d'~ (à ~) ガソリンスタンド. réchaud à ~ ガソリンこんろ. réservoir d'~ ガソリンタンク.〘軍〙service des ~s 給油班. station d'~ ガソリンスタンド〘給油のほか車の保守点検サービスを含む〙(=station-service). faire le plein d'~ ガソリンを満タンにする. prendre de l'~ ガソリンを入れる (給油する).

essentiel(le) *a.* **1**〖哲〗〔文〕本質的な, 特有の (accident「偶然の」, relatif「相対的な」の対). attribut ~ 本質的属性. caractères ~s 特有の性質, 特性.
2 根本的な, 主要な, 重要な. éléments ~s d'une composition 合成体の主要構成要素. idée ~ le d'un texte テクストの主要概念. principes ~s d'une théorie 理論の根本原理. thème ~ d'un poète 詩人の主要テーマ. arriver au point ~ 要点にたどり着く.
3 (à, pour に) 必要不可欠の, 必須の. conditions ~ les pour la validité d'une convention 協定が有効になるための必須条件. La nutrition est ~ à la vie. 栄養は生命維持に必要不可欠である. C'est ~. それは極めて重要だ. Il est ~ de + *inf*. …することが肝要である.
4〖医〗(病気が)本態性の (organique「器質性の」, symptomatique「徴候性の」の対). hypertention ~ le 本態性高血圧〘症〙. maladie ~ le 本態性疾患.
5 エキスの. huile ~ le 精油, エッセンス.
—— *n.m.* 要点 (= point ~)；根本；本質；主要なもの. donner l'~ d'un discours dans un résumé. 論考の要点をレジュメに記す. se borner à l'~ 本質的なものにとどめる. L'~ est de + *inf*. 要は…することだ. Nous sommes d'accord sur l'~. 原則的に賛成である. C'est l'~! それが一番大切なことだ.

essieu (*pl.* **~x**) *n.m.* 車軸. ~ avant (arrière) (自動車の)前(後)車軸. ~ moteur (鉄道の)駆動車軸. ~ porteur (鉄道の)遊び車軸. ~x successifs (鉄道の)連続車軸.

Essonne *n.pr.f.* **1**〖地理〗l'~ エソンヌ川〘セーヌ河左岸の支流；長さ 90 km〙.
2〖行政〗l'~ エソンヌ県 (= département de l'~；県コード 91；フランスと UE の広域地方行政区 région Ile-de-France イール・ド・フランス地方に属す；県庁所在地 Evry エヴリー；主要都市 Etampes エタンプ, Palaisseau パレソー；3 郡, 42 小郡, 196 市町村；面積 1,804 km²；人口 1,134,238；形容詞 essonnien(ne)).

essor *n.m.* **1** (鳥の)飛び立ち. plume d'~ (猛禽類の)飛翔羽根. prendre son ~¹ (鳥が)飛び立つ；〔文〕(航空機が)飛び立つ.
2 〔比喩的〕(才能などの)飛躍の伸び, 急成長, 開花. ~ d'une génération 世代の開花(急成長). laisser l'~ à son imagination 自由奔放に想いをめぐらす. prendre son ~² 飛躍的に伸びる, 開花する.
3 〔比喩的〕飛躍, 飛躍的発展；急成長. ~ des beaux-arts 美術の飛躍的発展. ~ d'une entreprise 企業の急成長. ~ d'une ville-champignon 急膨脹する都市の飛躍的発展. donner l'~ à …を発展させる. être en plein ~ 飛躍的に発展している. industrie (ville) en plein ~ 飛躍的に発展している産業(都市).

essorage *n.m.* 脱水, 水切り.

essoreuse *n.f.* **1** (洗濯機などの)脱水機. ~ centrifuge 遠心脱水機. ~ à salade サラダの水切り器. **2**〖製糖〗分蜜機.

essoufflement (<essouffler) *n.m.* **1** 息切れ. avoir des ~s 息切れする.
2 〔比喩的〕息切れ状態. ~ de l'économie

経済(景気の)失速. ~ d'une grève ストライキの息切れ.

ESST (=*en*céphalopathies *s*ubaiguës *s*pongiformes *t*ransmissibles) *n.f.pl.*〖医・獣医〗感染性悪急性海綿状脳障害症群.

ESSTIN (=*E*cole *s*upérieure des *s*ciences et *t*echnologies de l'*in*génieur de *N*ancy) *n.f.*〖教育〗ナンシー高等技師養成理工科学校(1960年創立のグランド・エコール;旧 ISIN : *I*nstitut *s*upérieur de l'*in*génieur de *N*ancy).

essuie-glace[s] *n.m.* (自動車などの)ワイパー.

essuie-mains *n.m.inv.* 手拭い(=serviette, sèche-mains).

essuie-phare *n.m.* (自動車等の)ヘッドライト用ワイパー.

essuie-pied[s] *n.m.inv.* 靴ぬぐい, 靴拭きマット;足拭き.

essuie-tout *n.m.inv.* ペーパータオル.

est [ɛst] *n.m.inv.* **1**〖方位〗東(略記 E);東方, 東部. ~ quart nord-~ 東微北. sud-~ 南東, 東南(略記 S.-E.).〖鉄道〗TGV Sud-*E*~ 南東方面 TGV.〖鉄道〗gare de l'*E*~ de Paris パリ東駅. vent d'~ 東風. à l'~ de …の東に.
2 l'*E*~ 東部フランス, 東仏(=région de l'~ de la France;l'Alsace, la Lorraine 地方).《*l'E*~ *r*épublicain》「レスト・レピュブリカン」(1889年 Nancy 創刊の日刊紙). autoroute de l'*E*~ 東仏高速自動車道 (Paris と Strasbourg 間). canal de l'*E*~ 東仏運河 (la Meuse, la Moselle と la Saône を結ぶ運河).
3〖集合的〗l'*E*~ 東欧諸国(=l'Europe de l'~;l'*E*~ européen);東側諸国(=ensemble des Etats de l'Europe de l'~;les pays de l'*E*~). relations politiques entre l'*E*~ et l'Ouest 東西両陣営の政治的関係. l'ex-Allemagne de l'*E*~ 旧東ドイツ, ドイツ民主共和国(la République démocratique allemande:略記 RDA;〔独〕*D*eutsche *D*emokratische *R*epublik (DDR)).
——*a.,inv.* 東の. aile ~ d'un château 城の東翼棟. banlieue ~ de Paris パリ市東郊. côte ~ des Etats-Unis アメリカ東海岸(イースト・コースト). longitude ~ 東経.

ESTA (=*E*cole *s*upérieure des *t*echniques *a*érospatiales) *n.f.*〖教育〗高等航空工学学校(1930年創立のグランド・エコール;在 Orsay).

est-allemand(**e**) *a.* 東ドイツ(旧ドイツ民主共和国)の.

estampe[1] *n.f.* 版画. ~ de bois (de cuivre, de pierre calcaire) 木版(銅版, 石版)画. ~ japonaise 浮世絵. Cabinet des *E*~s de la Bibliothèque nationale 国立図書館の版画室.

estampe[2] *n.f.* **1** 打型 (=étampe).
2 型押器具(機器);刻印器具. ~ d'orfèvre 金銀細工師の型押器具.

estampillage (<estampiller, estampe) *n.m.* 証印(検印)の押印, スタンピング. ~ d'une marchandise en douane 税関での商品検印押印.

estampille [-pij] *n.f.* **1** 検印, 証印;製造元証印(食品に対する)農業省検印. ~ d'un produit industriel 工場製品の証印.
2 押印.
3 刻印器 (=estampilleuse).
4〖比喩的〗保証のしるし. donner son ~ 保証する, 太鼓判を押す.

estampillé(**e**) *a.* 検印(証印)を押された. demeure ~*e* Lenôtre ルノートルの検印が押された館(ルノートルの菓子を売りにしていた店).

ester *n.m.*〖化〗エステル;エステル類.

estérification (<estérifier) *n.f.*〖化〗エステル化.

estérification *n.f.*〖化〗エステル化.

estérifié(**e**) *a.*〖化〗エステル化した. cholestérol ~ コレステロールエステル.

esthésie *n.f.*〖生理〗感覚;触覚, 知覚;感受性.

esthésiologie *n.f.*〖生理〗感覚学.

esthésiomètre *n.m.*〖医, 心〗エステジオメーター, 触覚計, 知覚計.

esthésiophysiologie *n.f.* 感覚生理学.

esthéticien(**ne**) *n.* **1** 美学者. **2** 美容師, エステティシャン. ~*s* d'un institut de beauté ビューティー・サロンの美容師. **3** ~ industriel 工業デザイナー, インダストリアルデザイナー.

esthétique *a.* **1** 美の;美に関する;審美的な. jugement ~ 審美眼. sens ~ 美的感覚.
2〖話〗(形・動作などが)美しい, 美的な. geste ~ 美しい仕種(しぐさ). visage ~ 美しい顔立.
3 美容に関する. chirurgie ~ 美容整形術. soins ~*s* ビューティーケア, 美容上の手入れ.
——*n.f.* **1** 美学. ~ de Hegel ヘーゲルの美学.
2 ~ industrielle 工業デザイン, インダストリアルデザイン.
3〖話〗美しさ, 調和美. ~ d'un prose 散文の美しさ.

ESTICE (=*E*cole *s*upérieure de *t*raducteurs-*i*nterprètes et de *c*adres du *c*ommerce *e*xtérieur) *n.f.*〖教育〗高等翻訳家通訳対外貿易幹部職員養成学校(Lille にある商業系のグランド・エコール;1961年創立).

estimateur *n.m.* **1** 見積人, 鑑定人. **2**〖比喩的・文〗評価する人.

estimatif(**ve**) *a.* 見積りの (=estimatoire). détail ~ (土木工事入札時などでの)見積細目. état ~ 見積書.

estimation *n.f.* **1** (金銭的な)見積り,

評価, 値踏み. ~ de travaux à exécuter 工事の見積り. ~ d'expert 専門家の評価. ~ d'immeubles 不動産評価. exagérée 過大評価. première ~ 第一次見積り.
2 計算, 算定 (=évaluation); 概算 (= ~ approximative; approximation). ~ du nombre des habitants d'une ville 都市人口の算定. ~ précise 正確な算定. selon mon (mes) ~ (s) 私の計算では.

estime *n.f.* **1** 好意的評価 (=bonne ~); 尊敬 (=respect); 尊重. ~ de soi-même 高い自己評価. ~ réciproque 高い相互評価. haute (grande) ~ pour *qch* 何に対する高い評価. personne digne d'~ 評価 (尊敬) に値する人.
avoir l'~ de *qn* 人から尊敬される. avoir de l'~ pour *qn* (*qch*) 人を尊敬する (何を尊重する). avoir (tenir) *qn* en grande ~ 人を大いに尊敬する. être en grande ~ auprès de *qn* 人から大いに評価されている.
monter (baisser) dans l'~ de *qn* 人からの評価が上がる (下がる). obtenir un succès d'~ (批評家の) 好評を博する. Veuillez recevoir l'expression de toute mon ~ (mon assurance d'~). 敬具 (手紙の末尾の文言).
2〖海〗船位推算.〖海〗à l'~ 船位推算で;〖一般的〗概算で, 大体の推量で (=approximativement). navigation à l'~ 船位推算航行.〖航空〗pilotage à l'~ 位置推算操縦. évaluer le poids d'un paquet à l'~ 包みの重量を概算で評価する.

ESTIT (=*E*cole *s*upérieure des *t*echniques *i*ndustrielles et des *t*extiles) *n.f.*〖教育〗高等工業技術・繊維学校 (1895 年創立の私立のグランド・エコール; 在 Villeneuve).

estivage (<estiver) *n.m.*〖農〗(家畜の) 夏期放牧 (hivernage「冬期の屋内飼育」の対). ~ du troupeau 家畜の夏期放牧.

estiv*al* (***ale***) (*pl.* **aux**) *a.* **1** 夏 (été) の, 夏期の (hivernal「冬の」の対). Festival ~ du Marais (パリの) マレー地区の夏期芸術祭.
2 夏向きの; 避暑の. station ~ *ale* 避暑地. vêtements ~ *aux* 夏の衣服, 夏着.

estivant(**e**) *n.* 避暑客.

estivation *n.f.* **1**〖動〗夏眠. **2**〖植〗花芽内花形態 (花芽の中の花弁・萼片などの配置; =préfloraison).

est-nord-est *n.m.* 東北東 (略記 ENE). le ~ de la France フランス東北部. vent du ~ 東北東の風.
――*a.inv.* 東北東の. région ~ d'Allemagne ドイツ東北地方.

estomac [εstɔma] *n.m.* **1**〖解剖〗胃; 胃袋; 食欲. avoir un bon (mauvais) ~ 胃が丈夫である (胃が弱い); 食欲がある (ない). avoir mal à l'~ 胃が痛い. avoir l'~ lourd (pesant) 胃が重い. avoir l'~ vide (plein) 空腹である (満腹である).〖話〗avoir l'~ creux (dans les talons) 腹がぺこぺこである.

〖医〗~ binoculaire (胃潰瘍の時の) 砂時計胃, 二房胃.〖医〗~ en bourse 嚢状胃.〖医〗~ en cascade (en sablier) 瀑状胃 (砂時計胃の一異型).〖医〗~ en crochet 鈎状胃. cancer d'~ 胃癌. ulcère de l'~ (à l'~) 胃潰瘍. corps de l'~ 胃体 (胃の中央部). divisé en 4 poches chez les ruminants 反芻動物の四分割胃 (la panse「第一胃, ルーメン」; le bonnet「網胃, 蜂巣胃」; le feuillet「葉胃」; la caillette「皺胃 (しゅうい)」).
brûlures (aigreurs) d'~ 胸焼け. rester sur l'~ 胃にもたれる;〔比喩的〕胸にわだかまる.
2 胃の辺り, 上腹部;〖ボクシング〗ボディー. creux de l'~ みぞおち. avoir de l'~ 腹が出ている. recevoir un coup à l'~ 胃の辺りに一発くらう.
3 勇気, 大胆さ, 忍耐強さ. avoir de l'~ 勇気がある, 肚が据っている.;〖話〗厚かましい. manquer d'~ 勇気がない.〖話〗faire *qch* à l'~ 厚かましく何かをする.
▶ gastrique *a.*

Estonie (**l'**) *n.f.* **1** 〔国名総称〕エストニア (公式名は la République d'*E*~ エストニア共和国; エストニア語の国名 Eesti; 国民: Estonien(*ne*); 首都: Tallin タリン; 公用語 l'estonien; 通貨: couronne estonienne (eesti kroon) [EEK]; 2004 年 5 月 1 日 UE に正式加盟).
2〖史〗エストニア (公式名称「エストニア・ソヴィエト社会主義連邦共和国」(la République fédérative soviétique d'~) (1940-91; ソ連を構成していた 15 の共和国の一つ; la Létonie, la Lituanie と共にバルト海沿岸 3 国とよばれた).

estonien(**ne**) *a.* エストニヤ〔共和国〕の.
――**E**~ *n.* エストニヤ人; エストニヤ共和国の住民.

estouffade *n.f.*〖料理〗エストゥファード, 蒸し煮 (=étouffée). ~ de bœuf 牛肉の蒸し煮.

ESTP (=*E*cole *s*péciale des *t*ravaux *p*ublics) *n.f.*〖教育〗土木専門学校 (1898 年 Paris で創立のグランド・エコール; 現在の正式名称は *E*cole *s*péciale des *t*ravaux *p*ublics, du bâtiment et de l'*i*ndustrie 土木・建築・関連産業専門学校).

estradiol, œstradiol *n.m.*〖生理〗エストラジオール (エストロゲンの一種; 略記 E₂ または ED).

estragon *n.m.*〖植〗エストラゴン (よもぎ属の調理用香草).

estriol, œstriol *n.m.*〖生理〗エストリオール (エストロゲンの一種; 略記 E₃ または ET).

estrogène, œstrogène *n.m.*〖生理〗エストロゲン, 卵胞ホルモン (=hormone folliculaire) (女性発情ホルモン).

estrone, œstrone n.f. 〖生化〗エストロン〖天然に存在するエストロゲンの一種；略記 E₁, EO；= folliculine 卵胞刺激ホルモン〗.
est-timorais(e) a. 東チモールの. territoire ～ 東チモール領.
——E～ n. 東チモール人.
estuaire n.m. (潮と海水の影響を受ける) 広い河口. la Gironde, ～ de la Garonne ガロンヌ川河口のジロンド川.
estudiantin(e) (<[西] estudiantino) a. 学生の (= étudiant). banderolle ～ e 学生のスローガン幕.
esturgeon [ɛstyrʒɔ̃] n.m. 1 〖魚〗〔ヨーロッパ〕ちょうざめ〘卵は caviar〙. 2 〖料理〗ちょうざめ料理. ～ à la russe ロシア風ちょうざめ料理 (香味野菜とともにクールブイヨンで煮る).
ETA (= [バスク語] *Euzkadi Ta Askatasuna*) 〘時に無冠詞〙 n.m. 〖政治〗エタ, バスク国とその自由《スペインとフランスにまたがるバスク地方の分離独立を求める武装闘争組織；1959 年 7 月 31 日設立》. attentat [de l'] ～ ETA によるテロ. ～ militaire ETA の軍事組織.
étable n.f. 家畜小屋, (特に) 牛小屋 (=～ à vaches, ～ à bœufs), 豚小屋 (=～ à porcs, ～ à cochons) (馬小屋は écurie). ～ simple (double) 給餌台が一列 (二列) の家畜小屋. 〖キリスト教〗l'～ de Bethléem ベツレヘムの家畜小屋《キリスト生誕の場所とされる》. ramener le bétail à l'～ 家畜を小屋に入れる.
établi(e) a.p. 1 確立された, 既定の. fait ～ 既成事実. gouvernement ～ 支配権を確立した政府. lois ～ es 現行法. opinion ～ e 定説. ordre ～ 既成秩序. pouvoir ～ sur la force 力に立脚した確乎たる権力. réputation ～ e 確立した声価. vérité ～ e 立証された真理. Il est ～ que + ind. …であることは確定している.
2 しっかり築かれた. fondements bien ～ s しっかりした基礎.
3 建設された. maison ～ e sur le versant d'une colline 丘の斜面に建てられた家.
4 (人が) 自立した；社会的地位を確立した.
5 住みついた. citadins ～ s à la campagne 田園に定住した都会人.
établissement n.m. 1 設置, 設立, 樹立, 創設；制定；敷設, 設営, 建設. ～ d'un camp キャンプの営設. ～ du christianisme キリスト教の確立. ～ d'une doctrine 教義 (学説) の創設. ～ d'entreprises nouvelles 新企業の創設. ～ d'un nouveau régime 新体制の樹立. ～ de nouvelles institutions 新制度の創設. ～ d'un tribunal 裁判所の設置. ～ d'une usine 工場の設置.
2 立証, 確証, 証明. ～ d'un droit 権利の立証. ～ d'une preuve 証拠づくり. ～ de propriété 所有権の証明.

3 (書類の) 作成, 起草. ～ d'un contrat (d'un devis) 契約書 (見積書) の作成. ～ d'un texte 校訂本の作成.
4 定着, 定住, 居留；(軍隊の) 駐屯. 〖国際法〗traité d'～ 外国人居留条約.
5 設置機関；施設, 事業所；組織；教育機関, 学校 (=～ scolaire). ～ commercial 商店 (商社, 営業所). 〖行政〗～ s dangereux, incommodes et insalubres 危険・有害・非衛生施設. 〖商業〗～ de crédit 金融機関. ～ d'enseignement supérieur 高等教育機関. ～ de soins 医療施設. 〖行政〗～ d'utilité publique 公益施設 (事業所). ～ financier 金融機関, ノンバンク. ～ hospitalier 病院. ～ s pénitentiaires 刑務所 (懲治施設, 行刑施設). ～ privé 私立機関. ～ public 公 [共] 施設. ～ public administratif 行政的公 [共] 施設. ～ public industriel et commercial 商工業的公 [共] 施設. droit d'～ 営業権. grand ～ public 公立高等教育機関 (公立のグランド・エコール).
6 住所 (= domicile)；〘pl. で〙植民地, 居留地, 租界.
7 体制.
étage n.m. 1 (建物の) 階, (特に) (1 階の上に重ねられる) 階, 層. ～ s d'un gratte-ciel 高層ビルの階. premier ～ 2 階；〘カナダ〙1 階；～ au niveau du sol；～ du rez-de-chaussée. deuxième (second) ～ 3 階；〘カナダ〙2 階. habiter au premier (deuxième) [～] 2 (〘カナダ〙1) 階に住む. troisième [～] 〘à〙gauche 4 (〘カナダ〙3) 階の左側. ～ au niveau du sol 地階 (= sous-sol). ～ au sommet d'une construction 建物の最上階. ～ en mansarde マンサルド式屋根裏部屋の階. bâtiment à un ～ 2 階屋 (〘カナダ〙平屋). eau, électricité, gaz à tous les ～ s 全階に水道, 電気, ガスあり. maison sans ～ 平屋. occuper tout le quatrième ～ d'un immeuble 集合住宅の 5 (〘カナダ〙4) 階全体を占める (に居住する). les trois ～ s de la tour d'Eiffel エッフェル塔の 3 つの層.
2 2 階 (1 階 rez-de-chaussée の対；= premier étage). habiter à l'～ 2 階に住む. La villa comporte deux pièce au rez-de-chaussée et trois chambres à l'～. この別荘には 1 階に 2 間と 2 階に 3 寝室がある.
3 (上下に重なった物の) 段, 層. ～ s d'une bibliothèque 書架の段. ～ s de végétation 植生層, 植相区分. ～ d'～ en ～ 段々に. par ～ s 段 (層) をなして. colline qui descend par ～ s 段々低くなっていく丘陵. premier (deuxième, troisième) ～ d'un missile stratégique nucléaire 核戦略ミサイルの第 1 (2, 3) 段.
4 〖地質〗階 (年代層序区分の単位；世 époque の下区分). ～ corallien (rhétien) コラル (レート) 階.
5 〖鉱〗坑道水準, 水平坑道. ～ d'exploita-

étagement

tion 採掘坑道.
6〖物理〗段.〖電子工〗~ d'amplication 増幅段, アンプステージ. ~ de compression (ターボコンプレッサーの)圧縮段.〖電子工〗~ de détection 検知段. ~ de pression (タービンの)圧力段. fusée à deux ~s 2 段式ロケット.〔比喩的〕nouvel ~ de la fusée gouvernementale 政府ののろしの新段階.
7〔比喩的〕〔古〕身分；社会階層；知的水準. de bas ~ 下層階級の；低級な. gens de bas ~ 下層階級の人々. plaisanteries de bas ~ 低俗な冗談.

étagement *n.m.* **1** 段々になること, 段階化.
2 (地層の)段層；(畑の)段々畑栽培. ~ de culture en terrasses 段々畑栽培. ~ des vignes sur les côtes du Rhône ローヌ河岸段丘の葡萄の段々畑.
3 段階；階級構成.〖自転車〗~ des vitesses 変速装置.

étagère *n.f.* **1** 重ね棚, 飾り棚. ~ de salle à manger 食堂の飾り棚. objets d'~ 飾り棚用工芸品.
2 (食器棚, 書棚などの)棚板. ~ en bois 木の棚板. ~ ouverte de livres 開架式書棚.

étai[1] *n.m.*〖船〗(マストの)支索, ステー (=〔英〕stay)；〔一般に〕ロープ. voile d'~ ステースル (支索に張る三角帆).

étai[2] *n.m.* **1** 支柱, つっかえ；(ボイラーの内壁などの)控え；〖電〗支線. ~ métallique 金属支柱. ~ montant 台柱. ~ provisoire 仮柱, 仮支柱.
2〔比喩的〕支え, 頼り；大黒柱. ~ moral 精神的な支え.

étain *n.m.* **1**〖化〗錫 (すず)〖元素記号 Sm, 原子番号 50, 原子量 118.69 の金属元素〗.
2〖金属〗錫(比重 7.28, 融点 232℃, 沸点 2250℃ の可鍛性白色金属). ~ blanc 白色錫 (タングステン tungstène の古名). ~ de bois 錫石 (しゃくせき) (=cassitérite). ~ de glace ビスマス (bismuth の古称). ~ en petit chapeau 小帽子状錫 (ペルー産の高品質の錫). ~ en rature 帯状錫材. becs d'~ 錫の嘴 (錫石の結晶の優角). papier d'~ 錫箔, 銀紙.〖釣〗poisson d'~ 錫の魚 (擬餌). portée d'~ 二酸化錫 (=bioxyde d'~). vaisselle en ~ (d'~)錫製食器.
3 錫製品 (=objet en ~).

étalage *n.m.* **1** (商品の)陳列 (=~ des marchandises)；〖行政〗露店税 (=droit d'~). autorisation d'~ 商品の陳列許可.露店の営業許可. payer l'~ 露店税を納める.
2 (商品の)陳列場所, 陳列棚 (窓), ショーウィンドー (=vitrine), 店先 (=devanture)；〔集合的〕陳列品. ~s d'un grand magasin 百貨店のショーウィンドー. décoration d'un ~ ショーウィンドーの飾りつけ. refaire son ~ 陳列変えをする.
3 誇示, ひけらかし.〔grand〕~ d'esprit (d'érudition) 才気(学識)の誇示. faire ~ de sa richesse 自分の富を見せびらかす.
4〖*pl.* で〗〖冶〗(高炉の)朝顔.
5〖製糸〗練篠 (れんじょう)工程, ドローイング.
6〖漁〗牡蠣の養殖棚 (養殖場).

étalement *n.m.* **1** (物を)拡げること. ~ d'une carte routière 道路地図を拡げること.
2 長期展開；分割. ~ des congés (集中を避けるための)休暇の平準化 (順次交替制). ~ des horaires du travail 時差出勤. ~ des paiements 延べ払い；分割払い. ~ d'une réforme sur plusieurs années 数年にわたる改革の展開. ~ des vacances sur plusieurs mois de l'année ヴァカンスの数か月にわたる分散.
3〖医〗~ des doses 薬剤の持続的減速注入.

étalon *n.m.* **1** 尺度, 標準, 基準.
2 (度量衡の)原器. kilogramme-~ キログラム原器. mètre-~ メートル原器.
3 標準計器. balance-~ 標準秤.
4 基本単位. ~ de force électromotrice 電力単位 (ボルト). ~ de résistance électrique 電気抵抗単位 (オーム).
5〖経済〗本位貨幣, 価値尺度財 (=~ monétaire). ~-dollar ドル本位制. ~ de change-or ドル為替本位制 (=gold exchange standard). ~-or 金本位制 (=gold standard). ~-sterling ポンド本位制.
6〖心〗groupe ~ 標準グループ.

étalonnage *n.m.* **1** (度量衡器などを)標準 (原器) (étalon) に合わせること, 検定, 標定；標準化, 較正, 目盛定め. ~ d'un appareil de mesure 度量衡器の検定.
2 原器に合わせて度量衡器に目盛をつけること.
3〖電算〗調整；校正；キャリブレーション (=〔英〕calibration).

étamage *n.m.* **1** 錫メッキ処理. ~ du cuivre 銅の錫メッキ. ~ des tôles de fer 鉄板の錫メッキ.
2 (鏡の)銀びき (錫と水銀の合金の塗り). ~ des glaces 鏡の銀びき.
3 錫メッキ. ~ usé すりへった錫メッキ.

étamine *n.f.*〖植〗雄蕊 (ゆうずい), おしべ.

étanche *a.* 気密性の；水密性の, 防水性の；漏らない.〖船〗cloison ~ 防水 (水密)隔壁；〔比喩的〕隔壁, 壁, 完全な分離. bâtiment à cloisons ~s 防水隔壁式大型船. cloisons ~s entre des classes sociales 社会階級間の隔壁. compartiments ~s 気密室. montre ~ 防水腕時計. porte ~ 気密扉. toiture (tonneau) ~ 漏らない屋根 (樽). avoir le cœur complètement ~ 完全に心が閉ざされている.
——*n.f.* 防水措置；水密状態.〖海〗à ~ 〔d'eau〕水を通さないように. mettre un batardeau à ~ ケーソンを水密状態にする.

étanchéité *n.f.* **1** 気密性. **2** 防水性. ~ d'une montre 腕時計の防水性. essai d' ~ 防水試験. vêtement d' ~ 防水衣服.

étang *n.m.* 池, 沼 (= mare) ; 貯水池 (= réservoir) ; 小さい湖 (= petit lac), 潟 (= lagune). ~ artificiel (natural) 人工 (天然の) 池. ~ de Berre ベール潟. ~ poissonneux 魚の多い池 (沼). ~ salé 潟, 塩湖, 汽水湖.

Etap (= *E*cole des *t*roupes *a*ér*op*ortées) *n.f.* 〖軍〗空輸部隊学校. ~ de Pau ポー空輸部隊学校.

étape *n.f.* **1** (旅行者の) 宿泊地, 宿駅. faire ~ à Tours トゥールに宿泊する. 〖同格〗ville ~ 宿泊地の町. brûler une ~ 宿泊 (宿営) 予定地に泊まらない. 〖比喩的〗brûler les ~s どんどん進展する ; まっしぐらに進む. brûler les ~s vers le succès 成功に向けまっしぐらに突き進む.
2 〖軍〗(行軍中の軍隊の) 宿営地 (= gîte d' ~). arriver à l' ~ 宿営地に到着する.
3 〖スポーツ〗(自転車レースの) 区間宿泊地. ~s du tour de France (cycliste) トゥール・ド・フランス (フランス一周自転車レース) の区間宿泊地.
4 (宿泊地までの) 行程. faire mille kilomètres en une seule ~ 一日に1000キロの行程を走破する. parcourir une longue ~ 長距離の行程をこなす. voyager par petites ~s 短い行程を重ねて旅をする.
5 (自転車レース, 自動車ラリーなどの) 一日の行程, 区間, ステージ. ~ contre la montre 計時 (スピード) レース区間. ~ de montagne 山岳区間. course par ~s 区間式レース. dernière ~[1] 最終区間 (ステージ). Tour de France à 25 ~s 25区間によるトゥール・ド・フランス (フランス一周自転車レース). vainqueur de la première ~ 第1区間の勝者.
6 〖比喩的〗段階 ; 発展段階 ; ステップ. ~s de la vie 人生の諸段階. première (dernière) ~[2] 第一 (最終) 段階. première ~ vers un but 目的を目指す第1歩. en plusieurs ~s ; par ~s 段階的に. procéder par ~s 段階的に処置する.
7 〖古〗市場 ; 交易地 (= ville d' ~) ; 倉庫, 集積所 ; 〖軍〗糧秣補給所.

état *n.m.* ① (状態, 状況, 有様, 様子) **1** 〖文法〗verbe d' ~ 状態動詞 (verbe d' action「動作動詞」の対).
2 (人の身体, 精神, 知的) 状態, 様子, (特に) 健康状態. ~ d'âme 心情, 気持ち. avoir des ~s d'âme 漠然とした不満, 不安感を抱く, 自制できない感情的な反発を覚える. 〖医〗~ de choc ショック状態. ~ d'esprit 精神状態, 考え方, 風潮. ~ de grâce[1] 恩寵に浴している状態, 大罪を犯していない状態. 〖宗教〗~ de péché mortel 大罪を犯している状態. ~ de santé 健康状態. ~ de veille (de sommeil) 覚醒 (睡眠) 状態. ~ général 容態, 全身の状態, 総合的健康状態. ~ second 夢遊状態. conduite en ~ d'ivresse (conduite sous l'emprise d'alcool) 酔払い運転. grâce d' ~ 身分上の義務を遂行する上で助けとなる恩寵 ; 〖比喩的〗せめてもの慰め. être dans tous ses ~s 慌てふためいている. être en ~ de + *inf.* …できる. L' ~ de M. X est stationnaire depuis une semaine. X氏の容態はここ1週間変化していない. L'accident a fait une dizaine de blessés dont certains sont dans un ~ grave. 事故による負傷者は約10名で, うち数人は重態である.
3 (物の) 状態, 状況, 実情. ~ actuel des choses 現状 (= ~ de choses actuel 現状). à l' ~ *adj.* (de + *n*.) …の状態で. Bien que toujours à l' ~ de projet, la construction d'un nouvel aéroport près de la capitale se heurte à de fortes résistances. 首都圏の新空港建設は, まだ計画段階であるにもかかわらず, 強い反対にあっている.
en l' ~ 現状のままで. en ~ (機械, 装置などが) 正常に作動する. une machine en ~ de marche 稼動できる機械. remettre en ~ 修理する. mettre en ~ de marche 作動させる.
hors d' ~ 作動しない, …できない. hors d' ~ de nuire 無害の状態, 武装解除された状態. mettre *qn* hors d' ~ de nuire …を無力化する, …の牙を抜く.
L' ~ des finances publiques est particulièrement alarmant au Japon. 日本では財政状態が極めて憂慮される.
~ de grâce (政府, 政権担当者と世論との) 蜜月状態[2]. ~ d'alerte 警戒態勢. Les forces armées ont été mises dans un ~ d'alerte spécial en attendant le début des opérations contre les rebelles. 反乱軍に対する作戦の開始を前に軍は特別警戒態勢に入った.
~ de siège 戒厳令. Face à une situation de crise provoquée par la rébellion, le gouvernement a décrété un ~ de siège. 軍の反乱による危機的状況を前に, 政府は戒厳令を発令した.
〖法律〗(cause) en ~ 審理の準備がなされた訴訟. ~ de cause 訴訟の進捗状況. En tout ~ de cause いずれにしろ, 事態の推移とはかかわりなく. 〖刑事訴訟〗~ de nécessité 緊急状態. 〖法律〗~ d'urgence 緊急事態.
4 〖物理・化〗状態. ~ amorphe 無定形状態. ~ critique 臨界状態. ~ d'ionisation イオン化状態. ~ d'oxydation 酸化状態. ~ gazeux (liquide, solide) 気体 (液体, 固体) 状態. ~ libre 遊離状態. ~ neutre 非磁化状態. ~ normal 標準状態, 基底状態.
5 (人, 物の) 実情認識, 実態報告. 〖民法〗~ des inscriptions 登記明細書. ~ des lieux 現状評価, 報告 ; 〖民法〗原状確認書. Dès sa prise de fonctions, le nouveau ministre des finances a fait établir un ~ des lieux

exact de la dette publique. 新蔵相は就任と同時に政府債務の現状に関する正確な報告書を作成させた. ~ de service (公務員, 軍人の) 職歴, 勤務状況, 勤務評価. ~ nominatif 名簿. faire ~ de …を持ち出す, 伝える, 報道する; 考慮に入れる, 重視する. La presse fait ~ dans son ensemble des déclarations du président américain devant le Congrès. 新聞各紙は議会におけるアメリカ大統領の言明を伝えている. ~ de la question 問題の現状.
▐▌ 1 〔大文字で〕国家, 国, 政府, 公権力. ministre d'E ~ 国務大臣《フランスの閣僚序列では副総理格で, 一般の大臣 ministre, あるいは「担当大臣」ministre délégué の上に位置する》. secrétaire d'E ~ 副大臣, 閣外相, スクレテール・デタ《内閣の一員ではあるが, 一般に他の閣僚の権限下で特定の事案を管轄し, 管轄事項が議題となる場合にのみ閣議に出席する. ただし,「独立し」, 常に閣議に出席する secrétaire d'E ~ もある》. Conseil d'E ~ 国務院, コンセイユ・デタ《行政機関および行政裁判所として重要な役割を担う機関;行政機関としては政府提出法案に関する審査と答申, ならびに種々の調査と意見の具申を行い, 裁判所としては行政裁判の最終審である》.
chef d'E ~ 国家元首. chef de l'E ~ français フランスの元首 《大統領》. chefs d'E ~ français et américain フランスとアメリカの国家元首《大統領》.
Conférence des chefs d'E ~ et de gouvernement des principaux pays industrialisés 主要先進国首脳会議.
grand commis de l'E ~ 高級官僚《道義的, 知的に高い評価を得て, 官職を離れても公の役割を担う少数の官僚》. homme d'E ~ 政治家, 政府高官. serviteur de l'E ~ 国家公務員, 公僕.
《仏史》E ~ français フランス国《1940-44年, ドイツ軍占領下のフランスの正式な国名; 首都はヴィシーに置かれた》. E ~ s membres de l'Union européenne ヨーロッパ連合加盟国. Les lois de décentralisation de 1982 ont profondément modifié la répartition des compétences entre l'E ~ et les collectivités locales. 1982年の地方分権法は中央政府と地方公共団体との間の権限配分を大きく変えた. affaire d'E ~ 国家, 公共の利害にかかわる大問題;〔比喩的〕大きな問題, 事件. appareils de l'E ~ 国家機関. coup d'E ~ クーデタ. raison d'E ~ 国家理性. secret d'E ~ 国家機密. sûreté de l'E ~ 国家の治安. université d'E ~ 国立大学.
E ~-gendarme 夜警国家. E ~-nation 国民国家. Si la France semble avoir abandonné la conception "confédérale" de l'Europe, elle ne s'est pas rangée pour autant au projet de fédération mis en avant par l'Allemagne car, à son avis, la future Union européenne devrait être une fédération d'E ~ s-nations. フランスはヨーロッパの将来について「国家連合」方式を放棄したようではあるが, それだからといってドイツが提唱している連邦に同意していない. 事実フランスの見解では将来のヨーロッパ連合は国民国家の連邦になるべきだというのである.
E ~-patron 雇用主としての国, 政府. E ~-providence 福祉国家《英語の welfare state》.
2 (アメリカの) 州. les E ~ s-Unis d'Amérique アメリカ合衆国
▐▌▌ (身分) 1 〔法律〕~ civil 戸籍. acte d'~ civil 戸籍書類, (戸籍法に基づく) 身分証明書類. extrait de l'~ civil 戸籍抄本. officiel de l'~ civil (市町村長, 助役など) 戸籍管理責任者. registre de l'~ civil 戸籍簿.
2 〔古〕身分, 職業, 地位.
3 〔仏史〕身分. les trois ~ s (貴族, 聖職者, 平民の) 三身分. les E ~ s généraux 三部会. tiers ~ 第三身分, 平民. E ~ s provinciaux 地方三部会. pays d'E ~ s 三部会を設置した地方.

étatique *a.*〔時に蔑〕国の; 国営の; 国家管理の. appareil ~ 国家機構. dirigisme ~ 国家統制体制.

étatisation *n.f.* 1 国家管理, 国家統制. ~ de l'économie 経済の国家統制.
2 国営化, 国有化 (=nationalisation). ~ d'une banque 銀行の国有化.

étatisé(e) *a.p.* 国有化された, 国営の. entreprise ~ s 国営企業.

étatisme *n.m.* (経済・社会の) 国家管理(統制) (体制). ~ socialiste 国家社会主義.

étatiste *a.* 国家管理(統制)の; 国家社会主義の. doctrine ~ 国家管理(統制)主義 (理論).
——*n.* 国家統制主義者; 国家社会主義者.

état-major (*pl.* ~ s-~ s) *n.m.* 1 〔軍〕参謀部; 幕僚部;《海軍》軍令部. ~ d'armée 軍参謀部. ~ général 参謀本部. carte d'~ 参謀本部地図 (1821-80; 8万分の1～32万分の1). chef d'~ de l'armée de terre (de l'armée de l'air) 陸軍 (空軍) 参謀長. chef d'~ de la marine 海軍軍令部長.《陸軍》Cours supérieur d'~ 高等参謀学校《略記 CSEM; 1993年創設; 高等軍事学校 Ecole supérieure de guerre の後身》. Ecole d'~ 参謀学校《略記 EEM; 在 Compiègne》. officier d'~ 参謀将校.
2 〔広義〕(内閣・政党・企業などの) 首脳部, 首脳陣; 上層部. ~ d'Air France エール・フランスの首脳陣.

Etat-providence *n.m.* 神の国.
Etats-Unis (les) *n.pr.m.pl.* [国名通称] アメリカ〔合衆国〕《公式名称：les ~ d'Amérique アメリカ合衆国《略記 E.-U.) = United States of America; 国民：Américain(e); 首都：Washington ワシントン;

通貨：dollar [USD]）．

ETBE (= *e*thyle-*t*ertiaire-*b*utyle-*é*ther) *n. m.*〚化〛エチル=第3=ブチル=エーテル《バイオエタノール bioéthanol にイソブテン isobutène を添加した化学物質》．biocombustible composé de l'essence et de ~ ガソリンに ETBE を混ぜた〔自動車用〕バイオ燃料．

et cætera, et cetera [ɛtsetera]〚ラ〛エトセトラ，エトセトラ，などなど《略記 etc.）．

ETCD (= *é*quipement de *t*erminaison de *c*ircuit des *d*onnées) *n.m.* データ通信回路端末装置．

été *n.m.* **1** 夏；夏期〔北半球では，夏至 solstice de juin〔6月21日または22日〕から，秋分 équinoxe de septembre〔9月22日または23日〕まで〕．~ astronomique 天文学上の夏．~ austral 南半球の夏〔期〕．~ équatorial (tropical) 赤道地帯 (熱帯) の夏．~ étouffant (accablant, sec) 蒸し暑い (耐え難い，乾燥し切った) 夏．~ pourri (腐った夏→) 雨ばかり降る夏 (= ~ pluvieux)．au cœur (milieu) de l'~ 真夏，盛夏；土用 (= canicule)．chaleurs de l'~ 夏の猛暑．heure d'~ 夏時間，サマータイム．station d'~ 夏の保養地；避暑地 (= station estivale)．vacances d'~ 夏のヴァカンス，夏休み．vêtement d'~ 夏着 (= tenue d'~)．se mettre en〔vêtement〔s〕d'〕~ 夏着をまとう．
2〚話〛夏らしい夏 (= bel ~ chaud)．On n'a pas eu d'~ cette année. 今年の夏は駄目だった．
3 (秋の) 晴れた日々；小春日和．l'~ de la Saint-Martin (聖マルタンの祝日の夏→) 小春日和〔11月11日頃〕；〚比喩的〕老人の回春期．l'~ indien；l'~ des Indiens (北米・カナダの) インディアン・サマー，小春日和《10月下旬から11月上旬にかけての好天期》；〚比喩的〕晩年の平穏と幸福〔な時期〕．
4〚比喩的・文〕l'~ de la vie (de l'âge) (人生の夏→) 人生の盛り；男 (女) 盛り．être dans son ~ 人生の盛りにいる；男 (女) 盛りである．
5〚舞踊〕カドリーユの第2フィギュア．

éteint(e) (< éteindre) *a.p.* **1** (火・灯火などが) 消えた．bougie ~ 消えた蠟燭．chaux ~*e* 消石灰 (chaux vive「生石灰」の対)．cigarette ~*e* 消えた紙巻煙草．feu ~ 消えた火；消した灯火 (ライト)．lampe ~*e* 消えた灯火．salon ~ 明かりの消えたサロン．volcan ~ 死火山．
2 輝きを失った；(色が) 褪せた；どんよりした．ciel ~ どんよりした空，曇り空．couleur ~*e* 褪せた色．yeux ~*s* 輝きを失った眼，輝きのない眼付．
3 (匂いが) 消えた，弱まった．parfum ~ d'une fleur fanée しおれた花の消えた香り．
4 (声が) 消え入るような，弱々しい．voix ~*e* 消え入るような声．
5 (人が) 生気 (気力) のない．vie ~*e* 生気の失せた人生．visage ~ 生気のない顔．être ~ 無気力である；疲れ果てている．
6 (感情などが) 消滅した，弱まった，消え失せた．passion ~*e* 消え失せた情熱．souvenir ~ 消えた記憶．
7 (家系などが) 絶えた，絶滅した．animaux ~*s* 絶滅した動物．famille ~*e* 途絶えた家系．race ~*e* 絶滅した人種．

étendard *n.m.* **1** (= drapeau)．sous les ~*s* de …の旗のもとに．combattre sous les ~*s* de la liberté 自由の旗のもとに戦う．lever l'~ de la révolte 叛旗を翻す．
2〚古〕軍旗の；〔現用〕(特に) 騎兵連隊旗．Contre nous de la tyranie l'~ sanglant est levé. われらに向かって暴政の軍旗が掲げられた．《フランス国歌の歌詞》

étendu(e[1]) (< étendre) *a.p.* **1** 広がった，伸びた；(人・体が) 横たえられた．bras ~*s* vers le ciel 空に向け拡げた両腕．corps ~ de tout son long 長々と寝そべった体．fil ~ ぴんと張った糸．nappe ~*e* sur la table 食卓に広げられたテーブルクロス．oiseau aux ailes ~*es* 翼を広げた鳥．
2 (眺めなどが) 広大な，広々とした；(知識などが) 広い；(単語などが) 広義の；広がりを持った．connaissance ~ 広い知識．forêt ~*e* 広大な森林．matière ~*e* 広義な広がりを持つ物質．vocabulaire ~ 広義の語彙．vue ~*e* 広々とした視界 (見晴らし)．
3 水で割った (= ~ d'eau)．whisky ~ d'eau 水割りウィスキー．
4 (色が) 薄まった．

étendue[2] *n.f.* **1** 広がり；広さ；面積．des plaines 平原の広がり．vaste ~ des océans 大洋の広大な広がり．forêt d'une ~ considérable 広大な森．Quelle est l'~ de cette exploitation? この農地の面積はどれ位ですか？
2〚抽象的〕大きさ；広がり；範囲．~ d'esprit (des facultés intellectuelles) 精神的 (知的能力) の大きさ．~ d'un 語 語義の広がり．~ d'une compétence 権限の範囲．accroître l'~ de ses activités その活動範囲をひろげる．mesurer toute l'~ d'une catastrophe 災害の規模を調べる．
3〚音楽〕音域．~ d'un instrument (d'une voix) 楽器 (声) の音域．avoir de l'~ 音域が広い．
4〚統計〕(最高値と最低値間の) 幅．
5 (時間的) 長さ (= durée)．~ de la vie 人生の長さ．
6〚哲〕(空間の) 延長；空間；〚論〕外延．
7〚文〕空間，無限の空間；空，天空．

éternel(le) *a.* **1** 永遠の，永久の，不滅の；神の．l'~ féminin 永遠の女性的なるもの．Dieu ~ 永遠なる神 (= le Père ~)．feu ~ (地獄の) 業火 (= flammes ~ *les*)．neiges ~ *les* 万年雪．la Raison ~ *le* 不滅の理性．le

Royaume ~ 永遠の王国, 神の国, 天国. sagesse ~ le 神知. sommeil ~ 永遠の眠り, 死. le Verbe ~ 神言. vérité ~ le 永遠の真理. 〖宗教〗vie ~ le 永遠の性. la Ville ~ le 永遠の都（ローマ Rome）. garder une reconnaissance ~ le いつまでも感謝の念を抱き続ける.
2〔一般に名詞の前〕果てしない. ~ mécontent 不満居士. ~ les revendications 果てしない権利要求. Encore ces ~ les discussions! またあの延々と続く議論か! lutte ~ le entre le bien et le mal 善と悪との果てしない戦い.
3〔一般に名詞の前；多く所有形容詞と共に〕いつもの. son ~ le cigarette à la bouche いつものくわえタバコ.
— n.m.〔定冠詞と共に〕永遠なるもの, 不滅のもの. l'~ et le périssable 永遠なるものと滅びゆくもの. l'E~ 永遠なるもの（神）. louer l'E~ 神をほめたたえる.

éternité n.f. **1** 永遠, 永久, 無窮, 不滅性；(神・真理などの) 永遠性. ~ de Dieu 神の永遠性. ~ de l'amour 愛の不滅性.
2 永遠の未来；〖宗教〗来世. entrer dans l'~ 来世に旅立つ, 死ぬ；(芸術作品などが) 不滅の存在となる.
3 永劫, 悠久；果てしなく長い時間. de toute ~ 悠久の昔から. depuis une ~ ずっと前から. Cela a duré une ~. それは果てしなく続いた.

éternuement n.m.〖生理〗くしゃみ. bruit de l'~ くしゃみの音. faire un ~ くしゃみをする (=éternuer).

ETF (=〖英〗exchange traded fund) n.m.〖金融〗上場投資信託 (=〖仏〗fonds coté en bourse)《主な株価指数に連動する投資信託》.

éthanal n.m.〖化〗エタナール, アセトアルデヒド (acétaldehyde).

éthanamide n.m.〖化〗エタンアミド, アセトアミド (acétmide).

éthane n.m.〖化〗エタン.

éthanoate n.m.〖化〗エタノアート (CH₃COOR), アセタート (acétate). ~ de méthyle 酢酸メチル.

éthanoïque a.〖化〗acide ~ エタン酸 (CH₃COOH), 酢酸 (acide acétique).

éthanol n.m.〖化〗エタノール (CH₃CH₂OH), エチルアルコール (alcool éthylique).

éthanoyle n.m.〖化〗エタノイル. groupe ~ エタノイル基 (CH₃CO–), アセチル基 (groupe acétyle).

éthène n.m.〖化〗エテン (C₂H₄；エチレン (éthylène),〖古〗生油気 (gaz oléfiant)).

éther 〖独〗 n.m. **1**〖化〗エーテル (= ~ oxyde)；（特に) エチルエーテル (= ~ éthylique, oxyde d'éthyle, ~ -ordinaire, ~ sulfurique). ~ acétique 酢酸エステル. ~ acide エステル. ~ méthylchlorhydrique クロロメタン. ~〔-〕sel エステル.

symétrique 単一エーテル.
2〔古〕エステル (= ~〔-〕sel).

éthéromane n.〖医〗エーテル中毒患者.
— a. エーテル中毒の.

éthéromanie n.f.〖医〗エーテル中毒〔症〕.

éthicien(ne) n. 倫理学者；(特に) 医療倫理 (医道) 専門家.

éthinylestradiol n.m.〖薬〗エチニルエストラジオール (卵胞ホルモン製剤；経口避妊薬, 前立腺癌・末期乳癌治療薬；薬剤製品名 Trinordial (n.m.) など).

Ethiopie(l') n.pr.f.〔国名通称〕エチオピア（公式名称：la République d'E~ エチオピア共和国；国民：Ethiopien (ne)；首都：Addis-Abeba アジス＝アベバ；通貨：birr [ETB]).

éthiopien(ne) a. エチオピアの (l'Ethiopie の)；エチオピア共和国の (la République d'Ethiopie の), エチオピア人の. langues ~ nes エチオピア語群 (l'amharique, le guèze など).
— E~ n. エチオピア人.

éthique a. **1** 倫理の, 道徳の；倫理的な, 道徳的な；倫理上の. jugements ~ s 倫理的審判. religion ~ 倫理的宗教.
2〖文法〗datif ~ 心性的与格.
— n.f. **1** 倫理学, 倫理哲学；倫理学書.《L'E~》de Spinoza スピノザの『倫理学』.
2 倫理；倫理綱領, 倫理規範；倫理性；道徳. ~ politique 政治倫理. ~ pratique 実践倫理.
3〖医〗~ médicale 医学倫理, 医の倫理, 生命倫理 (=bioéthique, déontologie médicale).

éthistérone n.f.〖薬〗エチステロン (半合成のステロイド, 黄体ホルモン剤).

ethmoïdal (ale) (pl. aux) a.〖解剖〗篩骨 (しこつ) の. sinusite ~ ale 篩骨副鼻腔炎.

ethmoïde n.m.〖解剖〗篩骨. cancer de l'~ 篩骨癌.

ethmoïdite n.f.〖医〗篩骨炎 (=sinusite ethmoïdale).

ethnie n.f. 民族 (同一言語, 同一文化を共有する人間集団；「人種」を意味する race とは異る).

ethnique a. **1** 民族を示す. nom ~ 民族名. traits ~ s 民族的特徴.
2 民族の, 民族的な, 民族に関する. groupe ~ 民族集団. purification ~ 民族浄化.
3 異民族が集団となって居住する. quartier ~ 外国人居住区.

ethno- 〔ギ〕 ELEM「民族」の意 (ex. ethnologie 民族学).

ethnoarchéologie n.f. 民族考古学.

ethnobiologie n.f. 民族生物〔誌〕学 (民族と生物との関係を研究する学問).

ethnocide n.m. 民族文化虐殺, エスノサイド (一民族の文明の他民族による破壊).

ethnoculturel(le) *a.* 民族文化の. richesse ~ le du Canada カナダの民族文化的豊かさ.
ethnographie *n.f.* 民族誌, 民族誌学〔記述民族学〕.
ethnolinguistique *n.f.* 民族言語学 (=ethnologie linguistique).
—— *a.* 民族言語学の.
ethnologie *n.f.* 民族学.
ethnologue *n.* 民族学者.
ethnométhodologie *n.f.* 民族学方法論.
ethnomusicologie *n.f.* 民族音楽学, 音楽人類学.
ethnonyme *n.m.* 〖言語〗部族名, 種族名, 民族名.
ethnopsychiatrie *n.f.* 〖医〗民族精神医学.
ethnopsychologie *n.f.* 民族心理学.
éthologie *n.f.* 1 〖生〗行動生物学, 動物行動学, エソロジー. 2 〔古〕品性学.
éthologiste, éthologue *n.* 生物行動学者. 動物行動学者.
éthoxyéthane *n.m.* 〖化〗エトキシエタン ($H_5C_2OC_2H_5$).
éthoxyle *n.m.* 〖化〗エトキシル.
éthuse ⇒ æthuse
ethylamine *n.f.* 〖化〗エチルアミン ($C_2H_5NH_2$)〔溶剤染料中間体, 有機合成原料〕.
ethylate *n.m.* 〖化〗エチラート, エトキシド (=ethoxde).
ethylbenzène *n.m.* 〖化〗エチルベンゼン〔スチレンの合成原料〕.
éthyle *n.m.* 〖化〗エチル.
éthylène *n.m.* 〖化〗エチレン.
éthylénique (<éthylène) *a.* 〖化〗エチレン〔結合〕の. hydrocarbure ~ エチレン系炭化水素.
éthylique *a.* 1 〖化〗エチル基を含む. alcool ~ エチルアルコール (=éthanol). 2 〖医〗アルコール中毒の.
—— *n.* アルコール中毒症患者.
éthylisme *n.m.* 〖医〗アルコール中毒〔症〕.
éthylomètre *n.m.* 血中アルコール濃度測定器.
ethylotest *n.m.* アルコールテスト器〔吐く息から血中アルコール度を測る機器〕.
éthyne *n.m.* 〖化〗エチン, アセチレン.
étiage *n.m.* 1 渇水, 渇水期. les crues et les ~s d'un fleuve 河川の増水期と渇水期. débit d'~ 渇水期の流水量, 渇水流量.
2 渇水位, 最低水位.
étincelage *n.m.* 1 〖医〗電気切開〔術〕, 電気焼灼〔術〕(=fulguration). ~ d'une tumeur maligne 悪性腫瘍の電気焼灼治療.
2 〔工〕放電加工; 電気研磨.
étincelant(e) *a.* きらり, きらめく. ciel ~ d'étoiles 星のきらめく夜空. esprit ~ 潑剌とした才気. fille ~e de beauté 美しさに

輝く少女. le soleil ~ 輝く太陽. les yeux ~s de colère (de joie) 怒り (喜び) に燃える(輝く)眼.
étincelle *n.f.* 1 火花, 火の粉. 〖電〗~ de rupture 遮断火花. ~ électrique 火花放電. petite ~ 小さい火花. jeter des ~s 火花を散らす. 〔比喩的〕C'est l'~ qui a mis le feu aux poudres. 取るに足りないことが大事に至った.
2 〔比喩的〕(宝石などの) きらめき; (目などの) 輝き; (まばゆい) 反映. regard qui jette des ~s きらめく (輝く) 視線. faire des ~s 華々しい成果を挙げる.
3 〔比喩的〕(才能などの) きらめき, ひらめき. une ~ d'intelligence 知性のひらめき.
étiolé(e) *a.p.* 1 〖植〗黄化した; 〖農〗軟白した; (花が) しぼんだ. arbuste ~ 黄化した小潅木. céleri ~ 軟白したセロリ.
2 (人が) 蒼白い, 虚弱な. enfant ~ 虚弱児. malade ~ 蒼白い病人.
3 (知力などが) 減退した, 衰えた. intelligence ~e 衰えた知力.
étiolement *n.m.* 1 〖植〗(遮光による) 黄化, 軟白現象; 〖農〗軟白〔栽培〕. ~ des chicorées シコレ (チコリ) の軟白栽培 (endive「アンディーヴ」の軟白栽培).
2 (花が) しおれること, しぼむこと; 褪色.
3 〖医〗(日光に当たらぬ人・皮膚の) 蒼白.
4 衰退, 減退. ~ des facultés intellectuelles 知力の減退.
étiologie *n.f.* 1 原因論.
2 〖生〗(器官・機能・能力などの) 根元学.
3 〖医〗病因学; 病因 (=cause d'une maladie).
étiopathie *n.f.* 〖医〗エチオパティー, 原因病理操手療法 (1963年フランス医師 Christian Trédaniel が開発した; 病気の原因を病理学的に推理し, 手先の操作で行う療法).
étiquetage *n.m.* 1 札 (ラベル, レッテル) の添付 (貼布), ラベル認証付与. ~ écologique エコラベル認証付与, エコラベリング (=〔英〕eco-labelling)〔環境保護を考慮して製造・生産される認証の付与〕. ~ des marchandises 商品へのレッテル添布 (貼布).
2 〔比喩的〕レッテルによる分類; 色分け. ~ des partis politiques 政党のレッテル付け (色分け).
étiqueté(e) *a.* 1 (商品・荷物などが) 札 (名札・荷札) がつけられた. bocaux ~s 品札付きの広口びん. paquet ~ 荷札付きの荷物.
2 〔比喩的〕レッテルを貼られている. être ~ comme anarchiste 無政府主義者のレッテルを貼られている.
étiquette *n.f.* 1 札, 名札, ラベル, レッテル, 付箋; 荷札; 値札; 〖情報〗レーベル. ~ carrée (ronde) 四角い (丸い) 名札. ~ de corps 瓶のレッテル (ラベル). ~ de garan-

tie (de qualité) 品質保証ラベル. ~ pharmaceutique blanche (verte) 白い (緑色の) 薬ラベル.
coller une ~ gommée sur un livre 本に糊付値札を貼りつける. mettre une ~ sur un colis 小包に荷札をつける.
2〖比喩的〗(人や作品につける) レッテル，評価. ~ politique 政治的レッテル. candidat sans ~ 政治的レッテルのない候補者. député sans ~ 無所属の国民議会議員. refuser de se laisser mettre une ~ レッテルを貼られるのを拒否する.
3〖隠〗〖pl. で〗耳(=oreilles)《荷札の代わりに荷物袋の耳を用いたことから》.
4 (宮廷の) 席次, 礼法 (= ~ de cour);〖一般に〗礼儀作法，エチケット (=règle d'~). lois de l'~ 礼儀作法の規則. être stricte sur l'~ 作法にうるさい. respecter l'~ 礼儀作法 (エチケット) を守る. sans ~ 形式ばらない〖で〗.
5〖古〗(訴訟の書類袋につけた) 貼紙.

étirage (<étirer) n.m. 延引;〖冶〗(金属の) 引抜，線引(せんびき);〖繊維〗練条;〖ガラス〗引上(ひきあげ);〖冶〗~ à chaud (à froid) 熱間 (冷間) 引抜. banc d'~ 引抜台 (=étireur).

étirement n.m. **1** 長く伸びること;〖地学〗(造構運動における) 扁平化, 圧扁, 薄化. 〖地学〗~ des couches 地層の扁平化.
2 伸びをすること. ~ d'un chat 猫の四肢の伸び. exercices d'~ en gymnastique ストレッチング運動 (=stretching).

étoffe n.f. **Ⅰ** **1** 布地, 生地, 織物. ~ de soie (de laine, de coton) 絹 (毛, 綿) 織物〖の生地〗. ~ de fibres synthétiques 合繊生地. ~ imprimée プリント地. ~ réversible 両面生地. リヴァーサル生地 (=double face). largeur d'une ~ 布地幅, 布幅 (=laize, lé). rouleau d'~ 巻布地.
2 (人の) 素質, 資質. avoir l'~ de …の素質がある. Il n'a pas l'~ d'un homme politique. 彼には政治家の素質がない. avoir de l'~ 素質に恵まれている. manquer d'~ 資質に欠けている
Ⅱ **1**〖古〗原料;〖現用〗〖冶〗合金; (刃物用) 鋼材; (パイプオルガン用の) 錫と鉛の合金.
2〖印刷〗〖pl. で〗上乗せ経費.

étoile n.f. **Ⅰ** **1** 星;〖天文〗(太陽・月・地球を除く) 恒星 (= ~ fixe);〖天体物理〗天体. ~ à sursauts 閃光星. ~s binaires (doubles) 連星. l'E~ de la mer 海星《聖母マリア》. ~ des neutrons 中性子星. ~ de la série principale 主系列星, 恒星. l'~ du matin (matinière, du soir, du berger) 明けの (暁, 宵の, 羊飼の) 星《la planète Vénus「金星」の俗称》. ~ errante 遊星 (= ~ comète, planète). ~ filante 流星, 流れ星. ~ fondamentale 基本星《基本星表に記載されている恒星》. ~ géante (naine) 巨星 (矮星).
~ infrarouge 赤外線星. ~s multiples 重星. ~ radioélectrique X 線星 (=radio-~). ~ variable 変光星.
amas d'~s 星群. catalogue des ~s 星表, 基本星表, スター・カタログ. ciel parsemé (criblé) d'~s 星をちりばめた空, 星空. classification des ~s en types spectraux スペクトル型による星の分類 (~ W, O, B, A, F, G など). évolution des ~s 星の進化. grandeur d'une ~ 星の等級. ~ de première grandeur 一等星. lueur des ~s 星明かり. à la belle ~ 星空の下で. dormir à la belle ~ 野宿する.〖話〗voir les ~s en plein midi 目から火が出る.
2〖占星術〗(運命を司る) 星, 星まわり;〖比喩的〗運勢. être né sous une bonne (mauvaise) ~ 良い (悪い) 星の下に生まれる. être confiant (avoir foi) en son ~ 自分の運勢を信じる. lire qch dans les ~s 星まわりに何の運勢を読み取る. Son ~ pâlit. 彼の運勢にかげりが見える.

Ⅱ (星形のもの) **1** 星形, 星印;〖印刷〗アステリスク (=astérisque).〖植〗〖話〗~ d'argent エーデルヴァイス (=edelweiss). ~ de David ダヴィデの星《ユダヤ教の印✡》.〖動〗~ de mer ひとで, 海星 (=astrée). ~ sur une vitre ガラスの星形のひび割れ. ~ remplaçant les lettres manquantes d'un mot 語の欠如文字を示すアステリスク印 (***; M***など). Madame trois ~s X 夫人. l'~ 〔jaune〕黄星印《ナチがユダヤ人につけさせた》. l'~ rouge 赤い星《旧ソ連軍の徽章》.
2〖軍〗(階級を示す) 星印, 星章. ~ d'or (将官の) 金星.〖陸・空軍〗général à deux (trois, quatre, cinq) ~s 2 つ星 (3 つ星, 4 星, 5 つ星) の将軍《旅団長 général de brigade は 2 つ星〔准将〕, 師団長 gén. de division は 2 つ星〔少将〕, 軍団長 gén. de corps d'armée は 4 つ星〔中将〕, 軍司令官 gén. d'armée は 5 つ星〔大将〕》. gagner une ~ 昇進する. gagner (obtenir) ses ~s 将官になる.
3 (格付けの) 星印; (冷凍冷蔵庫の) 能力表示星マーク (星 1 つ当り −6℃); 星印の付いたホテル (レストラン). hôtel (restaurant) trois ~s 3 つ星のホテル (レストラン). un trois-~s 3 つ星の店 (ホテル, レストラン).
4〖道路〗(幹線道路が放射状に集散する) 星形広場. la place de l'E~ 《パリの》エトワール広場《現 place Charles-de-Gaulle》.
5 (俳優・ダンサー・スポーツ選手の) スター, 花形. ~ du cinéma 映画スター. danseur(se) ~ 花形ダンサー; (特にパリのオペラの) 主席ダンサー, エトワール.
6〖建築〗星形装飾.
7 en ~ 星形の. fleur en ~ 星状花. moteur en ~ 星形エンジン. routes en ~ 星形放射道路.

étoilé(e) *a.* **1** 星をちりばめた. ciel (firmament)~ 星空. nuit ~e 星月夜.
2 (de を) 星のようにちりばめた. armure ~e de clous 鋲をちりばめた鎧.
3 星印を配した. la bannière ~e 星条旗. restaurant ~ (ミシュランの赤表紙ホテル・レストランガイド Guide Michelin rouge の) 星付きレストラン.
4 星状の, 星型の. cristaux ~s 星型のひび入り結晶.

étoile-d'argent (*pl.* ~s-~) *n.f.* 〖植〗〖話〗エーデルヴァイス (edelweiss).

étoile-de-Noël (*pl.* ~s-~-~) *n.f.* 〖植〗〖話〗ポインセチア (poinsettia).

étonnant(e) *a.* 〔強調する時は名詞の前〕 **1** 驚くべき, 驚嘆すべき;不思議な;見事な, 素晴らしい. ~ par sa beauté (de beauté) 驚くほど美しい. ~ succès (succès ~) 驚嘆すべき成功. chose ~e à imaginer 想像し難い事柄. événement ~ 驚くべき出来事. Il est ~ de+*inf.* (que+*subj.*) …するのは不思議だ(驚きだ). Il n'est pas ~ que+*subj.* …としても不思議はない. Ce n'est pas ~. / Cela n'a rien d'~. / Rien d'~ à cela. 驚くにはあたらない/何の不思議もないことだ. Je trouve ~ que+*subj.* …することは不思議だと思う. 〖話〗Vous êtes ~. まさか. 大袈裟だ. C'est une femme ~e. あれは大した女だ.
2 異様な. film ~ 異様な映画.
3 〖古〗驚愕すべき;震撼させる. ~e nouvelle 驚愕すべき知らせ.
—*n.m.* 驚くべきこと, 驚嘆すべきこと;不思議なこと. L'~ est que+*subj.*(*ind.*) 驚いたことに…である, …なのは驚くべきことだ.

étonné(e) *a.p.* **1** 驚いた, 吃驚した. air ~ 驚いた様子. œil ~ 吃驚した眼. être ~ de *qch* (de+*inf.*) 何(…すること)に驚いている. être ~ que+*subj.*;être ~ de ce que+*ind.* (*subj.*) …であることに驚いている.
2 〖古〗驚嘆した;動転した.
3 〖古〗(人が) 茫然自失した.
—*n.* 吃驚した人. faire l'~ 吃驚したふりをする.

étonnement *n.m.* **1** 驚き. cri d'~ 驚きの叫び声. grand ~ 驚愕. causer de l'~ 驚かせる. frapper *qn* d'~ 人を驚かす. remplir *qn* d'~ 人を驚倒させる. sans montrer le moindre ~ 少しの驚きの色を見せずに. à mon grand ~ 驚いたことに. avec ~ 驚愕して.
2 〖古〗驚愕, 動揺;震撼;恐怖.
3 〖古〗(物理的)動揺;〖現用〗(建物の)亀裂 (=lézarde), 〖宝石の〗ひび (=fêlure). ~ du quartz 水晶のひび割れ.

et/ou *conj.* と/または. desserts sans gluten *et/ou* sans lait グルテンなし/または牛乳なしのデザート. formulaire d'adhésion *et/ou* de don à l'association 協会への加入と/または贈与の申込書. les Français *et/ou* les Japonais フランス人と/または日本人.

étouffant(e) *a.* **1** 息のつまるような;息苦しい. atmosphère ~e 息苦しい大気. chaleur ~e 蒸し暑さ, 重苦しい暑さ.
2 〖比喩的〗重苦しい;胃にもたれる. ambiance ~e 重苦しい雰囲気.

étouffé(e¹) *a.* **1** 窒息した. mourir ~ 窒息死した.
2 (酸欠で) 消えた (=éteint). feu ~ 消しとめた火.
3 〖比喩的〗抑えた, 抑制した, 押し殺した. rire ~ 忍び笑い. sentiments ~s 抑制した感情.
4 〖文〗quartier ~ 狭苦しい街区.

étouffée² *n.f.* 〖料理〗エトゥーフェ, 蒸煮 (=étuvée). bœuf à l'~ 牛肉の蒸煮. cuire *qch* à l'~ 何を蒸煮にする.

étouffement *n.m.* **1** 窒息する(させる)こと;窒息〖死〗. ~ par pendaison 首吊りによる窒息死.
2 息苦しさ. sensation d'~ 息苦しさ. crise d'~s causée par asthme 喘息による呼吸困難の発作.
3 〖比喩的〗(音・感情などの) 抑制;(反乱などの) 抑圧, 抑止. ~ d'un complot (d'une révolte) 陰謀(反乱)の抑止. ~ d'un scandale 醜聞のもみ消し. ~ d'un son 音の抑制.
4 (雰囲気の) 重苦しさ. ~ chaud d'une chambre surchauffée 暑苦しさ.

étourderie *n.f.* **1** 〖話〗軽率な行動, うかつな言動;失念, 不注意. ~ de jeunesse 若気の無分別. commettre (faire) une ~ 軽はずみなことをする. C'est une simple ~. 単なる失念です.
2 軽率さ, うかつさ. faute d'~ 不注意によるミス, ケアレスミス. avec ~ 軽率に, うかつに. agir avec ~ 軽はずみに行動する.

étourdi(e) (<étourdir) *a.p.* **1** 軽率な, 軽はずみな;不注意な, そそっかしい;よく物忘れする. à l'~e 軽率に. agir à l'~ 軽率に行動する. être trop ~ pour ne pas+*inf.* 軽率すぎて…する.
2 茫然自失した;頭がぼうっとしている.
—*n.* そそっかしい人, 粗忽者. agir (parler) en ~ そそっかしく振舞う(話す).

étourdissant(e) *a.* **1** 耳を聾するばかりの. vacarme ~ 耳を聾する騒音.
2 〖比喩的〗目を見はらせるような;驚くような;見事な. luxe ~ 目を見はらせるような豪奢. succès ~ めざましい成功.

étourdissement *n.m.* **1** 目まい (=vertige);茫然自失. avoir un (des) ~ (s) 目まいがする.
2 忘我の境地;陶酔. ~ causé par le succès 成功のもたらす陶酔.

3 錯乱, 逆上.
4 気晴らし.

e-tract [atrakt] [英] *n.m.* 電子ちらし, 電子宣伝パンフレット.

étrange *a.*〔強調する時は名詞の前〕**1** 奇妙な, 異様な, 変わった, 風変わりな, 不思議な. ~ façon d'agir 奇妙な行動様式. ~ garçon 風変わりな少年. atmosphère ~ 異様な雰囲気. cas ~ 変わったケース. Chose ~! それは変だ! histoire ~ 変な話. trouver ~ que+*subj.* …を変に思う. Ce qu'il y a d'~, c'est que+*ind.* (*subj.*) 奇妙なのは, …ということである. Il est ~ que+*subj.* …ことは奇妙だ, 奇妙なことに…だ.
2〔古〕不可解な, 奇怪な;並外れた, 恐ろしい. nature ~ 不可解な性質.
3〔古〕外国の (=étranger).
4『原子物理』particule ~ ストレンジ粒子 (ストレンジネスが0でない粒子).
——*n.m.* **1** 奇妙なこと, 不思議なこと. L'~, c'est que+*subj.* (*ind.*) 不思議なのは…ということである.
2〔文学様式〕怪奇趣味;怪奇文学.

étrang*er*(*ère*) *a.* **1** 外国の, 他国の;対外的な;外交に関する. accent ~ 外国(人) 訛り. devises ~*ères* 外貨. gouvernement ~ 外国政府. guerre ~*ère* et guerre civile 対外戦争と内戦. langues ~*ères* 外国語. littératures ~*ères* 外国文学. Ministère (Ministre) des Affaires ~*ères* 外務省 (外務大臣). mœurs ~*ères* 外国の習俗. occupation ~*ère* 他国軍による占領. produits d'origine ~*ère* 外国製品. travailleurs ~*s* 外国人労働者. voyage en pays ~ 外国 (国外) 旅行.
2 外国人による.『軍』la Légion ~*ère* 外人部隊.
3 外部の, よその, 他人の, 局外の;外在的な;外部からの;無縁の.『法律』cause ~*ère* 外在的原因 (事由).『医・化』corps ~ 異物;〔比喩的〕異分子, 夾雑物. se sentir ~ dans une réunion 集まりの中で自分が異分子だと感じる.
4(à に) 縁のない, 属していない;通じていない, 疎い. être ~ à cette affaire この問題とは無関係である. être ~ au théâtre 演劇とは無縁である (演劇を解さない). Cette philosophie est ~*ère* à la pensée française. この哲学はフランス人の思考とは無縁である.
——*n.* **1** 外国人. ~ naturalisé 帰化した外国人.
2 他人;部外者, 局外者;よそ者;第三者. société fermée aux ~*s* よそ者を受けつけない社会. se sentir un ~ parmi les hommes 人々の中で自分が部外者であると感じる.
——*n.m.* **1** 外国 (=pays ~) (à, de, pour などと共に). relations avec l'~ 対外関係. faire du commerce avec l'~ 外国貿易をする. partir pour l'~ 外国に向け出発する. vivre à l'~ 外国で暮らす. voyager à l'~ 外国に旅行する.
2〔集合的〕他国民;敵国人 (=ennemi). pays envahi par l'~ 敵国人の侵害を受けた国. chasser l'~ de son territoire 外国人を国外に追放する.

étrangeté (<étrange) *n.f.* **1** (行為・株式などの) 奇妙さ. ~ de caractère 性格の奇妙さ. ~ d'idée 考えの奇妙さ. impression d'~ 違和感.
2〔文〕奇異なもの (事柄) (=action étrange, chose étrange);風変りな言動.
3『精神医学』sentiment d'~ 疎外体験, 疎外感, 疎遠感.
4『原子物理』ストレンジネス (第3クオークの量子数) (=nombre d'~).

étranglé(e) *a.p.* **1** 締めつけられた;喉に詰まった. taille ~*e* 締めつけられた体. voix ~*e* 締めつけられたような声.
2『医』絞扼された. hernie ~*e* 絞扼ヘルニア.
3〔比喩的〕(通路が) 狭い. passage ~ せばめられた通路.
——*n.* 首を締められた人.

étranglement (<étrangler) *n.m.* **1** 絞死, 絞殺, 扼殺.
2 つまること. ~ de la voix 声がつまること.
3〔医〕絞扼, 狭窄. ~ d'un organe 器官の狭窄. ~ herniaire ヘルニア嵌頓.
4〔地理〕狭窄部, 隘路. ~ d'une vallée 渓谷の狭窄部, 峡谷 (=gorge). goulet d'~ 隘路;〔比喩的〕障害.
5〔柔道〕絞め技.
6〔比喩的〕抑圧. ~ des libertés 自由の圧殺.

être *n.m.* [I]〔抽象的〕**1**『哲』有る (在る) こと, 有, 存在 (=existence). l'~ en soi (pour soi) 即自 (対自). l'~ et le devenir 存在と生成. l'~ et le néant 存在と無. l'~-là (ハイデッガー) の現存在 (=Dasein). étude de l'~ 存在論 (=ontologie).
2 (人・物の) 本質的な在り方, 人間の本質 (=nature humaine, essence). L'homme n'agit pas par la raison, qui fait son ~. 人間の本質を成すのは理性であるが, 人間は理性によって行動するのではない (Pascal, *Pensées*).
3〔文〕この世での存在;〔古〕社会での在り方, 身分, 地位.〔文〕donner l'~ à qn 人にこの世の生を与える.
4 (個人の) 人間としての存在, 心身をそなえた一個の人格. aimer qn de tout son ~ 全身全霊で人を愛する. se sentir ému jusqu'au fond de l'~ 人間として深い感動を覚える.
[II]〔具体的〕**1** 存在〔物〕;生物 (= ~ vivant). les ~*s* humains 人間. ~ imaginaire

(fabuleux) 架空の存在. ~ surnaturel 超自然的存在. les ~s vivants 生物. les ~s et les choses 生物と事物. la chaîne des ~s 生物連鎖.
2〘宗教・哲〙存在者（大文字で綴ることもあり）；神（=Dieu). le Grand *E*~ 偉大な存在者（神). ~ absolu 絶対者（神). ~ éternel 永遠の存在者（神). ~ infini 無限在者（神). ~ parfait 完全存在者（神). culte (fête) de l'*E*~ suprême 至高存在者の崇拝（祝祭)（大革命期 Robespierre が制定した理神論的崇拝).
3〘文〙un ~ de+*n*. …の本性を受けた存在；…を特徴とする存在. C'est un ~ de douceur. あの人は優しさそのもののような人柄だ. ~ de raison〘哲〙観念的存在；〘蔑〙空想の産物.
4 対称物.〘数〙~ mathématique 数学的対象.
5 人間（=être humain, individu, personne);〘蔑〙奴, 輩. ~ cher いとしい人. un ~ d'élite エリート人間. ~ ordinaire 普通の人. petit ~ 子供. Quel ~! 何て奴だ. Quel ~ insupportable! 何て我慢のならない奴だ！ Quel drôle d'~! 何て変な奴だ！ Qui est cet ~-là? あいつは誰だ？

étreinte（<étreindre）*n.f.* **1** 抱きしめ；抱擁；把握. douces ~s 優しい抱擁. ~ amoureuse 性交. cordiale ~ 心をこめた抱擁.
2 締めつけ；胸を締めつけられるような苦しみ. ~ de la douleur 胸を締めつける苦悩. ~ du remords 心のうずく悔恨.
3 包囲；圧迫. ~ de l'armée autour de l'ennemi 敵軍の包囲.

étrenne *n.f.* **1** 元旦の贈り物；お年玉.
2〔*pl.* で〕（一般に）贈り物（=cadeau), エトレンヌ；贈り物の季節. Il a eu de belles ~s. 彼は素晴らしい贈り物をもらった. faire une visite à *qn* pour les ~s 贈り物の時期に人を訪ねる.
3〔*pl.* で〕（年末に使用人や郵便配達人などに渡す）心付け. Les facteurs viennent chercher leurs ~s. 郵便配達人が年末の心付けをもらいにやって来る.
4 チップ（pourboire). attendre une ~ チップをあてにする.
5 使い初め. avoir l'~ de *qch* 何を初めて使う.

étrille *n.f.* **1**〘馬〙金櫛.
2〘甲殻類〙エトリーユ（Portunus puber；がざみの類；食用).

étroit¹（*e*）*a.*〔時に名詞の前〕**1**（幅・面積などが）狭い；狭苦しい，窮屈な. ~ sentier 細道. champ d'action ~ 狭い行動範囲. chemin de fer à voie ~*e* 狭軌鉄道. détroit ~ 狭い海峡. épaules ~*es* 狭い肩. escalier ~ 狭い階段. espace ~ 狭い空間. logement ~ 狭い住居. poitrine ~*e* 貧弱な胸. porte ~*e* 狭き門（戸口);〘聖書〙狭い門. la Porte ~*e* d'André Gide アンドレ・ジッドの『狭き門』（1909 年). vêtements ~s 窮屈な衣服.
2〘蔑〙（心・考えが）狭い，狭量な，偏狭な. cœur ~ 狭量な心〔の持主). esprit ~ 偏狭な精神〔の持主). idées ~*es* 狭い考え. morale ~*e* 固苦しい道徳心. politique ~ 狭量な政策；視野に欠ける政治. vie ~*e* 窮屈な（貧しい）生活.
3〘比喩的〙（意味が）狭い，狭義の. sens ~ d'un mot 語の狭義.
4（結び目が）きつい. faire un nœud ~ 結び目をきつく結ぶ.
5〘比喩的〙緊密な，密接な；親密な，密着した. ~*e* alliance (union) 緊密な同盟〔関係). amitié ~*e* 深い友情. liens ~s du mariage 婚姻の深い絆. rester en liaison ~*e* (en rapports ~s) avec *qn* 人と密接な関係を保つ.
6〘比喩的〙（義務などが）厳しい，厳格な. ~*e* obligation 重い債務；深い恩義. observation ~*e* du Code de la route 道路交通法規の遵守. surveillance ~*e* 厳重な監視.
—*ad.* 狭く. voir ~ 視野の狭い物の見方をする.

étroit² *n.m.* à l'~ 狭い所に；窮屈に. être (se sentir) à l'~ 窮屈である（窮屈な思いをする). être à l'~ dans un vêtement 衣服が窮屈である. être à l'~ dans une voiture 車がぎゅう詰めになる. vivre à l'~ 貧乏暮しをする，不如意の暮しをする.

étroitesse *n.f.* **1**（幅・面積などの）狭さ. ~ des jambes 脚の細さ. ~ d'un logement 住居の狭さ. ~ d'une rue (d'un terrain) 通り（土地）の狭さ.
2〘比喩的〙（考えなどの）狭さ；狭量，偏狭. ~ de cœur 心の狭さ. ~ d'esprit 狭量. ~ de vue 視野の狭さ.
3〘比喩的〙窮屈さ；厳しさ. ~ d'une existence 生活の厳しさ（貧しさ).
4〘比喩的〙緊密さ，密接さ，親密さ. ~ d'une relation 関係の緊密さ. ~ d'une union 同盟の固さ.

ETS (=*é*tablissement de *t*ransfusion *s*anguine) *n.m.*〘医〙輸血センター.

ETT (=*e*ntreprise de *t*ravail *t*emporaire) *n.f.* 臨時労働者派遣企業. contrat entre l'~ et le salarié 臨時労働者派遣企業と賃金労働者間の契約.

ETTD (=*é*quipement *t*erminal de *t*raitement de *d*onnées) *n.m.*〘情報処理〙データ処理端末装置.

étude *n.f.* **1** 学習，教育，学業，勉学，学習課程. ~s courtes (特に高等教育について) 短期課程. ~s longues 長期課程. ~ primaires (secondaires, supérieures) 初等 (中等, 高等) 教育. diplôme d'~s universitaires générales (DEUG) 大学一般教育免状（高等教育最初の 2 カ年で取得でき, 高等教育第二段階へ

の進学や、工業技術短期大学2年への編入、公務員試験の受験などの資格がえられる). diplôme d'~s supérieures spécialisées (DESS) 高等専門研究免状 (高等教育第三段階で1年修学すると獲得できる). diplôme d'~s approfondies 高度研究免状 (第三段階博士課程終了者に授与される). diplôme d'~s universitaires scientifiques et techniques (DEUST) 大学科学技術教育免状 (1984年に新設された免状で、その取得後すぐに専門分野で実務につける知識と方法の修得を証明する). diplôme de fin d'~s (学業) 修了証. durée des ~s 修学期間.
Ecole des hautes ~s commerciales (HEC) 高等商業学校 (パリ市商工会議所 CCIP が経営するビジネス学校で、グランド・エコールの名門). Ecole pratique des hautes ~s 高等研究院 (1868年に創立された高等教育第三段階やその後の研究に携わる学生を対象とする教育・研究機関で、専門別に第一から第六部まであったが、後に社会科学部門が独立して Ecole des hautes ~s en sciences sociales 社会科学高等研究院となったため、現在は三部に分かれている). institut d'~ politiques 政治学院 (略記 IEP;通称 sciences po。パリをはじめ各地の大学に付属している専門教育機関で、とくにパリのそれは ENA への進学予備校的な存在となっている). organisation des ~s 学習課程の編成.
2 調査、研究. ~ de faisabilité フィージビリティー・スタディ. ~ de marché 市場調査、マーケット・リサーチ. ~ d'opinion 世論調査, ~ sociologique 社会学的な研究. ~ du comportement humain 人間の行動に関する研究. ~ sur le terrain フィールド・ワーク. bureau d'~s 調査事務所、調査会社. institut d'~ 調査機関、(特に) 世論調査機関. Institut national de la statistique et des ~s économiques (INSEE) 国立統計経済研究所 (1946年に創設された経済・財政省の一部門をなす機関で、国勢調査の実施や諸統計の収集、編纂を行う、フランス統計年鑑をはじめとする各種の専門出版物を発行している). Institut national d'~s démographiques 国立人口研究所.
3 検討、計画. La construction d'une ligne de TGV est à l'~ depuis longtemps. 新幹線の建設が長年来計画されている. Une réforme du système fiscal a été mise à l'~. 税制改革が検討にふされた.
4 習作、エチュード;練習曲. E~s de Chopin ショパンの練習曲集. ~s de Delacroix ドラクロワの習作.
5 自習、自習室. faire des devoirs à l'~ 自習室で勉強をする.
6 (公証人 notaire, 競売人 commissaire-priseur, 代訴士 avoué など司法補助者 auxiliaire de la justice の) 事務所、職、地位.

étudiant(e) n. (高等教育の) 学生;大学生. ~ en lettres (en médecine) 文科 (医科) の学生. ~s étrangers 外国人学生. ~s inscrits dans les universités 大学に登録した学生. l'Etudiant 「学生」誌 (1975年創刊の月刊誌). Mutuelle nationale des ~s de France フランス全国学生共済組合 (略記 Mnef [mnɛf]). Fédération des ~s en résidence universitaire de France フランス大学都市居住学生連盟 (略記 Feruf). Union nationale des ~s de France フランス全国学生連合 (略記 Unef [ynɛf]).
——*a.* 学生の;学生による. Action française ~e フランス学生行動団体 (1904年設立の右翼系組織). Fédération des associations générales ~es 全国学生協会連合 (1989年設立;地方学生協会 association locale の連合体). manifestations ~es 学生デモ. Observatoire national de la vie ~e 国立学生生活観察所 (略記 DVE;Cnous 所属の機関;1989年設立). organisations ~es 学生団体 (組織). population ~e 学生人口. sociétés mutuelles ~es régionales 地方学生共済組合 (略記 Smer). Solidarité ~e 学生連帯連合 (= Unef SE;1983年設立).

étudié(e) *a.p.* **1** 練りあげた、入念な. outil spécialement ~ 特に入念につくられた工具. phrases ~es 充分に推敲された文章.
2 (人・態度が) 作り物の、気取った. gestes ~s わざとらしい仕種.
3 勉強した、努力した. prix ~ (勉強した値段→) 精一杯の値段.

étui *n.m.* **1** 容器、ケース;(刀剣などの) 鞘、薬莢 (= ~ de cartouche; cartouchière). ~ à couvert 食卓用ナイフ・フォーク・スプーン・セット・ケース. ~ à lunettes (à violon) 眼鏡 (ヴァイオリン) ケース. ~ de mathématique 数学用文具ケース (compas, règle など). ~ de métal (de plastique) 金属 (プラスチック) ケース. 『人類学』 ~ pénien ペニス・ケース.
2 『海』帆の収納袋;(小型舟艇の) 覆布 (= housse).
3 『植』 ~ médullaire 髄冠.

étuve *n.f.* **1** (風呂の) 発汗室、蒸風呂;〔比喩的〕蒸風呂のように暑い部屋. ~ humide 蒸風呂 (= bains de vapeur). ~ sèche サウナ (= sauna). chaleur d'~ 蒸風呂のような暑さ.
2 〖技術〗**a)** 恒温室 (食品・木材・皮革・繊維などの加工用蒸気加熱恒温設備). **b)** (加熱による) 高温消毒殺菌室 (器). ~ à désinfection 高温消毒殺菌器. **c)** (殺菌の) 恒温培養器. ~ à culture microbienne 殺菌培養器.

étuvée *n.f.* 〖料理〗**1** 蒸し煮. à l'~ 蒸し煮にした (= à l'étouffée). cuisson à l'~ 蒸し煮加熱〔調理〕.
2 蒸煮料理. ~ de pigeonneaux 仔鳩の蒸煮料理.

e-TV (=［英］enhanced-*TV*) *n.f.* 付加価値 TV 放送 (=télévision à valeur ajoutée).

étymologie *n.f.* 〖言語〗**1** 語原. ~ certaine (incertaine) 確かな (不確実な) 語原. ~ d'un mot 語の語原. **2** 語原学. ~ populaire 民衆語原説 (=fausse ~ 誤った語原説).

étymologique *a.* 語原の；語原学の. dictionnaire ~ 語原辞典. figure ~ 語原的形態 (vivre と vie など). sens ~ d'un mot 語の語原的意味. travaux ~s 語原学的研究.

Eu (=europium) *n.m.* 〖化〗「ユウロピウム」の元素記号.

E.-U. (=les *E*tats-*U*nis〔d'Amérique〕) *n.m.pl.*「アメリカ合衆国」の略記.

eubactérie *n.f.* 〖生〗ユーバクテリア(真正細菌目の細菌).

eucalyptol *n.m.* 〖化〗ユウカリプトール, ユーカリ油《医薬・香水・浮遊選鉱などに使用》.

eucalyptus [ɸkaliptys] *n.m.* 〖植〗ユーカリの木.

eucaryote *n.m.* 〖生〗真核生物 (procaryote「原核生物」の対).
—*a.* 真核性の. bactérie ~ 真核バクテリア.

eucharistie *n.f.* 〖カトリック〗聖体の秘蹟；聖体《パンと葡萄酒》.

eucharistique *a.* 〖カトリック〗聖体〔の秘蹟 (eucharistie)〕の. espèces ~s 聖体の形色《パンと葡萄酒》. prière ~ (ミサの際の) 聖体 (感謝) の祈り《パンと葡萄酒の聖別をする為の祈り》.

EUDIL (=*E*cole *u*niversitaire *d*'*i*ngénieurs de *L*ille) *n.f.* 〖教育〗リール大学附属技師養成学校《1969 年創立のグランド・エコール》.

eudiomètre *n.m.* 〖化〗ユージオメーター, 酸水素クーロメーター, 水 (ガス) 電量計.

eudiométrie *n.f.* 〖化〗ガス容積測定〔法〕.

EUDISED (=［英］*Eu*ropean *D*ocumentation and *I*nformation *S*ystem for *Ed*ucation) *n.m.* ヨーロッパ教育資料情報システム.

eugénique *n.f.* 〖医〗優生学.
—*a.* 優生学の；優生学的の. stérilisation ~ 優生〔不妊〕手術, 不妊手術.

eugénisme *n.m.* 〖医〗優生学 (=eugénique)；優生学的条件.

Eumetsat *n.m.*〔無冠詞〕ユーメトサット《ヨーロッパ気象衛星機関》(=［英］*Eu*ropean Organization for the Exploitation of *Met*eorological *Sat*ellites；〖仏〗Organisation européenne pour l'exploitation des satellites météorologiques).

EuP (=［英］*e*nergy *u*sing *p*roducts) *n.m.pl.* エネルギー利用製品 (=［仏］produits consommant de l'énergie). la directive ~ de l'Union européenne UE (EU) のエネルギー利用製品に関する指令《省エネルギーに配慮した製品設計を義務づける規制の指令；2005 年 8 月 11 日に採択され, 2009 年より施行》.

euphénisme *n.m.* 婉曲語法 (*ex.* mourir を s'en aller と表現する). par ~ 婉曲に, 婉曲な言い方で.
▶ **euphémique** *a.*

euphorbe *n.f.* 〖植〗ユーフォルブ, とうだいぐさ (とうだいぐさ科 euphorbiacées；緑花をつける；白い乳液は有害).

euphorie *n.f.* **1** 幸福感, 満足感. être en pleine ~ 幸福感にひたりきる. **2** 〖精神医学〗多幸症；上機嫌.

euphorique *a.* 幸福感の；幸福感をもたらす；楽観的にさせる. état ~ 至福の状態.

euphorisant(e) *a.* 幸福感の；幸福感をもたらす. succès ~ 幸福感をもたらす成功.
—*n.m.* 〖薬〗幸福感促進剤 (=médicament ~)《ecstasy など》.

euploïde *a.* 〖生化〗(細胞の染色体数が) 正常倍数の；2 倍体の (=diploïde). cellule ~ 染色体数が正常倍数の細胞.

eurafricain(e) *a.* ヨーロッパとアフリカに関する.

Eurafrique *n.pr.f.* ユーラフリック《ヨーロッパとアフリカの構成する地域；形容詞 eurafricain (*e*)》.

eurasiatique *a.* ユーラシア大陸 (l'Eurasie) の.

Eurasie *n.pr.f.* l'~ ユーラシア〔大陸〕《ヨーロッパとアジアで形成される大陸；形容詞 eurasiatique》.

eurasien(ne) *a.* **1** ユーラシア〔大陸〕の. **2** 〖人類〗ユーラシア系の, 欧亜混血の.

Euratom [ɸratɔm] (=［英］*Eur*opean *Atom*ic Energy Community) *n.f.* ユーラトム. ヨーロッパ原子力共同体, 欧州原子力共同体 (=〖仏〗CEEA：*C*ommunauté *e*uropéenne de l'*é*nergie *a*tomique；1957 年設立).

Eure *n.pr.f.* **1** 〖地理〗l'~ ユール川 (le Perche ペルシュ地方に源を発し, Chartres シャルトルを流れる, セーヌ河左岸の支流；長さ 225 km).
2 〖行政〗l'~ ユール県 (=département de l'~；県コード 27；フランスと UE の広域地方行政区 région Haute-Normandie オート=ノルマンディー地方に属す；県庁所在地 Evreux エヴルー；主要都市 Les Andelys レ=ザンドリー, Bernay ベルネー；3 郡, 43 小郡, 675 市町村；面積 6,039 km²；人口 541,054).

Eureca (=［英］*Eu*ropean *Re*trievable *Ca*rrier) *n.f.* ヨーロッパ・フリー・フライヤ型無人宇宙実験機.

Eure-et-Loir *n.pr.m.* l'~ 〖行政〗ユー

Eurêka

ル=エ=ロワール県（=département de l'~；県コード28；フランスと UE の広域地方行政区 région Centre サントル地方に属す；県庁所在地 Chartres シャルトル；主要都市 Châteaudun シャトーダン, Dreux ドルー, Nogent-le-Rotrou ノジャン=ル=ロトルー；4郡, 29小郡, 403市町村, 面積 5,880 km²；人口 407,665）.

Eurêka *n.pr.* ユーレカ〔計画〕(ヨーロッパ先端技術促進協力計画の名称；Eurêka とはアルキメデスの「わかった！」という言葉). le programme ~ ユーレカ計画. le comité interministériel ~ ユーレカ計画各省庁連絡委員会. conférence ministérielle ~ ユーレカ計画閣僚会議.

EURL (= entreprise unipersonnelle à responsabilité limitée) *n.f.* 〖経済〗個人有限会社〔有限責任の個人企業；1985年フランスで導入；企業創設者の個人資産を企業と分離する目的でつくられた〕.

euro *n.m.* 〖通貨〗ユーロ〔ヨーロッパ連合 UE の基本通貨, 1999年1月1日導入, 2002年1月1日から正式に流通；記号 €；1 € =6.55957フランス・フラン〕.

euroamende *n.f.* ヨーロッパ連合の課す罰金.

euro-arabe *a.* ヨーロッパとアラブの；ヨーロッパ諸国とアラブ諸国の（に関する）. dialogue ~ ヨーロッパとアラブの対話.

eurobanque *n.f.* 〖金融〗ユーロバンク, ユーロ銀行〔ユーロドゥヴィーズの取引を行なう銀行〕.

Eurocard *n.f.* ユーロカード〔マスターカード Mastercard 系のクレジットカード〕.

eurocentrisme *n.m.* ヨーロッパ中心主義（=européocentrisme）.

Eurochemic *n.pr.f.* ヨーロッパ使用済核燃料化学処理会社（= Société européenne pour le traitement chimique des combustibles irradiés）.

Eurocity 〔英〕*n.m.* 〖鉄道〗ユーロシティ特急〔ヨーロッパの主要都市を結ぶ国際特急列車；略記 EC〕.

Eurocom-France 〔無冠詞〕*n.m.* ユーロコム=フランス社〔1991年 Bélier 社と HDM 社が合併して発足した広告会社；Havas の子会社〕.

euro-communisme *n.m.* ユーロコミュニズム〔1970年代の後半, 主としてイタリア共産党書記長 Berlinguer ベルリングエルの提唱による南ヨーロッパ諸国共産党の連携による共産主義運動の刷新を目指す動き〕.

eurocomptable *a.* 通貨ユーロによる会計（簿記）の. logiciel ~ ユーロ会計ソフト.

EURO COOP *n.f.* ユーロコープ（= Communauté européenne des coopératives de consommateurs 消費者協同組合ヨーロッパ共同体の通称；1957年設立；本部 Bruxelles).

Eurocopter [ørɔkɔptɛr] *n.m.* 〖軍〗ユーロコプター〔ヨーロッパ共同体で共同開発のヘリコプター〕.

Eurocorps *n.m.* 〖軍〗ヨーロッパ軍団〔1987年に創設された独仏連合旅団 brigade franco-allemande を発展させたもの）. le PC (= poste de commandement) de l'~ à Strasbourg ストラスブールのヨーロッパ軍団指揮所.

eurocrate *n.* ユーロクラート, ヨーロッパ共同体, ヨーロッパ連合で働く官僚.

eurocrédit *n.m.* 〖金融〗ユーロ建て融資.

eurodéputé(e) *n.* ヨーロッパ（欧州）議会議員.

eurodevise *n.f.* ヨーロッパ外貨, ユーロ・ドゥヴィーズ, ユーロカレンシー（Eurodeutschmark, Eurodollar, Eurofranc, Eurolivre 等々）.

EURODIF *n.pr.f.* ユーロディフ（ヨーロッパ・ガス拡散方式ウラン濃縮会社；= Société européenne d'enrichissement de l'uranium）.

Eurodisneyland *n.m.* ユーロディズニーランド〔パリ近郊 Marne-la-Vallée に建設された大規模遊園地. 1992年に開業〕.

euro[-]dollar *n.m.* ユーロダラー〔西ヨーロッパの金融市場に出まわっている米ドル〕. avoirs en ~s ユーロダラー残高. compte en ~s ユーロダラー勘定.

Euro-droite *n.f.* ユーロドロワット〔1979年のヨーロッパ議会選挙を前に新勢力 Parti des forces nouvelles がイタリアの MSI やスペインの Fuerza nueva とともに創立した右翼政党；前記の選挙では1.31 % の得票率だった〕.

Eurofighter 〔英〕*n.m.* 〖空軍〗ユーロファイター〔ヨーロッパ戦闘機 EFA = European Fighter Aircraft, = 〔仏〕avion de combat européen；1992年末から le Nefa (New European Fighter Aircraft) 「新ヨーロッパ戦闘機」と改称；英・独・伊・西の共同開発〕.

eurofranc *n.m.* ユーロフラン〔フランス以外のヨーロッパ諸国の銀行に預金されていたフラン〕.

EuroHIV[1] (= programme de surveillance européen du VIH/sida) *n.m.* エイズに関するヨーロッパの監視プログラム.

EuroHiv[2] *n.pr.m.* 〖医〗ヨーロッパ・エイズ疫病学的追跡調査センター（= Centre européen pour le suivi épidémologique du sida）〔通称〕.

Eurojust *n.pr.f.* 〔無冠詞〕ユーロジュスト〔ヨーロッパ連合の合同司法機構；2002年創設；本部オランダの La Haye (Den Haag) デン・ハーフ（ハーグ）. collège d'~ ユーロジュスト代表団〔ヨーロッパ連合加盟国の代表により構成する最高司法機関〕.

mission d'～ ユーロジャストの任務.

Euroland〔**e**〕*n.pr.f.*〖経済〗ユーロランド(ユーロ通貨圏)(=zone euro)《形容詞 eurolandais (*e*)》.

eurolandais(*e*) *a.* 〖経済〗ユーロ圏(Eurolande)の.

Euroliner *n.m.* 〖海〗ユーロライナー《30,900馬力のガスタービン機関2基を装備した高速輸送船》.

euromarché *n.m.* ユーロ市場.

Euromarfor (=〖英〗*Euro*pean *Mari*time *For*ce) *n.f.* 〖軍〗ヨーロッパ海軍《1995年仏, 伊, 西, 葡4か国の海軍により結成した非常設海軍;〖仏〗Force maritime européenne). missions de l'～ ヨーロッパ海軍の使命.

Euromed Marseille *n.f.* 〖教育〗ユーロメッド・マルセイユ高等経営学校《<*Euro*pe+*Méd*iterranée;マルセイユ=プロヴァンス商工会議所CCIMP所管のグランド・エコール;1872年Ecole supérieure de Marseille として創立, Ecole supérieure de commerce de Marseille-Provence を経て, 2003年 Euromed Marseille に再編発足; ESC, CeseMed, PMF, MSc, Ms などのコースあり;2005年 Equis 認定;Marseille地区に3校の他, Paris, Shanghai, Alger に分校あり》.

Euromilsatcom (=〖英〗*Euro*pean *Mil*itary *Sat*ellite *Com*munication) *n.f.* ヨーロッパ軍事衛星通信.

euromissile *n.m.* ヨーロッパ・ミサイル《1970-80年代にヨーロッパに配備された, あるいは配備される予定の中距離ミサイルについて東西間でなされた交渉を指して「ヨーロッパ・ミサイル交渉 négociations sur les euromissiles」と呼ばれたことがある》.

euromonnaie *n.f.* ユーロモネー, ユーロカレンシー, ヨーロッパ通貨(=eurodevise). emprunt en ～ ユーロ債.

Euronews *n.pr.f.* 〖放送〗ユーロニュース《ヨーロッパ・ラジオ・TV放送連合加盟国によるニュース放送番組;1993年より有線による多国語放送を送信》.

Euronext *n.pr.f.* 〖無冠詞〗ユーロネクスト《2000年9月にParis, Amsterdam, Bruxellesの証券取引所が合併して誕生した多国籍証券取引所運営会社でオランダ籍;2002年英国のLIFFE (London *I*nternational *F*inancial *F*utures and *O*ptions *E*xchange ロンドン国際金融先物・オプション取引所)とポルトガルのBVLP (*B*olsa de *V*alores de *L*isboa e *P*orto)リスボン・ポルト証券取引所と合併;2006年6月11日ニューヨーク証券取引所を運営するNYSE (*N*ew *Y*ork *S*tock *E*xchange)と合併を発表, 2007年4月4日新会社NYSE Euronext が発足した》. ～ 100 ユーロネクスト100銘柄指数.

euronucléaire *a.* ヨーロッパに配備された核兵器の. forces ～s ヨーロッパの核戦力.

euro-obligation *n.f.* ユーロ建て債券, ユーロ債, ユーロ・ボンド(=〖英〗eurobond).

Europan *n.m.* ヨーロッパ新建築計画(=programme architecture nouvelle;1988年6月発足のフランス新建築コンクールの呼称).

europarl *n.pr.* 〖インターネット〗www. ～.eu.int. ヨーロッパ議会(Parlement européen)のサイト名.

Europarlement *n.m.* ヨーロッパ議会(=Parlement européen;本拠 Strasbourg).

europarlementaire *n.* ヨーロッパ議会(Parlement européen)の議員(=eurodéputé).

Europcar *n.m.* 〖交通〗ユーロップカール, ヨーロッパカー《レンタカー会社名》.

Europe 1 [ørɔp œ̃] ヨーロッパ第1放送.

européanisation *n.f.* ヨーロッパ化.

européanisme *n.m.* ヨーロッパ主義, ヨーロッパ統合主義(européisme ともいう).

européen(***ne***) *a.* **1** ヨーロッパの, 欧州の, ヨーロッパ的な. Avant de prendre position sur la nouvelle proposition américaine, la France consultera les autres capitales ～nes. フランスはアメリカの新提案に対する態度を決める前に, 他のヨーロッパ各国政府と協議することにしている. à l'～ne ヨーロッパ風に, ヨーロッパ式に. **2** ヨーロッパ共同体(連合)の;ヨーロッパ建設(統合)に関する;ヨーロッパ統合主義の. Acte unique ～ ヨーロッパ単一議定書(1986年に調印. 1993年までに加盟国市場を完全に統一することをはじめ, カネやモノ, ヒトの移動の自由化促進を通して, ヨーロッパ統合に新たな推進力を与えることを定めている). Association ～ne de libre-échange (AELE) ヨーロッパ自由貿易連合. Banque centrale ～ne (BCE) ヨーロッパ中央銀行. Commission ～ne ヨーロッパ(欧州)委員会(委員は commissaire ～ という). Communautés ～nes ヨーロッパ共同体(1967年に従来の3共同体(CECA, CEE および Euratom ユーラトム)の委員会と閣僚理事会が合体してから, 1993年にマーストリヒト条約の批准が終了して UE が正式に発足するまで存在). Communauté économique ～ne (CEE=〖英〗EEC) ヨーロッパ経済共同体(1957年のローマ条約によって設立された. 〔ヨーロッパ〕共同市場 marché commun とも呼ぶ;1992年マーストリヒト条約で Communauté ～ne と改称, 1993年 Union européenne になる). Communauté ～ne du charbon et de l'acier (CECA=〖英〗ECSC) ヨーロッパ石炭鉄鋼共同

体（1951年のパリ条約に基づいて設立．ヨーロッパ建設の最初の一歩となった．加盟国はドイツ，ベルギー，フランス，イタリア，ルクセンブルクおよびオランダ．1967年にヨーロッパ共同体に吸収される）．Communauté ~ne de défense (CED) ヨーロッパ防衛共同体（1950年に提唱され，1952年にはパリで条約が調印されたが，フランスの議会がその批准を拒んだために日の目を見なかった）．Communauté ~ne de défense (CED) ヨーロッパ防衛共同体．Communauté ~ne de l'énergie atomique (CEEA=Euratom) ヨーロッパ原子力共同体（Euratom「ユーラトム」とも言う；1957年のローマ条約に基づいて設立され，1967年にヨーロッパ共同体の一部となる）．Conseil ~ ヨーロッパ理事会（ヨーロッパ首脳会議 Sommet ~ とも呼ばれる．ヨーロッパ連合［閣僚］理事会 Conseil [des ministres] de l'Union と混同してはならない）．Constitution ~ne ヨーロッパ連合憲法．construction ~ne ヨーロッパの建設．Cour ~ne de justice ヨーロッパ司法裁判所．député ~ ヨーロッパ議会議員．élections ~nes ヨーロッパ議会選挙（les ~nes ということもある）．Espace économique ~ ヨーロッパ経済領域（1984年に AELE とヨーロッパ共同体の間で合意された協力関係を具体化するものとして設置）．Fonds ~ de développement ~ ヨーロッパ開発基金．haut représentant de l'Union ~ne pour les affaires étrangères et la politique de sécurité ヨーロッパ連合の外交・安全保障政策担当上席代表（2007年のリスボン条約で導入されたヨーロッパ連合外務大臣相当職）．identité ~ne de défense (IED) 防衛面におけるヨーロッパの独自性．mécanisme de change ~ ヨーロッパ為替メカニズム．monnaie unique ~ne ヨーロッパ単一通貨（ユーロ euro のこと）．Parlement ~ ヨーロッパ議会（正式には Assemblée parlementaire ~ne という；Parlement de Strasbourg と呼ばれることもある）．président du Conseil ~ ヨーロッパ理事会総裁（実質上のヨーロッパ連合大統領；2007年のリスボン条約で導入）．serpent monétaire ~ ヨーロッパ（通貨の）ヘビ（スネーク）（国際通貨制度の不安定に対抗するため1972年4月に発足．加盟国間で経済政策の整合性が欠如していた上に，為替投機にしばしば見舞われたこともあって，失敗に終わる）．système monétaire ~ ヨーロッパ通貨制度（1978年に正式発足．最初の2年間を除いて通貨安定の機能を果たせず）．Union ~ne (UE=［英］EU) ヨーロッパ連合（マーストリヒト条約（1991年12月に調印，1993年に発足）に基づいて設立された．従来のヨーロッパ共同体を統合）．unité de compte ~ne (UCE) ヨーロッパ計算単位．
—— n. 1 ヨーロッパ人．2 ヨーロッパ統合

支持者，ヨーロッパ統合主義者．
—— n.f.pl. ヨーロッパ議会選挙（=élections européennes)．

européennes n.f.pl. ヨーロッパ議会選挙（=élections ~)．

européisme n.m. ヨーロッパ統合主義，ヨーロッパ統合優先主義．

euro-pessimisme n.m. ユーロペシミズム（第2次石油ショックのあと，1980年代の末にかけて，ヨーロッパの経済，技術などの日米に対する遅れが原因となって生まれた一種の危機感；EC統合の原動力になるとともに，東西冷戦の終焉やドイツの統一が進むにつれてしだいに影をひそめた）．

europhile a. ヨーロッパびいきの，ヨーロッパを愛好する．Français ~s ヨーロッパを愛するフランス人．

europhobe n. ヨーロッパ嫌い，ヨーロッパ恐怖症の人；ヨーロッパ統一反対派．

Europipe n.f. 〖エネルギー〗ユーロパイプ（ノルウェー，ドイツ，オランダを結ぶ天然ガスのパイプライン）．

europium [ɸrɔpjɔm] n.m. 〖化〗ユウロピウム（元素記号 Eu，原子番号63．1901年発見の希土類元素）．

Europol n.pr.m. 〔無冠詞〕ユーロポール，ヨーロッパ警察機構（=Office européen de police；1995年創設；本部オランダのデン・ハーフ（ハーグ）La Haye (Den Haag)；ヨーロッパ連合のテロ・密輸・麻薬の不正取引・不法移民・通貨偽造・資金洗浄・国際犯罪などの対策の調整・促進機構）．

Europont n.m. ユーロポン（英仏海峡の架橋構想；全長35 km の鉄道・道路並用橋名）．

Europoort n.pr.m. ユーロポールト，ユーロポート（オランダ・ロッテルダムの外港；精油・製鉄・造船工業地帯を形成）．

euro-prudence n.f. (ヨーロッパ連合の統一通貨) ユーロに対する慎重姿勢（ユーロ参加に対する慎重態度）．

europtimisme n.m. ヨーロッパ楽観主義（ヨーロッパの将来に対する楽観主義）(europessimisme の対)．

euroréférundum n.m. ヨーロッパ連合構成国全体での国民投票．

Euroroute n.f. ユーロルート（英仏海峡の斜張橋計画）．

Eurosatellite n.pr. ユーロサテリット（宇宙衛星の製造会社名）．

euroscepticisme n.m. ヨーロッパ懐疑主義，ユーロセプティシズム（ヨーロッパ統合に懐疑的な考え）．

eurosceptique a. ヨーロッパ統合に懐疑的な．
—— n. ヨーロッパ統合懐疑派の人．

Eurosignal n.m. 〖通信〗ユーロシニャル（ヨーロッパ・ポケベル通信システム．通称「ビップ」bip)．

Eurosport France n.m. 〖放送〗ユーロスポール・フランス《フランスの衛星利用ヨーロッパスポーツ放送番組名》.
Eurosports n.m. ユーロスポール(ヨーロスポーツ)放送会社《1989年2月設立の衛星利用国際スポーツ放送会社》.
Eurostar [ʊrɔstar] n.m. 〖鉄道〗ユーロスター《1994年, 英仏海峡海底トンネル Eurotunnel 開通を機に導入された超高速列車名: TGV Transmanche ともいう》.
Eurostat n.m. ヨーロッパ共同体統計局(=Office statistique des Communautés européennes).
euro-sterling n.m. ユーロポンド.
Eurostoxx (Euro Stoxx) 50 n.pr.m. 〖株式〗ユーロストックス 50《1999年に導入されたユーロ圏の代表的 50 銘柄の株価指数》(=l'indice ~).
eurostratégie n.f. 〖政治〗(西欧諸国の地勢的状況に結びついた)ヨーロッパ戦略.
eurostratégique a. ヨーロッパ戦略の. forces ~s ヨーロッパ戦略軍事力. négociations ~s de Genève sur les forces nucléaires de portée intermédiaire (FNI) entreposées en Europe ヨーロッパ配備中距離核戦力に関するジュネーブ戦略交渉(射程1000 km 以上の中距離核ミサイル IRBM に関する交渉).
Eurosurveillance n.pr.m. 「ユーロシュールヴェイヤンス」《感染症に関する UE (EU)の情報誌; 週刊・月刊・季刊の他電子版がある》. le trimestriel ~ 季刊ユーロシュールヴェイヤンス. alertes électronique de ~ ユーロシュールヴェイヤンスの電子警報.
Eurosystème n.m. ユーロ通貨体制, ユーロシステム.
euro-terrorisme n.m. ユーロテロリズム《フランスの直接行動 Action directe, 旧西ドイツの赤軍派, イタリアの赤い旅団など, 極左グループによるテロ活動の総称》.
Eurotunnel 〖無冠詞〗n.pr.m. ユーロチュネル, ヨーロッパトンネル〖会社〗(=la société ~). l'action ~ ヨーロッパトンネル〖会社〗株.
Eurovision n.f. ユーロビジョン(= Union européenne de radiodiffusion et de télévision の略; 1954年6月に開設, ニュース素材の交換開始は 1961年5月. 西ヨーロッパ 12カ国, 14団体が加盟しており, 本部は Bruxelles).
euscara, euskara, euskera n.m. 〖言語〗ユースカラ, バスク語(=langue basque).
euscarien(ne), euskarien(ne) a. バスク(la Basque)の(=basque).
——E~ n. バスク人.
eustatique a. 〖地学〗海水準変動の. mouvements ~s 海水準変動.
eustatisme n.m. 〖地学〗海水準変動.

海面変動, ユースタシー《世界的規模の海面水準変動》.
eutectique a. 〖化〗共融 (eutexie)の, 共晶の; 共融合金の, 共融化合物の; 共融点の. mélange ~ 共融混合物. point ~ 共融点(=température ~). température ~ 共融(共晶)温度.
——n.m. 〖化・物理〗共融化合物(=mélange ~), 共晶.
Eutelsat[1] n.m. 〖宇宙・放送〗ユーテルサット《ヨーロッパ TV 放送衛星; 1983年から 1988年にかけて I 型の I-F1, F2, F3, F4, F5, II型のII-F1 を投入》.
Eutelsat[2] 〖無冠詞〗n.m. ヨーロッパ通信衛星機構(2001年設立の会社; 加盟26カ国; 本部 Paris).
eutexie [øtɛksi] n.f. 〖物理〗共融. point d'~ 共融点.
euthanasie [øtanazi] n.f. 安楽死. ~ passive (active) 消極的(積極的)安楽死.
euthanasier v.t. 安楽死させる.
euthanasique a. 安楽死の. traitement ~ 安楽死の措置.
euthyroïdie n.f. 〖医〗甲状腺機能の正常状態.
eutocie n.f. 〖医〗正常分娩; 安産.
eutocique a. 安産の.
eutrophe a. 〖生理・医・環境〗富栄養の(=eutrophique).
eutrophie n.f. 〖医〗栄養良好, 正常栄養.
eutrophique a. 1 〖医〗栄養良好な; 正常栄養の. 2 〖環境〗(湖沼・河川の)富栄養の(=eutrophe). effets ~s 富栄養効果.
eutrophisation n.f. (湖沼・河川の)人為的富栄養化《工場排水・生活排水等により水中の栄養塩類がふえること》. ~ de la rivière 河川の富栄養化.
eutypiose n.f. 〖葡萄栽培〗ユーティピオーズ《寄生菌病の一種; 1977年に認定》.
EV[1] (=engagés volontaires) n.m.pl. 〖軍〗志願兵.
EV[2] (=en ville) 市内配送.
EV[3] = [英] exposure value] n.f. 〖写真〗露光指数, EV (= [仏] IL : indice de lumination).
eV (=électronvolt) n.m. 〖原子物理〗電子ヴォルト(記号).
évacuant(e) a. 〖医〗排泄促進の, 瀉下の. 〖薬〗mucilage ~ 瀉下用粘漿薬.
——n.m. 排泄促進剤, 瀉下薬, 下剤(=laxatif, purgatif).
évacuateur[1] (**trice**) a. 1 排水用の. conduit ~ 排水路.
2 〖医〗吸引用の, 排出用の. lavement ~ (腸の内容物の)排出浣腸.
——n.m. 1 排水施設(設備). ~ de crue [s] (ダムの)余水吐(余水排出装置). ~ en puits 立坑形余水吐き.
2 〖医〗(糞便の)吸引排出器, 吸引器.
évacuation n.f. 1 排泄; 吐瀉;〖pl.

évacué(e)

で)〕排泄(吐瀉)物. ~ des excréments 大便の排泄.
2〘医〙排出, 瀉出. ~ de la sueur 汗の流出. ~ du pus d'un abcès 膿瘍からの膿の排出.
3 排出, 排水 (= ~ des eaux). ~ des eaux usées 廃水の排出. orifice d'~ 排水口 (= déversoir).
4 (土地, 建物からの) 立退き, 退去；疎開；(土地, 建物の) 明け渡し.
5〘軍〙撤兵, 撤退. ~ d'un pays par les troupes d'occupation 占領軍の占領国からの撤退.
6 強制退去；退避, 避難. ~ des blessés 負傷者の搬出. ~ d'un théâtre par les sorties de secours 劇場の非常口からの観客の退避.

évacué(e) *a.p.* **1** 排出された. eaux usées ~ *es* 排出廃水.
2 人が立ち退いた；〘軍〙撤退(兵)した. zone ~ *e* 撤退(兵)地帯.
3 退避した, 避難した. population ~ *e* 避難民. quartier ~ 住民が避難した街区.
——*n.* 立ち退き者；避難者.

évadé(e) *a.* 脱走した, 逃亡した, 脱獄した. prisonnier ~ 脱走囚.
——*n.* 脱走者, 逃亡者, 脱獄囚. reprendre (capiturer) des ~ *s* 脱獄囚を逮捕する.

évagination *n.f.*〘医〙膨出(器官の異常突出).

évaluatif(ve) *a.* **1** 評価の；見積の；算定の. devis ~ 見積書. système ~ 評価システム.
2〘財政〙crédit ~ (国債の) 償還評価額.

évaluation *n.f.* **1** 評価；算定；見積り；換算.〘税〙~ administrative 管理に関する課税評価. ~ approximative 概算. ~ des marchandises en magasin 商品の棚卸し(=inventaire). ~ d'une distance 距離の算定. ~ d'une fortune 財産の評価. date d'~ 評価時点.
2 評価額；算定額；見積り額(=quantité d'~ ; valeur d'~). ~ insuffisante 不十分な評価(見積り)額.

évangélique *a.*〘キリスト教〙**1** 福音の, 福音にかなった；福音書の. doctrine ~ 福音思想. vie ~ 福音にかなった生活.
2 福音主義の；新教の, プロテスタントの. l'Eglise réformée ~ 福音主義改革教会, プロテスタント教会. l'église ~ 福音主義教会；(特に 1970年代からアメリカでひろまった原理主義に近い) 福音派教会.
——*n.* 福音主義者；新教徒, プロテスタント (=protestant).

évangélisa*teur*(*trice*) *a.*〘キリスト教〙福音を説く(ひろめる), 福音伝道の. mission ~ *trice* 福音伝道.
——*n.* 福音伝道者.

évangélisation *n.f.*〘キリスト教〙**1** 福音伝道, 福音宣教.
2 キリスト教布教；(異教徒の) キリスト教化 (=christianisation).

évangélisme *n.m.* **1**〘キリスト教〙福音思想；福音伝道, 福音宣教.
2 (福音教会の) 福音主義；プロテスタンティズム (=protestantisme).

évangéliste *n.m.*〘キリスト教〙**1** (四福音書の) 福音記者, 福音者, 福音史家. les quatre ~ *s*, Matthieu, Marc, Luc et Jean 四福音〔記〕者, マタイ, マルコ, ルカ, ヨハネ.
2 (特定のプロテスタント教会での) 世俗説教者, 巡回説教者；巡回牧師.
3 福音主義者.
——*a.* 福音主義の；福音教会の.

évangile *n.m.* **1**〘キリスト教〙〔多く E~〕福音(イエス・キリストの教え). prêcher l'~ 福音を説く.
2 l'E ~ 福音書；(新約聖書の) 四福音書. 新約聖書(=le Nouveau Testament). l'E ~ selon saint Matthieu (Marc, Luc, Jean) マタイ(マルコ, ルカ, ヨハネ)による福音書. les E ~ *s* apocryphes (聖書の) 外典〔福音書〕. les E ~ *s* synoptiques (聖書の) 共観福音書〔マタイ, マルコ, ルカによる三福音書〕. le quatrième ~ 第四福音書, ヨハネによる福音書(=l'E ~ selon saint Jean).
3 (ミサで朗読される) 福音書のテクスト. parole d'~ (福音書の文言のように) 確かな事実.
4〔比喩的〕(信仰・主義・理論上の) 聖典, 基本原理, 基本綱領, 教義. *le Capital*, ~ du marxisme マルクス主義の聖書『資本論』.

évanouissement *n.m.* **1** 失神, 意識の喪失(=perte de conscience, lipothymie).
2 消散, 消失. ~ des espérances 将来性の消失.
3〘ラジオ〙フェーディング(= [英] fading；信号強度が時間的に減衰・消滅する現象).

évapo-incinération *n.f.* 蒸発脱水・焼却〔処理〕. centres d'~ (ゴミの) 脱水焼却処理場.

évaporateur *n.m.* **1** 蒸発装置；乾燥器.
2 海水蒸留器.
3 (冷凍機などの) 気化器.

évaporation *n.f.* 蒸発, 気化；蒸着. ~ à vide 真空蒸発(蒸着). capsule d'~ 蒸発皿. réfrigération d'~ 気化冷却. séchage par ~ 気化乾燥. vitesse d'~ 蒸発(気化)速度.

évapotranspiration *n.f.*〘気象〙蒸発散(土壌, 河川, 植物などからの水分の蒸発)；蒸発散量. ~ effective (réelle) 有効蒸発散量.

évasif(ve) *a.* 回避を図る, 逃げ腰の；言い抜けの, 言明を避けた. attitudes ~ *ves* 逃げ腰の態度. explications ~ *ves* 曖昧な説明,

遁辞. formule (réponse) ~ve 逃げ口上.

évasion (<s'évader) *n.f.* **1** 脱走, 脱出, 逃亡;〚法律〛逃走〔罪〕. ~ d'un prisonnier de guerre 捕虜の脱走. ~ en groupe 集団脱走. ~ réussie (manquée) 脱走の成功 (失敗). tentative d'~ 脱走の企て.
2〚比喩的〛逃避;気分転換, 息抜き. ~ hors de la réalité 現実からの逃避. besoin d'~ 気分転換の必要. d'~ 気分転換の, 気晴らしの. film d'~ 娯楽映画.
3〚経済〛逃避, 流出;国外流出;回避. ~ de capitaux 資本の国外流出. ~ de trafic 交通機関からの客離れ. ~ du pouvoir d'achat 購買層の他店への流出. ~ fiscale 脱税;節税.

Evat (= engagé volontaire de l'armée de terre) *n.m.*〚軍〛陸軍志願兵.

évêché *n.m.*〚カトリック〛**1** 司教区 (= diocèse). Il y a en France métropolitaine quatre-vingt-seize ~s et dix-huit archevêchés. フランス本国には96の司教区が18の大司教区がある.
2 司教座;司教職.
3 司教館 (= palais épiscopal).
4 司教座のある町 (= siège d'un ~).

éveil *n.m.* **1** 目覚め, 覚醒《多く比喩的;眠りからの目覚めは réveil》. ~ de la nature au printemps 春の自然の目覚め. ~ de l'intelligence 知恵の目覚め. ~ du patriotisme 愛国心の芽生え.〚教育〛discipline d'~ 情操開発教科.
2 用心, 警戒心. donner l'~ à qn 人に用心させる, 注意を喚起する.
3 en ~ 用心して, 警戒して;目覚めて. être en ~ 用心している;覚醒している. mettre qch en ~ 何を目覚めさせる. sentinelle en ~ 見張りに立つ歩哨.
4〚生理〛覚醒.

éveillé(**e**) *a.p.* **1** 目覚めた;覚醒時の. rêve ~ 白昼夢. rester ~ toute la nuit 一晩中まんじりともしない. tenir qn ~ 人を眠らせない.
2 利発な;快活な;いたずらな. air ~ 潑剌とした様子. enfant ~ 利発な子供, いたずらっ子. esprit ~ 聡明な精神.

éveinage *n.m.*〚医〛静脈抜去術, ストリッピング 《〚英〛stripping の公用推奨語;静脈瘤の手術法の一つ》.

événement *n.m.* **1** 出来事, 事件, 事象, 重要なこと. l'~ de l'année 今年最大の出来事. film des ~s (大事件の) 詳細な経過. Elle attend un heureux ~. 彼女は出産を控えている, 妊娠している. être dépassé par les ~s 事態の推移に追いつけない, 取り残される. Le journal télévisé commence toujours par les ~s du jour. テレビのニュース番組は一日の主なニュースで始まる. Les médias modernes créent les ~s au lieu d'en rendre compte. 現代のマスコミは出来事を報道するかわりに, 事件を作り出す.

les ~s de mai 68 1968年5月の事件《5月革命, 5月の騒動》. les ~s du Proche-Orient 中近東の事態 (危機).
2〚話〛一大事, 珍事, 大騒ぎ.
3〚劇〛大団円, 結末.
4《L'E~》「レヴェヌマン (時報)」誌《1984年 L'E~ du jeudi として創刊;2000年9月France-Soir 紙の付録となる》.

éventail *n.m.* **1** 扇, 団扇, 扇子. jouer de l'~ 扇を使う. ouvrir (fermer) un ~ 扇子を広げる (閉じる). choses dites derrière l'~ 扇子越しの (の), 扇状の, 末広がりの. palmier à feuilles en ~ 扇状の葉の棕櫚.〚建築〛voûte en ~ 扇形穹窿, ファンヴォールト. avoir les doigts de pied en ~ 足の指を広げている. en〔forme d'〕~ 扇形の.
2 扇状のもの.〚地形〛~ aluvial 扇状地.〚地形〛~ de glace 氷扇.
3〚比喩的〛選択の幅;幅;(商品の) 品揃え. ~ d'articles offerts à l'acheteur 購買者に対する商品の選択幅 (品揃え). ~ des prix (des salaires) 価格 (賃金) の幅.
4 (天井から吊した) 大うちわ (= panca).
5 遮光幕 (= écran).

éventé(**e**) (<vent) *a.p.* **1** 風のよく通る;外気にさらされた. terrasse ~e 吹きさらしのテラス.
2 (外気によって) 変質した;香り (味) が変った. parfum ~ 香りの抜けた香水.
3 (秘密・陰謀などが) あばかれた. complot ~ あばかれた陰謀.

éventration *n.f.*〚医〛内臓脱出. ~ diaphragmatique 横隔膜弛緩症. ~ sous-ombilicale 臍下弛緩症.

éventualité *n.f.* 偶発性;可能性;起こりうる事態. ~ d'un événement 事態の偶発性. dans l'~ de qch 何かが起こった場合には. envisager l'~ d'une guerre 戦争の可能性に直面する. parer à toute ~ あらゆる不測の事態に備える.

éventuel(**le**) *a.* **1** (場合によっては) 起こり得る, 可能性のある;偶然の, 不測の;不確定な. accident ~ 不測の事故.〚電算〛propriété ~le 生起可能性. successeur ~ d'un ministre 大臣の後継者になりうる人.
2〚法律〛未必の. dol ~ 未必の故意. intérêt ~ 未必の (不確定な) 利益. litige ~ 未必の紛争.
3〚法律〛未然の, 未確定の, 期待可能な. droit ~ 未確定の利益. préjudice ~ 未然の損害. succession ~le 未確定相続.
4〚哲〛偶然性の.

éventuellement *ad.* 場合によっては;もしもの時は. J'aurais ~ besoin de votre aide. もしかしたらご助力をお願いするかもしれません.

évêque *n.m.* **1**〚カトリック〛司教;(特に) 教区常任司教 (= ~ résidentiel dio-

éversion

césain). ~ auxiliaire 補佐司教. ~ diocésain 教区司教. ~ résidentiel (ordinaire) 常任司教. ~ titulaire 名義司教. Monseigneur X, E~ de … 司教 X 貌下. assemblée des ~ 司教会議, 公会議 (=concile). bonnet d'~[1] 司教冠 (=mitre). violet, couleur distinctive de l'~ 司教の識別色である紫 (=violet ~ 司教紫).
2 (ギリシア正教の) 主教;(新教の) 監督.
3〖比喩的〗en bonnet d'~ 司教冠の形の. serviette de table en bonnet d'~ 頂を三角に折った司教冠状のナプキン.〖料理〗〖話〗bonnet d'~[2] ピラミッド型に盛りつけた家禽の腿付尻肉. pierre d'~ 紫水晶, アメシスト《色が司教色に通じることから》.

éversion *n.f.* **1**〖医〗外反. ~ de la muqueuse du col utérin 子宮頚管粘膜外反. ~ de la paupière 眼瞼外反 (=ectropion).
2 外翻, 外側にめくること. ~ d'une paupière (診察のための) 眼瞼外翻.

Evian-les-Bains *n.pr.* エヴィヤン=レ=ヴァン《オート=サヴォワ県département de la Haute-Savoie の小郡庁所在地;市町村コード 74500;レマン湖 le lac Léman 南岸の温鉱泉保養地;腎臓, 消化器, 心臓血管性疾患に効くとされる;略称 Evian;形容詞 évianais(*e*)》. accord d'~ エヴィヤン協定《1962年フランスとアルジェリア共和国臨時政府との間の停戦協定》. eau minérale d'~ エヴィヤンのミネラルウォーター (pH 7.2;100 mg で Na 0.5 mg, Ca 7.8 mg, Mg 2.4 mg 他;硬度309:中硬水》. parc thermal d'~ エヴィヤンの温鉱泉公園.

éviction *n.f.* **1**〖法律〗追奪 (ついだつ), (権利の) 剥奪;追放;追い立て, たちのき. ~ d'un emploi 職の剥奪.
2〖医・教育〗~ scolaire (伝染病に罹った児童の) 登校停止. ~ の期間《百日咳 coqueluche 30日, 天然痘 variole 40日など》.

évidemment [évidamã] *ad.* **1**〖しばしば文頭で〗もちろん, E~, vous avez raison. もちろん, あなたのおっしゃる通りです. Vous venez? ―E~! 来てくれるね? ―もちろん.
2 明らかに. E~, il se trompe. 明らかに彼は思い違いをしています.

évidence *n.f.* **1** 明白性, 自明;明証性. ~ absolue 絶対的明証性. ~ empirique 経験に基づく明白さ.
à l'~;de toute ~ 明らかに. nier l'~ 明白性を否定する. se manifester avec ~ 明白に現れる. C'est l'~ même. それは明白そのものだ.
2 明白な事実, 自明な事 (=chose évidente). amonceler des ~s 明白な事実を積み重ねる. se refuser à l'~ 明白な事実に目をふさぐ. se rendre à l'~ 明白な事実に屈する. C'est une ~. わかりきったことだ.
3 en ~ 人目につくように;目立って. être

en ~ 人目につく, はっきりしている. mettre qch en ~ 何を目立たせる;何を明るみに出す. se mettre en ~ 出しゃばる.

évident(*e*) *a.* 明らかな, 明白な;確かな. erreur ~*e* 明らかな誤り. preuve ~*e* 明白な証拠. Il est ~ que+*ind.* …であることは明白だ《否定文・疑問文では時に *subj.*》. C'est ~. /C'est une chose ~ *e*. 言うまでもないことだ. Ce n'est pas ~. そうとは限らない.

évier *n.m.* **1** (台所の) 流し, 流し台. ~ en inox ステンレスの流し. double ~ ダブルシンクの流し (= ~ à deux bacs). faire la vaisselle dans l'~ 流しで食器を洗う. **2** 小規模な排水溝.

éviscération (<éviscérer) *n.f.* **1**〖医〗内臓摘出;(術後の) 内臓脱出.
2〖医〗眼窩内容物除去〔術〕《義眼着用のための》.
3〖料理〗(魚などの) わたを抜くこと.
4〖比喩的〗(制度などを) 骨抜きにすること.

éviscéré(*e*) *a.p.* **1**〖医〗内臓を摘出した.
2〖料理〗内臓を除去した. poulet ~ 内臓を抜いた鶏.

évocation (<évoquer) *n.f.* **1**〖法律〗(上級審への) 移管;移審. droit d'~ 移管 (移審) 権.
2 降霊, 降霊術;(呼び出された) 霊, 魂. ~ des démons 悪霊の呼び出し. ~ des morts par un sorcier 呪術師による死者の降霊.
3 (記憶などを) 思い出させること, 呼び起すこと;(映像・思考などの) 喚起, 想起;(問題などへの) 言及. ~ d'un événement historique 歴史的事件の想起 (への言及). ~ d'une image 映像の喚起. ~ d'un souvenir 記憶の想起. pouvoir d'~ d'une métaphore 隠喩の喚起力.
4〖心〗喚起作用.

évolutif(*ve*) *a.* **1** 進化する, 発展する. 進化 (発展) を促す;発展を続ける. poste ~ 責任 (権限・待遇など) が増大する可能性のある地位. produit ~ 発展性のある製品.
2〖医〗進行性の. maladie ~*ve* 進行性疾患.

évolution *n.f.* **1**〔多く *pl.*〕移動, 旋回, 転移;方向転換. ~s d'une danseuse 踊り子の動作. ~s d'un avion au-dessus d'une ville 航空機の都市上空の旋回. navire en ~ 船舶の方向転換.
2〖軍〗展開, 機動, 移動. ~s des troupes 部隊の移動. ~s navales 艦隊の機動.〖海軍〗escadre d'~ 機動艦隊 (部隊).
3 (情勢・事態の) 推移, 進展;変遷;発展;進歩. ~ des événements 事態の推移 (進展). ~ des idées 思想の発展. ~ d'une civilisation 文明の発展. ~ d'une langue 言語の進化. ~ d'une science 科学の進歩. ~s du sol 土壌の経時変化. ~ historique 歴史的変遷.

science en pleine ~ 発展途上の科学.
4〘生〙(生物の) 進化. théorie de l'~ des espèces 種の進化理論. ~ régressive 退行的進化.
5〘医〙(病気の) 進行, 経過. maladie à ~ lente (rapide) 病状が緩やかに (すみやかに) 進行する疾病.
6〔文〕回転, 自転, 運行. ~ des corps célestes 天体の運行.

évolutionnisme *n.m.* **1**〘生〙進化論. **2**〘社会・人類〙社会進化論;〘哲〙進化論的理論.

évolutionniste *a.* 進化の；進化論者の；進化論を支持する. doctrine ~ 進化論. ——*n.* **1** 進化論者；進化論信奉者. **2** 漸進的発展論 (主義) 者.

évolutivité *n.f.* **1**〘医〙(疾病の) 進行性. **2** (情報処理機器の) 発展性, 進化性.

Evreux *n.pr.* エヴルー《département de l'Eure ユール県の県庁所在地；市町村コード 27000；形容詞 ébroïcien (*ne*)》. cathédrale Notre-Dame d'~ エヴルーのノートル＝ダム大聖堂《12-17 世紀》.

Evry *n.pr.* エヴリー《département de l'Essonne エソンヌ県の県庁所在地；市町村コード 91000；形容詞 évryen (*ne*)》. ~-ville nouvelle エヴリーの新都市街区.

EVS (＝*e*ngagés *v*olontaires *s*pécialistes) *n.m.pl.*〘軍〙専門職志願兵.

ex *n.*〘話〙元の夫, 元の妻；昔の恋人.

ex- [εks]〔ラ〕ELEM **1**「外へ, 外に」の意 (*ex. ex*portation 輸出).
2「前の, 元の」の意 (*ex. ex*-ministre 前 (元) 大臣. l'*ex*-URSS 旧ソヴィエト連邦).

exa- [εgza]〔ギ〕ELEM〘国際単位系〙「エクサ」(10^{18} の意；記号 E；*ex.* 2 ~-Hz (2 EHz)：2×10^{18}Hz).

ex abrupto [εksabrypto]〔ラ〕*l.ad.* 前置きなしで (＝sans préparation)；いきなり (＝brusquement).

exacerbation *n.f.* **1** (病気の) 悪化；(苦痛などの) 激化. ~ d'une douleur 痛みの激化. ~ des symptômes d'une maladie 病状の悪化.
2〔比喩的〕〔文〕(情念・欲望などの) 昂進；(苦痛などの) 激化. ~ d'un désir 欲望の昂進, つのる欲望. ~ d'un sentiment 感情の高まり.

exact(e) [εgza(kt),-akt] *a.* **1** 正確な；忠実な. copie ~ d'un texte テクストの忠実なコピー. description ~*e* 正確な記述. imitation ~*e* 忠実な模倣. narrateur ~ 正確な話し手. traduction ~*e* 忠実な翻訳. C'est ~. 全くその通りです. Ce n'est pas tout à fait ~. 全然違います.
2 正しい, 厳密な, 的確な；適切な. ~*e* analyse 厳密な分析. ~ vérité, vérité ~*e* 正しい真実. définition ~*e* 正確な定義. diagnostic ~ 的確な診断. expression ~*e* 適切な表現. raisonnement ~ 正しい推論.

Il est ~ que＋*ind.* …であることは確かである《否定文・疑問文では時に que＋*subj.*》.
3 (計算・数値などが) 精確な, 精密な, 正確な. calcul ~ 精確な計算. données ~*es* 精確なデータ. heure ~*e* 正確な時刻；予定通りの時刻, 定刻. sciences ~*es* 精密科学. valeur ~*e* 正確な価値.
4 (人が) 時間を守る；〔文〕几帳面な, 職務に忠実な. commis ~ 職務に忠実な役人. personne ~*e* 時間厳守の人. être ~ au rendez-vous 約束の時を守る.
5〔文〕厳格な, 細心の, 注意深い. ~ justice 厳格な正義. discipline ~*e* 厳格な規律. observance ~*e* (宗教・規則などの) 厳守.

exactement *ad.* **1** 正確に, 厳密に；時間通りに. pour parler plus ~ より正確に言えば. Il y a 100 km, plus ~ 102 km. 距りは 100 km, より正確に言えば 102 km. reproduire ~ un texte テクストを忠実に複製する.
Ce n'est pas ~ la même chose. それは厳密には同じでない. Le train arrivera ~ à l'heure. 列車は時間通りに到着するだろう. Que vous a-t-il dit ~? 彼はあなたに正確に何と言ったのですか?
2 正に, 全く, ちょうど. C'est ~ ce que je voudrais dire. それはちょうど私の言おうとしたことだ. Tu vas donc partir! —*E* ~! じゃあ行くんだね？——その通り.
3〔文〕厳格に. observer ~ la règle 規則を厳守する. payer très ~ aux échéances 債務履行の期限を規則正しく守って返済する.

exaction *n.f.* **1** (税の) 不当な徴収, 強制取立. du fisc 税務当局の強制取立.
2〔*pl.* で〕(民衆に対する) 権力の濫用, 暴虐；収奪；虐待. ~*s* d'un gouvernement 政府の権力濫用. ~*s* d'un régime totalitaire 全体主義体制下の権力の濫用. ~*s* politiques 政治的暴虐.

exactitude *n.f.* **1** (計算・記述などの) 正確さ, 正しさ；厳密さ；精密さ, 精密度, 精度；的確さ. ~ des faits rapportés 報告事項の正確さ. ~ d'un calcul 計算の正しさ. ~ d'une expression 表現の的確さ. ~ d'un historien 歴史家の厳密さ. ~ d'une reproduction 複製の精密さ. ~ d'une traduction 翻訳の正確さ. ~ historique 史実に忠実であること. ~ mathématique 数学的正確さ. avec ~^{1} 正確に；的確に. calculer *qch* avec ~ 何を正確に計算する. écrire avec une grande ~ 極めて正確に記述する. remplir ses devoirs avec ~ 忠実に義務を果たす.
2 時間厳守. ~ militaire 軍隊的時間厳守. être d'une rigoureuse ~ 正確に時間を厳守する.
3〔古・文〕厳格；几帳面. avec ~^{2} 厳格に；几帳面に. l'~ de *qn* à faire *qch.* 何をする人の几帳面さ.

ex æquo [εgzeko]〔ラ〕*l.ad.* (試験・競技

などで) 同順位に, 同等に.
——*a.inv.* 同順位の, 同位の. coureurs ～ 同着のランナー.
——*n.inv.* 同順位者, 同位者. Il y a deux ～ à ce concours. この選抜試験では2名の同順位者がいる.

exagération *n.f.* **1** 誇張；強調. avec ～ 大袈裟に. parler avec ～ 大袈裟に話す. sans ～ 誇張でなく, 本当に. gestes empreints d'～ 大袈裟な身振り.
2 誇張した表現, 大袈裟な振舞い. ～*s* des journaux 新聞の誇張表現.
3 過度, 過大, 過多. ～ des depenses 浪費 (=prodigalité).〖医〗～ du développement d'un organe 器官の肥大 (=hypertrophie). ～ de la sensibilité 感受性過多.

exagéré(e) *a.p.* **1** 誇張した, 誇大な, 大袈裟な. récit ～ 法螺話. C'est ～! 何と大袈裟な!
2 過大な, 法外な, 並外れた；過剰な, 過度の. ambition ～é 途方もない野心. luxe ～ 過度の贅沢. opinions ～*es* 過激な意見, 極論. prix ～ 法外な値段. réputation ～*e* 過大評価.
Il est (C'est) ～ de dire …というのは極端だ. Il n'est pas ～ de dire …と言っても過言でない.

exaltation *n.f.* **1** 精神的高揚；興奮, 感激. intellectuelle 知的高揚. état d'～ 興奮状態. parler avec ～ 興奮 (感激) して話す. revenir de son ～ 興奮からさめる.
2〖精神医学〗発揚.
3〖文〗(想像力, 活力などの) 増大, 昂進；(香り, 光, 色などの) 強調, 強化. ～ des sentiments religieux 宗教感の昂進.
4〖医・化〗活性化, 昂進.〖化〗～ des sels 塩の活性化. ～ de virulence d'une bactérie 病原体の毒性の昂進.
5〖文〗(人・功績などの) 賞揚, 賞賛. ～ des vertus 美徳の賞揚.
6〖カトリック〗*E*～ de la Sainte-Croix 聖十字架称賛〖の祝日〗(9月14日).
7〖比喩的の〗〖カトリック〗～ d'un pape 教皇の即位.

exalté(e) *a.p.* (感情などが) 高揚した；興奮した, 熱狂した. air ～ 興奮した様子. enthousiasme ～ 高まる熱狂. imagination ～*e* 高まる想像力. patriotisme ～ 熱狂的な愛国心. voix ～*e* 興奮した声.
——*n.* **1** 熱狂した人. **2**〖蔑〗狂信者 (=fanatique).

examen [egzamɛ̃] *n.m.* **1** 検討, 検査, 調査；〖法律〗審査. ～ analytique (comparé, objectif) 分析的 (比較, 客観的) 検討. ～ collectif d'une question 問題の集団的検討.〖税〗～ contradictoire de l'ensemble de la situation fiscale personnelle (納税者の申告に対する) 担税状況対審審査. ～ de *qch* 何の検討 (検査, 調査). ～ de comptes 会計検査 (監査). ～ de conscience 内省；〖カトリック〗良心の糾明. faire son ～ de conscience 自らをかえりみって反省する. ～ des lieux 実地調査；現場検証. ～ d'un navire 船舶検査.〖刑法〗～ de personnalité 人格調査. ～ préalable 事前審査. ～ scientifique 科学的検査.〖哲〗esprit d'～ 批判精神, 自由検討の精神. libre ～ (理性による) 自由検討；(特に宗教上の) 思想の自由.〖刑事訴訟法〗mise en ～ 予審開始決定 (従来の inculpation「被疑者としての認定」). être à l'～ 検討 (調査) 中である. ne pas résister à l'～ 検証 (吟味) に耐えない.
2〖医〗検査, 検診；診察；試験. ～ à la radioscopie レントゲン検査. ～ de l'ouïe 聴力検査. ～ en masse 集団検診 (=～ de dépistage). ～ médical 検診, 身体検査. ～ microscopique 顕微鏡試験. ～ sérologique 血清検査.
3 試験；考査. ～ blanc 模擬試験. ～ d'entrée (de sortie) 入学 (卒業) 試験. ～ de passage 進級試験. ～ écrit 筆記試験. ～ oral 口述試験, 口頭試問.〖集合的〗jury d'～ 試験官. session d'～ 試験期間. être refusé (collé, recalé) à un ～ 試験に落ちる. passer (se présenter à, subir) un ～ 試験を受ける. préparer un ～ 試験に備える, 受験勉強をする. réussir (être reçu) à un ～ 試験に合格する.

examinateur(**trice**) *n.* **1** 試験官；(特に) 口頭試問の試験官；採点者. ～ de français (de mathématique) フランス語 (数学) の試験官 (採点者). ～ sévère 厳格な試験官. jury formé d'～*s* 試験委員会.
2〖古〗観察者.

ex ante [ラ] *l.ad.*〖経済〗事前に (ex post の対).

exanthémateux(**se**) *a.*〖医〗発疹性の (=exanthématique). typhus ～ 発疹チフス.

exanthématique *a.*〖医〗発疹性の (=exanthémateux). fièvres ～*s* 発疹熱 (=typhus murin). typhus ～*s* 発疹チフス.

exanthème *n.m.*〖医〗発疹, 皮疹 (=éruption). ～ menstruel 月経疹. ～ primaire 原発疹. ～ secondaire 続発疹. ～ subit 突発性発疹, 小児バラ病 (=roséole infantile), 第六病 (=en sixième maladie) (ヒトヘルペスウイルス 6 (HHV 6) の感染症).

exarchat [ɛg-] *n.m.* **1**〖史〗(東ローマ帝国の) 大守管区, 総督管区；大守職, 総督職.
2〖宗教〗(ギリシア正教の) 総主教職.

exaspération *n.f.* **1** いら立ち, 激昂, 激怒. ～ des esprits 精神的いら立ち. au comble de l'～ 激昂の極み.
2〖文〗(欲求, 感情などの) 激化, たかまり. ～ d'un désir (d'un sentiment) 欲求 (感情) のたかまり.
3 (病気, 苦痛の) 昂進, 悪化. ～ des rhuma-

tismes par l'humidité 湿気によるリウマチの悪化.

exaspéré(e) *a.p.* 激怒した, 激昂した；(de に) いら立った；(contre に対して) 憤った.

excavateur *n.m.*, **excavatrice** *n.f.* 〚土木〛掘削機.

excédent *n.m.* 黒字, 超過, 剰余, 収支. ~ brut d'exploitation (EBE) (企業の) 営業粗利益, (国民経済計算の部門別) 営業余剰. ~ commercial 貿易黒字. ~ de bagages 超過手荷物《航空機利用客が無料で輸送を依頼できる重量を越える手荷物》. ~ négatif 赤字《déficit という言葉にともなうマイナスイメージを避けるために時として用いられる言い回し》. budget en ~ 黒字予算.

excédentaire *a.* **1** 超過した, 過剰の. production ~ 過剰生産.
2 黒字の. budget ~ 黒字予算.

excellence *n.f.* **1** 〚文〛優れていること, 優秀, 秀逸, 卓越. ~ d'un fruit (d'un vin) 果物 (葡萄酒) の素晴らしいうまさ. 〚学〛prix d'~ 優等賞；優等賞をもらった生徒. par ~ 最高の.
2 *E* ~, Son (Notre) ~ 閣下《大臣, 大使, 大司教, 司教に対する尊称》. Son ~ l'ambassadeur 大使閣下.
3 〔やや古〕(現職の) 大臣. nos *E* ~ *s* 現閣僚たち.

excellent(e) *a.* **1** 〚時に名詞の前〛優れた；素晴らしい, 見事な；上等な《比較級, 最上級での使用は稀》. ~ chien de garde 優秀な番犬. ~ élève 優等生. ~ *e* idée 優れた考え, 卓見. ~ *e* note 優秀な成績；秀. ~ occasion 絶好の機会. ~ pianiste 優れたピアニスト. ~ travail 見事な仕事ぶり (仕上がり). ~ *e* voiture 優秀な車.
vin (repas) ~ 美味しい葡萄酒 (食事). être ~ en mathématique 数学に秀れている. C'est ~ pour la santé. それは健康にとてもよい.
2 (道徳的に) 立派な；親切な, 寛大な. ~ action 立派な行い. ~ homme ~ 立派な人.

excentré(e) *a.p.* 中心を離れた, 中心から遠い. quartier ~ 場末. région ~ *e* 僻地.
2 〚機工〛偏心した. roue ~ *e* 偏心ホイール.
3 〚数〛離心の.

excentricité *n.f.* **1** 〚数〛離心；離心率. ~ d'une ellipse 楕円の離心率.
2 都心から離れていること, 町はずれ；辺鄙. un quartier d'~ 町の場末区.
3 奇矯であること, 突飛さ, 風変りさ. ~ de son caractère 彼の性格の奇矯さ. ~ de ses vêtements 身なりの風変りさ.
4 奇異 (風変り) な行為；奇行；奇癖. faire des ~ *s* 奇行に及ぶ. se faire remarquer par ses ~ *s* 奇癖で目立つ.

excentrique *a.* **1** 中心の異なる；中心を離れた；〚機工〛偏心の；〚数〛離心の. cercles ~ *s* 離心円. quartiers ~ *s* d'une ville 町の場末, 町はずれ.
2 風変りな, 常軌を逸した, エキセントリックな. conduite ~ 奇行. idées ~ *s* 常軌を逸した考え. personne ~ 奇人. robe ~ 風変りなドレス.
— *n.* 奇人, 変人. un vieil ~ 変った老人.
— *n.m.* **1** 常軌を逸したことがら. **2** 〚機工〛偏心輪. ~ de marche en avant 前進偏心輪. ~ d'une locomotive 機関車の偏心輪.

excepté[1] *prép.* …を除いて, …の外は. ~ les dimanches et fêtes 日曜日と祝日を除き. Je suis content de tous, ~ de vous. あなた以外の全員に満足してます.
~ que + *ind.* …の点を除いては, …である以外は. Nous avons eu beau temps, ~ qu'il a plu vers midi. 南の方で雨が降った以外, いい天気でした. 〔稀〕~ que + *subj.* …でない限りは. J'y vais à pied, ~ quand il fait mauvais. 天気が悪くない限り歩いて行きます.

excepté[2] (*e*) *a.p.* 〚名詞・代名詞の後〛…を除いて, …以外は. Toutes ses filles, la cadette ~ *e*, sont déjà mariées. 彼の娘たちは, 末娘以外, すでに結婚している. Eux ~ *s*, personne n'a rien compris. 彼らの他は誰ひとりとして何もわからなかった.

exception *n.f.* **1** 例外；除外, 適用除外；特例措置. faire ~ 例外をなす. faire une ~ à *qch* 何に例外を設ける. faire une ~ pour (en faveur de) *qch* 何に特例を設ける.
à l'~ de；~ faite de (pour) …を除いて. à quelques ~ *s* près；à de rares ~ *s* いくつかの例外を除いて.
d'~ 例外的な, 特別な. mesure d'~ 特例 (例外) 措置. tribunal d'~ 特別法廷. par ~ 例外的に. sans 〔aucune〕 ~ 例外なく. sans ~ d'âges ni de sexe 年齢性別の別なく.
Il n'y pas de règle sans ~. 例外のない規則はない. L'~ confirme la règle. 規則あっての例外.
2 〚法律〛(訴訟上の) 抗弁. ~ de connexité 関連性の抗弁. ~ d'illégalité 違法性の抗弁. ~ d'incompétence 無効の抗弁. ~ d'inexécution (双務契約における) 同時履行の抗弁. ~ d'irrecevabilité 不受理の抗弁. ~ de nullité 無効申し立て. ~ de prescription 時効の申し立て. alléguer (opposer) une ~ 抗弁する.

exceptionnel(le) *a.* **1** 例外的な, 特別の；〚法律〛適用除外の. autorisation ~ *le* 特別許可. congé ~ 特別休暇. disposition ~ *le* 例外規定, 適用除外規定. mesure ~ *le* 例外措置. prix ~ 特価. tribunal ~ 特別法廷.
2 稀な；並外れた, 驚くべき；異常な. affaire ~ *le* 滅多にない有利な取引. chance ~ *le* 滅多にない好機. circonstances ~ *les*

異常な状況. 〚葡萄酒〛cru bourgeois ~ (ボルドー地区 le Bordelais の)別格ブルジョワ畑(産の葡萄酒). intelligence ~ *le* 並外れた知性. personnalité ~ *le* 異常人格.
——*n.m.* 例外的なこと(もの).

excès [εksε] *n.m.* **1** 過度, 行き過ぎ. ~ de confiance 信頼のし過ぎ. ~ de fatigue 疲れ過ぎ. ~ de paroles 喋り過ぎ. 〚法律〛~ de pouvoir 越権. ~ de travail 働き過ぎ. contravention pour ~ de vitesse スピード違反.
avec ~ 過度に, 度外れに. boire (manger) avec ~ 暴飲(暴食)する. dépenser avec ~ 金を使い過ぎる. [jusqu'] à l'~ 過度に, 極端に. être prudent à l'~ 極端に慎重である. par ~ やり過ぎて. sans ~ 適度に. manger de la viande, mais sans ~ 肉をほどほどに食べる.
〚諺〛L'~ en tout est un défaut. 過ぎたるは及ばざるがごとし.
2 超過, 過剰, 余り. ~ des dépenses sur les recettes 支出超過. ~ de l'offre sur la demande 需要に対する供給過剰. 〚数〛total approché par ~ 端数を切上げた統計.
3 〚多く *pl.*〛過度な行動; 暴虐, 乱暴; 暴飲暴食 (= ~ de table); 放蕩 (= ~ de conduite). ~ dans les opinions 過激な意見. ~ de langage 暴言. ~ d'un tyran 専制君主の暴虐. conduire *qn* à des ~*s* 人を過激な行動に導く. faire un (des) ~ (*s*) 暴飲暴食する. se garder de tous ~*s* 過激な行動を慎む.

excessif(**ve**) *a.* **1** 過度の; 法外な; 極端な. chaleurs ~*ves* 法外れの暑さ, 酷暑. douleur ~*ve* 耐え難い苦痛. froid ~ 酷寒. grosseur ~*ve* 極端な大きさ. joie ~*ve* 想像を絶する喜び. opinion ~*ve* 極論. prix ~ 法外な値段. profits ~*s* 暴利.
2 (人が)常軌を逸した, 極端な. caractère (tempérament) ~ 極端な性格(気質). Il est ~ en tout. 彼はすべての点で常軌を逸している.
3 〚名詞の前で〛非常な, 極端な. ~*ve* douceur 大変な優しさ.

excipient *n.m.* 〚薬〛(薬剤の)賦形剤, 補形剤(薬剤の調製時に, 増量・希釈のために用いられる添加剤で, それ自体の薬理作用のないもの).

excision (<exciser) *n.f.* **1** 〚医〛切除; 病巣切除〚術〛. ~ du cor 魚の目の切除. ~ d'une tumeur 腫瘍の切除. réparation par ~ 〚AND (DNA)〛除去修復.
2 (特に)割礼 (=circoncision); 陰核切除 (=clitoridectomie). rites d'~ 割礼式.

excitant(**e**) *a.* **1** 興奮させる, わくわくさせる; 挑発的な, 刺激的な. femme ~*e* 挑発的な女性, セクシーな女性. remède ~ 興奮剤. sensation ~*e* わくわくさせる感覚.
2 刺激性の.
——*n.m.* **1** 興奮剤, 刺激剤; 刺激物. abuser des ~*s* 興奮剤を濫用する.
2 (精神的)刺激.

excitation *n.f.* **1** 興奮(状態); 〚医〛興奮. ~ intellectuelle (sexuelle) 知的(性的)興奮. 〚医〛~ maniaque (catatonique) 躁病性(緊張病性)興奮. ~ pathologique 病的興奮.
2 扇動, 教唆. ~ à la violence 暴力の扇動. 〚法律〛~ des mineurs à la débauche 未成年者に対する淫行教唆.
3 〚物理〛励起; 〚生理〛励起; 〚電〛励磁, 励振. ~ par chocs (par impulsion) 衝突励起; 〚電〛衝撃励振. ~ sensorielle 感覚励起.

excité(**e**) *a.p.* **1** 興奮した. spectateurs ~*s* 興奮した観客.
2 (性的に)刺激された.
3 煽動された. peuple ~ à la révolte 反乱を煽動された民衆.
4 〚核物理〛励起した. atome ~ 励起原子.

excito(-)**moteur**(**trice**) *a.* 〚生理〛運動刺激性の. centres ~*s* du cerveau 脳の運動中枢.

exclamation *n.f.* **1** (歓喜・称賛などの)叫び. ~ d'admiration (de douleur, d'étonnement) 感嘆(苦悩, 驚嘆)の叫び. pousser une ~ de joie 喜びの叫び声を発する.
2 感嘆. 〚文法〛point d'~ 感嘆符(!).

exclu(**e**) (<exclure) *a.p.* **1** 除外された, 排除された. élève ~ 退学処分を受けた生徒. membre ~ d'un club クラブから除名された会員.
2 認められない, 受容(容認)されない. C'est tout à fait ~. それは全く問題外だ. se sentir ~ 容認されていないと感じる. Il est ~ que+*subj.* …ということはあり得ない. Il n'est pas ~ que+*subj.* …ということはあり得る.
3 〚論理〛principe du tiers (du milieu) ~ 排中律, 排中原理.
4 (計算から)除いた. jusqu'à vendredi ~ 金曜日の前日まで.
——*n.pl.* 除名された者; 村八分になった人; 〚軍〛(前科などによる)兵役除外者.

exclusif(**ve**) *a.* **1** 独占的な; 〚商業〛専売的な. article (produit) ~ 独占商品. concessionnaire ~ de la marque Leica au Japon ライカの日本総代理店. droit ~ 独占権. interview ~ 独占インタヴュー. propriété ~*ve* d'un modèle ある意匠(機種)の独占所有権. ~ de …を排除した. droit ~ de tout autre 他の一切の権利を排除する権利.
2 排他的な. amour ~ 排他的な恋.
3 片寄った. intérêt ~ 片寄った関心.
4 偏狭な. être ~ dans ses idées 自分の考えに固執する, 凝り固まっている.

exclusion *n.f.* **1** 追放; 除名. ~ [de l'école] 退校(退学)処分. ~ de la fonction publique 公職追放. ~ du parti 党からの除

名. censure avec ~ temporaire (国会議員に対する) 登院停止.
2〔多く *pl*.〕〖社〗阻害. ~ sociale 社会的阻害 (差別); 村八分.
3 (全体からの) 排除, 除外, 除去. ~ de la communauté 共同体からの除外. ~ d'une succession 相続財産からの除外. à l'~ de を除いて. zone d'~ aérienne imposé par l'Onu 国連の設定した飛行禁止地帯.
4 制限, 限定.〖保険〗~ de risque 担保制限.
5 排他性.
6〖外科〗空置〔術〕;〖医〗排除. ~ d'un segment intestinal 腸部位の空置術. ~ mutuelle (遺伝子などの) 相互排除.〖外科〗~ pylorique 幽門空置術.

exclusivité *n.f.* **1** (販売・出版・上映・供給などの) 独占〔権〕. avoir (acheter) l'~ de *qch* 何の独占権を持つ (買う). cinéma (salle) d'~s 封切映画館, ロードショー館. clause (contrat) d'~ 独占〔権〕条項 (契約). en ~ 独占的に. film en première ~ 一次 (最新) 封切映画.
2〖ジャーナリズム〗独占ニュース (報道); 特種, スクープ (=〖英〗scoop).
3 専売品;〖映画〗独占封切映画.
4〖国際法〗zone d'~ économique 排他的経済水域 (略記 ZEE).

ex-colonie *n.f.* 旧植民地. Timor, ~ portugaise ポルトガルの旧植民地チモール.

excommunication *n.f.* **1** 破門. ~ de l'Eglise catholique カトリック教会からの破門. **2** 除名, 追放 (=exclusion).

excommunié(*e*) *a.p.* **1** 破門された.
schismatiques ~s 破門された離教者たち.
2 追放 (除名) された.
—*n.* 破門された人; 追放 (除名) された人.

excoriation *n.f.*〖医〗表皮剝脱 (=abrasion cutanée); 擦過傷. ~ ulcéreuse 潰瘍化した擦過傷.

excrément *n.m.*〔多く *pl*.〕排泄物, 糞便 (=fèces).

excréteur (*trice*) *a.*〖生理〗排泄の; 外分泌の. anurie ~ *trice* 排泄性無尿, 分泌性無尿. canal ~ 排出管, 外分泌管. organs ~s 排出器官 (rein, foie, côlon, poumon, glandes sudoripares など).

excrétion *n.f.* **1**〖生理〗(糞, 尿の) 排泄; (皮脂などの) 外分泌. **2**〔*pl*. で〕排泄物; 外分泌物.

excroissance *n.f.* **1** (人体の) いぼ, こぶ (皮膚や粘膜に生じる良性の突起物). condylome, fongosité, kyste, loupe, pannicule, polype, verrue など).
2〖植〗こぶ. ~ des plantes 植物のこぶ.
3〔比喩的〕余計なもの; 寄生物.

excursion *n.f.* **1** 遠足, エクスカーション, (々日帰りの) 遠足; 周遊旅行; 団体旅行; 修学旅行. ~s botaniques (scientifiques) 植物 (科学的) 調査旅行. ~

dans les environs de Paris パリ近郊の遠足. ~ en montagne ハイキング, 登山. car d'~ 観光バス. billet d'~ 周遊切符, 周遊券.
2〔比喩的〕脱線, 逸脱; 余談. faire une ~ hors de son sujet 主題を脱線する.
3〖生理〗~ diaphragmatique 横隔膜運動.
4〖ラジオ〗~ de fréquence 周波数のぶれ.

excusabilité *n.f.* 宥恕 (ゆうじょ) 性.
excusable *a.* 許せる, 無理もない;〖法律〗免責適格の. colère bien ~ 無理もない怒り.〖法律〗crimes et délits ~s 免責適格の重罪と軽罪.

excuse *n.f.* **1** 言いわけ, 弁解. ~ raisonable (légitime) 尤もな (正当な) 弁解. alléguer (donner) une ~ 弁解する. alléguer *qch* comme ~; donner *qch* pour ~ 何を言いわけにする. chercher une ~ 言いわけを探す.〔古〕Je vous fais [bien] ~. お言葉を返すようですが. Ton action est sans ~. 君の行為は弁解の余地がない.
2〔*pl*. で〕詫び, 陳謝. accepter les ~s de *qn* 人の謝罪を受けいれる.〔話〕demander ~ 赦しを求める (誤用). exiger des ~s 陳謝を求める. faire (présenter) des (ses) ~s à *qn* 人に詫びを入れる.〔俗〕Faites ~ [fɛt ɛkskyz] こう言っちゃ何ですが (反論の前置き).
3 口実, 理由. avoir une bonne ~ pour ne pas + *inf*. …しない立派な理由がある. Il a pris le mauvais temps pour ~. 彼は悪天候を口実にした.
4〖法律〗弁明, 宥恕 (ゆうじょ) (=~s légales); (個人の事情による) 責任減免のための正当理由 (証人などの) 不出頭理由. ~ absolutaire 免責的宥恕. ~ atténuante (刑の) 減軽的宥恕, 酌量的軽減.
5〖学〗(保護者が証明する) 欠席理由; 宿題の不履行理由. apporter un mot d'~ (生徒が) 欠席届を持ってくる. se donner des ~s pour se dérober au devoir 宿題を免れる口実を手に入れる.

exécutant(*e*) *n.* **1** (命令・任務などの) 実行者; (工事の) 施工者. ~ d'un projet計画の実行者. ~ des travaux publics 公共土木工事の施工者.
2〖音楽〗(オーケストラなどの) 奏者, 演奏員; 演奏家, 演奏者 (楽器の奏者, 歌手). chorale (orchestre) de cinquante ~s 50 人の楽員からなる合唱団 (オーケストラ). quatre ~s d'un quatuor 四重奏団の 4 人の奏者.

exécuteur (*trice*) *n.*〖法律〗執行人. ~ testamentaire 遺言執行人. ~ de la haute justice (des hautes œuvres) 死刑執行人.
—*a.*〔古〕法を執行する; 行政の (=exécutif). puissance ~ *trice* 執行権.

exécutif (*ve*) **1** 執行する. bureau ~ d'un parti 政党の執行部. comité ~ 執行委員会. directoire ~ 執行役員会. **2**〖法律〗法を執行する; 政策を実施する; 行政の.

fonction ~ ve 法律の施行；行政執行機能. pouvoir ~ 行政権；執行機関, 政府.
——n.m. 行政府；政府；行政官.

exécution n.f. ① (物について) **1** (計画, 命令などの) 実行, 実施. ~ d'un commandement (d'un ordre) 命令の実行. ~ d'une décision (d'un projet) 決定 (計画) の実施. mettre qch à ~ 何を実施に移す.
2 (工事の) 施工；(芸術作品などの) 制作；仕上げ. ~ des travaux 工事の施工. ~ d'un tableau (d'un ouvrage littéraire) 絵画の制作 (文学作品の執筆). durée d'~ 制作 (執筆) 期間.
3 〖法律〗(判決の) 執行；(法令の) 施行. ~ capitale 死刑執行. ~ d'un contrat 契約の履行. ~ d'un jugement 判決の執行. ~ d'une peine 刑罰の執行. ~ forcée 強制執行. ~ provisoire 仮執行. acte d'~ 執行令状.
4 〖音楽〗演奏；上演. ~ d'un sonate ソナタの演奏. ~ d'un opéra オペラの上演.
② (人について) **1** 処刑, 死刑の執行 (= ~ capitale). ~ d'un condamné à mort 死刑囚の処刑. ~ d'otages 人質の処刑. modes d'~ 死刑の執行法. En France, l'~ capitale a été supprimée en même temps que la peine de mort, en 1981. フランスでは, 1981年に死刑と共に死刑執行が廃止された.
2 〖法律〗差押え, 強制執行処分. ~ d'un débiteur 債務者に対する差押え. 〖株〗~ en bourse (公認仲買人が行なう) 証券の売買, 証券取引強制執行.

exécutoire a. 〖法律〗執行されるべき, 執行力を付与する；執行力のある. force ~ d'un acte 文書の執行力 (実効性). formule ~ 執行文書式. jugement ~ 執行判決, 最終判決. titre ~ 執行名義.
——n.m. ~ des dépens 訴訟費用支払命令.

exégèse n.f. **1** 注釈；(特に) 聖書注釈〖学〗(= ~ biblique, ~ sacrée). ~ historique 史料注釈〖学〗.
2 (古文書などの) 注釈, 注解. ~ littéraire d'un texte テクストの文学的注釈. faire l'~ d'une dépêche diplomatique 外交文書の注釈を行なう.

exégète [εg-] n.m. 原典解釈学者, 注釈者；(特に) 聖書注釈学者.

exégétique a. 原典解釈に関する；注釈の. méthode ~ 注釈学的方法. notes ~s 注釈. science ~ 解釈学.

exemplaire[1] a. **1** 模範的な；模範 (手本) となる；完璧な. conduite ~ 模範的行動. **2** 見せしめになる. punition ~ 見せしめの罰.

exemplaire[2] n.m. **1** (書籍などの) 部, 冊. tirer (imprimer) un livre à mille ~ 本を千部刷る. ~s d'un journal (d'une revue) 新聞 (雑誌) の部数. ~ numéroté 番号入り限定本. ~ sur papier Japon 和紙刷り本. photocopier un texte en dix ~s テクストのコピーを10部つくる.
2 (版画・メダルなどの) 枚, 個, コピー, 刷り. ~s d'une estampe 版画の刷り.
3 類似例. n'avoir aucun ~ 類例をみない.
4 標本；サンプル；〖比喩的〗見本, 好例. de beaux ~s d'un animal rare 珍獣のみごとな標本.
5 〖古〗模範 (=exemple).

exemplarité n.f. **1** (原則適用の) 模範性.
2 (刑罰適用の) 見せしめ. ~ d'une peine 刑罰の見せしめ.

exemple n.m. **1** 模範, 手本；模範となる人, 亀鑑. à ~ に倣うべき手本. ~ de bonté (de courage) 善意 (勇気) の見本. bon (mauvais) ~ 好い (悪い) 手本. à l'~ de …を手本にして. donner l'~ 模範 (手本) を示す. suivre l'~ de qn；prendre ~ sur qn 人を見習う.
2 見せしめ. faire un ~ (des ~s) 見せしめにする. punir qn pour l'~ 見せしめに人を罰する. servir d'~ 見せしめになる. On l'a fusillé pour ~. 見せしめに彼を銃殺にした.
3 例, 実例；前例；好例；文例. à titre d'~ 例として, 例を挙げれば. sans ~ 前例のない. citer (donner) un ~ 一例を挙げる. prendre qch pour ~ 何を例として示す.
4 par ~ 例えば；〖話〗なのに, そのくせ；まさか, とんでもない.

exempt(e) [εgzã(pt)/(t)] a. **1** (de を) 免除された. être ~ d'impôts 免税される. être ~ du service national (militaire) 国民役務 (兵役) を免除されている. lettre ~e d'affranchissement 郵税免除郵便.
2 (de から) 守られた, (を) 免れた. ~ d'infirmité 身心障害を免れた.
3 (de を) 免れた, 持たない. vie ~e de soucis 気苦労のない人生.
4 〖教会〗免属された. abbaye ~ 免属大修道院.
——n. 免除者, (特に) 国民役務 (兵役) 免除者 (= ~ de service). ~ médical 医学的理由による国民役務 (兵役) 免除者.

exemption n.f. **1** (義務・税・刑などの) 免除；(特に) 国民役務 (兵役) 免除；免除による特典. ~ d'impôts 免税. ~ fiscale 免税の特典. demander une ~ de service 国民役務 (兵役) の免除を申請する.
2 〖教会〗免属特権, エクセンプトゥス.

exequatur [εgzekwatyr] [ラ] n.m.inv.
1 〖法律〗(国外で下された判決・決定の自国内での) 執行認可；執行命令. donner l'~ 執行認可を与える.
2 〖国際法〗(駐在国政府が与える) 領事認可状.

exerçant(e) a. 開業中の, 営業中の. médecin ~ 開業医.

exercé(e) a.p. **1** よく訓練された. œil ~ d'un observateur 観察者のよく訓練された眼. oreille ~e d'un musicien 音楽家のよく鍛えられた耳. ouïe ~e d'un aveugle 盲人

のとぎすまされた聴覚.
2 経験に富んだ. goût ～ d'un expert 専門家の経験豊かな美的感覚.

exercice [I] 〖行使〗**1**（権利・権限・権力などの）行使.〖法律〗～ de l'autorité parentale 親権の行使. ～ d'un droit de vote 投票権の行使.
2 行為能力（＝capacité d'～）.
3（職務の）執行；営業. dans l'～ de sa profession 職務の執行に際して. entrer en ～ 就任する；業務を始める. être en ～ 現職である；開業している. préfet en ～ 現職知事.
4 〖税〗（収税吏による間接税の）立入り検査〔権〗.
5 〖宗教〗勤行, 修行. ～ d'un culte 信仰の実践.
[II] 〖練習〗**1** 練習, 訓練. ～ des facultés intellectuelles 知的能力の鍛練. ～s pour la voix 発声練習.
2 運動；体育（＝～ physique). défaut d'～ 運動不足. faire (prendre) de l'～ 運動をする.
3 〖軍〗教練. aller à l'～ 教練に赴く. faire l'～ 教練をする.
4 〖学〗練習；練習問題. ～s de calcul 計算練習. ～ grammatical (de grammaire) 文法練習問題. ～s pratiques 実習. cahier d'～s pour le piano ピアノ教則本. livre d'～s 問題集.
[III] 〖年度〗**1** 〖商業〗（営業・会計の）年度. ～ budgétaire 予算年度. ～ 2000 2000 会計年度. ～ social 会社の事業年度. bilan en fin d'～ 年度末決算. clôture d'～ 年度勘定の締切.
2 〖財政〗予算年度主義（gestion「現金主義」の対）.

exerciseur *n.m.* 〖スポーツ〗エクササイザー（筋肉増強用の運動器具, ＝〔英〕exerciser).

exérèse *n.f.* 〖医〗摘出, 摘除（＝ablation). ～ d'une tumeur cancéreuse 癌の摘出.

exfoliation *n.f.* **1** 剥離, 剥落, 剥脱. ～ de l'écorce d'un arbre 樹皮の剥落.
2 〖鉱〗剥離, 層間剥れ, 劈開, 鱗剝作用. ～ du schiste 片岩の剥離（劈開).
3 〖医〗剥離, 剥脱；（特に）表皮の剥脱（＝ ～ de l'épiderme).

exhalaison (＜exhaler) *n.f.* 蒸気；発散物；臭気. ～s odorantes 芳香. ～s nauséabondes 吐気を催させるような臭気.

exhalation *n.f.* **1** 蒸発, 蒸散.
2 〖生理〗（皮膚からの）発散；（呼気の）排出, 呼出（inhalation「吸入」の対).

exhausif (*ve*) *a.* **1** 余すところのない, 網羅的な, 徹底的な. bibliographie ～*ve* 余すところのない参考目録（書誌). étude ～ 徹底的研究. liste ～*ve* 網羅的リスト.
2 打ちひしぐ, 衰弱させる, 消耗させる.

fatigue ～*ve* 疲労困憊.

exhérédation *n.f.* 〖法律〗相続権剥奪.

exhibition *n.f.* **1** 展示, 公開；展示品, 陳列品, 出品物；展示会；見世物. ～ de fauves dans un cirque サーカスの野獣ショー. 〖法律〗～ sexuelle 性器露出行為.
2 〖法律〗（書類の）提示, 提出. ～ de pièces (d'un passeport) 書類（パスポート）の提示（提出).
3 〖スポーツ〗エキジビション・ゲーム；エキジビション.
4 〖蔑〗見せびらかし, ひけらかし；自己宣伝. faire ～ de ses connaissances 知識をひけらかす.

exhumation *n.f.* **1**（遺体・遺跡などの）発掘. ～ du corps d'Yves Montant イヴ・モンタンの遺体の発掘. ～ de ruines de l'antiquité 古代遺跡の発掘.
2（古文書などの）発掘；（古い記憶の）蘇生.

exigeant(*e*) *a.* **1** 要求の多い；気難しい. chef ～ 厳しいシェフ. être ～ envers ses subordonnés 部下に対してあれこれと口うるさい. être ～ sur (pour) la propreté 清潔に関してやかましい.
2 手のかかる, 世話のやける. enfant ～ 世話のやける子供. plantes ～*es* 手のかかる植物.
3（仕事などが）難しい, 厳しい. religion ～*e* 戒律の厳しい宗教. sport ～ 難しいスポーツ.

exigence *n.f.* **1**〖多く *pl.*〗要求. ～ de la libération de tous les otages 人質全員の解放の要求.
2〖多く *pl.*〗要求額；要望. Quelles sont vos ～s? あなたの要求額は？ satisfaire aux ～s d'un client 顧客の要望をみたす. se soumettre à l'～ des parents 両親の要望に従う.
3 欲求, 欲望. ～ de l'instinct 本能的欲求. ～s de la nature 自然の欲求.
4〖多く *pl.*〗必要性, 要請；必然性. ～s de la profession 職業上の必要性（要請). ～s de la situation 状況の必然性.
5 厳しい要求；気難しさ. Il est d'une ～ insupportable. 彼は耐え難いほど要求の厳しい人だ. être d'une grande ～ intellectuelle envers soi-même 自分自身に対して厳しい知的厳しさを持つ.

exigibilité *n.f.* 要求可能性, 当座性《即時請求ができること》. ～ d'une dette 債務の返済要求可能性（当座性). date d'～（債務の）決済期限.

exigible *a.*（債務について）決済要求し得る, 返済要求権のある；支払期限のきた；当座性の. dette ～ 決済期限のきた債務, 直ちに決済を要求し得る債務, 当座負債.

exigu(*ë*) *a.* **1** 手狭な, 狭苦しい, 小さ過ぎる. logement ～ 狭苦しい住居.
2（期限が）短か過ぎる.
3〖やや古〗（収入などが）少ない. ressour-

ces ~és 少ない所得.

exil n.m. **1** 国外追放；流刑；亡命 (= ~ volontaire).〖史〗l'E~ ネブカドネザル王によるユダヤ人のバビロン捕囚. condamner qn à l'~ 人を国外追放処分にする. envoyer qn en ~ 人を国外に追放する. dissident en ~ 追放された叛徒. lieu (terre) d'~ 流刑地；亡命地.
2〔比喩的〕流浪；(離れ難い場所から) 離れ住むこと；流謫の地. La vie si loin de vous m'est un dur ~. あなたからこんなに遠く離れた生活は, 私にとって辛い流刑生活のようだ.

exilé(e) a.p. **1** 国外に追放された；亡命中の. opposant politique ~ 国外に追放された政敵.
2 (ある場所から) 遠ざけられた. ermite ~ dans une retraite 隠遁所にひきこもった隠者.
3 (物が) 紛れ込んでしまった.
—n. 追放された人；亡命者. ~ politique 政治的亡命者.

eximère [ɛgzimɛr] n.m.〖化〗エキシマー, エクサイマー (= [英] eximer < excited dimers 励起二量体). laser ~ エキシマー・レーザー.

existant(e) a. **1** 存在する, 実在の；存在感のある. êtres ~s 実存者. faits ~s 実在する事実. monde ~ 実在世界.
2 現行の；既存の. institutions ~es 現行の諸制度. lois ~es 現行法.〖商業〗stock ~ 在庫. tarifs ~s 現行料金制.
—n.m. **1**〖哲〗存在者；実存者.
2〖商業〗在庫, 手持ち資金 (= stock ~). ~ en caisse 手持ち資金. ~ en magasin 在庫品. ~ en portefeuille 手持ち有価証券資産.

existence n.f. **1** 存在, 実在. ~ d'une nappe de pétrole 石油層の存在. ~ d'un traité 条約の存在.
2〖哲〗存在, 実存 (essence「本質」の対). Chez l'homme, l'~ précède l'essence. 人間にあっては, 実存が本質に先行する. prouver l'~ de Dieu 神の存在を証明する.
3 生存；生活, 暮しぶり. ~ paisible 平穏な暮し. moyens d'~ 生計. depuis son entrée dans l'~ 生まれ落ちた時から. finir son ~ 生を終える. mener une ~ misérable 悲惨な生活を送る.
4 存続期間, 寿命. gouvernement qui n'a que trois mois d'~ 3か月しか続かなかった政府.

existentialisme n.m.〖哲〗実存主義.

exit [ɛgzit] [ラ:il sort] v.i.〖劇〗(登場人物が) 退場する. E~ Figaro. フィガロ退場.〔比喩的・皮肉〕E~ la baisse des impôts 減税措置が立ち消えとなる.
—n.m.inv.〖劇〗退場.

ex-libris [ɛkslibris] [ラ] n.m. 蔵書票.

exo- [ギ] ELEM「外の」の意 (ex. exogamie 外婚制；exosmose 滲出).

exo-atmosphérique a. 大気圏外の. missile ~ 大気圏外飛行ミサイル.

exobiologie [ɛgzɔbjɔlɔʒi] n.f. 天体生物学.

Exocet [ɛgzɔsɛt] (飛魚 (エグゾセ) と区別するため「エグゾセット」と発音するのが通例) [商標] n.m.〖軍〗エグゾセット・ミサイル (自動操縦の艦対艦, 空対艦ミサイル). ~-MM 38 艦対艦 (mer-mer) 38型エグゾセット・ミサイル (射程40 km；速度マッハ1). ~-MM 40 艦対艦40型エグゾセット・ミサイル (射程70 km). ~-AM 39 空対艦 (air-mer) 39型エグゾセット・ミサイル (射程50-70 km). ~-SM 39 潜水艦発射 (sous-marin-mer) 39型エグゾセット・ミサイル.

exocet [ɛgzɔsɛ] n.m.〖魚〗飛魚 (とびうお).

exocrine a.〖生理〗外分泌〔性〕の (endocrineの対). glande ~ 外分泌腺.

exode n.m. **1**〖史〗E~ イスラエル人のエジプト脱出；〖聖書〗(旧約聖書の)『出エジプト記』.
2 集団的大移動 (移住)；大脱出. ~ rural 農民の都市への移動.
3〔比喩的〕国外流出. ~ des capitaux (des cervaux) 資本 (頭脳) の流出.

exogamie n.f. **1**〖民族学〗外婚制, 族外 (異族) 結婚 (endogamie「内婚制, 族内婚」の対).
2〖生〗異系交配.

exogène a.〖生化・医〗外因性の, 外発性の；〖植〗外生の；〖地学〗外成の (endogèneの対).〖植〗plantes ~s 外生植物.〖医〗psychose ~ 外因性精神病.〖地学〗roches ~s 表成岩.

exon n.m.〖生化〗エクソン.

exondation, exondement n.m. **1** (洪水の) 退水 (inondation「洪水」の対).
2 退水による土地の表出.

exonération n.f. **1** (義務・責任・負担の) 免除. ~ conventionnelle 契約による免除. ~ d'un devoir 義務の免除. ~ fiscale 税金の免除, 免税 (= ~ d'impôts). ~ partielle (totale) 一部免税 (全額免税).
2〖生理〗排便.

exonératoire a. (義務・責任から) 免除する. clause ~ de responsabilité 免責条項 (約款).

exonéré(e) a.p. 免除された. être ~ d'impôts 税金を免除される. marchandises ~es 免税品.

exonyme n.m.〖言語〗エクソニーム (外国人・外国語による固有名詞表記), 異名 (ex. [独] Aachen → [仏] Aix-la-Chapelle).

exophorie n.f.〖医〗(眼の) 外斜位.

exophtalmie n.f.〖医〗眼球突出〔症〕.

exophtalmique a.〖医〗眼球突出性の. goitre ~ 眼球突出性甲状腺腫, バセドウ病

(=maladie de Basedow), グレーヴス病 (= maladie de Graves).

exoplanète *n.f.* 〚天文〛外惑星《太陽系外の惑星》.

exoplasme *n.m.* 〚生〛(細胞質の)外形質.

exorbitant(e) *a.* **1** 目の玉が飛び出るような, 法外な；不当な. exigences ~*es* 途方もない要求. pouvoir ~ 不当な権力. prix ~ 目の玉が飛び出るような値段.
2 一般原則の限界を越えた. 〚法律〛clause ~*e* du droit commun 一般法外条項, 法外条項；一般法の原則の適用除外を内容とする条項.

exorciste 1 *n.* 悪魔祓いの祈禱師, エクソシスト.
2 *n.m.* 〚カトリック〛祓魔(ふつま)師《悪魔祓いを担当する聖職者；下級聖品第3段；1972年廃止》.

exosmose *n.f.* 〚物理〛滲出, 外方滲透 (endosmose「内滲透」の対). 〚生〛phénomène d'~ par les racines 根による滲出現象.

exosphère *n.f.* 〚気象・宇宙〛外気圏《地表から1000 km以上》.

exosquelette *n.m.* 〚機械〛体外骨格, 人工骨格. ~ motorisé pour handicapés 身障者用の機動人工骨格.

exostose *n.f.* **1** 〚医〛外骨症. ~ du genou 膝の外骨症. **2** 〚植〛(幹・枝に出る)こぶ.

exothermique *a.* 発熱性の, 熱の発生を伴う. réaction ~ 発熱反応《熱の放出を伴う化学反応；エネルギー放出を伴う核反応》.

exotique *a.* **1** (特にヨーロッパ以外の)外国産の；外来の. fruits (plantes) ~*s* 外来果実(植物). magasin de produits ~*s* 外国産商品専門店.
2 異国風の；エグゾチックな, 異国情緒豊かな. art ~ 異国風芸術. beauté ~ エグゾチックな美しさ. cuisine ~ 異国料理. danse ~ 異国風のダンス. jardin ~ 異国風庭園. mœurs ~*s* 異国の風習. pays ~ 異国.
3 〚原子物理〛エキゾチックな《通常と異なる粒子から成る》. atome ~ エキゾチック原子. résonance ~ エキゾチック共鳴.
—*n.m.* 異国的なもの, 異国性, 異国趣味. goût de l'~ dans la littérature 文学における異国趣味.

exotisme *n.m.* **1** 異国情緒. goût de l'~ 異国趣味. **2** 異国趣味.

exotoxine *n.f.* 〚生化・医〛細菌体外毒素, 〖細菌〗外毒素 (endotoxine「細菌体内毒素」の対).

exotropie *n.f.* 〚医〛外斜視 (=strabisme divergent).

expansif(ve) *a.* **1** 膨張力のある, 膨張性の. ciment ~ 膨張セメント. force ~*ve* 膨張力. mouvement ~ 膨張運動.
2 〚経済〛拡張する, 発展する, 増大傾向

の；拡大性の. puissance ~*ve* d'une branche de l'économie 経済の一部門の成長力. force ~*ve* d'une idée 思想の拡大力.
3 〔比喩的〕外向性の, 開放的な. homme très ~ 極めて外向的な人. joie ~*ve* 晴れ晴れしたよろこび. sensibilité ~*ve* 開放的な感受性.

Expansion *n.pr.f.* **1** 〚出版〛l'~ 「レクスパンシヨン」誌《フランスの経済専門誌；1967年 J.-J. Servan-Schreiber と J. Boissonnat により創刊；月2回発行》.
2 「レクスパンシヨン」グループ (=groupe Expansion) 《フランス最大の経済関係出版グループ；*l'Expansion, la Vie française, la Tribune* その他の定期刊行物をもつ》.

expansion *n.f.* [I] 〚物理〛(液体の)膨張；拡散. ~ de l'air (d'un gaz) par l'~ de la température 温度の上昇に伴う空気(気体)の膨張. brusque ~ d'un gaz 気体の急膨張. ~ d'un parfum 香水の匂いの拡散. ~ de la vapeur 蒸気の拡散. force d'~ des gaz 気体の膨張力.
2 〚生〛(器官・組織の)発達, 拡張. ~ aponévrotique 腱膜拡張. ~ foliacée 葉の発達.
3 〚天文〛théorie de l'univers en ~ 宇宙のビッグ・バン理論.
4 〚言語〛拡大, 拡張.
5 拡張, 拡大. ~ coloniale 植民地の拡大, 植民地化. ~ d'un fleuve qui déborde 氾濫した川の拡大. visées d'~ 領土拡張意図, 領土拡張政策.
[II] (発展) **1** 〚経済〛発展, 成長. ~ commerciale (industrielle) 商業(工業)の発展. ~ économique 経済成長. secteur industriel en pleine ~ 発展の一途をたどりつつある産業部門.
2 〚人口統計〛~ démographique 人口の膨張.
3 伝播, 普及. ~ d'une doctrine 綱領(教義)の普及. ~ des idées nouvelles 新思想の伝播.
[III] (表出) (感情の)表出；〔多く *pl.*〕心情の吐露 (=effusion). ~ de l'âme (du cœur) 感情の表出, 心情の吐露. ~*s* de tendresse 愛情の吐露.

expansionnisme *n.m.* **1** 〚政治〛領土拡張主義. **2** 経済成長主義.

expansionniste *n.* **1** 領土拡張主義者. **2** 経済成長主義者.
—*a.* **1** 領土拡張主義的な. politique ~ 領土拡張政策. **2** 経済成長主義の. économie ~ 生長主義経済.

expatriation *n.f.* **1** 国外移住；国外への脱出, 亡命；国外追放.
2 〚経済〛国外流出. ~ des capitaux 国外投資.

expatrié(e) *a.p.* **1** 国外に移住した. cadre ~ 国外移住(国外勤務)幹部職員.
2 国外に追放された；亡命した.
3 〔比喩的〕国外に流出した. capitaux ~*s*

expectant(e)

国外流出資本.
——n. 国外移住者；国外追放者, 亡命者. ~ dans un pays extérieur à l'Union européenne ヨーロッパ連合以外の国に移住した人. France-E~ s, portail privé de l'expatriation 国外移住に関する民間ポータルサイト, フランス=国外移住者.

expectant(e) a. **1** 成行きを待つ；待望する；形勢を観望する；日和見的な. attitude ~e 待ちの姿勢. politique ~e 日和見政策.
2 〚医〛 médecine ~e 期待療法, 自然療法 (=expectation).

expectatif(ve) a. **1** 期待しうる. héritage ~ 期待しうる相続.
2 〚政治〛日和見的な, 形勢を観望する. attitude ~ve 日和見主義的態度.

expectation n.f. 期待, 待望；待機.
2 〚医〛期待療法《医療行為をしない自然療法》.

expectative n.f. **1** 〚文〛(約束・確実性に基づく)期待. héritier en ~ 相続人になる期待のある者. avoir en ~ un emploi 就職に期待を抱く. être dans l' ~ de qch 何を待ちもうけている.
2 慎ましい待機；日和見. rester dens l' ~ 形勢を観望する.

expectorant(e) a. 〚薬〛痰を吐かせる. sirop ~ 袪痰（きょたん）シロップ薬.
——n.m. 〚薬〛袪痰薬 (=remède fluidifiant).

expectoration n.f. 排痰, 袪痰, 喀痰. drainage de l' ~ 排痰ドレナージ.

expédient[1] n.m. **1** 〚蔑〛弥縫（びほう）策,(その場の)便法；〚pl. で〛窮余の策. ~ financier 財政上のやりくり算段. vivre d' ~s やりくり算段して暮す.
2 (目的達成・障害克服のための)方策. chercher un ~ 方策を模索する.

expédient[2](**e**) a. 〚文〛好都合な, 適当な. Il est ~ de+inf. (que+subj.) …するのが時宜を得ている. mesure ~ 当を得た措置.

expéditeur(trice) n. (郵便物の)差出人, (電報の)発信人 (destinataire「名宛人」の対)；(商品の)荷送人, 発送人. ~ d'une lettre (d'un colis) 手紙 (小包) の差出人.《En cas de non distribution, prière de retourner à l' ~.》「配達不能の場合, 差出人に返送願います」《郵便物の注意書》.
——a. 発送の. gare ~trice 発送駅. compagnie ~trice 発送会社.

expédition n.f. **1** 〚古〛(事務の)迅速な処理, 執行. ~ d'une affaire 問題の処理.
2 〚軍〛遠征, 派遣. ~ française en Egypte フランスのエジプト遠征. ~ rapide pour surprendre l'ennemi 敵に対する軍隊の緊急派遣. ~ punitive 討伐.
3 探検；探検隊. ~ polaire 極地探検. organiser une ~ scientifique 科学的探検隊を組織する.

II 1 (郵便物, 荷物などの)発送, 送付；(商品の)出荷；発送物；〚pl. で〛(商品などの)発送量；(駅などの)荷物発送所. ~ contre-remboursement 着払い発送. ~ du courrier 郵便物の発送. ~ d'un colis par la poste 郵便小包の発送. ~ franco 発送人危険負担発送. ~ par avion (bateau, camion, chemin de fer) 航空便(船便, トラック便, 鉄道便)による送付. augmentation d' ~s 発送量の増加. déclaration d' ~ 発送明細書. récépissé d' ~ 発送控, 発送受領書.
2 〚経済〛(CEE・UC・UE 圏外への)商品発送；輸出.
3 〚法律〛謄本, 複本. ~ d'un contrat 契約書の複本.

expéditionnaire a. **1** 遠征の. corps ~ 遠征軍. **2** (公正証書, 判決等の)写し(謄本)を発行する.
——n. **1** 商品発送係. **2** 謄本交付係 (=commis ~).

expérience n.f. **I 1** 体験, 経験. ~ de la vie 人生体験. ~ mystique 神秘的体験. ~ politique (religieuse) 政治的(宗教的)体験. avoir l' ~ de la guerre 戦争体験がある. faire l' ~ de qch 何を体験する. d' ~ 体験に基づく, 体験によって得る. fait (vérité) d' ~ 経験的事実 (真理).
2 経験的知識, 経験. avocat plein d' ~ (sans ~) 経験豊かな(経験のない)弁護士. conviction fondée sur l' ~ 経験に基づく確信.
par ~ 経験によって. avoir de l' ~ 経験に富む. avoir une longue ~ 長い経験がある. acquérir l' ~ d'un métier (d'une technique) 職業(技術)の経験を積む. consulter l' ~ 経験に照らす. manquer d' ~ 経験に欠ける, 経験不足である.〚諺〛 E ~ dépasse science. 百聞は一見に如かず.
3 〚哲〛経験. ~ externe 外的経験；知覚 (=perception). ~ interne 内的経験；意識, 自覚 (=conscience).

II 1 実験, 試験, テスト. ~ de psychologie 心理学テスト (=test). ~s faites en laboratoire 実験室での実験. ~ scientifique 科学的実験. subjet d' ~ 実験対象, モルモット (=cobaye). faire une ~ de chimie (de physique) 化学(物理)の実験をする.
2 試み, 試行, 実験 (=essai, tentative). ~s artistiques 芸術的実験. ~ dans le domaine économique 経済分野での試み.

expérimental(ale)(pl.**aux**) a. **1** 実験に基づく. étude (recherche) ~ale 実験的研究. méthode ~ale 実験的方法. psychologie ~ale 実験心理学.〚仏文史〛roman ~ (ゾラの唱えた)実験小説.
2 実験的な；実験用の；試験的な. à titre ~ 実(試)験的に. être au state ~ 実(試)験の段階にある. fusée ~ale 実験用ロケット. laboratoire ~ 実験室. produit ~ 試験製品.

expérimentation n.f. 実験；実験的試み, 試験. ~ d'un médicament sur les animaux 医薬品の動物実験.〖医〗~ humaine 人体実験. champ d'~ 実験場.

expérimenté(e) a. 経験に富んだ, 経験豊富な；老練な；目の肥えた, 通の. acheteur ~ 目の肥えた買手. médecin ~ 経験豊富な医者. pilote ~ ベテラン・パイロット, 熟練パイロット. avoir un œil ~ 肥えた目をしている.

expert[1]**(e)** a. **1** 熟練した；経験豊かな；(dans, en に) 精通した, 詳しい. être ~ à+ inf. …するのに熟練している. être ~ en électronique 電子工学に精通している. chirurgien ~ 熟達した外科医. oreille ~e よく鍛えられた耳. ouvrier ~ 熟練工. personne ~e 経験豊かな人；達人.
2 médecin ~ 法医学者 (=légiste).
3〖電算〗système ~ エキスパート・システム.

expert[2] n.m.〔女性にも男性形を用いる〕
1 熟練者, 専門家, エキスパート；達人, 玄人. ~-comptable 公認会計士. ~-économiste 専門エコノミスト. ~ en assurance 保険の専門家. faire appel à un ~ 専門家に助けを求める.
2 鑑定家；〖法律〗鑑定人 (=~ judiciaire). ~ en diagnostic d'entreprise 企業診断鑑定. ~ en écritures 筆蹟鑑定家. ~ en objets d'art 美術品の鑑定家.

expert-comptable(pl.~s-~s) n.m. 公認会計士. diplôme d'~ 公認会計士免状. Ordre d'~ 公認会計士会. Elle est ~. 彼女は公認会計士である.

expertise n.f. **1** (専門家による) 評価, 査定；(美術工芸品・宝石などの) 鑑定. faire une ~ 鑑定を行なう. ~ d'un bijou 宝石鑑定. évaluation d'un dommage par ~ 鑑定による損害査定.
2〖法律・医〗鑑定. ~ judiciaire 司法鑑定. ~ médicale 医学鑑定. ~ mentale (génétique, psychiatrique) 精神 (遺伝子, 精神医学) 鑑定. nouvelle ~ 再鑑定 (=contre-~).
3 鑑定書 (=rapport d'~).

expertisé(e) a. 鑑定された；鑑定書付きの. biens ~s 鑑定書付財産 (物品).

expiation n.f. **1** 贖い, 償い. désir d'~ 償いの意欲. en ~ d'une faute 過ちの償いとして.
2〖宗教〗(悔悛による) 贖罪；〖宗教史〗(ユダヤ教などの) 贖罪日. fête juive des E~s (モーセの定めた) ユダヤ教の贖罪日. victime d'~ 贖罪のいけにえ.

expiatoire a. 罪を償う, 贖罪のための. cérémonie ~ 贖罪式. chapelle ~ 贖罪礼拝堂. châtiment (peine) ~ 懲罰. victime ~ 贖罪のいけにえ.

expirateur a.〖解剖〗呼気を司る. muscule ~ 呼気筋.
——n.m. 呼気筋.

expiration n.f. **1** 呼気《気を吐き出すこと》. inspiration et ~ 吸気と呼気；呼吸 (=respiration). ~ dernière 臨終.
2〔比喩的〕期限切れ, 満期, 満了. ~ d'un bail 貸借契約の期限切れ. arriver à ~ 期限切れ (満期) になる.

expiratoire a.〖医〗呼気の. dyspnée ~ 呼気困難. stridor ~ 呼気性喘鳴 (ぜいめい).

explicatif(ve) a. 説明する, 説明的な, 解説的な. commentaires ~s au bas d'une page ページ下の脚注. note ~ve jointe à un produit 製品の使用説明書. notice ~ve 説明.〖論, 文法〗proposition relative ~ve 説明的関係詞節.

explication n.f. **1** 説明, 解説；注釈. ~ de l'Ecriture 聖書の注釈 (=exégèse). ~ des mots 語義. ~ des songes 夢判断. ~ des textes テクストの解釈；作品解説. ~s jointes à un texte テクスト注解. ~ scientifique 科学的説明. donner l'~ de qch 何を説明する. fournir des ~s supplémentaires 補足説明をする.
2 釈明, 弁明. demander des ~s à qn sur qch qn に何の釈明を求める. donner des ~s à qn qn に弁明をする. exiger une ~ 釈明を強要する.
3 議論；口論, 論争；〖話〗喧嘩. avoir une ~ orageuse avec qn qn と激しく口論する.

explicitation n.f. 明白に述べること；明文化, 明記.

explicite a. 明白な, 明瞭な；〖法律〗明文化された, 明示的な (implicite「暗黙の」の対). clause ~ 明文化された条項. réponse ~ 明確な返答. volonté ~ 明白な意思. Soyez plus ~! もっとはっきりしなさい.

explicitement ad. 明白に, 明瞭に, はっきりと. clause ~ stipulée 明記された条項. demande ~ formulée 明確に表明された要求.

exploit n.m. **1** 功績；好成績；功労, 手柄；〖古〗武勲, 勲功. ~ sportive スポーツの好成績. ~ technique 技術的功績. réaliser un ~ 成績 (好成績) をあげる.〖文〗accomplir un brillant ~ 輝かしい武勲をたてる.
2〖話〗~s〔amoureux, galants〕艶福.
3〖皮肉〗お手柄；軽挙, 所業. Quel ~! 何て仕業だ! ~s d'un escroc 詐欺師の所業 (悪業).
4〖法律〗執達吏の令状 (=~ d'huissier). dresser (libeller, rédiger) un ~ 令状を作製する.

exploitabilité n.f. (鉱脈・森林・農地などの) 開発 (採掘・開拓) 可能性.

exploitable a. **1** 開発しうる, 開拓しうる；採掘しうる. domaine ~ 開拓しうる土地. forêt ~ 開発可能な森林. gisement de pétrole ~ 採掘可能な油田.
2 (情報などが) 活用しうる.
3 (人が) 食いものにされやすい. Les naïfs

exploitant(e)

sont facilement ~s. 素朴な人はたやすく食いものにされる.
4〚法律〛〚古〛執達吏令状によって差押・競売しうる.

exploitant(**e**) *a.* **1** 開発の, 開拓の. propriétaire ~ 開拓地主；農場主. société ~*e* 開発会社. **2**〚法律〛huissier ~ 令状執達吏.
——*n.* **1** 開発者, 開拓者；経営者. ~ agricole (d'un domaine agricole) 農業開発者 (経営者) (cultivateur「耕作者」, fermier「農場経営者」, métager「小作農」, propriétaire「農地所有者」など) ；自営業. ~ forestier 林業経営者；森林伐採業者. les petits ~*s* 小農. **2**〚映画〛映画館経営者.
3〚鉄道〛地方開発部局員 (所長).
4〚蔑〛搾取者 (=exploiteur). les ~*s* et les exploités 搾取者と被搾取者.

exploitation *n.f.* **1** 開発；開拓；資源開発；(鉱山)の採掘；経営, 経済的利用, 営業. ~ d'un fond de commerce 営業権の行使. ~ des forêts 森林開発. ~ de la houille 石炭採掘. ~ d'une ligne aérienne 航空路の開拓. ~ d'une mine 鉱山開発 (採掘). ~ d'un restaurant レストラン経営. ~ d'une source thermale 温泉 (鉱泉) の開発. ~ concédée par l'Etat à une société privée 国から私企業への経営権の譲渡.
bénéfice d'~ 営業利益. compte d'~ (企業の) 営業報告書. frais d'~ d'une entreprise 企業の経営経費. résultat d'~ 経営成績. service d'~ 開発部局. mettre une terre en ~ 土地を開拓する.
2 開拓地, 作業場；企業. ~ agricole 農場. ~ agricole à responsabilité limitée 有限責任農場 (略記 EARL；1985 年導入の民事会社). Fédération nationale des syndicats d'~*s* agricoles 全国農業組合連合 (略記 FNSEA). groupement agricole d'~ en commun 共同経営農場グループ (略記 Gaec). ~ forestière 営林地. ~ industrielle 工場.
3 (発見などの) 利用, 活用. ~ de circonstances favorables 好機の活用. ~ d'idée originale 独創的アイディアの利用. ~ des renseignements 諜報活動. ~ des résultats d'une enquête アンケート結果の利用. résultat brut d'~〔agricole〕農場経営粗収支 (略記 RBE).〚電算〛système d'~ オペレーション・システム, OS.
4〚軍〛掃討〔戦〕. ~ d'une première victoire 初戦勝利後の掃討戦.
5〚蔑〛悪用；搾取. ~ capitaliste 資本家による搾取. ~ de la bonne foi d'autrui 他人の善意の悪用. ~ de l'homme par l'homme 人間による人間の搾取.
6〚映画〛組織的宣伝, 宣伝. ~ d'un film 映画作品の宣伝.

exploité(**e**) *a.* **1** 開発 (開拓, 採掘) された. mine ~ 採掘鉱山. terre ~ 開拓地. **2** 搾取された. classe sociale ~*e* 搾取された社会的階級.
——*n.* 被搾取者. les exploiteurs et les ~*s* 搾取者と被搾取者.

exploration *n.f.* **1** 探検；探査；探鉱. ~ de l'espace 宇宙探査. ~ du sous-sol 地下資源の探査. ~ polaire 極地探検. ~ sous-marine 海底探査. partir en ~ 探検に出発する.
2 探究, 研究；調査；丹念に調べること. ~ systématique d'un problème 問題の徹底的探究.
3〚医〛検査, 診査. ~ clinique 臨床検査. ~ de la fonction respiratoire 呼吸機能検査. ~ fonctionnelle 機能検査.
4〚TV〛走査.

exploratoire *a.*〚政治〛(交渉・調査などが) 予備的な, 打診的な. entretiens ~*s* 予備会談. phase ~ d'une enquête 調査の予備的段階. réunion ~ 打診的な (予備的) 会合.

exploseur *n.m.* (爆薬の) 点火装置.

explosif[1] *n.m.* 爆発物, 爆薬, 火薬 (=produit ~). à la nitroglycérine ニトログリセリン爆薬, ダイナマイト (dynamite). ~ plastique プラスチック爆薬. ~ primaire 一次爆薬, 起爆薬；雷管 (=détonateur). ~ secondaire 二次爆薬, 炸薬. ~ thermonucléaire 熱核爆薬.

explosif[2] (**ve**) *a.* **1** 爆発の, 爆発による；爆発する. force ~*ve* 爆発力. obus ~ 炸裂弾. onde ~*ve* 爆発による衝撃波. phénomènes ~*s* 爆発現象.
2 爆発性の. mélange ~ 爆発性混合物；混合爆薬.
3〚比喩的〛爆発寸前の；激しやすい；扇動的な. déclaration ~*ve* 爆弾宣言. paroles ~*ves* 扇動的言辞. situation ~*ve* 爆発寸前の状況, 危険的状況. tempérament ~ 激しやすい気質.
4〚比喩的〛爆発的な；急増する. démographie ~*ve* 人口の爆発的増加. hausses ~*ves* à la Bourse 株式取引所での株価の暴騰.
5〚音声〛consonne ~*ve* 外破音 ([p], [t] など；consonne implosive「内破音」の対).

explosimètre *n.m.* 爆発性ガス検出器.

explosion *n.f.* **1** 爆発；爆発音. ~ de gaz ガス爆発.〚炭鉱〛 ~ des poussières au charbon 炭塵爆発. ~ du grisou 坑内ガス爆発. ~ d'un obus (d'une grenade) 砲弾 (手榴弾) の爆発. ~ d'une voiture piégée 爆弾を仕掛けられた車の爆発. ~ lumineux 閃光 (=éclair). ~ nucléaire (atomique) 核爆発. ~ sonore 爆音. ~ volcanique 火山性爆発. moteur à ~ 内燃機関. faire ~ 爆発する.
2〚比喩的〛感情の爆発 (激発). ~ de colère (de joie) 怒り (喜び) の爆発.
3〚比喩的〛(社会現象などの) 爆発的現象 (発展), 爆発的な増加. ~ démographique 人口の爆発的増加. ~ d'une révolte 暴動の爆

発.
4 〖医〗(流行病・症状などの) 急激な出現 (発症), 激発.
5 〖言語〗(音の) 破裂.
explosivité *n.f.* 爆発性.
expo (<exposition) *n.f.* 博覧会, エクスポ.
exporta*teur*(*trice*) *n.* 輸出業者, 輸出商. ~ de céréales 穀類輸出業者.
—*a.* 輸出する. industrie ~ *trice* 輸出産業. Organisation des pays ~ *s* de pétrole 石油輸出国機構(略記 OPEP;〖英〗OPEC オペック = Organization of Petroleum Exporting Countries).
exportation *n.f.* **1** 輸出 (importation 「輸入」の対). ~ d'automobiles 自動車の輸出. ~ de biens culturels 文化財の輸出. ~ de capitaux 資本輸出;国外投資. article d'~ 輸出品. assurance-crédit à l'~ 輸出信用保険. commerce d'~ et d'importation 輸出入業. détaxation de marchandises à l'~ 輸出商品に対する免税措置. licence d'~ 輸出許可〔証〕. poids des ~ *s* 輸出の占めるウエイト.
2 〔pl. で〕輸出品;輸出高. ~ *s* FAB 本船渡し価格での輸出高. ~ *s* invisibles サービス輸出.
exporté(e) *a.p.* 輸出された. produits ~ *s* 輸出製品.
exposant(e) *n.* **1** (展示会, 展覧会などの)出品者. ~ *s* d'un salon de peinture 美術展の出品者.
2 〖法律〗〖古〗(請願の)申請者 (= requérant).
exposé[1] **(*e*)** *a.p.* **1** 展示された. marchandises ~ *es* en devanture 店頭に陳列された商品.
2 (に)向けられた. living ~ au sud 南向きのリヴィングルーム. maison bien ~ *e* 日当たりの良い家. plantes ~ *es* à la lumière 日光を当てた植物. site ~ au vent 風の吹きさらしの場所.
3 〖写真〗露光済みの, 感光した. pellicule ~ *e* 撮影済みのフィルム.
4 危険にさらされた (= être ~ au danger (au péril)).
exposé[2] *n.m.* **1** 口頭発表 (= ~ oral);報告, 声明 (試験での)口述. ~ d'une théorie 学説の発表. faire un ~ de qch 何の報告をする. présenter un ~ sur qch 何について口頭発表(報告)する.
2 (書面による)説明, 報告;報告書, 説明書 (=écrit). 〖法律〗 ~ des motifs (法案の)提案理由書;法案前文.
exposition *n.f.* Ⅰ **1** 展示, 陳列;安置. ~ de marchandises dans une vitrine ショーウィンドウでの商品の陳列(展示). 〖法律〗 ~ d'objets obscènes 猥褻物陳列罪.〖宗教〗 ~ de reliques 聖遺物の安置.〖カトリック〗 ~ du Saint-Sacrement 聖体顕示.
2 展覧, 展覧会;展示会 (=salon). 〖展示〗会場. ~ agricole 農業見本市. ~ Cézanne セザンヌ展. ~ circulaire 巡回展. ~ de peinture 絵画展. ~ permanante 常設展示. ~ temporaire 不定期展示;不定期展覧会. ~ universalle 万国博覧会, 万博 (略称〖l'Expo〗). catalogue de l'~ 展覧会カタログ. Grande ~ de blanc (デパートの)新製品即売大展示会.

Ⅱ **1** (日光, 外気などに)さらすこと;〖写真〗露出, 露光;感光;〖物理〗照射電離度;(放射線の)被曝. ~ aux rayons X X 線照射(被曝). ~ du corps au soleil 日光浴. 〖写真〗 ~ programmée プログラム式露出システム. 〖写真〗correcteur d'~ 露出補正装置. 〖写真〗durée (temps) d'~ (de l'~) 露出時間. 〖写真〗mesure d'~ 露出測定. 〖写真〗modes d'~ 露出モード, 露光方式. 〖写真〗sous-~ 露出不足.
2 (建物・土地などの)向き, 方位. ~ au couchant (au midi) 西(南)向き. ~ d'un côteau 小さい丘の斜面の向き. ~ d'une façade 建物正面の向き.
Ⅲ **1** (学説などの)説明, 叙述, 解説, 陳述. ~ d'une théorie 理論の説明.
2 〖劇〗導入部;〖音楽〗(主題の)提示部. ~ d'une tragédie 悲劇の導入部. première ~ 第一主題提示部.
Ⅳ 〖稀〗人を危険にさらすこと. ~ d'enfant 〖法律〗子供の遺棄〔罪〕.

ex post [εkspɔst] 〖ラ〗*l.ad.* 〖経済〗事後的に (ex ante「事前に」の対).
exprès(*esse*) [εksprεs] *a.* 〖法律〗正式に表明された, 公にされた;(命令・条件などが)明白な, 明確な, 明示された;絶対的な. condition ~ *esse* d'un contrat 契約の明示条件. défense ~ *esse* de fumer 喫煙厳禁. disposition ~ *esse* (法令などの)明文の規定. ordre ~ 厳命.
exprès[2] [εksprε] *a.inv.* **1** 〖郵便〗速達の. lettre (colis) ~ 速達郵便(小包).
2 〖古〗特命をうけた, 特別の. messager ~ 特便.
—*n.m.* 〖郵便〗速達便;〖運送〗至急便. par ~ 速達便で;至急便で. envoi par ~ 速達. **2** 〖古〗特使.
exprès[3] *ad.* 故意に;特別に;殊更に, わざと. Elles sont venues tout ~ pour vous voir. 彼女たちはわざわざあなたに会いに来たのです. faire ~ de+*inf.* 故意に…する. Excusez-moi, je ne l'ai pas fait ~. ごめんなさい, わざとしたんじゃないんです. fait ~ うってつけの;〖名詞化して〗都合の悪いこと. C'est fait ~. 望み通りだ. par un fait ~ 折悪しく.
express[1] [εksprεs] 〖英〗*a.inv.* **1** (列車が)急行の;(地下鉄・道路などが)高速の. poste ~ 速達郵便. Réseau E~ Régional 首都圏高速鉄道網 (パリと郊外を結ぶ高速地下鉄・鉄道網;略記 RER). 〖鉄道〗train ~ 急行列車. voie ~ 高速道路 (カナダでは route ~).

express²

2 迅速な. verdice ~ 迅速な評決.
3 手早く行われる. coiffure〔-〕~ スピード理髪.
——*n.m.inv.*〖鉄道〗急行列車. L'Orient-*E* ~ オリエント急行. le Trans-Europe-*E* ~ トランス=ユーロップ・エクスプレス, ヨーロッパ国際特急列車(略記 TEE). L'~ va plus vite que l'omnibus, mais moins vite le rapide. 急行列車は各駅停車より速く, 特急より遅い.

express² [ɛksprɛs](<〖伊〗espresso) *n.m.inv.* エクスプレス・コーヒー, エスプレッソ(=café ~). un double ~ 2倍量のエクスプレス. Garçon, deux ~, svp! エクスプレス2つお願いします. boire un ~ エクスプレス・コーヒーを飲む.
——*a.inv.* 蒸圧式の. café ~ カフェ・エクスプレス, エクスプレス.

expressif(**ve**) *a.* **1** 表現力に富む; 表現力のある; 意味深い. geste ~ 表現力豊かな仕草. langage ~ 表現力に富む言語. mouvements ~s d'un ballet バレエの表現力に富む動作. silence ~ 意味深い沈黙.
2 表情豊かな. physionomie ~*ve* 表情豊かな顔付. avoir des yeux vifs et ~s 生き生きした目をしている.
3 表現性に富む. mélodie ~*ve* 表現性に富むメロディー. voix ~*ve* 表現性に富む声.

expression (<exprimer) *n.f.* **1** 言語表現, 表現. 〖言語〗l'~ et le contenu 表現と表現内容. ~ de volonté 意思表示. ~ écrite (orale) 文章表現(口頭表現). liberté d'~ pour tous 万人の表現の自由. mode d'~ 表現様式(方法). moyen d'~ 表現手段. nuances de l'~ 表現のニュアンス. au-delà de toute ~ 言葉に尽せぬほど, 極度に. donner (trouver) la meilleure ~ d'une théorie 理論を明確に表現する. revendiquer la libre ~ de la pensée 思想の自由な表現の権利を要求する. Veuillez agréer, Monsieur, l'~ de mes sentiments les plus distingués respectueux. 敬具《手紙末尾の丁寧な定型的文言》.
2 表現〖法〗; 言い廻し, 言い方; 語句; 語調. ~s exactes 的確な表現. ~ figurée 比喩的表現. ~s heureuses 適切な表現, 巧みな表現, うまい言い廻し. ~ périphrastique 遠廻しな言い方. ~ populaire 俗語表現, 通俗的表現. ~ toute faite 決まり文句.
3 (芸術的)表現〔力〕, 表出. ~ artistique 芸術的表現. ~ corporelle 肉体(身体)表現. ~ du moi par le poète 詩人による自我の表現. ~ littéraire (romanesque) 文学的(小説による)表現. ~ picturale 絵画表現. ~ plastique 造型的表現.
musique pleine d'~ 表現力豊かな音楽. 〖音楽〗signes d'~ 表現記号《con espressione, espressivo など》. tableau remarquable par l'~ 着目すべき表現力をそなえた絵画. avec beaucoup d'~ 表現力豊かに.

sans ~¹ 生彩を欠く.
4 (感情的)表現; 表情, 生気. ~ audacieuse 大胆な感情表現. ~ de la colère (de la joie) 怒り(喜び)の表現. ~ des émotions 感動の表現. ~ habituelle d'un visage 普段の表情. regard ~² 無感情の目差し. visage plein d'~ (sans ~³) 表情豊かな(無表情な)顔. avoir une ~ de désespoir 絶望の色を浮かべる.
5 (意思・欲求などの)表れ, 表出. ~ du mécontentement populaire 大衆の不満の表れ. ~ de volonté 意思表示.
6 具現, 体現. Molière est la plus complète ~ de l'art comique. モリエールは喜劇の最も完璧な具現である. 〖神〗Le Fils est l'~ du Père. 子は父の体現である.
7 〖数〗式. ~ algébrique 代数式. ~ fractionnelle 分数式. ~ rationnelle (irrationnelle) 有理(無理)式. réduire à sa plus simple ~ (分数を)約分する; 〖比喩的・話〗(物事を)最も単純化する, ぎりぎりに小さくする.
8 〖医〗圧出. ~ abdominale (分娩時の)腹壁圧出.
9 〔比喩的〕表れ, 表現, 表出. La faim est l'~ d'un besoin. 飢えは欲求の表れである. La loi est l'~ de la volonté générale. 法律は総意の表現である.

expressis verbis〔ラ〕*l.ad.* 明示的に.

expressiste *n.* 書信・小包の国際急送便業者.

expropriable *a.* 〖法律〗収用可能な, 収用の対象となる. biens ~s 収用の対象となる財産(土地・建物など).

expropriateur(**trice**) *a.* 〖法律〗(土地などを)収用する; 公用接収する(=exproprinat). administration ~*trice* 収用行政機関(当局). biens ~s 公用接収財産.
——*n.* 収用者; 公用接収者.

expropriation *n.f.* **1** (土地・建物などの)収用, 収用権の行使. ~ d'urgence 緊急収用. ~ forcée 強制収用(徴収). juge d'~ 収用担当判事《大審院の裁判官で収用命令と補償額の算定を担当》. ordonnance d'~ (公益に基づく)収用命令. **2** 〖国際法〗接収.

exproprié(**e**) *a.p.* 収用された; 被収用者の. immeuble ~ 収用不動産. propriétaire ~ 被収用者所有者.
——*n.* 被収用者(=personne ~*e*). indemnisation des ~s 被収用者に対する補償.

exproprier *v.t.* 〖法律〗収用する; 公用収用する, 強制収用する; 接収する. ~ un débiteur sur la saisie pratiquée par son créancier 債権者の差押えにより債務者の財産を強制収用する. ~ un immeuble 不動産を収用する. ~ qn pour cause d'utilité publique 公用のために人の土地(建物)を公用収用する.

expulsé(**e**) *a.p.* **1** 追放された, 放逐された, 追出された; 放校になった. étranger

~ 追放された外国人. locataire ~ 追い出された賃借人.
2〖医〗排出(排泄)された. calcul ~ de la vessie 膀胱から排出された結石.
──*n.* 追放された人.

expulsif(***ve***) *a.*〖医〗排出(排泄)の；排出に伴う；排泄を促す. douleurs ~ *ves* 娩出陣痛. gingivite ~ *ve* 歯槽膿漏.

expulsion *n.f.* **1** 追放, 放逐；放校；除名；(店子の)追立て, 強制退去. ~ des étrangers indésirables 好ましからざる外人の国外追放(国外退去命令). ~ de membres indisciplinés 規則に従わない会員の除名.
2〖生理〗(体外への)排出；排泄. ~ des selles 大便の排泄, 排便. ~ accidentelle d'une dent 事故による歯の欠損.
3〖医〗娩出期(分娩の第2期). ~ et délivrance 娩出期と分娩.

exquis(***e***) *a.* **1** 美味な. mets ~ 美味な料理. vin ~ 素晴らしい葡萄酒. C'est ~. これは美味い.
2 (香りが)馥郁(ふくいく)たる. odeur ~ 馥郁たる香り, 芳香.
3 繊細な；見事な；うっとりさせるほど美しい；素晴らしい. choix ~ 見事な選択. couleur ~ *e* うっとりさせるほど美しい色. qualité ~ 素晴らしい品質. sensibilité ~ *e* 繊細な感受性.
4 感じの良い, 魅力的な, 素晴らしい. ami ~ 素晴らしい友人. sourire ~ 魅力的な微笑.
5 (天気が)心地よい. printemps ~ 心地の良い春. Il fait temps ~. 素晴らしい天気だ.
6 洗練された, きめ細かな. politesse ~ *e* 洗練された礼儀正しさ.
7〖医〗(傷・痛みなどが)局所的でひどい. douleur ~ *e* 局所的疼痛. point ~ 疼痛点.
──*n.m.* 素晴らしい(美味な, 快い, 洗練された) もの.

ex-RDA (=ex-la *R*épublique *d*émocratique *a*llemande) *n.f.* 旧ドイツ民主共和国, 旧東ドイツ (= l'Allemagne de l'Est).

exsangue [ɛg-] *a.* **1** (顔色などの)極端な蒼白さ, 血の気のない, 蒼ざめた. malade ~ 蒼ざめた顔の病人.
2〖医〗血を失った, 貧血の. tissus ~ *s* 貧血組織.
3〖比喩的〗生気のない, 活力を失った. pays ~ 活力を失った国. style ~ 生彩のない文体.

exsanguination *n.f.*〖医〗瀉血, 放血.
exsanguinotransfusion *n.f.*〖医〗交換輸血(血液の大半をドナーの血で交換する輸血法).

exstrophie *n.f.*〖医〗外反. ~ de la vessie 膀胱外反症 (= ~ vésicale).

exsudat [ɛksyda] *n.m.*〖医〗滲出液. cellules d'~ 滲出細胞.

exsudatif(***ve***) *a.*〖医〗滲出性の. diathèse ~ *ve* 滲出性体質. inflammation ~ *ve*

滲出性炎. pleurite ~ *ve* 滲出性胸膜炎. rétinite ~ *ve* 滲出性網膜炎.

exsudation [ɛks-] *n.f.* **1**〖医〗滲出；血管外流出；〖古〗発汗. ~ d'un liquide organique 体液の滲出.
2〖植〗(樹脂などの)滲出；樹液滴下. ~ de résine (de gomme) 樹脂(ゴム)の滲出.
3〖冶〗滲出.

extase *n.f.* **1** 忘我の状態；法悦；〖医・心〗恍惚, エクスタシー；〖哲〗エクスタシス. ~ mystique 神秘的法悦, 見神. tomber en ~ 忘我の状態に陥る.
2 恍惚状態, 恍惚感；喜悦；有頂天. être (tomber) en ~ devant *qn* (*qch*) 人(何)を前にうっとりする. regarder *qch* avec ~ 何をうっとり見つめる.

extatique *a.* **1** 恍惚状態の, 忘我の境地の, 法悦に浸り切った. air ~ 恍惚状態. transport ~ 恍惚状態, 忘我の境地, 法悦感.
2 有頂天の. joie ~ 有頂天の喜び.
──*n.* 恍惚状態に陥った人；忘我の境地に陥りやすい人.

extemporané(***e***) *a.* **1**〖薬〗その場で調剤する；すぐに服用する. médicament ~ 即時調剤(服用)薬.
2〖医〗即時の. examen histologique ~ (手術中に実施される)即時病理検査.
3 即席の, 即興の.

extenseur *a.m.*〖解剖〗伸長する, 伸長性の(fléchisseur「屈曲性の」対). muscles ~ *s* 伸筋.
──*n.m.* **1** 伸筋. ~ de l'avant-bras 前腕伸筋. **2**〖スポーツ〗(筋肉を鍛えるための)エキスパンダー.

extensible *a.* **1** (筋肉, 繊維, ゴム, 金属などの)伸張性のある, 伸展性をもつ. tissu ~ 伸張性生地.
2〖情報〗拡張可能な, 拡大性のある. mémoire centrale ~ jusqu'à 1 Go (コンピュータ本体の)内部記憶容量1ギガバイトに拡張可能な.

extensif(***ve***) *a.* **1**〖農〗粗放的な. culture ~ *e* 粗放農業(culture intensive「集約農業」の対). élevage ~ 粗放畜産経営(放牧や牧草飼料による).
2〖文法〗広義の；〖言語〗外括的な；〖論理〗外延的な (compréhensive「内包的な」の対). signification ~ *ve* d'un mot 語の広義.
3〖物理〗伸びの. force ~ *ve* 引っ張りの力. propriétés ~ *ves* 伸長特性.
4〖哲〗延長の.

extension *n.f.* **1** 伸ばすこと；伸びること；伸展；〖物理〗伸び；〖スポーツ〗ストレッチ (flexion の対). ~ d'un membre (d'un muscle) 手足(筋肉)の伸長.〖スポーツ〗faire travailler ses muscles en ~ ストレッチングで筋肉を伸ばす.
2〖医〗(骨折などの)牽引〔療法〕. ~ de la

jambe à l'aide de poids 錘りを利用した脚部の牽引. avoir la jambe en ~ 脚を牽引している.
3〔比喩的〕拡張, 拡大, 発展；(災害などの)広がり；(病気の)蔓延. ~ de ses pouvoirs 権限の拡大. ~ d'une industrie 産業の発展. ~ d'une sinistre (d'une épidémie) 災害(疾病)の拡大. ~ territoriale 領土の拡張. prendre de l'~ 拡大(発展)する.
4〔言語〕(意味・解釈などの)拡張；〔論理〕外延 (compréhension「内包」の対). par ~ 意味の拡張によって, 意味が転じて(〔略記〕 par ext.).
5〔数〕拡大, 拡張. ~ algébrique 代数拡大.

exténuation n.f. 疲労困憊. 憔悴. état d'~ 疲労困憊の状態.

exténué(e) a.p. 疲労困憊した. coureur ~ après un marathon マラソンのあと疲労困憊したランナー. visage ~ 憔悴しきった顔. avoir l'air ~ 疲れ切った様子をしている. Je suis ~. くたくただ.

extérieur¹ **(e)** a. (intérieur の対) **1** 外の, 外部の. activités ~es 本業以外の活動. 〔幾何〕angle ~ 外角. 〔数〕différentielle ~e 外微分. 〔物理〕force ~ 外力. membre ~ du conseil d'administration 社外取締役.
2 屋外の. escalier ~ 外階段. température ~e 屋外気温.
3 (à の)外側にある；(と)無関係な. considérations ~es au sujet 主題から外れた考察. point ~ à un cercle 円の外にある点.
4 (事物の)外側の；周囲の；個人の外にある. boulevards ~s (都市の)外周大通り. choses ~es 外の事物. influence ~e 外部からの影響. monde ~ 外界. poches ~es 外ポケット. porte ~ 外門；(マンションなどの)玄関ドア. quartiers ~s 郊外地区. sollicitations ~es 周囲の人々(外部)からの懇願.
5 外見上の, 外に表れた；〔蔑〕表面的な, うわべだけの. aspect ~ 外観. charmes ~s 外見上の魅力. politesse tout ~e うわべだけの慇懃さ. signes ~s d'une crise économique 経済危機の表面化した徴候.
6 外国の；対外的な. commerce ~ 対外通商, 貿易.〔カナダ〕ministère des affaires ~es 外務省. politique ~ 対外政策.

extérieur² n.m. **1** 外, 外部；屋外. l'~ et l'intérieur 外と内.
à l'~ 〔de〕〔の〕外で. travail à l'~ d'une entreprise 企業外勤務. rester à l'~ d'un conflit 紛争の外に留まる.
de l'~ 外から. vue de l'~ 外観, 外見. juger de l'~ 外部から判断する.〔映画〕en ~ スタジオ外で(の). scène tournée en ~s 屋外撮影シーン.
2〔美術〕屋外風景；〔映画〕屋外シーン. 屋外撮影, ロケーション. les ~s d'un film 映画の屋外シーン. partir en ~s ロケに出

る.
3 (物の) 外側, 外面. ~ d'une maison 家屋の外面.
4〔文〕(人の)外見, 風采. personne d'un ~ agréable 感じのよい風貌の人. Sous un ~ calme, il était très coléreux. 冷静な顔をしていたが, 彼のはらわたは煮えくりかえっていた.
5 外界 (= monde ~). esprit ouvert sur l'~ 外に開かれた精神.
6 外国 (= 〔pays〕étranger). relations de l'~ 対外関係.

exterminateur (trice) a. 絶滅させる, 根絶する, 皆殺しにする. ange ~ (聖書「出エジプト記」の)滅ぼす天使.
—— n. 皆殺しをする人.

extermination n.f. 絶滅, 根絶, 皆殺し. ~ d'un peuple 一民族の皆殺し. camp d'~ (特にナチスによるユダヤ人殺害の)絶滅収容所, 死の収容所. guerre d'~ 殲滅戦.

externat n.m. **1**〔学〕通学制；通学生学校；通学生の身分(期間) (internat「寄宿制〔学校〕」,「寄宿学生の身分(期間)」の対).
2 (病院の)通勤医学生制度(その身分)；(病院でインターンの助手をつとめる；internat「インターン制度」の対).

externe a. (interne の対) **1** 外部の, 外面の, 外の.〔幾何〕angle ~ 外角. blessure ~ 外傷. causes ~s 外因. face ~ de qch 物の外面(外観). médicament à usage ~ 外用薬.
2〔学〕通学の, élève ~ 通学生 (élève interne「寄宿生」の対).
3〔医〕(患者が)外来の；(医学生が)通勤の.
4〔電算〕外付の (interne「内蔵型の」の対). disque dur ~ 外付けハードディスク.
—— n. **1** 通学生 (= élève ~). ~ surveillé 放課後居残り学習通学生.
2〔医〕病院付通勤医学生 (= ~ des hôpitaux；インターン interne の補佐).

extéroceptif (ve) a.〔生理〕外受容性の. réflexe ~ 外受容反射.

exterritorialité n.f. 治外法権. privilèges d'~ 治外法権の諸特権.

extincteur (trice) a. 消火用の. grenade ~trice 消火弾. liquide ~ 消火液.
—— n.m. 消火器 (= appareil ~). ~ à poudre 粉末式消火器.

extinctif (ve) a.〔法律〕(権利の)消滅を招く, 消滅的な.〔法律〕prescription ~ve 消滅時効. terme ~ 消滅期限.

extinction (< éteindre) n.f. **1** (火・明り を)消すこと；〔光学〕消光. ~ d'un feu (d'une incendie) 消火. ~ des lumières (des feux) 消灯；〔軍〕消灯の合図；消灯らっぱ. ~ des signaux lumineux 灯光式信号の消光(光った信号・合図が消えること).
2 (種族・家系の)絶滅, 滅亡. ~ d'une ancienne famille 古い家系の途絶. espèce animal en voie d'~ 絶滅途上の動物種, 絶滅の

危機に瀕している動物種. **3**〔体力・気力などが〕尽きること；〔興奮〕冷めること；〔創造力などの〕枯渇. attraper une ~ de voix 声が出なくなる. lutter jusqu'à l'~ de ses forces 力が尽きるまで闘う. **4**〖法律〗(権利・債務などの)消滅；法的状態の終了. ~ d'un droit 権利の消滅. ~ de l'instance 訴訟手続の消滅. ~ d'une obligation (完済による)債務の消滅.

extirpateur n.m. 〖農〗除草機.

extirpation n.f. **1**〖農〗(雑草などを)根こぎにすること, 除去. ~ des mauvaises herbes 雑草の除去. **2**〖医〗剔出(てきしゅつ). ~ d'une tumeur 腫瘍の剔出. **3**〔比喩的〕根絶. ~ des vices 悪徳の根絶.

extorsion n.f. 無理強い, 強要；(特に金品の)強奪, ふんだくり, たかり, ゆすり；強要；〖法律〗財物強要罪.

extra n.m.inv. **1** 特別なこと(もの)；特別な出費；特に豪華な食事. faire un ~ (des ~¹) 特別なこと(出費)をする；特別豪華な食事をする. **2**〖労働〗臨時勤務；臨時職員, 臨時雇. faire des ~² 臨時の仕事をする, アルバイトをする. Ce travail est un ~. この仕事は臨時勤務だ.
── a.inv. **1** 極上の, 特別の. bonbons ~ 上のボンボン. vin de qualité ~ 極上品質の葡萄酒. **2**〔話〕素晴らしい, 非常に快適な. Ce vin est ~. この葡萄酒は素晴らしい.

extra- [ラ] ELEM **1**「外」の意(ex. extra-terrestre「地球外の」). **2**「格別に」の意(ex. extra-fin「極上の, 極細の」).

extra-atmosphérique a. 大気圏外の. espace ~ 大気圏外宇宙空間.

extrabudgétaire a.〖財政〗予算外の. dépenses ~s 予算外支出.

extracommunautaire a. ヨーロッパ共同体外の. produits ~s ヨーロッパ共同体以外の製品.

extraconjugal (ale) (pl.**aux**) a. 婚外の. aventure ~ale 婚外情事, 不倫(=adultère). relations ~ales 婚外交際(肉体関係).

extra-contractuel (le) a.〖法律〗契約以外の原因による；契約事項以外の事項に関わる. obligation ~le 契約外債務.

extracorporel (le) a. 体外の.〖医〗circulation ~le 体外循環.〖医〗fécondation ~ le 体外受精(=FIV: fécondation in vitro).

extra-courant n.m. 自己誘導電流.

extracteur n.m. **1** 抽出者, 採取者. **2**〖化〗抽出装置, 抽出器. ~ à fumées 排煙装置. **3**〖医〗摘出器；〖歯〗抜歯用鉗子. le davier, ~ des dentistes 歯科医の抜歯用鉗子.

4〖鉱〗採掘機, 巻上げ機. **5**〖養蜂〗蜂蜜分離機. **6**(果汁などの)絞り器. **7**(火器の)抽筒子〖薬莢抜取り装置〗. ~ de la culasse 銃(砲)尾の抽筒子.

extractif (ve) a. **1** 採掘に関する. industries ~ves 採掘産業〖石油, 石炭, 鉱石などの採掘業〗. 〖採鉱〗machine ~ve 巻上げ機, 採掘機(=extracteur). **2**〖化〗抽出された. substance ~ve 抽出物質.

extraction n.f. **1**(石油・鉱石・石材などの)採掘. ~ de la houille 採炭. puits d'~ d'une mine 鉱山の採掘井. **2**〖医〗摘出, 剔出；(歯・釘などを)抜くこと. ~ d'une balle 弾丸の摘出. ~ dentaire 抜歯. **3**〖化〗抽出. ~ à contre-courant 向流分配(= [英] counter-flow extraction: CFE). ~ d'une essence par distillation 蒸溜によるエッセンスの抽出. ~ fractionnaire 分別抽出. ~ liquide-liquide 液・液抽出分離. **4**〖数〗(根の)開方. ~ d'une racine carrée 開平. **5**〖法律〗外部引致. ~ de détenus 受刑者の外部引致. **6**〔古〕生れ, 出自, 家柄. être de noble (basse) ~ 高貴な(卑しい)生まれである.

extradépartemental (ale) (pl.**aux**) a. 県外の. tarif ~ 県外配達料金.

extradition (<extrader) n.f. **1**〖法律〗(国際間の)犯罪人引渡し(送還). traité d'~ 犯罪人引渡し条約. **2**〖心〗(感覚の)射影.

extra-dry [英] a.m. エクストラ・ドライ〖シャンパーニュ酒〗エクストラ・ドライ《1 l 当りの含有糖分が12─20 g の辛口；含有糖分15 g 未満の辛口 brut ブリュットと同等もしくはやや甘い》.
── n.m. エクストラ・ドライのシャンパーニュ酒(=champagne ~).

extradural (ale) (pl.**aux**) a.〖解剖・医〗硬膜外(上)の.〖医〗anésthésie ~ 硬膜外麻酔.〖医〗hématome ~ 硬膜外血腫.〖医〗tumeur ~e 硬膜外(上)腫瘍.

extrafin (e) a. **1** 極めて薄い. papier ~ 極薄紙. **2** 極上の, 極めて上質の. chocolats ~s 極上のチョコレート. **3** 極細粒の. petits pois ~s 極細粒のエンドウ豆.

extrafort¹ n.m.〖服〗(折返し〖ヘム〗用の)強化リボン.

extrafort² (**e**) a. **1** 極めて厚い, 極めて強い. carton ~ 極厚紙. **2**〖食品〗味の濃い, 味の強い. moutarde ~e 極辛のマスタード.

extragalactique a.〖天文〗銀河系外の. nébuleuses ~s 銀河系外星雲. neutrinos ~s 銀河系外から来るニュートリノ《中性微粒子》.

extragénit*al* (***ale***) (*pl.* ***aux***) *a.* 性器外
の. cycle ~ 性器外周期.
extra-hospitali*er* (***ère***) *a.* 病院外の.
thérapeutique ~ 院外治療.
extrait *n.m.* **1** 抽出物, エキス；精油, 香
油. ~ de café コーヒー・エキス. ~ de vio-
lette 菫の香油.
2 抜粋文, 要約. ~ de la Bible 聖書の抜粋.
3〖行政〗抄本；抄録(原本の要約). ~ de
naissance 出生証明抄本. ~ mortuaire 死亡
証明抄本.
extrajudiciaire *a.*〖法律〗裁判所の管
轄外の, 司法権の及ばない；法廷外の；訴
訟手続外の. confession ~ 法廷外の自白.
exécution ~ 法の手続きを経ない処刑.
extra〔-〕**lég***al* (***ale***) *a.*〖法
律〗不法な. procédés ~ *aux* 不法手段.
extra-muros 〔εkstramyros〕〔ラ〕 *ad.*
市壁外に；市外に, 郊外に (intra-muros の
対).
——*a.* 市壁外の；市外の, 郊外の. quartier
~s 市外の街区. Saint-Malo ~ 城塞外の
サン=マロ.
extramusculaire *a.* 筋肉外の. mani-
festations ~s 筋肉外徴候.
extranéité *n.f.* **1**〖法律〗渉外性；外国
人としての身分. exception d'~ 渉外性の
例外.
2 第三者性. ~ de la source des émotions
情動の根源の第三者性.
extranet *n.m.*〖情報通信〗エクストラネ
ット(インターネットや電気通信網を利用
し, 企業間で情報を交換できる情報通信
網；アクセスには暗証番号・コードを要す
る).
extraordinaire *a.* **1** 異常な, 異様な；
不思議な, 驚嘆すべき, 驚くべき. chose ~
異常な物事. costume ~ 異様な衣裳.
événement ~ 信じ難い出来事. homme ~¹
奇人. idées ~s 驚嘆すべき思想. récit ~
不思議な物語. spectacle ~ 異様な(驚くべ
き)光景.
avoir une conduite ~ 常軌を逸した行動を
とる. Ce n'est pas ~. 珍しいことじゃな
い；よくあることだ. Cela n'a rien d'~. 変
なところはない. Il n'est pas ~ *que* (de+
inf.). …なのは(するのは)変ではない(当り
前だ).
2 並外れた, 並々ならぬ；〖話〗非常に美味
な；非常に優れた. appétit ~ 並外れた食
欲. beauté ~ この世のものとも思えぬ美し
さ. fortune ~ 莫大な財産. homme ~²
凡な人物. pâleur ~ 極端な蒼白さ. prix ~
法外な値段. qualités ~s 非常に優れた資
質. réussite ~ 望外の成功, 大成功.
3 臨時の, 特別の, 非常の, 緊急の. ambas-
sadeur ~ 特命大使. assemblée ~ 特別(臨
時)総会. audience ~ 緊急審理. budget ~
臨時予算. dépense ~ 臨時支出. fait ~ 非
常事態. mission ~ 特別任務. voies ~s de

recours 特別の不服申立方法. prendre des
mesures ~s 臨時措置(非常手段)を講じる.
——*n.m.* 異常な(驚くべき)こと；特別なこ
と；奇妙なこと. goût de l'~ 異常好み.
par ~ いつになく；ひょっとして, 万一.
Si, par ~, il ne venait pas... 万一彼が来な
かったら….
extra〔-〕**parlementaire** *a.*〖政治〗
議院外の. commission ~ 議院外委員会.
extrapatrimoni*al* (***ale***) (*pl.* ***aux***) *a.*
〖法律〗**1** 非家産的；非財産的.
2 非財産的素材(要素)の. mesure d'ordre
~ 非財産的措置.
extraplat(***e***) *a.* 超フラットな, 超平面の.
écran ~ 超フラット・ディスプレー. mon-
tre ~ *ale* 超薄型腕時計.
extrapleur*al* (***ale***) (*pl.* ***aux***) *a.*〖医〗
胸膜 (plèvre) 外の.
——*n.m.* 胸膜外.
extrapolation *n.f.* **1**〖数〗補外法, 外
挿法.
2 (断片的データに基づく)普遍化, 拡大適
用.
3 (他目的)利用. ~ du corps central de la
station Mir 宇宙ステーション「ミール」の
中央部の利用.
extra〔-〕**politique** *a.* 政治外の. mo-
tifs ~s 非政治的動機.
extraprofessionnel(***le***) *a.* 職業外
の. relations ~ *les* 職業外のつき合い.
avoir une activité ~ *le* 職業外の活動をして
いる.
extrapyramid*al* (***ale***) (*pl.* ***aux***) *a.*
〖解剖〗〖医〗錐体外路の. signe ~ 錐体外路
徴候. système ~ 錐体外路〔系〕.
extra〔-〕**rén***al* (***ale***) (*pl.* ***aux***) *a.*〖医〗
腎臓外の. épuration ~ 人工透析.
extrascolaire *a.* 学校外の, 校外の. ac-
tivités ~s 校外活動.
extra-sensible *a.* 超感覚の, 感覚を超
えた, 知覚不能の (=suprasensible).
extra-sensoriel(***le***) *a.* 超感覚的な,
感覚によらない. perception ~ *le* 超感覚的
知覚.
extrasolaire *a.*〖天文〗太陽系外の. pla-
nète ~ 太陽系外惑星.
extrastatuaire *a.* 法規外の；規約外の.
extrasystole *n.f.*〖医〗(心臓の)期外収
縮. ~ auriculaire (ventriculaire) 心房(心
室)期外収縮.
extra-terrestre *a.* 地球外の.〖宇宙〗
vol ~ 地球外飛行.
——*n.* 地球外生物；宇宙人；ET.
extra〔-〕**territori***al* (***ale***) (*pl.* ***aux***) *a.*
領土外の, 域外の, 領海外の；治外法権の,
治外法権を有する (=〔英〕offshore, extra-
territorial). effet ~ d'une loi 法律の領土外
効力. institution financière ~ 国外に本拠
を置く金融機関.
extra-territorialité *n.f.* 地球外存在

性, ET 性.
extra-utérin(*e*) *a*. 〖医〗子宮外の. grossesse ~ *e* 子宮外妊娠.
extravagant(*e*) *a*. **1** 常軌を逸した, 突飛な. esprit ~ 常軌を逸した精神. idée ~ *e* 突飛な考え. projet ~ 無茶な (馬鹿げた) 計画.
2 法外な, 途方もない, 過度の. prix ~ 法外な値段. vitesse ~ *e* 途方もないスピード.
3 (人が)風変わりな. personnage ~ 変わった人物, 奇人.
4 〖教会〗〖décrétales〗~ *es* 典外教令集.
——*n.f.* **1** 常軌を逸した人；奇人. **2** 変わったこと(もの).
extravasation *n.f.* 〖医〗(血液・体液などの)滲出, 溢流. ~ sanguine 血液の滲出.
extravéhiculaire *a.* 〖宇宙〗(宇宙船の)船外の. activités ~ *s* 船外活動.
extraverti(*e*) (< 〖独〗extravertiert) *a.* 〖心〗外向性の (introverti「内向性の」の対). enfant ~ 外向性児. tempérament ~ 外向性気質.
——*n.* 外向的な人.
extrême¹ *a*. **1** 〖多く名詞の前〗末端の；最après の. 〖政治〗l' ~ droite (gauche) 極右 (極左). idées d' ~ droite (gauche) 極右 (極左)思想. ~ limite 極限. à l' ~ limite de colère 怒りの極に. l' ~ Nord 極北. l' ~ -Orient 極東. à l' ~ opposé 対極に. à l' ~ pointe 極端に. pousser qch jusqu'à son point ~ 何をぎりぎりまで推し進める.
2 極度の. ~ difficulté 極度の困難. ~ grandeur (petitesse) 極大 (極小). chaleur ~ 酷暑. douleurs ~ *s* 極度の苦痛. joie ~ 無上の喜び. misère ~ 赤貧. péril ~ 極度の危険. à l' ~ rigueur やむを得なければ. cas d' ~ urgence 緊急事態.
3 〖名詞の後〗極端な, 過度の, 過激な；非常の. caractère ~ 節度を欠く性格. climat ~ 極端な気候(極寒, 極暑など). partis ~ *s* 過激派政党. sentiments ~ *s* 激情. sport ~ 極限スポーツ.
avoir des opinions ~ *s* en politique 過激な政治的意見を持っている. être ~ en tout 何ごとにも極端に走る. 〖諺〗Aux maux ~ *s*, les ~ *s* remèdes. 毒をもって毒を制す.
4 〖名詞の後〗非常の. moyens ~ *s* 非常手段. situation ~ 非常事態；極限状態.
extrême² *n.m.* **1** 〖多く *pl.*〗極端；(特に)(物の)両端, 両極端；〖気象〗最大と最小の観測値. passer d'un ~ à l'autre 極端から極端に走る. rapprocher les ~ *s* 両極端を近付ける. se porter aux ~ *s* 極端に走る. à l' ~ 極端に, 過度に. réagir à l' ~ 極端に反応する. 〖諺〗Les ~ *s* se touchent. 両極端は相通ず.
2 〖政治〗過激派. ~ *s* de droite 右翼過激派. ~ *s* de gauche 左翼過激派, 極左派.
3 極致, 頂点. ~ *s* de bonheur 幸福の絶頂. ~ *s* de la colère 怒りの頂点.

4 〖数〗~ *s* d'une proportion 比例の外項.
5 〖論理〗~ *s* d'un syllogisme 三段論法の小名辞と大名辞.
extrême-onction(*pl.*~*s*-~*s*) *n.f.* 〖カトリック〗終油の秘蹟(=sacrement des malades). administrer (donner) l' ~ à qn (人に)終油を授ける.
Extrême-Orient(l') *n.m.* 極東. Ecole française d' ~ フランス極東学院〔1898年 Hanoi で創立されたグランド・エコール；文部省所管；略記 EFEO；1955年 Saigon, 1956年 Paris に移転〕.
extrême-oriental(*ale*)(*pl.aux*) *a.* 極東 (l'Extrême-Orient) の.《extrême は無変化》. habitudes ~ ~ *es* 極東の風俗.
——*n.* 極東の住民.
extrémisme *n.m.* (政治思想・行動の)過激主義. ~ de droite (gauche) 右翼 (左翼) 過激主義.
extrémiste *a.* 過激派の. idée ~ 過激思想. mouvement ~ 過激派運動.
——*n.* 過激派, 過激主義者.
extrémité *n.f.* **1** 端, 先端, 末端；(道・町などの)はずれ. ~ *s* de la terre 地の果て. ~ d'un bois 林のはずれ. ~ du doigt 指先. ~ d'un os 骨端. ~ d'une voie ferrée 鉄道の終着点. loger à l' ~ de la ville 町はずれに住む.
2 〖*pl.* で〗手足. 〖医〗asphyxie des ~ *s* 手足の麻痺. avoir froid aux ~ *s* 手足が寒い.
3 〖比喩的〗極限, 窮地. être réduit à l' ~ 窮地に陥る. résister jusqu'à la dernière ~ 最後まで(徹底的に)抵抗する.
4 〖比喩的〗臨終, 死. être à l' ~ 瀕死の病人. être à toute ~ (à la dernière ~) 死に瀕している.
5 極端(過激)な行動；絶望的な振舞；〖*pl.*で〗暴力. se porter aux pires ~ *s* 目茶苦茶な行動に走る.
extrinsèque *a.* 外的, 外在的, 外部からの；非本質的な (intrinsèque「内的, 内在的」の対). 〖医〗asthume ~ 外因性喘息. causes ~ *s* d'une maladie 病気の外因. 〖解剖〗ligament ~ 外的靭帯. valeur ~ d'une monnaie 通貨の額面価格.
extrusion *n.f.* **1** 〖工〗(金属, セラミック, プラスチック等の)押出し成型, 押出し加工. **2** 〖地学〗(溶岩の)流出.
exubérance *n.f.* **1** 繁茂. ~ de la végétation 植生の繁茂.
2 豊かさ, 豊富；豊満. ~ de l'imagination 想像力の豊かさ. ~ de paroles 饒舌. ~ de sève 樹液の豊かさ.
3 賑やかさ；大袈裟な振舞. avec ~ 賑やかに, 大袈裟に. manifester sa joie avec ~ 喜びを大袈裟にあらわす.
exubérant(*e*) *a.* **1** 〖植物が〗繁茂する. végétation ~ 繁茂する植生.
2 豊かな；豊富な；豊満な. fille ~ *e* 豊満な娘. nature ~ *e* 豊かな自然. poitrine ~ *e*

豊満な胸. scève ~ e 豊富な樹液. 〘美術〙style ~ 装飾過剰な様式.
3 (人柄が) 活発な；陽気な. caractère ~ 活発な性格. homme ~ 賑やかな男.

exulcération *n.f.* 〘医〙(粘膜, 皮膚の) 軽度の潰瘍形成, ただれ, 糜爛 (びらん), かぶれ.

exurbanisation *n.f.* (都市の) ドーナツ化現象, 都心離れ.

exutoire *n.m.* **1** はけ口. chercher un ~ à sa colère 怒りのはけ口を探す. trouver un ~ dans *qch* 何にはけ口を見出す.
2 〘土木〙排出口. égout servant d'~ 排出の役を果す下水.
3 〘医〙〘古〙(皮膚の) 引赤法, 皮膚刺激法.

ex vivo [εksvivo] 〔ラ〕*l.a.,l.ad.* 〘医〙生体外の；生体外で (in vivo, in vitro の対). expériences ~ 生体外実験. opération ~ 体外手術.

ex-Yougoslavie(**l'**) *n.pr.f.* 〔国名通称〕旧ユーゴスラヴィア《公式名称：la République socialiste fédérative de *Y* ~ 〔略号 RSFY〕ユーゴスラヴィア社会主義連邦共和国：1991 年まで la Bosnie-Herzégovine, la Croatie, la Macédoine, le Monténégro, la Serbie, la Slovénie の 6 共和国他で構成, 1992 年新ユーゴスラヴィア連邦共和国 République fédérale de ~ に再編, 2003 年 l'Union de Serbie-et-Monténégro を結成；旧ユーゴスラヴィアは la Bosnie-Herzégovine, la Croatie, le Kosovo, la Macédoine, le Monténégro, la Serbie, la Serbie-et-Monténégro, la Slovénie に分かれた；国民：ex-Yougoslave；首都：Belgrade ベオグラード (Beograd)；通貨：dinar yougoslave》.

Eyzies-de-Tayac-Sireuil（**Les**）*n.pr.pl.* レ・ゼジー=ド=タヤック=シリュイユ《1972 年までは Les Eyzies-de-Tayac；département de la Dordogne ドルドーニュ県の村；市町村コード 24620；形容詞 eyzicois (*e*)；Musée national de préhistoire 国立先史博物館, gisements de Laugerie ロージュリー地層, Font-de-Gaume, Les Combarelles, La Mouthe, Le Grand-Roc などの洞窟がある》.

Eze *n.pr.* エーズ《département des Alpes-Maritimes レ・ザルプ=マリチーム県の町；市町村コード 06360；形容詞 ézasque；コート・ダジュールの標高 427 m の岩盤上にある風光明媚な観光地；Jardin exotique 異国風庭園あり》.

F

F[1], **f**[1] [ɛf] *n.m.*(*f*).*inv.* フランス語字母の第 6 字 (l'*f*, le *f*).
F[2] **1** 〖化〗〖旧〗「弗素」(=fluor) の化学記号.
2 〖音楽〗〖古〗ヘ音, ヘ調《現在では *fa* という；英語では用現》.
3 〖自動車〗フランスの国別識別記号.
4 〖通貨〗〖旧〗*f*ranc フラン《1965 年以降；それ以前は Fr.》.
5 〖光学〗(レンズの) F 値《レンズの明るさ．<*f*ocale；[英] f-number =[仏] ouverture, レンズの焦点距離と開口径との比；f と小文字で表記する場合もある》. AF Nikkor 50mm *F*1.4D 焦点距離 50 ミリ, 明るさ *F*1.4 のオートフォーカスニッコール D レンズ.
6 〖物理〗F (=*f*arad) ファラッド《静電気容量の MKSA 単位》.
f[2] **1** *f* (=*f*emto) フェムト (10⁻¹⁵).
2 〖光学〗焦点距離 (=*f*ocale : distance *f*ocale).
3 〖文法〗女性形の記号《ex. *n.f.*「女性名詞」》.
4 〖話〗*f*... (=*f*outre)「こん畜生, ひでえ」《驚き・感嘆・怒り・強調などを表す卑俗な表現》.
°F (=degré *F*ahrenheit) *n.m.* 〖理〗華氏… 度. 32°F correspondent à 0°C et 212°F à 100°C. 華氏 32 度は摂氏 0 度, 華氏 212 度は摂氏 100 度に相当する.
F1[1] (= [英] *f*irst *f*ilial hybrid) *n.m.* 〖生〗一代雑種.
F1[2] (= *F*ormule 1) *n.f.* 〖オートレース〗フォーミュラ 1《レーシングカーの最高ランク》；フォーミュラ 1 のレーシングカー.
F2R (= *f*onds de *r*éserve des *r*etraites) *n.m.* 〖社会保障〗退職年金予備基金.
fa *n.m.inv.* 〖音楽〗ヘ (F) 音, ファ《階名唱法における長音階の第 4 音》；ヘ調. clef de ~ ヘ音記号. concerto en majeur (mineur) ヘ長調 (短調) 協奏曲. La note ~ fait 350 vibrations à la seconde. ヘ音は 1 秒間に 350 回振動する.
FAAR (= *F*orce d'*a*ction et d'*a*ssistance *r*apide) *n.f.* 〖軍〗緊急行動救援軍.
F.A.B. (= *f*ranco *à b*ord) *ad.,a.* 〖商業〗本船〖積込み〗渡し, 〖貨物〗積込み渡し (= [英] F.O.B. : *F*ree *o*n *b*oard).
fable *n.f.* **1** 寓話. Les *F*~s de La Fontaine ラ・フォンテーヌ『寓話詩』(1668-94 年). ~ express 一口噺.
2 〖古・文〗神話；神話的物語；伝説. morale de la ~ 寓話の教訓. Les *F*~s égyptien-

nes et grecques *d*évoilées de Dom Pernety. ドン・ペルネティ『エジプトとギリシアの神話の秘義解明』(1758 年).
3 〖文〗作り話. C'est une pure ~ que l'on fait courir. それは巷に言いふらされている単なる作り話だ.
4 物笑いの種. Il est la ~ du village. 彼は村中の笑いものだ.

fabricant(*e*) *n.* **1** 製造者；製造業者, メーカー；工場経営者. ~ de papiers 製紙業者. gros ~ 大規模メーカー. petit ~ 職人 (=artisan).
2 〖蔑〗でっち上げる人. ~ de néologimes 新語のでっち上げ屋.
——*a.* 製造の；製造にあたる. sociétés ~ *es* 製造会社.

fabrication *n.f.* 製造, 製作；生産；製造法. ~ à la main 手造り. ~ artisanale 手工業 (家内工業) 的製作. ~ assistée par ordinateur コンピュータ援用製造〖法〗《略記 FAO》. ~ automatisée 自動化製造〖法〗. ~ de machine 機械生産. ~ en grande série 大量生産. ~ industrielle 工場生産. ~ maison 自家製. ~ sur commande 受注生産. chef de ~ 製造主任. défaut de ~ 製造ミス. frais de ~ 製作費, 製造原価. produit de ~ française フランス製品.
2 製造部門.
3 〖比喩的〗捏造, 偽造. ~ de fausse monnaie 贋金づくり. ~ de fausses nouvelles 虚報のでっち上げ.
4 〖蔑〗やっつけ仕事.

fabrique *n.f.* **1** 小規模工場, 町工場；製作所, 製造所. ~ de tapis 絨毯工場. marque de ~ 工業製品商標. prix de ~ 工場渡し価格, 工場直販価格.
2 〖美術〗(歴史画などの背景に描かれた) 建物, 廃墟. les ~*s* à côté des beautés naturelles dans un paysage 風景の美しい自然の傍らの建物.
3 (教会堂の) 建立；建立資金；(教会堂の) 財産〖建物と付属品〗；教区財産管理委員会 (=conseil de ~). ~ des églises 教会堂の建立.
4 〖古〗製造；生産. objet de ~ étrangère 外国生産品.

fabriqué(*e*) *a.p.* **1** 製造された. article ~ en série 量産品. objet ~ en France フランス産品. produit mal ~ 不良製品.
2 偽造 (捏造) された；でっち上げた. alibi ~ でっちあげのアリバイ. histoire ~ *e* 作り話. sourire ~ 作り笑い.

fabuleux(*se*) *a.* **1**〖文〗神話(伝説)上の. âges (temps)～ 神話(伝説)時代. animaux ～ 伝説上の動物. héros ～ 伝説(説)上の英雄.
2 架空の, 作り話の. pays ～ 架空の国. récit ～ 架空の物語, コント.
3 途方もない, 本当とは思えない, 嘘のような. aventures ～ses 驚くべき冒険. fortune ～se 途方もない資産. prix ～ べらぼうな価格. spectacle ～ 驚嘆すべきショー.
Fac (=*f*orce *a*érienne de combat) *n.f.* 〖軍〗実戦空軍(司令部 Metz).
fac (<faculté の略称) *n.f.* 〖俗〗学部.
façade *n.f.* **1** (建物の)正面. ～ d'une église 教会堂の正面. ～ en marbre 大理石の建物正面. large ～ 広い間口. pièce en sur une rue 道路に面した建物正面の部屋. plaque commémorative sur une ～ 建物正面にはめ込まれた記念碑板.
2〖古〗(建物の)面. ～ du côté de la cour 建物の中庭に面した側. ～ latérale (postérieure) (建物の)側面(裏側の面).
3〖比喩的〗うわべ, 見せかけ. Pure ～! 見かけ倒しだ. Ce n'est qu'une ～. 見かけに過ぎない. de ～ 見せかけだけの, うわべだけの. amabilité de ～ うわべだけの愛想の良さ. en ～ 見かけ倒しの. talent qui n'est qu'en ～ 見かけ倒しにすぎない才能.
4〖沿岸地方(=région côtière). la ～ atlantique de la France フランスの大西洋沿岸.
5〖俗〗顔(=visage). démolir la ～ à *qn* 人の顔を目茶目茶になぐる. se refaire la ～ 化粧を直す.
face *n.f.* ⓘ〖顔〗**1** 顔, 顔面. ～ longue (ronde) 長い(丸い)顔. chirurgie de la ～ 顔面の手術, 美容手術.
à la ～ de *qn* 人の顔面に；人の面前で. cracher à la ～ de *qn* 人の顔面に唾をはきかける；人を侮辱する. jeter *qc* à la ～ de *qn* 人に何をあからさまに言う；人に何を非難する.
détourner la ～ 顔をそむける. se cacher la ～ 顔を隠す. se jeter [la] ～ contre terre ひれ伏す. se voiler la ～ (喪のために)顔をヴェールで覆う. 〖俗〗*F*～ de rat! この鼠面め!《罵りの言葉》rat に代えて chien, crabe なども用いる》.
2(感情, 人格などの表れとしての)顔, 顔つき；面目, 体面, 面子(めんつ). ～ angélique 天使のように清純な顔. ～ de carême やつれた(陰気な)顔. homme à deux ～; homme à double ～ 裏表のある人；真情を見せない人. homme à plusieurs ～s いくつもの顔を持つ人, 多面的人間.
perdre la ～ 面目を失う. sauver la ～ 面目を保つ. sauver la ～ de *qn* 人の顔を立てる.
3〖宗教〗la *F*～ キリストの御顔. la Sainte *F*～ (聖骸布に残された)キリストの御顔.
Ⅱ《面, 表面》**1** (物体の)面. ～ cachée de la lune 月の裏側. ～s d'un diamant ダイヤのカット面. ～ interne (externe) 内(外)側, 内(外)面. ～ latérale 側面. ～ supérieure (inférieure) 上(下)面. étoffe à double ～ 風通織, ダブルフェースの布地. miroir à trois ～s 三面鏡.
2〖幾何〗面；〖解剖〗(体, 臓器などの)表面；〖植〗(葉の)表；(貨幣, メダルの)表, 表側. ～s d'un prisme プリズムの面. 〖植〗～ externe des feuilles 葉の外面(表面). 〖解剖〗～ intérieure des cuisses 内腿. 〖解剖〗～ supérieure de l'estomac 胃の上部. 〖同格〗côté ～ 表側. deux ～s d'un disque レコード盤の両面. DVD double ～ 両面方式 DVD. impression en double ～ 両面印刷.
3〖古, 文〗(目に見える)表面；〖地形〗地表；海面；(山の)斜面；〖古〗(建物の)正面(=façade). ～ Nord d'une montagne 山の北斜面(北壁).
4〖比喩的〗様相, 様子, 局面. changer de ～ 様子が変わる. examiner *qch* sous toutes ses ～s 何をあらゆる角度から検討する.
《Le nez de Cléopâtre: s'il eût été plus court, toute la ～ de la terre aurait changé.》「クレオパトラの鼻. もしそれがもっと短かったなら, 世界の様相は変わってしまったことであろう.」(Pascal の『パンセ』中の文言).
Ⅲ〖成句〗
◆ {à と共に} ～ à …に面して(た)；〖比喩的〗…に直面して. ～ à de telles difficultés こうした困難な状況に直面して. chambre ～ à la mer 海に面した部屋.
～ à ～ 向かい合って, つめ合って, 対面して；直接に, 仲介なしに. se regarder ～ à ～ 見つめ合う.
～ à ～ avec …と面と向かって；…に直面して. se trouver ～ à ～ avec la vérité 真実に直面する.
〖古/文〗à la ～ de *qch* (*qn*) 何(人)の前で. 〖現用〗à la ～ du monde 公然と.
faire ～ à …に向き合う, …に顔を向ける；…に立ち向かう(対処する)；(需要などを)満たす；(約束を)果たす；〖à 以下なしに〗持ちこたえる. faire ～ à l'ennemi 敵と対峙する. faire ～ à ses obligations 己れの責任を果す. faire ～ à une dépense 支出を満たす. L'église fait ～ à la mairie. 教会堂は役場に面している. Il faut faire ～. 持ちこたえなくてはならない.
◆ {de と共に} de ～ 正面を向いた, 正面を見せて (de profil「側面を見せて」の対)；(対象の)正面に (de côté「側面に」の対)；正面から来る (de dos「背面から来る」の対)；〖鉄道〗進行方向向きの, 前向きの.
〖鉄道〗coin de ～ 前向きの隅の座席. 〖鉄道〗place de ～ 前向きの席. 〖劇場〗loge de ～ 正面桟敷席. portrait de ～ 正面像.
avoir le vent de ～ 正面から風を受ける.
attaquer de ～ 正面から攻撃する.

◆〖enと共に〗en ～ 正面から，真前で(に)，面と向かって；堂々と，率直に. aller en ～ 前進する. dire qch en ～ 人に面と向かって何を言う. regarder qn en ～ 人を真向から見すえる. regarder la mort en ～ 死を直視する.
en ～ de (〖話〗en ～) qch (qn) 何(人)と向き合って，何(人)を前にして；の向いに. en ～ de cela それに反して，それと対照的に. en ～ de la porte ドアの前に. en ～〔de〕l'église 教会堂の向かいに. se mettre en ～ de qn 人の行手に立ちはだかる(反対する). En ～ d'elle, il n'ose rien dire. 彼女を前にすると，彼は何も言えない.
〔d'〕en ～ 真向いの.〖比喩的〗ceux d'en ～ 競争相手，敵方. maison 〔d'〕en ～ 真向いの家.

face〔-〕**à**〔-〕**face** [fasafas] n.m. 対決；対決討論. ～ télévisé entre François Mitterrand et Jacques Chirac フランソワ・ミッテランとジャック・シラクのテレビ討論.

facette n.f. **1** (多面体の)面；(結晶体の)小面；(宝石などの)カット面. ～s d'une pierre taillée 宝石のカット面. corps à ～s égales 等面体. diamant taillé à ～s ブリリヤント(brillant) カットのダイヤモンド(58のfacettesをもつ).
2〖比喩的〗側面，様相. à ～s さまざまな側面をもつ. personnage à ～s ころころ変る人. style à ～s 多彩な文体. diabète, maladie à multiples ～s 多様な側面をもつ疾病である糖尿病. être à ～s 種々の様相を呈する.
3〖動〗(複眼を構成する)個眼〔面〕. yeux à ～s 複眼.
4〖解剖〗(骨・歯の)ファセット，小面. ～ articulaire 関節骨の小面.

fâché(e) a.p. **1** 残念に思っている. être ～ de+n. (de+inf., que+subj.) …を遺憾に思う. Je suis ～ de votre conduite. あなたの振舞を遺憾に思う. Je suis ～ de vous quitter. 申訳ありませんがこれで失礼します(辞去する際の文言). Je suis ～ qu'il ait échoué (de ce qu'il a échoué). 彼が失敗したのは残念だ. Je suis ～ de ce qui vous arrive. このたびのことはまことにお気の毒に存じます《同情・お悔みの文言》.
2 気を悪くする. être ～ de+n. (de+inf., que+subj.) …が不満である. Il est ～ de mon refus. 彼は私の拒否に立腹している. Je suis ～ qu'il ait dit cela (de ce qu'il a dit cela). 彼が言ったことは私の気に入らない. Je n'en suis pas ～. それは結構なことだ.
être ～ contre qn 人に腹を立てている.
3 (avec qn と)折合いが悪い，仲たがいしている. être ～ avec ses parents 両親と折合が悪い.
4 (avec qch が) 不得意である，(に)無知である.

Il est ～ avec l'orthographie. 彼は綴りが不得意である.
5 不満そうな，気を悪くした. Il a un air ～. 彼は気を悪くしたようだ.

fâcheux(se) a. **1** 不愉快な，迷惑な；残念な. ～ ses nouvelles；nouvelles ～ ses いやな知らせ. événement ～ 不快な(残念な)出来事. être dans une ～ se situation 我慢のならない状況に置かれている. Il est ～ de+inf. (que+subj.) …するのは(なのは)遺憾なことである.
2 迷惑を及ぼす, 具合の悪い. conséquence ～ se 好ましくない波及効果. exemple ～ 都合の悪い例. C'est ～. それはまずい.
3〖古〗(人が)厄介な.
4〔古〕骨の折れる.
——n.〖文〗うるさ型；厄介者.

facial(ale) (pl.**aux,～s**) a. **1**〖解剖〗顔面の.〖人類学〗angle ～ 顔面角. massage ～ 顔面マッサージ. nerf ～ 顔面神経. névralgie ～ ale 顔面神経痛. paralysie ～ ale 顔面麻痺.
2 額面の. valeur ～ ale 額面価格 (valeur marchande「商品価値」の対).

faciès [-jes] n.m. **1** 顔つき；〖医〗(病状を示す)顔貌. 〖医〗～ abdominal 腹膜炎顔貌. ～ béat (comique) おめでたい(滑稽な)顔つき. ～ mongol モンゴル人の顔つき.
2〖植〗ファシース《植物社会学の植生単位》；(植物の)外観. ～ d'une plante 植物の外観.
3〖地学〗相，層相. ～ glaciaire 氷河層相.

facile a. **1** 容易な；簡単な；平易な，易しい. calcul ～ 易しい計算. homme de ～ accès とっつき易い人. lieu d'accès ～ 行き易い場所. réussite (victoire) ～ 容易な成功(勝利). travail ～ 易しい仕事. avoir le travail ～ 易しい仕事をする.
～ à+inf.〖他動詞〗(人, 物が)…するのが容易な. ～し易い. chose ～ à faire (à comprendre) やり易い(理解し易い)物事. problème ～ à résoudre 解決し易い(解き易い)問題. voiture ～ à conduire 運転し易い車.〔Cela est〕～ à dire! 言うのはたやすい! Il est ～ à qn de+inf. …することは人にとって易しい.
2 (生活が)安楽な, 快適な. avoir la vie ～ 楽に暮す.
3 自由自在な, 闊達な；苦心を要しない, よどみない. style ～ 流麗な文体. avoir l'argent ～ 金払いがいい. avoir des larmes ～s 涙もろい. avoir la parole ～ 弁舌がさわやかである, 弁が立つ. avoir la plume ～ 筆が立つ.
4〖蔑〗(芸術作品などが)安易な, 浅薄な；気楽な. littérature ～ 浅薄な文学. musique ～ 軽音楽. raisonnement ～ 安易な推理.
5 (性格などが)気安い, きさくな. caractère ～ きさくな性格. homme ～ à vivre

気のおけない人．
6〔蔑〕(女性が)尻軽な．femme ~ 尻軽女．
7(子供が)手のかからない，育て易い．bébé ~ 手のかからない乳児．
——*n.m.* 容易なこと，安易なこと．
——*ad.*〔話〕楽に(=à l'aise)；優に，少なくとも(=pour le moins)．Il faut deux heures ~ pour y aller. そこまでは優に2時間かかる．

facilitation *n.f.* **1** 容易化，簡易化；簡便化．~ du travail 仕事の容易化．
2〔生理〕(神経細胞における興奮伝達の)促進(occlusion「閉塞」の対)．
3〔医〕(病理・生理現象の)促進．méthode de ~ 促進法．

facilité *n.f.* **1** 容易さ，たやすさ；平易さ，簡易さ．~ des échanges entre deux pays 二国間の交易の容易さ．travail d'une ~ extrême 極く易しい仕事．avec ~¹ 容易に，たやすく，簡単に．
2(生活の)安楽さ，裕福さ．~ de l'existence (de la vie) 生活の安楽さ．vivre dans la ~ 安楽に暮す．
3 楽々こなす能力；手際のよさ；流暢さ，自在さ；才能．~ à (pour) +*inf.* ~するのに向いた才能．~ à écrire (à peindre) 文才(画才)．~ à s'exprimer 自在な自己表現力．~ d'éloquence 弁舌の流暢さ．~ pour *qch* 何に向いた才能．avoir une grande ~ pour apprendre les langues 外国語習得の才に恵まれている．
avec ~² 楽々と，手際よく，流暢に．chanter avec ~ 楽々と歌う．avec une grande ~ de parole 弁舌さわやかに．
avoir de la ~ 適性がある．Cet enfant n'a aucune ~. この子供には勉学の才が全くない．
4〔多く *pl.*〕便宜，便利な手段；〔*pl.* で〕〔商業〕支払いの便宜(=~ de paiement；~ pour le paiement)．〔商業〕~s de caisse 短期貸付；当座貸越(=[英] overdraught, overdaft)．~s de crédit 信用の供与．~s de transports 交通の便．avoir la ~ de+*inf.* …する便宜に恵まれている．procurer à *qn* toutes les ~s pour... 人に…のためのあらゆる便宜を与える．
5(性格などの)気安さ，気さくさ．~ de caractère 人の好さ，性格の甘さ．~ à+*inf*². …しがちな性向．
6〔文〕(人の言いなりになる)気弱さ；〔古〕(女の)尻軽さ(=légèreté)．~ crédule 信じ易さ(=crédulité)．
7〔蔑〕安易さ，安易な生活態度；〔文〕(芸術作品の)安易さ，浅薄さ，凡庸さ．solution de ~ 安易な解決策．céder à la ~ 易きにつく．

façon *n.f.* [I]〔作ること〕**1** 手作り；(特に)(職人による)制作，加工；(服などの)仕立て；加工(仕立て)代．première ~ 粗造り(=ébauche, esquisse)．gâteau de sa ~ 彼(彼流)の手作り菓子．robe d'une bonne ~ 仕立てのよいドレス．
à ~ 仕上げ加工をする．couturier à ~ 仕立屋．travailler à ~ 手間賃仕事をする；〔印刷〕植字・印刷の一方を外注して仕事をする．
coûter cent euros de ~ 手間賃が100ユーロかかる．payer la ~ d'un vêtement 服の仕立て代を払う．
2〔衣服〕仕立て方，体裁，型．une nouvelle ~ de gilet チョッキの新しい型．
3〔農〕耕耘(こううん)，畑打ち．terre qui demande trois ~s 3種の耕耘を要する農地．donner une ~ à la terre 農地を耕す．
[II]〔やり方〕**1** やり方，仕方，流儀．la ~ dont on applique les lois 法律の適用法．~ de+*inf.* …する仕方．~ de conduire 運転の仕方．~ de parler 話し方．~ de penser 考え方．~ de voir 見方．C'est une ~ de parler. そういう言い方もできる；言葉の綾というものだ．C'est une drôle de ~ de voir les choses. その物の見方は変だ．Il y a plusieurs ~s de procéder. やり方はいろいろある．〔par〕~ de plaisanter 冗談めかして．

◆〔à と共に〕à la ~ de …風に．peindre à la〔~ de〕Cézanne セザンヌ風に描く．à sa ~ 自分のやり方で，自己流に；自分の好みに従って；彼なりに．idée à sa ~ 自己流の(彼らしい)考え．vivre à sa ~ 自分なりに生きる．

◆〔de と共に〕d'une (de la)~+*adj.*；de ~+*adj.* …のやり方で．d'une ~ générale 一般的に．d'une ~ ou d'une autre 別のやり方で．d'une même ~ 同じやり方で，同じように．dire de ~ plus précise より正確に言う．exprimer d'une ~ approximative 大まかに説明する．d'une ~ ou d'une autre；de ~ ou d'autre 何らかの方法で，なんとかして，いずれにせよ．d'aucune ~ どうしても…しない(=en aucune ~)．de cette ~ そんな風に；そうすれば(=ainsi)．
de ~ à+*inf.*；de ~ à ce que+*subj.* …するように；…であるように(《目的》)．Parlez de ~ à vous faire comprendre. 人にわかってもらえるように話しなさい．de ~ à ce que ce soit plus facile それがもっと容易になるように．
de quelle ~ どんな風に．De quelle ~ cela s'est-il produit? どんな風にしてそうなったのか？ de quelque ~ que ce soit どんな風にせよ．
de (telle) ~ que+*ind.* (*subj.*) それゆえに；…である(…であるように，であるために)．La nuit vint, de ~ que je fus contraint de me retirer. 夜になったので，私は引きあげざるを得なかった．Il travaille de ~ qu'il peut vivre. 生きていくために彼は働いた．Il travaille de ~ qu'il puisse travailler. 生きていけるように彼は働いた．

de toutes les ~s あらゆる手段で. aider qn de toutes les ~s 万策を講じて人を助ける. de toute[s] ~[s] いずれにせよ；ともかく. De toutes ~s, c'est la même chose. いずれにせよ同じことだ.

◆〘en と共に〙en aucune ~ どうしても…しない(=d'aucune ~)(=nullement). Je ne l'approuve en aucune ~. どうしてもそれは認められない. en quelque ~ que ce soit どんな風にせよ.

2〘多く pl.〙態度, 振舞；気取り, 勿体. ~s brutales 粗野な振舞. ~s engageantes 愛想のよい態度. ~s suspectes 怪し気な振舞. femme pleine de ~s 気取り屋の女性. avoir de bonnes (mauvaises) ~s 態度がよい(悪い). avoir des froides よそよそしい態度である. faire des ~s (trop de ~s) 気取る, 勿体をつける. Ne faites pas tant de ~s pour accepter son invitation. そう勿体ぶらずに彼の招待をお受けなさい. sans ~[s] 気取らずに；遠慮なく；〘名詞的〙勿体をつけぬこと, 無頓着さ(=sans-~). homme sans ~[s] 気取りのない人. un petit repas sans ~[s] 気取らぬ簡単な食事. agir avec sans-~ 気取らずに振舞う. J'accepte sans ~[s]. 遠慮なくお受けします. Venez dîner chez nous sans ~[s]. 遠慮せずに拙宅に食事にお出でください. Non merci, sans ~[s]. 本当に結構です《断りの文言》. Ce ne sont pas des ~s. それはふさわしい振舞ではない；そんな事はすべきでない. Je n'aime pas ses ~s. 彼のやり方は気にくわない.

Ⅲ《外観》**1** 外観, 見かけ, 様子. avoir bonne (mauvaise) ~ 見かけがよい(悪い). ne pas avoir de ~ (行動などが) 不適切である. faire ~ de qn 人に対して威張る.

2〘en〙~ de qch 何を模した, …風の. châle ~ de cashemire カシミヤ風のショール. meuble en ~ d'ébène 黒檀まがいの家具.

3〘古/文〙une ~ de 一種の…. une ~ d'amitié 友情ともいうべきもの.

façonnage *n.m.* **1** 成形加工；仕上げ加工. ~ de l'argile (des métaux) 粘土 (金属) の成形加工.
2 製材. ~ de bois de mine 坑木の製材加工.
3〘製本〙(裁断から装丁までの) 仕上げ作業. ~ des revues 雑誌の製本作業.
4〘製油〙下請作業.
5〘比喩的〙(人格などの) 形成, 陶冶. ~ de l'intelligence de qn 人の知性の形成.

façonné(e) *a.p.* **1**〘織物〙柄織りの. étoffe ~e 柄織り生地 (étoffe unie「無地織り」の対).
2 加工された. matière ~e 加工素材.
3〘文〙世慣れた, (à に)慣れた. être ~ à …に慣れた.

4〘文〙凝った, 気取った.
——*n.m.*〘織物〙柄織生地. l'uni et le ~ 無地生地と柄織生地.

façonnement *n.m.* **1** 成形加工(=façonnage). ~ d'armature 鉄筋成形加工.
2〘比喩的〙(人格などの) 形成, 陶冶, 養成. ~ de l'esprit 精神形成.

fac[-]similé (<〘ラ〙facere+simile) *n.m.* **1** (絵画・版画・工芸品・原稿・印刷物などの) 原寸大複製；複写. réédition en ~ d'un ouvrage ancien 古書の原寸大複製版本.
2〘通信〙ファクシミリ.

factage *n.m.* **1** (貨物の) 配達, 集配；宅配；配達料. entreprise de ~ 配送 (宅配) 業者. frais de ~ 配送費.
2〘郵便〙配達. ~ des lettres 郵便配達.

facteur[1] (***trice***) *n.* **1** 郵便配達人 (=~ de lettres) 《公式名称は agent préposé；préposé(e)》. tournée ~ 郵便配達人の巡回. ~-télégraphiste 電報配達人.
2〘鉄道〙運転員.
3〘古〙仲買人. ~ aux (des) Halles 市場の仲買人.

facteur[2] *n.m.* **1** 要素, 要因. 〘経済〙~s de [la] production 生産要素 (土地・資本・労働など).
2〘数〙因数, 係数. ~ commun 共通因数. ~ premier 素因数. mise en ~s 因数分解.
3〘物理・化〙係数, 率. ~ d'absorption 吸収率. ~ de charge 荷重倍率. ~ d'évaporation 蒸発係数. ~ de multiplication de neutrons 中性子増倍率. ~ de puissance 力率. ~ de réflexion 反射率. ~ de sécurité 安全率, 安全係数.
4 因子；〘生・生化〙因子, 要因. ~ antinucléaire 抗核因子. ~s climatiques 気候的要因. ~ de la coagulation sanguine 血液凝固因子. ~ de croissance 生長 (発育) 因子. ~ de libération des hormones hypophysaires 下垂体ホルモン放出因子. ~ des plaquettes 血小板 [凝固] 因子. 〘環境〙~ écologique 環境要因. ~ érythropoïétique 造血促進因子. ~ héréditaire 遺伝要因. ~ inhibiteur de la prolactine プロラクチン放出抑制因子 (=〘英〙PIF：*p*rolactinrelease *i*nhibiting *f*actor). ~ intrinsèque (器官の) 固有因子, 内因子. ~ natriurétique auriculaire 心耳ナトリウム排出因子 (=ペプチド・ホルモン). ~ nécrosant de tumeurs 腫瘍 (癌) 壊死因子 (=〘英〙TNF：*t*umor *n*ecrosis *f*actor). ~ Rh (rhésus) (血液の) Rh (リーサス) 因子. ~ rhumatoïde リウマチ因子. ~ thymique 胸腺因子. 〘気象〙~ climatique 気候因子. ~ de dilution 希釈因子. 〘心〙~ d'émotivité 情動因子.

facteur[3] *n.m.* 楽器製造者 (制作者). ~ d'orgues パイプオルガン製造者.

factice *a.* **1** 模造の, イミテーションの, まがい物の. avion (canon) ~ (敵の目をくらます) 模造航空機 (砲). barbe ~ つけひ

げ. diamant ~ 模造ダイヤ. fleurs ~s 造花. fruits ~s dans l'étalage 陳列用の模擬果物. marbre ~ 模造（人工）大理石.
2 わざとらしい，ぎこちない，借物の. gaieté ~ わざとらしい陽気さ. douceur ~ 借物の優しさ. sourire ~ 作り笑い.
3〖古〗人為的な，人工の，自然でない.〖哲〗idée ~ 形成観念（idée adventice「外来観念」, idée innée「生得観念」の対）.
——*n.m.* **1** 作りもの，人為的なもの. **2**（ゴムの）加硫剤.

factieux(se) [-sjφ, -siφz] *a.* 反体制的な，革命的な；反乱的な；扇動的な. parti ~ 反体制党. secte ~ 革命的セクト.
——*n.* 反体制派；叛徒，反乱分子，暴徒；扇動家.

faction[1] *n.f.* **1**（体制転覆を企てる）過激派；反対派（= ~ ennemie）. désordres (troubles) excités par les ~s 過激派によってひき起された混乱. esprit de ~ 反体制的精神. fomenter les ~s 過激分子を扇動する.
2 分派；派閥；セクト. pays partagés en ~s 群雄割拠の国.

faction[2] *n.f.* **1**〖軍〗哨戒；歩哨任務. tour de ~ 巡回哨戒. aller (entrer) en ~ 歩哨に立つ. être en ~ (de ~)[1] 歩哨に立っている.
2 見張り，警戒. être en ~ (de ~)[2] 見張りをしている.
3〖労働〗（3交代制の工場での）8時間勤務.

factionnaire *n.m.* **1**〖軍〗歩哨（= soldat ~；soldat en faction）.
2〖労働〗（3交代制の）8時間勤務者.

factionnel(le) (<faction) *a.*〖政治〗派活動の；派閥争いの.

factoriel(le) *a.* 因子の（に関する）；因数の（に関する）.〖心・統計〗analyse ~ le 因子分析. étude ~ le de l'effet de différentes techniques 異なる技術の効果に関する因子研究.
——*n.f.*〖数〗階乗. signe de la ~ 階乗の記号（!）. La ~ de 4 est : 4! =1×2×3×4=24. 4の階乗は4! =24.

factoring [英] *n.m.*〖金融〗債券買取業，ファクタリング（公用推奨語は affacturage）.

factorisation *n.f.*〖数〗因数分解. ~ d'un polynôme 多項式の因数分解.

factuel(le) *a.* 事実に関する；〖哲〗事実に基づく. information ~ le 事実のみの報道. preuves ~ les 事実に基づく証拠.

facturation *n.f.*〖商業〗**1** 送り状（インボイス）作製. **2** 送り状作製部局.

facture *n.f.*〖商業〗**1** 送り状，インボイス（=[英] invoice），仕切書；計算書. ~ de l'électricité 電気料金計算書（請求書）. ~ pro forma 見積り計算書，見積り送り状. marché sur ~ 非常式取引. prix de ~ 送り状価格〔価額〕，請求書価格. dresser (établir, faire) une ~ 計算書（請求書）を作成する. envoyer (présenter) une ~ 計算書（請求書）を送付（提出）する. payer (régler, solder) une ~ 請求額を支払う.
2〖話〗支出額. ~ de la guerre 戦争のつけ.

facturier(ère) *n.* インボイス（仕切書）作成係，計算書（請求書）作成係.
——*a.* インボイス（仕切書）作製係の.
——*n.m.* 仕切帳，仕切書台帳.
——*n.f.* インボイス（仕切書）作製機，計算書（請求書）作製機.

facultatif(ve) *a.* 随意の，自由選択の，任意の，裁量的な；オプションの. arrêt ~ sur une ligne d'autobus バス路線の随時停車（停留所）. épreuves d'examen ~ves 任意選択の試験科目. ~ves d'un programme d'étude 学習計画の選択科目. pourboire ~ 任意のチップ. travail ~ 随意の仕事.

faculté *n.f.* [I]（能力）**1** 能力；機能；[*pl.* で] 精神的能力, 知力, 知性；〖話〗手腕，才能. ~ de + *inf.* …する能力. ~ de choisir (prévoir) 選択（予知）能力. ~s intellectuelles 知的能力.〖話〗C'est au-dessus de ses ~s. それは彼の能力を越えている.
2 権能, 権限；選択権. ~ d'appréciation du juge 判事の判断権.〖法律〗acte de pure ~ 純粋随意行為. avoir toute ~ pour + *inf.* …する全権をもつ. donner à qn la ~ de + *inf.* 人に…する権限を与える；人に自由に…させる. laisser à qn la ~ de choisir 人に自由に選ばせる.
3〖哲〗〖古〗能力，機能. ~s de l'âme 霊魂の能力.
4（生物の）能力，機能；（物の）特性，能力. ~ coagulable du sang 凝血能力. ~ de voler 飛翔能力. ~s productives de la terre 大地の生産能力. L'aimant a la ~ d'attirer le fer. 磁石には鉄を引きつける特性がある.
5 [*pl.* で]〖法律〗資力，資産；支払能力；個人的能力. ~s contributives 納税能力. ~s corporelles 個人の肉体的能力. ~s mentales 個人の知的能力. dépenser au-delà de ~s de qn 人の支払能力を越えている.
6〖海〗（海上運送保険で）積荷. assurances sur ~s 積荷保険.
[II]（学部）**1**（大学の）学部《1968年の改革で廃止され, unité d'enseignement et de recherche「教育研究単位（学系）」(UER) と, 1984年以降は unité de formation et de recherche「教育研究単位（学系）」(UFR) に改変したものが慣用として残る》. ~ de droit (de médecine, des lettres, de pharmacie, des sciences) 法（医, 文, 薬, 理）学部. La Sorbonne abritait les ~s des lettres et des sciences de l'université de Paris. ソルボンヌの建物にはパリ大学の文学部と理学部が置かれていた. ~ libre 自由大学学部（私立の大学学部）. ~ libre d'Angers アンジェ自由大学学部. s'inscrire en ~ 学部に登録す

る.
2 la F~ 医学部 (= ~ de médecine); 医学界;医師たち;〖話〗主治医.
3 〖カナダ〗(大学の)学部. ~ des arts 文学部.
4 学部の構成員;教授団,教授会;学部棟.
FAD (=Fonds d'aide et de développement) n.m. 援助開発基金《フラン地域諸国に対する開発援助基金;1959年旧FIDESを再編したもの》.
FADA (=frais à durée allongée) a. 鮮度持続性の, 鮮度延長式の. le pain ~ 鮮度延長パン.
FAF (=Fonds d'assurance formation) n.m. 職業訓練保険基金.
fagot n.m. **1** 薪束;柴の束. lier un ~ 薪(柴)の束をつくる.
2〔比喩的〕~ d'épines (棘の束→)とっつきにくい人.〖話〗de derrière les ~s 取っておきの;飛び切りの. vin de derrière les ~s 取っておきの葡萄酒. sentir le ~ (火刑台の薪の匂いがする→)異端くさい,うさんくさい.〖諺〗Il y a ~〔s〕et ~〔s〕. (いろいろな薪がある→)同じものでもピンからキリまである.
FAI (=fournisseur d'accès à Internet) n.m.〖情報処理〗インターネット接続業者, インターネット・プロヴァイダー (=〖英〗provider).
faible a. ① 〖人〗**1** 弱い,弱々しい,虚弱な;衰弱した.〖聖書〗~s mortels 人間. ~ santé 虚弱な健康状態. âge ~ 弱年. constitution ~ 虚弱な体つき. corps ~ 弱い体. homme (femme)~ 弱々しい男性(女性). organisme ~ 虚弱器官. sexe ~ 女性. avoir la vue ~(les yeux ~s) 視力が弱い. avoir les reins ~s 腰が弱い;〖比喩的〗しんが弱い,底力がない(困難に堪えるだけの)資力がない. être ~ de qch 何が弱い. être ~ de corps(des jambes) 体(脚)が弱い. se sentir ~ 衰えを自覚する.
2 能力に乏しい;知力に劣る;才能に欠ける. écrivain ~ 才能の劣る作家. écolier (étudiant)~ 出来の悪い生徒(学生). esprit ~ 知力の劣る頭脳. intelligence ~ 低能. être ~ d'esprit 知力が劣る, 頭が悪い. être ~ en mathématique 数学が弱い(苦手である).
3 (意志・気力が)弱い;(人が)気の弱い, 弱気な;意志薄弱な;性格が甘い,人が良い. homme ~ 気の弱い男. être ~ avec(pour) qn 人の言うなりになる. être ~ trop ~ avec ses enfants 子供に甘すぎる. être ~ devant l'adversité (l'épreuve, la tentation) 逆境(試練, 誘惑)に弱い.
4 (権力などが)弱い, 非力の. roi ~ 非力の王. être économiquement ~ 経済力がない;貧しい.
② 〖事物〗**1** (力が)弱い, 脆弱な, 抵抗力がない. armée ~ 弱い軍隊. branche ~ もろ

い枝. côté (partie, point)~ 弱点. côté ~ d'un système システムの弱点. La mathématique est mon point ~. 数学は私の弱点だ. gouvernement ~ 弱体な政府. pays ~ 弱小国. poutre ~ 弱い梁.
2〔時に名詞の前〕(作用などが)弱い, 微弱な. ~ brise 微風. ~ bruit かすかな物音. ~ lumière 弱い光. ~ voix 弱い声. houle ~ さざ波. jour ~ 弱い光. moteur ~ 出力の弱い原動機 (モーター, エンジン).
3 取るに足りぬ, 価値の少ない. ~ indice 低い指数. idée ~ つまらぬ発想. monnaie ~¹ 弱い通貨. style ~ 精彩を欠く文体.
4〔多く名詞の前〕(数量・程度が)僅かな, 微少な. ~ différence 僅差. ~ majorité 僅少差の過半数. ~ quantité 微量. ~ somme d'argent 僅かな金額.
homme de ~ taille 小男. marchandise de ~ valeur 値打ちのない商品.〖株〗marché ~ 薄商いの株式市場. ~ hauteur (profondeur) 低く(浅く). avoir de ~s revenus 低所得である. n'avoir qu'un ~ espoir 一縷の望みしかない.
5 希薄な, 濃度の低い.〖化〗acide (base)~ 弱酸(弱塩基). boisson ~ en alcool 低アルコール飲料. café ~ 薄いコーヒー. couleur ~ 薄い色. monnaie ~² 低品位貨幣. vin ~ 弱い(低アルコール度の)葡萄酒.
6〖文法〗verbes ~s 弱変化動詞.
—n. **1** 弱者. les forts et les ~s 強者と弱者. ~ d'esprit 精神薄弱者;痴愚者. les économiquement ~s 経済的弱者;低所得者. secourir le (les ~) 弱者を援助する.
2 気の弱い人, 意志薄弱な人, 無気力な人. C'est un ~. 奴は気の弱い奴だ.
—n.m. **1** (弱味になるほどの)好み, 嗜好. avoir un ~ pour qch (qn) 何(人)が無性に好きである. J'ai un ~ pour le vin. 私は葡萄酒に目がない. prendre qn par son ~ 人の弱味につけこむ.
2〖文〗短所, 弱点, 弱味, 欠点. le fort et le ~ de qn 人の長所(強味)と短所(弱味). corriger ses ~s 自分の欠点を直す.
faiblesse n.f. ① 〖人について〗**1** (肉体・身体機能の)弱さ, 虚弱;(体力の)衰弱. ~ de constitution (du corps) 体の弱さ. ~ de la vue (de l'ouïe) 視力(聴力)の弱さ. ~ d'un malade 病人の体の衰弱. ~ d'un organe 器官の虚弱. état de ~ 虚弱(衰弱)状態. tomber de ~ 衰弱して倒れる.
2 失神, 気絶;めまい. avoir une ~; être pris de ~ 気を失う;めまいに襲われる.
3 (知力などの)低さ, 貧しさ, 劣弱さ. ~ de conception 物分かりの悪さ. ~ de l'intelligence 知力の低さ. ~ de la mémoire 記憶力の弱さ. ~ d'un écrivain 作家の才能のなさ. ~ d'un élève の学力の低さ.
4 (人間・組織などの)弱小さ, 無力. ~ de l'homme devant la nature 自然を前にした人間の弱小さ. ~ des pauvres gens 貧しい

faïence

人々の無力. ~ d'un gouvernement 政府の弱体.
5 (性格上の)弱さ,気弱さ;(精神的な)甘さ,脆さ;誘惑に対する弱さ;尻の軽さ. ~ de caractère 性格の弱さ. ~ de la chaire 肉体的誘惑に対する弱さ. pitié sans ~ 確乎たる憐憫の情. signe de ~ 気弱さのしるし. avoir de la ~ pour qch 何に目がない, 何が無性に好きである. avoir la ~ de+inf. 心弱くもつい…する. par ~ 気弱さから. condamner sa ~ 彼の気弱さを咎める. élever un enfant avec trop de ~ 子供を甘やかして育てる. être d'une grande ~ envers qn 人にひどく甘い. se laisser conduire (mener) par ~ 気弱くて人の言いなりになる.
6 (人の)弱点, 欠点. surmonter ses ~s 己れの弱点を克服する. Chacun a ses ~s. 誰にも欠点はある.
Ⅱ〔物について〕**1** 弱さ, 脆さ;壊れ易さ. ~ d'une branche 枝の折れ易さ. ~ d'une poutre 梁の弱さ.
2 (作品・論証などの)弱点, 欠点. ~ d'un argument 論拠の弱さ. ~ des mots 言葉の貧困. ~ d'une œuvre 作品の弱さ. doctrine remplie de ~s 欠点だらけの学説.
3 (数量の)少なさ;(光・音などの)弱さ. ~ d'un bruit 音の微弱さ. ~ d'une monnaie 通貨の弱さ. ~ du nombre 数の少なさ. ~ de ses revenus 収入の低さ. ~ du vin en alcool 葡萄酒のアルコール度の低さ.

faïence (<Faenza, イタリアの都市名) n.f.〔窯業〕**1** ファエンツァ焼き.
2〔一般に〕陶器. ~ de Rouen ルーアン陶器. ~ fine 精陶器. grand plat en (de)~ 陶製の大皿.
3 陶製品

faïencerie n.f. **1** 陶器製造法;陶器製造所;陶器製造業(販売業). **2**〔集合的〕陶製品.

faïencier(ère) n. 陶器製造者, 陶工;陶器販売業者.

faille n.f. **1**〔地学〕断層. ~ active 活断層. ~ anormale 逆断層. ~ de transformation 変形断層. ~ sismique 地震断層. ligne de ~ 断層線. plan de ~ 断層面.
2 欠陥, 欠落;断絶. ~ d'un raisonnement 推論の欠落;断絶. Il y a une ~ dans notre amitié. われわれの友情にひびが入った.

failli(e) a.p. 破産した, 倒産した. boutique ~e 倒産した店. commerçant ~ 破産した商人.
——n. 破産者.

faillible a. 誤る可能性がある;誤りに陥りがちな. L'esprit de l'homme est ~. 人間の精神は誤りを犯す可能性がある.

faillite n.f. **1**〔商業〕破産, 倒産. ~ frauduleuse 不正破産, 偽装破産. ~ simple 単純破産. état de ~ 破産状態.〔法律〕jugement déclaratif de ~ 破産宣告. personnel de la ~ 破産関係者. solutions de la ~ 破産の解決策. être en ~ 破産状態にある. faire ~¹ 破産(倒産)する.
2〔比喩的〕挫折;破綻, 破産. ~ d'une politique 政策の破綻. ~ d'une théorie 学説の破綻(破産). faire ~² 挫折(失敗, 破綻)する.

faim [fɛ̃] n.f. **1** 飢え, 空腹〔感〕. avoir ~ 腹がすいている, 空腹を覚える, ひもじい. avoir grand〔-〕~ ひもじくてたまらない. avoir une ~ de loup ひどい空腹を覚える;がつがつしている, 猛烈に飢えている. calmer sa ~ 空腹感を鎮める. crever de ~ 死ぬほど腹ぺこだ. crier la ~ 空腹を訴える. donner ~ à qn 人に空腹を覚えさせる. manger à sa ~ 腹一杯食べる. mourir de ~ 飢死する;腹が減って死にそうだ;飢え死にしそうだ. rester sur sa ~ 食い足りない;〔比喩的〕不満が残っている. tromper sa ~ 空腹をまぎらす.
~ canine 猛烈な空腹. ~ dévorante 堪え難い空腹感. ~ maladive 病的空腹感.〔話〕pressante 腹ぺこ (=fringale). grève de la ~ ハンガーストライキ.〔諺〕La ~ chasse le loup〔hors〕du bois. (飢えて狼が森から出てくる→)背に腹は変えられない.
2 飢饉, 飢餓. lutte contre la ~ 飢饉(飢餓)対策. problèmes de la ~ dans le monde 世界の飢餓問題.
3〔比喩的〕(de に対する)渇望. avoir ~ de tendresse 愛情に飢えている.

fainéant(e) a. 物ぐさな, 無精な, 怠惰な. écolier ~ 怠惰な生徒.
——n. のらくら者, 無精者. C'est un gros (vrai)~. ひどい無精者だ.

faire-part n.m.inv. 通知状 (=lettre de ~). ~ de mariage (de décès) 結婚(死亡)通知. envoyer des ~ 通知状を送る.

faire-savoir n.m.inv.〔話〕専門的知識, ノウハウ.

faire-valoir n.m.inv. **1** 脇役;引立て役. **2** 殖産;農業経営. ~ direct 自作農業.

fair-play [fɛrplɛ]〔英〕n.m.inv. フェアプレー(公用推奨語は franc-jeu).
——a.inv. フェアプレーの;フェアーな. Il s'est montré très ~. フェアプレーぶりを示した.

fairway [fɛrwe] (pl. ~s)〔英〕n.m.〔ゴルフ〕フェアウエー.

faisabilité n.f. 実現(実行)可能性. étude de ~ 実現(実行)可能性の検討.

faisable [fə-] a. 実現(実行)可能な. trajet ~ à pied 徒歩で可能な行程. très ~ 容易に.

faisan(e) [fə-] n. **1**〔鳥〕雉子(きじ). ~ sauvage (d'élevage) 野生(養殖)の雉子.〔料理〕~ en fricassée 雉子のクリーム煮.〔料理〕~ rôti 雉子のロースト. chasse au ~ 雉子狩り.〔料理〕terrine de ~ 雉子のテリーヌ.

2 *n.m.*〔俗〕ぺてん師, 詐欺師, いかさま師（=aigrefin）.
——*a.* 雄　子の. coq ~ 雄子の雄. poule ~*e* 雄子の雌.

faisandage（<faisander）[fəzɑ̃-] *n.m.*
1〔料理〕フザンダージュ, 熟成《野鳥や野獣の肉を腐敗直前まで数日間冷暗所に貯蔵して, 柔かくし, 風味を出させること》; 雉子の肉の熟成処理に由来する》. ~ du gibier à plume 野鳥のフザンダージュ (熟成). ~ pousée 念入りのフザンダージュ (熟成).
2〔比喩的〕腐敗.

faisandé(e) *a.p.* **1**〔料理〕フザンダージュ (faisandage) の処理をした, なれさせた《野鳥・野獣の肉を腐敗直前まで貯蔵して, 柔かくし, 風味を出す処理をした》. gibier ~ フザンダージュ処理をした (熟成した) 狩の獲物 (野獣・野禽). viande ~*e* 熟成して, 柔かく風味の出た肉.
2〔比喩的〕腐敗した, 腐った; 頽廃した. système ~*e* 腐ったシステム.

faisandeau(*pl.*~**x**) *n.m.*〔鳥〕雉子の雛.

faisceau(*pl.*~**x**) *n.m.* **1** 束. ~ de brindilles 小枝の束. lier (nouer) *qch* en ~ 何かを束ねる.
2〔軍〕fusils en ~ 叉銃. mettre les fusile en ~ 叉銃する.
3 束状のもの；束, ビーム.〔物理〕~ cathodique 陰極線〔鉄〕~ de départ 出発線群.〔解剖〕~ de His（心臓の）ヒス束.〔物理〕~ de neutrons 中性子ビーム. ~ de rayons 光線束.〔鉄道〕~ de triage 仕分け線群.〔鉄道〕~ de voies 群線.〔物理〕~ diffusé 散乱ビーム.〔物理〕~ électronique 電子ビーム (= ~ d'électrons).〔解剖〕~ fibreux 繊維束.〔鉄道〕~ harmonique 調和線束. ~ hertzien マイクロ波中継線.〔植〕~ libéro-ligneux 維管束. ~ lumineux 光線束, 光束 (= ~ de lumière).〔解剖〕~ nerveux 神経束. ~ vasculaire 管束.〔建築〕colonne en ~ 束ね柱.
4〔比喩的〕一まとまり. un ~ d'amitiés 友情的結束. un ~ de preuves 一連の証拠.

faisselle *n.f.*〔食器〕フェセル《チーズの水切り容器》. fromage blanc vendu en ~ フェセル入りで売られるフロマージュ・ブラン《フレッシュチーズ》.

fait[1]**(e)**（<faire）*a.p.* **1** 作られた. cabane ~*e* avec des planches 板で作られた小屋. dentelle ~*e* à la main 手編のレース. bien (mal) ~ 上出来の (出来の悪い). femme bien ~*e* 姿の美しい女性. jambe mal ~*e* 格好の悪い脚. travail bien ~ 見事な出来栄えの仕事, 見事な細工. avoir l'esprit bien ~ 精神が健全である.
tout(*e*) ~(*e*) すっかり出来上った; 既製の. costume tout ~ 既製服, 出来合いの背広. acheter un costume tout ~；〔話〕acheter du tout ~ 既製服を買う. expression toute

~*e* 決り文句. idées toutes ~*es* 既成概念. locution (phrase) toute ~*e* 決り文句.
Ce n'est ni ~ ni à faire. ひどい出来栄えだ.
2（行為の）なされた. C'est ~. やりました. C'est bien ~！よくやった！；〔反語〕それは当然の報いだ！ Ce qui est ~ est ~. 出来てしまった仕方がない.
3 円熟した；熟成した. fromage bien ~ よく熟成したチーズ. homme ~ 成人.
4 C'en est ~！万事休す！〔文〕C'en est ~ de moi！私はもう駄目だ！
5 être ~ à *qch* 何かの訓練を受けている. Il n'est pas ~ aux gros travaux. 彼はつらい仕事には向いていない. J'y suis ~. それに慣れました.
6 être ~ pour+*n.(inf.)* …に（…するのに）適している. Elle n'est pas ~*e* pour ce travail. 彼女はこの仕事に向いていない. Il est ~ pour être médecin. 彼は医者にうってつけだ.
7〔俗〕追いつめられた；捕らえられた. être ~ comme un rat まんまと罠にかかる.

fait[2] [fɛ, fɛt]〔単数形で語群の終りに来ると [fɛt] と発音する傾向がある〕*n.m.*
① (事実) **1** 事実 (idée「観念」, imagination「想像」, rêve「夢想」などの対). ~ accompli 既成事実. ~ brut 生の事実. ~ nouveau 新事実. ~ rare 稀な事実. ~ réel 現実的事実, 現実. ~ scientifique 科学的事実. ~ social 社会的事実. ~ *s* 事実の実態, 現実. juger sur (d'après) les ~*s* 事実に基づいて判断する. C'est un ~ acquis. それは既定の事実だ.
◆〔成句〕〔不定冠詞と共に〕Un ~ est un ~. C'est un ~. それは事実だ. C'est un ~ que+*ind.* …というのは事実だ.
C'est un ~+*adj.*+que+*ind.*(*subj.*)〔形容詞が主観的判断を意味する時は接続法〕. C'est un ~ connu que+*ind.* …であることは周知の事実だ. C'est un ~ exceptionnel qu'il pleuve ici en été. 夏ここで雨が降るのは例外的なことだ.
◆〔無冠詞〕〔同格的用法〕F ~ singulier, tout le monde a accepté cette proposition. 奇妙なことに皆がこの提案を受け容れた.
◆〔定冠詞と共に〕le ~ de+*inf.*[1] …する (である) という事実. Le ~ de pleurer n'y changera rien. 泣いたって無駄だ.
le ~ que+*subj.* (*ind.*) …という事実. Le ~ que vous soyez mon ami ne vous autorise pas à faire cela. あなたが私の友人であるからといってそんなことをしてよいわけではない.
2 事実 (droit「理法」の対)；〔法律〕事実 (droit「法」の対).〔法律〕~*s* de l'espèce 係争事実.〔法律〕~ juridique 法律的事実, 要件事実.
de ~[1] 事実上の (de droit「理法上の；法的な」の対). éléments de ~ 事実的要素. état

fait[-]divers

de ~ 既成状態；ありのままの事実. gouvernement de ~ 事実上の政府《法的には認められていない政府：gouvernement de facto).〖法律〗motif de ~ 事実に関する判断. moyen de ~（訴訟当事者の）事実に関する請求事由. point (question) de ~ 事実についての争点；事実問題. mettre (poser) en ~ qch (que+ind.) 何（…こと）を事実として主張する.〖法律〗prendre ~ et cause 事実と根拠を支持して訴訟に参加する.

3 出来事；事件. ~ courant (habituel) 平常の出来事. ~〔s〕divers 雑事；〖報道〗雑報記事, 三面記事（=informations générales);〔pl. で〕雑報〔欄〕（=rubrique des ~s divers). chronique des ~s historique 歴史的事件. ~ quotidien 日々の出来事. chronique des ~s 編年体実録. rapporter des ~s 出来事を報告（報道）する.

4 本題（=sujet）；事情. aller〔droit〕au ~；en venir au ~ 本題に入る. Au ~¹！〔ofɛt〕本題に入ろう；本題に入りたまえ. être au ~ de qch 何の事情に通じている. mettre qn au ~〔de qch〕人に〔何の〕事情を知らせる. se mettre au ~ 事情に通じる.

II 〔行為〕**1** 行為, 所為, 所業.〖法律〗~ de charge 職務上の所為.〖法律〗~ de guerre 戦争行為.〔le〕~ de+inf.² …すること う行為. le ~ de parler 話すこと.〖法律〗justificatif 正当行為.〖法律〗~ de voie 暴力, 略奪；暴力行為；暴行. être condamné pour ~ de rébellion 反逆行為で有罪となる. ~ qualifié crime par la loi 法律に規定する重罪行為.

dire son ~ à qn 人に痛いことをずばり言う. épier les ~s et gestes de qn 人の一挙一投足を窺う. être le ~ de qn 人のやり口である, 人にふさわしいことである《多く否定で用いる》. La générosité n'est pas son ~. 寛大さなど彼の柄ではない. être sûr de son ~ 自分の言動に自信がある. prendre qn sur le ~ 人の現場を押える. par son ~ 彼のせいで. par son propre ~ 自分のせいで, 自業自得で.

2 目覚しい行為. ~ d'armes 武勲；〔話〕功績；〔皮肉〕ご立派な行為. ~s de guerre 戦功. hauts ~s 偉業, 快挙；〔皮肉〕お手柄.

III 〔副詞句・接続詞句で〕

◆〔à と共に〕au ~²〔ofɛt〕ところで, 実は. Au ~, qu'est-ce que vous vouliez faire? ところで, 一体何をなさりたいのですか.

tout à ~ 全く. C'est tout à ~ impossible. 全く不可能だ. Vous avez tout à ~ raison. あなたは全く正しい.

◆〔dans と共に〕dans le ~ 実際には.

◆〔de と共に〕de ~²〔dafɛt〕事実, 実際, その通り. Il m'a dit qu'il viendrait à six heures et, de ~, il est arrivé à l'heure. 彼は6時に来るといったが, その通り時間通りにやって来た.

de ce ~ その事実からして当然, その結果. du ~ de qch (que+ind.) 何という事実からして当然, 何の（…ということの）せいで（=puisque). responsabilité du ~ de l'homme (des choses inanimées) 人（無生物）の所有による責任. La consommation diminue du ~ que les prix se haussent. 物価が上昇すれば当然消費は減退する.

du seule (simple) ~ de qch (que+ind.) 何の（…という）事実だけで.

〖文〗Il est de ~ que+ind. …であることは事実である.

◆〔en と共に〕en ~〔ɛfɛt〕事実は, 実際のところ, 現実には.

en ~ de …といえば, …の点では.〖法律〗En ~ de meubles, la possession vaut titre. 動産については占有は権原に値する（民法 2279 条).

◆〔par と共に〕par ce ~ この事実により.〔話〕par le ~ 考えてみれば, 実は, 実際は. par le ~ même その事実によって当然, それによって必ず. par le ~ même de qch (que+ind.) 何の（…という）事実によって当然. par le ~ seul (simple)~ de qch (que+ind.) ただ何という事実だけで.

◆Si ~！確かにそうです.

fait[-]divers*(pl.~s-~)* n.m.〖報道〗
1 雑報記事, 三面記事；雑報記事の事件.
2〔pl. で〕雑報〔欄〕. page des ~ 雑報のページ.

fait-diversier (ère) *(pl.~s-~s)* a. 多様な事態に関する. chronique ~ère 多様な事実に関する報道, 雑報.

faîte n.m. **1**〖建築〗棟, 棟木；最上部. ~ d'une maison 家屋の最上部. ligne de ~ 棟木のライン.
2（山・木などの）頂, てっぺん. ~ d'une cheminée 煙突のてっぺん. ~ d'une montagne 山頂.
3〔比喩的〕頂点, 絶頂. arriver au ~ de la gloire 栄光の頂点に達する. monter sur le ~ 絶頂に到達する.

faitout n.m.inv.〖料理〗万能鍋.

faix n.m. **1**〖文〗重荷. ~ des années 寄る年波. ~ du pouvoir 権力の重荷. être accablé le ~ des impôts 重税に痛めつけられる.
2〖建築〗新築家屋の沈下.
3〖医〗（子宮内の）胎児と胎盤.

falaise n.f.〖地形〗海食崖；（海岸などの）断崖, 絶壁. ~s d'Etretat エトルタの断崖. ~ morte 離水波食崖. côte escarpée en ~ 断崖が連なる海岸.

falsifiable a. **1** 偽造しうる, ごまかせる；改竄（かいざん）できる；（酒などが）混ぜ物でごまかせる. document facilement ~ 容易に改竄できる資料. marchandise ~ 偽造可能な商品.
2〖哲〗誤りであることが証明できる. hypothèse ~ 誤りであると証明可能な仮

説。

falsificateur(trice) *n.*（文書の）改竄者;（貨幣の）贋造者,偽造者;（酒などの）混ぜものをする人。

falsification *n.f.* **1**（文書の）改竄,偽造;（貨幣の）贋造,偽造;（酒などに）混ぜものをすること,変造。~ de l'autorité 公的機関の印章の偽造。~ des titres ou autres valeurs fiduciaires émises par l'autorité publique 公権力によって発行される証書またはその他の信用有価証券の偽造。~ de monnaies 貨幣の偽造。~ de texte 文章の改竄。~ du vin par addition d'eau 葡萄酒の水割り変造。~ frauduleuse d'un produit 製品の不正偽造。
2〖比喩的〗歪曲。~ de l'histoire (de la vérité) 史実（真実）の歪曲。~ des comptes 会計のごまかし。
3〖美術〗(他人の名義の) 盗用。

Falungong〖中国〗*n.pr.* 法輪功（ファルンゴン）。la secte ~「法輪功」集団,気功集団「法輪功」《1992 年李洪志 Li Hongzhi (り・こうし；リ・ホンシ) が創設；1999 年中国共産党が邪教と認定して弾圧》。

fameux(se) *a.* Ⅰ〖一般に名詞の後,属詞〗**1**評判の；名高い,著名な,高名な。betaille ~se 名高い合戦。criminel ~ 悪名高い犯罪者。écrivain ~ 著名な作家。le plus ~ médecin de la ville 町で最も評判の高い医者。région ~se par (pour) ses crus 銘酒で名高い地方。
2〖話〗素晴らしい,飛び切りの。C'est ~, ce vin! 素晴らしいね,この葡萄酒は。Il est ~ en ski. 彼は飛び切りのスキーヤーだ。pas ~ ぱっとしない。
Ⅱ〖名詞の前〗**1**〖定冠詞・指示形容詞・所有形容詞と共に〗話題にのぼった,例の,件の；評判の。C'est cela, ton ~ roman? これかい,君の話題の小説は？
2〖不定冠詞と共に〗素晴らしい；とんでもない,ひどい。〖話〗un ~ lapin 頼もしい男,好漢。un ~ pianiste 素晴らしいピアニスト。avoir une ~se grippe ひどい流感にかかる。C'est un ~ imbécile. 奴は大馬鹿者だ。

familial(ale)[1](*pl.***aux**)(<famille) *a.*
1家族の,家庭の；一家の,一族の。〖社会保障〗allocations ~ales 家族手当。liens ~aux 家族の絆。maison ~ale 実家。maladie ~ale 遺伝病(=maladie héréditaire)。politique ~ale 家族政策。〖社会保障〗prestations ~ales 家族給付(家族手当を含む)。réunion ~ale 一家団欒；家。solidarité ~ale 家族の結束。〖心〗test des attitudes ~ales 家庭生活環境テスト《子供に家庭生活に関する絵を描かせ,家庭環境に対する子どもの反応を調べる検査法》。tradition ~ale 家族の慣習。vie ~ale 家族生活。〖自動車〗voiture ~ale ファミリー・カー；ワンボックスカー；ステーションワゴン。
2家族的な,家庭的な；親しみのこもった。

pension ~ale 家庭的な下宿（ペンション）。
familiale[2] *n.f.*〖自動車〗ファミリー・カー；ワンボックス・カー；ステーションワゴン。acheter une ~ ファミリー・カーを買う。

familiarité *n.f.* **1** 親しさ,親密さ；親交。~ entre camarades 仲間同志の親交。être admis dans la ~ de qn 人に懇意にしてもらう。
2 親しい態度；〖蔑〗なれなれしさ。parler à qn avec ~ 人と親しげに話す。prendre (se permettre) des ~s avec qn 人に対し慣れなれしく振舞う。
3 平俗性,平俗調；〖*pl.* で〗くだけた語法。~ du style 文体の平俗性。éviter les ~s くだけた表現を避ける。
4（物との）親しみ。longue ~ avec les grandes œuvres classiques 古典文学の傑作との長いつき合い。

familier(ère) *a.* **1**〖à qn 人にとって〗(物が)慣れ親しんだ；見慣れた,聞き慣れた；身についた,手慣れた,習熟した；習性となった。endroit ~ なじみの場所。un de ses gestes ~s 彼の見慣れた仕草のひとつ。visage ~ 見慣れた顔。voix ~ère 聞き慣れた声。vivre au milieu d'objets ~s 慣れ親しんだ物に囲まれて暮す。
La langue française lui est devenue ~ère. 彼はフランス語が身についた。Le maniement de cet outil lui est ~. 彼はこの道具の扱いに習熟している。Le mensonge lui est ~. 嘘は彼の習性だ。
2 (avec に対して)打ち解けた,親しげな；(子供が)なついた；〖蔑〗慣れ慣れしい。air ~ 親しげな様子。amis ~s 親友。entretien ~ 打ち解けた対談。manières trop ~ères 慣れ慣れしい態度。entretenir des relations ~ères avec qn 人と親しい関係を維持する,人と親交を結ぶ。être ~ avec les femmes 女性に対してずうずうしい。
3 飼いならされた。animaux ~s 飼いならされた動物,家畜。
4 (de, avec に)習熟した,精通した。être ~ de (avec) la littérature occidentale 西欧文学に通じている。
5（言葉遣いが）くだけた,会話調の。expression ~ère くだけた表現。mot ~ 平俗語。
6〖古〗家族の。esprit ~ 家の精霊。

famille *n.f.* Ⅰ〖血縁の人々〗**1** 家族《夫婦とその子供,あるいは妻子または子供だけ》；核家族(= ~ nucléaire)。~ nombreuse 大家族,多子家族。〖国鉄〗carte de ~ nombreuse 家族割引証《未成年の子供3人以上の大家族割引パス》。〖法律〗bien de ~ （差押え禁止の）家屋。chef de ~ 家長；世帯主。enfant sans ~ みなし子。Encyclopédie médicale de la ~『家庭医事百科』。excursion des ~s 家族小旅行,家族向きの遠出。livret de ~ 家族手帳。mère de ~ 主婦。père de ~ 一家の父。vie de ~

famine

家族水入らずの生活. en ~ 家族同志で, 内輪で. être en ~ 家族水入らずの気分である. se sentir en ~ アットホームな気分である. avoir de la ~¹ 家族持ちである, 家族がある. élever sa ~ 子供を育てる. fonder une ~ 家庭を築く. rentrer dans sa ~ 家族のもとに帰る. **2** 親族, 親類縁者, 血族, 一族, 一家；名門；〘社会学・民族学〙家族. ~ adoptive 養子縁組をした養親と養子の集団. ~ alimentaire 扶養家族. ~ biologique 血族 (血縁) 家族 (＝ ~ par le sang). ~ de fait 事実上の家族. ~ des Bourbons ブルボン家. ~ d'origine (養子の) 実方家族. ~ éloignée 遠い親族. ~ légitime 嫡出 (嫡正) 家族 (婚姻を基礎とする家族). ~ monoparentale 単親家族. ~ naturelle 自然家族. ~ nourricière 保育家族. ~ patriarcale 家父長家系. ~ proche 近親. ~ recomposée 複合家族. ~ royale 王族, 王室. ~ unilinéaire 一家系の単親家族. bonne ~ 良家, 名門. cercle de ~ 近親家族の集まり. conseil de ~ 親族会議, 家族会議. les deux cents ~s en France フランスの有力200家. fils de ~ 名門(金持)の子弟, 御曹子. grande ~ 大家(け). liens de ~ 家族の絆. maison de ~ 親代々の家. nom de ~ 苗字, 姓 (名は prénom). réunion de ~ 家族の集い, 家族団欒. la Sainte F ~ 聖家族 (イエスと父ヨセフ, 聖母, 聖アンヌ, 聖ヨセフ). tares de ~ 家系による遺伝的(先天的)欠陥. avoir de la ~² 親戚がいる. avoir l'esprit de ~ 同族意識を抱く. avoir un air de ~ 血族の特徴をそなえている. entrer dans une ~ par son mariage 婚姻によって親族となる. être issu d'une ~ illustre 名門の出である. faire partie de la ~ 家族の一員になる, 家族扱いを受ける. **3** 〔古〕家中の者 (使用人・同居人を含む), 世帯. 〘比喩的〙 grande ~ humaine 人類という大家族. pension de ~ 民宿, 下宿屋. **II**〘共通の特徴で結ばれた人・物の一団〙**1** 同族, 同類. ~ d'esprits (spirituelle) 精神的血族. **2** 〘音楽〙楽器群 (オーケストラの楽器編成での群). ~ des cuivres 金管楽器群. **3** 〘生〙(分類学上の) 科 (ordre「目」の下, genre「属」の上の区分；動物では接尾辞の -idés (bovidés), 植物では -ées (cactées), -acées (rosacées) を用いる). genre rosa, ~ de rosacées 薔薇科薔薇属 (薔薇). sous- ~ 亜科. **4** 〘言語〙族. ~ de langues 〔言〕語族. ~ de mots 同族語. **5** 〘理・数〙族, 系, 系列. ~ de comètes 彗星族. ~ de courbes 曲線族. 〘化〙~ des halogènes ハロゲン族. ~ génique 遺伝子ファミリー. ~ radioactive 放射性系列.

famine *n.f.* **1** 飢饉(ききん). ~ endémique 慢性的飢饉. la grande ~ du Moyen Age 中世の大飢饉. pays qui souffre de la ~ 飢饉に苦しむ国. **2** 飢餓, 飢え, 空腹. crier ~ 飢えを訴える；貧困を嘆き, 援助を求める. salaire de ~ 飢餓的賃金.

FAN (＝*F*orce *d'a*ction *n*avale) *n.f.* 〘軍〙海軍実戦軍, 海軍実動部隊.

fana (＜*fanatique*) *a.* 〘話〙ファナ, 熱狂的な, 熱中した. Elles sont ~s de moto. 彼女たちはバイクに熱中している.
—— *n.* 熱狂的愛好者, ファン；熱狂的信者. ~s de jazz ジャズファン.

fana-agri (＜*fana*tique d'*agri*culture) *n. inv.* 〘話〙熱狂的な農業愛好(支持)者. champion des ~ 農業擁護派のチャンピオン.

fanal (*pl. aux*) *n.m.* **1** (船舶・航空機・車輛などの) 信号灯. ~ de navire 船舶の信号灯. ~ rouge de locomotive 機関車の赤色灯. **2** 提灯. circuler la nuit un ~ à la main 提灯を手に夜道を歩く. **3** 〔*pl.* ~s〕(セネガルの年末年始の) 提灯祭. **4** 〘比喩的〙心の灯. (心の) 道しるべ.

fanatique *a.* **1** 狂信的な；(de に) 熱中した. amateur ~ 熱狂的愛好家. intolérance ~ 狂信的不寛容. opinions ~s 狂信的意見. sectateur ~ 狂信的信徒 (信奉者). supporters ~s 熱狂的なサポーター. être ~ de ... を熱狂的に信奉 (支持, 愛好) する. **2** 〔古〕神がかり的な, 神意を受けたと信じる.
—— *n.* **1** 狂信家, 熱狂者, 熱烈な愛好者 (〘略・話〙fana). ~ du football サッカーの熱愛者. **2** 〔古〕神がかりの人.

fanatisme *n.m.* **1** 狂信；熱狂；狂信 (熱狂) 的態度 (行為, 性格, 思想). ~ aveugle 盲目的狂信. ~ politique (religieux) 政治 (宗教) 的狂信. **2** 〔古〕神がかり. ~ d'illuminé 天啓主義者の神がかり.

fanfare *n.f.* **1** ファンファーレ；軍楽 (＝ ~ militaire). sonner la ~ ファンファーレを吹奏する. **2** けたたましい物音；鳴り物入りの宣伝. annoncer en ~ 鳴り物入りで宣伝する. sonner le réveil en ~ 〘軍〙起床ラッパを鳴らす；けたたましい物音で起床させる. **3** 吹奏楽団, ブラスバンド；軍楽隊 (＝ ~ militaire).

fanfaron(ne) *a.* 空威張りする；虚勢を張る；豪傑ぶる. attitude ~ne 空威張り, 虚勢. propos ~s 空威張りの言辞；法螺話.
—— *n.* 空威張りする人；虚勢を張る人；豪傑ぶる人. faire le ~ 空威張りする, 豪傑ぶる.

fanfaronnade *n.f.* 空威張り, 虚勢, 法螺；豪傑ぶり.

fangothérapie (<[ラ] fangus 泥土) n.f.〚医〛泥土療法(=pélothérapie, traitement par les boues).

fantaisie n.f. **1** 自由奔放な想像力, 空想, ファンテジー, ファンタジー. illusions de la ~¹ 空想による幻想. de ~¹ 空想による. portrait de ~ 空想による肖像画.
2〚古〛想像力；想像の産物；幻想, 妄想. illusions de la ~² 想像力の妄想.
3 ファンタジー；奔放な空想に満ちた作品, 幻想的作品；〚音楽〛幻想曲. ~ littéraire 幻想的文学作品. ~s de Schumann シューマンの『幻想曲集』.
4 独創的で洒落た小物(=objet de ~). magasin de ~s 洒落た小物店. Ce bijou est une ~. この宝飾品は風変りだ.
5 奇抜さ, 斬新さ；変ったもの.〔de〕~² 奇抜なデザインの；斬新なアイディアの；イミテーションの〔de を伴わない時は同格的〕. bijou〔de〕~ イミテーションの装身具. bouton ~ 変りボタン. couleur ~〔ダイヤの〕変り色. cuisine de ~ 奇抜な料理. pain〔de〕~ 変りパン.
6 気まぐれ；奔放さ；恋の気まぐれ. ~ extravagante 常軌を逸した気まぐれ. à (selon) la ~ de qn 人の気の向くままに. A votre ~! お好きなように！ agir selon sa ~ 自分の気の向くまま行動する. n'en faire qu'à sa ~ 気ままに振舞う. vivre à sa ~ 気ままに生きる. avoir la ~ de+inf. ふと…する気になる. Il lui prend la ~ de+inf. 彼はふと…したくなる.
7 自由な創意, 着想のきらめき；独創性；面白味. manquer de ~ 何の面白味(変哲)もない. vie qui manque de ~ 何の変哲もない(単調な)生活.

fantastique a. **1** 空想の生み出した, 空想上の, 架空の, 想像上の. animal ~ 空想上の動物.
2 幻想的な, 超現実的な, 怪奇趣味の. conte ~ 幻想物語, 幻想小説. littérature ~ 幻想文学. Symphonie ~ de Berlioz ベルリオーズの『幻想交響曲』(1830年).
3 この世のものとは思われない；信じられないほどの, 途方もない；素晴らしい. monde ~ 摩訶不思議な世界. prix ~ 信じられないほどの値段. projet ~ 途方もない計画. C'est ~! 素晴らしい.
——n.m. 幻想性, 幻想味；〚芸術〛幻想的ジャンル, 幻想的様式(=genre ~)；幻想趣味, 怪奇趣味.

fantoche n.m. **1** 繰り人形(marionnette), マネキン人形(manequin).
2〔比喩的〕傀儡(かいらい).〔同格〕gouvernement ~ 傀儡政府. Cet homme n'est qu'un ~. あいつはただの操り人形だ.
3〔劇〕でくの坊の道化役.
4〚兵隊用語〛en ~ 規則外れの(規制にはずれて).
——a.〚兵隊用語〛規則外れの. calot ~ 規則外の略軍帽.

fantôme n.m. **1** 幽霊, 亡霊. apparition de ~ 幽霊の出現. maison hantée par les ~s 幽霊屋敷, お化屋敷.〔同格〕vaisseau ~ 幽霊船. apparaître (disparaître) comme un ~ 幽霊のようにすっと現われる(消える).
2 (実体のない)幻の存在, 形骸. un ~ du roi 名ばかりの王. cabinet ~ 影の内閣.〔同格〕gouvernement ~ 形骸化した政府.〚医〛membre ~ 幻〔覚〕肢. douleur d'un membre ~ 幻肢痛(切除した四肢痛).
3 (つきまとって離れない)過去の思い出, 人の面影. ~ du passé 過去の亡霊.
4〔多く pl.〕幻, 幻影, 幻想, 妄想. ~s de l'imagination 幻想.
5 骸骨のように痩せ細った人(動物).
6〚図書館〛代本板, ダミー.
7〚レントゲン〛(線量調整用の)ダミー人形；〚医〛(授業用の)人体模型.
8〚軍〛avion ~ ステルス航空機.

fanzine (<[米] fan+magazine) n.m. ファン・マガジン(劇団などの不定期・小部数のファン向け小雑誌).

FAO¹ (=fabrication assistée par l'ordinateur) n.f. コンピュータ援用生産(=[英] CAM : computer aided manufacturing).

FAO² (=[英] Food and Agriculture Organization of the United Nations) n.f. 国連食糧農業機関(=[仏] OAA : Organisation de l'alimentation et l'agriculture).

faon [fɑ̃] n.m. 仔鹿(赤鹿 cerf, のろ鹿 chevreuil, ダマ鹿 daim などの子).

FAP (=Fonds autonome de pensions) n.m. 自主年金基金.

Fap (=force aérienne de projection) n.f.〚軍〛物資投下空軍.

FAR (=force d'action rapide) n.f.〚軍〛緊急行動戦力.

farad [-d] n.m.〚電〛ファラッド(電気容量の SI 単位；略記 F, f).

faramineux(se) a.〔話〕途方もない, びっくりするような. sommes ~ses とてつもない金額.

FARC, Farc (=Front armé révolutionnaire corse) n.m. コルス(コルシカ)革命的武装戦線(1992年に結成された独立派過激武装地下組織).

farci(e) a.p. **1**〚料理〛詰物(farce)を入れた. chou ~ シュー・ファルシ, ロールキャベツ. poivron ~ ピーマンの肉詰め. tomato ~ et トマト・ファルシ(挽肉・ツナなどの詰物をしたトマト料理).
2〔比喩的〕(de で)一杯の；(が)ぎっしり詰まった. cervelle ~ de chiffres 数字がぎっしり詰った脳味噌. livre ~ d'erreurs 間違いだらけの本. être ~ de préjugés 偏見に満ちている.

fard n.m. **1** ファール, おしろい, 美顔料, 化粧品；〔pl. で〕化粧. ~ à (pour les

joues 頬紅. ～ à (pour les) lèvres 口紅. ～ blanc 白おしろい. ～s colorés 色おしろい. ～ en bâton (en crayon) 棒状 (鉛筆状) 化粧品, スティック状化粧品. ～ pour le teint ファウンデーション, メイキャップ, パウダー. ～s pour la scène 舞台化粧, メイキャップ. ～s pour la ville 外出用化粧.〔se〕mettre du ～ 化粧をする.
2〔比喩的〕〔古〕粉飾, 包み隠し. ～ de l'apparance 見せかけのごまかし. sans ～ (化粧なしの→) 包み隠さず. vérité sans ～ 赤裸々な真実. parler sans ～ 包み隠さず話す.
3〔話〕piquer un ～ 突然顔を赤らめる.
fard-crème(pl. ～s-～) n.m. クリーム状おしろい, ファウンデーション・クリーム. ～ pour les yeux クリーム状アイシャドー.
fardeau(pl. ～x) n.m. **1** 重い荷物. charger un ～ sur son dos 重荷を背負う. **2**〔比喩的〕重荷, 重責;(税などの) 負担. ～ des affaires 仕事の重荷. ～ des dettes 借債の重荷. ～ des impôts 税の負担. alléger le ～ du contribuable 納税者の税負担を軽減する. succomber sous le ～ des ans 寄る年波に勝てない. La vie est un ～ 人生は重荷である.
farine n.f. **1**(穀物・豆などを挽いた)粉;(特に)小麦粉 (= ～ de blé, ～ de froment). ～ de lin 亜麻粉. ～ de maïs コーンスターチ. ～ de moutarde 粉辛子. sac de ～ 小麦粉袋, メリケン袋.〔話・蔑〕gens (choses) de même ～ 同類.〔話〕se faire rouler dans la ～ 丸めこまれる.
2 粉末飼料. ～ animale 動物性粉末飼料. ～ de viande et d'os 肉・骨粉 (略記 FVO).
3(研磨用の)粉末. ～ de bois 清掃用おがくず.
farineux¹(-**se**) a. **1** 穀粉になる; 澱粉を含む. blés ～ 澱粉を多く含む小麦. **2** 粉をまぶした;〔植〕白い粉をふいた. feuilles ～ses 白い粉をふいた葉.〔医〕peau ～se 粉をふいたような皮膚. Ce pain a une croûte ～se. このパンの皮は粉をふいたようになっている.
3〔比喩的〕粉末のような, 粉のようにさらさらした. chocolat ～ 粉チョコレート. gruyère ～ 粉末グリュイエール・チーズ. pomme de terre ～se 粉ふきじゃが芋.
4〔美術〕tableau ～ 白と灰色を多用した絵画.
farineux² n.m. **1** 乾燥豆類 (fève, haricot, lentille, pois など).
2 澱粉質食品 (芋・豆・栗・バナナなど). se nourrir de ～ 澱粉質食品で栄養を摂る.
farouche a. **1**(動物が)人に馴れない. cheval ～ 荒馬.
2 交際嫌いな, 人見知りする. enfant ～ 人見知りをする子供. homme ～ 交際嫌いな人.

3(感情などが)荒々しい;(意志などが)強固な. ～ ennemi;ennemi ～ 凶暴な敵. ～ résolution 強固な決意. haine ～ 激しい憎悪. regard ～ 獰猛な目付き. résistance ～ 死物狂いの抵抗.
4 野生の. contrée ～ 荒野地方.
Farre (= Forum de l'agriculuture raisonnée respectueuse de l'environnement) n.m. 環境重視理論的農業フォーラム.
FAS (= Fonds d'action sociale〔pour les travailleurs immigrés et leurs familles〕) n.m.〔移入労働者とその家族に対する〕社会活動基金 (1958 年 le Fonds d'action et de soutien pour l'immigration として設立; 1964-83 : le Fonds d'action sociale pour les travailleurs étrangers ; 1983 この名称に改称 ; 2001 年 FASILD : Fonds d'action et de soutien pour l'intégration et la lutte contre les discriminations となった後, 2006 年 ANCSEC : Agence nationale pour la cohésion sociale et l'égalité des chances et le service civil volontaire に引き継がれた).
FASASA (= Fonds d'action sociale pour l'aménagement des structures agricoles) n.m. 農業構造改善社会活動基金 (1962 年創設)
fascia n.m.〔解剖〕筋膜.
fasciathérapie n.f.〔医〕筋膜治療法 (筋肉の血行を良くするため筋膜を弛緩させるマッサージ療法).
fasciculation n.f.〔医〕繊維束攣縮 (れんしゅく).
fascicule n.m. **1** 小冊子.〔軍〕～ de mobilisation (予備役軍人の軍隊手帳に付された) 動員心得.
2 分冊. encyclopédie qui paraît par ～s 分冊で刊行される百科事典.
fascination n.f. **1** 魅také, 幻惑, 魅了; 抗し難い魅力. ～ de l'aventure 冒険の魅力. exercer une sorte de ～ 幻惑する.
2(蛇などが獲物を)睨んですくませること; すくむこと.
3 催眠術. pouvoir de ～ d'un hypnotiseur 催眠術師の催眠力.
fascisme n.m. **1**〔史〕ファシズム (1922 年ムッソリーニ Mussolini とその支持者が確立したイタリアの独裁的国家主義運動).
2〔一般に〕ファシズム, 独裁的・国家主義的・全体主義的体制.
3 保守的・反動的・国家主義的・独裁の政治.
4 保守的・権威主義的姿勢. ～ professionnel 職業ファシズム.
fasciste n. **1** ファシスト; ファシズム (fascisme) 信奉者. **2** ファシズム的体制支持者. **3** (非政治的に) 強権の体制の支持者.
—— a. ファシストの; ファシズム的な. parti ～ ファシスト党. régime ～ ファシズム体制.
FASP (= Fédération autonome des syndi-

cats de *p*olice) *n.f.* 警察官組合自主連合.
faste[1] *n.m.* **1**〔式・服装などの〕豪華さ. ~ d'une cérémonie 式典の豪華さ. le ~ qui entoure les grands personnages 要人たちを取り巻く華やかな雰囲気.
2〔古〕虚飾. paroles sans ~ 飾り気のない言葉.
faste[2] *a.* **1** 縁起のよい, 好ましい. jour ~[1] 吉日.
2〔古〕『古代ローマ』jour ~[2] 行事日.
fastes *n.m.pl.* **1**『古代ローマ』(吉日・凶日を記した) 年中行事の暦本. ~ consulaires 執政官年表.
2 年代記, 編年体史. ~ sacrés de l'Eglise キリスト教会殉教録 (=martyrologie). inscrire son nom dans les ~ de la gloire 栄光録にその名をしるす; 著名になる.
fast[-]food [fastfud]〔英〕*n.m.* **1** ファースト・フード店.
2 ファースト・フード店の食品; ファースト・フード店での食事《公用推奨語は restauration rapide》.
fastidieux(se) *a.* 退屈きわまりない; うんざりさせる. conversation ~*se* うんざりさせる会話. lecture ~*se* 退屈な読書. travail ~ 味気ない仕事. mener une vie ~*se* 退屈な暮しをする.
FATAC (=*F*orce *a*érienne *tac*tique) *n.f.*〔軍〕戦術空軍. commandement de la ~ 戦術空軍司令部《Metz et Nancy の二カ所に設置》.
Fatah(El) *n.m.*〔エル・〕ファタハ《パレスチナ民族解放運動. 1956 年発足》. le ~ ~ Conseil révolutionnaire ファタハ革命評議会《1974 年創設》.
Fatah-Intifada(al)〔アラビア〕*n.pr.m.*〔アル・〕ファタハ=インティファーダ《イスラエル占領地区でのパレスチナ解放機構主流派の民衆蜂起》.
Fatah-révolutionnaire *n.m.* El ~ エル・ファタハ革命派 (OLP (PLO) の一派).
fatal(e)(*m.pl.*~*s*) *a.* **1** 運命的な, 宿命的な, 決定的な. conjoncture ~*e* 運命的局面. déesses ~*es* 運命を司る女神たち (= Parques). échéance ~*e* 年貢の納め時;死. force ~*e* 宿命的な力. héros ~ 宿命的主人公. moment (instant) ~[1] 決定的瞬間. rencontre ~*e* 宿命的な出会い.
2〔文〕運命にかかわる; 死をもたらす, 致命的な. arme ~*e* 殺人兵器. diagnostic ~ 致命的重病の診断. moment (instant) ~[2] 死の瞬間, 最期. donner (recevoir) le coup ~ 致命的打撃を与える (受ける).
3 (à, pour にとって) 破滅をもたらす, 破局的な. activité ~*e* à soi-même 自殺的行為. chose ~*e* à la santé 健康を損ねる行為. erreur ~*e* 取り返しのつかない過ち.
4〔話〕不可避の, 逃れられない, どうしようもない. conséquence ~*e* 避けられない結果. Il est ~ que+*subj.* …であることは避

け難い (止むを得ない). C'est ~! 仕方がない!
5 (女性, 美しさ, 眼差しなどが) 破滅へと導く, 不吉な運命を予告する. amour ~ 宿命的な愛. femme ~*e* 男を破滅させる女性; 妖婦.
fatalisme *n.m.* **1** 運命論, 宿命論. **2** 諦観. se résigner par ~ 運命(宿命)と思って諦める.
fatalité *n.f.* **1** 運命の力, 宿命; 不可避性. ~ dans la tragédie grecque ギリシア悲劇における運命の力. ~ de la mort 死の不可避性. ~ d'une loi naturelle 自然法の不可避性. croyance en la ~ 運命の力(宿命)を信じること. accuser la ~ 運命を責める.
2 必然性, 必然的成行; 因縁. ~ historique 歴史的必然.
3 不幸な巡り合わせ, 悲運, 不運. être victime de la ~ 悲運に見舞われる. Par quelle ~ en est-il arrivé là? どうしてそんなことになったのですか.
fatidique *a.* **1** 運命を決する. paroles ~*s*[1] d'un oracle 神託の運命的言辞.
2 運命の定めによる. date (heure, jour)~ 運命的な日付 (時刻, 日).
3〔文〕死に関する. paroles ~*s*[2] de *qn* 人の臨終の言葉.
4 不可避の. sort ~ 不可避の運命, 宿命.
fatigabilité *n.f.*〔医〕疲れやすさ.
fatigant(e) *a.* **1** (心身を) 疲れさせる; 骨の折れる. climat ~ 疲れる気候. étude ~*e* 骨の折れる研究. marche ~*e* 疲れる歩行. problème ~ 難題.『生理』substances ~*es* 疲労性物質. travail ~ くたびれる仕事.
2〔蔑〕うんざりさせる. conférence ~*e* うんざりする講演. conversation ~*e* 不快な会話.
fatigue *n.f.* **1** 疲れ, 疲労; 疲労感 (=sentiment de ~). ~ chronique 慢性疲労. ~ du voyage 旅の疲れ. ~ générale 全身疲労. ~ musculaire 筋疲労. ~ nerveuse 神経性疲労. ~ neurasthénique 消耗性疲労, へばり神経症. ~ visuelle 眼疲労, 眼精疲労 (=asthénopie).
courbe de la ~ 疲労曲線. évaluation (examen) du degré de la ~ 疲労判定 (測定)〔法〕. fracture ~ du tibia 脛骨疲労性障害, 過労性脛骨痛. grande ~ 極度の疲労, 消耗. légère ~ 軽度の疲労, 倦怠感. syndrome de ~ chronique 慢性疲労症候群 (=〔英〕CFS : *c*hronic *f*atigue *s*yndrome). accablé de ~ 疲れ切った. être mort de ~ 死ぬほど疲れている.
2〔多く *pl.*〕辛い仕事; 労苦, 労役;〔軍〕(懲罰的) 雑役. cheval de ~ 労役馬. vêtement de ~ 野戦服.
3〔機械工学〕(金属材料などの) 疲労. ~ des métaux 金属疲労. essai de ~ 疲労試験. rupture par ~ 疲労破壊.

fatigué(e) *a.p.* **1**(人・身心が)疲れた；(顔付などが)疲れを見せた. figure (mine)〜 疲れた顔付. personne 〜e 疲れた人. teint 〜 疲れを見せた顔色. avoir l'air 〜 疲れた様子をしている. être 〜 par le bruit 騒音に疲れている.
2(器官などが)弱った, 調子が悪い, 疲れた. cerveau 〜 調子が悪い頭脳. muscle 〜 疲れた筋肉. organe 〜e 弱った器官. voix 〜e かすれ声. yeux 〜s 疲れ目. avoir l'estomac 〜 胃の調子が悪い.
3(物が)使い古された, くたびれた. vêtements 〜s くたびれた衣服.
4〖美術〗色褪せた；艶消しされた. couleurs 〜es 褪せた色彩. tableau 〜 薄塗りを重ねて色の艶を消した絵画.
5 老朽化した. navire 〜 老朽化した船. poutre 〜e 老朽化した梁, 虫食いだらけの梁.
6〔比喩的〕古くさい, 古びた, 力のない. style 〜 力のない文体.
7(de に)うんざりした. être 〜 d'attendre 待ちくたびれる.

faubourg *n.m.* **1**〖史〗都市の城壁外街区, フォーブール. Il habite〔rue du〕F〜 -Saint-Honoré à Paris. 彼はパリのフォーブール＝サン＝トノレ通りに住んでいる.
2 le F〜, le 〜 パリのサン＝タントワーヌ地区(＝le 〜 Saint-Antoine de Paris；高級家具製造の中心地). petit artisant du (du F〜) サン＝タントワーヌ地区の小規模家具職人.
3 場末；郊外. 〜s industriels 場末(郊外)の工場街. 〜s populeux 人波で溢れた場末.
4〖pl. で〗les 〜s パリの場末の庶民街区. accent des 〜s パリの場末訛り.
5〖pl. で〗場末街の住民(＝faubourien(ne)).
——*a.* **1**(パリの) サン＝ジェルマン地区(＝〜 Saint-Germain) の (に特徴的な).
2 場末の庶民地区の.

fauché(e) *a.p.* **1**(穀物, 牧草などが)刈取られた. blés 〜s 刈取られた小麦. pré 〜 刈取られた牧草地.〖比喩的〗jeunesse 〜e par la guerre 戦争で失われた青年層.
2〖話〗文無しの. être 〜 comme les blés すっからかんである, 無一文である, すっからんよ. Il n'est pas 〜. 奴は金持ちだ. Je suis complètement 〜. 私はすっからかんの文無しだ.
——*n.*〖話〗文無し.

faucon *n.m.* **1**〖鳥〗はやぶさ科の鳥；(特に)はやぶさ(＝ pèlerin), 鷹. 〜 sacre わきすじはやぶさ. chasse au 〜 鷹狩(＝fauconnerie, volerie).
2〔多く *pl.*で〕タカ派(colombes「ハト派」の対).

fauconnerie *n.f.* **1**〖狩〗鷹狩(＝volerie, chasse au faucon). Association nationale des 〜s et autoursiers français (Anfa) フランス鷹狩・大鷹狩全国協会.
2 鷹の調教場, 鷹小屋.
3 鷹狩の一団.

fauconnier *n.m.* 鷹匠(たかじょう).

faune[1] *n.m.*〖ローマ神話〗ファウヌス, 牧神, 羊獣神(山羊の足・耳・角・毛皮をもつ山野牧畜を司る神；ギリシア神話の Pan に相当). L'Après-midi d'un 〜 de Stéphane Mallarmé ステファーヌ・マラルメの『牧神の午後』(1876年).

faune[2] *n.f.* **1**〖生〗(ある地域・環境の)動物相. 〜 alpestre アルプスの動物相. 〜 d'un parc régional 地方公園の動物相. 〜 Préhistorique 先史時代の動物相.
2〔古〕動物誌.
3〔比喩的〕〔蔑〕(特定の地区にたむろする)連中, 常連. 〜 de Saint-Tropez サン＝トロペ族.

faussaire *n.*(文書などの)偽造者；贋札づくり(＝contre facteur). 〜 littéraire 偽作者.

fausse-couche *n.f.*〖医〗流産.

fausse-route (*pl.* 〜**s**-〜**s**) *n.f.*〖医〗 〜 alimentaire 食物・飲物の嚥下異常(食物・飲物が気管に入ること).

faute *n.f.* ① (過失) **1** (道徳的な)過ち, 過失；悪行, 悪事；不身持. 〜 légère (grave[1]) 軽い(重大な)過ち. 〜 pardonnable (impardonnable) 赦し得る(赦し難い)過ち. avouer (confesser) sa 〜 過ちを白状(告白)する. être en 〜 間違っている. faire une 〜[1] 過ち(過失)を犯す；不倫する. prendre (surprendre) qn en 〜 人の悪事の現場をおさえる.〔諺〕 F〜 avouée est à moitié pardonnée. 過ちを認めれば半ば赦されたも同然.
2 (宗教的な)罪, 過ち(＝péché). la F〜 (アダムとイヴの犯した)原罪. 〜s du chrétien キリスト教徒の罪. commettre (faire) une 〜 過ち(罪)を犯す. confesser sa 〜 罪を告白する. se repentir d'une 〜 罪を悔いる. tomber en 〜 罪を犯す.
3〖法律〗違法行為；過失；非行. 〜 assurable 保険の対象となりうる過失. 〜 civile 民事上の過失. 〜 contractuelle 契約上の非行, 契約違反. 〜 contraventionnelle 違警罪過失. 〜 d'abstention 不作為の非行. 〜 de commission (d'ommission) 作為による (不作為による) 非行. 〜 de service 役務過失, 業務上の過失. 〜 délictuelle 認識ある過失(非行). 〜 disciplinaire 懲戒上の非行. 〜 dolosive 詐言意図による非行. 〜 grave[2] 重大な非行, 重過失. 〜 inexcusable 許し難い非行. 〜 intentionnelle (non-intentionnelle) 故意による(過失による)非行. 〜 légère (lourde) 軽い(重い)非行(過失). 〜 personnelle 個人過失.
4 不手際, 失策, へま, 過誤, 不注意. 〜 de stratégie (de tactique) 戦略上(戦術上)のミス. 〜 diplomatique 外交上の不手際. ca-

cher ses ~s 失策を隠蔽する. **5** 落度；(落度に対する)責任. La ~ à moi. 私の落度です. A qui la ~? 誰のせいか. C'est〔de〕la ~ de …のせい(責任)である. C'est〔de〕ma ~ si l'accident est arrivé. 事故が起ったのは私のせいです. Ce n'est pas〔de〕ma ~. 私のせいではありません. par la ~ de …のせいで. C'est par ta ~ que nous sommes en retard. われわれが遅れたのは君のせいだ. **6** 間違い, 誤り, ミス. ~ de calcul 計算ミス. ~ de goût 悪趣味. ~ de grammaire (d'orthographe, de prononciation, de syntaxe) 文法上(綴字, 発音, 統辞法上)の誤り.〖印刷〗~ d'impression 誤植. ~ de jugement 判断ミス. ~ faite par inattention 不注意の間違い, ケアレス・ミステーク. corriger les ~s 間違いをなおす. **7**〖スポーツ〗反則；(テニスの)フォールト.〖サッカー〗~ de main ハンド.〖テニス〗~ de pied フットフォールト.〖テニス〗~ double ダブルフォールト. **II**〔欠如〕**1**〔古〕不足, 欠如. **2**〔現用〕~ de qch 何がないので；何がなければ. F~ d'argent, je n'ai pas pu partir en voyage. 金がなかったので, 旅に出られなかった.〔諺〕F~ de grives, on mange des merles (上等の鴫(つぐみ)がなければ, 黒鴫を食べればよい→) あり合わせのもので我慢せよ. ~ de+inf. …しないので；…しなければ. ~ de mieux やむを得ず, 仕方がないので；やむを得なければ.〔前文をうけて〕~ de quoi さもないと. faire ~ 不足する, 欠ける. se faire ~ de qch (de+inf.) 何を(…するのを)差しひかえる. ne pas se faire+inf. …せずにはいられない. On ne s'est pas fait ~ d'en parler. それについて話さざるを得なかった. sans ~ 間違いなく, きっと, 必ず. Venez à neuf heures sans ~. 9時にかならずいらっしゃい.

fauteuil n.m. **1** 肘掛椅子. ~ à bascule ロッキングチェア. ~ de coiffeur (de dentiste) 床屋(歯医者)の椅子. ~ Louis XVI ルイ16世様式の肘掛椅子. ~ pliant 折畳み式肘掛椅子. ~ roulant 車椅子. bras de ~ 肘掛椅子の肘掛. s'asseoir dans (sur) un ~ 肘掛椅子に坐る. **2**〖劇場〗~ de balcon 2 (3) 階正面桟敷席. ~ d'orchestre (映画館の)バルコニー席. ~ d'orchestre 1階正面席. **3**〔特殊な地位を指す〕le ~〔d'académicien〕アカデミー会員席. briguer le ~〔d'académicien〕アカデミー会員になりたがる. être élu(e) au quarantième ~ 40番目のアカデミー・フランセーズ会員に選ばれる. le quarante et unième ~ (41番目のアカデミー・フランセーズ会員〔席〕→) アカデミー・フランセーズ会員にふさわしいが選出されない人. ~ de président 議長席；議長職. occuper le ~ ；siéger au ~ 議長職を

務める.

fauteuillothérapie n.f.〖医〗電気マッサージチェア療法.

fautif(**ve**)(＜faute)a. **1** 過ちを犯した. C'est moi qui suis ~. 悪いのは私です. **2** 間違いのある, 誤った；間違いを含んだ. calcul ~ 間違った計算. référence ~ve 間違った参照.

fauve a. **1** 黄褐色の, 灰褐色の. bête ~¹ 大型野獣(lion, tigre など)；〔古〕〖狩〗灰褐色の野獣(cerf, lièvre, lion など). **2** 野獣の；野獣のような；荒々しい. bête ~² 野獣のような男. odeur ~ 強烈な動物臭. **3**〖美術〗フォーヴィスムの, 野獣派の. période ~ de Matisse マチスの野獣派時代. ―n.m. **1** 黄褐色, 灰褐色. teindre en ~ 黄(灰)褐色に染める. **2** 黄(灰)褐色の大型野獣(lion, tigre など). chasse aux〔grands〕~s 猛獣狩り. **3**〖美術〗フォーヴィスムの画家, 野獣派(＝fauviste).

fauvisme n.m.〖美術〗フォーヴィスム, 野獣主義；野獣派絵画；野獣派(＝école des 'fauves).

faux¹ n.m. **1** 虚偽. distinguer le vrai du ~ 真偽を見分ける. **2** 贋物(にせもの)；偽造品. **3**〖法律〗偽造；偽造文書；偽造の申し立て. ~ en écriture 文書偽造〔罪〕. ~ intellectuel (matériel) 無形(有形)偽造. ~ principal 偽造罪の訴追. inscription en (de) ~ (相手の文書に対する)偽造の申し立て. s'inscrire en ~ contre qch 何に対して偽造の申し立てをする；〔比喩的〕何を正しいと認めない.

faux² n.f. **1** (長柄の)鎌. **2** (死神や擬人化された時間のもつ)鎌. ~ de la Mort 死神の鎌. **3**〖解剖〗鎌. ~ du cerveau 大脳鎌.

faux³(**sse**) a. **1** 事実に反した, 真実でない, 虚偽の, 誤った. ~sse déclaration 虚偽の申告. ~sse opération 誤った操作, 作戦. ~ serment 人を欺く誓い. ~ témoin 事実に反する証言をする証人. ~ témoignage 事実に反する証言. idée ~sse 誤った考え方. il est ~ de+inf. …するのは間違いだ, 正しくない. il est ~ que+subj. …は本当ではない, 嘘だ. **2** 事実(真実)に基づかない, 根拠がない, 裏づけがない. ~sse alerte 偽の警報(警告), 空騒ぎ. ~ besoins 偽の需要《不要な消費を誘発するような需要》. ~sse espérance 根拠がない希望, ぬか喜び. ~ problème ありもしない問題, 前提が誤っている問題. avoir tout ~ 完全に誤っている. **3** まがい物の, 代用品の, 模造の, にせもの. ~ bijou 模造宝石, イミテーションの宝石. ~ billet 偽札. ~ Cézanne 贋のセザンヌ. ~sse dent 義歯, 入れ歯. ~

faux-filet

diamant イミテーションダイヤ. ~sse monnaie 贋金. ~ nez つけ鼻. ~ passeport 偽造旅券, 偽造パスポート. ~ vrai passeport 記載事項は正しいが本体が偽造の旅券. vrai ~ passeport 記載事項を書き換えた真正の旅券.
4 似て非なる, 仮性の. ~ acacia にせアカシア. ~sse couche 流産. ~sse fenêtre (装飾用の) めくら窓.〖法律〗~ frais (公証人などの裁判所補助吏の) 法定以外の必要経費, 付随費用. ~ plafond 吊り天井. ~ titre (書籍の) 前扉の簡略な表題.〖劇〗faire une ~sse sortie 退場すると見せかけてすぐに舞台に戻ること.
5 (態度, 感情などが) 見せ掛けの, 表面的な, 不誠実な, 本心を偽った. avoir ~ air de なんとなく…を思わせる, …に似ている. ~-semblant うわべの, 見せ掛けの. Les personnages de ce roman sont ~. この小説の登場人物には真実味がない.
6 (人などが) 詐称の, 偽りの, 偽の. ~ ami 名ばかりの友; 似て非なるもの, (特に) 英仏語などで, 綴りが同じか極めて近いが微妙に異なる意味を持つ言葉. ~ prophète にせ預言者.
7 外見上の, 見せ掛けの, いかにもそれらしい. ~sse maigre 見かけはやせている女性. ~sse pudeur 表面上だけの遠慮.
8 自然に欠ける, 不自然な, 偽善的な. ~ frère 裏切り者. ~ jeton (~ cul, ~ dershe) 偽善者. un homme ~ 偽善的な, 腹に一物ある人間.
9 見当はずれの, 本来あるべきものとは異なる, 不正確な. ~sse manœuvre 誤った操作, 運転の誤り, ヘマ. ~ numéro (電話の) 間違った番号; 間違い電話. faire un ~ pas つまずく, 足を踏み外す, 過ちを犯す. faire un ~ mouvement 無理な動作をする. faire ~sse route 誤った道を進む, 目的から外れた方角へ進む.
10 調子はずれの, 音が狂った. note ~sse 狂った音. Ce piano est ~. このピアノは音程がずれている. chanter ~ 調子はずれに歌う.
11〖成句〗porter à ~ 支える土台に欠けている, 根拠薄弱である;（柱などが）垂直でない.

faux-filet n.m.〖食肉〗フォー=フィレ, コントル=フィレ (contre-filet), サーロイン (牛のアロワイヨ-aloyau の一部で, 腰部の肉).〖料理〗~ grillé フォー=フィレのグリエ (網焼).

faux-fuyant n.m. **1**〖古〗けもののの逃げ道, 林間の小径.
2〖比喩的・現用〗逃げ口上, 遁辞, 言い逃れ. chercher un ~ 逃げ道を探す.

faux-monnayage n.m. 贋金づくり, 貨幣贋造.

faux-monnayeur n.m. 貨幣贋造者; 貨幣紙幣贋造人 (人).

faux-semblant (pl. ~s-~s) n.m. 見せかけ, うわべだけのこと. ~ de tendresse 見せかけの優しさ.

faux-sens n.m. 語義の取り違え.

faux-titre n.m.〖製本〗フォー=ティットル (書名のみを記した前扉の表題).

FAVEC (=Fédération des associations de veuves chefs de famille) n.f. 未亡人世帯主協会連合.

faveur n.f. **1** 特別な好意(配慮); 後盾. ~s du ciel 天の恵み, 天恵, 天寵. à la ~ de …のお蔭で. s'enfuir à la ~ de la nuit 夜陰に乗じて逃亡する. Il a été nommé à ce poste à la ~ d'un ministre. 彼は大臣の特別な計らいでこのポストに任命された. de ~ 特別な計らいによる. billet de ~ 特別優待券. traitement de ~ 特別待遇. en ~ de …の利益に沿って, を考慮して. faire une collecte en ~ des sinistrés d'une catastrophe 災害の罹災者のために義捐金を募る. se déclarer en ~ de qn 人を擁護する. Le jugement a été rendu en votre ~. あなたに有利な判決が下った. On lui a pardonné en ~ de sa jeunesse. 人々は若さに免じて彼を赦した.
par ~ 好意的な計らいで. être exempt d'une obligation par ~ spéciale 特別な計らいで債務を免除される.
accorder une ~ à qn 人に好意を示す. avoir la ~ du président de la République 共和国大統領に目をかけられている. combler qn de ~s 人に好意の限りをつくす. demander une ~ 特恵を求める. Faites-moi la ~ de +inf. どうか…してください. Nous ferez-vous la ~ de nous accompagner? ご一緒していただけませんか?
2〖一般に pl. で〗(女性の与える) 愛の証し. accorder ses ~ 愛の証しを与える. refuser les dernières ~s 最後の愛の証しを拒む.
3 好評, 人気; 信用. gagner la ~ du public 大衆の人気をかち取る. en ~ 評判のよい, 人気のある. homme en ~ 評判のよい人. être en ~ auprès de qn 人の信用を得ている; 人の好評を得ている.
4 細いリボン (=bolduc) (騎馬試合の際, 貴婦人が自分のリボンを騎士に与えたことに由来). entourer un paquet d'une ~ rouge 包みに赤いリボンをかける.

favisme n.m.〖医〗急性溶血性貧血 (赤血球中に先天的に G-6-PD「グルコース・6・ホスファターゼ」が欠損するために赤血球が破壊される貧血症).

favorable a. **1** 好意的な. opinion ~ à qn 人に対して好意的な意見.〖宗教〗planète ~ 良い星. regard ~ 好意的眼差し. être ~ à^1 に対し好意的である. Il m'a été toujours ~. 彼はいつも私に好意的であった. Il est ~ à notre projet. 彼はわれわれの計画に好意的である.
2 都合のよい;（立場などが）有利な, 恵ま

れた；幸先のよい. appréciation ～ 有利な評価. chance ～ 好機. circonstances ～s 有利な状況. destins ～s 幸運. vents ～s 順風. être ～ à² …に好都合な；…に有利な. Le projet de loi a reçu un accueil ～ de l'Assemblée nationale. 法案は国民議会で承認された. Les résultats des élections ont été ～s à l'opposition. 選挙結果は野党に有利だった.
　～ pour+inf. …するのに都合の良い. Le moment est ～ pour lui parler. 彼に話しかけるには今がチャンスだ.
　3〔古〕好意を誘う.

favori(te)¹ *a.* **1** お気に入りの, 寵臣(ひいき)の. mon actrice ～ te 私の寵臣の女優. mon livre ～ 私の愛読書.
　2 優勝候補の；(競馬の)本命の. cheval ～ (競馬の)本命馬. Ce coureur est parti ～. このランナーは優勝候補として出走した.

favori² *n.* **1** *n.m.* お気に入りの男；寵臣. ～s d'Henri III アンリ3世の寵臣たち. Cet acteur est le ～ du public. この俳優は大衆のお気に入りである.
　2 *n.f.* (君主の)愛妾, 寵姫.
　3 *n.* 優勝候補, 本命. jouer le ～ 本命に賭ける.
　4〔*pl.* で〕ファヴォリ(頬ひげ). porter des ～s 頬ひげを生やしている.

favorisé(e) *a.p.* **1** 優遇された；ひいきにされた, 可愛がられた；恵まれた. entreprise ～ *e* 優遇された企業. nation la plus ～ *e* 最恵国. voyage ～ par le beau temps 好天に恵まれた旅行. être ～ par le sort 運に恵まれている.
　2 助成された；助長された. industries ～ es 助成された産業. vices ～s 助長された悪徳.

favorite² *n.f.* お気に入りの女性；寵姫, 愛妾(=maîtresse). Madame de Pompadour, ～ de Louis XV ルイ15世の愛妾ポンパドゥール侯爵夫人(1721-64年).

favoritisme *n.m.* えこひいき；情実；縁故ひいき. ～ de clan (de parti) 派閥体制. C'est du ～. えこひいきだ.

favus [favys] *n.m.* 〚医〛黄癬(おうせん)〔慢性表在性真菌症〕.

FAX, fax [faks]〔英〕*n.m.* ファックス, ファクシミリ(=〚仏〛télécopieur).

faxer *vi.* ファックスを送る.
　—*v.t.* ファックスで送る.

faximanie *n.f.* ファックス愛用者.

FBCF (=*f*ormation *b*rute de *c*apital *f*ixe) *n.f.* 〚経済〛固定資本の総形成.

FCB (= 〔仏〕 *F*onds *c*otés en *b*ourse) *n.m.pl.* 〚金融〛上場投資信託(=〔英〕ETF : *E*xchange *T*raded *F*unds).

FCC (=*F*ichier *c*entral des *c*hèques) *n.m.* 小切手中央資料センター《不正小切手の管理センター；1991年設立》.

FCD (=*F*ront pour une *C*hine *d*émocrati-que) *n.m.pr.* 民主中国戦線《世界の反体制中国人により1989年9月Parisで結成》.

FCE¹ (=*f*orces *c*onventionnelles en *E*urope) *n.m.pl.* ヨーロッパ通常兵力(=〔英〕CFE : *C*onventional *f*orces in *E*urope). négociations sur la réduction des ～ ヨーロッパ通常兵力削減交渉. traité ～ ヨーロッパ通常兵力条約《1990年, CSCEの35カ国が調印》.

FCE² (=*f*rais *c*ommerciaux *e*xceptionnels) *n.m.pl.* 〚経済〛特例通商経費.

FCE³ (=*f*rais *c*ommerciaux *e*xtérieurs) *n. m.pl.* 〚商業〛対外取引経費.

f.c.é.m. (=*f*orce *c*ontre-*é*lectromotrice) *n.f.* 〚電〛逆起電力.

FCFA (=*f*ranc de la *C*ommunauté financière d'*A*frique) *n.m.* 〚通貨〛アフリカ金融共同体フラン.

FCI (=*F*rance *C*oopération *i*nternationale) *n.f.* フランス国際協力機関《国際協力省ministère de la Coopération管轄の専門家募集機関》.

FCIMT (=*F*onds *c*ommun d'*i*ntervention sur les *m*archés à *t*erme) *n.m.* 先物取引市場介入共同基金.

FCM (=*f*ormation *c*ontinue des *méde*cins) *n.f.* 医師の継続的養成教育, 医師の実習教育, 医師研修.

FCP (=*f*onds *c*ommun[s] de *p*lacement) *n.m.* 〚金融〛投資共同資金《ユニット型投資信託》.

FCPE¹ (=*F*édération des *c*onseils de *p*arents d'*é*lèves) *n.f.* 生徒の父兄評議会連合.

FCPE² (=*f*onds *c*ommuns de *p*lacement d'*e*ntreprise) *n.m.pl.* 〚経済〛企業投資共同基金. ～ à gestion 企業経営投資共同基金. ～ monétaires 企業金融投資共同基金.

FCPI (=*f*onds *c*ommuns de *p*lacement en *i*nnovation) *n.m.pl.* 革新的企業投資共同基金.

FCPR (=*F*onds *c*ommuns de *p*lacement à *r*isques) *n.m.pl.* 〚経済〛ユニット型リスク投資ファンド《投資信託》.

FCT¹ (=*f*in du *c*ontrat de *t*ravail) *n.f.* 〚労働〛労働契約の終了.

FCT² (=*f*onction de *c*ontrôle des *t*ravaux) *n.f.* 〚情報処理〛作業制御機能(=〔米〕JES : *j*ob *e*ntry *s*ervices).

FCTVA (=*F*onds de *c*ompensation de la *TVA*) *n.m.* 〚税務〛付加価値税補償基金.

FD (=*F*orce *d*émocrate) *n.f.* 〚政治〛民主勢力《1995年11月25日にCDSとCentre démocrateが合併して発足した政党》.

FDC (=*F*édération pour la *d*émocratie en *C*hine) *n.f.* 中国民主主義連盟《1989年Parisで結成された中国の反体制派団体》.

FDES (=*F*onds de *d*éveloppement *é*conomique et *s*ocial) *n.m.* 経済社会開発基金.

FDLP (=*F*ront *d*émocratique pour la *l*ibération de la *P*alestine) *n.m.* パレスチナ

解放民主戦線.

FDP (= [独] *F*reie *D*emokratische *P*artei) *n.m.* (ドイツの)自由民主党(=[仏] Parti libéral [démocrate allemand]; 1948年西ドイツで結成).

FDPLP (= *F*ront *d*émocratique et *p*opulaire de *l*ibération de la *P*alestine) *n.m.* パレスチナ解放民主人民戦線(1969年FPLPより独立; =[英] DFLP: *D*emocratic *F*ront for the *L*iberation of *P*alestine).

FDS (= *F*onds de *d*éveloppement *s*ocial) *n.m.* (ヨーロッパ評議会 Conseil de l'Europe の)社会開発基金(1956年創設; 1960年より機能).

FDSEA (= *F*édération *d*épartementale *d*es *s*yndicats d'*e*xploitants *a*gricoles) *n.f.* 農業経営者(自作農)組合県連合会.

FDSS (= *F*ront *d*émocratique de *S*alut *s*omalien) *n.m.* ソマリア救国民主戦線(1981年結成の反政府組織).

Fe (=*f*er) *n.m.* 〖化〗「鉄」の元素記号.

FEBC (= *F*édération *e*uropéenne des *b*ureaux de *c*hange) *n.f.* ヨーロッパ両替所連盟.

fébricule *n.f.* 〖医〗微熱(=petite fièvre).

fébrifuge *a.* 〖医〗解熱用の(antifébrile). 〖薬〗médicament ~ 解熱剤(amidopyrine, antipyrine, aspirine, cinchonine, quinine など). plantes ~s 解熱作用のある植物.
——*n.m.* 〖薬〗解熱剤(=médicament ~, remède ~). administrer un ~ 解熱剤を投与(処方)する.

fébrile *a.* **1** 〖医〗熱の;熱による, 熱性の. convulsion ~ 熱性痙攣. courbe ~ 体温曲線. délire ~ 熱性譫妄(せんもう). granulocytopénie ~ 熱性顆粒球減少〔症〕. protéinurie ~ 熱性蛋白尿.
2 〖医〗熱のある. accès ~ 発熱発作, 急激な発熱. avortement ~ 有熱流産. état ~ 発熱状態.
3 〔比喩的〕熱に浮かされたような. activité ~ 熱に浮かされたような活躍.
4 〖金融〗capitaux ~s ホットマネー(=[英] hot-money).

fébrilité *n.f.* **1** 熱のあること, 発熱状態.
2 熱に浮かされたような状態, 興奮状態. avec ~ 熱に浮かされたように, ひどく興奮して.

fécal(ale)(*pl.aux*) *a.* 糞便性の(=stercoral). examination ~ *ale* 検便. fistule ~*ale* 糞瘻(ふんろう). matières ~*ales* 糞便, 大便(=fèces). stérol ~ 糞便ステロール. ulcère ~ 糞便性潰瘍, 宿便性潰瘍.

fécalome *n.m.* 〖医〗糞塊.

FECOM (= *F*onds *e*uropéen de *co*opération *m*onétaire) *n.m.* ヨーロッパ通貨協力基金(1973年4月発足; 1994年 Institut monétaire européen「ヨーロッパ通貨機構」, 次いで1998年 Banque centrale européenne「ヨーロッパ中央銀行」に移行).

fécond(e) *a.* **1** 生殖力のある(stérile「生殖力のない」の対). fleur ~*e* 実を結ぶ花. graine (semence)~*e* 発芽力のある種子. œuf ~ 有精卵.
2 多産な. femme très ~*e* 多産な女性. poule ~*e* よく卵を生む鶏.
3 肥沃な;実り豊かな. champs ~*s* 肥沃な畑. pluie ~*e* 豊かな実りをもたらす雨. travail ~ 実り豊かな仕事.
4 多作の;富かな. écrivain ~ 多作な作家. imagination ~*e* 豊かな想像力.
5 ~ en に富んだ. année ~*e* en événements 多事な年. terre ~*e* en artistes 芸術家を輩出する地方.

fécondabilité *n.f.* 受胎可能性;妊娠能力. 〖人口統計〗taux de ~ 妊娠率.

fécondation *n.f.* **1** 授精;受精, 受胎. ~ artificielle 人工授精. 〖植〗~ directe 自家受精. 〖医〗~ in vitro (FIV) 体外受精, 試験管ベビー.
2 (農地の)肥沃化.
3 (精神などの)豊饒化.

fécondité *n.f.* **1** 出生力, 生殖能力, 多産, 出生力率. indicateur conjoncturel de ~ 合計特殊出生率(一人の女性が生殖年齢にある間に産む子供の数; 単に taux de fécondité で同意義となる場合も多い. また somme des naissances réduites ともいう). taux de ~ générale 総合出生率. taux de ~ par âge 年齢別合計特殊出生率(類似概念として taux de natalité 出生率, taux brut de reproduction (人口の)粗再生産率などがある).
2 (土地の)肥沃さ.
3 (知的)生産力の豊かさ.

fécule *n.f.* 澱粉;片栗粉. ~ première 一次澱粉. ~ séchée 乾燥澱粉.

féculent¹(e) *a.* 澱(おり)を含んだ. liquide ~ 澱を含んだ液体.
2 澱粉を含む, 澱粉質の多い. aliments ~*s* 澱粉質食品. substance ~*se* 澱粉質.

féculent² *n.m.* 〖料理〗フェキュラン, 澱粉質食品(=farineux). régime amaigrissant sans ~ 澱粉質食品をひかえた痩せる食事療法.

féculerie *n.f.* **1** 澱粉(fécule)製造所. **2** 澱粉製造業;澱粉販売業.

FED¹ (= [英] *f*ield *e*mission *d*isplay) *n.m.* 〖電子工, 情報〗電界放出型ディスプレー(= [仏] écran plat à émission à effet de champ électrique et magnétique par micropointes). téléviseur ~ 電界放出型ディスプレー式 TV 受像機(動画表示に適した, 明るく, 消費電力が低く, 長寿命の薄型 TV 受像機).

FED² (= *F*onds *e*uropéen de *d*éveloppement) *n.m.* ヨーロッパ開発基金(1957年ローマ条約により設立).

fedayin [fedajin] (*pl.*~[*s*]) 〔アラビア〕

n.m. フェダイン《パレスチナの対イスラエル・ゲリラ兵(志願兵)》.

FEDER (=*F*onds *e*uropéen de *dé*veloppement *r*égional) *n.m.* ヨーロッパ地方開発基金《1975 年設立》.

fédéral (ale) (*pl.* **aux**) *a.* **1** 連邦制の. l'Allemagne ~ *ale* 連邦ドイツ《旧西ドイツ;現ドイツ連邦共和国 la république ~ *ale* d'Allemagne の略称》. Etat ~ 連邦国家. régime ~ 連邦制. **2** 連邦国家の;連邦政府の. autorité ~ *ale* 連邦当局. gouvernement ~ 連邦政府. organisations ~ *ales* 連邦機関. parlement ~ 連邦議会. pouvoirs ~ *aux* 連邦政権, 連邦政府. **3** 連盟 (fédération)の, 連合の. bureau ~ 連盟事務所. **4**《米史》(南北戦争時の) 北軍の, 北軍派の. ―*n.m.* **1** 連邦政府(=gouvernement)の. **2**《米史》北軍派;北軍兵.

fédéralisation *n.f.* (国の) 連邦化;(政府の) 連邦化.

fédéralisme *n.m.*《政治》**1** 連邦制度, 連邦制. **2** 連邦主義. **3**《仏史》フランス連邦構想《大革命時にジロンド派が唱えた連邦案》.

fédérateur (trice) *a.* **1** 連合させる;連合派の. principe ~ 連合の原則. tendances ~ *trices* 連合指向. **2**《比喩的》(意見などを)統一させる. thème ~ 統一的主題. ―*n.* 連合者;連合推進者.

fédératif (ve) *a.* 連邦の;連邦制の;連邦を構成する. Etat ~ 連邦国家. gouvernement ~ 連邦政府.

fédération *n.f.* **1** 連邦;連邦国家(=confédération);連邦化. **2** 連盟, 連合. F~ de l'Education nationale 全国教職員組合《略記 FEN》. F~ française des auberges de jeunesse フランス・ユースホステル連盟《略記 FFAJ》. F~ française de football フランスサッカー連盟. F~ internationale de football association 国際サッカー連盟《略記 FIFA》. **3**《仏史》(大革命下の) 全国連盟運動;国民衛兵部隊;(ナポレオンの百日天下時代の) 志願兵部隊;(パリ・コミューヌ時の) 国民軍連合. fête de la F~ (1790 年 7 月 14 日の) 連盟祭.

fédéré (e) *a.* **1**《政治》連邦を構成する (=fédéral). les cantons ~ *s* de Suisse スイスを構成する州. Etats ~ *s* 連邦国家. **2** 連合を形成する. ―*n.m.*《仏史》**1** (大革命時の) 全国連盟運動の活動家(=délégué des fédérations [1790-91]);連盟祭の参加代表. **2** (ナポレオンの百日天下時代の) 志願兵. **3** (パリ・コミューヌ時の) 国民軍(=fédération des gardes nationaux) の兵士, 連盟兵. mur des F~ *s* 連盟兵の壁《最後のコミュー

ヌ派が銃殺されたパリのペール・ラシューズ墓地 cimetière du Père-Lachaise の壁》.

FEDR (=*F*onds *e*uropéen pour le *dé*veloppement *r*égional) *n.m.* ヨーロッパ地域開発基金(=[英] ERDF : *E*uropean *R*egional *D*evelopment *F*und;1975 年創設;FEDER とも略記する).

FEDRE (=*F*ondation pour l'*é*conomie et le *d*éveloppement durable des *R*égions d'*E*urope) *n.f.* ヨーロッパ諸地方の経済および持続的開発財団.

fée *n.f.* **1** 仙女;妖精. ~ bien faisante 慈悲深い仙女(=bonne ~). ~ méchante 邪悪な仙女. baguette [magique] d'une ~ 仙女の魔法の杖. conte de ~ *s* 妖精物語, おとぎ話;《比喩的》信じられないような出来事. pays des ~ *s* 妖精の国, おとぎの国. vieille ~ 年老いた仙女;《比喩的》醜い女, いやな女;策にたけた女. **2** (妖精のように) 優しい女性. ~ du logis 家事に長じた主婦. avoir des doigts de ~ 妖精のように手先が器用である. **3**《話》la ~ verte (緑の妖精→)《酒》アプサント (absinthe)《にがよもぎからつくられる緑色のリキュール》.

feed [-] back [fidbak] [英] *n.m.inv.* **1**《電・電算・生理》フィードバック, 帰還《公用推奨語 rétroaction》. circuit de ~ 帰還回路. contrôle de ~ フィードバック制御.《生化》inhibition de ~ フィードバック阻害. **2**《音響》ハウリング. **3** 反応.

FEFIM, Fefim (=*Fé*dération *f*rançaise des industries du *m*édicament) *n.f.* フランス医薬品産業連盟.

FEI (=*F*onds *e*uropéen d'*i*nvestissement) *n.m.* ヨーロッパ投資基金《1994 年, ヨーロッパ投資銀行 BEI により設立》.

feinte *n.f.* **1** 見せかけ, 隠しだて. sans ~ 隠しだてなく, 率直に. parler sans ~ 隠しだてなく話す. **2** ふり;《スポーツ》フェイント;《軍》牽制攻撃, 陽動作戦. ~ *s* d'un boxeur (d'un footballeur) ボクサー (サッカー選手) のフェイント. faire une ~ フェイントをかける, ふり (牽制攻撃) をする. **3**《話》人を騙す術策. わな. faire une ~ à qn 人をわなにかける. **4**《古》作り話 (=fiction). **5** 印刷の薄れ.

FEJ (=*F*onds *e*uropéen pour la *j*eunesse) *n.m.* ヨーロッパ青年基金《1973 年創設;本部 Strasbourg》.

feldspath [fɛldspat] [独] *n.m.*《鉱》長石. ~ alcalin アルカリ長石. ~ argliforme カオリン. ~ nacré 月長石.

félicitation *n.f.* **1** [*pl.* で] 祝福の言葉, 祝辞;讃辞. [Toutes mes] ~ *s*! 心からお祝い申し上げます!おめでとう!《反語的》F~ *s*! Vous avez tout gâché! やれやれ, すべてを台無しにしたんだぞ! adresser

ses ~s à qn 人に祝福の言葉をおくる.
2〖学〗(学期毎の)優等賞；〖軍〗功労表彰.
3〖古〗祝福. compliment de ~ 祝辞.

félicité n.f. **1**〖宗教〗〖文〗至福. ~ éternelle de l'âme au paradis 天国における魂の永遠の至福.
2〖多く pl.〗〖文〗こよなき幸せ(喜び). ~s de l'amour 愛のもたらす至上の幸せ.

félidés n.m.pl.〖動〗猫科；猫科動物(caracal カラカル山猫, chat 猫, eyra ジャガランディー, guépard チータ, jaguar ジャガー, léopard 豹, lion ライオン, lynx 大山猫, ocelot オセロット, once 雪豹, panthère パンサー, puma ピューマ, tigre 虎, など).

félin(e) a. **1** 猫の, 猫科の. race ~e 猫種.
2 猫のような, 猫を思わせる. grâce ~e 猫のような優美さ.
—— n.m. 猫科の動物. les grands ~s 大型の猫科動物(lion, panthère, tigre など).

fellation n.f. フェラチオ(=fellatio). faire une ~ フェラチオをする.

fêlure n.f. **1** ひび割れ, 亀裂. ~ d'un plat 皿のひび割れ.
2〖比喩的〗亀裂. ~ dans une organisation 組織内の亀裂.

FEM (=Fonds pour l'environnement mondial) n.m. 世界環境基金(=［英］GEF：global Environment Facility；1991年創設；1994年改編).

f.é.m. (=force électro motrice) n.f.〖物理〗起電力.

femelle n.f. **1** (動物の)雌(mâle「雄」の対). ~ unipare 1子を生む雌. La biche est la ~ du cerf. 雌鹿は鹿の雌である.
2〖話・蔑〗女性, 女.
—— a. **1**〖動〗雌の. sexe ~ 雌. souris ~ 雌の二十日ねずみ.
2〖植〗雌性の. fleurs ~s 雌花. ginkgo ~ 雌株のいちょう.
3 女性の. démon ~ 悪女. héritiers mâle et ~ 男女の相続人.〖生理〗hormones ~s 女性ホルモン(œstradiol, progestéron など).
4〖工〗メスの. agrafe ~ メスの留金(ホック). fiche ~ メスのプラグ(fiche mâle「オスのプラグ」の対).

féminin[1]**(e)** a. (masculin(e)の対) **1** 女の, 女性の；女性に関する；女性から成る. charme ~ 女性の魅力. équipe ~e 女性チーム. intuition ~e 女の勘. population ~e 女性人口. profession ~e 女性の職業. revendications ~es 女性の権利回復要求. sexe ~ 女性；女性の性器. vêtements ~s 婦人服(=vêtements de femmes). voix ~e[1] 女の声.
2 女らしい；女っぽい；〖蔑〗女々しい. Elle est très ~e. 彼女はとても女っぽい. allure ~e 女っぽい物腰. voix ~e[2] 女みたいな声.

3〖文法〗女性の；女性形の. genre ~ 女性. article (adjectif, nom, pronom) ~ 女性冠詞(形容詞, 名詞, 代名詞).
4〖詩法〗rime ~e 女性韻(e muet をもつ脚韻).

féminin[2] n.m. **1** 女の特性, 女の性(さが). l'éternel ~ 永遠に変わらぬ女の特性, 永遠の女らしさ.
2〖文法〗女性(形). mettre un adjectif au ~ 形容詞を女性形にする. ~ lexical 語彙的女性形(ex. actrice). ~ syntaxique 統辞法上の女性形(ex. élève).

féminisation n.f. **1** 女性化；〖生〗雌性化. ~ des glandes mammaires chez l'homme 男性の乳腺女性化, 男性の女性化乳房(=gynécomastie). ~ d'un animal 動物の雌性化.
2 女性の進出(増加), 女性化. ~ du secteur tertiaire 第三次産業部門への女性の進出. ~ de l'enseignement 教育の女性化. ~ d'une profession 職業の女性化.
3〖稀〗〖文法〗(名詞の)女性化.

féminisme n.m. **1** フェミニズム, フェミニズム, 女権拡張運動, 女性解放運動, 男女同権主義. revendications du ~ 女性拡張運動の権利回復の要求.
2 女性的特質.
3〖医〗(男性の)女性化〔症〕.

féministe a. 女権拡張論〔者〕の, フェミニズムの. mouvements ~s フェミニズム運動, 女権拡張運動.
—— n. 女権拡張論者, フェミニスト.

féminité n.f. **1** 女らしさ；女っぽさ. manquer de ~ 女性らしさに欠ける.
2 女性度, 女性の占める比率(=taux de ~). ~ des emplois 雇用に占める女性の比率.
3 女性性, 女性であること.〖スポーツ〗contrôles de ~ (女性であるか否かの)性チェック.

FEMIS (=Fondation européenne des métiers de l'image et du son) n.f.〖視聴覚〗ヨーロッパ映像・音響業財団(1986年設立；現有 Ecole nationale supérieure des métiers de l'image et du son「国立高等映像音響専門家養成学校」；旧 IDHEC：Institut des hautes études cinématographiques「パリ高等映画学院」；在 Paris (旧 studio Pathé 内)).

femme n.f. **1** 女性, 女. ~ au foyer 主婦. ~ célibataire (divorcée, mariée, veuve) 独身(離婚, 既婚, 寡婦)女性. ~ de caractère (de tête) 強い個性を持った(頭脳明晰, 計算高い)女性. ~-enfant 子供っぽい女性, あどけなさを残した女性. ~ du monde 上流階級の女性. ~ fatale 男を破滅に導きかねない女性, 宿命の女, ファムファタル, 妖婦. ~-objet 男性から物のように扱われる女性, 飾り物のような扱いを受ける女性. ~ facile 簡単に性的な関係を持つ女

性.
maîtresse ~ 女丈夫. homme à ~s 漁色家；女に持てる男. mouvement de libération de la ~ 女性解放運動.
C'est un progrès que la déclaration universelle des droits de l'homme ait déclaré que les ~s devaient disposer en tant que telles des droits dits de l'Homme. 世界人権宣言が女性は女性として人間(男性)のものとされる権利を享受すべきであるとしたのは進歩である. La France a un véritable retard dans le domaine de la représentation des ~s en politique. 政治における女性の地位について，フランスは大きく遅れている.
Elle est très ~. 彼女はまさに女性的な人だ. être ~ à+inf. …できる(する能力を持つ)女性である.
Cherchez la ~. 犯罪の裏には女あり，愛情問題のもつれによる犯罪だ.〖諺〗Ce que ~ veut, Dieu le veut. 女の望みには逆らえない.〖諺〗Souvent ~ varie, bien fol est qui s'y fie. 変わりやすきは女心，それを信ずるは愚かのかみわ.
bonne ~ おばさん, (軽蔑, 揶揄的に, 時には親愛の情を込めて)女性, 女. de bonne ~ 伝統的に伝わる，古くから民間で用いられる，洗練されていない. remède de bonne ~ 民間薬. rideau de bonne ~ (田舎風の)カーテン〖左右に山形に引き分ける〗. une vieille bonne ~ おばあちゃん. une petite bonne ~ ませた少女.
2(特に)成熟した女性, 一人前の女性, 適齢期の女性, 女.〖古〗devenir ~ 処女を失う. être une ~ 結婚適齢期にある.
3 妻, 家内, 連れ合い (épouse よりも格式ばらない表現). prendre ~ (男が)結婚する，妻を娶る. prendre qn pour ~ 妻にする. Je vous présente ma ~. 家内をご紹介します.
4 手伝い(下働き)の女. ~ de chambre 小間使い, メイド, (ホテルなどの)部屋係. ~ de ménage 家政婦, 家事手伝い, 掃除婦.
5〖もともと男性形しかなかった言葉, とくに職業を表す言葉に同格でつなぎ女性であることを示す. ただし, この分野では慣用が急速に変化している〗~ avocat 女性弁護士 (avocate も使用されている). ~ d'affaires 女性実業家. ~ de lettres 女性文芸家. ~ ingénieur 女性エンジニア(ingénieure も可. また une ingénieur とすることもある). ministre ~ 女性大臣(madame la ministre のように ministre を女性名詞として扱うことも多い). professeur ~ 女性教授(教師, 教員)〗.

fémoral(ale)(*pl.***aux**) *a.*〖解剖〗大腿部の；大腿骨の. artère ~ale 大腿動脈. diaphyse ~ale 大腿骨幹. hernie ~ale 大腿ヘルニア, 股ヘルニア. tête ~ale 大腿骨頭. veine ~ale 大腿静脈.

fémoro-cutané(e) *a.*〖解剖〗大腿皮の. nerf ~ 大腿皮神経.

fémoropatellaire *a.*〖解剖・医〗大腿膝蓋骨(しつがいこつ)の.〖医〗syndrome ~ 大腿膝蓋骨症候群.

fémoro-rotulien(ne) *a.*〖解剖〗大腿膝蓋〔骨〕の. articulation ~ne 大腿膝蓋関節.

fémoro-tibial(ale)(*pl.***aux**) *a.*〖解剖〗大腿脛骨の. articulation ~ale 大腿脛骨関節.

femtochimie *n.f.*〖化〗フェムト秒化学《フェムト秒(＝10^{-15}秒)単位の原子・分子の反応を研究する化学》.

femtoseconde *n.f.* フェムト秒(10^{-15}秒).

fémur *n.m.* **1**〖解剖〗大腿骨. fractures du col du ~ 大腿骨頸部骨折. tête du ~ 大腿骨頭(＝tête fémorale).
2〖昆虫〗腿節.

FEN, Fen (＝*F*édération de l'*E*ducation *n*ationale) *n.f.* 教職員組合連合(1924年結成. 1948年まで CGT に加入. 以後自主労組. 本部 Paris).

fenaison *n.f.*〖酪農〗**1** 干し草(foin)用の草刈り；草刈し. **2** 干し草刈り期, 草干し期.

fendu(e) (＜fendre) *a.p.* **1** 割れた, 裂けた. bois ~ 割れた〔割った〕木. bouche ~ jusqu'aux oreilles 耳まで裂けた口. jupe ~e スリット・スカート. yeux ~s en amande 切れ長のアーモンド・アイ.
2 ひびの入った. assiette ~e ひびの入った皿. marbre ~ 亀裂の入った大理石.
3〖比喩的〗脚がすらりと長い. une femme bien ~e 脚がすらりと長い女性.

fenêtre *n.f.* Ⅰ (窓) 窓；窓枠(＝encadrement d'une ~)；窓ガラス. ~ à deux battants 両開き窓. ~ à la française(à l'anglaise) 内開き (外開き) 窓. ~ basculante 回転窓. ~ dormante はめこみ窓.〖教会堂〗~ en rosace 薔薇窓. ~ gothique (romane) ゴシック(ロマネスク)様式の窓枠. ~ haute 高窓. ~ ronde 丸窓.
appartement à deux ~s sur la rue 通りに面して2つの窓のあるアパルトマン.〖鉄道・旅客機〗côté ~ 窓側, 窓際 (côté couloir「通路側」の対). réserver (retenir) une place côté ~ 窓側の座席を予約する. impôt sur les portes et ~s 戸窓税《1925年廃止》.
à la ~ 窓際に. d'une ~ 窓から, 窓越しに(の). vue que l'on a d'une ~ 窓からの眺め. par la ~ 窓から, 窓越しに, jeter qch par la ~ 窓から何かを投げ出す. jeter l'argent (son argent) par la ~ 金を湯水のように使う. ouvrir (fermer) une ~ 窓を開ける(閉める).〖比喩的〗ouvrir une ~ sur …に対して展望を開く.
Ⅱ (窓状の物) **1**〖映画〗~ de projection 映写窓. enveloppe à ~ 窓付き封筒.

2 (証書などの)空欄.
3 〖電算〗(ディスプレー上の)窓, ウィンドー《仮想画面》.
4 〖解剖〗窓(そう). ~ ovale (耳の)前庭窓. ~ ronde (耳の)蝸牛窓.
5 〖地学〗地窓, フェンスター.
6 〖気象〗窓. ~ météo 気象窓《２つの低気圧の間の晴天部》.
7 〖医〗 ~ thérapeutique 治療行為の休止時間帯《治療効果の検証期間》.
8 〖宇宙〗(ロケット発射・宇宙船のランデヴーなどのための)可能時間帯 (=créneau). ~ de lancement ランチウィンドー《打上げ可能時間帯 (= ~ de tir)》.

fenfluramine *n.f.* 〖薬〗フェンフルラミン《食欲抑制剤》.

Fengshan [台湾] *n.pr.* 鳳山(ほうざん), フォンシャン《南部の都市》.

feng shui [fɛŋʃyi] [中国] *n.m.* 風水.

Fengyüan [台湾] *n.pr.* 豊原(ほうげん), フォンユワン《中西部；台中の北の都市》.

fénofibrate *n.m.* 〖薬〗フェノフィブラート《高脂血症治療薬；薬剤製品名 Lipanthyl (*n.m.*)》.

fenouil [-nuj] *n.m.* 〖植〗フヌイーユ, 茴香(ういきょう), フェネル《香草》. brin de ~ 茴香の茎.
pomme (tête) de ~ 茴香の根球. 〖料理〗 cru en salade 生茴香サラダ仕立て. 〖料理〗 loup au ~ ルー＝オー＝フヌイーユ《すずきの腹に茴香を詰めて焼いた料理》.

fentanyl *n.m.* 〖薬〗フェンタニル《経皮吸収型持続性癌疼痛治療薬；薬剤製品名 Durogesic (*n.m.*)》.

fente *n.f.* **1** 割れ目, 裂け目；細隙；亀裂；裂隙, 隙間；〖地学〗節理. 〖地学〗 ~ columnaire 柱状節理. ~ dans la peau 皮膚のひび割れ. ~ dans une muraille 壁の裂け目. ~ de l'écorse terrestre 地殻の割れ目. 〖地学〗 ~ de retraite 干裂. ~ des portes 扉の亀裂. 〖地学〗 ~ en coin 氷楔. 〖解剖〗 ~ palpébrale 眼瞼裂. 〖医〗 ~ vulvaire 外陰裂.
boucher la ~ d'un tuyau パイプの亀裂を塞ぐ. étouper les ~s d'un tonneau 樽の隙間に詰めものをして塞ぐ.
2 〖服〗(ポケットなどの)切込み；(スカートの)スリット；(上着の)ベンツ. ~ d'une jupe スカートのスリット. veste à ~s sur les côtes サイドベンツの上着.
3 (ポストなどの)投入口；スリット. ~ d'une boîte à lettres 郵便受の投入口. ~ d'une tirelire 貯金箱のスリット.
4 (石・板などを)割ること. bois de ~ 細割り板. 〖園芸〗greffe en ~割り接ぎ.
5 〖法律〗(直系・傍系)相続 (= ~ successorale)《(直系卑属, 父母, 兄弟姉妹のいずれもない場合に, 遺産が父母系間で２分されること》.
6 〖スポーツ〗〖フェンシング〗ファント《突

きの踏み込み動作》；〖重量挙〗(バーベルを突き上げる時の)潜り, 受け；〖陸上〗(ランナーの)ストライド；〖距離スキー〗ファント《足の突き出し》.

féodal (*ale*)(*pl.aux*) *a.* **1** 封土 (封地) (fief) の；封建領主の. baron ~ 封建領主. château ~ 封建領主の城館.
2 封建制の. époque ~ale 封建時代. institutions ~ales 封建制度. régime ~封建制. société ~ 封建社会.
3 封建的な. coutume ~ale 封建的慣習. idées ~ales 封建的思想.
—*n.m.* 〖史〗封建領主. grands ~aux 封建大領主, 大諸侯 (=grand seigneur).

féodalisme *n.m.* **1** 〖史〗封建制, 封建主義, 封建的体制.
2 (社会制度・習慣などの)封建性. ~ de la société 社会の封建性.

féodalité *n.f.* **1** 〖史〗封 建 制. ~ japonaise 日本の封建制.
2 封建性；封建的支配, 独占的支配. ~ financière 金融の封建的独占支配.

FEOGA (= *F*onds *e*uropéen d'*o*rientation et de *g*arantie *a*gricole) *n.m.* ヨーロッパ農業開発保証基金《1962 年 CEE 内に設立の基金；= [英] EAGGF : *E*uropean *A*gricultural *G*uidance and *g*uarantee *F*und》.

fer *n.m.* Ⅰ (鉄) **1** (元素の)鉄《原子番号 26, 原子量 55.847；元素記号 Fe》.
2 〖金属〗鉄《比重 7.86, 融点 1535℃, 沸点 2750℃》；〖一般に〗鉄；鉄鋼 (=acier)；鉄鉱. ~ battu 錬鉄 (= ~ de forge, ~ forgé). ~ [-] blanc ブリキ. ~ carburé 炭化鉄. ~ chromé クローム鉄鉱. ~ coulé 銑鉄, 鋳鉄 (= ~ de fonte). ~ de féraille 屑鉄. ~ doux 軟鉄. ~ électrolytique 電解鉄. ~ météorique 隕鉄. ~ oxydé 酸化鉄. oxyde de ~ magnétique 酸化磁鉄鉱, マグネタイト (=magnétite). ~ pur 純鉄. ~ réduit 還元鉄.
de (en) ~¹ 鉄の；鉄製の；鉄器の. 〖考古〗 âge du ~ 鉄器時代. casque de ~ 鉄仮面. chemin de ~ 鉄道. Société nationale de chemin de ~ français. フランス国有鉄道会社, フランス国鉄 (略記 SNCF). fil de ~ 鉄線, 針金. grille de (en) ~ 鉄柵. industries du ~ 鉄工業. métallurgie du ~ 製鉄業 (=sidérurgie). minerai de ~ 鉄鉱石. outil en ~ 鉄製工具；鉄器. pont en ~ 鉄橋. récipient en ~ 鉄製容器. usage du ~ 鉄器の使用. battre le ~ 鉄を鍛える.〖諺〗 Il faut battre le ~ pendant qu'il est chaud. 鉄は熱いうちに打て.
3 (鉄の性質に基づく比喩的表現) de ~² 鉄のように硬い, 頑丈な；意思強固な, 不屈の, 厳格な. âge de ~ 最悪期. athlète de ~ 鉄人のような選手. bois de ~ 硬質木材. cœur de ~ 冷酷な心；冷血漢. dame de ~ 鉄の女《英国首相 Margaret Thatcher

ferme¹

[1925-]のあだ名). discipline de ~ 鉄の規律. homme ~ 厳格な男, 一徹な者. rideau de ~ (冷戦時代の)鉄のカーテン. siècle de ~ 戦乱の世;乱世. tête de ~ 石頭. volonté de ~ 鉄の意志, 強固な意志. avoir une main (une poignée) de ~ 腕っぷしが強い;(部下などに)手厳しい. avoir une santé de ~ 頑健そのものである. croire dur comme ~ à qch (que+ind.) 何を (…であることを) 堅く信じる. C'est du ~. まるで鋼鉄製だ (鉄のように強靱である).

4 鉄分;鉄塩(=sels de ~);鉄剤. aliment qui contient du ~ 鉄分を含む食品. donner du ~ à un anémique 貧血症患者に鉄剤を与える.

5 鉄色(灰白色). ciel de ~ 灰色の空. gris ~ 鉄灰色;[無変化形容詞として]鉄灰色の. robe gris ~ 鉄灰色のドレス.

Ⅱ 《鉄製品》**1** 鉄材, 形材;(コンクリートの)鉄筋(=~ à béton);(梁などの)補強金具. ~ à T T形材(鋼). ~ carré 角材, 角鋼. ~ en U U(溝)形材(鋼). ~ laminé 圧延鉄(鋼)板. ~ zingué 亜鉛鍍鉄板, トタン板. ~ placer un ~ sous une poutre 梁の下に補強鉄材を入れる.

2 アイロン, 鏝(こて)(=~ à repasser);鏝状の器具. ~ à friser;petit ~ ヘアアイロン, ヘア鏝.《料理》~ à gaufres ゴーフルの焼き型. ~ à souder はんだ鏝. ~ à vapeur スチーム・アイロン. ~ électrique 電気アイロン. ~ rouge (chaud) 焼き鏝. marquer au ~ rouge (牛馬などに)焼き印を押す;(罪人に)烙印を押す;[比喩的に]烙印を押す, 消えぬ汚名を着せる.《水泳》[話] nager comme un ~ à repasser 金槌である.

3 蹄鉄(=~ à cheval). en ~ à cheval 馬蹄状の. escalier en ~ à cheval du château de Fontainebleau フォンテーヌブロー城館の馬蹄型の階段 (1634年). table en ~ à cheval U字形のテーブル. mettre un ~ à [à cheval] à un cheval 馬に蹄鉄を打つ. tomber les quatre ~s en l'air (馬が) 仰向けに倒れる;[話] (人が) ひっくり返る.

4 刃;剣. ~ à dorer 金版 (箔押し用凸版). ~ d'une charrue 犂(すき)の刃. ~ d'une flèche 矢じり. ~ d'une lance 槍の穂先. ~ de lance 槍の穂先;(鉄柵に)槍の型の忍び返し;[比喩的に]精鋭部隊;(研究などの)先端部分.《製本》~ de reliure 押し型器. chaussures munies de ~s 鋲を打った靴. [話] mauvais ~ 陰険で危険な人物. par le ~ et par le feu 武力に訴えて, 強硬手段で. croiser (engager) le ~ avec qn [人と] 剣を交える;[文] 決闘する;論戦を交える. [古・文] porter le ~ dans la plaie 荒療治である.

5 《医》[pl. で]鉗子(=~ du chirurgien). accouchement avec (par) les ~s 鉗子分娩.

6 [pl. で] 鉄鎖;[古・文] 桎梏, 束縛. être chargé de ~s 鎖につながれている. être dans les ~s 囚われ (奴隷) の身である;自由を奪われている. gémir dans les ~s 桎梏にあえぎ苦しむ. mettre un prisonnier aux ~s 囚人を鎖につなぐ.

7 鉄道 (=chemin de ~). transport par ~ 鉄道輸送.

8 (ゴルフの) アイアン [クラブ] (=[英] iron). ~ n°7 7番アイアン.

féra, férat, ferrat [fera] *n.m.* 《魚》フェラ (レマン湖に棲息するコクチマス科 coregonus の白身の魚;体長50cmに達する).

ferbame *n.m.* 《農》フェルバーム, ファーバム (果樹用殺菌剤);diméthyldihio carbamate de fer:$C_9H_{18}FeN_3S_6/((CH_3)_2NCS_2)_3Fe)$.

fer-blanc (*pl.*~**s**-~**s**) *n.m.* 《冶》錫メッキ鋼板, ブリキ.

ferblanterie *n.f.* **1** ブリキ製造業;ブリキ販売業;金物屋. **2** ブリキ製品;金物. **3** [蔑] (胸にずらりとぶら下げた) 勲章.

ferblantier *n.m.* ブリキ製造業者;ブリキ職人;ブリキ(金物)販売者.

feria [fɛrija] *n.f.* (スペイン, 南仏の) フェリア 《闘牛を伴う年次祭典》. la F~ de Nîmes (南仏) ニームのフェリア.

férial (**ale**) (*pl.***aux**) *a.* 《カトリック》平日 (férie) の. office ~ 平日の祭式. prières ~ales 平日の祈り.

férie *n.f.* **1** 《古代ローマ》(宗教的な) 休日. **2** 《カトリック》平日 (土曜日と日曜日を除いた週日). deuxième (troisième) ~ 月曜日 (火曜日) . office de la ~ 平日の祭式 (=férial).

férié(**e**) *a.* **1** 休業の. jour ~¹ 休日. Les dimanches sont des jours ~s. 日曜は休日である.

2 祝祭の. jour ~² 祭日. magasin fermé les dimanches et les jours ~s 日曜と祭日が休業の店.

3 [話] Demain c'est ~. 明日は休みだ.

fermage *n.m.* **1** 小作;小作地. **2** 小作料 (=loyer d'une ferme). payer son ~ 小作料を払う.

ferme¹ *a.* **1** 堅い. chair ~ 堅い肉 (果肉);引き締った肉. femme à la chair ~ 引き締った肉付きの女性. fruit à la chair ~ 堅い果肉の果実. corps ~ 引き締った肉体. oreiller ~ 堅い枕.《菓子》pâte ~ 堅い生地. sol (terre) ~ 堅い地面.

2 (手足などが)しっかりした;揺るぎのない. de pied ~ 一歩も引かず, たじろがず. attendre de pied ~ 平然としている. marcher d'un pas ~ 確かな足取りで歩く. se tenir ~ sur ses jambes しっかり立っている.

3 (手元などが)しっかりした, 狂いのない;(声などが)しっかりした. pinceau ~ しっかりした筆使い. style ~ 引き締った

ferme² 776

文体. voix ~ しっかりした声.
avoir la main ~ 手元がしっかりしている；手厳しい, 威圧的である. parler d'un ton ~ 断固たる口調で話す.
4 (態度などが)揺るぎのない, 毅然たる, 断固とした. âme ~ 揺るがぬ心. refus ~ 断乎たる拒絶.
avoir la ~ volonté de+*inf*. …する強固な意志をもっている. être ~ avec *qn* 人に対して毅然としている. être ~ dans ses résolutions しっかりした決心を固めている. rester ~ devant le danger 危険を前にしてたじろがない.
5 (協定などが)変更のない；確定的な. achat (vente)~ 現場買い(売り). prix ~ 確定的価格. règles ~s 揺るがぬ規則. rente ~ 確定年金.
6 (株価などが)堅調な, しっかりしている. marché ~ 堅調な市況. valeur ~ 堅い株. Les cours sont ~s. 相場は堅調である.
7 〖法律〗執行猶予なしの. un an de prison ~ 懲役1年の実刑.
──*ad.* **1** 強く, しっかりと. discuter ~ 熱心に(激しく)議論する. frapper (pousser) ~ 強くたたく(押す). tenir ~ しっかりしている；〖比喩的〗断乎としている, 後に引かない. Tenons-nous plus ~. もっとしっかりしよう. Tiens ~! しっかりしろ! tenir ~ contre l'ennemi 敵に一歩も譲らない. travailler ~ しっかり働く(勉強する).
2 大量に. boire ~ 大いに飲む, がぶがぶ飲む.
3 確定的に. acheter ~ 確定購入する；〖株〗先物市場で買う.
4 〖法律〗執行猶予なしに. être condamné à six mois ~ 6か月の実刑に処される.

ferme² *n.m.* **1** 〖建築〗桁, トラス, 小屋組み. ~ à deux poinçons クインポストトラス. ~ brisé (マンサールの)小屋組み. ~ de comble 小屋組飾. ~ de pont 橋トラス.
2 〖舞台〗自立式装飾.

ferme³ *n.f.* Ⅰ **1** 小作契約(=bail à ~). exploitation agricole louée à ~ 小作契約で借りた農地. prendre à ~ 小作契約で借りる.
2 〖史〗(大革命前の)徴税請負制；徴税請負区. ferme 徴税請負人事務所.
Ⅱ **1** 小作地.
2 農地, 農園. ~s d'un kibboutz キブツの農場. ~-école 実習農場. ~ pilote 実験農場. ~ marine 海水養魚場. ~ viticole 葡萄園. produits de ~ 農場の生産物.
3 農家. cour de ~ 農家の中庭.

fermé(*e*) *a.p.* **1** 閉じられた, 閉ざされた；閉められた；閉鎖された；休業した；他と隔離した. F~ le mardi 火曜定休. 〖地形〗baie ~*e* 内浦. boutique ~*e* 休業中の店；閉めた店. 〖電〗circuit ~ 閉回路. 〖地形〗mer ~ 巨大塩湖. poing ~ 握り拳(こぶし). porte ~*e* à clef 鍵のかかった扉. les yeux ~s 目を閉じて. signer un contrat les yeux ~s 緑に目も通さずに契約書に署名する, 契約書にめくら印を押す.
2 〖数〗courbe ~*e* 閉曲線. ensemble ~ 閉集合.
3 閉鎖的な；内攻的な, とっつきにくい. club ~ 閉鎖的クラブ. société ~*e* 閉鎖的社会. visage ~ 感情を表に現わさない表情. avoir l'air ~ とっつきにくい様子をする. être ~ à に対して閉鎖的である, …がわからない, …を受けつけない. être ~ à toutes les nouveautés 新しいものを一切受けつけない.
4 〖発音〗(音が)狭い, 閉音の；(音節が)閉じた. syllabe ~*e* 閉音節. voyelle ~*e* 狭(閉)母音([e], [o]など).
5 question ~*e* (アンケートで回答が限定される)回答限定質問 (questionnaire à choix multiple「多選択式質問」の対).

ferme-auberge(*pl.*~*s*-~*s*) *n.f.* 民宿農家.

ferment *n.m.* **1** 発酵菌, 酵母；〖古〗酵素(=enzyme). ~ lactique 乳酸菌(=lactobacille).
2 〖比喩的〗素因, 誘因, 萌芽. ~ de discorde 不和の種.

fermentable *a.* 発酵可能な.

fermentation *n.f.* **1** 発酵. ~ acétique 酢酸発酵(acide acétique 酢酸の生産). ~ alcoolique アルコール発酵(alcool éthylique エチルアルコール, éthanol エタノールの生産). ~ butyrique 酪酸発酵(acide butyrique 酪酸の生産). ~ lactique 乳酸発酵(acide lactique 乳酸の生産). bio-industrie des ~s 発酵バイオ産業.
2 〖比喩的〗(人心の)動揺, 興奮. ~ des esprits 人心の興奮.

fermenté(*e*) *a.p.* **1** 発酵した. fromage ~ 発酵チーズ(fromage frais「フロマージュ・フレ」の対). lait ~ 発酵乳.
2 〖比喩的〗(人心などが)沸き立った；動揺した；(憎しみなどが)つのった, くすぶっている. haine ~*e* つのる憎しみ. révolte ~*e* くすぶる反抗.

fermentescible [fɛrmãtɛsibl] *a.* 発酵性の, 発酵可能な(=fermentable). déchets ~s 発酵性廃棄物.

fermenteur *n.m.* 発酵器(装置).

fermeté *n.f.* **1** 固さ, 堅固さ；頑丈さ. ~ des chairs 肉体の引き締り(頑丈さ). ~ d'un sol 地盤の堅固さ.
2 確かさ. ~ de l'esprit 頭脳の確かさ. ~ du jugement 狂いのない判断力. avoir une grande ~ de main 手元が非常にしっかりしている.
3 (性格などの)強さ, 強靱さ；(文体・声などの)力強さ；(人の)毅然たる態度. avoir de la ~ dans ses résolutions 毅然たる決断力を持ち合わせている. manquer de ~ avec ses élèves 生徒に対して毅然さに欠け

る. montrer de la ~ 確固たる態度を示す. resister avec ~ 頑強に抵抗する.
4 (相場などの) 堅調さ. ~ des cours 相場の堅調さ. ~ de l'euro face au dollar ドルに対するユーロの堅調さ.

fermeture *n.f.* **1** 閉めること；閉店, 閉門；閉門 (閉店) 時間 (= heure de ~)；閉鎖. ~ annuelle (商店などの) 年次休業. ~ automatique des portes ドアの自動閉め. ~ des frontières 国境閉鎖. ~ du bureau 事務所の閉門. ~ d'une fenêtre 窓を閉めること. ~ d'une usine 工場閉鎖.
2 (戸・窓などの) 閉める装置 (barre かんぬき, cadenas 南京錠, clé 鍵, loquet 掛 金, serrure 錠前, verrou 差し錠など). ~ adhésive マジックテープ. ~ d'un coffre-fort 金庫の鍵. ~ éclair ジッパー, ファスナー (= ~ à glissière)《商標》.
3 活動停止；廃業. ~ d'un restaurant レストランの廃業. ~ de la chasse 猟期の終了.
4〚簿記〛(会計の) しめ. ~ d'un compte 会計のしめ.
5〚医〛縫合；癒合.
6〚写真〛~ d'un objectif レンズの絞り.
7〚言語〛(音の) 閉じ. ~ d'un phonème 単音の閉じ. degré de ~ 閉じ具合.
8〚数〛(集合の) 閉包.

fermier(ère) *a.* **1** 賃借の；請負の. société ~*ère* 請負会社.
2 農家の；農夫 (農婦) の. beurre ~ 農家産の (手作り) バター. fromage ~ 農家産生乳チーズ. poulet ~ 農家の放し飼い鶏, 地鶏《食肉用の若い去勢雄鶏》.
— *n.* **1** (権利の) 賃借人；(仕事の) 請負人.〚史〛~〔général〕(大革命前の) 総徴税請負人. **2**〚農〛小作人；(自作の) 農夫 (農婦).

fermion *n.m.*〚物理〛フェルミ粒子, フェルミオン.

fermium [fɛrmjɔm] *n.m.*〚物理・化〛フェルミウム《元素記号 Fm, 原子番号 100, 1953 年発見の人工放射性元素. Enrico Fermi に因む命名》.

féroce *a.* **1** (動物が) 獰猛な. bête ~ 猛獣.
2 (人が) 残忍な；狂暴な；冷酷な. action (air) ~ 残忍な (狂暴な) 行為 (様子). instincts ~s 残忍な本能. regard ~ 冷酷な眼差し. tyran ~ 狂暴な暴君.《Entendez-vous dans les campagnes. / Mugir ces ~s soldats?》「あの残酷な敵兵たちが戦場であげる怒号を聞いったか？」《フランス国歌第一番の歌詞の一部》.
3 手厳しい. critique ~ 手厳しい批評家. lutte ~ 仮借なき闘い.
4 物凄い, 極度の, おそろしい. appetit ~ 猛烈な食欲. faim ~ ひどい空腹.

ferraille *n.f.* **1** 屑鉄, 鉄屑. bon pour la ~ 屑鉄同然の. faire un bruit de ~ 鈍い音をたてる. mettre *qch* à la ~ スクラップにする. tas de ~ 屑鉄の山.
2〚話〛あぶく銭, 小銭 (= mitraille).

ferrat ⇒ **féra**

ferrate *n.m.*〚化〛鉄酸塩.

ferré(e) *a.p.* **1** 鉄で補強した. canne à bout ~ 鉄の石付きのある杖. porte ~*e* 鉄材で補強したドア. souliers ~s 鋲を打った靴.
2 鉄の；鉄道の. chemin ~ 鉄道 (= chemin de fer). réseau ~ 鉄道網. voie ~*e* 鉄路, 軌道；鉄道.
3 鉄分を含む. eau ~*e* 鉄分を含む水.
4〚比喩的〛(en, sur に) 通暁している, 詳しい. être ~ à glace sur un sujet この問題に完全に通暁している. être ~ en histoire 歴史に強い.

ferrédoxine *n.f.*〚生化〛フェレドキシン《鉄－硫黄蛋白質》；電子伝導体》.

ferreux(se) *a.* **1** 鉄を含む. alliage ~ 鉄合金. minéraux non ~ 非鉄金属. minerai ~ 鉄鉱石.
2〚化〛第一鉄の, 二価鉄の. chlorure ~ 塩化第一鉄 ($FeCl_2$). sulfate ~ 硫酸第一鉄, 硫酸鉄.

ferricyanure *n.m.*〚化〛フェリシアン化物, ヘキサシアノ鉄 (III) 酸塩 (hexacyanoferrate (III)). ~ de potassium フェリシアン化カリウム.

ferrioxamine *n.f.*〚生化〛フェリオキサミン.

ferriprive *a.* 鉄分が欠乏した.〚医〛anémie ~ 鉄欠乏性貧血.

ferrique *a.*〚化〛第二鉄の, 三価鉄の, 鉄 (III) の.

ferrite *n.m.*〚化〛亜鉄酸塩《xFe_2O_3, yMO_{11}》；〚冶〛フェライト《鉄 (III) 酸塩, フェリト；磁心材》.
— *n.f.*〚冶〛フェライト組織

ferritine *n.f.*〚生化〛フェリチン《脾臓・腸粘液・肝臓中に存在する鉄を含んだ糖蛋白質》.

ferritinémie *n.f.*〚生化〛血中フェリチン濃度.

ferro〔-〕alliage *n.m.*〚冶〛鉄合金, フェロアロイ (=〚英〛ferro〔-〕alloy).

ferrocène *n.m.*〚化〛フェロセン《Fe(C_5H_5)$_2$》.

ferrocérium [fɛrɔserjɔm] *n.m.* 鉄セリウム合金《ライターの石などに利用》.

ferrochrome *n.m.*〚冶〛クロム鉄, フェロクロム《鉄クロム合金》；ステンレス鋼・特殊鋼の原料》.

ferrocyanure *n.m.*〚化〛フェロシアン化物, ヘキサシアノ鉄 (II) 酸塩. ~ de potassium フェロシアン化カリウム, 黄血塩.

ferroélectricité *n.f.*〚物理〛強誘電性.

ferroélectrique *a.*〚物理〛強誘電性の.

ferromagnétique *a.* 強磁性の.

ferromagnétisme *n.m.*〚物理〛強磁性.

ferromanganèse *n.m.*〚鉱〛フェロマ

ferromolybdène

ンガン鉱；〖冶〗フェロマンガン，マンガン鉄．

ferromolybdène n.m. 〖冶〗モリブデン鉄，フェロモリブデン《鉄モリブデン合金》．

ferronickel n.m. 〖冶〗ニッケル鉄，フェロニッケル《鉄ニッケル合金》．

ferroutage n.m. 〖交通〗鉄道道路併用運輸 (=transport combiné).

ferrovanadium n.m. 〖冶〗フェロバナジウム．

ferroviaire a. 鉄道の，鉄道に関する. industrie ~ 鉄道関連産業. réseau ~ 鉄道網. société ~ privée 民営鉄道会社，私鉄. trafic ~ 鉄道輸送. transports ~s 鉄道交通. tunnel ~ 鉄道用トンネル．

ferrugineux(se) a. 鉄分を含む．

FERRY, Jules n.pr. ジュール・フェリー (1832-93. フランスの共和派の政治家，国防相，文相，コンセイユ総裁. 初等教育の無料・非宗教化・義務制の確立と集会と言論の自由を定めた法律の成立に尽力). loi ~ sur la gratuité de l'école primaire publique 公立小学校の無料制に関するフェリー法(1881 年). loi ~ sur l'obligation de l'enseignement élémentaire et la laïcité des programmes scolaires 基礎教育の義務制と教科の非宗教性に関するフェリー法(1882 年).

ferry-boat [feribot] n.m. フェリー・ボート，フェリー (=ferry).

fertile a. **1** 肥沃な. champ ~ en blés 小麦のよくとれる畑. 〖地理〗le Croissant ~ 肥沃な三日月地帯《死海からチグリス・ユーフラテス河両岸の地域》. terre (sol) ~ 肥沃な土地(土壌).
2 農作の. année ~ 豊年.
3 〖比喩的〗豊かな；(人が) 創意に富んだ. ~ en …に富む，… に富む. année ~ en événements 多事多端な年，事件の多発年. voyage ~ en incidents トラブル多発の旅. écrivain ~ 多作な作家. personne douée d'une imagination ~ 豊かな想像力に恵まれた人.
4 〖生〗稔性の；生殖力のある；(女性が) 妊娠可能な；(夫婦が) 子供のできる.
5 〖物理〗(核物質に変換できる) 親 (おや)の. élément ~ (原子炉の) 燃料親元素. 〖原子力〗matériaux ~s 親 (おや) 物質《核分裂物質に変換できる物質；uranium 238 など》.

fertilisant(e) a. 肥沃化する.
——n.m. 肥料.

fertilisation n.f. **1** 肥沃化. ~ des sols 土壌の肥沃化. **2** 〖比喩的〗(精神などの) 豊饒化. ~ de l'intelligence 知性の豊饒化.

fertilité n.f. **1** 肥沃さ；(農地の単位当りの) 収穫能力. ~ à l'hectare ヘクタール当りの収穫量. ~ d'un champ (d'un sol) 畑 (土壌) の肥沃さ.
2 豊作. année ~ 豊年.

3 〖比喩的〗(知的創造力の) 豊かさ，豊饒さ. ~ d'imagination 想像力の豊かさ.

fervent(e) a. **1** 信仰に燃えた，敬虔な. dévotion ~e 篤い信心. prière ~e 敬虔な祈り.
2 熱烈な. ~ admirateur de Proust プルーストの熱烈な礼賛者. républicain ~ 熱烈な共和主義者.
——n. 熱烈な愛好者，心酔者. ~ de Mozart モーツァルトの心酔者.

ferveur n.f. **1** 熱烈な信仰心. ~ d'une prière 祈りの熱烈さ. avec ~[1] 熱い信仰をこめて．
2 熱意；熱烈さ. ~ amoureuse 愛情の熱烈さ. ~ du romantisme ロマン派の熱気. avec ~[2] 熱心に，熱烈に. aimer avec ~ 熱愛する.

FESIC (=*F*édération d'*é*coles supérieures d'*i*ngénieurs et de *c*adres) n.f. 〖教育〗高等技師・幹部養成学校連盟《23 のカトリック系私立グランド・エコールから成り，共通入試を実施》．

fessier(ère) a. **1** 〖解剖〗臀部 (fesse) の. muscles ~s 臀筋. région ~ère 臀部.
——n.m. **1** 臀部. **2** 〖俗〗尻.

festif(ve) a. **1** お祭の. **2** お祭気分の. événement ~ お祭気分の行事.

festin n.m. **1** 祝宴，饗宴. ~ de noces 結婚の祝宴.
2 盛大な (豪華な) 宴会.

festinant(e) a. 急ぐ，せかせかした. démarche ~s せかせかした歩どり 《歩行障害》．

festival (pl. ~s) [英] n.m. **1** フェスティヴァル；芸術祭；音楽祭；映画祭 (= ~ cinématographique)；祭典. ~ d'Avignon アヴィニョン演劇祭 (7月). ~ de Bayreuth (de Salzburg) バイロイト (ザルツブルク) 音楽祭. ~ de Cannes カンヌ映画祭. ~ d'Edimbourg エジンバラ・フェスティヴァル (8月；音楽・演劇・舞踊). ~ de Glyndebourne グラインドボーン・オペラフェスティヴァル (5〜7月). ~ du Marais (パリ) のマレ地区芸術祭 (7月；音楽・演劇・舞踊・民俗芸能). ~ de TV de Monté-Carlo モンテカルロ・TV フェスティヴァル.
2 スポーツ・フェスティヴァル，スポーツの祭典. ~ sportif de Sainte-Lucie-de-Beauregard au Québec ケベックのサント=リューシー=ド=ボールガール・スポーツ・フェスティヴァル.
3 連続上演 (公演). ~ du film japonais 日本映画祭.
4 〖話〗連続技，見せ場，実演. 〖皮肉〗~ de gaffes へまの連続.

festivalier(ère) a. フェスティヴァルの.
——n. フェスティヴァルの常連.

FET (= [英] *F*ield *E*ffect *T*ransistor) n.m. 電界効果トランジスター (= [仏] tran-

fêtard(e) n.〔話〕祭りの好きな人, お祭り人間.

fête n.f. Ⅰ《祝祭日》**1** (宗教上の) 祭り, 祝祭；祝日 (=jour de ~).『カトリック』~s d'obligation 義務的祝日《信徒がミサに行くことが義務づけられている祝日；フランスでは Noël, Ascension, Assomption, Toussaint). ~s fixes 固定祝祭日《毎年月日の変わらない祝祭日；Assomption, Toussaint, Noël など》. ~s mobiles 変動祝祭日《年によって日付の変わる祝祭日；Pâques ならびに Pâques を基準にして決まる Ascension, lundi de Pentecôte など》. ~ des morts 万霊節《11月2日》. ~ de la Vierge 聖母祭.
2 聖人の祝日；(町や職業などの) 守護聖人の祝日；(受洗者が洗礼名をもらう) 聖名祝日. ~ religieuse bretonne ブルターニュの聖人祭《パルドン祭；=pardon》. souhaiter une bonne ~ à qn 人の聖名祝日に祝いの言葉を贈る.
3 (非宗教的な) 祝祭日；休日, 祝日；記念日；[pl. で] 連休. ~ nationale 国祭日, 建国記念日《フランスでは le 14 juillet〔フランス大革命記念日〕》. ~s légales 法定休日・祝日《フランスでは, 日曜日のほか, le 1er janvier (=jour de l'An), le 1er mai (=~ du travail), le 8 mai (=anniversaire de la Victoire de 1945：第二次世界大戦戦勝記念日), le lundi de Pâques (Pâques の翌日の代替休日), le lundi de Pentecôte (Pentecôte の翌日の代替休日), Ascension, Assomption (8月15日), Toussaint (11月1日), le 11 novembre (=anniversaire de l'Armistice；第一次世界大戦休戦記念日), Noël》.
~s annuelles 年次祝祭日. ~s de fin d'année 年末連休《クリスマスから元旦》.
Ⅱ《祭り》**1** お祭り, お祝い；祝典, 祝宴；お祭り騒ぎ. ~ de famille 内輪の祝宴. ~ des Mères (des Pères) 母 (父) の日. ~ de la moisson 収穫祭. ~ des vendanges 葡萄の収穫祭. ~ du village 村祭り. ~ patronale 縁日祭 (興行).〖美術〗~s galantes 雅宴画《男女の饗宴画》. habits de ~ 晴れ着. salle des ~s 宴会場. être de la ~ お祭りに加わる.
faire la ~ 浮かれ騒ぐ；破目を外す；放蕩生活を送る.〔諺〕Ce n'est pas tous les jours ~ 毎日お祭りが続くわけではない.
2〔比喩的〕楽しみ, 幸福, 陽気さ, 歓び. air de ~ 楽しそうな様子. ~ pour l'œil 眼の楽しみ, 眼福. être à la ~ 大いに満足している. ne pas être à la ~ つらい立場にある. en ~ 陽気な. La nature est en ~. 自然は華やいでいる. faire ~ à qn 人を歓待する. se faire une ~ de qch (de+inf.) 何 (…するの) を楽しみにしている. n'avoir jamais été à pareille ~ 今までこんな楽しい思いをしたことがない.

Fête-Dieu (pl. ~s-~) n.f.〖カトリック〗我が主キリストの聖体の大祝日《三位一体の祝日 Trinité (日曜日) に続く木曜日》.

fétiche n.m. **1**〖人類学〗(未開人などの崇める) 物神.
2〖心〗物神, フェティシュ《フェティシスム fétichisme の対象》. objet-~ (乳首の代りとして乳児に与える) おしゃぶり (=~).
3〔一般に〕マスコット, お守り；盲目的崇拝の対象.

fétichisme n.m.〖医〗フェティシズム, 拝物愛《性的倒錯の一種》.

fétide a. **1** 臭い, 悪臭を放つ. exhalaisons ~s 臭気. haleine ~ 臭い息. odeur ~ 悪臭.
2〔比喩的〕おぞましい；下劣な, 卑猥な. ~ apostat おぞましい変節漢. propos ~s 下劣な言葉.

fettuccine〔伊〕n.f. **1**〖食材〗フェットゥチーネ《ひもかわ状のパスタ》.
2〖料理〗フェットゥチーネ料理. ~ Alfredo フェットゥチーネ・アルフレード《フェットゥチーネをバター, チーズ, クリームなどで味付けしたもの》.

feu¹ (pl.~x) n.m. Ⅰ《火》**1** 火；炎；火花. ~ de braise 燠 (おき). le ~ de l'Enfer 地獄の業火. ~ sacré 聖火. adoration du ~ 火の崇拝, 拝火. langues du ~ 火の舌, 炎. allumer (faire) du ~ 火をつける, 点火 (着火) する；火を燃やす. être en ~¹ 燃えている. en ~ くすぶる. faire ~¹ 火花を散らす. jouer avec le ~ 火遊びをする；〔比喩的〕危険をもてあそぶ. mettre le ~ à qch 何に火をつける. mettre le ~ aux poudres 火薬庫に火を投じる；〔比喩的〕騒ぎをひき起こす. prendre ~¹ 燃え出す.〔諺〕Il n'y a pas de fumée sans ~. 火のない所に煙は立たぬ.
2 (自然界の) 火. ~ du ciel；~ céleste 天上の火, 稲妻；雷；流れ星. ~ d'un volcan 火山の噴火. ~-follet 鬼火 (=flammerole). ~ Saint-Elme サント＝エルモの火. cercle de ~ 環状山帯.
3 焚火；暖炉の火. ~ de camp キャンプファイヤー. ~ de joie 篝火 (かがりび). coin de ~ 炉辺；火元；火まわり. veiller au coin de ~ 火元に気を配る. se chauffer devant le ~ (暖炉) で暖をとる.
4 (料理用の) 火；火口 (ほくち)；かまど；〔比喩的・古〕世帯, 家庭. coup de ~¹ 火の勢い, 火力；〔比喩的〕忙しい盛り. rôti qui a reçu un coup de ~ 強火でさっと焙られたロースト. être dans son coup de ~ てんてこ舞いの忙しさである. cuisinière à gaz à trois ~x 火口が3つあるガスレンジ. village de quinze ~x 世帯数15の村. à (au) grand (vif) ~ 強火で. cuire à ~ doux 弱火 (とろ火) で調理する. mettre un plat sur le ~ 料理を火にかける. n'avoir ni ~ ni lieu；être sans ~ ni lieu 住所不定である.

feu¹

5〖工作用の〗火. arts du ~ 火(炎)の芸術〖窯業・ガラス工芸・七宝制作など〗. faïence de grand ~ 高温で焼いた陶器. 〖医〗pointes de ~ 焼灼術. terre à ~ 陶土. à ~ nu 直火で. pousser les ~x 火力を強める；〖比喩的〗勢いを強める.
6 火 刑, 火 炙 り (=supplice du ~). condamner qn au ~ 人を火刑に処す.
7〖タバコ着火用の〗火, ライター, 燐 寸. Du ~ svp. 火を貸してください. Avez-vous de ~? 火をお持ちですか?
8 火炎色 (=couleur de ~).

II 火災, 火事 (=incendie). Au ~! 火事だ. crier au ~ 火事だと叫ぶ. défense contre le ~ 防火. grand ~ de forêt 森林大火災. maison en ~ 火に包まれた(炎上する)家. part du ~ (火災で)燃えるにまかせる部分. faire la part du ~ 延焼を防ぐため周囲の家を取り壊す；〖比喩的〗一部を犠牲にして残りを救う.

III《火薬による火》**1**(火薬の)発火；爆発. armes à ~ 火器, 銃火器. coup de ~² (銃弾の)発射, 発砲；銃声. entendre des coups de ~ 銃声を聞く. faire le coup de ~ 銃を取って戦う. recevoir un coup de ~ 銃弾に当たる. mise à ~ d'une fusée ロケットの点火. faire long ~ 弾丸がなかなか発射されない；〖比喩的〗なかなか目標に達しない.
2 砲火；砲撃. F~! 射て! ~x croisés 十字砲火. ~ roulant 絶え間のない砲撃；〖比喩的〗(質問・嘲笑などが)次々に浴びせかけられること. puissance de ~ (兵器の)火力. tir d'armes à ~ 銃火器の発砲. être [pris] entre deux ~x 腹背に敵の砲火を浴びる；〖比喩的〗進退きわまる. faire ~² 発砲する. ouvrir le ~ 砲火を開く. Cessez le ~! 射ち方やめ. cesse-le-~ 停戦〖命令〗.
3 戦火；戦闘, 戦場；戦災. baptême du ~ 戦火の洗礼. aller au ~ 戦場に赴く, 出征する. conquérir un pays par le fer et par le ~ 武力で一国を征服する. mettre un pays à ~ et à sang 一国を戦火に巻きこむ.
4〖俗〗ピストル, 拳銃 (=pistolet). Il a sorti son ~. 彼は拳銃をとり出した.
5 花火 (= ~ d'artifice)；煙硝. ~ de Bengale ベンガル花火. ~ gregeois ギリシア煙硝.

IV〖光を放つもの〗**1** 明り, 光, 灯火. ~x de la rampe フットライト. ~ de la ville 町の灯火. extinction des ~x 消灯. 〖比喩的〗pleins ~x sur... (雑誌の)…真相究明特集. 〖比喩的〗n'y voir que du ~ 全然気がつかない(理解できない).
2 信号灯；交通信号 (= ~x de passage). ~ arrière (自動車の)後尾灯. ~ de côté (船の)舷灯. ~ de direction (自動車の)方向指示灯 (=clignotant). ~ de position (飛行機などの)位置灯. ~x de route (飛行機の)航法灯；(自動車の前照灯の)メーンビーム. ~x de signalisation 交通信号. ~ orange 黄信号；注意信号；〖比喩的〗仮許可. ~ rouge 赤信号；停止信号；〖比喩的〗中止命令. ~ rouge de bâbord (~ vert de tribord) (船の)左舷の赤信号(右舷の緑色灯). ~ rouge de l'économic 経済の赤信号. ~ vert 青信号；〖比喩的〗ゴーサイン. donner le ~ vert à qn (qch) 人(何)にゴーサインを出す. ~x règlementaires d'un navire 船の航海灯. phare à ~ tournant 回転灯火式灯台. allumer (éteindre) ses ~x (車の)ライトを点灯する(消す). naviguer tous ~x éteints 灯火管制をしいて航行する.
3〖pl. で〗(競売の入札時間を示す)小蠟燭.
4 輝き. ~x d'un diamant ダイヤモンドの輝き. ~ du regard 眼光. pierre qui jette mille ~x 無数の光輝を放つ宝石.
5〖詩〗星. ~x du firmament (de la nuit) 夜空の星.

V《火のように熱いもの》**1** ほてり, 熱っぽさ, ひりひり感. ~ d'enfer 猛暑. ~ de la fièvre 発熱のほてり. ~ du rasoir ひげ剃り後の肌のひりひり感. avoir les joues en ~ 頬がほてっている. mettre en ~¹ (香辛料などが)ひりひりさせる. Le ~ lui monte au visage. 顔に血がのぼって真赤になる.
2 熱情；熱中, 昂揚；激情；熱気. ~ de la discussion 討論の熱気. ~ de l'éloquence 熱弁. ~ de l'imagination 想像力の高揚. ~ des passions 激情. discours plein de ~ 熱気のこもった演説. tempérament de ~ 激しい気質. dans le ~ de qch 何かに夢中になって；何かが昂じて. dans le ~ de la colère 激昂して. avoir des ~x dans les veines 熱血漢である. être tout ~, tout flamme pour qch 何かに熱狂している. jeter ~ et flamme 烈火の如く怒る. mettre qn en ~² 人を熱狂させる. parler avec ~ 熱弁を振う. prendre ~² 興奮する.
3〖pl. で〗炎熱. ~x de la canicule 猛暑の炎熱.
4(酒類の)刺激的な味. vin de ~ つんとくる葡萄酒.
5〖古〗恋の熱情. brûler des ~x de l'amour 恋の炎に身を焦がす.

VI〖成句〗avoir le ~ au cul 性的に興奮している. 〖話〗avoir le ~ au derrière 尻に火がついている；浮足立つ；急ぐ. avoir le ~ sacré pour qch 何に対して情熱を燃えたぎらせる. craindre comme le ~ ひどく恐れている. faire ~ des quatre fers (馬等が)蹄鉄から火花を発して疾走する；〖比喩的〗(人が)精力的に活動する. faire ~ de tout bois あらゆる手段を講じる. ne pas faire long ~ 長続きしない.

jeter l'huile sur le ~ 火に油を注ぐ；〖比喩的〗喧嘩をしかける．〖話〗péter du (le)~ 元気旺盛である．se jeter au ~ pour *qn* 人のために水火も辞さない．Le ~ couve sous la cendre. (埋火がくすぶり続ける→)情熱の炎（騒乱の種）がくすぶり続ける．
——*a.inv.* 火炎色の．robe ~ 朱赤色のドレス．rouge ~ 燃えたつような赤色〔の〕．

feu² **(e)** *a.* 故，亡き（限定詞と名詞の間に置かれた時だけ性数一致）．la *feue* reine 故王妃（王女）(= *feu* la reine).

feuil [fœj] *n.m.* 薄片，箔，フィルム，フォイル，ラップ．

feuillage *n.m.* **1** 葉叢（はむら），葉の茂り．~ du chêne 楢（なら）の木の葉叢．~ vert 緑の葉叢．se reposer sous le ~ (à l'ombre du ~) 葉陰で休む．
2 葉つきの切枝．disposer des ~*s* dans un vase 葉つきの切枝を花瓶に活ける．
3〖装飾〗葉形文様．~ d'un chapiteau 柱頭の葉形文様彫刻装飾．

feuille *n.f.* Ⅰ《植物の葉・葉状のもの》**1** 葉．~ amplexicaule 有茎葉．~ caduque (persistante) 落葉樹（常緑樹）の葉．~ composée (simple) 複葉（単葉）．~ de chêne 楢の木の葉．〖野菜〗シェーヌ・レタス．~ de chou¹ (de tabac) キャベツ（タバコ）の葉．~ du laurier (de l'olivier) 月桂樹（オリーヴ）の葉．~ de vigne 葡萄の葉．〖美術〗恥部を蔽う葡萄の葉．~ luisante 照葉．~ morte 枯葉．descendre en ~ morte 枯葉のように舞い落ちる．〖航空〗きりもみで降下する．~ odorante 香葉．~ rouge (jaunie, verte) 紅葉（黄葉，青葉）．
bouton (bourgeon) à ~*s* 葉芽 (bourgeon à fleurs「花芽」の対)．chute des ~*s* en automne 秋の落葉．jeunes ~*s* 若葉．trèfle à quatre ~*s* 四つ葉のクローバー．avant les ~*s* 木の芽出しの前．
trembler comme une ~（感動・恐怖などで）がたがた震える．〖俗〗voir la ~ à l'envers (葉の裏を見る→)（女性が）森の中で身を任せる．
2〖文〗花びら，花弁 (=pétale)；萼（がく）．~*s* d'artichaut アルティショー（アーティチョーク，朝鮮あざみ）の萼〖食用〗．~*s* de rose 薔薇の花びら．
3 年輪．bois de trois ~*s* 3 年木．vin de deux ~*s* 2 年物の葡萄酒．
Ⅱ《薄片》**1** 紙片，紙葉．~ blanche (vierge) 白紙．~ de papier à lettres 便箋．~ lignée (quadrillée) 罫紙（方眼紙）．~ volante ルーズリーフ〖の紙〗．assemblage de ~*s* 紙の綴り，ブロックノート．face d'une ~ 紙の表 (=recto).
2 印刷した紙，刷り物；〖印刷〗全判；枚葉紙．~ de publicité 宣伝用紙．〖印刷〗infolio フォリオ判，二つ折判(27×44 cm)．〖印刷〗bonne ~ 本刷り；(宣伝用の)見本刷り (= ~ de publicité).〖印刷〗en ~ ま

だ製本されていない．ouvrage en ~*s* 未製本の著作．
3 書付，紙片文書；明細書；表．~ d'impôt 納税通知書．〖社会保障〗~ de maladie (健康保険の)医療費明細書．〖鉄道〗~ de marche 運行表．~ de paye 給与明細書．~ de présence 出席票．〖軍〗~ de route¹ (de déplacement) 移動証明書．~ de route² (パレスチナ問題解決のための) 行程表 (= 〖英〗road map；2003 年 4 月 30 日公表；2005 年までに独立国家のパレスチナの実現をめざしたもの)．〖医〗~ de température 体温表．~ de timbes 切手のシート．~ imprimée à remplir 記入式印刷用紙．
4 定期刊行物 (=périodique)；新聞 (= publique)(journal より小規模のもの)；週刊紙 (=hebdomadaire)；〖古〗諷刺（扇動）文書 (= ~*s* satiriques). ~ de chou² 三文新聞；三文記事．~ d'extrême gauche 極左新聞．~ locale (de province) 地方新聞，地方紙．
5〖電算〗表，シート．~ de calcul 計算表．~ de données データベース表．~ de styles スタイル・シート．
6 薄片，薄板．〖屛風・扇子などの〗面；（鋸などの）刃．~ d'ardoise スレートの薄板．~ de boucher 大型肉切包丁，牛刀．~ de coton 木綿の薄布．~ d'évantail 扇子の面．~ de métal 金属薄片．~ d'or 金箔．
7〖俗〗être dur de la ~ 耳が遠い．
8〖古・俗〗紙幣．

feuille-morte *a.inv.* 枯葉色の《淡赤褐色》．soie ~ 枯葉色の絹地．
——*n.f.* (*pl.* ~*s*—~*s*) パスティス，柘榴シロップ，ミントを混入した飲物．

feuillet *n.m.* **1**（本などの）一丁（2 ページ分）．~*s* d'une lettre 便箋．~ imprimé au recto et au verso 表と裏を印刷した用紙．~ mobile ルーズリーフ．cahier de 48 ~*s* 48 枚綴りのノート（96 ページ）．
2 葉状のもの；薄板．〖生〗胚葉 (= ~ embryonnaire)；（茸の）菌褶；〖地層〗葉層．〖動〗反芻動物の葉胃 (=psautier).〖建築〗~ d'ardoise スレートの薄板．
3〖電算〗メモリー板．

feuilletage *n.m.* **1**〖料理〗フイユタージュ（パイ生地の折込み）；折込みパイ生地 (=pâte feuilletée).~ de la pâte パイ生地の折込み．~ réussi 上出来の折込みパイ生地．
2（本・新聞などの）ページをめくること；(印刷物に）ざっと目を通すこと．~ d'un livre (d'une revue) 本（雑誌）のページをめくること．

feuilleté (e) *a.p.* **1** 薄片からなる．roche ~*e* 薄片岩．verre ~ 合わせガラス．
2〖料理〗薄い生地を重ねた．pâte ~*e* 折込みパイ生地．
——*n.m.*〖製菓・料理〗フイユテ (=gâteau ~)(折り込みパイ生地でつくる菓子・料理)．

~ aux amandes アーモンドのフイユテ.
~s aux escargots エスカルゴのフイユテ.
~ au roquefort ロックフォール・チーズ入りのフイユテ (パイ). ~s de coquilles Saint-Jacques 帆立貝柱のパテ生地包み.
feuilleton *n.m.* **1** (新聞の) 定期的文化・学芸欄 (記事). ~ littéraire 文芸欄.
2 (連載小説・連続番組などの) 1回分.
3 新聞連載小説 (= roman-~); (ラジオ・TV の) 連続ドラマ. ~ radiophonique (télévisé) ラジオ (TV) の連続ドラマ.
4 (比喩的) めまぐるしく筋の変る信じ難い長話. C'est du roman-~! まるで連載小説のように破天荒な話だ!
5 [印刷] 厚手の紙; ボール紙; [古] 12折8ページの小冊子.
feuilletoniste *n.* **1** [新聞] 文化・学芸欄担当記者. **2** 新聞連載小説家.
feuillette *n.f.* フイエット (114-140 リットル入りの酒樽).
feuillu(e) *a.* 葉の茂った.
——*n.m.pl.* [植] 広葉樹 (= arbres ~s). forêt de ~s 広葉樹林.
feutrage *n.m.* **1** フェルト製造.
2 フェルト化現象. ~ d'un tricot 編物のフェルト化. ~ glucidique 炭水化物のフェルト化.
3 フェルト張り加工.
feutre *n.m.* **1** [織] フェルト. semelle de ~ フェルトの靴底皮.
2 フェルト製品; フェルト帽 (= chapeau de ~); (ピアノ, タイプの) フェルト緩衝材 (= ~ d'un piano, d'une machine à écrire).
3 [文具] フェルトペン (= stylo-~). マーカー (= marqueur), サインペン, マジック. ~ noir (rouge) 黒い (赤い) マーカー. écrire avec un ~ サインペン (マジック) で書く.
——*a.* フェルト製の, フェルトチップ付の. crayon ~ サインペン.
feutré(e) *a.* **1** (防音・ショック防止のために) フェルトを張った, フェルト製の.
2 フェルト状の, フェルト状加工をした; フェルト化した. étoffe ~e フェルト状布地. lainage ~ フェルト状乳製品.
3 [比喩的] 和らげられた, 静かな. atmosphère ~e 静かな雰囲気. marcher à pas ~ 足音を忍ばせて歩く. mener une existence ~e ひっそり暮す.
feutrine *n.f.* [織] フートリーヌ (目のつんだ薄手のフェルト).
fève 1 [植] そら豆; そら豆の実. ~ des Rois 御公現の日のそら豆 (パン菓子の中に隠された陶製小像).
2 (カナダのケベック州で) いんげん (隠元) [豆]. ~s vertes 莢いんげん. ~s rouges 赤いんげん豆.
3 カカオ豆 (= ~ de cacao).
fèverole *n.f.* 青刈りそらまめ [飼料用] (= feverole, féverole).

février *n.m.* 2月. en (au mois de) ~ 2月に. On fête la Chandeleur le 2 ~. 蠟燭の祝別式 (主の奉献式) が2月2日にとり行なわれる. [仏史] les journées de F~ 1848 2月の騒乱 (1848年の二月革命 la Révolution française de 1848 を誘発した, 2月22・23・24日の騒乱).
la Révolution de F~ [en Russie] ロシアの二月革命 (1917年).
ff (= fortissimo) [伊] *ad.* [音楽] フォルティッシモ, 最も強く.
FFA[1] (= Fédération française de l'agriculture) *n.f.* フランス農業連盟 (1969年2月 FNSEA の分裂により結成. 本部 Paris).
FFA[2] (= Forces françaises d'Allemagne) *n.f.pl.* [軍] ドイツ駐留フランス軍.
FFCT (= Fédération française de cyclotourisme) *n.f.* フランス自転車旅行連盟.
FFDOT (= Fédération française pour le don d'organes et de tissus humains) *n.f.* フランス人体臓器・組織提供連盟 (1969年設立. 本部 Argenteuil).
FFESSM (= Fédération française d'études et de sports sous-marins) *n.f.* フランス海中スポーツ研究連盟 (1955年設立).
FFF[1] (= Fédération des familles de France) *n.f.* フランス家族連盟 (1921年設立. 月刊誌 *Familles de France*, *Action familiale* を発行).
FFF[2] (= Fédération française de football) *n.f.* フランス・フットボール (サッカー) 連盟 (1919年設立).
FFI (= Forces françaises de l'intérieur) *n.f.* [仏史] フランス国内軍 (1944年にフランス国内の対独レジスタンス組織に与えられた名称).
FFL (= Forces françaises libres) *n.f.pl.* [仏史] 自由フランス軍 (第二次大戦下, 1940年にド・ゴール将軍が英国で組織したフランス軍).
FFME (= Fédération française de la montagne et de l'escalade) *n.f.* フランス山岳・登攀連盟.
FFMIN (= Fédération française des marchés d'intérêt national) *n.f.* フランス公益市場連盟.
FFN (= Fonds forestier national) *n.m.* 国立林業基金 (1946年創設).
FFOM (= fraction fermentescible des ordures ménagères) *n.f.* 家庭ゴミ中の発酵性部分 (コンポストによる発酵処理が可能な家庭ゴミ).
FFPPS (= Fonds de la formation professionnelle et de la promotion sociale) *n.m.* 職業訓練・社会的地位向上基金.
FFRP (= Fédération française de la randonnée pédestre) *n.f.* フランス遊歩連盟 (1994年設立).
FFSA[1] (= Fédération française des sociétés d'assurances) *n.f.* フランス保険会社

連盟.
FFSA² (=*F*édération *f*rançaise du *s*port *a*utomobile) *n.f.* フランス自動車スポーツ連盟.
FFSPN (=*F*édération *f*rançaise des *S*ociétés de *p*rotection de la *n*ature) *n.f.* フランス自然保護協会連盟.
FFT (=*F*édération *f*rançaise de *t*ir) *n.f.* フランス射撃連盟.
FGA (=*F*onds de *g*arantie *a*utomobile) *n.m.* 〖保険〗自動車補償基金.
FGAF (=*F*édération *g*énérale *a*utonome des *f*onctionnaires) *n.f.* 公務員自主連合(1948年CGTと分裂後, 1949年結成).
FGDS (=*F*édération de la *g*auche *d*émocrate et *s*ociale) *n.f.* 民主社会左翼連合(1965-68; 非共産主義の左翼政党連合).
FGE (=*F*orce de *g*endarmerie *e*uropéenne) *n.f.* ヨーロッパ憲兵隊《フランス, イタリア, スペイン, ポルトガル, オランダ5カ国の憲兵隊で編成》.
FGM (=*F*orce de *g*uerre des *m*ines) *n.f.* 〖軍〗機雷戦隊.
FGSOA (=*F*édération *g*énérale des *s*yndicats des salariés des *o*rganisations professionnelles de l'*a*griculture et de l'industrie agroalimentaire) *n.f.* 農業・農業食品産業専門機関勤務賃金労働者組合総連合.
FHF (=*F*édération *h*ospitalière de *F*rance) *n.f.* フランス病院連盟.
FIA¹ (=*F*édération *i*nternationale d'*a*stronautique) *n.f.* 国際宇宙飛行連盟(=[英] IAF: *I*nternational *A*stronautical *F*ederation)《1950年設立の非政府機関; 本部スイス, 事務局Paris》.
FIA² (=*F*édération *i*nternationale de l'*a*utomobile) *n.f.* 国際自動車連盟.
FIAA (=*F*édération *i*nternationale d'*a*thlétisme *a*mateur) *n.f.* 国際〔アマチュア〕陸上競技連盟, 国際陸連(=[英] IAAF: *I*nternational *A*mateur *A*thletic *F*ederation).
fiabilité *n.f.* (機器などの)信頼度, 信頼性;(人の)信用度.
fiable *a.* **1** (機器が)信頼性(度)の高い. machine ～ 信頼性の高い機械.
2 (人・物が)信頼できる. ami ～ 信頼できる友人. information ～ 信頼できる情報. méthode ～ 信頼できる方法. statistiques ～*s* 信頼のおける統計.
FIAC (=*F*oire *i*nternationale d'*a*rt *c*ontemporain) *n.f.* 国際現代芸術市《世界各国の画商が出品する国際芸術市; Parisで開催》.
fiacre *n.m.* 辻馬車, 辻馬車の御者(=cocher de ～).
fiançailles *n.f.pl.* **1** 婚約; 婚約式. **2** 婚約期間.
fiancé(e) *a.* 婚約した. être ～ à (avec) …と婚約している. jeunes gens ～*s* 婚約している若者.
——*n.* 婚約者.
FIAS (=*F*orce *i*nternationale d'*a*ssistance à la *s*écurité) *n.f.* 〖軍〗国際治安支援軍(=[英] Isaf: *I*nternational *S*ecurity *A*ssistance *F*orce). la ～ en Afghanistan アフガニスタン駐留国際治安支援軍.
fiasco [伊] *n.m.* **1** 〖話〗大失敗, 大しくじり. **2** 性的失敗(勃起不全, 早漏など).
fiasque *n.f.* フィアスコ(長首で胴部に藁を巻いた酒瓶)(=[伊] fiasco).
fibrangiome *n.m.* 〖医〗繊維血管腫.
fibranne [商標] *n.f.* フィブラン, スーパー・レイヨン繊維(それを用いた織布).
fibrate *n.m.* 〖薬〗フィブラート(コレステロール血症治療薬).
fibre *n.f.* **1** 繊維. ～ alimentaire 食物繊維. 〖解剖〗～ amyélinique 無髄神経繊維. ～ artificielle 人工繊維(fibranne, rayonneなど). 〖解剖〗～ collagène 膠原繊維. 〖工〗～ de bore 硼素繊維. 〖工〗～ de carbone 炭素繊維, カーボンファイバー. 〖工〗～ de verre ガラス繊維. 〖植〗～ du chanvre (du coton, du lin) 麻(綿, 亜麻)の繊維. 〖織物・解剖〗～ élastique 弾性繊維. 〖工〗～ minérale 鉱物性繊維(aimante 石綿など). 〖解剖〗～ musculaire 筋繊維. 〖解剖〗～ nerveuse 神経繊維. 〖工〗～ optique 光ファイバー. 〖解剖〗～ postganglionnaire (préganglionaire) 節後(節前)神経繊維. ～ synthétique 合成繊維(nylonなど).
2 食物繊維, 繊維質. Le tube digestif humain ne digère pas les ～*s*. 人間の消化管は食物繊維を消化しない.
3 〔比喩的〕(～ nerveuse 「神経繊維」からの類推)心の糸; 心根, 性向. faire vibrer la ～ patriotique 愛国心をかきたてる. remuer les ～*s* du cœur 心の琴線をゆさぶる.
fibreux(se) *a.* **1** 繊維性の, 繊維質の. 〖医〗ankyrose ～*se* 繊維性関節強直. 〖医〗dysplasie ～*se* 繊維性骨異形成. 〖医〗ostéite ～*se* 繊維性骨炎. 〖生化〗protéine ～*se* 繊維状蛋白質, F蛋白質. 〖植〗racine ～*se* ひげ根, 細根. 〖生〗tissu ～ 繊維性結合組織. 〖医〗tumeur ～ 繊維腫(=fibrome).
2 〖話〗繊維質の, 筋っぽい. consistance ～*se* du fenouil フヌイユの繊維質の堅さ. viande ～*se* 筋っぽい肉.
fibrillaire *a.* 〖生〗原繊維(fibrille)の; 原繊維から成る.
fibrillation *n.f.* 〖医〗(心筋繊維の)細動. ～ auriculaire 心房細動. ～ ventriculaire 心室細動.
fibrille *n.f.* **1** 小繊維;〖解剖〗(筋肉・神経の)原繊維;〖植〗根毛.
2 〖天文〗(太陽の黒点群の近くの)暗条, ダークフィラメント.
fibrine *n.f.* 〖生理〗(血液凝固の際に生じる)繊維素, フィブリン.

fibrineux(se) *a.*〖生理〗フィブリン(繊維素)から成る,繊維素性の.〖医〗inflammation ~ se 繊維素性炎症.〖医〗pleurésie ~ se 繊維素性胸膜炎.〖医〗pneumonie ~ se 繊維素性肺炎.

fibrinogène *n.m.*〖生化〗フィブリノーゲン,繊維素原〔血液凝固の第一因子〕.

fibrinogénémie *n.f.*〖医〗フィブリノーゲン異常症,繊維素原(第一因子)異常症.

fibrinogénopénie *n.f.*〖医〗(血清中の)繊維素原欠乏症,繊維素欠乏血症(= fibrinopénie).

fibrinolyse *n.f.*〖医〗繊溶現象,繊維素溶解現象.

fibrinolysine *n.f.*〖生化〗フィブリノリジン,フィブリン溶解酵素,繊溶酵素《繊維素 fibrine や繊維素原 fibrinogène を溶解する酵素》.

fibrinolytique *a.*〖医〗繊維素溶解作用の,繊溶性の(= thrombolytique). médicaments ~ s 繊維素溶解薬. thérapie ~ 繊溶療法,血栓溶解療法.
——*n.m.* 繊維素溶解薬.

fibrinopénie *n.f.*〖医〗(血漿中の)繊維素〔原〕欠乏症(= fibrinogénopénie).

fibro- ELEM「繊維の」の意(*ex. fibro*blaste 繊維芽細胞).

fibroadénome *n.m.*〖医〗繊維腺腫.

fibroblaste *n.m.*〖医〗繊維芽細胞,繊維細胞.

fibrocartilage *n.m.*〖医〗繊維軟骨.

fibrociment〖商標〗*n.m.* フィブロシマン《アスベストセメント;= aimante-ciment》.

fibrocyte *n.m.*〖医〗繊維細胞,繊維芽細胞(= fibroblaste).

fibroïne *n.f.*〖生化〗フィブロイン《絹糸の蛋白質成分》.

fibrokystique *a.*〖医〗繊維嚢胞性の. tumeur ~ 繊維嚢胞性腫瘍.

fibrolipome *n.m.*〖医〗繊維脂肪腫.

fibromateux(se) *a.*〖医〗繊維腫(fibrome)の;繊維腫症(fibromatose)の;繊維腫症にかかった. utérus ~ 子宮繊維腫〔症〕.
——*n.* 繊維腫症患者.

fibromatose *n.f.*〖医〗繊維腫症.

fibrome *n.m.*〖医〗繊維腫. ~ de l'utérus 子宮繊維腫;子宮筋腫(= fibromyome utérin).

fibromusculaire *a.*〖解剖・医〗繊維筋性の.〖医〗hyperplasie ~ 繊維筋性過形成症,繊維筋形成異常.

fibromyalgie *n.f.*〖医〗繊維筋痛《非関節リウマチ》.

fibromyome *n.m.*〖医〗繊維筋腫《良性腫瘍》. ~ utérin 子宮繊維筋腫,子宮筋腫(= fibrome de l'utérus).

fibroplastie *n.f.*〖医〗繊維形成;繊維増殖〔症〕. ~ rétrolentale 水晶体後方繊維増殖〔症〕;後水晶体繊維増殖〔症〕.

fibroplastique *a.*〖医〗繊維形成性の.

fibroptique *n.m.* 光ファイバー学.

fibrosarcome *n.m.*〖医〗繊維肉腫.

fibroscope *n.m.* ファイバースコープ《ガラス繊維を利用した内視鏡》.

fibroscopie *n.f.*〖医〗ファイバースコープによる検査(検診).

fibrose *n.f.*〖医〗繊維腫;硬化症(= sclérose)《組織が繊維化する症状》. ~ de radiation 放射線肺繊維症,放射線肺炎(= pneumonie de radiation). ~ hépatique congénitale 先天性肝繊維症. ~ kystique 膵嚢胞性繊維症. ~ pancréatique 膵繊維症. ~ pulmonaire 肺繊維症,繊維肺. ~ rétropérionéale 特発性腹膜後繊維化症.

fibula〔ラ〕*n.m.*〖解剖〗(足の)腓骨(= péroné).

Fic (= *f*ormation *i*ndividuelle du *c*ombattant) *n.f.*〖軍〗戦闘員個人訓練.

ficelle *n.f.* **1** 紐,細紐. ~ de lin (cotton) 麻(木綿)紐. ~ de papier 紙紐;こより.〖料理〗bœuf à la ~ ブフ・ア・ラ・フィセル《牛肉を紐で吊して蒸したもの》. défaire la ~ d'un colis 包みの紐を解く. lier (attacher) qch avec les ~ s 紐で結ぶ,紐をかける. pelote de ~ 紐球.
2〔*pl.* で〕〖比喩的〗からくり;秘訣,こつ;術策. ~ s du métier 商売のこつ.
3 (人形芝居の)操り糸. tirer les ~ s 人形を糸で操る;〖比喩的〗陰で糸を引く.
celui qui tire les ~ s 裏で操っている男.
4〖軍〗〖話〗(階級を示す)筋章.
5〖パン〗フィセル《バゲットの半量に相当する細長い棒状のパン》. acheter une ~ フィセルを1本買う.
6〖料理〗フィセル状クレープ《ハム,マッシュルームを巻いた細長いクレープ》.
——*a.inv.* 抜け目のない.

fiche *n.f.* **1** (分類用の)カード;顧客カード;(ホテルの)宿泊カード. ~ bancaire 銀行顧客カード. ~ de bibliothèque 図書館閲覧票. ~ d'état civile 民事的身分票. ~ d'instruction 指図カード. ~ médicale〔医療〕カルテ. ~ perforée パンチカード. ~ technique (機器の)技術的仕様,性能表. ~ technique d'un appareil photo カメラの技術的仕様一覧表. classer des ~ s カードを分類する. établir (faire, rédiger) des ~ s カードを作成する. remplir une ~ カードに記入する.
2〖映画〗~ de tournage 撮影メモ票.
3 (ゲームの)点数棒,チップ. ~ de consolation (賭の敗者に返される僅かな割り戻し→) せめてもの慰め. comme ~ de consolation せめてもの埋合せに.
4 杭,ピン;栓.〖測量〗~ d'arpenteur 測針. ~ de piano ピアノの調律ピン.
5〖電〗プラグ,差込み. ~ -banane バナナ・プラグ. ~ s d'alimentation 給電プラグ

(=~s métalliques；broches). ~ mâle 雄の差込み.
6〚工〛蝶番(ちょうつがい), ひじつぼ.
7(顕微鏡の)スライド.
fichier *n.m.*〚情報〛(コンピュータの)ファイル.
fichier-adresses (*pl.* ~**s**-~) *n.m.* 住所ファイル.
fichu(**e**) (<ficher) *a.p.*〚話〛**1** 駄目になった. L'affaire est ~*e*. 取引は駄目になった. Il est ~. 奴はもう駄目だ.
2 嫌な, ひどい；ぶざまな. F~ métier! 因果な商売だ！F~ temps! ひどい天気だ！C'est un ~ menteur. ひどい嘘つきだ.
3 大きい. J'ai un ~ problème. ひどく困っていることがある.
4 bien ~ 恰好のよい；上出来の. roman policier bien ~ 出来のよい探偵小説. Elle est bien ~*e*. 彼女はなかなかのスタイルだ.
5 mal ~ 気分が悪い；不恰好な；ぶざまな, 出来損いの. vêtement mal ~ 不恰好な衣服. être mal ~ comme quatre sous (comme l'as de pique) (4 スーのように/スペードのエースのように値打ちがない→) ひどい身なりをしている；不恰好である. se sentir mal ~ 気分が悪い.
6 être ~ de+*inf.* …できる；…するかもしれない. Il est ~ de gagner sa vie. 彼は食っていける. Tu n'es pas ~ de venir me chercher? 迎えに来てもらえないだろうか？
Ficoba (=*F*ichier national des numéros de *c*omptes *b*ancaires) *n.m.*〚経済〛国立銀行口座番号資料センター.
fictif (**ve**) *a.* **1** 作りごとの, 架空の. personnage ~ 架空の人物.
2 偽装の, 偽の, 見せかけの. dépense ~ *ve* 空(から)の出費. dividendes ~*s* 虚偽(違法, 蛸)配当. promesses ~*ves* 空約束.
3〚経済〛名目上の, 約束の.〚関税〛entrepôt ~ 私設保税倉庫. valeur ~*ve* de la monnaie fiduciaire 信用貨幣の名目上の価値.
—*n.m.* 架空の事柄. le réel et le ~ 現実と架空.
fiction *n.f.* **1** 作りごと；作り話, フィクション. ~*s* poétiques 詩的虚構. ~ politique 政治小説(=politique-~). économie-~ 経済小説. livre de ~ 創作本；小説. science-~ 空想科学小説, サイエンス・フィクション(略記 SF). La réalité dépasse la ~. 現実は小説より奇なり.
2〚法律・経済〛擬制. ~ légale 法的擬制. de ~ 形だけの (=conventionnel).
3 (学説上の)仮定.
4〚古〛偽り；見せかけ.
fictionnaire *a.*〚法律〛擬制に基づく. droit ~ 擬制に基づく権利.
fictionnel(**le**) *a.* 仮説に基づく；仮説的な.

FID (=*f*ibrose *i*nterstitielle *d*iffuse) *n.f.*〚医〛拡散性肺間質繊維症.
FIDA (=*F*onds international de *d*éveloppement *a*gricole) *n.m.* 国際農業開発基金(= [英] IFAD：International Fund for Agriculture Development)《開発途上国の農業開発融資のために 1977 年 12 月に発足 国連機関；UNESCO 所管》.
FIDAR (=*F*onds *i*nterministériel de *d*éveloppement et d'*a*ménagement *r*ural) *n.m.* 各省関連農村開発整備基金《1979 年設立》.
fidéicommis *n.m.*〚法律〛信託的継伝処分, 介立相続, 信託遺贈. ~ sans obligation 義務なき継伝処分.
fidéicommissaire *n.m.*〚法律〛信託遺贈受益者, 介立相続人.
fidéjusseur *n.m.*〚古〛〚法律〛(負債の)保証人.
fidéjussion *n.f.*〚古〛〚法律〛(債務の)保証.
▶ **fidéjussoire** *a.*
fidèle *a.* **1** 忠実な；貞節. ami ~ 忠実な友人. chien ~ 忠犬. femme ~ 貞節な妻. serviteur ~ 忠僕, 忠実な召使. être ~ à (envers) *qn* 人に忠実である.
2 (約束などを)違えない；(意見などを)みだりに変えない；(事実に)忠実な. être ~ à son hôtel ホテルを変えない, ホテルをひいきにしている. être ~ à sa parole 自分の言ったことに忠実である.〚軍〛être ~ au poste 部署を離れない；〚比喩的〛持場を離れない. client ~ 常連. ~ clientèle ひいきの顧客, 常連客. rester ~ à soi-même 自分に忠実である.
3 (翻訳・報告などが)忠実な, 正確な. description ~ 正確な描写. historien ~ 史実に忠実な歴史家. souvenir ~ はっきりした思い出. traducteur ~ 原文に忠実な翻訳家.
4 (計器・測定法などが)正確な, 狂いのない. instrument de mesure ~ 正確な測定機器.
5〚宗教〛〚古〛神(信仰)に忠実な.
—*n.* **1** 忠実な人. ~ des ~*s* 腹心中の腹心. ~*s* du gouvernement 政府の忠実な支持者.
2 忠実な顧客, 常連客(=client ~).
3〚宗教〛忠実な信者.〚カトリック〛assemblée des ~*s* 信徒会.
fidélisation *n.f.* 常連化. ~ de clients 顧客の固定化.
fidélité *n.f.* **1** 忠実さ；忠節, 忠誠；貞節. ~ à (envers) *qn* 人に対する忠実さ. serment de ~ 忠節の誓約. garder (jurer) ~ à *qn* 人に忠誠を守る (誓う).
2 (約束などを)違えないこと. ~ à ses idées 自分の考えに忠実であること. ~ à une promesse 約束を違えないこと, 約束の遵守.
3 (翻訳・報告などの)忠実性, 正確さ. ~ de la traduction 翻訳の正確さ. ~ d'un pro-

duit 製品の信頼性.
4 (計器などの) 正確さ, 狂いのなさ. haute-~ ハイファイ, 高忠実度. chaîne haute -~ ハイファイのセット.

FIDES (=*F*onds d'*i*nvestissement et de *d*éveloppement *é*conomique et *s*ocial) *n. m.* 経済社会投資開発基金《1959年FAC：*F*onds d'*a*ide et *c*oopération 援助協力基金, 1998年2月FSP：*F*onds de *s*olidarité *p*rioritaire 優先的連帯基金 (フランス外務省所管の対外援助基金) に再編》.

FIDH (=*F*édération *i*nternationale des *d*roits de l'*h*omme) *n.f.* 国際人権連盟.

Fidji(les) *n.pr.f.pl.* [国名通称] フィジー 《公式名称：la République des *F*~ フィジー一共和国》；国民：Fidjien(*ne*)；首都：Suva スヴァ；通貨：dollar fidjien [FJD]》.

fidjien(*ne*) *a.* フィジー〔諸島〕(les îles Fidji) の；フィジー人の；フィジー語の.
 ─*F*~ *n.* フィジー人.
 ─*n.m.* 〖言語〗フィジー語.

fiduciaire *a.* **1** 〖法律〗信託を受けた；信託的譲渡 (fiducie) に関する. acquéreur ~ 信託的譲渡目的物の取得者. transfert ~ 信託的譲渡目的物の所有権移転. société ~ 信託会社.
2 〖経済〗(貨幣について) 信用発行の, 信用通貨の. circulation ~ 信用通貨の流通. monnaie ~ 信用通貨《信用流通する紙幣と貨幣》.
3 与信機関としての. contrat ~ 信認契約. société ~ 与信会社, 信託会社.
4 〖物理〗(光学測定器の) 基準点の, 起点の.
 ─*n.m.* 〖法律〗信託的譲渡受託者, 信託受益者, 介立相続人.
 ─*n.f.* 信託会社 (=société ~).

fiduciant *n.m.* 信託的譲渡人, 信託的譲渡設定者 (=constituant).

fiducie *n.f.* 〖法律〗**1** 信託的譲渡 = aliénation fiduciaire). ─ à fins de gestion 管理目的信託的譲渡. ~ à fins de libéralité 第三者への譲渡目的信託的譲渡. ~ à fins de sûreté 債権担保目的信託的譲渡.
2 〖法律・経済〗信託；信託取得；信託譲渡 (=〔英〕trust トラスト).

FIE (=*F*rance *i*ndustrialisation *e*mploi) *n. f.* フランス雇用産業化促進機構.

FIEE (=*F*édération des *i*ndustries *é*lectriques et *é*lectroniques) *n.f.* (フランスの) 電気・電子産業連盟.

fief *n.m.* **1** 〖史〗(封建制度の) 封土. ~ dominant 領主の支配封土. ~ servant 臣下封土.
2 〔比喩的〕勢力圏；専門分野. 〖政治〗~ électoral 選挙地盤.

fier(*ère*) *a.* **1** 誇りに満ちた, プライドの高い. âme ~ *ère* 誇り高き魂. être trop ~ pour + *inf.* …するには誇りがありすぎる.
2 (de ハ) 自慢の. être ~ de + *qn* (*qch*；*inf.*；que + *subj.*) 人が (何が, …するのが)
自慢である. Elle est ~ *ère* de sa beauté. 彼女は美しさを自慢にしている.
3 高慢な, 尊大な. être ~ comme Artaban (un coq) ひどく横柄である. prendre une attitude ~ *ère* 高慢な態度をとる.
4 〔名詞の前で〕凄い；名うての, 札つきの. une ~ *ère* santé 完璧な健康. C'est un ~ imbécile. あいつは札つきの馬鹿だ.

fierté *n.f.* **1** 〖文〗誇り, 矜持 (きょうじ), プライド, 自尊心；威厳. avoir de la ~ プライドがある. On a sa ~ ! 誰にだってプライドというものがある. avec ~ 誇りを持って. par ─ 自尊心から. ~ de son discours 弁舌の威厳.
2 自尊心の満足, 自慢. avoir la ~ de *qch* 何を誇りにする. éprouver une grande ~ de …に大いに満足する. tirer ~ de *qch* 何を誇り (自慢の種) とする.
3 〔やや古〕尊大さ, 誇慢さ, 横柄さ. abaisser la ~ de *qn* 人の鼻をへし折る. reprocher la ~ de *qn* 人の尊大さをとがめる.
4 〖美術〗大胆さ；〖建築〗頑丈さ.
5 〔古〕勇猛さ.

fiesta [西] *n.f.* 〖話〗フィエスタ, 祭り.

FIETC (=*F*édération *i*nternationale des *e*mployés, *t*echniciens et *c*adres) *n.f.* 国際一般事務職員・技術者・管理職連盟.

fièvre *n.f.* **1** 〖医〗発熱, 熱. avoir [de] la ~ 熱がある. avoir une poussée de ~ 急に熱があがる.
2 〖医〗熱病, 熱症；〔*pl.* で〕マラリア (=paludisme). 〖獣医〗~ aphteuse アフタ熱, 口蹄疫. ~ bilieuse hémoglobinurique 黒水熱, 肝汁熱 (=~ par bile). ~ boutonneuse ボタン熱, 南アフリカダニ熱. ~ causée par vapeur de zinc 亜鉛熱, 金属熱, 金属フューム熱. ~ de cathétérisme カテーテル熱. ~ de cinq jours 五日熱, 塹壕熱. ~ de Malte マルタ熱, 波状熱 (=~ ondulante). ~ des foins 枯草熱, 花粉症 (=pollinose). ~ du Nil occidental 西ナイル・ウィルス熱. ~ fluviale du Japon 日本河川熱, つつがむし病. ~ hémorragique avec syndrome rénal 腎症性出血熱 (=~ hémorragique) d'Ebola エボラ出血熱 (=maladie d'Ebola). ~ 〔hémorragique〕de Lassa ラッサ〔出血〕熱. ~ hémorragique virale ウイルス性出血熱. ~ intermittente 間欠熱. ~ jaune 黄熱〔病〕, 黒吐病 (ウイルス性出血熱). ~ méditerranéenne 地中海熱. ~ par bile 胆汁熱. ~ paratyphoïde パラチフス, 腸熱. ~ pourprée de montagnes Rocheuses ロッキー山斑紋熱, ダニ熱 (=〔英〕tick fever). ~ puerpérale 産褥熱. ~ Q クイーンズランド熱 (リケッチア感染症). ~ quarte (マラリアの) 四日熱. ~ récurrente 回帰熱, 再帰熱. ~ rémittente 弛張熱. ~ rouge デング熱 (=dengue). ~ typhoïde 腸チフス. ~ tierce (マラリアの) 三日熱. bouton de ─ (高熱による) 唇の水疱. prendre les ~ *s* マ

3〖比喩的〗熱狂状態, 熱中, 興奮状態, 熱気. ~ de collection 蒐集熱. ~ politique 政治的熱狂. la ~ du départ 出発時のあわただしさ. avec ~ 熱に浮かされて, 夢中になって. dans la ~ 熱狂裡に. être en ~ 興奮している.

fiévreux(se) *a*. **1** 熱のある；発熱による. état ~ 発熱状態. mains ~ses 熱っぽい手. un malade ~ 熱のある病人. pouls ~ 発熱による昂進した脈拍. teint ~ 熱のある顔色. des yeux ~ 熱に浮いた眼. se sentir ~ 熱っぽく感じる.
2 すぐ熱を出す. tempérament ~ 熱を出しやすい体質.
3 熱病の多い. climat ~ 熱病の多い気候.
4 熱に浮かされたような, 熱狂的な, 興奮した. activités ~ses 熱に浮かされたような活動. atmosphère ~se 熱狂的な雰囲気. foule ~se 熱狂した群衆.
5 いら立った, いらいらした. attente ~se いらいらした待機.
6 (de を) 待ちわびる. être ~ de succès (de réussir) 成功を待ちわびている.
—*n*. **1** 熱のある人. **2** 熱病患者.

FIFA, Fifa [fifa] (= *F*édération *i*nternationale de *f*ootball *a*ssociation) *n.f.* 国際サッカー連盟.

F.I.F.O. (= ［英］*f*irst *i*n, *f*irst *o*ut) *n.m.* 〖商業〗先入れ先出し法 (=［仏］PEPS: *p*remier *e*ntré, *p*remier *s*orti).

figé(e) *a.p.* **1** 凝固した, 凝結した. corps ~ par le froid 寒さで凝固した物体. huile ~ 凝固した油脂. sauce ~e 固まった(にごった)ソース.
2 (態度が)こわばった, ぎこちない, 硬直した；釘付けになった, 金縛りにあった. attitude ~e こわばった態度. 〖医〗face ~e 仮面顔. sourire ~ 作り笑い. regard ~ 釘付けになった視線, 凝視.
3 固定した, 類型化した. expression (locution)~e 慣用句. société ~e 硬直化した(柔軟性を欠く)社会. être ~ dans des idées 凝り固まった考えをもつ.

FigMag *n.m.* 〖話〗フィガロ・マガジーヌ (= *Fig*aro *Mag*azine). débat du ~ フィガロ・マガジーヌ誌上討論.

figue *n.f.* **1** 〖植〗無花果(いちじく)の実. ~ sèche 干しいちじく.
〖成句〗mi-~, mi-raisin 良くも悪くもない, 曖昧な. sourire mi-~, mi-raisin 微苦笑.
2 ~ de Barbarie バルバリアいちじく(うちわさぼてん oponce, opuntia の実).
3 〖動〗~ de mer 海いちじく(地中海産の生食用海鞘(ほや); 俗称 violet).

figuier *n.m.* **1** 〖植〗無花果(いちじく)の木(学名 Ficus carita).
2 〖植〗~ de Barbarie バルバリアいちじくの木, うちわさぼてん (=oponce, opuntia).

figurant(e) *n*. **1** 〖映画・劇〗(科白のない)端役役者. rôle de ~ 端役.
2 脇役；~ dans une conférence internationale 国際会議の脇役.
3 〖舞〗〖古〗群舞の一員, 端役の踊り子, バックダンサー.
4 〖古〗死体安置所の死体.

figuratif(ve) *a*. **1** 形で示す, 図示する；形象的な；具象的な. art ~ 具象芸術 (art abstrait「抽象芸術」, art non ~「非具象芸術」の対). carte ~ve; plan ~ 絵地図. écriture ~ve 絵文字 (=pictogramme). toile ~ve 具象絵画.
2 象徴表現の；象徴的な, 表徴による. interpretation ~ve 象徴的解釈. L'Ancien Testament n'est que ~. 旧約聖書は単なる表徴である (Pascal の『パンセ』中の表現).
—*n.m.* **1** 具象芸術. **2** 具象芸術家；具象画家.

figuration *n.f.* Ⅰ〖形象化〗**1** 形象化, 形象表現. ~ des êtres et des choses par l'art 芸術による人や物の形象化.
2 〖精神分析〗視覚形象化.
3 〖美術〗具象〖派〗. Nouvelle ~ (1960年代の)新具象美術〖派〗.
4 〖地学〗成形, 形態, 形状. ~ périglaciaire 周氷河形状.
5 比喩的表現.
Ⅱ〖端役〗**1** 端役；端役稼業. ~ de masse その他大勢の端役 (= ~ à petit rôle). ~ intelligente 演技を必要とする端役. débuter au cinéma dans la ~ 端役として映画にデビューする. faire la ~ 端役をつとめる.
2 〖集合的〗(芝居・バレエなどの)端役；(映画の)エキストラ.
3 (端役による)群衆シーン；(バレエの)群舞シーン.
Ⅲ〖音楽〗装飾, フィギュレーション. ~ mélodique (rythmique) 旋律(リズム)装飾.

figure *n.f.* Ⅰ〖外形〗〖文〗形, 形態. ~ de la Lune 月の形. prendre ~ 形をなす.
Ⅱ〖図形〗**1** 図, 図形；説明図, 挿画, 絵. ~ à deux dimensions 二次元図. ~ anatomique 解剖図；人体解剖図. ~ d'animaux (de machines, de plantes) 動物(機械, 植物)図. ~ de caractère technique 技術図. ~ en relief 立体図形. ~ gravée グラヴィア図. livre avec (à) ~s 挿絵入り本.
2 〖美術〗(人・動物の)形象；図像, 肖像, 彫像. ~ allégorique 寓意像. ~ d'une divinité 神の偶像. ~ monumentale 記念像. ~ d'un tableau 絵画に描かれた人物像. ~ de proue 船首像；〖比喩的〗(グループ・運動などの)リーダー, 中心人物.
3 〖紋章〗図像. ~ de fantaisie 空想図像. ~ naturelle 実在物図像.
4 〖トランプ〗絵札 (le Roi, la Dame, le Valet).
5 〖幾何〗図形；(特に)平面閉鎖図形. ~ carrée (circulaire, ovale, plane) 四角形 (円形, 卵形, 平面図形).

figuré(e)

6 記号；符号；文字．~s d'astrologie 占星術の記号 (= ~s chiffrés horoscopiques)．『音楽』~ de note (de silence) 音符 (休符)．~s hiéroglyphiques 象形文字, 神聖文字．~s idégraphiques 表意文字 (漢字など)．

Ⅲ『形象』1 像；姿；人の姿．『光学』~ de diffraction 回折像．vagues ~s dans le brouillard 霧の中の人影．

2 『ダンス』フィギュア；『スポーツ』(スケート, ダイビング, 馬術などの) フィギュア；(アルペン・スキーの) ポール・セッティング．『舞』~s chorégraphiques 振付の型．~ de carrousel 4組の騎馬パレードのフィギュア．『舞』~ de quadrille (4人1組で踊る) カドリーユの型．~s imposées (libres) (フィギュア・スケートの) 規定 (自由) 図形；規定 (自由) 演技．〔~ au〕programme court (フィギュア・スケートの) ショート・プログラム．

Ⅳ『顔』1 (人の) 顔, 顔面 (= face, visage)；顔色．~ bronzée 日焼けした顔．~ charmante 魅力的な顔立．~ longue (osseuse, régulière, ronde) 面長 (骨ばった顔, 整った顔, 丸顔)．longue ~ 仏頂面, 不機嫌な顔．
avoir bonne (mauvaise) ~ 顔色がいい (悪い)．avoir une ~ d'enfant 童顔である．casser la ~ de qn 人の顔を殴る．se casser la ~．『話』転んで怪我をする．『比喩的』失敗する．se cacher la ~ 顔を隠す．recevoir un coup en pleine ~ 顔面に一発くらう．se laver la ~ 顔を洗う．

2 (人の) 顔つき, 表情；様子．changer de ~ 顔色を変える．faire ~ de + n. …の様子をする；…のように見える；として認められる．faire bonne ~ 愛想がいい；信望がある, 顔が利く．faire triste (piètre) ~ 浮かぬ顔をする, 哀れっぽく見える；役に立たない, 顔が利かない．faire bonne (triste) ~ à qn 人を愛想よく迎える (冷たくあしらう)．

3 大人物, 著名人 (= ~ célèbre)．grandes ~s de la Révolution française フランス大革命の大立物たち．faire ~ 重きをなす, 幅を利かす, 重要な役割を果たす．C'était une ~．大人物だった．

4 典型．~ de révolté 反逆物の典型．

Ⅴ『表象』1 表象, 象徴；寓意；『聖書』(新約聖書の事蹟に対する旧約聖書中の) 前兆．~ de l'indifférence 無関心の表象．science des ~s au Moyen Age 中世の象徴学．

2 『修辞』(修辞上の) 綾, 文彩 (= ~ de rhétorique)．~ de style 文彩．

3 『論理』~ de syllogisme 三段論法の格．

figuré(e) *a.p.* 1 図示された；形のある；『美術』人 (動物) の像を表わした；『紋章』人面をもつ．『建築』chapiteau ~ 人 (動物) の彫像を配した柱頭．『劇』décor ~ 舞台の背景布．éléments ~s du sang 血液の有形成分《血液細胞》．『軍』ennemi ~ (演習時の) 仮設敵；仮想敵．plan ~ d'une maison (d'une terre) 家屋 (土地) の図面．prononciation ~e 記号で示した発音．

2 比喩の, 比喩的な；比喩に富む．sens ~ d'un mot 語の比喩的意味 (sens propre「本義」の対)．style ~ 比喩に富む文体．

— *n.m.* (語の) 比喩的意味．au ~ 転義で．

FIH (= *F*édération *i*nternationale des *h*ôpitaux) *n.f.* 国際病院連盟．

FIJ (= *F*édération *i*nternationale des *j*ournalistes) *n.f.* 国際ジャーナリスト連盟．

fil *n.m.* 1 糸．~ à broder 刺繍糸．~ à coudre 縫糸．~ à dentelles レース糸．~ à tisser 織糸．〔比喩的〕F ~ d'Ariane アリアドネの糸．~ de coton (de soie) 木綿 (絹) 糸．~ de fibres synthétiques 人造繊維糸．『比喩的』~ de la destinée 運命の糸．~ de nylon ナイロン糸．~ d'or (d'argent) 金 (銀) 糸．~s entremêlés 撚糸．~ à ~ 糸1本ずつ．assemblage de ~s 製糸．droit ~ (織物の布地の縦横の) 糸の方向；『比喩的』(思想・政策などの) 方向性．jupe droit ~ 縦地仕立てのスカート．couper de droit ~ (布地を) 糸の方向に裁断する．le droit ~ politique 政策の方向性．être dans le droit ~ de qch 何かの同一線上にある (いる), 何と軌を一にしている, 何と直接つながっている．

◆『成句』『話』avoir un ~ à la patte 身動きがとれない, (特に結婚して) 束縛されている．
avoir un ~ sur la langue 舌が引っかかっているような発言をする．
cousu de ~ blanc (黒地に白糸で縫った→) (策略などが) 見え見えの, 歴然とした．
de ~ en aiguille 少しずつ, いつの間にか；それからそれへと．
donner du ~ à retordre à qn 人を困らせる, 人に難題をふっかける．
tenir les ~s d'une affaire 事件を陰で操っている．
ne tenir qu'à un ~ (1本の糸でしかつながれていない→) 風前の灯だ, 危機一髪だ．

2 糸状のもの；細紐；『スポーツ』ゴールテープ．~ à plomb (測量用の) 下げ振り糸, 錘重．~ chirurgical (外科用の) 結紮 (けっさく) 糸 (= ligature)．~ de canne à pêche 釣糸．~ de caret 縄糸《麻の太い撚糸》．~s de gruyère 細紐状のグリュイエール・チーズ．faisceaux de ~s 紐《綱, ケーブル, コード》．un ~ de liqueur 一筋 (一滴) のリキュール酒．『スポーツ』couper le ~ ゴールテープを切る, ゴールする, 優勝する．『スポーツ』être couronné sur le ~ ゴールを切って頭に優勝者の冠をいただく．

3 亜麻糸 (= ~ de lin, ~ du lin)；亜麻布, リンネル．nappe de ~ 亜麻布のテーブルクロス．pur ~ 純正亜麻布．

4 (金属の) 線, (特に) 電線, コード (= ~ électrique)．~ à couper le beurre バター切り用針金．~ d'antenne アンテナ線．~ de cuivre 銅線．~ de fer 鉄線, 針金．~

métallique 金属線. câble en ~ d'acier 鋼鉄線ケーブル.
5 電話線 (=~s téléphoniques);〔話〕電話 (=téléphone). téléphone à (sans) ~ 有線 (無線) 電話. avoir qn au bout du ~ 人と電話で話している. donner (passer) un coup de ~ 電話をかける. être au bout du ~ 電話に出ている.
6 (動物がつくる) 糸. ~ d'araignée 蜘蛛の糸. ~s de la vierge (空中に漂う) 小蜘蛛の糸.
7 (動植物の) 繊維, 筋;(肉などの) 繊維の方向. couper un morceau de viande dans le ~ 肉を繊維の方向に切る. enlever les ~s des haricots verts 隠元豆の筋を取り除く.
8 節目;木目;石目. bois de ~ 柾目の木材.
9 (河川の) 流れ, 川筋 (=~ d'eau). au ~ de l'eau 水の流れに沿って. centrale au ~ d'eau 水流式水力発電所 (非ダム式).
10 (時の) 流れ;(話・思想などの) 流れ, 筋道, 脈絡. ~ de la vie 人生の流れ. ~ des idées 思想の流れ. ~ d'un récit 物語の筋道. au ~ des heurs 時の流れと共に, 時が経つにつれて. perdre le ~ de la conversation 会話の流れがわからなくなる.
11 (刃物の) 刃. ~ de l'épée 剣の刃 (pointe「切先」の対). ~ d'un couteau ナイフの刃. donner le (du) ~ à une lame 刃を砥ぐ.〔比喩的〕être sur le ~ du rasoir 危い立場にいる. passer au ~ de l'épée 人を刃にかける, 人を切り殺す.
12〔酒〕~ en trois (en quatre, en six) 強いオー・ド・ヴィー (蒸溜酒).
filaire *n.f.*〔動〕フィラリア, 糸状虫《糸状虫科の線虫》.
filament *n.m.* **1** (動植物の) 細繊維, 細線状組織. ~ axile de la cellule nerveux 神経細胞の中軸細繊維, 軸索 (=axone). ~ de bave (蚕の) 繭糸.
2〔繊維〕長繊維.
3〔電〕(電球の) フィラメント.
filamenteux(se) *a.* 繊維質の;筋の多い;繊維状の. matière ~ se 繊維質物質.
filandreux(se) (<filandre) *a.* **1** (肉・野菜などの) 筋の多い, 繊維質の. viande ~ se すじ肉.
2〔比喩的〕長ったらしい. discours ~ 長ったらしい弁舌. phrase ~se 長々とまとまりのない文章.
filant(e) *a.* **1** (液体・ソースなどが) 糸をひく, とろりとした. sirop ~ とろりとしたシロップ.
2〔医〕微弱な (=filiforme). pouls ~ 弱い脈拍.
3〔天文〕étoile ~e 流れ星, 流星;隕石 (=aérolithe, bolide, météorite).
filariose *n.f.*〔医〕フィラリア感染症, 糸状虫病. ~ lymphatique リンパ系糸状虫症.
filasse *n.f.* フィラッス《植物性の紡いでいない繊維》. ~ de chanvre (lin) 大麻 (麻) の繊維.
—*a.inv.* cheveux blond ~ 艶のない色あせた金髪.
filature *n.f.* **1** 製糸, 紡績, 製糸 (紡績) 工業. ~ du coton 綿糸製造〔業〕, 綿紡〔業〕.
2 製糸 (紡績) 工場. ~s de Roubaix ルーベーの紡績工場群.
3 尾行. ~ à pieds (en voiture) 徒歩での (車による) 尾行. prendre qn en ~ (人を) 尾行する.
file *n.f.* **1** 列;行列;縦列;連続. ~ d'attente 順番を待つ行列;〔数〕待ち行列.〔数〕théorie des ~s d'attente 待ち行列理論. ~ de bêtes 動物の列. ~ d'un cortège (d'un défilé) 行列 (分列行進) の縦列. ~ d'agents (de CRS) 警官 (共和国保安機動隊) の隊列. ~ de gens 人の列.
à la ~¹;en ~ 列をつくって. avancer à la ~ (en ~) indienne (インディアンのように) 縦にぴったり並んで進む. marcher à la ~ 列をつくって行進する. se suivre à la ~ 列になって続く.
à la ~² たて続けに. boire plusieurs verres à la ~ たて続けにグラスをあける.
en double ~ 二列に. stationnement en double ~ 二列駐車.
chef de ~ 列の先頭;〔比喩的〕(序列・集団・運動の) トップ, リーダー. prendre la ~;se mettre à la ~ 行列に並ぶ, 列の後尾につく.
2〔軍〕縦列. ~ de soldats 兵隊の縦列.〔海軍〕ligne de ~ (艦船の) 縦陣. peloton de trois ~s sur dix rangs 1 列 10 人の 3 隊列の小隊.
filé(e) *a.p.* 糸状の;糸状に引き伸ばされた;〔比喩的〕長く引きのばされた;尾行された.〔海〕câble ~ ロープ.〔音楽〕corde ~e 真鍮巻きのガット弦. cotons ~s 木綿糸.〔比喩的〕métaphore ~ 隠喩 (メタファー) の連鎖. note ~e, son ~ 引きのばされた音. suspect ~ par la police 警察が尾行した被疑者. verre ~ 糸状ガラス.
—*n.m.* **1** 織糸. **2** 金糸 (銀糸). **3** 糸状噛みタバコ. **4**〔映画・写真〕映像の流れ.
filet¹ *n.m.* **1** (動物を捕獲するための) 網;〔比喩的〕罠. ~ à papillons 捕蝶網. ~ à poisson 魚網. ~ de chasse 鳥網. ~ de pêche 漁網. ~ dérivant 流し網. ~ maillant 刺網. coup de ~ 一網打尽;〔比喩的〕一斉検挙. tendue des ~s 張りめぐらした網.〔比喩的〕attirer qn dans ses ~s 人を罠にかける (誘惑する). tendre ses ~s 網を張る;〔比喩的〕罠にかける. tomber dans les ~s de …の罠にはまる.
2 網, ネット;網袋. ~ à bagages 網棚 (=porte-bagages). ~ à cheveux ヘアネット. ~ à provisions (網製の) 買物袋. ~ de roue arrière (自転車の) 後輪ネット.
3〔スポーツ〕ネット;ゴールネット;(サ

filet²

ーカスの)落下防護ネット. ~ de tennis (de ping-pong, de volley-ball) テニス (卓球, バレーボール) のネット. envoyer la balle au raz de ~ ネットぎりぎりに球を送る. travailler sans ~ ネットなしで曲技をする;〔比喩的〕危険を冒す.
4 網レース. nappe en ~ 網レースのテーブルクロス.

filet² *n.m.* 〚料理〛 **1** (牛・豚・羊などの) フィレ肉. ~ et faux-~ フィレ肉とフォー・フィレ (サーロイン) 肉. ~ de bœuf grillé 牛フィレ肉のグリル. ~ de porc 豚のフィレ肉.
2 (魚の) フィレ, 3枚おろし, 片身. ~ de sole 舌鮃のフィレ (= goujonnette). ~ de hareng au vin blanc 巻き鰊 (にしん) の白葡萄酒漬け (=〔独〕Rollmops ロールモップス). boîte de ~s de maquereaux 鯖のおろし身の缶詰.
3 (家禽の) 抱身, 胸肉. ~ de volaille 家禽の抱身 (胸肉) (aiguillette, blanc, magret などともよばれる).

filet³ *n.m.* (糸状・筋状・線状のもの) **1** 細い流れ, 筋. un ~ d'eau 一筋の水. un ~ de fumée 一筋の煙り.〔比喩的〕un ~ de voix か細い声.
2 〚解剖〛小帯, 繊維. ~ de la langue 舌小帯. ~ du prépuce 陰茎包皮小帯. ~ nerveux 神経繊維.
3 〚植〛(葯を支える) 花糸.
4 〚建築〛桟. ~s d'un chapiteau 柱頭の桟 (平縁).
5 〚印刷〛罫〔線〕. ~ gras (maigre, ondulé) うら (おもて, 波) 罫. texte entouré d'un ~ 囲み記事.
6 〚報道〛短い報道記事;囲み記事.
7 〚美術〛~ de peinture 絵画の画面に書き込まれた細長い銘.
8 〚工〛ねじ山 (= d'une vis).

filetage *n.m.* **1** 〚機工〛ねじ山切り;ねじ山. ~ à droite 右ねじ山.
2 〔稀〕網による密猟 (密漁). ~ de poissons 網による魚の密漁.

filiale *n.f.* 子会社, 系列会社.

filiation *n.f.* **1** 〚法律〛親子関係. ~ paternelle (maternelle) 父子 (母子) 関係. ~ légitime (naturelle, adoptive) 嫡出 (庶出, 養) 子関係. ~ patrilinéaire (matrilinéaire) 父系 (母系) 血統.
2 〔文〕家系, 血統, 血筋, 血族. établir sa ~ 家系を明らかにする.
3 (思想などの) 系統, 系譜. ~ des idées 思想の系譜. ~ des mots 語の来歴.

filière *n.f.* Ⅰ **1** 〚工〛(針金製造の) 線引きダイス, 針金ゲージ; (合成繊維の) 吹出しノズル; (ねじの) ダイス型, ダイス回し, ねじ回しタップ. ~ à étrier 線引きダイス. ~ à pivot ほぞゲージ. passer un métal à la ~ 金属を線引きダイスにかける.
2 (くも・蚕などの) 出糸突起.

Ⅱ **1** 手順, 手続き;過程;段階. ~ administrative 行政手続き. passer par la ~ 段階を踏んで上にあがる, 順序通りの手続きを踏む. suivre toute la ~ 出世階段をのぼる.
2 〚教育〛職業教育課程 (系). ~ courte (longue) 短期 (長期) 職業教育課程. ~s techniques du baccalauréat バカロレアの技術教育課程.
3 販売ルート. ~ de trafiquants de drogue 麻薬密売者のルート. démanteler une ~ 販売網を潰滅させる.
4 〚経済〛関連産業. ~ agroalimentaire 農業食品関連産業.
5 〚原子力〛(原子炉の) 系 (燃料・制御法・冷却剤の組合わせ);原子炉型. ~ à uranium naturel-graphite-gaz 天然ウラニウム・黒鉛・ガス冷却系 (UNGG (*U*ranium *N*aturel *G*raphite *G*az) 型原子炉). ~ à haute température 高温原子炉 (=〔英〕HTR : hight temperature reactor).

Ⅲ 〚商業〛(裏書人による) 商品販売受領指示書.

filiforme *a.* **1** 糸状の. antennes ~s (節足動物の) 糸状触角. 〚解剖〛papilles ~s de la langue 舌の糸状乳頭. 〚医〛pouls ~ か細い脈拍.
2 〔話〕ほっそりした, ひどく細い;〔比喩的〕微少な. jambes ~s ほっそりした脚. valeur ~ 取るに足りぬ値打ち. Elle est ~. 彼女は針金みたいに細い.

filigrane *n.m.* **1** 透かし細工;透かし模様; (刀剣の柄に巻かれた) 金属線. ouvrage de (en) ~ 透かし模様の細工品.
2 (紙幣, 紙の) 透かし〔模様〕. ~s des billets de banque 紙幣の透かし. en ~ 透かしによる;透かして, 透けて;言外に;透けて見える. marque de fabrique en ~ 透かしによる製造マーク. apparaître en ~ 透けて見える. lire en ~ 行間を読む.

filigrané(e) *a.p.* **1** 透かし細工を施した, 透かし模様のある. croix d'or ~e 透かし細工を施した金の十字架. verre de Venise ~ 透かし模様のあるヴェネツィア・ガラス.
2 透かしの入った. billet de banque ~ 透かし入り紙幣. papier ~ 透かしのある紙.

fille *n.f.* Ⅰ (娘, 子女) **1** (親に対する) 娘 (fils 「息子」の対). ~ adoptive 養女. ~ aînée 姉娘, 長女. ~ cadette 妹娘;末娘. ~ de famille 良家の娘. ~ de la maison 主人の娘. la ~ Dupont デュポンの娘, デュポン嬢 (= mademoiselle Dupont). ~ légitime (naturelle) 嫡出 (庶出) の娘. ~ spirituelle 精神的な娘 (後継者).〔話〕ma ~ 娘よ;娘さん (目下の女性に対する親しみをこめた呼びかけ).
2 王女である子孫, 末裔. ~ de France フランス王家正嫡の娘. ~ du peuple 庶民の娘. la France, ~ aînée de l'Eglise カトリック教会の長女であるフランス. une ~

de l'Eglise 模範的なカトリック教徒の女性. **3**〔比喩的〕〔詩〕~ du ciel 蜜蜂. ~ de la nuit 星.
4〔比喩的〕〔文〕産物, 所産;〔女性名詞をうけて〕結果. tristesse, ~ de la solitude 孤独のもたらす悲しみ.
Ⅱ《若い女性》**1** 若い女性, 少女, 女の子, 娘, 小娘 (garçon「少年」の対). ~ à marier 結婚適齢期の娘. ~ d'honneur 侍女;(花嫁の) 付添いの少女. belle (jolie)~ 綺麗な少女(娘). bonne ~ 気立てのよい娘. grande ~ (思春期に達した)少女;一人前の娘. petite ~ 幼女;(思春期以前の)少女. jeune ~ 乙女;若い未婚の女性. nom de jeune ~ 女性の結婚前の姓(旧姓). vraie jeune ~ 清純な乙女. *A l'ombre des jeunes ~s en fleurs* de Proust プルーストの『花咲く乙女たちの蔭に』(1918年)(『失われた時を求めて』の第2部). école de ~s 女子校, 女学校. **2** 未婚の女性, 処女. rester ~ (女性が)独身のままでいる. vieille ~ オールドミス, 老嬢.〔古〕〔蔑〕~〔-〕mère 未婚の母 (= mère célibataire).
3 (de の仕事に従事する)娘, 女子従業員. ~ de boutique ブティックの売子. ~ de cuisine 下働きの料理女. ~ de ferme 農場で働く娘. ~ de salle (食堂などの)給仕女;(病院などの)雑役婦. ~ de service 給仕女.
4 身持ちの悪い娘 (= prostituée). ~ de joie; ~ publique 売春婦, 娼婦. ~ des rues 街娼. ~ perdue 売春婦.
5 修道女, 尼僧. les *F~s* du Carmel カルメル会修道女.

fillette *n.f.* **1** フィエット, 少女(思春期以前の女の子)(= petite fille). une ~ et un garçonnet フィエットとガルソネ(小さな男の子).〔同格的〕rayon ~〔s〕少女服売場. Ce n'est plus ~. もう小娘ではない.
2 娘(思春期に達した少女)(= jeune fille). Bonjour ~. やあ娘さん.〔諺〕Bonjour lunettes, adieu ~s 老眼になれば色気沙汰ともお別れ.

film *n.m.* **1** 映画用フィルム (= ~ cinématographique);写真用フィルム, ロールフィルム(但し写真用フィルムは通常 pellicule〔photographique〕が用いられる). ~ de 35mm 35ミリ・フィルム. ~ sur 8mm 8ミリ・フィルム. développer un ~ フィルムを現像する.
2 映画;映画作品 (= œuvre cinématographique);映画芸術 (= art cinématographique). ~ d'animation アニメーション映画, アニメ. ~ de court (moyen, long) métrage 短(中, 長)編映画. ~ documentaire ドキュメンタリー映画. ~ doublé (sous-titré, en version originale) 吹替え(スーパー付き, 原語版)映画. ~ en couleur (en noir et blanc) 色彩(白黒)映画. ~ en exclusivité 封切(ロードショー)映画. ~ muet (parlant) 無声(トーキー)映画. ~ noir フィルム・ノワール(暗い犯罪・暴力・暗黒街物の映画). ~ porno〔graphique〕ポルノ映画. ~〔classé〕X X 指定映画(未成年者の観賞禁止作品). ~ publicitaire 宣伝映画.
Archives du ~ 映画保存院. droit de diffusion d'un ~ 映画の配給権. Festival international du ~ d'animation d'Annecy アヌシー国際アニメーション映画祭. le meilleur ~ français (étranger) 最優秀フランス(外国)映画. tourner un ~ 映画を撮る.
3 (出来事;事件の)起承転結, 一連の成り行き《報道用語》. ~ des événements 事件の発生を推移.
4 薄膜, 被膜, 膜, フィルム;薄い層;薄い板;〔美術〕絵具(ニス)の層. ~ d'huile 油膜. ~ plastique プラスチック・フィルム, ラップ.〔歯科〕~ dentaire 歯垢.

filmage *n.m.* 映画の撮影 (= tournage).
filmographie *n.f.*〔映画〕フィルモグラフィー(1)特定の映画作家(俳優, 主題)の全作品系列リスト;2)映画関連文献;3)特定の監督(俳優)の映画作品についての論文(著作)).
filmologie *n.f.* 映画学.
filmothèque *n.f.* マイクロフィルム保存館;映画フィルム保存館, フィルム・ライブラリー.
filo *n.m.*〔料理〕フィロ(薄い生地).
filoguidé(e) *a.*〔軍〕有線誘導方式の. missile ~ 有線誘導ミサイル.
filon *n.m.* **1** 鉱脈. ~ de quartz 水晶鉱脈. ~ de roches aurifères 金鉱脈. ~s parallèles 平行鉱脈群. puissance d'un ~ 鉱脈の層厚. découvrir (exploiter, épuiser) un ~ 鉱脈を発見する(採掘する, 掘りつくす).
2〔地学〕岩脈;薄層. roche de ~ 脈岩.
3〔比喩的〕(発想, 情報などの)源泉, 宝庫.
4〔話〕好機, 幸運, 僥倖;うまい手. un bon ~ 幸運. trouver un ~ うまい手を見つける.
filou (*pl.* **~s**) *n.m.* **1** 詐欺師, いかさま師;すり. **2** ずるい人, 悪賢い人.
—— *a.* **1** いかさまをする. **2** ずるい, 悪賢い.
filouterie *n.f.* **1**〔話〕〔古〕詐欺, ペテン, いかさま, かたり (= escroquerie).
2〔法律〕無銭飲食 (= grivèlerie);無賃乗車. ~ de restaurant レストランでのただ食い. ~ de taxi タクシーのただ乗り.
filovirus *n.m.*〔医〕フィロウイルス(エボラウイルスを含む紐状ウイルス).
fils [fis] *n.m.* **1** 息子 (fille「娘」の対);男の子 (garçon).〔蔑〕~ à papa どら息子. ~ adoptif 養子. ~ adultérien 不義の子. ~ aîné 長男 (= premier ~). ~ de famille 良家の息子. ~ de maison 主人の息子. ~ des enfants 孫 (= petit-~). ~ légitime (naturel) 嫡出(庶出)の息子. ~ prodigue 放蕩息子, 蕩児. ~ unique 一人息子.

filtrage

qualité de ~ 息子の身分(資格). Alexandre Dumas ~ アレクサンドル・デュマ・フィス(息子のほうのA. Dumas). Bouchard père et ~ ブーシャール父子会社. Bouchard ~ ブーシャール・ジュニア. le ~ Bouchard ブーシャール〔家〕の息子.
de père en ~ 父子相伝で(の). mon ~! わが子よ(親の子に対する,聖職者の男性信者に対するよびかけ);〔話〕お若いの,君. avoir un (deux)~ 息子が一人(二人)いる. être bien le ~ de son père いかにもあの父親の息子らしい.〔諺〕Tel père, tel ~ こ の父にしてこの子あり.
2〖キリスト教〗子(三位一体Trinitéの第二人称). au nom de Père, du F~ et du Saint-Esprit 父と子と精霊の御名において. le ~ de Dieu (de l'homme) 神の子(人の子) (イエス=キリスト).
3〖比喩的〗子孫,後裔;国民;(ある地方の)出身者. ~ d'Apollon 詩人. ~ du Ciel 中国人. ~ de la France フランス王家の嫡男. les ~ de la France フランス国民. ~ de paysans 農家の出身者. ~ du peuple 庶民;庶民の子(男性). ~ du Soleil インカ人. ~ spirituel 精神的後継者,弟子.
4〖比喩的〗〖文〗産物,結果〖男性名詞をうけて〗. ~ de ses œuvres 自分の力で成功した人,独立独行の人. le vin, ~ sacré du soleil 太陽の聖なる贈物である酒.

filtrage *n.m.* **1** 濾すこと;濾過;濾光,濾波,フィルタリング;フィルターによる選別(除去). ~ de l'eau 水の濾過処理. ~ du café コーヒーのフィルター抽出. ~ des poussières 塵埃の除去. ~ optique フィルターによる光学的処理. élimination du dépôt d'une boisson par ~ 飲料のかすの濾過による除去.
2〖電算〗(データ通信・画像処理の)フィルタリング,フィルター機能.
3〖比喩的〗検閲,検問(=contrôle, censure). ~ des nouvelles ニュースの検閲. ~ des voitures par la ~ 警察による自動車の検問.
4〖比喩的〗(機密などの)漏洩;浸透. ~ des informations 情報の浸透(漏洩).

filtrant(e) *a.* **1** 濾過用の. cigarette à bout ~ フィルターチップ付紙巻タバコ. papier ~ 濾紙.〖光〗verre ~ 光学フィルター.
2〖交通〗barrage ~ 選別遮断(トラックなどを阻止し自家用車などを通す交通規制).
3〖生〗virus ~ 濾過性ウイルス.

filtrat *n.m.* 濾過液(=liquide filtré). ~ de macération alcoolique アルコール浸漬の濾過液.

filtration *n.f.* **1** 濾過;濾過作用. ~ s des eaux 水の濾過. ~ sous vide 真空濾過. ~ sur charbon actif 活性炭による濾過. ~ sur sable 砂濾過.
2 浸透,浸出;浸出液.〖地学〗eaux de ~ 浸

透水 (=eaux d'infiltration).
3(光の)透過.

filtre *n.m.* **1**(液体・気体の)濾し器;濾過器(装置).〖自動車〗~ à air (à essence, à huile) エア(ガソリン,オイル)フィルター. ~ à analyse 分析用濾紙. ~ de Chamberland チェンバランド細菌濾過器. ~ en étoffe 布製濾し器. ~ lent (rapide) 緩速(急速)濾過紙.〖医〗~-membraneux メンブラン・フィルター,膜フィルター. papier-~ 濾過紙.
2(光・写真・音・電波・電流などの)濾過器,フィルター.〖光学〗~ à courte bande 短波長紫外線フィルター(UVB).〖光学〗~ à large bande 長波長紫外線フィルター(UVA).〖電〗~ antiparasite 雑音防止回路.〖光学・写真〗~ coloré (monochromatique) カラー(単色)フィルター.〖電波〗~ de fréquence 濾波器,フィルター. ~ d'interférentiel 干渉フィルター.〖電波〗~ passe-bande 帯域フィルター.〖電波〗~ passe-bas 低域フィルター,ローパス・フィルター(=〖英〗low-pass filter). ~ passe-haut 高域フィルター(=〖英〗high-pass filter).〖写真〗~ polariseur 偏光フィルター,PLフィルター. ~ sans cendres 無灰濾紙.〖光学〗~ solaire 太陽光フィルター.
3 コーヒー濾し(=~ à café);ドリップコーヒー(=café 〔~〕).
4(タバコの)フィルター. bout ~ フィルターチップ. cigarettes à〔bout〕~ ; cigarette ~ フィルター付き紙巻きタバコ,フィルタータバコ. cigarette sans ~ 両切り紙巻きタバコ. un paquet de Gitanes ~ フィルター付きジタヌ1箱.
5〖電算〗フィルター(選別プログラム).
6〖比喩的〗選別するもの. ~ d'une intelligence 知性のフィルター.

filtre-presse(pl.**~s-~s**) *n.m.* 圧搾濾過器,圧濾器,フィルタープレス.

FIM[1] (=*F*édération *i*nternationale de *m*otocyclisme) *n.f.* 国際オートバイ競技連盟(1904年FICM=*F*édération *i*nternationale des *c*lubs *m*otocyclistes として設立;1949年FIMとなる).

FIM[2] (=*F*onds *i*ndustriel de *m*odernisation) *n.m.* 産業近代化基金(1983年7月設立).

FIMTM (=*F*édération des *i*ndustries *m*écaniques et *t*ransformatrices des *m*étaux) *n.f.* (フランスの)機械・金属加工産業連盟.

fin[1] *n.f.* 〖Ⅰ〗《終り,最後》**1** 終り;終りの時点;末,末端;期限. ~ avril 4月末(=la ~ du mois d'avril). ~ de l'année (du mois, de la semaine, du jour) 年末(月末,週末,日暮れ). ~ d'un livre 書物の終り. ~ d'un mandat 委任の期限. ~ 2004 2004年の年末. ~ prochain 来月末に. effet payable ~ courant (prochain) 当月(来月末)払

いの手形.
à la ~ 最終的に；結局；遂に；〖話〗いやはや，全く. à la ~ de ~ 何の終り(終る時)に.〖話〗à la ~ des ~s とどのつまり. en ~ finale 最後に. du commencement à la ~ de la séance 会議の冒頭から閉会時まで. payer à la ~ du mois 月末に支払う.

2 最後の部分，終局；終末期；終焉；結末. ~ de la journée 日暮れ時. ~ de la vie 人生の末期. ~ de mois difficile (月給前の) 苦しい月末. ~ de race 血筋 (党派) の最後の人. ~ de semaine 週末, ウィークエンド (=〖英〗week-end). ~ de série 残り物, 半端物. ~ de siècle 世紀末.〖同格〗personnages ~ de siècle 世紀末の人物. ~ d'un film 映画の結末部. ~ d'un match 試合の終盤. en ~ de qch 何の最後のところで. en ~ de l'après-midi 午後遅く. en ~ de compte つまるところ, 結局. faire une ~ 気儘な暮しに終止符を打つ；身を固める, 結婚する.

3 終了, 終止, 結着；途絶, 断絶, 中絶. ~ de la guerre 戦争の終結.〖法律〗~ d'une société 組合の終了.〖法律〗bonne ~ (継続的契約における) 良好結了. mot de la ~ しめくくりの言葉. sans ~ 果てしなく；はてしない, 無限の. sans ~ ni trêve ひっきりなしに. bande sans ~ エンドレステープ. vis sans ~ ウォームギア. approcher de la 〔sa〕~¹；tirer (toucher) à sa ~¹ 終りに近づく；尽きかける. provisions qui tirent à leur ~ 底を尽きそうな備蓄食糧. mener qch à bonne ~ 立派に成し遂げる. mettre ~ à qch 何を終らせる, 何に終止符を打つ；何に結着をつける. mettre ~ à sa vie (à ses jours) 自ら命を絶つ. prendre ~ 終了する.

4 終末, 破滅, 破局, 消滅. ~ du monde 世界の終末. ~ d'un empire 帝国の瓦解. jusqu'à la ~ des temps (des siècles) この世の滅亡まで. C'est la ~ de tout. もうおしまいだ, お手あげだ.

5 (人の) 死, 最期. ~ brusque (prématurée) 急逝 (夭折). approcher de sa (la) ~²；tirer (toucher) à sa (la) ~² 死を目前にしている. avoir une ~ tragique 悲劇的な死を遂げる. sentir sa ~ approche 死期の近いことを悟る.

Ⅱ《目的》**1**〔多く pl.〕目的, ねらい, 意図. arriver (en venir, parvenir) à ses ~s 目的を果たす. à cette ~ (ces ~s) 上記の目的 (意図) で. à cette ~ de + inf. (que + subj.) …するために. à 〔la〕seule ~ (aux seules ~s) de + inf. (que + subj.) ただ…するためだけに. à toutes ~s すべての役に立つ. salle à toutes ~s 多目的ホール. à toutes ~s utiles 何かの時に備えて；すべての有益な請求原因. à des (aux, pour) ~s de qch (+ inf.) 何 (…する) 目的で.〖法律〗commandement aux ~s de saisie 差押えの執行を予告する弁済の催告.

La ~ justifie le moyen. 目的のために手段を選ばない.〖諺〗Qui veut la ~ veut les moyens. 目的のためには手段を選ぶぞ.
2〖哲〗目的. ~ en soi 目的自体. ~ subjective (relative) 主観的 (相対的) 目的.
3〖法律〗(請求の) 理由；(訴えの) 目的；〔pl. で〕(訴訟における) 訴訟物 (= objet de la demande). ~ de non-recevoir 訴訟不受理事由, 妨訴抗弁；〖話〗拒否. action à ~s de subsides (非嫡出子の有する) 生計費請求の訴え.
4 目標, 到達点；結果 (cause「原因」の対).〖神学〗les ~s dernières (終末論での) 四終 (la mort, le jugement dernier, le ciel, l'enfer) (= quatre ~s). La ~ des fleuves, c'est la mer. 河川の行き着くところは海だ.

fin²(e¹) a. **Ⅰ**《細かい, 細い, 薄い》**1** 細かい, 微細な；微粒からなる；きめ細かな. peau ~e きめ細かな肌. petits pois ~s 小粒のグリーンピース《高級品》. pluie ~e 小糠雨. poudre ~e 細粉. sable ~ 細かな砂. sel ~ 精製塩.
2 細い, ほっそりした. aiguille ~e 細針. cheveux ~s 細い毛髪. fil ~ 細糸. mains (jambes) ~es ほっそりした手 (脚). taille ~e すらりとした体つき. visage aux traits ~s 端整な顔立.
3 薄い, 軽い. papier ~ 薄紙. tranche ~e 薄片, 薄切り.
4 繊細な, こまやかな；微妙な；かすかな. ~es nuances 微妙なニュアンス. écriture ~e きれいな細字. goût ~ 繊細な (洗練された) 味わい.
5 鋭利な, 尖った. pinceau ~ 細筆. pointe ~e 鋭い切先.
Ⅱ《純度の高い, 良質の》**1** (貴金属・宝石が) 純粋な, 純度の高い. métal ~ 貴金属. or ~ 純金. perles (pierres) ~es 天然真珠 (準貴石).
2〔時に名詞の前〕上質の, 高級な, 極上の, 選りすぐった. ~e fleur de qch 何の最良部分；〖比喩的〗何の粋. ~e fleur de la farine 極上小麦粉.〖比喩的〗~e fleur d'une société 社会の精鋭, エリート.〖料理〗~es herbes フィーヌ・ゼルブ, ハーブ (香草). arôme ~ 強い芳香. beurre ~ (extra-~) 良質 (極上) バター. couleurs ~es 画用絵画 (ペンキの). eau-de-vie ~e 高級蒸溜酒 (= fine, n.f.). épicerie ~e 高級食料品 〔店〕. huître ~e 高級牡蠣, フィーヌ (= fine, n.f.). lingerie ~e 高級肌着類. partie ~e 艶やる集い (パーティー). repas ~ 美味しい食事. vins ~s 高級葡萄酒.
3 精緻な, 精巧な；完璧な. ~e ciselure 精巧な彫り物. dentelle ~e 精緻なレース.
Ⅲ《鋭敏な》**1** (感覚が) 鋭い, 敏感な. odorat ~ 鋭い嗅覚. avoir le nez ~ 嗅覚が鋭い；鼻が利く；人の考えを察知する. avoir l'oreille (l'ouïe) ~e 聴覚が鋭い, 耳ざとい.
2 (人が) 明敏な, 聡い；繊細な；巧みな；

洗練された. ~e plaisanterie しゃれた冗談. allusion ~e 巧みなほのめかし. calcul ~ 精密な計算. esprit ~ 明敏な精神. observation ~e 鋭い観察. regard ~ 鋭い眼差. sens artistique très ~ 鋭い芸術的感覚. sourire ~ 微妙なほほ笑み.

3〔名詞の前〕(人が)熟知している, 精通している. ~ connaisseur 通. ~ gourmet;〔話〕~e gueule 食通(=bec ~). ~e lame 剣の達人. ~ limier 腕利きの刑事.

4〔多く名詞の前〕策謀にたけた, 狡猾な, 老獪な. ~ comme l'ambre(龍涎香のように繊細な→)洞察力の鋭い. ~ compère 狡賢い相棒. ~e mouche 海千山千の女. ~ renard 狡賢い奴.

〔皮肉〕C'est ~, ce que tu as fait! 大したお手並だ! Ce n'est pas ~〔de+inf.〕〔…するのは〕うまくない. Il n'est pas ~. 奴は利口じゃない.

5〔カナダ〕人の良い, 親切な.

IV〔古〕最も遠い, さい果ての.〔現用〕~ fond de qch 何の深奥. habiter le ~ fond du pays 奥地に住む.〔現用〕~ mot de qch 何の秘密の鍵となる言葉; 何の秘められた理由.

— n. 術策にたけた人. jouer au plus ~ 術策を弄する.

fin³ ad. **1** すっかり, 完全に. ~ prêt 準備万端整って. ~ saoul へべれけの. Elle voit ~ clair. 彼女ははっきり見える(わかる). **2** 細かく; 微粒に; 精巧に. ciseler ~ 精巧に彫る. écrire ~ 細字で書く. moudre très ~ ごく細かく挽く. **3**〔ビリヤード〕prendre (toucher) ~〔la bille〕〔玉を〕薄く突く. **4** すぐそばを. passer ~ すり抜ける.

fin⁴ n.m. **1** 深奥, 秘奥.〔話〕le ~ du ~ 髄; 極意; 最上品(=nec plus ultra). le ~ du ~ de la politique 政治の極意. savoir〔le fort et〕le ~ de qch (技術・学問などについて)何も知り尽す.

2(金・銀の)純度, 品位. le ~ d'une monnaie d'or 金貨の純度(品位). pièce d'or à neuf dixième de ~ 純度90％の金貨.

3 薄地の上質布; 高級肌着類(=linge ~). blanchisserie de ~ 薄物(高級肌着類)専門洗濯屋.

4 細し.

5 策略, 術策. faire le ~ 術策を弄する.

final(**e**)¹〔n.pl. は稀に**aux**〕a. **1** 終りの, 最後の.〔経済〕末端の.〔経済〕demande ~e 末端需要. objet ~ 最終目標. point ~ ピリオド, 句点;〔比喩的〕終止符. mettre le point ~ à un débat 議論に終止符を打つ(決着をつける). résultat ~ 最終結果. terme ~ 最終期限.〔経済〕utilisateur ~ 末端の利用者. victoire ~e 窮極の勝利. voyelle ~e 語尾の母音. au ~ つまるところ, 結局.

2〔哲〕目的を示す;〔文法〕目的の, 目的を表す.〔哲〕cause ~e 目的因. conjonction ~e 目的の接続詞(afin que, pour que など).〔文法〕proposition ~e 目的の節.

final(**e**)²〔伊〕n.m. **1**〔音楽〕フィナーレ, (オペラの)終曲; 最終楽章. ouverture et ~ 序曲とフィナーレ.

2〔演劇〕フィナーレ, 最後の幕, 終曲.

final cut〔finalkœt〕〔英〕n.m.〔映画〕ファイナル・カット, 仕上がり最終編集(=〔仏〕coupe finale).

finale³ n.f. **1** 決勝戦. demi-~s 準決勝. quarts de ~ 準々決勝. huitièmes de ~ 準々決勝進出をかけた試合. arriver (parvenir) en ~ 決勝まで勝ち進む. jouer en ~ 決勝戦を戦う. en ~ 決勝戦で;〔比喩的〕最後に.

2〔文法〕語末の音綴; 語末, 文末. ~ accentuée 強勢のアクセントのおかれた語末音綴.

3〔舞〕(カドリールなどの)最後のフィギュア.

finaliste a. **1**〔哲〕窮極因論 (finalisme) の. théorie ~ 窮極因論.

— n. **1**〔哲〕窮極因論者. **2**〔スポーツ〕決勝戦進出選手(チーム).

finalité n.f. **1** 窮極性; 合目的性. ~ obscure d'actes instinctifs 本能的行為の曖昧な合目的性. croyance à la ~ dans l'histoire 歴史における合目的性の確信. principe de ~ 合目的性原理.

2〔美学〕窮極目的, 窮極; 調和. perception de ~ 窮極目的の知覚. La beauté est la forme de la ~. 美は窮極目的の形態である〔カント〕.

3(生物・器官の)目的への適応(方向づけ). ~ immanente (transcendante) 内在的(超越的)適応.

finance n.f. **1**〔pl. で〕**a)** 公の財政, 財務. ~s publiques 財政, 財政学. loi des ~s 国の予算. ministre des ~s 大蔵大臣. **b)** 大蔵省, 財務省. **c)** 公の金融. ~s internationales 国際金融. **d)** 私的な財政, 財務;(個人, グループなどの)財政状態.

2〔sing. で〕財界, 金融界, 金融, 証券業; 資本家, 財界人. haute ~ 銀行家, 資本家.

financé(**e**) a.p. **1** 出資されて, 資金を調達された. école ~e par la Chambre de commerce et d'industrie de Paris パリ商工会議所が資金を供給する学校. grands travaux ~s par l'Etat 国が資金を出す大工事. **2**〔古〕現金で支払われた.

financement n.m. **1** 資金調達, 財源, 出資, 融資; 資金繰り. ~ de campagnes électorales 選挙資金〔の調達〕. ~ privé 民間資金. ~ public 政府資金. ~ des partis politiques 政治資金. projet de loi sur le ~ de la sécurité sociale (PLFSS) 社会保障財源法案. Le projet d'annulation des dettes des PMA est arrêté mais reste à en définir le ~. 後発途上国の債務帳消し案は決定されたが，その資金手当てはまだ明らかになっていない．**2**（国民計算の用語）〖国民経済計算〗besoins de ~ 資金需要. capacités de ~ 資金過剰. tableau de ~ 資金調達勘定.

financiarisation *n.f.* 〖経済〗金融機関の経済支配．

financier(**ère**) *a.* **1** 金融に関する，財政の，財政に関する．architecture ~ *ère* internationale 国際金融制度．autorité des marchés ~ *s* (AMF) 金融市場監督委員会《2003 年 8 月に設置された金融市場監督に当たる独立行政委員会で，既存の株式市場取引委員会 commission des opérations de bourse，金融市場理事会 conseil des marchés ~ *s* および金融運営規理事会 conseil de discipline de la gestion ~ *ère* を統合して，権限を強化した》. capital ~ 金融資本. crise ~ *ère* 金融危機. établissement ~ 金融機関. institution ~ *ère* 金融機関. loi de modernisation ~ *ère* 金融近代化法《1996 年 7 月に成立，施行された法律》. marché ~ 金融市場. montage ~ d'un projet あるプロジェクトの資金計画. politique ~ *ère* 金融政策. système ~ 金融制度.
2 金銭上の. difficultés ~ *ères*（国，企業，家計，個人などの）資金繰りの問題. scandale politico- ~ 政治家を巻き込む金銭スキャンダル. souci ~ カネの心配.
—*n.m.* **1** 金融資本家，銀行家；（企業内の）財務担当者．
2 〖歴史〗徴税官，財務官；(転じて) 金持ち．
3 〖菓子〗フィナンシエ《アーモンドと卵の白身を主材料とするクッキー》．
—*n.f.* 〖料理〗〖sauce〗~ *ère* フィナンシエール・ソース《仔牛の胸腺，鶏のすり身などを入れたブラウン・ソース》．

finastéride *n.m.* 〖薬〗フィナステリド《良性前立腺肥大症治療薬；禿頭病治療薬；薬剤製品名 Chibro-Proscar (*n.m.*)》．

fine² *n.f.* **1**（特定の地区で生産される）良質の蒸溜酒《ブランデー》．~ Calvados フィーヌ・カルヴァドス《ノルマンディー地方 la Normandie のシードル酒からつくられる上質のカルヴァドス酒》．~ champagne フィーヌ・シャンパーニュ《département de la Charente シャラント県の la Grande Champagne と la Petite Champagne のふたつの地区の葡萄酒から蒸溜してつくられる上質のコニャック》．
2 フィーヌ《高級品種の牡蠣》．~ de Belon ベロン《ブロン》産高級牡蠣《ブルターニュ地方の le Belon ベロン川の河口で養殖される高級平牡蠣》．~〚-〛de〚-〛claire フィーヌ・ド・クレール《クレールと呼ばれる養殖場で仕上げて出荷される〈ぼま牡蠣》．
3〚*pl.*で〛粉炭；岩石微粒，フィラー（〚英〛filler）《アスファルトの加熱瀝青に混ぜる細

粒岩石の骨材》．

finesse *n.f.* **1** 繊細さ，精緻，巧緻，精妙．~ d'exécution 仕上げの精緻さ．~ de touche タッチの繊細さ．~ d'un ouvrage 作品の精妙さ．
2（感覚の）鋭さ，鋭敏さ．~ de l'ouïe (de l'odorat, du tact) 聴覚（嗅覚，触覚）の鋭さ．
3（思考・感情などの）鋭さ；洞察力；（計算・予測などの）正確さ．~ d'esprit 頭脳の明鋭さ．~ de jugement 判断力の鋭さ．~ de l'expression 表現の正確さ．~ de sentiment 感情の鋭敏さ．~ de critique 批評の的確さ．esprit de ~ 繊細の精神《Pascal の用語；esprit de géométrie「幾何学的精神」の対》．avoir de la ~ 繊細さを持ちあわせている．
4 精巧さ，器用さ．~ d'un exécutant (d'un joueur) 演奏者の巧みさ. user de ~ 巧みに振舞う．
5〚*pl.*で〛微妙な点；奥義．~ *s* d'une langue 言語の微妙な難しさ．connaître toutes les ~ *s* d'un métier 職業の奥義に通じる．
6〚多く *pl.*〛策略，術策；悪賢さ．~ *s* cousues de fil blanc 見え見えの策略．entendre (chercher) ~ à *qch* 何にこもる底意を察知する〈探る〉．
7（物の）細かさ；細さ；こまやかさ；（形・材質の）良さ．~ de la taille 体つきの優美さ．~ d'un fil 糸の細さ．~ d'un vin 葡萄酒の芳醇さ．~ d'une étoffe 布地のきめの細かさ．~ d'une poudre 粉末のきめ細かさ．
8 〖航空〗揚抗比．
9 〖船〗ファインネス《船首と船尾の吃水線の細まり》．

fini¹(**e**) *a.p.* **1** 終った，終了した，完了した；仕上がった；仕上げのいい．F~〚*es*〛les vacances! ヴァカンスは終った！produit ~（semi-~）完成（半成）品．vêtement bien ~ 仕上げのいい服．C'est bien ~! もうおしまいだ，万事休す；〖反語的に〗当然の報いだ！C'est ~ de + *inf.* …するのはもうおしまい．〚C'est〛~ de rire. 冗談はそれまで．C'en est ~ de *qch* (*inf.*) 何の（…する）余裕はもうない．C'en est ~ de discuter, il est temps d'agir. 議論はもうやめだ，今こそ行動の時だ．Mon travail est ~. 私の仕事は終った．Tout est ~. 万事休す．
2 おしまいになった；力の尽きた．époque ~ *e* もはや過去となった時代．homme ~ 気力の失せた人．voiture ~ *e* 寿命のきた車．
3〚蔑〛この上なしの，全くの．menteur ~ 極めつきの嘘つき．
4 限界のある；〖哲・数〗有限の．〖数〗ensemble ~ 有限集合．〖哲〗être ~ 有限の存在．〖数〗grandeur ~ *e* 有限量．〖数〗nombre entier (réel) ~ 有限整数（実数）．univers ~ 有限の宇宙．

fini² *n.m.* **1** 仕上げ；仕上がり；完成度．~ d'une surface 表面の仕上がり．

finissage 2 有限. le ~ et l'infini 有限と無限.

finissage *n.m.* (製品の)仕上げ;(織物の)仕上げ加工.

finisseur(se) *n.* **1** 仕上げ工(職人).
2〖スポーツ〗ラストスパートのきく選手;〖競馬〗追い込みのきく馬.
—*n.m.(n.f.)*〖土木〗フィニッシャ(道路舗装工事の仕上げ機).

Finistère *n.pr.m.*〖行政〗le ~ フィニステール県(=département du F~;県コード 29;UE とフランスの広域地方行政区域 région Bretagne ブルターニュ地方西端の県;「地の果て」の意;県庁所在地 Quimper カンペール;主要都市 Brest ブレスト, Châteaulin シャトーラン, Concarneau コンカルノー, Morlaix モルレー, Quimperlé カンペルレ;4 郡, 54 小郡, 283 市町村;面積 6,785 km²;人口 852,418;形容詞 finistérien(*ne*)).

finistérien(ne) *a.* フィニステール県 (département du Finistère)の;フィニステール県人の.
—*F~ n.* フィニステール県民.

finlandais(e) *a.* フィンランド(la Finlande)の;フィンランド共和国(la République de Finlande)の;フィンランド人の.
—*F~ n.* フィンランド人.

Finlande (la) *n.f.* [国名通称]フィンランド(公式名称 Suomi Tasavalta:la République de F~;国民:Finlandais(*e*), Finnois(*e*);首都:Helsinki ヘルシンキ (Helsingfors);通貨:markka finlandais [FIM]). golfe de ~ フィンランド湾.

finlandisation *n.f.*〖史〗フィンランド化(ヨーロッパの非共産国がソ連に対してとった中立的外交政策の実施).

finnois(e) *a.* フィン人の;フィン語を話す人の.
—*F~ n.* フィン人;フィン語族.
—*n.m.* フィン語;フィンランド語.

Finul (=*F*orce *i*ntérimaire des *NU* pour le *L*iban) *n.f.* 国連レバノン暫定軍 (=[英] UNIFL:*U*nited *N*ations *I*nterim *F*orce in *L*ebanon) (1978 年 3 月から派遣されている国連平和維持軍).

fiole *n.f.* **1** 鶴首状フラスコ;~の内容. ~ graduée メスフラスコ.
2〔俗〕〔古〕頭. se payer la ~ de *qn* 人をこけにする(嘲る).

FIOM (=*F*onds d'*i*ntervention et d'*o*rganisation des *m*archés des produits de la pêche maritime et des cultures marines) *n.m.*〖漁業・金融〗海洋漁業・養殖産品市場介入調整基金.

fioul *n.m.* 燃料油(=mazout, [英] fuel). ~ domestique 家庭用暖房用燃料油, 灯油 (=gazole de chauffage).

FIP (=*F*rance-*I*nter-*P*aris) *n.pr.f.*〖放送〗フランス=アンテール=パリ(FM と中波による首都圏を対象とした国営ラジオ放送;1 日 24 時間のステレオ放送).

FIPF (=*F*édération *i*nternationale des *p*rofesseurs de *f*rançais) *n.f.* 国際フランス語教授連合.

FIPH (=*F*onds pour l'*i*nsertion *p*rofessionnelle des personnes *h*andicapées) *n.m.* 身体障害者就職促進基金.

FIR (=*F*onds d'*i*ntervention pour les *r*apaces) *n.m.* 猛禽類保護基金.

firme *n.f.* 会社, とくに経営者の名前を商号としている会社, 商店, 商館, 商社(英語の firm から);〔転じて〕企業, 企業グループ. ~ multinationale 多国籍企業.

FIRS (=*F*onds d'*i*ntervention et de *r*égularisation du marché du *s*ucre) *n.m.*〖農〗砂糖市場調整基金(1968 年創設).

First-e *n.pr.f.*〖経済〗ファースト・イー(電子取引銀行;www.first-e.com).

FIS (=*F*ront *i*slamique du *s*alut) *n.m.* イスラム救国戦線(アルジェリアのイスラム原理主義運動組織).

FISA (=*F*édération *i*nternationale du sport *a*utomobile) *n.f.* 国際自動車スポーツ連盟(国際モータースポーツ連盟).

fisc [fisk] *n.m.* **1** 国庫(=Trésor public). recettes du ~ 国の歳入.
2 税務;税務当局. inspecteurs du ~ 税務監査官.
3 税金. frauder le ~ 脱税する.

fiscal(ale) (*pl.aux*) *a.* 税務の;税の. agent ~ 税務官. charges ~*ales* 税負担. droit ~ 税法. fraude ~*ale* 脱税. législation ~*ale* 租税法制. lois ~*ales* 税法. politique ~*ale* 租税政策. système ~ 税制. timbre ~ 納税済証紙;収入印紙.

fiscalisation *n.f.* **1** 課税. ~ de certains revenus 特定の所得に対する課税.
2〖行政〗(地方自治体, 公共団体の財源に)税収を充てること, 租税化. ~ d'un déficit budgétaire 赤字予算の税収による処理.

fiscalité *n.f.* **1** (一国の)税制. ~ personnelle (réelle) 対人(対物)税制. ~ régionale 地方税制. ~ spécifique 特定税制. réforme de la ~ 税制改革.
2 租税法.
3 税負担. ~ directe 直接税の負担. lourde ~ 重税.

FISE (=*F*onds des *N*ations *u*nies pour l'*e*nfance) *n.m.* 国連児童基金, ユニセフ(= [英] UNICEF:*U*nited *N*ations *C*hildren's *F*und) (1946 年設立当初の名称は *F*onds *i*nternational de *s*ecours à l'*e*nfance 国際児童救済基金で, この略称を使用).

fish-eye [fiʃaj] (*pl.~-~s*) [英] *n.m.*〖写真〗魚眼レンズ, フィッシュ=アイ・レンズ(=objectif ~). ~ diagonal 対角線魚眼レンズ. zoom ~ 魚眼ズームレンズ.

fissibilité *n.f.*〖物理〗核分裂性.

fissible *a.*〖物理〗核分裂性の. matière ~ 核分裂性物質.

fissile *a.* **1** 裂けやすい；剥離性の；劈開性の. ardoise ~ 劈開性スレート.
2〖物理〗核分裂性の (=fissible). matière ~ 核分裂性物質. noyaux ~s 核分裂性原子核.

fission [英] *n.f.* **1** (原子核の) 分裂. ~ nucléaire 核分裂. **2** (細胞核の) 分裂. ~ binaire 二分裂.

fissiste (<FIS) *n.a.* イスラム救国戦線派〔の〕.

fissure *n.f.* **1** 割れ目, 裂け目, 亀裂, ひび割れ. ~ d'un mur 壁のひび.
2〖解剖〗(脳などの) 裂 (れつ).
3〖医〗裂創, 裂溝, ひび, あかぎれ (= ~ de la peau). ~ anale 裂肛, 痔裂, きれ痔.

fistulaire *a.* **1**〖医〗瘻 (ろう) 〔孔〕の, フィステルの (=fistuleu*x* (*se*)). ulcère ~ 瘻潰瘍.
2 管状の, 筒状の. stalactite ~ 筒状鍾乳石.

fistule *n.f.*〖医〗瘻 (ろう). ~ anale 痔瘻. ~ artéro-veineuse pulmonaire 肺動静脈瘻. ~ biliaire 胆汁瘻. ~ bronchique 気管支瘻. ~ bucco-sinusienne 口腔上顎洞瘻. ~ d'origine dentaire 歯瘻. ~ interne 内瘻. ~ intestinale 腸瘻. ~ œsophagotrachéale 食道気管瘻. ~ pancréatique 膵液瘻. ~ rectale 直腸瘻. ~ recto-vaginale 直腸腟瘻. ~ salivaire 唾液瘻. ~ stercorale 糞瘻. ~ trachéo-œsophagienne 気管食道瘻. ~ urétero-vaginale 尿管腟瘻. ~ vesicale 膀胱瘻. ~ vestico-rectale 膀胱直腸瘻. ~ vestico-vaginale 膀胱腟瘻.

fistuline *n.f.*〖茸〗フィスチュリーヌ, かんぞうたけ (フランスに多く見られるpolypore「あしぐろだけ」の一種). ~ hépatique 肝色かんぞうたけ (食用；通称 foie-de-bœuf「牛肝茸」, langue-de-bœuf「牛舌茸」；肝や舌に似た赤い傘をもつ).

fistulisation *n.f.*〖医〗瘻〔孔〕形成.

fistulographie *n.f.*〖医〗瘻孔造影〔術〕.

FIT (=*f*estival de l'*i*ndustrie et de la *t*echnologie) *n.m.* 産業技術フェスティヴァル. le ~ de la Cité des sciences à Paris パリの科学都市で開催される産業技術フェスティヴァル.

FITH (=*F*onds d'*i*ndémnisation des *t*ransfusés et *h*émophiles) *n.m.* 輸血を受けた人と血友病患者に対する補償基金.

FIV (=*f*écondation *i*n *v*itro) *n.f.*〖医〗試験管受精, 体外受精 (=fécondation externe).

FIVETE, Fivete (=*f*écondation *i*n *v*itro *e*t *t*ransfert d'*e*mbryon) *n.f.*〖医〗胚子の試験管受精と胎内移植.

fixage *n.m.* **1** 固定, 固着；取付け. ~ des rails レールの固定. ~ d'un gravure au mur 版画の壁への取付け.
2〖化・写真〗定着. ~ acide 酸性定着.
3〖染色〗色留め (= ~ des couleurs).

fixa*teur*¹ (*trice*) *a.* 固定 (定着) させる. fonction ~*trice* d'azote 窒素の固定機能. vernis ~ 定着用ニス.

fixateur² *n.m.* **1**〖美術〗(木炭画, パステル画用の) 定着液噴霧器, フィクサトゥール.
2〖写真〗定着液 (剤). passer une épreuve au ~ プリントを定着液につける.
3〖生〗(顕微鏡標本の) 固定剤 (液).
4 (香水の香りの) 定着剤.
5〖美容〗ヘアフィクサー.

fixatif *n.m.* **1**〖画材〗フィクサチフ (パステル画, 木炭画等の固定用スプレー剤). **2** (整髪用) ヘアフィクサー.

fixation *n.f.* Ⅰ **1** 固定, 定着；固定装置, 締具；留金；取付け. ~ à vis ねじ止め.〖スキー〗~ avant (arrière) 前部 (後部) 固定装置, ビンディング (= [英] binding). ~ de sécurité 安全固定装置, 安全ビンディング. ~ d'un poteau dans la terre 杭の地中固定.
2〖写真・美術〗定着. ~ d'un pastel パステル画の定着. ~ d'une image photographique 写真映像の定着.
3〖生〗(顕微鏡標本の) 固定；(組織などの) 固定.
4〖化〗固定；凝固；〖医〗固定. ~ de l'azote 窒素の固定. abcès de ~〖医〗固定膿瘍 (病源の伝播を防ぐために誘発する膿瘍)；〖比喩的〗(禍根を未然に防ぐ) 一部表面化した病弊.
5 定着.〖言語〗~ de l'usage de la langue 言語の慣用の定着. ~ des souvenirs dans la mémoire 思い出の記憶への定着.
6 (人の) 定着, 定住. ~ d'une population nomade 遊牧民の定住.
7〖精神医学〗amnésie de ~ 先行性健忘症.
8〖精神分析〗(リビドーの) 固着.
Ⅱ 取り決め, 決定. ~ de l'impôt 税額の決定. ~ d'une heure (d'un lieu) de rendez-vous 待ち合わせ時刻 (場所) の取り決め. ~ du prix du blé 小麦の価格の取り決め.

fixe *a.* **1**〖位置〗固定した, 不動の. demeure ~ 定住地.〖天文〗étoile ~ 恒星.〖鉄道〗matériel ~ 静的設備, 固定施設 (駅, 線路, 架線など；matériel roulant「動的機材」(車両など) の対). point ~〔固〕定点；水準点.〖機工〗roue ~ 案内リング (roue libre「フリーホイール」の対). téléphone traditionnel ~ 固定電話 (le [téléphone] mobile「移動 (携帯) 電話」の対). sans domicile ~ 住所不定の〔人〕(略記 SDF).
avoir le regard ~ (les yeux ~s；la vue ~)；regarder d'un œil ~ じっと見据える. ne savoir rien de ~ はっきりした事は何ひとつ知らない.
2〖状態〗一定の, 不変の；(時間・日付・価格などの) 決まった. à l'heure ~ 定刻に.〖気象〗beau ~ 持続する晴天, 好天定まる. Le baromètre est au beau ~. 気圧計は好天定

fixé(e)

まるを示している. capital ~ 固定資本. couleur ~ 変色しない色. date ~ 決まった日付. encre bleue ~ 変色しない青インク, ブルーブラック・インク. feu ~ 固定灯 (feu clignotant「閃光灯, フラッシュ灯」の対). idée ~ 固定観念. itinéraire ~ 決まった行程(旅程). menu〔à prix〕~ 定食. prix ~ 定価;定価販売の店(=magasin à prix ~s). règles ~s 決まった規則. revenu ~ 定収〔入〕. virgule ~ 固定小数点(virgule flottant「浮動小数点」の対).
— *n.m.* **1** 定収入(=revenu ~); 固定給(=salaire ~). ~ menuel 月給.
2〖天文〗恒星(=étoile ~). sphère des ~s 恒星の天体.
3〔隠語〕麻薬の静脈注射(=shoot). prendre un ~ 麻薬をうつ(=se fixer).
— *int.*〖軍〗F~! 気をつけ! A vos rangs, ~! 整列!

fixé(e) *a.p.* **1** 固定された. cadre ~ au mur 壁に固定された額縁.
2(視線が)じっと注がれた. avoir les yeux ~s sur qn 人を注視している.
3 決った, 一定の. au jour ~ 決った日に;取り決めた日に. limites ~es par la loi 法律で決められた境界(期限).
4(言語, 表記などが)固定した, 不変の. principe ~ 不変の原則.
5〔話〕(sur について)心が決った. être ~ sur〔le compte de〕qn 人についてはっきりした意見を持っている. n'être pas ~ 心を決めかねている. Je ne suis pas encore ~. まだ決心がつかない.
— *n.*〔精神分析〕固着をもつ人.

fixin *n.m.*〔葡萄酒〕フィサン(ブルゴーニュ地方 la Bourgogne の la Côte de Nuits 地区にある Fixin (市町村コード 21220) 村でつくられる赤葡萄酒の AOC; 150ha; arvelet, clos-de-la-perrière, clos-du-chapitre, clos-napoléon, hervelets の 5 つの 1 級畑あり).

fjord〔fjɔr(d)〕〔ノルウェー〕*n.m.* フィヨルド, 峡湾.

FKP(=*f*ibrose *k*ystique du *p*ancréas) *n.f.* 膵臓繊維症.

FLA(=*F*ront de *l*ibération *a*rabe) *n.m.* アラブ解放戦線(=〔英〕ALF:*A*rabe *L*iberation *F*ront)(1969年結成;同年 PLO:*P*alestinian *L*iberation *O*rganization に加盟).

flagellation *n.f.* **1** 笞打ち, 笞刑(ちけい);(サド・マゾの)笞打ち. ~ de Jésus-Christ イエス・キリストに対する笞刑. supplice de ~ 笞打ち刑, 笞刑.
2〖医〗~ thérapeutique (指で体を軽く打つ)軽打療法.
3〔比喩的〕痛撃, 痛罵.

flageolant(e) *a.*(病気, 疲労などで)ふらふらする, ふらつく;(恐怖で体が)がくがくする.

flageolet *n.m.*〖植〗フラジョレ(矮性隠元豆). gigot aux ~s フラジョレ添えの羊の腿肉料理.

Flagey-Echézeaux *n.pr.* フラジェー=エシェゾー(département de la Côte-d'Or コート=ドール県の村;市町村コード 21640;村内に grands-échézeaux (9 ha) と échézeaux (30 ha) の 2 つの特級畑の AOC 酒がある).

flagornerie *n.f.* おもねり, へつらい, 追従.

flagrance *n.f.*〖法律〗明白性. ~ du délit 不法行為の明白性(現行性).

flagrant(e) *a.* **1**〖法律〗現行の, 目前で行われた. ~ délit;délit ~ 現行犯(=〔俗〕flag).
2〔比喩的〕明白な, 誰の目にも明らかな. erreur ~e 明らかな誤り. injustice ~e 明白な不正. violation ~e de la loi 明白な法律違反. en contradiction ~e 明らかに矛盾して.

flamand(e) *a.* **1** フランドル(la Flandre, les Flandres)の, フラマンの. art ~ フランドル芸術.〖美術〗école ~e フランドル(フラマン)派. langue ~e フランドル語. peintre ~ フランドル〔派〕の画家. race ~e (乳牛などの)フランドル(フラマン)種. la Région ~e (ベルギー北部の)フランドル地方. le Brabant ~ フランドル・ブラバン卜州.
2 フラマン語の.
— *F~ n.* フランドル(フラマン)人.
— *n.m.*〖言語〗フランドル(フラマン)語.

flamant *n.m.*〖鳥〗フラミンゴ. ~ rose ピンク・フラミンゴ.

flambage(<flamber) *n.m.* **1** 炙ること, 焼くこと, (家禽の)毛焼き;(布地の)けば焼き;〖医〗(外科用器具を)焼いて消毒すること. ~ d'un poulet 鶏の毛焼き. ~ d'un instrument chirurgical 手術用器具の炎による消毒.
2〖機工〗座屈〖変形〗(=flambement).〖海〗~ d'un mât マストの座屈. ~ latéral 横座屈.

flambant(e) *a.* **1** 炎を上げて燃える. feu ~ 炎を上げる火.
2〔比喩的〕炎のように輝く. rouge ~ 燃えるような赤.
3〔やや古〕見事な, 素晴らしい;誇らしげな. air ~ 得意な様子.〖現用〗~ neuf (ve)真新しい. voiture ~ neuf (ve) ピカピカの新車.
4〖紋章〗炎の形をした.
— *n.m.* 瀝青(れきせい)炭(=charbon ~).
— *n.f.*〔話〕マッチ(=allumette).

flambé(e) *a.p.* **1** 炎にかざした;炎で焼いた;炎で消毒した. aiguille ~e 炎で消毒した針.〖料理〗volaille ~e 炎で毛焼きした鶏.
2〖料理〗フランベした(リキュール, 蒸溜

酒をかけ火をつけて風味づけした). banane ~*e* バナーヌ・フランベ. steak ~ au cognac コニャックでフランベしたステーキ.
3〖比喩的〗破産した, 没落した；駄目になった. affaire ~*e* 台無しになった取引. homme ~ 没落した男.

flambeau(*pl.*~**x**) *n.m.* **1** 松明(たいまつ). ~ ardent 燃えさかる松明. ~ de poing 手にかざす松明, 提燈.〖古代ギリシア〗course aux ~*x* 松明リレー.〖比喩的〗se passer (se transmettre) le ~ (松明リレーの走者のように)次々に伝える；(伝統などの)火を絶やさない. marche aux ~*x* (祝祭日の)松明(提燈)行列. allumer un ~ 松明を灯す. à la lueur des ~*x* 松明の灯りの下で.
2〖詩〗~ du jour (du monde) 太陽. ~ de la nuit 月. ~*x* de la nuit 月と星. célestes ~*x* 星.
3 燭台(=candélabre). ~ d'or (d'argent) 金(銀)の燭台.
4〖比喩的〗照らし出すもの, 光. ~ de la liberté 自由の光明. ~ de la raison (de la vérité) 理性(真理)の光.
5〖古〗燃えるもの；炎；火. ~ de l'amour 恋の炎. ~ de la guerre 戦いの火の粉, 戦火. ~ de la vie 生命の火.

flambée *n.f.* **1** 一時的に強く燃え上がる火. ~ dans une cheminée 煖炉で燃え上がる火. faire une ~ 火をぱっと燃え上がらせる.
2〖比喩的〗(感情などの)爆発, 盛り上がり. ~ de colère 怒りの爆発. ~ de grève ストライキの火の手.
3〖比喩的〗急騰. ~ du cours des matières premières 原料の相場の急騰. brusque ~ des prix 物価の突然の急上昇.

flamboyant(*e*) *a.* **1** 炎を上げて燃える；〖比喩的〗燃えるような；きらめく；派手な, けばけばしい. braise ~ 燃え上る燠(おき). couleurs ~*es* 派手な色どり. épée ~*e* きらめく剣；(天使の持つ)炎の剣. regards ~*s* 燃えるような眼差し. yeux ~*s* de haine 憎悪に燃える眼.
2〖建築〗フランボワイヤン様式の, 火炎式の. cathédrale ~*e* フランボワイヤン様式の大聖堂. gothique ~ フランボワイヤン式ゴシック様式, ゴシック・フランボワイヤン様式. style ~ フランボワイヤン様式.
3〖紋章〗炎の形をした. pals ~*s* 火炎模様の縦帯.
—*n.m.* **1**〖建築〗ゴシック・フランボワイヤン様式(=gothique ~；style ~).
2〖植〗フランボワイヤン, 火炎樹(Césalpiniacée 属の木；赤花).

flamingantisme *n.m.* (ベルギーの)フランドル主義；フランドル文化擁護主義；フラマン語圏重視体制.

flamme *n.f.* **1** 炎, 火炎；聖歌；〖*pl.* で〗火事(=incendies). ~ Bunsen ブンゼン炎. ~ d'une bougie 蠟燭の炎. ~ extérieure (intérieure) 外(内)炎. ~*s* éternelles 地獄の業火 (= ~ de l'enfer). ~ froide 青い炎. la ~ olympique オリンピックの聖火 (= ~ des Jeux olympiques). parcours (relais) de la ~ olympique オリンピックの聖火走行(リレー). ~ oxydante (d'oxydation) 酸化炎. la ~ sur la tombe du Soldat inconnu 無名戦士の墓の上の炎. point ~ 引火点. en ~*s* 炎に包まれた, 炎上する. maison en ~*s* 燃え上がる家. mettre le pays en ~*s* 国土を焦土と化す；国に騒乱をもたらす. livrer *qn* aux ~*s* 人を火刑に処す.
2 きらめき；輝き. ~ du jour 陽光の輝き. ~ du regard (des yeux) 視線(眼)の輝き.
3〖比喩的〗熱気, 情熱；激しさ；ひらめき. ~ de l'enthousiasme 情熱の熱気. ~ du génie 天才のひらめき. improvisation pleine de ~ 熱気あふれる即興. orateur qui parle avec ~ 熱弁をふるう演説家. être tout feu tout ~ pour *qch* 何に熱狂している. amoureux tout feu tout ~ 熱狂的な恋する男.
4〖比喩的〗燃えさかる恋情, 恋心. déclarer (faire l'aveu de) sa ~ 燃えさかる恋心を告白する. retour de ~ 焼けぼっくりに火がつく.
5〖古〗(騎士の)槍旗；〖現用〗(艦船の)長旗. ~ de guerre 軍艦旗. ~*s* numériques 数字信号旗.
6〖紋章〗炎形文様.
7〖建築〗(建築・彫刻の)炎形装飾.
8〖電気〗炎形電球(=lampe ~). ~*s* d'un lustre シャンデリアの炎形電球.
9〖郵〗消印用の模様(標語)(= ~ d'oblitération, ~ postale).

flan *n.m.* **1**〖料理〗フラン《タルトの1種》. ~ à la bordelaise ボルドー風フラン《ハム, 牛の骨髄, セップ茸などを詰めたフラン》.
2〖菓子〗タルト《卵・小麦粉・牛乳・砂糖をオーヴンで焼き固めたクリーム》. ~ aux pommes Grimaldi グリマルディ風の林檎のフラン.
3〖造幣〗刻印用円盤. ~ d'une pièce de monnaie 貨幣刻印用円盤.〖比喩的〗en être (en rester) comme deux ronds de ~*s* 開いた口が塞がらない.
4 (未録音の)レコード盤.
5〖印刷〗紙型(しけい).

flanc *n.m.* **1** 脇腹, 横腹. ~ droit (gauche) 右(左)脇腹. ~*s* serrés dans un corset コルセットでしめつけられた脇腹. battre les ~*s* (馬が) 尾で腹を打つ；〖話〗無駄骨を折る. (動物が)尾で腹を打つ；〖話〗être sur le ~ 床に就いている；へとへとに疲れている.〖話〗mettre *qn* sur le ~ 人をへとへとにさせる. se coucher (reposer) sur le ~ 横になって寝る.〖話〗tirer au ~ 口実を設けてさぼる, 仮病を使う.
2〖文〗内臓；腹；胸；(母親の)胎内. por-

ter un enfant dans ses ~s 子を宿している. **3** (物の)側面. ~s blancs (高級タイヤの)白い側面. ~ d'un bâtiment (d'un vaisseau) 建物 (船) の側面. ~ d'un fossé 堀の土手. ~ d'une colline (d'une montagne) 丘 (山) の斜面.〖城〗~ fichant 水平な稜堡. ~ à 〜 側面を接して. navires rangés ~ à 〜 接舷した船. à 〜 de 〜の側面の(にある). à 〜 de coteau 小さい丘の斜面に. **4**〖軍〗(部隊の)側面, 翼 (front「前面」の対). attaque de ~ 側面攻撃. couvrir le ~ d'un bataillon 部隊の側面を掩護する. prêter le ~ à …に側面攻撃の機会を与え る.〖比喩的〗prêter le ~ à la critique 非難に身をさらす, 非難の的となる. **5**〖紋章〗(楯形紋の中段の)胸面. ~ dextre (senestre) 右(左)側の胸面.

Flandre *n.pr.f.* **1** la ~; les ~s フランドル平野 (フランスとベルギー, オランダにまたがる海に接した平野). **2** la ~; les ~s フランドル地方 (北フランスとベルギーにまたがる旧地方名). **3** la ~ (ベルギーの) フランドル地方 (= Région flamande) (Anvers, Braband flamand, Flandre-Occidentale, Flandre-Orientale, Limbourg の5つの州 province から成る；中心都市 Bruxelles). la ~-Occidentale 東フランドル州 (州都 Bruges). la ~-Orientale 西フランドル州 (州都 Gand).
◆ **flamand**(**e**). *a.*

flash (*pl.* ~**es**) [英] *n.m.* **1**〖写真〗フラッシュ. ~ auto フラッシュの自動発光. ~ coupé フラッシュの使用停止. ~ électronique ストロボ (strobo). ~ forcé フラッシュの強制発光. ~ intégré ボディー組込みフラッシュ. **2**〖映画〗フラッシュ；フラッシュバック (=flash-back). **3**〖TV・ラジオ〗フラッシュ；ニュースフラッシュ, ニュース速報. ~ d'information ニュースフラッシュ. ~ publicitaire スポット・コマーシャル. **4**〖隠〗フラッシュ (麻薬使用後の快感).

flashmètre *n.m.*〖写真〗フラッシュ光測定露出計, フラッシュメーター.

flatterie (<flatter) *n.f.* 媚 (こび), へつらい, 追従 (ついしょう) ; 〖*pl.* で〗お世辞. ~s hypocrites 心にもないお世辞. être sensible à la ~ 媚へつらいに弱い.

flatteur(**se**) *a.* **1** 人におもねる, 媚びへつらう. langage ~ へつらいの言辞, おべっか. **2** 人を喜ばせる, 快い, 好意的な；自尊心をくすぐる. éloge ~ 称賛. titre ~ 自尊心を満足させる称号. **3** 美しく見せる, 美化する. portrait ~ 美化した肖像画. robe ~e 美しく見せるドレス. faire un tableau ~ de la situation 状況を美化する.

4〖古〗幻想を抱かせる；希望をもたせる. espérance ~se 徒な望み.
—*e.* おべっか使い, 追従者. ~ abject 唾棄すべき追従者. cortège de ~s おべっか使いの列.

flatulence *n.f.*〖医〗鼓腸 (腹の張り).

flatulent(**e**) *a.*〖医〗鼓腸性の. colique ~*e* 鼓腸性疝痛 (せんつう), 鼓腸性腹痛.

flatuosité *n.f.*〖医〗腸内ガス膨満；放屁 (=pet). ~ causant du ballonnement 鼓腸の原因となる腸内ガス膨満.

flatus vocis [flatysvɔsis] [ラ] *n.m.* 内容空疎な言葉 (原義 souffles de la voix ; 〖現用〗paroles sans contenu significatif の意).

flavane *n.m.*〖生化〗フラヴァ (バ) ン (2-フェニル-2, 3-ジヒドロベンゾピラン).

flavanone *n.f.*〖生化〗フラヴァ (バ) ン (フラヴォ (ボ) ン flavone の誘導体；配糖体として植物に存在).

flavine *n.f.*〖生化・医〗フラヴィ (ビ) ン (一群の黄色色素の総称).

flavinique *a.*〖生化・医〗フラヴィ (ビ) ン (黄色色素)の(に関する). enzyme ~ フラビン酵素. ictère ~ フラヴィ (ビ) ン黄疸.

flavonoïde *n.m.*〖化〗フラヴォ (ボ) ノイド (植物界に分布する色素化合物).

flavoprotéine *n.f.*〖化〗フラヴィ (ビ) ン蛋白質.

FLB (=*f*ranco *l*ong du *b*ord) *l.ad.*〖海上保険・商業〗(商品, 価格など) 船側渡しで (=〖英〗FAS: free alongside ship).

fléau (*pl.* ~**x**) *n.m.* Ⅰ〖道具〗**1**〖農〗殻竿, 麦打ち棒.〖古〗~ d'armes (中世の)殻竿状武器. **2** 竿，閂 (かんぬき), 横桟. ~ de la balance 秤の竿. **3** (ガラス職人の) 背負子. Ⅱ〖比喩的〗**1** 神の怒りを具現する人 (物). ~ de Dieu (du ciel) 神 (天) の懲罰. Attila, le ~ de Dieu 神の懲罰の現れとしてのアッチラ (フン族の王). **2** 禍, 災禍, 災害. ~ de la guerre 戦禍. ~*x* de la nature 天災. victimes d'un ~ 災害の被災者 (犠牲者). **3** 災のもと, 害悪の種； 〖話〗厄介者. l'ennui, ~ de la solitude 孤独のもととなる倦怠. Ce type est un véritable ~. あいつは本当の厄介者だ.

flécaïnide *n.m.*〖薬〗フレカイニド (抗不整脈薬；薬剤製品名 Flécaïne (*n.f.*) など).

fléchage *n.m.* 矢印表示. ~ d'un itinéraire 道順の矢印表示.

Flèche (**La**) *n.pr.f.* ラ・フレーシュ (département de la Sarthe サルト県の郡庁所在地；市町村コード 72800；形容詞 fléchois (*e*). Prytanée nationale militaire de La ~ 国立ラ・フレーシュ陸軍幼年学校.

flèche[1] *n.f.* Ⅰ〖(刺し貫くもの)〗**1** 矢. ~

empoisonné 毒矢. ~s de l'Amour 愛の神クピド (キューピッド) の矢, 愛の矢. lancer une ~ avec un arc 弓で矢を放つ. tirer (décocher) une ~ 矢を射る (放つ). faire ~ de tous bois あらゆる手段を講じる. partir (filer) comme une ~ 矢のように素早く立ち去る. en ~¹ 一直線に. avion qui monte en ~ 一直線に急上昇する航空機. prix qui montent en ~ 急上昇する物価. en forme de ~ 矢状の. étui à ~s 矢筒, 箙 (えびら).
2 〖比喩的〗辛辣な皮肉, 刺すような鋭い言葉. lancer (décoher) une ~ 辛辣な言葉を投げかける. la ~ du Parthe 〘パルト人が逃げながら放つ矢→〙辛辣な捨てぜりふ.
Ⅱ 〖矢状のもの〗**1** 矢印; (昔の車の) 方向指示器; (秤の) 指針. ~ indiquant un sens unique 一方通行を示す矢印標識. suivez la ~ 矢印の方向に進みなさい.
2 (教会堂の) 尖塔; 塔の先端部. la ~ de Notre-Dame de Paris パリのノートル=ダム大聖堂の尖塔. ~ d'un clocher 鐘楼の尖端部.
3 〖海〗一本棒マストの先端部. mât de ~ 一本棒マスト. voile de ~ 檣頭帆.
4 〖植〗垂直に伸びた茎 (幹), (クレーンの) 腕. 〖植〗~ d'eau くわい.
5 (馬車・犂などの) 轅 (ながえ). en ~² 縦列をなして. attelage en ~ (馬車の) 馬の縦つなぎ. chevaux attelés en ~ 縦つなぎの馬. être en ~ 先頭に立つ;〖比喩的〗先端を行く, 前衛的である.
6 (クレーンの) 腕.
7 〖軍〗(大砲の) 架尾.
8 〖幾何〗正矢 (せいし).
9 〖建築〗(アーチの) 垂直高, ライズ.
10 ~ d'une trajectoire 弾道の最高部.
11 〖工〗(荷重による) たわみ.
12 〖航空〗(機体と翼の) 後退角. aile en ~ 後退翼. avion à ~ variable 可変翼機.
13 〖地形〗~ littorale 出洲 (です), 砂洲.
14 〖スキー〗(大回転競技の) 技能水準テスト, テストの矢型認定章. ~ d'or 技能水準の金矢章.

flèche² n.f. 〖食肉〗フレーシュ〘豚の肩から腿にかけての脂身〙.〖比喩的〗Pas plus un ~. 一文なし.

fléchissement (<fléchir) n.m. **1** 曲がること; 曲り, たわみ. ~ du genou 膝を曲げること. ~ d'une poutre 梁のたわみ.
2 弱まり, 衰退; 屈服. ~ de l'espérance 期待感の弱まり. ~ d'une résolution 決心のぐらつき.
3 下落, 低下. ~ des cours en Bourse 株式相場の下落. ~ de la natalité 出生率の低下. ~ de la production 生産の低下.

fléchisseur a.m.〖解剖〗屈曲させる. muscle ~ 屈筋.
——n.m. 屈筋.

flégmatique a. **1** 〖医, 心〗〖古〗粘液質の (=lymphatique). tempérament ~ 粘液気質.
2 冷静な; 冷淡な. caractère ~ 冷静 (冷淡) な性格. conserver une attitude ~ 冷静さを保つ.
——n. **1** 粘液質な人. **2** 冷静 (冷淡) な人.

flegme n.m. **1** 〖医〗粘液; 痰.
2 〖医〗〖古〗粘液〘四体液の一つ〙; lymphe リンパ液.
3 〖化〗未精留アルコール原液.
4 冷静さ; 冷淡さ.

fleur n.f. **1** 〖植〗花. ~ double 八重咲きの花. ~ du rosier 薔薇の花 (=rose). ~ funéraire (棺・墓に捧げる) 供花, 花輪. déposer des ~s sur une tombe 墓前に花を捧げる. Ni ~s ni couronnes. 弔花供物は御辞退申し上げます. ~s groupées en ombelle 散形花序の群生花. ~ sans pétale 花弁のない花. ~ simple 一重の花; 単弁花. ~ zygomorphe 花冠が左右相称の花. arbre en ~¹ 〔s〕花盛りの木. bouquet [de ~s] 花束. boutique de ~s 花屋. cerisier à ~s 桜, 日本桜 (=cerisier du Japon) 《cerisier は「桜桃の木」》. commerce des ~s 花卉産業. couronne de ~s 花の冠. gerbe de ~s 花束, 花輪. guirlande de ~s 花飾り. langage des ~s 花言葉. marché aux ~s 花市場; 花卉市場. parfum des ~s 花の香り; 花の香水. périanthe de la ~ 花の花被 (かひ) 〘萼と花冠〙. plantes à ~s 顕花植物, 被子植物 (=angiospermes). plantes sans ~s 陰花植物, 裸子植物 (=gymnospermes). être belle comme une ~¹ 花のように美しい. [petite] ~ bleue 少女趣味の感傷. être ~ bleue 感傷的 (センチメンタル) である. la ~ au fusil 〘小銃に花を添えて→〙華々しく出征する. comme une ~² 苦もなく; 無邪気に.
2 花木, 花の咲く花, 草花, 花卉. cultiver des ~s 草花 (花卉) を栽培する.
3 (人工・模造の) 花; 花模様, 花柄; 花飾り. ~ artificielle 造花. tissus à ~s 花模様 (花柄) の織物.
4 〖比喩的〗花のような美しさ, 華, 光輝, 魅力; (人生の) 開花期 (=la ~ de la vie). à (dans) la ~ de …の開花期に; …の真盛りに. être à la ~ de l'âge 花の盛りの年頃である. mourir à la ~ de l'âge 夭折する. 〖話〗perdre sa ~ 処女を失う. en ~² (人生の) 花盛りの. A l'ombre des jeunes filles en ~s de Proust プルーストの『花咲く乙女たちの陰に』(1918年;『失われた時を求めて』の第二部).
5 〖比喩的〗賛辞; 好意. couvrir qn de ~s; jeter des ~s à qn 人を褒めやす. faire une ~ à qn 人に思いがけない好意を示す (奉仕をする).
6 〖比喩的〗(文章の) あや, 文飾. 〖皮肉〗~s de rhétorique 名調子, 美文調.
7 〖比喩的〗最良の部分; 精華, 精髄, 華.

~ de farine；fine ~〔de farine〕極上の小麦粉. fine ~ de froment 上質小麦粉(= gruau). d'une civilisation 文明の粋. ~ de la canaille 生粋のごろつき. ~ des pois 最高級品, 精華(＝nec plus ultra)；〔皮肉〕ダンディー. ~ de sel de Guérande ゲランドの塩の華(極上の天然海塩).
8〔化〕華(か)(昇華によって生ずる粉末). ~ de plâtre 微粉末石膏. ~〔s〕de souffre 硫黄華.
9(葡萄酒・酢・ビールなどの表面に現われる)白黴(しろかび).
10(なめし革の)表面, 毛のある面(croûte「裏面」の対). ~ du cuir 皮革の表面, 表革.
11 à ~ de *qch* 何とすれすれの高さ(面)(に). à ~ d'eau (de terre) 水面(地面)すれすれの(に). frisson à ~ de peau 鳥肌が立つ戦慄. sensibilité à ~ de peau 皮膚感覚；〔比喩的〕過敏で一過性の感覚, 上っ面の感覚. avoir les nerfs à ~ de peau 神経がぴりぴりしている.

fleuret *n.m.* **1**〔フェンシング〕フルーレ；フルーレ種目. ~ dames par équipe 女子団体フルーレ種目. ~ messieurs individuels 男子個人フルーレ種目.
2〔採石〕(鑿石用の)たがね, のみ, ピット. ~ à percussion 衝撃用のみ.

fleuri(e[1]) *a.p.* **1** 花の咲いた；花盛りの. arbre ~ 花の咲いた木. champ ~ 花の咲き乱れた野原.〔カトリック〕Pâques ~*es* 枝の主日(＝les Rameaux). la saison ~*e* 花時；春(＝le printemps).
2 花で飾った, 花を生けた；花模様のついた. table ~*e* 花で飾ったテーブル. vase ~ 花を生けた花瓶. papier (tissu) ~ 花模様の紙(布地).
3〔比喩的〕生き生きした, つやつやした. teint ~ 生き生きした顔色.
4〔比喩的〕華やかな, 華麗な；〔蔑〕けばけばしい. style ~ 華麗な文体.
5〔チーズ〕croûte ~*e* 白かびのついた外皮.
6〔比喩的〕吹出物のある. nez ~ 吹出物の出た鼻.
7〔建築〕〔古〕花炎式の, 火炎式の(＝flamboyant). gothique ~ 花炎式ゴシック様式.

fleurie[2] *n.m.*〔葡萄酒〕フルーリー(département du Rhône ローヌ県 F~ 村(市町村コード 69820)地区でつくられる赤葡萄酒の AOC；地区面積 800 ha；ボージョレ地区の葡萄酒中最も女性的で, iris, rose, violette の芳香がある). le ~, Reine du beaujolais ボージョレの女王フルーリー酒.

fleuriste *n.* **1** 花屋, 花卉(かき)販売業者；花卉栽培者. **2** 造花職人；造花販売業者. **3**〔古〕花卉愛好家；草花画家.
—*a.* 花卉販売の；花卉栽培の. ouvrier ~ 花屋の従業員；花卉栽培労働者.

fleuve *n.m.* **1**(海に注ぐ)大河, 河；〔地学〕海に注ぐ河川. ~ côtier 沿岸河川. ~ international 国際河川(流域が複数の国にまたがる河川). ~ navigable 航行可能の河川. le Rhin, ~ de l'Europe du N.-O, tributaire de la mer du Nord ライン河, 北西ヨーロッパの大河で北海に注ぐ.
2(水以外の)流れ. ~ de boue 泥流. ~ de glace 氷河. ~ de lave 溶岩流.
3〔比喩的〕多量の流れ；とめどなく流れるもの. ~ des années 歳月の流れ. ~ d'êtres humains 人の波. ~ de larmes 涙の雨. ~ de sang 血の海. ~ de la vie 人生の流れ. discours-~ 長々と続く演説. roman-~ 大河小説.

flexibilité *n.f.* 柔軟性, しなやかさ, (性格などの)柔順さ, 素直さ；順応性, たわみ性.〔労働〕~ de l'emploi 雇用の柔軟性(生産の変動に連動する労働時間体制；雇用のフレックスタイム制). ~ de l'esprit 精神の柔軟性. ~ du roseau 葦(あし)のしなやかさ.

flexible *a.* **1** 曲げやすい；曲がりやすい；可撓(かとう)性のある, しなやかな. avoir la taille ~ しなやかな体をしている. lame d'acier ~ 可撓性のある鋼板. roseau ~ しなやかな葦.〔電子工〕support ~ フレキシブル基板.
2 柔軟な, 柔順な；順応性のある, 融通のきく, 弾力的な. atelier ~ フレキシブル生産システム工場. budget ~ 融通性のある予算. caractère ~ 柔軟(柔順)な性格.〔労働〕horaire ~ フレックス・タイム〔制〕. système de manufacture ~ フレキシブル生産システム(＝〔英〕flexible manufacturing system；略記 FMS).
—*n.m.*〔工〕可撓管, たわみ管；ホース. ~ d'un aspirateur 電気掃除機のホース.

flexion *n.f.* **1** 屈曲, 彎曲, たわみ. ~ d'un ressort バネのたわみ. module de ~ 屈曲弾性率. résistance à la ~ たわみに対する抵抗.
2(関節の)屈曲；〔体操〕腕立て伏せ. ~ du genou (de l'avant-bras) 膝(前腕)を曲げること.
3〔言語〕屈折, 語尾変化. ~ pronominale 代名詞の性数変化. ~ verbale 動詞の語尾変化.

flexion-extension *n.f.* 屈伸. mouvements de ~ de l'articulation de la rotule 膝蓋(しつがい)関節の屈伸運動.

flexographie *n.f.* フレキソ印刷, フレクソ印刷(版材に弾性物質を用いた凸版輪転印刷)；フレキソ印刷物.
▶ **flexographique** *a.*

flexsécurité *n.f.*〔労働〕仕事の柔軟性と所得の安定の確保(＝flexisécurité, flexécurité).

flexure *n.f.*〔地学〕(地層の)撓曲(とうきょく). ~ continentale 大陸の撓曲.

flibustier *n.m.* **1** (17-18世紀にカリブ海で活躍した)海賊. **2**〖古〗いかさま師, 詐欺師(=filou).

flic [flik] (<〖独〗Flick 若者) *n.m.* 〖話〗お巡り, 警官(=agent de police; policier, policière).

flint-glass [flintglas]〖英〗*n.m.* フリントガラス《光学器械用の鉛入り高分散・高屈折ガラス》.

flirter *v.i.* 火遊びをする, 浮気をする. ~ avec *qn* (人と)浮気をする. ~ avec *qch* (物に)目移りする.

FLNC (=*F*ront *n*ationaliste de *l*ibération de la *C*orse) *n.m.* コルス(コルシカ)解放民族主義戦線《1976年5月5日結成》.

FLNKS (=*F*ront de *l*ibération *n*ationale *k*anak *s*ocialiste) *n.m.* カナク社会主義国民解放戦線《ヌーヴェル=カレドニー(ニュー=カレドニア)の左翼独立派; 1984年 Front indépendant の解散大会後 Union calédonienne (UC), Parti kanak (Palika), Front uni de libération kanak (FULK), Union progressiste mélanésienne (UPA), Parti socialiste calédonien (PSC) により結成された統一戦線》.

flocage *n.m.* 〖繊維〗フロック加工, フロッキング.

floc-de-gascogne *n.m.* 〖葡萄酒〗フロック=ド=ガスコーニュ《西南フランス, ジェール département du Gers 県の食前酒向きの AOC 赤葡萄酒》.

flocon *n.m.* **1** (羊毛・絹・木綿などの)房. ~ de coton 綿の房; 綿屑. ~ de laine 羊毛の房.
2 (雲・雪などの)小片, 断片; 雪片. ~s d'écume 泡の細片. ~s de neige 雪片; 綿雪. La neige tombe par ~s (à gros ~s). 綿をちぎったような(大粒の)雪が降る.
3 〖化〗綿屑様沈澱物, 綿状沈澱物. précipitation sous forme de ~s 綿屑状の沈澱.
4 〖料理〗フロコン, フレーク. ~s d'avoine オートミール. ~s de maïs コーンフレーク (corn-flakes).
5 〖医〗(多く *pl.*)(飛蚊症の)硝子体混濁.

floculation *n.f.* 〖化〗フロキュレーション 絮(じょ)状化, 綿状沈殿, 綿状(絮状)反応.

flops [flɔps] (=〖英〗*fl*oating *p*oint *op*erations *p*er *s*econd) *n.m.* 〖電算〗浮動小数点演算毎秒, フロップス《コンピュータの科学技術計算速度の単位》. méga*flops* メガフロップス (10⁶~; 略記 Mflops). giga*flops* ギガフロップス (10⁹~; 略記 Gflops).

floraison *n.f.* **1** 〖植〗開花; 開花期. ~ des arbres fruitiers 果樹の開花(期). ~ printanière 春咲き.
2 〖比喩的〗(才能などの)開花. ~ des talents 才能の開花.

floral(ale)(*pl*.***aux***) *a.* **1** 花の, 花に関する, 花を用いた. art ~ 生花. décoration ~*ale* 花卉装飾. exposition ~*ale* 花卉展示会, 花展, 花博覧会.〖文史〗les Jeux ~*aux* レ・ジュー・フロロー《Toulouse の花冠文芸コンクール; 1323年創設; 入賞者に金・銀製の花冠が与えられた》. le Parc ~ de Paris パリ花〔卉〕公園《Bois de Vincennes ヴァンセンヌの森内》.
2 〖植〗花の, 花に関する. enveloppe ~*ale* 花被(かひ)(=périanthe). organes ~*aux* 花器官. verticilles ~*aux* 花序.

floralies *n.f.pl.* 花博覧会. ~ internationales 国際花博覧会.

flore (<*F~* フロラ, ローマ神話の女神) *n.f.* **1** 〖生〗植物相, フロラ; 植物誌. ~ alpestre 高山植物. **2** 〖医〗細菌叢(=~ bactérienne, ~ micro-bienne). ~ intestinale 腸中菌叢.

Florence *n.pr.* フィレンツェ(=〖伊〗Firenze).

florentin(e) *a.* フィレンツェ(=〖伊〗Firenze, 〖仏〗Florence)の; フィレンツェの住民の. biftek ~ フィレンツェ風ステーキ《牛の肋骨付肉塊をオリーヴの炭で焼いたもの; =〖伊〗biftecca fiorentina》.
──*F~ n.* フィレンツェ市民.

floribond(e) *a.* 〖植〗花つきのよい(=florifère). rosier ~ 花つきのよい薔薇の木.

floriculture *n.f.* 花卉(かき)栽培, 草花栽培, 花作り.

flot *n.m.* **1** 〔*pl.* で〕波, 波浪; 〖詩〗海原, 湖水. ~s d'un lac (de la mer) 湖(海)の波浪; 湖水(海水, 湖). navire voguant sur les ~s 海原(水面)を進む船. danser dans les ~s 波の上で(船が)漂う. être à ~ (船が)水面に浮かぶ; 〖話〗(人が)立ち直る. mettre (remettre) à ~ (船を)浮べる; (人・事業などを)立ち直らせる.
2 水流, 流水, 渦流; 流れ. ~ d'une rivière 川の流れ. ~ d'un liquide en ébullition 沸騰する液体のほとばしり. ~ de lave 溶岩流 (=coulée de lave).
3 上げ潮(=marée montante)(jusant「引潮」の対).
4 (液体の)多量; 〖比喩的〗波; 人波(=~ humain). ~ de larmes あふれる涙. ~s de lumière(de sang)あふれる光(血). ~ de voyageurs 旅行者の波.
à~(s) à ~ grands ~s 多量に; どっと. 〖話〗être à ~ 金をたんまり持っている, 金に不自由していない.
5 波打つもの. ~s d'une chevelure 髪のうねり. ~ de ruban 波打つリボン.
6 〖比喩的〗流れゆくもの. ~ des jours 流れゆく日々. ~ de souvenir 一連の思い出.

flottabilité *n.f.* 浮力(=force de ~); 浮遊度. coefficient de ~ d'un sous-marin 潜水艦の浮上係数(乾舷)《船体の喫水線上の部分》.

flottage *n.m.* **1** 〖水運〗筏組みの木材運送. train de ~ 筏組み. **2** 〖鉱〗浮選, 浮遊

選鉱.

flottaison *n.f.* **1**〖船〗喫水. ligne de ~ 喫水線. ~ en charge 満載喫水線. **2**〖経済〗(為替の) 変動 (=flottement).

flottant(e) *a.* **1** 水に浮かんだ;〖植〗浮葉性の. glaces ~es 流氷. ile ~e 浮島;〖菓子〗イール・フロッタント (卵白・砂糖・カスタードクリームとでつくる浮糖状の菓子). pêche à la ligne ~e 浮釣り, 流し釣り. **2** 漂う, 翻える;ゆったりした;浮動式の. cheveux ~s ふさふさした髪. drapeau ~ 翻える旗. lentilles ~es フローティングシステム式レンズ (近距離収差補正レンズ).〖機械工学〗moteur ~ 浮動支持式エンジン. nuages ~s 漂う雲.〖医〗rein ~ 遊走腎. robe ~e ゆったりしたドレス. **3**〖比喩的〗優柔不断の;揺れ動く. esprit ~ 煮えきらない人. opinions ~es 不定見, 定見の無さ. **4** 不定の, 流動的な;不安定な;〖経済〗変動相場制の. capitaux ~s 流動資本, ホットマネー (=hot money). change ~ 変動為替相場.〖経済〗dette ~e 流動負債. effectifs ~s 流動的の実数. électeurs ~s 選挙の流動(浮動) 票. monnaie ~e 変動為替通貨.〖数〗virgule ~e 浮動小数点.

flotte *n.f.* **1** 船団, 船隊;〖軍〗艦隊. ~ de bateaux de pêche 漁船団. ~ de commerce 商船団.〖軍〗~ de Méditerranée 地中海艦隊. **2**〖広義〗商船(軍艦)の保有総数. ~〔de guerre〕海軍 (=marine). ~ marchande 商船団;保有商船総数. ~ d'une compagnie pétrolière 石油会社の保有船団. amiral de la F~ 海軍司令長官. **3**〖広義〗~ aérienne 航空団 (総称).

flottement *n.m.* **1** 揺れ動くこと;ひるがえること. ~ d'un drapeau 旗のひるがえり. **2** 隊列の乱れ (= ~s dans les rangs). **3** 車のぶれ;車輪の揺れ (=des roues). **4**〖比喩的〗ためらい, 躊躇, 不決断;ぶれ. ~ des opinions 意見のぶれ. **5**〖経済〗(為替の) 変動 (=flottaison).

flotteur *n.m.* **1** 浮体;浮標, ブイ;(釣糸・漁網の) 浮き;(水上機の) フロート, 浮舟;〖生〗浮袋. ~ à clapet フロート弁. ~ à pression constante 定圧浮標. ~ d'alarme d'une machine à vapeur 蒸気機関の警報弁付き浮標. ~s des algues 海藻の浮袋. ~ de carburateur d'automobile 自動車エンジンの気化器のフロートボール. ~s d'hydravion 水上飛行機のフロート. **2** 筏乗り(人) (= ~ de bois) (=〖カナダ〗draveur). maître ~ 筏乗りの親方.

flottille [-tij] *n.f.* **1** 小船団. ~ de pêche 小漁船団. **2**〖軍〗(小型艦の) 小艦隊. ~ d'escorteurs (de sous-marins) 護衛艦隊 (潜水艦隊). **3**〖軍〗海軍航空小隊 (=escadrille;flotte

aérienne).

flou¹ *n.m.* **1** ぼやけた状態. **2**〖写真〗ぼけ〔具合〕;ソフトフォーカス, 軟調写真.〖光学〗effet de ~ ぼけ効果, ぼけ味.〖写真〗objectif à ~ 軟調レンズ. **3**〖美術〗ぼかし〔技法〕. **4**〖服〗ゆったりしたドレス (仕立て). **5** (思想・表現などの) 曖昧さ, 不明確さ. ~ artistique 韜晦.
—*ad.* ぼかして. peindre ~ ぼかして描く.

flou²(**e**) *a.* **1** (輪郭などが) はっきりしない, ぼんやりした, ぼやけた. Cette photo est ~e. この写真はピンぼけだ. **2** ふわっとした. coiffure (robe) ~e ふわっとした髪型 (ドレス). **3** ぼかした. coloris ~ ぼかした配色. dessin ~ 輪郭をぼかしたデッサン. **4** (思想・表現などが) 漠然とした. pensée ~e 曖昧な思想. style ~ だらだらした文体. **5**〖数〗ファジーな (= 〖英〗fuzzy). sous-ensemble ~ ファジーな部分集合.

FLP (=*F*ront de *l*ibération de la *P*alestine) *n.m.* パレスチナ解放戦線 (=〖英〗PLF:*P*alestinian *L*iberation *O*rganization) (1977 年結成).

FLPP (=*F*ront de *l*utte *p*opulaire *p*alestinienne) *n.m.* パレスチナ人民闘争戦線 (1968 年結成).

fluconazole *n.f.*〖薬〗フルコナゾール (抗真菌薬;カンジダ症・クリプトコックス髄膜炎治療薬;薬剤製品名 Triflucan (*n.m.*) など).

fluctification *n.f.*〖園芸〗自家結実;自家受粉.

fluctuant(e) *a.* **1** 波動する, 流動性の. barque ~e たゆたう小舟. **2** 流動的な, 変動する, 揺れ動く, 変りやすい. opinions ~es 揺れ動く意見. **3**〖財〗流動する, 変動する. prix ~s 流動的 (変動する) 価格. **4**〖医〗揺動性の. tumeur ~e 揺動性腫瘍. **5**〖数〗揺らぐ. grandeur ~ 揺らぐ量.

fluctuation *n.f.* 〖多く *pl.*〗変動, 動揺, ゆらぎ. ~s continuelles 持続的変動性. ~s des cours boursiers 株式相場の変動. ~s diplomatiques 外交政策の揺れ. ~s de l'opinion publique 世論のぶれ. ~s des prix 物価の変動. ~s en cours d'année 年間変動. ~ erratique (相場の) 乱高下. ~ interannuelle 経年変動. **2** 揺動, (液体の) 振動, 波動. ~ du fleuve 川の波動. **3**〖医〗(圧力を受けた膿瘍などの) 揺動. **4**〖経済・統計〗偏り, 偏差;標準偏差 (= écart type). ~ statistique 統計的ゆらぎ. amplitude de ~ 偏差の振幅. **5**〖遺伝〗彷徨変異, 揺動. test de ~ 彷徨試験 (自然突然変異の検査法). **6**〖物理〗変動幅, ゆらぎ, ふれ. ~ du par-

~ de radiation 粒子の飛程の変動幅(輻射)のゆらぎ.
fluide¹ *a.* **1** 流動する, 流動性の. huile ~ 流動性の高い油. liquide ~ 流動性の液体.
2〔比喩的〕流れるような, 流暢な. style ~ 流麗な文体.
3〔比喩的〕円滑な, スムースな. circulation ~ スムースな車の流れ.
4〔比喩的〕流動的な, 捉え難い; 不安定な. clientèle ~ 捉え難い顧客. marché ~ 流動的市況. situation ~ 流動的状況;〔軍〕流動的戦況.
5(光・色などが) 澄んだ, 軽やかな.
6〔古〕液体の; 流体の.
fluide² *n.m.* **1** 流体. ~ caloporteur (原子炉の) 冷却剤. ~ parfait 完全流体. dynamique des ~ s 流体動力学. mécanique des ~ s 流体力学. statique des ~ s 流体静力学.
2 (天体・物体からの) 流出力;〔霊媒・催眠術師などの〕霊力.
fluidifiant(e) *a.* **1** 流体化作用のある, 液化する. **2** (分泌物を) 流体化を促進する.〔薬〕remède ~ 祛痰(きょたん)薬 (=expectorant).
——*n.m.* **1**〔薬〕祛痰薬 (=remède ~). **2**〔土木〕(アスファルトなどの) 希釈剤.
fluidique *a.* **1**〔神秘思想〕霊力, 霊気 (天体・生物などから発散される流体), 動物磁気の. déperdition ~ 霊力の衰退. effluve ~ 霊気の発散. **2**〔工〕流体利用制御方式の. système ~ 流体利用制御システム.
——*n.f.*〔工〕流体利用自動制御工学.
fluidité *n.f.* **1** 流動性. ~ de l'air 空気の流動性.
2〔物理〕流体性, 流動性. degré de ~ 流動度, 流動率. unité de ~ 流動度の単位 (「レー」rhé).
3〔比喩的〕流動性. ~ d'un marché 市場の流動性.
4〔比喩的〕変り易さ, 不安定さ. ~ des pensées 思想の変り易さ. ~ de la situation 状況の不安定さ.
5〔比喩的〕流暢さ, 軽やかさ, なめらかさ. ~ d'une musique 音楽の軽やかさ. ~ du style 文体の流暢さ.
6〔交通〕(車の) 流れの良さ.
flunitrazépam *n.m.*〔薬〕フルニトラゼパン (ベンゾジアゼピン系睡眠薬).
fluo *a.inv.* 蛍光性の, 蛍光を放つ (=fluorescent(e)). tenue de ski ~ 蛍光性スキーウェア.
fluo-, fluor-, fluori-, fluoro- ELEM 「弗素の」の意 (*ex. flu*orose 弗素中毒).
fluoapatite *n.f.*〔鉱〕弗化燐灰石.
fluocompact(e) *n.f.* 小型蛍光ランプ.
——*a.* 小型蛍光性の. lampe ~ e 小型蛍光ランプ.
fluofibre *n.f.* 弗素繊維, 弗化炭素繊維.
fluohydrate *n.m.*〔化〕ヒドロ弗化物.

fluor [flyɔr] *n.m.*〔化〕弗素 (ふっそ), フッ素 (元素記号 F, 原子番号 9,〔英〕fluorine, 1886 年発見).
——*a.*〔鉱〕spath ~ 蛍石 (=fluorine, fluorite).
fluoration *n.f.* (虫歯予防のための飲料水への) 弗素添加; 弗素添加虫歯予防.
fluoré(e) *a.* 弗素を含む. polluants ~s 弗素含有汚染物質.
fluorescéine *n.f.*〔化・色素〕フルオレセイン (赤い透明溶液で, 緑色の蛍光を発する; 水難救助標識用).
fluorescence *n.f.* 蛍光.
fluorescent(e) *a.* **1** 蛍光の, 蛍光を放つ, 蛍光性の (《略称 fluo》). corps ~ 蛍光体. écran de télévision ~ TV 受像機の蛍光面. lampe ~ e 蛍光ランプ, 蛍光灯. tube ~ 蛍光管.
2 蛍光性の, 蛍光色の. feutre ~ 蛍光フェルトペン, 蛍光サインペン.
fluorhydratation *n.f.* 弗化水素処理.
fluorhydrique [flyɔridrik] *n.m.* 弗化水素酸 (=acide ~).
——*a.* 弗化水素の. acide ~ 弗化水素酸.
fluorine *n.f.*〔鉱〕蛍石 (ほたるいし).〔写真〕lentille ~ 蛍石レンズ (高性能望遠レンズに使用される色収差のきわめて低いレンズ).
fluorite *n.f.*〔鉱〕蛍石 (=spath fluor).
fluorocarboné(e) *a.*〔化〕炭化弗素の. composé ~ 炭化弗素化合物 (fréon フレオンなど).
——*n.m.* フルオロカーボン, 過弗化炭化水素 (消化剤, 潤滑剤, 冷媒など), クロロフルオロカーボン (=chlorofluorocarbone).
fluorodétecteur *n.m.* 蛍光センサー. ~ à laser レーザー式蛍光センサー.
fluoroforme *n.m.*〔化〕フルオロホルム (弗素系冷媒).
fluorophosphate *n.m.*〔化〕弗化燐酸塩.
fluoroquinolone *n.f.*〔化〕弗化キノロン.
fluoroscopie *n.f.*〔医〕蛍光透視検査法.
fluorose *n.f.*〔医〕弗素中毒.
fluoruration *n.f.* **1** 弗素化; 弗素添加処理 (=fluoration). **2**〔化学〕弗化物の薄膜添加加工, 弗化物コーティング (レンズの有害反射光防止処理).
fluorure *n.m.*〔化〕**1** 弗化物. **2** 弗化水素酸塩.
fluosilicate *n.m.*〔化〕フルオロ硅酸塩.
fluosol *n.m.*〔生化・医〕フルオゾル (弗化化合物の人工血液).
fluotournage *n.m.*〔治〕へら絞り (押出式鋼管製法).
fluoxétine *n.f.*〔薬〕フルオキセチン (抗鬱薬; 薬剤製品名 Prozac (*n.m.*) など).
flush [flœ(ə)ʃ] (*pl.* ~**es**) 〔英〕*n.m.* **1**〔トランプ〕(ポーカーの) フラッシュ. quinte ~

ストレート・フラッシュ.
2 〖医〗ほてり, 発赤, 潮紅 (＝rougeur, bouffée vasomotrice).

flutamide *n.m.* 〖薬〗フルタミド《前立腺癌治療薬》.

flûte *n.f.* **1** フルート, 洋笛. grande ~〔d'orchestre〕演奏会用フルート. petite ~ ピッコロ (＝piccolo). ~ de Pan (古代の)牧神笛, パン・フルート. ~ douce (à bec) リコーダー, ブロックフレーテ《木製縦笛》. la F~ enchantée de Mozart モーツァルトの『魔笛』(1791 年). ~ traversière 横笛, フラウト・トラヴェルソ. concerto pour ~ フルート協奏曲. jeu de ~ (パイプオルガンの)フルートストップ. 〖比喩的〗ajuster ses ~s 前もって意見を調整する.
2 フルート奏者 (＝flûtiste).
3 〖グラス〗フリュット《細長いグラス》. ~ 〔à champagne〕シャンパーニュ用のフリュット《同上》.
4 フリュット・パン《細長い棒状のパン》.
5 〔*pl.* で〕〖話〗細長い脚. se tirer des ~s 逃げ出す.

fluticasone *n.m.* 〖薬〗フルチカゾン《喘息治療薬；薬剤製品名 Sertide (*n.m.*) など》.

flutter [flytεr]〖英〗*n.m.* **1** 〖医〗(心房・心室などの) 粗動；動悸. ~ auriculaite 心房粗動.
2 〖航空〗フラッター, 不安定自励振動. ~ de décrochage 失速フラッター.
3 〖音響〗フラッター, 再生むら.

fluvial (**ale**) (*pl.* **aux**) (＜fleuve) *a.* 河川の. navigation ~ale 河川航行. pêche ~ale 川釣り. port ~ 河川港. réseau ~ 河川交通網《河川・運河など》. transports ~aux 河川運輸.

fluvio-glaciaire *a.* 〖地学〗融水河流水性の；氷河河川性の. cône ~ (氷河の) 外縁堆積原.

fluviographe *n.m.* (河川等の) 自記水位計.

fluviomètre *n.m.* 水位計.

flux [fly] *n.m.* **1** (液体・気体の) 溢出；流出, 排出. ~ artériel (véineux) 動脈(静脈)流. ~ de sang 血液の流出；(赤痢などの) 血便. ~ diarrhéique 下痢 (＝ ~ de ventre；diarrhée). ~ laminaire d'un gaz 気体の薄層流. ~ menstruel 月経 (＝menstrues).
2 大量. un ~ de 多量の. un ~ d'argent 大金. un ~ de gens 大勢の人の流れ. un ~ d'injures 悪口の連発.
3 上げ潮, 満ち潮；満潮. le ~ et le reflux 潮の満ち干；〖比喩的〗人の去来. le ~ et le reflux de la foule 寄せては返す人の波. 〖比喩的〗le ~ et le reflux d'opinions contraires 意見の転変.
4 〖物理〗束, フラックス. ~ électrique 電束. ~ magnétique 磁束. unité de ~ lumineux 光束の単位 (＝lumen).
5 〖気象〗流束, フラックス.
6 〖冶〗溶剤, フラックス.
7 〖経済〗~ monétaires キャッシュフロー (~ réels「実質フロー」の対).
8 〖電算〗フロー. ~ de données データフロー.

fluxion *n.f.* **1** 〖医〗充血, 鬱血《血液・体液の異常流出》. 〔古〕~ de poitrine 肺炎.
2 〖医〗(歯茎, 歯炎による頬の) 腫れ.
3 〖数〗〔古〕méthode (calcul) des ~x (ニュートンの) 流動法, 流率法；導関数.

fluxmètre *n.m.* 〖物理〗磁束計.

flysurf 〖英〗*n.m.* 〖スポーツ〗フライサーフ, カイトサーフ (＝planche à cerf-volant；凧を利用したサーフ).

FM [εfεm] (＝〖英〗*f*requency *m*odulation) *n.f.* 〖電波〗周波数変調, エフエム (＝〖仏〗MF：*m*odulation de *f*réquence). émission en ~ FM 放送.

Fm (＝*f*ermium) *n.m.* 〖化〗「フェルミウム」の元素記号.

FMA (＝*f*orce *m*obile *a*lliée) *n.f.* 〖軍〗連合軍機動部隊.

FME[1] (＝*F*onds de *m*odernisation et d'*é*quipement) *n.m.* 近代化設備整備基金.

FME[2] (＝*F*onds *m*onétaire *e*uropéen) *n.m.* ヨーロッパ通貨基金 (＝〖英〗EMF：*E*uropean *M*onetary *F*und).

FME[3] (＝*F*orum *m*ondial de l'*é*conomie) *n.m.* 世界経済フォーラム (1971 年 Forum de management européen として発足；＝〖英〗WEF：*W*orld *E*conomic *F*orum). ~ [de] Davos ダヴォス世界経済フォーラム.

FMG (＝*f*ranc *m*algache) *n.m.* マダガスカル・フラン.

FMI (＝*F*onds *m*onétaire *i*nternational) *n.m.* 国際通貨基金 (＝〖英〗IMF：*I*nternational *M*onetary *F*und) (1945 年発足. 本部 Washington D.C.).

FN (＝*F*ront *n*ational) *n.m.* 国民戦線 (Le Pen ル・ペンの率いるフランスの極右政党).

FNA (＝*F*édération *n*ationale des *a*ssurés) *n.f.* 全国被保険者連盟.

FNAB (＝*F*édération *n*ationale de l'*a*griculture *b*iologique) *n.f.* バイオ農業全国連盟.

FNAC, Fnac (＝*F*édération *n*ationale d'*a*chat des *c*adres) [fnak] *n.f.* 〖商業〗フナック, 幹部職購買全国連盟《図書, オーディオ, 写真機材, コンピュータソフト, スポーツ用品などを扱う大手の量販店組織》. ~ Montparnasse フナック・モンパルナス店.

FNAER (＝*F*onds *n*ational d'*a*ides aux *a*dductions d'*e*au dans les communes *r*urales) *n.f.* 農村水道導入補助国立基金.

FNAFR (＝*F*édération *n*ationale des *as*sociations *f*amiliales *r*urales) *n.f.* 地方家族協会全国連盟 (1944 年設立；月刊機関誌 *Familles rurales, Flash* を発行).

FNAIM (＝*F*édération *n*ationale de l'*im*-

mobilier) *n.f.* 全国不動産業連盟.
FNAL (=*F*onds *n*ational *d'a*ide *au l*ogement) *n.m.* 住居援助国家基金.
FNAR (=*F*édération *n*ationale des *a*rtisans et petites entreprises en milieu *r*ural) *n.f.* 全国農村職人・小企業連盟.
FNARS (=*F*édération *n*ationale des *a*ssociations de *r*éinsertion *s*ociale) *n.f.* (難民・異民族等の) 受け入れ・社会復帰協会全国連盟.
FNASSEM (=*F*édération *n*ationale des *a*ssociations de *s*auvegarde des *s*ites et *e*nsembles *m*onumentaux) *n.f.* 全国景勝地・記念建造物群保護協会連合《1967年設立；本部 Paris》.
FNB¹ (=*F*édération *n*ationale *b*ovine) *n.f.* 全国飼牛連盟.
FNB² (=*F*édération *n*ationale du *b*âtiment) *n.f.* 全国建設業連盟.
FNC (=*F*édération *n*ationale *c*atholique) *n.f.* 全国カトリック連盟《1920年頃 De Castelnau 将軍により結成》.
FNCA (=*F*édération *n*ationale du *c*rédit *a*gricole) *n.f.*〖農〗全国農業銀行連盟《全国の農業相互銀行の連合体》.
FNCAA (=*F*édération *n*ationale du *c*ommerce et de l'*a*rtisanat de l'*a*utomobile) *n.f.* 全国自動車関連商業・手工業連盟《本部 Paris》.
FNCC (=*F*édération *n*ationale des *c*oopératives de *c*onsommateurs) *n.f.* (フランスの) 全国消費者協同組合連合《1912年設立. 18の地方協同組合会と 182の地区協同組合会から成る全国組織》.
FNCP (=*F*édération *n*ationale des *p*romoteurs *c*onstructeurs) *n.f.* 全国不動産開発業協会.
FNCRM (=*F*édération *n*ationale du *c*ommerce et de la *r*éparation du cycle et du *m*otocycle) *n.f.* 全国二輪車・自動二輪車販売・修理業連盟.
FNCUMA (=*F*édération *n*ationale des *c*oopératives *d'u*tilisation de *m*atériel *a*gricole) *n.f.* 全国農業機械利用協同組合連合《1945年設立. 本部 Paris》.
FNDA (=*F*onds *n*ational de *d*éveloppement *a*gricole) *n.m.* 国立農業振興基金.
FNDAE (=*F*onds *n*ational *d'a*dduction *d'*eau) *n.m.* 国立導水基金.
FNDS (=*F*onds *n*ational pour le *d*éveloppement du *s*port) *n.m.* スポーツ振興国家基金.
FNE (=*F*onds *n*ational de l'*e*mploi) *n.m.* 国民雇用基金.
FNEMI (=*F*onds *n*ational pour l'*e*mploi pour une *m*ise en *p*réretraite à *m*i-*t*emps) *n.m.*〖社会保障〗繰上げ退職パートタイム労働者雇用促進国家基金. allocation spéciale du ~ FNEMI による特別手当《allocation de préretraite progressive (APP)「漸進的繰上げ退職手当」に改変》.
FNFA (=*F*orce *n*avale *f*ranco-*a*llemande) *n.f.*〖軍〗仏独連合海軍《1992年創設》.
FNI (=*f*orces *n*ucléaires *i*ntermédiaires) *n.f.pl.*〖軍〗中距離核戦力 (= [英] INF：*I*ntermediate *N*uclear *F*orce). les ~ à *c*ourte portée 短射程中距離核戦力 (= [英] SRINF：*S*hort-*R*ange *INF*). les ~ à *l*ongue portée 長射程中距離核戦力 (= [英] LRINF：*L*ong-*R*ange *INF*). négociations sur les ~ 中距離核戦力〔全廃〕交渉.
FNIH (=*F*édération *n*ationale de l'*i*ndustrie *h*ôtelière) *n.f.* 全国ホテル業連盟.
FNJ (=*F*ront *n*ational de la *j*eunesse) *n.m.* 青年国民戦線《フランスの政党, FN に近い存在》.
FNMA (=*F*édération *n*ationale de la *m*utualité *a*gricole) *n.f.* 全国農業共済組合連合 (CFCA=*C*onfédération *f*rançaise de la *C*oopération *a*gricole フランス農業協同組合総連合と FNCF=*F*édération *n*ationale du *C*rédit *a*gricole 全国農業銀行連盟とともに CNMCCA=*C*onfédération *n*ationale de la *m*utualité, de la *c*oopération et du *c*rédits *a*gricoles 全国共済組合・協同組合・農業銀行総連合となった).
FNMF¹ (=*F*édération *n*ationale de la *m*utualité *f*rançaise) *n.f.* 全国フランス互助会連盟.
FNMF² (=*F*édération *n*ationale des *m*usulmans de *F*rance) *n.f.* フランス回教徒全国連盟.
FN-MN (=*F*ront *n*ational-*M*ouvement *n*ational) *n.m.* 国民戦線=国民運動《1998年 Front national を脱党した Bruno Mégret らが, 1999年 1月に結成した政党；1999年 10月 *M*ouvement *n*ational *r*épublicain (MNR)「共和派国民運動」と改称》.
FNN (=*F*ront *n*ational de *N*amibie) *n.m.* ナミビア国民戦線.
FNP (=*F*édération *n*ationale de la *p*ublicité) *n.f.* (フランスの) 全国広告連盟.
FNPA (=*F*édération *n*ationale de la *p*ropriété *a*gricole) *n.f.* 全国農地所有者連盟.
FNPEIS (=*F*onds *n*ational de *p*révention, *d'é*ducation et *d'i*nformation *s*anitaires) *n.m.*〖社会保障〗保健に関する予防・教育・情報活動国立基金.
FNPF (=*F*édération *n*ationale des *p*roducteurs de *f*ruits) *n.f.* 全国果実生産者連盟《1946年設立；本部 Paris》.
FNPL (=*F*édération *n*ationale des *p*roducteurs de *l*ait) *n.f.* 全国製乳業者連盟《1947年設立；本部 Paris》.
FNPT (=*F*édération *n*ationale des *p*lanteurs de *t*abac) *n.f.* 全国煙草栽培者連盟《1908年設立；本部 Paris》.
FNS¹ (=*F*onds *n*ational de la *s*cience) *n.m.* 国立科学振興基金.
FNS² (=*F*onds *n*ational de *s*olidarité) *n.*

FNS³ (=*f*orce *n*ucléaire *s*tratégique) *n.f.* 【軍】戦略核戦力.

FNSA (=*F*édération *n*ationale des *s*yndicats *a*gricoles) *n.f.* 農業組合全国連合.

FNSEA (=*F*édération *n*ationale des *s*yndicats *d*'*e*xploitants *a*gricoles) *n.f.* 全国自作農組合連合.

FNTP (=*F*édération *n*ationale des *t*ravaux *p*ublics) *n.f.* 全国公共土木事業連盟.

FNUAMP (=*F*onds des *N*ations *u*nies pour les *a*ctivités en *m*atière de *p*opulation) *n.m.* 国連人口問題活動基金(1969年創設;=[英]UNFPA:*U*nited *N*ations *F*und for *P*opulation *A*ctivities; 1987年 United Nations Population Fund と改称; 仏語表記は FNUAP となる).

FNUAP (=*F*onds des *N*ations *u*nies pour la *po*pulation) *n.m.* 国連人口基金(1987年 FNUAMP を改称したもの; A は旧称のうちの les *a*ctivités en *m*atière の名残り; [英]United Nations Population Fund; ただし英語の旧略称 UNFPA もそのまま継続して使用).

FNUJA (=*F*édération *n*ationale des *u*nions de *j*eunes *a*vocats) *n.f.* 【法律】全国青年弁護士連合会.

Fnuod (=*F*orce des *NU* chargée d'*o*bserver le *d*égagement) *n.f.* (ゴラン高原に展開する)国連兵力引き離し監視軍(1974年6月から派遣されている国連の平和維持軍;=[英]UNDOF:*U*nited *N*ations *D*isengagement *O*bserver *F*orce).

F.O. (=*F*orce *O*uvrière) *n.pr.f.* 【労働】労働者の力(CGT より分れ, 1947年設立, 1948年発足の労働組合総連合; 正式名称 *C*onfédération *g*énérale du *t*ravail-*F*orce-*O*uvrière [略記 CGT-FO]; 33の各業種全国連合の総連合体). ~ Cadres 管理職労働者の力. ~ Métaux 金属労働者の力.

F.O.B., fob [fɔb; εfobe] (=[英]*f*ree *o*n *b*oard) *a.inv.* 本船渡しの(=[仏]FAB:*f*ranco *à b*ord). prix ~ 本船渡し価格.
—*ad.* 本船渡し〔の価格〕で.

f.o.c. (=[英]*f*ree *o*f *c*harge) *ad.* 【商業】運賃及び梱包料支払済で(=franco de port et d'emballage).

focal(*ale*¹)(*pl.aux*) *a.* 【物理, 幾何, 写真】焦点の. axe ~ 焦点軸. distance ~*ale* 焦点距離. 【写真】obturateur ~ フォーカルプレーン・シャッター. plan ~ 焦点面.

focale² *n.f.* 【写真】焦点距離(=distance ~; 記号 f). objectif à ~ variable ズームレンズ(=zoom).

focalisé(*e*) *a.* 【光学】焦点を集束させた. lampe intégrée ~*e* 焦点集集束式内蔵ランプ.

Foch [fɔʃ] *n.pr.* **1** フォッシュ元帥(Ferdinand ~ [1851-1929]. 第一次世界大戦で活躍. 対独休戦条約に調印). **2** 【軍】le ~ (フランス海軍の原子力空母)フォッシュ号(=le porte-avion ~).

focomètre *n.m.* 【光学】焦点距離測定器, フォコメーター.

foehn, fœhn, föhn [føn] *n.m.* **1** フェーン(高山から吹きおろす乾燥した高温の風; 元はスイス・アルプスやチロルの渓谷の北側の斜面に, 春と秋, 吹きおろす南風の名称). **2** (スイスで)ヘアドライヤー.

fœtal(*ale*)(*pl.aux*) *a.* 【生・医】胎児の. bruit du cœur ~*ale* 胎児心音, 心音. circulation ~*ale* 胎児循環, 胎児血行. croissance ~*ale* 胎児発育. lésion ~*ale* de l'irradiation 胎児放射線障害. membranes ~*ales* 胎膜. pneumonie ~ *ale* 胎児肺炎. rythme ~ 胎児リズム.

fœtopathie *n.f.* 【医】胎児疾患, 胎児病.

fœtoscopie *n.f.* 【医】(子宮内の)胎児内視鏡検査〔法〕; 羊水鏡検査(=amnioscopie).

fœtus [fetys] *n.m.* 【生・医】胎児. appendice du ~ 胎児付属物. asphyxie du ~ 胎児仮死. axe du ~ 胎児軸. électrocardiogramme du ~ 胎児心電図. mort du ~ 胎児死亡. sébacé du ~ 胎脂.

FOF (=[英]*F*und *o*n *F*unds) *n.m.* 【経済】ファンド・オン・ファンズ(投資信託に投資する投資信託); =[仏]FdF:*f*onds *d*e *f*onds).

FOGIME (=*F*onds de *g*arantie des *i*nvestissements de *m*aîtrise de l'*é*nergie) *n.m.* エネルギー制御投資保証基金.

föhn ⇒ **fœhn**

foi *n.f.* **I** (信仰・信奉) **1** 【宗教】(神の教えに対する)信仰; 【キリスト教】信〔徳〕(charité「愛徳」, espérance「望」と並ぶ3対神徳の一つ);(主義・思想に対する)絶対的信奉, 信条. ~ patriotique 愛国心. ~ politique 政治的信条.
article de ~ 信仰個条;〔比喩的〕議論の余地のないもの. profession de ~ 信仰告白; (政治的・思想的な)態度表明. profession de ~ d'un candidat aux élections législatives 国民議会選挙候補者の政見発表. professer la ~ chrétienne (musulmane) キリスト(イスラム)教徒としての信仰を告白する.
avoir 〔la〕 ~ 信仰を持つ;(主義・思想を)信奉する. n'avoir ni ~ ni loi 信仰の掟にも道徳の掟にも従わない. Il n'y a que la ~ qui sauve. 信ずる者は救われる;〔皮肉〕信じていれば救いもあるさ.
2 神の教え(摂理), 教理; 宗教. prêcher la ~ 神の教えを説く.
II (信用) **1** 信用, 信頼. ~ aveugle 盲信. ~ en l'avenir (en la victoire) 未来(勝利)に対する確信.
témoin digne de ~ 信用するに足る証人. ajouter ~ à qch 何を信用する. avoir (mettre sa ~) en (dans) …を信じる. sous la ~ du serment 誓いを立てて. sur la ~ de

…に基づいて. sur la ~ du contrat 契約に根拠として. sur la ~ des témoins 証人の証言に基づいて. faire ~ de *qch* 何を証明する. Ayez ~ en moi 私を信用してください.
2（証拠・証明の）信用度（=degré de crédibilité）；証拠力（=force probante）.
3 ligne de ~ 〖光学〗視準線；〖海〗（コンパスの）基線.
4〖紋章〗握手をした図形.
III〖誓約・誠実〗**1**〖古文〗誓約.〖史〗~ et hommage 臣下の誓い.〖現用〗ma ~ 誓って言うが, 本当に, 確かに. Ma ~, oui 全くその通り. C'est ma ~ vrai 誓って本当です. par ma ~；sur ma ~ 誓って言うが. ~ d'honnête homme 紳士の名誉にかけて誓うが.
2（誓約による）保証.〖法律〗en ~ de quoi 以上〖の記載を保証して〗（証明書の署名の前に記される慣用句）. En ~ de quoi, j'ai signé le présent certificat. 以上を保証して, この証明書に署名した.
3 信義, 誠実, 誠意（=bonne ~）. bonne ~ 誠意；善意. homme de bonne ~ 誠実な人. en bonne ~ 誠実に, 誠心誠意. mauvaise ~ 不誠実, 悪意；虚偽；〖哲〗（実存主義での）自己欺瞞.

foie *n.m.* **1**（人間の）肝臓. cellules du ~ 肝細胞（=cellules hépatiques）. lobe antérieur (droit, gauche, postérieur) du ~ 肝〖臓〗前（右, 左, 後）葉. ~ artificiel 人工肝. ~ cardiaque 鬱血肝, 偽性肝硬変. ~ cireux 蠟様肝. ~ glacé 糖衣肝〖慢性の増殖性肝周囲炎〗. ~ gras 脂肪肝. ~ lobulé 分葉肝. ~ marronné 栗状肝, 肝大肝節. ~ régénératif 再生肝.
abcès du ~ 肝膿瘍. cancer primitif (secondaire) du ~ 原発性（転移性）肝癌. maladie de ~ 肝臓病（~ en crise de ~；mal de ~）. kyste du ~ 肝嚢胞. tumeur bénigne du ~ 肝臓の良性腫瘍（adénome, hémangiome など）.
avoir une crise de ~ 肝臓の具合が悪い, 胸焼けがする.〖話〗avoir les ~s〖blancs〗怖がる, おびえる.
2（動物の）肝臓, レバー. ~ de veau 仔牛のレバー. ~ gras d'oie (de canard) 鵞鳥（合鴨）のフォワ・グラ〖強制給餌 gavage によって得られた肥大肝臓, その加工食品〗. ~ entier フォワ・グラ・アンチエ〖肝臓の塊のまま；その調理品〗. ~ gras frais フォワ・グラ・フレ〖65-68℃ で短時間加熱したもの〗. ~ gras mi-cuit フォワ・グラ・ミ=キュイ, 半加熱フォワ・グラ〖80℃ で加熱殺菌したもの〗. ~ gras en conserve 保存用フォワ・グラ〖105-108℃ で加熱, 瓶詰又は缶詰にしたもの〗. ~ gras de canard (d'oie) entier truffé トリュフ（黒松露）入り鵞鳥（合鴨）のフォワ・グラ・アンチエ〖100％ フォワ・グラ〗. ~ gras au naturel truffé「フォワ・グラ・フレのそのままのトリュフ風味」.

bloc de ~ gras ブロック・ド・フォワ・グラ〖フォワ・グラの塊の寄せ集め調理品〗. parfait de ~ gras パルフェ・ド・フォワ・グラ〖フォワ・グラの塊を 75％ 以上含有の調理品〗. pâté de ~ gras フォワ・グラのパテ（ペースト）. préparations de ~ gras フォワ・グラの調合品〖フォワ・グラ 50％ 以上含有の調理品〗. ~ gras chaud フォワ・グラの温製料理. ~ gras cru 生のフォワ・グラの塊. huile de ~ de morue 鱈の肝油.

foin *n.m.* **1** 干し草；(干した) 秣（まぐさ）. botte de ~ 干し草の束. faire les ~ 干し草を作る〖刈り取りと乾燥作業〗. avoir du ~ dans ses bottes 大金を持っている. chercher une aiguille dans une botte de foin.〖干し草の束から 1 本の針を探し出す→〗見つかる当てのない物を探す. Il est bête à manger du ~. あいつは飛び切りの馬鹿だ.〖医〗rhume des ~s 干し草熱, 枯草熱〖干し草アレルギー〗；花粉症（=pollinose）.
2〖多く *pl.*〗（干し草用の）草. couper les ~s 干し草用の草を刈る.
3〖広義〗~ d'artichaut アルティショーの花托の繊毛.
4〖話〗faire du ~ 騒ぎ（スキャンダル）を起こす；文句を言う.

foire *n.f.* **1**（特定の場所・時期に開かれる大規模な）市（いち）, 定期市. ~ aux bestiaux 大型家畜の取引市（いち）. ~ aux puces 蚤の市, からくた市. ~s de Champagne シャンパーニュ地方の定期市〖中世以来 Châlon, Provin, Reims, Troyes などで開催される〗. ~ locale 地方の定期市.〖史〗la ~ Saint-Germain（パリの）サン=ジェルマン市（いち）〖1176 年創設；1482 年定期市；1811 年廃止〗. champ de ~ 定期市会場.
2〖商業〗(商品の) 定期見本市 (= ~-échantillon)；定期展示会 (= ~-exposition). F ~ à la Brocante et aux Jambons à Chatou シャトゥーの古道具・ハム市. F ~ de Paris パリ見本市〖1904 年創設〗. F ~ du livre de Francfort フランクフルトの書籍見本市〖ブックフェア〗. F ~ *internationale d'art contemporaine* 国際現代美術展示会〖1974 年創設；略記 FIAC〗. F ~ internationale de Lyon (Bruxelles, Milan) リヨン（ブリュッセル, ミラノ）国際見本市.
3 縁日 (= fête foraine), 祭り. ~ du Trône (du pain d'épices) トローヌ祭（スパイスパン祭り）〖1963 年までパリのトローヌ広場 place du Trône で開かれた〗. Théâtre de la F ~（パリの）St-Germain や St-Laurent の市の縁日芝居〖16-18 世紀〗.
4〖比喩的・話〗騒々しい（ごった返した, 乱雑な）場所. ~ d'empoigne 我先に利益にむらがる場所.〖話〗acheter à la ~ d'empoigne 盗む.〖話〗faire la ~ お祭り（どんちゃん）騒ぎをする；放蕩する.

fois *n.f.* **I**〖度・回〗〖前置詞なしで〗**1** 度,

回. une ~¹ 1度, 1回.〔文〕une ~ l'an 年 1回. deux ~ par jour(par semaine, par mois, par an) 日(週, 月, 年)に2回. deux ~ sur cinq 5度に2度. bien des ~ 何度も；しばしば.
chaque ~(toutes les)~ que+*ind*. …する毎に. Combien de ~ êtez-vous allé en France? フランスに何回行きましたか？
encore une ~ もう一度；もう一度言いますが. Je vous le dis encore une ~. もう一度あなたにそう言います. Encore une ~, ne m'en parlez plus. お願いだから, その話はもうやめてください.
Merci mille ~. 重ね重ねお礼申し上げます.
plus d'une ~ 一度ならず, 何回も. plusieurs ~ 何度も, 幾度となく. quelques ~ 何度か. C'est arrivé une seule ~. たった1度起っただけだ. Je vous l'ai dit vingt (cent)~. それはもう何度となく言ったでしょうが.
2〔定冠詞・指示形容詞と共に〕la première ~ 初めは. la première(la deuxième, la dernière)~ que+*ind*. 初めて(2度目に, この前)の(した)時. C'est la première (la deuxième, la dernière)~ que+*ind*. …するのは初めて(2度目, 最後)だ. certaines ~ 時として, 時折.
cette ~〔-ci〕今度は；今度こそ. Ne soyez pas en retard cette ~. 今度は遅れないでください. Cette ~-ci, il viendra. 今度こそ彼は来るだろう.
la prochaine ~ que+*ind*. 今度…する時. la prochaine ~ qu'on se verra この次お会いする時. La prochaine ~, tu réussiras. 今度は君は成功するだろう.
3 une ~² 一度, いつか；ある日；〔古/方言〕かつて；〔ベルギー〕まあ, ちょっと. une ~ +*p.p.* ひとたび…したら. une ~ décidé ひとたび決定したら.
Une ~ à Paris, téléphonez-moi tout de suite. パリに着いたらすぐ電話をください. Une ~ j'étais à Versailles. 一度(かつて)ヴェルサイユに行ったことがある. Il était (Il y avait) une ~ +*n*. 昔々あるところに…がいました《お伽話の冒頭の常套句》.
Une ~ que+*ind*.〔動詞は多く複合形〕ひとたび…すると. Une ~ qu'il sera parti, il ne reviendra plus. いったん出掛けたら彼は二度と戻って来ないだろう.
une autre ~ 別の機会に；この次に. Je vous verrai une autre ~. 別の機会にお会いしましょう.
une bonne ~¹ 一度は. J'aimerais aller à Paris une bonne ~. 一度はパリに行ってみたいものだ.
une bonne ~²；une〔bonne〕~ pour toutes 決定的に, きっぱりと；今度こそは. Expliquez-vous une bonne ~! はっきり考えを述べなさい！ Sachez-le une bonne ~ pour toutes. 今度こそはそれを承知しなさい.

4〔話・俗〕des ~ 時々, 時折；たまにたま. Si des ~ vous allez le voir… たまたま彼に会うようなことがあったら…. des ~ que+*cond*. ひょっとして…のようなことがあれば. Allons-y vite, des ~ qu'il y aurait trop de monde. 大勢の人出があるかもしれないので早く行こう. Non, mais des ~! いい加減にしろ！

II〔度・回〕〔前置詞と共に〕**1**〔à と共に〕à la ~ 同時に. être à la ~ sévère et gentil 厳しいと同時に親切である. faire deux choses à la ~ 同時に二つのことをする. Ne parlez pas tous à la ~. 皆が同時に話さないでください.
à chaque ~ que+*ind*. …する度毎に(= chaque ~ que).〔古/文〕à deux (trois)~ 2度(3度)にわたって.〔比喩的〕y regarder à deux ~ よく考えてみる；ためらう.
2〔en と共に〕en une〔seule〕~ 一度に. en plusieurs ~ 繰返して. payer en deux ~ 2回に分けて支払う.
3〔pour と共に〕pour une ~ 一度だけは；例外として. Pour une ~, il est à l'heure. 例外的に時間に間に合った. pour une ~ que+*ind*. たまたま…だから. Je vais me promener pour une ~ qu'il fait très beau. たまたま好天に恵まれたので散歩に出かけることにする.
pour cette ~ 今度だけは. Je te pardonne pour cette ~. 今度だけは許してやろう.
pour la première(la deuxième, la dernière)~ 初めて(2度目に, 最後に). Je suis allé au Louvre pour la première ~. 私は初めてルーヴル美術館に行った. répéter *qch* pour la nième ~ 何度も何を繰返す.
4〔par と共に〕〔文〕par deux ~ 2度にわたって.

III〔倍〕**1**〔数〕〔掛算で〕Deux ~ cinq 〔font〕dix. 2×5=10.
2〔数詞と共に〕…倍《後に plus 又は moins を伴って用いることが多い》. mille ~ plus avantageux 1000倍も有利な. quantité deux ~ plus grande 2倍の量. arbre trois ~ centenaire 樹齢300年の木. une civilisation plusieurs ~ séculaire 数世紀の歴史を持つ文明.
3〔比喩的〕C'est deux ~ ennuyeux. それはひどく面倒だ. Vous avez cent (mille)~ raison. あなたの言分は全く正しい.

Foix *n.pr.* フォワ《département de l'Ariège アリエージュ県の県庁所在地；市町村コード 09000；旧フォワ伯爵領 comté de ~ の中心地；形容詞 fuxéen (*ne*)》. château de ~ フォワ城《12-15世紀》.〔史〕Gaston de ~ フォワ伯爵ガストン3世《通称 Gaston Phébus ガストン・フェビュス [1331-91] 武将・文人》.

folie *n.f.* **1** 精神錯乱, 狂気；〔医・心〕〔形容詞・名詞を伴って〕…精神病, …妄想, …狂, …癖, …症《現在では医学用語としては

あまり用いられない). ~ à deux 感応精神病 (= induite). ~ alterne 交代性精神病. ~ circulaire 循環性狂気. ~ des grandeurs 誇大妄想 (=mégalomanie). ~ discordante 乖離狂, 不調和性精神病. ~ du contact 接触恐怖症. ~ du doute 疑惑癖. ~ intermittente (périodique) 間欠性 (周期性) 狂気. ~ maniaco-dépresseuse 躁鬱病. ~ raisonnante 解釈妄想, 理性狂. accès de ~ 狂気の発作. être pris de ~ furieuse 狂気状態に陥る.
2 狂気の沙汰, 気違いじみたこと, 愚かさ. 〖聖書〗~ de la croix 十字架の愚かさ (『コリント前書』I, 18). Eloge de la ~ d'Erasme エラスムスの『痴愚神礼讃』(1511 年). C'est (de la) ~ de+inf. …するのは気違いじみている, …するのは狂気の沙汰だ. avoir la ~ de+inf. 愚かにも…する.
3 気違いじみた言行, 馬鹿げた言行. ~s de jeunesse 若気の過ち. âge des ~s 無分別な年頃. dire des ~s 馬鹿げたことを言う. faire des ~s 馬鹿げたことをする.
4 熱中; 熱情; 熱狂的な恋. Sa ~, c'est le football. 彼が熱中しているのはサッカーだ. à la ~ 熱狂的に. avoir la ~ de qch 何に夢中である.
5 大散財, 目茶苦茶な出費. faire une ~ (des ~s) 大変な無駄遣いをする. Vous avez fait une ~. 散財をおかけしました (お礼の言葉).
6 〖音楽〗フォリーア (= ~ d'Espagne).
7 フォリー (17-18 世紀にパリ近郊につくられた別荘). la F~ Sandrin à la Butte Montmartre モンマルトルの丘のフォリー・サンドラン荘.
8 ミュージック・ホール (=music-hall). Les F~s-Bergères à Paris パリのフォリー=ベルジェール (ミュージック・ホール).

folio 〔ラ〕n.m. **1** (写本などの) 一葉, 一丁. le ~ 4 recto (verso) 4 丁目表 (裏) (7 (8) ページに相当).
2 二つ折り紙 (本) (本の最大の版). in folio 二つ折りの.
3 〖簿記〗(帳簿の) 見開き 2 ページ.
4 〖印刷〗(本の) ページ番号. changer les ~s ページ番号を変える.

folique a. 〖生化〗acide ~ 葉酸 (ビタミン B 複合体の一つ; ビタミン B 9). insuffisance d'acide ~ 葉酸欠乏症.

folk 〔fɔlk〕〔米〕n.m. フォークソング (= folksong).
—a.inv. フォークソングの. chanteuses ~s フォークソングの女性歌手.

folklo (<folklorique) a.inv. 〖話〗民俗的な; 田舎っぽい; 見掛け倒しの. idées ~ いい加減な考え.

folklore 〔英〕n.m. **1** 民俗学.
2 民間伝承; 民俗芸能, 郷土芸能, フォークロア.
3 〖話〗見かけ倒し. C'est de ~ これは見かけ倒しだ.

folklorique a. **1** 民俗学の. études ~s 民俗学的研究.
2 民間伝承の; 郷土的な. costume ~ 民族衣装. danses ~s 民族舞踊, 郷土舞踊.
3 〖話〗見かけ倒しの.

follet(te) a. **1** 〖古・方言〗すこしいかれた; そそっかしい; 無分別な, 軽率な. esprit ~ いたずらっぽい考えの持主. personnage un peu ~ すこしいかれた人物.
2 不規則な. cheveux ~s ほつれ毛, おくれ髪. poil ~ 薄いひげ; (小鳥の) うぶ毛.
3 feu ~ 鬼火, 狐火. ~ dans un cimetière 墓地の鬼火 (人魂). 〖比喩的〗C'est un vrai ~. あいつは変幻自在だ.

folliculaire a. 〖解剖・医〗濾胞〔性〕の. carcinome ~ 濾胞腺癌. cellule ~ 濾胞細胞. conjonctivite ~ 濾胞性結膜炎. kyste ~ 濾胞性歯嚢胞. lymphoblastome ~ 濾胞性リンパ芽球腫.

follicule n.m. 〖医〗濾胞. ~ ovarien 卵胞, 卵巣濾胞.

folliculine n.f. 〖生化〗フォリクリン, 卵胞ホルモン, 発情ホルモン (œstrogène など).

folliculite n.f. 〖医〗毛包炎, 毛嚢炎. ~ bactérienne 細菌性毛包炎. ~ chéloïdienne ケロイド状毛包炎. ~ décalvante 脱毛性毛包炎. ~ mycosique 真菌性毛包炎.

folliculo(-)stimulant(e) a. 〖生化〗卵胞 (濾胞) 刺激性の. hormone ~e 卵胞刺激ホルモン (= 〔英〕FSH: follicle-stimulating hormone).
—n.f. 卵胞刺激ホルモン (=hormone ~e).

folliculo-stimuline n.f. 〖生理〗卵胞刺激ホルモン (卵巣濾胞成熟ホルモン (= 〔英〕FSH)).

folliculotropine n.f. 〖生化〗フォリクロトロピン, 卵胞刺激ホルモン (= 〔英〕FSH; 〔仏〕hormone folliculostimulante).

follitropine n.f. 〖生化・薬〗フォリトロピン (卵胞刺激〔英〕follicle-stimulating-hormone, 略 FSH). ~ alpha アルファ・フォリトロピン (不妊症治療薬). ~ beta ベータ・フォリトロピン (薬剤商品名 Puregon, 不妊症治療薬).

foncé(e) a. (色が) 濃い, 暗い (claire, pâle「淡い, 明るい」の対). couleur ~e 濃い色. peau ~e 浅黒い肌. 〖絵具〗rouge de cadmium ~ 濃色のカドミウム赤, ディープ・カドミウム・レッド.

foncer n.m. **1** 地所, 不動産 (=propriété ~ère). **2** 地租 (=impôt ~).

foncier(ère) a. **I 1** 地所の; 不動産の. propriétaire ~ 地主; 不動産所有者. propriété ~ère 地所, 不動産. rente ~ère 不動産所得.
2 不動産に関する. crédit ~ 不動産貸付. Crédit ~ de France フランス不動産銀行 (略記 CFF). taxe ~ère 不動産税.

[II] 生来の, 根っからの, 根本的な. honnêteté ~*ère* 生れつきの正直さ. qualité ~*ère* 生来の資質. différence ~*ère* 根本的な相違.

fonction *n.f.* [I] **1** 職務, 職責；勤務；職, 仕事.
~ administrative (juridictionnelle) 行政 (司法) 職. ~ législative (exécutive) 立法 (執行・行政) 職. ~ publique 公職；〔集合的〕公務員.
de ~ 職務上の. logement de ~ 公用住居. voiture de ~ 公用車.
être dans la ~ publique 公務員である. en ~〔s〕現職の. être en ~ 現職である；仕事中である, 勤務中である. entrer en ~〔s〕職務に就く, 仕事を始める.
faire ~ de …の役目を果す；代理を務める. faire ~ de directeur 部長の役目を果す；部長の代理を勤める. s'acquitter de ses ~s 職務 (職責) を果す. se demettre de ses ~s 辞職する. prendre ses ~s 職につく, 仕事をする.
2 機能, 作用, 働き, 役割, 目的.『建築』~ de l'arc-boutant アルク=ブータン (飛控え) の機能.『生理』~s du cœur (du foie) 心 (肝) 機能.『電算』~s d'un logiciel ソフトの機能.『生理』~ de nutrition 栄養機能.『生理』~ de reproduction 再生機能.『電算』touches de ~ 機能 (ファンクション) キー. faire ~ de *qch* …の働きをする, …の代りをする. remplir une ~ 機能を果す.
3『言語』機能. ~s de l'adjectif 形容詞の機能. ~ sujet du nom (du prénom) 名詞 (代名詞) の主辞 (主語) 機能. ~s du langage 言語機能.
4『数』関数. ~ algébrique 代数関数. ~ trigonométrique 三角関数.
5 相関関係. en ~ de …に応じて, …に比例して；…を考慮して. vivre en ~ de ses moyens 分相応の暮しをする. être ~ de … に対応する, …によって決まる. La qualité est en ~ du prix. 品質は価値に対応する (によって決まる).
6〔経済〕~ de production 生産関数〔生産に要した作業量と生産物の量の相関関係〕.
7『化』官能基. ~ acide (alcool) 酸 (アルコール) 官能基.

fonctionnaire *n.* 公務員, 官僚. ~ de l'Etat 国家公務員. ~s autochtones 現地採用公務員. ~s civils 文官〔非軍務公務員〕. ~s européens ヨーロッパ連合公務員. ~s internationaux 国際機関公務員. ~ haut = 高級官僚. ~s territoriaux 地方公務員. Fédération générale autonome des ~s 公務員自主総連合〔組合組織；略称FGAF〕.

fonctionnaliser *v.t.* 機能化する, 機能的にする, 機能強化を図る.

fonctionnalisme *n.m.*『建築, 心, 言語』機能主義.『心』~ behavioriste 行動機能主義.『言語』~ d'André Martinet アンドレ・マルチネの構造主義言語学.

fonctionnariat *n.m.* 公務員 (fonctionnaire) の地位 (身分).

fonctionnarisation *n.f.* 公務員化；(企業の) 公共企業化.

fonctionnariser *v.t.* **1** (人を) 公務員化する；(企業を) 公営化する. personnel *fonctionnarisé* d'une entreprise privée 私企業の公務員化された職員.
2〔蔑〕官僚化する.

fonctionnarisme *n.m.*〔蔑〕官僚主義.

fonctionnel(le) *a.* **1** 機能の, 機能に関する. analyse ~*le*^{1} 機能分析.『化』groupe ~ 機能基. linguistique ~ 機能言語学.『言語』opposition ~ *le* 機能的対立. psychologie ~ *le* 機能心理学.『医』troubles ~s 機能障害, 非器質的障害.
2 機能的な, 機能本位の；実用的な. meubles ~s 機能的家具. vêtements ~s 機能的衣服.
3〔数〕関数 (fonction) の. analyse ~*le*^{2} 関数解析, 位相解析. espace ~ 関数空間. relation ~*le* 関数関係.

fonctionnement *n.m.* **1** (機械の) 作動；(器官の) 働き, 働き具合. ~ d'un organe 器官の働き. vérifier le bon ~ d'une machine 機械の良好な作動を確かめる.
2 (機械の) 運転. être en ~ 運転中である.
3 (組織・機構などの) 活動. ~ des institutions 機構の活動.

fond *n.m.* [I] (基礎, 基本, 根本, 土台)
1 基本, 根本, 核心, 本質. au ~ 結局は, 実のところ. dans le ~ 実際は, 結局は, よく考えれば. de ~ 本質的な, 基本的な. article de ~ (新聞, 雑誌などの) 問題の本質に迫る解説記事, 社説. position de ~ 基本的な立場. quant au ~ 本質的には. question de ~ 根本問題. le ~ et la forme 内容と形式.
2 土台, 背景, 下地. ~ d'un lit 寝台の台枠. ~ de robe アンダードレス. ~ de teint (化粧の) ファンデーション. ~ sonore バックグラウンドサウンド (ミュージック). bruit de ~ 背景の雑音, ざわめき, ノイズ. toile de ~ (舞台の) 背景,〔比喩的〕背景, 事情, 状況. une robe à petits pois bleus sur ~ rouge 赤地に青い水玉模様のドレス.
3『法律』本案, 実質, 本質. ~ du droit 権利の内容. ~ du litige 係争の実体.
4 性根, (心の) 奥底. avoir〔un〕bon ~ 根は人が良い. du ~ du cœur 心から. être ému jusqu'au ~ de l'âme 心底から感動する.

[II] (底, 奥) **1** 底. bas-~ 浅瀬, じめじめした低地, 社会の最下層部, ~ に住む人, スラム街《*Les Bas-F*~*s*》『どん底』(ゴーリキーの作品). haut-~ 浅瀬, 洲. poche ポケットの底. ~ d'un tiroir 引き出しの底. à double ~ 二重底の,〔比喩的〕見かけと本心が違う. à ~ de cale 船底に；

〔比喩的〕一文なしで. de ~ en comble 上から下まで, すっかり, 徹底して.
2 底に残ったもの, ほんのわずか. boire le ~ de la coupe (du calice) 杯の残りを飲む；〔比喩的〕辛酸をなめる. Versez m'en un ~. (ワインなどを) ほんの少しついで下さい.
3 水底, 水深. ~ de la mer (marin) 海底. lame de ~ 大波. poisson de ~ 深海魚. La rivière a quinze mètres de ~. 川の深さは15メートルある. donner ~ 錨をおろす. donner du ~ (水面下の) 釣り糸を延ばす. envoyer par le ~ 沈める. toucher le ~ 足が立つ, (船が) 座礁する；〔比喩的〕貧乏のどん底にある (=toucher le ~ de la misère).
4 谷間, 窪地.
5 坑底. mineur de ~ 鉱 (坑) 内夫.
Ⅲ《奥, 最奥部》**1** 奥まった場所. ~ du couloir 廊下の突き当たり. fin ~ 奥の奥, 一番奥.
2 (器官の) 奥. 〚医〛examen du ~ d'œil 眼底検査. regarder au ~ des yeux 目の奥を見つめる, じっと見つめる.
3 後ろ, 裏側. ~ de culotte ずぼんの尻当て. user ses ~s de culotte (sur les bancs) 学校に通う. ~ d'un chapeau 帽子の山, 帽頂. ~ d'un violon ヴァイオリンの裏板.
Ⅳ〚スポーツ〛持久力, 耐久力, 長距離. avoir du ~ スタミナがある. ski de ~ 距離スキー.

fondamental (**ale**) (*pl.* **aux**¹) *a.* **1** 基本的な, 基礎的な；根本的な；必須の, 生来の. droits ~ *aux* 基本権利. droits ~ *aux* de l'homme 基本的人権. Charte des droits ~ *aux* de l'Union européenne ヨーロッパ連合基本的権利憲章 (2000年). 〚物理〛constante ~ *ale* 普遍定数. couleurs ~ *ales* 原色, 3原色. le français ~ 基本フランス語. 〚物理〛fréquence ~ 基本振動数 (波). 〚数〛groupe ~ 基本群. loi ~ *ale* 基本法. lois ~ *ales* de l'Etat 国家基本法 (憲法). 〚物理〛particules ~ *ales* 素粒子 (=particules élémentaires). principe ~ 原理. recherches ~ *ales* 基礎研究.
2 非常に重要な；本質的な, 根源的な. mépris ~ 根深い軽蔑. pessimisme ~ 生来のペシミズム. question ~ *ale* 本質的 (根源的) 問題.
3 〚音楽〛基本の, 主要な. note ~ *ale* ; son ~ 基音, 根音. accords ~ *aux* 主要3和音. harmonie ~ *ale* 主要和声.

fondamentalisme *n.m.* 〚宗教〛原理主義 (宗教の教理の根本原理を厳格に守ろうとする主義). ~ islamique イスラム原理主義.

fondamentaliste *a.* **1** 基礎研究に従事する. **2** 〚宗教〛原理主義を信奉する, 原理主義的な.
——*n.* **1** 基礎研究者 (=chercheur ~). ~ dans le domaine médical 基礎医学研究者.

2 〚宗教〛原理主義者. ~ islamique イスラム原理主義者.

fondamentaux² *n.m.pl.* **1** 〚理〛基礎的要素；原理；基本. ~ dans le domaine des sciences 科学領域の諸原理.
2 〚経済〛(経済活動・状況の) 基礎的指標, ファンダメンタルズ (PNB, インフレ率, 負債額など).

fondant¹ (**e**) (<fondre) *a.* **1** (氷・雪などが) 溶ける, 溶解する. glace ~ *e* 溶ける氷, 解氷. neige ~ *e* 融雪.
2 (糖果・果物などが) 口の中で溶ける. bonbon ~ ボンボン・フォンダン. poire ~ *e* (完熟して) とろけるような果肉の洋梨. viande ~ *e* とけるようにやわらかい肉.

fondant² *n.m.* **1** 〚製菓〛フォンダン (口の中ですぐ溶ける糖菓). ~ au chocolat フォンダン・オー・ショコラ (口の中ですぐ溶けるように柔らかく固めたチョコレート糖菓).
2 〚冶〛融剤, 溶剤, フラックス.

fondateur (**trice**) *n.* **1** 創始者, 設立者；建設者；開祖；発起人. ~ d'une cité antique 古代都市 〔国家〕の建設者. ~ d'un empire 帝国の創始者. ~ d'un ordre religieux 宗派の開祖. ~ d'une société 会社の設立者 (発起人). ~ d'une théorie 理論の樹立者. part de ~ 発起人持株.
2 (基金・賞などの) 創設者. ~ d'un prix 賞の創設者.
——*a.* **1** 創始の, 創設の, 設立の. membre ~ 創設メンバー.
2 基礎となる, 根本の. idée ~ *trice* d'une théorie 理論の基礎概念.

fondation *n.f.* **1** 〚多く *pl.*〛(建物の) 基礎工事；基礎. ~ *s* en semelles filantes 布基礎. ~ *s* sur caisson ケーソン基礎. ~ *s* sur pieux 杭基礎. faire (jeter) les ~ *s* d'un édifice 建物の基礎をつくる.
2 〔比喩的〕創設, 設立. ~ d'une institution 機関 (制度) の創設. ~ d'un ordre religieux 宗派の創設. ~ d'un parti 政党の創設. ~ d'une société 会社の設立.
3 (財産の寄付；遺贈による公益機関の) 設立；基金の寄付行為；寄付基金；(寄付基金で運営される) 財団. la F~ Rothschild ロッチルド (ロスチャイルド) 財団.

fondé (**e**) *n.* 〚法律〛~ de pouvoir[s] (一定の権限を付与された) 代理人；(一定の代表権限を付与された) 上級管理職. ~ de banque 銀行の特定代表権限付与上級管理職.

fondement *n.m.* **1** 〚一般に *pl.*〛基礎, 土台. ~ *s* d'un empire (d'une religion) 帝国 (宗教) の基礎 (基盤). ébranler le monde jusque dans ses ~ *s* 世界を根底からゆさぶる. jeter les ~ *s* de *qch* 何の基礎をおく.
2 〚一般に *sing*〛根拠, 正当な理由. ~ de la justice 正義の根拠. bruit sans ~ 根も葉もない噂.
3 基礎概念, 根本原理, 公理. ~ de la mo-

fonderie

rale 道徳の根本原理. ~ des mathématiques 数学の公理.
4〘法律〙法的根拠 (= motif juridique) ; 正当化手段 (= moyen de justification). ~ d'une prétention 申立ての法的根拠.
5〘婉曲表現〙尻 (= fesse) ; 肛門 (= annus)
fonderie *n.f.* **1** 鋳造工場, 鋳物工場. ~ de cloches 鐘の鋳造工場.
2 鋳造. alliage de ~ 鋳造合金.

fondeur(**se**) *n.*〘スキー〙距離競技選手.
fonds *n.m.* **1** 基金, 資本. ~ commun de placement (FCP) 投資共同基金〘1979 年に労働者持ち株制度と共に作られた株式の共同保有・投資会社〙. F~ d'action sociale pour l'aménagement des structures agricoles (FASASA) 農業構造改善社会活動基金. F~ d'aide et de coopération (FAC) 援助協力基金〘1990 年設立;1998 年 2 月より FSP に〙. F~ de développement économique et social (FDES) 経済社会開発基金. F~ de garantie automobile (FGA) 自動車保険保証基金〘加害者の判明しない人身事故などに際して保障を行う〙. F~ de garantie des salaires 賃金保証基金〘1974 年設置, 破産企業従業員の賃金を保証する〙. F~ d'intervention pour l'aménagement du territoire (FIAT) 国土整備介入基金. F~ d'orientation et de régularisation des marchés agricoles (FORMA) 農業市場指導調整基金〘農産物の価格支持, 生産・流通の合理化を目的とする〙. F~ des Nations unies pour l'enfance (FNUE=FISE) 国連児童基金 (=〔英〕UNICEF). ~ de secours aux victimes de sinistres et calamités 災害被災者救援基金〘国家予算の特別会計の一つ〙. F~ de solidarité *p*rioritaire 優先的連帯基金〘1998 年導入;旧 FAC;フランスの対外援助開発基金〙. ~ de soutien aux hydrocarbures 炭化水素価格支持基金〘前項に同じ〙. ~ de stabilisation des changes 為替安定基金.
F~ européen de coopération monétaire ヨーロッパ通貨協力基金. F~ européen de développement ヨーロッパ開発基金. F~ européen de développement régional ヨーロッパ地域開発基金. F~ européen d'orientation et de garantie agricoles (FEOGA). ヨーロッパ農業開発基金.
F~ forestier national 国営森林基金. F~ monétaire international (FMI) 国際通貨基金 (=〔英〕IMF). F~ national d'aménagement foncier et d'urbanisme (FNAFU) 土地整備都市開発国営基金. F~ national de l'amélioration de l'habitat (FNAH) 住宅改良国営基金. F~ national de solidarité 国民相互扶助基金. F~ national du livre 国営書籍基金〘国家予算の特別会計の一つ〙. F~ national pour le développement des adductions d'eau 国営水道普及基金〘前項に同じ〙. F~ national pour le développement du sport 国営スポーツ振興基金〘前項

に同じ〙. F~ national pour le développement de la vie associative 国営市民運動発展基金〘前項に同じ〙. F~ national pour l'emploi 全国雇用基金. F~ social européen ヨーロッパ社会基金. F~ spécial d'investissement routier 道路投資特別基金. ~ d'amortissement 減価償却費. ~ de placement fermé ユニット型投資信託. ~ de placement ouvert オープン投資信託. ~ de réserves 予備費. ~ de roulement 運転資金. ~ propres 自己資金. ~ secret 機密費.
2 資産, 営業権, 営業用財産. ~ de commerce (設備, 顧客, 商標などを含む) 営業権.
3 資金, 元金, 金, 現金. appel de ~ 出資募集. bailleur de ~ 出資者. détournement de ~ 汚職, 横領. mise de ~ 払込資本金, 投下資本.〔*pl.* で〕donner à ~ perdus 終身年金と引換えに財産を手放す. être en ~ 手持ちの現金がある. manger le ~ et le revenu 元金ともに食いつぶす.〔*pl.* で〕prêter à ~ perdus 回収のあてもなく金を貸す.〔*pl.* で〕rentrer dans ses ~ 資金を回収する.
4 土地, 不動産. ~〔de terre〕土地.
5 蓄え, 資質.〘心〙~ mental 精神能力, 精神的基盤.
6 コレクション, (美術館などの) まとまった寄贈品;(出版社の) 自社出版物.
7〘料理〙フォン. ~〔de cuisine〕(肉, 魚から取ったブイヨン, ジュなどの) 出し汁.

fondu(**e**[1])(< fondre) *a.p.* **1** 溶けた;溶した.〘料理〙beurre ~ 溶かしバター.〘料理〙溶けたチーズ (cantal, comté, emmenthal, gruyère など加熱溶解性チーズのクリーム). neige ~*e* 溶けかかった雪. plomb ~ 溶けた鉛. sucre ~ キャラメル化した砂糖.
2〘比喩的〙ぼんやりした. contours ~*s* ぼやけた輪郭. voix ~*e* はっきりしない声.
3〘絵画〙(色調が) ぼかされた.
4〘印刷〙(活字が) 鋳造された. édition entièrement ~*e* dans une autre 完全改鋳活字版.
—— *n.m.* **1**〘映画〙(画面の) 絞り, フェイド. fermeture en ~ 暗溶, 暗転, フェイドアウト. ouverture en ~; ~ au blanc オープン, フェイドイン. ~ enchaîné オーヴァーラップ.
2〘ラジオ〙フェーディング (〔英〕fading に対する公用推奨語).
3〘絵画〙(色調の) ぼかし.

fondue[2] *n.f.*〘料理〙**1** フォンデュ, チーズ・フォンデュ (cantal, comté, emmenthal, gruyère などを鍋で白葡萄酒で溶かし, 串刺しのパンにからませて食べる料理). ~ savoyarde サヴォワ風〔チーズ〕フォンデュ.
2 ~ bourguignonne ブルゴーニュ風フォンデュ〘鍋でオイルを加熱し, 角切りの牛肉を串に刺して火を通したあと各種の香味料・ソ

ースで食べる料理). **3** 〔古〕チーズを加えたいり卵料理.

Fongecif (=*Fo*nds de *ge*stion du *c*ongé *i*ndividuel de *f*ormation) *n.m.* 〖社会保障〗個人職業養成休暇運営基金.

fongicide *a.* 殺〔真〕菌の；防黴性の，黴 (champignun) の発生を抑える.
―*n.m.* 殺〔真〕菌剤；除黴剤，防黴剤.

fongiforme *a.* 真菌状の.

fongique *a.* 真菌性の. antibiotiques ~s 真菌性抗生物質 (ペニシリンなど).

fongistatique *a.* 〖医〗制菌性の.
―*n.m.* 制菌剤 (=médicament ~).

fongosité *n.f.* 〖医〗菌状腫 (皮膚や粘膜の表面にあらわれる).

fongueux(se) *a.* 〖医〗真菌性の. infection ~ se 真菌感染症，真菌症.

FONJEP (=*Fo*nds de coopération de la *j*eunesse et de l'*é*ducation *p*opulaire) *n.m.* 青少年協同活動・大衆教育基金.

fontaine *n.f.* **1** (天然の) 泉，湧水 (= source). ~ intermittente 間歇泉. ~ jaillissante 噴泉. ~ tarie 涸れた泉. source d'une ~ 泉の水源. aller à la ~ 水を汲みに行く. **2** (人工の) 泉，泉水；噴水. du village 村の泉. ~s du parc du château de Versailles ヴェルサイユ宮殿付属庭園の泉水群. ~ de Trévi (ローマの) トレヴィの泉.
3 水飲み場 (= ~ publique)；水飲み用水栓. ~ d'eau potable 飲料水用水栓.
4 (家庭用) 給水器. ~ à filtre フィルター式給水器. ~ à robinet 水栓付貯水器.
5 〖理〗(空圧式) 噴水器. ~ de Héron ヘロンの噴水器.
6 〖料理〗小麦粉の中央につけるくぼみ.
7 〔比喩的〕源泉，根源. ~ de divertissements 娯楽の源.

Fontainebleau *n.pr.* フォンテーヌブロー (département de Seine-et-Marne セーヌ=エ=マルヌ県の郡庁所在地；市町村コード 77300；城下町；形容詞 bellifontain (*e*)). château de ~ フォンテーヌブロー城館 (1527-16 世紀末；主な見どころ Grands appartements, Galerie François Ier, salle de Bal；城館内に Musée Napoléon Ier, Musée napoléonien d'Art et d'Histoire militaire, Musée chinois など). 〖絵画〗école de ~ フォンテーヌブロー派 (le Rosso, le Primatice, Luca Perni, Antoine Caron, Pierre Bontemps, Nicolo Dell'Abbate ら). forêt de ~ フォンテーヌブローの森 (25,000 ha).

fontainebleau *n.m.* フォンテーヌブロー・チーズ (凝乳とホイップクリームからつくられるフレッシュ・チーズ).

fontanelle *n.f.* 〖解剖〗(新生児の頭蓋の) 泉門. ~ antérieure 大泉門，前泉門. ~ postérieure 小泉門，後泉門.

fonte *n.f.* **1** 溶かすこと；溶けること；溶解；融解. ~ à l'acide 酸融解. ~ des glaces 融氷. ~ des neiges 融雪，雪解け；雪解け水，雪解けの季節.
2 鋳造. ~ d'une cloche (d'une statue) 鐘 (彫像) の鋳造.
3 鋳物 (いもの)；銑鉄 (= ~ brute)；鋳鉄 (= ~ de fer). ~ blanche 白鋳鉄 (炭素 2.5-3.5 %). ~ d'acier 鋳鋼 (= ~ aciérée). ~ grise ねずみ鋳鉄 (炭素 3.5-6 %). ~ G. S. (= ~ à *g*raphite *s*phéroïdal) 球状黒鉛鋳鉄. ~ injectée ダイカスト合金. ~ spéciale 合金鋳鉄. (= ~s alliées). en ~ 鋳鉄製の，鋳物の. lingot de ~ 鉄 (鋳) 鉄塊. tuyau de ~ 鋳鉄管.
4 〖印刷〗フォント (=police 〔de caractères〕)(同一書体の活字一揃い).
5 〖農〗~ des semis 苗の鋳鉄病.

Foochow ⇒ **Fuzhou**

foot (=football) 〔話〕*n.m.* サッカー (= 〔英〕soccer).
◆サッカー用語：arbitre 審判. avant-centre センターフォワード. ballon ボール. banc de touche ベンチ. but ゴール. but contre son camp 自殺点，オウンゴール. buteur ゴールゲッター. capitaine 主将. carton jaune (rouge) イエロー (レッド) カード. centre センタリング. centretir センタリング. corner コーナーキック. coup franc フリーキック. défense 〔en〕zone ゾーンディフェンス. défenseur ディフェンス. distribueur パス出しをするプレーヤー. entraîneur 監督. dribble ドリブル. expulsion 退場. feinte フェイント. FIFA (=*F*édération *i*nternationale de *f*ootball *a*ssociation) 国際サッカー連盟. gardien de but ゴールキーパー. hors-jeu オフサイド. juge de touche 線審. ligne de but ゴールライン. 〔ligne de〕touche タッチライン. meneur de jeu ゲームメーカー. milieu de terrain ミッドフィールダー. mi-temps ハーフタイム. mur 壁. passeur パスを出す人，パス出しを専門にするプレーヤー. penalty ペナルティーキック. première (deuxième) division 一部 (二部) リーグ. pressing (守備の) プレッシャー. prolongation 延長. sélection ナショナルチーム. sélectionneur ナショナルチームの監督. surface de réparation ペナルティエリア. suspension 出場停止. tacle タックル. technicien コーチ. tir au but ペナルティーキック (試合の決着をつける場合). triplé ハットトリック. une-deux ワンツー，壁パス.

footballeur(se) *n.* サッカー選手. ~ professionnel プロ・サッカー選手.

FOP (=*F*édération française des producteurs d'*o*léagineux et de *p*rotéagineux) *n.f.* フランス油料植物・蛋白質澱粉用植物生産者連合会.

F.O.R. (=〔英〕*f*ree *o*n *r*ail) *ad.,a.* 〖商

業〕貨車〔積込み〕渡し(=[仏]franco wagon).

forage *n.m.* **1** 鑿孔(さっこう);掘削;鑿井(さくせい),ボーリング.[石油] ~ d'exploration 試掘. ~ du puits de pétrole 油井の掘削,鑿井. ~ horizontal 水平ボーリング. ~ rotary ロータリー式掘削. ~ sous-marin 海底ボーリング.[石油] appareil de ~ リグ. plate-forme de ~ (海底油田掘削用の) リグ, 油田掘削用プラットフォーム. tige de ~ ボーリングロッド. tour de ~ 掘削塔;[石油] 油井櫓, デリック(=[英] derrick).
2 掘削孔.
3 [医] 穿孔術(=perforation;生検のため穿孔器 forcet を用いて骨片・腫瘍などを取り出す手術).

forain(e) *a.* **1** 市(いち)の;市で働く;市で行われる. acteur ~ (祭・縁日などの興行に出演する) 旅役者. fête ~*e* 市の祭り;縁日興行.(marchand) ~ (市・縁日の) 露天商人(=commerçant ~).
2 [古] 他所(よそ)の;外の.[慣用] atelier ~ 現場作業所.[法律] audience ~*e* 管轄区域外出張法廷.[海] rade ~*e* 波よけのない錨地.[法律] saisie ~*e* 不在債務者の財産差押. viandes ~*es* 他所の食肉処理場から仕入れた食肉.
— *n.* **1** 露天商人. **2** industriel (entrepreneur) ~ (市・縁日の) 興行師.

forçage (<forcer) *n.m.* **1** [農] 促成栽培,温室栽培. primeurs obtenues par un ~ 促成栽培による初物野菜. tunnel de ~ 温室栽培用ビニル・トンネル.
2 [狩] (獲物の) 追い詰め. ~ d'un cerf par la moute 猟犬の群れによる牡鹿の追い詰め.
3 (鋳物の型面の) いばり, 盤膨れ.
4 [工] 力を加える作業〔工程〕. outil de ~ こじ開け工具. vaporiseur de ~ 強制気化器.
5 [比喩的] 強行突破;強制. ~ du contrat 契約の強制.

force *n.f.* [I] (個人の力) **1** 体力, 肉体的な力. ~ physique (musculaire) 体力 (筋力). être à bout de ~ 体力の限界である, へとへとだ. ménager ses ~*s* 余力を残す, 力の出し惜しみをする. reprendre ses ~*s* 体力を回復する. s'acquitter de la tâche de toutes ses ~*s* 全力を尽くして仕事をする.
2 知力, 精神力, 気力. ~ de caractère 根性, 性格の力. ~ intellectuelle 知力. ~ morale 精神的な力, 根性.
3 能力. Ils sont de la même ~. 彼らは同じ能力だ, 彼らの実力は均衡している.
[II] (集団の力) **1** 力, 勢力, 威力, 武力. F~ ouvrière (FO) 労働者の力 (労働組合の名称;とくに公務員の間に大きな勢力を持っている). épreuve de ~ 力比べ, 衝突. rapport de[s] ~[s] 力関係, 勢力関係. Les différentes ~*s* politiques en présence ne par-

viennent guère à s'entendre entre elles. 諸政治勢力間で合意ができることはめったにない. Les tentatives de médiation étant épuisées, le recours à la ~ semble désormais inévitable. 仲介の試みが尽きたいま, 武力行使はもはや避けられないようである.
2 武, 軍, 軍隊, 部隊, 兵器, 装備. ~ armée 武力, 軍.[軍事] ~ de dissuasion 抑止力. ~ de frappe (フランスの) 核兵器, 抑止力;核兵器を中心とした主要軍備;[比喩的] 強力な力, 攻撃能力. A plus de 65 dollars le baril, les pays producteurs engrangent 2 milliards de dollars par jour. Ainsi disposent-ils d'une ~ de frappe financière que certains Etats pourraient convertir en ~ de frappe politique. 原油が1バレル65ドルになると, 産油国の収入は1日当たり20億ドルとなる. こうして産油国には強大な金融力が備わるが, 一部の国はそれを政治的な力に変えようとするだろう. ~ multinationale déployée lors de la première guerre du Golfe 第一次湾岸戦争に際して展開された多国籍軍. ~*s* aériennes (navales, terrestres) 空 (海, 陸) 軍. les ~ françaises de l'intérieur (FFI) 国内フランス軍 (第2次大戦中の国内レジスタンス軍).
3 警察, 機動隊, 憲兵. ~*s* (maintien) de l'ordre 警察, 機動隊, 治安維持部隊.
[III] (ものの力, 能力) **1** (抽象的な) 力, 効力. ~ exécutoire 執行力. ~ du nombre 数の力;多数決の横暴. les ~*s* vives d'un pays ある国の活力 (とくに若者たち). par la ~ des choses 必然的に, 成り行き上避けられず. Il a fait passer son projet de réforme des retraites par la ~ du nombre. 彼は年金改革案を数の力で強行採決させた.
2 (具体的な) 力強さ, 強度;[物理] 力; [電] 電力, (特に動力用の) 三相交流. ~ centripète (centrifuge) 求心 (遠心) 力. ~ d'inertie 慣性力. ~ de pesanteur 重力. ~ d'un médicament 薬の効力. ~ du vent 風力. ~ électromotrice 起電力. ~*s* naturelles (de la nature) 自然の力.[比喩的] C'est une ~ de la nature. 人間離れした力の持ち主だ;とてもかなわない.[建築] (jambe de) ~ 支柱, 筋かい. ligne de ~ 力線. un tremblement de ~ 5 sur l'échelle de Richter マグニチュード5の地震. faire installer la ~ 動力用の電気を引く.
3 強み, 長所. les ~*s* et les faiblesses de l'économie mondialisée グローバル経済の強みと弱み.
4 [印刷] 活字の大きさ.
5 [成句]
[古] à la ~! 曲者だ, 出会え!
à ~ 繰り返せば, 何度も試みれば.
à ~ de qch (+inf.) …のおかげで, …を繰り返し行うことで.
à la ~ de …の力によって, …を利用するこ

とで. à la ~ du poignet 腕一本で，自分の力で．
de ~ 力ずくで，強引に，無理やりに．
de gré ou de ~ 望むと望まないとにかかわりなく．
de toute (s) sa (ses) ~(s) 全力で，力の限り．
en ~ 大勢で，大軍で，大挙して．
être dans la ~ de l'âge 働き盛りである，男(女)盛りである.《La ~ de l'âge》『女ざかり』(Simone de Beauvoir の自伝的小説の題).
être de ~ à …をできる，…する能力がある．
être en position de ~ 強い立場にある，有利に立っている．
faire ~ de loi 法と同等の力を持つ，法に準じた効力を持つ．
〖古〗faire ~ de rames (de voiles) 力いっぱい漕ぐ．
~ des choses 物事の成り行き，勢い．
~ est de+inf. …せざるをえない．
~ majeure 不可抗力. cas de ~ majeure 不可抗力が適用されるケース．
~ reste à qn (qch) 主導権は…にある. la ~ reste à la loi 法には従わざるを得ない．
L'union fait la ~. 団結は力なり．
maison de ~ 刑務所《とくに懲役囚を収容する》．
ne pas sentir sa ~ 力加減ができない，馬鹿力をふるう．
par ~ 力ずくで，仕方なく．
tour de ~ 力技，離れ業，偉業．

forcé(e) *a.p.* **1** 違法に強制された，無理強いされた；強奪された. consentement ~ 強迫による合意．
2 合法的に強制された；強制的な；不可避の，必然の. acceptation ~*e*（相続の）強制承認. atterrissage ~ 強制着陸，不時着陸. conséquence ~*e* 必然の結果. cours ~ d'une monnaie 貨幣の強制流通，信用紙幣制度. culture ~*e* 促成栽培；温室栽培. exécution ~*e* 強制執行. mariage ~ 強制結婚. travaux ~*s* 強制労働. vente ~*e* 押し売り．
3 不自然な，わざとらしい. attitude ~*e* 不自然な態度. comparaison ~*e* こじつけの比喩. rire (sourire) ~ 作り笑い．
4 (戸などが) こじ開けられた；(鍵が) 壊れた．
5 〖話〗C'est ~! 当然のことだ；仕方がない. C'est (Il est) ~ que+*subj*. …することは当然だ (仕方がない)．

forceps [fɔrsɛps] *n.m.* 〖医〗鉗子 (かんし)．

forcerie *n.f.* 〖農〗促成栽培用温室 (ビニル・トンネル)．

forcing 〖英〗*n.m.* **1** 〖スポーツ〗強攻，猛攻；(ボクシングで) ラッシュ. faire le (du) ~ 猛攻する；ラッシュする；〖比喩的〗仕事にけりをつける．

2 〖一般に〗猛攻. ~ électoral 選挙戦の猛攻. faire du ~ à l'Assemblée nationale 国民議会で猛攻を加える．
3 〖学〗猛勉．

forclusion *n.f.* **1** 〖法律〗時効による訴権 (権利) の喪失；抵当受戻権喪失，抵当流れ．
2 強制的排斥 (排除，締め出し)．
3 〖精神分析〗排斥，排除《耐え難い表象などの排除》．

Fordeprenu (=*For*ce *de dé*ploiement *pré*ventif des NU) *n.f.* 国連予防展開軍《1995 年 3 月 -1999 年 3 月マケドニアに駐留；=〖英〗UNPREDEP : *U*nited *Na*tions *p*reventive *dep*loyment force)．

forestage *n.m.* 林業．
foresterie *n.f.* 営林〔業〕．
forestier(ère) *a.* 森林の；林業の. arbre ~ 林業用木. centres d'etudes techniques ~*ères* 林業技術研究センター《略記 Cetef》. centres régionaux de la propriété ~*ère* 地方林業地センター《略記 CRPF；1963 年創設》. chemin ~ 林道. écosystème ~ 森林生態系. espace ~ 森林空間. Fonds ~ national 国営森林基金《1946 年創設》. garde-~ 営林署員；森林管理人. ingénieur expert ~ 林業専門技師. Institut pour le développement ~ 森林開発研究所《略記 IDF》. inventaire permanent des ressources ~*ères* nationales 国有森林資源の恒常的調査《1958 年導入》. loi ~ère 森林法. régime ~ 森林管理体制，営林. réserves ~*ères* en forêt communale 村営森林保護区. ressources ~*ères* 森林資源. sapeur-~ 森林消防隊員. services régionaux d'aménagement ~ 森林整備地方局，地方営林局《略記 SRAF》．
——*n.m.* 森林管理人；営林署員 (=agent ~, garde ~)．

foret *n.m.* **1** 錐，ドリル (=drille, perceuse). ~ de bijoutier (de charpentier) 宝石細工師 (大工) 用ドリル．
2 〖外科〗(骨・歯などの) 穿孔器．

forêt *n.f.* **1** 森，森林《bois「森」より広い》. ~ amazonienne アマゾン流域林. ~ boréale 北極地帯林 (taïga タイガ, toundra ツンドラなど). ~ caducifoliée 落葉樹林 (=~ à feuillage caduc). ~ de conifères 針葉樹林. ~ de mousson de l'Asie du Sud-Est 東南アジアのモンスーン林. ~ dense 密林. ~ domaniale 国有林. ~ équatoriale 赤道地帯林. ~ feuillue caducifoliée 落葉広葉樹林. ~ hygrophile 湿性林. ~ jardinée 間伐林. ~ méditerranéenne 地中海沿岸林. ~ ombrophile 好蔭林. ~ pluviale 雨林. ~ publique (privée) 公有 (私有) 林. ~ résineuse 樹脂質樹林，針葉樹林 (=~ de conifères). ~ sclérophylle 硬葉樹林. ~ tempérée 温帯林. ~ tropicale (subtropicale) 熱帯 (亜熱帯) 林. ~ vierge 処女林，未開発

林. la ~ de Fontainebleau フォンテーヌブローの森. Administration des F~s 林野庁. les Eaux et F~s 水利森林管理局. feux (incendie) de ~ 森林火災. loi sur régime spécial des ~s de protection 保護森林特別体制に関する法律《1922年制定》. Ministère de l'Agriculture et de la F~ 農林省. Office national des ~s (ONF) 国立営林局 (1964年創設). promenade en ~ 森林散策.
2 (森林の)ように)林立している；錯綜している. ~ des mâts マストの林立.
3 la F~-Noir シュヴァルツヴァルト, 黒林〔地帯〕(= [独] Schwarzwald).

forêt-galerie (pl. ~s-~s) n.f. 回廊林 (サヴァンナの水路の両端の帯状密生林).

forêt-noire (pl. ~s-~s) (< [独] Schwarzwald 「黒森」) n.f.《菓子》フォレ=ノワール《ジェノワーズとチョコレートをベースにしたケーキで, ホイップクリーム, 酒漬桜桃, けずったチョコレート片を添えたもの》.

forfait[1] n.m. **1** 一括契約, 請負契約；見積 (請負契約による) 一括代金；(一括払いによる) 優待券, クーポン；(特に) (旅行などの) パッケージ, パック.
à ~ 一括(請負)契約で(の), 一切込みで (の). leçons à ~ 請負教習課程. marché à ~ 請負請負契約, vente à ~ 見積売買. voyage à ~ パッケージ・ツアー, パック旅行. acheter à ~ 見積価格で買う；一括買いする. travailler à ~ 請負仕事をする. faire un ~ avec un entrepreneur pour la construction d'une maison 家の建築のため建設請負業者と請負契約を結ぶ. ~-loisir レジャー・パック. ~-ski スキー・パック. ~-vacances ヴァカンス・パック, ヴァカンス一括料金 [制].
2 一括補償, 一括補償代金〔制度〕. ~ d'indemnité 補償手当金一括支払制.
3 調整的 (和解的) 約定.
4〔税〕見積課税〔額〕.
5 重大な違反, 違約. gagner par ~ 不戦勝を勝ちとる.

forfait[2] n.m. 重大な違反, 違約；違約金；〔競馬〕出走取消違約金. déclarer ~ 制裁 (落第) 覚悟で欠場 (欠席) することを言明する；〔スポーツ〕棄権する；〔比喩的〕断念する, 手を引く.〔スポーツ〕gagner par ~ 不戦勝になる.

forfaitaire a. 請負契約の, 一括契約の；一切込みの.〔税〕見積り課税の, impôt ~ 見積り課税. indemnité ~ 一括補償手当. prix ~ 一括料金, 見積価格.

forfaiture n.f. **1**〔史〕(家臣の領主に対する) 背反, 不忠；〔文〕背信〔行為〕.
2〔法律〕(公務員の) 汚職, 背任行為. être accusé de ~ 汚職(背任行為)で告発される.

forfanterie n.f. **1** 大法螺吹き (態度・性格). **2**〔多く pl.〕大法螺, 大言壮語.

forge n.f. **1** (仕事場としての) 鍛冶屋；蹄鉄屋 (= ~ de maréchal-ferrant)；錠前屋 (= ~ de serrurier)；(小規模な) 鉄工所. souffler comme une ~ (鍛冶屋のふいごのように) はあはあ息を切らせる.
2 (鍛冶屋の) 炉, 火床. feu de la ~ 炉の火. rougir comme une ~ (鍛冶屋の炉の火のように) 真赤になる.
3 鍛造工場 (= grosse ~).
4〔古〕製鉄所；金属溶鉱炉.
5〔pl. で〕鋳造所, 鉄工所；製鋼業. Comité de F~s de France フランス製鋼業委員会. maître de ~s 鉄工場主 (= fondeur).

forgé(e) a.p. **1**〔冶〕鍛錬(鍛造)された. fer ~ 錬鉄.
2〔比喩的〕鍛えあげた. caractère ~ 鍛えあげられた性格.
3〔比喩的〕でっちあげの, 捏造された.

forgeage n.m.〔冶〕鍛造, 鍛錬.

forgeron n.m. **1** 鍛冶屋. **2** 鍛工.

FORMA (= Fonds d'orientation et de régularisation des marchés agricoles) n.m. 農業市場開発調整基金《1982年創設》.

formaldéhyde n.m.〔化〕フォ(ホ)ルムアルデヒド.

formalisme n.m. 形式尊重主義.

formalité n.f. **1**〔多く pl.〕所定の書式 (要式, 方式, 形式)；手続. ~ de procédure 手続方式. ~ substantielle 重要な要式. ~ requises 必要な手続を踏む. remplir les ~s 書式を整える.
2 儀礼的行為, 礼儀作法. ~s d'usage 慣例的儀礼. sans ~[s] 儀式張らずに, 肩の凝らない.
3 形式的なこと, 形ばかりの行為. Ce n'est qu'une ~. 形式的なことに過ぎない.

formamidine n.f.〔化〕フォルムアミジン.

format n.m. **1** サイズ, 寸法. valise de petit ~ 小型のスーツケース.
2 (書物の) 判, 型, 体裁；(洋紙の) 判, 寸法.〔洋紙〕~ A4 A4判.〔印刷〕~ carré デマイ判 (45×56 cm；47×62 cm の厚紙判).〔書籍〕~ de poche ポケット判. ~ in-folio (in-quarto, in-octavo) 二つ折(四つ折, 八つ折)判.〔洋紙〕~ raisin ロイヤル判 (50×65 cm).
3 (写真印画, ポスターなどの)判；(フィルムの) サイズ, 判.〔写真〕appareil de grand (petit) ~ 大判カメラ. photo de petit ~ 小判写真. photo de ~ 6×7 六七判の写真.
4〔情報処理〕フォーマット, 書式. capacité de ~ フォーマット容量. code de ~ 書式記号.
5〔放送〕(ラジオ・TV の) 番組構成.

formatage n.m.〔情報処理〕(フロッピーディスク, ハードディスク等の) 初期化 (書き込み前のフォーマット処理)；書式設定. ~ des paragraphes パラグラフの体裁設定. ~ du disque dur ハードディスクの初期化. ~ automatique du texte テキスト書

式自動設定.

formater *v.t.* 〖電算〗フォーマットする, 初期化する. ~ le disque dur ハードディスクをフォーマットする.

formation *n.f.* **1** 形成, 生成, 構成, 設立. 〖経済〗~ brute de capital fixe 固定資本形成. ~ de l'embryon 胎児の生成. ~ du gouvernement Rocard ロカール内閣組閣. époque de la ~ 思春期, 器官の成熟期. **2** 教育, 養成, 育成；人間(人格)形成, 研修；教養. ~ continue 生涯学習 (教育). ~ des adultes 成人教育. ~ permanente 生涯教育 (学習). ~ professionnelle 職業教育. congé -~ 研修休暇. être de ~ littéraire (scientifique) 人文科学系 (自然科学系) の教育を受けている. ministère de la ~ professionnelle 職業教育省. **3** 組織, 団体, 政党. ~ de l'opposition 野党. ~ musicale 楽団, バンド. ~ politique 政党. ~ syndicale 労働組合組織. **4** 〖法律〗編成；判決機関. en ~ colégiale 合議制. **5** 〖軍〗部隊, 隊, 隊形, 編隊, 隊列. ~ de combat 戦闘隊形. vol en ~ 編隊飛行. **6** 〖地質〗地層, 累層；〖植〗群系. **7** 〖言語〗~ de mots 語形成, 造語法.

forme *n.f.* Ⅰ《具体的なものの形, 形態》**1** 形状, 形. de ~ +*adj.* …の形をした. objet de ~ sphérique 円形状のもの. en ~ 整った形に, 型にはまった. une jupe en ~ 体の線に合ったスカート. mettre le texte en ~ 文章を推敲する. en ~ de …の形をした, 形状の. 〖経済〗le redressement de l'activité en ~ de V V 字型景気回復. sans ~ 形のない, 形の崩れた, 無形の.
changer de ~ 変形する, 変貌する. n'avoir ni ~ ni couleur 何の特色もない. n'avoir plus ~ humaine やつれてみる影もない. prendre (revêtir) la ~ de …の形を取る, …の様相を呈する. 〔比喩的〕prendre ~ 具体化する, 形が整う, 態勢が整う.
2 形態, 外観. sous 〔la〕~ de …の形をして《具体的に, 抽象的なもののいずれにも使える用法. ただし, 主語の本質は不変で外観だけが変化する場合には la を用いないことが多いとの説がある》. sous toutes les ~s あらゆる面で, どのような形でも.
3 姿, 人影；〔*pl.* で〕(特に女性的な) 体型, 体の線, 体つき. bien en ~ 肉づきのよい. 〔俗〕prendre des ~s 太る, 贅肉がつく. Elle a de jolies ~s. 彼女は美人だ, 美形だ.
Ⅱ《抽象的なものの形》**1** 形態, 様相. ~ de gouvernement 政体. le fond et la ~ 内容と形式, 本質と外観, 名実. gagner sur le fond comme pour la ~ 名実ともに勝利する.
2 表現形式. 〖法律〗~ authentique 公式 (公署) 形式. 〖法律〗~ d'un contrat 契約形式. 〖法律〗~ écrite 書面形式. poème à ~ fixe 定型詩. ~ sonate ソナタ形式. Le roman, la nouvelle, la poésie ou l'essai, ce sont autant de ~s que peut prendre une œuvre littéraire. 小説, 短編, 詩, エッセーなどはすべて, 文学作品の表現形式である.
Ⅲ《形式》**1** 形式, 手続き. condition de ~ 形式要件. 〖法律〗vice de ~ 形式上の瑕疵, 不備. Sans se prononcer sur le fond, le tribunal a rejeté la demande pour vice de ~. 裁判所は実質判断をせずに, 形式の不備を理由に訴えを退けた. de pure ~ 形式だけの, うわべだけの. contrôle de pure ~ 形式的な監査. pour la ~ 形式的に, 申し訳に, 儀礼的に. en bonne et due ~ 正式に, 正規の手続きを踏まえた, ちゃんとした, 型どおりの. sans autre ~ de procès 有無を言わさず, いきなり, 正式の手続きを踏まえないで.
2 礼儀作法, (作法にかなった) 態度. avoir des ~s 行儀がよい. y mettre les ~s ものの柔らかく対応する, 言動に気をつける.
Ⅳ《体調》**1** 体調, 好調, 元気. club de (re)mise en ~ (体調維持管理の) スポーツクラブ. avoir la ~ 好調だ. être au mieux de sa ~ 絶好調だ. être en 〔grande, pleine〕~ 元気である, 〔絶〕好調である.
Ⅴ《専門用語》**1** 〖哲〗(アリストテレス, スコラ哲学の) 形相, (カント哲学の) 形式, 〖論〗(推論, 命題などの) 形式.
2 〖数〗形式. ~ linéaire 一次形式. ~ différentielle 微分形式. ~ quadratique 二次形式.
3 〖言語〗(意味, 機能との対比で) 形態, 形, 形式. ~ active (passive) 能動 (受動) 態. ~ du féminin 女性形.
4 (言語の実質に対する) 形相. ~ de l'expression (du contenu) 表現 (内容) の形相.
5 〖心〗形態, ゲシュタルト. psychologie de la ~ ゲシュタルト心理学.
6 〖海〗ドック. ~ flottante (sèche) 浮き (乾) ドック.
7 〖技術〗型, 枠, 台, (帽子の) 山. ~ à chaussures 靴の木型. chapeau haut de ~ 山高帽.
8 〖印刷〗組版, (活字を組み込む) 鉄枠.
9 〖土木〗砂床.
10 〖獣医〗趾骨瘤.
11 〖狩〗(野ウサギ, キツネなどの) 巣, ねぐら. lièvre en ~ 巣にいる野ウサギ.
12 〖情報〗形式, 書式, フォーマット. ~ binaire バイナリーフォーマット.

formé(e) *a.p.* **1** 形作られた；形成された. archipel ~ d'atolls 環礁から成る群島. mot nouvellement ~ 新語.
2 成熟した. fruit ~ 成熟した果物. jeune fille ~*e* すっかり成長した娘. poitrine ~*e* 成熟した胸. avoir le jugement ~ しっかりした判断力をそなえている.
3 bien ~ 完成した. mal ~ 未完成の. phrase bien ~*e* (文法上) 完璧な文章. suite mal ~*e* 脈絡の欠如.

formel(/e) *a.* **1** はっきりした, 正式な; 明確に決定した。 défense (interdiction) ~ *le* 厳禁. démenti ~ 明確な否認(否定). engagement ~ 明白な約定. ordre ~ 正式命令. refus ~ にべもない拒絶. affirmer d'une manière ~ *le* はっきり確認する. Il a été ~ sur ce point. この点に関し彼の意見ははっきりしていた. La loi est ~ *le*. 法は絶対的である.
2 形式的な, 形式上の; 形だけの. beauté ~ *le* 形式美. critère ~ de la loi 法律の形式的規準 (critère matériel「実際的規準」の対). politesse ~ *le* 形式的儀礼; うわべだけの儀礼. validité ~ *le* d'un contrat 契約の形式要件.
3 〖論理・言語〗形式の, 形式に関する; 〖哲〗形相の, 実在的な. cause ~ *le* 形相因 (アリストテレスの運動 4 原因の一つ). langages ~*s* 形式言語 (langages naturels「自然言語」の対). logique ~ *le* 形式論理学.

formellement *ad.* **1** はっきりと, 絶対的に. Il est ~ interdit de+*inf.* …することは厳禁されている.
2 形式的に, 形成に関して. raisonnement ~ juste 形式的に正しい推理.

formiate *n.m.* 〖化〗蟻酸塩 (HCO₂).

formidable *a.* **1** 巨大な; 物凄い. ~ explosion 物凄い爆発. coup ~ 猛烈な打撃. dépenses ~*s* 莫大な支出. nombre ~ 巨大な数.
2 〔話〕凄い, 素晴らしい, 驚嘆すべき 《省略形 formid, formide》. film ~ 素晴らしい映画. idée ~ 妙案. C'est ~ ! 凄い! 素晴らしい.
3 〔やや古〕〖文〗恐ろしい, 恐怖を与える. aspect ~ 恐ろしい様相. colère ~ 激怒.

formique *a.* 〖化〗 acide ~ 蟻酸 (HCOOH). aldéhyde ~ フォルムアルデヒド (HCHO) (=formaldéhyde).

formol *n.m.* 〖化・薬〗フォ(ホ)ルモル, フォ(ホ)ルマリン (ホルムアルデヒドの 40 % 水溶液. 防腐・殺菌の薬).

formol-urée *n.f.* 〖化〗尿素・フォ(ホ)ルムアルデヒド (=urée-formol). résines ~ 尿素・フォ(ホ)ルムアルデヒド樹脂.

Formose (<〔ポルトガル語〕ilha Formosa「美しい島」) *n.pr.m.* 〖無冠詞〗 **1** 台湾島 (=〔仏〕île de Taïwan).
2 台湾 (=〔仏〕Etat de Taïwan); 中華民国 (=〔仏〕la République (nationaliste) de Chine).
▶ formosan (*e*)

formotérol *n.m.* 〖薬〗フォルモテロール. ~ fumarate フマル酸フォルモテロール 《喘息治療薬;薬剤製品名 Foradil (*n.m.*)》.

formulaire *n.m.* **1** 公式集; 書式集. ~ de notaires 公証人書式集.
2 〖薬〗処方集 (= ~ des pharmaciens).
3 申請書;申告書;申込書;(質問事項が印刷してある)調査用紙. remplir un ~ 申請書(調査用紙)に記入する.

formulation *n.f.* **1** 公式化, 定式化; 定式. ~ d'une loi mathématique 数学法則の公式化.
2 〖薬〗処方作成.
3 表示方式, 記述方法; 表現方法. ~ d'une question 質問の記述方法. 〖電算〗 ~ transposée フォートラン.

formule *n.f.* **1** 〖法律〗書式. ~ des clauses de style 定型的な慣用書式.
2 決り文句, 常套句. ~ de politesse 挨拶の決り文句. ~ épistolaire 手紙の慣用の文言.
3 〖宗教〗(宗教儀式・教義などの) 定詞, 式文;信条. ~ magique 魔法の呪文. ~ rituelle 祭式文. ~ sacramentelle 秘蹟の定詞.
4 名言, 警句; 表現. ~ heureuse うまい表現, 的確な言い廻し. ~ publicitaire 宣伝のキャッチフレーズ.
5 公式, 定式; 〖医〗処方 (= ~ pharmaceutique). 〖電算〗数式. ~ algébrique 代数の公式. ~ chimique 化学式. 〖化〗 ~ de constitution 構造式. ~ de réaction 反応式. ~ dentaire 歯式. 〖植〗 ~ florale 花式. 〖医〗 ~ leucocytaire 白血球組成, 白血球像. 〖薬〗 ~ officinale 薬局処方. 〖医〗 ~ sanguine 血液像 (= ~ hématologique).
6 定則, 基本原則; 方式, 方策; 手法; 秘訣; 考え方; 〖商業〗企画; 〖料理〗定食の方式 (パターン), セット・メニューの類型. ~ de paiement 支払方式. ~ pour réussir 成功の秘訣.
7 申請書, 申告書; 書式, 記入用紙. ~ de chèque postale 振替用紙. remplir une ~ 申請書(用紙)に記入する.
8 〖スポーツ〗フォーミュラ (レーシングカーのエンジン排気量, 車体のサイズ, 重量などによる公式規格); フォーミュラ・カー. courir en ~ I フォーミュラ I のレースに出る.

Forpronu (=*For*ce de *pro*tection des *NU* en Yougoslavie) *n.f.* (旧ユーゴスラヴィアに派遣された) 国連保護軍《=〔英〕UNPRO FOR : *U*nited *N*ations *Pro*tection *For*ce》(1992 年 2 月編成).

fort[1] **(*e*)** *a.* ① (人について) **1** (肉体的に) 強い; 力が強い (faible の対). homme ~ 力のある男; 逞しい男. recourir à la manière ~*e* 力 (暴力) に訴える. sexe ~ 男性 (sexe faible「女性」の対). être ~ comme un bœuf (un Turc) 非常に力が強い, 豪力がある.
2 (体が)頑丈な, 逞しい. avoir une ~*e* construction 体つきが逞しい.
3 (体が)大きい; (体の一部が)よく発達した; (特に女性について)太った (=gros). ~*e* poitrine 大きな胸. une femme ~*e* 太った女性. être ~ de[1] …の肉付きがよい. Elle est ~*e* des hanches. 彼女は腰まわりが大きい.

4 能力のすぐれた；知識の豊かな；上手な. être ~ à …が上手である. Il est ~ au football. 彼はサッカーがうまい. être ~ en … に秀でている. Il est ~ en maths. 彼は数学に強い.〔時に皮肉〕être ~ pour+*inf*. …することにすぐれている, …が達者だ. Elle est très ~*e* pour parler. 彼女は口が達者だ. être ~ sur … に詳しい. Il est ~ sur l'informatique. 彼は情報工学に詳しい. Il n'est pas très ~. 彼はあまり有能ではない.
5 意志の強い, 不屈の；しっかりした. ~*e* femme しっかりした女性；〔皮肉〕男まさりの女.〔聖書〕femme ~*e*² すぐれた女性(『箴言』31-10). ~*e* tête 強情張り, 反逆児；協調性のない人間. âme ~*e* しっかり者. esprit ~ 強力な精神；(宗教にとらわれない)自由思想家(=esprit libre), 不信心者. avoir affaire à ~*e* partie 手ごわい相手とかかわり合う. être ~ dans l'épreuve 試練に耐えて毅然としている.
6 (影響力などが)強い, 強力な；権力(勢力)をもっている. armée ~*e* 強力な軍隊. homme ~ d'un Etat 一国の実権者. peuple ~ 強力な人民.〔政治〕régime ~ 権力体制.
7〔成句〕être ~ de² … に力を得ている. être ~ de l'aide de *qn* 人の援助に支えられている. F~ de son innocence, il nie les accusations. 無実を信じて告発を否認する. se faire ~ de+*inf*.〔fort の主語との一致は稀〕…することを請負う；…ができると自負する. se porter ~ pour *qn* 人のことを保証する.

II(物について) **1** 強い, 強力な；しっかりした, 丈夫な；頑丈な. carton ~ 丈夫な厚紙. colle ~*e* 強力糊；膠(にかわ). pilier ~ 頑丈な柱. terre ~*e* ねばっこい土.
2 防御力を備えた, 強力な, 強固な. château ~ 城塞. coffre- ~ 金庫. ville ~*e* 城塞都市. place ~ 要塞.
3 (動きが)強い, 強烈な, 大きい. coup ~ 強い一撃. mer ~*e* 荒海. temps ~〔音楽〕強拍；〔比喩的〕(見世物などでの)さわり, 見せ所. ~ d'un film 映画のさわり. vent ~ 強風.
4 (効力が)大きい, 強大な；(トランプのカードなどが)強い.〔化〕acide ~ 強酸. explosif ~ 強力爆薬.〔理〕interaction ~*e* 強力な相互作用. lunettes ~*es* 度の強い眼鏡. médicament ~ 強い薬.
5 (作用が)強い, 激しい；(光などが)強い, 強烈な；(味・臭いが)強い, 濃い, きつい；(音・声が)大きい. café ~ 濃いコーヒー. fromage ~ 強烈な風味のチーズ. goût ~ 濃い味, 濃口. haleine ~*e* 強烈な吐息. lampe ~*e* 明るい電灯. lumière ~*e* 強烈な光. moutarde très ~*e* 強烈な(ひどく辛い)辛子. parfum ~ 強烈に匂う香水. tabac ~ 強いタバコ. vin ~ 強い(アルコール分の高い)葡萄酒. voix ~*e* 大声.

6〔しばしば名詞の前〕(量・程度などが)大きい；(熱が)高い；(坂が)険しい. ~*es* chances 高い可能性. ~*e* chutes de neige 豪雪. ~*e* descente 急な下り坂. ~*e* fièvre 高熱. ~*e* pente 急坂. ~*e* proportion 高い比率. armée ~*e* de cent mille hommes 10万人の軍隊. prix ~ 高値；定価. payer au prix ~ 言い値で払う；余分に払う. payer une ~*e* somme 大金を払う.
7〔言語〕accent ~ (~*e* accentuation) d'une syllable 音節の強いアクセント. consonne ~ 硬子音. verbe ~ 強変化動詞(不規則動詞).

III〔抽象的事象について〕**1** (印象・感覚などが)強烈な, 激しい. ~*e* crainte 強い恐怖. faire une ~*e* impression à *qn* 人に強烈な印象を与える.
2 (気持ちが)制御できない, 強い. sentiments très ~*s* どうしようもない感情. C'est plus ~ que moi. 私自身どうにもならないのです.
3 (理由などが)強力な, 強固な. ~*es* présomptions 根拠のしっかりした推定. argument ~ 強い説得力のある論拠. à plus ~*e* raison いわんや, まして.
4 (表現が)強い；(作品が)力強い. œuvre ~*e* 力強い作品. style ~ 力強い文体. au sens ~ du mot この語の完全な意味で. Le mot est trop ~. この語は強すぎる.
5 度が過ぎた, ひどい；信じ難い. plaisanterie un peu ~*e* いささか度の過ぎた冗談. C'est trop ~! あんまりだ! C'est un peu ~!/C'est un peu ~ de café! それはちょっとひどすぎる(受けいれ難い)! Ce qu'il y a de plus ~(Le plus ~), c'est que... 最もひどい(信じ難い)ことは…ということだ. Cette histoire, elle est ~*e*. そんな話は信じられない. De plus en plus ~! そんなことはとても信じられない.
6 (やり方などが)うまい；(知識などが)高度の. avoir de ~*es* connaissances 高度の知識をそなえている.〔話〕Ce n'est pas ~! 大したことはない!

fort² *n.m.* **I**(人) **1** 強者(faible「弱者」の対). loi du plus ~ 最強者の掟. subir la loi du plus ~ 長いものに巻かれる. lutte du faible contre le ~ 弱者の強者に挑む戦い. protéger le faible contre le ~ 弱者を強者から守る.〔諺〕La raison du plus ~ est toujours la meilleure. (強者の理屈が常に正しい→)無理が通れば道理が引っ込む；勝てば官軍.
2 意志の強い人, しっかり者. ~ en thème 優等生；くそ真面目な生徒；〔比喩的〕(政界, 経済界, スポーツ界などの)優等生.
3 (人の)長所, 得手(えて). le ~ et le faible de *qn* 人の得手と不得手. C'est mon ~. それは私の長所(得意とするところ)だ. L'anglais n'est pas mon ~. 私は英語が苦手だ.
4〔*pl.* で〕気力・勇気・強固な意志をもった

人.〖宗教〗le pain des ~s 心強き者の糧(かて). Les épreuves trempent les ~s. 試練が意志強固な人を鍛える.
5〔古〕~ des Halles (de la Halle) パリ中央市場の荷物運搬人.
Ⅱ〖物〗**1** 強味, 利点. le ~ et le faible d'un projet 計画の利点と欠点. le ~ portant le faible ; l'un portant l'autre 平均して.
2 重要な点, 難所. Le plus ~ est fait. 一山越えた.
3 最も強い部分；最も大きい部分. ~ de l'épée 剣の基部. ~ de la forêt 森の最も茂ったところ. ~ d'une poutre 梁の最強部. au〔plus〕~ de ; dans le ~ de …の最中に, …の盛りに. au plus ~ de sa colère 怒り心頭に発した時に. au〔plus〕~ de l'été 夏の最も盛りに. au〔plus〕~ de la tempête 嵐の真最中に.〖船〗largeur au ~ (船体の) 全幅, 最大幅.

fort³ *ad.*〔動詞を修飾〕**1** 強く, 力をこめて, 力一杯. embrasser ~ 強く抱きしめる. faire ~ 力一杯努力する. frapper (pousser) ~ 強く叩く (押す). jouer ~ 力強く演奏する. Ça ne va pas ~. どうも調子がよくない；どうもうまくいかない. Respirez ~! 強く息をして!〔話〕Vous〔y〕allez un peu ~. すこしやり過ぎですよ.
2 激しく, ひどく；大声で. couler ~ 激しく流れる. crier (parler) ~ 大声で叫ぶ (話す). mettre la radio très ~ ラジオの音をひどく大きくする. rougir ~ 真赤になる. Ça sent ~. ひどく臭う. Il pleut ~. 雨が激しく降る.
3〖文〗大いに, 非常に (=beaucoup). aimer ~ 大好きである. avoir ~ à faire やることが沢山ある. Il aura ~ à faire pour nous convaincre. 彼はわれわれを説得するのに苦労するだろう. Je doute ~ qu'elle vienne. 私は彼女がまず来そうにないと思っている.
4〔形容詞・副詞を修飾して；リエゾンする〕〖文〗非常に, とても (=très). une femme ~ riche 大金持の女性. un homme ~ occupé 大変忙しい人. être ~ en colère ひどく怒っている. F~ bien! 大変結構! Je le sais ~ bien. それはよく知っている. Il m'a ~ mal reçu. 彼は私を非常に無愛想に迎え入れた.

forteresse (<fort) *n.f.* **1** 要塞, 砦. ~ imprenable 難攻不落の砦.
2 要塞を利用した監獄.〖軍〗arrêts de ~ 営倉〔の罰〕.
3〔比喩的〕砦；抵抗拠点. ~ de superstitions 迷信の拠点. dernière ~ de la resistance 抵抗の最後の砦.
4〖史〗~ volante 空の要塞(第二次大戦下の米国の重爆撃機 B-17 に対する通称) (=〔米〕flying fortress).

fortifiant(e) *a.* **1** 滋養となる, 体力をつける. aliment ~ 栄養食品. médicament

~ 強壮剤.
2〖文〗(人を) 元気づける, 励ます. lecture ~e 人を励ます読書.
——*n.m.* 強壮剤 (=médicament ~)；栄養食品 (=aliment ~). prendre un ~ 強壮剤 (栄養食品) を飲む (食べる).

fortification *n.f.* **1** 要塞構築〔術〕, 築城〔術〕；要塞化. ~ de Vauban ヴォーバンの築城〔術〕. ~ d'une ville 都市の要塞化.
2〖多く *pl.*〗要塞, 城砦；要塞の跡地(短縮形 fortifs). ~s du Moyen Age 中世の城砦. ~s naturelles 自然の要塞.〔anciennes〕~s de Paris パリの要塞跡地.

fortifié(e) *a.p.* **1** 要塞化された. ville ~e 要塞都市 (ville ouverte「無防備都市」の対).
2 補強された. construction ~e 補強された建造物.
3 (体が) 鍛えられた. corps ~ 鍛えられた体.
4 強化された. amitié ~e par le temps 時とともに強くなった友情. volonté ~e 強固な意志.

FORTRAN (=*for*mulation *trans*posé,〔英〕*for*mula *tran*slation) *n.f.*〖電算〗フォートラン(科学技術計算用のプログラム言語).

fortuit(e) *a.* **1** 偶発的な. cas ~ 不可抗力, 偶発事故. gains ~s 偶有的利益.
2 予見し難い.

fortuitome *n.m.*〖医〗偶発性腫瘍.

fortune *n.f.* Ⅰ〔財産, 富, 資産〕~ personnelle 個人資産. situation de ~ 資産状況. impôt sur les grandes ~s (IGF)富裕税 (1982年左翼連合政権が導入し, 1986年保守政権によって廃止された；代わって1988年に資産連帯税 impôt de solidarité sur la ~ (ISF) が導入された；課税対象は建造物 immeuble, 動産 valeurs mobilières, 現金 liquidités, 金貨と金の延べ棒 pièces et lingots d'or, 債権 créances, 家具 objets d'ameublement, 装身具・宝石類 bijoux et pierreries, 預金証書 bons d'épargne, 終身年金・生命保険 rentes viagères et contrats d'assurance vie であり, 芸術作品 objets d'art et collection, 職業用財産 biens professionnels, 農業用財産 biens ruraux, 工業・文学・芸術所有権所得 revenus de la propriété industrielle, littéraire et artistique は免税になる). inégalités des ~s 資産格差.
faire ~ 富を築く. dilapider sa ~ 富を台無しにする, 身代をつぶす. coûter une (des) ~(s) 非常に高額である.〔諺〕La ~ vient en dormant. 果報は寝て待て. les plus grosses ~s de France フランス最大の資産家たち.
Ⅱ〔運命〕**1** 運命の女神. roue de la F~ 人生の有為転変《運命の神が回す車輪》.
2 運命, 偶然. ~ changeante 定まらない運

命. caprices de la ~ 運命の気まぐれ, いたずら. être favorisé par la ~ 運命の女神に微笑まれている.
3 運, つき, 巡り合わせ. avoir la ~ de+*inf.* …できる幸運に恵まれている, 幸いにも…できる. chercher ~ 運試しをする. ~*s* des armes 武運. ~ du pot ありあわせの料理. inviter *qn* à la ~ du pot 特別の料理をせずに人を食事に招待する. bonne ~ 幸運, 女性にもてること. homme à bonnes ~*s* もてる男, 艷福男. mauvaise ~ 不運. faire contre mauvaise ~ bon cœur 逆境に負けない, 不当扱いをされても笑って耐える. de ~ すぐに利用できる, ありあわせの. installations de ~ 仮の住まい, ありあわせの設備. moyens de ~ 手元の手段, ありあわせの手段, とりあえず利用できる方法.
4 (高い)評価, 成功, 浮き沈み. Dès sa parution, le livre de M. X a connu une grande ~. X氏の著作は出版と同時に大成功を収めた.
5 〔古〕地位, 境遇. 〔現用〕revers de ~ 不運, 逆境, (金銭上の)損失. bâtir sa ~ 地位を築く.
6 〖海〗voile de ~ フォースル. ~ carrée 横帆. 〖保険〗~*s* de mer 海上危険.

forum [fɔrɔm] [ラ] *n.m.* **1** 〖古代ローマ〗フォルム, 公会場(公事, 裁判, 商取引の市場などの集会用広場). le *F* ~ 〔romain〕フォルム・ロマヌム (=〔ラ〕Forum romanum; 古代ローマの中心的フォルム), フォロ・ロマーノ (Foro Romano).
2 〔現用〕フォーロム. le *F* ~ des Halles à Paris パリのフォーロム・デ・アル(パリの都心, セーヌ河右岸の旧中央市場跡地の一角に建設された逆きピラミッド状の地下ショッピング・センター).
3 〔現用〕フォーラム, 公開討論会〔の会場〕;(ラジオ・TVの)討論番組;(新聞などの)討論欄;(電子掲示板の)フォーラム(特定の領域に関心のある人の意見交換の場). *F* ~ mondial de l'économie 世界経済フォーラム(1971年スイスの Klaus Schwab [1939–]が Forum de management européen「ヨーロッパ経営者フォーラム」として設立; 本部 Davos (Suisse); 〔英〕World Economic *F* ~ : WEF; 通称「ダヴォス会議」Forum 〔économique mondial〕 de Davos).

FOS CC (=*f*ructo-*o*ligo-*s*accharides à chaîne courte) *n.m.pl.* 短鎖果糖＝微量＝糖類.

fosfomycine *n.f.* 〖薬〗フォ(ホ)スホマイシン(放線菌から分離された抗生物質. ブドウ球菌, 緑膿菌などに有効).

FOSIDEC (=*F*onds de solidarité et d'*i*ntervention pour le *d*éveloppement *éc*onomique *c*ommunautaire) *n.m.* 〔西アフリカ〕共同体経済発展連帯協力基金(1978年設立).

fosse *n.f.* **1** (地面に掘った)穴. creuser une ~¹ 穴を掘る. ~ à purin (à fumier) 肥溜め. ~ aux lions ライオンのピット;〔比喩的〕虎穴. descendre dans la ~ aux lions 虎穴に入る. ~ d'aisances 大便つぼ. ~ mobile 肥桶.
2 落し穴. ~ servant de piège pour les gros animaux 大型の野獣を捕獲するための落し穴.
3 墓穴. ~*s* d'un cimetière 墓地の墓穴. ~ commune 共同墓穴. avoir un pied dans la ~ ; être au bord de la ~ 棺桶に片足を突込んでいる. creuser une ~² 墓穴を掘る. creuser sa〔propre〕~ 自ら墓穴を掘る.
4 〖鉱〗採炭用坑;石炭の積込み場.
5 〖自動車〗修理ピット(=~ de réparation).
6 〖スポーツ〗(フィールド競技用の)ピット, 砂場.
7 ~ d'orchestre (歌劇場の)オーケストラ・ボックス.
8 〖地学〗海淵. ~ abyssale 深海海淵 (5,000–11,000 m). ~ d'effondrement 地溝. ~ marginal 周辺海溝.
9 〖解剖〗窩, 穴. ~ iliaque 腸骨窩. ~*s* nasales 鼻腔. ~*s* orbitaires 眼窩.

fossé *n.m.* **1** 溝, 堀, 濠;(道路の)側溝;壕. ~ antichar 対戦車壕. ~ d'une citadelle 城砦の濠(壕). ~ de drainage 排水溝. ~ plein d'eau 水濠. sauter le ~ (溝を跳び越える→)決断する.
2 〔比喩的〕深い溝;隔り. Il y a un ~ entre nous. われわれの間には深い溝がある. ~ des générations 世代間の溝.
3 〖地学〗地溝;海溝. ~ d'effondrement 裂溝. ~ tectonique 地質構造的地溝.

fossile *a.* **1** 化石化した. combustible ~ 化石燃料. énergies ~*s* 化石燃料エネルギー (charbon, gaz naturel, naphte, pétrole など). espèce ~ 化石種.〔比喩的〕〖天文〗rayonnement ~ ビッグバンに起因する微小電磁波.
2 〔比喩的〕〔話〕古くさい, 時代遅れの. institutions ~*s* 時代遅れの諸制度.
—— *n.m.* **1** 化石. ~ vivant 生きた化石(cœlacanthe シーラカンス, ginkgo 銀杏など). études des ~*s* 化石学.
2 〔比喩的・話〕時代遅れの人; 耄碌(もうろく)した人.

FOST (=*F*orce *o*céanique *st*ratégique) *n.f.* 〖軍〗遠洋戦略戦力(フランスの弾道ミサイル潜水艦隊).

F.O.T. (=〔英〕*F*ree *o*n *t*ruck) *ad.,a.* 〖商業〗トラック(積込み)渡し(=〔仏〕franco camion).

fou¹ (*fol*) (*f.* **folle**) (*m.pl.* **fous**, *f.pl.* **folles**) *a.* 〔時に名詞の前. 母音で始まる男性単数名詞, 時として et の前で fol を用いる〕① (人について) **1** 正気を失った, 気の狂った, 狂った, 気違いの, 精神異

常. être ~ à enfermer 精神病院に監禁しなくてはならないほど気が狂っている. être complètement ~ 完全に気が狂っている. Elle est *folle*. 彼女は気が狂っている.
2 (de によって) 自制心を失った；気が狂ったような, 我を忘れた. ~ d'amour 恋に狂った. ~ de colère 怒り狂った. ~ d'étonnement 驚愕した. ~ de joie 狂喜した. être amoureux ~(amoureuse *folle*) de *qn* 人に夢中になる.
Il n'est pas assez ~ pour+*inf*. …するほど馬鹿ではない.〔話〕Il n'est pas ~. 奴はしたたかだ. Pas si ~. それほど馬鹿じゃない.〔話〕Pas *folle*, la guêpe! あいつはなかなかしたたかだ(男性にも用いる).
3 (de に) 夢中になった；(を) 熱愛している. être ~ de cinéma 映画に夢中である. Elle est *folle* de ses enfants. 彼女は子供を溺愛している.
4 気違いじみた, 常軌を逸した, 狂ったような；馬鹿げた；気まぐれな. *fol* espoir 馬鹿げた希望. *folle* passion 狂おしい情念. les années *folles* 狂った年代(時代). course *folle* 暴走. crise de ~ rire 馬鹿笑いの発作. idée *folle* 気違いじみた考え. tentative *folle* 常軌を逸した試み. tête *folle* 気紛れ屋.
Ⅱ (物について)(一般に名詞の後)**1** 狂った, 不調な, 調子外れの. balance *folle* 狂った秤. horloge *folle* 狂った柱時計. moteur ~ 狂ったように回転するモーター. poulie *folle* から回りした滑車. avoir la patte *folle* びっこをひく.
2 乱れた；風にゆらめく. herbes *folles* 乱雑に生い茂った雑草. mèches *folles* ほつれ髪, 乱れ髪.
3 (数量・程度が) 物凄い, 並外れた；多数の. un monde ~ 大群衆. somme *folle* 莫大な金額. succès ~ 絶大な成功；馬鹿当り. mettre un temps ~ à+*inf*. …にひどく時間をかける.
——*n*. (男性古形は fol) **1** 狂人, 気違い. Au ~! 気違いだ! ~ délirant 譫妄状態の狂人. ~ furieux 狂暴な狂人；怒り狂った人.〔話〕histoire de ~(*s*) 狂人物語；馬鹿げた話, とんでもない話.〔古〕maison de ~*s* 精神病院(=maison de santé)；変人の寄り合い世帯. prince des ~*s* 愚者の王；道化の王.
2 気違いじみた人. courir (crier) comme un ~ 気が狂ったように走る(叫ぶ). travailler comme un ~ 猛烈に働く.
3 ひどく陽気な人, はしゃぎまわる人. faire le(*s*) ~(*s*) (子供が) はしゃぎまわる；馬鹿騒ぎをする.
4 〔*pl*. で〕大勢. 〔諺〕Plus on est de ~*s*, plus on rit. 仲間が多く集まれば, 楽しさも増す.
5 〔話〕*folle* 女役のホモ (=homosexuel efféminé).

fou² (*pl*.~*s*) *n.m.* **1** 〔古〕(王侯お抱えの) 道化師(= ~ de cour；~ du roi)(=bouffon). fête des ~*s* 道化師祭.
2 〔チェス〕僧正, ビショップ.
3 〔鳥〕かつおどり (= ~ de Bassan).

Fou-chouen ⇨ Fushunm

foudre¹ *n.f.* **1** 雷；雷光, 稲妻. La ~ éclate (tombe). 雷が轟く(落ちる). être frappé par la ~ 雷に打たれる. avec la rapidité de la ~ 電光石火の素早さで. coup de ~ (雷の一撃→) 一目惚れ. avoir le coup de ~ pour *qn* (*qch*) 人 (何) に一目惚れする.
2 〔*pl*. で〕〔比喩的〕叱責, 非難. ~*s* de l'Eglise 教会からの破門. s'attirer les ~*s* de *qn* 人の叱責を招く.

foudre² *n.m.* **1** 〔神話〕雷霆(らいてい) (ユピテルの象徴).
2 〔軍〕(参謀の) 雷光形徽章.
3 〔しばしば皮肉〕~ de guerre 雄将.

foudre³ (<〔独〕Fuder) *n.m.* 大酒樽(容量 5000–30000 リットル).

foudroyage (<foudroyer) *n.m.* (老朽化した高層ビルなどの) 爆破取り壊し.

foudroyance *n.f.* 〔軍〕(軍事行動の) 電撃性；電撃作戦.

foudroyant(**e**) (<foudroyer) *a*. **1** 即死させる. apoplexie ~*e* 即死をもたらす卒中. attaque ~*e* 急激な致命的発作. mort ~*e* 即死.
2 〔比喩的〕電撃的な；猛烈な, 急速な. succès ~ 電撃的成功. vitesse ~*e* 猛スピード.
3 〔比喩的〕人を震えあがらせるような. regard ~ 人を睨みつける恐ろしい目付.

fouet *n.m.* **1** 鞭；鞭打ちの罰 (刑). ~ de cavalier 乗馬用鞭(=cravache). ~ de manège 調教用鞭. coup de ~ 鞭の一打ち；〔比喩的〕〔医〕激痛；(特に) 筋肉の裂断や肉離れによる激痛；(薬剤, コーヒーなどによる) 刺激；〔経済〕刺激(策)；(精神的な) 鞭韃. donner un coup de ~ à un cheval 馬に一鞭あてる. donner un coup de ~ à l'économie 経済に刺激を与える. médicament qui donne un coup de ~ à l'organisme 体に刺激を与える医薬品. de plein ~ 力一杯；水平に. tir de plein ~ 水平射撃. se heurter de plein ~ 正面衝突する. 〔比喩的〕cingler *qn* un coup de ~ 人を激しく批判する (攻撃する).
2 〔製本〕(綴込用の) 細紐；〔海〕小索.〔海〕poulie à ~ 小索滑車.
3 〔動〕~ de l'aile 鳥の翼の先端. ~ de la queue d'un chien 犬の尻尾 (の毛).
4 〔料理〕泡立て器(=batteur). ~ électrique 電気泡立て器.

fouetté(**e**) *a.p.* **1** 〔料理〕ホイップした. crème ~*e* クレーム・フーエッテ, ホイップ・クリーム. œufs ~*s* ホイップした卵.
2 〔舞〕pirouette ~*e* ピルエット・フーエッ

テ《片足で叩くような動作で旋回する》(= fouetté, *n.m.*).

fougère *n.f.* 〖植〗羊歯(しだ), わらび. ～ aigle 鷲羊歯 (Pteridium 属). ～ arborescente 本生羊歯. ～ mâle 雄羊歯. sporanges de ～ 羊歯の胞子嚢.

fouille *n.f.* 1 掘削, 穿孔；〔多く *pl.*〕発掘, 発掘作業；発掘現場. ～ à ciel ouvert 露天掘 (=～ ouverte). ～ de puits 井戸掘り. 〖土木〗～ en rigole 溝掘り. 〖考古〗les ～s d'Herculanum (南イタリアの)ヘルクラヌム遺跡の発掘〔作業〕.
2 〖比喩的〗検査；所持品検査；捜索. ～ des bagages en douane 税関での荷物検査. ～ d'un détenu 拘留者の持物検査. ～ d'un tiroir 引出しの捜索.
3 〖隠〗ポケット (=poche).

fouillé(e) *a.p.* 1 発掘された. emplacement ～ d'une ville disparue 消滅した都市の発掘場所.
2 〖比喩的〗深く掘り下げられた, 念入りの, 細かい；手の込んだ. étude très ～*e* 入念な研究. maison ～*e* par la police 警察が手入れした家. problème ～ 深く掘り下げた問題.

fouillis *n.m.* 〖話〗雑然とした山；寄せ集め. ～ d'idées 雑然とした思想. ～ de paperasses 無用な書類の山.

fouineur(se) *n.* 1 〖話〗他人をからかう(ひやかす)人.
2 〖俗〗古道具屋.
3 〖電算〗ハッカー(〖英〗hacker の公用推奨語).
— *a.* 〖話〗穿鑿好きな；お節介焼きの.

foulard *n.m.* 1 〖織物〗フーラール(薄手の絹織物).
2 フーラール, スカーフ, ネッカチーフ. ～ de soie 絹のフーラール (スカーフ). ～ islamique (イスラム教徒の)チャドル (tchador). mettre un ～ フーラール (スカーフ)をする.
3 〖カナダ〗マフラー (=cache-nez). ～ de laine 羊毛のマフラー.

foule *n.f.* 1 群衆；人の群れ, 人混み；雑踏. ～ des badauds (des curieux) 野次馬の群れ. ～ en marche 人波, 雑踏. ～ grouillante 群がる群衆. bain de ～ (要人などが)群衆の中に分け入る接触. psychologie des ～s 群衆心理.
fendre la ～ 人波をかき分ける. Il y a ～. 人が大勢いる, 混雑している. se mêler à la ～ 人混みにまぎれる.
en ～ 群をなして. se presser en ～ à l'exposition 展覧会に群をなしてつめかける.
une ～ de+*n*. 沢山の(多くの)… 〖動詞は多くの場合複数だが, 集合的に捉える場合単数〗. Une ～ de gens pensent que c'est vrai. 多くの人がそれが正しいと思っている. Une ～ de visiteurs est venue. 大勢の人がやってきた.
des ～s de+*n*. いろいろ沢山の. avoir des ～s de+*n*. いろいろ沢山やるべきことがある. J'ai des ～s de choses à faire. いろいろやらなくては.
2 〖定冠詞とともに〗大衆 (l'élite「エリート」の対). la voix de la ～ 大衆の声. flatter à la ～ 大衆に媚びる.

foulure *n.f.* 〖医〗〖俗〗(軽い) 捻挫 (=entorse bénigne, légère entorse).

four *n.m.* 1 (製パン・製菓用の)かまど, パン焼きがま (=～ à pain). ～ de boulanger パン屋のパン焼きがま. ～ à pizza ピッツァ(ピザ)焼きがま.
mettre *qch* au ～ かまに入れる. 〖話〗ouvrir la bouche comme un ～；ouvrir un grand ～ 大口を開ける.
〖菓子〗petit ～ プチ・フール, 小型菓子(コーヒーや紅茶に添えて供される). petits ～s frais 小型の生菓子 (シュー, エクレール, タルトレットなど). petits ～s salés 小型の塩味菓子；アミューズ・グール (amusegueule). petits ～s secs 小型のドライケーキ (クッキーの類).
2 〖料理〗オーヴン, 天火. ～ à catalyse 触媒式自動脂落し型オーヴン. ～ à gaz (à électricité) ガス (電気)オーヴン. ～ à micro-ondes 電子レンジ. ～ à pyrolyse 熱分解式自動洗浄オーヴン. faire cuire à ～ chaud (doux, moyen) 高温(低温, 中温)で焼く. poulet cuit au ～ オーヴンで焼いた若鶏.
3 〖工〗炉, かま；焼成がま. ～ à arc アーク炉. ～ à ciment セメント焼成がま. ～ à creuset(s)るつぼ炉. ～ à reverbère 反射炉. ～ à sole 平炉. ～ de fusion 溶解炉. ～ électrique 電気炉. ～ solaire 太陽炉.
4 〖話〗(芝居などの)不入り, 失敗. La représentation a été un ～ noir. 上演は大失敗だった. faire un ～ 失敗する.

fourche *n.f.* 1 熊手, (農業用の)フォーク；(魚を刺す)やす. ～ à deux (trois) ～s 二叉(三叉)のフォーク(やす). ～ à foin 干し草用フォーク. ～ à fumier 動物の寝藁用フォーク.
2 (二叉状のもの)(二輪車の)フォーク, 車輪支柱. ～ avant (arrière) (二輪車の)前輪(後輪)支柱.
3 (木の幹・道路などの)別れ目, 分岐点；(ズボンの)股；〖話〗(人間の)股. ～ d'un arbre 木の幹の別れ目. ～ d'un pantalon ズボンの股.
〖史〗les *F*～s Caudines カウディウム (Caudium) の隘路 (西暦紀元前 321 年, ローマ軍がサムニウム軍 les Samnites に敗北を喫した狭い分岐点). 〖比喩的〗passer sous les ～s caudines 屈辱的な条件を呑む. A la ～, tournez à gauche. 分岐点で左折しなさい.
4 〖海〗二叉になっている船具；(特に)ブーム (縦帆の下縁の帆桁) の支持部. ～ de beaupré バウスプリット (斜檣) の支持部.

5〖ベルギー〗(仕事や講義の間の)空き時間. J'ai une ~ d'une heure. 1時間の空き時間があります.
6〖鳥〗鳥の下顎部の分岐部.
7〔古〕~s patibulaires 絞首台の罪人を吊した棒杭.

fourchette *n.f.* **1** フォーク. ~ à dessert デザート用フォーク. ~ à escargot エスカルゴ用フォーク. ~ à gâteau 菓子用フォーク. ~ à poisson 魚用フォーク. avoir un bon (joli) coup de ~ 健啖家である. déjeuner à la ~ (肉の入った)こってりした朝食をとる. être une belle (bonne) ~ 健啖家である. manger au hasard de la ~ 出された料理を片はしから食べる. manger avec (se servir de) la ~ du père Adam 指を使って食べる.
2〖経済〗幅をもった予測, 一定の幅の中に収まる数値, 誤差, 変動幅. Le plus récent sondage donne les ~s suivantes quant à l'issue des élections législatives. 下院選挙の結果について最新の世論調査では次のように予測している.
3(フォーク状のもの)(自動車のクラッチの)フォーク, (時計の)アンクル先端部, (秤の)支持器, 休み装置;〖砲〗最小夾叉距離(角).
4〖解剖〗(鳥の)鎖骨, (馬蹄の)蹄叉, 馬蹄軟甲. ~ vulvaire 陰唇小帯.
5〖トランプ〗prendre en ~ (相手がもつ札をすぐ上と下の札をもって)挟み打ちにする;(車で)ひとの車を挟みつける;〖チェス〗両当たり, 両取り.

fourgon¹ *n.m.* (暖炉の)火かき棒 (=pique-feu).

fourgon² *n.m.* **1**〖運輸〗有蓋自動車; 有蓋トラック, バン (=~ automobile). ~ à bétail 家畜運搬車 (=bétaillère). ~ cellulaire 囚人護送車. ~ de déménagement 引越し用トラック. ~ funéraire (funèbre, mortuaire) 霊柩車 (=corbillard).
2〖鉄道〗(旅客列車に連結された)手荷物車, 郵便車;自動車運搬用車両. ~ de tête (queue) 先頭(最後尾)手荷物車. ~ postal 郵便車両.

fourgonnette *n.f.* 〖自動車〗ライトバン.

fourgon-pompe (*pl.* ~**s**-~**s**) *n.m.* (消防用)ポンプ車.

fourme *n.f.* 〖チーズ〗フールム (中部フランスの département du Cantal カンタル県, dép. du Puy-de-Dôme ピュイ=ド=ドーム県を中心に, 牛乳からつくられる硬質チーズ). ~ d'Ambert フールム=ダンベール (ピュイ=ド=ドーム県のアンベールを中心に牛乳からつくられる AOC ブルーチーズ;直径 13 cm, 長さ 19 cm の円筒形;脂肪分 45 %). ~ du Cantal フールム・デュ・カンタル (カンタルを中心に牛乳からつくられる非加熱加圧洗浄外皮の AOC チーズ;直径 35-45 cm, 高さ 35-40 cm, 重さ 35-45 kg の円筒状;脂肪分 45 %).

fourmi *n.f.* **1** 蟻. ~ ailée 羽蟻. ~ blanche 白蟻 (termite の俗称). ~ noire (rouge) 黒(赤)蟻. 〔比喩的〕comme des ~s 蟻のようにひしめき合って. 〔比喩的〕travail de ~ 忍耐仕事. 〔比喩的〕avoir des ~s dans les membres 手足がちくちく(むずむず)する.
2〔比喩的〕働き者, 倹約家. C'est une ~! 奴は蟻のような働き者だ!
3〖隠〗麻薬の運び屋 (密売人).

fourmillement *n.m.* **1** ひしめき;雑踏;ざわめき. ~ de la rue 街路の雑踏. ~ d'idées 頭にひしめく考え. ~ de vers うじむしの群.
2 蟻走感, ちくちくした感じ. ~ de (dans les) jambes 足のむずむずする感じ.

fourneau (*pl.* ~**x**) *n.m.* **1** かまど, レンジ;こんろ;ストーブ. ~ à charbon 石炭ストーブ. ~ à gaz ガスレンジ, ガスこんろ;ガスストーブ. ~ de cuisine 調理用レンジ (=cuisinière). 〖話〗être à ses ~x 調理場に立つ, 調理する.
2〖工・冶〗溶鉱炉 (= ~ de sidérurgie). ~ atomique 原子炉. bas ~ 低炉. haut〔-〕~ 高炉, 溶鉱炉;製鉄所.
3〖鉱〗発破坑 (= ~ de mine).
4(喫煙パイプの)火皿. ~ et tuyau d'une pipe パイプの火皿と柄.

fournisseur (*se*) *n.* (acheteur, client の対) **1** 供給者, 納入業者, 出入り商人. ~ militaire 軍の御用商人.
2 供給者, 輸入相手国, サプライヤー. L'Allemagne est le premier ~ de la France. ドイツはフランスの最大の輸入相手国である. crédit ~ サプライヤーズ・クレジット. groupe de ~s nucléaires (GFN=〖英〗NSG:*n*uclear *s*uppliers *g*roup) 原子力供給国グループ.

fourniture *n.f.* **1** 供給, 納入;売却;支給;調達. ~ des vivres 食糧の供給.
2〔*pl.* で〕用品, 備品, 必需品. ~s de bureau 事務用品. ~s scolaires 学用品, 文房具.
3(衣類などの)付属品.
4〖料理〗薬味用香草 (=fines herbes).
5 職業用の小型器具. ~s pour dentiste 歯科医用器具.

fourrage *n.m.* **1** (家畜の)飼料, 秣(まぐさ). ~ sec 干草飼料. ~ vert 生草飼料. déshydrater le ~ 飼葉を脱水する, 干草をつくる. **2** 飼料用の草刈り;飼料づくり.

fourrag*er* (*ère*)¹ *a.* 〖農〗飼料用の. betrave ~*ère* 飼料用ベトラーヴ. plantes ~*ères* 飼料作物.

fourragère² *n.f.* **1** 飼料作物栽培地. ~ de luzerne ルーサン (うまごやし)畑.
2 飼料運搬車.

fourragère³ *n.f.* 〖軍〗(軍功を挙げ叙勲

fourré[1] *n.m.* **1** 薮, 茂み《中・低木の密生》. ~s d'un bois 林の茂み.
2 低木密生地帯. ~s des régions méditerranéennes 地中海沿岸地方の低木密生地帯(マキ maquis).

fourré[2] (**e**) *a.p.* **1** 毛皮の裏がついた, 毛裏の; 毛皮の. gants ~s 毛裏の手袋.
2《動物が》毛に蔽われた.
3〖料理〗《菓子などが》詰物入りの. bonbons ~s au chocolat チョコレート詰めのボンボン《キャンデー》.
4〖フェンシング〗coup ~ 相打ち; 〖比喩的〗不正行為, だまし打ち.
5〖古〗monnaie ~e 金(銀)張り貨幣. paix ~e 偽装平和.

fourreur *n.m.* 毛皮商; 毛皮のコート製作者(業者).

fourrière *n.f.* **1**《野犬などの》収容場所.
2 駐車違反車輌保管場所. mise à la (en) ~ d'un véhicule en stationnement interdit 駐車禁止違反車輌の保管場所への移送.

fourrure *n.f.* **1** 毛皮; 毛皮の物(=vêtement de ~). col de ~ 毛皮の襟. commerce (industrie) de la ~ 毛皮商(産業). manteau de ~ 毛皮のコート. vêtement doublé de ~ 毛皮の裏付衣服.
2《動物の》毛皮. avoir une très belle ~ 大変美しい毛並をしている.
3〖紋章〗毛皮地 (hermine「てん」とvair「シベリアりす」の紋様).
4〖建築〗《木・金属などの》埋木, 充填材; 《鉄骨の》飼板; 〖機械〗はさみ金.

foutu(**e**) *a.*〖俗〗**1**〖名詞の前〗悪い, いやな; ひどい. ~ caractère いやな奴. Quel ~ temps! 何てひどい天気だ!
2〖名詞の後〗しくじった, 駄目になった. affaire ~e しくじった仕事.
3 être ~ de+*inf.* できる. ne pas être ~ de+*inf.* ~できない. Il est ~ de réussir son coup! 彼はきっとうまくやるぞ.
4 bien (mal[1]) ~ 上出来(不出来)の; 《身なりが》良い(悪い); 《体格が》良い(悪い). film assez bien ~ かなりいい映画.
5 mal ~[2] 体の調子(具合)が悪い.

fovéa *n.f.*〖解剖〗窩(か). ~ centrale 中心窩.

foyer *n.m.* Ⅰ《人の集まるところ》**1** 家, 住まい, 家庭, 家族. ~ conjugal 夫婦の住む家. ~ fiscal 税制上の家族. femme (mère) au ~ 家庭の主婦. jeune ~ 若夫婦. fonder un ~ 結婚して家を持つ. taux d'équipement des ~s français en matériels électroménagers フランス家庭における家電製品の普及率. quitter le ~ familial pour aller étudier à Paris 親元を離れてパリへ勉強に行く.〖古〗rentrer dans ses ~s (兵士が)帰郷する.
2 集会所, 憩いの場所, 会館. ~ d'accueil 青少年会館《(主として)危機的な状況にある青少年の受け入れ施設》. vivre en ~《家庭を離れて》施設で暮らす.
3 劇場のロビー. ~ des artistes 楽屋. ~ du public ロビー.
Ⅱ《火元, 火をたく場所》**1** 暖炉, 炉, 暖炉の前の敷石. se rassembler devant le ~ du salon 居間の暖炉の前に集まる.
2《火事の》火元. ~ d'incendie 火元.
3《器具の》燃焼室, 燃焼装置, 火室, 火床. chaudière à ~ extérieur (intérieur) 外だき(内だき)式ボイラー.
Ⅲ《結集点, 源》**1** 光源 (= ~ lumineux). ~ par réflexion 反射光源.
2〖光学〗焦点. ~ d'un objectif à focale variable 可変焦点レンズ, ズームレンズ (=zoom). ~ réel (virtuel) 実(虚)焦点. lunettes à double ~ 二重焦点眼鏡.
3 中心, 発生場所, 根源.〖地学〗~ d'un séisme 震源. La péninsule coréenne reste le principal ~ de tension en Extrême-Orient. 朝鮮半島は依然として極東における緊張の中心である.
4〖医〗病巣; 感染源. ~s d'épidémies 伝染病の感染源. ~ tuberculeux 結核の病巣.

foyer-restaurant (*pl.* ~**s**-~**s**) *n.m.*〖社会福祉〗老齢者向給食施設.

foyer-soleil (*pl.* ~**s**-~**s**) *n.m.*〖社会福祉〗太陽の家《老齢者向けの住宅団地》.

FPA (= *F*ront *p*opulaire d'*A*zerbaïdjan) *n.m.* アゼルバイジャン人民戦線.

FPC[1] (= [英] *f*lexible *p*rinted *c*ircuit) *n.m.* フレキシブル・プリント回路基板《配線板》(= [仏] CIF : *c*ircuit *i*mprimé *f*lexible).

FPC[2] (= *F*ormation *p*rofessionnelle *c*ontinue) *n.f.* 継続的(生涯)職業訓練.

FPD (= *f*inancement *p*ublic du *d*éveloppement) *n.m.* 開発に対する公的融資.

FPDC (= *f*luoro*p*hosphate de *d*icholine) *n.m.*〖化〗弗化燐酸ジコリン.

FPLE (= *F*ront *p*opulaire pour la *l*ibération de l'*E*rythrée) *n.m.*《エチオピアの》エリトレア解放人民戦線 (= [英] ELF : *E*ritrean *L*iberation *F*ront).

FPLP (= *F*ront *p*opulaire de *l*ibération de la *P*alestine) *n.m.* パレスチナ解放人民戦線 (= [英] PFLP : *P*opular *F*ront for the *L*iberation of *P*alestine)《1967年結成》. ~ dissident パレスチナ解放人民戦線離脱派.

Fr (= *f*rancium) *n.m.*〖化〗「フランシウム」の元素記号.

FR3 (= *F*rance *R*égions 3) *n.pr.f.*〖無冠詞〗フランス地方第3 TV《1973年放送開始の国営TV第3チャンネルを1974年に改組改称したもの; 1982, 1986年にも改組し, 主に地域番組を放送》.

FRAC (= *F*onds *r*égional d'*a*rt *c*ontemporain) *n.m.*〖美術〗地方現代芸術基金《1982年創設; 現代美術品の購入基金》.

frac [frak] フロックコート, 燕尾服 (= 〔英〕frock).

fracas [-ka] *n.m.* **1** (物が砕ける)音；〔一般に〕激しい物音. ~ de la rue 通りの騒音. ~ du tonnerre 轟く雷鳴. ~ de vaisselle brisée 食器が割れるすさまじい音. vivre loin du ~ de la ville 都会の喧騒から離れて暮す.
avec ~ すさまじい音を立てて. avec perte et ~ 荒々しく.
2 〖医〗粉砕骨折.

fractal(ale)(*pl*.**als**) *a*. 〖数〗フラクタルの, 次元分裂図形の. dimension ~*ale* 非整数次元. géométrie ~*ale* フラクタル幾何学. surface ~*ale* フラクタル凹凸面.
— *n.f.* フラクタル, 次元分裂図形 (= objet ~)(〈自己相似性〉を備えた形状；非整数の次元).

fraction *n.f.* Ⅰ **1** 〖数〗分数. Dans la ~ 2/3 (deux tiers), 2 est numérateur, 3 le dénominateur. 分数 2/3 で, 2 は分子, 3 は分母. ~ décimale 小数. ~ réductible (irréductible) 可約(既約)分数. barre de ~ 分数を示す横線. réduire des ~s au même dénominateur 通分する.
2 (全体の)部分；(集団の)一部；分派. F~ armée rouge 赤軍分派 (〈〔独〕Rote Armee Fraktion；通称 bande à Bader バーダー派). une petite ~ de l'assemblée 集会のごく一部.
3 〖化〗留分.
Ⅱ 〔古〕分割. 〖カトリック〗~ du pain eucharistique 聖体のパンの分割.

fractionnaire *a*. **1** 〖数〗分数の. expression ~ 分数式. nombre ~ 分数.
2 〖商業〗livre ~ (特定部門の)帳簿分冊.
3 〖化〗分留の, 分別の. cristalisation ~ 分別結晶作用；分別晶出.

fractionnel(le) *a*. 〖政治〗分派的な. activité ~ *le* 分派活動.

fractionnement *n.m.* **1** 分割, 細分；細分化. ~ des partis 政党の分割. ~ d'un pays en plusieurs Etats 一国の多数国家への細分化.
2 〖化〗分別, 分留, 分別蒸留. ~ par flottaison 浮遊式分留. méthode de ~ 分留法.

fractionnisme *n.m.* 〖政治〗分派活動；分派主義.

fracturaire *a*. 〖医〗骨折の.

fracturation (<fracturer) *n.f.* 含油層破砕工法. ~ artificielle des roches en profondeur par injection de liquides sous pressions 加圧液注入による深層岩の人工的破砕法.

fracture *n.f.* **1** 〖医〗骨折. ~ avec enfoncement (avulsion, fissure) 陥没(剝離, 亀裂)骨折. ~ complète (incomplète) 完(不完全)骨折. ~ compliquée 複雑骨折. ~ de fatigue 疲労骨折 (= fissure de fatigue). ~ de la clavicule (de l'olécrane) 鎖骨(肘頭)骨折. ~ déplacée 変位骨折. ~ des côtes 肋骨骨折. ~ de vertèbre 脊椎骨折. ~ directe (indirecte) 直達(介達)骨折. ~ du bassin (du crâne, du fémur, du maxillaire supérieur, du radius, du sternum) 骨盤(頭蓋骨, 大腿骨, 上顎骨, 橈骨, 胸骨)骨折. ~ fermée (ouverte) 閉鎖性(開放性)骨折. ~ pathologique 病的骨折. ~ spirale 螺旋骨折. ~ spontanée 自発性(非外傷性)骨折. ~ traumatique 外傷性骨折.
2 〖地学〗破断；破断面；破砕, 断層；〖鉱〗断口. ~s de l'écorce terrestre 地殻の破砕面.
3 〔比喩的〕亀裂, 分裂. ~ dans la majorité gouvernementale 政府与党内の亀裂.

fracturé(e) *a.p.* 骨折した. côte ~*e* 折れた肋骨.

fragile *a*. **1** 壊れやすい, 脆い；(機械などが)狂いやすい；(色が)さめやすい. 《F~!》「コワレモノ」(につき取扱注意). étiquette 《~》sur une caisse de verrerie ガラス食器の包装箱に貼付された「コワレモノ」のラベル. Attention! c'est ~. コワレモノにつき取扱注意. blindage trop ~ 脆すぎる装甲. branche mince et ~ 細くて折れやすい枝. matière ~ comme 〔du〕 verre ガラスのように壊れやすい物質(素材). mécanisme ~ 狂いやすい機構(装置).
2 (人が)身体の弱い, 脆弱な；(器官が)弱い；(精神的に)脆い, 傷つきやすい. enfant ~ ひ弱な子供. personne ~ 精神的に動揺しやすい人.
3 不安定な, 脆弱な, 頼りない, はかない. autorité ~ 不安定な権威. bonheur ~ はかない幸せ. économie ~ 脆弱な経済. gloire ~ はかない栄光. hypothèse ~ 根拠のあやふやな仮説. vertu ~ 脆い道徳心(徳行).

fragilité *n.f.* **1** 壊れやすさ, もろさ. ~ du verre ガラスのもろさ.
2 (身体の)ひ弱さ. ~ d'un nouveau-né 新生児のひ弱さ.
3 〖医〗脆弱性. ~ osseuse congénitale 先天性骨形成不全症. épreuve da la ~ capillair 毛細管脆弱性試験, 毛細管抵抗試験.
4 不安定さ. ~ de la gloire 栄光のはかなさ.

fragment *n.m.* **1** 断片, 破片；〖鉱〗〔*pl.* で〕廃石, ぼた. ~ de fission 核分裂破片. ~ d'os 骨片. ~ d'un vase 壊れた壷の破片. en ~s 粉々に〔砕けた〕. division en ~s 粉々の分裂. briser (réduire) qch en ~s 何を粉々に砕く.
2 (未完の作品の)断章, 断片；(作品・講演などの)一部分, 抜粋. les ~s d'Ennius エンニウスの断章. F~ de *Narcisse parle* de Paul Valéry ポール・ヴァレリー「ナルシスは語る」の断片.
3 (物語・人生などの)一部分. ~ de souvenir 断片的な思い出.

fragmentaire *a.* 断片的な，とぎれとぎれの；部分的な，不完全な．débris ~s d'une statue brisé 壊れた彫像のばらばらの破片．informations ~s 断片的情報．mémoire ~ とぎれとぎれの(断片的)記憶．

fragmentation *n.f.* **1** 粉砕，細分化，分裂．〖軍〗bombe (grenade) à ~ 破砕爆弾(手榴弾)．
2 分割；断片化．〖生〗~ chromosomique 染色体の断片化．(= ~ du chromosome)．〖電算〗~ de data データの断片化．

fragrance *n.f.* 〖文〗芳香；香りの良さ，芳香性．~ d'aromates (de fleurs) 香料(花)の芳香．

fraîche¹ *n.f.* **1** à la ~ 涼しい時刻に；涼しい場所で．sortir à la ~ 涼しい時に外出する．
2 A la ~! 取れたてだよ！(魚などの売り声)．

fraîcheur *n.f.* **1** 冷たさ；涼しさ，冷気．~ de l'air (la brise) 空気(風)の冷たさ．~ d'une eau (d'une boisson) 水(飲物)の冷たさ．~ de la nuit 夜の涼しさ．~ du matin 朝の冷気．
les premières ~s de l'automne 秋の始まりの涼しさ．sensation de ~ 清涼感．chercher un peu de ~ 涼を求める．
2 (態度の)冷たさ，冷やかさ，冷淡さ (= froideur)．~ d'accueil もてなしの冷やかさ．
3 (食品・情報などの)新しさ，新鮮さ．~ d'un œuf (d'un poisson, d'une viande) 卵(魚，肉)の新鮮さ．de toute ~ 新鮮そのものの．fruits d'une ~ parfaite 新鮮そのものの果物．
4 みずみずしさ，若々しさ，爽やかさ；(色・印象などの)鮮やかさ．~ d'âme 心の若々しさ，純心．~ d'un premier amour 初恋のういういしさ．~ d'esprit 生き生きした頭の働き．~ de l'expression (du style) 表現(文体)のみずみずしさ．~ d'une imagination 印象の鮮やかさ．~ de la jeunesse 若さのみずみずしさ．~ d'un parfum 香水の爽やかさ．~ d'un visage 生き生きした顔付．

frais¹ (***fraîche***²) *a.* Ⅰ (冷涼) **1** 冷たい；涼しい．*fraîche* matinée de printemps 春の肌寒い朝．air ~ 冷気．cave *fraîche* ひんやりとした地下室(酒倉)．eau *fraîche* 冷水．ombre *fraîche* des arbres 涼しい木陰．temps ~ 涼しい天気．vent ~ 涼風；〖海〗雄風．vêtement ~ 涼しい衣服．servir ~, mais non glacé (葡萄酒を)冷やし過ぎない程度に冷たくして供する．Ce vin blanc doit se boire bien ~. この白葡萄酒はよく冷やして飲むべし．Il fait ~. 涼しい／爽やかだ；肌寒い．
2 〖比喩的〗冷淡な，よそよそしい．accueil ~ 冷やかな応待．
Ⅱ (新鮮) **1** 新しい，最近の．argent ~ 入手したばかりの金．linge ~ 洗いたての下着．mémoire *fraîche* 生々しい記憶．nouvelles *fraîches* 最新のニュース．《Peinture *fraîche*》「ペンキ塗りたて」．plaie *fraîche* 生傷．
Je le connais de *fraîche* date. 彼とは最近知り合ったばかりだ．
2 (食料品が) 新鮮な；生の．crème *fraîche* 生クリーム．fromage ~ フロマージュ・フレ，フレッシュ・チーズ．légumes ~ 生鮮野菜．œufs ~ 生みたての卵．pain ~ 焼きたてのパン．saumon ~ 生鮭．viande *fraîche* 精肉．
3 新品同様の；おろしたての．Ce costume est encore ~. このスーツはまだしゃんとしている．
Ⅲ (爽快) **1** 生き生きした，みずみずしい；若々しい．*fraîches* couleurs みずみずしい色彩．fille *fraîche* 若々しい娘．peau *fraîche* みずみずしい肌．avoir le teint ~ みずみずしい顔色をしている．Il est encore ~ pour son âge. 彼は年の割にはまだ若々しい．
2 爽やかな，すがすがしい；清純な．âme *fraîche* 清純な心．voix *fraîche* 爽やかな声．
3 元気のよい，潑剌とした．~ et dispos 元気潑剌とした．troupes *fraîches* 元気のよい部隊．
4 〖話・皮肉〗結構な，困った．Tu as tout perdu, tu es ~! 困ったことに君はすべてを失ってしまった．

frais² *n.m.* **1** 冷気 (=air ~)；涼しさ．prendre le ~ 涼をとる．
2 冷たい所；涼しい所．mettre (garder) du beurre au ~ バターを冷たい所に置く．jeune fille élevée à l'ombre et au ~, à l'abri et dans l'ignorance du monde 乳母日傘(おんばひからかさ)で大切に育てられた世間知らずの娘．travailler au ~ 涼しい場所で働く．
3 〖話〗刑務所．mettre *qn* au ~ 人を監獄に入れる．
4 〖海〗(ビューフォート風力階級 échelle anémométrique de Beaufort の第6級の)雄風(ゆうふう) (=vent ~；風速 39-49 km/時)．petit ~ 疾風(第5級；風速 29-38 km/時)．grand ~ 強風(第7級；風速 50-61 km/時)．
5 de ~ 最近の．appartement peint de ~ 塗装したてのアパルトマン．

frais³ *ad.* **1** 〖天候〗涼しく．Il fait ~ ce matin. 今朝は涼しい．
2 (飲物などを) 冷やして．boire ~ 冷やして飲む．A servir ~ mais non glacé. (葡萄酒などについて) 冷たくして，但し冷し過ぎないようにして供すること．
3 〖*p.p.* の前で〗最近；新しく〖女性形 *p.p.* の前では多く *fraîche*〗．café ~ moulu 挽きたてのコーヒー．médecin ~ émoulu de la Faculté 医学部を出たての医者．rose *fraîche* éclose 開いたばかりの薔薇の花．

frais⁴

être ~ émoulu du lycée リセを卒業したばかりである.

frais *n.m.pl.* **1** 費用, 出費, 経費, 支出. ~ d'assiette 徴税費. ~ de déplacement 交通費, 旅費. ~ d'enregistrement 登記費. ~ d'établissement (企業の) 開業費, 繰延資産 (貸借対照表の一項目で開業費のほか, 増資, 社債発行などに関わる経費を含む). ~ de justice 訴訟費用. être condamné aux ~〔et dépens〕訴訟費用の支払いを命ぜられる. ~ de maison 住居維持・管理費. ~ de mission 出張費. ~ de représentation 交際費. ~ de vente 販売費. ~ fixes 固定費. ~ généraux 一般管理費. ~ professionnels (所得税の計算に際して控除できる) 職業上の必要経費. ~ variables 変動費. faux ~ 臨時経費. **2** 苦労, 骨折り. à ~ communs 折半で, 力を合わせて. à grands ~ 多額の経費を負担して, 大きな苦労をして. à moindres ~ (à peu de ~) 大して費用もかけずに, 安上がりに, 苦労せずに, 難なく. arrêter les ~ 無駄な出費をやめる, じたばたするのを中止する. à ses〔propres〕~ 自費で. aux ~ de qn …の費用で, 費用は…もちで. aux ~ de la princesse お上の金で. en être pour ses ~ 骨折り損になる, 無駄金を使う. faire des ~ 大金をはたく. faire des ~ pour qch (+inf.) …しようと躍起になる. faire des ~ pour qn …の御機嫌とりをする. faire les ~ de qc …の費用を負担する, …の犠牲になる. faire ses ~ 元を取る, 帳尻を合わせる. rentrer dans ses ~ 元を取る. se mettre en ~ 奮発する, 特別に骨を折る. sur〔de〕nouveaux ~ 新規まきなおしで. tous ~ payés 諸経費を差し引いて, 自分の懐はいためずに.

fraise¹ *n.f.* (仔牛の) 腸間膜 (= ~ de veau). ~ de veau frite 仔牛の腸間膜のフライ.

fraise² *n.f.* **1** 苺 (実); 栽培苺 (= ~ de culture). ~ des bois フレーズ・デ・ボワ, 野苺 (= ~ sauvage). ~ des quatre-saisons 四季成り苺の実. à la crème 苺クリーム. ~ s au sucre 砂糖がけ苺. confiture de ~ s 苺ジャム. eau-de-vie de ~ s 苺酒 (= de la ~). glace (sorbet) à la ~ 苺のアイスクリーム (ソルベ). tarte aux ~ s 苺のタルト. aller aux ~ s 苺摘みに行く;(恋人たちが) 森に散歩に行く.〔話〕aux ~ s 春に (= au printemps). cueillir des ~ s 苺を摘む.〔話〕sucrer les ~ s (手足が) 震える. **2** (苺に似たもの) ~ chinoise 中国苺 (いちごの木 arbousier の実). ~ des arbres (d'écore) 樹皮に寄生する茸 (あしぐろ茸 polypore の類). ~ du désert 砂漠の苺 (サボテンの実; 食用). **3** 痣, 赤あざ (angiome 血管腫, nævus 母斑). **4**〔話〕顔, 面. ramener sa ~ 出しゃばる.

fraiseraie *n.f.* 苺畑 (= fraisière).

fraiseuse *n.f.*〔機械〕**1** フライス盤. **2** (雪面やアスファルトなどの) 削り取り機.

fraisicul*teur* (*trice*) *n.*〔農〕苺栽培者.

fraisier *n.m.* **1**〔植〕苺. **2** 苺のショートケーキ. ~ s sauvages 野苺のショートケーキ.

framboise *n.f.* フランボワーズ, 木苺 (framboisier) の実. eau-de-vie de ~ フランボワーズ酒. tarte aux ~s フランボワーズのタルト.

framboisier *n.m.*〔植〕木苺, フランボワーズ (framboise) のなる木.

franc¹ *n.m.* フラン (通貨単位, 特にフランスの通貨単位). ~ français フランス・フラン (1999年にヨーロッパ統一通貨ユーロが導入されるまで流通した; それ以前にも ~ d'or or 金貨フランの呼称で1リーヴルの等価として用いられた). ~ belge ベルギー・フラン. ~ suisse スイス・フラン. ~ CFA フラン圏アフリカ・フラン. ~ CFP 太平洋地域フラン海外領土フラン. ~ lourd 重フラン (1958年の貨幣単位変更 (デノミ) により従来の100フランが1フランとなった). ancien (nouveau) ~ 旧 (新) フラン (1958年の通貨単位変更以降, 新単位が定着するまでの間用いられた通称). zone ~ フラン圏.〔民法〕au marc le ~ (債権の配当などを) 按分比例で.〔経済統計〕en ~ s constants (courants) 固定 (時価) フランで, 実質 (名目) 価格で. ~ vert ヨーロッパ経済共同体共通農産物価格の算定に適用されるフランス・フラン. trois ~s six sous 非常に安く, ただ同然.

franc² (*che*) *a.* **1** 自由な, 制約のない, 拘束されない.〔古〕~ arbitre 自由意志. ~ de port〔多く不変化〕運賃支払済み. ~-tireur (ゲリラなど不正規軍の) 狙撃者, スナイパー;〔比喩的〕フリーランス, 既成の団体に属さない人.〔海〕barre ~che 舵柄 (機械などの助けを借りずに直接手で操作する). corps ~ 不正規軍, 遊撃隊.〔スポーツ〕coup ~ フリーキック, フリースロー. pompe ~che (水を汲み上げくして) 空になったポンプ. port ~ 自由港. ville ~che 自由市, 自由貿易都市. zone ~che 自由貿易地域. avoir les coudées ~ches 行動の自由を持つ, 誰からも掣肘を受けない. être ~ du collier とても誠実である, 率直である. **2** 率直な, 誠実な, 正直な, 明けひろげな. jouer ~ jeu 公正に振舞う, フェアプレイに徹する, 隠し立てをしない. avoir des explications ~ches 率直に立場を述べ合う. manifester une ~che hostilité あからさまな敵意を見せる. **3** 明白な, 混じりけのない. couleur ~che 原色. lumière ~che むき出しの (どぎつい) 明り. vin ~ はっきりした味の葡萄酒. **4**〔文・俗〕正真正銘の, 札付きの. ~che

canaille 札付きの悪党.
5〖法律〗滿, 丸. six jours ~s 丸6日.〖法律〗~ et quitte 債務負担がない.
6〖農〗terre ~che 沃土.
——ad. parler ~ 率直に言う.

français(e) a. **1** フランス〔人〕に関する, フランス〔人〕の, フランス的な. Académie ~e アカデミー・フランセーズ (1635年, 宰相リシュリューによってフランス語の完成を目的に創設された; フランスの文芸学術部門における最も権威ある機関の一つ; 終身会員40名からなる). langue ~e フランス語. la République ~e フランス共和国 (共和政下のフランスの正式国名). à la ~e フランス式に, フランス式の.
2 フランス語に関する, フランス語の, フランス語的な. Ce qui n'est pas clair n'est pas ~. 明解ならざるものはフランス語にあらず (18世紀の言語学者リヴァロル Rivarol [1753-1801] の言葉). dictionnaire ~-anglais 仏英辞典.〔副詞的に〕acheter ~ バイ・フレンチ, フランス製品優先 (アメリカの「バイ・アメリカン」政策のフランス版).
——*F~* n. フランス人. *F~* de souche 生粋のフランス人. *F~* moyen 平均的なフランス人. c'est un *F~*. その人はフランス人だ. Il est *F~*. 彼はフランス人だ.
——n.m. フランス語. ancien (moyen) ~ 古 (中代) フランス語. ~ classique (moderne) 古典 (近代) フランス語. ~ du Midi ミディ地方のフランス語, 南仏フランス語. comprendre le ~ フランス語を理解する.〔話〕Vous ne comprenez pas le ~. 言っていることが分らないのか. écrire en ~ フランス語で書く. parler [le] ~ フランス語を話す. Ce n'est pas du bon ~. それは正しいフランス語ではない. parler ~ comme une vache espagnole めちゃくちゃなフランス語を話す.

franc-bord (pl. ~s-~s) n.m. **1** 〖海〗乾舷 (船舶の中央部の, 満載喫水線から上甲板の間の部分). marque de ~ 乾舷標示.
2 〖法律〗(所有権者の制約の及ばない) 河川・運河の土手下の土地.

franc-comtois(e) (pl. ~s-~, ~s-~es) a. フランシュ=コンテ地方 (la Franche-Comté; région Franche-Comté) の (=comtois).
——*F~* n. フランシュ=コンテの住民.

France (la) n.pr.f.〖国名通称〗フランス (公式名称: la République française; 国民: Français(e); 首都: Paris; 旧通貨: franc français [FRF]).

France 2 n.f.〖放送〗フランス第2 TV (1963年《deuxième chaîne》として発足; 1975-92年は Antenne 2, のち France 2 となる).

France 3 n.f.〖放送〗フランス第3放送 (1972年《Troisième chaîne》として設立の TV 放送; 1975-92年 FR3, のち France 3 となる).

France 5 n.f.〖放送〗フランス第5 TV (1994年《la cinquième》として設立; Arte と同一周波数で放映).

France 24 n.pr.f.〔無冠詞〕〖放送〗フランス24 (24時間制の国際ニュース TV 放送; 旧 CFII=*C*haîne *f*rançaise *d'i*nformation *i*nternationale「フランス国際報道TV チャンネル」を基に 2006年12月発足; 仏・英・アラビア・西の4カ国語によりニュースを放映; TF1 と France Télévisions グループ (France 2, 3, 4, 5 と RFO (*R*éseau *F*rance *o*utre-mer) が均等に株式を保有する株式会社で, 理事会と監視評議会により運営).

France-Inter n.pr.f.〔無冠詞〕〖放送〗フランス=アンテール (フランスの代表的な国営ラジオ放送. FM ステレオ, 中波, 長波による1日24時間放送).

France Télévisions n.pr.f.〔無冠詞〕〖放送〗フランス・テレヴィジョン会社 (=société ~) (1986年 France Télévision の名称で設立された放送会社; 2000年8月現在の名称に変更; 傘下に France 2, France 3, France 4, France 5, RFO, France Ô の番組制作放送会社をおさめ, groupe ~ フランス・テレヴィジョン・グループとも呼ばれる). ~ Interactive 双方向フランス・テレヴィジョン会社 (2000年設立の子会社; グループ各社の番組と双方向業務の調整と開発にあたる; 略記 FTVI). ~ Publicité フランス・テレヴィジョン広告会社 (グループ各社の国営放送384チャンネルのTVCM を販売する会社; 略記 FTP).

Francfort-sur-le-Main n.pr. フランクフルト=アム=マイン (= [独] Frankfurt am Mein) (ドイツ, ヘッセン Hesse ([独] Hessen) 州の大都市; 形容詞 francfortois(e)).

Franche-Comté (la) n.pr.f. **1**〖旧州〗フランシュ=コンテ地方 (1678年フランスに帰属; 形容詞 franc-comtois(e)).
2〖行政〗région ~ フランシュ=コンテ地方 (フランスおよび UE の広域地方行政圏; フランスの le Doubs, le Jura, la Haute-Saône, le Territoire de Belfort の4県から成る. 地方庁所在地 Besançon; 面積 16,232 km²; 人口 1,117,059; 形容詞 franc-comtois(e)).

franchisage n.m.〖商業〗フランチャイズチェーンの営業権 (〖英〗franchising の公用推奨語).

franchisation n.f.〖商業〗フランチャイズ化.

franchise n.f. **1**〖保険〗保険対象外項目. ~ absolue (simple) 絶対的 (単純) 保険対象外項目.
2〖税〗関税免除 (= ~ douanière); 郵税免除 (= ~ postale).

3〖商業〗フランチャイズ契約（＝contrat de ~）；フランチャイズ契約の目的物（商品，役務）；フランチャイズ・チェーン．système de la ~ フランチャイズ・チェーン・システム．

franchisé¹ *n.m.* フランチャイズ・チェーン加盟店．

franchisé²(***e***) *a.p.* 〖商業〗フランチャイズ化された．

franchiseur *n.m.* フランチャイズ・チェーンの親会社．

francilien(***ne***) *a.* イール＝ド＝フランス地方 (la région Ile-de-France) の；イール＝ド＝フランス地方の住民の．〖鉄道〗réseau ~ イール＝ド＝フランス地方鉄道路線網．
──*F*~ *n.* イール＝ド＝フランス地方の住民．

Francim (＝*F*rance-*C*ancer-*I*ncidence et *M*ortalité) 〖無変詞〗フランスの癌罹患率と死亡率（フランスの地域別癌登録システムの固有名称）．〖医〗réseau ~ des registres des cancers フランス地域癌登録ネットワーク（1991年創設）．les données ~ フランス地域癌登録ネットワークのデータ．

francisation *n.f.* **1** フランス化；フランス語化．~ du logiciel コンピュータ・ソフトのフランス語化．
2〖海〗フランス船籍登録．acte de ~ フランス船籍証明書．

franciscain(***e***) (＜saint François d'Assise〔1182頃-1226〕，創立者) *a.* アッシジの聖フランシスコの；フランシスコ修道会 (ordre des Frères mineurs, ordre des *F*~s) の．ordre ~ フランシスコ会．
──*n.m.* フランシスコ会修道士．ordre des *F*~s フランシスコ会修道会．
──*n.f.* フランシスコ会修道女．

francium [frɑ̃sjɔm] *n.m.* 〖化〗フランシウム（元素記号 Fr，原子番号 87；1939年発見の放射性金属元素）．

franc-jeu (*pl.* ~**s**-~**x**) *n.m.* フェアプレー（〖英〗fair-play の公用推奨語）．

franc-maçon(***ne***) (*pl.* ~**s**-~**s**) *a.* フラン・マソヌリーの，フリーメイスンの．
──*n.m.* フリーメイスン結社員．

franc-maçonnerie *n.f.* **1** フラン・マソヌリー，フリー＝メイスン結社；〖古〗自由石工同業組合．~ moderne (spéculative) 近代的(思弁的)フリー＝メイスン結社．~ opérative (昔の) 工務的自由石工組合．Organisation de la ~ フリー＝メイスン組織．statuts de l'ordre royal de la ~ (フランスの) フラン・マソヌリー王立会綱領 (1773年6月26日採択)．
2〖比喩的〗秘密の同業組合〖思想結社〗．

franc-maçonnique *a.* フラン・マソヌリーの，フリー＝メイスン結社の；フラン・マソンの，フリー＝メイスンの（通称maçonnique）．

franco 〖伊〗*ad.* **1** 運賃（郵税）支払済み（＝ ~ de port）．envoi de ~ 元払い荷．expédier un colis ~ 小包を送料前払いで発送する．
2〖株式〗仲買 (周施) 手数料なしで（＝sans courtage）．
3〖商業〗~ à (de) bord 本船渡し〔価格〕（＝〖英〗FOB：*f*ree *on* *b*oard）．~ long de bord 船側渡し（＝〖英〗FAS：*f*ree *a*long *s*ide）．
4〖俗〗ためらわずに．allez-y ~ さあ思い切ってどうぞ．

franco-français(***e***) *a.* **1** フランス人対フランス人の，フランス人同士の．concurrence ~ フランス人同士の競争．
2〖話，蔑〗ひたすらフランス的な；フランス人に固有の，フランス人だけの．réaction toute ~ *e* いかにもフランス人らしい反応．

franco-japonais(***e***) *a.* 仏日の，日仏の．Institut ~ de Tokyo 東京日仏学院．Société ~ *e* 日仏協会．

francophile *a.* フランス〔人〕贔屓（びいき）の．
──*n.* ~の人．

francophilie *n.f.* フランス〔人〕贔屓（ひいき）．

francophobe *a.* フランス〔人〕嫌いの．
──*n.* ~の人．

francophobie *n.f.* フランス〔人〕嫌い．

francophone *a.* **1**（人・社会が）フランス語を日常語とする；（国が）フランス語を公用語とする．l'Afrique ~ フランス語圏アフリカ．la Suisse ~ フランス語圏のスイス．littérature ~ フランス語圏文学．
──*n.*〔多く *pl.*〕フランス語を日常語とする人．~ du Canada カナダのフランス語圏人．

francophonie *n.f.* **1** フランス語圏．**2** フランス語擁護運動．

franc-parler (*pl.* ~**s**-~**s**) *n.m.* あけすけな物言い，率直な話し方．avoir son ~ 率直な意見を述べる，ずけずけ物を言う．

franc-tireur (*pl.* ~**s**-~**s**) *n.m.* （レジスタンスの）遊撃隊員．~ *s*-~*s* et partisans 〔français〕〖フランス〗レジスタンス遊撃隊とパルチザン〖略記 FTP〔F〕〗．

frange *n.f.* **1** 総（ふさ），総飾り．~ de soie 絹の総．rideau à ~*s* 総飾り付きのカーテン．
2 総状のもの．~ de cheveux おかっぱ頭．~*s* de cils ふさふさした眉毛．~ d'écume des vagues 泡立つ波の帯．
3〖物理〗縞．〖光学〗~*s* d'interférence 干渉縞．
4〖解剖〗絨毛（じゅうもう）．~*s* synoviales 滑液膜絨毛．
5〖比喩的〗周辺部，周縁；あいまいなもの．〖心〗~ de conscience 識閾（しきいき）．~ du souvenir 記憶のあやふやな部分．
6 周辺のグループ，少数派．~ de séditeux 反乱分子．

franglais(***e***) *n.m.* 英語的フランス語，フ

ラングレ《*fran*çais フランス語と an*glais* 英語の合成語；フランス語に入りこんだ英語に使用》.
　——*a.* 英語的フランス語(フラングレ)の.

franquiste(＜Franco，スペインの軍人・政治家[1892-1975]) *a.* フランコの，フランコ派の. Espagne ～ フランコ治下(フランコ時代)のスペイン.
　——*n.* フランコ派の人.

fransunie *n.f.* 統一フランス《la France unie を意味する造語；1988年の大統領選挙時に使用》.

frappant(*e*)(＜frapper) *a.* **1** 強い印象を与える，驚くべき. spectacle ～ 驚くべき光景.
2 顕著な，目立つ. analogie ～*e* 明らかな類似. exemple ～ 顕著な例. preuve ～*e* 明白な証拠. C'est ～！ それは明らかだ！
3〔話〕arguments ～*s* 暴力；武力.

frappe *n.f.* **1** 刻印；鋳造；〔比喩的〕刻印，印(しるし) (＝marque, empreinte). ～ d'une monnaie 貨幣の鋳造. ～ des euros ユーロ貨幣の鋳造. ～ libre (貨幣・メダルの)自由鋳造〔権〕.
2 (キーを)叩くこと；タイプのキーを打つこと；タイプ打ちした文書(＝page dactylographiée). faire des fautes de ～ (キーを)打ち間違える. manuscrit à la ～ タイプ打ち原稿. première (seconde)～ タイプ文書正文(カーボンによる写し).
3〔電算〕(プリンターの)印字. ～ en lacet リボン式印字.
4〖スポーツ〗(ボクシングの)パンチ力；(球技の)キック，スマッシュ. ～ de son gauche 左のパンチ. ～ avec la tête (サッカーの)ヘッディング.
5〔軍〕攻撃力，戦力. ～ aérienne 空軍攻撃力；空爆. force de ～ 核戦力；核抑止力.

frappé(*e*) *a.p.* **1** 氷で冷やした. café ～ アイス・コーヒー(＝～ glacé). champagne bien ～ よく冷やしたシャンパーニュ酒.
2 型押しした. velours ～ (浮模様を打出した)型押しビロード地.
3 響きの良い，強い. 〖音楽〗temps ～ 下拍. vers bien ～*s* 響きのよい詩句.
4〔話〕気のふれた，狂った. Il est complètement ～！ 彼は完全に狂っている.
5 (不幸・死などが)突然襲った. être ～ à mort 突然死に見舞われる，急死する. être ～ d'apoplexie 卒中で倒れる.

frasque *n.f.* **1**〔多く *pl.*〕異常な行動，突飛な行為，不品行，不行跡. ～*s* de jeunesse 若気の過ち.
2〔古〕悪戯，いたずら，悪ふざけ.

fraternel(*le*) *a.* **1** 兄弟(姉妹)の. amour ～ 兄弟(姉妹)愛. solidarité ～*le* 兄弟(姉妹)の連帯感.
2 (兄弟(姉妹)のように)仲の良い，親密な. amitié ～*le* 友愛. union ～*le* 親密な結びつき(提携).

3 親切な，友好的な. accueil ～ 厚いもてなし.

fraternité *n.f.* **1**〔稀〕兄弟(姉妹)関係.
2 友愛，同胞愛，友愛精神，連帯感. Liberté, Egalité, F～. 自由，平等，友愛《フランス共和国の国家銘句》. ～ humaine 人類愛. liens de la ～ 友愛関係，連帯.
3 友愛関係；友好関係；共同体, ～ d'armes (騎士の) 盟友関係，血盟. ～ entre deux pays 二国の友好関係.
4〖カトリック〗友愛会.

fratricide *a.* 兄弟(姉妹)殺しの；仲間で相争う. lutte ～ 骨肉相食む抗争.
　——*n.* 兄弟(姉妹)殺し.
　——*n.m.* 兄弟(姉妹)殺しの犯行.

fraude *n.f.* **1** 不正，違反，詐害，違法行為. ～ à la loi 不正な法延地漁り；強行法回避. ～ dans les concours 選抜試験の不正〔行為〕. ～ électorale 選挙違反. ～ fiscale 脱税. service de répression des ～*s* 違法行為防止対策局. en ～ 不法に；ひそかに. introduire des marchandises en ～ 商品を密輸入する. s'introduire en ～ dans un pays 不法入国する.
2〔古〕欺瞞，詐欺，ペテン.

fraudeur(*se*) *a.* 不正を働く，法を犯す.
　——*n.* 不正(不法)行為者. ～ du fisc 脱税者.

frauduleux(*se*) *a.* 不正な，不法な；詐欺的な. banqueroute ～*se* 詐欺(偽装)破産. concert ～ 詐害共謀. ententes ～*ses* (競売での)談合行為. marché ～ 不正取引. trafic ～ d'armes 武器の密売.

frayère *n.f.* (魚の)産卵場. ～ artificielle (naturelle) 人工(天然)産卵場.

FRB[1] (＝〔英〕*F*ederal *R*eserve *B*ank)(アメリカの)連邦準備銀行(＝〔仏〕Banque de la Réserve Fédérale).

FRB[2] (＝〔英〕*F*ederal *R*eserve *B*oard) *n.f.* (アメリカの)連邦準備制度理事会《公式名：the Board of Governors of the Federal Reserve System；＝〔仏〕Réserve fédérale》.

fredaine *n.f.* 〔多く *pl.*〕羽目を外した行為；悪ふざけ，いたずら.

free-lance〔英〕*n.m.* フリーランス，自由契約. travailler en ～ フリーランスで働く.
　——*a.inv.* フリーランス(自由契約)の，無所属の. photographe ～ フリー・カメラマン.

freeride [frirajd]〔英〕*n.m.* **1** (スキー，スノーボードの)フリーライド.
2〔話〕無賃乗車，ただ乗り.

free-shop〔英〕*n.m.* フリーショップ(＝〔仏〕boutique franche).

freesia(＜Frees) *n.m.* 〖植〗フリージア《南米原産の球根植物；あやめ科 iridacées の園芸植物》.

free-style〔英〕[fristajl] *n.m.* 〖スポーツ〗フリー・スタイル，自由型. 〔同格〕ski ～ フリー・スタイル・スキー.

free ware [英] *n.m.* 〖電算〗フリーウェア（無料公開ソフト；公用推奨語 logiciel public）.

frégate *n.f.* **1** 〖軍〗フリゲート艦〖[英] frigates〗；護衛艦 corvette と巡洋艦 croiseur の中間の 2000～4000 トン級の中型護衛艦；万能航洋型戦闘艦；本来は3本マストの帆船艦；護衛艦. ~ antaérienne 対空フリゲート艦. ~ anti-sousmarine 対潜フリゲート艦. ~ de surveillance 哨戒フリゲート艦. ~ lance-missiles ミサイル発射フリゲート艦. capitaine de ~ 海軍中佐.
2 〖鳥〗軍艦鳥.

frein *n.m.* **1** 〖機械〗ブレーキ；制動装置, ブレーキ装置. ~ à air [comprimé] (圧搾)空気ブレーキ. ~ à disque (à tambour) ディスク(ドラム)ブレーキ. ~ à main 手動(ハンド)ブレーキ. ~ à pied (à pédale) 足踏みブレーキ. ~ à récupération 回生ブレーキ. ~ antiblocage アンチロック・ブレーキ・システム (= [英] ABS : *a*nti-lock *b*rake (braking) *s*ystem). ~ automatique 自動制御装置. ~ avant (arrière) 前輪 (後輪) ブレーキ. ~ d'urgence 非常ブレーキ. ~ électrique (électromagnétique) 電気 (電磁) ブレーキ. ~ hydraulique 油圧ブレーキ. ~ mécanique 機械ブレーキ. ~ moteur エンジンブレーキ. liquide de ~ ブレーキ液 (オイル). pédale de ~ ブレーキ・ペダル. donner un coup de ~ ブレーキをかける；〖比喩的〗(à ~) 抑える, 抑制する. serrer le ~ à main ハンドブレーキを引く.
2 〖比喩的〗抑制. ~ sur les prix 物価抑制. donner un coup de ~ à la consommation 消費を抑制する. mettre un ~ à la course aux armements 軍拡競争を抑制する. sans ~ 際限のない, 抑えのきかない.
3 ~ d'écrou 止め座金. ~ d'essais (dynamométrique) 吸収動力計.
4 〖古〗馬銜 (はみ). ronger son ~ (馬が) 馬銜を噛む；〖比喩的〗いら立って歯ぎしりする.
5 〖解剖〗小帯. ~ de la langue 舌小帯.

freinage *n.m.* **1** ブレーキ (frein) をかけること, 制動；制動方式；制動装置, ブレーキ. ~ à bloc 全制動. ~ brutal (rapide) 急ブレーキ. ~ d'urgence 非常制動 (ブレーキ). ~ électrique 電気制動 (ブレーキ). ~ en récupération 回生制動 (ブレーキ). distance de ~ 制動距離.
2 〖比喩的〗(de を) 抑えること, 抑制. ~ des dépenses de l'Etat 国家歳出の抑制. ~ de la hausse des prix 物価上昇の抑制.

frelaté(e) *a.* **1** （葡萄酒などが）混ぜ物をした；不純物が混入した. vin ~ 混ぜ物をした葡萄酒. scandale de l'huile ~ *e* 不純物が混入した食用油のスキャンダル.
2 〖比喩的〗（感情・生活などが）不純な. sentiments ~*s* 不純な感情.

frêle *a.* **1** 脆そうな, 今にも壊れそうな. ~ rameau d'osier なよなよした柳の枝. dentelle ~ d'une rosace gothique ゴシック様式の薔薇窓の脆そうなレース状装飾.
2 ひ弱そうな, 弱々しい. ~ ossature 弱々しい骨格. corps ~ 虚弱な体. enfant ~ 虚弱児.
3 頼りない, 心もとない. ~ espérance はかない望み.
4 〖文〗弱い. ~ bruissement des feuilles 木の葉のかすかなざわめき. couleur ~ 弱々しい色. écrivain ~ 力のない作家. voix ~ か細い声.

frémissement (<frémir) *n.m.* **1** ざわめき；そよぎ；（液体の）震動. ~ de l'eau près de bouillir 沸騰前の水の震動. ~ du feuillage 葉叢のざわめき. ~ de la mer 海面の波立ち, 潮騒.
2 震え；戦慄；動揺. ~ de colère 震える怒り. ~ de douleur 痛みによる震え. ~ de horreur 戦慄. ~ de plaisir 歓喜. ~ qui court sous la peau 戦慄. maîtriser un ~ 震えを抑える.
3 〖医〗(体の) 震え；悪寒 (=frissonnement). ~ fébrile 発熱による震え.
4 〖比喩的〗微妙な揺れ (変化). ~ de l'électorat 有権者のふれ. ~ des ventes 売上げのかすかな立ち直り.

FREMM (=*fré*gate *m*ulti*m*issions) *n.f.* 〖軍〗多目的フリゲート艦.

frêne *n.m.* **1** 〖植〗フレーヌ, 西洋梣 (とねりこ)（学名 fraxinus；木犀 (もくせい) 科 oléacées の樹木）. ~ à fleurs 花フレーヌ (学名 fraxinus ornus). ~ blanc 白フレーヌ (学名 fraxinus americana). ~ commun 通常フレーヌ (学名 fraxinus excelsior).
2 フレーヌ材, とねりこ材.

frêneraie *n.f.* フレーヌ林, 西洋とねりこ林 (=frênaie).

frénésie *n.f.* **1** 熱狂, 無我夢中. avec ~ 夢中になって. applaudir avec ~ 夢中になって喝采する. travailler avec ~ 仕事に熱中する.
2 （色彩・音などの）激しさ. ~ des couleurs 色のけばけばしさ.
3 狂乱, 狂乱状態；〖医〗〖古〗譫妄 (せんもう).

frénétique *a.* **1** 熱狂的な. amour ~ 熱狂的な愛, 熱愛. applaudissement ~ 熱狂的喝采. colère ~ 激怒.
2 激しい. danse ~ 激しい踊り. rythme ~ 激しいリズム.
3 狂乱的な；〖医〗〖古〗譫妄状態の. être ~ 狂乱 (譫妄) 状態に陥った人.
4 〖文学史〗littérature ~ (ロマン主義時代の) 狂乱 (幻想, 恐怖) 文学.

fréon (<Freon, 米国デュポン社の商標) *n.m.* フレオン〖ガス〗（メタンおよびエタンの弗化物の総称；無色無臭のガスで, 冷凍・冷蔵・冷房機器の冷媒, エアゾール噴射剤, 消火器噴射剤などに用いられる；地球をと

りまくオゾン層 ozonosphère を破壊する物質のひとつ；cf. CFC=chlorofluorocarbure, CFM=chlorofluorométhane).

fréquence *n.f.* **1** 頻発，頻繁な反復；頻度. ~ des accidents de la route 交通事故の頻発. ~ des crues d'une rivière 川の増水の頻度. ~ des trains 列車の運行頻度.
2〘統計〙度数；頻度.〘統計〙~ cumulée 累積度数. ~ d'un mot 語の頻度.
3〘理〙周波数，振動数. ~ acoustique (auditif, musical) 可聴周波数. ~ du courant électrique alternatif 交流電流の周波数. ~ de résonance 共鳴振動数.〘医〙~ respiratoire (du pouls) 呼吸 (脈拍) 数. ~ vocal 音声周波数. basse (haute) ~ 低 (高) 周波. gamme (bande) de ~ 周波数帯. modulation de ~ (電波の) 周波数変調 (=MF, [英] FM).

fréquencemètre *n.m.* 周波数計.

fréquent(e) *a.* **1** 頻繁な，よく起こる，反復される. ~ es averses 頻繁な驟雨. fautes ~ es よく繰返される誤ち. phénomène ~ 周期的現象.
2 よく見掛ける. mot ~ chez un auteur ある作家によく出てくる語. symptôme ~ dans cette maladie この病気によく見掛ける症状.

fréquentation (<fréquenter) *n.f.* **1** (特定の場所に) 足繁く通うこと. ~ assidue des conférences 講演会に熱心に通い詰めること. ~ des cinémas 映画館に足繁く通うこと. ~ de mauvais lieux 頻繁な悪所通い. ~ scolaire 通学.
2 来場 (入館) 者数. ~ annuelle du Musée d'Orsay à Paris パリのオルセー美術館の年間入館者数.
3 交際；交際相手, 仲間. ~ des gens du monde 社交界の人々との交際. avoir de mauvaises ~ s いかがわしい仲間とつき合っている. choisir ses ~ s 交際相手を選ぶ.
4〔やや古〕頻繁な接触 (実践). ~ des chefs-d'œuvre 傑作に絶えず接していること. ~ des sacrements 欠かさずにミサに通って聖体を拝受すること.

fréquenté(e) *a.p.* **1** 訪れる人が多い. musée très ~ 来館者の多い博物館. restaurant très ~ e 繁昌しているレストラン.
2 人通りの多い. chemin peu ~ 人通りの少ない道. rue ~ 人通りの多い街路.
3〔比喩的〕bien (mal) ~ 品のいい (いかがわしい) 人が出入りする. bar mal ~ 客筋のいかがわしいバー.

frère *n.m.* **1** 兄, 弟；兄弟. ~ aîné；〔話〕grand ~ 兄. ~ cadet；〔話〕petit ~ 弟. ~ consanguin 異母兄弟. ~ germain 同父母の兄弟. ~ utérin 異父兄弟. demi-~ 異父 (異母) 兄弟. ~ adoptif 養子による兄弟. ~ de lait 乳兄弟. beau-~ 義兄弟.
Les ~ s sont des collatéraux parents au deuxième degré. 兄弟は第2親等の傍系血族である. avoir un ~ (des ~ s) 兄弟がある. Vous avez des ~ s？あなたは兄弟がおありですか. les ~ s Goncourt ゴンクール兄弟. amitié entre ~ s 兄弟愛. aimer *qn* comme un ~ 兄弟のように人を愛する. ressembler à *qn* comme un ~ 人と兄弟のようによく似ている. vivre comme des (~ s) 兄弟のように仲良く暮す. vivre comme ~ et sœur (男女が肉体関係を結ばずに) 兄と妹のように暮す.
2 同胞 (Adam と Eve の子孫としての兄弟). nos ~ s humains われらが同胞. Tous les hommes (peuples) sont ~ s. すべての人 (民族) は同胞である.
3〘キリスト教〙信者 (Dieu の子である兄弟)；(特定宗派の) 修道士；助修士, 労働修士. Mes〔chers, très chères〕~ s〔親愛なる〕信者の皆さん (信者に対する神父の呼びかけ). aimer ses ~ s 信徒を愛する. ~ s mineurs フランチェスコ会修道士. ~ s prêcheurs ドミニコ会修道士. ~ s des écoles chrétiennes キリスト教学校の生徒. ~ lai (convers) 助修士 (主として雑務に従う). ~ lampier 燈明係助修士. F~s *jacques*「フレール・ジャック」(民謡).
4 ~〔franc-〕maçon フラン・マソン結社員, フリーメイソン結社員. ~ trois-points フリーメイソン結社員 (略記 F∴).
5 同志, 仲間；友人 (=ami fraternel).〘文〙~ s ennemis 敵対し合っている同志. ~ d'armes 戦友 (=compagnon d'armes). faux ~ 裏切者. vieux ~ 旧友, 仲間.
6〔比喩的〕類似物；〔話〕(対になっているものの) 片割れ；(他のものに) そっくりな (動物)〔男性形の事物〕. sommeil ~ de la mort 死に似た眠り. Tous les vices sont ~ s. 悪徳というものはどれもこれも似たりよったりだ.
—— *a.* 兄弟のような, 親密な；同類の. partis ~ s 友党. pays ~ s 兄弟国, 友好国.

fresque〔伊〕*n.f.* **1**〘美術〙フレスコ画；フレスコ画法. ~ s de Fra Angelico フラ・アンジェリコのフレスコ画. peindre à〔la〕~ フレスコ画法で描く.
2〔誤用〕壁画.
3〔比喩的〕(一時代の風俗の全貌を描くような) 一大絵巻 (Balzac の『人間喜劇』など). ~ historique 歴史絵巻.

fressure *n.f.*〘集合的〙食用動物の内臓, もつ. ~ de porc 豚の臓物.

fret [frɛ, frɛt] *n.m.* (<オランダ語の bracht [vraxt]「貨物」の意) **1** (貨物の) 運賃, 運送料. ~ payable comptant 現金払いの運賃. faire des avances sur le ~ 貨物の運賃を前払いする.
2 積荷, 貨物. ~ aérien 航空貨物. ~ d'aller (de retour) 往路 (帰路) の積荷. avion de ~ 貨物専用航空機. trafic de ~ 貨物輸送量.
3 用船；用船料 (=prix de ~). prendre un

navire à ~ 船を用船する.

FRI (=*f*réquence de *r*écurrence des *im*pulsions) *n.f.* パルス回帰周波数 (=[英] PRF:*p*ulse *r*ecurrence *f*requency).

friand(e) *a.* **1** (de が) 大好きな；(de を) 熱心に求める. être ~ de gâteaux ケーキに目がない. être ~ de louanges 賞賛を希求する.
2〔古〕美食家の, 美食の. Il est ~. 彼は食通だ.
3〔古〕食欲をそそる, おいしそうな. mets ~ 食欲をそそる料理.
4〔比喩的〕〔話〕(人, 特に女性について) 可愛い. minois ~ 取って食べたいような可愛い顔.

friandise *n.f.* **1**〔一般に *pl.*〕フリヤンディーズ《小型のケーキまたは砂糖菓子》.
2〔古〕食道楽 (=gourmandise).

fricassée *n.f.* **1**〖料理〗フリカッセ《鶏・兎・仔牛の肉の細かい塊のクリームソースによる煮込料理》. ~ de poulet (de lapin) 鶏 (兎) のフリカッセ.
2〖料理〗(北仏の) ベーコンと馬鈴薯の煮込み；(ベルギーの) ベーコン・エッグ.
3〔比喩的〕雑多なもののごった混ぜ.
4〔俗〕~ de museaux 抱擁, 抱きしめてする接吻.

fric-frac [frikfrak] (*pl.* ~-~**s**)〔擬音語〕*n.m.*〔話〕押込み強盗, 侵入盗 (=effraction, cambriolage avec effraction).

friche *n.f.* 未耕地, 未開墾地；荒地. en ~ 耕されていない, 未開墾の；〔比喩的〕(能力などが) 未開発の. champ en ~ 未開墾地. ~ industrielle 工場跡地の荒地. intelligence en ~ 未開発の知性.

friction *n.f.* **1** 皮膚摩擦, マッサージ；(特に) 頭皮マッサージ；頭皮マッサージ・ローション. ~ à l'eau de Cologne オー・ド・コローニュ (オー・デ・コロン) による皮膚マッサージ. ~ avec un gant de crin 摩擦手袋によるマッサージ. faire une ~ マッサージをする.
2〖物理〗摩擦.〖地層〗brèche de ~ 断層角礫. bruit de ~ 摩擦音. embrayage à ~ cônique 円錐摩擦クラッチ. forces de ~ 摩擦力. roue de ~ 摩擦車.
3〔比喩的〕軋轢 (あつれき), 摩擦, 紛争. ~ commerciale 貿易摩擦. cause de ~ 軋轢の原因. point de ~ 係争点.

frictionnel(le) *a.* **1**〖物理〗摩擦の (に関する). pertes ~*les* 摩擦損失.
2〖労働・経済〗流動的な, 一時的な. chomage ~ 流動的 (一時的) 失業《労働契約終了時から新規就労までの不就労期間》.

frieslandais(e) (<la Friesland, オランダの地方名) *a.* フリースラントの；フリースラント原産の；フリースラント種の. race ~ *e* (牛の) フリースラント種 (=race prim'Holstein ホルスタイン種).

frigidaire *n.m.* **1**〔商標〕フリジデール印冷蔵庫《General Motors 製；略称 frigo》.
2〔一般に〕冷蔵庫；冷凍庫 (=régrigérateur).
3〔話〕遺体保存室, 遺体検死室, モルグ (morgue).

frigidité *n.f.* 不感症；(特に) 女性の性的不感症.

frigo *n.m.*〔話〕**1** 冷凍庫 (=appareil *frigo*rifique)；冷凍室 (=chambre *frigo*rifique). mettre *qch* au ~ 冷凍室 (庫) に入れる.
2 冷凍肉 (=viande *frigo*rifiée).
3 冷蔵庫 (=réfrigérateur, frigidaire).
4〔話〕être ~ 寒い. Il fait ~. 寒い天気だ.

frigorifique *a.* 冷凍用の；冷蔵用の；冷凍 (冷蔵) 機能を備えた. navire ~ 冷凍運搬船；保冷貨物船.

frigorigène *a.* 保冷用の, 冷却用の. appareil ~ 冷却器, 冷却装置. fluide ~ 保冷液, 冷却液.
——*n.m.* 保冷剤, 冷却剤；冷却装置.

fringant(e) *a.* **1** (馬が) よく跳ねる, 元気がいい. cheval ~ 跳ねまわる馬.
2 (人が) きびきびした, 活発な, 威勢のいい；颯爽とした, 凛々しい. air ~ 颯爽とした様子. jeune homme ~ 凛々しい青年.

frisé(e[1]**)** *a.p.* **1** (毛が) 巻き毛の, カールした. cheveux ~*s* 縮れ毛.
2 (人・動物が) 巻き毛の, 縮れ毛の. tête ~ 縮れ毛の頭. être ~ comme un mouton 羊のように縮れ毛がある.
3 (織物が) 毛の縮れた. laine ~ 毳 (けば) 立てた毛織物. velours ~ 輪奈 (まな) 天《毳を切らずに輪にしたビロード》.
4〖植〗葉の縮れた. chicorée ~*e* 縮れ葉シコレ (チコリ). choux ~ 縮れ葉キャベツ. feuilles ~*es* 縮れた葉.
5〖印刷〗filet ~ 縮れた罫線.
6 (紙が) 細かい皺状の. cuir ~ 皺にした革. papier ~ 皺紙.
——*n.* 縮れ毛の人.

frisée[2] *n.f.*〖野菜〗フリゼ, 縮れ葉シコレ (チコリ), シコレ・フリゼ (=chicorée ~).

frison(ne) *a.* (オランダの) フリースラント (la Frise=Friesland) の；〖酪農〗フリースラント地方原産の.〖酪農〗race ~*ne* フリースラント種《白と黒の斑点の牛；乳牛として名高い；フランスでは prim'Holstein と呼ばれる》.

frisson *n.m.* **1** (寒さによる) 震え, 身震い；〖医〗悪寒 (おかん). ~*s* intenses 激しい悪寒. avoir le ~ (des ~*s*) (寒さで) ぞくぞくする. être pris de ~*s* 悪寒に襲われる.
2 (恐れ・喜びなどによる) 震え, わななき, 戦慄；感動. ~ d'admiration 身震いするような感動. ~ délicieux 甘美な感動. avoir un ~ de terreur 恐怖に震えあがる (おののく). donner le ~ 戦慄を与える.
3 (物の) 震え, そよぎ；ざわめき. ~ des feuilles 木の葉のそよぎ.

frit(e[1]) *a.p.* (<frire) **1** 油で揚げた, フライにした. poissons ~s (小)魚のフライ(=friture). pommes〔de terre〕~es フライドポテト (=~es).
2〔比喩的〕駄目になった, 途方に暮れた；破産した. Il est ~. 奴はもう駄目だ.

frite[2] *n.f.* **1**〔*pl.* で〕フライドポテト, フリット (=pommes〔de terre〕~es). bifteck ~es ビーフステーキのフライドポテト添え. marchand de ~s フライドポテト売り.
2〔話〕avoir la ~ ついている, 調子が良い.
3〔話〕手の甲による尻打ち. faire une ~ 手の甲で尻を打つ.

friteuse *n.f.*〔料理〕フライ用鍋. ~ électrique 電気フライ鍋.

friture *n.f.* **1**〔料理〕フライ, 油で揚げる調理. ~ à l'huile (au beurre) 食用油(バター)によるフライ.
2〔料理〕揚げ油, フライ用油脂《食用油, ラードなど》. bain de ~ オイル液, 油液.
3〔食品〕揚げ物, フライ；(特に)小魚のフライ, フリチュール. ~ de poissons 魚のフライ.
4 (ベルギーで) 揚げ物の屋台.

frivole *a.* **1** くだらない, 取るに足りない, 他愛ない. discussion ~ くだらぬ議論.
2 軽薄な, うわついた. femme ~ うわついた女.

froid[1](**e**) *a.* 〔Ⅰ〕(温度) **1** 冷たい；寒い；(気温が)低い. chambre ~e 寒い部屋；冷蔵室. climat ~ 寒冷な気候. eau ~e 冷水(eau chaude「温水」の対).〔地理〕région ~e 寒帯. temps ~ 寒い天気. Il fait ~. 寒い, 気温が低い. vent ~ 冷風.
2 (体温が)冷たい, 低い；冷血の. animaux à sang ~ 冷血動物. boissons ~es 冷たい飲物. cheval ~ 冷血種の馬. avoir les mains ~es 冷たい手をしている. F~es mains, chaudes amours. 手の冷たい人は心が暖かい.
3 冷えた；冷たくなった. repas ~ 冷たい食事, 冷食. viande ~e 冷肉, コールドミート. Le moteur est ~. エンジンが冷えている. La soupe est déjà ~e! スープがさめてしまった.
4 (衣服・布地などが) 暖かくない. manteau (vêtement)~ 暖かくない衣服(コート).
5 (光・色などが) 寒々とした. ~ soleil d'hiver 冬の寒々とした太陽. bleu ~ 冷たい青. couleurs ~es 冷色. lumière ~e 冷たい光.
6〔比喩的〕guerre ~e 冷戦.
〔Ⅱ〕《人・態度》**1** 冷静な；感情を表に出さない；物に動じない. caractère ~ 冷静な性格. colère ~e 心内に秘められた怒り. sang-~ 冷静, 平静.〔闘牛〕taureau ~ 動じない(動きのない)牡牛. garder la tête ~e 冷静さを保つ. rester ~ devant le danger 危険に直面しても動じない.
2 冷淡な, 冷ややかな；無関心な. ~ silence 冷たい沈黙. accueil ~ 冷ややかなもてなし. air ~ 冷淡な様子. baiser ~ 気のない接吻. cœur ~ 冷淡な心. politesse ~e 冷かな礼儀正しさ, 慇懃無礼. laisser qn ~ 人の関心をそそらない. Ça me laisse ~. そんなことはどうでもいいさ. se montrer ~ avec (envers) qn 人に対してつれない態度を示す.
3 無情な, 冷酷な, 血も涙もない. ~e cruauté 血も涙もない残忍さ. analyse ~e 冷徹な分析. homme ~ et impitoyable 冷酷非情な人
4〔女性が〕冷感症の, 不感症の. femme ~e 不感症の女性.
5 (作品などが) 生気のない, 生彩を欠いた, 熱気に乏しい. beauté ~e 冷たい美しさ. style ~ 生気のない文体. tableau ~ 生彩を欠く絵画.
——*ad.* **1** 冷たいままで, 温めずに. boire (manger)~ 冷たいままで飲む(食べる).
2 冷淡に, 冷ややかに. battre qn ~ 人につれなく当たる.

froid[2] *n.m.* **1** 寒さ, 冷たさ；寒け, 冷気；〔*pl.* で〕寒期 (=saison du ~)；寒い日. le chaud et le ~ 暑さと寒さ. ~ âpre 身を切るような寒さ. ~ de la glace 氷の冷たさ. ~ doux 涼しさ. ~ humide 湿った寒気.〔話〕~ noir (de canard；de chien；du diable；de loup) ひどい寒さ. ~ sec 乾燥寒冷. coup de ~ 寒気；急速な気温低下；〔医〕風邪. attraper (prendre) le ~ 風邪をひく. saison des grands ~s 厳寒期. vague de ~ 寒波. visage bleu de ~ 寒さで青くなる顔.
Quel ~, ce matin! 今朝は何て寒いんだろう. avoir ~ 寒い, 寒さを覚える. avoir ~ aux mains 手が冷たい. donner (faire)~ à qn 人に寒けを覚えさせる. Cela me fait ~ dans le dos. 背筋がぞくぞくする. n'avoir pas ~ aux yeux 勇気(決断力)がある；図太い. s'habituer à peu au ~ 徐々に寒さに慣れる. souffrir du ~；supporter le ~ 寒さに耐える. trembler de ~ 寒さで震える.〔天候〕Il fait ~. 寒い.
2〔理〕低温 (= ~ artificiel；~ industriel)；低温(冷凍)技術；〔話〕低温(冷凍)機器. industrie du ~ 低温(冷凍)工業. ingénieur du ~ (dans le ~) 冷凍技師 (=frigoriste). pôle du ~ 極低温度, 絶対温度《-273.15℃》. techniques du ~ 低温技術.〔医〕thérapeutique par le ~ 低温療法.
3 à ~ *l.ad.* 低温で, 温めずに；〔比喩的〕冷静に, 冷やかに, 感情をうわべに出さずに, うわべだけで. battre le fer à ~ 鉄を冷間鍛造する.〔工〕ciseau à ~ 平たがね. colère à ~ 冷ややかな怒り. demarrage à ~ エンジンが冷えたままの始動.〔治〕battre le fer à ~ 鉄を冷間鍛造する. faire de

froideur

l'enthousiasme à ~ 熱中したふりをする. 〖冶〗laminer à ~ 冷間圧延する. opérer à ~ 〖医〗炎症がおさまってから手術をする；〔比喩的〕情熱がさめてから行動する. 〖スポーツ〗prendre (cueillir) un adversaire à ~ (相手の調子が出てこないうちに)相手に速攻を加える. prendre une décision à ~ 冷静に考えて決断をくだす.

froideur *n.f.* **1** 冷やかさ, 冷淡さ. ton de ~ 冷やかな口調(様子). accueillir (recevoir) *qn* avec ~ 人を冷やかに迎える.
2 (性格などの)冷たさ；冷静さ. tempérament d'une grande ~ 非常に冷静な気質.
3 (芸術作品などの)生彩のなさ. ~ de la mise en scène d'une pièce 芝居の演出の生彩のなさ.
4 性的無関心；不感症(= ~ sexuelle).
5 〔文〕(物の)冷たさ；(気候の)寒さ. ~ des mains 手の冷たさ. ~ matinale 朝の寒さ.

froissement *n.m.* **1** 捻挫(=claquage). ~ d'un muscle 筋違い.
2 しわくちゃにすること, しわくちゃになること；しわくちゃの状態. ~ d'une étoffe 布をしわくちゃにすること；布のしわくちゃ状態.
3 カサカサ(サラサラ)いう音. ~ des étoffes 布ずれの音.
4 〔比喩的〕摩擦, 衝突.
5 〔比喩的〕(自尊心などが)傷つけられること, 屈辱感, 不快感. ~ d'amour-propre 自尊心を傷つけられること. éprouver (subir) des ~s 屈辱(不快)感を味わう.

frolement (<froler) *n.m.* **1** 軽く触れること；軽く触れる音. ~ d'une robe 衣ずれの音. doux ~s 愛撫. dans le ~ de la foule 群衆のひしめき合う中で.

froleur(se) *a.* 軽く触れる；軽く愛撫する；かすめる. 〔比喩的〕doctrine ~-*se* de l'hérésie 異端の匂いのする理論.
―*n.* (人混みの中での)さわり魔.
―*n.f.* 色目を使う女(=femme provocante).

fromage *n.m.* **1** フロマージュ, チーズ.
~ à la crème クリーム・チーズ(fromageon, gournay, neufchâtel frais, yaourtなど). ~ à la pie グリーン・チーズ(サルビアの葉入りクリームチーズ).
~ à pâte pressée et chauffée 圧搾加温チーズ(cantal, cheddar, édam, fourme d'Ambert, reblochon, port-salu, saint-paulin, saint-nectaire など).
~ à pâte pressée et cuite 圧搾加熱チーズ(beaufort, comté, emmenthal, gruyère, parmesan, raclette, vacherin など). ~ à pâte pressée et persillée 圧搾斑入りチーズ(bleu d'Auvergne, bleu du Jura, gorgonzola, roquefort, tomme de Savoie, saint-marcellin など).
~ affiné 熟成チーズ. ~ blanc フロマージュ・ブラン(broccio de Corse, brousse, angellot, caillé gras など). ~ de (lait de) brebis 羊乳からつくるチーズ. ~ de (lait de) chèvre シェーヴル(山羊乳からつくるチーズ). ~ de (lait de) vache 牛乳からつくるチーズ. ~ de garde 長期保存性チーズ. ~ demi-sel 薄塩のクリーム・チーズ. ~ en boule (en meule) 球形(臼形)チーズ. ~ en caissette 小箱入りチーズ.
~ fermenté à pâte dure 硬質熟成チーズ(cabichou, cendré, châteauroux, chevrotin, crottin de Chavignol, levroux などの乾いたシェーヴル). ~ fermenté à pâte molle avec moisissure apparente かびのついた軟質熟成チーズ(boudon, brie de Meaux, camembert, coulommiers, neufchâtel など). ~ fermenté à pâte molle sans moisissure かびのついていない軟質熟成チーズ(livarot, mont-d'or, munster, pont-l'évêque など).
~ fondu プロセス・チーズ(crème de cantal, crème d'emmenthal, crème de gruyère など). ~ frais フロマージュ・フレ, フレッシュチーズ(脱脂乳からつくる非熟成チーズ；caillé, caillebotte など). ~ fumé 燻製チーズ(provolone など). ~ maigre フロマージュ・メーグル(脱脂乳からつくる非熟成チーズ). ~ mou 軟質チーズ. ~ sec 乾質チーズ.
couteau à ~ チーズ切りナイフ. fabrication du ~ チーズの製造. omelette au ~ チーズ入りオムレツ. plateau à ~(s) チーズの盛り合せ〖用木皿〗. sandwich au ~ チーズサンド. tarte au ~ タルト・オー・フロマージュ, チーズパイ, チーズケーキ.
~ et dessert[1] (~ ou dessert) (定食で)チーズとデザート付き(チーズまたはデザート). 〔比喩的〕〔話〕 ~ et dessert[2] 何でも可能, 選択の余地なし. entre la poire et le ~ 食事の終り頃に, 気分がほぐれた頃に. 《Comment gouverner un pays qui compte plus de 365 sortes de ~s?》「365種以上のチーズを産出する国をどのように統治すればよいのか？」(De Gaulleの言葉).
2 〔話〕楽で実入りのよい仕事；閑職(=sinécure). obtenir un ~ 楽な仕事にありつく.
3 〖劇〗〖俗〗花形役者の名前を書き入れるポスターの場所. faire de *qch* un ~ 誇張する.
4 〖料理〗煮こごり料理. ~ de cochon 豚の挽肉の煮こごり料理. ~ de tête 豚の顔肉のゼリー固め(=〖カナダ〗tête fromagée).
5 〖茸〗 ~ des arbres 茸(=fongus).

fromager(ère)[1] *a.* チーズの；チーズの製造(販売)の. industrie ~*ère* チーズ産業. production ~*ère* チーズ製造.
―*n.* チーズ製造(販売)業者.

fromager[2] *n.m.* 〖植〗パンヤの木(あおい科 Malvacées 科の熱帯木；実は kapok

fromagerie *n.f.* **1** チーズ製造 (貯蔵, 販売) 所.
2 チーズ製造 (販売) 業.
3 チーズ専門店, チーズ屋. crèmerie-~ 乳製品・チーズ専門店.

froment *n.m.* 小麦 (=blé); 小麦の種子 (=grainde blé) (blé noir と呼ばれるソバとの混同を避けるために blé に代って用いられる). farine de ~ 小麦粉. fine fleur de ~ (製菓用の) 上質小麦粉.
— *a.inv.* (牛の毛色が) 赤茶色の. vache ~ 赤茶色の毛並の牝牛.

fromental *n.m.* 〖植〗フロマンタル, トール燕麦 (avoine élevée), 飼料燕麦 (avoine fourragère), おおがにつり.

fronsac *n.m.* 〖葡萄酒〗フロンサック (département de la Gironde ジロンド県の小郡庁所在地 Fronsac (市町村コード 33126) の周辺地区で生産される赤の AOC 酒).

front *n.m.* Ⅰ《額, 前頭部, 頭, 顔》
1 額. baisser le ~ 頭を下げる, 降伏する. dérider le ~ 愁眉を開く, 晴れ晴れする. gagner la vie à la sueur du ~ 額に汗して生計をたてる. se frapper le ~ 額をはたと叩く (何かを急に思いついた時などの動作).
2 頭, 顔, 顔つき, 様子. marcher à ~ découvert 顔を隠さずに歩く, やましいところがない. marcher le ~ haut 堂々と歩く. relever le ~ 頭をもたげる, 自信を取り戻す. se voiler le ~ (恥ずかしくて) 顔を覆う.
3 avoir le ~ de+*inf.* 厚かましくも…する, ずうずうしくも…する.
Ⅱ《正面, 前線, 戦線》
1 (建物などの) 正面. ~ de mer 海岸沿いの通り (家並み), 海岸の防御線, ウォーターフロント. ~ de Seine (パリ市内の再開発事業の一つであるセーヌ河沿いの) フロン・ド・セーヌ, セーヌ河畔都市計画地区. de ~ 正面から, 平行して. Ils se sont heurtés de ~. 彼らは正面から衝突した. mener plusieurs tâches de ~ いくつかの仕事を同時にすすめる. deux chevaux attelés de ~ 並んでつながれた馬.
2 前線, 戦線, 戦場. **a)** aller au ~ 前線へ行く. attaquer le ~ ennemi 敵の前線を攻撃する. faire ~ à qch …に対峙する, 面と向かう, 立ち向かう.
b) 〔比喩的〕戦いの必要な場 (分野), 戦線. politique menée par le gouvernement sur le ~ des prix economique 物価の戦線. situation sur le ~ social 労使関係分野での状況.
3 〖政治〗戦線. ~ commun 共同戦線. ~ uni 統一戦線. F~ du refus 拒否戦線 (パレスチナ解放運動の最左翼 F~ populaire de libération de la Palestine (FPLP) の別名). F~ de libération de la Bretagne (FLB) ブルターニュ解放戦線 (1966 年結成, ブルターニュ独立派の秘密軍事組織). F~ de libération nationale (FLN) (アルジェリアの) 民族解放戦線. F~ national 国民戦線 (1974 年に Le Pen ル・ペンにより結成された極右政党). F~ national de libération (FNL) (南ヴェトナムの) 民族解放戦線. F~ paysan 農民戦線 (1934 年に結成された極右団体). F~ populaire 人民戦線 (1936 年, 左翼政党が結成; ただし社会党は当初 Rassemblement populaire 国民連合の呼称を用いた).
4 〖気象〗前線. 〖気象〗 ~ chaud (froid) 温暖 (寒冷) 前線. 〖技術〗 ~ d'abattage (d'avancement) (鉄道, トンネルの) 掘進面. ~ d'attaque 切羽 (きりは), 掘削開始面. 〖物理〗 ~ d'une onde 波面, 波頭, 波頭面. 〖地理〗 ~ pionnier 開拓前線.

frontal¹ (*ale*) (*pl.**aux*) *a.* **1** 〖解剖〗額部の, 前頭部の, 額の. lobe ~ 前頭葉. muscle ~ 前頭筋. 〔os〕 ~ 前頭骨. plan ~¹ 前額面. 〖医〗syndrome ~ 前頭葉症候群.
2 〖幾何〗plan ~² 立画面に平行な面.
3 正面の; 正面からの. attaque ~ale 正面攻撃. collision ~ale 正面衝突. système à chargement ~ (カセットなどの) 前面挿入方式 (装置).
4 〖気象〗前線 (front) の. cyclone ~ 前線の低気圧.
— *n.m.* **1** 〖解剖〗前頭骨 (=os ~). **2** 額帯, 額のはち巻. **3** 馬の頭絡 (=frontail).

frontalier (*ère*) *a.* 国境の, 国境に関する. accord ~ 国境協定. fleuve ~ 国境を流れる河川. contrôles ~s 国境出入検査. poste ~ 国境事務所 (=poste frontière). région ~ère 国境地帯. troupe ~ère 国境警備隊.
— *n.* 国境地帯の住民. carte de ~ 国境地帯氏民証.

frontière *n.f.* **1** 国境. ~ conventionnelle 条約に基づく国境. ~ franco-suisse フランス・スイス国境. ~ naturelle 自然国境. conflit de ~ 国境紛争. Direction centrale de la police aux ~s 国境警察中央局 (DCPF; 国家警察の本部局局). *M*édecins sans ~s 国境なき医師団 (略称 MSF〔無冠詞〕; 1971 年 12 月 20 日に結成された人道的医療活動団体, 国際的非政府組織 ONG; 1999 年ノーベル平和賞受賞). poste de ~ 国境監視所, (入国管理, 税関などの) 国境事務所. tracé de ~ 国境線.
2 〔比喩的〕境界, 境目, 限界. ~ entre le naturel et le surnaturel 自然と超自然の境目. être aux ~s de la vie et de la mort 生死の境をさまよう.
3 〖アメリカ史〗フロンティア.
— *a.* 国境の. gardes ~ 国境警備隊. poste ~ 国境監視所, 国境事務所. province ~ 国境地方. ville ~ 国境の町.

frontignan *n.m.* 〖葡萄酒〗フロンティニャン (département de l'Hérault エロー県の

Frontignan(市町村コード34110)地区で muscat blanc種の葡萄でつくられる甘口の白葡萄酒；mascat de〜 ともよばれる).

frontiste *a.* 〖政治〗戦線の, 戦線的な, 戦線を構成する；(特に)国民戦線(Front national)の. élus 〜s 国民戦線の当選議員. parti 〜 戦線的政党.
— *n.* 〖政治〗戦線構成員；(特に)国民戦線党員, 国民戦線派, 国民戦線支持者.

frontogenèse *n.f.* 〖気象〗前線の発生(frontolyse「前線の消滅(衰弱)」の対).

frontologie *n.f.* 〖気象〗前線気象学.

frontologique *a.* 〖気象〗前線に関する. cartes 〜s 前線気象図.

frontolyse *n.f.* 〖気象〗前線の消滅.

fronton[1] *n.m.* **1** 〖建築〗フロントン, ペジメント(切妻壁)；軒先；〔比喩的〕最も目につくところ. 〜 à jour (à pans) すかし細工のある(多面式)フロントン. 〜 brisé 折れ曲がったフロントン. 〜 circulaire 円形フロントン.
2 プロット球戯用の壁；プロット球戯場.

fronton[2] *n.m.* 〖葡萄酒〗フロントン(西南フランス, Toulouseの北に位置するFronton(市町村コード31620)周辺で生産される赤・ロゼのAOC葡萄酒の通称；正式名称はcôteaux du frontonnais；葡萄の品種は主にnégrette).

frontotemporal (*ale*) (*pl. aux*) *a.* 〖解剖・医〗前頭葉側頭葉の；前頭・側頭部の. 〖医〗démences 〜*ales* 前頭葉側頭葉性痴呆.

frottage (<frotter) *n.m.* **1** 摩擦.
2 磨き；床磨き. 〜 d'un plancher 床磨き.
3 〖美術〗フロッタージュ(こすり技法)；フロッタージュによる作品.
4 〖皮革〗(原皮の)圧延.

frottement *n.m.* **1** 摩擦；すべり摩擦(=〜 de glissement)；摩擦音(=bruit de 〜). 〜 cinétique 運動摩擦. 〜 dynamique 動摩擦. 〜 extérieur (intérieur) 外部(内部)摩擦. 〖医〗〜 pleural 胸膜摩擦音. 〜 superficiel 表面摩擦. 〜 visqueux 粘性摩擦. coefficient de 〜 摩擦係数. massage par 〜 さするマッサージ. traces par 〜 こすった跡. usure par le 〜 摩耗, 磨滅. être usé par le 〜 摩耗(磨滅)している. sans 〜 摩擦のない.
2 〔比喩的〕摩擦, 不和, 軋轢；(利害の)衝突；〔古〕接触. Il y a des 〜s au sein du parti. 党内に軋轢がある. 〔古〕〜 des savants 学者の交際.

frottis [frɔtis] *n.m.* 〖医〗擦過採取標本(細胞診標本). 〜 cervicovaginal 子宮頚部擦過採取標本(子宮頚癌検診用). 〜 sanguin 血液細胞擦過採取標本(マラリアなどの検診用). 〜 vaginal 膣スミア, 膣内容塗抹標本(子宮頚癌検診の細胞診標本).

FRP (=〔英〕*f*iber *r*einforced *p*lastic) *n.m.* 〔ガラス〕繊維強化プラスチック(=〔仏〕plastique mélangé à de la fibre 〔de verre〕).

FRR (=*f*orce de *r*éaction *r*apide) *n.f.* 〖軍〗緊急対応軍.

FRS[1] (=〔英〕*F*ederal *R*eserve *S*ystem) *n.m.* (アメリカの)連邦準備制度(=〔仏〕Système de la Réserve fédérale).

FRS[2] (=*F*ondation pour la *r*echerche *s*tratégique) *n.f.* 戦略研究協会.

FRT (=*f*onds de la *r*echerche *t*echnologique) *n.m.* 技術研究基金.

fructifère *a.* 〖植〗果実をつける, 実のなる, 結実性の, 繁殖器官をもつ；生産的な. rameau 〜 実をつける小枝.

fructification *n.f.* **1** (樹木の)結実〔期〕(=époque de 〜 ; saison de 〜). 〜 artificielle 人工結実. saison de 〜 結実期. 〜 artificielle du figuier いちじくの人工結実.
2 〔総称的〕(1本の木になる)実. une belle 〜 見事な果実. une belle 〜 見事な木の実.
3 〖植〗(隠花植物の)繁殖器官(=périthèce 被子器).
4 〔比喩的〕成果, 結実；利益. 〜 des esprits 思想の成果.

Fructifrance *n.pr.* フリュクティフランス(Banques populaires の設定する投資信託Sicavのファンド名).

fructofuranosyl *n.m.* 〖薬〗フルクトフラノシル, 乳酸フラノシル.

fructo-oligosaccharides *n.m.pl.* 〖生化〗フルクト=オリゴ糖類, 果糖オリゴ糖類.

fructose *n.m.* 〖生化〗フルクトース；果糖(=D fructose D-フルクトース, 左施糖).

fructueux(*se*) (<fruit) *a.* **1** 実りのある, 実り豊かな. collaboration 〜*se* 成果のあがる協力関係. commerce 〜 有利な商売. recherches 〜*ses* 実り豊かな研究. spéculation 〜*se* 儲かる投機.
2 〔古・詩〕実をつける(=fructifère). rameau 〜 実のなる枝.

fructus [fryktys] 〔ラ〕 *n.m.* 〖法律〗用益権, 成果取得権.

frugifère *a.* 〖植〗果実をつける, 実のなる, 結実性の；生産的な(=fructifère).

fruit *n.m.* **1** 果物, 果実, 実. 〜 à noyau 核果. 〜 à pépins 種子のある果実. 〜 charnu 多肉果. 〜 cultivé 栽培果実. 〜 sauvage 自生果実. 〜 sec 乾燥果実. 〜 tropical 熱帯果物.
  ◆主な果物：abricot あんず. agrumes 柑橘類. ananas パイナップル. avocat アボカド. banane バナナ. cerise さくらんぼ. châtaigne 栗. citron レモン. clémentine クレマンチーヌ(みかんの一種). figue いちじく. fraise いちご. framboise 木いちご, えぞいちご, フランボワーズ. mangue マンゴー. marron 栗. nectarine ネクタリン. noix くるみ〔の実〕. orange オレンジ. pamplemousse グレープフルーツ. pêche 桃. poire 梨. pomme 林檎.

prune プラム, 西洋すもも. raisin 葡萄.
◆ 加工された果物: alcools de ~ 果実酒. compote コンポート. confiture ジャム. gelée ゼリー. jus ジュース. pâte ペースト, 練り物.
~ amer 渋い果実, 苦い成果. ~ défendu 禁断の木の実, 禁じられた欲望. ~ mûr 熟れた果実. ~ vert 青い果実, 成熟していない娘. arbre à ~s 果物の木, 果樹.
〘諺〙C'est au ~ qu'on connaît l'arbre. /On juge (reconnaît) l'arbre à ses ~s. 人の価値はその行為の結果で判断される.
2 成果, 結果, 産物, 賜物. ~ de l'amour (de l'union) 子宝. ~ de l'expansion 成長の成果. ~ d'uncompromis 妥協の産物. ~s de la chasse 猟の獲物. ~s de mer フリュイ・ド・メール〘貝, 甲殻類, 海草などの海産物で, 魚は含まず〙.〘料理〙plateau de ~s de mer フリュイ・ド・メールの盛り合わせ. ~s de la terre 農産物. porter ses ~s 果実を表す, 結実する. L'effort du gouvernement est resté sans ~. 政府の努力は実を結ばなかった.
3〘法律〙果実. ~ civil 民事果実. ~ industriel 生産果実. ~ naturel 天然果実.
fruité(e) *a.* **1** 果実の風味がある. huile d'olive très ~*e* 果実の風味の極めて強いオリーヴ油. vin ~ et parfumé 果実の風味のある香りの良い葡萄酒.
2(香水が)果物香のある. parfum ~ 果実香香水.
3(飲料が)果汁入りの. boisson ~*e* 果汁入り飲料.
4〘紋章〙果実をつけた. arbre de sinople ~ 果実をつけた緑色の樹木紋様.
fruiterie *n.f.* **1** 果実貯蔵所. **2** 果物店; 果物取引業; 八百屋.
fruiticulteur(trice) *n.* 果樹栽培者.
fruiticulture *n.f.* 果樹栽培.
fruitier(ère) *a.* **1** 果物のできる, 果樹の. arbre ~ 果樹. cultures ~*ères* 果樹栽培. jardin ~ 果樹園 (= verger).
2 果実の, 果実用の. cargo ~ 果実運搬専用船. commerce ~ 果実販売業.
—*n.* 果実商. boutique de ~ 果物店.
—*n.m.* **1** 果樹園. ~ d'une ferme 農家の果樹園.
2 果実貯蔵所. pommes conservées dans un ~ 果実貯蔵所に保存されている林檎.
frustration *n.f.* **1** (期待などを)裏切ること. ~ de l'espoir de qn 人の希望を裏切ること.
2 横領, 詐取; 踏み倒し. ~ d'un héritier 相続人の取分の横領.
3〘心〙欲求不満, フラストレーション. ~ affective 感情的フラストレーション. ~ sexuelle 性的欲求不満. sentiment de ~ 欲求不満感. situation de ~ 欲求不満の状況.
frustratoire *a.*〘法律〙詐欺的な; 時間稼ぎの. acte ~ 詐欺行為; 無用な行為(文

書).
frustré(e) *a.p.* **1** (de を)奪われた, 詐欺された. héritier ~ de sa part 取分を横領された相続人.
2 欲求不満の, (期待が)裏切られた; 失望した. espoirs ~s 裏切られた期待. homme ~ sexuellement 性的欲求不満の男. spectateur ~ 欲求不満の観客.
FSAF (=*f*amille de *s*ystèmes *a*ntiaériens du *f*utur) *n.f.*〘軍〙未来型対空ミサイル・システム群.
FSAI (=*F*onds *s*pécial d'*a*daptation *i*ndustrielle) *n.m.* 産業適応特別基金.
FSAV (=*F*onds *s*pécial d'*a*llocation *v*ieillesse) *n.m.* 老齢手当特別基金.
FSB (=〔ロシア〕*F*ederalna*ï*a *S*loujba *B*ezopasnosti: ФСб エフェズべー, フェーズベー) *n.m.* (ロシアの)連邦保安庁 (=〔仏〕Service fédéral de sécurité)〘旧ソヴィエト連邦社会主義共和国保安庁 ex-KGB; その後ロシア共和国保安庁, 保安省, 連邦防諜庁を経て 1995 年 4 月から FSB となる〙.
FSE[1] (=*f*euille de *s*oins *é*lectronique) *n.f.*〘医〙電子化診療票.
FSE[2] (=*F*onds *s*ocial *e*uropéen) *n.m.* ヨーロッパ社会基金 (=〔英〕ESF: *E*uropean *S*ocial *F*und; 1958 年設立. 1960 年発足. ヨーロッパ共同体・ヨーロッパ連合内の労働者の雇用と地理的・職業的流動性を促進するための基金).
FSER (=*F*onds de *s*outien à l'*e*xpression *r*adiophonique) *n.m.*〘放送〙ラジオ放送助成基金.
FSGT (=*F*onds *s*pécial de *g*rands *t*ravaux) *n.m.* 大規模土木工事特別基金〘1982 年設立. Caisse des dépôts et consignation 預金供託金庫の道路建設投資基金〙.
FSH (=〔英〕*f*ollicle *st*imulating *h*ormone) *n.f.*〘生化〙卵胞刺激ホルモン (=〔仏〕hormune folliculostimulante; folliculotropine).
FSI (=*F*édération *s*yndicale *i*nternationale) *n.f.* インターナショナル労働組合連合〘1913 年 SSI を改称. アムステルダム・インターナショナル系〙.
FSIR (=*F*onds *s*pécial d'*i*nvestissement *r*outier) *n.m.* 道路建設特別基金.
FSL (=*F*onds de *s*olidarité pour le *lo*gement) *n.m.* 住居に関する連帯基金〘1990 年導入〙.
FSM (=*F*édération *s*yndicale *m*ondiale) *n.f.* 世界労働組合連合, 世界労連 (=〔英〕WFTU: *W*orld *F*ederation of *T*rade *U*nions)〘1945 年結成. 社会主義諸国主導の国際的労働組合組織. 本部プラハ Prague (Praha)〙.
FSN (=*F*ront de *s*alut *n*ational) *n.m.* (ルーマニアの)救国戦線. Conseil du ~ 救国戦線評議会 (=CFSN).
FSNP (=*F*ront de *s*alut *n*ational *p*alesti-

nien) *n.m.* パレスチナ救国戦線《1985年結成》.

FSO (=*f*rais de *s*alle *o*pératoire) *n.m.* 『社会保障』(健康保険の)手術室使用経費.

FSP (=*F*onds de *s*olidarité *p*rioritaire) *n.m.* 優先的連帯基金《*z*one *d*e *s*olidarité *p*rioritaire (ZSP)「優先的連帯地域」を対象にしたフランス外務省所管の対外援助基金；1998年2月導入；旧 FAC：*F*ond d'*a*ide et *c*oopération》. projets〔du〕 ~ 優先的連帯基金利用計画.

FSUE (=*F*onds de *s*olidarité de l'*U*nion *e*uropéenne) *n.m.* ヨーロッパ連合連帯基金.

FSV (=*F*onds de *s*olidarité *v*ieillesse) *n.m.* 老齢者連帯基金《1993年創設；老齢保険連帯基金》.

FTM (=*F*rance *T*élécom *M*obiles) *n.f.* 〖無冠詞〗フランス移動電話会社.

FTP[1] (=〖英〗*f*ile *t*ransfer *p*rotocol) *n.m.* 『情報処理』(インターネットの)ファイル転送プロトコル.

FTP[2] (=*F*rancs-*T*ireurs et *P*artisans) *n.m.* 『軍・史』遊撃射撃手・パルチザン軍《第二次世界大戦占領下のレジスタンス国内軍の一派》.

Fuchou ⇒ **Fuzhou**

fuchsia [fyʃja, fyksja] *n.m.* 『植』フクシア.

fucus [fykys] 〔ラ〕 *n.m.* フュキュス《褐藻類の海草》.

fuel [fjul] 〖英〗 *n.m.* 重油, 燃料油 (=fuel-oil；公用推奨語は fioul).

fugiti*f* (*ve*) *a.* **1** 逃走する, 逃走した.
2 素早く流れ去る；束の間の；移ろいやすい；薄れやすい；褪せやすい. bonheur ~ 束の間の幸せ. couleur ~ve 褪せやすい色. espoir ~ はかない望み. heure ~ve 素早く流れ去る時間. image ~ve 薄れやすい映像. pensée ~ve 移ろいやすい考え.
—*n.* 逃亡者. La police est à la poursuite des ~s. 警察は逃亡者を追跡中である.

fugue *n.f.* **1** 『音楽』フーガ, 遁走曲. l'Art de la ~ de J.S.Bach バッハの『フーガの技法』.
2 (一時的な)家出, 出奔. faire une ~ 家出をする, 出奔する.

fugueu*r* (*se*) *a.* (一時的に)家出する, 出奔する. adolescent ~ 家出青少年.
—*n.* 家出人.

Führer [fyrœr]〔独〕 *n.m.* 『史』フューラー, 総統《1934年からのヒットラーの称号；原義は「指導者」の意》.

fuite *n.f.* **1** 逃亡, 逃走；家出, 失踪. prendre la ~ 逃亡(逃走)する, 逃げ出す. ~ devant l'ennemi 敵前逃亡. ~ en avant 前方への逃亡；〖比喩的〗苦しまぎれの突進. ~ générale d'une armée 軍隊の総退却. 『法律』délit de ~ 轢き逃げ. être en ~ 逃亡中である；〖召喚に〗

出頭しない. mettre en ~ 逃げ出させる；(敵を)潰走させる.
2 回避, 逃避. ~ dans la drogue 麻薬への逃避. ~ devant ses responsabilités 責任回避.
3 流出. ~ des capitaux 資本の流出. ~ des cerveaux 頭脳流出. 『精神分析』~ des idées 観念の流出.
4 流れ去ること. ~ du temps 時の速やかな流れ.
5 漏れ, 漏出. ~ de gaz ガス漏れ. ~s électriques 漏電. ~ nucléaire 放射能漏れ.
6 (秘密の)漏洩；(秘密文書などの)流出. ~ d'informations 情報の漏洩.
7 『図学』point de ~ (透視画法の)消点.

fuji 〔日〕 *n.m.* ふじ〔林檎〕. pomme ~ 《Ralls Genet と Red Delicious の交配により1939年につくられた赤林檎の品種；原産地である青森県藤崎町に由来する名称；1962年フランスに移入》.

Fujian, Fukien 〔中国〕 *n.pr.* 福建(ふっけん)省, フーチェン《中国南東部の省；省都 Fuzhou 福州》(=Fukien).

fulgurant(e) *a.* **1** 閃光を放つ；きらめく. éclair ~ 閃光. regard ~ きらめく眼差.
2 〖比喩的〗電撃的な；電光石火の, 素速い, 急速な；急激な. carrière ~e 素早い昇進. découverte ~e 衝撃的な発見. 『医』douleur ~e 電撃痛(=douleur lancinante). progrès ~ 急速な進歩. réponse ~e 間髪を入れぬ返答.

fulguration *n.f.* **1** (雷鳴を伴わない)閃光, 稲妻；『治』(灰吹皿の)火花.
2 『医』(腫瘍の)電気焼灼〔術〕.
3 『医』(落雷による)感電；加電撃法, 電気ショック療法 (=électrothérapie).
4 〖比喩的〗ひらめき.

FULK (=*F*ront *u*ni de *l*ibération *k*anak) *n.m.* カナク解放統一戦線《ヌーヴェル・カレドニー(ニュー・カレドニア)の FLNKS：*F*ront de *l*ibération *n*ationale *k*anak *s*ocialiste の構成グループ》.

fullerène *n.m.* 『化』フラーレン《炭素原子60個あるいはそれ以上で構成される球状分子からなる炭素分子の総称；C_{60}, C_{70}, C_{76}…C_{120}》.

fulmicoton *n.m.* ニトロセルロース火薬, 綿火薬 (=coton-poudre, pyroxyle).

fulminant(e) (<fulminer) *a.* **1** 〔古〕雷電を発する. Jupiter ~ 雷電を発するユピテル.
2 〖比喩的〗(人が)どなり散らす, 怒り狂った；恫喝的な, 脅迫的な. directeur toujours ~ いつもどなり散らす部長. lettre ~e 脅迫状.
3 『化』爆発性の. mélange ~ 爆発性化合物. sels ~s 雷散塩.
4 『医』劇症の. douleur ~e 激痛, 疼痛. hépatite ~e 劇症肝炎.

fulminate *n.m.* 〖化〗雷酸塩.
fulminique *a.* 〖化〗acide ~ 雷酸 (C=N-OH).
fumage¹ *n.m.* 〖農〗堆肥 (fumier) の施肥.
fumage² *n.m.* 燻製, 燻製加工. ~ des jambons (du lard) ハム (ベーコン) の燻製加工.
fumagine *n.f.* 〖植・農〗媒病.
fumaison *n.f.* **1** 燻製, 燻製加工；燻製技術, 燻製期間. ~ du saumon 鮭の燻製加工.
2 堆肥の施肥 (=fumage¹).
fumant(e) (＜fumer) *a.* **1** 煙の立つ, 煙を出す.〖化〗acide nitrique ~ 発煙硝酸. bûches encore ~es まだくすぶっている薪.
2 湯気の立つ. soupe ~e 湯気の立つスープ.
3〔話〕(人が) かっかしている. être ~ de colère 湯気を立てて怒っている.
4〔話〕凄い. un coup ~ 大成功. C'est ~! 凄い!
fumé(e)¹ *a.* **1** 燻製の；燻煙風味の.〖白葡萄酒〗pouilly ~ プイイ・フュメ. saumon ~ スモークドサーモン, 鮭の燻製.
2 煤で黒くした；色付きの. verres ~s 色付きガラスレンズ, サングラス.
fumé² *n.m.* **1** 燻製食品. **2**〖写真〗青焼き, 試し焼き；〖版画〗試し刷り.
fumée² *n.f.* **1** 煙. ~ blanche (noire) 白煙 (黒煙). ~ du feu 火の煙. ~ d'un incendie 火事の煙. ~ épaisse 濃い煙. ~ étouffante 息がつまるような煙. ~ du tabac タバコの煙. ~ première (secondaire) de cigarette 紙巻タバコの一次 (二次) 排煙 (一次は吸ったあと吐き出す煙, 二次は吸っていない時に立ちのぼる煙). cigarette sans ~ 無煙紙巻タバコ. conduit de ~ 煙道；排煙ダクト. du noir de ~ 煤 (すす). s'en aller (s'évanouir) en ~ 跡形もなく消え失せる. La ~ ne vous gêne (dérange) pas? タバコを吸っても構いませんか?〖諺〗Il n'y a pas de ~ sans feu. 火のない所に煙たたず.
2 湯気, 水蒸気. ~ s'élevant d'une rivière 川面に立ちのぼる蒸気. ~ du rôti 焼肉から立ちのぼる香気；〔比喩的〕実物ではなく匂いだけ (見かけだけの満足).
3〔比喩的〕煙のようなもの；空しさ. se repaître de ~ はかない望みを抱く.
4〔*pl.* で〕(酒を飲んで頭に上るとされる) 毒気；興奮. ~s de l'ambition むらむらとわきあがる野心. ~ du vin 酒気.
5〔*pl.* で〕〔狩〕(鹿などの野獣が残した) 糞 (=laissées)；糞から立ちのぼる臭いに由来する表現).
fumerolle *n.f.* 〖地学〗(火山の) 噴気孔；(噴気孔からの) 噴出ガス, 噴気. ~s acides 酸性噴気.
fumet *n.m.* **1** (焼肉の) 香ばしい臭い. ~ du rôti 焼肉の香ばしい匂い.

2 葡萄酒の芳醇な香り, ブーケ (bouquet).
3〖料理〗フュメ (魚や茸を用いた濃厚なソース；肉・家禽・野鳥獣を用いた肉汁ソースは fond). ~ de champignon 茸のフュメ. ~ de poisson フュメ・ド・ポワソン (魚のあらに玉葱・エシャロット・茸・香草・葡萄酒・水でつくる魚のソース), 愛煙家.
4〔狩〕獲物の残した臭い.
5〔一般に〕いい匂い；〔蔑〕いやな匂い, 悪臭.
fumeur(se)¹ *n.* **1** 吸煙者；(特に) 煙草喫煙者. ~ de cigares 葉巻喫煙者. ~ d'opium 阿片吸飲者. articles pour ~ 喫煙具. compartiment ~ (non-~) (列車の) 喫煙 (禁煙) 車室. grand ~ ヘヴィースモーカー, 愛煙家.
2 (食肉・魚の) 燻製業者.
fumeur² *n.m.* 〖地学〗(海底で多金属硫化物を沈澱させる熱水鉱床の) 熱水噴出口.
fumeux(se)²) *a.* **1** 煙を出す, くすぶる. bûche ~se くすぶる薪.
2 蒸気をあげる；かすむ. ciel ~ かすんだ空. lointains ~ もやにかすむ遠景.
3〔比喩的〕曖昧模糊とした, はっきりしない. explications ~ses 曖昧な説明.
fumier *n.m.* **1** 家畜の糞尿の混じった寝藁 (肥料に用いる)；堆肥. ~ de vache 乳牛の寝藁. épandre du ~ sur un champ 畑に堆肥をまく.
2〔比喩的〕貧しくきたない人間；〔話〕碌でなし, こん畜生. Quel ~, ce type! こん畜生め.
fumigateur *n.m.* **1** 〖医〗吸入器；〖衛生〗燻蒸器. **2** 〖農〗除虫用燻蒸器. **3** 〖医〗吸入剤；燻蒸剤.
fumigation *n.f.* **1** 〖医〗燻蒸 (くんじょう), 吸入. **2** 〖農・衛生〗燻蒸消毒.
fumigatoire *a.* 〖医・農〗燻蒸の, 消毒の. appareil ~ 燻蒸器.
—*n.m.* 燻蒸剤.
fumigène *a.* 発煙性の. obus ~ 発煙弾 (信号用・煙幕用).
—*n.m.* 発煙装置.
fumisterie *n.f.* **1** 暖炉 (暖房器具) 取付け・修理業. **2**〔話〕冗談, 悪ふざけ.
fumivore *a.* 煙を吸収する. foyer ~ 無煙炉.
—*n.m.* **1** 消煙 (集煙) 装置, 除煙器. **2** 完全燃焼装置 (=appareil ~).
fumoir *n.m.* **1** 燻製製造所 (室). **2** 喫煙所, 喫煙室. ~ d'un théâtre 劇場の喫煙所.
fumure *n.f.* 施肥；施肥量.
FUNC (=*F*ront *uni* national du *C*ambodge) *n.m.* カンボジア国民統一戦線.
fundus [fɔ̃dys] [ラ] *n.m.* 〖解剖・医〗底, 基底部；眼底；胃底. ~ utéri 子宮底 (=fond de l'utérus). angiographie fluorescente du ~ 蛍光眼底血管造影法.
funèbre *a.* **1** 葬式の, 葬儀の. char ~ 霊柩車. cérémonie ~ 葬儀. marche ~ 葬

列;〖音楽〗葬送行進曲. oraison funèbre 弔辞. service de pombes ~s 葬儀.
2 死の, 死に関する. couche ~ 死の床. vêtements ~s 喪服.
3 死を想わせる;不吉な, 陰気な, もの悲しい. air ~ もの悲しい様子. voix ~ 不気味な声.

funérailles *n.f.pl.* **1** 葬儀, 葬式 (crémation, incinération 火葬;ensevelissement, enterrement, inhumation, mise au tombeau sépulture 埋葬〔式〕;levée du corps 出棺など). ~ nationales 国葬.
2 埋葬.
3 〖比喩的〗~ de la monarchie 王国の終焉.

funéraire *a.* **1** 葬儀の, 葬式の;埋葬の. drap ~ 棺衣. frais ~ 葬儀費用.
2 墓の. colonne ~ 墓碑柱(骨壺を置く柱). dalle ~ 平墓石. pierre ~ 墓石.

funeste *a.* **1** 〖文〗死をもたらす, 致命的な;〖古〗死に関する. ~s batailles 死闘. ~ pressentiment 死の予感. accident (maladie)~ 致命的事故(病気). symptômes ~s 致命的症候.
2 〖文〗死を想わせる. 悲しい;〖常用〗不吉な, 不幸をもたらす;(a に)害を及ぼす. circonstances ~s 不幸をもたらす状況. climat ~ 健康に有害な気候. état ~ 悲しむべき状態. événement ~ 不吉な出来事. Le froid a été ~ aux récoltes. 寒さが収穫に悪影響をもたらした. politique ~ aux intérêts du pays 国に害をもたらす政策.

fungus [fɔ̃gys] *n.m.* **1** 〖植〗菌〔類〕;真菌〔類〕;かび. **2** 〖医〗菌状腫, 茸瘤, 海綿状腫, ポリープ.

funiculaire *a.* **1** 索条で動かす. chemin de fer ~ ケーブルカー, 索条鉄道.
2 〖解剖〗臍帯(さいたい)の;精索(=cordon spermatique)に関する. hernie ~ 臍帯ヘルニア. hydrocèle ~ spermatique 精索水瘤. souffle ~ 臍帯雑音.
——*n.m.* ケーブルカー, 索条鉄道(=chemin de fer ~). ~ de Montmartre モンマルトルのケーブルカー.

funiculite *n.f.* 〖医〗精索炎.

funkia *n.m.* 〖植〗擬宝珠(ぎぼうし, ぎぼし)(=hosta).

FUNU (=*F*orce d'*u*rgence des *N*ations *u*nies) *n.f.* 国連緊急軍(=〔英〕UNEF:*U*nited *N*ations *E*mergency *F*orce).

furane *n.m.* 〖化〗フラン (C_4H_4O).

fureur *n.f.* **1** 〖文〗(狂暴さを伴った) 狂気.
2 恍惚状態, 忘我の境地. ~ poétique 詩的恍惚.
3 激怒, 激昂, 憤慨 (=colère folle). crise de ~ 憤怒の発作. avec ~ 怒り狂って. être (entrer) en ~ 烈火の如く怒る (怒っている).
4 〔やや古〕熱狂, 熱中;夢中な状態. ~ religieuse 宗教的熱狂. à la ~ 〜中に;猛烈に. avoir la ~ de *qch* (de+*inf*.) 何に(…することに)熱中する. faire ~ 人気をさらう, 非常に流行る.
5 激しさ, 猛烈さ;凄まじさ. ~ de la mer 荒れ狂う海. ~ de la tempête 嵐の凄まじさ. ~ des procès 訴訟の激しさ.
6 〔*pl.* で〕激怒の表現;激動. déchaîner les ~s de la guerre 激しい戦争を勃発させる.

furfural *n.m.* 〖化〗フルフラール ($C_5H_4O_2$;2-フルアルデヒド 2-furaldéhyde, フルフロール furfurol).

furibond(e) *a.* **1** すぐかっとなる, 激怒しやすい. homme ~ 激怒しやすい男.
2 怒気を含んだ, 怒り狂った. colère ~*e* 激怒. voix ~*e* 怒声. rouler des yeux ~s 怒気を含んだ眼で睨め回す.
3 〖比喩的〗荒れ狂った. vagues ~*es* 荒波.
——*n.* 激怒しやすい人.

furie *n.f.* **1** 〖ローマ神話〗les *F*~s フリアイ(復讐を司る蛇の髪をした3女神:Alecto, Mégère, Tisiphone;ギリシア神話のErinnyes エリュニュエスに相当).
2 すぐかっとなる狂暴な性悪女(=harpie, mégère).
3 狂暴;激怒. avec ~ 猛然と. combattre avec ~ 奮闘する. mettre *qn* en ~ 激怒する.
4 熱狂, 熱中. ~ amoureuse 恋狂い. s'abandonner à la ~ du jeu 賭博に熱中する.
5 (物の)激しい動き. mer en ~ 荒れ狂う海. Le vent soufflait en ~. 風が荒れ狂って吹いていた.

furieux(se) *a.* **1** 狂気の, 狂った. fou ~ 凶暴な狂人. *Roland* ~ d'Arioste アリオストの『狂えるオルランド』(1516-32).
2 激怒した, 怒り狂った;怒気を含んだ. ~ envie 狂おしいばかりの欲求. haine ~*se* 激しい憎悪. être ~ contre *qn* 人に対して激しくいる. être ~ de *qch* (de+*inf*., que+*subj*.) 何に(…することに)激怒する.
3 〖比喩的〗荒れ狂う;猛烈な, 激しい. ~*se* canicule 酷暑, 猛暑. ~ combats 激戦, 激闘. ~*se* tempête 荒れ狂う嵐. attaque ~*se* 猛攻. pluie ~*se* 豪雨.

furoncle *n.m.* 〖医〗癤(せつ), 疔(ちょう), ねぶと, フルンケル (=〔俗〕clou).

furonculose *n.f.* 〖医〗癤腫症, 癤多発症.

furosémide *n.m.* 〖薬〗フロセミド(ループ利尿薬, 高血圧治療薬;薬剤製品名 Eutensin, Lasilix (*n.m.*) など).

furtif(ve) *a.* **1** 人目を忍ぶ, 人目から逃れる, こそこそした. 束の間の. coup d'œil (regard)~ 盗み見. regarder *qn* d'un coup d'œil ~;jeter un coup d'œil ~ à *qn* 人を盗み見る. geste ~ 人目につかぬ仕種(素振り). plaisirs ~s 束の間の快楽. signe ~ 人目につかぬ合図. sourire ~ 忍び笑い. marcher à pas ~s 忍び足で歩く.
2 〖軍〗(レーダーなどで)捕捉困難な.

avion ～ レーダーで捕捉困難な航空機，ステルス航空機 (=avion stealth；[英] stealth aircraft). bombardier ～ F 117A F 117A 型ステルス爆撃機．

fusant(e) (＜fuser) a. **1** 溶ける，融解する．
2 徐々に燃焼する．composition ～e 徐燃式組成．
3 時限信管によって炸裂する (percutant(e)「衝撃によって炸裂する」の対). fusée ～e 時限信管．[obus]～ 時限砲弾；着弾前破裂弾 (obus percutant「着弾破裂弾」の対)．
4 [比喩的][文] 徐々にひろがる；ほとばしり出る．propos ～s ほとばしり出る言葉．

fusariose n.f. [植] 立ち枯れ病，フザリウム (fusarium) 萎縮症《フザリウム属の菌の寄生による植物の病気》．

fuseau (pl. ～x) n.m. **1** 錘 (つむ), 紡錘；[織] スピンドル；[レース編み] ボビン《円筒形紡錘状の糸巻き》．[神話] le ～ des Parques (人間の生命の糸を紡ぐ) 運命の3女神の錘. dentelle au ～ ボビン・レース. en ～ 紡錘形の. arbres fruitiers taillés en ～ 紡錘形に刈り込んだ果樹．[解剖] muscle en ～ 紡錘筋．
2 [航空] エンジン・ナセル (=～ moteur)．
3 [生] 紡錘体．～ achromatique 非染色性紡錘体．[解剖] ～ neuromusculaire 筋紡錘．～ nucléaire 核紡錘．
4 [幾何] 球形月形 (つきがた) (=～ sphérique). ～ cylindrique (conique) 柱面 (錘面) 月形．
5 スキー・ズボン (=～ de ski；pantalon-～). porter un ～ (des ～x) スキー・ズボンをはく．
6 ～ horaire 同一標準時間帯《地球上を24の時間帯に分けたもの；基準はグリニッジ世界時》．
7 [貝] いとまきほら属の貝．

fusée n.f. **1 a)** ロケット，ミサイル (=～-missile). ～ à carburant liquide 液体燃料ロケット. ～ à deux étages 二段式ロケット. ～ balistique 弾道ロケット，弾道弾. ～ éclatante (de signalisation) 曳光弾 (信号弾，のろし). ～ intercontinentale 大陸間弾道弾 (=[英] ICBM). ～-sonde 探査用ロケット. ～ sous-marine 潜水艦発射ロケット (=[英] SLBM). **b)** (物価・声価などの) 急上昇. **c)** ロケット級《フランスのアルペンスキー技術検査のランク；～ d'or, ～ d'argent, ～ de bronze の3ランクがある》．**d)** [医] vomissement en ～ (髄膜炎にみられる) 激しい嘔吐．
2 紡錘．
3 (車軸などの) 心棒．
4 [医] 瘻 (ろう) (=fistule).

fusée-détonateur (pl. ～s-～s) n. f. 信管．

fusée-sonde (pl. ～s-～s) n. f. [宇宙] 宇宙探査ロケット，観測用ロケット．

fusel [独] n.m. フーゼル油《=huile de ～，アルコール醸酵の副産物の有害物質》．

fuselage n.m. [航空] (航空機の錘形の) 胴体．～ avant (arrière) 前 (後) 部胴体．

fuselé(e) a. **1** 紡錘型の；(指・脚などが) 先細の. colonne ～e 中太の円柱. doigts ～s ほっそりした指．
2 [紋章学] 長菱のチェック模様の. écu ～ 長菱チェック模様の楯形．

fuséologie n.f. ロケット工学．

Fushunm, Fou-chouen [中国] n. pr. 撫順 (ぶしゅん)，フーシュン《遼寧省北東部の炭鉱都市》．

fusible a. 融解する；融けやすい．
—n.m. **1** [電] ヒューズ (=coupe-circuit, plomb). **2** [俗] 上司を守るためやたら責任を引き受けたがる人物．

fusidique a. [化・薬] acide ～ フシジン酸《皮膚用抗生物質；ブドウ球菌感染症治療薬；薬剤製品名 Fucidine (n.f.)》．

fusil [fyzi] n.m. Ⅰ **1** 銃，小銃. ～ à répétition 連発銃. ～ automatique (semi-automatique) (半) 自動小銃. ～ d'assaut 突撃銃. ～ de chasse 猟銃. ～ de chasse à canons superposés 縦型二銃身猟銃. ～ de guerre 軍用小銃. ～-mitrailleur 連射式自動小銃，軽機関銃 (略記 F-M). ～ sous-marin 水中銃 (=～ de chasse sous-marine). [比喩的] changer son ～ d'epaule 意見 (党派，職業，やり方) を変える. coup de ～ 銃撃；[比喩的] (ホテル，レストランなどの) 目玉の飛び出るような値段. être couché en chien de ～ 丸く縮こまって寝る. tenir qn au bout de son ～ 人を意のままに操る．
2 射撃手；銃による狩猟家. être bon ～ 優れた射撃手である．
Ⅱ **1** (庖丁・鎌など用の) 棒砥石. **2** 火打ち石 (=pierre à ～).

fusilier n.m. [軍] 射撃兵，小銃射手. ～ de l'air (爆撃機・ヘリコプターなどの機関銃用) 空軍射撃兵. ～ marin 海兵隊員，海軍陸戦隊員．

fusillade n.f. **1** 一斉射撃. **2** 銃撃戦，射ち合い. **3** 銃殺．

fusil-mitrailleur (pl. ～s-～s) n.m. 連射式自動小銃，軽機関銃 (F.-M. と略記)．

fusion n.f. **1** 溶融，融解，溶解. ～ alcaline アルカリ融解. ～ d'un métal 金属の融解. ～ électrique 電気融解. ～ nivale 融雪. métal en ～ 融解状の金属. point de ～ 融点．
2 (原子力) 融合，核融合 (=～ nucléaire). ～ contrôlée 制御核融合. réaction de ～ 核融合反応．
3 [比喩的] 合併. ～ de communes 市町村合併. ～ des deux partis 二つの政党の合併. ～ de sociétés 会社の合併. [-] absorption 吸収合併. ～-acquisition (会社の) 合併と買収 (=[英] merge and acquisition：M&A). ～-scission 分割合併. ～ par créa-

tion de société nouvelle 新会社創立方式の合併.

fusion-acquisition(*pl.*~*s*-~*s*) *n.f.* 〖法律・経済〗(企業の) 合併取得(買収)(=[英] M&A : merger and acquisition).

fusionneur(*se*) *a.* 合併志向の; 合併に適した, 合併向きの. secteurs les plus ~*s* 最も合併に適した部門.

fusion-scission *n.f.* 〖法律, 経済〗(会社の) 分割合併.

fuso-spirillaire *a.* 〖医〗嫌気性紡錘状菌とスピロヘータとによる. angine ~ de Vincent (紡錘状菌とスピロヘータの共生による) ヴァンサンロ峡炎. association ~ 紡錘状菌とスピロヘータの共生.

fût *n.m.* **1** (樹木の) 根元から最初の枝までの部分;(木の)幹. ~ droit 真直ぐ伸びた幹.
2 〖建築〗柱身《台座と柱頭の間の部分》. ~ en spirale 螺旋状の柱身.
3 木製の柄;木部. ~ de charrue 犂(すき)の木部. ~ d'un fusil 小銃の銃床. ~ d'une raquette ラケットの柄.
4 (葡萄酒, シードル, ブランデー, ウィスキー用の) 木の樽 (tonneau). vin qui sent le ~ 樽の匂いが移った葡萄酒, 樽臭い葡萄酒.
5 (石油製品用の) 鋼鉄製の樽《容量50-250リットル》.
6 (機器などの) 胴部. ~ d'un tambour 太鼓の胴.

futaie *n.f.* **1** (森の中の) 大木の木立;大樹林, 高林 (=haute ~).
2 〖林業〗大樹育成林《大樹に育成する伐採林》. haute ~ 大樹林. ~ jardinée 樹齢の異なる混成大樹林. ~ régulière 樹齢が揃った大樹林. taillis sous ~ 大樹林(高林)の下の低林.

futur(*e*) *a.* **1** 未来の; 将来の. cité ~ 未来都市. générations ~es 後世の人々.

jours ~*s* 来たるべき日々. 〖宗教〗vie ~*e* 来世.
2 〖名詞の前〗未来の, 将来そうなる. ~*s* époux 未来の夫婦. ~ roi 未来の王.
— *n.* 未来の夫(妻).
— *n.m.* **1** 未来, 将来. Le passé, le présent et le ~ 過去, 現在, 未来.
2 〖文法〗未来時制, 未来. ~ simple (antérieur) 単純未来(前未来). ~ de passé 過去における未来《条件法現在の用法の一つ》. ~ proche 近未来. parler au ~ 未来形で話す, 将来のこととして話す.

futurologie *n.f.* 未来学.

Futuroscope *n.pr.m.* le ~ フュチュロスコープ《1987年6月 Poitiers ポワチエ近郊に開場した映像テーマパーク》.

Fuxin [中国] *n.pr.* 阜新(ふしん), フーシン《遼寧省北西部の都市》.

fuyant(*e*)(<fuir) *a.* **1** 捉えどころのない. réponse ~*e* 捉えどころのない返答. voix ~*e* よく聴きとれぬ声.
2 〖絵画〗(背景などが) 次第に遠ざかっていく. horizons ~*s* 次第に遠ざかっていくように見える地平.
3 (体の部分が) 丸味を帯びた. épaules ~*es* なで肩. front ~ 禿げ上った額.
— *n.m.* 〖絵画〗遠ざかるように見える線; 遠景 (=perspective).
— *n.f.* 遠ざかるように見える線 (=ligne ~*e*).

Fuzhou, Foochow, Fuchou *n.pr.* [中国] 福州(ふくしゅう), フーチョウ《福建省の省都; 閩江 le Minjiang 下流の河川港・軍港・工業都市; 旧称 Minhou 閩候(びんこう), ミンホー》.

FVO (=*f*arine de *v*iande〔s〕 et d'*o*s) *n.f.* 〖畜産〗肉骨粉《動物の肉・骨などからつくられる飼料, 動物性飼料 (=farines animales)》.

G

G¹, g¹ *n.m.inv.* フランス語字母の第7字.
G², g²〖略記・記号〗**1**〖音楽〗(G)ト音, ト調(現在では sol;英・独では用いる).
2〖心〗facteur G g因子, 一般因子.
3〖数〗(G, g) giga-ギガ (10^6).
4〖物理〗(g)重力加速度の記号(Paris では 1 g=9.81 m/s²).
5〖物理〗(G) gauss ガウス(磁場の CGS 単位;現在では SI 単位で tesla;1 G=10^{-4} T).
6〖度量〗(g) gramme グラム.
7〖(G) génération 世代. téléphone mobile de 3G. 第3世代の携帯電話.
G6PD (=*g*lucose-*6*-*p*hosphate *d*és-hydrogénase) *n.f.*〖生化〗グルコース=6=燐酸デヒドロゲナーゼ(脱水素酵素)《赤血球中の酵素で, グルコース=6=燐酸の脱水素反応を触媒する》;=[英] glucose-6-phosphate dehydrogenase).〖医〗déficit génétique en ~ 遺伝性 G-6-PD 欠乏症.
G7〖le, la または無冠詞〗主要先進7カ国蔵相・中央銀行総裁会議(=G7 Finances), ジー・セヴン(=[英] Conference of Ministers and Governors of the Group of Seven Countries)《日・米・独・英・仏・伊・加の7カ国;1997年よりロシアが加わってG8となる》.
G8〖le, la または無冠詞〗主要先進国8カ国蔵相・中央銀行総裁会議(1997年で G7 にロシアが加わる》.
Ga (=*ga*llium) *n.m.*〖化〗「ガリウム」の元素記号.
GaAs (=*g*allium-*ar*senic) *n.m.* ガリウム砒素. circuit intégral ~ ガリウム砒(ヒ)素集積回路, ガリウム砒素素子.
GABA, gaba (=[英] *g*amma-*a*mino*b*utyrique *a*cid) (=[仏] AGAB: *a*cide *g*amma *a*mino *b*utyrique). action sédative du ~ GABA の鎮静作用.
gabapentine *n.f.*〖薬〗ガバペンチン《癲癇治療薬;薬剤製品名 Neurontin (*n. m.*)》.
gabarit *n.m.* **1** ゲージ, ゲージ板, 型板;限界.〖鉄道〗~ d'écartement (de voie) 軌間ゲージ. ~ de chargement 積載限界, 積荷限界. ~ de libre passage 通過限界, 建築限界. ~ type 標準ゲージ(軌間1.435 m).
2 (船)(船舶各部の) 実物大模型;雛型. ~ de l'étrave 船首の実物大模型.

3 (船・車などの) 型, 型式;大きさ. accès interdit aux gros ~s 大型車の通行禁止.
4〖比喩的〗〖話〗型, 大きさ;器量. un grand (petit) ~ 器量の大きい (小さい) 人物. du même ~ 同じタイプの. personne d'un ~ impressionnant 驚くほど背の高い (器量の大きい) 人物.
gabegie *n.f.* (財政の)放漫, 乱脈, 浪費 (=gaspillage). ~ lamentable 嘆かわしい浪費. lutte contre la ~ 放漫財政防止運動.
Gabon(le) *n.m.*〖国名通称〗ガボン《公式名称: la République du G~;la République gabonaise ガボン共和国;国民: Gabonais(*e*);首都: Libreville リーブルヴィル;通貨: franc CFA [XAF]》.
gabonais(e) *a.* ガボン (le Gabon) の, ガボン共和国 (la République du Gabon) の;ガボンの住民の, ガボン人の.
—**G~** *n.* ガボン人.
gâchage (<gâcher) *n.m.* **1** (漆喰・モルタルを)こねること. ~ du mortier モルタルをこねること.
2〖比喩的〗浪費;無駄遣い;手抜き. ~ d'argent (de temps) 金 (時間) の浪費. ~ d'un travail 仕事の手抜き.
3 手抜き仕事 (=travail gâché). Quel ~! 何たる手抜きか!
gâche *n.f.* **1** (左官用の)こて. **2** (菓子職人の)へら (=spatule de pâtissier).
gâchis *n.m.* **1** 石灰モルタル.
2 ぬかるみ, 泥.
3 瓦礫の山;生ごみの山.
4〖比喩的〗浪費 (=gaspillage).
5〖比喩的〗難局, 混乱. politique 政治の混乱. être dans le ~ 難局 (乱脈) である.
gadget [gadʒɛt] [米] *n.m.* **1** 目新しい装置;新工夫の仕掛け;気の利いた小物;アイディア商品;〖蔑〗新しがりや向けのおもちゃ;役に立たぬ面白い小物;〖俗〗(道具・装置などを指す) もの, あれ, これ;~ électronique エレクトロニクスのおもちゃ;エレクトロニクス製品. ~ esthétique アイディア美容器具. appareil-~ アイディア商品. culture-~;culture-~ 新しい物好きの浅薄な文化.
2 目先を変える術策, 怪しげな新機軸. ~ politique 思いつき的政策.
gadgétisation *n.f.*〖話〗アイディア商品化. ~ de l'appareillage scientifique 科学器具のアイディア商品化.
gadidés *n.m.pl.*〖魚〗鱈(たら)科の魚《真鱈 morue, メルリュ merlu, コラン colin,

gadiformes メルラン merlan, 鱈だから églefin など).

gadiformes *n.m.pl.*〖魚〗鱈亜目(鱈科 gadidés を含む. 軟鰭目硬骨魚の亜目).

gadolinium [-jɔm] *n.m.*〖化〗**1**〖元素〗ガドリニウム(1886年発見の希土類元素;元素記号 Gd, 原子番号 64, 原子量 157.25).
2〖金属〗ガドリニウム(ゼノタイム xénotime, モナズ石 monazite などに含まれる白色の六方最密構造の金属;融点 1310℃, 沸点約 3200℃;磁性体, レーザー材料, 合金に用いられる).

GAE (= *G*roupe *a*érien *e*uropéen) *n.m.*〖軍〗ヨーロッパ航空団(仏・独・西・伊・和・英の空軍により編成);ヨーロッパ連合空軍(= *G*roupement *a*érien *e*uropéen).

GAEC, Gaec (= *g*roupement *a*gricole *d*'exploitation *en c*ommun) *n.m.*〖農〗農業共同経営事業団体(1962年創設).

gaélique *a.* ゲール族 (les Gaëls) の.
── *n.m.*〖言語〗ゲール語(アイルランド語とスコットランド語を含むケルト語). ~ irlandais アイルランド・ゲール語(アイルランドの公用語).

GAFI, Gafi (= *G*roupe *d'a*ction *fin*ancière) *n.m.* 金融活動作業部会(=［英］FATF: *F*inancial *A*ction *T*ask *F*orce)(1989年 Paris の G7 で策定;日, 米, 英, 仏, 独, 伊, カナダ, オーストラリア, オーストリア, オランダ, スイス, スウェーデン, スペイン, ベルギー, ルクセンブルクの 15 カ国の専門家による政府間機関, 麻薬資金の洗浄とテロ資金の流れを監視する;本部 Paris). les 40 recommandations du ~ sur la lutte contre le blanchiment de capitaux 資本洗浄対策としての金融活動作業部会の 40 の勧告(1990年). recommandations spéciales sur la lutte contre le financement du terrorisme テロ資金対策に関する金融活動作業部会の 9 つの特別勧告(2004年;2001年の 8 つの特別勧告を補完).

GAG (= *g*lycos*a*mino*g*lycane) *n.m.*〖化〗グリコサミノグリカン.

gage *n.m.* Ⅰ(保証)**1** 質(しち), 質草, 動産質. mettre qch en ~ 物を質に入れる. prêteur sur ~s 質屋.
2 抵当, 担保. ~ commun 共通の担保.
3 供託.
4 保証, 裏付け;証拠, しるし, あかし. donner (prendre) des ~s 保証を与える(取り付ける). ~ d'amour 愛のあかし.
5〖遊戯〗(ゲームの)罰(則). avoir un ~ 罰を受ける. jouer aux ~s 罰則つきのゲームをする.
Ⅱ(給料)(*pl.* で)(奉公人の)給料, 給金. ~s d'une cuisinière 料理女の給金. à ~s 金を払って;金で雇われて. prendre qn à ~s 金を払って人を雇う. tueur à ~s 殺し屋. être aux ~s de qn に雇われている;人に盲従する(忠実に尽くす).

gagnant(e) *a.* 勝つ, 勝利を得る;(籤・番号が)当りの.〖スポーツ〗coup ~ ウィニングショット. équipe ~ 勝利チーム. numéro ~ 当籤番号. jouer ~ 勝馬に賭ける. Tout le monde donne ce cheval ~. この馬が本命だ.
── *n.* **1** 勝者;当籤者;当り籤. les ~s et les perdants 勝者と敗者. ~ d'une course レースの勝者.
2〖競馬〗勝馬 (= cheval ~);勝馬馬券.〖競馬〗toucher le ~ 単勝を取る.

gai(e) *a.* **1** 陽気な, 快活な;朗らかな. caractère ~ 陽気な性格. conversation ~e 明るく賑やかな会話. enfant ~ 快活な子供. réunion ~e 陽気で賑やかな会合. visage ~ 明朗な顔. être d'humeur ~ 陽気な性分である.
2 ほろ酔いの. Il est un peu ~. 彼はほろ酔い機嫌だ.
3 陽気にさせる, 楽しい, 笑いを誘う. auteur ~ 面白い作家. film très ~ とても愉快な映画.
4 (色彩などが)明るい;(天気が)明るく晴れた, 晴朗な;(部屋などが)明るく快適な. le ~ Paris 明るいパリ. un ~ soleil d'été 夏の明るい太陽. chambre ~e 明るく快適な部屋;陽当りの良い部屋. couleur ~e 明るい色. Le temps n'est pas ~. 天気晴朗とはいえない.
5〖葡萄酒〗快適な. vin ~ 口当りの良い葡萄酒. avoir le vin ~ すぐほろ酔いになる, 笑い上戸である.
6〖皮肉〗C'est ~ ! いやになるな!
7 みだらな, 卑猥な. chanson un peu ~e いささか品のない歌.
8 ゲイの (<［英］gay);同性愛の (= homosexuel).
9〖仏文史〗le savoir ~ (南仏恋愛詩人たちの)楽しき知識, 詩.
── *int.*〖古〗さあ, そら, ほい(Que l'on soit ~. の略. 歌の合の手など). Allons, ~! さあ, それそれ.

gaïacol *n.m.*〖化・薬〗グアヤコール (= gayacol;［英］guaiacol)(gaïac グアヤコル樹の樹脂から抽出されるメチル・エステル;呼吸器用殺菌剤).

GAICPI (= *G*roupe *d'a*ction *I*nterpol contre la *c*riminalité de la *p*ropriété *i*ntellectuelle) *n.m.* インターポール(国際刑事警察機構)の知的所有権犯罪対策グループ.

gaieté, gaîté *n.f.* **1** (人の)陽気さ, 快活さ. ~ naturelle 天性の陽気さ. accès de ~ 爆発的な陽気さ. enfant plein de ~ 朗活発な子供.
de ~ de cœur 自ら進んで, 自発的に. Ils ne vont pas au combat de ~ de cœur. 彼らは喜び勇んで戦いに赴くわけではない. avoir (montrer) de la ~ 陽気に振舞う. être en ~ 陽気である. mettre qn en ~ 人を陽気にさせる. perdre sa ~ 意気消沈する.

2 (食事，会話などの)陽気さ；(色彩などの)明るさ．~ de la conversation 会話の陽気さ．accueil plein de ~ 賑やかい応対．mettre de la ~ dans une réunion 会合を明るく活発にする．
3 (作品の)陽気さ，愉快さ，楽しさ．comédie pleine de ~ 楽しさ一杯の喜劇，爆笑コメディー．livre qui manque de ~ 楽しさを欠く書物．
4 〔pl. で〕楽しみ；〔皮肉〕馬鹿らしさ．~s de la promenade 散歩の楽しさ．Voilà les ~s du règlement. そこがこの規則の馬鹿馬鹿しいところだ．

gaillac n.m. **1** 〖葡萄酒〗ガイヤック (le Tarn タルヌ河畔 Gaillac (市町村コード81060) 周辺地区の AOC 酒；赤とロゼがあり，gaillac，syrah，négrette 種の葡萄，白は mauzac，ondenc，sémillon，sauvignon，muscat，l'Enc de l'El の6品種）．premières-côtes-de-~ プルミエール=コート=ド=ガイヤック(AOC 酒)．~ mousseux (doux) ガイヤック・ムスー(ドゥー)〔甘口の AOC 白葡萄酒〕．
2 〖農〗ガイヤック (=cépage ~；葡萄の品種)．

gaillard(e) a. **1** 元気な，活気に満ちた；頑健な (=vigoureux)．allure ~e しっかりした足どり．vieillard encore très ~ まだ矍鑠 (かくしゃく) たる老人．d'un pas ~ しっかりとした足どりで．se sentir frais et ~ 元気溌剌と感じる．
2 〔話〕陽気な；やや淫らな．chanson ~e 陽気な春歌．contes ~s きわどい小話．propos ~s きわどい話．se sentir d'humeur ~e 浮き浮きした気分になる．
—n. **1** 頑健な人．
2 陽気な人；尻軽な人．
3 〔話〕食えない奴；ずるい子供；奴．C'est une rude ~e. あれはしたたかで淫らな女だ．

gain (<gagner) n.m. **1** 勝利．〖法律〗~ de cause 勝訴．~ du match 試合の勝利．avoir (obtenir) ~ de cause 勝訴する．donner ~ de cause à qn 人の要求を認める．
2 利益，収益，益，利得，稼ぎ，儲け．~ de la lecture 読書の功徳．~ de temps 時間の節約．~ d'une année 年間利益．〖法律〗en valeur 後得(付加)利益．~ illicite 不当利得．~s réalisés par un joueur 賭け手の儲け．~ territorial 領土の拡大．
3 特別利益，恩恵，優遇措置．~s de survie 生残配偶者利益 (優遇利益)．~s nuptiaux 婚姻利益．
4 〖電・理〗利得，ゲイン，増幅率 (=~ de puissance)．~ d'une antenne アンテナの利得．~ optique 光学的利得．commande automatique de ~ 自動利得制御《略記CAG；=〔英〕AGC：*a*utomatic *g*ain *c*ontrol》．

gainage n.m. 〖工〗カバーをつけること；(電線などの) 被覆加工；(核燃料の) キャニング，缶詰め作業．~ d'un appareil photo カメラ・ボディーのカバー装着．

gaine n.f. **1** 鞘 (さや)；ケース；カバー，外被．~ d'une épée 剣の鞘．~ d'un pistolet ピストルのケース．~ de parapluie 傘のカバー．~ métallique d'un câble ケーブルの金属被覆．remettre une épée dans sa ~ 剣を鞘におさめる．tirer un poignard de sa ~ 短刀を鞘から抜く．
2 〖服〗コルセット (corset)；ガードル．~ baleinée 鯨のひげ入りコルセット．~-culotte パンティ・ガードル．
3 〖解剖〗鞘 (しょう)．~ aponévrotique 腱膜．~ de Schwann シュワン鞘，神経繊維鞘．~ tendineuse 腱鞘．
4 〖植〗葉鞘．
5 〖美術〗(彫像などの下の四角い下すぼまりの) 台座．~ à ~ ケース入り置時計．〖同格〗pieds ~ d'une table テーブルの飾り脚．statuette posée sur une ~ 台座に据えられた小彫像．
6 〖工・建築〗ダクト．~ d'aérage (de ventillation) 換気ダクト．~ d'ascenseur エレヴェーター・ピット．
7 〖砲〗~ d'un obus 門管．
8 〖海〗~ d'une voile 帆の縁布．
9 〖原子力〗(核燃料の) 金属被覆．
10 〔比喩的・文〕(進歩・発展を妨げる) 拘束，かせ．

gaine-culotte n.f. 〖服〗パンティ・ガードル．

gaîté ⇒ **gaieté**

gal (pl. ~s) n.m. 〖物理〗ガル《加速度の単位 10^{-2}m/s²；略記 Gal》．

gala 〔西〕n.m. 祝祭，祭典，ガラ；特別興行，特別公演．~ de bienfaisance 慈善興行．dîner de ~ 盛大な公式晩餐会．soirée de ~ ガラの夕べ，夕方の特別公演．tenue de ~ ガラ用正装，礼装．

galactique a. 〖天文〗銀河の；銀河系の，天の川の．coordonnances ~s 銀河座標．nébuleuse ~ 銀河星雲．nuage ~ 銀河雲．rotation ~ 銀河回転．

galactogène a. 〖生理〗催乳性のhormone ~ 乳汁分泌ホルモン．
—n.m. 〖薬〗ガラクトーゲン，催乳薬．

galactographie n.f. 〖医〗乳管造影〔法〕．

galactokinase n.f. 〖生化〗ガラクトキナーゼ《燐酸化反応を触媒する酵素》．

galactomètre n.m. 乳比重計，乳脂計 (=lactomètre)，検乳計．

galactophore a. 〖解剖〗乳を出す．canaux ~s 乳管．

galactopoïétique a. 乳汁産生の；乳汁の分泌を促進する．
—n.m. 〖薬〗乳汁分泌促進剤．

galactorrhée n.f. 〖医〗乳汁漏泄〔症〕，

乳漏〔症〕(授乳期の乳汁分泌過多；授乳期以外の乳汁分泌).

galactose *n.m.* 〘化〙ガラクトース(乳糖の成分).

galactosémie *n.f.* 〘医〙ガラクトース血症(酵素の欠乏により血液中のガラクトース galactose の値が高くなる遺伝性代謝疾患).

galant¹(*e*) *a.* **1** (男性について)(女性に対して)親切な, 丁寧な. homme ~ 女性に優しい男. Vous n'êtes pas très ~. あなたは心遣いに欠けていますね.
2 (女性について)〔文〕〔蔑〕浮気な, 尻軽な. femme ~*e* 浮気女, 浮かれ女. fille ~*e* 尻軽娘. *La Vie des dames~es* de Brantôme ブラントーム『艶婦伝』(17 世紀).
3 色事の, 艶っぽい. aventure ~*e* 色事. conte ~ 艶笑コント. déclaration ~*e* 恋の告白. rendez-vous ~ 逢引. toilette ~*e* 色っぽい化粧. surprendre *qn* en ~*e* compagnie 人が愛人と連れ立っている現場をおさえる.
4 〔やや古〕〔文〕 ~ homme 紳士. agir en ~ homme 紳士的に振舞う.
5 〔古〕粋な, 洗練された, 優美な, 上品な. air ~ 洗練された様子. fêtes ~*es* 雅宴. musique ~*e* 雅楽.

galant² *n.m.* **1** 〔文〕恋する男, 恋人. écrire à son ~ 恋人に手紙を書く.
2 〔やや古〕女好きの男, 好き者, 色男, 色事師.
3 〔古〕vert ~ 森に巣くう盗賊；女たらしの老人. Vert-*G*~ ヴェール=ギャラン(Henri IV の綽名).

galanterie *n.f.* **1** (女性に対する)親切, 丁寧；(特に下心のある)慇懃さ, 優しさ, 心遣い. ~ facile (vulgaire) 浅薄(卑俗)な親切さ. ~ française フランス人特有の女性への心遣い. manège de la ~ 女性への手練手管.
2 (女性への)お世辞, 甘い言葉. dire des ~*s* お世辞(甘い言葉)を口にする.
3 〔古/文〕色事, 色恋沙汰. la ~ 花柳界.
4 〔古〕上品さ, 優雅さ.

galantine *n.f.* 〘料理〙ガランチーヌ(煮込んだ仔牛肉・仔豚肉・鶏肉のゼリー固め). ~ de veau 仔牛肉のガランチーヌ.

galaxie *n.f.* **1** 〘天文〙(銀河系以外の)銀河, 星雲 (=nébuleuse). ~ spirale 渦巻〔型〕銀河. évolution de ~*s* 銀河(星雲)の進化. groupement de ~*s* 銀河群.
2 〘天文〙*G*~ 銀河系 (=notre *G*~), 天の川 (=voie lactée).

galbanum [galbanɔm] *n.m.* ガルバヌム(ゴム性樹脂. 鎮痙剤などに用いる).

gale *n.f.* **1** 〘医・獣医〙疥癬(かいせん). avoir (attraper) la ~ 疥癬になる. ~ bédouine 熱帯苔癬 (=miliaire). ~ blanche 白癬. 〘獣医〙~ de l'encolure du cheval 馬の頸部疥癬 (=rouvieux). remèdes contre la ~ 疥癬治療薬. 〔比喩的・話〕être méchant (mauvais) comme la ~ たちが悪い, 性悪である. 〔俗〕n'avoir pas la ~ 悪い病気を持たぬ；そばに寄っても心配がない. 〔話〕n'avoir pas la ~ aux dents 食欲旺盛である.
2 〘植〙(細菌感染による)瘤状病変. ~ de l'écorce des arbres 樹皮の瘤状病変 (=teigne).
3 〔話〕性悪な人：悪口家, 中傷家.

galène *n.f.* 〘鉱〙方鉛鉱 (PbS).

galénique (<Claudius Galenus, ギリシアの医者) *a.* 〘医・薬〙ガレヌス学説の, ガレヌスの医学体系による. remède ~ 本草薬, 生薬.

galère *n.f.* **1** ガレー船(古代から 18 世紀までの帆・オール式の軍艦・商船). 〔比喩的〕se laisser entraîner dans une drôle de ~ とんでもない災難に出くわす.
2 〔*pl.* で〕(ガレー船を漕がされる)漕役刑 (=peine des ~*s*)；〔転じて〕懲役, 苦役. condamner (envoyer) *qn* aux ~*s* 人を漕役刑に処す.
3 〔比喩的〕つらい仕事(状況). C'est une vraie ~. 本当につらい仕事(立場)だ. Quelle ~ ! 何てつらい仕事なんだろう.

galerie *n.f.* Ⅰ (歩廊) **1** (建物内外の)回廊, 歩廊. ~ à arcades アーケード式回廊. ~ à colonnes 列柱歩廊. la *G*~ des Glaces du château de Versailles ヴェルサイユ宮殿の鏡の回廊(鏡の間). ~*s* des Rois de France de Notre-Dame de Paris パリのノートル=ダム大聖堂正面上のフランス諸王ガルリー(実際はキリストの祖先であるユダヤとイスラエルの諸王 28 体の影像が並ぶ). ~ du Palais-Royal (パリの)パレ=ロワイヤルの回廊. la Grande *G*~ du Louvre ルーヴル宮殿内の大ガルリー(現在は展示室として利用).
2 〘建築・商業〙アーケード；〔*pl.* で〕ガルリー(百貨店名). les *G*~*s* Lafayette ガルリー・ラファイエット(百貨店名). ~ marchande アーケード付き商店街(ショッピングセンター).
3 展示場, 展覧会場；画廊, ギャラリー；美術品専門店；博物館, 美術館. 〘史〙~ des Machines de l'exposition universelle 万国博覧会の機械展示館. ~*s* du Muséum naturel 自然博物館の展示棟. la ~ des Offices à Florence フィレンツェのウフィッツィ美術館.
acheter un tableau dans une ~ 画廊で絵を買う. visiter une ~ de peinture 絵の展覧会を観に行く.
4 (美術・標本などの)蒐集品, コレクション. ~ d'art (de peinture, de sculpture) 美術工芸(絵画, 彫刻)コレクション. ~ des portraits 肖像画のコレクション；(文章による)一連の人物描写. ~ paléontologique 古生物コレクション；古生物展示棟.

Ⅱ〚観客席〛**1** 観覧席；〚劇場〛の雛壇式桟敷席．premières ~s〚劇場の〛2 階正面桟敷．secondes ~s〚劇場の〛3 階桟敷．
2〚教会堂の〛階席；特別席．
3〚集合的〛観客，観衆，公衆；大衆，世論．amuser la ~ 観衆を喜ばせる．faire qch pour la ~ 俗受けを狙って何をする．jouer pour la ~ スタンドプレーをする，大向うを狙う．

Ⅲ **1**（自動車の屋根に取付けた）荷台（= porte-bagages）．mettre des bagages sur le ~ d'une automobile 自動車の屋根の荷台に手荷物をのせる．
2 地下道；〚鉱〛坑道；〚軍〛（攻撃側が掘る）対壕（=sape）；（もぐらなどの掘る）トンネル．~ d'aération 通風坑道．~ de mulot ねずみのトンネル．~ des eaux 排水坑道．~s latérales 堅坑．
3 炉格子，ストーブ囲い；（家具などの上部につける）金属性の飾り囲い．

galeriste n. 画廊経営者；画商．
galet n.m. **1**（海岸・河原の）玉石，小石，石ころ；砂利浜（=plage de ~s）；（氷河の）漂礫．~ plat 平たい石．~ rond 玉石．se promener sur le ~ 砂利浜を散散歩する．
2（家具の）キャスター．~ d'un fauteuil 肱掛椅子のキャスター．
3〚機工〛フランジなしのころ（= ~ simple）．~ à gorge みぞ車．〚映画〛~-guide（映写機の）ガイド滑車．~ porteur（キャタピラ内の）小滑車．
4〚考古〛礫石．

galette n.f. **1** ガレット（小麦粉・バター・卵でつくる平たく円い焼き菓子）．~ au fromage blanc du Jura ジュラ地方のフロマージュ・ブラン入りガレット．~ corrézienne コレーズ地方のくるみ・栗入りガレット．~ du Roussillon ルーション地方の果物の砂糖漬けガレット．~ massepinée du Nivernais ニヴェルネ地方のアーモンド入りガレット．
2 ガレット（そば粉・とうもろこしなどでつくるクレープ）．~ bretonne sans fromage (œufs, saucisses) ブルターニュのチーズ（卵，ソーセージ）入りそば粉クレープ．
3 ガレット（バター・ビスケット）．~ bretonne ブルターニュ風ガレット（ビスケット）．
4〚料理〛~ aux pommes de terre じゃがいものガレット（じゃが芋でつくるガレット状料理）．
5〚カトリック〛~ des Rois 諸王のガレット（1月6日の三王来朝の祝日のそらまめ入りケーキ）．
6〚カナダ〛ガレット（ビスケットより軟かい円く平らな菓子）．
7 ガレット状の円く平らなもの．siège recouvert d'une ~ de cuire 革製のクッションのついた腰掛け．
8〚映画〛巻いた映画フィルム．

9〚俗〛金．avoir de la ~ 金持ちである．
Galles n.pr.f. **1** le pays de ~ ウェールズ（連合王国とヨーロッパ大陸の地方；〚英〛Wales；中心都市 Cardiff；形容詞 gallois (e)）．le Prince de ~ プリンス・オヴ・ウェールズ《英国王太子 prince of Wales》．
2 Nouvelle-~ du Sud ニュー・サウス・ウェールズ（オーストラリアの州；州都 Sydney）．
Gallica n.pr. ガリカ（フランス国立図書館の提供するインターネット・サービスのサイト名：http://gallica.bnf.fr/）．
gallican(e) a. 〚史〛フランス教会（= l'Eglise ~e）の；フランス教会派の．rite ~ フランス教会典礼．
　　―n. フランス教会派．
gallicanisme n.m. 〚宗史〛ガリカニスム（教皇庁に対抗するフランス教会独立主義）．
Gallimard n.pr. **1** Gaston ~ ガストン・ガリマール（フランスの出版業者［1881-1975］；1911 年に La Nouvelle Revue française のグループと共に Editions de la Nouvelle Revue française という出版社を創立，1919 年 Editions Gallimard となる）．
2 Editions ~ ガリマール出版社．
gallique a. 〚化〛acide ~ 没食子（ぼっしょくし）酸．oxyde ~ 酸化第二ガリウム（Ga_2O_3）．
gallium [galjɔm] n.m. 〚化〛ガリウム（元素記号 Ga，原子番号 31．1875 年発見の希金属元素）．
gallois(e) a. ウェールズ（Galles，〚英〛Wales）の，ウェールズ人の，ウェールズ語の．
　　―n. ウェールズ人．
　　―n.m. 〚語〛ウェールズ語．
gallon 〚英〛n.m. 〚度量衡〛**1** UK ~，impérial ~ 英国ガロン（略記 gal (UK)；1 gal (UK) = 4.546 リットル）．
2 US ~ 米国ガロン（1 gallon = 3.785 リットル）．
gallo-romain(e) a. ガロ=ロマンの，ガリアと古代ローマの．empire ~ ガロ=ロマン帝国．époque ~e ガロ=ロマン時代（カエサルのガリア征服からフランク王国の成立まで）．
　　―**G~-R~** n. ガロ=ロマン人（古代ローマ支配下のガリアの住民）．
galon n.m. **1**（金，銀，絹などの）飾り紐，打ち紐．~ d'or (de soie) 金（絹）の飾り紐．
2〚軍〛（肩・袖などの）階級章；金モール．~s de sergent 軍曹の階級章．porter des ~s à l'épaule 肩章をつける．〚話〛prendre du ~ 昇進する．
galop [galo] n.m. **1**（馬の）ガロ，ギャロップ，襲歩（かけあし）．~ d'essai〚競馬〛レース前のキャンター；〚比喩的〛小手調べ，腕試し；模擬試験，試運転．
au ~ ギャロップで；〚比喩的〛大急ぎで．

galopant(e)

cheval au ～ ギャロップで疾走する馬. 〖軍〗Au ～! 〘話〙(騎兵隊で)駆足！Allez, au ～! さあ急げ. 〘話〙déjeuner au ～ 大急ぎで昼食をとる. se mettre au ～ ; prendre le ～ (馬が)ギャロップ疾走に移る. au petit (grand)～ 並の駆足(全力疾走)で. prendre (courir) le grand ～ 全力で走る, 大急ぎで事を行う. Il est venu au ～. 彼は大急ぎでやってきた.
2〖医〗奔馬律. bruit de ～ 奔馬性心雑音.
3〖舞〗ギャロップ(ハンガリー起源の2拍子の速い舞踊(曲)).

galoper(e) *a.* **1**(馬が)ギャロップ(駆足)で走る.
2〖医〗奔馬性の. phtisie ～ 奔馬性肺結核.
3〔比喩的〕急騰する, 急増する, 爆発的な, 抑え切れない. hausse des prix ～e 物価の急騰. inflation ～e 暴走(暴騰)インフレ, 爆発的なインフレ. natalité ～e 急騰する出生率.

galvanique *a.* ガルヴァニー(イタリアの医学者 Luigi Galvani [1737-98])が開発した. courant ～ ガルヴァニー電流, 直流電流. théories ～s ガルヴァニー理論. 〖医〗épreuve ～ 電気刺激試験(直流電流検査).

galvanisation *n.f.* **1** 亜鉛メッキ.
2〖医〗ガルヴァニー電流(courant galvanique)通電療法, 直流通電療法.
3 勢いづけること. ～ des esprits 精神の鼓舞.

galvanisme *n.m.* **1**〖生〗ガルヴァニー電気(動物電気); ガルヴァニー電気学. **2**〖医〗直流電気療法.

galvanocautère *n.m.*〖医〗電気焼灼(器), 直流焼灼(器).

galvanomètre *n.m.*〖電〗検流計, 電流計, ガルヴァノメーター. ～ à aiguille 指針検流計. ～ à aimant mobile 可動磁石検流計. ～ à corde mobile 可動コイル検流計. ～ balistique 弾道検流計. ～ différentiel 差動検流計.

galvanoplastie *n.f.* 電気メッキ〔法〕; 電気鋳造〔法〕, 電鋳.

galvanoplastique *a.* 電気鋳造の, 電鋳の; 電気めっきの; 電気製版の.

galvanotype *n.m.*〖印刷〗電気版〔略称 galvano〕s〕.

galvanotypie *n.f.*〖印刷〗電気製版.

GAM(= *g*roupe d'*a*ction *m*unicipale) *n.m.* 市町村行動グループ(1960-1970年代に市町村で結成された政治運動団体; 1971年に150を数えた).

gamay [gamε] (<*G*～, 村名) *n.m.* **1**〖農〗ガメ種(ボージョレー地区 le Beaujolais・中部フランスなどで栽培されている赤葡萄の品種名).
2〖葡萄酒〗ガメ酒(ガメ種の葡萄でつくられる赤葡萄酒).

gamba [gɑ̃ba, gamba]〔西〕*n.f.* ガンバ海老(地中海・大西洋の深海に棲息する体長15-20 cm の大型の海老; crevette rose d'Algérie アルジェリア薔薇色海老).

Gambie (la) *n.pr.f.* **1**〔国名通称〕ガンビア(公式名称: la République de *G*～ ンビア共和国); 国民; Gambien (*ne*); 首都: Banjul バンジュール; 通貨: dalasi [GMD]).
2 la ～ ガンビア河(1,130 km).

gambien(ne) *a.* ガンビア(la Gambie)の, ガンビア共和国(la République de Gambie)の; ～人の, ガンビアの住民の.
— *G*～ *n.* ガンビア人.

gamelle(<〔伊〕gamella) *n.f.* **1**(軍隊・キャンプなどの)携帯食器, 飯盒(はんごう); 弁当箱. ～ de soldat (de campeur) 兵士(キャンパー)の携帯食器. ～ et quart (de soldat) en aluminium アルミ製の飯盒と1/4リットル・カップ.
2(海軍士官の)共同食卓;〔集合的〕同じ食卓につく海軍士官(=mess). chef de ～ 食卓長.
3〘話〙(劇場・映画館の)投光機.
4〘俗〙ramasser (prendre) une ～ 落ちる, 転ぶ; しくじる. Il a pris une sacrée ～. 彼は大失敗した.

gamète *n.m.*〖生〗配偶子, 配子, 生殖体(成熟分裂後の有性生殖細胞=cellule sexuelle); 性細胞(=cellule sexuelle); 男性では spermatozoïdes, 女性では ovules). ～ femelle (mâle) 雌性(雄性)配偶子.

gamin(e) *n.* **1** いたずらっ子; 腕白小僧; お転婆娘;〔やや古〕不良少年, 浮浪児. ～ de Paris パリのいたずらっ子. ～ des rues 街の子(通りを遊び場とする子).
2 子供; 少年, 少女; 若者(=adolescent). ～s de l'école primaire 小学校に通う子供たち. ～ de onze ans 11歳の少年. ～s turbulents 騒々しい子供たち. Elle était encore ～e. 彼女はまだほんの娘っ子だ.
3〘俗〙息子, 娘. Et ta ～e, comment va-t-elle? で, あんたの娘はどうしてる?
— *a.* 子供っぽい; 腕白な, お転婆な. air ～ 子供っぽい様子. esprit ～ 茶目っ気な, いたずらっ気. gaieté ～e 腕白(お転婆)な陽気さ.

GAMM(=*G*roupe des *a*ssurances des *m*utuelles *m*édicales) *n.m.* 医療関係者互助保険団体.

gamma *n.m.inv.* **1** ガンマ(ギリシア字母の第3字 Γ, γ).
2〖天文〗point ～ ガンマ点, 春分点;〔学生隠語〕理工科学校(Ecole polytechnique)祭(3月に挙行).
3〖物理〗ガンマ(微小な質量の単位. 1 γ = 1 μg; 微小な磁束密度の単位. 1 γ = 10⁻⁹T). désintégration ～ γ崩壊. rayons ～ ガンマ線.〖医〗traitement par rayons ～ ガンマ線治療(=gammathérapie).

gamma-astronomie *n.f.*〖天文〗ガンマ線天文学.

gamma[-]caméra *n.f.*〖医〗ガンマカメラ《人体内に投与された放射性同位元素の分布を画像化する装置》, アンジェ型カメラ《= caméra d'Anger; 開発者 H. O. Anger の名を冠した名称》. détection en coïncidence sur ~ ガンマカメラによる符合検知〖法〗.

gammaglobuline *n.f.*〖生化〗ガンマグロブリン《血漿中のグロブリン; 肝炎などの病原体に対する抗体に富む》.

gammaglutamyl-transpeptidase *n.f.*〖生化〗ガンマ(γ)=グルタミル=トランスペプチダーゼ《略記 GTP; γグルタミル基をペプチド鎖に転移する転移酵素》.

gammagraphie *n.f.*〖工・医〗ガンマ線撮影法, ガンマ線造影検査法.

gammathérapie *n.f.*〖医〗ガンマ線療法, ガンマ線照射療法.

gammatocophérol *n.m.*〖生化〗ガンマトコフェロール, γトコフェロール《ビタミンEの一種; 抗酸化剤》.

gamme *n.f.* **1**〖音楽〗音階. ~ ascendante (descendante) 上行(下行)音階. ~ de cinq sons 五音音階(= ~ pentatonique). ~ diatonique 全音階. ~ mageure (mineure) 長(短)音階.〔比喩的〕changer de ~ 口調(態度)を変える. faire des ~s 音階練習をする;〔比喩的〕基礎をみっちり練習する.
2〔段階的に変化するものの〕全範囲, 全段階; 全種類, 全等級. ~ 〔des couleurs〕色階. toute la ~ de bleu 青の全色階.〖ラジオ〗~ de fréquences 周波帯. toute la ~ de あらゆる種類の, 一連の. ~ de solutions possibles あらゆる可能な解決法.〔話〕Toute la ~! 始めから終わりまで. haut (bas) de [la] ~ 高級(低級)品. voiture [de] haut de ~ 高級車. notebook d'entrée de ~ 入門〔者〕用ポータブルパソコン.

gamo[-]〔ギ〕[ELEM]「合体」の意《ex. *gamo*sépale 萼片が癒合した》.

gamone *n.f.*〖生〗ガモン, 愛情ホルモン(= hormone de fécondation)《配偶子から分泌されて受精や接合をひきおこすホルモン様物質》.

gamopétale *a.*〖植〗(花が)合弁の.
—*n.f.pl.* 合弁花類, 合弁花植物.

GAN (= *G*roupe des *a*ssurances *n*ationales) *n.m.* 全国保険グループ.

ganache *n.f.* **1** 〔馬の〕下顎. cheval chargé de ~ 下顎の張った馬.
2〔比喩的〕〔話〕間抜け, 能無し, 頓馬. vieille ~ ぼけ老人. Quelle ~! 何て間抜けなんだ!
—*a.* **1**〔話〕間抜けの. **2** chaise ~ クッション詰めの肘掛椅子.

Gand *n.pr.* ガン《ベルギーの港町; 東フランドル州の州都 Gent ヘントのワロン(フランス)語表記; 形容詞 gantois(e)》. cathédrale Saint-Bavon de ~ ヘントの聖バヴォン大聖堂(12-14 世紀; Van Eyck の l'Agneau mystique「神秘の仔羊」がある》.

gang [gãg]〔英〕*n.m.* ギャング団, 暴力団. chef de ~ ギャング団首領, ギャング団の親分. lutte contre les ~s ギャング団撲滅運動(対策).

ganglion *n.m.* **1**〖解剖〗神経節(= ~ nerveux). ~ autonome 自律神経節. ~ parasympathique 副交感神経節. ~ sensoriel 感覚神経節. ~ sympathique 交感神経節.
2 リンパ節, リンパ腺(= ~ lymphatique).

ganglionnaire *a.*〖解剖〗神経節 (ganglion)の. cellule ~ 神経節細胞.〖医〗fièvre ~ 神経節性熱病.

ganglioplégique *a.*〖薬〗神経節遮断性の.
—*n.m.*〖薬〗神経節遮断剤.

gangrène *n.f.* **1**〖医〗壊疽(えそ). ~ humide 湿性壊疽. ~ gazeuse ガス壊疽. ~ sèche 乾性壊疽.
2〔比喩的〕病根, 腐敗・堕落の原因. ~ morale 精神的の病根.

gangreneux(se) *a.*〖医〗壊疽性の, 壊疽になった. cholécystite ~ se 壊疽性胆嚢炎. ecthyma ~ 壊疽性膿瘡, 壊疽性深膿痂疹.

gangster [gãgstɛr]〔英〕*n.m.* ギャング団員, 暴力団員, 悪党(=〖仏〗bandit, malfaiteur). film de ~s ギャング映画.

gangstérisme *n.m.* ギャングの悪行, ギャング的行為; 暴力行為, 犯罪行為, 悪徳行為.

gangue *n.f.* **1**〖鉱〗脈石, 鋪石(ひせき) (= ~ stérile)《鉱石や宝石原石に付着している不純物》.
2〔比喩的〕夾雑物, 不純物. débarrasser son esprit de la ~ des préjugés 頭の中から偏見という夾雑物を追い払う.

GANIL (= *G*rand *a*ccélérateur *n*ational à *i*ons *l*ourds) *n.m.* 国有重イオン大型加速器《Caen に設置》.

Gansu〔中国〕*n.pr.* 甘粛(かんしゅく, カンスー)省《中国西北部の省; 黄河 Hanghe の流域; 省都 Lanzhou 蘭州(ランチョウ)》.

gant *n.m.* **1** 手袋. une paire de ~s 左右一揃いの手袋, 一対の手袋. mettre (retirer) ses ~s 手袋をはめる(ぬぐ). ~s de caoutchouc ゴム手袋. ~s de chirurgien 外科手術用手袋. ~s de cuir 革手袋. ~s d'escrime フェンシング用手袋. boîte à ~s《自動車のダッシュボードの》小物入れ. être souple comme un ~ 非常に柔順である; 人の言いなりになる. Cela me va comme un ~. 私にぴったりだ.〔話〕prendre (mettre) des ~s 相手に気を配る. jeter le ~ à qn 人に手袋を投げつける; 人に挑戦する. relever le ~《手袋を拾う→》挑戦に応じる.〔話〕se donner les ~s de qch …を自分の手柄にする.

ganterie

2〔広義〕(手袋状のもの). ~s de boxe ボクシングのグローブ. ~ de crin 馬の剛毛製手袋(皮膚摩擦用手袋).〖電算〗~ de données データー入力用手袋《ヴァーチャルリアリティーの映像操作用 =〖英〗data〔-〕glove》.
3(甲冑の)籠手(= ~ à armer).
4〖植〗~〔de〕Notre-Dame 釣鐘草(= gantelée).

ganterie *n.f.* **1** 手袋製造業, 手袋工場. **2** 手袋製造者;手袋商;手袋売場.

gantier(**ère**) *n.* 手袋製造(販売)業者.

Gaoxiong, Kao-hiong *n.pr.* 高雄(たかお), カオシュン《台湾南西部の都市》.

GAP[1] (= *g*énérateur *a*utomatique de *p*rogramme) *n.m.* プログラム自動ゼネレーター. ~ II 型 GAP《コンピュータのソフトウェアの一種の名称》.

GAP[2] (= *g*estion *a*ctif-*p*assif) *n.f.* 〖財政・経済〗資産負債管理(=〖英〗ALM : *a*ssets and *l*iabilities *m*anagement).

Gap *n.pr.* ガップ《département des Hautes-Alpes オート=ザルプ県の県庁所在地;市町村コード 05000;形容詞 gapençais(e)》. le Vieux ~ ガップ旧市街.

gap [gap]〖英〗*n.m.* 〖経済〗ギャップ, 格差《公用推奨語:écart;他に déficit, pénurie, retard に相当》.

gaperon *n.m.* 〖チーズ〗ガプロン《オーヴェルニェ地方 l'Auvergne で, 脱脂牛乳 lait écrémé またはバターミルク babeurre からつくられる, ニンニクを加えた, 非加熱加圧, 自然外皮, 直径 9 cm, 高さ 6-8 cm の円丘状チーズ》.

GAPP (= *g*roupe d'*a*ide *p*sycho*p*édagogique) *n.m.* 〖教育〗心理教育援助グループ《心理学・精神運動再教育・心理教育の 3 分野の専任教員を配した就学困難児支援クラス》.

garage *n.m.* **1** ガレージ, 車庫(= ~ d'automobiles);格納庫. ~ à bicyclettes 自転車置場. ~ d'autobus バスの車庫. ~ d'avions 航空機の格納庫(= hangar). ~ de canots ボートの艇庫. villa avec ~ au sous-sol 地下ガレージ付き別荘. sortie de ~ ガレージの出入口. mettre sa voiture au ~ 車を車庫に入れる.
2 ガラージュ, 自動車整備(修理)工場《車の修理の他, 保管・販売も行なう》. ~ avec pompes à essence ガソリン・スタンド付き自動車整備(修理)工場(= station-service). personnel d'un ~ ガラージュ従業員(= garagiste).
3 車庫(格納庫, 艇庫)に入れること.
4 〖鉄道〗側線への待避. voie de ~ 側線, 引込線;〔比喩的〕出世コースから外れた脇道. mettre *qn* (*qc*) sur une voie de ~ (職員を)窓側に追いやる;(問題を)棚上げにする.

garagiste *n.* ガラジスト, ガレージ経営者;自動車整備(修理)工場経営者;自動車修理工.

garance *n.f.* **1** 〖植〗茜(あかね)属〔植物〕(学名 Rubiacées Galiacées).〖植〗~ des teinturiers 染物師の茜《染料抽出用》.
2 茜の根;茜染料《茜の根から抽出》. industrie de la ~ 茜染料産業.
3 茜色;〖絵具〗ガランス(= rouge ~).
—*a.inv.* 茜染めの;茜色の, 真紅の.〖軍〗pantalon ~ 赤ズボン《旧フランス陸軍の制服》. rubans ~ 茜色のリボン.

garant(**e**) *n.* **1** 〖法律〗保証人, 担保を与える者, 担保義務者. être (se porter) ~ de *qch* (que + *ind.*) 何(…こと)を保証する. se porter pour *qn* ; servir de ~ à *qn* 人の保証人になる.
2 〖国際法〗(協定などの)保障国(= Etat ~ ; pays ~).
3 〔文〕典拠.
—*a.* 保証(保障)する, 責任を負う.
—*n.m.* **1** 保証;証拠. sûr ~ de la fidélité 忠実さの確たる証拠.
2 〖海〗複滑車の綱.

garanti[1](**e**)(< garantir) *a.p.* **1** 保証された. emprunt ~ par l'Etat 国の保証付債券(国債).
2 保証付きの. appareil photo ~ pour un an 1 年の保証付きカメラ.

garanti[2] *n.m.* 〖法律〗被保証人.

garantie *n.f.* **1** 保証;請け合い, 確約. ~ de l'emploi 雇用の保証. donner la ~ que + *ind.* …を保証する.
2 (商品などの)保証;品質保証. ~ d'un an 一年の保証. ~ légale 法的保証. ~ totale 全面保証. bon (certificat) de ~ 保証書.〖特許〗brevet délivré sans ~ du gouvernement 政府の保証なしの特許〔証〕(略記 SGDG). être sous〔la〕~ 保証付きである.
3 〖法律〗保証;保証義務, 保証責任, 補償, 担保. ~ des vices (d'éviction) 瑕疵(追奪)担保. ~ d'intérêts (公共団体の借入金に対する)国家による利子保証. appel en ~ 担保(保証)のための呼出. contrat de ~ 保証契約.〖保険〗fonds de ~ 補償基金.〖海運〗lettre de ~ (貨物の損害に対する)補償状.
4 保障, 保護;安全保障の約定. ~s constitutionnelles 憲法上の保障. ~ des droits 権利の保護.〖国際法〗pacte de ~ 保障条約. ~ collective 集団保障.
5 保証になるもの;保証金;担保;(人柄・身元などの)保証. demander des ~s 保証になるものを要求する. donner sa ~ à *qn* 人の身元を保証する. prendre des ~s 保証金(担保)をとる.

garçon *n.m.* ① (男子) **1** 男子, 男の子;男児;少年. grand ~ (12 歳位からの)少年, 一人前になりかけた男の子. Tu es un grand ~. もうおにいちゃんだろう. jeune ~ (10 代後半の)青年, 若者. petit ~ (12 歳位までの)小さな男の子, 男児, 少年. être (se sentir)〔tout〕petit ~ auprès de qn 人にひけ目を感じる. traiter qn en petit ~ 人を子供扱いする. Il est resté petit ~. 彼は今でも子供みたいだ.

〔話〕~ manqué お転婆娘. école de ~s 男子校. jeu de ~s 男の子の遊び. avoir un ~ et une fille 息子を一人と娘を一人ある.

2〔所有形容詞と共に〕〔話〕息子(=fils). C'est mon ~. うちのせがれだ.

3 青年, 若者;男子, 男. ~ d'honneur (結婚式で) 新郎新婦の付添いとなる青年. beau ~ 美青年, 好男子. bon (gentil) ~ 好感のもてる男, 好青年, 付合い易い男. mauvais ~ 不良青年, 素行の悪い男;喧嘩早い男. Ecoutez, mon ~. ねえ君, 聞き給え《年下の男への呼びかけ》.

4 独身男性. appartement de ~ 独身者用住宅(=garçonnière). dîner de ~s 男だけの晩餐. vie de ~ 独身生活;気ままな生活. vieux ~ 年配の独身男.

II《使用人》**1** 下働きの使用人, 小使;男子店員, 小僧;〔古〕下男;従僕;徒弟. ~ boucher 肉屋の店員(小僧). ~ de courses 使い走りの少年, メッセンジャーボーイ(=coursier). ~ d'écurie 馬丁, 厩務員(=lad). ~ tailleur 仕立屋の見習職人.

2 (ホテル, レストランなどの) ガルソン, ギャルソン, ボーイ;給仕. ~ d'assenseur エレヴェーターボーイ. ~ de cabine 船室係のボーイ. ~ de café カフェのガルソン(男性給仕). G~, l'addition, s'il vous plaît! ガルソン, お勘定を!《今では Monsieur の方が普通》.

garçonnière *n.f.* **1** 独身者用住宅;独身寮.

2 (集合住宅の) 一人部屋;ワンルームマンション(=studio).

Gard *n.pr.m.* **1**〘地理〙le ~ ガール川, ガルドン川(=le Gardon)《le Rhône ローヌ河右岸の支流;長さ 71 km》. pont du ~ ポン・デュ・ガール《古代ローマ時代の水道橋;高さ 49 m;世界文化遺産》.

2〘行政〙le ~ ガール県(=département du ~;県コード 30;フランスとUEの広域地方行政区の région Languedoc-Roussillon ラングドック=ルーション地方に属す;県庁所在地 Nîmes ニーム;主要都市 Alès アレス, Le Vigan ル・ヴィガン;3郡, 46 小郡, 353 市町村;面積 5,848 km²;人口 623,125;形容詞 gardois(*e*)).

garde[1] *n.* **1** 保管者(官), 管理者(官). ~ des archives 文書(記録) 保管官. G~ des Sceaux 国璽尚書《フランスでは法務大臣 ministre de la Justice》. ~ des meubles de la couronne 王室家具調度管理官(=garde-meuble).

2 監視人(官), 番人;ガードマン;管理人;看守. ~ champêtre 田園監視官《田畑・作物・狩猟を監視し, 司法警察職員の任にあたる市町村吏員》. ~-chasse 狩猟監視

員. ~ de nuit 夜警. ~ du corps ボディーガード, 護衛;親衛隊;〔話〕取巻き.〔話〕~s du corps d'une jolie fille 美少女の取巻き連. ~ forestier 森林監視員;(私有林の)森番. ~ maritime 沿岸警備隊員. ~ républicain 共和国衛兵隊員. ~s rouges (中国文化大革命下の) 紅衛兵. capitaine aux ~s 親衛隊員. maison du ~ 番人小屋.

3 (病人の) 付添人(= ~-malade);ベビーシッター(=baby-sitter).

garde[2] *n.f.* **I**《garder すること》**1** 保管, 管理.〘法律〙保管;保管義務.〘法律〙 ~ du comportement; ~ de l'utilisation 物の作用についての保管.〘法律〙 ~ de la structure 物の構造についての保管. ~ des documents 資料の保管.〘法律〙 ~ judiciaire (供託物, 差押物件などの) 法律に基づく保管. droits de ~ 保管料. obligation de ~ 保管(管理)義務.

avoir la ~ de qch 何の保管(管理)に当る. confier qch à la ~ de qn (la ~ de qch à qn); laisser qch en ~ de qn 人に何の保管(管理)を委ねる, 人に何を預ける. mettre les titres en ~ dans une banque 証券を銀行の金庫に保管する. mettre (tenir) qch sous bonne ~ 何を安全に管理する.

2 (食品の) 保存, 日もち. bière de ~ 保存のきくビール. fruit de bonne ~ 日もちのよい果物. être de bonne (mauvaise) ~ 保存がきく(きかない).

3 保護;護衛;監督;〘法律〙(親権者による未成年者の) 監護;看護, 保育;(家畜の) 番;(神の) 加護. ~ d'enfants 託児.〘法律〙 ~ provisoire 暫定的監護.〘社会保障〙 allocation de ~ d'enfants à domicile 自宅託児手当《略記 Aged》. ~ des enfants 子供の保護.〘法律〙 droit de ~〔de l'enfant〕(子供に対する) 親権. confier un enfant à la ~ de qn (la ~ d'un enfant à qn) 人に子守りを頼む. confier à une infirmière la ~ d'un malade 病人の看護を看護婦に依頼する. prendre (tenir) sous sa ~ (人を)保護する;(子供・病人などの)世話をする. veiller à la ~ du troupeau 家畜の群れの番をする. Que Dieu nous ait en〔sa sainte〕 ~. 神よわれらを護り給え, 神の御加護のあらんことを.

4 監視;警備, 監視警備;(警備などの) 当番. ~ à mouillage 艦船の碇泊時の警備当番. ~ à vue (被疑者の) 拘留. délai de ~ à vue 拘留期間. être en ~ 拘留中である. ~ de nuit 夜警, 夜の当直. ~ vigilante 警備;夜警. être de ~ 見張りをする.

de ~ 警備の;輪番制で営業している, 当番の. chien de ~ 番犬. officier de ~ 当直士官. médecin (pharmacie) de ~ (休日などに開業している) 当番医師(薬局). poste de ~ 警備所. salle de ~ 守衛室. assurer la ~ des frontières 国境の警備に当る. faire bonne ~ 厳重に見張る. mettre (tenir) qn sous bonne ~ 人を厳重に監視す

る. monter (descendre) la ～ (歩哨が)上番(下番)する；見張りに当たる(非番になる). prendre la ～ 警備を始める.
5 〖スポーツ〗受けの構え；〖フェンシング〗構え. être (se mettre, se tenir) en ～¹ 受けの構えをする. fausse ～ 左利きボクサーの構え, サウスポー.
〖フェンシング〗En ～! 構えて！ ～ haute (basse) 上段(下段)の構え《剣の切先を手首より上げる(下げる)構え》. fermer sa ～ 相手の攻撃線を封じる.
6 警戒, 用心. 〖軍〗 G～ à vous! 気をつけ！ être (se mettre, se tenir) en ～² contre …に対して用心する. être (se mettre, se tenir) sur ses ～s 警戒する, 用心する. mettre qn en ～ contre …に対して人を用心させる. mise en ～ 警戒；(戦時における)警戒令.
n'avoir ～ de+inf. 〖文〗…しないようにする. prendre ～ 注意する, 用心する；(…に)気をつける；注意を払う. Prenez ～ aux voitures. 車に気をつけなさい. Prends ～ à toi! 気をつけろよ！《警告, 威嚇》. sans prendre ～ à …に気づかずに；に構わずに. prendre ～ de ne pas+inf. …しないように気をつける. prendre ～ que+ne [pas]+subj. …しないように気をつける. prendre ～ que+ind. …ということに気付く(注意する).
II 《garder する人々》 **1** (要人・君主などの)護衛隊, 親衛隊, 近衛隊 (=～ du corps)；警備員. ～ d'honneur (要人に随行する)護衛, 随員団. 〖仏史〗 ～ nationale (1789-1871 の)国民軍. 〖政治〗 ～ rapprochée 指導的政治家の親衛隊. ～ républicaine [de Paris] ガルド・レピュブリケーヌ, 共和国衛兵隊《国家憲兵隊に所属し, 共和国大統領はじめ国内外の要人の警護や, パリの治安維持, 儀典の際の儀仗兵・パレードなどに当たる》. vieille ～ 〖仏史〗古参兵から成るナポレオン 1 世の親衛隊予備軍；〖比喩的〗老政治家の忠実な支持者たち.
2 〖集合的〗歩哨, 番兵. ～ montante (descendante) 上番(下番)歩哨. corps de ～ 哨兵隊；衛兵隊；衛兵詰所. relève de la ～ 衛兵隊の交替.
III 《garder する物》 **1** (刀剣の)鍔(つば). enfoncer jusqu'à la ～ 刀剣の根元まで突き刺す. 〖比喩的〗s'enfoncer jusqu'à la ～ に にっちもさっちも行かなくなる.
2 (本の)見返し (=page de ～；feuille de ～). ～ de front (de queue) 前(後ろ)の見返し.
3 〖機工〗ゆとり, 遊び, 遊隙. ～ au sol d'un véhicule automobile 自動車の地上高. ～ de frein ブレーキの遊び. ～ de la pédale ペダルの遊び.
4 〖トランプ〗守り札. avoir la ～ au roi キングを守る札をもつ.
5 〖pl. で〗(錠前内部の)合鍵防止装置 (=～s de la serrure).
6 〖海〗斜桁支索 (=palan de ～).

gardé(e) a.p. **1** 守られた；監視された, 番人のいる. chasse ～e 私有狩猟場《部外者の立入りを禁止した狩猟区》；〖比喩的〗他人の口出ししてはならない領域；〖話〗手を出してはならない女. passage à niveau ～e 警報手付き踏切.
2 保存された. toute[s] proportion[s] ～e [s] 程度の差こそあれ.

garde-à-vous n.m.inv. **1** 〖軍〗気をつけの姿勢《debout「起立」, immobile「不動」, tête droite「頭を真直にし」, bras le long du corps「腕を体側につけ」, talons joints「かかとを合わせる」姿勢》. G～! 気をつけ！ se mettre au ～¹ 気をつけの姿勢をとる.
2 こわばった姿勢, 緊張. se mettre au ～² こちこちに緊張する.

garde-barrière (pl. ～s-～[s]) n. 踏切警手, 踏切番.

garde-champêtre (pl. ～s-～s) n.m. 田園監視官《地方町村の公有地の保守監視係》.

garde-chasse (pl. ～s-～[s]) n.m. 狩猟監視員；猟場管理人；密猟監視人.

garde-corps n.m.inv. **1** 手すり, 欄干 (=garde-fou).
2 〖海〗(甲板上の)手すり綱, 命綱. faux ～ 斜檣(beaupré)の先につける操作用張り綱.

garde-côte[s] n.m. **1** 〖古〗沿岸警備兵(隊). **2** 〖軍〗海防艦. **3** 沿岸警備艇；沿岸漁業監視船 (=garde-pêche).

garde-feu (pl. ～s-～[s]) n.m. (暖炉の)火よけの金網《衝立(ついたて)》.

garde-fou (pl. ～[s]-～s) n.m. **1** 手すり, 欄干 (=garde-corps).
2 〖比喩的〗(誤りを避けるための)いましめ, (放縦に陥らぬための)制約.

garde-frontière n. 〖軍〗国境警備兵.

garde-malade (pl. ～s-～[s]) n. 病人の付添人.

garde-manger[s] n.m. (持ち運びのできる)食品戸棚, 水屋(みずや).

garde-meuble[s] n.m.inv. 家具置場；家具倉庫；家具保管所. ～ de l'Etat 国有家具保管所. mettre un piano au ～ ピアノを家具倉庫に入れる.

garde-pêche **1** n. 〖pl. ～s-～s〗漁業監視官. **2** n.m. 〖pl. ～-～〗沿岸漁業監視船 (=vedette ～；garde-côte). **3** n.m. 〖pl. ～-～〗漁船護衛艦.

garde-port (pl. ～s-～s) n.m. 〖行政〗河川港湾管理官.

garderie n.f. **1** 〖林業〗(一人の営林署員 garde forestier の)巡回区域.
2 託児所 (=～ d'enfants). laisser ses ～s à la ～ 子供を託児所に預ける. halte-～ 一時託児所.

garde-rivière (pl. ～[s]-～) n.m. 河

川監視官.

garde-robe(*pl.*~-~*s*) *n.f.* **1** 衣裳戸棚, 洋服だんす；衣裳部屋, クローゼット.
2 (一人一人の)衣裳一式.〔古〕femme de ~ 王侯の衣裳係の女性. renouveler sa ~ 衣裳一式を更新する.
3〖海〗〔話〕~ d'un yacht ヨットの帆の一式.
4〔古〕便所；糞便. aller à la ~ 便所に行く.

garde-temps *n.m.inv.* 高精度クロノメーター, 標準時計.

garde-voie(*pl.s*-~〔*s*〕) *n.m.* 〖鉄道〗保線係, 保線作業員, 保線区員.

gardien(*ne*) *n.* **1** 番人；守衛；ガードマン；〖軍〗番兵；管理人. ~ d'immeuble 集合住宅(ビル)の管理人(=concierge). ~ de musée 博物館の守衛. ~ de nuit 夜警. ~ de phare 灯台守. ~ de〔la〕prison 刑務所の看守. ~ de troupeaux 牧人.
2〖警察〗~ de la paix 警察官, 警官(agent de police の公式名称).
3 保管人.〖法律〗~ judiciaire des scelles 封印保管人.
4 (児童などの)監督者.
5〖スポーツ〗ゴールキーパー(=~ du but；goal).
6〔比喩的〕擁護者, 擁護手段. ~ de la liberté 自由の擁護者. ~ de la tradition 伝統の擁護者.
——*a.* 守護する. ange ~ 看護聖人.

gardiennage *n.m.* **1** 警備, 管理, 監視. société de ~ 警備会社, ガードマン会社. **2** 保育.

Gardon *n.pr.m.* 〖地理〗le ~ ガルドン川, ガール川(=le Gard). le ~ d'Alès アレス・ガルドン川. le ~ d'Anduze アンデューズ・ガルドン川.

gardon *n.m.* 〖魚〗ガルドン, ローチ《鯉科の淡水魚》.

gare *n.f.* **1** (鉄道の)駅, 停車場；駅舎《地下鉄の駅は station, バス停は arrêt》. ~ centrale 中央駅. ~ de départ (d'arrivée) 出発(到着)駅. ~ de marchandises 貨物駅. ~ de triage 操車場(=~ régulatrice). ~ de voyageurs 旅客駅. *G*~ de l'Est (du Nord)〔de Paris〕パリの東(北)駅. ~ maritime 港湾駅. ~ terminus 終着駅, ターミナル駅. chef de ~ 駅長. buffet d'une ~ 駅のビュッフェ. quais d'une ~ 駅のホーム. roman de ~ 駅の売店で売っている軽い読切小説. aller chercher *qn* à la ~ 人を駅まで迎えに行く.
2 (河川運輸の)船だまり, 保船区域《川船がすれ違ったり停泊できる広い水域》. ~ fluviale 河川保船区.
3〖運輸〗バス(トラック)ターミナル. ~ routière バスターミナル.
4〔稀〕~ aérienne 空港(=aéroport).
5〖鉄道〗~ d'évitement 待避線.

garenne *n.f.* **1** 穴兎(=lapin de ~)；穴兎の棲息地. ~ couverte de broussailles やぶに蔽われた穴兎の棲息地.
2〖漁〗(川の)部外者禁漁区.
3 (封建時代の)部外者禁猟区《1789年廃止》.
——*n.m.* 穴兎.

gargarisme *n.m.* 〖薬〗うがい；うがい薬, 含嗽剤(がんそうざい).

garni[1](*e*) *a.p.* **1** (de で)補強された；守られた. casse-tête ~ de clous 鋲で補強した棍棒. navire ~ de canons 大砲搭載船.
2 (de を)備えた, (の)ついた；(で)飾られた；(で)一杯になった；必要な設備のある, 中味の詰った. boîte ~*e* de bonbons ボンボンの詰った箱. bouche mal ~*e* 歯の抜けた口. chapeau ~ de rubans リボンのついた帽子. chevelure bien ~*e* ふさふさした髪. hôtel ~ (長期滞在用)家具調度付ホテル. maison (chambre) ~*e* 家具付の貸室(貸室). portefeuille bien ~ 金のたっぷり詰った財布. table bien ~*e* 料理が山盛りの食卓. tonnelle ~*e* de vignes 葡萄をからませた園亭.
3〖料理〗(de, avec を)付け合わせた, を添えた；(de を)詰めた. choucroute ~*e* ハム・ソーセージ類を添えたシュークルート(サワークラウト). plat ~ 野菜の付け合わせつきの料理. viande ~*e*〔de légumes〕温野菜をつけ合わせた肉料理.

garni[2] *n.m.* 家具付の貸室(=chambre garnie)；家具付貸家(=maison garnie). logeur (loueur) de ~ 貸室(貸家)の貸主(借主). habiter dans un ~ 家具付の貸室(貸家)に住む.

garnison *n.f.* **1** 守備隊, 駐屯部隊. ~ d'une ville frontière 国境の都市の守備隊. être en (tenir) ~ à Metz メッスに駐屯する.
2 駐屯地(=ville de ~). commandant d'armes d'une ~ 駐屯地部隊司令官. mener la vie de ~ 駐屯地暮らしをする.〔比喩的〕amours de ~ 移ろいやすい色恋.
3〖工芸〗pièce de ~ (金工細工の)鑞(ろう)付け装飾部品.

garnissage *n.m.* **1** (部品・付属品・装飾などの)取付け.
2 (車輌の)内装工事.
3 (炉の)内張り, ライニング, パッキン.
4〖織〗(ラシャなどの布地の)けば立て加工.
5〖鉱〗(坑道の)支柱支え.

garniture *n.f.* **1** 装飾品, 飾り. ~ de cheminée 暖炉の飾り. ~ de dentelles レース飾り. ~ de diamants ダイヤの装身具. ~ d'une robe ドレスの装身具.
2 道具一式；備品, 付属品, セット. ~ de bureau 事務用文具一式. ~ de foyer 炉辺用具(火かき棒, 火ばさみなど). ~ de lit 寝具類.〖海〗~ d'un mât (d'une vergue, d'une voile) マスト(帆桁, 帆)の索具.〖海〗atelier de la ~ 艤装工場.

3 補強材；補強布；補強用被覆；〖建築〗屋根葺き材. ~ à hélice d'un tube チューブの螺線補強布. ~ de frein ブレーキ・ライニング. ~s en caoutchouc (en cuir, métalliques) ゴム (革・金属) の補強材 (被覆).
4 〖料理〗付け合せ；(パイなどの) 詰物. ~ de champignons 茸の付け合わせ. ~ d'un plat de viande 肉料理の付け合せの温野菜.
5 (防水性・気密性) リング；パッキング. ~ à labyrinthe ラビリンス・パッキング.
6 〖印刷〗込め物；(組版組付用の) 木型.
7 〖医〗~ hygiénique (périodique) 生理用ナプキン. ~s pour incontinents (pour enfants en bas âge) 失禁者 (幼児) 用おしめ.
8 (陶磁器の) 付属品 (把手・脚など).
9 (花火の) 光り玉.

Garonne n.pr.f. 〖地理〗la ~ ガロンヌ川 (スペイン領ピレネーに源を発し, Toulouse トゥールーズなどを経て, la Gironde ジロンド河に注ぐ；長さ 650 km；形容詞 garonnais(e)).

garrigue n.f. ガリーグ (南仏地中海沿岸地方の石灰岩質の荒地). les G~s ガリーグ台地 (ラングドック地方 le Languedoc の les Cévennes セヴェンヌ山麓の荒地；軍の演習場がある；羊の放牧地).

garrot n.m. **1** 〔古〕棒 (=bâton). **2** (綱を締めるための) 棒. **3** 〖医〗緊縛帯, 止血帯.

gars [ga] (<garçon) n.m. 〔話〕**1** 男の子；若者；男, 奴. les ~ du milieu やくざ. 〔古/方言〕le ~ Henri アンリという奴. un bon (brave) ~ いい奴. un drôle de ~ 変な奴. petit ~ 小僧っ子.
2 屈強な男；大胆な男. Ça c'est un ~! あいつは大した男だ！
3 〔話・呼びかけ〕Dis, mon ~. ねえ君. Salut les ~! やあ君達元気かい！
4 〔所有形容詞と共に〕息子. C'est mon ~. あれはうちの倅だ.

GART (=Groupement des autorités régulatrices des transports) n.m. 〖鉄道〗交通機関運輸司令機構連合.

Gascogne (la) n.pr.f. **1** ガスコーニュ地方 (フランスの旧州；州都 Auch オーシュ；形容詞 gascon(ne)).
2 le golfe de ~ ガスコーニュ湾 (フランスとスペインにまたがる大西洋側の湾；旧称 le golfe de Biscaye ビスケー湾).

gascon(ne) a. ガスコーニュ地方 (la Gascogne) の, ガスコーニュ地方人の；ガスコーニュ方言の.
——G~ n. **1** ガスコーニュ人.
2 〔蔑〕豪傑ぶる人；虚勢を張る人；法螺吹き. promesse de G~ (ガスコーニュ人の約束) 空手形.
——n.m. 〖言語〗ガスコーニュ方言.

GASM (=Groupe d'action sous-marine) n.m. 〖軍〗対潜活動艦隊, 対潜部隊.

gas-oil [gazɔil], **gasoil** [gazwal] 〔英〕 n.m. ガスオイル, 軽油, ジーゼル油 (公用推奨語：gazole).

gaspacho [西] n.m. 〖料理〗ガスパッチョ (胡瓜・トマト・ピーマン・にんにくを用いたスペインの冷製ポタージュ).

gaspi n.m. 〔話〕浪費, 無駄使い (=gaspillage).

gaspillage n.m. 浪費, 無駄使い. ~ de l'énergie エネルギーの浪費. ~ de talent 才能の無駄使い. ~ de temps 時間の浪費.

gaspilleur(se) n. 浪費家；無駄遣いをする人. ~ de la fortune 資産の浪費家. ~ de son talent 才能を無駄遣いする人.

gastr[o]- [ギ] ELEM 「胃」の意 (ex. gastrite 胃炎, gastroscope 胃鏡, 胃カメラ).

gastralgie n.f. 〖医〗胃痛.

gastralgique a. 〖医〗胃痛の.
——n. 胃痛患者.

gastrectomie n.f. 〖医〗胃切除術. ~ totale 胃全摘術.

gastrectomisé(e) a.p. 胃を切除された.
——n. 胃切除患者. syndrome des ~s 胃切除患者症候群. ダンピング (dumping) 症候群.

gastrine n.f. 〖生化〗ガストリン (消化管ホルモン hormone gastro-intestinale).

gastrique a. 〖解剖・医〗胃の. artère (veine) ~ 胃動脈 (静脈). atonie ~ 胃アトニー. dialation ~ 胃拡張. excès d'acidité ~ 胃酸過多. glande ~ 胃腺. névrose ~ 胃神経症. perforation ~ (胃潰瘍の) 胃穿孔. polype ~ 胃ポリープ. sonde ~ (胃洗浄, 胃液採取用の) 胃管. suc ~ 胃液. sécrétion ~ 胃分泌物. tétanie ~ 胃テタニー. ulcère ~ 胃潰瘍. vertige ~ 胃性眩暈 (げんうん).
——n. 胃病患者.

gastrite n.f. 〖医〗胃炎. ~ chronique 慢性胃炎.

gastrocardiaque a. 〖医〗胃と心臓の. syndrome ~ 胃心臓症候群.

gastro-duodénal(ale) (pl. **aux**) a. 胃・十二指腸の. pansements ~aux 〖薬〗十二指腸保護剤.

gastro[-]duodénostomie n.f. 〖医〗胃・十二指腸吻合術.

gastro-entérique a. 〖解剖・医〗胃腸の. inflammation ~ 胃腸の炎症.

gastro[-]entérite n.f. 〖医〗胃腸炎.

gastro-entérologie n.f. 〖医〗胃腸病学. service de ~ 消化器科.

gastro-entérologue n. 胃腸科専門医.

gastro[-]entérostomie n.f. 〖医〗胃腸吻合手術.

gastrofibroscopie n.f. 〖医〗ファイバースコープ胃検査法.

gastrogène a. 〖医〗胃性の. diarrhée ~ 胃性下痢.

gastro-hépatique a. 〖解剖・医〗胃と

肝臓の, 胃肝の.
gastro-intestin*al* (*ale*)(*pl.aux*) *a*. 〖医〗胃腸の.
gastro〔-〕jéjunostomie *n.f.* 〖医〗胃空腸吻合術.
gastromycètes *n.m.pl.* 〖菌〗腹菌類.
gastronome *n.* 美食家.
gastronomie *n.f.* 美食術；美食, 食道楽；料理法.《*Physiologie du goût ou Méditations de~transcendante*》『味覚の生理学または超越的美食術に関する考察』(アンテルム・ブリヤ=サヴァラン Anthelme Brillat-Savarin [1755-1826] の著書, 1826 年刊).
gastronomique *a.* 美食の, 食道楽の；美食術の；美食家向けの. menu ~ 美食家向け定食.
gastroplastie *n.f.* 〖医〗胃形成術.
gastroptose *n.f.* 〖医〗胃下垂〔症〕(= ptose gastrique).
gastrorésistant(*e*) *a.* 〖薬〗耐胃酸性の(『胃では溶けず腸できく』). médicament ~ 耐胃酸性医薬品.
gastroscope *n.m.* 〖医〗胃鏡, 胃内視鏡.
gastroscopie *n.f.* 〖医〗胃鏡検査〔法〕, 胃内視鏡検査〔法〕.
gastrospasme *n.m.* 〖医〗胃痙攣(= spasme de l'estomac).
gastrotomie *n.f.* 〖医〗胃切開手術.
gastrula *n.f.* 〖生〗原腸胚, 嚢胚.
gastrulation *n.f.* 〖生〗原腸〔胚〕形成.
gâté(*e*) *a.p.* **1** 損われた, 台無しになった；(食品が) いたんだ, 悪くなった. dent ~*e* 虫歯 (=dent cariée). fruit ~*e* いたんだ果物. vue ~*e* par un bâtiment mal placé 邪魔な建物で台無しの眺望. C'est ~. うまくいかない；台無しだ.
2 甘やかされた. enfant ~ 甘やかされた子供；わがまま者；(de の) お気に入り, 寵児. caprice d'enfant ~ わがままな気まぐれ. être enfant ~ d'une société 社会の寵児である.
3 運がよい, 恵まれている；〖反語的〗運が悪い. Quel beau temps, nous sommes ~*s*. 素晴らしい天気だ, 運がいいな. Il pleut, nous sommes ~*s*. 雨が降っている, ついていないな.
gâteau (*pl.~x*) *n.m.* **1** 菓子, ケーキ. ~ à la broche 串焼菓子. ~ au chocolat ガトー・オー・ショコラ, チョコレートケーキ. ~ d'anniversaire バースデーケーキ. ~ de mariage ウェディングケーキ. ~ des Rois ガトー・デ・ロワ《1月6日の三王来朝の祝日 Epiphanie の日の祝い菓子；中に空豆などを王の印として入れてある》. ~ marbré マーブルケーキ《大理石状の菓子》. ~*x* secs ガトー・セック, ドライ・ケーキ (biscuit, galette, gaufre, madeleine などの小さな焼菓子). gros ~*x* 塊状の菓子《切り分けて食べる》. petits ~*x* 小菓(一人前につ くられた菓子).
2 〖スイス〗タルト (=tarte).
3 〖料理〗菓子状の料理. ~ de champignons 茸の菓子状固め. ~ de foies de volaille 鳥のレバーの塊り. ~ de riz ライス・プディング《米を型に入れて成形したもの》.
4 塊り. ~ de marc 盤状に固めた葡萄の絞りかす. ~ de plâtre 漆喰の塊り.
5 (蜂の巣の) 巣板(= ~ de cire, ~ de miel)
6 〖彫刻〗(鋳型・雌型の内側につめる) 蠟(土)の塊り.
7 〖比喩的〗利益, 分け前. avoir part au ~；avoir sa part du ~ 分け前にあずかる. se partager du ~ 利益を山分けにする. C'est du ~. 絶好のチャンスだ；至極簡単だ, 気持の良いことだ.
──*a.inv.* 〖話〗甘い, 甘やかす. mère ~ 子に甘い母親.
gâteux(*se*) *a.* **1** 耄碌(もうろく)した, ぼけた, よいよいの；(特に) 垂れ流しの, 失禁する. personne ~*se* 耄碌した人. vieillard ~ ぼけ老人.
2 〖話〗呆(ほう)けた, 愚かな；(avec, de に) ぼうっとなった. Il est ~ avec sa petite-fille. 彼は孫娘にめろめろだ. Il est vraiment ~. 奴は本当に阿呆だ.
gâtisme *n.m.* **1** 耄碌, ぼけ；(特に) たれ流し, 失禁.
2 痴呆. ~ précoce 早発性痴呆. C'est du ~！ぼけているのではないか！
GATT [gat] (= 〖英〗General Agreement on Tariffs and Trade) *n.m.* 関税と貿易に関する一般協定, ガット《1948年発足の国際通商に関する国際機構. 無差別最恵国待遇, 自由貿易, 相互主義などを原則とする. = 〖仏〗Accord général sur les tarifs douanniers et le commerce》.
gauche *a.* 〖Ⅰ〗**1** 左の, 左側の, 左手の, 左側の. aile ~ du château de Versailles ヴェルサイユ宮殿の左翼. côté ~ 左側, 左半身, 心臓のある側. côté ~ de la scène 下手, 舞台の左側《côté jardin ともいう. 上手は côte cour》. côté ~ d'une chaussée 道路の左側. côté ~ d'un navire 船の左舷 (bâbord ともいう. 右舷は tribord). 〖古〗être né du côté ~ 庶出である. flanc ~ d'une armée 軍隊の左翼. mariage de la main ~ 内縁関係, 同棲. 〖古〗身分違いの結婚. se lever du pied ~ 寝起きが悪い, 機嫌が悪い, 気分が落ち着かない. rive ~ (とくにパリでセーヌ河の) 左岸《川下に向かって左側の岸》. à main ~ 左手にある.
2 左派の, 左翼の, 革新の. Le parti radical a glissé du centre ~ vers la droite. 急進党は中道左派から保守へ移動した.
〖Ⅱ〗**1** 不器用な, 不自然な, ぎこちない, よじれた. geste ~ ぎこちない身振り. Il s'y est pris d'une façon si ~ que toutes ses tentatives de séduction sont restées vai-

nes. 彼のやり方はあまりにも不器用だったので誘惑の試みはすべて無駄に終わった.

2〖数〗ねじれた, ゆがんだ, 非平面の. surface ~ ねじれ面.

——*n.f.* **1** 左, 左側, 左手. à la ~ de *qn* (*qch*) …の左側. s'asseoir à la ~ de l'hôte ホストの左側に席を取る. voisin de ~ 左隣の人(住人). prendre la ~ 左へ曲がる, 左側を通行する. à ~ 左側.〖軍〗〔A〕~! 回れ左. tourner à ~ 左へ曲がる, 左折する. jusqu'a la ~ 完全に, とことん.〖俗〗mettre de l'argent à ~ へそくりを作る, 横領する. passer l'arme à ~ 死ぬ. sur la ~ 左側に.

2〖政治〗左翼, 左派, 革新, 革新派(droite「右翼, 右派, 保守派」の対). La ~ a besoin d'être unie pour gagner les élections législatives. 総選挙に勝つためには革新派はまとまっていなければならない. gouvernement de ~ 左派内閣. partis de ~ 左翼(革新)政党. union de la ~ 左翼連合. être de (à) ~ 左派(革新派)である. voter à ~ 左翼(革新派)へ投票する.

——*n.m.*〖サッカー〗左足;〖ボクシング〗左腕, 左フック, 左パンチ.

gaucher(ère) *a.* 左利きの(droiti*er* (*ère*)「右利きの」の対). joueur de tennis ~ 左利きのテニスプレーヤー.

——*n.* 左利きの人, 左利き.

gaucherie *n.f.* **1** 無器用さ;ぎこちなさ;もじもじした様子. ~ dans l'expression 表現のぎこちなさ. avec ~ 無器用に;ぎこちなく.

2 無器用な行動(言動), 不手際. ~ commise par l'ignorance 無知による不手際.

3〖医, 心〗左利きであること, 左利き(droiterie「右利き」の対). ~ manuelle 手の左利き. ~ occulaire 眼の左利き.

gauchisant(e) *a.*〖政治〗左翼的な, 左翼寄りの;極左を支持する. aile ~ du parti 政党内左派. écrivain ~ 左翼的作家.

gauchisme *n.m.*〖政治〗左翼主義(体制);極左主義(体制).

gauchiste *n.* 左翼主義者, 左派;極左.

Gaule *n.pr.f.* la ~ ガリア, ゴール(形容詞 gaulois(*e*)). ~ cisalpine ガリア・キサルピナ(ローマから見てアルプスのこちら側のガリア;la Lombardie, le Piémont など). ~ transalpine ガリア・トランサルピナ(ローマから見てアルプスの向こう側のガリア;ガリア本土). ~ romaine 古代ローマ支配下のガリア. *Commentaires sur la guerre des ~s de Jules César* ユリウス・カエサルの『ガリア戦記』.

gaufre *n.f.* **1**〖菓子〗ゴーフル, ワッフル(薄くて軽い蜂の巣状の菓子).

2 (蜂の) 蜜蠟巣板;巣.

gaufrette *n.f.* **1**〖菓子〗ゴーフレット(軽い小型のクッキー). ~s hollandaises オランダ風ゴーフレット.

2〖料理〗ゴーフレット(薄切りにした蜂の巣状のじゃがいもを揚げたもの).

gaullien(ne) *a.* シャルル・ド・ゴール(Charles de Gaulle [1890-1970], 軍人, 政治家)の, ド・ゴール的思想の. conception ~*ne* ド・ゴール的発想. style ~ ド・ゴール的手法.

gaullisme (<de Gaulle [1890-1970]) *n.m.*〖政治〗ゴーリスム, ド・ゴール主義(体制).

gaulliste (<Charles de Gaulle) *a.* **1** (第二次世界大戦下の)ド・ゴール支持派の. résistance ~ ド・ゴール派のレジスタンス. **2** (1945年以降)ド・ゴール派の, ド・ゴール主義の. député ~ ド・ゴール派国民議会議員. idéaux ~*s* ド・ゴール主義的理想.

——*n.* **1** (第二次世界大戦の独軍によるフランス占領下の)ド・ゴール将軍支持派.

2 (1945年以降)ド・ゴール派, ド・ゴール主義者. ~*s* gauches 左派ド・ゴール主義者.

gaulois(e) *a.* **1** ガリア(la Gaule)の;ガリア人の;ガリア人風の(=à la ~*e*);ガリア語(le ~)の. civilisation ~*e* 古代ガリア文明. coq ~ ガリアの雄鶏(フランス大革命以降のフランスの象徴). moustaches ~*es* ガリア風の口ひげ.

2〖比喩的〗陽気で野放図な, 哄笑的な;猥雑な. esprit ~ ガリア気質(猥雑で哄笑的精神). histoire ~ 艶笑譚.

——*G*~ *n.* **1** ガリア(ゴール)人. Nos ancêtres les ~*s*. われらが祖先のガリア人. **2**〖若者言葉〗生粋のフランス人.

gauloise *n.f.* ゴーロワーズ(褐色葉煙草を用いたフランスの紙巻煙草の銘柄). ~ filtrée フィルター付きゴーロワーズ. ~ blonde ブロンド葉のゴーロワーズ. ~*s* Disque bleu ゴーロワーズ・ディスク・ブルー(青丸印箱入りゴーロワーズ). un paquet de ~*s* 一箱のゴーロワーズ.

gauloiserie *n.f.* **1** 猥雑な言葉. dire (raconter) des ~*s* 猥雑な話をする.

2 ガリア気質(野放図で陽気な気質);猥雑さ;露骨さ. ~ d'un récit 物語の猥雑さ. ~ de François Rabelais フランソワ・ラブレーのガリア気質.

Gault[-]Millau *n.pr.* **1** ~ S.A. ゴー・ミヨー株式会社(料理評論家 Henri *Gault* [1929-2000] と Christian *Millau* [1929-] が1972年に創刊したホテル・レストラン・ガイドブックならびに周辺刊行物を出版する会社;www.gaultmillau.fr/).

2 *Guides* ~ ギッド・ゴー・ミヨー(*Gault Millau France* (年刊), *Gault Millau Paris*, *Guide pratique du Vin* など多数).

3 ~ *Magazine* ゴー・ミヨー・マガジーヌ(月刊の料理評論誌).

GAV (=garde à vue) *n.f.*〖法律〗警察留置, 監守, 拘留.

gavage *n.m.* **1** ガヴァージュ(フォワグラを生産するため, 鵞鳥や合鴨の口に漏斗

をさし込んで行なう濃厚飼料の強制給餌); 強制肥育. ~ des oies (des canards) 鵞鳥(合鴨)の強制肥育.
2 〖医〗(カテーテルによる)滋養物の胃注入.

gave *n.m.* ガーヴ《ピレネー山脈地帯の谷川・渓流》. ~ de Pau ポー川.

gay (<〔米〕gai) *n.m.* ゲイ, 男性の同性愛者.
—*a.* ゲイの. communauté ~ ゲイの世界.

gaytitude *n.f.* ゲイ(同性愛者gay)であること;ゲイ仲間であること.

gaz *n.m.* **1** 〖理〗気体, ガス;〔古〕蒸気, 発散物. ~ acide carbonique 炭酸ガス, 二酸化炭素. ~ acide chlorhydrique 塩化水素ガス. ~ ammoniac (ammonical) アンモニアガス. ~ carbonique 炭酸ガス. ~ comprimé 圧縮気体. ~ de combustion 廃ガス. ~ de haut fourneau 高炉ガス. ~ des marais 沼気, メタンガス. ~ d'iode 沃化水素. ~ formant l'atmosphère 大気. ~ inerte 不活性ガス. ~ liquéfié 液化ガス. ~ méphitique 悪臭(有毒)ガス. ~ naturel 天然ガス. ~ noble (rare) 希ガス. ~ parfait 理想気体. ~ permanent 永久気体. ~ radioactif 放射性ガス. ~ résiduel 残留ガス. ~ sulfureux 亜硫酸ガス. ~ toxique 有毒(毒性)ガス. bulle de ~ 気泡. état de ~ 気体(ガス)状態. liquéfaction d'un ~ ガスの液化.
2 (燃料・照明用の)ガス. ~ à l'eau 水性ガス. ~ combustible 燃料ガス. ~ de houille 石炭ガス, コークスガス(= ~ de cokerie). ~ d'huile オイルガス. ~ de pétrole 天然石油ガス. ~ de pétrole liquéfié 液化天然石油ガス《略記GPL;=〔英〕LPG;*l*iquified *p*etroleum *g*as》. ~ de ville 都市ガス. ~ épuré 精製ガス. ~ forestier (des forêts) 木炭ガス. ~ mixte 混成ガス. ~ naturel liquéfié 液化天然ガス《略記GNL;=〔英〕LNG;*l*iquified *n*atural *g*as》. ~ pauvre (à l'air) 発生炉ガス. ~ riche 富ガス, 高熱量ガス.
bec de ~ ガス栓. bombe à ~ ガスボンベ. briquet à ~ ガスライター. camping-~ キャンピングガス. chauffage au ~ ガス暖房. chauffe-eau à ~ ガス湯沸器. compagnie du ~ ガス会社. compteur à ~ ガスメーター. conduite de ~ ガス管. cuisinière à ~ ガスレンジ. distribution du ~ ガスの供給. fuite de ~ ガス洩れ. gisement de ~ naturel 天然ガス田. lampe à ~ ガス灯. réchaud à ~ ガス焜炉.
allumer (couper, éteindre) le ~ ガスをつける(消す, 止める). faire sa cuisine au ~ ガスで調理する.〔俗〕Il y a de l'eau dans le ~. 剣呑な空気だ.
3 ガス会社(=compagnie du ~). *G*~ de France フランス・ガス会社《略記GDF》. controleur du ~ ガス会社検針員. employé du ~ ガス会社員. C'est〔pour〕le ~! ガスの検針です《検針員の言葉》.

4 〖多く *pl.*〗毒ガス. ~ asphyxiants (suffocants) 窒息性〔毒〕ガス. ~ de combat (de guerre) 軍事用毒ガス. ~ délétères 毒ガス. ~ moutarde マスタードガス, イペリット (ypérite) 〔糜爛性毒ガス〕. ~ lacrymogène 催涙ガス. ~ vésicants 発疱疹性毒ガス. alerte aux ~ 毒ガス警報;ガス洩れ警報. chambre à ~ ガス室. grenade〔à ~〕lacrymogène 催涙ガス弾. intoxication par les ~〔毒〕ガス中毒. masque à ~ 防毒マスク.
5 〖*pl.* で〗(内燃機関の)混合気 (= ~ carburés);排気ガス (= ~ d'échappement). ~ d'admission 吸気ガス. combustion des ~ 混合気の燃焼. explosion des ~ 混合気の爆発. donner (mettre) les ~ en appuyant sur l'accélérateur アクセルを踏む;〔話〕急ぐ. à pleins ~ アクセルを踏みこんで, 最大出力で, 全速力で.
6 〖*pl.* で〗〖生〗体内ガス. avoir des ~ 腹にガスがたまっている.
7 〖登山〗ガス;虚空 (=vide).

Gaza *n.pr.* **1** 〖無冠詞〗(パレスチナの)ガザ地区. évacuation des colonies de ~ ガザからの(イスラエル)入植地の撤退《2005年8-9月》. concéder aux Palestiniens l'autonomie de ~ et de Jéricho ガザとエリコの自治権をパレスチナ人に譲与する《1994年》. La bande de ~ est devenue une zone de colonisation en 1987. 1987 年, ガザ地帯は(イスラエルの)入植地帯になった.
2 ガザ《ガザ地区の中心都市》.

gazé(e) (<gazer) *a.* **1** 毒ガスを吸った, 毒ガスで中毒した. soldat ~ 毒ガスを吸った兵士. **2** ガス焼きをした.〖織維〗fil ~ ガス糸.
—*n.* 毒ガス被害者, 毒ガス中毒者.

gazéification *n.f.* **1** ガス化, 気化. ~ souterraine (炭鉱の石炭の)地下ガス化. **2** (飲料の)炭酸ガス添加. ~ de déchets agroalimentaires (d'ordures ménagères) 農業食品廃棄物(家庭の生ゴミ)のガス化. ~ de l'eau minérale ミネラルウォーターに対する炭酸ガス添加.

gazéifié(e) *a.p.* **1** ガス化された, 気化された. charbon ~ ガス化石炭.
2 炭酸ガスを添加した. boisson ~*e* 炭酸飲料. eau minérale ~*e* 炭酸含有ミネラルウォーター.

gazette *n.f.* **1**〔古〕ガゼット, 新報, 新聞. *G*~ de France「フランス新報」《1762年創刊》. ~ quotidienne 日報.
2〔現用〕ガゼット;新聞.〖法律〗~ des tribunaux 判例集;法廷新聞.
3〔比喩的〕噂の吹聴(ふいちょう);噂話.
4〔比喩的〕噂の吹聴者, お喋り(人).

gazeux(se) *a.* **1** ガス状の, 気体の. corps ~ 気体. chromatographie en phase ~*se* ガスクロマトグラフィー.
2 (飲料が)炭酸ガスを含む, 発泡性の. eau

gazier¹(**ère**) minérale ～*se* 炭酸ガス入りミネラルウォーター. eau minérale non ～*se* 炭酸ガスを含まないミネラルウォーター.
3〖医〗ガス性の, ガスを発生する. gangrène ～*se* ガス壊疽. phlegmon ～ ガス蜂窩織炎(ほうかしきえん).

gazier¹(**ère**) *a.* 燃料ガス産業に関する；液化ガス用の. industrie ～*ère* 都市ガス産業；ガス会社. navire ～ GPL 液化石油ガス運搬船.

gazier² *n.m.* **1** ガス会社社員. **2**〔軍隊隠語〕奴. Qui est ce ～? 奴は一体何者だ?

gazinière *n.f.* ガス調理器 (= cuisinière à gaz).

gazoduc *n.m.*〔天然〕ガスパイプライン, ガス輸送管.

gazogène *a.* ガスを発生させる.〖医〗lésions ～*s* ガス発生性損傷 (病変).
—*n.m.* **1** ガス発生炉. gaz de ～ 発生炉ガス.
2〔自動車〕ガス発生装置.
3〔古〕炭酸水製造用サイフォン.

gazole *n.m.* 軽油, ジーゼル油 (= [英] gas-oil).

gazomètre *n.m.* **1** ガスメーター. **2** ガスタンク (= réservoir de gaz).

gazométrie *n.f.*〖化〗気体定量.

gazon *n.m.* **1** 芝, 芝草. semer du ～ 芝を播く. tondeuse à ～ 芝刈機.
2 芝生 (= pelouse de ～). ～ d'un golf ゴルフ場のグリーン.

gazouillement (< gazouiller) *n.m.* **1** (小鳥の) さえずり. ～ d'une hirondelle 燕のさえずり.
2 (小川の) せせらぎ. doux ～ des ruisseaux 小川の優しいせせらぎ.
3 さえずるような優しい音；(幼児の) 喃語 (なんご). ～ de jeunes filles 少女たちのさえずるような声.

GBD (= *g*estion de *b*ase de *d*onnées) *n.f.*〖情報処理〗データベース管理 (= [英] DBM: *d*ata*b*ase *m*anagement).

GCA (= *g*roupe de *c*lasses-*a*teliers) *n.m.*〖教育〗(中等職業教育の) 実習クラス群.

GCC (= [英] *G*ulf *C*ooperation *C*ouncil) *n.m.* (ペルシア) 湾岸協力会議 (= [仏] *C*onseil de *c*oopération du *G*olfe) (1981 年 5 月 25 日, l'Arabie saoudite, Bahreïn, les Emirats arabes unis, le Koweït, le sultanat d'Oman, le Qatar の 6 カ国で結成された通商ブロック；別称 CCASG：*C*ooperation *C*ouncil for the *A*rab *S*tates of the *G*ulf；= [仏] CCEAG：*C*onseil de *c*oopération des *é*tats *a*rabes du *G*olfe).

GCR (= [英] *g*az-*c*ooled *r*eactor) *n.m.*〖原子力〗ガス冷却炉 (= [仏] *r*éacteur à *r*efroidissement *g*azeux), マグノックス炉 (= [英] *m*agnox *r*eactor).

GCT (= *g*rande *c*adence de *t*ir) *n.f.*〖軍〗速射 (毎分当りの発射速度の速い射撃). canon automoteur de 155 ～ 155 ミリ速射自走砲.

Gd (= *g*adolinium) *n.m.*〖化〗「ガドリニウム」の元素記号.

Gdańsk *n.pr.*〖地理〗グダニスク (ポーランド北部の港町；ドイツ領時代の呼称は Dantzig, Danzig ダンツィヒ). baie de ～ グダニスク湾.

GDC (= [英] *G*raphic *D*isplay *C*ontroller) *n.m.*〖情報処理〗グラフィック表示コントローラー (コンピュータのグラフィック表示を高速化するための LSI の名称) (= [仏] *c*ontrôleur *p*our l'*a*ffichage *g*raphique).

GDF (= *G*az *d*e *F*rance) *n.m.* フランスガス公社 (1946 年設立).

GDM (= *g*ravure *d*irecte sur *m*étal) *n.f.*〖音響〗ダイレクト・メタル・マスタリング (金属原盤直接カッティング；= [英] DMM：*d*irect *m*etal *m*astering).

GDP (= la *G*ua*d*elou*p*e) *n.pr.f.* グアドループ (西インド諸島東部のフランス海外県 département de la Guadeloupe；2003 年より海外県・地方 département-région d'outre-mer (DOM-ROM) となる).

GE (= *g*roupe *d*'*e*scadrons) *n.m.*〖軍〗中隊群. ～ 40 戦車 40 輌を装備した中隊群.

Ge (= *ge*rmanium) *n.m.*〖物理・化〗「ゲルマニウム」の元素記号.

géant(**e**) *n.* **1**〖ギ神話〗G～*s* ギガンテス (神々に戦いを挑んだ巨人族). le ～ Typhon 巨人テュポン (100 の頭を持つ怪物). la guerre des G～*s* ギガンテスの戦い, ギガントマキア (Gigantomachie).
2 巨大な人, 巨人. à pas de ～ 大股で；急速に. marcher à pas de ～ 大股で歩く. progresser à pas de ～ 長足の進歩を遂げる. avoir une force de ～ 大の力持ちである.
3 巨匠, 偉大な人, 偉人. ～*s* de l'art 芸術の巨匠たち. ～*s* de la politique 政界の巨人たち. ～*s* du sport スポーツの王者たち.
4 巨大国；巨大企業. ～*s* de l'automobile 自動車の巨大企業.
5 巨大なもの. le baobab, ～ des forêts 森の巨人バオバブ. ～ de Flandre フランドルの巨人 (大型の兎).
—*a.* **1** 巨大な. arbre ～ 巨木. cité ～*e* 巨大都市. édifice ～ 巨大建造物. entreprise ～*e* 巨大企業.〖動〗penda ～ ジャイアント・パンダ.
2 物凄い. clameur ～*e* 耳を襲する喧騒.
3〖スキー〗slalom ～ 大回転競技.

géaster [-ɛr] *n.m.*〖茸〗ジェアステール, つちぐり, つちがきたけ (非食用). ～ hygrométrique 湿りジェアステール.

GECT (= *g*roupement *e*uropéen de *c*oopération *t*erritoriale) *n.m.* ヨーロッパ地域協力援助管理団体 (UE (EU) 加盟国, 地方共同体などにより構成され, 国境を越えた地域の協力援助組織；2007 年より導入).

Gedo (=Groupe d'etude pour le don d'ovocytes) n.m. 〖医〗卵母細胞贈与問題研究グループ.

GEE (=Groupe européen d'éthique des sciences et des nouvelles technologies) n.m. ヨーロッパ科学新技術倫理グループ (=[英]EGE: European Group on Ethics in science and new technologies; 1997年 Commission européenne ヨーロッパ委員会の直轄で発足；前身は1991年発足の GCEB: Groupe de conseillers pour l'éthique de la biotechnologie「バイオテクノロジーの倫理に関する顧問団」).

GEIE [ʒeəjə] (=groupement européen d'intérêt économique) n.m. 〖経済〗ヨーロッパ経済利益団体 (1985年導入；ヨーロッパ連合内に本部を設置し，連合加盟2国のいずれかに属する個人または法人により構成).

Geiger (<Hans ~ [1882-1945], ドイツの物理学者) n.pr. ガイガー. ~ compteur ガイガー計数管 (=compteur ~ -Müller ガイガー=ミュラー計数管, GM 計数器).

GEJ (=grandes écoles de journalisme) n.f.pl. 〖教育〗ジャーナリズムに関するグランド・エコール群 (Centre de formation et de perfectionnement des journalistes (Paris), Ecole d'application du journalisme de Grenoble, Ecole de journalisme de Sciences Po (Paris), Ecole de journalisme de Toulouse, Ecole de journalisme et de communication de Marseille, Ecole française de journalisme (Levallois-Perret), Ecole internationale de création audiovisuelle et de réalisation (Paris-Saint-Denis), Ecole supérieure de journalisme de Lille, Institut des médias de Paris, Institut français de presse (Paris), Institut pratique de journalisme (Paris), Institut supérieur de formation au journalisme (Paris) など多数がある).

gel n.m. **1** 〖気象〗氷点下〔の気温〕. jour de ~ 真冬日 (=jour de gelée). persistance du ~ 寒気の居座り. rigueur du ~ 氷点下の厳しさ.
2 (水・水蒸気の)氷結，凍結. ~ permanent 永久凍土.
3 〖物理・化〗ゲル. ~ de silice シリカゲル. ~ trempé 急冷ゲル.
4 ゲル状物質. ~ coiffant ゲル状整髪料. fard en ~ ゲル状化粧品.
5 〔比喩的〕凍結，封鎖. 〖軍〗~ des armements 軍備凍結. 〖経済〗~ des prix 物価凍結.

gélatine n.f. ゼラチン. ~ de poisson 魚膠 (ぎょこう).

gélatineux(se) a. ゼラチン状の；ゼラチンを含む. confiture ~se ゼラチン状のジャム.

gélatiniforme a. ゼラチン状の，ゼラチンに似た.

gélatino-bromure n.m. 〖写真〗ゼラチン状臭化物 (臭化銀乳剤；感光剤).

gélatino-chlorure n.m. 〖写真〗ゼラチン状塩化物 (塩化銀乳剤；感光剤).

gélatinographie n.f. 〖印刷〗ゼラチン版法 (ゼラチン凸版, コロタイプ版, こんにゃく版など).

GELD (=Groupe d'études et de lutte contre les discriminations) n.m. 人種差別の研究および防止対策グループ (1999年 ministère de l'Emploi 雇用省により組織).

gelé(e¹) a.p. **1** 凍った，凍結した. fontaine à demi ~e 半ば氷った泉. lac ~ 氷結した湖.
2 凍傷 (霜焼) にかかった. pieds ~s 凍傷にかかった (冷え切った) 足.
3 〖農〗霜 (寒さ) にやられた. blés ~s 寒さにやられた小麦.
4 (手足が) 氷るように冷たい，こごえた. avoir les mains ~es 手がこごえている. être ~ jusqu'aux os 体の芯まで冷え切っている.
5 〔比喩的〕白けた；冷え切った；冷やかな. accueil ~ 冷やかなもてなし. auditoire ~ 白け切った聴衆.
6 〖財〗凍結された. crédits ~s 凍結された貸付け (借款).

gelée² n.f. **1** 氷点下の気温, 氷の張る (霜の降りる) 寒さ；霜，ゲル. ~ blanche 霜. ~ de printemps (d'automne) 春の霜 (秋霜). ~ légère 薄霜. ~ précoce (tardive) 早 (晩) 霜. ~ à glace 霜柱.
2 〖料理〗ゼリー，ゼラチン状の食物；煮こごり. ~ de groseille すぐりのゼリー. jambon en ~ ハムのゼリー固め.
3 ゼリー状のもの. ~ royale ロイヤル・ゼリー.

gélifiant(e) a. 〖化〗ゲル化する.
—n.m. 〖化〗ゲル化剤.

gélification n.f. 〖化・物理〗ゼラチン化；〖写真〗ゼラチン皮膜化.

géliturbation n.f. 〖地学〗(土壌の) 凍結擾乱, 低温擾乱 (=cryoturbation).

gélose n.f. **1** 寒天. **2** 〖化〗ゲロース.

gélule n.f. 〖薬〗ゼラチン・カプセル (gélatine と capsule の合成語).

gelure n.f. 〖医〗凍瘡 (とうそう)，しもやけ；凍傷；寒冷性皮膚損傷 (=engelure, froidure) (軽度の寒冷によって生じる水疱を伴う皮膚障害).

GEM (=Grenoble-Ecole de Management) n.f. グルノーブル経営学校 (1984年 Ecole de commerce, de gestion et de management de Grenoble として設立；2003年改編して GEM と改名；グループ内に ESC grenoble, Grenoble graduate School of Business, Ecole de management des systèmes d'information がある；グルノーブル商工会議所が経営するグランド・エ

コール群).

Gémaux(**les**) n.pr.m.pl. 1 〖天文〗双子座.
2 〖占星術〗双子(そうし)座《黄道十二宮の第三宮；5月22日～6月21日生まれ》.

gémellaire a. 双子(gemeau, gemelle；jumeau)の. grossesse ~ 双胎妊娠(=grossesse double).

gémelliparité n.f. 〖医・動〗双胎性.

gémellité n.m. 1 双生児性. 2 〔比喩的〕双子性.

gemfibrozil n.m. 〖薬〗ゲムフィブロジル《血液中のトリグリセリドを下げる高リポ蛋白血症治療薬》.

gémination n.f. 1 対をなすこと；対をなす状態. ~ des arcades 対になったアーケード.
2 〖生〗双生. ~ des folioles 小葉の双生.
3 〖修辞〗同語反復；〖言語〗子音重複(villaなど). prononcer avec (sans)~ 子音を重複させて(重複せずに)発音する.
4 〖歯〗癒合歯.
5 〖教育〗男女共学〔制〕(=mixité). ~ des classes 学級の男女共学化.

géminé(**e**) a.p. 1 対になった(=jumelé). arcades ~es 対になったアーケード.
2 〖生〗双生の. organes ~s 双生器官.
3 〖言語〗重ねた. consonne ~e 重子音(illusion など). lettres ~es (複数を示すための)重ね字(MM: messieurs など).
4 男女共学の(=mixte). classe ~e 男女共学級.

gémissement n.m. 1 苦しみの声, うめき声. ~s des blessés 負傷者のうめき声. pousser des ~ うめき声を発する.
2 (鳥獣の)悲しそうな鳴き声. ~s plaintifs d'un chien 犬の悲しげな鳴き声.
3 (楽器の)物悲しい調べ；(風, 波の)物悲しい音. ~s de la guitare ギターの物悲しい調べ. ~ du vent 物悲しい風音.
4 〔文〕呻吟. ~ d'une âme malheureux 不幸な魂の呻吟.

gemmation n.f. 1 〖植〗幼芽形成〔期〕, 発芽〔期〕.
2 〖動〗芽球形成(=reproduction par ~)《無性生殖の一種》.

gemme n.f. 1 宝石《pierre fine 準貴石, pierre précieuse 貴石, ambre 琥珀, perle 真珠など宝飾品に用いられるもの》.
2 松脂. recueillir la ~ 松脂を採取する.
3 〖植〗〔古〕芽(=bourgeon).
——a. 1 宝石質の. pierre ~ 宝石. 2 〖化〗sel ~ 岩塩.

gemmologie n.f. 宝石学；宝石鑑定.

gemmothérapie n.f. 〖医〗(樹木の)胚組織・新芽・幼根等を利用した治療法.

gemmule n.f. 1 〖植〗幼芽.
2 (淡水海綿の)芽球.
3 〖科学史〗〖生〗ジェミュール《ダーウィンが説いた遺伝の生命単位》.

gênant(**e**) (<gêner) a. 1 (物が)妨げとな る, 邪魔な；窮屈な. lumière ~e 邪魔な光. meuble ~ 邪魔な家具. souliers ~s 窮屈な靴.
2 (人が)煩わしい, 窮屈な思いをさせる. attitude ~e 煩わしい態度. position ~e 窮屈な姿勢. regard ~ 煩わしい視線. A force d'empressement, il devient ~. あまりの熱意に, 彼は気詰りを覚える.
3 (事柄が)厄介な, 面倒な. cérémonial ~ 面倒な礼儀作法. silence ~ 気まずい沈黙. situation ~e 厄介な状況. Le plus ~, c'est... 一番厄介なのは, …である. C'est ~ 〔de+inf.〕〔…なのは〕厄介だ.

gencive n.f. 1 〖解剖〗歯肉, 歯茎, 歯齦. ~ rouge 歯肉発赤. inflammation des ~s 歯肉炎(=gingivite).
2 〔俗〕口元, あご. recevoir un bon coup dans les ~s あごに一発喰らう.

gendarme (<gens d'armes) n. ジャンダルム, 憲兵《治安・警察活動を行う国防省所管の軍隊組織であるジャンダルムリーgendarmerie の一員》. ~ auxiliaire 憲兵補(現~) adjoint「憲兵補佐」). ~ féminin 女性憲兵(=une ~). brigade de ~s 憲兵隊. Elle est ~. 彼女は憲兵だ. ~ mobile 機動憲兵隊員.
——n.m. 1 憲兵. chapeau de ~ 昔の憲兵の二角帽；紙折りの帽子.〔話〕faire le ~ 厳しく監視する. jouer au[x] ~[s] et au[x] voleur[s] 憲兵(泥棒)ごっこをする.
2 公権力の象徴. peur de ~ 制裁(懲罰, 警察)に対する恐怖心.
3 〔比喩的〕監視者, 護り手, 守護者. le ~ de la Bourse 証券取引委員会(=COB). ~ couché (車を減速させるための車道に設置された)こぶ状減速装置(=ralentisseur).
4 〔古〕騎兵. ~ du roi 近衛騎兵.
5 〔話〕燻製の鰊(=hareng saur).
6 〔話〕ジャンダルム《平たい長方形のドライ・ソーセージ》.
7 (ダイヤモンドなどの)瑕(きず).
8 〖登山〗ジャンダルム《主峰近くに護衛のようにそびえる岩峰》.
9 〖昆虫〗べにほしかめむし(=punaise des bois).

gendarmerie n.f. 1 ジャンダルムリー, 憲兵隊《1791年旧来の騎馬憲兵隊 maréchaussée を改称；1798年法制化；国防省の管轄下に置かれ, 行政警察・司法警察・軍務の役割を担う治安維持組織》. ~ nationale 国家憲兵隊. ~ départementale 県憲兵隊. ~ de l'air (des transports aériens) 航空(航空輸送)憲兵隊. ~ de la sécurité des armements nucléaires 核兵器保安憲兵隊. ~ maritime 海洋憲兵隊. ~ mobile 機動憲兵隊.
escadron de sécurité routière de la ~ départementale 県憲兵隊道路保安中隊. escadron parachutiste d'intervention de la ~

général (ale)¹

nationale 国家憲兵隊緊急介入降下中隊《略記 EPIGN》. la Garde républicaine de Paris de la ~ nationale 国家憲兵隊共和国パリ親衛隊. le Groupement de sécurité et d'intervention de la ~ nationale 国家憲兵隊治安維持緊急介入団《略記 GSIGN》. peloton d'autoroute (de haute montagne) de la ~ départementale 県憲兵隊高速道路(高山)小隊. la Direction générale de la ~ nationale (国防省の) 国家憲兵隊総局《略記 DGGN》. l'Inspection générale des Armées/ G~ (国防省の) 軍・憲兵隊総監部《略記 IGA/G》.
2 憲兵隊駐在所；憲兵隊の兵舎(＝caserne de gendarmes).
3 〖集合的〗憲兵.
4 〖古〗(旧体制下の)近衛騎兵隊；騎馬巡邏隊(＝maréchaussée).

gendre *n.m.* 娘婿, 女婿.

gène *n.m.* 〖生〗遺伝子. ~ de bactérie バクテリア遺伝子. ~ mutant 突然異変遺伝子. ~ opérateur 作動遺伝子. ~ régulateur 調整遺伝子. ~ suicide 自殺遺伝子(＝~ étouffeur). amplification de ~ 遺伝子増幅. banque de ~s 遺伝子バンク. brassage des ~s 遺伝子撹拌. conversion du ~ 遺伝子変換. introduction du ~ 遺伝子移入. manipulation des ~s 遺伝子の操作(＝manipulation génétique). recombinaison des ~s 遺伝子の組換え.

-gène [ギ] ELEM「…を産む」の意 (*ex.* électro*gène*「電気を発生させる」).

gêne *n.f.* **1** (身体的)不自由, 窮屈；困難；圧迫感, 不快感. ~ aux entournures 袖口の窮屈さ. avoir (sentir) de la ~ dans la respiration 呼吸困難を覚える. éprouver une ~ à avaler 嚥下困難を覚える. être à la ~ dans des souliers trop étroits 靴が窮屈である.
2 迷惑. causer de la ~ à *qn*；mettre *qn* à la ~ 人に迷惑をかける.
3 気詰まり；気兼ね, 遠慮. éprouver de la ~ 窮屈な気持ちを覚える. Il y eut un moment de ~. 一瞬気詰まりを覚えた. sans ~ 無遠慮に；気兼ねなく；図々しく. parler sans ~ 気兼ねなく話す. Il est vraiment sans ~. あいつは本当に図々しい奴だ. un sans-~ 図々しい男. 〖諺〗Où [il] y a de la ~, [il n'] y a pas de plaisir. 気兼ねあるところ楽しみなし.
4 (金銭的)不如意. être dans la ~ 金欠状態である. subir un moment de ~ 一時的に金に詰る.

gêné(e) *a.p.* **1** 邪魔された；窮屈な. circulation ~*e* par travaux 工事で渋滞した車の流れ. habitude ~*e* 窮屈な習慣. se sentir ~ pour respirer 息が苦しい.
2 気詰まりな；困惑した；気兼ねした；ばつの悪い. sourire ~ ばつの悪そうな微笑. 〖話〗ne pas être ~ 厚かましい. se sentir

~ en face de *qn* 人の面前で気まずい思いをする.
3 金に窮した. se trouver un peu ~ 少し金に不自由している.

généalogie *n.f.* **1** 家系. ~ de la maison de Bourbon ブルボン家の家系. dresser (faire) la ~ d'une famille 家系図を作製する.
2 (馬・犬などの) 血統. ~ d'un pur-sang 純血種の血統.
3 〖生〗系統. ~ en biologie 生物学の系統.
4 家系学, 系図学. la ~ et la héraldique 家系学と紋章学. ~ scientifique 学問的家系(系図)学.
5 〖生〗系統学.
6 〖哲〗系譜. *La G~ de la morale* de Nietzsche ニーチェの『道徳の系譜』(1887年).

généalogique *a.* 家系の；血統の；〖生〗系統の. arbre ~ (枝分かれ表示式の)家系図. 〖生〗系統樹. livre ~ 血統登録簿. recherches ~*s* 家系調査. tableau ~ 家系図.

généalogiste *n.* 家系(系図, 系譜, 血統)専門家.

gènedose *n.f.* 遺伝子量.

gène-médicament *n.m.* 〖薬・医〗遺伝子医薬品.

général (ale)¹ (*pl.* **aux**) *a.* **1** 一般的な, 全般的な, 全体に共通の. *Cours de linguistique ~ale* de Saussure ソシュールの『一般言語学講義』(1916年死後出版). culture ~*ale* 一般教養. lois ~*ales* 一般法則. médecine ~*ale* 医学概論. règle ~*ale* 一般的規範. en règle ~*ale* 概して, 一般に. tendance ~*ale* 全般的傾向. théorie ~*ale* 一般理論. d'une façon (manière) ~*ale* 一般的に言って；一般的立場で, 全般的見地から.
2 総合的な. aspect ~. 総合相. Compagnie ~*ale* maritime 総合海運会社 (会社名；1855年設立；略記 CGM；現 CMA (＝ Compagnie maritime d'*a*ffrétement) - CGM；フランス最大の海運会社). Confédération ~*ale* des petites et *m*oyennes *e*ntreprises 中小企業総連合 (1944年設立の中小企業経営者の総連合組織；略記 CGPME). Confédération ~*ale* de *t*ravail 労働総同盟 (1895年設立の労働組合連合組織；略記 CGT). 〖医〗médecine ~*ale* 総合医学(医療). praticien de médecine ~*ale* 総合医 (＝〖英〗general practitioner : GP)；家庭医 (médecin de famille). observations (vues) ~*ales* 総合的観察 (見方). Renseignements ~*aux* (国家警察の) 総合情報局 (略記 RG)；(内務省の) 調査局. Société ~*ale* ソシエテ・ジェネラル〔銀行〕(会社名；1864年設立, 1946年国有化, 1987年民営化されたフランスの大手銀行).
3 原則的な. 〖法律〗dispositions ~*ales* 原則的規定 (条項).

général²

4 一連の事項のすべてに及ぶ；一般的な. procuration ～*ale* 一般的委任.
5 (団体または組織の)全員が参加する(=plénier), 総体的な. assaut ～ 総攻撃. assemblée ～*ale* 総会. 〖教育〗Concours ～*ale* コンクール・ジェネラル(lycée の classe de première と cl. de terminale の生徒を対象とした部門別の全国学力コンクール；1744-1906 年；1921 年再開). grève ～*ale* 全面的ストライキ, ゼネスト. mobilisation ～*ale* 総動員〔令〕. volonté ～*ale* 総意.
6 (団体などの)全構成員に関わる；一般的な. 〖軍〗alarme ～*ale* 総員非常呼集. intérêt ～ 一般利益.
7 (組織などの)全体を統括する, 総括的な, 総合的な；上位の, 上席の. avocat ～ 検事. conseil ～ 県〖議〗会. conseill*er* (*ère*) ～(*ale*) 県会議員. consul ～ 総領事. direc*teur* (*trice*) ～(*ale*) 総支配人；副社長；総局長, 中央局長；執行役員；総務部長. direction ～*ale* (官庁の)局長, 中央局, 本局；(副社長室, 総務部. direction ～*ale* de l'administration 総務総局. direction ～*ale* de la police nationale 国家警察総局(内務省の本局；略記 DGPN). direction ～*ale* d'une société 会社の総務部. inspecteur ～ 総監. 〖軍〗officier ～ 将官. 〖法律〗procureur ～ 検事長. secrétaire ～ 事務総長；書記長；幹事長. secrétaire ～ du cabinet 内閣官房長官. secrétaire ～ de l'Onu 国連事務総長.
8 〖医〗全身的な. anesthésie ～*ale* 全身麻酔〔法〕. état ～ 全身の健康状態. narcotique ～ 全身麻酔薬. paralysie ～*ale* 全身麻痺.
9 (表現・知識などが)概括的な；一般的な. idées ～*ales* 概括的(一般的)概念. sens ～ d'un mot 語の一般的意味. en termes ～*aux* (一般的すぎて)はっきりしない言葉.

général² *n.m.* 全体, 総体. déduction considée comme allant du ～ au particulier 全体から特殊に至る演繹法.
en ～ 一般に；一般的に言って；〖名詞を限定して〗…の一般 (en particulier「個別的に」の対). étudier l'homme en ～ 人間一般を研究する. parler en ～ 一般的に話す. tous les Occidentaux en ～ 西洋人一般. C'est en ～ ce qui arrive. それは普通に起こることだ.

général³ (*pl.* **aux**) *n.m.* **1** 将軍；(陸・空軍の)将官；司令官. ～ d'armée 陸軍大将. ～ d'armée (de division, de brigade) aérienne 空軍大将 (少将, 准将). ～ de corps d'armée 陸軍中将. ～ de corps aérienne 空軍中将. ～ de division 陸軍少将. ～ de brigade 陸軍准将. ～ en chef (軍団の)総司令官. ～ à quatre étoiles 四つ星の将軍(大将). le ～ de Gaulle ド・ゴール将軍. grand ～ 偉大な将軍, 大将軍〖同格〗. médecin ～ 軍医将官. Oui, mon ～. はい, 将軍閣下《男性の言葉；女性が口にする時は Oui, ～》.
2 (修道会の)総長, 会長. ～ des Dominicains ドメニコ修道会長.
3 〖比喩的〗首脳. ～ en chef d'une équipe cycliste 自転車競争チームの団長.

générale² *n.f.* **1** 〖劇〗総稽古；舞台稽古 (=répétition ～*ale*). être invité à la ～ d'une pièce 芝居の舞台稽古に招かれる.
2 〖軍〗総員非常呼集 (=alarme ～*ale*). sonner la ～ 総員非常呼集をかける.

générale³ *n.f.* **1** 女性の将官.
2 将軍夫人. **3** 女子修道会長.

généralisation *n.f.* **1** 全体的拡大；普及. ～ d'un cancer 癌の全身転位. ～ d'un conflit 紛争の全面的拡大. ～ d'une norme 規格の普及. ～ des téléviseurs numériques ディジタル TV の普及.
2 一般化；普遍化. ～ à partir d'un exemple unique 個別的事例からの一般化. ～ hative 性急な一般化. effort de ～ 一般化(普遍化)の努力.
3 〖論理〗一般化；帰納；概括.
4 〖心〗般化. ～ du stimulus 反応の般化.
5 〖電算〗一般化, 汎化, 汎用化.

généralisé(e) *a.p.* **1** 普及した；一般化した；普遍的な；汎用の. information ～*e* 広く行き渡った情報. méthode ～*e* 普遍的方法. réglementation ～*e* 一般的規制〖措置〗. 〖情報処理〗routine ～*e* 汎用ルーチン.
2 一般化した；全体に拡がった. crise économique ～*e* 全面的経済危機.
3 〖医〗全身に拡がった；蔓延した. cancer ～ 全身癌, 全身転移癌.

généraliste *a.* **1** 〖医〗一般医療の, 総合医療の. médecin ～ 一般医, 総合医 (=praticien de médecine générale；médecin spécialiste「専門医」の対), 家庭医 (=médecin de famille), 全科医 (=〔médecin〕omnipraticien).
2 特定の専門をもたない, 総合的な (spécialisé「専門化した」の対). chaîne de télévision ～ 総合 TV チャンネル. ingénieur ～ 総合技師, 一般技師.
——*n.* **1** 〖医〗一般医, 総合医 (=médecin ～；omnipraticien) (英国の general practitioner：GP「総合医」に相当). **2** 総合職.

généralité *n.f.* **1** 一般性, 普遍性. ～ d'une proposition 提案の一般性. ～ d'un terme 用語の普遍性.
2 〖多く *pl.*〗一般論, 総論；(目録などの)一般項目；〖蔑〗一般的にすぎる言辞. ouvrir un cours par une leçon de ～*s* 総論から講義を始める. À une question précise, il a répondu par des ～*s*. 特定の問題に対して一般論で答える.
3 大多数, 大部分；〖古〗総員, 全員. la ～ des …の大部分. dans la ～ des cas 多くの場合. C'est l'opinion de la ～ des gens. それは大方の意見である.
4 〖史〗(フランス大革命以前の)総徴税管区.

générateur[1] (***trice***) *a.* **1** 生殖の. organe ~ 生殖器官.
2 (de ~) 生み出す. situation économique ~*trice* de chômage 失業を生む経済状況.
3 〖数〗fonction ~ *trice* 母関数. ligne ~ *trice* 母線.

générateur[2] *n.m.* **1** 発電機 (=appareil ~〔d'électricité〕); 発振器. ~ à arc アーク発振器. ~ à tension constante 定電圧発電機.
2 発生装置; ボイラー (= ~ de vapeur). ~ à〔de〕gaz ガス発生炉. ~ de neutron 中性子発生装置.
3〖情報処理〗ゼネレーター, 生成プログラム. ~ de programme プログラム・ゼネレーター.

génératif(***ve***) *a.* **1** 生殖の. **2**〖言語〗生成的な. grammaire ~ *ve* 生成文法.

génération *n.f.* **1** 生殖, 繁殖. ~ asexuée (sexuée) 無性 (有性) 生殖. ~ ovipare (vivipare) 卵生 (胎生) 繁殖. acte de ~ 生殖行為;〔古〕性の営み, 性行為 (=acte sexuel; la ~). aptitude (inaptitude) à la ~ 生殖適応度 (不適応度). organe de la ~ 生殖器官.
2 生成, 形成.〖音楽〗~ d'un accord 和音の形成. ~ de l'énergie エネルギーの発生〔量〕. ~ des mots 語の生成.〖数〗~ d'un nombre 数の生成.〖幾何〗~ d'une surface 面の生成. ~ spontanée (生命の) 自然発生.
3 (家系の) 代; 一世代の期間 (約 30 年); 世代, ジェネレーション;〔集合的〕同世代の人々. ~ de 1960 1960年の (に成人した) 世代. la deuxième ~ d'immigrés 移民の第二世代. la jeune ~ 若い世代. la nouvelle ~ 新世代. conflit des ~*s* 世代間抗争. nom qui s'est éteint à la dixième ~ 10代目で途絶えた家柄. de ~ en ~ 代々続いて, 代々. d'une ~ à l'autre 世代が変るにつれて. être de la même ~ 同世代である (に属する).
4 (先端技術の) 世代. téléphone mobile de la troisième ~ 第3世代の移動 (携帯) 電話.

générationnel(***le***) *a.* 世代の; 世代間に関する. conflit ~ 世代間抗争.

génératrice *n.f.* **1**〖幾何〗母線 (=ligne ~). **2** 発電機 (=machine ~〔d'électricité〕~ à courant continu, dynamo).

généreux(***se***) *a.* **1** 高潔な, 私欲のない. homme ~ 高潔な人.
2〔古・文〕毅然とした, 勇敢な. ~ guerrier 勇敢な戦士. cœur ~ 毅然とした心根.
3〔古〕高貴の生まれの. prince d'un rang ~ 高貴な生まれの王子.
4 寛大な, 心の広い; 気前のよい; 献身的な. ~ *se* bonté 心の広い善意. ~ dévouement 心の広い献身的行為. actes ~ 寛大 (献身的) な行為. caractère ~ 気前のよい性格. avoir la main ~ *se* 気前がいい, 出し惜しみ

をしない. être ~ avec *qn* 人に対して鷹揚である. être ~ de son temps (ses forces) 時間 (力) を惜しまない.
5 豊かな;(食事が) たっぷりした;(土地が) 肥沃な;(葡萄酒が) 香りとこくがある. éloquence ~ *se* 流れるような雄弁. festin (repas) ~ 豪勢な祝宴 (食事). gorge (poitrine) ~ 豊かな胸. sol (terre) ~ 肥沃な土地. vin ~ こくのある上質な葡萄酒. avoir les formes ~ *ses* 豊満な体をしている.
――*n.* 寛大な人. faire le ~ 気前のよいところを見せる.

générique *a.* **1**〖生〗属の, 属特有の. nom ~[1] 属名.
2 一般的な. caractère ~ 一般的性格.〖商業〗marché ~ 一般市場, ジェネリック市場. nom ~[2] 総称.
3〖文法〗総称的な, 種類全体を示す. personne ~ 総称人称. terme ~ 総称語 (terme spécifique「固有名称」の対).
4 商標登録されていない, 商標名なしの, ノーブランドの; 特許切れの.〖薬〗médicament ~ 商標名なしの医薬品, 一般名で販売される医薬品 (= ~); 特許が切れた医薬品の類似品, 後発医薬品, ジェネリック医薬品. produit ~ ノーブランド商品.
5〖電算〗汎用の, 総称の. classe ~ 汎用クラス. clef ~ 総称キー. fonction ~ 汎関数. instruction ~ 包括的命令.
6〔俗〕並みの, 特徴のない. publicité ~ 特徴のない宣伝.
――*n.m.* **1** 一般名, 総称 (=appellation ~, nom ~).
2 ノーブランド商品 (=produit ~);〖医・薬〗ノーブランド医薬品; ジェネリック医薬品, 後発医薬品.
3〖映画・テレビ〗クレジットタイトル (表題・キャスト・スタッフの表示部). ~ de cinéma 映画のクレジットタイトル. musique de ~ タイトル音楽.

générosité *n.f.* **1** 高潔さ, 無私無欲;〔古〕矜持; 勇気. ~ de son âme その心根の高潔さ. agir par ~ 無私無欲に行動する.
2 寛大さ; 気前のよさ. ~ des donateurs 寄進者 (寄贈者) の気前の良さ. faire preuve de ~ 寛大さを示す.
3〔*pl.* で〕寄付; 施し. faire des ~ *s* 寄付 (施し) をする.
4 (葡萄酒の) こく (濃). ~ d'un vin 葡萄酒のこく.

Gênes *n.pr.f.* ジェノヴァ (〔伊〕Genova)《イタリアの港湾都市; 形容詞 génois(*e*)》. golfe de ~ ジェノヴァ湾.

genèse *n.f.* **1** 創世, 世界創造, 天地創造.〖聖書〗《*la G* ~》「創世記」(旧約聖書の第一の書).
2〔広義〕宇宙生成論, 宇宙開闢説 (=cosmogonie).
3 生成, 生成過程;(文学・美術作品の) 練成; 起源. ~ d'une œuvre d'art (d'un ro-

man) 美術作品(小説の)生成過程(錬成). ~ d'un sentiment 感情の形成. ~ des pensées humaines 人間の思想の起源.

-genèse, -génèse, -génésie [ラ] ELEM「生成, 形成, 産出」の意《ex. angio*genèse* 血管形成》.

génésique *a.* 生殖の;生殖に関する. fonction ~ 生殖機能.

genêt *n.m.* 〖植〗ジュネ, エニシダ(=cytise, genista). ~ à balai ほうきジュネ, エニシダ(学名 Cytisus scoparius). ~ d'Espagne スペイン・ジュネ(学名 Spartium junceum).

généthliaque *a.* 〖占星術〗誕生日の星占いに関する.

généticien(ne) *n.* 遺伝学者.

génétique *a.* **1** 生成に関する;成立〔過程〕に関する. 〖心〗psychologie ~ 発達心理学.

2 〖哲〗(思考・説明などが)発生的な. méthode ~ 発生的方法.

3 〖生〗遺伝の;遺伝子の;遺伝学の. ingénierie ~ 遺伝子工学. 〖医〗maladies ~s 遺伝性疾患. recombinaison ~ 遺伝子組換え. séquençage ~ 遺伝子の配列解析. thérapie ~ 遺伝子治療. vaccin ~ 遺伝子組換えワクチン(=vaccin ADN, DNAワクチン).

——*n.f.* 〖生〗遺伝学. ~ appliquée 応用遺伝学.

genevois(e) *a.* ジュネーヴ(Genève)の;ジュネーヴ州(canton de Genève)の.
——*n.* ~の住民.

genévrier *n.m.* 〖植〗杜松(ねず)《常緑針葉樹;偽漿果の杜松の実 genièvre はジン gin の風味づけなどに用いられる》. ~ de Syrie シリア杜松. fausses baies du ~ 杜松の偽漿果.

génial(ale)(*pl.***aux**)(<génie) *a.* **1** (人・作品などが)天才的な. artiste(mathématicien)~ 天才的芸術家(数学者). œuvre ~*ale* 天才的作品.

2 (考えなどが)卓抜な, 優れた;素晴らしい;〔話〕〔皮肉〕愚劣な. idée ~*ale* 卓抜な考え. C'est ~! それは素晴らしい.

géniculé(e) *a.p.* 〖解剖〗膝状湾曲の. ganglion ~ 膝状湾曲リンパ節.

génie *n.m.* I〖守護神〗**1**〖神話〗守り神, 守護神;〖比喩的〗守護神的存在(=~ tutélaire). bon ~ 守り神;守り神的人物. mauvais ~ 厄病神;厄病神的人物.

2 妖精, 精. ~ des eaux 水の精. gnome, ~ souterrain sous la forme d'un nain contrefait 醜いこびとの姿をした地下の精グノーム《地の精》.

3 (自由, 学芸, 商業などの)守護神. ~ de la liberté 自由の守護神.

II〖天才〗**1** (de の)才能, 素質. avoir le ~ du commerce 商才がある.

2 天才, 天賦の才能;特技. ~ poétique (musical) 詩(音楽)の天才. de ~ 天才的な;秀れた. homme de ~ 天才(人). idée de ~ 卓抜な考え;〔皮肉〕まずい考え. avoir du ~ 天賦の才能がある.〔諺〕Le ~ est une longue patience. 天才とは長き忍耐である.

3 天才(人). ~ méconnu 認められない天才. ~ sublime 卓越した天才. Ce n'est pas un ~. 奴は天才なんかじゃない(凡人だ).

III〖真髄〗**1** 真髄, 真価, 特性;気風. le ~ d'une langue française フランス語の真髄(特質). Le ~ du Christianisme de Chateaubriand シャトーブリヤンの『基督教精髄』(1802年).

2 〖医〗特性. ~ épidémique 伝染病の流行特性.

IV〖工〗**1** 工学. ~ atomique 原子力工学. ~ civil 土木工学;〔集合的〕土木技師. ~ électrique 電気工学. ~ génétique 遺伝子工学. ~ informatique 情報工学. ~ logiciel ソフトウエア工学. ~ maritime 船舶工学, 造船工学;〔集合的〕造船技師. ~ mécanique 機械工学. ~ rural 農業土木工学;〔集合的〕農業土木技師.

2 〖軍〗~〔militaire〕工兵;工兵隊. soldat (officier) du ~ 工兵(工兵士官). régiment de ~ 工兵連隊(略記 RG).

genièvre *n.m.* **1** 〖植〗杜松(ねず)(=genévrier).

2 ジュニエーヴル, 杜松の実, 杜松子(=baie de ~).

3 〖酒〗ジン(=gin)《古・杜松材の樽を用いて醸造したことによる》.

génique *a.* 〖生〗遺伝子の;遺伝子に関する;遺伝子性の. 〖医〗maladie ~ 遺伝子性疾患. 〖医〗thérapie ~ 遺伝子治療(=génothérapie).

génisse *n.f.* **1** 処女牛. **2** 〖食肉・料理〗処女牛の肉(=viande de ~).

génital(ale)(*pl.***aux**) *a.* 生殖の, 生殖に関する. corpuscule ~ 陰部神経小体. cycle ~ 性周期. hémorragie ~*ale* 性器出血. infection ~*ale* 性器感染症. organe ~ 生殖器官, 性器. 〖精神分析〗stade ~ (リビドーの)性器段階. tuberculose ~*ale* 性器結核.

géniteur(trice) *n.* 〔戯〕実父(母). nos ~s われわれの両親.
——*n.m.* 〖畜産〗種畜.

génito-urinaire *a.* 〖解剖・医〗生殖と泌尿の, 生殖器と泌尿器の(=uro-génital). 〖医〗maladie ~ 生殖器と泌尿器の疾病.

géno- [ギ] ELEM「民族」の意《ex. *géno*cide ジェノサイド》.

génocidaire *a.* ジェノサイド(集団虐殺)の(的な). fureur ~ ジェノサイド的狂気.
——*n.* ジェノサイド参加者.

génocide *n.m.* (民族・国民などの)集団殺戮, 皆殺し, ジェノサイド.

génois(e) *a.* ジェノヴァ(イタリアの都市 Gênes；[伊] Genova)の.
— *n.* ~の住民.
— *n.m.* 〖言語〗ジェノバ方言.
— *n.f.* 〖菓子〗ジェノワーズ《小さなアーモンド菓子；軽い菓子》. ~ fourrée à l'abricot 杏詰めのジェノワーズ. pâte à ~ ジェノワーズ生地.

génome *n.m.* 〖生化〗ゲノム《遺伝情報の全体》. décryptage du ~ ゲノム(全遺伝情報)の解読. programme public ~ humain 公的機関による人ゲノム解読計画(=[英] HGP : *H*uman *G*enome *P*roject). séquençage du ~ humain 人ゲノムの配列決定(解読).

génomie *n.f.* ゲノム研究, ゲノム学.

génomique *a.* 〖生〗ゲノム(génome)の(に関する)；ゲノムによる. 〖生化〗ADN ~ ゲノム DNA《エクソン exon とイントロン intron を含むデオキシリボ核酸》.
— *n.f.* 〖生〗ゲノム学, ゲノム応用学.

génomiste *n.* 〖生〗ゲノム(遺伝情報)研究者, ゲノム(遺伝情報)解読者.

génopôle *n.m.* 遺伝子情報解析研究の中心地.

génothérapie *n.f.* 〖医〗遺伝子治療(=thérapie génique).

génotoxique *a.* 対遺伝子毒性の.

génotypage *n.m.* 〖生化〗遺伝子型分類, ゲノム解読. Centre national de ~ 国立遺伝子型分類(ゲノム解読)研究所《略記 CNG》.

génotype *n.m.* 〖生〗遺伝子型.

genou *(pl.* **~x)** *n.m.* **1** 膝；膝頭；(動物の前脚の)膝；(ズボンなどの)膝. A ~*x* !跪け！demander à ~*x* (à deux ~*x*) 跪いて(へり下って)懇願する. prier à ~*x* 跪いて祈る. se mettre (se jeter) à ~*x* 跪く. tomber aux ~*x* de *qn* 人の膝下にひれ伏す. 〖話〗être sur les ~*x* へとへとに疲れている. plier le ~(les ~*x*) devant *qn* 人の前に膝(体)を屈する. sentir ses ~*x* trembler 膝がくがくする. pentalon usé aux ~*x* 膝のすり切れたズボン.
2 〖俗〗禿頭.
3 〖機械〗自在継手, エルボ《パイプの継手》；〖海〗肋材.

genouillère *n.f.* **1** (甲冑の)膝当て；(スポーツ, 医療などの)膝当て, サポーター；(馬の)膝当て. ~ élastique 伸縮式サポーター. ~ plâtrée 石膏サポーター, ギプス膝当て.
2 〖機械〗ナックル継手.

genre *n.m.* Ⅰ (類) **1** 類. le ~ humain 人類.
2 〖生〗種属, 属《famille「科」の下位, espèce「種」の上位の分類区分》. ~ rosa 薔薇属.
3 (文学・芸術の)表現様式, 表現形式, ジャンル；スタイル. ~ dramatique 演劇様式. ~ littéraire 文学ジャンル. ~ en prose (en vers) 散文(韻文)形式. ~ [du] paysage 風景画. ~ [du] portrait 肖像画. peinture (tableau) de ~ 風俗画.
Ⅱ (種類) **1** 種類, タイプ. du même ~ 同じ種類の. de tout ~, de tous ~*s* あらゆる種類の. marchandises de tout (tous) ~ (*s*) あらゆる種類の商品. Quel ~ d'homme est-il? 彼はどんなタイプの人ですか？ unique en son ~ その種のものの中では唯一の(ユニークな).
2 行動様式；行儀, マナー. ~ de vie 生活様式, 生き方. avoir bon (manvais) ~ 行儀が良い(悪い). faire (se faire) du ~；se donner un ~ 気取る.
3 趣味, 好み. de bon (mauvais) ~ 良い(悪い)趣味の. Ce n'est pas mon ~. それは私の好みではない. 〖話〗bon chic, bon ~ 洒落ていて趣味(行儀)のよい《人々》《略記 BCBG》.
Ⅲ 〖文法〗性. ~ masculin (féminin, neutre) 男性(女性, 中性). accord en ~ 性の一致.

gens *n.m.pl.* 〖古仏 gent の複数形であるので元来は女性複数名詞であるが, hommes 「人々」の意味になったため男性複数名詞に変った；但し, 今日でも gens の直前に男性女性異形の付加形容詞がくると, その形容詞およびそれに先立つ形容詞は女性形となる：*ex.* de *bonnes* ~ ; *toutes* ces *vieilles* ~. 例外は de+補足名詞を伴う場合：*ex. certains* ~ d'affaire. その他は男性：後続形容詞：les ~ *heureux*；男女共同形形容詞：*tous* ces *pauvres* ~. 属性形容詞：Toutes ces *bonnes* ~ sont *ennuyeux.*〗

1 人々(不特定). beaucoup de (la plupart des) ~ 多くの(大部分の)人々(quelques (plusieurs) ~ や, 数詞+~ は不可；但し形容詞のついた trois jeunes ~ は可能). certaines ~ ある種の人々. ces ~ -là あの人たち. ~ avancés 進歩的な人々. ~ civilisés 文明人. ~ du Midi (du Nord) 南仏(北仏)人. ~ du [grand] monde 上流界の人々. ~ du pays (du village) 地方人(村人). ~ de peu (de rien) 取るに足りない人びと. ~ du peuple 庶民. des ~ simples 実直な人々. les ~ simples ~ プロレタリアート. les braves ~ 善良な人たち. des jeunes ~ 青年男女；青年(jeune homme の複数形). de (des) petites ~ 身分の賤しい人たち. de vieilles ~*s* 老人. une centaine de ~ 百人程の人びと. peu de ~ 僅かな人びと.

2 [~ de+職業・状態などを表す名詞] ~ d'affaire 実業家. ~ d'armes (中世の) 兵士；騎兵. ~ de droite (gauche) 右翼(左翼)(人). ~ d'Eglise 聖職者. ~ d'épée 貴人, 武人. ~ d'esprit 知識人. ~ de goût 趣味のよい人々. ~ de justice 裁判官. ~ de lettres 文人, 作家. ~ de maison 召使(=domestique). ~ de mer 船乗り, 船員(=marin). ~ de robe 法曹家(法廷で法服を着用する司法官 magistrat と弁護士 avocat). ~ de service サービス係. **3** 周囲の人々(自分を含めた特定の人々を不特定のものとして表現). On ne se moque pas des ~! 人を馬鹿にするものではない! **4** 人間(事物・動物の対) les bêtes et les ~ 動物と人間. **5** 〖やや古〗(所有形容詞または de+qn と共に) 従者, 部下;召使. les ~ de M. X X 氏の召使たち. nos ~ われわれの部下(召使, 仲間);兵士たち. un grand seigneur et ses ~ 大貴族と従者. Tous nos ~ sont arrivés. われわれの部下(仲間)がすべて到着した. **6** 〖法律〗droit des ~ 万民法(ラテン語の jus gentium の訳. 国際法 droit international の旧称).

gentamycine *n.f.* 〖薬〗ゲンタマイシン(略記 GM;アミノグリコシド系抗生物質;緑膿菌, ブドウ状球菌, 大腸菌などの多剤耐性菌の感染症に有効).

gentianacées *n.f.pl.* 〖植〗りんどう科;りんどう科の植物(gentiane「りんどう, ゲンチアナ」など).

gentiane *n.f.* **1** 〖植〗ジャンシヤン, りんどう. 〖薬〗racine de ~ ゲンチアナ根(grande ~ à fleurs jaunes 黄花大りんどうの根;苦味があり, 食欲増進作用がある). **2** りんどうの根でつくったアルコール性飲料(アペリティフ).

gentil(le) [ʒɑ̃ti, ʒɑ̃tj] *a.* **1** 愛らしい, 可愛らしい;感じのいい, 素敵な. ~ chapeau 可愛らしい(素敵な)帽子. ~ comme un cœur (〖話〗comme tout, tout plein) (人が)とても可愛い;(物が)大変感じがよい, 魅力的な. ~le petite fille 愛らしい少女. ~le petite robe ちょっとした素敵なドレス. **2** 親切な, 優しい, 心遣いにあふれた;愛想のよい. ~le attention 優しい心遣い. ~le lettre 心遣いにあふれた手紙. être ~ avec (pour) qn 人に対して親切である. Soyez ~. 優しくして下さい. Vous serez ~ de fermer la fenêtre. おそれ入りますが窓を閉めていただけないでしょうか. C'est ~ à vous d'être venus. ようこそいらっしゃいました. C'est très ~ de votre part. ご親切に有難うございます. C'est bien ~, mais c'est l'heure de partir. ご親切に, でもそろそろおいとましなくてはなりません. 〖皮肉〗C'est bien ~ d'avoir tout démonté. すっかり壊してくださったのは本当にご親切さま. Merci, Monsieur (Madame), vous êtes très ~(le). ご親切に有難うございます. **3** (子供が)おとなしい(=sage). Sois ~. おとなしくしなさい. Reste ~ toute la journée. 一日中良い子にしていなさい. **4** (金額が)かなりの. ~le fortune 相当な資産. Il en coûte la ~le somme de mille euros. それは 1000 ユーロもする. **5** 〖植〗bois ~ 西洋沈丁花(じんちょうげ) (=daphné).
——*n.* 親切な(優しい)人. faire le ~ 親切ぶる.

gentilhomme (*pl.* ***gentils-hommes*** [ʒɑ̃tizɔm]) *n.m.* **1** 貴族;(国王・大貴族などの)側近貴族;側近. ~ campagnard 田舎貴族;田舎紳士(=hobereau). ~ de parchemin 成上り貴族. ~s ordinaires du roi 国王の侍従. simple ~ 平貴族(爵位を持たない);chevalier の下). ~ servant 国王の食卓係侍従. *Le Bourgeois ~ de Molière* モリエールの喜劇『町人貴族』(1670 年). maison d'un ~ 貴族の館(=gentil hommière). 〖話〗vivre en ~ 働かずに暮す. **2** 〖文〗高潔な人, 紳士, ジェントルマン(=[英] gentleman). agir en ~ 紳士的に振舞う. **3** 〖稀〗~ fermier 豪農(=gentleman-fermier).

gentillesse *n.f.* **1** 親切, 優しさ, 好意;親切な行為(言葉), 優しい心遣い. accueil plein de ~ 優しさに溢れた応待.
avoir la ~ de+*inf*. 親切にも…する. Auriez-vous la ~ de m'aider à porter cette valise? スーツケースを運ぶのを手伝っていただけないでしょうか? abuser de la ~ de qn 人の善意を悪用する. dire des ~s 優しい言葉を口にする. être d'une grande ~ avec qn 人に対して非常に親切である. faire mille ~s 細かい心遣いをする. Je vous remercie de toutes les ~s que vous avez eues pour moi. 御好意に心から御礼申し上げます. **2** 愛らしさ, 愛らしい風情;可愛らしい行為(言葉). ~ d'un petit enfant 幼児の愛らしさ. **3** 〖皮肉〗ひどい仕打ち, 悪口. **4** (女性の)魅力. **5** 〖古〗気の利いた言葉(振舞い). **6** 〖古〗高貴さ(=noblesse).

gentlemen's agreement [dʒɛntləmɛnzagrimɛnt], **gentleman's agreement** [英] *n.m.* **1** 紳士協定. **2** 口約束(accord verbal).

gentrification *n.f.* 〖社〗上流階級化.(庶民の)富裕階層化.

genu [ʒeny] (*pl.* ***genua***) [ʒenja] [ラ] *n.m.* 膝(=genou). [ラ] ~ recurvatum 反張膝, 膝反張. [ラ] ~ valgum 外反膝(=genou cagneux), X 脚. [ラ] ~ varum 内反膝(=jambes arquées), O 脚.

géo- [ʒeo] [ギ] ELEM 「土地, 地球」の意 (*ex. géo*graphie 地理学, *géo*logie 地質学).

génuflexion *n.f.* **1** 跪座(膝を屈すること).
2 〖多く *pl.*〗敬服の表明;追従, へつらい. se répandre en ~s お追従を述べたてる.

géobiologie *n.f.* 地生物学(地電流courant tellurique が生物に及ぼす影響など，地質の変遷と生物との相関関係の研究).

géobotanique *n.f.* 植物地理学.
——*a.* 植物地理学の，植物地理学的な.

géocentrique *a.* **1** 〖天文〗〖古〗天動説の (héliocentrique「地動説の」の対). conception ~ de l'Univers 宇宙の天動説 (= géocentrisme).
2 〖天文〗地心の，地心に関する. mouvement ~ 地心運動.

géocentrisme *n.m.* 〖天文〗〖古〗天動説 (héliocentrisme「地動説」の対).

géochimie *n.f.* 地球化学.

géochronologie *n.f.* 地球年代学，地質年代学.

géocristallographie *n.f.* 地球結晶学.

géode *n.f.* **1** 〖地学〗晶洞，異質晶洞，ジオード.
2 la G~ ジェオード (パリのヴィレット公園 parc de la Villette 内の科学博物館に付属する多面体型ドーム状の視聴覚教育施設の名称).
3 〖医〗(肺や骨組織などの) 洞.

géodésie *n.f.* 測地学. instruments de ~ 測地機器.

géodésique *a.* 測地の；測地学の；測地線の. mesures ~s 測地. opération ~ 測地. satellite ~ 測地衛星.
——*n.f.* 測地線 (=ligne ~).

géodynamique *n.f.* **1** 地球力学. **2** 地球と月の引力学.
——*a.* 地球力学の；地球力学的な.

géoéconomie *n.f.* 〖経済〗経済地理学 (= géographie économique).

géoélectricité *n.f.* 〖物理・地学〗地球電気.

géoglyphe *n.m.* 〖考古〗ジェオグリフ (大地に描かれた絵文字・象形文字・浮彫像・溝彫り図). ~ de Nazca ナスカの地上絵 (ペルーの世界遺産).

géographie *n.f.* **1** 地理学. ~ économique 経済地理学. ~ générale 一般地理学. ~ humaine 人文地理学. ~ linguistique 言語地理学. ~ régionale 地域地理学. ~ rurale 農村地理学.
2 地理学書；地誌.
3 地理；地形，地勢. ~ de la France フランスの地理.

géographique *a.* 地理学の；地理の. carte ~ 地図. Institut ~ national (IGN) (フランスの) 国立地理院. service ~ de l'armée 陸軍陸地測量部.

géoïde *n.m.* 〖地学〗ジオイド《地球の表面をすべて平均海面とみなした等ポテンシャル面》.

Géol (=Ecole nationale supérieure de *géol*ogie) *n.f.* 〖教育〗国立高等地質学校 (1908 年 Nancy で創設のグランド・エコール；略記 ENSG の通称).

geôlier (*ère*) [zolje, -ɛr] *n.* 〖文〗牢番；看守 (=gardien de prison).

géolocalisation *n.f.* 地球上の位置測定 (GPS (= [英] GPS : *g*lobal *p*ositioning *s*ystem 全地球測位システム) の利用による位置の測定と表示).

géologie *n.f.* **1** 地質学. ~ appliquée 応用地質学, 地質工学. ~ historique 地史学. ~ marine 海洋地質学. ~ stratigraphique 地質層位学. ~ tectonique 構造地質学.
2 地質学書 (=livre de ~, traité de ~).
3 地質.

géologique *a.* 地質の；地質学の. carte ~ 地質図. étude ~ 地質調査. formations ~s 地質形成. temps ~ 地質年代.

géologue *n.* 地質学者.

géomagnétique *a.* 〖物理〗地磁気の.

géomagnétisme [ʒeɔmaɲetism] *n.m.* 〖物理〗地磁気.

géomancie *n.f.* 土占い (土，砂塵，小石などを盤上に投げて，その形状によって占うもの).

géomarketing *n.m.* 〖経済，商業〗地理的市場調査.

géométral (*ale*) (*pl.* **aux**) *a.* 〖数・建築〗実測の. plan ~ 実測図.
——*n.m.* 実測図 (=plan ~).

géomètre *n.* **1** 幾何学者；〖古〗数学者.
2 測量技師，測量士 (= ~ arpenteur). **3** 〖昆虫〗しゃくがの幼虫，尺取虫.

géométrie *n.f.* **1** 幾何学. ~ analytique 解析幾何学. ~ de l'espace (plane) 立体 (平面) 幾何学. ~ différentielle (intégrale) 微分 (積分) 幾何学. ~ (non) eucridienne (非) ユークリッド (エウクレイデス) 幾何学. esprit de ~ 幾何学的 (数学的) 精神 (Pascal の言葉；esprit de finesse「繊細の精神」の対).
2 幾何学書.
3 規則正しい形式 (構造). à ~ variable 変換自由な. 〖航空〗avion à ~ variable 可変翼機. 〖鉄道〗boggie à ~ variable 可変軌間可変台車. 〖比喩的〗parti à ~ variable 風見鶏的 (ご都合主義の) 政党.

géométrique *a.* **1** 〖数〗幾何〔学〕の. démonstration ~ 幾何の証明. figure ~ 幾何学的図形. lieu ~ 軌跡. progression ~ 等比数列.
2 幾何学 (数学) 的な，厳密な. esprit ~ 幾何学 (数学) 的精神〔の持主〕. précision de ~ 幾何学 (数学) 的精密さ.
3 〖比喩的〗(形状などが) 幾何学的な，整然とした，規則正しい. décoration (ornementation)~ 幾何学模様. ville à plan ~ 整然と区画された町.

géomicrobiologie *n.f.* 〖生〗地質微生物学.

géomorphologie *n.f.* 地形学. ~ climatique 気候地形学.

▶ **géomorphologue** *n.*

Géoparc *n.pr.m.* ジェオパルク《地質学的に重要な自然公園・自然遺産》. réseau mondial de ~s soutenu par l'UNESCO ユネスコに支援された世界ジェオパルク網.

géophysiologique *a.* 地球生理〔学〕の.

géophysique *n.f.* 地球物理学. ~ marine 海洋地球物理学.
——*a.* 地球物理学の(的な). prospection ~ 資源探査.

géopolitique *n.f.* 地政学.
——*a.* 地政学の. problèmes ~s 地政学的問題. ▶ **géopoliticien**(*ne*) *n.*

géopositionnement *n.m.* 測位システム. ~ par satellite 衛星測位システム, 全地球測位システム(=〔英〕GPS: *g*lobal *p*ositioning *s*ystem).

Géorgie(**la**)¹ *n.f.* 〔国名通称〕グルジア(〔グルジア語〕Sakartvelo)《公式名称: la République de G~ グルジア共和国; 国民: Géorgien(*ne*); 首都: Tbilissi トビリシ; 通貨: lari 〔GEL〕》.

Georgie(**la**)² *n.pr.f.* (アメリカ合衆国の)ジョージア州(=l'état de G~;〔英〕state of Georgia)《州都 Atlanta アトランタ; 形容詞 georgien(*ne*)》.

géorgien(**ne**) *a.* **1** グルジアの. église orthodoxe ~ne グルジア正教会. **2** (アメリカの)ジョージア州の.
——*n.m.* グルジア語.
——*G~ n.* **1** グルジア人. **2** (アメリカの)ジョージア州民.

géoscience *n.f.* 〔多く *pl.*〕地学, 地球科学《地質学 géologie, 地球物理学 géophysique, 気象学 météorologie など》.

géosphère *n.f.* 地球圏.

géostationnaire *a.* 〔宇宙〕(人工衛星が)静止軌道に乗った, 対地静止性の. orbite ~ 静止軌道. satellite ~ 静止〔軌道〕衛星. satellite de communication ~ 静止通信衛星.

géostatique *n.f.* 〔鉱〕地圧学.

géostatistique *n.f.* 地質統計学.
——*a.* 地質統計学の; 地質統計学的な. données ~s 地質統計学的データ.

géostratégie *n.f.* 〔軍〕戦略地政学, 地政学的戦略.

géostrophique *a.* **1** 地球の自転による偏向力の, 地衡的な.
2 〔気象〕地衡風(=vent ~)の.

géosynchrone *a.* (人工衛星が)地球の自転速度と同調する. satellite ~ 静止衛星(=satellite géostationnaire).

géosynclin*al* (*pl.* **aux**) *n.m.* 〔地学〕地向斜. ~ méditerranéen 地中海地向斜.

géotechnicien(**ne**) *n.* 地質工学者.

géotechnique *n.f.* 地質工学.
——*a.* 地質工学の.

géotectonique *n.f.* 地殻変動学, 地殻構造学.
——*a.* 地殻変動の; 地殻構造の. théorie ~ 地殻変動〔構造〕理論.

géotextile *n.m.* 〔土木〕ジオテキスタイル《土壌の分離・成形などに用いる織布・不織布》.

géothermie *n.f.* **1** 地熱. **2** 地熱学.

géothermique *a.* 地熱の, 地熱に関する; 地熱による. centrale ~ 地熱発電所. énergie ~ 地熱エネルギー.

géothermomètre *n.m.* 〔地学〕地熱温度計.

Gepi (=*G*roupement *e*uropéen des *p*rofessionels *i*ndépendants) *n.m.* ヨーロッパ独立職業人連合.

gérance *n.f.* **1** 経営; 管理. ~ d'une entreprise (d'une société) 企業(会社)の経営. ~ de la tutelle 後見財管. ~ de portefeuille 投資管理. ~ libre; ~-location 代理経営. ~ salariée 雇払い管理人による経営. ~-vente 販売委譲. contrat de ~ 管理契約. 〔海〕~ technique 船舶管理.
2 管理人による管理(経営). mettre une entreprise en ~ 企業経営を管理人に委ねる. ~ de société 営利社団の業務執行者.
3 経営(管理)期間. ~ de trois ans 3年の管理期間.
4 〔出版〕~ d'une publication 出版法務責任者.

géranium [-jɔm] *n.m.* **1** 〔植〕ふうろそう(=bec-de-grue)《Géraniacées「ふうろうそう科」の植物》.
2 〔園芸〕ゼラニヨム, ゼラニウム(pélargonium「ペラルゴニウム」の通称). ~ hybride 交雑種ゼラニウム. ~ lierre アイヴィー・ゼラニウム(=pélargonium-lierre). ~ rouge 赤花のゼラニウム.
——*a.inv.* (ゼラニウムの花の)鮮紅色の. chemisier ~ 鮮紅色のシャツブラウス. rouge ~ ゼラニウム・レッド.

gérant(**e**) *n.* **1** (不動産・財産などの)管理者(人), 代理人. ~ d'affaires 事務管理者. ~ des biens individus 不分割財産管理者. ~ d'immeuble 不動産管理者. ~ de la tutelle 後見管理人. ~ de portefeuille 投資管理人. ~ libre 営業財産賃借〔管理〕人.
2 支配人; 経営責任者, 経営者. ~ de fonds de commerce 営業財産支配人. ~ de l'hôtel ホテルの主人(=tenancier). ~ de succursale 支店長.
3 〔法律〕(営利社団の)業務執行者, 経営者(=~ de société). ~ de fait (法人の)事実上の業務執行者. ~ d'une société civile (en commandite, à responsabilité limitée) 民事(合資, 有限)会社の業務執行者(経営者). ~ de succursale 支店長.
4 発行人, 発行責任者(=directeur de la publication). ~ d'un journal (d'un périodique) 新聞(定期刊行物)の発行人.

gerbe *n.f.* **1** (穀類の)束; 麦束(=~ de

blé). ~ d'avoine 燕麦の束. mettre le blé en ~s 小麦を束ねる.
2 (花, 小枝などの) 束；(大きな) 花束. ~ de fleurs 花束. ~ de roses 薔薇の花束. offrir une ~ à une mariée 新婦に花束を贈る.
3 (噴水, 柱などの作る) 束の形 (元が小さく, 先端が開いた形). ~ d'eau d'un bassin 泉水から吹き上げる水の柱. ~ d'un feu d'artifice 末広がりの打上花火.
4〖軍〗集束弾道；拡散発射. ~ d'éclatement (炸裂した弾丸の) 破片拡散域. ~ de torpilles 魚雷の拡散発射.
5〖物理〗(宇宙線の) シャワー. ~ cosmique 宇宙線シャワー.
6 (同種の事物の) 全体, つらなり. une ~ de bonnes volontés 善意の集まり.

gerçure *n.f.* **1** (皮膚の) ひび割れ, あかぎれ. ~s aux mains 手のひび割れ. avoir des ~s ひび割れができている.
2 (地面, 木材, 塗装などの) ひび割れ. ~s d'un enduit de tableau 油絵の下塗りのひび割れ. arbre couvert de ~s ひび割れた樹木 (=arbre gercuré).

gériatre *n.*〖医〗老人病医.
gériatrie *n.f.*〖医〗老人病学, 老年病学. service de ~ (病院の) 老人病科.
gériatrique *a.*〖医〗老人病の. médecine ~ 老人病学.

germain(e)¹ *n.*〖史〗ゲルマニア (la Germanie：北海とアルプス, ライン河とエルベ河の間の地域) の；ゲルマン民族の.
—**G~** *n.* ゲルマン人.
—**G~** *n.m.pl.* ゲルマン民族.

germain(e)² *a.*〖法律〗**1** (兄弟姉妹が) 同じ父母を親とする；実の (consanguin「異母の」, utérin「異父の」の対). sœur ~e 実の姉 (妹).
2 (従兄弟 cousin, 従姉妹 cousine が) 同一の祖父母をもつ；実の.
3〖文〗似通った, 相通じた.
—*n.*〖法律〗**1**〖*pl.* で〗兄弟；姉妹；近親者. les ~s, les utérins et les consanguins 兄弟姉妹, 異父兄弟姉妹, 異母兄弟姉妹.
2 cousin issue de ~〖s〗従兄弟 (従姉妹) の子, いとこちがい (5親等)；またいとこ (6親等).

germanisme *n.m.* **1**〖言語〗ドイツ語特有の語法. **2** ドイツ語からの借用.
germaniste *n.* **1**〖言語〗ゲルマン語学者；ドイツ語学者. **2** ドイツ学者；ドイツ研究家. **3**〖古〗ドイツ贔屓.
germanium [ʒɛrmanjɔm] *n.m.* **1**〖化〗ゲルマニウム (元素記号 Ge, 原子番号 32；原子量 72.59；1885 年発見の金属元素).
2〖半金属〗ゲルマニウム (融点 937.4℃, 沸点 2830℃)；半導体素子に用いられる灰白色の半金属).
germanophile *a.* ドイツ好きの, ドイツ贔屓の. journal ~ ドイツ寄りの新聞.

—*n.* ドイツ贔屓の人.
germanophobe *a.* ドイツ人嫌いの；反ドイツ的な (=anti-allemand(e)).
—*n.* ドイツ嫌いの人.
germanophone *a.* ドイツ語を話す, ドイツ語圏の. la Suisse ~ ドイツ語圏のスイス.
—*n.* ドイツ語を話す人.
germano-soviétique *a.* 独ソの.〖史〗pacte ~ 独ソ条約 (1939 年).
germe *n.m.* **1**〖生〗萌芽, 種；胚；胚芽, 幼芽. ~ de blé 麦の胚芽, 麦芽. ~ dentaire 歯の生えはじめ. ~ de l'œuf 卵の目 (卵黄の胚). ~ de soja もやし.
2〖多く *pl.*〗微生物, 細菌；病原性微生物. ~s infectieux 感染性微生物. ~s microbiens 細菌. ~s pathogènes 病原菌.〖医〗porteur de ~s 保菌者.
3〖物理〗(結晶の) 核.
4〖比喩〗原因, 根源, 種, 芽, 兆し. ~s de la civilisation 文明の萌芽. ~s d'une crise économique 経済危機の起因. ~s d'une rébellion 反乱の芽. en ~ 萌芽状態の, 潜在的状態の.

germicide *a.* 殺菌性の (=bactéricide). lampe ~ 殺菌灯.
—*n.m.* 殺菌灯.
germinal (ale) (*pl.* **aux**) *a.*〖生〗胚の, 生殖質の. cellule ~ale 発芽力. lignée ~ale 生殖系列.
—*n.m.*〖仏史〗ジェルミナル, 芽月 (共和暦の第 7 月；3 月 21 (22) 日-4 月 18 (19) 日).
germination *n.f.* **1**〖植〗発芽；発芽期 (=période ~). **2**〖比喩〗萌芽, 芽生え. **3**〖化〗~ des cristaux 結晶核形成.
germon *n.m.*〖魚〗ジェルモン, 白鮪 (=thon blanc；学名 Thunnus alalunga；大西洋, 地中海に棲息するびんながまぐろ).
géromé *n.m.*〖チーズ〗ジェロム (ロレーヌ地方 la Lorraine で主に殺菌牛乳からつくられる軟質, 褐色の洗浄外皮, 脂肪分 45-50 ％の AOC チーズ；直径 11-20 cm, 厚さ 2.5-3.5 cm の円型). ~ anisé ジェロム・アニゼ (アニス風味のジェロム).
géront[o]- [ʒɪ]〖ELEM〗「老人」の意 (*ex. géront*ologie 老人学, *géront*isme 早老).
gérontisme *n.m.* 早老.
gérontocratie *n.f.* 長老政治；老人政治, 老人支配体制.
gérontologie *n.f.* 老人学；老人医学, 老年病学 (=~ médicale). ~ psychologique 老人心理学. ~ sociale 老人社会学.
gérontophilie *n.f.* 老人 (性) 愛.
gerrymandering 〖英〗(<Elbridge Gerry [1744-1814]；米国の政治家；選挙区改正を実施＋sala*mander*) *n.m.*〖政治〗ゲリマンダー化 (自党を有利にするために地区の規模や人口を無視した選挙区の設定).
Gers [ʒɛr] *n.pr.m.* **1**〖地理〗le ~ ジェール川 (la Gironde ジロンド河の支流；長さ

178 km》).

2 〖行政〗le ~ ジェール県《=département du ~ ;県コード 32；フランスと UE の広域地方行政区 région Midi-Pyrénées ミディ=ピレネー地方に属す；県庁所在地 Auch オーシュ；主要都市 Condom コンドン, Mirande ミランド；3 郡, 31 小郡, 463 市町村；面積 6,257 km²；人口 172,335；形容詞 gersois(*e*)》.

GES (=*g*az *à* *e*ffet de *s*erre) *n.m.pl.* 〖環境〗温室効果ガス (= [英] GHG : *g*reen *h*ouse *g*ases).

gestalt-thérapie [gɛʃtalt-] *n.f.* 〖精神療法〗ゲシュタルト療法.

Gestapo (la) [gɛstapo] (= [独] *Ge*heime *Sta*pol*izei*) *n.f.* 〖史〗ゲシュタポ, 秘密国家警察《ナチスドイツの秘密警察；1933-45 年》.

gestation *n.f.* **1** 妊娠, 懐胎. durée de la ~ 妊娠期間. **2** 〖比喩的〗〖文〗構想段階, 創作過程. roman en ~ 構想中の小説.

geste *n.m.* **1** 身振り；手真似, ジェスチュア；仕種. ~ du salut 挨拶の身振り. ~*s* démonstratifs 指示的ジェスチュア. ~*s* machinal 無意識の仕種. langage par ~*s* des sourds-muets 聾唖者の手話 (=*d*actylologie).
faire un ~ de la main pour appeler *qn* 人を手招きする. faire des ~*s* en parlant 話に身振りを交える. ne pas faire un ~ 身動きひとつしない. joindre le ~ à la parole 言った事をすぐ実行する. saluer un ~ de la main 手で挨拶する.
2 挙措, 動作, 振舞い；態度. ~ de refus 拒否の態度. ~ obscène 卑猥な振舞い.〖話〗avoir le ~ large 鷹揚である. avoir le ~ lent 動作が緩慢である.
3 行為, 行動. ~ désintéressé 無私の行為. beau ~ 美挙, 善行, 快挙. les faits et ~*s* de *qn* 人の一挙一投足.
〖話〗faire un ~《pour のために》好意的な態度を示す. Allons, faites un ~ ! さあ, 何とかしてあげなさい. ne pas faire le moindre ~ 指一本動かさない, 知らん顔をする.

gestion (<gérer) *n.f.* **1** 管理〖行為〗. ~ conjointe 共同管理. ~ d'affaires 事務管理. ~ de fait 事実上の管理. ~ des fonds 基金の管理《運用》. ~ de portefeuille 有価証券の包括的管理；投資一任契約. ~ du personnel 人事管理. ~ d'un patrimoine 財産管理.〖行政〗~ privée (publique) 私《公》的管理. acte de ~ 管理行為. boutique de ~ 経営業務店.〖財政〗compte de ~ 管理計算書；管理会計；経営計算.
2 経営, 運営. ~ d'une entreprise (d'une société) 企業《会社》の経営. avoir la ~ d'une entreprise 企業を経営する.
3 〖財政〗現金主義.
4 〖軍〗《軍施設直営役務の》管理勤務《糧食・被服等の管理》.

gestionnaire *a.* 管理に関する；経営に関する；管理《経営》担当の. administrateur ~ 総支配人.
——*n.* 支配人；経営者, 管理人.
——*n.m.* **1** 〖軍〗管理業務担当〖下〗士官.
2 〖情報処理〗管理ソフト. ~ d'impression 印刷管理ソフト.

gestuel(le) *a.* 身振りの《による》. langage ~ 身振り言語, 手話.〖美術〗peinture ~le アクション・ペインティング.
——*n.f.* 身振り, 手真似.

GeV (=*g*iga-*e*lectron-*v*olt) *n.m.* 〖物理〗ギガ電子ヴォルト, ギガエレクトロンヴォルト《10 億電子ヴォルト, 10⁹ 電子ヴォルト》.

gevrey-chambertin *n.m.inv.* 〖葡萄酒〗ジュヴレー＝シャンベルタン《ブルゴーニュ地方 la Bourgogne, コート＝ドール県 département de la Côte-d'Or のコート＝ド＝ニュイ地区 la Côte de Nuits にある Gevrey-Chambertin 村《市町村コード 21220》でつくられる赤の AOC 葡萄酒》.

gewürztraminer [gɛvyrtstraminɛr] 〖独〗*n.m.* 〖葡萄酒〗**1** ゲヴュルツトラミネール種, ジェヴュルツトラミネール種《アルザス地方 l'Alsace を中心に栽培されている葡萄の品種名》.
2 ゲヴュルツトラミネール酒《香りの高い辛口の白葡萄酒》.

gex *n.m.* (<*pays de G*~)〖チーズ〗ジェックス《ジュラ山脈 le Jura の Gex ジェックス《市町村コード 01170》を中心とする地方で牛乳からつくられるかび入りの AOC チーズ》.

GFA (=*g*roupement *f*oncier *a*gricole) *n.m.* 農業不動産管理団体〖民事会社〗.

GFF (=*g*roupement *f*oncier *f*rançais) *n.m.* フランス不動産管理団体〖民事会社〗.

GFSA (=*G*roupement des *f*orces *s*oviétiques en *A*llemagne de l'Est) *n.m.* 〖史〗東独駐留ソ連軍.

GFV (=*g*roupement *f*oncier *v*iticole) *n.m.* 葡萄栽培地所管理団体.

Ghana (le) *n.pr.m.* 〖国名通称〗ガーナ《公式国名：la République du G~ ガーナ共和国；国民：Ghanéen(ne)；首都：Accra アクラ；通貨：cedi [GHC]》.

ghanéen(ne) (<*G*hana) *a.* ガーナ《le Ghana》の, ガーナ共和国《la République du Ghana》の；~人の.
——*G*~ *n.* ガーナ人.

GHB (=*g*amma-*h*ydroxy-*b*utyrate) *n.m.* 〖薬〗ガンマ＝ヒドロキシ＝ブチラート, ガンマ＝ヒドロキシ酪酸塩《抗不安薬の一種；ボディービルダーが特に愛用する合成麻薬》.

ghetto [gɛto] 〖伊〗*n.m.* **1** ゲットー, ユダヤ人居住区, ユダヤ人街. ~ de Varsovie ヴァルシャヴァ《ワルシャワ》のゲットー.
2 《特定の集団の》居住区；貧民窟, スラム街.

3 孤立集団；孤立状態.
GHRF (=［英］growth hormone releasing factor) n.m.『生理』成長ホルモン放出因子(=［仏］facteur de libération d'hormone de croissance；GHRF 成長ホルモン放出ホルモン).
GHz (=gigahertz) n.m. ギガヘルツ(10^9 Hz).
GIA (=Groupe islamique armée) n.m. イスラム主義武装グループ(［アラビア語］al-Jama'ah al-Islamiyah al-Musallaha；1992年に結成された，アルジェリアの武装テロリスト・グループ).
GIAT (=Groupement industriel des armements terrestres) n.m. 地上兵器産業グループ(1990年に再編創立された100％国有の地上兵器製造会社；国防省のDTAT=Direction technique des armements terrestres 地上兵器技術局所管).
gibbérelline n.f.『生化』ジベレリン(発芽・成長を促進する天然植物ホルモン).
gibelotte n.f.『料理』ジブロット(兎の白葡萄酒煮).
gibier n.m. **1**〔集合的〕狩猟の獲物(野鳥獣)，ジビエ.『狩』gros ～ 大型の獲物(野鳥獣)(cerf, chamois, chevreuil, daim, monflon, sanglier など).『狩』petit (menu) ～ 小型の獲物(野鳥獣)(bécasse, caille, canard, faisan, grive, lapin, lièvre, palombe, perdrix, pigeon, tourtelle など).『狩』～ à plume[s] 野鳥〔類〕.『狩』～ à poile 野獣〔類〕；(特に)野兎(lièvre).『狩』～ d'eau 水禽(水鳥)〔類〕. ～ de repeuplement 自然繁殖野鳥獣. ～ herbivore 草食野鳥獣. ～(non) chassable 狩猟可能(禁猟)野鳥獣. ～ protégé 保護野鳥獣.
appartenance du ～ 野鳥獣の帰属. chasse au ～ 野鳥獣の狩猟.『狩』pièges à ～ 野鳥獣捕獲用の罠. réserve du ～ de terre 地上棲息野鳥獣保護区. saison du ～ ジビエの季節(主に秋).
2『料理』ジビエ，野鳥獣の肉(=viande du ～). ～ en civet ジビエの赤葡萄酒煮. ～ faisandé 食べ頃に慣らした野鳥獣の肉. manger du ～ 野鳥獣(ジビエ)を食べる. temps de cuisson du ～ ジビエの肉の加熱調理時間.
3〔比喩的〕(詐欺師などの)好餌，かも. C'est son ～. あれはあいつのかもだ.
4〔比喩的〕(人の)追い求めるもの；精神の糧. ～ de savant 学者の獲物.
5〔比喩的〕～ de potence 絞首刑に値する極悪人. ～ de prison 刑務所送りになる奴.
giboulée n.f.『気候』ジブレー(春先の霰まじりのにわか雨). ～s de mars 三月のジブレー.
giboyeux(se) a. ジビエ(野鳥獣)が多く棲息する，ジビエに恵まれた. pays ～ ジビエに恵まれた地方.
GIC[1] (=grands infirmes civiles) n.pl. 民間

重度身障者. plaque ～ (自動車に表示する)民間重度身障者プレート.
GIC[2] (=grand invalide civil) n.m. 民間重度廃疾者. carte de stationnement ～ 民間重度廃疾者特別駐車許可証. plaque ～ 民間重度廃疾者票(特別駐車許可を得るため車に表示).
Gide (=gestion informatique des détenus en établissements) n.f.『法律』施設内禁錮者のコンピュータ管理.
GIE (=groupement d'intérêt économique) n.m.『商業』経済利益団体(複数の自然人または法人による民事または商事の法人).
GIEC (=Groupe intergouvernemental [d'experts] sur l'évolution du climat) n.m.『環境』気候変動に関する政府間［専門家］機構(=［英］IPCC：Intergovernmental Panel on Climate Change「気候変動に関する政府間パネル」；これを文字通り仏訳して the Panel intergouvernemental sur le changement climatique とすることもある). rapport officiel du ～ 気象に関する政府間専門家グループの公式報告書. Le ～ est un groupe d'experts, créé en 1988 pour deux organismes de l'ONU：l'Organisation météorologique mondiale (OMM) et le Programme des Nations Unies pour l'environnement (PNUE). 気候変動に関する政府間専門家機構は，1988年，国連の2つの機関すなわち世界気象機関WMO (the World meteorological Organization)と国連環境計画UNEP (United Nations Environment Programme)によって設立された.
GIFAS, Gifas (=Groupement des industries françaises aéronautiques et spatiales) n.m. フランス航空宇宙産業グループ.
GIFS (=Groupement des institutions financières spécialisées) n.m.『金融』専門金融機関連合.
GIG (=grand invalide de guerre) n.m. 重度傷痍軍人. Comité d'entente des ～ 重度傷痍軍人協約委員会. macaron ～ 重度傷痍軍人証明票. plaque ～ (自動車に表示する)重度傷痍軍人プレート.
giga-［ギ］ELEM ギガ(10^9倍；略記G). gigawatt ギガワット, 10億ワット.
gigabyte [ʒigabajt] n.m.『情報』**1** ギガバイト(=gigaoctet). **2** ～ de mémoire メモリー容量2ギガバイト.
gigaélectronvolt [ʒigaelɛktrɔvɔlt] n.m.『物理』ギガ電子ヴォルト, ギガエレクトロンヴォルト(素粒子・原子核などのエネルギーを表す単位. 10億電子ヴォルト；略記 GaV).
gigahertz n.m.『電』ギガヘルツ(10億ヘルツ；略記 GHz).
gigantesque a. **1** 巨人のような，巨大な，並外れて大きい. animal ～ 巨獣. ar-

bre ～ 巨樹, 巨木. homme d'une taille ～ 並外れて大きな男, 巨人.
2〖比喩的〗大規模な, 壮大な, 巨大な. erreur ～ ひどい誤り(誤も含). œuvre ～ de Balzac バルザックの壮大な作品. projet ～ 巨大なプロジェクト.
—n.m. 巨大な物; 巨大な人; 巨大な物.

gigantisme n.m.〖医〗巨人症. ～ cérébral 脳性巨人症. ～ pituitaire 下垂体性巨人症.

gigaoctet [ʒigaɔktɛt] n.m.〖情報〗ギガバイト(＝［英］gigabyte)《略記 Go. 1 Go＝1 milliard d'octet 10億バイト》.

gigathérapie n.f.〖医〗(エイズなどの)多剤併用治療〔法〕.

gigawatt n.m.〖電〗ギガワット(10億ワット；略記 GW).

GIGN (＝groupe d'intervention de la gendarmerie nationale) n.m. 国家憲兵隊緊急出動グループ.

gigot n.m.〖料理〗ジゴ, 股肉;(特に)羊の股肉(＝～ de mouton).〖料理〗～ rôti ジゴ・ロチ(羊の股肉のロースト).

gilet n.m. **1** チョッキ, ジレ. être en ～ チョッキ姿になっている.
2(特殊用途の)胴衣, チョッキ, ベスト. ～ de sauvetage 救命胴衣, ライフジャケット. ～ multipoches 多ポケットベスト《釣りチョッキ, カメラマンベストなど》. ～ pare-balles 防弾チョッキ.
3 カーディガン. porter un ～ sur une robe ドレスの上にカーディガンを羽織る.
4(防寒用)肌着, シャツ(＝～ de peau, ～ de corps). ～ de flanelle ネルの肌着(シャツ).
5〖話〗pleurer dans le ～ de qn 人に泣きつく.

GIMCU (＝Groupe d'intervention médicale et chirurgicale d'urgence) n.m. 緊急医療・手術援助グループ《1971年設立の非政府組織 ONG (NGO);国際的な医療援助活動組織》.

gin [dʒin]〖英〗n.m.〖酒〗ジン.

gin-fizz [dʒinfiz]〖英〗n.m.inv. ジンフィズ(ジンとレモン汁でつくるカクテル).

gingembre n.m.〖植〗生姜(しょうが), ジンジャー. cake au ～ 生姜入りケーキ. foie gras sauté au ～ フォワグラのソーテの生姜風味.

gingival (ale) (pl.**aux**) a.〖解剖・医〗歯肉の. hyperplasie ～ale 歯肉増殖(症). muqueuse ～ale 歯肉粘膜. récession ～ale 歯肉退縮(症).

gingivectomie n.f.〖医〗歯肉(歯齦)切除〔術〕.

gingivite n.f.〖医〗歯肉炎, 歯齦炎.

Gini n.pr.［伊］コルラド・ジニ(Corrado ～)《イタリアの統計学者［1884-1965］》. indice [de] ～ ジニ係数(＝coefficient de ～)《ジニが考案した社会の所得格差を示す指数；0から1までの数値の分布で示す；0は全ての世帯の所得が完全に同じである場合, 1は唯一の世帯が所得を独占する場合を示す》.

ginkgo [ʒɛ̃ko] n.m.〖植〗イチョウ, 銀杏(木).

ginseng [ʒinsɑ̃g]［中国］n.m.〖植・薬〗朝鮮人参. racine du ～ 朝鮮人参の根.

giobertite n.f.〖化〗菱苦土鉱(MgCO₃；マグネサイト magnésite).

GIP (＝groupement d'intérêt public) n.m. 公益団体, 公益法人.

GIPN (＝groupe d'intervention de la police nationale) n.m. 国家警察緊急介入隊.

GIR (＝groupement d'intervention régional) n.m.〖警察〗地方機動隊《警察・憲兵・税務職員・税関吏からなる治安に関する緊急介入組織；2002年創設》.

giration n.f. 旋回;回転.〖海〗cercle de ～ (船の)旋回圏. rayon de ～ 回転半径.

giratoire a. 旋回の, 回転の. mouvement ～ 旋回(回転)運動.〖交通〗sens ～ (ロータリーの)旋回方向.
—n.m.〖交通〗ジラトワール(ロータリー式交差点；＝carrefour ～). L'automobiliste arrivant à un ～ n'a pas la priorité. ジラトワール(ロータリー式交差点)に入る車の運転者には右側優先権がない(左側優先となる).

girofle n.f.〖香辛料〗ジロフル, クローブ(＝［英］clove)《丁字 giroflier の蕾を干したもの；＝clou de ～》.

giroflée n.f. **1**〖植〗においあらせいとう(学名 Cheiranthus, Cheiranth).
2〖比喩的〗〖話〗～ à cinq feuilles (五つ葉の)ジロフレ→びんたの5本の指の跡;平手打ち, びんた (＝gifle).

girolle n.f.〖茸〗ジロール, あんず茸《針葉樹林や広葉樹林に生える橙黄色の食用茸；あんず茸 cantharellales 目, 担子菌 basidiomycètes 綱；学名 Cantharella cibarius》. salade de ～s à la chicorée ジロールとシコレのサラダ《シコレの葉の上にバターいためしたジロールをのせ, ドレッシングをかけて供する》.

Gironde n.pr.f. **1**〖地理〗la ～ ジロンド河(la Garonne ガロンヌ川と la Dordogne ドルドーニュ川が合流して形成する. 大西洋岸の河口内川, 全長75 km).
2〖行政〗la ～ ジロンド県(＝département de la ～;フランスとUEの広域地方行政区の région Aquitaine アキテーヌ地方に属す;県庁所在地: Bordeaux ボルドー;5郡, 63小郡, 542市町村;主要都市: Blaye ブラーユ, Langon ランゴン, Lesparre-Médoc レスパール＝メドック;面積10,000 km², 人口1,287,744;形容詞 girondin(e)).

girouette n.f. **1** 風見(かざみ);風向計.〖海〗風見の幟(のぼり). ～ de coq 風見鶏.

~ de flèche 矢型の風向計. ~ d'un voilier 帆船の風見の幟.
2〚比喩的〛風見鶏《意見がくるくる変る人》. C'est une ~! 風見鶏みたいな奴だ!

GIS (=*g*roupement d'*i*ntérêt *s*cientifique) *n.m.* 科学的研究グループ. ~ dédié à la recherche sur les infections à prions プリオン感染に関する科学的研究グループ《科学研究省内の研究グループ》.

gisant(e) (<*g*esir) *a.* 地面に横たわった. blessé ~ sur la route 路上に倒れて動かぬ負傷者.〚林業〛bois ~ 切り倒された木. ruine ~e dans l'herbe 草に埋もれた遺跡.
—*n.m.*〚美術〛(墓碑の)横臥像. ~ sculpté sur les tombeaux du Moyen Age 中世の墓の上の横臥彫像.

giscardien(ne) *a.* ヴァレリー・ジスカール・デスタン (*V*aléry Giscard d'*E*staing [1926–])の; ~支持派の. Mouvement des jeunes ~s 青年ジスカール派運動《1977年設立の政治団体》.

gisement *n.m.* **1** 鉱脈, 鉱床; 埋蔵. ~ d'uranium (uranifère) ウラン鉱床. ~ pétrolifère 石油鉱床. provision pour reconstitution de ~ 鉱床再建準備金《法人税減免の対象となる税制特別措置の一つ》.
2 貝類の生息地《養殖場の場合には parc という》.
3〚海〛相対方位.
4〚比喩的〛宝庫, 山. ~ d'informations 情報の宝庫.

Gismer (=*g*roupe d'*i*ntervention *s*ous la *mer*) *n.m.*〚軍〛潜水介入部隊, 潜水緊急出動部隊.

Gisti (=*G*roupe d'*i*nformation et de *s*outien aux *i*mmigrés) *n.m.* 移民労働者に対する情報・支援グループ《1972年 *G*roupe d'*i*nformation et de *s*outien des *t*ravailleurs *i*mmigrés として発足; 略称は当時の Gisti を継承; 本部 Paris》.

gitan(e) *n.* **1** (スペインの)ジプシー (= tsigane d'Espagne). les ~s d'Andalousie アンダルシア地方のジプシー.
2〚広義〛(出身地不問で)ジプシー (gipsy), ロマニー (=romanichel), ロマ族.
—*a.* ジプシーの, ロマニーの, ロマ族の. jeune fille ~e ジプシー娘.
—*n.f.*〚タバコ〛(商標). ~s filtre フィルター付ジタヌ・タバコ. un paquet de ~s ジタヌ・タバコ1箱. fumer une ~ ジタヌを吸う.

gîte[1] *n.m.* **1** すみか, ねぐら; 宿. chercher un ~ pour la nuit 夜の宿を探す. offrir le ~ à *qn* 人に宿を提供する. ~ familial (rural) 民宿. Fédération nationale des ~s de France フランス民宿連盟. ~ d'étape ハイキング用簡易宿泊所.
2 (動物, 特に兎の)巣. lever un lièvre au ~ 兎を巣穴から追い出す.
3〚鉱〛鉱床 (=~s minéraux). ~ houiller 石炭の鉱床 (鉱脈).
4 (牛肉の)ジット (内腿肉)(=gîte-gîte). ~ avant (arrière) 前(後)脚のジット. ~ à la noix ジット・ア・ラ・ノワ《腿の中身のジット; tartare や brochette 向き》.

gîte[2] *n.f.*〚海〛**1** (船が)傾くこと, 横傾斜. donner de la ~ 船が傾く.
2 座礁地点.

gîtologie *n.f.*〚地学〛鉱床学.
givrage *n.m.* 着氷, 霧氷, 氷結.
givre *n.m.* **1** 霧氷, 樹氷. **2**〚化〛(冷却装置につく)霜. **3**〚宝石〛(宝石の)きず (= givrure, glace). **4** (干した果物の表面につく)白い粉, 粉.

givré(e) *a.p.* **1** 霧氷 (樹氷) に蔽われた; 氷 (霜) で蔽われた; 着氷した. arbres ~s 樹氷.
2〚菓子〛(冷凍した果物などが)霜に蔽われた. citron ~(orange ~e) シトロン(オランジュ)・シヴレ《レモン(オレンジ)の果皮につめられたシャーベット》.
3 (干した果物などが)粉をふいた; 粉(塩)をまぶした. frites ~es de sel 塩をまぶしたフライド・ポテト. verre ~ au sucre glace 糖衣をまぶしたグラス.
4〚話〛気の狂った; 酔っぱらった. Il est complètement ~. 奴は完全にいかれてしまった.

givry *n.m.*〚葡萄酒〛ジヴリー (département de Saône-et-Loire ソーヌ=エ=ロワール県の Givry (市町村コード 71640) 村で生産される赤と白の AOC 葡萄酒; 赤は pinot noir, 白は pinot blanc と chardonnay の品種; 作付面積 258 ha; Côte chalonnaise に属する》.

GJ (=*g*iga*j*oules) *n.m.* ギガ・ジュール《エネルギー・仕事・熱量の単位; 10億ジュール》.

glaçage (<*g*lacer) *n.m.* **1** 艶出し〔加工〕. ~ des étoffes (du papier, des épreuves photographiques) 布 (紙, 写真印画) の艶出し.
2〚料理〛グラサージュ. ~ à chaud (肉汁などによる) 加熱艶出し. ~ à froid (ゼリーなどによる) 冷温艶出し. ~ au sucre d'un gâteau 菓子を糖衣で蔽うこと. ~ des légumes (小玉葱・人参・蕪などの) 温野菜のシロップ仕上げ.
3〚絵画〛(画面の)艶出し.

glace *n.f.* ⬜1⬜ 《氷》 **1** 氷. ~ côtière 沿岸氷. ~ de banquière 浮氷群, パックアイス (=~ de pack). ~ de fond 底氷. ~ de mer 海氷. ~s flottantes 流氷. ~ naturelle 天然氷. ~ polaire 極氷. ~ sèche ドライアイス. cubes de ~ 氷塊 (=glaçon). mer de ~ 氷海; 氷河. montagne de ~ 氷山. à (la) ~ 氷のように冷えた. champagne à la ~ よく冷えたシャンパーニュ酒 (=champagne frappé de ~).
2 (温度計の)氷点, 零度. au-dessous de ~

氷点下.
3 アイスクリーム (=crème glacée, ice-cream). ~ au chocolat チョコレート・アイス. ~〔à la vanille〕ヴァニラ・アイス. ~ en cornet コーンに盛ったアイスクリーム. boule de ~ アイスクリームの玉. ~ à deux (trios) boules 2つ(3つ)玉アイス.
4〖比喩的〗冷やかさ,冷淡さ;気詰り,わだかまり. accueil (air) de ~ 冷やかな応待(様子). Il y a de la ~ entre nous. 我々の間にわだかまりがある. être de ~ 冷やかである. rompre (briser) la ~ 気詰りを解消する.
II〔氷に似たもの〕**1** 厚板ガラス;(自動車などの)窓ガラス(=~ d'une voiture). ~ de sécurité 安全ガラス. ~ d'une vitrine ショーウィンドーのガラス. ~ incassable 割れないガラス. baisser (lever) ~ (車の)窓ガラスを下げる(上げる).
2 鏡面(=~ d'un miroir);鏡,姿見. ~ à main 手鏡. ~ de Saint-Gobain サン・ゴバン社製鏡(厚焼ガラス). armoire à ~ 鏡付衣裳だんす. la galerie des G~s du château de Versailles ヴェルサイユ宮殿の「鏡の間」. se regarder dans une ~ 鏡に自分を映してみる.
3〖料理〗(菓子を蔽う)糖衣;(料理にかける)ゼリー状艶出し,濃縮肉汁.〖同格〗sucre ~ 糖衣. daube servie dans sa ~ 濃縮肉汁と共に供される肉の蒸し煮料理.
4〖宝石〗(宝石の中の)小さなきず(=givrure).

glacé(e) *a.p.* **1** 氷結した,凍った. neige ~e アイスバーン.
2 氷のように冷たい;よく冷えた;凍てつくような;こごえるように寒い. boisson ~e 冷たい飲物. pluie ~e 氷雨(ひさめ). steppes ~es 凍えるように寒いステップ地帯.
3 凍りつく. être ~ par (d'~) horreur 恐怖に凍りつく.
4 冷やかな,冷淡な;よそよそしい. accueil ~ 冷やかな応対. regard ~ 冷たい眼差.
5〖料理〗(菓子が)糖衣をまぶした;(料理を)ゼリーで艶出しした.〖菓子〗marrons ~s マロン・グラッセ. melon ~ 冷やしメロン. viandes froides ~es ゼリーで艶出しした冷肉料理.
6 (布・革・紙などの)艶のある,すべすべした,つるつるした. papier ~ 艶出し紙.

glacerie *n.f.* **1** アイスクリーム・ソルベ製造所. **2** アイスクリーム・ソルベ販売業.
glaciaire *a.*〖地学〗氷河の;氷河性の;氷河による. érosion ~ 氷蝕作用. langue ~(氷河の)氷舌. période ~ 氷河期. régime ~ 氷河支配型. relief ~ 氷河地形. vallée ~ 氷蝕谷. verrou ~ 谷棚.
glacial(ale)(*pl.***als, aux**) *a.* 〔複数形は稀〕**1** 氷結するような;凍てつくような寒い;氷のように冷たい. air (vent) ~ 凍てつくように寒い空気(風). mer ~ale 氷海. nuit ~ale d'hiver 冬の凍てつくような夜. océan ~ 南(北)氷洋. vent ~ 氷のように冷たい風.〖地理〗zone ~ale 寒帯. Il fait ~. 凍てつくように寒い.
2〖比喩的〗冷やかな,冷淡な,冷たい. accueil ~ 冷やかな応待. auditoire ~ 白けきった聴衆. homme ~ 冷たい人. style ~ 感情を抑えた冷やかな文体.

glaciation *n.f.*〖地学〗氷河作用;氷〔河〕期.
glacier¹ *n.m.*〖地学〗氷河. ~ continental 極地氷河. ~ de montagne 山岳氷河. ~ de piémont 山麓氷河. ~ de vallée 渓谷氷河.
glacier² *n.m.* アイスクリーム製造(販売)者.
glaciologie *n.f.*〖地学〗氷河学.
glaçon *n.m.* **1** 氷片,角氷. un verre d'eau avec des ~s 角氷入りの一杯の水. **2**〔話〕氷のように冷たい人間,冷淡な人,よそよそしい人(=personne distante).
glaçure *n.f.*〖窯〗釉薬(ゆうやく,うわぐすり). ~ stannifère 錫を含んだ釉薬《マヨルカ陶器などに用いられる》.
glaïeul [glajœl] *n.m.*〖植〗グラジオラス.
glaire *n.f.* **1** (生卵の)卵白(らんぱく);〖製本〗(革に塗る艶出し用の)泡立てた卵白. séparer la ~ et le jeune d'un œuf 卵の卵白と卵黄を分ける.
2〖生理〗グレール,粘液. ~ cervicale 子宮頸管粘液.
3 (ダイヤの)内包物.
glaireux(se) *a.* **1** 卵白性の. omelette ~se 卵白オムレツ. **2**〖医〗グレール状の,粘液状の. urine ~se 粘液尿.
glaise *n.f.* 粘土(=terre ~).
glaiseux(se) *a.* **1** 粘土質の;粘土を含んだ. sol ~ 粘土質の土壌. **2** 粘土を塗った;粘土まみれの. main ~se 粘土まみれの手.
——*n.*〔話〕〔蔑〕百姓.
glaisière *n.f.* 粘土採取場.
glaive *n.m.* **1**〖考古〗(両刀の)剣,矛. gladiateur combattant avec le ~ 剣で闘うグラディアトル(闘技士).
2〔文〕(武力,裁きの象徴である)剣. ~ de la justice 正義の剣. conquérir par le ~ 剣(武力)によって征服する. remettre le ~ au fourreau 矛を納める;和平を結ぶ.
glamour [glamur]〔英〕*n.m.* グラマー,性的魅力;妖しい魅力.
——*a.* グラマーな;魅力的な(=glamoureux (se)).
gland *n.m.* **1**〖植〗どんぐり(=fruit du chêne). **2** (モールの)丸総(まるぶさ). **3**〖解剖〗亀頭. **4**〖建〗石頭.
glande *n.f.* **1**〖解剖〗腺,球. ~ carotidienne 頚動脈体. ~ coccygienne 尾骨小体,尾骨糸球体. ~ endocrine 内分泌腺. ~ exo-

crine 外分泌腺. ~ génitale 生殖腺. ~ mammaire 乳腺. ~ muqueuse 粘液腺. ~ pinéale 松果体, 松果腺. ~ salivaire 唾液腺. ~ sébacée 脂腺. ~ sudoripare 汗腺.
2〔俗〕るいれき, ぐりぐり (= ganglions lymphatiques).
3〔俗〕avoir les ~s いらいらする, おそれる.

glandulaire, glanduleux(*se*) *a.*
1 腺状の, 腺質の.〖解剖〗tissu ~ 腺状組織. **2** 腺の. carcimone ~ 腺癌.

glandule *n.f.*〖解剖・医〗小腺. ~s thyroïdes 甲状腺小腺.

glas *n.m.* **1** 臨終を知らせる教会堂の鐘の音, 弔鐘 (= ~ funèbre). sonner le ~ 弔鐘を鳴らす;〔比喩的〕(de の) 終焉を告げる. *Pour qui sonne le ~* d'E. Hemingway ヘミングウェーの『誰がために鐘が鳴る』(= *For Whom the Bells Toll*).
2 (君主・高官の死を悼む) 弔砲.

glasnost [-st] [ロシア] *n.f.* グラスノスチ, 情報公開 (= transparence de l'information).

glaucome *n.m.*〖医〗緑内障. ~ aigu 急性緑内障. ~ chronique 慢性緑内障. ~ congénital 先天性緑内障. ~ malin 悪性緑内障. ~ primaire 原発緑内障. ~ secondaire 続発緑内障. ~ hémorragique 出血性緑内障.

glauque *a.* **1** 青味を帯びた緑色の (= vert ~). eau ~ 青緑色の水.
2〔話〕陰鬱な, 陰気な; 陰険な. ambiance ~ おぞましい雰囲気.

glaviot [glavjo] *n.m.*〔俗〕痰唾 (たんつば).

glaviot[**t**]**er** *v.t.*〔俗〕痰唾を吐く.

GLCM (= [英] *g*round *l*aunched *c*ruise *m*issile) *n.m.*〖軍〗地上発射巡航ミサイル (= [仏] missile de croisière lancé au sol).

Gleevec[商標] *n.m.*〖薬〗グリーヴェック (Novartis 社の慢性骨髄性白血病治療薬, チロシンキナーゼ抑制薬: STI-571).

glène *n.f.*〖解剖〗骨窩 (こつか) (= cavité glénoïde).

glénoïd*al* (*ale*) (*pl.* *aux*) *a.*〖解剖〗浅窩 (せんか) 様の, 関節窩の. cavité ~*ale* 関節窩.

glénoïde *a.*〖解剖〗骨窩の. cavité ~ 骨窩 (= glène).

GLF (= *G*rande *L*oge de *F*rance) *n.f.* (フラン・マソン〔フリー・メイスン〕の) フランス大ロージュ (1738 年設立の組織).

glial (*ale*) (*pl.* *aux*) *a.*〖解剖〗神経膠 (glie), 神経膠の. cellule ~*ale* 神経膠細胞, グリア細胞.

gliclazide *n.m.*〖薬〗グリクラジド (インスリン非依存型糖尿病治療薬; 薬剤製品名 Diamicron (*n.m.*)).

glie *n.f.*〖医〗神経膠 (= névroglie).

glimépiride *n.m.*〖薬〗グリメピリド (インスリン非依存型糖尿病の経口血糖降下薬; 薬剤製品名 Amarel (*n.m.*) など).

glioblastome *n.m.*〖医〗膠芽腫, グリア性膠腫. ~ multiforme 多形性膠芽腫.

gliologiste *n.*〖医〗神経膠星状細胞専門病理学者.

gliome *n.m.*〖医〗神経膠腫, グリオーマ. syringomyélie du ~ 神経膠腫性脊髄空洞症.

glissade *n.f.* **1** 滑ること, 滑走; 滑降;〖登山〗グリセード;〖舞〗グリサード;〖航空〗横滑り降下 (= ~ sur l'aile).〖登山〗~ aasise (de bout) 坐った (立った) グリセード. faire des ~s sur la glace 氷の上を滑る.
2 氷滑りをする場所 (= glissoire).

glissement *n.m.* **1** 滑ること; 滑走, 滑降; 滑るような動き; 滑る音. ~ d'une auto 車のスリップ. ~ d'un traîneau sur la neige 雪上の橇の滑走.
2〖機械〗滑り. frottement de ~ 滑り摩擦. faciliter le ~ des pièces d'une machine au moyen d'un lubrifiant 潤滑油を用いて機械の部品の滑りを良くする.
3〖地学〗滑動作用. ~ de terrain 地滑り.
4〔比喩的〕漸次的移行, 微妙な変化; 地滑り. ~ à gauche 左翼〔支持〕への地滑り的変化. ~ de sens d'un mot 語義の漸次的変化.

glissière *n.f.* **1** ガイドレール, 滑り棒, 滑り溝. ~ de crosse (ピストンの) クロスヘッド案内. ~ de sûreté (道路の) ガードレール. fermeture à ~ ジッパー. porte à ~ 引き戸.
2 スライド式スイッチ. ~ on-off スライド式点滅スイッチ.

GLNF (= *G*rande *L*oge *n*ationale *f*rançaise) *n.f.* (フラン・マソン〔フリー・メイスン〕の) フランス全国大ロージュ (1913 年設立の組織).

global (*ale*) (*pl.* *aux*) *a.* 全体の, 総体的な, 総括的な; 地球規模の.〖電算〗adresse ~*ale* グローバル・アドレス. chiffre ~ 総体的数字.〖教育〗méthode ~*ale* 総体学習法 (= globalisme). politique ~*ale* 総合的政策. refus ~ 全面的拒否. revenu ~ 総所得. société ~*ale* 総合社会《全体的に捉えた社会》. somme ~*ale* 総額. village ~ 地球村《電子メディアで結ばれた現代社会》. vision ~*ale* 総括的ヴィジョン, 全体像.

globalisation *n.f.* **1** 地球化, 世界化, グローバリゼーション; 世界規模化現象 (= mondialisation). ~ de l'information 情報の世界化. **2** 総体化, 普遍化. ~ des choix 選択の総合化.

globe *n.m.* **1** 球, 球体. ~ oculaire (de l'œil) 眼球.〖医〗~ vésical 球状膨張膀胱.〔文〕~ d'un sein 胸のふくらみ. diamètre d'un ~ 球体の直径.
2〔天文〕〔やや古〕天体. ~ du Soleil 太陽. ~ de la Lune 月. ~ de feu 流星 (= mé-

téore).
3 地球(=~ terrestre ; la Terre). notre (ce)~ 地球. croûte (écorce) du ~ 地殻. faire le tour du ~ 世界一周をする.
4 球体模型, 球儀. ~ céleste 天球儀. ~ terrestre 地球儀.
5 (照明器具の)丸い笠；(置時計の)球型の覆い；〔半〕球型のガラスの器. ~ d'une lampe 電灯の笠. pendule sous ~ 球型のガラスの覆いの中の振子式置時計.〔比喩的〕mettre qch sous ~ 何を大切に保存する.

globine n.f.〖生化〗グロビン(ヘモグロビンの蛋白質成分).

globish (=〔英〕global english) n.m.〖言語〗グロービッシュ(世界言語としての英語). parler ~ グロービッシュを話す.

globulaire a. **1** 球状の, 球形の.〖天文〗amas ~ 球状星団.
2〖生理〗血球の. numération ~ 血球数算定.
——n.f.〖植〗グロブラリア.

globule n.m. **1**〔古〕微小球体. ~ d'air 気泡.
2〖生理〗小球. ~s blancs 白血球(=leucocyte). ~s rouges 赤血球(=érythrocyte, hématie). ~s sanguins (du sang) 血球. ~s de la lymphe リンパ球(=lymphocyte).
3〖生〗~ polaire 極体.
4〔薬〕顆粒. ~s pharmaceutiques 薬の顆粒.(=pilule).

globuline n.f.〖化〗グロブリン(単純蛋白質群). ~ antihémophilique 抗血友病性グロブリン(=〔英〕AHG : antihemophilic globulin 製剤).

gloire n.f. Ⅰ〔誉れ〕**1** 名誉, 栄誉, 光栄, 栄光；名声. la G~ 名誉の女神(une trompette de la Renommée「名声のらっぱ」と une branche de laurier「月桂樹の枝」をもつ).
~ de Salomon ソロモンの栄光. ~ immortelle 不朽の名声. ~ militaire 武勲, 軍功. amour (désir, passion) de la ~ 名誉心. apogée (sommet) de la ~ 栄光の絶頂. fausse (vraie) ~ 偽の(真の)栄誉. lauréats de la ~ 栄誉の月桂樹；栄誉. à la ~ de … の名誉のために, …を称えて. pour la ~ 利益を求めずに；無駄に. travailler pour la ~ ただ働きをする. aspirer à la ~ 栄光に憧れる. se couvrir de ~ 栄光に包まれる.
2 誉れとなる人；有名人, 名士；誉れになるもの. Il est l'une des ~s de son pays. 彼は郷土の名士の一人である.
3 功(をなしとげた)功績, 栄誉. se faire (tirer) ~ de qch 何を自慢する.
4〔古〕自尊心；うぬぼれ, 虚栄心.
Ⅱ〔輝き〕**1**〔古〕輝き, 光輝；栄光；栄華, 繁栄. ~ de l'Antiquité 古代の栄光. ~ du soleil couchant 夕日の栄光. cour royale dans toute sa ~ 栄華に包まれた王宮. nostalgie de la ~ passée 過去の栄華への郷愁.

2〖宗教〗(神の)栄光；(天上の)至福(=~ éternelle)；天国. séjour de ~ 天国(=paradis).
3 ~ à …に栄光あれ(賛美の表現). G~ à Dieu 神に栄光あれ《神の賛歌》. G~ à la République! 共和国に栄光あれ！ rendre ~ à …を称える, に敬意を表する. rendre ~ à Dieu 神を賛美する.
4〖美術〗(キリスト像の全身を包む)光背, 後光；光背をつけたキリスト像(=Christ en ~)；〔比喩的〕(光背のような)背景.
5〖美術〗グロワール(三位一体を表す三角形の聖霊を象徴する鳩から発する光の冠)；天使と聖者を配した空を描いた絵.

glomérule n.m. **1**〖解剖〗糸球(毛細血管叢)；(腎の)糸球体. ~ de Malpighi マルピギー腎小体. **2**〖植〗団散花序, 団集花序.

glomérulonéphrite n.f.〖医〗糸球体腎炎(略記 GN). ~ aiguë (chronique) 急性(慢性)糸球体腎炎. ~ expérimentale 実験的糸球体腎炎.

glomérulopathie n.f.〖医〗腎糸球体障害, 腎糸球体疾患.

glomérulosclérose n.f.〖医〗(腎臓の)糸球体硬化〔症〕.

glomérulo-trophine n.f.〖生化〗副腎皮質顆粒層刺激ホルモン.

Glorieuses n.f.pl. **1**〖仏史〗les Trois ~ 栄光の3日間(=les Trois ~ journées)(1830年の七月革命における7月27・28・29の3日間).
2〖葡萄酒〗les Trois ~ de Bourgogne ブルゴーニュの栄光の3日間《毎年11月の第3日曜日を中日とする土・日・月の3日間；初日の土曜は Clos de Vougeot における「利酒の騎士団 Confrérie des chevaliers du Tastevin」の総会と祝宴；第2日の日曜には Beaune での Hospices de Beaune の葡萄酒の入札会；第3日の月曜は Meursault での《Paulée》と呼ばれる祝宴と文学賞の授賞式が行われる》.

glorieux(se) a.〔時に名詞の前〕**1** 名誉ある, 光栄ある, 栄光の, 輝かしい；(人が)名声赫々たる；(軍人が)華々しい武勲を立てた. ~ses blessures 名誉の負傷. ~ exploits 華々しい武勲. carrière ~se 輝かしい経歴. général ~ 華々しい武勲を立てた将軍. héros ~ 栄誉に包まれた英雄. histoire ~se d'un pays 一国の栄光の歴史. journées ~ses 栄光の日々. mort ~se 栄光に包まれた死；名誉の戦死. réputation ~se 名声.
2〔文〕自尊心の強い；うぬぼれた, 高慢な, (de を)得意がる. air ~ うぬぼれた様子. ~ comme un paon 非常に虚栄心の強い. être ~ de sa naissance 生れを鼻にかける.
3〖宗教〗神の栄光を受けた；至福を授った. ~ martyrs 栄光の殉教者. la ~ Vierge Marie 栄光の聖処女(聖母)マリア. corps ~ 栄光の身体《最後の審判の後, 死

者が復活した時の至福の状態).
4〔文〕光り輝く, 壮麗な. ~ coucher du soleil 燦然と輝く落日.
——n.〔文〕うぬぼれた人, 高慢な人; 虚栄心の強い人. faire le ~ うぬぼれる, 高慢な態度をとる.
——n.m.pl. **1** 名声の高い人; 偉人.
2〔宗教〕神の栄光に輝く人.

glose n.f. **1** (難解語句の) 註解;〔一般に〕注釈. ~ de la Bible 聖書註解. ~ interlinéaire 行間註. ~ marginale 傍註.
2〔多く pl.〕悪意ある批評; 陰口. ~s des bavards お喋りな連中の陰口.

glossaire n.m. **1** 古語辞典; 難語辞典;(巻末の) 用語解説. G~ du bas latin『後期ラテン語辞典』.
2 方言辞典. G~ des patois de la Suisse romande『フランス語圏スイスの方言辞典』.
3 (特定領域の) 用語集, 語彙解説集. G~ de biochimie『生化学用語集』.

glossectomie n.f.〔医〕舌切除〔術〕(=glossotomie).

glossite n.f.〔医〕舌炎. ~ aphteuse アフタ性舌炎. ~ exfoliatrice marginée 周辺剥離性舌炎. ~ losangique 菱形舌炎. ~ ulcéreuse 潰瘍性舌炎.

glossodynie n.f.〔医〕舌痛症.

glossopharyngien(**ne**) a.〔解剖〕舌咽の. nerf ~ 舌咽神経.

glottal(**ale**)(pl.**aux**) a.〔解剖〕声門の.〔言語〕consonne ~ 声門子音.
——n.f.〔言語〕声門子音 (英語の hot の [h] など).

glotte n.f.〔解剖〕声門.〔言語〕coup de ~ 声門破裂音 (声門の一時的完全閉鎖または開放によって生ずる音; 発音記号 [ʔ]).〔医〕œdème de la ~ 声門水腫.

glu (=glutamine) n.f. **1**〔化〕グルタミン.
2〔比喩的〕うるさくつきまとって離れない人.

glucagon n.m.〔生化〕グルカゴン (膵臓のランゲルハウス島の α 細胞から分泌されるホルモン; 肝臓のグルコースを分解し, 血糖値を上げる作用がある). test au ~ グルカゴン試験 (糖原病の診断法).

glucanase n.f.〔生化〕グルカン消化酵素, グルカナーゼ.

glucane n.m.〔生化〕グルカン (多糖類の一つ).

glucide n.m.〔化〕炭水化物.

glucidique a. 炭水化物の; グルコースの.

gluco-〔ギ〕ELEM「甘い」の意 (ex. glucose ブドウ糖, グルコース).

glucocorticoïde n.m.〔生化〕グルココルチコイド, 糖質コルチコイド (副腎皮質から分泌されるステロイドホルモンの一種; 糖代謝, 脂肪代謝にかかわる).

glucocorticostéroïde n.m.〔生化〕グルココルチコステロイド, 糖質コルチコ

ステロイド, グルココルチコイド (glucocorticoïde).

glucolipide n.m.〔化〕糖脂質.

glucomètre n.m.〔化〕糖液比重計 (=glycomètre, pèse-moût).

gluconate n.m.〔化〕グルコン酸塩. ~ de calcium グルコン酸カルシウム (カルシウム補給薬).

gluconique a.〔化〕acide ~ グルコン酸 (ヘキソン酸の一つ).

glucose n.m.〔化〕**1** グルコース (アルドヘキソースの一つ, Glc と略記). **2** ブドウ糖 (=D-glucose, dextrose). **3**〔医〕test de tolérence au ~ グルコース (糖) 負荷試験 (糖尿病診断法).

glucosé(**e**) a. グルコース (ブドウ糖) を加えた. sérum ~ ブドウ糖を添加した血清.

glucose-6-phosphate n.m.〔生化〕グルコース-6-ホスファターゼ (略記 G6Pase; D-グルコース 6-燐酸を D-グルコースに加水分解する酵素). déficit de ~ G6Pase 欠損症, 糖原病 I 型.〔生化〕~ déshydrogénase グルコース-6-ホスファターゼ脱水素酵素.

glucoserie n.f. ブドウ糖製造工場.

glucoside n.m.〔生化〕グルコシド, 配糖体.

glume n.f.〔植〕(イネ科植物の花の) 穎 (えい). 穎苞 (えいほう), 包穎.

glumelle n.f.〔植〕小穎苞.

gluon n.m.〔原子物理〕グルーオン (クオーク quark 間の相互作用を媒介する粒子).

glutamate n.m.〔化〕グルタミン酸塩, グルタマート.〔化〕~ monosodique グルタミン酸ソーダ (化学調味料).

glutaminase n.f.〔生化・医〕グルタミナーゼ (グルタミン分解酵素).

glutamine n.f.〔化〕グルタミン (α アミノ酸の一つ, Gln または Q と略記).

glutamique a.〔化〕グルタミンの. acide ~ グルタミン酸 (酸性 α アミノ酸の一つ; Glu または E と略記).

glutathion n.m.〔生化〕グルタチオン (細胞内で還元反応を起こす酵素). ~ réductase グルタチオンレダクターゼ (黄色酵素). ~-S-transférase グルタチオン S-トランスフェラーゼ (酵素).

gluten (glytɛn) n.m.〔化〕グルテン, 麩素 (ふそ) (穀類に含まれる蛋白質を主体とした混合物).

glutineux(**se**) a.〔化〕グルテンを含む; グルテン質の.

gluttant(**e**) a. **1** (鳥もちのように) ねばねばした, 粘着性の. liquide ~e ねばねばした液体. terre ~e 粘着性の土.
2〔話〕(つきまとって) うるさい, しつこい (=tenace).

gly (=glycine) n.m.〔化〕グリシン.

glycé-, glyci-, glyco- ⇒ gluco-.

glycémie n.f.〔生化・医〕血糖値, 血中グ

ルコース値.

glycéraldéhyde *n.m.* 〖化〗グリセルアルデヒド.

glycéraldéhydephosphate *n.m.* 〖化〗グリセルアルデヒド燐酸.

glycéride *n.m.* 〖生化〗グリセリド(グリセリンの脂肪酸エステルの総称); 中性脂肪.

glycérine *n.f.* 〖化〗グリセリン (= glycérol).

glycériné(e) *a.* グリセリンを添加した. lotion ~*e* グリセリン添加ローション.

glycérique *a.* 〖化〗acide ~ グリセリン酸.

glycérol *n.m.* 〖化〗グリセロール (= glycérine).

glycérolé *n.m.* 〖薬〗グリセリン剤.

glycérophosphate *n.m.* 〖化・薬〗グリセロール燐酸塩(神経系賦活薬).

glycérophosphorique *a.* 〖化〗acide ~ グリセロール燐酸(燐酸とグリセロールから合成).

glycérophtalique *a.* 〖化〗グリセリン・フタール酸の; グリセリン・フタール酸樹脂の. peinture ~ グリセリン・フタール酸樹脂塗料, アルキド樹脂塗料. résine ~ グリセリン・フタール酸樹脂.

glycine[1] *n.f.* 〖化〗グリシン, グリココル, アミノ酢酸 (= acide aminoacétique) (= glycocolle).

glycine[2] *n.f.* 〖植〗藤.

glycocholique *a.* 〖生化・医〗グリココルの. acide ~ グリココル酸(抱合胆汁酸の一種).

glycocolle *n.m.* 〖生化・医〗グリココル, アミノ酢酸 (= acide aminoacétique) (= glycine).

glycogène *n.m.* 〖生化〗グリコーゲン.

glycogenèse *n.f.* 〖生化・医〗グリコーゲン合成, 糖原合成.

glycogénique *a.* 〖生化〗グリコーゲン形成の, 糖原生成の.

glycogenogenèse *n.f.* 〖生化・医〗グリコーゲン合成(グルコースからのグリコーゲン合成).

glycogénolyse *n.f.* 〖生化・医〗グリコーゲン分解, 糖原分解.

glycogénose *n.f.* 〖医〗筋糖原病(先天性の代謝異常性疾患).

glycol *n.m.* 〖化〗グリコール.

glycolipide *n.m.* 〖生化〗糖脂質, グリコリピド(糖と脂質を成分とする物質群).

glycolique *a.* 〖化〗acide ~ グリコール酸.

glycolyse *n.f.* 〖化〗解糖(グルコースの分解機能). ~ aérobie 好気的解糖. ~ anaérobie 嫌気的解糖.

glycoprotéide *n.m.* 糖蛋白質 (= glycoprotéine).

glycoprotéine[1] *n.f.* 〖生化〗糖蛋白質(共有結合により糖を結合した複合蛋白質; 粘液素および軟骨の主成分) (= glycoprotéide).

glycoprotéine[2] *n.f.* 〖薬〗グリコプロテイン《免疫機能賦活薬; 薬剤製品名 Biostim (*n.m.*)》.

glycorégulation *n.f.* 〖生理〗血糖値調整機能(作用).

glycosidase *n.f.* 〖生化・医〗グリコシダーゼ(グリコシド分解酵素).

glycoside *n.m.* 〖生化・医〗グリコシド, 配糖体(分子中に糖を有する化合物). ~ cardiotonique 強心配糖体(強心作用をもつアルカロイド).

glycosurie [glikozyri] *n.f.* 〖医〗糖尿; 糖尿度.

glycosurique *a.* 〖医〗糖尿の, 糖尿性の.
—*n.* 〖医〗糖尿病患者.

glyphosate *n.m.* 〖農〗グリフォザート(強力な除草剤).

glyptique *n.f.* 1 〖芸術〗彫刻術; 宝石彫刻術; 石彫篆刻術. 2 彫石美術品, 宝石彫刻工芸品.

glyptothèque *n.f.* 1 彫石美術コレクション; 彫石展示室. 2 彫石美術博物館, 宝石彫刻美術館; 彫刻美術館.

GM (= [英] *G*uided *M*issile) *n.m.* 〖軍〗誘導ミサイル (= [仏] engin guidé).

GmbH (= [独] *G*esellschaft *m*it *b*eschränkter *H*aftung) *n.f.* 有限〔責任〕会社 (= [仏] SARL: *s*ociété *à r*esponsabilité *l*imitée).

GMF (= *G*arantie *m*utuelle des *f*onctionnaire) *n.f.* 公務員共済〔組合〕. ~-vie 公務員共済生命保険.

GMR (= *G*arde *m*obile *r*épublicain) *n.f.* 共和国移動警護隊(1936-44; CRS の前身).

GMS (= *g*roupement de *m*issiles *s*tratégiques) *n.m.* 〖軍〗戦略ミサイル群.

GMSP (= *g*roupe *m*ontagne des *s*apeurs-*p*ompiers) *n.m.* 消防山岳救急隊.

GMT *n.m.* 1 (= [英] *G*reenwich *m*eridian time) グリニッジ子午線時間, グリニッジ時間 (= [仏] heure de Greenwich). 2 (= [英] *G*reenwich *m*ean *t*ime) グリニッジ平均時 (= [仏] temps moyen de Greenwich).

GNC (= *g*az *n*aturel *c*omprimé) *n.m.* 圧縮天然ガス.

GNCR (= *G*roupement *n*ational des *c*arrossiers *r*éparateurs) *n.m.* 車体修理業全国連合.

Gnefa (= *G*roupement *n*ational d'*é*tudes des *f*léaux *a*tmosphériques) *n.m.* 〖気象〗国立気象災害研究グループ.

gneiss [gnɛs] [独] *n.m.* 〖鉱〗片麻岩. ~ amphibolique 角閃片麻岩. ~ micacé 雲母片麻岩. ~ pyroxénique 輝石片麻岩.

GNL (= *g*az *n*aturel *l*iquéfié) *n.m.* 液化天

然ガス(=[英] LNG: *l*iquefied *na*tural *g*as).

gnocchi [nɔki] (*pl.* ~[**s**]) [伊] *n.m.* 〖料理〗ニョッキ《じゃがいも，セモリナ粉または小麦粉をベースにしてつくるパスタ》.

GNOMA (= *G*roupement *n*ational pour l'*o*rganisation de la *m*édecine *a*uxiliaire) *n.m.* 補助医療組織全国連合《民間治療師guérisseurの全国組織，1949年設立》.

gnome [gnɔm] *n.m.* **1** グノーム，地霊，大地の精. **2** 小人，一寸法師，ちび(=nabot).

gnosticisme [gnɔ-] *n.m.* 〖宗史〗グノーシス主義〖説〗《神を直観的に認識する説を唱えた初期キリスト教の異端思想》.

GNR (= technologies formées par le *g*énie *g*énetique, les *n*anotechnologies et la *r*obotique) *n.f.pl.* 遺伝子工学・ナノテクノロジー(超微細工学)・ロボット工学から成る新世紀の工学技術.

Gn-RH (= [英] *g*onadotrop[h]*in*-*r*eleasing *h*ormone) *n.f.* 〖薬〗ゴナドトロピン(性腺刺激ホルモン)放出ホルモン(= [仏] gonadolibérine, hormone de libération des gonadotrophines).

GNS (= *g*az *n*aturel de *s*ynthèse) *n.m.* 〖化〗合成天然ガス(= [英] SNG : *s*ynthetic *n*atural *g*as).

GNV (= *g*az *n*aturel pour *v*éhicules) *n.m.* **1** 自動車用天然ガス. bus au ~ 天然ガス利用バス. La toute nouvelle Citroën C3 ~ dispose d'un moteur bicarburation [à] essence et [au] gaz naturel de 1,4 litre. 無鉛ガス使用の新型シトロエンC3は全車ガソリンと天然ガスの2種燃料式の1.4リットルのエンジンを搭載している.
2 〖自動車〗天然ガス車.

GO (=*g*randes *o*ndes) *n.f.pl.* 〖電波〗長波(=ondes longues, ondes kilométriques).

Go (=*g*iga*o*ctet) *n.m.* 〖情報〗ギガバイト(=gigabyte)《10億バイト》.

goal [gol][英]〖スポーツ〗**1** ゴール. **2** ゴールキーパー(=gardien de but; = [英] ~-keeper).

gobelet [gɔblɛ] *n.m.* **1** ゴブレ，ゴブレット《脚のないグラス》，タンブラー，コップ. ~ d'argent 銀グラス. ~ de carton 紙コップ. ~ pour préparer les coctails シェーカー.
2 ゴブレ(カップ)1杯の内容量. boire un ~ de vin 葡萄酒をカップ1杯飲む.
3 〖遊戯〗《手品用の》コップ. tour de ~ コップを用いる手品.
4 〖遊戯〗賽筒(さいづつ)，ダイス・カップ(= ~ à dés).
5 〖園芸〗《果樹の》コップ状剪定，コップ仕立て. poiriers taillés en ~ コップ仕立ての梨の木.
6 〖園芸〗多果の果樹.
7 〖植〗 ~ d'eau 血止草(=hydrocotyle). ~ d'or ひるがお (=liseron).

gobeleterie *n.f.* コップ (goblet) 製造(販売)，コップ製造(販売)業.

godet *n.m.* **1** ゴデ《取手・脚のない小さなコップ(椀)》.
2 〖話〗酒盃，グラス；コップの中味；prendre un ― 一杯やる.
3 小さな容器，壷；受け皿；〖美術〗絵具皿(= ~ à couleurs). ~ à l'huile 油壷. ~ à résine 樹脂収集受け皿.
4 〖機工〗バケット. ~ basculant 転覆バケット. chaîne de ~s バケット・チェーン.
5 〖布・紙の〗皺，たるみ；〖裁縫〗フレア. jupe à ~s フレア・スカート.

GODF (= *G*rand *O*rient *d*e *F*rance) *n.m.* グラン・トリヤン・ド・フランス《フランス・フラン・マソン〖フリーメイスン〗本部；大首長》.

goéland *n.m.* 〖鳥〗鴎(かもめ)《体長40cm以上の大型の鴎；laridés かもめ科》.

goémon [gɔemɔ̃, gwamɔ̃] *n.m.* **1** 〖海藻〗ゴエモン，グウェモン(gwemon)《ブルターニュ地方 la Bretagne，ノルマンディー地方 la Normandie のひばまたの類の海藻；肥料・食用》. ~ de coupe カット・ゴエモン(海中で採取). ~ de laisse 漂着ゴエモン(海浜で採取; varech; 土壌改良に利用).
2 海草肥料.

GOF (= *G*rand *O*rient de *F*rance) *n.pr.m.* le ~ グラン・トリアン・ド・フランス《フランス・フリーメイスン大首長；同本部》.

goitre *n.m.* 〖医〗甲状腺腫. ~ nodulaire 結節性甲状腺腫. ~ non toxique 非中毒性甲状腺腫. ~ toxique 中毒性甲状腺腫.

goitreux(**se**) *a.* 〖医〗甲状腺腫性の；甲状腺腫のできた. tumeur ~*se* 甲状腺腫. femme ~*se* 甲状腺腫のできた女性.
── *n.* 甲状腺腫患者.

goitrigène *a.* 〖医〗甲状腺腫を発生させる. substance ~ 甲状腺腫誘因物質.

Golan(**le**) *n.pr.m.* ゴラン高原(=plateau du ~)《1967年にイスラエルが占領し，1981年にイスラエルに編入したシリアの高原地帯》. colons dans le ~ ゴラン高原の入植者.

golden parachute(*pl.* ~ ~**s**) [英] *n.m.* 〖経済〗〖話〗ゴールデンパラシュート《幹部職員に対する多額の退職金》(= [仏] parachute en or).

gold-point [gɔldpɔjnt] (*pl.* ~-~**s**) [英] *n.m.* **1** 〖経済〗金現送点，正貨現送点《金本位制下での為替相場の変動限界点》. **2** 〖金属〗金点《金の融点1064.43℃》.

GOLE (= *g*roupement *o*pérationnel de la *L*égion *é*trangère) *n.m.* 〖軍〗外人部隊作戦グループ.

golf [英] *n.m.* 〖スポーツ〗**1** ゴルフ，ゴルフ競技. balle de ~ ゴルフボール. club de ~ ゴルフクラブ. Fédération française de

golfe 884

～ フランス・ゴルフ連盟. jouer au ～ ゴルフをする. parcours de ～ ゴルフのラウンド. ～-miniature ミニゴルフ.
2 ゴルフ場(=terrain de ～). ～ de 18 trous 18 ホールのゴルフ場. ～ de Mortefontaine モルトフォンテーヌ・ゴルフ場.
3 〚服〛ゴルフウエアー；ニッカーボッカーズ(=nicker bockers；culottes de ～, pantalon de ～).

golfe *n.m.* 湾, 湾岸；G～ (特に)ペルシア湾. ～ du Lion リヨン湾《フランス南部地中海》. ～ persique ペルシア湾. Conseil de coopération du G～ (アラブ諸国の)ペルシア湾岸協力会議《略称CCG》. guerre du G～ 湾岸戦争《1990 年》. syndrome de la guerre du ～ 湾岸戦争〔後遺症〕症候群.

golfeur(*se*) *n.* ゴルファー, ゴルフプレーヤー (=joueur(*se*) de golf).

golfique *a.* 〚スポーツ〛ゴルフの(に関する).

golfomane *n.* ゴルフ狂.

golmot[**t**]**e** *n.f.* 〚茸〛ゴルモット《赤てんぐたけ amanite rougeâtre, 毒てんぐたけ oronge vineuse などの俗称》.

gommage (<gommer) *n.m.* **1** ゴム液(ゴム糊)の塗布；ゴム引き(染料などに)ゴムを混ぜること；〚染色〛～ des tissus 織物のゴム引き《染料との親和性を増す工程》.
2 〚衣服〛糊づけ；糊加工. ～ des étoffes 布地の糊づけ.
3 〚美容〛フェイシャル・トリートメント, 美顔術 (=peeling).
4 消しゴムによる消去.
5 〚比喩的〛抹殺；殲殺.

gomme *n.f.* **1** ゴム(植物が分泌する粘性物質). ～ adragante トラガントゴム. ～ arabique アラビアゴム；ゴム糊. ～ de l'hévéa ラテックス. ～ laque シェラック, ～-résine ガムレジン, ゴム樹脂.
2 〚話〛～ チューインガム(= ～ à mâcher). mâcher de la ～ ガムを噛む. boule de ～ ゴムボンボン.
3 ゴム (= ～ élastique). ～ à crayon (encre) 鉛筆用(インク用)消しゴム.
4 〚植〛ゴム病, ゴモーズ (gommose)《樹皮からゴム質を分泌する病気》.
5 〚医〛ゴム腫. ～ tuberculeuse (syphilitique) 結核性(梅毒性)ゴム腫.
6 à la ～ 取るに足らぬ, つまらない；信用のおけぬ. invention à la ～ つまらぬ発明.
7 〚俗〛mettre [toute] la ～ 車のスピードを最高限に上げる；(エンジンの回転を)一杯にふかす.

gommé(*e*) *a.p.* **1** ゴム引きの；ゴム糊を塗った(ゴム液を混ぜた. enveloppe ～*e* ゴム糊を塗ってある封筒. papier ～ ゴム糊を塗った紙(濡らすと貼りつく紙). taffetas ～ ゴム引きのタフタ.
2 消しゴムで消した. trace d'un mot ～ 消しゴムで消した語の痕跡.

gomme-gutte (*pl.* ～*s*-～*s*) *n.f.* 〚化〛ガンボージ, しおう《アジアの樹木からとれる黄色の樹脂；塗料, 顔料, ワニス, 薬用》.

gomme-laque (*pl.* ～*s*-～*s*) *n.f.* シェラック (= [英] shellac) 《ワニスの製造などに用いられる天然樹脂》.

gomme-résine (*pl.* ～*s*-～*s*) *n.f.* ゴム樹脂, ゴムレジン, ゴム性樹脂 (galbanum, myrrhe 等のゴムと樹脂の混合物；*ex.* myrrhe 没薬).

gommeux(*se*) *a.* **1** 〚植〛ゴムを分泌する. arbre ～ ゴム生産樹木.
2 ゴム質の；ゴムを含む. mucilage ～ ゴム粘液性. substance ～*se* ゴム性物質.
3 〚医〛ゴム腫性の. lésion ～*se* ゴム腫性病変. tumeur ～ ゴム腫.

gommier *n.m.* **1** 〚植〛〚俗〛ゴムの木.
2 〚植〛ゴミエ(ユーカリ属の樹木；acacia アカシア, mimosa ミモザ, など). ～ bleu ユーカリ(学名 eucalyptus globulus).
3 (アンティル諸島の)平底漁船.

gonade *n.f.* 〚生〛生殖腺. Le testicule est la ～ mâle, l'ovaire la ～ femelle. 睾丸は男性生殖腺, 卵巣は女性生殖腺である.

gonadique *a.* 〚生〛生殖腺の. régions ～*s* de l'embryon 胚の生殖腺部.

gonadolibérine *n.f.* 〚薬〛ゴナドトロピン(ゴナドトロフィーヌ)放出ホルモン(性腺刺激ホルモン分泌促進ホルモン；Gn-RH, LH-RH などと略記). 〚薬〛analogue de la ～ ゴナドリベリン類似薬《合成医薬品》.

gonadortope *a.* 〚生化〛生殖腺(性腺)を刺激する. hormone ～ 生殖腺(性腺)刺激ホルモン (=gonadotrophine, gonadostimuline).

gonado[**-**]**stimuline** *n.f.* 〚生化〛生殖腺(性腺)刺激ホルモン (=gonadotrophine, hormone gonadotrope).

gonadotrop[**h**]**ine** *n.f.* 〚生〛ゴナドトロピン, ゴナドトロフィーヌ《生殖腺刺激ホルモンの一種》.

gonadotrophique *a.* 〚生〛ゴナドトロピン(ゴナドトロフィーヌ) (gonadotrophine) の. hormone chorionique ～ ヒト絨毛性ゴナドトロピン《略記 h.C.G》. hormone ménopausique ～ ヒト閉経期性ゴナドトロピン《略記 h.M.G》

gonalgie *n.f.* 〚医〛膝痛(しつつう).

gonarthrose *n.f.* 〚医〛変形性膝関節症.

gonflable *a.* (空気で)ふくらませる. bateau ～ ゴムボート. matelas ～ 空気マットレス. 〚建築〛structure ～ 空気膜構造.

gonflé(*e*) *a.p.* **1** ふくらんだ, ふくれた；風をはらんだ；(de で)いっぱいの. ballon ～ ふくらんだ風船. estomac ～ 満腹. nuages ～*s* ふくれあがる雲. portefeuille ～ de billets 紙幣で一杯にふくらんだ財布. voile ～*e* 風をはらんだ帆.

2 増水した；満水した. torrent ～ par les pluies 雨水で増水した急流.
3 腫れた；むくんだ；はった. joues ～*es* par une fluxion 腫れでふくらんだ頬. sein ～ de lait はった乳房. yeux ～*s* はれぼったい目；泣きはらした目.
4 (感情で)いっぱいになった. ～ d'orgueil 自惚れ切った. cœur ～ d'amour 愛情でいっぱいの心. avoir le cœur ～ 胸がいっぱいである.〔俗〕être ～ 大胆である；図々しい.〔話〕être ～ à bloc (人が)張り切っている.
5 誇張した；水増しした. prix ～ 水増し価格. valeurs boursières artificiellement ～*es* 人為的に水増しした株価.
6〖映画〗拡大(ブローアップ)した. film de 16mm ～ en 35mm 35 ミリ版に拡大した 16 ミリ版フィルム.

gonflement (<gonfler) *n.m.* **1** ふくらますこと；空気(ガス)充塡. ～ d'un ballon 気球のふくらませ. ～ d'un pneu タイヤの空気充塡.
2 ふくらむこと；ふくらんでいること, ふくらみ. ～ d'enthousiasme 熱情の横溢.
3〖医〗はれ, むくみ, 腫脹. ～ du visage 顔のむくみ.
4 増水；高まり. ～ de la vague 波の高まり.
5〔比喩的〕膨張；水増し. ～ de la circulation 交通量の急増. ～ de la circulation des billets 紙幣の流通量の膨張. ～ des effectifs 人員の膨張. ～ d'une facture 請求書の水増し. ～ d'un moteur エンジンの出力増大.
6 (感情の)高まり, 横溢. ～ d'enthousiasme 有頂天. ～ de vanité 慢心.

gonflette *n.f.*〔話〕ボディービル.
gonioscopie *n.f.*〖医〗(眼の)隅角(ぐうかく)鏡検査〔法〕.
gonococcie [-kɔksi] *n.f.*〖医〗淋菌症(=blennorragie).
gonococcique *a.* 淋菌による, 淋菌性の.〖医〗arthrite ～ 淋菌性関節炎.
gonocoque *n.m.*〖医〗淋菌《淋疾の病原であるグラム陰性菌》.
gonocyte *n.m.*〖生〗生殖母細胞, 胚細胞.
gonorrhée *n.f.*〖医〗淋疾《淋菌による性病》.
gonosome *n.m.*〖生〗胚染色体；性染色体(=hétérochromosome).
Google *n.pr.*〖情報処理〗グーグル《アメリカのソフトウェア会社および同社の運営するインターネット検索エンジンの名称；1998年創業；サイト名は www.google.com/；フランスでは www.google.fr/；日本では www.google.co.jp/》.
GOPE (=*g*randes *o*rientations des *p*olitiques *é*conomiques) *n.f.pl.* (ヨーロッパ連合の)経済政策大綱.
gorbatchévien(ne) (<Mikhaïl Gorbatchev) *a.* ゴルバチョフの. Fondation ～*ne* ゴルバチョフ財団《社会経済政治研究国際財団；ゴルバチョフが総裁をつとめる私的シンクタンク》.
gorbatchévisme *n.m.* ゴルバチョフ主義(政治)《ソ連の共産党書記長 [1985-91]・最高会議議長 [1989-90] Mikhaïl Gorbatchev のすすめた改革路線》.
GORBATCHEV, Mikhaïl Sergeïevitch *n.pr.* ミハイル・セルゲイエヴィッチ・ゴルバチョフ [1931-]《1985 ソ連共産党書記長, ペレストロイカ perestroïka (改革)とグラスノチ glasnost (情報公開)を推進し, 91 年初代ソ連大統領 (-1991), 90 年ノーベル平和賞；形容詞 gorbatchévien(*ne*)》.
gorbymania (<Gorby<Gorbatchev) *n.f.* ゴルビーマニア《熱狂的なゴルバチョフ支持》.
Gore-Texe, goretex [米]〖商標〗ゴアテックス《防水性と通気性を兼ねそなえた合成繊維，アウトドア用品に使用》.
gorge *n.f.* Ⅰ《喉・胸》**1** 喉, 首. couper la ～ à *qn* 人の喉を切る. se couper la ～ 殺し合う. mettre à *qn* le couteau (le pistolet) sur la ～ 人の喉元に短刀(ピストル)を突きつける；人を脅す. prendre (saisir, tenir) *qn* à la ～ 人の喉首をつかむ；人を身動きできないようにする；人を無理やり従わせる. serrer *qn* à la ～ (la ～ à *qn*) 人の喉首を締めつける. tendre la ～ 首を差し出す；〔比喩的〕言いなりになる. avoir le couteau sur (sous) la ～ 脅しによって強制される.
2 喉の内部；咽喉部；(発声器官としての)喉. avoir la ～ sèche 喉がからからである. avoir la ～ serrée 胸がしめつけられる. avoir mal à la ～ 喉が痛い. à pleine ～ 大声で. crier à pleine ～ 大声で叫ぶ. rester dans la ～ (食物が)喉につかえる；(言いたいことが)口から出ない；(わだかまりが)胸につかえる, 納得できない, 忘れられない. faire rentrer à *qn* ses paroles (ses mots) dans la ～ 人の前言を撤回させる；人を黙らせる. rire à la ～ déployée 腹の底から笑う, 大笑いする. sanglot qui monte à la ～ 喉元にこみあげる嗚咽. voix de ～ 喉元から出る声, 太い声, しゃがれ声.
3〔文〕(女性の)胸；乳房. avoir une ～ opulente 豊満な胸をしている. découvrir sa ～ 胸をむき出しにする. soutien-～ ブラジャー.
4〔古〕(猛禽の)餌袋；餌. ～ chaude 生き餌.〔現用〕faire des ～*s* chaudes de … を笑い物にする. rendre ～ (猛禽が)餌を吐き出す；〔比喩的〕不正利得を吐き出す.
Ⅱ《くびれ・くぼみ》**1** 峡谷. ～*s* profondes 深い峡谷. les ～*s* du Tarn タルヌ川峡谷. barrage des Trois-G ～*s* (中国の)三峡ダム.
2 くびれた部分；頸部, 頸状部；〖城〗ゴルジュ《稜堡の後部の入口》. ～ d'un étui de

cartouche 薬莢の頚部.
3 切れこみ, くぼみ, 溝；溝部. ~ d'un isolateur électrique 絶縁碍子の溝部. ~ d'une poulie 滑車の溝.
4 〖建築〗ゴルジュ〘凹形刳形の一種〙.
5 (鍵前の) タンブラー (= ~ d'une serrure).

gorge-de-pigeon *a.inv.* (鳩の胸のように) 玉虫色の. étoffes ~ 玉虫色の布.
——*n.m.* 玉虫色.

gorgée *n.f.* **1** 一口で飲める量. boire à petites ~s ちびちび飲む.
2 一息. humer une grande ~ d'air 大きく息を吸いこむ.

gorille *n.m.* **1** 〖動〗ゴリラ〘学名 Gorilla gorilla〙. ~ de montagne マウンテン・ゴリラ.
2 〖アフリカ〗大型猿；(特に) チンパンジー (=chimpanzé).
3 〖話〗ゴリーユ, ボディーガード, 要人警護の私服警察官. ~s du président 大統領のボディーガード団.
4 〖話〗ゴリラのようにいかつい醜男.

gosier *n.m.* **1** 〖解剖〗喉；咽頭 (=gorge). ~ altéré 渇いた喉. crampe du ~ 喉の痙攣. entrée du ~ 咽頭扁桃 (=amygdale). avoir le ~ ardent (en feu) 喉がひりひりする. avoir le ~ sec 喉が渇く. 〚比喩的〛un grand ~ 食いしん坊, 大酒飲み.
2 (発声器官としての) 喉, 気管；声. ~ de rossignol 美声 (=beau ~). en roué しゃがれ声. à plein ~ 大声で, 声を限りに. coup de ~ 大声；叫び声. avoir du ~ 声量がある. se racler le ~ 咳ばらいする.
3 〚比喩的〛声楽家 (=chanteur(se)). ~ exceptionnel 稀にみる美声の持ち主.
4 (オルガンなどの) 通風口. ~ d'un orgue オルガンの喉.

GOT (= 〖英〗*g*lutamic *o*xaloacetic *t*ransaminase) *n.f.* 〖生化・医〗グルタミン酸オキサロ酢酸トランスアミナーゼ〘酵素〙；= 〖仏〗TGO：*t*ransamiase *g*lutamo-*o*xaloacétique〙.

Göteborg [gø(œ)təbrg] [スウェーデン] *n.pr.* イエテボルイ〘le Göta イエタ川河口の古都；スウェーデン第2の大都会；港湾都市〙.

gothique [gɔtik] (<goths「ゴート族」) *a.* **1** 〖美術・建築〗ゴシック (ゴチック) の；ゴシック (ゴチック) 時代の. style ~ ゴシック (ゴチック) 様式 (=le ~). architecture ~ ゴシック建築. cathédrale ~ ゴシック様式の大聖堂.
2 〖印刷〗ゴシック書体の. écriture ~ ゴシック書体 (=la ~).
3 〖史〗ゴート族の.
4 〖古・蔑〗中世の, 古めかしい, 野蛮な.
——*n.m.* **1** 〖美術・建築〗ゴシック (ゴチック) 様式. le ~ primitif 初期ゴシック様式 (1140-1200年). le ~ à lancettes ランセット・ゴシック様式 (1200-1250年). le ~ rayonnant レヨナン・ゴシック様式 (14世紀). le ~ flamboyant 火炎式ゴシック様式 (15-16世紀). faux ~ ネオ・ゴシック様式.
2 〖言語〗ゴート語 (=gotique).
——*n.f.* ゴシック書体.

Gouangxi [中国] *n.pr.* **1** 広西 (こうせい), グアンシー. région autonome de ~-Zhuangzu 広州チワン族自治区〘中心都市 Nanning 南寧〙.
2 *n.m.* le ~ 広西川.

gouda [オランダ] (<*G*~ ハウダ, 町名) *n.m.* 〖チーズ〗ハウダ, ゴーダ (=fromage de *G*~；牛乳と凝乳酵素からつくられる).

goudron *n.m.* **1** タール, 瀝青 (れきせい). ~ de houille コールタール.
2 (舗装用の) タール, アスファルト (= ~ routier；bitume).
3 (アフリカの) 舗装道路.

goudronnage *n.m.* 〖木工〗(路面の) アスファルト舗装.

goudronneuse *n.f.* 〖土木〗アスファルト舗装車；タール散布機.

goudronneux(se) *a.* タール (goudron) 質の. matière ~*se* タール材；アスファルト材.

gouet *n.m.* 〖植〗グーエ, まむし草, 天南星〘aracées 里芋科の多年草〙.

gouffre *n.m.* **1** 深淵 (=abîm). ~ de l'enfer 地獄の深淵. plonger au fond d'un ~ 深淵の奥底に身を投げる.
2 〖地学〗グーフル〘石灰岩地帯の竪穴型洞穴；aven〙, 鍾乳洞. le ~ de Padirac グーフル・ド・パディラック〘西南フランス, ドルドーニュ川流域の鍾乳洞と地下河川；深さ75 m, 延長6.6 km〙. explorer un ~ 地下洞穴を探検する.
3 (海の) 大渦巻. navire englouti dans le ~ 渦に巻きこまれた船. ~ du Maelstrom メールストロムの大渦.
4 〚比喩的〛(淵のように) 底の知れぬもの, 深淵；どん底. ~ de malheur 不幸の淵. sensation du ~ どん底感. être au bord du ~ 破局の淵に立たされている. tomber dans le ~ de l'oubli 忘却の淵に沈む.
5 〚比喩的〛際限なく費用のかかるもの；金づかいの荒い人. Cette maison est un vrai ~! この家は本当に金喰い虫だ！ Cet homme est un ~. この人は底無しの淵のように金づかいが荒い.

goujon *n.m.* 〖魚〗グージョン, 川はぜ.

goujonnette *n.f.* 〖料理〗グージョネット〘魚の身の細切り〙. ~s de sole グージョネット・ド・ソール〘舌鮃のフィレを細長く切って調理したもの〙.

goulag [ロシア] (<*g*lavnoïé *o*upravlénié *lag*uerei「労働による再教育収容所本局」) *n.m.* 〘ソ連などの〙政治犯収容所, ラーゲリ；収容所体制〘1930-53年頃〙. *l'Archipel du G*~ de Soljenitsyne ソルジェニツィンの『収容所列島』(1973-76年).

goulet *n.m.* **1** (港の)狭い入口, 港口. ~ de la rade de Brest ブレスト錨地の入口.
2 (谷の)狭くなったところ, 峡谷；(山間の)隘路(あいろ)；〖一般に〗狭い通り道.〖比喩的〗~ d'étranglement (発展, 進行の)隘路, ネック；障害 (=goulot d'étranglement).
3〖古〗(壜の) 口；〖漁〗(筌(うえ)の) 口.

gouleyant(e) *a.* (葡萄酒が)喉ごしの良い, 飲みやすい. vin ~ 飲みやすい葡萄酒.

goulu(e) *a.* **1** 大食らいの, 食いしん坊の. homme très ~ 大食漢.
2〖比喩的〗むさぼるような；貪婪(どんらん)な. amour ~ 貪婪な愛. baisers ~s むさぼるようなキス. regards ~s むさぼるような視線.
3〖植〗pois ~s 莢いんげん (=mange-tout).
——*n.* 大食らい, 食いしん坊.

gourmand(e) *a.* **1** 食いしん坊の, よく食べる, 大食いの, 大食漢の；食い道楽の；(de を)食べるのが好きな. enfant ~ 食いしん坊な子供. être ~ comme un chat 健啖そのものである. être ~ de friandises 甘い物に目がない.
2 (食事が)豪勢な, 盛り沢山の；美食家向きの. étapes ~es 美食で知られる宿泊地. menu ~ 美食家向きメニュ (定食). région ~e 食物がおいしい地方. repas ~ 豪勢な食事, 盛り沢山の食事.
3 見るからに食いしん坊の. mines ~es 食欲旺盛な様子.
4〖比喩的〗(人が)欲の深い；(視線などが)むさぼるような, 貪婪(どんらん)な, (de を)好む. regards ~s むさぼるような視線. être ~ de flatteries お世辞を言われるのを好む. se montrer trop ~ 欲深いところを見せる.
5〖比喩的〗(エネルギー, 栄養分などを)大量に消費する.〖植〗branche ~e 徒長枝(樹液を吸い上げすぎる枝；gourmand (*n.m.*)). voiture ~e en essence 燃費の高い車.
6〖植〗pois ~s 莢隠元〔豆〕.
——*n.* 食いしん坊, 健啖家, 大食漢；美食家 (=gourmet). Le ~ est celui qui aime à manger. グールマンとは食べることの好きな人のことである. ~ raffiné 洗練された美食家. C'est un ~. あいつは食いしん坊だ.

gourmandise *n.f.* **1** 大食(七つの大罪 péchés capitaux の一つ), 食道楽. manger avec ~ むさぼるように食べる, 大食らいする.
2〖多く *pl.*〗砂糖菓子, 甘いもの (=friandise).

gourmet *n.m.* **1** グールメ, グルメ, 食通, 美食家. C'est un fin ~. 洗練された食通だ.
2〖やや古〗葡萄酒の鑑定人《原義；goûteur》.
3〖比喩的〗通. ~ de la littérature 文学通.

gourou *n.m.* **1** (ヒンドゥー教の) 尊師, 導師, グル (=guru).
2 教祖, 教祖的人物, 精神的指導者. ~ de la scientologie サイエントロジーの指導者.

gousse *n.f.* **1**〖植〗(豆などの) 莢(さや), 莢果(きょうか). vanille en ~ 莢果状のヴァニラの実.
2 (球根などの鱗茎の) 鱗片. une ~ d'aille 一かけのニンニク. ~ d'échalote エシャロットの球根.

goût *n.m.* ⓘ 《味覚・嗜好》 **1** 味覚 (=gustation, sensation gustative). aliment agréable au ~ 美味しい食物. les quatres bourgeons du ~ 4つの味蕾(みらい) (l'acide, l'amer, le salé, le sucré を識別). organes du ~ 味覚器官. perte du ~ 味覚喪失 (=agueusie). *Physiologie du ~* de Brillat-Savarin ブリヤ=サヴァランの『味覚の生理学』(1824年). ne pas avoir de ~ 味がない.
2 食欲；(食物に対する)嗜好；〖比喩的〗意欲. manger avec ~ うまそうに食べる. avoir du ~ pour la cuisine française フランス料理を好む. n'avoir ~ à rien 何にも食欲(意欲)を感じない. n'avoir plus le ~ de+*inf.* もはや…する意欲が湧いて来ない. mettre *qn* en ~ 人に食欲(やる気)を起こさせる. ôter (faire passer) le ~ du pain à *qn* 人を殺す；二度とやる気をなくさせる. perdre le ~ du travail 仕事をする意欲を失う.
3 美的感覚, センス；審美眼, 趣味；(修飾語なしで)良い趣味 (=le bon ~). avoir du ~[1] 美的感覚が鋭い；趣味が良い. avoir le bon (mauvais) ~ 趣味が良い(悪い). avoir le ~ délicat 繊細な趣味をもつ. avoir le ~ sûr 確かな審美眼をそなえている, 目が確かである. être habillé avec ~ センスの良い服装をしている. femme de ~ 趣味の良い女性. gens sans ~ 趣味の悪い人.
4 意見, 判断. à mon ~ 私の考えでは.
5 (de, pour に対する) 好み, 興味. avoir le ~ de la lecture 読書好きである. avoir du ~ pour la musique 音楽を好む. être au (du) ~ de *qn* 人の好みに合う. C'est à mon ~. それは私の好みだ. faire *qch* par ~ 好きで何かをする. prendre ~ à *qch* 何が好きになる. Chacun [à] son ~. 人にはそれぞれ好みがある.〖諺〗Tous les ~s sont dans la nature. 好みは人さまざま；蓼(たで)食う虫も好きずき.
6 (異性に対する) 好み. avoir (prendre) du ~ pour *qn* 人が好きである；好きになる. trouver *qn* à son ~ 人が自分の好みに合うと思う.
7 愛着. mettre du ~ dans son travail 心をこめて(念入りに)仕事をする.
Ⅱ《風味・風趣》**1** 味；風味. ~ acide (aigre) 酸味, すっぱい味. ~ âcre 渋味；苦味. ~ amer 苦味.〖比喩的〗~ amer d'un souvenir 思い出のほろ苦い味. ~ âpre えぐ

味；すっぱい味. ~ doux (sucré) 甘味. ~ relevé 辛味. cigarettes de ~ américain (français) アメリカ(フランス)風味の紙巻タバコ.

〔話〕avoir du ~² 風味が良い. avoir bon (mauvais) ~ (飲食物が)うまい(まずい). avoir un ~ 変な味がする. Cette crème a un ~. このクリームは変な味がする. être d'un ~ exquis すばらしくうまい. de haut ~ 薬味のきいた. sans ~ 風味に欠ける, まずい.

2 趣味. de bon (mauvais)~ 趣味の良い(悪い). meuble de bon ~ 趣味の良い家具. plaisanterie de mauvais ~ 悪い冗談. vêtements de mauvais ~ 悪趣味な衣服. Il serait de mauvais ~ de+*inf*. …するのは悪趣味だろう.

3 様式, 流儀. au ~ du jour 当世風の, 流行の, 今風の；当世風に. ouvrage au ~ du jour 当世風の作品. tableau dans le ~ classique 古典派風の絵画.

goûter *n.m.* おやつ, お茶 (thé). prendre un ~ おやつをたべる, お茶にする. manger *qch* au ~ おやつに何を食べる.

goutte¹ *n.f.* **1** 雫(しずく), したたり；(露・水銀などの)玉. ~ d'eau¹ 水滴. ~ de mercure 水銀の玉. ~ de pluie 雨滴. Il n'est pas tombé une ~ de pluie depuis un mois. 1カ月前から雨が一滴も降らない. ~ de rosée 露の玉. ~ d'urine 小便の雫. ~ à ~ 一滴ずつ；〔比喩的〕少しずつ, ゆっくりと. tomber ~ à ~ ぽたぽたとしたたる. apprendre ~ à ~ 少しずつ習得する. quelques ~s de *qch* 何の数滴. jusqu'à la dernière ~ 最後の一滴まで. jusqu'à la dernière ~ de sang 力尽きるまで；最後の限界まで. réduire en ~s 微粒子(霧状)にする. C'est d'eau ~ d'eau dans la mer (l'océan). それは大海の一滴に過ぎない；取るに足りない.

2 (液体の)少量；(特に)少量の酒；〔一般に〕少量. une ~ de vinaigre 少量の酢. 〔話〕boire la ~ 酒を一杯ひっかける. boire une ~ de cognac コニャックをちょっぴり飲む. n'avoir pas une ~ de courage 少しも勇気がない. Voulez-vous du café? ― Juste une ~, svp. コーヒーをお飲みになりますか？―ほんの少し下さい.

3 〔*pl.* で〕滴下薬, 点滴薬 (=médicament administré en ~s)；滴数(薬量の単位). ~s alcalines アルカリ性点滴薬(炭酸カリウム剤). ~s pour le nez 点鼻薬. se mettre des ~s dans les yeux 目薬をさす.

4 〔比喩的〕降り注ぐ光. ~s de soleil 降り注ぐ陽光.

5 〔醸造〕mère ~；première ~ (葡萄や林檎を)圧搾する前に圧搾機から流れ出る果汁. vin (cidre) de mère ~ (de première ~) 初期滴下葡萄液(シードル液).

6 水玉模様. plumage parsemé de ~s de couleur 色玉模様が点々とする羽毛.

7 〔宝石〕~ d'eau² 雫形宝石のペンダント. ~ de diamant 雫形ダイヤモンドのペンダント.

8 〔建築〕露玉(ドーリア式建築の装飾). ~s de la corniche 軒蛇腹の露玉飾.

9 〔冶〕~s froides 目玉(鋳造欠陥).

10 〔気象〕~ froide (chaude) 切離低(高)気圧.

―*ad.* 〔やや古, 戯〕ne... ~ 少しも…しない (comprendre, connaître, entendre, voir と共に用いる). n'y entendre ~ 何もわからない. n'y voir ~ 何も見えない.

goutte² *n.f.* 〔医〕グット, 痛風；(特に)痛風性関節炎 (= ~ artificielle). crise (attaque) de ~ 痛風の発作.

goutte-à-goutte *n.m.inv.* 〔医〕点滴注入, 点滴 (=perfusion)；点滴装置. faire un ~ à un malade 病人に点滴を行う.

gouttelette *n.f.* **1** 水の細粒；小さな水滴；小さな雫. ~ de rosée 露玉. Les nuages sont formés de ~s sphériques d'un diamètre compris entre 8 et 20 μm, et comportent de 50 à 1000 ~s par cm³ en moyenne. 雲は直径8～20マイクロメートルの水の細粒が1平方センチメートルあたり50～1000個集まって形成されている.

2 微小粒子. ~s d'encre (インクジェット式プリンターの)インクの微小粒子.

gouvernail *n.m.* **1** (船の)舵(かじ). ~ automatique 自動操舵装置. ~ de profondeur¹ (潜水艦の)水平舵.

2 (航空機の)舵, 操縦翼面. ~ de direction 方向舵. ~ de profondeur² 昇降舵.

3 〔比喩的〕指導権, 指導的地位. tenir (saisir) le ~ 舵をとる, 指揮をとる. être au ~ 指導的地位にある.

gouvernance *n.f.* **1** 統治(管理, 運営, 支配)〔機構〕, ガヴァナンス (=gestion rigoureuse).

2 〔仏史〕(アルトワ地方 l'Artois, フランドル地方 la Flandre の)国王裁判所〔管区〕.

3 (セネガルの)地方行政局〔庁舎〕.

gouvernant¹ *n.m.* **1** 支配者. **2** 〔*pl.* で〕政府当局者.

gouvernant²(*e*¹) *a.* (国・地域などを)支配する；政権を掌握している. classes ~es et classes gouvernées 支配階級と被支配階級. parti ~ 政府与党.

gouvernante² *n.f.* **1** 女性家庭教師. **2** (寡夫・聖職者などの世話をする)家政婦.

gouverne *n.f.* **1** 〔船〕操舵. aviron de ~ 操舵櫂.

2 〔航空〕操縦面(系統). ~ de direction 方向操縦面(垂直尾翼後縁の横揺れ lacet 防止用). ~s de profondeur 昇降操縦面(水平尾翼の後縁のピッチング tangage 防止用). ~s latérales 主翼後縁の操縦面(ローリング roulis 防止用).

3 〔古〕行動の方針. 〔現用〕pour votre ~

ご参考までに.

gouvernement n.m. **1** 政府, 内閣, 政権. ～ de coalition 連立内閣. ～ en exil 亡命政府. ～ fantoche 傀儡(かいらい)政府. ～ minoritaire 少数与党内閣. ～ provisoire 臨時政府. ～ révolutionnaire 革命政府. chef de ～ 首相, 内閣総理大臣. chef du ～ français フランス首相. crise de ～ 政権の危機, 政局の緊迫. membre du ～ 閣僚.
2 政体, 統治形態. ～ de civils 文民政府. ～ dictatorial 独裁政府. ～ militaire 軍事政府, 軍事政権. ～ parlementaire 議会政治. ～ présidentiel 大統領政治.
3 統治, 政治. prendre en main le ～ du pays 政権を掌中にする. 〔古〕 ～ d'une maison 家内の切り盛り.
4〔史〕地方総督の管区, 地方総督職; (植民地などの)総督職, (アメリカの)知事職; 軍管区.

gouvernemental(ale)(pl.**aux**) a. **1** 政府の; 行政権の. fonction ～ale の統治機能. institutions ～ales 政府機関. organe non ～ 非政府組織, 民間公益団体(略記 ONG; =〔英〕NGO: non-governmental organization). politique ～e 政府の政策.
2 政府筋の; 政府寄りの. journal ～ 御用新聞. parti ～ 与党.
3 省の(=ministériel). l'équipe ～ale 省庁のチーム.

gouverneur n.m. **1** 中央銀行の総裁. ～ de la Banque de France フランス銀行総裁.
2 (植民地などの)総督, 総監. ～ général (英連邦加盟国で英国君主を代表する)総督. lieutenant-～ カナダの州総監.
3 (アメリカ, 日本などの選出制による)知事.
4 軍管区総司令官; (要塞などの) 司令官.
5〔史〕教育係, 傅育(ふいく)係.

gouvernorat n.m. 〔行政〕総督(総裁)の地位(職).

GPA (=groupe de proposition et d'action) n.m. 〔経済〕提案・行動グループ《le Medef「フランス企業運動」(フランス経団連)内の作業グループ》. ～ croissance 経済成長問題の提案・行動グループ. ～ protection sociale 社会保障問題の提案・行動グループ.

GPD (=groupe de plongeurs démineurs) n.m. 〔軍〕機雷除去ダイバー隊.

GPIE (=groupement public d'intérêt éducatif) n.m. 〔教育〕教育目的公共団体.

GPL (=gaz de pétrole liquéfié) n.m. 液化石油ガス(ブタン, プロパンなど)(=〔英〕LPG: liquefied petroleum gas).

GPRF (=Gouvernement provisoire de la République française) n.m. 〔仏史〕フランス共和国臨時政府《1944 年レジスタンスにより設立; 1946 年第4共和国憲法の採択により解消》.

GPRS (=〔英〕general packet radio service) n.m. 〔通信〕一般パケット無線通信サービス《携帯電話用 115 Kbit/秒の超高速無線転送システム》.

GPS[1] (=〔英〕Global Positioning System) n.m. 〔通信〕全地球測位システム《 (=〔仏〕système de géolocalisation〔par satellite〕); 衛星から発射される電波を利用して地球上の位置を測定するシステム. カーナヴィ等に利用》. ～ portable 携帯用全地球測位システム受信機.

GPS[2] (=Groupement des producteurs de sel) n.m. 製塩業者グループ.

GPT (=〔英〕glutamic pyruvic transaminase) n.f. 〔生化・医〕グルタミン酸ピルビン酸トランスアミナーゼ(酵素)(=〔仏〕transaminase glutamique pyruvique; SGPT, ALT, ALAT).

GPU (=grand projet urbain) n.m. 大規模都市計画.

GR[1] (=garanties de ressources) n.f. (失業保険の)所得保障.

GR[2] (=grande randonnée) n.m. 主要自然遊歩道ハイキング; 主要自然遊歩道(=sentier de ～). randonnée entre Aubrac et Rieutort par ～ le 65 A 主要自然遊歩道 65 A を通るオーブラックからリュトール間の踏破. topo-guides des sentiers ～ 主要自然遊歩道の地図付ガイドブック叢書.

grabataire a. 〔医〕寝た切りの. vieillard ～ 寝た切り老人.
―― n. 寝た切りの病人.

grabatisation n.f. 〔医〕寝た切りになること.

grâce n.f. Ⅰ (恩恵・赦免) **1** 恩恵, 親切. 〔法律〕délai de ～ 恩恵期間; 特別猶予(=terme de ～). accorder (concéder, faire) une ～ à qn 人に恩恵を施す. 〔法律〕accorder un jour de ～ 一日の特別猶予を与える. demander (solliciter) une ～ de qn 人に恩恵を求める. faire à qn la ～ de+inf. …して人を喜ばす. obtenir (recevoir) une ～ 恩恵を受ける.
2 好意, 厚情, 温情; 寵愛(=bonnes ～s). bonnes ～s de qn 人の好意(寵愛). gagner (entrer dans) les bonnes ～s de qn 人の温情に浴する; 人に気に入られる. perdre les bonnes ～s de qn 人の寵愛を失う. être (rentrer) en ～ auprès de qn 人の気に入られる(再び気に入られる). trouver ～ devant qn (devant les yeux de qn) 人に気に入られる; 人の温情に欲する. de ～ お願いですから. De ～, le dites-moi. どうかおっしゃってください.
3 赦し, 赦免, 寛恕; (負債・刑の)減免, 免除; 〔法律〕恩赦. ～ amnistiante 大赦としての恩赦《大統領と国家元首が行なう恩赦; 大赦 (=amnistie)》. ～ collective (individuelle) 集団(個人)恩赦. ～ simple 単純恩赦. droit de ～ 恩赦権. lettre de ～ 恩赦

状.
accorder leur ~ aux coupables 罪人たちを赦す. faire ~ à qn 人を赦す；人に恩赦を与える. faire ~ à qn d'une obligation 人の債務を免除する. Faites-moi ~ de vos observations. お小言は御容赦願います. Je vous fais ~ du détail. 細かいことは省きます. demander (crier) ~ 憐れみを乞う.
G~! お慈悲を！ G~! ne continuez pas. 後生だから, それ以上言わないでくれ.
coup de ~ 介錯；〔比喩的〕止めの一撃. donner (porter) le coup de ~ à qn 人に止めを刺す；人に致命的打撃を与える.
4 (神の) 恩寵, 神意 (= ~ de Dieu)；(天与の) 才能, 霊感. à la ~ de Dieu 神意のままに；〔比喩的〕運を天に任せて. ~ d'état 特殊な状況に関連する恩寵；〔比喩的〕せめてもの慰め. doctrines sur la ~ 恩寵論. efficace de la ~ 恩寵の効力. état de ~ 恩寵に浴した状態；〔比喩的〕ついている (好調な) 状態.〔比喩的〕se sentir en état de ~ 気乗りがしている. manifestations de la ~ 恩寵のあらわれ.
avoir la ~ 恩寵に浴する；天賦の才がある. espérer (attendre) la ~ de Dieu 神の恩寵を望む. mourir (vivre) dans la ~ 恩寵に死す (生きる). Je vous salue Marie pleine de ~. 恩寵に満ち溢れた聖母マリア様を称えまつります〔「マリア讃歌」の一節〕.
5 閣下；猊下〔英国の公爵・司教の尊称〕. Sa G~ le duc de York ヨーク公爵閣下.
II 〔感謝〕感謝. action de ~〔s〕神への感謝を表す行為；感謝の祈り. chanter un cantique, en action de ~s 感謝の意をこめて讃歌を歌う. Jour d'action de ~ (北米の) 感謝祭 (=〔英〕Thanksgiving Day) (11月の第4木曜日). dire [les] ~s 感謝の祈りを捧げる. rendre ~[s] à qn de (pour) ···について人に感謝する.〔Je vous rends〕 mille ~s. 本当に有難う. ~ à qn (qch) 人 (何) のお蔭で. ~ à Dieu (aux dieux) 幸いにも, 運よく.
III 〔優雅〕**1** 優雅さ, 優美さ；魅力；(女性の) 淑やかさ；(風景・文体などの) 雅趣, 風情. ~ de l'expression 表現の優雅さ. ~ de la femme 女性の優美さ (淑やかさ). ~ des gestes 身振りの優雅さ. ~ d'un paysage 風景の雅趣.〔ギリシャ話〕les [trois] G~s 美の三美神 (Aglacé, Euphrosyne, Thalie の3女神). avec ~ 優雅 (優美) に. avoir de la ~ 優美 (淑やか) である；風情がある. avoir mauvaise ~ à (de)+inf. ···するのは不適当である, ···する立場にない.
2 〔pl. で〕愛想のよい態度. avec mille ~s 極めて愛想よく. faire des ~s 愛嬌を振りまく, しなを作る.
3 bonne ~ 誠意, 善意；熱意. de bonne ~ 快く, 喜んで. accepter de bonne ~ 快く承知する. faire qch de bonne ~ 快く···をする

る. mauvaise ~ 悪意；不機嫌；不熱心. de mauvaise ~ 不承不承. avoir mauvaise ~ à ···できない.
4 〔遊戯〕jeu de (des) ~s 輪投げ遊び (2本の棒に軽い輪を投げる遊び). jouer aux ~s 輪投げ遊びをする.

gracier *v.t.* 〔法律〕恩赦を与える.
gracieux(se) (<grace) *a.* **1** 優美な, 優雅な, 上品な, 淑やかな；魅力的な. corps ~ 魅力的な体つき. expression ~se 優雅な表情. femme plus ~se que belle 美しいというよりは淑やかな女性. fleurs ~ses 優美な花. geste ~ 上品な仕種. ~ comme un ange 天使のように優美な.
2 愛想のよい；愛嬌のある. ~ sourire 優しい微笑. accueil ~ 愛想のよいもてなし. homme ~ 愛想のよい人. avoir des manières ~ses 愛想のよい物腰である. être peu ~ 無愛想である.〔皮肉〕~ comme une porte de prison (監獄の門のように愛想のよい→) 極めて不愉快な. peu ~ 無愛想な.
3 好意による (=bénévole)；無報酬の (=gratuit). munificence ~se 好意的的鷹揚さ. offre ~se 無料提供. à titre ~ 無料で. prime offerte à titre ~ 無料の景品. prêter son concours ~ 好意的に (無報酬で) 力を貸す.
4 〔法律〕(裁判・手続などについて) 非訟の, 係争と無関係の. affaires ~ses 非訟事件. juridiction ~se 非訟事件の管轄権 (juridiction contintieuse「裁判機関」の対).〔行政〕procédure ~se 非訟事件手続. recours ~ 非訟的異議申立；〔税〕租税不服申立；〔社会保障〕非訟手続.
5 〔古〕(臣下に対する君主の) 雅量のある, 情深い. ~ souverain 情深い君主.
―*n.* 優雅な人, 上品な人.〔皮肉〕faire le ~ 上品ぶる.
gradateur *n.m.* 〔電〕電圧可変器, スライダック (=variateur). ~ de lampe halogène ハロゲンランプ用電圧可変調光器.
gradation *n.f.* **1** 段階的増減, 漸増減, 漸次移行, 漸進. par ~ 漸次, 次第次第に. ~ de la lumière 光の段階的増減.
2 〔音楽〕(音階の) 漸次上昇 (下降).
3 〔修辞〕漸層法, クライマックス.
4 〔美術〕ぼかし, 濃淡法, グラデーション.
5 〔写真〕階調.
6 〔地学〕(河川の) 平衡作用.
grade *n.m.* **1** (官職, 軍人などの) 位階, 階級, 等級, 官等. avancer (monter) en ~ 階級が上がる, 昇進する. ~ de commandeur de la Légion d'honneur レジョン・ドヌール勲章のコマンドゥールの位. ~ des officiers supérieurs 上級士官の階級 (commandant, lieutenant-colonel, colonel).〔軍〕insignes de ~ 階級章.
2 学位 (= ~ universitaire). être admis au ~ de docteur ès science 理学博士の学位を受ける.

3 グラード(角度の単位；1/100直角；記号 gr；1 gr は 0.9 degré 度).
4 〖機工〗(潤活油の)粘度数字.
5 (商品の品質の)等級, 格付, グレード.
6 〖ベルギー〗(成績の)等級, 評価.

gradient *n.m.* **1** 勾配, 減率；(温度・気圧・速度などの)傾度, 変化率. ~ adiabatique 断熱減率. ~ barométrique (de pression) 気圧傾度. ~ géothermique 地熱傾度. ~ hydraulique 動水勾配. ~ thermique vertical 温度減率.
2 〖数〗(関数の)勾配, 傾き. ~ d'une fonction 関数勾配.
3 〖生〗勾配(器官の生化学的・生理学的変化). ~ de pression veineuse 血圧勾配. 〖医〗~ ventriculaire 心室勾配, 心室興奮偏差.

gradin *n.m.* **1** 階段状見物席, スタンド. ~s d'un amphithéâtre 円形演技場のスタンド.
2 段. en ~s 段々になった. colline en ~s 段丘. culture en ~s 段々畑. jardin en ~s 段状庭園.
3 段状の棚.
4 段状のステップ.

gradualisme *n.m.* **1** 漸進主義. **2** 〖生〗漸進的進化論.

gradué(e) *a.p.* **1** 目盛りをつけた. thermomètre ~ 目盛付温度計. règle ~*e* 目盛尺. verre ~ 計量カップ(グラス).
2 段階的な. exercices ~s 段階的訓練.
3 段階づけられた.
4 学位を与えられた；〖ベルギー〗技術資格(graduat)を与えられた.
——*n.* 学位取得者；〖ベルギー〗技術資格取得者.

graduel(le) *a.* **1** 段階的な；漸進的な. augmentation ~le 漸増.
2 〖カトリック〗versets ~s 昇階唱.
——*n.m.* 〖カトリック〗**1** 昇階唱. **2** ミサ聖歌集.

graffiteur(se) *n.* **1** 〖考古〗壁画家. ~s de Pompei ポンペイの壁画家.
2 壁面デッサン作者, 壁面落書者(壁面などに絵, スローガンなどを描く人).

graffiti (<〖伊〗 graffito の複数形) *n.m.* **1** 落書. ~s du métro 地下鉄の落書.
2 〖pl. で〗〖考古〗(壁面などの)グラフィッティ, 掻き絵(文字). ~s de Pompei ポンペイの掻き絵(文字).

grain[1] *n.m.* **1** (穀物の)種子, 穀粒(=des céréales). ~ d'avoine (de blé, de maïs, de seigle, de riz) 燕麦(小麦, とうもろこし, ライ麦, 米)の粒. d'orge 大麦の粒；〖裁縫〗粗い縫目；〖木工〗ほぞ, 〖医〗麦粒腫, ものもらい(=orgelet). 〖木工〗assemblage à ~ d'orges ほぞ接ぎ. 〖醸造〗alcool de ~ グレーン・アルコール. commerce des ~s 穀物の取引；穀物商. mesure à ~ 穀物計量用の枡. poulet de ~ 穀物だけで飼育した食用若鶏. moudre le ~ 穀粒を挽く, 製粉する. ôter les ~s d'un épi 麦をこく.
2 〖集合的または *pl.*〗(穀類・豆類などの)種子, 種もろ. ~ pour fourrage 牧草用の種子. bon ~ 良い種子；〖比喩的〗良き子. gros ~s 冬麦(秋捲き麦). menus ~s 春麦(春播き麦). semer le ~ (les ~s) 種子を播く. Si le ~ ne meurt... 一粒の麦もし死なずば…(『ヨハネ』12.24).
3 粒状の実；(葡萄などの)漿果(中の種子は graine, pépin). ~ de café コーヒー豆. ~ de raisin 葡萄の漿果. café de ~ コーヒー豆. haricots en ~ 隠元豆の豆粒(haricots verts (en cosses)「隠元」の対).
4 粒状のもの；粒；粒子；〖化〗結晶粒；〖生〗顆粒；〖薬〗顆粒(=(petite) pilule). ~ de beauté ほくろ. 〖解剖〗~ du cervelet 小脳顆粒. ~ de chapelet 数珠の玉. ~ de grêle 雹(ひょう)(の粒), 霰(あられ)(の粒). ~ de métal 金属粒子, 粒状金属(=grenaille). ~ de pollen 花粉粒. ~ de sable 砂塵. 〖生〗~ de secrétion 分泌顆粒. 〖比喩的〗~ de sel 塩粒；機知, 警句(=trait d'esprit). 〖話〗mettre (mêler) son ~ de sel いらぬお節介をする. ~ d'une plaque photographique 写真乾板の乳剤粒子. ~ fin (gros) 細粒(粗粒). 〖天文〗~ interstellaire 宇宙塵.
5 (木・石などの)目；木目, 木理；石目；ざらざら, 粒々；(版画の)砂目. à ~ fins 細粒の, きめの細かい. à gros ~s 粗粒の, きめの粗い. relieur à ~ fin きめの細かい革の装本. maroquin à gros (petit) ~ 粗粒(細粒)面のモロッコ革. ~ d'un papier 紙の粒状. soie gros ~ 目の粗い絹布.
6 un ~ の微量の, 僅かばかりの. un ~ d'amour-propre 僅かばかりの自尊心. n'avoir pas un ~ de bons sens 良識のかけらも持ち合わせない. avoir un (petit) ~ 少し気がふれている.
7 〖機工〗軸受金.
8 〖度量〗グレーン(〖古〗0.053 g；1/72 ドラクム drachme). poids de 24 ~s 24 グレーン(=1 スクリュピュール scrupule). poids de 480 ~s 480 グレーン(=1 オンス once).
9 〖度量〗〖カナダ〗〖現用〗グレーン(0.002 オンス, 0.0647 g).
10 〖航空〗成型された固型燃料, グレイン. ~ à perforations multiples 多孔グレイン.

grain[2] *n.m.* 〖気象〗グラン, 疾風(はやて), 突風, スコール. ~ arqué 龍巻, トルネード(tornade). ~ blanc 白グラン(雲のない疾風). ~ noir 黒グラン(厚い雲を伴う疾風). 〖海〗saluer le ~ 疾風の接近に伴い帆を高く揚げる. veiller au ~ 疾風の接近に備える；〖比喩的〗突発事に備える. 〖比喩的〗voir venir le ~ 危険を察知する.

graine *n.f.* **1** (顕花植物の)種子. ~ à albumen 胚乳のある種子. ~ aigrette (ailée)

冠毛(羽根)付きの種子. ~ aromatique 芳香性種子, スパイス用種子. ~ de qch 何の種子;〔比喩的〕何の卵. ~ de haricot 隠元豆の卵.〔比喩的〕~ d'assassin 殺人者の卵. ~ d'une baie (d'une drupe) 漿果 (核果) 内の種子. ~ de paradis 生姜科植物の種子 (amome, cardamome など;健胃剤). ~s oléagineuses de colza コルザ (菜種)の油を含んだ種子《食用植物油の材料》.
dissémination (sémination) des ~s 種子の散布. mauvaise ~ 悪い種子;〔話〕見込みのない子供, 悪餓鬼. vente des ~s au poids (en sachet) 種子の計り売り (袋詰め売り).〔話〕casser la ~ 食べる, 飯を食う.〔話〕en prendre de la ~ 手本にする, 教訓を得る. monter en ~ 成長して花実をつける;〔比喩的〕〔話〕(若い女性が) 婚期を逸する, とうが立つ. semer des ~s en ligne 種子を線状に播く.

2 蚕の卵 (=œuf du ver à soie). acheter de la ~ 蚕の卵を購入する.

3〔地球物理〕地球の内核.

graissage *n.m.* 注油, 給油;潤滑;グレサージュ. ~ à l'huile 油潤滑. ~ d'un moteur エンジンへのオイル注入. ~ mécanique 機械注油. huile de ~ 潤滑油.

graisse *n.f.* **1** 脂肪;脂肪組織;肥満 (=embonpoint). ~ de dépôt 内臓脂肪. ~s saturées 飽和脂肪. excès de ~ 脂肪過多. prendre de la ~ 脂肪がつく, 太る. avoir de la mauvaise ~ 悪い脂肪がつく, 不健康に太る. faire perdre de la ~ 脂肪を減らす. faire de la ~ のらくら暮す;〔俗〕法螺 (ほら) を吹く.

2〔食用の〕脂肪, 食用油. ~ à frire 揚げ油. ~ animale (végétale) 動物性 (植物性) 脂肪. ~ du (de) porc ラード.〔話〕à la ~ d'oie 下らない.

3 グリース, 滑油. ~ à silicone シリコン・グリース. ~ minérale 鉱油. tache de ~ 油のしみ.

4 (葡萄酒・シードル・ビールなどの) 油状変質.

5〔印刷〕(活字の) 太さ. augmenter (diminuer) la ~ d'un caractère 活字の太さを増す(減らす).

graisseux (se) *a.* **1** 脂肪質の;脂肪性の. corps ~ 脂肪物質. tissu ~ 脂肪組織.〔医〕tumeur ~se 脂肪腫.

2 油のしみのついた (=tâche de graisse). vêtement ~ 油でよごれた衣服.

3 (食物が) 脂っこい.

gram (<Hans Christian Joachim G~ [1853-1938], デンマークの内科医) *n.m.*〔医〕coloration de ~ グラム染色〔法〕(グラムが考案した細菌の染色法;ゲンチンヴァイオレット gentiane violette で染色したヨードで処理し, 後染色の色素で濃紫色に染色されるものと赤く染色されるものに分かれる. 前者をグラム陽性菌, 後者をグラム陰性菌とよぶ). bacilles (coccus) à ~ positif グラム陽性桿菌 (球菌). bacilles (coccus) à ~ négatif グラム陰性桿菌 (球菌). bactérie à ~ positif (négatif) グラム陽 (陰) 性菌.

graminées *n.f.pl.*〔植〕稲科;稲科植物.
◆ 稲科植物:agrotis ぬかぼ, alfa アルファ, alpiste ちぐさ, avoine 燕麦, blé 小麦, chiendent はまむぎ, crételle くしがや, dactyle かもがや, fétuque フェチュック (うしのけぐさ属の牧草), fléore フレオール (おおあわがえり), flouve はるがや, gramen グラーメン, ivraie 毒麦, orge 大麦, oyat オワイヤ (はまむぎの類), panic きび, pâturin いちごつなぎ, phragmite 葦, riz 稲, seigle ライ麦, sorgho もろこし, vétiver ヴェチヴェール, vulpin ヴュルパン (フォックステール) など.

grammaire *n.f.* **1** 文法;文法学 (論・研究). ~ comparée (descriptive, générale, générative) 比較 (記述, 一般, 生成) 文法. classes de ~ 文法学級 (中等教育の第 1・2・3 年次). ~ du français フランス語文法. faute de ~ 文法上の誤り. livre de ~ 文法書, 文典. règle de ~ 文法規則. contre la ~ 文法に反して.

2 文法書, 文典. ~ française フランス語の文法〔書〕.

3〔比喩的〕基本的規則, 規範. ~ du cinéma 映画の基本的約束.

grammatical (ale) (*pl.***aux**) *a.* **1** 文法上の, 文法に関する. analyse ~ale 文法的分析. exercices ~aux 文法の練習問題. morphème ~ 文法形態素. mots ~aux 文法語, 文法用語 (mots lexicaux「語彙的語」の対). sujet ~ 文法的主語 (sujet logique「論理的主語」の対).

2 文法の規則にかなった;文法的な (生成文法では agrammatical「非文法的な」の対). phrases ~ales 文法にかなった文.

gramme *n.m.* **1**〔度量〕グラム (略記 g;重さの CGS 単位).

2〔比喩的〕微量. Il n'a pas un ~ de bon sens. 彼には知性のかけらもない.

-gramme〔ギ〕 ELEM「文字, 書かれたもの」の意 (*ex.* idéo*gramme* 表意文字;télé*gramme* 電報).

gramophone〔商標〕*n.m.*〔古〕グラモフォン, 蓄音機 (=phonographe à disques).

grand[1] (**e**) *a.*〔多く名詞の前;リエゾンでは [t] と発音される:*ex.* grand hôtel [grɑ̃tɔtɛl];成句的表現では女性名詞の前に男性と同形を用いることがある:*ex.* grand-place).

Ⅰ《量的》**1** 大きな;大柄な, 背の高い. ~ arbre [grɑ̃tarbr] 大木, 高木. ~e femme;femme ~e 大柄な女性. homme ~[1] et mince 痩せて背の高い男. personnage de ~e taille 背の高い人.

grand¹ (e)

2 (子供が)大きくなった，成長した；年長の．『学』高学年の. mon ~ frère 私の兄さん. ~es personnes 大人, 成人 (=adultes). devenir (se faire)~ 大きくなる，成長する.〔比喩的〕Petit poisson deviendra ~. (人・事業などが)将来有望である (La Fontaine の寓話より). être assez ~ pour+inf. …するに十分な年齢である. Je suis assez ~ pour savoir ce que j'ai à faire. 僕はもう大きいのだから何をすべきかは心得ている. C'est une ~e fille. あれはもう一人前の娘だ. Elle a de ~s enfants. 彼女の子供はもう大きい. Tu comprendras quand tu seras ~. 大きくなれば君にもわかるだろう.
3 (時間的・空間的に)長い. ~s bras 長い腕. ~e distance 長距離. ~e lettre 長い手紙. ~es jambes 長い脚. ~s pieds 大きな足. les ~es vacances レ・グランド・ヴァカンス(長期にわたる大休暇)；夏休み(=vacances d'été). marcher à ~s pas 大股で歩く. prendre un ~ congé 長い休暇を取る.
4 大規模な. ~ appartement 大アパルトマン；(城館などの)大居室. la G~e Arché de la Défense デファンス地区の「ラ・グラント・アルシュ」(1989年建造の大アーチ). ~ édifice 大規模建造物. ~ ensemble 大団地. ~ jardin 大庭園. le G~ Louvre 大ルーヴル美術館〔改造計画〕. ~e marée 大潮. ~e surface 大規模スーパーマーケット，大型店舗 (=magasin à ~e surface). ~s travaux publics 大規模公共土木工事. ~e ville 大都市.
5 (尺度・速度などが)大きい. ~ âge 高齢. ~ angle 大きな角度. ~ angulaire 広角レンズ. ~e hauteur 非常に高い，高々度. ~e largeur 広い幅. ~ nombre 大きな数, 多数. ~ poids 超重量. ~e quantité 大量, 多量. train à ~e vitesse 超高速列車(略して TGV).
ouvrir la fenêtre toute ~e 窓を大きく開け放つ. ~ ouvert [grɑ̃tuvɛr] 大きく開かれた. porte ~[e] ouverte 開け放たれた扉. yeux ~[s] ouverts 大きく見開いた目.
6 大量の；多大な. le ~ air 大気. à ~ air 戸外で. ~e fortune 大財産. ~e foule 大群衆. le ~ public 大衆. à ~s frais 莫大な経費を注ぎこんで. laver à ~e eau 大量の水で洗う.
◇ **REM** 否定表現では時に無冠詞：Il n'y a pas ~ monde. 人があまりいない.
7 非常な, 激しい, 大変な, 甚だしい. ~ bruit 大きな物音, 大騒音. ~e chaleur 高温；酷暑. ~ effort 大変な努力. ~e jeunesse 潑剌とした若さ. ~ silence 深い沈黙. à ma ~e surprise 私が非常に驚いたことには.
◇ **REM** 成句的表現ではしばしば無冠詞：avec ~ plaisir 大喜びで. avoir ~ besoin de qch 何を是非とも必要とする.
8〔単位を表わす語と共に〕たっぷり. at-tendre trois ~es heures たっぷり3時間も待つ. parcourir dix ~s kilomètres たっぷり10キロも歩きまわる.
II(質的)**1** 大きな, 重大な, 重要な. ~ chagrin 大きな悲しみ. ~ événement 大事件. ~e guerre 大戦. ~e nouvelle ビッグ・ニュース, 重大ニュース. ~ problème 大問題. avoir ~ avantage 顕著な優位を占める. faire ~e tort 大きな過ちを犯す.
2 (他より)大きな, 重要な, 主要な；最高級の, 一流の；最上級の.『葡萄酒』~ cru グラン・クリュ(最上級畑；最上級畑の葡萄酒). vin de ~ cru 最上級畑の葡萄酒.『葡萄酒』vosne-romanée ~ cru AOC 原産地呼称管理酒ヴォーヌ=ロマネのグラン・クリュ. ~ vin de Bordeaux ボルドー地区の高級葡萄酒.
les ~es écoles グランド・ゼコール (高等専門学校；専門領域の最高学府群). les ~es entreprises 大企業. ~e industrie 大産業. le ~ jour 重要な日, 大切な日；偉大な日. au ~ jour 重要な日に. Enfin, le ~ jour est arrivé. 遂にその日がやって来た. Il fait ~ jour. 夜がすっかり明けた. ne s'arrêter qu'aux ~es gares 主要駅にしか停車しない. Il est ~ temps de+inf. 今こそ…をなすべき時である.
3 偉大な；壮大な；崇高な. ~e âme 高貴な心〔の持主〕. ~ champion 偉大なチャンピオン. ~ écrivain 大作家. ~ homme 偉人. le Panthéon, monument à la mémoire des ~s hommes de France フランスの偉人を祀る記念建造物であるパリの「パンテオン」(万神殿). le G~ Siècle 偉大な世紀 (ルイ14世の時代). Alexandre le G~ アレクサンダー大王. Louis le G~ ルイ大王 (ルイ14世). ~ projet 壮大な計画.
4 (人が)地位の高い, 権勢のある；(地位などが)高い, 高位の, 高等の；(職階・勲位などが)最上位の；(名などが)高貴な；(態度などが)堂々とした, 気品のある. ~e bourgeoisie 大ブルジョワ階級. ~s commis de l'Etat 高級官僚. ~e dame 貴婦人. le ~ monde 上流社会. ~e naissance 高貴な生れ. ~ officier de la Légion d'honneur レジヨン・ドヌール勲位(勲章)の二等勲章佩用者. le G~ Orient de France フラン・マソン(フリーメイスン)のフランス大首長(最高位). ~ personnage 要人；大人物. ~ seigneur 大領主；大貴族.『法律』tribunal de ~e instance 大審裁判所. se faire un ~ nom 名をあげる；盛名を馳せる.
5 (人が)大変な, 大の；ひどい；甚だしい. ~ amateur de musique 大の音楽好き. ~ ami 大親友. ~ blessé 重傷者. ~ buveur 大酒飲み.
6 壮麗な, 華麗な, 華やかな；贅沢な. ~ dîner 盛大な晩餐〔会〕. ~e pompe 盛儀. en ~e[s] pompe[s] 盛大に. ~e tenue 盛装, 礼装. mener la ~e vie 華美な生活を送る.

7 尊大な, 偉そうな；大仰な, 大袈裟な. avoir un ~ air 偉そうな様子をしている. employer de ~es phrases 美辞麗句を使う.

——n. **1** 年長の子, 大きい子；〖学〗上級生, 高学年生. tout seul comme un ~ (年長の子として) 誰の助けもかりずにひとりで. jouer avec les ~s 年上の子と遊ぶ.〔比喩的〕passer dans la cour des ~s (上級生の校庭に行く→) より高い活動の場に進出する.

2〔話〕mon ~；ma ~e (子供などに向かって) ねえ君.

3〔多く pl.〕大人 (=les adultes).

grand² *ad.* 大きく. faire ~ 大きなことをやる. voir ~ 大きなことを考える；遠大な計画を立てる. Il a su voir ~. 彼は物事を大きくとらえる術を心得ている.

——n.m. **1**〔多く pl.〕大国 (=grandes puissances)；大国の元首；巨頭. les deux G~s 二大国 (かつての米・ソ). les super-~s 超大国. le troisième G~ 第三の大国 (米ソに次ぐ).

2 大企業 (=grande entreprise)；大手. les ~s de l'industrie automobile 大手の自動車会社.

3〔多く pl.〕大物, お偉方, 地位の高い人；第一級の人物；〔古〕(旧制度下の) 大貴族 (=~s seigneurs). les ~s de ce monde この世の権力者たち.

4 大きなもの；〔文〕偉大 (崇高) なもの.〖数〗l'infiniment ~ 無限大. en ~ 実物大に；大きく, 大規模に；大局的に；大らかに, 物惜しみをせず. culture en ~ 大規模栽培. ouvrir les fenêtres en ~ 窓を大きく開け放つ. peindre qn en ~ 人を等身大に描く. Il faut voir les choses un peu en ~. 物事をもうすこし大きくとらえるべきである.

grand-angle (*pl.* ~s-~s) *n.m.*〖写真〗広角；広角レンズ (=grand-angulaire；24×36 mm 判用レンズの場合焦点距離 50 mm 未満のレンズ).

grand-angulaire (*pl.* ~s-~s) *a.*〖光学〗(レンズが) 広角の. objectif ~ 広角レンズ.

——n.m. 広角レンズ (=objectif ~).

grand-chose *pr.ind.* 大したこと (もの) (現在では否定形で用いる). Ce n'est pas ~. 大したことではない. Cela ne vaut (fait) pas ~. 大したことではない. Il n'y a pas plus ~ à faire やるべきことはもはやほとんどない. Je n'ai pas ~ à manger. 碌な食べ物がない.

——n.inv.〔話〕un (une) pas ~ 取るに足らぬ男 (女), つまらぬ男 (女).

grand-croix *n.f.inv.* **1** (修道騎士団の) 大十字勲章.

2〔一般に〕大十字勲章 (最高位の勲章). ~ de la Légion d'honneur レジヨン・ドヌール大十字勲章 (最高位).

——n.m. (*pl.* ~s-~) ~ 佩用者.

grand-duc (*pl.* ~s-~s) *n.m.* **1** 大公〔爵〕. le ~ et la grande-duchesse de Luxembourg ルクセンブルク大公と大公妃.

2 (帝政ロシアの) 皇族の皇子.〔話〕faire la tournée des ~s-~s (レストラン, バー, キャバレーなどで) 豪遊する.

grand-ducal (*ale*) (*pl.* ~s-~aux) *a.* **1** 大公〔爵〕の.

2 大公国の；(特に) ルクセンブルク大公国 (=le Grand-duché de Luxembourg) の (=luxembourgeois (*e*)).

grand-duché (*pl.* ~s-~s) *n.m.* 大公 (grand-duc) 領, 大公国. le ~ du Luxembourg ルクセンブルク大公国.

Grande-Bretagne (la) *n.pr.f.* **1**〖地理〗大ブリテン島 (=l'île de la ~；〔英〕the Great Britain；島内に l'Angleterre (England), le pays de Galles (Wales), l'Ecosse (Scotland) がある).

2 ラ・グランド・ブルターニュ (〔英〕ザ・グレート・ブリテン), 連合王国 (英国) (le Royaume-Uni de G~ et d'Irlande du Nord (United-Kingdom of Great Britain and Northern Ireland) の通称；形容詞 britannique).

grande-duchesse (*pl.* ~s-~s) *n.f.* **1** 女性大公〔爵〕.

2 大公〔爵〕妃；大公女. la ~ de Luxembourg ルクセンブルク大公妃.

grandeur (<grand) *n.f.* Ⅰ (量的) **1** 大きさ, サイズ, 高さ, 広さ；〖理〗計測量. ~ d'une main 手の大きさ (サイズ). ~ de sortie 出力. ~ nature 実物大の, 現寸 (大) の (=en vraie ~). statue ~ nature 等身大の彫像. ~ oscillante 振動量. ~ réelle et apparente des objets 物体の真の大きさと見かけの大きさ. ~ sinusoïdale 正弦量. ~ variable 変動量. de même ~ 同じ大きさの. livres de toutes les ~s あらゆる大きさ (版型) の本. mesure d'une ~ (des ~s) 大きさの計測. ordre de ~ およその大きさ.

2 大きいこと, 巨大さ；雄大さ, 壮大さ. arbre d'une énorme ~ 並外れた大木, 巨木. regarder qn du haut de sa ~ 人を見くだす.

3〖天文〗(星の) 等級 (=~ stellaire；magnitude). étoile de première ~ 1等星.

Ⅱ (質的) **1** 大きさ；重要性. ~ d'une entreprise 企業の大きさ (重要性). ~ d'un projet 計画の重要性. événement de première ~ 第一級の重大事件.

2 (人物・国家などの) 偉大さ, 偉さ；〔pl. で〕〔文〕栄誉, 栄華. ~ de Louis XIV ルイ14世の偉大さ. ~ et décadence 栄華盛衰. Votre ~ 殿下, 猊下〔敬称〕. air de ~ 偉そうな様子. vestiges ~ 栄華の名残り. faire la ~ de qn 人を繁栄させる.

3〖心〗délire de ~ 誇大妄想. folie des ~s 誇大妄想症 (=mégalomanie). avoir des idées de ～ 誇大妄想にとりつかれている. **4** (精神的)偉大さ, 高貴, 高潔;寛大さ. ～ d'âme 寛大さ. ～ d'un acte 行為の高潔さ. ～ et misère de l'homme selon Pascal パスカルの説く人間の偉大さと悲惨. vraie ～ de l'homme 人間の真の偉大さ.

grandiose *a.* 壮大な, 雄大な;荘厳な;堂々とした;大袈裟な, 仰々しい. édifice ～ 壮大な建造物.
―*n.m.* 壮大さ;仰々しさ. le ～ chez les peintres romantiques ロマン派画家の作品にみられる壮大さ.

grandissement *n.m.* 〖光学〗拡大;倍率(＝puissance de ～). jumelles à un ～ de 10 倍率 10 倍の双眼鏡. puissance de ～ des jumelles 双眼鏡の倍率.

grand-livre(*pl.* ～**s**-～**s**) *n.m.* 〖会計〗 **1** 会計元帳, 台帳, 原簿. **2** 国債登録台帳(＝～ de la dette publique).

Grand Londres(**le**) *n.pr.m.* 大ロンドン, グレーター=ロンドン(＝〖英〗Greater London; City of London とその周辺の 32 の都市から成る首都圏;面積 1,579 km²).

Grand Marnier *n.m.* 〖酒〗グラン・マルニエ(葡萄のブランデーをもとにしたオレンジ風味のキュラソータイプのリキュール;赤・黄の二つの種類あり, 赤の方が強い; Etablissements Marnier-Lapostolle de Neauphle-le-Château と château de Bourg 製).

grand-mère(*pl.* ～**s**-～**s**) *n.f.* **1** 祖母 (幼児語では grand-maman, mémé, mémère). ～ paternelle (maternelle) 父方(母方)の祖母. **2**〖話〗お婆さん.

grand-messe (*pl.* ～(**s**)-～**s**) *n.f.* **1** 歌唱付荘厳ミサ, 盛式ミサ. **2**〖比喩的〗盛大で荘厳な集会, 総会. ～ annuelle du parti 政党の年次総会.

grand-oncle(*pl.* ～**s**-～**s**) *n.m.* 大伯父, 大叔父.

grand-père (*pl.* ～**s**-～**s**) *n.m.* **1** 祖父. ～ paternel 父方の祖父. **2**〖話〗おじいさん.

Grand-Place(**la**) *n.pr.f.* グラン=プラス, 大広場. la ～ de Bruxelles ブリュッセルの大広場 (Bruxelles の中心部の方形の大広場).

grand-rue(*pl.* ～**s**-～**s**) *n.f.* (村・町の)大通, 本道. ～ de Ribeauvillé リボーヴィレの大通.

grands-échézeaux *n.m.* 〖葡萄酒〗グラン=ゼシェゾー(ブルゴーニュ la Bourgogne, la Côte de Nuits の Flagey-Echézeaux (市町村コード 21640)村の特級畑でつくられる AOC 赤葡萄酒).

grands-parents *n.m.pl.* 祖父母. ～ maternels 母方の祖父母.

grand-tante (*pl.* ～(**s**)-**s**) *n.f.* 大伯母, 大叔母.

grange *n.f.* 〖農〗(穀物・秣・藁などを収める)納屋, 穀物倉. mettre (emmagasiner) le foin dans la ～ 納屋に干し草を収納する.

grangée *n.f.* 〖農〗納屋に一杯の量. une ～ de blé 納屋一杯の小麦.

granit [-t] [伊] *n.m.* 花崗岩(＝granite). ～ à biotite 黒雲母花崗岩. ～ gneissique 片麻状花崗岩. ～ orbiculaire 球状花崗岩.〔比喩的〕cœur de ～ 強固な心.

granite *n.m.* 花崗岩(＝granit). ～ à biotite 黒雲母花崗岩. ～ à gros éléments 巨晶花崗岩(＝pigmatite). ～ gneissique 片麻状花崗岩. bloc de ～ 花崗岩の塊り. monument de ～ 花崗岩の記念碑.

granité *n.m.* **1** グラニテ, グラニットクロス(粒状突起のある毛または綿織物). **2**〖料理〗グラニテ(甘味を押さえた果汁からつくる粒状のソルベ;食事中の口直しに供される). ～ au champagne rosé ロゼのシャンパーニュのグラニテ.

graniteux(**se**) *a.* 花崗岩を含む, 花崗岩質の(＝granitique). roche ～ 花崗岩質の岩石.

granitique *a.* **1** 花崗岩質の, 花崗岩性の. roches ～**s** 花崗岩質の岩. sol ～ 花崗岩性土壌. **2**〖比喩的〗石のように固い. sérénité ～ 明鏡止水.

granitoïde *a.*〖砿〗花崗岩構造の;花崗岩様の. roche ～ 花崗岩様岩石 (diorite 閃緑石, syénite 閃長石など).〖砿〗花崗岩様岩石.

granivore *a.*〖鳥〗穀物を食用とする.
―*n.m.pl.* 穀食鳥類(＝oiseaux ～s).

granny-smith [granismis][英] *n.f. inv.* グラニー=スミス種(果肉の固い青林檎). pommes ～ グラニー=スミス種の林檎.

granulaire *a.* **1**〖砿〗(岩石などが)粒状の. roche ～ 粒状岩石. **2** 顆粒状の.

granulat *n.m.* (コンクリート, 漆喰の)骨材(gravier「砂利」, sable「砂」など).

granulateur *n.m.* (薬などの)粒化機. 造粒機.

granulation *n.f.* **1** 粒になること;粒状をなすこと, 粒状性;粒化;造粒;〖冶〗粒状化,〖鉱〗粒化;〖地学〗細粒化. **2**〖医〗(炎症病巣のまわりの)肉芽;(腫瘍基底の)顆粒;顆粒化, 顆粒形成, 造粒. ～s basophiles (赤血球の)好塩基性顆粒. **3**〖天文〗顆粒斑(＝granule). **4**〖写真〗(フィルムの)細粒化加工. ～ extrêmement fine 超微粒子化.

granule¹ *n.m.* 細粒, 顆粒;〖薬〗顆粒剤.
granule² *n.f.*〖天文〗(太陽光球面の)粒状斑.

granulé(**e**) *a.* **1** 粒状の.〖医〗teigne ～ *e* 粒状輪癬. **2** 細粒化された, 顆粒化された.
―*n.m.* **1**〖薬〗顆粒剤. médicament en ～ 顆粒状医薬品. **2** 顆粒.〖肥料〗～ de phospate 燐酸石灰の

顆粒.

granuleux(se) a. **1** 顆粒状の, 細粒から成る. terre ~ se 粒状土, 粒状土.
2 表面にぶつぶつのある. papier ~ 表面にぶつぶつのある紙.
3 〖医〗顆粒状の; 肉芽の. méningite ~ se 粟粒結核性髄膜炎. tumeur ~ se 肉芽腫.

granulocytaire a. 〖医〗顆粒球の, 顆粒白血球の. lignée ~ 顆粒球系(=lignée granuleuse).

granulocyte n.m. 〖生・医〗(白血球の)顆粒球(好中球, 好酸球, 好塩基球, 単球に分れる).

granulocytique a. 〖医〗顆粒状の. leucocyte ~ 顆粒性白血球.

granulocytopénie n.f. 〖医〗顆粒球減少症, 好中球減少症(=neutropénie).

granulocytose n.f. 〖医〗顆粒球増加症, 好中球増加症(=neutrophilie).

granulomateux(se) a. 〖医〗肉芽腫性の. chéilite ~ se 肉芽腫性口唇炎. colite ~ se 肉芽腫性大腸炎. glomérulonéphrite ~ se 肉芽腫性糸球体腎炎. hépatite ~ se 肉芽腫性肝炎. inflammation ~ se 肉芽〔腫〕性炎.

granulomatose n.f. 〖医〗肉芽腫症.

granulome n.m. 〖医〗肉芽腫. ~ à cellule épithélioïde 類上皮細胞肉芽腫. ~ annulaire 環状肉芽腫. ~ apical 歯根(根尖性)肉芽腫. ~ des aquarium 魚槽肉芽腫. ~ des cordes vocales 声帯肉芽腫. ~ dentaire 歯根肉芽腫, 舌尖肉芽腫(= ~ apical). ~ des piscines プール肉芽腫. ~ éosinophile 好酸球性肉芽腫. ~ inguinale 鼠径部肉芽腫(性感染症). ~ malin médiofacial 悪性正中肉芽腫, 進行性鼻壊疽. ~ ombilical 臍肉芽腫. ~ pyogénique 化膿性肉芽腫. ~ télangiectasique 血管拡張性肉芽腫, 化膿性肉芽腫(= ~ pyogène). ~ silicotique (皮膚の)珪肺性肉芽腫.

granulométrie n.f. 粒度分析.

grape-fruit(pl.~(s)-~s) 〖英〗n.m. グレープフルーツ, ポメロ(poméló), パンプルムース (pampoulemousse).

graph〔o〕-, -graphe, -graphie, -graphique 〖ギ〗ELEM「書く」の意. (ex. grapheur「グラフィック・ソフト」, biographie「書誌」).

graphe n.m. **1** 〖数・経済〗グラフ, 図表. 〖数〗théorie des ~ s グラフ理論.
2 〖電算〗グラフ.
3 〖言語〗図形記号(graphème「書記素」など).

grapheur n.m. 〖電算〗グラフィックソフト, 図像処理ソフト(=logiciel de gestion de graphiques).

graphie n.f. **1** 〖言語〗書記法, 綴字法. ~ étymologique d'un mot 語の語源的綴字法. ~ phonétique d'un mot 語の音声表記〔法〕.
2 〖医〗レントゲン写真術(=radiographie) (scopie「レントゲン透視術」の対).

graphiose n.f. 〖植〗グラフィオーズ(楡の木の寄生菌病).

graphique[1] a. **1** グラフ(図表)による, 線(図形)で表した. analyse ~ 図形解析. arts ~ s グラフィック・アート. calcul ~ 図表計算(=nomographie). construction ~ (立体, 平面, 断面による)図示. dessin ~ グラフィック・デザイン. formule ~ 図式; 〖化〗構造式. 〖数〗méthodes ~ s 図示方法. 〖数〗représentation ~ d'une fonction 関数のグラフ表示.
2 〖言語〗書記〔法〕上の. analyse ~ 筆跡鑑定. signes ~ s d'une langue 言語の表記記号(文字). symboles ~ s 図形記号(symbole alphabétique「アルファベット文字」, s. idéologique「表意文字」, s. phonétique「音標文字」, s. syllabique「音節文字」など). caractères ~ s 図形文字.
3 〖電算〗図形処理の, グラフィックスの. accélérateur ~ グラフィック・アクセレレーター. carte ~ グラフィック・カード. coprosseur ~ グラフィックス用コプロセッサー. langage ~ 図形処理言語. logiciel ~ 〔en〕3D 3 次元グラフィック・ソフト. mémoire ~ グラフィック・メモリー. terminal ~ 図形処理端末. traitement ~ de l'information 情報のグラフィック処理.
4 〖鉱〗図形のように見える. pegmatites ~ s 図形状巨晶花崗岩.

graphique[2] n.m. **1** グラフ, 線図; 図表, グラフ表示. ~ d'acheminement フローシート. ~ des températures 温度グラフ. mise en ~ d'une statique 統計のグラフ表示.
2 〖鉄道〗ダイヤ, 列車運行ダイヤ(= ~ de la marche des trains).

graphique[3] n.f. **1** 製図法, 描図法.
2 グラフィック・アート, グラフィック・デザイン(=arts ~ s).
3 〖電算〗図形処理, グラフィックス(=〖英〗graphics). ~ de comparaison ヒストグラム(=〖英〗histogram). ~ de gestion ビジネス・グラフィックス(=〖英〗business graphics). ~ en couleur カラー・グラフィックス. ~ en mode points ビット・マップ・グラフィックス(=〖英〗bit map graphics). ~ informatique コンピュータ・グラフィックス(=〖英〗computer graphics).

graphisme n.m. **1** 書体, 筆跡; 画風.
2 グラフィック; グラフィック・デザイン. ~ informatique コンピュータ・グラフィックス.

graphiste n. グラフィックデザイナー.

graphite n.m. 〖鉱〗黒鉛, 石墨, グラファイト. ~ lamellaire 片状黒鉛. ~ primaire 一次黒鉛. 〖原子力〗uranium naturel, ~, gaz (UNGG) 天然ウラン・黒鉛・ガス式原子炉(黒鉛を核反応の減速材に利用).

graphite-uranium naturel-

refroidissement à eau bouillate a. (原子炉の)黒鉛減速天然ウラン燃料沸騰水冷却型 (旧ソ連のチェルノブイリ Tchernobyl 原発の原子炉のタイプ, RBMK 型ともいう). filière ～ 黒鉛減速天然ウラン燃料沸騰水冷却型原子炉.

graphiteux(se) a. 〖地質〗黒鉛を含有する, 石墨を含む. minerai ～ 黒鉛鉱.

graphologie n.f. 筆蹟学, 筆蹟鑑定家 (=expert-～).

graphologique a. 筆蹟学の, 筆蹟学による. expertise ～ 筆蹟鑑定 (=analyse ～).

graphologue n. 筆蹟学者; 筆蹟鑑定家 (=expert-～).

graphomètre n.m. 〖測地〗測角器.

grappe n.f. **1** (花・実の)房; (特に)葡萄の房 (=～ de raisin). ～ de glycine 藤の花房.
2 房状のもの, 束. ～ d'oignons 玉葱の束. en (par)～s 房状に; 密集して, 塊をなして. fleure en ～s 房状花.
3 〖比喩的〗群, 塊. ～s humaines 人の群. se grouper en (par)～s 群れを成す.
4 (機器の)群 (=faisceau). ～ de terminaux d'ordinateur コンピューターの端末群.

gras¹ **(se)** a. **1** 脂肪質の; 脂っこい; (食物が)肉入りの. 〖化〗acide ～ 脂肪酸. aliments ～s 肉の食材. 〖料理〗choux ～ 肉汁で味付したキャベツ. 〖化〗corps ～ 脂肪体, 脂質. fromage ～ à 50% 脂肪分 50％のチーズ. 〖カトリック〗jours ～ 肉食日; (特に)四旬節前の 3 日間. 〖カトリック〗le mardi ～ 謝肉火曜日, マルディ・グラ (謝肉祭の最終日). matière ～se 脂肪; 脂肪質; 脂肪分. 〖料理〗sauce ～se 脂っこいソース. 〖化〗série ～se 脂肪族. 〖化〗substance ～se 脂肪; 脂質.
2 脂ぎった; 脂で汚れた, 脂じみた; 脂を含んだ. chapeau ～ 脂じみた帽子. cheveux ～s 脂っけのある (多い)髪. main (peau) ～se 脂ぎった皮膚(肌), 脂手(脂лин). papier ～ 油紙.
3 太った, 肉づきのよい; (家畜が)肥育された; 脂肪分の多い, 脂っぽい. canard ～ 肥育合鴨. enfant ～ 太った子供. 〖医〗foie ～ 脂肪肝. 〖料理〗foie ～ d'oie (de canard) 鵞鳥(合鴨)のフォワ・グラ. gros et ～ でっぷり太った. visage ～ 丸々とした顔. être ～ à lard 非常に太っている. être ～ comme un cochon (un moine) 豚(坊主)のように太っている. 〖俗〗être ～ du bide 腹が出ている.
4 太い, 肉太の; 肉厚の. 〖印刷〗caractère ～ ゴシック体活字. crayon ～ 芯の柔かい鉛筆. plantes ～ses 肉厚の葉の植物, 多肉植物.
5 どろりとした; ねっとりした. boue ～se ぬかるんだ泥. brouillard ～ 濃霧. char-bon ～ 軟炭. 〖印刷〗encre ～se 油性インキ. pavé ～ 滑りやすい舗道. 〖海〗temps ～ 霧の多い湿っぽい天気. terre ～se 粘土質の土; 沃土. vin ～ 甘口のとろりとした葡萄酒.
6 喉にこもった; 喉にからんだ. toux ～se 痰のからんだ咳 (toux sèche「乾いた咳」の対). avoir la poitrine ～ 胸に痰がたまっている. avoir la langue ～se; avoir le parler ～ 喉にこもったような話し方をする.
7 〖時に名詞の前〗下品な, 猥雑な. contes ～ 猥談. plaisanterie ～se 下品な冗談.
8 〖多く名詞の前〗豊かな, 肥沃な; 潤沢な. ～ses prairies 豊かな草原. ～ récompense 多大の報酬. chaux ～se 富石灰. houille ～se 歴青炭. lessive ～se 強アルカリ性洗剤. sol ～ 肥沃な土壌. faire [la] ～se matinée 朝寝坊をする.

gras² ad. manger (faire) ～ 肉食する. parler ～ 喉にこもったような話し方をする; 下品な話をする. peindre ～ 絵具をたっぷり塗って描く. 〖俗〗Il n'y a pas ～ à manger. 儲けはたっぷりはない.
— n.m. **1** 肉身; 脂肪. riz au ～ 肉汁(脂)で味付けした米.
2 (腕, 腿などの)太い部分. ～ de la jambe ふくらはぎ.
3 〖印刷〗太字, ゴシック体. composer en ～ ゴシック体の活字で組む. écrire en ～ 太字で書く.
4 太い, かさばる. poutre ～se 太い梁.
— n. 太った人. les ～ et les maigres 太った人と痩せた人.

gras-double n.m. 〖解剖〗〖食材〗牛の胃膜, みの. plat de ～ à la lyonnaise リヨン風牛の胃袋料理.

gratification n.f. **1** 賞与, 特別手当, ボーナス (bonus) (=pourboire). ～ de fin d'année 年末特別手当; 年末の特別謝礼 (=étrenne).
2 〖心〗満足感を与えるもの; 満足感.

gratifié(e) n. (恵与・贈与・遺贈などの)受益者.

gratin n.m. **1** 〖料理〗グラタン. ～ de pommes de terre じゃが芋のグラタン, ポテト・グラタン. macaronis au ～ マカロニ・グラタン.
2 〖比喩的〗〖話〗エリート (élite); 上流社会 (la haute société).

gratiné(e)¹ a.p. **1** 〖料理〗グラタン (gratin) にした. sole ～e 舌鮃のグラタン. soupe aux oignons ～ スープ・オ・ゾニョン・グラチネ, オニヨン・グラタン, グラチネ (=gratinée) (玉葱をいためとろけるチーズを加えたスープ).
2 〖話〗途方もない, とびきりの.

gratinée² n.f. 〖料理〗グラチネ, オニョン・スープ (=soupe à l'oignon).

gratis [-tis] [ラ] ad. 無料で (=gratuitement), ただで; 無報酬で. entrer ～ 無料

で入場する.
—*a.inv.* 無料の. entrée ~ 入場無料. places ~ 無料席.

gratitude *n.f.* 感謝の気持, 謝意. avoir la ~ pour (envers, à l'égard de) *qn* (人に)感謝する. remercier *qn* avec ~ 心から感謝の意を表する. témoigner (exprimer, manifester) toute sa ~ à *qn* (人に)心からの謝意を表する.

gratte *n.f.* **1**〚農〛除草用鋤；〚園芸〛熊手 (sarcloir)；〚海〛(甲板掃除用の)へら.
2〚話〛不法に掻き集めた利得. faire de la ~ 僅かの利得をくすね取る.
3〚話〛〚楽器〛ギター (guitare).

gratte-ciel *n.m.inv.* (または *pl.* ~-~*s*)超高層ビル, 摩天楼, タワービル (=tour).

gratte-papier *n.m.*〚話〛〚蔑〛下級事務職員.

grattons *n.m.pl.*〚料理〛グラトン《豚または鷲鳥の脂身を溶かした残りかすに, 小さな肉片を加えて加熱してつくるリエット rillette》.

gratuit(e) *a.* **1** 無料の, ただの；無償の.〚法律〛avantage ~ 無償契約 (=contrat de bienfaisance) から得られる利益. bienveillance ~*e* 無償の好意. enseignement public ~ 無料の公教育. entrée ~*e* 入場無料. essai ~ 無料の試用.
à titre ~ 無償で, 無料の. acte à titre ~ 無償行為. contrat à titre ~ 無償契約.
2 根拠のない；いわれのない；動機のない, 特定の目的を目指さない. accusation ~*e* 根拠のない非難. acte ~ 不条理な行為；自由な行為. imputation ~*e* いわれのない中傷. mensonge ~ 他愛のない嘘. supposition ~*e* 根拠のない推測.

gratuité *n.f.* **1** 無料；無償性. ~ de l'action 行為の無償性. ~ de l'enseignement 無償教育.
2 根拠(動機)の欠如；私利私欲の無さ. ~ d'une accusation 根拠のない告訴.

gravats [grava] *n.m.pl.* **1** (建物の)解体残骸, 石屑；漆喰屑. **2** 石膏の選別残滓(筋屑).

grave *a.* **1**〚時に名詞の前〛厳かな, 謹厳な；重々しい；真面目な；〚音楽〛荘重な. ~ magistrat 謹厳な裁判官. ~ tribunal 厳かな法廷. air ~ 重々しい (厳めしい, 真面目な)様子. homme ~ 重厚な人. musique ~ 荘重な音楽. professeur ~ 厳めしい教授. visage ~ 重々しい表情.
2〚時に名詞の前〛重大な, 重要な；深刻な；ひどい. ~ accident 大事故. ~ affaire 重大事件. ~*s* ennuis 深刻な悩み. ~ intervention 重大介入. ~ menace 深刻な脅迫. ~*s* troubles 重大な障害；深刻な動揺.
blessé ~ 重傷者. circonstances ~*s* 深刻な状況(事情). faute ~ 重大な過失, 重過失. maladie ~ 重病. péché ~ 重罪. question ~ 重大問題. situation ~ 深刻な状況(事態). symptôme ~ 重大な症候. Ce n'est pas ~. /〚話〛C'est pas ~. 大したことありません.
3〚若者の隠語〛精神的に落ち込んでいる. Il est vraiment ~, ce type! 奴はひどく参っている.〚俗〛nuit ~ シガレット.
4〚名詞の後〛〚物理〛(音が)低い. son ~ 低音. ton ~ 低い音調. voix ~ 低い声.
5〚言語〛accent ~ アクサン・グラーヴ (`).
6〚古〛(物体が)重い.
—*ad.*〚音楽〛ゆっくりと荘重に.
—*n.m.* **1** (文体・調子などの)重々しさ, 荘重さ.
2 低音；低音域 (=sons ~*s*). ~ du violon ヴァイオリンの低音.
3〚音楽〛荘重な曲；荘重なテンポ.

graveleux(se) *a.* **1**〚地質〛砂利 (gravier) 混じりの. terre ~*se* 砂利混じりの土地.
2 (果物が)固い部分のある. poire ~*se* 固い部分のある洋梨.
3〚話〛卑猥な. conteur ~ 猥談の話し手. histoire ~*se* 猥談.
4〚医〛尿砂 (gravelle) の. affection ~*se* 尿砂症. urine ~*se* 尿砂の混った尿.

gravelle *n.f.*〚医〛尿砂.

Graves *n.pr.pl.* les ~ グラーヴ地区《département de la Gironde ジロンド県, ボルドーの南東, ガロンヌ河左岸, Langon と Blanquefort の間にひろがる砂礫地帯・葡萄栽培地域 (=région de ~)；この地域の AOC 酒には graves, graves-supérieur, graves-de-vayres, pessac-léognan がある》.

graves[1] *n.f.pl.*〚地質〛グラーヴ《ボルドー地方の砂・沖積砂利・粘土で形成された地層；葡萄の栽培に適している》.

graves[2] *n.m.*〚葡萄酒〛グラーヴ《département de la Gironde ジロンド県, la Garonne ガロンヌ河左岸, Bordeaux の南にひろがるグラーブ地方 région des Graves で生産される赤と辛口の白の AOC 酒》. les crus classés des ~ グラーヴの格付銘酒 (ch. Bouscault, ch. Carbunnieux, Domaine de Chevalier, ch. Couhins, ch. Couhins-Lurton, ch. Fieuzal, ch. Haut-Bailly, ch. Haut-Brion, ch. Laville-Haut-Brion, ch. Malarctic-Lagravière, ch. La Mission-Haut-Brion, ch. Olivier, ch. Pape-Clément, ch. Smith-Haut-Lafite, ch. La Tour-Haut-Brion, ch. La Tour-Martillac).

graves-de-vayres *n.m.*〚葡萄酒〛グラーヴ=ド=ヴェール《département de la Gironde ジロンド県, Libourne (市町村コード 33500) の南南西 8.5 km に位置する Vayres 村 (市町村コード 33870) と L'Entre-Deux-Mers 地区周辺で生産される白と赤の AOC 酒》.

graves-supérieures *n.m.*〚葡萄酒〛

gravettien(ne) a. 〖先史〗グラヴェット文化の.
—n.m. グラヴェット文化, 後期ペリゴール文化 (=périgordien supérieur)《後期旧石器時代の文化層相》.

graveur¹**(se)** n. **1** 彫り師；彫版師, 版画家. ~ à l'eau-forte エッチング画家. ~ en bijouterie 宝石加工彫り師. ~ sur bois 木彫師；木版画家. **2** 写真整版工.

graveur² n.m. **1** (レコードの) カッティングマシン.
2 〖情報処理〗(CD-R, CD-RW など光学的記録媒体用の) レコーダー《情報処理周辺機器》. ~ de CD-R (CD-RW) 一回のみ書き込み可能(書き換え可能)のCDレコーダ. ~ interne (externe) 内蔵型(外付)CDレコーダ.

gravide a. 〖医・生〗妊娠した；胎児をはらんだ.

gravidique a. 〖医〗妊娠の, 妊娠性の. corps jaune ~ 妊娠黄体. pigmentation ~ 妊娠性色素沈着. psychose ~ 妊娠精神病. toxicose ~ 妊娠中毒症. vomissement ~ つわりによる嘔吐.

gravidité n.f. 〖医〗妊娠 (=grossesse).

gravier n.m. **1** 〖地質〗礫. terre mêlée de ~ 砂礫混りの土.
2 〖土木〗〖集合的〗砂利, 砂礫, 小石. ~ d'une cour 中庭の砂利敷. allée de ~ 砂利敷の並木道. camion ~ 砂利トラック. carrière de ~ 砂利採取場. étaler le ~ 砂利を敷く.
3 〖医〗〖古〗(腎, 膀胱, 胆囊などの) 結石 (=calcul)；尿砂 (=gravelle).

gravière n.f. 砂利採取場.

gravillon n.m. 小砂利, 細砕石.

gravillonnage n.m. 〖土木〗小砂利(細砕石) 敷設(舗装)〔工事〕.

gravillonneuse n.f. 〖土木〗小砂利(細砕石) 散布機.

gravimétrie n.f. **1** 〖物理〗重力測定；重量測定. ~ aéroportée 航空機利用重力測定. ~ marine 海洋重力測定. ~ terrestre 地上重力測定. **2** 〖化〗重量分析.

gravimétrique a. **1** 〖物理〗重力測定の. **2** 〖化〗重量分析の.

gravitation n.f. 〖物理・天文〗重力, 引力. ~ universelle 万有引力.

gravitationnel(le) a. 〖物理〗重力の, 重力による；〖万有〗引力の. 〖天文〗écoulement (effondrement)~ 星の重力崩壊. force ~le 引力. onde ~le 重力波.

graviton n.m. 〖物理〗重力量子, 重力子, グラヴィトン.

gravure (<graver) n.f. **1** 彫り, 彫り具合；〔古〕彫り溝. ~ d'inscription 碑文の彫刻. ~ d'orfèvrerie 彫金.
2 彫版術, 板刻；〖印刷〗製版術；グラビア, 写真製版 (=photogravure). ~ à l'eau-forte エッチング. ~ à la manière noire メゾチント版 (=mezzo-tinto). ~ au burin 彫刻凸版. ~ en creux 凹版. ~ en relief 凸版. ~ en manière de lavis アクアチント版. ~ sur bois (cuivre) 木版(銅版)彫刻術. ~ sur pierre 石版. ~ photochimique (électrochimique) 光化学(光電)製版.
3 版画, 複製画. ~ sur bois (cuivre) 木版(銅版) 画. ~ en couleurs 色刷版画. livre orné de ~s 版画入り本. ~s de Jacques Callot ジャック・カロの版画.
4 〖情報処理〗(光ディスクへの) データの書込み.
5 (レコードの) 音溝切込み, カッティング.

gray [grɛ] n.m. 〖物理〗グレイ《放射線の吸収線量のSI単位；記号Gy=100 rad》.

GRD (=garantie de ressources d'émission) n.f. (失業保険の) 自発的退職所得保障.

GRE (=garantie de ressources économiques) n.f. (失業保険の) 経済的所得保障.

gré n.m. **1** 〔成句でのみ用いる〕好み；意志, 意向；意見. au ~ de qn；selon le ~ de qn 人の好みのままに；人の意志(意向)どおりに. À mon ~ 私の意見では. À votre ~. お好きなように. agir à son ~ 勝手気儘に振舞う. trouver qch (qn) à son ~ 何(人)が気に入る.
au ~ de qch 何のままに. au ~ de mes désirs 私の望みどおりに. au ~ de son imagination 彼の想像力の赴くままに.
bon ~ mal ~ 好むと好まざるとに拘らず；仕方なしに, いやでも応でも；いずれにせよ.
contre le ~ de qn 人の意に反して. de ~ à ~ 合意の上で〔の〕. marché de ~ à ~ 相対取引；随意契約. de ~ ou de force いやでも応でも, 有無を言わさず. de bon ~ 喜んで. de mauvais ~ 不承不承. de son (plein) ~ 自分の意志で. avoir (prendre) qch en ~ 何を好ましく思う(何を快く受け入れる).
2 〔古〕感謝. 〔現用〕savoir 〔bon〕 ~ à qn de qch (de+inf.) 何で(…してもらうことで)人に感謝する. Je vous serais ~ de vouloir bien me répondre d'urgence. 速答いただければ幸いに存じます. savoir mauvais (peu de)~ à qn de qch (de+inf.) 何で(…されることで)人を悪く思う.

grec¹ n.m. ギリシア語 (=langue grecque). ~ ancien (classique) 古代(古典)ギリシア語 (la koinè など). ~ moderne 現代(近代)ギリシア語, 新ギリシア語 (=néogrec).

grec²**(que)** a. **1** ギリシア (la Grèce) の；ギリシア人 (G~) の；ギリシア風の.

l'Antiquité ~*que* 古代ギリシア〔文化〕. l'Empire romain d'Orient 東ローマ帝国(= l'Empire romain d'Orient [476-1453]). alphabet ~ ギリシア語の字母. civilisation ~*que* ancienne 古代ギリシア文明. langue ~*que* ギリシア語. mythologie ~*que* ギリシア神話. nez ~ ギリシア鼻(鼻筋が額から一直線にのびている鼻). peuple ~ ギリシア民族. profil ~ ギリシア型横顔(額から鼻が一直線にのびている横顔). statue ~*que* ギリシア彫刻. les trois ordres de l'architecture ~*que* ギリシア建築の三様式(コリントス様式 ordre corinthien, ドーリア様式 ordre dorique, イオニア様式 ordre ionique). version ~*que* ギリシア語版.

à la ~*que* ギリシア風の.〖料理〗champignons à la ~*que* ギリシア風マッシュルーム(オリーヴ油, 香草, レモンで調理した冷菜).

2 ギリシア正教(l'Eglise orthodoxe ~*que*)の. rite ~ ギリシア正教の祭儀.
——G~ *n.* ギリシア人.

Grèce(la) *n.pr.f.* 〔国名通称〕ギリシア(公式名称: la République hellénique (Hellēnikê Dēmokratia), la République de ~ ギリシア共和国; 国民: Grec(*que*); 首都: Athènes アテネ(Athínai, Athina); 通貨: drachme [GRD]).

Greco (= G*r*enoble campus ouvert) *n.m.*〖教育〗グルノーブル大学オープン・キャンパス. projet ~ グルノーブル大学オープン・キャンパス構想.

gréco-catholique *a.*〖宗教〗ギリシア・カトリック教会の, 東方帰一教会の(= uniate). l'Eglise ~ ukrainienne ウクライナ・ギリシア・カトリック教会.
——*n.* ギリシア・カトリック教徒.

gréco-romain(e) *a.* **1** 古代ギリシア=ローマの(前146年のローマによるギリシア支配から5世紀の西ローマ帝国の崩壊まで); 古代ギリシア=ローマ文明の. civilisation ~*e* 古代ギリシア=ローマ文明.

2〖スポーツ〗グレコ=ローマン・スタイルの. lutte ~*e* グレコ=ローマン・スタイルのレスリング.

Greenpeace *n.pr.* グリンピース(1971年ヴァンクーヴァー Vancouver で創設された国際的環境保護運動団体).

greffage *n.m.*〖農〗接木; 接木〔術, 法〕.
greffe¹ *n.m.*〖法律〗裁判所書記; 裁判所書記課.
greffe² *n.f.* **1**〖園芸〗接木〔法〕; 接木, 接穂. ~ en couronne 冠接ぎ. ~ en écusson 芽接ぎ.

2〖医〗移植; 臓器移植; 移植片, 移植組織(= greffon). ~ de cœur 心臓移植(= transplantation cardiaque). ~ de cutanée 角膜移植. ~ de foie d'un donneur vivant 生体肝移植. ~ de membrane muqueuse 粘膜移植. ~ de moelle osseuse 骨髄移植. ~ de nerf sciatique 座骨神経移植. ~ de peau homologue (libre, mince, totale) 同種(遊離, 分層, 全層)植皮〔術〕(皮膚移植〔術〕). ~ de pontage (動脈閉塞に対する)バイパス移植. ~ du rein 腎移植. ~ dermique 真皮移植. ~ dermohydrodermique 真皮脂皮移植術. ~ d'organes 臓器移植. ~ pancréatique 膵臓移植. ~ pulmonaire 肺移植. ~ tissulaire 組織移植(= ~ de tissus). ~ xénoplastique 異種植皮. Etablissement français du ~s フランス臓器移植管理機構(EFG と略記). patients inscrits en attente de ~ d'organe 臓器移植登録待機患者.

greffé(e) *a.p.* **1**〖園芸〗接木された. abricotier ~ sur un prunier 李(すもも)に接木された杏(あんず).

2〖医〗移植された. cœur ~ 移植された心臓. veine ~*e* 移植静脈.

greffier(ère) *n.* 裁判所書記官. ~ en chef 裁判所主任書記官. secrétariat-~ 裁判所書記課.
——*n.m.* **1**〔話〕猫. **2** グルフィエ犬(猟犬).

greffoir *n.m.*〖農〗接木用ナイフ.
greffon *n.m.* **1**〖農〗接穂, 接木(接木用の枝, 芽など). ~ et son porte-greffe 接穂とその台木.

2〖医〗移植片, グラフト, 移植組織(= trans-plant).

grégarisme *n.m.* 群棲本能; 群居, 群生; 付和雷同性.

grêle¹ *n.f.* **1** 霰(あられ), 雹(ひょう). averse de ~ 降り注ぐ霰(雹). Il tombe de la ~. 霰(雹)が降る. méchant comme la ~ ひどく意地が悪い. récolte abîmé par la ~ 霰(雹)で台無しになった収穫.

2 une ~ de 雨霰と降る…, 大量の…. accabler *qn* sur une ~ de questions (人を)質問攻めにする. une ~ de balles 雨霰と降る弾丸.

grêle² *a.* **1** 長細い; 華奢な. pattes ~*s* 長細い脚.

2 か細い. voix ~ か細い声.

3〖解剖〗intestin ~ 小腸.
——*n.m.* 小腸.

grenache *n.m.*〖農〗グルナーシュ(葡萄の品種名; 名称 alicante, carignane rousse, tinto(赤・白・ロゼの葡萄酒を生む). ~ blanc 白グルナーシュ種(白葡萄酒用の品種). ~ doux 甘口グルナーシュ酒(Banylus などでつくられる食前・デザート用のロゼの葡萄酒). ~ noir 黒グルナーシュ種(赤葡萄酒用の品種).

Grenade¹ *n.pr.* グラナダ([西] Granada)(スペイン・アンダルシア州 l'Andalousie の州都; 形容詞 grenadin(*e*)). Palais de l'Alhambra à ~ グラナダのアルハンブラ宮殿(13-14世紀).

Grenade²**(la)** *n.pr.f.* 〔国名〕グレナダ(Etat de G~)(国民: Grenadien(*ne*); 首

grenade *n.f.* **1** 〖植〗柘榴(ざくろ)の木(grenadier)の実. jus de ~ 柘榴ジュース. **2** 〖軍〗榴弾(りゅうだん). ~ explosif 榴弾. ~ fumigène 発煙弾. ~ incendiaire 焼夷弾. ~ lacrymogène 催涙弾. ~ sous-marine 爆雷. **3** 〖徽章〗発火榴弾章(発火状態の榴弾を表した工兵, 歩兵の徽章).

grenadien(ne) *a.* グレナダ (la Grenade) の, グレナダ国 (l'État de Grenade) の;グレナダ島の;~の住民の.
—G~ *n.* グレナダ人;グレナダ島民.

grenadier *n.m.* **1** 〖植〗柘榴の木(学名 Punica granatum;果実は grenade). **2** 〖軍〗精鋭兵. **3** 〖軍〗〖古〗擲弾(てきだん)兵.

grenadin *n.m.* **1** 〖料理〗グルナダン(仔牛肉を厚さ2cm, 直径6-7cmの輪切りにし, ベーコンで巻いた料理). ~s de veau braisés (grillés, poêlés) 仔牛の輪切肉の蒸煮(網焼, フライパン焼)のグルナダン. **2** 〖料理〗鶏肉のファルシ;魚の輪切り. **3** 〖鳥〗青輝鳥(アフリカ原産;あとり科の小鳥). **4** 〖植〗グレナディン(カーネーションの赤色芳香品種名:œillet ~).

grenadine *n.f.* グルナディーヌ, グレナディン(柘榴のシロップ).

Grenadines (les) *n.pr.f.pl.* グレナディン諸島(南部は la Grenade グレナダ島, 北部は Saint-Vincent et les ~ セントヴィンセント=グレナディン諸島).

grenaille *n.f.* **1** 粒状金属. ~ d'acier 粒状の鋼鉄. ~ de plomb 鉛の粒;鉛の散弾. cartouche chargée de ~ de plomb 鉛の散弾薬筒. **2** 〖農〗(家禽の餌にする)穀屑.

grenaison *n.f.* 〖農〗穀物の結実. ~ du blé 小麦の結実.

grenat *n.m.* 〖鉱〗柘榴石;〖宝飾〗ガーネット(1月の誕生石).
—*a.inv.* 柘榴色の, ガーネット色の(深紅色). soie ~ ガーネット色の絹地.

grenelle (<accords de Grenelle;1968年のグルネル協議) *n.m.* 〖社〗労使の総括協議. ~ de la Sécurité sociale 社会保障に関する労使総括協議.

grenier *n.m.* **1** (主に物置として使う)屋根裏部屋, グルニエ. **2** (農家の屋根裏の)グルニエ;穀物倉;秣置場 (=~ à foin). ~ à blé 小麦倉. mettre le blé (les foins) au ~ 小麦(秣, 乾草)をグルニエに入れる. **3** 〖比喩的〗穀倉, 穀倉地帯. la Beauce, ~ de la France フランスの穀倉地帯であるボース地方.

Grenoble *n.pr.* グルノーブル(département de l'Isère イゼール県の県庁所在地;市町村コード38000;形容詞 grenoblois(*e*)). Fort de la Bastille de ~ グルノーブルのラ=バスチーユ砦. musée de ~ グルノーブル美術館. musée Stendhal de ~ グルノーブルのスタンダール記念館. aéroport de ~-Saint-Geoirs グルノーブル=サン=ジョワール空港(北西45km).

grenoblois(e) *a.* グルノーブル(Grenoble)の;~の住民の.
—G~ *n.* グルノーブル市民.

grenouillage *n.f.* 〖政治〗〖話〗怪しげな駆引(術策).

grenouille *n.f.* **1** 蛙. ~ rousse (verte) 赤(青)蛙. La ~ coasse. 蛙がげろげろ鳴く. 〖料理〗cuisses de ~ 食用蛙の腿〔料理〕. 〖比喩的〗homme-~ フロッグマン. mare aux ~s 蛙の棲む沼;〖比喩的・話〗怪しげな陰謀の渦巻く場所. **2** 〖話〗(蛙の形をした)貯金箱;〔転じて〕公金. manger la ~ 公金をちょろまかす.

grenouillette *n.f.* **1** 〖植〗グルヌイエット, うめばちも. **2** 〖医〗蝦蟇腫(がましゅ)(口腔底腫瘍).

grenu(e) *a.* **1** 〖植〗種子の沢山ついた, よく実った. épi ~ 穀穂の沢山ついた穂. **2** 〖岩石学〗粒状の(結晶がよく見える). roches ~es 粒状岩(granite「花崗岩」など). **3** 粒が目立つ, 表面に凹凸のある. cuir ~ 表面が粒状の革.
—*n.m.* 表面の粒子状, 粒々. ~ d'un cuir 革の表面のある.

grès *n.m.* **1** 〖地質〗グレ, 砂岩. ~ ferrugineux 鉄分を含んだ砂岩, (ヴォージュ地方特産の)赤砂岩. carrière de ~ 砂岩採取場 (=grésière). cathédrale Notre-Dame de Strasbourg en ~ rose 赤砂岩造りのストラスブールのノートル=ダム大聖堂. moellon de ~ 砂岩の石材. poudre de ~ 砂岩の粉(研磨材). frotter un métal au ~ 金属を砂岩粉で研磨する. **2** 天然砥石. ~ artificiel 人造砥石. **3** 〖陶〗砂の混った陶土;~ で作る炻器(せっき) (=~ céname);グレ製陶器. ~ flambé (flammé) 炎の形に釉薬をかけた炻器. vase en ~ グレ製の花瓶.

grésil [grezil, -zi] *n.f.* **1** 霰(みぞれ). pluie mêlée de ~ 霰混じりの雨. **2** 屑ガラス (=groisil).

GRET (= *G*roupe de *r*echerche et d'*é*changes *t*echnologiques) *n.m.* 技術研究交流グループ〔非政府組織 ONG (NGO)〕.

Greta (= *g*roupement d'*é*tablissements pour la formation continue) *n.m.* 〖教育〗継続教育のための学校群(collège, lycée, lycée professionnelを集約した群).

grève *n.f.* **1** ストライキ, 同盟罷業. ~-bouchon 拠点スト. ~ de la faim ハンガーストライキ, ハンスト. ~ du métro 地下鉄

スト. ~ des mineurs 炭鉱労働者のスト. ~ de solidarité 同情スト. ~ du zèle 法順法スト. ~ générale ゼネスト. ~ illimitée 無期限スト. ~ perlée 遅延スト. ~ politique 政治スト. ~ sauvage 山猫スト. ~ sur le tas 職場占拠, 座り込みスト. ~-surprise 抜き打ちスト. ~ tournante さみだれスト. droit de ~ スト権. ordre de ~ スト指令. piquet de ~ ストライキのピケ. préavis de ~ ストの予告 (1963年7月に制定された法律により, 公務員や公共事業従業員に対してストの予告が義務づけられた).
2 砂浜, 川岸, 砂州.
3 la G~ グレーヴ広場 (パリ市役所前広場は1830年までグレーヴ広場と呼ばれていた. 中世にはここは失業者の溜まり場となっていた. そこからストライキの意味が派生した).

gréviste *n.* ストライキ参加者. manifestation de ~s ストライキ参加者のデモ. ~ de faim ハンガー・ストライキ実施者.
—*a.* ストライキの; ストライキ参加者の. mouvement ~ ストライキ運動.

grief *n.m.* 不平の種, 不満. avoir des ~s contre (à l'égard de) *qn* 人に対して不満を抱く. exposer (formuler) ses ~s 苦情を述べる, 抗議する. faire ~ à *qn* de *qch* 何について人に文句をつける.
2〖法律〗(財産的・非財産的な) 不利益. acte faisant ~ 不利益を生ずる決定.
3〔*pl.* で〕〖法律〗~s d'appel 上訴 (控訴) 理由〔書〕. ~s d'accusation 起訴理由〔書〕.

griffe *n.f.* **1**〔獣・猛禽などの〕爪, 鉤爪 (かぎづめ); 鉤爪のついた手 (足). ~ du chat 猫の爪. arracher A des ~s de B A を B の毒牙から救う; B の支配から A を救う. faire ses ~s 爪をとぐ. donner (lancer) un coup de ~ à *qn* 人を爪で引っ掻く; 人に刺のあることを言う. sortir (montrer) ses ~s 爪を出す; 威嚇的な態度を見せる. tomber sous la ~ (dans les ~s) de *qn* 人の毒牙にかかる.
2〖医〗鉤爪. main en ~ 鉤爪様手, 鉤手, 鷲手. pied en ~ 鉤爪様足. maladie des ~s du chat 猫の鉤爪病変形疾患.
3〔俗〕(人の) 爪; 指; 手. Ils se serrent la ~. 彼らは握手する.
4 鉤爪状の道具; 鉤;〖宝飾〗(宝石を固定する) 爪, 止め金. ~ de jardinier 園芸用鉤.
5（署名を模した）印 (いん), 判. ~ d'un fonctionnaire 公務員の印. apposer sa ~ 判を押す.
6〖商業〗メーカーのマーク, ブランド表示. ~ d'un grand couturier 一流デザイナーのブランド・マーク.
7 (作品に現れた作家の) 特徴, 個性. ~ du lion (獅子の爪痕→) 並はずれた才能のあかし. tableau qui porte la ~ du maître 巨匠の個性を如実にあらわす絵.
8〖建築〗(中世建築の柱にみられる) 反花

(そりばな) 基座.
9（電柱などの) 足場爪.
10〖植〗根茎;（蔓の) 巻きひげ. ~s d'asperge アスパラガスの根茎. ~s du lierre 木蔦 (きづた) の巻きひげ.
11〖ベルギー〗引っ掻き傷.

grignotage (<grignoter) *n.m.* **1** 噛むこと, 齧 (かじ) ること;（チーズを噛むこと.
2 少しずつ減らすこと; 蝕むこと; 食いつぶし. ~ d'un héritage 遺産の食いつぶし.〖政治〗[tactique du] ~ 消耗作戦.

gril [gril]〖料理〗〖料理〗グリル, 焼き網. ~ de plein air 野外用グリル, バーベキューセット (=barbecue). ~ électrique 電気グリル. bifteck cuit sur le ~ (au ~) グリルで焼いた牛肉ステーキ, 網焼きステーキ.
2〖土木〗(水門の上流側の) 柵;（劇場の舞台天井の) 格子板, 梁天井;〖船〗(船舶修理用の) 格子式船台.
3〖医〗~ costal 胸郭.

grillade *n.f.*〖料理〗**1** 網焼にした肉, 焼肉料理〔特に牛肉・羊〕(=viande grillée). ~s saignantes 血のしたたるような網焼肉. restaurant de ~s 焼肉料理店. faire des ~s au barbecue バーベキューで焼肉をつくる.
2〖調理法〗網焼き, グリル (gril) で焼くこと (=grillage). tranche de bœuf à la ~ 網焼用の牛肉の薄切り.

grille *n.f.* **1** 格子, 柵, 格子状の門. être sous les ~ 獄中にある.
2 (炉, ボイラーなどの) 火格子, 火床;〖電〗グリッド, 格子;〖自動車〗ラジエーターグリル.
3 格子状の表 (図表). ~ d'horaires 時刻表. ~ de programmes 番組編成表, 番組編成. ~ de salaires 給与一覧表, 給与体系.
4 暗号作成・解読用紙; クロスワードパズルの碁盤目.
5〖考古〗(兜の面頬の) 格子.

grille-écran [grijekrã] (*pl.* **~s-~s**) *n.f.*〖電子工〗(真空管の) スクリーングリッド, 遮蔽格子.

grille-pain [grijpɛ̃] *n.m.inv.* パン焼き器, トースター (=〖英〗toaster). ~ automatique 自動式トースター. ~ électrique 電気トースター, トースター.

grille-viande *n.m.inv.* 焼肉器, グリーユ=ヴィヤンド.

grimace *n.f.* **1** しかめ面, 渋面. ~ amère 渋面, しぶい顔. ~ de douleur 苦痛にゆがんだ顔. ~ furieuse 怒りにゆがんだ顔.
faire une ~ (des ~s) 顰面 (しかめっつら) をする. faire la ~ à (devant) …に対して不満 (嫌悪) の情を示す, いやな顔をする.〔比喩的〕〖話〗manger la soupe à la ~ 妻に不機嫌に迎えられる. sans faire ~ いやな顔もせずに.
2〔多く *pl.*〕見せかけの表情 (態度); 気取った態度. ~ d'amour 見せかけの愛. payer

qn de ～ 空約束をする. se laisser prendre à des ～s うわべの態度にだまされる.
3〔紙, 布の〕皺. ～ d'un habit 服の皺.
4〔建築〕(中世の教会堂の聖職者用椅子に刻まれた) グロテスクな彫刻.

GRIMP（=*g*roupement de *r*econnaissance et d'*i*ntervention en *m*ilieu *p*érilleux）*n. m.* 危険地帯巡視救助隊.

grimpant(e) *a.* **1**〔植〕蔓性の；蔓をもつ. rosier ～ 蔓バラ. **2** よじ登る.

grimpée *n.f.* **1**〔登山〕登攀(とうはん).
2 よじのぼり. ～ à un arbre 木のぼり. ～ sur un obstacle 障害の乗り越え.
3 急な登り坂 (坂道).

grimper（<grimper *v.*) *n.m.* **1**（手足を用いた）攀じ登り.
2〔スポーツ〕綱登り. épreuve du ～ 綱登り競争.

grimpeur(se) *a.* よじ登る, 登攀性の. animaux ～s 登攀性動物.〔古〕oiseaux ～s 登禽類（おうむ perroquet など）.
― *n.* **1**〔登山〕登攀者, クライマー；登山家（=alpiniste）. **2** 登攀に強い自転車競技選手.

griotte *n.f.* **1**〔植〕グリヨット (griottier とよばれる桜桃の実；酸味が強い小粒の黒紅色の実で, 主に蒸留酒, 砂糖漬け, ジャムなどの加工用；代表的品種が cerise de Montmorency).
2 グリヨット入りの菓子.
3 グリヨット大理石 (黒紅色の桜桃色で茶色の斑点のある大理石). ～ du Languedoc (d'Italie) ラングドック地方（イタリア）産グリヨット大理石.

griottier *n.m.*〔果樹〕グリヨチエ (グリヨット griotte の実る木；桜桃の木の一種).

grippage（<gripper) *n.m.* **1**〔機工〕焼付. ～ d'un moteur (潤滑油の不足などによる) エンジンの焼付け.
2〔比喩的〕（制度などの）機能不全. ～ de l'économie 経済の機能不全.
3 皺の発生. ～ sur une peinture 塗装面の皺の発生.

grippal(ale)(*pl.aux*) *a.*〔医〕インフルエンザ〔性〕の, 流行性感冒の. syndrome ～ インフルエンザ症候群. virus ～ インフルエンザ・ウイルス. vaccin ～ インフルエンザ・ワクチン.

grippe *n.f.* **1**〔医〕流行性感冒, 流感, インフルエンザ（=influenza；インフルエンザ・ウイルス myxovirus influenza A, B, C 型の感染症）. la ～ asiatique (流感の) アジア風邪 (1947, 1957 年に大流行). ～ aviaire 鳥インフルエンザ. ～ espagnole スペイン風邪 (1918-19 年に世界的に大流行). la ～ Hongkong (流感の) 香港風邪《1968-69 年に大流行》. attraper (avoir) la ～ 流感にかかる.
2 嫌悪, 反感. prendre *qn* (*qch*) en ～ 人 (物) が急に嫌いになる.

grippé(e) *a.*〔医〕インフルエンザにかかった. être fortement ～ ひどい流感にかかっている.
― *n.* インフルエンザ患者, 流感患者.

gris¹(e) *a.* **1** 灰色の, 鼠色の, グレーの；灰色がかった.〔絵具〕bleu ～ ブルー・グレー (灰色がかった青). carte ～*e* カルト・グリーズ《自動車登録証》. carton ～ 古紙再生厚紙. couleur ～*e* 灰色. crevette ～*e* クルヴェット・グリーズ (灰色がかった小海老；crevette rose「クルヴェット・ローズ」の対).〔解剖〕matière ～*e* 脳の灰白質 (脳の表面の灰色がかったピンクの組織)；灰色の脳細胞；〔話〕頭脳. faire travailler sa matière ～*e* 脳味噌を働かす. nuage ～ 灰色の雲.〔電算〕nuance de ～ (プリンターの) グレースケール.〔電算〕64 niveaux de ～ (液晶ディスプレーの) 64 段階のグレースケール. perdrix ～ やまうずら (=perdrix commun). robe ～*e* グレーのドレス (馬の) 葦毛. tabac ～ 灰色の包装紙の刻みタバコ. teinte ～*e* de métaux 金属の灰色の色調. tons ～ 灰色の色調. voiture ～*e* de poussière 灰色にほこりをかぶった車.
2 曇った, 靄 (もや) のかかった；くすんだ. ciel ～ 曇り空. temps ～ 曇天. lumière ～*e* 薄明り, 未明；薄暮. Il fait ～. 曇りである.
3 (髪などが) 半白の, ごま塩の；老人の. barbe ～*e* 半白のひげ. cheveux ～ 白髪まじりの髪. avoir la tête ～*e* ごま塩頭である.
4〔葡萄酒〕pinot ～ ピノ・グリ (アルザス地方で栽培されている白葡萄酒用の品種；tokay d'Alsace ともよばれる；他の地方では pinot beurot, fauvert, malvoisie, auxerrois ～ など, ドイツでは Rülander とよばれる灰色がかった色の葡萄). vin ～ ヴァン・グリ (ロレーヌ地方などで cinsault, chrignan, grenache といった品種からつくられる淡い色のロゼ). vin ～ de Boulaouane (モロッコの) ブーラウアーヌの灰色がかったロゼ.
5〔比喩的〕生彩のない；陰鬱な, 陰気な；曖昧な. marché ～ グレーマーケット (=〔英〕gray market)《合法的闇市場》. pensées ～*es* 暗い考え. style ～ 生彩を欠く文体 (様式). vie ～*e* 灰色の人生. visage ～ 生気のない顔；青白い顔. visage ～ de fatigue 疲労で黒ずんだ顔. faire ～*e* mine à *qn* 人にいやな顔をする；人を冷淡にあしらう.
6 ほろ酔いの. se sentir un peu ～ 少しほろ良い気分になる.
7〔印刷〕page ～*e* 印刷の悪いページ.
8〔物理〕corps (milieu) ～ グレー体《環境》(入射中性子を部分的に吸収する).

gris² *n.m.* **1** 灰色, グレー, 鼠色 (=couleur grise). ～ argenté (argent) 銀鼠色. ～ bleu 青灰色, ブルーグレー. ～ brouillé 混った灰色. ～ cendré 灰白色. ～ clair (fon-

cé, pâle, sombre) 明るい灰色(濃い灰色, 淡灰色, 暗灰色). ～ gris グレー・オヴ・グレー. ～ jaune 黄灰色, イエロー・グレー. ～ neutre ニュートラル・グレー. ～〔de〕perle 真珠色. ～ souris 鼠色. ～ vert 緑灰色, グリーン・グレー. ～ violet 紫灰色, ヴァイオレット・グレー. tons de ～ 灰色の色調；〖電算〗(プリンターの) グレー・スケール(グレーの階調). 〖電算〗affichage de 64 niveaux de ～ sur un écran 10 pouces en résolution 640×480 points 10 インチのディスプレー上, 64 段階のグレースケール表示で, 解像度 640×480 ポイント. peindre un mur en ～ 壁を灰色に塗る. tirer sur le ～ 灰色がかる.
2 灰色 (グレー) の衣服 (=vêtement ～). être habillé en ～ 灰色の服を着ている. s'habiller de ～ 灰色の服を着る.
3 (馬の) 葦毛(あしげ)；葦毛の馬. ～ pommelé 連銭葦毛〔の馬〕.
4 安物の刻みタバコ (=tabac ～)(灰色の包装のパイプ・紙巻用タバコ). fumer du ～ 安物の刻みタバコを吸う.
5 〖動〗petit-～¹ (シベリア産の銀灰色の毛皮の) りす；りすの毛皮.
6 〖動〗petit-～² プチ・グリ, ひめりんごまいまい (食用の小型エスカルゴ).
7 〖葡萄酒〗～ de ～ グリ・ド・グリ (南仏 Languedoc 地方産の極く淡いロゼ). listel ～ de ～ リステル地区のグリ・ド・グリ.
8 〖チーズ〗～ de Lille グリ・ド・リール (北仏のフランドル地方 la Flandre とエーノー地方 l'Hainaut で牛乳からつくられる灰色の洗浄外皮の軟質チーズ；脂肪分 45％).
9 ～ de zinc 凝縮亜鉛蒸気.

griserie n.f. **1** ほろ酔い, 微醺(びくん)；ほろ酔い加減.
2 〔比喩的〕陶酔；無我夢中. ～ du pouvoir 権力に酔い痴れること. ～ du succès 成功の陶酔. céder à la ～ des mots 言葉に酔う.

Grisons(les) 〔スイス〕n.pr.m.pl. グリゾン州 (=canton des G～)(=〔独〕Graubünden；スイス最大の州；山岳地帯；州都 Coire コワール (=〔独〕Chur クール)). viande des G～ グリゾン地方特産の乾した牛肉 (薄切りにして供する).

grive n.f. 〖鳥〗グリーヴ, 鶫(つぐみ). commune (des vignes, musicienne) 歌鶫 (最も美味). ～ draine；grosse ～ やどりぎつぐみ. ～ mauvis わきあかつぐみ. 〖料理〗～s à la bonne femme つぐみのボンヌファム風. 〖料理〗～s en croûte à l'ardennaise つぐみのクルート仕立て, アルデンヌ風 (つぐみにトリュッフ, フォワグラを詰め, クルートに盛った料理). 〖料理〗pâté de ～ つぐみのパテ. soûle comme une ～ (葡萄を好む鶫のように) 泥酔した. 〔諺〕Faute de ～s, on mange des merles. (鶫がなければ, 黒歌鶫を食べる→) 欲しい物がないときは有り合わせで我慢せねばならぬ.

grivèlerie n.f. **1** 無銭飲食. **2** 〔古〕汚職.
GRL (=garantie de ressources licenciement) n.f. (失業保険の) 解雇所得保障.
Groenland [grɔɛnlɑ̃d] n.pr.m. グリーンランド (エスキモー語では Kalaallit Munaat, デンマーク語では Grønland；デンマークに属する自治国；首都 Nuuk；形容詞 groenlandais(e)).
grog [grɔg] n.m. グロッグ (ラム酒または蒸溜酒のお湯割りに砂糖とレモンを添えた飲物).
grognement (<grogner) n.m. **1** (豚・猪・熊などの) 鳴声, 唸り声.
2 (犬の) 唸り声 (=grondement).
3 (人が) ぶつぶつ言うこと, 不平 (不満) の声. ～s de protestation 抗議のつぶやき.
grondement (<gronder) n.m. **1** (動物の) 唸り声. ～ d'un chien 犬の唸り声.
2 轟き, 轟音；ごうごう (ごろごろ) いう音. ～ assourdissant 耳を聾する轟音. ～ des canons 轟き渡る砲声. ～ d'un moteur エンジンの轟音. ～ du tonnerre 雷鳴.
3 (群衆の) 抗議の声.
4 (怒り・情熱などが) たぎり立つこと.
Groningue 〔オランダ〕n.pr. フローニンヘン (=Groningen；オランダ東北部の州都, 商工業都市). université de ～ フローニンヘン大学 (1614 年創立).

gros¹(**se**) a. 〔原則として名詞の前〕Ⅰ (大きな) **1** 大きな, かさばった；厚い；厚手の；太い；肉太の. ～ avion 大型機. ～ et court 太って背丈の低い, ずんぐりむっくりの. ～ et gras 太って脂切った. le ～ bout d'un bâton 棒の太い方の端. ～ses chaussettes 厚手の靴下. ～ chien 大型犬. ～ comme qch 何のように大きい；何位の大きさの. chien ～ comme un ours 熊ほどもある犬. pierre ～se comme le poing 拳大の石. ～ses dents 奥歯. ～ fil 太い糸. ～ gibier 大型猟獣 (鹿・猪など). ～ homme 大男. ～ intestin 大腸. ～ livre 部厚い本. ～ nuage 大きな雲塊. ～ paquet 大きな包み. ～ voiture 大型車. en ～ titre 大見出しで.
2 太った；肉付きのよい. ～se dame 太った婦人. ～se femme；femme ～se¹ 太った女性. ～ses lèvres 厚い唇. ～se poitrine 豊かな胸.
avoir une ～se tête 頭が大きい. avoir un ～ ventre 腹が出ている, 出腹である. être ～ comme une boule (un tonneau) 非常に太っている. faire les ～ yeux 目をむく, 目を見はる.
3 富裕な；有力な. ～ banquier 富裕な銀行家. ～ capitaliste 大資本家. ～ fermier 豪農. ～ héritier 莫大な遺産を相続した人. ～ propriétaire 大地主.
4 多量の, 莫大な；大規模な；激しい, ひどい, 非常な, 大変な；重大な, 重要な. ～ appétit 旺盛な食欲. ～ baiser 派手な接吻. ～ bruit 大きな騒音. ～se chaleur 猛暑. ～

dégâts 甚大な損害. ~ faim ひどい空腹. ~se faute 大失態；ひどい間違い. ~se fièvre 高熱. ~se fortune 莫大な資産. ~se industrie 重工業.〘文〙~ mot¹ 大袈裟な言葉. ~se pluie 大雨. ~se récolte 大豊作. ~se situation 重大な状況. ~se somme 大金. ~ souci 大きな心労. ~ soupir 大きな溜息. ~ travaux¹ 大規模工事. ~se voix 大声. faire la ~se voix 大声を出す. en ~ses quantités 大量に. attraper un ~ rhume ひどい風邪をひく. jouer ~ jeu 大金を賭ける；〘比喩的〙一か八かやってみる. subir de très ~ses pertes 大損失を蒙る.
5（人が）大の, 大変な, 甚だしい. ~ bête 大馬鹿者. ~ buveur 大酒飲み. ~ fumeur ヘビースモーカー. ~ paresseux ひどい怠け者.
6〘単位を表す語と共に〙たっぷりの. un ~ kilo たっぷり1キログラム. un ~ quart d'heure たっぷり15分.
7（色が）濃い. ~ bleu 濃紺；〘無変化形容詞として〙濃紺の. robe ~ bleu 濃紺のドレス.
Ⅱ（ふくれた）**1**〘名詞の後〙(de で)ふくれた；腫れた. cœur ~ de soupirs 悲しみに満ち溢れた心. avoir le cœur ~ 悲しい（重い）気持である. avoir les yeux ~ de larmes 目に涙をたたえる. se sentir l'estomac ~ 満腹する.
2（海が）波の高い；（川が）増水した.〘気象〙~ mer 荒れ模様の海.〘気象〙~ temps 時化（しけ）.
3 a.f.〘名詞の後〙妊娠した. femme ~ se² 妊婦. être ~se de trois mois 妊娠3カ月である.
4〘名詞の後〙(de を)はらんだ, 潜在的に含んだ. décision ~se de conséquences 重大な結果を招くおそれのある決定. nuages ~ d'orage 嵐をはらんだ雲. Ce projet est ~ de promesses. この計画は非常に有望だ.
Ⅲ（粗い）**1** 粗大な；大まかな；雑な；粗悪な；単純な. ~ bon sens 素朴な常識. ~ses chaussures どた靴. ~ drap 粗悪な服地. ~ sel グロ・セル, 粗塩. ~ travaux² 荒仕事；基礎工事. ~ses vérités 明らかな真実. ~ vin 安葡萄酒. mensonge un peu ~ あまり上手でない嘘. avoir de ~ traits 目鼻立が不細工である.
2粗野な；下品な. ~ mot² 下品な言葉；雑言. ~se plaisanterie 下卑た洒落. ~ rire 馬鹿笑い, 野卑な哄笑.
—— ad. **1** 大きく, 書いて ~ 大きな（太い）字で書く. On voit ~ avec ces lunettes. この望遠鏡を使えば大きく見える.
2 大いに. coûter ~ 非常に高くつく. gagner ~ 大金を稼ぐ. jouer ~ 大金を賭ける. en avoir ~ sur le cœur〘俗〙la patate〘俗〙（悲しみ・口惜しさなどで）胸が一杯である. Il y a ~ à parier que+ind. …するのはほぼ確実である.

—— n. **1** 太った人（=personne ~se）. petit ~ ずんぐりした小男.〘話〙Oui, mon ~. そうだよ, 君（親しみをこめた呼びかけ；相手が太っていなくてもよい）.
2〘多く m.pl.〙〘話〙金持, お大尽；有力者；お偉方.

gros² n.m. **1**〘定冠詞と共に〙(deの)主要部分；(仕事などの)肝心な部分, 山場. le ~ de l'affaire 取引の山場. le ~ de l'arbre 木の幹（=tronc）. le ~ de l'armée 軍隊の主力. le ~ de la nation 国民の大多数. au ~ de l'été 夏の盛りに. au ~ de la tempête 嵐の最中に. le ~ d'un travail 仕事の主要部分.
2 en ~¹ 大きく；大量に；大雑把に, 大略. acheter en ~ 大量に買う. écrire en ~ 大きく書く. raconter qch en ~ 何のあらましを語る. en ~ et en détail 全体を見ても細部を見ても.
3〘商業〙卸（=commerce de ~）(détail「小売」の対). maison de ~ 卸問屋. prix de ~ 卸値. en ~² 卸で, 卸の. commerçant en ~ 卸売商. vente en ~ et en détail 卸売と小売.
4〘織〙~ de Naples (de Tours) ナポリ（トゥール）産の畝織〘布〙（粗い織目の布）.
5〘度量〙グロ（昔の重量単位, 1/8 オンス）.

groseille n.f.〘植〙グロゼイユ, すぐりの実. ~ à maquereau 筋入りすぐりの実. géant noir 大粒黒すぐりの実. ~-raisin 葡萄状房なりすぐり. ~ rouge 赤すぐりの実. sirop de ~[s] すぐりのシロップ.

groseille-raisin (pl. **~s-~s**) n.f.〘植〙葡萄状すぐりの実〘房型〙.

gros-plant n.m.〘葡萄酒〙**1** グロ=プラン（白葡萄の品種名；俗称 folle-blanche）.
2 グロ=プラン（ナント Nantes 地方でグロ=プラン種の葡萄からつくられる, 淡い色の軽い辛口の AOVDQS 白葡萄酒；アルコール度9％以上；フリュイ・ド・メールによく合う）.

gros[-]porteur n.m.〘航空〙大型輸送機（=avion ~）.

grossesse n.f. 妊娠. ~ extra-utérine 子宮外妊娠（=~ ectopique 異所性妊娠）. ~ imaginaire (nerveuse) 想像妊娠（=fausse ~）. ~ multiple 多胎妊娠. ~ pathologique 病的妊娠. anémie de ~ 妊娠貧血. hypertension de la ~ 妊娠高血圧. interruption volontaire de ~ 妊娠中絶（IVG と略記）. robe de ~ マタニティードレス, 妊婦服. signes de la ~ 妊娠徴候. tests de ~ 妊娠テスト, 妊娠反応. vergetures de la ~ 妊娠線.

grosseur n.f. **1** 大きさ, サイズ；太さ；厚さ. ~ d'une balle ボールの大きさ（サイズ）. ~ d'une écriture 文字体の太さ（大きさ）. fils de ~ différente 太さの異なる糸. pierres précieuses de toutes ~s あらゆる大きさの宝石. prix selon ~ 値段は大きさ次第

(menu などでの表示；略記 SG). trier des fruits selon leur ~ 果物を大きさで選別する.
2 肥満 (=corpulence). ~ d'une personne 人の肥満.
3 ごつさ (=grossièreté). ~ des traits de qn の顔のごつさ.
4〖医〗腫れ物. avoir une ~ à l'aine 鼠蹊部にできものがある.

grossier(ère) a.〔時に名詞の前〕**1** 粗雑な, 雑な；粗末な, 粗悪な；粗製の. étoffe ~ère 目の粗い (粗末な, ごわごわした) 布地, 粗布. matière ~ère 粗製原料. meuble〔d'un travail〕~ 雑な造りの家具. sable ~ 粗砂 (あらずな).
2 大雑把な, おおまかな. ~ère ébauche 大まかな草案, 粗描. ~ère imitation；imitation ~ère 大まかな模倣. solution ~ère 雑把な解決〔策〕. n'avoir de qch qu'une idée ~ère 何について大まかな考えしか持っていない.
3 ごつい, 不細工な, 鈍重な. mains ~ères いかつい手. personne aux formes ~ères いかつい体つきの人. visage aux traits ~s ごつい顔立ち.
4 粗野な；下品な；無教養な；卑猥な；下劣な. ~ apreté 粗野なとげとげしさ. ~ personnage 下品な人物, いやな奴. gens ~s 無教養な人たち. plaisanterie ~ère 卑猥な冗談. être ~ avec qn 人に対して無作法に振舞う.
5 ひどい, 甚だしい；見え透いた. ~ artifice 見え透いた (あつかましい) 駆引き. ignorance ~ère 甚だしい無知. mensonge ~ 見え透いた嘘. ruse ~ ひどい術策.

grossièrement ad. **1** 粗雑に；大雑把に. œuvre ~ équarrie 荒削りな作品. calculer ~ 概算する.
2 無作法に, 粗野に；下品に. jurer ~ 口汚くののしる. répondre ~ à qn 人に失礼な返事をする.
3 非常識に；ひどく. jurer ~ 口汚くののしる. se tromper ~ とんでもない間違いをする.

grossièreté n.f. **1** 粗末さ, 粗悪さ；粗雑さ. ~ d'un assemblage 組立ての粗雑さ. ~ de fabrication 製造の粗雑さ, 粗製濫造. ~ d'un tissu 生地の粗悪さ. ~ d'un travail 仕事の粗雑さ.
2（顔・体付などの）ごつさ, 不細工さ, 鈍重さ. ~ d'un visage 顔付のごつさ.
3 無作法さ, 粗野；無教養さ；下品さ, 卑猥さ；無作法 (粗野, 下品) な言動. ~ d'un mensonge 嘘のひどさ. ~ du peuple 民衆の無教養さ. ~ de la plaisanterie 冗談の下品さ. agir avec ~ 粗暴に振舞う. dire des ~s 下品なことを言う.

grossissant(e) a. **1** 大きくなる, 増大する；ふくれあがる. foule ~e 次第に数を増す群衆.

2 拡大する. verre ~ 拡大鏡.

grossissement (<grossir) n.m. **1** 太ること, 肥満；大きくなること；ふくれあがること；腫れること, 腫脹；増加, 増大；(河川の) 増水. ~ anormal d'une personne 人の異常な肥満. ~ d'un fleur 河川の増水.〖医〗~ d'un tumeur 腫瘍の腫脹.
2 大きくすること, 拡大；〖光学〗倍率. télescope à fort ~ 高倍率の望遠鏡.
3〔比喩的〕誇張；過大視. ~ de l'imagination 想像力の誇張.

grossiste n. 卸売業者 (détaillant「小売業者」の対). ~ alimentaire 食品卸売商.

grosso modo〔ラ〕l.ad. 大雑把に〔言って〕(=d'une manière grosse). expliquer ~ あらまして説明する. Dites-moi ~ de quoi il s'agit. 何が問題のかざっと言ってください.

grotesque a. **1** グロテスクな, 異様な, 奇怪な；戯画的な. allure ~ 異様な物腰. costume ~ 奇怪な服装. personnage ~ グロテスクな人物. scène ~ 奇怪な情景.
2 滑稽な, 馬鹿げた. idée ~ 馬鹿げた考え. C'est ~！ そいつは滑稽だ！
——n.m. **1** グロテスクなもの；異様さ. être d'un ~ achevé 何とも奇怪である.
2〖文学・美術〗グロテスク；グロテスク様式.
——n.f.〔多く pl.〕〖美術〗グロテスク装飾；異様な画像；風刺的な画像. ~s d'ornement グロテスク装飾. peintre de ~s 異様な画像を描く画家.
——n.m. 奇人.

grotte n.f. **1** 洞窟, 洞穴. ~s de Lascaux ラスコーの洞窟《先史時代の動物画で知られる》. ~ naturelle 天然の洞窟. ~ préhistorique 先史時代の洞窟.
2〔比喩的〕~ de verdure 緑の洞窟.
3 人工洞窟 (= ~ artificielle). (特に) (聖堂内の) ルールドの洞窟模型 (= ~ de Lourdes).

groupage n.m. **1** (荷物の) グループ分け, 仕分け. lot de ~ 仕分け荷物の山.
2〖医〗(免疫学上の特徴の) 判定分類. ~ sainguin 血液型の判定 (分類). ~ tissulaire 組織型の分類.

groupe n.m. **1** (人の) 集団, 集まり, 団体, グループ. ~ armé 武装集団, テロリスト集団. ~ d'âge 年齢層. ~ d'experts 専門部会 (委員会). ~ de pression 圧力団体. ~ de réflexion 検討部会 (委員会).〖音楽〗~ de rock ロック・グループ. ~ de travail 作業部会, 作業グループ. ~ des Huit (G8) G 8《主要先進国の蔵相・中央銀行総裁会議に参加する 8 カ国》.〖音楽〗~ des Six 6 人組《1918 年にプーランク (Poulenc), オネジェール (Honegger), タイユフェール (Tailleferre) などによって形成された音楽家の集団》.〖心〗~ expérimental 被験者群, 実験群. ~ parlementaire 院内会派, 議会統一会

派. ~ scolaire 複合学校《複数の学校の複合体》. ~ social 社会集団.『心』~ témoin 試験グループ, 見本群.
dynamique de ~ 集団力学, グループダイナミクス.『動』effet de ~ (動物の生態における) グループ効果. psychologie du ~(de ~s) 集団心理. tarif de ~ 団体料金. travail en ~ 共同作業. voyage en ~ 団体旅行.

2 群れ, (同じ場所に集まった) 人々. rassemblement par ~s de dix 10 人ごとに集合. ~ de tête (競争などで) 先頭集団.

3『軍』部隊, 分隊, 中隊, 隊. ~ d'armées (特定の作戦のために構成される) 軍団. ~ de combat (歩兵の) 分隊. ~ d'intervention 緊急介入部隊.

4『美術』群像. ~ *des Bourgeois de Calais* par Rodin ロダン作『カレーの市民』群像 (1895 年).

5 (物の) 集まり, 群. Dans ce village, les maisons sont réparties en petits ~s séparés les uns des autres. この村落では家屋がそれぞれに離れた小さな塊になっている.

6 (分類上の) 群, 類;『地学』層群, 界.『言語』~ de langues 語群, 諸語. ~ sanguin 血液型. ~ tissulaire 組織の型. verbes du premier (deuxième, troisième) ~ 第 1 (2, 3) 群動詞《それぞれ -er, -ir, -r (re) で終わる》.

7 企業, (特に) 大企業, 企業グループ. ~ de presse メディアグループ. La Socpresse, ~ sous la houlette de la société Dassault, contrôle désormais le quotidien Le Figaro. ダソー社の系列下にあるソクプレス社がいまや日刊紙ル・フィガロを支配している. Toyata, le plus grand ~ automobile au Japon 日本最大の自動車企業トヨタ.

8 (一連の機械で構成される) 装置, 機器. ~ électrogène 発電グループ.; (特に) 非常時用の代替発電装置. ~ hydraulique 水力発電装置.

9『数』群. ~ abélien アーベル群. ~ de Lie リー群. théorie des ~s 群論.

10『音楽』回音, ターン (= gruppetto).

groupe-capteur *n.m.* (衛星等の) センサー・システム.

groupement *n.m.* **1** グループ化；グループ分け；集結；群れをなしていること.
2 (一定の目的のための, グループより大きな) 集合体, グループ, 群；団体, 連盟. ~ agricole d'exploitation en commun 農業共同経営事業団体《略記 GAEC》. ~ d'achat 共同購入グループ. ~ de collectivités locales 地方公共団体連合体. ~ de gendarmerie 憲兵大隊. ~ d'intérêt économique 経済利益団体《略記 GIE》. ~ d'intérêt publique 公益団体《略記 GIP》. ~ de producteurs agricoles 農業生産者団体. ~ de sécurité et d'intervention de la Gendarmerie nationale 国家憲兵隊安全保障緊急出動隊《略記 GSIGN》. ~ européen d'intérêt économique ヨーロッパ経済利益団体《略記 GEIE》. ~ foncier agricole 農業不動産管理団体《略記 GFA》. ~ foncier français フランス不動産管理団体《略記 GFF》. ~ forestier 森林管理団体.『行政』~ intercommunal (interdépartemental, interrégional) 市町村間 (県間, 地方間) 連合体.『軍』~ pastoral 牧畜団体.『軍』~ tactique 特別編成戦術群 (部隊). tir de ~ 集団連携射撃.

groupiste *n.m.*『映画・TV・視聴覚』発電装置係.

Groznyï *n.pr.*『地理』グロズヌイ《チェチェン共和国 République de Tchétchénie の首都》.

GRP (= Grandes randonnées de pays) *n.f.pl.* 地方主要自然遊歩道ハイキング；地方主要自然遊歩道 (= sentiers de ~). ~ Ceinture verte d'Ile-de-France イール=ド=フランス地方環状緑地帯自然遊歩道. ~ Cœur de Gascogne ガスコーニュ地方中心部地方自然遊歩道.

gRPR (= gène responsable de la prolifération cellulaire) *n.m.*『医』(癌などの) 細胞増殖原因遺伝子.

GRS¹ (= grille de référence SPOT) *n.f.* 地球探査衛星 (SPOT = satellite probatoire pour l'observation de la Terre) の基準格子.

GRS² (= gymnastique rythmique et sportive) *n.m.*『スポーツ』新体操《リズム・スポーツ体操；ballon ボール, cerneau フープ, corde ロープ, massure バトン, ruban リボンの種目から成る》.

gruau *n.m.* **1** 硬質小麦の粗粒. ~ d'avoine 烏麦の碾き割り, オートミール.
2 グリュオー《小麦の粒の最も固く, 最もグルテン含有量が多い部分》. farine de ~ 上質精白小麦粉. pain de ~ グリュオー・パン, ヴィーン・パン (= pain viennois)《上質精白小麦粉で焼いたパン；ハシバミの風味がある》.

grue¹ *n.f.* **1**『鳥』鶴. ~ cendrée 灰色鶴. ~ couronnée 冠鶴. La ~ craquète (glapit). 鶴がかん高い声で啼く. faire le pied de ~ 立ちどおしで待つ.
2『天文』la G~ 鶴座.
3〔古〕売春婦 (= prostituée).

grue² *n.f.* **1**『機械』クレーン, 起重機. ~ à câble ケーブルクレーン. ~ à chevalet ガントリークレーン. ~ à portique 門型クレーン. ~ de chantier 建設工事用クレーン. ~ de quai 埠頭クレーン. ~ roulante 走行クレーン, 可動起重機.
2『映画・TV』撮影用クレーン.
3『蒸気機関車用』給水柱 (= ~ d'alimentation, ~ hydraulique).

gruiformes *n.m.pl.*『鳥』鶴科；鶴科の鳥類《grue 鶴, poule d'eau 鷭 (ばん), outarde 野雁, râle くいな, など；= gruidés》.

grume *n.f.* **1**『農』葡萄の実 (= grain de

raisin).
2〖林業〗(伐採されたばかりの) 木の樹皮；樹皮つきの丸太 (=bois de ~, bois en ~).
grumeau(*pl.* **~x**) *n.m.* (土などの)塊；(牛乳・血などの)凝塊；(ソース・溶いた小麦粉などの)だま. ~*x* dans une sauce ソースのだま. ~*x* de sang 血の塊. ~*x* d'une crème クリームの凝塊. sel en ~ 固まった塩.
grumeleux(**se**) *a*. **1** 凝塊状の；(ソースなどが)だまになった. crème ~ 凝塊したクリーム.
2 ざらざらした，粒々のある. peau ~*se* ざらざらした肌.
GRUNK (=*g*ouvernement *r*oyal d'*u*nion *n*ationale du *K*ampuchéa) *n.m.* カンプチア国家統一王室政府〔シアヌーク Norodom Sihanouk 国王が 1970 年中国に設置；=GRUNC：*G*ouvernement *r*oyal d'*u*nité *n*ationale du *C*ambodge〕.
gruyère *n.m.* グリュイエール・チーズ〔スイスのグリュイエール地方 la G~ 原産の牛乳による穴のあいた円盤状の固いチーズ；フランスの la Bourgogne, le Franche-Comtê, le Pays d'Ain, la Savoie の各地方でもつくられている．チーズ・フォンデュなどに最適〕.
GS (=*g*rande *s*urface) *n.f.* 大規模店 (=magasin à ~).
GSEM (=*G*roupe de *s*pécialités *é*tat-*m*ajor) *n.m.* 〖軍〗参謀部要員 (下士官) グループ.
GSI (= [英] *g*iant *s*cale *i*ntegration) *n.f.* 〖電子〗巨大規模集積 〔回路〕(= [英] VLSI：*v*ery *l*arge *s*cale *int*égration；[仏] intégration à très grande échelle).
GSIGN (=*G*roupement *s*pécialisé d'*i*ntervention de la *g*endarmerie *n*ationale) *n.m.* 〖軍〗国家憲兵隊緊急介入特殊大隊.
GSM (=*g*roupes *s*ystèmes *m*obiles) *n.m.* 移動電話システム・グループ〔1992 年に導入されたディジタル式無線電話のヨーロッパ規格〕.
GSPR (=*G*roupe de *s*écurité de la *p*résidence de la *R*épublique) *n.m.* 共和国大統領府安全確保担当グループ〔国家憲兵隊と警察の合同体；私服の憲兵 26 名と警官 26 名から成り，大統領とその家族の警護にあたる〕.
GTA (=*g*endarmerie des *t*ransports *a*ériens) *n.f.* 航空輸送担当憲兵隊.
Gtep (=*g*iga*t*onnes d'*é*quivalent *p*étrole) *n.f.pl.* 〖単位〗10 億石油換算トン.
GTI[1] (=*g*roupe de *t*ravail *i*novation) *n.m.* 革新作業グループ.
GTI[2] (=*g*roupe de *t*ravail *i*nterministériel) *n.m.* 省間作業グループ.
GTP (=*g*uanosine *t*ri*p*hosphate) *n.f.* 〖生化〗グアノシン三燐酸 (略記 GTP).
Guadeloupe [gwa-] *n.pr.f.* 〖行政〗la

~ グワドループ〔大西洋の仏領アンティル諸島 les Petites Antilles の島々で構成されるフランスの海外県 DOM (県コード番号 971) および広域行政区の地方 (=région G~)〔旧海外県 DOM；2003 年の憲法改正により県と地方の双方の性格をもつ DOM-ROM：*d*épartement d'*o*utre-*m*er-*r*égion d'*o*utre-*m*er になる〕；面積 1,704 km²；人口 422,496；県庁・地方庁所在地 Basse-Terre；主要都市 Pointe-à-Pitre, Saint-Martin, Saint-Barthélemy；形容詞 guadeloupéen (*ne*)〕.
guanase *n.f.* 〖生化〗グワナーゼ〔胸腺・腎臓などに分布し，グアニンをキサンチンに変える酵素〕.
Guangdong(**le**), **Kwangtung** [中国] *n.pr.m.* **1** 広東 (カントン) 省〔省都は Guangzhou 広州 (旧称 Canton 広東)〕. Guangzhou (Canton), capital du ~ 広東省の省都広州 (広東).
2 〖史〗関東 (ガンドン) 州〔中国北東部遼東半島南部；三国干渉でロシアが租借，日露戦争後 1945 年まで日本の租借地〕.
Guangxi Zhuang, Kwangsi-Chuang [中国] *n.pr.* 広西壮 (コワンシ=チワン) 族自治区 (主都 Nanning 南寧 (ナンニン)).
Guangzhou, Canton [中国] *n.pr.* 広州 (こうしゅう)，グアンヂョウ〔旧称 Canton 広東；le Guangdon 広東省の省都〕.
Guangzhou Wan [中国] *n.pr.m.* 広州湾 (こうしゅうわん，コワンチョウ・ワン).
guanidine *n.f.* 〖化〗グアジニン (HN = C(NH$_2$)$_2$，イミノ尿素 (=immino-urée)).
guanidique *a*. 〖生化〗グアニン (guanine) の. dérivé ~ グアニン誘導体.
guanine *n.f.* 〖生化〗グアニン〔デオキシリボ核酸を構成する 4 種の塩基のうちの一つ，G と略記〕.
Guatemala(**le**) *n.pr.m.* 〖国名通称〗グアテマラ〔公式名称：la République du G~ グアテマラ共和国；国民：Guatemaltèque；首都：Ciudad Guatemala グアテマラ市；通貨：quetzal [GTQ]〕.
guatémaltèque *a*. グワテマラ (le Guatemala) の，グワテマラ共和国 (la République de Guatemala) の；~人の；~の住民の
── G~ *n*. グワテマラ人.
GUE (=*G*auche *u*nitaire *e*uropéenne) *n.f.* 〖政治〗ヨーロッパ統一左翼〔ヨーロッパ議会の政治会派名〕.
gué *n.m.* **1** 浅瀬. traverser une rivière à ~ 川の浅瀬を渡る.
2 〖比喩的〗au milieu du ~ 推移過程で，途中で. réforme abandonnée au milieu du ~ 途中で放棄された改革.
guépard *n.m.* 〖動〗ゲパール，チータ，猫豹〔猫科 filidés の肉食動物；快足で知られる〕.

Guérande *n.pr.* ゲランド《département de la Loire-Atlanique ロワール=アトランティック県の小郡庁所在地；市町村コード番号 44350；人口 14,296；形容詞 guérandais(*e*)》. la presqu'île de ~ ゲランド半島. sel de ~ ゲランドの塩《食通に珍重されるゲランド地区の塩田産海塩》.

Guéret *n.pr.* ゲレ《départment de la Creuse クルーズ県の県庁所在地；市町村コード 23000；形容詞 guérétois(*e*)》.

guéret *n.m.* **1** (種が播かれていない)耕作地(畠). **2** 休耕地, 休閑地. laisser une terre en ~*s* 土地を休耕地にしておく. lever (relever) les ~*s* 休閑地を耕す. **3** 〔詩〕畠, 耕地；収穫前の畑. ~*s* surchargés de blé 小麦がたわわに稔った畑.

guéri(***e***) (<guérir) *a.p.* **1** 全快した, 治った. malade ~ 治った病人. être ~ de sa blessure 怪我から治る. **2** 〔比喩的〕(de から)回復した；(de に)興味を失った, うんざりした. être ~ de ses illusions 迷いからさめている. être ~ de+*inf.* …することにうんざりする. être entièrement ~ d'une passion 情熱をすっかり失っている. être ~ de tous les maux (すべての病から治っている→) 死んでいる (=être mort).

guérilla [-ja] 〔西〕 *n.f.* **1** ゲリラ戦. soldat d'une ~ ゲリラ戦士 (=guérillero) **2** ゲリラ部隊 (=troupe de ~*s*). **3** 〔比喩的〕絶え間ない攻撃. ~ médiatique メディアの執拗な攻撃.

guérison *n.f.* **1** (病気の)治癒, 回復. ~ complète 完治. ~ fonctionnelle 機能的治癒. être en voie de ~ 回復に向かいつつある. **2** 〔比喩的〕(精神的な苦しみなどの)消滅, 終結. ~ d'un chagrin 深い悲しみの消滅.

guérisseur(***se***) *n.* 治療者；(動物磁気, 催眠術, 薬草などを利用する)民間療法師；いかさま医者, もぐりの医者.

Guernesey *n.pr.* ゲルヌゼー〔島〕, ガーンジー〔島〕(〔英〕Guernsey；英仏海峡アングロ=ノルマン諸島 îles Anglo-Normandes の島).

guerre *n.f.* ⒈(戦争) **1** 戦争, 戦役. entrer en (dans la) ~ 戦争を始める. être en ~ 戦争をしている, 戦時中である. faire la ~ 戦争をする. gagner (perdre) la ~ 戦争に勝つ(負ける). ~ atomique 核戦争. ~ biologique 生物兵器戦；細菌兵器戦. ~ chimique 化学〔化学兵器〕戦；内乱. ~ civile 内戦. ~ civile de la Commune パリ・コミューヌの内戦(1871年3-5月). ~ classique (核兵器を用いない)通常戦力戦争. ~ d'agression 侵略戦争. la ~ des étoiles 宇宙戦争, スターウォーズ (IDS=*i*nitiative de *d*éfense *s*tratégique 戦略防衛構想). ~ de libération 解放戦争. ~ extérieure 対外戦争. ~ navale 海戦. ~ NBC (nuclaire, biologique, chimique) 核・生物・化学戦争. ~ planétaire 世界戦争. ~ sainte 聖戦. ~ terrestre 陸戦；陸上戦争. ~ totale 全面戦争. agents de ~ biologique (chimique) 生物(化学)戦用兵器, 生物(化学)兵器.
〔史〕la ~ de Cent Ans 百年戦争. 〔史〕la ~ de Religion 宗教戦争. 〔史〕la ~ franco-allemande de 1870-71 普仏戦争. la Première G~ mondiale 第一次世界大戦 (1914-18年). la Seconde G~ mondiale 第二次世界大戦 (1939-45年). la ~ du Golfe 湾岸戦争 (1990-91年). G~ *et Paix* de Tolstoï トルストイの『戦争と平和』(1865-69年).
de ~；en ~；à la ~ 戦争による；戦争用の. crime de ~ 戦争犯罪. déclaration de ~ 宣戦布告. état de ~ 戦争状態. homme (gens) de ~ 軍人. industrie de ~ 軍需産業. prise de ~ 戦利品. veuve (orphelin) de ~ 戦争未亡人(孤児). droit de la ~ 戦時法規, 戦時国際法. droit préventif de la ~ 戦争防止法規.
2 (武器を使用しない)戦争. ~ économique 経済戦争. ~ électronique 電子戦；電波戦. ~ froide 冷戦 (~ chaude「武力戦」の対). ~ psychologique 心理戦.
3 従軍. croix de ~ 従軍十字軍. aller en (à la) ~ 戦争に行く, 出征する. faire la ~ 従軍する. mourir à la ~ 戦死する.
4 軍事. 〔ministère de〕la G~ 陸軍省.
5 〔やや古〕兵法, 戦術 (=art de la ~).
Ⅱ 〔転義〕 **1** 争い, 喧嘩, 反目, 敵対行為. petite ~ いざこざ. ~ de plume 筆戦. Entre elles, c'est la ~. 彼女たちは敵対関係にある. être en (sur le pied de) ~ avec *qn* 人と不仲である. faire la ~ à *qn* (sur, à propos de について) 人を非難する. C'est de bonne ~. 正々堂々たる争いだ. de ~ lasse 争いに飽きて；仕方なく. 〔諺〕Qui terre a ~ a. 土地を持つといさかいが絶えない.
2 闘い, 闘争. ~ contre la drogue 麻薬撲滅運動. faire la ~ à *qch* 何と闘う. faire la ~ aux injustices 不正と闘う.

guerrier(***ère***) *n.* **1** 〔古〕戦士 (女戦士), 武士. repos du ~ (戦士の休息→) 心温まる妻をもつこと. vaillant ~ 勇士. **2** 〔現用〕軍人 militaire, 戦闘員 combattant, 兵士 soldat.
——*a.* **1** 戦争の. chant ~ 軍歌. exploit ~ 武勲. **2** 軍人らしい. mine ~ 軍人らしい風貌. **3** 好戦的な. humeur ~*ère* 喧嘩早い気性. peuple ~ 好戦的民族.

guesdiste (<Jules Guesde [1845-1922], フランスの社会主義者, 本名 Mathieu Basile) *a.* ゲードの社会主義の, ゲード派の.
——*n.* ゲード派社会主義者.

guet *n.m.* **1** 見張り, 監視. 〔軍〕~ aérien 対空監視. faire le ~；être au ~ 見張りを

する.
2〔古〕夜警, 夜警隊. ~ à cheval 騎馬夜警. poste de ~ 夜警哨所.

guet-apens [gɛtapɑ̃] (*pl.* **~s-~**) *n. m.* **1** 待伏せ. attirer *qn* dans un ~ 人を待伏せる.
2〔比喩的〕罠, 陰謀, 悪企み;〔法律〕予謀. ~ contre la République 反共和国陰謀. tendre un ~ à *qn* 人を待伏せる;人に罠をかける. tomber dans un ~ 待伏せ(罠)にかかる.

guêtre *n.f.* ゲートル, 脚絆(きゃはん). mettre des ~s ゲートルを巻く.〔話〕traîner ses ~s ぶらつく(=flâner).

gueule *n.f.* Ⅰ(獣・爬虫類・魚の)口. ~ d'un chien (d'un reptile, d'un requin) 犬(爬虫類, 鮫)の口. se jeter dans la ~ du loup (狼の口に飛び込む→)無謀にも(好んで)危険に身をさらす.
Ⅱ〔人間の口〕(=bouche) **1**(食物を摂る)口.〖料理〗amuse-~ アミューズ=グール, アミューズ=ブーシュ (amuse-bouche)〖料理のつき出し〗. une fine ~ 美食家, 食通. plaisirs de la ~ 美食の楽しみ.〔俗〕avoir de la ~ de bois 二日酔いである. puer de la ~ 口が臭い, 口臭がする. se bourrer la ~ 鱈腹食べる. s'en mettre plein la ~ 鱈腹詰めこむ.
2(言葉を発する)口(=clapet). un fort en ~;une grande ~ お喋りな人, 口ばかり達者な人. crever la ~ ouverte (助けを呼びながら)野垂れ死する. la ~ ouverte 野垂れ死.〔Ferme〕ta ~ ! 黙れ! pousser un coup de ~ 大声でわめく.〔俗〕se fendre la ~ 大口を開けて笑いこける.
3(物の)口;開口部;投入口. ~ d'un canon 砲口.〖冶〗~ d'un haut fourneau 高炉の装入口. ~ d'un tunnel トンネルの口.〖植〗fleur en ~ 上下二唇に分かれた合弁花.〖植〗~-de-loup 金魚草;〖医〗三つ口, 口蓋破裂.
Ⅲ(外観;顔) **1**〔俗〕(人間の)顔, 面(つら), 顔付.〔兵隊隠語〕~ cassée 顔をやられた奴, 顔面負傷兵. ~ d'amour 美男の女たらし.〔俗〕~ d'empeigne 醜い顔;いやな奴. ~ noire (北仏の) 炭坑夫. une belle ~ 美しい顔.
avoir une bonne ~ 人好きのする顔をしている. avoir une sale ~ ひどい顔をしている. casser la ~ à (de) *qn* 人の顔をぶん殴る. se casser la ~ 転ぶ;失敗する, ひどい目に遭う;(映画・芝居などが)当らない. aller se faire casser la ~ 殺されに行く;戦場に赴く.
faire la ~ à *qn*;tirer la (une) ~ à *qn* 人にふくれっ面をする (仏頂面をする). faire une ~ 呆気にとられた(怒った)顔をする. faire une drôle de ~ 変な顔をする;悔しそうな顔をする. faire une ~ d'enterrement 陰気な顔付をする. faire une sale ~

うんざりした顔をする. C'est bien fait pour ta ~. さまを見ろ;当然の報いだ;お気の毒さま.
2〔話〕形;外観, 様子. chapeau qui a une drôle de ~ 変な形の帽子. avoir de la ~ 格好がよい, 見栄えがする. Ce décor a de la ~. この装飾は見栄えがする.

gui *n.m.*〖植〗宿り木〔寄生常緑灌木;クリスマス, 新年の飾りにする;白い有毒の漿果でとりもちをつくる;葉は薬用〕.〔古〕Au ~ l'an neuf! 新年おめでとう!

guichet *n.m.* **1**(役所の)窓口;(駅の)出札口;(劇場などの)切符売場;(金融機関の)支店. jouer à ~s fermés 満員札止めで興行する. ouvrir de nouveaux ~s (銀行などの)新支店を開設する.
2(窓口に象徴される)役所, 行政機関.
3(監獄などの)差し入れ口, 覗き窓;(告解室の)格子窓.
4(城壁などの)小門, (大きな門の)くぐり戸. les ~s du Louvre ルーヴル宮の小アーケード.

guichetier(*ère*) *n.* (銀行, 郵便局等の)窓口係.

guidage *n.m.* **1**(ロケット, 航空機, 魚雷などの)誘導. ~ hertzien 無線誘導. ~ inertiel 慣性誘導. ~ par itération 反復誘導. ~ par radar レーダー誘導. ~ télécommandé 遠隔操作誘導.
2〖機械〗誘導装置;〖鉱山〗採鉱エレベーター・ケージの誘導装置.

guide¹ *n.m.* **1** 案内人, ガイド〔女性を示す場合にも男性名詞を用いる;une ~ は俗用〕;(特に)山岳ガイド(= ~ de montagne). ~s de Chamonix シャモニの山岳ガイド. alpinistes encordés d'un ~ 山岳ガイドとザイルで結ばれた登山家. ~ d'un musée 博物館のガイド. ~-interpète 通訳ガイド.
Suivez le ~! 案内人の後にお続きください. N'oubliez pas le pourboire du ~!(N'oublicz pas le ~!) ガイドにチップをお忘れなく. prendre un ~ ガイドを雇う. servir de ~ à *qn* 人のガイド(案内役)をする.
2 案内書, ガイドブック;入門書. les *G*~*s* bleus ギッド・ブルー叢書〔Hachette 社刊の青表紙の観光案内書シリーズ〕. les *G*~*s* Michelin Rouges (Verts) ミシュランの赤表紙のホテル・レストラン(緑表紙の観光)案内叢書. ~ de l'étudiant 学生便覧. ~ du routard ヒッチハイカー・ガイド. ~ gastronomique レストラン・ガイド, 美食案内書. ~ illustré 図版(写真・挿絵)入り案内書. consulter un ~ ガイドブックを参照する.
3〔ベルギー〕〖鉄道〗~ de chemin de fer 鉄道時刻表(=indicateur).
4 指導者;(行動などの)指針. ~ du peuple 民衆の指導者. prendre *qn* pour ~ 人を指導者と仰ぐ.
5 指針, 指導方針;規準. choisir la raison

pour ~ 理性を規準に選ぶ.
6 〚軍〛嚮導(きょうどう);嚮導艦.〚海軍〛 ~ d'une escadre 艦隊の嚮導艦.
7 〚史〛(大革命・第2帝政時代のフランスの)精鋭騎兵;(現代のベルギーの)精鋭騎兵.
8 〚機械〛ガイド,案内,誘導装置. ~ de la tige du tiroir 弁棒案内. ~ de soupape 弁案内.
9 〚電子〛~ d'ondes 導波管.
10 〚音楽〛(フーガの)誘導部.

guide[2] *n.f.* **1** ガール・スカウト隊員. les G ~ s de France フランス・ガール・スカウト団.
2 (*pl.* で)(車につながれた馬の)手綱. 〖比喩的〗mener la vie à grandes ~ s 豪勢な暮しをする.

guidé(e) *a.p.* **1** 案内(説明)付きの,ガイド付きの. visite ~ e 案内(ガイド)付見学.
2 誘導された, 誘導式の. fusée ~ e par radio 無線誘導式ロケット.

guigne *n.f.* 〚果実〛ギーニュ(guignier の実;果汁が多く,果肉の軟かい,甘味のつよい桜桃の実,代表的品種 Rouge (Noire) des Vosges).

guignier *n.m.* 〚植〛ギニエ(桜桃の一種;果実は guigne).

guignol *n.m.* (< G ~, 人形芝居の主人公)
1 人形芝居;人形芝居の小屋,人形芝居劇場. mener ses enfants au (à) ~ 子供を人形芝居に連れていく. 〖比喩的〗C'est du ~! 馬鹿げた話だ!
2 指人形(= marionnette à gaine sans fil, animée par les doigts).
3 〖比喩的〗(操り人形のように)滑稽な人間. Quel ~ que ce type-là! あいつは何と滑稽な奴だ!

guignolet *n.m.* 〚酒〛ギニョレ(ギーヌ種のさくらんぼう guignes でつくられるチェリーブランデー;特にアンジュー地方 l'Anjou の名産). ~ kirsch ギニョレ・キルシュ(ギーヌ種のキルシュ酒).

Gui (Li) Jiang 〚中国〛*n.pr.m.* 漓江(りこう),リージャン(中国湖南省,桂林 Guilin (グイリン)から西江 Xijiang に至る川;延長 437 km;桂林らか陽朔(ようさく,ヤンシュオ)に至る 83 km の河畔に奇岩・奇峰が林立する景観で名高い).

Guilin 〚中国〛 *n.pr.* 桂林(けいりん),コイリン(広西壮族自治区の都市;景勝地).

guillotine [gijotin] *n.f.* **1** ギヨチーヌ,ギロチン,断頭台(開発協力者の Joseph-Ignace Guillotin [1738-1814] に由来する名称;別の発明者 Louis のものは louisette).
2 断頭刑,ギヨチーヌ刑 (= supplice de la ~). condamner qn à la ~ 断頭刑(死刑)を宣告する.

guillotiné(e) *a.* ギヨチーヌ(ギロチン)にかけられた,断頭台で処刑された. assassin ~ ギヨチーヌで処刑された殺人犯.

—*n.* ギヨチーヌ(ギロチン)で処刑された人.

Guinée (la) *n.pr.f.* 〚国名通称〛ギニア(公式名称:la République de G ~ ギニア共和国;国民:Guinéen (ne);首都:Conakry コナクリ;通貨:franc guinéen [GNF]).

Guinée-Bissao, Guinée-Bissau *n.pr.f.* 〚国名通称〛ギニア=ビサウ(公式名称:la République de G ~ ギニア=ビサウ共和国;国民:Bissao-Guinéen (ne);首都:Bissau ビサウ;通貨:franc CFA [XOF]).

Guinée équatoriale (la) *n.pr.f.* 〚国名通称〛赤道ギニア(公式名称:la République de G ~ 赤道ギニア共和国;国民:Equato-Guinéen (ne);首都:Malabo マラボ;通貨:franc CFA [XAF]).

guinéen(ne) *a.* ギニア (la Guinée) の,ギニア共和国 (la République de Guinée) の;~ 人の;~ の住民の. franc ~ ギニア・フラン.

—*G* ~. *n.* ギニア人.

Guisui ⇨ Hohhot

Guiyang 〚中国〛*n.pr.* 貴陽(きよう,コイヤン)(le Guizhou 貴州(きしゅう,コイチョウ)省の省都).

Guizhou 〚中国〛*n.pr.* 貴州(きしゅう,コイチョウ)省(省都 Guiyang 貴陽(きよう,コイヤン)).

Gulja 〚中国〛*n.pr.* グルジャ(中国新疆ウイグル自治区西北部の工業都市伊寧(いねい)の別称).

Guomindang 〚中国・台湾〛*n.pr.m.* 国民党(1911年孫文が結成した政党;Kuomintang;Parti national du peuple).

guoyu 〚中国〛*n.m.* 〚言語〛グウォユー,北京官話(標準とされる公式中国語).

gustatif (ve) *a.* **1** 味覚の,味の. nerf ~ 味覚神経. qualité ~ ve du vin 葡萄酒の味覚品質. papilles ~ ves 味孔. receptuer ~ 味覚受容器. sensibilité ~ ve 味覚.
2 おいしい,美味な.

gustation *n.f.* 味覚,味感. organes de la ~ 味覚器官.

gustatoire *a.* 味覚の. centre ~ 味覚中枢.

gustométrie *n.f.* 味覚検査〖法〗. ~ électrique 電気味覚検査〖法〗.

gutta-percha [-ka] (*pl.* ~ **s**-~ **s**) [マレー] *n.f.* グッタ=ペルカ(あかてつ科 sapoteae の植物の樹液を乾燥した可塑性物質;歯科充填材,電気絶縁材).

Guyana (la) *n.pr.* 〚国名通称〛ガイアナ(公式名称:la République coopérative de G ~ ガイアナ協同共和国;国民:Guyanien (ne), Guyanais (e);首都:Georgetown ジョージタウン;通貨:dollar guyanais [GYD]).

Guyane (la) *n.pr.f.* **, Guyanes (les)**

guyanien(ne) n.pr.pl. **1**〖地理〗ギアナ(ギュイヤーヌ，ガイアナ)地方《南米大陸北東部の大西洋岸の地域；le Brésil, la Guyana, la ~ française, le Suriname, le Venezuela の各国に分かれる》. **2** la G~ française 仏領ギュイヤーヌ《フランスの海外県 DOM (県コード番号 973)および広域行政区の地方(= région G~)《旧海外県 DOM；2003年の憲法改正により海外県と海外地方双方の性格をもつ DOM-ROM : département d'outre-mer-région d'outre-mer となる》；面積 83,534 km²；人口 157,213；県庁・地方庁所在地 Cayenne；2郡，19小郡，22市町村；主要都市 Saint-Laurent-du-Maroni；kourou に Ariane の打上げを行なう宇宙基地がある；形容詞 guyanais (e)》.

guyanien(ne) a. ガイアナ(la Guyane)の，ガイアナ協同共和国(la République coopérative de Guyane)の；~人の；~の住民の.
 ——G~ n. ガイアナ人.

Guyenne n.pr.f. la ~ ギュイエンヌ《フランス西南部の旧地方名；中心都市 Bordeaux》.

GV (= grande vitesse) n.f. 高速.

GWe (= gigawatt électrique) n.m.〖電〗電力ギガ(10⁹)ワット. puissance en ~ ギガワット表示発電力.

GWh (= gigawattheure)〖電〗ギガワット時(=1 million kWh).

gym [ʒim] (< gymnastique) n.f.〖話〗体操，体育.

gymkhana [ʒimkana][ヒンディー語] n.m. ジムカーナ《運転技術を競う，自動車・オートバイの障害レース》.

gymnastique n.f. 体操；体操競技(= ~ artistique)；体育 (= éducation physique).
 ◆体操競技　男女共通種目 : exercices au sol 床, sautes de cheval 跳馬. **男子種目** : anneaux 吊輪, barre fixe 鉄棒, barres parallèles 平行棒, cheval d'arçon 鞍馬. **女子種目** : barres asymétriques 段違い平行棒, poutre 平均台.
〖医〗~ corrective 矯正体操. ~ esthétique 美容体操.〖比喩的〗~ intellectuelle 頭の体操.〖医〗~ respiratoire 呼吸体操.〖スポーツ〗~ rythmique et sportive 新体操 (GRS と略記；競技種目 : cerceau 輪, corde 縄, ballon ボール, ruban リボン, massues 棍棒). Fédération internationale de ~ 国際体操連盟《略記 FIG》. moniteur de ~ 体操教師. professeur de ~ 体育教員 (=〖俗〗prof de gym).

gymnosperme a.〖植〗裸子の.
 ——n.f.pl. 裸子植物. ordre de ~ 裸子植物目.

gyné[co]-〖ギ〗ELEM「女」の意 (ex. gynécologie 婦人科学).

gynéco n.〖話〗婦人科医 (= gynécologue).

gynécologie [ʒinekɔlɔʒi] n.f.〖医〗婦人科学.

gynécologie-obstétrique n.f.〖医〗婦人科産科学.

gynécologique a.〖医〗婦人科学の；婦人病の. examen ~ 婦人科検診. hémoragie ~ 婦人科的出血. troubles ~s 婦人科障害, 婦人病.

gynécologiste n. 婦人科医.
gynécologue n. 婦人科医.
gynécomastie n.f.〖医〗女性化乳房〖症〗《男性の乳腺肥大症》.

gynéco-obstétricien(ne) n. 産婦人科医.

gynogamone n.f.〖生〗雌性ガモン《雌性配偶子から分泌されるガモン》. ~ G1 G1雌性ガモン《精子を刺激し, 運動を方向づける雌性ガモン》. ~ G2 G2雌性ガモン《精子の子宮着床を促す雌性ガモン》.

gypaète n.m.〖鳥〗ジパエート, ひげ鷲《アフリカ, 中央アジア, 南欧の高地に棲息する大型の鷲；accipitriadés はいたか科, gypaetus 属》.

gypse [ʒips] n.m.〖鉱・医〗石膏, ジプス, ギプス. carrières de ~ 石膏採掘場. terrains de ~ 石膏質の土壌.

gyr[o]-〖ギ〗ELEM「輪, 円, 旋回」の意 (ex. gyrocompas ジャイロコンパス).

gyrocompas [ʒirokɔ̃pa] n.m.〖海・空〗ジャイロコンパス, 転輪羅針儀.

gyrophare n.m.《パトカー, 救急車等の屋根の上の》回転灯.

gyropilote n.m.〖海・航空〗ジャイロパイロット《ジャイロスコープを利用した自動操縦装置》.

gyroscope n.m.〖機工〗ジャイロスコープ, ジャイロ. ~ à laser レーザー式ジャイロスコープ. ~ d'attitude 姿勢制御用ジャイロスコープ.

gyroscopique a.〖機工〗ジャイロスコープの；ジャイロスコープを備えた.〖海・航空〗compas ~ ジャイロコンパス. effet ~ ジャイロスコープ効果.〖航空〗horizon ~ 水平儀. stabilisateur ~ ジャイロスタビライザー.

gyrostat [-sta] n.m.〖物理〗ジャイロスタット《旋回運動の実験用ジャイロスコープ》.

gyrus [girys] n.m.〖解剖〗(大脳の)脳回, 回. ~ parahippocamique 側海馬回.

H

('印は，その語が h aspiré で始まることを示す)

H¹**, h**¹ *n.m.(f.)inv.* **1** フランス語字母の第8字(le *h*, l'*h*). *h* aspiré 有音のh；*h* muet 無音のh(いずれもhは発音されない).

H² 〖記号・略号〗**1** (=hydrogène) *n.m.* 〖化〗「水素」の元素記号(原子番号 1，原子量 1.008；質量数 1 の水素 ¹H を軽水素(~ léger)，質量数 2 の ²H をジュウテリウム deutérium (重水素：~ lourd)，質量数 3 の水素 ³H をトリチウム tritium (三重水素)と呼ぶ). bombe ~ 水素爆弾，水爆(= bombe à hydrogène). rayons ~ 水爆放射線.
2 *H*eure 時間. 〖軍〗l'heure ~ 戦闘(作戦)開始時間；〔常用〕行動開始予定時刻. à l'heure ~ moins deux 作戦開始2時間前に. *H*EC (=*H*eure de l'*E*urope *c*entrale) 中部ヨーロッパ標準時.
3 〖音楽〗(ドイツで)ロ音.
4 〖電〗henry ヘンリー(インダクタンスの単位).
5 〖免疫・医〗*h*émagglutinin (H1からH15までのタイプがある). le 〔virus〕*H*5N1 H5N1型ウイルス.

h² 〖記号・略号〗**1** *h*eure 時；時間. de 9 *h* à 11 *h* 9時から11時まで.
2 〖数〗*h*ecto〔-〕ヘクト(100). 10 *h*a (=*h*ectare) ヘクタール.
3 〖物理〗*h*enry ヘンリー(インダクタンスの単位).

†**H1N1** *n.m.* 〖医〗(=virus ~) H1N1 ウイルス(A型インフルエンザ・ウイルスのH1N1型). le redoutable ~ 恐るべき H1N1ウイルス.

†**H2N2** virus ~ H2N2 ウイルス(アジア風邪を発症させるインフルエンザ・ウイルス).

H₂O *n.m.* 〖無冠詞〗〖化〗水 eau の化学式 (monoxyde de dihydrogène).

H₂S (=hydrogène sulfuré) *n.m.* 硫化水素.

H₂SO₄ (=acide sulfurique) *n.f.* 硫酸.

†**H3N2** *n.m.* 〖医〗(=virus ~) H3N2 ウイルス(香港A亜型インフルエンザウイルス).

†**H5N1** *n.m.* 〖医〗(=virus ~) H5N1 ウイルス(高病原性鳥インフルエンザ・ウイルス virus aviaire; virus de grippe (influenzavirus) de type A, sous-type H5N1：A型 H5N1 亜型インフルエンザウイルス；H5 は hémagglutinine (HA) の第5型，N1 は neuraminidase (NA) の第1型を意味する；鳥インフルエンザ重症急性呼吸器症候群 ([仏] Sras：*s*yndrome *r*espiratoire *a*igu *s*évère, [英] Sars：*s*evere *a*cute *r*espiratory *s*yndrome)の病原体).

Ha (=hahnium) *n.m.* 〖化〗「ハーニウム」の元素記号(原子番号 105；1970年につくられた人工元素；現称 dubnium).

ha (=hectare) *n.m.* 〖度量〗ヘクタール，100 アール.

habeas corpus [abeaskɔrpys] [ラ] (「汝が自己の身柄を有すべし」の意) *n.m.* 〖法律〗**1** 身柄提出令状(当事者の裁判所出廷を命じる令状)；(特に)人身保護令状(= ~ ad subjicien)；人身保護法.
2 人身保護令状請求権；人身保護制度.

habile *a.* **1** 器用な，上手な，巧みな；熟練した. ~ diplomate 熟練外交官. ~ stratège 巧みな戦略家. artisan ~ 熟練した職人. artiste ~；~ artiste 器用な芸術家. intrigue ~ 巧みな術策. mains ~s 器用な手元. ouvrier ~ 熟練工. pianiste prodigieusement ~ à (dans) *qch* 何かがうまい，何に長じた. personne ~ dans son métier 仕事に熟達した人. ~ à+*inf.* …するのが巧みな. être ~ à manier des outils 道具の扱いがうまい. être ~ de ses mains 手先が器用である. L'affaire est entre les mains ~s. この仕事は信頼できる人の手に任されている.
2 そつのない；〔蔑〕抜け目のない，悪賢い. ~ courtisan 如才ない男. homme ~ et intrigant 抜け目のない陰謀家. être ~ dans les relations sociales 人とのつき合いにがつがない.
3 手際のよい，うまい；〔蔑〕技巧に走った. démarche ~ 手際のよいやり方. écrivain plus ~ qu'original 独創的というより技巧に走りすぎる作家. film ~ よくできた映画. raisonnement trop ~ うますぎる推論. faire une réponse ~ うまい返答をする.
4 〖法律〗(à+*inf.* …する) 資格をそなえた，能力のある；〔古〕(à に) 適した. 〖法律〗 ~ à succéder；~ à se porter héritier 相続資格がある (= être d'habilité à se porter héritier). mineur ~ à contracter mariage 婚姻を締結できる未成年者.
5 〔古〕敏捷な，素早い；学識のある (=savant (*e*)).
──*n.* **1** やり手；抜け目のない人. **2** 〔古〕識者.

habileté *n.f.* **1** うまさ，巧妙さ；器用さ；熟練. ~ d'un artisan 職人の熟練. ~ de main 手先の器用さ (= ~ manuelle). ~

habilitant(e)

innée (naturelle) 生来の器用さ. ~ oratoire 弁舌の巧みさ. avec ~ 巧みに, 器用に, 手ぎわよく.
avoir l'~(une ~) dans qch (à+*inf*.) 何を(…するのが)巧みである. être d'une grande ~ 非常に巧みである, 抜きんでて器用である.
2〖多く *pl*.〗こつ, 要領；かけひき. ~s du (de) métier 職業(仕事)のこつ(かけひき). ~s d'un intrigant 陰謀家の術策.

habiliter(***e***) (<habiliter) *a*.〖法律〗資格を与える, 法的に可能にする.

habilitation *n.f*. **1**〖法律〗資格付与, 権限付与；授権. loi d'~[1] 授権法律. **2** 認可, 許可(=autorisation). **3**〖教育〗免状授与権. loi d'~[2] 資格付与法.

habilité(***e***) *a.p*.〖法律〗行為ができる, 法的資格を与えられた, 権限を与えられた. être ~ à+*inf*. …する資格(権限)を与えられている.
—*n.f*. **1**〖法律〗法的資格のあること, 適格性. ~ à succéder 遺産相続の有資格性.
2〖古〗能力, 適性. ~ à faire qch 何をする能力.

habillage(<habiller) *n.m*. **1** 着せる(着る)こと；着付け. ~ d'une actrice par une habilleuse 衣裳係による女優の着付け.
2(商品の)包装；(書物, 器具などの)保護(美装)カバー. ~ d'un appareil 機器の包装. ~ d'un poste de télévision TV 受像器の保護カバー.
3(瓶に)口金をとりつける工程；ラベル貼り工程. ~ des bouteilles 瓶に口金をとりつける(ラベルを貼る)工程.
4〖印刷〗(図版の周りの)文字のレイアウト. ~ d'une illustration イラストまわりの文字レイアウト.
5 下準備. ~ d'un arbre (移植する樹木の)整枝・剪定. ~ d'une montre 時計の組立て. ~ d'un poisson (d'une volaille) 魚(家禽)の下拵え.
6〖比喩的〗偽装. ~ comptable 帳簿の偽装.

habillé(***e***) *a.p*. **1** 服を着た(nu「裸の」の対). ~ de blanc 白衣をまとった. ~ de velours ビロードの服を着た. ~ en …の恰好をした. petite fille ~*e* en garçon 男の子の身なりの少女. être bien (mal) ~ 身なりが良い(悪い). se coucher tout ~ 服を着たまま寝る.
2 きちんとした身なりをした. Je ne puis vous recevoir, je ne suis pas ~. 身なりが悪いので, お目にかかるわけにはゆきません.
3 正装した；着飾った. soirée ~*e* 正装の夜会. Elle était trop ~*e* pour la circonstance. 彼女は場違いに派手な恰好をしていた.
4(服, 生地, 色などの)ドレッシーな, フォーマルな. une couleur (un tissu) qui fait あらたまった色(生地). robe ~*e* ドレッシーなドレス.

habillement *n.m*. **1** 衣服, 衣類. dépenses d'~ 被服支出. rayon de l'~ 衣料品売場.
2 被服産業, 被服業界(=industrie de l'~).
3 衣服を着せること.

habit *n.m*. **1**〖*pl*. で〗衣類〖下着類を除く〗. mettre (ôter) ses ~s 衣服を着る(脱ぐ). ~ de travail 仕事着. de vieux ~s 古着. brosse à ~ 洋服ブラシ. marchand d'~s 古着屋.
2(特定の職業・用途の)服装. ~s de deuil 喪服. ~ de magistrat 法服. ~ vert 緑の正装〖フランス学士院会員の礼服〗.
3〖古〗礼装, 正装；〖現用〗燕尾服(= ~ noir, ~ en queue de morue). ~ à la française (ルイ 14 世時代の)フランス式フロックコート. laquais en ~ à la française フランス式フロックコートを着用した従僕. se mettre en ~ 燕尾服を着用する. L'~ est obligatoire. 燕尾服着用のこと〖招待状での服装指定文〗. homme en ~ 燕尾服着用の男.
4 僧服, 僧衣(= ~ ecclésiastique). prendre l'~ 僧(修道女)になる, 出家する. prise d'~ 出家. quitter l'~ 還俗する.〖諺〗L'~ ne fait pas le moine. (僧衣が修道士をつくるわけではない→) 人は見かけによらぬもの.

habitabilité *n.f*. **1** 居住性. **2**(建物の)居住空間；(車の)座席空間.

habitacle *n.m*. **1**(航空機・宇宙船の)操縦室, コックピット.
2(自動車の)居住スペース. ~ confortable 快適な居住空間.
3(船舶の)羅針盤箱(= ~ du compas).
4〖古・詩〗住居.

habitant(***e***) *n*. **1**(ある地域・国の)住民；(居住の)住人, 居住者. ~s des banlieues 郊外の住民(=banlieusards). ~s d'un grand ensemble 団地居住者(住民). ~s de l'île 島民, 島民(=îliens, insulaires). ~s originaires 地元出身民. ~s de la Terre 地球人. ~s du village 村民(=villageois). ~s des villes 都市住民(= citadins). nombre d'~s au kilomètre carré (1 平方キロ当たりの住民数→)人口密度(=densité de la population). ville de cent mille ~s (de deux millions d'~s) 人口 10 万 (200 万)の都市.
2〖集合的〗土地の人. loger chez l'~ 民家に泊る.
3〖カナダ〗農民；〖蔑〗田舎者, がさつ者.
4〖比喩的・文〗~s de l'air (des bois, des ondes) 鳥(獣, 魚). ~s de l'Olympe (du Parnasse) オリンポス山(パルナソス山)の神々.

Habitat *n.m*. 国連人間居住センター(= Centre des Nations unies pour les établissements humains；=[英]UNCHS：*United Nations Centre for Human Settlements*《1977年設立；本部Nairobi》.

habitat *n.m.* **1** (動植物の)棲息場所, 生息環境.
2 (人間の)居住形態, 住居条件；居住. ~ nomade (sédentaire) 遊牧(定住)居住(住居). ~ urbain (rural) 都市(農村)居住. amélioration de l'~ 居住条件の改善.
3 住居, 住宅. ~ collectif (individuel) 集合(個人)住宅.

habitation *n.f.* **1** 居住. bâtiments à usage d'~ 居住用建築, 住居. condition d'~ 居住条件. droit d'~ 居住権. locaux d'~ (建物の)居住部分. maison d'~ 住居. taxe d'~ 居住税, 住民税.
2 居所, 住居. ~s à loyer modéré 低家賃[集合]住宅(略記HLM [aʒɛlɛm]). clause d'~ 住宅専用条項.《保険》contrat multirisque ~ 住居多種災害保険契約, 住宅総合保険契約. changer d'~ 転居する.

habité(e) *a.p.* **1** 人の住んでいる. maison ~ 人の住んでいる家. terres ~es 人の住んでいる土地.
2 有人の. satellite ~ 有人衛星. station spatiale ~e 有人宇宙ステーション. vol ~ 有人飛行.

habituation *n.f.*《心》馴化(じゅんか), 慣れ, 習慣化. ~ aux bruits d'un aéroport 空港の騒音に対する慣れ.

habitude *n.f.* **1** 習慣；癖；風習, 慣習, 習わし. ~s administratives 行政的習慣. ~ de divers pays 諸国の風習. ~s d'habillement 衣服の習慣, モード. ~s sociales 社会的習慣.
mauvaises ~s 悪習；自慰. à (selon, suivant) son ~ 習慣で, 習慣通り. d'~ いつも, 普段は. comme d'~ いつもの通り. par ~ 習慣から；惰性的に.
avoir (prendre) l'~ de+*inf.* …する習慣がある(をつける). C'est l'~ de+*inf.* …するのが習慣だ.
2 慣れ；習熟；熟練. avoir l'~ du danger 危険に慣れている. avoir l'~ des méthodes scientifiques 科学的方法に習熟している. manque d'~ 熟練不足.
3〔古〕交際. avoir ~ avec *qn* 人と付き合いがある.
4〔古〕体質, 体型(=~ du corps；habitus).

habitué(e) *a.p.* (…に)慣れた. yeux ~s à un faible éclairage 弱い照明に慣れた目. être ~ à travailler seul 独りで仕事をするのに慣れている. être ~ au froid 寒さに慣れている.
——*n.* 常連, 常客. ~ du café カフェの常連. bistrot d'~s 常連客の多いビストロ. clientèle d'~s 常連客.

habituel(le) *a.* **1** 習慣的な, いつもの, ふだんの, 常套的な. actes ~s 習慣的行為. clause de style ~ dans certains contrats 特定の契約における常套的文体の条項. journal ~ 慣れ親しんだ新聞. réjouissances ~les du Mardi-Gras 謝肉火曜日のお祭り騒ぎ. résidence ~le 常居所(=domicile). rentrer à l'heure ~le いつもの時刻に帰宅する.
2 ありきたりの, 当り前の, 通常の. état ~ 常態；正常な状態. forme ~le du gouvernement 政府の通常形態. au sens ~ du terme 言葉の通常の意味で. C'est l'histoire ~le. ありきたりの話だ.

†**Habsbourg** *n.pr.* ハプスブルク([独] Hapsburg；形容詞†habsbourgeois(*e*)). les ~ ハプスブルク家の人々. la maison de ~ ハプスブルク家.

HAC¹ (=*h*élicoptère [à la lutte] *anti*char) *n.m.* 対戦車攻撃ヘリコプター.

HAC² (=[英] *H*uman *A*rtificial *C*hromosome) *n.m.*《生》ヒト人造染色体(=[仏] CAH：chromosome artificiel humain).

HACA (=*H*aute *A*utorité de la communication *a*udiovisuelle) *n.f.*《放送》視聴覚通信最高管理機関(1982年設立；ラジオ・TV放送最高会議).

†**hache** *n.f.* 斧, 鉞(まさかり), 鉈(なた). ~ à main 手斧. ~ d'armes (中世の)戦闘用斧. ~ du bourreau 斬首用の斧. ~ de pierre préhistorique 先史時代の石斧. fendre du bois avec ~ (à la ~) 斧で薪を割る. périr sous la ~ 断頭台の露と消える. porter la ~ dans l'administration 行政改革に大鉈をふるう.

†**haché(e)** *a.* **1** 微塵(みじん)切りにした, 細切りの. persil ~ パセリの微塵切り. steak ~ 挽肉ステーキ, ハンバーグステーキ. viande ~*e* 挽肉, ミンチ.
2〔比喩的〕途切れた, 途切れ途切れの. discours ~ d'applaudissements. 拍手喝采で途切れた講演.
——*n.m.* 挽肉(=viande hachée). du ~ 挽肉.

†**hache-légume[s]** *n.m.* 菜切庖丁；野菜の微塵切り器.

Hachette *n.pr.* **1** Louis ~ ルイ・アシェット《フランスの出版業者[1800-64]；1826年, Librairie Hachette を創立》；《Les Grands Ecrivains de la France》,《Le Tour du monde》などの叢書や, Littré の *Dictionnaire de la langue française* (1863) を刊行》.
2 Librairie ~ アシェット出版社(フランス出版界の大手). *Le Dictionnaire ~ illustré*『挿絵入りアシェット辞典』(年刊).

†**hachette** *n.f.* 手斧.

†**hacheur** *n.m.*《電》チョッパー. ~ électrique サイリスターチョッパー.

†**hache-viande** *n.m.inv.* 肉挽器(=hachoir à viande).

†**hachis** [aʃi] *n.m.* (野菜などの)微塵(みじ

†**hachischi,** †**hachich** ⇒ haschisch
†**hachoir** n.m. **1** アショワール《両方に把手のついた微塵切り用包丁》；《ハンドル式の》肉挽器（＝hache-viande），野菜微塵切り器（＝hache-légumes）．
2 微塵切り用の厚手の木製まないた．

†**hacker** [akœr]［英］n. 〖電算〗ハッカー《公用推奨語は fouineur (se)》；〖俗〗mordu de l'ordinateur, pirate）．

†**hacking** [akiŋ]［英］n.m. 〖電算〗ハッカー行為《コンピュータ・システムへの不正侵入行為：hackery》．

HAD[1] （＝ hormone anti*d*iurétique) n.f. 〖生化〗抗利尿ホルモン（＝［英］ADH：*a*nti-*d*iuretic *h*ormone）．

HAD[2] （＝ hospitalisation *à d*omicile) n.f. 〖医〗在宅療養．～ de Bagnolet バニョレ自宅療養制度補助センター．

†**haddock** [adɔk] n.m. 〖魚〗ハドック，もんつきだら（紋付鱈）《北大西洋産の鱈科 gadidés》，燻製鱈（＝églefin fumé）．〖料理〗～ à la crème ハドックのクリームソース添え．～ poché ハドックのポシェ《ミルク煮》．

Hadès n.pr.m. **1** 〖ギ神話〗ハデス《冥界の王》，ローマ神話の Pluton）．
2 冥界，黄泉の国．
3 〖軍〗アデス（＝missile ～）《フランスの半弾道型地対地ミサイル》．

†**hadith** [adit]［アラビア］n.m. 〖イスラム〗ハーディス《マホメットおよびその教友の言行録；その集大成》．

†**hadj** [adʒ], †**hadjdj** [adʒ]［アラビア］n.m.inv. 〖イスラム〗ハッジ《イスラム教徒のメッカ巡礼》．
——n. ハッジ《メッカ巡礼を終えた人に与えられる尊称》．

†**hadron** [adrɔ̃] n.m. 〖原子物理〗ハドロン《素粒子；baryons バリオン族と mésons 中間子族とにわかれる》．

†**hadronthérapie** n.f. 〖医〗ハドロン療法《シンクロトロンから放射される炭素イオンを利用した治療法》．

†**Haeju**［北朝鮮］n.pr. 海州（かいしゅう），ヘジュ《南西部の都市》．

†**hafnium** [afnjɔm] （＜k*ø*benhavn) n.m. 〖化〗ハフニウム《元素記号 Hf，原子番号 72．1911 年発見当時セルチウム celtium とよばれ，1923 年遊離に成功し，ハフニウムと命名》．

hagiographe n. **1** 〖古〗聖人伝作者．
2 聖人伝学者．
3 主人公を聖人化した伝記作者．
——a. 〖聖書〗聖人伝的な．les livres ～s ハギオグラファ，諸書《旧約聖書のモーセ五書と預言書を除いた諸書》．

hagiographie n.f. **1** 聖人伝の作成；聖人伝研究．**2** 聖人伝．**3** 主人公を聖人化した伝記．

†**hahnium** [anjɔm] n.m. 〖化〗ハーニウム《原子番号 105 番の超ウラン元素；国際的には未公認で，通常「105 元素」Unp=unnilpentium とよばれる》．

†**haie** n.f. **1** 垣，垣根；生垣（＝～ vive）．～ d'aubépines 山査子（さんざし）の生垣．～ morte (sèche) 柴垣《枯れ垣》．
2 〖スポーツ〗障害〔物〕．〖陸上〗course de ～s 障害競走；〖競馬〗障害レース．400 mètres ～s messieurs 男子 400 メートル障害．110 mètres ～s dames 女子 110 メートル障害．
3 〔比喩的〕障害物の列．～ de pieux (de rochers) 杭（岩）の列．
4 〔比喩的〕人垣；列．～ d'honneur 儀仗兵の列．double ～ de soldats 二列に整列した兵士．faire la ～ 人垣を作る．～ de drapeaux 旗の列．

†**Hai He**(**le**)［中国］n.pr.m. 海河（かいが），ハイホー《北京，天津を経由して渤海湾に注ぐ川；延長 450 km》．

†**Haikou**［中国］n.pr. 海口（かいこう），ハイコウ《海南省の省都》．

†**Hainan**［中国］n.pr. 海南（かいなん），フーナン省《省都 Haikou 海口（ハイコウ）》；海南島（＝île de H～）．

†**haine** （＜haïr) n.f. (contre, pour に対する) 憎しみ；憎悪；嫌悪．～ inplacable (tenace) 烈しい（根強い）憎悪．～ raciale 人種的嫌悪．～s sourdes 内に秘めた憎悪．regard de ～ 憎しみに満ちた眼差．avoir (éprouver) de la ～ pour ～ に憎悪の念を抱く．exciter la ～ de qn 人の憎悪をかき立てる．prendre qn en ～ 人を憎む（嫌う）．
～ de qn 人に対する憎悪；人が抱く憎悪．la ～ de l'étranger des racistes 人種差別者が抱く外国人への嫌悪．la ～ de l'étranger contre le racisme 人種差別に対し外国人が抱く嫌悪．en (par)～ de … を憎んで（嫌って；憎むあまり）．organiser la révolte en ～ des oppresseurs 弾圧者を憎んで反乱を企てる．

†**Haiphong** n.pr. ハイフォン《ヴェトナム北部の港湾都市》．

Haïti〖無冠詞〗n.pr.m.〔国名通称〕ハイチ《公式名称：la République d'*H* ～ ハイチ共和国；国民：Haïtien (ne)；首都：Port-au-Prince ポルトー＝プランス；通貨：gourde [HTG]》．

haïtien(**ne**) [aisjɛ̃, -n] a. ハイチ (Haïti)の，ハイチ共和国（la République d'Haïti）の；ハイチ島（l'île d'Haïti）の；～ の住民の．
——*H*～ n. ハイチ人；ハイチ島民．

†**hakka** n. 〖民族〗客家（きゃっか）人，ハッカ人《中国南部，広東省・福建省・江西省・湖南省・四川省の山間部に住む漢民族；在外華僑（華人）として台湾，東南アジアに多く住む》．

—*n.m.*〖言語〗客家話, 客語 (=hakka hua, kejiahua).

†**halage** *n.m.* 曳船. chemin de ~ 曳船道路 (=~). chevaux de ~ 曳船用の馬.〖法律〗servitude de ~ 曳船地役.

†**Hale** (=*h*aute *a*ltitude *l*ongue *e*ndurance) *n.m.*〖軍〗超高空長距離偵察機 (=〖俗〗avion espion).

haleine *n.f.* **1** 吐く息, 吐息, 呼気. avoir mauvaise ~；avoir l'~ forte 息が臭い. ~ qui sent l'alcool 酒臭い息.
2 息, 呼吸. être hors d'~ 息を切らしている. perdre ~ 息を切らす. à perdre ~ 息切れするほど. courir à perdre ~ 息を切らして走る. reprendre ~ 息をつぐ；一息いれる, 休む. retenir son ~ 息を殺す.
3 息づかい. avoir l'~ courte 息が続かない；すぐ行詰まる.〔比喩的〕ouvrage de longue ~ 息の長い仕事, 持続力を必要とする仕事.
d'une〔seule〕~；tout d'une ~ 一息で, 一気に. boire d'une ~ 一気に飲み干す. être en ~ 気が乗っている. tenir *qn* en ~ 人の気を外らさない；人の気をもませる.
4〔文〕息吹, 香り；臭気. l'~ des fleurs 花の香り. l'~ du printemps 春の息吹. l'~ de zéphir そよ風の香り.

†**halfpipe** [alfpajp]〔英〕*n.m.*〖スポーツ〗ハーフパイプ(スケートボード, スノーボードによる冬季スポーツ).

halieutique *a.* 漁労の. géographie ~ 漁労地理〔学〕.
—*n.f.* 漁法.

halite *n.f.*〖鉱〗岩塩 (=sel gemme).

halitose *n.f.*〖医〗口臭, 悪臭呼気 (=mauvaise haleine).

†**Halley** [alɛ] *n.pr.* エドモンド・ハレー (Edmond ~ [1656-1742]；英国の天文学者). comète de ~ ハレー彗星.

hallucinant(e) *a.* **1**〖医〗幻覚を起こさせる. avoir un effet ~ 幻覚誘発作用がある. pouvoir ~ 幻覚誘発力.
2〔比喩的〕〔俗〕目も眩むような, 強烈な印象を与える, 異常な, 驚きをもたらす. ressemblance ~*e* 驚くほどの類似. spectacle ~ 目も眩むような光景.

hallucination *n.f.* **1**〖医〗幻覚. ~ auditive 幻聴. ~ collective 集団幻覚. ~ élémentaire 要素幻覚. ~ gustative 幻味. ~ hypnagogique 入眠時幻覚. ~ mnésique 追想幻覚, 記憶幻覚. ~ olfactive 幻臭. ~ psychique 心性幻覚, 仮性幻覚, 偽幻覚 (=pseudo-hallucination). ~ tactile 幻触. ~ verbale 言語性幻覚. ~ visuelle 幻視. ~*s* dues au toxique (コカイン, 大麻などによる)薬物性幻覚. ~*s* des délires chroniques 慢性譫妄(せんもう)性幻覚.
2〔俗〕思い違い, 見当違い, 錯覚. avoir des ~*s* 思い違いをする. être victime d'une ~ 錯覚に捉われる.

hallucinatoire *a.*〖医〗**1** 幻覚性の. vision ~ 幻視.
2 幻覚を誘発する, 幻覚を伴う. choc ~ 幻覚を生むショック. psychose ~ chronique 慢性幻覚精神病.

halluciné(e) *a.* **1** 幻覚に捉われた. **2**〔俗〕逆上した (=égaré, hagard). air ~ 逆上した様子.
—*n.* **1** 幻覚に捉われた人, 妄想家 (=visionnaire). **2**〔俗〕逆上した人.

hallucinogène *a.* (薬品・食物等が)幻覚を誘発する, 幻覚誘起性の. drogue ~ 幻覚誘起性麻薬, 幻覚剤 (LSD, 大麻など).
—*n.m.* 幻覚誘起性麻薬, 幻覚剤 (=drogue ~).

hallucinose *n.f.*〖医〗幻覚症.

hallux [alykys]〔ラ〕*n.m.*〖解剖・医〗(足の)母指, 母趾 (=gros orteil)；(鳥の)第一趾, 後趾指. ~ valgus 外反母趾.

†**halo** [alo] *n.m.* **1**〖天文・気象〗(太陽・月の)暈(うん), かさ, ハロ. ~ autour du soleil 太陽の暈.
2〖写真〗ハロ, ハレーション.
3 (光源から発する)光の輪. ~ des réverbères dans le brouillard 霧の中でぼんやり光る街灯.
4〔比喩的〕光輪, 後背, 後光；栄光. ~ de gloire 栄光.

halobios [-s] *n.m.*〖生〗海中生物.

halochimie *n.f.*〖化〗塩類化学.

halocline *n.f.* (海・湖の)塩分勾配(塩分の垂直分布勾配)；塩分躍層(塩分の急激な変化を示す層).

haloforme *n.m.*〖化〗ハロホルム. réaction ~ ハロホルム反応.

halogénation *n.f.*〖化〗ハロゲン化〔法〕；ハロゲン化精錬法.

halogène [alɔʒɛn] *a.*〖化〗ハロゲンの. corps ~*s* ハロゲン族. lampe ~ ハロゲンランプ.
—*n.m.* ハロゲン元素(周期表のⅦB族の弗素, 塩素, 臭素, 沃素, アスタチンの5元素の総称).

halogéné(e) *a.*〖化〗ハロゲンと化合した. composé organique ~ ハロゲン有機化合物. dérivés ~*s* ハロゲン誘導体.

halogénure [alɔʒenyr] *n.m.*〖化〗ハロゲン化物.

haloïde [alɔid] *a.*〖化〗ハロゲンと金属化合の. sel ~ ハロゲン塩.
—*n.m.* ハロゲン化物 (=corps ~)；ハロゲン塩 (=sel ~).

halon *n.m.*〖化〗ハロン(臭素を含むフルオロカーボンの総称). ~ 1211 ハロン1211 (CF_2ClBr；オゾン層破壊物質, 2000年から使用禁止).

halopéridol *n.m.*〖薬〗ハロペリドール(ブチロフェノン誘導体；抗精神病薬；薬剤製品名 Haldol (*n.m.*)).

halothane *n.m.*〖薬〗ハロタン (C_2HBr-

ClF₃；吸入麻酔薬).

†**halte** *n.f.* **1** 停止, 休息, 休憩, 休止.『軍』~ horaire 小休止 (＝courte ~).『軍』grande ~ 大休止. faire ~ 停止する, 休息 (休憩) する；(バス・列車が) 停車する；(船・航空機が) 寄港する.
2 休憩地点, (バスの) 停留所；『鉄道』(旅客だけを扱う) 停車場.
3 (動作・事態などの) 中断, 絶え間.
4《命令・号令》『軍』H~！止れ！『軍』H~ au feu！打ち方やめ！『軍』H~ là！そこに止れ！, 誰か！《歩哨などの誰何の文言》；〖常用〗そこまで！もう沢山だ！ dire ~ à qch 何の阻止を叫ぶ. H~ aux essais nucléaires！核実験を停止せよ！H~ aux scandales！醜聞はもう沢山！

†**halte-garderie** (*pl.* ~s-~s) *n.f.* 臨時託児所.

haltère [altɛr] *n.m.*『スポーツ』亜鈴, バーベル. poids et ~s 重量挙げ. Fédération française des poids et ~s フランス重量挙げ連盟.

haltérophile [alterɔfil] *a.* 重量挙げの.
——*n.* 重量挙げ選手.

haltérophilie [alterɔfili] *n.f.*『スポーツ』重量挙げ, ウェイトリフティング (＝poids et haltère)；ボディービル (arraché スナッチ, développé プレス, jeté ジャーク, épaulé クリーン).

†**hamac** [amak] *n.m.* ハンモック.

†**Hamas** (<〖アラビア〗Harakat al-Muqâwama al-Islâmiyya；〖仏〗Mouvement de résistance islamique) *n.f.* ハマス, ハマース (「イスラム抵抗運動」；パレスチナ占領地域内のスンニ派のイスラム原理主義組織；1987 年設立；「熱情」を意味する).

†**Hambourg** [ãbur]〖独〗*n.pr.m.* ハンブルク (＝〖独〗Hamburg) (ハンブルク州 Bundesland ~ の州都；形容詞 hanbourgeois (e)).

†**hamburger** [ãbœrgœr]〖米〗*n.m.* ハンバーガー.

hameau (*pl.* ~x) *n.m.* **1** アモー (孤立した小集落). le H~ de Trianon à Versailles ヴェルサイユのトリアノン宮内の小集落 (王妃 Marie-Antoinette により建造；1783 年 Mique の設計).
2『軍』~ stratégique ゲリラの抵抗拠点の集落.

hameçon *n.m.* 釣針；〖比喩的〗罠, 策略；誘惑. mettre l'appât à l' ~ 釣針に餌をつける. mordre à l' ~；gober l' ~ (魚が) 釣針にかかる；〖比喩的〗(人が) 罠にかかる, 誘惑にひっかかる. tendre l' ~ à qn 人に罠を仕掛る. Le poisson a avalé l' ~. 魚が釣針にくいついた.

hameçonnage (<hameçonner) *n.m.*
1 釣針をつけること；釣針にかけること.
2〖比喩的〗罠にはめること.
3〖情報〗フィッシング (＝〖英〗phishing) (インターネットバンキングでのフィッシングサイト；なりすまし詐欺).

†**Hamgyong Sanmaek**〖北朝鮮〗*n.pr.f.* 咸鏡山脈 (かんきょうさんみゃく), ハムギョン山脈 (朝鮮半島北東部の山脈；主峰「冠帽峰」Kwanmo-bong, 2540 m).

†**Hamhung**〖北朝鮮〗*n.pr.* 咸興 (かんこう), ハムフン (北朝鮮中東部の都市；李朝の発祥地).

†**hampe** *n.f.* **1**『狩』鹿の胸部. **2**『食肉』アンプ (牛・馬の横隔膜). ~ de veau grillée 仔牛のアンプの焼肉.

†**hanafite** ⇒ hanéfite

†**hanche** *n.f.* **1** (片方の) 腰；『解剖』(片方の) 股関節部.『医』~ à ressort ばね股, 弾発股 (股関節の屈曲・内転時に嚓音を発する症状). ~s étroites (larges) 細い (幅広い) 腰.『医』affections de la ~ 股関節疾患.『解剖』articulation de la ~ 股関節. femme qui balance les ~s 腰を振る女性. ligne des ~s 腰つき. mouvement des ~s 腰の動き. tour de ~s 腰回り, ヒップ. avoir de la ~ 豊かなヒップをしている. mettre les poings sur les ~s 腰に手を当てる；挑戦的な態度をとる. rouler les ~s；se balancer sur les ~s 腰を振る. se luxer la ~ 股関節を脱臼する.
2『馬』腰関節部, 腰. mouvements de ~s d'un cheval 馬の腰の動き. mettre un cheval sur la ~ (ギャロップの際) 馬体を起こし重心を腰に置く.
3『昆虫』基節.
4『海』(船体の) 舷側の上の船尾部.
5 (壺などの) 腹.

†**Handan** ⇒ †Hangdan

†**handball** [ãdba(o)l]〖英〗*n.m.* ハンドボール.

†**handballeur (se)** [ãdba(o)lœ:r, -φz] *n.* ハンドボール選手.

†**handicap** [ãdikap]〖英〗*n.m.* **1**『スポーツ』(競馬・競技などの) ハンディキャップ；ハンディキャップレース.
2『医』障害, ハンデ. ~ mentaux 精神障害. ~ moteurs 運動機能障害. ~s psychoaffectifs 精神感情障害. ~ sensoriels 感覚障害.
3〖比喩的〗不利な条件, ハンデ. ~ économique des jeunes nations 新生国の経済的ハンディキャップ.

†**handicapé (e)** *a.* 障害のある, 障害者の. allocation aux adultes ~s 成人障害者手当 (略記 AAH). Association générale du Fonds pour l'insertion professionnelle des personnes ~es 障害者雇用促進基金 (略称 Agefiph). enfant ~ 障害児. établissement d'éducation spéciale pour l'enfance ~e 障害児特別教育機関. personne ~e mentale 精神障害者. quota applicable aux travailleurs ~s dans l'UE ヨーロッパ連合内で適用される企業内障害労働者割当.
——*n.* 障害者；精神 (知的) 障害者 (＝~

mental); 身体障害者(=~ physique, infirme). ~ auditif 聴覚障害者(聾者 sourd, 難聴者 malentendant など). ~ épileptique 癲癇性障害者, 癲癇患者. ~ employé 被雇用障害者, 勤労障害者. ~ mental 精神障害者, 知的障害者. ~ moteur 運動機能障害者. ~ physique 身体障害者(廃疾者 invalide, 麻痺患者 paralysé, paralytique など; infirme を用いる傾向にある). ~ sensoriel 感覚障害者. ~ sévère 重度障害者. ~ somatique 身体障害者. ~ visuel 視覚障害者(盲人 aveugle, 弱視者 malvoyant, amblyope など). Jeux paralympiques pour ~s physiques et visuels 身体障害者および視覚障害者のためのパラリンピック大会, パラリンピック(1960年創設). réadaptation des ~s 障害者の社会復帰.

†**handiphobie** n.f. 障害者に対する嫌悪.
†**handisport** n.m. 身体障害者スポーツ.
　—a.inv. 身体障害者スポーツの. équipement ~ 身障者スポーツ用具.
†**hanéfite**, †**hanafite**, †**hanifite** a.《イスラム教》ハナフィー派の《Abu Hanifa が創始したイスラム教法4学派の一つ》. école ~ ハナフィー派《スンニ派イスラム教徒》.
†**hangar** n.m. 1 納屋, 倉庫. ~ à coton 綿倉庫. ~ à locomotives 機関車庫. 2《航空》格納庫(=~ d'aviation).
†**Hangdan**, †**Handan**［中国］n.pr. 邯鄲(かんたん), ハンタン《河北省 province du Hebei の都市》.
†**hangul**［韓国］n.m.《言語》ハングル.
***Hangzhou, Hangchou, Hangchow**［中国］n.pr. 抗州(こうしゅう), ハンチョウ《浙江省の省都》. golfe de ~ 杭州湾(=Hangzhou Wan).
***Hangzhou Wan**［中国］n.pr.m. 杭州(ハンチョウ)湾.
†**hanifite** ⇒ **hanéfite**
†**Hankou, Han-k'eou**［中国］n.pr. 漢口(かんこう), ハンコウ《湖北省の都市, 1950年に武漢 Wuhan に統合》.
†**Hanovre**［独］n.pr. ハノーファー(Hannover；ドイツ・ニーダーザクセン Basse-Saxe (Niedersachsen) 州の州都；形容詞 hanovrien (ne)). Expo ~ ハノーファー万博. le duché de ~ ハノーファー公爵領. la dynastie de ~ ハノーファー王家.
†**hanse**［独］n.f.《史》(中世の)商業組合. la H~ ハンザ同盟(=H~ germanique, la H~ teutonique；ligue hanséatique).
hanséatique a.《史》ハンザ同盟の；ハンザ同盟に加盟した. ligue ~ ハンザ同盟 (=la Hanse). ville ~ ハンザ同盟加盟都市.
†**hantavirus** n.m.《医》ハンタウイルス《主に野生の齧歯動物により伝染し, 出血熱の原因となる》.
†**hantise** n.f. 妄想, 強迫観念(=obsession). ~ de le mort 死の強迫観念. ~ se-

xuelle 性的妄想. 2〔古〕交際, 親交.
HAP[1] (=*hé*licoptère d'*a*ppui *p*rotection) n.m. 支援掩護ヘリコプター, ヘリコプター攻撃戦闘ヘリコプター. le Tigre ~ ヘリコプター攻撃戦闘ヘリコプター「ティーグル(虎)」.
HAP[2] (=*h*ydrocarbures *a*romatiques *p*olycycliques) n.m.pl.《化》多環式芳香族炭化水素《発癌性のある大気汚染物質》. contamination par les ~ 多環式芳香族炭化水素による汚染(流出重油による汚染).
hapalonychie n.f.《医》爪甲軟化症.
haploïde a.《生》(染色体数が)半数体の(diploïde「二倍体の」, polyploïde「倍数体の」の対). cellule ~ 半数体細胞.
haptène n.m.《生化》ハプテン, 付着体, 不完全抗原(=antigène incomplet)《抗体と結合するが, 単独では免疫原性を示さない抗原》.
haptique a.《精神医学》皮膚感覚の.
　—n.f. 触覚学.
haptoglobine n.f.《生化》ハプトグロビン(ヘモグロビン結合血漿蛋白；略記 HP). insuffisance d'~ ハプトグロビン欠乏症.
haptonomie n.f. 1《医》胎児触診(法). 2《精神分析・精神医学》接触療法.
†**haram**［aram］［アラビア］a.inv.《イスラムの律法で》禁じられた, 不法な (haral「許された, 合法の」の対). aliments haral et aliments ~ (イスラムの律法で)許された食品と禁じられた食品.
　—n.m.inv. ハラム《異教徒の立ち入りを禁じられたイスラムの聖域》.
†**haras**［ara］n.m. 種馬飼育牧場. ~ national 国立種馬飼育場.
†**harassant(e)** a. 疲れ果てさせる, へとへとにさせる. ~ chimiothérapie へとへとに疲れさせる化学療法. journée ~ へとへとになる一日. travail ~ 疲れ仕事.
†**harassement** n.m. 疲労困憊(こんぱい).
†**Harbin**［中国］n.pr. 哈爾浜, ハルビン《黒龍江省の首都；Ha'erbin, Kharbine の表記あり；旧称「浜江」Pinkiang》.
†**harcèlement** n.m. 1《軍》絶え間ない攻撃にさらすこと, 消耗させること. guerre de ~ 消耗戦, ゲリラ戦. tir de ~ 擾乱射撃.
2 (人を)執拗に悩ますこと, 苛立たせること. ~ moral 上司による精神的虐待, モラル・ハラスメント. ~ sexuel セクシュアル・ハラスメント, セクハラ. opérations de ~ contre les chrétiens キリスト教徒に対する疲弊作戦.
hard〔film〕n.m.《映画》ハード・ポルノ映画.
†**hard**〔rock〕［英］n.m.inv.《音楽》ハード・ロック.
†**hard discount**［ardiskaunt］［英］n.m.

〖商業〗ハード・ディスカウント (=〔仏〕maxidiscompte)〖超割引販売〗.

†**hard discounter** [ardiskauntœr]〔英〕*n.m.*〖商業〗ハード・ディスカウンター《超割引販売大規模店〖経営者〗；〔仏〕maxidiscompteur》.

†**hardi**¹(*e*) *a.* **1** 大胆な, 勇敢な. aventurier ~ 大胆不敵な冒険家. soldats ~*s* 勇敢な兵士. spéculations ~*es* 大胆な投機. être ~ à+*inf.* 大胆にも…する.
2 断乎とした, 確固とした；毅然とした. coq ~ 毅然とした雄鶏《脚をあげ時を作る姿で描かれる》. Au Coq H~ オー・コック・アルディ《旅籠に多い名称》. entreprise ~*e* 果敢な企て. réponse ~*e* 断乎とした回答. avoir le regard ~ 眦(まなじり)を決している.
3（学説などが）斬新な, 奔放な. hypothèse ~*e* 大胆な仮説. monument d'une élégance ~*e* 斬新な優雅さをそなえた記念建造物. peintre au pinceau ~ 自由奔放な筆致の画家.
4〔蔑〕図々しい, 厚かましい. ~ comme un page 鉄面皮な. ~ menteur ふてぶてしい嘘つき.
5 挑発的な；破廉恥な, きわどい. fille ~*e* 挑発的な娘. manières ~*es* 破廉恥な態度. passage ~ きわどいくだり.
—*n.* 大胆な人. Philippe le H~ フィリップ豪胆王《1245-85 年；聖王ルイの第三子のフランス王フィリップ 3 世の通称》.

†**hardi**² *ad.*〔話〕沢山 (=beaucoup). ~ de fleurs 沢山の花.
—*int*. H~!頑張れ!

†**hardiesse** *n.f.* **1** 大胆さ, 勇敢さ. avoir la ~ de+*inf.* 大胆にも…する. faire preuve de ~ 大胆さを示す. montrer de la ~ 大胆なところを見せる. Je prends la ~ de+*inf.* 僭越ながら…させていただきます《手紙・挨拶の文言》.
2（芸術作品・学説などの）大胆さ, 奔放さ, 斬新さ；独創性. ~ du style 文体の斬新さ. grande ~ de pinceau 絵筆の奔放な運び.
3〔蔑〕厚かましさ, 図々しさ.
4（表現・服装などの）きわどさ.
5（多く *pl.*）大胆な言動；〔蔑〕厚かましい言動. Il a des ~ de jeune. 彼には若さの大胆な（厚かましい）言動がある.

†**hard-top** [ardtɔp]〔英〕*n.m.*〖自動車〗ハード・トップ.

†**hardware** [ardwɛr]〔英〕*n.m.*〖情報処理〗ハードウエア《公用推奨語としては matériel ；略称 hard ；ソフトウエア software の対》.

†**harem** [arɛm]〔アラビア〕**1**（イスラムの）婦人部屋, ハーレム, 後宮. **2**（ハーレムに住む）妻妾. **3**〔話〕（男を）取り巻く女性たち.

†**hareng** [arɑ̃] *n.m.* にしん(鰊). ~*s* marinés にしんのマリネ. ~ saur 燻製にしん. filets de ~ frais〔à la〕sauce moutarde 生にしんの切身の網焼き《ムニエル》マスタードソース添え.

†**harengaison** *n.f.*〖漁〗鰊(にしん)漁；鰊漁期.

†**haricot** *n.m.* **1**〖植〗アリコ, 隠元(いんげん)豆《Fabacées まめ科；学名 Phaseolus vulgaris》；隠元豆の実《英 cosse (filet)と豆》. ~ à écosser 莢をむいた隠元豆の実 (~*s* blancs「白隠元」, ~*s* noirs「黒隠元」, ~*s* rouges「赤隠元」, ~*s* violets「紫隠元」など). ~ à grains 隠元豆の実, 豆隠元. ~*s* verts 莢隠元 (= ~*s* mangetout à cosse verte). ~*s*〔au〕beurre 黄莢隠元 (= ~*s* mangetout beurre). ~*s* communs à rames 蔓仕立ての通常隠元. ~*s* d'Espagne スペイン隠元, 赤花隠元《学名 Phaseolus multiflorus；南米原産；実は白地に赤, または黒地に赤の斑点》. ~ de Lima リマ隠元. ~*s* mangetout à cosse verte (jaune) 緑色（黄色）の莢隠元《莢と豆を共に食べる》. ~*s* mangetout à filets verts 緑の細莢隠元《莢と豆を食べる》. ~*s* nains 矮性隠元. ~*s* parcheminés à écosser 皺のよった莢の隠元《豆を食べる》. ~*s* frais (secs) 生（乾燥）隠元豆. la Foire aux ~*s* d'Arpajon アルパジョンの隠元豆市. salade de ~*s* verts 莢隠元のサラダ.
2〔*pl.* で〕〔比喩的〕〔話〕皆無, 極く僅かの量. Des ~*s*! どうしようもない. toucher des ~*s* はした金を手にする. travailler pour des ~*s* 無駄骨を折る. C'est la fin des ~*s*. 万策尽きた. courir sur le ~ 人をうんざりさせる, 苛立たせる.
3〖医〗膿盆 (=table ~, table rognon).
4 table ~ 隠元豆型のテーブル.
5〖料理〗~ de mouton 隠元豆入りの羊肉のシチュー.
6〔話〕クリトリス (=clitoris).

†**harki**〔アラビア〕*n.m.*〖軍〗現地徴募アルジェリア人フランス兵《1954-62 年》.

harmonie *n.f.* Ⅰ〔音〕**1**〖音楽〗和声法；〔*pl.* で〕和音. étudier l' ~ 和声法を学ぶ. ~*s* consonantes (dissonantes) 協和音（不協和音）.
2〖音楽〗(オーケストラの) 管楽器部；吹奏学 (=musique d' ~)；吹奏楽団. concert d' ~ 吹奏楽コンサート.
3〔文〕ハーモニー；妙なる調べ. ~ des sphères 天体の音楽. ~ des violons ヴァイオリンのハーモニー. table d' ~ (楽器の) 共鳴盤.
4〔文〕文章の諧調；詩情.
Ⅱ〔一般的〕**1** 調和, 調整. ~ des couleurs 色彩の調和.〖哲〗~ préétablie (ライプニッツの) 予定調和. en ~ avec …と調和して. rompre (rétablir) l' ~ 調和を破る (回復する).
2 調整. ~ de points de vue 種々の視点の

調整.
3 協調, 相互理解, 和合. vivre en ~ avec qn 人と仲良く暮す.
4〖数〗調和. rapport d'~ 調和比.

harmonieux(se) *a.* **1** (音が) 耳に快い, 妙なる, (楽器が) 快い調べを奏でる; (文章, 演説が) 調子のよい. discours (style) ~ 調子のよい演説 (文体). instrument ~ 快い調べを奏でる楽器. murmure ~ d'un ruisseau 小川の妙なるせせらぎ. musique ~*se* 妙なる調べ. voix ~*se* 優しい声.
2 均整のとれた, 均斉のとれた. architecture ~*se* 均整のとれた建築. connaissances ~*ses* 調和のとれた知識. couleurs ~*ses* 調和のとれた色彩. développement ~ 調和のとれた発展. distribution ~ *se* 均衡のとれた配分. équilibre ~ 均衡のとれた釣り合い.

harmonique *a.* **1**〖音楽〗和声的な; 倍音の. échelle (gamme) ~ 和声的音階. son ~ 和音.
2 調和した, 均整のとれた. relation ~ 調和的関係.
3 調和の, 調和的な. division ~ 調和分割. faiseau ~ 調和線束.〖数〗moyenne ~ 調和平均. série ~〖数〗調和級数;〖音楽〗倍音列.
4〖人類学〗(親族構成が家系と居住と) 調和した. régime ~ 調和体系.
— *n.m.(f.)*〖音楽, 物理〗倍音 (= son ~). ~s de deuxième (troisième) rang 2 (3) 倍音.

harmonisation *n.f.* **1** 調和させること; 調整, 統一; 和合. ~ des couleurs 色彩の統一.
2〖法律〗(異なる立法・法制度の) 調整, 統一; 対照, 比較. ~ des intérêts de plusieurs personnes 多数の人々の利益の調整. ~ des législations européennes ヨーロッパ諸国法の比較・対照. ~ des politiques économiques 経済政策の調整. ~ des taux de TVA (各国の) 付加価値税率間の調整. ~ sociale de l'UE ヨーロッパ連合の社会的調整〖策〗.
3〖音楽〗和声 (伴奏) をつけること (= accompagnement, arrangement, orchestration). travailler à l'~ d'une chanson 歌に伴奏をつける (歌を編曲する).
4〖言語〗~ vocalique 母音調和.

†**hasard** *n.m.* **1** 偶然; 偶然性. jeux du ~ 偶然のいたずら. loi du ~ 偶然性の法則, 確率の法則.
au ~ 行き当りばったりに, 出鱈目に. errer au ~ あてどなくさまよう. parler au ~ 口から出まかせに話す. au ~ de *qch* 何の成行きに任せて. au ~ des circonstances 状況次第で. au ~ de la fourchette ありあわせの料理で. au ~ de l'humeur 気分次第で. laisser *qch* au ~ 何を偶然にゆだねる. Le ~ voulut que+*subj.* / Le ~ fit que+*ind.* 偶然にも…となった.
2〖法律〗不可抗力. fait du ~ 偶発事, 不可抗力の事態.
3〖多く un ~〗思いがけぬ事, 運; 無作為. le ~ des circonstances 思いがけない状況. curieux ~ 不思議な運. heureux ~ 僥倖, 幸運. convive de ~ たまたま食卓に同席した人. coup de ~ 偶発事. jeu de ~ 運頼みの勝負事, 賭けごと. rencontre de ~ 奇遇. à tout ~ 念のため, 万一の用心に;〖古〗何が起ころうとも. Prenez votre parapluie à tout ~. 念のための傘を持って行きなさい. de ~ たまたまの.
par ~ たまたま, 偶然に; もしや, 万一. rencontrer *qn* par ~ たまたま人と出会う. Auriez-vous par ~ l'intention de louer votre maison? ひょっとしてあなたの家をお貸しくださるおつもりは? comme par ~ 偶然の如く. si par ~… 万一…なら. par le plus grand des ~s 全く思いがけず.
4〖古〗危険, 危難. ~s de la guerre 戦場の危険. courir〖le〗~ de la vie 生死の危険を冒す. être au ~ de tout perdre すべてを失うか否かの危機に瀕する.

†**hasardé(e)** *a.p.* **1** 危うい, 危っかしい; 乗るか反るかの. démarche ~*e* 一か八かのやり方. entreprise ~*e* 乗るか反るかの企て.
2 軽はずみな, 口から出まかせの. hypothèse ~*e* 無鉄砲な仮説. proposition ~*e* 軽はずみな提案.
3〖古〗場違いの. expression ~*e* 奇をてらう表現.

†**hasardeux(se)** *a.* **1** 危なっかしい; 危険な. entreprise ~*se* 危なっかしい企て.
2 軽はずみな, 根拠のない, 場違いの. parole ~*se* 場違いの言葉.
3〖古〗(人が) 向う見ずな, 無謀な.

†**hasch** [aʃ] *n.m.*〖俗〗インド大麻 (= haschisch).

†**haschisch,** †**hachisch,** †**hachich** [aʃiʃ] *n.m.* インド大麻, ハシシュ (=〖俗〗†hasch [aʃ]). fumer du ~ 大麻煙草を吸う.

†**hassium** [asjɔm] *n.m.*〖化〗ハッシウム (元素記号 Hs; 原子番号 108; 原子量 265.1306).

†**hâte** *n.f.* 急ぐこと. ~ des passants dans la rue 通りを急いで歩く人びと. ~ excessive 大急ぎ.
à la ~ 急いで, あたふたと; せかせかと. lettre écrite à la ~ 急いで書いた手紙. manger à la ~ あわただしく食べる.
avec ~ 急いで. en ~ 急いで, 素早く, すぐさま. marcher en ~ 急いで歩く. s'enfuir en toute (grande) ~ 大急ぎで逃げ出す. s'habiller en ~ 手早く服を着る. sans ~ あたふたせずに, 落着いて.
avoir (grande) ~ de+*inf.* …するのを急ぐ, …したくてうずうずしている.

†**hâtif(ve)** *a.* **1** (季節・気候などが) 早すぎる; 時ならぬ. printemps (hiver) ~ 例年よ

り早い春 (冬).

2〖農〗早生の. blé ~ 早生の小麦. fruit ~ 早生の果物. variété ~ve 早生品種.

3 早熟な. esprit ~ 早熟な考えの持主.

4 (仕事などが) 急いだ, 拙速の; ぞんざいな; 早まった. compte-rendu ~ ぞんざいな報告〔書〕. écriture ~ve なぐり書き. travail ~ やっつけ仕事. tirer des conclusions ~ves 早合点する.

5 (人が) 急いでいる, せわしげな.

†**hauban** [北欧] *n.m.* **1**〖船〗支檣策, シュラウド (= [英] shroud).

2〖工〗(起重機・複葉飛行機・吊橋などの) 張線, 綱索. ~ d'une grue クレーンの綱索. pont à ~s 斜張橋.

†**hausse** *n.f.* **1** 上昇;〖経済〗値上り, 騰勢 (=~ de prix ; ~ du cours) (baisse「下降, 下向き」の対). ~ du coût de la vie 生活費の上昇. ~ [du cours] de l'or 金の相場の値上り. ~ des eaux (de la température) 水位(温度) の上昇. ~ [du prix] du blé 小麦の値上り. ~ des salaires 賃上げ. ~ rapide des prix 物価の急騰. être en ~ 上昇している; (相場などが) 上向きである. La baromètre est en ~. 気圧が上昇している; 天気が快方に向かっている. Ses actions sont en ~. 彼の持株は値上りしている;〔比喩的・話〕彼は調子の波に乗っている. jouer à la ~ 騰貴を見込んで買いに出る, 思惑買いをする.

2 台. mettre une ~ aux pieds d'un meuble 家具の脚に台をかませる.

3〖土木〗(ダムや堰の) 堰板.

4〖印刷〗(圧胴に巻く) 胴貼り紙.

5〖音楽〗~ d'un archet 弓の毛止め箱.

6〖軍〗(火砲の) 照準器, 照尺. angle de ~ 高角. augmenter (diminuer) l'angle de [la] ~ 高角を上げる (下げる). curseur de la ~ 照準器のカーソル. œuillon de la ~ 照準器, 照門 (=cran de mire). régler la ~ 照準規正をおこなう.

†**haussier**(**ère**) *a.* **1** (株価・相場の) 上昇をあおる, 強気筋の. pays ~s du prix du pétrole 石油価格の上昇をあおる諸国.

2 上昇の. contagion ~ère 伝染病の蔓延. tendances ~ères 上昇傾向.

——*n.m.*〖株〗強気筋 (baissier「弱気筋」の対).

†**haussmannien**(**ne**) *a.* ジョルジュ=ユージェーヌ・オースマン男爵 (baron Georges-Eugène Haussmann [1809-91年]) の; オースマン知事時代の. façade ~ne オースマン知事時代の建物用ファサード.

†**haut**(**e**)¹ *a.* **I**〖空間的〗**1** 高い; 丈の大きい. ~ arbre 高木. ~e falaise 高い断崖.〖冶〗~ fourneau 高炉. ~e montagne 高山, 高峰. ~e tour 高い塔. ~es vagues 高波. front ~ 秀でた額. homme de ~e taille 背の高い人. salle ~e de plafond 天井の高い部屋. talons ~s ハイヒール.

2 (の) 高さがある. maison ~e de deux étages 3階建ての家. mur ~ de deux mètres 2メートルの高さの塀.

3 (位置などが) 上方の, 高所の, 上部の;(地理的に) 高緯度の;(河川の) 上流〔地方〕の; 山側の, 海から遠い. le ~ bout de la table 宴席の上座. ~es branches d'un arbre 樹木の上枝. la H~e Egypte エジプト内陸部.〖宗教〗~ lieu 聖丘; 高所; 名所; 中心地.

la ~e Loire ロワール河上流. la H~e-Normandie オート=ノルマンディー地方 (北部ノルマンディー地方; 広域地方行政区). la H~e Savoie 高地サヴォワ地方 (県). département de la H~e-Corse オート=コルス県 (コルス (コルシカ) 島の北部の県; 県コード 2B; 県庁所在地 Bastia). département du H~-Rhin オー・ラン県 (ライン河上流の県; 県コード 68; 県庁所在地 Colmar). département des H~es-Pyrénées オート=ピレネー県 (県コード 65; 県庁所在地 Tarbes). ville ~e 上の町, 高台の町.

avoir la ~e main sur (dans) *qch* 何をとりしきる, 牛耳る. avoir la ~e main dans un parti 党を牛耳る. habiter le plus ~ étage 最上層に住む. marcher la tête ~e を上に向いて歩く, 昂然として歩く. pouvoir aller la tête ~e やましいところがない. s'avancer les sourcils ~s まなじりを決して突き進む.

4 (潮, 水などが) 満ちた; 高い; 深い. ~es eaux 満潮;(河川の) 増水. ~e mer 沖; 外洋. naviguer en ~e mer 外洋を航行する.

II《時間的》〔名詞の前〕**1** 時代の古い, 昔の, 初期の, 上代の. ~e antiquité 上古. le H~-Empire [romain] 初期ローマ帝国. moyen âge 初期中世.

2〔古〕遅い; 遅れ馳せの. ~e heure 遅い時刻〔に〕.

III《数量・強度》**1** (数値などが) 高い, 高価な.〖トランプ〗~es cartes 上位の札. ~ prix 高値. ~ salaire 高給.

2 (圧力, 電圧, 密度, 温度などが) 高い. ~e fréquence 高周波. ~e pression 高圧.〖医〗~e pression du sang 高血圧 (=hypertension). ~e température 高温. ligne de ~e tension 高圧線.

3 (音が) 高い;(語調が) 強い, 鋭い. ton ~; notes ~es 高温〔域〕.

avoir le verbe ~ 声が大きい; 高圧的に話す. ne dire (n'avoir) jamais une parole plus ~e que l'autre (他人より決して大声では喋らない→) 淡々と語る. jeter les ~s cris かん高い叫び声を上げる. parler à voix ~e (à ~e voix) 大声で話す.

4 (色が) 鮮やかな, 高彩度の. ~ en couleur 色調の強い, 彩度の高い; 彩り豊かな. visage ~ en couleur 血気のよい顔; 赤ら顔. style ~ en couleur 絢爛たる文体.

5 味が濃い, 濃口の; 薬味のきいた. mets de ~ goûts 味の濃い料理.

IV 〖地位，水準〗〔一般に名詞の前〕 **1** (社会的，政治的に)上位の，高位の，高級な；最高の．la *H~e* Assemblée フランス元老院 (=le Sénat). la *H~e* Autorité de la communication audiovisuelle 高等視聴覚放送管理機構《略称 Haca；1989 年より CSA：*C*onseil *s*upérieur de l'*a*udiovisuel). ~-commissaire 高等弁務官．*H~*-Commissariat des Nations Unies pour les réfugiés 国連難民高等弁務官事務局．~ conseiller 高等評定官《破毀院裁判官と司法官高等評議会委員に対する呼称》．la *H~e* Cour de justice 高等法院．~s fonctionnaires 高級官僚．〖外交〗*~es* puissances〔contractantes〕条約締結当時国．*~e* société 上流社会，上流階級．

2 高水準の，高精度の；高度の；上級の，高級な．*~es* classe d'un lycée リセ（高等学校）の高学年．*~e* couture オート・クーチュール（高級婦人服）〔専門店〕．*~e* fidélité ハイファイ，高忠実度．chaîne *~e* ハイファイ・コンポ．*~e* intelligence 高度の知性．*~es* mathématiques 高等数学．*~e* précision 高精度．*~e* sensibilité 高感度．*~e* surveillance 高度警備体制．Ecole des *~es* études commerciales 高等商業学校《略称 HEC〔Paris〕；1881 年 Paris で創立の名門グランド・エコール》．Ecole des *~es* études en sciences sociales 高等社会科学学校《略称 EHESS；1975 年創立；在 Paris》．Ecole pratique des *~es* études 高等研究実践学院《略称 EPHE；1868 年 Paris で創立のグランド・エコール》．

3 重大な；きわめて大きな．crime de *~e* trahison (国家元首による)大逆罪《Haute Cour de justice 高等法院で裁かれる》．avoir une *~e* idée de *qn* 人を高く評価する．tenir *qn* en *~e* estime 人に多大の敬意を払う．

4 (観光などの)最盛期の．*~e* saison ハイ・シーズン．

5 〔古〕高潔な，徳の高い；尊大な．âme *~* 高潔な心〔の持主〕．prendre des airs trop *~s* 得意そうに振舞う；〖現ившей〗*~s* faits 偉業．

†**haut**² *ad.* **1** 上に，上へ；上で，高いところで．~ la main 威風堂々と；苦もなく．~ le pied (足を高くあげて→) (馬などが)荷をのせずに，車をひかずに．locomotive ~ le pied 車輌を牽引しない機関車．*H~* les cœurs! 勇気を出せ！ *H~* les mains 両手を挙げろ！ ホールドアップ！（=hold-up）．〔話〕*H~* les pieds! ずらかろう！ ~ 高くのぼる．porter ~ la tête 威風堂々と進む．Les oiseaux volent très ~. 鳥が空高く舞いあがる．

2 以前に；昔に．plus ~（文章，演説などで）すでに．comme je l'ai dit plus ~ 先に述べたように．remonter plus ~ 事の発端に遡って考える．

3 (音が)大きく，高く，鋭く；大声で．chanter ~ 高音で歌う．tout ~；bien ~ 声に出して．lire tout ~ 音読する．parler tout ~ 率直に話す．penser tout ~ 独りごとを言う．

4 (地位が)高く；高価に；高度に．personnes ~ placées 地位の高い人々．estimer *qch* très ~ 何を極めて高く評価する．placer *qn* très ~〔dans son estime〕人を高く評価する．viser trop ~ 高望みをする．L'or va monter ~. 金は値上りしそうだ．

†**haut**³ *n.m.* **1** 高さ；高度．avion à dix mille mètres de ~ 高度 1 万メートルの航空機．avoir dix mètres de ~；avoir ~ de dix mètres 高さが 10 メートルある．

2 高み，高所；(物の)上部，最上部；(建物の)上階；高い地位，高位，高台，丘．le plus ~ 最高〔地〕点 (=le plus ~ point). le Très-*H~* 至高者，神．~ d'une colline 丘の頂き．le ~ de gamme 最高級品 (le bas de gamme「低級品」の対)．〖同格的〗appareils〔photo〕~ de gamme 最高級カメラ．choisir un produit de qualité dans le ~ de gamme 最高級品の中から高品質の製品を選ぶ．les ~s d'un navire 船の吃水線上の部分，船橋．

~ d'un maillot de bain (セパレート式の)水着のブラジャー．enlever le ~ 水着のブラジャーを脱ぐ．~ du pavé 舗道の高い部分《家寄りの部分》．〖比喩的〗tenir le ~ du pavé 社会の高位を占める；幅をきかす．~ d'une robe ドレスの上部．département des *H~s*-de-Seine オー=ド=セーヌ県《セーヌ河の上流に位置する首都圏の県》．tiroir du ~ 上の方の引出し．

au〔plus〕~ de …の〔一番〕上に．être assis au plus ~ des gradins スタンドの最上段に座っている．

de ~ 上から，高所から．le prendre de〔très〕~ avec *qn* 人に対して横柄な態度を示す．regarder *qn* de ~ 人を見くだす．regarder (voir) *qch* de ~ 何を見おろす（概観する）；〔蔑〕何を上っ面で見る．

tomber de ~ 仰天する；幻滅する．tomber de tout son ~ ばったり倒れる；〖比喩的〗吃驚仰天する．

du ~ de …の上から，の高さから．parler du ~ de la tribune 演壇の上から話す．tomber du ~ du sixième étage 7 階の高さから落ちる．du ~ de sa grandeur；de son ~ 横柄に．traiter *qn* de tout son ~ 人を横柄にあしらう．

de (du) ~ en bas 上から下まで；〖比喩的〗徹底的に．du ~ en bas de la hierarchie 階級の上から下まで．nettoyer une maison de ~ en bas 家を上から下まで(隅々まで)掃除する．regarder *qn* de ~ en bas 人を頭のてっぺんから足の先まで眺め回す；人を小馬鹿にする．rouler du ~ en bas de l'escalier 階級をころげ落ちる．

†**hautboïste**

des ~s et des bas (人生, 運, 気分などの) 浮き沈み, 浮沈;(病状の)一進一退.
en ~ 高所に, 上方に;上階に;天上に. habiter [tout] en ~〔最〕上階に住む. regarder en ~ 見上げる. en ~ de …の上部に. en ~ d'une page ページの上部に. monter en ~ d'une échelle 梯子に登る.
d'en ~ 上から;神より. ordres venus d'en ~ 上からの命令.
par en ~ 上の方から, 上から. ouvrir un paquet par en ~ 包みを上から開ける.
3〚音楽〛高音〚域〛.

†**hautboïste** n.〚音楽〛オーボエ (hautbois) 奏者 (=hauboïs).

†**haut-commissaire** (pl. ~s-~s) n.m. 高等弁務官. ~ des Nations unies pour les réfugiés 国連難民高等弁務官 (=〔英〕United Nations High Commissioner for Refugees).

†**haut-commissariat** (pl. ~s-~s) n.m. **1** 高等弁務官の職務.
2 高等弁務官事務所. H~-C~ des Nations unies pour les réfugiés 国連難民高等弁務官事務所 (=〔英〕Office of the United Nations High Commissioner for Refugees) (略記 UNHCR).

†**haute**² n.f.〚俗〛上流社会 (=la ~ société).

†**haute-contre** (pl. ~s-~) n.f.〚音楽〛カウンター・テナー〚音域〛.
——a. カウンター・テナーの. chanteur ~ カウンター・テナー歌手.
——n.m. カウンター・テナー歌手.

†**Haute-Corse** n.pr.f.〚行政〛la ~ オート゠コルス県《=département de la ~;県コード 2B；フランスと UE の広域地方行政区の région Corse コルス地方に属す；県庁所在地 Bastia バスチア；主要都市 Calvi カルヴィ, Corte コルテ；3 郡, 30 小郡, 236 市町村；面積 4,668 km²；人口 141,603；形容詞 haut-corse》.

†**haute-fidélité** (pl. ~s-~s) n.f. ハイファイ, 高忠実再生度；高忠実再現度. chaîne ~ ハイファイ・コンポ (略記 hifi [ifi]).

†**Haute-Garonne** n.pr.f.〚行政〛la ~ オート゠ガロンヌ県《=département de la ~;県コード 31；フランスと UE の広域地方行政区の région Midi-Pyrénées ミディ゠ピレネー地方に属す；県庁所在地 Toulouse トゥールーズ；主要都市 Muret ミュレ, Saint-Gaudens サン゠ゴーダン；3 郡, 53 小郡, 588 市町村；面積 6,309 km²；人口 1,046,338；形容詞 haut-garonnais (e)》.

†**Haute-Loire** n.pr.f.〚行政〛la ~ オート゠ロワール県《=département de la ~;県コード 43；フランスと UE の広域地方行政区の région Auvergne オーヴェルニュ地方に属す；県庁所在地 Le Puy-en-Velay ル・ピュイ゠アン゠ヴレー；主要都市 Brioude ブリウード, Yssingeaux イサンジョー；3 郡, 35 小郡, 260 市町村；面積 4,974 km²；人口 209,113；形容詞 haut-ligérien (ne)》.

†**Haute-Marne** n.pr.f.〚行政〛la ~ オート゠マルヌ県《=département de la ~;県コード 52；フランスと UE の広域地方行政区の région Champagne-Ardenne シャンパーニュ゠アルデンヌ地方に属す；県庁所在地 Chaumont ショーモン；主要都市 Langres ラングル, Saint-Dizier サン゠ディジエ；3 郡, 32 小郡, 432 市町村；面積 6,211 km²；人口 194,873；形容詞 haut-marnais (e)》.

†**hautement** ad. **1** 高度に, すぐれて, 極度に. déchets ~ radioactifs 高放射性廃棄物. ouvrier ~ qualifié 高度の熟練工. pays ~ industrialisé 高度に工業化した国. apprécier ~ le talent de qn 人の才能を高く評価する.
2 高らかに, 公然と, 率直に；〚古〛大声で (=à la haute voix). avouer ~ 率直に告白する. déclarer ~ 公然と宣言する. parler ~ 大声で話す. déclarer ~ son mécontentement 憚ることなく己の不満を表明する. proclamer ~ son innocence 己の無実を声高かに明言する.
3〚やや古〛見事に, 大胆に, 立派に. remplir ~ son destin 己の運命を立派に全うする.
4〚古〛大胆に, 思い切って. attaquer ~ 大胆に攻撃する.
5〚古〛高慢に, 横柄に.

†**Haute-Normandie** n.pr.f.〚行政〛la ~ オート゠ノルマンディー地方, 高ノルマンディー地方《=la région ~；フランスとヨーロッパ連合の広域地方行政区画, département de l'Eure, département de la Seine-Maritime の 2 県から成る；面積 12,258 km²；人口 1,780,192；地方庁所在地 Rouen；形容詞 haut-normand (e)》.

†**Hautes-Alpes** n.pr.f.pl.〚行政〛les ~ オート゠ザルプ県《=département des ~；県コード 05；フランスと UE の広域地方行政区の région Provence-Alpes-Côte d'Azur プロヴァンス゠アルプ゠コート・ダジュール地方に属す；県庁所在地 Gap ガップ；主要都市 Briançon ブリヤンソン, Embrun アンブラン, Serre-Chevalier セール゠シュヴァリエ, Vars ヴァール；2 郡, 30 小郡, 177 市町村；面積 5,520 km²；人口 121,419；形容詞 haut-aplin (e)》.

†**Haute-Saône** n.pr.f.〚行政〛la ~ オート゠ソーヌ県《=département de la ~；県コード 70；フランスと UE の広域地方行政区の région Franche-Comté フランシュ゠コンテ地方に属す；県庁所在地 Vesoul ヴズール；主要都市 Lure リュール, Luxeuil-les-Bains リュクズイユ゠レ゠バン；2 郡, 32 小郡, 545 市町村；面積 5,343 km²；人口 229,732；形容詞 haut-saônois (e)》.

†**Haute-Savoie** n.pr.f.〚行政〛la ~ オ

ート＝サヴォワ県《＝département de la ～；県コード74；フランスとUEの広域地方行政区のrégion Rhône-Alpesローヌ＝アルプ地方に属す；県庁所在地 Annecy アヌシー；主要都市 Bonneville ボンヌヴィル，Chamonix-Mont-Blanc シャモニー＝モン＝ブラン，Evian-les-Bains エヴィヤン＝レ＝バン，Salanche サランシュ，Thonon-les-Bains トノン＝レ＝バン；4郡，34小郡，293市町村；面積4,391 km²；人口631,679；形容詞 haut-savoyard(e)》．

†**hautes-côtes-de-nuits** *n.m.inv.* 〘葡萄酒〙オート＝コート＝ド＝ニュイ《ブルゴーニュ la Bourgogne 地方の Côte-de-Nuits の西に展開する葡萄畑でつくられる AOC 酒（＝bourgogne-～）》．

†**Hautes-Pyrénées** *n.pr.f.pl.* 〘行政〙les ～ オート＝ピレネー県《＝département des ～；県コード65；フランスとUEの広域地方行政区の région Midi-Pyrénées ミディ＝ピレネー地方に属す；ピレネー山脈中央部の県；県庁所在地 Tarbes タルブ；主要都市 Argelès-Gazost アルジュレース＝ガゾスト，Bagnores-de-Bigorre バニョール＝ド＝ビゴール，Lannemezan ラヌムザン；3郡，34小郡，474市町村；面積4,507 km²；人口222,368；形容詞 haut-pyrénéen(ne)》．

†**hauteur** *n.f.* Ⅰ〘具体的〙**1** 高さ(largeur, longueur, profondeur の対)；高度．～ absolue (relative) 絶対(相対)高度．～ absolue d'une montagne 山の海抜〔高度〕．～ barométrique 気圧の高さ．～ de crue (川・湖の)増水水位．～ de l'eau 水位, 水深．～ des marées 潮位．～ d'onde 波高, 波の高さ．～ de pluie 降雨量．～ de pas ねじの送りピッチ．～ de précipitation 降水量．～ d'un tour 塔の高さ．édifice de cent mètres de ～ 高さ100メートルの建物．mesure de la ～ 高度測定．saut en ～ (走り)高跳び．prendre (perdre) de la ～ 上昇(下降)する．

◆〘成句〙

à ～ de …の高さに(の)．à ～ d'homme 人の背丈に，人の背丈ほどもある．

à la ～ de …と同じ高さに(の)；〘比喩的〙と比肩する，にふさわしい；と並んで，の所で；〘海〙と同緯度に；(任務・状況に)対処できる．arriver à sa ～ 彼と同じ．〘海〙être à la ～ d'un cap 岬の緯度にある．(se montrer) à la ～ de la situation 状況に対処できるだけの力量を示す．collaborateurs à la ～ 同じ力量の協力者．homme à la ～ 力量のある(有能な)人．mettre (placer) une chose à la ～ d'une autre ある物を他のものと同じ高さに置く．se trouver à la ～ du théâtre 劇場のあたりにある．A quelle ～ de cette rue? この通りのどのあたりですか (何番地ですか)．

2〘幾何〙高さ．～ d'un parallélogramme (d'un triangle) 平行四辺形(三角形)の高さ．

～ d'un trapèze 梯形の高さ．

3 高み；高所, 高台, 丘；高地, 山地．〘文〙la ～ du ciel 天の高み, 天空；天国．maison sur une ～ 高台の上の家．être situé sur une ～ (des ～s) 高所に位置する．

4 背の高さ, 背丈(＝taille). se dresser de toute sa ～ すっくと立ち上がる．tomber de [toute] sa ～ ばったり倒れる；〘比喩的〙びっくり仰天する．

5〘天文〙(太陽・星の)高度．～ apparente (vraie) 見かけ(真の)高度．～ méridienne d'un astre 星の子午線高度．

6〘音響〙～ du son 音の高さ．

Ⅱ〘比喩的〙**1** 崇高さ, 偉大さ；深遠さ．～ d'âme 魂の高貴さ．～ de la pensée 思想の崇高さ．～ de vues 見識の高さ．

2〘蔑〙尊大さ, 高慢さ；〘*pl.*で〙横柄な態度．～ insupportable 我慢のならない尊大さ．regard plein de ～ 高慢極まりない目付．parler avec ～ 偉そうに話す．

†**Haute-Vienne** *n.pr.f.* 〘行政〙la ～ オート＝ヴィエンヌ県《＝département de la ～；県コード87；フランスとUEの広域地方行政区の région Limousin リムーザン地方に属す；主要都市 Bellac ベラック, Rochechouart ロシュシュアール；3郡, 42小郡, 201市町村；面積5,513 km²；人口353,893；形容詞 haut-viennois(e)》．

†**haut-fonctionnaire** *n.* 高級官僚．

†**haut-fond** (*pl.* ～s-～s) *n.m.* (河川・海の)水底の隆起部, 暗礁, 堆, 砂洲；浅瀬(＝bas-fond「浅瀬」；河川・海の水深の浅い場所)．

†**haut[-]fourneau** (*pl.* ～s-～x) *n.m.* 〘治〙**1** 高炉, 溶鉱炉．**2** 高炉工場．

Haut-Karahakh (le) ⇒ **Nagorny-Karahakh (le)**

†**haut[-]lieu** (*pl.* ～s-～x) *n.m.* 〘古代〙神殿のある高台；聖地；中心地, 本場, (事件などの)檜舞台．～ d'un pèlerinage 巡礼の聖地．

†**haut-médoc** *n.m.inv.* 〘葡萄酒〙オー＝メドック《département de la Gironde ジロンド県ジロンド河左岸の上流部の地域で生産される赤の AOC 酒；この地域には moulis, listrac, margaux, pauillac, saint-estèphe, saint-julien などの AOC 酒がある》．

†**haut-parleur** *n.m.* スピーカー；拡声器(＝[英] loud speaker)．～ d'aigus ツイーター(＝[英] tweeter)．～ de graves ウーファー(＝[英] woofer)．

†**haut[-]polymère** (*pl.* ～s-～s) *n.m.* 〘化〙ハイポリマー, 高重合体．

†**haut-relief** (*pl.* ～s-～s) *n.m.* 〘美術〙高浮彫 (bas-relief「浅浮彫」の対)．

†**Haut-Rhin** *n.pr.m.* 〘行政〙le ～ オー＝ラン県《＝département du ～；県コード68；フランスとUEの広域地方行政区のrégion Alsace アルザス地方に属す；ライン

河左岸上流部の県；県庁所在地 Colmar コルマール；主要都市 Altkirch アルトキルシュ, Guebwiller ゲブヴィレール, Mulhouse ミュルーズ, Ribeauvillé リボーヴィレ, Thann タン；6 郡, 31 小郡, 377 市町村；面積 3,523 km²；人口 708,025；形容詞 haut-rhinois (e)).

†**Hauts-de-Seine** n.pr.m.pl. 〖行政〗les ～ オー=ド=セーヌ県《= département des ～；県コード 92；フランスと UE の広域地方行政区の région Ile-de-France イール=ド=フランス地方に属す；県庁所在地 Nanterre ナンテール；主要都市 Antony アントニー, Assenières-sur-Seine アスニエール=シュール=セーヌ, Boulogne-Billancourt ブーローニュ=ビヤンクール, Colombes コロンブ, Défense デファンス, Meudon ムードン, Neuilly-sur-Seine ヌイイ=シュール=セーヌ, Puteaux ピュトー, Rueil-Malmaison リュエイユ=マルメゾン, Sèvres セーヴル；3 郡, 45 小郡, 36 市町村；面積 175 km²；人口 1,428,881；形容詞 alto-séquanais (e), haut-seinais (e)).

†**hauturier(ère)** a. 遠洋の. navigation ～ère 遠洋運航. navire ～ 遠洋航海船. pêche ～ 遠洋漁業.

†**Havane(La)** n.pr.f. ラ・ハバナ (La Habana)《キューバ共和国 la République de Cuba の首都》. cigares de La～ ラ・ハバナ葉巻.

†**havane** n.m. **1** ハバナ・タバコ.
2 ハバナ葉巻 (= cigare de la Havane).
——a.inv. ハバナ葉巻色 (茶褐色) の.

†**Havre(Le)** n.pr.m. ル・アーヴル《département de la Seine-Maritime セーヌ=マリチーム県の郡庁所在地；市町村コード 76600；英仏海峡に面したセーヌ河口のフランス第二の商業港；形容詞 havrais (e)). port du ～ アーヴル港. ville reconstruite par Auguste Perret du H～ 建築家オーギュスト・ペレにより(第二次大戦後)再建されたル・アーヴルの都心部《2005 年世界遺産に認定》.

†**Haye(La)** [オランダ] n.pr.f. ラ・エー《デン・ハーフ Den Haag のフランス語の呼称；英語表記 The Hague ザ・ハーグ；オランダの都市；古称 's Gravenhage ス・フラーフェンハーヘ；ネーデルラント王国 le Royaume des Pays-Bas (het koninkrijk der Nederlanden) (オランダ王国) の行政府所在地；王宮と国際司法裁判所 la Cour internationale de justice の所在地；形容詞 hayuenais (e)). traité de La～ デン・ハーフ(ザ・ハーグ)条約(1795 年).

Hb (= hémoglobine) n.f. 〖生化〗ヘモグロビン, 血色素. ～ A₁(A₂, C, F, H, M, S…) A₁(…) ヘモグロビン.

†**Hbf** n.m. [独] Hauptbahnhof] n.f. 〖鉄道〗中央駅 (= gare centrale). Berlin ～ ベルリン中央駅.

HBM (= habitation à bon marché) n.f. 〖古〗廉価住宅, 低価格住宅(1894 年の法律で制定).

HBP (= hypertrophie bénigne de la prostate) n.f. 〖医〗良性前立腺肥大症.

HBV (= hepatitis B virus) n.m. 〖医〗B 型肝炎ウイルス (= virus hépatotrope B).

HC¹ (= heures creuses) n.f.pl. (列車などの) 空いている時間〔帯〕；〖経済〗(需要・客などの) 落ちこみ期, 停滞期.

HC² (= hydrocarbure) n.m. 〖化〗炭化水素.

HCB (= hexachlorobenzène) n.m. 〖化〗ヘキサクロロベンゼン.

†**HCE** (= Haut Comité à l'environnement) n.m. 環境問題高等委員会.

†**HCéé** (= Haut Conseil de l'évaluation de l'école) n.m. 〖教育〗学校の評価に関する高等審議会.

HCFC (= hydrochlorofluorocarbure) n.m. 〖化〗ハイドロクロロフルオロカーボン (フロンの代替物, ～ 22 [123, 124, 134, 141, 142] などの種類がある；2020 年に原則廃止).

hCG (= hormone chorionique gonadotrophique) n.f. 〖生化〗絨毛(じゅうもう)性性腺刺激ホルモン, 絨毛性ゴナドトロピン《妊婦の尿中に現れるホルモン；胎盤の絨毛膜でつくられ, 黄体ホルモンの生成を刺激するホルモン》.

HCH (= hexachlorocyclohexane) n.m. 〖化〗ヘキサクロロシクロヘキサン (シクロヘキサン系の殺虫剤).

HCL(les) (= les Hospices Civils de Lyon) n.m.pr.pl. 〖医〗リヨン市民施療院.

†**HCR** (= Haut commissariat des Nations unies pour les réfugiés) n.m. 国連難民高等弁務官事務所(1951 年発足；= [英] UNHCR: Office of the United Nations High Commissioner for Refugees).

†**HCSP** (= Haut Conseil de la santé publique) n.m. 公衆衛生に関する高等評議会.

HCV (= [英] hepatitis C virus) n.m. 〖医〗C 型肝炎ウイルス (= virus hépatotrope C).

†**HDL** (= [英] high density lipoprotein) n.f. 〖生化・生〗高比重リポ蛋白〔質〕《比重 1.063 ～ 1.210 の血漿成分；= [仏] lipoprotéine de haute densité；抗動脈硬化作用のある善玉コレステロール). ～-chorestérol, chorestérol ～ HDL コレステロール, 高比重リポ蛋白コレステロール.

HDR (= habilitation à diriger des recherches) n.f. 〖教育〗研究指導適格性. professeur permanant titulaire d'une ～ 研究指導有資格専任教授.

HDS (= Hachette distribution services) n.pr.f. アシェット配送サービス会社.

†**HDTV** (= Haute définition TV) n.f. 高品位 TV (= [英] HDTV).

He (= hélium) n.m. 〖化〗「ヘリウム」の元素記号《原子番号 2, 原子量 4.0026》.

†**heavy metal** [evimetal] *n.m.* 〖音楽〗ハード・ロック (=hard rock).

hébdo (<*hébdomadaire*) (*pl.*~*s*) *n.m.* 〖話〗週刊誌 (=revue ~); 週刊刊行物.

hebdomadaire *a.* **1** 週1回の, 週毎の. repos ~ 週休. réunion ~ 週に1回の定例会合.
2 週刊の. revue ~ 週刊誌.
3 1週間の, 週間の. carte ~ 週間切符. production ~ 週間生産量, 週産.

†**Hebei** [中国] *n.pr.* 河北 (かほく) 省, ホーペイ (中国北部の省, 省都 Shijiazhuang 石家荘).

hébéphrénie *n.f.* 〖精神医学〗破瓜 (はか) 病 (精神分裂病 (総合失調症) の一型).

hébergement *n.m.* **1** 宿泊させること.
2 (難民・亡命者などの) 収容. centre (camp) d'~ pour réfugiés 難民収容センター (キャンプ).
3 宿泊施設.
4 〖電算〗(コンピュータ, サーヴァーへの) 情報収納.

hébergeur *n.m.* 〖情報〗プロヴァイダー (インターネット接続業者); =[英] provider).

hébétude *n.f.* **1** 〖医〗愚鈍, 遅鈍. **2** 茫然自失 (=hébétement).

héboïdophrémie *n.f.* 〖精神医学〗類破瓜病 (精神分裂病 (総合失調症) の一型; 反社会的傾向が強い).

hébraïque *a.* **1** ヘブライの; ヘブライ人の; ヘブライ語の. alphabet ~ ヘブライ語の字母. caractère ~ ヘブライ文字. langue ~ ヘブライ語 (=l'hébreu).
2 ヘブライ人 (文化) に関する. l'université ~ de Jérusalem エルサレム・ヘブライ大学.

hébraïsant(e), hébraïste *n.* ヘブライ語研究者 (学者); ヘブライ語聖書研究者 (学者).

hébreu (*pl.*~*x*) *n.m.* **1** H~ ヘブライ人 (女性形は Juive, Israélite). 〖聖書〗Epître aux H~x ヘブライ人への手紙. loi des H~x ヘブライ法.
2 〖言語〗ヘブライ語. l'~ rabbinique ラビの用いた古代ヘブライ語. l'~ moderne 現代ヘブライ語.
——*a.m.* ヘブライ語の; ヘブライ人の; ヘブライ語の (女性形は, 人では宗教的には juive, 国では israélite, 物では hébraïque). alphabet ~ ヘブライ語の字母. l'Etat ~ ヘブライ国, イスラエル国 (=l'Etat d'Israël). peuple ~ ヘブライ民族.

†**HEC**¹ [aʃse] (=Ecole des hautes études commerciales) *n.f.* 〖教育〗高等商業学校 (1881年 Paris で創立の商業関係のグランド・エコールの名門校 (= ~ Paris). パリ商工会議所所管; 1964年 Paris から郊外の Jouy-en-Josas に移転; 1973年から共学制).

HEC² (=*h*eure de l'*E*urope *c*entrale) *n.f.* 中部ヨーロッパ〔標準〕時 (=[独] MEZ: *M*ittel*e*uropäische Zeit).

hécatombe [ギ] *n.f.* **1** (古代の) 雄牛100頭の生贄; 〖現用〗動物の大量殺戮.
2 大量殺人, 大虐殺. ~s des guerres 戦争による大虐殺.
3 多数の死者発生. ~ sur les routes 多数の交通事故死発生.

hect[o]- [ギ] 〖ELEM〗「100」の意 (h と略記. *ex.* hectare ヘクタール (ha), hectolitre ヘクトリットル (hl)).

hectare *n.m.* 〖度量衡〗ヘクタール (=100 アール; =10,000 m²; 略記 ha).

hectique *a.* 〖医〗〖古〗消耗性の; 消耗熱の; 熱のある; (発熱で) 紅潮した. fièvre ~ 消耗熱 (体力を消耗させる不安定な発熱).

hecto *n.m.* 〖話〗**1** ヘクトグラム (=100 gramme (hectogramme)). **2** ヘクトリットル (=100 l (hectolitre)).

hectogramme *n.m.* ヘクトグラム (=100 g; 略記 hg).

hectolitre *n.m.* 〖度量衡〗ヘクトリットル (=100 litres; 略記 hl).

hectomètre *n.m.* ヘクトメートル (=100 m; 略記 hm).

hectopascal [ektɔpaskal] (*pl.*~*s*) *n.m.* 〖気象〗ヘクトパスカル (気圧の SI 単位; 100 パスカル; 略記 hPa; 旧来のミリバール millibar の代りに正式採用された).

†**hedge funds** [英] *n.m.pl.* ヘッジ・ファンズ (損失防止手段付基金; 個人の資金を投機的に運用する有限責任の投資信託組合; =[仏] fonds spéculatifs).

†**Hefei** [中国] *n.pr.* 合肥 (ごうひ), ホーフェイ (安徽省 province de Anhui の省都; 旧称「盧州」Luchow).

†**Hegang** [中国] *n.pr.* 鶴崗 (かくこう), ホーカン (黒龍省 province du Heilongjiang の都市).

hégémonie [eʒe-] *n.f.* **1** 〖古代ギリシア〗(ポリス間の) 盟主の地位, 覇権.
2 主導〔権〕, ヘゲモニー. ~ économique 経済的優位, 経済支配. guerre d'~ 主導権争い. conquérir l'~ du monde 世界の覇権を握る. soumettre des peuples à son ~ 多民族を支配下に置く.

hégire [eʒir] (<[アラビア] hidjra) *n.f.* ヘジラ, イスラム紀元 (マホメットが西暦622年7月15日にメッカ市民の迫害をうけメジナに逃れたことに基づき, この年を元年とする).

†**hegoa** *n.m.* 〖気象〗エゴア風 (バスク地方 le Pays basque で吹く, 高温で乾燥した南風; 後で雨が降る).

HEGP (=*H*ôpital *e*uropéen *G*eorges-*P*ompidou) *n.m.* ヨーロッパ・ジョルジュ=ポンピドゥー病院 (パリ市第15区に2000年に新設された超近代的病院).

†**He Guoqiang** [中国] *n.pr.* 賀国強

†**HEI** (が・こくきょう), ホー・クオチアン (1943年生まれ；中央規律検査委員会書記；2007年より中国共産党政治局常務委員).

†**HEI** (= Ecole des *h*autes *é*tudes *i*ndustrielles) *n.f.* 高等工業学校《1885年創立の私立のグランド・エコール；在 Lille》.

†**Heilongjiang, Hei lung kiang** [中国] *n.pr.m.* 黒龍江，ヘイロンチャン (1) 黒龍江，アムール河 fleuve du ~ (= l'Amour). 2) 黒龍江省 province du ~ ; 省都 Harbin 哈爾浜).

†**HEL** (= [英] *H*igh *E*nergy *L*aser) *n.m.* 高エネルギーレーザー (= [仏] laser à haute puissance).

héli[o]-, -hélie [ギ] ELEM「太陽」の意 (*ex.* hélio*mètre* 太陽儀, *péri*hélie 近日点).

hélianthine *n.f.* 〖化〗ヘリアンチン，メチルオレンジ (= méthylorange)《酸塩基指示薬》.

hélicase *n.f.* 〖生化〗ヘリカーゼ《DNAの二重螺旋を開く酵素》.

hélice *n.f.* **1** 螺線，つる巻き線，渦巻き線. 〖幾何〗 ~〔circulaire〕円形螺線. double ~ d'ADN DNA の二重螺旋〔構造〕. en ~ 螺線状の. escalier en ~ 螺旋階段. filet en ~ d'une vis 螺線状ねじ山. 〖幾何〗pas de l'~¹ 螺線のピッチ.
2 〖建築〗(コリント様式柱頭) 渦巻き装飾.
3 プロペラ，スクリュー. ~ d'avion 航空機のプロペラ. ~ de navire 船舶のスクリュー. ~ à pas variable 可変ピッチプロペラ. ~s co-axiales contra-rotatives 二重反転式プロペラ. ~ propulsive スクリュープロペラ，螺旋推進器. avion à ~s プロペラ式航空機. pas de l'~² スクリュー (プロペラ) のピッチ.
4 螺旋形の羽根. ~ d'un ventilateur 扇風機の螺旋形の羽根.

hélichrysum [elikrizɔm] *n.m.* 〖植〗麦藁菊 (= immortelle à bractée 苞葉 インモルテル).

héliciculture *n.f.* 〖農〗エスカルゴ養殖 (= élevage des escargots).

hélico *n.m.* 〔俗〗〖航空〗ヘリ《ヘリコプター hélicoptère の省略形》.

helicobacter [英] *n.m.* 〖生・医〗ヘリコバクター《胃内のグラム陰性桿菌の一種》. ~ pylori ヘリコバクター・ピロリ，ピロリ菌《慢性胃炎，胃潰瘍，十二指腸潰瘍の病原と推定されている菌；略記 HP》. ~ hepaticus ヘリコバクター・ヘパティカス《HP の類縁菌》.

hélicoïd*al* (***ale***) (*pl.****aux***) *a.* 螺旋状の. eacalier ~ 螺旋階段. mouvement ~ 螺旋運動.

hélicoïde *a.* 〖幾何〗螺旋状の，螺旋形の. parabole ~ 螺旋放物線.
——*n.m.* 〖幾何〗螺旋体 (面).

hélicoptère *n.m.* 〖航空〗ヘリコプター. ~ bombardier d'eau (消火用) 散水ヘリコプター. ~ de commandement 指揮用ヘリコプター. ~ de combat 戦闘用ヘリコプター，攻撃用ヘリコプター. ~ de transport tactique 戦術用輸送ヘリコプター. sauvetage en montagne par ~ ヘリコプターによる山岳救助活動.

hélicoptère-ambulance (*pl.* ~**s**-~**s**) *n.m.* 救急ヘリコプター.

héligare [eligar] *n.f.* ヘリコプター専用空港.

héliocentrique *a.* 〖天文〗太陽中心の (géocentrique「地球中心の」の対). théorie ~ 地動説.

héliocentrisme *n.m.* 〖天文〗地動説 (géocentrisme「天動説」の対).

hélio-électrique *a.* 〖物理〗太陽電気の(による). propulsion ~ 太陽電気推進，イオン (プラズマ) 推進.

héliographie *n.f.* **1** 〖印刷〗〔古〕日光写真製版〔法〕；写真製版法. **2** 〖天文〗太陽面記述. **3** 回光信号法.

héliogravure *n.f.* **1** 〖印刷〗写真凹版製版，グラヴィア印刷. **2** 写真製版による図版《略称 hélio》.

héliomarin(**e**) *a.* 〖医〗海浜日光の. cure ~ *e* 海浜日光浴療法. établissement ~ 海浜日光浴保養所.

hélion *n.m.* 〖原子物理〗ヘリオン《ヘリウムの原子核》，アルファ粒子 (= particule alpha).

héliophysique *n.f.* 〖物理〗太陽エネルギー物理学.

héliophyte *n.f.* 〖植〗好日植物.

héliosphère *n.f.* 〖天文〗太陽圏《太陽の磁場の影響を受ける宇宙空間》.

héliostat [eljɔsta] *n.m.* 〖天文・工〗ヘリオスタット《太陽光を常に一定の方向に送る装置；太陽光発電などに用いられる》.

héliosynchrone *a.* 〖宇宙工学〗(人工衛星の軌道が) 太陽同期性の. orbite ~ 太陽同期軌道《太陽光発電を安定して行うことができる軌道》.

héliothérapie *n.f.* 〖医〗太陽光線療法，日光療法.

héliothermie *n.f.* 〖工〗太陽熱利用〔工学〕.

héliothermique *a.* 〖工〗太陽熱利用の. centrale ~ 太陽熱発電所.

héliotrope *n.m.* **1** 〖植〗ヘリオトロープ，きだちるりそう (むらさき科 borraginacées の多年生植物；芳香性の花を咲かせる).
2 〔一般に〕向日性植物 (= plante ~).
3 〖鉱〗血玉髄 (赤い筋の入った緑玉髄).

héliotropine *n.f.* 〖化〗ヘリオトロピン《クスノキ科の樹木サッサフラス sassafras の葉から抽出される，ヘリオトロープの香りのする香料》，ピペロナール (pipéronal).

héliotropique *a.* 〖植〗向日性の，光屈

héliotropisme *n.m.* 〖植〗向日性(= phototropisme). ~ négatif 背日性. ~ positif 屈光性.

héliox *n.m.* 〖化〗ヘリウム(hélium)と酸素(oxygène)の混合ガス, エリオクス《ダイバー用の混合ガス》.

héliport [elipɔr] *n.m.* ヘリポート.

héliportage *n.m.* 〖航空〗ヘリコプター輸送.

héliporté(e) *a.* **1** ヘリコプターで輸送される. 〖軍〗troupe ~*e* ヘリコプター空輸(機動)部隊. **2** ヘリコプター利用の. opération ~*e* ヘリコプター機動作戦. secours ~*s* ヘリコプターによる救援活動.

hélitransporté(e) *a.* ヘリコプター輸送の. matériel ~ ヘリコプター空輸物質.

hélitreuillage (<hélitreuiller) *n.m.* ヘリコプターによる(人・物資の)吊り上げ.

hélium [eljɔm] *n.m.* 〖化〗ヘリウム(元素記号 He, 原子番号 2. 1868年発見の希ガス類元素). ~ liquide 液体ヘリウム. balon〔gonflé〕à l'~ ヘリウム気球.

hélix [eliks] *n.m.* **1** 〖解剖〗耳輪(じりん)(外耳殻の縁の部分). **2** 〖動〗エスカルゴ(escargot の学名).

hellénisme *n.m.* **1** ヘレニズム, ギリシア文化. triomphe du ~ ヘレニズムの勝利. **2** ギリシア語特有語法. le latin mêlé d'~ ギリシア語法の混ざったラテン語.

helminthe *n.m.* 〖動・医〗蠕虫(ぜんちゅう)《人畜寄生虫》.

helminthiase *n.f.* 〖医〗寄生虫病(= verminose).

helminthique *a.* 蠕虫(ぜんちゅう)の; 寄生虫の. infection ~ 蠕虫感染.

(†) **Helsinki** [ɛlsiŋki] *n.pr.m.* ヘルシンキ《フィンランドの首都：Helsingfors；形容詞 helsinkien(ne)》. Accord d'~ (de ~) ヘルシンキ協定《1975年, ヘルシンキで開催されたヨーロッパ安全保障協力会議 Conférence sur la sécurité et la coopération en Europe で調印》. Conférence d'~ (de ~) ヘルシンキ会議.

helvelle *n.f.* 〖茸〗エルヴェル, 編笠茸(あみかさたけ)《食用》.

helvétique *a.* スイスの. la Confédération ~ スイス連邦〔共和国〕《公式国名》.

héma- [ema], **hémat[o]-** [ギ]〖ELEM〗「血」の意.

hémagglutination *n.f.* 〖医〗赤血球凝集. réaction d'~ 赤血球凝集反応(HA反応).

hémagglutinine *n.m.* 〖免疫〗ヘマグルチン《赤血球凝集；略記 H；H1からH5までの型がある；*ex.* virus aviaire *H*5*N*1 H5N1型鳥インフルエンザ・ウイルス》.

hémangiome *n.m.* 〖医〗血管腫《良性腫瘍》(= angiome). ~ sénile 老人性血管腫.

hémarthrose *n.f.* 〖医〗関節血腫症, 関節血腫.

hématémèse *n.f.* 〖医〗吐血.

hématie [emati, emasi] *n.f.* 〖生理〗赤血球(= érythrocyte, globule rouge〔du sang〕).

hématimètre *n.m.* 〖医〗血球測定器.

hématine *n.f.* 〖生化〗ヘマチン《血液色素のひとつ》.

hématique *a.* 〖生理・医〗血の, 血液の. crise ~ 血液障害.

hématite *n.f.* 〖鉱〗赤鉄鉱(= ~ rouge ; oligiste). ~ brune 褐鉄鉱(= limonite).

hématoblaste *n.m.* 〖生理〗(血液中の)赤芽球, 血球母細胞, 赤芽細胞.

hématocèle *n.f.* 〖医〗陰嚢血腫〔瘤〕, 血瘤(けつりゅう). ~ vaginale testiculaire 陰嚢精巣鞘膜(しょうまく)血腫.

hématocrite *n.f.* **1** 〖医〗ヘマトクリット〔値〕, 赤血球容積率《血液中の赤血球容積率》. **2** ヘマトクリット管《赤血球容積率の測定用ガラス毛細管》.

hématoencéphalique *a.* 〖解剖〗血液と脳の. barrière ~ 血液脳関門《血液と脳の組織液との間の物質交換を制限する機構》.

hématogène *a.* 〖生理〗血液性の, 血行性の. acides ~*s* 血液酸《ヘモグロビンの生成を助長する》. dissémination ~ des microbes 細菌の血行による転移.

hématologie *n.f.* **1** 〖生理〗血液学. **2** 〖医〗血液病学.
▶ **hématologique** *a.*

hématologiste *n.* 血液学者；血液病専門医(= hématologue).

hématologue *n.* 血液学者；血液病専門医(= hématologiste).

hématome *n.m.* 〖医〗血腫, 血瘤. ~ extradural 硬膜外血腫. ~ intracérébral 脳内血腫, 脳内出血(= hémorragie cérébrale). ~ intradural 硬膜内血腫. ~ périnée 会陰血腫. ~ rétroplacentaire 胎盤後血腫.

hématoméningé(e) *a.p.* 〖生理〗血液と脳の (= hématoencéphalique).

hématomètre *n.m.* 〖医〗子宮血腫.

hématophage *a.* 〖動・昆虫〗吸血性の, 食血性の. insectes ~*s* 吸血昆虫.

hématopoïèse [ematɔpɔjɛz] *n.f.* 〖生理〗造血, 血球形成.

hématopoïétique *a.* 〖生理〗造血の, 造血作用のある. organes ~*s* 造血器官《骨髄 moelle osseuse, リンパ節 ganglions lymphatiques, 脾臓 rate など》. tissus ~ 造血組織.
— *n.m.pl.* 〖医〗造血剤.

hématoporphyrine *n.f.* 〖生・医〗ヘマトポルフィリン.

hématosalpinx *n.m.* 〖医〗卵管留血症, 卵管留血腫.

hématoscope *n.m.* 〖医〗赤血球含有量

測定器.

hématose n.f. 〖生理〗(静脈血の) 動脈血化 (肺臓内での血液と酸素の結合と炭酸ガスの遊離).

hématoxyline n.f. 〖生化〗ヘマトキシリン《顕微鏡用標本の染色剤として用いられる色素》.

hématozoaire [ematɔzɔɛr] n.m. 〖生〗住血原虫. ~ 〔agent〕du paludisme マラリア原虫.

hématurie n.f. 〖医〗血尿. ~ asymptomatique 無症候性血尿. ~ rénale 腎性血尿. ~ symptomatique 症候性血尿. ~ vésicale 膀胱性血尿, 膀胱出血.

hème n.m. 〖生化〗ヘム《鉄ポルフィリン》, 還元ヘマチン(=hématine réduite) (ヘモグロビンの色素成分). biosynthèse de ~ ヘム生合成.

héméralope a. 〖医〗夜盲症の.
—n. 夜盲性患者.

héméralopie n.f. 〖医〗夜盲〔症〕.

hémi- [emi] 〔ギ〕PREF「半分」の意.

hémiacétal n.m. 〖生化〗ヘミアセタール.

hémiagueusie n.f. 〖医〗半味盲, 半無味覚症《舌の半分に起こる味盲症状》.

hémialgie n.f. 〖医〗偏頭痛 (=hémicrânie, migraine).

hémianesthésie n.f. 〖医〗片無感覚, 感覚麻痺, 無痛覚. ~ croisée 交差性片無感覚.

hémianopsie n.f. 〖医〗半盲症. ~ binasale 両鼻性半盲. ~ bitemporale 両耳側半盲. ~ en quadrant 四分の一半盲症. ~ hétéronyme 異名半盲, 交差半盲. ~ homonyme 同名半盲, 同側半盲.

hémiatrophie n.f. 〖医〗片側萎縮症. ~ faciale 顔面片側萎縮〔症〕.

hémicellulose n.f. 〖生化〗ヘミセルロース.

hémichorée n.f. 〖医〗片側舞踊病.

hémicrânie n.f. 〖医〗偏頭痛 (=migraine).
▶ hémicranien(ne) a.

hémicycle n.m. **1** 半円形. **2** 〖建築〗半円形の建造物 (部屋). ~ de l'Assemblée nationale 国民議会の半円形議場.

hémine n.f. 〖生化〗ヘミン, プロトヘム (=protohème)

hémioxyde n.m. 〖化〗半酸化物. ~ d'azote 二酸化窒素 (N_2O; oxyde de diazote 二窒化酸素; protoxyde d'azote 初級窒素酸化物; oxyde nitreux 窒化酸素; gaz hilarant 笑気, 亜酸化窒素).

hémiplégie (<hémi+plégie) n.f. 〖医〗半身不随, 片麻痺. ~ alterne 交互片麻痺. ~ congénitale 先天性半身不随.

hémiplégique a. 〖医〗半身不随の.
—n. 半身不随の人.

hémisphère n.m. **1** 半球. **2** 〖天文〗(天体, 特に地球の) 半球. ~ austral (Sud) [de la Terre] 地球の南半球. ~ boréal (Nord) [de la Terre] 地球の北半球. **3** 〖解剖〗~s cérébraux 脳の半球. ~ droit (gauche) 脳の右 (左) 半球. **4** 〖物理〗~s de Magdebourg マグデブルク半球.

hémisynthèse n.f. 〖化〗半合成.

hémisynthétique a. 半合成の. antibiotiques ~s 半合成抗生物質.

hémitropie n.f. 〖結晶〗半体双晶, 回転双晶.

hémo- 〔ギ〕ELEM「血」の意 (ex. hémoglobine「血色素」).

hémobiologie n.f. 〖医〗血液生物学 (輸血血液学).

hémochromatose n.f. 〖医〗血色素症, ヘモクロマトーシス《血液中の鉄分の代謝障害》.

hémochrome n.m. 〖生化〗血色素, ヘモクロム.

hémocompatibilité n.f. 〖医〗血液適合性; 血液型適合性.

hémocompatible a. 〖医〗**1** 血液適合性の. **2** 血液型が適合する.

hémoconcentration n.f. 血液中のヘモグロビンの増強.

hémoculture n.f. 血液培養.

hémocyanine n.f. 〖生理〗血青素, ヘモシアニン《甲殻類・軟体動物の呼吸色素》.

hémocystoblaste n.m. 〖解剖〗血球芽細胞.

hémodérivé n.m. 〖医〗血液誘導体 (輸血血液製剤).

hémodiafiltration n.f. 〖医〗血液透析濾過法 (HDFと略記).

hémodialyse n.f. 〖医〗血液透析.

hémodilution n.f. 〖医〗血液希釈〔法〕.

hémodynamique n.f. 〖生理〗血液動力学, 血行力学, 血流力学.
—a. 血液動力学の. étude ~ 血液動力学的研究.

hémofiltration n.f. 〖医〗血液濾過法 (HFと略記).

hémoglobine n.f. 〖生理〗ヘモグロビン, 血色素.

hémoglobinémie n.f. 〖医〗ヘモグロビン血症, 血色素症.

hémoglobinopathie n.f. 〖医〗ヘモグロビン (血色素) 障害, 異常血色素症. malade porteur d'~ ヘモグロビン障害患者.

hémoglobinurie n.f. 〖医〗血色素尿〔症〕.

hémogramme n.m. 〖医〗ヘモグラム, 血液像 (=image sanguine).

hémolyse n.f. 〖医〗溶血〔反応, 現象〕《血液中の赤血球の破壊》. ~ pathologique 病的溶血現象.

hémolysine n.f. 〖医〗溶血素.

hémolytique a. 〖生化・医〗溶血性の.

anémie ~ 溶血性貧血. **indice ~** 溶血指数. **jaunisse ~** 溶血性黄毒症. **streptocoque ~** 溶血性連鎖菌,溶連菌. **urémie ~** 溶血性尿毒症.

hémopathie *n.f.*〖医〗血液疾患.

hémoperfusion *n.f.*〖医〗血液吸着,血液灌流《HPと略記》.

hémopéricarde *n.m.*〖医〗心膜血腫.

hémophile *a.*〖医〗血友病の;〖生〗(細菌などの)好血性の.
　──*n.*〖医〗血友病患者.

hémophilie *n.f.*〖医〗血友病.
▶ **hémophilique** *a.*

hémopneumothorax〖医〗血気胸.

hémoprotéine *n.f.*〖生化〗ヘム蛋白〔質〕,ヘモ蛋白〔質〕(鉄ポルフィリンを配合族とする複合蛋白質の総称).

hémoptysie *n.f.*〖医〗血性痰,血痰(= crachat de sang);喀血.

hémoptysique *a.*〖医〗喀血の.
　──*n.* 喀血症状患者.

hémorragie *n.f.* **1**〖医〗出血. **~ atonique** (子宮の)弛緩出血. **~ cérébrale** 脳出血. **~ de contact** (性器からの)接触出血. **~ digestive** 消化器出血. **~ du tube digestif haut (bas)** 上部(下部)消化管出血. **~ gynécologique** 婦人病性出血. **~ intraoculaire** 眼球内出血. **~ intra-venticulaire** 脳室内出血. **~ juvénile** 若年性子宮出血. **~ du pont** (脳の)橋出血. **~ rénale idiopathique** 特発性腎出血,特発性血尿(= ~ essentielle). **~ rétinienne** 網膜出血. **~ sous〔-〕arachnoïdienne** クモ膜下出血. **~ sous〔-〕conjunctivale** 結膜下出血. **~ sous l'aponévrose** (新生児の頭蓋骨骨膜の)帽状腱膜下出血. **~ spinale** 脊髄出血. **~ utérine fonctionnelle** 機能性子宮出血.
2〔比喩的〕(人,金銭などの)流失,損失. **~ de devises (cerveaux)** 外貨(頭脳)の流出.

hémorragique *a.*〖医〗出血の;出血性の. **choc ~** 出血性ショック. **colite ~** 出血性大腸炎. **diathèse ~** 出血性素因. **fièvre ~** 出血熱. **glaucoma ~** 出血性緑内障. **infarctus ~** 出血性梗塞. **inflammation ~** 出血性炎症.

hémorrhoïdectomie *n.f.*〖医〗痔核切除〔術〕,痔核根治手術.

hémorroïdaire *a.*〖医〗痔疾の;痔疾に罹った.
　──*n.* 痔疾患者.

hémorroïdal (ale) (*pl. aux*) *a.*〖医〗 **1** 痔の,痔核の. **sang ~** 痔の出血. **varices ~ales** 痔静脈瘤.
2〔解剖〕直腸・肛門周辺の. **artères (veines) ~ales** 直腸肛門周辺動脈(静脈). **plexus ~** 直腸静脈叢.

hémorroïde [emɔ(r)rɔid] *n.f.*〔多くpl.〕〖医〗痔(じ)核. **~s externes** 外痔核. **~s internes** 内痔核. **gonflement des ~s** 痔核腫大(= fluxion).

hémosidérine *n.f.*〖生化〗ヘモジデリン,血鉄素《色素蛋白体》.

hémosidérose *n.f.*〖医〗ヘモジデリン沈着症. **~ pulmonaire** 肺血鉄症.

hémospermie *n.f.*〖医〗血精液症(= hématospermie).

hémostase *n.f.*〖医〗止血;止血法. **~ provoquée** 強制止血〔法〕. **~ spontanée** 自然止血. **test de l'~** 止血能検査.

hémostatique *a.*〖医〗止血の;止血作用のある. **pince ~** 止血鉗子. **médicament ~** 止血薬.
　──*n.m.* 止血器具;止血薬(= médicament ~).
　──*n.f.*〖生理〗血液静力学(hémostatique「血液動力学」の対).

hémothorax *n.m.*〖医〗血胸《胸膜腔に血液が貯留した状態》.

hémovigilance *n.f.*〖医〗輸血障害監視体制.

†**Henan (le)**〔中国〕*n.pr.m.* 河南(かなん)省,ヘナン(ホーナン)省(= province du ~)《中国中東部の省;省都 Zhengzhou 鄭州》.

Hendaye *n.pr.* アンダイユ《département des Pyrénées-Atlantique ピレネーアトランティック県の小郡庁所在地;市町村コード 64700;形容詞 hendayais (e);大西洋岸のスペインとの国境の町》. **~-Plage** アンダイユ海浜地区.

†**Hengshan**〔中国〕*n.pr.m.* 衡山(こうざん),ホンシャン《湖南省の72の峰から成る名峰群,主峰「祝融峰」(1290 m);中国五岳の一》.

†**Hengyang**〔中国〕*n.pr.* 衡陽(こうよう),ハンヤン《湖南省 le Hunan の,湘江岸の都市》.

†**henné** [ene]〔アラビア語 hīnā〕*n.m.* ヘンナ染料《ヘンナの葉からつくる染料》;〖植〗ヘンナ. **paraffine teintée au ~** ヘンナ染料で色づけしたパラフィン《麻薬の一種》.

HEOr (= heure de l'Europe orientale) *n.f.* 東部ヨーロッパ標準時.

Hépar, hépar *n.pr.f.*〔無冠詞〕エパール《ヴォージュ山地 les Vosges の鉱泉から湧出するミネラルウォーター;Vittel 地区の源泉名(= source H~);1 l 当たりの主な含有量は,Ca⁺⁺549 mg, Mg⁺⁺119, Na⁺14, K⁺4, SO₄⁻⁻1530, NO₃⁻4.3, 重炭酸塩384;硬度7.2》. **l'eau minéral H~** エパール・ミネラルウォーター(= l'h~).

héparine *n.f.*〖生理・薬〗ヘパリン《血液凝固阻止物質;血液凝固抑制剤》.

hépat〔o〕-〔ギ〕 ELEM 「肝臓 foie」の意《ex. hépatique 肝臓の;hépatocyte 肝細胞》.

hépatalgie *n.f.*〖医〗〔古〕肝臓痛,ヘパタルギー(右上腹部痛).

hépatectomie *n.f.*〖医〗肝切除〔術〕.

hépatique *a.*〖解剖・医〗肝臓(foie)の;肝性の. **artère (veine) ~** 肝動(静)脈. **ca-**

thétérisme ~ 肝カテーテル法. circulation ~ 肝循環. colique ~ 肝仙痛. coma ~ 肝性昏睡. encéphalopathie ~ 肝性脳症. enzyme ~ 肝酵素. fibrose ~ 肝繊維症. hypoglycémie ~ 肝性低血糖〔症〕. insuffisance ~ 肝不全. porphyrie ~ 肝性ポルフィリン症. tache ~ 肝斑.
——*n.* 慢性肝臓病患者.

hépatisation *n.f.* 〚医〛肝変. ~ du poumon au cours d'une pneumonie 肺炎の際の肺の肝変（肺が肝臓のようになること）.

hépatite *n.f.* 〚医〛肝炎. ~ A A型肝炎. ~ B B型肝炎. ~ non-A et non-B 非A非B型肝炎. ~ C C型肝炎. ~ aiguë 急性肝炎. ~ chronique 慢性肝炎. ~ épidémique 流行性肝炎. ~ fulminante 激症肝炎. ~ infectueuse 伝染性肝炎. ~ médicamenteuse 薬物性肝炎. ~ toxique 毒性肝炎. ~ virale, type B B型ウイルス性肝炎. virus de l'~ C C型肝炎ウイルス.

hépatocanaliculaire *a.* 〚解剖・医〛胆細管の, 胆細管性の. ictère ~ 胆細管〔炎〕性黄疸.

hépatocarcinome *n.m.* 〚医〛肝上皮性悪性腫瘍, 肝細胞癌 (=cancer hépatocellulaire), 肝癌.

hépatocèle *n.f.* 〚医〛肝〔臓〕ヘルニア.

hépatocellulaire *a.* 〚生・医〛肝細胞の. 〚医〛carcinome ~ 肝細胞癌.

hépatocérébral (*ale*) (*pl. aux*) *a.* 〚医〛肝臓と脳の, 肝脳の. maladies ~*ales* 肝脳疾患 (=syndrome ~ 肝脳症候群).

hépato-cérébro-rénal *a.m.* 〚医〛肝・脳・腎臓の. syndrome ~ 肝脳腎症候群.

hépatocyte *n.m.* 〚生〛肝細胞.

hépato-gastro-entérologie *n.f.* 〚医〛肝・胃・腸病学.

hépatologie *n.f.* 〚医〛肝臓〔病〕学.

hépatomégalie *n.f.* 〚医〛肝腫, 肝腫大.

hépatonéphrite *n.f.* 〚医〛肝腎炎, 肝腎症候群.

hépatose *n.f.* 〚医〛〔古〕肝臓症, ヘパトーゼ.

hépatosplénomégalie *n.f.* 〚医〛肝脾腫大, 肝脾肥大.

hépatotoxicité *n.f.* 〚薬〛肝機能障害性〔薬剤の副作用〕.

hept[a]- 〔ギ〕 ELEM「7」の意 (*ex. heptasyllabe* 七音綴りの).

heptagonal (*ale*) (*pl. aux*) *a.* 七角形の.

heptagone *n.m.* 七角形.

heptane *n.m.* 〚化〛ヘプタン (C_7H_{16}；パラフィン系炭化水素；溶剤に利用).

heptathlon *n.m.* 〚スポーツ〕〔陸上の〕7種競技（女子は 100 m ハードル, 200 m, 800 m, 走高跳, 走幅跳, 砲丸投, 槍投の7種；男子の室内7種競技は 60 m ハードル, 60 m, 1000 m, 走高跳, 走幅跳, 棒高跳, 砲丸投).

heptose *n.f.* 〚生化〛七炭糖, ヘプトース（炭素7原子から成る単糖）.

HER2 (= 〔英〕*h*uman *e*pithelial growth factor *r*eceptor type 2) *n.m.* 〚医〛ヒト上皮細胞増殖因子受容体第2型(=〔仏〕récepteur Erh2 du facteur de croissance épidémique humain). malade surexprimant ~ HER2過剰発現患者. surexpression tumorale de ~ HER2の過剰発現による腫瘍.

Hérault *n.pr.m.* 1 〚地理〛l'~ エロー川（中央山塊 l'Aigoual エーグアル山脈に源を発し, Agde アグドの近くで地中海に注ぐ；長さ 160 km).
2 〚行政〛l'~ エロー県(=département de l'~；県コード 34；フランスおよび UE の広域地方行政区の région Languedoc-Roussillon ラングドック=ルーシヨン地方に属す；県庁所在地 Montpellier モンプリエ；主要都市 Béziers ベジエ, Lodève ロデーヴ, Sète セット；3郡, 49小郡, 343市町村；面積 6,224 km², 人口 896,441；形容詞 héraultais(*e*)).

herbacé(**e**) *a.* 〚植〛草本の, 草性の, 草質の. plantes ~*es* 草本植物 (plantes ligneuses の対).

herbe *n.f.* 1 草；〚植〛草本. ~*s* annuelles (vivaces) 一年草 (多年草). ~*s* aquatiques 水草. ~ arborescente 木性草本. ~*s* aromatiques (odorantes) 香草. ~*s* à soupe スープ用野菜. ~*s* cultivées (sauvages) 栽培草木（野草). ~*s* folles 乱れ茂った野草. ~*s* médicinales (officinales) 薬草. ~*s* de Provence エルブ・ド・プロヴァンス（basilic, laurier, marjolaine, origan, romarin, sarriette, thym などのプロヴァンス産の香草を乾燥させたもの）.
〚料理〛fines ~*s* フィーヌ・ゼルブ, 香味野菜, ハーブ (cerfeuil, ciboule, ciboulette, civette, estragon, persil, pimprenelle など). mauvaises ~*s* 雑草；〚比喩的〛雑草のような人. arracher (enlever) les mauvaises ~*s* 雑草を抜く. pousser comme de la mauvaise ~ 雑草のように逞しく成長する. 〚料理〛omelette aux fines ~*s* 香味野菜入りオムレツ.
en ~ （麦が）青い；〚比喩的〛青い, 若い. blé en ~ 青い麦 (=blé vert). artiste en ~ 芸術家の卵. 〚比喩的〛manger son blé en ~ 儲ける前に手を食いつぶす.
2 〚植物の俗称〛 ~ aux ânes（ろばの草→）月見草 (=onagre). ~ au chantre かきねがらし (=sisymbre, vélar). ~ à chat (aux chats)（猫の草→）いぬはつか (=cataire, népète, valériane). ~ à éternuer おおばなのこぎりそう (=achillée, bouton-d'argent). ~ aux perles むらさき (=gremil). ~ à tous les maux (sacrée)（万病に効く

草」「聖草」→) ヴェルヴェーヌ (=verveine). ~s de la Saint-Jean 聖ヨハネ祭の野草《聖ヨハネの祝日である6月24日の前夜に採取されるイネ科graminéesの野草；妙薬とされる》.
3 〖集合的〗草；牧草；芝生；(家畜用の) 草, まぐさ. ~ fauchée et séchée 刈り取られた乾し草. déjeuner sur l' ~ 草地での昼食, ピクニックをする. donner de l' ~ aux bêtes 家畜に秣を与える. faucher l' ~ des prés 牧草地の草を刈る. faucher (couper) l' ~ sous le pied à qn 人を出し抜く.
4 〖俗〗くさ, マリファナ (marijuana), 大麻 (haschisch). fumer de l' ~ マリファナ(大麻)を吸う.

herbeux(se) *a.* **1** 草の生える；草の繁った. associations ~ses 草本性植物群落. plateau ~ 草原地. sentiers ~ 草の繁った小道. **2** 草の. odeur ~se 草の香り.

herbicide *a.* 除草用の. produit ~ 除草剤.
—*n.m.* 除草剤 (=désherbant).

herbier *n.m.* **1** 押葉標本集, 腊葉(さくよう)集；植物図集 (= ~ artificiel)；〖古〗植物誌.
2 水草 (海草) の密生場所.
3 秣(まぐさ)倉.

herbivore *a.* 草食性の. animal ~ 草食動物.
—*n.m.pl.* 草食動物.

herborisation *n.f.* 植物採集.
herboriste *n.* 薬種商《薬草を中心に, 医薬品, 化粧品を取扱った；1941年に免許制廃止》.
herboristerie *n.f.* (1838年から1941年までの)薬種業, 薬種店. rayon ~ d'une pharmacie 薬局の薬種売場. tenir une ~ 薬種業を営む.

herbu(e) *a.* (土地が) 草の生い繁った.
—*n.m.* 砂混りの軽質土の草本植生.
—*n.f.* **1** 〖農〗放牧用の砂混りの軽質土壌.
2 〖農〗(葡萄畑の土壌改良用に牧草地から採取する) 草混りの土.
3 〖冶〗粘土溶剤.

herceptin *n.m.* 〖薬〗ヘルセプチン《ヒト上皮細胞増殖因子受容体に結合しその増殖を抑制するモノクローナル抗体；乳癌治療の分子標的抗癌剤；製品名Trastuzumab「トラスツズマブ」*n.m.*》.

Hercule [ラ] *n.pr.m.* **1** 〖ローマ神話〗ヘルクレス (Hercules：ギリシア神話の半神Héraklèsのラテン名). les Douze travaux d' ~ ヘラクレスの12の偉業.
2 〖天文〗l'H ~ ヘラクレス座 (=Herculis).

hercynien(ne) *a.* **1** forêt ~ne 黒森 (=Forêt-Noire, シュヴァルツヴァルト [独] Schwarzwald (< [ラ] Hercynia Silva).
2 〖地学〗ヘルシニア造山期の《古生代石炭紀》. cycle ~ ヘルシニア期. chaîne ~ne ヘルシニア期山脈. plissement ~ ヘルシニア褶曲.

†**herd-book** [erdbuk] (*pl.* **~-~s**) [英] *n.m.* 〖農〗(牛や豚の) 血統登録簿.

héréditaire *a.* **1** 〖法律〗相続の, 相続に関する；相続財産に関する；相続権をもつ, 世襲制の, 相続される. biens ~s 世襲 (相続) 財産. droit ~ 相続権. prince ~ 王太子. titre ~ 世襲の称号. vocation ~ 相続適格.
2 〖生・医〗遺伝する, 遺伝性の；〔誤って〕先天性の (=congénital). caractère ~ 遺伝形質. maladie ~ 遺伝性疾患, 遺伝病.
3 代々受け継がれる；親譲りの, 先祖伝来の. ennemi ~ 仇敵. haine ~ 継承される憎悪.

hérédité *n.f.* Ⅰ **1** 〖生〗遺伝. ~ liée au sexe 伴性遺伝. ~ maternelle 母性遺伝. lois de l' ~ 遺伝の法則.
2 遺伝形質 (=caractère génétique). ~ chargée 荷重遺伝形質；悪性の遺伝形質. ~ dominante (recessive) 優性 (劣性) 遺伝〔形質〕.
3 〖社〗継承的特性, 伝承. ~ paysanne 農民的性格.
Ⅱ 〖法律〗相続；相続権；世襲〔制〕；継承〔権〕；〖古〗遺産. ~ de la couronne 王位の世襲〔制〕. certificat d' ~ 相続権証明書.

hérésie *n.f.* **1** 〖宗教〗(カトリックの) 異端 (adamisme アダミズム, arianisme アリウス派教義, calvinisme カルヴィニスム, jansénisme ジャンセニスム, luthéranisme ルター派主義, manichéisme マニ教, montanisme モンタヌスの教義, protestantisme プロテスタントの教義, quiétisme 静寂主義, socinianisme ソツィーニ派教義など)；〔広義〕異端的教義, 非正統 (orthodoxie「正統, 正統的教義」の対). être excommunié pour ~ 異端として破門される. ~s musulmanes イスラムの異端諸説.
2 〔比喩的〕異端思想, 異端的な学説；邪説. ~ scientifique 科学上の異端的学説.
3 〔話〕型破りの考え. Quelle ~！とんでもない考えだ！

hérétique *a.* 〖宗教〗(教義などが) 異端の (orthodoxe「正統の」の対)；〔一般に〕異端的な, 異教の, 異説を唱える, 反正統的な. culte ~ 邪教崇拝. doctrine ~ 異端教理；異端学説. secte ~ 異端派.
—*n.* 〖宗教〗異端者；〔一般に〕異端児.

†**hérisson** *n.m.* **1** 〖動〗はりねずみ.
2 〔比喩的〕〔話〕気難し屋.
3 〖動〗 ~ de mer うに (=oursin)；〖魚〗はりせんぼん.

héritabilité *n.f.* 〖生〗遺伝率.
héritage *n.m.* **1** 相続 (世襲) 財産；遺産；遺産相続. acquérir par ~ 相続により取得する. faire un ~ 遺産を相続する. laisser un bien à qn en (pour) ~ (人に) 財産を残す. parts d'un ~ 遺産相続分.

héritier (ère)

2 〔比喩的〕遺産；先祖伝来の物. ~ culturel 文化遺産. ~ de coutumes 風俗習慣の伝承. ~ d'une civilisation 文明の継承.
3 〔古〕不動産, 土地建物 (=immeuble).

héritier (ère) *n.* **1** 〔法律〕相続人. ~ ab intestat 無遺言死亡者の相続人. ~ du sang 血族相続人. ~ institué 指定相続人. ~ légitime 法定相続人. ~ présomptif 推定相続人. ~ pur et simple 単純相続人. ~ renonçant 放棄相続人. ~ testamentaire 遺言による相続人.
2 〔広義〕法定相続人；財産相続人, 受遺者 (=légataire)；包括名義相続人. riche ~ ère 巨額の財産を相続した娘.
3 〔比喩的〕後継者, 継承者. ~ d'une civilisation 文明の継承者. ~ spirituel de Sartre サルトルの精神的後継者.
4 〔古〕〔話〕(遺産相続が見込まれる) 跡取り.

herméneutique *n.f.* **1** 〔教神学〕聖書解釈学 (=~ sacrée). **2** 〔哲〕象徴解釈学.
—*a.* **1** 聖書解釈学の. **2** 象徴解釈学の. art ~ 象徴解釈学.

herméticité *n.f.* **1** 難解性, 不可解性. **2** 密封性, 密閉性 (=étanchéité).

hermétique (<Hermès Trismégiste ヘルメス・トリスメギストス〔3倍も偉大なヘルメス〕；錬金術の始祖とされる) *a.* Ⅰ
1 錬金術の. livres ~s エルメス・トリスメギストスの書；錬金術書. science ~ 錬金術.
2 〔比喩的〕難解な, 不可解な；神秘的な. écrivain ~ 難解な作家. visage ~ 感情の読みとれない顔.
Ⅱ 密封式の；密閉された；固く閉ざされた. fermeture ~ 密封, 密閉. récipient ~ 密閉容器.
—*n.f.* 錬金術の秘義.

hermine *n.f.* **1** 〔動〕白てん, エルミーヌ, アーミン, おこじょ, やまいたち.
2 白てんの毛皮；白てんの毛皮帯 (純潔・潔白の象徴；王侯・貴族・法官の正装として着用). ~ des magistrats 法官の白てんの毛皮帯付正装.
3 〔紋章〕銀白地黒てん文様；Anne de Bretagne アンヌ・ド・ブルターニュを象徴する動物紋章.

†**herniaire** *a.* ヘルニア〔用〕の. bandage ~ ヘルニア・バンド.

†**hernie** *n.f.* **1** 〔医〕ヘルニア. ~ abdominale 腹壁ヘルニア, 脱腸. ~ cicatricielle 瘢痕 (はんこん) ヘルニア. ~ diaphragmatique 横隔膜ヘルニア. ~ discale 椎間板ヘルニア. ~ diverticulaire 憩室 (けいしつ) ヘルニア. ~ du cerveau 脳ヘルニア. ~ externe 外ヘルニア. ~ fémorale 大腿ヘルニア. ~ hiatale 裂孔ヘルニア. ~ incarcérée 嵌頓 (かんとん) ヘルニア. ~ inguinale 鼠径ヘルニア. ~ interne 内ヘルニア. ~ lombaire 腰ヘル

ニア. ~ musculaire 筋ヘルニア. ~ ombilicale 臍ヘルニア. ~ par glissement 滑脱ヘルニア. ~ sternocostale 傍胸骨裂孔ヘルニア.
2 (タイヤからはみ出た) チューブの瘤.
3 〔植〕根瘤病. ~ du chou キャベツの根瘤病.

†**hernié(e)** *a.* 〔医〕ヘルニアを起した. anse intestinale ~e 脱肛, 腸係蹄ヘルニア. intestin ~ 脱腸.

†**hernieux (se)** *a.* 〔医〕(人が) ヘルニアにかかった.
—*n.* ヘルニア患者.

†**herniorraphie** *n.f.* 〔医〕ヘルニア縫合術.

héroïne¹ [erɔin] 〔独〕 *n.f.* **1** 〔化〕ジアセチルモルヒネ (=diacétyl-morphine；モルヒネの誘導体).
2 〔薬〕ヘロイン (鎮痛剤；モルヒネ型依存性薬物), ヘロイン中毒 héroïnisme を起こす).

héroïne² *n.f.* **1** 女丈夫, 女傑. Jeanne d'Arc ~ nationale 国民的英雄ジャンヌ・ダルク. **2** 女主人公, ヒロイン. ~ d'un film 映画の女主人公. Madame Bovary, ~ de Flaubert フローベールの描いたボヴァリー夫人.

héroïnisme *n.m.* 〔医〕ヘロイン中毒.
héroïnomane *a.* ヘロイン中毒の.
—*n.* ヘロイン中毒患者 (=toxicomane à l'héroïne).

héroïnomanie *n.f.* 〔医〕ヘロイン中毒, ヘロイン依存症.

héroïque (<héros) *a.* **1** (ギリシア英雄伝説時代の) 半神の, 英雄の. âges (temps) ~s 英雄伝説時代；〔転じて〕創成期. légendes ~s 英雄伝説. temps ~s du cinéma 映画の草創期. remonter aux temps ~s 遠い昔に遡る.
2 〔文〕英雄を讃える. comédie ~ 英雄劇. personnages ~s 英雄劇の登場人物. poème (poésie) ~ 英雄叙事詩. Symphonie ~ de Beethoven ベートーヴェンの『英雄交響曲』(交響曲第六番). vers ~ (古代ギリシア・ローマの) 6 脚詩句 (=hexamètre)；(フランスの) 12 音綴詩句 (=alexandrin).
3 英雄的な, 栄光にみちた；勇壮な, 雄々しい. action ~ 英雄的行為. âme ~ 雄々しい心根. mort ~ 英雄的な死. jours ~s de l'histoire de France フランス史の栄光の日々. soldats ~s 勇壮な兵士.
4 のるかそるかの, 一か八かの. remède ~ 劇薬；荒療治. résolution ~ 一か八かの決断. prendre un parti ~ 捨て身の技をとる.

héroïsme *n.m.* **1** 勇壮さ, 雄々した；ヒロイズム；英雄的行為 (資質). ~ d'un soldat 兵士の雄々しさ (英雄的行為). acte d'~ 英雄的行為. faire preuve d'~ 英雄的な態度を示す.
2 〔戯〕無鉄砲さ, 愚挙. Quel ~! 何たる愚

†héron n.m. 〖鳥〗エロン, 青鷺 (あおさぎ). ~ cendré 灰色あおさぎ《学名 Ardea cinerea》. colonie de ~s あおさぎの群棲地.

†héros n.m. **1**〖ギリシア・ローマ神話〗半神 (=demi-dieu), 英雄. ~s de la mythologie grecque ギリシア神話の英雄たち.
2〔一般に〕英雄；勇士；偉人.〖仏史〗~ de la Résistance レジスタンスの勇士たち. ~ de la science 科学の偉人. ~ de l'Union soviétique ソ連邦英雄《1934-91 年の称号》. combattre (conduire) en ~ 英雄的に闘う (行動する). Siegfried, ~ de la tradition germanique ゲルマン伝承の英雄ジークフリート.〔諺〕Il n'y a pas de ~ pour son valet de chambre. 召使から見れば英雄かたなし.
3 (芸術作品, 事件などの) 主人公, ヒーロー, 主役《女性は héroïne》. ~ de la fête 祝宴の主賓. ~ de roman (tragédie) 小説 (悲劇) の主人公. ~ d'un film 映画の主人公. ~ d'une aventure 事件の中心人物 (立役者). ~ du jour 時の人.

herpès [εrpεs] n.m.〖医〗疱疹, ヘルペス《ヘルペスウイルス virus herpès simplex；=〖英〗HSV：herpes simplex virus「単純ヘルペスウイルス」の感染症》. ~ buccal 口腔疱疹 (HSV 1 型ウイルス感染症). ~ circiné 輪状疱疹. ~ corneae 角膜ヘルペス, ヘルペス性角膜炎 (=kératite herpétique). ~ génital 陰部ヘルペス (= bouton de fièvre)《HSV 2 型ウイルス感染症》. ~ gestationis 妊娠性疱疹. ~ labial 口唇ヘルペス. ~ névralgique 神経痛ヘルペス. ~ zoster 帯状疱疹 (=zona). poussée d'~ ヘルペス発疹.

herpèsvirus n.m.〖医〗ヘルペスウイルス.

herpétiforme a.〖医〗ヘルペス様の. stomatite ~ ヘルペス様口内炎.

herpétique a.〖医〗ヘルペス性の, 疱疹性の. encéphalite ~ ヘルペス性脳炎. kératite ~ 角膜ヘルペス. virus ~ ヘルペスウイルス, 疱疹ウイルス.
——n. ヘルペス患者.

herpétologie n.f.〖医〗ヘルペス学 (= erpétologie).

herse n.f. **1**〖農〗馬鍬 (まぐわ), ハロー.
2〖土木・建築〗馬鍬状のもの；櫛状のもの, (城門の) 落し格子；(通行止めの) 柵；(川の中の) ごみ止めの柵.
3〖建築〗もや・たる木伏図.
4〖劇〗ボーダー・ライト《舞台上部の照明装置》.
5〖教会〗多枝三角燭台.
6〖気象〗~ néphoscopique 櫛形測雲器.

†hertz [εrts] (<ドイツの物理学者 Heinrich Hertz [1857-94] に因む命名) n.m.〖物理〗ヘルツ《周波数の SI 単位, 1 秒当りの振動数；略記 Hz；1 Hz=1 サイクル/秒》.

hertzien(ne) a.〖電〗ヘルツ波の；〖放送〗地上波の. chaîne ~ne non cryptée 非スクランブル式の地上波 TV チャンネル (TF1, France-2, France-3 など). faisceau ~ マイクロ波中継回線. ondes ~nes ヘルツ波. TV ~ne 地上波 TV. réseau ~ ヘルツ波放送網.

Herzégovine n.pr.f. ヘルツェゴヴィナ《la Bosnie-Herzégovine ボスニア=ヘルツェゴヴィナの南部地域名；中心都市 Mostar モスタル》.

HES (= hydroxyéthylstarch) n.m.〖薬〗ヒドロキシエチル澱粉《ドーピング剤 EPO (érythropoïétine) の検出を隠蔽する物質》.

hésitant(e) a. **1** 不決断な, 優柔不断な. caractère ~ 優柔不断な性格. être ~ 優柔不断である.
2 ためらい勝ちの, 頼りなげな, 自信なげな. démarche ~e 自信なげな歩行, よろめき. pas ~ 頼りない足取り. réponse ~e ためらいの返事. voix ~e おずおずした声.
3 はっきりしない. La victoire demeura longtemps ~e. 勝利はなかなか決らなかった.
——n. **1** 優柔不断な人. **2** ためらい勝ちの人. persuader des ~s ためらっている人を説得する.

hésitation n.f. **1** 躊躇, ためらい；とまどい, 尻込み. ~ apparente (feinte) うわべだけのためらい. une minute d'~ 一瞬の躊躇. avoir (marquer) une ~ avant de+inf. …する前にためらう, …するのをためらう. lever les ~s de qn わだかまりにふんぎりをつけさせる. sans ~ ためらわずに, 躊躇せずに. se decider après bien des ~s (sans ~) さんざん迷った末に (ためらわずに) 決心する.
2 口ごもること, 言いよどみ. parler sans ~ よどみなく話す. s'exprimer avec des ~s つっかえつっかえ意見を述べる.

hespéridine n.f.〖薬〗ヘスペリジン《昇圧薬；薬剤製品名 Daflon (n.m.)》.

†Hesse [独] n.pr.f. la ~ ヘッセン (Hessen) 地方；ヘッセン州 (=le Land de ~；州都 Wiesbaden). la ~-Darmstadt ヘッセン=ダルムシュタット地方.

hétéro n.〖話〗異性愛者 (=hétérosexuel (le))《homo「同性愛者」の対》.

hétéroatome n.m.〖化〗ヘテロ原子.

hétérochromatine n.f.〖生化〗ヘテロクロマチン, 異質染色質.

hétérochromatique a.〖生〗異形染色体の, 性染色体の. ponts ~s 異形染色体ブリッジ.

hétérochromosome n.m.〖生化〗性染色体《雌雄分化の決定に関与する染色体》.

hétéroclite a. **1** 異常な, 異様な. accoutrement ~ 異様な風体. clientèle ~ 異質の顧客.
2〖文法〗(名詞変化, 動詞活用が) 不規則変

化の．mot ～ 不規則変化語．
3 不均質な，ちぐはぐな；〔作品・建築など が〕混合様式の；雑多な．édifice ～ 混合様式の建造物．fatras ～ d'objets 雑然とした物品の山．population ～ 多様な住民．

hétérocycle *n.m.*〖化〗複素環〔式〕，単節環〔式〕．

hétérocyclique *a.*〖化〗複素還式の (isocyclique「同素還式の」の対)；異種環状化合物の；〖植〗輪生の各節に異なった数の葉がついた．〖化〗composé ～ 複素還式化合物，ヘテロ環式化合物，異節環式化合物．

hétérodoxe *a.*〖教会〗異端の；〔一般に〕異端的な，非正統の (orthodoxe「正統の」の対)．idées ～s 異端思想；非正統思想．opinion ～ 異端説．théologie ～ 異端神学．
——*n.* 異端派；非(反)正統派．

hétérodoxie *n.f.*〖教会〗異端；〔一般に〕非正統 (orthodoxie「正統」の対)．

hétérodyne [-din] *n.f.*〖通信〗(ラジオの)ヘテロダイン受信機．
——*a.* ヘテロダイン方式の．réception ～ ヘテロダイン(周波数変換)受信〔法〕．

hétérogamétique *a.*〖生〗異型配偶の (homogamétique「同型配偶の」の対)．sexe ～ 異型配偶生殖．

hétérogamie *n.f.* **1**〖生〗ヘテロガミー，異形配偶，異形接合《形状の異なる 2 配偶子による生殖》(homogamie「同形配偶」の対)．
2〖社〗異なる社会的グループに属する人の間の結婚．

hétérogène *a.* **1** 異質の要素から成る，異性分の，不均質な の；不均一な；統一を欠く (homogène「均質な」の対)．documentation ～ 統一を欠く参考資料．nation ～ 雑多な人種構成の国民．population ～ 複数の人種から成る住民．〖化〗système ～ 不均一系．
2 異質の，異種の．éléments ～s d'un corps 物体の異質構成要素．〖電算〗réseau local d'entreprise ～ 異種の方式・コンピューターが混在する LAN．

hétérogénéité *n.f.* 不均質性，異質性；異種性，異種混交性；異成文体．～ des Etats fédératifs 連邦国家の不均質性．

hétérogenèse, hétérogénie *n.f.*
1〖生〗異形発生，突然発生．
2〖生〗(無性生殖と有性生殖の) 世代交代．
3〔古〕自然発生《無生物から生物が生まれたとする説》．

hétérogreffe [eterɔgrɛf] *n.f.*〖生・医〗異種〔間〕移植 (=hétéroplantation, xénogreffe)《鼠の皮膚をラットに移植するような，異種間の移植》(homogreffe「同種移植」の対)．

hétérologie *n.f.* 非相同性，異種性；〖生〗異種構造；〖医〗異質組織．

hétérologue *a.*〖生・医〗非相同の，非対応の，異種間の．greffe ～ 異種由来の，

異種間移植〔片〕(=hétérogreffe)．

hétérolyse *n.f.*〖生化〗ヘテロリシス，異種溶解．

hétérométabole *a.*〖昆虫〗不完全変態の，漸変態の (holométabole「完全変態の」の対)．

hétéromorphe *a.* **1**〖生・化〗異形(型)の，変形の；〖昆虫〗完全変態の．〖植〗organes ～s 異型器官．〖化〗substances ～s 異型物質．**2**〖鉱〗同質異像の．

hétéromorphie *n.f.* 異形, 異型, 変形 (=hétéromorphisme)．

hétéromorphisme *n.m.* **1**〖生〗異形, 異型, 変形；〖昆虫〗完全変態．
2〖鉱〗同質異像《*ex.* calcédoine 玉髄・opale オパール・quartz 水晶》．

hétéronome *a.* 他律の, 他律的な (autonome「自律の」の対)．acte ～ 他律的行為．

hétéronomie *n.f.* 他律性 (autonomie「自律性」の対)．

hétéronyme *n.m.*〖文法〗**1** 語根同類語《*ex.* banc, chaise》．
2 異音同義語《*ex.*〔仏〕chat と〔英〕cat》．
——*a.* 本質の異なる；〖医〗異側性の．〖医〗 hémianopsie ～ 異名半盲, 交叉半盲．

hétérophorie *n.f.*〖医〗(眼の)斜位．

hétéroplastie *n.f.*〖医〗別形成；別移植，異種移植〔術〕．

hétéroplastique *a.*〖医〗異種形成 (移植)〔術〕の．greffe ～ 異種移植〔片〕．

hétéropolaire *a.*〖化・電〗異極の, 異極性の．liaison ～ 異極結合, 異極性結合．

hétéroprotéine *n.f.*〖生化〗複合蛋白質《chromoprotéine 色素蛋白質, glycoprotéine 糖蛋白質, lipoprotéine 脂蛋白質, métalloprotéine 金属蛋白質, nucléoprotéine 核蛋白質》．

hétérosexualité *n.f.* 異性愛 (homosexualité「同性愛」の対)．

hétérosexuel(le) *a.* 異性愛の, 異性を愛する．

hétéroside *n.m.*〖生化〗ヘテロシド《糖と糖以外の成分とからなる配糖体》(=glucoside)．

hétérosis [-ʒis] *n.f.*〖遺伝〗雑種強勢．

hétérosphère *n.f.*〖気象〗(大気の) 異質圏《高度 90-100 km の気圏》；homosphère「等質圏」の対)．

hétérotherme *a.* (動物が) 異温性の (=poïkilotherme 変温性の)．animal ～ 異温動物．
——*n.m.* 異温動物, 変温動物, 冷血動物．

hétérotopie *n.f.* **1**〖医〗(組織の) 異所性, ヘテロトピー《組織が正常な所に存在しない異常性》．**2**〖生態〗異常棲息地．

hétérotopique *a.* (動物などの) 異種間の．〖医〗transplantation ～ 異種間臓器移植．

hétérotransfusion *n.f.*〖医〗異種血

輸血 (供血者の血液輸血；autotransfusion「自己血輸血」「自家輸血」の対). dopage par ~ 異種血輸血によるドーピング.

hétérotransplantation *n.f.* 〖医〗異種間臓器移植 (＝xénotransplantation, xénogreffe；homeotransplantation「同種間臓器移植」の対). ~ osseuse 異種動物骨移植.

hétérotrophe *a.* 〖生〗従属栄養の, 有機栄養の (autotrophe「独立栄養」の対).
―*n.m.* 従属 (有機) 栄養体.

hétéroxène *n.m.* 〖生〗異種寄生.

hétérozygote *n.m.* 〖生化〗ヘテロ接合子, 異質接合体.

†**hêtraie** *n.f.* 橅 (ぶな) 林.

†**hêtre** *n.m.* **1** 〖植〗エートル, 橅 (ぶな) (fagacées 橅科；実は faîne).
2 橅材. meuble en ~ 橅材の家具.

heure *n.f.* ①〔時間〕**1**〔定冠詞と共に〕1 時間；〔数詞と共に〕…時間. L'~ est subdivisée en 60 minutes. 1 時間は 60 分に細分される. une demi-~ 半時間, 30 分. une grande (bonne) ~ たっぷり 1 時間. une petite ~ 小一時間；1 時間足らず. un quart d'~ 四半時間, 15 分. vingt-quatre ~s 24 時間, 丸一日. vingt-quatre ~s sur vingt-quatre 四六時中, 夜昼なく, 一日中休みなく. magasin ouvert 24 heures sur 24 24 時間営業の店. une fois l'~ (par ~) 1 時間に 1 度. kilomètre à l'~；kilomètre-~ キロメートル毎時, 時速…キロメートル〔略記 km/h〕. 100 kilomètres à l'~ 時速 100 km で. faire cent kilomètres à l'~；faire du cent à l'~ 時速 100 km を出す. rouler à cent à l'~ 時速 100 km で車を走らす.

attendre trois ~s 3 時間待つ. Je n'ai pas une ~ à moi. 1 時間も自分の時間がない.

2（交通機関の移動）所要時間 (＝ ~ de trajet)；通勤時間. une ~ d'avion (de route, de train) 飛行機 (車, 列車) で 1 時間. habiter à une ~ de Paris パリから 1 時間のところに住んでいる. Strasbourg est à une ~ d'avion de Paris. ストラスブールはパリから飛行機で 1 時間だ.

3 労働時間 (＝ ~ de travail). ~s de travail annuelles 年間労働時間. ~s supplémentaires 超過勤務時間, 残業〔時間〕. journée de 8 ~s 1 日 8 時間労働〔制〕. la semaine de 35 ~s en France フランスにおける週 35 時間の法定労働時間制.
La deuxième loi Aubry du 19 janvier 2000 abaisse la durée légale hebdomadaire à 35 ~s pour les entreprises de plus de 20 salariés à partir de 2000, pour les autres 2002. 2000 年 1 月 19 日の第 2 オーブリー法は, 従業員 20 人以上の企業に対しては 2000 年から, それ以外に対しては 2002 年から, 週間法定労働時間を 35 時間に低減することを定めている.

à l'~¹ 時給で (à la tâche, aux pièces「出来高払いで」の対). femme de ménage payée à l'~ 時給制の家政婦. payer qn 10 euros à l'~ 5 人に時給 10 ユーロを支払う.

4 時間帯；時期. ~s creuses 閑散期. ~s d'affluences (de pointe) 混雑期, ラッシュアワー, 繁忙期 (＝ ~s pleines).

5〖海〗潮時. ~ cotidal 等潮時. ~ de la basse (pleine) mer 低 (高) 潮時.

6〖学〗授業時間, 時限 (＝ ~ de classe, ~ de cours). J'ai dix ~s de math par semaine 1 週 10 時間の数学の授業がある.

7〖暦〗時 (じ)；〖天文〗時. ~ astronomique 天文時. ~ sidérale 恒星時. ~ solaire vraie (moyenne) 真 (平均) 太陽時.

8〔詩〕時 (とき) (＝temps). Les ~s passent vite. 光陰矢の如し.

②〔時刻〕**1** 基準の時刻, 時. ~ de Greenwich グリニッジ標準時〔略記 ~ GMT：〔英〕*G*reenwich *M*ean *T*ime〕. ~ légale 標準時；〖法律〗適法時刻. ~ légale en France フランス標準時. ~ locale 地方時；現地時間. à sept ~s, ~ locale 現地時間 7 時に.〖海〗~ du bord 船内時 (船上の独自の標準時). ~ d'été 夏時間, サマータイム. ~ d'hiver 冬時間. H~ d'Europe centrale 中部ヨーロッパ標準時〔略記 HEC〕. H~ d'Europe Occidentale 西ヨーロッパ標準時〔略記 HEO〕. H~ d'Europe orientale 東ヨーロッパ標準時〔略記 HEOr〕.

2 時刻, 時〔略記 h〕. l'~ 定刻. demander l'~ 時刻を尋ねる. Quelle ~ est-il ?／L'~ SVP ? ―Il est une ~. 今何時ですか ? ―1 時です. Vous avez l'~ ? ―J'ai deux ~s. 今何時ですか ? ―私の時計では 2 時です. trois ~s précis 3 時ちょうど. quatre ~s cinq 4 時 5 分. cinq ~s et quart 5 時 15 分. six ~s et demie 6 時半. sept ~s moins dix 7 時 10 分前. huit ~s moins le quart 8 時 15 分前. neuf ~s [nœvœr] du matin (du soir) 朝 (夜) の 9 時. deux ~s de l'après-midi 午後 2 時. à dix ~s juste [s] ちょうど 10 時に. vers onze ~s；sur les onze ~s 11 時頃. de sept à huit ~s 7 時から 8 時まで.

A quelle ~ partez-vous ? ―Je pars à 10 h 30. 何時にお発ちですか ? ―10 時 30 分に出ます. Le train arrive à 19h50. 列車は 19 時 50 分に着く.

à l'~² 時刻通りに, 定刻に. arriver juste à l'~² ちょうど定刻に着く. être à l'~ (時計が) 合っている. (人が) 時間に几帳面である. mettre sa montre à l'~ 時計を合わせる. Soyez à l'~. 時間を守ってください.

à une ~ avancée 〔de la nuit〕夜遅くに. à une ~ indue 時ならぬ時刻〔早朝, 深夜〕に. avant (après) l'~ 定刻より早く (遅く). ne pas avoir d'~ 時間を守らない, 時間にルーズである.

3 時報. ~ de France Inter フランス・アン

heureux (se)

テールのラジオで放送される時報. horloge parlante, procédé de diffusion de l'~ par appel téléphonique 電話による時報サービス.

4〖～+限定辞〗…する時刻(時間), …の刻限. ~ d'arriver (de départ) 到着(出発)時間. lieu et ~ du rendez-vous 待ち合わせの場所と時間. ~s d'ouverture d'un magasin 商店の営業時間.〔話〕~ du laitier 早朝. à l'~ du repas 食事時に. C'est l'~ de se coucher. 寝る時間だ. C'est l'~ où il se lève. 彼が起き出す時間だ. C'est l'~〔de partir〕! Partons. 時間だ！ 出掛けよう. Ce n'est plus l'~. もう遅すぎる.

la dernière ~¹; l'~ suprême (dernière) 最期, 臨終の時.〔la〕dernière ~² ぎりぎりの刻限;(新聞の)最新ニュース；最終版. nouvelles de〔la〕dernière ~ 締切間際に入ったニュース. à la (en) dernière ~ ぎりぎりになって；締切間際に. l'~ H〖軍〗作戦(戦闘)開始時間；〖一般〗〖行動予定時刻. H~ de vérité「真実を告げる時」(France 2 の TV 番組).

5〖成句〗à l'~ qu'il est; à cette ~ 今時分は；現在(今日)では. à la bonne ~ 良い(うまい)時に；〖間投詞的に〗うまいぞ, 結構です(賛意, 時に皮肉). À la bonne ~! 完璧だ！ à la première ~ 朝一番に；できるだけ早く.〔話〕à pas d'~ 夜更けに, 時ならぬ時に. à ses ~s 気が向いた時に；暇な時に. à son ~ うまい時に；自分に好都合な時に. à toute ~ 常時, いつも；一日中. magasin ouverte à toute ~ de la journée 終日営業の店.

d'~ en ~; ~ par ~ 時々刻々；1 時間毎に. La situation s'aggrave d'~ en ~. 事態は時々刻々悪化している. d'une ~ à l'autre 今すぐ；間もなく.

de bonne ~ 朝早く；普通の時刻・時期よりも早く. se lever de bonne ~ 早起きする. marier ses enfants de bonne ~ 子供たちを早く結婚させる.

dans quarant-huit ~s 2 日後.

sur l'~ 即刻, 直ちに.

tout à l'~ 今しがた, ついさっき；後ほど. Il est parti tout à l'~. 彼はつい先ほど出たばかりだ. À toute à l'~! それではまた後ほど, では又.

toutes les ~s 1 時間毎に, 毎時.

prendre ~ avec qn 人と会う時刻を決める. Je ne vous demande pas l'~ qu'il est. (あなたに時間など尋ねていない→) 余計な口出しはしないでください.

6〖カトリック〗定時課(=~s canonicales); 時祷書. grandes ~s 大聖務日課(matines「朝課」, laudes「賛課」, vêpres「晩課」). petites ~s 小聖務日課(prime「一時課」, tierce「三時課」, sexte「六時課」(正午の聖務日課), none「九時課」, complies「終課」).〔livre d'〕H~s 時祷書. Très Riches H~s du duc de Berry『ベリー公の絢爛豪華な時祷書』(1415 年頃).

7〖古代〗刻(こく)(昼間を 12 等分した時刻).

III〖時期・時代〗**1** 時期；時代. ~s agréables (tranquilles) 快適な(平穏な)時期(時代). traverser des ~s difficiles 困難な時期を過す. résistants de la première ~ 初期からのレジスタンス運動家.

à l'~+adj.; à l'~ de+n. …の時代に. à l'~ allemande ドイツ占領下に, ドイツの影響下に. vivre à l'~ de l'informatique 情報化時代に生きる. L'~ n'est pas (plus) à qch …する時ではない (もはや…の時ではない).

2〖所有形容詞と共に〗栄華(繁栄, 隆盛)の時；(時に)死期(=l'~ suprême, la dernière ~¹). attendre son ~ 時が来るのを待つ. Son ~ est passée. / Il a eu son ~. 彼の時代は終った. Son ~ est venue. 彼の時代が来ました; 死期が訪れた. Son ~ viendra. いつか報われる時が来るであろう. Sa dernière ~ est venue. 彼(彼女)の臨終の時が来た. Il a connu son ~ de gloire. 彼には栄光の時期があった. Un jour il aura son ~. いつの日か彼は世に出るであろう.

3〖定冠詞と共に〗現在, 今現, 現下. L'~ est grave. 現下の情勢は重大である. problèmes de l'~ 現今の諸問題. à l'~ actuelle 現時点において, 現時点では.

heureux (se) *a.*〖Ⅰ〗(幸運) (<〔古〕heur)

1 幸運な, 運が良い. un ~ mortel 運の良い人. être ~ au jeu (dans une activité, en affaires) 賭事(活動, 事業)で運に恵まれている. être ~ de+inf.¹ (que+subj.)¹ 幸運にも…する(…である). s'estimer ~ de+inf. (que+subj.)¹ …するのは(…なのは)もっけの幸いである. Estimez-vous ~ d'être en vie! 生命のあるのがもっけの幸いと思いなさい！

2 都合のよい, 上首尾な, 好ましい. ~ accouchement 安産.〖神学〗~ se faute 幸運なる罪過(良い結果をもたらす過ち)(=〔ラ〕felix culpa). ~ se fortune 幸運. ~ hasard 僥倖. ~ se influence 好ましい影響. ~ présage 吉兆. ~ résultat 好ましい結果. chance ~ se 幸運. choix ~ うまい選択. occasion ~ se 好機. succès ~; ~ succès 大成功.

avoir la main ~ se (勝負などで)ついている；(選択などが)うまい. avoir une ~ se mémoire 記憶がよい. être né sous une ~ se étoile 幸運の星の下に生まれている；何でも成功する. C'est ~ pour vous. それはあなたにとって絶好のチャンスだ. C'est ~ que+subj. いい具合に…だ.〔皮肉〕C'est encore ~! それだけでもまだよいほうだ！ Encore ~ que+subj. …なのはもっけの幸いだ.

3 よい, 恵まれた. ~ caractère よい性格, 楽観的性格. ~ climat 快適な気候. ~ se constitution 恵まれた体質. **4** 的確な；巧みな；調和のとれた. ~ choix de mot 的確な語の選択. ~ combinaison de couleurs 巧みな配色. ~ équilibre 調和のとれた均衡. ~ se manière de dire 巧みな表現方法. expression ~ se 的確な(巧みな)表現. répartie ~ se 絶妙の即答. tours ~ 巧みな言い回し.

Ⅱ(幸福 bonheur) **1** 幸福な, 幸せな；うれしい. amants (couple) ~ 幸せな恋人たち(カップル). peuple ~ 幸福な民. être ~ avec qn 人と一緒にいて幸せである. être ~ de + n (de + $inf.^2$)；être ~ que + $subj.^2$ …をうれしく思う. Je suis très ~ d'avoir fait votre connaissance. お目にかかれて大変うれしく思います；はじめまして《初対面の挨拶の文言》. M. X. —Très ~! X さんです. —はじめまして!《人を紹介されたときの挨拶》.
2 《文頭に置かれて感嘆詞的に》. H~ celui qui...! …の者は幸いだ! H~ les cœurs purs, car ils verront Dieu. 心の清い人は幸いである. 彼らは神を見るであろうから《マタイ 5.8》.
3 幸福そうな. air (visage) ~ 晴れ晴れとした様子(顔).
4 幸福のみなぎる, 幸福な. époque ~ se 幸福な時代, 黄金時代. situation ~ se 幸福な状況. souvenirs ~ 幸せな思い出. Bonne et ~ se année! よい年でありますように!, あけましておめでとうございます!《謹賀新年《年賀の挨拶の文言》.
— n. 幸福な人. les ~ et les malheureux 幸せな人と不幸な人. faire un ~ (des ~) 人を喜ばせる.

heuristique a. 発見に役立つ. 〖論理〗 hypothèse ~ 発見的仮説. 〖教育〗 méthode ~ 発見的方法, 発見的学習《指導》法 (= 〖英〗 heuristic method, heuristic learning)；〖電算〗ヒューリスティック.
— n.f. 《科学の》発見的方法論；《歴史の》古文書発見法.

† **heurt** n.m. **1** 衝突, 衝撃. ~ de deux voitures 2 台の車の衝突. ~ s entre les manifestants et la police デモ隊と警官隊の衝突. ~ violent 激突. bruit d'un ~ 衝突音.
2 軋轢, 激しい対立. leur collaboration qui ne va pas sans ~ 軋轢を避けられない彼らの協同作業. se garder de toutes les occasions de ~ あらゆる対立の機会を避ける.
3 《色・音などの》不調和, 際立った対比. ~s violents des tons d'un tableau 絵の色調の極端なコントラスト.

hexachlorobenzène n.m. 〖化〗ヘキサクロロベンゼン《略記 HCB》.
hexachlorocyclohexane n.m. 〖化〗ヘキサクロロシクロヘキサン ($C_6H_6Cl_6$；有機塩素系の殺虫剤. HCH と略記). gamma-~ ガンマ・ヘキサクロロシクロヘキサン《略記 γ-HCH；商品名 lindane》.
hexachlorohexane n.m. 〖化〗ヘキサクロロヘキサン《殺虫剤；略記 HCH》.
hexachlorophène n.m. 〖薬〗ヘキサクロロフェン《di(hydroxy-2 trichloro-3,5,6)-méthane, 外用殺菌消毒剤》.
hexachlorure n.m. 〖化〗六塩化物.
hexadécimal(ale) (pl. **aux**) a. 16 進法の.
hexaflumeron n.m. 〖化〗ヘクサフルメロン《白蟻用殺虫剤》.
hexafluorure n.m. 〖化〗六弗化物. ~ d'uranium 六弗化ウラン《核燃料；略記 UF 6》.
hexagonal(ale) (pl. **aux**) [εgzagɔnal, -o] a. **1** 六角〔形〕の. figure ~ ale 六角図形. 〖物理〗système ~ 六方晶系.
2 フランス本土の. agriculteurs ~ aux フランスの農民.《やや皮肉に》une politique étroitement ~ ale フランス本土に限られた政策.
hexagone [εgzagɔn] n.m. **1** 六角形. ~ régulier 正六角形.
2 l'H~ フランス本土《地形がほぼ六角形をしていることから》.
hexahydrobenzène n.m. 〖化〗ヘキサヒドロベンゼン (=cyclohexane；シクロパラフィンの一種).
hexaméthylène n.m. 〖化〗ヘキサメチレン (=cyclométhylène, hexahydrobenzène).
hexaméthylènediamine n.f. 〖化〗ヘキサメチレンジアミン ($C_6H_{16}N_2$；略記 HMDA；1, 6-ジアミノヘキサン 1, 6-diaminohexane).
hexaméthylphosphorotriamide n.m. 〖化〗ヘキサメチルホスホルアミド (O = P(N(CH_3)_2)_3；略記 HMPT).
hexane [εksan] n.m. 〖化〗ヘキサン《パラフィン炭化水素の一つ》.
hexaphényléthane n.m. 〖化〗ヘキサフェニルエタン.
hexavalent(e) a. **1** 〖化〗六価の. chrome ~ 六価クロム.
2 6 つの機能をもつ. 〖医〗vaccin ~ 6 種混合ワクチン《ジフテリア D, 破傷風 T, ポリオ P, 百日咳 C, B 型インフルエンザ Hib, B 型肝炎予防の 6 種混合の新型ワクチン；vaccin DTPC Hiber hépatite B》.
hexogène [εgzɔʒεn] n.m. ヘキソーゲン《ヘキサヒドロ-1,3,5-トリニトロ-1,3,5-トリアジンの通称；高性能軍用爆薬》.
hexone n.f. 〖化〗ヘクソン ($C_6H_{12}O$；イソブチルメチルケトン isobutylméthylcétone, メチルイソブチルケトン méthylisobutylcétone；略記 MIBK》.
hexose [εgzoz] n.m. 〖生化〗ヘキソース, 六炭糖《炭素原子 6 個をもつ単糖の総称》. ~ monophosphate ヘキソース一燐酸. ~

†**Hezbollah** diphosphate ヘキソース二燐酸.
†**Hezbollah** *n.pr.m.*〚政治〛le ~ ヒスボラ, 神の党 ([アラビア] hizbullāh. < Hizh Allah「神の党」)《1982 年に創設されたレバノンのイスラム教シーア派の過激派民兵組織・政治組織；Hizbollah, Hizballah》. combattants du ~ ヒスボラの戦士. mouvement du ~ au sud du Liban レバノン南部地区のヒスボラ運動.
Hf (= *haf*nium) *n.m.*〚化〛「ハフニウム」の元素記号.
HFC (= *hydrofluorocarbure*) *n.m.*〚化〛ハイドロフルオロカーボン, 弗化水素炭化合物《フロンの代替冷媒；環境汚染物質；2020 年に原則廃止》.
Hg *n.m.*〚物理・化〛「水銀」(mercure) の元素記号.
HGB (=〚独〛*Handelsgesetzbuch*) *n.m.* 商法典 (= le code de commerce).
HGF (=〚英〛*hepatocyte growth factor*) *n.m.*〚医〛肝細胞増殖(成長)因子 (=〚仏〛FCH : *facteur de croissance d'hépatocytes*).
HGH (=〚英〛*human growth hormone*) *n.f.* ヒト成長ホルモン (= hormone de croissance).
hGM (= *hormone gonadotrope ménopausique*) *n.f.*〚生理〛閉経期性腺刺激ホルモン.
HGP (=〚英〛*Human genom[e] project*) *n.m.*〚生化〛「ヒト・ゲノム〔解読〕計画 (=〚仏〛PGH : Projet génome humain)《1990 年スタート, 2003 年 4 月 14 日完了》.
HHV (=〚英〛*human herpes virus*-6) *n.m.*〚医〛ヒトヘルペスウイルス 6 型 (=〚仏〛VHH6 : virus herpès humain de type 6)《突発性発疹, 小児バラ病, 第六病の病原体》.
hiatal (**ale**) (*pl.***aux**) *a.*〚医〛裂孔 (hiatus) の.〚医〛hernie ~ale 裂孔ヘルニア.
Hib (= *Hæmophilus influenzæ de type B*) *n.m.*〚医〛B 型インフルエンザ菌《血清型 b 型グラム陰性通性嫌気性桿菌》. méningite à ~ B 型インフルエンザ菌性髄膜炎. vaccin contre les infections à ~ B 型インフルエンザ菌感染症用ワクチン.
hibernal (**ale**) (*pl.***aux**) *a.* 冬 (hiver) の. froid ~ 冬の寒さ. sommeil ~ 冬眠.
hibernation *n.f.* **1** 冬眠状態. être en ~ 冬眠している, 冬眠中である.
2〚医〛~ artificielle 人工冬眠；カクテル麻酔, 薬物冬眠；冬眠療法.
3〚電算〛ハイバーネーション, スリープ《ノート型パソコンをスリープ状態におくこと》.
4〚比喩的〛凍結, 停滞.
hibiscus [ibiskys] *n.m.*〚植〛ハイビスカス《あおい科 malvacées》.
†**hibou** (*pl.*~**x**) *n.m.* **1** イブー, 木菟 (みみずく)《ふくろう科 strigidés の鳥, 冠毛がある点が梟 (ふくろう) chouette と異なる》；(特に) こみみずく (= moyen duc). avoir des yeux de ~ (みみずくのように) 大きな目をしている.
2〚話〛孤独な人. vieux ~ 孤独な老人.
†**HIC** (=〚英〛*Highly Indebted Countries*) *n.m.pl.*《世界銀行 Banque mondiale 指定の》高債務国《これに代り, 1996 年世界銀行と国際通貨基金 FMI : *Fonds monétaire international* が HIPC (= *Heavily Indebted Poor Countries* ; =〚仏〛PPTE : *pays pauvres très endettés*) 過度負債貧困国の規定を採用》.
†**hic** [ik] (< [ラ] ici) *n.m.*〚話〛難点, 問題点. le ~, c'est le prix. 問題は価格だ.
†**hic et nunc** [ikɛtnɔ̃k]〚ラ〛*l.ad.* ここで今すぐに (= sur le champ, sans délai).
†**hic jacet**〚ラ〛「ここに眠る」《墓碑銘の文言》.
†**hideux** (**se**) *a.* **1** 醜い, 醜悪な, おぞましい. visage ~ 醜い顔.
2 卑劣な, 恐ろしい, 唾棄すべき. crime ~ 恐ろしい犯罪. spectacle ~ ぞっとする光景.
hidrosadénite *n.f.*〚医〛汗腺炎. ~ suppurative 化膿性汗腺炎.
†**hiémal** (**ale**) (*pl.***aux**) *a.* **1**〚文〛冬の.
2〚生〛冬期の ;〚植〛冬期成育性の. plante ~ales 冬期成育植物. sommeil ~ 冬眠.
hier *ad.* **1** きのう, 昨日. ~ à quinze heures きのうの午後 3 時. ~ matin きのうの朝, 昨朝. ~ soir ; ~ au soir きのうの夕方. le jour qui a précédé ~ 一昨日 (= avant-~). le journal d'~ きのうの新聞. la matinée d'~ きのうの午前中.
2 つい最近, 先頃. ne dater que d'~ つい先頃のことである. ne pas dater d'~ きのう今日のことではない.〚話〛né d'~ 生まれたての；未経験の. Je ne suis pas né d'~. 生まれたての赤ん坊ではあるまいし. Je m'en souviens comme si c'était ~. きのうのことのようにそれを覚えています.
——*n.m.*〚無冠詞〛昨日；(近い) 過去. H~ s'est bien passé. きのうはいい一日だった.
†**hiérarchie** *n.f.* **1** 階級(等級)制度；序列, ヒエラルキー；(身分の) 上下関係. ~ militaire 軍人の階級制度. ~ des francs-maçons フラン・マソン (フリー・メイスン) 結社員の階級制度. degrés (échelons) de la ~ 等級の段階. arriver au sommet de la ~ 序列の頂点に登りつめる. être en haut (bas) de la ~ 序列の上位 (下位) にいる.
2 (序列による) 体系. ~ des fonctionnaires 官僚の格付 (序列) 体系. ~ de salaires 給与体系. ~ des valeurs 価値体系.
3〚宗教〛聖職位階〔制度〕, (天使群の) 階級. ~ de l'Eglise catholique カトリック教会の聖職者位階制度. ~ d'ordre 聖職者位階制度 (カトリックでは évêques, prêtres, ministres, diacres など). ~ de juridiction 権限位階制度 (pape, évêques, curés など). la

première ~ des anges 天使の第一階級 (séraphins, chérubins, trônes). la deuxième ~ des anges 天使の第二階級《dominations, vertus, puissances》. la troisième ~ des anges (principautés, archanges, anges).
4 〖電算〗ランク付け,階層,順位. ~ de mémoires メモリーの階層；階層記憶. ~ des opérateurs 演算子の順位；演算順位.

†**hiérarchique** a. 階級(階層)制度の(に基づいた)；位階制の；序列の；等級の. classement ~ 等級による分類. contrôle ~ 中央官庁による統括. degré ~ 位階. organisation ~ 階級制度的組織. pouvoir ~ 統括権；職務上の権限,階層的権限. recours ~ 階層的異議申立. supérieur ~ 上司(上官). par la voie ~ 段階的(正規の)手順を踏んで.

†**hiérarchisé(e)** a.p. 序列化された,階層化した；等級制の. famille ~ 構成員の序列がはっきりした家族. postes strictement ~s 厳格に序列化された地位. salaires ~s 等級制の給料. société ~e 階層化社会.

†**hierarque** n.m. 1 〖東方教会の〗主教,大主教. 2 〖比喩的〗指導者,首長,高位者.

†**hiératique** a. 1 儀式めいた,厳粛な. attitudes ~s 儀式張った態度. visage ~ 厳粛な顔.
2 聖事に関する；聖職者の；宗教上の古式に則った. écriture ~ (エジプトの)神官文字.
3 〖美術〗宗教美術の,宗教美術的な. art ~ 宗教美術.

†**hi[-]fi** [ifi] 〖英〗n.f. ハイファイ(=high fidelityの略；=〖仏〗haute fidélité). chaîne ~ à télécommande リモートコントロール式ハイファイ・セット. magnétoscope ~ stéréo ハイファイ・ステレオ・ビデオ〔テープレコーダー〕.

†**high-tech** 〖英〗n.f. ハイテク,高度技術,先端技術(high-technologyの略；=〖仏〗techniques de pointe). la ~ européenne ヨーロッパの先端技術.

hijra n.m. 〖イスラム教〗ヘジラ,聖遷(モハメット Muhammad がメッカ La Mecque からメディナ Médine に移ったこと(西暦622年)；hegire).

†**hilaire** a. 〖解剖〗門(hile)の. ganglions ~s 肺門リンパ節.

hilarant(e) a. 笑いを誘う,笑いを催させる. gaz ~ 笑気ガス(protoxyde d'azote 一酸化二窒素；全身麻酔用).

†**hile** n.m. 1 〖解剖〗(肺・肝臓・腎臓などの)門. ~ du rein 腎門. ~ pulmonaire 肺門.
2 〖植〗(種子の)へそ. ~ de la fève そらまめのへそ.

[†]**hindi** n.m. 〖言語〗ヒンディー語《インドの公用語》.
——a. ヒンディー語の.

hindou(e) a. ヒンドゥー教の；インドの.

castes de la société ~e インド・ヒンドゥー社会のカースト.
——H~ n. ヒンドゥー教徒；インド人(=Indien).

hindouisme n.m. 〖宗教〗ヒンドゥー教.
hindouiste a. ヒンドゥー教の. mythes ~s ヒンドゥー教神話.
——n. ヒンドゥー教徒(=Hindou).

†**HIPC** (=〖英〗Heavily Indebted Poor Countries) n.m.pl. 過度負債貧困国(=〖仏〗PPTE：pays pauvres très endettés；1996年世界銀行と国際通貨基金FMI(IMF)が指定；1999年改正).

HIPN (=hydrocéphalie idiopathique à pression normale) n.f. 〖医〗特発性正常圧水頭症(=〖英〗INPH：idiopathic normal pressure hydrocephalus).

hippique a. 1 〖古〗馬の,馬に関する. science ~ 馬を研究する学問.
2 馬術の. concours ~ 馬術競技. sport ~ 乗馬スポーツ.
3 競馬の. chronique ~ 競馬通信.

hippisme n.m. 1 馬術. 2 競馬.

hippocampal (ale) (pl.aux) a. 〖解剖〗(脳の)海馬(hippocampe)の. formation ~ale 海馬体.

hippocampe n.m. 1 〖魚〗タツノオトシゴ.
2 〖ギ神話〗ヒッポカムポス《海神の車をひく馬の胴,魚の尾の怪物》.
3 〖解剖〗海馬《脳の海馬状隆起》,アンモン角(=corne d'Ammon).

Hippocrate n.pr. ヒポクラテス(Hippokrates)《古代ギリシアの医学者・医師；前460年頃-前377年頃》. le serment d'H~ ピポクラテスの誓約《医師の職業倫理綱領,医道倫理の誓約》.
▶ hippocratique a.

hippocratisme (<Hippocrates 〖前460頃-前375頃〗,古代ギリシアの名医) n.m. 1 〖医〗ヒポクラテス学説.
2 〖医〗太鼓の撥指(ばちゆび),鼓桴(こふ)状指,やもり指(=~ digital).

hirsutisme n.m. 〖医〗多毛症.

his (=histidine) n.f. 〖生化〗ヒスチジン(塩基性 α-アミノ酸の一種).

hispan[o]- 〖ラ〗ELEM「スペイン」の意. (ex. hispanophone スペイン語を話す).

hispanique a. スペインの；スペイン語圏の. Institut d'études ~s スペイン研究所.

hispanisant(e), hispaniste n. スペイン語学者,スペイン文化研究者.

hispano-américain(e) a. 1 スペインとアメリカの. Guerre ~e 米西戦争(1898年).
2 スペイン系中南米の.
3 スペイン系アメリカの.
——H~ n. 1 スペイン系中南米人. 2 スペイン系アメリカ人.
——n.m. 中南米で話されるスペイン語.

hispanophone *a.* スペイン語を話す；スペイン語を公用語とする；スペイン語圏の. Les Argentins sont ~s. アルゼンチン人はスペイン語を話す.
――*n.* スペイン語を話す人.

hist[o]- ［ギ］ ELEM 「組織」の意 (*ex. histo*logie〖生〗組織学).

histamine *n.f.* 〖生化〗ヒスタミン.
▶ histaminique *a.*

histaminique *a.* 〖生化〗ヒスタミンの, ヒスタミン性の. récepteur ~ ヒスタミン受容体.〖医〗test ~ ヒスタミン試験 (テスト), チラミン試験.

histidine *n.f.* 〖生化〗ヒスチジン (蛋白構成アミノ酸の一つ).

histio- ［ギ］ ELEM 「組織」の意 (*ex. histio*cyte 組織球).

histiocyte *n.m.* 〖生〗組織球 (組織定着性のマクロファージ).
▶ histiocytère *a.*

histiocytique *a.* 〖生〗組織球の, 組織球性の. sarcome ~ 組織球肉腫.

histiocytofibrome *n.m.* 〖医〗組織球繊維腫, 皮膚繊維腫 (＝dermatofibrome).

histiocytome *n.m.* 〖医〗組織球腫, 皮膚繊維腫 (＝dermatofibrome).

histiocytose *n.f.* 〖医〗組織球症. ~ néoplastique 腫瘍性組織球症. ~ réactive 反応性組織球症. ~ X 原因不明性組織球増殖症 (網膜内皮症の一種).

histochimie *n.f.* 〖生〗組織化学 (生物組織の細胞成分の化学的な研究).

histocompatibilité *n.f.* 〖生・医〗組織適合性. antigène d'~ 組織適合抗原. groupe d'~ 組織適合性群. système ~ (血液型の) 組織適合性判定法. système d'~ HLA ヒト白血球抗原組織適合性理論.

histogène *n.m.* 〖生〗原組織.

histogénèse, histogénie *n.f.* **1** 〖生・解剖〗組織形成 (再生), 組織分化. **2** 〖生〗組織発生；〖医〗病的組織形成学.

histogramme *n.m.* 〖統計〗柱状グラフ, 柱状図表, ヒストグラム (度数分布図).

histoire *n.f.* Ⅰ 〖歴史〗**1** 歴史, 史実, 史伝. ~ de France フランス史. ~ de la France contemporaine 現代フランス史. ~ de l'art 美術史. ~ de la musique 音楽の歴史. ~ du Japon et des Japonais 日本人と日本人の歴史. ~ naturelle 博物学. ~ sainte (sacrée) 聖史. ~ universelle 世界史. dessous de l'~ 歴史の内幕. grande ~ 表舞台の歴史, 本筋の歴史. petite ~ 歴史の裏話. pour la petite ~ 裏話としては.
Mais la difficulté, c'est qu'il n'y a pas deux ou trois temporalités, mais bien des dizaines, chacune impliquant une ~ particulière. Leur somme seule, appréhendée dans le faisceau des sciences de l'homme, constitue l'~ globale dont l'image reste si difficile à reconstituer dans sa plénitude (Fernand Braudel "La Méditerranée") ただし問題は, 時間性というものが二つとか三つに限られるのではなく, 何十とあり, その一つ一つが固有の歴史を含んでいることである. 人文科学の束の中で捉えたそれらの総体こそが総合史を形成するのであるが, その姿を完全に再現することは依然としてきわめて困難である (フェルナン・ブローデル『地中海』).
2 人間の記憶に残るもの, 後世の判断. Seule l'~ jugera de la justesse de la décision prise par le général de Gaulle de retirer la France de l'organisation militaire de l'OTAN. ド・ゴール将軍による NATO 軍事機構からのフランス脱退という決定の正しさは, 後世になって初めて判断されるだろう.
3 歴史学 (歴史学の関連分野としては考古学 archéologie, 年代学 chronologie, 歴史的公文書学 diplomatique, 碑銘学 épigraphie, 家系学 généalogie, 古文書学 paléographie などがある). nouvelle ~ 新しい歴史学 (Marc Bloch や Lucien Febvre などが 1929 年に興した「アナール学派」école des Annales の唱える新しい歴史認識に基づく歴史学). professeur d'~ 歴史学教授 (教諭).
4 歴史学の対象となる事物の流れ. le sens de l'~ 歴史の流れの方角.
5 来歴, 由来. ~ de la tour Eiffel エッフェル塔の歴史. écrire sa propre ~ 自叙伝を書く.
6 歴史書 (＝livre d'~).
7 〖絵画〗peinture d'~ 歴史画.
8 有史時代 (préhistoire「先史時代」の対).
Ⅱ 〖物語, 話〗**1** 物語, 小話, 挿話, お伽噺. ~ vraie 実話. ~ vécue 体験談. une ~ à dormir debout まったく退屈な話. ~ d'amour 恋愛物語. ~ de chasse (de pêche) 自慢話. ~s de corps de garde 下品な話, 猥談. ~ marseillaise ホラ話. bonne ~ 笑える話, おかしな話 (現代では une bien bonne という). petite ~ 小噺. Mais ceci est une autre ~. (お伽噺の終わりに) これはまた別の話です.
2 作り話, 嘘. Ce sont des ~s. それは作り話だ, 嘘っぱちだ. raconter des ~s あることないことを並べ立てる.
3 出来事, 事件, ことの顚末. Quelle ~！ 何という話だ！ le plus beau de l'~ 事件のさわり. Il m'est arrivé une drôle d'~. 奇妙な体験をした.
4 〖多くの場合 *pl.* で〗厄介ごと, 面倒, 悶着, 騒ぎ. un homme à ~s 面倒を起こす人. sans ~ 問題なく. C'est toujours la même ~. いつも同じ騒ぎだ. se fourrer dans une sale ~ 厄介ごとに巻き込まれる. N'en faites pas toute une ~. 大騒ぎしなさんな.
5 〖話〗~ de＋*inf.* …するため. ~ de l'ennuyer 彼 (女) を困らせるため.

histologie *n.f.*〖生〗**1** 組織学, 生物組織学《生物組織の微細構造を研究する生物学の1部門》. **2** 生物体の微細構造.
histologique *a.*〖解剖・医〗組織学の. coupe ~ 組織断面〔図〕. examen ~ 組織検査.
histolyse *n.f.*〖生〗組織分(崩)壊.
histone *n.f.*〖生化〗ヒストン《強い塩基性の蛋白質の総称》.
histopathologie *n.f.* 組織病理学.
histophysiologie *n.f.* 組織生理学.
histoplasmose *n.f.*〖医〗ヒストプラスマ症《ヒストプラスマの組織内寄生症》.
historicité *n.f.* 歴史性；史実性.
historié(e) *a.*〖美術〗人物を配した情景で彩られた；(特に聖書・聖人伝の) 情景描写式の. chapiteau ~ 人物を配した情景描写式柱頭.
historien(ne) *n.* **1** 歴史家；歴史学者. ~ de l'art (de la religion) 美術史 (宗教史) 家 (学者). ~ de la Révolution フランス大革命史研究者.
2 歴史学専攻の学生 (= étudient en histoire).
historiographe *n.* 修史官, 修史史料編集官.
historiographie *n.f.* 修史編集.
historique *a.* **1** 歴史の, 歴史に関する, 史的な；歴史学的方法による. dictionnaire ~ 歴史事典. documents ~s 歴史史料, 史料. enseignement ~ 歴史教育. études (recherches)~s 史的研究. explication ~ 歴史的説明. linguistique ~ 歴史的言語学, 言語学史. méthode ~ 歴史学的方法. tableau ~¹ 歴史年表. vérité ~ 歴史的真実.
2 歴史上の, 実在の；有史時代の (préhistorique「先史時代の」の対). faits ~s 歴史的事実. personnage ~ 歴史上の人物, 実在人物. roman ~ 歴史小説. tableau ~² 歴史画. temps ~s 有史時代 (= période ~).
3 歴史に残る, 歴史的な. château ~ 歴史的名城. événement ~ 歴史的出来事. famille ~ 由緒ある家系. journée ~ 歴史に残る一日. monuments ~s 歴史的記念建造物, 史的建造物. parole (mot)~ 歴史に残る言葉.
4〖文法〗le présent ~ 歴史的現在；物語の現在〔時制〕.
——*n.m.* 経過的記述；史的考究；(物事の) 経過, 経緯, 沿革. ~ des événements 事件の経過説明. ~ d'un mot 語の史的説明；語史. faire l'~ d'une question 問題の経緯を説明する.
†**hitlérien(ne)** *a.* (<Adolf Hitler〔1889-1945〕) ヒットラーの；ヒットラー支持派の；ナチの. l'Allemagne ~*ne* ヒットラー体制下のドイツ, ナチスドイツ.
——*n.* ヒットラー支持派, ヒットラー体制派.
†**hit(-)parade** [itpərəd] (*pl.* ~(-)~*s*)〔英〕*n.m.* ヒットパレード；(歌の) ヒットチャート；(映画の) 人気番付；〔一般に〕ランク付《公用推奨語は palmarès》. ~ des hommes politiques 政治家の人気番付. ~ national des disques レコードの全国ヒットパレード.
HIV (= 〔英〕 *H*uman *I*mmunodeficiency *V*irus) *n.m.* ヒト免疫不全ウイルス (= 〔仏〕VIH：virus de l'immunodéficience humaine). rétrovirus ~ ヒト免疫不全レトロウイルス.
hiver *n.m.* **1** 冬《北半球では solstice d'~「冬至」から équinoxe de printemps「春分」まで》. L'~ a été doux cette année. 今年は暖冬だった.〔比喩的〕~ nucléaire 核の冬《核爆発による塵が大気に拡散することによって生じる気温の低下現象》. ~ rigoureux (rude) 厳冬. sports d'~ 冬季スポーツ. stations d'~ 冬季滞在地, 冬季スポーツ基地. vêtements d'~ 冬服.
2〔詩〕老年. l'~ de la vie 晩年.
hivernage *n.m.* **1** 冬ごもり, 越冬.
2〖海〗冬の碇泊期 (港).
3〖地理〗(アフリカの熱帯地方の) 雨期.
4〖農〗冬期耕作, 冬耕；(家畜の) 冬ごもり (estivage「夏期放牧」の対)；冬期飼料；抑制栽培.
hivernal(ale) (*pl.* *aux*) *a.* 冬の. froid ~ 冬の寒さ. station ~*ale* 冬季滞在地, 冬季スポーツ基地.
——*n.f.* 冬期登山 (= ascension ~*ale*).
hivernant(e) *n.* **1** 避寒客. Il y a beaucoup d'~s à Nice. ニースには大勢の避寒客がいる.
2 冬季スポーツ客.
HL (= *h*onoraire *l*ibre) *n.m.*〖医〗(健康保険外の) 自由医療報酬.
hl (= *h*ecto*l*itre) *n.m.*〖度量〗ヘクトリットル (100ℓ).
HLA [aʃɛla] (= 〔英〕 *H*uman *L*eucocyte *A*ntigen) *n.m.*〖生・医〗ヒト白血球抗原, 組織適合抗原 (= 〔仏〕ALH：*a*ntigène de *l*eucocyte *h*umain) (~-A, -B, -C, -D, -DR, -DP, -DQ などが判明している). système〔d'histocompatibilité〕 ~ ヒト白血球抗原組織適合性理論.
HLE (= *h*eure *l*imite de présentation à l'*e*nregistrement) *n.f.*〖航空〗搭乗手続締切時間.
HLM¹ (= *h*abitation à *l*oyer *m*odéré) *n.f.* 低家賃住宅. offices publics d'~ 低家賃住宅公社. organismes d'~ 低家賃住宅団地〔組織〕. sociétés anonymes d'~ 低家賃住宅株式会社. sociétés coopératives de production d'~ 低家賃住宅建設協同組合.
HLM² (= *h*ématies *l*eucocytes *m*inute) *n.f.pl.*〖医〗1分当たりの赤血球・白血球量. analyse ~ (尿の) 1分当たりの赤血球・白血球数の計量検査.
HMDA (= *h*exa*m*éthylène*d*i*a*mine) *n.f.*

hMG (= hormone ménopausique gonadotrophique) n.f. 〖生〗ヒト閉経期性ゴナドトロピン, 閉経期性腺刺激ホルモン.

HMG-CoA (= 3-hydroxy-3-méthylglutaryl-coenzyme A) n.f. 〖生化〗3 = ヒドロキシル = 3 = メチル=グルタリル補酵素A (還元酵素). ~ réductase 還元酵素阻害薬 (コレステロール血症治療薬).

HMPT (= hexaméthylphosphorotriamide) n.f. 〖化〗ヘキサメチルホスホルアミド (O = P(CH₃)₂)₃)

HNO₃ (= acide nitrique) n.f. 硝酸 (化学記号).

Ho (= holmium) n.m. 〖化〗「ホルミウム」の元素記号.

†**Hô Chi Minh-Ville** n.pr.f. ホーチミン市 (= Ville de Hô Chi Minh) (1975年まで旧称 Saigon; ヴェトナム社会主義共和国最大の都市).

†**hockey** n.m. 〖スポーツ〗ホッケー (英国ではフィールド・ホッケー, アメリカではアイス・ホッケーを指す). ~ sur gazon フィールド・ホッケー. ~ sur glace アイス・ホッケー. équipe de ~ ホッケー・チーム.

†**hodgkinien(ne)** a. 〖医〗ホジキン病の, ホジキン病性の. lymphomes ~s ホジキン病性悪性リンパ腫. lymphomes non ~s 非ホジキン病性リンパ腫.

†**Hofei** ⇒ **Hefei**

†**Hohhot** [中国] n.pr. フフホト, 呼和浩特 (内蒙古自治区の首都; 繊維産業都市).

†**holding** [ɔldiŋ] [英] n.m. (n.f.) 持株会社 (= société ~).

†**hold-up** [ɔldœp] [米] n.m.inv. 〖pl. に~-~s〗ホールド・アップ, 武装強盗, 強奪. ~ d'une banque 銀行強盗.

†**hollandais(e)** a. オランダ (la Hollande) の; ホーラント地方 (province de ~) の; オランダ王国 (les Pays-Bas, la Néerlande; [オランダ語] het Koninkrijk der Nederlanden (オランダ王国)) の (= néerlandais(e)). 〖美術〗école ~e オランダ派. fromages ~s オランダ・チーズ. 〖料理〗sauce ~e ソース・オランデーズ (バター, 卵黄, 水でつくる温かいソース). 〖料理〗à la ~e ソース・オランデーズを添えた. vache ~e オランダ乳牛 (黒い斑点のある乳牛の品種) (= frisonne; race ~e).
──H~ n. オランダ人.
──n.m. 1 〖言語〗オランダ語. 2 オランダ・チーズ. 3 オランダ紙 (透かし入り高級紙).
──n.f. 1 〖織〗ホーラント (オランダ特産の亜麻布・リネン).
2 オランダ陶器 (= porcelaine de Hollande).
3 (じゃがいもの) オランダ種 (大粒で果肉の黄色い多澱粉質の品種).

†**hollande** n.m. 1 オランダ・チーズ (= fromage de Hollande) (édam, gouda など). 2 オランダ紙 (= papier ~) (透かし入りの上質紙).

†**hollywoodien(ne)** [ɔliwudjɛ̃, -ɛn] a. ハリウッド (Hollywood) の.

holmium [ɔlmjɔm] n.m. 〖化〗ホルミウム (元素記号 Ho, 原子番号 67. 1879 年発見の希土類元素).

holo- [ギ] ELEM「全体, 完全」の意 (ex. hologamie 全配偶性).

holocauste n.m. 1 〖宗教史〗(ユダヤ教の) 全燔祭 (ぜんはんさい) の供物; (宗教的な) 生贄 (いけにえ), 犠牲.
2 犠牲にすること; 生贄, 犠牲者. s'offrir en ~ à qc… にわが身を犠牲に捧げる.
3 〖史〗l'H~ ナチスによるユダヤ人の大虐殺, ホロコースト (= la Shoah); 大虐殺.

holocène n.m. 〖地学〗完新世 (第四紀前期の更新世 pléistocène に続く第四紀末の時代; 西暦紀元前 8000 年から現代まで). ~ ancien (inférieur) 古完新世 (= mésolithique「中石器時代」). ~ moyen 中完新世 (= néolithique「新石器時代」). ~ récent (supérieur) 新完新世 (= âge des métaux「金属器時代」).

holocristallin(e) a. 〖鉱〗(火成岩が) 完晶質の, 完全結晶の.

holoenzyme n.f. 〖生化〗ホロ酵素.

hologramme [ɔlɔgram] n.m. 〖光学〗ホログラム (ホログラフィーによる映像).

holographe ⇒ **olographe**

holographie [ɔlɔgrafi] n.f. 〖光学〗ホログラフィー.

holométabole a. 〖昆虫〗完全変態の (hétérométabole「不完全変態の」の対). insecte ~ 完全変態昆虫.

holoprotéine n.f. 〖生化〗ホロ蛋白質.

holoside n.m. 〖生化〗ホロシド (加水分解により糖をつくる炭水化物).

holotype n.m. 〖生〗正基準標本, 完模式標本 (= type).

holter [ɔltɛr] (< Norman Jefferis H~ [1914-83], 米国の生物・物理学者) n.m. 〖医〗ホルター心電計 (24～48 時間の長時間携帯式心電図記録計).

†**homard** n.m. 〖甲殻類〗オマール〔海老〕, 大海ざりがに, ロブスター. ~ américain アメリカン・ロブスター. ~ breton ブルターニュ産オマール (食材として最も珍重される). 〖料理〗~ à l'américaine オマール・ア・ラメリケーヌ (オマールの頭部のミソとコライユ, 殻, バター, コニャック, 調味料などでつくるソース・アメリケーヌ sauce américaine 添え). 〖料理〗~ à l'armoricaine アルモール風オマール (オマールのソース・アメリケーヌとほぼ同じ; クリーム, にんにくとトマトが加わる). 〖料理〗~ grillé オマール・グリエ (オマールのオーヴン焼き). 〖料理〗bisque de ~〔s〕ビスク・ド・オマー

ル(白葡萄酒・コニャック・生クリームで調理したオマールのポタージュ). pinces de ~ オマールのはさみ〔肉〕. 〖料理〗sauce ~ オマール・ソース. 〖話〗être rouge comme un ~ (ゆでたオマールのように)真っ赤である.

†**homarderie** *n.f.* 〖漁〗オマール海老(homard)養殖場.

†**homardier** *n.m.* 〖漁〗**1** オマール漁船. **2** オマール漁師.

†**home** [ɔm]〔英〕*n.m.* **1** 自宅. ~ cinéma ホーム・シネマ, 自宅映画館. **2** ホーム, 集会所, 施設 (= foyer). ~ d'enfants 託児ホーム. ~ de semi-liberté 未成年犯罪者の半拘束施設.

homélie *n.f.* **1** 〖宗教〗福音書講話; 説教, 法話. **2** 〖古〗〖蔑〗退屈極まりないお説教.

homéo- 〔ラ〕ELEM「類似」の意 (ex. *homéo*pathie 類似療法).

homéoboîte *n.f.* 〖生〗ホメオボックス(動物発生の形成を制御する遺伝子中の塩基配列).

homéopathe *n.* 〖医〗ホメオパシー(homéopathie)実践医.
—*a.* ホメオパシーを実践する.

homéopathie *n.f.* 〖医〗ホメオパシー, 同毒療法, 類似治療法 (allopathie「逆症療法」の対).

homéopathique *a.* **1** 〖医〗ホメオパシー(同毒療法, 類似療法)の. remède ~ ホメオパシー治療薬.
2〔比喩的〕à dos ~ ごく少量の, ほんのわずかの.

homéostasie [ɔmeɔstazi] *n.f.* 〖生理〗ホメオスタシス, 恒常性(生体が環境の変化の中で形態的・生理的性質を保ち, 生存を維持しようとする性質).

homéostat [ɔmeɔsta] *n.m.* **1** 〖情報〗ホメオスタット, 自動制御, 恒常性機能. **2** 〖生〗ホメオスタシス (=〔英〕homeostasis), 恒常性. **3** 〖社会〗(社会組織などの)平衡維持傾向, 恒常性;〖心理〗恒常性.

homéotherme *a.* 〖動〗定温性の, 恒温性の (poïkilotherme の対). animal ~ 定温(恒温)動物.
—*n.* 定温(恒温)動物.

homéothermie *n.f.* 〖動〗低温〔恒温〕性.

homéotique *a.* 〖遺伝子〗ホメオティックな, 相同異質形成の. gênes ~s ホメオティック遺伝子(突然変異により体の組織に変化させる調節遺伝子). mutation ~ 相同異質形成突然変異, 同列変異.

†**homepage** [ompaʒ]〔英〕*n.f.* 〖情報〗ホームページ (= page d'accueil).

†**home-trainer** [ɔmtrɛnœr] (*pl.* ~-~s)〔英〕*n.m.* ホーム・トレーナー《家庭用トレーニング器具》.

homicide[1] *n.m.* 〖法律〗殺人〔罪〕;殺人行為. commettre un ~ involontaire (par imprudence) 過失致死罪を犯す. être accusé d'~ volontaire 謀殺で告発される.

homicide[2] *n.* 〖文〗人殺し, 殺人者 (= assassin); 他人の破滅を導く者.
—*a.* 〖文・古〗人殺しの. guerre ~ 多数の死者を出す戦争.

hominidés *n.m.pl.* 〖動〗ひと科(homo-sapiens ホモ・サピエンスと pithécanthrope ピテカントロプス(原人)を含む).

hominiens *n.m.pl.* 〖動〗ひと上科(霊長目の亜目; australopithèques 猿人科とひと科 hominides の2つの科を含む).

hominisation *n.f.* **1** ひと化(霊長類から人類までの進化過程). étapes de l'~ ひと化の諸段階. **2** (環境の)人間化.

hommage *n.m.* **1** 尊敬(崇拝)のしるし, 敬意. ~ chaleureux 熱烈な敬意. rendre ~ à qn 人に敬意を表する. rendre ~ à Dieu 神を崇拝する. ~s à qn 人に対する表敬. en ~ à … を讃えて. cérémonie en ~ aux morts d'une guerre 戦没者を讃える儀式.
2〔多く *pl.*〕(特に女性に対する)敬意, 礼儀; 讃辞. femme flattée de recevoir des ~s 敬意を受けることに喜ぶ女性. présenter ses ~s à une dame 婦人に敬意を表す.
Elle est sensible aux ~s. 彼女はお世辞に弱い. Veuillez agréer, madame, mes respectueux ~s. 敬具《既婚婦人に対する手紙の結びの文言》. Mes ~s, Madame. 奥様に心からの敬意を表します. Mes ~s à madame X. 奥様に何卒よろしくお伝え下さい.
3 献上, 献呈. A monsieu (madame) X, ~ de l'auteur 著書より X 様に謹呈《献辞の文言》. en ~ de ma reconnaissance 感謝のしるしとして. faire ~ d'un livre à qn 人に献本する.
4 〖史〗(封建時代の)臣従の礼. ~ lige 臣下となる誓い. jurer foi et ~ 臣下の誓いを立てる.

homme *n.m.* Ⅰ (人)人間, 人;〔多く定冠詞と共に〕人類, 人間(総称). l'~ et l'animal 人間と動物. les ~s 人類 (=l'humanité); 人間; 人びと. les ~s de bonne volonté 善意の人びと. ~ de couleur 有色人種. ~ de Cro-Magnon (de Néandertal) クロ=マニョン(ネアンデルタール)人. ~ de la rue ありふれた人間. ~s fossiles 化石人. ~ invisible 透明人間.
le premier ~ 最初の人, アダム (Adam). les premiers ~s 原始人. droits de l'~ 人権. Déclaration des droits de l'~ et du citoyen de 1789 1789年の人間と市民の諸権利に関する宣言(人権宣言). 〖法律〗fait de l'~ 人の所為. Fils de l'~ 人の子, キリスト (=le Christ). Musée de l'~ 人類博物館. 〖法律〗présomption de l'~ 人(裁判官)による事実上の推定. sciences de l'~ 人間

学；人類学（=anthropologie）.
comme un seul ~ 一斉に, 全員一致して.
Ils se levèrent comme un seul ~. 彼らは一斉に立ち上がった.
avoir foi en l'~ 人間に信頼を寄せる. être digne du nom d'~ 人の名に恥じない. haïr les ~s 人間を憎む. Un ~ à la mer! 人が海に落ちたぞ！ Ce n'est qu'un ~. あれも生身の人間だ.

II〖男〗**1** 男, 男性（femme「女, 女性」の対）；人. club réservé aux ~s 男性専用クラブ. coiffeur pour ~s 散髪屋, 理髪師. parole d'~ 男の一言. vêtements d'~ 男物の衣服. voix d'~ 男の声, 男声. actrice habillé en ~ 男装の女優. d'~ à ~ 単刀直入に, 腹蔵なく. parler à qn d'~ à ~ 人に単刀直入に話す.

◆〖品質形容詞と共に〗
~ bon 善良な人. bon ~ お人好し. ~ brave 勇敢な人. brave ~ 実直な人. ~ grand 大男. grand ~ 偉人. ~ pauvre 貧しい人. pauvre ~ 可哀想な男. politique 政治家. ~ public 公人. ~ viril 男らしい男. vieil ~ 老人.

◆〖所有形容詞と共に〗
trouver son ~ 適任者を見つける.
Je suis votre ~. 何でもお望み通りにいたします.
Voilà mon ~. あれが私の意中の人です.

◆〖~ à+n.(inf.)〗
~ à femmes (à bonnes fortunes) 女にもてる男, 艶福家. ~ à gages 雇人. ~ à prétentions 野心家. ~ à toute main 何でも屋.
~ à+inf. …できる（…しかねない）男. Il n'est pas ~ à mentir. 彼は嘘のつける男ではない.

◆〖~ de+n.(inf.)〗
~ d'affaires 実業家. ~ d'argent 金銭に執着する人. ~ de bien 善行を積む人, 慈善家. ~ de cheval 競馬関係者. ~ d'Eglise 聖職者. ~ d'Etat 政府高官；政治家. ~ de lettre 文人, 文学者. ~ de loi 法曹家；司法職員. ~ de mer 海の男, 船乗り, 船員. ~ du monde 社交界の人. ~ de paille 名儀〔貸与〕人. ~ de peine 下僕；労務者. ~ du peuple 庶民階級の男.
être ~ de+inf. …するのに適した男だ.

◆〖合成要素〗~-cadre 管理職の男性. ~-cible 批判の的になっている人. ~~-masse マス人間.

2 一人前の男；成人〔男子〕. ~ fait 成人男子. devenir〔un〕~；se faire ~ 大人になる. âge d'~ 成年. Tu comprendras, quand tu seras un ~. 大人になったら判るだろう.

3 jeune ~ 若者〔女性は jeune fille；複数は jeunes gens, 稀に jeunes ~s〕；未婚の青年, ひとり者；〖俗〗息子〔『呼びかけ』お若いの, 君《10歳位からかなりの年配者にも用いる》. un beau jeune ~ 美青年. tout jeune ~ 少年. votre jeune ~ あなたの息子. avoir la vigueur d'un jeune ~ 若者の活気がある. Bonjour, jeune ~ ! やあ君, 今日は！

4〖俗〗〖所有形容詞と共に〗夫；愛人. C'est mon ~. うちの人です.〖話〗Elle vit avec son ~. 彼女は男と暮している.

5 部下；兵士（=~ du rang）；職工（=ouvrier）. ~ de main 手下, 手の者. chef de chantier et ses ~s 工事現場の主人とその部下の職工. dix mille ~s en bataille rangée 会戦に加わった1万の兵士.

homme-femme(pl. ~s-~s) a. 男女の；男女間の. égalité ~ 男女平等.

homme-grenouille (pl. ~s-~s) n.m. フロッグマン；〖軍〗潜水工作員.

homme-orchestre(pl. ~s-~s) n.m. **1** オーケストラ人間《多数の楽器を同時に演奏する人》.
2〖比喩的〗多機能人間, 多才な人.

homme-robot(pl. ~s-~s) n.m. ロボット人間.

homme-sandwich (pl. ~s-~s) n.m.〖宣伝〗サンドウィッチ・マン.

homo [ɔmɔ] (homosexuel(le)の略) n. 同性愛者, ホモ (hétéro (sexuel (le))の対).

homochromie n.f.〖動〗保護色. ~ du caméléon カメレオンの保護色.

homocinétique a. 同一速度の.〖機能〗自在継手連結.〖物理〗particules ~s 同一速度粒子.

homocycle n.m.〖化〗単素環〔式〕, 同素環〔式〕.

homocyclique a.〖化〗単素環の, 同素環の. composé ~ 単素環式化合物, 同素環式化合物.

homocystinurie n.f.〖医〗ホモシスチン尿症.

homogamétique a.〖生〗同型の (hétérogamétique「異型の」の対). sexe ~ 同型性（性を決定する配偶子を一つだけもつ性）.

homogamie n.f.〖生〗雌雄同熟；同形配偶；同類交配.

homogène a. **1** 均質の, 等質の, 均一の. ensemble ~ 均一の総体. équipe ~ 単独チーム. groupe ~ まとまりのよい（統一のとれた）グループ. ministère ~ 単独内閣. œuvre ~ むらのない作品. substance ~ 均質体.
2 同種の, 同質の, 互いに等質の. éléments (parties)~s 等質の諸要素（部分）.
3〖生〗相同の.
4〖数〗同次の, 斉次の. coordonnées ~s 同次（斉次）座標. équation ~ 同次方程式. fonction ~ 同次関数. polynôme ~ 同次式.
5〖論理〗同質的な.

homogénéisation n.f. **1** 均質（等質・同質）化. ~ du lait 牛乳の均質（等質）化

《脂肪球を細粒化してクリームが分離しないようにすること》. **2** 〚生〛(組織の)ホモジェネート化《細胞構造を細かく砕いて懸濁液を得ること》.

homogénéisé(e) *a.* 均質化された. lait ~ 均質(等質)牛乳, ホモ牛乳.

homogénéité *n.f.* **1** 均質(等質・同質)性, 均一性；一体性；均等度. ~ d'un parti politique 政党の一体性. **2** 〚数〛同次性.

homogreffe [ɔmɔgrɛf] *n.f.* 〚生・医〛同種移植(=homotransplantation, allogreffe)《同種間の臓器・組織等の移植》(hétérogreffe「異種移植」の対).

homolatéral(ale)(*pl.***aux**) *a.* (体の)片側の. 〚医〛douleur ~ale 片側痛. 〚医〛hémiplégie ~ale 片側不全麻痺.

homologation *n.f.* 〚法律〛認可, 認定, 承認；批准(=ratification). ~ administrative (judiciaire) 行政的(司法的)認可(承認). ~ d'un hôtel ホテルの基準合格認定. ~ d'un partage de succession 遺産配分の認定. ~ des tarifs des transports 交通料金の認可.
2 〚スポーツ〛(記録の)公認. ~ d'une performance 記録の公認.

homologue *a.* **1** 〚数〛ホモロジー(homologie)の；対応(相応)する. angles ~s 対応角.
2 〚生・解剖〛相同の. organe ~ 相同器官. proteines ~s 相同蛋白質.
3 〚化〛同族の. composés ~s de l'éthylène エチレンの同族化合物.
4 (役職などが)同等の.
――*n.* **1** 〚生〛相同物；相同器官(=organe ~).
2 〚化〛同族化合物(=composés ~s)；同族体；同族列.
3 同等の地位にある人. Notre ministre des affaires étrangères a rencontré son ~ allemand. わが国の外務大臣はドイツの外務大臣に会った.

homologué(e) *a.p.* **1** 〚法律〛許可(承認・認可)された. hôtel ~ (観光庁の観光ホテル規格に合致した)認定ホテル. tarifs ~s des transports 交通機関の認可運賃.
2 〚スポーツ〛公認された. record ~ 公認記録.

homolyse *n.f.* 〚化〛ホモリシス.

homonyme *a.* 〚言語〛同音異義の《同音同型異義 homophone homographe [*ex.* tour] と同音異形異義 homophone non homographe を含む》.
――*n.m.* **1** 〚言語〛同音異義語(*ex.* pain と pin；tour など)；異音同義語(*ex.* chat と [英] cat の対).
2 同名の人(土地)(*ex.* Troyes と Troie).

homoparental(ale)(*pl.***aux**) *a.* 同性愛者である父(母)の.

homoparentalité *n.f.* ホモの親属性, ホモ血族(親族)関係.

homophone *a.* 〚言語〛同音の.
――*n.m.* 〚言語〛同音異義語(*ex.* eau と haut). ~ homographe 同音同型異義語(*ex.* la tom et le tom).

homopolaire *a.* 〚化・電〛等極の, 同極の. composé ~ 同極化合物. liaison ~ 等極結合.

homopolymère *n.m.* 〚化〛ホモポリマー, 単独重合.

homosexualité *n.f.* 同性愛, ホモセクシュアリテ(hétérosexualité「異性愛」の対). ~ féminine 女性の同性愛, レズ(=lesbianisme). ~ masculine 男性の同性愛, ホモ.

homosexuel(le) *a.* 同性愛の；ホモの；レズの. couple ~ le 同性愛者のカップル. Il est ~. 彼はホモだ. Elle est ~ le. 彼女はレズだ.
――*n.* 同性愛者；ホモ(=homo)；レズ(=lesbienne). un couple d'~s 同性愛者のカップル. ~s pacsés 法的に夫婦と認められた同性愛者.

homosphère *n.f.* 〚気象〛等質圏.

homothétique *a.* 〚数学〛相似形の. 〚写真〛format ~ du 24×36 (フィルムの) 24 cm×36 cm サイズ相似判.

homotherme *a.* **1** (動物が)定温性の, 体温が一定の. animal ~ 定温動物.
2 〚物理〛恒温の.
――*n.m.* 定温動物.

homotransplantation *n.f.* 〚生・医〛同種[間]移植(=homogreffe, allogreffe) (hétérogreffe「異種[間]移植」の対).

homozygote *n.m.* 〚生化〛ホモ接合子, 同質接合体.

†**Honan** ⇒ Henan

†**Honduras(le)** *n.pr.m.* [国名通称] ホンデュラス《公式名称：la République du H~ ホンデュラス共和国；国民：Hondurien(*ne*)；首都：Tegucigalpa テグシガルパ；通貨：lempira [HNL]》.

†**hondurien(ne)** *a.* ホンデュラス (le Honduras) の, ホンデュラス共和国 (la République du Honduras) の；~人の.
――*H~* *n.* ホンデュラス人.

†**hongkongais(e)** *a.* ホンコン(Hongkong)の；~の住民の.
――*H~* *n.* ホンコンの住民.

†**Hongrie(la)** *n.pr.f.* [国名通称] ハンガリー《公式名称：la République de H~ ハンガリー共和国；国民：Hongrois(*e*)；首都：Budapest ブダペスト；通貨：forint [HUF]》.

†**hongrois(e)** *a.* ハンガリー (la Hongrie) の, ハンガリー共和国 (la République de Hongrie) の；ハンガリー人の；ハンガリー語の. marche ~e ハンガリー行進曲.
――*H~* *n.* ハンガリー人.
――*n.m.* 〚言語〛ハンガリー語.

honnête *a.* 〔時に名詞の前〕**1** 正直な,

honnêteté

誠実な, 清廉な；公正な. ~ homme¹；homme ~ 誠実な人. commerçant ~ 正直な商人. juge ~ 清廉な裁判官. marché ~ 公正な市場. être trop poli pour être ~ 慇懃すぎて裏がありそうだ.
2 貞淑な. épouse (femme) ~ 貞淑な妻 (女性).
3 (物が) 立派な, きちんとした；恥かしくない；(商品などが) ごまかしのない. but (moyen) ~ 正しい目的(手段). conduite ~ 立派な振舞. produits ~s ごまかしのない(きちんとした)商品.
4 適正な, 適当な；まずまずの. bénéfice ~ 適正な利潤. grosseur ~ 適当な大きさ. prix ~ 適正な(手頃な)値段. récompense ~ 適当な報酬. résultats ~s まずまずの結果. vivre dans une ~ aisance (aisance ~) まずまず気楽に暮す.
5 礼儀正しい, 慇懃な.〔古〕~ homme² 紳士. accueil ~ 丁寧な応待. air ~ 礼儀正しい物腰. excuse ~ 慇懃な言い逃れ. Il est ~ avec tout le monde. 彼は誰に対しても礼儀正しい.〔やや古・多く皮肉〕Vous êtes bien (trop) ~. 痛み入ります.
——*n.m.* 誠実さ (＝honnêteté).

honnêteté *n.f.* **1** 正直(誠実, 清廉)さ, 廉直, 公正さ. ~ absolue 完璧な誠実さ. ~ de ses intentions その意図の清廉さ. ~ en affaire 取引の公正さ. homme d'une parfaite ~ 誠実そのものの人. Ayez l'~ de le reconnaître. 正直にそれを認めなさい.
2 〔古〕淑徳. ~ d'une femme (des femmes) 女性の淑徳.
3 慎み深さ. paroles contraires à l'~ 慎みに欠ける言葉. choquer l'~ 慎みに反する.
4 〔古〕紳士 (honnête homme) の資質.

honneur *n.f.* Ⅰ 〔名誉・栄誉〕 **1** 名誉, 面目, 体面；名誉心, 道義心. règle (loi) de l'~ 道徳律. défendre son ~ 己れの名誉を守る. être à l'~ de *qn* 人の名誉となる, 面目を施す. manquer à l'~ 信義にもとる. mettre son ~ à＋*inf.* …することに自分の名誉をかける. sauver l'~ de la famille 家名を守る. se piquer d'~ 名誉にかけて奮起する.
L'~ veut que… 信義の問題からすれば…であるべきだ. L'~ m'oblige à le faire. こうしないと私の面目がたたない. Son ~ est en jeu. 彼の名誉がかかっている.
2 (人に対する) 栄誉, 栄光；尊敬, 敬意；(物に対する) 高い評価. acquérir de l'~ 名声をかちとる. être l'~ de＋*n.* …にとっての誇りである. Il est l'~ de sa famille. 彼は一家の誇りだ. être à l'~ 賞賛される. rendre ~ à *qn* 人に敬意を表する.
H~ à …! …に栄光あれ！H~ à ceux qui ont réussi! 成功を収めた人に栄誉の与えられんことを！ A vous l'~! (ゲーム・スポーツ) あなたの番ですよ！
3 〔やや古〕(女性の) 貞節, 貞操. ~ d'une femme 女性の貞操.
4 〔敬称〕Votre ~. 閣下.

Ⅱ 〔成句〕**1** 〔~ de＋*inf.*；特に儀礼的表現で〕 avoir l'~ de＋*inf.* …する光栄を持つ, 謹んで…する. J'ai l'~ de vous informer que… 謹んで次のことをお知らせ申し上げます. A qui ai-je l'~ 〔de vous parler〕? どなた様でいらっしゃいますか？ Monsieur, j'ai bien l'~ 〔de vous saluer〕. ご挨拶させていただきます.
faire à *qn* l'~ de＋*inf.* 人に…する光栄を授ける. Faites-moi l'~ d'accepter cette invitation. 謹んで御招待をお受け申し上げます.
2 〔faire ~〕faire ~ à *qn* 人の名誉となる, 人の声価を高める；人に敬意を表する. élève qui fait ~ à son maître 師の誇りとなる生徒. faire 〔un〕 grand ~ à *qn* 人に最大の敬意を表する. faire ~ à *qch* 何に忠実である；〔話〕何をたっぷり利用する. faire ~ à ses engagements 約束を守る. faire ~ à son pays 国の名誉となる.〔話〕faire ~ à un dîner 夕食をたっぷり食べる.《海》faire ~ à une terre 接岸航行する.
se faire ~ de *qch* 何を誇りとする；〔蔑〕何に得々としている. se faire ~ des succès de son fils 息子の成功を誇りとする.
3 〔d'~〕 affaire d'~ 名誉にかかわる問題；〔古〕決闘. bandit d'~ 義賊. citoyen d'~ 名誉市民. bras d'~ 右腕を直角に曲げ左手で肘の内側の凹みを指す仕種(相手を愚弄する仕種). champ d'~ 戦場. mourir au champ d'~ 戦場で死ぬ, 戦死する. citoyen d'~ 名誉市民. cour d'~ d'un palais 宮殿の正面中央中庭. croix d'~ 名誉十字勲章. dame d'~ 女官長. dette d'~ (賭博での) 信用借り；(厚意などの) 借り. engagement d'~ 約束, 誓い. escalier d'~ 正面階段. garçon (demoiselle) d'~ (花婿・花嫁の) 付添いの少年(少女). Légion d'~ レジヨン・ドヌール勲位(勲章) (1802年ナポレオンが制定；下から chevalier, officier, commandeur, grand commandeur, grand-croix の 5 等級がある). membre d'~ 名誉会員. parole d'~ 名誉をかけた言葉. Ma parole d'~! 名誉にかけて；本当に. Je vous donne la parole d'~ que… 名誉にかけて次のことを申し上げます. place d'~ 主賓席. point d'~ 名誉にかかわる問題. mettre un point d'~ à *qch* (＋*inf.*)；se faire un point d'~ de *qch* (＋*inf.*) 何 (…すること) が自分の名誉にかかわると考える；自分の名誉にかけて何 (…) をすべきだと思う. président d'~ 名誉会長(総裁). prix d'~ 優等賞. titre d'~ 名誉称号.《スポーツ》tour d'~ 優勝者のヴィクトリーラン. vin d'~ 祝宴, レセプション.
4 〔動詞＋en ~〕 être en ~ 高く評価されている；もてはやされている. mettre *qch* en ~ 何を評価する (流行らせる). remettre

qch en ~ 何を再評価する；何の流行を復活させる.
5〔en l'~ de〕en l'~ de qn 人に敬意を表して. banquet offert en l'~ du président 会長のために催された宴会. en l'~ de qch 何を祝して，何を記念して；〔話〕何を好機として. en l'~ de son mariage 彼の結婚を祝して. en l'~ du printemps 春の訪れを機に.〔話〕En quel ~? 誰（何）のために？ En quel ~ cette nouvelle robe? 新しいドレスは何のためですか？
6〔その他の前置詞＋~〕à ~ 名誉に. tenir qch à ~(tenir à ~ de+inf.)何（…すること）を名誉に思う. Je tiens à ~ d'être parmi vous. 皆様がたと御一緒させていただいて大変光栄に存じます.
avec ~ 体面を傷つけずに，首尾よく. s'entirer avec ~ 首尾よく難関を切り抜ける.
pour l'~ 無報酬で. travailler pour l'~ 無償で（栄誉のために）働く.
sur ~ 名誉にかけて. sur mon ~〔et sur ma conscience〕私の名誉〔と良心〕にかけて，誓って. Je le jure sur l'~. 名誉にかけてそれを誓います.
III〔pl. で〕**1** 尊敬のしるし，礼式，儀礼. ~s de la guerre 名誉ある降伏条件；〔比喩的〕（論争・訴訟などで）敗者が面目を保ち得る条件. ~s funèbres 葬儀.〔軍〕~s militaires 敬礼, 軍礼, 儀仗礼, 栄誉礼.
rendre les ~s à qn 人に捧げ銃を行う；人に敬意を表して礼砲を撃つ（らっぱを吹く）. avoir les ~s de la première page 新聞の第一面に掲載される. faire à qn les ~s de sa maison 人を自宅で手厚くもてなす. On l'a reçu avec tous les ~s dus à son rang. 彼はその地位にふさわしいあらゆる敬意の念をもって迎え入れられた.
2〔補語なしに〕高い地位；栄職，高位高官；権勢. aspirer aux ~s 高い地位にあこがれる. parvenir au comble des ~s 位人臣を極める. rechercher les ~s 高位高官を追い求める.
3〔トランプ〕オナーズ，最高の役札.

honorable a. **1**（人が）尊敬すべき；誠実な，信頼のおける. ~ commerçant; commerçant ~ 信頼のおける商人.〔古〕~ compagnie お歴々. famille ~ 名門. C'est un homme parfaitement ~. あの人は全く誠実な人だ.
2 名誉ある，立派な. action ~ 立派な行動. défaite ~ 名誉ある敗北. mention ~（très ~）（博士論文の）優（秀）の評価. poste ~ 恥かしくない地位. vie ~ 立派な生涯.
3 それ相応の，満足すべき，十分な，適当な. dissertation à peine ~ かろうじて合格点の小論文. résultat ~ まずまずの成果. jouir d'une fortune ~ それなりの財産を持っている.
4〔名詞の前〕尊敬すべき《議員に対する敬称としての議会用語》. mon ~ collègue わ

が尊敬すべき同僚.
5〔紋章〕pièces ~s de l'écu 楯の幾何学的図形.

honoraire a. **1**（退任後も保持する）名誉称号をもつ. inspecteur ~ 名誉視学官（監察官）. membre d'une société ~ 名誉会員. professeur ~ 名誉教授.
2（実務を伴わない）名誉職の. conseiller ~ 名誉顧問. président ~ 名誉会長.

honoraires n.m.pl. 謝礼, 謝金《弁護士, 自由診療医師, 自由業の人に対する謝礼》. ~ d'un médecin（自由診療の）医師に対する謝礼. recevoir（toucher）des ~ 謝礼を受けとる.

honorariat n.m. 名誉職；名誉官職；名誉教授職.

honoré(e[1]**)** a.p. **1**〔挨拶〕光栄な. Je suis très ~. 大変光栄です.
2〔敬称〕尊敬されている. mon cher et ~ maître 敬愛すべき私の先生. mon ~ confrère 畏敬すべきわが同僚.

honorée[2] n.f.〔商業〕書信. votre ~ 貴翰, 御書面. J'ai bien reçu votre ~ du 1er courant. 今月1日付の貴翰を確かに拝受いたしました.

honorifique a.（実利を伴わない）名誉だけの. à titre ~ 名誉だけの. président à titre ~ 名誉会長（総裁）. fonction ~ 名誉職. prérogatives ~ 名誉特権.

honoris causa [ɔnɔriskoza]〔ラ〕l.a. 名誉としての. docteur ~ 名誉博士.

†**honte** n.f. **1** 恥, 恥辱；不名誉. H~ à celui（ceux）qui...! …する者に恥あれ！ ~ d'un crime 重犯罪の恥（不名誉）. ~ du scandale 醜聞の恥. Quelle ~! C'est la ~! 何たる恥だ！ à la ~ de qn 人の面目を潰して.
avouer sa ~ 恥を認める. cacher（enfermer, ensevelir）sa ~ 恥を隠す. couvrir qn de ~ publiquement 人前で人に恥をかかせる. effacer sa ~ 恥を拭い去る. essuyer la ~ d'un refus 拒絶にも拒否される恥. étaler sa ~ 恥をさらけ出す. être couvert de ~ 恥辱にまみれる. être la ~ de sa famille 一家の恥. infliger la ~ 恥ずかしめる.
C'est une ~ de+inf.（que+subj.）…するのは（…は）恥ずかしいことである.
2 恥ずかしさ；羞恥心. avoir ~ 恥ずかしい. avoir ~ de qn（de qch, de+inf.）人（何, …すること）を恥ずかしく思う. avoir perdu toute ~；avoir toute ~ bue 恥も外聞もない. éprouver de la ~ 恥ずかしさを覚える. faire ~ à qn 人に恥をかかせる. Tu me fais ~. 私は君のことが恥ずかしい. faire ~ à qn de qch 人に何の恥を悟らせる. Faites-lui ~ de sa paresse. あいつの怠惰を叱ってください.
3 気兼ね, 気おくれ. courte ~ 当惑, 失敗. en être pour sa courte ~ どぎまぎする；

彼の失敗である. fausse (mauvaise) ~ は にかみ, 遠慮. sans fausse ~ 何らはばかることなく. avoir ~ de parler 話すのに気兼ね(気おくれ)する. pleurer sans ~ 恥ずかしげもなく涙を流す.

†honteux (se) *a.* **1** (物が)恥ずべき, 不名誉な. ~ se pensée 恥ずべき考え. accusation ~ se 不名誉な弾劾. acte ~ 恥ずべき行為. attitude (conduite) ~ se 恥ずべき態度 (振舞). fuite ~ se 卑劣な逃亡. 〖医〗 maladie ~ se 性病 (= maladie vénérienne).〖解剖〗nerf ~ 生殖器神経. parties ~ ses 恥部; 生殖器, 性器. situation ~ se 不名誉な立場. C'est ~. そいつは恥だ. Il est ~ de+*inf.* (que+*subj.*) …するのは(…は)恥ずかしいことだ.
2 (人が)恥じている, 恥入った; 当惑した. être ~ de son ignorance 己の無知を恥じている.
3 気後れした; はにかんだ. enfant timide et ~ 内気ではにかんだ子供.
4 隠した. chrétien (communiste) ~ 隠れキリスト教徒 (共産主義者). les pauvres ~ s 貧乏人であることを隠す人びと.
5〖話〗le morceau ~ (料理の皿に残った)最後のひとかけ.

†hooligan [uligã]〖英〗*n.m.* フーリガン; ごろつき, ならずもの, 無頼漢《無法行為をあやつるアイルランド人に対する蔑称のHoulihanに由来する》(= houligang).

†hooliganisme *n.m.* フーリガンの無法行為; フーリガン気質.

hôpit*al* (*pl.* **aux**) *n.m.* **1** 病院; 公立病院. (= ~ public). ~ de la Croix-Rouge 赤十字病院. ~ de jour (de nuit) 昼間 (夜間)病院. ~ général 総合病院. ~ aux locaux 地方病院. ~ militaire 軍病院. ~ privé 私立病院 (= clinique). ~ psychiatrique 精神病院. Assistance publique-~ aux de Paris パリ病院公共扶助機構 (略記 AP-HP). lit d'~ 病院のベッド. navire (bateau) -~ 病院船. envoyer (admettre) un malade dans un ~ 病人を入院させる.
2〖古〗施療院 (= hospice).
3〖史〗H~ de Saint-Jean 聖ヨハネ救護修道会, エルサレム救護修道会《= H~ de Jérusalem; 聖地巡礼団を救護する武装修道会》. l'ordre des chevaliers de Saint-Jean de l'H~ de Jérusalem エルサレム救護修道会に所属する聖ヨハネ騎士団.

hoquet [okɛ]〖擬音〗*n.m.* **1** しゃっくり, 吃逆. avoir le ~ しゃっくりをする. crises de ~ しゃっくりの発作.
2 (機械のしゃっくりに似た)不規則音.
3〖古〗ショック, 衝突; 思わぬ障害.
4〖古楽〗ホケトス.

hor [o]- [ギ] ELEM 「時」の意 (*ex. horlo*ge 時計).

horaire¹ *a.* **1** 時間の, 時間に関する.〖天文〗angle ~ 時角.〖天文〗cercle ~ 時圏.

時角圏.〖地理〗fuseau ~ (地球上の)同時刻線. ~ interrupteur ~ タイムスイッチ. sens ~ 時計回り, 右回り.
2 1時間の, 時間当りの. salaire ~ 時給. vitesse ~ 時速.
3 毎時の, 時間毎の.〖軍〗halte ~ 毎時の小休止.

horaire² *n.m.* **1** (交通機関の)運行時刻表, 時刻表; 運行時刻. ~ de chemins de fer (d'avions, de bateaux) 列車(旅客機, 客船)の時刻表. respecter l'~ 運行時刻を守る.
2 時間割 (= emploi du temps). ~ des cours 授業 (講義) 時間割.
3 勤務時間. ~ flexible (flottante, mobile, à la carte) フレックスタイム勤務制.

horizon *n.m.* **1** 水平線; 地平線. ~ apparent (sensible, visible) 現視地平 (目で見る地平). à (sur) l'~ 水 (地) 平線上に. ligne d'~ (de l'~) 水 (地) 平線.〖美術〗消失線. s'étendre jusqu'à l'~ 地平線まで広がる. Le soleil descend sur l'~. 太陽が水(地)平線に沈む.
2 水平; 地平. ~ artificiel 人工水平 (地平);〖航空〗人工水平儀. ~ astronomique (céleste) 天文地平.
3 視界, 視野, 見通し. chaîne de montagnes qui limite l'~. 視界を遮る山脈. bout (fond) de l'~ 視界の果て. d'un ~ à l'autre 視界の端から端まで. grands ~ s; large ~ 広々とひろがる視界. les quatre coins de l'~ 四方, 東西南北. de tous les points de l'~ 四方八方から. voir *qch* à l'~ 何を見通す (望視する).
4〖比喩的〗視野, 領域, 範囲; 展望, 見通し; 前途, 先行き. ~ économique (politique) 経済 (政治的) 的展望 (見通し). L'~ international s'éclaircit (s'assomblit). 国際情勢の見通しは明るい (暗い). à l'~ 2003 2003年までの見通しでは. ouvrir des ~ nouveaux 新しい領域(展望)を開く. tour d'~ 概観. faire le tour d'~ de *qch* 何を概観する. voir toujours le même ~; ne jamais changer d'~ 同じ視野からぬけ出せない; 出無精である.
5〖地質〗層準. ~ s éluviaux (illuviaux) 砂礫 (集積) 層序.

horizont*al* (**ale**) (*pl.* **aux**) *a.* **1** 水平の; 地平の; 横方向の.〖天文〗coordonnées ~ ales 地平座標.〖地質〗couches ~ ales 水平地層. droite (ligne) ~ ale 水平線, 地平線. écriture ~ ale 〖文学の〗横書き. lumière ~ ale du soleil couchant (levant) 夕日 (朝日) の低い日射し. plan ~ 水平面. projection ~ ale 水平方向の投射.〖地質〗stratification ~ ale 水平的の成層構造.〖話〗prendre la position ~ ale 寝そべる.
2〖比喩的〗水平の; 横並びの; 横割りの. concentration (intégration) ~ ale d'entreprises 企業の水平統合《同一の経済的・技術

的水準の企業統合；concentration verticale「垂直統合」の対).

— *n.f.* **1** 水平線 (=ligne ~, droite ~)；水平の位置 (=position ~). à l' ~ 水平に, 横に. les ~s et les verticales d'une architecture 建物の水平の線と垂直の線.

2〔古〕〔話〕娼婦 (=prostituée).

horloge *n.f.* **1** 大時計, 柱時計；時計. ~ à eau 水時計 (=clepsydre). ~ à digital ディジタル式時計. ~ à jaquemart 時打ち人形時計. ~ à pendule (à balancier) 振子時計. ~ à quartz クオーツ時計. ~ à sable 砂時計 (=sablier). ~ astronomique 天文時計. ~ atomique du césium セシウム原子時計. ~ de communication タイムスイッチ. ~ de flore 花時計. ~ électrique 電気時計. ~ hydraulique 水力時計. ~ mécanique 機械式時計. ~ murale 壁時計. ~ parlante 時報. une régularité (exactitude) d' ~ 時計のような正確さ. téléphoner à l' ~ parlante 電話で時報を聞く. tops de l' ~ parlante 時報の信号音. ~ solaire 日時計. tour de l' ~ 時計塔, 時計台. être réglé comme une ~ 時計のように几帳面である. mettre une ~ à l'heure 時計を合わせる.

2〔比喩的〕時計のようなもの. ~ biologique (interne) 生物 (体内) 時計.

horloger(ère) *n.* 時計 (柱時計 horloge, 腕時計 montre, 振子時計 pendule など) の製造者 (販売者, 修理者)；時計屋. ~ bijoutier 時計宝飾店.

—*a.* 時計の, 時計製造 (販売・修理) の, 時計に関する. industrie ~ère 時計産業. ouvrier ~ 時計工.

horlogerie *n.f.* **1** 時計製造；時計製造業. ~ de précision 精密時計製造〔業〕.

2〔集合的〕時計製品, 時計《chronomètre 精密時計, horloge 大時計・柱時計, montre 腕時計, pendule 振子時計など》. fabrique d' ~ 時計製造所. pièces d' ~ 時計部品.

3 時計販売業；時計店.

hormonal(ale)(*pl.aux*) *a.* ホルモンの, ホルモン関係の, ホルモンによる. troubles ~aux ホルモン異常.

hormone *n.f.* ホルモン. ~ de croissance 成長ホルモン (= ~ somatotropes). ~ sexuelle mâle (femelle) 男 (女) 性ホルモン. ~s corticales (corti 〔-〕 surrénales) 副腎皮質ホルモン.

hormoné(e) *a.p.* (家畜について) ホルモンを投与された. poulet ~ ホルモン投与肥育鶏.

hormonodépendant(e) *a.*〚医〛ホルモン依存性の, ホルモンによって左右される. cancer ~ ホルモン依存性癌.

hormonothérapie *n.f.*〚医〛ホルモン療法.

horodateur(trice) *a.* 時刻と日付を表示する. horloge ~trice 時刻日付表示時計.

—*n.m.* タイムスタンプ；(カメラの) 時刻表示装置.

horokilométrique *a.* 時間と距離の, 時間・距離式の. compteur ~ (タクシーの) 時間・距離制料金メーター《時間と走行距離により算定する料金メーター》.

horoscope *n.m.* **1** ホロスコープ, 星占い. consulter son ~ 自分の星占いをする, ホロスコープで自分の運勢を調べる. faire l' ~ de *qn* 人の星占いをする.

2〔広義〕占い, 予言.

horreur *n.f.* Ⅰ (主観的) **1** 恐怖, 恐怖心, 怖気, 恐気；〚文〛畏怖, 畏敬. l' ~ qui fait dresser les cheveux 身の毛もよだつ恐怖. ~ sacrée 神に対する畏怖の念. cheveux hérissés d' ~ 恐怖に逆立つ髪の毛. cri d' ~ 恐怖の呼び声. film d' ~ ホラー映画. avec ~ 怖気づいて. être glacé d' ~ 恐怖に凍りつく. faire ~ à *qn* 人を怖がらせる. idée (personne) qui fait ~ 恐怖におとしいれる考え(人). frémir d' ~ 恐ろしさに震える. frémir d'une sainte ~ 神に対する畏敬の念に身震いする. rester immobile plein d' ~ 恐怖のあまり身動きがとれない.

2 嫌悪, 嫌気 (いやけ). avoir ~ de + *n.* (de + *inf.*) ～するのが嫌いである. J'ai ~ de me lever tôt. 私は早起きが苦手だ. avoir (prendre) *qn* (*qch*) en ~ 人 (何) を嫌う. faire ~ à *qn* 人に嫌悪を催させる.

Ⅱ (客観的) **1** 恐ろしさ, 残酷さ, おぞましさ. ~ de la guerre 戦争の恐ろしさ. ~ d'un crime 犯行の残酷さ. vision d' ~ おぞましい光景.

2 恐ろしいもの；〔話〕ひどいもの, 醜悪なもの. 〔話〕〔Quelle〕 ~ ! 何て恐ろしい(ひどい) ことだろう！ Mais c'est une véritable ~, ce tableau! この絵は何てひどい代物だろう.

3〔*pl.* で〕恐ろしいこと, 残酷な行為. ~s de la guerre 戦争の惨禍. commettre des ~s 残虐行為を犯す. être en proie aux ~s de la misère 貧困のむごさに苛まれる.

4〔*pl.* で〕口汚い悪口, 猥褻な言葉. dire des ~s 口汚い(猥褻な)言葉を口にする.

horrible *a.*〔時に名詞の前〕**1** 恐ろしい, ぞっとする. blessure ~ むごたらしい傷. crime ~ 恐るべき犯罪. cris ~s 恐ろしい叫び声. épidémie ~ 恐ろしい疾病. monstre ~ 恐ろしい怪物. vision ~ ぞっとする光景. Il est (C'est) ~ de + *inf.* …することは恐ろしいことだ.

2 ひどい, 嫌な, 不快な. écriture ~ ひどい悪筆. temps ~ 嫌な天気.

3 極端な, 途方もない. ~ mal de tête ひどい頭痛. faire une ~ dépense とんでもない支出をする. Il fait une chaleur ~. 耐え難い暑さだ.

horripilateur *a.*〚解剖〛muscle ~ 立毛筋.

—*n.m.* 立毛筋.

horripilation *n.f.* **1** 身の毛のよだつこ

と；頭髪が逆立つこと, 鳥肌. **2**〚話〛苛立ち.

†**hors-bilan** *n.m.inv.*〚会計〛貸借対照表外収支, 簿外収支.

†**hors-bord** *a.inv.* (モーターが)船外取付式の.
——*n.m.inv.* (モーターボートの)船外機；船外機付のモーターボート.

†**hors〔-〕champ** *ad.*〚視聴覚〛カメラの視野外で.
——*a.inv.* カメラの視野外の.
——*n.m.inv.* カメラの視野外.

†**hors〔-〕concours** *a.* 無審査の, 無鑑査の；審査外の. être ~ 無審査である.
——*ad.* 無審査(無鑑査)で.
——*n.m.inv.* 無審査出品者.

†**hors-cote** [ɔrkɔt] *a.inv.*〚株式〛場外取引の, 場外株の.
——*n.m.inv.* (株の)場外取引；場外取引株.

†**hors-d'œuvre** *n.m.inv.* **1**〚料理〛オールドゥーヴル, 前菜, オードヴル(『主菜以外の料理』の意；食事の最初に食べる). ~ chauds (froids) 温かい(冷たい)前菜. ~ variés オールドゥーヴル・ヴァリエ(複数の前菜の盛り合わせ, もしくはビュッフェ). **2**〚建築〛(建物の)突出部；〚比喩的〛(芸術作品の)本質に関係のない余計な部分.

†**hors-jeu** *n.m.inv.*〚スポーツ〛オフサイド(=〚英〛offside).

†**hors-la-loi** *n.m.inv.* アウトロー(=〚英〛outlaw の仏訳), ならず者, 無法者.

†**hors-le-temps** *n.m.inv.* 超過勤務時間, 時間外.

†**hors-média** *n.m.*〚宣伝〛非マスメディアの宣伝(gratuits 無料宣伝資料, prospectus ちらし, publipostage ダイレクトメールなどを用いる宣伝).

†**hors-normes** *a.inv.* **1** 規格外の. **2**〚比喩的〛並外れた. aventure ~ 想像を絶する冒険.

†**hors-piste** (*pl.* ~-~[**s**]) *n.m.* (スキーの)ゲレンデ(コース)外滑走(=ski ~). faire du ~ ゲレンデ外スキーをする.

†**hors-série** *a.inv.* **1** 大量生産外の. voiture ~ 大量生産外の車, 特注車.
2〚出版〛(定期刊行物の)号外誌の.
3 並外れた. personnalité ~ 並外れた人物.

†**hors-service** *a.inv.* (機器が)作動停止中の；使用不能の；故障中の(略記 HS). distributeur de boissons ~ 作動停止中の飲物自動販売機.

†**hors-sol** *a.inv.* **1**〚農〛土壌以外で栽培された, 非土壌式の.
2〚畜産〛屋内畜舎式の.
——*n.m.inv.* **1** 非土壌式栽培. **2** 屋内畜舎式飼育.

†**hors-statut** *n.inv.*〚労働〛労使協定外賃金労働者(=salarié ~).

†**hors-taxes** *a.inv.* 免(無)税の. prix ~ 免税価格.
——*ad.* 免税で. payer ~ 免税で代金を支払う.

†**hors-texte** *n.m.inv.*〚製本〛(別刷りの, 折込みの)挿絵, 口絵, 挿入図. illustrations ~ 折込み挿絵.

†**horse power** [ɔrspowœr]〚英〛*n.m. inv.*〚物理〛馬力(略記 HP；〚仏〛cheval-vapeur, 略記 CH).

hortensia *n.m.*〚植〛オルタンシア, 紫陽花(あじさい).
——*a.inv.* 紫陽花色の(淡青・淡桃・淡紫色).

Horti (=Ecole nationale supérieure d'*horti*culture) *n.f.*〚教育〛(通称)国立高等園芸学校(1874年 Versailles で創立のグランド・エコール；略記 ENSH；1995年 Angers に移転；1998年 Ecole nationale d'ingénieurs des travaux de l'horticulture et du paysage d'Angers と合併して, INH (Institut national d'horticulture) となる).

horticul*teur*(*trice*) *n.* 園芸家, 園芸業者.

horticulture *n.f.* 園芸(野菜栽培 culture potagère, 花卉栽培 floriculture, 樹木栽培の総称；園芸業；園芸学. ~ forcée促成栽培；温室栽培. ~ vivrière 野菜栽培. 〚教育〛Ecole nationale supérieure d'~ et d'aménagement du paysage (略記 ENSH) 国立高等園芸景観整備学校(1874年 Versailles の王立菜園に創立されたグランド・エコール；1995年 Angers に移転；1998年 INH : Institut national d'~ 国立園芸研究所に統合；愛称 l'Horti).

hospice *n.m.* **1** (老人・孤児・身障者・精神障害者を収容する)施療院, 養護施設, ホスピス. ~ de vieillards 養老院, 老人ホーム. finir ses jours à l'~ 養老院で生涯を終える.
2 (修道士が巡礼者や旅人を泊める)救護所. ~ du Grand-Saint-Bernard グラン=サン=ベルナール救護所.
3 les *H*~s de Beaune レ・ゾスピス・ド・ボーヌ (Côte-d'Or 県の都庁所在地である古都 Beaune の l'Hôtel-Dieu, l'*H*~ de la Charité, le centre hospitalier を含む総称；Aloxe-Corton から Meursault までの各地に58 ha の葡萄畑を持ち, 生産される葡萄酒は毎年11月の第3日曜日《vente annuelle aux enchères des vins des *H*~s》「オスピス所有葡萄畑産出葡萄酒の年次競売会」で競売に付される). vignerons des *H*~s de Beaune ボーヌ施療院所有葡萄畑の葡萄栽培者(25人).

hospitali*er*(*ère*) *a.* **1** 病院の；施療院の. centre ~ 病院センター. centre ~ universitaire 大学病院センター(1958年導入). établissements ~s 病院施設. médecin ~ 病院勤務医. personnel ~ 病院勤務員. service ~ 病院業務. soins ~s 病院(入院)治療.

2〔古〕(修道院が) 救護 (慈善) 活動をする. religieux ~s 救護修道士.

—— *n.* **1** 慈善活動に携る修道士 (女). ~s de Saint-Jean de Jérusalem イエルサレムの聖ヨハネ救護修道会士. **2** 病院関係者, 病院勤務員, 病院職員. grève des ~s 病院勤務員のストライキ.

hospitalisation (<hospitaliser) *n.f.* **1** 〔医〕入院. ~ à domicile 在宅療養《略記 HAD》. en ~ publique (privée) 公立 (私立) 医療機関への入院状態. frais d'~ 入院費. **2** (精神病院への) 入院. ~ d'office 義務的強制入院. ~ libre 自由入院《患者の自由意思による入院》. ~ partielle (complète) 部分 (完全) 入院. ~ psychiatrique 精神病入院治療. ~ sans consentement 強制入院《患者の同意のない入院措置》. commission départementale des ~s psychiatriques 県精神病強制入院判定委員会.

hospitalisme *n.m.* 〔医〕病院症, 施設症.

hospitalité *n.f.* **1** (無料での) 宿の提供. demander l'~ pour la nuit 一泊の宿を乞う. donner (offrir) l'~ à *qn* 人を無料で泊める. **2** 歓待, もてなし (=accueil). Je vous remercie de votre aimable ~. 手篤いおもてなしに感謝します. **3**〔古〕施療院 (hospice) が貧者・旅人などを無料で宿泊させること. **4** (古代の) 相互宿泊・被保護権.

hospitalocentrisme *n.m.* 〔医〕中央病院制.

hospitalo-universitaire *a.* 病院と大学の性格をそなえた (病院施設と医科大学が共存する). centre ~ 大学病院センター《略記 CHU;大学医学教育の機能を兼ねた病院》. enseignements ~s 大学病院センターでの教育《臨床実習》.

hosta *n.m.* 〔植〕ホスタ, 擬宝珠 (ぎぼうし, ぎぼし) (=funkia).

hostellerie [ɔstɛlri] (hôtellerie の古綴) *n.f.* **1** (昔の) 旅館, 宿屋《宿泊と食事》. descendre (se loger) dans une ~ 旅館に投宿する. **2** (昔の) 大修道院来客用宿泊施設. **3**〔現用〕旅籠風のホテル・レストラン. H~ de la Poste d'Avallon アヴァロンのオステリー・ド・ラ・ポスト《旧ська駅のホテル・レストラン; エルバ島を脱出しパリに向かったナポレオン1世が, 1815年投宿したことで名高い》.

hostie *n.f.* 〔カトリック〕聖体パン《酵母を用いないでつくるミサ用の薄い円形のパン》.

hostile *a.* **1** 敵の; 敵対する. caractères ~s 相容れない性格. forces ~s 敵対勢力. milieu ~ (人間にとって) 敵対的な環境. pays ~ 敵対国, 敵国. **2** (à, envers に) 反対する, 対立する. journal (vote) ~ au gouvernement 反政府紙 (票). être ~ à un projet 計画に反対である. **3** 敵意を含んだ; 悪意のある. accueil ~ 冷やかな応待. action ~ 敵対的行為. intention ~ e 悪意のある意図. paroles ~s 悪意のこもった言葉. regard ~ 敵意ある視線.

hostilité *n.f.* **1** 敵意; 反感. ~ contre *qn* 人に対する敵意. cruelle 残忍な敵意. ~ d'un pays envers un autre 他国に対する敵意. ~ marquée 際立った敵意. ~ permanente entre deux Etats 二国間の恒常的敵対関係. avec ~ 敵意をもって. s'attirer l'~ de *qn* 人の反感を買う. **2**〔*pl.* で〕敵対行為 (=acte d'~); 戦闘行為, 戦争 (=acte de guerre). cessation des ~s 停戦. interruption (trêve). pendant la durée des ~s 交戦中. arrêter (suspendre) les ~s 停戦 (休戦) する. commencer (engager) les ~s 戦争をはじめる.

hosto *n.m.* 〔話〕病院 (=hôpital). passer huit jours à l'~ 1週間入院する.

† **hot dog** [ɔtdɔg] [英] *n.m.* ホット・ドッグ.

hôte[1] (*sse*) *n.* Ⅰ〔主〕**1** (客をもてなす) 主人. ~ attentionné 気配りのよい主人. ~ cordial 懇ろに人をむかえる主人. ~ généreux 気前のいい主. remercier ses ~s もてなしてくれた人々に感謝する. **2**〔女性形で〕接客係, ホステス. ~sse〔de l'air〕オテス, スチュワーデス, 女性客室乗務員, アテンダント (= ~ de l'air). les ~esses et les stewards スチュワーデスとスチュワード. ~sse d'accueil 案内嬢. ~sse de grand magasin 百貨店の案内嬢. **3**〔やや古〕(ホテル, 旅館の) 主人 (女主人) (=aubergiste, hôtelier). ~sse d'une auberge 宿屋の女将. table d'~ (宿屋, ペンション, レストランなどの) 定食用の食卓. manger à table d'~ 定食を食べる. Ⅱ〔客〕〔女性にも hôte を用いる〕**1** (もてなしを受ける) 客; 賓客. ~ public du président de la République 共和国大統領の公賓. ~ payant ホテル. chambre d'~ 客用寝室. recevoir des ~s お客をする. **2** (ホテル, 旅館の) 客 (=client). ~ d'une auberge (d'un hôtel) 旅館 (ホテル) の客. ~ de passage 一時客. **3** 住人 (=habitant). ~ d'un appartement アパルトマンの住人. ~s des bois 森の住人 (野鳥獣).

hôte[2] *n.m.* 〔生〕(寄生虫などの) 宿主. ~ définitif (intermédiaire) 終 (中間) 宿主.

hôtel *n.m.* **1** ホテル. ~ de tourisme sans étoile (4 étoiles de luxe) 星なし (4つ星デラックス) の観光ホテル. ~ garni (長期滞在用の) 家具調度付ホテル. ~ homologué 政府観光庁公認ホテル, 公認観光ホテル. ~ sans restaurant 食堂のないホテル. chambre d'~ ホテルの客室. hall (reception) d'un ~ ホテルのロビー(フロント). H~-Dieu 施療院, 公立病院. ~-restaurant ホテル兼レストラン. châlet-~ シャレー(山荘)風ホテル. château-~ シャトー・ホテル. **2** (昔の)領主館；(貴族・豪族の)館, 大邸宅. ~ Carnavalet カルナヴァレ館(1544-78年；現・市立パリ市博物館). ~ de Bourbon ブルボン館(＝Palais-Bourbon；18世紀；現・フランス国民議会議事堂). H ~ des Invalides 廃兵院(1670年). ~ de Lassay ラセー館(1724年；現・フランス国民議会議長公邸). ~ de Soubise スービーズ館(15-18世紀；現・国立古文書館・フランス歴史博物館). ~ Matignon マティニョン館(1721年；現・フランス首相官邸). ~ particulier 個人の大邸宅. **3** 公共建造物. H~ de la Monnaie 造幣局. H~ de ville 市庁舎, 市役所. ~ départemental 県庁(庁舎). ~ des ventes 競売館, 競売所. H~ Drouot ドルオー競売館. **4** maître d'~ レストラン(大邸宅)の給仕長(頭), メートル・ドテル.

hôtel-club(pl.**~s-~s**) n.m. ホテル=クラブ, 旅行クラブ専用ホテル.

hôtel-Dieu(pl.**~s-~**) n.m. (中世の)病院, 施療院. ~ de Beaune ボーヌの施療院(1443年創設). ~ de Paris パリの市立病院(651年創設).

hôtelier(**ère**) a. ホテル〔業〕の. école ~ ère ホテル学校(ホテル関係者養成機関). Fédération nationale de l'industrie ~ ère (FNIH) フランス・ホテル産業連盟. parc ~ homologué français フランスの認可ホテル数.
——n. ホテル(旅籠)経営者. responsabilité des ~s ホテル経営者の負うべき責任.

hôtellerie n.f. **1** ホテル業, ホテル業務・経営一般. chiffre d'affaires de l'~ française en 1989 1989年のフランス・ホテル産業の売上高. école d'~ ホテル経営学校. **2** 田舎風豪華ホテル・レストラン(＝hostellerie). H~ de Plaisance à Saint-Emilion サン＝テミリヨンのホテルリー・ド・プレザン(豪華ホテル・レストラン). **3**〔古〕旅籠；(僧院内の)宿泊所.

hôtellerie-restauration n.f. 昔の旅籠風のホテル兼レストラン〔業〕.

hôtesse ⇒ hôte (sse)

†**hot line**〔ɔtlajn〕〔英〕n.f. ホットライン(＝〔仏〕assistance téléphonique).

†**hot money**〔英〕〔ɔtmɔnɛ〕n.m.inv.〖経済〗ホットマネー(＝〔仏〕capiteaux févriles).

hotte n.f. **1** 負籠(おいかご). ~ de vendangeur 葡萄収穫用背負籠. ~ du père Noël サンタクロースの負籠.
2 排気フード. ~ de cheminée 暖炉の排煙フード.
3 換気フード. ~ aspirante (filtrante) (台所の)換気フード.

†**houblon**〔ublɔ̃〕(<古オランダ語 hoppe) n.m. **1**〖植〗ホップ(＝〔英〕hop)《学名 Humulus lupulus》. ~ du Japon 日本ホップ《鑑賞用；学名 Humulus japonicus》. champ de ~ ホップ畑. fleurs femelles du ~ ホップの雌花. jets de ~ ホップの新芽.
2 ホップ(実)《ビールの風味づけに用いる》. extraits concentrés de ~s ホップの濃縮抽出物.

†**houblonné(e)** a.p. ホップで風味づけした. bière fortement ~e ホップの効いたビール.

†**houblonni**er(**ère**) n.〖農〗ホップ栽培者, ホップ農家.
——n.f.〖農〗ホップ畑.
——a.〖農〗ホップ栽培の. région ~ère ホップ栽培地方.

†**houe** n.f. ウー, ホー, 万能(ばんのう), 中耕除草機(刃幅の広い鋤鍬). ~ à cheval 馬用鋤鍬(馬でひく中耕除草機). ~ rotative 回転式鋤鍬.

†**Houhehot** ⇒ Hohhot

†**houille** n.f. **1** 石炭. gisement de ~ 炭層. mine de ~ 炭鉱. ~ à coke コークス炭. ~ anthraciteuse 無煙炭. ~ brune 褐炭. ~ collante 粘結炭. ~ grasse 瀝青炭, 黒炭. ~ maigre 非粘結炭. ~ noire 石炭.
2 (石炭に類する)動力源. ~ blanche (ダムの)発電用水力. ~ bleue 潮力. ~ d'or 太陽熱エネルギー. ~ incolore 風力. ~ rouge (動力源としての)地熱エネルギー. ~ verte (水路式発電の)水力, 流水力, 水力エネルギー.

†**houiller**[1] n.m.〖地学〗石炭紀(＝carbonifère).

†**houill**er[2](**ère**[1]) a. **1** (地層が)石炭を含む. terrain ~ 石炭地層.
2 石炭の. industrie ~ère 石炭産業.

†**houillère**[2] n.f. **1** 炭鉱. exploitation d'une ~ 炭鉱の開発(採掘).
2〔pl. で〕炭鉱地帯. ~ du nord de la France フランス北部の炭鉱地帯.

†**houligan**〔uligɑ̃〕(<〔英〕hooligan) n.m.〖スポーツ〗フーリガン(サッカー試合などの暴力的ファン, 暴徒化したファン).

†**houppier** n.m.〖林業〗(枝打ちした樹木の)上部に残る枝葉；枝打ちした樹木.

†**housse** n.f. **1** (家具・洋服などの)カバー, 覆い. ~ de siège シートカバー.
2 馬衣(うまぎぬ).

†**houx** n.m.〖植〗ウー, 西洋柊(ひいらぎ)；柊もち(樹皮からつくられるとりもち). ~ commun 通常の西洋柊. branches (bouquets) de ~ 西洋柊の枝飾り(花束)《年末年始の飾り》. petit ~；~-frelon 小西洋柊, なぎいかだ(＝fragon).

†**hovercraft**〔ɔvœ(ɛ)rkraft〕〔英〕n.m. ホーバークラフト(＝〔仏〕aéroglisseur).

†**hoverport**〔英〕n.m. ホヴァークラフト

専用港湾施設, ホヴァーポート.
†**hovertrain** [ɔvœ(ɛ)rtrɛ̃] 〖英〗*n.m.*〖交通〗ホーバートレイン(エアクッション式のリニアモーター列車).
†**HP** (= 〖英〗*h*orse *p*ower) *n.m.* 馬力(= 〖仏〗cheval-vapeur, 略記 CH).
hPa (= *h*ecto*pa*scal) *n.m.* 〖気象〗ヘクトパスカル(圧力の測定単位. 100パスカル. 気圧表示で, ミリバール millibar に代って使用されるようになった).
HPP (= *h*ôpital *p*rivé *p*sychiatrique) *n.m.* 〖医〗私立精神病院.
†**HQ** (= *h*aute *q*ualité) *n.f.* 高品質, 高品位. caméscope de qualité ~ ハイ・クオリティ一方式ヴィデオカメラ.
HR (= *h*ôpital *r*ural) *n.m.* 農村病院.
†**HRG** (= *h*aute *r*ésolution *g*éométrique) *n.f.* 幾何学的高解像度. télescope ~ 幾何学的高解像度望遠鏡.
†**HRS** (= *h*aute *r*ésolution *s*téréoscopique) *n.m.* 立体高解像度. télescope ~ 高解像度立体画像望遠鏡.
HRT (= 〖英〗*h*ormone *r*eplacement *t*herapy) *n.f.*〖医〗ホルモン補充療法(= hormonothérapie).
†**HRV** (= à *h*aute *r*ésolution dans le *v*isible) *l. a.* 高解像度の. instrument ~ 高解像度計器.
†**HS** (= *h*ors *s*ervice) *a.*〖話〗**1** 使用停止中の, 使用不能の. **2** (人が)疲れ果てた;使いものにならない;重病の.
†**Hsian** ⇒ Xi'an
†**Hsiang** ⇒ Xiang
†**Hsi-Kiang, Hsi-Chang** ⇒ Xi Jiang
†**Hsinchu** 〖台湾〗*n.pr.* 新竹(しんちく), シンチュー(港湾都市) (= Xinzhu).
†**Hsüeh-shan** 〖台湾〗*n.pr.m.* 雪山(せつざん), シュエシャン(標高 3,931 m).
†**HT**¹ (= *h*aute *t*ension) *n.f.*〖電〗高電圧. courant en ~ 高圧電流.
†**HT**² (= *h*ors *t*axes) *a.inv.* 税引の. prix ~ 税引価格, 免税価格. 10,85 F ~ la minute (電話の) 1分当り税引料金 10.85 フラン.
HTA (= *h*yper*t*ension *a*rtérielle) *n.f.* 高血圧[症], 動脈圧亢進[症]. ~ essentielle 本態性高血圧. ~ symptomatique 疾患性高血圧.
HTLV 1 (= 〖英〗*H*uman *T*-cells Leucemia *V*irus 1) *n.m.* ヒト T 白血球ウイルス1型.
HTML, html (= 〖英〗*h*yper*t*exte *m*arkup *l*anguage) *n.f.* ハイパーテキスト・メイクアップ言語(インターネットの WWW のページ記述言語の規格;〖仏〗langage de balisage hypertexte, langage de mise en forme des pages Web).
HTMLiseur *n.m.*〖通信〗ハイパーテキスト記述言語 (HTML) のコード化担当者.
†**HTR** (= 〖英〗*H*ight-*t*emperature *R*eactor) *n.m.*〖原子力〗高温原子炉(=〖仏〗filière à haute température. 濃縮ウランや濃縮トリウムを燃料とし, 冷却材にヘリウム, 減速材に黒鉛を用いる).
http (= 〖英〗*h*ypertext *t*ransfer *p*rotocol) *n.m.*〖情報〗ハイパーテキスト転送プロトコル(インターネットの www で用いる通信プロトコル).
†**Huai(la)** 〖中国〗*n.pr.f.* 淮河(わいが), ホワイフー, ホワイホー(河南省南部に源を発し洪沢湖に注ぐ川;延長 1,000 km).
†**Huai He** 〖中国〗*n.pr.m.(f.)* 淮河(わいが), ホワイエー (la Huai と書くこともあり).
†**Huainan** 〖中国〗*n.pr.* 淮南(わいなん), ホワイナン(安徽省の炭坑都市).
†**Hualien** 〖台湾〗*n.pr.* 花蓮(かれん), ホワリエン(中東部太平洋岸の都市).
†**Huang Hai(la)** 〖中国〗*n.pr.f.* 黄海(こうかい), ホワンハイ (= 〖仏〗la mer Jaune).
†**HUANG Ju** 〖中国〗*n.pr.m.* 黄菊(こう・き く), ホァン・ジュイ(1938年浙江省嘉善(かぜん)生まれ;1991-95 年上海市長;2002年中国共産党政治局常務委員;2003年国務院副総理).
†**Huang Shan** 〖中国〗*n.pr.m.* 黄山(こうざん), ホワンシャン(安徽省南東部の山;最高峰 1,841 m;景勝地).
†**Huan He,** †**Huang He,**
†**Hwang He** 〖中国〗*n.pr.m.* 黄河(こうが), ホワンホー (= le Fleuve jaune).
†**Huanpu** 〖中国〗*n.pr.m.* le ~ 黄浦(こうほ), ホワンプー(上海市を流れる川).
†**hub** 〖英〗*n.m.* ハブ, 中心, 中枢;ハブ空港. le ~ d'Air France à Roissy-Charles-de-Gaulle エールフランスのハブ空港ロワシー=シャルル=ド=ゴール空港.
†**Hubei, Hu-pei, Hu-peh(le)** 〖中国〗*n.pr.m.* 湖北〔省〕(= province de ~), フーバイ, フーペイ(省都 Wuhan ウーハン, 武漢).
†**huée** *n.f.* **1**〖多く *pl.*〗野次, 怒号. voix couverte par des ~s 怒号. être accueilli par des ~s 野次(怒号)を浴びせかけられる.
2〖狩〗(獲物を追込む時・仕止めた時の) 喊声(かんせい).
HUGO (= 〖英〗*H*uman *G*enome *O*rganization) *n.f.* ヒトゲノム機関(人の遺伝子情報の全体を解読する非政府機関;1988年設立).
†**huguenot(e)** *n.*〖史〗ユグノー(1550年からフランスのカルヴィン派新教徒に対して用いられた呼称;16・17世紀にカトリック教徒が新教徒に対して蔑称として用いた). la Guerre contre les ~s ユグノー戦争 (1627-29年).
—*a.* ユグノー〔風〕の.
n.f.〖古〗土鍋.
†**Huhehot** ⇒ **Hohhot**
huile *n.f.* **1** 油, オイル. ~ à manger 食用油 (= ~ alimentaire; ~ comestible). ~ s

huilé(e)

animales 動物性オイル. ~s essentielles¹ 芳香油, 精油. ~s industrielles 工業用オイル. ~s médicinales 薬用油. ~s minérales 鉱物油. ~s végétales 植物油. ~s volatiles 揮発油. ~ de table 食卓油. ~ solaire 日焼け用オイル.
cuisine à l'~ 油料理. mélange d'~ 混合油. mer d'~ 油を流したような〔静かな〕海. mets d'~ 油料理〔の皿〕. peinture à ~ 油性塗料.〖食品〗sardine à l'~ 鰯のオイル漬け〔缶詰〕, オイルサーディン. tache d'~ 油のしみ.〔比喩的〕じわじわと広がるもの. faire tache d'~ じわじわ広がる.
comme de l'~ 油のように滑らかに；易々と. couler comme de l'~ 滑らかに流れる；〔考えなどが〕易々と流れ出してくる. dans l'~ 円滑に, 順調に.〔比喩的〕baigner dans l'~ 順調に行く.
jeter (mettre, verser) de l'~ sur le feu 火に油を注ぐ；〔比喩的〕あおりたてる. mettre de l'~〔dans les rouages〕(歯車に油をさす→) 人間関係を円滑にする. mettre (verser) de l'~ sur les plaies de qn 人の苦しみを和らげる. sentir l'~ (ランプの油の臭いがする→) 苦心の跡をうかがわせる.〖諺〗Il n'y a plus d'~ dans la lampe. 余命幾許(いくばく)もない.

◆〔主な動物性オイル〕~ de baleine 鯨油. ~ de foie de morue 鱈の肝油. ~ de phoque あざらし油. ~ de poisson 魚油.
◆〔主な工業用オイル〕~ à cylindre シリンダー・オイル. ~ à gaz ガス用オイル. ~ à graisser 潤滑油 (= ~ de graissage). ~ brute 原油. ~ combustible 燃料油. ~ de coupe 切削油. ~ de déchet 廃油. ~ d'éclairage 灯油 (= ~ de lampe). ~ de houille コールタール・オイル. ~ de machine 機械油, マシン油. ~ de naphte ナフサ油, 石脳油. ~ de pétrole 石油. ~ essentielle² 揮発油. ~ légère 軽油. ~ lourde 重油. ~ turbine タービン油. vidanger l'~ d'une voiture 車のオイル交換をする.
◆〔主な鉱物油〕~ de roche 岩油.
◆〔主な植物油〕~ aromatique 芳香油. ~ d'arachide 落花生油. ~ de colza 菜種油(西洋あぶらなからつくる). ~ de graines de cotonnier 綿実油. ~ de lin¹ 亜麻仁油. ~ de maïs コーン油. ~ de navette 菜種油(あぶらなからつくる). ~ de noix くるみ油. ~ de〔noix de〕coco ココナッツ・オイル. ~ d'olive オリーヴ油. ~ d'olive virgine extra fine 極上冷圧精製ヴァージン・オリーヴ油. ~ de ricin ひまし油〔薬用〕. ~ de rose 薔薇の花弁の精油. ~ de sésame 胡麻油. ~ de soja 大豆油. ~ de tournesol ひまわり油. palmier à l'~ 油採取用椰子.

2〖美術〗(油絵具の) とき油；油絵具；油絵 (=peinture à l'~), 油彩画 (=tableau exécuté à l'~). ~ à peindre 描画用オイル. ~ de lavende ラヴェンダー・オイル《芳香のある画用オイル》. ~ de lin² リンシード・オイル《精製亜麻油》. ~ d'œillet purifiée 精製けし(ポピー)・オイル. ~ de sécheresse 乾燥促進油剤. une ~ de Renoir ルノワールの油彩画.

3〖宗教〗聖油 (= ~ sainte). ~ d'onction (洗礼・病気・国王戴冠式などの) 塗油〔式〕. les saintes ~s (秘蹟などの) 聖油.

4〔多く pl.〕〖俗〗有力者, 大物 (=personnage important (influent))；〖軍〗高級将校. être dans les ~s 有力者のひとりである. fréquenter des ~s 大物たちと交る.

5〔話〕~ de bras (de coude；de poignet) 力. Il n'épargne pas l'~ de bras. 彼は力おしみをしない.

6〖カナダ〗~ de chauffage 燃料油 (=mazout).

huilé(e) *a.p.* **1** 油を引いた, 油を浸みこませた. cuir ~ 油を引いた革. papier ~ 油紙.
2 油をさした；〔比喩的〕円滑な. bien ~ 円滑に動く. régime politique aux mécanismes bien ~e 円滑に機能する機構をそなえた政治体制.
3〖料理〗油をかけた；油っぽい. salade trop ~e 油を加えすぎたサラダ.

huilerie *n.f.* 食用植物油製造所；食用植物油製造業；油屋.

huileux(se) *a.* **1** 油性の. liqueur ~ 油性液体. substance ~se 油性物質.
2 油を含んだ, 油の多い. olive ~se 油の多いオリーヴの実.
3 油のような. mer ~se 油を流したように凪いだ海. sirop ~ 油のようなシロップ.
4 脂性(あぶらしょう)の. cheveux ~ 脂性の髪. peau ~se 脂肌.

†**Hui Liangyu**〔中国〕*n.pr.* 回良玉(かい・りょうぎょく), フイ・リアンユイ (1944年10月生れ, 政治局員, 2003年3月より農業担当の国務院副首相；2008年3月再任).

huilier(ère) *a.* 製油の. industrie ~ère 製油業 (=huilerie).

huis *n.m.* **1**〔古〕扉, 戸.
2〔現用〕à ~ clos 部屋を閉め切って；部外者の立入りを禁止して；〖法律〗傍聴禁止で. audiance à ~ clos 非公開で討議する. le ~ clos〖法律〗傍聴禁止；〖政治〗(議事などの) 非公開. demander (obtenir, ordonner) le ~ clos 傍聴禁止 (非公開) を要求する (かちとる, 命じる). *H~ clos*, pièce de Sartre サルトルの戯曲『ユイ・クロ』(1944年).

huissier(ère) *n.* **1** (官庁・議会などの) 守衛.
2 (儀式・公式レセプションなどで, 来賓の到着を告げ, 案内する) 誘導係.
3〖法律〗執行吏, 執達吏 (= ~ de justice).

huissier-audiencier *n.m.*〖法律〗廷

吏 (=audiencier).

†**huit** *a.num.card.inv.*〔子音の前 [ɥi], その他は [ɥit]〕8つの. ～ jours 8日, 8日間. 1週間 (=une semaine). dans ～ jours 1週間後に. d'aujoud' hui en ～ 今日から8日目の, 1週間後の同じ日の. lundi en ～ (月曜の) 次の週の月曜日. tous les ～ jours 週毎に. donner ses ～ jours à domestique 召使に暇を出す《昔1週間分の手当を与えて暇を出したことから》. ～ kilomètres 8km. figure à ～ angles 八角形 (=octogone). figure à ～ côtés 八面体 (=octoèdre). journée de ～ heures 1日8時間労働.

─*a.num.ord.inv.* [ɥi, ɥit] 8番目の (=huitième). arriver ～ 8番でゴールする. se lever à ～ heures du matin 午前8時に起床する. Henri ～ アンリ8世(Ⅷと表記). tome ～ 第8巻.

─*pr.num.card.inv.*〔常に [ɥit]〕**1** 8；8人.
2 (月の) 8日. le ～ janvier 1月8日.
3 8番地 (=numéro ～). le ～, rue Saint-Honoré サン=トノレ通り8番地.

─*n.m.inv.*〔常に [ɥit]〕**1** (数・数字の) 8. romain ローマ数字の Ⅷ. Cinq et trois font ～. 5+3=8. dix-～ [dizɥit] 18. vingt-～ [vɛ̃tɥit] 28.
2 (トランプの) 8の札. ～ de cœur ハートの8. les quatre ～ 4枚の8の札.
3 8の字形. ～ couché (横にした8) 無限大記号(∞).〔医〕～ de chiffre 麦穂帯《8字に巻いた包帯》. grand ～ ジェット・コースター. faire des ～ 8の字を描く.
4〔スポーツ〕(フィギュア・スケートの) 8の字形のスプール；〔漕艇〕エイト.
5〔労働〕8時間勤務. les trois ～ 8時間の3交代勤務.
6〔宝石〕(ダイヤの) 上下各8面のカット.

†**huitaine** *n.f.* **1** 8つ；およそ8つ. une ～ de kilomètres およそ8km.
2 8日間 (=huit jours)；1週間 (=une semaine). ～ franche 満8日後に《次週の同一曜日に》. dans une ～ 1週間後 (以内) に.〔法律〕Le jugement a été remis à ～. 判決は1週間後に延期された. jugement à ～ 1週間後の判決言渡し.

†**huitante** *a.(pr.)num.card.*〔スイス, ベルギー, カナダ〕80 (の) (=quatre-vingts). ～-deux 82 (の) (=octante).

†**huitième** *a.num.ord.* 第8の, 8番目の. ～ arrondissement de Paris パリ市第8区. ～ étage 9階；〔カナダ〕8階. la ～ merveille du monde 世界8番目の不思議《世界の七不思議 les sept Merveilles du monde に比肩しうるもの》. ～ partie 8分の1. le ～ siècle 8世紀. la ～ vertèbre dorale 第8脊椎骨.

─*n.* 8番目の人 (物).

─*n.m.* **1** 8分の1. cinq ～ 8分の5.
2〔スポーツ〕～s de finale 準々決勝の進出をかけた試合.

─*n.f.*〔学〕第8学級《初等教育の中級課程 cours moyen の第1年次の旧称；初等教育の第4学年》. élève de la classe de ～ 第8学級の生徒. entrer en ～ 第8学級に進学する.

huître *n.f.* 牡蠣(かき). ～ creuse 貝殻が深く窪んだ牡蠣 (la claire, la fine de claire, la japonaise, la portugaise, la spéciale など). ～ plate 平牡蠣 (la belon, la bouzigue, la gravette d'Arcachon など). ～ de drague 天然牡蠣. ～ d'élevage 養殖牡蠣. ～ en écaille 殻付き牡蠣. ～ huîtrée むき牡蠣. ～ perlière 真珠貝. couteau à ～s 牡蠣の殻開け用ナイフ. élevage d'～s 牡蠣の養殖 (=ostréiculture). parc à ～s 牡蠣の養殖場. potage aux ～s 牡蠣のスープ. se fermer comme une ～ 牡蠣のように自分の中に閉じこもる.

huîtrier(ère)[1] *a.* 牡蠣(かき)の, 牡蠣養殖の. industrie ～ère 牡蠣養殖業 (=ostéiculture).

huîtrière[2] *n.f.* **1** 牡蠣 (huître) 養殖床. **2** 牡蠣養殖場.

Huizhou〔中国〕*n.pr.* 恵州(けいしゅう), ホエジョウ《広東省の都市》.

†**Hu Jintao**〔中国〕*n.pr.m.* 胡錦涛(こきんとう), フー・ジンタオ《1942年上海生まれ, 中華人民共和国の国家副主席；2002年江沢民国家主席(中国共産党総書記)の後任；2003年国家主席；2008年3月再任》.

†**humage** *n.m.* **1**〔医〕吸入〔療法〕. ～ des vapeurs médicales 医薬蒸気の吸入〔療法〕. salle de ～ d'un établissement thermal 湯治場の吸入室.
2〔稀〕鼻から吸いこむこと. ～ de vapeurs 蒸気の吸いこみ.

humain(e) *a.* **1** 人の, 人間の；人間に固有の, 人間としての. condition ～e 人間の条件(生存条件). corps ～ 人体. créature ～e 被造物としての人間. embryon ～ 胎児, 胚胎. erreur ～e 人為的ミス. espèce (race)～e 人類. être ～ 人間存在, 人間. genre ～ 人類, 人間全体. nature ～e 人間の本性. personne ～e 自然人, 人間；人格. dignité de la personne ～e 人間(人格)の尊厳. vie ～ 人命. voies ～es 人の道, 人道. *La Comédie* ～*e de Balzac* バルザックの『人間喜劇』.
2 人間によって構成される. ressources ～es 人的資源.
3 人間に関する. géographie ～e 人文地理学. sciences ～es 人文科学. les choses ～es 人事諸般.
4 人間的な；人間味のある；人間らしい. juge ～ 人間味のある判事. C'est ～ それは人間にはよくあることだ. personnage profondément ～ 人間味にあふれる人格. se montre ～ 人間らしさを見せる.

─*n.m.* **1** 人間性. Cela dépasse l'～. それ

は人間らしさを越えている.
2 〖*pl.* で〗〖文・集合的〗人間；人類，人々.

humanisation *n.f.* **1** 人間化，人間的なものにすること. ~ d'une philosophie 哲学の人間化.
2 (環境・設備などの) 人間への適応. ~ des conditions de travail 労働条件の人間化. ~ d'un hôpital 病院の人間的改善.
3 擬人化；人格化. ~ d'un animal 動物の擬人化.

humanisme *n.m.* **1** 〖史〗(ルネサンス期の) ユマニスム，人文主義. l'~ de François Rabelais フランソワ・ラブレーのユマニスム. l'~ français (italien) フランス (イタリア) のユマニスム.
2 〖哲〗ヒューマニズム，人間主義.
3 人間的教養.

humaniste *n.* **1** 人間主義者，ヒューマニスト.
2 〖史〗(ルネサンス期の) ユマニスト，人文主義者. Guillaume Budé, grand ~ 偉大なユマニスト，ギヨーム・ビュデ (1467-1540年).
3 古典学者 (= savant ~).
—*a.* **1** 人間主義の，ヒューマニズムの. philosophie ~ ヒューマニズム哲学.
2 〖史〗ユマニスム (人文主義) の. études ~s ユマニスム研究. mouvement ~ ユマニスム運動.

humanitaire *a.* 人道主義的な，人道的な，博愛主義的な；非政府組織 (ONG, 〖英〗NGO) の活動による. aide ~ 人道的援助. convoi ~ 人道的救援隊. mesures ~s 人道的措置. mission ~ 人道主義的使命. organisation ~ 人道主義的組織 (機構).
—*n.m.* 人道主義的活動；非政府組織の活動.
—*n.* 人道主義的活動家；非政府組織の活動家.

humanité *n.f.* **1** 〖哲・神学〗人間性 (divinité「神性」, animalité「獣性」の対). ~ et divinité de Jésus-Christ イエス・キリストの人間性と神性.
2 人間らしさ，人間味，ヒューマニティー. geste (sentiment) d'~ 人間らしい振舞い (感情). avec ~ 思いやりをもって. faire preuve d'~ 人間味を発揮する. traiter *qn* avec ~ 人を温情をもって遇する.
3 人類. l'~ tout entière 全人類. crime contre l'~ 反人道的犯罪. histoire de l'~ 人類史.
4 L'*H*~ 「リュマニテ」(1904 年 Jean Jaurès により創刊；1919 年フランス共産党の機関日刊紙). L'*H*~ Dimanche 「リュマニテ・ディマンシュ」(「リュマニテ」紙の日曜版). L'*H*~ hebdo「リュマニテ・エブド」誌 (「リュマニテ」紙の週刊版). la fête de l' *H*~ リュマニテ祭 (第 1 回 1930 年 9 月).
5 〖*pl.* で〗(旧制リセの) 古典課程 (中等教育第 2 段階の 3 年間；15-18 歳；古典ギリシア・ラテン語・文学が必修)；〖ベルギー〗中等教育課程. faire ses ~s 古典課程を修める.

humanoïde *a.* 人間の形をした, ユマノイドの, サイボーグの. robot ~ 人間の形をしたロボット.
—*n.* サイボーグ (= 〖英〗cyborg).

humble *a.* Ⅰ (人について) **1** 謙虚な；控え目な. personne ~ 謙虚な (控え目な) 人. être ~ de cœur 心根がつつましやかである. être ~ devant Dieu 神の前に謙虚である.
2 〖蔑〗卑屈な. se faire ~ devant ses supérieurs 上司の前でぺこぺこしている.
3 (地位，職業などが) 取るに足りない，つまらない；貧しい，賤しい；下層の. ~ bergère 賤しい羊飼いの娘 (女). ~ fonctionnaire しがない小役人.
Ⅱ (物について) **1** 〖時に名詞の前〗慎ましい，控えめな，へりくだった. douceur ~ 控え目な優しさ. manières ~s 控え目なやり方. à mon ~ avis 愚見によれば. d'un air ~ 慎ましく. d'une voix ~ おずおずとした声で.
2 〖文〗〖名詞の前〗目立たない，地味な；ささやかな；みすぼらしい，貧相な. ~ aventure ちょっとした冒険. ~ demeure みすぼらしいすみか. ~ présent ささやかな贈物.
3 〖多く名詞の前〗つましい，質素な，貧しい. ~ existance つましい暮し. être satisfait de son ~ fortune 貧しい資産で満足している. végéter dans d'~s fonctions うだつがあがらない.
—*n.* 〖多く *pl.*〗下層民，貧民.

humecteur *n.m.* (布地・紙などの) 加湿器.

huméral (ale) (*pl.***aux**) *a.* 〖解剖〗上腕骨 (humérus) の；上腕部の. artère ~*ale* 上腕動脈. épicondylite ~*ale* 上腕骨橈側 (とうそく) 上髁 (じょうか) 炎, テニス肘 (= tennis-elbow).

huméro-cubit*al* (*ale*) (*pl.***aux**) *a.* 〖解剖〗上腕肘の, 上腕尺骨の.

huméro-métacarpien (ne) *a.* 〖解剖〗上腕中手の. os ~ 上腕中手骨.

humérus [ymerys] *n.m.* 〖解剖〗上腕骨. fractures de la diaphyse de l'~ 上腕骨幹骨折.

humeur *n.f.* Ⅰ **1** 気質, 生まれつきの性格 (性質). ~ maniaque (mélancolique, schizophrénique) 偏執狂的 (鬱的, 精神分裂病的) 気質. égalité (inégalité) d'~ 沈着な (むらのある) 性質. incompatibilité d'~ 性格の不一致. 〖精神医学〗trouble d'~ 気質障害. être d'~ maussade；avoir l'~ maussade 陰気な性格である.
2 気分；気まぐれ；機嫌. ~ du moment その時の気分. selon (suivant) son ~ その時の気分次第で. bonne (belle, charmante, excellente, meilleure) ~ 上機嫌. mauvai-

se (méchante)~ 不機嫌. être de bonne (mauvaise)~ 上機嫌 (不機嫌) である. avoir des sautes d'~ むら気である. être (se sentir) d'~ à+*inf.*; être en ~ de+*inf.* …する気分になっている.

3〔文〕不機嫌 (=mauvaise ~);苛立ち;恨み (=rancune). avoir de l'~ contre *qn* 人に遺恨を抱く. donner de l'~ à *qn* 人を不機嫌にさせる. à mes moments d'~ 腹立ちまぎれに.

II〔古代医学〕人間の体液《気質の根源と考えられた》. les quatre ~s ; les ~s cardinales (fondamentales) 4 大体液 (atrabile (= bile noire), bile, flegme, sang の 4 種).〔古〕~s froides 瘰癧 (るいれき) (=écrouelles, scrofule). ~s viciées (病気の原因となる) 悪い体液.〔現用〕~ acqueuse (vitrée) de l'œil 眼房水 (ガラス体液).

humide *a*. **1** 湿った, 湿気のある;濡れた. cave (souterrain)~ 湿っぽい地下室. la Champagne ~s ; les ~s cardinales シャンパーニュ地方《シャンパーニュ地方東南部の池や沼の点在する地方名》. front ~ de sueur 汗で濡れた額. murs ~s 湿気を含んだ壁.〔話〕paille ~ des cachots 牢獄. serviette ~ 濡れタオル. terre ~ de pluie 雨で濡れた地面. rendre ~ 加湿する.
2〔気候〕湿潤な, 湿っぽい;雨の多い. chaleur ~ 湿度の高い暑さ. climat ~ 湿潤な気候. pays ~ 湿潤な風土;多雨国. saison ~ 雨の多い季節. temps ~ 湿っぽい天気;雨もよいの天気.
3 涙で濡れた. regards ~s 涙で濡れた眼差し. yeux ~s de larmes 涙でうるんだ眼.
4〔古・詩〕水の. l'~ élément 水. l'~ empire ; les ~s plaines 海.

humidificateur *n.m.* 加湿器, 加湿装置;湿度調節器.
humidification *n.f.* 加湿.
humidifuge *a*. 非吸湿性の. trssu ~ 非吸湿性布地.
humidimètre *n.m.* 湿度測定器《塗装する基底材の湿度を測定する》.
humidité *n.f.* **1** 湿り気, 湿気, 湿っぽさ. ~ de l'air 空気の湿り気.
2 湿度. ~ absolue 絶対湿度. ~ relative 相対湿度.
humifère *a*. 腐植土に富んだ.
humification *n.f.* 腐植土化《地中の微生物により有機物を腐葉土にすること》.
humiliation *n.f.* **1** 辱めること, 侮辱. ~ de *qn* par *qn* 人に対する侮辱. essuyer (subir) une ~ 辱めを受ける, 侮辱を被る. infliger une ~ 侮辱を加える.
2 屈辱, 恥辱;屈辱感. éprouver ~ 屈辱を味わう. rougir d'~ 屈辱感で顔を赤らめる. vivre dans l'~ 恥辱の中に生きる.
3〔宗教〕(神に対する) 謙譲〔的姿勢〕. ~ de l'âme 魂の謙譲性.
humilité *n.f.* **1** 謙虚, 謙遜 (orgueil「傲慢」の対). air d'~ 謙虚な様子. esprit d'~ 謙譲の精神. avec ~;par ~ 謙虚に;うやうやしく. en toute ~ 謙虚そのものに, 平身低頭して.
2〔宗教〕謙譲, 恭謙. confesser ses péchés avec ~ 謙譲の心で罪を告白する.
3〔蔑〕(人間の) 卑小さ;(身分の) 下賤. ~ d'un emploi 仕事の賤しさ. connaître l'~ de sa condition 己の身分の低さを知る.

humique *a*.〔土壌〕腐植土の, 腐植土から採った;〔化〕有機物から成る.〔化〕acides ~s 腐植酸, フミン酸.
humor*al* (*ale*) (*pl.aux*) *a*.〔医〕体液の;体液中の;体液による. trouble ~ 体液異常.
humour [英] *n.m.* ユーモア. ~ noir ブラック・ユーモア. avoir le sens de l'~ ユーモアのセンスがある.
humus [ymys] 〔ラ〕 *n.m.* 腐植土, 腐植質. couche d'~ 腐植土層.
†**Hunan(le)** [中国] *n.pr.m.* 湖南 (省) (= province de ~), フーナン (省都 Changsha, Tch'ang-cha 長沙 (ちょうさ), チャンシー).
†**Hungnam** [北朝鮮] *n.pr.* 興南 (こうなん), フンナム《港湾都市》.
†**Hu-pei, Hu-peh** ⇒ Hubei
Huriet(la loi) *n.f.* ユリエ法《1930年生まれの医学者・元老院議員 Claude Huriet が成立に尽力した法律の通称》. la loi nº88-1138 du 20 décembre 1988, dite ou ~ 1988 年 12 月 20 日の法律 nº88-1138, 通称ユリエ法《正式名称は loi relative à la protection des personnes qui se prêtent à des recherches biomédicales「生物医学研究に携わる人員の保護に関する法律」》.
†**hurlement** (<hurler) *n.m.* **1** (狼, 犬などの) 遠吠え.
2 (人の) 唸り声;うめき声. ~s de rage 怒号. ~s de souffrance 苦痛のうめき声. pousser des ~s 唸り声(うめき声)をあげる.
3〔比喩的〕(風などの) 唸り. ~ du vent 風の唸り.
†**hurricane** [œ(y)rikɛn] [英] *n.m.* ハリケーン (=cyclone tropical).
HVD (= [英] *h*olographic *v*ersatile *d*isc) *n.m.*〔電算〕汎用ホログラム・ディスク (= [仏] disque holographique polyvalent).
Hwang He ⇒ †Huan He
†**HWR** (= [英] *H*eavy *W*ater *R*eactor) *n.m.* 重水炉 (= [仏] réacteur à l'eau lourde).
hyacinthe [jasɛ̃t] *n.f.* **1**〔植〕ヒヤシンス (jacinthe の古称). **2**〔鉱〕風信子石 (赤色または橙色).
hyalin(e) *a*. **1** ガラス質の, ガラス様の. quartz ~ 水晶, 石英 (=cristal de roche).
2 ガラスのような, 透明な.
hyalite *n.f.* **1**〔鉱〕玉滴石. **2**〔医〕(眼の) 硝子体炎. **3** ボヘミアの黒ガラス.
hyaloïde *a*.〔解剖〕(眼の) 硝子体の. hu-

hyaloplasme

meur ~ 硝子体液. membrane ~ de l'œil 眼の硝子体膜.

hyaloplasme *n.m.* 〘生〙(細胞質の)透明質.

hybridation *n.f.* **1** 〘生〙雑種形成,交雑(=métissage). **2** 混成. 〘宇宙〙~ des orbitales atomiques 軌道混成.

hybride[1] *a.* **1** 〘生〙雑種の,交配種の. cellule ~ ハイブリッド細胞. maïs ~ 交配種とうもろこし. 〘園芸〙rosiers ~s de thé ハイブリッド・ティー・ローズ(= ~s de thé). vigueur ~ 交雑能力(=hétérosis 雑種強勢).
2 〘言語〙混雑の,混成の(異なる2言語の要素からつくられた). mot ~ 混種語(混成語)(*ex.* bigame<〔ラ〕bis+〔ギ〕gamos).
3 〘情報処理〙ハイブリッドの,混成の(アナログとディジタルで混成した). microcircuit ~ ハイブリッドマイクロ回路(アナログ回路とディジタル回路が混在する電子回路). système ~ ハイブリッド・システム,混成システム.
4 〔比喩的〕雑種的な;折衷的な. solution ~ 折衷的解決. style ~ 混淆様式.
——*n.m.* **1** 〘生〙雑種,交雑種,交配種. ~ de genres 属間雑種. ~ féconde 生殖(繁殖,結実)力のある雑種. ~ horticole 園芸雑種. ~ stéril 不妊(不稔)性雑種. Le mulet est un ~ de l'âne et de la jument. ミュレ(牡騾馬)は牡ろばと牝馬との間の交配種である. **2** 〘化〙混成.

hybrideur(se) *n.* 〘農・園芸〙交配専門家.

hybridisme *n.m.* 〘生〙雑種性;雑種育成(=hybridité).

hybridome *n.m.* 〘生〙雑種細胞,ハイブリドーマ(2つの異なる細胞を人工的に融合させた細胞).

hydarthrose *n.f.* 〘医〙関節水腫〔症〕,関節水症.

hydatide *n.f.* 〘医〙包虫(寄生虫の条虫類の幼虫).

hydatidose *n.f.* 〘医〙包虫症,エキノコックス症(=échinococcose).

hydatique *a.* 〘医〙包虫(hydatide)の. kyste ~ 包虫囊胞.

hydne [idn] *n.m.* 〘茸〙イドヌ,皮茸,針茸(食用). ~ sinué 曲り針茸, ピエ゠ド゠ムートン(pied-de-mouton).

hydr〔o〕- 〔ギ〕ELEM **1** 「水」の意(*ex. hydro*graphie 水圏学).
2 〘化〙ヒドロ(2重結合に水素を付加して生じる有機化合物名の接頭語. *ex. hydro*carbure 炭化水素).

hydracide *n.m.* 〘化〙水素酸,プロトン酸(=acide protique).

hydradénome *n.m.* 〘医〙汗腺腫.

hydramnios [idramnjɔs] *n.m.* 〘医〙羊水過多〔症〕(=polyhydramnios).

hydrargie *n.f.* 〘医〙水銀症,水銀中毒 (=hydrargirisme).

hydrargirysme *n.m.* 〘医〙水銀症,水銀中毒(=hydrargrie).

hydrargyre *n.m.* 〘化〙〔古〕水銀(=mercure).

hydratant(e) *a.* **1** 〘化〙水化する.
2 (化粧品が)肌に潤いを与える. crème ~*e* モイスチャークリーム. lotion ~*e* モイスチャーローション.
——*n.m.* (肌の)湿潤化化粧品.

hydratation *n.f.* **1** 〘化〙水化. **2** 〘医〙水分補給. ~ des sportifs スポーツ選手への水分補給. **3** (化粧品の)肌への水分補給.

hydrate *n.m.* 〘化〙水化物,水和物;水酸化物(hydroxyde の旧称). ~ d'aluminium 水酸化アルミニウム. ~ de carbone 炭水化物. ~ de chloral 抱水クロラール. ~ de soude 水酸化ナトリウム.

hydraulique *a.* **1** 水力の. centrale ~ 水力発電所. électricité ~ 水力電気. énergie ~ 水力,水力エネルギー. roue ~ 水車. turbine ~ 水力タービン.
2 液圧(水圧,油圧)の,液圧(水圧,油圧)式の. ascenseur ~ 水圧式エレヴェーター. freins ~s 液圧(油圧)ブレーキ. presse ~ 液圧(水圧,油圧)プレス. suspensions ~ de 液圧(水圧,油圧)サスペンション,油圧式懸架装置. vérins ~s 液圧(水圧,油圧)ジャッキ.
3 水利(水理)の. ingénierie ~ 水工学. installations ~ 水理設備.
4 水硬性の(水を加えると硬化する). mortier ~ 水硬モルタル.
——*n.f.* 水力学;水理学,水利学. ~ agricole 農業水理学. 〘教育〙Ecole nationale supérieure d'~ et de mécanique de Grenoble 国立グルノーブル高等水利学機械工学学校(略称: ENSHMG;1929年創設のグランド・エコール;在 Saint-Martin d'Hères).

hydravion *n.m.* (フロート付)水上飛行機(= ~ à flotteur〔s〕);飛行艇(= ~ à coque〔-fuselage〕).

hydrazine *n.f.* **1** 〘化〙ヒドラジン(N_2H_4;強還元剤,溶剤). **2** ヒドラジン類(ロケット推進用燃料,医薬品に利用).

hydrazone *n.f.* 〘化〙ヒドラゾン(カルボニル基とヒドラジンの縮合化合物).

hydréliox *n.m.* 〘化〙イドレリオクス(水素 hydrogène, ヘリウム hélium, 酸素 oxygène の3種混合ガス;ダイバー用).

hydrémie *n.f.* 〘医〙**1** 血中水分濃度. **2** 水血症(血中水分過多症)(=hyperhydrémie).

hydrique *a.* 水の,水による. 〘医〙diète ~ 水分を補給するだけの絶食療法.

hydroacoustique *a.* 水中音響の.
——*n.m.* 水中音響学.

hydrobase *n.f.* 水上飛行機基地,飛行艇基地.

hydroborate *n.m.* 〘化〙ヒドロ硼酸(ほうさん)塩(ボランから誘導される陰イオン

の化合物の総称).

hydrocarbonate n.m. 〖化〗含水炭酸塩.

hydrocarboné(e) a. 〖化〗炭化水素の.

hydrocarbure n.m. 〖化〗炭化水素.

hydrocèle n.f. 〖医〗水瘤, 水腫. ~ funiculaire spermatique 精索水瘤. ~ vaginale 精巣鞘(しょう)水腫.

hydrocéphale a. 〖医〗水頭症の.
——n. 水頭症患者.

hydrocéphalie n.f. 〖医〗水頭症.

hydro-chlorofluorocarbone n.m. 〖化〗ハイドロ・クロロフルオロカーボン(環境汚染有害物質).

hydrochlorothiazide n.m. 〖薬〗ヒドロクロロチアジド(略記 HCT; 利尿薬・高血圧治療薬; 薬剤製品名 Cotareg, Hyzaar (n.m.)).

hydrocholécyste n.m. 〖医〗胆囊水腫(急性胆囊膨脹症).

hydroclasseur n.m. 〖鉱〗湿式選別機.

hydrocoralliaires n.m.pl. 〖動〗ヒドロ珊瑚類(腔腸動物).

hydrocortisone n.f. 〖生化〗ヒドロコルチゾン, コルチゾール (=cortisol) (副腎皮質でつくられるグルココルチコイド; 副腎皮質ステロイドホルモン). 〖薬〗acétate d'~ 酢酸ヒドロコルチゾン. succinate d'~ コハク酸ヒドロコルチゾン.

hydrocraquage n.m. 〖化〗(石油精製の)水素添加分解法, ハイドロクラッキング(石油からハイオクタンガソリンやジェット燃料などを精製する方法; =[英] hydrocracking).

hydrocraqueur n.m. 〖化〗(石油精製の)ハイドロクラッキング装置, 水素化分解装置, ハイドロクラッカー (=[英] hydrocracker).

hydro-culture n.f. 〖農〗水耕, 水耕農業, 水耕園芸.

hydrocution n.f. 〖医〗冷水ショック, 冷水ショック性失神.

hydrodésalkylation n.f. 〖化〗水素化脱アルキル.

hydrodésulfurisation n.f. 〖化〗水素化脱硫.

hydrodynamique n.f. 流体力学.
——a. 流体力学の; 流体力学的な. forme ~ 流線形.

hydroécologie n.f. 水圏環境学.

hydro(-)électricité n.f. 〖電〗水力発電電気, 水力電気 (=électricité hydraulique).

hydro(-)électrique a. 水力発電の. centrale ~ 水力発電所.

hydrofoil [idrɔfɔil] [英] n.m. 水中翼船 (=[仏] hydroptère).

hydrofugation n.f. 防水, 防水加工.

hydrofuge a. 防水の, 防水性の. tissu ~ 防水布. vernis ~ 防水ニス.
——n.m. 防水剤; 防湿剤.

hydrofuger v.t. 防水加工を施す.

hydrogel [idrɔʒɛl] n.m. 〖化〗ヒドロゲル(水を分散液体としてもつゲル).

hydrogénase [idrɔʒenaz] n.f. 〖生化〗ヒドロゲナーゼ(分子状水素の放出・吸収に作用する酵素).

hydrogénation n.f. 〖化〗水素化, 水素添加, 水素付与.

hydrogène [idrɔʒɛn] n.m. 〖化〗水素(元素記号 H, 原子番号 1, 原子量 1.007.9; 比重 0.071; 液化点 $-252.87°C$, 固体化点 $-259.14°C$ のガス状物質). ~ carboné 炭化水素. ~ lourd 重水素. ~ sulfré 硫化水素 (H_2S; 大気汚染物質のひとつ). bombe à ~ 水素爆弾, 水爆 (=bombe thermonucléaire 熱核爆弾). potentiel d'~ 水素イオン指数 (pH).

hydrogéné(e) a. 〖化〗水素と化合した; 水素を添加した; 水素で処理した.

hydrogénocarbonate n.m. 〖化〗炭酸水素塩 (HCO_3), 重炭酸塩 (=bicarbonate).

hydrogénosulfite n.m. 〖化〗亜硫酸水素塩 ($MHSO_3$), 重亜硫酸塩 (=bisulfite)).

hydrogensulfate n.m. 〖化〗硫酸水素塩 ($MHSO_4$), 重硫酸塩 (=bisulfate).

hydrogéologie n.f. 〖地学〗水文地質学, 水理地質学.

hydroglisseur n.m. 水上滑走船(空力プロペラまたはジェットで推進する平底船; =[英] hydroplane ハイドロプレーン).

hydrographe n. 水圏学者. 〖海軍〗ingénieur ~ 水路測量官(海軍水路部技官).

hydrographie n.f. **1** 水圏学, 水界地理学(海水・湖水・河川を対象とする地理学). **2** 水圏(河川・湖水の総体). ~ de la France フランスの水圏. **3** 〖海軍〗水路測量.

hydrographique a. 水圏学的な; 水路学の, 水路測量の. Service ~ et océanographique de la marine 海軍水路海洋部(海図作成と航行情報の提供を担当; 本部 Brest).

hydrojet n.m. 〖船〗ハイドロジェット, ジェット水流推進装置.

hydrokinésithérapie n.f. 〖医〗水中筋肉機能回復訓練, 水中筋肉リハビリテーション, 運動浴.

hydrolase n.f. 〖生化〗加水分解酵素.

hydrolienne n.f. 海流発電所 (=centrale ~).

hydrolithe n.f. 〖化〗ヒドロリット, 水酸化カルシウム (=hydrure de calcium; 水を加えると水素を発生).

hydrologie n.f. 水文(すいもん)学. ~ fluviale 河川水文学; 河川学 (=potamologie). ~ lacustre 湖沼水文学; 陸水学; 湖

沼学 (=limnologie). ~ marine 海洋水文学; 海洋学 (=océanographie).
hydrologue *n.* 〖地学〗水文学者 (=hydrologiste).
hydrolyse *n.f.* 〖化〗加水分解.
▶ **hydrolyser** *v.t.*
hydromancie *n.f.* 水占い.
hydromassage *n.m.* 〖医〗加圧水式マッサージ.
hydromécanique *a.* (動力に)水力を利用する, 水力利用の.
hydrométallurgie *n.f.* 〖冶〗湿式冶金(精錬).
hydrométéore *n.m.* 〖気象〗大気水象, ハイドロメテオール (雨・雪・霧等の大気中の水分による現象).
hydrométéorologie *n.f.* 水文気象学.
hydromètre *n.m.* 〔液体〕比重計, 浮き秤; (河川の) 流速計.
hydrométrie *n.f.* **1** (液体の) 比重測定〔法〕. **2** (河川の) 流速測定〔法〕; 流量測定〔法〕.
hydrominéral (ale) (*pl.* **aux**) *a.* 鉱泉水 (ミネラルウォーター) の. établissement ~ 鉱泉場.
hydronéphrose *n.f.* 〖医〗水腎症, 腎水症.
hydronium *n.m.* 〖化〗ヒドロニウム. ion ~ ヒドロニウム・イオン (H_3O^+), ヒドロキソニウム・イオン.
hydropéricarde *n.m.* 〖医〗心膜水腫.
hydroperoxyde *n.m.* 〖生化〗ヒドロペルオキシド (過水酸化物).
hydrophile[1] *a.* **1** 吸水性の. coton ~ 脱脂綿. **2** 〖化〗親水性の (hydrophobe「疎水性の」の対).
hydrophile[2] *n.m.* 〖昆虫〗がむし.
hydrophobie *n.f.* 〖医〗恐水症状 (狂犬病 rage などに特徴的な症状).
hydrophone *n.f.* 水中聴音器, ハイドロホン (地震学, 石油探査などに利用される).
hydropique *a.* 〖医〗水腫 (hydropisie) の, むくみの.
──*n.* 水腫患者.
hydropisie *n.f.* 〖医〗水腫, 水症; 〔やや古〕腹水.
hydropneumatique *a.* 水圧空気圧併用方式の; 油圧空気圧併用方式の (=oléopneumatique). 〖自動車〗suspension ~ 水圧空気圧併用式サスペンション.
hydropneumothorax *n.m.* 〖医〗水気胸.
hydroponique *a.* 〖農〗水耕式の. culture ~ 水栽培, 水耕栽培 (土壌を用いず, 栄養分を含んだ水を循環させる栽培方式).
hydropression *n.f.* 加圧水噴射. nettoyage par ~ 加圧水噴射による洗浄.
hydroptère *n.m.* 水中翼船 (=hydrofoil). aile d' ~ (水中翼船の) 水中翼.

hydropulseur *n.m.* 〖歯〗(歯と口腔の) ジェット水流洗浄器.
hydroquinone *n.f.* 〖化〗ヒドロキノン, ハイドロキノン, ヒドロキノール ($C_6H_6O_2$; 1,4-ジヒドロキシベンゼン benzène-1, 4-diol; 医薬・酸化防止剤・現像薬・塗料・燃料用).
hydroraffinage *n.m.* (原油の) 水素触媒式精製〔法〕.
hydrosalpinx *n.m.* 〖医〗卵管留水症, 卵管留水腫.
hydrosilicate *n.f.* 〖化〗水〖素〗化珪素 (けいそ) (=silicate hydraté).
hydrosilylation *n.f.* 〖化〗ヒドロシル化.
hydrosol *n.m.* 〖化〗ヒドロゾル.
hydrosoluble [idrɔsɔlybl] *a.* 〖化〗水溶性の. vitamine ~ 水溶性ビタミン.
hydrosphère *n.f.* 〖地学〗水圏.
hydrostatique *a.* 静水の; 流体静力学の.
──*n.f.* 静水力学, 流体静力学.
hydrothérapie, hydrothérapeutique *n.f.* 〖医〗水療法.
hydrothermal (ale) (*pl.* **aux**) *a.* **1** 〖地学〗熱水の, 熱水性の; 熱水作用による. fluides ~ *aux* 温泉水, 熱水.
2 〖医〗熱水利用の; 温泉利用の. cure ~ *ale* 熱水療法. traitement ~ 湯治, 熱水治療.
hydrothermalisme *n.m.* 〖地学〗(大洋地殻内の) 熱水循環.
hydrothiazide *n.f.* 〖薬〗ヒドロチアジド (降圧利尿薬).
hydrothorax *n.m.* 〖医〗水胸〖症〗.
hydrotimètre *n.m.* 水の硬度測定器.
hydrotimétrie *n.f.* 〖化〗水の硬度測定〔法〕.
hydrotimétrique *a.* 〖化〗水の硬度に関する. degré ~ (水の) 硬度.
hydrotraitement *n.m.* (石油精製の) 水化処理; 水素化処理, 水素添加処理.
hydrox *n.m.* 〖化〗イドロクス (水素hydrogène と酸素 oxygène の混合ガス; ダイバー用).
hydroxocobalamine *n.f.* 〖生化〗ヒドロキソコバラミン (コバラミン誘導体, ビタミン B_{12} の一種).
hydroxyapatite *n.f.* 〖生化〗水酸化燐灰石, 水酸化燐酸カルシウム, ヒドロキシアパタイト ($Ca_{10}(OH)_2(PO_4)_6$; 骨化主成分).
hydroxyde *n.m.* 〖化〗水酸化物. ~ de sodium 水酸化ナトリウム, 苛性ソーダ (NaOH). ~ de calcium 水酸化カルシウム ($Ca(OH)_2$). ~ *s* métalliques 金属水酸化物.
hydroxylamine *n.f.* 〖化〗ヒドロキシルアミン (NH_2OH).
hydroxyle [idrɔksil] *n.m.* 〖化〗水酸基 (=oxydryle), ヒドロキシル.
hydroxylé (e) *a.* 〖化〗水酸基をもつ.

hydroxypropylméthylcellulose n.f. 〖化〗水酸化プロピルメチルセルロース《食品添加物》.

hydroxyquinoléine n.f. 〖化〗ヒドロキシキノリン.

hydroxysel n.m. 〖化〗ヒドロキシ塩, 水酸化物塩.

hydrozoaires n.m.pl. 〖動〗ヒドロ虫綱.

hydrure n.m. 〖化〗水素化物. ～ de carbone 炭化水素. ～ de calcium 水素化カルシウム (C_2H_2 ; hydrolithe). ～ interstitiel 侵入型水素化物 (=～ métallique). ～ lourd 重水素化合物. ～ métallique 金属水素化物, 金属類似水素化物.

(†)**hyène** [jɛn] n.f. 〖動〗ハイエナ.

†**Hyesan** [北朝鮮] n.pr. 惠山 (けいさん), ヘサン《北朝鮮東北部両江道 Ryangkangdo の道名, 中国との国境, 鴨緑江岸の商工業都市》.

hygiaphone [商標] n.m. イジアフォーン, 衛生伝音板《銀行, 郵便局などの窓口の複数の小孔の開けられた透明板》.

hygiène n.f. **1** 衛生; 衛生学. ～ alimentaire 食品衛生. ～ du travail 労働衛生. ～ environnante 環境衛生. ～ publique 公衆衛生. ～ scolaire 学校衛生. Conseil supérieur d'～ 公衆衛生高等審議会. instruments d'～ 衛生器具.
2 衛生状態; 健康状態. ～ du corps 体の衛生〔状態〕. avoir une bonne ～ 良好な衛生 (健康) 状態を保つ.
3 〖精神医学〗～ mentale 精神衛生.
4 衛生維持, 健康維持; 衛生法. ～ du cuir chevelu 頭皮の衛生 (清潔) 維持.
5 良好な衛生状態. local sans ～ 衛生状態の悪い場所.

hygiénique a. **1** 衛生的な; 衛生維持のための; 衛生学的な. serviette ～ 衛生ナプキン, 生理ナプキン.
2 健康に良い, 保健の. promenade ～ 保健散策.

hygiéniste n. 衛生専門家; 衛生学者.

hygro- [igrɔ] [ギ] ELEM 「湿気, 湿度」の意《ex. hygromètre 湿度計》.

hygroma n.m. 〖医〗ヒグローマ, 水滑液嚢症; 粘液包炎 (=bursite). ～ du coude 肘ヒグローマ. ～ subdural 硬膜下ヒグローマ.

hygromètre n.m. 〖気象〗湿度計. ～ à cheveu 毛髪湿度計.

hygrométricité n.f. 湿度.

hygrométrie n.f. **1** 湿度測定〔法〕 (=hygroscopie). **2** 湿度. ～ élevée 高湿度.

hygrométrique a. **1** 湿度の; 吸湿性の; 湿度測定の. degré ～ de l'air 空中湿度, 相対湿度 (=humidité relative).
2 湿度に敏感な.

hygrophile a. 〖生〗(特に植物の) 好湿性の. mousse ～ 好湿性の苔.

hygrophobe a. 〖生〗嫌湿性の.

hygrophyte n.f. 〖植〗湿生植物.

hygroscope n.m. 〖気象〗湿度測定器.

hygroscopie n.f. 〖気象〗湿度測定 (=hygrométrie).

hygroscopique a. **1** 湿度計の, 示湿器の. **2** 湿度測定の. **3** 吸湿性の. substance ～ 吸湿性物質.

hygrostat n.m. 恒湿器, 調湿器.

hymen [imɛn] [ギ] (<H～ ヒュメーン, ヒュメナイオス《ギリシア神話の婚姻の神》) n.m. 〖解剖〗処女膜. atrésie de l'～ 処女膜閉鎖. défloration de l'～ 破瓜. 〖法医学〗examen médico-légal de l'～ 処女膜の法医学的検査. imperforation de l'～ 処女膜の無開口.

hyménéal (ale) (pl.**aux**) a. 〖解剖〗処女膜 (hymen) の. débris ～aux 処女膜残痕. lobules ～aux 処女膜小葉.

hymne n.m. **1** 〖古代ギリシア〗(神々, 英雄を称える) 賛歌.
2 国歌 (～ national). La Marseillaise est l'～ de la France. 「ラ・マルセイエーズ」はフランス国家である.
3 賛歌, 頌歌, 歌《L'H～ à la joie》(『第九交響曲』の)『歓びの賛歌』《ベートーヴェン作曲》.
4 〖教会〗賛美歌 (時として n.f.).

hyoïde a. 〖解剖〗舌骨の (=hyoïdien). arc ～ 舌弓, 第二内臓弓. os ～ 舌骨.
— n.m. 舌骨.

hypalgésie n.f. 〖医〗痛覚鈍麻, 痛覚減退.

hyper- [ギ] PREF 「超・過多」の意 (hypo-「下位, 減少」の対)《ex. hypersensibilité 「過敏」, hypertension「高血圧」》.

hyper n.m. 超大型スーパー (=hypermarché の略称).

hyperacidité n.f. 〖医〗過酸症; (特に) 胃酸過多〔症〕 (=～ gastrique).

hyperacousie n.f. 〖医〗聴覚過敏.

hyperactif (ve) a. 〖心〗多動性の. désordres ～s 多動性障害. enfant ～ 多動児.

hyperactivité n.f. 〖医・精神医学〗(子供の) 多動性, 多動性障害 (=syndrome hyperkinétique 多動症候群). ～ de l'enfant 小児過活動症.

hyperaldostéronisme n.m. 〖医〗高アルドステロン症, アルドステロン過剰症.

hyperalgie n.f. 〖医〗痛覚過敏.

hyperazotémie n.f. 〖医〗高窒素血症 (=azotémie). ～ des nourrissons 新生児の高窒素血症.

hyperbare a. 高圧の, 高気圧式の. 〖医〗caisson ～ 高気圧タンク, 高気圧ケーソン.

hyperbarique a. 高圧式の. chambre à l'oxygène ～ 高圧酸素室. 〖医〗oxygénation ～ 高圧酸素療法.

hyperbilirubinémie n.f. 〖医〗高ビリルビン血症, ビリルビン過剰血症.

hyperbole *n.f.* 1 〖修辞〗誇張. 2 〖数〗双曲線.

hypercalcémie *n.f.* 〖医〗高カルシウム血症.

hypercalcémique *a.* 〖医〗高カルシウム〔血症〕性の. néphropathie ～ 高カルシウム〔血症〕性腎症.

hypercalciurie *n.f.* 〖医〗高カルシウム尿症.

hypercapnie *n.f.* 〖医〗高炭酸ガス血症.

hypercentre *n.m.* 都心の中心部. mesures pour désengorger l'～ 都心中心部の交通渋滞緩和措置.

hyperchlorhydrie *n.f.* 〖医〗(胃液の)過塩酸症.

hypercholestérolémie *n.f.* 高コレステロール症, 高脂血症. ～ congénitale 先天性高コレステロール症.

hyperchrome *a.* 〖生〗高色素の; 高色素性の, 色素の過剰沈着の. 〖医〗anémie ～ 高色素性貧血(=hyperchromie).

hyperchromie *n.f.* 〖医〗1 (肌の)色素過剰沈着症. ～ diffuse 拡散性色素過剰沈着症. ～ d'un nævus 母斑の色素過剰沈着, 色素性母斑.
2 血中ヘモグロビン増加症, 血色素増加症.

hypercontinental(**ale**)(*pl.***aux**) *a.* 〖気象〗超大陸性の. climat ～ des moyennes latitudes 中緯度地帯の超大陸性気候(寒く乾燥した冬が長く, 夏は多雨で気温が高い).

hypercorticisme *n.m.* 〖医〗(副腎皮質の)コルチゾール分泌過剰症; 副腎皮質機能亢進症(=hypercorticosurrénalisme).

hypercorticosurrénalisme *n.m.* 〖医〗副腎皮質機能亢進症.

hyperdocument *n.m.* 〖情報処理〗ハイパードキュメント.

hyperémèse *n.f.* 〖医〗妊娠悪阻(おそ).

hypérémie *n.f.* 〖医〗充血(=congestion).

hyperémotivité *n.f.* 〖心・医〗情動過多.

hyperéosinophilie *n.f.* 〖医〗好酸球増加症.

hyperespace [ipɛrɛspas] *n.m.* 〖数〗超空間, 多元空間.

hyperesthésie *n.f.* 〖医・心〗知覚過敏, 感覚異常, 異常感覚, 錯感覚; (特に)触覚過敏(=～ du toucher).

hyperexcitabilité *n.f.* 〖医〗異常興奮性, 過度の興奮.

hyperfiscalité *n.f.* 〖経済〗重税; 重税負担, 過剰重税負担.

hyperfocal(**ale**)(*pl.***aux**) *a.* 〖写真〗過焦点の. distance ～*e* 過焦点距離〈被写体の鮮明映像が得られる点とカメラのレンズの最短距離〉.

hyperfolliculinie *n.f.* 〖医〗卵胞ホルモン過多〔症〕.

hyperfonctionnement *n.m.* 〖医〗機能亢進. ～ glandulaire 腺の機能亢進. syndromes d'～ 機能亢進症候群.

hyperfréquence *n.f.* 超高周波(特に周波数 300 MHz から 300 GHz までを指す).

hyperglycémiant(**e**) *a.* 〖医〗血糖値を高める, 血糖上昇作用のある.

hyperglycémie *n.f.* 〖医〗高血糖症, 高グルコース血症.

hypergol *n.m.* 〖宇宙〗自動点火性ロケット燃料, 自燃性ロケット燃料(2種の構成要素が接触して点火する方式の燃料).

hypergolique *a.* 〖宇宙〗(ロケット燃料が)自燃性の.

hyperhémie [ipɛremi] *n.f.* 〖医〗充血(=hyperémie).

hyperhidrose *n.f.* 〖医〗発汗過多症, 多汗症. ～ locale (généralisée) 局所性(全身性)多汗症.

hyper〔-〕inflation *n.f.* 〖経済〗超インフレーション, 超インフレ.

hyperinformatisé(**e**) *a.* 高度に情報システム化された, 極度に情報化された. pays ～ 高度情報化国家.

hyperinsulinisme *n.m.* 〖医〗インスリン分泌過多症.

hyperkaliémie *n.f.* 〖医〗高カリウム血症.

hyperkératose *n.f.* 〖医〗過角化〔症〕.

hyperkératosique *a.* 〖医〗過角化性の. lésions ～*s* (皮膚の)過角化性病変.

hyperkinésie *n.f.* 〖医〗多動, 過運動, 増動〔症〕.

hyperlaxité *n.f.* 〖医〗(組織の)超弛緩〔症〕, 異常弛緩〔症〕. ～ articulaire 関節弛緩症.

hyperleucocytose *n.f.* 〖医〗白血球過多症.

hyperlien *n.m.* 〖情報処理〗ハイパーリンク(=〖英〗hyperlink)(ハイパーテキスト・システムで他の文書にリンクしている文書).

hyperlipidémie *n.f.* 〖医〗高脂血症.

hyperlipoprotéinémie *n.f.* 〖医〗高リポ蛋白血症, 高脂血症(=hyperlipidémie).

hyperlordose *n.f.* 〖医〗脊柱前弯症.

hyperlysinémie *n.f.* 〖医〗高リジン血症.

hypermarché *n.m.* 〖商業〗イペールマルシェ, ハイパーマーケット, 超大型スーパーマーケット(厳密には売場面積 2,500 m² 以上で, 専用駐車場を備えたものをいう).

hypermédia *n.m.* 〖情報〗ハイパーメディア, 超メディア(文字情報, 図形, 画像, ホログラフィー, 音声, 動画等あらゆるメディアを統一的にワークステーションに集積したもの).

hypermédiatisation *n.f.* 〖情報〗超

高度メディア化, ハイパーメディア化.
hyper-médiatisé(e) *a.* 〚話〛マスメディアで超売れっ子の.
hypermélanose *n.f.* 〚医〛色素沈着過多〔症〕.
hyperménorrhée *n.f.* 〚医〛月経過多症, 過多月経.
hypermétrope *a.* 遠視の.
——*n.* 遠視の人.
hypermétropie *n.f.* 遠視.
hypermnésie *n.f.* 〚心理〛記憶増進, 記憶過剰.
hypernatrémie *n.f.* 〚医〛高ナトリウム血症.
hypernéphrome *n.m.* 〚医〛副腎腫(腎悪性腫瘍).
hypernerveux(se) *a.* 極度に神経質な.
——*n.* ～人.
hyperœstrogénie *n.f.* 〚医〛エストロゲン(卵胞ホルモン)過多症.
hypéron [ipɛrɔ̃] *n.m.* 〚原子物理〛ハイペロン(baryons バリオン族の重素粒子).
hyperonyme *n.m.* 〚言語〛上位語, 包摂語(*ex.* animal は chien の上位語; hyponyme の対).
hyperostosant(e) *a.* 〚医〛過骨性の; 骨化過剰性の. maladie ～*e* 過骨性疾患, 骨化過剰症.
hyperostose *n.f.* 〚医〛骨過剰症, 骨殖症. ～ corticale infantile 小児皮質骨過剰症.
hyperoxie *n.f.* 〚医〛高酸素症, 酸素過剰症.
hyperparathyroïdie *n.f.* 〚医〛副甲状腺機能亢進症. ～ primaire (secondaire) 一次性(二次性)副甲状腺機能亢進症.
hyperparathyroïdisme *n.m.* 〚医〛上皮小体機能亢進〔症〕, 副甲状腺機能亢進〔症〕.
hyperpathie *n.f.* 〚医〛(皮膚刺激に対する)過剰反応疼痛症.
hyperphagie *n.f.* 大食, 過食.
hyperphosphatémie *n.f.* 〚医〛高燐血症.
hyperplan *n.m.* 〚幾何〛超平面.
hyperplaquettose *n.f.* 〚医〛高血小板症, 血小板増多症(＝thrombocytose).
hyperplasie *n.f.* 〚医〛過形成〔症〕. ～ cartilagineuse 軟骨過形成症(＝chondrohypertrophie). ～ congénitale cortico-surrénale 先天性副腎皮質過形成症, 先天性副腎性器症候群. ～ fibromusculaire 繊維筋性過形成症, 繊維筋形成異常. ～ sébacée adénomatoïde 老人性脂腺増殖症. ～ surrénalienne 副腎肥大症.
hyperplastique *a.* 〚医〛過形成性の. polype ～ 過形成性ポリープ.
hyperprolactinémie *n.f.* 〚医〛高プロラクチン血症(血漿プロラクチンの増加

症).
hyperprotéinémie *n.f.* 〚医〛高蛋白血症.
hyperpuissance *n.f.* 〚政治〛超大国 (1999年フランスの外相 Hubert Védrine が, 20世紀末のアメリカ合衆国について用いた用語; ソ連というライヴァルを失った超大国 superpuissance のアメリカを指す). les États-unis, ～ politique, économique et militaire à l'aube du XXIe siècle 21世紀初頭の政治的・経済的・軍事的超大国アメリカ合衆国.
hyperréalisme [ipɛrrealism] *n.m.* 〚美術〛ハイパーリアリズム, 超リアリズム, 超写実主義.
hyperseborrhée *n.f.* 〚医〛高脂漏〔症〕.
hypersécrétion *n.f.* 〚生理〛分泌過多, 過分泌. ～ acide 胃酸過多.
hypersensibilité *n.f.* **1** 過敏;〚医〛知覚過敏症, 過敏症. ～ anaphylactique アナフィラキシー性過敏症. ～ cytotoxique 細胞毒性過敏症. ～ immédiate 瞬発性過敏症. ～ retardée 遅延性過敏症. ～ semi-retardée 半遅延性過敏症. réaction d'～ 過敏反応.
2 〚写真〛超感光度, 超高感度.
hypersensible *a.* **1** 過敏な;〚医〛知覚過敏性の. pneumonie ～ 過敏性肺炎. vascularite ～ 過敏性血管炎. **2** 〚写真〛超高感度の. pellicule ～ 超高感度フィルム.
hypersialorrhée *n.f.* 〚医〛唾液分泌過多症(＝ptyalisme), よだれ症, 流涎症.
hypersidérémie *n.f.* 〚医〛高鉄分血症.
hypersomnie *n.f.* 〚医〛過剰睡眠; 嗜眠症(＝léthargie).
hypersonique *a.* 極超音速の.
——*n.m.* 極超音速機(＝avion ～).
hypersophistiqué(e) *a.* 超高性能の, 最先端技術を駆使した; 最新鋭の. arme ～ 最新鋭兵器.
hyper-spécialisé(e) *a.* 超専門的な, 高度に専門化された. hôpital ～ 高度専門病院.
hypersplénisme *n.m.* 〚医〛脾機能亢進症.
hyperstatique *a.* 〚物理〛不静定の, 起静圧の.
hypersthénurie *n.f.* 〚医〛高張尿(尿浸透圧が血清浸透圧より高い状態).
hypersustentateur(trice) *a.* 〚航空〛高揚力の, 高揚力を生む.
——*n.m.* 高揚力装置.
hypersustentation *n.f.* 〚航空〛高揚力.
hypertélie *n.f.* 〚生〛過進化.
hypertélorisme *n.m.* 〚医〛両眼隔離症.
hypertendu(e) *a.* 〚医〛高血圧症の.

—*n.* 高血圧症患者.

hypertenseur *a.m.* 〖薬〗血圧を上げる, 昇圧性の (=hypertensif). médicament ~ 昇圧薬.
　　—*n.m.* 〖薬〗抗高血圧薬, (血液の) 昇圧薬.

hypertensif(ve) *a.* 血圧上昇 (亢進) の. maladie ~*ve* 血圧亢進症.
　　—*n.m.* 血圧上昇剤 (=médicament ~).

hypertension *n.f.* 〖医〗高血圧, 血圧亢進〔症〕; 圧力亢進〔症〕. ~ artérielle 動脈高血圧, 高血圧《略記 HTA》. ~ essentielle 本態性高血圧. ~ expérimentale 実験的高血圧《実験的につくり出された高血圧》. ~ de la grossesse 妊娠高血圧, 妊娠時高血圧. ~ intracrânienne 頭蓋内圧亢進症. ~ portale 門脈圧亢進症. ~ pulmonaire 肺高血圧症. ~ rénovasculaire 腎血管性高血圧症.

hyperterrorisme *n.m.* 超大規模テロリズム. mondialisation de l'~ 超大規模テロリズムの世界化.

hypertexte *n.m.* 〖電算〗ハイパーテキスト.
　　—*a.* ハイパーテキスト方式による (=hypertextuel).

hypertextuel(le) *a.* 〖情報処理〗ハイパーテキスト (hypertexte) の, ハイパーテキストによる.

hyperthermal(ale)(*pl.* **aux**) *a.* 高温の, 高熱の. eaux ~*ales* 熱泉, 温泉.

hyperthermie *n.f.* 〖医〗**1** 体温上昇, 発熱 (=fièvre). ~ grave 重症の体温上昇.
2 (癌などの) 温熱療法.

hyperthermophile *a.* 〖生〗好高熱性の, 超高温 (80-110℃) を好む. procaryote ~ 好高温原核生物.

hyperthyroïdie *n.f.* 〖医〗甲状腺ホルモン分泌過多〔症〕, 甲状腺機能亢進症 (=hyperthyroïdisme).

hyperthyroïdisme *n.m.* 〖医〗甲状腺機能亢進〔症〕.

hypertonie *n.f.* **1** 〖物理・生理〗(溶液の) 高張〔浸透圧が高い溶液の性質〕. ~ osmotique 浸透高張.
2 〖医〗筋緊張亢進 (=~ musculaire). ~ extrapyramidale 錐体外路性筋緊張亢進症 (=~ plastique). ~ pyramidale 錐体路性筋緊張亢進症, 痙性筋緊張亢進症 (=~ spastique, spasticité).

hypertonique *a.* **1** 〖物理・生理〗(溶液の) 高張性の. saline ~ 高張塩水. solution ~ 高張性溶液; 〖医〗高張輸液剤《体液より浸透圧が高い輸液剤》.
2 〖医〗筋緊張亢進〔症〕の.
　　—*n.* 〖医〗筋緊張亢進症患者.

hypertrichose *n.f.* 〖医〗多毛症, 体毛過多症.

hypertriglycéridémie *n.f.* 〖医〗高グリセリド血症《高中性脂肪血症》.

hypertrophie *n.f.* **1** 〖医〗(組織等の) 肥大. ~ cardiaque 心〔臓〕肥大 (=~ du cœur). ~ de la rate 脾 (ひ) 臓肥大. ~ des ganglions リンパ節肥大. ~ du foie 肝臓肥大.
2 過剰, 膨脹, 肥大化. ~ de l'appareil bureaucratique 官僚機構の肥大化. ~ de la sensibilité 意識過剰. ~ du moi 自意識過剰.

hypertrophié(e) *a.* **1** 〖医〗肥大した. cœur ~ 肥大した心臓.
2 〔比喩的〕肥大した. administration ~*e* 肥大した管理 (行政) 機構.

hypertrophique *a.* 〖医〗肥厚性の, 肥大性の. arthrite ~ 肥厚性関節炎, 変形性関節炎. cardiomyopathie ~ 肥大型心筋症, 心肥大. cicatrice ~ 肥厚性瘢痕, ケロイド (=chéloïde cicatricale 瘢痕性ケロイド). cirrhose ~ 肥大性肝硬変. gastrite ~ 肥厚性胃炎, 慢性胃炎. ostéite ~ 増殖性骨膜炎. ostéoarthropathie ~ 肥厚性骨関節症. rhinite ~ 肥厚性鼻炎.

hypertropie *n.f.* 〖医〗上斜視.

hyperuricémie *n.f.* 〖医〗血中尿酸過多〔症〕, 高尿酸血〔症〕.

hyperuricurie *n.f.* 〖医〗尿酸過多尿症, 高尿酸尿症.

hyperventilation *n.f.* 〖医〗過剰換気, 過呼吸. crise d'~ 過呼吸症の発作. syndrome d'~ 過換気 (過呼吸) 症候群, 過換気テタニー (=tétanie d'~).

hypervitaminose *n.f.* 〖医〗ビタミン過剰症. ~ A (D, K) ビタミン A (D, K) 過剰症.

hyphe [if] *n.f.* 〖生〗菌糸.

hyphéma *n.m.* 〖医〗(眼球の) 前房出血.

hypholome *n.m.* 〖茸〗イフォローム, くりたけ《有毒》.

hypn〔o〕- [キ] ELEM 「眠り」の意《*ex. hypno*logie 睡眠学》.

hypnagogique *a.* 〖医〗入眠時の. hallucination ~ 入眠時幻覚 (=vision ~). images ~*s* 入眠時映像.

hypno-analyse *n.f.* 〖精神医学〗催眠分析, 麻酔分析.

hypnoïde *a.* 〖精神医学〗擬睡眠の; 睡眠様の. état ~ 擬睡眠状態.

hypnologie *n.f.* 〖医〗睡眠学.

hypnophobie *n.f.* 〖医〗睡眠恐怖症.

hypnose *n.f.* **1** 〖心〗催眠. état d'~ 催眠状態.
2 催眠状態 (=état d'~). auditoire en état d'~ 催眠状態にある聴衆《うっとり聴きほれている聴衆》.
3 催眠術.

hypnothérapeute *n.* 〖医〗催眠療法士.

hypnothérapie *n.f.* 〖精神医学〗催眠療法 (=hypno-analyse).

hypnotique *a.* **1** 〖医〗催眠〔術〕の, 催眠性の. état ~ 催眠状態. sommeil ~ 催眠性睡眠.
2 うっとりさせる.

——*n.m.*〔薬〕催眠薬, 睡眠薬 (= médicament ~)(トランキライザー, 鎮静剤等).
hypnotiseur(se) *n.* 催眠術師.
hypnotisme *n.m.* 催眠術；催眠状態；催眠学.
hypo- [ipɔ][ギ] ELEM「下位；減少」の意(*ex. hypo*tension 低血圧. *hypo*derme 皮下組織)(hyper-の対).
hypoacousie *n.f.* 〔医〕聴力障害, 聴力低下, 難聴.
hypoaldostéronisme *n.m.* 〔医〕低アルドステロン症, アルドステロン減少症. ~ sélectif 選択的低アルドステロン症.
hypoalgésie *n.f.* 〔医〕痛覚鈍麻(痛みに対する反応が鈍化する症状).
hypoallergénique *a.* 〔医〕低アレルギー性の, 低アレルギー反応性の. savon ~ 低アレルギー性石鹸.
——*n.m.* 低アレルギー反応性物質.
hypoallergique *a.* 〔医〕アレルギーを起こすことが少ない, 低アレルギー性の. cosmétique ~ 低アレルギー性化粧品.
hypocalcémie *n.f.* 〔医〕低カルシウム血症.
hypocalciurie *n.f.* 〔医〕低カルシウム尿症.
hypocalorique *a.* 低カロリーの. régime ~ 低カロリー食餌療法 (=〔俗〕régime amaigrissant 痩せる食餌療法).
hypocapnie *n.f.* 〔医〕低炭酸ガス血症.
hypocentre *n.m.* **1** 〔地震〕震源 (= foyer du séisme). **2**〔核爆発の〕爆心地.
hypochloreux(se) *a.*〔化〕acide ~ 次亜塩素酸 (HOCl).
hypochlorhydrie *n.f.*〔医〕(胃の分泌物の) 低塩酸症.
hypochlorite *n.m.*〔化〕次亜塩素酸塩. ~ de sodium 次亜塩素酸ソーダ (NaClO；ジャヴェル水 eau de Javel に含有).
hypocholestérolémiant *n.m.*〔薬〕高脂血症治療薬(血中のコレステロール値を下げる医薬品)(= hypolipémiant, normolipémiant).
hypochrome *a.*〔医〕低色素の(赤血球中のヘモグロビン濃度が不十分な). anémie ~ 低色素性貧血.
hypochromie *n.f.*〔医〕**1** 低色素血症. **2** (皮膚・組織などの) 色素減少.
hypocondre *n.m.* **1**〔解剖〕下腹部. ~ droit (gauche) 右 (左) 下肋部. **2**〔医〕〔古〕心気症患者.
hypocondriaque *a.* **1**〔医〕心気症の, 心気神経症の；心気〔神経〕症的な；〔神経〕症に罹った；陰気な. idées ~s 心気神経症的思考. névrose ~ 心気神経症. **2**〔医〕〔古〕心気症患者.
——*n.* 心気症患者；陰気な人.
hypocondrie [ipɔkɔ̃dri] *n.f.*〔医〕心気症, ヒポコンドリー.
hypocorticosurrénalisme *n.m.*〔医〕副腎皮質機能低下症, 副腎皮質機能不全.
hypocrisie *n.f.* **1** 本心を偽ること, 内心を隠すこと；(特に) 偽善. avec ~ 心を隠して；偽善的に. sans ~ 内心を包み隠さず, 素直に. **2** 偽善性. ~ d'un argument 議論の偽善性. **3**〔多く *pl.*〕偽善的行為. commettre des ~s 偽善的行為を行う.
hypocrite *a.* 内心を偽った, 偽善的な. personnage ~ 偽善的人物. ~ larmes ~s 見せかけの涙, うそ涙. promesses ~s 偽せ約束.
——*n.* 偽善者. faire l'~ 偽善者ぶる.
hypocycloïde *n.f.*〔数〕(幾何学の) 内サイクロイド.
hypoderme *n.m.* **1**〔解剖〕皮下組織. **2**〔植〕下皮. **3**〔昆虫〕うしばえ(牛馬の皮下疾患を引き起こす蝿).
hypodermique *a.*〔医〕皮下の. injection (piqûre) ~ 皮下注射.
hypodermite *n.f.*〔医〕皮下組織炎.
hypodermose *n.f.*〔獣医〕(反芻動物, 特に牛の) 真皮幼虫症(うしばえによる牛馬の皮下疾患).
hypoémie *n.f.*〔医〕乏血〔症〕.
hypoesthésie *n.f.*〔医〕知覚麻痺, 感覚麻痺.
hypofertile *a.*〔医〕妊娠しにくい, 低妊娠 (受胎) 性の. couple ~ 妊娠しにくいカップル.
hypogastre *n.m.*〔解剖〕下腹部.
hypogastrique *a.*〔解剖〕下腹部の. douleurs ~s 下腹部痛.
hypogénitalisme *n.m.*〔医〕性器形成不全症.
hypoglobulinémie *n.f.*〔医〕血中グロブリン減少症.
hypoglosse *a.*〔解剖〕舌下の；舌下神経の. canal ~ 舌下神経管. glande ~ 舌下腺；唾液腺 (= glande salivaire). nerf grand ~ 舌下神経.
——*n.m.* 舌下神経 (= nerf grand ~).
hypoglycémiant(e) *a.*〔薬〕血糖値を下げる作用のある. hormone ~*e* 血糖値を下げるホルモン.
——*n.m.*〔薬〕血糖降下剤.
hypoglycémie *n.f.*〔医〕血糖減少症, 低血糖〔症〕.
hypogonadisme *n.m.*〔医〕性腺機能低下症, 性腺機能不全 (= hypogénitalisme).
hypohidrose *n.f.*〔医〕減汗症.
hypoïde *a.*〔機械〕engrenage ~ ハイポイド歯車〔ギヤ〕.
hypokaliémiant *n.m.*〔薬〕(血中の) カリウム降下薬, 高カリウム血症治療薬.
hypokaliémie *n.f.*〔医〕低カリウム血症(血清中のカリウム濃度が正常下限 3.5 mEq/L 以下).
hypokhâgne *n.f.*〔学生隠語〕イポカー

ニュ《高等師範学校文科の入試準備第一学年》(=hypocagne).

hypokinésie n.f. 〖医〗運動減少〔症〕, 寡動.

hypolipémiant n.m. 〖薬〗高脂血症治療薬《血中のコレステロール値を下げる医薬品》.

hypolipémie, hypolipidémie n.f. 〖医〗低脂血症.

hypolipidémiant n.m. 〖薬〗脂質低下剤, コレステロール減少剤, 高脂血症治療薬.

hypolipidémie n.f. 〖医〗低脂血症.

hypomanie n.f. 〖精神医学〗軽躁病.

hypomélanose n.f. 〖医〗低メラノーシス症.

hypoménorrhée n.f. 〖医〗月経過少症, 過少月経.

hyponatrémie n.f. 〖医〗低ナトリウム血症《血清中のナトリウム濃度が135 mEq/L 以下》.

hyponyme n.m. 〖言語〗下位語, 被包摂語 (hypernyme の対)《ex. chien は animal の下位語》.

hypoœstrogénie [ipɔɛstrɔʒeni] n.f. 〖医〗低エストロゲン (卵胞ホルモン)症《無月経症の一種》.

hypoparathyroïdie n.f. 〖医〗副甲状腺機能低下症.

hypoparathyroïdisme n.m. 〖医〗副甲状腺機能低下症.

hypopharynx n.m. 〖解剖〗下咽頭.

hypophosphatasémie n.f. 〖医〗低ホスファターゼ血症 (= [英] hypophosphatasie).

hypophosphatémie n.f. 〖医〗低燐血症.

hypophosphite n.m. 〖化〗次亜燐酸塩 (=sel d'acide hypophosphoreux).

hypophosphoreux a.m. 〖化〗acide ~ 次亜燐酸.

hypophosphorique a.m. 〖化〗acide ~ 次燐酸.

hypophysaire a. 〔脳〕下垂体の. épreuve de la fonction ~ 下垂体機能検査法. hormone ~ 脳下垂体ホルモン.

hypophyse n.f. 〖解剖〗下垂体 (=corps pituitaire); 脳下垂体. hormone de l'~ 脳下垂体ホルモン, 副腎皮質刺激ホルモン (=adrénocorticotrophine; =[英] ACTH: adrenocorticotrophic hormone).

hypopituitarisme n.m. 〖医〗脳下垂体機能低下〔症〕.

hypoplasie n.f. 〖医〗形成不全〔症〕(=hypoplastie). ~ dentaire 歯の形成不全. ~ du testicule 精巣(睾丸)形成不全. ~ de l'utérus 子宮発育不全症. ~ pancréatique 膵形成不全. ~ surrénalienne 副腎発育不全症.

hypoprotéinémie n.f. 〖医〗低蛋白血症.

hypoprothrombinémie n.f. 〖医〗低プロトロンビン血症《ビタミンK欠乏症》.

hypopyon, hypopion n.m. 〖医〗眼前房蓄膿, 前房蓄膿性葡萄膜炎.

hyposécrétion n.f. 〖医〗分泌不全. ~ lacrymale 涙液分泌不全.

hyposialie n.f. 〖医〗唾液分泌過少症, 唾液欠乏症.

hyposmie n.f. 〖医〗嗅覚減退.

hyposodé(e) a. 〖医〗減塩の. régime ~ 減塩食.

hypospadias [-djas] n.m. [ギ] 〖医〗尿道下裂.

hypostase n.f. 〖医〗(遺伝子の)下位性.

hyposthénurie n.f. 〖医〗低張尿《尿浸透圧が血清浸透圧より低い状態》.

hyposulfite n.m. 〖化〗次亜硫酸塩, チオ硫酸塩 (=thiosulfate). ~ de soude 次亜硫酸ソーダ;〖写真〗ハイポ (定着剤) (=thiosulfate de soude).

hyposulfureux a.m. 〖化〗acide ~ 次亜硫酸 (=acide thiosulfurique チオ硫酸).

hypo[-]taupe n.f. 〔学生隠語〕イポトープ《上級数学学級 classe de mathématiques supérieures;理工系グランドゼコール受験準備の「特別数学学級」taupe の直前の段階》.

hypotendu(e) a. 〖医〗低血圧の.
—n. 低血圧の人.

hypotenseur n.m. 〖薬〗血圧降下剤. ~ antihypertenseur 血圧降下剤.

hypotensif(ve) a. 〖医〗低血圧の;低血圧による, 低血圧性の;降圧性の. agent ~ (血圧の) 降圧剤. anesthésie ~ 低血圧麻酔 (=hypotension contrôlée).
—n.m. 〖薬〗降圧剤 (=agent ~, médicament ~; hypotenseur).

hypotension n.f. 〖医〗低血圧;血圧降下. ~ aiguë 急性血圧降下《立ちくらみ, 失神》. ~ artérielle 動脈低血圧〔症〕, 低血圧 (=hypotension). ~ contrôlée 低血圧麻酔, 低血圧法. ~ essentielle 本態性低血圧. ~ orthostatique 起立時低血圧《立ちくらみ》. ~ symptomatique 症候性低血圧.

hypothalamique a. 〖解剖・医〗視床下部の. hormone ~ 視床下部ホルモン. système ~ 視床下部下垂体系.

hypothalamus [-mys] n.m. 〖解剖〗(脳の)視床下部.

hypothécable a. 〖法律〗抵当にし得る. biens ~s 抵当にしうる財.

hypothécaire a. 〖法律〗1 抵当に関する, 抵当権付きの. créance ~ 抵当権付債権. créancier ~ 抵当債権者. crédit ~ 担保付き融資. droit ~ 抵当権. garantie ~ 担保保証. inscription ~ 抵当権登記. marché ~ 抵当証券市場. prêt ~ 担保付き貸付.

2 土地の公示に関する. régime ~ 土地公示制度.

hypothénar *a.inv.* 小指球の；小指球にある. 〖解剖〗éminence ~ 小指球《掌の小指側の隆起》.

hypothèque *n.f.* **1** 〖法律〗抵当；抵当権. ~ conservatoire 保全登記された抵当権. ~ conventionnelle 約定抵当権. ~ judiciaire 裁判上の抵当権. ~ légale 法定抵当権. avoir une ~ sur *qch* 何に抵当権を持つ. emprunter sur ~ 抵当に入れて金を借りる. grever *qch* d'une ~ 何に抵当権をつける. lever une ~ 抵当権を解除する. prendre une ~ sur *qch* 何に抵当権を設定する.
2 〖法律〗動産抵当権. ~ aérienne 航空機に対する抵当権. ~ du fonds du commerce 営業財産に対する抵当権.
3 〔比喩的〕障害, 制約. lourde ~ sur l'expansion économique 経済発展に対する重大な障害. lever une ~ 障害を取り除く.

hypothéqué(e) *a.* 抵当に入った, 抵当権を設定された. maison ~*e* 抵当に入った家屋.

hypothermal(ale)(*pl.aux*) *a.* 生ぬるい, 微温な；〖地学〗(鉱脈・鉱床が)深熱水生成の.

hypothermie *n.f.* **1** 体温低下. **2** 〖医〗低体温法, 冬眠療法；低体温麻酔；低体温症(凍え). ~ accidentelle 偶発性低体温症《事故による凍え》. ~ profonde (心臓手術などの)超低体温法.

hypothèse *n.f.* 仮定, 仮説, 推測；ケース《経済予測などいくつかの前提条件を変えて複数の予測を出す場合の各ケース》；〖論理〗仮言的命題. ~ de travail 作業仮説. ~ d'école 純粋に理論的な仮説. ~ gratuite なんの裏付けもない仮定の話. en être réduit aux ~s 推測に頼らざるを得ない. par ~ 仮定の話として, もともと. Il est par ~ hostile à cette solution. 彼はもともとこの解決策には反対だ. Dans l'~ où+*cond.* 仮に…だとすれば. Dans l'~ de+*n.* …の場合には. Des différentes ~s retenues dans cette étude, celle d'une guerre régionale est la plus sérieuse. この研究で取り上げられたいくつかの可能性のうちで, 地域戦争というケースが一番深刻なものだ. ~ de Laplace ラプラスの仮説《太陽系の起源に関する》.

hypothético-déductif(ve) *a.* 〖論理〗仮説・演繹法の. raisonnements ~s 仮説・演繹法的推論. système ~ 仮説・演繹法的体系.

hypothétique *a.* **1** 仮説的な, 仮説による. raisonnement ~ 仮説に基づく推論.
2 〖論理〗仮言的な. proposition ~[1] 仮言的命題 (=hypothèse).
3 仮定ອの. 不確かな. あやふやな. réponse ~ あやふやな返答.
4 〖文法〗仮定を表す. proposition ~[2] 仮

節.

hypothyroïdie *n.f.* 〖医〗甲状腺機能低下症(=hypothyroïdisme).

hypotonie *n.f.* **1** 〖物理・生理〗(溶液の)低張《浸透圧の低い溶液の性質》.
2 〖医〗低血圧 (=hypotension artérielle).
3 〖医〗(神経や筋の) 緊張低下, 弛緩〔症〕. ~ musculaire 筋緊張低下〔症〕《神経障害に起因する》.

hypotonique *a.* **1** 〖物理・生理〗(溶液の)低張の. solution ~ 低張溶液.
2 〖医〗筋(神経)緊張低下〔性〕の, 緊張減退性の, 弛緩性の.

hypotrichose [ipɔtrikɔz] *n.f.* 〖医〗無毛症 (=agésie pilaire).

hypotriglycéridémie *n.f.* 〖医〗低トリグリセリド血症.

hypotrophie *n.f.* **1** 〖医〗生活力低下；器官の成長力低下. **2** 〖植〗傾下性.

hypotrophique *a.* 生活力(成長力)低下の. enfant ~ 成長力低下児. trouble ~ 生活力(成長力)障害.

hypotropie *n.f.* 〖医〗下斜視.

hypo-uricémiant *n.m.* 〖薬〗尿酸降下薬, 高尿酸血症治療薬.

hypo-uricémie *n.f.* 〖医〗低尿酸血症.

hypo[-]uricurie *n.f.* 〖医〗尿酸過少尿症, 低尿酸尿症.

hypoventilation *n.f.* 〖医〗(呼吸運動の)低換気〔症〕.

hypovitaminose *n.f.* 〖医〗ビタミン欠乏症.

hypovolémie *n.f.* 〖医〗循環血液量減少症.

hypovolémique *a.* 〖医〗循環血液減少性の. choc ~ 循環血液減少性ショック；出血性ショック(=choc hémorragique)；外傷性ショック(=choc traumatique).

hypoxémie *n.f.* 〖医〗低酸素血症.

hypoxie *n.f.* 〖医〗酸素欠乏症, 酸欠症. ~ du nouveau-né 新生児酸素欠乏症.

hypsomètre *n.m.* 沸点式側高計；〖電〗伝送レベル計.

hypsométrie *n.f.* 沸点式側高法.

hypsométrique *a.* 高度測定の；高度表示の. carte ~ 高度表示地図. courbe ~ 等高線.

hysope *n.f.* **1** 〖植〗ヒソップ, 柳薄荷(やなぎはっか)《しそ科の常緑亜低木；花と茎葉に芳香と苦味があり, 薬用・香味付け・煎じ薬などに用いられる》. infusion de ~ ヒソップのアンフュジョン(ハーブ・ティー).
2 〖聖書〗ヒソップ(ユダヤ人が儀式の時にこの枝を祓いに用いた).

hystér[o]- [ギ] ELEM 「子宮 utérus」の意《*ex.* hystérotomie 子宮切開》.

hystérectomie *n.f.* 〖医〗子宮摘出〔術〕. ~ totale 子宮全摘出〔術〕.

hystérésis [-sis], **hystérèse** *n.f.*

〖物理〗履歴現象, ヒステリシス. ~ électrique (élastique, magnétique, thermique, visqueuse) 電気(弾性, 磁気, 熱, 粘性)ヒステリシス.

hystérie *n.f.* **1** 〖医〗ヒステリー. ~ d'angoisse 不安ヒステリー. ~ de conversion 転換〔型〕ヒステリー. ~ oculaire 眼ヒステリー. crise (attaque) d'~ ヒステリーの発作.
2 ヒステリー的状態, 狂躁. ~ collective 集団ヒステリー(= ~ épidémique). être en pleine ~ 完全な狂躁状態である.

hystériforme *a.* 〖医〗ヒステリー性の. troubles ~s ヒステリー性障害.

hystérique *a.* **1** 〖医〗ヒステリー性の. caractère ~ ヒステリー性性格. fièvre ~ ヒステリー熱.
2 ヒステリックな. cris ~s ヒステリックな叫び声. foule ~ ヒステリー状態の群衆.
——*n.* **1** 〖医〗ヒステリー症患者(=malade ~). **2** ヒステリックな人.

hystérographie *n.f.* 〖医〗子宮造影〔法〕.

hystérométrie *n.f.* 〖医〗子宮腔長測定(子宮ゾンデ sonde utérine による).

hystéroptose *n.f.* 〖医〗子宮下垂〔症〕.

hystérosalpingographie *n.f.* 〖医〗子宮腔卵管造影〔法〕.

hystéroscope *n.m.* 〖医〗子宮鏡.

hystéroscopie *n.f.* 〖医〗子宮〔内視〕鏡検査法；子宮〔内視〕鏡治療法. ~ diagnostique 子宮〔内視〕鏡検査法. ~ opératoire 子宮〔内視〕鏡治療法.

hystérotomie *n.f.* 〖医〗子宮切開〔術〕.

†**Hyundaï** *n.pr.* **1** 〔無冠詞〕現代(韓国の財閥名). conglomérat ~ 現代グループ(複合企業). **2** *n.f.* 現代製の自動車(=voiture ~). une ~ d'occasion 現代の中古車.

†**Hz** (= *hertz*) *n.m.* 〖物理〗ヘルツ(周波数の単位).

I

I[1], **i**[1] [i] *n.m.inv.* **1** フランス語字母の第9字（l'I）. droit comme un *I* 真直ぐの，直立した. mettre les points sur les *i* 念を押す.
 2 *i* grec Y, yの字.
I[2], **i**[2]〔記号・略記〕**1** (I, i) ローマ数字の1. chapitre *I* 第1章.
 2 (Ier；=premier). François *I*[er] フランソワ1世.
 3 (I) 沃素 *i*ode の元素記号.
 4 (I) l'*I*talie イタリアの自動車国籍標識.
 5〖数〗虚数 *i*maginaire.
 6〖物理〗*i*ntensité de courant 電流の強さ，電流量の単位.

IA[1] (=*i*ngénieur de l'*a*rmement) *n.m.*〖軍〗造兵技術将校.

IA[2] (=*i*nsémination *a*rtificielle) *n.f.*〖医〗人工授精. ~ avec sperme du conjoint (IAC) 配偶者間人工授精《夫の精子を用いた人工授精》. ~ avec sperme de donneur (IAD) 精子提供者による人工授精.

IAA (=*i*ndustrie *a*gricole et *a*limentaire) *n.f.* 農業食品産業.

IAAF (=〔英〕*I*nternational *A*mateur *A*thletic *A*ssociation) *n.f.* 国際〔アマチュア〕陸上競技連盟, 国際陸連 (=〔仏〕FIAA：*F*édération *i*nternational d'*a*thlétisme *a*mateur).

IAC (=*i*nsémination *a*rtificielle avec sperme du *c*onjoint) *n.f.*〖医〗(夫の精子を用いる) 配偶者間人工授精 (=〔英〕AIH：*a*rtificial *i*nsemination by *h*usband).

IAD (=*i*nsémination *a*rtificielle avec *d*onneur) *n.f.*〖医〗(夫以外の男性の精液を用いる) 非配偶者間人工授精 (=〔英〕AID：*a*rtificial *i*nsemination by *d*onner).

IAE (=*i*nstitut d'*a*dministration des *e*ntreprises) *n.m.* 企業経営学院《フランス各地の国立大学内に創設されたグランド・エコールに相当する第三課程の高等教育機関；2007年現在30校がある；licence professionnelle, master, master of business administration (MBA)の学位を授与する》. ~ de Paris パリ企業経営学院《1955年創設》.

IAEA (=〔英〕*I*nternational *A*tomic *E*nergy *A*gency) *n.f.* 国際原子力機関 (=〔仏〕AIEA：Agence internationale de l'énergie atomique).

IAO (=*i*ngénierie *a*ssistée par *o*rdinateur) *n.f.* コンピュータ援用エンジニアリング (=〔英〕CAD：*c*omputer *a*ided *d*esign).

IAP[1] (=*I*nstitut d'*a*strophysique de *P*aris) *n.m.* パリ天体物理学研究所.

IAP[2] (=*i*nstrument d'*a*ide de *p*réadhésion) *n.m.* (UE〔EU〕の) 加盟前援助措置《ヨーロッパ連合に加盟を希望する国が，加盟前にヨーロッパ連合の政策・諸規範に合わせる努力をする金融手段；2007年1月1日より導入》.

Iasi (=〔英〕*i*ntrared *a*tmospheric *s*ounding *i*nterferometer；〔仏〕*i*nterferomètre *a*tmosphérique de *s*ondage par l'*i*nfrarouge) *n.m.*〖気象〗大気探測赤外線干渉計. sondeur ~ 大気探測赤外線干渉計式探査機.

IATA (=〔英〕*I*nternational *A*ir *T*ransport *A*ssociation) *n.f.* 国際航空運送協会.

IATP (=*i*mposition *a*dditionnelle à la *t*axe *p*rofessionnelle) *n.f.*〖税〗職業税付加課税.

iatr[o]-, -iatre, -iatrie〔ギ〕ELEM「医学，医師，医術」の意 (*ex. iatro*gène 医原性の, psych*iatre* 精神科医, psych*iatrie* 精神医学).

iatrogène *a.* 医原性の. maladie ~ 医原性疾患, 医原痛. névrose ~ 医原性神経症.

iatrogénie *n.f.*〖医〗(精神的) 医原病.

IAURIF, Iaurif (=*I*nstitut d'*a*ménagement et d'*u*rbanisme de la *r*égion *I*le-de-*F*rance) *n.m.* イール＝ド＝フランス地方開発都市計画研究所.

ibérique *a.* **1**〖史〗イベリア人 (Ibère) の.
 2〖古代地理〗イベリア (l'Ibérie) の. la Péninsule ~ イベリア半島. la Cordillère *I*~ イベリア山系《スペイン東北部の山脈》.
 3 スペインの.
 ――*n.* イベリア人.

ibéro-américain(e) *a.* イベリア半島とアメリカ大陸の.〖政治〗Sommet ~ イベリア半島およびアメリカ大陸諸国首脳会談《スペイン，ポルトガルと米大陸諸国のサミット；スペインの提唱により1991年7月創設》.

IBIC (=*i*mpôt sur les *b*énéfices *i*ndustriels et *c*ommerciaux) *n.m.*〖税〗商工業利益税.

ibid. (=〔ラ〕*ibid*em [ibidɛm]) *ad.* 同書に, 同じ場所に.

ibidem [ibidɛm]〔ラ〕*ad.* 同書に, 同じ場所に《ibid.と略記》.

IBM (=〔英〕*I*nternational *B*usiness *M*achines (Corporation)) *n.pr.f.*〖無冠詞〗アイ・ビー・エム, 国際事務機器会社；商標. chiffres d'affaires d'~ IBMの売上高.

l'empire ~ IBM 王国.
IBS (= [英] *i*rritable *b*owel *s*yndrome) *n. m.* 〖医〗過敏性腸症候群 (= [仏] SII : syndrome de l'*i*ntestin *i*rritable, SCI : syndrome du *c*ôlon *i*rritable).
ibuprofène *n.m.* 〖薬〗イブプロフェン (解熱・鎮痛・抗炎症薬；薬剤製品名 Advil (*n.m.*)).
IC (= [英] *i*ntegrated *c*ircuit) *n.m.* 集積回路 (= [仏] CI : circuit intégral).
ICAM (= *I*nstitut *c*atholique d'*a*rts et *m*étiers) *n.m.* カトリック工芸学院《1898 年イエズス会により Lille に創立された私立のグランド・エコール；その後 1988 年に ICAM-Nantes, 1993 年に ICAM-Toulouse が創設された》.
ICAO (= [英] *I*nternational *C*ivil *A*viation *O*rganization) *n.f.* 国際民間航空機関 (= [仏] OACI : *O*rganisation de l'*A*viation *C*ivile *I*nternationale).
ICBM (= [英] *I*nter*c*ontinental *B*allistic *M*issile) *n.m.* 大陸間弾道ミサイル (= [仏] missile balistique (fusée) intercontinentale).
ICC (= *i*ndice du *c*oût de la *c*onstruction) *n.m.* (INSEE の) 住居建設費指数.
ICD (= [英] *I*nternational *C*lassification of *D*iseases) *n.f.* 〖医〗国際疾病分類《世界保健機構 WHO が定めている疾病, 傷害, 死因の分類体系；1994 年施行の第 10 版 CIM-10 では, 1 文字 2 数字または 3 数字からなる；ex. 神経系疾患は G 00-G 99 で示, このうち中枢神経系疾患は G 00, さらに肺炎双球菌性髄膜炎は G 00.1 コードで表示》(= [仏] NIM : nomenclature internationale des maladies 国際疾病名称).
ICE, Ice 1 (= [英] *I*nter*c*ity *E*xperimental) *n.m.* 〖鉄道〗インターシティー実験車両《西独国鉄で開発された超高速試作列車, 最高時速 406 km, 営業時速 250 km》. l'~ en RFA 西独〔国鉄〕実験用超高速試作車.
2 (= [英] *I*nter*c*ity *E*xpress) (ドイツ鉄道 DB の) 超高速列車《ドイツ新幹線；最高時速 300 km》.
iceberg [isbɛrg ; ais-] [英] *n.m.* 氷山. partie immergée de l'~ 氷山の海面下水没部分.
ICEM (= [英] *I*ntergovernmental *C*ommittee for *E*uropean *M*igration) *n.m.* ヨーロッパ移住問題政府間委員会 (= [仏] CIME : *C*omité *i*ntergouvernemental pour les mouvements *m*igratoires d'*E*urope).
ICFTU (= [英] *I*nternational *C*onfederation of *F*ree *T*rade *U*nions) *n.f.* 国際自由労働組合連合 (= [仏] CISL : *C*onfédération internationale des syndicats libres. 1949 年 12 月結成. 西側諸国を中心とする国際労働組合組織. 本部 Bruxelles).
ICHA (= *i*mpôt sur le *c*hiffre d'*a*ffaires) *n.m.* 〖税〗売上高税.
ichnologie *n.f.* 足跡化石学, 生痕学.
icht(h)yo- [iktjɔ] [ギ] ELEM 「魚」の意 (ex. *ichtyo*logie 魚類学).
ichtyologie [iktjɔlɔʒi] *n.f.* 魚類学.
ichtyophage *a.* 魚を主食とする (=piscivore)；魚を食べる.
——*n.* 魚食者；魚食動物.
ichtyosarcotoxine *n.f.* 魚肉毒.
ichtyosaure *n.m.* 〖古生物〗イクチオサウルス, 魚竜.
ichtyose [iktjoz] *n.f.* 〖医〗魚鱗癬 (ぎょりんせん). ~ vulgaire 尋常性魚鱗癬.
Ichun [中国] *n.pr.* 伊春 (いしゅん), イシュン《黒龍省北東部の都市》.
ICM (= [英] *I*ntergovernmental *C*ommittee for *M*igration) *n.m.* 移住に関する政府間委員会 (= [仏] CIM : *C*omité *i*ntergouvernemental pour les (de) *m*igrations)
ICN (= *I*nstitut *c*ommercial de *N*ancy) *n. m.* 〖教育〗ナンシー商業学院《1905 年創設のグランド・エコール；Equis 認定のビジネス・スクール》.
ICOM (= [英] *I*nternational *C*ouncil of *M*useums) *n.m.* 国際博物館会議 (= *C*onseil international des musées；UNESCO と密接な関係を持つ非政府団体；1946 年創設, 本部 Paris). the UNESCO-~ *I*nformation *C*enter ユネスコ=イコム情報センター.
Icomos (= [英] *I*nternational *C*ouncil on *M*onuments and *S*ites) *n.m.* 国際記念物遺跡会議, イコモス《世界遺産に関するユネスコの協力機関；1964 年設置》; = [仏] CIMS : *C*onseil international pour les *m*onuments et les *s*ites).
icon[o]- [ギ] ELEM 「像」の意 (ex. *icono*graphie 図像学).
icône *n.m.(f.)* **1** 〖記号学〗イコン, 図像. **2** 〖情報処理〗アイコン《コンピューターのディスプレイ上の図像記号》.
iconoclasme *n.m.* 〖史〗聖画像否定〔破壊〕論〔運動〕；偶像否定〔破壊〕論〔運動〕.
iconoclaste *n.* **1** 〖史〗(ビザンチン帝国の) 聖画像破壊〔論〕者；〖広義〗偶像破壊論者.
2 伝統否定主義者, 偶像破壊主義者；因襲打破論者.
——*a.* 偶像破壊の. économiste ~ 因襲打破論者のエコノミスト. querelle ~ 偶像破壊論争.
iconographe *n.* **1** 〖美術〗図像学者. **2** (出版物の) 図版担当者.
iconographie *n.f.* **1** 〖美術〗図像学, イコノグラフィー. ~ napoléonienne ナポレオン図像学.
2 図版集；図版集；肖像集, 彫像集. ~ d'un livre d'art 美術書の図版.
iconolâtre *n.* 聖画像 (偶像) 崇拝者.
iconologie *n.f.* **1** 寓意図像学, イコノロ

ジー. **2** 寓意図像制作；寓意図像解釈学.
iconoscope *n.m.* 〖視聴覚〗アイコノスコープ(TV カメラの撮像管).
iconothèque *n.f.* (美術館・図書館の)図像保存室(版画・素描・写真など).
ICP (=*i*nformation et *c*onsentement *p*réalables) *n.m.pl.* 〖医〗事前の告知に基づく同意, インフォームド・コンセント.＝〖英〗IC: informed consent. procédure d'～ インフォームド・コンセントの手続き.
ICPE (=*i*nstallation *c*lassée pour la *p*rotection de l'*e*nvironnement) *n.f.* 〖環境〗環境保全認定施設.
ICPI (=*I*nstitut de *c*himie et *p*hysique *i*ndustrielles de Lyon) *n.m.* リヨン工業化学・物理学院(1919 年創立の私立のグランド・エコール).
ICPO (=〖英〗*I*nternational *C*riminal *P*olice *O*rganization) *n.f.* 国際刑事警察機構(=〖仏〗OIPC: *O*rganisation *i*nternationale de *p*olice *c*riminelle)(通称インターポール Interpol；本部 Lyon).
ICR (=〖英〗*I*ntelligent *c*haracter *r*ecognition) *n.f.* 〖情報処理〗知的文字読取りソフト＝〖仏〗*l*ogiciel de *r*econnaissance *i*ntelligent).
ICRP (=〖英〗*I*nternational *C*ommission on *R*adiological *P*rotection) *n.f.* 国際放射線防護委員会(1928 年設立；1950 年改編；=〖仏〗CIPR: *C*ommission *i*nternationale sur la *p*rotection *r*adiologique).
ICSI (=*i*njection *i*ntracytoplasmique d'un *s*permatozoïde) *n.f.* 〖医〗細胞質内精子注入〖法〗(人工授精の一方法).
ictère *n.m.* 〖医〗黄疸(=jaunisse), 高ビリルビン血症(=hyperbilirubinémie). ～ du nouveau-né 新生児黄疸. ～ physiologique 生理的黄疸(新生児単純黄疸；=～ simple du nouveau-né).
ictérique *a.* 〖医〗黄疸の；黄疸を発症した；黄疸にかかった. index ～ 黄疸指数. symptômes ～*s* 黄疸症状. teinte ～ (皮膚の)黄疸色.
—*n.* 黄疸患者.
ictéro-hémorragique *a.* 〖医〗黄疸・出血性の.
ictus [iktys] *n.m.* **1** 〖医〗発作. ～ amnésique 健忘, 記憶喪失. ～ apoplectique 脳卒中.
2 〖心〗～ émotif 激情.
3 〖音声〗強勢；強さのアクセント, アクセント. ～ laryngé 喉頭原音.
ICV (=*I*nstitut *c*oopératif du *v*in) *n.m.* 葡萄酒協同組合研究所.
id. (=〖ラ〗*id*em [idεm]) *ad.* 同上, 同じく.
IDA (=〖英〗*I*nternational *D*evelopment *A*ssociation) *n.f.* 国際開発協会(=〖仏〗AID: *A*ssociation *i*nternationale pour le *d*éveloppement)(国連の専門機関. いわゆる第二世銀；1960 年 12 月設立. 本部 Washington).
Idate (=*I*nstitut *d*e l'*a*udiovisuel et des *t*élécommunications en *E*urope) *n.m.* ヨーロッパ視聴覚電気通信研究所.
IDB (=〖英〗*I*nter-American *D*evelopment *B*ank) *n.f.* 〖経済〗米州開発銀行(1959 年創立；=〖仏〗BID: *B*anque *i*nteraméricaine de *d*éveloppement).
-ide [ギ] ELEM 「様相, 形態」の意 (*ex.* allerg*ide* アレルギー性皮膚疾患. gluc*ide* 炭水化物).
IDEA (=〖英〗*I*mperial *C*ollege *L*ondon, *D*elft *U*niversity of *t*echnology, *E*TH Zurich, *A*achen University RWTH). 〖教育〗the ～ League *n.pr.f.* アイディア・リーグ(1999 年ロンドンの王立学院, デルフト工科大学 Technische Universiteit Delft, チューリヒ工科大学 Eidegenössisch Technische Hochschule, アーヘンのライン・ヴェストファーレン工科大学 Rheinisch-Westfälische Technische Hochschule の 4 校で結成された科学・工学教育研究連合；2006 年パリの ParisTech が加盟).
idéal (ale) (*pl.* **als / aux**) *a.* **1** 観念的な；想像上の；抽象的な；非現実的な(concret, matériel, réel の対). monde ～ 観念世界, 想像の世界. notion ～*ale* 観念的概念. schème ～ 抽象的図式.
2 理想的な, 完璧な, 完全な；〖話〗申し分のない, 最高の. 〖美術〗beau ～ 理想美. beauté ～*ale* 理想の美. ciel d'une pureté ～*ale* 澄み切った空. cristal ～ 完全結晶. gaz ～ 理想気体. machine ～*ale* 最高の機械. mari ～ 理想的な夫, 申し分のない夫. 〖精神分析〗le Moi ～ 理想的自我. C'est la solution ～*ale*. 完璧な解決策だ.
—*n.m.* **1** 理想；極地, 完璧. ～ de beauté 美の極致. ～ du calme 静けさの理想. ～ politique 政治の理想. homme sans ～ 志の低い人間. recherche de l'～ 理想(完璧)の追求. avoir un ～ 理想を抱く. chercher à réaliser son (un) ～ 理想を実現しようと努める.
2 理想的な存在(人物). ～ du fonctionnaire 公務員の鑑(模範).
3 〖哲〗観念的人間.
4 〖話〗最良のもの, 最も望ましいもの. L'～ est de+*inf.* (que+*subj.*) …するのが最良だ.
5 〖精神分析〗～ du moi 自我理想.
6 〖数〗イデアル. ～ à droite (à gauche) d'un anneau A 環 A の右(左)イデアル. ～ bilatère 両側イデアル.
idéalisation *n.f.* 理想化, 美化；〖精神分析〗理想化.
idéalisme *n.m.* **1** 〖哲〗観念論, 唯心論. ～ cartésien デカルト的観念論. ～ transcendantal de Kant カントの先験的(超越論的)観念論.
2 理想主義；〖蔑〗夢想主義. ～ de la jeu-

idéaliste

nesse 若者の理想主義.
3〚芸術〛観念主義 (réalisme「写実主義」の対).

idéaliste *a.* **1**〚哲〛観念論的な. dialectique ～ de Hegel ヘーゲルの観念論的弁証法.
2 理想主義的な；理想を追う；理想家肌の.
3〚蔑〛空想的な；夢見勝ちな.
—*n.* **1**〚哲〛観念論者. **2** 理想主義者. **3** 理想主義的作家 (芸術家). **4**〚蔑〛夢想家, 空想家.

idée *n.f.* **1** 考え, 思い, 思考, 概念. ～ fixe 固定観念, 思い込み. ～-force (政治・社会運動, 芸術作品などの) 推進力, 原動力, 基本的な考え方；〚心〛イデー・フォルス.
à l'～ de (que) …と考えると. avec l'～ de (que) …と考えて. avoir des ～ noires ふさぎこむ, 鬱々とする, 悪いほうへと考える. avoir ～ que …と思う. avoir une haute ～ de *qn* (*qch*) …を高く評価する. avoir une haute ～ de soi 自尊心が強い, 自惚れる. rassembler ses ～*s* 考えをまとめる. remettre les ～*s* en place à *qn* 混乱している人の考えを整理してやる. se faire des ～*s* fausses sur *qch* …について誤解する, 誤った考えを抱く. se mettre dans l'～ de …す る気になる.
2〚哲〛観念, 理念, イデア, イデー. ～*s* innées 生得観念（デカルトによる）；〚心〛観念. association d'～*s* 観念連合, 連想.
3 概念, 概要. avoir (se faire) une ～ de *qch* …についておよその考えを理解する (摑む). ne pas avoir la moindre ～ de …を まったく考慮しない, …に関する概念が欠如している. avoir une ～ de …について見当がつく, およその考えを持つ. On n'a pas ～ de cela. そのようなことはまったく考えられない.
4 思想, 意見, 見解, 意思, 考え方. ～ reçue 先入観, 既成概念. communion d'～*s* 考え方の共通性, 思想上の一体性, 一体感. courant d'～*s* 思想の潮流. histoire des ～*s* politiques 政治思想史. changer d'～ 考えを変える. Il a une ～ derrière la tête. 彼なりの考えがある. j'ai une (mon) ～. 私なりの考えがある. J'ai ma petite ～ sur la question. その問題については私なりの考えがある. ne faire qu'à son ～ (qu'à sa tête) 自分勝手に行動する.
5 着想, アイデア, 思いつき,〚*pl.* で〛独創的な考え. avoir l'～ de …することを思いつく, …に関する着想を得る. bonne ～！良い考えだ, それは名案だ. L'～ est venue (que) …という考えが浮かんだ. Il a de l'～. 彼はアイデアに富んでいる.
6 空想, 気まぐれ. donner des ～ à *qn* …に勝手な考えを起こさせる, 色気を出させる, 変な気にさせる. quelle ～！なんていう考えだ, いったい何を考えているんだ. se faire des ～*s* sur *qch* …についてあらぬことを 想像する. En voila une ～. おかしなことを考えるものだ.
7 頭脳, 頭, 心. avoir dans l'～ que …と思う. en ～ 頭の中で, 観念上, 想像で.

idem [idɛm]〚ラ〛*ad.* 同上, 同じく；(特に書誌などで) 著者同じく：〚話〛同様に (id. と略記).

idempotent(e) *a.* **1**〚数〛等冪 (べき) の, 冪等の. **2**〚電算〛〚俗〛一回性の.
—*n.m.*〚数〛等冪元, 冪等元.

identifica*teur* (*trice*) *a.* 識別用の. code ～ 識別コード. fiche ～ *trice* d'un document 資料の識別票.
—*n.*〚法医学〛鑑識係員. ～ de l'Institut médico-légal 法医学研究所の鑑識係員.
—*n.m.*〚情報処理〛(データの) 識別記号.

identification *n.f.* **1** 同一視（同一のものであることを認めること）. ～ de Dieu et de l'univers 神と世界の同一視.
2〚精神分析・心〛同一視, 同一化. ～ à la mère 母親との同一視, エディプス的同一視 (= ～ œdipienne).
3 個人識別, 身元確認；同定（同一性の証明）, 鑑別, 鑑定. ～ d'un acteur avec son personnage 俳優が役になり切ること. ～ d'un cadavre par la police judiciaire 司法警察による死体の身元確認. ～ d'un criminel 犯罪人の同定.

identificatoire *a.* 同一視 (識別) を可能にする；同一視 (識別) に関する. procédures ～*s* 同一視 (識別・認定) 手続.

identique *a.* **1** 同一の, 同じ, 全く同じような. à l'～ *l.a., l.ad.* 同じ；同じように. aboutir à des conclusions ～*s* 同じ結論に到達する. Elle reste toujours ～ à elle-même. 彼女は全く変わらない.
2〚論理〛proposition ～ 同一命題 (= ～, *n.f.*)；〚数〛équation ～ 恒等式.

identitaire *a.*〚心・社〛アイデンティティー (自己認識) の. crise ～ アイデンティティー (同一性) の危機；(社会グループの) 目標の混乱 (=〚英〛identiy crisis). quête ～ 自己同一性の探求. marqueur ～ 同一性認識指標.

identité *n.f.* **1** アイデンティティー, 独自性, 自己一致, 個性. ～ culturelle 文化面のアイデンティティー. ～ européenne ヨーロッパとしての独自性 (アイデンティティー). ～ nationale 国家 (民族) のアイデンティティー. ～ du moi 自己の同一性. affirmer son ～ 自分の個性を前面に出す. direction des ～*s* et des échanges culturels 文化政策・交流局（フランス外務省文化・科学・技術関係総局の一部局）.
2 一致, 同一性. ～ de vues 見解の一致.〚論理〛principe d'～ 同一律.
3（特に法律上の）身分, 個人としての身元；本人同一性.〚法律〛～ civile 民事的同一性（氏名, 生年月日など）. ～ judiciaire 司法警察の犯罪者記録課,（犯罪者を対象とす

る)鑑識課(sommier ともいう);〖軍〗認識票. ~ physique 身体的特徴. carte d'~ 身分証明証. carte d'~ nationale 国が発行する身分証明証. photo d'~ 身分証明用の写真. papiers d'~ 身元を証明する書類.
4 〖数〗fonction ~ 恒等式.

idéogramme *n.m.* 表意文字. Les caractères chinois sont ~s. 漢字は表意文字である.

idéographie *n.f.* 表意法;表意文字法,表意記号法.

idéographique *a.* 表意の. signes ~s 表意記号.

idéologie *n.f.* **1** 〔古〕〖哲〗観念学.
2 〖哲〗観念体系.
3 〖哲〗観念体. ~ d'un parti politique 政党のイデオロギー. ~ officielle 公式イデオロギー.
4 〔蔑〕空理空論,空想論.

idéologique *a.* **1** 〖哲〗観念学の,観念学に関する.
2 イデオロギーに関する;イデオロギー上の. luttes ~s イデオロギー闘争.

idéomoteur(trice) *a.* 〖医〗観念運動性の(観念と運動を連動させる). apraxie ~ *trice* 観念運動性失行〔症〕.

IDF[1] (= *I*le-*d*e-*F*rance) *n.f.* 〖行政・地名〗イール＝ド＝フランス地方(=région ~).

IDF[2] (= *I*nstitut pour le *d*éveloppement *f*orestier) *n.m.* 森林開発研究所.

IDFE (=*I*le-*d*e-*F*rance *E*nvironnement) イール＝ド＝フランス地方環境問題協議会.

IDHEC (=*I*nstitut *d*es *h*autes *é*tudes *c*inématographiques) *n.m.* 〖教育〗高等映画学院(1943年 Paris に設立;1986年 FEMIS : *F*ondation *e*uropéenne pour les *m*étiers de l'*i*mage et du *s*on 映像音響職養成財団となる;1998年 Ecole nationale supérieure des métiers de l'image et du son 国立高等映像音響職養成学校となり,1999年 Paris の旧 studio Pathé に入居).

IDI (=*I*nstitut de *d*éveloppement industriel) *n.m.* 産業開発研究所(中小企業の構造改革の助成を目的に,1970年設立).

idiopathie *n.f.* 〖医〗特発性(原発性)疾患.

idiopathique *a.* 〖医〗特発性の,原発性の. cardiomyopathie ~ 特発性心筋症. œdème ~ 特発性浮腫. myocardite ~ 特発性心筋炎.

idiosyncrasie *n.f.* 〖医〗特異体質. ~ médicamenteuse 薬物特異体質.

idiot(e) *a.* **1** 馬鹿げた,愚かな. accident ~ 愚かな事故. histoires ~ es 馬鹿話. question ~ e 馬鹿げた質問.
C'est ~ de+*inf.* …するのは愚かだ. Il serait ~ de+*inf.* …するのは馬鹿げているといってよい. C'est ~ ! 馬鹿げている！
2 〖医〗白痴の.
──*n.* **1** 馬鹿,間抜け. Espèce d'~ ! /Pau-

vre ~ ! /Quel ~ ! 何て馬鹿な奴だ. C'est une ~ e . 馬鹿な女だ. faire l'~ 馬鹿なふりをする;馬鹿の真似をする.
2 〖医〗白痴(人)(IQ 知能指数が25以下). ~ congénital 先天性白痴. ~ savant 天才白痴,白痴の天才(知能指数40～70で,特定の領域で天才を発揮する).

idiotie *n.f.* **1** 愚かしさ,馬鹿げたこと(物);馬鹿げた言葉(行為). faire une ~ 馬鹿げたことをする. Ne dis pas d'~ s ! 馬鹿なことを言うな！ Quelle ~ ! 何て馬鹿なことか！
2 〔話〕下らぬ本(=œuvre stupide).
3 〖医〗白痴(状態). ~ amaurotique 黒内障性白痴. ~ mongolienne 蒙古症白痴(ダウン症候群性白痴).

IDN (=*I*nstitut *i*ndustriel *d*u *N*ord) *n.m.* 〖教育〗北フランス工業学院(Villeneuve-d'Ascq にあるグランド・エコール;1872年創立).

idolâtrie *n.f.* **1** 偶像崇拝. ~ des anciens Egyptiens 古代エジプト人の偶像崇拝.
2 〔文〕盲目的崇拝,熱愛,溺愛. ~ du peuple pour Napoléon Ier ナポレオン1世に対する国民の盲目的崇拝. aimer *qn* jusqu'à l'~ 人を溺愛する.

idolâtre *a.* **1** 偶像崇拝の,偶像崇拝的な.
2 (やや古)(à を)崇拝する;熱愛する. passion ~ 熱情.

idolâtrique *a.* 偶像崇拝的な;溺愛的な. attachement ~ 溺愛的執着. culte ~ 偶像崇拝.

idole *n.f.* **1** 偶像. ~ en or 黄金の偶像. culte des ~s 偶像崇拝.
2 〔比喩的〕アイドル；アイドル歌手(俳優). ~ du jour 当代のアイドル的存在. ~ des jeunes 若者のアイドル. une ~ et ses fans アイドル歌手(俳優)とそのファンたち. faire de *qn* son ~ 人を熱狂的に愛する.

IDR (=*i*ntra*d*ermo*r*éaction) *n.f.* 〖医〗(ツベルクリン,アレルギーなどの)真皮内反応.

IDRAC (=*i*nstitut *d*e *r*echerche et d'*ac*tion *c*ommerciale) *n.m.* 〖教育〗商業研究・活動学院(私立のグランド・エコール;Bac+4年制). ~ Paris パリ商業研究・活動学院(1965年創立). réseau ~ 商業研究・活動学院網(Paris の他, Grenoble, Lyon, Nantes, Nice, Montpellier, Toulouse にある同系学院グループ).

IDS (=*I*nitiative de *d*éfense *s*tratégique) *n.m.* 戦略防衛構想(=〔英〕SDI : *S*trategic *D*efense *I*nitiative；Star Wars=〔仏〕la guerre des étoiles).

IDU (=〔英〕*I*nternational *D*emocratic *U*nion) *n.f.* 国際民主同盟(1983年に結成された保守派政党の国際組織；日本からは自民党が加盟).

i.e. (=〔ラ〕id est [idɛst]) *l.conj.* すなわち (=c'est-à-dire).

IEA (=*I*nstitut *e*uropéen des *a*ffaires) *n. m.* 〖教育〗ヨーロッパ実業学院《Paris にある商業系のグランド・エコール；1979 年創立》.

IEC (=*i*nhibiteur de l'*e*nzyme de *c*onversion) *n.m.* 〖薬〗酵素の可逆阻害剤.

IECG (=*I*nstitut *e*uropéen de *c*ommerce et de *g*estion) *n.m.* 〖教育〗ヨーロッパ商業経営学院《La Rochelle に創設されたグランド・エコール (=~ La Rochelle)；Bac＋4 年制》.

IECS (=*I*nstitut *e*uropéen d'*é*tudes *c*ommerciales *s*upérieures) *n.m.* 〖教育〗ヨーロッパ高等商業学院《Strasbourg にある商業系のグランド・エコール；1919 年創立；Bac＋3 年制》.

IEF (=*i*ngénieur d'*é*tudes et de *f*abrication) *n.m.* 〖軍〗研究・製造担当技師.

IEJ (=*i*nstitut d'*é*tudes *j*uridiques) *n.m.* 〖教育〗法律学院《総合大学に付属し、国立司法学校の受験準備校；全国各地にある》.

IEM (=*i*mpulsions *é*lectro*m*agnétiques) *n.f.pl.* (核兵器の爆発によって生じる) 電磁インパルス, 電磁衝撃波《=〔英〕EMP：*E*lectro *M*agnetic *P*ulse, 核兵器の発する γ 線の衝撃》.

IEP[1] (=*I*nstitut d'*é*ducation *p*ermanente) *n.m.* 〖教育〗生涯教育研究所.

IEP[2] (*i*nstitut d'*é*tudes *p*olitiques) *n.m.* 〖教育〗政治学院《通称 Sciences-Po；Paris (1872), Aix-en-Provence (1956), Bordeaux (1948), Grenoble (1948), Lyon (1948), Rennes (1991), Strasbourg (1945), Toulouse(1948) にある国立の政治学系グランド・エコール；国立政治学院財団 FNSR：*F*ondation *n*ationale des *s*ciences *p*olitiques が管理と経営にあたる；Bac＋1/2/3 制》.〖教育〗~ de Paris パリ政治学院《通称 Sciences-Po. 1872 年 Ecole libre des sciences politiques として創立, 1945 年国立となった名門校》.

IES (=*I*nstitut d'*é*tudes de *s*écurité) *n.m.* (ヨーロッパ連合の) 安全研究所.

IESEG (=*I*nstitut d'*é*conomie *s*cientifique *e*t de *g*estion) *n.m.* 〖教育〗数理経済学経営学院《Lille にある商業系のグランド・エコール. 1964 年創立》.

Iesiel (=*I*nstitut d'*é*tudes *s*upérieures d'*i*ndustrie et d'*é*conomie *l*aitières) *n.m.* 〖教育〗乳業経済高等研究学院《1963 年 Rennes に創設されたグランド・エコール》.

IET (=*I*nstitut *e*uropéen des *t*echnologies) *n.m.* 〖教育〗ヨーロッパ科学技術院《UE (EU) が 2008 年に創設予定の機関で先端科学の研究・教育・企業化を目的とする；=〔英〕EIT：*E*uropean *I*nstitut of *T*echnology》. projet d'~ ヨーロッパ科学技術院設立計画.

IETA (=*i*ngénieur des *é*tudes et *t*echniques d'*a*rmement) *n.m.* 〖軍〗造兵研究技術将校.

IF (=〔英〕*i*nternal *f*ocusing, *i*nner *f*ocus) *n.f.* 〖写真〗インナー・フォーカス〔方式〕 (=mise au point interne).

IFA (=*i*mposition *f*orfaitaire *a*nnuelle) *n.f.* 〖税〗(会社税の) 年間見積り課税.

IFAD (=〔英〕*I*nternational *F*und *A*gricultural *D*evelopment) *n.m.* (国連の) 国際農業開発基金《=〔仏〕FIDA：*F*onds *i*nternational de *d*éveloppement *a*gricole》《1977 年設立；本部 Roma》.

Ifas (=*I*nstitut *f*rançais de l'*a*nxiété et du *s*tress) *n.m.* フランス不安・ストレス研究所.

IFAW (=〔英〕*I*nternational *F*und for *A*nimal *W*elfare) *n.m.* 国際動物愛護基金《=〔仏〕FIPA：*F*onds *i*nternational pour la *p*rotection des *a*nimaux》.

IFC (=〔英〕*I*nternational *F*inance *C*orporation) *n.f.* 国際金融公社《=〔仏〕SFI：*S*ociété *f*inancière *i*nternationale》《国連の専門機関》.

IFCE (=*I*nstitut de *f*ormation au *c*ommerce *e*xtérieur) *n.m.* 〖教育〗対外貿易養成学院《Dunkerque にある商業系のグランド・エコール》.

IFCIC (=*I*nstitut pour le *f*inancement du *c*inéma et des *i*ndustries *c*ulturelles) *n.m.* 映画・文化産業融資機構《1983 年設立》.

IFCV (=*I*nstitut de *f*ormation du *c*adre de *v*ie) *n.m.* 生活環境学院《生活環境組合連盟 CSCV：*C*onfédération *s*yndicale du *c*adre de *v*ie が 1990 年に設立；消費問題の教員養成校》.

IFD (=*i*ndemnités *f*orfaitaires *d*éplacement) *n.f.pl.* 〖社会保障・医〗一括交通手当.

IFEN, Ifen (=*I*nstitut *f*rançais de l'*e*nvironnement) *n.m.* フランス環境問題研究所《1991 年創設；環境省所管》.

IFEROM (=*I*nstitut *f*rançais d'*é*tude et de *r*echerche sur les *o*ligo*m*étaux) *n.m.* 〖医〗フランス微量金属研究所.

IFI (=*I*nstitut de *f*ormation *i*nternationale) *n.m.* 〖教育〗国際ビジネスマン養成学院《1986 年 Rouen に創設されたグランド・エコール；ESC Rouen グループ；Bac＋4 年制》.

IFLS (=*I*nstitut *f*rançais du *l*ibre-*s*ervice) *n.m.* フランス・セルフ=サービス業研究所.

IFM[1] (=*i*ndemnité de *f*in de *m*ission) *n.f.* (臨時雇労働者に対する) 職務終了時支給手当.

IFM[2] (=*I*nstitut *f*rançais de la *m*ode) *n.m.* フランス・モード研究所.

IFN (=*I*nventaire *f*orestier *n*ational) *n.m.* 国立森林調査機関《Château des Barres, 49290 Nogent-sur-Vernisson 内》.

IFOP [ifɔp] (=*I*nstitut *f*rançais d'*o*pinion *p*ublique) *n.m.* イフォップ, フランス

世論研究所(1938年 Jean Stœtzel [1911-87] により設立).

Ifor (=[英]Implementation force) n.f. 平和実施部隊《ボスニア和平協定調印後, 平和維持のために NATO を中心に派遣された部隊. 1995年12月-96年12月まで, 後 SFOR になる》.

IFP[1] (=Institut français du pétrole) n.m. フランス石油研究所《1979年設立の公的機関》.

IFP[2] (=Institut français de polémologie) n.m. フランス戦争学研究所《1945年設立；1993年廃止》.

IFR (=[英]instrument flight rules) n.m. 計器飛行〔規則〕(=[仏]vol aux instruments). voler en ~ 計器飛行規則で飛ぶ.

Ifrap (=Institut français de recherche sur les administrations publiques) n.m. フランス行政問題研究所.

IFREMER, Ifremer (=Institut de recherche pour l'exploitation de la mer) n.m. フランス海洋開発研究所《1984年創立；在 Issy-les-Moulineaux》.

IFRI, Ifri (=Institut français de relations internationales) n.m. フランス国際関係研究所.

IFRTP (=Institut français pour la recherche et la technologie polaires) n.m. フランス極地・極地技術研究所《1992年設立》.

IFS (=institution financière spécialisée) n.f. 特別金融機関.

IFV (=[英]Infantry Fighting vehicle) n.m.《軍》歩兵戦闘車(ICF=Infantry Combat Vehicle ともいう；=[仏]VCI：véhicule de combat d'infanterie).

Ig (=immunoglobuline)〚生化〛免疫グロブリン.

IG2I (=Institut de génie informatique et industriel) n.m.〚教育〛情報・産業工学学院《1992年創立の工学系グランド・エコール；リール中央工科学校付属》.

IGA/G (=Inspection générale des Armées/Gendarmerie) n.f. 軍隊・憲兵隊総監部《国防省の部局》.

IGAME [igam] (=Inspecteur général de l'administration en mission extraordinaire) n.m. 特命行政総監《1948-62年のフランスの広域治安責任者》.

IGAS, Igas (=Inspection générale des affaires sociales) n.f. 社会問題総監察部《社会問題・国民連帯省の部署》.

IGC (=Inspection générale des carrières) n.f. 採石場総監察局.

IgE (=immuno globuline E) n.f.〚生化〛免疫グロブリンE《アレルギー反応を起こす抗体》.

IGEN (=Inspecteur général de l'éducation nationale) n.m. 国民教育(文部)省視学官.

IGF (=[英]insulin growth factor) n.m.〚生理〛インスリン〔様〕増殖(生成)因子(=[仏]FCI：facteur de croissance de l'insuline). ~-1(-2) 1(2)型インスリン増殖因子.

IGF-1 (=[英]insulin-like growth factor 1) n.m.〚生・医〛インスリン様成長因子Ⅰ型(=[仏]FCI-1：facteur de croissance semblable à l'insuline de type 1；ICF-1 ともいう). proteine ~ IGF 1型プロテイン.

IGN (=Institut géographique national) n.m. 国土地理院. cartes touristiques de l'~ 国土地理院観光地図.

igname [iɲam, iɡnam] n.f.〚植〛山芋《学名 Dioscorea batatas》.

ignifugation [igni-/iɲi-] n.f. **1** 不燃性(耐火性)にすること, 不燃化. **2** 不燃性, 耐火性.

ignifuge [igniɟyʒ] a. 耐火(不燃)性にする. matière ~ 耐火素材.
—— n.m. 耐火素材, 不燃化物質.

ignifugeage n.m. **1** 不燃性(耐火性)にすること. **2** 不燃性, 耐火性.

ignifugeant(e) a. 不燃化性の, 耐火性の.
—— n.m. 不燃化物質.

ignipuncture, igniponcture [igni-] n.f.〚医〛焼刺法, 烙刺法, 焼灼法.

ignition [igni-] n.f.〚物理〛燃焼〔状態〕, 灼熱〔状態〕. corps en ~ 燃焼中の物体.

ignoble a.〔しばしば名詞の前〕**1** 卑劣な, 卑しい, 汚わしい, さもしい. ~ affaire 汚わしい取引. ~ individu 卑劣漢. conduite ~ 下劣な振舞い. histoire ~ 卑劣な話. mot ~ きたない言葉.
2 きたない, ひどく汚れた, 不潔な, 胸のむかつくような. taudis ~ ひどいぼろ家. temps ~ ひどい天気.
3〔古〕平民の.

ignorance n.f. **1** (de を, sur, en について)知らぬこと；無知. être dans l'~ de qch …を知らない. laisser (tenir) qn dans l'~ (de qch) …を人に知らせずにおく. pécher par ~ 無知により罪を犯す. L'homme sans Dieu est dans l'~ de tout. 神なき人間はすべてに無知である(Pascal).〚諺〛L'~ du danger passe pour du courage. めくら蛇に怖じず.
2 無学, 無経験. être dans l'~ crasse 度し難いほど無学である.
3〔pl.で〕無知の証拠, 明らかな無知の状態.

ignorant(e) a. **1** (de, sur を)知らない, 無知な；(en に関する)知識を欠く, うとい. être ~ des usages 慣習を知らない. être ~ en histoire 歴史にうとい.
2 無学な. élève ~ 無学な生徒.
—— n. 無知な人, 無学者. faire l'~ 知らぬふりをする.

IGP[1] (= *i*ndication *g*éographique de *pro*venance) *n.f.* 〔食品〕生産地名表示《食品の生産地を保証するヨーロッパ規格ラベル》.

IGP[2] (= *I*ndication *g*éographique *pro*tégée) *n.f.* 限定生産地名呼称保護制度《赤ラベル label rouge もしくはそれに準ずる品質保証を獲得している農業食品の限定的産地名呼称を保護するもの》.

IGPN (= *I*nspection *g*énérale de la *p*olice *n*ationale) *n.f.* (フランス内務省の)国家警察総監局.

IGR[1] (= *i*mpôt *g*énéral sur le *r*evenu) *n.m.* 一般所得税.

IGR[2] (= *I*nstitut *G*ustave-*R*oussy) *n.m.* 〖医〗ギュスタヴ=ルーシ研究所《Villejuif にある》. neurophysiologiste à l'~ ギュスタヴ=ルーシ研究所の神経生理学者.

IGREF (= *i*ngénieur de *g*énie *r*ural, des *e*aux et des *f*orêts) *n.m.* 農業土木・水利・営林技師.

IGS[1] [iʒɛs] (= *I*nspection *g*énérale des *s*ervices) *n.f.* (フランス内務省国家警察総局の)警察総監局《首都圏の警察業務の監査にあたる；通称「警察の警察」la police des polices》.

IGS[2] (= *I*nstitut de *g*estion *s*ociale) *n.m.* 〖教育〗社会経営学院《パリにある商業系のグランド・エコール；1980 年創立》.

IGSS (= *I*nspection *g*énérale de la *S*écurité *s*ociale) *n.f.* 社会保障総監部.

IHEDN (= *I*nstitut des *h*autes *é*tudes de *D*éfense *n*ationale) *n.m.* 国防問題高等研究所.

IHEDREA (= *I*nstitut des *h*autes *é*tudes de *d*roit *r*ural et d'*é*conomie *a*gricole) *n.m.* 〖教育〗高等農事法農業経済学院《Paris にある商業系のグランド・エコール；1950年創立》.

IHES (= *I*nstitut des *h*autes *é*tudes *s*cientifiques) *n.m.* 国立高等科学研究所《1958 年設立の公益法人》.

IHESI (= *I*nstitut des *h*autes *é*tudes de la *s*écurité *i*ntérieure) *n.m.* 国内安全保障問題高等研究院《内務省直轄；1989 年設立》.

IHS (= [ラ] *I*esus *H*ominum *S*alvator) *n.m.* 人類の救世主イエス・キリスト《I はギリシア語の J, H は E, S は Σ で JES = Jésus となる；IHS はその後のラテン語表記》.

IICS (= *i*njection *i*ntra*c*ytoplasmique de *s*permatozoïdes) *n.f.* 〖医〗(人工授精の)細胞質内精子注入 (= [英] ICSI: *i*ntra*c*ytoplasmic *s*permatozoid *i*njection).

IIE (= *I*nstitut d'*i*nformatique d'*e*ntreprise) *n.m.* 〖教育〗企業情報科学学院《1968 年創立のグランド・エコール；在 Evry》.

IIU (= *i*nsémination *i*ntra-*u*térine) *n.f.* 〖医〗子宮内授精.

IJ (= *i*ndemnité *j*ournalière) *n.f.* (社会保障制度の)日当補償〔金〕. ~s maladie 疾病日当補償.

IL[1] (= *i*ndice de *l*umination) *n.m.* 〖写真〗露光指数 (= [英] EV: *e*xposure *v*alue).

IL[2] (= *i*ntensification de *l*umière) *n.f.* 光の増強. jumelles à ~ 光増強式双眼鏡, 暗視双眼鏡. lunettes de tir ~ 光増強式射撃照準鏡.

IL6 (= *i*nter*l*eukine 6) *n.f.* 〖生化〗インターロイキン 6.

Ilan [台湾] *n.pr.* 宜蘭(ぎらん), イーラン《北部太平洋岸の都市》.

île *n.f.* **1** 島. l'~ de la Cité (パリの)シテ島. l'~ Saint-Louis (パリの) サン=ルイ島. l'~ de Beauté 美しの島 (la Corse コルス(コルシカ)島). l'*I*~-de-France イール=ド=フランス《パリを中心とする地方名；〖行政〗フランスと UE(EU)の広域地方行政区である「イール=ド=フランス地方」(= région *I*~-de-France)》. ~ corallienne 珊瑚礁 (= atoll). ~ déserte 無人島. ~ flottante 浮島；〖菓子〗イール・フロタント《砂糖入りの卵白を湯煎し, カラメルをかけた軽い菓子；浮き菓子》. groupe d'~s 群島, 諸島 (= archipel). petite ~ 小島 (= îlot). **2** les *I*~s アンティーユ諸島, 西インド諸島 (= les Antilles). bois des ~s 熱帯材. oiseaux des ~s 熱帯鳥.

iléal (*ale*) (*pl.* **aux**) *a.* 〖解剖〗回腸 (iléon) の. artères ~*ales* 回腸動脈. conduit ~ 回腸導管. occlusion ~*ale* 回腸閉鎖〔症〕. valve ~*ale* 回腸弁.

Ile-de-France *n.pr.f.* **1** 〖史〗l'~ イール=ド=フランス地方《カペー王朝の支配地の中核をなした, パリ周辺の地方；フランスの旧州》.
2 〖行政〗la Région ~ イール=ド=フランス地方《フランスと UE の広域地方行政区の一；l'Essonne, les Hauts de Seine, Paris, la Seine-et-marne, la Seine-Saint-Denis, le Val-de-Marne, le Val-d'Oise, les Yvelines の 8 県から成る；面積 12,001 km², 人口 10,952,011；地方庁所在地 Paris；形容詞 francilien(*ne*)》.

iléite *n.f.* 〖医〗回腸炎.

iléo-cæcal (*ale*) (*pl.* **aux**) *a.* 〖解剖〗回盲腸の, 回腸と盲腸の. mésentère ~ commune 回腸結腸総腸間膜症, 総腸間膜症. valve ~*ale* 回盲弁.

iléo-colique *a.* 〖解剖〗回結腸の, 回腸と結腸の. artère ~ 回腸結腸動脈.

iléocolostomie *n.f.* 〖医〗回腸結腸切開〔術〕.

iléocystoplastie *n.f.* 〖医〗回腸膀胱形成術.

iléon *n.m.* 〖解剖〗回腸.

iléorectocoloplastie *n.f.* 〖医〗回腸直腸結腸形成術.

iléostomie *n.f.* 〖医〗回腸人工肛門.

ILERI (= *I*nstitut [*l*ibre] d'*é*tude des *r*elations *i*nternationales) *n.m.* 〖教育〗国際関係〔自由〕学院《Paris にある私立のグラ

iléus [ileys] *n.m.* 〖医〗腸閉塞〔症〕.
ILHR (=〔英〕*I*nternational *L*eague for *H*uman *R*ights) *n.f.* 国際人権連盟 (=〔仏〕LIDH：Ligue internationale des droits de l'homme；本部 New York).
iliaque *a.* 〖解剖〗腸骨の. abcès ～ 腸骨窩膿瘍. artère ～ 腸骨動脈. compression ～ 腸骨静脈圧迫. fosse ～ 腸骨窩. os ～ 腸骨. veine ～ 腸骨静脈.
ilion *n.m.* 〖解剖〗腸骨.
Ill *n.pr.m.* 〖地理〗l'～ イル川 (le Jura ジュラ山脈に源を発し, Mulhouse ミュルーズ, Strasbourg ストラスブールを経て, le Rhin ライン河に注ぐ；長さ 208 km).
Ille-et-Vilaine *n.pr.f.* 〖行政〗l'～ イール=エ=ヴィレーヌ県 (=département de l'～；県コード 35；フランスと UE の広域地方行政区の région Bretagne ブルターニュ地方に属す；県庁所在地 Rennes レンヌ；主要都市 Dinard ディナール, Dol-de-Bretagne ドル=ド=ブルターニュ, Fougères フージェール, Saint-Malo サン=マロ, Vitré ヴィトレ；4 郡, 53 小郡, 352 市町村；面積 6,758 km²；人口 867,533).
illégal(***ale***)(*pl.****aux***) *a.* 非合法の, 違法の, 不法の. acte ～ 不法行為. détention ～*ale* 不法拘留. trafic ～ 不法取引.
illégalité *n.f.* **1** 非合法, 違法〔性〕. ～ d'un acte 行為の非合法性. ～ d'un contrat 契約の違法性.
2 不法行為；非合法活動. commettre une ～ 不法行為を犯す. être dans l'～ 非合法活動をする.
illégitime *a.* **1** 非合法の；違法の；正式の婚姻外の. enfant ～ 非嫡出子, 庶子, 私生児. filiation ～ 非嫡出親子関係. mariage ～ 非合法結婚.
2 不道徳な；不倫の. union ～ 不倫関係；内縁関係.
3 不法な；不当な, 正当化できない；根拠のない；異常な. acte ～ 不法行為. conclusion ～ 根拠を欠く結論. demande ～ 不当な要求. soupçons ～*s* 不当な (根拠を欠く) 嫌疑.
illégitimité *n.f.* **1** 非合法性 (=illégalité). ～ d'un enfant 子供の非嫡出性. **2** 不当性. ～ d'un requête 請願〔書〕の不当性.
illettré(***e***) *a.* 文字を読めない, 識学力のない, 文盲の；無学な (=analphabète).
——*n.* 文字を読めない人, 文盲；無学な人.
illicéité, illicité *n.f.* **1** 〖法律〗法令違反.
2 公序違反；公序良俗違反.
3 〖法律〗(法律行為の) 違法性.
4 違法加害行為；犯罪の構成要素.
5 〖法律〗請求不受理の原因.
illicite *a.* 不法な, 不正な；(道徳・法・宗教的戒律・社会的慣習などで) 禁じられた；公序良俗に反する (illégal より広義). gain ～ 不正利得.
illico [ラ] *ad.* 〔話〕即座に, すぐさま.
Illiers-Combray *n.pr.* 〖行政〗イリエ=コンブレー (旧称 Illiers イリエ；département d' Eure-et-Loir ユール=エ=ロワール県の小郡庁所在地；市町村コード 28120；Proust の『失われた時を求めて』*A la recherche du temps perdu* のコンブレーのモデルとなり Illiers-Combray と改称).
illimité(***e***) (<limite) *a.* **1** 無限の. confiance ～*e* 全幅の信頼. espace ～ 無限空間. pouvoirs ～*s* 全権. ressources ～*es* 無尽蔵の資源.
2 限定されない. grève ～*e* 無期限スト. pour une durée ～*e* 無期限に.
——*n.m.* 無限 (=l'infini).
illiquidité *n.f.* 現金支払いの不能.
illisible (<lire) *a.* **1** (字が) 読めない, 読みにくい. écriture ～ 読みづらい字. signature ～ 判読不能 (わかりにくい) 署名.
2 読むにたえない. roman ～ 読むにたえない小説.
illogique *a.* 非論理的な, 不条理な, 筋道の立たない, 筋の通らない. attitude ～ 首尾一貫しない態度. esprit ～ 不条理な精神. raisonnement ～ 非論理的推論.
illumination *n.f.* **1** 照明. ～ d'un monument 記念建造物の照明.
2 〔*pl.* で〕イリュミネーション, 電飾. ～*s* du 14 juillet フランス大革命記念日のイリュミネーション.
3 〖宗教〗天啓；霊感. ～ de Saint-Esprit 精霊の天啓. ～*s* du génie 天才のひらめき.
4 〖美術〗ミニアチュール；彩飾〔文字・模様〕(挿画・文字；=enluminure).
illuminé(***e***) *a.p.* **1** 照明された；イリュミネーションで飾られた. monument ～ 照明を当てられた記念建造物. ville ～*e* イリュミネーションで飾られた都市.
2 〔比喩的〕輝いた. sourire ～ 輝くような微笑.
3 〔比喩的〕天啓を受けた, 啓明された；〔蔑〕神がかり的な, 狂信的な.
——*n* **1** 〖宗史〗イリュミネ, 天啓を受けた人, 天啓説 l'illuminisme の信奉者 (薔薇十字団員；Swedenborg, Saint-Martin などの神秘哲学の信奉者など).
2 〔蔑〕(宗教上の) 狂信者, 妄信者, 幻想家.
illusion *n.f.* **1** 錯覚, 幻覚. ～ des amputés 四肢切断者の錯覚 (失われた四肢があるという錯覚). ～ de déjà-vu 既視錯覚. ～ d'optique 視覚の錯覚 (=～ visuelle)；〔比喩的〕視点の誤り.
donner l'～ de *qch* 何を錯覚させる. trompe-l'œil qui donne l'～ du vrai 本物と錯覚させるようなだまし絵. produire une ～ 錯覚を生む.
2 幻影, 幻；(手品などによる) 錯覚. ～*s* créées par magie 魔術による錯覚. ～ du sommeil 幻夢.

3 幻想, 空想；思い違い. agréable (douce) ~ 心地よい空想. ~s perdues 幻滅. ~ trompeuse 思い違い, 錯誤. avoir (se faire) des ~s ; se nourrir d'~s 幻想を抱く. caresser une ~ ひそかに夢想する. détruire les ~s de qn 人の幻想を打ち砕く. entretenir qn dans une ~ 人に誤った希望を抱かせておく. faire ~ (人に) 誤った考えを抱かせる, 心地よい錯覚で騙す. se faire ~ 思い違いをする；自己を過信する.

illustra*teur* (*trice*) *n.* **1** 挿絵画家；イラストレーター.
2 〘比喩的〙(芸術作品・文学などによる) 顕揚者.

illustration *n.f.* **1** 挿絵；挿絵写真；イラストレーション, イラスト；図示, 図解. ~s de livres d'enfants 幼児本 (絵本) の挿絵. ~ en couleurs カラー挿絵 (挿絵写真, イラスト).
~s hors texte 本文外挿絵. livre orné des ~s 挿絵 (挿絵写真, イラスト) 入りの本. *L'I~*「イリュストラシヨン」誌 (1845-1944年；挿絵・挿絵写真入雑誌).
2 〘視聴覚〙~ sonore 映画 (TV フィルム) 付音楽.
3 例証；例解；実例, 引例. ~ d'une théorie 理論の例証.
4 〘古〙有名にする (なる) こと；有名人, 名士. *Défense et ~ de la langue française* de Joachim du Bellay ジョアン シャン=デュ=ベレーの『フランス語の擁護と顕揚』(1549年).

illustre *a.* **1** (人について) 著名な, 有名な, 高名な. écrivain ~ 著名な作家. *Vies des hommes ~s* de Plutarque プルタルコスの『英雄伝』. 〘皮肉〙~ inconnu 知らぬ者のいない誰か.
2 (物について) 著名な；〘文〙輝かしい. famille ~ 著名な一族. actions ~s 輝かしい行為.

illustré (*e*) *a.* 挿絵入りの, 写真入りの. livre ~ 挿絵本. magazine ~ e グラフ雑誌.
──*n.m.* グラフ雑誌；挿絵入り雑誌 (新聞).

ILM (= *i*mmeuble à *l*oyer *m*oyen) *n.m.* 中規模家賃集合住宅.

ilménite *n.f.* 〘鉱〙チタン鉄鉱.

ILN (= *i*mmeuble à *l*oyer *n*ormal) *n.m.* 通常家賃集合住宅.

îlot (< île) *n.m.* **1** 小島. ~ dans un lac (une rivière) 湖上 (川中) の小島.
2 (孤立した) 一区画；(道路に囲まれた) 街区 (= ~ de maisons)；(木・家などの) 小さな集まり；〘警察〙(警官の) 巡回受持ち小街区 (= ~ administratif). ~s de résistance レジスタンスの拠点. 〘商業〙~s de vente (並木道などでの) 販売拠点 (小屋). ~s de verdure 点在する緑の区画. 〘比喩的〙~s de mémoire 断片的記憶. ~ insalubre 非衛生的小街区. 〘気象〙effet <~ de chaleur> (都市の) ヒート・アイランド効果.
3 〘解剖〙~s de Langerhans ランゲルハンス島, 膵島 (= ~s pancréatiques) 〘腎臓の実質内に散在する内分泌腺〙.
4 〘行政〙~ directionnel (自動車道路の) 安全地帯 (= refuge).
5 小グループ. ~ de gens cultivés 教養人の小群.
6 〘軍〙(空母の) 上部構造物, アイランド.

îlotage *n.m.* 〘警察〙(都市での) 小街区警備担当制, 交番制.

îlotier (*ère*) *n.* 都市の小街区を担当する警官, 交番勤務警官.

ILS (= *i*nfraction à la *l*égislation des *s*tupéfiants) *n.f.* 麻薬規制法違反.

IM (= *i*mmuno*m*odulateur) *n.m.* 〘生化〙免疫変調物質.

IMA (= *I*nstitut du *m*onde *a*rabe) *n.m.* アラブ世界研究所 (1987年12月 Paris のセーヌ河左岸に誕生).

Imag (= *I*nstitut d'*i*nformatique et de *m*athématiques *a*ppliquées de *G*renoble) *n.m.* 〘教育〙グルノーブル情報科学・応用数学研究所 (CNRS, Institut national polytechnique de Grenoble (INPG), Université Joseph Fourier (UJF) などに属する 8 つの複合研究系 UMR (unité mixte de recherche) から成る研究連合体).

image *n.f.* **1** 像, 姿, 画像, 映像. ~ de synthèse 合成映像. appareil de reproduction de l'~ et du son 視聴覚機器. à l'~ de …に似せて. Dieu créa l'homme à son ~. 神は自らの姿に似せて人間を創造した.
Aussi saisissante qu'elle soit, l'~ que la télévision donne du monde n'est souvent qu'une photographie instantanée de la réalité. テレビが伝える世界の映像はいかに強い印象を抱かせるものでも, 多くの場合, 現実の瞬間を映したものに過ぎない.
2 a) 絵画, 版画, デッサン, イラスト, 写真, 画像. ~ d'Epinal エピナル版画 (東仏ヴォージュ県département des Vosges の町エピナルで作られた伝説や歴史に題材をとる芸術性に乏しい版画)；〘比喩的〙けばけばしい色彩の絵, 通俗的な話. ~ radioscopique レントゲン写真. chasseur d'~s イメージハンター (報道カメラマン, 写真家, 映画撮影者など). livre d'~s 絵本.
b) 〘宗教〙偶像. ~ pieuse 聖画. culte des ~s 偶像崇拝, 聖画崇拝. sage comme une ~ (子供について) じっとおとなしい.
3 (鏡などに映る) 像, 映像. ~ dans une glace 鏡に映る像. ~ réelle (réfléchie, virtuelle) 実 (鏡, 虚) 像.
4 姿, 形, 外形.
5 心像, 表象, 残像, (視覚の) 記憶. l'~ du temps qui s'écoule 浮世の残像 (浮世絵をこのように訳した例がある). Il a longtemps essayé de chasser de son esprit l'~ de son amie. 彼はガールフレンドの記憶を心から追い出そうと, 長いあいだ努力した.

6 象徴, 表象, 寓意；比喩, 隠喩. ~s toutes faites 出来合いの比喩, イメージ, 紋切り型.
7 ~ de marque ブランドイメージ, 評判, 世評, 人気. Tout homme politique soigne son ~ de marque. 政治家はすべて世評を大切にする.
8 〖数〗(集合論で) 像, 写像.

imagerie *n.f.* **1** 版画制作〔業〕；版画販売〔業〕.
2 (主題・様式・発想等が同一の) 版画〔群〕. ~ d'Epinal エピナルの版画.
3 〖医〗造影法 (= ~ médicale) 《X線撮影〔法〕radiographie, 断層撮影〔法〕tomographie, 放射性同位元素造影〔法〕scintigraphie, 超音波造影〔法〕échographie, 核磁気共鳴〔法〕RMN などがある》. ~ par RMN (=résonance magnétique nucléaire) 核磁気共鳴造影〔法〕.

imaginaire *a.* **1** 想像上の, 架空の, 仮想の. animaux ~s 想像上の動物 (dragon「龍」など). danger ~ 仮想的危険. malade ~ 気で病む男 (Molière の作品より). *Le Musée* ~ d'André Malraux アンドレ・マルローの『架空の美術館』. personnage ~ 架空の人物.
2 〖数〗虚の, 虚数の. nombre ~ 虚数.
—*n.m.* **1** 想像の産物, 想像の世界. **2** 〖精神分析〗想像的なもの, 想像界.

imagination *n.f.* **1** 想像；想像力；空想；創意 (= ~ créatrice). ~ du romancier 小説家の想像力. ~ fertill (débordante) 溢れんばかりの想像力. avoir de l'~ 豊かな創造力を持つ；創意に富む. avoir trop d'~ 空想が過ぎる. manquer d'~ 想像力に欠ける. se laisser emporter par son ~ 空想に耽る. avec un peu d'~ もうすこし想像力を働かせて. Cela n'existe que dans l'~. それは空想の産物にすぎない.
2 想像したもの, 架空のもの, 想像, 空想, 虚構. C'est une pure ~! / Ce sont de pures ~s! それは全くの作りごとだ.

imam [imam], **iman** [imɑ̃] 〔アラビア語〕*n.m.* 〖イスラム教〗イマーム (1) モスクでの集団礼拝の指導者；2) イスラム教社会の指導者；3) イスラム教学者の尊称；4) シーア派の最高指導者).

IMAO (=inhibiteur de la monoamine oxydase) *n.m.* 〖薬〗モノアミン酸化酵素阻害薬, MAO 阻害薬 (抗鬱剤).

imbécile *a.* **1** (人・態度などが) 愚かな, 馬鹿な；馬鹿馬鹿しい注釈. commentaire ~ 馬鹿馬鹿しい注釈. homme ~ 愚者. question (réponse) ~ 間の抜けた質問 (返答). rire ~ 馬鹿笑い.
2 〖医〗痴愚の, 精神薄弱の, 精神遅滞の.
3 〖古〗虚弱な.
—*n.* **1** 馬鹿者, 間抜け, 愚か者. ~ heureux おめでたい人物. le dernier (le roi) des ~s 飛び切りの馬鹿. C'est un ~. あいつは馬鹿だ. Espèce d'~! 馬鹿野郎!, 馬鹿者!
2 〖医〗痴愚者 (IQ が 35-40～50-55 程度の中度の精神薄弱者；知能水準が 2 歳程度の白痴 idiot と 7 歳位の軽愚 débile の中間).

imbécil〔l〕ité *n.f.* **1** 愚かしさ, 馬鹿さ加減. faire preuve d'~ 自分の愚かさを暴露する.
2 馬鹿な行い, 愚行；愚かな考え (言葉). faire (dire) des ~s 馬鹿なことをしでかす (言う). raconter (dire) des ~s 馬鹿なことを言う.
3 〖医〗痴愚 (中度の精神薄弱者, 精神遅滞者, IQ 35-40～50-55 程度).
4 〖古〗(肉体・精神の) ひ弱さ.

imbroglio [ɛ̃brɔ(g)ljo] 〔伊〕*n.m.* **1** 紛糾, もつれ, 混乱；紛糾した局面 (事態). Quel ~! 何ともつれた事態であることか!
2 (劇などの) こみ入った筋；筋のこみ入った戯曲. ~ à l'espagnole スペイン風の筋のこみ入った戯曲.

imbu(e) *a.* **1** (人について) (de が) 浸み込んだ, (に) 満ちた. ~ des préjugés 偏見に満ちた. ~ d'une doctrine politique 政治理論をたたき込まれた. ~ de sa supériorité 優越感に満ちた.
2 (物について) (de が) 浸透した；(に) 深く感化された. philosophie ~e de croyances religieuses 信仰心に満ちた哲学.

imbuvable (<boire) *a.* **1** 飲めない, 飲用に適さない (=non potable). l'eau ~ 飲めない水.
2 飲んでまずい. Ce vin est ~. こんな葡萄酒は飲めたものではない.
3 〖比喩的〗〖話〗我慢のならない. personne ~ やりきれない奴.

IMC[1] (=indice de masse corporelle) *n.m.* 肥満指数 (体重[kg] / 身長^2[m^2] で示し, 25-29.9 までは前肥満 préobésité, 30 以上が肥満 obésité とされる).

IMC[2] (=infirmité motrice cérébrale) *n.f.* 〖医〗大脳運動障害.

IME (=Institut monétaire européen) *n.m.* ヨーロッパ通貨制度 (1994 年 1 月 1 日発足；1998 年 Banque centrale européenne (BCE) に移行).

IMF (= 〔英〕 International Monetary Fund) *n.m.* 国際通貨基金 (= 〔仏〕FMI：Fonds monétaire international).

IMG (=interruption médicale de grossesse) *n.f.* 〖医〗人工中絶.

IMHI (=Institut de management hôtelier international) *n.m.* 〖教育〗国際ホテル経営学院 (Cergy-Pontoise にある商業系のグランド・エコール；通称 ESSEC-Cornell；1981 年創立).

imidazolé *n.m.* 〖薬〗イミダゾール系製剤 (抗真菌薬).

imipénème *n.m.* 〖薬〗イミペネム (院内感染菌の治療薬：imipénème-cilastatine sodium イミペネム・シラスタチン・ナトリウムの略称；カルバペネム carbanépème 系抗生物質).

imipramine *n.f.*〖薬〗イミプラミニン(三環系抗鬱薬).

imipraminique *a.*〖薬〗イミプラミニン系の. antidépresseur ～ イミプラミニン(三環系抗鬱薬；=antidépresseur tricyclique).

imita*teur*(*trice*) *n.* **1** 物真似をする人；物真似師 (=～ professionnel). **2** 模倣者. ～s de Racine ラシーヌの模倣者.
——*a.* 真似好きの, 真似のうまい. peuple ～ 模倣好きの大衆.

imitati*f*(*ve*) *a.* **1** 模倣する. harmonie ～ve 模倣諧調. mot ～ 模倣語；擬音語 (= onomatopée).
2 人真似の, 模倣の. mimique ～ 物真似, 形態模写.

imitation *n.f.* **1** 模倣, 真似；物真似；声色. faire des ～s 真似をする. ～ par le geste パントマイム (=mimique).
2 模倣(手本)とすること. à l'～ de …に倣って. l'I ～ 〔*de Jésus-Christ*〕『キリストに倣って』(15世紀の著作).
3 模写, 模作；偽造 (=～ frauduleuse). une ～ de Raphaël ラファエロの作品の模写. ～ d'une signature 署名の偽造.
4 模造品, イミテーション. ～ de diamant 模造ダイヤ. bijoux en ～ 模造宝石.〔同格〕sac ～ cuir 人造皮革のバッグ.
5〖音楽〗模倣(対位法での施律の反復).

imité(*e*) *a.p.* **1** 模倣した, 真似した. ～ de …を模倣(模)した. gestes ～s 真似た身振り. style ～ 模倣した文体(様式).
2 模造した；偽造した. marbre ～ 模造大理石. signature ～e 偽造署名.

immaculé(*e*) *a.* **1** 汚点(欠点, きず, 過失, しみ)のない, 無きずの. blancheur ～e 純白.
2 無垢の, 清浄な, 純潔の；〖キリスト教〗原罪の穢(けが)れのない. l'Agneau ～ 穢れなき仔羊 (=Christ). l'I ～e Conception〔de la Vierge〕聖母の無原罪のやどり(懐胎)(祝日は12月8日).

immaîtrisable *a.* 抑制し難い, 制御し難い. dépenses ～s 抑制し難い出費. force ～ 抑制し難い力.

immatriculation *n.f.* 名簿記載；登記, 記載；(特に自動車の)登録. ～ à la Sécurité sociale 社会保障被保険者登録. ～ au registre du commerce et des sociétés 商業代理人登記簿登録. numéro d'～ 登録番号, 加入者番号. plaque d'～ ナンバープレート. On a compté en avril 200,000 ～s de voitures neuves. 4月の新車登録は20万台を数えた.

immédiat(*e*) *a.* **1** 即時の, 即座の, 即刻の；近接した. danger ～ 切迫した危険. 《Embarquement ～ porte numéro 1》「1番ゲートから直ちにご搭乗ください」(空港の案内アナウンスの文言).〖文法〗futur (passé)～ 近接未来(過去). mort ～e 即死 (= mort subite). réplique ～e 即座の口答え. transport ～ d'un malade à l'hôpital 病人の即時入院搬送.
2 すぐ前(後)の, すぐ上(下)の, 隣接する. au voisinage ～ de …のすぐ隣り(近く)の. successeur ～ 直接の後継者.
3 直接の, 介在なしの.〖化〗analyse ～ 分離分析.〖哲〗cause ～e 直接因.〖化〗principe ～ 直接成分.
——*n.m.* 即時, 即刻. dans l'～ 今の所は, 差しあたり, 当座は.

immense *a.*〔しばしば名詞の前〕**1** 無限の, 広大無辺の；測り知れぬ. ～ avenir 無限の(果てしない)未来. L'univers est ～. 宇宙は広大無辺である.
2 広大な. ciel (mer) ～ 広大な空(海). espace ～ 広大な空間. plaine ～ 広大な平野.
3 大規模な；膨大な；巨大な, 巨額の；非常な. ～ avantage 巨大な利益. ～ bonté 並外れた善意. ～ cité 巨大都市. ～s efforts 非常な努力. ～ fortune 莫大な財産. ～ poisson 巨大魚. cathédrale ～ 巨大な大聖堂. foule ～ 大群衆. œuvre ～ 巨大な作品.

immensité *n.f.* **1** 広大, 莫大, 広大無辺. ～ de Dieu 神の広大無辺.
2 果てしない広がり, 無限の空間. ～ des océans 大洋の果てしない広がり.
3 莫大な量. ～ de ses richesses その莫大な富.

immersion (<immerger) *n.f.* **1** 水(液体)に沈める(浸す)こと；水中(水中)敷設. ～ de blocs de béton コンクリート・ブロックの水中敷設. ～ d'un câble dans la mer 海底電線の敷設. ～ d'un cadavre en pleine mer 遺体の水葬.〖宗教〗bâpteme par ～ 浸礼〔式〕(全身を水に浸す洗礼).
2 (洪水による土地の)水没, 冠水, 浸水. ～ des terres pendant une inondation 洪水時の土地の冠水.
3 (潜水艦の)潜水, 潜航. vitesse en ～ 潜航速度.
4〖化・医〗液浸；油浸 (=～ à l'huile). ～ de l'or dans l'acide azotique 金の硝酸液浸, 液浸煆焼 (=calcination immersive).〖光〗objectif à ～ 液浸対物レンズ〔顕微鏡のレンズとカバーガラスの間に油(水)滴を入れた対物レンズ〕.
5〖天文〗(天体の)潜入《他の天体の背後に隠れる現象》.
6〔比喩的〕潜入.

immeuble *n.m.* **1** 建物；(特に)中高層ビル. ～ à loyer modéré 低家賃住宅棟. ～ collectif d'habitation 集合住宅. ～ de bureaux (d'habitation) 事務所(住居)用ビル. ～ de rapport 賃貸収入を目的とした建物, ビル. ～ résidentiel 住居用ビル, マンショ

ン.
2 不動産. ~ insaluable 非衛生不動産. ~ menaçant ruine 倒壊のおそれのある建物. ~ par nature 本来的不動産(土地と建物). patrimoine composé de meubles et d'~s 動産と不動産からなる資産.
——*a.* 不動産の. biens ~s par nature 本来の不動産(土地と建物). biens ~s par destination (所有者が土地・建物の付属物とする)不動産扱いの動産.

immeuble-tour (*pl.* **~s-~s**) *n.m.* 超高層ビル;超高層集合住宅.

immigrant(e) *a.* (他国から)移住してくる. population ~e 移住民, 移民.
——*n.* (他国からの)移入者 (émigrant「他国への移民」の対);[*pl.* で]移住民, 移民. accueil des ~s 移民の受け入れ.

immigration *n.f.* 移住;入国;移住民の動き(émigration の対);〖行政〗移民の管理. ~ interne 国内の住民の移動. ~ temporaire 一時的移民 (travailleur étranger「外国人労働者」など). fonctionnaires de l'~ 移民担当公務員. Le mouvement d'~ a été particulièrement fort l'année dernière. 昨年の外国人入国者は特に多かった. Si l'~ de travailleurs étrangers était longtemps indispensable pour maintenir le dynamisme de l'économie française, elle commence à peser au temps de récession. 外国人労働者の流入が長い間フランス経済の活力を維持するために不可欠だったのは事実だが,景気後退期には重荷になっている. Office national d'~ 全国入国管理局.

immigré(e) *a.* (他国から)移住した. travailleurs ~s 移民労働者.
——*n.* 移住民, 移民 (autochtone「原住民」の対).

imminent(e) *a.* **1** (危険などが)切迫した, 間近に迫った, さし迫った. crise ~e 切迫した危機. danger ~ さし迫った危険. guerre ~e 間近に迫った戦争の危機.
2 間近の(切迫感はない). l'instant ~ de son arrivée 到着間近の瞬間.

immixtion *n.f.* **1** (dans への)介入, お節介. ~ dans la vie privée de *qn* 人の私生活への介入.
2 干渉. ~ dans les affaires intérieures d'un pays 一国の内政に対する干渉.

immobile *a.* **1** 動かない, 不動の. ~ comme une statue (une souche) 彫像(切株)のようにじっとしている. eau ~ 静水;よどんだ水. mer ~ 静かな海. terre ~ 不動の大地. rester (se tenir) ~ じっとしている, 身じろぎひとつしない;平然としている.
2 変動しない, 不変の. dogmes ~s 不動の教理.

immobilier(ère) *a.* 不動産に関する, 不動産の. action ~ère 不動産訴権. agence (agent) ~ère (~) 土地建物仲介業(業者). biens ~s 不動産. crédit ~ 不動産金融.

droit ~ 不動産物権. Droit ~ 不動産法. promoteur [~] 不動産開発業者. secteur ~ 不動産業界. société ~ 不動産会社. spéculation ~ère 不動産投機, 土地投機.
——*n.m.* 不動産業, 不動産業界.

immobilisation *n.f.* **1** 動かなくすること, 固定;動かなくなること, 停止. ~ d'un bras fracturé 骨折した腕の固定. ~ d'un train 列車の立往生.
2 〖商業〗固定. ~ de capitaux 資本の固定(凍結).
3 [*pl.* で] 〖商業〗固定資産. ~s d'une entreprise 企業の固定資産 (bâtiments 建物, brevets 特許, outillages 機械・設備, terrains 土地など).
4 〖法律〗(動産の)不動産化.
5 (動産の)移動禁止, 固定. ~ de véhicule 車両の利用禁止.
6 〖柔道〗押え込み.

immobilisé(e) *a.p.* **1** 動かなくされた;動けなくなった;固定された;停滞した;活動を停止した. circulation ~e par la neige 雪で停滞した交通. commerce ~ 停滞した通商. membre fracturé ~ 固定された骨折四肢. train ~ 立往生した列車. voyageurs ~s par une grève ストで身動きがとれなくなった旅客.
2 〖法律〗(動産が)不動産化された;移動を禁じられた. mobilier ~ 不動産化された動産.
3 〖商業〗固定資産化された. actif ~ 固定資産. capitaux ~s 固定資本.
4 〖化〗固定(定着)した. substance chimique ~e 固定した化学物質.

immobilité *n.f.* **1** 不動;不動性;不動状態;動かぬこと. 〖医〗~ complète 絶対安静. ~ de l'air 空気の不動状態.
2 〔比喩的〕不変性. ~ politique 政治の不変性.

immoral(ale)(*pl.***aux**) *a.* 道徳に反する, 不道徳な, 背徳的な;猥褻な. conduite ~ale 背徳的振舞い. 不行跡. homme ~ 背徳漢. ouvrages ~aux 猥褻な作品.

immoralité *n.f.* **1** 不道徳, 背徳, 反道徳性;猥褻(わいせつ). ~ d'une conduite 行動の反道徳性. **2** 背徳行為, 不道徳な事柄. une suite d'~s 一連の背徳行為.

immortalité *n.f.* **1** 不死, 不滅性. ~ de l'âme 霊魂の不滅(性). croyance à l'~ (霊魂の)不滅を信じること. **2** 〔文〕不朽〔の名声〕, 永遠性. donner l'~ aux héros 英雄たちに不朽の名声を捧げる.

immortel(*le*[1]) *a.* **1** 不死の, 不滅の. âme ~le 不滅の霊魂. dieux ~s 不死の神々.
2 不朽の, 不滅の;永遠の. amour ~ 永遠の愛. gloire ~le 不朽の栄光.
——*n.* **1** (古代の)神. une ~ 女神.
2 [*pl.* で]アカデミー・フランセーズ会員 (=académicien(*ne*)s).

immortelle[2] *n.f.* 〖植〗〖話〗インモルテル(「不滅草」の意；hélichrysum 麦藁菊, statice はまかんざし, xéranthème ときわばな, などドライフラワー向きの草花). ~ à bractée 苞葉インモルテル, 麦藁菊(= hélichrysum). ~ annuelle ときわばな(= xéranthème). ~ des neiges エーデルヴァイス(=edelweiss).

immuabilité *n.f.* 不変性, 不易性(=immutabilité).

immuable *a.* **1** 不変の, 不易の. loi ~ de la pesanteur 重力に関する不変の法則. opération《la Liberté ~》「不変の自由」作戦(2001年9月11日の多発テロに対する作戦名). vérité ~ 不易の真理.
2 〖比喩的〗変化のない, 永続的な, 恒常的な. horaire ~ 恒常的時間割. volonté ~ 確乎たる意志.

immun(e) *a.* 〖医〗免疫の, 免疫のある. adhérance ~*e* 免疫粘着反応. complexe ~ 免疫複合体(= 〖英〗immune complex, 略記 IC). hémolyse ~*e* 免疫溶血反応.

immunisant(e) *a.* 〖医〗免疫を与える, 免疫作用のある. action ~*e* 免疫作用. sérum ~ 免疫血清.

immunisation *n.f.* 〖医〗免疫, 免疫処置, 免疫化；免疫予防注射.

immunitaire *a.* 〖医〗免疫〔性〕の. déficit ~ sévère lié au chromosome X X 染色体に関連する深刻な免疫不全. système ~ 免疫機構.

immunité *n.f.* **1** 特権；免除, 免税；一般の規則適用を免れる権利；不可罰性. ~ de la défense 防御のための免責特権. ~ du président de la République 共和国大統領の特権. ~ diplomatique 外交特権. ~ parlementaire 議員特権, (特に会期中の) 不逮捕権. demander la levée de l'~〔parlementaire〕du député A A 議員の不逮捕権の停止を申請する. Couvert de son ~ diplomatique, le consul d'Irak a pu se soustraire à la justice. イラク領事は外交特権のおかげで訴追を免れた.
2 〖医〗免疫. ~ acquise 獲得免疫. ~ naturelle 自然免疫.

immuno- 〔ラ〕ELEM「免疫」の意.

immunoblaste *n.m.* 〖医〗免疫芽球, 免疫芽細胞.

immunoblastique *a.* 〖医〗免疫芽球性の. lymphome (sarcome) ~ 免疫芽球性リンパ腫(肉腫).

immunochimie *n.f.* 免疫化学.

immunocompétence *n.f.* 〖医〗免疫適格性, 免疫能.

immunocompétent(e) *a.* 〖生〗免疫担当の, 免疫適格の. cellule ~ 免疫担当細胞. lymphocyte ~ 免疫担当リンパ球.

immunocyte *n.m.* 〖医〗免疫細胞；リンパ球(=lymphocyte).

immuno〔-〕déficience *n.f.* 〖医〗免疫不全. syndrome d'~ acquis (SIDA) 後天性免疫不全症候群, エイズ(=〖英〗AIDS).

immuno-déficient(e) *a.* 〖医〗免疫不全性の. souris ~*e* 免疫不全ラット.

immuno〔-〕déficitaire *a.* 〖医〗免疫不全の.

immunodépresseur *a.m.* 〖医〗免疫抑制作用のある；免疫抑制剤を用いた. traitement ~ 免疫抑制剤による治療.
——*n.m.* 免疫抑制剤.

immunodépressif(ve) *a.* 〖医〗免疫抑制性の. 〖薬〗médicaments ~*s* 免疫抑制剤.

immunodépression *n.f.* 〖医〗免疫力低下, 免疫不全(=immunodéficience).

immunodéprimé(e) *a.* 〖医〗免疫不全症の. malade ~ 免疫不全症患者.
——*n.* 免疫不全症患者.

immunodétection *n.f.* 〖医〗免疫検出法, 免疫シンチグラフィー(=immunoscintigraphie)；放射免疫検出法(=radioimmunodétection).

immunodiagnostic *n.m.* 〖医〗免疫診断.

immunodiffusion *n.f.* 〖医〗免疫拡散法. ~ double 二元免疫拡散法. ~ simple 単純免疫拡散法.

immuno-électrophorèse *n.f.* 〖化〗免疫泳動〔法〕.

immunofluorescence *n.f.* 〖医〗免疫蛍光検査〔法〕, 免疫蛍光法, 蛍光抗体法(=technique des anticorps fluorescents). ~ indirecte 蛍光抗体間接法.

immunogène *a.* 〖医〗免疫原性の. qualité ~ des antigènes 抗体の免疫原性.

immunogénétique *n.f.* 〖医〗免疫遺伝学.

immunoglobuline [i(m)mynɔglɔblin] *n.f.* 〖生化〗免疫グロブリン, イムノグロブリン《免疫の抗体として働く構造蛋白質の総称；Ig と略記》.

immunohématologie *n.f.* 〖医〗血液免疫学.

immunohistochimie *n.f.* 〖医〗免疫組織化学.

immunohistologie *n.f.* 〖医〗免疫組織学.

immunologie *n.f.* 〖医〗免疫学.

immunologique *a.* 〖医〗免疫学的な. mémoire ~ 免疫記憶. pathologie ~ 免疫病理学. tolérance ~ 免疫寛容.

immunomodulateur(trice) *a.* 〖薬〗免疫調節性の. 〖医〗thérapie ~*trice* 免疫調節療法.
——*n.m.* 〖薬〗免疫調節薬.

immunopharmacologie *n.f.* 〖医・薬〗免疫薬理学.

immunoprécipitation *n.f.* 〖生〗免疫沈降.

immunoprolifératif(ve) *a.* 〖医〗免

疫細胞増殖性の. maladie ～ 免疫細胞増殖性疾患.

immuno-réactif(ve) a.〖生化〗免疫反応性の. trypsine ～ve 免疫反応性トリプシン《膵液中の免疫反応性蛋白質分解酵素；略記 TIR》.

immunoréaction n.f.〖医〗免疫反応.

immunoscintigraphie n.f.〖医〗免疫シンチグラフィー, 免疫シンチグラム造影〔法〕.

immuno-sérum [-ɔm] n.m.〖医〗免疫血清, 抗血清(=antisérum).

immunostimulant(e) a.〖生・医〗免疫刺激性の, 免疫力を強化する. substance ～e 免疫刺激物質.
— n.m.〖生・薬〗免疫刺激剤, 免疫力強化剤. ～ spécifique 特異性免疫刺激剤. ～ non spécifique 非特異性刺激剤.

immunostimulation n.f.〖医〗免疫力刺激. ～ d'hormones thymiques 胸腺ホルモンによる免疫力強化.

immunosuppresseur n.m.〖薬〗免疫抑制剤.

immunosuppressif(ve) a.〖薬〗免疫抑制作用のある.
— n.m. 免疫抑制薬(=immunosuppresseur).

immunosuppression n.f.〖生理・医〗免疫抑制作用.

immunosurveillance n.f.〖生理・医〗(身体組織の)免疫監視機構.

immunotechnologie n.f.〖医〗免疫工学, 免疫技術(抗体生産技術).

immunothérapie n.f.〖医〗免疫療法. ～ active 能動的免疫療法《ワクチン療法 vaccinothérapie》. ～ anticancéreuse 制癌免疫療法. ～ passive 受動的免疫療法《免疫血清療法 immuno-sérathérapie など》.

immunotolérance n.f.〖生・医〗免疫寛容性(=tolérance immunologique).

immunotolérant(e) a.〖生理・医〗免疫寛容性の. organisme ～ 免疫寛容性器官.

immunotoxique a.〖医〗抗体毒性の, 免疫毒性の.

immunotransfusion n.f.〖医〗免疫輸血.

immu-sérumthérapie n.f.〖医〗免疫血清療法.

immutabilité n.f. 不変性, 不易性, 恒久性. ～ de Dieu 神の不変性.〖法律〗～ des conventions matrimoniales 夫婦財産制の不易性(結婚後2年間). ～ d'une idée 思想の不変性. ～ du litige 訴訟の不変性.

IMO (=〔英〕International Maritime Organization) n.f.〖国連〗国際海事機構《本部 London》；=〔仏〕OMI：Organisation maritime internationale；=旧称 OMCI：Organisation maritime consultative intergouvernementale；=〔英〕IMCO：Intergovermental maritime consultative Orga-nization. 政府間海事協議機構).

i-mode [商標] n.m.〖情報通信〗アイ＝モード.

IMP (=institut médico-pédagogique) n.m.〖教育・医〗医療教育施設《身障児を対象とした学校》.

impact [-kt] n.m. **1** 衝突；着弾. angle d'～ 着弾角. point d'～ 着弾点；弾痕.
2〔比喩的〕衝撃, インパクト. ～ de la nouvelle ニュースの衝撃.
3〔比喩的〕波及効果, 反響；影響〔力〕. ～ de la publicité 宣伝効果.〖経済〗étude d'～ 環境アセスメント. force d'～ 衝撃力. avoir de l'～ 影響力がある.
4〖心〗狙い. ～ d'un test psychologique 心理テストの狙い.

impactant(e) (<impact) a.〖宣伝〗インパクトのある, 大衆に強烈な印象を与える, 強い宣伝効果のある, 迫力のある. slogan ～ インパクトのあるスローガン.

impaction n.f.〖医〗嵌入, 埋没. ～ d'un dent 歯の嵌入(迷入).
2 嵌入骨折.

impair(e) (pair の対) a. **1** 奇数の. côté ～ d'une rue 通りの奇数側. jours ～s 奇数日；〔古〕週の第1・3・5日：月・水・金曜日. nombre ～ 奇数. numéro ～ 奇数番号.〖鉄道〗trains ～s 下り列車.〖鉄道〗voie ～e 下り線.〖詩法〗vers ～s 奇数脚の詩句.
2 唯一の；不対の.〖植〗foliole ～ 対のない小葉.〖解剖〗organe ～ 不対器官(estomac, foie など)
3〖数〗fonction ～e 奇関数.
— n.m. **1** 奇数 (=nombre ～).
2〖詩法〗奇数脚.
3〔比喩的〕失態, へま；失言. commettre (faire) un ～ 失態を演じる；失言する.

impaludation n.f.〖医〗マラリア感染.

impaludé(e) a.〖医〗**1** マラリア(paludisme)に感染した.
2 マラリアが猛威を振るう. région ～e マラリア流行地方.
— n.m. マラリア患者.

imparfait¹(e) a. **1** 不完全な, 不充分な；完璧でない. connaissance ～e 不十分な知識. fleur ～e 不完全花, 欠陥花. guérison ～e 不完全な回復. reproduction ～e 出来の悪い複製.
2 未完成の. œurve ～e 未完の作品. travail d'une exécution ～e 未完成の仕事.
3 完全であり得ない. L'homme est ～. 人間は完璧でない.
4〖文法〗未完了の. subjonctif ～ 接続法半過去 (=～ du subjonctif).

imparfait² n.m. **1**〖文法〗半過去. ～ de l'indicatif (du subjonctif) 直接法(接続法)半過去. ～ de description d'habitude, de simultanéité) 描写(習慣, 同時)の半過去.
2〔稀〕不完全(不充分)なもの.

imparidigité a.m.〖動〗奇蹄の. mam-

mifère ~ 奇蹄哺乳動物.
—n.m. 奇蹄類の動物；〔pl. で〕奇蹄類(= périssodactyles).

imparité n.f. (数の)奇数性(=caractère impair).

impartial(ale)(pl.**aux**) a. 公平な, 公正な；不偏不党の；公明正大な. critique ~ 公平な批判. juge ~ 公正な裁判官. opinion ~ale 公平な(片寄らない)意見. personne ~ale 公明正大な人.

impartialité n.f. 公平, 不偏性, 無私；不偏不党. ~ du juge 裁判官の公平無私. ~ d'un jugement 判断の不偏性. avec ~ 公明正大に.

impasse n.f. **1** 袋小路. habiter une ~ 袋小路に住む. en ~ 行き止まりで. La rue se termine en ~. 通りは行き止まりで終る.
2〔比喩的〕行き詰り；苦境, 窮境. aboutir à un ~ 行き詰る. être dans une ~ 進退きわまる, 苦境に置かれている. sortir de cette ~ この苦境を脱する.
3〖財政〗国債などで補う予算上の赤字(=budgétaire).
4〖トランプ〗フィネス(山をかけること). faire une ~ 山をかける.
5〔学生語〕(試験で)出題されないと山をかけて無視する部分. faire des ~s 無視の山をはる. faire l'~ sur qch 何を出題しないもとのと山をはる；〔転じて〕何について危険な賭けに出る.

impassibilité n.f. **1** 無感動；平静, 泰然自若. ~ des stoïciens 禁欲主義者の心の平静. ~ devant la mort 死を前にした平静. ~ d'un diplomate 外交官の平静さ.
2〖神学〗受苦不能性.

impassible a. **1** 平然とした, 動じない, 平気な, 無感動な；心の動きを表に現さない. air ~ 平然とした様子. juge ~ 公正な判事. visage ~ 心の動きを現さない顔付き. être ~ devant le danger 危険に直面して泰然としている.
2〖神学〗受苦不能な.

impatience n.f. **1** 忍耐の欠如, 堪え性のなさ, 短気；焦燥〔感〕. ~ ardente 激しい焦燥感. ~ naturelle des enfants 生来の子供の我慢のなさ. donner des signes d'~ いらだちを面に出す. réagir avec ~ 耐えかねて反発する.
2 待ち切れぬこと；待ちわびる気持；〖宗教〗切望. attendre avec ~ じりじりしながら待つ, 待ちわびる, 待ちかねる, 首を長くして待つ. avoir l'~ de+inf.；être dans l'~ de+inf. …したくてじりじりする. être bouillant d'~ もどかしくてじりじりしている. J'éprouve une profonde ~ de vous revoir. 是非ともまたお目にかかりたいものです.
3〔多く pl.〕いらだち；〔古〕(四肢, 筋肉などの)むずむず, しびれ, ひきつり. avoir des ~s dans les jambes 足がしびれる.

impatient(e)(<patient) a. **1** 忍耐力のない, 堪え性のない；短気な. homme ~ 堪え性のない人. avoir l'humeur ~e 短気である. être d'un caractère ~ 気短かな性格である.
2 待ち焦れた；じりじりした；やきもきした. attente ~e 待ち焦れること. d'un air ~ じりじりした様子で. être ~ de+inf. …したくてたまらない. Il est ~ de vous revoir. 彼はあなたに再会したくてうずうずしている. être ~ de+n. 何を待ち焦れている. Ne soyez pas si ~! そんなにやきもきしないでください！
—n. 短気な人；忍耐力のない人.

impatrié(e) n. フランスで勤務する外国人幹部職員. régime fiscal des ~s 在仏外国人幹部職員に対する租税制度.
—a. ~の, ~に関する. cadre ~ 在仏外国人幹部職員.

impayé(e) a. 支払われない, 未払いの, 不渡りの. chèque ~ 不渡小切手. effet ~ 不渡り手形.

impeachement [impitʃmɛnt][英] n.m.〖政治〗(米国での議員・高官に対する)弾劾, 告発. procédure d'~ 弾劾手続.

impeccable a. **1**〖宗教〗罪を犯すことのない.
2 過ちを犯すことのない, 無謬の(=infaillible)；完全無欠な, 完璧な. femme ~ 身持の固い女性. parler un français ~ 完璧なフランス語を話す.
3 非の打ちどころのない；颯爽たる；清潔そのものの. propreté ~ 塵ひとつない清潔さ. tenue ~ 非の打ちどころない身なり. Il est toujours ~. 彼はいつも颯爽としている.
4〔話〕素晴らしい(省略形 impec：無変化) trucs ~ 素晴らしいもの. Tu vas bien? —I~! 元気かい？ —完璧！
—ad. 非の打ちどころなく, 完璧に.

impédance n.f.〖電〗インピーダンス. ~ acoustique 音響インピーダンス. ~ caractéristique 特性インピーダンス. ~ directe (inverse) 正相(逆相)インピーダンス.

impédancemètre n.m.〖電〗インピーダンス・メーター. pèse-personnes ~s インピーダンス・メーター式ヘルス・メーター.

impédancemétrie n.f.〖医〗インピーダンス脈波測定〔法〕(生体に微小電流を流して脈波を測定する方法).

impénétrable a. **1** 入りこめない；貫通できない；(à を)通さない；〖物理〗不可入性の. forêt ~ 入りこめない森. ~ à l'influence étrangère 外国の影響を受けない.
2 心の底がうかがえない. visage ~ 真意のうかがえない表情. Il est ~. 彼の心の底は読み難い.
3〔比喩的〕測り知れない, 名状し難い, 難解な. desseins ~s 不可解な意図. mystère ~ 測り知れない神秘.

impénitent(e) a. **1**〖宗教〗告解しない；罪を悔悟しない，過ちを改めない. pécheur ~ 悔い改めない罪人(つみびと).
2 性懲りもない，頑迷に悪習を改めない. buveur ~ 性懲りもない呑み助.
——n. **1** 悔い改めない人；過ちを改めない人. **2** 性懲りもない人.

impenses n.f.pl. **1** 出費，支出(=dépenses).
2〖法律〗不動産維持(補修)費. ~ nécessaires 不動産維持(保守)必要経費. ~ utiles 不動産価値増価有用費.

impératif(ve) a. **1** 至上命令の，絶対的要請の，強制的な.〖法律〗loi ~ve 強行法規.〖政治〗mandat ~ 強制委任.
2 命令口調の. ton ~ 命令口調.
3 絶対に必要な. besoins ~s de médicaments 医薬品の絶対的必要.
4〖文法〗命令法の. mode ~ 命令法.
——n.m. **1** 至上命令，絶対的必要(要請). ~s économiques 経済的至上命令.
2〖文法〗命令法(=mode ~).
3〖哲〗命令. ~ catégorique 定言的命令.

imperceptible (<percevoir) a.〖時に名詞の前〗**1** 知覚できない，感知されない. ~ aux sens (à l'oïe, à la vue) 感知できない(聴きとれない，見えない). odeur ~ 感知できない匂い. son ~ 聴きとれないほどの音.
2 察知されない，気付かれない；かすかな；僅かな. ~ sourire (sourire ~) かすかな微笑. changements ~s 僅かな変化. fuite ~ du temps 気付かれずに過ぎ去る時間. nuance ~ 僅かな差異. progrès ~ 目に見えない進歩.

impérial(ale)(pl.**aux**) (<empereur) a.
1 皇帝の；帝権の；帝国の. aigle ~ale 皇帝の象徴である鷲. autorité ~ale 帝権. couronne ~ale 皇帝の冠(地球と十字架をいただく帝冠). famille ~ale 皇族. palais ~ 皇帝の宮殿，皇居. pouvoir ~ 皇帝の権力，帝権. régime ~ 帝制. Sa Majesté I ~ale 皇帝陛下. trône ~ 皇帝座，帝位.〖史〗troupes ~ales 皇帝軍.
2 (人，態度などが)威風堂々たる；尊大な. air ~ 威厳にみちた態度；勿体ぶった様子.
3〖史〗神聖ローマ帝国の. villes ~ales 神聖ローマ帝国直轄都市.
4〖史〗古代ローマ帝政(期)の.〖言語〗latin ~ 帝政期ラテン語. médaille ~ale 古代ローマ帝政期の貨幣. Rome ~ale 帝政ローマ.
5〖比喩的〗特上質の. japon ~ 特上局紙.〖織〗serge ~ale インペリヤルサージ(羊毛サージ).
6〖植〗couronne ~ale ようらく百合(学名 Fritillaria imperialis). prune ~ale アンペリヤル・プラム.
7〖料理〗pâté ~ パテ・アンペリヤル, 春巻(=rouleau de printemps). poulet ~ プーレ・アンペリヤル(中華料理).
8〖動〗pengouin ~ 皇帝ペンギン(大型ペンギン).

impérialisme n.m. **1** 帝国主義；帝国主義体制. L'~ est le stade suprême du capitalisme. 帝国主義は資本主義の最高段階である(レーニン).
2〖広義〗権威主義，拡張主義，膨張主義，支配欲，何にでも首を突っ込む性向. Toutes les administrations sont à la merci de l'~ du ministère des finances. すべての官庁は大蔵省の支配欲に首ねっこを押さえられている.

impérieux(se) a. **1** (人が)有無を言わさぬ，専横な；横柄な, 傲慢な. caractère ~ 横柄な性格. homme ~ 横柄な人(男). maître ~ 専横な教師. ton ~ 高飛車な口調.
2 (要求などが)絶対的な，緊急の；止むに止まれぬ. circonstances ~se よんどころない事情. nécessité ~se 差し迫った必要. obligation ~se 絶対的な義務. céder à un désir ~ 止むに止まれぬ欲望に屈する.

imperium [ɛperjɔm] (pl. **imperia**)〖ラ〗n.m. **1**〖古〗(古代ローマの)支配権，統治権. ~ in imperio 国家内の国家；権力内の権力.
2 絶対的支配権, 至上権, 最高命令権；〖法律〗裁判官の司法指揮権(= ~ du juge).

imperméable a. **1** 不浸透性の；水を通さない；耐水性の；防水加工を施した；(à を)透さない. ~ à l'air 気密性の. ~ à l'eau 水密性の；耐水性の. ~ à la lumière 光を通さない. manteau ~ レインコート. terrains ~s 水を通さない土地. toile ~ 防水加工を施した布地.
2〖比喩的〗(à に)感じない, 動じない；無関心の. être ~ à l'art 芸術に無関心である. être ~ aux reproches 非難に動じない.
——n.m. レインコート(=manteau ~)(略称 imper [ɛper]).

imperméalisation (<imperméaliser) n.f. 防水加工(= 〖英〗waterproofing).

impersonnel(le) a. **1** 個性を欠いた, 没個性的な；客観的な. écriture ~e 個性を欠く文体, 平凡な文章(=écriture blanche). opinion ~le 没個性的意見. style ~ 非個性的文体.
2 非個人的な, 個人にかかわらない；個人的な感情を抑えた；客観的な. critique ~le 客観的批評. composition ~le 非個人的作文. jugement ~ 客観的判断. La loi est ~. 法律というものは非個人的なものである.
3〖哲〗人格を有さない. dieu ~ 非人格神.
4〖文法〗非人称の. construction ~le 非人称構文. modes ~s du verbe 動詞の非人称法. verbe ~ 非人称動詞.

impertinent(e) a. **1** 不躾な, 無礼な, 生意気な；馴れ馴れしい. attitude ~e 無礼な態度. enfant ~ 不躾な子供. nez ~ 高慢そうな鼻. plaisanteries ~es 人を傷つける

冗談. regard ～ 馴れ馴れしい眼差し.
2 常識に外れた, 愚かしい. raison ～*e* 非常識な理屈, 屁理屈.
3〔古〕道理に合わない；不適切な.
——*n*. 無礼な人；〔古〕間抜け.

impétigineux(*se*) *a*.〖医〗膿痂疹性の, 膿痂性の, とびひ性の. ～ ecthyma 尋常性膿瘡.

impétigo *n.m.*〖医〗膿痂疹 (のうかしん), 膿痂 (のうそう), とびひ. ～ bulleux 水疱性膿痂疹. ～〔contagieux〕伝染性膿痂疹. ～ herpétiforme 疱疹状膿痂疹. ～ streptogène 連鎖球菌性膿痂疹.

impétrant(*e*) *n*. (地位・免許・学位などの) 取得者, 受領者. ～ d'un diplôme 免許取得者. ～ d'un grâce (d'un sursis) 恩赦 (執行猶予) の取得者.

impétration (<impétrer) *n.f.*〖法律〗(地位・免許・学位などの) 取得. ～ d'un privilège 特権の取得.

IMPI (=*I*nstitut du *m*anagement du *p*atrimoine et de l'*i*mmobilier) *n.m.*〖教育〗遺産・不動産管理学院 (1873年 Bordeaux 商工会議所により創立；1969年 Talence に移転；2000年 Bordeaux Ecole de management となる).

impitoyable (<pitié) *a*. **1** (人が) 無慈悲な, 冷酷な；非情な. ～ tyrannie 無慈悲な専制政治. ennemi ～ 非情な敵. homme ～ 無慈悲な人. regard ～ 冷酷な眼差し.
2 (物が) 容赦ない, 峻厳な；苛酷な. critique ～ 仮借ない批評. loi ～ 峻厳な掟. lumière ～ 強い光. nature ～ 苛酷な自然.

implacable *a*. **1** (人が) 断固として容赦しない；執念深い；冷酷な. ～ répression 容赦ない弾圧. arbitre ～ 厳しい審判者. critique ～ 容赦ない批評家. ennemi ～ 執念深い敵.
2 (感情などが) ゆるがない；和らげられない. haine ～ 烈しい憎悪. jalousie ～ 抑え切れない嫉妬心.
3 (自然・運命などが) 苛酷な, 苛烈な；逃れ切れない. ～ exactitude 時間厳守. ～ soleil du désert 砂漠の灼熱の太陽. ～ supplice 苛酷な責め苦. logique ～ 冷酷な論理.

implant [ɛ̃plɑ̃] *n.m.* **1**〖医〗移植組織片；〔皮下〕埋没薬剤, 植込錠, ペレット剤 (pellet). ～ sous-cutané 皮下埋没薬剤. ～*s* de radium dans un tumeur cancéreuse 癌に刺入されるラジウム針. ～ hormonal ホルモン植込錠, ペレット剤.
2〖歯科〗インプラント, 人工歯根 (=～ dentaire). ～ prothétique インプラント義歯, 嵌植義歯.

implantation *n.f.* **1** (工場・支店などの) 開設, 設置；進出；定着；導入. ～ de filiales à l'étranger 子会社の海外開設. ～ d'une industrie dans une région 地方への工場進出. ～ d'un parti politique 政党の定着.
2〖建築・公共土木〗(建物の) 配置図, キープラン. ～ des linéaires dans un supermarché スーパーマーケットでの商品陳列棚の配置〔図〕.
3〖電子工〗(電子・電気回路) 合理的配置設計.
4〖医〗体内移植；〔皮下〕埋没；〖生〗(卵の) 着床. ～ d'un organe 組織の移植. ～ d'un implant hormonal ホルモン薬剤の皮下埋込み. ～ d'une stimulateur cardiaque 心臓ペースメーカーの埋込み. ～ planaire (ラジウム針の) 平面刺入照射〔療法〕.
5〖生〗(子宮壁への) 卵着床 (=nidation).
6〖理〗注入.
7 (歯や髪の) 生え方. ～ dentaire 歯の生え方.

implanté(*e*) *a.p.* **1** 植え込まれた. cheveux postiches ～*s* 植毛.
2〔比喩的〕植えつけられた. préjugés ～*es* 根深い偏見.
3〔比喩的〕導入された；開設された. industrie ～*e* 導入された産業.
4〔比喩的〕入植された；(移住民を) 定住させた. immigrés ～*s* 定住移民.
5〖医〗インプラント (移植組織片 implant) を体内に埋め込んだ.
——*n*. **1** 植毛. **2**〖医〗インプラントを埋め込んだ人.

implication *n.f.* **1**〖法律〗(dans への) 関与, 連坐；(dans に) 巻き込むこと, 巻き込まれること, (への) 巻き添え, かかわり合い. ～ de *qn* dans l'affaire 人の事件への連坐.
2 論理的帰結, 必然的結果；状況証拠. ～*s* financières d'une politique sociale 社会政策の財政に及ぼす必然的結果.
3 暗示, 含み, ほのめかし. ～*s* de la déclaration 宣告の暗示するもの.
4〖論理・数〗含意；〔古〕矛盾.〖電算〗opération d'～ 含意演算.

implicite *a*. **1** 暗黙の；〖電算〗暗黙の, 暗示の《明示的な宣言をしなくても認識されること》. clause ～ 明文化されない条項. compréhension ～ 暗黙の理解. décision ～ 暗黙の決定.〖電算〗déclaration ～ 暗黙の宣言. réponse ～ 暗示的返答. volonté ～ 暗黙の意志.
2〖数〗fonction ～ 陰函数.

impliqué(*e*) *a.p.* **1** 巻きこまれた；連坐する. administrateurs ～*s* dans une faillite 破産管財人. personnes ～*es* 巻こまれた人. être ～ dans un complot 陰謀に巻きこまれる. être ～ dans un procès 提訴される.
2 含まれた；含意された, 意味する. idée ～*e* dans un mot 語の含意.
3 関連する, かかわる, 関与する. causes ～*es* 関連諸原因. mécanismes ～*s* dans un processus 工程に関連するメカニズム. être ～ dans son travail 彼の仕事にかかわりをもつ.

implosion *n.f.* **1**〖物理・音声〗内破 (explosion「外破, 破裂」の対). **2**〔比喩的〕内部分裂. ~ du Front national 国民戦線の内部分裂.

impopulaire *a.* 人気のない, 評判の悪い；大衆うけしない；民意にそわない. gouvernement ~ 人気のない政府. politique ~ 評判の悪い政策.

impopularité *n.f.* 不人気, 不評.

importance *n.f.* **1** 重要性, 重大さ. ~ d'un argument (d'un événement) 議論 (出来事) の重要性. avoir de l'~ 重要である. donner (attacher) de l'~ à *qch* 何を重視する. d'~ 重要な, 重大な. de la première ~；de toute ~ 極めて重要な. de peu d'~ さして重要でない, つまらぬ. affaire de grande (petite) ~ 非常に重大な (さほど重大でない) 事件. commerce qui prend de l'~ 重要度を増す商業. communication de la plus haute ~ 最も重要な通知. jugement d'~ 重要度の判断. prendre une ~ 重要になる. Ça n'a pas d'~./Ça n'a aucune ~./C'est sans ~. そんなことはどうでもよい. Aucune ~！/Pas d'~！大したことじゃない. Quelle ~？ それがどうだというのだ.
2 (数量的な) 大きさ, 規模；(全額の) 莫大さ. ~ des effectifs ennemis 敵の兵力. ~ des groupes sociaux 社会的集団の規模. ville de petite ~ 小さな町.
3 有力, 影響力, 声望, 権威；尊大さ. médecin d'~ 有力な医師. faire l'homme d'~；prendre (se donner) de l'~ 偉そうな顔をする. être gonflé (pénétré) de son ~ 自信満々である.

important[1](*e*) *a.*〔時に名詞の前〕**1** 重要な, 重大な, 大切な. d'~*es* vérités 重要な真実. affaire ~*e* 重大事件. charge ~*e* 重要任務. date ~*e* 大切な日付. décision ~*e* 重大決定. question ~*e* 重要問題. secret ~ 重要機密；大切な秘密. ~ à + *inf.* …するのに大切な. ~ pour + *qch* (*qn*) 何(人)にとって大切な.
C'est ~ à savoir. 是非知ってほしいことだ. Il est ~ de + *inf.* (que + *subj.*) …することが肝要である. Cela seul est ~. それだけが大切なのだ.
2 (寸法・規模などが) 大きい, 大規模な. ~*e* majorité 大多数. écart ~ 大きな隔り. grêve ~*e* 大々的なストライキ. héritage ~；~ héritage 莫大な遺産. magasin le plus ~ de la ville 町で一番大きな店. retard ~ du courrier 郵便の大幅な遅れ. somme ~*e* 大金, 巨額.
3 顕著な. progrès ~*s* 著しい進歩.
4 (人が) 重要な役割をつとめる；要職にある；勢力のある；人望のある；〔蔑〕偉ぶった, 勿体ぶった. écrivain peu ~ 大したことのない作家. magistrat ~ 高官. personnages ~*s* 要人；有力者. se donner des airs ~*s* 偉ぶって見せる.

important[2] *n.m.* **1** 重要な点. L'~ est de + *inf.* (que + *subj.*). /L'~, c'est … 要は…することだ. Voilà l'~. 以上が肝心なことだ.
2〔蔑〕faire l'~ 偉ぶる. Ce n'est pas la peine de faire l'~. 偉ぶって見せるには及ばない.

importateur (*trice*) *n.* 輸入者；輸入業者.
—— *a.* 輸入する. pays ~ de céréales 穀物輸入国.

importation *n.f.* **1** 輸入. ~*s* classées selon les origines (les produits) 相手国別 (品目別) 輸入. ~*s* contingentées 数量制限されている輸入. ~*s* de produits élaborés 加工品の輸入. ~*s* en provenance du Japon 対日輸入. licence d'~ 輸入認証. limitation des ~*s* 輸入制限. taux de couverture des ~*s* par les exportations 輸入の輸出によるカバー率 (これがマイナスの時は貿易収支が赤字になる).
2 輸入された物；輸入品. ~ de luxe 高級輸入品. ~ d'origine étrangère 外国産輸入品.
3 伝播, 伝来, 渡来, 移入；伝染. ~ de la pomme en Europe ヨーロッパへのじゃが芋の移入. ~ du choléra en Europe ヨーロッパへのコレラの伝染. ~ de thérapeutiques étrangères 外国の治療法の導入.
4〖情報〗他アプリケーションからのデータ呼び込み.

import-export *n.f.* (*n.m.*) 輸出入, 貿易. maison d'~ 商社《アメリカの輸出入銀行は Banque d'export-import または Eximbank というのが普通》.

imposable *a.* 課税対象の. masse ~ 課税総額. revenu ~ 課税所得.

imposant(*e*) *a.*〔時に名詞の前〕**1** (人が) 堂々とした, 威厳のある. allure ~*e* 堂々たる物腰. magistrat ~ 威厳のある裁判官.
2 (物が) 壮麗な, 壮大な, 重厚な. monument ~ 壮大な記念建造物. scène ~*e* 壮大な舞台. spectacle ~；~ spectacle 壮麗なショー. site ~ 壮大な景勝.
3 (数・規模が) 圧倒的な. ~*e* majorité 圧倒的多数. forces militaires ~*es* 圧倒的な軍事力. somme ~*e* 尨大な金額.
4〔話〕巨大な. ~ in-folio 巨大な二つ折判本. ~ paquetage 尨大な身廻品. atlas ~ 巨大な地図帳.

imposé(*e*) *a.p.* **1** 強制された；規定された.〖スポーツ〗〔figures〕 ~*es* 規定演技 (種目) (figures livres「自由演技」の対). prix ~ 強制価格. règles ~*es* 規定された規制.
2 課税対象となる. marchandises ~*es* 課税商品.
—— *n.* 課税対象者, 被課税者 (= contribuable).

imposition *n.f.* **1** 課税；税（=contribution, impôt, taxe）. double ~ 二重課税. taux d'~ 課税率.
2 〖宗教〗~ des mains 按手(あんしゅ).
3 〖印刷〗組付け.

impossibilité *n.f.* **1** 不可能性. ~ d'une solution 解決の不可能性. ~ de faire *qch* 何をすることの不可能性. dans l'~ 不可能な状態. être dans l'~ matérielle (morale) de+*inf.* …することが物理的(精神的)に不可能な状態に置かれている. mettre *qn* dans l'~ de+*inf.* 人を…できないようにさせる.
2 不可能な事, ありえない事. ~s de l'amour 不可能な愛. se heurter à des ~s 不可能な事態に直面する.
3 のっぴきならぬ事, 不可抗力, 障害. J'irai sauf ~ よほどの事がないかぎり出向きます.

impossible *a.* **1** 不可能な；あり得ない. absolument ~ 絶対に不可能な. changement ~ 不可能な変更；あり得ない変化. chose ~ à croire 信じ難いこと. conditions ~s dans un contrat 契約における実行不能な条件. événement ~ あり得ない出来事. 〖法律〗mariage ~ 禁止された婚姻, 不能婚. paternité ~ 父親ではあり得ないこと. recherche ~ 実行不能な(非常に困難な)研究. solution ~ 不可能な解決策.
~ à+*inf.* …できない, …することが不可能. conditions ~s à remplir 実行不可能な条件. innocence ~ à prouver 立証できない無実. C'est (Il est) vraiment ~ de travailler dans ces conditions. このような条件下で働くことは本当に不可能です. Il est ~ de+*inf.* …することはできない. Il est ~ que+*subj.* …ということは不可能である(あり得ない). Il m'est absolument ~ de venir ici. ここに来ることは絶対にできません. Il est ~ de ne pas+*inf.* …せずにはいられない. I~ de le dire. それは言えない. I~ ! 駄目だ！ できない！ C'est ~. そんなことはできない(あり得ない). On peut pardonner, mais oublier, c'est ~. 赦すことはできるが, 忘れることはできない.
2 非常に困難な；耐え難い. problème ~ 非常に難しい問題. accomplir une mission ~ 極めて困難な任務を遂行する. se mettre dans une situation ~ 窮地に陥る.
3 あり得ないような；〖話〗途方もない. aventures ~s あり得ない出来事. goûts ~s 奇妙な趣味. rêve ~ とてつもない夢. rentrer à des heures ~s とんでもない時間に帰る.
4 (人が)使いものにならない；〖話〗(人が)手に負えない, 我慢のならぬ, 耐え難い. candidat ~ 使いものにならぬ候補者. caractère ~ 我慢ならない性格. Ces enfants sont ~s. この子供たちには我慢がならない.

—*n.m.* 不可能な事, あり得ないこと. croire l'~ あり得ないものを信じる. espérer l'~ 不可能な事を期待する. par ~ 万一. Si par ~, je ne pouvais venir... 万一来れないことがあれば…. Vous me demandez l'~. それは出来ない相談です.〖諺〗A l'~ nul n'est tenu. 誰も不可能なことをする義務はない.

imposteur *n.m.* **1** 詐欺師, ペテン師；偽善者.
2 〖化・生理〗攪乱物質. ~s endocriniens 内分泌攪乱物質, 男性ホルモン阻害化学物質 (=substances chimiques aux propriétés antiandrogéniques), 環境ホルモン.

impôt *n.m.* **1** 税金, 租税(taxe, droit は間接税や特別税, prélèvements obligatoires は税金と社会保障負担を合わせた「国民負担」). ~ de répartition 配賦税(徴税総額が決まっていてそれを徴税基準に基づいて納税者間に配分する税. その代表的なものに taxe d'habitation 住民税がある). ~ direct 直接税. ~ foncier 地租. ~ indirect 間接税. ~ local 地方税. ~ national 国税. ~ négatif マイナス税(社会保障の一形態として一定の最低所得水準に達しない人を対象に国の義務として給付を支給しようというもの). ~ progressif 累進税. ~ sur les [bénéfices des] sociétés 法人税. ~ sur le revenu des personnes morales (IRPM) 法人税. ~ sur le revenu [des personnes physiques] (IRPP) 所得税. ~ sur les grandes fortunes (IGF) 富裕税(1982年に社会党政権によって導入され, 1988年に ~ de solidarité sur la fortune (ISF) 連帯資産税と改称された). crédit d'~ 税額控除. déclaration d'~ 確定申告, 納税申告. liquidation de l'~ 納税.
2 義務. ~ du sang 徴兵義務.
◆ 主な税金 (上記のものを除く)：droit de douane 関税. droit d'enregistrement 登録免許税(主として譲渡 mutation に関する). droit de succession 相続税. impôts sur le capital 資産税. impôt sur les opérations de bourse 証券取引税. taxe à la valeur ajoutée (TVA) 付加価値税. taxe départementale sur le revenu 県民税. taxe d'enlèvement des ordures ménagères 家庭ゴミ処理税. taxe d'habitation 住民税. taxe foncière sur les propriétés bâties 既利用土地税. taxe intérieure sur les produits pétroliers 石油製品国内税. taxe professionnelle 事業税(1976年に [contribution de] patente に代わった). taxe sur la consommation 消費税. taxe sur les activités financières 金融取引税. taxe sur le chiffre d'affaires 売上税 (1920年に導入された一般売上税. あらゆる商取引について全取引段階に加算されながら課税されるため, 消費者にとっての負担が大きく, 1937年に taxe unique

générale à la production 一般出荷一律税に代わった). taxe sur les salaires 給与税《雇用主に対して従業員に支払う給与総額をもとに課される税). timbres 印紙税.

impotence *n.f.* 身体不随(障害).〖医〗~ fonctionnelle 四肢機能障害.

impotent(e) *a.* (人が)身に不随の;(手足が)自由に動かない,麻痺した. vieillard ~ 身体の不自由な老人. être ~ de la main droite 右手が麻痺している.
——*n.* (身心の)不随者,麻痺者. ~ condamné à l'immobilité 身体不随で寝たきりになった人. ~ physique et mental grave (léger) 重度(軽度)身心不随者. ~ uniquement physique 身体のみの不随者.

impraticable *a.* **1** 実行(実現)不可能な. projet ~ 実現不能な計画.
2 (道路が)通行不能の. rue ~ pour les voitures 車が通れない通り.
3 耐え難い. situation ~ 耐え難い状況.
4 〖古〗(人が)つき合いの悪い.

imprécis(e) *a.* **1** 不明瞭な,はっきりしない,ぼんやりした. contours ~ はっきりしない輪郭. couleur ~*e* 不明瞭な色彩. rêve (souvenir) ~ ぼんやりした夢(思い出).
2 いい加減な,曖昧な;不確かな,不確定の. renseignement ~ あやふやな情報. termes ~*s* 曖昧な表現. à une date (une heure) ~*e* 不確定の日付(時刻)に.
3 不正確な. mesures ~*es* 不正確な計測. tir ~ 不正確な射撃.

imprégnation *n.f.* **1** (液体,匂いなどの)浸透;浸透,含浸. ~ à l'huile 含油. ~ des bois (着色,防水,防腐のための)液材の木材浸透加工. ~ des odeurs 匂いのしみつき. ~ de la terre par la pluie 雨の大地浸透.
2 〖医〗有害物質の体内浸透. ~ alcoolique アルコール血症;酩酊. taux d'~ 酩酊度.
3 〖生〗精子進入,受精(=fécondation);感応遺伝(=hérédité d'~).
4 (細胞の)浸透着色.
5 〖地学〗鉱染;鉱染作用.
6 〖比喩的〗(思想などの)浸透,感化. ~ d'une idée rénovatrice dans la jeunesse 青年層への革新思想の浸透.

impresario, imprésario (*pl.* ~*s*, **impresarii**) 〖伊〗*n.m.* (演劇・芸能などの催し物の)主催者,プロデューサー;(芸能人の)マネージャー(=agent artistique). ~ d'un acteur de cinéma 映画俳優のマネージャー. métier d'~ プロデューサー(マネージャー)業.

imprescriptibilité *n.f.* 〖法律〗時効不成立性;消滅時効;時効非適用性. ~ des crimes contre l'humanité 非人道的犯罪の時効不成立性.

imprescriptible *a.* **1** 〖法律〗時効にならない,時効が成立しない;法令で左右できない. crime ~ 時効不成立の重犯罪.

droit ~ 時効にならない権利.
2 取り消し得ない,不易の,不可侵の. droits ~*s* de la personne 人にそなわる不可侵の諸権利.

impression *n.f.* ⬜Ⅰ 《物への跡づけ》**1** 印刷,刷り;刷り版,版. ~ d'un texte テクストの印刷. ~ en quatre couleurs 4色印刷,4色刷り(=quadrichromie). faute d'~ 誤植. nouvelle ~ 新版. première ~ 初刷. procédés ~ 印刷方式. être à l'~ 印刷中である.
2 押印;〖織〗押染め;捺染(なっせん);痕跡;〖歯科〗印象《人工歯の陽型をつくる陰型). ~ digital 指紋. ~ d'un fichier informatique 情報画面の打ち出し(プリントアウト). ~ des pas 足跡. ~ sur un tissu 織物の捺染.〖医〗~ digitale 指圧痕.〖歯科〗~ fonctionnelle 機能印象.
3 〖絵画〗地塗り,下塗り(=première couche de peinture).
4 〖写真〗印像,感光.
5 〖古〗圧力.
⬜Ⅱ 《脳裏への跡づけ》**1** 印象;感じ;感銘. ~ de malaise 不快感. ~ de sécurité 安心感. ~ de tristesse 悲しみの情. ~ indéfinissable 名状し難い印象. *I~, soleil levant* de Monet モネの『印象,日の出』(1872年;「印象主義」の名称の由来となる). la première ~ 第一印象.
avoir l'~ de+*inf.* (que+*ind.*) …の印象を受ける;…気がする. donner l'~ de *qch* (de+*inf.*; que+*ind.*) …の印象を与える;…のように思わせる. faire (une) bonne (mauvaise) ~ à *qn* 人に良い(悪い)印象を与える. faire ~ sur *qn* 人に深い感銘を与える;人の強い関心を惹く;人を驚かす. faire part de ses ~*s* 感銘を分かつ.
2 (多く *pl.*) 感想. ~*s* de voyage 旅行の感想(思い出). Quelles sont vos ~*s*? あなたのご感想は?
3 〖精神分析〗印象. ~*s* auditives (rétiniennes) 視覚(網膜)印象.

impressionnable *a.* **1** 敏感な,感じやすい. enfant très ~ 非常に感じやすい子供. nature ~ 敏感な性質.
2 〖写真〗感光性の. papier ~ 印画紙. plaque ~ 乾板.

impressionnant(e) *a.* **1** 印象に残る,印象的な;感動的な. discours ~ 印象に残る(感動的な)演説. spectacle ~ 感動的光景(ショー).
2 衝撃的な,驚くべき. caractère ~ de régularité 驚くほど几帳面な性格. description ~*e* de subtilité 驚くほど繊細な描写.
3 (数などが)おそろしく大きな. fortune ~*e* 厖大な資産. un nombre ~ de livres 途方もない数の書籍.

impressionnisme *n.m.* **1** 〖美術〗印象主義;印象派. ~ de Monet モネーの印象主義.

2〖文学・音楽〗印象主義〔的手法〕, 印象主義的表現. ~ des Goncourt ゴンクール兄弟の印象主義.

impressionniste *n.* **1**〖美術〗印象派の画家 (=peintre ~).
2〖文学・音楽〗印象主義的作家 (作曲家).
—*a.* **1**〖美術〗印象派の, 印象主義の. école ~ 印象派. théories ~s 印象主義絵画理論.
2〖文学・音楽〗印象主義的な. écrivain ~ 印象主義の作家.
3 印象に基づく. critique ~ 印象批評.

imprévisibilité *n.f.* 不可予見性. d'un accident 事故の予見不可能性.

imprévisible *a.* 予見 (予測) 不能の, 予見可能性のない；予想外の. événements ~s 予見不能の出来事.
—*n.m.* 予測できぬ事.

imprévision *n.f.* 予見 (予見) の欠如；見通しのなさ. ~ du gouvernement 政府の見通しのなさ. cause d'~ 予測不能の原因.〖法律〗théorie de l'~ 不予見理論.

imprévoyance *n.f.* 先見の明の無さ, 不明；不用意. être d'une grande ~. 先見の明を大いに欠く.

imprévoyant(e) *a.* 先見の明がない, 先が見えない；不用意な, 軽率な. actes ~s 先見の明のない行為. jeune homme ~ 軽率な若者. vie ~*e* 先の見えない人生.
—*n.* ～人.

imprévu[1] *n.m.* 意外な出来事, 不測の事態. en cas d'~ 万一の場合には. sauf (à moins d')~ 不測の事態が起らなければ.

imprévu[2]**(e)** *a.* 思いがけない, 予想外の, 不慮の, 意外な. événement ~ 意外の出来事. plaisir ~ 思いがけないよろこび.

imprimante *n.f.*〖情報〗プリンター. ~ thermique 熱転写プリンター. ~ à laser レーザー・プリンター (=〔英〕LBP : *l*aser *b*eam *p*rinter). ~ 〔à〕 laser couleur カラー・レーザー・プリンター (=〔英〕color laserprinter). ~ à jet d'encre インク噴射プリンター, インクジェット・プリンター. ~ multifonctions 多機能プリンター (=~ à tout faire 万能プリンター) (copier, fax, scanner などの機能を備えたもの).

imprimé[1]**(e)** *a.* **1** 印刷された. caractères ~s 活字. la chose ~*e* 印刷物. livre ~ en offset オフセット印刷の書籍. premier livre ~ 初期活版本.
2〖布〗プリントされた. motif ~ プリント文様. tissu ~ プリント生地.

imprimé[2] *n.m.* **1** 印刷物 (brochure 冊子, journal 新聞, livre 書籍など)；出版物；刊本 (manuscrit「手稿, 写本」の対). ~ publicitaire 宣伝用印刷物 (パンフレット, ちらし). le département des ~s à la Bibliothèque nationale 国立図書館の印刷納部門. dépôt légal des ~s 印刷物の法定納本.

2 印刷された用紙 (文書). ~ administratif 行政関係の印刷書式 (=formulaire). remplir un ~ 印刷された用紙に記入する.
3〔集合的〕印刷活字, 印刷された文字 (=caractères ~s)；活字体の文字 (=écriture ~). Il ne sait lire que l'~. 彼は印刷された文字しか読めない.
4〖郵便〗印刷物 (=〔英〕printed matter) (封筒への注記).
5〖織〗プリント布地 (生地). ~ à fleurs 花柄文様のプリント生地.

imprimerie *n.f.* **1** 印刷所, 印刷機械. ~ de labeur 大口印刷, 特殊豪華印刷 (bibelot, bibeloquet 〔~ de ville〕の対). ~ de presse 新聞雑誌印刷. ~ nationale 国立印刷局. achevé d'imprimer à l'~ … le 8 mai 1990 (本の奥付けで) …印刷所で 1990 年 5 月 8 日印刷.
2 印刷術, 印刷技術. caractère d'~ 活字, 楷書 (申し込み用紙などに écrire en caractères d'~ とある場合には, 大文字でくずさずに書くこと). travaux d'~ 印刷作業 (工程).
3 印刷業.
◆ **主な印刷術**：électrographie 電子印刷. héliogravure ヘリオグラビア. linotype ライノタイプ. lithographie リトグラフィー, 石版印刷, 直刷平版印刷. monotype モノタイプ. off-set オフセット. photocomposition 写植. photogravure 写真製版. phototypie コロタイプ印刷法. sérigraphie シルクスクリーン. thermographie 熱転写印刷. typographie 活版印刷. xénographie ゼノグラフィー. xénographie par laser レーザープリンティング.

imprimeur *n.m.* **1** 印刷人；印刷業者. ~-éditeur 印刷出版人. **2** 印刷工 (=ouvrier ~).

improbable *a.* ありそうもない；起こりそうもない；〔古〕本当とは思えぬ. la chance la plus ~ 全くありそうもない好機. hypothèse ~ あり得ない仮定. C'est plus qu'~, c'est impossible. あり得ないどころか, 不可能だ. Cela n'est pas ~. それはあり得ぬことではない. Il est ~ que+*subj.* (*ind.*) …ということはあり得ない. Il est ~ qu'elle vienne (viendra) demain. 彼女は明日来そうもない.

improductif (ve) *a.* (<produire；productif (ve) の対) **1** (農地が) 不毛の, 収穫のない. terre ~*ve* 不毛の土地.
2〖経済〗(資本が) 寝ている；非生産的な. travaille ~ 非生産的労働；徒労. laisser ~ un capital 資本を寝かしている.
3 (人が) 生産に従事しない. intellectuel ~ 口ほどでない駄目なインテリ. travailleur ~ 生産に従事しない労働者；ホワイトカラー.
—*n.* 生産に直接携わらない人；非生産現

場職員, 事務系職員, ホワイトカラー.

impromptu[1] *n.m.* **1** 〖文 史〗即興劇. *L'I ~ de Paris* de Giraudoux ジロドゥー作『パリの即興劇』(1937 年).
2〖音楽〗即興曲. *Les I ~s* de Chopin ショパンの即興曲集.
3〔古〕即興. à l' ~ 即興で.
4〔心〕ハプニング (=〔英〕happening).
——*ad.* 準備なしで, 即興的に. parler ~ 準備なしで話す.

impromptu[2](**e**) *a.* 準備なしの, 即席の, 即興的な. bal ~ 準備なしの舞踏会. dîner ~ あり合わせの材料で作った夕食. poème ~ 即興詩. visite ~*e* 不意の訪問.

impropre *a.* **1** 不適切な. expression ~ 不適切な表現. usage ~ des mots 語の不適切な用法.
2〖言語〗dérivation ~ 偽派生.
3 (à に) 不適な, 不向きな. eau ~ à la consommation 飲料には適さない水. être ~ à un travail 仕事に不向きである.

improvisation *n.f.* **1** 即興; 即興の演奏 (演説); 即興の才能. parler au hasard de l' ~ ぶっつけで興の赴くままに話す.
2 即興の; 即興の演説; 即興詩; アドリブ. faire une ~ en jazz ジャズのアドリブ演奏をする.

improviste(**à l'**) *l.ad.* 出しぬけに, 不意に. arriver à l' ~ 突然やって来る. attaquer *qn* à l' ~ 人に不意打ちをくわせる. prendre *qn* à l' ~ 人の不意を打つ.

imprudence *n.f.* **1** 軽はずみ, 軽率; 無謀, 無分別; 軽率な言動. commettre une ~ 軽はずみなことをする.
2〖法律〗過失. blessure par ~ 過失傷害. homicide par ~ 過失致死.

imprudent(**e**) *a.* 軽率な, 無謀な. automobiliste ~ 無謀なドライバー. Il est ~ de + *inf.* (que + *subj.*) …することは軽率である. politique ~ 無謀な政策.

IMPS (= *I*nstitut de *m*édecine et de *p*hysiologie *s*patiales) *n.m.* 宇宙医学・生理学研究所.

impubère *a.* 〖法律〗〖文〗思春期に達していない; (特に) 婚姻年齢に達していない (フランスでは男性満 18 歳未満, 女性満 15 歳未満).
——*n.* …人.

impuberté *n.f.* 思春期に達していないこと;〖法律〗婚姻不適齢 (婚姻年齢に達していないこと).

impuissance *n.f.* **1** 無力; 無能力, 不可能性. ~ à + *inf.* ~する力の無さ. ~ humaine 人間の無力 (弱さ). frapper d' ~ 麻痺させる.
2 はかなさ, 空しさ. ~ de nos efforts われわれの努力のはかなさ.
3 性的不能, インポテンツ (= ~ sexuelle).

impuissant(**e**) *a.* **1** (人が) 無力な, 無能な. dieux ~*s* 無力な神々. esprit ~ à raisonner 推理力に欠ける頭脳. vœu ~ 空しい願い. être ~ à + *n.* (*inf.*) …の (する) 力がない. être ~ à se décider 決断力に欠ける. rester ~ devant ce désastre 惨事を前になす術を知らない. rendre ~ un ennemi 敵を無力化する.
2 (男性が) 性的不能の, インポの. individu ~ 性的不能者.
3〔比喩的・文〕創造力に欠ける. ~ folliculaire 無能な三文文士.
4〔比喩的〕(物が) 効力のない, 有効でない. armes ~*es* 効果のない武器. geste ~ 無意味な仕種.
——*n.* 無力な人.
——*n.m.* 性的不能の男性.

impulsi*f* (**ve**) *a.* **1** 衝動的な; 一時の感動に駆られやすい.〖精神医学〗acte ~ 衝動行為; 無謀な行為. enfant ~ 一時の感動に駆られやすい子供. réaction ~*ve* 衝動的反応.
2〔古〕推進させる. force ~*ve* 衝撃力.
——*n.* 衝動的人間;〖医〗衝動人 (衝動を抑制できない人). C'est un ~. あいつは衝動的人間だ.

impulsion *n.f.* **1** 衝撃, 推進力. force d' ~〔衝〕撃力 (= force impulsive). turbine à l' ~ 衝撃タービン. donner une ~ à un mobile 運動体に推進力を与える.
2〖物理〗運動量, 力積 (= quantité de mouvement; 物体の質量と速度の積のベクトル量). principe de conservation de l' ~ 運動量保存則.
3〖電〗衝撃, インパルス, パルス. ~ électromagnétique 電磁パルス. générateur d' ~ パルス発生機. modulation par ~*s* パルス変調. radar à ~*s* パルスレーダー (パルス変調式レーダー).
4 (計数器の) カウント.
5 刺激, はずみ; 刺激策. donner de l' ~ à l'économie 経済活動を刺激する. ~ donnée au commerce 商業に対する刺激策. sous l' ~ de la colère 怒りに駆られて. sous l' ~ du gouvernement 政府に後押しされて.
6 (心理的) 衝動. céder (obéir) à ses ~*s* 自分の衝動に負ける (従う). ~ à mettre le feu 放火衝動, 放火癖. ~ au vol 盗癖. ~*s* violentes 激しい衝動. achat d' ~ 衝動買い.

impunité *n.f.* 罰せられないこと; 不可罰性, 非処罰性. ~ d'un crime (d'un criminel) 重罪 (重罪犯) が罰せられないこと. être assuré de l' ~ 処罰されないことを保証される. jouir de l' ~ 非罰性をもつ.〔比喩的〕en toute ~ 重大な結果をもたらすことなく.

imputabilité *n.f.*〖法律〗帰責性. ~ d'un dégrèvement 税の免除措置の帰責性.

imputable *a.* **1** (à に) 責を帰すべき. faute ~ à la négligence de *qn* 人の怠慢に起因する過失.

2〖財政〗(sur から) 控除すべき, (à, sur に) 繰り入れるべき (計上すべき). somme ~ sur les crédits ordinaires 経常経費から支払われるべき金額.

imputation *n.f.* **1** 帰責, 非難, 攻撃. ~s calomnieuses 中傷. ~ de vol 盗難の帰責 (責任を負わせること).
2〖民法・商法〗充当；控除；算入, 繰入れ. ~ des paiements 弁済の充当. ~ d'une somme au débit 借方への繰入れ. ~ d'une somme sur le profit 利益からの控除.
3〖刑法〗(刑期短縮のための未決拘留期間の) 算入控除 (=confusion des peines).

imputrescible *a.* (木材などが) 腐らない, 分解しない. bois ~ 腐らない木材.

IMR (=*I*nstitut du *m*anagement des *r*isques) *n.m.*〖教育〗危機管理学院《1989 年 Talence の Ecole supérieure de commerce de Bordeaux (現 Bordeaux Ecole de management) 内に設置されたリスク・マネジメント関係のグランド・エコール；修士コース》.

IMRT (= [英] *i*ntensity-*m*odulated *r*adiation *t*herapy) *n.f.*〖医〗強度変調放射線治療 (= [仏] radiothérapie〔conformationnelle〕avec modulation d'intensité, radiothérapie à intensité modulée).

In (=*in*dium) *n.m.*〖化〗「インジウム」の元素記号.

IN2P3 (=*I*nstitut *n*ational de *p*hysique nucléaire et de *p*hysique des *p*articules) *n.m.* 国立核物理学・粒子物理学研究所.

INA¹ (=*I*nstitut *n*ational *a*gronomique〔Paris-Grignon〕) *n.m.*〖教育〗国立パリ=グリニョン農学院《略称「アグロ」Agro；1848 年設立の農学関係のグランド・エコールの名門》.

INA² (=*I*nstitut *n*ational de l'*a*udiovisuel) *n.m.* 国立視聴覚研究所《1975 年設立；à Paris》.

inabordable *a.* **1** (値段, 商品が) 手が出ない. prix ~ 手の出せない値段. Les asperges sont ~s cette année. 今年はアスパラガスが高くて手が出ない.
2 (人が) 近づき難い. monde ~ 閉鎖的社会.
3 接岸できない. rivage ~ 接岸できない岸辺.

inacceptable *a.* 承認 (承諾) できない. ~ pour *qn* 人にとって承認できない. proposition ~ 受け入れ難い提案.

inaccessible (<accéder, accès) *a.* **1** (場所などが) 近寄れない, 立入り禁止の；(目標が) 到達できない；(物が) 手の届かない. lieu ~ 近寄れない場所. maison ~ aux visiteurs 訪問者立入り禁止の家. montagne ~ 近づけない山. objectif ~ 到達できない目標.
2 知り得ない；不可解な. mystère ~ 不可解な神秘.
3 (人が) 近づき難い；接見困難な. personnage ~ 近づき難い人物；なかなか会えない人物.
4 (à に) 心を動かせられない. être ~ à la pitié 憐憫の情がない.

inaccoutumé(e) (<coutume) *a.p.* **1** (à に) 不慣れな. être ~ à certains procédés 特定の手続きに不慣れである.
2 異例の. attention ~e 異例の関心.

inachevé(e) *a.p.* **1** 未完成の, 未完の. œuvre ~e 未完の作品. route ~e 未完成の道路. La Symphonie ~e de Schubert シューベルトの『未完成交響曲』.
2 中途半端な. pensée ~e 中途半端な思想.

inactif (ve) *a.* (actif の対) **1** 仕事をしていない：無為の；不活発な；動かない；怠惰な. rester ~ 動かずにいる. caractère ~ 無気力な性格. existence ~ve 無為の生活.
2 低調な, 動きのない；閑散な. marché boursier ~ 低調な株式市場.
3〖軍〗現役でない；(公務員が) 休職中の. fonctionnaire ~ 休職中の公務員. militaire ~ 非現役軍人.
4〖経済・労働〗非労働性の, 労働力でない. population ~ve 非労働人口 (子供・学生・主婦・徴兵軍人・年金生活者など).
5 稼動していない, 活動していない.〖電算〗programme ~ 非活動プログラム.
6 (薬などが) 効果のない, 効かない. Le remède est resté ~. 薬は効かないままである.
7〖理〗不活性の；非放射性の；〖化〗非旋光性の.
—— *n.* 働いていない人；非勤労者. les ~s 非労働力人口 (=population ~ve).

inaction *n.f.* **1** 無活動, 無為, 活動停止. vivre dans l'~ 無為に過ごす.
2〖法律〗(権利の) 不行使状態.
3 活動停止期；活動停止状態.

inactivation *n.f.*〖医〗不活性化. ~ d'un micro-organisme pour préparer un vaccin ワクチンをつくるための微生物の不活性化.

inactivé(e) *a.p.*〖生・医〗不活性化した. agents infectieux ~s 不活性化した感染病原体. synapse ~e 不活性化シナプス. vaccins ~s 不活性化ワクチン. virus ~ 不活性化ウイルス.

inactiver *v.t.*〖医〗不活性化する. ~ un micro-organisme 微生物を不活性化する.

inactivité *n.f.* **1** 不活動, 活動停止；無為, 不活発, ものぐさ, 怠惰. ~ totale 完全な活動停止.
2 (生産活動などの) 停滞, 休眠状態. ~ du marché boursier 株式市場の停滞.
3 (官僚・軍人の) 待命, 休職. en ~ 休職中 (待命中) の. se faire mettre en ~ 待命 (休職) する.
4〖免疫〗(血清などの) 不活性.

inadaptation *n.f.* 不適応, 不順応；不

inadapté(e) *a.* (à に) 適合しない, なじまない; (環境に) 順応しにくい; 〖心〗不適応者の. enfant ~ (学校・社会に対する) 不適応児. locaux publics ~s aux handicapés 身障者の行動に不適応な公共施設. matériel ~ aux besoins 必要を満たさない材料.
—*n.* 環境に順応しにくい人; 〖心〗不適応者.

inadéquat(e) *a.* 不適当な; (à に) 適合しない. conclusion ~e aux prémisses 前提に合わない結論. tournure ~e 不適当な言廻し.
—*n.m.* 不適当; 不適合.

inadmissible *a.* 承認できない; 容認できない; (要求などが) 叶えられない. attitude ~ 許容できない態度. opinions ~s 聞きいれられない意見. C'est ~. それはうけいれられない. Il est ~ que+*subj.* …することは承認できない.

INAG (=*I*nstitut *n*ational d'*a*stronomie et de *g*éophysique) *n.m.* 国立天文学・地球物理学研究所.

INALCO [inalko] (=*I*nstitut *n*ational des *l*angues et *c*ivilisations *o*rientales) *n.m.* 〖教育〗国立東洋言語文化学院《1914年に創立された旧国立東洋語学校 Ecole des langues orientales; 通称 Langues O [lɑ̃gzo]; 1971年 INALCO と改称; 1985年グランド・エコール相当の国立高等教育機関に認定; 在 Paris》.

inaliénabilité *n.f.* 〖法律〗譲渡不能性.
inaliénable *a.* **1** 〖法律〗譲渡不可能な, 譲渡 (移転, 処分) できない. biens ~s 譲渡 (処分) 不能の財産. droits (valeurs, titres) ~s 譲渡不可能な権利 (有価証券, 称号). territoire ~ 割譲できない領土.
2 〖文〗手放せない. dignité ~ 手放せない尊厳. Notre liberté est un bien ~. われわれの自由は絶対に手放せない財産だ.

inaliénation *n.f.* 〖法律〗譲渡不能.
inaltérable *a.* **1** 変質しない. couleurs ~s 変色しない絵の具. matière ~ à la chaleur 熱で変質しない物質, 耐熱性物質.
2 変らぬ, 不変の. amitié ~ 不変の友情. ciel ~ 変らぬ青空. principes ~s 不変の原則, 恒久の原理.

inamovibilité *n.f.* 〖行政法〗**1** 身分保障特権《裁判官などを正常な手続きを経ずに罷免・職務停止・配置転換できないこと》. ~ des juges 判事の非罷免特権.
2 〖広義〗(官職・公職の) 不可動性, 終身性.

inamovible *a.* 〖行政法〗**1** (正規の手続きを経ずに) 罷免 (配置転換, 停職) できない, 不可動性の. fonctionnaire ~ 非罷免特権保有公務員. magistrat (sénateur) ~ 非罷

免性裁判官 (元老員議員).
2 〖広義〗(官公職が) 終身の, 永久の.
3 〖機工〗取り外しできない. lecteur de DVD ~ 取り外しできない DVD プレーヤー.

inanimé(e) *a.* **1** 生命のない. matière ~e 無生物. monde ~ 無生物界. objets ~s 生命のない物体.
2 生命を失った; 意識を失った. personne ~e 生命 (意識) を失った人. tomber ~ 卒倒する.
3 生気 (活気) に乏しい.

INAO (=*I*nstitut *n*ational des *a*ppellations d'*o*rigine des vins et eaux-de-vie) *n.m.* 国立葡萄酒・蒸留酒原産地呼称管理院 (AOC, AOVDQS などを管理).

inapte *a.* **1** (à に) 向かない, 適さない; 適性のない. ~ aux études 学業に不向きな. ~ à diriger une entreprise 企業を経営するのに適さない.
2 〖生〗適応度の低い. individu ~ 適応度の低い個体.
3 〖法律〗不適格な; 〖労働〗労働不能な; 〖軍〗(兵役・兵科に) 不適格な. soldat ~ 不適格な兵士. 〖軍〗être déclaré ~ 不適格を宣せられる.
—*n.* 不適格者. 〖軍〗~s versés dans l'auxiliaire 補助勤務に配属された不適格兵.
—*n.m.* 〖生〗適応度の低い個体.

inaptitude *n.f.* **1** (à に) 不向きなこと; (の) できないこと; 無能, 無能力. ~ à + *inf.* …する能力の欠如. ~ pour faire *qch* 何々することの不適性.
2 〖法律〗不適格; 〖労働〗労働不能; 〖軍〗(兵役・兵科の) 不適格.

inassurable *a.* 保険を掛けられない.
inattaquable *a.* **1** 攻撃 (攻略) できない, 難攻不落の. position ~ 難攻不落の陣地.
2 非の打ちどころのない; 難癖のつけようがない; 争う余地のない. alibi ~ 完璧なアリバイ. réputation ~ 非の打ちどころのない評判.
3 変質しない. métal ~ par l'acide 酸化しない金属, 耐酸性金属.

inatteignable *a.* **1** 到達できない. cible ~ 命中できない標的. sommet ~ 登頂不能の山頂.
2 〖比喩的〗達成できない. chiffre d'affaires ~ 達成不能の売上高.

inattendu(e) (＜attendre) *a.* 予想外の, 思いがけない, 意外な; 不意の, 不意の. accident ~ 不慮の事故. attaque ~e 意表をつく攻撃, 不意討ち. nouvelle ~e 意外なニュース. rencontre ~e 思いがけない出会い. resultat ~ 予想外の結果. visite ~ 不意の訪問. visiteur ~ 思いがけない来訪者.

inattentif(ve) *a.* 不注意な; 無頓着な. auditeurs (élèves)~s 注意散漫な聴衆 (生徒). être ~ aux autres 他人に無頓着であ

る.

inattention n.f. 不注意；無頓着. faute d'~ 不注意によるミス. une minute d'~ ふと気がゆるんだ一瞬. par ~ 不注意から, うっかりして. imprudence par ~ うっかりした軽率さ.

inaudible a. **1** 聴取不能の；聞きとれない. murmure ~ 聞きとれないささやき.〖物理〗vibrations ~s 超音波振動(15ヘルツ以下および2万ヘルツ以上の音波振動).
2 聴くに耐えない. musique ~ 聴くに耐えない音楽.

inaugural(ale) (pl. **aux**) a. 開所(開通, 落成)の. cérémonie ~ale d'un tunnel トンネルの開通式典. leçon ~ale d'un professeur 教授の就任講義. séance ~ale d'un congrès 会議の開会式.

inauguration n.f. **1** 初公開の式典. ~ d'une autoroute 高速道路の開通式. ~ d'un musée 博物館の開館式(落成式). ~ d'une statue 像の除幕式. discours d'~ 落成式(開通式, 除幕式)の記念演説.
2〔文〕発端, 除幕, 始まり. ~ d'une ère nouvelle 新時代の幕開け.

INC (=Institut national de la consommation) n.m. 国立消費研究所(1966年創設).

incalculable a. 数え切れない；計り知れぬ；夥しい. nombre ~ d'erreurs 夥しい数の誤り. pertes ~s 計り知れぬ莫大な損失.

incandescence n.f.〖物理〗白熱. être en ~ 白熱している, 白熱状態にある. lampe à ~ 白熱電球.

incandescent(e) a. 白熱した. gaz ~ 白熱ガス. lave ~e 白熱した溶岩.〔比喩的〕yeux ~s 血走った目.

incapable a. **1** (人が)無能な. homme ~ 無能な人. ~ de+inf. …することができない, …する能力がない. ~ de+n. …ができない, …がない.
2〖法律〗無能力な. majeur ~ 成年無能力者.
——n. **1** 無能な人. **2**〖法律〗無能力者. ~ de fait 事実上の無能力者.

incapacitant(e) a.〖軍〗(人の)活動を不能にする, 無力化作用のある. bombe ~e 活動無力化ガス弾. gaz ~ 活動不能化ガス.
——n.m.〖軍〗活動無力化ガス(=gaz ~). ~ physique 身体機能無力化ガス(benzilateなどの非致死性ガス).

incapacité n.f. **1** 無能, 無能力；不能, 不能性. ~ à agir 行動不能. ~ de+inf. …することができないこと；~ à …することに適していないこと. ~ du gouvernement 政府の無能さ.
2〖医・労働〗肉体的不能. ~ de travail 労働不能, 就労不能.〖保険〗~ partielle permanente 部分的永続的労働不能(IPP).〖保険〗~ permanente 永続的労働不能(IP).〖保険〗~ temporaire 短期的労働不能.〖保険〗~ totale 完全労働不能. ~ ventilatoire 肺換気異常.
3〖法律〗無能力. ~ d'exercice 行為無能力. ~ légale d'exercice des mineurs 未成年者の法的行為無能力. ~ de jouissance 権利無能力. ~ électorale 選挙投票権無資格(喪失).

incarcérable (<incarcérer) a.〖法律〗拘置できない.

incarcération n.f. **1**〖法律〗禁錮, 拘禁, 拘置；投獄, 施設収容, 収監. ~ d'un délinquant 軽犯者の拘置. lieu d'~ 拘置所；刑務所, 監獄.
2〖医〗嵌頓(かんとん)〔状態〕. ~ du placenta 胎盤嵌頓.

incarcéré(e) a. 拘置(禁錮)された, 拘置中の. prévenu ~ 拘置された被疑者.

incarnation n.f. **1**〖宗教〗受肉, 化身. ~s de Zeus ゼウスの化身.
2〖キリスト教〗l'I~ キリストの挺身(受肉)(=~ du Christ).
3〔比喩的〕具像化；化身, 権化；体現. ~ de la bonté 善意の化身.

incendiaire n. 放火者；放火犯；火付け人. Néron l'~ 放火者の皇帝ネロ.
——a. **1** 火災を起こさせる, 火災の原因となる. bombe ~ 焼夷弾.
2〔比喩的〕扇動的な, 火付け役となる. propos ~s 扇動的言動.
3〔話〕扇情的な, 情欲をそそる. une blonde ~ 情欲をそそる金髪の女性. œillade ~ 扇情的な流し目.

incendie n.m. **1** 火災, 火事. ~ criminel (volontaire) 放火. ~ de forêt 森林火災. ~ involontaire 失火. assurance contre l'~ 火災保険. défense (luttc) contre l'~ 火災予防, 防火. foyer d'~ 火元. poste d'~ 消火栓. maîtriser l'~ 鎮火させる.
2 赤い色のひろがり. ~ du soleil couchant (levant) 夕焼け(朝焼け).
3〔比喩的〕動乱；戦火(=~ de la guerre). ~ de la révolte 反乱の火の手.

incendié(e) a.p. **1** 火災にあった, 焼失した. ville ~e 火災の被災都市.
2 (人が)火事で焼け出された.
3〔比喩的〕赤くほてった. visage ~ par l'alcool 酒を飲んで赤くなった顔.
——n. 焼け出された人, 火事の罹災者.

incertain[1](**e**) a. **1** 不確実な, 不確かな, 不確定の；当てにならない. avenir ~ 不確かな未来. démarche ~e 覚束ない足取り. jurisprudence ~e 確立されていない判例. revenu ~ 不確定の所得. succès ~ 当てにならない成功. temps ~ 変り易い天気. terme ~ 不確定期限.
2 ぼんやりした；はっきりしない. contours ~s ぼんやりした輪郭. nouvelle ~ はっきりしない知らせ. origine ~e はっきりしない起源. pensée ~e はっきりしない考え.

3 決断力を欠く；(deについて)自信のない．~ de ce qui va arriver 何が起こるか自信が持てない．~ de son sort 自分の運命に確信が持てない．demeurer (rester)~ 決断がつかずにいる．

incertain[2] *n.m.* **1** 不確かなこと．la certain et l'~ 確かなことと不確かなこと．
2〖金融〗為替レート．coter l'~ 為替レートを建てる．

incertitude *n.f.* Ⅰ《事柄》**1** 不確かさ，不確実さ，疑わしさ．~ de l'avenir 未来の不確かさ．~ des choses humaines 人事の不確実性．~ du temps 天候の変りやすさ．~ de la victoire 勝利の不確かさ．〖物理〗principe d'~ de Heisenberg ハイゼンベルクの不確定性原理．
2〖数・理〗誤差の限界．~ absolue (relative) 絶対的 (相対的) 誤差限界．
3〖多く *pl.*〗予見できぬこと；(予見不能による) 不安定，不安．~s de la guerre 戦争の不安．~s du sort 運命の予見不能性．
4〖*pl.* で〗不明の事柄．texte plein d'~ 不確かなところだらけのテクスト．
Ⅱ《人》確信のなさ，ためらい，困惑，不決断，優柔不断．être dans l'~ 迷っている．avec ~ ためらいつつ．

incessible *a.*〖法律〗譲渡不能の．droit ~ 譲渡不能の権利．

inceste *n.m.* 近親相姦；近親婚 (= mariage ~)．

incestueux (se) *a.* 近親相姦の；近親相姦による．
——*n.* 近親相姦者．

inchiffrable *a.* 数字化できない；評価できない．

Inchon〔韓国〕*n.pr.* 仁川 (じんせん)，インチョン《韓国西北部の黄海に面した港湾都市》．

incidence *n.f.* **1**〖物理〗(光線・粒子線の) 入射，投射；入射角 (= angle d'~)．~ brewstérienne 偏光入射．~ de décrochage 失速角．~ normale (rasante) 垂直 (接面) 入射．plan (point) d'~ 入射面 (点)．
2 影響，はね返り；(時に) 減 (増) 税効果；税の転嫁 (= ~ fiscale)．~ des impôts de consommation 消費税効果．événement sans ~s 影響のない出来事．~ sur le prix de revient 原価に及ぼす賃金のはね返り．avoir des ~s importantes 重大な影響がある．
3〖医〗罹患率．

incident[1] *n.m.* **1** 付随的偶発事；困った出来事．~ imprévu 予想外の出来事．~ technique (機器の) 故障．poursuivre un voyage sans ~ 無事に旅を続ける．
2 (重大な結果を招かない) 偶発事件，小事件；(政治的・社会的) トラブル．~ diplomatique 外交上の偶発事件 (紛争)．
3〖法律〗(訴訟係属中に発生し，訴訟に影響を及ぼす可能性のある) 偶発事項，付帯請求事項．~s d'instance 訴訟手続付帯事項．~ de procédure 訴訟手続的付帯請求事項．
4〖比喩的〗抗議，異議．soulever des ~s 異議を申し立てる．L'~ est clo. 紛争は終了．
5 (戯曲・小説中の) 挿話．

incident[2] **(e)** *a.* **1** 付随的な，副次的な．〖法律〗appel ~ 付帯控訴．〖法律〗pourvoi ~ 付帯上告．question ~*e* 付帯的質問．
2 入射する，投射する．lumière ~*e* 入射光 (= rayon ~)．〖写真〗tête de mesure ~*e* orientable 首振り式入射光測定ヘッド．

incidentalome *n.m.*〖医〗偶発性腫瘍．

incidentologie *n.f.* 事変分析〔学〕．

incinérateur *n.m.* 焼却炉．~ de déchets ゴミ焼却炉．

incinération *n.f.* 焼却．~ des déchets avec récupération d'énergie エネルギーの回収を伴うゴミ焼却．centres d'~ d'ordures ménagères 家庭ゴミ焼却処理場．

inciseur *n.m.* **1**〖外科手術の〗切開器具．**2**〖園〗(木に) 切り口をつける器具．

incisif (ve) *a.* **1** 切るのに役立つ．dent ~*ve* 切歯 (= ~)．**2** 鋭い，厳しい．critique ~*ve* 厳しい批判．ironie ~*ve* 辛辣な皮肉．

incision *n.f.* **1** 刻み目 (切り目) をつけること；刻み目 (切り目)．faire une ~ 切り目をつける．
2〖医〗切開〔術〕．~ cruciale 十字切開〔術〕．instruments pour ~ 切開用器具 (bistouri メス，scalpel 解剖刀，scarificateur 乱切器など)．pratiquer une ~ 切開する．

incisive[2] *n.f.* 切歯 (= dent ~)．premières (secondes) ~s 第一次 (第二次) 切歯．

incitant[1] **(e)** *a.*〖医〗興奮させる．

incitant[2] *n.m.*〖薬〗興奮薬 (= médicament excitant)．

incitateur (trice) *n.* 扇動者．~ de troubles 駆動の扇動者．
——*a.* 扇動する，教唆する．

incitatif (ve) *a.* 刺激する；励ます；あおる，扇動する，誘導する．aides ~ de l'Etat 国の刺激的補助．causes ~*ves* 誘導的原因．

incitation *n.f.* **1** 教唆，唆すこと；扇動；激励，刺激；誘因．~ à la consommation 消費剌激政策．〖法律〗~ au meurtre 殺人教唆．~ à la révolte 暴動の扇動．〖行政〗~ fiscale 財政刺激策．
2〖医〗励起，興奮 (= excitation)．~ motrice 運動励起．

inclinaison *n.f.* **1** 傾き，傾斜，勾配．~ d'une couche géologique 地層の傾斜．~ d'une route (d'une voie ferrée) 道路 (線路) の勾配．~ d'un terrain (d'un toit) 土地 (屋根) の傾斜．toit à forte (légère) ~ 急 (緩) 勾配の屋根．
2〖幾何〗傾斜；〖物理〗伏角，傾角．〖天文〗~ de l'écliptique 軌道傾斜．~ d'un plan (d'une ligne) 面 (線) の傾斜．〖物理〗~ ma-

gnétique 地磁気の伏角 (傾角). angle d'~ 傾角.
3 (体の一部を)傾けること. saluer qn d'une légère ~ de têtê 人に軽く会釈する.
4 性向, 気質 (= ~ sentimental；inclination)

inclination *n.f.* Ⅰ 《傾向》**1** 性向, 気質；性癖, 好み. ~ au mal 悪に走る性向. ~ à la paresse 怠惰に流れる性向. ~ innée (naturelle) 生来の気質.
bonnes (mauvaises)~s 良い(悪い)性癖. vive ~ pour l'aventure 強い冒険好み. avoir de l'~ à+*inf.* …する傾向がある. agir contre sa propre ~ 己の心に逆らって行動する. faire *qch* par ~ 自発的に何かする. suivre son ~ 己れの心に従う.
2〔古・文〕愛情. mariage d'~ 恋愛結婚 (=mariage d'amour).
Ⅱ 《動作》**1** うなずくこと；会釈, お辞儀. approuver d'une ~ de tête うなずいて賛成する. 首肯する. faire une légère (profonde)~ 軽く会釈をする(深々とお辞儀をする).
2 傾けること.

inclus(e) (<inclure) *a.p.* **1** 含まれた；同封された.〖医〗dent ~*e* 埋伏歯.〖植〗étamines ~*es* 花に埋もれた雄蕊. frais ~*s* 経費込み. jusqu'au troisième chapitre ~ 第3章まで《第3章を含む》.
2 ci-~(*e*) 同封の. la lettre ci-~*e* 同封の手紙.

inclusion *n.f.* **1** 包含, 包括；挿入, 封入, 同封.〖数〗~ de classes 類の包含. ~ d'un chèque dans une lettre 手紙への小切手の同封. ~ d'une motion au procès-verbal 議事録への発議の挿入.〖電算〗relation d'~ 包含関係.
2〖鉱〗介在物, 含有物；〖化〗包接；〖医〗(検体中の)包埋, 埋伏；〖生〗封入体.〖生〗~ cellulaire 細胞質封入体. ~ d'air dans un verre ガラス内気泡. ~ d'une dent de sagesse 智歯の埋伏.〖冶〗~ non-métallique 非金属介在物.〖生〗~s protoplasmiques 原形質封入体.〖化〗composé d'~ 包接化合物.

incognito [ɛ̃kɔŋ(gn)ito][伊] *ad.* 匿名で；ひそかに, 人知れず. voyager ~ お忍びで旅行する.
——*n.m.* 匿名；無名性. garder l'~ 匿名を守る. se déguiser pour garder l'~ 正体がばれぬよう変装する.

incohérence *n.f.* **1** (話などの)支離滅裂；(論理などの)不統一, 道筋の立たぬこと. ~ d'un discours 話の支離滅裂さ.
2〖心〗(思考；行動の)散乱. ~ dans les propos 言葉の錯乱.
3 混乱した言葉(行動), 言語錯乱. texte plein d'~s ちぐはぐな文章.
4〖光学〗非(不可)干渉性. ~ d'une lumière 光の散乱の非干渉性.

incohérent(e) *a.* **1** 筋道の立たない, 支離滅裂な；不統一な. atmosphère ~*e* 異様な雰囲気. conduite ~*e* 支離滅裂な行動. conversation ~*e* とりとめのない会話. gestes ~*s* ばらばらな仕種. politique ~*e* 一貫性のない政策. tenir des propos ~*s* 支離滅裂な発言をする.
2〖物理〗非干渉性の. lumière ~*e* 非干渉性光.

incollable *a.* **1**〖料理〗べとつかない. riz ~ べとつかない米, ねばりのない米.
2〔話〕(人が)どんな難問にも答えられる. candidat ~ à l'orale 口答試問にすらすら答える志願者.

incolore *a.* **1** 無色の. gaz ~ et inodore 無色, 無臭のガス(気体). verre ~ 無色のガラス.
2 色の薄い. ciel ~ 淡い色の空.
3〔比喩的〕生彩のない. regard ~ 輝きのない眼差し. style ~ 生彩のない文体.

incombustible *a.* **1** 不燃性の. substance ~ 不燃性物質.
2〔比喩的〕燃え上らない. enthousiasme ~ 燃え上らない熱情.

incommode *a.* **1** 不便な；使いにくい. appartement ~ 住みにくいアパルトマン. habit ~ 着心地の悪い衣服. meuble (outil) ~ 使い勝手の悪い家具(道具).
2 不快な；窮屈な. bruit (chaleur) ~ 不快な騒音(暑さ).〖法律〗établissements dangereux, insalubres ou ~*s* 危険, 非衛生的あるいは迷惑な産業施設. position (posture)~ 窮屈な姿勢.
3 (人が)気難しい；我慢のならない. jaloux ~ 手に負えないほど嫉妬深い男. témoin ~ 厄介な証人.

incommunicabilité *n.f.* **1** (権利・財産の)譲渡不可能性. **2** 意思疎通の不可能性, コミュニケーション不可能性, 意志伝達不能性.

incommunicable *a.* **1** 譲渡できない. privilèges ~*s* 譲渡不能な特権.
2 伝達できない；連絡不能の.〖法律〗affaires ~*s* au ministère public 検察官に伝達できない事件.
3 コミュニケーションが不能な；理解し合えない. pensée ~ コミュニケーションが不能な考え. personnes ~*es* 理解し合えぬ人.

incommutable *a.*〖法律〗非双務性の, 非譲渡性の. propriété ~ 非交換性所有権.

incomparable *a.* **1** 比類のない, 類例のない. artiste ~ 類例のない芸術家. beauté ~ 無類の美しさ；比類のない美女. facultés ~*es* 比類のない能力.
2〔稀〕他と比較できない, 比べようのない. chose (personne)~ à (avec) une autre 他と比べようのない物(人).
——*n.m.* 比類のないもの.

incompatibilité *n.f.* **1** 両立しないこと, 相入れないこと, 欠格, 兼職禁止. ~ en-

tre les fonctions ministérielles et le mandat de député 閣僚職と代議士職の兼職禁止《第五共和政憲法の特徴の一つで, 閣僚に任命された国会議員は入閣して議席を代理人に譲るか, あるいは議員として留まって入閣を断念するかの選択を迫られる). ~ d'humeur 性格の不一致. Il y a ~ entre l'importance du projet et l'étroitesse du lieu choisi pour sa réalisation. 計画の大きさとその実現のために選ばれた場所の狭さは両立しない. 〖数〗~ des équations 方程式の非両立性.
2 〖医・薬〗不適合, 禁忌. ~ des groupes sanguins; ~ sanguine 血液型不適合. ~ médicamenteuse 薬剤の配合禁忌. ~ Rhésus Rh 血液型不適合. ~ tissulaire 組織不適. ~ transfusionnelle 不適合輸血.

incompatible *a.* **1** 両立しない, 相容れない; 共存し得ない. caractères ~s 相容れない性格. choses ~s 両立しない事物. des rêves ~s avec la réalité 現実と相容れない夢想.
2 〖法律〗(公職が) 兼任(兼務)できない, 兼職できない. fonctions ~s 兼任できない職務.
3 〖論理〗(命題が) 共立不可能な;〖数〗(方程式が) 両立しない. équations ~s 非両立方程式.
4 〖電子工〗互換性のない. 〖電算〗système ~ 互換性のないシステム.
5 〖医〗(血液・血清が) 不適合の. groupes sanguins ~s 不適合の血液型.

incompétence *n.f.* **1** 不適格性, 無能さ; 無知. ~ d'un architecte 建築家の不適格性. avouer son ~ 自分が不適格(無能)であることを認める.
2 〖法律〗(裁判所・公職者などの) 権限のないこと, 管轄違い, 管轄外. ~ matérielle (personnelle, territoriale) 物的(人的, 地域的)管轄違い.

incompétent(e) *a.* **1** 無能力な, 無能な, 無知な. critique ~ 無能な批評家. être ~ en musique (en politique) 音楽(政治)について無能である. être ~ sur ce sujet この問題について無知である.
2 〖法律〗(公権力, 裁判所などの) 権限のない; 管轄外の. juge (tribunal) ~ 管轄外の判事 (裁判所).

incomplet(ète) *a.* 不完全な; 不十分な, 不備な; 未完の. collection ~ète 不完全なコレクション. définition ~ète 不十分な定義. 〖軍〗effectifs ~s 欠員のある部隊定員. joie ~ète 物足りない喜び. liste ~ète 不備なリスト. mesures ~ètes 不十分な措置. ouvrage ~ 不揃いの全集. récit ~ 未完の物語.

incompréhensible (<comprendre) *a.* **1** 不可解な, 理解できない. événement ~ 不可解な出来事. phrase ~ 理解できない文章. Il est ~ que+*subj.* …ことは不可

解だ.
2 不可思議な; 測り知れない. enigme ~ 不可思議な謎. mystère ~ 測り知れない神秘.
3 奇妙な, 異様な. comportement ~ 異様な振舞.

incompréhensif(ve) *a.* (他人を) 理解しない, 理解できない; 無理解な; 偏狭な. air ~ 理解できない様子. parents ~s 無理解な親.

incompréhension *n.f.* (人・物事に対する) 無理解. ~ pour (envers) qn (qch) 人(物)に対する無理解. ~ à l'égard de qn 人に対する無理解. artiste qui souffre de l'~ du public 大衆の無理解に苦しむ芸術家.

incompressible *a.* **1** 〖物理〗圧縮不可能な; 非圧縮性の.
2 抑制できない. dépenses ~s 削減(圧縮)できない支出. rire ~ 抑え難い笑い.

incompris(e) (<comprendre) *a.p.* **1** 理解されない. femme ~e par son mari 夫に理解されない妻. phénomène ~ わけのわからぬ現象.
2 真価を認められていない. génie ~ 不遇の天才.
—*n.* **1** 理解されない人. **2** 真価を認められていない人.

inconcevable (<concevoir) *a.* **1** 通常では考えられない, 信じられない; 途方もない. appétit ~ 途方もない食欲. désespoirs ~s 考えられぬほどの絶望. histoire ~ 突拍子もない話. Il est ~ que+*subj.* …とは考えられない (理解できない, 許せない). C'est ~! とても不可能だ.
2 人知の及ばない, 想像もつかない. mystère ~ 不可解な神秘.
—*n.m.* 理解し難いこと, 不可解なこと.

inconciliable *a.* 互に相容れない, 両立しない, 和解不能の;(avec と)相容れない. ennemis ~s 不倶戴天の敵同士, 宿敵. intérêts ~s 折合いのつかぬ利害.

inconditionné(e) *a.* 〖哲〗いかなる条件にも左右されない, 無制約の, 絶対的な; (人が) 自由な.
—*n.* **1** 〖哲〗無制約者, 絶対者; 自由人. **2** 条件づけられていないもの.

inconditionnel(le) *a.* **1** 無条件の; 絶対的な. obéissance ~le 絶対的服従. ordre ~ 絶対的命令. 〖軍〗reddition ~le 無条件降伏. 〖生理〗réponse (réaction) ~le 無条件反射.
2 絶対服従の, 盲目的な. partisan ~ de … の盲目的な支持者.
—*n.* 絶対的(盲目的)支持者(賛同者). ~s de droite (de gauche) 絶対的右派(左派).

inconduite *n.f.* 不品行, 不行跡. ~ grave ひどい不品行. ~ notoire 世間に知れわたった不行跡. vivre dans l'~ 不行跡な暮しをする.

incongru(e) *a.* **1** (言動が) 突飛な, 場違

いな；礼儀にかなわない. bruit ~ 放屁(pet)；げっぷ(rot). question ~ e 不躾けな質問. **2** (人が)不躾けな, 不作法な. personne ~ e 不作法な人.

inconnu(e) a. **1** (物が)未知の；不明の；秘密の. décès dont les causes restent ~ es 原因不明の死亡. domaine (pays)~ 未知の領域(国). enfant né de père ~ 父親のわからない子.〖数〗terme ~ d'une équation 方程式の未知項. obéir à une volonté ~ e わけのわからぬ意思に従う.
2 (人が)無名の. auteur ~ 無名の作者. bienfaiteurs de noms ~ s 匿名の慈善家(後援者). Tombeau du Soldat ~ 無名戦士の墓. éprouver un frisson ~ 未経験の戦慄を覚える. vivre ~ 人知れず暮す.〖話〗~ au bataillon まるきり知られていない.
—— n. 見知らぬ人, 未知の人；身元不明者. une belle ~ e 見知らぬ美女. cadavre d'un ~ 身元不明者の死体. déposer une plainte contre〔un〕~ 犯人不明のまま起訴する.
—— n.m. 未知のもの. attrait de l'~ 未知のものの魅力. à la recherche de l'~ 未知なるものを求めて.
—— n.f. **1**〖数〗未知数. **2**〖比喩的〗未知の要素. ~ s d'un problème sociale 社会問題の未知の要素.

inconscience n.f. **1** 無意識；(de の)無自覚. ~ du danger 危険に対する無自覚. **2** 無思慮, 無分別. ~ de sa conduite 行動の無分別さ. C'est de l'~ 正気の沙汰ではない.
3 無意識状態(=état d'~). sombrer dans l'~ sous l'effet d'un anesthésique 麻酔がきいて無意識状態に陥る.

inconscient(e) a. **1** (de を)意識していない；無自覚の；無謀な. Il faut être ~ pour rouler à cette vitesse! 無分別でなければこんなスピードですっ飛ばせない.
2 意識を失った；正気を失った. rester ~ pendant plusieurs heures 数時間意識を失っている.
3 無意識の, 意識されていない.〖心・精神分析〗désir ~ 無意識の欲望. geste ~ 無意識の仕種. hostilité ~ e 抑圧された敵意.
4 意識を持たない. vie ~ e des végétaux 植物の意識のない生.
—— n. 無分別な人, 自覚のない人.

inconséquence n.f. 筋の通らぬこと, 首尾一貫しないこと；自己矛盾. ~ de la conduite 首尾一貫しない行動. agir avec ~ 出鱈目に行動する.
2 無分別, 無思慮.
3 矛盾した言行(=parole ~ e). commettre une grave ~ ひどく矛盾した言動をする.

inconséquent(e) a. **1** 筋の通らない, 首尾一貫しない, 辻褄の合わぬ；自己矛盾のある. démarches ~ es 筋の通らないやり方. politique ~ e 首尾一貫しない政策. raisonnement ~ 辻褄の合わぬ推論.
2 (人が)無分別な, 思慮に欠ける；軽率な. caractère ~ 軽率な性格. un homme assez ~ かなり思慮に欠ける人.

inconsidéré(e) a. **1** 無分別な；軽率な. achat ~ 衝動買い. démarche ~ e 軽率なやり方.
2〔やや古〕(人が)軽はずみな. une bavarde ~ e 軽はずみなお喋り女.

inconsistance n.f. **1** 固さの欠如. ~ d'une crème (d'une pâte) クリーム(練り粉)の柔らかさ.
2 一貫性の欠如；〖論理〗論理的矛盾. ~ d'un raisonnement 推論の甘さ.
3 堅実性の欠如, 軽さ. film d'une complète ~ 極めて軽い映画.

inconsistant(e) a. **1** 固さを欠いた, 腰の弱い. bouillie ~ e 柔らかな薄粥. crème ~ e 柔らかいクリーム.
2 一貫性を欠く；〖論理〗論理的に矛盾する. esprit ~ 一貫性を欠く頭脳.
3 堅実さを欠く；あやふやな；曖昧な. espoirs ~ s あやふやな望み. idées ~ es 曖昧な考え. opinions ~ es うつろいやすい意見.

inconstitutionnalité n.f.〖法律〗違憲性. ~ d'un décret デクレの違憲性.

inconstitutionnel(le) a.〖法律〗違憲の. mesure ~ le 違憲措置.

inconstructible a.〖法律〗建築が認められない. zone ~ 建築不許可地区.

incontestabilité n.f.〖法律〗不可争性. ~ différée 延期的不可争性.〖保険〗clause d'~ 不可争約款.

incontestable a. 議論の余地がない；明白な. chef-d'œuvre ~ 文句のない傑作. droit ~ 明白な権利. preuve ~ 明白な証拠. principe ~ 議論の余地のない原則. vérité ~ 疑う余地のない真実. Il est ~ que+ind. ……ということは疑いの余地がない(明白である). C'est ~. それは確かだ.

incontesté(e) a. 自他ともに認められた；揺るぎない. droits ~ s 誰もが認める権利. maître ~ 自他ともに認める巨匠. victoire ~ e 確乎たる勝利.

incontinence n.f. **1**〔古・文〕淫乱.
2 自制できないこと；〖医, 心〗失禁. ~ d'urine 尿失禁.〖心〗~ émotionnelle 情動失禁. ~ verbale (de langage) 多弁, 饒舌.

incontinent(e) a. **1**〔古〕淫乱な, 多情な.
2 自制力のない, 自制できない.
3〖医〗失禁の, 失禁症の, 失禁症の. malade ~ 失禁症患者. vessie ~ e 失禁性膀胱.
—— n.〖医〗失禁症患者：失禁する人. couches pour ~ s 失禁者用おむつ.

inconvenance n.f. **1** 無作法；無躾；厚かましさ. ~ d'une question 質問の無躾さ. se conduire avec ~ 無作法な振舞いをする.

2 無作法な言葉(行動). commettre une ~ 無作法な言動をしでかす. dire des ~s 無礼な言葉を口にする.
3 〔古〕不適当.

inconvenant(e) *a.* **1** (人・行為が) 無作法な；無躾な；厚かましい. question ~ *e* 無躾な質問. Il est ~ de+*inf.* …するのは無作法である. Il serait ~ de parler d'argent dans cette circonstance. このような時に金のことを口にするのは無作法であろう.
2 〔古〕不適当な.

inconvénient *n.m.* **1** 不都合；不便；支障；難点. les avantages et les ~s d'un projet 計画の利点と難点. les ~s d'une conduite irrégulière 慣行に反した行動の難点. Il y a des ~s à+*inf.* (à ce que+*subj.*). …すること(であること)には支障がある. avoir (présenter) des ~s 不都合な点がある. remédier à un ~ 不都合をなくす. Si vous n'y voyez pas d'~s... それに支障がなければ；お差支えなければ.
2 〔古〕不祥事, 迷惑なこと.

inconvertible *a.* **1** 〖財政〗(紙幣などが) 不換の. franc ~ 外貨に換えられないフラン.
2 改宗 (改心) 不能な (=inconvertissable).

incoordination *n.f.* **1** 不統一, 無秩序, 協調性の欠如. ~ des idées 思想の不統一. ~ de services administratifs 行政業務の協調性の欠如.
2 〖医〗共調不能. ~ motrice 共調運動不能.

incorporable *a.* 〖軍〗入隊させ得る, 入隊対象の. recrue ~ 入隊対象の新兵.

incorporation *n.f.* **1** 混合, 混入；〖薬〗研和. 〖薬〗~ d'un excipient dans un médicament 賦形剤の医薬品への混入 (研和).
2 (dans, à への) 併合, 合併；同化；合体, 〖法律・経済〗組入れ, 附合；〖精神分裂〗(対象物の)体内化. ~ d'un territoire à un empire 領土の帝国への併合 (合併). ~ d'une minorité ethnique dans une communauté 少数民族の共同体への同化. ~ de réserves au capital 資本への準備金 (引当金) の組入れ.
3 〖軍〗入隊, 編入. ~ des conscrits dans un régiment 新兵の連隊への入隊 (編入). sursis d'~ 入隊猶予.
4 設立. ~ des sociétés 法人の設立, 法人格の付与.

incorporé(e) *a.p.* **1** (à, dans に) 混ぜ合わされた. œufs ~s à une sauce ソースに混ぜた卵.
2 (à, dans に) 併合 (合併) された；挿入された；組み込まれた. appareil photo avec flash ~ フラッシュの組み込まれた写真機. territoire ~ dans un empire 帝国に併合された領土.
3 (人を) (dans に) 組み入れる；〖軍〗編入さ

れた. recrue ~ dans un bataillon 大隊に編入された新兵. être ~ dans l'armée active 現役軍に入隊する. être ~ dans la famille 家族に融けこむ. être ~ dans une société 入会する.

incorporel(le) *a.* **1** 肉体を持たない, 物質的ではない. Dieu est ~. 神は肉体を持たない.
2 〖法律〗無形の, 無体の. biens ~s 無体財産 (著作権 droits d'auteur など). éléments ~s de l'actif d'une entreprise 企業の資産の貸借対照表外の要素.

incorrect(e) [ɛkɔrɛkt] *a.* **1** 不正確な；間違った. édition ~s 間違いを含んだ版. interprétation ~ *e* des faits 事態の誤った解釈. lecture ~ *e* 不正確な読み. style ~ 文法的に正しくない文章.
2 (人・態度などが) 無作法な, 無礼. paroles ~ *es* 無礼な言葉. tenue ~ *e* しきたりに合わない服装. être ~ avec *qn* 人に対して失礼な態度をとる. être ~ en affaires 取引に不誠実である.

incorrection *n.f.* **1** (語法の) 不正確, 間違い；間違った語法；間違った表現. ~ du style 文体の不正確さ. devoir de français plein d'~s 間違いだらけのフランス語の宿題.
2 無作法；無礼な行為 (言葉)；ルール違反, ごまかし, 不正. ~ envers *qn* 人に対する無作法. commettre une grave ~ ひどく無作法な言動をする.

incorrigible (<corriger) *a.* **1** 矯正できない. alcoolique ~ 矯正不能のアルコール中毒者. enfant ~ 手に負えない子供.
2 度し難い, 直せない, 強情な, 性懲りもない. ~ optimiste 度し難い楽天家. ~ stupidité どうしようもない愚かさ.

incorruptible *a.* **1** (物が) 腐敗しない；腐蝕しない. bois ~ 腐らない木材. matière ~ 腐蝕しない物質.
2 〔比喩的〕不朽の, 不滅の. gloire ~ 不朽の栄光.
3 〔比喩的〕清廉潔白の；買収されない. esprit ~ 廉直な精神 〔の持主〕. fonctionnaire (juge) ~ 買収されない公務員 (判事). probité ~ 清廉な誠実さ.
— *n.* 清廉潔白な人. l'I~ 剛直廉潔の人 (Robespierre の渾名).

incrédule *a.* **1** 不信心の. homme ~ 不信心の人.
2 疑い深い；疑わしげな. geste ~ 疑わしげな身振り. être ~ à l'égard de …について疑い深い.
— *n.* 不信心者.

incrément *n.m.* 〖情報処理〗インクレメント, (数値の) 増分；〖数〗増分.

incriminable *a.* **1** 〖法律〗罪刑を法定しうる (=accusable).
2 非難 (弾劾, 糾弾) されるべき. action ~

incriminateur(trice) 非難に値する行為.

incriminateur(trice) *a.*〖法律〗罪刑を法定する. phrase ~ *trice* 罪刑を法定する文言.

incrimination (<incriminer) *n.f.* **1**〖法律〗罪刑の法定. **2** 非難, 弾劾, 糾弾. ~ mal fondée 根拠のない非難.

incriminé(e) *a.p.* **1** 罪刑を法定された. **2** 非難(弾劾, 糾弾) された;非難に値する. surveillance ~*e* 糾弾に値する監視体制.
——*n.* 非難を浴びた人. ~ pour un délit 軽罪を法定された人.

incroyable (<croire) *a.* **1** 信じ難い, 本当とは思われない. Chose ~, il est mort. 信じられないことだが, 彼は死んだ. histoire ~ mais vraie 嘘のような本当の話. Il est (〖話〗C'est)~ de+*inf.* (que+*subj.*) …するとは(…とは)信じられない.
2〖時に名詞の前〗信じられないほど凄い, 驚くべき, 想像を絶する;途方もない. d'~*s* malheurs 途方もない不幸. d'~*s* nouveautés 驚くべき斬新さ. d'~*s* ornements 想像を絶する装飾. progrès ~*s* 驚くべき進歩. C'est ~! 凄い! まさか!
3 (人が)信じられないほど常軌を逸した, とんでもない. C'est un ~ salaud! 何てひどい下司野郎だ! C'est un type ~! とんでもない奴だ!
——*n.m.* 信じられない事. événement qui a le caractère de l'~ 信じ難いという性質の出来事.

incroyance *n.f.* 無信仰. vivre dans l'~ 無信仰に暮す.

incroyant(e) *a.* 無信仰の. peuple ~ 無信仰の民衆.
——*n.* 無信仰の人.

incrustation *n.f.* **1** 象眼〖細工〗;象眼模様. ~ d'émail sur argent 銀地へのエナメル象眼. ~ de dentelle レースの象眼模様. broderie d'~ レースの象眼刺繡.
2 (ボイラーなどの)缶石, 水垢, 湯垢;沈積〖物〗. ~*s* d'une chaudière ボイラーの水垢.
3〖歯科〗インレー(=inlay;窩洞につめるセラミックや金属の充塡物).
4 (温泉の)湯の花, 温泉華.
5〖テレビ〗(画面の)はめ込み〖加工〗;はめ込み画面.

incubateur(trice) *a.*〖生〗孵化させる. appareil ~〖人工〗孵化器. chambre ~ *trice* 孵化室. poche ~ *trice* (動物の)孵化ポケット.
——*n.m.* 人工孵化器.
——*n.f.*〖医〗(未熟児用の)保育器(=couveuse artificielle).

incubation *n.f.* **1** (鳥の)抱卵, 孵卵, 孵化. ~ artificielle (naturelle) 人工(自然)孵化. durée d'~ 孵卵期間. four d'~ 人工孵化器.
2 定温培養;〖化〗定温放置.

3〖医〗潜伏;潜伏期(=période d'~). période d'~ des maladies infectueuses 感染症の潜伏期間.
4〖比喩的〗もくろみ, 企て;企ての準備期間. ~ des insurrections 暴動の準備期間.

inculpation *n.f.* 嫌疑, 容疑;〖法律〗(予審審理における) 被疑者としての取調べ(1993 年以降公式には《mise en examen》「予審開始」の表現を用いる). être arrêté sous l'~ d'assassinat 殺人容疑で逮捕される.

inculpé(e)〖法律〗嫌疑(容疑)をかけられた;(de の容疑で)取調べを受けた. ~ de meurtre 殺人容疑をかけられた. personne ~*e* 被疑(容疑)者.
——*n.* 被疑(容疑)者(1993 年以降は personne mise en examen を用いる). renvoi d'un ~ devant la cour d'assises 被疑者の重罪院への送致.

incultivable *a.* 耕作不能の;不毛の. terres ~*s* 耕作不能の土地, 不毛の土地.

inculture *n.f.* 無教養. ~ épaisse ひどい無教養.

incurabilité *n.f.* 不治性;不治の病いの状態. ~ d'une malade 病人の不治状態. ~ d'une maladie 疾病の不治性.

incurable *a.* **1**〖医〗不治の. maladie ~ 不治の病い.
2 (人が)不治の病いに罹った. malade ~ 不治の病人.
3〖比喩的〗(悪癖などが)直せない;癒やせない. blessures ~*s* de l'amour 癒やせない愛の傷. ignorance ~ 度し難い無知.
——*n.* 不治の病人. **2** 度し難い人.

incurie *n.f.* 怠慢, 放慢. ~ administrative 行政の怠慢.

incursion *n.f.* **1**〖軍〗侵入, 侵攻;急襲(=raid). ~ de commandos コマンドの急襲.
2 闖入(ちんにゅう). faire une ~ dans un lieu (chez *qn*) 場所(家)に闖入する.
3〖比喩的〗専門外の領域に一時的に踏みこむこと.

indalpine *n.f.*〖薬〗インダルピン(抗鬱薬).

indapamide *n.m.*〖薬〗インダパミド(チアジド系利尿薬;本態性高血圧症治療薬;薬剤製品名 Fludex (*n.m.*)).

Inde(l') *n.pr.* 〖国名通称〗インド(公式名称: la République de l'I~ インド共和国;国民: Indien(ne);首都: New Dehli ニュー・デリー;通貨: roupie indienne [INR]).

indécence *n.f.* **1** 猥褻さ;〖*pl.* で〗猥褻な言動(行為). L'~ de ses paroles choqua l'assistance. 彼の言葉の慎みの無さが居並ぶ人々を驚かせた.
2 (行為などの)無躾さ, 無作法. avoir l'~ de+*inf.* 厚かましくも…する.

indécent(e) *a.* **1** 淫らな;(性的に)慎み

を欠く. chanson ~e 猥歌. conversation ~e 猥談. robe ~e 肌も露わなドレス. être ~ dans son vêtement 肌を露出した身なりをしている. être ~ en paroles 言葉遣いが淫らである.
2 不躾な, 不作法な；度を超した. joie ~e 度外れの大喜び. luxe ~ 度外れな奢侈. vivre d'une manière ~e 不作法に暮らす.

indéchiffrable *a.* **1** 解読不能な. cryptogramme ~ 解読不能の暗号文. message codé ~ 解読不能な暗号化メッセージ.
2 判読不能(困難)な. écriture ~ 判読困難な筆跡.
3 〖比喩〗理解(予測, 解決)が難しい；不可解な. personnage ~ 謎めいた人物.

indécis(e) *a.* **1** (人が)決心のつかない, 決断力を欠く；優柔不断な, ためらっている. caractère ~ 優柔不断な性格. un homme ~ 決断力に欠けた(優柔不断な)男. demeurer (rester) ~ entre deux solutions 二つの解決策のうちどちらを取るか決めかねている.
2 (事柄が)未決定の；結果のはっきりしない. question ~e 未解決の問題. résultat ~ どうなるかわからない結果.
3 はっきりしない；曖昧な, どっちつかずの. aube ~e 明け方の薄明かり. contours ~s 曖昧な輪郭. pensées ~es はっきりしない考え. sourire ~ 曖昧な微笑. temps ~ はっきりしない天気. termes ~s 曖昧な表現.
——*n.* 決断力を欠く人；優柔不断な人.

indécision *n.f.* **1** 不決断；優柔不断；逡巡, ためらい. ~ du geste ためらった仕種. ~ de la voix 声に表われたためらい. demeurer (rester, flotter) dans l'~ 逡巡する. au terme d'une longue ~ 長い間ためらった挙句.
2 〔稀〕曖昧さ. ~ des nuances 色合(ニュアンス)の曖昧さ.

indécodable *a.* 解読不能の. cryptogramme ~ 解読不能の暗号文.

indéfectible *a.* **1** 永続的な, 不変の；破れ得ない. amitié ~ 変らぬ友情. principe ~ 不変の原則.
2 欠陥のない, 誤ることのない. courage ~ 不屈の勇気. mémoire ~ 誤ることのない記憶力.

indéfini(e) *a.* **1** 際限のない, 限度のない. espace ~ 無限の空間. nombre ~ de + *n.* 無数の…. temps ~ 際限のない時間.
2 不確定の；漠然とした. mission ~ 不確定の使命. tristesse ~e 漠とした悲しみ.
3 〖論理〗定義されていない. terme ~ 未定義辞項.
4 〖言語・文法〗不定の. adjectif ~ 不定形容詞. 〔mot〕 ~ 不定詞. pronom personnel ~ 不定人称代名詞.
5 〖数〗intégrale ~e 不定積分.

6 〖植物〗florescence ~e 無限花序.

indélébile *a.* **1** 消えにくい. encre ~ 消えにくいインク. tache ~ 消えにくいしみ.
2 消し去ることができない. impression ~ 拭い去れない印象.

indemne [-dɛmn] *a.* **1** 傷を受けない, 無傷のままの. quartier ~ pendant le bombardement 爆撃を通して無傷だった街区. vignoble ~ de phylloxéra フィロクセラの被害を蒙っていない葡萄畑. sortir ~ d'un accident 事故から無傷で脱出する.
2 〖法律〗〔古〕賠償を受けた(=indemnisé).

indemnisable *a.* 損害を補償されるべき, 補償を受けることができる. Tout propriétaire exproprié est ~. 収用された不動産所有者はすべて補償の対象となる.

indemnisation *n.f.* **1** 補償；賠償. ~ des sinistrés 被災者に対する補償. ~ en argent 金銭による賠償. ~ en nature 現物による賠償.
2 補償金, 補償額；賠償金, 賠償額. toucher une forte ~ 巨額の補(賠)償金を手にする.

indemnisé(e) *a.p.* 補償(賠償)を受けた. sinistrés ~s par l'Etat 国の補償金を受けた被災者.

indemnitaire *a.* 補償(賠償)としての. allocation (prestation) ~ 補償手当(給付金). obligation ~ (国有化企業の旧株主に対する)補償債券. principe ~ 賠償原理.
——*n.* 補償(賠償)金受領者.

indemnité *n.f.* **1** 補償金, 賠償金, 賠償, 損害賠償〔金〕. ~ de licenciement 解雇一時金〔勤続2年以上の常用被雇用者に対しては法律によって最低額が決められていて, 在勤1年当り月額賃金の10分の1, ないしは20時間分の賃金となっている〕. 〖保険〗 ~ de préjudice 肉体的, 精神的苦痛に対する補償.
2 手当, 歳費. ~ de congés payés 有給休暇手当. ~s diverses de fonctionnaires 公務員諸手当〔職務の遂行に必要な被服や履物, 職務に伴う責任や危険など, 数千にのぼる名目で諸手当が支払われる〕. ~ de logement 住宅手当. ~ de résidence 任地手当. ~ journalière (社会保険の)日当休業補償. ~ légale de licenciement 法定解雇手当. ~ parlementaire 議員歳費.

indéniable (<dénier) *a.* 否定できない；明らかな. fait ~ 明白な事実. preuve ~ 文句のつけようのない証拠. témoignage ~ 明白な証言. Il est ~ que + *ind.* …であることは否定できない.

indépendance *n.f.* **1** 独立, 自主, 自立, 自由, 自主性. ~ énergetique エネルギーの自給〔率〕. ~ d'esprit 精神の自由. ~ du pouvoir judiciaire par rapport au pouvoir politique 政治権力に対する司法権の独立. ~ économique 経済的な自立. esprit d'~ 自立心. décider *qch* en toute ~ …を自

indépendant(e)

分だけの判断で決定する.〖史〗guerre de l'~ américaine アメリカ独立戦争. lutter pour l'~ de sa patrie 祖国の独立のために戦う. politique d'~ 独自性を全面に押し出す政策. proclamation d'~ 独立宣言. Le président est garant de l'~ nationale. 大統領は国家の独立の保障者である(第五共和政憲法第5条). une position qui vous garantit une certaine ~ あなたに一定の自由を保障する地位.
2 無縁性, 独立性.〖数〗~ d'un système d'axiomes 公理系の独立性.

indépendant(e) *a.* **1** 独立した, 独立の, 自由な, 自主性のある, 自主的な. commerce ~ 独立商業(伝統的な商業形態でcommerce intégré 統合商業, commerce concentré 集約商業の対). Etat ~ 独立国家. femme ~*e* 自立した女性. journal ~ (政治的に)中立の新聞. journaliste ~ フリー・ジャーナリスト. politique extérieure ~*e* 自主的な外交政策, 自主外交. Républicains ~*s* (RI) 独立共和派(1966年にジスカール・デスタン Giscard d'Estaing を中心に結成され, 1977年には共和党 Parti républicain に合流した；正確には全国独立共和連合 Fédération nationale des Républicains I~*s* という). travailleur ~ 個人事業主, 自由業. avoir une vie ~*e* 束縛されない生活をする. Son esprit ~ l'empêche de se faire des amis à l'école. 彼は個性が強いので学校で友達が出来ない.
2 (de) …と関わりない, 無縁の, 無関係の. Il ne faut pas confondre deux questions ~*s* l'une de l'autre. それぞれ別個の二つの問題を混同してはいけない. Les faits sont là, même s'ils sont ~*s* de vos intentions, pour montrer que vos efforts n'ont pas été suffisants. あなたの意図とは別かもしれないが, 事実はあなたの努力が足りなかったことを示している.
3 個別の, 独立した. chambre ~*e* 出入りが独立した部屋.〖文〗proposition ~*e* 独立節.〖機工〗suspension ~*e* 独立懸架.〖数〗variable ~*e* 独立変数.
—— *n.* 独立した人, 無所属, 独立共和派, 独立農民派. Centre national des I ~*s* et paysans (CNIP) 全国独立農民中道派(1949年にデュシェ Roger Duchet が創立した保守政党. 第四共和政時代には主要政党の一つだったが第五共和政になって次第に衰退).〖美術〗Salon des I~*s* アンデパンダン展.

indépendantiste *a.*〖民族〗独立派の, 独立主義者の. mouvement ~ 独立運動. revendications ~*s* 独立派の権利回復要求.
—— *n.* 好ましからぬ人物, 入国を拒みたい人物.

indésirable *a.* **1** 国に受けいれることが望ましくない. étrangers ~*s* 国内にいてもらいたくない外国人.
2 (グループなどにとって)好ましくない. présence ~ いてもらいたくない人の存在.
3 望んでいない. effets ~*s* d'un médicament 医薬品の好ましくない副作用.
—— *n.* **1** 好ましからぬ人物(特に外国人) (=persona non grata). expulsion d'~*s* 好ましからぬ外国人の国外追放.
2 好ましからぬ存在, 闖入者. traiter en ~ 闖入者扱いをする.

indétermination *n.f.* **1** 不確定；不明確さ. ~ du sens d'un texte テクストの意味の不明確さ.
2 不決断, 躊躇；優柔不断. être dans l'~ 躊躇している；優柔不断である.
3〖理〗不確定性. relations d'~ 不確定関係.
4〖数〗(関数値の)不定.

indéterminé(e) *a.p.* **1** 不確定の, 不明確な；曖昧な. date ~*e* 不確定の日時. à une date ~*e* そのうちいつか. espace ~ 境界のはっきりしない空間. sens ~ d'un mot 語の曖昧な意味. pour un temps ~ しばらくの間.
2〖数〗不定の. forme ~*e* (関数値の)不定形. valeur ~*e* des variables 変数の不定値.
3〖哲〗非決定論的な.
4〖稀〗決断していない, 迷っている. désirs ~*s* はっきりしない望み. Je suis encore ~ sur ce point. 私はこの点についてまだ迷っている.

index [ɛdɛks] [ラ] *n.m.inv.* **1** 人差指. mettre son ~ devant sa bouche 人差指を唇に当てる(黙れの合図). pointer son ~ vers …を人差指で示す. saisir qch entre le pouce et l'~ 何を親指と人差指でつまむ.
2 (計器の)指針. erreur d'~ 指針誤差.
3 索引, インデックス. ~ des noms propres 固有名詞索引.
4〖カトリック〗I~ 禁書目録(= [ラ] Librorum Prohibitorum；1966年に廃止). Ce livre est à l'I~. この本は禁書になっている.〖比喩的〗mettre qch (qn) à l'~ 何(人)を危険視する, 排斥する, 排除する.
5 示準, 標準. fossile ~ 示準(標準)化石(地質年代決定に役立つ化石).
6〖医〗係数, 指数. ~ colorimétrique 色素係数(血色素と赤血球数の比). ~ ictérique 黄疸指数. ~ mitotique (細胞の)分裂指数.
7〖電算〗指標, registre d'~ 指標レジスター.

indexation *n.f.*〖経済〗スライド制, 指数化方式(賃金や証券, 資本財などから得られる所得をインフレによる減価に対して保障する方法. 賃金の場合は物価上昇率を基準とするのが普通だが, その他の所得については生産高や生産性の動向が加味されることもある), (特に)賃金と物価上昇率との結び付け. clause d'~ 指数化方式条項. L'un des acquis majeurs de la politique économique de la gauche depuis 1983 est la fin de l'~. 1983年以降の左翼の経済政策があ

げた最大の成果のひとつは賃金と物価の結び付きを断ち切った点にある.

indexé(e) *a.p.* **1** 指数に合わせてスライドさせた. emprunt à capital ~ sur l'indice officiel du coût de la vie 生活費の公式指数にスライドする資金貸付. loyer ~ sur le coût de la vie 生活費スライド制利率.
2 索引付きの. documents ~*s* 索引付きの資料.

indexer *v.t.* **1**〖経済〗(指数などの指標に合わせて)スライドさせる. ~ un emprunt sur le cours de l'or 金の相場に公債をスライドさせる.
2 (の)索引を作る. ~ les mots 語の索引を作る.

indic [-k] (<*indic*ateur) *n.m.* 密告者, いぬ (=indicateur de police).

indica*teur*(*trice*)[1] *a.* 指示する, 表示する. borne ~ 道標. plaque ~ *trice* 表示板. poteau ~ 道路標識.〖競馬〗table ~ 標識板.
—*n.* **1** (警察の)密告者 (=dénonciateur;俗称 indic [-k]).
2〖行政〗情報提供者 (=informateur).

indicateur[2] *n.m.* **1** 案内書(表);時刻表. ~ des chemin de fer 鉄道時刻表.〔~〕Chaix シェークス・フランス国鉄時刻表. ~ des rues de Paris パリ街路案内〔書・表〕, パリ区分地図. ~ immobilier 不動産ガイド. consulter l'~ 案内書(時刻表)で調べる.
2 指示器, インジケーター (=compteur); 検知器, 検出計. ~ d'altitude (d'écoulement, de pente, de pression, de tension, de vide, de vitesse) 高度(流量, 傾斜, 圧力, 電圧, 真空, 速度)計. ~ de direction 方向指示器 (=clignotant). ~ de marées 検潮器 (=marégraphe). ~ de niveau d'eau (d'essence) 水位計(燃料計). ~ de pression d'huile 油圧計.〖航空〗~ de virage 旋回計. ~ téléphonique 未信電話表示器. ~ visuel d'accord (ラジオの)同調可視表示装置.
3〖化〗指示薬, トレーサー. ~*s* colorés 呈色指示薬. ~*s* de pH ペーパー指示薬. ~ radioactif 放射性指示剤, 放射能トレーサー (=radio-~, radio traceur).
4〖経済・社会・統計〗指標 (=indice). ~ d'alerte 警戒指標. ~ de la crise 経済危機を示す指標. ~*s* économiques (sociaux) 経済(社会)指標.〖株式〗~ de tendance 株価動向指標.
5〖生態〗指標〔生物〕.
6〖言語〗~ syntagmatique 連辞(統合)指示図.
7〖電算〗インジケーター.
8〖鳥〗みつおしえ.

indicati*f*[1](*ve*) *a.* (de の)示す, 指示する;例示的な. colonne ~*ve* des marées 潮位指示柱. état ~ des dépenses 支出明細書.〖文法〗mode ~ 直説法. signe ~ d'une maladie 病気の徴候. à titre ~ 参考までに. prix communiqué à titre ~ 参考価格.

indicatif[2] *n.m.* **1**〖通信〗~ d'appel コールサイン.
2〖電話〗~〔téléphonique〕(加入者番号の前の)地域局番, 市外局番;国別番号. ~ d'un département (d'un pays) 県(国)局番. ~ de zone 地域局番.
3 (ラジオ, TV の)番組テーマ音楽 (=générique).
4〖文法〗直説法 (=mode ~). le présent de l'~ 直説法現在.

indication (<indiquer) *n.f.* **1** 指示, 表示;教示;言及, 指摘. ~ de paiement 弁済の表示. ~ de provenance (商品の)出所表示, 輸入先の表示. ~ d'origine (商品の)原産地(原産国)表示.
2 標識. ~ de la route 道路標識.
3 情報;証拠, 状況証拠 (=indice);手掛かり;兆し, 徴候. à titre ~ 参考までに. donner une fausse ~ 間違った情報を与える. fournir des ~*s* 情報を提供する. Sa fuite est une ~ de sa culpabilité. 彼が逃亡したことは有罪である証拠だ.
4〔多く *pl.*〕指図, 命令, 勧告. ~*s* de *qn* 人の指図.〖劇〗~*s* scéniques ト書. suivre les ~*s* de *qn* 人の指示に従う.
5〖医・薬〗適応(症). ~〔thérapeutique〕(治療法・医薬品の)適応 (contre-~「禁忌」の対). ~*s* d'un médicament (d'une eau minérale, d'une intervention chirurgicale) 医薬品(ミネラル・ウォーター, 外科手術)の適応(症の指示).
6 (計器の)示度, 表示度数.
7〖美術〗〔*pl.* で〕(カンヴァス上の)素描.

indicatrice[2] *n.f.*〖理〗~ de diffusion (d'emission) 散乱(放射)標識(位相関数).

indice *n.m.* **1** 指数, 値, 率.〖株式〗~ CAC40 CAC 40 株価指数(パリ証券取引所の電算機処理連続建値 40 銘柄指数).〖放送〗~ d'écoute 聴取率. ~ d'octane d'un carburant 燃料のオクタン価.〖経済〗~ de la production industrielle 鉱工業生産指数. ~ des prix de détail 小売物価指数.〖光学〗~ de réfraction 屈折率. ~ des ressources et emplois des biens et services (base 100 année précédente) 財・サービス総供給, 総需要指数(前年=100). ~ mensuel des prix à la consommation des ménages (série parisienne de 295 postes de dépense) 家計消費物価指数(295 品目パリ関係). principaux ~ économiques 主要経済指数 (INSEE の統計では農業生産, 工業生産, 鉄道輸送量, 貿易数量, 卸売物価, 小売物価, 金属産業時給, 株価, 国民所得からなる).〖医〗~ thérapeutique (薬の)治療指数.
2 印;徴候;証拠, 手掛り;〖法律〗(犯罪の)徴表, 間接事実. ~ d'une maladie 病気の徴候. ne pas avoir aucun ~ 何ら徴候が認められない.

3〖数〗添字(Xi:X indice un);(根号の)指数($_3\sqrt{\ }$ の3など).
4〖経済〗(給与の)号俸(=de traitement).

indiciaire *a.* 指数に基づく;情況証拠による. classement ~ 指数による分類. grille ~ de salaires 賃金の指数一覧〔表〕.〖税〗impôt ~ 指数準拠課税;外形標準課税.

indien(ne) *a.* **1** インド (l'Inde) の;インド共和国 la république de l'Inde の;インド人の;インド産の. art ~ インド芸術.〖植〗chanvre ~ インド大麻. civilisation ~ *ne* インド文化. coq ~ 七面鳥 (=coq d'Inde). mythologie ~ *ne* インド神話. l'Océan ~ 印度洋. Parti du Peuple ~ インド人民党. la péninsule ~ *ne* インド半島. politique ~ *ne* de neutralisme インドの中立政策. roupie ~ *ne* インド・ルピー《インドの通貨;略記 INR》. soie ~ *ne* 印度絹. sous-continent ~ インド亜大陸.
2 アメリカインディアンの (=amérindien). civilisation ~ *ne* d'Amérique アメリカのインディアン文化. été ~ 小春日和 (=été des I ~s;été de la Saint-Martin).〖水泳〗nage〔à l'〕~ *ne* 抜き手. en (à la) file ~ *ne* 縦にぴったり並ぶ.
3 (南米の)インディオの. tribus ~ *nes* d'Amazonie アマゾン河流域のインディオ部族.
──*n.* **1** インド人. I ~ *ne* hindouiste ヒンドゥー教徒のインド女性.
2 (北米の)インディアン. I ~ apache アパッチ・インディアン. réserve d' I ~s インディアン特別居住区. jouer aux I ~s インディアンごっこをする.
3 (南米の)インディオ. I ~s maya マヤ族インディオ.
4〖天体〗I ~ インディアン座.

indifférence *n.f.* **1** 無関心;無頓着. ~ à (pour) …に対する無関心. ~ à la politique 政治に関する無関心. avec ~ 無頓着に,平然と.
2 冷淡,無関心;(異性に対する)つれなさ. jouer l'~ 無関心を装う.
3 宗教的無関心 (= ~ religieuse), 宗教的無差別観.
4〖理〗不活性,中立性. ~ électrochimique 電気化学的中立性. ~ magnétique 磁気的不活性.

indifférent(e) *a.* **1** (人が)無関心な;冷淡な,つれない. air ~ 無関心な(つれない)様子. homme ~ 無関心な(冷淡な)人. regard ~ 冷たい眼差し.〖人が主語〗être ~ à *qn* (*qch*) 人(何)に対して無関心である. être ~ à l'argent 金に無頓着である. laisser *qn* ~ 人の関心をひかない.
2 興味をひかない,つまらない;どうでもよい. chose ~ *e* à *qn* 人の興味をひかない事柄. causer de choses ~ *es* とりとめのない話をする. conversations ~ *es* とりとめのない会話.

être ~ à *qn* 人にとってどうでもよい.〔非人称構文〕Il est ~ 〔à *qn*〕de + *inf*. (que + *subj*.)〔人にとって〕…はどうでもよいことだ. Il n'est pas ~ de + *inf*. (que + *subj*.)…には無関心ではいられない.
3 不活性の;〖理〗中立の. équilibre ~ 中立平衡. espace ~ 中立空間.〖心〗états ~s 無関心状態.
4〖古〗差別をしない,公正な. tiers ~ 公正な第三者.
──*n.* 無関心な人;冷淡な人.

indigène *a.* **1**〖生〗(地方に)固有の,在来の (exotique「外来の」の対). plantes ~s et plantes exotiques 在来植物と外来植物. Le maïs et la pomme de terre ne sont pas ~s en Europe. トウモロコシとじゃがいもはヨーロッパ原産のものではない.
2 土着の. population ~ 現地人. religion ~ 土着宗教.
3〖多く蔑〗(植民地に)原住の;原住民の. art ~ 原住民芸術.〖史〗affaires ~s (北アフリカのフランス植民地の)軍政組織. coutume ~ 原住民の風習. main-d'œuvre ~ 原住民労働者. population ~ 原住民. troupes ~s (植民地の)原住民軍. ville ~ et ville européenne 原住民の町とヨーロッパ人の町.
──*n.* **1** 土着民.
2 (植民地の)原住民. ~s d'Australie オーストラリアの原住民 (= aborigène). colons et ~s 入植者と原住民.
3 現地人 (= habitant) (étranger「外国人」, visiteur「外からの旅行者」の対).

indigeste *a.* **1** 消化の悪い. aliment ~ 消化の悪い食物. cuisine lourde et ~ 重くて消化の悪い料理.
2〔比喩的〕(作品が)よくこなれていない;未消化の. lectures ~s こんがらがった読解. ouvrage ~ よくこなれていない作品.

indigestion *n.f.* **1**〖医〗消化不良〔症〕(俗称の crise de foie は誤用). avoir une ~ 消化不良を起す. se donner une ~ de chocolat チョコレートの食べ過ぎで体の具合を悪くする.
2〔比喩的〕消化不良.〖話〗avoir une ~ de *qch* …に食傷気味になる,…に飽きる,…にうんざりする.

indignation *n.f.* 憤慨;義憤. ~ pour (à l'égard de;contre;envers) *qch* (*qn*) 何(人)に対する憤慨. ~ publique 大衆の義憤. cris d'~ 憤怒の叫び. légitime ~ 尤もな憤慨. avec ~ 憤然として. être rempli d'~ 憤怒に満ち溢れている. exciter (provoquer) l'~ de *qn* 人を憤慨させる. exprimer (manifester;faire éclater) son ~ 憤慨を表わす.

indigne *a.* **1** (de に)値しない, ふさわしくない. crime ~ de pardon 赦されない罪. fils ~ de son père 不肖の息子. être ~ de notre confiance われわれの信頼に値しない.

être ~ de+*inf.* …するに値しない(ふさわしくない);…には及ばない.〖法律〗être ~ de succéder 相続欠格である.
Il est ~ de vivre. 彼には生きる値打ちがない. Il est ~ que+*subj.* …であることは無駄である. C'est ~ de vous+*inf.* …することはあなたらしからぬことだ. Ce travail est ~ de lui. この仕事は彼にやらせるほどのものではない.

2 (人が職務などに)ふさわしくない. nos ~s soldats 我国の兵士の名に値しない者たち. père ~ 父親の名に値しない男.

3 卑劣な, 恥ずべき;けしからぬ. ~ attachement 恥ずべき執着. artifices ~s 卑劣な駆引き. conduite ~ 卑劣な(けしからぬ)振舞い.

4〔古〕Votre ~ serviteur. 敬白, 頓首《手紙の末尾の文言》.

——*n.*〖法律〗相続欠格者.

indigné(**e**) *a.p.* **1** 憤慨した;義憤を覚えた. être ~ de *qch* (de+*inf.*; que+*subj.*) 何に(…して;…であることに)憤慨している. être ~ par *qch* (*qn*) 何に憤慨させられる.

2 憤慨を表した, 憤然とした. cri ~ 憤激の叫び声. fureur ~*e* 憤怒. regards ~*s* 憤然とした眼差し.

indignité *n.f.* **1**〖法律〗相続欠格(= ~ successorale).

2〖法律〗権利喪失, 欠格, 無資格. ~ nationale 祖国反逆罪(1944年のオルドナンスにより制定した犯罪;市民権剥奪等の処分を受けた).

3〔文〕ふさわしからぬこと;卑劣さ;恥ずべき行為. ~ de sa conduite 彼の行為の卑劣さ. commettre des ~s 卑劣な行為をする. Quelle ~! 何と恥ずべきことか!

indigo [ɛ̃-][西] *n.m.* **1** インディゴ, インジゴ《藍 indigotier の葉からつくる染料》. ~ blanc インディゴ白. ~ bleu インディゴチン(藍の主成分).〖医・薬〗~ carmin インディゴカルミン(腎機能検査薬として用いる青色色素). ~ synthétique 合成インディゴ, アニリンブルー(=bleu d'aniline).

2 藍色;インディゴ青《スペクトルの基本色の一つ》.

3〔植〕藍《染料の藍の原料》.

——*a.inv.* 藍色の. bleu ~ インディゴ・ブル. ciel ~ 藍色の空.

indigotier *n.m.* **1**〖植〗藍《papilionacées まめ科, Indigofera 属の植物;染料の原料》. **2** 藍栽培者;藍染料製造者, 藍職人.

indigotine *n.f.*〖化〗インディゴチン(藍色染料;$C_{16}H_{10}N_2O_2$).

indiqué(**e**) *a.p.* **1** 指示された;指定された. à l'endroit ~ 指定の場所に. à l'heure ~*e* 指定の時刻に.

2 (pour, dans に) 適応する, うってつけの. médicament ~ pour le rhume 風邪に効く薬. C'est [le moyen] tout ~. それは正にうってつけだ.

indirect(**e**) *a.* **1** 間接の, 迂回した.〖法律〗action ~*e* 間接訴権.〖法律〗avantage ~ 間接利得. chemin ~ 回り道. démocratie ~*e* 間接民主制.〖法律〗dommage ~ 間接損害. éclairage ~ 間接照明. effet ~ 間接効果.〖税〗impôt ~ 間接税.〖法律〗ligne ~*e* (親族の)傍系. responsabilité ~*e* 間接責任. salaire ~ 間接賃金(給与). suffrage ~ 間接選挙.

2 間接的な, 婉曲な. avis ~ 間接的の意見. critique ~ 間接的の批判. reproche ~ 遠回しな非難. d'une manière ~*e* 間接的に. 婉曲に.

3〖文法〗間接の. complément [objet] ~ 間接〔目的〕補語. discours ~ 間接話法. discours ~ libre 自由間接話法. interrogation ~*e* 間接疑問. style ~ libre 自由間接話法〔文体〕. verbe transitif ~ 間接他動詞.

indiscipline *n.f.* 規律の欠如;乱脈, 不従順, 放縦. ~ d'écoliers turbulents 騒がしい生徒たちの乱脈さ. ~ des troupes 軍隊の規律の欠如. acte d'~ 規律に欠ける行動. esprit d'~ 規律を守らぬ精神〔の持主〕. faire preuve d'~ 規律の無さを示す.

indiscret(**ète**) *a.* **1** (人が)慎みのない, 無遠慮な, 不躾な;差出がましい. démarche ~ 慎みに欠ける振舞い. familiarité ~*ète* なれなれしさ. question ~*ète* 無遠慮な質問. jeter un regard ~ 無遠慮な視線を投げかける. Est-il (Serait-ce) ~ de vous demander votre âge? 不躾ながらお歳をうかがってよろしいでしょうか?

2 (人が)口の軽い, お喋りの;秘密を守らない. confident ~ 秘密を守らない聞き役. médecin ~ (守秘義務を守らない)口の軽い医者. Les Bijoux ~*s* de Diderot ディドロの『お喋り宝石』(1747年, 小説).

——*n.* 不躾けな(無遠慮な)人;口の軽い人.

indiscrétion *n.f.* **1** 不躾け, 無遠慮, 厚かましさ;無遠慮な行い(言葉). ~ de ses questions 質問の不躾けさ.
avec ~ 厚かましく. par ~ 不躾けに. sans ~ 遠慮しながら. Sans ~, peut-on savoir votre adresse. 失礼かとは存じますが, 御住所をお知らせください. avoir l'~ de+*inf.* 厚かましくも…する. commettre des ~*s* 不躾けな振舞をする. C'est de l'~. それは無遠慮だ. Excusez mon ~. 不躾けさをお赦しください.

2 秘密を洩らすこと, 口の軽さ;失言. ~*s* d'un journaliste ジャーナリストの不謹慎な言動(口の軽さ). commettre une ~ 失言をしでかす. Ce n'est pas une ~, tout le monde est au courant. それは秘密漏洩には当たらない, 皆が知っているのだから. Son ~ lui fait beaucoup d'ennemis. 彼の口の軽さが多くの敵をつくっている.

3〔古〕無分別.

indiscriminé(e) *a.p.* 無差別の. attentat ~ 無差別テロ.

indiscutable (<discuter) *a.* 異議をさしはさめない；明白な. fait ~ 明白な事実. homme ~ 非の打ちどころのない人物. succès ~ 明らかな成功. témoignage ~ 明白な証拠. Il est ~ que+*ind.* …であることは明白だ.

indispensable *a.* **1** 不可欠の，欠くべからざる，なくてはならない. aide ~ 不可欠の援助. chose ~ à *qn* 人にとって不可欠の事物. homme ~ à toutes les réunions あらゆる集会に欠かせない人. meubles ~s 必要最小限度の家具.
~ à (pour) *qch* 何にとって欠くことのできない. ~ pour+*inf.* (pour que+*subj.*) …に不可欠の. Il est ~ de+*inf.* (que+*subj.*) …することは絶対に必要である. se croire ~ 自分が不可欠の人間だと思う.
2 〔やや古〕免れることができない. obligation ~ 免れられない責務.
——*n.m.sing.* 不可欠のもの(こと).

indisponibilité *n.f.* 〖法律〗**1** (財産の)不可処分性.
2 (物権上の)不可処分性，譲渡不能性(=réelle).
3 処分制限. ~ juridique 法律上の処分制限. ~ matérielle 事実上の処分制限.
4 自由に動けないこと，役に立たないこと；(公務員の)休職. professeur qui se fait mettre en ~ 休職中の教授.

indissociable *a.* **1** 分離できない，切り離せない. L'avenir et l'existence même de l'humanité sont ~s de son milieu naturel. 人類の未来と存在そのものはその自然環境と切り離すことができない.
2 不可分の. totalité ~ 不可分の全体.

indissoluble *a.* **1** 解消できない，破棄できない. amitié ~ 確固たる友情. liens ~s 破棄できない絆. mariage ~ 解消不能な婚姻.
2 解けない；解決できない. énigmes ~s 解けない謎.

indistinct(e) [ɛ̃distɛ̃(kt), -kt] *a.* **1** はっきりしない，ぼけた，ぼんやりした. lueur ~*e* 薄明り. silhouette ~*e* ぼんやりした人影. vision ~*e* ぼやけた視野. voix ~*e* こもった声. apercevoir des objets ~s 物がぼんやり見える.
2 曖昧な，漠然とした. plan ~ 曖昧な計画. pressentiments ~s 漠たる予感. souvenir ~ ぼんやりした思い出.
3 混然とした；見分け難い.

indium [ɛ̃djɔm] *n.m.* 〖化〗インジウム《元素記号 In，原子番号 49；1803年発見の金属元素》.

individu *n.m.* **1** 個人. dignité de l'~ 個人の尊厳. droits de l'~ 個人の諸権利. l'~ et la société 個人と社会.
2 個体. 〖生〗le genre, l'espèce, l'~ 属，種，個体.
3 〔話〕〔しばしば蔑〕人，奴《単数では女性に使わない》. ~ bizarre 変な奴. C'est un drôle d'~ 奇妙な奴だ. dangereux ~ 危険人物.

individualisation 1 個別化，特定，同定. ~ de l'enseignement 教育の個別化. 〖法律〗~ de la peine 刑罰の個別化. ~ des salaires 給料の個別化.
2 〖法律〗(判事による)個別処分.
3 個体化，個性化.

individualisé(e) *a.* 個別的な. aide ~*e* aux élèves 生徒に対する個別援助.

individualisme *n.m.* **1** 個人主義. ~ de l'artisan 職人の個人体制. ~ en matière économique 経済上の個人主義(自由主義).
2 〖哲〗個体主義.

individualiste *a.* **1** 〖哲〗個体主義の. théorie ~ 個体主義理論. **2** 個人主義の；個性主義の，自己本位主義の，独自主義の.
——*n.* **1** 個体主義者. **2** 個人主義者；自己本位主義者.

individuel(le) *a.* **1** 個人の(collectif「集団の」の対). à titre ~ 個人の資格で. acte ~ 個人的行為. droits ~s 個人の権利，人権. liberté ~*le* 個人の自由. opinion ~*le* 個人的意見. propriété ~*le* 個人財産. responsabilité ~*le* 個人責任. titre ~ 個人タイトル.
2 個人名義の. consentement ~ 個人名義の同意.
3 個人的な；個人用の. cas ~ 個人的ケース，個々のケース. chambre ~*le* 個室. ordinateur ~ パーソナル・コンピュータ，パソコン. qualités ~*les* 個人の資質.
4 個人に関する. caractère ~ 個性.
5 〔スポーツ〕個人で行なう. poursuite ~*le* (自転車)個人追抜競走. sport ~ 個人競技スポーツ.

indivis(e) *a.* **1** 〖法律〗(財産などが)未分割の；共有の，分割不可の；(所有者が)共同の. biens ~ 不分割財，共有財産. propriétaires ~ 共同所有者. succession ~*e* (分割前の)共有相続財産. par ~ 分割せずに，共同所有として.
2 〖経済〗共同の. compte ~ 共同口座.

indivisaire *n.* 〖法律〗共同不分割権利者；共同所有者；共同相続人.

indivisibilité *n.f.* **1** (国家および領土の)不可分性，一体性. proclamation de l'~ de la République 共和国の不可分性の宣言.
2 (債務，抵当などの)不可分性. ~ conventionnelle 約定の不可分性.

indivisible *a.* 不可分の，分割できない，一体の. la République une et ~ 一つにして不可分の共和国. obligation (hypothèque) ~ 分割できない債務(抵当).

indivision *n.f.* 〖法律〗**1** (共有物などの)不分割，共有. ~ conventionnelle 約定に基づく不分割，共有. ~ forcée 強制不分割(共

有). ~ légale 法定不分割 (共有). régime légal de l'~ 法定不分割制度.

2〖広義〗不分割対象物. immeuble en ~ 不分割不動産. retrait d'~ 不分割持分の取戻し.

3 所有権の不分割 (共有) (=copropriété).

4 集合財産の共有.

in-dix-huit [in/ɛ-] *a.inv.*〖製本〗18 折判の(略記 in-18°). format ~ 18 折判.
——*n.m.inv.* 18 折判〔の本〕.

indo-aryen(ne) *a.*〖言語〗インド＝アーリア語族の.
——*n.m.* インド＝アーリア語族.

Indochine (l') *n.pr.f.* インドシナ. l'~ française 仏領インドシナ (1888 年以降のフランス植民地領の名称).

indochinois(e) *a.* インドシナ (l'Indochine) の. la Fédération ~e インドシナ連邦.
——*I*~ *n.* インドシナ人.

indo-européen(ne) *a.* インド・ヨーロッパ(印欧)語族の. langues ~nes インド・ヨーロッパ(印欧)語 (アルバニア語 l'albanais, アナトリア語 l'anatorien, アルメニア語 l'arménien, バルト語 le balte, ケルト語 le celtique, ゲルマン語 le germanique, ギリシア語 le grec, インド・アーリア語 l'indo-aryen, イラン語 l'iranien, イタリック語 l'italique, スラヴ語 le slave, トハラ語 le tokharien の主要 12 言語に分かれる).

indo-européen *n.m.* **1** インド・ヨーロッパ(印欧)語 (=langue ~ne), 印欧祖語.
2 les *I*~*-E*~*s* 印欧語系諸民族 (=peuples ~*s*).

indolence *n.f.* 〖医〗**1** 無痛性. ~ d'une tumeur 腫瘍の無痛性.
2 怠惰, 不精, 無為. ~ d'un esprit 精神的怠惰. être d'une incroyable ~ 信じられないほど怠惰である.
3〖古〗無感覚. ~ des stoïciens ストア学派の無感覚.

indolent(e) *a.* **1**〖医〗無痛性の (=in dolore). 〖医〗ulcère ~ 無痛性潰瘍.
2 無気力な, 怠惰な; 不精な, 物憂そうな. ~*e* oisiveté のらくら暮し. d'un air ~ 大儀そうに; 物憂そうに. écolier ~ 無気力な生徒.
3 静かな, 穏やかな. flot ~ 静かな波.
4〖古〗無感覚の. homme ~ 無感覚な人.
——*n.* 怠惰な人, 怠け者.

indolore *a.* 無痛性の, 無痛の (=indolent). extraction 〔dentaire〕~ 無痛抜歯. opération ~ 無痛手術. plaie ~ 痛みのない傷.

indométacine *n.f.* 〖薬〗インドメタシン (非ステロイド系のインドール酢酸系抗炎症薬).

Indonésie (l') *n.pr.f.* 〖国名通称〗インドネシア (公式名称: la République d'*I*~

インドネシア共和国; 国民: Indonésien(ne); 首都: Jakarta ジャカルタ; 通貨: rupiah [IDR]).

indonésien(ne) *a.* インドネシア (l'Indonésie) の, インドネシア共和国 (la République d'Indonésie) の; ~ の住民の; インドネシア語の.
——*I*~ *n.* インドネシア人.
——*n.m.* 〖言語〗インドネシア語.

in-douze [induz] *a.inv.* 〖印刷〗12 折判の. livre ~ 12 折判の本.
——*n.m.inv.* 12 折判; 12 折判の本 (略記 in-12, in-12°).

Indre *n.pr.f.* **1** l'~ アンドル川 (ロワール河左岸の支流; 長さ 265 km).
2〖行政〗l'~ アンドル県 (=département de l'~; 県コード 36; 県庁所在地 Châteauroux; フランスと UE の広域地方行政区の région Centre サントル地方に属す; 4 郡, 26 小郡, 247 市町村; 面積 6,824 km², 人口 231,139; 主要都市に Le Blanc, La Châtre, Issoudun; 形容詞 indrien (*ne*)).
3 アンドル (département de la Loire-Atlantique ロワール＝アトランティック県の町; 市町村コード 44610).

Indre-et-Loire *n.pr.f.* 〖行政〗l'~ アンドル＝エ＝ロワール県 (=département de l'~; 県コード 37; 県庁所在地 Tours; フランスと UE の広域地方行政区 région Centre サントル地方に属す; 3 郡, 37 小郡, 277 市町村; 面積 6,126 km², 人口 554,003; 主要都市に Chinon, Loches; 主な名所: château d'Amboise, ch. d'Azay-le-Rideau, ch. de Chenonceau, ch. de Langeais, ch. d'Ussé, ch. de Villandry).

indu(e) *a.* **1**〖文〗習慣 (規則, 道理) に反した, 不届きな, 怪しからぬ. heure ~*e* 時ならぬ時刻. rentrer à des heures ~*es* 時ならぬ時刻に帰宅する.
2〖法律〗不当な; 支払い義務のない, 非責の; 過払いの. paiement de l'~ 支払い義務のない支払い, 非債弁済. réclamation ~*e* 不当な要求.

indubitable (<douter) *a.* **1** 疑う余地のない, 確かな. preuve ~ 確たる証拠. succès ~ 疑う余地のない成功. Il est ~ que + *ind.* …であることは疑う余地がない. C'est ~. 確かにそれは確かだ.
2〖古〗不可避の.

inductance *n.f.* 〖電〗インダクタンス. ~ mutuelle (propre) 相互 (自己) インダクタンス.

induc*teur*¹(*trice*) *a.* **1** 〖論理〗帰納の, 帰納的. propositions ~ *trices* 帰納的命題.
2 〖電〗誘導の, circuit ~ 誘導回路. courant ~ 誘導電流. flux ~ 誘導磁束.
3 〖生〗誘導原の; 誘導性の, 誘発性の.
4 〖心〗誘導の.

inducteur² *n.m.* **1** 〖物理・電〗誘導子, 界磁; 〖化〗誘導質, 感応物質.

2 〖発生〗誘導原, 誘導物質；〖薬〗誘導(誘発)剤. ~ enzymatique (肝臓の)酵素誘導物質. ~ de l'ovulation 排卵誘導剤.
3 〖心〗(連想の)刺激語.

inductible *a.* 〖生化〗誘導性の. enzyme ~ 誘導酵素.

inducti*f* (*ve*) *a.* **1** 〖論理・数〗帰納的な (déductif「演繹的な」の対). méthode ~ *ve* 帰納法.
2 〖電〗誘導性の. courant ~ 誘導電流.
3 〖化〗誘発性の. effet ~ 誘起効果.

induction *n.f.* **1** 〖論理・数〗帰納〔法〕 (déduction「演繹〔法〕」の対), 帰納的推理. ~ mathématique 数学的帰納法. raisonnement ~ 帰納推理.
2 〖物理・電〗誘導, 感応. ~ électro-magnétique (magnéto-électrique) 電磁誘導. ~ électrostatique 静電誘導. ~ magnétique 磁気誘導. bobine d'~ 誘導(感応)コイル. courant d'~ 誘導電流. moteur à ~ 誘導電動機, インダクションモーター. plaque chauffante à ~ パネルヒーター.
3 〖生〗誘導；〖医〗誘導, 誘発. ~ hétérogène 異質誘導. ~ de l'ovulation 排卵誘発〔法〕. ~ du travail 陣痛誘発〔法〕.
4 〖医〗(麻酔の)導入〔覚醒状態から麻酔状態への誘導〕. ~ de l'anesthésie 麻酔導入. anesthésie de l'~ 導入麻酔.

induit¹ (*e*) (<induire) *a.p.* **1** 帰納された.
2 誘発された. 〖心〗terme ~ (連想により)誘発された語. 〖生〗tissu ~ 誘発組織.
3 誘導された. 〖電〗circuit ~ 被誘導回路. 〖電〗courant ~ 誘導電流.

induit² *n.m.* 〖電〗被誘導回路(= circuit ~)；(誘導電動機の)回転子, 電機子. ~ denté 有溝電機子. ~ en anneau (en disque, en tambour) 環状(円盤状, ドラム状)回転子.

indulgence *n.f.* **1** 寛大, 寛容, 寛恕. avec ~ 寛大に. avoir de l'~ 寛大である. sans ~ 手厳しく, 容赦なく.
2 〖カトリック〗贖宥, 免償, 免罪符；〖英史〗(非国教徒に対する)信仰寛容. ~ plénière 全免償.

induration *n.f.* 〖医〗(組織の)硬化, 硬結；硬化部.

induré(*e*) *a.* 〖医〗(組織が)硬化した. érythème ~ de Bazin バザン硬結性紅斑.

industrialisation *n.f.* 工業化, 産業化, 産業的発展. ~ de l'agriculture 農業の工業化. ~ d'une région sous-développée 低開発地域の産業開発.

industrialisé(*e*) *a.* 工業化された, 先進工業を備えた. monde ~ 先進工業国世界. nouveau pays ~ 新興工業国《略記 NPI；=〖英〗NICS：*n*ewly *i*ndustriali*z*ing *c*ountries；現在は nouvelle économie ~*e* =〖英〗NIES：*n*ewly *i*ndustriali*z*ing *e*conomies というのが普通》. sommet des pays ~*s* 先進工業国首脳会議, サミット

(démocratie industrielle も先進国の意；ただし「西側の」の意味を含む).

industrialiste *a.* 産業優先的な, (財務省に対して)産業省を重視する.
—*n.* (財務省に対して)産業省派, 産業政策重視主義者.

industrie *n.f.* **1** 産業, 工業. ~ de base 基幹産業. ~ de transformation 加工産業, 製造業. ~ légère 軽工業. ~ lourde 重工業. ~ nationale 国内産業. ~ pétrolière 石油産業.
2 企業. petites et moyennes ~*s* (PMI) 中小企業.
3 勤労；生業, 稼業. apport en ~ 勤労出資.

industriel(*le*) *a.* **1** 産業・工業の. activité ~ *le* 産業活動. dessein ~ 工業デザイン. établissement public ~ et commercial 商工業的性格の公共機関, 特殊法人. milieux ~*s* 産業界. modèle ~ 工業製品の型. production ~ *le* 工業生産. propriété ~ *le* 工業所有権. révolution ~ *le* 産業革命.
2 勤労；生業, 稼業の. propriété ~ *le* 勤務による工業所有権.
—*n.* 産業人, 実業家.

inébranlable (<ébranler) *a.* **1** 揺がない. colonne ~ 揺がない円柱.
2 不屈の, 確固とした. bataillon ~ 頑強な部隊. foi ~ 揺がぬ信仰. résolution ~ 不屈の決意.

INED, Ined (= *I*nstitut *n*ational d'*é*tudes *d*émographiques) *n.m.* 国立人口問題研究所《1945 年設立》.

inédit(*e*) *a.* **1** 未刊の；未発表の, 未公開の. correspondance ~*e* 未発表書簡集. film ~ en France フランスで未公開の映画. poème ~ 未刊(未発表)詩編.
2 斬新な, 独創的な, 前例のない, 新機軸の, 前代未聞の. histoire ~*e* 前代未聞の話. spectacle ~ 斬新なショー.
—*n.m.* **1** 未刊(未発表)作品. **2** 斬新さ, 新機軸. C'est de l'~ これは前代未聞だ.

ineffable *a.* **1** 言葉で言い表せない. bonheur ~ 名状し難い幸せ. l'Etre ~ 神.
2 〖話・蔑〗言葉で言えないほど滑稽な, 奇妙奇天烈(きてれつ)な. ~ chapeau 奇妙な帽子.

ineffectivité *n.f.* 〖法律〗(法規範の)非実効性；実効性の欠如.

inefficace *a.* **1** 効力のない；効き目のない. médicament ~ 効き目のない医薬品. mesure ~ 実効のない措置.
2 (人が)役に立たない, 無能な. collaborateurs ~*s* 無能な協力者たち.

inefficacité *n.f.* **1** 無効〔性〕. ~ d'un secours 援助の効き目の無さ. ~ d'un vaccin ワクチンの無効性.
2 無能〔性〕. ~ d'un ministre 大臣の無能ぶり.

inefficient(*e*) *a.* 効果のない. efforts ~*s*

効果のない努力.

inégal(ale)(*pl.***aux**) *a.* **1** 等しくない, 不均等な; 不平等な; 不揃いな; 不釣合な; 力の違う. côtés ~ *aux* 不等辺. joueurs ~ *aux* 力量に差のある競技者. partage ~ des biens 財産の不平等配分. prestation ~ *ale* 不平等給付.
2 起伏のある, 凸凹のある. chemin ~ でこぼこ道.
3 不規則な. mouvement ~ 不規則運動. 〖医〗pouls ~ 不整脈.
4 むらのある; 移り気な. artiste ~ むらの多い芸術家. humeur ~ *ale* むら気.

inégalé(e) *a.* 比類のない, 並外れた. qualité ~*e* 比類のない資質(品質). record ~ 前人未到の記録. violence ~*e* 常軌を逸した暴力.

inégalité *n.f.* **1** 不平等, 不均等, 格差, 差異, デバイド; 〖数〗不等式. ~ des revenus 所得格差. ~ sociale 社会的不平等(=fracture sociale). ~ d'accès aux nouvelles technologies de l'information et de la communication ディジタルデバイド(=fracture numérique). Parmi les pays européens, la France se distingue par des inégalités sociales faibles mais aussi par des inégalités devant la protection sociale qui sont parmi les plus élevées. ヨーロッパ諸国の中でフランスは, 社会的格差は小さいが, しかし社会保障の分野ではもっとも大きな不平等が認められる国の一つである.
2 不規則性, むら. 〖医〗~ du pouls 脈拍の不整.
3 起伏. ~ d'une surface 表面の起伏.

inéligibilité *n.f.* 被選挙資格の欠如, 選出無資格性. ~ absolue 被選挙権の絶対的欠格.

inéluctable *a.* 避けられない, 不可避な. destin ~ 避けられない運命.
——*n.m.* 不可避なこと. se soumettre à l'~ 不可避なことを甘受する.

inemploi *n.m.* 失業(=chômage).

inemployé(e) *a.* (物について)使われていない; (人が)失業中の. argent ~ 使われていない金. énergie ~*e* 遊休エネルギー. ressources ~ *es* 未活用資源.

ineptie *n.f.* **1** 馬鹿らしさ.
2 馬鹿げた言動; 愚行; 愚作. débiter gravement des ~ *s* ひどく馬鹿なことをべらべら喋る. Ce film est une ~. この映画は愚作だ.

inépuisable (<épuiser) *a.* **1** 汲み尽くせない. source (fontaine)~¹ 汲めども尽きぬ泉.
2 〔比喩的〕無尽蔵の. mine ~ 無尽蔵の鉱山. richesse ~ de la France フランスの無尽蔵の富. source ~² de tristesse くめども尽きせぬ悲しみの根源.
3 〔比喩的〕とめどなく喋る. un bavard ~ とめどもなく喋る人.

4 〔比喩的〕無限の; 底知れぬ. ~ curiosité 果てしない好奇心. force ~ de la jeunesse 若さの底知れぬ力.

inéquitable *a.* 〔稀〕不公平な, 衡平に欠ける. partage ~ 不公平な分配.

Ineris (=*I*nstitut *n*ational de l'*e*nvironnement industriel et des *ris*ques) *n.m.* 国立産業環境災害研究所.

inerte *a.* **1** 〖化〗不活性の; 〖物理〗慣性の. 〖物理〗force ~ 慣性力. 〖化〗gaz ~ 不活性ガス(気体). 〖物理〗masse ~ 慣性質量. matière ~ 無機物. 〖農〗sol ~ (耕土と心土間の)不活性地層.
2 動かない, 無気力な, 生気のない, 無反応の. corps ~ 動かない肉体. visage ~ 生気のない表情.

inertie *n.f.* **1** 〖物理〗慣性, 惰性; 〖化〗不活性. ~ électromagnétique 電磁慣性. ~ mécanique 力学的慣性. force d'~ 慣性力; 〔比喩的〕消極的抵抗. opposer la force d'~ à violence 暴力に消極的に抵抗する. 〖航空・海〗navigation par ~ 慣性航法. principe d'~ 〖物理〗慣性の法則; 〖精神分析〗慣性原則 (=loi d'~).
2 〖医〗無力(症). ~ intestinale 腸無力症. ~ utérine 子宮無力症; 陣痛微弱.
3 無気力; 不活溌; 無為無策. ~ gouvernementale 政府の無為無策. degré d'~ mentale 知的無力度. sortir de son ~ 無気力から脱する. vivre dans l'~ 無気力に生きる.

inertiel(le) *a.* 〖物理〗慣性の, 慣性に関する, 慣性による. 〖航空〗centrale ~ *le* 慣性航法装置(=système de navigation par inertie: =〔英〕INS: *i*nertial *n*avigation *s*ystem).

INES (=〔英〕*I*nternational *N*uclear *E*vent *S*cale) *n.f.* 国際原子力事象評価尺度 (=〔仏〕échelle internationale des évènements nucléaires)(原子力発電所等の事故・故障の重大性に関する標準基準; 1991年策定, 1992年実施).

◆échelles-~ 国際原子力事象評価尺度 (基準は7~0の8段階; 7: 深刻な事故 accident majeur (放射性物質の重大な外部放出; 1986年のチェルノブイリ Tchernobyl の事故がこれに相当); 6: 大事故 accident grave; 5: 事業所外へのリスクを伴う事故; 4: 事業所外への大きなリスクを伴わない事故 (2007年7月の柏崎刈羽原発のケース); 3: 大きな異常事象 (故障) incident grave; 2: 異常事象; 1: 逸脱 anomalie; 0: 尺度以下(安全上重要でない事象); 上記以外は尺度対象外).

inescomptable *a.* 〖商業〗(手形が)割引できない. billet ~ 割引できない手形.

inespéré(e) (<espérer) *a.* 思いがけない, 望外の. bonheur ~ 望外の幸せ. évènement ~ 思わぬ出来事, 僥倖. occasion ~*e* 思いがけない機会. victoire ~*e* 予想外の勝

利.
——*n.m.* 望外の事.

inestimable (＜estimer) *a.* **1** 評価できない, 測り知れない. dégats ～*s* 測り知れない被害. richesses ～*s* 莫大な富.
2 評価できないほど高価な (＝inappréciable). tableau (trésor)～ 極めて高価な絵画 (財宝).
3 この上なく貴重な. bienfaits ～*s* この上もなく立派な善行. santé ～ この上ない健康.

INETOP (＝*I*nstitut *n*ational d'*é*tudes du *t*ravail et d'*o*rientation *p*rofessionnelle) *n. m.* 国立労働職業指導研究所《1928年創立；à Paris》.

inévitable *a.* **1** 不可避の, 免れ難い. catastrophe ～ 不可避の災難. difficulté ～ 避け難い障害. Il est ～ de＋*inf.* (que＋*subj.*) …ということは免れ難い.
2 手離せない, つきものの. son ～ béret 彼が手離せないベレー帽.

inexact(e) [inɛgza〔kt〕, -kt] *a.* **1** 不正確な；誤った. calcul ～ 間違った計算. données ～*es* 不正確なデータ. traduction ～*e* 正確でない翻訳；誤訳.
Il est ～ que＋*subj.* (de＋*inf.*) …のは正しくない. Non, c'est ～. いいえ, それは正しくない.
2 几帳面でない, 時間を厳守しない. être ～ à un rendez-vous 待ち合わせの約束を守らない.

inexactitude *n.f.* **1** 不正確さ；間違い；誤り. ～ d'un calcul 計算の誤り. ～ d'une description 記述の不正確さ. ～ d'un historien 歴史家の不正確さ.
2 几帳面でないこと；(時間などに)だらしないこと. ～ quotidienne d'un élève 生徒の日常のだらしなさ.

inexécutable *a.* 実行できない；『音楽』演奏できない. musique ～ 演奏不能の音楽. ordre (plan)～ 実行不能な計画 (命令).

inexécution *n.f.* **1** 実行しないこと；実行されないこと. ～ des projets 計画の不実行.
2 『法律』(債務などの) 不履行. ～ d'un contrat (d'une obligation) 契約 (債務) の不履行. ～ partielle (totale) 部分的 (完全) 不履行. exception d'～ (双務契約における) 同時履行の抗弁(権).

inexigibilité [-ɛgziʒi-] *n.m.* (債務などの) 請求不能〔性〕. ～ d'une créance 債権の請求不能性.

inexistant(e) (＜exister) *a.* **1** 存在しない, 非現実的な. difficultés ～*es* ありもしない障害. entité ～*e* 実在しない観念的存在. réactions ～*es* 無反応. univers ～ du rêve 夢の中の非現実世界.
2 〖話〗無価値な, あって無いような, 無に等しい, (人が)いないも同然の. aide ～*e* 無意味な援助. un type complètement ～ 全く無価値な人間.

inexistence *n.f.* **1** 存在しないこと, 非在；〖法律〗不存在；不成立. ～ d'une loi 法の不在. ～ de preuves 証拠の不在.
2 無いも同然のこと；無価値；(人が)いないも同然のこと. ～ de ses arguments その議論の無意味さ.

inexorable *a.* **1** (人について) 峻厳な, 冷酷な. caractère ～ 冷酷な性格. cœur ～ 無情な心. juge ～ 峻厳な判事. être ～ aux supplications de *qn* 人の懇願を頑として聞き入れない. se montrer ～ 峻厳さを示す.
2 (物について) 仮借ない, 過酷な, 容赦ない. ～ fuite des heures 容赦なく流れる時間. fatalité ～ 仮借ない運命. hiver ～ 厳冬. loi ～ 過酷な法律. montée ～ des dépenses publiques 公共事業費の容赦ない上昇. soleil ～ 厳しい太陽光.

inexpérience *n.f.* **1** 無経験, 経験不足；未熟. ～ amoureuse 恋愛の経験不足. ～ de la jeunesse 若者の未熟さ. faute due à l'～ 経験不足による失敗.
2 〖古〗(経験不足による) 過誤, 不器用さ.

inexplicable (＜expliquer) *a.* 説明できない；不可解な. conduite ～ 不可解な行動. enigme ～ 説明のつかない謎. homme ～ 不可解な男, 奇妙な男.

inexploitable *a.* 利用不能の, (土地などが)開発不能の；(鉱脈などが)採掘不能の. gisement ～ 採掘不能の鉱床. renseignements ～*s* 利用不能の情報.

inexploré(e) *a.* **1** 未踏査の, 探検されていない. contrée ～ 未踏査の地方. terre ～*e* 未開拓地.
2 〖比喩的〗未開拓の. domaine encore ～ de la science まだ開拓されていない科学分野.

inexplosible *a.* 爆発しない, 非爆発性の. chaudière ～ 非爆発性ボイラー.

inexprimable *a.* 名状し難い, 表現しようのない, 言語に絶する. haine ～ 言語に絶する憎悪. idée ～ par le langage 言葉で言い表わせない考え.
——*n.m.* 表現し難いこと, 名状し難いもの. vouloir exprimer l'～ 表現し難いことを表現しようとする.

inexprimenté(e) *a.p.* **1** 経験のない；経験不足の, 経験の浅い；不慣れな. alpiniste ～ 経験の浅い登山家. jeune homme ～ 世慣れない (世間知らずの) 若者. pilote ～ 駆け出しのパイロット.
2 まだ試したことのない. arme encore ～*e* まだテストされていない武器.

inextensible *a.* 伸長しない, 非伸張性の. tissu ～ 伸長しない生地.
——*n.f.* 非伸長性 (＝inextensibilité).

in extenso [inɛkstɛ̃so] 〔ラ〕*l.ad.* 詳細に, もれなく. publier un discours ～ 演説を全文刊行する.
——*a.inv.* 完全な. compte rendu ～ d'un

débat à l'Assemblée nationale 国民議会の討論全速記録. publication ~ d'un discours 演説の全文の刊行

inextinguible *a.* **1** 消すことができない. feu ~ 消火不能の火.
2〔比喩的〕抑えることができない. rire ~ 抑えられない笑い. soif ~ 激しい喉の渇き.

in extremis [inɛkstremis]〔ラ〕*l.ad.* **1** 臨終に際して, 死に臨んで, 今はの際に.
2〔比喩的〕ぎりぎりの所で. éviter une catastrophe ~ 間一髪で大惨事を免れる. rattraper ~ un objet qui va tomber きりぎりのところでつかまえる.
——*l.a.* **1** 臨終の. mariage ~ 臨終時の結婚, 臨終婚. **2**〔比喩的〕ぎりぎりの.

inextricable *a.* **1** 解きほぐせない；抜け出せない；迷路のような. embouteillage ~ なかなか抜け出せない交通渋滞. enchevêtrement ~ 解きほぐせない糸のもつれ. réseau ~ de ruelles 迷路のような小路網.
2 錯綜した. affaire ~ 錯綜した事件. situation ~ こんがらがった状況.

INF-α (=*interféron alpha*) *n.m.*〖生化〗インターフェロン(ウイルス抑制因子)α〖白血球型〗.

infaillibilité *n.f.* **1** 無謬, 誤りを犯さないこと；〖神学〗(教皇の) 不可謬性(= ~ pontificale, ~ du pape). ~ d'une Eglise キリスト教会の不可謬性. ~ d'un jugement 判断の無謬性.
2 確実性. ~ d'une méthode 方法の確実性.

infaillible (<faillir) *a.* **1** (人が) 絶対に誤りを犯さない, 無謬の. Nul n'est ~. 絶対に誤りを犯さない者はいない. se croire ~ 自分は絶対に犯りを犯さないと信じる.
2 (方法などが) 絶対に間違いのない, 成功確実な；必ず起こる. méthode ~ 絶対に間違いのない方法. remède ~ 必ず効く治療薬. secret ~ pour réussir à l'examen 試験に合格する秘訣. succès ~ 確実な成功. Essayez, c'est ~. 試してごらん, 必ずうまく行くから.

infâme *a.* **1** 唾棄すべき, 恥ずべき. conduite (métier) ~ 恥ずべき行為(職業). crime ~ おぞましい重犯罪. lâcheté ~ 唾棄すべき卑劣さ.
2 汚ならしい；むさくるしい；不愉快きわまる, いやらしい. ~ odeur いやな匂い. logis ~ むさくるしい住まか.
3 低劣な, 破廉恥な. ~ saligaud うす汚れた卑漢. flatterie ~ 卑屈な追従.

infanterie *n.f.*〖軍〗〖集合的〗歩兵. régiment d'~ 歩兵連隊(略記 RI). ~ de marine 海兵隊(略記 IMa). régiment d'~ marine 海兵連隊(略記 RIMa).

infanticide *n.m.* 嬰児殺し；子供殺し.
——*n.* 嬰児殺し犯.
——*a.* 嬰児殺しの.

infantile *a.* **1** 小児の；小児に関する. maladies ~s 小児科疾患. médecine ~ 小児科医学.〔taux de〕mortalité ~ 小児死亡率. névroses ~s 小児神経症.
2〖医〗(大人の) 幼稚症 (infantilisme) の.
3 子供っぽい, 幼稚な. caprice ~ 子供っぽい気紛れ. réaction ~ 幼稚な反応.
——*n.*〖医〗(大人の) 幼稚症患者.

infantilisation *n.f.* (成人, 特に老人の) 小児化.

infarci(e) *a.*〖医〗(組織・器官が) 梗塞した. artère coronaire ~ 梗塞を起こした冠状動脈. cœur (poumon) ~ 梗塞心(肺). tissu ~ 梗塞巣.

infarcissement *n.m.*〖医〗(器官の) 梗塞.

infarctus [-tys]〔ラ〕*n.m.* **1**〖医〗梗塞〔巣〕；(特に) 心筋梗塞(= ~ du myocarde). ~ auriculaire 心房梗塞. ~ calcique 石灰梗塞. ~ cérébral 脳梗塞. ~ du placenta 胎盤梗塞. ~ hémorragique 出血性梗塞. ~ mésentérique 腸間膜梗塞. ~ osseux 骨梗塞. ~ pulmonaire 肺梗塞. ~ rénal 腎梗塞. ~ uratique 尿酸梗塞. organe frappé d'~ 梗塞に見舞われた器官.
2〔比喩的〕(道路の) 渋滞(=embouteillage). ~ d'un réseau routier 道路網の渋滞.
3〔比喩的〕(政治・経済などの) 行きづまり, 逼迫した状況, 重大危機.

infectant(e) *a.*〖医〗感染性の. virus ~s 感染性ウイルス.

infectieux(se) *a.*〖医〗感染性の, 伝染性の. ADN ~ 感染性 DNA. arthrite ~*se* 感染性関節炎. fièvre ~*se* 感染熱. germe ~*se* 感染性微生物(細菌, 病原体). hépatite ~*se* 伝染性肝炎. maladies ~*ses* 感染症. maladies ~*ses* internationales 国際伝染病.

infectiologie *n.f.*〖医〗感染症学.

infection *n.f.* **1**〖医〗感染, 伝染；感染症. ~ abortive 不発感染〔途中で治癒する感染〕. ~ apparente 顕性感染.〖電算〗ウイルス感染. ~ des ordinateurs コンピュータのウイルス感染. ~ directe (indirecte) 直接(間接)感染. ~ généralisée 全身感染症(敗血症 septicémie など). ~ latente 潜伏感染. ~ naturelle 自然感染, 不顕性感染. ~ nosocomiale 院内感染. ~ postopératoire 術後感染. ~ primaire (secondaire) 初 (二次) 感染. ~ putride 腐敗性感染(腐敗菌による). ~ surajoutée (croisée) 交叉感染. ~ terminale 末期感染. ~ virale ウイルス性感染症. foyer d'~ 感染源. 汚染地域. multiplicité d'~ 感染多重度.
2 悪臭 (=puanteur). C'est une véritable ~! 何てすごい臭いだ！
3〔話〕ひどい物, 劣悪な代物.

infectivité *n.f.*〖医〗(病原体の) 感染力, 感染性.

inférieur(e) *a.* (supérieur の対) **1**〖位置〗(à より) 下の, 低い. étages ~*es* à la 15e étage 16 階より下の階. mâchoire ~*e* 下顎. membres ~*s* 下肢.

infériorité

2 (河川)下流の, 下流部の. cours ~ de la Seine セーヌ河の下流.
3 〖天文〗planète ~e 内惑星(地球より太陽に近い惑星: Mercure, Vénus).
4 〖価値・順位など〗(à より) 下の, 下位の；劣った；下級の, 下等の；少ない；未満の. animaux ~s 下等動物. classes ~es de la société 社会の下層階級. ennemi ~ en nombre 数の上で劣る(劣勢の)敵. note ~e à la moyenne 平均点未満の評点. prix ~ à 100 euros 100ユーロ未満の価格. produit de qualité ~e 品質の劣る製品. température ~e à zéro 零下の温度, マイナス温度. 〖数〗 a~ ou égal à b $a \leq b$ (a は b より小か同じ).
5 〖哲・論理〗下位の, concept ~ 下位概念.
——*n.* 目下(めした), 部下, 配下. Ils sont mes ~s. 彼らは私の部下だ. traiter *qn* comme un ~(en ~) 人を目下扱いする.

infériorité *n.f.* **1** 劣っていること, 劣等；劣勢；下等, 下級. ~ en nombre 数の上の劣勢. ~ numérique 数的劣勢. complexe d'~ インフェリオリティー・コンプレックス. sentiment d'~ 劣等感. 〖文法〗superlatif d'~ (comparatif d'~) 劣等最上級(比較級). se trouver en état d'~ 劣勢に立っている；不利な立場にある.
2 弱点, 不利な点, ハンディキャップ. C'est une ~, pour un sportif. スポーツ選手としては不利だ.

infernal (ale) (*pl.* **aux**) (<enfer) *a.* **1** 地獄の；悪魔の. inspiration ~ale 悪魔のそそのかし. monstre ~ 地獄の怪物. puissances ~ales 悪魔(=démon, diable).
2 地獄のような；悪魔のような. ruse ~ale 悪辣な奸計.
3 〖話〗耐え難い, 我慢がならない；物凄い. allure ~ale 物凄い速さ. bruit ~ 猛烈な騒音. chaleur ~ale 耐え難い暑さ, 酷暑. climat ~ 地獄のような気候. douleur ~ale 我慢がならない苦痛. embouteillage ~ すさまじい渋滞. tymulte ~ 物凄い喧騒. Cet enfant est ~. あの子は全く手に負えない.
4 〔古〕machine ~ale 大量破壊兵器. 〔現用〕machine ~ale à retardement 時限爆弾.

infertilité *n.f.* **1** 不毛性. ~du désert 砂漠の不毛性. **2** 不育症；〔広義〕不妊症, 生殖(繁殖)不能〔症〕. ~ masculine 男性不妊〔症〕.

infestation *n.f.* **1** 〖医〗(寄生虫の)生体侵入. **2** 〔古〕(盗賊などの)出没, 横行.

infidèle *a.* **1** 不貞な；浮気な. mari ~ 浮気な夫. être ~ à son mari 夫に対し不貞を働いている.
2 (義務, 約束などを)ないがしろにする；不実な. ami ~ 不誠実な友. être ~ à sa parole 約束を守らない.
3 真実を曲げた, 不正確な. mémoire ~ 当てにならぬ記憶. traduction ~ 不正確な翻訳.
4 〔古〕不忠な.
——*n.* **1** 不貞を働く人；不実者. **2** 異教徒, 非キリスト教徒.

infidélité *n.f.* **1** 不実, 不貞, 不倫, 浮気；〔*pl.* で〕背信行為. faire des ~s à *qn* 人に対し背信行為を働く.
2 (義務への)違反；不義理. ~ à la parole donnée 約束違反.
3 不正確さ；(翻訳などの)誤り. ~ d'un copiste 筆写者の不正確さ. ~ d'une traduction 翻訳の誤り.

infiltrat *n.m.* 〖医〗浸潤, 浸潤巣. ~ pulmonaire 肺浸潤.

infiltration *n.f.* **1** 浸みこみ, 浸透. ~ des eaux de pluie dans le sol 雨水の地面への浸透. traces d'~ (壁面の)水の浸み跡.
2 〖医〗浸潤, 滲出. ~ calcaire 石灰化, 石灰沈着. ~ de sang 血液滲出, 出血 (ecchymose 斑状出血, purpura 紫斑, など). ~ d'urne 尿浸潤. ~ gazeuse ガス浸潤 (emphysème 気腫など). ~ graisseuse 脂肪浸潤, 脂肪化. ~ purulente 膿滲出症 (phlegmon 蜂巣織炎など).
3 〖医・薬〗(薬物の)注射浸潤. ~ anesthésique 浸潤麻酔 (局部麻酔の一種). ~ d'anti-inflammatoire 抗炎症薬の注射浸潤. ~ thérapeutique 治療浸潤(薬物または麻酔薬を局所に注射すること).
4 潜入；〖軍〗侵攻, 侵入；(思想などの)浸透. ~ d'espions スパイの潜入.

infime *a.* **1** 極小の, 微細の, 僅小の；些細な. ~ minorité 極く僅かな少数派. différence ~ 僅差. espoir ~ かすかな希望. quantité ~ de poison 極く微量の毒.
2 (階級・等級などが)最低の, 最下級の. homme d'une condition ~ 最低の生活条件の人間. niveau ~ 最下層.

infini *n.m.* **1** 無限；〖数・写真〗無限〔大〕；〖哲〗無限の存在, 神. de zéro à l'~ ゼロから無限まで. régler l'objectif sur l'~ レンズのピントを無限大に合わせる.
2 果てしなさ, 無限性. ~ du temps 時間の無限性. ~ de la steppe 果てしなくひろがるステップ.
3 à l'~ 際限なく；〖数〗無限に；〖写真〗無限大の距離に. discussions à l'~ 際限なく続く議論. multiplier à l'~ 無限に繰返す.

infinitésimal (ale) (*pl.* **aux**) *a.* **1** 〖数〗無限小の. calcul ~, analyse ~ale 微積分.
2 極小の, 極めて僅かの, あるか無しかの. 〖薬〗dose ~ale 計量不能の微少薬量. qualités ~ales 極微少量.

infirmatif (ve) *a.* 〖法律〗破棄する, 無効にする. arrêt ~ d'un sentence 裁定の破棄判決.

infirmation *n.f.* 〖法律〗(上級審による)原審判決の取消, 破棄, 無効宣言 (=annulation). ~ d'un arrêt 判決の破棄.

infirme *a.* 心身障害の；(手足が)不自由

な；(特に) 不治の障害のある. être ~ d'un bras 腕が不自由である.
━━*n.* 心身障害者. ~ moteur cérébral 脳機能障害者.

infirmerie *n.f.* 医務室；保健室. ~ d'une école 学校の保健室. ~ d'une entreprise 企業内医務室. être transporté à l' ~ 医務 (保健) 室に運ばれる.

infirmier(ère) *n.* 看護師 (女性看護師, 看護婦), 看護人. ~*ère* auxiliaire 准女性看護師 (看護婦). ~*ère* diplômée d'Etat et autorisée 正女性看護師 (看護婦). ~*ère*-major 婦長 (= ~*ère* en chef). ~ militaire 看護兵.
━━*a.* 看護師 (婦) の, ~ の業務に関する. personnel ~ 看護要員.

infirmité *n.f.* 1 〖医〗身心障害. ~ motrice cérébrale 脳の機能障害 〖略記 IMC〗.
2 〔やや古〕病弱, 持病, 疾患. ~*s* de la vieillesse 加齢による持病.
3 〔比喩的・文〕(精神, 機構などの) 脆弱性；欠点, 弱点. ~ de l'esprit 精神的もろさ.

infixe *n.m.* 〖言語〗接中辞, 挿入辞.

inflammabilité *n.f.* 1 引火性. 2 〔比喩的〕激昂しやすさ, 熱狂性.

inflammable *a.* 1 (容易に発火する) 可燃性の, 引火性の. gaz ~ 引火性ガス.
2 〔比喩的〕(感情が) 激しやすい. cœur ~ 激し易い心.

inflammation *n.f.* 1 〔古〕引火, 発火.
2 〖医〗炎症. ~ aiguë (chronique) 急性 (慢性) 炎. ~ exsudative 滲出性炎. ~ purulente 化膿性炎症 (abcès, empyème, furoncle, phegmon など).

inflammatoire *a.* 〖医〗炎症性の；炎症の. 〖薬〗anti-~ 抗炎症薬. 〖医〗granulome ~ 炎症性肉芽腫. maladie ~ 炎症性疾患.

inflation *n.f.* 1 〖経済〗インフレーション, 通貨膨脹. lutte contre l' ~ インフレ対策.
2 〔比喩的〕極端な増加, 激増, 膨脹. ~ du mombre des fonctionnaires 公務員の数のインフレ的増加.
3 〖医〗(組織の) 膨れ.

inflationniste *a.* 〖経済〗インフレーションの, 通貨膨脹の. politique ~ インフレ政策. pousées ~*s* インフレ圧力. risque ~ インフレ・リスク.
━━*n.* 〖経済〗インフレーション政策推進主義者, 通貨膨脹論者.

inflexible *a.* 1 不屈の, 一徹な, 節を曲げない, 頑固な；強固な；揺るぎのない；峻厳な. esprit ~ 不屈の精神. homme ~ 一徹な人間. juge ~ 峻厳な裁判官. règle ~ 曲げられない規則. volonté ~ 不屈の意志. être ~ aux prières de qn 人の懇願に心を動かされない.
2 〔稀〕(物が) 曲げられない.

inflexion *n.f.* 1 曲げること, 湾曲；屈折；方向の変更. ~ des rayons lumineux 光線の屈折. ~ de la politique du gouvernement 政府の政策の変更. saluer d'une ~ de la tête 頭を下げて挨拶する.
2 (声の) 抑揚. ~ douce 穏やかな抑揚.

inflorescence *n.f.* 〖植〗1 花序〖主な型：capitule 頭状花序, cyme unique 単一集散花序, épi 穂状花序, grappe 総状花序, ombelle composée 複合散形花序〗.
2 花. plante à belles ~*s* 美しい花を咲かせる植物.

influence *n.f.* Ⅰ 〖物の影響〗1 影響；作用；(薬の) 効力. ~ anesthésiante d'un médicament 薬の麻酔効力. ~ des circonstances 状況の及ぼす影響. ~*s* climatiques 気候的影響. ~ d'une force de l'attraction 引力の作用. ~ du milieu 環境の影響. avoir une mauvaise ~ sur …に悪影響を及ぼす. sous l' ~ de¹ …の力を借りて. sous l' ~ de la colère 怒りに駆り立てられて.
2 〖電〗誘導. ~ électrostatique 静電誘導.
3 〔古〕〖占星術〗(天体から発する) 感応波. ~ bénéfique 好運. ~ du ciel 天運, 運勢.

Ⅱ 〖人の及ぼす影響〗1 影響力；感化；勢力. ~ bienfaisante (dangereuse) 有益な (危険な) 影響力. ~ exclusive 独占的勢力. ~ d'un grand homme sur son époque 偉人の時代に及ぼす影響力. avoir beaucoup d' ~ 影響力が大きい；幅が利く. être soumis à l' ~ de qn 人の影響力に屈する. exercer une ~ sur …に影響力を行使する. 〖話〗faire ~ à qn 人を脅す, 人に圧力をかける. subir l' ~ de qn 人の感化を受ける. sous l' ~ de² …の影響を受けて.
2 (集団・国などの) 影響力, 勢力. ~ du socialisme 社会主義の ~. ~ française en Afrique アフリカにおけるフランスの影響力. lutte d' ~*s* 勢力争い. zone d' ~ 勢力圏.
3 〖心〗syndrome d' ~ 影響症候群.

influent(e) *a.* (人が) 影響力の強い；勢力のある. personnage ~ 有力者. être très ~ auprès de qn 人に強い影響力がある.

influenza [ɛ̃flyɛnza] 〖伊〗*n.f.* 〖医〗インフルエンザ, 流行性感冒 (= grippe). myxovirus ~ A (B, C) A (B, C) 型インフルエンザ・ミクソウイルス.

influx *n.m.* 1 〖生理〗~ nerveux 神経インパルス；〖広義〗瞬発力, 反応. avoir (manquer d') ~ nerveux 瞬発力がある (ない).
2 (天体・霊などからの) 感応波；影響力. ~ magnétique 磁気感応力.

info (< *information*) *n.f.* 〔多く *pl.*〕〖話〗ニュース. écouter les ~*s* ニュースを聴く.

infocentre *n.m.* 〖情報処理〗情報センター (= 〖英〗information center).

infogérance (< *informatique* + *gérance*) *n.f.* 〖情報〗(企業の) 情報システム管理

業務. contrat d'~ 情報システム管理契約.
infographie [商標] *n.f.* 〖情報処理〗コンピュータ・グラフィックス(=［英］computer graphics) (コンピュータによる映像処理).

infographiste *n.* コンピュータ・グラフィックス要員.

in-folio [infɔljo] [ラ] *a.inv.* 〖印刷〗フォリオ判の, 二つ折判の(略記 in-f°). livre ~ 二つ折判本.
— *n.m.* 〔*inv.*〕二つ折判〔の本〕(=livre, volume ~).

infomane *n.* 〖情報〗情報偏愛者；情報狂.

infomédiaire *n.* 〖情報〗インフォメディアリー(情報を提供するウェブサイト).

infomercial (< *info*mation+com*mercial*) *n.m.* 〖TV〗インフォメルシャル, インフォマーシャル(情報番組の体裁で提供されるコマーシャル；画面に電話番号が入る).

infondé(**e**) *a.* 根拠のない. critiques ~*es* 根拠のない批判. rumeur ~*e* 根拠のない噂.

INFOPLAGE *n.f.* 〖情報〗海浜情報(Minitel の海浜に関するコード名).

informateur(**trice**) *n.* **1** 情報提供者. **2** 報道家；情報収集者. ~ de presse 報道記者. **3** 〖言語〗インフォーマント.

informaticien(**ne**) *n.* (コンピュータによる)情報処理技者, 情報科学者.
— *a.* 情報処理を行う. ingénieur ~ 情報処理技師.

informatif(**ve**) *a.* 情報を提供する. brochure ~*ve* 情報小冊子. publicité ~*ve* 情報広告. réunion ~*ve* 情報交換会議.

information *n.f.* **1** 情報. ~*s* confidentielles sur le monde politique 政界に関する極秘情報. Les ~*s* disponibles sont trop limitées pour départager les opinions opposées. 対立する見解の正否を判断するには, 利用できる情報があまりに限られている. obligation d'~ 情報提供義務.
2 情報の収集, 照会, 調査. aller aux ~*s* 問い合わせに行く, 調査に行く, 様子を見に行く. voyage d'~ 調査旅行.
3 広報, 情報の伝達. bureau d'~ (駅などの)案内所. service de presse et d'~ 報道・広報部. technologies de l'~ et de la communication (TIC) 情報通信(IT)技術. pour ~ 参考まで(送り状 bordereau d'envoi における慣用句).
4 ニュース. bulletin d'~*s* (ラジオ, TV の)ニュース番組. journal d'~ 情報提供型新聞 (journal d'opinion「主義主張型新聞」の対).
5 報道. L'offensive anglo-américaine de 2003 contre l'Irak a été l'occasion pour les médias de nombreux pays de réfléchir sur les rapports entre la guerre et l'~. 2003年の英米によるイラク攻撃は多くの国のメディアにとって, 戦争と報道の関係について考える機会になった.
6 〖情報〗情報, データ. stockage d'~*s* 情報の蓄積. théorie de l'~ 情報理論. traitement de l'~ 情報処理.
7 〖法律〗予審, 捜査. ouvrir une ~ contre X 被疑者 X に対する予審を開始する.

informatique *a.* コンピュータの, 情報科学の, 情報処理の. industrie ~ 情報処理産業. société de services ~*s* ソフトウェア企業.
— *n.f.* 情報処理, 情報科学, 情報工学, コンピュータサイエンス, コンピュータの応用(運用). Bien qu'il n'ait fait aucune étude spécialisée, il est expert en ~. 彼は専門教育はいっさい受けていないが, コンピュータの問題には非常に詳しい.

informatisable *a.* 情報処理可能な, コンピュータ化(情報化)し得る.

informatisation *n.f.* コンピュータによる情報処理, コンピュータの導入, 情報化, 情報の自動処理. L'~ des services des visas a permis d'accélérer considérablement les procédures. ヴィザ(査証)部門にコンピュータが導入されたおかげで手続きが大幅に速くなった. l'~ de la société 社会の情報化 (1976年に Simon Nora と Alain Minc が大統領の要請に基づいて情報処理技術の発達が社会に及ぼす影響に関する調査を行い, その報告を上記の題で発表した；その中で初めて, informatique と télécommunications を合体させた新造語 télématique が用いられ, その後とくにフランスの情報ネットワークを指す言葉として, 広く使われるようになった).

informatisé(**e**) *a.p.* 情報化された；情報処理された, コンピュータ化された. gestion des stocks ~*e* コンピュータによる在庫管理. société ~*e* 情報化社会. le *Trésor de la langue française* ~*e* 電子化『フランス語宝典』(略記 TLFi).

informé[1](**e**) *a.p.* 事情に通じた, 情報通の；情報をつかんだ. journal bien ~ 情報をよくつかんだ新聞. public mal ~ 事情に通じていない大衆. d'après des sources bien ~*es* 消息筋によれば. être bien (mal) ~ 事情に通じている(いない).

informé[2] *n.m.* 〖法律〗un plus ample ~ より詳しい新証拠. jusqu'à plus ample ~ 新証拠が現れるまで；〔常用〕情報を待って.

informel(**le**) *a.* **1** 〖美術〗アンフォルメルの, 非定形の；アンフォルメル派の. art abstrait ~ 非定形抽象美術. peintre ~ アンフォルメル派画家. peinture ~*le* アンフォルメル絵画.
2 (<［英］informal) 非公式の, インフォーマルな. costume ~ インフォーマルな服装. entretien ~ 非公式会談. vêtement ~ 平服. visite ~*le* 非公式訪問.

inforoute *n.f.* 情報ハイウエー(=auto-

infortuné(e) a.〔文〕不幸な, 薄幸な;不運な. ~e victime 不運な犠牲者. homme ~ 薄幸の人.
——n. 不幸な人.

infoutu(e) a.〔話〕不可能な. Elle est ~e d'arriver à l'heure. 彼女は時間通りには来れない.

infra [ɛ̃fra]〔ラ〕ad. 下に, 下記に (supra「上に, 上記に」の対). voir ~ 下記を見よ, 下記参照.

infra- [ラ] ELEM「下, 以下, 下部」の意 (supra-「上, 上部」の対)(ex. *infra*structure 下部構造).

infraction n.f. **1** (à に)(規則, 契約, 命令などに対する)違反, (慣習に対する)背反 (=〔話〕entorse). ~ à la loi 法律違反. ~ à une règle 規則違反.
2〔法律〕〔法律〕違反, 犯罪(広義では crime「重罪」, délit「軽罪」, contravention「違警罪」を含む, 狭義では faute「過失」と délit 軽罪の中間). ~ d'habitude 常習犯. ~ d'imprudence 過失犯. ~ fiscale 税務違反. ~ formelle 形式犯(=délit formel). ~ intentionnelle 故意犯(=délit intentionnelle). ~ internationale 国際犯罪. ~ politique 政治犯. commettre une ~ 違反を犯す. être en ~ 違反する.

infractionniste a.〔法律〕法律違反を行う. conducteur ~ 交通違反運転者.
——n. 法律違反者.

infraliminal(ale) a.〔心〕識閾(しきい き)下の(=infraliminaire, subliminal).〔心〕perception ~ale 閾下知覚.

infralittoral(ale)(pl.**aux**) a.〔海洋〕沿岸下部の. étage ~ 沿岸下海水層(水深 15–80 m 程度;海藻層が繁茂する層).

infranchissable a. 乗り越えられない;克服できない. col ~ en hiver 冬期に乗り越えられない峠. obstacle ~ 克服できない障害.

infra〔-〕**rouge** [ɛ̃fraruʒ] a. 赤外〔線〕の. rayons (radiations) ~s 赤外線.
——n.m. 赤外線(=rayons ~s). chauffage par ~ 赤外線暖房. lampe à l'~ 赤外線ランプ.

infra〔-〕**son** [ɛ̃frasɔ̃] n.m.〔音響〕超低周波音(2-16 Hz;人間の耳には感知されない).

infra〔-〕**sonore** a.〔音響〕超低周波音の.

infrastructure n.f. Ⅰ **1**〔建築〕基礎, 土台;〔鉄道〕線路基盤;〔道路〕道路基盤.
2〔航空〕地上施設(=~ aérienne);〔軍〕軍事施設.
3〔経済〕インフラストラクチャー, インフラ;社会的基盤, 社会資本;(転じて)基幹施設. ~ culturelle (ferroviaire, médicale, routière) 文化(鉄道, 医療, 道路)施設.
Ⅱ〔社会思想〕下部構造《マルクス主義の用 語;superstructure「上部構造」の対》.

infructueux(se) (<fruit) a. **1**〔古〕〔植〕実のならぬ;不毛の. arbre ~ 果実をつけない木. champ ~ 不毛の野原.
2〔文〕実りのない, 実効のない;無駄な. recherches ~ses 実りのない研究(調査). travaux ~ 無駄仕事.

infrutescence n.f.〔植〕果実序(同一花序から結実する果実の総体).

infusion n.f. **1** 煎じること, 煮出し, 浸出. ~ à chaud 熱湯浸出.
2 煎じ薬;アンフュジョン, ハーブティ, フラワーティー. ~ de menthe ミントのハーブティー. ~ de tilleul チユール(西洋科木)のフラワーティー. carte des ~s(レストランの)アンフュジョンのリスト.
3 注入, 注入物;浸出液;浸出剤;〔医〕輸注〔法〕.
4〔神学〕霊気注入.

ingagnable a. 勝つ見込みのない. procès ~ 勝目のない訴訟.

ingénierie [ɛ̃ʒeniri] n.f. エンジニアリング, 工学(=〔英〕engineering の公用推奨語). aéronautique 航空工学. ~ assistée par ordinateur コンピュータ援用設計(略記 IAO;=〔英〕CAD;*c*omputer *a*ided *d*esign). ~ générale 総合工学. ~ hydraulique 治水工学, 水力工学. ~ informatique 情報処理工学. ~ de système システム・エンジニアリング.

ingénieur n.m. 技師, エンジニア. ~ civil 民間技師. ~ commercial 流通担当技師. ~ de l'Etat 国の技官. ~ des mines 鉱山技師. ~ des travaux publics 土木技師. ~ en chef 主任技師(=chef ~). ~ forestier 林業技師;〔カナダ〕林業管理官. ~ maison 企業内養成技師.〔教育〕*E*cole *n*ationale *s*upérieure d'~s *é*lectriciens de *G*renoble (ENSIEG) 国立グルノーブル電気技師養成学校(1901 年創立のグランド・エコール).〔同格〕femme ~ 女性技師.〔情報処理〕~-système システム・エンジニア(=〔英〕system-engineer〔SE〕).

ingénieur-conseil (pl.**~s-~s**) n.m. 技術コンサルタント.

ingénieux(se) a. **1** 工夫の才に富んだ, 機智に富んだ;巧妙な. bricoleur ~ 器用な日曜大工. homme ~ 機智に富んだ人, 策士. mécanicien ~ 有能な機械技師(機械工).
2 見事な;(機械などが)精巧な. agencement ~ 精巧な組立て. explication ~se 巧みな説明. machine ~se 精巧な機械.

ingérence n.f. **1** (dans, à への)干渉, 介入, 容喙(ようかい);権限なき干渉. ~s économiques 経済干渉. ~s de l'Etat dans l'entreprise privée 私企業への国家の介入. devoir d'~ (国家の)介入権.
2〔法律〕(官僚・行政官の)競争入札介入違反, 利益収受.

ingestion *n.f.* 嚥下(えんげ), 経口摂取. ~ et digestion 嚥下と消化. ~ d'alcool アルコール性飲料の摂取；飲酒. ~ des aliments 食物の摂取.

INGO (= ［英］*I*nternational *n*on-*g*overnmental *O*rganization) *n.f.* 非政府間国際組織, 民間国際組織(= ［仏］OING：*o*rganisation *i*nternationale *n*on-*g*ouvernementale).

ingouche *a.* イングーシ (l'Ingouchie) の, イングーシティアの；イングーシ共和国の, イングーシ人の, イングーシ共和国の国民の.
──*I~ n.* イングーシ人；イングーシ共和国民. les *I*~s イングーシ族.

Ingouchie (*l*') *n.pr.f.* ［国名通称］イングーシ, イングーシェティア；《公式名称：la République d'*I* ~ (Respublika Ingushetiya) イングシェティア(イングーシ)共和国；ロシア連邦南部管区, カフカス山脈北斜面の共和国；首都 Magas メガス；形容詞 ingouche). la République de Tchétchénie-~ チェチェン・イングーシ共和国《1957 年樹立, 1992 年チェチェンとイングーシ両共和国に分裂》.

ingouvernable *a.* **1** (国・団体が) 統治 (統制) 不能の. pays ~ 統治不能の国.
2 (船・船空機などが) 制御不能の.
3 〔文〕おさえきれない. caractère ~ 抑制のきかない性格. haine ~ おさえきれない憎悪.

ingrat(*e*) *a.* **1** (à l'égard de, envers, pour, vis à vis de に対して) 恩知らずの, 忘恩の. acte ~ 忘恩的行為. attitude ~*e* 恩知らずの態度. fils ~ 親不孝の息子.
2 やり甲斐のない；実りのない；不毛の. sol ~ ; terre ~*e* 不毛の土地. tâche ~*e* ; travail ~ 徒労. avoir une mémoire ~*e* 覚えが悪い.
3 魅力のない, つまらない. contrée ~*e* 人を受けつけない地方. lecture ~*e* つまらぬ読物. visage ~ 魅力に欠ける顔, 感じの悪い顔.
4 âge ~ 思春期.
5〔古〕不実な, つれない. amante ~*e* つれない恋人.
──*n.* **1** 恩知らず, 忘恩の徒. Vous n'aurez pas affaire à un ~. ご恩はいつか必ずお返しします. **2**〔古〕不実な人, つれない人.

ingratitude *n.f.* **1** (envers, pour に対する) 忘恩；親不孝. ~ d'un fils 息子の親不孝. acte d'~ 忘恩. être victime de l'~ d'autrui 他人の忘恩の仕打ちをうける. faire preuve d'~ à l'égard de *qn* ; payer *qn* d'~ 人に恩知らずな仕打ちをする.
2〘法律〙忘恩行為. ~ d'un parti 政党の忘恩行為.
3〔古〕不実, つれなさ. ~ de son travail 仕事のはかなさ.
4〔古〕(土地の) 不毛性. ~ d'un sol 土地の不毛.

ingrédient *n.m.* 成分；(料理などの) 食材成分. ~ d'un médicament 医薬品の成分. ~ d'une sauce ソースの食材成分.

inguérissable (<guérir) *a.* **1** (病・病人が) 不治の. maladie ~ 不治の病.
2 (悲しみなどが) 癒されない；(欠点などが) 矯正できない. chagrin ~ 癒されない悲しみ. défauts ~s 直せない欠点.
──*n.* 不治の病人.

inguinal (*ale*) (*pl.aux*) *a.*〘解剖・医〙鼠蹊 (径) 部の. canal ~ 鼠蹊管. hernie ~*ale* 鼠蹊ヘルニア. ligament ~ 鼠蹊靱帯.

inguinoscrotal (*ale*) (*pl.* *aux*) *a.*〘解剖〙鼠蹊と陰嚢の.〘医〙hernie ~*ale* 鼠蹊陰嚢ヘルニア.

INH (= *iso*nicotinyl*h*ydrazide) *n.m.*〘医・薬〙イソニコチニルヒドラジド, イソニアジド (isoniazide)《結核治療用の抗生物質》.

inhabile *a.* **1** 〔文〕(人・態度などが) 未熟な, 下手な；無能な. apprenti ~ 未熟な見習工. ministre ~ 無能な大臣.
2〘法律〙(à の) 資格がない；(à に) 適さない. être ~ à tester 遺言能力がない.

inhabitation *n.f.* (住居の) 非居住, 無人. taxe d'~ 非居住税.

inhabité(*e*) *a.* **1** 人が住んでいない, 無人の. déserts ~s 無人の砂漠. îlot ~ 無人島. maison ~*e* 人の住んでいない家屋.
2 〔比喩的〕生気のない；知性に欠ける. personnage ~ 生彩不明人物. visage ~ 生気のない顔付.

inhabituel(*le*) (<habitude) *a.* 尋常でない, 常ならぬ. travail ~ 不慣れな仕事. être frappé par le comportement ~ de *qn* 人の常ならぬ振舞に驚かされる.

inhalateur(*trice*)[1] *a.* 吸入用の. appareil ~ 吸入器.
──*n.m.*〘医〙吸入器. ~ d'oxygène 酸素吸入器.

inhalation *n.f.* 吸い込むこと；〘医〙吸入〔法〕. ~ de poussières radioactives 放射能塵の吸い込み.〘医〙~ d'ether (麻酔のための) エーテルの吸入.〘医〙faire des ~s pour soigner un rhume 風邪の治療のために吸入をする.

inhérent(*e*) *a.* **1** (à に) 固有な, 内在する. faiblesse ~ à la nature humaine 人間の本性に固有の弱さ.
2〘哲・論理〙内属した.

inhibiteur(*trice*) *a.* 〘生理・心・化〙抑制作用のある, 制止する.
──*n.m.*〘化〙抑制剤, 阻害物質；〘薬〙抑制剤, 阻害剤. ~ calcique カルシウム阻害剤 (高血圧治療薬).

inhibition *n.f.* **1** 〘生理・心〙抑制, 制止. ~ de pensées 自動抑制. syndrome d'~ 抑制症候群. agir sans ~ のびのびと振舞う.
2〘化〙抑制, 阻害. ~ compétitive 競合的阻害. ~ de la réaction 反応の抑制.

3〖法律〗〖古〗禁止.

inhumain(e) *a.* **1** 非情な,無情な;残酷な. acte ~ 非情な行為. cœur ~ 非情な心. loi ~*e* 非情な法律(掟). traitement ~ 非情な仕打ち. tyran ~ 血も涙もない暴君. être ~ avec ses soldats 部下の兵士に無情である.
2 人間のものとも思われない. caractère ~ 人間ばなれした性格. cri ~ 人間のものとは思われない叫び声. travail ~ 人間業とは思えない仕事.
3 (女性が)つれない. beauté ~*e* つれない美女. femme ~*e* つれない女.

inhumation *n.f.* 埋葬, 土葬. ~ d'un cadavre 遺体の埋葬. réglementation de l'~ 埋葬の規制.

INIG (= *I*nstitut *n*ational d'*i*nformatique de *g*estion) *n.m.* 〖教育〗国立経営情報科学学院(1970年創立;在 Paris).

ininterrompu(e) (<interrompre) *a.* **1** (時間的)絶え間ない, 継続的な. musique ~*e* 途切れることのない音楽. vacarme ~ 絶え間ない騒音. travailler de façon ~*e* 休みなく働く.
2 (空間的)連続した. file ~ de voitures 途切れない車の列.

inique *a.* 衡平に反する, 著しく不公平(不正)な;公正を欠く, 不当な. arbitre ~ 不公平な審判. jugement ~ 不当判決.

iniquité *n.f.* **1** 甚だしい不公平;明白な不正;不正(不当)行為 (équité「衡平」の対). ~ d'un jugement 判決の不公平. ~ d'un impôt 税金の不公平. ~*s* des faux témoins 偽証者の不正行為.
2 〖やや古〗堕落;〖多く *pl.*〗不道徳行為;(宗教的な)罪, 罪悪. confesser ses ~*s* 己の罪を懺悔する.

initial (ale[1]) (*pl.* **aux**) *a.* **1** 最初の, 原初の, 冒頭の;初期の. cause ~*ale* 第一原因. 〖植〗cellules ~*ales* 始原細胞. 〖電算〗données ~*ales* 初期データ. état ~ 最初(原初)の状態. événement ~ 最初の事態. mouvements ~*aux* 初動作, 初動. vitesse ~*ale* 初速.
2 語頭の;文頭の. consonne (voyelle) ~*ale* 語頭の子音(母音). élément ~ d'un mot 語頭の構成要素. lettre ~*ale* d'un mot 頭文字, イニシャル文字. syllabe ~*ale* 語頭の音節.

initiale[2] *n.f.* **1** 頭文字, イニシャル文字 (= lettre ~).
2 〖*pl.* で〗~*s* abréviatives 略語を構成する頭文字群.
3 〖*pl.* で〗姓名の頭文字(イニシャル文字). ~*s* entrelacées 組合せたイニシャル文字. signer de ses ~*s* 姓名のイニシャルで署名する.
4 〖言語〗語頭要素《第一音節 première syllabe, 第一記号素 premier monème など》.

5 〖植〗始原細胞 (= cellule ~).

initiation *n.f.* **1** (古代宗教などの)秘伝(奥義)伝授;秘伝(奥義)伝授式 (= rites d'~). 〖古代ギリシア〗~ aux mystères d'Eleusis エレウシスの密儀.
2 (秘密結社などへの)加入式, 入会式, 入社式, イニシエーション. ~ maçonnique フラン・マソン(フリー・メイスン)結社への加入式.
3 〖広義〗成人式;〖カナダ〗新入生に対する悪戯じみた歓迎儀式.
4 (à の)手ほどき;入門. ~ à la philosophie 哲学入門. stage d'~ à l'informatique 情報処理に関する入門実習.

initiatique *a.* **1** (古代宗教などの)秘伝伝授の. épreuves ~*s* 秘伝伝授の資格認定の試練. rite ~[1] 秘伝伝授式.
2 〖転義〗(結社・社会集団への)入社(入会)の, 新規加入の. rite ~[2] 入社式, 入会式;成人式.

initiative *n.f.* **1** 発案, 発議;提案;率先;主導権. ~ de défense stratégique 戦略防衛構想 (= 〖英〗SDI：*Strategic Defense Initiative*)(略記 IDS). 〖軍〗~ des opérations 作戦の主導権. 〖スポーツ〗avoir (garder) l'~ (試合の)主導権を握る. perdre l'~ 主導権を失う. prendre l'~ de *qch* (de + *inf.*) …の(する)主導権をとる. sur (à) l'~ de *qn* 人の提案に基づいて.
2 〖政治〗発議権 (= droit d'~). ~ législative 議員立法権. ~ populaire (国民の)直接請求権.
L'~ des lois appartient concurremment au Premier ministre et aux membres du Parlement. 「法律の発議権は, 総理大臣および国会の構成員に競合して属する.」(フランス第五共和国憲法典第39条). loi votée sur l'~ d'un député 国民議会議員の発議権に基づいて投票に付された法律.
3 発議権の行使;率先的行動, 処置, 措置. ~ privée 私人としての意志行為 (action collective (étatique)「集団的(国家)行為」の対). prendre des ~ 率先して行動する(措置を講じる). prendre une ~ 措置を講じる.
4 決断力, 進取の気性 (= esprit d'~). de sa propre ~ 自発的に, 自分で決断して. avoir de l'~ 決断力を持つ. faire preuve d'~ 決断力を示す.
5 〖観光〗syndicat d'~ サンディカ・ディニシヤティヴ, 観光協会;観光案内所.

initié(e) *a.p.* **1** 秘伝(秘儀)を伝授された. ~ à la franc-maçonnerie フラン・マソン(フリー=メイスン)結社の秘伝を伝授された. ~ aux mystères d'Eleusis エレウシスの秘儀を伝授された.
2 〖比喩的〗その道に通じた(精通した). homme politique ~ aux habiletés parlementaires 議会のかけ引きに精通した政治家.

——*n.* **1** 秘伝(秘儀)を伝授された人.〖古代ギリシア〗~ d'Eleusis エレウシスの秘儀を伝授された人びと.
2 (宗教の)入信者;(秘密結社の)結社員. ~ au christianisme キリスト教の入信者. ~ de la franc-maçonnerie フラン・マソン(フリー=メイスン)の結社員.
3 〔比喩的〕奥義をきわめた人;その道に通じた人;専門家. ~s de la finance 財政通.

injecté(e) *a.p.* **1** 注入された;注射された. bois ~ 防腐剤を注入した木材. ciment ~ 注入されたセメント. serum ~ dans le sang 静脈に注入された血清.
2 充血した(= ~ de sang). les yeux ~s 〔de sang〕充血した眼.

injec*teur*¹(*trice*) *a.* 注入式の;注入(注射)用の.〖医〗seringue ~ *trice* 注入器, 注射器.

injecteur² *n.m.* 〖機械〗注入器(装置), ノズル, 燃料噴射器(装置), インジェクター. ~ à jet unique 単孔ノズル. ~ multijet 多孔ノズル. ~ de combustible 燃料噴射器, (原子炉の)燃料インジェクター. ~ d'essence ガソリン噴射装置.

injection *n.f.* **1** 〖医〗(薬液などの)注入, 注射. ~ en goutte-à-goutte 点滴注射〔法〕. ~ intradermique (intramusculaire, intraveineuse)〔真〕皮内(筋肉内, 静脈)注射. ~ sous-cutanée (hypodermique) 皮下注射. ~ rectale 浣腸. ~ vaginale 膣洗浄. matériel d'~ 注射(注入)器. canule à ~ 浣腸用嘴管(しかん).
2 〖薬・医〗注射剤, 注射液;浣腸液. ~ aqueuse (huileuse) 水性(油性)注射剤. ampoule contenant une ~ 注射液用アンプル.
3 〖工〗注入;噴射. ~ de ciment セメントの注入.〖自動車〗moteur à ~ 燃料噴射式エンジン. moulage par ~ (プラスチック製品の)射出成型.
4 〖宇宙〗(人工衛星などを)軌道にのせること, 軌道投入. ~ d'un satellite 衛星の軌道投入.
5 〖経済〗(資金・資本などの)大量投下. ~ de capitaux 資本投下.
6 〖地学〗貫入.
7 〖数〗単射.

injonction *n.f.* **1** 命令, 厳命. ~s pressantes 緊急命令.〖法律〗(判事の)命令. ~ de payer 支払い命令. se rendre à une ~ 命令に服する.
2 〖法律〗(裁判所による)強制的命令. ~ thérapeutique (麻薬中毒者に対する)強制的治療命令.

injure *n.f.* **1** 侮辱;〔多く *pl.*〕侮辱的言動, 悪口.〖法律〗~ grave (配偶者に対する)重大な侮辱. ~ entre les époux 夫婦間の罵り合い(離婚の原因となる侮辱的言動). adresser (donner) des ~s à qn 人を罵る. faire ~ à qn 人を侮辱する;(人の名誉を)傷つける. en venir aux ~s 遂に侮辱するに至る.
2 〖法律〗侮辱罪. ~s à agent 警官に対する侮辱罪.
3 〖文〗(時や自然の力による)損害. ~[s] des ans (du temps) 歳月による衰え. ~ du sort 不運.
4 〖古〗不正 (injustice). faire ~ à qn 人に不当な仕打ちをする.

injurieux(se) *a.* **1** (pour に対して)侮辱的な;人を傷つける. article ~ 侮辱的な記事. paroles ~ses 人を傷つける言葉.
2 〖古〗不当な. sort ~ 不当な運命.

injuste *a.* **1** 不正な, 不当な;不公平な. actions ~s 不正な行為. guerre ~ 不当な戦争. mesure ~ 不当な措置. sentence ~ 不当な判決. société ~ 不公平な社会. être ~ envers (avec, à l'égard de) qn 人に対して不公平である.〔非人称構文〕Il est ~ de+*inf.* (que+*subj.*) …するのは(であることは)正しくない(不当である).
2 〖古〗誤った;いわれのない. ~ colère 根拠のない怒り. soupçons ~s いわれのない嫌疑.
——*n.m.* 不正 (=injustice). le juste et l'~ 公正と不正.

injustice *n.f.* **1** 不正, 不公平. lutte contre les ~s 不正に対する闘争, 不正防止対策.
2 不正な行為(言動). réparer une ~ 不正をただす.

injustifiable *a.* 正当化できない. conduite ~ 許し難い行動. politique ~ 正当化できない政策. retard ~ 言い訳のできない遅れ.

injustifié(e) *a.* 根拠のない;不当な. imputation ~*e* 不当な非難. réclamation ~*e* 根拠のない主張(異議申立). soupçon ~ いわれのない嫌疑.

inlay [inlɛ]〔英〕*n.m.* **1** 象眼, 象眼細工.
2 〖歯科〗(充填用の)インレー. ~ dentaire 歯科インレー.
3 〖園芸〗芽接ぎ.

INMARSAT (=〔英〕*International Maritime Satellite Organization*) *n.f.* インマルサット, 国際海事衛星機構.

innavigabilité *n.f.* (船舶の)航行不能.

inné(e) *a.* **1** 生まれつきの, 生来の;先天的な (aquis「後天的な」の対). disposition ~*e* 天分. don ~ 天賦の才.
2 〖哲〗生得の, 本有の. idées ~*es* 生得観念.

innervation *n.f.* 〖生理・解剖〗神経支配. ~ de la main 手の神経支配. ~ réciproque 相互神経支配, 交叉支配.

innocence *n.f.* **1** 無罪, 無実, 無実潔白;〔*pl.* で〕〖文〗無罪の人々.〖法律〗présomption d'~ 無罪の推定. reconnaître l'~ d'un accusé 被告の無罪を認める.
2 清純, 無垢. ~ d'un enfant 子供の純粋無垢さ.

inopposabilté

3 無邪気さ, 天心爛漫;〔蔑〕単純さ, 愚直. abuser de l'~ de qn 人の愚直さにつけこむ. en toute ~ 天心爛漫に.
4〔文〕無害.

innocent(e) *a.* **1** 無実の, 無罪の, 潔白な (coupable「有罪の」対). être ~ d'un crime 犯罪について無実である.
2 純真な, 無邪気な;〔蔑〕愚直な. enfant ~ 無邪気な (純真無垢の) 子供. agneaux ~*s* 邪気のない子羊達 (愚直な人びと). vie ~ 汚れを知らぬ生活. Tu es ~ de le croire! そんなことを信じるなんてお前はうぶだ!
3 罪のない, 他愛のない. ~*e* plaisanterie 他愛のない冗談. jeux ~ 罪のない遊戯.
——*n.* **1** 無実の人. condamner un ~ 無実の人に有罪を宣す.
2 純真な人, 無邪気な人, 幼児. faire l'~[*e*] 無邪気を装う.〖聖書〗Massacre des I ~*s* 幼児虐殺 (ヘロデ王による2歳未満児の皆殺し).
3 愚直な人.〔諺〕Aux ~*s* les mains pleines 愚者に福あり.

innocuité *n.f.* (薬・食品などの) 無毒性, 無害性 (nocuité, nocivité の対). contrôle de l'~ sanitaire des OGM「遺伝子組換え食物」の健康に対する無害性の管理.

innombrable *a.* **1** 数え切れないほどの, 数知れない, 無数の, おびただしい. foule ~ おびただしい群衆.
2〔文〕多様な.

innommé(e) *a.p.* **1** 無名の;一般の. 〖法律〗contrat ~ 無名契約, 非定型契約.
2 非典型的の, 非定型の (法律所定の定型に該当しない). convention ~*e* 非定型協定.

innovant(e) *a.* 革新的な, 改革をもたらす. matériaux ~*s* 革新的素材. technologie ~*e* 革新的技術.

innova*teur*(*trice*) *a.* 革新的な;改革を行う. politique ~*trice* 革新 (改革) 政治. recherches ~ *trices* 革新的研究.
——*n.* 革新者, 改革者 (=novateur). ~ hardi 大胆な改革者.

innovation *n.f.* **1** 改革, 革新, 刷新. ~*s* techniques 技術革新.
2 変革.

inobservable *a.* **1** 観測できない. comète ~ 観測不能の彗星. phénomène ~ 観測不能の現象.
2 遵守できない. recommandations ~*s* 遵守できない勧告.

inobservance *n.f.*〔文〕(掟・命令・医者の指示などを) 守らないこと;違反. ~ des prescriptions médicales (religieuses) 医師の処方 (宗教的戒律) を守らぬこと. ~ de la règle 規律違反.

inobservation *n.f.*〖法律〗〔文〕不履行;違反. ~ d'un contrat (des conventions, d'un traité) 契約 (協定, 条約) の不履行. ~ des règles (des règlements) 規則違反.

in-octavo [inɔktavo] *a.inv.*〖印刷〗8折判の. livre ~ 8折判の本.
——*n.m.inv.* 8折判, 8折判の本 (略記 in-8, in-8°).

inoculable *a.*〖医〗**1** 接種できる. **2** 感染する. virus ~ 感染性ウイルス.

inoculation *n.f.*〖医〗**1** 接種 (=vaccination). ~ immunisante 免疫接種. ~ préventive 予防接種 (= ~ volontaire).
2 感染. ~ accidentelle 事故感染. ~ par blessure 傷口からの感染.

inoculé(e) *a.p.* **1** (ワクチンを) 接種された;(病気に) 感染された. malade ~ 感染症患者. vaccin ~ 接種されたワクチン. virus ~ 感染したウイルス.
2〔比喩的〕(思想・悪徳などを) 伝播された, うつされた. idées pernicieuses ~*es* à la jeunesse 若者に植えつけられた有害な考え.
——*n.* ワクチン接種者;感染症患者.

inodore (<odeur) *a.* **1** 無臭の. gaz ~ 無臭ガス. rose ~ 匂いのない薔薇.
2〔比喩的〕没個性の, 特徴のない. ~ et sans saveur 無味乾燥な. personnage ~ 個性のない人物.

inondation *n.f.* **1** (河川の) 氾濫, 洪水;浸水. ~ causée par la fonte des neiges 雪解けによって惹き起こされる洪水. ~ qui s'étend sur des dizaines de kilomètres carrés 数十平方キロにひろがる洪水. dégats dus aux ~*s* 洪水による被害, 水害.
2〔比喩的〕氾濫, 洪水. ~ de prospectus publicitaires 宣伝用パンフレット (ちらし) の氾濫.

inondé(e) *a.p.* **1** 浸水した, 冠水した;水浸しになった;水害にあった. campagne ~*e* 冠水した田野. caves ~*es* par une trombe d'eau 集中豪雨で水浸しになった地下倉. ville ~*e* 水害にあった都市.
2 ずぶ濡れになった. joues ~*es* de pleurs 涙に濡れた頬.
3〔比喩的〕(de で) 溢れた. campagne ~*e* de soleil 陽光に溢れる田園地帯. ville ~*e* de touristes 観光客で溢れた都市.
——*n.* 水害罹災者.

inopérable *a.*〖医〗手術不能の, 手術できない. blessé ~ 手術不能の負傷者. cancer ~ 手術できない癌.

inopérant(e) *a.* 効果のない, 効き目のない. médicament ~ 効き目のない薬. mesures ~*es* 効果のない措置.

inopportun(e) *a.* **1** 時宜を失した, 折の悪い. décision (mesure) ~*e* 時宜を失した決断 (措置). suggestion ~*e* 時宜に適さない提案. Le moment est ~. 時機が悪い.
2 (人が) 迷惑な.

inopportunité *n.f.*〔文〕時宜を失していること. ~ d'une mesure 時宜を失した措置.

inopposabilté *n.f.*〖法律〗抗弁不能性. ~ d'une exception 例外の抗弁不能性.

inopposable *a.* 〖法律〗抗弁し得ない. acte ~ aux tiers 第三者には抗弁できない行為.

inorganique *a.* **1** 生活機能(生命組織)をもたない (organique「生命機能のある」の対).
2 〖化〗無機の；無機的な (organique「有機の」の対). chimie ~ 無機化学. corps (matière) ~ 無機物 (=minéral).
3 〖医〗 troubles ~s 機能障害 (=troubles fonctionnels).

inorganisation *n.f.* 未組織〔状態〕. ~ administrative 管理体制の未組織状態.

inorganisé(e) *a.* **1** 組織化されていない. administration ~e 組織化されていない管理体制.
2 (組織に)未加入の, 未組織の. travailleurs ~s 未組織労働者.
3 組織立った考えをしない.
4 〖化〗無機の (=inorganique).
—*n.* 組織に未加入の人.

inositol *n.m.* 〖生化〗イノシトール, 筋肉糖 ($C_6H_{12}O_6$).

inoubliable (<oublier) *a.* **1** 〔文〕忘れ難い. impression ~ 忘れ難い印象. personnage ~ 忘れられない人物.
2 忘れ難い印象を残す. spectacle ~ 忘れ難い光景(ショー).

inouï(e) (<ouïr) *a.* **1** 驚くべき, 信じ難い；凄い, 素晴らしい. C'est vraiment ~. 本当に信じ難いことだ. chose ~e 驚くべきこと. Tu es ~! お前は凄い. violence ~e 物凄い暴力.
2 〔古〕前代未聞の, 聞いたことのない；未曾有の.

inox [inɔks] (<*inox*ydable) *a.inv.* ステンレス〔製〕の. couteau ~ ステンレス・ナイフ
—*n.m.* ステンレス. en ~ ステンレス製の.

inoxydable *a.* 酸化しない；錆びない；錆びにくい, 不錆性の. acier ~ ステンレス・スチール (=~). couteau ~ ステンレス包丁.
—*n.m.* ステンレス・スチール (略記 inox [inɔks]). C'est de l'~. それはステンレス製だ.

INP[1] (=*I*nstitut *n*ational du *p*atrimoine) *n.m.* 〖教育〗国立文化財学院 (1990年Parisに設立；文化財の保守管理と修復部門の専門家を養成するグランド・エコール).

INP[2] (=*i*nstitut *n*ational *p*olytechnique) *n.m.* 〖教育〗国立工科学院 (グランド・エコール；Grenoble (1921), Lorraine (1970), Toulouse (1969)の3校あり).

in pejus 〔ラ〕*l.a.* (刑を)加重する. 〖刑事訴訟法〗réformatio ~ 不利益変更 (=réformation en pire).

INPES (=*I*nstitut *n*ational de *p*révention et d'*é*ducation pour la *s*anté) *n.m.* 国立疾病予防・保健教育研究所 (2002年フランス保健委員会 Comité français d'éducation pour la santé を継承).

INPI (=*I*nstitut *n*ational de la *p*ropriété *i*ndustrielle) *n.m.* 国立工業所有権管理機構 (産業者所管の公的機関；1951年設立；Parisに16カ所, 地方に30カ所, 国外に4カ所の事務所をもつ).

INPNPP (=*I*nstitut *n*ational de *p*hysique *n*ucléaire et de *p*hysique des *p*articules) *n.m.* 国立核物理学・粒子物理学研究所 (=IN2P3).

in-quarto [inkwarto] 〔ラ〕 *a.inv.* 〖印刷〗四つ折判の (略記 in-4°). livre ~ 四つ折判の本.
—*n.m.inv.* 四つ折〔の本〕.

inquiet(ète) *a.* **1** (de, pour, sur を)心配している, 気遣っている, 案じている. être ~ de (pour, sur) la santé de qn 人の健康が案じられる. être ~ de + *inf.* …なのが心配である.
2 不安な；不安げな；不安に満ちた.〔文〕amour ~ 不安でつのる一方の恋心. caractère ~ 不安性(しょう). population ~ète 不安に満ちた住民. regard ~ 不安げな眼差し.
3 〔文〕満足することのない；安らぎをえない. ambition ~ète 満たされぬ野心. âme ~ète 安らぐことのない心.
4 〔古〕落着きのない. cheval ~ 落着きのない馬. gens ~s 落着きのない人々. humeur ~ète 不安定な気分.
—*n.* 心配性の人.

inquiétant(e) *a.* **1** 不安にする, 心配になる. nouvelle ~e 心配なニュース. situation ~e 憂慮すべき状況.
2 不気味な. personnage ~ 不気味な人物. silence ~e 不気味な沈黙. visage ~ 悪党面.

inquiétude *n.f.* **1** 不安, 心配, 懸念；心配事. ~ obscure (sourde, vague) 漠然とした不安. ~ sur l'avenir 将来に対する不安. avoir des ~s dans les jambes 脚に不安をかかえている；〔話〕人の尻を蹴上げたくなる. chasser l'~ 不安を振りはらう. donner de l'~ à qn 人を心配させる. être sans ~ 安心している. trembler d'~ 不安におののく. vivre dans l'~ 不安の日々を送る.
2 〖医〗不安感 (=anxiété), 苦悩感 (=angoisse).
3 〖哲〗懸念, 不安, 苦悩. ~ artistique 芸術的懸念. ~ d'esprit 精神的不安, 懸念.

inquisition *n.f.* **1** 〖史〗l'*I*~ 宗教裁判所 (=Tribunal de l'*I*~；1184年創設). la Sainte *I*~ (教皇庁の)検邪聖省 (《異端糾問を司る部局=le Saint-Office；1231年創設).
2 〖史〗〔集合的〕宗教裁判所判事.
3 糾問, 審問, 厳しい尋問.
4 厳重な調査. ~ fiscale 税務調査.

in quo vis [ラ] *l.a.(ad.)* あなたの望みに従って (＝sur ce que tu veux). assurance ～ 船舶不確定積荷保険.

INR (＝*I*nstitut *n*ational belge de *r*adiodiffusion) *n.m.* 国立ベルギー放送研究所.

INRA [inra] (＝*I*nstitut *n*ational de la *r*echerche *a*gronomique) *n.m.* 国立農学研究所 (1946年設立；在 Paris).

INRDP (＝*I*nstitut *n*ational de *r*echerche et de *d*ocumentation *p*édagogiques) *n.m.* 国立教育研究資料院 (1971年創設；1976年 INRP となる).

Inrets (＝*I*nstitut *n*ational de *r*echerche sur les *t*ransports et leur *s*écurité) *n.m.* 国立交通・交通安全研究所 (1985年設立；在 Joinville). accidentologue à l'～ 国立交通・交通安全研究所の事故学者.

INRI (＝ [ラ] *I*esus *N*azarenus *R*ex *I*udaoerum；[仏] Jésus le Nazaréen, roi des Juifs) ユダヤの王、ナザレのひとイエス.

INRIA (＝*I*nstitut *n*ational de *r*echerche en *i*nformatique et *a*utomatique) *n.m.* 国立情報処理・オートメーション工学研究所 (1979年創立；在 Le Chesnay).

INRP (＝*I*nstitut *n*ational de la *r*echerche *p*édagogique) *n.m.* 国立教育研究所 (1976年創設；前身は1956年創設の IPN (*I*nstitut *p*édagogique *n*ational)；在 Lyon).

INRS (＝*I*nstitut *n*ational de *r*echerche et de *s*écurité) *n.m.* 国立安全研究所 (労働災害と職業病の予防を目的とした研究所；1901年創設；本部 Paris).

INS (＝*I*nstitut *n*ational des *s*ports) *n.m.* 国立スポーツ研究所 (1945年創設；1975年 INSEP (*I*nstitut *n*ational du *s*port et de l'*é*ducation *p*hysique)「国立スポーツ体育教育研究所」となる；在 Paris).

INSA (＝*i*nstitut *n*ational de *s*ciences *a*ppliquées) *n.m.* 〖教育〗国立応用科学学院 (理工系のグランド・エコール；Lyon (1957), Rennes (1961), Rouen (1985), Strasbourg (2003), Toulouse (1961)).

insaisissable (＜saisir) *a.* **1** つかめない、つかまえられない. 捕捉できない、捉え難い、逮捕できない. différence ～ 捕捉し難い相違. fugitif ～ 逮捕できない逃亡者. image ～ 捉え難い映像. murmurer d'une voix ～ ほとんど聞きとれぬ声でつぶやく. C'est un personnage ～. つかみどころのない人物だ.
2 〖法律〗差押不能 (禁止) の. biens ～s 差押禁止財産. la partie ～ du salaire 差押え禁止の給与部分.

insalubre *a.* 健康に有害な、体に悪い、非衛生的な. climat ～ 健康に悪い気候.

insanité *n.f.* **1** ～ d'esprit 健全でない精神状態 (精神的能力の変調 altération des facultés mentales, 心身喪失 démence, 精神異常 aliénation mentale など).
2 不健全な言動；気違いじみた言動.

insaponifiable *a.* 〖化〗鹸化できない、非鹸化性の.
— *n.m.* 非鹸化物質. ～ de soja et d'avocat 大豆とアヴォカドからつくられる非鹸化剤 《リウマチ治療薬；薬剤製品名 Piasclédine (*n.f.*)》.

insatiable (＜satiété) *a.* **1** 飽くことを知らぬ. curiosité ～ 飽くなき好奇心. ～ de …を追い求めてやまぬ. être ～ de gloire 飽くことない名誉心に駆られている.
2 (飢え・渇きなどが) 癒すことのできぬ. appétit ～ 飽くことを知らぬ食欲. soif ～ 癒すことのできないほどの渇き.

insatisfaction *n.f.* 不満足, 不満. ～ sexuelle 性的不満, 性的欲求不満. manifester son ～ 不満も表わす.

insatisfait(e) (＜satisfaire) *a.* 不満な, 満たされていない. femme ～*e* (性的に)満たされない女性. homme ～ 不満家. passion ～*e* 満たされない情念.
— *n.* 不満家, 不平家. un éternel ～ 常に満たされない人.

insaturé(e) *a.* 〖化〗不飽和の. acide gras ～ 不飽和脂肪酸. hydrocarbure ～ 不飽和炭化水素.

inscription *n.f.* **1** 登録；登記. ～ à un examen 受験登録. ～ d'un enfant à l'école 子供の入学手続. 〖法律〗～ des privilèges et hypothèques 抵当権登記. ～ des recrues sur les rôles de l' armée 新兵の軍籍簿への登録. ～ de rente 公債登録. ～ électorale 選挙人名簿への登録. ～ maritime 海員 (海軍) 籍登録 [所] (1668年創設, 1965年廃止；現 Administration des affaires maritimes「海事局」). ～ scolaire 入学手続. 〖法律〗état des ～s 登記簿の写し. numéro d' ～ 登録番号. prendre ses ～s à l'université (新学期に) 大学に受講手続をする.
2 碑銘, 碑文, 銘文；指示, 掲示；落書. ～ funéraire (tumulaire) 墓碑銘. ～ d'un écriteau 貼紙. ～ d'une étiquette レッテルの注意書. ～ à la bombe スプレー塗料による落書. étude des ～s 碑銘学. Académie des inscriptions et belles-lettres (フランス学士院内の) 碑文・文芸アカデミー.
3 〖数〗内接.

inscrit(e) (＜inscrire) *a.p.* **1** 登録 (記載) された. député non ～ 無所属国民議会議員. orateur ～ (国会・議会・会議の) 発言予定者.
2 (碑銘などが) 刻まれた. épitaphe ～*e* sur une tombe 墓碑銘.
3 〖数〗内接する. polygone ～ dans un cercle 円に内接する多角形.
4 〖スイス〗colis ～ 書留小包.
— *n.* **1** 登録者；選挙人登録者, 有権者. pourcentage de votants par rapport aux ～s 投票率.
2 〖海〗海員〔海軍〕籍登録者 (＝～ maritime).

inscrivant(e) *n.*〖法律〗抵当権申請者.
INSEAA (=*I*nstitut *e*uropéen d'*a*dministration des *a*ffaires) *n.m.*〖教育〗ヨーロッパ経営学院(=INSEAD).
INSEAD (=*I*nstitut *e*uropéen d'*ad*ministration des *a*ffaires) *n.m.*〖教育〗ヨーロッパ経営学院(1957年創立；私立のビジネススクール；1969年Fontainebleau校開校).
insecte *n.m.* **1** 昆虫；〖*pl.*で〗昆虫類. ~s à métamorphoses complètes 完全変態昆虫. ~ ailé 有翅昆虫. ~s nuisibles 害虫. ~s phytophages (canivoles) 草食(肉食)昆虫. ~s sociaux 社会性昆虫(蜜蜂, 蟻など). bruit d'~s 虫の翅音. lutte contre les ~s 除虫, 害虫駆除(=désinsectisation). science (étude) des ~s 昆虫学(=entomologie).〖比喩的〗activité d'~(蟻のように)倦むことのない活動.
2〖古・誤用〗蜘蛛, 環形動物, とかげ, 蛇の類.
insecticide *a.* 殺虫用の, 殺虫性の. poudre ~ 殺虫粉剤.
──*n.m.* 殺虫剤, 殺虫用農薬. ~ microbiologique 微生物系殺虫剤(バクテリアなどを利用するもの). ~s organiques de synthèse 合成有機殺虫剤. ~ organo-chloré 有機塩素化合物系殺虫剤(DDTなど). ~ organo-phosphoré 有機燐化合物系殺虫剤(parathionなど). ~s végétaux 植物性殺虫剤(alcaloïde, nicotine, pyrethrineなど).
insectifuge *a.* 駆虫性の, 除虫性の.
──*n.m.* 駆虫剤, 除虫剤, 昆虫忌避薬.
insécurité *n.f.* 安全性の欠如；危険性；不安定性. ~ dans le métro 地下鉄内の安全性の欠如. vivre dans l'~ 不安定な暮しをする. zone d'~ 危険地帯；立入り禁止地域(=no go area).
INSEE(l') [linse] (=*I*nstitut *n*ational de la *s*tatistique et des *é*tudes *é*conomiques) *n.m.* 国立統計経済研究院(1946年創設の国立統計機構；www.insee.fr).
INSEEC (=*I*nstitut des *h*autes *é*tudes *é*conomiques et *c*ommerciales) *n.m.*〖教育〗高等経済商業学院(1975年創設；Bordeaux と Paris に校舎があるグランド・エコール；Bac+3年制).
in-seize [insɛz] *a.inv.*〖印刷〗16折判の(=in-16：全紙の両面に各16ページ分のテクストを印刷し, 16折りして32ページになる).
──*n.m.inv.* 16折判の本.
inséminateur(trice) *a.* 人工授精を行う；人工授精用の.〖獣医〗pistolet ~ 人工授精器.
──*n.* 人工授精専門家.
insémination *n.f.*〖医・生〗授精, 媒精. ~ artificielle (IA) 人工授精. ~ intra-utérine (IIU) 子宮内授精.
inséminer *v.t.* (に)人工授精を行なう.
insensé(e) (<sens) *a.* **1** (考え, 計画などが)常軌を逸した, 非常識な, 気違いじみた；馬鹿げた. conduite ~e 常軌を逸した(非常識な)行動. embouteillages ~s ひどい渋滞. passion ~e 気違いじみた情念. projet ~ 非常識な企て. rire ~ 気違いじみた笑い. Il est ~ de+*inf.* …するのは馬鹿げている.
2 (人が)無分別な. amante ~e 常軌を逸した恋人. vieillard ~ 聞き分けのない老人.
3 莫大な, 巨大な. sommes ~es 莫大な金額.
4〖話〗風変わりな. C'est un type ~ ! 変な奴だ.
5〖古〗気の狂った, 理性を失った.
──*n.* 非常識な人, 無分別者；〖文〗狂人. courir comme un ~ 気が狂ったように走る.
insensibilité *n.f.* **1** 無感覚. ~ à la douleur 無痛覚(=analgésie, anesthésie). ~ d'un nerf 神経の無感覚.
2 (à に対する)無関心, 無反応, 無感動. apparente ~ à une émotion 感情の明らかな無関心. ~ aux émotions 情動無感動. ~ aux reproches 非難に痛痒を感じないこと.
insensible *a.* Ⅰ（感覚を持たない）**1** (à に)無感覚の. ~ à une émotion 無感動の. ~ au froid 寒さを感じない.〖古〗femme ~ (性的)不感性の女性.
2 (à に)無関心な, 無頓着な；無情な, つれない. ~ à l'argent 金銭に無関心な. ~ aux compliments お世辞に無頓着な. ~ à la poésie 詩心がない, 詩がわからぬ. cœur ~ 思いやりを知らぬ心の持主.
3〖古・文〗(物が)感覚のない.
Ⅱ（感知し難い）感じられないほどの, ごく僅かの, 感知し得ない. différence ~ それと分からぬくらいの差違. pente ~ ごく僅かの傾斜. pouls ~ 感じられないほど弱い脈拍.
INSERM (=*I*nstitut *n*ational de *s*anté *e*t de *r*echerches *m*édicales) *n.m.* 国立保健医学研究所(1964年Parisに設立).
insertion *n.f.* **1** 挿入, 記入. ~ d'une clause résolutoire dans un contrat de bail 賃貸契約書への解除条項の挿入. ~ d'une note dans un texte テクストへの注の挿入. ~ d'un plan dans un film 映画フィルムへの画面(ショット)のインサート.
2 差込み；掲載. ~ d'une annonce dans un journal 新聞への広告の差込み(掲載).〖法律〗~ légale (法律の規定による)公告.
3 (社会・職業への)組込み, 組入れ；復帰. ~ des immigrés dans la population 移民の同化. ~ professionnelle 職業復帰. ~ sociale 社会復帰；社会への同化. allocation d'~ 職業復帰手当《禁錮受刑者, 労働災害被災者, 職業病患者, 帰国者, 避難民などで, 3カ月以上の失業保険が受けられない求職者を対象とする；略記AI). revenu minimun d'~ 社会復帰(同和)最低所得《略記

RMI). stages d'~ et de formation à l'emploi 就職実習訓練実習(略記 Sife).

4〖生・医〗付着；挿入. ~ des muscles (des ligaments) sur un os 筋肉(靭帯)の骨への付着.〖遺伝子〗mutation d'~ 挿入変異.〖遺伝子〗séquence d'~ 挿入配列.

INSFA (=*I*nstitut *n*ational *s*upérieur de *f*ormation *a*groalimentaire) *n.m.*〖教育〗国立高等農業食品学院(1991年 Rennesに創設のグランド・エコール).

insidieux(se) *a.* **1** 罠のある；陰険な, 油断ならない；〖文〗(人が) 狡猾な. espion ~ 狡猾なスパイ. manière de procéder ~ se 陰険なやり方. promesses ~ ses 額面通りに受取れない約束.

2〖医〗潜行性の, 非顕在性の. fièvre ~ se 潜行熱. maladie ~ se 潜行性疾患.

3 徐々にひろがる. odeur ~ se 徐々にひろがる匂い.

insigne[1] *a.*〖文〗**1** 非凡な, 抜群の；この上ない, 抜きん出た. faveur ~ 並々ならぬ好意. honneur ~ この上ない名誉. place ~ 抜きん出た地位.

2〖皮肉〗この上ない；度し難い. maladresse ~ ひどい不器用さ. sottise ~ 度し難い愚行.

insigne[2] *n.m.* **1** (地位, 身分などを示す)公式章(記章, 徽章, 襟章), バッジ；メダル；勲章. ~s de la Légion d'honneur レジョン・ドヌール勲章. ~s des blessés militaires 傷痍軍人章. ~s de dignité 顕職章. ~s de fonction 職務章. ~ du maire 市町村長章(écharpe du maire 青白赤の三色飾帯など). ~ du Réfractaire 対独非協力者記念章. ~s officiels portés par les députés 国民議会議員の公式章(バッジ cocarde, 三色の懸帯 écharpe, メダル médaille など). ~ porté sur l'uniforme 制服に着用した襟章(勲章略綬)(=bouton, rosette). ~s souvenirs 記念バッジ. port illégal d'~s 公式記章の不正着用.

2 (団体などの)記章, バッジ. ~ des scouts ボーイスカウト章.

insignifiant(e) *a.* **1** つまらない, くだらない, 取るに足りぬ；平凡な. cadeau ~ ささやかな贈物. délit ~ 微罪. économie ~e 弱小経済. faute ~e 取るに足りない過ち. roman ~ 下らない小説. Il est ~ de+*inf.* …するのはくだらない. Il n'est pas ~ de+*inf.* …するのは大切だ.

2 些細な；(金額などが)取るに足りぬ. détails ~s 枝葉末節. faits ~s 些細な事柄. somme ~ 極く僅かな金額. échanger des paroles ~es とりとめのない言葉を交す.

3〖稀〗無意味な.

insinuation *n.f.* **1** ほのめかし. ~s malveillantes 意地の悪いこすり. procéder par ~s それとなくほのめかす.

insipide *a.* **1** 無味の；味のない. aliment ~ 味のない食品. gaz ~ 無味のガス. sauce ~ 旨味のないスープ.

2〖比喩的〗無味乾燥な, 退屈な. conversation ~ 退屈きわまりない会話. spectacle ~ 味もそっけもないショー.

insistance *n.f.* **1** 力説；固執；強調. ~ déplacée 並外れたしつこさ. avec ~ 執拗に, しつこく. regarder *qn* avec ~ 人をじろじろ見つめる. supplier *qn* avec ~ 人にしつこく嘆願する.

2〖発音〗accent d'~ 強調アクセント.

3 規則的反復, 繰返し. ~ d'un leitmotiv ライトモチーフの反復.

in situ [insity][ラ] *l.ad.* 自然な環境の下で. régulation ~ 自然状態制御.

insolation *n.f.* **1** 日射；日に当てること. sécher des plantes par ~ 植物を日光に当てて乾燥させる.

2 日照；日照時間. ~ faible en hiver 冬の日照量(時間)の少なさ. L'~ annuelle est à Paris d'environ 1800 heures. パリの年間日照量は約1800時間である.

3〖医〗日射病, 熱射病(=coup de chaleur；coup de soleil). attraper une ~ 日射病にかかる.

4〖写真〗ソラリゼーション(=solarisation).

insolence *n.f.* **1** 無礼；無礼な言動；(目下に対する)傲慢さ, 尊大さ, 横柄さ. ~ d'un parvenu 成上がり者の傲慢さ. avoir l'~ de+*inf.* 無礼にも…する. dire des ~s 無礼な言動をする. répondre à *qn* avec ~ 人に無礼な答え方をする. Quelle ~! 何たる無礼!

2〖古〗厚顔無恥. froide ~ 冷淡な厚顔無恥.

insolent(e) *a.* **1** (avec, envers に対して)無礼な；(目下に対して)尊大な, 横柄な. air ~ 無礼な(尊大な)態度. enfant ~ 無礼な子供. réponse ~e 無礼な返答. ton ~ 無礼な(失礼な)口調. vainqueur ~ 尊大な征服者. être ~ avec(envers) ses supérieurs 上司に対して無礼である.

2 並外れた, 途方もない. chance ~e 千載一遇のチャンス. santé ~e 申し分のない健康. succès ~ 人もうらやむ成功. étaler une joie ~e あたり構わず喜ぶ.

—*n.* 無礼な人；横柄な人. Quel ~! 何と無礼な奴だ!

insolite *a.* **1** 異常な, 突飛な. bruit ~ 異様な物音. événement ~ 異常な出来事.

2 既成概念を打破した, 奇抜な, 特異な, 常識外れの. acte ~ 奇抜な行為. *le Paris* ~ 『特異なパリ案内』. personnages ~s 特異な人々.

—*n.m.* 異様さ；奇抜さ.

insolubilité *n.f.* **1** 不溶性. **2** 解決不能性. ~ d'un problème 問題の解決不能性.

insoluble *a.* **1** 不溶性の. substance ~ dans l'eau 水に溶けない物質.

2 解決不能の, 解明できない. difficulté ~

解決不能の困難. problème ~ 解けない問題.

insolvabilité *n.f.* (債務の)支払い不能, 債務超過.〖法律〗organisation frauduleuse de l'~ 支払不能状態の不法な作出〔罪〕.

insolvable *a.* (債務者が)返済不能の, 債務超過の. débiteur ~ 返済不能の債務者.
——*n.* 支払い不能の債務者.

insomnie *n.f.* **1** 不眠〔症〕. souffrir d'~ 不眠に悩む. **2** 不眠時間. longue ~ 長い不眠時間.

insomnieux(se) *a.* 不眠の, 不眠症の.
——*n.* 不眠症の人.

insonore *a.* **1** 音を立てない. choc ~ 無音のショック. respiration ~ 無音呼吸.
2 防音された. cabine ~ 防音室.
3 防音用の. matériaux ~s 防音材. mur ~ 防音壁.

insonorisation *n.f.* 防音；防音工事.

insonorisé(e) *a.p.* 防音された；防音用の. appartement ~ 防音工事を施したアパルトマン. matériau ~ 防音材. studio ~ 防音スタジオ.

insouciance *n.f.* 無頓着；呑気. ~ du danger 危険に対する無頓着. vivre dans l'~ 気楽に暮す.

insouciant(e) (<souci) *a.* **1** (de を)気にしない, (に)無頓着な. ~ de l'avenir 将来のことを気にかけない. ~ du danger 危険をものともしない. être ~ de l'avenir 将来のことを気にかけない.
2 呑気な. joyeux luron ~ 呑気な遊び人.
——*n.* 無頓着な人；呑気者.

insoucieux(se) *a.*〔文〕気苦労のない, 無頓着な；(de を)気にかけない. vie ~se 何の気苦労もない暮し. être ~ du lendemain 明日のことを思い煩わない. être ~ de ses intérêts 自分の利害を一切顧みない.

insoumis(e) *a.p.* **1** 服従しない；反抗的な. enfant ~ 言うことを聞かない子供, 従順でない子供.
2〖軍〗抗命の. soldat ~ 抗命兵.
3 帰属しない. contrée (tribu) ~e 帰属しない地方(部族).
——*n.*〖軍〗抗命軍人.

insoumission *n.f.* **1** 不服従, 反抗. ~ aux règles 規則に対する不服従. **2**〖軍〗抗命. **3**〔集合的〕不服従住民.

insoupçonnable *a.* **1** 嫌疑のかけようもない. retouche ~ 誰も気付かぬほど完璧な修正.
2 疑う余地のない. honnêteté ~ 疑う余地のないほどの誠実さ.

insoupçonné(e) *a.p.* **1** 嫌疑をかけられていない. véritable criminel qui demeure longtemps ~ 長い間嫌疑をかけられなかった真の犯罪者.
2 思いもよらない. difficultés ~es 想像を絶する障害. domaine ~ 予想外の領域.

insoutenable (<soutenir) *a.* **1** 支持できない, 擁護できない, 許容できない. erreurs ~s 許容できない過誤. opinion ~ 支持できない意見.
2 堪え難い, 我慢ならない；鼻持ちならぬ. douleur ~ 堪え難い苦しみ. orgueil ~ 我慢できない傲慢さ. vanité ~ 鼻持ちならぬ虚栄.

inspecteur(trice) *n.* 検査官(員), 視察官(員)；監察官；監督官；〖教育〗視学官；〖警察〗刑事官(= ~ de police).〖教育〗~ d'Académie 学区視学官. ~ 〔de l'enseignement〕 primaire 初等教育視学官. ~ départemental 県の視学官. ~ pédagogique régional 地方教育視学官. ~ des assurances 保険調査員. ~ des contributions (des impôts) 税務監察官. ~ des douanes 税関検査官. ~ des Finances 会計検査官. ~ des Monuments historiques 歴史的記念建造物監察官. ~ 〔de police〕刑事〔官〕. ~ principal 主任刑事〔官〕. ~ divisionnaire 管区刑事〔官〕. ~ du travail 労働監督官. ~ des ventes (企業の)販売監査員. charge d'~ 検査(監察)官職.〖戯〗~ des travaux finis 何もしない怠け者.

inspection *n.f.* **1** 検査；視察；監察；監督；巡視(=tournée d'~)；〖海軍〗臨検. faire (passer) une ~ 検査(視察, 監察)する. ~ de l'armée 軍隊の査閲. ~ des travaux 工事の監督. ~ d'un navire 船舶の臨検. rapport d'~ 検査報告. tournée d'~ 巡視, 巡察.
2〔行政〕検査(視察, 監察, 監督)官の職.
3 検査(監察)院；〔集合的〕検査(監察, 監督)官.~ académique d'Académie 学区視学局. ~ du Travail 労働監督局, 労働基準局. I~ générale des finances 中央会計検査院, 会計検査総局.

inspectorat *n.m.*〖行政〗検査(監察, 監督)官の職(在職期間).

inspirateur(trice) *a.* **1** 霊感(インスピレーション)を与える；激励する, 鼓舞する. passion ~*trice* 活気を支える情念.
2〖解剖〗吸気の, 吸入の. centre nerveux ~ 呼吸神経中枢. muscles ~s 呼吸関連筋.
——*n.* **1** 霊感を与える人；助言者(=conseiller).
2 激励者；鼓吹者. ~ d'une doctrine 教理の主唱者. ~ d'un complot 陰謀の使嗾(しょう)者.
3〔比喩的〕原動力.
——*n.m.*〖医〗呼吸装置.

inspiration *n.f.* Ⅰ《吹きこむこと》**1** 霊感, 啓示. ~ céleste (divine, d'en haut) 神の啓示.
2 思いつき, 着想, アイディア. avoir une ~ soudaine 突然思いつく.
3 (芸術家・研究者の)インスピレーション, ひらめき. ~ poétique 詩のインスピレーション. avoir de l'~ (manquer d'~) インスピレーションが湧く(湧かない).

4 示唆, 勧告；教唆, 使嗾 (しそう)；そそのかし. ~ diabolique (infernale) 悪魔のそそのかし.
5 影響. ~ de <i>qn</i> (de <i>qch</i>) 人 (物) の影響. sous l'~ de <i>qn</i> 人の感化の下に；人の扇動で.
II〖生理〗吸息, 吸気 (expiration「呼気」の対).

inspiratoire <i>a.</i> 呼気の. capacité ~ 肺呼気量；肺活量.〖医〗dyspnée ~ 呼気困難〔症〕.

inspiré(e) (＜inspiration) <i>a.p.</i> **1** 霊感 (天啓) を受けた. artiste ~ 霊感を得た芸術家. œuvre ~ 天来の作品. prophète ~ 霊感を得た予言者.〔蔑・皮肉〕prendre des airs ~s 霊感を得たようなふりをする.
2 着想を得た. ~ de …から着想を得た. robe ~<i>e</i> de la mode parisienne パリモードからヒントを得たドレス. être bien (mal) ~ 思いつきを得ている (思いつきを失している). J'ai été bien ~ de vendre mes actions. 持ち株を売却したのはいい思いつきだった.
――<i>n.</i> 霊感 (天啓) を受けた人.

I.N.S.T (=〔ラ〕<i>In nomine sanctæ Trinitatis</i>)〖キリスト教会〗聖三位一体の御名において.

instabilité <i>n.f.</i> **1**〖物理・化〗不安定性 (度). ~ d'une équilibre 平衡不安定性. ~ gravitationnelle 重力不安定.
2〔比喩的〕不安定な状況. ~ des opinions 世論の不安定性. ~ d'une monnaie (des prix) 通貨 (物価) の不安定性. ~ d'une population 人口流動性, 住民の非定住性. ~ politique (sociale) 政治 (社会) の流動的状況.

instable <i>a.</i> **1** 不安定な；変り易い. gouvernement ~ 不安定な内閣. monnaie ~ 不安定な通貨. paix ~ 不安定な平和. prix ~ 変動しやすい物価. sentiment ~ 情緒不安定. situation politique ~ 不安定な政情. temps ~ 変り易い天候.
2(人が) 情緒不安定な；移り気な.
3〖理〗不安定な；変質し易い. combinaison ~ 不安定化合物. équilibre ~ 不安定平衡.〖生〗génome ~ 不安定ゲノム. noyau ~ 不安定原子核.
4〖言語〗phénomène ~ 不安定現象.
5 (人・部族が) 定住しない, 非定着性の. personne ~ 非定住者. population ~ 非定住人口.
――<i>n.</i> **1** 情緒が不安定な人；移り気な人.〖心〗les ~s 情緒不安定児.
2 非定住者, 住所の定まらぬ人.

installateur (trice) <i>n.</i> **1** (設置・機械など) 取付 (据付) 業者, 設備工事業者 (職人)；内装業者 (=~-décorateur). ~ de chauffage central 中央暖房設備工事業者.
2〔古〕聖職叙任者.

installation <i>n.f.</i> **1** (装置・備品などの) 取付け, 据付け, 設置；設備工事 (=travaux d'~). ~ du chauffage centrale 中央暖房器の設置. travaux d'~ 設備工事.
2 取付け品；家具調度；内装, 内装工事. ~ d'une maison 家具調度品.
3 設備；施設. ~s électriques 配電設備. ~s sanitaires 衛生設備, 給排水設備, 水まわり. ~s portuaires 港湾施設.
4 入居, 居住. ~ illégale 不法居住. ~ provisoire 仮住まい.
5〖教会〗(高位聖職者の) 叙任；〖法律〗就任, 任命. ~ d'un évêque 司教への叙任. ~ d'un magistrat 司法官の任命.
6〖美術〗環境芸術 (=environnement).

installé(e) <i>a.</i> **1**〔話〕安楽に暮している. gens ~s 裕福な連中.
2〖情報処理〗オンボードの. mémoire vive ~ (コンピュータの) 標準搭載ラム (RAM), オンボード・メモリー.

instance <i>n.f.</i> **1**〔多く <i>pl.</i>〕切願, 懇願. céder aux ~s de <i>qn</i> 人の懇願に負ける. avec ~ 切に, しつこく. sur (devant) les ~s de <i>qn</i> 人の切なる願いにより.
2〖法律〗(告訴から判決までの) 訴訟行為；(裁判の) 審級. introduire une ~ contre <i>qn</i> 人を相手取って訴訟を起こす. première ~ 第一審. ~ en appel 控訴審. ~ en cassation 破毀審. tribunaux d'~ 小審裁判所 (原則として郡庁所在地に設置；旧治安裁判所 justice de paix). tribunaux de grande ~ 大審裁判所 (原則として県庁所在地に設置；複数箇所に設置されている県もある；裁判長を含め3名の裁判官と1名の検察官によって構成される；小審裁判所その他の第一審裁判所の管轄外の訴訟を扱う).
3〔多く <i>pl.</i>〕意思決定機関. ~s d'un parti 党の決定機関. ~s internationales 国際決定機関. ~s suprêmes 最高決定機関.
4〖精神分析〗審級.
5 en ~ 未解決の, 審議中の；待機中の. affaire en ~ 係争中の事件, 係属事件. avion en ~ de départ 出発間際の航空機.

instant <i>n.m.</i> **1** 瞬間, 一瞬. ~ décisif 決定的瞬間. ~ d'oubli 一瞬の忘却, 度忘れ. ~ de plaisir 歓喜の瞬間. ~ fatal 死の瞬間 (=~ de la mort). ~ présent 今の瞬間. affaire d'un ~ すぐ済む用事. le premier (dernier) ~ 最初 (最後) の瞬間. peu d'~s 瞬時. dans peu d'~ 瞬時に. quelques ~s しばらく, 暫時. au bout de quelques ~s しばらくして.
ne pas perdre un ~；sans perdre un ~ 一瞬も無駄にしない. Attendez un ~. / Un ~ ちょっと待ってください.
2 今の瞬間 (=l'~ présent). jouir (profiter) de l'~ qui passe 過ぎゆく今の瞬間を楽しむ (の恩恵に浴する). vivre dans l'~ 今に生きる.
3〔成句〕à cet ~ 今この瞬間に. à chaque (à tout) ~ 絶えず. à l'~ すぐに；たった今. à l'~ de+<i>inf.</i>；à l'~〔même〕où+

instantané(e)

ind. …しようとした時に. au même ~ 同時に. 〔文〕dans l'~〔même〕即座に. dans un ~(dans quelques ~s) すぐに. dès l'~ que (où)+*ind.* …なのだから (=puisque); …するや否や (=dès que). d'~ à l'autre ほどなく. d'~ en ~ 刻一刻と. en un ~ あっという間に. par ~s 時々. pendant (pour) un ~ 少しの間. pour l'~ 今のところ. sur l'~ 即座に, ただちに; 当座は (=sur le moment).

instantané(e) *a.* **1** 一瞬の. lueur ~ 一瞬の閃光.
2 即座の. 〔写真〕appareil ~ インスタント・カメラ (Polaroid, Fuji Instax など). mort ~ 即死. riposte ~e 即座の反論.
3 (飲食物が)インスタントの. café ~ インスタント・コーヒー. potage ~ インスタント・スープ.
——*n.m.* 〔写真〕〔古〕スナップショット (=photographie ~e); インスタント写真.

instauration *n.f.* **1** (制度などの)創設, 創立, 樹立. ~ de la république 共和国 (共和制) の樹立. ~ d'un nouveau régime politique 新政治体制の樹立. ~ d'une cour martiale 軍法会議の創設.
2 (習慣の)確立; (流行の)導入. ~ d'un usage 習慣の確立. ~ d'une mode 流行の導入.
3 〔電算〕インストール, セット, 導入. ~ d'un logiciel ソフトのインストール.

insti, instit [ɛ̃sti] (<*insti*tuteur (trice) *n.* 〔話〕小学校教員.

instigateur (trice) *n.* **1** (陰謀・反乱などの)扇動者, 首謀者. ~ d'un complot 陰謀の扇動者.
2 (運動の)主唱者, 指導者.
3 〔比喩的〕原因, 動機. ~ du péché 過ちの原因.

instigation *n.f.* **1** 扇動; 教唆. **2** 勧め, 勧告. à l'~ de *qn.* (人の) 勧めで.

instillation *n.f.* **1** 滴下; 滴下剤.
2 〔医・薬〕(医薬液の) 点滴注入〔法〕, 点滴; 点眼. ~ d'un collyre 点眼薬(目薬)の注入. ~s nasales 点鼻〔法〕. ~ vésicale 膀胱への薬液注入. anesthétique à ~s 点眼麻酔薬. seringue à ~ 点滴器. pratiquer une ~ 点滴を行なう (=instiller).
3 〔比喩的〕(思想などの) 浸透, 注入.

instinct [ɛ̃stɛ̃] *n.m.* **1** 本能; 直観, 勘. ~ de conservation 自己保存本能. ~ maternel 母性本能. ~ sexuel[1] 性〔的〕本能. d'~; par ~ 本能的に, 直感的に; とっさに, 自発的に. se fier à son ~ 直感(勘)に頼る.
2 生来の性向; 天分, 素質, 天性. avoir de l'~ des affaires 事業の天分がある. 生来事業に向いている. céder à ses ~s 悪い性向に流される.
3 〔精神分析〕本能, 欲動 (=pulsion). ~ sexuel[2] 性的欲動, リビド (libido).

instinctif (ve) *a.* 本能的な; 直観的な; 衝動的な; 欲動の. antipathie ~ve 本能的嫌悪. conduite ~ve 衝動的行動. réaction ~ve 本能的反応. être pris du ~ de+*inf.* 無性に…したくなる. C'est ~! それこそ勘というものだ! 咄嗟(とっさ)のことさ!
——*n.* 本能的(直感的; 衝動的)な人.

institiel (le) *a.* **1** 〖解剖・医〗間質性の. cellule ~ 間質細胞. pneumonie ~*le* 間質性肺炎.
2 〖動〗間隙性の. faune ~*le* 間隙動物.

institut *n.m.* **1** 学院, 学校; 学科; 研究所, 研究院. I~ catholique de Paris パリ・カトリック学院 (1875年設立のカトリック系私立大学; 通称 la Catho). ~ de français フランス語・フランス文学科. ~s et centres culturels français フランス文化学院・センター. I~ du *m*onde *a*rabe アラブ世界研究所 (1987年開所; 略記 IMA). ~s d'*e*tudes *j*udiciaires 司法学院(略記IEJ; 法科大学所属). ~s d'*e*tudes *p*olitiques 政治学院(略記 IEP). I~ *g*éographique *n*ational 国土地理院(略記 IGN). I~ *n*ational des *l*angues et *c*ivilisations *o*rientales 国立東洋言語文化学院 (1919年創設の国立東洋語学校 ENLOV : *E*cole *n*ationale des *l*angues *o*rientales *v*ivantes の後身; 1971年改称; 略記 Inalco; 通称 Langues'O 「ラングゾー」). I~ *n*ational de la *s*anté *e*t de la *r*echerche *m*édicale 国立保健医学研究所 (略記 INSERM). I~ *n*ational de la *s*tatistique et des *é*tudes *é*conomique 国立統計経済研究院 (略記 Insee [inse]). I~ Pasteur パストゥール研究所. ~s d'*a*dministration 地方行政学院 (略記 Ira; Lyon, Lille, Nantes, Metz, Bastia の5カ所). I~ *sup*érieur de *g*estion *e*t de *com*merce 高等経済商業学院 (略記 Supgeco). ~s *u*niversitaires de *t*echnologie 工業技術短期大学 (略記 IUP).
2 学術団体, 文芸家(芸術家)協会; 学士院, 芸術院. I~ 〔de France〕フランス学士院 (la Coupole と呼ばれる建物内に Académie française, Ac. des inscriptions et belles-lettres, Ac. des sciences, Ac. des beaux-arts, Ac. des sciences morales et politiques の5つのアカデミー本部がある).
3 機関. I~ d'*é*mission〔de la monnaie〕発券機関, 発券銀行.
4 ~ de beauté 美容院. ~ dentaire 歯科教育施設.
5 〔教会〕信徒修道会 (= ~s religieux).

instituteur (trice) *n.* **1** 〔教育〕小学校教員, 小学校の先生, 小学校教諭 (= 〔俗〕insti, instit) (1991年より学校教員 professeur des écoles に順次転換). ~ titulaire 小学校正教員 (教諭). école normale d'~ 小学校教員養成師範学校.
2 家庭教師 (=précepteur (trice)).

institution *n.f.* **1 a)** 制度, (特に) 政治制度.〖法律〗~s-organes 組織体としての制度〖国会, 内閣, EU 家族など〗.〖法律〗~s-mécanismes メカニズムとしての制度《解散権, 婚姻, 民事責任など》. ~s républicaines 共和政に基づく制度. réforme des ~s européennes EU 制度改革. Le principal mérite de la Vᵉ République est d'avoir rompu avec l'inefficacité des ~s qui l'ont précédée tout en ménageant un consensus sur les ~s nouvelles. 第五共和政の主要な功績が, 従来の制度を特徴付けた非効率性に終止符を打ち, 新制度に関するコンセンサスを可能としたことである.
b) (皮肉をこめて) 制度, 習慣. Il est des pays où la corruption est devenue une véritable ~. 腐敗が制度化している国がある.
c) (学問, 社会などの分野で) 権威ある人. M. X, véritable ~ en sciences de la vie ライフサイエンスの分野における権威者である X 氏.
2 機関, 機構, 組織. ~s spécialisées des Nations unies 国連の専門機関. ~ de crédit 信用機関. ~ financière 金融機関, 銀行.
3 a) 創設, 設立, 確立, 導入. L' ~ du calendrier grégorien date de 1582. グレゴリオ暦の導入は1582年のことである. L'Assemblée nationale a décidé l'~ d'une commission d'enquête. 国民議会は調査委員会の設置を決定した.
b) 決定; 指定; 叙任.〖法律〗~ d' héritier 相続人の決定. ~ contractuelle 契約による相続人の指定.〖宗教〗~ canonique 聖職者の叙任.
c) être de l' ~ de qn. …によって制度化された (創設された).〖古〗d'~ 人為的な.
4 教育機関, (特に) 私立学校;〖古〗教育.

institutionnel¹(**le**) *a.* **1** 制度上の, 制度的な; 政治制度に関する; 機関 (機構) の; 団体に関する. appareil ~ d'un Etat 国家の制度的機関. investisseurs ~s 機関投資家. structures ~les de l'Etat 国家の制度的構造.
2〖心〗制度的な, 制度の影響による; 施設の. analyse ~le 制度的分析.〖精神医学〗psychothérapie ~le 施設精神療法.

institutionnel² *n.m.*〖株〗機関投資家 (=investisseur ~).

institution-phare *n.f.*〖行政〗モデル (規範的) 制度. ~ de l'Union européenne ヨーロッパ連合のモデル制度.

INSTN (=*I*nstitut *n*ational des *s*ciences et *t*echniques *n*ucléaires) *n.m.*〖教育〗国立核科学技術学院《1956年サクレー Saclay の核研究所内に設立; 原子力技術者の養成校》.

instruc*teur*(*trice*) *n.* **1** 教師, インストラクター;〖軍〗(新兵の) 教練指導係. ~ d'aérobic エアロビックのインストラクタ

ー.
2〖法律〗予審判事 (=juge ~; juge d'instruction).
──*a.* **1**〖軍〗教練指導係の. sergent ~ 教練指導軍曹.
2〖法律〗予審の. juge ~ 予審判事.

instruction *n.f.* Ⅰ **1** 教育; 知的教育. ~ civique 公民教育. ~ primaire 初等教育. ~ professionnelle 職業教育. ~ publique 公教育. ministère de l'*I*~ publique 教育省, 文部省《旧称; 現 ministère de l'Education nationale「国民教育省」》.
2〖カトリック〗教理教授 (= ~ religieuse).
3〖軍〗教練 (= ~ militaire). ~ de perfectionnement (予備役軍人の) 再教練. camp d'~ 教練キャンプ地.
4 (教育によって得た) 知識; 教養. avoir de l'~ 教育 (知識) がある. manquer d'~ 教養に欠ける. sans ~ 教育のない.
5 [*pl.* で] 指示, 命令; 訓令;〖商業〗(商品の) 取扱説明書;〖電算〗命令. ~ de service 業務命令書. ~s ministérielles 大臣訓令〔書〕. ~s précises 的確な指示. ~s secrètes 秘密訓令. pouvoir d'~ 命令権. donner des ~s à qn 人に指示を与える. conformément à vos ~s 御命令に従って. se conformer aux ~s ci-jointes 同封の説明書に従うこと.〖電算〗macro (micro)-~ マクロ (ミクロ) 命令.
6 指令書; 業務命令書;〖古〗教示.〖海〗~s nautiques (水路部の) 航海指令書. ~ pastorale 司教教書 (=mandement d'évêque).
Ⅱ〖法律〗予審 (= ~ *j*udiciare, ~ préparatoire). ~ du premier degré devant le juge d'~ 予審判事による第一次予審. actes d'~ 予審記録. Code d'~ criminelle 刑事訴訟法《1959年以降 Code de procédure pénale と改称》. ouvrir une ~ 予審を開始する.

instruit(**e**) (<instruire) *a.p.* **1** 知識 (教育) のある, 教養豊かな. homme bien ~ 教養豊かな人物.
2 (de を) 知っている, (dans, en に) 精通している. être ~ des circonstances 状況に通じている. être ~ en sciences 科学に精通している. C'est un homme bien ~ des usages du monde. 世間の習慣に精通している人だ.
3 (動物が) 調教された. cheval bien ~ うまく調教された馬.

instrument *n.m.* **1** 道具, 用具; 器具; 機器; 計器《outil より広範囲; appareil, machine より構造は単純》; 楽器 (= ~ de musique). ~ à corde 弦楽器. ~ à percussion 打楽器. ~ à vent 管楽器. jouer d'un ~ 楽器を演奏する. ~s aratoires 農耕器具. ~ d'arpenteur 測量機器. ~s de chirurgie 外科用器具. ~s de mesure 測定器. ~ de musique 楽器. ~ d'optique 光学機器. ~ de précision 精密測定器械. ~s de travail 勉強道具. ~s de vol sans visibilité 無

視界飛行計器. ~ méridien 子午儀. ~ météorologique 気象観測器. ~ tranchant 刃物. Contrôle des ~s de mesure en France フランス測定器械検査局《気象局所管》.
2〔比喩的〕道具, 手先；手段. devenir l'~ de qn 人の手先となる. faire de qn (qch) l'~ de sa réussite 人(何を)自分の成功の道具とする.
3〖文法〗complément d'~ 道具の補語.
4〖法律〗用具, 手段；法律文書, 証書；証券, 手形；〖外交〗(条約などの)原本. ~ de paiement 支払手段. ~s de ratification d'un traité 条約の批准原本. ~s juridiques 法的用具(手段). ~s monétaires 貨幣, 通貨. ~ négociable 流通証券. Nouvel I~ communautaire ヨーロッパ共同体(連合)新金融機構《略記 NIC》.

instrumentaire a. 〖法律〗(法律行為の)証書(方式)に関する. acte ~ 証書. témoin ~ (要式証書作成などのための)立会人.

instrumental(ale)(pl.**aux**) a. **1** 道具の；道具となる；〖医〗器具による. 〖医〗pelvimétrie ~ale 骨盤計測〖法〗.
2〖楽〗楽器による；器楽で構成された. musique ~ale 器楽 (musique vocale「声楽」対). ensemble ~ 器楽アンサンブル.
3〖心〗道具的な. conditionnement ~ 道具的条件づけ.
4〖法律〗〖公正〗証書(instrument)となりうる；原本となりうる. pièces ~ales d'un procès 訴訟文書.

instrumentation n.f. **1**〖音楽〗楽器法；管弦楽法(=orchestration)；楽器編成.
2〖医〗手術用器具類. ~ médicale 医療器具類.

Insu (=*I*nstitut *n*ational des *s*ciences de l'*U*nivers) n.m. 国立宇宙科学研究所《CNRS 内に 1985 年創設；在 Paris》.

insu n.m. 《次の表現のみ》à l'~ de qn 人の知らぬ間に；人に知らせずに. 〖薬〗à double ~ 二重盲検法. à mon ~ 私の知らぬ間に. s'en aller à l'~ de tous 誰も知らぬ間に立ち去る. se trahir à son ~ 思わず本心を明かす.

insuccès n.m. 不成功. ~ d'une bataille 敗戦. ~ d'une pièce de théâtre 芝居の不成功. projet voué à l'~ 不首尾に終る定めの計画. subir un ~ à un examen 試験に失敗する.

insuffisance n.f. **1** 不足, 不十分；過小評価. ~ de ressources 財源不足. ~ des salaires 賃金の不十分.
2 能力不足；〔pl. で〕欠陥, 弱点. Ce candidat est d'une ~ flagrante. この志願者は明らかに能力不足である.
3〖医〗機能不全, 不全症. ~ aortique 大動脈弁閉鎖不全. ~ cardiaque 心不全. ~ coronarienne 冠不全. ~ corticosurrénale 副腎皮質機能不全. ~ du canal utérocervical 子宮頸管無力症. ~ hépatique 肝不全. ~ lutéale 黄体機能不全. ~ mitrale 僧帽弁閉鎖不全. ~ pancréatique 膵機能不全. ~ pulmonaire 肺動脈弁閉鎖不全. ~ pylorique 幽門閉鎖不全. ~ rénale 腎不全. ~ tricuspidienne 三尖弁閉鎖不全.

insuffisant(e) a. **1** (物が)不十分な. adresse ~e 住所表記不十分. dimensions ~es (家屋などの)手狭さ. lumière ~e 暗い照明. nombre ~ 不足数. ressources ~es 足りない資源.
2 (人が)能力不足の, 力不足の. candidat ~ 能力不足の志願者. élève ~ 実力不足の生徒.
3 (男性が)性的能力に劣る.
4〖医〗un ~ cardiaque 心不全患者.

insufflateur(trice) a. 気体(空気)を注入する.
——n.m.〖医〗(空気・気体・蒸気・粉剤などの)注入器.

insufflation n.f. **1** (気体, 液体, 粉末の)吹き付け, 吹き込み.
2〖医〗通気法, 吹送法, 吸入法, インサフレーション.

insula (pl. **insulae**)〔ラ〕n.f. 〖解剖〗ライル島(=îlot de Reil)〖脳のシルヴィウス裂の奥の, 脳側面の亀裂基部に位置する脳回〗.

insulaire (<île) a. **1** 島の, 島に関する. administration ~ 島の行政(組織). flore ~ 島の植物相. traditions ~s 島の伝統.
2 島に住む；島嶼性の. climat ~ 島嶼性気候. peuple ~ 島の住民.
3〖解剖〗ランゲルハンス島(îlots de Langerhans)の. pancréas ~ 膵島.
——n. **1** 島民. ~s d'Hawaii ハワイの島民.
2〔話〕les ~s 英国人(=les Britanniques).
——n. 島民. ~s de Chypre キプロス島民.

insularité n.f. **1** 島国であること, 島嶼性. ~ du Japon 日本の島嶼性. les avantages et les inconvénients de l'~ 島国であることの利点と不便さ.
2 島国らしさ, 島国性.
3〔蔑〕島国根性；狭量.

insulinase n.f. 〖生化〗インスリナーゼ, インスリン分解酵素.

insuline n.f. 〖生化〗インスリン《膵臓のランゲルハンス島 îlots de Langerhans β 細胞で生合成されるホルモン》.

insulinique a. 〖生化〗インスリンの；インスリン性の. 〖医〗coma ~ インスリン性昏睡. 〖医〗traitement ~ インスリン療法.

insulinodépendant(e) a. 〖医〗インスリン依存性の. diabète ~ インスリン依存性糖尿病, I 型糖尿病. diabète non ~ インスリン非依存性糖尿病, II 型糖尿病.
——n. インスリン依存性糖尿病患者.

insulinome n.m. 〖医〗インスリノーマ《膵臓腫瘍, 低血糖症を引き起こす》.

insulinorésistance n.f. 〖医〗インス

リン抵抗性.

insulino-sécrétoire *a.*〖生理・医〗インスリン分泌の. épuisement ~ インスリン分泌不全.

insulinothérapie *n.f.*(精神分裂病の)インスリンショック療法, 低血糖昏睡療法.

insulte *n.f.* **1** 侮辱；〖pl. で〗侮辱的な言葉(行動). adresser des ~s à qn 人を罵る. endurer (supporter) les ~s 侮辱(侮辱的な言動)に耐える. faire〔une〕~ à qn 人を侮辱する.
2〖比喩的・文〗蔑視；(à に対する) 攻撃. ~ à bon sens 良識の蔑視. ~ à son honneur 人の名誉を傷つける行為.

insupportable (<supporter) *a.* **1** (物事が)耐え難い. bruit ~ 耐え難い騒音. spectacle ~ 見るに耐えない光景. une vie ~ d'ennui 耐え難いほど退屈な生活. trouver la vie ~ 人生が耐え難く思われる. Il m'est ~ que+*subj.* …なのは私には耐え難い.
2 (人が)我慢がならない, 鼻持ちならない. caractère ~ 鼻持ちならない性格. enfant ~ 手に負えない子供.

insurgé(e) *a.p.* 暴動を起した, 蜂起した. population (ville)~*e* 反乱を起した住民(町).
——*n.* 叛徒〖女性形は稀〗.

insurmontable *a.* **1** 克服し難い, 越え難い. obstacle ~ 克服し難い障害.
2 抑え難い. angoisse ~ 抑え難い苦痛. frayeur ~ 抑えられない恐怖感.

insurrection *n.f.* **1** 反乱, 暴動, 蜂起. ~ de paysans 農民一揆. ~ populaire 民衆蜂起. supprimer une ~ 反乱(暴動・蜂起)を鎮圧する.
2〖比喩的〗反抗, 反発. ~ contre l'injustice 不正に対する反発.

insurrectionnel(le) *a.* 反乱の, 暴動の, 蜂起の；〖比喩的〗反抗の, 反抗的な. gouvernement ~ 反乱政府. journées ~ *les* 暴動の日々.

INT (=*I*nstitut *n*ational des *t*élécommunications) *n.m.*〖教育〗国立電気通信学院(1979年創立のグランド・エコール；2008年 TELECOM & Management SudParis と改称；在 Evry). ~-Gestion 国立電気通信学院経営学部(Evry にある商業系のグランド・エコール；1981年創立).

intact(e)〔ɛtakt〕*a.* **1** 手を触れない；(物・財産などが) 元のままの, 無傷の, 変質してない. monument ancien ~ 元のままの古い記念建造物. corriger un texte en gardant le sens ~ 原義を変えずにテクストに手を入れる. demeurer (rester)~ 元のまま(無傷)である.
2 傷ついていない, 非の打ちどころのない. honneur ~*e* 無傷の名誉. réputation ~*e* 非の打ちどころのない評判.
3 (人が) 無傷のままの. sortir ~ de l'acci-dent 事故を無傷で切り抜ける.
4 (少女が) 汚れのない, 処女の (=vierge).

intangibilité *n.f.* **1** 不可侵性. ~ d'une loi 法律の不可侵性. **2**〖古〗触知不能性.

intangible *a.* **1** 不可侵の. doctrine ~ 不可侵の理論. droit ~ 侵すべからざる権利.
2〖古〗触知できない.

intarissable *a.* **1** 枯渇することのない, 涸れることのない. pleurs ~*s* とめどなく流れる涙. source ~ 枯渇することのない泉.
2〖比喩的〗尽きることのない. bavardage ~ とめどもないお喋り. imagination ~ 果てしなく.
3 (人が) とめどなくお喋りする.

INTEC (=*I*nstitut *n*ational des *t*echniques *é*conomiques et *c*omptables) *n.m.*〖教育〗国立経理簿記学院(パリにある商業系のグランド・エコール. 1931年創立).

intégral (ale[1]**)** (*pl.* **aux**) *a.* **1** 完全な. édition ~*ale* 無削除版. nu ~ 全裸. œuvre ~*ale* 全集, 集成. paiement ~ 全額支払.
2〖数〗積分の. calcul ~ 積分〔法〕.

intégrale[2] *n.f.* **1**〖数〗積分. ~ indéfinie 不定積分. signe d'~ 積分記号 (∫).
2 (作家・作曲家の) 全集 (=œuvre ~). ~ des symphonies de Beethoven ベートーヴェン交響曲全集.

intégrase *n.f.*〖生化〗インテグラーゼ(宿主 ADN (DNA) の切断と再結合に関与するウイルスの酵素). HIV ~ ヒト免疫不全ウイルス・インテグラーゼ.

intégratif (ve) *a.*〖生理〗(諸機能を) 統合する. action ~*ve* 統合 (=intégration).

intégration *n.f.* **1** 統合, 完全併合；一体化, 同和；融合. ~ de la Savoie à la Fance サヴォワ地方のフランスへの併合. ~ des travailleurs immigrés 移民労働者の同和. ~ douanière 関税統合. ~ économique (politique) de l'Europe ヨーロッパの経済的 (政治的) 統合. ~ scolaire 学校統合. politique d'~ 統合 (同和, 融合) 政策.
2〖経済〗企業統合；系列化.
3〖哲・心・生理〗統合. ~ génétique 遺伝子組込み.〖心〗~ mentale 精神的統合.〖生理〗~ nerveuse 神経統合.
4〖数〗積分〔法〕. ~ numérique 数値積分〔法〕.
5〖電子〗集積化, 統合. ~ à très grande échelle 超大規模集積回路 (=〔英〕VLSI：*v*ery *l*arge *s*cale *i*ntegration). haute densité d'~ 高度集積化.

intégrationniste *a.* **1**〖政治〗政治的・経済的・社会的・文化的統合論を唱える. manifestations antiracistes et ~ 人種差別反対と民族統合を訴えるデモ.
2 人種差別撤廃論を唱える.
——*n.* **1** 統合論者. **2** 人種差別撤廃論者.

intégré(e) *a.* **1** (à, dans に) 統合された；結合された.〖電子〗circuit ~ 集積回

路, IC；〖商業〗直販経路.
2〖情報処理〗gestion ~*e*（コンピュータ利用の）集中管理〔方式〕. traitement ~ 総合データ処理.
3 同化した. être ~ dans un milieu social 社会環境に同化する.
4〖数〗積分した. fonction ~*e* 積分関数.

intégrine *n.m.*〖生〗インテグリン《細胞の接着分子》.

intégrisme *n.m.* **1**〖宗教〗体制完全主義；〖カトリック〗十全主義. **2**〔一般に〕教条主義, 徹底した保守主義.

intégriste *n.* **1**〖宗教〗体制完全主義者；〖カトリック〗十全主義者. **2**〔一般に〕教条主義者, 極端な保守主義者.
—*a.* **1**〖宗教〗体制完全主義の, ～的な；〖カトリック〗十全主義の. théorie ~ 体制完全主義的（十全主義的）理論.
2 教条主義的な, 保守主義的な.

intégrité *n.f.* **1** 十全性, 完全性, 完全な状態. ~ d'une œuvre 作品の完全性. conserver l'~ du territoire 領土を保全する.〖電算〗contrainte d'~ 完全性制約. dans son ~ 全体として.
2 正直, 公明正大；清廉潔白. homme d'une parfaite ~ 清廉潔白の人.

intellectuel (le) *a.* **1** 知性の；知能の. facultés ~les 知能.〖哲〗intuition ~*le* 知的直観. quotient ~ 知能指数（略記 QI）.
2 知的な, 精神的な, 無体の (manuel「肉体的な」の対)；理知的な；〔蔑〕知にかたよった. activités ~les 知的活動. code de la propriété ~*le* 知的所有権法.〖法律〗droit ~ 無体財産権. élite ~ 知的エリート, インテリ. exercice ~*le* 知的訓練. travailleurs ~s 知的（頭脳）労働者 (travailleurs manuels「肉体労働者」の対). vie ~*le* 知的生活. Elle est très ~*le* 彼女は非常に理知的だ.
—*n.* 知識人, インテリ（〔話・蔑〕略記：intello [ɛtelo]，〔*pl.*〕intelos). ~ de gauche 左翼知識人. classe des ~s 知識階級.

intelligence *n.f.*〖I〗〖知〗知能 **1** 知能, 知性；理解力, 判断力. ~ abstrait (pratique) 抽象的（実用的）知能. ~ artificielle 人工知能（略記 IA). ~ humaine 人間の知性. développement de l'~ 知能の発達. test d'~ 知能テスト, 知能検査. avoir l'~ vive (lente) 物わかりが早い（遅い）. faire travailler son ~ 頭を働かせる.
2 聡明さ, 分別；知恵. ~ remarquable 卓越した聡明さ. agir avec (sans) ~ 分別をもって（無分別に）行動する. faire preuve d'~ 分別を示す.
3 (de の) 理解. ~ des affaires 問題の理解.
4 知性豊かな人, 知的な存在；〔古〕霊的な存在. belle (haute) ~ 見事な知性の持主. Dieu, souveraine ~ 至高の知的存在である神.
〖II〗《相互に働く知性》**1** 相互理解. faire un signe d'~ à *qn* 人に判ったという合図をする. regard d'~ 理解を示す眼差し. vivre en bonne (mauvaise) ~ avec *qn* 人と仲良く (不和の状態で) 暮す.
2〔*pl.* で〕内通；内通〔者〕. ~s avec une puissance étrangère 外国との通謀. avoir des ~s dans la place 包囲した敵方に内通をもつ.〔比喩的〕閉鎖的集団内につてをもつ. entretenir des ~s avec l'ennemi 敵と内通する.
3〖軍〗情報, 諜報；情報収集, 諜報活動；諜報機関. ~ stratégique 戦略的情報収集活動. Agence centrale d'~ (米国の) 中央情報局 (= [英] CIA：*C*entral *I*ntelligence *A*gency). service d'~ 諜報部.
4〖経済〗情報収集. ~ économique (合法的な) 情報収集〔活動〕《産業スパイ活動 espionnage industriel とは異なる》.

intelligent (e) *a.* **1** 知性をそなえた, 知性的な, 知的な. l'homme, être ~ 知性をそなえた生物である人間.
2 利口な, 聡明な, 頭がいい；有能な. enfant ~ 利発な子供. être ~ dans les (en) affaires 商売が上手である.
3 理知的な, 利口そうな；賢明な. procédés ~s 賢明なやり方. regard ~ 理知的な眼差し. visage ~ 理知的な顔立. Il est ~ de+*inf.* …するのは賢明なことだ. Ca, c'est ~！ それは賢明だ.
4 自動的な (=automatique). billetterie ~*e* 切符の自動販売機；現金自動支払機. porte ~*e* 自動開閉ドア. train ~ 自動運転制御方式列車.
5 bâtiments ~s インテリジェント・ビル《コンピュータで管理されたビル》.

intelligentsia [ロシア] *n.f.* **1**〖ロシア史〗（帝政時代の）インテリゲンチア. **2** 知識階級；インテリ.

intelligible *a.* **1** 理解しやすい, 理解できる. poésie à peine ~ かろうじて理解できる詩. propositions clairs et ~s 明白で理解しやすい提案.
2 よく聞き取れる, はっきりした, 明瞭で. à haute et ~ voix 大きくはっきりした声で. parler de façon peu ~ ほそほそと喋る.
3 理性によって把握し得る；〖哲〗叡智的な (sensible「感覚的な」の対). le monde ~ 理性によってとらえられる世界.
—*n.m.*〖哲〗叡智的なもの.

intellocratie *n.f.*〖政治〗知的エリート支配体制.

intello-rangé (e) *n., a.* インテリ・秩序派〔の〕.

INTELSAT (= [英] *I*nternational *Tele*communications *Sat*ellite Organization) *n.f.* インテルサット, 国際電気通信衛星機構.

intempérie *n.f.*〔*pl.* で〕悪天候. les années 1992 et 1993 riches en ~s spectaculaires 記録的な悪天候が多発した1992年と1993年.

intempestif (ve) *a.* 時ならぬ, 時機を

失した；場違いの. arrêt ~ d'un appareil 機器の不意の停止. demande ~ve 時宜を得ぬ要求. démarche ~ve 場違いなやり方.

intendance *n.f.* **1** 経理部門；経理課 (=service de l'~)；経理事務所.〖軍〗~ militaire 軍経理局. ~ universitaire 大学経理課.
2 (国家・自治体の) 経済〔状態〕；経済政策. L'~ suivra. 政治的決定が先決で，経済問題はこれに従うべきである.〔話〕avoir des problèmes d'~ en fin de mois 月末に懐具合に問題が生じる.
3 (資産などの) 管理；管理職；(資産家・名家などの) 執事職. confier à qn l'~ de ses biens 資産管理を人に委ねる.
4〖史〗(旧制度下の) 地方長官管区.
5〔古〕行政管理部門. ~ des finances 財務管理部門.

intendant(e) *n.* 経理担当者.〖軍〗~ général 経理局長.〖軍〗~ militaire (経理局勤務の) 主計将校.〖学〗~ universitaire リセ (コレージュ) の経理責任者.
—*n.m.* **1** 執事，家令.
2〖史〗(旧制度下の) 地方長官，代官.
3〔古〕行政管理官. ~ des finances 財務管理官.
—*n.f.* **1** 女性執事.
2 執事夫人.
3〖史〗(旧制度下の) 地方長官 (代官) 夫人.
4〖宗教〗~ d'un monastère 女子修道院長.

intense *a.* 強度の，強烈な，強力な，激しい. activité ~ 盛んな活動. circulation ~ 激しい交通量. couleur ~ 強烈な色彩. désir ~ 強い欲求.〖医〗fièvre ~ 高熱. froid ~ 厳寒. fusillade ~ 激しい銃撃戦. joie ~ 大きな喜び. lumière ~ 強烈な光.

intensif (ve) *a.* **1** 集中的な，集約的な；密度の高い. agriculture (culture) ~ve 集約農業 (culture extensive「粗放農業」の対). cours ~ 集中講義. effort ~ 集中的な努力.
2〖言語〗強意的な，強勢の. particule ~ve 強意 (強勢) 小辞. verbe ~ 強意 (強勢) 動詞.
3 grandeur ~ve〖哲〗内包量；〖物理〗強度.
—*n.m.* **1**〖言語〗強意語. **2**〖哲〗内包量.

intensification *n.f.* 強化；集約. ~ de l'agriculture 農業の集約化. ~ de la production 生産強化.

intensité *n.f.* **1** 強さ，強度；電流の強さ (=~ de courant), 電流量；濃度. ~ de champ-magnétique 磁界の強さ. ~〔de courant〕電流の強さ (単位 ampère, 記号 A). ~ de la pesanteur 重力加速度. ~ de la précipitation 降雨 (雨量) 強度. ~ de la radioactivité 放射能の強さ. ~ d'illumination 照度. ~ du son 音の強さ. ~ lumineuse 光度 (単位 candela, 記号 cd). ~ sismique 震度 (= ~ d'un séisme). ~ d'une encre インクの濃さ.

2 (感情・現象などの) 強さ，激しさ. ~ de l'expression 表現の強烈さ. ~ dramatique 劇的緊迫感. ~ d'une douleur 苦痛の激しさ.〖発音〗accent d'~ 強勢のアクセント. adverbes d'~ 強勢の副詞 (si, tant, tellement など). maximum d'~ 最高潮.

intention *n.f.* **1** 意図，意向；意思；目論見，目的. ~ arrêtée 確固たる意思. ~ de vote (意中の候補者に対する) 投票の意思. ~s littéraires 文学的意図. ~s secrètes ひそかな意図，下心. lettre d'~ 意図表明状，信用保証状.
à cette ~ この目的で. à l'~ de …のために，…をたたえて. avec (sans) ~ 故意に (うっかり) に. avec〔l'〕~ (dans l'~) de+*inf.* …するつもりで. avoir l'~ de+*inf.* …するつもりである. être plein de bonnes (mauvaises) ~s 善意 (悪意) の固まりである.
2〖法律〗犯意 (= ~ criminelle), ~ délictueuse; avoir l'~ de nuire 害意を抱いて.

intentionnel (le) *a.* 意図的な，故意の.〖法律〗délit ~ 故意犯. élément ~ 意図. faute ~le 故意による非行. omission ~le 意図的な省略 (言い落し，書き落し).

intentisifacteur *n.m.* 増強装置. ~ de lumière 増光装置.

interactif (ve) *a.* **1** 相互に影響を及ぼし合う，相互影響関係にある. phénomène ~ve 相互影響現象.
2〖情報通信〗双方向性の (=conversationnel). télécommunication ~ve 双方向通信.
3〖情報〗視聴者や読者が参加する. émission ~ve 視聴者参加放送番組. média ~ 双方向性メディア.

interaction *n.f.* 相互作用；〖心〗相互関係；〖情報〗双方向作用.〖気象〗~ air-mer 大気海洋間の相互作用. ~ configurationnelle 配置間相互作用.〖物理〗~ électromagnétique 電磁相互作用.〖医〗~ médicamenteuse 薬物相互作用. ~ psychique 精神相互作用.

interactivité *n.f.*〖情報〗双方向性，対話性.

interallemand (e) *a.*〖史〗東西両ドイツ間の. ouverture des frontières ~es 東西両ドイツ間の国境の解放.

interallié (e) *a.* 連合国間の. action économique ~e 連合国間の経済活動.〖文学〗le prix I~ アンテラリエ賞.

interarmées *a.inv.*〖軍〗軍間の，陸・海・軍三軍の. état-major ~ (三軍) 統合参謀部.

interarmes *a.inv.* (陸軍の) 兵科間の，数兵科にわたる. Ecole militaire ~ 陸軍兵科学校 (略記 Emia; la Bretagne ブルターニュ地方 département du Morbihan モルビアン県の Coëtquidan コエトキダンにある陸軍の士官養成学校). état-major ~ 兵科間参謀部. manœuvre ~ 陸軍各兵科総合演習.

interastral (ale) (*pl. aux*) *a.*〖天文〗天

体間の.

interbancaire a. 銀行間の. cote ~ 銀行間取引相場. marché ~ des devises [étrangères] 外国為替(外貨)の銀行間取引市場《金融機関だけが参加できる外為市場》.

intercalaire a. **1** 〖暦〗閏(うるう)の. jour ~ 閏日《2月29日》. mois ~ (ギリシア暦・ユダヤ暦の)閏月. seconde ~ (協定世界時の)閏秒.
2 〖話〗挿入された, 差し込んだ. feuilles ~s 挿入された紙片；(保険証券への)追加用紙.
— n.m. 差込みページ.

intercellulaire a. 〖生〗細胞間の. électrode ~ 細胞内電極. espace ~ 細胞間隙. réaction ~ 細胞間作用. substance ~ 細胞間質, セメント物質《細胞間隙を満たす物質》. transport ~ (蛋白質の)細胞内運搬.

interceltique a. さまざまなケルト伝承相互間の. Festival ~ de Lorient ロリヤン国際ケルト文化交流祭.

intercepteur n.m. 〖軍〗迎撃戦闘機. ~ supersonique 超音速迎撃戦闘機.

interception n.f. **1** (日光・騒音などの)遮断. ~ des bruits 騒音の遮断. ~ des rayons solaires 日光の遮断.
2 横取り. ~ d'un message 伝言の横取り.
3 〖スポーツ〗インターセプト. ~ du ballon ボールのインターセプト.
4 (無線の)傍受；(電話の)盗聴.
5 〖軍〗迎撃. avion d'~ 迎撃機, 迎撃戦闘機(=chasseur).

interchangeabilité n.f. 互換性, 交換可能性；(人員の)配置転換可能性. ~ des objectifs レンズ交換可能性. ~ des pièces détachées 部品の互換性.

interchangeable a. 交換可能の, (人員が)相互に交代可能の, 相互に配置転換できる. 〖写真〗objectif ~ 交換レンズ. pièces ~s 交換部品.

intercirculation n.f. 〖鉄道〗(列車内の)自由移動, 自由往来；(客車間の)連絡通路.

interclasse n.m. 〖教育〗授業と授業間の休み時間.

interclassiste a. 〖政治〗多階層の支持を得た. parti ~ 多階層による支持政党.

interclubs a.inv. 〖スポーツ〗クラブ対抗の. épreuve ~ クラブ対抗試合.

intercommunal(ale)(pl.**aux**) a. 市町村間の, 市町村関係の, 複数の市町村に関係する. intérêts ~aux 市町村間の利益. réunion ~ale 市町村会議.

intercommunalité n.f. 共同体相互関連性, 共同体間の団結.

intercommunautaire a. 共同体相互間の；(特に)ヨーロッパ共同体(CE[EC])の；ヨーロッパ連合(UE[EU])の.

intercommunication n.f. **1** 相互通信；(機内, 船内, 社内の)内部通信. **2** 相互交通；交通路.

intercompréhension n.f. 〖言語〗相互理解.

interconnectable a. 接続可能な；連繋可能な. appareils ~s 接続可能な機器.

interconnecté(e) a. 相互に接続された. ordinateurs ~ 相互に接続されたコンピュータ. réseaux ~s 相互接続網.

interconnecter v.t. 連繋する, 接続する；〖鉄道〗相互乗入れする. fichiers ~s 相互連繋ファイル.

interconnectivité n.f. インターコネクティヴィティー, 相互接続性.

interconnexion n.f. **1** 〖電〗接続；〖生理〗接合. ~ des réseaux électriques 電線網の接続. 〖生理〗~ des neurons par les synapes シナプスによるニューロンの接合.
2 〖鉄道〗相互乗入れ. ~ du métro et RER パリの都市地下鉄と地域高速鉄道の相互乗入れ.

intercontinental(ale)(pl.**aux**) a. 大陸間の. missile balistique ~ 大陸間弾道ミサイル(= [英] ICBM : *I*nter*c*ontinen*t*al *B*allistic *M*issile).

intercostal(ale)(pl.**aux**) a. 〖解剖〗肋間の. douleur ~ale 肋間の痛み；肋間神経痛. muscles ~aux 肋間筋(=intercostaux).
— n.m.pl. 肋間筋.

intercours n.m. 〖教育〗授業の合い間の小休止, 休み時間(=interclasse).

interculturel(le) a. 異文化間の. dialogue ~ 異文化間対話.

intercurrent(e) a. 〖医〗介入性の. maladie ~e 併発症.

interdépartemental(ale)(pl.**aux**) a. 県相互間の；県共同の；複数の県に関係する. commission ~ale 県間委員会. relations ~ales 県相互関係.

interdépendance n.f. 相互依存.

interdépendant(e) a. 相互依存性の.

interdiction n.f. **1** 禁止；禁止命令；禁止措置. ~ d'un film 映画の上映禁止. ~ de port d'armes 武器携帯禁止. ~ de sortir 外出禁止. ~ de stationner 駐車禁止. 〖宗教〗~ rituelle 儀式の執行禁止. 〖軍〗tir d'~ 妨害(阻止)射撃. lever une ~ 禁止措置を解く.
2 職務停止, 停職. ~ temporelle 一時停職. frapper qn d'~ 人を停職処分にする. fonctionnaire frappé d'~ 停職処分を受けた公務員. prêtre frappé d'~ 聖務停止処分を受けた司祭.
3 〖法律〗権利制限；(特に)禁治産(= ~ judiciaire). ~ bancaire (小切手不正使用に基づく)銀行取引停止. ~ correctionnelle (軽罪犯の)資格制限；公民権停止(= ~ des droits civiques). ~ de séjour (刑務所出所者に対する)居住制限. ~ légale 公民権停止；法定禁治産. jugement d'~ 禁治産宣

告.

interdigit*al* (***ale***) (*pl.* ***aux***) *a.* 〖解剖〗指の間の, 指間の. espace ~ 指間空間.

interdisciplinaire *a.* 学際的な. groupe ~ d'études du XVIIIe siècle 学際的18世紀研究グループ.

interdistance *n.f.* (自動車の) 車間距離.

interdit[1] *n.m.* 1 〖教会〗(聖職者に対する) 聖務停止令 (= ~ personnel)；祭事禁止令 (= ~ local). jeter l'~ 聖務(祭事)停止を命じる.
2 禁止〔令〕, 排除〔命令〕. 〖法律〗~ de séjour 居住制限該当者. jeter (prononcer) l'~ sur (contre) *qn* 人を排除(除名)する. lever un ~ 禁止令を解く.
3 禁忌事項, 禁制, タブー (tabu). ~s sexuels 性的禁制. ~s touchant l'inceste 近親相姦のタブー.

interdit[2] (***e***) (<interdire) *a.p.* 1 禁じられた. film ~ aux moins de dix-huit ans 18歳未満入場禁止の映画. passage ~ 通行禁止. port d'armes ~ 武器携行禁止. reproduction ~*e* 禁転載. sens ~ (一方通行の) 進入禁止方向. stationnement ~ 駐車禁止. trafic ~ des stupéfiants 麻薬の密売禁止. Il est ~ de+*inf.* (que+*subj.*) …することは禁じられている. être ~ de+*n.* …を禁じられる. articles〔qui sont〕~s de vente en France フランスでは販売禁止の商品.
2 〖教会〗聖務禁止処分を受けた；〖法律〗禁治産の宣告を受けた. prêtre ~ 聖務停止司祭.
3 びっくり仰天した, どぎまぎした. rester ~ 仰天(放心)すべき.
——*n.* 1 〖教会〗聖務停止処分を受けた聖職者 (=prêtre ~). 2 〖法律〗禁治産者. 3 禁止処分を受けた人. ~ de séjour 滞在禁止者.

interentreprises *a.inv.* 多企業間の. cantine ~ 多企業共同食堂.

intéressant(***e***) *a.* 1 興味深い, 注目を惹く；面白い. auteur ~ 注目を惹く作家. film ~ 面白い映画. nouvelle ~*e* 興味深いニュース. visage ~ (美貌ではないが)魅力のある顔立ち. Il est ~ de+*inf.* …するのは興味深い(面白い).
2 (人が)関心を寄せるに値する, 注目に値する；同情に値する；考慮すべき. cas ~ 考慮に値する事例. famille ~*e* 同情すべき家庭.〔話・婉曲表現〕femme dans un état ~ (une position ~*e*) 妊娠中の女性. 〔蔑〕chercher à se rendre ~ 人の気を惹こうとする, 目立ちたがる.
3 (金銭的に) 有利な, 得になる. affaire ~*e* 有利な取引. client ~ 上客. prix ~ 買い得な価格. proposition ~*e* 有利な提案. situation ~*e* 利益の多い地位.
——*n.* faire l'~(son ~) 自分を目立たせようとする, 他人の気を惹こうとする. Ne fais pas l'~! 目立ちたがるな.

intéressé(***e***) *a.* 1 興味を示す, 関心を示す, 関心のある. écouter d'un air ~ 関心を示しながら耳を傾ける. Les personnes ~*es* sont priées de se faire connaître. 関心のある人は申し出てください.
2 関係がある. la personne ~*e* 当事者, 当該人.〔名詞的用法〕l'~ 当人.
3 打算的な, 私利私欲に基づく. Sa participation au projet est sans nul doute ~*e*. 彼がこのプロジェクトに参加しているのは明らかに打算に基づいている.

intéressement *n.m.* 従業員への利潤分配《1959年に制定された制度. 適用は自由. 労使間の合意で利潤分配の基準を決める》；ボーナス (=bonus, prime) (→ participation, actionnariat).

intérêt *n.m.* Ⅰ 1 関心, 興味. centre d'~ 興味の中心. Le centre d'~ de l'auteur se trouve dans les relations de l'homme avec la société. 著者の中心課題は人間と社会の関係にある. porter son ~ sur …に関心を寄せる. trouver ~ à …することに興味を見い出す. Nous avons étudié avec ~ votre candidature. あなたの就職申込, 興味深く検討いたしました.
2 意義, 意味, 面白み. Votre suggestion ne manque certes pas d'~, mais elle est difficile à traduire en acte. あなたの提案は確かに面白いが, 実現は難しい. L'~ de l'ouvrage est à rechercher dans la nouveauté de l'approche qu'il adopte du problème. この本の意義はそこに見られる問題アプローチの新しさに求められるべきだ. Le débat est sans ~. その論戦には意味がない.
Ⅱ 1 利益, 利害関係. ~ collectif (特定グループの) 全体の利益. ~ commun 共通の利益. ~ général (国, 社会の) 全体の利益. ~ national 国益. marché d'~ national 国益市場. ~ particulier (privé) 個人の利益, 個別の利益. ~ public 公共の利益. ~ sectoriel 特定産業(団体)の利益. divergences d'~s 利害関係の相違. groupe d'~ 利益団体. groupement d'~ économique 社団法人. avoir ~ à+*inf.* …することが得である, …したほうがよい. Vous avez ~ à lui téléphoner tout de suite. 彼にすぐ電話をしたほうがよいですよ.
2 〖法律〗権利保護の利益《民事訴訟法にいう訴訟要件の一つで, 原告が訴えの内容について判決を受ける法律上の利益ないし必要》.
3 〔*pl.* で〕出資金, 利害関係. avoir des ~s dans …に出資している, …と資本関係がある.
4 私利, 私欲, 欲得. mariage d'~ 打算的な結婚.
5 〖経済〗利息, 利子. ~s conventionnels 約定利息. ~s de droit 法に基づく利息. ~s échus 満期利息. ~ légal 法定利息. ~s moratoires 遅延利息. ~ simple (composé) 単

(複) 利. le principal et l'~ 元利. taux d'~ 金利.
◆代表的な金利：taux d'escompte (de l'escompte officiel) 公定歩合. taux de base (bancaire) プライムレート. taux directeur 政策金利. taux au jour le jour コールレート. taux de prise en pension à 24 heures 翌日物手形買い入れ金利.

interethnique a. 民族間の. conflits ~s 民族間紛争.

interface [ɛtɛrfas][英]n.f.〖情報〗インターフェイス；〖物理・化〗界面.〖電算〗~s numériques ディジタル・インターフェース.〖理〗~ solide-liquide 固体と液体の界面.

interfécondité n.f.〖生〗交配生殖.

interférence n.f. **1**〖物理〗干渉. ~ des ondes hertziennes ヘルツ波の干渉. franges d'~ 干渉縞.
2〔比喩的〕相互干渉；干渉, 介入；競合. ~ entre le politique et le social 政治問題と社会問題の相互干渉.

interférent(e) a.〖物理〗干渉する. faisceaux ~s 干渉光束. rayons ~s 干渉光線.

interférentiel(le) a.〖物理〗干渉に関する；干渉による；干渉式の. couches ~ les 干渉膜. filtre ~ 干渉フィルター. microscope ~ 干渉顕微鏡.

interférogramme n.m.〖物理〗インターフェログラム（干渉図形表示〔法〕）.

interféromètre n.m.〖物理〗干渉計. ~ acoustique 音響干渉計. ~ stellaire 恒星干渉計. ~ ultrasonore 超音波干渉計.

interférométrie n.f.〖光学〗干渉計測定〔法〕.〖天文〗干渉観測.

interféron n.m.〖生化〗インターフェロン（ウイルス抑制因子；略記 INF）. ~ alfa (IFN-α) アルファ型インターフェロン（白血球型；腎癌, 多発性骨髄腫などの治療薬）. ~ bêta (IFN-β) ベータ型インターフェロン（繊維芽細胞型, I 型；悪性黒色腫, 脳腫瘍などに効く）. ~ gamma (IFN-γ) ガンマ型インターフェロン（リンパ球型, II 型；腎癌, 菌状骨肉腫などに効く）.

intergalactique a.〖天文〗銀河系〔宇宙〕間の. espace ~ 銀河系間空間. gaz ~ 銀河系間ガス.

intergénérationnel(le) a. 複数の世代に関する；世代間の. conflit ~ 世代間抗争.

interglaciaire a.〖地学〗間氷期の.
——n.m. 間氷期 (=période ~).

intergouvernemental (ale) (pl.** aux)** a. 政府間の. Groupe d'experts sur l'évolution du climat 気候変動に関する政府間専門家グループ（略記 GIEC；=〔英〕IPCC：Intergovernmental panel on climate change (IPCC) 気候変動に関する政府間パネル；国連機関）. négociation ~ale 政府間交渉.

intergroupe n.m.〖政治〗(議会内の) 超党派グループ；超党派会合, 合同会議 (=réunion ~).
——a. 超党派の.

interhémisphérique a.〖解剖〗(大脳の) 半球間の. scissure ~ 半球間裂溝.

interhumain(e) a. 人から人への, 人間間の.〖医〗contagion à transmission ~e 人から人への感染.

intérieur[1] **(e)** a. **1** 内部の, 内側の, 中の (extérieur「外部の」対).〖数〗angle ~ 内角. côté ~e 内側. cour ~e 中庭. mer ~e 内海. poche ~ d'un vêtement 服の内ポケット. ~ à …の内側の. parties ~es d'un pays 国の内陸部. point ~ à un cercle 円内の1点. volume ~ 内部容積.
2 (組織, 会社などの) 内部の；国内の. affaires ~es d'un pays 一国の国内問題. commerce ~ 国内通商.〖政治〗politique ~ 内政. produit ~ brut 国内総生産（略記 PIB）. règlement ~ 内規.
3 内心の, 内面の；精神的な. for ~ 良心〔の裁き〕.〖心〗gouvernement ~ 自制. monologue ~ 内面独白. vie ~e 内面生活. voix ~e 内心の声.

intérieur[2] n.m. **1** 内部, 内側. ~ d'une église 教会堂の内部 (内陣). ~ de la Terre 地球の内部. à l'~ de qch 何の中に (で). de (par) l'~ 内部から.
2 屋内；室内, 内装, インテリア；室内画 (=tableau ~).〖絵〗~ confortable 快適な屋内. dessinateur d'~ インテリア・デザイナー. femme d'~ 家庭的な女性. homme (femme) d'~ 出無精な人, マイホーム主義者. vêtement d'~ 室内着.〖映画〗séquences tournées en ~ スタジオ内の撮影シーン. ~s de peintres hollandais オランダ画家の室内画. Voulez-vous m'attendre à l'~ ? 中でお待ちください.
3 国内；国の内部, 国内. à l'~ et à l'extérieur 国の内外で. ~ du pays (国境から遠く離れた) 国の内部, 内陸部.〔le Ministère de〕l'I~ 内務省. travailler à l'I~ 内務省で勤務する. ennemis de l'~ 国内の敵.
4〖サッカー〗アンテール (inter), インナー (=〔英〕inner) (ailier「ウィング」と avant-centre「センター・フォワード」の中間のポジションのプレーヤー).

intérim n.m. 職務代行, 職務代行の期間. assurer l'~ de qn …の代りを務める. par ~ 臨時代理. chargé d'affaires par ~ 臨時代理大使 (chargé d'affaires ad interim は大使が代替期で不在の場合に用いる).

intérimaire a. 臨時の, 代理の, 代行の. charge ~ 代理 (臨時) の職務. fonctions ~s 代理 (臨時) 職. ministre ~ 大臣代行；personnel ~ 臨時職員.
——n. **1** 代理, 代行. **2** 臨時職員；派遣労働者.

interindividuel(le) a. 個人間の. psychologie ~le 相互心理学 (個人間の関

係に関する心理学).

interindustriel(*le*) *a.* 産業各部門間の. coopération～*le* 産業間協力.

interleukine [ɛ̃terlØkin] *n.f.*〚生化〛インターロイキン《細胞刺激因子；IL と略記》.

interligne¹ *n.m.* **1** 行間；(五線譜の)間(かん). ～ simple 通常行間. une ligne et demie 1.5 行行間. double ～ 2 倍行間. ajouter *qch* dans un ～ 行間に…を書き込む.
2〚法律〛行間の書き込み. La loi interdit tout ～ dans un acte authentique. 公署証書における行間の書き込みは法律で禁じられている.

interligne² *n.f.*〚印刷〛インテル《活字の行間に入れる詰物》.

interlobulaire *a.*〚解剖〛葉間の. conduit biliaire ～ 肝葉間胆管. veine ～ 葉間静脈.

interlocu*teur* (*trice*) *n.* **1** 対話者, 対談者, 話し相手.
2 (団交などの)交渉相手. ～ valable 正規の交渉相手, 正統な資格を持つ交渉相手.

interlocutoire *a.*〚法律〛(判決が)中間の, 仮の；先行の. jugement ～ 中間判決, 先行判決.
—*n.m.* 中間判決, 先行判決.

intermariage *n.m.*〚民俗学〛近親婚, 族内婚.

intermaxillaire *a.*〚解剖〛上顎骨間の；(甲殻類の)小顎の頭節間の. ligament ～ 上顎骨間靱帯.

intermède *n.m.* **1**〚劇〛(多く舞踊・音楽を用いる)幕間劇.
2 中断, 小休止. sans ～ de nuit 夜の途切れない.

intermédiaire *a.* 中間の；介在する；仲介の. corps ～*s* 代表組織, 代議機関.〚医〛épilepsie ～ 中間(ヒステリー)癲癇(てんかん). époque ～ 過渡期. espace ～ 中間空間. produit ～ 半製品, 中間製品. solution ～ 中をとった妥協策. stade ～ 中間段階(期).〚地層〛terrain ～ 中間地層.
—*n.* **1** 仲介者, 斡旋者. servir d'～ dans une négociation 交渉の仲介役をつとめる.
2〚経済〛中間業者, 仲買人, ブローカー. ～ de bourse 株式仲介人. ～ financier 金融ブローカー. vente sans ～ 直販(=vente directe).
—*n.m.* 仲立ち, 仲介. par ～ de *qn* 人の仲介で. sans ～ 仲介なしで, 直かに, 直接.

intermédiation *n.f.* **1** 仲介. fonction d'～ politique des élus 選挙当選者の政治的仲介機能.
2〚経済〛(銀行の)金融仲介, 間接金融(=～ bancaire).

intermédine *n.f.*〚生化〛インテルメジン《脳下垂体中間部から分泌されるメラニン細胞刺激ホルモン》.

intermenstruel(*le*) *a.*〚生理・医〛月経と月経の間の, 中間期の；排卵期の. syndrome ～ 中間期症候群《=s. ovulaire 排卵期症候群；中間(排卵)期病, 中間(排卵)痛など》.

intermétallique *a.* 合金の, 複数の金属から合成された. composé ～ 合金.

intermezzo [ɛ̃termɛdzo][伊]*n.m.* **1**〚音楽〛間奏曲, インテルメッツォ. **2** (劇・歌劇などの)幕間演奏.

interminable *a.* (時間的・空間的に)果てしない, 際限のない. d'～*s* rames de wagons 延々と続く貨物列車. conversations (phrases)～*s* とめどもなく続く会話(文章). rang ～ 果てしない列. silences ～*s* 果てしない沈黙. travail ～ 際限のない仕事.

interministériel(*le*) *a.* 各省間の, 複数の省にまたがる. comité ～ 各省間委員会.

intermittence *n.f.* **1**〚文〛間歇〔性〕, 断続〔性〕, 一時的中断. par ～〔*s*〕断続的に, 不規則に. travailler par ～ 不規則に働く.
2〚医〛(熱・疾病の)間歇〔性〕；(脈の)結滞. ～ des pouls 脈の結滞.

intermittent(*e*) *a.* 間歇的な；断続的な；点滅する；不規則な.〚医〛fièvre ～*e* 間歇熱.〚医〛pouls ～ 不整脈. source ～*e* 間歇泉. travail ～ 不規則労働.
—*n.* 不規則勤務者. ～*s* du spectacle ショーの不規則出演者.

intermodal(*ale*)(*pl.aux*) *a.*〚交通〛異なる交通手段相互間を結ぶ《道路・鉄道・空路・水路交通を連携させる》. transport ～ 異種交通手段連携輸送.

intermodulation *n.f.*〚通信〛漏話(ろうわ), クロストーク(=[英]cross-talk)；〚電〛相互変調.

intermoléculaire *a.*〚物理・化〛分子間の；複数分子による. condensation ～ 分子間縮合. espace ～ 分子間空間. force ～ 分子間力. réaction ～ 分子間反応.

intermusculaire *a.*〚解剖〛筋肉間の. cloison ～ 筋間膜. hernie ～ 筋間ヘルニア.

internat *n.m.* **1** 寄宿生；寄宿制度；寄宿学校, 全寮制学校. maître d'～ 舎監.
2〚医〛インターンの職務(身分・制度・期間)；インターン試験(=concours de l'～). être en deuxième année d'～ インターンの第二年次である. préparer l'～ インターン試験の準備をする.

internation*al*(*ale*)¹(*pl.aux*) *a.* 国際的な, 国際間の. commerce ～ 国際貿易. communauté ～*ale* 国際社会. compétitivité ～*ale* 国際競争力. conférence ～*ale* sur la paix au Cambodge カンボジア和平国際会議. droit ～ 国際法；国際公法. droit ～ du travail 国際労働法. fleuve ～ 国際河川. droit ～ public (privé) 国際公(私)法. fonctionnaire ～ 国際公務員, 国際機関の職員.

institution ~ale 国際機関. organisation ~ale 国際機関《Organisation ~ale de New York は多くの場合、国連を指す. Organisation ~ale de Genève は文脈によって国際貿易機関, 世界保健機関など種々の意味を持ち得る》. société ~ale 国際的利益共同体；多国籍企業.
——n. **1** 国際的な競技会に参加できるスポーツ選手. **2** 〔pl. で〕国際大会. 〖テニス〗Les ~aux de France 全仏オープン.

internationale² (**l'**) *n.f.* **1** インターナショナル, インター《社会主義, 労働運動の国際連帯組織》. l'*I* ~ socialiste 社会主義インターナショナル. l'~ ouvrière 労働者インターナショナル. Section française de l'*I* ~ ouvrière (SFIO) 労働者インターナショナル・フランス支部《1969 年までフランス社会党の公式名称》. l'*I* ~ communiste 共産主義インターナショナル (=la IIIe *I* ~ communiste 第 3 次共産主義インターナショナル；le Komintern とも言う》.
2 インターナショナル (歌).

internationalisation *n.f.* 国際化；国際管理化.

internationalité *n.f.* 〖法律〗国際性. ~ d'un arbitrage 仲裁の国際性.

internaute *n.* 〖情報〗インターネット利用者 (=cybernaute, netsurfeur).

interne *a.* **1** 内部の, 内側の. 〖数〗angles ~s 内角. causes ~s 内因. 〖物理〗énergie ~ 内部エネルギー. 〖医〗hémorragie ~ 内出血. maladie ~ 内部疾患. 〖医〗médecine ~ 内科学. médicament pour l'usage ~ 内服薬. 〖解剖〗oreille ~ 内耳. 〖解剖〗organe ~ 内部器官. structure ~ 内部構造.
2 〖学〗寄宿の. élève ~ 寄宿生.
3 〖医〗インターンの.
——*n.* **1** 〖学〗寄宿生. ~ d'un lycée リセの寄宿生. **2** 〖医〗インターン, 研修医 (=~ des hôpitaux). ~ des hôpitaux de Paris パリの病院研修医 (略記 IHP).

interné (**e**) *a.p.* 監禁された；（特に）（精神病者が）病院に収容された. aliéné ~ 入院精神病患者.
——*n.* 強制収容者, 監禁者；（精神病院の）収容患者. libérer les ~s politiques 政治犯の釈放.

internégatif *n.m.* 〖写真・映画〗インターネガ.

internement *n.m.* **1** 監禁；強制収容；（危険人物の）予備拘束；保護収容. ~ administratif 行政収容措置. ~ d'éducatif 非行少年の教護院送致. camp d'~ 強制収容所.
2 〔古〕（精神病患者の）病院への収容. ~ d'office 行政命令による精神病患者の病院収容.

Internet [ɛ̃tɛrnɛt]〖無冠詞〗*n.* インターネット.

interneurone *n.f.* 〖生理〗介在ニューロン (=neuron intercalaire).

interniste *n.* 〖医〗内科医.

internonce *n.m.* （非カトリック国に派遣される）ローマ教皇庁公使 (代理使節).

interocéanique *a.* 〖地理〗大洋間の, 大洋間に位置する. canal ~ 大洋間水路.

intéroceptif (**ve**) *a.* 〖生理〗（感覚が）内受容性の. sensibilité ~ve 内受容性感覚.

interopérabilité *n.f.* インターオペラビリティー, 相互運用性, 相互接続性.

interosseux (**se**) *a.* 〖解剖〗骨間の. artères ~ 骨間動脈. muscle ~ dorsal 背面骨間筋.

interpariétal (**ale**) (*pl.* **aux**) *a.* 〖解剖〗頭頂骨間の. suture ~ale 頭頂骨間縫合.

interparlementaire *a.* 〖政治〗上下両院間の；（各国の）国会間の. commission ~ 上下両院合同委員会. Union ~ 列国議会連合.

interpellation *n.f.* **1** 呼び止め, 詰問；検問, 不審尋問. Une série d'~s ont été opérées hier soir dans le 19e arrondissement. 昨夕, 19 区で一連の不審尋問がなされた.
2 （議会における）口頭質問；（特に本会議場で）政府不信任案の審議を伴う質問. Au cours de son ~, M. X, député de Paris, a pressé le gouvernement de s'expliquer sur sa politique européenne. パリ選出代議士 X 氏は, 質問に際して政府に欧州政策の説明をするよう迫った《第 4 共和政までは, interpellation は政府不信任案の採決につながるものだった》.
3 議員同士の野次 (個人攻撃).
4 〖法律〗催告, 請求.

interpellé (**e**) *a.p.* 質問された；訊問された；詰問された；言葉をかけられた. suspect ~ 訊問された容疑者. être ~ par la police 警察の尋問を受ける.
——*n.* 訊問を受けた人.

interpénétration *n.f.* 相互浸透. ~ de deux civilisations 二つの文明の相互浸透.

interpersonnel (**le**) *a.* 複数の個人間の. relations ~les 複数の個人の相互関係.

interphase *n.f.* 〖生〗（細胞の）〔分裂〕間期.

interphone 〖商標〗*n.m.* インターフォン, 屋内電話.

interplanétaire *a.* 惑星間の；宇宙の. station ~ Phobos 1 (火星の) 衛星探査ステーション「フォボス 1 号」. voyages ~s 宇宙旅行.

Interpol (**l'**) (=*Inter*national *Pol*ice) *n.f.* インターポール《1923 年創設の国際刑事警察機構 ICPO (= [英] *I*nternational *C*riminal *P*olice *O*rganization, [仏] Organisation internationale de police criminelle [OIPC]) の通称；OIPC-*I*~ の形でも用いられる；本部 Lyon》.

interpolation *n.f.* **1** 加筆；改竄；加筆(改竄)語句. copie altérée par de nombreuses ~s 数多くの加筆により改竄されたコピー(副本).
2〚法律〛改竄.
3〚数〛内挿〔法〕,〚数・電算〛補間. ~ linéaire 直線補間.

interpolé(e) *a.p.* **1** 加筆された；改竄された. glose ~ par un copiste 筆写者により加筆された注釈.
2〚数・電算〛内挿された, 補間された.〚電算〛résolution ~e (スキャナーなどの) 補間解像度.

interposé(e) *a.p.* **1** 仲介として立てられた. personne ~e 仲介人, 介在者. négocier par personnes ~es 仲介人を介して交渉する.
2 中間に置かれた. filtre ~ 中間フィルター.

interpositif *n.m.*〚映画〛インターポジ (ネガフィルムからおこしたポジのコピー；上映用).

interposition *n.f.* **1** 二者間に入ること(置くこと). par l'~ d'une lunette grossissante 拡大鏡を通して.
2 対する二者間にわけ入ること, 仲裁介入. force d'~ au Kosovo コソボの仲裁介入軍.
3〚法律〛~ de personne〔s〕名義貸与, (偽装による) 人の介在.

interprétatif(ve) *a.* 解釈的な, 説明的な；釈明的な.〚法律〛jugement ~ 釈明(解釈) 判決.〚法律〛loi ~ve 解釈的法律, 解釈法規, 補充法規 (=loi supplétive).

interprétation *n.f.* **1** 解釈, 説明. ~ d'une clause d'un contrat 契約の条文の解釈. ~ des lois 法律の解釈. ~ d'un texte テクストの解釈 (読解, 注解). ~ des rêves 夢判断.〚法律〛clause d'~ 解釈条項.
2 解釈, 解釈方法, 意味づけ, 判断. ~ arbitraire 恣意的判断 (解釈). ~ des faits sociaux (politiques) 社会 (政治) 現象の意味づけ (解釈). ~ historique 歴史的解釈 (意味づけ). ~ médicale des symptômes 症状の医学的判断.
〚精神医学〛délire ~ 解釈妄想. erreur d'~ 判断ミス. donner une ~ personnelle d'un fait 事象に個人的判断を下す.
3 (芸術作品・役柄などの) 解釈；〚音楽〛演奏；〚劇・映画〛演技, 演出. donner d'un rôle une ~ originale 役柄に独創的な解釈を下す. prix de la meilleure ~ masculine (féminine) de cinéma 映画の最優秀男優 (女優)〔演技〕賞.
4 通訳. ~ simultanée 同時通訳.
5〚電算〛インタープリテーション (解釈プログラム interpréteur によるプログラムの実施).

interprète *n.* **1** 通訳〔者〕. ~ assermenté (e) 宣誓通訳者. ~ d'une conférence internationale 国際会議通訳. ~ simultané (e) 同時通訳〔者〕.
2 解釈者. ~s de l'Ancien Testament 旧約聖書の解釈者.
3 判断者. ~ des rêves 夢判断者.
4 代弁者. se faire l'~ de *qn* auprès d'une autre personne. ある人の考えを他の人に代弁する. Soyez mon ~ auprès de Madame. 奥様によろしくお取りなし下さい.
5〚音楽〛演奏家；〚劇・映画〛俳優, 役者. grand ~ de Mozart モーツァルトの名演奏家. meilleur ~ d'Hamlet 最高のハムレット役者.

interprété(e) *a.p.* **1** 解釈された. hiéroglyphes ~s par Champollion シャンポリオンによって解読された象形文字. texte abusivement ~ 誤った解釈をされたテクスト.
2 判断された, 解された. attitude mal ~e 曲解された態度. événement ~ de divers façons 多様に解釈された事件. présage mal ~ 読み誤った前兆.
3 通訳された. discours d'anglais ~s en français フランス語に通訳された英語の講演.
4〚電算〛langage ~ インタープリター言語. programme ~ 解釈プログラム.
5〚音楽〛演奏された. concerto pour piano en mi mineur de Chopin ~ à Paris par lui-même ショパン自身がパリで演奏したピアノ協奏曲ホ短調.
6〚劇〛演じた. rôle de Papageno ~ par Emanuel Schikaneder エマヌエル・シカネーダーが演じたパパゲーノの役.

interpréteur *n.m.*〚電算〛インタープリター, 解釈プログラム.

interprofessionnel(le) *a.* 全産業にまたがる, 全産業に共通の. salaire minimum ~ de croissance (SMIC) 全産業一律スライド制最低賃金.

interracial(ale)(*pl.***aux**) *a.* **1**〚生〛異品種間の. hybride ~ 異品種間雑種.
2 異人種間の. mariage ~ 異人種間の結婚.

interréaction *n.f.* 相互反応.

interrégional(ale)(*pl.***aux**) *a.* (広域地方行政区である) 地方間の, 複数の州に関する；州と州の間の, 州間の.〚行政〛entente ~ale 地方間協定.

interrègne *n.m.* **1** 王位の空白時代.
2 元首の空位期間.

interro(*pl.***~s**) *n.f.*〚教育〛〚話〛筆記試験 (=interrogation écrite), 口頭試問 (=interrogation orale).

interrogatif(ve) *a.* 疑問を表す. adjectif (adverbe, pronom) ~ 疑問形容詞 (副詞, 代名詞). phrase ~ve 疑問文.
——*n.m.*〚文法〛疑問詞 (疑問形容詞, 疑問副詞, 疑問代名詞).
——*n.f.*〚文法〛疑問文 (=phrase ~ve).

interrogation *n.f.* **1** 質問；〚法律〛尋

問. ～ écrite 筆記試験. ～ orale 口頭試問. ～ des témoins 証人尋問. répondre à une ～ 質問に答える.
2〔文法〕疑問. ～ directe (indirecte) 直接 (間接) 疑問. point d'～ 疑問符（？）；〔比喩的〕問題点. C'est un point d'～. それが疑問の点だ.

interrogatoire *n.m.* **1**〔法律〕尋問；尋問調書. ～ définitive (予審判事の) 最終尋問調書. ～ d'identité 人定質問. procéder à l'～ d'un inculpé 被疑者に尋問する. subir un ～ 尋問を受ける.
2〔医〕問診.
3〔話・戯〕(一連の) 不躾けな質問. C'est un ～? どうしても聞きたいことですか.

interrompu(*e*) (<interrompre) *a.p.* **1** 遮断された；途絶した. circuit électrique ～ 遮断された電気回路. communication ～*e* 途絶した通信.
2 中断された. entretien ～ 中断された会談. études ～*es* 中断された研究. phrase ～*e* 中断されて尻切れとんぼになった文. reprendre le voyage ～ 途中で切り上げた旅を再開する.
3 遮切られた, 邪魔された. orateur ～ 言葉をさえ切られた演説者. être ～ dans son travail 仕事を邪魔される.

interrupteur *n.m.*〔電〕遮断器；スイッチ, 開閉器 (=commutateur). ～ général メインスイッチ.

interruptif(*ve*) *a.*〔法律〕(時効・訴訟手続などの) 中断効果のある. fait ～ de prescription 時効の中断効果.

interruption *n.f.* **1** 中断, 中止, 断絶, 物別れ. ～ d'urgence 非常停止.〔医〕～ volontaire de grossesse (IVG) 人工妊娠中絶. sans ～ 間断なく.
2 野次, 妨害. violente ～ 激しい野次.
3〔法律〕中断. ～ de la session 会議の中断. ～ de la prescription 時効の中断.
4〔電算〕割り込み. ～ programme 割り込みプログラム.

intersaison *n.f.* シーズン間の時期. ～ sportive (touristique) スポーツ (観光) のシーズン間の時期.

intersession *n.f.* (議会の) 休会期. ～ parlementaire 国会休会期.

intersidéral(*ale*)(*pl.aux*) *a.*〔天文〕恒星間の. gaz ～ 星間ガス.

interspécifique *a.*〔生〕異種間の. hybride ～ 異種間雑種.

interstellaire *a.*〔天文〕〔恒〕星間の. espace ～ 星間空間. extinction ～ 星間消光. matière ～ 星間物質. milieu ～ 恒星間空間. nuage ～ 星間雲. poussière ～ 星間塵.

interstitiel(*le*) *a.*〔解剖・医〕間質性の. emphysème ～ 間質性肺気腫. myocardite ～ *le* 間質性心筋炎. néphrite ～ *le* 間質性腎炎. pneumonie ～ *le* 間質性肺炎.

intersyndical(*ale*)(*pl.aux*) *a.* 組合相互間の. comité de lutte ～ 組合共闘委員会. réunion ～*ale* 組合代表者会議.
—*n.f.* 組合代表者会議 (=réunion ～*ale*).

intertribal(*ale*)(*pl.aux*) *a.* 部族間の.

intertrigo *n.m.*〔医〕間擦疹 (間擦部位の発疹). ～ blastomycétique 分芽菌性間擦疹, カンジダ性間擦疹.

intertropical(*ale*)(*pl.aux*) *a.* 南北両回帰線間の, 熱帯の.〔気象〕zone de convergence ～ 熱帯内収束帯 (略記 ZCIT).

interurbain(*e*) *a.* 都市間の. service téléphonique ～ 市外電話業務. transports ～*s* 都市間交通.
—*n.m.* 市外電話, 長距離電話 (略称 inter).

intervalle *n.m.* **1** (空間的) 隔たり, 距離；区間；〔軍〕(陣地, 兵などの) 配置間隔；〔気象〕(雲と雲の間の) 晴天域；〔機械〕歯みぞ (の幅).〔鉄道〕～ à la pointe 転轍器間隔.〔機械〕～ apparent 軸直角角みぞ. ～ au collecteur 整流子間の. ～ de confiance 信頼区間. ～ entre deux 行間. ～ entre deux murs 壁と壁との間隔. par ～[s]^1 間をおいて. planter des arbres par ～ 間を置いて木を植える. arbres plantés à cinq mètres d'～ 5メートル間隔で植えられた木々.
2 (比喩的) 隔たり, 差違. ～ entre des conditions sociales 社会的条件の相異. Il y a un grand ～ entre le désir et l'action. 欲望と行動との間に大きな隔たりがある.
3 (時間的) 隔たり, 間隔, 合間. ～ d'un mois 1カ月の間隔.〔海〕～ moyen de la pleine mer 平均高潮間隔. à court ～ de temps 短い合間を置いて. à six mois d'～ ; à un ～ de six mois 6カ月の間を置いて. dans l'～ ; durant cet ～ その間に. par ～*s*^{2} 時々. paiements effectués à ～*s* réguliers 規則的間隔で履行される支払い.
4〔音楽〕音程 (=～ musical). ～ de tierce 3度音程. ～ harmonique (mélodique) 和声的 (旋律的) 音程.
5〔数〕区間. ～ fermé (ouvert) 閉 (開) 区間. échelle d'～ 間隔尺度.〔統計〕estimation d'～ 区間推定値.
6〔物理〕(音波などの) 間隔.
7 中断. ～ entre les parties d'un spectacle ショーの幕間.

intervallomètre *n.m.*〔写真〕インターヴァル撮影調整装置.

intervenant(*e*) *n.*〔法律〕訴訟参加人 (=partie ～*e*).

intervention *n.f.* **1** 介入, 干渉；(特に) 内政干渉 (=～ dans les affaires intérieures d'un pays étranger). ～ armée 武力干渉. ～ des forces de l'ordre contre les manifestants デモに対する警察の介入. ～ de l'Etat dans l'activité économique 経済活動への国家の介入. ～ d'humanité 人道的介入. ～*s* économiques (予算の一項目としての) 経済

活動補助金. ~s publiques (国家予算歳出の大項目の一つとして) 国・公営企業出資金. ~s sociales (予算の一項目としての) 社会保障関係補助金. non-~ 非干渉. paiement par ~ d'un effet de commerce 手形の引受.
2 〖法律〗参加；訴訟参加. ~ d'un tiers 補助参加. ~ forcée 強制参加. ~ volontaire 任意参加.
3 仲介.
4 発言, 演説, 講演. ~ énergique 精力的な演説.
5 (医療上の) 処置；(特に) 手術. subir une ~ chirurgicale 手術を受ける.
6 作用, 働き, 発生.

interventionnisme *n.m.* **1** 〖政治〗(他国への) 干渉主義. **2** 〖経済〗(国家による) 干渉政策, 国家介入主義.

interventriculaire *a.* 〖解剖・医〗心室中隔の. 〖医〗communication ~ 心室中隔欠損症.

interversion *n.f.* (順序などの) 転倒, 変化. 〖法律〗~ de la prescription 時効の転換. 〖言語〗~ de syllabes dans un mot 語の音節の転倒 (=verlan). 〖法律〗~ de titre 占有名義の転換.

intervertébral (ale) (*pl.* **aux**) *a.* 〖解剖〗椎骨間の, 椎間の. disque ~ 椎間板.

interview [ɛ̃tɛrvju] *n.f.* インタヴュー. accorder une ~ インタヴューに同意する. demander une ~ インタヴューを求める.

interviewer [ɛ̃tɛrvjuve] *v.t.* インタヴューをする.

intestat *a.inv.* 〖法律〗遺言のない. [ラ] ab ~ 無遺言の (=à défaut de testament, sans avoir intesté). succession ab ~ 無遺言相続, 法定相続 (=succession légale). mourir (décéder) ~ 遺言せずに死ぬ.
——*n.* 無遺言死亡者. 遺言せずに死んだ人.

intestin[1] *n.m.* 〖解剖〗腸. gros ~ 大腸 (盲腸 cæcum, 結腸côlon, 直腸 rectum からなる). ~ grêle 小腸 (十二指腸 duodénum, 回腸 iléon, 空腸 jéjunum からなる). cancer d'~ grêle 小腸癌. mouvement d'~ 腸運動. polype d'~ grêle 小腸ポリープ.

intestin[2] **(e)** *a.* 国内の；組織内部の. guerre ~e 内戦. lutte ~e 内部抗争, 内紛.

intestinal (ale) (*pl.* **aux**) *a.* 〖解剖・医〗腸の；腸内の. anse ~ale 腸係蹄(けいてい). bactérie ~ale 腸内菌, 腸管内細菌. flore ~ale 腸内細菌叢. grippe ~ale インフルエンザウイルス性腸炎. infarctus ~aux 腸閉塞. occlusion ~ale 腸閉塞(症). iléus ~. parasite ~ 腸内寄生虫. parasitose ~ale 腸内寄生虫症. polype ~ 腸ポリープ. revascularisation ~ale 腸管再生術. suc ~ 腸液. tuberculose ~ale 腸結核. vers ~aux 腸内寄生虫.

Intifada 〔h〕〔アラビア〕(「蜂起」の意) *n.f.* **1** インティファーダ《ガザ地区およびヨルダン川西岸地区のイスラエル占領地でのパレスチナ住民の抗議運動, 民衆蜂起》. la Première ~ 第一次インティファーダ (1987-93年). la Seconde ~ 第二次インティファーダ (2000年~).
2 〖一般に〗住民の反権力運動《政治的抗議運動》.

intimation (<intimer) *n.f.* 〖法律〗**1** 召喚. faire des ~s à *qn*. 人に出頭を命じる.
2 通告, 通達, 督促, 命令. mise en ~ 催告；督促.
3 (控訴人が被控訴人に対して行う) 控訴通告 (=assignation).

intime *a.* **1** (人が) 親しい, 親密な. ami ~ 親友. être ~ avec *qn* 人と仲が良い.
2 (関係などの) 親密な, 緊密な；(会合などが) 内輪の；打ち解けた. endroit ~ 気の置けぬ場所. entretien (fête) ~ 内輪の話し合い(祝宴). relations ~s 親密な関係；(特に) 性的関係.
3 他人の目に触れぬ, 私的な；内面的な. chagrins ~s 内面の苦しみ. journal ~ (公開を考えずに書かれた) 私的な日記. poésie ~ 内面派 (intimiste) の詩. vie ~ de *qn* 人の私生活 (cf. vie privée).
4 〖文〗(事物, 人の) 本性と結びついた, 内在する；内的な；深い. émotion ~ 深い感動. nature ~ 本性. sens ~ 心の奥に潜む感情, 内心. avoir la conviction ~ de *qch* (que+*ind.*) 何 (…であること) を心の底から確信する.
——*n.* 親友；懇意な人. réunion d'~s 親しい人々の会合. être entre ~s 親友たちに囲まれている.

intimidation *n.f.* 脅し, 威嚇；脅迫, 威嚇. acte d'~ 威嚇行為. geste d'~ 威嚇の素振り. manœuvre d'~ 威嚇的工作. parole d'~ 脅迫的言辞.

intimité *n.f.* **1** 親密さ；親交；緊密な関係. ~ conjugale 夫婦の仲睦まじい仲. ~ entre amis 友人間の親交. avec ~ 親しく. entrer dans l'~ de *qn* 人と親しくなる. vivre dans l'~ de (avec) *qn* 人と仲良く暮らす.
2 私生活 (=vie privée)；内輪の仲. atteinte à l'~ 私的生活に対する侵害. préserver son ~ des intrusions 外部の干渉から私生活を守る. Le mariage aura lieu dans l'~. 結婚式は内輪で行われることになります.
3 (場所の) 居心地の良さ, 快適さ. ~ d'une maison 家の居心地の良さ.
4 〖文〗心の奥底, 内心. dans l'~ de la conscience 心の奥底で.

intolérable *a.* **1** 耐え難い. douleurs ~s 耐え難い苦悩. être ~ à (pour) *qn* 人にとって耐え難いことである.
2 認め難い, 許し難い. comportement ~ 許し難い振舞. Il est ~ que+*subj.* (de+*inf.*) …なのは認め難い.

intolérant (e) *a.* **1** 不寛容な, 狭量な；異説排斥の. esprit ~ 狭量な精神〔の持

主)]. religion ~e 不寛容な宗教.
2〖薬〗(薬などを)受けつけない. 不耐性の, 過敏な. organisme ~ à l'aspirine アスピリンを受けつけない体質.

intolérence *n.f.* **1** 非妥協性, 狭量. ~ à l'égard des opinions d'autrui 他人の思想に対する非妥協性.
2 〖医〗[古]宗教上の異説排斥, 信教の自由に反対する態度. ~ politique (religieuse) 政治的 (宗教的) 不寛容.
3〖医〗(薬・食物に対する)不耐性, 過敏反応. ~ à certains antibiotiques 特定の抗生物質に対するアレルギー. ~ acquise 獲得過敏反応. ~ innée 生来の過敏反応. ictère d'~ 過敏性黄疸.

intoxicant(e) *a*. 〖医〗中毒を起こす, 有毒の. gaz ~ 有毒ガス (=gaz toxique).

intoxication *n.f.* **1** 〖医〗中毒. ~ alimentaire〔collective〕〔集団〕食中毒. ~ ammoniacale アンモニア中毒. ~ arsenicale 砒素中毒. ~ cyanique シアン中毒, 青酸中毒. ~ fluorique 弗素中毒, 青酸中毒. ~ hydrique 水中毒. ~ mercurielle 水銀中毒 (=mercurialisme). ~ par fugu ふぐ中毒. ~ par halogène ハロゲン中毒. ~ par l'oxyde de carbone 一酸化炭素中毒. ~ par l'oxygène 酸素中毒. ~ par paraquat パラコート中毒. ~ par parathion パラチオン中毒. ~ par phosgène ホスゲン中毒. ~ par somnifères 催眠薬中毒 (=narcomanie). ~ pesticide 殺虫剤中毒. ~ saturnine 鉛中毒.
2 (批判力, 道徳感の)精神的麻痺. ~ par la propagande politique 政治的プロパガンダによる精神的麻痺.

intoxiqué(e) *a*. **1** 中毒にかかった. être ~ par le monoxyde de carbone 一酸化炭素で中毒する.
2〔比喩的〕~ de …に毒された. ~ de littérature 文学に毒された.
—*n*. 中毒患者 (=toxicomane).

intra-abdominal(ale)(*pl.aux*) *a*. 腹部内部の.

intra-atomique *a*. 〖物理〗原子内の. forces ~s 原子内力.

intracardiaque *a*. 〖解剖・医〗心内の, 心腔内の. affection ~ 心内疾患. phonocardiographie ~ 心〔腔〕内心音法. pressure ~ 心内圧.

intracellulaire *a*. 〖生〗細胞内の, 細胞間の. espace ~ 細胞間隙. fluide ~ 細胞内液. œdème ~ 細胞間浮腫. mécanismes ~s 細胞内メカニズム. pont ~ 細胞間橋. réaction ~ 細胞間作用. substance ~ 細胞間質.

intracérébral(*ale*)(*pl.aux*) *a*. 〖解剖・医〗脳内の. 〖医〗hématome ~ 脳内血腫.

intracommunautaire *a*. 〖行政〗共同体内の；(特に)ヨーロッパ連合(Union européenne)内の. commerce ~ 共同体内通商. TVA ~ ヨーロッパ連合内付加価値税.

intraconsommation *n.f.* (農産物の)内部消費. ~ de céréales pour l'alimentation animale 家畜飼料としての穀類の国内消費.

intracrânial(*ale*)(*pl.aux*) *a*. 頭蓋(骨)内の (=intracranien). tumeur ~*ale* 頭蓋内腫瘍.

intracrânien(*ne*) *a*. 〖医〗頭蓋内の. calcification ~*ne* 頭蓋内石灰沈着. hémorragie ~ 頭蓋内出血. pression ~*ne* 頭蓋内圧, 脳圧. tumeur ~ 頭蓋内腫瘍.

intracytoplasmique *a*. 〖生〗細胞質内の. injection ~ de spermatozoïdes (人工授精の際の)細胞質内精子注入.

intradépartemental (ale)
(*pl.aux*) *a*. 県内の. tarif ~ 県内配達料金.

intradermique *a*. 〖医〗真皮内の. injection ~ 真皮内注射.
—*n.f.* 真皮内注射 (=injection ~).

intradermo[-]réaction *n.f.* 〖医〗(ツベルクリンなどの)真皮内反応(略 IDR, intradermo).

intraduisible (<traduire) *a*. **1** 翻訳できない, 翻訳不能な. locution ~ 翻訳不能の言い回し. Ce mot japonais est ~ en français. この日本語はフランス語に翻訳不可能だ.
2 〔比喩的〕名状し難い, 言い表わせぬ. joie ~ 言い表わせぬ喜び.

intramoléculaire *a*. 〖化〗分子間の. forces ~s 分子間力.

intramontagnard(e) *a*. 〖地形〗山間の. bassin ~ 山間盆地.

intra-muros [ɛ̃tramyros] 〔ラ〕*a.inv*. 城壁内の；市内の. Saint-Malo ~ サン=マロの城壁内市街.

intramusculaire *a*. 筋肉内の. 〖医〗injection ~ 筋肉内注射. 〖医〗myxome ~ 筋肉内粘液腫.

intranet *n.m.* 〖情報通信〗イントラネット, 企業内情報ネットワーク. ~ de l'entreprise 企業内イントラネット《共同作業者だけがアクセスできる情報通信網》.

intransigeance *n.f.* 頑固さ, 強硬さ, 一徹さ；非妥協性. ~ de la jeunesse 若さの一途さ. être ~ une absolue sur*qch* 何に対し徹底した頑固さを示す. faire preuve d'~ 頑固さを発揮する.

intransigeant(e) *a*. 妥協しない, 非妥協的な；強硬な, 頑固な. être ~ sur les principes 原則をかたくなに守り通す. moraliste ~ 非妥協的モラリスト. passion ~*e* 強固な信念.
—*n*. 非妥協的人物；頑固者.

intransmissibilité *n.f.* 非譲渡性. ~ active (passive) 積極的(消極的)非譲渡性. ~ des contrats intuitu personae 人的契約の非譲渡性.

intransmissible a. (権利, 義務, 財産などが) 譲渡しえない, 非譲渡性の. titre de transport ~ 譲渡できない乗車券.

intransportable a. 搬送不能の. malade ~ 搬送できない病人.

intrant n.m. 〖経済〗(財の生産のための) 投入〔量〕, インプット (= 〔英〕input).

intranucléaire a. 〖物理〗原子核内の. énergie ~ 原子核内エネルギー.

intra-oculaire a. 〖生化・医〗眼球内の. tension ~ 眼内圧.

intrapreneur n.m. 企業内企業開発担当社員.

intrarachidien(ne) a. 〖医〗脊椎間の, 脊柱間の.

intraspécifique a. 〖生〗同一種内の, 種内の. compétition ~ 種内競争. hybride ~ 種内雑種.

intrassociatif(ve) a. 協会連合の. la Collectif ~ sur la santé 保健協会連合集団 (略記 CISS).

intrathoracique a. 〖医〗胸腔内の. hématome ~ 胸腔内血腫. pression ~ 胸腔内圧.

intra-utérin(e) a. 〖医〗子宮内の. insémination ~e 子宮内授精.

intravasculaire a. 〖医〗血管内の. ultrason ~ 血管内超音波診断法 (= 〔英〕IVUS: intravascular ultrasound).

intraveineux(se) a. 静脈内の. anésthésie ~se 静脈麻酔. piqûre ~ 静脈注射. voie ~se 静脈.
— n.f. 静脈注射 (= piqûre ~se).

intra-ventriculaire a. 〖医〗脳室内の. hémorragie ~ 脳室内出血.

intra vires〔hereditatis〕 〔ラ〕l.ad. 〖法律〗〔相続〕能力の範囲内で (ultra vires〔hereditatis〕「〔相続の〕力を越えて」の対).

in-trente-deux [in-] a.inv. 〖印刷〗32 折版の(《略記 in-32°). format ~ 32 折版. volume ~ 32 折版本.
— n.m.inv. 〖書籍〗32 折版本.

intrigue n.f. **1** 策謀, 陰謀. ~s politiques 政治的策謀. homme d'~ 陰謀家 (= intrigant). nouer une ~ contre qn 人に対して陰謀を企む.
2 色事, 情事; 浮気 (= ~ amoureuse). avoir une ~ avec qn 人とひそかに情を通じる. ébaucher une ~ amoureuse 情事を企む.
3 (小説・劇などの) 筋. ~ compliquée 入り組んだ筋立て. 〖演劇史〗comédie d'~ 筋立て喜劇.
4 〖古〗窮地. sortir d'~ 窮地を脱する.

intrinsèque a. **1** 内在する; 固有の. causes ~s 内因. importance ~ d'un fait 事実の本質的重要性. valeur ~ d'une monnaie 貨幣の固有価値《金属そのものの価値》. connaître la valeur ~ d'une œuvre littéraire 文学作品の固有価値を認める.

2 〖解剖〗器官に固有の. muscles ~s de l'œil 眼の固有筋, 眼筋.

introducteur(trice) n. **1** 導入者; 主導者; 輸入者. ~ du tabac en France フランスへのタバコ導入者.
2 (書, 人の) 紹介者. ~ d'une mode モードの紹介者.
3 〖外交〗~ des ambassadeurs 儀典長長; 〖史〗(旧体制下で) 外国使節を国王に見させる案内係.

introductif(ve) a. **1** 〖法律〗手続開始の. acte ~ d'instance 訴訟開始行為. demande ~ve d'instance 訴訟手続き開始の申立て. **2** 導入的な. chapitre ~ 序章.

introduction n.f. 〖I〗〖導入〗**1** (ある場所に) 招じ入れること; 紹介. ~ d'un visiteur dans un salon 来客を客間に通すこと. ~ de qn auprès de qn 人を誰かに紹介すること. lettre d'~ 紹介状 (= lettre de recommandation).
2 導入, 移入; 輸入. ~ de capitaux étrangers 外資の導入. ~ d'un mode モードの導入. ~ de produits étrangers 外国産品の輸入.
3 挿入, 注入. ~ d'air sous pression 圧搾空気の注入. ~ de la clef dans la serrure 鍵穴への鍵の挿入. 〖医〗~ d'une sonde dans l'organisme カテーテルの器官挿入. ~ de vapeur 蒸気の注入.
4 〖株〗上場. ~ d'un titre en Bourse 株の証券市場への上場.
5 〖電算〗書き込み, 挿入; 導入. ~ de données dans la mémoire d'ordinateur データのメモリーへの書き込み.
6 〖法律〗(手続の) 開始. ~ de l'instance 訴訟手続の開始.
〖II〗〖序〗**1** 入門書. ~ à la chimie 化学入門. *I ~ à la méthode de Léonard de Vinci* de Paul Valéry ポール・ヴァレリー著『レオナルド・ダ・ヴィンチの方法序説』(1894 年).
2 序論; 前置き. livre qui commence par une longue ~ 長い序論で始まる書物. ~ d'un discours 講演の前置き. l'~, les trois parties et la conclusion d'une dissertation scolaire 小論文の序論, 本論 3 章と結論.
3 〖音楽〗(曲の) 序奏, 導入部.

intron n.m. 〖生化〗イントロン.

intronisation n.f. **1** (王・教皇などの) 即位; (司教の) 叙任; 〖広義〗就任. ~ d'un pape 教皇の即位.
2 〖比喩的〗確立. ~ du nouveau pouvoir 新政権の確立.

introversion n.f. 〖精神医学〗内向 (Jung ユンクによる性格の一種). type d'~ 内向型〔性格〕.

introverti(e) a. 〖心〗内向性の (extraverti「外向性の」の対). tempérament ~ 内向性気質.
— n. 内向性の人.

intrus(e) a. **1** 無理に割込んだ; 侵入し

intrusion

た, 闖入した.
2 無資格で職(地位)に就いた. évêque ~ 無資格司教.
3〖比喩的〗〖文〗介入した.
——*n.* 無理に割込んだ者;侵入者, 闖入者; 招かれざる者. chasser un ~ 侵入者を追い払う. considérer *qn* comme un ~ 人を招かれざる者とみなす.

intrusion *n.f.* **1** 闖入, 侵入, 割込み. ~ d'emprunts dans le vocabulaire 使用語彙への借用語の侵入. ~ de *qn* dans un lieu d'un 場所への闖入. ~ indiscrète 無遠慮な割込み.
2〖比喩的〗介入, 干渉, 容喙(ようかい). ~ de l'étranger dans les affaires d'un pays 一国の国内問題への外国の干渉. ~ de la politique dans les jeux Olympiques オリンピックへの政治の介入.
3〖地学〗貫入. nappe d'~ 貫入層. roches d'~ 貫入岩.
4〖工〗(プラスチック原料の型への) 射出, 射出成型.
5〖古〗(聖職などへの) 無資格就任.

INTS (= *I*nstitut *n*ational de la *t*ransfusion *s*anguine) *n.m.* 国立輸血研究所(1994年創設).

intubation *n.f.*〖医〗挿管法. ~ laryngale 咽頭挿管法. ~ trachéale 気管挿管法(呼吸困難対策).

intuiti*f* **(ve)** *a.* **1**〖哲・宗教〗直観的な. vérité ~ *ve* 直観的真理. vision ~ *ve* de Dieu 直観的見神.
2 直感に恵まれた, 直観に優れた. esprit ~ 直観的精神. femme ~ *ve* 直感的女性. Il est très ~ en affaires. 彼は事業の勘が非常に鋭い.
——*n.* 直観的人間.

intuition *n.f.* **1**〖哲〗直観;直観力. ~ empirique 経験的直観. ~ métaphysique 形而上学的直観. ~ rationnelle 理性的直観. ~ sensorielle 感覚的直観, 直感. comprendre par ~ 直観的に理解する.
2 直感, 勘. avoir l'~ de *qch* (que+*ind.*) 何を(…ということを) 直感(予感)する. avoir de l'~ 勘が鋭い. se confier à ses ~ *s* 直感に頼る. Ses ~ *s* se sont vérifiées. 彼の勘が当った.

intuitu personae [ɛtɥitypɛrsɔne][ラ] *l.ad.*〖法律〗人的な, 人的考慮による (=en considération de la personne). contrat ~ 人的契約.

intumescence *n.f.* **1** 膨脹. ~ pénienne ペニスの膨脹. **2**〖水理〗水面のふくれあがり, サージ. ~ de la nappe 水面の膨脹. **3**〖医〗膨大, はれあがること. ~ de la rate 脾臓膨大.

intussusception *n.f.* **1**〖生〗挿入.〖植〗accroissement par ~ 挿入成長.
2〖医〗腸重積症(腸の一部が陥入すること; =invagination).

inuline *n.f.*〖化〗イヌリン. clearance d'~ イヌリン・クリアランス.

in utero [inyterɔ][ラ] *l.ad.* 胎内で. fœtus mort ~ 胎内で死んだ胎児.

inutile *a.* 役に立たない, 不要な, 無用な, 無駄な, 無益な. ~ activité;activité ~ 無駄な活動. bataille ~ 無益な戦い. conseil ~ 無益な助言. courage ~ 役に立たない勇気. efforts ~ *s* 無駄な努力. objet ~ 不要な物品. personne ~ 役に立たない人間. précaution ~ 取越し苦労. richesse ~ 役に立たない富.
~ à …に不要の. individu ~ à la société 社会に不要の人間. C'est ~. それは無駄だ. C'est une bouche ~. 奴は無駄飯食いだ. Il est ~ de+*inf.* (que+*subj.*). …するには及ばない. ~ de+*inf.* …しても無駄だ. ~ de dire que …は言うまでもない.
——*n.* 無用の人間, 役に立たない人間. vivre en ~ 無用の人間として生きる;居候する.
——*n.m.* 無用のもの.

inutilité *n.f.* **1** 無駄, 無用性, 無益;無効, 無効性. ~ d'un remède 薬の無効性.
2〖*pl.* で〗〖稀〗無駄(無益)な事柄(言葉). discours plein d'~ *s* 無駄な言葉だらけの演説(挨拶).

invagination *n.f.* **1**〖医〗腸重積症. **2**〖生〗(形態形成の) 陥入.

invalidant(e) *a.* 廃疾者にする;正常な就労を不可能にする. maladie ~*e* 身体障害者にする疾病;正常な就労を不可能にする疾病.

invalidation *n.f.*〖法律〗(法律行為を) 無効にすること, 無効宣告;取消, 失効;〖特〗選挙の当選無効宣告. ~ d'un contrat 契約の無効宣言. ~ d'un député 国民議会議員の当選無効宣告. ~ d'une élection 選挙の無効宣告.

invalide *a.* **1** (人が)(老齢・疾病・傷害などで) 身体不自由の, 障害のある;日常生活が不自由な;働けない, 労働不能の;病弱な. militaire ~ 傷痍軍人. soldat ~ 廃兵. vieillard ~ 老齢障害者.
2〖比喩的〗bras ~ 不自由な腕. meuble ~ 不安定な(坐りの悪い)家具. pensée ~ ゆがんだ考え.
3 (物について)〖法律〗〖古〗(法律行為が) 無効の. acte ~ 無効行為. mariage ~ 無効の結婚. rendre *qch* ~ 何を無効にする.
——*n.* (老齢・疾病・傷害などで) 働けなくなった人, 障害者, 廃疾者 (法律的には, 職業活動ができる人, 職業活動ができない人, 介助付きでなければ日常行動ができない人などに分かれる). ~ du travail 労働災害による障害者, 労災障害者. grand ~ civile 民間人の重度障害者 (略記 GIC:grand infirme civil ともいう). grand ~ de guerre 重度傷痍軍人 (略記 GIG). pension versée aux ~ *s* 障害者に支給される年金, 障害年金 (= pension d'invalidité)

—*n.m.* **1**(老齢・戦傷・戦病などによる)廃兵；傷痍軍人. ~ amputé 手足を失った傷痍軍人. ~s de la Marine 海軍廃兵(傷痍軍人). l'Hôtel des *I~s* ; les *I~s* (Paris の) ロテル・デ・ザンヴァリット, レ・ザンヴァリッド, 廃兵院《ルイ14世が廃兵院を収容するために造営した養護施設；施設内の chapelle Saint-Louis には1840年ナポレオン1世の遺骸が移設され, 後に息子や数々の名将の墓が設置された；建物内に軍事博物館 le musée de l'Armée や要塞博物館 le musée des Plans-Reliefs がある》.
2〔*pl.* で〕傷痍軍人手当. toucher ses ~s (*I~s*) 傷痍軍人手当を受給する.〔話〕prendre ses ~s 引退する.

invalidité *n.f.* **1** 障害, 傷病, 廃疾, 労災. ~ partielle 部分的廃疾. ~ permanente 恒久的廃疾. ~ totale 完全廃疾.〔同格〕assurance ~ 廃疾保険. carte d'~ 廃疾者手帳. pension d'~ 障害(労災)年金.
2〔稀〕無効.

invalidité-décès *n.f.*〔同格〕assurance ~ 廃疾・死亡保険.

invariable *a.* **1** 不変の. apparance ~ 変わらない外観. emplacement ~ 変わらぬ場所. lois (principes) ~s 不変の法則(原理).
2〖文法〗不変化の. adjectif ~ en genre 性による不変化の形容詞.
3〖文〗(信念などが)堅固な；(人が)揺るがない. rester ~ dans ses résolutions 決意を断乎として変えない.
4 変わることのない. accueil ~ 常に変わらぬ応待. menu ~ 変わることのないメニュ(メニュー).

invariant(e) *a.*〖理〗不変の.〖数〗équation ~*e* 不変方程式.〖電算〗programme ~ 不変プログラム.〖生〗reproduction ~*e* 不変生殖. système chimique ~ 化学の不変系.
—*n.m.* **1** 不変なもの, 不変要素.
2〖理〗不変式；不変量；不変数；不変系.〖数〗~ d'intégrale 積分不変量.〖数〗~ intégral 積分不変式.

invasif(ve) *a.* **1**〖医〗(病気などが)蔓延する.
2〖医〗(手術・治療などが)侵襲的な(=interventionnel), chirurgie ~*ve* minimale 低侵襲手術(内視鏡利用手術など).
3 侵入する, 侵害する；侵略的な. plante ~*ve* 侵入植物.

invasion *n.f.* **1** 侵攻, 侵略, 侵入.〖史〗~ des Barbares 蛮族の侵入.〖史〗les Grandes *I~s* 民族の大移動(5世紀). ~ du Koweit par l'Irak イラクによるクエート侵攻 (1990年8月2日；guerre du Golfe の端緒).
2(有害なものの)侵入, 襲来, 蔓延. ~ de sauterelles イナゴの大襲来.
3(人の)殺到；(物の)大量流入. ~ de capitaux étrangers 外資の大量流入. ~ de touristes 観光客の殺到.
4(好ましくない物, 思想, 行動の)大流行, 蔓延, 侵害. ~ des mots anglo-saxons en France アングロ・サクソン語(英語)のフランス侵害.
5〖医〗(感染症)侵入, 蔓延. période d'~ 侵入初期, 感染期.

invendu(e) *a.* 売れ残った. livres ~s 返本. marchandises ~*es* 売れ残り商品.
—*n.m.* 売れ残り〔商品〕, 残品. soldes d'~ 売れ残り商品の特売.

inventaire *n.m.* **1**(個人または法人の)資産調べ；〖商業〗在庫品調べ, 棚卸し；資産目録, 財産目録；在庫目録. ~ commercial 商事資産目録(=livre d'~). bénéfice d'~ (特に相続における)限定承認. intitulé d'~ 財産目録の頭書. magasin fermé pour cause d'~ 棚卸しのため休業した商店. procès-verbal d'~ 財産目録調書. dresser (faire) un ~ 資産(財産)目録を作成する；〖商業〗棚卸しをする. procéder à l'~ d'une succession 相続財産の目録作成に着手する.
2 綿密な調査, 点検. ~ des objets d'un meublé 家具調度付貸屋(室)の備品の点検. faire l'~ d'une bibliothèque 蔵書の整理点検をする.
3 天然資源調査一覧(特定地域の野生動物の生息数などの調査一覧).
4 人物調査記録.
5〖電算〗インヴェントリー・コントロール(ハードウェアやソフトウェアの構成情報の管理システム).

inventeur(trice) *n.* **1** 発明者；発明家, 考案者. ~ de génie 天才的発明家. ~ de l'imprimerie 印刷術の発明者. ~ de mots nouveaux 新語の考案者.
2 でっちあげる人. ~ de fausses nouvelles 誤報をでっちあげる人.
3〖法律〗(財宝・遺失物・埋蔵物などの)発見者. Le trésor appartient à l'~ pour moitié s'il est découvert sur le fonds d'autrui. 他人の土地で発見した埋蔵物は, その半分が発見者に帰属する.
—*a.* **1** 発明の才がある. esprit ~ 発明の才がある人.
2 新しいものを創出する. les nations ~ *trices* er les nations imitatrices 新しいものを創出する国(国民)と模倣に走る国(国民).

inventif(ve) *a.* 発明の才のある, 創意に富む；機知に富む；抜け目ない. avoir l'esprit ~ 発明の才がある；策術に富む, 抜け目がない. imagination ~*ve* 創意豊かな創造力.

invention *n.f.* **1** 発明, 考案, 創案, 発明品；工夫, 案出. brevet d'~ 特許, 特許証.
2 創意, 独創性, 創造力. manquer d'~ 創意に欠ける.
3 でっち上げ, 作り話. pure ~ 完全なでっ

4 (埋蔵物 trésor の) 発見；発見者の権利.
5〖音楽〗インヴェンション.
6〖法律〗~ d'un trésor 埋蔵物の発見.

inverse a. **1** (方向, 順序 が) 反対の, 逆の. dans l'ordre ~ 逆の順序で, あべこべに. en (dans le) sens ~ 逆方向に. dictionnaire ~ 逆引き辞典. image ~ 反転像；倒影；倒立像；〖数〗原像.
2〖数〗逆の. éléments ~s 逆元. figures ~s 反図形. fonctions ~s 逆関数. fonction trigonométrique ~ 逆三角関数. matrice ~ 逆行列. nombre ~ 逆数. opération ~ 逆算；逆作用. rapport (raison)~ 反比例, 逆比例. en raison ~ de qch 何に反比例して.
3〖論理〗proposition ~ 逆命題.
4〖地理〗faille ~ 逆断層. relief ~ 逆転地形.
──n.m. **1** 反対, 逆；反対 (逆) のこと (もの). à l'~〔de〕…〔と〕正反対に；〔とは〕逆方向に. faire l'~ 逆のことをする. supposons l'~ 逆のことを考えてみる. C'est justement l'~! まさに正反対だ！
2〖数〗逆数 (=nombre ~).
3〖化〗~s optiques 光学的対掌体.

inverseur n.m. 〖機械〗逆転装置；〖電〗逆流器. ~ de poussée (ジェットエンジンの) 逆噴射装置.

inversible a. 〖写真〗(乳剤が) 反転現像方式の. film ~ リヴァーサルフィルム. film ~ couleur リヴァーサル・カラーフィルム.
──n.m. リヴァーサルフィルム.

inversion n.f. **1** (順序・方向などの) 逆転.
2〖文法〗(語順の) 倒置〔法〕. ~ complexe (simple) 複合 (単純) 倒置. ~ du sujet dans l'interrogation 疑問文における主語の倒置.
3〖医〗逆位, 転位, 内反〔症〕. ~ du cœur 右心症, 右胸心 (=dextrocardie). ~ utérine 子宮内反〔症〕.
4〖電〗(電流の) 逆変流；(モーターなどの回転の) 逆転.
5〖写真〗(ポジフィルムをつくる) 反転現像.
6〖化〗転化. ~ du sucre 糖の転化.
7〖地学・気象〗逆転. ~ de relief 地形の逆転. ~ de température 気温の逆転.
8〖数〗相反, 反比. pole d'~ 相反の極.
9〖航空〗逆噴射 (= ~ de poussée).
10〖心〗性的倒錯 (= ~ sexuelle).
11〖音楽〗転回.

invertase [ɛ̃vɛrtaz] n.f. 〖生化〗インベルターゼ, サッカラーゼ (蔗糖などの分解酵素).

invertébré(e) a. 〖動〗無脊椎の. animaux ~s 無脊椎動物.
──n.m.pl. 無脊椎動物. ~s supérieurs 高等無脊椎動物.

investi(e) (<investir) a.p. **1** 授与された；叙任された；(投票で) 信任された；〖選挙〗公認された. 〖選挙〗candidat ~ 公認候補. 〖史〗héritiers ~s de la saisine 遺産占有権を与えられた相続人. ministre ~ de pouvoirs extraordinaires 特別の権限を与えられた大臣. être ~ d'un droit 権利行使の権限を与えられている. être ~ par une majorité 賛成多数で信任される.
2〖軍〗攻囲された；〖比喩的〗追い込まれた. place forte ~e 攻囲された要塞. retraite ~e 脅やかされた退職生活. ville ~e par le feu 火に包まれた町.
3〖経済〗投資された. capitaux ~s 投下資本. objet ~ 投資の対象.

investigation n.f. **1** (組織的・継続的な) 調査, 探求, 研究. ~ scientifique 科学研究. journalisme d'~ 調査ジャーナリズム (犯罪・汚職などを独自で調査するジャーナリズム). méthodes d'~ 調査方法.
2 捜査, 調査. ~ de la police 警察の捜査. ~ du fisc 税務調査.

investissement n.m. **1** 投資. ~ autonome 独立投資. ~ brut 粗投資, 総投資. ~ dérivé 派生投資. ~ direct 直接投資. ~ de portefeuille 証券投資. ~ induit 誘発投資. ~ net 純投資. ~ productif 設備投資. bien d'~ 投資財, 資本財. certificat d'~ 投資証券. club d'~ 契約型投資信託. critère d'~ 投資基準. dépenses d'~ 投資的歳出. fonds d'~ 投資資金；留保準備金. multiplicateur d'~ 投資乗数. société d'~ 投資会社, 証券投資会社 (=fonds commun de placement). subvention d'~ 投資補助金. taux brut d'~ 粗投資係数.
2 包囲, 攻囲. ~ d'une ville 都市の攻囲.
3〖心・精神医学〗備給, カセクシス.

investisseur(se) a. 投資家の. organisme ~ 投資機関.
──n.m. 投資家. ~s institutionnels 機関投資家 (=〖俗〗zinzins). ~ privé 個人投資家.

investiture n.f. **1**〖政治〗(政党による立候補者の) 公認. accorder l'~ à qn 人を公認する.
2 (選挙または任命による) 職務〔権限〕の付与. ~ d'un mandataire 受任者権限の付与. 〖史〗querelle des ~s (教皇と神聖ローマ皇帝間の) 司教叙任権闘争.
3〖史〗(第四共和政における国民議会による) 内閣総理 président du Conseil に対する) 信任投票 (1946-54 年).
4〖史〗(封建時代の) 封土の授与；叙任権.

invincible (<vaincre) a. **1** 無敵の；不敗の. armée ~ 無敵の軍隊. position militaire ~ 難攻不落の陣地.
2 不屈の, めげない. cœur (courage) ~ 不屈の精神 (勇気). résolution ~ 不屈の決心.
3〖比喩的〗克服できない；論破できない；抗し難い；(嫌悪などが) 抜き難い. ~ attirance 抗し難い魅力. argument ~ 論破できない議論. charmes ~s de la beauté 美しいものの抗し難い魅惑. haine ~ 抜き難い憎悪. obstacle ~ 克服できない障害. som-

invulnérable

meil ~ 抗し難い眠気.
4〔古〕~ à …に対してびくともせぬ.

inviolabilité *n.f.* 不可侵権〔の特典〕. ~ du corps 身体の不可侵性. ~ du domicile 住居の不可侵性《裁判所の許可がない限り, 午後9時から午前6時までと法定休日には個人の住居に官憲が立入りできない》. ~ de la propriété 所有権の不可侵性. ~ diplomatique 外交官の不可侵特権. ~ parlementaire 国会議員の不逮捕特権.

inviolable *a.* **1** (権利・住居などが) 不可侵な, 神聖にして侵すべからざる. asile ~ 聖域. droit ~ 不可侵権. loi ~ 神聖にして侵すべからざる法律.
2 (国会議員・外交官などが) 不可侵権をもつ. Les ambassadeurs sont ~s dans l'Etat où ils sont accrédités. 大使は信任を得た赴任国で不可侵権をもつ.
3 難攻不落の. forteresse ~ 難攻不落の要塞.

inviolé(e) *a.* 侵されたことのない；未だ破られたことがない；未侵犯の. cime ~*e* 未踏峰. loi ~*e* 未だ破られたことのない掟. montagne la plus haute ~*e* 未登頂最高峰. sanctuaire ~ 冒しえぬ聖域.

invisible *a.* **1** 目に見えない；目で見られない；〖物理〗不可視の. montagne ~ derrière les brumes 霧で見えない山. objet ~ à l'œil nu 肉眼では見えない物体.〖物理〗rayon ~ 不可視光線.〖物理〗rayonnement ~ 不可視放射線. réalités ~*s* 目に見えない現実.
2〔比喩的〕よく分からない. danger ~ それとわからぬ危険.
3 (人が) 姿を見せない；会いたがらない. personne ~ 姿を見せない人. être ~ pour *qn* 人に会いたがらない.
4〖経済〗balance ~ 貿易外収支.

invitation *n.f.* **1** (àへの) 招待；案内；招待状 (=lettre d'~, carte d'~). ~ de *qn* à une réception レセプションへの人の招待. ~ à une réunion 会合への招待〔状〕. formules d'~ 招待状の決り文句 (書式). accepter (décliner, refuser) l'~ de *qn* 人の招きをいれる (謝絶する, 断る). Le présent faire-part tient lieu d'~. 本通知状が招待状の代りになります. Je suis désolé de ne pouvoir répondre à votre aimable ~. 誠に恐縮ながら御招待にお応えすることが叶いません.
2 勧誘；要請；(àへの) 誘い. ~ à la querelle 挑戦. ~ au voyage 旅への誘い. ~ de *qn* à *qch* (à faire *qch*) 何 (何をすることへの) 勧誘 (誘い). ~ impérative (menaçante) 命令調の (脅迫的な) 要請. à (sur) l'~ de *qn* 人に勧められて.
recevoir de la police l'~ de se présenter 警察から出頭要請を受けとる. réponder aux ~*s* de la chair 肉欲の誘惑に応じる.

invité(e) *a.p.* 招待された, 招かれた. ar-

tiste ~ 特別出演の芸術家. personnes ~*es* 招待客. être ~ à faire *qch* …することを要請される.
—*n.* 招かれた人, 招待客. ~ de marque 著名な賓客. Vous êtes mon ~. 勘定は私にお任せください.

in vitro [invitro]〔ラ〕*l.ad.* 試験管内で；実験室で (in vivo の対). bébé fécondé ~ 試験管ベビー. formation ~ 試験管培養. ~ fécondation 体外授精.

in vivo [invivo]〔ラ〕*l.ad.* 生体内で (in vitro の対). expérience faite ~ 生体実験.

involontaire *a.* **1** 無意識の, 意図しない, 不本意の；何気なしの. geste ~ 無意識のしぐさ. homicide ~ 過失致死. témoin ~ 偶然の目撃者.
2〖解剖・医〗不随意の. mouvement ~ 不随意運動. muscles ~*s* 不随意筋.

involutif(ve) *a.* **1**〖植〗内旋の, 内巻の (=involuté).
2〖数〗対合の. matrice ~*ve* 対合行列.
3〖医〗退行性の, 退縮性の. dépression ~*ve* 退行性鬱病. lésion ~*ve* 退行性病変.

involution *n.f.* **1**〖植〗内旋, 内巻.
2〖数〗対合. 冪法 (べきほう).
3〖医〗退行, 退縮. ~ sénile 老人性退縮. ~ sexuelle 性的退行. ~ utérine 子宮退縮.

invraisemblable *a.* **1** 本当らしくない, ありそうにない. histoire ~ 本当とは思えない話. Il est ~ que+*subj.* …ことはありそうもない. Il est ~ que personne n'ait rien entendu. 誰も何も聞かなかったなんて到底思えない.
2〔多く名詞の前で〕〔話〕驚くほど滑稽な；突拍子もない. ~ accoutrement おかしな風体. richesses ~*s* 途方もない富.
3 (人が) 不可解な.
—*n.m.* 本当らしくないこと, ありそうもないこと. L'~ est souvent vrai. ありそうもないことがしばしば真実である.

InVS (=*In*stitut de *v*eille *s*anitaire) *n.m.*〖医〗国立保健監視院《1998年7月1日のユリエ法 loi Huriet により設立；旧 RNSP (*R*éseau *n*ational de *s*anté *p*ublique「全国公衆衛生監視網」) を拡大強化したもの；国民の健康状態を恒常的に監視観察する機関；保健省所管》.

invulnérabilité *n.f.* **1** 不死身性.〖ギ神話〗~ d'Achille アキレスの不死身性. sentiment de l'~ 不死身感.
2 攻略不能性. ~ d'une place forte 要塞の難攻不落性.

invulnérable *a.* **1** 傷つけられない；〔比喩的〕奪取不能の, 無敵の. ~ aux coups 殴られても傷つかない. place forte ~ 難攻不落の要塞.
2〔文・比喩的〕(精神的に) 傷つかない, くじけない, 不死身の；(信仰などが) 揺るぎない. homme politique ~ 不死身の政治家. être ~ au malheur 不幸にめげない.

IOCU (= [英] International Organization of Consummers Unions) n.f. 国際消費者機構 (= [仏] OIUC: Organisation internationale des unions de consommateurs) (1960年設立；1994年 Consumers International と改称).

iodate n.m. 〖化〗沃素酸塩 (沃素酸イオンの化合物).

iode [jɔd] n.m. **1** 〖化〗沃素, ヨード (原子番号53, 元素記号I). ~-131 沃素131 (放射性沃素). indice d'~ 沃素価 (脂肪100 gに吸収される沃素のグラム数).
2 ヨードチンキ (=teinture d'~).

iodé(e) a. 〖化〗**1** ヨード (沃素) を含む, ヨードで処理した. eau ~e ヨード水. huile ~e ヨード化油. métabolisme ~ ヨード代謝.
2 ヨードの匂いがする. senteur ~e des algues 海藻のヨード臭.

iodhydrate n.m. 〖化〗沃化水素酸塩.
iodhydrique [jɔdidrik] a. 〖化〗沃化水素の. acide ~ 沃化水素酸.

iodide n.f. 〖医〗ヨード疹, ヨード痘瘡, 沃素疹 (ヨード剤の内服による中毒疹).

iodique a. 〖化〗沃素の. acide ~ 沃素酸 (HIO_3).

iodisme n.m. 〖化〗沃素中毒, ヨード中毒.

iodoforme n.m. 〖化〗ヨードホルム (=iodure de formyle; 防腐剤).

iodo-ioduré(e) a. 〖化〗沃素と沃化カリウムを含有する. solution ~e 沃素・沃化カリウム溶液.

iodométrie n.f. 〖化〗沃素定量法, 沃素滴定.

iodométrique a. 〖化〗沃素定量法の, 沃素滴定の. tirage ~ 沃素滴定.

iodure n.m. 〖化〗沃化水素酸塩, 沃化物. réaction d'~ d'amidon 沃素澱粉反応. ~ d'argent 沃化銀. ~ de potassium 沃化カリウム.

ioduré(e) a. **1** 〖化〗沃化物を含む. sirop ~ ヨードシロップ.
2 〖写真〗沃化物を塗布した. plaque 〔photographique〕 ~e 沃化銀乾板.

IOE (= [英] International Organization of Employers) n.f. 国際経営者団体連盟 (1920年設立；日経連は1951年に加盟；= [仏] OIE: Organisation internationale des employeurs).

ion [jɔ̃] n.m. 〖物理・化〗イオン. ~ négatif 陰 (負) イオン (負電荷をもつイオン；=anion). ~ positif 陽 (正) イオン (正電荷をもつイオン；=cation). échange d'~ イオン交換. résine échangeuse d'~ イオン交換樹脂.

ionique¹ a. イオン (ion) の, イオンによる. charge ~ イオン電荷. liaison ~ イオン結合. moteur ~ (ロケットの) イオン・エンジン.

ionique² a. 〖建築〗イオニア (l'Ionie) 様式の. ordre ~ イオニア様式.
—n.m. イオニア様式 (=ordre ~).

ionisant(e) a. 〖化〗イオン化する, 電離の. radiations ~es 電解線.

ionisation n.f. 〖化〗イオン化, 電離. ~ atmosphérique 大気電離. ~ électrolytique 電解. 〖医〗~ médicale イオン療法. chambre d'~ 電離箱 (放射線測定装置). perte par ~ 電離損失.

ioniser v.t. イオン化する, 電離する. gaz ionisé イオン化ガス.

ion-lithium n.m. イオン・リチウム. batterie ~ イオン・リチウム電池.

ionogramme n.m. 〖生理・医〗イオノグラム (体液中の各種イオンの組成表示).

ionone n.f. 〖化〗イオノン (香水の材料).

ionophorèse n.f. 〖医〗イオノフォレーゼ, 電離療法, イオン浸透法.

ionosphère n.f. 〖物理〗電離層, 電離圏.

IOS (= Internationale ouvrière socialiste) n.f. 〖史〗社会主義労働者インターナショナル (第二次インターナショナルの1917以後の呼称；1939年解散, 1951年再建).

IP¹ (= incapacité permanente) n.f. 〖保険〗永続的労働不能.

IP² (= [英] Internet Protocol) n.m. 〖情報〗インターネット・プロトコル (=protocole de l'Internet). ~ v6 インターネット・プロトコル第6版.

IPAG (= Institut de préparation à l'administration et à la gestion) n.m. 〖教育〗行政経営養成学院 (Paris にある商業系のグランド・エコール；1965年創立).

IPC (= indice des prix à la consommation) n.m. 〖経済〗(INSEE の) 消費物価指数.

IPCC (= [英] Intergovermental Panel on Climate Change) n.m. 〖環境〗気候変動に関する政府間パネル (調査研究グループ：= [仏] Giec: Groupe 〔d'experts〕 intergouvernemental sur l'évolution du climat；1988年11月創設；国連の専門家機関).

Ipea (= indice des prix d'entretien et d'amélioration des logements) n.m. (INSEE の) 住居維持改善費指数.

IPES (= institut préparatoire aux enseignements du second degré) n.m. 中等教育教員養成所.

IPG (= institut de physique du globe) n.m. 地球物理学研究所. ~ de Strasbourg ストラスブール地球物理学研究所 (IPGS) (Université Louis-Pasteur 内). ~ de Paris パリ地理物理学研究所 (IPGP) (1854年パリ天文台に設立；1921年 IPG となる；1991年より独立行政法人).

IPGE (= institut de préparation aux grandes écoles) n.m. 〖教育〗グランド・ゼコール準備学院 (予備校).

IPGP (= Institut de physique du globe de

*P*aris) *n.m.* パリ地球物理研究所《1921 年 IPG となる》.

IPH (= *i*ndicateur de *p*auvreté *h*umaine) *n.m.* 国民貧困指数《1997 年国連環境計画 UNEP, Pnud が導入；平均寿命, 識字率などの教育水準, 生活条件などを勘案して各国の貧困度を計るもの》.

IPP[1] (= *i*ncapacité *p*artielle) *n.f.* 〖保険〗部分的労働不能.

IPP[2] (= *i*nhibiteur de la *p*ompe à *p*rotons) *n.m.* 〖薬〗プロトンポンプ阻害薬《消化性潰瘍治療薬》; = 〔英〕PPI : *p*roton *p*ump *i*nhibitor》.

IPR (= *i*nspecteur *p*édagogique *r*égional) *n.m.* 〖教育〗地方視学官.

IPS 1 〖電算〗(= *i*nstructions *p*ar *s*econde) *n.f.pl.* 1 秒当りの命令処理数《コンピュータの演算速度の指標》.
2 (= *i*nformation *p*ar *s*econde) *n.f.* 1 秒当りの情報処理数.

IPSA (= *I*nstitut *p*olytechnique des *s*ciences *a*ppliquées) *n.m.* 〖教育〗応用科学工科学院《1961 年 Paris に創立のグランド・エコール》.

IPSN (= *I*nstitut de *p*rotection et de *s*ûreté *n*ucléaire) *n.m.* 原子力保護安全院《在 Fontenay》.

ipso facto [ipsɔfakto][ラ] *l.ad.* 事実そのものによって；自ずから, 当然のこととして《= par le fait même》. Lorsqu'on parle de Pomerol, on pense ~ à un vin riche. ポムロルについて語る時, 当然こくのある葡萄酒を思い浮かべる.

ipso jure [ipsɔʒyre][ラ] *l.ad.* 〖法律〗法律上当然に, 法律の力で《= en vertu du droit même》. Le procès peut prendre fin ~. 訴訟は法律の力で終結しうる.

IPU (= 〔英〕*I*nter-*P*arliamentary *U*nion) *n.f.* 列国議会同盟《= 〔仏〕UIP : *U*nion *i*nter*p*arlementaire》《1889 年設立. 本部 Genève》.

IR (= *i*mpôt sur le *r*evenu) *n.m.* 所得税.

Ir (= *ir*idium) *n.m.* 〖化〗「イリジウム」の元素記号.

IRA[1] (= *i*nstitut *r*égional d'*a*dministration) *n.m.* 〖教育〗地方行政学院《1966 年の法律により新設. Lille, Lyon, Nantes, Metz, Bastia に開校した行政官僚養成目的のグランド・エコール》.

IRA[2] (= *i*nsuffisance *r*espiratoire *a*iguë) *n.f.* 〖医〗急性呼吸不全.

IRA[3] (= 〔英〕*I*rish *R*epublican *A*rmy) *n.f.* アイルランド共和国〔国〕軍《連合王国からの独立を主張する北アイルランドのカトリック系民族主義的過激派の反英非合法軍事組織；= 〔仏〕l'Armée républicaine irlandaise》.

Irak (**l'**) ⇒ Iraq

irakien(**ne**), **iraq**[**u**]**ien**(**ne**) *a.* イラク《l'Irak, l'Iraq》の；イラク民主人民共和国《la république démocratique et populaire d'Irak》の；イラク人の；イラク語の. dinar ~ イラク・ディナール《通貨単位》.
——*n.m.* 〖言語〗イラク語《アラビア語のイラク方言》.
——**I**~ *n.* イラク人.

IRAM (= *I*nstitut de *r*adio*a*stronomie *m*illimétrique) *n.m.* 〖天文〗ミリ波電波天文学研究所.

Iran (**l'**) *n.pr.m.* 〔国名通称〕イラン《公式名称：la République islamique d'*I* ~ イラン・イスラム共和国；国民：Iranien(ne)；首都：Téhéran テヘラン；通貨：rial iranien [IRR]》.

iranien(**ne**) *a.* イラン《l'Iran》の, イラン・イスラム共和国《la République islamique d'Iran》の；イラン人の；イラン語《ペルシャ語》の.
——**I**~ *n.* イラン人.
——*n.m.* 〖言語〗イラン語, ペルシャ語《perse》. les ~s イラン諸語.

Iraq, Irak(**l'**) *n.pr.m.* 〔国名通称〕イラク《公式名称：la République démocratique et populaire d'*I* ~ イラク民主人民共和国；国民：Iraquien (ne), Irakien (ne)；首都：Baghdâd, Bagdad バグダッド；通貨：dinar iraquien (irakien) [IQD]》.

iraq[**u**]**ien**(**ne**) ⇒ irakien(*ne*)

irascible *a.* 怒りっぽい, 短気な, 気難しい. homme ~ 怒りっぽい人.

iraty-brebis *n.m.* 〖チーズ〗イラティー=ブルビ；オソー=イラティー=ブルビ《ossau-~》《1980 年に AOC に認定された, ピレネー地方で山羊乳からつくられる；直径 18-28 cm, 厚さ 7-15 cm の円盤状；脂肪分 50 ％以上》.

irbésartan *n.m.* 〖薬〗イルベサルタン《高血圧症治療薬；薬剤製品名 Aprovel (*n.m.*)》.

IRBM (= 〔英〕*I*ntermediate *R*ange *B*allistic *m*issile) *n.m.* 中距離弾道ミサイル《= 〔仏〕*m*issile *b*alistique à *m*oyenne *p*ortée》.

IRC[1] (= *i*nfra*r*ouge *c*ouleur) *n.f.* 赤外〔線〕色《= 〔英〕CIR : *c*olo[u]r *i*nfra-*r*ed》.

IRC[2] (= *i*nsuffisance *r*espiratoire *c*hronique) *n.f.* 〖医〗慢性呼吸不全.

IRCA (= *I*nstitut de *r*echerche de la *c*himie *a*ppliquée) *n.m.* 応用化学研究所.

IRCAM (= *I*nstitut de *r*echerche et *c*oordination *a*coustique-*m*usique) *n.m.* 音響音楽研究所《1976 年 Paris の Centre Georges-Pompidou ポンピドゥー・センター内に設立》.

IRCANTEC (= *I*nstitution de *r*etraite *c*omplémentaire des *a*gents *n*on *t*itulaires de l'*E*tat et des *c*ollectivités locales) *n.f.* 〖社会保障〗国家・地方公共団体非専任職員補助退職年金制度.

IRCHA (= *I*nstitut national de *r*echerche

IRD 1050

IRD *c*himique *a*ppliquée) *n.m.* 国立応用化学研究所《2003年に INERIS : *I*nstitut *n*ational de l'*e*nvironnement industriel et des *ri*sques 国立産業環境危険研究所となる；在 Verneuil en Halatte；国土環境省所管》.

IRD (=*I*nstitut〔français〕de *r*echerche〔scientifique〕pour le *d*éveloppement〔en coopération〕) *n.m.* 開発研究所《旧 ORSTOM : *O*ffice de la *r*echerche *s*cientifique et *t*echnique outre-mer 海外科学技術研究所(1943年創立)；1984年 IRD に改編；開発途上国の科学技術助成機関》.

IREP (=*I*nstitut de *r*echerches et d'*é*tudes *p*ublicitaires) *n.m.* 広告研究所《1958年設立》.

IRES (=*I*nstitut de *r*echerches *é*conomiques et *s*ociales) *n.m.* 経済社会研究所《1982年 CFDT, CFE-CGC, CFTC, CGT, CGT-FO の組合と政府により設立；本部 Noisy-le-Grand》.

Iressa *n.pr.*〚薬〛イレッサ《英国 AstraZeneca 社が開発した非小細胞肺癌治療薬 gefitinib「ゲフィチニブ」の商標；上皮成長因子受容体のチロナーゼを選択的に阻害する内服分子治療抗癌剤》.

IRFEC (=*I*nstitut de *r*echerche et de *f*ormation en *é*conomie et *c*onsommateur) *n.m.* 経済と消費者に関する調査・養成研究所.

Iri [韓国] *n.pr.* 裡里(いり)，イリ《忠清南道の都市》.

IRIA (=*I*nstitut de *r*echerche en informatique et en *a*utomatique) *n.m.* 情報科学・オートメーション工学研究所《1967年設立の国立研究所》.

iridacées *n.f.pl.*〚植〛あやめ科；あやめ科植物 (crocus, glaïeul, iris など).

iridectomie *n.f.*〚医〛虹彩切除〔術〕. ~ périphérique 周辺虹彩切除〔術〕.

iridescence *n.f.* 虹色, 暈(うん)色.

iridié(e) *a.* イリジウムを含む；イリジウム合金の.〚冶〛platine ~ 白金イリジウム.

iridien(ne) *a.*〚解剖・医〛(眼の)虹彩の. cellules ~ *ne*s 虹彩細胞.

iridium [iridjɔm] *n.m.*〚化〛イリジウム《元素記号 Ir, 原子番号 77. 1803年発見の金属元素》.

iridocyclite *n.f.*〚医〛虹彩毛様体炎.

iridologie *n.f.*〚医〛虹彩学；虹彩診断術.

irien(ne) *a.*〚解剖・医〛虹彩の. tissu ~ 虹彩組織.

Iris (=*I*nstitut des *r*elations *i*nternationales et *s*tratégiques) *n.m.* 国際関係戦略研究所.

irish-coffee [airiʃkɔfi][英] *n.m.* アイリッシュ・コーヒー《ウィスキーとホイップクリーム, 砂糖を加えたホットコーヒー；café irlandais》.

irish-terrier [airiʃterje] *n.m.* アイリッシュテリア《赤毛のテリア犬》.

iritis [iritis] *n.f.*〚医〛虹彩炎. ~ séreuse 漿液性虹彩炎.

IRL (=l'*Irl*ande) *n.f.* アイルランド《国名略記》.

irlandais(e) *a.* アイルランド (l'Irlande) の, アイルランド共和国 (la République d'Irlande) の；アイルランド島の；アイルランド人の；アイルランド語の. Armée républicaine ~*se* アイルランド共和国軍 (IRA). café ~ アイリッシュ・コーヒー (=[英] irish-coffee；ウイスキーとホイップクリーム, 砂糖を加えたホットコーヒー》. gaélique ~ アイルランド・ゲール語. livre ~*e* アイルランド・ポンド《通貨単位》. whisky ~ アイリッシュ・ウイスキー.
—*I*~ *n.* アイルランド人.
—*n.m.*〚言語〛アイルランド語, アイルランド・ゲール語 (gaélique ~；アイルランドで話されるケルト語》.

Irlande(l') *n.pr.f.*[国名通称]アイルランド《公式名称：la République d'*I*~ アイルランド共和国；国民：Irlandais(*e*)；首都：Dublin ダブリン；通貨：livre irlandaise [IEP]》.

Irlande du Nord(l') *n.pr.f.* 北アイルランド《=l'Ulster；連合王国を構成；中心都市 Belfast ベルファスト》.
▶ **nord-irlandais** (*e*) *a.*

IRM (=*i*magerie par *r*ésonance *m*agnétique) *n.f.* 核磁気共鳴映像法《=[英] MRI : *m*agnetic *r*esonance *i*maging》.

IRMF (=*i*magerie par *r*ésonance *m*agnétique〔nucléaire〕*f*onctionnelle) *n.f.*〚医〛〔核〕磁気共鳴機能造影〔法〕.

IRN (=l'*Ir*a*n*) *n.m.* イラン《国名略記》.

IRO (=[英] *I*nternational *R*efugee *O*rganization) *n.f.*[国連]国際難民救済機関《1948年設立；=[仏] OIR : *O*rganisation *i*nternationale des *r*éfugiés》.

ironie *n.f.* **1** 皮肉, 当てこすり；風刺；揶揄(やゆ). ~ amère 辛辣な皮肉 (=pointe d'~). faire de l'~ 皮肉 (当てこすり) を言う. sans ~ 皮肉を交えずに.
2 意外な成り行き, 皮肉な巡り合わせ. ~ du sort 運命のいたずら. L'~ veut que+*subj.* 皮肉なことに…である.
3〚修辞〛反語〔法〕, アイロニー.

ironique (<ironie) *a.* 皮肉な；当てこすりの；皮肉っぽい；皮肉好きの. paroles ~*s* 当てこすりの言葉. rire ~ 皮肉っぽい笑い. ton ~ 皮肉な口調. par un retour ~ 皮肉な巡り合わせで. se montrer ~ 皮肉を示す.

irouléguy *n.m.*〚葡萄酒〛イルーレギー《ピレネー山麓の村 Irouléguy (市町村コード 64220) 周辺でつくられる赤と白の AOC 葡萄酒；面積 232 ha》.

IRPP (=*i*mpôt sur le *r*evenu des *p*ersonnes *p*hysiques) *n.m.* 個人所得税.

IRQ (=l'*Ir*a*q*, l'Irak) *n.m.* イラク《国名

略記).

irradiateur *n.m.* 〖物理・原子力〗照射装置 (反応炉・加速器など).

irradiation *n.f.* **1** (光・熱などの) 放射, 放散;〖医〗拡散, 放散.〖医〗～ d'une douleur 疼痛の放散. ～ de la lumière solaire 太陽光の放散.
2 〖物理〗光滲;〖天文〗眩差.
3 〖医〗(放射線の) 照射〔法〕;放射線療法;放射線被曝. ～ à champ unique (aux champs multiples) 一門 (多門) 照射法. ～ des aliments 食物に対する X 線照射法 (保存性の向上のため). ～ de mouvement 運動照射法. ～ externe (interne) 外部 (内部) 照射. ～ fractionnée 分割照射法. ～ générale 全身照射法. ～ interstitielle 組織内照射. ～ intraopératoire (postopératoire, préopératoire) 術中 (術後, 術前) 照射. ～ par champ fixe 固定照射法. ～ prophylactique 予防照射. ～ tangentielle 接線照射. ～ thérapeutique 放射線療法.

irradié(e) *a.p.* (光・放射線などの) 照射を受けた. ciel ～ 光り輝く空. populations ～es de Hiroshima (Tchernobyl) 広島 (チェルノブイリ) の放射能被曝住民. tissus ～s 放射線を照射された組織.

irrationnel(le) *a.* **1** 不合理な;非理性的な;道理の分からない, 馬鹿げた. conclusion ～*le* 不合理な結論. conduite ～*le* 常軌を逸した行動. esprit ～ 非理性的精神. impulsion ～*le* 非理性的衝動.
2 〖数〗équation ～*le* 無理方程式. nombre ～ 無理数. racine ～*le* 無理根.
――*n.m.* **1** 不合理, 非合理. **2** 〖数〗無理数 (=nombre ～).
――*n.f.* 〖数〗無理数方程式. ～*s* algébriques 代数無理方程式.

irréalité *n.f.* 非現実性;非現実.

irrecevabilité *n.f.* 〖法律〗受理不可能性, 不受理性, 却下性;不受理. ～ d'une action en justice 訴権の不受理. ～ d'une plainte 訴えの受理不可能性. ～ d'une proposition de loi 議員提出法案の不受理.

irrecevable *a.* 受け容れ難い, 承認し難い;〖法律〗受理し難い, 不受理の. proposition ～ 受け容れ難い提案.

irrécouvrable *a.* 〖法律〗(債権・税金などが) 取り立てられない, 取り立て不能の. créances (taxes) ～*s* 取り立て不能の債権 (税金).

irrécupérable *a.* **1** 回収 (再生) 不能の. capital ～ 回収不能の資本. déchets ～*s* 再生不能の廃棄物.
2 (人が) 復帰不能の. récidiviste ～ 再起不能の累犯者.
――*n.* 復帰不能の人.

irréductibilité *n.f.* **1** 簡略化できないこと.
2 〖化〗非還元性;〖数〗既約性. ～ d'un oxyde 酸化物の非還元性. ～ d'une équation 方程式の既約性.
3 利率不変性, 減額不能性. ～ d'une rente 年金の利率不変性.
4 他に帰着し得ぬこと;独自性. ～ d'un fait à un autre 他に帰着し得ない事実. ～ d'une loi 法の独自性.
5 非妥協性, 不屈さ, 頑固さ. ～ de l'opposition 反対 (野党) の非妥協性. ～ d'une volonté 意志の不屈さ.
6 〖医〗整復不能性. ～ d'une fracture 骨折の整復不能性.

irréductible (<réduction) *a.* **1** 縮小 (簡略) できない;〖数〗既約の.〖数〗élément ～ 既約要素.〖数〗fraction ～ 既約分数.〖数〗polynome ～ 既約多項式. rente ～ 利率を下げることのできない年金.
2 〖化〗還元できない. oxyde ～ 非還元性酸化物.
3 (à に) 帰着 (還元) できない;独自の. propriété ～ 固有の所有権. sentiment ～ à la simple amitié 単純に友情に帰すことのできない感情.
4 不屈の;一徹な, 非妥協的な;克服し難い. ambassadeur ～ 非妥協的外交官.
5 〖医〗整復不能の. fracture (hernie) ～ 整復不能の骨折 (ヘルニア).
――*n.* 不屈の人, 一徹者, 非妥協的人物.

irréel(le) *a.* 非現実的な. aspect ～ 非現実的様相.〖言語〗mode ～ 非現実法. paysage ～ この世のものとは思われぬ風景.
――*n.m.* **1** 非現実. **2** 〖言語〗非現実法 (=mode ～).

irréfléchi(e) *a.* 思慮の足りない, 軽率な. actes ～*es* 思慮を欠く行為. jeune homme ～ 軽率な若者. propos ～*s* 無分別な言葉, たわごと.

irreflexion *n.f.* **1** 思慮不足, 無分別;軽率. par ～ 無分別に;軽率に, うっかり. faute commise par ～ うっかりでしかした過ち.
2 無分別 (軽率) な行為 (=acte irréfléchi). ～ d'enfant 子供の無分別な行為.

irréformable (<réforme) *a.* **1** 〖法律〗取消せない, 破棄できない, 決定的な. jugement ～ 取消せない (決定的な) 判決.
2 訂正できない. abus ～ 正しようのない濫用. vices ～*s* 矯正不能の悪習.

irréfragable *a.* 否定し得ない;反駁できない;反証の余地のない. autorité ～ 否定し得ない権威. preuve ～ 反駁できない証拠. témoignage ～ 反証の余地のない証言.

irréfutable *a.* (証言などが) 否認し難い;(議論などが) 反駁できない. argument ～ 反駁できない論拠. preuves ～*s* 動かぬ証拠.

irrégularité *n.f.* **1** 不規則性〔性〕;(建物の) 不均整;(気候の) 不順;(文章の) もつれ;(地面の) 起伏, でこぼこ. ～ de formes 形の不規則性. ～ d'un bâtiment (d'un pavage)

建物(道路の舗装)の不均整.〖文法〗~ d'une conjugaison (動詞の) 活用の不規則性, 不規則活用. ~ d'un mouvement (d'un phénomène) 運動 (現象) の不規則性. ~ du ryrhme cardiaque 心拍律序の不規則, 不整脈 (= ~ de pouls, pouls irégulier).
2 不正〔行為〕；規則違反, 反則, 不法；〖法律〗(訴訟行為・手続上の) 瑕疵(かし). ~ d'écritures 帳簿の不正. ~s dans les élections 選挙違反. commettre des ~s 不正行為をする. dénoncer des ~s dans la comptabilité d'une entreprise 企業の不正会計を告発する.

irrégulier(ère) a. **1** 不規則な, 不整の；変則的な；並外れた. beauté ~ère 型破りの美しさ. détonations ~ères (内燃機関の) ノッキング. écriture ~ère 変則的な書体.〖植〗fleur ~ère 不整正花. mouvement ~ 不規則運動. polygone ~ère 不等辺多角形.〖医〗pouls ~ 不整脈. visage ~ 整っていない顔立ち.
2 むらのある, 一定しない；だらしない. élève ~ 成績にむらのある生徒. employé ~ 職務態度にむらがある事務員. vie ~ère 自堕落な生活.
3 不正の. soldats ~s 不正規兵. troupes ~ères 不正規部隊 (=les ~s)
4 規則に違反した；不適法な, 非合法の. courtier ~ もぐりの仲買人. détention ~ère 不法監禁. procédure ~ 不法手続. situation ~ère 異例の (非合法の) 状況.〖法律〗successeur ~ 非直系相続人.
5〖文法〗不規則な. verbe ~ 不規則動詞.
—n.m.pl. 不正規部隊 (軍).

irréligieux(se) a. 無宗教の；反宗教的な；不信心の；瀆神的な. discours ~ 瀆神的言動, 反宗教的言説. écrivain ~ 反宗教作家.

irrémédiable a. **1** 治療不能の, 不治の. aggravation ~ d'un état de santé 健康状態の手の施しようのない悪化. maladie ~ 不治の病い.
2〔比喩的〕取返しがつかない；決定的な；(災害が) 復旧不可能な. désastre ~ 復旧不能な大災害. destin ~ 決定的運命. faute (perte) ~ 取返しがつかない過ち (損失).
—n.m. 取返しのつかぬこと (事態). éviter l'~ 取返しがつかぬ事態を回避する.

irrémissible (<rémission) a. **1**〖文〗許し難い. crime ~ 許し難い罪. faute ~ 許し難い過失.
2 容赦のない, 如何ともし難い. destin ~ 宿命. échec ~ 取り返しのつかない失敗. jugement ~ 容赦のない評価 (批判).

irremplaçable a. (人・物が) 置き換えられない, 掛替のない. secrétaire ~ 余人を以て替え難い秘書.〖諺〗Nul n'est ~ 置き換えられぬものなし.

irréparable a. **1** 修理不能の. dommage ~ 修復不能の損傷.
2 取り返しのつかぬ, 償えない. malheur ~ 取り返しのつかぬ不幸.
—n.m. 取り返しのつかぬこと. provoquer l'~ 取り返しのつかぬことをしでかす.

irrépétible a.〖法律〗(費用が) 訴訟費用に含まれない. frais ~ 訴訟費用に含まれない費用.

irrépréhensible a.〖文〗(人・行為が) 非のうちどころのない (=irréprochable). homme (conduite) ~ 非のうちどころのない人 (行動).

irrépressible a. 抑制できない, 抑えられない. passion ~ 抑え難い情念.

irréprochable a. 非のうちどころのない, 申し分のない, 完璧な.〖法律〗témoin ~ 完璧な証人. tenue ~ 隙のない身なり. vie ~ 非のうちどころのない人生.

irrésistible a. **1** 抵抗できない, 抗し難い；抑え難い. charme ~ 抗し難い魅力. désir ~ 抑え難い欲望. femme ~ par sa beauté 抗し難いほどの美しさをそなえた女性. logique ~ 反論できない論理.
2〔話〕笑いをおさえられない, たまらなくおかしい.

irrésolu(e) a. **1** 決断力に欠ける, 優柔不断の. caractère ~ 優柔不断な性格.
2〔稀〕未解決の. problème ~ 未解決の問題.
—n. 優柔不断な人.

irrésolution n.f. 不決断. 優柔不断. rester dans l'~ ぐずぐずしている, 決心がつかない.

irresponsabilité n.f. 責任のないこと, 免責性；〖法律〗(国家元首・議員などの) 免責特権. ~ du chef de l'Etat 国家元首の免責特権. ~ parlementaire 国会議員の免責特権.

irresponsable a. **1** (de について) 責任がない；〖法律〗免責された；責任能力がない. Les enfants sont ~s. 小児は責任能力がない. Le président de la République est ~, il ne peut être mis en accusation que le cas de haute trahison. 共和国大統領は免責特権をもち, 国家に対する反逆罪の場合を除き弾劾されることはあり得ない.
2 無責任な, 責任感のない；軽率な. attitude ~ 無責任な (無頓着な) 態度. personne ~ de ses actes 自分の行為に無責任な人.
—n. 無責任な人.

irréversible a. **1**〖機工〗逆行 (逆進) できない. mécanisme ~ 逆行できない機構.
2〖理〗不可逆の. réaction ~ 不可逆反応.
3 逆戻りできない；取り返しのつかない. décision ~ 変更できない決定. temps ~ 逆戻りできない時間. troubles médicaux ~s 取り返しのつかぬ医療障害.

irrévocabilité n.f. 取消しできないこと, 取消し不能性；〖法律〗撤回不能性. ~ d'une décision 決定の取消し不能性. ~ d'une donation 贈与の撤回不能性.

irrévocable *a.* **1** (誓い,決定などが)取消しできない;〖法律〗(判決や法的決定などが)撤回不能の. donation ~ 撤回不能の贈与. jugement ~ 撤回不能の判決. mandat ~ 撤回不能の委任. refus ~ 決定的拒絶. serments ~s 取消せない誓約.
2 過ぎて返らぬ. fuite ~ des ans 歳月の過ぎて返らぬ流れ. temps ~ 過ぎて返らぬ時間.

irrigateur *n.m.* **1**〖医〗灌注器,イルリガトール,洗滌器. **2** 散水器,スプリンクラー. ~ automatique 自動灌水器.

irrigation *n.f.* **1** 灌漑(かんがい),灌水,canaux d'~ 用水路,灌漑用水路. travaux d'~ 灌漑工事.
2〖医〗(患部・傷などの)洗浄,灌注〖法〗. ~ d'une plaie 傷口の洗浄.
3〖生理〗(器官への血液・体液などの)供給.

irritabilité *n.f.* 癇癪,いらいら.
irritable *a.* **1** 怒りっぽい,短気な,癇癪持ちの. vieillard ~ 怒りっぽい老人.
2〖生・医〗刺激に敏感な,過敏性の.〖医〗côlon ~ 結腸過敏症.

irritant(e)[1] *a.* **1** 人を怒らせる,いらいらさせる,腹立たしい. C'est ~ d'attendre. 待つのはいらいらさせられる. propos ~s 腹立たしい言葉.
2 刺激する;〖医〗刺激性の. aliment ~ 刺激性食品. fumée ~e えがらっぽい煙.
——*n.m.* 刺激物,刺激剤. ~s chimiques 化学的刺激物.

irritant(e)[2] *a.*〖法律〗無効にする;無効を規定する. clause ~e 無効規定条項. condition ~e 無効条件.

irritation *n.f.* **1** 苛立ち,怒り. vive ~ 激しい苛立ち(怒り). calmer l'~ des esprits 精神の苛立ちを鎮める. éprouver de l'~ contre *qn* 人への怒りを覚える. être au comble de l'~ 怒りで逆上している. réagir avec ~ 苛立って反抗する. rougir d'~ 怒りで顔を赤らめる.
2〖医〗(皮膚,喉などの)軽い炎症,ひりひり感. ~ des bronches 気管支の軽い炎症. ~ de la peau 皮膚のひりひり感.
3〖生理〗刺激,興奮〖状態〗.

irrité(e) *a.p.* **1** 怒っている,いらいらしている;怒りをあらわした. air ~ いらいらした様子. regards (yeux) ~s 怒りもあらわな目付き(目). être ~ contre *qn* 人に対して腹を立てている.
2〔比喩的〕mer ~e 波立つ海.
3〖医〗軽い炎症を起こした. gorge ~e ひりひりした喉. gencives ~es 炎症を起こした歯茎.

irruption *n.f.* **1** (ある場所への)侵入,乱入,闖入;〔古〕侵略(= envahissement). ~ des manifestants dans la salle 部屋へのデモ隊の闖入. faire ~ dans … に乱入する,なだれ込む;(客などが)不意にやってくる.
2 (河川・海水の)氾濫,(水の)侵入. ~ catastrophique des eaux d'un fleuve 河川水の壊滅的氾濫.
3〔比喩的〕氾濫,横溢;急激な台頭. ~ d'un sentiment dans le cœur 心中に溢れる感情.

IRS (= 〔英〕*i*ndien *r*emote-*s*ensing satellite) *n.m.*〖宇宙工学〗インド遠隔探査衛星.

IRSID [irsid] (= *I*nstitut de *r*echerches de la *sid*érurgie) *n.m.* 製鉄研究所(1944年設立;groupe Arcelor (旧 Usinor) の株式会社;本社 Maizières-lès-Metz).

IRSN (= *I*nstitut de *r*adioprotection et de *s*ûreté *n*ucléaire) *n.m.* 放射能防護・原子力安全研究院(Afsse: *A*gence *f*rançaise de *s*écurité *s*anitaire de l'*e*nvironnement フランス環境衛生安全管理院により2002年に設立された公的機関).

IRT (= *I*nstitut de *r*echerche des *t*ransports) *n.m.* 交通問題研究所.

irvingien(ne) *a.*〖キリスト教〗アーヴィング派(1835年スコットランドの聖職者 Edward Irving [1792-1834] の弟子達が設立した使徒派教会)の. Eglise ~*ne* アーヴィング派教会 (= 〔英〕Catholic Apostolic Church カトリック使徒教会).
——**I**~ *n.* アーヴィング派教会(使徒教会)の信徒.

IRVM (= *i*mpôt sur le *r*evenu des *v*aleurs *m*obilières) *n.m.* 有価証券所得税.

IS (= *i*mpôt sur les *s*ociétés) *n.m.*〖税〗会社税,法人税.

ISA[1] (= *I*nstitut *s*upérieur d'*a*griculture) *n.m.*〖教育〗高等農業学院(1963年創立の私立グランド・エコール;在 Lille).

ISA[2] (= *I*nstitut *s*upérieur des *a*ffaires) *n.m.*〖教育〗高等実業学院(1969年 Paris 商工会議所により Paris 近郊の Jouy-en-Josas に設立の私立グランド・エコール).

ISA[3] (= 〔英〕*I*nternational *S*eabed *A*uthority) *n.f.* 国際海底機構 (= 〔仏〕Autorité internationale des fonds marins).

Isaa (= *I*nstitut *s*upérieur de l'*a*gro-*a*limentaire) *n.m.*〖教育〗農業食品高等学院(1981年 Paris で創立の国立のグランド・エコール;現在は Agro ParisTech グループ;Bac+6制).

ISAB (= *I*nstitut *s*upérieur *a*gricole de *B*eauvais) *n.m.*〖教育〗ボーヴェ高等農業学院(1854年創立の私立のグランド・エコール).

ISAII (= *I*nstitut *s*upérieur d'*a*utomatique et d'*i*nformatique *i*ndustrielle) *n.m.*〖教育〗高等オートメーション工学・産業情報工学校(Arles に設立されたグランド・エコール).

isallobare *n.f.*〖気象〗気圧等変化線.
isallotherme *n.f.*〖気象〗気温等変化線. carte d'~s 等気圧温度地図
——*a.*〖気象〗等気圧温度の.

ISAM (= *I*nstitut *s*upérieur d'*a*dministration et de management) n.m. 〖教育〗高等管理・経営学校（1942年創設の Amiens 市立グランド・エコール；Bac+3年制）.

ISBN (=〖英〗*I*nternational *S*tandard *B*ook *N*umber) *n.m.* 国際標準図書番号.

ISC (=*I*nstitut *s*upérieur du *c*ommerce) *n. m.* 〖教育〗高等商業学院(=~ Paris)（Paris にある商業系の私立グランド・エコール；1962年創立）.

ischémie [iskemi] *n.f.* 〖医〗虚血, 阻血, イスケミア（局所的貧血）. ~ asymptomatique du myocarde 無症候性心筋虚血（虚血性心疾患の狭心症）.

ischémique *a.* 〖医〗虚血性の, 乏血性の. colite ~ 虚血性大腸炎. contracture ~ 阻血性拘縮. douleur ~ 虚血痛. gangrène ~ 虚血性壊疽（えそ）. infarctus ~ 虚血性壊死, 梗塞. maculopathie ~ 乏血性黄斑症. nécrose ~ 虚血性壊死, 梗塞. pancréatite ~ 虚血性膵炎, 術後膵炎.
―*n.* 虚血症患者.

ischiatique *a.* 〖解剖〗坐骨の. épine ~ 坐骨棘. tubérosité ~ 坐骨結節.

ischiojambier *n.m.* 〖解剖〗坐骨と脚部をつなぐ筋肉(=muscle ~).

ischion [iskjɔ̃] *n.m.* 〖解剖〗坐骨.

ISCID (=*I*nstitut *s*upérieur de *c*ommerce *i*nternational de *D*unkerque) *n.m.* 〖教育〗ダンケルク高等国際貿易学院（1985年創立の公私立のグランド・エコール）.

ISEFI (=*I*nstitut *s*upérieur d'*é*tudes *fi*nancières et d'*i*ngénieries) *n.m.* 〖教育〗高等金融・工学研究学院（Marseille 商工会議所により創設されたグランド・エコール；Euromed グループ校；Bac+4年制）.

ISEN (=*i*nstitut *s*upérieur de l'*é*lectronique et du *n*umérique) *n.m.* 〖教育〗高等電子工学・ディジタル工学学院（グランド・エコール）. I~-Brest(Lille, Toulon) ブレスト高等電子工学・ディジタル工学学院（1994年創立）（リール校（1956年創立）, トゥーロン校（1991年創立）).

isentropique [izɑ̃trɔpik] *a.* 〖物理〗等エントロピーの.

ISEP (=*I*nstitut *s*upérieur d'*é*lectronique de *P*aris) *n.m.* 〖教育〗パリ高等電子学院（1955年創立の私立のグランド・エコール）.

ISER (=*I*nstitut *s*ocialiste d'*é*tudes et de *r*echerches) *n.m.* 社会主義調査研究所（1973年設立）.

Isère *n.pr.f.* **1** 〖地理〗l'~ イゼール川 (l'Iseran イズラン山に源を発し, la Tarantaise タランテーズ地方, Grenoble グルノーブルを経て, ローヌ河に注ぐ；長さ290 km).
2 〖行政〗l'~ イゼール県(=département de l'~；県コード38；フランスと UE の広域地方行政区の région Rhône-Alpes ローヌ=アルプ地方に属す；県庁所在地 Grenoble；主要都市 Vienne ヴィエンヌ；3郡, 58小郡, 533市町村；面積7,431 km²；人口1,094,006；形容詞 isérois(e)).

ISF (=*i*mpôt de *s*olidarité sur la *f*ortune) *n.m.* 富裕連帯税（1988年導入；旧 IGF：*i*mpôt sur les *g*randes *f*ortunes「富裕税」(1982-87)).

ISFOGEP (=*I*nstitut *s*upérieur de *fo*rmation à la *ge*stion du *p*ersonnel) *n.m.* 〖教育〗高等人事管理要員養成学院（1975年 Limoges 商工会議所により設立されたグランド・エコール）.

ISG (=*i*nstitut *s*upérieur de *g*estion) *n.m.* 〖教育〗高等経営学院（商業系のグランド・エコール）. ~〔de〕Paris パリ高等経営学院（1967年創立の私立校）.

ISGC (=*I*nstitut *s*upérieur de *g*estion *c*ommerciale) *n.m.* 〖教育〗高等経営商業学院（通称 Ecole supérieure de commerce de Saint-Etienne；1963年サン゠テチエンヌで設立のグランド・エコール；AACSB 認定校）.

Isigny〔-sur-Mer〕 *n.pr.* イジニー〔゠シュル゠メール〕（ノルマンディー地方 la Normandie, カルヴァドス県 département du Calvados の小郡庁所在地；市町村コード14230；形容詞 isignais(e)；乳製品の生産・取引の中心地）. AOC beurre (crème) d'~ イジニー原産地名管理呼称のバター（生クリーム）（1986年 AOC 取得；4工場による年間生産量はバター5100トン, 生クリーム3900トン；オレイン酸, ミネラル, 微量元素, ヨード, カロテンを多量に含む上質品として有名）.

ISL (=l'*Isl*ande) *n.f.* アイスランド（国名略記）.

islam *n.m.* **1** 〖宗教〗イスラム教, イスラム, ムスリム, 回教.
2 イスラム文明(=civilisation islamique).
3 〔集合的〕I~ イスラム世界, イスラム圏, イスラム諸国, イスラム民族.

islamique *a.* イスラムの, 回教の. art ~ イスラム芸術. fondamentalisme ~ イスラム原理主義. pays ~s イスラム諸国.

islamisation *n.f.* イスラム化, イスラム教の宣教.

islamisé(e) *a.* イスラム化した. population ~*e* イスラム化した住民.
―*n.* イスラム化した人, イスラム教帰依者.

islamisme *n.m.* **1** 〖宗教〗イスラム〔教〕, 回教. **2** 〖政治〗イスラム主義. **3** イスラム文化.

islamiste *a.* **1** イスラム〔教〕の. radicalisme ~ イスラム急進主義.
2 イスラム〔教〕支持派の, イスラム主義の. militant ~ イスラム主義の闘士.
―*n.* **1** イスラム教徒, 回教徒. **2** イスラム主義者.

islandais(e) *a.* アイスランド(l'Islande)の, アイスランド共和国(la République d'Islande)の；アイスランド島の；アイスラ

ンド人の；アイスランド語の.
——**I~** *n.* アイスランド人；アイスランド島民.
——*n.m.* **1** 〚言語〛アイスランド語. **2** アイスランド海域の鱈(たら)漁師.

Islande(**l'**) *n.pr.f.* 〔国名通称〕アイスランド《公式名称：la République d'*I*~ アイスランド共和国；国民：Islandais(*e*)；首都：Reykjavik レイキャヴィック；通貨：couronne islandaise 〔ISK〕》.

ismaéliens, ismaïliens (<Isma'il, 760年頃生まれた第7代のイマム) *n.m.pl.* 〚イスラム教〛イスマイル派《イスマイルを最後のイマムとみなすイスラム教シーア派の一分派》.

ismaélisme *n.m.* 〚イスラム教〛イスマイル派の教義(信仰).

ISMEA (=*I*nstitut *s*upérieur de *m*icroélectronique *a*ppliquée) *n.m.* 〚教育〛高等応用マイクロエレクトロニクス工学校《1982年マルセイユ=プロヴァンス商工会議所によりMarseilleに設立されたグランド・エコール》.

ISMH (=*I*nventaire *s*upplémentaire des *m*onuments *h*istoriques) 歴史的記念建造物に関する補足目録作成調査.

ISMRA (=*I*nstitut des *s*ciences de la *m*atière et du *r*ayonnement 〔de Caen〕) *n.m.* 〚教育〛カン材料・放射線学院《1976年カン大学内に創立の国立グランド・エコール；2002年ENSICAEN：*E*cole *n*ationale *s*upérieure d'*i*ngénieurs de *C*aen & *C*entre de *r*echerche「国立カン高等技師養成学校・研究センター」と改称》.

ISO (=〔英〕*I*nternational *O*rganization for *S*tandardization) *n.f.* 国際標準化機構, イソ, アイエスオー《1947年創設(=〔仏〕OIN：*O*rganisation *i*nternationale de *n*ormalisation；本部 Genève)》. ~ 100 イソ100《フィルムの感度；ASA 100, DIN 21°と同等》.

iso- [izɔ] 〔ギ〕 ELEM 「等しい, 同じ」の意 (*ex. iso*bare 等圧線, *iso*tope 同位元素).

isoagglutination *n.f.* 〚医〛(血液の)同種(同系)凝集現象.

iso-agglutinine *n.f.* 〚生化〛同種凝集素.

iso-anticorps *n.m.* 〚生理〛同種抗体.
iso-antigène *n.m.* 〚医〛同種抗原.
isobare *a.* **1** 〚気象〛等圧の. lignes (courbes) ~s 等圧線.
2 〚物理〛定(等)圧の. transformation ~ 定(等)圧変化.
——*n.f.* **1** 〚気象〛等圧線 (=lignes ~s). **2** 〚原子物理〛同重核 (=~ nucléaire).

isobarique *a.* **1** 〚気象〛等圧の (=isobare). **2** 〚原子物理〛同重核の.
——*n.f.* 等圧線.

isobathe [izɔbat] *a.* 〚地理〛等深の. courbe (ligne) ~ 等深線.
——*n.f.* 等深線 (=courbe ~).

isobutane *n.m.* 〚化〛イソブタン(ブタンの異性体. $(CH_3)_3CH$).
isobutylène *n.m.* 〚化〛イソブチレン(2-メチルプロペン $(CH_3)_2C=CH_2$).
isocèle *a.* 〚幾何〛二等辺の, 二辺が等しい. trapèze ~ 等脚台形. triangle ~ 二等辺三角形.
isochimène *n.f.* 〚気象〛等寒線.
isochore *a.* 〚物理〛等積の. transformation ~ 等積変化.
isochromate *n.m.* 〚物理〛等色曲線.
isochromatique *a.* **1** 〚光学〛等色の.
2 〚物理〛等波長の, 等周波数の.
3 〚写真〛整色性の(赤色以外の)すべての色光に感光する (=orthochromatique).
isochrone *a.* 等時性の (=isochronique). oscillations ~s du pendule 振り子の等時振動.
isochronisme *n.m.* **1** 〚理〛等時性.
2 〚生理〛(2つの筋繊維または神経線維間の)等時値性.
isoclinal(**ale**)(*pl.aux*) *a.* 〚地質〛等傾斜の, 等伏角の. pli ~ 等斜褶曲.
isocline *a.* 〚地学〛等傾斜の. ligne ~ 等傾斜線 (=~).
——*n.f.* 等傾斜線.
isocyanate *n.m.* 〚化〛イソシアン酸塩.
isodynamie *n.f.* 〚生理〛(食物の)等力量, 等価性.
isoédrique *a.* 〚結晶〛等面の.
isoélectrique *a.* 〚物理・化〛等電の. point ~ 等電点.
isoélectronique *a.* 〚物理〛等電子の. série ~ 等電子系列.
isoenzyme *n.m.* 同位酵素, イソ酵素 (=isozyme).
isoflavone *n.f.* 〚生化〛イゾフラヴォーヌ, イソフラボン《大豆に含まれるチトクロム酵素；抗酸化物質》.
isoflurane *n.m.* 〚化〛イソフルラン(揮発性吸入麻酔薬).
isogamie *n.f.* 〚生〛同形配偶子生殖, 同形配偶 (hétérogamie「異形配偶」の対).
isoglucose *n.m.* イソグルコース(とうもろこしの実からつくられるグルコース).
isogone *a.* **1** 〚幾何〛等角の.
2 〚地学〛(地磁気が)等偏角の (=isogonal). courbe ~ 等偏角曲線.
——*n.f.* 〚地学〛等偏角曲線 (=courbe ~).
isogreffe *n.f.* 〚医〛等質〔臓器〕移植.
isohaline *n.f.* 〚海洋〛等塩分線.
iso-hémolysine *n.f.* 〚医〛同種溶血素.
isohyète *n.f.* 〚気象〛等降水量の. ligne ~ 等降水量線, 等降雨(量)線.
——*n.f.* 等降水量線 (=ligne ~). cartes ~s 等降水量線気象図.
isohypse [izɔips] *a.* 〚気象〛(等圧面が)等高の. courbe ~ 気圧等高線.

―*n.f.* 〖気象〗気圧等高線 (=courbe ~).

iso-immunisation *n.f.* 〖生〗同種免疫〔作用〕.

iso〔-〕ionique, isoïonique *a.* 〖生化〗等イオンの. solution ~ 等イオン溶液.

isolant(e) *a.* **1** (音・熱などを)伝えない, 防音の, 断熱の. bouteille ~*e* 魔法瓶. matériau ~ 防音材；断熱材.
2 〖電〗絶縁する. matériau ~ 絶縁材.
3 〖言語〗孤立した. langue ~*e* 孤立言語.
―*n.m.* 防音材；断熱材；〖電〗絶縁体 (= matériau ~, isolateur).

isola*teur* (*trice*) *a.* 〖電〗絶縁〔用〕の；防音用の.
―*n.m.* 〖電〗碍子.

isolation *n.f.* **1** 断絶；〖電〗絶縁 (= ~ électrique)；〖建築〗防音 (= ~ acoustique)；断熱, 防寒 (= ~ thermique). ~ sensorielle 感覚遮断. 〖医〗caissons d' ~ sensorielle 感覚遮断ケーソン《体温の塩水を満たした防音・断熱の函》.
2 〖医〗(生体組織・器官などの) 分離. ~ d'un virus ウイルスの分離.
3 〖精神分析〗分離, 隔離《強迫神経症にあらわれる防御機能》.
4 〖化〗単離. ~ d'un métal 金属の単離.
5 交通遮断.

isolationnisme *n.m.* 〖政治〗孤立主義. ~ américain アメリカの孤立主義(体制).

isolationniste *n.* 孤立主義者.

isolé(e) *a.* **1** (物が)孤立した；単独の；人里離れた. cas ~¹ 特殊なケース. endroit ~ 人里離れた場所. maison ~*e* 一軒家. 〖数〗point ~ (集合の)孤立点. village ~ 僻村.
2 (人が)孤独の；単独の. ~ du reste du monde 世間から孤立した. se sentir ~ 孤独だと感じる. vivre ~ ひとり暮しをする；人々から孤立して暮す.
3 〖比喩的〗文脈から切り離された. cas ~ 特殊なケース. phrase ~*e* de son contexte 文脈から外れた文章.
4 遮音された；断熱された；〖電〗絶縁された. 〖電〗corps ~ 絶縁体.
―*n.* 孤立した人；ひとり暮しの人.

isolement *n.m.* **1** 孤立. ~ diplomatique 外交的孤立. politique d' ~ 孤立政策. 〖史〗le splendide ~ (19世紀英国の)名誉ある孤立 (= 〖英〗Splendid isolation).
2 孤独. ~ complet (total) 蟄居(ちっきょ). vivre dans l' ~ 孤独に暮す.
3 (病人・囚人などの) 隔離. ~ cellulaire (囚人の)独房監禁. ~ des aliénés 精神病者の隔離. ~ des malades contagieux 伝染病患者の隔離 (=quarantaine).
4 防音, 遮音；断熱；〖電〗絶縁 (=isolation). défaut d' ~ 絶縁不良.
5 遮断. 〖生理〗~ sensoriel 感覚遮断.

isoleucine *n.f.* **1** 〖化〗イソロイシン ($C_6H_{13}NO_2$；Ile またはI と略記；α-アミノ酸の一種).

isoloir *n.m.* (選挙投票所の) 投票用紙記入ボックス.

isomérase [izɔmeraz] *n.f.* 〖化〗異性化酵素, イソメラーゼ.

isomère *a.* 〖化〗異性の. corps ~ 異性体. déplacement ~ 異性核シフト.
―*n.m.* 〖化〗異性体 (=corps ~)；異性核 (= ~ nucléaire). ~ géométrique 幾何異性体. ~ optique 光学異性体.

isomérie *n.f.* 〖化〗異性. ~ allénique アレン誘導体の異性. 〖原子物理〗~ nucléaire (核種の)核異性 (= ~ du noyau). ~ optique 光学異性.

isomérisation *n.f.* 〖化〗異性化.

isométrique *a.* **1** 〖数〗等長の. transformation ~ 等長変換 (=isométrie).
2 〖結晶〗等軸の. cristaux ~*s* 等軸結晶体. système ~ 等軸晶系.
3 〖生理〗(筋肉の)等尺性の. contraction ~ 等尺性収縮.
4 〖詩法〗同韻律の.

isomorphe *a.* **1** 〖化・結晶〗同形の, 同一構造の；等晶形の；〖数〗同型の；〖言語〗同形の (hétéromorphe の対). cristaux ~*s* 等晶形結晶.
2 〖数〗同型の.
3 〖言語〗同形の. langues ~*s* 同形言語.

isomorphisme *n.m.* **1** 〖化・結晶〗類質同像, 同形；(異種)同形.
2 〖数〗同形(写像).
3 〖言語〗同形性.

isoniazide [izɔnjazid] *n.m.* 〖薬〗イソニアジド(〖英〗*isoni*cotinic *acid* hydra*zide* イソニコチン酸ヒドラジッドの略；結核治療用の抗生物質；略称 INH：*iso*nico*tinyl h*ydrazide イソニコチニルヒドラジド).

iso〔-〕octane [izɔɔktan] *n.m.* 〖化〗イソオクタン《アンチノック性の強い物質で, オクタン価100の標準物質として用いられる》.

isoprénaline *n.f.* 〖薬〗イソプレナリン. sulfate d' ~ 硫酸イソプレナリン(気管支痙攣の寛解剤；喘息・気管支拡張薬).

isoprène *n.m.* **1** 〖化〗イソプレン ($CH_2=C(CH_3)CH=CH_2$), β-メチルブタジエン(β-méthylbutadiène；合成ゴムなどの原料).

isoschizomère *n.m.* 〖生化〗等分裂性制限酵素.

isoséiste, isosiste *a.* 〖地学〗等震度の. ligne ~ 等震〔度〕線.
―*n.f.* 等震〔度〕線.

isostasie *n.f.* 〖地学〗(地殻の) 平衡, 均衡, アイソスタシー；(地殻の)均衡説.

isosthénurie *n.f.* 〖医〗等張尿(尿の浸透圧と血清の浸透圧が等しい状態).

isotherme *a.* **1** 〖気象〗等温の. ligne ~ 等温線.

issue²

2〖物理〗等温下の. dilatation ~ 等温膨張.
3 等温を保つための, 断熱保温用の. sac ~ 保温袋.
——*n.f.* 〖気象〗等温線.

isotonie *n.f.* 〖物理〗等張（2 種の溶液の浸透圧が等しいこと）.

isotonique *a.* 〖物理〗(溶液が) 等張の. solution ~ 等張溶液;〖医〗血漿と等張の溶液.

isotope *n.m.* 〖物理・化〗同位体, アイソトープ, 同位元素. ~ instable 不安定同位体(元素). ~ radioactif 放射性同位体(元素). ~ stable 安定同位体(元素).

isotopique *a.* 〖物理・化〗同位体の, アイソトープ (isotope) の. abondance ~ 同位体存在度. anomalie ~ 同位体異常. déplacement ~ 同位体シフト. effet ~ 同位体効果. spin ~ アイソスピン, 同位体スピン.

isotrétinoïne *n.f.* 〖薬〗イソトレチノイン（痤瘡治療薬；薬剤製品名 Roaccutane (*n.f.*)）.

isotron *n.m.* 〖物理〗アイソトロン（同位元素の電磁分離装置の一種）.

isotrope *a.* 〖物理・化〗等方性の. 〖気象〗turbulence ~ 等方性乱流.

isotropie *n.f.* 〖物理・化〗等方性（物質または空間の物理的性質が方向によって変らないこと. anisotropie「異方性」の対).

isozyme *n.m.* 〖生化〗イソ酵素, 同位酵素, アイソザイム, イソチーム (isoenzyme).

ISPP (= *I*nstitut *s*upérieur de *p*réparations *p*rofessionnelles) *n.m.* 〖教育〗高等職業教育学院 (1977 年 Rouen の商工会議所が創設したグランド・エコール groupe ESC Rouen；Bac+ 3 年制).

Ispra〔伊〕*n.pr.* イスプラ（北イタリア, ロンバルディア州 la Lombardie (region Lombardia), ヴァレーゼ県 province de Varèse (provincia di Varese) の町；ミラノの北西 60 km, マッジョーレ湖 lac Majeur (lago Maggiore) の東岸に位置する；市町村コード I-21027). le ~ イスプラ地区 (UE (EU) の共同科学研究施設がある). le CCR = Centre commun de recherche) au ~ イスプラの共同研究センター (=〔英〕JRC：*J*oint *R*esearch *C*entre). le BESC (= *B*ureau *e*uropéen de *s*ubstances *c*himiques) au ~ イスプラのヨーロッパ化学物質管理局 (=〔英〕ECB：*E*uropean *C*hemicals *B*ureau). l'IES (= *I*nstitut de l'*e*nvironnement durable) au ~ イスプラの環境の持続可能性研究所 (=〔英〕IES：*I*nstitute for *E*nvironment and *S*ustainability). l'IPCS (= *I*nstitut pour la *p*rotection des *c*onsommateurs de *s*anté) au ~ イスプラの消費者保健研究所 (=〔英〕IHCP：*I*nstitute for *H*ealth and *C*onsumer *P*rotection). l'IMA (= *I*nstitut pour les *m*atériaux *a*vancés) au ~ イスプラの先端素材研究所 (=〔英〕IAM：*I*nstitute for *A*dvanced *M*aterials).

ISR (= *I*nternationale *s*yndicale *r*ouge) *n.f.* 赤色 (共産党) 組合インターナショナル（第三インターナショナル Comintern の補完組織；1920-34 年).

Israël〖無冠詞〗*n.pr.m.* 〖国名通称〗イスラエル（公式名称：l'Etat d'I~ イスラエル国, la République d'I~ イスラエル共和国；国民：Israélien(ne), Israélite；首都：Tel-Aviv テル=アヴィヴ；通貨：shekel [ILS]).

israélien(ne) *a.* イスラエル (Israël) の, イスラエル国 (l'Etat d'Israël) の; ~の住民の. économie ~*ne* イスラエル経済. Parlement ~ イスラエル議会.
——*I*~ *n.* イスラエル人.

israélisation *n.f.* イスラエル化.

israélite *a.* **1**〖宗教〗イスラエルの子孫の, ユダヤの (juif), ヘブライの (hébreu).
2 ユダヤ教 (religion juive) の. culte ~ ユダヤ教信仰.
——*I*~ *n.* **1** イスラエル人. **2** ユダヤ教徒.

israélo-arabe *a.* イスラエルとアラブ諸国 [間] の. guerres ~*s* イスラエル・アラブ戦争 (la première 1948-49；la deuxième 1956；la troisième 1967；la quatrième 1973).

israélo-palestinien(ne) *a.* イスラエルとパレスチナ間の. négociations ~*nes* イスラエルとパレスチナ間の交渉.

ISRS (= *i*nhibiteur *s*électif (*s*pécifique) de la *r*ecapture de la *s*érotonine) *n.m.* 〖薬〗セロトニン再捕捉の選択的 (特異) 阻害物質 (抑制剤)（抗鬱剤の成分；製品名 le Prozac, le Deroxat など).

ISS (=〔英〕*i*nternational *s*pace *s*tation) *n.f.* 〖宇宙〗国際宇宙ステーション (=〔仏〕SSI：*s*tation *s*patiale *i*nternationale).

ISSN (=〔英〕*I*nternational *S*tandard *S*erial *N*umber) *n.m.* 国際標準シリーズ番号.

Issoire *n.pr.* イソワール（département du Puy-de-Dôme ピュイ=ド=ドーム県の郡庁所在地；市町村コード 63500；形容詞 issoirien (*ne*). église Saint-Austremoine d'~ イソワールのサン=トーストルモワーヌ聖堂（12 世紀のロマネスク様式；柱頭彫刻). 〖地学〗Limagne d'~ イソワール地溝.

issu(e¹**)** (<issir) *a.p.* **1** (de から) 生まれた; (de の) 出身である. ~ d'une famille illustre 著名な家の出身である. ~ de sang royal 王家の血筋である. arbre ~ d'un semis 苗床から生えた木.
2〖比喩的〗(de から) 生じた; (de に) 由来する. courant politique ~ des circonstances historiques 歴史的状況に由来する政治の流れ.

issue² *n.f.* **1** 出口 (=sortie). ~ permettant de s'échapper 非常避難口. ~ secrète 秘密の出口. rue sans ~ 行き止まりの道,

袋小路.
aveugler une ~ 出口を塞ぐ. chercher (découvrir) une ~ 出口を探す(見つけ出す). 〖比喩的〗donner ~ à la colère 怒りのはけ口を与える.

2 〖比喩的〗(窮地からの) 抜け道；解決策. situation sans ~ 八方塞がりの状況. vie sans ~ 脱出する方策の見つからない生活. chercher une ~ à une difficulté 困難の打開策を探す. se ménager des ~s 逃げ道をつくってお く.

3 結果；結末；(病気の) 予後. ~ fatale (malheureuse) d'une maladie 病いの致命的結末(死). bonne (heureuse) ~ 好結果. à l'~ de …が終って，…の後で. à l'~ du spectacle (de la cérémonie) 観劇(儀式)の後で.

4 (水・空気などの) 洩れ口，排水(気)口. donner ~ aux gaz ガスのはけ口を与える.

5 〖*pl.* で〗〖製粉〗ふすま (=son)；〖食肉〗(家畜の解体後の) 廃物 (=cinquième quartier, 枝肉以外の屑・角・皮・蹄・脂など). marchand de grains et ~s 穀粒とふすま商.

ISTEC (= *I*nstitut *s*upérieur des sciences, *t*echniques et *é*conomies *c*ommerciales) *n.m.* 〖教育〗高等商学・商業工学・商業経済学院 (Paris で 1961 年に創設された私立のグランド・エコール；Bac＋4 年制).

isthme [ism] *n.m.* **1** 地峡. ~ de Corinthe (Suez) コリント (スエズ) 地峡.
2 〖解剖〗峡部. ~ de l'utérus 子宮峡部, 子宮下部. ~ du gosier 咽頭峡部, 口峡.

ISTM (= *I*nstitut *s*upérieur de *t*echnologie et *m*anagement) *n.m.* 〖教育〗高等技術管理学院 (パリ商工会議所により 1998 年 Noisy-le-Grand に創設されたグランド・エコール；情報科学, 生物工学, 先端素材などを専門とする；Bac＋3 年制).

ISTN (= *I*nstitut *n*ational des *s*ciences et *t*echniques *n*ucléaires) *n.m.* 〖教育〗国立原子力科学・工学院 (1956 年創立；CEA (*C*ommissariat à l'*é*nergie *a*tomique)「原子力委員会」所管の高等教育機関；在 Saclay).

ISTOM (= *I*nstitut *s*upérieur *t*echnique d'*O*utre-*M*er) *n.m.* 〖教育〗高等海外技術学院 (1907 年 Le Havre で創設されたグランド・エコール；現 Ecole d'ingénieur agro-développement internationale de Cergy-Pontoise「ポントワーズ国際農業開発技師養成学校」；略称はそのまま継承).

ISTPM (= *I*nstitut *s*cientifique et *t*echnique des *p*êches *m*aritimes) *n.m.* 海洋漁業科学技術研究所 (1954 年設立の国立研究所；1973 年 CNEXO：*C*entre *n*ational pour l'*ex*ploitation des *O*céans「国立海洋開発研究所」と合併；1984 年 Ifremer：*I*nstitut *f*rançais de *r*echerche pour l'*ex*ploitation de la *mer*「フランス海洋開発研究所」に再編).

IT (= [英] *i*nformation *t*echnology) *n.f.* 情報技術 (= [仏] *t*echnologie de l'*i*nformation). 〖株式〗l'~ CAC et l'~ CAC「50 情報技術関連 (121) 銘柄」と同「主要 50 銘柄に関するコンピュータ援用連続建値」(パリ証券取引所の情報技術関連銘柄に関する 2 種の相場指数).

ITA (= *I*nstitut du *t*ransport *a*érien) *n.m.* 航空運送研究所 (1945 年創立；在 Paris).

Italie (**l'**) *n.pr.f.* 〖国名通称〗イタリア (公式名称：la République italienne；国民：Italien (*ne*)；首都：Rome (Roma) ローマ；旧通貨：lire italienne [ITL]).

italien (**ne**) *a.* **1** イタリア 〔人・語・産〕の. comédie ~*ne* イタリア喜劇. cuisine ~*ne* イタリア料理. dialectes ~*s* イタリア語方言. fromage (vin) ~ イタリア産チーズ(葡萄酒). nationalité ~ イタリア国籍. opéra (peinture) ~*ne* イタリアオペラ(絵画). la Péninsule ~*ne* イタリア半島.
à la manière ~*ne* イタリア風の(に) (= à l'~ *ne*). 〖料理〗champignons à l'~ イタリア風茸料理. format à l'~ イタリア版. 〖料理〗riz à l'~ リゾット (=risotto).
2 イタリア風の, イタリア式の. restaurant ~ イタリア料理店.
—**I**~ *n.* **1** イタリア人；イタリアの住民. les I~s émigrés en France フランスのイタリア移民.
2 *n.m.pl.* 〖演劇史〗les I~s イタリア劇団 (=le Théâtre I~s)；イタリア座. boulevard des I~s à Paris パリのイタリア劇団大通り.
—*n.m.* イタリア語. ~ classique 古典イタリア語. mots français empruntés à l'~ イタリア語からの借用語.

italique *a.* **1** 古代イタリアの. peuples ~*s* 古代イタリア民族.
2 〖印刷〗イタリックの, 斜字体の.
—*n.m.* **1** イタリック語 (印欧語の一語派でラテン語, ウンブリア語などを含む).
2 〖印刷〗イタリック活字 (=caractère ~). en ~ イタリック (斜字体) で. mettre un mot en ~ 語をイタリック体にする.
—**I**~ *n.* 古代イタリア人 (=peuples ~*s*).

-ite [ギ] ELEM 〖名詞語尾〗**1** 〖医〗「炎」の意 (*ex.* bronch*ite*).
2 〖鉱〗「石」の意 (*ex.* calc*ite* 方解石).
3 〖化〗「塩」の意 (sulf*ite* 亜硫酸塩).

-ité ELEM 〖女性名詞語尾〗「性質, 状態」を示す (異形：-eté, -té；*ex.* antiqu*ité*「古さ」, propr*eté*「清潔さ」, bon*té*「善意」).

ITEF (= *i*ngénieur des *t*echniques *f*orestières) *n.m.* 林業技師.

item [item] [ラ] *ad.* 〖商業〗同じく (= de même), 加うるに (=en outre).

ITER (= [英] *I*nternational *T*hermo-nuclear *E*xperimental *R*eactor) *n.m.* 国際核融合実験炉 (イーター；日本・UE (EU)・ロシア・カナダの共同開発による核融合実験

炉).

itératif(ve) *a.* **1** 〖法律〗反復された, 繰返された, 累次の. ~ commandement 反復命令. ~ défaut 反復欠席.
2 〖文法〗反復を表す. verbe ~ 反復動詞.
3 反復された. boucle ~ve dans un programme informatique プログラムの反復ループ.〖数〗calcul ~ 反復計算.〖医〗intervention ~ve 反復手術.〖生理〗stimulation ~ve 反復刺激.〖生理〗système excitable ~ 反復興奮システム.

itération *n.f.* **1** 反復.〖文法〗[phase] 反復相.
2〖数・情報処理〗反復法, 逐次代入法;繰返し, イテレーション《一定の処理を繰返すこと》.
3〖精神医学〗同語反復〔症〕.

ITF (= *I*nstitut *t*extile de *F*rance) *n.m.* フランス繊維研究所《1948年パリ郊外Boulogne-Billancourt に設立;1994 年 Lyon 近郊 Ecully に IFTH: *I*nstitut *f*rançais *T*extile-*H*abillement フランス繊維・衣服研究所を設立》.

ITH (= *i*ndemnité de *t*ransport et d'*h*ébergement) *n.f.* 交通・宿泊手当.

itinéraire *n.m.* **1** 道程, 旅程. ~ recommandé 推奨道程《コース》. mon ~ habituel いつものみのり. établir son ~ 旅程を立てる. suivre un certain ~ 一定のコースを辿る.
2 経歴. ~ intellectuel 知的形成過程. ~ politique 政治的経歴.
3 道中案内;旅行記. ~s touristiques 観光コース案内. L'I ~ littéraire de Paris à Jérusalem de Chateaubriand シャトーブリヤンの『パリからイエルサレムへの文学紀行』《1811 年》.
——*a.* 道程の;道程の. kilomètre ~ 道路キロ数. mesures ~s 里程. unités ~s 道路里程表示単位.

itinérant(e) *a.* **1** (職務上)移動する, 巡回する, 遊牧する, 旅をする. ambassadeur ~ 移動大使.〖新教〗pasteurs méthodistes ~s メソジスト派の巡回牧師. peuples ~s 遊牧民.
2 (催しなどが)巡回する, 移動する. bibliothèque (exposition) ~e 巡回図書館《展覧会》. culture ~e (熱帯地方の)移動農耕.
3 道程(旅程)を立てる. commission ~e 旅程作成代理業.

ITO (= [英] *I*nternational *T*rade *O*rganization) 国際貿易機構 (= [仏] OIC: *O*rganisation *i*nternationale du *c*ommerce)《国連の専門機関》.

ITS (= *I*nstitut *t*echnique des *s*alaires) *n.m.* 賃金問題技術研究所.

ITT[1] (= *i*ncapacité de *t*ravail *t*emporaire) *n.f.* パートタイム就労の不可能性. inscription d'une ~ パートタイム就労不可能者登録.

ITT[2] (= *i*nterruption *t*emporaire de *t*ravail) *n.f.*〖労働〗就労の一定停止.

ITTO (= [英] *I*nternational *T*ropical *T*imber *O*rganization) *n.f.* 国際熱帯木材機関(= [仏] OIBT: *o*rganisation *i*nternationale des *b*ois *t*ropicaux)《1983 年熱帯木材生産国と消費国とが採択し, 1985 年 4 月に発効した国際熱帯木材協定に基づき, 熱帯木材の研究開発, 造林, 加工, 情報交換等を目的に設立された機関;本部横浜》.

-itude ELEM〖女性名詞語尾〗「性質, 状態」を示す《*ex.* exact*itude*「正確さ」》.

ITV (= *I*nstitut *t*echnique de la *v*igne et du *v*in) *n.m.* 葡萄・葡萄酒技術研究所.

ITVF (= *I*mprimerie des *t*imbres-poste et des *v*aleurs *f*iduciaires) *n.f.* 切手信用証書印刷所《1880 年設立, 1970 年 Paris から Périgueux に移転》.

IUCN (= [英] *I*nternational *U*nion for *C*onservation of *N*ature and *N*atural *R*essources) *n.f.* 自然および天然資源の保全に関する国際連合 (= [仏] UICN: *U*nion *i*nternationale pour la *c*onservation de la *n*ature. 通称「国際自然保護連合」The World Conservation Union; 1948 年設立;本部スイスの Gland; 6つの専門委員会:教育とコミュニケーション委員会 Commission on Education and Communication (= [仏] CEC: *C*ommission de l'*é*ducation et de la *c*ommunication);環境経済社会政策委 C. on Environmental Economic and Social Policy (CEESP);[仏] C. des stratégies et de la planification);世界保護地域委 World Commission on protected Areas (WCPA);[仏] C. des parcs nationaux et des aires protégées);環境法委 C. on Environmental Law (CEL);[仏] C. du droit de l'environnement);種の保存委 Species Suvival C. (SSC);[仏] C. de la sauvegarde des espèces);生態系管理委 C. on Ecosystem Management (CEM);[仏] C. de la gestion des écosystèmes)). catégories de l' ~ pour les listes rouges 絶滅危惧動植物に関する自然保護連合のレッド・リスト記載種類.

IUFM (= *i*nstitut *u*niversitaire de *f*ormation des *m*aîtres) *n.m.*〖教育〗(初・中等)教員養成学校《従来の師範学校 Ecole normale に代るものとして構想された高等教育の教員養成機関;1991 年導入》.

IUP (= *i*ndustrie *u*niversitaire *p*rofessionnalisée) *n.f.* 大学職業活動産業, 大学企業.

IUT (= *i*nstitut *u*niversitaire de *t*echnologie) *n.m.*〖教育〗技術短期大学.

iutien(ne) *a.* 技術短期大学 (IUT) の.
——*n.* 技術短期大学の学生.

IVD (= *i*ndemnité *v*iagère de *d*épart) *n.f.*〖農〗農地移転終身補償金《過密農業地帯を離れ新しい農地に移転する場合の貸付金・助成金;CNASEA: *C*entre *n*ational pour l'*a*ménagement des *s*tructures des *e*xploitation *a*gricole 国立農業経営構造整備センター所管.

IVG (= *i*nterruption *v*olontaire de *g*rossesse) *n.f.* 〖医〗人工〔妊娠〕中絶.

ivoire *n.m.* **1** 牙；象牙；象牙細工〔品〕(= ~ travaillé). ~ animal 動物の牙 (éléphant, mammouth, morse, hyppopotame, singlier などの牙). ~ artificiel 人工象牙. ~ bleu 青象牙 (マンモスの化石象牙；= ~ mort). ~ brut 自然のままの(未加工の)象牙. ~ sculpté 彫刻を施した象牙. ~ vert 緑象牙 (生きた象または殺したばかりの象から採取した象牙). 〖絵具〗noir d'~ アイヴォリーブラック (象牙を焼いてつくった黒色絵具). peigne d'~ 象牙細工の櫛. touches d'~ 象牙の鍵盤. tour d'~ 象牙の塔. blanc comme un ~ 象牙のような白さ.
2 (象牙のような)白さ. l'~ de son cou その襟首の白さ. d'~ 象牙のように白い. bras d'~ 象牙のように白い腕.
3 〖解剖〗(歯の)象牙質 (= dentine, substance éburnée).
4 〖植〗~ végétal 植物象牙 (象牙椰子の胚乳から取る corozo など).
── *a.* 象牙色の (= ivoiré). rubans ~ 象牙色のリボン.

ivoirien(***ne***) *a.* コート＝ディヴォワール (Côte d'Ivoire)の, コート＝ディヴォワール共和国 (la République de Côte-d'Ivoire)の；象牙海岸の；コート＝ディヴォワール人の. le Front populaire ~ (FPI) コート＝ディヴォワール人民戦線.
── *n.* コート＝ディヴォワール人.

ivoirité *n.f.* コート＝ディヴォワールの独自性.

ivre *a.* **1** 泥酔した, 酔った. à moitié ~ ほろ酔いの. complètement ~；~ mort (morte) 酔い潰れた.
2 〔比喩的〕(de に)酔った, 酔い痴れた；我を忘れた. ~ d'amour 愛に酔った. ~ de colère 怒りに我を忘れた. ~ de fatigue 疲れ切った. ~ de joie 喜びに酔いしれた.

ivresse *n.f.* **1** 酩酊；泥酔；(薬品による)酔い. conduite en état d'~ 酔払い運転. 〖医〗~ des profondeurs 深海酔い.
2 〔比喩的〕陶酔；歓喜；興奮. avec ~ うっとりと. être dans l'~ de l'amour (du succès) 愛(成功)に酔う. heures d'~ 陶酔の時.

ivrognerie *n.f.* 酩酊癖 (= habitude d'~)；飲酒癖；アルコール中毒 (= alcoolisme). sombrer dans l'~ 酒に溺れる.

IVS (= *I*nstitut des *v*aisseaux et du *s*ang) *n.m.* 〖医〗脈管・血液研究所 (1989 年 Paris に創立；1990 年公益法人に認定).

IWC (=〔英〕*I*nternational *W*haling *C*ommission) *n.f.* 国際捕鯨委員会 (=〔仏〕CBI : Commission baleinière internationale).

ixage (< ixer) *n.m.* 〖映画〗クラス X (classe X) 指定 (ポルノ映画指定).

Izarra *n.f.* 〖酒〗イザラ酒 (バスク地方 le Pays basque 特産の liqueur；バスク語で「星」の意). ~ jaune 黄色イザラ酒 (苦扁桃 amandes amères 入り；アルコール度 43°).
~ verte 緑色イザラ酒 (ペパーミント menthe poivrée 入り；アルコール度 51°).

J

J¹, j¹ [ʒi] *n.m.inv.* フランス語字母の第10字.

J², j² 〖記号・略記〗**1** (J)〖物理〗*j*oule ジュールの略号(エネルギー, 仕事, 熱量の単位). J par kelvin ケルヴィン当たりジュール. J par kilogramme-kelvin キログラム当たりジュール.
2 (j) jour 日, 7 j 10 h 7日と10時間.
3 (J)〖軍〗*j*our J 作戦(戦闘)開始日.
4 (J, j)〖文法〗*j*e.

JAC (=*J*eunesse *a*gricole *c*atholique) *n.f.* カトリック農業青年運動 (1929年創設;1965年 MRJC (*M*ouvement *r*ural de *j*eunesse *c*hrétienne) キリスト教青年農村運動と改称).

jachère *n.f.* **1** (農地の)休閑;休耕. surface en ~ 休閑地;休耕地.
2 休閑地 (=terre en ~), 休耕農地 (=~ agronomique).

jacinthe *n.f.* **1** 〖植〗ジャサント, ヒヤシンス, 風信花.
2 〖植〗ムスカリ (=muscari). ~ des bois ひめつりがり水仙 (=endymion).
3 〖古〗〖鉱〗ヒヤシンス (赤色ジルコン), 〖宝石〗風信子石 (=hyacinthe).

jackpot [ʒakpɔt]〖英〗*n.m.* **1** 〖ゲーム〗ジャックポット, (ポーカーなどの) 積立賭金; (クイズなどの) 積立賞金; (スロットマシーンの) 大当り.
2 スロットマシーン.
3 〖比喩的〗思わぬ大金. toucher le ~ 大金を手にする.

jacquemart ⇒ **jaquemart**

jacquère *n.f.* 〖葡萄〗ジャケール (サヴォワ地方 la Savoie で栽培される白葡萄酒用の品種).

jacquerie *n.* 農民暴動, 百姓一揆 (昔の農民に対する蔑称 Jacques に由来).〖仏史〗la ~ ジャクリーの乱 (1358年北仏一帯に起こった農民の暴動).

jacquier *n.m.* 〖植〗パンの木 (=jaquier; arbre à pain).

jade *n.m.* **1** 〖鉱〗ジャード, 翡翠 (ひすい) (緑色の硬玉). bijou de ~ 翡翠の宝飾品.
2 〖工芸〗翡翠製品 (=objet de ~). collection de ~s chinois 中国製翡翠工芸品のコレクション.
3 翡翠色 (=couleur du ~).
4 〖地理〗golfe du J~ 翡翠湾 (北ドイツ, ヴェーザー川 la Weser 河口の西の北海に面した湾;〖独〗Jadebusen).
——*a.* 翡翠色の. vert ~ 翡翠色.

jadéite *n.f.* 〖鉱〗翡翠輝石.

jadis [-is] *ad.*〖文〗昔, かつて. une femme ~ belle かつては美しかった女性. foi naïve de ~ 昔日の素朴な信仰. Il était ~ un prince. 昔, ひとりの王子がいた.
——*a.* 昔の. conte du temps ~ 昔の物語. au (dans le) temps ~ 昔, その昔.

JAF (=*j*uge aux *a*ffaires *f*amiliales) *n.m.*〖法律〗家庭問題担当判事.

jaguar [ʒagwar] *n.m.* 〖動〗ジャガー.

jaillissant(e) *a.* ほとばしり出る, 噴出する;湧出する. fontaine ~*e* 湧出泉;ほとばしり出る泉水. source ~*e* 噴出泉. vague ~*e* 湧きあがる波.

jaillissement (<jaillir) *n.m.* 噴出;湧出, ほとばしり. ~ d'applaudissements 湧き起こる拍手. ~ d'imagination 湧きあがる想像力. ~ de l'inspiration 着想の湧出. ~ de sang ほとばしり出る血. ~ de vapeur 蒸気の噴出.

jalon *n.m.* **1** (測量用の) 標柱, 杭. ~ servant à l'arpentage 測地用標柱.〖測量〗~-mire 標柱. planter des ~s 標柱を立てる.
2 〔比喩的〕目印, 道しるべ;下準備. ~s de recherche 研究の段取り. premier ~ 第一歩. planter (poser) les ~s pour *qch* 何の手順を決める (方針を立てる, 下準備をする).

jalousement *ad.* **1** 嫉妬して, ねたましげに (=avec jalousie).
2 (失うまいとして) 入念に, 大事に. garder ~ un secret 秘密を大事に守る. surveiller ~ 油断なく監視する.

jalousie *n.f.* **1** ねたみ, そねみ, 羨望;競争心. ~ à l'égard de (envers) *qn* 人に対するねたみ. ~ entre concurrents 競争相手間の競争心. ~ professionnelle (sociale) 職業上の (社会的な) 羨望 (競争心). ~ secrète ひそかなねたみ (羨望). avoir (concevoir, éprouver) de la ~ 羨望を覚える. exciter la ~ de *qn* 人のねたみ (羨望) をかきたてる.
2 嫉妬〔心〕. ~ cachée (dissimulée) ひそかな嫉妬心. ~ découverte 露わな嫉妬心. ~ d'un mari 夫の嫉妬. crise de ~ 嫉妬の発作. furieuse ~ 狂った嫉妬. crever de ~ 嫉妬に狂う. être torturé de ~ 嫉妬に苦しむ.
3 〔古〕(猜疑心の混った) 強い愛着.
4 〖建築〗鎧戸, 鎧戸つきの窓. baisser (lever) les ~s ブラインドをおろす (上げる).

jaloux(se) *a.* **1** 嫉妬深い;(de を) 嫉妬

する, (を) ねたむ, そねむ. amitié ~se 独占欲の強い友情. caractère ~ 嫉妬深い性質. femme ~ se 嫉妬深い女(妻). mari ~ de sa femme 妻に嫉妬する夫. regard ~ 羨望の眼差し.

être ~ de qch 何を羨望する (ねたむ). être ~ du succès de qn 人の成功をねたむ.

2 〖文〗(de に) 執着する, (を) 失うまいとする. être ~ de+inf. 是非とも…しようとする. être ~ de sa réputation 名声に執着する. avec un soin ~ 念には念を入れて, 用心深く.

—n. 嫉妬深い人, やきもち焼き; 羨望者. Son succès a fait des ~s. 彼の成功はねたみを買った.

JAM (=la *Jam*aïque) *n.f.* ジャマイカ (国名略記).

jamaïcain(e), jamaïquain(e) *a.* ジャマイカ (la Jamaïque) の; ジャマイカ人の.

—**J~** *n.* ジャマイカ人.

Jamaïque (la) *n.pr.f.* 〖国名〗ジャマイカ《英連邦加盟国; 国民: Jamaïquain(e); 首都: Kingston キングストン; 通貨: dollar jamaïquain [JMD]》.

jambe *n.f.* Ⅰ〖脚〗**1** 〖解剖〗(人の) 脚, 脚部 (膝 genou から足首 cheville まで). avoir de grosses ~s 脚が太い. avoir la ~ bien faite 形の良い脚をしている. n'avoir plus de ~s 足が立たない. en avoir plein les ~s 足が棒のようである. faire une belle ~ à qn 人にとって何の役にも立たない.

2 〖広義〗下肢 (=membre inférieur)《腿のつけ根から爪先まで》; 足. ~s puissantes d'un athlète 陸上競技選手の強い足. aller (courir) à toutes ~s 全速力で走る. avoir les ~s brisées (cassées) 足がくたくたである. avoir de bonnes (mauvaises) ~s 足が達者である (不自由である). couper les ~s à qn 人を立っていられなくする. Le vin m'avait coupé les ~s 葡萄酒で足が立たなくなってしまっていた. faire qch par-dessous (par-dessus) la ~ ぞんざいに…する. faire des ronds de ~ 追従的な態度をとる; 馬鹿丁寧に振舞う. tenir la ~ à qn 人を引きとめる. traîner la ~ 足をひきずる.

3 〖スポーツ〗脚力. 〖スポーツ〗jeu de ~s フットワーク. jouer des ~s; prendre ses ~s à son cou 走って逃げ去る; 懸命に走る. 〖スポーツ〗se mettre en ~s ウォーミングアップをする; 足ならしをする.

4 (動物の) 脚 (=patte); (特に) 後脚上部 (腿のつけ根から後ろにかがみまで).

Ⅱ 〖脚状のもの〗**1** 〖医〗~ artificielle (articulée) (関節付) 義足. ~ de bois 義足.

2 脚部. ~ d'un compas コンパスの脚部.

3 〖建築〗支柱, 突っ張り. ~ de force (梁の) 支柱.

4 〖航空〗脚. ~ de train d'atterrissage 離着陸用の脚.

jambier (ère)[1] *a.* 〖解剖〗脛 (すね) の, 脛骨の. aponévrose ~(ère) 脛骨腱膜. muscle ~ 脛骨筋.

—*n.m.* **1** 〖解剖〗脛骨筋 (=muscle ~).

2 〖食肉処理〗ジャンビエ《屠殺獣の後脚がくっつかないようにするために用いる曲った木片》.

3 ジャンビエ《ロープで登るための皮ベルト》.

jambière[2] *n.f.* **1** 脚絆 (きゃはん), ゲートル.

2 (鎧の) 脛当て (=jambart).

3 〖スポーツ〗レガーズ, サポーター.

jambon *n.m.* **1** 〖食品〗ジャンボン; (特に豚の後肢の腿肉の) ハム; 豚の後肢の腿肉. 〖料理〗~ braisé 豚の腿肉の蒸し煮. ~ cru de Parme (de Bayonne) パルマ (バイヨンヌ) の生ハム. ~ cuit 加熱ハム《通常のハム》. ~ de Paris ジャンボン・ド・パリ《加熱し骨を抜いた豚の後肢の腿ハム》. ~ d'York ヨーク・ハム《豚の後肢の腿肉の骨付ハム》. ~ sec ジャンボン・セック《生ハムを乾燥させたもの》. une tranche de ~ ハム一切れ. œufs au ~ ハムエッグス. omelette au ~ ハム入りオムレツ. sandwich au ~ ハムサンド《ハムをはさんだバゲット・サンドウィッチ》. acheter un ~ (du ~) ハムを買う.

2 〖俗〗腿; 脚.

jambonneau (*pl.* **~x**) *n.m.* **1** ジャンボノー《豚の前肢の肉または後肢の膝下肉でつくるハム》; 豚の前肢の肉, 豚の後肢の膝下の肉. ~ à la choucroute ジャンボノー (ハム) のシュークルート添え. ~ pané ジャンボノーのカツ.

2 〖貝〗~ [de mer] ピンナ貝, はぼうき貝 (=pinne).

jambonnette *n.f.* 〖料理〗ジャンボネット《食肉を小さなハム型に調理すること》. ~ de volaille 家畜肉のジャンボネット.

jansénisme (<Jansenius [1585-1638], オランダの神学者) *n.m.* **1** 〖宗教史〗ジャンセニスム, ヤンセニウス主義《ヤンセニウスとその弟子たちの説いた厳格な教義; イエズス会の教義と対立した》. Port-Royal, berceau du ~ ジャンセニスムの揺籃の地ポール=ロワイヤル.

2 〖比喩的〗厳格な道徳; 厳格主義; 峻厳さ.

janséniste *n.* **1** 〖宗教史〗ジャンセニスト, ヤンセン主義者. lutte entre jésuites et ~s イエズス会士とジャンセニストの抗争.

2 厳格主義者.

—*a.* **1** 〖宗教史〗ヤンセン主義の. esprit ~ ヤンセン主義的精神 (ものの考え方).

2 厳格な. éducation ~ 厳格な教育.

3 (様式などが) 無装飾の. 〖製本〗reliure ~ (書名・著者名だけを入れた) 飾り気の無い装丁.

jante *n.f.* (車輪の)外枠, 車輪周; (自動車・自転車などの)リム. pneu monté sur ~ métallique 金属リムに取付けられたタイヤ. 〖話〗être sur la (les)~(s) へとへとである.

janusien(ne) (<Janus, 双面神ヤヌス) *a.* ヤヌス風の, 双面神風の; 〖比喩的〗二面性の. la Chine ~ne 二つの顔を持つ中国.

janvier *n.m.* 1月. au mois de (en)~ 1月に. le 1er ~ 1月1日, 元日 (=le jour de l'an). le 6 ~ 1月6日, (イエスの)御公現の祝日《三王来朝の祝日=fête des Rois; l'Epiphanie). du 1er ~ à la Saint-Sylvestre 元日から大晦日まで, 1年中.

JAP (=*j*uge de l'*a*pplication des *p*eines) 〖法律〗行刑裁判官.

Japon(le) *n.m.* 〖国名〗日本 (=le Nippon; l'empire du ~)《国民: Japonais(*e*), Nippon(*ne*); 首都: Tokyo 東京; 通貨: yen 〖JPY〗).

japon *n.m.* **1** 和紙 (=papier ~). édition de luxe sur ~ impérial 和紙に印刷した豪華本.
2 日本製陶磁器 (=porcelaine du Japon).
3 漆; 漆器 (=laque).

japonais(e) *a.* **1** 日本〔人・語・産出〕の. arts traditionnels ~ 日本の伝統芸術. costume ~ 和服. cuisine ~*e* 和食, 日本料理. culture ~*e* 日本文化. économie ~*e* 日本経済. grammaire ~*e* 日本語文法. nationalité ~*e* 日本国籍. traditions ~*es* 日本人の風習. voiture ~*e* 日本製の車, 日本車. à la manière ~*e* (=à la ~*e*) 日本風の, 日本流の. cuisine française à la ~ 日本風フランス料理.
2 日本風の, 日本式の (=à la manière ~*e*). architecture ~*e* 日本建築. estampes ~*es* 日本版画. jardin ~ 日本〔式〕庭園. peinture ~*e* 日本画. restaurant ~ 日本料理店.
——*J*~ *n.* 日本人; 日本の住民.
——*n.m.* 日本語. parler 〔le〕 ~ 日本語を話す. Comment dit-on la rose en ~? 日本語で rose は何といいますか.

japonaiserie *n.f.* **1** 日本的特性; 日本の美術骨董. **2** 日本風の工芸品.

japonisant(e) *n.* 日本語研究者(学者); 日本文化研究者(学者).
——*a.* 日本の伝統工芸の影響を受けた, 日本情緒の.

japonisme *n.m.* ジャポニスム, 日本趣味.

japonologie *n.f.* 日本学, ジャポノロジー.

japonologue *n.* 日本学者, 日本研究者, ジャポノローグ.

jaquemart *n.m.* 時鐘人形, ジャックマール《教会堂・市庁舎などの大時計の鐘を打つ仕掛人形》.

jaquette[1] *n.f.* **1** 〖服〗モーニングコート《男性用礼服》. être en ~ モーニングコートを着用している.
2〖服〗(女性用スーツの)ジャケット, 上着.
3〖話〗les ~s flottantes 同性愛者 (=homosexuels).

jaquette[2] *n.f.* **1** (本の)カヴァー; (レコードなどの)ジャケット.
2〖歯科〗ジャケットクラウン (=couronne jacket)《歯冠部表面全体を覆う被覆歯冠補綴材》.
3〖機械〗(炉・ボイラーの)保温カヴァー (= ~ thermostatique); (砲身などの)被筒.

jardin *n.m.* **1** 庭園; 庭; 果樹園 (= ~ fruitier); 菜園 (=〔~〕potager). ~ à la française フランス式庭園《幾何学模様の対称型装飾庭園》. ~ anglais 英国式庭園《自然を模した庭園》. ~ baroque バロック様式の庭園 (= ~ des plantes). ~ botanique 植物園. ~ d'agrément 観賞用庭園. ~ du Luxembourg パリのリュクサンブール宮(元老院)付属庭園. ~ du paradis céleste 天上の楽園. ~ fruitier 果樹園. ~ japonais 日本庭園; 箱庭. ~ ouvrier 勤労者向け家庭菜園. ~ paysager 風景庭園. ~ public 公共庭園, 公園. ~ régulier 幾何学的庭園.
art des ~s 造園術. le *J* ~ des Plantes (パリの)自然史博物館付属植物園. 〖比喩的〗la Touraine, ~ de la France フランスの庭といわれるトゥーレーヌ地方.
jeter une pierre dans le ~ de *qn* (人の庭に石を投げこむ→)とげのある言葉を投げかける; 嫌がらせをする.
2 ~ d'hiver 温室 (=serre).
3 ~ d'enfants 託児所; 幼稚園.
4〖劇〗côté ~ 下手 (しもて) (côté cour「上手 (かみて)」の対).

jardinage *n.m.* **1** 庭仕事, 園芸, ガーデニング. outils de ~ 園芸用具. faire du ~ 庭いじりをする.
2〖林業〗間伐 (=coupe jardinatoire).
3 (宝石の)瑕 (きず).

jardinerie *n.f.* 大型園芸用品専門店, ガーデニング・センター (=centre jardinier).

jardinet *n.m.* 小庭園, 小さな庭.

jardineux(se) *a.* (宝石が)瑕 (きず) のある. diamant ~ 瑕のあるダイヤモンド.

jardinier(ère)[1] *a.* **1** 庭の, 庭園の; 菜園の. plantes ~ères 庭園用の草木 (植木, 草花).
2〖林業〗exploitation ~ère d'une forêt 森林の間伐.
——*n.* **1** 庭師, 植木屋; 園芸家; 庭園 (菜園, 果樹園) 管理人.
2 造園家.
3 ~ère d'enfants 幼稚園の先生; 保母, 女性保育士.

jardinière[2] *n.f.* **1**〖園芸〗プランター; (墓前などの)花活け; 植木台 (箱).
2〖料理〗ジャルディニエール《グリーンピースや人参など複数の春野菜を小さく刻んで一緒に調理する料理》. ~ à la mayonnai-

se 野菜のジャルディニエールのマヨネーズ和え.
3 〖昆虫〗金色おさむし(＝carabe doré；害虫).

jargon *n.m.* **1** 訳のわからぬ言葉, ちんぷんかんぷん. Qu'est-ce que c'est que ce ~-là? まるでちんぷんかんぷんじゃないか.
2 訛った言葉, 混成方言. ~ français des Japonais 日本人の訛ったフランス語.
3 (ある集団・領域で用いられる)特殊用語, 業界用語, 職業語；通語, 隠語. ~ administratif 行政特殊用語. ~ = argot). ~ administratif 行政特殊用語. ~ de la publicité 宣伝業界用語. ~ des médecins 医者仲間の隠語.
4 鴛鳥の雄の啼声.

jarret *n.m.* **1** 膕(ひかがみ)(膝の裏側)；膝. ~ ferme (solide) 丈夫な膝. ~ souple 柔かい膝. douleur au ~ 膝痛. 〔比喩的〕avoir du ~；avoir des ~s d'acier 丈夫な足をしている, 疲れ知らずである. fléchir (plier) le ~ 膝を折る. tendre le ~ 偉そうに構える.
2 (牛・馬・羊などの)飛節(ひせつ). mal du ~ 飛節痛. 〖解剖〗os du ~ 距骨, 踵骨.
3 〖食肉〗ジャレ(仔牛・豚などの腿肉；脛骨(けいこつ), 骨付き脛肉(すねにく)；脛肉 (＝trumeau). ~ 〔de porc〕à la choucroute 豚の骨付き脛肉のシュークルート添え. ~ de veau 仔牛の腿肉〔料理〕.
4 〖建築・木工〗(曲線・曲面の連続を中断する)突出部, 凸部.
5 (管・パイプの)湾曲部.
6 (孤立した巨木の)大枝.

jasmin *n.m.* **1** 〖植〗ジャスミン《地中海, 極東原産の小灌木；木犀(もくせい)科 Oléacées, ジャスミン属 Jasminum》. ~ officinal 薬用ジャスミン.
2 ジャスミンの花；ジャスミン《花から抽出する香料》. ~ blanc (jaune) 白花(黄花)ジャスミン. thé au ~ ジャスミン茶, 茉莉花茶(まりかちゃ).

jauge *n.f.* **1** 規定容量；標準規格. Cette futaille n'a pas la ~. この樽は規定容量に適合している.
2 〖海〗(商船の)トン数；トン数算定. ~ brute 総トン数, グロス・トン数(＝〔英〕GRT : *g*ross *r*egistered *t*on). 1 tonneau de ~ brute 1 総トン(1 立方フィート, 2.83 m³に相当). ~ nette 純トン数(総トン数から貨物・旅客の積載に利用できない部分の容積を除いたトン数；略記 tjb). tonneau de ~ nette 純トン《略記 tjn》. formule de ~ (ヨットのクラス分けのための)トン数算定法. ~ monotype (長さ・幅・重量・帆・形態などの規格のそろったヨットの)単一形艇, モノタイプ艇. classes de la ~ IOR (＝*I*nternational *O*cean *R*ace)「国際外洋競技」ヨット規定によるクラス. marque de ~ (船の)喫水標.
3 計量器, 液量計(尺), メーター. ~ 〔de niveau〕d'huile (エンジンなどの)油尺, 油量計(尺). ~ à vide (du vide) 真空計. ~ bêtaベータ線計.
4 〖機工〗ゲージ(測定器具；＝〔英〕gauge)；標準定規, 規(さし), 尺(さし). ~ à coulisse ノギス. ~ de charpentier 大工用尺. ~ de contrainte 応力計. ~ de pas ねじ山ゲージ.
5 〖機工〗(銃の)内径, 口径(＝calibre)；〖鉄道〗ゲージ, 軌間(＝largeur (gabarit) de voie), (車両の)ホイール・ゲージ(車軸の両車輪間の距離)；(針金などの)太さ. 〖鉄道〗~ normale 標準ゲージ(軌間)(1.435 m). ~ étroite 狭軌.
6 〖織〗ゲージ《メリヤス生地の密度の単位；1.5 インチの間の針数で示す》.
7 〖農〗犂柱(たたり).
8 〖農〗畝溝(うねみぞ)；(苗の)仮植え溝.

jaugeage (<jauger) *n.m.* **1** 容量(液量)測定；流量測定, ~ d'un cour d'eau 流水量測定. ~ des tonneaux 樽の容量測定.
2 〖海〗(船舶の)トン数算定. ~ d'un navire 船舶のトン数算定.
3 測定料(＝droit de ~).

jaune *a.* **1** 黄色の；黄ばんだ. alerte ~ 警戒警報(alerte rouge「赤信号・緊急警報」の対). anzyme ~ 黄色酵素. 〖中世医学〗bile ~ 黄胆汁《短気・立腹などの原因物質とされた》. blés ~s 実った麦〔の穂〕(blés verts (en herbe)「青い麦」の対). 〖サッカー〗carton (carte) ~ イエロー・カード《反則警告カード》；〖医〗予防接種証明書. cheveux ~s；cheveux ~ 黄色っぽい金髪. clarté ~ 黄色い薄明り. colorant ~ 黄色色素(＝~). dent ~ 黄ばんだ歯. drapeau ~ (海水浴場などの)黄色旗《警告標識》. eaux ~s et limoneuses 泥土で黄色く濁った水. fleurs ~s du mimosa ミモザの黄花. le fleuve J~ 黄河(＝le Huang He). lampe ~ 黄色ランプ. 〖スポーツ〗maillot ~ du Tour de France cycliste フランス一周自転車レース(トゥール・ド・フランス)のマイヨ・ジョーヌ(イエロー・ジャージー)《総合成績1位の選手がレース中に着用するジャージー》；マイヨ・ジョーヌを着用している選手；総合成績1位の地位. marbre ~ 黄大理石. la mer J~ 黄海(＝le Huang Hai). le Nil ~ 黄色いナイル河, 黄ナイル. onde lumineuse ~ (スペクトルの)黄光波(波長5.5μm). phare ~ 黄色光灯台. rose ~ 黄薔薇. tache ~ (眼の)黄斑(＝macula lurea). teint ~；teinté ~ de beurre バターの黄色. terre ~ 黄土. vin ~ ヴァン・ジョーヌ《ジュラ地方 le Jura で savagnin 種の葡萄から, 樽で 6-10 年熟成してつくられる黄色葡萄酒. AOC château-chalon などで代表される》. goût de ~ 黄色葡萄酒の味.
2 黄色く塗った(着色した). 〖道路交通〗ligne ~ イエロー・ライン《駐車禁止を示すライン》. mur ~ 黄色い壁. sous-marin ~

イエロー・サブマリン.
3 (肌が) 黄色の；黄色人種の. race ~; peuples ~s 黄色人種の人. le péril ~ 黄禍論. avoir la peau ~; être ~ 黄色人種である.
4 〖生〗corps ~ (卵巣の) 黄体. hormmone (progestérone) secrétée par le corps ~ 黄体から分泌されるホルモン (プロゲステロン).
5 〖医〗fièvre ~ 黄熱病.
6 〖史〗bonnet ~ des Juifs (ナチが着用させた) ユダヤ人の黄色帽子. étoile ~ (ナチがユダヤ人の衣服につけさせた) 黄色星印.
7 〖仏史〗syndicats ~s 黄色組合 (1899年の労働争議の際の反ストライキ派).
——*n.m.* **1** 黄色 (=couleur ~). ~ clair 淡黄色. ~ d'or 黄金色 (=~ doré) (淡橙黄色). ~ paille 麦藁色. ~ sombre 暗黄色. bœuf à la robe d'un ~ pâle 淡黄色の肌色の牛. peindre en ~ 黄色に塗る.
2 黄色色素；黄色塗料 (絵具). ~ de cadmium カドミウム・イエロー，硫化カドミウム. ~ de chrome クローム・イエロー，黄鉛. ~ d'ocre 黄色オーカー，黄土色. ~ de synthèse (naturel) 合成 (天然) 黄色色素 (食品着色料). tube de ~ 黄色絵具のチューブ.
3 〖鉄道〗黄信号 (=signal ~).
4 《黄色の部分》 ~ d'œuf 卵黄，卵の黄身.
5 〖集合的〗黄色の服. femme habillée de ~ 黄色の服を着た女性.
——*J*~ *n.* **1** 黄色人種 (個人).
2 〖仏史〗黄色組合員 (1899年の労働争議の際の反ストライキ派)；〖俗〗スト破りの労働者.
——*ad.* rire ~ (惜しさ・ばつの悪さで) 苦笑する.

jaunisse *n.f.* **1** 〖医〗黄疸 (=ictère), 高ビリルビン血症 (=hyperbilirubinémie). ~ du nouveau-né 新生児黄疸. ~ hémolytique 溶血性黄疸. **2** 〖植〗萎黄病.

javascript 〔商標〕*n.m.* 〖電算〗ジャヴァスクリプト (www のホームページに双方向性プログラムを埋め込むプログラム言語).

javelage (<javeler) *n.m.* **1** 〖農〗(穀物の刈り穂を束ねる前に畝の上に) 寄せ集めること；(畝の上に寄せ集めた) 刈り穂の乾燥期間. ~ des blés 麦の穂の畝上への寄せ集め.
2 〖製塩〗(塩田の) 塩を山にすること. ~ du sel (塩田での) 塩の山積み.

javelle *n.f.* **1** 〖農〗(束ねる前に畝の上に) 集められた刈り穂の山. **2** 〖製塩〗(塩田の) 塩の山. **3** 〖方言〗(葡萄の枝などの) 束.

javelot *n.m.* **1** 投槍. **2** 〖スポーツ〗(槍投げの) 槍，ジャヴロ；槍投げ競技 (=lancer du ~).

jazz [dʒaz]〔米〕*n.m.* **1** ジャズ. Festival international de ~ de Montreux (スイス) モントルー国際ジャズ・フェスティヴァル. ~-rock ジャズロック.
2 〔古〕ジャズバンド (=~-band).

jazzique, jazzistique *a.* ジャズの.

JBB (=*j*eune *b*eau *b*ranché) *n.m.* 〔話〕(流行の先端を行く若い義兄弟 (beau-frère) の時代→) 流行の先端を行く若い仲間. ère du ~ ナウな若者たちの時代.

J.-C. (=*J*ésus-*C*hrist) *n.pr.m.* イエス=キリスト. après (avant) ~ 西暦紀元 (前).

JDD (=*J*ournal *du d*imanche) *n.m.* 〖新聞〗ル・ジュルナル・デュ・ディマンシュ (Hachette-Filipacchi-Médias グループの発行する日曜専門紙；1948年創刊). selon le ~ 日曜新聞によれば.

jeannette *n.f.* **1** (チェーンやリボンで首にかける) 小十字架 (=croix à la ~)；宝石.
2 卓上アイロン台，こて台.
3 〖植〗口紅水仙. ~s jaunes au cœur safrané 芯がサフラン色の黄色い口紅水仙.
4 (<Jeanne d'Arc) (8~11歳の) カトリック系のフランス・ガールスカウト団 (les Guides de France) の団員.
5 (ブルターニュ地方 la Bretagne の) 未熟な水夫.
6 〖ベルギー〗同性愛者.

JEC (=*J*eunesse *é*tudiante *c*hrétienne) *n.f.* キリスト教生徒運動 (1929年創設. 主としてリセの生徒からなる).

Jéhovah *n.pr.m.* 〖聖書〗エホヴァ (旧約聖書の神)；〖キリスト教〗神 (ヘブライ語の YHWH ヤーウェに母音を当てはめた字訳).

jéjunal(ale) (*pl.aux*) *a.* 〖解剖〗空腸の. ulcère ~ 空腸潰瘍.

jéjuno-iléon *n.m.* 〖解剖〗(小腸の) 空回腸 (空腸と回腸).

jéjunum [ʒeʒynɔm] *n.m.* 〖解剖〗空腸.

je-m'en-foutisme *n.m.* 〔話〕無関心主義，我関せずの態度 (=je-m'en fichisme). ▶ je-m'en-foutiste.

je-ne-sais-quoi *n.m.inv.* 得体の知れないもの；曰く言い難いもの. Ces ~ qu'on ne peut expliquer. この説明のつかない得体の知れないことども.

jéroboam [ʒerɔboam]〔英〕*n.m.* ジェロボアム酒壜 (通常壜の4本分約3 l が入る大型酒壜).

Jersey [ʒɛrze]〔英〕*n.pr.* ジャージー島 (英仏海峡アングロ=ノルマン諸島 les îles anglo-normande (〔英〕the Channel Islands) の島；英国の自治領；中心都市 Saint-Hélier (〔英〕Saint-Helier)；形容詞 jersais(e)).

jersey [ʒɛrzɛ] (<île de *J*~, ジャージー島) *n.m.* **1** 〖織〗ジャージー織り. point de ~ メリヤス編み.
2 ジャージー織りのセーター，ジャージーの服. ~ de soie 絹のジャージー. robe en

jersiais(e) *a.* ジャージー島 (île de Jersey) の；ジャージー島の住民の. race ~ ジ

jésuite

ャージー種の牛(ジャージー島原産の牛；良質の牛乳, 良質のバターが生産される).
——*J*~ *n.* ジャージー島の住民.

jésuite *n.m.* **1** イエズス会(Compagnie (Société) de Jésus) 修道士, ジェジュイット. **2** 偽善者.
——*a.* **1** イエズス会の；〖建築〗イエズス会様式の. style ~ イエズス会建築様式. **2** 偽善的な.

jésuitisme *n.m.* **1** イエズス会の教義；イエズス会体制. **2**〔蔑〕偽善的態度(行動), 悪賢さ, 猫かぶり, 狡猾さ.

Jésus *n.pr.m.* イエス, イエズス. ~-Christ (カトリックでは [ʒezykri], プロテスタントでは [ʒezykrist]) イエ〔ズ〕ス=キリスト. ~ est le Sauveur, le fils de Dieu, le Messie. イエスは救い主, 神の御子, メシア(救世主) である. Compagnie (Société) de ~ イエズス会(1534年 Ignace de Loyla イグナチウス・デ・ロヨラが設立した修道会；=〔ラ〕Societas Jesu).

jésus *n.m.* **1** 幼な子イエス(Enfant *J*~)の像. ~ en ivoire 幼児イエスの象牙像. **2**〔話〕とても可愛い子供. Viens, mon ~. 坊や, おいで.
3〖印刷〗イエス版〔の紙〕(=papier ~；550×720 mm の紙；昔 I. H. S.「人類の救い主イエス」の透かしが入っていた紙に由来する紙型). grand ~ 大イエス版〔の紙〕(560×760 mm).
4 ジェジュ〔・ソーセージ〕(アルザス l'Alsace, ジュラ le Jura, スイスでつくられる太くて短いソーセージ).

jet¹ *n.m.* 〖航空〗 ~ d'affaires ビジネス・ジェット〔自家用〕機.

jet² [ʒɛt] *n.m.* 〖放送〗ヴィデオ取材(=journalisme électronique；reportage électronique ともいう).

jetable *a.* 使い捨ての. appareil〔de photo〕~ 使い捨てカメラ. briquet ~ 使い捨てライター.
——*n.m.* 〖写真〗使い捨てカメラ(=appareil〔de〕photo ~). ~ panoramique パノラマ式使い捨てカメラ.

jetlag [英] [dʒɛtlag] *n.m.* 〖医〗ジェットラグ, 時差ボケ(=troubles causés par le décalage horaire).

jeton *n.m.* **1** 疑似コイン, チップ, 札(賭事の点数を数えたり, 貨幣の代わりに自動販売機に使用したり, 計算の補助手段としたりする). ~〔de téléphone〕電話用のジュトン(テレフォンカードが普及する前は, 駅, 飲食店などの公衆電話の使用には大部分, 硬貨ではなくジュトンを必要とした). être faux comme un ~ 偽善的である, 信用できない. faux ~ 偽善者. vieux ~ 老いぼれ.
2 登番号札, 出席札. ~〔de présence〕(特に重役会議, 株主総会などの)出席票；出席手当て；重役手当て, 日当.

3〔俗〕avoir les ~s 怖がる. donner les ~s 恐怖心を抱かせる. prendre un ~ 覗きをする. se payer un ~ (美人などを見て)目の保養をする.

jet-set [dʒɛtsɛt] (*pl.* ~-~*s*) [英] *n.m.* ジェット機利用族(=[英] jet-society).

jet-stream [dʒɛtstrim] (*pl.* ~-~*s*) [英] *n.m.* 〖気象〗ジェット気流(=courant-jet, courant-fusée).

jeu (*pl.* ~ *x*) (<jouer) *n.m.* Ⅰ (遊び) **1** 遊び, 遊戯；戯れ；冗談. 遊びを要する技巧を要する遊び. ~ de balle ボール遊び. ~ du destin 運命のいたずら.〔比喩的〕~*x* d'écritures 帳簿上のやりくり. ~ d'esprit；~ de l'esprit 知的な遊び；気の利いた冗談. ~ de groupe グループ遊戯. ~ de hasard 運に左右される遊び. ~*x* de main〔s〕殴りっこ；悪ふざけ.〔諺〕*J*~*x* de mains, ~*x* de vilains. 悪ふざけは喧嘩のもと. ~ de mots 語呂合せ. ~ de poursuite 追っかけっこ, 鬼ごっこ (=cache-cache). ~ de plage 浜辺の砂遊び. ~*x* de prince (殿様のお遊び→)はた迷惑な(ひとりよがりな)行為. ~ de société 仲間で行なう室内遊戯(=petit ~). ~*x* éducatifs 教育的遊戯. par ~ 遊び半分で；楽しみで. dire *qch* par ~ 冗談に何を言う. faire *qch* par ~ 戯れに何をする. prendre *qch* par ~ 何を冗談ととる. se faire un ~ de *qch* (de+*inf.*)¹ 何を(…をして)面白がる.
2 遊び道具, おもちゃ, 遊具. boîte pleine de ~*x* おもちゃで一杯の箱.
3 児戯に類すること, 取るに足らぬこと, 容易なこと (= ~ d'enfant). C'est un ~ d'enfant. それは児戯に等しい. Ce n'est qu'un ~ d'enfant pour moi. それは私にとっていとも簡単なことだ. Ce n'est pas un ~. それは由々しいことだ. se faire un ~ de *qch* (de+*inf.*)² 何をもの ともしない(やすやすと…する). se faire un ~ des difficultés 困難を楽々と克服する.
4 戯れ. ~*x* du hasard 偶然のいたずら. ~*x* de l'imagination 想像力の気まぐれ. ~*x* de plume 筆のすさび.
5 〖文史〗(中世の) 韻文劇；遊楽詩. *J*~ *d'Adam*『アダム劇』(12世紀).

Ⅱ (競技・ゲーム) **1** 競技, ゲーム；勝負ごと；(TV などの)クイズ(ゲーム)番組. ~ à treize ラグビー(=rugby à treize). ~ de ballon 球技. ~ de cartes カード(トランプ)ゲーム. ~ d'échecs チェス. ~ d'entreprise 経営シミュレーション. ~ d'équipe 団体競技. ~ de plein air 野外競技. ~ de stratégie 戦争ゲーム (ヴィデオゲームの一種). ~*x* électroniques 電子ゲーム. ~*x* gymniques 体操競技. les *J*~*x* Olympiques オリンピック競技. ~*x* sportifs スポーツ競技. ~*x* télévisés TV のクイズ番組. ~ TV テレビゲーム. ~*x* vidéo ヴィデオゲーム. établissement de ~*x* ゲームセンター. ter-

jeu

rain de ~ 競技場；勝負の場．〖経済〗théorie des ~理論．d'entrée en ~¹ 勝負の最初から；初めから．entrer en ~¹ 競技を始める；〖比喩的〗介入する；行動に参加する．De nonvelles forces sont entrées en ~ dans la bataille. 新しい兵力が戦闘に加わった．

2 競技ぶり，プレー；〖転じて〗行動の仕方，事の運び方．~ habile (prudent) 巧みな(慎重な)プレー(行動パターン).

entrer dans le ~ de *qn* 人に加担する，人の利益をはかる．faire le ~ de *qn* 気づかぬうちに人に得をさせる．Il a fait le ~ de son adversaire. 彼は相手の思うつぼにはまった．jouer un ~ serré 手堅いゲーム運びをする；〖比喩的〗慎重に振舞う．jouer [un] double ~ 両天秤にかける；二つの態度を使い分ける．jouer franc ~ 公正に振舞う．bien jouer son ~ 巧みに事を運ぶ．

3 競技の規則，ルール；〖広義〗約束ごと，きまり，慣習 (=règle du ~). jouer le ~ 規則を守る；その場にふさわしく振舞う；与えられた条件を最大限に利用する．C'est le ~. それがルールだ．〖話〗Ce n'est pas le ~. 反則だ；話が違う；いんちきだ，ずるい．

4 〖集合的〗(トランプの)手札；〖転義〗手のうち，意図．avoir du ~；avoir un beau ~ 手がよい．ne pas avoir de ~ 手が悪い．avoir beau ~ 有利な立場にある．avoir beau ~ de (à, pour)+*inf.* …するのに有利な立場にある；容易に…できる立場にある．donner beau ~ à *qn* 人によい機会を与える．avoir des atouts dans son ~ 切札を手にしている．cacher son ~ 手札を隠す；手のうちを見せない．étaler son ~ 手札を開示する．percer le ~ de *qn* 人の手のうちを見抜く．Il a un ~ superbe. /Son ~ est superbe. 彼の手札は素晴らしい．

5 〖タロット〗le grand ~ 札全体を用いる星占い．faire le grand ~ タロット占いをする．

6 競技場，グランド (=stade)，コート．~ de boules ペタンク競技場．hors [-] ~ オフサイド (=[英] off [-] side). joueur hors ~ オフサイドのプレーヤー．La balle est sortie du ~. ボールはラインから出た．

7 〖テニス〗ゲーム；ゲームの下位区分．*J* ~ !ゲーム ! ~décisif タイブレーク．une manche en six ~*x* 6ゲームの1セット．faire trois ~*x* de suite 3ゲームを連取する．

III 《賭け》**1** 賭け，賭博，ばくち (=~ d'argent)；投機．~ de la roulette ルーレット賭博．

être en ~¹ 賭けられている；問題になっている．Votre honneur est en ~. あなたの名誉が賭かっている．gagner (perdre) au ~ 賭博で儲ける(損をする). mettre en ~¹ 賭ける．mettre de l'argent en ~ 金を賭ける．mettre en ~ la vie d'un homme 人の命を賭ける(危険にさらす). décision qui met son avenir en ~ 彼の将来を賭けた決断．

se piquer (se prendre) au ~ むきになる．Les ~*x* sont faits. 賭はなされた；最早後には引けない．Faites vos ~*x*. お賭けください(胴元の言葉). Le ~ ne (n'en) vaut pas la chandelle. 骨折り損だ．

2 賭け金．jouer gros ~ 大金を賭ける；一か八かやってみる．jouer petit ~ 小さく賭ける．

IV 《一組のもの》**1** (遊戯道具の)一組，セット．un ~ de cartes トランプカード一組．acheter un ~ d'échecs チェスのセットを買う．

2 (道具などの)一揃い，一式，一組．~ d'avirons (一隻の船の)櫂のセット．〖電〗~ de barres 母線．un ~ de clefs 鍵一式．〖印刷〗~ d'épreuves 校正刷りの一揃い．〖音楽〗~ d'orgues パイプオルガンの音管列；〖劇〗舞台照明操作盤．

V 《演技・演奏》**1** (俳優の)演技，芸；〖転義〗策略，手管，技．~ d'un avocat 弁護士の術策．~ d'un comédien 俳優の芸風．~ de scène 舞台上の演技．~ sobre 控え目な演技(芸風).

〖話〗vieux ~ 〖無変化形容詞として〗時代遅れの，古くさい．Elles sont vieux ~. 彼女たちは時代遅れだ．C'est vieux ~. もう古くさいよ．

être pris à son [propre] ~ 自分の演技に酔う；自分の仕掛けた罠にはまる．jouer le ~ du désespoir 絶望したふりをする．jouer le grand ~ 大熱演する；あらゆる手段を講じる．

2 〖音楽〗演奏，弾き方．~ brillant d'un violoniste ヴァイオリン奏者の華麗な演奏．

3 (剣・道具などの)扱い方，操り方．~ net d'une épée 確かな剣さばき．

VI 《動作》**1** (身体の一部の)動き，動かし方．~ de doigts 指の動き，指さばき．~ de mains d'un pianiste ピアニストの運手．~ des muscles 筋肉の動き(機能). ~ de physionomie 表情の動き．

2 (光などの)揺らめき，戯れ．~*x* d'eau 噴水の水の戯れ(揺らめく形)；(噴水の)口金．~*x* de la lumière et de l'ombre 光と影の戯れ．~ de lumière du théâtre 劇場の照明効果．

3 (規則的で円滑な)動き；作動，作用；機能．~*x* des articulations 関節の動き．~ d'un ressort バネの作動．forces en ~ 作用する力．par le ~ de *qch* 何の働き(作用)によって．par le ~ de cette loi この法律の効力により．

entrer en ~² 作用する；重要性をもつ．détail qui n'entre pas en ~ 問題にならない細目．être en ~² 機能している，実施されている．mettre en ~² 用いる，活用する．mettre en ~ toutes ses ressources あらゆ

る手段を講じる. mise en ~ 利用, 活用.
4 相互作用. ~ de l'offre et de la demande 供給と需要の相互作用.
5 〖機工〗(装置などの) 遊び, ゆとり, 隙間. ~ fonctionnel バック・フラッシュ(歯車群の隙間). avoir du ~ 隙間がある；がたがきている，ゆるんでいる. porte qui a du ~ ぴったり閉まらない扉. revisser la pièce qui a du ~ ゆるんだ部品のネジを締め直す. donner du ~ à une fenêtre 窓の開閉を楽にする. donner du ~ à qn 人に行動の自由を与える. laisser un peu plus de ~ aux transactions 取引に若干のゆとりを残す. prendre du ~ (磨滅して) 隙間ができる.

jeu. (=*jeudi*) *n.m.* 木曜日《略記》.
jeu〔-〕concours (*pl.* ~ x-~) *n.m.* (TV・ラジオの) クイズ番組, クイズショー, クイズコンテスト.
jeudi (<〔ラ〕Jovis dies「ユピテルの日」) *n.m.* 木曜《週の第 4 日》. le *J*~ saint 聖木曜日 (復活祭前週の聖木曜日). le *J*~ gras 四旬節前の最後の木曜日.〔話〕la semaine des quatre ~s (木曜が 4 回ある週；小学校の休日が 4 回あるる週→) 決して来ない時.
jeun(à) [aʒœ̃] *l.ad.* **1** 何も食べずに；空腹時に. être (rester) à ~ 朝から何も食べていない (何も食べずにいる). prendre un médicament à ~ 空腹時に薬を服用する.〖医〗prise de sang à faire à ~ 空腹時の採血.
2〔話〕酒を飲まずに, しらふで.
jeune *a*.〔しばしば名詞の前〕**1** 若い, 若年の；幼い. ~ arbre 若木. ~ enfant 幼い子供. ~s époux 若夫婦. ~ femme (既婚の) 若い婦人. ~ fille 少女. ~ gens 青少年. ~ homme 若者. ~ personne 若い女性. femme éternellement ~ いつまでも若々しい女性. personne ~ 若い人(男女).
faire ~ (jeune は時に無変化) 若く見せる；若く見える. Ils font ~〔s〕. 彼らは若く見える. mourir ~ 若死する. paraître plus ~ que son âge 年よりも若く見える. une mode ~ 若向きのモード.
2 年下の, 若い；下の世代の；若年の；若い(子, 弟の) ほうの. ~ écrivain (médecin) 若手の作家(医師). mon ~ frère (ma ~ sœur) 私の弟(妹). Gibert ~ ジベール・ジュニア (Paris の書店・文具店).
3 若い頃の. nos ~s années われらが青春時代. dans mon ~ temps 私の若い頃には.
4〔多く名詞の後〕若々しい；(年の割に) 若い. sentiments ~s 若々しい気持. visage ~ 若々しい(若く見える) 顔. avoir le cœur ~；être ~ de cœur 気が若い.
5〔名詞の後〕(色彩・服装などが) 若向きの. coiffure ~ 若向きの髪形.
6 幼稚な；未熟な, 未経験の. être ~ dans le métier 経験が浅い；新米である. Mon Dieu qu'il est ~! 何て幼稚なんだ！

7 新しい；(人が) なりたての. ~s mariés 新婚夫婦. doctrine ~ 新理論. pays ~ 新興国. tissus ~s d'un organisme 器官の新生組織. vin trop ~ 若すぎる (未熟成の) 葡萄酒.
8〔話〕不十分な；ぎりぎりの. C'est un peu ~. 少し物足りない. C'est peu ~ comme arguments. 議論が少し不十分である.
—— *ad*. 若く. s'habiller ~ 若々しい身なりをする.
—— *n*. **1** 若い人, 若者. les ~s 若者たち, 青少年. maison des ~s et de la culture 青少年文化会館.
2 年下の人；下の世代の人. Pieter Brugel l'Ancien et Pieter Bruegel le *J*~ ピーテル・ブリューゲル父〔1525/30-69〕とピーテル・ブリューゲル子 (2 世)〔1564-1638〕.
3 (動物の) 子. une chienne et ses ~s 母犬と子犬たち.
jeûne *n.m.* **1** 断食 (だんじき). ~ de protestation ハンガー・ストライキ, ハンスト.〖カトリック〗~ du carême 四旬節の断食 (肉断ち).〖イスラム〗~ du ramadan ラマダンの断食 (イスラム教暦第 9 月中, 日の出から日没までの断食). observer le ~ 断食を守る. rompre le ~ 断食をやめる.
2〖医〗絶食〔療法〕(=~ médical).
3 食物断ち；〔比喩的〕禁欲, 節制.
jeunesse *n.f.* **1** 若い時期, 青年期；青春. ~ heureuse (malheureuse) 幸せな (不幸せな) 青年時代. première (prime) ~ ごく若い頃, 青春初期. n'être plus de la première ~ もう若くはない. seconde ~ 第二の青春.
à la fleur de la ~ 青春の花盛りに. au temps de ma ~；dans ma ~ 私の若い頃に. en pleine ~ 青春の真盛り. erreur de ~ 若気の過ち. œuvre de ~ 若い頃の作品.〔諺〕Il faut que la ~ se passe. 若者の過ちは大目に見るべきだ.
2 (動植物の) 成長期. chien dans son ~ 成長期の犬.
3〔文〕(物事の) 初期；発展期. la ~ du monde 世界の初期.
4 若さ, 若々しさ；幼さ；未熟さ. ~ de cœur 気の若さ. ~ de corps (de visage) 体 (顔付) の若々しさ. ~ éternelle de la nature 自然の永遠の若さ.
air de ~ 若々しい様子. fraîcheur (vigueur) de la ~ 若さのみずみずしさ (逞しさ). texte plein de ~ 若さのみなぎる文章. être plein de ~ 若さに溢れている. Il a beaucoup de ~ pour son âge. 彼は年よりずっと若く見える.
5 (物の) 若さ, 未熟成, 新しさ；(葡萄酒の) 熟成度. ~ d'un vin 葡萄酒の若さ.
6〔集合的〕青少年；若者たち；青年男女；青年層. ~ agricole 農業従事青少年, 若年農民. ~ ouvrière 勤労青年層.
auberge de〔la〕~ ユースホステル《略記

AJ). Fédération unie des auberges de ~ ユースホステル統一連盟《略記 Fuaj》. Centre d'information et de documentation J~ 青少年情報・資料センター《略称 CIDJ》. émission pour la ~ 若者向け放送. Journées mondiales de la J~ 世界青年週間《カトリック主催の世界の青少年の祭典;略記 JMJ》. Secrétariat d'Etat à la J~ et aux Sports 青少年スポーツ庁.〖TV〗signalétique ~（ポルノなどの有害番組を規制する）青少年向け放送番組規格（catégorie I から V までに分かれる）.
〔話〕Ça va, la ~? 調子はどうだい, 若い連中よ.〔諺〕Si ~ savait, Si vieillesse pouvait. 若者に経験なく, 老人に力なし.〔諺〕Les voyages forment la ~. 旅が若者を鍛える.

7〔多く *pl.*〕青少年団体. J~ étudiante catholique internationale 国際カトリック学生青年団《略称 Jéci》.〖史〗les J~s hitlériennes ヒットラーユーゲント. J~s musicales de France フランス青年音楽愛好会《文化省後援；略称 JMF》. J~ ouvrière chrétienne キリスト教勤労青少年団《1926年設立；略称 JOC》.

8〔話〕若い女（娘）.

jeune-turc, jeune-turque（*pl.* ~ **s-~s**）*n.*（政党，政治団体の）青年将校，若手の活動家.

JFK（= ［英］*J*ohn *F*itzgerald *K*ennedy）*n.pr.* ジョン・フィッツジェラルド・ケネディー［1917-63］.

JFOM（=*J*eunes *F*rançais d'*o*rigine *m*aghrébine）*n.m.pl.* マグレブ 3 国出身の青年.

Jiamusi ［中国］*n.pr.* 佳木斯, チャムス《黒龍江省 le Heilongjiang 中東部の工業都市》(=Chiamussi).

JIANG Jieshik *n.pr.* 蔣介石（しょう・かいせき）, チャン・カイシェク《中国の軍人, 政治家［1887-1975］；中華民国総統》(=Chiang Kaishek, Tchang kaï-chek).

Jiangling ［中国］*n.pr.* 江陵（こうりょう）, チアンリン《湖北省南部, 長江沿岸の都市》.

JIANG Qing *n.pr.* 江青（こうせい）, ジャン・チン《［1914-91］；毛沢東夫人》.

Jiangsu ［中国］*n.pr.* 江蘇（こうそ）, チャンスー《中国中東部の省, 省都 Nanjing, Nankin 南京》(=Kiangsu).

Jiangxi ［中国］*n.pr.* 江西（こうせい）, チャンシー省《中国南東部の省, 省都 Nanchang 南昌》(=Kiangsi).

JIANG Zemin ［中国］*n.pr.* 江沢民（こうたくみん）, チアン・ツォーミン《1926-, 1993年 3 月 23 日より 2003 年 3 月まで中国の第 7 代国家主席》. le président ~ 江沢民国家主席.

Jian'ou ［中国］*n.pr.* 建甌（けのう）, シアンウー《福建省中北部の都市；竹製品・茶・野菜栽培など》.

Jiaozhou Wan ［中国］*n.pr.m.* 膠州（こうしゅう, チャオチョウ）湾.

Jiaozuo *n.pr.* ［中国］焦作（しょうさく）, チャオツオ《河南省の都市》.

Jia Quinglin ［中国］*n.pr.m.* 賈慶林（かけいりん）, ジア・チンリン《1940- ; 元北京市長；2002年中国共産党中央政治局常務委員；2003 年全国人民政治協商会議主席》.

jiefangjun ［中国］*n.f.* 人民解放軍（=armée de libération）.

jihad ［dʒiad］［アラビア］*n.m.* **1** （イスラム教徒の）聖戦, ジハード (=le J~ islamique) (=djihad).
2 〔一般的〕j~ （思想・主義の擁護・反対のための）積極的活動；〔俗〕狂信的破壊（暴力）行為.

Jilin ［中国］*n.pr.* 吉林（きつりん）, チーリン《1) 中国北東部の省, 省都 Changchun 長春（ちょうしゅん, チャンチェン）；2) 同省第二の都市》(=kirin).

Jilong ［台湾］*n.pr.* 基隆（きりゅう）, チーロン, キールン (Keelung)《台湾北部の港湾都市》(=Ki-Long).

Jinan ［中国］*n.pr.* 済南（さいなん）, チーナン《山東省 le Shandong の省都》(=Chinan, Tsinan).

Jingdezhen ［中国］*n.pr.* 景徳鎮（けいとくちん）, チントーチェン《江西省 le Jiangxi 北東部の都市；陶磁器生産地》(=Chingtechen).

Jingmen ［中国］*n.pr.* 荊門（けいもん）, ジンメン《湖北省の都市》.

Jingzhou ［中国］*n.pr.* 荊州（けいしゅう）, ジンジョウ《湖北省の古都；旧称江陵》.

Jinhua ［中国］*n.pr.* 金華, 金华（きんか）, ジンホア《浙江省の都市》.

jinisme *n.m.* 〖宗教〗（インドの）ジャイナ教 (=jaïnisme).

Jinju ［韓国］*n.pr.* 晋州（しんしゅう）, チンジュ《慶尚南道の古都》. château de ~ 晋州城《1592 年の壬辰倭乱の激戦地》.

Jinquan ［中国］*n.pr.* 酒泉（しゅせん）, ジョウチュアン《甘粛省の都市》.

Jinzhou ［中国］*n.pr.* 錦州（きんしゅう）, ジンチョウ, チンチョウ《遼寧省 le Liaoning 南西部の都市》(=Chinchou).

Jixi ［中国］*n.pr.* 鶏西（けいせい）, ジーシー《黒龍江省の都市》.

JJMS（=*j*eunes *j*olies *m*ais *s*eules）*n.f. pl.* 若くて美人で独身の女性たち. Elle appartient à cette catégorie des ~. 彼女は若くて美人で独身の女性のカテゴリーに属している.

J.-J.S.-S., JJSS（=*J*ean-*J*acques *S*ervan-*S*chreiber）*n.pr.m.* ジャン=ジャック・セルヴァン=シュレベール《フランスの政治家, ジャーナリスト［1924-］；1970年急進党書記長, 1971-75 年急進党総裁. 主著に『アメリカの挑戦』*Défi américain* (1967), 『世界の挑戦』*Défi mondial* (1980), 『勇気の

JMF (=*J*eunesses *m*usicales de *F*rance) *n.f.pl.* フランス青年音楽愛好協会.

JMJ (=*J*ournées *m*ondiales de la *j*eunesse) *n.f.pl.* (カトリックの) 世界青年祭.

JMJiste *n.* (カトリック主催の) 世界キリスト教青年集会参加者 (=participant[e] aux *J*ournées mondiales de la jeunesse).

JO[1] (=*J*eux *o*lympiques) *n.m.pl.* オリンピック.

JO[2] (=*j*ournal *o*fficiel) *n.m.* 官報.

joaillerie *n.f.* **1** 宝石細工術. **2** 宝石商. **3** 宝石, 宝飾品. **4** 宝石店.

joaillier(**ère**) *n.* **1** 宝石細工師. **2** 宝石販売業者, 宝石商.

JOC (=*J*eunesse *o*uvrière *c*hrétienne) *n.f.* キリスト教青年労働者運動《1925年ベルギーで創設, 1926年フランスに進出》.

JOCE (=*j*ournal *o*fficiel de la *C*ommunauté *e*uropéenne) *n.m.* ヨーロッパ共同体官報《2003年よりJOUE: =*j*ournal *o*fficiel de l'*u*nion *e*uropéenne 官報と改称》.

JOCF (=*J*eunesse *o*uvrière *c*hrétienne *f*éminine) *n.f.* 女子キリスト教青年労働者運動《1928年創設》.

jockey [ʒɔkɛ] *n.m.* (競馬の) 騎手. casquette de ~ 騎手帽. femme ~ 女性騎手. régime ~ 騎手の食事管理；《広義》痩せるための食事療法.

jockey-club [ʒɔkɛklœb] [英] *n.m.* ジョッキークラブ, 競馬クラブ. le *J*~-*C*~ 英国競馬クラブ《Newmarket にある競馬管理・品種改良のための団体》.

joggeur(**se**) *n.* ジョギングをする人, ジョッガー (jogger).

jogging [dʒɔgiŋ] [英] *n.m.* **1** ジョギング. faire du ~ ジョギングをする. **2** トレーニングウェア (=survêtement).

joie *n.f.* **1** 喜び, 歓喜 (douleur「苦しみ」の対). ~ amère ほろ苦い喜び. ~ calme 静かな喜び. ~ de la réussite 成功の喜び. ~ de vivre 生きる喜び. ~ éclatante はじけるような喜び. ~ inexprimable 名状し難い喜び. ~ intérieure 内に秘めた喜び. ~ mêlée de larmes 涙混りの喜び.
cause de ~ 喜びの因. chant de ~ 歓喜の歌. éruption de ~ ほとばしる喜び. extase de ~ 忘我の喜び. *l'Hymne de la J~ de la IX*[e] *Symphonie* de Beethoven ベートーヴェン『第九交響曲』の「歓喜の賛歌」. larmes de ~ 嬉涙.
avec ~ 喜んで. accepter avec ~ 喜んで承知する. à ma grande ~ 私にとって非常に喜ばしいことに.
avoir la ~ de+*inf.* 喜ばしいことに…する. Quand aurai-je la ~ de vous revoir? いつまたお目にかかれるでしょうか? bondir (sauter) de ~ 飛び上がって喜ぶ. cacher sa ~ 喜びをおし隠す. danser de ~ 狂喜

して踊る. éprouver de la ~ 喜びを味わう. être dans la (en) ~ 喜びに浸る. être plein de ~ 喜びに充ち溢れる. exprimer la ~ 喜びをあらわす. faire la ~ de *qn* 人を喜ばせる. frémir de ~ 歓喜にうちふるえる. ne plus se sentir de ~ ; ne plus sentir sa ~ 喜びに我を忘れる. pleurer de ~ 感涙にむせぶ. pousser des cris de ~ 歓声をあげる. Quelle ~ de se retrouver! またお目にかかれて大変うれしいことです!

2 陽気さ, 上機嫌. ~ d'un banquet 宴会の浮かれ騒ぎ. mettre *qn* en ~ 人を陽気にする.

3 喜びの因 (=cause de ~). 〔多く *pl.*〕楽しみ, 楽しいこと, 快楽. 〖宗教〗~s de la terre 地上の快楽. mener une vie sans ~[s] 楽しみのない生活を送る. se faire une ~ de *qch* (de+*inf.*) 何 (…すること) を楽しみにする. C'est une ~ de+*inf.* …するのは喜ばしいことである. Cet enfant est ma seule ~. この子が私の唯一の楽しみです.

4 〔*pl.* で〕〔皮肉〕不快 (厄介, 面倒) なこと. Les embouteillages, ce sont les ~s de la voiture. 渋滞また渋滞, これぞ車の楽しみ. *Les quinze ~s de mariage*『結婚15の楽しみ』《結婚生活の苦しみを描いた15世紀のファブリヨー》.

5 〔古〕肉体的快楽. fille de ~ 売春婦.

joint *n.m.* **1** 継ぎ目, 合せ目；〖建築〗目地；〖木工〗木口 (こぐち). ~ affleuré 平目地. ~ de construction コンクリートの打継ぎ目. ~ de rails レールの継ぎ目. ~ d'une fenêtre 窓の目地.

2 〖機械〗継手. ~ articulé (brisé, universel) 自在継手 (=~ de cardan). ~ coulissant 滑り継手. ~ de dilatation 伸縮継手 (目地) (=~ plastique).

3 〖地学〗(岩石の) 節理.

4 〖機械〗パッキン, ガスケット. 〖自動車〗~ de couvercle シリンダーヘッドカバー, パッキン. 〖自動車〗~ de culasse シリンダーヘッド・ガスケット. ~ de robinet 水栓パッキン.

5 〔古〕関節. ~ de l'épaule 肩の関節. chercher (trouver) le ~ 関節を探す (見つける)；〔比喩的〕うまい手を探す (見つける).

joint(**e**) (<joindre) *a.p.* **1** 合わさった；結合された；結集された. compte ~ 併合口座. efforts ~s 結集された努力. mains ~es pour la prière 祈りのための合掌. objets ~s en faisceau 結束された物体. porte mal ~e ぴったり閉まらぬ扉. sauter à pieds ~s 両足を揃えて跳ぶ；〔比喩的〕〔好機などに〕飛びつく；〔罠に〕まんまとはまる.

2 (à に) 添付された, 付加された；(à に) 付随する. avantages ~s à un poste 地位に付随する利益. clause ~e à un traité 条約の付帯条項. lettre ~e à un paquet 小包に添付された手紙.

3 ci-~ (*e*) 添付の. documents ci-~s 添付

資料. lettre ci-~*e* 同封の手紙. Vous trouverez ci-~ *e* la copie. コピーを添付しましたので御覧ください.

joint-venture [dʒɔjntvɛntʃər] *n.m.* (または *n.f.*)(*pl.*~-~**s**)〔英〕ジョイント・ヴェンチャー, 共(合)同事(企)業体《公用推奨語は coentreprise》.

jojoba *n.f.* 〖植〗ジョジョバ《北米産のつげ科の低木；種子から蠟(ろう)質油を採取する》.

joli[1](**e**) *a.* 〔名詞の前〕**1** 綺麗な, 可愛い, 素敵な, 魅力的な；優美な. ~*e* femme 綺麗な婦人. ~*e* fille 美少女, 可愛らしい娘. ~ garçon 美少年. ~*es* jambes 綺麗な脚. ~*e* maison 魅力的な家. ~ mois de mai 素晴らしい5月. ~*e* musique 綺麗な音楽. ~*e* robe 綺麗なドレス. ~*e* voix 綺麗な声. ~ voyage 素晴らしい旅. de ~*s* yeux 綺麗な眼.
~ comme un cœur 大変可愛らしい. 〔話〕faire ~ 綺麗に見える；不満を示す, 怒る. Elle n'est pas belle, mais ~*e*. 彼女は美人ではないが可愛い.
2 見事な, 上出来の, 立派な. ~*e* performance 見事な記録. ~ spectacle 魅力的なショー.
3 〔話〕相当な, かなりの；結構な, 有利な. de ~*s* bénéfices かなりの利益. 〖海〗~*e* brise 和風《風速時速 20-28 km；petite brise「軟風」と bonne brise「疾風」の中間》. ~*e* situation 結構な地位. ~*e* somme 相当な金額.
C'est bien (très)~, mais... なるほどそれは結構だが, しかし….
4 気の利いた, 面白い, 愉快な. ~ mot 気の利いた語. jouer un ~ tour à *qn* 人に痛快な悪戯をする.
5 親切な, 立派な, 的確な. Ce n'est pas ~, ~, ce que tu as fait. 君のやったことは全くひどいことだ.
6 〔反語的〕結構な, ご立派な. ~ monsieur いかがわしい男.
C'est ~ de dire du mal des absents. いない人の悪口をいうのは悪いことだ. Vous avez une ~ idée de moi! あなたは私を悪く思っていますね！ Vous êtes ~! ひどい奴だわ！；ひどい恰好だね！
7 〔古〕(人が)愛想のよい. 〔現用〕faire le ~ cœur 人の歓心を買おうとする, 愛嬌をふりまく.
——*n.* **1** 〔話〕Mon ~(ma ~*e*)! ねえお前！ (呼びかけ).
2 〔古〕faire la ~*e* (女性が)しなを作る.

joli[2] *n.m.* **1** 綺麗な物. le beau et le ~ 美しい物と綺麗な物.
2 面白い(愉快な)ところ. le plus ~ de l'histoire 話の一番面白いところ.
3 〔反語的〕C'est du ~! 結構な(ひどい)事だ！

jonc [ʒɔ̃] *n.m.* **1** 〖植〗藺(い), 藺草, 燈心草. ~ des chaisiers 太藺. ~ fleuri 花藺. pannier de ~ 藺草で編んだ籠. être souple comme un ~ 藺草のようにしなやかである.
2 藤(とう)(=~ d'Inde)；藤のステッキ(= canne de ~). corbeille de ~ 藤の籠.
3 〖植〗~ marin はりえにしだ.
4 (宝石のつかない)指輪；腕輪, ブレスレット. ~ d'or 金の指輪(腕輪).
5 〔隠〕金, 銭, おあし. avoir du ~ 金持ちである.

jonction (<joindre) *n.f.* **1** 接合, 接続；結合；連絡, 連結. canal de ~ 連絡(水路)運河. gare de ~ 連絡(接続)駅. point de ~[1] 接合点. 〖鉄道〗voie de ~ 渡り線, 転線路.
2 〖法律〗併合. ~ de cause (d'instance) 訴訟の併合.
3 合流, 交叉；合流点, 交叉点(=point de ~[2]). ~ de deux autoroutes 二つの高速道路の合流点 (ジャンクション).
4 〖軍〗合流. ~ de deux colonnes blindées 戦車の2縦隊の合流. faire (opérer) sa ~ (軍隊が)合流する.
5 〖電〗接続；〖電子〗接合, ジャンクション；〖電〗分岐点. ~ d'un câble ケーブルの接続. ~ d'un semi-conducteur 半導体の接合〔部〕.
6 〖生〗接合部. ~ neuro-musculaire 神経・筋肉接合部.

jonquille *n.f.* 〖植〗ジョンキーユ, 黄水仙 (学名 Narcissus jonquilla)；黄水仙の花. un bouquet de ~*s* 黄水仙の花束.
——*n.m.* 薄黄色.
——*a.inv.* 薄黄色の. diamant ~ 薄黄色のダイヤモンド. velours ~ 薄黄色のビロード.

Jordanie(**la**) *n.pr.f.* 〔国名通称〕ヨルダン《公式名称：le Royaume hachémite de J~ ヨルダン・ハシェミット王国；国民：Jordanien(ne)；首都：Amman アンマン；通貨：dinar jordanien [JOD]》.

jordanien(**ne**) *a.* ヨルダン (la Jordanie) の, ヨルダン・ハシェミット王国 (le Royaume hachémite de Jordanie) の；ヨルダン人の. dinar ~ ヨルダン・ディナール (通貨単位).
——*J*~ *n.* ヨルダン人.

JORF (=*J*ournal *o*fficiel de la *R*épublique *f*rançaise) *n.m.* フランス共和国官報. publication au ~ du 20 juin 2000 2000 年6月20日付フランス共和国官報に公示.

JOSEPHSON, Brian David *n.pr.* ブライヤン・デイヴィッド・ジョセフソン 《1940-；英国の理論物理学者. 超伝導体の研究で1973年, 江崎玲於奈, ジエーヴァー Ivar Giaever と共にノーベル物理学賞を受賞》. 〖物理〗l'effet ~ ジョセフソン効果 (2つの超伝導体を薄い絶縁膜でへだて, 絶縁膜を電子対がトンネル効果で通過する時電流が生ずる現象). 〖物理〗jonction ~ ジ

jospiniste (＜Lionel Jospin [1937-], フランスの社会党政治家；第一書記 [1981-88, 1995-97]；首相在位期間 1997. 6. 3-2002. 5. 6) *a.* ジョスパンの, ジョスパン派の.

——*n.* ジョスパン支持派.

JOUE (=*J*ournal *o*fficiel de l'*U*nion européenne) *n.m.* ヨーロッパ (欧州) 連合官報.

joue *n.f.* **1** 頬. ~ à (contre) ~ 頬と頬をくっつけて. faire du ~ à ~ 頬を寄せ合う. ~s creuses (rebondies) 窪んだ (ふっくらした) 頬. embrasser *qn* sur la ~ 人の頬にキスをする. mettre en ~ *qn* (*qch*) 人 (何) を銃で狙う. mettre un fusil en ~ 銃を頬に当てて狙う. 〖軍〗 En ~! Feu! 狙え, 撃て. 〖話〗 se caler les ~s たらふく食べる.
2 (動物の) 頬. 〖料理〗 ~ de bœuf 牛の頬肉.
3 〖機械〗 フランジ；軸受ケージの側面；滑車の外殻. ~ de poutre 梁の側面. ~s de vilebrequin クランク軸フランジ.
4 〖海〗 (船首の) ふくらみのある舷側.

jouet *n.m.* **1** 玩具, おもちゃ. ~s éducatifs (scientifiques) 教育 (科学) 玩具. ~ en peluche ぬいぐるみ. coiffre à ~s おもちゃ箱. industrie du ~ 玩具産業. marchand de ~s おもちゃ屋, 玩具商. rayon des ~ d'un grand magasin 百貨店の玩具売場.
2 〔比喩的〕玩弄物, 慰みもの. être le ~ de …にもてあそばれる, …のなぶりものになる；…のとりことなる. être le ~ d'une femme 女にもてあそばれる. être le ~ d'une illusion 錯覚の虜となる. servir de ~ à *qn* 人のなぶりものになる.

joueur(se) *n.* **1** 競技者, プレーヤー；選手. ~ d'échecs チェスを楽しむ人. ~ de tennis (de golf) テニス (ゴルフ)・プレーヤー；テニス (ゴルフ) 選手. être beau ~ 勝負にいさぎよい. être mauvais ~ 往生際が悪い.
2 賭け事をする人, 賭博者；賭博好き. ~ du casino カジノで賭けをする人. ~ incorrigible 手のつけられない賭博好き.
3 (楽器の) 演奏家 (pianiste, violoniste など固有の語があるものには用いない). ~ de mandoline マンドリン奏者.
——*a.* **1** 遊び好きの. enfant ~ 遊び好きの子供. **2** 賭け好きの, 賭博好きの.

joug [ʒu] 〔比喩的意味や母音の前で時に [ʒug]〕 *n.m.* **1** (牛馬の) 軛, 頸木 (くびき). ~ simple 一頭用の軛.
2 〔比喩的〕〖文〗桎梏 (しっこく), 束縛, 拘束；支配, 圧制. ~ des préjugés 偏見の束縛. ~ du tyran 暴君の圧制.
briser (rompre) le ~ 桎梏を打破する. mettre *qn* sous le ~ 人を隷属させる. tomber sous le ~ de *qn* 人に隷属する.
3 〖古代ローマ〗槍門. 〖現用〗 faire passer *qn* sous le ~ 人を屈辱的な目にあわせる.
4 (天秤の) 竿 (=fléau d'une balance).

jouissance *n.f.* **1** 楽しみ, 享楽. ~s de l'amour 愛の喜び. avoir une ~ 喜びを覚える.
2 官能的喜び (= ~ des sens)；性的快感 (= plaisir sexuel). ~ de la chair 肉欲的快感. absence de ~ 性的不感 〔症〕. parvenir à la ~ 性的快感の絶頂 (オルガスムス) に達する.
3 (財・資産などの) 享受, 享有；所有；使用. ~ à temps partagé タイム・シェアリング (共有物の時間差利用). avoir la ~ d'un jardin 庭園の所有.
4 〖法律〗 (権利の) 受益, 使用収益, 用益, 用益権 (=usufruit). ~ légale 法定用益権 (未成年の子の財産について法定管理を任務とする親に対して, 法律によって与えられる用益権). capacité de ~ 権利能力 (capacité d'exercice「行為能力」の対). loyer d'un bail de 18 années de ~ 18年の受益権契約の賃貸 (地代). prorogation de ~ 使用 (受益) 権の延長. trouble de ~ 受益権をめぐるトラブル. avoir la ~ d'un immeuble sans en avoir la propriété 建物を所有せず, その使用権をもつ.
5 〖財・株式〗 action de ~ 享益株式, 償還株式 (券面額の全部償還済の株式).

jour *n.m.* Ⅰ (日) **1** (日付・時点としての) 日. le ~ de l'An (l'an) 元日 (=le 1er janvier). le ~ des Morts 死者追悼の日, 万霊節 (=le 2 novembre). le ~ de Pâques 復活祭 (春分後の最初の満月の次の日曜日). le ~ du Seigneur 主の日, 日曜日 (=dimanche).
sept ~s de la semaine 7週日 (lundi, mardi, mercredi, jeudi, vendredi, samedi, dimanche). Quel ~ (de la semaine) sommes-nous? —Nous sommes lundi. 今日は何曜日ですか？—月曜日です.

~ astronomique 天文日. ~ civil 暦日 (午前0時から翌日の午前0時まで). ~ chômé 非就労日, 休業日. ~ chômé et payé 有給休日. ~ ouvrable 就労日, 平日.

~ de chaleur 真夏日. ~ de départ (d'arrivée) 出発 (到着) 日. ~ de deuil 服喪日. ~ d'été 夏日. ~ de fête 祝祭日, 祝日. le ~ de fête nationale 国の祝日, 国慶節, 建国記念日 (フランスでは le 14 juillet). ~ de gel 真冬日 (= ~ de gelée). ~ de gloire 栄光の日. ~ d'hiver 冬日. ~ de marché 市の立つ日. ~ de pluie 雨の日, 降雨日. 〖気象〗 ~s de pluie 降雨日数.

~ fixe 所定の期日. à ~ fixe 所定の期日に. ~ historique 歴史的な日. ~s impairs (pairs) 奇数 (偶数) 日. le ~ J 〖軍〗軍事行動開始日；〔広義〕企業の活動開始日 (始業日). ~ intercalaire 閏日 (うるう日). 〖天文〗~ sidéral 恒星日. 〖天文〗 ~ solaire moyen 平均太陽日. 〖天文〗 ~ solaire vrai 真太陽日. 〖映画〗 *Le ~ le plus long* 『(最も長い日→) 史上最大の作戦』(1963年).

◆【副詞的成句】

~ après ~ 来る日も来る日も；日毎に；次第に.

un ~¹；un beau ~ （過去の）ある日；（未来の）いつか, そのうち.

l'autre ~ 先日, このあいだ.

un autre ~ 近日中に, またいつか；他日.

un ~ ou l'autre；un de ces ~s 近いうち, そのうち. A un de ces ~s. では又《別れの挨拶の文言》.

d'un ~ à l'autre 近日中に；日ましに, 急に, にわかに.

ce ~-là その日. ces ~s-ci；ces ~s derniers 近頃, 最近.

chaque ~ 毎日, 日々.

de ~ en ~ 日ましに, 日一日と；次第に.

tous les ~s 毎日；毎日のように. de tous les ~s 日常の, いつもの, 普段の. vêtements de tous les ~s 普段着.〔俗〕C'est du tous les ~s. よくある事だ.

il y a un an ~ pour ~ （à pareil ~）1年前の同じ日に.

◆【その他の成句】

grand ~¹ 重要な日.〖史〗les Grands *J*~*s* パリ高等法院判事の巡回裁判. Aujourd'hui, c'est un grand ~ pour moi. 今日は私にとって大切な日だ.

être dans un (son) bon (mauvais) ~ 機嫌がよい (悪い).

prendre un ~ 日を決める.

venir à son ~〔et son heure〕来るべき時に来る；起るべき時に起る.

2 暇な日, 都合のよい日；面会日, 応接日 (=~ de réception). Le mardi est son ~. 火曜が彼女の面会日だ. Quel est votre ~ ? どの日がお暇ですか？

3〖軍〗de ~¹ 当番の, 当直の, 24時間勤務の. officier de ~¹ 当直士官. être de ~¹ 当番 (当直) である.

4 その日, その時；当日；今日；現代. à ~¹ 現時点に合わせて；日付通りに. chirurgie de ~ 日帰り手術. être à ~ (仕事・帳簿などが) その日の分まで済んでいる (記載してある). mettre à ~ 現時点に合わせる；(仕事・帳簿などを) その日の分まで済ませる (記載する)；(現時点に合わせて) 改訂する. mettre son courrier à ~ たまった手紙に返事を書く. mise à ~ d'un catalogue カタログの改訂.

à ce ~；jusqu'à ce ~ 今日までのところ. au ~ le ~ その日限りで；その日その日に, 規則正しく.〖金融〗argent au ~ le ~ コールマネー. noter *qch* au ~ le ~ 何を毎日規則正しく記録する. vivre au ~ le ~ その日暮しをする.

du ~ その日の, その時の；今日の；当節の, 現代の；今話題になっている. homme du ~ 時の人. mode du ~ 当節の流行. nouvelles du ~ 今日のニュース. œuf du ~ 生みたての卵. offices du ~ 聖務日課. ordre du ~ 議事日程；決議事項. plat du ~ 本日のお勧め料理. du ~ au lendemain 僅かの間に.

II 《1日》**1** (時間の単位・長さとしての) 日, 1日 (=journée). ~ franc 満1日. quelques ~s d'absence 数日間の不在. tout le ~ 一日中. bébé de huit ~s 生後1週間の赤ん坊. voyage en plusieurs ~s 数日間の旅行. dans deux ~s 2日後に. il y a quinze ~s. 2週間前に.

par ~ 1日に；1日につき. une fois par ~ 1日1回 (=une fois le ~). une idée par ~ 日々の考え.

2 1日の行程；(仕事・給料などの) 1日分.〖法律〗~-amande 日数罰金. deux ~ de vivres 2日分の食糧. à un ~ de voiture 車で1日の所に. payer huit ~s 1週間分の給料を支払う.

3〘特に〙軍〙禁錮日数 (= ~ de punition). donner deux ~s à *qn* 人を2日の禁錮に処す.

4 un ~² 僅かの間, 束の間. bonheur d'un ~ 束の間の幸福. ne durer qu'un ~ 僅かしか続かない.

III 《日々》**1**〔*pl.* で〕日々；時期；生涯. les beaux ~s 幸せな日々. beaux ~s 春；気候の良い季節 (春から秋)；華やかなりし頃；青春時代. mauvais ~s 不幸な時期；逆境. vieux ~s 晩年. fuite des ~s 過ぎ去る日々.

2〔*pl.* で〕時代 (=époque). ~s héroïques de la Grèce antique 古代ギリシアの英雄時代. de nos ~s 現代 (今日) では (=actuellement, aujourd'hui). De nos ~s on voyage plus qu'autrefois. 現代では昔より旅することが多い. jusqu'à nos ~s 今日まで.

3 生涯の日；〔*pl.* で〕生涯；〔文〕生命. notre dernier ~ 晩年. notre premier ~ 幼少時. finir ses ~s 生涯を終える, 死ぬ. perdre le ~ 生命を失う. sauver les ~s de *qn* 人の生命を救う. venir au ~ 生まれる.

IV 《昼》昼, 昼間, 日中. début du ~ 朝方. fin du ~ 夕方. pur comme le ~ 明々白々な.

de ~² 昼間に；昼の, 昼間の. papillon de ~ 蝶 (papillon de nuit「蛾」の対). service de ~ 昼間業務. être de ~ 昼間勤務である. travailler de ~ 昼間働く, 昼間勤務につく.

le ~ et la nuit；~ et nuit；nuit et ~〔nyiteʒur〕昼も夜も, 四六時中；絶え間なく, 休みなく. magasin ouvert ~ et nuit 24時間営業の店.〘比喩的〙être comme le ~ et la nuit 全く異なる. faire du ~ la nuit 夜勤を務める. En hiver, les ~s sont courts. 冬は日が短い.

V 《光》**1** 日の光, 日光, 陽光 (=lumière du ~)；〔詩〕太陽, 日輪 (=astre du ~). Le ~ se lève (se couche). 日が昇る (沈む). ~

naissant 日の出〔の太陽〕. Il fait ~. 夜が明ける.
grand ~²; plein ～ 白昼の光. Il fait grand ~. 夜がすっかり明けている；真昼間である. au grand ~; en plein ～ 白昼に, 真昼間に；白日のもとに, 公然と. exposer au grand (en plein) ～ 白日のもとにさらす, 万人に知らしめる；(秘密などを)暴露する.
petit ～ ほのかな曙光. au petit ～ 夜明けに. au ~ tombé 日没時に.
avoir le ~ dans les yeux 日光が目に入る, まぶしい. mettre qch au ~ 何を発掘する；明るみに出す, 公表する. voir le ~¹ 日の目を見る；発表される.
beau (belle) comme le ~ 輝くばかりに美しい. C'est clair comme le ~. 日の目を見るより明らかだ.
2 (日光による) 明り, 光；(差し込む) 外光；〔稀〕(月・ランプなどの) 明り, 光. ~ pâle 薄明かり. prendre ~ (から) 採光している. s'asseoir vers (contre) le ~ 光に向かって(を背にして)座る.
3 〔文〕(生命の象徴としての)日の光, この世の光；〔転じて〕生命. donner le ~ à; mettre au ~² (子供・作品などを)生む. voir le ~²; venir au ~ (人が)生まれる；(作品・組織などが)誕生する.
4 〔比喩的〕(解明の)光. jeter un ~ nouveau sur une question obscure 曖昧な問題に新たな光を当てる.
5 光の当たり具合；照らし出された様相. prendre un ~ nouveau 新しい様相を呈する. faux ~ 具合の悪い照明. travailler dans un faux ~ 目ざわりな照明下で働く. sous un ~ +*adj.* …な光の当り方(様相)で；…な角度から. connaître *qn* sous son véritable ~ 人の真の姿を知る. montrer *qch* (*qn*) sous le ~ des affaires 何(人)を事業の観点から示す. voir *qch* sous un autre ~ 何を別の見地から捉える. Ce tableau est sous un mauvais ~. この絵は光りの当り方が悪い.
VI 〔隙間〕**1** (光の通る)隙間；〔建築〕透かし細工；〔裁縫〕透かし模様, 飾り穴, ドロンワーク. à ~² 透かし細工をした；透かし模様のある, 飾り穴のある. porte à ~ 透かし格子の扉. percer à ~ (秘密・意図などを)暴く, 見破る. faire des ~s à un mouchoir ハンカチに透かし模様をつける.
2 明かり取り, 採光窓. 〔法律〕~ de souffrance (de tolérance) (隣の了解を得て設けた)採光用の隣家に面した)容認窓. percer un ~ dans un mur 壁面に窓を作る.
3 se faire ~ 現れる, 明らかになる；〔古〕通路を切り開く；突破する. La vérité finit par se faire ~. 真実は結局明らかになった.

jour-amende (*pl.* **~s-~**) n.m. 〔法律〕日払い罰金〔刑〕(監獄に入る代りに裁判所が日数を決めて支払わせる罰金刑). peine de ~ 日払い罰金刑 (上限日数 360 日,

罰金額は 1 日 1,000 € 未満 (旧来は 2,000 F 未満), 上限総額 360,000 €).

journal (*pl.***aux**) *n.m.* **1** 新聞, 新聞社. ~ à grand tirage 発行部数の大きな新聞. ~ d'information (générale) 一般報道紙, 情報提供型新聞. ~ d'opinion オピニオン新聞, 主義主張型新聞, 言論紙. ~ du matin 朝刊紙. ~ du soir 夕刊紙. ~ de rue ホームレス販売紙. lire *qch* dans le ~ …を新聞で読む. travailler dans un ~ 新聞社で働く. papier-~ 新聞用紙. Le *J*~ officiel 官報 (JO と略記).
2 雑誌, 定期刊行物. ~ de mode モード雑誌. ~ féminin 女性向け新聞・雑誌.
3 ニュース. ~ filmé ニュース映画. ~ lumineux 電光ニュース. ~ parlé ラジオのニュース. ~ télévisé TV のニュース. le ~ de midi à TF 1 TF 1局のお昼のニュース.
4 日記, 日誌, 記録. ~ de bord 航海日誌, 航空日誌 (= ~ de mer, ~ de navigation). 〔海〕~ de passerelle 当直日誌. ~ de voyage 旅行記.
5 〔商業〕取引日誌, 仕訳元帳, 会計日誌 (= livre-~).

journalier (**ère**) *a.* **1** 毎日の, 日々の. 〔古〕ouvrier ~ 日雇い労働者. salaire ~ 日給. travail ~ 毎日の仕事.
2 〔古〕日々変化する.
——*n.* 〔古〕日雇い農業労働者.

journalisme *n.m.* **1** ジャーナリズム；新聞(雑誌, 報道)業(界)；〔集合的〕新聞, 雑誌. faire du ~ ジャーナリズム関係の仕事をする.
2 ジャーナリズムに特有の表現法(文体, やり方). C'est du vrai ~. これぞ真のジャーナリズム手法だ.
3 〔古〕新聞界. ~ parisien パリの新聞界.

journaliste *n.* ジャーナリスト, 新聞(雑誌・放送)記者. ~ de télévision TV記者. ~ politique (scientifique, sportif) 政治(科学, スポーツ)記者. ~ reporter d'images 映像取材記者.

journalistique *a.* ジャーナリズムの；ジャーナリストの；ジャーナリスティックな. carrière ~ ジャーナリストとしての経歴. industrie ~ ジャーナリズム産業. 〔しばしば蔑〕langage ~ ジャーナリスト的言葉遣い.

journée *n.f.* **1** 一日；日中, 昼間(日の出から日没まで). ~ bien remplie 充実した一日. ~ d'été (d'automne) 夏(秋)の日. ~ d'hier (du lendemain) 前日(翌日). ~ de travail¹ (de repos) 仕事日(休息日, 休日). ~ du dimanche 日曜日の一日. ~ entière 丸一日.
à n'importe quel moment de la ~ 一日中いつでも. à longueur de ~ 一日中ずっと. au cours de la ~ (le long de la ~；pendant la ~) 日中. au début de la ~ 朝のうち. à la fin (en fin) de la ~ 夕方に. toute la ~

一日中. demi-~ 半日；(特に)半日の労働時間. emploi de ~ 日雇い. terminer qch dans la ~ その日のうちに何をし終える. perdre la ~ 一日を無駄にする. belle ~ 素晴らしい一日. Bonne ~ ! ではよい一日を！(挨拶).
2 歴史的な一日 (=~ historique)；戦闘の一日 (=jour de bataille)；戦闘, 会戦 (=combat). les ~s de Juillet 1830 1830年の7月革命の3日間 (27・28・29の3日間；les Trois Glorieuses「栄光の3日間」). la ~ d'Austerlitz アウステルリッツの会戦 (1805年). ~ d'émeute 暴動の一日. une chaude ~ 大激戦の一日；〔話〕試練の一日. sanglante ~ 流血の一日.
3 記念日；(特定の行事の)日. la ~ internationale des femmes 国際女性記念日 (1910年創設, 1977年国連公認, 1982年フランスで公認；毎年3月8日). les ~s mondiales de la jeunesse (カトリック主催の)世界青年の日 (略称JMJ). ~ sans voiture 車なしデー.
4〔比喩的〕人生 (=vie). finir la ~ 人生を終える.
5 一日の仕事；一日の労働時間 (=~ de travail²). dure ~ 〔de travail〕つらい一日の仕事. fatigue de la ~ 一日の仕事の疲れ. faire des ~s de huit heures 一日8時間労働をする. ~ continue (昼休みを短縮し終業時間を早める)連続勤務. faire la ~ cotinue 休みをとらずに仕事をする.
6 日雇い；日給, 日当. femme (homme) de ~ 日雇いの女性(男性), 日雇い労働者 = journali*er* (*ère*). aller en ~ 日雇いの仕事に出る. être payé à la ~ 日当で支払われる. travailler à la ~ 日雇いで働く.
7 一日の行程. voyager à petites ~s 急がずに旅をする. Il y a trois ~s de train jusqu'à cette ville. この町まで列車で3日かかる.
8〔古〕一日の耕作面積 (=journal).

jovi*al* (*ale*) (*pl.***aux**) *a.* **1** 陽気な, 快活な. une ~*ale* personne 陽気な人. hommes ~*aux* 陽気な人たち.
2〖ローマ神話〗ユピテル(Jupiter)の (=jovien (*ne*)).

joyau (*pl.*~**x**) *n.m.*〔文〕**1** 金銀宝石の装身具, 宝飾品, 宝石 (=bijou)；(宝飾品の)光輝. les ~x de la Couronne 王家伝来の宝石類. trônes constellé de ~ 金銀宝石をちりばめた玉座. être paré de ~x 宝飾品で飾られる.
2〔比喩的〕(金銀宝石のように)貴重なもの, 至宝. ~ de l'art gothique ゴシック芸術の珠玉.

joyeux (*se*) (<joie) *a.* 〔時に名詞の前〕**1** 嬉しい, 楽しい；陽気な, 愉快な, 快活な. ~ enfant；enfant ~ 陽気な子供. bande ~*se* d'enfants 遊びたわむれる子供の群. ~ garçon 愉快な男.

Les J~ses Commères de Windsor de Shakespeare シェイクスピアの『ウィンザーの陽気な女房たち』. vie libre et ~*se* 自由で楽しい生活. être de ~*se* humeur 陽気なたちである. être en ~*se* compagnie 愉快な仲間と一緒にいる. mener ~*se* vie 享楽的な生活を送る, 楽しく暮らす. Il est tout ~ d'obtenir un prix. 彼は賞をとって大喜びだ.
2 嬉しそうな, 楽しげな, 喜びをあらわす. ~ fanfare 楽しげなファンファーレ. cri ~ 歓声. mine ~*se* 嬉しそうな顔付.
3 人を陽気にする；楽しい, 愉快な. J~ anniversaire! 誕生日(記念日)おめでとう. J~ Noël! メリー・クリスマス! souhaiter un ~ Noël à qn 人にクリスマスの祝いを述べる. ~ soleil 燦々と降り注ぐ陽光. ciel bleu et ~ 晴れ晴れとした青空. vin ~ 活き活きした葡萄酒；喜びをもたらす(陽気な)葡萄酒.

JPEG (=〔英〕*J*oint *P*hotographic *Ex*perts *G*roup) *n.m.*〖電算〗ジェイペグ(カラー静止画像の圧縮符号化方式の国際標準化委員会およびその圧縮符号化方式).

JPN (=le *J*a*p*o*n*) *n.m.* 日本 (3文字略記).

JPR (<*J*ean-*P*ierre *R*affarin) *n.pr.m.* ジャン=ピエール・ラファラン(フランスの政治家 [1948-]；首相 [2002-05]).

JRI (=*j*ournaliste *r*eporter d'*i*mages) *n.m.*〖放送〗映像取材ジャーナリスト, 映像取材記者, TVレポーター. la Betacam, caméra fétiche des ~ JRI愛用カメラのベータカム.

jubarte *n.f.*〖動〗座頭鯨(ざとうくじら) (=mégaptère ; baleine à bosse).

jubé *n.m.*〖建築〗ジュベ(教会堂内陣の身廊と聖歌隊席の間のゴシック様式の装飾的仕切り障壁). ~ de la cathédrale Sainte-Cécile à Albi アルビのサント=セシル大聖堂のジュベ.

jubilaire *a.* **1** 50年記念の. **2** 在職50年の. docteur ~ 在職50年の医師. **3**〖カトリック〗(教皇による)大赦の. année ~ 大赦の年, 聖年 (=année sainte).

jubilé *n.m.* **1** (古代ユダヤ教の)ヨベルの年, 50年祭(ユダヤ民族がカナンに入った年から起草して50年毎に行われた祝祭；奴隷を解放し, 土地を返却して休耕することを, 神がモーセに命じたことに基づく).
2〖カトリック〗聖年 (=année de ~ ; année sainte)；聖年の特赦(25年毎).
3 (在職・在職・創業・結婚などの)周年記念〔祭〕；(特に)50周年祭. ~ de cinquante ans de règne de la reine Elisabeth II 女王エリザベス2世の在位50年祝典. ~ de diamant ダイヤモンド・ジュビレ (60または75周年記念). ~ [d'or] de mariage 金婚式. ~ d'argent de mariage 銀婚式(結婚25周年).
4〖スポーツ〗選手権者の引退記念式典.

judaïque *a.* 古代ユダヤ〔人〕の；ユダヤ教の；ユダヤ民族の. la Bible ~ 旧約聖書 (=la Bible juive, l'Ancien Testament). loi ~ 古代ユダヤ法.

judaïsme *n.m.* **1** 〖宗教〗ユダヤ教. **2** ユダヤ教徒であること；ユダヤ教徒的特質. **3** ユダヤ教徒の共同体, ユダヤ教社会.

judaïté, judéité *n.f.* ユダヤ人的特質, ユダヤ人性；ユダヤ人としての境遇.

judéo-chrétien(ne) *a.* 〖宗教〗**1** ユダヤ・キリスト教の. **2** ユダヤ教とキリスト教に共通の. civilisation ~ ユダヤ教キリスト教文明.

—*n.* ユダヤ・キリスト教徒.

judéophobie *n.f.* ユダヤ〔人〕嫌い.

judiciaire *a.* **1** 司法の, 裁判の, 訴訟上の. acte ~ 裁判上の行為（訴訟当事者あるいは弁護士, 裁判所書記などによる証人呼出し, 弁論書作成などの行為）. aide ~ 訴訟費用の公的扶助. assistance ~ 訴訟費用の救済（1972年に aide ~ が制定された時に廃止された）. casier ~ 犯罪記録. conseil ~ 後見人（禁治産者など成人が対象. 1968年以降は curateur という）. contrat ~ 裁判契約（民事訴訟において結審前に当事者間で達成される合意）. contrôle ~ 保釈の条件, 被保釈者に対する司法上の監視（被疑者の拘留期間を短縮するために 1970 年に導入された制度）. enquête ~ 司法当局による捜査. erreur ~ 誤審, 誤判. liquidation ~ 倒産, 破産宣告（破産者の再建が可能な場合には règlement ~ すなわち整理, 更生手続きが, 再建が不可能な場合には liquidation des biens 財産の清算手続きが適用される）. ordre ~ 司法裁判機構；受命裁判官の関与による配当順位. organisation ~ 司法機構. police ~ 司法警察. poursuite ~ 訴追. pouvoir ~ 司法権（pouvoir exécutif 執行権, pouvoir législatif 立法権と共に三権をなす）. professions ~s 司法職. règlement ~（整理, 更生手続きを伴う）倒産. tribunal ~ 司法裁判所. vente ~ 強制競売. 〖史〗combat (duel) ~ 決闘裁判（中世の風習の一つで決闘の勝者を裁判の勝者とした）.

2〔古〕判断力の. faculté ~ 判断力.

judiciarisation *n.f.* 〖法律〗司法化.

judicieux(se) *a.* **1** 判断力のある, 分別のある, 思慮分別のある. homme ~ 思慮深い人.

2 正しい判断に基づく, 的確な, 賢明な. ~se prévoyance 正しい見通し. choix ~ 賢明な選択. critique ~se 的確な批評. Il serait ~ de+*inf.* …する方が賢明だろう.

judo〔日〕*n.m.* 柔道. championat de ~ 柔道選手権. faire du ~ 柔道をやる.

judogi〔ʒydogi〕〔日〕*n.m.* 柔道着.

judoka〔日〕*n.* 柔道家, 柔道選手.

jugal(ale)(*pl.***aux**) *a.* 〖解剖〗頬(joue)の. arcade ~*ale* 頬骨弓 (=arcade zygomatique). os ~ 頬骨 (=os de la pommette, os malaire).

—*n.m.* 〖解剖〗頬骨 (=os ~).

juge *n.m.* **1** 裁判官, 判事（裁判官 (magistrat du siège ともいう) は, 検察官 magistrat debout (または ministère public) および司法省本省の管理職 chancellerie, 司法修習生 auditeur de justice と共に司法官 magistrat としての身分を有する；なお上級裁判所の判事は conseiller と呼ぶ）. ~ administratif 行政裁判所判事. ~ aux affaires familiales 家族事件裁判官. ~ aux affaires matrimoniales 婚姻関係問題担当判事（各大裁判所に1ないし数名おり, 離婚や離婚夫婦の児童保護の問題を専門に扱う）. ~ aux ordres 配当手続き判事. ~-commissaire 受命裁判官, 受任裁判官 (=~-commis). ~ consulaire 商事裁判所判事. ~ d'appel 控訴審判事. ~ de cassation 破毀審判事. ~ de la mise en état 訴訟準備手続き担当判事（1971年以前は ~ chargé de suivre la procédure といった）. ~ de l'application des peines 行刑執行判事. ~ de paix 治安判事（1958年以降は ~ d'instance 小審判事と改称）. ~ de première instance 初審判事. ~ des enfants 少年事件担当裁判官（大審裁判所で民事, 刑事両面で少年問題を担当する）. ~ de l'exécution 執行裁判官. ~ de l'expropriation 収用裁判官（大審裁判所で土地収用の賠償額決定を担当する判事）. ~ des loyers 賃貸借料裁判官. ~ des référés 仮処分裁判官. ~ des tutelles 後見判事. ~ d'instruction 予審判事. ~ directeur（パリ地方の）小審裁判所筆頭裁判官. ~ rapporteur 訴訟準備報告担当判事（訴訟準備手続き担当判事の一人で, 訴訟の事実関係, 法律関係についての報告を口頭弁論に先立って作成する）. ~ suppléant 判事補. ~ titulaire 正判事.

aller devant le〔s〕~〔s〕裁判に訴える. porter une affaire devant le〔s〕~〔s〕ある問題を訴訟にかける.

2 審判, 審査員. 〖テニス〗~-arbitre（トーナメント）レフェリー. ~ de ligne ラインパーソン. 〖ラグビー〗~ de touche タッチジャッジ, 〖サッカー〗線審.

3 審判者, 判断を下す人, 鑑定人, 目きき. être〔à la fois〕~ et partie 自ら利害関係をもつ問題について審判を下す, 公正な判断をする立場にない. faire *qn* ~ de *qch* …についての判断を…に委ねる. Je vous laisse entièrement ~ de cette affaire. この件についての判断は貴方に全面的に任せます.

4 〖ユダヤ史〗士師. Livre des J~s（旧約聖書の）士師記.

juge-commissaire(*pl.*~**s-**~**s**) *n.m.* 〖法律〗受命裁判官, 受任裁判官 (=juge-commis)（審理法廷などから付託されて証人尋問や実地検証などを行う裁判官；財産分割の実行などを行う裁判官；商事では

企業の裁判上更生・清算などを任務とする裁判官).

jugement *n.m.* **Ⅰ 1** 裁判, 裁き；審判. ~ de Dieu 神の裁き；(中世の) 神明審判 (= ordalie). 〖宗教〗le J~ 〔dernier〕最後の審判. ~ d'un accusé 被告人の裁判. 〖法律〗~ par défaut 欠席裁判. mettre *qn* en ~ 人を裁判にかける. passer en ~ 裁判に出頭する；(事件が) 裁判に付される.
2 〖法律〗判決, 裁定；判決文《第一審裁判所の判決；第二審での判決は arrêt を用いる》. ~ au fond 本案判決. ~ avant dire droit 中間判決, 先行判決. ~ contradictoire 対審判決. ~ convenu 合意判決 (=~ d'accord, ~ d'expédient). ~ de défaut 欠席判決 (= ~ par défaut). ~ incident 付帯判決. ~ provisoire 仮判決. casser un ~ 判決を破棄する. faire appel d'un ~ 判決を不服として上訴(控訴)する. prononcer (rendre) un ~ 判決を下す. réformer un ~ 判決を変更する.
Ⅱ 1 判断力, 分別. avoir du ~ 判断力(分別)がある. manquer de ~ 判断力に欠ける.
2 判断；評価, 判定；批評, 批判；意見. porter un ~ sur *qch* 何について判断を下す(意見を述べる). ~ d'un critique 批評家の評価.
3 〖論理〗判断. ~ analytique (hypothétique) 分析的(仮言的)判断. ~ de valeur 価値判断.

jugeote *n.f.* 〖話〗良識, 分別. avoir de la ~ 分別がある.

jugulaire *a.* **1** 〖解剖〗喉の；頸部の. phlébogramme ~ 頸静脈波. veine ~ 頸静脈.
2 規律にやかましい.
── *n.f.* **1** 〖解剖〗頸静脈 (=veine ~).
2 (軍帽の) あご紐.
3 〖話〗~~~ 厳格な規律；〔形容詞として〕sous-officier ~-~ 口うるさい下士官.

juif (**ve**) *a.* ユダヤの；ユダヤ人の；ユダヤ教の. calendrier ~ ユダヤ暦《前 3761 年を紀元とする太陰太陽暦》. Centre de documentation ~ve contemporaine 現代ユダヤ資料センター. communauté ~ve ユダヤ人共同体. Congrès ~ mondial 世界ユダヤ人会議. littérature ~ve ユダヤ文学. Pâque ~ve ユダヤ教の復活祭. peuple ~ ユダヤ民族. religion ~ve ユダヤ教. Société des études ~ves ユダヤ学会.
── *n.* **1** 〔多く J~〕ユダヤ人. les J~s ユダヤ教. J~s en déportation 強制収容所に収容されたユダヤ人. le J~ errant さまよえるユダヤ人. J~ français ユダヤ系フランス人. camp d'extermination pour les J~s d'Auschwitz II-Birkenau 第二アウシュヴィッツ・ビルケナウ・ユダヤ人滅殺収容所.
2 〔時に J~〕ユダヤ教徒. ~ converti au christianisme キリスト教に改宗したユダヤ教徒.
3 〖話〗le petit ~ (ぶっつけると蟻走感が生じる) 肘の先端.

juillet *n.m.* 7 月 (<ローマ暦の第 7 月：Julius mensis ユリウス・カエサルの月). au mois de (en)~ 7 月に. journée du 14 ~ 1789 1789 年 7 月 14 日《フランス大革命勃発の日》. le 14 ~ 7 月 14 日《フランス大革命記念日；フランス共和国の国の記念日《建国記念日》la fête nationale française；日本での俗称「パリ祭」》. défilé du 14 ~ 7 月 14 日「フランス大革命記念日」の分列行進. 〖仏史〗la Révolution de ~ 七月革命《1830 年 7 月》. 〖仏史〗les 〔trois〕journées de ~ 七月革命の 3 日間 (=les Trois Glorieuses「栄光の 3 日間」；1830 年 7 月 27・28・29 日の 3 日間). 〖仏史〗la monarchie de J~ 七月王政 (1830-1848 年).

juillettiste *n.* 7 月のヴァカンス旅行者 (=vacancier du mois de juillet).

juin *n.m.* 6 月 (<ローマ暦の第 6 月：junius mensis 第一執政官 Junius Brutus の月). au mois de (en)~ 6 月に. L'été commence au solstice de ~ 夏は 6 月の夏至に始まる. 〖仏史〗appel du 14 ~ 1940 1940 年 6 月 14 日のアピール《ロンドンからドゴール将軍が対独抵抗を呼びかけた日》.

juiverie *n.f.* **1** 〔集合的〕〖蔑〗ユダヤ人.
2 〔古〕ユダヤ人街, ゲットー (=ghetto).

jujube *n.m.* **1** 〖植〗なつめの木 (jujubier) の実. **2** なつめの実の汁 (練り粉；咳止薬).

jujubier *n.m.* 〖植〗なつめの木《実は jujube》.

juke-box [dʒukbɔks] (*pl.* ~ - ~ s) [米] *n.m.* ジュークボックス.

jumbo [[英] dʒʌmbou/ [仏] dʒœmbo] [英] *n.m.* **1** 〖土木・鉱山〗ジャンボー《巨大掘削機》.
2 ジャンボ・ジェット機 (=jumbo-jet) 《Barnum's show の巨象の名前に因む》.

jumbo-jet [dʒœmbodʒɛt] (*pl.* ~ - ~ s) [英] *n.m.* ジャンボ・ジェット機 (=gros porteur).

jumeau¹ (**elle**) (*pl.* **aux**) *a.* **1** 双子の, 双生児の；(動物が) 同腹の, 同胎の. frères ~ eaux 双子の兄弟. sœurs ~ elles 双子の姉妹.
2 〖植〗双生の；(果実が) 癒合した. cerises ~ elles 二つくっついた桜桃.
3 対になった. lits ~ eaux ツインベッド. 〖解剖〗muscle ~ 双子筋；腓腹筋.
── *n.* 双子, 双生児；双胎. 〔俗〕多胎. vrais ~ eaux 一卵性双生児 (=monozygote). faux ~ eaux 二卵性双生児 (=dizygote). ~ eaux fivitellins 二卵性双胎. ~ eaux uniovulaires 一卵性双胎. trois ~ eaux 三つ子.
2 〖広義〗瓜ふたつの人.

jumeau² (*pl.* ~ **x**) *n.m.* **1** 〖解剖〗(臀部の) 双子筋, (ふくらはぎの) 腓腹筋 (=muscle ~）；〔pl. で〕腓腹筋（=muscles ~x；ふくらはぎの双子筋）. ~ externe 外腓腹筋. ~ interne 内腓腹筋. **2**〖食肉〗ジュモー（肩肉の一部）.

jumelage *n.m.* **1** 対にすること，二つずつ組にすること；〖軍〗二連装. ~ de pneus タイヤの二連装. ~ de mitrailleuses 機関銃の二連装.
2〔比喩的〕姉妹都市協定の締結. ~ de Chartres et de Ravenne シャルトルとラヴェンナの姉妹都市協定の締結.

jumelé(e) *a.p.* **1** 対になった，二つで組になった，連装された. bielles ~es 連結棒. colonnes ~es 二連円柱（二本一組の円柱）.〖競馬〗pari ~ 連勝式〔馬券〕. roues arrières ~es d'un gros camion 大型トラックの後輪の二重（二連装）タイヤ.
2〖機械・建築〗補強された；副え木をした. mât ~ 副え木をしたマスト.
3 姉妹都市協定を結んだ. villes ~es 姉妹都市.

jumelle *n.f.* **1**〔単数または複数〕双眼鏡. ~s à prismes プリズム双眼鏡. ~s de campagne 野外用双眼鏡. ~s de théâtre (de spectacle) オペラグラス. ~s marines 海洋用双眼鏡. étui à ~s 双眼鏡ケース. regarder à la ~ 双眼鏡で見る.
2〖機械〗〔多く *pl.*〕対になった部品.〖自動車〗~ de ressort 板バネシャックル.
3〖機械・建物〗補強材.

jungle [ʒɶgl]〔英〕*n.f.* **1** ジャングル，密林〔地帯〕，熱帯雨林.〔比喩的〕~ en béton コンクリート・ジャングル. être perdu dans la ~ ジャングルで迷う.
2〔比喩的〕弱肉強食の世界，苛然な生存競争の場. loi de la ~ 弱肉強食の世界の掟.

junior [ʒynjɔr]〔英〕*a.inv.* **1**〖スポーツ〗ジュニア級の（cadet と senior の中間；スポーツにより異なるが概ね 16～20 歳）. catégorie ~ ジュニア級. équipe ~ ジュニア・チーム. joueurs ~s ジュニア級の選手.
2 若向きの. s'habiller en style ~ ジュニア・スタイルの服装をする.
3（職業活動が）新進の，後輩の，後任の（senior の対）. éditeur ~ 後輩の出版人.
4 年下の，若い方の（父に対する子，兄に対する弟など）. Dupont ~ デュポン・ジュニア（2世）.

junk-bond [dʒɶnkbɔnd]（*pl.* ~-~s）〔英〕*n.m.*〖証券〗ジャンク=ボンド（信用度が低い高リスク・高利回りの債券）.

junk-food〔英〕*n.f.* ジャンク・フード（高カロリー・低栄養価の加工食品）（=nourriture néfaste）.

junkie, junky [dʒɶnki]（*pl.* ~s）〔英〕*n.*〖俗〗ヘロイン中毒患者（=héroïnomanie）.

junte [ʒɶt]〔西〕*n.f.* **1**（スペイン，ポルトガル，ラテンアメリカ諸国の）評議会.
2（クーデターにより誕生した）革命評議会. ~ militaire 軍事革命評議会.

jupe *n.f.* **1**〖服〗スカート. ~ courte ミニスカート（=mini-~）. ~ longue ロングスカート. ~ plissée プリーツスカート. porter une ~ スカートをはいている.
2〔*pl.* で〕スカートとペチコート（=jupon）.
3〖機械〗（ピストンの）スカート；（車，機関車，ロケットなどの）スカート.

jupe-culotte（*pl.* ~s-~s）*n.f.* キュロット・スカート.

jupette *n.f.* ミニスカート.

jupon *n.m.* **1**〖服〗ジュポン，ペチコート；スリップ. **2**〖話〗〔集合的〕女，娘.

Jura *n.pr.m.* **1**〖地理〗le ~ ジュラ山脈（フランス，スイス，ドイツにまたがる山脈；最高峰 le crêt de la Neige 1,718 m）. le ~ franco-suisse フランス=スイス・ジュラ山脈. le ~ allemande ドイツ・ジュラ山脈（南は le ~ souabe シュヴァーベン・ジュラ山脈，北は le ~ franconien フランケン・ジュラ山脈）.
2〖行政〗le ~ ジュラ県（=département du ~；県コード 39；フランスと UE の広域地方行政区の région Franche-Comté フランシュ=コンテ地方に属す；県庁所在地 Lons-le-Saunier ロンス=ル=ソーニエ；主要都市 Dole ドール，Saint-Claude サン=クロード；3 郡，34 小郡，545 市町村；面積 5,053 km²；人口 250,857；形容詞 jurassien (ne).
3〖行政〗（スイスの）ジュラ州（=canton du ~；州都 Delémont ドレモン；形容詞 jurassien (ne)).

jurançon *n.m.*〖葡萄酒〗ジュランソン（西南フランス，département des Pyrénées-Atlantiques ピレネー=アトランティック県 Jurançon（市町村コード 64110）周辺地区で生産される辛口とやや甘口の AOC 白葡萄酒）.

jurassien(ne)（<Jura）*a.* **1** ジュラ地方の，ジュラ山脈の. montagnards ~s ジュラ山脈の住民.〖地学〗relief ~ ジュラ型地形.
2〖地学〗ジュラ紀の（=jurassique）. plissement ~ ジュラ紀の褶曲作用.

jurassique *n.m.*〖地学〗ジュラ紀（=période ~；第三紀の le trias 三畳紀と la crétacé 白亜紀の中間期，2億 500万年から 1億 3500万年前）.
—*a.* ジュラ紀の. carrière ~ ジュラ期の採石場.〖映画〗*Parc ~ de Spielberg* スピルバーグの『ジュラシック・パーク』（*Jurassic Park*；1997年制作）. période ~ ジュラ紀.

juratoire *a.*〖法律〗宣誓の；宣誓による. caution ~ 保証宣誓.

juré(e) *a.p.* **1** 誓われた. C'est ~. 誓ったよ.
2 宣誓した；〖史〗（ギルドで）親方になるため宣誓した. maître ~ 宣誓した親方.
3 敗北させることを誓った. ennemi ~ 不

倶戴天の敵.
— *n.* **1** 〖法律〗陪審員；陪審団構成員. ~*s* d'une cour d'assises 重罪院の陪審員団. ~ suppléant 陪審員補. serment des ~*s* 陪審員の宣誓.
2 〖史〗(宣誓した)同業組合幹部. maître ~ 同業組合の親方.

juridiction *n.f.* **1** 裁判権；(裁判官, 裁判所の)管轄；(行政官の)管轄権(管轄範囲). ~ arbitrale[1] 仲裁裁判権. ~ contentieuse 訴訟裁判権. ~ gracieuse 非訴訟裁判権. 〖国際〗immunité de ~ 裁判権免除. ~ obligatoire (国際司法裁判所の)強制管轄. ~ pleine et entière 十分かつ完全な裁判権. privilège de ~ 裁判権特権.
2 裁判機関；裁判所, 法廷. ~ administrative 行政裁判所. ~ arbitrale[2] 仲裁裁判機関. ~ civile 民事裁判所. ~ commerciale 商事裁判機関. ~ correctionnelle 軽罪裁判機関. ~ criminelle 重罪裁判機関. ~ d'attribution (行政裁判の)特別裁判所. ~ de droit commun 普通法裁判所. ~ d'exception 特別裁判所 (民事面では conseil de prud'hommes 労働裁判所, tribunal de commerce 商事裁判所, tribunal paritaire des baux ruraux 農事賃貸借同数裁判所などがあり, 刑事面では haute cour de justice 高等法院と tribunal pour enfants 少年裁判所がある；なお cour de sûreté de l'Etat 国家公安法院, tribunal permanent des forces armées 恒常軍事裁判所は廃止されている). ~ d'instruction (刑事訴訟法で定める)予審法廷 (juge d'instruction 予審判事と chambre d'accusation 弾劾部). ~ de jugement (刑事訴訟における)判決裁判所. ~ de première instance (du premier degré) 第一審裁判所. ~ de simple police 違憲罪裁判機関. ~ internationale 国際裁判機関. ~ judiciaire 司法裁判所. ~ supérieure 上級裁判所. degré de ~ (裁判機関の)審級.

juridictionnel(le) *a.* 〖法律〗裁判の；裁判権の；裁判に関する. acte ~ 裁判行為. fonction ~*le* 裁判機能. organe ~ 裁判機関. phase ~*le* 裁判の段階.

juridique *a.* **1** 法的な, 法の, 法律上の. acte ~ 法律行為. études ~*s* 法学学習, 法学研究. fait ~ 法律事実. personnalité ~ 法人格. personne ~ 法人. science ~ 法学. terme ~ 法律用語. texte ~ 法文.
2 裁判の, 裁判に関する. action ~ 訴訟.

juridisme *n.m.* 〖法律〗法律的形式主義；法律万能主義.

jurisconsulte *n.m.* 〔高名な〕法律家；(特に)法律顧問.

jurisprudence *n.f.* 〖法律〗**1** (裁判所による)法解釈. ~ de la Cour de cassation 破毀院の法解釈.
2 判例, 裁判例；判決記録. ~ civile 民事判例. ~ constante 確立した判例. recueile de ~ 判例集. faire ~ 判例となる.
3 裁判, 司法.
4 裁判実務.

jurisprudentiel(le) *a.* 判例(法解釈)の；判例(法解釈)に基づく. construction ~ *le* 判例による法律構成. débats ~*s* 法解釈論争. solution ~ *le* 判例による解決. précédent ~ 判例による先例.

juriste *n.* **1** 法学者, 法律家, 法律専門家, ジュリスト. **2** 法学論文の著者.

jury *n.m.* **1** 〖刑法〗陪審 (juré 陪審員の一団), 陪審団. ~ criminel (重罪の)刑事陪審. ~ d'assises 重罪院陪審. ~ de jugement 判決陪審. formation du ~ de jugement 判決陪審の構成(現在は9人). ~ de session 法廷陪審(重罪院通常会期の陪審). liste du ~ (県ごとの)陪審名簿. liste annuelle du ~ 陪審の年度名簿(県ごとに原則として毎年住民1300人あたり1名の割合で抽選で選出). liste 〔du ~〕 de session 通常法廷陪審名簿. 〖英・米〗grand ~ 大陪審. réponse du ~ 陪審団の答申.
2 〖法律〗(裁判官と非職業的判事によって構成される)審査委員会, 審査会. 〔旧〕~ d'expropriation 公用収用委員会(この権限は現在 juge d'expropriation 公用収用裁判官が行使する).
3 審査委員会, 選考委員会. ~ de concours (d'examen) コンクール(試験)の審査委員会. ~ de thèse 博士論文審査委員会. ~ d'une exposition de peinture 絵画美術展の審査委員会. 〔文〕le ~ (du) Goncourt ゴンクール賞選考委員会. membre du ~ 審査(選考)委員.
4 〖スポーツ〗(審判などの)役員団.

jus [jy] *n.m.* **1** ジュース, 絞り汁. ~ concentré (condensé) 濃縮ジュース. ~ de fruits 果汁, フルーツジュース. ~ déshydraté 粉末果汁. ~ d'orange オレンジジュース. boisson au ~ de fruits 果汁入り飲料, 果汁飲料.
2 〖料理〗(肉の)焼汁；(野菜の)蒸し煮汁 (= ~ de cuisson). ~ lié ジュ・リエ(とろ味をつけたフォン・ド・ヴォー).

jusant *n.m.* 〖海〗引潮 (= marée descendante).

Jus Data *n.pr.* 〖情報〗www.~.info/フランスのモンプリエ大学 Université de Montpellier の情報・法学研究チーム (ERID = *E*quipe de *r*echerche *i*nformatique et *d*roit)とドイツのザールラント大学 Universität des Saarlandes の情報法研究所 (IFRI = *I*nstitut *f*ür *R*echts*i*nformatik) の合同サイト名.

jusqu'au-boutisme *n.m.* **1** 徹底抗戦主義. **2** 〔広義〕徹底主義.

juste *a.* 〔時に名詞の前〕**Ⅰ** 〔正当性を示す〕**1** (人が)正しい, 公正な, 公平な. magistrat ~ 公正な司法官. être ~ à l'égard de (envers, pour) *qn* 人に対して公平である. Il faut être ~. 公平でなくてはならな

い.〔感嘆的表現〕*J*~ ciel!; ~*s* dieux! おや! まあ! 何だと! 大変だ!
2（物が）理にかなった，正義にかなった；〔名詞の前〕正当な，公正な，公平な；もっともな. ~ prix 正当な (公正な) 価格. ~*s* revendications 正当な要求. ~ salaire 公正な賃金. guerre ~ 正義の戦い. à ~ titre 当然のことながら, 正当に. Il est ~ de+*inf.* (que+*subj.*) …するのは正当 (当然) である.
3 適法な (=légitime), 合法の (=légal), 正式の (=en règle). ~*s* noces 正式の婚姻.
4 正当化するにふさわしい. ~ motif (裁判上の請求または裁判を) 根拠づける理由 (=〔ラ〕justa causa).
II（正確さを示す）**1** 正確な, 正しい, 誤り (狂い) のない. compte ~ 正確な勘定 (計算). heure ~ 正確な時刻. montre ~ 狂いのない腕時計. voix ~ 音程の正しい声. à la minute ~ où il sortait ちょうど彼が外出しようとしていた時に. apprécier *qn* à sa ~ valeur 人を正しく評価する.
2 (考えなどが) 正しい, 正鵠を射た；(表現などが) 適切な, 的確な. expression (mot) ~ 的確な表現 (言葉). réponse ~ 正しい (的確な) 答. avoir une idée ~ de la situation 状況を的確に把握する. dire des choses ~*s* 正しいことを言う. C'est ~! / Rien de plus ~! / Très ~! まさにその通りだ!
3 正しい判断力をもつ；(感覚器官が) 正確な. avoir l'esprit ~ 的確な判断力をそなえている. avoir l'oreille ~ 耳がよい.
4〔多く bien, un peu, trop と共に〕ぎりぎりの. pantalon ~ 窮屈なパンタロン. repas un peu ~ pour quatre personnes 4人分には少し足りない食事.
〔俗〕être un peu ~ 所持金が少し足りない. C'est un peu ~. 少し足りない. C'est tout ~ si+*ind.* たとえ…にしてもぎりぎりの所だ；…するのがせいぜいだ. C'est tout ~ s'il sait lire. 彼はやっと字が読める程度だ. C'est tout ~ s'il n'a pas manqué son train. 彼は危うく列車に乗りそこねるところだった.
——*ad.* **1** 正しく, 正確に；的確に. acteur qui dit ~ せりふの確かな役者. calculer (mesurer) ~ 正確に計算する (計測する). chanter ~ 正確な音程で歌う. deviner ~ ぴたりと見抜く. frapper (toucher) ~ 的を狙い違わず射抜く；〔比喩的〕図星を指す；適切な言動をとる. raisonner ~ 正しく推論する.
2 まさに, ちょうど. ~ à côté すぐそばに. ~ au-dessus de *qch* 何の真上に. arriver ~ à l'heure 時間きっかりに着く. Il est arrivé ~ pour voir le train partir. ちょうど彼が着いた時列車は出て行った. C'est ~ ce qu'il faut. まさにそれが必要なのだ. お誂え向きだ. Il est neuf heures ~. ちょうど9時だ. Il vient ~ de sortir. 彼はたった今出かけたところだ.
3〔多く bien, trop, tout, un peu と共に〕ぎりぎりに；窮屈に；辛うじて, やっと (=à peine). arriver bien ~ 時間ぎりぎりに着く. savoir tout ~ lire 字が読めるか読めないかである. C'est tout ~ passable. 辛うじて合格だ. Cette robe m'habille trop ~. このドレスは私には窮屈すぎる.
4 ただ…だけ (=seulement). Attendez ~ une minute. ほんの少し待ってください.
——*n.m.* **1** 正しい人；〔宗教〕篤信の人, 義人. le *J*~ キリスト. les ~*s* et les impies 篤信の人と無信仰の人. paradis, séjour des ~*s* 義人のすみかである天国.
2 正しいこと, 正義. le ~ et l'injuste 正邪.
3 comme de ~ 当然, もちろん；予期した通り；例によって.
4 (考えなどの) 正確さ, 妥当性. au ~ 正確に. au plus ~ 非常に正確に；克明に. Je ne sais rien au ~. 正確には私は何も知りません. Il est dans le ~. 彼の考えは正しい.

justement *ad.* **1** ちょうど, まさしく. venir ~ de+*inf.* ちょうど…したところである. C'est ~ ce qu'il ne fallait pas faire. それはまさしく彼がやってはいけなかったことだ. Nous parlions ~ de lui quand il est entré. ちょうど彼の噂をしているときに, 彼が入ってきた.
2〔文頭で〕まさにその通り. Il se fâchera. —*J*~, ne lui dis rien. 彼は怒るだろう. —そうだとも, だから何も言うな.
3 適切に, 的確に. On dira plus ~ que… より的確に言うならば…である.
4 正義に従って, 公正 (公平) に. trancher ~ un différend 紛争を公正に解決する.
5 正当に, 当然. craindre ~ pour son sort 当然のことながら己の境遇を気にする. Ses efforts ont été ~ récompensés. 彼の努力は正当に報いられた.

justesse *n.f.* **1** (計器などの) 正確さ. ~ d'un instrument de mesure 測定計器の正確さ.
2 (行為の) 正確さ. ~ du tir 射撃の正確さ. chanter avec ~ 正確に歌う.
3 (表現などの) 適切さ, 的確さ. ~ d'un mot 言葉の適切さ. ~ d'un raisonnement 推理の的確さ.
4 (感覚器官などの) 正確さ. ~ d'esprit 厳正な理性, 思慮分別. ~ de l'oreille 耳の確かさ.
5 de ~ 辛うじて, すれすれで, 僅かの差で. gagner de ~ 小差で勝つ, 辛勝する. La collision a été évitée de ~. 危うく衝突が避けられた.

justice *n.f.* **I**（正義）**1** 正義. ~ arithmétique 算術的正義. ~ commutative 均衡的正義. ~ corrective 矯正的正義. ~ distributive 配分的正義. ~ immanente 内在的正義. ~ sociale 社会正義.
2 正しさ, 正当性, 公正さ, 妥当性. C'est

~. それは当然だ. ce n'est que ~ que …は当然〔の報い〕だ, …は至極正しいことだ. en bonne (toute) ~ 公正に見て, 当然のこととして.
3 合法性, 正当な裁き, 正しい判断, 裁き. faire (rendre) ~ à qn …の正当な権利を認める, …を正当に評価する, 真価を認める；不当な仕打ちを償う. Même s'il n'est pas possible de partager toujours sa position, on doit lui rendre cette ~ qu'il ne s'est jamais démenti. いつも彼の立場に同意できないとしても, 彼が決して意見を変えなかったことは認めるべきだ. faire ~ de qch …の誤りを正す, …の不当性を明らかにする.〔古〕faire ~ de qn …を罰する. obtenir ~ de (pour) qch …について自らの正当性を認めさせる. se faire ~ (à soi-même) 復讐する；自殺する. se rendre ~ 正しい自己評価をする.
4 la J~ 正義の女神.
II〔裁判, 司法〕**1** 裁判所；司法権；司法組織, 法廷；法曹界. ~ administrative 行政裁判所. ~ civile 民事裁判所. ~ commerciale 商事裁判所. ~ de paix 治安裁判所〔1958年に廃止. tribunal d'instance 小審裁判所が代りに設置された〕. ~ déléguée 委任された裁判権. ~ militaire 軍法会議. ~ pénale 刑事裁判所. ~ politique 政治的性格の司法機関. ~ prud'homale 労働審判所組織. ~ sommaire 略式裁判, 略式処刑. auditeur de ~ 司法修習生. auxiliaire de ~ 司法補助者《avocat 弁護士, avocat près le Conseil d'Etat et la Cour de cassation コンセイユ・デタ・破毀院付弁護士, avoués près les cours d'appel 控訴院付代訴士, commissaire-priseur 競売吏, greffier 書記, huissier de justice 執行吏, notaire 公証人を含む》. bois de ~ 死刑台. cour de ~ 裁判所, 法廷. Haute cour de ~ 高等法院《大統領および大臣の職務上の刑事責任に関する裁判を管轄する特別裁判所》. Cour européenne de ~ ヨーロッパ司法裁判所. Cour internationale de ~ 国際司法裁判所. déni de ~ (裁判官による) 審訊拒否《刑法によって罰せられる犯罪を形成する》. décision de la ~ 判決. descente de ~ 現場検証. gens de ~ 法曹界の人；裁判所属吏. huissier de ~ 執行吏. ministre (ministre) de la ~ 司法省 (大臣). outrage à la ~ 法廷侮辱罪. palais de ~ 裁判所. recours à la ~ 訴訟提起. repris de ~ 累犯 (再犯) 者, 悪党. en (devant la) ~ 裁判 (法廷) で, 裁判 (法廷) に. action en ~ 訴訟, 訴権. demande en ~ (裁判上の) 請求. aller en (devant la) ~ 訴訟に訴える. poursuivre qn en ~ …を告発する. témoigner devant la ~ 裁判で証言する.
2 la J~ 司法省 (=ministère de la J~).
3 司法当局；司法警察 (=Police judiciaire).

justiciable a. **1** (de) (裁判所の) 管轄に属する. criminel de la cour d'assises 重罪裁判所の管轄に属する罪人.
2 (de の) 審判に委ねられた. Tout auteur est ~ de la critique. すべての作家は批評の審判に付されている.
3 (de を) 適用すべき. malade ~ d'un régime 食餌療法を行うべき病人.
── n. **1** (訴訟の) 当事者. ~ d'une juridiction 裁判所の管轄に属する者.
2〘pl. で〙国家高権に服する者《総称》.

justificatif(ve) a. **1** (主張を) 正当化する, (真実を) 基礎づける；証拠 (証明) になる. documents ~s；pièces ~ves 証拠書類. exemplaire (numéro) ~ (新聞・雑誌社が広告主に送る) 広告掲載号. reçu ~ 領収証.
2 (人または行動の) 弁明に役立つ, (を) 正当化する. fait ~ 正当行為. 違法性阻害事由, 責任阻却事由.
── n.m. **1** 証拠 (証明) 書類 (=pièce justificative). ~ de frais professionnels 職業経費の証明書類.
2 (新聞・雑誌社が広告主に送る) 広告掲載号 (=exemplaire ~；numéro ~).

justification n.f. **1** 無罪の証明；弁明, 釈明；弁護. demander des ~s 釈明を求める. fournir des ~s 釈明 (弁明) する.
2 正当化, 正当であることの証明；正当化の理由 (根拠), 正当理由. ~ de la guerre 戦争の正当化. donner la ~ de sa conduite 行動の正当性を証明 (説明) する.
3 証拠；証明；証明書. ~ d'un fait 事実の証明. ~ d'un paiement 支払証明〔書〕. ~ du tirage (限定版などの) 印刷部数の表示.
4〘神学〙義認.
5〘印刷〙(組版の) 行末揃え, 語間調整；(活字数で示す) 行の長さ.

justifié(e) a.p. **1** 正当な, 当然の, 根拠のある. émotion ~e 当然の感動. réclamation ~e 正当な要求.
2 (人が) 無実な (=innocenté), 潔白な.
3〘神学〙義認された. grâce ~e 義認された恩寵.

jute n.m.〘植〙綱麻 (つなそ)《インド原産のジュートを採取するシナノキ科の一年草》；ジュート《綱麻の繊維；ロープ・南京袋の素材》.

juteux(se) a. **1** 果汁の多い, ジューシーな. pêche ~se 果汁たっぷりの桃.
2 肉汁たっぷりの. poularde ~se 肉汁の多い肥育鶏.
3 水気の多い.
4〘比喩的〙〘話〙(商売などが) 旨味のある, 儲かる. affaire ~se 儲かる事業. poste ~ 旨味のある地位.

juvenile a. **1** 青少年の, 青年の；青少年による. délinquance ~ 青少年 (未成年者) 犯罪状況. délinquants ~s 非行青少年. dia-

bète ~ 若年性糖尿病, インスリン依存性糖尿病 (=diabète insullinodépendant), I型糖尿病 (=diabète de type I). public ~ 青少年の大衆層.
2 青年らしい, 若々しい. fraîcheur ~ 青年らしい爽やかさ. visage ~ 若々しい顔. zèle ~ 青年らしい熱情.
3 eau ~ 湧き上がってくる温泉水.
4 〖昆〗 hormone ~ 幼若ホルモン (幼虫形質を維持し, 成虫になることを抑制するホルモン).

——*n.m.* 〖動〗若い動物 (魚).

Jwon [北朝鮮] *n.pr.* 利原 (りげん), イーウォン (咸鏡南道の港湾都市).

K

K¹, k¹ [ka] *n.m.* **1** フランス語字母の第11字.

K², k²〖記号・略語〗**1**(K)〖物理〗*K*elvin ケルヴィン(絶対温度 température absolue の単位の記号;0℃=273.15 *K*);°K=degré *K*elvin 絶対温度.
2(K)〖物理〗*k*aron ケーオン, K中間子 (=méson *K*).
3(K)〖化学〗potasium カリウムの元素記号.
4(k)〖数〗kilo キロ(=1000). *kg*: *k*ilogramme. *km*: *k*ilomètre.
5(k)〖情報〗kilo キロ(記憶容量;2^{10} bytes).
6(k)〖電算〗kilo-octet キロオクテット(コンピュータの情報単位;1Kは1024 octets=8192 bits).

K2 [kadø] *n.pr.m.*〖山〗K2峰(=pic ~)(ヒマラヤ・カラコルム山群 le massif du Karakorum にある世界第2の高峰, 標高8,611 m;別称 Dapsang ダプサン, mont Godwin Austen ゴドウィン・オースチン山, pic Chogori チョゴリ峰).

Kaaba(la) [アラビア語] *n.f.* カーバ(メッカの聖モスクの中庭にある神殿;高さ15 m, 幅12 m;巡礼の最終目的).

Kabardes *n.pr.pl.* les ~ カバルド族(北カフカス地方の民族;形容詞 kabarde).

Kabardino-Balkarie(la) *n.pr.f.* カバルディノ=バルカル自治共和国(=la République autonome de *K*~)(ロシア連邦北カフカス地方の自治共和国;首都 Naltchik ナリチク;形容詞 kabarde et balkar(*e*)).

Kaboul, Kābul *n.pr.* **1** カーブル, カブール(アフガニスタン・イスラム国 l'Etat islamique d'Afganistan, l'Afganistan の首都). **2** le *K*~ カーブル川(le *K*~ Rûd;インダス河の支流).

kabuki [日] *n.m.*〖演劇〗歌舞伎.

kabukiste [日] *n.* 歌舞伎役者.

Kaesong [北朝鮮] *n.pr.* 開城(かいじょう), ケソン(高麗王朝の都).

Kaifeng [中国] *n.pr.* 開封(かいふう), カイフォン(河南省の古都;春秋時代の魏から北宋, 金にいたる7つの王朝の都).

kaïnite *n.f.*〖鉱〗カイナイト(砕いて肥料とするカリ塩).

kaki¹ *a.inv.* カーキ色の, 黄褐色の. couleur ~ カーキ色. uniformes ~ カーキ色の軍服(制服).
——*n.m.* カーキ色.

kaki² [日] *n.m.*〖植〗柿の木(=plaqueminier du Japan);柿の実(=plaquemine).

kalachinikov [ロシア](<M.T.*K*~ [1919-], 開発者) *n.m.*〖軍〗カラシニコフ銃(ロシア製のライフル兼軽機関銃式突撃銃, 口径7.62 mm, 弧状の弾倉をもつ).

kaléidoscope *n.m.* **1** カレイドスコープ, 万華鏡.
2〖比喩的〗変幻きわまりないもの(状況, 景色など). ~ d'activités めまぐるしく変る活動.

kaléidoscopique *a.* **1** 万華鏡(カレイドスコープ)の.
2〖比喩的〗万華鏡のような;万華鏡のように変化する;千変万化する;変幻極まりない. mise en scène ~ 変幻極まりない演出. le moi ~ 千変万化する自我.

kaliémie *n.f.*〖生理〗血中カリウム濃度;〖医〗カリウム血症(高カリウム血症 hyperkaliémie, 低カリウム血症 hypokaliémie など).

kaliurie *n.f.*〖生理・医〗尿中カリウム濃度.

kami [日] *n.m.* 神(=divinité dans la religion shintoïste).

kamikaze [日] *n.m.* **1** (第2次世界大戦下の)神風特攻機;神風特攻隊員.
2〖比喩的〗特攻隊;特攻隊員;自爆テロ;自爆テロリスト.
3 無鉄砲な人;命知らず.
——*a.* 命知らずの;特攻隊の;自爆テロの. attentat ~ 自爆テロ. opération ~ 特攻作戦;自爆テロ作戦.

Kampuchéa *n.pr.m.* [国名] カンプチア(カンボジア le Cambodge の1976年から1989年の公式名称:le *K*~ populaire 人民カンプチア).

Kamtchatka *n.pr.* カムチャツカ. péninsule de ~ カムチャツカ半島.

kanak(e) [kanak] *a.* カナク族の.
——*K*~ *n.* カナク族の人. les *K*~ カナク族(ヌーヴェル=カレドニー(ニュー=カレドニア)の住民).

Kanaky(la) *n.pr.f.* カナキー(ヌーヴェル=カレドニー(ニュー=カレドニア)の独立派による国名).

kanaque *a.* カナク族の(=canaque). parti de libération ~ カナク解放党(略称 Palika;ヌーヴェル=カレドニー(ニュー・カレドニア)の政党). Parti de libération ~ socialiste カナク社会主義解放党(略称 LKS;ヌーヴェル=カレドニーの政党).

Kandahār *n.pr.* カンダハール(アフガニスタン南西部の都市).

Kanggye [北朝鮮] *n.pr.* 江界(こうかい), カンゲ(慈江道 Chagangdo の都市；交通・戦略上の要衝；化学・生化学兵器産業；鉱山；大学；短波放送通信所在地).

Kangnung [韓国] *n.pr.* 江陵(こうりょう), カンヌン(江原道の都市).

kangourou *n.m.* **1** 〘動〙カンガルー. ~-rat カンガルーネズミ. **2** カンガルーサック(幼児を抱く袋)(=sac ~). 〘服〙poche ~ カンガルーポケット.

kanji [日] *n.m.* 漢字.

Kaohsiung [台湾] *n.pr.* 高雄(たかお), カオシュン.

Kao-hiong ⇨ Gaoxiong

kaoliang [kaɔljɑ̃] [中国] *n.m.* 〘植〙高粱(こうりゃん).

kaolin [中国] *n.m.* カオリン, 高陵土(陶土).

kaolinisation *n.f.* 〘地学〙カオリン(土)化作用；カオリン生成過程.

kaolinite *n.f.* 〘鉱〙カオリナイト, 高陵石(カオリン・白土を含む粘土性鉱物；陶磁器, 耐火原料, 製紙原料, ゴム充塡剤に利用).

kaon [kaɔ̃] *n.m.* 〘物理〙ケーオン, K中間子(=méson K), K粒子(=particule K).

kapo (< [独] Kapo<*Kamerad Polizei*；[伊] capo) *n.m.* (ナチの強制収容所の)収容者主任, カポ.

kapok [kapɔk] [マライ語] *n.m.* カポック, ジャワ綿；シルク綿, パンヤ.

kapokier *n.m.* **1** 〘植〙カポックの木, ジャワ綿の木, シルク綿の木, パンヤ. **2** 〘植〙キワタ(パンヤ)科の植物(=bombacacées)の総称.

Kaposi [kapozi] (<ハンガリー生まれでオーストリアで活躍した皮膚科医 Moritz *K*aposvár *Kohn* [1837-1902]) *n.pr.* 〘医〙sarcome [de] ~ カポジ肉腫, 特発性多発性色素性肉腫, 特発性多発性出血性肉腫(エイズの皮膚症状の一つ).

kara-azar *n.m.* 〘医〙カラ=アザール, 黒熱病 (maladie noire), 内臓リーシュマニア症(中国, インド, 東南アジア, 中近東, 地中海沿岸, アフリカ, 中南米にみられるリーシュマニア (leishmanie) 感染症).

Karakalpakie(la) *n.pr.f.* 〘国名〙カラカルパク自治共和国(=la République autonome de Karakalpaks；Qaraqalpaqstan Respublikasi；ウズベキスタン共和国北西部の自治共和国；首都 Noukous ヌクス；形容詞 karakalpak).

Karakoram [karakɔram], **Karakorum** [-rum], **Qaraqoram** [-ram] *n.pr.m.* カラコラム(カラコルム)山脈(=le massif du ~. ウイグル語で「紫と黒の山」の意. カシミール地方北部, ヒマラヤ西部の山脈. 最高峰は8,611mのDapsang (=K2, Chogori)).

karaoké [日] *n.m.* **1** カラオケ. **2** カラオケ店. fréquenter les ~s カラオケ店に通う.

Karatchaïs-Tcherkesses(les) *n.pr.m.pl.* **1** カラチャイ=チェルケス人. **2** カラチャイ=チェルケシア共和国(公式名称 la République de Karatchaïevo-Tcherkessie カラチャイ=チェルケシア共和国；ロシア東南部, 北カフカスにあるロシア連邦の自治共和国；首都 Tcherkessk チェルケスク).

karaté [日] *n.m.* 空手.

karatéka [日] *n.* 空手家；空手選手.

karité *n.m.* 〘植〙カリテ, バターの木(=arbre à beurre). beurre de ~ カリテ・バター(バターの木の実の脂肪質).

karoshi [日] *n.m.* 過労死(=la mort par surmenage).

karst (<*K*~, スロヴェニアの地名) *n.m.* 〘地学〙カルスト(石灰岩などの可溶性岩石の多い地形), カルスト地形.

karstification *n.f.* 〘地学〙カルスト地形化.

karstique *a.* 〘地学〙カルスト地形(地域)の, 石灰層の. canyon ~ カルスト峡谷. érosion ~ カルスト侵蝕. relief ~ カルスト地形.

kart [kart] [英] *n.m.* カート, ゴーカート(= [英] go-kart).

kashrout [ヘブライ] *n.f.* 〘ユダヤ教〙食事戒律(=cashrout).

kat ⇨ khat, qat

katakana [日] *n.m.* 片仮名, カタカナ.

Katmandou *n.pr.* カトマンドゥ, カトマンズ(ネパール王国 le royaume du Népal の首都).

kava, kawa *n.m.* **1** 〘植〙カウァ(=kawakawa；ポリネシア産の胡椒属の草木). **2** カウァ(カウァの根を絞ってつくる麻酔性飲料)；乾燥させたカウァの根(利尿剤・消毒剤).

Kawasaki *n.pr.* **1** 川崎市(=ville de ~). **2** 〘医〙syndrome de ~ 川崎病(1963年, 川崎富作医師が報告した小児疾患). **3** *n.f.* 川崎重工製のモーターバイク(=moto ~).

kayak [イヌイット] *n.m.* **1** カヤック(イヌイット人の革製カヌー). **2** 〘スポーツ〙カヤック；カヤック競技.

kayakiste *n.* カヤック (kayak) の乗り手；カヤック競技選手(=canoéiste).

Kaysersberg *n.pr.* ケゼルスベルグ, カイゼルスベルク(département du Haut-Rhin オー=ラン県の小郡庁所在地；市町村コード68242．葡萄栽培の中心の古い小町；形容詞 kaysersbergeois(*e*)). château de ~ ケゼルスベルク城(中世の城の廃墟). église Sainte-Croix de ~ ケゼルスベルクの聖十字架聖堂(15世紀初頭). maison natale du Dʳ Albert Schweitzer à ~ ケゼルスペルクのシュヴァイツァー博士の生家.

kazakh(e) *a.* カザフスタン (le Kazakhstan) の; カザフ共和国の; カザフ人の; カザフ語の.
—*n.m.* 〖言語〗カザフ語.
—**K~** *n.* カザフスタン人, カザフスタン共和国民, カザフ人. les *K*~s カザフ族.

Kazakhstan(le) *n.pr.m.* [国名通称] カザフスタン (公式名称: la République du *K*~ (Kazak Respublikasy) カザフスタン共和国; 国民: Kazakh (*e*); 首都: Alma-Ata アルマ=アタ; 通貨: tenge [KZT]).

kbps (=*k*ilobit *p*ar seconde) *n.m.* 秒間キロバイト.

kébab, kebab [-bab] [トルコ] *n.m.* 〖料理〗ケバブ(串焼用肉片). brochette de ~ 肉の串焼, シシ=ケバブ, シシカバブ (= chiche-~).

keikoku [日] *n.m.* (柔道の) 警告.

keiretsu [kɛjrɛtsu] [日] *n.m.* 〖経済〗系列 (= [仏] conglomérat japonais à structure horizontale).

keirin [kerin] [日] *n.m.* 競輪; (自転車競技の) 競輪種目.

kélvin [kɛlvin] (<William Thomson *K*~ [1824-1904], 英国の物理学者) *n.m.* 〖物理〗ケルヴィン (絶対温度の国際 SI 単位; k と略記).

KEN (=le *Ken*ya) *n.m.* ケニア (国名略記).

kendo [kɛndo] [日] *n.m.* 剣道.

kénotron *n.m.* 〖電〗ケノトロン (高圧整流二極管).

Kenya(le) *n.pr.m.* 1 [国名通称] ケニア (公式名称: la République du *K*~ ケニア共和国; 国民: Kényan (*e*); 首都: Nairobi ナイロビ; 通貨: shilling du Kenya [KES]).
2 le mont ~ ケニア山 (ケニア中部の火山; 標高 5,199 m).

kényan(e) *a.* ケニア (le Kenya) の, ケニア共和国 (la République du Kenya) の; ケニア人の.
—**K~** *n.* ケニア人.

képi [独] *n.m.* 〖帽子〗ケピ (円筒形で目庇のある軍人, 憲兵, 警察, 郵便配達夫らの制帽).

kérat[o]- [ギ] ELEM 「角, 角質, 角膜」の意 (*ex. kérat*ine 角質, *kérato*se 角化症).

kératine *n.f.* 〖生化〗ケラチン, 角質 (硬タンパク質の一種).

kératinisation *n.f.* 〖医〗角質化, 角化. ~ pathologique 病的角化.

kératinocyte *n.m.* 角質細胞 (ケラチン (角質) 形成皮膚細胞).

kératite *n.f.* 〖医〗角膜炎 (=inflammation de la cornée). ~ microbienne 細菌性角膜炎. ~ virale ウイルス性角膜炎.

kératoacanthome *n.m.* 〖医〗ケラトアカントーマ, 角化性棘細胞腫.

kératocône *n.m.* 〖医〗円錐角膜.

kératoconjonctivite *n.f.* 〖医〗角膜結膜炎. ~ à adénovirus アデノウイルス性角膜結膜炎. ~ sèche 乾性角膜結膜炎 (涙腺分泌不全による). ~ phlycténulaire フリクテン性角膜結膜炎.

kératodermie *n.f.* 〖医〗(皮膚の) 角化症. ~ palmoplantaire (遺伝性) 掌蹠角化症.

kératolytique *n.m.* 〖薬〗角質溶解薬, 上皮溶解薬 (皮膚田医薬品).

kératomalacie *n.f.* 〖医〗角膜軟化〔症〕.

kératomycose *n.f.* 〖医〗角膜真菌症.

kératoplastie *n.f.* 〖医〗角膜移植〔術〕 (=greffe (transplantation) de la cornée).

kératose *n.f.* 〖医〗(皮膚の) 角化症 (= kératodermie). ~ pilaire 毛孔性角化症, 毛孔性苔癬. ~ sénile 老人性皮膚角化症. ~ solaire (actinique) 日光 (光線) 角化症.

kératotomie *n.f.* 〖医〗角膜切開〔術〕. ~ radiaire 放射状角膜切開〔術〕 (近視の矯正手術).

kérion *n.m.* 〖医〗ケルスス禿瘡 (= ~ de Celse), 化膿性白癬 (=teigne suppurative).

kermesse (<フラマン kermisse (教会ミサ)) *n.f.* 1 ケルメス (オランダ, ベルギー, 北フランスの小教会区守護聖人祭).
2 ケルメス市 (年に一度の大市).
3 野外慈善市, 野外バザー.

kérosène *n.m.* ケロシン (ジェット・エンジン用燃料); 灯油.

kétamine *n.f.* 〖薬〗ケタミン (合成非バルビツール系の速効性全身麻酔薬; 動物用麻酔薬; 非合法薬物の代用としても用いられる幻覚剤; 俗称《spécial K》). chlorohydrate de ~ 塩酸ケタミン (麻酔薬).

kétoconazole *n.f.* 〖薬〗ケトコナゾール (寄生性皮膚疾患治療薬; 薬剤製品名 Kétoderm (*n.m.*)).

kétoprofène *n.m.* 〖薬〗ケトプロフェン (非ステロイド性抗炎症薬; 薬剤製品名 Kétum (*n.m.*) など).

kevlar [商標] *n.m.* 〖繊維〗ケウラール (軽量で, 防水性のある強力なアラミド系合成繊維).

keynésianisme *n.m.* 〖経済〗ケインズ主義, ケインズ理論.

KFOR (= [英] *K*osovo *For*ce) *n.f.* 〖軍〗コソヴォ部隊 (国連のコソヴォ平和維持部隊 Force de paix au Kosovo).

KGB (= [ロシア] *K*omitet *G*ossoudarstvennoï *B*ezopasnosti) *n.m.* 〖史〗(ソ連の) 国家保安委員会 (= [仏] Comité de sécurité de l'Etat).

KGZ (=*k*irghistan) *n.m.* キルギスタン共和国 (国名略記).

Khâd [アフガニスタン] *n.m.* ハード (秘密警察).

khalifat ⇨ **califat**

khalife ⇒ calife
Kharbim ⇒ Harbin
khat [kat] *n.m.* **1**〚植〛カート(エチオピア、イエメンのにしきぎ科célastracéesの常緑低木；葉にアルカロイドが含まれ、アラビアや東アフリカで噛み薬として用いられる).
2 カート(葉から抽出される幻覚物質、麻薬).
KHM (＝Cambodge) *n.m.* カンボジア〔王国〕(国名略記).
khmer(ère) *a.* クメール〔族・語〕の. art ～ クメール美術.
——*K～ n.* クメール人. les *K*～s クメール族. les *K*～s rouges クメール赤軍、赤いクメール；ポル・ポト、キュー・サンファン派.
——*n.m.*〚言語〛クメール語、カンボジア語(＝cambodgien). le môn-～ モーン・クメール語.
kHz (＝kilohertz) *n.m.* キロヘルツ(1000ヘルツ、10³Hz).
Kiangsi ⇒ Jiangxi
Kiangsu ⇒ Jiangsu
kibboutz [kibuts] (*pl.* **kibboutz, kibboutzim** [kibutsim]) *n.m.* キブツ(ヘブライ語で「集団」を意味する語；私有財産を否定し、生産から消費までを組織したイスラエルの共同体).
kief [kjɛf] (＜アラビア語：kaif「日中の休息」) *n.m.* キエフ、マリファナ(＝kif).
kif [kif] (＜アラビア語「至福の時」) *n.m.* キフ、インド大麻(＝chanvre indien)；マリファナ(＝kief). ～ marocain モロッコ産のキフ(大麻). fumer du ～ キフを吸う.
kif-kif [アラビア] *a.inv.*〚話〛同様の、変りのない. C'est ～. それは同じことだ.
——*n.m.*〚話〛同じこと. C'est du ～. 同じことだ.
Kilchou, Kilchu [北朝鮮] *n.pr.* 吉州(きっしゅう)、キルジュ(咸鏡北道の都市).
Kiliman[d]jaro *n.pr.* キリマンジャロ山塊(現称 pic Uhuru(自由峰)；最高峰 mont Kibo キボ岳の5,895m).
kilo *n.m.* **1** キロ〔グラム〕(＝kilogramme)(長さの単位には用いない). **2**〚俗〛キロリットル(＝kilolitre).
kilobase *n.f.*〚生化〛キロベース(核酸の長さの単位；略記kb；1 kb＝1000 b；1000塩基).
kilocalorie *n.f.*〚物理〛キロカロリー(熱量の単位；略号kcal)(＝millitherme).
kilogramme *n.m.*〚度量〛**1** キログラム(質量の単位；略号kg). ～ par mètre キログラム毎メートル(線密度の単位；略号kg/m). ～ par mètre carré キログラム毎平方メートル(面密度の単位；略号kg/m²). ～ par mètre cube キログラム毎立方メートル(体密度の単位；略号kg/m³).
2 キログラム原器.
kilohertz [kilɔɛrts] *n.m.*〚物理〛キロヘルツ(周波数の単位；kHzと略記).
kilométrage *n.m.* **1** キロメートル単位での距離測定. ～ d'un parcours 走行距離のキロ数測定.
2 キロメートル単位で測定した距離. ～ d'une voiture 自動車の走行距離数；積算走行距離. location avec ～ illimitée 走行距離無制限のカーレンタル.
3(道路・線路などの)1キロ毎の標識設置.
kilomètre *n.m.*〚度量衡〛キロメートル(記号km). ～ carré 平方キロメートル(記号km²). ～ cube 立方キロメートル(記号km³). ～ par heure キロメートル毎時(記号km/h；＝～〔-〕heure). faire 100 ～〔à l'〕heure 時速100 kmを出す. ～ exploité 営業キロ. prix du ～ d'avion 旅客機の1キロメートル当り運賃.
2〚話〛長い距離.
kilomètre-voyageur (*pl.* ～s-～s) *n.m.*〚運輸〛キロ人(鉄道や旅客機等の旅客輸送量の単位；走行キロに乗客数を乗じたもの).
kilométrique *a.* キロメートルの；1キロメートル毎の. bornes ～s 1キロメートル毎の道路標識. compteur ～ 走行キロ数計；積算距離計. distance ～ キロ程.
Ki-Long ⇒ Jilong
kilo-octet (*pl.* ～-～s) *n.m.*〚電算〛キロバイト(＝〔英〕kilo byte；略記ko；1 ko＝1024バイト).
kilotonne *n.f.*〚物理〛キロトン(TNT火薬1,000トンの破壊力に相当する単位. ktと略記). bombe atomique de 1 ～ 1キロトン級原子爆弾. bombe nucléaire classique de 10 ～ 10キロトン級通常核爆弾.
kilotonnique *a.* キロトン級の(核兵器の破壊力がTNT火薬に換算して1,000トンから100万トンに相当する). bombe nucléaire ～ キロトン級の核爆弾. explosion ～ キロトン級の爆発力.
kilowatt[-]heure [kilɔwatœr] (*pl.* ～s-～s) *n.m.*〚電〛キロワット時(エネルギー・仕事率の単位で1000ワット時. kWhと略記).
Kim Dae-Jung *n.pr.* キム・デ＝ジュン、金大中(韓国の政治家[1925-]；1988年平民民主党総裁；大統領[1998-2003]).
Kim Il-Sung (Il-Sông) *n.pr.* 金日成、キム・イル＝ソン(朝鮮民主主義人民共和国の政治家[1912-94]；1931-45 対日抗戦を指導、1948年首相；1972-94年国家元首).
Kim Jong-Il *n.pr.* 金正日、キム・ジョンイル[1942-](金日成の子；1998年総書記(国家元首)).
kimono (＜〔日〕着物) *n.m.* **1** 着物、和服. ～ de femme (d'homme) 女性(男性)用和服.
2 着物風の部屋着(＝peignoir).
3〚服〛manches ～ キモノ・スリーブ. robe ～ キモノ・スリーヴのドレス(＝robe à

manches ~).
4 (柔道・空手などの)稽古着(誤用). ~ de judo (de karate) 柔道着(空手着).

kinase *n.f.* 〖生化〗キナーゼ(燐酸化反応の触媒となる酵素).

kiné *n.* 〖医〗〖話〗**1** 運動療法士(=kinésithérapeute). **2** 運動療法(=kinésithérapie).

kinébalnéothérapie *n.f.* 〖医〗水運動療法(水・プール・水浴を利用した運動療法).

kinéscope *n.m.* 〖視聴覚〗キネスコープ；造影管(TV放送番組のフィルム録画方式).

kinési- 〖ギ〗ELEM「運動」の意(*ex. kinésithérapie* 運動療法).

kinésie *n.f.* 〖生理〗動性；筋肉運動.

kinésiologie *n.f.* **1** 身体運動学. ~ appliquée 応用身体運動学. **2** 〖医〗運動療法.

kinésique *a.* **1** 身体動作の；身体言語の.
2 運動感覚の(=kinésthésique).
—*n.f.* 身体動作学, 運動学；身体言語学.

kinésiste *n.* 〖ベルギー〗運動療法士(=kinésithérapeute).

kinésithérapeute [kineziterapøt] *n.* 〖医〗運動療法士(運動・マッサージなどによる療法を行なう).

kinésithérapie *n.f.* 〖医〗運動療法, 機能訓練(=exercice thérapeutique). ~ active (passive) 能動的(受動的)運動療法. ~ respiratoire 呼吸機能回復運動療法.

kinesthésie *n.f.* 〖心〗運動〔感〕覚.
kinesthésique *a.* 〖心・医〗運動感覚の. sens ~ 運動感覚.

kinétine *n.f.* 〖生化〗キネチン, カイネチン(植物ホルモンの一種).

kinétochorial(ale)(*pl.aux*) *a.* 〖生〗動原体の. fibres ~s (細胞の有糸分裂の)動原体糸.

kinine *n.f.* 〖生化〗キニン(生理活性物質)(=cytokinine).

kiosque *n.m.* (<トルコ語のkieuchk, 公園の亭) **1** 〖建築〗キヨスク(公園などの開放式の亭). ~ à musique 野外音楽堂.
2 〖商業〗キヨスク, キオスク(大通りや駅などの新聞・雑誌を主にした売店).
3 〖軍〗(潜水艦の)艦橋.
4 〖カナダ〗(見本市の)スタンド.

kiosquier(ère) *n.* キヨスク(kiosque)経営者.

kiosquiste *n.* キヨスク(kiosque)経営者.

Kippour *n.m.* 〖ユダヤ教〗贖いの日(=Yom Kippour(=jour de l'Expiation)；ユダヤ暦の第7月Tishriの10日；断食日；jour du Grand Pardon, le Sabbat des Sabbats). guerre du ~ キップール戦争(第4次中東戦争. 1973年10月6日の贖いの日の14時エジプト・シリア軍がイスラエルに侵攻した戦争；10月22日国連の停戦調停で終戦). prière de Yom ~ ヨム・キップールの祈り.

kir (<Félix Kir [1876-1968], 政治家) *n.m.* 〖酒〗キール(クレーム・ド・カシス crème de cassis を辛口の白葡萄酒アリゴテ aligoté で割ったブルゴーニュ地方 la Bourgogne の伝統的アペリティフ；ディジョン Dijon 市長時代にキールが普及したためこの呼称が与えられた). ~ royal キール・ロワイヤル(クレーム・ド・カシスをシャンパーニュ酒で割ったアペリティフ).

kirghiz(e) [kirgiz] *a.* キルギスタン(le Kirghistan)の, キルギスタン共和国(la République du Kirghistan)の；キルギスタン(キルギス)人の；キルギス語の. steppe ~e キルギス・ステップ.
—*K~ n.* キルギスタン人, キルギス人.
—*n.m.* 〖言語〗キルギス語(キルギス族の話すトルコ語方言).

Kirghizistan(le) *n.pr.m.*, **Kirghizie(la)** *n.pr.f.* 〖国名通称〗キルギジスタン(公式名称：la République du K~ キルギジスタン共和国, キルギス共和国(République kirghiz)；国民：Kirghiz(e)；首都：Bichkek ビシュケク(旧称 Frunze フルンゼ)；通貨：som [KGS]).

Kiribati 〖無冠詞〗*n.pr.f.* 〖国名通称〗キリバス(公式名称：la République de K~ キリバス共和国；国民：Kiribatien(ne)；首都：Tarawa タラワ；通貨 dollar australien [AUD]).

kiribatien(ne) [-sjɛ̃, ɛn] *a.* キリバス(Kiribati)の, キリバス共和国(la République de Kiribati)の；キリバス人の.
—*K~ n.* キリバス人.

Kirin ⇒ Jilin

kirsch [kirʃ] 〖独〗 *n.m.* キルシュ(桜桃からつくるオー゠ド゠ヴィー(蒸溜酒)；〖独〗Kirschwasser).

kit [kit] 〖英〗 *n.m.* **1** キット(公用推奨語は prêt-à-monter). meuble en ~ キット家具, 組立家具.
2 〖比喩的〗一連の措置, セット. un ~ de mesures セットになった諸措置.

kiwi[1] [kiwi] 〖マオリ語〗 *n.m.* **1** 〖鳥〗キーウィ(=aptéryx). **2** 〖植〗キーウィ.

kiwi[2]**(e)** *a.* 〖話〗ニュー゠ジーランド(la Néo-Zélande)の.
—*K~ n.* ニュー゠ジーランド人(=Néo-Zélandais(e)).

kl (=kilolitre) *n.m.* キロリットル.

klaxon 〖商標〗 *n.m.* 〖自動車〗クラクソン, クラクション, 警笛. donner un coup de ~ クラクションを鳴らす.

klaxonner *v.i.* クラクションを鳴らす, 警笛を鳴らす.
—*v.t.* (に対して)クラクションを鳴らす；クラクションで合図をする. ~ un piéton 歩行者にクラクションを鳴らす.

Kléio (< [ギ] kleo「鍵」) [商標] *n.pr.f.* 〔無冠詞〕クレオ《ラルース Larousse 社の電子百科事典名》.

kléptomane *n.* 盗癖のある人.

kleptomanie *n.f.* 〖精神医学〗窃盗癖.

Knesset[h] *n.pr.f.* la ~ クネセト《一院制のイスラエルの国会》; le Parlement israélien.

KO¹, Ko (=kilo-octet) *n.m.* 〖情報〗キロバイト. lecteur de disquettes de 360 ~ 360 キロバイトのフロッピーディスク・ドライヴ.

KO² (= [英] *k*nock *o*ut) *n.m.inv.* ノックアウト (=hors de combat). être ~ ノックアウトされる. gagner par ~ ノックアウト勝ちを収める.

Koch [kɔk] *n.pr.* コッホ《結核菌を発見したドイツの医学者ローベルト・コッホ Robert Koch [1843-1910]》. bacille de ~ コッホ菌, 結核菌.

koïlonychie *n.f.* 〖医〗さじ状爪, 匙形爪, スプーン状爪.

koinè [ギ] *n.f.* 〖言語〗**1** コイネー《西暦紀元前 3 世紀から西暦 5 世紀頃まで用いられたギリシア共通語》. **2** 〔常用〕統一言語, 共通語.

kolkhoz[e] [kɔlkoz] [ロシア] *n.m.* コルホーズ, 集団農場, 共営農場《ソ連の農業生産協同組合: *kol*lektivnoje *choz*jajstvo》.

kolkhozien(ne) *a.* コルホーズ員, 集団農場構成員.

Kominform [ロシア] [英] *n.m.* コミンフォルム《共産党及び労働者党情報局の略称; = [仏] Bureau d'information des partis communistes et ouvriers (1947-56)》.

Komintern(le) [ロシア] *n.m.* コミンテルン《共産主義インターナショナル *kom*mounistitcheski *Intern*atsional の略称. 第三インターナショナルとも呼ぶ; = [仏] la IIIe Internationale (1919-43)》.

kommandantur [独] *n.f.* (ドイツおよびドイツ軍占領地域の) 軍司令部, 軍司令部所在地; 軍司令部の建物.

Komsomolskaïa Pravda *n.m.* コムソモルスカイア・プラウダ《ソ連の日刊紙; 1912 年創刊; 1918-91 年ソ連共産党機関誌》.

konzern [-z(ts)ɛrn] [独] *n.m.* 〖経済〗コンツェルン.

Konzertmeister [独] *n.m.* 〖音楽〗コンツェルトマイスター, コンサートマスター; = [英] consertmaster; [仏] premier violon 首席ヴァイオリン奏者.

kosovar(e) *a.* コソヴォ (le Kosovo) の; ~の住民の.
—*n.* コソヴォの住民.

Kosovo(le) *n.pr.m.* [自治州・国名通称] コソヴォ《公式名称: Kosovo-Metohija: la province autonome du K~ コソヴォ自治州 [ユーゴスラヴィア連邦共和国内の自治州 (1974-90)]; 1990 年セルヴィア共和国の自治州; 2008 年 2 月 17 日コソヴォ共和国 la République du K~ として独立を宣言; 住民: Kosovar(e), 首都: Priština プリシュティナ》. conflit au ~ コソヴォ紛争.

K'ouen-louen chan ⇒ K'un-Lun Shan

K'ouen-ming ⇒ K'un-Ming

kouglof *n.m.* 〖料理〗クーグロフ《アルザス地方 l'Alsace の乾し葡萄入りブリオシュ》 (=kougelhof).

Kouldja [中国] *n.pr.* クルジャ《新疆ウイグル自治区の都市, 中国名 Yining 伊寧 (イーニン)》.

Koweït(le) *n.pr.m.* **1** [国名通称] クウェート《公式名称: Dawlat al-Kuwayt: l'Etat du K~ クウェート国; 国民: Koweïtien(ne); 首都: Koweït クウェート; 通貨: dinar koweïtien [KWD]》. **2** クウェート市《クウェートの首都》.

koweïtien(ne) [-tjɛ̃, ɛn] *a.* クウェート (le Koweït) の, クウェート国 (l'Etat du Koweït) の; ~ クウェート人の. dinar ~ クウェート・ディナール《通貨単位》.
—**K~** *n.* クウェート人.

Kr (=*k*rypton) *n.m.* 〖化〗「クリプトン」の元素記号.

krach [krak] [独] *n.m.* **1** 株価暴落. ~ d'octobre 1987《1987 年 10 月 19 日のウォール街の株価大暴落=lundi noir ブラック・マンデー》. ~ de Wall Street de 1929《1929 年 10 月 24 日のウォール街の株価大暴落=jeudi noir ブラック・サーズデー》. le mini-~ du vendredi 13 à Wall Street (1989 年 10 月) 13 日金曜日のニューヨーク株式市場での株価のミニ大暴落 (le vendredi noir と呼ばれる). victime du ~ 株価暴落の被害者.
2 (銀行・企業の) 破産, 倒産.

kraft [kraft] [スウェーデン] *n.m.* クラフト紙《硫酸塩処理パルプから造られる包装用の紙》 (=papier ~). colis emballé dans du ~ クラフト紙で包装された包み. pâte ~ クラフト・パルプ.

kremlin [ロシア] *n.m.* **1** (ロシアの城塞都市の) 中心部, クレムリン. le ~ de Smolensk スモレンスクのクレムリン.
2 le K~ (モスクワの) クレムリン; 〔転じて〕ロシア政府; ソヴィエト政府.

kremlinologue *n.* クレムリン研究者《ソ連・ロシア首脳部の権力闘争の専門家》.

krill [ノルウェー] *n.m.* おきあみ. ~ antarctique 南極海のおきあみ.

krypton *n.m.* 〖化〗クリプトン《元素記号 Kr, 原子番号 36, 原子量 83.8; 1898 年発見の希ガス元素》. lampe à ~ クリプトン電球.

kt (=kilotonne) *n.f.* キロトン.

Kueiyang ⇒ **Guiyang**

Kuldja ⇒ **Guija**

Kumgang San [北朝鮮] *n.pr.m.* 金剛山（こうごうさん），クムガンサン《北朝鮮南東部，太白山脈中の山塊・名勝地；最高峰は昆盧山の1,638 m》.

kummel [kymɛl] [独] *n.m.* キュンメル酒《ドイツ，ロシアでつくられるクミンcuminの実の香りをもつリキュール》.

K'un-Lun Shan [kunluŋʃaŋ], **K'ouen-louen chan** [kujã-lujã-ʃaŋ], **Kunlun shan** [kunluŋʃaŋ] [中国] *n.pr.m.* (中国の西部) 崑崙（こんろん）山脈，クンルン山脈 (=[仏] monts Kunlun).

K'un-Ming [kunmiŋ], **K'ouen-ming** [kujãmiŋ], **Kunming** [kunmiŋ] [中国] *n.pr.* 昆明（こんめい），クンミン《雲南省 le Yunnan の省都》.

Kunsan [韓国] *n.pr.* 群山（ぐんざん），クンサン《全羅北道の工業都市》.

Kurdes *n.pl.* クルド族《トルコ，イラク，イラン，シリア，トランスカフカスに居住する民族》.

Kurdistan (le) *n.m.* 〖地理〗クルディスターン《トルコ，イラン，イラク，シリアにまたがる高原地帯；主にクルド人が居住する地域》.

kuru *n.m.* 〖医〗クール《パプア＝ニューギニアの風土病であるスローウイルス感染症．クロイツフェルト・ヤコブ病に似た疾患》.

Kuwait(le) ⇨ Koweit (le)
Kwanchou ⇨ Canton
Kwangfung ⇨ Guangdong
Kwangju [韓国] *n.pr.* 光州（こうしゅう），クァンジュ《全羅南道の道都》.
Kwangsi-Chuang ⇨ Guangxi-Zhuang
Kwangtung ⇨ Guangdong
kwashiorkor [kwaʃiɔrkɔr] *n.m.* 〖医〗クワシオルコル《アフリカの幼児にみられる蛋白質不足に起因する栄養失調症》.

k-way [kawɛ] [英] 〖商標〗*n.m.inv.* 〖衣服〗ケー＝ウェイ《折りたたみ式ナイロン製防水上衣》.

Kweichow ⇨ Guizhou
Kweiyang ⇨ Guiyang
kWh (=*kilowatt-heure*) *n.m.* 〖電〗キロワット時 (= [英] kilowatt-hour)《電気エネルギーの単位》.

KWT (=le *Koweït*) *n.m.* クエート《国名略記》.

kymographe *n.m.* 〖医〗キモグラフ，(心臓などの器官の) 動態記録装置.

kymographie *n.f.* 〖医〗キモグラフィー，(器官の) 動態記録〔法〕.

Kyongju [韓国] *n.pr.* 慶州（けいしゅう），キョンジュ《慶尚北道の古都；新羅の首都 [前57-935]》.

Kyoto [日] *n.pr.* 京都. ancien palais des empereurs de ～ 京都御所. protocole de ～ 京都議定書《1997年12月京都で開催された国連の気候変動枠組み条約第3回締結国会議 3ᵉ Conférence des Nations-Unies sur le changements climatiques (COP 3) で採択された気候変動枠組み条約の議定書》. mécanisme de ～ 京都メカニズム《京都議定書で定められた温室効果ガス排出削減目標の達成のための国際的仕組み》.

kyste *n.m.* **1** 〖医〗嚢胞（のうほう）. ～ de l'ovaire 卵巣嚢胞.
2 〖生〗嚢子，包子，被嚢体. ～ de protection 保護嚢子. ～ de reproduction 繁殖嚢子.

kystique *a.* **1** 〖医〗嚢胞の. fibrose ～ 嚢胞繊維症. **2** 嚢子の，包子の.

L

L¹, l¹ *n.m.(f.) inv.* フランス語字母の第12字(l'*l*, le *l*).
L² 〔記号・略記〕**1** (ローマ数字の) 50. *LI* 51.
2 〖通貨〗la livre sterling (英国の) ポンド(略号£).
3 〖物理〗l'inductance「インダクタンス」(誘導係数) の記号.
4 〖物理〗la luminiscence「輝度」の記号.
5 〖物理〗la chaleur latente「潜熱」の記号.
6 〖生化〗la leucine「ロイシン」の記号.
7 〖経済〗la masse monétaire L (= 〔英〕money supply)「マネーサプライ L」《通貨供給量指標の一つ》.
8 〖自動車〗le Luxembourg ルクセンブルク大公国の国籍表示記号.
l² **1** 〖度量〗le litre リットル. d*l* = décilitre デシリットル.
2 〖度量〗la livre リーヴル(= 500 g).
La (= *l*anthane) *n.m.* 〖化〗「ランタン」の元素記号.
LAAM (= *l*évo-*a*lpha-*a*cétyl*m*éthadol) *n. m.* 〖薬〗レヴォ=アルファ=アセチルメタドール《麻薬の一種》.
label [英] *n.m.* **1** ラベル, レッテル;(品質, 原産地などの) 保証マーク, 証票;品質保証商品, ラベル付商品. ~ agricole 農産物証票. ~ d'exportation 輸出証票. ~ d'origine 原産地保証マーク. ~ de qualité 品質保証マーク. *L* ~ régional 地方認定ラベル《赤ラベルに準拠した地方独自の食品品質保証印》. ~ nationaux (régionaux) 国内(地域) 製品保証ラベル. ~ ouvrier 労働組合証票. ~ patronal 経営者証票. ~ rouge ラベル・ルージュ《高品質保証食品ラベル》. poulet ~ rouge ラベル・ルージュ (赤ラベル) 鶏《高品質保証鶏》. faux ~ 偽ラベル. homologation nationale du ~ ラベルの国家認可〔制度〕.
2 〔比喩的〕(人に貼る) レッテル, 呼称.
3 〖電算〗(データ の) ラベル;〖化〗標識. numéro de ~ ラベル番号.
4 (レコードの) レーベル;レコード会社.
labellisé(e) *a.p.* (品質保証などの) ラベル認定の, ラベル付きの. poulet ~ 《産地名呼称管理下の》 ラベル貼付鶏, ラベル鶏.
labeur *n.m.* **1** 〖文〗辛苦, 辛い持続的な仕事. dur (pénible) ~ 艱難辛苦. bêtes de ~ 農耕用牛馬. recueillir le fruit de son ~ 労作の成果をつみとる. s'atteler à un ~ difficile 辛い仕事と取り組む.
2 〖印刷〗ページ物, 大出版物(= ouvrage de ~);大出版物の印刷業.

labferment *n.m.* 〖生化〗凝乳酵素.
labiacées *n.f.pl.* 〖植〗唇形科〔植物〕(lavande ラヴェンダー, menthe ミント, romarin ロマラン(まんねんろう), sauge セージ, thym タイムなど;= labiés).
labial(ale)(*pl.***aux**) *a.* 唇 (lèvres) の;〖音声〗唇音の. 〖音声〗consonne ~*ale* 唇音子音. 〖解剖〗muscle ~ 唇筋.
—*n.f.* 〖言語〗唇音 (b, m, p など).
labié(e) *a.* 〖植〗(花冠が) 唇形の;唇形科の. plantes ~*es* 唇形科植物.
—*n.f.pl.* 唇形科植物(= labiacées).
labile *a.* **1** 〖植〗(花弁などが) 散りやすい. pétales ~*s* 散りやすい花弁.
2 〖生〗常に更新される.
3 〖化〗不安定な. composé ~ 不安定な化合物. vitamine ~ 不安定ビタミン.
4 〔比喩的〕消えやすい;〖心〗(気質が) 変りやすい. mémoire ~ あやふやな記憶.
labiopalatin(e) *a.* 〖解剖〗口蓋唇の. 〖医〗fente ~*e* 兎唇, みつ口(= bec-de-lièvre).
labo (*pl.*~*s*) (= *labo*ratoire) *n.m.* 実験室;試験所, ラボ;医薬品製造所(= ~-pharmacie). ~ photo 写真ラボ, 現像所(= laboratoire de photo). ~ spatial 宇宙実験室, スペースラボ(= 〔英〕space lab).
labo-pharmacie *n.f.* 〖薬〗医薬品製造所.
laborantin(e) *n.* (実験所・研究所・薬局等の) 助手;実験助手.
laboratoire *n.m.* **1** 実験室;試験所;研究室, 研究所(= ~ de recherche). ~ de chimie (de physique) 化学(物理) 実験室(研究室). *L* ~ européen de physique des particules ヨーロッパ粒子物理学研究所. ~ spatial 宇宙実験室, スペースラブ(= 〔英〕space lab). animaux de ~ 実験動物.
2 〖医・薬〗分析・検査室〔所〕;〖薬〗調剤室;医薬品製造所;製薬会社(= ~ pharmaceutique). ~ d'analyses bactériologiques 細菌分析検査所. ~ d'analyses du sang 血液検査所. ~ clinique 臨床検査室.
3 〖写真〗現像所(= ~ de photo;略記 labo 〔photo〕「ラボ」;現像室, 暗室(= ~ noir). ~ d'un photographe 写真家(屋) の現像室.
4 ~ de langues (視聴覚教育の) 語学ラボ.
5 (肉屋・菓子屋などの) 仕事場《売場とは別の場所》.
6 〖冶〗(反射炉の) 火床, 炉床《燃焼加熱室;略記 labo》.

7〖原子力〗~ chaud 放射性物質取扱所.

laborieux(se) (<labeur) *a.* **1**〖文〗骨の折れる, つらい. entreprise ~ se 難事業. recherches ~ ses 骨の折れる調査.
2 (人が) よく働く, 勤勉な. artisan ~ よく働く職人. classes ~ ses 勤労者階級. élève ~ 勤勉な生徒. vie ~ se 勤労多生活.
3 苦心の跡をとどめた；〖蔑〗重苦しい, ぎくしゃくした. déclarations ~ ses 苦心の跡をとどめた宣言文. style ~ ぎくしゃくした (重苦しい) 文体.

labour *n.m.* **1**〖農〗耕作. ~ au tracteur トラクターによる耕作. ~ de printemps (d'hiver) 春 (冬) 耕. ~ profond (léger, superficiel) 深 (浅) 耕. champ en ~ 耕作中の畑. cheval (bœuf) de ~ 農耕馬 (牛).
2 [*pl.* で] 耕作地 (=terre labourée).

labrador *n.m.*〖動〗ラブラドール犬.

Labrède, La Brède *n.pr.* ラブレード《département de la Gironde ジロンド県の小邑所在地；1987 年以降 La Brède と表記；市町村コード 33650；葡萄の栽培地；形容詞 brédois(*e*)》. château de *L*~ ラ・ブレード城《Montesquieu が生まれた城館；13-16 世紀》.

labyrinthe *n.m.* **1** (古代ギリシアの) ラビュリントス；〖一般に〗迷路, 迷宮. ~ compliqué des rues de Venise ヴェネツィアの迷路のように入り組んだ街路. ~ de ruelles 迷路のように錯綜した路地.
2 (公園, 森などの) 入りくんだ小路；迷路風の植込み.
3〖建築〗ラビリアント《教会堂内で, 信者が膝行して辿った迷路模様の敷石》；迷路模様の床. le ~ de la cathédrale Notre-Dame de Chartres シャルトルのノートル=ダム大聖堂内の迷路模様の敷石.
4〖比喩的〗錯綜；紛糾. ~ de problèmes 錯綜する諸問題. ~ de procédures 複雑な訴訟手続.
5〖解剖〗(内耳の) 迷路. inflammation du ~ de l'oreille interne 内耳迷路炎.

labyrinthique *a.* **1** 迷路のような.
2 名状し難いほど複雑な. construction ~ 複雑に入り組んだ構造.
3〖解剖・医〗(内耳の) 迷路の. nerf ~ 内耳迷路神経.

labyrinthite *n.f.*〖医〗迷路炎, 内耳炎. ~ virale ウイルス性迷路炎.

lac *n.m.* **1** 湖, 湖水. ~ artificiel 人造湖. ~ d'atoll 環礁湖. ~ de barrage ダム湖. ~ de cratère 火口湖. ~ de dépression 陥没湖. ~ d'eau douce (saumâtre) 淡水 (汽水) 湖. ~ eutrophe (oligotrophe) 富 (貧) 栄養湖. ~ glacière 氷河湖.〖比喩的・話〗tomber dans le ~ しくじる. L'affaire est [tombée] dans le ~. 事業は失敗だ.
2〖文〗こぼれた大量の液体. ~ de sang 血の海.

lacération (<lacérer) *n.f.* **1** 破棄；文書の破棄. ~ des affiches apposées abusivement 濫用ポスターの破棄.
2〖医〗裂傷；切除. ~ de la peau 皮膚の裂傷. ~ d'une tumeur 腫瘍の切除.

lacet *n.m.* **1** (靴・衣類などの) 紐. nouer ses ~s de chaussures 靴紐を結ぶ.
2〖海〗(補助帆を主帆に結ぶ) 網.
3〖比喩的〗(靴紐のような) ジグザグ形, ヘアピンカーヴ. route en (de) ~ [s] ジグザグ道路, ヘアピン道路.
4〖狩〗(鳥・兎などを捕える) 輪差 (わさ). prendre des lièvres au ~ 兎を輪差で捕える. tendre un ~ 輪差を張る.
5〖装飾〗編み紐, 平紐. ~s utilisés en passementerie 房飾り用の編み紐.
6 (車などの) 横揺れ, ローリング；(航空機の) ヨーイング；蛇行運動.
7〖機工〗輪の固定金具. anneau à ~ 固定金具付の輪.

lâche *a.* **1** 弛んだ；たるんだ. cravate ~ 結び目の弛んだネクタイ. fil ~ たるんだ紐. nœud ~ 弛んだ結び目. peignoir ~ だぶだぶのガウン. ressort ~ 弛んだバネ.
2 たるんだ, 冗漫な. expressions ~s 冗漫な表現. style ~ だらけた文体.
3〖時に名詞の前〗無気力な；精神的に弱い. ~ indolence 怠惰, 無気力. être ~ devant la tentation 誘惑に弱い.
4〖時に名詞の前〗臆病な. officier ~ 臆病な士官. être ~ devant le danger 危険を前におじけづく.
5〖時に名詞の前〗卑怯な；卑劣な, 下劣な. ~ attentat 卑劣なテロ行為. procédé ~ 卑怯な振舞い. crime ~ 下劣な重犯罪.
— *n.* **1** 臆病者. Salauds, ~ ! 臆病者め !
2 卑怯者；卑劣漢 (=homme ~). Espèce de ~ ! 卑怯者 ! Grand ~ ! ひどい卑怯者め !

lâcheté *n.f.* **1** 無気力, 気の弛み. ~ devant l'effort 無気力, 怠惰.
2 臆病, ひるみ. avec ~ 臆病風を吹かせて, 臆病に. céder par ~ ひるんで譲歩する.
3 卑怯, 卑劣；卑劣な行為. commettre des ~s 卑劣な行為をする.

lacis [lasi] *n.* **1** 網. ~ de fils de fer 鉄の金網.
2〖織〗ラシ《ボビンレースの一種》.
3〖解剖〗網組織. ~ de fibres nerveuses 神経繊維網, 神経叢 (=plexus).
4〖比喩的〗(道路などの) 網目, 網. ~ de ruelles 迷路のような小路網. ~ de voies ferrées 鉄道網.

Laconie (la) *n.pr.*〖史〗ラコニア《ギリシア南部の古国；首都 Sparte スパルタ》.

lacryma-christi, lacrima-christi [lakrima kristi] *n.m.inv.*〖葡萄酒〗ラクリマ=クリスティ《南イタリア, ナポリ Napoli 周辺産の白と赤の葡萄酒；「キリストの涙」の意》.

lacrymal(ale) (*pl.***aux**) *a.* 〖生理〗涙の. canal ~ 涙管. glande ~*ale* 涙腺. sac ~ 涙嚢. vase ~*ale* 涙壺.

lacrymogène *a.* 催涙性の. gaz ~ 催涙ガス. grenade ~ 催涙弾.
—*n.m.* 催涙ガス (=gaz ~)；催涙薬；催涙物質.

lacrymonasal(ale) (*pl.***aux**) *a.* 〖解剖・医〗鼻涙の. canal ~ 鼻涙管.

lactaire *n.m.* 〖茸〗ラクテール, 乳茸 (=laitier) (食用と毒茸の2種あり).
—*a.* 乳の, 哺乳の. conduits ~*s* 乳管.

lactalbumine *n.f.* 〖化〗ラクトアルブミン (血清アルブミンに類似の蛋白質).

lactamase *n.f.* 〖生化〗ラクタマーゼ. β-~ β-ラクタマーゼ (β-ラクタム抗生物質耐性菌がつくる酵素の総称), セファロスポリナーゼ.

lactame *n.f.* 〖化〗ラクタム (環式分子内アミド). β-~ β-ラクタム.

lactamine *n.f.* 〖化〗ラクタミン. β~ ベータ・ラクタミン.

lactarium *n.m.* 母乳センター.

lactase *n.f.* 〖化〗ラクターゼ, β-D-ガラクトシダーゼ (乳糖分解酵素).

lactate *n.m.* 〖化〗乳酸塩, 乳酸エステル. ~ de calcium 乳酸カルシウム.

lactatémie *n.f.* 〖医〗乳酸血症.

lactation *n.f.* 1 〖生理〗泌乳, 乳汁分泌. 2 哺乳, 授乳 (=alaitement)；授乳期. aménorrhée de la ~ 授乳期無月経.

lacté(e) *a.* 1 乳の, 乳に関する. fièvre ~*e* (産婦の) 初乳熱, 授乳熱 (=fièvre de lait). secrétion ~*e* 乳汁分泌；授乳 (=lactation). 2 乳による, 乳を含む；牛乳を基にした. diète ~*e*；régime ~ 牛乳食飼療法 (牛乳だけを摂取する療法). farine ~*e* 粉ミルク入り小麦粉.
3 乳状の；乳白色の. blanc ~ 乳白色. suc ~ 乳液. 〖解剖〗veines ~*es* 乳糜管. 〖天文〗la Voie ~*e* 天の川, 銀河 (=galaxie).

lactescence *n.f.* 乳状；乳汁, 乳液；乳白色.

lactescent(e) *a.* 1 〖植〗乳汁を含む. champignon ~ 乳汁分泌茸 (lactaire「乳茸」など).
2 乳汁状の. sérum ~ 乳漿 (にゅうしょう).
3 乳白色の.

lactifère *a.* 1 乳を運ぶ. 〖解剖〗conduits ~*s* 乳管.
2 〖植〗乳液を含む, 乳液を生産する. plantes ~*s* 乳液分泌植物.

lactique *a.* 〖化〗乳酸の. acide ~ 乳酸. 〖医〗acidose ~ 乳酸アシドーシス, 乳酸酸血症. fermentation ~ 乳酸醱酵. ferment ~ 乳酸酵素.

lacto- [ラ] ELEM 「乳」の意 (*lacto*densimètre 乳汁比重計).

lactobacille *n.m.* 〖生化〗乳酸桿菌, 乳酸菌, ビフィドバクテリウム. ~ acidophile アシドフィルス菌, 好酸性乳酸桿菌 (小腸で働く善玉菌).

lacto(-)densimètre *n.m.* 牛乳比重計 (=lactomètre).

lactoflavine *n.f.* 〖生化〗ラクトフラビン, リボフラヴィン (riboflavine)；ビタミンB_2 (vitamine B_2).

lactomètre *n.m.* 乳脂計, 乳比重計 (=galactomètre).

lactone *n.f.* 〖化〗ラクトン (環内に-C(=O)-O-を含む環式化合物の総称).

lactoremplaceur *n.m.* 〖酪農〗(仔牛飼育用の) 代用乳.

lactose [laktoz] *n.m.* 〖化〗ラクトース, 乳糖 (Lac と略記).

lactosérum [laktɔserɔm] *n.m.* 乳精.

lactucarium *n.m.* 〖生化・薬〗ラクチュカリヨム (レタスの葉を乾燥させて得られる鎮静剤；通称 opium de laitue「レタス阿片」).

lacunaire *a.* 空隙のある；空白 (欠落) のある；不備な. 〖心〗amnésie ~ 穴あき健忘〔症〕. documentation ~ 不備な資料調査. 〖生〗système ~ 間隙系. 〖生〗tissu ~ 組織間隙.

lacune *n.f.* 1 空隙, 間隙, 空所；〖生〗細胞間隙；〖地学〗ラキュナ；〖獣医〗(馬蹄の) 裂孔, 小窩. 〖生〗~*s* des centres nerveux 神経中枢の間隙.
2 空白, 欠落；(法の) 欠缺. ~*s* d'une doctrine 理論の欠落部. 〖法律〗~ involontaire à défaut de loi 法の欠陥に基づく意図せざる欠缺 (= ~ praeter legum). 〖法律〗~ volontaire selon la loi 法の意図的欠缺 (= ~ intra legem). avoir des ~*s* de mémoire 記憶に脱落したところがある. remplir une ~ 欠落を補う.

lacuneux(se) 1 〖植〗多孔性の, 間隙のある. parenchyme ~ 多孔性柔組織. 2 〔古〕欠落 (欠缺) のある (=lacunaire). texte ~ 欠落のあるテクスト.

lacustre *a.* 1 湖 (lac) の, 湖に関する. bassin ~ 湖水盆地. bleu ~ 湖水の青色. 2 湖に棲息する；湖上生活の. cité ~ 湖上都市. plante ~ 湖水 (湖畔) 植物.

lady [ledi] (*pl.***ladys, ladies**) [英] 1 イギリスの貴婦人 (女性の侯・伯・子・男爵；公・侯・伯爵の令嬢に対する尊称).
2 イギリスの貴族の夫人 (Lord (侯・伯・子・男爵) と Sir (baronet と knight) の夫人).
3 〔広義〕レディー, 淑女. C'est une vraie ~. あの人は真のレディー (淑女) だ.

lagerstrœmia [lagerstrømia] *n.m.* 〖植〗百日紅 (さるすべり) (= ~ indica；俗称 lilas des Indes；リンネが, 友人のスウェーデン東インド会社重役で, インドの植物収集・研究家の Magnus Von Lagerström [1696-1759] に因んで献名したもの).

laguiole (<Laguiole, département de l'Aveyron アヴェロン県の小郡庁所在地)

n.m. ラ〔ギ〕ヨル・ナイフ《=couteau de L~；ラ〔ギ〕ヨルで開発された折りたたみ式の高級ナイフ；ソムリエ用ナイフ》.

laguiole-aubrac (<L~-A~, 産地名) *n.m.*『チーズ』ラ〔ギ〕ヨル=オーブラック《西南フランス, ルエルグ地方 le Rouergue の Aubrac 高地で, 牛乳からつくられる, 直径 40 cm 高さ 30 ~ 40 cm の円筒型の圧縮式, 非加熱, ブラシがけの自然外皮のチーズ の AOC；脂肪分 45 %；別称 fourme de laguiole》.

lagunage *n.f.* (水の) 曝気槽 (ばっきそう) 浄化処理.

lagune *n.f.* 潟, ラグーン；(環礁の中心にある) 礁湖 (=lagon).

LAI (= *l*imites *a*nnuelles d'*i*ncorporation) *n.f.pl.*『医』(放射性物質などの) 年間体内摂取許容限界値.

laïc(que) ⇒ laïque.

laïcisation *n.f.* 非宗教化, 世俗化. ~ de l'enseignement 教育の非宗教化.

laïcité *n.f.* **1** 非宗教性. **2**〖政治〗政教分離. principes de la ~ 政教分離の原則. **3** (教育などの) 宗教からの分離独立. ~ de l'enseignement 教育の非宗教性.

laid(e) *a.* **1** 醜い；不恰好な；汚い. appartement ~ 汚いアパルトマン. femme ~e 醜女 (しこめ). homme ~ 醜男 (ぶおと こ). monument ~ 不恰好な記念建造物. visage ~ 醜い顔. être ~ à faire peur (à effrayer) ぞっとするほど醜い. être ~ comme un crapaud (un démon, un pou, un singe, le péché, les sept péchés capiteaux) ひき蛙 (悪魔, しら み, 猿, 大罪, 七つの大罪) のように醜い→ ひどく醜い. **2** (行為などが) 醜い, 醜悪な, 汚い, いとわしい. action ~e 醜い行為. parole ~e 汚い言葉. **3**〖児童語〗みっともない, よくない. Il est (C'est)~ de+*inf.* …するのはみっともない. **4**〖古〗(天気が) よくない. Qu'il fasse ~. 何ていやな天気だ.
——*n.* **1** 醜男；醜女. **2** よくない子, 悪餓鬼. Hou! le ~! こら, 何て悪い子だ!
——*n.m.* 醜, 醜いもの. le beau et le ~ 美醜.

laine *n.f.* **1** 羊毛, ウール；ウール生地 (= étoffe de ~)；毛織物 (=lainage)；毛糸 (= ~ à tricoter). ~ brute (crue) 原毛. ~ cardée 紡毛. ~ peignée 梳毛 (そもう). de (en) ~ ウールの；毛糸の. manteau de (en)~ ウールのコート.
2 ウールの衣服 (=vêtement de ~)；ウールのセーター (=vêtement ~ tricoté). mettre une ~ ウールの服 (毛糸のセーター) を着る.
3 羊毛に似た動物性繊維 (alpaga アルパカ, chameau ラクダ, lapin angola アンゴラ兎 などの毛).
4 羊毛状のもの. ~ de verre ガラスウール. ~ minérale (de laitier) スラグ (鉱滓) ウール.
5〖植〗綿毛.

lainerie *n.f.* **1** 毛織物製造；毛織物. **2** 羊毛刈取り場. **3** (毛織物工場の) 起毛場. **4** 毛織物製造業；毛織物卸商.

laineux(se) *a.* **1** 〖織〗(布地が) 羊毛質の；ウールの感触の. étoffe ~se ウール布地. ウールの感触の布地. **2**〖比喩的〗羊毛に似た. cheveux ~ 羊毛に似た髪の毛. **3**〖植〗綿毛に蔽われた.

lainier(ère) *a.* **1** 羊毛の. industrie ~ère 羊毛産業. marché ~ 羊毛市場. **2** 羊毛用の. mouton ~ 緬羊.
——*n.* **1** 毛織物業者, 毛織物商 (=commerçant ~). **2** 羊毛加工 (=ouvrier ~).
——*n.f.*〖織〗起毛機.

laïque, laïc(que) *a.* **1** 聖職者でない, 在俗の；一般信徒の. habit ~ (僧衣でない) 平服. **2** 宗教組織とは無関係の, 宗教から独立した, 非宗教的な；世俗の. école ~ (非宗教性に基づく) 公立学校, 宗教色のない学校. Etat ~ 非宗教的国家. juridiction ~ 非宗教的 (の) 裁判権 (の裁判所). **3** 宗教 (信仰) とは無関係の. mythe ~ 非宗教的神話.
——*n.*〖男性形は多く laïc〗平信徒, 世俗人, 非聖職者 (ecclésiastique「聖職者」の対).

lais [lɛ] *n.m.* **1**〖古〗遺贈.
2〖法律〗〖*pl.* で〗(海浜の) 寄洲 (よりす)；『地学』干上り面. ~ de haute mer 沖 (外洋) の寄洲. droit d'accession sur les ~ 寄洲への立入権.
3〖林業〗(輪伐林地の) 切り残しの若木.

laisse *n.f.* **1** (犬などの) 引き綱. tenir un chien en ~ 犬を綱につなぐ.〖比喩的〗tenir (mener) *qn* en ~ 人を自分の思い通りに引き回す.
2〖地形〗(海岸の) 干上り面；前浜. ~ de haute (basse) mer 高 (低) 潮線.
3〖仏文史〗(中世の武勲詩の) 節.

laissé(e)[-]pour[-]compte
(*pl.* **~s[-]~[-]~**)[1] *a.* **1**〖商〗(商品が) 納品を拒まれた；返品された；売れ残った. marchandise ~e-~-~ 納品を拒まれた (返品になった, 売れ残った) 商品.
2〖比喩的〗(人・物が) 望み手のない, 落ちこぼれた. élève ~-~-~ 落ちこぼれの生徒.
——*n.* **1** 望み手のない人, 鼻つまみの人；落ちこぼれの生徒；*f.* 売れ残りの女.
2 経済的繁栄に取り残された人 (階層). les ~s-~-~ de la société 社会の落ちこぼれ.
——*n.m.* **1**〖商業〗返品, 売れ残り. **2** 運送品の委付.

laisser-aller *n.m.inv.* **1** 無頓着, 無造作. **2**〖蔑〗投げやり, いい加減さ, だらしなさ. ~ dans le travail 仕事のいい加減さ. ~ de sa tenue 衣服のだらしなさ.

laisser-faire *n.m.inv.* 自由放任, 成り行き任せ, 無干渉 (=laissez-faire). ~ des économistes libéraux 自由主義経済学者の自由放任主義.

laisser-passer *n.m.inv.* **1** 通行〔許可〕証;(美術館などの)無料入場証, パス. présenter un ~ au poste de gardiens 守衛所に通行証を提示する. **2**〖法律〗(課税商品の)出関許可証.

lait *n.m.* Ⅰ〖乳〗**1** ~maternel 母乳. nourrir un enfant de son ~ 子供を母乳で育てる. agneau (cochon, veau) de ~ 乳飲み羊(豚, 牛). dent de ~ 乳歯. fièvre de ~ (産婦の)初乳熱. frères (sœurs) de ~ 乳兄弟(姉妹). sécrétion du ~ 乳の分泌.
2 (家畜の) 乳; (特に) 牛乳, ミルク (= ~ de vache). ~ de vache (de chèvre, de brebis) 牛(山羊, 羊)乳. ~ bourru (cru) 生乳, しぼりたての乳. ~ caillé 凝乳. ~ condensé (concentré) コンデンスミルク. ~ de beurre バターミルク. ~ écrémé 脱脂乳, スキムミルク. ~ en poudre 粉乳, 粉ミルク. ~ entier 全乳, 成分無調整乳. ~ fermenté 醱酵乳. ~ longue conservation 長期保存可能乳. ~ pasteurisé (低温) 殺菌乳. ~ UHT (=*u*ltra-*h*aute *t*empérature) 超高温処理乳.
acheter du ~ ミルクを買う. boire du ~ ミルクを飲む;〖比喩的・話〗喜ぶ. café au ~ カフェ・オー・レー. chocolat au ~ ショコラ・オー・レー, ミルクココア. peau de ~ 真白な肌. pot à (au) ~ ミルク入れ, ミルクポット. vache 〔à ~〕乳牛.
Ⅱ〖乳状のもの〗**1** (植物の) 乳液. ~ de coco ココナツミルク. ~ des plantes à caoutchouc ゴムの乳液状樹液, ラテックス (latex). ~ végétal 乳白の樹液.
2 乳状液. ~ d'amandes アーモンド乳剤. ~ de beauté 化粧用乳液. ~ de chaux 石灰乳. ~ de jabot (鳥の) 嗉嚢 (そのう) 乳 (乳状餌). ~ démaquillant クレンジング乳液. 〖料理〗~ de poule レド・プール〖泡立てした卵黄に温めたミルクと砂糖・香料を加えた飲物〗, エッグノッグ = 〔英〕egg-nog; 卵酒.

laitance *n.f.*〖食材〗(魚の) 白子 (しらこ) (=laite).

laiterie *n.f.* **1** 牛乳加工場;乳製品製造所, 酪農工場〖生クリームcrème, バター beurre, チーズ fromage, ヨーグルト yaourtの製造など〗.
2〖古〗牛乳製品販売店 (業) (=crémerie).
3 牛乳 (乳製品) 製造業, 乳業;酪農業.
4 (農家の) 牛乳・乳製品保存所.

laitier¹ (**ère**¹) *a.* **1** 牛乳の;乳製品の. industrie ~ 乳業;酪農業. produits ~s 乳製品.
2 牛乳生産用の. vache ~ère 乳牛 (= ~ère).
——*n.* 牛乳屋;乳製品小売業者.

laitier² *n.m.* **1**〖冶〗鉱滓 (こうさい), スラグ. **2**〖茸〗ちち茸.

laitière² *n.f.* 乳牛 (=vache ~). **2** ミルク壺.

laiton¹ *n.m.* **1** 真鍮 (しんちゅう), 黄銅 (=cuivre jaune)〖銅と亜鉛, または鉄, 鉛, アルミニウムなどの合金〗. ~ ordinaire 普通真鍮〖亜鉛の含有量が5-20％のもの〗. robinet en ~ 真鍮製の蛇口.
2 真鍮線 (=fil de ~).

laiton² *n.m.*〖牧畜〗離乳前の仔羊 (仔山羊).

laitonnage *n.m.* **1**〖冶〗真鍮 (しんちゅう) メッキ加工. **2**〖服飾〗(婦人帽などを) 真鍮線で飾ること.

laitue *n.f.*〖植〗レーチュ, レタス (野菜). ~ à couper 葉摘みレタス. ~ Batavia バタヴィア種レタス〖縮れ葉レタスの品種〗. ~ blond 黄緑レタス. ~ de printemps (d'été, d'automne, d'hiver) 春 (夏, 秋, 冬) レタス. ~ frisée 縮れレタス. ~ pommée (beurrée) 結球レタス, 玉レタス. ~ romaine レーチュ・ロメーヌ, ロメーヌ種レタス; chicon (chicon), 立ちちしゃ〖結球しないレタス〗. 〖料理〗~ braisées au gratin レタス・グラタン. salade de ~ レタス・サラダ.
2〖植〗~ de mer あおさ (=ulve).

LAL (=*l*eucémie *a*iguë *l*ymphoïde) *n.f.*〖医〗急性リンパ性白血病.

lalande-de-pomerol *n.m.*〖葡萄酒〗ラランド = ド = ポムロール〖ジロンド県département de la Girondeの村 La Lande-de-Libourne (市町村コード 33500) で生産される赤のAOCワイン〗.

Lalbenque *n.pr.* ラルバンク〖ロット県département du Lotの小郡庁所在地;市町村コード 46230〗. marché aux truffes de ~ ラルバンクのトリュフ卸市.

LAM (=*l*eucémie *a*iguë *m*yéloïde) *n.f.*〖医〗急性骨髄性白血病.

LAMA (=*l*ance-*m*issiles d'*a*uto-défense) *n.m.inv.*〖軍〗個艦防禦ミサイル発射装置.

lama¹ *n.m.*〖宗教〗ラマ僧 (チベット, モンゴル仏教の僧侶). grand ~; dalaï-~ ダライラマ〖ラマ教教主〗.

lama² *n.m.*〖動〗ラマ (駱駝 (らくだ) 科camélidés;野生種にguanaco, vigogne, 家畜用にlama, alpaca がある).

lamaïsme *n.m.* ラマ教.

lamaïste *n.* ラマ教徒.

lambeau (*pl.*~**x**) *n.m.* **1** 切れ端, 切片;ぼろ, スクラップ. ~ x d'habits 衣服の切れ端;ぼろ. mendiant en ~x ぼろをまとった乞食. ~ x de viande 肉の切片, 切り落し. en ~x ぼろぼろ (ずたずた) になった.

mettre qch en ~x 何をずたずたにする. tomber (partir) en ~ ぼろぼろ (ずたずた) になる.
2 〔比喩的〕断片. un ~ de conversation 会話の切れ端. Le vent a apporté des ~x de musique. 風が途切れ途切れに音楽を運んできた. ~ de territoire 領土の断片.

lambic[k] *n.m.*〖ビール〗ランビック《ベルギーのセンヌ川流域 la vallée de la Senne やパジョテンラント Pajottenland で, 酵母を用いず, 大麦・小麦・ホップの自発的発酵によりつくられる酸味の強いビール；これをもとに le faro, la gueuze, la kriek といったビールがつくられる》.

lambswool [lăbwul] *n.m.*〖織物〗ラムウール《仔羊の羊毛織物》；ラムウール製品.

lame *n.f.* Ⅰ **1** 薄板, 薄片. ~ d'acier 鋼板. ~ de bois (de verre) 木(ガラス)の薄板.〖鉱〗~ de mica 雲母検板. ~ de parquet 床板.〖鉱〗~ mince (顕微鏡用の) 資料薄片 (厚さ 0.03 mm 程度；=plaque~). petite ~ 小薄片 (=lamelle). ressort à ~s (サスペンションの) 重ねバネ.
2〔解剖〕長くて薄い骨. ~ perpendiculaire (篩骨の) 垂直板. ~ spirale 骨螺旋板. ~ vertébrale 椎弓板.
3 (ナイフ・剃刀などの) 刃；(剣の) 刀身；ナイフ；〖考古〗石刃 (せきじん). ~ de ciseau (couteau, faux, scie) 鋏 (ナイフ, 鎌, 鋸) の刃. ~〔d'épée〕刀身；剣. bonne (fine) ~ 剣の達人. ~ de rasoir 剃刀の刃 (替刃). couteau de poche à ~ rentrante 折りたたみ式のポケットナイフ. visage en ~ de couteau 細長い顔. aiguiser (affûter) une ~ 刃を砥ぐ.
4〔*pl.* で〕〔織〕ラメ〔糸〕；金 (銀) 糸.
5〔植〕(菌類の) 襞 (ひだ), 菌褶. champignons à ~s 襞 (ひだ) のある茸.
Ⅱ **1** 風浪. crête (creux) d'une ~ 風浪の波高. ~ de fond¹ 高波, 大うねり《海底の変化で生じる波》.
2〔比喩的〕激動, 激発《激しい突発的現象》. ~ de fond² 感情の激発.

lamelle *n.f.* **1** 小薄片, 薄板, 薄膜. ~ d'or 金箔.
2 (顕微鏡の) スライドガラス (= ~ porte-objet).
3〔生〕薄板, 層板；(茸のかさの) ひだ.〖植〗~ moyenne (細胞膜の) 中層, 中葉.〖解剖〗~ osseuse 骨層板.
4〔地層〕葉層.

lamentable *a.* **1** 情けない, 惨めな. résultats ~s 惨憺たる結果. Ce film est ~. この映画はひどい愚作だ.
2〔文〕嘆き悲しむ, 悲痛な. cris ~s 悲痛な叫び.
3〔文〕いたましい；哀れな. destinée ~ 非運. spectacle ~ いたましい光景.

lamentation *n.f.* **1** 悲嘆, 嘆き.〖聖書〗les *L*~s de Jérémie エレミヤの哀歌 (=les livres des *L*~s). ~ sur le Christ mort (降架後の) キリスト哀悼図 (像). le mur des *L*~s (エルサレムの) 嘆きの壁.
2 悲嘆の声, 愁訴；泣言. Faites-moi la grace de vos ~s. あなたの悲しみをお聞かせください.

lamifié(e) *a.* 層になった, 重層状の.
――*n.m.*〖建築〗積層材, 集成材.

laminé(e) *a.* **1** 圧延された. acier ~ 圧延鋼.
2〔比喩的〕圧縮 (削減, 縮小) された.
――*n.m.* 圧延鋼.

laminectomie *n.f.*〖医〗椎弓切除〔術〕, 椎板切除〔術〕, ラミネクトミー.

lamineux(se) *a.* 薄片状の, 薄板状の.〔解剖〕tissu ~ 層板性組織.

laminoir *n.m.* **1** 圧延機. ~ à chaud 熱圧延機. ~ à feuillards 帯鋼圧延機, ストリップミル. ~ à tôles 鋼板圧延機. ~ continu 連続圧延機.
2 圧延工場.
3〔比喩的〕〔話〕passer au ~ 厳しい試練にさらされる.

lamivudine *n.f.*〖薬〗ラミヴュディーヌ, ラミブジン (3 TC)《HIV 感染症治療薬；薬剤製品名 Combivir (*n.m.*) など》.

lampant(e) *a.*〔稀〕灯火用の.〔常用〕pétrole ~ 灯油, ケロシン (kérosène).

lampe *n.f.* **1** 電灯, 電球 (= ~ électrique). ~ à filament de tungstène タングステン電球. ~〔à〕halogène ハロゲンランプ. ~〔électrique〕à incandescence 白熱電球. ~ à krypton クリプトンランプ. ~ à luminescence 蛍光ランプ. ~ au néon ネオンランプ. ~ à vapeur de mercure 水銀灯. ~ à vapeur de sodium ナトリウム灯. ~ fluorescente 蛍光灯 (= ~ à fluorescence). allumer (éteindre) une ~ 電球をつける (消す). remettre une ~ 電球を交換する.
2 (照明用の) ランプ. ~ à arc アーク灯. ~ à gaz ガス灯. ~ à pétrole 石油ランプ. ~ de mineur カンテラ. ~ de sûreté 安全灯.
3 (熱源用の) ランプ. ~ à alcool アルコールランプ. ~ à souder トーチランプ.
4〔電〕真空管. ~ à grilles multiples 多極管. ~ tétrode 四極管.
5〔話〕胃袋. s'en mettre plein la ~ たらふく飲み食いする.

lamproie *n.f.*〔魚〕やつめうなぎ (八目鰻).〖料理〗~ à la bordelaise ボルドー風やつめうなぎ《赤葡萄酒煮》.

LAN (= 〔英〕*L*ocal *A*rea *N*etwork) *n.m.*〔情報〕企業内情報通信網, 小規模情報ネットワーク, ラン《企業内の情報通信の高速化とシステム化を図るもの；= 〔仏〕réseau local d'entreprise》.

lance *n.f.* **1** 槍. fer d'une ~ 槍の穂；(鉄柵の) 槍の穂形の忍び返し；〔比喩的〕〔軍〕精鋭部隊；(産業・研究などの) 先端部門. en fer de ~ 槍の穂形の. fer de ~ de l'activi-

té économique 経済活動の尖兵. gypse fer-de-~（偏光顕微鏡の）石膏検板.〔古〕baisser la ~ 降参する. courir une ~ 槍を構えて突き進む.〔比喩的・文〕rompre une ~ (des ~s) avec (contre) qn 人と論戦を闘わせる.
2（槍形のもの）~ à eau ホースの筒先. ~ d'arrosage 散水筒口. ~ d'incendie 消火ホースの筒先.〔海〕~ de mer（船のタンクの）測深棒.〔工〕~ thermique（鋼材などの切断用の）酸素槍 ~ à oxygène).
3〔外科〕ランセット, 槍状刀 (=lancette).
4〔古〕槍を構えた騎士；槍騎兵 (=lancier).

lance-amarre (pl. ~-~〔s〕) a.〔海〕繋索を発射する.
—n.m. 繋索発射器.

lance-bombe〔s〕 (pl. ~〔s〕-~s) n.m.〔軍〕**1**（爆撃機の）爆弾投下装置. **2**〔古〕迫撃砲.

lance-engins n.m.inv.〔軍〕ミサイル発射装置.
—a.inv. ミサイル発射装置を備えた. frégate ~ ミサイル発射フリゲート艦. sous-marin nucléaire ~ (SNLE) ミサイル発射原子力潜水艦.

lance-flamme〔s〕 (pl. ~〔s〕-~s) n.m.〔軍〕火炎放射器.

lance-fusée〔s〕 (pl. ~〔s〕-~s) n.m.〔軍〕ロケット発射装置 (=lance-roquettes).〔同格〕navire ~ ロケット発射艦.

lance-grenades n.m.inv.〔軍〕擲弾筒, 榴弾砲 (=canon ~).

lance-leurres n.m.inv.〔空軍〕(ミサイル攻撃を妨害する) 自動デコイ (囮) 発射装置.

lancement n.m. **1** 投擲 (とうてき), 投げること. ~ d'une grenade à main 手榴弾の投擲. ~ du javelot (disque, marteau) 槍投げ (円盤投げ, ハンマー投げ).
2 発射, 打ち上げ. ~ d'un satellite artificiel 人工衛星の打ち上げ. ~ d'une fusée ロケットの発射.
3〔造船〕進水. ~ d'un navire 船の進水.
4〔比喩的〕(商品；企業活動, 文芸活動などの) 売り出し, 売り込み；立ちあげ, 発起. ~ d'un film 映画の売り込み. ~ promotionnel 販売促進の大売り出し. prix de ~ 売り出し価格.

lance-missiles n.m.inv.〔軍〕ミサイル発射装置.
—a.inv. ミサイル発射装置を備えた. croiseur (sous-marin) ~ ミサイル発射巡洋艦 (潜水艦).

lance-pierre n.m.〔玩具〕パチンコ. manger avec un ~ 素早く食べる. payer avec un ~ 十分には支払わない.

lancer n.m. **1** 投擲；〔スポーツ〕投擲競技 (lancement du disque (du javelot, du marteau, du poids) 円盤 (槍, ハンマー, 砲丸) 投げ). ~ france (ボールの) フリースロ

ー.
2〔釣〕投げ釣り (=pêche au ~).
3〔狩〕(獲物の) 狩り立て；狩り立ての場所 (時, 合図).

lance-roquettes n.m.inv.〔軍〕ロケット発射装置. ~ anti(-)chars 対戦車ロケット砲.

lance-torpilles n.m.inv.〔軍〕魚雷発射装置.
—a.inv. 魚雷発射用の. tube ~ 魚雷発射管.

lancette n.f. **1**〔医〕ランセット (槍状の小型メス). ~ à vacciner ワクチン接種用ランセット.
2〔建築〕ランセット・アーチ (縦長に伸びた槍の穂型アーチ). gothique à ~ ランセット・ゴシック様式. ogive à ~ ランセット・オジーヴ (交叉リブ).

lanceur[1] (**se**) n. **1** (物を) 投げる人. ~ de couteaux ナイフ投げ芸人.
2〔スポーツ〕投擲競技選手；〔野球〕投手, ピッチャー (= ~ du base-ball). ~ du disque (du javelot, du marteau, du poids) 円盤 (槍, ハンマー, 砲丸) 投げ選手.

lanceur[2] n.m. **1**〔宇宙〕(人工衛星などの) 打上げ用ロケット；(核爆弾の) 誘導ロケット. ~ nucléaire 核爆弾誘導ミサイル. ~ spatial européen Ariane 5 ヨーロッパの宇宙打ち上げロケット「アリアーヌ5型」. ~ commercial 商業用衛星打上げロケット.
2 (ミサイル, ロケット弾などの) 発射装置.
3〔軍〕戦略核ミサイル搭載潜水艦 (=sous-marin ~ de missiles).

lancinant(e) a. **1**〔医〕(痛みが) 刺すように激しい. douleur ~e 電撃痛.
2 (悲しみなどが) 心を引き裂くような.
3 しつこくつきまとう, 執拗な；うるさい. désirs ~s しつこくつきまとう欲望. regrets (soucis) ~s 心につきまとって離れない後悔 (気がかり). Cet enfant est ~, fais-le taire. うるさい子供だ, 黙らせろ. Cette musique ~e m'est insupportable. このうるさい音楽は耐え難い.

lancinement n.m. 疼痛, うずき (=lancination).

Land 〔lɑ̃d, land〕(pl. **Länder**〔lɛndɛr, lɑ̃dɛr〕)〔独〕n.m. ラント (ドイツ連邦共和国の州). le ~ de Rhénanie-Palatinat ラインラント=プファルツ (Rheinland-Pfalz) 州.

landais(e) a. ランド地方 (les Landes) の；~の住民の. course ~e ランド風闘牛. forêt ~se ランド地方の森. vache ~e ランド牛 (闘牛用の牝牛).
—n. ランド地方の住民；ランド地方出身者.

lande n.f. **1** ランド (ajonc ハリエニシダ, bruyère ヒース, genêt エニシダなどを主体とする植生).
2 荒地, 荒野. les L~s (西南フランスの) ラ

ンド地方；ランド県(département des L~s)．

Landes *n.pr.f.pl.* **1** 〖地理〗les ~ ランド地方(西南フランス，le Bordelais ボルドー地方と l'Adour アドゥール川流域の間に位置する大西洋岸の地方で，土壌は砂岩の混じった砂質の荒地で，18世紀の末から第二帝政時代に松の植林と灌漑工事が行なわれた)．parc naturel régional des ~ de Gascogne ガスコーニュ・ランド地方自然公園(面積20万 ha)．
2 〖行政〗les ~ ランド県(=département des ~；県コード40；フランスと UE の広域地方行政区の région Aquitaine アキテーヌ地方に属す；県庁所在地 Mont-de-Marsan モン=ド=マルサン；2郡，30小郡，331市町村；主要都市：Dax ダックス；面積 9,236 km²；人口 327,334；住民：Landais (e))．〖軍〗Centre d'essai des ~ ランド地方ミサイル実験センター (1962年設立)．
Landsat [landsat] (< *Land sat*ellite) 〖英〗*n.m.* 〖宇宙〗ランドサット衛星(米国の地球資源探査衛星)．
Landsgemeinde [lãdsgəmajndə]〖独〗*n.f.* (スイスの)ランツゲマインデ，州民集会．
Landtag [lãdtag]〖独〗*n.m.* 〖政治〗(ドイツの)ラントターク，州議会．
Landwehr [lãdvɛr]〖独〗*n.f.* (ドイツ，スイスなどの)国土防衛軍，後備軍．
langage *n.m.* [I] (使用する言語) **1** 言葉；言語活動；語，用語．~ écrit (parlé) 書き言葉，文語(話し言葉，口語)．~ formel 形式言語．~ intérieur 内的言語．~ littéraire 文学言語，文語；文学用語．~ naturel (artificiel) 自然(人工)言語．~ poétique 詩的言語．~ quotidien 日常言語．~ vulgaire 俗語．expression par le ~ 言語表現．troubles du ~ 言語障害．
2 話し振り；言葉遣い．~ d'un écrivain 作家の言葉遣い．fautes de ~ 言葉遣いの誤り．subtilités de ~ 言葉の文(あや)(精緻さ)．tournures propres au ~ de *qn* 人に独特の言いまわし．
changer de ~ 話の調子を変える．surveiller son ~ 言葉遣いに気を付ける．tenir un ~ aimable à *qn* 人に愛想よく話す．traduire en son ~ 自分の言葉で言い直す．
3 〖古〗話すこと；お喋り．
[II] (記号体系としての言語) **1** (特定の集団・組織などに固有の)言葉，言語；用語，語法．~ administratif (juridique, scientifique, technique) 行政(法律，科学，技術)用語．~ argotique 隠語．~ diplomatique 外交用語；〖比喩的〗外交辞令．~ des enfants 幼児語．~ symbolique 記号言語．
2 (言語以外の伝達方法) ~ chiffré (codé, cryptographié, secret) 暗号．~ des fleurs 花言葉．~ des gestes 身振り言語，ボディーランゲージ．~ des oiseaux 鳥の囀り．~

digital 手話法(=dactylographie)．~ morse モールス信号．
3 〖情報・電算〗(プログラミング用の)言語 (= ~ de programmation)．~ d'assemblage アセンブラ言語．~ de commande (~ de contrôle) コマンド(制御)言語．~ évolué コンパイラ言語．~ machine 機械言語．

Langeais *n.pr.* ランジェ(département d'Indre-et-Loire アンドル=エ=ロワール県の小郡庁所在地；市町村コード 37130；ロワール河畔の地方；形容詞 langeaisien (ne))．château de ~ ランジェ城 (15世紀)．
Langerhans [lãgœrɑ̃s] (<〖独〗Paul Langerhans, 病理学者[1847-88]) *n.pr.* 〖解剖〗îlots de *L~* ランゲルハンス島，膵島(膵臓の実質内の内分泌腺)．cellule de *L~* ランゲルハンス細胞．
langouste *n.f.* **1** ラングースト；伊勢海老(décapodes 十脚目, Palinurus 属；=〖英〗spiny lobster)．~ brune du Cap ケープタウン産褐色ラングースト．~ rose (du Portugal) ポルトガル産桃色ラングースト．~ rouge (bretonne, commune) 赤色(ブルターニュ，通常の)ラングースト(〖英仏海峡，大西洋岸，地中海西部産，最も珍重される〗．~ verte (de Mauritanie) モーリタニア産緑色ラングースト．
2 〖料理〗ラングースト料理．~ à la parisienne パリ風ラングースト(冷製料理)．~ demi-deuil 半喪風ラングースト(トリュフを加えた黒白のソース添え料理)．~ grillée au beurre de basilic ラングースト・グリエ，バジリックバター添え．demi-~ ラングーストの片身(縦割り)．médaillons de ~ ラングーストの尾の身の輪切り．salade de ~ ラングーストのサラダ．
langoustier *n.m.* 〖漁〗**1** ラングースト漁用網．**2** ラングースト漁船．
langoustière *n.f.* 〖漁〗ラングースト漁用網．
langoustine *n.f.* ラングスティーヌ，ヨーロッパあかざえび (homaridés オマール海老科 Nephrops 属の手長海老；主に大西洋ヨーロッパ沿岸と地中海でとれる；=〖英〗Dublin bay prawn)．queue de ~ ラングスティーヌの尾の身．
2 〖料理〗~*s* pochées ラングスティーヌのポシェ(クール・ブイヨンでゆでたもの)．beignets de ~*s* ラングスティーヌのフライ．
langres *n.m.* 〖チーズ〗ラングル(département de la Haute-Marne =マルヌ県の郡庁所在地 Langres (市町村コード 52200)で集荷販売されるのが名称の由来；牛乳からつくられる，洗浄外皮，軟質，直径 10 cm，厚さ 4-5 cm の円型チーズ；脂肪分 45 %)．
langue *n.f.* [I] (舌) **1** 〖解剖〗舌．la ~, organe du goût 味覚器官である舌．〖医〗~ blanche 白舌．〖比喩的〗~ de serpent (de vipères)；mauvaise (méchante) ~ 毒舌；

毒舌家. avoir une ～ de serpent (de vipères)；être [très] mauvaise ～ 口が悪い，毒舌家である. claquement de ～ 舌打ち.〔比喩的〕coup de ～ 悪口, 毒舌.〔医〕inflammations de la ～ 舌炎.〔解剖〕muscles de la ～ 舌筋.〔解剖〕pointe (sommet) de la ～ 舌先.〔医〕tumeur de la ～ 舌腫瘍. avaler sa ～ 黙りこむ. avoir la ～ bien pendue (affilée) お喋りである. avoir la ～ trop longue 口が軽い. avoir qch sur [le bout de] la ～ 何かが口の先まで出かかっている.〔話〕avoir un bœuf sur la ～ 金をもらって口をつぐむ；黙っている. délier (dénouer) la ～ à qn 人の口を解きほぐす. donner ～ au chat さじを投げる. prendre ～ avec qn 人と連絡をとる. se mordre la ～ (舌を嚙む→) 言葉を差し控える；言ったことを後悔する. tenir sa ～ 口をつぐむ. ne pas savoir tenir sa ～ 口を滑らせやすい. tirer la ～ 舌を出す；喉が渇いている；渇望する. tirer la ～ à qn 人に舌を出す. faire tirer la ～ à qn 人をじらす. faire claquer sa ～ 舌打ちする.〔諺〕Il faut tourner sept fois sa ～ dans sa bouche avant de parler. よく思い巡らしてから口を開け.

2〔料理〕舌, タン；舌の料理. ～ de bœuf à l'alsacienne 牛のタンのアルザス風 (シュークルート, ベーコン, じゃがいも, ソーセージを添えた牛タンのブイヨン煮). ～ de veau 仔牛の舌〔料理〕.

3〔舌の形をしたもの〕〔植〕～-d'agneau おばこ.〔茸〕～-de-bœuf かんぞう茸. ～ de feu 炎の舌, ゆらめく炎.〔地学〕～ de terre 地峡.〔地学〕～ glaciaire 氷河の舌.

II〔言語〕**1** 言語, 語；言葉. ～ artificielle 人工言語 (l'esperanto など). ～ commune 共通〔言〕語. ～ écrite 文語, 書き言葉. ～ parlée 口語, 話し言葉. ～ étrangère 外国語. ～ maternelle 母語, 母国語. ～ mère 祖語. ～ moderne 現代語. ～ morte 死語. ～ vivante 現用〔言〕語. deuxième ～ étrangère vivante 第二現用外国語, 第二外国語.〔言語〕familles de ～s 語族.

2 (一国, 一地方の) 言語〔規則〕；国語；語, 言葉. ～ anglaise (française, japonaise) 英語 (フランス語, 日本語). dictionnaire de la ～ française フランス語辞典. ～ d'oc (d'oïl) オック (オイル) 語. ～ officielle 公用語. ～s officielles de l'Union européenne ヨーロッパ連合の公用語. ～s orientales 東洋語. ～ synthétique 総合的言語. faute de ～ 言葉の誤り. parenté des ～s 言語の同族関係. peuples de même ～ 同一言語の諸民族. professeur de ～s 語学教師. avoir le don des ～s 語学の才がある.

3〔言語〕(体系としての) 言語 (parole「パロール, 発話」の対).

4 (ある時代, 社会, 領域に特有の) 用語法. 特殊語法；(作家の) 文章法. ～ de bois (政府機関などの) 紋切り型の用語. ～ d'un écrivain 作家の文章法 (文体). ～ de la Renaissance ルネサンス期の言語. ～ formelle 形式的言語. ～ juridique 法律用語. ～ poétique 詩的言語. ～ sacrée (liturgique) 典礼語. ～ scientifique 科学用語. ～ technique 術語. ～ verte 隠語 (＝argot). clarté d'une ～ 用語の明晰さ.

5〔比喩的〕(言語以外の) 表現法. ～ musicale 音楽言語. ～ des signes 記号言語；身ぶり言語.

langue-de-chat(pl.～s-～-～) n.f.〔菓子〕ラングドシャ《薄く細長いビスケット》.

Languedoc n.pr.m. **1** le ～ ラングドック地方《西南フランスの旧州名；中心都市 Toulouse トゥールーズ》；形容詞 languedocien(ne).

2〔地域名〕le ～ ラングドック地方. Canal du ～ ラングドック運河 (＝Canal du Midi 南仏運河). Parc naturel régional du Haut-～ 高ラングドック地方自然公園《Tarn と Hérault 両県にまたがる 187,000 ha. の公園》.

languedocien(ne) a. ラングドック地方 (le Languedoc) の；ラングドックの住民の；ラングドック語の.
—**L**～ n. ラングドック人.
—n.m. (オック語の) ラングドック方言.
—la **L**～**ne** n.f. ラングドック高速道路《Orange から, Nîmes, Montpellier を経てスペインに至る》.

Languedoc-Rousillon n.pr.m. ラングドック＝ルーシヨン地方《＝la région ～；フランスと UE の広域地方行政区画》；l'Aude, le Gard, l'Hérault, la Lozère, les Pyrénées-Orientales の 5 県によって構成される；面積 27,559 km², 人口 2,295,648；地方庁所在地 Montpellier モンプリエ》.

langueur n.f. **1** (体力の) 衰弱, 憔悴. maladie de ～ 体の衰弱する病気. maladie de ～ due à l'anémie 貧血に起因する衰弱性疾患.

2 (心身の) 無気力, 無力感；気落ち. signes de ～ 無気力の徴候. tomber en ～ (人が) 落胆する (会話的) だらける.

3 けだるさ；やるせなさ；(特に) 恋わずらい (＝～ amoureuse). ～ d'un chant 歌のけだるさ. ～ monotone 単調なやるせなさ. périr de ～ 死ぬほど退屈する. yeux pleins de ～ やるせない眼付.

4 (会話の) 不活発；(文体の) たるみ, 弛緩. ～ du style 文体のゆるみ.

5〔比喩的〕(事業などの) 沈滞, 不振. ～ d'une affaire 事業の不振.

6〔美術〕頽廃美 (＝morbidesse).

Langzhou ⇒ **Lanzhou**

lanière n.f. (革や柔軟性素材の) 細紐. ～ d'un fouet 鞭の革紐. découper du cuir en

~s 革を細切りにする. sandales à ~ 革紐サンダル.

lanoline *n.f.* ラノリン, 羊毛脂《軟膏基剤》.

lansoprazole *n.f.*〖薬〗ランソプラゾール《消化性潰瘍治療薬；薬剤製品名 Lanzor (*n.m.*)》.

lanterne *n.f.* **1** ランタン, ランプ, カンテラ, 角灯, 灯火, 提灯, 燈(灯)籠. ~ appliqué 壁に取付けた照明灯. ~ chinoise 中国風飾り提灯. ~ d'une porte 門灯. ~ de pêcheur 集魚灯. ~ de repère 標識灯. ~ de veilleur 常夜灯(=veilleuse). ~ sourde 龕灯. ~ vénitienne 折畳み式提灯.
2(車両の)前照灯；〖*pl.* で〗(自動車の)スモールランプ, 車幅灯(=~s d'automobile). ~ arrière 尾灯, テールランプ. ~ rouge (列車の)後尾灯；〖比喩的〗最後尾, どんじり；(自転車レースの)最後位. Allumez vos ~s à l'entrée d'un tunnel トンネルの入り口でスモールランプを点灯すること.
3 幻灯器(=~ magique).〖光学〗~ de projection プロジェクター.〖比喩的〗oublier d'allumer (éclairer) sa ~ 肝心なことを言い忘れる. éclairer la ~ de *qn* 人に言葉を尽くして説明する.
4〖古〗街頭(=~ de rue). A la ~! 街頭で首吊りにせよ!《大革命下の民衆の叫び声》. mettre à la ~ 絞首刑にする.
5〖建築〗(丸屋根の上などの)頂塔(=tour ~)；(採光・通風用の)越し屋根；ガラス張りの丸天井. ~s du château de Chambord シャンボール城の頂塔. ~ de morts 墓地の塔状常夜灯. tour ~ d'une église romane ロマネスク様式の教会堂の頂塔.
6〖機工〗ランタン歯車.
7〖解剖〗~ d'Aristote アリストテレスの提灯(うに類の咀嚼器官).
8〖俗〗腹. avoir la ~ 空腹である.

lanterneau(*pl.* ~**x**) *n.m.* **1**(丸屋根の頂きの)小頂塔.
2(屋根などの)(採光・通風用の)天窓, 越し屋根；明かり取り.

lanternon *n.m.*〖建築〗(円屋根の頂の)小頂塔, ランテルノン.

lanthane *n.m.*〖化〗ランタン(希土類元素, 元素記号 La, 原子番号 57, 原子量 138.9055).

lanthanide *n.m.*〖化〗ランタニド希土類元素.

lanthanoïde *n.m.*〖化〗ランタノイド, ランタン系列(Ln と記記；原子番号 57 のランタンから 71 のルテチウムに至る 15 の元素の総称).

Lanzhou〔中国〕*n.pr.* 蘭州(らんしゅう), ランチョウ(甘粛省 Gansu の省都；交通の要衝；原子力開発の中心).

lanzoprazole *n.m.*〖薬〗ランゾプラゾール(プロトンポンプ阻害薬, 酸分泌抑制作用のある消化性潰瘍治療薬, ヘリコバクター・ピロリの除菌薬；商品名 Lanzor, Ogast など).

LAO (=*Laos*) *n.pr.m.* ラオス(国名標記).

lao *n.m.*〖言語〗ラオ語(タイ北部からラオスにかけてラオ族が話す言語；=laotien).

Laon *n.pr.* ラン(département de l'Aisne エーヌ県の県庁所在地；市町村コード 02000；形容詞 laonnois (*e*)). cathédrale Notre-Dame de ~ ランのノートル=ダム大聖堂(12-13 世紀のゴシック様式の名聖堂). ville fortifiée de ~ ランの要塞都市(小高い丘の上に建造された旧市街).

Laos(le) *n.pr.m.*〖国名通称〗ラオス(公式名称：la République démocratique populaire lao ラオス人民民主主義共和国；国民：Laotien (*ne*)；首都：Vientiane ヴィエンチャン；通貨：kip [LAK]).

laotien(***ne***) [-sjɛ̃, ɛn] *a.* ラオス (le Laos) の, ラオ[ス]民主主義人民共和国 (la République démocratique populaire lao) の, ～人の；ラオス語の.
— **L**~ *n.* ラオス人. les *L*~s ラオ族, ラオ語族.
— *n.m.*〖言語〗ラオス語, ラオ語(lao；ラオスの公用語).

laparoscope *n.m.*〖医〗腹腔鏡. ~ ultra(-)sonique 超音波腹腔鏡.

laparoscopie *n.f.*〖医〗腹腔鏡検査法, ラパロスコピー.

laparoscopique *a.*〖医〗腹腔鏡の；腹腔鏡利用の. cholécystectomie ~ 腹腔鏡利用胆嚢摘出術(略記 CL；=〔英〕LC：*l*aparoscopic *c*holecystectomy). traitement par voie ~ 腹腔鏡利用処置.

laparotomie *n.f.*〖医〗開腹手術.

lapidaire *a.* **1** 石の(宝石を含む). inscriptions ~s 碑文. musée ~ 石碑・石彫・石像博物館. ouvrier ~ 宝石細工師.
2 碑文を思わせる, 簡潔な, 明瞭な. style ~ 碑文体；雄勁な文体. ton ~ 簡潔な調子.
— *n.m.* **1**(ダイヤ以外の)宝石細工師；宝石商.
2(宝石・ガラス・金属の)研磨機.

lapidation *n.f.* 石打刑(石を投げつけて殺す古代の刑罰).

lapin[1](**e**) *n.* ラパン, 穴兎(=~ de garenne；~ buissonnier 野兎)《牝は hase ともいう》；仔兎は lapereau；「啼き声を立てる」は clapir)；〖一般に〗兎. ~ domestique 飼育されているラパン, 飼兎(=~ de choux). cabane (cage) de ~s 兎小屋 (clapier)；〖比喩的〗狭苦しい住宅. élevage du ~ 兎の飼育.〖比喩的〗(*mère*) ~*e* 子沢山の女；多産な女性.

lapin[2] *n.m.* **1** 牡のラパン(兎)；牡兎.
2〖料理〗ラパンの肉. civet de ~ シヴェ・ド・ラパン(兎肉の血入り煮込み料理；=~ en civet). râble de ~ 兎の背肉. terrine de ~ 兎肉のテリーヌ.

3 兎(ラパン)の毛皮. manteau en ~ 兎革のコート.
4〔比喩的〕chaud ~ 好色漢, 漁色家.〔話〕coup du ~ 首筋への一撃, ラピッドパンチ；騙し打ち；〔医〕むち打ち症. courir comme un ~ 脱兎の如く走る.〔fameux〕~ 好漢.
5〔古〕(馬車の)定員外の乗客(荷物).〔話〕poser un ~ à qn 約束をすっぽかす.
6 le L~ agile ル・ラパン・アジル《パリのモンマルトルにある居酒屋風シャンソニエ》.

lapis-lazuli [lapis-] *n.m.inv.* **1**〔鉱〕ラピス゠ラズリ, ラピス(=lapis), 青金石, ウートルメール(outremer).
2 ラピス゠ラズリ色, 紺青色, ウルトラマリン.
——*a.inv.* ラピス゠ラズリ色の, 紺青の；ウルトラマリン色の.

lapon(e) *a.* ラップランド(la Laponie)の；ラップ族の；ラップ語の.
——*L~* *n.* ラップ人.
——*n.m.* ラップ語.

lapsus [-sys]〔ラ〕*n.m.* 言葉の誤り. ~ calami 書き違い. ~ linguæ 言い違い. faire un ~ うっかり書き(言い)違える.

laquage (<laquer) *n.m.* **1** 漆塗布加工, 漆加工.
2〔医〕~ du sang 血液の溶出, 溶血《溶血反応の際の, 血清中へのヘモグロビンの溶出》.
3〔印刷〕(印刷面への)ラッカー塗布.

laque *n.f.* **1**〔樹脂〕漆(うるし). arbre à ~ 漆の木《特に Rhus vernicifera など》.
2 ラック, シェラック(=gomme ~). ~ en écailles 板状シェラック.
3〔塗料〕ラッカー(=peinture ~).
4〔顔料〕レーキ. ~ de galance ラック・ド・ガランス, マッダー・レーキ.
5 ヘアラッカー, ヘアスプレー. bombe de ~ ヘアスプレーのボンベ.
6 マニキュア(=vernis à ongles).
——*n.m.* **1** 漆. ~ du Japon 日本漆. ~ noir (rouge) 黒(赤)漆.
2 漆器, 漆製品. collection de beaux ~s du Japon 日本の美しい漆器のコレクション.

laqué(e) *a.* **1** 漆塗りの, 漆加工の. paravent ~ 漆塗りの屏風.
2 ラッカーを塗った；マニキュアを塗った. mobilier de bois ~ ラッカー塗装の木製家具. ongles ~s マニキュアを施した爪.
3〔中国料理〕漆を塗ったような, 甘酢ソースを繰返し塗って焼きあげた. canard ~ カナール・ラケ, 北京ダック, 北京烤(焼)鴨. porc ~ ポール・ラケ《豚肉の漆状仕上げ》.
4〔話〕sang ~ 凝血.
5〔美容〕ヘアスプレーで固めた. cheveux ~s ヘアスプレーで固めた髪.

laqueur(se) *n.* 漆師, 漆塗り職人.

lard *n.m.* **1** ラール, 脂身, 脂肉；(特に)豚の脂身(= ~ du porc). ~ gras, gros ~¹ 背脂(=couverture)《豚の皮と肉の間の背脂》. ~ dur 固い背脂《皮に近い部位の背脂》. ~ fondant 溶けるような背脂《肉に近い部位の背脂》. ~ maigre；petit ~ 三枚肉, ばら肉(=ventrêche). ~ fumé ベーコン(=bacon). ~ de baleine 鯨の脂身. omelette au ~ ベーコン入りオムレツ.
2〔話〕(人の)脂肪.〔俗〕gros ~² でっぷり太った男(=un homme gras à ~). se faire du ~ ぶらぶらしていて太る.〔話〕Tête de ~ 融通のきかぬ石頭め.

lardon *n.m.* **1**〔料理〕ラルドン《豚のバラ肉 lard maigre の切り身》.
2〔話〕ちびっ子(=jeune enfant).

largable *a.*〔航空〕切り離し得る. cabine ~ 射出カプセル式コックピット. réservoir ~ 切離し可能の燃料タンク.

largage (<larguer) *n.m.* **1**〔海〕解纜(かいらん).
2〔航空〕投下；降下. ~ automatique de la cabine コックピットの自動射出. ~ de bombes 爆弾の投下. ~ de parachutistes 落下傘兵の降下 (=parachutage).
3〔比喩的〕解雇, 厄介払い, 縁切り. ~ d'un employé 従業員の解雇.

large *a.* **1**〔多く名詞の前〕幅の広い, 幅のある. ~ avenue (route, rue) 広い大通り(道, 街路). ~ front 広い額. ~ rivière 川幅の広い川. être ~ de 幅が…である. L'avenue est ~ de vingt mètres. その大通りは道幅が 20 m ある. être ~ d'épaules 肩幅が広い；〔喩〕性根がすわっている.
2 (開口部が)広い, 広く開いた. ~ bouche 大きく開けた口. ~ fente 広い隙間. ~ porte 広い扉(門). fenêtres ~s ouvertes 大きく開け放たれた窓.
3 (衣服が)ゆったりした. jupe ~ ゆったりしたスカート.
4 大きくひろがった, ふくらんだ. ~ espace libre 広々とした自由空間. ~s gouttes de pluie 大粒の雨. ~ sourire 顔一面にあふれる笑い. décrire un ~ cercle 大きな円を描く.
5 (量, 程度, 範囲などが)大きな. ~ crédit 巨額の貸付け. ~ pouvoir 大幅な権限. ~s revenus 多額の収入. dans une ~ mesure かなりの程度に. faire des ~s concessions 大幅の譲歩をする.
6 寛大な；おおまかな；大胆な.〔美術〕~s traits おおまかなタッチで；概略的に. décrire la situation à ~s traits 状況を大まかに説明する. peindre à ~s traits 大胆なタッチで描く. au sens ~s du mot 語の広義で.〔蔑〕avoir la conscience ~ おおまかである, ルーズである. être ~ d'idées 考えが自由闊達である.
7 (人が)気前の良い, 鷹揚な；(生活が)安楽な. mener une vie ~ 安楽(贅沢)な暮し

—*ad.* **1** 広く, 広がって, 大きく. 〖競馬〗cheval qui va ~ 大回りする馬. yeux ~〔s〕ouverts 大きく見開いた目.
2 ゆったりと. écrire ~ 一字一字のびのびと書く. habiller ~ ゆったりと衣服を身につける.〖話〗ne pas en mener ~ おじけづいている, びくびくしている;厄介な立場におかれている.
3 おおまかに;こだわりなく. calculer ~ 概算をする. concevoir ~ おおまかに考える. voir ~ 幅広く見る.
—*n.m.* **1** 幅;横. avoir ~ de 幅が…である. Cette allée a ~ de quatre mètres. この並木道は4mの道幅がある. ~ de la voie (線路の)軌間. ~ extrême 全幅.
avoir deux mètres de ~ 幅が2メートルある. dans (sur) toute la ~ de la rue 道幅いっぱいに. en ~ 横に. étoffe en grande ~ ダブル幅の布地.
2〖理〗幅. ~ de bande d'une source lumineuse 光源のスペクトルの線幅. ~ Doppler ドップラー幅, ドップラー広がり.
3〖比喩的〗(心の)広さ, 寛大さ. ~ d'esprit 精神の闊達さ.〖絵〗~ de la touche のびのびしたタッチ. ~ de vues 視野の広さ.
4〖成句〗〖話〗dans les grandes ~s ひどく, 最大限に. se tromper dans les grandes ~s すっかり思い違いする.

larghetto [largεtto][伊] *ad., a.*〖音楽〗ラルゲットで(の), ややおそい. (< ラ).
—*n.m.*〖音楽〗ラルゲットの楽章.

largueur *n.m.*〖軍〗(兵員・物資の)空中投下担当兵.

lariformes *n.m.pl.*〖鳥〗かもめ目;かもめ目の鳥(goéland 大型かもめ, mouette かもめ, sterne 鯵刺(あじさし)など).

larme *n.f.* **1** 涙. avoir les ~s aux yeux (dans l'œil) 目に涙を浮かべる. avoir des ~s dans la voix 涙声で話す. avoir du mal à retenir ses ~s 涙をこらえきれない. avoir toujours la ~ à l'œil 涙もろい. être au bord des ~s 今にも泣き出しそうである. être en ~s 泣いている. fondre en ~s 泣きくずれる. pleurer à chaudes ~s さめざめと泣く. rire (jusqu') aux ~s 涙が出るほど笑う. sécher les ~s de qn (人の涙を乾かす→)人を慰める. verser toutes les ~s de son corps 涙が涸れるまで泣く. ~s de bonheur (de désespoir) 幸せ (絶望) の涙. yeux pleins de ~s 涙であふれた眼. visage baigné de ~s 泣き濡れた顔. avec des ~s dans la voix 泣声で.
2〖比喩的〗~s de crocodile (鰐の涙→)空涙, 苦悩に満ちた現世. vallée de ~s (=hypocrites).〖詩〗~s de l'aurole 朝露 (=rosée du matin).〖文〗~s de sang 血涙.
3〖*pl.* で〗〖文〗悲嘆. vallée de ~s 慟哭の谷, 苦悩に満ちた現世. coûter tant de ~s à qn 人を大いに嘆かせる. vivre dans les ~s 悲嘆に明け暮れる.
4 (涙状のもの) 鹿の眼下腺の分泌液 (= ~s de cerf);〖植〗樹液 (葬儀用の黒幕・黒衣の) 涙形装飾模様;〖建築〗(ドーリア建築の) 円錐形模様. ~s de la vigne 葡萄の樹液.
5〖話〗1滴, 極く少量 (=goutte). mettre une ~ de cognac dans son café コーヒーにコニャックを1滴たらす.

larmoiement *n.m.* **1**〖医〗流涙. excessif 過剰流涙. ~ provoqué par un obstacle mécanique 眼に異物が入ったことによる涙の流出.
2 泣き真似, 泣きおどし (=pleurnichement).

Larousse *n.pr.* **1** Pierre ~ ピエール・ラルース《フランスの教育者・百科事典編集者・出版業者 [1817-75];1852年出版社 Librairie Larousse を創立;主著に *Grand Dictionnaire universel du XIX*^{e} *siècle*》『19世紀大百科事典』(1864-76)》.
2 *le Petit* ~『ラルース小辞典』(1905年に創刊;フランスの代表的小辞典;毎年改訂して新語を加える).
3 www.larousse.fr/ ラルース社のサイト;ラルース社の百科事典の無料検索サイト (2008年5月13日より使用開始).

laruns *n.m.*〖チーズ〗ラランス (département des Pyrénées-Atlantiques ピレネー=アトランティック県の小郡庁所在地 Laruns (市町村コード 64440) 周辺で牛乳からつくられる加圧, 半加熱2回の自然外皮の円盤状;脂肪分45%).

larva [ラ] *n.f.*〖医〗~ migrans 皮膚爬行症, 幼虫移行症 (線虫類の幼虫などが全身の組織・臓器内を移動することから生じる症状). ~ cutanée 皮膚幼虫移行症. ~ viscérale 臓器幼虫移行症.

larve *n.f.* **1**〖動・昆虫〗幼生;幼虫. ~ de crustacé 甲殻類の幼生. ~ de papillon 蝶 (蛾) の幼虫.
2〖蔑〗取るに足らぬ者;無気力な人. ~ humain 人間の屑. vivre comme une ~ 虫けら同然の暮しをする.

3 〔古〕死者の悪霊 (=fantôme).

larvé(e) *a.* **1** 〖医〗潜伏性の. appendicite (épilepsie) ~ 潜伏盲腸炎 (癲癇). fièvre ~ e (マラリアの) 間歇性発熱. à l'état ~ 潜伏状態の.
2 〔比喩的〕(危機などが) 潜在的な, くすぶっている. guerre civile ~e くすぶり続ける内乱. révolution ~e 潜在的革命.

laryng[o]- 〔ギ〕ELEM「喉頭」の意 (*ex. laryngo*scope 喉頭鏡).

laryngal(ale)(*pl.aux*) *a.* 〖言語〗喉頭で調音される. consonne ~ale 喉頭子音 (*ex.*: [h], [x]).
——*n.f.* 喉頭子音.

laryngé(e) *a.* 〖解剖・医〗喉頭の. nerf ~ 喉頭神経. tuberculose ~e 喉頭結核.

laryngectomie *n.f.* 〖医〗喉頭切除術；喉頭摘出術. ~ partielle 喉頭部分切除術. ~ totale 喉頭全摘出術.

laryngien(ne) *a.* **1** 〖解剖〗喉頭の. région ~ne 喉頭部.
2 〖言語〗喉頭で調音される (=laryngal). ton ~ 喉頭音.

laryngite *n.f.* 〖医〗喉頭炎. ~ aiguë 急性喉頭炎. ~ chronique 慢性喉頭炎. ~ sous-glottique 声門下喉頭炎.

laryngocèle *n.f.* 〖医〗喉頭ヘルニア (=hernie du larynx).

laryngologie *n.f.* 〖医〗喉頭学.

laryngologue, laryngoliste *n.* 〖医〗喉頭科医.

laryngomicrochirurgie *n.f.* 〖医〗喉頭微細手術 (喉頭鏡 laryngoscope と手術用顕微鏡を併用した手術).

laryngophone *n.m.* 喉頭マイクロホン.

laryngoscope *n.m.* 〖医〗喉頭鏡.

laryngoscopie *n.f.* 〖医〗喉頭鏡検査〔法〕. ~ direct 直接喉頭鏡検査〔法〕. ~ indirect 間接喉頭鏡検査〔法〕.

laryngospasme *n.m.* 〖医〗喉頭痙攣 (=spasme du larynx).

laryngotomie *n.f.* 〖医〗喉頭切開術.

larynx *n.m.* 〖解剖〗喉頭. ablation du ~ 喉頭切除. cancer du ~ 喉頭癌.

LAS (= *l*ettre *a*utographe *s*ignée) *n.f.* 自筆署名入り書翰.

las(se) *a.* **1** (肉体的に) 疲れた. ~ à n'en plus pouvoir 何も出来ないほど疲れ果てた. avoir les jambes ~ses 足が棒のようになる. être ~ de marcher 歩き疲れている.
2 〔文〕(de に) うんざりした, 厭気がさした. ~ d'attendre 待ちくたびれた. ~ de la vie (de vivre) 生きるのに厭気がさした. de guerre ~se 争いに飽きて；仕方なく.

laser [lazɛr] (< 〔英〕*L*ight *A*mplification by *S*timulated *E*mission of *R*adiation 誘導放出による光の増幅・発振) *n.m.* 〖理〗レーザー. ~ à électrons libres 自由電子レーザ—. ~ à gaz carbonique 炭酸ガスレーザー. ~ à haute (basse) puissance 高 (低) 出力レーザー. ~ à rayons X X線レーザー. ~ chimique 化学レーザー. ~ d'un colorant liquide 液体色素レーザー. 〖医〗bistouri ~ レーザーメス. faisceau ~ レーザービーム. 〖情報処理〗imprimante à ~ レーザープリンター. 〖宇宙〗propulsion par ~ レーザー推進. 〖物理〗spectroscopie par ~ レーザー分光.

Laservision [商標] *n.f.* レーザーヴィジョン (フィリップス Philips 社開発のレーザーヴィデオディスクの名称).

LASIR (= *L*aboratoire CNRS de *s*pectrochimie *i*nfra-rouge et *R*aman) *n.m.* 国立科学研究センター付属赤外線分光化学・ラーマン効果研究所.

Lassa *n.pr.* ラッサ (西アフリカ, ナイジェリアの地名). fièvre de ~ ラッサ熱 (1969年ラッサで発見された高熱を主症状とするウイルス性伝染病).

Lassay (l'Hôtel de) *n.m.* ラセー館 (1722-24 に建造された旧ラセー侯爵邸；1832 年からフランス代議士院議長公邸；1958 年以降フランス国民議会議長公邸).

lassitude *n.f.* **1** 疲れ；肉体疲労 (= ~ du corps；~ physique)；疲労感. ~ épuisante 肉体的消耗. brisé de ~ 疲労困憊した. mort de ~ 疲れて死にそうな. avoir des ~s dans les jambes 足が棒のようになる. ôter la ~ 疲れを取り除く. s'endormir de ~ 疲れて寝入る.
2 うんざりすること；倦怠〔感〕. ~ d'un visage うんざりした顔. ~ morale 精神的倦怠. abandonner un travail par ~ 厭気がして仕事を投げ出す. céder par ~ うんざりして譲歩する.

lasso *n.m.* **1** 投縄, 輪縄. prendre un veau au ~ 子牛を投縄で捕える.
2 〖生化〗ラッソ, ラリアット (= 〔英〕lariat；イントロンの接合の際に形成される中間構造).

lata (= *l*imitation ou *a*rrêt de *t*raitement *a*ctif) *n.f.* 〖医〗積極的治療の制限または停止.

latanoprost *n.m.* 〖薬〗ラタノプロスト (緑内障・高眼圧症治療薬；薬剤製品名 Xalatan (*n.m.*)).

latence *n.f.* **1** 潜在, 潜伏. 〖医〗période de ~ (病気の) 潜伏期；〖精神分析〗(幼児性欲の) 潜在期. 〖生・心〗temps de ~ 反応時間. **2** 〔文〕仮想性 (=virtualité).

latent(e) *a.* **1** 隠れた, 表に現われない, 表面化しない, 潜行する, 潜在する. aversion ~e 隠れた反感. conflit ~ くすぶっている係争. homosexualité ~e ひそかな同性愛. 〖生〗vie ~e 潜在的生命. être à l'état ~ 潜在している.
2 〖医〗潜伏性の；潜伏状態の. infection ~e 潜伏感染. maladie ~e 潜伏状態の疾病.
3 〖精神分析〗contenu ~ du rêve 夢の潜在

内容 (contenu manifeste「顕在内容」の対).
4〖物理〗chaleur ~e 潜熱.
5〖写真〗未現像の. image ~ 未現像映像.

latér*al*(*ale*)(*pl.**aux***) *a*. 脇の, 横手の, 側面の, 側方の, 横向きの.〖植〗bourgeon ~ 側芽, 脇芽.〖土木〗canal ~ 側設運河. chapelle ~*ale* (教会堂の)側廊礼拝堂. galerie ~*ale* 側廊. ligne ~*ale* d'un poisson 魚体の側線. nef ~ (教会堂の)側廊. porte ~*ale* 脇門;(正ས腸の)くぐり門.〖幾何〗surface ~*ale* 側面 (側面積).

Latex (=*l*aser associé à une *t*ourelle expérimentale) *n.m.*〖軍〗実験用レーザー銃座兵器.

latex [latɛks][ラ] *n.m.inv*. (植物の) 乳液;ラテックス《ゴムの原料》.

latin[1](**e**) *a*. **1**〖古代史〗ラティウム (Latium) の.
2 古代ローマの. coutumes ~*es* 古代ローマの風習. langue ~*e* ラテン語 (=le ~). monde ~ ローマ文明圏. pays ~*s* 古代ローマ諸国. peuples ~s^1 ローマ領の諸民族. villes ~*es* 古代ローマの都市.
3 ラテン語の. alphabet ~ ラテン語の字母. auteurs ~*s* ラテン語著作家. littérature ~*e* ラテン語文学. le Quartier ~ カルチエ・ラタン(「ラテン語街区」の意;パリ左岸のソルボンヌ la Sorbonne を中心とする学生区;中世にラテン語が横溢したことに由来). thème ~ ラテン語作文.
4〖宗教〗西方キリスト教徒の. l'Eglise ~*e* 西方教会, ラテン教会, ローマ・カトリック教会 (l'Eglise d'Orient「東方教会」, l'Eglise grecque「ギリシア正教会」に対して). l'Empire ~ de Constantinople コンスタンチノープル・ラテン帝国 (第4次十字軍が建国;1204-61年;=l'Empire ~ d'Orient「東方ラテン帝国」). pères ~*s* ラテン教父. rite ~ ラテン式典礼.
5 ローマ起源の, ラテン系の;ロマン (ロマンス語)圏の. l'Amérique ~*e* ラテン・アメリカ. esprit ~ ラテン気質. langues ~*es* ラテン系諸言語. peuples ~s^2 ラテン民族 (Espagnols, Français, Italiens, Portugais など).
6〖海〗voile ~*e* 大三角帆.
—*L*~ *n*. **1**〖*pl*. で〗〖古代ローマ〗ラティウムの諸民族.
2 古代ローマ人.
3 (中世の)西方キリスト教徒.
4 ラテン系人;〖*pl*. で〗ラテン系諸民族. tempérament de *L*~ ラテン気質.

latin[2] *n.m.* ラテン語 (=langue latine). faire du ~ ラテン語を学ぶ. ~ classique 古典ラテン語 (西暦紀元前75-西暦175年頃). ~ ecclésiastique 教会ラテン語《ローマ・カトリック教会 (西方教会)の用いるラテン語》. ~ impérial 帝国ラテン語《神聖ローマ帝国時代のラテン語;古典ラテン語と俗ラテン語の中間型》. ~ populaire (vulgai-

re)俗ラテン語. bas ~ 末期ラテン語. ~ de cuisine 出鱈目なラテン語. C'est à y perdre son ~. さっぱり訳が分からない.

latinité *n.f.* **1** ラテン語表現〔法〕. basse ~ 末期ラテン語〔時代〕.
2 ローマ文明, ラテン文明 (世界).
3 ラテン精神 (気質).

latino-américain(**e**) *a*. ラテン・アメリカの;ラテン・アメリカの住民の.
—*L*~ *n*. ラテン・アメリカ人.

latitude *n.f.* **1** 緯度 (longitude「経度」の対). ~ astronomique 天文学的緯度. ~ céleste 天文緯度, 黄緯. ~ géocentrique 地心緯度. ~ géodésique 測地緯度. ~ géographique 地理緯度. ~ magnétique 磁気緯度. ~ nord 北緯. ~ sud 南緯. basse ~ 低緯度. haute ~ 高緯度. cercle de ~ 緯線, 等緯圏. Paris est à 48° de ~ nord. パリは北緯48度にある.
2 地方, 気候, 風土. L'homme s'adapte à toutes les ~*s*. 人類はいかなる風土気候にも適応する.
3〖天文〗黄緯.
4 行動の自由, 可能性, 能力. avoir toute ~ de+*inf*. 自由に…できる.

lato sensu [ラ] *l.ad.* 広義で (stricto sensu「狭義で」の対).

laudanum [lodanɔm] *n.m.*〖薬〗ローダノム, 阿片チンキ.

lauracées *n.f.pl.*〖植〗樟 (くすのき) 科;樟科樹木.

lauréat(**e**) *a*. **1** 月桂冠を授けられた. poète ~ 桂冠詩人.
2 賞を授けられた, 入賞 (受賞) した. étudiante ~*e* 受賞女子学生.
—*n*. 入賞 (受賞) 者. ~*e* du concours général (高校生の) 学力コンクール入賞者. ~ du prix Nobel ノーベル賞受賞者. liste des ~*s* 入賞 (受賞) 者リスト.

laurier *n.m.* **1**〖植〗月桂樹 (=~ commun, ~ d'Apollon, ~ des poètes, ~ noble). couronne de ~[*s*] 月桂冠. couronner qn de ~[*s*] 人に月桂冠を授ける. feuille de ~ 月桂樹の葉.〖植〗~-cerise せいようはくちのき;げっきり (学名 Prunus laurocerasus).〖植〗~-rose 夾竹桃 (学名 Nerium oleander).〖植〗〖俗〗~-sauce ソース月桂樹 (通常の用途;葉は香料;学名 Lanus nobilis).〖植〗~-tin がまずみ (=viorne;学名 Viburnum tinus).〖植〗~-tulipier 泰山木 (=magnolia). le ~, arbre consacré à Apollon アポロに捧げられた木である月桂樹.〖同格〗vert ~ 月桂樹の葉の緑色.
2〖料理〗月桂樹の葉 (=feuille de ~), ローリエ (香味料). mettre du ~ dans une sauce ソースにローリエを入れる.
3〖多く *pl*.〗〖比喩的〗〖文〗栄誉, 名誉. ~*s* de la victoire 勝利の栄冠. cueillir des ~*s* 華々しい武勲をあげる. flétrir ses ~*s* 名声を汚す. se couvrir de ~*s* 栄誉に包まれる.

lavabo

s'endormir sur ses ~s 小成に安んじる. se reposer sur ses ~s 功成り遂げて悠々自適する；〔蔑〕小成に安んじる.

lavabo *n.m.* Ⅰ **1** 洗面台. se laver les mains dans le ~(au ~) 洗面台で手を洗う. chambre avec un ~ 洗面台付きの部屋.
2 洗面所. ~s d'une caserne 兵営の洗面所.
3〔*pl.* で〕便所(=toilettes). aller au[x] ~[s] トイレに行く.
Ⅱ〔カトリック〕(ミサの)洗手式；~の祈り；~の手ふき；~の水盤.

lavage (<laver) *n.m.* **1** 洗浄；洗濯；洗鉱；〔医〕洗滌, 洗浄. ~ bronchoalvéolaire 気管支肺胞洗浄《気管支鏡検査法》. ~ de l'estomac (l'intestin, la vessie) 胃(腸, 膀胱)洗滌 (洗浄). ~ du linge 下着の洗濯. ~ des minerais 洗鉱. ~ d'une voiture 洗車. ~ de la laine 洗毛.〔医〕~ gastrique 胃洗浄. ~ préalable 予洗(=prélavage). produit de ~ 洗浄剤.
2〔比喩的〕~ de cerveau 洗脳.〔話〕~ de tête 大目玉, きつい叱責.

Laval *n.pr.* ラヴァル《département de la Mayenne マイエンヌ県の県庁所在地；市町村コード 53000；旧パ=メーヌ地方 le Bas-Maine の首都；形容詞 lavallois (*e*)》. Vieux Château (Château Neuf) de ~ ラヴァルの旧城〔12-16 世紀〕(新城〔16 世紀〕). le Vieux ~ ラヴァル旧市街.

lavande *n.f.* **1**〔植〕ラヴァンド, ラヴェンダー《labiées「唇形科」の多年草；学名 Lavandula》. ~ vraie (officinale) 真性ラヴァンド《学名 Lavandula vera》《アルプス, 南仏原産；花色は紫がかった青》. ~ spic (aspic) スピック・ラヴァンド, スパイク・ラヴェンダー《学名 L. spica；地中海沿岸原産；灰色がかった球状花》.
eau de ~ オー・ド・ラヴァンド, ラヴェンダー水, ラヴェンダー化粧水. essence de ~ ラヴァンド(ラヴェンダー)の花の芳香エッセンス(香料). huile de ~ ラヴァンダー精油(油彩画用のオイルなど). sachet de ~ ラヴァンド(ラヴェンダー)のドライフラワーを入れた匂い袋.
2 ラヴァンド(ラヴェンダー)香料. savon de toilette à la ~ ラヴァンドの香料入り化粧石鹸.
—*a.inv.* ラヴァンド(ラヴェンダー)色の. 〔bleu〕 ~ ラヴェンダー・ブルー《淡紫青色》. robes bleu ~ ラヴェンダー・ブルーのドレス.
—*n.m.* ラヴァンド(ラヴェンダー)色.

lavandin *n.m.*〔植〕ラヴァンダン, ラヴァンディン《香料生産用；lavande ラヴァンドと aspic スパイク・ラヴェンダーの自然交配雑種》. essence distillée de ~ ラヴァンダンの抽出エッセンス(香料).

lavatère *n.f.*〔植〕ラヴァテラ, 花葵(はなあおい)《学名 lavatera；malvacées あおい科》. ~ à grandes fleurs 大輪はなあおい (=

lavatera trimestri).

lave *n.f.* **1**〔地学〕熔岩. ~s basaltiques (siliceuses) 玄武岩質(珪石質)の熔岩. ~s vacuolaires 気孔質の熔岩. coulée de ~〔fluide〕熔岩流.
2〔建材〕熔岩材. église bâtie en ~ 熔岩材で建造された教会堂.
3 ~ torrentielle 土石流.

lave-glace (*pl.* ~-~*s*) *n.m.* (自動車の)ウインドーウォッシャー.

lave-linge[**s**] *n.m.* 洗濯機.

lavement *n.m.* **1**〔医〕浣腸. prendre un ~ 浣腸する. ~ baryté 《レントゲン検査用の)硫酸バリウム注入浣腸.
2〔カトリック〕~ des mains(ミサでの司祭の)洗手式. ~ des pieds (聖木曜日の)洗足式.

lave-pinceaux *n.m.* 筆洗(ひっせん).

laverie *n.f.* **1**〔鉱〕洗鉱場. **2** ランドリー；(特に) コインランドリー. **3** (ホテル・病院などの)皿洗い室.

laveuse〔カナダ〕*n.f.* 洗濯機(=machine à laver).

lave-vaisselle[**s**] *n.m.*〔自動〕皿洗《食器》洗い機.

LAV-HTLV 3 (=〔英〕*l*ympho*a*denopathy *a*ssociated *v*irus-*h*uman *T*-*l*ymphotropic *v*irus 3) *n.m.*〔医〕リンパ節腫関連ウイルス=ヒト T 細胞白血病3型ウイルス.

lavis *n.m.*〔絵〕**1** 淡彩画法；(特に)墨絵画法. dessin au ~ 淡彩デッサン.
2 淡彩画；墨絵(=~ d'encre de Chine).

lavoir *n.m.* **1** 洗濯場；洗濯槽；洗い場. ~ de cuisine 台所の流し. ~ public 共同洗濯場. bateau ~ 洗濯船. lessive au ~ 洗剤.
2 (羊毛の)洗毛機；〔採鉱〕洗鉱機；洗鉱場；〔軍〕砲口洗浄器.

lawrencium [-sjɔm] (<E. O. Lawrence〔1901-58〕, 米国の物理学者) *n.m.*〔化〕ローレンシウム《人工放射性元素；元素記号 Lr；原子番号 103；原子量 260》.

laxatif (*ve*) *a.* 便通を良くする.
—*n.m.* 緩下剤.

laxisme [-ksi-] *n.m.* **1**〔神学〕寛解主義, 弛緩説. **2**〔一般に〕放任主義.

laxité *n.f.* **1**(綱・布などの)たるみ. **2**〔医〕弛緩. ~ ligamentaire 靱帯弛緩.

layette *n.f.* **1** 産着；赤ん坊の下着《新生児から生後18カ月位まで》. rayon ~ 産着(乳児用下着)売場.
2 (道具, 時計修理材料などを入れる平たい)抽出の) 整理箱.
3〔古〕手文庫. ~ du Trésor des chartes (国立古文書館の) 重要古文書箱.

lazaret〔伊〕*n.m.* **1** (港・空港・国境の) 検疫所. **2**〔病院〕隔離病棟(病室) ; 隔離病院.
3〔古〕癩病院(=léproserie).

lazariste (<prieuré Saint-Lazare, サン

=ラザール小修道院)*n.m.* サン=ラザール布教修道会(=Société des prêtres de la Mission, 1625 年 Saint Vincent de Paul が設立)修道士, ラザリスト会(布教修道会)士.

LBA (=*l*oi sur le *b*lanchiment d'*a*rgent) *n.f.* 資金洗浄規制法(スイスで 1998 年 4 月施行).

LBN (=le *L*i*b*a*n*) *n.m.* レバノン(国名略記).

LBO (=[英] *l*everage *b*uy*o*ut) *n.m.* 〖経済〗レバレッジド・バイアウト(買収する企業の資産を担保に資金を調達して行う買収行為)(=[仏] rachat par endettement).

LBR (=le *L*i*b*é*r*ia) *n.m.* リベリア(国名略記).

LBY (=la *L*i*b*y*e*) *n.f.* リビア(国名略記).

L/C (=*l*ettre de *c*rédit; [英] *L*etter of *C*redit) *n.f.* 〖商業〗信用状.

LCD (=[英] *L*iquid *C*rystal *D*isplay) *n.m.* 液晶表示; 液晶ディスプレー(=[仏] affichage à cristaux liquides).

LCEN (=*l*oi pour la *c*onfiance dans l'*é*conomie *n*umérique) *n.f.* 電子経済における信用確保法(2004 年).

LCI (=*L*a *C*haîne *I*nfo) *n.f.* ニュース・チャンネル(ニュース専門衛星放送 TV; TF 1 の子会社).

LCR[1] (=*L*igue *c*ommuniste *r*évolutionnaire) *n.f.* 革命的共産主義連盟(第 4 インターナショナル・フランス支部; 1938 年設立).

LCR[2] (=*l*iquide *c*éphalo*r*achidien) *n.m.* 〖医〗脳脊髄液. prélèvement de ~ 脳脊髄液採取.

LDC (=[英] *L*east *D*eveloped *C*ountries) *n.m.pl.* 後発発展途上国(=[仏] PMA : *p*ays les *m*oins *a*vancés).

LDH (=*L*igue des *d*roits de l'*h*omme) *n.f.* 人権同盟(1898 年設立の人権擁護団体).

LDL (=[英] *l*ow *d*ensity *l*ipoprotein) *n.f.* 〖化・生〗低比重リポ蛋白〔質〕(=比重 1.006-1.063 の血漿成分; =[仏] lipoprotéine de basse densité; 動脈硬化作用がある悪玉コレステロール) mauvais cholestérol). ~-cholesterol LDL コレステロール, 低比重リポ蛋白コレステロール.

LDP (=*l*angage de *d*escription de *p*age) *n.f.* 〖電算〗ページ記述言語(=[英] PDL : *p*age *d*escription *l*anguage).

LDPD (le) (<[独] *L*iberal-*D*emokratische *P*artei *D*eutschlands) *n.m.* ドイツ自由民主党(=[仏] Parti libéral-démocrate [est-allemand]; 旧東ドイツの政党).

LE (=*L*égion *é*trangère) *n.f.* 〖軍〗外人部隊.

LEA (=*L*igue des *E*tats *a*rabes) *n.f.* アラブ諸国連盟(=[英] : League of Arab States)(アラブ連盟 Ligue arabe, [英] Arab League と通称; 1945 年結成).

Leader (=*L*iaison *e*ntre *a*ctions de *d*éveloppement de l'*é*conomie *r*urale) *n.f.* 地方経済発展活動調整計画.

leader [lidœr] [英] 〖政治〗党首. ~ de l'opposition 野党党首. ~ d'opinion オピニオン・リーダー. ~s syndicaux 組合指導者(幹部). **2**《スポーツ》首位, トップ; 《登山》(ザイルの)トップ. ~ du championnat 選手権試合の首位. **3**〖軍〗(編隊の)先導機, 司令機; 編隊機長. **4**〖経済〗トップ企業, トップ・グループ; 首位製品. **5**(新聞などの)トップ記事.

lease-back [lizbak] [英] *n.m.* 〖商業〗リースバック, 賃貸借契約付き売却, 借り戻し (=[仏] cession-bail; vente crédit-bail).

leasing [lizŋ] [英] *n.m.* 〖経済〗リース, 賃貸 (=crédit-bail, location-vente). société de ~ リース会社. un Boeing en ~ リースで導入したボーイング旅客機.

LEC[1] (=*l*ithotritie *e*xtra*c*orporelle) *n.f.* 〖医〗体外衝撃波結石破砕術(=[英] ESWL : *e*xtracorporeal *s*hock *w*ave *l*ithotripsy).

LEC[2] (=*l*ycée d'*e*nseignement *c*ommercial) *n.m.* 〖教育〗商業教育高等学校.

Lecam (=*l*ecteur de *c*arte *à* *m*émoire) *n.m.* 〖情報処理〗メモリー・カード読取機.

lèche *n.f.*〚話〛**1**〚古〛(パンや肉の)薄切り. **2** へつらい, おべっか, 追従. faire de la ~ à qn …にこびへつらう.

lèche-botte[s] *n.m.inv.*〚話〛卑屈にこびへつらう人, おべっか使い.

lèche-vitrines *n.m.inv.* **lèche-vitrine**(*pl.* ~-~*s*) *n.m.* 〚話〛ウィンドー・ショッピング. faire du ~ ウィンド・ショッピングを楽しむ.

lécithine [lesitin] *n.f.*〖化・生〗レシチン. ~ de soja 大豆レシチン.

Leclerc *n.pr.* ルクレール(本名 Philippe Marie de Hauteclocque [1902-47]. 第二次世界大戦で活躍したフランスの軍人, 元帥). le ~ ルクレール型戦車 (=le char ~).

LECOC (=*l*ithotripsie *e*xtra*c*orporelle par *o*ndes de *c*hoc) *n.f.* 〖医〗体外衝撃波結石破砕術(=[英] ESWL : *e*xtracorporeal *s*hock *w*ave *l*ithotripter).

leçon *n.f.* **1** 授業, 講義; レッスン, 稽古. La L~ d'anatomie de Rembrandt レンブラントの『解剖学の授業』(1632 年). ~ d'amour 愛の手ほどき. ~ de choses 実物教育; 《学》(小学校の)理科授業 (observation, éveil scientifique の旧称). ~ de cuisine 料理の講習〔会〕. ~ de danse ダンスのレッスン. ~ inaugurale 開講の辞. ~ particulière 個人授業(レッスン).

donner des ~s à qn 人にレッスンする(稽古をつける). prendre des ~s de chant (d'équitation) 歌唱(乗馬)のレッスンを受ける. suivre les ~s d'un professeur 教授の講

lec*teur*¹(*trice*)

義を履修する. professeur qui fait sa ~ 講義をする教授.
2 (小学生の) 課業；(教科書の) 課. ~ un 第 1 課. réciter une ~ 習った所を暗誦する. 〔比喩的〕Il récite sa ~. 人から言われた通り話す.
3 忠告, 訓戒, 懲らしめ；教訓. ~ d'une fable 寓話の教訓. ~s de l'expérience 経験のもたらす教訓.
donner (recevoir) une ~ 訓戒を与える (受ける). faire la ~ à *qn* 人に忠告を与える (説教する). tirer (dégager) la ~ des événements 事実から教訓を引き出す. Cela me donnera une bonne ~. これが私にとっていい薬になるだろう.
4 (写真・異本などの) 読み〔方〕；異本文. confronter les diverses ~s d'un passage 一節についてさまざまな異本をつき合わせる.
5 〖カトリック〗(ミサ・聖務日課での聖書の) 朗読, 読誦.

lec*teur*¹(*trice*) *n.* **1** 読者. ~ de romans 小説の読者. avis au ~ 序言, はしがき. courrier des ~s 読者投書欄.
2 (図書館の) 閲覧者. carte de ~ 閲覧者証.
3 (出版社・劇団の) 原稿下読み係.
4 〖印刷〗校正係 (= ~ correcteur).
5 朗読者.
6 (大学などの) 外国人語学講師. ~ d'allemand ドイツ語講師.
7 〖カトリック〗読師《下級聖品第 2 位の聖職者》；(ミサなどでの) 朗読者. sœur ~ *trice* 朗読修道女.

lec*teur*² *n.m.* **1** (音響機器の) 再生用ヘッド. ~ de cassette カセットの再生用ヘッド. ~ de disques レコードプレーヤーのピックアップ. ~ de son (映画フィルムの) サウンド・トラック再生装置.
2 〖情報処理〗(データの) 読取装置. ~ de carte カード読取領. ~ de DVD DVD の読取装置 (graveur de DVD「DVD の書込装置」の対). 〖電算〗~ interne optique 内蔵型光学記録媒体 (CD, DVD, MO) 読取装置 (ドライヴ). ~ laser レーザー光式読取装置. ~ optique 光学式読取ヘッド. combo de DVD 8×et graveur de CD 24×DVD 読取 8 倍速, CD 記録 24 倍速のコンボ・ドライヴ.
3 ~ de microfilms (microfiches) マイクロフィルム (マイクロフィッシュ) のリーダー, マイクロリーダー.

lecture *n.f.* **1** 読むこと, 読み取り, 読み. ~ d'une carte 地図の読解. ~ d'une partition 楽譜の読み取り. faute de ~ 読みの誤り. livre de ~ 読み方の教科書. livre d'une ~ facile 読みやすい本. enseigner la ~ et l'écriture 読み書きを教える. Les caractères chinois ont généralement plusieurs ~s possibles. 漢字はふつう複数の読み方ができる.
2 読書. cabinet de ~ 読書室. comité de ~ (出版社, 劇団などの) 作品審査委員会. salle de ~ (図書館の) 閲覧室. être absorbé dans sa ~ 読書に熱中している.
3 読み物, 愛読書. Voici de la ~ pour le week-end. 週末の読み物です.
4 読み方, 解釈. une nouvelle ~ du *Capital* 『資本論』の新解釈.
5 朗読, 読み上げること. donner ~ du projet de résolution 決議案を読み上げる.
6 〖議会〗検討；読会. ~ du texte du projet de loi par le Conseil d'Etat コンセイユ・デタによる法案条文の検討. Le projet de loi de finances a été adopté en première ~. 予算案は第 1 読会で採択された.
7 〖カトリック〗読誦.
8 〖オーディオ〗読み取り, 再生. bras de ~ トーンアーム. pointe de ~ (カートリッジの) 針. tête de ~ 再生ヘッド, カートリッジ.
9 〖情報〗読み取り. ~ automatique 自動読み取り. ~ magnétique 磁気式読み取り. ~ optique 光学式読み取り.

LED¹ (= 〔英〕Light Emitting Diode) *n.f.* 発光ダイオード (=diode émettrice de lumière).

LED² (= 〔英〕Luminescent Electro-Diode) *n.f.* 電場発光ダイオード (=diode électroluminescente).

LED³ (= *l*upus érythémateux disséminé) *n.m.* 〖医〗全身性紅斑性狼瘡.

ledit (<*dire*) *a.m.sing* (*f.sing*. la dite, *m. pl*. lesdits, *f.pl*. les dites) 〔*m.pl., f.pl*. は à, de と縮約されて auxdit[e]s, desdit[e]s となる〕〖法律〗前記の, 当該の. *ledit* acheteur 前記の買主. *lesdits* plaignants 当該告訴人 (原告). *audit* lieu 前記の場所において.

Lee Myungbak 〔韓国〕*n.pr.* 李明博 (り・めいはく), イ・ミョンバク《1941-；韓国の第 17 代大統領〔2008 年-〕；保守系ハンナラ党員》.

Lefca (= *L*aboratoire d'études et de *f*abrications expérimentales de *c*ombustibles nucléaires *a*vancés) *n.m.* 先端核燃料試作研究所.

légal (ale) (*pl.aux*) *a.* **1** 法律上の, 法的な. dispositions ~*ales* 法律上の規定. formalités ~*ales* 法的手続. médecine ~*ale* 法医学. pays ~ (制限選挙権制下の) 有権者総体 (pays réel「普通選挙権下の」「国民総体」の対). procédure ~*ale* 法的手続.
2 合法的な, 適法な. moyens ~*aux* 合法的手段.
3 法律の規定に基づいた, 法定の. âge ~ 法定年齢. cours ~ 法定相場. fête ~*ale* 法定祝日. monnaie ~*ale* 法定通貨, 貨幣.

légalisation *n.f.* **1** 公的証明, 認証, 公証. ~ d'un acte (d'une copie, d'une signature) 証書 (謄本, 署名) の公的証明 (認証).
2 法律による公認, 合法化, 適法化. ~ de l'avortement 妊娠の人工中絶の合法化.

légalisé(e) *a.p.* **1** 公的に証明された, 公認された. acte ~ 公認証書. copie ~ *e* 公的に証明された複本. signature ~ *e* 証明済みの署名, 認証された署名.
2 合法化された, 適法とされた. avortement ~ 合法的妊娠中絶. décret ~ 適法とされたデクレ.

légalisme *n.m.* **1**〖神学〗律法主義. **2**(法律の字句にこだわる)法律尊重主義.

légalité *n.f.* **1** 法律適合性, 成文法適合性;適法性, 合法性. contester l'~ d'une décistion 決定の適(合)法性を確認する.
2 法律事項性. principe de la ~ des délits et des peines 罪刑法定主義.
3 法律の規定の総体, 成文法(実定法)の総体;法の範囲, 法の定めるところ. principe de la ~ 法治主義. respecter la ~ 法の定めるところを守る. sortir de la ~ 法の範囲を逸脱する.
4 法定強行義務. ~ des poursuites 起訴法定主義.

légat *n.m.* **1**〖教会〗ローマ教皇の遣外特使, 教皇特使;公式使節(大使・公使など).
2〖古〗(古代ローマの)将軍補佐官, 副官;(古代ローマの)地方総督補佐;地方総督(前31年以降).

légataire *n.*〖法律〗受遺者, 遺産受取人. ~ universel 包括受遺者.

légation *n.f.* **1** 公使館, 公使職(《第二次世界大戦までは大使館 ambassade が設置される国は限られていて, 大部分の外交使節は公使館だったが, 現在ではフランスはどこにも公使館を設置していない;それゆえ, かつての公使館の長である公使が ministre [plénipotentiaire] と呼ばれたのに対して, 現在, 外交使節内で大使に次ぐものである公使は ministre-conseiller と呼ばれる). droit de ~ 外交官派遣・接受の権利(droit de ~ actif が派遣の権利, droit de ~ passif が接受の権利). siège des ~s à Pékin 北京公使館地区の戦闘(1900年, 義和団の乱 révolte des Boxeurs に際して清朝政府の了解の下に行われた外国公使館への攻撃).
2 教皇特使(総督)の職.

légendaire *a.* **1** 伝説(伝承)の;伝説上の, 伝説的な. personnage ~ 伝説的人物. récits ~s concernant Charlemagne シャルルマーニュ(カルル大帝)に関する伝承物語.
2 伝説と化した, 著名な. maladresses ~s 伝説と化した不器用さ.

légende *n.f.* **1** 伝説, 伝承. ~ de Faust ファウスト伝説. 《*La L~des siècles*》 de Victor Hugo ヴィクトル・ユゴーの『諸世紀の伝説』(叙事詩集, 1859-83年). ~ napoléonienne ナポレオン伝説.
2〖カトリック〗聖人伝;聖人伝集. 《*La L~ dorée*》『黄金伝説』(13世紀の聖人伝集).
3 (地図, 辞書などの)凡例;(口絵, 挿絵などの)説明文, キャプション;(メダル, 貨幣の)銘. ~s d'un plan de Paris パリの地図の凡例.

léger(ère) *a.* Ⅰ (軽い) **1** (重量が)軽い. ~ comme l'air (une plume) 空気(羽根)のように軽い. corps ~ d'une personne 軽量の人体.〖スポーツ〗poids ~ 軽量級;(ボクシングの)ライト級. vêtement ~ à porter 軽い衣服.
2 比重の小さい, 軽い. huiles ~ères et huiles lourds 軽油と重油. métal ~ 軽金属.
3〖軍〗軽装備の;軽重量の, 軽量の. aviation ~ère de l'armée de terre 陸軍の軽飛行隊(軽飛行機・ヘリコプター編成;略記 ALAT). bombardier ~ 軽爆撃機, 軽爆. char ~ 軽戦車. croiseur ~ 軽巡洋艦, 軽巡. infanterie ~ère 軽装備の歩兵隊(空輸・パラシュート・山岳歩兵隊など;infanterie blindée「機甲歩兵隊」の対). véhicule blindé ~ 軽装甲車(略記 VBL). véhicule ~ tout terrain 全地形対応(オフロード)軽軍用車輌(略記 VLTT).
4 携帯しやすい, 軽量の. armes ~ères 軽火器. mitrailleuse ~ère 軽機関銃, 軽機.
5 胃にもたれない, 軽い. aliment ~ 軽い食材;消化しやすい(胃にもたれない)食物. repas ~ 軽い食事, 軽食. viande ~ère 胃に負担をかけない食肉.
6 軽い感じの. avoir l'estomac ~ 空腹である. avoir la (une) tête ~ère 頭が空っぽである;ぼんやりしている;軽率である. se sentir l'âme ~ère 心が晴々としている.
Ⅱ (軽快な) **1** (人・動作が)軽快な;(人・集団などが)身軽な. cavalerie ~ère 軽騎兵. démarche ~s ère 軽やかな足取り. équipe ~ère 身軽な(小人数の)チーム. personne ~ère comme un papillon (l'air, le vent) 蝶(空気, 風)のように身軽な人. d'un pas ~ 軽やかな足取りで. avoir la main ~ère 手先が器用である;(乱暴で)手が早い;人当りが柔かい. se sentir ~ 体が軽く感じられる;安らぎを覚える.
2 (動作が)軽い, 軽妙な. ~ère caresse やさしい愛撫. ~ère tape 軽くたたくこと. baisers ~s 軽いキス. coup ~ 軽打. pression ~ère そっと押すこと. rire ~ 軽い笑い. tableau peint par touche ~ère 軽いタッチで描かれた絵画. touche ~ère d'un pianiste ピアニストの軽妙なタッチ.
3 軽妙な, 肩のこらない, 軽やかな. musique ~ère 軽音楽. poésie ~ère 軽い題材の詩.
4〖音楽〗高音が楽に出せる. voix ~ère 軽い声. soprano (ténor) ~ ライト・ソプラノ(テノール). rôle ~ 軽い声を必要とする役柄.
5〖経済〗小規模の設備・投資ですむ. industrie ~ère 軽工業.
6〖農〗terre ~ère さらさらした土.
Ⅲ (軽やかな・淡い・薄い) **1** 薄い(épais「厚い」の対), 淡い. ~ère couche de neige うっすらと積もった雪. étoffe ~ère 軽い

légèreté

(薄い)布地. ombre ~ ère 淡い影. porter des vêtements ~s 薄着をする.

2 (酒・茶などが)軽い, 薄い, 弱い. café ~ 薄いコーヒー. cigarettes ~ ères 軽い紙巻煙草(ニコチン分の少ない). parfum ~ ほんのりした芳香. vin ~ 軽い葡萄酒(アルコール含有度が低い).

3 浅い(profond「深い」の対). sommeil ~ 浅い眠り.

4 かすかな, 軽微な, 軽度の, 感じられないほどの. ~ doute かすかな疑念. ~ ère retouche 気付かぬほどの修正. ~ ère tristesse うら淋しさ. blessure ~ ère 軽傷. bruit ~ かすかな物音. différence ~ ère 僅かな相違. douleur ~ ère 軽い痛み. faute ~ ère 軽過失, 軽度の過失. investissements ~s 僅かな投資. peine ~ ère 軽い罰, 軽罪刑.

5 軽やかな, 優雅な. flèche ~ ère すらりとのびた女性. ornements ~s 軽妙な装飾. taille ~ ère すらりとした体つき.

Ⅳ (軽薄な) **1** 軽薄な, 浅薄な, 浅はかな;〔古〕尻軽な. caractère ~ 軽薄な性格. exposé ~ 内容の稀薄な発表. femme ~ ère 尻軽女. garçon ignorant et ~ 無知で思慮のない少年.

2 不謹慎な;みだらな. conversation ~ ère きわどい会話. femme de mœurs ~ ère 不身持な女.

3 à la ~ ère 軽々しく, 軽々に. parler à la ~ ère 出まかせに喋る. prendre qch à la ~ ère 何を軽く考える.

légèreté n.f. **Ⅰ**(目方・形など) **1** (目方の)軽さ. ~ de l'alminium アルミニウムの軽さ. d'une ~ de la plume 羽根のように軽い.

2 (動作の)軽やかさ, 敏捷さ. ~ de main 器用な手さばき. ~ d'une danseuse 踊り子の敏捷さ.

3 (布などの)軽さ, 薄さ. ~ d'une étoffe de soie 絹生地の軽さ.

4 (味の)軽さ, 爽やかさ. ~ d'un vin 葡萄酒の軽やかさ.

5 (形の)軽快さ, 優美さ, 繊細さ. ~ d'une architecture 建築物の繊細さ.

6 (罰・誤り・傷などの)軽さ. ~ de châtiment 罰の軽さ.

7 (文体・口調などの)軽妙さ. ~ de la conversation (du style) 会話(文体)の軽妙さ.

Ⅱ (気質) **1** 軽薄, 軽率;不真面目. ~ de ses propos 彼の発言の軽薄さ.

2 移り気, ふしだらさ. ~ de sa conduite 行いのふしだらさ. se plaindre de la ~ de son amant 恋人の移り気を嘆く.

3 〔古〕軽はずみな失策.

legifrance n.pr.〚インターネット〛www ― レジフランス(フランス政府の法令関係サイト名).

légion n.f. **1** ― étrangère 外人部隊 (1831年, 国王の勅令によって創設;主とし

て海外における戦闘に参加;その名にかかわらずフランス人から志願兵から構成される;総人員は約8,500, うち1,750が士官と下士官;全体のほぼ40%はフランス人である). entrer à la ~ 外人部隊に入る.

2 L~ d'honneur レジヨン・ドヌール勲章 (=ordre de la L~ d'honneur) (1802年にナポレオンが制定したフランスで最も権威ある勲章;民間人, 軍人を問わず, また平時, 戦時にかかわりなく, 国家のために特別な功績を挙げた者に授与される;等級に下位から順に chevalier, officier, commandeur の3 grades と grand officier, grand-croix の2 dignités がある;chevalier への叙勲は nomination, それ以上の等級へのそれは promotion という;勲章 insignes は胸に佩用する十字章 croix と, 等級により十字章をつる幅広のリボン, 円形の大勲章 plaque が本章をなし, 襟につける赤糸 ruban rouge (chevalier) または ロゼット rosette (officier 以上)の略章が加わる). grande chancellerie de la L~ d'honneur レジヨン・ドヌール賞勲局(国家功労章 ordre national du mérite の賞勲局を兼ねる). grand chancelier de la L~ d'honneur レジヨン・ドヌール賞勲局長. grand maître de l'ordre de la L~ d'honneur レジヨン・ドヌール名誉総裁(共和国大統領が兼務).

3 憲兵隊(= corps de gendarmerie).

4 〚史〛ローマの軍団, レギオン, ローマ軍, (フランソワ一世時代の)歩兵隊.

5 大勢, 多数, 大群. Ils sont ~. その数は数え切れない. Je m'appelle L~. 我が名はレギオン(聖書. イエスに対する悪魔の返答. 大勢であることを示す).

légionelle n.f.〚医〛レジオネラ菌(=bactérie Legionella) (「在郷軍人症」 légionellose の病原菌).

légionellose n.f.〚医〛レジオネラ症, 在郷軍人病(=maladie du légionnaire) (レジオネラ菌による肺感染症).

légionnaire n.m. 外人部隊(Légion étrangère)の隊人.
—n. レジヨン・ドヌール勲章受章者.
—a. 外人部隊の. soldat ~ 外人部隊の隊員.

législateur[1] (**trice**) n. **1** 立法者. Solon fut le ~ d'Athènes. ソロンはアテネの立法者であった.

2 〔広義〕(学問・芸術などの)法則制定者. Boileau, ~ du Parnasse 詩法制定者ボワロー.
—a. 立法する, 立法権者の. monarque ~ 立法君主. la nation, ~trice et souveraine 立法権者で主権者である国民.

législateur[2] n.m. **1** 立法権;立法機関, 立法府. Le ~ a voulu que... 立法者の望んだことは以下の通り. **2** (擬人的に)法律(= loi).

législatif (**ve**[1]) a. **1** 立法する, 立法権

をもつ. assemblée ~ve 立法議会 (= la ~ve).〘史〙la L~ (1791年の)立法議会. corps ~ 立法府.〘史〙Corps ~ (第一共和政・第二帝政下の)立法院. politique ~ve 立法政策. pouvoir ~ 立法権. science ~ve 立法学.
2 立法府の(に関する)；法に関する.〔現用〕élections ~ves 国民議会(Assemblée nationale)の議員選挙 (= les ~ves). études ~ves 法的研究.
3 法律的性格をもつ；法律に関する；法律に基づく. acte ~ 法令.
— *n.m.* **1** 立法権 (= pouvoir ~). **2** 立法府 (= corps ~).

législation *n.f.* **1** 法体系；法規の総体；法. ~ civile (criminelle) 民法(刑法). la ~ française フランス法.
2 立法行為, 立法；法制化. droit de ~ 立法権.
3 立法権 (= pouvoir législatif)；立法機能(作用) (= fonction législative).
4 立法学；法律学. ~ comparée 比較法律学, 比較法学. cours de ~ finacière 財政法講義.

législative² *n.f.* **1** 〘史〙la L~ 立法議会 (= l'Assemblée ~).
2 〔*pl.* で〕〘史〙立法議会議員選挙；〔現用〕国民議会(Assemblée nationale)議員(députés)選挙 (= élections ~s). spécial ~s (雑誌の)国民議会議員選挙(総選挙)特集号.

législature *n.f.* **1** 議会(主として下院)の任期；立法期間. Le président de l'Assemblée nationale est élu pour la durée de la ~. 国民議会議長は立法期の期間を予定して選出される《第5共和政憲法第32条》. un gouvernement de ~ 下院の任期と同じ期間存続する政府.
2 〔稀〕議会, (特に)下院.

légiste *n.m.* **1** 法学者；〘尊称〙(高名な)法律家 (= juriste, juris-consulte).
2 〘仏史〙(旧体制下の)王室法律顧問官〔集団〕.
3 法医学者 (= médecin ~).
— *a.* médecin ~ 法医学者.

légistique *n.f.* 〘法律〙法案起草学.

légitimation *n.f.* **1** 〘法律〙(非嫡出の)嫡出転化, 準正《婚姻によらず出生した自然子に嫡出子としての権利義務を与えること》. ~ d'un enfant naturel 私生児の準正. ~ post nuptias 婚姻後の嫡出転化.
2 正当化. ~ d'un coup de force 不正行為の正当化.

légitime *a.* **1** 〘法律〙法律上正当な, 合法的な, 適法の, 法律で認められた. ~ détenteur 正当な権原に基づく占有者. ~ propriétaire 正当な(真の)所有者. femme ~ 正妻, 本妻. union ~ 法律婚による結合, 婚姻, 結婚 (union libre「内縁関係」の対).
2 〘法律〙(親族関係について)婚姻に基づく,

嫡出の. enfant ~ 嫡出子(enfant naturel「非嫡出児, 私生児」の対). famille ~ 嫡出家族. filiation ~ 嫡出親子関係. parenté ~ 嫡出血族関係.
3 法律によって与えられた. portion ~ 遺留分.
4 正統な. prince ~ 正統王太子.
5 正当な, 公正な；正義にかなった, 道理にかなった, もっともな. ~ colère もっともな怒り.〘法律〙défense 正当防衛. demande ~ 無理からぬ要求. excuse ~ もっともな言訳(口実). récompense (salaire) ~ 正当な報酬(賃金). revendication ~ 正当な権利回復の要求. C'est tout à fait ~ que+*ind.* …するのはもっともである.
— *n.f.* **1** 〘俗〙正妻 (= femme ~). C'est sa ~. あれは彼の正妻だ.
2 〘法律〙〘古〙遺留分〔の制度〕.

légitimé(e) *a.p.* **1** 〘法律〙準正された. enfant ~ 準嫡子《準正によって嫡出子と同等の地位を享受する自然子(私生児)》.
2 正当化された；基礎づけられた.

légitimité *n.f.* **1** 正当性, 正統性；法的正当性, 合法性, 適法性. ~ d'une déduction logique 論理的推論の正当性. ~ du pouvoir (politique) 政権の合法性(正当性). ~ d'une revendication 権利回復要求の正当性. ~ internationale 国際的正統性.
2 〘法律〙嫡出性. ~ d'un enfant 子の嫡出性.
3 〘仏史〙正統王位継承権.

legs [lɛg, lɛ] *n.m.* **1** 〘法律〙遺贈《遺言による贈与》: disposition testamentaire). ~ à titre particulier 特定遺贈. ~ à titre universel 包括名義遺贈. ~ conditionnel 条件付遺贈. ~ de libération 解放遺贈. ~ de residuo 残存物継伝付遺贈. ~ particulier 特定遺贈. ~ précatif 希望的信託遺贈. ~ universel 包括遺贈. bénéficiaire du ~ 受贈者(遺贈を受ける人). faire un ~ à *qn* (人に)遺贈する.
2 遺贈品.
3 〔比喩的〕遺産. ~ du passé 過去の遺産.

légué(e) *a.p.* **1** 〘法律〙遺贈された. collection de tableaux ~e à l'Etat 国に遺贈された絵画コレクション.
2 (子に)伝えられた, 遺された. goût ~ à son fils 息子に伝えられた趣味. qualité ~e à ses descendants 子孫に伝えられた資質. traditions ~es de siècle en siècle 代々受け継がれた伝統.

légume¹ *n.m.* **1** 野菜, 蔬菜. ~s frais (congelés, surgelés) 生鮮(冷凍)野菜. ~s secs 乾物野菜, 野菜の乾物《主に豆類》. ~s verts 生鮮野菜；青物《豆類を除く蔬菜；根菜を含む》. ~s hatifs 早生野菜；初物 (= primeur). conserves de ~s 野菜の缶(瓶)詰. culture des ~s 野菜の栽培. marchand de fruits et de ~s 八百屋, 青果商.
2 〘料理〙野菜；温野菜〔料理〕《主に garni-

légume² ture つけ合わせ；生食の野菜は salade という〕. bouillon de ~s 野菜のブイヨン. macédoine de ~s 野菜のマセドワーヌ〔複数の野菜のさいころ切りを加熱した上でまとめる野菜料理〕. plat de viande garni de ~s〔温〕野菜をつけ合わせた肉料理. purée de ~s 野菜のピュレー. soupe de ~s 野菜スープ.
3〔植〕(豆科の) 莢 (さや) (=gousse).
4〔古〕莢果 (さやか), 豆果.

légume² *n.f.*〔俗〕la〔grosse〕~ 大物, 大立物.

légume-racine (*pl.* **~s-~s**) *n.m.*〚野菜〛根菜.

légumier(**ère**) *a.* 野菜 (légume) の. cultures ~ *ères* 野菜栽培.
—*n.m.* **1** 野菜料理 (=plat à légumes). **2** 野菜栽培専業農家.

légumine *n.f.*〚化〛レグミン《えんどう, レンズ豆などに含まれるグロブリン》.

légumineux(**se**) *a.*〚植〛莢のある.
—*n.f.* **1** 豆果植物 (pois, haricot など). **2**〔*pl.* で〕〚植〛豆 (まめ) 科植物 (sophora な).

léiomyome [lejɔmjom] *n.m.*〚医〛平滑筋腫《平滑筋 fibres musculaires lisses に出来る良性腫瘍で, 繊維腫 fibrome の大半を占める》.

léiomyosarcome *n.m.*〚医〛平滑筋肉腫.

leishmaniose *n.f.*〚医〛リーシュマニア症《リーシュマニア属寄生性鞭毛虫感染症》. ~ cutanée 皮膚リーシュマニア症, アレッブ皮膚腫瘤症 (=bouton d'Alep). ~ cutanéomuqueuse 皮膚粘膜リーシュマニア症, バヒラ皮膚瘤リーシュマニア症《中南米の風土病》. ~ tropicale 熱帯リーシュマニア感染症. ~ viscérale 内臓リーシュマニア症.

leitmotiv (*pl.***~e**) [lajt-/lɛt-]〔独〕*n.m.*
1〚音楽〛ライトモチーフ, 示導動機. le ~ de la Chevauchée des Walkyries《ヴァーグナーの》ヴァルキューレの騎行のライトモチーフ.
2〔文学作品・演説など〕反復句, 基調主題；中心思想.

lemme *n.m.* **1**〚数・論理〛補助定理, 補題, 副命題.
2〚言語〛レンマ, (辞書の) 見出し〔語〕.

lendemain *n.m.* **1** 翌日. le ~ à midi 翌日の正午. le ~ matin 翌朝. du jour au ~ 僅かの間に, 一夜にして. Du jour au ~ il s'est retrouvé célèbre. 一夜にして彼は有名人になった. remettre au ~ 翌日にのばす, 順延する. repartir le ~ de son arrivée 到着の翌日引き返す.
2 直後. au ~ de la guerre 戦争直後に.〔諺〕Il n'y a pas de bonne fête sans ~. 祭りの楽しみの後には, 不快な出来事がある.
3〔比喩的〕明日, 近い将来. souci du ~ 明日への不安. sans ~ 明日のない, 続かぬ.

bonheur sans ~ 束の間の幸福. songer au ~ 明日を夢見る.
4〔*pl.* で〕結果. Cette affaire a eu d'heureux ~s. その取引は上首尾に終った.

léninisme (<Vladimir Ilitch Oulianov, Lénine [1870-1924], ロシアの革命家) *n.m.* レーニンの思想, レーニン主義.

lénitif(**ve**) *a.* **1**〚薬〛鎮痛 (緩和) 作用のある, 鎮痛 (緩和) 性の. remède ~ 鎮痛剤, 緩和剤.
2〔比喩的〕和らげる. paroles ~*ves* 苦しみを和らげる言葉.
—*n.m.* 鎮痛剤, 緩和剤.

lent(**e**¹) *a.* **1** 遅い, のろい；鈍い. compréhension ~*e* のみこみの遅さ. intelligence ~*e* 愚鈍. réactions ~*es* 鈍い反応. véhicule ~ のろのろ走る車. avoir l'esprit ~ 血の巡りが悪い. être ~ à+*inf.* …するのが遅い. être ~ à comprendre のみこみが遅い. être ~ dans ses mouvements 動作が鈍い.
2 ゆっくりした, 緩やかな；(薬効などが) すぐに現れない. ~ ouvrage 遅々として進まぬ作品. ~*e* progression 緩やかな進渉. allure ~*e* ゆっくりした振舞い. justice ~*e* 遅い裁き. mort ~*e* 緩やかな死. musique ~*e* ゆっくりした音楽. poison ~ 効き目の遅い毒.〚医〛pouls ~ 遅脈. promesse ~*e* à se réaliser なかなか果されない約束. rythme ~ 緩やかなリズム. parler d'une voix ~*e* ゆっくりと話す.

lente² *n.f.* 虱の卵 (=œuf du pou).

lenteur *n.f.* **1** 遅さ；緩慢さ；動作ののろさ；手間取ること. ~ à comprendre のみこみの悪さ. ~ à se décider 優柔不断. ~ d'esprit 頭の血のめぐりの悪さ, 遅鈍. ~ des nouvelles ニュース伝達の遅さ. ~ de ses pas 歩みののろさ. ~ des travaux 工事の遅滞.
marcher avec ~ のろのろ歩く. Cette drogue est connue pour la ~ de ses effets. この薬は効めのゆるやかさで知られている.
2〔*pl.* で〕緩慢な動作 (決定). ~*s* calcules 計算づくの緩慢な行為. ~*s* de la procédure 訴訟手続の遅滞.

lenticulaire *a.* レンズ状の；凸レンズ状の, レンズ豆 (lentille) 状の.〚解剖〛os ~ (内耳の) 豆状骨. verre ~ ガラスレンズ.

lentiforme *a.* レンズ状の；レンズ豆 (lentille) 状の.〚医〛éphélides ~*s* そばかす (=lentilles).

lentigo *n.m.*〚医〛黒子 (こくし), ほくろ (=lentigine, grain de beauté). ~ maligne 悪性黒子, 悪性黒子型黒色腫 (=mélanose de Dubreuilh). ~ sénile 老人性黒子.

lentille *n.f.* **1**〚光学〛レンズ；ガラスレンズ (= de verre). ~ achromatique アクロマティック (色消し) レンズ. ~ biconcave 両凹レンズ (= ~ concavo-concave). ~ biconvexe 両凸レンズ (= ~ convexo-con

vexe). ~ concave (convexe) 凹 (凸) レンズ. ~ concavo-convexe 凹凸レンズ. ~ convexo-concave 凹凸レンズ. ~s cornéennes コンタクト・レンズ. ~s de contact コンタクト・レンズ. ~ divergente (convergente) 散光 (集光) レンズ. ~ électronique 電子レンズ. ~ en plastique プラスチック・レンズ.
2 コンタクトレンズ (=~s cornéennes).
3 球. ~ de pendule 振り子の球.
4 〖植〗レンズ豆 (実がレンズ状), 扁豆 (へんとう), ひら豆; レンズ豆 (実). ~ verte du Puy ル・ピュイ特産の緑レンズ豆 (AOC産品). 〖料理〗purée de ~s レンズ豆のピュレー (つけ合わせ). 〖料理〗salade de ~s chaude レンズ豆の温サラダ (ゆでたレンズ豆に焼きこがしたベーコンを加え, ドレッシングをかけたもの).
5 〖植〗~ d'eau 青浮草 (レンズ豆の実の大きさの水生植物).

lentin *n.m.* 〖茸〗~ de chêne 椎茸 (=shiitaké).

lentisque *n.m.* 〖植〗レンチスク (pistacia lentiscus ピスタキア・レンチスクス; anacardiacées うるし科の灌木; マスティック樹脂が採取される). résine du ~ レンチスク樹脂, マスティック樹脂 (=mastic).

lentivirus *n.m.* 〖医〗レンチウイルス (レトロウイルス科レンチウイルス亜科のウイルスの総称; ヒト免疫ウイルス VIH₁, VIH₂を含む).

léopard *n.m.* **1** 〖動〗豹 (ひょう), レオパール, レパード (学名 Panthera pardus, 猫科 félidées).
2 豹の毛皮.
3 〖軍〗tenue ~ 迷彩服.
4 ~ de mer 海豹 (あざらし科の海獣).
5 〖紋章〗レオパール (顔を正面に向け, 歩く姿で描かれたライオンの紋章; =lion léopardé).

LEP¹ (= 〖英〗 *large electron positon collider*) *n.m.* 〖物理〗巨大陽電子衝突型粒子加速器 (= 〖仏〗collisionneur de particules ~) (電子と陽電子を加速し衝突させる巨大環状装置. 西欧14カ国が参加した, Genève郊外のフランス・スイス両国にまたがって設置. 外周 27 km).

LEP² [lɛp] (= *lycée d'enseignement professionnel*) *n.m.* 〖教育〗(旧制の) 職業教育リセ (現在は lycée professionnel 職業高等学校 (略記 LP) と呼ばれている).

lepéniste (<Jean-Marie Le Pen, フランスの極右政党「国民戦線」le Front national の指導者 [1928–]) *a.* ル・ペン支持派の. nouvelle vague ~ ル・ペン派の新台頭. parti ~ ル・ペン派政党.
——*n.* ル・ペン支持派.
——*n.* ル・ペン派, ル・ペン支持者.

lépidodendron [-dɛ̃-] *n.m.* 〖古生物〗鱗木 (羊歯植物), レピドデンドロン.

lépidoptères *n.m.pl.* 〖昆虫〗鱗翅目 (papillon 蝶 (蛾)).

lépiote *n.f.* 〖茸〗レピヨット, きつねのからかさ. ~ brune 褐色レピヨット (有害致死性). ~ élevée 栽培レピヨット, きつねのからかさ (coulemelle) (食用).

lèpre *n.f.* 〖医〗癩病, ハンセン病 (=maladie de Hansen), レプラ. ~ lépromateuse 癩腫型ハンセン病. ~ tuberculoïde 類結核型ハンセン病. bacille de la ~ 癩菌 (=Mycobacterium leprae), ハンセン菌 (=bacille de Hansen).

lépreux(se) *a.* **1** 〖医〗ハンセン病の, 癩の; ハンセン病にかかった. nodule ~ 癩結節.
2 〔比喩的〕表面の剥げ落ちた, 荒れた (=galeux). masures ~ses あばら家. murs ~ 表面の剥げ落ちた壁.
——*n.* ハンセン病患者, 癩患者. hôpital pour ~ ハンセン病療養所 (=léproserie).

léprologie *n.f.* 〖医〗ハンセン病学, 癩学.
léprome *n.m.* 〖医〗癩腫.
léproserie *n.f.* 〖医〗ハンセン病療養所.
lept[o]- [ギ] ELEM「薄い」の意 (*ex. lepto*céphale レプトセファル).

leptine *n.f.* 〖生化〗レプチン (食欲抑制ホルモン).

-leptique [ギ] ELEM「抑制, 弛緩」の意 (*ex.* neuro*leptique* 神経抑制薬, 神経弛緩薬, 神経遮断薬).

leptocéphale [ギ] *n.m.* 〖魚〗レプトケファルス (鰻の幼生: larve d'anguille).

lepton¹ (*pl.* **lepta**) *n.m.* レプトン (現代ギリシアの旧補助通貨単位; 100 lepta = 1 drachme).

lepton² *n.m.* 〖物理〗レプトン, 軽粒子 〔族〕.

leptospire *n.m.* 〖医〗レプトスピラ (スピロヘータ spirochète の一属; プール, 下水, 天然水中に棲息し, 人畜共通の伝染病レプトスピラ症の病原).

leptospirose *n.f.* 〖医〗レプトスピラ症 (スピロヘータの一種である病原性のレプトスピラによる感染症).

lèse-majesté *n.f.* **1** 君主権の侵害. crime de ~ 不敬罪. crime de ~ humaine (divine) 人 (神) に対する不敬罪.
2 不敬罪 (=crime de ~).
3 尊敬すべき人 (尊重すべき物) に対する重大な侵害 (毀損).

les forts-de-latour *n.pr.m.pl.* 〖葡萄酒〗レ・フォール゠ド゠ラトゥール酒 (シャトー゠ラトゥール château latour のセカンド・ラベル).

lésion *n.f.* **1** 〖医〗損傷, 障害, 傷害, 病変. ~ cérébrale 脳損傷. ~ cutanée 皮膚障害, 発疹 (=éruption). ~ de la moelle épinière 脊髄損傷. ~ de nerf trijumeau 三叉神経損傷. ~ des reins 腎損傷, 腎破裂. ~ fœtale de l'irradiation 胎児放射線障害. ~ immédiate (tardive) due aux rayonnements

放射線照射による早発性(晩発性)新生児障害. ~ par la lumière 光線性障害. ~ par le froid 寒冷障害(凍傷, しもやけなど). ~ par le sport スポーツ障害(腱鞘炎 tendovaginite, 骨膜炎 périostite, 筋炎 myosite, 変形性関節症 arthrite dégénérative〔déformative〕, 疲労性骨折 fracture de fatigue など). ~ par l'explosion 爆創. ~s d'ictère nucléaire du nouveau-né 新生児核黄疸. ~s méniscales du genou 膝半月損害.
2 〖法律〗(利益の)侵害, 侵害行為, (特に)過剰侵害;〔一般に〕損害, 損傷. ~s corporelles 人身損害. rescision de vente pour cause de ~ 商品の瑕疵(かし)による販売契約の解除.

lésionnaire a. **1** 〖法律〗過剰損害に関する. conditions ~s 過剰損害条件. vente ~ 過剰損害をもたらす売買.
2 侵害〔行為〕の.

lesionnel(le) a. 〖医〗病変の;傷害の. syndrome ~ 病変症候.

lesothan(e) a. レソト(le Lesotho)の, レソト王国(le Royaume du Lesotho)の; ~人の.
——n. レソト人.

Lesotho(le) n.pr.m. 〖国名通称〗レソト《公式名称:le Royaume du L~ レソト王国;国民:Lesothan(e);首都:Maseru マセル(旧称 le Basutoland);通貨:loti [LSL]》.

lessivage n.m. **1** 洗浄;漂白. ~ des murs 壁の灰汁(あく)洗い.
2 〔比喩的〕一掃;粛清. 〔話〕~ de cerveau 洗脳.
3 〖化〗浸出;〖地層〗(溶解・コロイド状物質の)地層への浸出作用.
4 〔話〕叱責, 大目玉(= savon).

lessive n.f. Ⅰ(洗剤)**1** 洗剤;粉石鹸. ~ synthétique 合成洗剤.
2 (洗濯・洗浄用の)灰汁(あく);アルカリ水溶液(= solution alcaline). 〖化〗~ alcaline アルカリ水溶液《合成石鹸・洗剤の原料》. ~ amère 苦汁(にがり). 〖化〗~ caustique 苛性アルカリ水溶液, 水酸化カリウム水溶液. ~ de cendres 木灰(= charrée). ~ de potasse 木灰汁. ~ des savonniers (石鹸製造用の)40％水酸化ナトリウム水溶液. ~ sodique (de soude) 苛性ソーダ水溶液.
Ⅱ(洗浄・洗うもの)**1** (下着類の)洗濯, 漂白. faire la ~ 洗濯をする.
2 洗濯物. étendre (rincer) la ~ 洗濯物を干す(ゆすぐ).
3 〔話〕粛清(= épuration). ~ des personnes indésirables 好ましからざる人物の粛清.

lessiviel(le) a. 洗濯(洗浄, 漂白)に関する. produit ~ 洗剤(洗剤).

lest [lɛst] n.m.sing. **1** (船舶・航空機・車輌用の)バラスト;底荷. être sur son ~ (船が)空船である. naviguer sur ~ 空船で航行する.
2 (気球用の)砂袋, バラスト. jeter (lâcher) du ~ 砂袋(バラスト)を捨てる;〔比喩的〕(危機を脱するために)犠牲を払う(譲歩する). aliment de ~ 栄養価のない食品成分.

létal(ale) (pl.**aux**) a. 〖医・生〗致死の. dose ~ale 致死量. facteur ~ 致死因子. gène ~ 致死遺伝子.

létalité n.f. **1** 致死性, 致命性;致死率. 〖医〗taux de ~ 致死率, 致命率《対象となる疾患の死亡者数を罹患者数で割ったもの, 通常単位患者数100に対する死亡者数で示す》;死亡率.
2 〖生〗(遺伝子の)致死性;致死率.

léthargie n.f. **1** 〖医〗嗜眠, 昏睡状態. ~ hypnotique 催眠状態. tomber en ~ 昏睡状態に陥る.
2 〔比喩的〕麻痺状態, 無気力状態. pays en ~ 無気力状態の国.

léthargique a. **1** 〖医〗嗜眠性の. encéphalite ~ 嗜眠性脳炎. sommeil ~ 嗜眠性睡眠.
2 〔比喩的〕無気力な. industrie ~ 活動が停滞している産業.
3 〔話〕眠気を催す, 退屈な(= endormant).
——n. 嗜眠性脳炎患者(= malade ~).

LETI (= Laboratoire d'électronique et de technologie de l'informatique) n.m. 情報処理電子工学研究所.

lette, letton(ne) a. レトアニア(la Lettonie)の, ラトヴィアの;レトニア(ラトヴィア)人の;レトニア語の.
——n.m. 〖言語〗レトニア(ラトヴィア)語.

Lettonie(la) n.pr.f. 〖国名通称〗レトニア, ラトピア《公式名称:la République de L~ レトニア共和国, ラトヴィア共和国 Latvijas Republika;国民:Letton(e);首都:Riga リガ;通貨:lats [LVL]》.

lettre n.f. Ⅰ(手紙, 書簡, 便り)**1** 手紙, 書簡. ~ d'amour 恋文. ~ d'introduction 紹介状. ~ de recommandation 推薦状. Les ~s de mon moulin 『水車小屋便り』(A. Daudet 作). ~ ouverte 公開書簡. ~ personnelle 親書, 親展, 個人的な手紙. ~ recommandée 書留. ~ recommandée avec demande d'avis de réception 受領証明付書留郵便. ~ simple 普通郵便. boîte aux ~s 郵便受け, 郵便ポスト. papier à ~s 便箋. roman par ~s 書簡体小説. passer comme une ~ à la poste 食べ物が消化しやすい, (意見などが)すんなりと受入れられる.
2 〖経済・金融〗特殊な書状;手形. ~ d'avis 着荷通知状. ~ de change 為替手形. ~ de charge-relevé 預金口座取引明細為替手形(略記 LCR). ~ de crédit 信用状. ~ de fusion 当座預金合体取扱め書《密接な金融関係にある複数の個人または企業がそれぞれの当座預金を, 各自の名義を残しながら合体させる取決め》. ~ de fusion de compte 口座統合状(= ~ d'unité de comp-

leucoplasie

te). ~ de gage 手形買取受権書. ~ de garantie 信用保証書, 荷物引取り保証状. ~ de mer 出航許可書. ~ de voiture 荷物発送状. ~ d'intention 信用保証状.
3〖法律・財政〗公式書状. ~ d'agrément (官庁から企業へ出す)同意書. ~ de cabinet 代理大使(公使)の任命書(派遣国の外務大臣から接受国の外務大臣に宛てて出される). ~ de créances 大使の信任状. ~ de licenciement 解雇通知. ~ de provision (領事の任命書である)委任状;〖軍〗特殊任務命令書. ~ de rappel 直接税納付催促状. ~s de récréance 召還状(= ~s de rappel). ~ de service (役人に対する)任務指令書. ~ circulaire 回状, 通達. ~ ministérielle 大臣通達. ~ rectificative 予算案の修正書.
4〖古〗~ close (de cachet) (王の)封印状, 〖比喩的〗謎. ~ d'anoblissement (de noblesse) 貴族叙任書. ~ de commission (国王が特別官僚を任命する)特任状. ~ de grâce 赦免状. ~ de jussion (高等法院に勅令の記録を命じる)国王の命令書. ~ de rémission 赦免状, 特赦状. ~ patente 公開状(国王が発する命令の一種)(~ close の対).

II〖文字〗**1** 文字, 字体. ~ cursive 筆記体. ~ double 二重文字(mm, tt など). ~ gothique ゴシック文字. ~ initiale (名前の)頭文字. ~ italique イタリック体. ~ majuscule 大文字. ~ minuscule 小文字. ~ ornée 装飾文字.
en toutes ~s 省略せずに, (特に数を)数字でなく文字で;誰の目にも明らかに. s'écrire (être écrit, graver) en ~s d'or 特記される, 銘記される. s'écrire (être écrit) en ~s de sang 血塗られている, 凄惨を極める. s'inscrire en ~s de feu 強く心に焼きつく. le mot de cinq ~s (=les cinq ~s) クソったれ (merde というかわり). le mot de trois ~s バカ(con というかわり).
2〖印刷〗活字.
3 字音. ~ muette 黙字.

III〖字義, 文面〗**1** 字義. la ~ et l'esprit 字面とその奥にある本意, 形態と本質. Ce projet est conforme à la ~ du règlement mais non à son esprit. この案は規則の文面には合致しているが, その精神とは隔たる. La ~ tue mais l'esprit vivifie. 文字は人を殺し, 霊は人を生かす(聖書). à la ~ ; au pied de la ~ 字義通りに, 厳密に, 真正直に.
2 文章, 本文(~ morte (死文, 空文, 役に立たないもの) という言い回しでのみ現用).
3 銘, (版画の下に入れる)題辞. avant la ~ 題辞を入れる前の, 不完全な;先駆的な, 予言的な.

IV〖pl. で〗〖文学, 文芸, 文科;文学的教養, 教養〗~s classiques 古典語, 古典文学(主としてギリシア, ローマ文学). ~s modernes 現代語, 現代文学. ~s supérieures 高等専門大学校文科系準備課程第 2 学年. 〔Ordre des〕Arts et L~s 文芸勲章(1957 年に創設. 文学, 芸術の分野で創造, 普及に功績のあった人に授与される勲章で, 下から chevalier, officier, commandeur の 3 段階がある). belles ~s 文芸, 文学. Académie des inscriptions et des belles-~s 碑銘・文芸アカデミー. faculté des ~s 文学部. hommes de ~s 文学者. licence ès ~s 文学士. Société des gens de ~s 文芸家協会.

lettrine *n.f.*〖印刷〗**1** (辞典各頁欄上の)頭見出し, 柱.
2 (章・段落の冒頭の)大文字;装飾頭文字.
3〖古〗(注を示す)肩つき小文字.

leucémie *n.f.*〖医〗白血病. ~ lymphoïde リンパ性白血病(T 細胞白血病). ~ myéloïde chronique 慢性骨髄性白血病.

leucémique *a.*〖医〗白血病の, 白血病性の. rétinopathie ~ 白血病性網膜症. ──*n.* 白血病患者.

leucine *n.f.*〖生化〗ロイシン. ~ aminopeptidase ロイシンアミノペプチダーゼ(略記 LAP). ~ peptidase ロイシンペプチダーゼ.

leucite *n.f.*〖鉱〗白榴(はくりゅう)石(アルミニウムとカリウムの珪酸塩).

leuco- [løko]〖ギ〗ELEM「白」の意(*ex. leuco*cyte 白血球).

leucoblaste *n.m.*〖生理〗(血液中の)白芽球.

leucocorie *n.f.*〖医〗白色瞳孔〔症〕. ~ inflammatoire 炎症性白色瞳孔.

leucocytaire *a.*〖生理〗白血球の, 白血球に関する.

leucocyte *n.m.*〖生理〗白血球(=globule blanc). ~s mononucléaires 単核白血球. ~s polynucléaires 多形核白血球.

leucocytose *n.f.*〖医〗(血清中の)白血球数.

leucoderme *a.*〖医〗(皮膚の)白斑症の. ──*n.* 皮膚白斑症患者.

leucodermie *n.f.*〖医〗皮膚白斑症, 白斑. ~ sénile 老人性皮膚白斑症.

leucodystrophie *n.f.*〖医〗白質ジストロフィー《遺伝性の髄鞘形成障害性疾患》.

leuco-encéphalite *n.f.*〖医〗血質脳炎.

leucokératose *n.f.*〖医〗白色角化症;白板症.

leucome *n.m.* **1**〖医〗角膜白斑(= ~ cornéen). **2**〖昆虫〗やなぎ毒蛾.

leucomycine *n.f.*〖薬〗ロイコマイシン, キタサマイシン(=kitasamycine)《マクロライド系抗生物質》.

leuconychite *n.f.*〖医〗爪白斑症.
leucopénie *n.f.*〖医〗白血球減少症.
leucoplasie *n.f.*〖医〗白斑(板)症. ~ à la vessie 膀胱白斑症. ~ buccale 口腔白板症. ~ laryngée 喉頭白斑(板)症.

leucopoïèse *n.f.* 〖生理〗白血球生成.
▶ leucopoïétique *a.*

leucorrhée *n.f.* 〖医〗白色帯下(たいげ), 白帯下(=pertes blanches); こしけ.

leucose *n.f.* **1** 〖医〗白血球症(=leucémie). **2** 〖獣医〗ロイコーゼ(家畜の白血病); (特に) 鶏白血病.

leucotaxine *n.f.* 〖生化〗ロイコタキシン(蛋白分解物質).

leucotomie *n.f.* 〖精神外科〗白質切断術, 白質ロボトミー; ロボトミー(lobotomie). ~ préfrontale 前頭葉白質ロボトミー.

leucotriène *n.m.* 〖生化〗ロイコトリエン(プロスタグランジン類の一種).

leuproréline *n.f.* 〖薬〗リュープロレリン(抗癌剤; 薬剤製品名 Enantone LP (*n.f.*)など).

leurre *n.m.* **1** 〖狩猟〗(鷹狩用の鷹を仕込むための) 囮(おとり)(鳥の形をした赤革).
2 〖釣〗ルアー, 擬餌鈎(=~ artificiel). pêche au ~ ルアー釣り.
3 〖軍〗(敵の探知装置を妨害するための) 囮, デコイ(=[英] decoy). ~s actifs 能動的デコイ《レーダー波を増幅して探知装置を攪乱する》. ~s passifs 受動的デコイ《レーダー波を反射攪乱する》.
4 〔比喩的〕まやかし, 罠(わな). Cette promesse n'est qu'un ~. この約束はまやかしだ.

levain *n.m.* **1** 酵母. ~-levure イースト酵母. pain au ~ 酵母パン. pain sans ~ 無酵母パン.
2 パン種.
3 〖文〗原因. ~ de discorde 不和の種.

levant[1](**e**) *a.* 昇る. soleil ~ 朝日. au soleil ~ 夜明けに. l'empire du Soleil ~ 日本帝国.

levant[2] *n.m.* **1** 東(l'est), 東方(l'orient). maison exposée au ~ 東向きの家屋. du ~ au couchant 東から西まで, あまねく.
2 〔古〕(地中海の) 東部沿岸地域; レバント地方.

levé(e)[1] *a.p.* **1** 上にあげた, 持ち上げた. voter à mains ~es 挙手で表決する. au pied ~ 出しぬけに, 不意に. front ~; tête ~e 敢然と.
2 立った; 立てられた. être ~ 立っている; 起床している. pierre ~e 立石, メンヒル(=menhir).

levé[2] *n.m.* **1** 測量, 実測, 探査; 測量図. ~ par triangulation 三角測量. ~ aérora-diométrique 空中放射線探査.
2 起立. voter par assis et par ~ 起立で表決する.
3 〖音楽〗上拍(frappé 「下拍」の対), アップビート.

levée[2] *n.f.* **1** 取りのけ, 取り外し. ~ du corps 出棺〔式〕. ~ des scellés 封印の取り外し, 開封.

2 解除, 解消, 廃止, 取り消し; 閉会. ~ d'audience 閉廷. ~ d'un blocus 封鎖の解除. 〖精神分析〗~ des défenses 防衛解除. ~ des obstacles 障害の除去. ~ d'une punition 処罰の解除. ~ de séance 閉会. ~ des scellés 封印の開封.
3 収集; 徴収; (特に) 郵便物の収集(=~ des lettres); 収集された郵便物. ~ taxe 税の徴収, 徴税. La dernière ~ est à 17 heures. 郵便物の最終収集は午後5時です.
4 〖軍〗(兵士の)徴募; (部隊の) 動員. ~ de troupes 部隊の動員. ~ en masse 総動員.
5 〖法律〗~ de jugement (原本を写した) 判決正本の交付.
6 〖商業〗~ d'option オプションの行使.
7 〖トランプ〗(勝者による) 札の収集; 集めた札(=pli).
8 〖土木〗盛り土(=~ de terre); 堤防. 〖地層〗~ alluviale 沖積土性自然堤防.
9 〔古〕持ち上げること. 〖古代ローマ〗~ de boucliers (兵士による) 楯のかざし上げ(将軍に対する抗議の意志表示); 〔比喩的〕一斉の強い反対.

lève-glace(*pl.* **~-~s**) *n.m.* (自動車などの) ドア・ガラス開閉装置(=lève-vitre).

lever *n.m.* **1** 〖天文〗(天体の) 出, 出現. ~ du jour (de l'aurore) 夜明け. ~ du soleil (de la lune) 日(月)の出.
2 起床; 〖仏史〗(国王の) 起床の儀式. le grand (petit) ~ du roi 国王の大(小)起床の儀式. au ~ (à son ~) 起床するとき; 起き抜けに. Ici, le ~ a lieu à six heures. ここでは起床は6時です.
3 ~ du rideau 開幕. ~ de rideau 幕開けに上演される小品; (ボクシングなどの) 前座試合.
4 測量, 実測, 探査.
5 解除.

levier *n.m.* **1** 〖工具〗てこ, 金てこ, 槓杆(こうかん). ~ du premier (deuxième) genre 第1(2)次槓杆. faire ~ sur …をてこにする. prendre une barre comme ~ 棒をてこに用いる.
2 〖機械〗レバー. ~ à main 手動レバー. ~ à pied 足踏レバー(ペダル). 〖鉄道〗~ d'aiguille 転轍器の転換レバー. ~ de [changement de] vitesse (自動車の) 変速(シフト)レバー. ~ de commande (飛行機などの) 操縦桿; 調整レバー. ~ de frein ブレーキ・レバー. 〔比喩的〕être aux ~s de commande 指導的地位にある.
3 〔比喩的〕てこ; てこ入れ; 原動力. L'ambition est un ~ puissant. 野心こそ強力な原動力である. effet de ~ てこ入れ効果. rachat par opération de ~ レバレッジ・バイアウト(借入金による企業買収(=rachat par endettement); =[英] leveraged buyout).

lévitique *a.* レビ(Lévi) 族の.
— *L*~ *n.m.* (旧約聖書の) 『レビ記』《モー

セ五書の第三の書).

lévo-alpha-acétyméthadol *n. m.* 〖化〗左旋性アルファ・アセチメタドール (代用麻薬；略記 LAAM).

lévocardie *n.f.* 〖医〗左胸心, 左方心, 左心症. ~ isolée 単独左胸心.

lévonorgestrel *n.m.* 〖薬〗レボノルゲストレル (合成黄体ホルモン；経口避妊薬；薬剤製品名 Trinordiol (*n.m.*) など).

lévothyroxine *n.f.* 〖薬〗レボチロキシン. ~ sodique レボチロキシン・ナトリウム (甲状腺ホルモン製剤；薬剤製品名 Lévothyrox (*n.m.*) など).

lèvre *n.f.* Ⅰ 〖解剖〗**1** 口唇, 唇；口辺. ~ inférieure (supérieure) 下唇 (上唇). ~s bien dessinées くっきりした唇. ~s charnues (épaisses) 厚い唇. ~s fines (minces) 薄い唇. ~s ironiques 皮肉な口元. ~s sèches (desséchées) 乾いた (かさかさの) 唇. ~s sensuelles 官能的な唇.
angle (coin) des ~s 口角. crème pour les ~s リップクリーム. rouge à ~ 口紅.
se mettre du rouge aux (sur les) ~s 唇にルージュを塗る. avoir le sourire aux ~s 口元に笑みを浮かべている. embrasser sur les ~s 唇にキスする. parler la cigarette aux ~s くわえ煙草で話す. porter à ses ~s un verre 口元にグラスをもっていく. se lécher les ~s 舌なめずりする.
2 〖成句〗avoir le cœur au bord des ~s 吐き気を催している. avoir le mot sur les (sur le bord des) ~s 言葉が喉元まで出かかっている. du bout des ~s 口先だけで；心ならずも. manger du bout des ~s いやいや食べる. rire (répondre) du bout des ~s 作り笑い (気のない返事) をする. dire des ~s 口先だけで言う.
〔諺〕Il y a loin de la coupe aux ~s. (盃から唇までは遠い→) 好事魔多し.
Ⅱ (唇状のもの) **1** 〔*pl.* で〕〖医〗~s d'une plaie 傷の縁, 傷口. rapprocher les ~s d'une plaie 傷口を縫う.
2 〔*pl.* で〕〖解剖〗陰唇 (= ~s de la vulve). grandes ~s 大陰唇. petites ~s 小陰唇.
3 〖植〗唇弁；〖貝〗(巻貝の) 内唇, 外唇.
4 〖音楽〗(パイプオルガンの) ストップの歌口.
5 〖地形〗(断層, 鉱脈の) 盤. ~ soulevée d'une faille 断層の持ち上り盤.
6 (壷の) 口の縁.
7 〖機工〗~ d'un joint ジョイントの圧延端部.

lévulose *n.m.* 〖化〗レブロース, 左旋性フルクトース, 左旋性果糖.

levure *n.f.* **1** 酵母, イースト (=levée). ~ de boulanger パン〔屋〕酵母, ビール酵母 (= ~ de bière). ~ de vin 葡萄酒醸造用酵母.
2 ~ chimique 化学酵母 (=poudre à lever, poudre levante, ~ alsacienne), ベーキングパウダー (= 〔英〕baking powder).

levurerie *n.f.* 酵母製造所, イースト製造所.

lexème *n.m.* 〖言語〗語彙素 (語彙の言語学的研究における基本単位).

lexical (**ale**) (*pl.* **aux**) *a.* **1** 〖言語〗語彙の, 語彙的 (grammatical「文法的」の対)；使用語彙の. 〖電算〗analyse ~ale 語彙 (字句) 解析. champ ~ 語彙場. compétence ~ale 語彙力. morphème ~ 語彙形態素. mot ~ 語彙的語. statistique ~ale 語彙統計. unité ~ale 語彙単位.
2 辞書〔編集〕の.

lexicographie *n.f.* 辞書〔編纂〕学.
▶ **lexicographique** *a.*

lexicologie *n.f.* 〖言語〗語彙学, 語彙論.
▶ **lexicologique** *a.*

lexie *n.f.* **1** 〖言語〗語彙単位. **2** 〖記号学〗テクスト単位.

lexique *n.m.* **1** 〖言語〗語彙；用語. ~ français actuel 現代フランス語の語彙. description du ~ dans les dictionnaires 辞書での語彙説明. étude du ~ 語彙学 (=lexicologie).
2 (作家・政治家などの) 使用語彙〔集〕. ~ de Rabelais ラブレーの使用語彙.
3 (科学・技術など特定分野の) 専門用語集, 用語辞典. ~ de la musique 音楽用語辞典.
4 2 カ国語対照小辞典. ~ français-anglais à l'usage des touristes 旅行者向け仏英小辞典.
5 〔古〕辞書 (=dictionnaire).

lézard *n.m.* **1** 〖動〗とかげ. grand ~ d'Amérique アメリカ大とかげ. 〔比喩的〕être paresseux comme un ~ 怠惰である. 〔比喩的〕〔話〕faire le ~ 日向ぼっこをする；うつらうつらする. 〔比喩的〕vivre en ~ のらくら暮す.
2 とかげの皮革. sac à main ~ とかげ革のハンドバッグ.
3 〖天文〗le L~ とかげ座.

LFFB (=Laboratoire français du fractionnement et des biotechnologie) *n.m.* フランス血漿分留バイオテクノロジー研究所 (1993 年設立の血漿分留中央センター).

LFSS (=loi de financement de la sécurité sociale) *n.f.* 社会保障制度の財政に関する法律.

LGV (=ligne à grande vitesse) *n.f.* 〖鉄道〗高速鉄道路線. la ~ Provence-Alpes-Côte d'Azur プロヴァンス=アルプ=コート・ダジュール高速鉄道路線. tracé de la ~ entre Marseille et Nice マルセイユとニースを結ぶ高速鉄道のコース選定.

LH (= 〔英〕luteinizing hormone) *n.f.* 〖生理〗黄体形成ホルモン (= 〔仏〕hormone lutéinisante).

LHC (= 〔英〕Large Hadron Collider) *n. m.* 〖物理〗大型衝突型ハドロン加速器 (= grand collisionneur d'hadrons；フランス

LH-RH (=〔英〕*luteinizing hormone-releasing hormone*) *n.f.*〚生化〛黄体形成ホルモン放出ホルモン(=〔仏〕hormone hypothalamique de la libération de l'hormone lutéinisante).

LHVP (=*L*aboratoire *h*ygiène de la *V*ille de *P*aris) *n.m.* パリ市衛生研究所.

liaison *n.f.* Ⅰ (連結, 関連付け, 関係, 結びつき) **1** (物, 思考などの)結びつき, 関連付け, 論理的な一貫性, 脈絡. Les grands problèmes de politique intérieure sont souvent à considérer en 〜 avec l'actualité internationale. 内政面の主要な問題はしばしば国際情勢との関連で考えるべきである.〚行政〛〜 du contentieux 争点存在〔の原則〕.〚言語〛mot de 〜 連結語《接続詞, 前置詞およびある種の副詞》.

2〚料理〛ソースのとろみ, つなぎ；ソースのつなぎを作ること.

3〚建築〛整石積み, モルタル, 目地. 〜 à sec 空目地積み.

4〚冶〛接合用合金, はんだ.

5〚言語〛リエゾン, 連音. La 〜 ne se fait jamais devant les mots commençant par un "h" aspiré. 有音の h で始まる語の前ではリエゾンはしない.

6 a)〚化〛結合. 〜 acétylénique アセチレン結合, 三重結合(=〜 tripe). 〜 éthylénique エチレン結合, 二重結合(=〜 double). 〜 convalente 等価結合. **b)**〚力学〛束縛.

7〚音楽〛タイ(=〜 de durée, 〜 de prolongation), スラー(=〜 d'accentuation, 〜 de phrase).

Ⅱ (人の関係, 交際, 連絡) **1 a)** 対人関係, 交際. 〜 d'affaires (d'amitié, d'intérêt) 仕事上の(友情の, 利害に基づいた) 関係.

b)〚多く *pl.*〛悪い関係. 〜 douteuses (suspectes) いかがわしい連中との関係.《Les 〜s dangereuses》『危険な関係』《Laclos の小説の題》.

2 肉体関係, 愛人関係. 〜 amoureuse 愛人関係, 情事.

3 連絡, 連絡係り, 窓口. officier de 〜 連絡将校. travailler en 〜 étroite avec *qn* 人と密接に連絡しながら仕事をする.

4 (交通, 通信の) 連絡, 便, 連絡手段. 〜s ferroviaires (maritimes) 鉄道 (航路) による連絡手段. 〜s téléphoniques 電話連絡.

Lianyungang〔中国〕*n.pr.* 連雲港(れんうんこう), リェンユンカン《江蘇省の港湾都市；旧称 Xinhailian 新海連, Donghai 東海》.

Liaodong, Liaotung〔中国〕*n.pr.* 遼東(りょうとう), リャオトン《遼寧省の遼河の東に位置する半島》.

Liaoning (le)〔中国〕*n.pr.m.* 遼寧(りょうねい)省, リャオニン省《省都 Shenyang 瀋陽, シェンヤン(旧称 Moukden 奉天)》.

Liaoyang〔中国〕*n.pr.* 遼陽(りょうよう), リャオヤン《遼寧省中部の都市》.

Liaoyuan〔中国〕*n.pr.* 遼源(りょうげん), リャオユエン《吉林省南西部の工業都市・石炭生産地》.

Liban (le) *n.m.*〔国名通称〕レバノン《公式名称：la République libanaise, République du L〜 レバノン共和国；国民：Libanais(e)；首都：Beyrouth ベイルート；通貨：livre libanaise [LBP]》.

libanais(e) *a.* レバノン (le Liban) の, レバノン共和国 (la République libanaise) の；〜人の. livre 〜 レバノン・ポンド《通貨単位》.

——*L*〜 *n.* レバノン人.

libanisation *n.f.*〚政治〛レバノン化《異なる民族・宗教間の対立による内戦化現象》.

Libé (=*Libé*ration) *n.pr.f.* リベラシオン紙《フランスの朝刊新聞名》.

libeccio [libɛtʃjo]〔伊〕*n.m.*〚気象〛リベッチオ《コルス (コルシカ) 島, イタリアなどで吹く西または南西の強風》.

libelle *n.m.* 誹謗(中傷)文書. répandre des 〜s contre *qn* (人に対する)誹謗文書をばらまく.

libellé *n.m.*〚法律〛**1** (公文書の)文面, 書式. 〜 d'un accord 合意の文面. 〜 d'un jugement 判決の文面. modèle de 〜 公文書の書式(=formule).

2 補充, 記入. 〜 d'un chèque 小切手への記入《金額や受取人の指定など》.

3〚情報〛アルファベット順のデータの明示.

——*a.* 書式に則って作成された；〚金融〛…建て. emprunt 〜 en francs フラン建て債.

libeller *v.t.* **1** (公文書などの) 文面を作製する；書式にのっとって書く. 〜 un accord (un contrat) 合意文書 (契約文書) を作製する.

2 (白地部分のある書面に) 補充する, 記入する. 〜 un chèque 小切手に (金額や受取人などを) 記入する.

3 文書 (書面) にする. 〜 une demande (une réclamation) 要求 (権利の要求) を文書化する.

libérable *a.* **1** 釈放されるべき, 釈放予定の. prisonnier 〜 釈放可能の囚人.

2〚軍〛除隊になるべき；除隊予定の. militaire 〜 除隊予定軍人.

3〚軍〛除隊前の. congé (permission) 〜 除隊前帰休.

——*n.*〚軍〛除隊可能 (予定) 者.

libér*al* (*ale*) (*pl.* ***aux***) *a.* **1**〚政治・経済〛自由主義の；自由主義的な. démocratie 〜ale 自由民主主義. économie 〜ale 自由主義経済. idées 〜ales 自由主義的思想. parti 〜 自由党. parti 〜-démocrate du Japon 日本の自由民主党《略記 PLD》. régime 〜 自由主義体制.

2 寛容な, 寛大な, 規則 (規範) にとらわれ

ない, 自由を認める. éducation ~ale 自由教育. père ~ 寛容な(物わかりのよい)父親.
3〖法律〗恵与(贈与・遺贈)(=libéralité)に関する. intention ~ale 恵与の意図.
4 (職業が)自由な. profession ~ale 自由業(医師・弁護士・建築家など).
5〖中世〗自由人にふさわしい, 一般教養の. arts ~aux (中世の大学の)自由七学芸, リベラル・アーツ, 自由科目〔trivium「前期3学科」(文法学・修辞学・弁証学)と quadrivium「後期4学科」(算術・幾何学・天文学・音楽)〕; 教養学.
——n. **1** 自由主義者. les ~aux et les conservateurs 自由主義者と保守主義者.
2 自由党員.

libéralisation n.f. 自由化, 規制撤廃. ~ des capitaux 資本の自由化. ~ des échanges internationaux 国際貿易の自由化. ~ du régime de la presse 報道の自由化.

libéralisme n.m. **1** 自由主義, リベラリズム.
2 〖経済〗自由主義〔経済〕. ~ économique 自由経済体制.
3 自由思想.
4 寛容; 心のひろさ. ~ d'un directeur 部長の心のひろさ. ~ d'un règlement 規則の寛容さ.

libéralité n.f. **1** 気前の良さ, 鷹揚. ~ envers (à l'égard de) qn (人)に対する鷹揚さ. avec ~ 気前よく, 鷹揚に.
2 施し;〖法律〗恵与, 無償給付, 贈与. ~ à cause de mort 死亡を原因とする恵与. ~ entre vifs 生存者間の恵与. faire une ~ à qn (人に)施し物をする.

libérateur(**trice**) a. **1** 解放する, 救う. guerre ~trice 解放戦争. 〖キリスト教〗sacrement ~ 救済の秘蹟.
2 〖理〗解き放つ. réactions ~trices d'énergie エネルギーの解放反応.
3 緊張を解きほぐす. rire ~ 人の心をほぐす笑い.
——n. 解放者; 救い主. ~ des opprimés 抑圧された人びとの解放者. Jeanne d'Arc, ~trice de la France フランスの解放者ジャンヌ・ダルク. Jésus-Christ, ~ du genre humain 人類の救い主イエス=キリスト.

libération n.f. **1** 解放; 釈放. la L~ (第二次世界大戦時の)フランスの対独解放. Ordre (croix) de la L~ 解放勲章(1940年に制定され対独戦争に功績のあった個人・団体に1946年まで授与された). Front de ~ de la Bretagne (FLB) ブルターニュ解放戦線. Front de ~ nationale (FLN) (アルジェリアの)民族解放戦線. Front national de ~ (FNL) (南ヴェトナムの)解放民族戦線. Mouvement de ~ des femmes (MLF) 女性解放運動(1968年に結成された代表的な女性運動組織の一つ). obtenir la ~ des otages contre le paiement d'une rançon 身代金を払って人質の解放に成功する.
2 〖法律〗(受刑者の)釈放. ~ conditionnelle 仮釈放, 仮出所.
3 自由化, 規制撤廃. ~ du capital (des mouvements des capitaux) 資本自由化(libéralisation もほぼ同義. ただし libération の方が全面的な自由化を意味する場合が多いのに対して, libéralisation は規制緩和のニュアンスが強い). ~ de l'importation 輸入自由化. ~ des échanges 貿易自由化. ~ des prix 価格の自由化.
4 債務からの解放, 弁済, 払込み, 免責, 債務免除. ~ d'une action (du capital) 株式の払込み. mode de ~ 債務消滅原因.
5 (徴兵された者の)除隊.
6 (物質, エネルギーなどの)放出, 解放, 発生. 〖宇宙〗vitesse de ~ 脱出速度, 第二宇宙速度.

libératoire a. 〖法律・財政〗(債務などを)消滅させる, (債務から)解放する. 〖商業〗pénalité ~ 不渡小切手振出犯則金.

libéré(e) a.p. **1** 釈放された; 除隊した. détenu ~ 釈放された拘留者(留置人).
2 除隊した.
3 占領状態から解放された. territoire ~ 占領状態から解放された領土.
4 解放された, 自由になった. femme ~e 解放された女性. otage ~ 解放された人質.
5 (de ~) 免除された. jeune homme ~ des obligations militaires 兵役義務を免除された青年. être ~ d'une dette 債務を免れる.
6 〖経済〗自由化された. échanges économiques ~es 自由化された通商.
7 〖生理・理〗放出された. gaz carbonique ~ par une réaction chimique 化学反応によリ放出された炭酸ガス. hormones ~es par les glandes endocrines 内分泌腺から分泌されるホルモン.
——n. **1** 釈放者. **2** 除隊兵.

Liberia (le) n.pr.m. 〖国名通称〗リベリア(公式名称:la République du L~ リベリア共和国; 国民:Libérien (ne); 首都: Monrovia モンロヴィア; 通貨:dollar libérien 〔LRD〕).

libérien(ne) a. リベリア(le Libéria)の, リベリア共和国(la République du Libéria)の; ~人の. dollar ~ リベリア・ドル《通貨単位》.
——L~ n. リベリア人.

libérine n.f. 〖生化・医〗リベリーヌ, 放出因子(= 〔英〕releasing factor), 放出ホルモン(= 〔英〕releasing hormone), 視床下部放出因子(= 〔英〕hypothalamic releasing factor)《視床下部から分泌され, 下垂体を刺激してホルモンを放出させるホルモンの一群》.

libériste n. ハンググライダーで飛ぶ人.
libéro 〔伊〕n.m. 〖スポーツ〗リベロ《サッカー選手のポジション名》.

libertaire *a.* 絶対自由主義の, 無政府主義の, アナーキストの.
——*n.* 絶対自由主義者, 無政府主義者, アナーキスト. Le L~ ル・リベルテール《1895年, Sébastien Faure が創刊したアナーキスト運動の週刊誌》.

liberté *n.f.* **1** 自由, 権利, 人権, 無拘束. ~, égalité, fraternité 自由, 平等, 友愛《フランス大革命の標語で, その後の共和政においても標語となっている》. ~ civile 市民的自由. ~ individuelle 個人の自由. ~ politique 政治的自由.
~s publiques 基本的人権《個人の権利である ~ d'aller et venir 往来の自由, ~ d'association 結社の自由, ~ de conscience 信条の自由, ~ de la presse 言論・出版の自由, ~ de la propriété 所有の自由, ~ de religion (religieuse) 宗教の自由 (~ du culte も同じ), ~ de réunion 集会の自由, ~ de vote 投票の自由, ~ d'opinion 思想の自由, ~ du commerce (des échanges) 取引の自由, ~ du domicile 居住の自由, をはじめ政治的自由としての, そして経済・社会的権利である ~ du travail 労働の自由, ~ syndicale 組合活動の自由, droit à l'instruction 教育を受ける権利, droit à la santé 健康に暮らす権利, droit au travail 働く権利などを含む》. ~ d'appréciation 裁量権限. ~ de grève ストライキの自由. ~ de la vie privée 私生活の自由, プライヴァシー. ~ des mers 公海の自由.
〖哲・心〗~ morale 道徳的自由, 意思の自由. 〖哲〗~ transcendantale 超越論的自由. arbre de la ~ 自由の木《1789, 1830, 1848 年の革命に際して, 自由の象徴として各都市の広場に植えられた》. la 〔statue de la〕~ 自由の女神像.
2 自由な身分. ~ conditionnelle 保護観察, パロール (= ~ sur parole). ~ provisoire 保釈. ~ sous caution 保釈. ~ surveillée (未成年を対象とする) 保護観察, プロベーション (probation). mise en ~ 釈放, 保釈. reprendre sa ~ (身分を拘束するような) 契約を破棄する, (政党, 団体などから) 脱退する. un chien en ~ 繋がれていない犬.
3 自由, 自由気まま, 自由な時間, 暇. ~ d'esprit 何物にも囚われない考え方, 精神の自由闊達さ. ~ de langage 自由な言葉遣い, 言い回しの率直さ. ~ de mouvement 行動の自由. moment de ~ 暇な時間. agir en toute (pleine) ~ 何の拘束もなく行動する. avoir toute ~ pour+*inf.* …を意のままに出来る. prendre la ~ de+*inf.* 遠慮なく…する. Je prends la ~ de vous adresser la présente. 突然ですが本状を差し上げます.
4 奔放, 無遠慮. ~ d'allure 奔放な態度. ~ de mœurs 風紀紊乱, 素行不良. prendre des ~s avec *qn* …に対して無遠慮な態度をとる. prendre des ~s avec un texte 原文を勝手に解釈 (利用) する.

5 〖物理・化〗自由〔度〕.

libido [ラ] *n.f.* **1** 〖精神分析〗リビドー (Freud, Jung の用語；性的欲動の根底にあるエネルギー). ~ du moi 自我リビドー (= ~ narcissique). ~ d'objet 対象リビドー.
2 性欲.

Libournais *n.pr.m.* le ~ リブールネ〔地区〕《Libourne を中心とした地区；葡萄酒生産地：Saint-Emilion, Pomerol, Fronsac, Canon-Fronsac などの葡萄畑が含まれる》.

libournais *n.m.* 〖葡萄酒〗リブールネ《Libourne 周辺地区で生産される赤葡萄酒；AOC ではない》.

Libourne *n.pr.* リブールヌ《département de la Gironde ジロンド県の郡庁所在地；市町村コード 33500；河川港と葡萄酒取引の町；形容詞 libournais (*e*)》.

libraire *n.* 書籍販売業者, 書籍商, 本屋 (人). ~-éditeur 書籍出版兼販売業者. imprimeur-~ 印刷兼書籍出版兼販売業者. remise aux ~s 書籍販売業者に対する手数料. Prix des ~s 書籍商組合文学賞《la Chambre syndicale des ~s de France フランス書籍商組合会議所が 1955 年に創設》.

libraire-éditeur (*pl.*~s-~s) *n.m.* 書籍出版・販売業者.

librairie *n.f.* **1** 書店, 本屋. ~ de gare 駅の書店. ~ d'œuvres d'art 美術書専門店. ~-papeterie 書店兼文具店.
2 書籍販売業. L~ Arthème Fayard アルテーム・ファイヤール書店. ~-éditions 書籍販売業兼出版社. syndicat de la ~ 書籍販売業組合.
3 〖電算〗ライブラリー《システム側のプログラムの集合体》.
4 〔古〕書庫, 書斎 (=bibliothèque)；蔵書. ~ de Montaigne モンテーニュの書斎.

librairie-papeterie (*pl.*~s-~s) *n.f.* 書店兼文具店.

libre *a.* 〔Ⅰ〕《人間, 人の集団, 人間の行為などについて》**1** 自由な, 束縛されていない, 拘束されていない. ~ arbitre 自由意志, 自由的選択. ~ choix 自由選択. ~ examen 自由思想. ~ penseur 自由思想家. auditeur (étudiant)~ (自由) 聴講生. école ~ (特にカトリックの) 私立学校. enseignemet ~ 私学教育. homme ~ (奴隷でない) 自由人. médicament en vente ~ 一般市販薬. monde ~ (共産主義陣営に対する) 自由世界. pays ~ 自由世界に属する国, 独立国. propriété ~ 十全な所有権. travailleur ~ (主従関係でない) 自由労働者. université ~ 自由大学；私立大学. 〖史〗ville ~ (封建時代の) 自由都市.
être ~ de+*inf.* (*qch*) 自由に…することができる. être ~ de ses mouvements 身体の動きに制約を受けない, 行動が自由である. sortir ~ du tribunal 無罪の判決を受ける. Les hommes naissent et demeurent ~s et

égaux en droits. 人は、自由、かつ、権利において平等なものとして出生し、かつ、存在する《1789年の『人および市民の権利の宣言』》. La création de zones ~s des armes de destruction massive devrait contribuer à réduire la tension internationale. 大量破壊兵器のない地域を作ることは、国際緊張の緩和に役立つはずだ. Plus l'affaire est compliquée, plus les enquêteurs doivent garder l'esprit ~ de tout préjugé. 事件が複雑であればあるほど、捜査官は予断を持たないようにしなければならない.
2 暇がある、時間に縛られない；未婚の；特定の人と付き合っていない. temps ~ 余暇、自由時間. union ~ (結婚によらない)自由結合. Etes-vous ~ ce soir ? 今夜はお暇ですか.
3 打ち解けた、なれなれしい、くだけた、無遠慮な、慎みに欠けた、卑猥な. illustration trop ~ あまりに大胆な挿絵. être ~ avec qn …に対して無遠慮に振舞う.
4 形式にとらわれない. amour ~ 自由恋愛. conversation ~ (特別な話題のない)自由な会話. discussion ~ 自由討論. traduction ~ 意訳. union ~ 内縁関係、同棲. donner ~ cours à sa colère 怒りを爆発させる.
5 特定の器具、用具を用いない. escalade ~ フリークライミング. figure ~ (フィギャスケートの)自由演技. フリー. vol ~ ハンググライダーによる飛行.
Ⅱ (ものについて) **1** 規制をうけない、禁止されていない. accès ~ 出入り自由. entrée ~ 入場自由、入場無料. honoraire ~ 自由報酬. marché ~ 自由市場. prix ~s 自由価格. vente ~ 自由売買.
2 (物理的な)拘束のない、(部品などに)連動していない. à l'air ~ 屋外で、野外で. ballon ~ 自由気球. chute ~ (物体の)自由落下、歯止めのない下落. 〖機械〗roue ~ フリーホイール. Le dollar est en chute ~ sur les marchés des changes. 為替市場でドルは大きく下落している.
3 空いている、使用されていない、占有者がいない. avoir le champ (les mains) ~(s) 自由に行動できる. Avez-vous une chambre ~ ce soir ? (ホテルで)今晩空いている部屋がありますか. Est-ce que cette place est ~ ? (劇場、公共交通機関などで)この席は空いていますか. Taxi, vous êtes ~ ? (タクシーの運転手に)空車ですか. La voie est ~ (前へ進むために)邪魔者(障害物)がない.
4 空白の. papier ~ 白紙 (papier timbré の対).
5 締め付けられていない. cheveux ~s 束ねていない髪.

libre-échange (pl. ~s-~s) n.m. 自由貿易 (protectionnisme「保護貿易」の対). zone de ~ 自由貿易圏、自由貿易地域.

libre-échangisme n.m. 自由貿易主義(体制) (protectionnisme「保護貿易主義(体制)」の対).

libre-échangiste n. 自由貿易主義者.
――a. 自由貿易の. politique ~ 自由貿易政策.

libre-service n.m.inv. (または pl. ~s -~s) セルフサービス；セルフサービス店 (=magasin [en] ~. なお、売場面積 120 m² 以下のものは mini-~ という).

Libye (la) n.pr.f. 〖国名通称〗リビア《公式名称：la Grande Jamahiriya arabe libyenne populaire et socialiste大リビア社会主義人民アラブ無産階級国；国民：Libyen(ne)；首都：Tripoli トリポリ；通貨：dinar libyen [LYD]》.

libyen(ne) a. リビア (la Libye) の、大リビア社会主義人民アラブ無産階級国 (la Grande Jamahiriya arabe L~ ne populaire et socialiste) の；~ 人の. dinar ~ リビア・ディナール《通貨単位》.
――L~ n. リビア人.

LICA (=Ligue internationale contre l'antisémitisme) n.f. 国際人種差別反対連盟.

licence n.f. **1** 〖法律〗許可、認可、免許、ライセンス；営業許可；許可書、免許状、鑑札；免許税. ~ conventionnelle 約定による使用許可. ~ de débit de boissons 酒類提供店の営業許可. ~ de dépendance 付帯許可. ~ de fabrication 製造ライセンス. ~ de fabrication sèche 技術供与なしの製造ライセンス. ~ d'importation (d'exportation) 輸入(輸出)ライセンス. ~ de pêche 釣りの鑑札. ~ de plein exercice 全面的行使許可 (=grande ~). ~ de transports routiers 陸運業の営業許可. ~ de vente restreinte 限定的販売ライセンス. ~ obligatoire 強制実施権(許可). droit de ~ 免許税. fabrication sous ~ ライセンス生産.

2 〖学〗学士〔号〕、リサンス《大学の教育課程の第3年次修了資格；Deug 取得後1年で取得しうる》；学士課程. ~ en droit 法学士. ~ ès lettres (ès sciences) 文 (理) 学士. ~ d'enseignement 教諭資格学士号. ~ de mathématiques (d'allemand) 数学 (ドイツ語) の学士号. ~ libre 自由学士資格《自由選択の単位で取得；教諭資格なし》. certificat de ~ 学士号. examen de ~ 学士号取得試験. unités de valeur de ~ 学士号の履修単位.
avoir sa ~ 学士号をもつ. faire sa ~ 学士課程に在学する. passer sa ~ 学士号を取得する. préparer sa ~ 学士号取得を目指す.

3 (スポーツクラブ・協会などの)会員登録証；スポーツ競技参加資格(ライセンス). ~ de ski スキーのライセンス(免許). coureur cycliste titulaire de la ~ 自転車競技参加ライセンス所持者.

4 〖文〗破格、型破り. ~ poétique 詩法上の

licencié(e)[1]

破格許容.
5〔古〕放縦, 過度の自由. ~ des mœurs 風紀紊乱, 素行不良.
6〔古〕自由. avoir toute (pleine)~ de+ inf. …するのに全幅の自由をもつ.

licencié(e)[1] *n.* **1** 学士. ~ de (en) droit 法学士. ~ de (ès) sciences 理学士. ~ ès lettres 文学士.
2〖スポーツ〗スポーツ検定合格選手, 公認選手. boxeur ~ 公認ボクサー.
3〖商業〗(特許または商標の)利用権利者, ライセンシー (= [英] licensee 免許取得者).
―― *a.* 学士号を取得した；学士の称号をもつ. étudiant ~ 学士号をもつ学生.

licencié(e)[2] *a.* 解雇された, 罷免された. employé ~ 解雇された従業員.
―― *n.* 解雇(罷免)された人.

licenciement *n.m.* 解雇《経営悪化などによる解雇；不定期労働契約 contrat de travail à durée indéterminée を結んでいる労働者の雇主による解雇》. ~ collectif 集団解雇. ~ d'ordre économique 経済的理由による解雇. ~ individuel 個別解雇. lettre de ~ 解雇状. préavis de ~ 解雇予告〔期間〕.

licencieux(se) *a.* **1**〔文〕みだらな, 卑猥, 猥褻な, 好色な. chanson ~ 卑猥なシャンソン. parole ~ 猥談.
2 放縦な. homme ~ 無軌道な人間.

Li Changchun [中国] *n.pr.m.* 李長春(り・ちょうしゅん), リー・チャンチュン《2002年中国共産党政治局常務委員；2003年副総理》.

lichen *n.m.* **1**〖植〗地衣. **2**〖医〗苔癬(たいせん). ~ plat 扁平苔癬. ~ scléo-atrophique de la vulve 硬化性萎縮性外陰部苔癬 (=kraurosis de la vulve).

lichénification [like-] *n.f.* 〖医〗(皮膚の)苔癬化(たいせんか).

licitation (<liciter) *n.f.* 〖法律〗換価処分；共同所有物の競売. ~ de gré à gré 合意換価処分. ~ judiciaire 司法手続による換価処分. ~ volontaire 任意換価処分.

licite *a.* 合法的な, 適法の. les drogues ~s et illicites 合法および非合法の麻薬.

LICRA (=Ligue internationale contre le racisme et l'antisémitisme) *n.f.* 人種差別と反ユダヤ主義に反対する国際連盟.

lidar (=[英] light detection and ranging, light radar) *n.m.* ライダー《マイクロ波の代わりにパルスレーザーを用いた電磁気遠隔探査装置》. ~ atmosphérique 大気ライダー. ~ imageur レーザー・ライダー (=[英] laser lidar).

lidocaïne *n.f.* 〖薬〗リドカイン, キシロカイン (xylocaïne)《合成局所麻薬 $C_{14}H_{22}N_2O$》.

lie *n.f.* **1** (葡萄酒などの)澱(おり). ~ de vin 葡萄酒の澱. ~-de-vin 葡萄酒の澱色〈赤紫色〉.

méthode 《sur ~》シュール・リ方式《醸造樽から直接壜詰めにする方式；炭酸ガスが残存するため僅かに発泡性がある》. le muscadet de Sèvres-et-Maine sur ~ ミュスカデ・ド・セーヴル=エ=メーヌ・シュール・リー《シュール・リ方式によるセーヴ=エ=メーヌ地方のミュスカデ種による良質の白葡萄酒》. 〔比喩的〕boire le calice (la coupe) jusqu'à la ~ つぶさに辛酸をなめる.
2〔比喩的〕かす, 屑. ~ du peuple 屑のような人たち.

lié(e) *a.p.* **1** 縛られた；拘束された. individu ~ 拘束された個人. pieds et poings ~s 手足を縛られて；〔比喩的〕自由を全く奪われて. avoir la langue ~e 口を封じられている. avoir les mains ~es 手を縛られている；〔比喩的〕手を出せない状態である, 何もできない状態である. être ~ par une promesse 約束に縛られている.
2 つながった, 連結された；関連づけられた；〖音楽〗スラー(タイ)で結ばれた. affaires étroitement ~es 密接に関連した案件. écriture ~e 続け書き. 〖言語〗formes ~es 連結形 (affixe など). 〖経済〗intérêts ~s des sociétés mère et filiales 親会社と子会社の連結利益. 〖言語〗morphème ~ 連結形態素. passage ~ レガートで演奏される楽句. prêt ~ 関連づけられた貸付. Tout est ~ dans ce projet. この計画ではすべてが関連しsimilarly.
3 (人が)結ばれた. amis ~s de longue date 昔からの友人同志. avoir partie ~e avec *qn* 人とぐるである. être ~ à (avec) *qn* 人と親交がある. être ~ d'amitié 友情で結ばれている. Elles sont très ~es. 彼女たちは大変仲が良い.
4〔数〕vecteur ~ 束縛ベクトル.
5〔料理〕(卵黄・小麦粉などで)とろみをつけた. sauce ~e とろみをつけたソース.

Liechtenstein(le) *n.pr.m.* [国名通称] リヒテンシュタイン《公式名称：la Principauté de L~ リヒテンシュタイン公国；国民：Liechtensteinois(e)；首都：Vaduz ファドゥーツ, 通貨：franc suisse [CHF]》.

liechtensteinois(e) [liʃtɛ(ɛ)nʃtɛnwa, -az] *a.* リヒテンシュタイン (le Liechtenstein) の, リヒテンシュタイン公国 (la Principauté de Liechtenstein) の；~人の.
―― *L~ n.* リヒテンシュタイン人.

liège *n.m.* **1** コルク (=suber). 〖植〗chêne-~ コルク樫. bouchon de ~ コルク栓.
2〖植〗コルク組織.

lien (<lier) *n.m.* ① (つなぐもの) **1** 綱；紐；鎖；繋索. ~ de coton (de soie) 木綿(絹)の紐. ~ de cuir 革紐. ~ de jonc (de paille) 藺の縄(藁縄). ~ d'un chien 犬の繋索(鎖). ~ en viticulture 葡萄栽培用の結束紐 (=accolure). se débarrasser de ses ~s

自分を縛っていた縄をほどく. rompre ses ~s 鎖を断ち切る；〖比喩的〗自由になる.
2 〖医〗止血用縛帯, 緊縛帯；結紮糸(=garrot, ligature)(=~ en chirurgie).
3 〖工〗結合帯, 帯金, バインダー.
4 (ステンドグラス用の)鉛の結合材.
5 〖古〗(囚人を縛る)縄, 鎖.
Ⅱ 〖比喩的〗〖(つながり)〗**1** (事物間の)関連, 関係；脈絡. ~ de cause à effet 因果関係. ~ des idées 思想の脈絡. idées sans ~ 脈絡のない思想. ~ entre l'homme et la nature 人間と自然とのつながり. ~ logique 論理的関連性.
2 〖電算〗コネクション《データ間の et/ou の意味的接続》.
3 (人間間の)絆, つながり；〖法律〗法的関係. ~ conjugal 夫婦の絆. ~s de l'amitié 友情の絆. ~ de famille 家族の絆. ~ de parenté (de parentage) 姻戚関係. 〖法律〗~ d'instance 訴訟関係. 〖法律〗~ double 二重関係《父母を同じくする全血の兄弟姉妹関係》. ~s du sang 血縁〖関係〗, 骨肉の絆. briser un ~ sacré 宗教上のつながりを断つ, 信仰を断つ. contracter (nouer) des ~s 人間関係を結ぶ. couper tous ses ~s avec sa famille 家族と縁を切る.
4 (人の物に対する)愛着, 親近性. ~s entre le paysan et la terre 農民と土地とのつながり. ~s sympathiques avec tout ce qui est beau 美しいものに対する愛着.
5 束縛, 拘束. ~s de l'habitude 慣習の拘束. ~s de tous les jours 日常の束縛. briser (couper) ses ~s 束縛を断つ, 自由になる. s'engager dans les ~s du mariage 結婚生活に縛られる.

LIENS, Liens (=*L*aboratoire d'*i*nformatique de l'*E*cole *n*ormale *s*upérieure) *n. m.* 高等師範学校情報処理研究室.

lieu (*pl.* ~**x**) *n.m.* Ⅰ 〖(場所)〗**1** 場所, 地, 場. ~ dangereux (désert) 危険な(ひと気のない)場所. ~ de débauche 遊興地, 盛り場；悪所(=mauvais ~). ~ d'habitation 居住地. ~ de naissance 出生地. date et ~ de naissance 生年月日と出生地. sans ~ (書籍の)刊行地記載なし(略記 *s.l.*). sans ~ ni date 刊行地・刊行年の記載なし(略記 *s.l.n.d.*). ~ de pèlerinage 巡礼地. ~ de rencontre 待ち合せ場所, 溜り場. ~ de réunion 集会場. ~ de séjour 滞在(逗留)地. ~ de travail 仕事場, 職場. sur le ~ de travail 仕事場(職場)で. ~ public 公共の場所. ~x retirés 辺鄙な(人里離れた)場所. ~x saints de l'Islam イスラムの聖地. ~ sûr 安全な場所. mettre *qch* (*qn*) en ~ sûr 安全な場所に何をしまう(人をかくまう).
haut ~ 〖宗教〗聖丘；(歴史上の)記念すべき場所, 名所；(文化などの)中心地. Saint-Germain-des-Près fut le haut ~ de l'existentialisme. サン＝ジェルマン＝デ＝プレは実存主義の中心地であった. en haut ~ 上層部で. aller se plaindre en haut ~ 上層部に文句を言いに行く. mauvais ~ 悪所. adverbes (compléments, prépositions) de ~ 場所の副詞(補語, 前置詞). nom de ~ 地名. science des noms de ~ 地名学(=toponymie).
dans ce ~ ここで, そこで. En quel ~? どこで？ en tous ~x 至る所で.
indiquer l'heure et le ~ d'un rendez-vous 待ち合わせの時刻と場所を指定する. Les coutumes varient avec les ~x. 所変われば品変る.
2 [*pl.* で] その場, 現場. ~x du crime 犯罪現場. maître de ces ~x この家の主(=maître de céans). usages des ~x 土地の風習. être sur les ~x 現場にいる. quitter les ~x その場を立ち去る. se rendre sur les ~x 現場に赴く.
3 [*pl.* で] 住居, 家屋；不動産物件. aménagement des ~x 住居の改装. état des ~x 家屋の現状〔明細書〕. maintien des ~x 家屋の手入れ. évacuer (vider) les ~x 不動産物件を明渡す.
4 ~x d'aisance 便所(=cabinet de toilette).
5 〖古〗家柄, 社会階層. de haut (de bas) ~ 上流(下層)の. être issu d'un bon ~ 名門の出である.
Ⅱ 〖比喩的表現で〗**1** 然るべき場所(場合)；順番. au ~ de+*ind.* …であるのに. Ils s'amusent au ~ que nous travaillons. われわれは働いているのに, 彼らは遊んでいる. au ~ que+*subj.* …する代りに；…するどころか. Au ~ qu'il me soit reconnaissant, il dit du mal de moi. 私に感謝するどころか, 彼は私の悪口を言っている.
〖法律〗au (en) ~ et place de *qn* 人の代理人として. en premier (dernier) ~ 最初(最後)に. en second ~ 次いで. en temps et ~ 然るべき時然るべき所で. Je vous dirai la vérité en temps et ~. 折を見て本当のことを言いましょう. en son ~ 然るべき所(機会)に；今度は…の順番で.
avoir ~ (行事などが)行われる；(事件などが)起る. L'accident a eu ~ ce matin très tôt. 事故は今朝早く起った. Les Jeux olympiques ont ~ tous les quatre ans. オリンピックは4年毎に行われる. Le mariage aura ~ le dimanche prochain. 結婚式は次の日曜日に挙行される.
tenir ~ de (人・物が)…の代りになる. Sa sœur aînée lui tient ~ de mère. 長姉が彼の母親代りになっている. Ce n'est pas le ~ d'en parler. それを口にする場(場合)ではない.
2 理由, 根拠《以下の成句でのみ用いられ

lieu-dit, lieudit

る〕. avoir ～ de+*inf*. …する理由がある. Il a〔tout〕～ de se plaindre. 彼が不平を言うのは〔至極〕尤もだ. Nous avons ～ de croire que…と信ずる訳がある.
Il y a ～ de+*inf*. …する理由がある, …して当然である. Il n'y a pas ～ de vous inquiéter. 心配する必要はない. S'il y a ～ 必要な場合には. Rappelez-moi, s'il y a ～. もしもの時はまたお電話ください.
donner ～ à *qch* 何に理由を与える, 何の原因となる. Cet accident a donné ～ à des manifestations. この事故がデモのきっかけとなった. donner ～ de+*inf*.〔文〕…する理由がある. Rien ne nous donne ～ d'espérer. 希望を抱かせるものは何もない.

III〔幾何〕～ géométrique 軌跡.

IV 考え, 話題. ～ communs ありふれた考え(話題); 決り文句, 常套句;〔修辞〕(あらゆる場に通用する)一般的論拠. ～*x* communs sur l'amour 愛に関する決り文句. Ce ne sont que des ～*x* communs rebattus. そんなのは言い古された常套句にすぎない.

lieu-dit(*pl*.～**x**-～**s**), **lieudit**(*pl*.～**s**) *n.m.* 通称のある場所(多く町外れ). L'autocar s'arrête à un ≪Les Trois Chaumières≫. 通称「三軒家」という所でバスが停車する.

lieue *n.f.* **1**〔陸路〕リュ, 里(昔の距離単位, 約 4 km; カナダでは 3 miles). ～ commune (de terre) リュ・コマン (4.445 km). ～ de poste リュ・ド・ポスト (宿駅里, 2000 toises (3.898 km)). ～ kilométrique キロ里 (4 km). à cent ～s à la ronde 百里四方に; あたり一面に.
2〔海〕リュ・マリーヌ (=～ marine) (地球緯度 1 度の距離の 1/20; 3 海里 (3 milles marins) に相当; 5.5555 km). *Vingt Mille L*～*s sous les mers* de Jules Verne ジュール・ヴェルヌ『海底 2 万里』(1870 年).

lieutenant *n.m.* **1**〔軍〕(陸・空軍の)中尉 (capitaine「大尉」と sous-lieutenant「少尉」の中間の階級). Mon ～! 中尉殿! (中尉, 少尉, 見習士官に対する呼称).
2〔スイス〕少尉 (中尉は premier ～).
3〔海軍〕～ de vaisseau 海軍大尉.
4〔警察〕～ de police 警部 (1995 年の改正以前の officier de police「警部」と inspecteur「刑事官」に相当).
5〔海〕航海士. ～ au long cours 遠洋航海士.
6 (首長などの)補佐役, 代理人, 次席者. chef d'entreprise assisté par de bons ～ 優秀な補佐役に支えられた企業主.
7〔史〕～ général〔du royaume〕(旧体制下の) 王国総代官 (duc de Guise〔1557〕; comte d'Artois〔1814; 後の Charles X〕; duc d'Orléans〔1830, 後の Louis-Philippe〕など).
8〔史〕～ criminel 刑事代官.
9〔史〕～ général de police 警察総代官 (17

世紀末から, パリその他の主要都市の警察長官).

lieutenant-colonel(*pl*.～**s**-～**s**) *n.m.*〔軍〕(陸軍・空軍の)中佐.

lièvre *n.m.* **1**〔動〕リエーヴル, 野兎(家禽の兎は lapin). ～ d'Europe ヨーロッパ野兎. Le ～ vagit. 兎が鳴く(<vagir). La femelle du ～ est la hase. リエーヴルの牝はアーズという.
2〔料理〕リエーヴル(野兎)〔の肉〕(lapin の肉が白いのに対しリエーヴルの肉は黒い; 生後 1 年の野兎は trois-quart, 生後 1 年以上のものは capucin という). ～ à la royale リエーヴルのロワイヤル風(オーヴンで焼いた後, 赤葡萄酒で煮る). civet de ～ リエーヴルの血入り赤葡萄酒煮. pâté de ～ リエーヴルのパテ.
3〔成句〕courir comme un ～ 脱兎のごとく走る. courir deux ～s à la fois 同時に二兎を追う(二つのことを同時に企てる). lever (chasser) un ～ 野兎を巣穴から追い出す;〔比喩的〕だしぬけに厄介な問題を持ち出す. mémoire de ～ あやふやな記憶力. C'est là que gît le ～. そこが問題の核心だ. C'est un ～. 奴は臆病者だ.
4〔スポーツ〕(ランナーの)ペースメーカー.
5〔天文〕*L*～ 兎座.

LIG (= *l*igne à *i*solation *g*azeuse) *n.f.*〔電〕ガス絶縁送電線(窒素ガスと六弗化硫黄の混合ガスを絶縁体として封入した地下送電線).

ligament *n.m.* **1**〔解剖〕靱帯(じんたい). ～ hépatoduodénal 肝十二指腸靱帯. ～ inguinal 鼠径靱帯. ～s interosseux 骨間膜. ～s jaunes 黄色靱帯. ～ large de l'utérus 子宮広靱帯, 子宮広間膜. ～ rond de l'utérus 子宮円靱帯, 子宮円索.
2〔動〕(二枚貝をつなぐ)靱帯.

ligamentaire *a.*〔解剖〕靱帯の. laxité ～ 靱帯弛緩.

ligamenteux(**se**) *a.*〔解剖〕靱帯性の. tissu ～ 靱帯組織.

ligature *n.f.* **1** 縛ること;〔医〕結紮(けっさく); 結紮糸;〔法律・医〕絞死, 絞頸.〔医〕～ d'artère 動脈結紮. ～ du canal déférent 精管結紮術. ～ en masse 集束結紮(血管結紮法の一). ～ des trompes〔utérines〕卵管結紮〔術〕. faire une ～ 結紮する.
2〔農〕(接木などを)結わえて固定すること; (縛るための)ひも, 縛帯. ～ d'une greffe 接木の結着.
3〔印刷〕合字 (æ, œ, fi, ff など).
4〔言語〕連結辞 (接続詞・前置詞など).
5〔音楽〕(記譜法の)リガトゥーラ(連結符).

ligne[1] *n.f.* **A** (線, 線状のもの)

I (線) **1** 線. ～ brisée 折れ線, ジグザグ線. ～ courbe 曲線. ～ de triangulation 三角測量線. ～ droite 直線. ～〔en〕pointillé〔e〕点線. ～ horizontale 水平線. ～ isobare 等

圧線. ~ isotherme 等温線. ~ parallèle 平行線. ~ perpendiculaire 垂線. ~ oblique 斜線. ~ verticale 垂直線, 鉛直線. tracer une ~ 線を引く.〖音楽〗les cinq ~s de la portée 楽譜の5線.
2 (境界, 区画などの) 線. ~ de charge 満載喫水線, エネルギー線. ~ de crête 尾根線, 分水界. ~ de démarcation 境界線(特に第二次世界大戦中1942年まで, 占領ドイツ軍の直接支配下にある北部フランスと, そうでない南部フランスを分けていた境界線).〖海〗~ d'eau 水線. ~ de faîte 稜線. ~ de flottaison 喫水線.〖地図〗~ de niveau 水準線.〖天文〗~ des nœuds 交線《天体の軌道面と地球の軌道面の交わる線》. ~ équinoxiale 赤道. ~ méridienne 子午線.
3 (道路の) 車線境界線. ~ continue 連続線. ~ discontinue 不連続線. ~ jaune 黄色線 (はみ出し, 追越し禁止).
4 輪郭, シルエット, (絵画などの) 線; ボディー・ライン, (特にスマートな) 身体の線. présenter son projet dans ses grandes ~s 計画の概要を説明する. suivre un régime pour garder la ~ 太らないために食事制限をする.
5 (手相の) 線. ~ de chance (de cœur, de tête, de vie) 運命 (感情, 頭脳, 生命) 線.
6〖スポーツ〗~ d'arrivée ゴール・ライン. ~ de côté サイド・ライン. ~ de départ スタート・ライン. ~ de fond (テニスコートの) ベース・ライン, (バレーボールコートの) エンド・ライン. ~ de service サーヴィス・ライン.
7〖TV〗~〔de définition〕走査線.
8〖金融〗~ de crédit クレジットライン.〖財政〗dépenses au-dessous de la ~ 財政投融資, 一時的資金操作. dépenses au-dessus de la ~ 確定的資金操作.
Ⅱ (路線, 進路) **1** (鉄道, バスなどの) 路線. ~ de banlieue 郊外線. ~ de traction 鉄道線路. ~ électrifiée 電化路線. ~ principale 幹線. ~ souterraine 地下路線. grande ~ 幹線. de ~ (飛行機, 船舶の) 定期便の. avion de ~ 定期便航空機. pilote de ~ 定期便パイロット.
2 (視線, 弾丸などの) 進路, 方向. ~ de mire 照準線. ~ de tir (銃の) 射線. ~ de visée 視線, (銃の) 照準線.
3 (政党などの) 路線, 綱領; 行動の指針, 道. ~ de conduite 行動の規範. ~ du devoir 義務の命ずる道. défendre une ~ dure 強硬路線を主張する. partisan de la ~ révisionniste 修正主義路線の支持者.
4〖フェンシング〗相手に対する構え. ~ basse 低い構え. ~ dedans 閉じた構え. ~ dehors 開いた構え. ~ haute 高い構え. être en ~ 水平な構えている.
Ⅲ (線状のもの, 糸, 綱, 紐) **1** 電線, 電話線, 通話. ~ à haute tension 高圧線. ~ directe 直通電話, ホットライン. ~ d'abonné 加入電話. ~ intérieur 内線. en ~¹ 通話可能状態,〖情報〗オンライン. hors-~ オフライン. La ~ est occupée. お話し中です. Gardez la ~. 切らないで下さい.
2 釣り糸, 釣り竿, 釣り道具. pêche à la ~ 竿釣り. ~ de fond 底はえなわ. ~ de traîne 引縄. ~ flottante 浮縄.
3 糸, 紐. ~ de charpentier 墨糸 (縄). ~ de maçon 下げふり.〖海〗~ de loch (de sonde) 測鉛線 (測程線).
B (連続したもの)
Ⅰ (列) **1** (人, 物の) 列, 並び.〖機械〗d'arbres 伝動軸系, ラインシャフト. en ~² 一列に並んだ, 整列した. planter des arbres en deux ~s 木を二列に植える. hors ~ 並はずれた. mettre sur la même ~ 同列視する.
2〖軍〗戦列, 隊列, 戦線. ~ de communication 通信線, 連絡線. ~ de défense 防御線. ~ de fortification 要塞線. ~ de feu 火砲が集中する場所. ~ de retraite 退却線. ~s ennemies 敵陣. enfoncer les ~s ennemies 敵陣を突破する. ~ Maginot マジノ線. ~ Siegfried ジークフリート線. infanterie de ~ 前線歩兵隊. première ~ 最前線. monter en ~ 戦線へ行く. sur toute la ~ 全面的に, 全戦線で.
3〖軍〗艦隊, 編隊. ~ de front 横列艦隊. ~ de file 縦列艦隊. bâtiment de ~ 戦列艦. formation en ~ (航空機の) 横列編隊.
4 家系, 血統. ~ collatérale 傍系. ~ directe 直系. descendre en droite ~ de qn …の直系である.
5 製品シリーズ. une ~ complète de cosmétiques 化粧品の完璧な品揃え.
6〖ラグビー〗ライン, ロー. ~ d'avants フォワードライン. première ~ フロントロー. troisième ~ バックロー.
Ⅱ (行) **1** 行. (aller) à la ~ 改行する. A la ~ !〔書取りで〕行を変えること!, 改行!. lire entre les ~s 行間を読む, 言外の意味を酌む. tirer à la ~ 原稿の水増しする《主に, 行数に応じて稿料を受け取るフリーランサーについて用いられた》. journaliste payé à la ~ 行数に応じて稿料を受け取る記者.
2〔古〕~ de compte 帳簿の一項目. entrer en ~ de compte 勘定に入る, 考慮の対象となる.

ligne² *n.f.*〖通信〗インターネット, ネット. achat en ~ インターネットによる購入. achat et vente en ~ インターネット上の売買. publicité en ~ インターネット上の広告.

lignée *n.f.* **1** 家系; 子孫. épanouissement d'une ~ 家系の広がり. mourir sans laisser de ~ 子孫を残さずに死ぬ.
2〖生〗系統, 系; 菌株. ~ pure 純系.
3 (精神的な) 系譜; 系統; 系列 (= filiation spirituelle).

ligneux(**se**) a. 1 〘植〙木本の, 木性の, 木質の. fibres ~se 木質繊維. plantes ~ses 木本植物 (plantes herbacées の対)
2 〘医〙木様の. phlegmon ~ 木様蜂巣〔織〕炎, 木様フレグモーネ.

lignine n.f. 〘植・化〙リグニン, 木質素.
lignite n.m. 〘鉱〙褐炭, 亜炭.
lignocaïne n.f. 〘薬〙リグノカイン《局所麻酔薬》.
lignomètre [liɲo-] n.m. 〘印刷〙行数尺.
ligue n.f. 1 連盟, 同盟. 〘仏史〙la [Sainte] L~ 旧教同盟 (=la Sainte Union). la L~ arabe アラブ連盟 (1945 年創設; = [英] Arab League (AL); Ligue des États arabes (LEA); [英] League of Arab States「アラブ諸国連盟」の通称). ~ armée 軍事同盟. la L~ communiste révolutionnaire 革命的共産主義同盟 (1974 年創設の政党; 略称 LCR; 前身は 1938 年トロツキーが結成した第四インターナショナル・フランス支部). la L~ contre le cancer 対癌協会. la L~ des droits de l'homme 人権同盟 (1898 年創設). la L~ du droit des femmes 女性の権利擁護連盟 (1974 年創設). 〘史〙la L~ hanséatique ハンザ同盟. la L~ internationale contre le racisme et l'antisémitisme 世界反人種差別・反ユダヤ人排斥連盟 (1927 年創設; 略記 Licra). ~s sportives スポーツ・リーグ. la L~ urbaine et rurale 都市農村同盟 (1939 年 Jean Giraudoux により創設; 都市と農村の景観保護を目的とする公益法人).
2 〘比喩的〙連合, 提携. ~ d'intérêts 利益談合.

Lijiang [中国] n.pr. 麗江 (れいこう), リージャン (麗江ナシ族自治県の県城).
Li Keqiang [中国] n.pr. 李克強 (リ・こっきょう), リー・コーチアン (1955 年生まれ; 遼寧省党委書記, 2007 年 10 月より中国共産党政治局常務委員).
Likoud n.pr.m. le L~ リクード党 (イスラエルの中道・右翼連合政党; 1973 年結成).
Lil (= ligne d'intégration laser) n.f. 〘物理〙レーザー集積ライン.
lilas n.m. 1 〘植〙リラ, ライラック. ~ de Perse ペルシアライラック (学名 Syringa persica; 薄紫色の花をつける). la Closerie des L~ ラ・クロズリー・デ・リラ (パリの文学カフェ・レストラン).
2 リラ (ライラック) の花 (花枝). ~ blanc (violet) リラの白花 (紫花). parfum de ~ リラの花の香り. saison (temps) de ~ リラの花の咲く季節 (頃) (一般に 5-6 月).
3 〘植〙~ d'Espagne べにかのこそう (= barbe-de-Jupiter), サントラント (= centranthe). ~ des Indes せんだん (= mélia, 学名 Lagerstroemia).
4 〘色彩〙ライラック色 (桃色がかった藤色); 藤色; 薄紫色.
— a.inv. ライラック色の. robe ~ ライラック色のドレス.

Lille n.pr. リール (département du Nord ノール県の県庁所在地, フランスと UE の広域地方行政区画の région Nord-Pas-de-Calais ノール=パ=ド=カレー地方の地方庁所在地; 市町村コード 59000; 形容詞 lillois (e)). aéroport de ~-Lesquin リール=レスカン空港. palais des Beaux-Arts de ~ リール美術館. le Vieux ~ リール旧市街.
lilliputien(**ne**) (<Lilliput, 『ガリヴァー旅行記』の小人国) a. 1 リリパットの.
2 非常に小さい; 矮小な; 狭量な. robot ~ 超小型ロボット.
limace n.f. 1 なめくじ.
2 〘魚〙~ de mer 海リマス (草魚の一種).
3 〘比喩的〙〘話〙のろま. Quelle ~! 何てのろま (ぐず) なんだ!
4 〘話〙シャツ (= chemise); ネグリジェ.
limaçon n.m. 1 蝸牛 (かたつむり) (= escargot). vivre comme un ~ dans sa coquille 蟄居する. 〘建築〙escalier en ~ 螺旋階段.
2 〘解剖〙(内耳の) 蝸牛 (かぎゅう) (= cochlée).
3 〘時計〙(時報装置の) 数取り.
4 〘数〙リマソン, 蝸牛線 (= ~ de Pascal).
5 〘比喩的〙〘話〙のろま. Quel ~! 何てのろまなんだ!
limagne n.f. 〘地学〙地溝 (= fossé d'effondrement). la L~ de Brioude ブリウード地溝.
limande n.f. 〘魚〙リマンド, 鰈 (かれい) (学名 Pleuronectes limanda).
limbe n.m. 1 〘天文〙(太陽などの) 周縁. ~ solaire 太陽の周縁.
2 〘機械〙(六分儀などの) 目盛環 (縁), 分度弧. ~ d'un sextant 六分儀の目盛環.
3 〘植〙葉身, 葉辺; (花弁の) 拡大部. nervures d'un ~ 葉脈.
4 〘解剖〙周縁, 辺縁部, 環. ~ cornéen 角膜 (辺) 縁. ~ unguéal 爪の周縁.
limbique a. 〘解剖〙辺縁の; 大脳辺縁の. système ~ 大脳辺縁系 (脳の深部視床下部を取り巻く環状連結部; 嗅覚・情動・記憶・行動・恒常性の維持などの多様な自動機能を司る).
lime[1] n.f. 〘植〙ライム (= limette, citron vert).
lime[2] n.f. 1 鑢 (やすり). ~ à ongles 爪鑢. ~ à taille demi-douce 中目鑢. ~ bâtarde 荒目鑢. ~ douce 細目鑢. ~ plate 平鑢. ~ ronde 丸鑢. ~ sourde 油目鑢.
2 〘貝〙蓑貝 (Anisomyaires).
liminal(**ale**)(pl.**aux**) a. 〘医・心〙識閾 (しきいき) の; 閾値の; 知覚される最小限の. excitation ~ale 識閾興奮 (ぎりぎり知覚される興奮).
limitatif(**ve**) (<limiter) a. 限定的な, 制限的な; 限界的な. clause ~ve 制限条項. détermination ~ve 限定的規定, 限定. 〘哲〙

jugement ~ 限定的判断力. liste ~ve 限定リスト.〖電算〗opération ~ve 限界操作.

limitation *n.f.* 制限, 限定, 限度, 規制. ~ des armements stratégiques 戦略兵器制限. ~ des naissances 産児制限. ~ de vitesse 速度制限. ~ volontaire des exportations 輸出自主規制 (=auto-~ des exportations). levée des ~s imposées à l'activité bancaire 銀行業務規制の撤廃.

limite *n.f.* ① (限界) **1** 境界〔線〕;〔*pl.*で〕(競技場の) ライン. ~ s entre deux pays 2 国の国境〔線〕(=frontière). établir (fixer) des ~s 境界を定める. tracer des ~s 境界線を引く. ~s d'un terrain de tennis テニス場のライン. Au-delà de cette ~, votre ticket n'est plus valable. ここから先は切符無効.
2 空間的限界;果て. ~ d'une forêt 森のはずれ. horizon sans ~ 果てしない地平線.
3 時間的限界;期限. ~ d'âge 年令制限;定年. atteindre la ~ d'âge 制限年令 (定年) に達する. dernière ~ 最終期限.〖ボクシング〗gagner avant la ~ 最終ラウンド前に勝つ.
4 限界値;〖数〗極限〔値〕.〖物理〗~ d'élasticité 弾性限度. ~ de rupture 破壊点.〖数〗à la ~¹ 極限においては.
5〔比喩的〕限界, 限度. à la ~² 極端な場合には;究極的には. aller jusqu'à la ~ de ses forces 力の限りを尽す. avoir des ~s 限度がある. Ma patience a des ~s! 我慢にも限度があるぞ! connaître ses ~s 自分の限界を心得ている. dans les ~s de 〜の及ぶ限り. dans les moyens 〜の範囲内の力の及ぶ限り. dans les ~s du possible 可能な限り. dans une certaine ~ ある程度までは. dépasser (franchir) les ~s 限界を越える. Ça dépasse les ~s du possible. それは可能な範囲を越えている. sans ~s 際限のない, 無限の. ambition sans ~s 途方もない野心.
② 〔形容詞的;名詞に後置. -を添えることあり;複数でも無変化〕**1** 境界〔線〕上の. cas ~¹ 境界線的事例;ボーダーライン. zone ~ 境界地帯.
2 限界の, 限度の;極限的な. âge ~ 定年.〖光学〗angle ~ 臨界角. cas ~² 極端な事例. date ~ 期限. état ~ 限界状態. expériences-~ 極限の体験. prix ~ 限界価格;最高 (最低) 価格.〖数〗valeur ~ 極限値. vitesse ~ 制限速度;〖物理〗限界速度.

limité(**e**) *a.p.* **1** 限られた, 限定的な, 有限の. confiance ~e 限られた信用. édition ~e 限定版 (=édition à tirage ~). espace ~ 限定的空間. nombre ~ 限定数. pouvoirs ~s 限られた権力. responsabilité ~e 有限責任. entreprise unipersonnelle à responsabilité ~e 有限責任一人企業 (略称 EURL). exploitation agricole à responsabilité ~e 有限責任農業経営体 (略称 EARL). société à

responsabilité ~e 有限〔責任〕会社.
2〔比喩的〕〖話〗才能に乏しい;視野が狭い;懐が苦しい. intelligence ~e 狭隘な知性. Il est assez ~. 奴はかなり視野が狭い (体が弱い).

limitrophe *a.* **1** 国境の;境界に近い. populations ~s 国境周辺の住民.
2 隣接する, 境を共有する;(de と) 境を接する. départements ~s de la Corrèze コレーズ県に隣接する各県. ville ~ de la frontière 国境の町.

limnologie *n.f.* 陸水学, 湖沼学.

Limoges *n.pr.* リモージュ《département de la Haute-Vienne オート゠ヴィエンヌ県の県庁所在地;フランスと UE の広域地方行政区画の région Limousin リムーザン地方の地方庁所在地;市町村コード 87000;形容詞 limougeaud (*e*)》. aéroport de ~ Bellegarde リモージュ・ベルガルド空港. gare des Bénédictins de ~ 国鉄リモージュ・レ・ベネディクタン駅. émaillerie d'art de ~ リモージュの七宝工芸. Musée national Adrien Dubouché de ~ 国立リモージュ・アドリヤン・デュブーシェ陶磁器博物館. porcelaine de ~ リモージュ磁器.

limon *n.m.* **1**〖土壌〗(河川が運ぶ) 泥土《有機質を含む粘土質・砂質の肥沃な土で, 肥料としても活用される》. 壌土《砂土と埴土の中間》, ローム, レーム;沈泥. fond de ~ des fleuves 河川の沈泥層.
2〖鉱〗泥岩《粘土と砂の混じった水成岩》.
3〖キリスト教〗(神が人間を造りあげた) 泥土. Dieu forma l'homme du ~ de la terre. 神は大地の泥で人間を形づくった.

limonade *n.f.* **1**〔古〕レモン水, シトロナード《水, レモン果汁, 砂糖でつくる清涼飲料》(=citronnade).
2〔現用〕リモナード, レモネード《砂糖を加え, レモンで風味づけをした無色の炭酸飲料》. mélange de bière et de ~ ビールとレモネードの混合飲料, パナシェ (panaché).
3〔話〕飲み物販売業, カフェ;喫茶部門, 飲料部門 (レストランの対);カフェのガルソンの業務.

limonite *n.f.*〖鉱〗褐鉄鉱 (=hématite brune).

limougeaud(**e**) *a.* **1** リムーザン地方 (le Limousin) の;~ の住民の.
2 リモージュ (Limoges) の;~ の住民の.
— *n.* **1** リモージュ地方の住民;~ の出身者. **2** リモージュ市民;リモージュ出身者.

Limousin *n.pr.m.* **1** le ~ リムーザン地方《リモージュ Limoges を中心とするフランス中西部の旧州》. monts du ~ リムーザン高地.
2〔行政〕リムーザン地方《=la région ~;Corrèze, Creuse, Haute-Vienne の 3 県で構成されるフランスと UE の広域地方行政区画;地方庁所在地 Limoges;面積 16,932

limousin(e¹) a. **1** リモージュ(Limoges)の;リモージュ市民の. **2** リムーザン地方(le Limousin)の. bœuf ~ リムーザン種の食肉牛〖高品質〗. race ~e(牛・羊・豚の)リムーザン種. ━━*L*~ **1** リモージュ市民. **2** リムーザン地方の住民. ━━*n.m.* **1** 〖言語〗(オック語の)リムーザン方言. **2** 〔古〕石工(maçon).

limousin² *n.f.* **1** 〖自動車〗リムージーヌ, リムジン (1) 運転席と客席の間に仕切りのある自動車. 2) 空港バス. 3) おかかえ運転手付きの大型高級セダン). **2** (リムーザン地方の)頭布付きマント.

limpidité *n.f.* **1** 清澄さ, 透明性. ~ de l'air (du ciel, de l'eau) 空気(空・水)の清澄さ(透明性), 澄み切った空気(空・水). ~ de son âme 澄んだ心根. ~ de son regard 澄み切った眼差し. ~ d'un vin 葡萄酒の透明性. **2** 明快さ. ~ du style 文体の明快さ.

lin *n.m.* **1** 〖植〗亜麻 (あま). graines de ~ 亜麻仁. huile de ~ 亜麻仁油. cheveux de ~ 白っぽい金髪. gris de ~ 金属光沢のある灰色. **2** 亜麻の繊維 (=fibre de ~); 亜麻糸 (=fil de ~); 亜麻布, リネン, リンネル. chemises de ~ リネン(リンネル)のシャツ. étoffe de moitié ~ moitié coton リネンと木綿の混紡生地. **3** 〖植〗~ des marais わたすげ (=linaigrette). ~ de la Nouvelle-Zélande ニュージーランド麻 (=phormiom). ~ sauvage 細葉うんらん (=linaire).

lincomycine *n.f.* 〖薬〗リンコマイシン (抗生物質).

linéaire *a.* **1** 線の, 直線の. dessin ~ 線画. mesure ~ 長さの尺度. **2** 直線的な. récit ~ 一本調子の話. **3** 線形の. 〖数〗algèbre ~ 線形代数. 〖数〗fonction ~ 一次関数. 〖機工〗moteur ~ リニヤ・モーター (=moteur axial). phénomène ~ 線形現象.

linge *n.m.* **1** 〔集合的〕家庭用木綿(リネン)製品; 家庭用繊維製品 (=~ de maison); 洗濯物. ~ de coton (de linon, de nylon, de soie) 家庭用綿(寒冷紗, ナイロン, 絹)製品. ~ de cuisine 台所用繊維製品 (frottoir「布巾」, torchon「布巾」など). ~ de lit ベッド用布製品 (drap「シーツ」, taie「枕カバー」など). ~ de table 食卓用布製品 (nappe「テーブルクロス」, napperon「ランチョンマット」, serviette「ナプキン」など). ~ de toilette 化粧(身づくろい)用布製品 (essuie-mains「手拭い」, gants de toilette「入浴用手袋」, peignoir「バスローブ」, serviette「タオル」など). gros ~ 大型家庭用布製品 (drap, nappe など). ~ 〔sale〕汚れ物. corde à ~ 物干しロープ. pinces à ~ 洗濯ばさみ. laver du (le) ~ 汚れ物を洗う. faire sécher du ~ 洗濯物を干す. 〔比喩的〕〔諺〕Il faut laver son ~ sale en famille. 内輪のもめごとは自分たちで始末せよ. **2** 〔集合的〕肌着類 (=~ de corps) (caleçon「ズボン下」, chaussettes「靴下」, chemise「シャツ」, gilet「防寒用シャツ」, maillot「アンダーシャツ」, mouchoir「ハンカチ」, pyjama「パジャマ」など). ~ féminin (masculin) 女物(男物)の下着(肌着). ~ fin 薄手の高級肌着, ランジェリー. changer de ~ 下着をかえる. 〔話〕avoir du ~ 着飾っている. 〔俗〕le beau ~ 着飾った人; 金持連. **3** 布切れ. frotter (nettoyer) avec un ~ 布で拭く. ~s d'autel (sacrés) 聖壇用聖布. ~s de pansement 包帯. ~ pour ensevelir un mort 屍布, 経帷子 (=linceul).

lingerie *n.f.* **1** (特に女性用の) 下着類, ランジュリー, ランジェリー. ~ fine pour dames 婦人用高級下着. rayon de la ~ 下着売場. **2** ランジュリー用生地. **3** 〔稀〕下着製造 (販売) 業. **4** (病院などの) シーツ・タオル類管理室.

lingot [lɛ̃go] *n.m.* **1** 〖冶〗鋳塊, ランゴ, インゴット; (特に)金塊, 金の延べ棒 (=~ d'or). ~ d'alminium アルミニウムのインゴット. ~ de fonte 鋳鉄塊. **2** 〖印刷〗金属鋳込めもの. **3** 〖植〗(莢から出して食用になる) 白隠元豆. ~s du Nord 北仏産白隠元豆.

lingual (ale) (*pl.* aux) (<langue) *a.* 〖解剖〗舌の. abcès ~ 舌膿瘍. artère ~ ale 舌動脈. baiser ~ 舌接吻, ディープキス. muscles ~ aux 舌筋. **2** 〖発音〗舌音の. 〔consonne〕 ~ ale 舌子音 (d, t, l, n, r).

linguiste [lɛ̃gqist] *n.* **1** 言語学者. **2** 〔話〕言語学教師; 外国語教師. ~ d'un lycée リセ (高校) の外国語教師.

linguistique [lɛ̃gqis-] *n.f.* 言語学. ~ comparative (générale, historique) 比較(一般, 史的)言語学. ~ diachronique (synchronique) 通時(共時)言語学. ~ structurale 構造言語学. *Cours de ~ générale* de Saussure ソシュールの『一般言語学講義』. ━━*a.* **1** 言語学の; 言語学的. école ~ 言語学の学派. études ~s 言語学研究. **2** 言語の; 言語に関する; 言語による. communauté ~ 言語共同体. géographie ~ 言語地理学. **3** 言語学習の. séjour ~ 外国語研修旅行.

linier (ère) *a.* 〖織〗リネンの, 亜麻の. industrie ~ère リネン産業.

liniment *n.m.* 〖薬〗リニメント, 糊膏 (ここう), 塗擦剤 〖油を混ぜた塗布剤・擦剤〗.

lino¹ *n.f.* 〖印刷〗**1** 〔商標〕ライノタイプ (<*lino*type)《鋳造植字機》.

2 ライノグラヴィア (<*lino*gravure)《リノリウム, ゴム, プラスチックを利用した凸版印刷〔術〕》.
── *n*. 〘印刷〙ライノタイピスト《ライノタイプによる植字工》.

lino² *n.m.* リノリウム (linoléum).
linogravure *n.f.* 〘印刷〙リノリウム彫版.
linoléine *n.f.* 〘化〙リノレン.
linoléique *a*. 〘化〙acide ~ リノール酸《不飽和脂肪酸》.
linoléum [linɔleɔm]〘英〙*n.m.* **1** リノリウム《略称 lino》. **2** リノリウム張りの床.
linon *n.m.* 〘織〙寒冷紗 (かんれいしゃ).
linotype 〘商標〙*n.f.* 〘印刷〙ライノタイプ《略称 lino》.
Linux *n.m.* 〔無冠詞〕〘電算〙リナックス《フィンランドのヘルシンキ大学の Linus B. Torvalds が開発した UNIX 互換 OS》. logiciel ~ リナックス・ソフト. système d'exploitation リナックス・オペレーション・システム, リナックス OS.
lip[o]- [ギ] ELEM 「脂」の意《*ex. lip*ide 脂質；*lipo*solubre 脂溶性の》.
lipase *n.f.* 〘生化〙リパーゼ《酵素の一種》.
lipémie *n.f.* 〘医〙脂血症, リペミー.
lipide *n.m.* 〘生化・医〙脂質, リピド. ~ conjugué 複合脂質.
▶ lipidique *a*.
lipidémie *n.f.* 〘生化〙脂肪血症, リペミー (lipémie).
lipidie *n.f.* 〘化・生化・医〙脂質. ~s complexes 複合脂質《糖脂質, リポ蛋白質, 燐脂質など》. ~s dérivées 誘導脂質《脂肪酸, ステロイド, 脂溶性ビタミン, 炭水化物など》. ~s simples 単純脂質《中性脂肪など》.
lipoatrophie *n.f.* 〘医〙脂肪萎縮症.
lipoatrophique *a*. 〘医〙脂肪萎縮性の. diabète ~ 脂肪萎縮性糖尿病.
lipoblaste *n.m.* 〘生・医〙脂肪芽細胞.
lipoblastome *n.m.* 〘医〙脂肪芽細胞腫；脂肪形成細胞腫.
lipochrome *n.m.* 〘生化〙脂肪色素.
lipodystrophie *n.f.* 〘医〙リポジストロフィー, 脂肪異栄養症.
lipogenèse *n.f.* 〘生化〙脂質生成 (合成).
lipohypertrophie *n.f.* 〘医〙脂肪肥大.
lipoïde *n.m.* 〘化〙リポイド, 類脂質《脂肪に類似した化合物の総称；通常複合脂質 lipide conjugué を指す》.
lipoïque *a*. 〘化〙acide ~ リポ酸, α リポ酸.
lipolyse *n.f.* 〘生〙脂肪〔質〕分解, 脂肪分解 (=adipolyse).
lipomatose *n.f.* 〘医〙脂肪腫症, 脂肪沈着症, リポマトーシス.
lipome *n.m.* 〘医〙(良性の) 脂肪腫.
lipooxygénase *n.f.* 〘生化〙リポオキシゲナーゼ, リポ酸素添加酵素, リポオキシダーゼ (lipooxydase).

lipophile *a*. 〘生化〙脂肪親和性の.
lipophobe *a*. 〘生化〙抗脂肪性の.
lipopolysaccharide *n.m.* 〘化〙リポ多糖；〔*pl.* で〕リポ多糖体《略記 LPS》.
lipoprotéine *n.f.* 〘生化〙リポ蛋白, リポ蛋白質. ~ de basse densité 低比重リポプロテイン (=〘英〙LDL：*L*ow *D*ensity *L*ipoprotein). ~ de haute densité 高比重リポプロテイン (=〘英〙HDL：*H*igh *D*ensity *L*ipoprotein).
lipoprotéinlipase *n.f.* 〘生化〙リポ蛋白リパーゼ (LPL)《清浄化因子の酵素》.
liposarcome *n.m.* 〘医〙脂肪肉腫, 脂肪形成肉腫.
liposoluble *a*. 〘化〙脂溶性の. vitamine ~ 脂溶性ビタミン《ビタミン A, D, E, K など》.
liposome *n.m.* 〘生化〙リポソーム, 燐脂質小胞《燐脂質の懸濁液に超音波振動を加えて得られる被膜微粒子》.
lipostructure *n.m.* 〘医〙脂肪付加美容整形術.
liposuccion [liposysjɔ̃/-syksjɔ̃] *n.f.* 〘医〙脂肪吸引〔術〕《皮下脂肪を吸引する美容手術》.
lipothymie *n.f.* 〘医〙**1** リポチミー《呼吸・血液循環の停止を伴わない失神状態；人事不省・気絶 syncope の初期段階》. **2** 虚脱《不快感, 吐き気, 筋力喪失, 視覚障害, 発汗を伴う》. ~ du diabétique 糖尿病患者の虚脱状態.
lipotrope *a*. 〘医・生理〙脂向性の, 脂肪親和性の；抗脂肪性の. facteur ~ 抗脂肪因子.
lipotropine *n.f.* 〘生化〙リポトロピン《脳下垂体から分泌される脂肪分解ホルモン》.
lipoxydase *n.f.* 〘生化〙リポキシダーゼ, リポ酸素添加酵素.
LIPS (=*L*aboratoire *i*nterrégional de *p*olice *s*cientifique) *n.m.* 地方科学警察共同研究所.
liquéfaction *n.f.* (気体の) 液化. ~ de l'hélium ヘリウムの液化. ~ du charbon 石炭の液化. 〘医〙~ du vitré 硝子体液化. point ~ 液化点.
liquéfiable *a*. 液化し得る. gaz ~ 液化できる気体.
liquéfiant(e) *a*. **1** 液化させる；液化性の；液化の.
2 〔比喩的〕〘話〙無気力にする.
liquéfié(e) *a.p.* 液化した. gaz naturel ~ 液化天然ガス (=〘英〙LNG：*l*iquefied *na*tural *g*az；略記 GNL).
liquéfier *v.t.* **1** (気体を) 液化する；(蒸気を) 凝縮する. ~ du propane プロパンガスを液化する. gaz *liquéfié* 液化ガス.
2 (固体を) 融解する.
3 〘話〙気力を失わせる.
── **se ~ 1** (気体が) 液化する. **2** (固体が)

融解する. **3**〔比喩的〕〔話〕気力が失せる.

liqueur *n.f.* **1**〔酒〕リクール, リキュール（アルコール, 砂糖シロップに果実・果皮・薬草・香草などを加えた甘味のあるアルコール性飲料; アルコール度 16〜60％, 平均 40％; 食前・食後や製菜用）. ~ apéritif 食前のリクール（水割り）. ~ digestif 食後のリクール. ~ d'abricot 杏酒. ~ de cerise 桜桃酒, キルシュ (kirsch, kirschwasser). ~ de fruits 果実リクール (curaçao, cerise, framboise, marasquin, quetsche など). ~ de plantes 薬草リクール (Bénédictine, Chartreuse, Izzara など). ~ d'orange オレンジ酒 (Cointreau, curaçao など). ~ de prune プラム酒, 梅酒. ~ sirupeuse シロップ状リクール, クレーム (crème). bonbons (chocolats) à la ~ リクール入りボンボン (リキュール入りチョコレート). verre de ~ リキュールグラス. vin de ~ 度の強い甘口葡萄酒 (=vin liquoreux). **2** 食後酒 (=digestif);〔一般に〕蒸留酒 (cognac, rhum, whisky など). proposer des ~s après un repas 食後にリクールを勧める. **3**〔化, 薬〕溶液. ~ cordiale 強心剤; 気つけ薬. ~ des cailleux 水ガラス. ~ de Fehling フェーリング液（糖の検出・定量用の試薬）. ~ de tan なめし皮用の）タン溶液 (=jusée). ~ mère 母液. ~ stomachique 健胃液. ~ titrée 標準〔溶〕液. **4**〔古〕液体;（特に）体液. ~ du sang 血漿 (=prasma sanguin). ~ séminale 精液 (=sperme).

liquidateur(trice) *n.* **1**〔法律〕清算人. ~ judiciaire 裁判所選任の清算人. mandataire ~（企業清算手続における）裁判上の清算人. **2**〔比喩的〕解決者. ~ d'une situation difficile 難局の打開者. ──*a.* 清算の任に当たる.

liquidatif(ve) *a.*〔法律〕清算を行う; 清算に関する. acte ~ 清算行為. valeur ~ve d'un bien 財産の清算価値.

liquidation *n.f.* **1**〔法律〕清算, 弁済; 債務返済;〔経済〕流動化,（財の）整理, 売却;（企業などの）整理解散.〔法律〕~ des biens（破産時の）財の清算整理, 資産清算.〔法律〕~ des dépens 訴訟費用の支払い. ~ d'une dette 債務の弁済. ~ des droits de douane 関税の清算. ~ d'une entreprise 企業の解散. ~ de l'impôt 納税の完納. ~ d'une succession 相続遺産の配分.〔法律〕~ judiciaire 裁判上の清算, 更生整理 (=règlement judiciaire).〔法律〕bilan de ~（破産申請の）清算貸借対照表. **2**〔株〕引渡し, 決済; 決済期日. ~ de fin de mois 月末決済. **3**〔商業〕（商品の）投売り, 換金処分. ~ du stock 在庫一掃の投売り. **4**〔比喩的〕（難局の）解決,（人・物の）厄介払

い; 抹殺;〔精神分析〕解消. ~ d'un conflit 紛争の解決. ~ d'une situation politique difficile 困難な政治的状況の打解. ~ d'un traître 裏切者の抹殺.〔精神分析〕~ d'un transfert 転移の解消. ~ de vieux meubles 古い家具の処分. **5**〔化〕（石鹸製造の）鹸化.

liquide *a.* **1** 液体の, 液状の, 流動的の, 薄い, 透き通った. air ~ 液体空気. Air L ~ エール・リキッド（会社名）. avoirs ~s 流動資産. cristaux ~s 液晶. écran à cristaux ~s 液晶ディスプレイ (= [英] LCD : Liquid Crystal Display). conserver une substance à l'état ~ 物質を液状で保存する. **2** 現金化できる, 流動性がある, すぐに使用できる. argent ~ 現金. dette ~ 流動性債務. épargne ~ 流動性貯蓄. placement ~ 流動性資金運用. **3**〔文法〕流音の. consonne ~（l, r などの子音）. ──*n.m.* **1** 液体, 液, 流動体, 流体. physique du ~ 液体物理. ~ de Ringer リンゲル液;〔俗〕酒. **2** 現金. Je n'ai pas de ~ sur moi. 手持ちの現金がない. payer en ~ 現金で払う.

liquidien(ne) *a.*〔医〕液性の. épanchement ~ 液性滲出. kyste ~ 液性囊胞.

liquidité *n.f.* **1**〔金融〕〔多く *pl.* で〕流動性. ~ bancaire 銀行流動性. ~ de l'économie [primaire] 一国経済の流動性（貨幣および準貨幣 disponibilités monétaires et quasi-monétaires）. ~ du marché monétaire 通貨市場流動性,（特に）流動性ポジション. ~s internationales 国際流動性. balance des paiements en termes de ~ 流動性ベースの国際収支（アメリカの国際収支統計の表示方法の一つとして 1970 年代に多く用いられた. 他の一つは公的決済ベース）. ratio de ~ 流動性比率. **2**（資産, 証券などの）換金性. ~ d'un placement 投資の換金性. **3**（物の）液体としての性質, 流動性. ~ du sang 血液の流動性.

liquoreux(se) (<liqueur) *a.*〔葡萄酒〕リクール（リキュール）に似た（甘口でアルコール度数が高い）. vin ~ 甘口でアルコール度の高い葡萄酒 (madère, porto など).

LIRMM (= Laboratoire d'*i*nformatique, de *r*obotique et de *m*icroélectronique de *M*ontpellier) *n.m.*〔技術〕モンプリエ情報工学・ロボット工学・超小型電子工学研究所.

lis, lys [lis] *n.m.* **1**〔植〕百合. ~ commun（普通の百合→）白百合（学名 Lilium candidum）. ~ des Pyrénées ピレネー百合（黄花）. **2** 白百合の花（純潔・無垢・淑徳の象徴）. blanc comme un ~ 白百合の花のように純白な. *Le Lys dans la vallée* de Balzac バルザック『谷間の百合』（1835 年）. de ~ 白百

合のように純白な. teint de ~ 純白の肌色.
3〖紋章〗fleur de ~ 百合紋；(特に)(フランス王家の紋章の)三叉百合紋. Les armoiries des rois de France portaient trois fleurs de lis d'or sur champ d'azur. フランス国王の大紋章には紺青の地に金色の3つの百合紋が配されていた. le royaume des ~ フランス王国.
4〖植〗~ d'étang (d'eau) 睡蓮 (nénuphar). ~ de mai (des vallées) 鈴蘭 (=muguet). ~ jaune きすげ(=hémérocalle). ~ Saint-Jacques アマリリス (amaryllis). arbre aux ~ ゆりの木 (=liriodendron n.m.).

Lisa (=*L*aboratoire *i*nteruniversitaire des *s*ystèmes *a*tmosphériques) *n.m.* 大学間共同大気システム研究所.

Lisbonne *n.pr.* リスボン《ポルトガル共和国の首都 Lisbōa「リジュボア」のフランス語表記；形容詞 lisboète；lisbonnin(*e*)；lisbonnais (*e*)》. le Traité de ~ リスボン条約《正式名称 le traité modifiant le traité sur l'Union européenne et le traité instituant la Communauté européenne「ヨーロッパ連合条約およびヨーロッパ共同体設立条約を修正する条約」；フランスとオランダで批准が否決された「ヨーロッパ憲法条約」le traité constitutionnel européen に代り、ヨーロッパ連合の基本枠組を修正する改革条約；2007年12月13日、リスボンのヨーロッパ連合首脳会議で調印；ヨーロッパ理事会の議長をヨーロッパ連合の大統領相当するものと位置づけた他、ヨーロッパ連合の外相にあたるヨーロッパ連合外交・安全保障政策上級代表のポストを新設する；2009年1月1日の発効を目指す》. le Grand ~ 大リスボン《リスボンを中心とする首都圏；リスボン州の下位区域》. Observatoire européen des drogues et des toxicomanies à ~ リスボンのヨーロッパ麻薬および薬物中毒監視本部《1997年創設の UE (EU) 機関》.

lisinopril *n.m.*〖薬〗リシノプリル《降圧薬；薬剤製品名 Zestril (*n.m.*) など》.

lissage (<lisser) *n.m.* **1** 平滑化；研磨；(紙・革などのローラーがけによる) 艶出し加工；〖冶〗(鋳型の内側の) 面仕上げ；〖織〗(羊毛梳毛の) 洗毛加工；〖乳業〗(フレッシュチーズ製造過程での) 凝乳の均質化. ~ d'une courbe (数・統計) カーブの平滑化. ~ du papier 紙の平滑化 (=glaçage).
2〖美容整形〗(顔の皺の) 吊り上げ、リフティング (〖英〗lifting の公用推奨語；=remodelage).

lisse *a.* **1** 平坦な, 滑らかな；すべすべした, 艶々した. cheveux ~s 艶やかな髪.〖解剖〗muscle ~ 平滑筋. peau ~ すべすべした肌. pneu ~ 摩耗したタイヤ. surface ~ 平坦な表面.
2 (水・空気などが) 穏やかな；〖文〗平穏な,

平静な. eau ~ 穏やかな水面.

lissé¹ (*e*) *a.p.* **1** 滑らかになった；艶を出した. cheveux ~s 艶を出した髪.
2〖製菓〗シュガー・コーティングした. amandes ~es シュガー・コーティングしたアーモンド菓子 (=dragées).

lissé² *n.m.*〖製菓〗リセ《砂糖の煮つめ具合》. sucre cuit au grand (petit) ~ 固く煮つめた (糸を引く状態に煮つめた) 砂糖.

listage *n.m.*〖情報処理〗リスト作成；リスト印刷, リスティング, プリント出力 (=〖英〗listing).

liste *n.f.* **1** 表, リスト, 一覧表；目録；名簿. ~ alphabétique ABC 順リスト. ~ des actionnaires 株主名簿. ~ d'attente ウエイティング・リスト. ~ des lauréats 受賞者リスト. ~ de mariage (新婚夫婦が希望する) 結婚の贈物リスト.〖料理〗~ des mets 料理の品書, 献立表, ムニュ (menu), カルト (carte). ~ de proscription 粛清リスト. ~ noire ブラック・リスト. ~ rouge リスト・ルージュ《電話帖に記載することを拒否する加入者名簿》. tête (fin, queue) de ~ リストのトップ (末尾). dresser (établir, faire) une ~ リストを作成する. être dans (sur) la ~ 表 (名簿) に記載されている. grossir la ~ de …の中に加わる.
2〖選挙〗(立候補者の) リスト；(選挙人の) リスト (=~ électorale 選挙人名簿). ~s apparentées 連合候補者名簿. ~ bloquée 変更不可の候補者名簿. ~ de candidats 候補者名簿. scrutin de ~ (比例代表制選挙の) 名簿式投票《党派別候補者名簿に基づく投票》.
3〖電算〗表, 作表；プリント出力 (=〖英〗listing).
4 ~ civile 大統領 (王室, 帝室) 費.

listeria *n.f.*〖医〗リステリア・モノサイトゲネス (= ~ monocytogène)；グラム陽性, 通性嫌気性桿菌；敗血症, 髄膜炎などを起こす. fromage contaminé par la ~ リステリア菌に汚染されたチーズ.

listériose *n.f.*〖医〗リステリア症《リステリア・モノサイトゲネスによる感染症》.

listing [listiŋ]〖英〗*n.m.*〖情報処理〗リスティング, リスト印刷, プリント出力《公用推奨語 listage》.

listrac *n.m.*〖葡萄酒〗リストラック (département de la Gironde ジロンド県北西部, オー=メドック地区 le Haut-Médoc の Listrac-Médoc 村 (市町村コード 33480) で生産される赤の AOC 酒；代表的な銘酒は ch.-fourcas-dupré, ch.-fourca-hosten).

lit *m.n.* ① 〖寝台〗**1** 寝台, ベッド；(ベッドの) 台枠；マットレス. ~ à baldaquin 天蓋付寝台. ~ clos (breton) 戸棚寝台 (= ~ en armoire). ~ de bois 木製ベッド. ~ de camp 携帯ベッド. ~ d'enfant ベビーベッド. ~ de plume 羽根ぶとん. ~ de repos 休息用ベッド, 寝椅子. ~-divan ソファーベ

ッド (=divan-~). ~ dur (mou, moelleux) 硬い (柔かい)ベッド. ~s jumeaux ツインベッド. ~ pliant 折り畳みベッド (=~ de sangle). ~ pour (d') une personne シングルベッド. ~ pour (de) deux personnes ダブルベッド. ~s superposés 二段ベッド. cadre de ~ ベッドの台枠. chambre à deux ~s (ホテルの)ツインの客室. chambre à un ~ (ホテルの) 1人部屋. grand ~ ダブルベッド. hôpital de trois cents ~s ベッド数 300 の病院. hôtel de cinq cents ~s ベッド数 500 のホテル. aller au ~ ; se mettre au ~ 床につく, 就寝する, 寝る. Au ~, les enfants! 子供たち, 寝る時間ですよ. être au ~ 寝ている. être sur son ~ de mort 臨終の床に就いている. sauter du ~ 飛び起きる. au saut du ~ 起き抜けに. dormir sur son ~ 自宅で寝る. faire un ~ ベッドを整える. faire son ~ (起床して)ベッドを直す.〔比喩的〕 faire le ~ de …の下拵えをする, …を利する. gagner le ~ 病床に伏す. lire au ~ ベッドで読み物をする. tirer (arracher) qn du ~ 人を引きずり起こす.
2 床, 褥 (しとね). ~ de feuillage 木の葉の褥. ~ de paille 藁ぶとん.
3 (夫婦の)寝床；結婚, 男女関係. ~ nuptial 新床, 新婚の床. enfant du premier (second)~ 新婚(再婚)で得た子供. chasser qn de son ~ 人を離縁する. faire ~ à part (夫婦が)寝床を別にする. partager le ~ de qn 人と床を共にする.
4 ~ de parade 飾り寝台；(貴人の葬儀用の)告別礼拝寝台.
5〔古〕~ de justice (王の) 親裁座；〔転じて〕親裁.
II(層)**1** 層；床；堆積(沈殿)物；〔地層〕層. ~ d'argile 粘土層.〔冶〕~ de coke コークス床, 装入コークス層. ~ de gravier 砂利道床. ~ de sable 砂層.
2〔地層〕堆積岩層の境界面；(採石場の石の) 水平面 (=~ de carrière)；〔建築〕(積んだ載石の)水平面；(積んだ構造体の)水平間隙. ~ de mortier (継手用の)モルタル層. ~ rocheux 岩石平原.
3 川床, 河床 (=~ d'un cours d'eau)；~ fluvial. ~ majeur 高水敷, 氾濫原. ~ mineur 低水敷, 河道. profil du ~ 河床の断形. sortir de son ~ (川水が)あふれる.
4〔海〕~ de marée (du courant) 潮路. ~ du vent 風の方向, 風上.

litchi〔中国〕*n.m.* **1**〔果樹〕荔枝, リーチ, レイシー, レイチ (=letch, lycee). **2** リーチ(果実).

literie *n.f.* 寝台一式；(特に)寝具一式 (couette 羽根ぶとん, couverture 毛布・掛けぶとん, couvre-lit ベッドカヴァー, édredon 足掛ぶとん, matelas マット, oreiller 枕, traversin 長枕；時に drap シーツ, taie 枕カヴァーなどが加わる).

lithectomie *n.f.*〖医〗結石摘出〔術〕.
lithiase *n.f.*〖医〗結石症. ~ biliaire 胆石症 (=cholélithiase). ~ de la conjonctive 結膜結石. ~ rénale 腎石症, 腎臓結石症. ~ urinaire 尿路結石症.
lithine *n.f.*〖化〗リチン, 水酸化リチウム (hydroxyde de lithium；LiOH).
lithinifère *a.*〖化〗リチウムを含有する. mica ~ リチウム含有雲母.
lithique *a.* **1** 石の, 石質の；石製の；石器の. outillage ~ 石器.
2〖医〗結石の. acide ~ 尿酸 (=acide urique).
lithium [litjɔm] *n.m.* **1**〖化〗リチウム (元素記号 Li, 原子番号 3, 原子量 6.94).
2 リチウム《アルカリ金属；比重 0.534, 融点 180.5℃, 沸点 1340℃》. batterie ion-~ リチウム・イオン電池. cellule de ~ リチウム電池. pile bouton au ~ ボタン型リチウム電池.
litho (<*litho*graphie) *n.f.*〔話〕リト, リトグラフィー, 石版印刷.
lithographe *n.* **1** 石版画家. **2** 石印刷技術者.
lithographie *n.f.* **1** リトグラフィー, 石版印刷. **2** リトグラフ, 石版画. ~s de Daumier ドーミエの石版画.
lithographique *a.* リトグラフィーの, リトグラフィーによる, リトグラフィー用の. pierre ~ リトグラフ用石版. procédé ~ 石版印刷方式.
lithométéore *n.m.*〖気象〗微小石粉現象《黄砂などの石質微粒によって惹起される気象現象》.
lithopone *n.m.*〖化〗リトポン《硫酸バリウムと硫化亜鉛の化合物；鉛白に代る白色顔料》.
lithosol *n.m.*〖地学〗固結岩屑土.
lithosphère *n.f.*〖地学〗(地核内の)岩石圏, リソスフェア；地殻《地球表面を覆っている堅い殻の部分》.
lithothamnion *n.m.*〖植〗石藻(いしも) (=lithothamniun). culture biologique avec ~ 石藻を利用したバイオ農業.
lithothèque *n.f.* 岩石標本博物館.
lithothérapie *n.f.*〖医〗岩石利用治療法《岩石あるいは岩石の粉砕液中に含まれる微量のリチウム, アルミニウム等が, 自律神経症などに効く》.
lithotomie *n.f.*〖医〗尿道結石除去術.
lithotripsie *n.f.*〖医〗結石破砕術 (=lithotritie). ~ au laser レーザー式結石破砕術. ~ électrohydraulique 電気衝撃波式結石破砕術. ~ électromagnétique 電磁波式結石破砕術《略記 LECOC；=〔英〕ESWL：*extracorporeal shock wave lithotripter*》. ~ extracorporelle par ondes de choc 体外衝撃波式結石破砕術. ~ piézoélectrique 圧電式結石破砕術. ~ ultrasonique 超音波式結石破砕術.

lithotriteur *n.m.*〚医〛超音波式結石破砕装置.

lithotritie *n.f.*〚医〛膀胱結石破砕術, 膀胱砕石術.

litige *n.m.* 係争, 紛争, 争い；訴訟. ~ frontalier entre l'Allemagne et la Pologne ドイツとポーランドの国境紛争. ~ territorial nippo-russe 日露領土紛争, 北方領土問題. Il n'existe aucun ~ particulier entre le Japon et la France. 日仏間には特別な係争問題はいっさいない. point de ~ 争点. arbitrer un ~ 係争を仲裁(調停)する.
▶ **contentieux** *n.m.*

litre *n.m.* **1**〚度量衡〛リットル《体積の単位；1立方デシメートル 1 dm³ の呼称；記号 l または L》. un ~ de vin 葡萄酒 1 リットル.
2 リットル壜；リットル壜の内容物. du vin en ~s リットル壜詰めの葡萄酒.

littéraire *a.* **1** 文学の, 文学的な；文学者の. critique ~ 文芸批評. genre ~ 文学のジャンル. histoire ~ 文学史. journal ~ 文芸雑誌, 文芸ジャーナル. langue ~ 文語 (langue parlée「口語」の対). milieu ~ 文壇. prix ~ 文学賞.〚法律〛propriété ~ 文学作品の著作権. revue ~ 文芸誌.
2〚蔑〛絵空事の.
3 文系の (scientifique「理系の」の対). esprit ~ 文学的精神.
── *n.* 文学者；文学愛好者；文系の人；文系学生 (教師). les ~s et les scientifiques 文系人間と理系人間.

littéral (*ale*) (*pl.aux*) *a.* **1** 文字を用いる, 文字による.〚言語〛arabe ~ 古典アラビア語.〚数〛coefficient ~ 文字係数. description ~*ale* 文字による描写. notation ~*ale* 文字表記. symboles ~*aux* de l'argèbre 代数の文字記号 (x, y, z など). transcription ~*ale* 文字変換.
2 逐字 (逐語) 的な. traduction ~*ale* 逐語訳.
3 字義通りの, 原義通りの；正しく伝えられた. sens ~ d'un texte テクストの字義通りの意味. au sens ~ du mot 語の字義通りの意味で.
4〚法律〛文書に基づく. preuve ~*ale* 書証.

littérature *n.f.* Ⅰ〚文芸〛**1** 文学；〚集合的〛文学作品. ~ actuelle 現代文学. ~ allemande (française), italienne, japonaise) ドイツ (フランス, イタリア, 日本) 文学. ~s étangères 外国文学. ~ de la Renaissance ルネサンス文学. ~ de masse 大衆文芸. ~ engagée 参加の文学. ~ orale 口承文芸. ~ populaire 大衆文学. ~ surréaliste (symbolique) 超現実主義 (象徴主義) 文学〔作品〕. les grandes œuvres de la ~ フランス文学の大作品. histoire de la ~ française フランス文学史. romantisme en ~ 文学におけるロマン主義.
2 文筆業, 文学の道. faire carrière en ~

文学者の道を歩む. faire de la ~ 文筆業に従事する；文学をやる.
3 文学知識, 文学研究；文学史書. ~ comparée 比較文学. cours de ~ 文学講義 (講座). dictionnaire de ~ 文学事典. manuel de ~ 文学教科書. ~ de Thibaudet チボーデの文学史《*Histoire de la ~ française de 1789 à nos jours* (1936年)》.
4〚蔑〛絵空事, 作り事, 嘘八百 (réalité の対). être intoxiqué de ~ 絵空事に毒されている. C'est de la ~! それは作り話だ!
Ⅱ《文献》**1**（特定主題についての）書誌；（特定主題についての）文献. ~ médicale 医学文献. ~ sur ordinateur コンピュータ関係文献.
2〚音楽〛(特定楽器のための) 作品, 作曲. ~ de la flûte フルート曲. ~ pour piano ピアノ曲.
Ⅲ〚古〛（文化全般について, 特に文学について）教養, 素養, 学識. vaste et profonde ~ 幅広く深い教養.

littoral (*ale*) (*pl.aux*) *a.* 沿岸の, 沿岸性の.〚地学〛cordon ~ 沿岸洲.〚地学〛érosion ~*ale* 海蝕. flore ~*ale* 沿岸植物. pêche ~*ale* 沿岸漁業. zone ~*ale* 沿岸地帯.
── *n.m.* 沿岸地帯, 沿岸. ~ méditerranéen 地中海沿岸.

Lituanie (la) *n.pr.f.* 〚国名通称〛リトアニア《公式名称：Lietuvos Respublika, la République de L~ リトアニア共和国；国民：Lituanien (ne)；首都：Vilnius ヴィルニウス；通貨：litas [LTL]》.

lituanien (ne) *a.* リトアニア (la Lituanie) の, リトアニア共和国の (la République de Lituanie) の. ~ のリトアニア語の. le Parti communiste ~ リトアニア共和国共産党.
── *L~* *n.* リトアニア人.
── *n.*〚言語〛リトアニア語.

liturgie *n.f.* **1**〚宗教〛典礼, 礼拝式；（東方教会の）聖体礼儀；典礼式文. ~s catholiques カトリックの典礼.
2〚古代ギリシア〛（富者に課された）奉仕義務, 公共奉仕.

liturgique *a.* **1** 典礼 (拝礼式) の. calendrier (fête) ~ 典礼暦 (祭式). langue ~ 典礼用語.〚カトリック〛livres ~s 典礼書 (= liturgie). vêtements ~s 典礼服.
2〚文〛典礼的な, 型通りの.

LIU Shaoqi *n.pr.* 劉少奇 (りゅう・しょうき), リウ・シャオチー《中国の政治家 [1898-1969], 第二代国家首席 [1959-68], 文革で失脚；1979年名誉回復》.

Liuzhou, Liuchou, Liuchow
[中国] *n.pr.* 柳州 (りゅうしゅう), リウチョウ《広西壮族自治区中部の工業都市》.

livarot *n.m.*〚チーズ〛リヴァロ《ノルマンディー地方 la Normandie, département du Calvados カルヴァドス県の小都市所在地 Livarot 産の牛乳からつくられる AOC

livedo

チーズ；洗浄外皮，軟質；直径 11-12 cm，厚さ 4-5 cm の円型；脂肪分 40-45 %；旬 5月～3月）．

livedo *n.m.* 〖医〗皮斑．~ pathologique 病的皮斑．~ physiologique 生理的皮斑．~ réticulé 網状皮斑．

livernon *n.m.* 〖チーズ〗リヴェルノン（アキテーヌ地方 l'Aquitaine のリヴェルノン・ケルシー地区 le Quercy Livernon ケルシー地方（市町村コード 46320) 原産；山羊乳からつくられる，軟質，天然外皮，小円盤状，重量 30 g；脂肪分 45 %；別称 cabécou de L-カベクー・ド・リヴェルノン）．

living〔**-room**〕[liviŋrum/liviŋ]（*pl.* **~-~s**）〔英〕*n.m.* リヴィングルーム，リヴィング，居間（=salle de séjour）. Mon appartement a un ~ et 3 chambres. 私のアパルトマンはリヴングと 3 寝室 (3 LDK) である．

livraison *n.f.* **1** 引渡し；配達，配送．~ à domicile 宅配．~ à domicile de plats cuisinés 調理済料理の宅配．（租税）~ à soi-même 付加価値税自己操作．~ en gare 駅渡し．~ gratuite 無料配送．delai de ~ 配送所要期間．payable à ~ 代金着払いの．voiture de ~ 配達（配送）車．
2 配達品，配送品．recevoir (réceptionner) une ~ 配達（配送）品を受け取る．
3（分冊刊行物・叢書・全集などの）配本；配本分，配本号（巻）．

livre¹ *n.m.* 書籍，本，書物，出版物．~ blanc (bleu) 白書 (青書)．~ broché 仮綴じ本．~ de luxe 豪華本．~ de musique 楽譜．~ de poche ポケット版，新書，文庫．~ de prix（学業優秀な者に与えられる）表彰用の書籍．~ rare 稀覯本．~ relié 装丁本．~ scolaire 教科書．

◆書籍関係用語：brochage 仮綴じ．cahier 折り丁．carton 厚紙．cartonnage 厚紙装幀，厚紙表紙製本．coin かど，かど花．composition 植字，組版．couverture 表紙，カバー．couvrure 表紙貼り．dos 背．emboîtage（豪華本の）箱．endossure 背固め．fermoir 掛金．feuille 全判．en ~ 製本前の．feuillet 一丁，一葉．〖印刷〗ページ．format 型，判．~ de poche ポケット判．in-folio 二つ折判．frontispice 扉，表題．grecquage 綴じ糸用の溝．in-folio フォリオ判の，二つ折判の．in-octavo 八つ折判の．in-quatro 四つ折判の．intitulé 表題，見出し．impression 印刷．jacquette 表紙カバー．marge 余白，欄外．massicot 截断機．nervure 背のつき出した帯状部，綴帯．〖製本〗onglet 足．page ページ．page de garde 見返し．pagination ノンブル付け．plat 表紙．~ supérieur 表表紙．~ inférieur 裏表紙．photocomposition 写真製版，写植．photogravure グラビア印刷．reliure 製本，装丁．~ pleine 総革装．signet 枝折り紐．

addenda 補遺，補注．avant-propos 序文，前書．avertissement 前書き．avis au lecteur 前書き，はしがき．chapitre 章．colonne 段，欄．mettre un texte en colonne 段組にする．conclusion〔多く *pl.*〕結論，結語．dédicace 献辞．épigraphe エピグラフ，銘句．errata (*sing.* it erratum) 正誤表．incipit 冒頭の句．index 索引，インデックス．introduction 序論，序章．postface 後書き．préface 序文，前書き．prolégomène〔一般に *pl.*〕基礎概念，入門のための序論．renvoi 参照．sommaire 目次．supplément 補遺，付録．table des matières 目次．titre 表題，本の扉，見出し，章．tome 巻，冊．volume 巻，冊．

livre² *n.f.* 〖度量〗〖重量単位〗**1** リーヴル（1/2 キログラム=demi-kilogramme）．une ~ de cerises 500 グラムの桜桃．
2（英国の）ポンド（=pound britannique；453.592 g；略記 lb）．acheter une ~s de beurre バターを 1 ポンド買う．
3〖古〗リーヴル (380 ～ 550 g；パリでは 489 g)．

livre³ *n.f.* 〖貨幣単位〗**1** ポンド．~〔sterling〕英ポンド（略記 £）．~ chypriote (libanaise) キプロス（レバノン）ポンド．
2〖仏史〗リーヴル (1793 年以前の貨幣制度単位)．~ parisis 25 スー (sous) 貨幣．~ tournois 20 スー貨幣．

livre-cassette (*pl.* **~s-~s**) *n.m.* カセット本（書籍の朗読を録音したカセット）．

livre-confession (*pl.* **~s-~**) *n.m.* 告白録，告白本．

livre-journal (*pl.* **~s-~aux**) *n.m.* 〖商業〗会計日誌，日付台帳，日記帳簿 (=journal)．

livret *n.m.* **1** リヴレ，手帳；記録簿；通帳．~ de caisse d'épargne 郵便貯金通帳．L-A（定額積立貯金の）A 通帳（郵便貯金の一種で積立額については上限が設けられているが，利息は免税となる）．L-B（郵便貯金の一種；ただし積立額の上限がないかわりに利息は課税対象になる）．L- d'épargne-entreprise 創業基金積立貯金．~ de famille 家族手帳（結婚式に際して与えられる）．~ individuel (de solde) 軍隊手帳（海軍で入営時に与えられる）．~ militaire 軍隊手帳（~ individuel と共に種々の行政手続きに提示を求められる）．~ scolaire 通信簿，成績簿．compte sur ~ 銀行定額積立預金．
2 小冊子，カタログ．
3 〖音楽〗（オペラの）台本；（バレーの）筋書き (=livretto)．

livron *n.m.* 〖チーズ〗リヴロン，トム・ド・リヴロン (=tomme de L~)（ドーフィネ地方 le Dauphiné のリヴロン=シュール=ドローム Livron-sur-Drôme（市町村コード 26250) 原産；山羊乳からつくられる，軟質，天然外皮，直径 6 cm，厚さ 2 cm の小円盤

型, 重量100g, 脂肪分45％；別称トム・ド・クレスト(=tomme de Crest)).

LIX, Lix (=Laboratoire d'informatique de Polytechnique) *n.m.* ポリテクニックの情報処理研究室.

lixiviat *n.m.* (家庭ごみの)溶出処理液, 溶出液.

lixiviation *n.f.* **1** 〖化〗(溶剤による可溶性物質の)溶出, 浸出；灰汁(あく)出し. **2** 〖金属精製〗(酸・塩基等を利用した鉱石からの)脈石の)溶出処理.

Li Zhaoxing 〖中国〗 *n.pr.* 李肇星(り・ちょうせい), リー・チャオシン(1940-；2003-07年国務院外交部長(外相)).

LKA (=le Sri *La*nka) *n.m.* スリ・ランカ(国名略記).

LKS (=*L*ibération *k*anak *s*ocialiste) *n.f.* カナク社会主義解放〔運動〕(=mouvement ~)〔ヌーヴェル=カレドニー(ニュー=カレドニア)の独立派組織).

LLC (=*l*eucémie *l*ymphoïde *c*hronique) *n.f.* 〖医〗慢性リンパ性白血病.

LMC (=*l*eucémie *m*yéloïde *c*hronique) *n.f.* 〖医〗慢性骨髄性白血病.

LMD (=*l*icence-*m*aster-*d*octorat) *n.m.* 〖教育〗学士・修士・博士. harmonisation européenne des diplômes du supérieur, appelée ~ LMDと呼ばれる高等教育学位に関するヨーロッパ連合内での調整作業. idée du ~ 学士・修士・博士号の概念. le projet ~ de mise aux normes européennes 高等教育の学位のヨーロッパ規準制定計画(学士(Bac+3年), 修士(Bac+5年), 博士(Bac+8年)とする).

LMJ (=*l*aser *m*égajoule) *n.m.* 〖物理〗メガジュール・レーザー.

LMR (=*l*imites *m*aximales de *r*ésidus) *n.f.pl.* 残留農薬最大許容量.

LNDD (=*L*aboratoire *n*ational du *d*épistage du *d*opage) *n.m.* 国立ドーピング追跡研究所.

LNS (=*L*aboratoire *n*ational de la *s*anté) *n.m.* 国立保健研究所.

LO[1] (=*l*oi *o*rganique) *n.f.* 〖法律〗組織法. l'article ~ 163-1 du code électoral 選挙法組織法第163条の1.

LO[2] (=*L*utte *o*uvrière) 〔無冠詞〕 *n.f.* 労働者の闘争(1968年創設のフランスのトロツキスト派の革命的共産主義政党. リーダーはアルレット・ラギエ Arlette Laguiller [1940-], ジャック・モラン Jacques Morand ら).

LOA (=*l*ocation avec *o*ption d'*a*chat) *n.f.* 〖財政・金融〗買取選択権付き賃貸借(=location avec promesse de vente).

LOADT (=*l*oi d'*o*rientation pour l'*a*ménagement et le *d*éveloppement du *t*erritoire) *n.f.* 〖法律〗国土整備開発に関する進路指導法律.

loa jirga *n.f.* ロア・ジルガ(アフガニスタンの国民大会議 la grande assemblée traditionnelle afgane).

loase *n.f.* 〖医〗ロア糸状虫感染症, ロア・ロア・フィラリア症(=filariose à loa-loa, filariose loa；ロア糸状虫によるフィラリア症；アフリカの風土病).

lobaire *a.* 〖解剖〗葉(よう)から成る；葉の. affection ~ 葉性疾患.

lobby (*pl.* ~*ies*) 〖英〗 *n.m.* **1** 〖政治〗ロビー, 院外圧力団体(=〖仏〗groupe de pression). ~*ies* américans アメリカのロビー. **2** (ホテルの)ロビー(=〖仏〗hall d'un hôtel).

lobbying [lɔbiiŋ] 〖英〗 *n.m.* 〖政治〗ロビイング(議員に対する院外団体の圧力活動)；陳情運動(=lobbyisme).

lobbyiste (<〖米〗lobbyist) *n.* ロビイスト(議員に直接働きかけ法案に影響力を行使する活動家). ~ parlementaire 議会ロビイスト, 直接ロビイング従事者；ロビイスト.

lobe *n.m.* **1** 〖解剖〗(器官の)葉(よう). ~s du cerveau 脳葉. ~s frontaux 前頭葉. ~ occipital 後頭葉. ~ temporal 側頭葉. ~ du foie 肝葉. ~s du poumon 肺葉. ~ de l'oreille 耳朶(じだ), 耳たぶ. **2** 〖植〗(花弁・葉の)裂片. **3** 〖魚〗(尾鰭の上下の)葉. **4** 〖建築〗(ゴシック様式のアーチ・薔薇窓などの)葉形の刳込み模様, ローブ. **5** 〖通信〗ローブ(アンテナの指向性の強い輪形部分). ~ d'antenne アンテナ・ローブ. ~ principal (secondaire) 主(副)ローブ. ~ latéral サイド・ローブ.

lobé(e) *a.* 〖解剖〗分葉状の, 葉(よう)に分かれた；〖植〗(葉が)浅裂の；〖建築〗葉形刳り込みのある. feuille ~*e* du figuier いちじくの浅裂状の葉. planceta ~ 分葉胎盤.

lobectomie *n.f.* 〖医〗葉切除〔術〕. ~ hépatique 肝葉切除術. ~ pneumonaire 肺葉切除術.

lobélie *n.f.* 〖植〗ローベリア.

lobéline *n.f.* 〖医〗ロベリン(ロベリア lobélie(インドたばこ)の葉・花から抽出されるニコチンに似たアルカロイド；昔呼吸麻痺の治療に用いられたが, 現在ではタバコのニコチン中毒の禁煙剤として用いられることがある).

lobite *n.f.* 〖医〗 **1** 肺葉炎. ~ scléreuse 硬化性肺葉炎. **2** 肺葉結核(=tuberculose lobaire).

lobotomie *n.f.* 〖医〗ロボトミー, 前頭葉〔白質〕切断術. ~ transorbitale 経眼窩ロボトミー.

lobulaire *a.* 〖解剖〗小葉から成る；小葉性の；小葉に関する；小葉の. 〖医〗glomérulonéphrite ~ 分葉性糸球体腎炎. 〖医〗panniculite ~ 小葉性脂肪組織炎.

lobule *n.m.* 〖解剖〗 **1** (器官の)小葉. ~ de l'oreille 耳朶(じだ), 耳たぶ.

lobulé(e)

2 小葉〖葉 lobe の構成要素〗. ~ pulmonaire 肺小葉.
3 小葉〖細胞群〗. ~ adipeux 脂肪小葉. ~ hépatique 肝小葉.

lobulé(e) *a.* 〖解剖〗小葉から成る；小葉状の；分葉状の. 〖医〗foie ~*e* 分葉肝. 〖医〗tumeur ~*e* 小葉状腫瘍.

lobuleux(se) *a.* 〖解剖〗多数の葉（小葉）から成る. tissu ~ 葉（小葉）組織.

local[1] (*pl.***aux**) *n.m.* **1** （建物内の特定用途のための）場所，区画，部屋；〔特に *pl.* で〕事務所；教室. ~ *aux* à usage d'habitation 居住部分（= ~ *aux* d'habitation）. ~ commercial；~ *aux* commerci*aux* 店舗用の場所. ~ *aux* d'exploitation agricole 農作業場. ~ *aux* insalubres 非衛生な場所. ~ professionnel （商事・店舗以外の）職業活動用の場所（= ~ à usage professionnel）〖弁護士事務所，診療所など〗. ~ spacieux 広々とした部屋. manquer de ~ *aux* pour + *inf.* …する場所がない.
2 〔古〕（特定の）場所；所在.

local[2] (*ale*) (*pl.***aux**) *a.* （特定の）地方の，地域の；局地的な；土地に固有の. appellation ~ *ale* （葡萄酒などの）地域呼称（= cru）. averses ~ *ales* 局地的豪雨. collectivité ~ *ale* 地方自治体. couleur ~ *ale* 地方色，地方の特色. coutumes ~ *ales* 土地の風習. guerre ~ *ale* 局地戦. heure ~ *ale* 現地時間. histoire ~ *ale* 地方史. hors coût des communications téléphoniques ~ *es* 地域電話通話料金を除く. impôts ~ *aux* 地方税. industrie ~ *ale* 地場産業. journal ~ 地方紙. pouvoir ~ 地方の権力. produits ~ *aux* 地方特産品. question d'intérêt ~ 地方次元の問題. usage ~ 地域慣行.

localier *n.m.* **1** （新聞の）地方通信員，地方記者. **2** （地方紙の）地方記事担当者.

localisation *n.f.* **1** 位置測定（決定）；位置捕捉（探査）. ~ dans l'espace 空間での位置測定. station de ~ （人工衛星・宇宙船などの）位置探査局.
2 局在化；〖医〗部位；部位の認定，部域決定. ~ cérébrale 大脳機能の局在. ~ du langage 言語中枢部. ~ d'une lésion 病変の部位〔認定〕. ~ *s* graisseuses 特定部位の脂肪沈着.
3 局限；局地（局在）化，限定. ~ d'un conflit 紛争の局地化. ~ d'un contrat 契約適用領域の限定. ~ des industries 工業立地.
4 〖電算〗ローカライズ．

localisé(e) *a.* 局地的な；局部的な. adipose ~ *e* 局部的脂肪症. conflit ~ 局地的紛争. incendie ~ *e* 局地的火災.

localité *n.f.* **1** 小さな町（bourg）；村，村落（village）；小集落. habiter une ~ à l'écart des routes de grande communication 交通量の多い道路から離れた村落に住む.
2 （特定の）場所；〖生〗生息地の.

locataire *n.* **1** 〖法律〗（不動産の）賃借人，借受人. ~ d'un appartement アパルトマンの賃借人. principal ~ 主賃借人，転貸人，又貸人. sous-~ 転借人.
2 借家人；間借人，下宿人. prendre un ~ 間借人を置く.

locataire-attributaire (*pl.*~*s*-~*s*) *n.* 〖法律〗不動産割賦販売賃貸借契約（contrat de location-attribution）の受益賃借人.

locatif(ve) *a.* 〖法律〗賃借に関する，賃借人の；賃貸借物の. charges ~ *ves* 賃貸人負担費用. immeuble ~ 貸屋，賃貸不動産. impôts ~ *s*, taxes ~ *ves* 賃貸税. prix ~ 賃借料；家賃. réparations ~ *ves* 賃借人負担の修繕. risques ~ *s* 賃借人の損害弁済責任. valeur ~ *ve* 賃貸価値，家賃収入.

location *n.f.* **1** 賃貸，賃借，リース，レンタル，借りること. ~ d'un photocopieur コピー機の賃借（リース）. ~ d'une salle pour organiser un bal ダンスパーティーをするための部屋を借りること. immeuble en ~ 賃貸不動産，賃貸不動産から得る所得. matériel de ~ リースしている機器. voiture de ~ レンタカー. donner qch en ~ …を貸して収入を得る.
2 （特に）貸家，借家. ~ meublée 家具付き貸家.
3 （劇場，映画館などの）座席の予約. bureau de ~ 指定席前売り所. La ~ sera ouverte le 10 octobre. 指定席前売り 10 月 10 日開始．

location-accession (*pl.*~*s*-~*s*) *n.f.* 不動産所有権の割賦取得.

location-attribution (*pl.*~*s*-~*s*) *n.f.* 〖商業〗（不動産の）割賦販売賃貸借. contrat de ~ 不動産割賦販売賃貸借契約.

location-gérance (*pl.*~*s*-~*s*) *n.f.* 〖商業〗営業財産賃貸借，代理経営（= gérance libre）. contrat de ~ 営業財産賃貸借契約.

location-logement (*pl.*~*s*-~*s*) *n.f.* 住居賃貸（= location de logement）. ~ étudiant 学生向け住居賃貸. agence immobilière ~ 住居賃貸不動産屋. annonces immobilière ~ 住居賃貸不動産広告. contrat de ~ 住居賃貸借契約.

location-vente (*pl.*~*s*-~*s*) *n.f.* 〖商業〗買取（選択権付）賃貸；割賦販売，賦払い. en ~ 賦払で.

loch [lɔk] *n.m.* （スコットランドの）ロッホ〔谷の奥の湖水，入江〗. le ~ Ness ネス湖.

lochies [lɔʃi] *n.f.pl.* 〖医〗悪露（おろ）.

lock-out [lɔkawt, lɔkaut] 〔英〕*n.m. inv.* ロックアウト，工場（事業所，企業）閉鎖.

locomoteur(trice[1]) *a.* 〖生理〗歩行運動の，歩行運動を司る，移動運動に関する. 〖医〗ataxie ~ *trice* 歩行運動失調（症）. 〖生理〗muscles ~ *s* 歩行筋. 〖生理〗organes

~s 歩行運動器官.
—— n.m. 〖鉄道〗駆動車, 機関車 (＝locomotrice).

locomotif(ve[1]) a. **1** 〖生理〗移動運動に関する.
2 移動する, 走行する；牽引する. faculté ~ve 走行(牽引)力.〖古〗machine ~ve 蒸気機関車 (＝locomotive à vapeur).

locomotion n.f. **1** 〖生理〗(生物の)移動運動；運動機能, 運動力, 移行. organes de la ~ 移動運動器官. ~ humaine 人間の移動運動.
2 (人・物の)移動；輸送；旅行；牽引. moyens de ~ 移動手段；牽引手段. ~ à vapeur (électrique) 蒸気(電気)機関による輸送. ~ aérienne 航空輸送.

locomotive[2] n.f. **1** 〖鉄道〗機関車. ~〔à vapeur〕蒸気機関車. ~ diesel ディーゼル機関車. électrique CC 6500 CC 6500型電気機関車 (CC は前後の動輪が3 軸であることを意味する). conducteur de ~ électrique 電気機関車の運転士 (＝conducteur-électricien).〖話〗fumer comme une ~ やたらとタバコをふかす.
2 〖比喩的〗牽引者, 牽引的存在；推進者；原動力 (＝élément moteur). ~ économique (littéraire) 経済(文学)の牽引車的存在. ~ électorale 選挙運動のリーダー (原動力).

locomotrice[2] n.f. 〖鉄道〗(ディーゼル駆動式, 電動式の)中型機関車 (150-500 馬力)；駆動車, 機関車. ~s de rame des TGV TGV 列車の駆動車 (電気機関車).

loco-régional(ale) (pl.**aux**) a. 部位限定の, 局部的の. traitement à visée ~ 局部治療〖外科手術, 放射線照射などによる〗.

locotracteur n.m. 〖鉄道〗(ディーゼル・エンジン駆動の)構内用機関車；〖土木・農〗小型トラクター.

locus [lɔkys] n.m. 〖生〗遺伝子座〖染色体中の遺伝子の占める位置〗.

locution n.f. **1** 言い回し；句；慣用語法. ~ figée. ~ toute faite 成句, 慣用句. ~ vicieuse 誤った言い回し (＝ impropre).
2 〖言語〗(特定の品詞機能をもつ)相当句, 句. ~ adverbiale 副詞(相当)句.
3 〖古〗話し方, 表現法.

loden [lɔdɛn] n.m. **1** 〖織〗ローデン (チロル le Tyrol, アルザス l'Alsace 産のフェルト状のウール生地). **2** ローデン製コート.

lœss [løs]〖独〗n.m. 〖地学〗レス (＝〔独〕Löss), 黄土. ~ chinois 中国の黄土.

LOF[1] (＝ loi d'orientation foncière) n.f. 〖法律〗不動産指針法.

LOF[2] (＝ loi d'orientation forestière) n.f. 林業基本方針法. la nouvelle ~ de 2001 2001年の林業基本方針法.

loft [lɔft]〖米〗n.m. (倉庫・工場などを改装した)転用住宅, ロフト.

logarithme n.m. 〖数〗対数. ~ naturel (népérien) 自然対数. ~ vulgaire (décimal) 常用対数.〖同格〗fonction ~ 対数関数. tables de ~s 対数表.

logarithmique a. 〖数〗対数の；対数による. règle (échelle) ~ 対数尺, 計算尺. ~ n.f. 対数関数；対数曲線 (＝courbe ~).

loge n.f. **1** (家畜飼育用の)小畜舎, 仕切った囲い. ~s de l'écurie 厩舎の仕切り囲い.
2 (建物入口の)管理人室, 守衛所.
3 (劇場の)ロージュ, 桟敷席, ボックス席. ~s de balcon 正面桟敷席 (2・3 階). ~s de corbeille 正面桟敷席 (1 階後方・2 階). premières ~s 一等桟敷席 (2 階). deuxièmes ~s 二等桟敷席 (3 階).〖比喩的〗être aux premières ~s 特等席を占める；(出来事を)目の当りにする.
4 〖劇場〗楽屋.
5 〖美術〗(ローマ賞コンクール志願者用の)個室アトリエ. entrer (monter) en ~ ローマ賞コンクール参加者となる.
6 〖建築〗ロッジア (loggia；2 階以上の外周柱廊)；〖古〗階上席, 回廊. la ~ pontificale 教皇ロッジア〖教皇が祝福を与えるヴァチカン宮のロッジア〗.
7 (フラン・マソン (フリー・メイスン) 結社の) ロージュ, ロッジ (＝〔英〕lodge)；支部〖結社の構成単位〗；支部集会所. la Grande ~ de France フランス大ロージュ (1894年創設の本部組織). la Grande ~ nationale française 全フランス大ロージュ (1913年創設の本部組織；略記 GLNF).
8 〖生〗(果実・葯・子房などの)室, 房；(貝類の)体腔, (蜂などの)仕切られた巣窟. ~ unique de la fleur de pois えんどう豆の花の単室.
9 〖解剖〗腔, 収房. ~ hépatique 肝収房. ~ prostatique 前立腺小室.

logé(e) a.p. **1** 住んでいる；宿泊している. être bien ~ 快適な住い(宿)にいる；〖反語的〗困った立場にある. une domestique ~e et nourrie 3 食付き住み込みの女中.
2 〖俗〗目をつけられる, つきとめられる. être ~ par la police 警察に目をつけられる.
3 〖話〗めり込んだ. une balle ~e dans l'épaule 肩にめり込んだ弾丸.
—— n. mal[-]~ 住宅困窮者.

logement n.m. **1** 住宅, 住居. ~ collectif 集合住宅. ~ individuel 個人住宅. ~ neuf 新築住宅. ~ social 中・低所得者向け(公営)住宅. droit au ~ 住居をもつ権利. industrie du ~ 住宅産業. investissement en ~s 住宅投資. pénurie de ~ 住宅不足.
2 住むこと, 宿泊, 居住. ~ assuré par M. X X 氏宅に宿泊.
3 〖機器〗de la pile 電池の格納部.〖電算〗~ PCMCIA de type III PC カード規格準拠 3 型スロット.

logeur(se) n. (家具付き貸室・貸家の)貸

主(= ~ de garni).
loggia [伊] *n.f.* 【建築】ロッジア《屋根のあるバルコニー》；(建物外側の) 小柱廊, 開廊.
logiciel *n.m.* 【情報】ソフトウェア (matériel「ハードウェア」の対；特定のソフトウェアについては application, programme などということが多い). ~ de base 基本ソフト, オペレーティング・システム・ソフトウェア. ~ d'application アプリケーションソフト, 応用ソフト. industrie du ~ ソフトウェア産業. société de ~s ソフトウェア企業《société de services informatiques ということも多いが，この場合には主として企業ユーザーなどを対象に独自ソフトを開発する会社を指す》.
logiciel-système *n.m.* (コンピュータの) システム・ソフト, オペレーティング・システム (= [英] OS: *Operating System*), 基本ソフト.
logigramme *n.m.* 【電算】ロジグラム, 論理流れ図 (organogramme, [英] organization chart), フローチャート ([英] flow chart).
logique *n.f.* **1** 論理学；論理学書. ~ dialectique 弁証法的論理学. ~ formelle 形式論理学. ~ mathématique (symbolique) 数理 (記号) 論理学. système de ~ 論理学体系.
2 論理, 理屈；論法. ~ féminine 女の理屈.
3 論理性, (論理の) 整合性, 道理. ~ sans faille 筋道の通った (一貫した) 論理性. ~ des sentiments 感情の整合性. avec ~ 論理的に. manque de ~ 論理性の欠如.
4 (事物の) 必然的連関, 脈絡 (= enchaînement ~)；当然の成り行き. ~ des événements 事件の脈絡. en toute ~ 当然の成り行きとして.
5 【電算】論理, ロジック《計算用回路接続の基本原則；回路素子の配列》.
——*a.* **1** 論理的な；理にかなった, 合理的な；〔話〕筋の通った, 首尾一貫した. raisonnement ~ 論理的推論. Il est ~ de + *inf.* (que + *subj.*) …するのは当然のことだ.
2 論理的思考をする, 理路整然とした, 理にかなった；筋を通す；理性的な. avoir l'esprit ~ 論理的精神の持主である. Soyez ~ avec vous-même! 首尾一貫しなさい；自己矛盾のないように.
3 論理の；論理学の, 論理学的な. lois ~s 論理学上の法則, 論理法則. recherches ~s 論理的研究.
4 【文法】論理的な. analyse ~ 論理的分析.
5 【電算】論理の, ロジカルな. appareil ~ 論理的装置, ロジカルデバイス. circuit ~ 論理回路. erreur ~ 論理エラー. format ~ 論理 (ロジカル) フォーマット.
logis [lɔʒi] *n.m.* **1** 〔古・文〕住居, すみか, 宿舎. ~ familial 実家. folle du ~ (家の女狂人→) 想像力. *L*~ de France ロジ・ド・フランス《1949 年創設の中小ホテル=レストラン・チェーン名》. maître du ~ 住居の持主, 家主.
2 【軍】野営宿舎. maréchal des ~ マレシャル・デ・ロジ, (騎兵・砲兵の) 伍長.
3 【建築】母屋, 主棟, 本館 (= corps de ~；aile「翼棟」の対).
logisticien(**ne**) *n.* **1** 記号 (数理) 論理学者. **2** 物資補給担当者.
logistique *n.f.* **1** 記号論理学, 数理論理学；〔古〕計算術, 算法.
2 【軍】兵站業務《軍隊の輸送, 宿営, 糧食・武器などの補給管理業務》, 後方支援.
3 【経済】物資の総合管理, 物資補給, 物流, ロジスティックス；業務支援体制.
——*a.* **1** 記号 (数理) 論理学の；計算法の. 【数】courbe ~ ロジスティック曲線.
2 【軍】兵站の, 後方支援の. régiment ~ 兵站 (補給) 連隊. flotte ~ 補給船団. soutien ~ 兵站業務, 後方支援.
3 【経済】物資補給の, 物流の. services ~s d'un hôtel ホテルの後方支援業務《冷暖房, 調理, ランドリーなどの業務》. spécialiste en ~ 物資補給 (物流) 専門家.
logo *n.m.* ロゴ, ロゴマーク《商標, 会社名などのグラフィック表示》(= logotype).
logopathie *n.f.* 【医】言語障害.
logopédie *n.f.* 【医】言語医学《小児の発音矯正などの治療術》.
logorrhée *n.f.* 【医】語漏, 言葉漏れ.
logothèque *n.f.* 【電算】ソフトウェア資料収集館.
logotype *n.m.* 連字活字；(会社の) 社章；(商標などの) 意匠文字, ロゴ (logo)；【生】後模式標本.
loi *n.f.* Ⅰ (法, 法律, 規則) **1** (抽象的, 総合的に) 法. ~ écrite (coutumière) 成文 (慣習) 法. ~ impérative 強行的法律. ~ naturelle[1] (positive) 自然 (実定) 法. 〔史〕~ du talion 同害刑法, 反坐法, (目には目を式の) 同等の損害を与える仕返し. ~ salique サリカ法典《最古ゲルマン民族の一つサリの法典. 女性を土地相続権から排除する規定があり, 後にフランス王位継承権から女性を排除する根拠になる》. domaine de la ~ 法律の領域. "Les matières autres que celles qui sont du domaine de la ~ ont un caractère réglementaire."「法律の領域に属する事項以外の事項は, 命令的性格を有する.」(第5共和政憲法第 37 条).《*Esprit des* ~ *s*》『法の精神』《Montesquieu の著作》. gens de ~ (homme ~) 法律家, 法曹界の人. recueil des ~s 法典.
faire des ~s 法を定める, 立法に携わる. avoir force de ~ 法律と同じ効力を持つ, 法として執行される. mettre *qn* hors la ~ …を法の保護外におく (→ hors-la-~ 無法者, アウトロー). se mettre hors la ~ 法を無視する. obéir aux ~s 法に従う. 〔諺〕La

〜 est dure mais c'est la 〜. 法は厳しくとも法である. Nul n'est censé ignorer la 〜. 何人も法を知らぬものとはみなされない.
2（個別に）法律. 〜-cadre 枠組法律；基本法. 〜 d'orientation 基本法, 指針法, 指導法. 〜 de programme (〜-programme) 計画法《経済発展計画, 防衛装備計画など複数年にわたる計画を定める法律》. 〜 constitutionnelle 憲法的法律《憲法を改定するための法律》. 〜 fondamentale 基本法, 憲法. 〜 ordinaire 通常法. 〜 organique 組織法律《憲法の規定を明確化あるいは補充するための法律》. 〜 référendaire 国民投票による法律. 〜 uniforme 統一法《国際条約によって定められ, 署名国間で関連法の統一を実現するための法律》. 〜 de finances (initiale, rectificative)〔当初, 補正〕予算法〔律〕. 〜 de règlement 決算法〔律〕.
dispositions d'une 〜 法律の規定. projet de 〜 （政府提出の）法案. proposition de 〜 （議員提出の）法案. promulgation d'une 〜 法律の審署, 発布. avoir l'initiative d'une 〜 法案を提出する.
3 支配, 統治, 権威, 指示, 命令. 〜 du plus fort 強者の論理（支配）. être sous les 〜s de qn…の支配下にある. dicter sa 〜(faire la 〜) à qn. …を支配する, 支配者として振舞う.
4〖宗教〗戒律, 律法. 〜 ancienne 旧約の戒律. 〜 de Moïse モーゼの戒律. 〜 islamique イスラムの戒律（「シャリア」）. 〜 nouvelle (évangélique, de grâce) 福音書の教え. C'est la 〜 et les prophètes. 明白な事実だ, 絶対的な権威を持っている.〖諺〗Nécessité fait 〜 背に腹は替えられぬ.
5 掟, 定め. 〜 de la jungle ジャングルの掟. 〜 du milieu 暗黒街の掟. 〜 du destin 運命の定め.
6 規則, 規範. 〜 de la grammaire 文法の規則. 〜 de l'hospitalité もてなしの決まり, 作法.
II〖法則, 規範〗**1** 規律, 規範, 基準. 〜 naturelle[2] 自然律. 〜 morale 道徳律. n'avoir ni foi ni 〜 信仰の掟にも道徳の掟にも従わない. 〜 de l'esprit (du raisonnement) 精神活動の法則. 〜 du beau (de l'art) 美（芸術）の基準.
2（科学の）法則, 定律. 〜 de la pesanteur 重力の法則. 〜 des grands nombres 大数の法則. 〜 du marché 市場の法則.

loi-cadre (pl. **〜s-〜s**) n.f.〖法律〗枠組法律, 基本法《基本原則などの枠組のみを定め, 施行は細則に委ねる法律》.

loin ad. **I** **1**〖空間的〗遠くに. deux kilomètres plus 〜 2キロ先に. laisser 〜 derrière soi les concurrents d'une course レースの競走相手たちを後方に置き去りにする. C'est encore 〜 [d'ici] ? 〔ここから〕まだ遠いのですか? Ce n'est pas si 〜. そんなに遠くありません.
2〖時間的〗遠くに. 〜 dans le passé (dans l'avenir) 遠い過去（未来）に.〖話〗pas plus 〜 qu'hier ついきのうのことだが. L'été n'est plus bien 〜. 夏ももうそう遠くはない. Tout cela est bien 〜! みんな遠い昔のことだ!
3〖比喩的〗aller 〜 遠くに行く；極端に走る；〔未来形で〕出世する. aller trop 〜 行き過ぎる. Il est allé un peu 〜 dans ses reproches. 彼の批難は少しばかり度が過ぎた. Ce garçon ira 〜. この少年は出世するだろう.
ne pas aller 〜 余命幾許もない；金が長続きしない. Le malade n'ira pas 〜. 病人は長くは持つまい.
aller (entraîner, mener) 〜 重大な結果を招く；予想を上回る. une affaire qui peut (risque d') aller 〜 重大な結果を招きうる（招きかねない）事件. Cela nous conduirait (entraînerait) trop 〜. そんなことをしたら収拾がつかなくなるだろう.
aller plus 〜 先に進む. Cela n'ira pas plus 〜. これ以上どうにもなるまい. J'irai même plus 〜 et je dirai que… 一歩進めて…とさえ言おう.
aller plus 〜 que qn 人を追い越す, 凌駕する. L'élève va parfois plus 〜 que le maître. 弟子は時に師をしのぐ.
aller chercher 〜（簡単なことを）凝りすぎてややこしくする. N'allez pas chercher si 〜! そんなに凝りすぎてややこしくするな!
être 〜 遠くにいる；ぼんやりしている. mener (pousser) 〜 ses recherches 研究を推し進める.
voir 〜 遠くが見える, 目が利く, 先見の明がある. Pour réussir, il faut voir 〜. 成功を収めるには先見の明がなくてはならぬ.
II〖前置詞句〗**1**〖空間・時間〗〜 de …から遠くに（離れて）. 〜 de la foule 群衆から離れて. 〜 du monde 世間から遠ざかって. être 〜 de la vérité 真実とはかけ離れている. vivre 〜 du centre de la ville 都心から離れたところに住む.
〖諺〗L〜 des yeux, 〜 du cœur. 去る者は日々に疎し. L〜 d'ici (de nous) les flatteurs! へつらう者はここを出て行け! 〜 de là そこから遠くに；それどころではない (= au contraire). Il n'est pas gentil, 〜 de là. 彼が親切だなんて, とんでもない. L〜 de moi cette intention! そんなつもりは毛頭ありません! Nous sommes encore 〜 des vacances. ヴァカンスまではまだ間がある.
2 (ne) pas 〜 de …から遠くない；ほぼ (= à peu près). Il n'est pas 〜 de midi. 間もなく正午だ. Il [n'] a pas 〜 de trente ans. 彼はやがて30歳になる. Il n'y a pas 〜 de deux kilomètres de marche. 歩いて

ほぼ2kmの距離だ.
3 être ~ de+*inf*. …するどころではない. *L*~ de m'aimer, elle me déteste. 私を愛するどころか,彼女は私を毛嫌いしている. Je suis ~ de tenir ma promesse. 私は約束を守るどころではない.

Ⅲ〔*接続詞句*〕**1** aussi ~ que+*ind*.〔時に*subj.*〕…する限り遠くに. Aussi ~ qu'on pouvait (puisse) voir, il n'y avait rien de tout. 見渡す限り何ひとつなかった.

d'aussi (du plus)~ que〔場所については多く+*ind.*;時間については多く *subj.*〕…する限り遠くから. D'aussi (Du plus)~ qu'il m'aperçut, il agita son mouchoir. 遠くから私の姿を認めるや否や,彼はハンカチを振った. Du plus ~ qu'il m'en souvienne, rien n'a changé. 私の思い出す限りの遠い昔から何一つ変っていなかった.

2〔bien〕~ que+*subj.* …するどころか. Bien ~ que le pouvoir d'achat ait augmenté, il a diminué. 購買力は増すどころか低下している.

—*n.m.*〔成句として〕**1** Il y a ~. 距離が遠い;〔比喩的〕大きな違いがある. Il y a ~ de l'aéroport au centre-ville. 空港から都心まで距離がある. Il n'y a pas si ~ des hommes aux bêtes. 人間と畜生との違いはそれほど大きくはない. Il n'y a pas ~. それほど遠くない;〔比喩的〕それほど違いはない.〔諺〕Il y a ~ de la coupe aux lèvres. (盃から唇までは遠い→)計画から実現までの間に何が起こるかわからない.

2〔副詞句〕au ~ 遠くに. aller (partir) au ~ 遠くに出かける. entendre un bruit au ~ 遠くの物音を聞く. regarder (voir) au ~ 遠くを眺める.

3〔副詞句〕de ~ 遠くから;早くから;遙かに. arriver de ~ 遠くからやって来る. dater de ~ 遠い昔の出来事である. être parent de ~ 遠い親戚である. prévoir le danger de ~ 早くから危険を予見する. revenir de ~ (危険・重病などから)危うく助かる.

suivre de ~ 遠くから後をつける;遠くから成行きを見守る. suivre de ~ les événements 遠くから事件を見守る. voir venir *qn* de ~ 人の心の底を見抜く. C'est de ~ son meilleur roman. この小説はまさに彼の最高傑作だ.

de près ou de ~ 多かれ少なかれ. Il n'est mêlé à cette affaire ni de près ni de ~. 彼はこの件に全くかかわっていない.

4〔副詞句〕de ~ en ~ 間隔を置いて;まばらに;時たま. repères placés de ~ en ~ 間隔を置いて設置された目印. Ils ne se voient plus que de ~ en ~. 彼らはもう時たま会うだけである.

Loing *n.pr.m.*〔地理〕le ~ ロワン川(セーヌ河の支流,長さ166km;Montargis モンタルジ, Nemours ヌムール, Moret モレ

を流れる). canal du ~ ロワン運河.

lointain[1](*e*) *a.*〔時に名詞の前〕(空間的に)遠い,遠方の. exil 流刑. expéditions ~*es* 遠征. navigations ~*es* 遠洋航海. pas ~ 遠くの足音. pays ~ 遠い国,遠国.

2 (時間的に)遠い,遠い昔の;遙か未来の. avenir ~ 遙かな未来. passé ~ 大昔. perspective ~*e* 長期見通し.

3〔関係などが〕遠い;直接的でない. nos ~*s* ancêtres 我々の遠い祖先. causes ~*es* 遠因,間接的原因. rapports ~*s* 遠い関係. ressemblance ~*e* 漠とした類似.

4〔文〕放心した,心ここにない. avoir l'air (un air)~ ぼんやりしている.

lointain[2] *n.m.* **1** 遠方. au ~;dans le ~ 遠くに.

2〔多く *pl.*〕〔絵〕遠景;遠方の眺め. ~*s* bleuâtres 青みがかった遠望.

3〔文〕遠い昔. dans le ~ des âges 遠い昔に.

loi-programme (*pl.* ~*s*-~*s*) *n.f.* 計画法〔律〕,プログラム法〔律〕(1)国の経済的・社会的活動目標を定める数年間の予算措置を伴った法律=loi de programme, loi d'engagement. 2)特定の目的・財源を定めるという制約をもたない法律).

Loir *n.pr.m.*〔地理〕le ~ ロワール川,ル・ロワール(ロワール河 la Loire 水系;la Sarthe サルト川の支流;311 km;Châteaudun シャトーダン, Vendôme ヴァンドーム, La Flèche ラ・フレーシュを流れる).

Loire *n.pr.f.* **1** la ~ ロワール河(フランス国内最長の河川;標高1,408 m のジェルビエ=ド=ジョン山地 Gerbier-de-Jonc に源を発し,中央山塊中部,パリ平野南部,アルモール山塊東南部を経て大西洋に注ぐ;全長1,020 km;主な支流:アリエ川 l'Allier, シェール川 le Cher, アンドル川 l'Indre, ル・ロワール川 le Loir, クルーズ川 le Creuse, ヴィエンヌ川 la Vienne, メーヌ川 la Maine). châteaux de la ~ ロワール河の城. le Pays de la ~〔地理〕ロワール地方.〔行政〕région Pays-de-la-~ ロワール河流域地方(フランスとUEの広域行政区域名;la Loire-Atlantique, le Maine-et-Loire, Mayenne, la Sarthe, la Vendée の5県からなる;地方庁所在地:ナント Nantes;面積32,082 km²;人口3,059,112). le Val de ~ ロワール河流域 (=le Val).

2〔行政〕la ~ ロワール県 (=département de la ~;県コード42;フランスとUEの広域地方行政区画の région Rhône-Alpes ローヌ=アルプ地方に属す;県庁所在地:サン=テチエンヌ Saint-Etienne;3郡,40小郡,327市町村;主要都市:モンブリゾン Montbrison, ロアンヌ Roanne;面積4,774 km²;人口728,524;住民:Ligérien (*ne*)).

Loire-Anjou-Touraine *n.pr.* ロワ

ール河流域=アンジュー地方=トゥーレーヌ地方. parc naturel régional de ~ ロワール河流域=アンジュー=トゥーレーヌ地方自然公園(l'Indre-et-Loire, le Maine-et-Loire両県にまたがる地方自然公園；23.5万 ha).

Loire-Atlantique *n.pr.f.*〖行政〗la ~ ロワール=アトランティック県(＝département de la ~ ；県コード44；フランスとUEの広域地方行政区画のPays de la Loire ペイ・ド・ラ・ロワール地方に属す；県庁所在地Nantes ナント；主要都市Ancenis アンスニ, Châteaubriant シャトーブリヤン, Saint-Nazaire サン=ナゼール；4郡, 59小郡, 221市町村；面積6,893 km²；人口1,134,266).

Loiret *n.pr.m.* **1**〖地理〗le ~ ロワレ川(Orléans オルレアンの南に源を発する川；長さ12 km).
2〖行政〗le ~ ロワレ県(＝département du ~ ；県コード45；フランスとUEの広域地方行政区画のrégion Centre サントル地方に属す；県庁所在地Orléans；主要都市Giens ジヤン, Montargis モンタルジ, Pithiviers ピティヴィエ；3郡, 41小郡, 334市町村；面積6,742 km²；人口618,126；住民：Loiretain(*e*)).

Loir-et-Cher *n.pr.m.*〖行政〗le ~ ロワール=エ=シェール県(＝département du ~ ；県コード41；フランスとUEの広域地方行政区画のrégion Centre サントル地方に属す；県庁所在地Blois ブロワ；主要都市Romorantin-Lanthenay ロモランタン=ラントネー, Vendôme ヴァンドーム；3郡, 30小郡, 291市町村；面積6,314 km²；人口314,968；形容詞 loir-et-chérien(*ne*)).

loisir *n.m.* **1** 暇, 自由になる時間, 余裕. avoir le ~ de+*inf.* …する時間がある, 好きかってに…できる. à ~ たっぷり時間をかけて, 心ゆくまで.
2〔*pl.* で〕余暇, レジャー. emploi des ~s 余暇の利用法. industrie des ~s レジャー産業.

LOLF (＝*l*oi *o*rganique relative aux *l*ois de *f*inances) *n.f.*〖法律〗財政諸法に関する組織法(2001年8月1日 n°2001-692).

lolo *n.m.* **1**〔幼児語〕おっぱい(母乳 lait).
2〔俗〕おっぱい, 乳房(sein).

lombago *n.m.*〖医〗腰痛〔症〕(＝lumbago).

lombaire *a.*〖解剖・医〗腰部の；腰の. anesthésie ~ 腰椎麻酔. douleurs ~s 腰痛(＝lombago 腰痛症). ponction ~ 腰椎穿刺. vertèbres ~s 腰椎〔骨〕.
——*n.f.*〖解剖〗腰椎(＝vertèbres ~s).

lombalgie *n.f.*〖医〗腰痛(＝lombago).
lombalgique *a.* 腰痛の. douleur ~ 腰痛.
——*n.* 腰痛症患者；腰痛もち.

lombalisation *n.f.*〖医〗腰椎化, 腰仙移行椎(第1仙椎が腰椎の形態を呈する異常).

lombard(**e**) *a.* **1** ロンバルディア地方(la Lombardie,〔伊〕Lombardia；イタリア北部の地方・州；州都 Milan (Milano))の；ロンバルディア地方の住民の. le Royaume ~-vénétien ロンバルディ=ヴェネツィア王国(1815-59年).
2〖経済〗ロンバート街(Lombard Street；ロンドンの金融街)の. taux ~ ロンバート街レート.
——*L*~ *n.* ロンバルディア地方の住民.

lombarthrose *n.f.*〖医〗腰椎関節炎；腰痛.
lombes [lɔ̃b] *n.m.pl.*〖解剖〗腰部；腰.
lombo-sacré(**e**) *a.*〖解剖〗腰仙移行部の(第5腰椎骨と仙骨にかかわる). articulation ~ 腰仙移行椎関節, 腰仙関節.

lombo-sciatique *n.f.*〖医〗腰痛を伴った坐骨神経痛.

lombostat [lɔ̃bɔsta] *n.m.* 腰部固定コルセット.

lombotomie *n.f.*〖医〗腰部腹壁切開〔術〕.

lombric [lɔ̃brik] *n.m.*〖動〗**1** みみず(＝verre de terre). **2** 回虫(＝ascaride).

lombriculture *n.f.* みみず養殖(肥料製造用).

Lomé *n.pr.* ロメ(アフリカ中部トーゴ共和国 la République du Togo の首都；港湾都市；形容詞 loméen(*ne*)). conventions de ~ I (II, III, IV) ロメ協定 I (II, III, IV)(ヨーロッパ共同体とアフリカのACP諸国との間で1975, 1979, 1984, 1989年に結ばれた経済発展援助協定).

londonien(**ne**) *a.* ロンドン(Londres, London)の.
——*L*~ *n.* ロンドンの住民, ロンドン市民.

Londres *n.pr.f.*(*m.*) ロンドン(London；連合王国の首都). le Grand ~ 大ロンドン圏. la Tour de ~ ロンドン塔.

long¹ *n.m.* **1** 長さ；縦(＝longueur). avoir… de ~ ；de… de ~ 長さが…である. Ce pont a deux cents mètres de ~. この橋は長さが200メートルです. table de deux mètres de ~ sur un mètre de large 縦2メートル横1メートルのテーブル.
◆〔副詞的〕de ~ ；en ~ 縦に.
scier une planche de (en) ~ 鋸で板を縦に切る. de ~ en large 縦と横に；行ったり来たり. marcher de ~ en large dans la chambre 部屋の中を行ったり来たりする.
en ~ et en large 四方八方に, あちこちと；〔比喩的〕あらゆる方向から；何から何まで.
〔tout〕au ~ ；tout du ~¹ ；au ~ et au large 完全に, 一から十まで；始めから終りまで. raconter *qch* tout au ~ 何の一部始終を話す.
de〔tout〕son ~ 長々と. se coucher de tout son ~ 長々と寝そべる.

long²(***ue***¹)

◆〖前置詞句〗〔tout〕le ~ de；au ~ de；tout du ~² de〖空間〗…に沿って；〖時間〗…の間中．flâner le ~ d'une rivière 小川に沿ってぶらぶら歩きする．grimper le ~ d'un mât マストによじ登る．habiter le ~ de la Marne マルヌ川沿いに住む．marcher tout le ~ du jour 一日中歩きまわる．La sueur coule tout le ~ du corps. 汗が体を伝ってしたたり落ちる．**2** 遠回りな道（＝le chemin le plus ~）. prendre le plus ~（au ~）一番遠回りの道をとる．

──*ad.* **1** 多量に；詳しく．en connaître ~ とことんまで知っている．en dire ~ 詳しく物語る．en savoir ~ 詳細に知っている．désir d'en savoir plus ~ より詳しく知ろうとする欲求．**2** 長い衣服を着て．~ vêtu(*e*) 長い衣服を着る．s'habiller ~ ロングドレスを着る．

long²(***ue***¹) *a.* ① 〖空間的〗**1** 長い（court「短い」の対）；縦長の，細長い（large「幅広の」の対）． ~ bec 長い嘴．~*s* cheveux・cheveux ~*s* 長髪．fille aux cheveux ~*s* 長い髪の娘．avoir de ~*s* cheveux 髪が長い．~-courrier 長距離旅客機．~ue épée 長い剣．~ues jambes 長い脚．~ue liste 長いリスト．~*s* muscles fuselés 長い紡錘型の筋肉．chemise à manches ~ues 長袖のシャツ．〖解剖〗os ~ 長骨．personne ~ue et maigre 長身で痩せた人．robe ~ue ロングドレス．salle très ~ue 奥行きのあるおそろしく細長いホール．~ de¹ …の長さの．〖話〗nez ~ d'une aune おそろしく長い鼻．rue ~ue de cent mètres 長さ100 mの通り．**2** 長距離の，長い，長めの．~ue distance 長距離．~ue file de voitures 長い車の列．~ue rue 長い通り．~ trajet 長い行程（道のり）．〖軍〗coup ~ 目標を越えて着弾した射撃．missile à ~ue portée 長距離ミサイル．avoir la vue ~ue 遠目が利く．prendre le chemin le plus ~（一番遠回りする→）回りくどい方法をとる．**3** 〖料理〗薄い（épais「濃い」の対）．sauce ~ue 薄くのばしたソース．**4**（柔らかくて）長くのびる．pâte ~ue よくのびる生地（練り物）．② 〖時間的〗**1**〖多く名詞の前〗長い；長く続く．~ue absence 長期不在（欠席）．~ues années（heures）永年（長期間）．~*s* baisers 長い接吻．~ue durée de la vie 長寿．espoir ~ 永年の希望．~ hiver 長い冬．le Jour le plus ~ 最も長い一日（映画『史上最大の作戦』(1963 年）の原題）．~ue maladie 長患い．〖史〗la *L*~ Marche（中国共産党の）長征（1934-35 年）．~ues nuits d'hiver 冬の夜．~ silence 長い沈黙．~ue suite d'événements 長期にわたる一連の出来事．~ue vie 長命，長寿．élixir de ~ue vie 不老

長寿の霊薬．disque microsillon de ~*ue* durée LP レコード．effet de ~*ue* échéance 長期手形．œuvre de ~*ue* haleine 息の長い仕事．prêt à ~ terme 長期貸付．~ de² …の間続く．règne ~ de dix ans 10 年続いた支配．traversée de ~*ue* d'un mois 1 カ月続く航海．avoir l'haleine ~*ue* 息が長い．rester au lit de ~*s* jours 長い間病床に伏せる．trouver le temps ~ 時間が長く思う．**2** 気長な；ぐずぐずした；長々と続く，長ったらしい．~ discours 長々と続く話．Vous avez été trop ~. あなたはお喋りが過ぎましたよ．〖話〗~ à＋*inf.* なかなか…しない；…するのに手間取る．Il a été ~ à venir. 彼はなかなか来なかった．**3**〖一般に名詞の前〗昔からの，昔ながらの，古くからの，遠い．~*ue* habitude 古くからの習慣．~ passé 遠い過去．de ~*ue* date 昔からの．ami de ~*ue* date 旧友．**4**〖言語〗長く発音する，長い．syllabe（voyelle）~*ue* 長音節（長母音）．

longane *n.m.*〖植〗龍眼（りゅうがん）（インド・中国原産の果実）．

long-courrier *n.m.* **1**〖航空〗長距離旅客機（6,000 km 以上）．**2**〖海〗遠洋航海船．

long-drink [lɔ̃gdrink]〖英〗*n.m.* ロング・ドリンク（水とソーダで割ったアルコール飲料；特に背の高いグラスに注いだジュース割りビール）．

longeole *n.f.*〖食品〗ロンジョル・ソーセージ（サヴォワ地方 la Savoie・スイス原産の野菜に豚の内臓と脂を加えてつくる）．

longévité *n.f.* **1** 長寿，長い寿命．~ des tortues 亀の長寿命．**2** 寿命．~ moyenne 平均寿命．

longitude *n.f.* **1**〖地理〗経度．La France se situe entre 42°20′et 51°5′de latitude nord et s'étend de 5°56′de ~ ouest à 7°9′de ~ est. フランスは北緯42度20分と51度5分，西経5度56分と東経7度9分の間に位置する．Bureau des ~*s* 国立経度局（1795 年創設）．**2**〖天文〗~ céleste 黄経．~ galactique 銀経．

longitudinal(***ale***)(*pl.* ***aux***) *a.* 縦の，縦方向の（transversal「横方向の」の対）．axe ~ 縦軸．onde sismique ~（地震波の）縦波．P 波（＝〖英〗primary wave）.

long-métrage (*pl.* ~*s*-~*s*) *n.m.*〖映画〗長編映画，長編作品．

long-seller [lɔŋsɛlœr]〖英〗*n.m.* ロングセラー本；ロングセラー商品．

longtemps *ad.* 長い間；長々と；久しく．~ avant (après) sa mort 彼が死ぬずっと前に（彼の死後ずっとたってから）．parler ~ 長々と話す．Restez aussi ~ que vous voudrez. あなたの好きなだけ長くいてくだ

さい.
—*n.m.* **1**〚前置詞と共に〛avant ~ 近いうちに, 間もなく. Vous entendrez parler de lui avant ~. いずれ彼の評判をお聞きになるでしょう. dans ~ いずれ. Est-ce qu'il partira dans ~? そのうち彼は出かけるでしょうか?
de ~ ;〚話〛d'ici ~ ずっと前から;長い間;しばらくの間, 当分は. Je vous connais de ~. 私はずっと前からあなたを知っています. Je ne compte pas y retourner d'ici ~. 私は当分そこに帰る気はありません.
depuis ~ 久しい以前から.
pendant ~ 長い間. Il est resté absent pendant ~. 彼は長い間不在であった.
pour ~ 長い間 (予定). Etes-vous à Paris pour ~? パリにはずっといらっしゃるのですか? Je n'en ai pas pour ~. 長くはかかりません.〚話〛私はもう長い命ではありません.
2(il y a;voici;voilà と共に). il y a (voici, voilà)~ ずっと前に (=〚話〛ça fait ~). Y a-t-il ~ à attendre? 長いこと待たなくてはいけませんか? Il y a (voici, voilà)~ que+ind. ずっと前から…であった. Il y a ~ que je t'aime. ずっと前からあなたが好きだった. Voilà ~ que nous ne nous sommes vus. 久しく私たちは会っていません.
3 mettre ~ à *inf.* なかなか…しない. J'ai mis ~ à me décider. 私はなかなか決心がつかなかった.

longue² *n.f.* **1** à la ~ 時の経つにつれて, しまいには. Je me suis convaincu à la ~. とうとう私は納得した.
2〚言語〛長音節 (=syllabe ~);長母音 (=voyelle ~).
3〚音楽史〛ロンガ (=note ~)《定量記譜法の音符の一》.
4〚球技〛ロング《ペタンクよりコショネ (標的小球) の位置が遠い球技》.

longueur *n.f.* Ⅰ(空間的) **1** 長さ. ~ d'une allée 並木道の長さ. ~ d'une automobile 自動車の長さ (全長). ~ du corps humain 人体の身長 (=taille). ~ d'une robe ドレスの丈. ~ hors-tout d'un véhicule 車の全長. ~ parcourue 踏破 (走行) 距離. augmentation (diminution) de ~ 長さの伸長 (短縮). unité de ~ 長さの単位. avoir une ~ de dix mètres;avoir dix mètres de ~ 10メートルの長さがある, 長さが10メートルある.
2 縦の長さ;縦 (largeur「横」, hauteur「高さ」, profondeur「奥行」の対). dans le sens de ~;en ~ 縦方向に. extension en ~ 縦の伸長.〚スポーツ〛saut en ~ 走り幅跳び. pièce tout en ~ 細長い部屋. pièce de 7 mètres de ~ sur 5 de largeur 縦7メートル横5メートルの部屋.
3〚幾何〛長辺. ~ et largeur d'un rectangle 長方形の長辺と短辺.
4〚スポーツ〛(競馬の) 馬身;(ボートの) 挺身;(自動車の) 車身 (身差). Ce cheval a gagné de deux ~s. この馬は2馬身差で勝った.〚比喩的〛avoir une ~ d'avance sur *qn* 人より優位に立つ. battre son adversaire de plusieurs ~s (選挙などで) 競争相手に大差をつけて勝つ.
Ⅱ(時間的) **1** 長さ. ~ du jour 日 (昼間) の長さ. à ~ de …の間ずっと. à ~ de journée (de semaine, d'année) 一日中, まる一日 (まる一週間, 一年中).
2 長さ;長引くこと, 長期〔化〕;〔*pl.* で〕遅延. ~ du temps 時の長さ. ~ du voyage 旅行期間の長さ. ~s de la justice 裁判の遅延. traîner en ~ (事が) 長引く. tirer *qch* en ~ 何を長引かせる.
Ⅲ(作品などの) 長さ;〔*pl.* で〕冗長さ, 冗漫さ. ~ d'un discours (d'une lettre, d'un roman, d'un texte) 講演 (手紙, 小説, 文章) の長さ. ~s d'un film (d'un roman) 映画 (小説) の冗漫さ. fuir les ~s 冗長を避ける.

longue-vue(*pl.* ~**s**-~**s**) *n.f.*〚光学〛(屈折) 望遠鏡 (=lunette d'approche).

Lons-le-Saunier *n.pr.* ロンス=ル=ソーニエ (département du Jura ジュラ県の県庁所在地;市町村コード 39000;温泉場;形容詞 lédonien (*ne*)).

looping [lupiŋ] *n.m.* **1**〚航空〛宙返り (=boucle (complète)).
2〚電算〛ループ計算.
3〚映画〛ルーピング《反復フィルムを何度も映写しながら画面と音声を同調させること》.

LOPSI (=*l*oi d'*o*rientation *p*our la *s*écurité *i*ntérieure) *n.f.*〚法律〛国内治安に関する指針 (進路指導) 法〔律〕.

loran *n.m.*〚航空・海〛ロラン《誘導電波による位置測定装置;=〔仏〕aide à la navigation à longue distance》;ロラン航法.

loratadine *n.f.*〚薬〕ロラタジン《アレルギー治療薬;薬剤製品名 Clarityne (*n.f.*)》.

lorazépam *n.m.*〚薬〕ロラゼパム《抗不安薬;薬剤製品名 Témesta (*n.f.*) など》.

lord [lɔr(d)]〔英〕*n.m.* (英国の) 貴族, 華族;ロード, 卿《英国の侯・子・男爵および公・侯爵の子息, 伯爵の長子, 上院議員, 一部の高官に対する尊称》. L~ et Lady Backingham バッキング卿夫妻. ~ chancelier 英国の大法官. premier ~ de l'Amirauté 英国海軍大臣 (1964年までの呼称). la chambre des ~s 英国上院.

lordose *n.f.*〚医〕脊柱変形, 脊柱前弯症.

Lorient *n.pr.* ロリヤン (département du Morbihan モルビアン県の小郡市所在地;市町村コード 56100;大西洋に面した漁港・軍港;形容詞 lorientais (*e*)). aéroport de ~-Lann-Bihoué ロリヤン=ラン=ビユエ空港 (海軍航空隊基地を兼ねる). base des sous-marins de ~ ロリヤン潜水艦隊基地. école de Marine de ~ ロリヤン海軍兵学校.

lormes *n.m.* 〖チーズ〗ロルム《ニヴェルネ地方 le Nivernais で, 山羊乳または半山羊乳 mi-chèvre からつくられる, 軟質, 天然外皮, 底面直径 8 cm, 高さ 5 cm の円錐台型, 重量 250 g, 脂肪分 45 %》.

lorrain(e) *a.* ロレーヌ地方 la Lorraine の; ~の住民の; ロレーヌ語の.
— **L~** *n.* ロレーヌ地方人; ロレーヌ地方出身者.
— *n.m.* 〖言語〗ロレーヌ語《ロレーヌ地方で話されるオイル語》.

Lorraine *n.pr.f.* **1** la ~ ロレーヌ地方《東北フランスの旧地方・旧州名》. croix de ~ ロレーヌ十字《二重十字》. maisons de ~ ロレーヌ家.
2 〖行政〗la ~ ロレーヌ地方《=la région ~; フランスとUEの広域地方行政区画名; la Meurthe-et-Moselle, la Meuse, la Moselle, les Vosges の4県から成る; 面積 23,540 km²; 人口 2,310,376; 地方庁所在地 Metz; 形容詞 lorrain(e)》. Le parc naturel régional de ~ ロレーヌ地方自然公園《面積 208,000 ha, 1974 年創設》.

losartan *n.m.* 〖薬〗ロサルタン《降圧薬; 高血圧症治療薬; 薬剤製品名 Cozaar (*n.m.*)》.

Lot [lɔt] *n.pr.m.* **1** 〖地理〗le ~ ロット川《mont Lozère ロゼール山に源を発し, Mende マンド, Cahors カオールを経て, ガロンヌ河に流れこむ; 長さ 480 km》.
2 〖行政〗le ~ ロット県《=département du ~; 県コード 46; フランスとUEの広域地方行政区画の région Midi-Pyrénées ミディ=ピレネー地方に属す; 県庁所在地 Cahors; 3 郡, 31 小郡, 340 市町村; 面積 5,228 km²; 人口 160,197; 形容詞 lotois(e)》.

lot [lo] *n.m.* **1** (宝くじの)賞金, (福引などの)賞品. ~ de consolation 残念賞. ~s payés (宝くじの)支払賞金. gros ~ 特賞. gagner le gros ~ 特賞に当る; 〖比喩的〗大当りする; 素晴らしい幸運に恵まれる.
2 〖財政〗(抽選による)割増金. obligations à ~s 抽選による割増金付償還債券.
3 〖法律〗(共同相続財産の相続人の)具体的相続分, 取り分, 分け前 (= ~ d'une succession). ~ en argent (en nature) 金銭 (現物) の分け前. formation et composition des ~s 具体的相続分の形成および構成. retour de ~ 具体的相続分の払戻し (=soulte de partage).
4 〖法律〗(分割売却される財の)分割部分; 区画, 画地, 一筆 (= ~ de terrain). diviser une terre en plusieurs ~s 土地を複数の区画に分割する.
5 〖法律〗(共同所有建造物の)持分.
6 (一括した商品の)一組, 一山, 一口; (生産ラインの)ロット; (パイプラインで供給される)石油 1 回分. un ~ de chaussures 靴 1 ロット. un ~ de marchandises en solde 一山の特売品 (= [英] batch). ~ de réparation 修理工具キット. ~ de travaux 生産ロット.
7 〖電算〗ロット, 一括データ《処理の一単位となる複数の命令群データ》. traitements par ~ 一括 (バッチ) 処理 (= [英] batch processing).
8 〖建設〗ロット, 工区. appel d'offres par ~s séparés 分割した工区毎の競争入札.
9 un ~ de …の一群. un ~ de Français 一群のフランス人. un ~ d'idées いくつかの考え.
10 〖スポーツ〗スタートラインに集まった競技者.
11 〔話〕tout le ~ グループ全体, 一団.
12 〔比喩的〕(運命の)定め, 巡り合わせ; 運. La misère est mon ~. 貧困が私の定めだ.
13 〔比喩的〕〔俗〕un joli petit ~ かわいい娘.

loterie *n.f.* **1** 籤引き, 籤, 宝くじ. billet de ~ 宝くじ券. L~ nationale 国営宝籤《1933-90 年》. **2** 偶然の支配するもの.

Lot-et-Garonne *n.pr.m.* 〖行政〗le ~ ロット=エ=ガロンヌ県《=département du ~; 県コード 47; フランスとUEの広域地方行政区画の région Aquitaine アキテーヌ地方に属す; 県庁所在地 Agen アジャン; 4 郡, 40 小郡, 317 市町村; 面積 5,358 km²; 人口 305,380; 形容詞 lot-et-garonnais(e)》.

LOTI (= *l*oi d'*o*rientation des *t*ransports *i*ntérieurs) *n.f.* 〖法律〗国内交通機関に関する指針(進路指導)法〔律〕.

lotion *n.f.* **1** ローション. ~ après rasage アフターシェーヴ・ローション. ~ capilaire ヘアローション, 養毛トニック.
2 〖医〗洗浄剤 (= ~ médicamenteuse).
3 〔古〕洗浄, 沐浴. faire des ~s sur une plaie 傷口を洗う.

lotissement *n.m.* **1** 分割, 分配. ~ des immeubles d'une succession 相続不動産の分割.
2 (土地の)区画割り; 分譲.
3 分譲区画, 分譲地, 分譲団地. ~s de banlieue 郊外の分譲団地. habiter dans un ~ 分譲地に住む.

loto [伊] *n.m.* ロト《番号合わせゲーム》, ロトの道具, 番号籤. le L~ ロト《1976 年導入の国営宝籤》. L~ foot サッカー籤《フランスでは 1985 年スポーツ籤 L~ sportif の名で導入》.

lotte *n.f.* 〖魚〗**1** ロット (lote), ロット・ド・リヴィエール (~ de rivière), かわめんたい《鱈科 Gadidés, ロータ Lota 属の淡水魚; 学名 Lota lota Linn; 英名 burbot》. foie de ~ ロットの肝.

2 ~ de mer 鮟鱇（あんこう）(=baudroie)（俗称:「海のひき蛙」crapaud,「海の悪魔」diable de mer). médaillons de ~ aux herbes 輪切りロットの白葡萄酒煮香草入り生クリームソース和え.

lotus [lɔtys][ラ] *n.m.* **1**〖植〗睡蓮；白花睡蓮(=nénuphar blanc [de l'Inde]). ~ lotos ナイル睡蓮(=nénuphar du Nil). sacré 蓮.
2〖ギ神話〗ロートスの木，憂い忘れの樹（なつめの一種；この実を食べたユリシウスの部下たちは故国を忘れたとされる).
3〖植〗~ jujubier なつめの一種.
4〖植〗みやこぐさ(=lotier).
5〖建築〗蓮華模様.
6〖ヨガ〗position du ~ 蓮華座.

louable¹ *a.* 賃貸借可能の. chambre ~ au mois 月極めの貸部屋.

louable² *a.* 称賛に値する. intentions ~s 見事な意図. faire de ~s efforts 称賛に値する努力をする.

louage (<louer) *n.m.* **1**〖法律〗賃貸借；賃貸契約(=contrat de ~). ~ de choses 物の賃貸借. ~ des maisons 家屋の賃貸借契約(=bail à loyer). ~ d'ouvrage 請負契約. ~ de services 労務契約. de ~ 賃貸用の. voiture de ~ レンタカー(=voiture de location);〖古〗貸馬車.
2 賃貸料(=loyer). payer le ~ de *qch* 何の賃借料を払う.

louange (<louer) *n.f.* **1** ほめること；ほめられること；称賛，賛美. ~ de (à l'égard de) *qn*¹ (*qch*) 人（物）に対する称賛. ~ de *qn*² 人から受ける称賛. à la ~ de …を称えて. discours à la ~ d'un héros 英雄を称える演説. psaumes à la ~ de Dieu 神を称える詩編. écrire un poème à la ~ de *qn* 人を称えて一編の詩を書く. faire la ~ de *qn* 人を称える.
2〔多く *pl.*〕賛辞. ~ à Dieu 神への賛辞. ~s flatteuses (serviles) お世辞，おべっか. concert de ~s 賛辞の嵐. chanter les ~s de *qn* 人を称めやす. donner (prodiguer) des ~s 称めそやす.
3 功績，手柄，メリット. C'est tout à sa ~. それはすべて彼の功績だ.

loueur(se) *n.* 賃貸人，貸主. ~ de chevaux 馬貸業者. ~ en meublé 家具付賃貸の貸主. ~-se de chaises（公園の）貸椅子料金徴収係の女性(=chaisière). ~ de voiture レンタカー業者.

louis (<Louis ⅩⅢ) *n.m.* **1** ルイ金貨(=~ d'or)（1）ルイ13世からルイ16世の治世下で使用；10又は24 livres 相当；2）1803-1914年に流通した20フラン金貨(=napoléon)). deux ~ d'or 2枚のルイ金貨.
2〖賭博〗〖古〗perdre cent ~ au baccara バカラ賭博で2000フランをする.

loup *n.m.* **1** 狼（雌は louve，子は louveteau). ~ sibérien シベリア狼. ~ américain コヨーテ(=coyote). ~ doré ジャッカル(=chacal).〖カナダ〗~-marin あざらし(=veau-marin, phoque). ~ peint リカオン(=lycaon). ~ qui hurle 吠える狼. chasse au ~ 狼狩り(=louveterie). piège à ~ 狼用の罠. faim de ~ ひどい空腹. homme-~ 狼人間 = loup-garou, lycanthrope).
2〖比喩的〗à pas de ~ 抜足差足で，こっそりと. crier au ~ 危険を告げる. être connu comme le ~ blanc ひろく知られている. hurler avec ~s 付和雷同する. jeune ~ du sport スポーツ界の若きホープ. vivre comme un ~ 人里離れて孤独に暮す.〔諺〕Quand on parle du ~, on en voit la queue. 噂をすれば影.
3 狼の毛皮；あざらしの毛皮.
4 ~ de mer¹ 老練な船乗り；白と紺の横縞の水夫シャツ.
5〖魚〗~〔de mer²〕すずき(=bar). ~ au fenouil ういきょう風味のすずきの塩焼き.
6〖話〗mon ~；mon gros ~；mon petit ~ 私の可愛い坊や(=loulou).
7（仮装舞踏会用の）黒ビロードの半仮面.
8〖建築・裁縫〗きず，仕損じ；〖印刷〗（刷り上がりの）脱字，欠落.
9〖冶〗炉塊；鉄床；サラマンダ.
10〖天文〗le L—狼座.

loupe *n.f.* **1** ルーペ，拡大鏡，虫めがね. ~ binoculaire 双眼顕微鏡. lire avec une ~ (à la ~) ルーペを使って読む. regarder *qch* à la ~ 何を虫めがねで見る；何を詳細に検討する.
2〖植〗木の瘤（こぶ）；〖木工〗杢（もく).
3〖医〗皮脂嚢胞(= kyste sébacé), 粉瘤.
4〖冶〗塊鉄，ブルーム.
5〖宝石〗きず〔物〕.

loupiac *n.m.*〖葡萄酒〗ルーピヤック（département de la Gironde ジロンド県南部, ガロンヌ河右岸, Barsac の対岸の Loupiac 村（市町村コード33410）で生産されるやや甘口の白の AOC 酒).

lourd(e)¹ *a.* Ⅰ（重い）**1**（重量が）重い (léger「軽い」の対). ~ charge 重量積載物, 重荷. ~e pierre 重い石. ~e valise；valise ~e 重いスーツケース.〖自動車〗poids ~¹ 重量物輸送車, 重量車, ポワ・ルール (autobus, autocar, camion, remorque, routier など).〖農〗terrain ~ 粘土質の重い土；〖競馬〗重馬場(=piste);〖スポーツ〗ぬかったグラウンド.
2 重い感じの，重い，重々しい；重苦しい. bâtiment ~ 重厚な建物. jambes ~es comme du plomb 鉛のように重い足. marche~e 重い足取りの歩み. sommeil ~ 深い眠り. avoir le sommeil ~ ぐっすり眠る. yeux ~s de sommeil 眠気でふさがりそうな眼. avoir la tête ~e 頭が重い. se sentir l'estomac ~ 胃が重い. se sentir les paupières ~es de sommeil 眠くて瞼が重い.
3 重量のある；重装備の；重量製品を製造

lourd² する.〖軍〗armes ~*es* 重武装, 重装備；重火器. artillerie ~*e* 重砲；重火器. bombardier (chasseur)~ 重爆撃機(重戦闘機). char ~ 重戦車. croiseur ~ 重巡洋艦. industrie ~*e* 重工業. mitrailleuse ~*e* 重機関銃.

4 比重の大きい；密度の高い；重い. eau ~*e* 重水. gaz ~ 密度の高いガス. huiles ~*es* 重油. hydrogène ~ 重水素. métaux ~*s* 重金属. vapeurs ~*es* 高濃度の蒸気.

5 重い感じの；(食物が) もたれる；(天気が) 鬱陶しい. aliments ~*s* もたれる食物. chaleur ~*e* 重苦しい暑さ. ciel bas et ~ 低く垂れこめた曇り空. repas ~ 胃にもたれる重い食事. temps chaud et ~ 暑く重苦しい天気. Il fait ~ et humide. 鬱陶しくむしむしした天気だ. vin ~ 重い葡萄酒《アルコール度の高い葡萄酒》.

6 〖スポーツ〗poids ~² 重量級；(ボクシングの) ヘビー級《プロでは86.183 kg以上；アマでは82～91 kg》.

II (重大な)〔多く名詞の前〕**1** (責任などが) 重い；(費用などが) 重荷となる；重苦しい. ~ chagrin 心に重くのしかかる悲しみ. ~*es* dettes 巨額の負債. ~ impôts 重税. ~*es* responsabilités 重い責任, 重責. ~*e* tâche 重大任務, 重責. frais très ~*s* 厖大な経費. investissements ~*s* 巨額の投資. malade ~ 重病人. silence ~ 重苦しい沈黙. en avoir (en garder)~ sur le cœur 心に重くのしかかっている.

2 重大な. ~*e* faute；faute ~*e* 重大な過失, 重過失.

3 激しい, 力づくの. ~ coup 激しい打撃. avoir la main ~*e* 強く撲る；〔比喩的〕厳しく罰する.

4 大規模な；高度の技術を要する；金のかかる. chirurgie ~*e* 大手術.

III (鈍重な) **1** (人・頭が) 鈍い, 愚鈍な. homme ~¹ 愚鈍な男. avoir l'esprit ~ 頭が鈍い, 血のめぐりが悪い.

2 〔時に名詞の前〕鈍重な；ひどい. ~*e* ignorance ひどい無知. ~*e* plaisanterie 泥臭い冗談, 駄洒落. architecture ~*e* 鈍重な建築. style ~ 鈍重な文体.

3 (動作が) 鈍重な, のろい, へまな. homme ~² et gros 肥って動作ののろい男. homme ~ et ignorant ぐずで愚鈍な男. navire ~ 船足ののろい船.

4 活気のない；動きが鈍い.〖株〗Le marché est ~. 市場は低調だ(ゆるんでいる).

—*ad.* 重く,〔比喩的〕peser ~ 大きな比重;重くのしかかる, 重要である. valise qui pèse ~ 重いスーツケース. Cela ne pèsera pas ~. それは大したことではない. Il n'en sait pas ~. / Il n'en fait pas ~. 彼は大して知っていない.

lourd² *n.m.* **1** 重馬場(=terrain ~)；ぬかるみ. Mon cheval n'aime pas le ~. 私の馬は重馬場が嫌いだ.

2 〖航空〗plus ~ que l'air (空気より重い→) 飛行体《航空機, ヘリコプターなど》.

3 〖運輸〗重量物《フランスでは1 m³当り1000 kg以上；フランス以外では1.132 m³当り1016 kg未満》.

lourde² *n.f.* **1** 〖軍〗重砲〔隊〕(=artillerie ~).

2 〔俗〕ドア, 扉, 門. La ~ est bouclée. ドアは締っている. Tu vas fermer la ~! ドアを閉めてちょうだい.

Lourdes *n.pr.* ルールド《département des Hautes-Pyrénées オート=ピレネー県の小郡庁所在地；市町村コード65100；1858年 Bernadette Soubise の前に聖母マリアが出現したことによる巡礼の聖地；Grotte de Massabielle 聖母マリア出現の洞窟；basilique supérieure (1876)；basilique souterraine Saint-Pie X (1958)；形容詞 lourdais (*e*). château de ~ ルールド城 (Musée pyrénéen). pèlerinage de ~ ルールドへの巡礼.

lourdeur *n.f.* **1** 重さ；重大さ；重苦しさ. ~ de l'impôt 重税〔感〕. ~ d'un repas 食事の重さ(しつこさ). ~ de tête 頭の重さ. ~ du temps 天気の重苦しさ(蒸し暑さ). ~ d'une valise スーツケースの重さ. avoir des ~*s* d'estomac 胃が重い.

2 鈍重さ；重苦しさ；活気のなさ. ~ d'esprit 頭の回転の鈍さ；愚鈍. ~ des cours de la Bourse 株式市況の動きの鈍さ(低調さ). ~ des gestes 動作の鈍さ. ~ d'une plaisanterie 冗談の泥臭さ. ~ du style 文体の重苦しさ.

3 重々しさ, 重厚さ. ~ d'un édifice 建物の重々しさ.

lourd-léger *a.m.* 〖ボクシング〗ライト・ヘビー級の(=[英] light-heavy；重量86.183 kgまで).

—*n.m.* ライト・ヘビー級(=poids ~；[英] light heavyweight)；ライト・ヘビー級のボクサー.

loutre *n.f.* 〖動〗**1** かわうそ類. ~ commune かわうそ(= ~ de rivière). ~ de mer (marine) らっこ.

2 かわうそ(らっこ)の毛皮；マスクラット (ondatra)・おっとせい (otarie) の毛皮.

Louvain *n.pr.* ルーヴァン《ベルギーの古都；フラマン語表記 Leuven リューフェン；フランドル=ブラバン地方 le Brabant-flamand の郡庁所在地》. l'université de ~ ルーヴァン大学《1425年創設；1835年カトリック大学として再建；1968年フランス語部門は Ottignies-Louvain-la-Neuve オッティニー=ルーヴァン=ラ=ヌーヴに分離移転》.

louveterie *n.f.* **1** 〖狩〗狼狩；狼狩隊.

2 〔広義〕有害動物駆除組織(隊). lieutenant de ~ (知事任命の) 有害動物狩猟長.

Louvre (**le**) *n.pr.m.* **1** ルーヴル宮 (=palais du ~).

2 ルーヴル美術館 (=musée du ~). Ecole du ~ エコール・デュ・ルーヴル《1882年創立；ルーヴル美術館内にある美術館学芸員養成のグランド・エコール；文化史，美術史，考古学，博物館学などの講座あり；聴講生制度あり》. le Grand ~ 大ルーヴル美術館《Mitterrand 大統領が提唱し推進したルーヴル美術館大改造計画 (1981-91年) により，1993年に誕生》. la pyramide du *L*~ ルーヴル美術館のピラミッド《中国系アメリカ人の建築家 Ieoh Ming Pei の設計により，大ルーヴル美術館の地下中央入口の上に設置された，ガラス張りの逆ピラミッド状建造物；1988年完成》.

low cost〚英〛*a*. 廉価な，費用のかからない (=bon marché). compagnies aériennes ~ 廉価運賃航空会社《AirLib, Buzz, Easy-Jet, Ryanair, Virgin Express など》.

loyal(***ale***)(*pl*.***aux***) *a*. **1** 誠実な，誠意のある，信義に厚い；正々堂々とした；〚文〛忠義の. adversaire ~ 誠意のある相手. Bons et ~*aux* services 申し分なく忠実な奉仕《召使などの推薦文の文言》. caractère ~ 誠実な性格. homme ~ en affaires 取引に誠実な人. sujet ~ 忠実な臣下.
agir de façon ~*ale* 誠意を以て (正々堂々と) 振舞う. être ~ envers (à l'égard de) *qn* 人に対して誠実である. à la ~*ale* 誠実に；正々堂々と. se battre à la ~*ale* 正々堂々と闘う.
2 〚法律〛適法の；規格通りの. ~*aux* coûts (契約の) 正当な費用. produit de qualité ~*ale* et marchande 良品質の製品. vin ~ 規格葡萄酒. Ce blé n'est pas ~. この小麦は規格外れだ.

loyalisme *n.m*. **1** 〚古〛(君主・領主などへの) 忠誠. ~ bonapartiste ナポレオン・ボナパルトへの忠誠.
2 (国民・政体・主義などへの) 忠誠. ~ de l'armée 軍隊の忠誠心. ~ républicain 共和主義への忠誠. faire preuve de ~ 忠誠心の証しを立てる.

Loyang ⇨ **Luoyang**

loyauté *n.f*. 誠実，誠意，信義；正直；忠義，忠節. ~ conjugale 夫婦間の貞節 (=fidélité). ~ de sa conduite 品行の誠実さ. avec ~ 誠意をもって. se conduire avec ~ 誠実に振舞う.

loyer *n.m*. **1** 賃貸料，地代. 〚農〛~ d'une ferme 小作料 (=fermage). donner (prendre) *qch* à ~ 何を賃貸 (賃借) する.
2 家賃；家賃の支払期日. ~ élevé；gros ~ 高い家賃. petit ~ 安い家賃. payer son ~ 家賃を払う. arriéré de ~ 家賃の未納金. augmentation du ~ 家賃の値上げ. habitation à ~ modéré 低家賃〚集合〛住宅 (略記 HLM [aʃεlεm]). montant du ~ 家賃の金額. paiement du ~ 家賃の支払い. quittance de ~ 家賃の領収書. révision du ~ 家賃の改訂. être en retard d'un jour sur son ~ 家賃の支払期限に1日遅れる.
3 〚財務〛~ de l'argent 金利 (=taux d'intérêt).
4 〚古〛賃金.

Lozère *n.pr.f*. **1** mont ~ ロゼール山《標高1699 m, Cévennes セヴェンヌ地方の最高峰；ロゼール川の水源》.
2 *n.f*. 〚行政〛la ~ ロゼール県 (=département de la ~；県コード48；フランスとUEの広域地方行政区画の région Languedoc-Roussillon ラングドック=ルーシヨン地方に属す；県庁所在地 Mende マンド；2郡, 25小郡, 185市町村；面積5,179 km²；人口73,509；形容詞 lozérien(*ne*)》.

LP (=*l*ycée *p*rofessionnel) *n.m*. 〚教育〛職業高等学校.

LPA (=*l*ycée *p*rofessionnel *a*gricole) *n.m*. 〚教育〛農業高等学校.

LPM (=*l*oi de *p*rogrammation *m*ilitaire) *n.f*. 〚法律〛国防計画法.

LPO (=*L*igue *p*our la *p*rotection des *o*iseaux) *n.f*. 鳥類保護連盟, 愛鳥連盟.

LPV (=*l*ocation avec *p*romesse de *v*ente) *n.f*. 〚商業〛販売約定付賃貸借 (=location avec option d'achat 買取選択権付賃貸借).

LR¹ (=*L*abel *R*ouge) *n.m*. ラベル・ルージュ, 赤ラベル《農業食品の高品質保証ラベル；CERQUA (=Centre de développement des *c*ertifications des *qu*alités *a*gricoles et *a*limentaires)「農業・食品品質保証開発センター」が管理》.

LR² (=*l*ettre *r*ecommandée) *n.f*. 書留郵便.

Lr (=*law*rencium) *n.m*. 〚化〛「ローレンシウム」の元素記号.

LRAC (=*l*ance-*r*oquettes *a*nti*c*har) *n.m*. 〚軍〛対戦車ロケット発射装置.

LRBM (=〚英〛*l*ong *r*ange *b*alistic *m*issile) *n.m*. 〚軍〛長距離弾道ミサイル (=〚仏〛missile balistique à longue portée).

LRM (=*l*ance-*r*oquettes *m*ultiples) *n.m*. 〚軍〛多連装ロケット発射装置. régiment ~ 多連装ロケット発射装置整備連隊.

LRMH (=*L*aboratoire de *r*echerche des *m*onuments *h*istoriques) *n.m*. 歴史的記念建造物研究所.

LSD (=[独] *L*yserg *S*aüre *D*iäthylamid, *L*yserg*s*äure*d*iäthylamid) *n.m*. リゼルギン酸ジエチルアミド (=〚仏〛acid lysergique diethylamide)《幻覚剤》.

LSF (=*l*angue des *s*ignes *f*rançaise) *n.f*. フランス式手話.

LSI (=〚英〛*L*arge *S*cale *I*ntegration) 大規模集積〚回路〛(=〚仏〛circuits miniaturisés à niveau d'intégration élevé).

LST [εlεste] (=〚英〛*L*anding *S*hip *T*ank) *n.m*. 〚軍〛エルエスティー, 戦車揚陸艦 (=〚仏〛BDC : *b*âtiment de *d*ébarquement de *c*hars).

LTF (=*L*igue *t*rotskiste de *F*rance) *n.f*. フ

ランス・トロツキスト連盟.

L-thyroxine *n.f.* 〖薬〗L-チロキシン (甲状腺ホルモンの一種).

LTU (=la *Lituanie*) *n.f.* リトアニア (国名略記).

Lu (= *lu*tétium) *n.m.* 〖化〗「ルテチウム」の元素記号.

lubricité *n.f.* 淫蕩, 淫奔；激しい情事, 淫らな行為. se livrer à la ～ 淫蕩に耽る.

lubrifiant(e) *a.* 滑りをよくする. liquide ～ 潤滑液.
—*n.m.* 潤滑剤；減摩剤.

lubrique *a.* 淫蕩な, 淫らな；好色な, 色情的な. amours ～s ただれた情事. caractère ～ 好色な性格. femme ～ 淫らな女. paroles ～s 卑猥な言葉. regard ～ 好色な目付き.

lucarne *n.f.* **1** 〖建築〗屋根窓, 天窓. ～ carrée (ovale, ronde) 四角い (卵型の, 丸い) 天窓. ～ des combles 屋根裏の小窓.
2 (壁などの) 開口部. ～ d'un hall ホールの開口部. ～ grillée d'un cachot 牢獄の鉄格子つき明り取り.
3 〖サッカー〗(ゴールポストの左右の) 上隅.

Lucerne *n.pr.* ルツェルン (= 〖独〗Luzern)《スイスの四州湖 lac des Quatre-Cantons の湖畔の古都；ルツェルン州 canton de ～ の州都；形容詞 lucernois (*e*)》. Kapelbrücke de ～ ルツェルンのカペルブリュッケ《14世紀初頭の木橋》. Festival international de ～ ルツェルン国際音楽祭.

Luchon *n.pr.* リュション《正式名称 Bagnères-de-～ バニェール=ド=リュション；département de la Haute-Garonne オート=ガロンヌ県の小郡庁所在地；市町村コード65200；ピレネー山麓の温泉場, 冬季スポーツ基地；形容詞 luchonais (*e*)》.

lucide *a.* **1** 明晰な, 明敏な. esprit ～ 明晰な頭脳. intelligence ～ 明敏な知性. regard ～ 冷静な眼差.
2 明快な. analyse ～ 明快な分析. raisonnement ～ 明快な推理. récit ～ 明快な話.
3 意識がはっきりしている；頭がしっかりしている, ぼけていない. moments ～s d'un malade délirant (d'un vieillard) 精神錯乱者 (老人) の晴朗期間. Ce blessé est ～. この負傷者は意識を失っていない.
4 明敏な自己意識をもっている.

lucidité *n.f.* **1** 明晰さ, 明敏さ. ～ de l'esprit (des pensées) 精神 (思考) の明敏さ. ～ d'un critique (d'un juge) 批評家 (裁判官) の明晰さ. avec ～ 明晰に；明快に. juger avec ～ 明晰に判断する.
2 明快さ. ～ d'une réponse 回答の明快さ. analyse d'une grande ～ 極めて明快な分析.
3 意識がはっきりしていること；(精神異常者の) 間歇的な覚醒, 正気. moments de ～ d'un délirant (d'un vieillard) 精神錯乱者 (老人) の正気の (ぼけていない) 瞬間.

luciférase *n.f.* 〖生化〗ルシフェラーゼ, 発光酵素《生物発光を触媒するオキシナーゼの総称》.

luciférine *n.f.* 〖生化〗ルシフェリン《蛍などの発光物質》.

luciole *n.f.* 〖昆虫〗蛍 (ほたる).

lucite *n.f.* 〖医〗光線性 (日光) 皮膚損傷. ～ estivale (hivernale) bénigne 良性夏期 (冬期) 光線性皮膚損傷. ～ polymorphe 多形性光線性皮膚損傷.

lucratif(ve) *a.* **1** 利益をもたらす. travail ～ 金になる仕事.
2 〖法律〗営利的な. association à but ～ 営利団体. but ～ 営利目的.

lucre *n.m.* 〔蔑〕金儲け. esprit de ～ 金儲け主義.

lucullus [lykylys] *n.m.* 〖チーズ〗リュキュリュス《イール=ド=フランス地方 l'Ile-de-France およびノルマンディー地方 la Normandie で, 強化殺菌牛乳からつくられる, 軟質, 白かび外皮, 直径 8 cm, 高さ 4.5 cm の小さい筒型, 重量 225 g, 脂肪分 75 %》.

ludique *a.* 遊びの, 遊戯的な；遊び心に溢れた. activité ～ 遊戯活動.
—*n.m.* 遊戯活動 (= ludisme, activité ～).
—*n.* 遊び心に溢れた人.

ludisme *n.m.* 遊戯愛好気質, 遊戯活動.

ludoéducatif(ve) *a.* 〖教育〗ゲーム利用教育法.

ludologue *n.* 遊戯考案 (開発) 者.

ludospace *n.m.* 〖自動車〗1人乗りゲーム・カー.

ludothécaire *n.* 遊戯館学芸員.

ludothèque *n.f.* 遊戯館《児童に玩具を貸出す遊戯施設》.

ludothérapie *n.f.* 〖精神医学〗遊戯療法.

luette *n.f.* 〖解剖〗口蓋垂；のどびこ.

lueur *n.f.* **1** 弱い (かすかな) 光, 微光. ～ crépusculaire たそがれの薄明かり, 薄暮. ～s lunaires 淡い月光. à la ～ d'une bougie 蠟燭の光で.
2 閃光, きらめき. ～ d'un éclair 稲妻の閃光.
3 (目の) 輝き, 眼光 (= ～ des yeux). avoir une ～ de colère dans les yeux 目が怒りでぎらぎらしている.
4 〔比喩的〕(理性などの) ひらめき；(希望の) 光. une ～ d'espoir 希望の光. une ～ du souvenir 記憶の一瞬のひらめき. ～ d'intelligence 知性のひらめき.
5 〔*pl.* で〕〔文〕(問題解明などの) 光, 知恵. apporter ses ～s sur qch 何に解明をもたらす.

luge *n.f.* 小型橇 (そり)；〖スポーツ〗リュージュ. ～ monoplace (biplace), messieurs 男子1人乗り (2人乗り) リュージュ. ～ monoplace, dames 女子1人乗りリュージュ.

lugubre *a.* **1** 陰鬱な；陰気な；沈痛な；不気味な；悲愴な、痛ましい. ~s histoires 痛ましい物語. air (mine) ~ 沈痛 (悲痛な) 様子 (面持). atmosphère ~ 陰気な雰囲気. bruit ~ 不気味な物音. maison ~ 陰気な家. pensées ~s 陰鬱な考え.
2〖文〗喪の、死を表す. attirail ~ 葬儀用具. glas ~ 弔鐘. pas ~ d'un cortège 葬列の哀悼の歩み.

Luli (=*L*aboratoire pour *l'u*tilisation des *l*asers *i*ntenses) *n.m.* 強力レーザー利用研究所.

lumbago [lɔ̃bago] *n.m.* 〖医〗腰痛〔症〕 (=tour de reins) (=lombago).

lumbrusco 〖伊〗*n.m.* 〖葡萄酒〗ランブルシュコ (北部イタリア、エミリア地方 l'Emilie でつくられる弱発泡性の赤葡萄酒).

lumen [lymɛn] 〖ラ〗*n.m.* 〖物理〗ルーメン (光束の SI 単位. 記号 lm. 1 lm = 1 カンデラの点光源が立体角1 sr 内に発する光束).

lumière *n.f.* Ⅰ (自然光) **1** 光, 光線. ~ du soleil (du jour) 日光. à la ~ du jour 白日の下に. ~ aveuglante まぶしい光. ~ blanche 白色光. ~ des étoiles 星の光, 星明かり. ~ naturelle 自然光. ~ noire 黒光 (紫外線). ~ polarisée 偏光. ~ réfléchie 反射光. ~ restante 残光.
〖天文〗année ~ 光年. 〖天文〗équation de la ~ 光差. réaction à la ~ 光に対する感応；光走性 (=phototactisme). émettre la ~ 光を放つ.
2 日光, 昼の光 (= ~ du jour；~ du soleil). ~ directe 直射日光. ~ hivernale 冬の日光. pièce sans ~ 日光の射し込まない部屋. attendre la ~ 日の出を待つ. laisser entrer (pénétrer) la ~ dans une pièce 部屋に日光を採り込む. 〖詩〗ouvrir les yeux à la ~ 生まれる. perdre la ~ 〔古・詩〕死ぬ；〔現用〕失明する.
3〖絵〗明るさ, 光. effects de ~ 光の効果. les ombres et les ~s 影と光, 明暗.
Ⅱ (人工光) **1** 明り, 照明. ~ artificielle 人工光, 人工照明. allumer la ~；donner de la ~ 明りをつける. éteindre la ~ 明りを消す. lire à la ~ 明りの下で読む.
2 光；光源；光点；〔*pl.* で〕灯火, 〖劇〗照明. ~ de la nuit 闇夜の光. ~s de la ville 街の灯. extinction des ~s 消灯. orner un sapin de Noël de petites ~s クリスマスツリーに小電球をつける. 〖劇〗régler les ~s 照明を調節する. travailler aux ~s 灯火の下で働く.
3〖闘牛〗habit de ~ (闘牛士 が matador に昇格した時に着用する) 金糸の刺繍を施した盛装.
Ⅲ〖比喩的〗**1** 光, 光明. la ~ de Dieu 神光. la *L*~ 神, 真理, 善. Dieu dit；que la ~ soit. 神は言われた「光あれ」と (『創世記』Ⅰ, 3). ~s de la foi 信仰の光. ~ de l'intelligence 知性の光. 〖哲〗~ naturelle 理性の光 (= ~s de l'esprit).
2 (問題解明などの) 光. donner de la ~ (des ~s) sur qch 何に光を当てる. faire (toute) la ~ sur qch 何について〔完全に〕解明する. jeter de nouvelles ~s sur une question 問題に新しい光を当てる. à la ~ de l'expérience 経験に照らして.
3 明るみ, 明らかな状況. apparaître dans toute sa ~ 完全に明るみに出る. mettre qch en (pleine) ~ 何を〔完全に〕明るみに出す (公表する).
4〔*pl.* で〕知性, 知恵, 知識, 叡智. avoir des ~s sur qch 何についての知識をもつ. Prêtez-moi vos ~s. お知恵を貸して下さい. philosophes des ~s 啓蒙思想家. Siècle des ~s 啓蒙時代.
5 権威〔者〕. une des ~s de l'Académie アカデミーの権威のひとり. 〖話〗Ce n'est pas une ~. 汎は利口じゃない.
Ⅳ **1** (機械・器具などの) 穴, 口, 開口, すき間. ~s d'admission (d'échappement) (内燃機関の) 吸気 (排気) ポート. 〖測量〗~ d'un instrument à pinnule 視準板ののぞき穴.
2〖建築〗(階段の) 吹抜け.

luminance *n.f.* 〖物理〗輝度；〖TV〗輝度信号.

luminescence *n.f.* 〖物理〗ルミネセンス, 発光；発光現象 (chimioluminescence 化学ルミネセンス, électro ~ 放電発光, fluo ~ 蛍光, photo ~ 光ルミネセンス, radio ~ 放射線ルミネセンスなど). ~ atmosphérique 大気光.

luminescent(e) *a.* 発光性の；蛍光の. tubes ~s 発光管.

lumineux (se) *a.* **1** 発光する；光る, 輝く. corps ~ 発光体. enseigne ~se ネオン・サイン. fontaine ~se 照明で光輝く噴水. montre à cadran ~ 夜光時計.
2〖物理〗光の. énergie ~se 光エネルギー. ondes ~ses 光波. rayon ~ 光線.
3 輝くような；(色調が) 鮮明な. regard ~ 輝く眼差し. teint ~ 鮮やかな色調.
4 明るい, 光がよく射し込む. appartement très ~ 光がよく射しこむ明るいアパルトマン.
5 明晰な；明快な. idée ~se 素晴らしいアイディア. intelligence ~se 明晰な知性.

luminol *n.m.* 〖化〗ルミノール. épreuve à ~ ルミノール検査 (血痕の鑑識に利用される化学発光検査法). réaction à ~ ルミノール反応.

luminosité *n.f.* **1** 明るさ, 輝やき, 光輝, 照度 (obscurité「暗さ」の対). ~ d'un appareil d'éclairage 照明器具の明るさ. ~ du ciel 空の明るさ. ~ d'un regard 目の輝き.
2〖天文〗(星の) 光度；〖物理〗明度.

luminothérapie *n.f.* 〖医〗光照射法 (=luxthérapie, photothérapie).

lumitype 〔商標〕*n.f.* 〖印刷〗ルミタイプ

lumpenprolétariat [lumpənprɔletarja] *n.m.* 〖政治〗ルンペンプロレタリアート(特にマルクス主義で, 階級意識に乏しく, 革命勢力になりえない最下層民).

lun. (=*lun*di) *n.m.* 月曜日(略記).

lunaire (<lune) *a.* **1** 月の;月面の;〖天文〗太陰の.〖天文〗année ~ 太陰年. aube ~ 月明かり, 月明. clarté ~ 月光.〖天文〗cycle ~ 太陰循環期(19年). expédition ~ 月世界探検. module ~ 月着陸船.〖天文〗mois ~ 太陰月(=lunaison). montagnes (plaines)~*s* 月面の山(平野). sol ~ 月面. véhicules ~*s* 月面探検車.
2〔比喩的〕月を思わせる;月面のような. face ~ 円く青白い顔;ムーンフェイス. paysage ~ (月面のような)荒涼たる風景. visage ~ 円く青白い顔.
3〔比喩的〕空想に耽りがちな;現実離れした. cœur ~ 夢見がちな心. Pierrot ~ ピエロ・リュネール(空想に耽るピエロ). projet ~ 浮世離れした計画.

lunaison *n.f.* **1** 太陰月(=mois lunaire).
2 新月と新月の間の期間. La ~ est de 29 jours 12 heures 44 minutes 2 secondes en moyenne. 月間は平均29日12時間44分2秒である.

lunatique *a.* 気紛れな, 空想的な, 夢想家の(月の影響を受けた性格とされる言い伝えに基づく).〖獣医〗cheval ~ 周期的眼炎にかかった馬(昔は月の影響とされた). conduite ~ 気紛れな行動.
——*n.* **1** 気紛れな人間, 夢想家, 変人. **2** 〔古〕(周期的に気がふれる)狂人.

lundi *n.m.* 月曜日(週の第1日). le ~ saint 聖月曜日(聖週 semaine sainte の月曜日). le ~ de Pâques 復活祭の翌日の月曜日(復活祭(日曜日)の翌日;振替休日). le ~ de Pentecôte 聖霊降臨の大祝日(月曜日)の翌日の月曜日(振替休日). ~ gras 謝肉祭の月曜日. ~ noir 暗黒の月曜日, ブラックマンデー(1) 1987年10月19日月曜日ニューヨーク証券取引所での株価の大暴落;2) 1929年10月28日月曜日ニューヨーク証券取引所でのダウ工業平均株価が大幅下落).

lune *n.f.* Ⅰ **1**〖天体〗月(天文学的にはしばしば la *L*~). surface de la *L*~ 月面. atterrir sur la ~ 月面に着陸する. orbite de la *L*~ 月の軌道.
2 月光(=clair de ~). nuit sans ~ 月の無い夜.
3〖月相〗phases de la *L*~ 月相. nouvelle ~ 新月. pleine ~ 満月. premier (dernier) quartier de la *L*~ 上弦(下弦)の月. croissant de ~ 三日月.〔古〕âge de la ~ 月齢.
4〖月間〗太陰月(=mois lunaire;lunaison). ~ rousse 赤い月(復活祭の後, 霜によって植物が赤茶色になる時期). ~ de miel 蜜月(ハネムーン);〔比喩的〕蜜月期. vieilles ~*s* 過ぎ去った昔;〔比喩的〕時代遅れの考え.〔話・古〕être dans une bonne (mauvaise) ~ 機嫌が良い(悪い).
Ⅱ〖月の形をしたもの〗**1** 丸顔. visage de 〔pleine〕~;face de ~ 月のように丸々な顔.
2〔話〕大きな尻. montrer la ~ en plein midi 尻を白日の下にさらす.
3〖魚〗~ de mer;poisson-~ まんぼう.
Ⅲ〖成句〗aboyer à la ~ 月に向かって吠える;〔比喩的〕遠吠えする, はかない抗議をする. demander la ~ 無理な要求をする. promettre la ~ 出来もしない約束をする. être dans la ~ ぼんやりする. tomber de la ~ びっくりする. vouloir attraper la ~ 不可能なことを企てる.〖スポーツ〗coup de pied à la ~ 尻もち.

lunet〔**t**〕**ier** (**ère**) *n.* 眼鏡製造(販売)業者, 眼鏡屋(=opticien).
——*a.* 眼鏡製造(販売)の. industrie ~*ère* 眼鏡産業.

lunette *n.f.* Ⅰ〖丸いレンズ〗**1**〔*pl.* で〕眼鏡. mettre des ~*s* 眼鏡をかける. porter des ~*s* 眼鏡をかけている. ~*s* à monture d'or 金縁眼鏡. ~*s* de soleil サングラス. ~*s* de plongée 水中眼鏡. ~*s* de protection 護眼用眼鏡. ~*s* de soudeur 溶接工用眼鏡. ~*s* noires 黒眼鏡. homme à ~*s* 眼鏡をかけた人.〔比喩的〕〔話〕Mettez vos ~*s*. よく見なさい.
2 望遠鏡(=~ d'approche). ~ astronomique 天体望遠鏡.〖天体〗observer les astres à la ~ 望遠鏡で天体を観測する. champ d'une ~ 望遠鏡の視野. ~ de pointage (銃の)照準器. ~ de viseur 照準望遠鏡.
Ⅱ〖円形の物・開口部〗**1** 円い穴. ~ des cabinets トイレの便座〔の穴〕. ~ de la guillotine ギヨチーヌ(断頭台)の首穴.〖船〗~ d'etambot (プロペラ軸の)軸穴.
2 円窓;(自動車の)リアウィンドー(=~ arrière).
3〖建築〗(クロスボールトの)円形開口部.
4〖機工〗(旋盤の)振れ止め. ~ à suivre 移動振れ止め. ~ fixe 固定振れ止め.
5〖機工〗丸形部品. ~ de boîtier de montre 時計のガラス蓋枠.

lunetterie *n.f.* 眼鏡製造(販売)業. maison de ~ 眼鏡屋.

luni-solaire *a.*〖天文〗月と太陽に関する, 日月の, 太陰太陽の. année ~ 日月年. calendrier ~ 太陰太陽暦. précision ~ 日月歳差.

Luo Gan〔中国〕*n.pr.m.* 羅幹, 羅干(ら・かん), ルオ・カン(1935年生まれ;2002年中国共産党政治局常務委員).

Luoyang〔中国〕*n.pr.* 洛陽(らくよう), ルオヤン(河南省北部の古都).

lupin *n.m.*〖植〗ルピナス(学名 lupinus). ~ polyphylle 多葉性ルピナス.

lupique *a.*〖医〗狼瘡 (lupus)の, 狼瘡性の. maladie ~ 狼瘡病, 全身性エリテマト

ーデス.

lupus [lypys] *n.m.* **1**〖医〗狼瘡(ろうそう). ~ anticoagulant 抗凝固血素. ~ érythémateux 紅斑性狼瘡, エリテマトーデス(LE と略記). ~ érythémateux chronique 慢性(円板状)エリテマトーデス(=~ discoïde). ~ érythémateux disséminé 全身性エリテマトーデス, 全身性紅斑性狼瘡(LED と略記；=~ systémique, maladie lupique). ~ tuberculeux 狼瘡性皮膚結核. ~ vulgaire 尋常性狼瘡, 狼瘡性皮膚結核. **2**〖古〗慢性潰瘍性皮膚病.

Lushan〖中国〗*n.pr.m.* 盧山(ろざん), ルーシャン(江西省にある 171 の峰から成る；世界自然遺産).

lusignan *n.m.*〖チーズ〗リュジニャン(ポワトゥー地方 le Poitou で, 山羊乳からつくられる, 直径 9-10 cm, 厚さ 3 cm の平たい円盤状, 重量 200-250 g, 脂肪分 45 % のフロマージュ・フレ).

lussac-saint-émilion *n.m.*〖葡萄酒〗リュサック=サン=テミリヨン(Saiut-Emilion の東北の小郡庁所在地 Lussac (市町村コード 33570) の周辺地区で生産される赤の AOC 酒).

lustre *n.m.* **1** シャンデリア. ~ de verre taillé à facettes 多面カットガラスを配したシャンデリア. ~ électrique 電灯式シャンデリア. **2** 光沢, 艶. vernis donnant du ~ 艶出しニス. **3** (布・革などの)艶出し剤, (陶器の)釉薬. enduire de ~ 艶出し剤(釉薬)をかける. **4**〖比喩的〗輝き, 光彩. donner du ~ à *qch* 何かに光彩を添える.

lustrine *n.f.*〖織〗光沢仕上げ綿布. manchettes de ~ 光沢仕上げ綿布の袖口.

lutéal (ale) (*pl. aux*) *a.*〖生〗黄体(corps jaune)の. hormone ~*ale* 黄体ホルモン. phase ~*ale* 黄体形成期.

Lutèce [lytɛs] *n.pr.f.*〖古代ガリア〗ルテキア(ガリアのパリジイ族 Parisii の首都；パリの古称)；リュテース. arènes de ~ (パリ左岸の)ルテキアの古代円形闘技場.

lutécium [lytesjɔm] *n.m.* **1**〖化〗ルテチウム(元素記号 Lu, 原子番号 71, 原子量 174.967；1907 年発見の希土類元素；パリの古名 Lutetia に因む命名；lutétium とも書く). **2**〖金属〗ルテチウム(希土類金属).

lutéine [lytein] *n.f.*〖生〗ルテイン(卵黄などの黄色色素).

lutéinisant(e) *a.*〖生〗黄体形成性の. hormone ~*e* 黄体形成ホルモン(=hormone lutéostimulante, lutéotropine) (=[英] LH : *l*uteinizing *h*ormone).

lutéinisation *n.f.*〖生〗黄体形成.

lutéo-sel *n.m.*〖化〗ルテオ塩(=complexe hexa-aminecobalt III ヘキサアミンコバルト (III) 錯体).

lutéo-stimulant(e) *a.*〖生化〗黄体を刺激する. hormone ~*e* 黄体形成ホルモン.

lutéostimuline *n.f.*〖生化〗黄体刺激ホルモン(=hormone lutéinisante).

lutéotropine *n.f.*〖生化〗ルテオトロピン《黄体刺激ホルモン hormone lutéinisante, プロラクチン prolactine》.

lutétium ⇨ *lutécium*.

luth *n.m.* **1**〖楽器〗リュート. jouer du ~ リュートを演奏する. joueur de ~ リュート奏者(=luthiste). **2**〖詩〗リュート(詩的興奮の象徴). **3**〖動〗おさがめ(=torture~).

luthérien(ne) (<Martin Luther [1483-1546]) *a.*〖宗教〗ルターの；ルター派の. église ~ne ルター教会(ルター派のプロテスタント教会), ルーテル教会. pays ~s ルター教会を信奉する国.
—— *n.* ルター派, ルター派信徒.

lutrin *n.m.* **1** (教会堂の)譜面台. **2** (教会堂の)聖歌隊席. **3**〖集合的〗聖歌隊 (=ensemble des chantres). **4**〖広義〗(大型体を載せる)斜めの書物台.

lutte *n.f.* **1** 闘争, 戦い, 争い. ~ antipollution 環境汚染反対運動. ~ armée 武力闘争.〖農〗~ biologique 生物的防除(天敵を利用した防虫対策). ~s civiles 内戦, 内乱. ~ contre (pour)…に対する抑制対策(支持対策). ~ contre le cancer 制癌対策. ~ contre l'inflation インフレ抑制対策. ~ des classes 階級闘争. ~ entre le bien et le mal 善悪の抗争. L~ ouvrière 闘う労働者党(略記 LO；1968 年結成のトロツキスト派政党). ~s politiques 政争.〖比喩〗~ pour la vie 生存闘争.〖比喩的〗生存競争. ~s sanglantes 血なまぐさい戦い. **2** 格闘, 組打ち；〖スポーツ〗レスリング. ~ greco-romaine グレコ・ローマン・スタイルのレスリング. ~ libre フリースタイルのレスリング. **3** de haute (vive) ~ 全力を挙げて；力づくで.

lutteur(se) *n.* **1** レスラー, レスリング(lutte) 選手；格闘家. ~ de foire 見世物の力業師. ~ japonais 相撲の力士(=sumo, sumotori). ~ libre (greco-romain) フリースタイル(グレコロマン)のレスリング選手. **2**〖比喩的〗~ *se* infatigable 疲れを知らぬ女闘士. redoutable ~ 恐るべき闘士.

lux [lyks] [ラ] *n.m.*〖物理〗ルクス(照度の国際単位；1 lx は 1 m^{2}の面に 1 ルーメンの光束が入射したときの照度).

luxation *n.f.*〖医〗脱臼. ~ congénitale de la hanche 先天性股関節脱臼. ~ dentaire 歯脱臼. ~ pathologique 病的脱臼. ~ paralytique 麻痺性脱臼. ~ reccurente 反復性脱臼. ~ temporomandibulaire 側頭下顎脱臼. ~ spontanée 脱臼れ. ~ traumatique 外傷性脱

luxe *n.m.* **1** 贅沢, 奢侈(しゃし); 豪華. ~ d'une maison 家屋の豪華さ. de ~ 豪華な, デラックスな. articles de ~ 贅沢品. édition de ~ 豪華版. hôtel 4 étoiles〔de〕~ 4つ星デラックスホテル. magasin de ~ 高級店. produits de ~ 贅沢品. restaurant de ~ 高級レストラン. taxe de ~ 奢侈税. voiture de ~ 高級車.
avoir le goût de ~ 贅沢な好みをもつ. vivre dans le ~ 贅沢に暮す.〔話〕C'est du ~ (Ce n'est pas du ~)! それは贅沢というものだ(それは贅沢というものではない, 必要なんだ).
2 (金のかかる)道楽, 趣味. Le ~ suprême pour lui, c'est... 彼にとって最高の贅沢は…である. Voyager est mon seul ~. 旅行が私の唯一の道楽だ. se payer (s'offrir) le ~ de + *inf*. 思い切って…してみる.
3 un ~ de 大量の…, 豊富な…. un ~ de couleurs 色彩の豊かさ.

Luxembourg (le) *n.pr.m.* **1**〔国名通称〕ルクセンブルク(公式名称:le Grand-Duché de *L*~ ルクセンブルク大公国; 国民:Luxembourgeois (*e*); 首都:Luxembourg (ルクセンブルク);旧通貨:franc luxembourgeois [LUF].
2〖ベルギー〗province du *L*~ ルクセンブルク州(州都 Arlon).

luxembourgeois(e) *a.* **1** リュクサンブール (ルクセンブルク) (le Luxembourg), ルクセンブルク大公国 (le Grand-Duché de Luxembourg) の; ~人の; ルクセンブルク語の. franc ~ ルクセンブルク・フラン(旧通貨単位).
2 (ベルギーの) リュクサンブール州 (la province de Luxembourg) の; ~の住民の.
— *L*~ *n.* **1** ルクセンブルク〔大公国〕人.
2 (ベルギーの) リュクサンブール州民.
— *n.m.*〖言語〗ルクセンブルク語.

luzerne *n.f.*〖植〗リュゼルヌ(papilionacée 豆科). miel de ~ リュゼルヌの蜂蜜.

Luzhou〔中国〕*n.pr.* 濾州(ろしゅう), ルイチョウ, ルーチョウ《四川省の長江岸の都市》.

LVA (=la Lettonie) *n.f.* レトニア, ラトヴィア (Latvija Republica)《国名略記》.

LVMH (=*L*ouis *V*uitton-*M*oët *H*ennessy)〖無冠詞〗le groupe ~ ルイ・ヴュイトン=モエ・ヘネシー・グループ. filiale de ~ ルイ・ヴュイトン=モエ・ヘネシー・グループの子会社.

lyase [ljaz] *n.f.*〖化〗脱離酵素.

lycée *n.m.* **1**〖教育〗リセ, 高等学校; 普通科高等学校(= ~ d'enseignement général)《1975年の改革以降, 4年制の中学 collège の後に続く後期中等教育学校の呼称; 普通科高等学校 lycée と職業科高等学校 LEP (LP) の2種あり; 中学校と共に公共教育施設 établissement pubic locaux d'enseignement [EPLE] として扱われる》. ~ agricole 農業高等学校 (LP = *l*ycée *p*rofessionnel の一種). ~ d'enseignement général] 普通科高等学校《下から classe de seconde, cl. de première, cl. de terminale の3学年制》. ~ d'enseignement professionnel 職業高等学校《略記 LEP (LP と同じ); cl. de 2de et cl. de 1re の2学年で BEP, CAP を準備, そのあと bac professionnel を準備することもできる》. ~ professionnel 職業科高等学校《略記 LP (LEP と同じ)》. ~ de garçons (de〔jeunes〕filles) 男子(女子)高等学校.
2 (旧教育制度下で) リセ《長期中等教育学校; 中学と高等学校を合わせた学校; 7年制; 1795年創設》. ~ classique 古典教育リセ.
3 リセの建物.
4 リセの教職員と生徒.
5 リセの在学期間.
6〔古代ギリシア〕le *L*~ リュケイオン (Lukeion)《アリストテレスが紀元前336年または355年にアテネ東部に創設した哲学学校》.

lycéen(ne) *n.*〖教育〗リセ(高等学校)の生徒, 高校生. ~s en colère 怒れる高校生. ~ *ne* préparant le baccalauréat 大学入学試験の準備をする女子高生.
— *a.* リセ(高等学校)の; 高校生の. manifestations ~ *nes* 高校生のデモ. organisations ~ *nes* リセの生徒組織.

lycra〔商標〕*n.m.*〖織〗リクラ(柔軟性に富んだ合成繊維).

lyddite [lidit]〔英〕*n.f.* リダイト(ピクリン酸系高性能爆薬; 英国の実験地 Lydd に由来).

Lyme *n.pr.* maladie de ~ リーム病(マダニが媒介する新しい難病).

lymphadénectomie *n.f.*〖医〗リンパ器官切除〔術〕.

lymphadénite *n.f.*〖医〗リンパ節(腺)炎.

lymphangiectase *n.f.*〖医〗リンパ管拡張症.

lymphangiectasie *n.f.*〖医〗リンパ管拡張症.

lymphangiographie *n.f.*〖医〗リンパ管造影法.

lymphangiome *n.m.*〖医〗リンパ管腫.

lymphangiomyomatose *n.f.*〖医〗リンパ管筋腫疾患.

lymphangioplastie *n.f.*〖医〗リンパ管形成術.

lymphangite *n.f.*〖医〗リンパ管炎. ~s réticulaires 網状リンパ管炎. ~ tronculaires 幹部リンパ管炎. ~ carcinomateuse 癌性リンパ管炎.

lymphatique *a.* **1**〖生理・医〗リンパの; リンパ液を分泌する. circulation ~ リ

ンパ循環. drainage ~ リンパ排液〔法〕. fistule ~ リンパ瘻. ganglions ~s リンパ節(腺). métastase ~ リンパ行性転移. nodule ~ リンパ小節. système ~ リンパ系. **2** 無気力な;〔古〕リンパ体質の. tempérament ~ 無気力体質;〔古〕リンパ体質.
——*n.* 無気力体質の人.
——*n.m.pl.*〔生理〕リンパ管 (= vaisseaux ~s).

lymphatisme *n.m.*〔医〕〔古〕リンパ質, リンパ性体質;無気力体質.

lymphe [lɛ̃f] *n.f.*〔生理〕リンパ〔液〕. ~ circulante 循環リンパ〔液〕. ~ interstitielle 間質リンパ〔液〕.

lymphoblaste *n.m.*〔生理〕リンパ芽球, リンパ母細胞.

lymphoblastique *a.*〔生理〕リンパ芽球の. transformation ~ リンパ芽球の変化.

lymphocyte *n.m.*〔生理〕リンパ球, 免疫細胞(= immunocyte). ~ B リンパ球 B 細胞. ~ T リンパ球 T 細胞. ~ TCD4 auxiliaire リンパ球 TCD4 補助細胞, リンパ球 T ヘルパー細胞 (=〔英〕~ T helper). ~ TCD8 リンパ球 TCD8 細胞.

lymphocytique *a.*〔生理〕リンパ球の, リンパ球性の.〔医〕transfusion ~ 白血球輸血.

lymphocytome *n.m.*〔医〕リンパ球腫.

lymphocytose *n.f.*〔医〕リンパ球増加症.

lymphœdème *n.m.*〔医〕リンパ浮腫, リンパ水腫.

lymphogranulomatose *n.f.*〔医〕リンパ肉芽腫〔症〕. ~ bénigne 良性リンパ腫 (= sarcoïdose 肉腫). ~ inguinale subaiguë 亜急性鼠径部リンパ肉芽腫, ニコラ=ファーヴル病 (= maladie de Nicolas-Favre). ~ maligne 悪性リンパ腫, ホジキン病 (= maladie de Hodgkin).

lymphographie *n.f.*〔医〕リンパ管造影〔法〕.

lymphoïde *a.*〔生理・解剖〕リンパ状(様)の. tissu ~ リンパ系組織. leucémie ~ リンパ性白血病.

lymphokine *n.f.*〔生化・免疫〕リンフォカイン(リンパ球が放出する可溶性蛋白伝達物質;細胞媒介免疫などに関与).

lymphome *n.m.*〔医〕リンパ腫. ~ malin non hodgkinien 非ホジキン性悪性リンパ腫.

lymphopathie *n.f.*〔医〕リンパ器官疾患.

lymphopénie *n.f.*〔医〕リンパ球減少症.

lymphopoïèse [lɛ̃fɔpɔjɛz] *n.f.*〔生理〕リンパ球生成.

lymphoréticulose *n.f.*〔医〕リンパ細網症, 猫引掻病 (= maladie des griffes du chat). ~ bénigne 良性リンパ細網症.

lymphorragie *n.f.*〔医〕リンパ漏 (= lymphorrhée).

lymphorrée *n.f.*〔医〕リンパ漏(リンパ管の破裂によりリンパ液が漏れる現象).

lymphosarcome *n.m.*〔医〕リンパ肉腫.

lynchage *n.m.* リンチ (=〔英〕lynch, lynching). ~ médiatique メディアによるリンチ.

lynx *n.m.* **1**〔動〕大山猫.〔比喩的〕avoir des yeux de ~ 鋭い目付をしている. **2** 大山猫の毛皮. **3**〔天文〕le *L*~ 山猫座.

Lyon *n.pr.* リヨン (département du Rhône ローヌ県の県庁所在地, フランスと UE の広域地方行政区画の région Rhônes-Alpes ローヌ=アルプ地方の地方庁所在地;市町村コード 69000;ローヌ河とソーヌ川の合流点に発展した古都;形容詞 lyonnais (*e*)). basilique Notre-Dame de Fourvière de ~ リヨンのフールヴィエールの丘の上のノートル=ダム・バジリカ聖堂 (19 世紀;市街の眺望). ~ romain et gallo-romain 古代ローマおよびガリア・ローマ時代のリヨン (aqueducs romain, théâtres romain, Odéon, musée de la Civilisation gallo-romaine). le Vieux ~ リヨン旧市街 (quartiers Saint-Jean, Saint-Paul, Saint-Georges). musée des Beaux-Arts de ~ リヨン美術館. musée historique des tissus de ~ リヨン織物史博物館. musée d'Histoire naturelle de ~ リヨン自然史博物館. aéroport de ~-Saint-Exupéry リヨン=サン=テグジュペリ空港 (東 27 km). gare de ~-Birotteau 国鉄リヨン=ビロトー駅 (新市街の新駅). gare de ~-Perrache 国鉄リヨン=ペラーシュ駅.

Lyonnais (le) *n.pr.m.* リヨネ地方 (フランスの旧州名;中心都市 Lyon). monts du ~ リヨネ山地 (中央山塊の東縁, ボージョレ地方 le Beaujolais の南に位置する山地;丘陵地帯に葡萄畑あり).

lyonnais (e) *a.* リヨン (Lyon) の;~ の住民の.〔料理〕à la ~*e* リヨン風の (刻み玉葱をベースにしたソースを用いる).〔料理〕cardon à la ~*e* リヨン風カルドン. spécialités ~*es* リヨンの伝統的郷土料理.
——*L*~ *n.* リヨン市民;リヨン出身者.

lyophile *a.* **1**〔化〕親溶媒性の, 親液性の. colloïde ~ 親液コロイド. **2** 凍結乾燥の;凍結乾燥法による.

lyophilisateur *n.m.* 凍結乾燥装置.

lyophilisation *n.f.* (食品・ワクチンなどの)凍結乾燥〔法〕, フリーズドライ〔法〕(= cryodessiccation) (-70〜-90℃ の超低温で脱水処理する方法).

lyophilisé (e) *a.* 凍結乾燥した. café ~ フリーズドライ・コーヒー.

lyophobe *a.*〔化〕疎溶媒性の, 疎液性の.

lyrique

colloïde ~ 疎液コロイド.

lyrique *a.* **1** 抒情の, 抒情的な;〖古代〗リラに合わせて歌われた. poésie (poète) ~ 抒情詩 (抒情詩人).
2 オペラの. artiste ~ オペラ歌手. comédie ~ オペラ・コミック (= opéra-comique). drame ~ オペラ, オラトリオ. théâtre ~ オペラ劇場, 歌劇場.
3 抒情詩の, 抒情詩的な. genre ~ 抒情詩のジャンル (genre épique「叙事詩のジャンル」の対).
4 感情の高揚した, 抒情的な. envolées ~ d'une biographie 伝記の抒情的高揚. style ~ 抒情的文体.
——*n.m.* 抒情詩人.

lys ⇒ **lis**

lysat [liza] *n.m.* 〖生化〗(細胞などの) 溶解生産物, 分離物;〖生〗加水分解生産物.

lyse *n.f.* 〖生〗溶解, 溶菌;〖医〗漶散 (かんさん).

-lyse [ギ] ELEM〖女性語尾〗「分解, 溶解」の意 (*ex.* électro*lyse* 電気分解).

lysergamide, lysergide *n.m.*〖薬〗LSD 25 (= [独] *Lysergsäuredi*äthylamid 25;[仏] acide lysergique diéthylamide 25 リゼルグ酸ジエチルアミド 25), リゼルギド (多幸, 幻覚, 抑鬱, 精神分裂症状を呈する合成薬物;$C_{20}H_{25}N_3O$).

lysergique *a.*〖生化〗acide ~ リセルグ酸. acide ~ diéthylamide リセリグ酸ジエチルアミド, LSD (= [英] *ly*sergic acid *d*iethylamide) (幻覚剤)

lysine *n.f.* **1**〖生化〗リジン, リシン (必須アミノ酸の一つ). **2**〖生〗溶解素.

lysosome *n.m.*〖生〗リソソーム, 水解小体.

lysozyme *n.m.*〖生化〗リゾチーム, 溶菌酵素.

-lyte, -lytique [ギ] ELEM〖化〗「分解された」の意 (*ex.* électro*lyte*「電解液;電解質」; électro*lytique*「電解〔質〕の」).

lytique *a.*〖生〗溶解する, 溶菌性の;〖医〗漶散 (かんさん) させる. 〖医〗coctail ~ 漶散カクテル (麻酔用薬剤;安楽死用薬剤). enzyme ~ 溶菌酵素.

M

M¹, m¹ *n.m.(f.)inv.* フランス語字母の第13字 (l'*m*, le *m*).
M² 〖略号〗**1** *M*onsieur 氏, 様. *M.* Teste テスト氏. *MM*：*M*essieur.
　2〖ローマ数字〗1000. *M*DCLXVI：1666.
　3〖数〗*m*éga- メガ（10⁶）. 10 *M*o (= *m*égaoctet) 10 メガバイト (= 〔英〕10 MB).
　4〖数〗*m*odule 加群.
　5〖数・商業〗*m*illion 百万. 10 *M*€ 1000万ユーロ.
　6〖物理〗*m*axwell マクスウェル《磁束密度の CGS 単位》.
　7〖化〗*m*olarité 重量モル濃度.
　8〖俗〗*m*erde 糞；ヘロイン.
　9〖医〗M 字形のもの. *M* veineux (腕の) M 字形静脈.
　10〖地震〗*m*agnitude マグニチュード《地震の規模を示す数値》. séisme de *M*5 マグニチュード5の地震.

m² 〖略号〗**1**〖度量〗*m*ètre メートル, 米. m²平方メートル (= *m*ètre carré). m³立方メートル, 立米 (= *m*ètre cube). c*m* センチメートル (= *c*enti *m*ètre).
　2〖数〗*m*illi- ミリ (1/1000). *mm* ミリメートル (= *m*illi *m*ètre).
　3〖文法〗*m*asculin 男性〔の〕. n.*m.* 男性名詞 (= nom *m*asculin).

μ 〔*m*y〕(〔ギ〕ギリシア語のアルファベットの第12字；英仏などの M, m に相当〕(= *m*icro)〖記号〗マイクロ（百万分の 1, 10⁻⁶ を表す記号〕. ～ A = *m*icro-ampère. ～ Cur = *m*icro-curie. ～ g = *m*icrogramme. ～ l = *m*icro-litre. ～ M = *m*icro-mole. ～ m = *m*icro-mètre. ～ μ = *m*icro-micron. ～ Ω = *m*icro-ohme. ～ s = *m*icro-seconde.

M6 (< *m*usicale) *n.pr.* 〖無冠詞〗〖放送〗フランス第 6 TV (1986年設立の民間放送 TV).

MA¹ (= *m*aladie d'*A*lzheimer) *n.f.* 〖医〗アルツハイマー病. taux de conversion du MCI (*m*ild *c*ognitive *i*mpairment) vers la ～ 軽度認知障害のアルツハイマー病への移行率.

MA² (= *m*arque *a*uxiliaire) *n.f.* (シャンパーニュ酒の) 補助商標《複数の製造業者のシャンパーニュを集めたシャンパーニュ酒の商標》.

mA (= *m*illi*a*mpère) *n.m.* 〖電〗ミリアンペア (1/1000 ampère).

Maastricht *n.pr.* マーストリヒト《オランダ南東部のマース川 la Maas (ムーズ)川に面した工業都市；形容詞 maastrich-tien(ne)》. sommet de ～ マーストリヒトのヨーロッパ首脳会談 (1991年11月9・10日). traité de ～ マーストリヒト条約《ヨーロッパ経済通貨統合と単一通貨ユーロの導入などを定めた条約；1992年2月7日調印, 1993年11月1日施行》.

macaron *n.m.* **1**〖菓子〗マカロン (pâte d'amande「アーモンドペースト, マジパン」, 砂糖, 卵の白身でつくる丸型のケーキ). ～ au chocolat チョコレート・マカロン.
　2 耳の上で丸く巻いた髪.
　3 円形のラベル (バッジ, 飾り). ～ tricolore d'une voiture officielle 公用車の三色のマカロン (円形標識).
　4〖比喩的〗〖話〗勲章, (勲章の) 略綬.
　5〖俗〗げんこつ. recevoir un ～ 一発食らう.

maccabeu *n.m.* 〖農〗マッカブー《赤葡萄酒用の葡萄の品種》.

Macédoine (la) *n.pr.f.* **1** la ～（ギリシアの）マケドニア地方 (= Makedonia). la *M*～ centrale (orientale) 中央 (東) マケドニア地方.
　2〖国名通称〗マケドニア《公式名称：la République de *M*～ マケドニア共和国 (Repblika Makedonija)；国民：Macédonien(ne)；首都：Skopje スコピエ；通貨：denar [MKD]》.

macédoine *n.f.* **1**〖料理〗マセドワーヌ《野菜・果物のさいの目切りを混ぜた料理》. ～ de fruits au kirsch 果物のマセドワーヌ, キルシュ酒添加《アントルメ料理》. ～ de légumes 野菜のマセドワーヌ《人参, 蕪などの根菜を 3-4 mm に切り, 細かく切った莢いんげん, トウモロコシやグリーンピースの粒を混ぜた野菜料理；主に主菜のつけ合わせに用いる》.

macération *n.f.* **1**〖種子・植物などの〗浸漬 (しんせき)《水・液体に浸して軟くする (なる) こと》；離解《浸漬により成分を溶かし出すこと》, 浸漬液；〖薬〗冷浸法 (15-20℃)；〖化〗(花精油などを抽出する) 温浸法. ～ à chaud 高温浸漬法. ～ à froid 冷浸法. 〖葡萄酒〗 ～ carbonique 炭酸ガス離解法《加圧式の密閉タンクに葡萄を破砕せずに入れ発生する炭酸ガスにより色素や香りを抽出する方法；ボージョレの新酒製造などで用いられる》. ～ des fruits dans l'alcool 果実のアルコール浸漬《果実酒の製造法》. ～ pelliculaire 薄膜浸漬；〖葡萄酒〗白葡萄を破砕し, 果皮と果汁を一緒にしてお

Mach

いて香気成分を抽出する方法. cuve de ~ 浸漬タンク(槽). extraction des essences parfumées par ~ 浸漬法による芳香精油の抽出.
2〘医〙(子宮腔内での死亡胎児の)浸軟, 浸漬(=~ d'un fœtus). phénomène de ~ 浸軟(浸漬)現象.
3〔多く *pl.*〕〘宗教〙苦行(=mortification). ~ des acètes 禁欲者の苦行. s'infliger des ~s 苦行を自らに課す.

Mach [mak] *n.pr.* **1** マッハ(オーストリアの物理学者名 Ernst Mach [1838-1916]).
2 マッハ数(=nombre de ~); 音速(=vitesse de son). vitesse maximum en ~ マッハ表示最高時速.

Machiavel [makja-] *n.pr.* マキアヴェッリ(Nicolo Machiavelli [1469-1527], イタリアの政治家; 思想家). le *Prince* de ~ マキアヴェッリ著『君主論』(1513; 1531年刊行).

machiavel [makja-] (<Nicolo Machiavelli) *n.m.* 権謀術数を弄する政治家; 策謀家.

machiavélique [makja-] (<Nicolo Machiavelli) *a.* **1**〘政治〙マキアヴェッリ的な, ~流の. politique ~ マキアヴェッリ的政策.
2〔比喩的〕〔蔑〕権謀術数の, 策を弄する, 老獪な; ずる賢こそうな. politicien ~ 老獪な政治家. ruse ~ ずる賢い策略.

machiavélisme *n.m.* **1**〘政治〙マキアヴェリズム(マキアヴェッリの政治思想).
2〔比喩的〕権謀術数, 策謀. sombre ~ 陰湿な権謀術数.

machinal (**ale**) (*pl.* **aux**) *a.* 機械的な; 無意識の. application ~ale des règles 規則の機械的適用. geste ~ 無意識の動作.

machine *n.f.* **1** 機械, 機器; 装置. ~ à air comprimé 圧縮空気機械. ~ à bois 木工機械. ~ à disque émerisé 円盤グラインダー. ~ à presse プレス機. ~ à sous スロットマシン; 自動販売機. ~ à+*inf.* …するための機器. ~ à calculer portative (de poche) 携帯用計算器. ~ à coudre ミシン. ~ à écrire タイプライター. ~ à friser フライス盤. ~ à laver 洗濯機(=lave-linge). ~ à laver la vaisselle 皿洗機(=lave-vaisselle). ~ à souder 溶接機. ~ à tricoter 編機. ~ à tuer〔話〕機関銃;〔比喩的〕殺し屋. ~ accélératrice 粒子加速器. ~s agricoles 農業機械. ~ automatique 自動機械. ~ d'aérage 通風器. ~ de bureau 事務機器. ~ de précision 精密機械(機器). ~ électrique (électronique) 電気(電子)機器. ~ génératrice 発電機. ~ hydraulique 水力機械. ~ motrice 電動機. ~-outil 工作機械. ~ robotisée ロボット化工作機械. ~ simple 単一機械(滑車, てこなど). assemblage (montage) d'une ~ 機械の組立て. caractéristiques d'une ~ 機械の特性

(仕様). civilisation de la ~ 機械文明. construction des ~s 機械の製造. démarrage d'une ~ 機械の始動. entretien des ~s 機械の保守. réparation d'une ~ 機械の修理.
à la ~ 機械で, 機械を用いて(た)(à la main「手づくり」の対). dentelle〔faite〕à la ~ 機械編みのレース. mettre une ~ en marche 機械を動かす. travailler comme une ~ 機械的に動く.
2 原動機, 機関;〔*pl.* で〕〘海〙推進機関. ~ à vapeur[1] 蒸気機関. chambre (salle) des ~s 機械室;〘海〙機関室. faire ~〔en〕arrière〘船〙スクリューを逆回転させる(後進する);〘車〙バックさせる;〔比喩的〕引き下がる, 撤回する. stopper les ~s 機関を停止する.
3 マシン(主にレース用の自動車・オートバイ); (特に)機関車(=locomotive). ~ à vapeur[2] 蒸気機関車. ~ électrique (diésel) 電気(ディーゼル)機関車. motocycliste sur sa ~ マシンにまたがったオートバイ・レーサー(オートバイ乗り).
4〔古〕~ infernale 爆薬仕掛の大量破壊装置;〔現用〕時限爆弾.
5 機械仕掛; 機構; 機関; 仕組み, からくり;〔*pl.* で〕〘劇〙舞台仕掛. ~ administrative 行政機構. ~ de l'univers 宇宙の仕組み.〘古〙la ~ ronde 地球. grande ~ de l'Etat 大規模な国家組織.〘劇〙pièce à ~s 大がかりな舞台仕掛けの芝居.
6〔比喩的〕機械とみなされた動物; 機械のような人間.〘戯〙la ~ humaine (de l'homme) 人体の諸器官. théorie des animaux-~s de Descartes デカルトの動物機械説. Il n'est qu'une ~ à travailler. 彼は働く機械に過ぎない.
7〔古〕〔しばしば 蔑〕大作.〘美術〙une grande ~ 超大凡作.
8(名前・名称のわからぬもの, 言う必要のないものについて)そいつ, あれ; あいつ(=machin). En voilà une ~! ほらあいつだ!

machine-outil (*pl.* ~**s**-~**s**) *n.f.* 工作機械. ~ à commande numérique 数値(コンピュータ)制御工作機械, NC工作機械. ~ automatique (manuelle) 自動(手動)工作機械. ~ universelle 万能工作機械. ~ de précision 精密工作機械.

machine-transfert (*pl.* ~**s**-~**s**) *n.f.*〘工〙トランスファー・マシン, 搬送機械(装置)(材料を自動運搬方式で送り機械的に加工・仕上げを行なう生産設備).

machinisme *n.m.* **1**〔古〕〘哲〙(デカルトの)動物機械論. **2** 機械化体制; 機械文明. ~ agricole 機械化農業.

machiniste *n.* **1**〘行政〙(バス・地下鉄などの公共交通機関の)運転手. Défense de parler au ~. (運転中の)運転手に話しかけないでください《運転席の注意書》.

2〖劇・映画・TV〗道具方《略称 machino》.
3 機械係,機械操作係.

mâchoire *n.f.* **1** 顎；顎骨；(特に)下顎(=~ inférieure；mandibule). ~ supérieure 上顎. contracture des ~s 顎の拘縮. bâiller à se décrocher la ~ 顎が外れるほどのあくびをする.〔話・古〕jouer (travailler) des ~s 食べる. serrer les ~s 顎を引きしめる.
2〖昆虫〗小顎.
3〖工具〗(万力・スパナなどの)くわえ部. ~ de frein ブレーキ・シュー,ブレーキ片.

mâchon *n.m.* (リヨン地方 le Lyonnais の)軽食堂；軽食.

Macintosh [makintɔʃ] *n.pr.* **1** (林檎の)マッキントッシュ種《カナダのオンタリオ州原産の濃紅色の林檎》.
2〖情報処理〗マッキントッシュ《アメリカのアップル・コンピュータ社のマイクロ(パーソナル)コンピュータの商品名；Mac と略記》.

Mâcon *n.pr.* マコン(département de Saône-et-Loire ソーヌ=エ=ロワール県の県庁所在地；市町村コード 71000；le Mâconnais マコネ地方の中心都市；形容詞 mâconnais(*e*)). Musée des Ursulines de ~ マコンのウルスラ会博物館(旧修道院). Musée Lamartine de ~ マコンのラマルチーヌ記念館(生家).

mâcon (<*M*~,地名) *n.m.*〖葡萄酒〗マコン(le Mâconnais マコネ地方産の AOC 葡萄酒). appellation ~ contrôlée 原産地名マコン管理呼称〔酒〕,AOC マコン.

maçon(*ne*) *n.* **1** 石工；煉瓦職人；左官. aide-~ 石工助手. apprenti ~ 石工見習. maître ~ 石工の親方. ouvrier ~ 石工職人(=compagnon ~). travail du ~ 石工の工事(作業). **2** 自由石工,フラン=マソン,フリーメイスン(=franc-maçon).

Mâconnais *n.pr.m.* le *M*~ マコネ地方(département de Saône-et-Loire ソーヌ=エ=ロワール県の県庁所在地 Mâcon (市町村コード 71000)を中心とする地方；ブレス地方 la Bresse とシャロレー地方 le Charolais の間に位置する；葡萄の栽培と牧畜が盛んな地方). monts du ~ マコネ山塊(標高 500-700 m の高原地帯). vignoble du ~ マコネ地方の葡萄畑(白を中心に赤とロゼ；主な AOC 葡萄酒は mâcon-supérieur, mâcon, pouilly-fuissé, saint-véran).

mâconnais¹(*e*) *a.* マコン(Mâcon)の；~の市民の；マコン出身の. bouteille ~*e* マコネ壜(0.8 *l*)(=~*e*).〖葡萄酒醸造〗pièce ~*e* マコネ樽(215 *l*)(=~*e*).〖料理〗~ à la ~*e* マコン(マコネ地方)風の《輪切りにした魚を赤葡萄酒に香味野菜を加えて煮,小玉葱,マッシュルーム,クルートン,ざりがにの尾の身を加えて供される料理法》.
―*n.* マコンの市民；マコネ地方の住民.

mâconnais² *n.m.*〖チーズ〗マコネ(マコネ地方 le Mâconnais で,山羊乳または半山羊乳,牛乳からつくられる軟質,自然外皮の,小さな円錐台状のチーズ；脂肪分 40-45%；別称 chevreton de mâconnais).

maçonnerie *n.f.* **1** 石(煉瓦,コンクリート,漆喰)工事〔による建造物〕,マソヌリー. grosse ~ 大規模マソヌリー(基礎・壁体工事). petite ~ 小規模マソヌリー(間仕切り・漆喰塗りなどの造作工事). ~ de béton (de plâtre) コンクリート(漆喰)工事. ~ de pierre de taille 切石積み工事. ~ de sèche (à sec) から積み,空目地石積み工事. ~ en blocage 石材をモルタルで固めた壁体工事. mur en ~ 石積みの塀(壁).
2 フラン・マソン結社,フリーメイスン結社(=franc-~).

maçonnique *a.* フラン=マソン結社,フリー=メイスン結社(=francmaçonnerie)の. assemblée ~ フラン=マソン(フリーメイスン)の集会. institution ~ フリー=メイスン結社. loge ~ フラン=マソンのロージュ,フリー=メイスンのロッジ(集会所・結社の構成単位). musique ~ フリー=メイスン式典音楽.

macroamylasémie *n.f.*〖医〗マクロアミラーゼ血症.

macroangiopathie *n.f.*〖医〗動脈硬化症病変.

macrobiotique *a.* 長寿法の,長寿的な. régime ~ 長寿的食餌療法.
―*n.f.* 長寿食(=nourriture ~).

macrocéphalie *n.f.* 大頭,巨頭；〖医〗大頭症.

macrocornée *n.f.*〖医〗巨大角膜；巨大眼球.

macrocosme *n.m.*〖哲〗大宇宙 (microcosme「小宇宙」の対).

macrocosmique *a.* **1**〖哲〗大宇宙の. **2**〔比喩的〕総括的な,巨視的な,総合的な. économie ~ マクロ経済学(=macroéconomie). vision ~ 巨視的展望.

macrocyte *n.m.*〖生・医〗大赤血球《通常の赤血球の直径が 7μ に対し,直径 8-9 μ のもの》.

macrocytique *a.*〖医〗(赤血球の)大球性の. anémie ~ 大球性貧血《平均赤血球容積が正常値より大きい貧血症》.

macrocytose *n.f.*〖医〗大赤血球症,大球症《平均赤血球容積が正常値より大きくなる症状》.

macrodécision *n.f.*〖経済・政治〗マクロデシジョン《巨視的・総合的政策決定》.

macrodonite *n.f.*〖医〗巨大歯(症).

macro〔**-**〕**économie** *n.f.* マクロ経済学.

macro-économique *a.* マクロ経済〔学〕の. analyse ~ マクロ経済学的分析.

macroencéphalie *n.f.*〖医〗大脳〔髄〕症,巨大脳症.

macroévolution n.f. 〖生〗大進化《新しい科や属規模の進化現象》.

macrogénération n.f. 〖電算〗マクロ生成, マクロ展開.

macroglobuline n.f. 〖生〗マクログロブリン.

macroglobulinémie n.f. 〖医〗マクログロブリン血症, マクログロブリネミア.

macroglossie n.f. 〖医〗巨舌症.

macro-instruction n.f. 〖電算〗マクロ命令《略記 macro[s]》.

macrolides n.m.pl. 〖薬〗マクロライド系抗生物質.

macromoléculaire a. 高分子の. chimie ~ 高分子化学. matières ~s 高分子物質.

macromolécule n.f. 高分子 (micromolécule「ミクロ分子」の対).

macromutation n.f. 〖遺伝〗複合突然変異, マクロ突然変異 (micromutation「ミクロ突然変異」の対).

macronutriment n.m. 〖植〗多量栄養素《植物の生長のため多量に必要とする元素;炭素・水素・酸素・窒素など》.

macro-ordinateur n.m. 〖電算〗メイン・コンピュータ, 主コンピュータ, 大型汎用コンピュータ(〖英〗mainflame [computer])の公用推奨語).

macrophage n.m. 〖生〗大食細胞(= leucocyte ~), マクロファージ, 大食球, 貪食球. ~ alvéolaire 肺胞マクロファージ. ~ pénitonéal 腹膜マクロファージ.
──a. 大食細胞の.

macrophotographie n.f. マクロ写真撮影術, 接写, (接写による)拡大写真.

macroscopique a. **1** 肉眼で見ることのできる. anatomie ~ 肉視的解剖学. **2** 巨視的な. analyse ~ 巨視的分析.

macroures n.m.pl. 〖甲殻〗長尾亜目《ざりがに écrevisse, オマール homard, ラングスト langouste など》.

macula n.f. 〖解剖〗(網膜の)黄斑(=macule jaune, tache jaune). ~ touchée par la dégénérescence 変性した網膜黄斑.

maculaire a. 〖解剖・医〗(網膜の)黄斑の. 〖医〗dégénérescence ~ 黄斑変性症. 〖医〗dystrophie ~ 黄斑ジストロフィー.

maculopathie n.f. 〖医〗(網膜の)黄斑症. cellophane-~ セロファン黄斑症.

macvin-du-jura n.m. 〖葡萄酒〗マックヴァン=デュ=ジュラ《1991年に認定されたジュラ地方の AOC 酒;マールを添加してつくる甘口》.

Madagascar n.pr.f. 〖無冠詞〗**1** マダガスカル島(=île de ~).
2 〖国名通称〗マダガスカル《公式名称 la République de ~ マダガスカル共和国;首都 Antananarivo;公用語 le malgache とフランス語;通貨 franc malgache [MGF];形容詞 malgache》.

madame (pl. **mesdames**) 〖略記 Mme, Mmes〗n.f. **1** マダム, 夫人《既婚の女性に対する敬称;結婚適齢期以上のすべての女性に対しても用いられることがある》. M~ Bovary de Flaubert フローベールの『ボヴァリー夫人』. Au revoir, ~ オー・ルヴォワール・マダム. Mesdames, Mesdemoiselles, Messieurs ……皆様.
2 マダム《既婚・未婚を問わず社会的地位にある女性への敬称》, 女史. M~ la présidente (市町, 村)長殿《女性の首長に対する敬称》.
3 奥様《一家の女主人》. M~ est servie. 奥様, 食事の用意ができました. M~ est-elle chez elle? 奥様はご在宅ですか.
4 〖話〗〖pl. madames〗上流夫人, マダム. faire la ~; jouer à la ~ 上流夫人ぶる.
5 〖古〗M~ 陛下;内親王殿下;妃殿下《王妃, 王女, 王太子の娘;王弟妃の尊称》.

mademoiselle (pl. **mesdemoiselles**) 〖略記 Mlle, Mlles [məzɛl]〗n.f.
1 マドモワゼル, 嬢《未婚の女性に対する敬称;〖俗〗Mam'selle, Mam'zelle [mamzɛl]》;お嬢さん. ~ X X 嬢, X さん. ~ votre fille お宅の お嬢さん. Oui, ~. はい, お嬢さん.
2 〖補語なしで〗M~ ご令嬢;(使用人などからみて)お嬢様. M~ est sortie. お嬢様は外出中です.
3 〖古〗M~《王弟および王の伯(叔)父の長女に対する敬称》妃殿下, 内親王殿下. la Grande M~ 大妃殿下《duchesse de Montpensier, Louis 13 世の姪;1627-93 年》.
4 〖古〗M~《貴族でない夫に嫁いだ貴夫人に対する敬称》奥方, お嬢様;《平民の女性に対する敬称》奥さん, お嬢さん.

madère (<les îles M~ (Madeira), ポルトガル領のマデイラ諸島)〖葡萄酒〗n.m. マデイラ酒 (=vin de M~). ~ doux 甘口のマデイラ酒 (Bual, Malmsey など). ~ sec 辛口のマデイラ酒 (Sercial, Verdelho など). 〖料理〗sauce ~ ソース・マデール《マデイラ酒を用いた肉用ソース》. rognons sauce ~ 腎臓のソース・マデール添え.

madiran n.m. 〖葡萄酒〗マディラン《département des Hautes-Pyrénées オート=ピレネー県 Madiran 村 (市町村コード 65700) の AOC 葡萄酒;tannat 種を中心に cabernet-sauvignon, cabernet franc, pinenc 種による赤葡萄酒》.

madone 〖伊〗n.f. **1** la M~(イタリアで)聖母, マドンナ (=la Vierge).
2 〖美術〗聖母像;聖母子像. Raphaël a laissé plus de quarante ~s. ラファエロは40点以上の聖母画を残した. visage de ~ 聖母の顔;〖比喩的〗聖母のように清純で美しい顔.

madzéisme [madzɛism] n.m. 〖宗教〗マズダ教, 拝火教, ゾロアスター教 (=zoroastérisme).

maestoso [maɛstozo]〔伊〕ad. 『音楽』ゆっくりと荘厳に, マエストーソ.

MAF (= *m*aison d'*a*rrêt des *f*emmes) n.f. 女性専用刑務所 (拘置所).

maffia, mafia [シチリア] n.f. **1** la M ～ ラ・マッフィア《19世紀シチリアで結成された強力な反社会的秘密組織》；イタリア・米国などの国際的犯罪組織. parrain de la M ～ マフィアのゴッドファーザー.
2〔一般に〕秘密の犯罪組織；暴力団. membre de la ～ japonaise やくざ.
3 排他的グループ, 閥.

mafieux(se), maffieux(se) a. マフィアの. organisation ～se マフィア組織.
—n. マフィア構成員 (=mafioso, maffioso).

mafioso, maffioso [mafjozo] (pl. **maf**〔**f**〕**iosi**)〔伊〕n.m. マフィア構成員.

MAG (= 〔英〕*M*ultiple *A*ntigenic *G*lycopeptide) n.m. 『化・医』多種抗原性グリコペプチド《合成抗癌ワクチン》.

magasin n.m. **1** 店；商店. ～ à grande surface 大規模店, 大型スーパー. ～ à prix unique 廉価店, スーパー. ～s à succursales multiples 多数の支店を擁する商店, チェーン店. ～ collectif de commerçants indépendants 集合商店. ～ d'alimentation 食料品店. ～ d'articles de sports スポーツ用品店. ～ de chaussures 靴屋. ～ de détail 小売店. ～ de modes モード店. ～ d'usine 工場直販店 (=usine-center). ～-souvenirs 土産屋. ～ spécialisé 専門店.
grand ～ 百貨店, デパート. chaîne de ～s チェーンストア組織. courir les ～s 店を回って歩く. tenir un ～ 店を経営する.
2 倉, 倉庫；商品置場. ～ à blé 小麦倉庫. ～ à charbon 石炭置場. ～ à grains 穀物倉. 『劇』～ des accessoires 小道具置場. 『劇』～ des décors 大道具置場. ～ général 営業倉庫. avoir *qch* en ～ …のストックがある. mettre *qch* en ～ 何かを倉庫に入れる.
3『軍』武器庫 (= ～ d'armes)；弾薬庫 (= ～ d'explosif, ～ à poudre)；被服庫 (= ～ d'habillement)；食料庫 (= ～ de vivres).
4『海』～ du bord (船舶の) 食料庫.
5『商法』～ général 営業倉庫, 一般倉庫.
6 (連発銃の) 弾倉, マガジン. ～ d'une arme à feu à répétition 連発火器の弾倉.
7 (写真機・撮影機のフィルムの) マガジン. ～ automatique 自動マガジン送り. ～ à films フィルム・マガジン.
8〔比喩的〕宝庫. ～ d'idées アイディアの宝庫.

magasinage n.m. **1**『商業』倉庫保管, 入庫. droit (frais) de ～ 倉敷料, 倉庫保管料.
2 倉庫保管期間, 入庫期間.
3『カナダ』ショッピング (=shopping).

magasinier(ère) n. **1**『商業』倉庫係 (=garde-magasin). **2** 製品の在庫管理担当者.

magazine [英] n.f. **1** (挿絵・写真入りの) グラフ雑誌；(新聞の) 日曜版. ～ de mode モード誌. M ～ littéraire「マガジーヌ・リテレール」《1966年創刊の月刊文芸誌》.
2 (放送の) 定期番組, マガジン《特集・レポート・インタビューなどをはさんだ時事ニュース番組》. ～ sportif スポーツ・アワー.

magdalénien(ne) (<La Madeleine, département de la Dordogne ドルドーニュ県 Tursac (市町村コード24620) にある先史時代の地層《gisement préhistorique de la Madeleine》のある遺跡所在地名) a. 『考古』マドレーヌ文化期の. société ～ne マドレーヌ文化期の社会.
—n.m. マドレーヌ文化期 (=époque ～ne) 《旧石器時代末期；西暦紀元前15000 ～ 前10000年の時期；ソリュートレ期époque solutréenne に次ぐ文化期》.

mage n.m. **1**『宗教』マギ《古代メディアおよびペルシャの世襲的なゾロアスター教祭司》.
2 魔術師；占師；占星術師.
3『キリスト教』les〔Trois〕 ～s 東方の三博士, 三王《キリスト降誕の際, 星に導かれてベツレヘムに来て礼拝した3人：後世 Melchior, Gaspard, Balthazar の名が与えられた》. adoration des M ～s 三王来朝.

magenta [-gɛ̃-]〔英〕a.inv. マゼンタ色 (赤紫色) の.
—n.m.『写真・印刷』マゼンタ, 赤紫色《三色減色法の原色の一つ；緑の補色》.

maghrébin(e) (<Maghreb) a. マグレブ諸国の, マグレブ出身の. pays ～s マグレブ諸国《主に北アフリカの l'Algérie, le Maroc, la Tunisie の3カ国；時には la Lybie と la Mauritanie を加えることがある》. population d'origine ～e マグレブ出身住民数.
—n. マグレブ人.

magicien(ne) n. **1** 魔法使い, 魔術師. 『植』herbe à la ～ne くまつづら (circé).
2 奇術師, マジシャン.
3〔比喩的〕魔法使いのような人物, 魔術師. ～ de la couleur (du vers) 色彩 (詩句) の魔術師.

magie n.f. **1** 魔法, 魔術；『人類・社』(未開社会の) 呪術. ～ blanc 白魔術《悪魔の力を借りない魔術》；白呪術. ～ noir 黒魔術《悪魔の力を借りる魔術》；黒呪術. (comme) par ～ 魔法を使ったように, 不思議なことに. pratiques de ～ 魔法の行使.
2〔比喩的〕魔法のようなもの, 不思議な力, 秘訣, 秘策. C'est de la ～. まるで魔法だ.
3 tour de ～ 奇術, 手品 (=prestidigitation).

magique a. **1** 魔法の；魔術の；魔法的な. art ～ 魔法, 魔術. baguette ～ 魔法の

杖. carré ~ 魔法陣.〖核物理〗numéros ~s 魔術(魔法)数. pouvoir ~ 魔力.
2 呪術の;呪術的な. formules ~s 呪文.〖人類, 社〗mentalité ~ 呪術的心性. pensée ~ 呪術的思考.
3 魔法のような;不思議な. charme ~ 幻惑的魅力. lumière ~ 不思議な光. spectacle ~ 超現実的なショー.
4〖化〗acide ~ 五弗化アンチモン=三酸化硫黄 (HSO_3F と SbF_5 の混合物;商標).

magiste n. 呪術師, 祈禱師;祈禱治療師(=guérisseur).

magistère n.m. **1** 騎士団《特にマルタ騎士団 l'ordre de Malte》の団長の地位(任期).
2〔比喩的〕絶対的な教理的・道徳的・知的権威.〖カトリック〗~ de l'Eglise (du pape) キリスト教会(教皇)の教導権.
3〖医・化〗〖古〗沈殿物, 析出物. ~ de soufre 硫黄沈殿物.
4〖錬金術〗霊薬;化金物質(「賢者の石」pierre philosophale).
5〖教育〗マジステール《大学の第二課程の学位, 3年で修得する職業的学位, 修士(master)相当;1985年導入》.

magistral(ale) (pl. **aux**) a. **1** 教師(maître)の. chaire ~ale 教壇.
2 教師(医師)自身による. cours ~ (大教室での)教授の講義. enseignement ~ 教授による教育. médicament ~ 医師の処方薬 (médicament officinal「薬局の処方薬, 局方薬」の対).
3 教授らしい, 教授然とした;尊大な. parole haute et ~ale 高圧的で尊大な言葉. parler d'un ton ~ 勿体ぶった口調で話す.
4 巨匠にふさわしい, 見事な. actrice ~ale 見事な女優. adresse ~ale 確かな腕の冴え. réussir un coup ~ 見事な腕前でやってのける.
5〖製図〗ligne ~ale 主線.

magistrat(e) n. **1** 司法官《司法職団に所属する裁判官と検察官の総称》;判事, 裁判官;検事, 検察官. ~ assis (debout) 裁判官(検察官). ~ consulaire 商事裁判所判事. ~ de carrière 職業裁判官. ~ de l'ordre juridique 司法官, 司法裁判機関判事(検事). ~ du ministère publique 検察官. ~ du siège (du parquet) 裁判官(検察官).
2 公職にある人, 行政官. premier ~ de la République (du département) 大統領(県知事). ~s municipaux 市(町村)議会議員. outrage à ~ 裁判官等侮辱.

magistrature n.f. **1** 司法官(判事と検察官)の職, その任期;司法界. ~ assise (debout) 裁判官(検察官). Conseil supérieur de la ~ 司法官職高等評議会.
2 行政官の職, その任期. ~ municipale 市町村議員職;〔集合的〕市町村議員. ~ suprême 共和国大統領の職. Arrivé à la ~ suprême, François Mitterrand a aboli la peine de mort comme il s'y était engagé. 大統領に当選したフランソワ・ミッテランは公約どおりに死刑を廃止した.

Maglev (= [英] magnetically levitated) n.f.〖鉄道〗磁気浮揚方式 (= [仏] sustentation magnétique).

magma n.m. **1**〖化〗粥状物質, 軟塊. ~ informe 形の定まらない粥状物質.
2〔地学〕マグマ, 岩漿. solidification du ~ マグマの冷却による硬化.
3〔比喩的〕ごたまぜ, 寄せ集め. ~ d'idées empruntées 借り物の思想の寄せ集め.

magmatique a.〖地学〗マグマの, 岩漿の;火成の. laves ~s マグマの熔岩. roche ~ 火成岩.

magnat [magna, maɲa] n.m. **1**〖史〗(ポーランド, ハンガリーの)大貴族. **2** (実業界の)大立物. ~ de la finance 財界の大立物.

magnésie [maɲezi] n.f.〖化〗マグネシア, 酸化マグネシウム (=oxyde de magnésium), 水酸化マグネシウム (=hydroxyde de magnésium $Mg(OH)_2$), マグネシア, 苦土. ~ anhydre 無水マグネシウム. ~ hydratée 水酸化マグネシウム. sulfate de ~ 硫酸マグネシウム.

magnésien(ne) [maɲezjɛ̃, -ɛn] a.〖化〗マグネシウムを含む. sel ~ マグネシウム塩.
— n.m. 有機マグネシウム化合物 (=organomagnésien).

magnésiothermie [maɲezjɔtɛrmi] n.f.〖冶〗マグネシウム脱酸法.

magnésite [maɲezit] n.f.〖鉱〗マグネサイト, 菱苦土石《耐火用・セメント用鉱石》.

magnésium [maɲnesjɔm] n.m. **1**〖化〗マグネシウム《元素記号 Mg, 原子番号12, 原子量24.30;1829年発見の金属元素》.
2 マグネシウム《灰白色の金属;比重1.75, 融点650℃, 沸点1110℃》. alliage au ~ マグネシウム合金. boîtier de ~ マグネシウム製ボディー. chlorure de ~ 塩化マグネシウム. silicate de ~ 珪酸マグネシウム.

magnétique a. **1**〖物理〗磁気を帯びた, 帯磁した;磁性の;磁気の;磁気的な. axe ~ 磁軸. bande ~ 磁気テープ. carte ~ 磁気カード. champ ~ 磁場, 磁場. corps ~ 磁性体. disque ~ 磁気ディスク. flux ~ 磁束. induction ~ 磁気誘導. Nord ~ 磁北. orage ~ 磁気嵐. pôle ~ 磁極. résistance ~ 磁気抵抗. résonance ~ 磁気共鳴. unité ~ 磁気単位.〖地学〗variation ~ 磁気偏差(偏角).
2 動物磁気の;動物磁気催眠治療術 (=magnétisme) の). sommeil ~ 動物磁気催眠.
3〔比喩的〕人をひきつける, 魅惑的な. pouvoir ~ 魅惑的な力, 魅力.

magnétisation (<magnétiser) n.f. **1**

magnitude

〖物理〗磁化, 励磁. ~ résiduelle 残留磁化.
2〖史〗動物磁気催眠術をかけること.

magnétisme [maɲe-] *n.m.* **1**〖物理〗磁気, 磁性；磁気学. ~ cosmique 宇宙磁気. ~ induit 誘導磁気. ~ nucléaire 核磁気. ~ permanent 永久磁性；(地磁気の) 永久磁気. ~ résiduel (rémanent) 残留磁気. ~ terrestre 地磁気.
2〖史〗動物磁気；動物磁気催眠治療術 (= ~ animal)《ドイツの医学者 Franz Anton Mesmer [1734-1815] が唱えた；= mesmérisme》. traitement des maladies par le ~ 動物磁気催眠療術による疾病の治療行為.
3〔比喩的〕人を惹きつける力, 魅力, 魅惑, 影響力. subir le ~ de *qn* 人に惹きつけられる.

magnétite [maɲetit] *n.f.* 〖鉱〗磁鉄鉱.

magnéto [maɲeto] *n.f.* **1**〖電〗磁石式発電機, (特に) (自動車の) ダイナモ.
2〔話〕磁気式録音機, テープレコーダー (=magnétophone).

magnéto- 〔ギ〕[ELEM]「磁気, 磁石」の意 《ex. *magnéto*phone〔磁気〕テープレコーダー》.

magnétocassette *n.m.* カセット・テープレコーダー (=magnétophone à cassette).

magnétochimie *n.f.* 磁気化学.

magnétodynamique *a.* 〖物理〗磁力利用の. haut-parleur ~ 磁力スピーカー. tête de lecture ~ 磁力読取りヘッド.

magnéto〔-〕électrique *a.* 電磁気の (= éléctromagnétique). machine ~ ダイナモ発電機.

magnétoencéphalographie *n.f.* 〖医〗脳磁図《脳の画像診断法の一種》.

magnétohydrodynamique *n.m.*
1〖物理〗磁気 (電磁) 流体力学 (略記 MHD).
2 磁気流体発電, 電磁流体力学発電.
——*a.* 磁気 (電磁) 流体力学の；磁気 (電磁) 流体発電の. convertisseur ~ 磁気流体発電変換機.

magnétomètre *n.m.* 磁力計.

magnétomo*teur* (*trice*) *a.* 〖物理〗起磁性の. force ~ *trice* 起磁力.

magnéton [maɲetɔ̃] *n.m.* 〖原子〗磁子, マグネトン. ~ nucléaire 核磁子《原子核の磁気モーメントの単位》. ~ de Bohr ボーア磁子.

magnéto-optique *n.f.* 〖物理〗磁気光学.
——*a.* 光磁気の (による). 〖情報処理〗disque ~ 光磁気ディスク. lecteur de disques ~s 光磁気ディスク・ドライヴ装置, MO ドライヴ・ユニット.

magnétopause *n.f.* (天体の) 磁気圏界面.

magnétophone *n.m.* 〖音響〗磁気式録音機；テープレコーダー. ~ à cassette カセット・テープレコーダー. ~ à autoreverse オートリヴァース式テープレコーダー. ~ d'une chaîne セット組込み式テープレコーダー, 据置型テープレコーダー. ~ intégré à un poste de radio ラジオ付テープレコーダー (=radiocassette). ~ portable ポータブル・レコーダー；ヘッドフォン・ステレオ, ウォークマン (=baladeur). enregistrer au ~ テープレコーダーで録音する.

magnétorestrictif (ve) *a.* 磁気を拘束する. matériaux ~s 磁気拘束素材.

magnétoscope *n.m.* **1**〖視聴覚〗磁気式録音録画機, ヴィデオ〔レコーダー〕(= vidéo). ~ à fonction numérique ディジタル・ヴィデオ. ~ associé à une caméra ヴィデオ・カメラ (=caméscope).
2〔工〕マグナフラックス. ~ à pôles 電磁探傷機.

magnétosphère *n.f.* 〖地球物理〗磁気圏.

magnétostatique *a.* 〖物理〗静磁気の；静磁場の. champ ~ 静磁場.
——*n.f.* 静磁気学.

magnétostriction *n.f.* 〖物理〗磁気ひずみ, 磁歪 (じわい).

magnétothérapie *n.f.* 〖医〗磁気利用療法, 磁石による鎮痛療法.

magnétron [maɲetrɔ̃] *n.m.* マグネトロン, 磁電管.

magnicide *n.m.* 〖政治〗要人殺害 (暗殺).

magnifique *a.* **1** 壮麗な, 豪華な；華やかな, 豪勢な；絢爛豪華な. ~ pompe funèbre 壮麗な葬儀. habits ~s きらびやかな衣裳. meuble ~ 豪華な家具. palais ~ 壮麗な宮殿. réception ~ 豪勢なレセプション. style ~ 華麗な文体.
2 素晴らしい, 見事な, 申し分のない；並外れた. ~s athlètes 見事なスポーツ選手. ~ imbécile あきれた馬鹿者. ~ paysage 素晴らしい景観. ~ performance 申し分のない性能.
ambitions ~s 並外れた野心. avenir ~ 輝かしい未来. eau-de-vie ~ 申し分のない蒸留酒. femme ~ 素敵な女性. avoir un teint ~ 素晴らしい顔色をしている.
Elle est ~ avec cette robe. このドレスを着た彼女は素敵だ. Il fait un temps ~. 素晴らしい天気だ. Tu es ~! 君は素晴らしい！〔皮肉〕君には参った.
3〔やや古〕気前のよい；贅沢好きな.

magnitude [maɲi-] *n.f.* **1**〖天体〗(星の) 光度, 等級. ~ absolue 絶対等級 (略記 M). ~ apparente 見かけの等級, 視等級 (略記 m). ~ photographique 写真光度.
2〖地震〗マグニチュード (略記 M). ~ d'un séisme 地震のマグニチュード. seisme de ~ 5 sur échelle de Richter リクター等級でマグニチュード5の地震 (Richter はアメ

リカの地震学者［1900-85］). intensité et ～ d'un séisme 地震の震度とマグニチュード.

magnolia [maɲ(gn)ɔlja] *n.m.* マニョリア, マグノリア, 木蓮〔属〕. ～ grandiflora 泰山木. ～ liliiflora 木蓮. ～ salicifolia こぶし. ～ stellata 姫こぶし.

magnoliacées *n.f.pl.* 〚植〛マグノリア(マニョリア)科(植物)《magnolia マグノリア(マニョリア)の他, tulipier チューリップの木がある》.

magnum [magnɔm] *n.m.* マグナム《内容量1.5 l の酒壜；通常の葡萄酒壜(内容量 75 cl)の倍量の大壜》. ～ d'un champagne シャンパーニュ酒のマグナム壜. double ～ d'un bordeaux ボルドー葡萄酒の倍量マグナム壜(3 l).

MAH (= *m*aison d'*a*rrêt des *h*ommes) *n.f.* 男性専用刑務所(拘置所).

mah-jong [maʒɔ̃g] *n.m.* 麻雀, 麻雀の牌(= majong). ～s d'ivoire 象牙の麻雀牌.

Mahomet [maɔmɛ], **Mohammed** [mɔamɛd] *n.pr.* ムハンマド(〔アラビア語〕Muḥammad), マホメット《アラブの「預言者」le Prophète；La Meque 570 年頃-Médine 632；イスラム教の開祖》.

mahométan(**e**) *a.* 〔古〕マホメット教の, イスラム教(ムスリム)の(= musulman). doctrines ～es マホメットの教理. pays ～ マホメット教団, イスラム教団. peuples ～s マホメット教徒, イスラム教徒.

mai *n.m.* **1** 5月. au mois de ～(en ～) 5月に. le premier ～ 5月1日；メーデー, 労働祝祭日(= fête du travail)《フランスでは1947年より法定休業日》.〔évènements de〕～ 1968年の五月革命.

2 〚民俗〛五月柱(= arbre de ～), メイポール.

MAIF, Maif (= *M*utuelle *a*ssurance des *i*nstituteurs de *F*rance) *n.f.* フランス教員相互保険会社.

maigre[1] *a.* **1** (体が)痩せた；痩せこけた. doigts (bras, jambes) ～s 痩せた指(腕, 脚). joues ～s 痩せこけた頬. être ～ comme un clou 針のように痩せている.

2 脂(肉)を含まない；脂身のない；低脂肪の. fromage ～ 脱脂乳でつくったチーズ. repas ～ 肉抜きの食事. viande ～ 脂身の少ない肉.

3 〚カトリック〛肉断ちの. jours ～s (教会の定めた)小斎日(肉断ちの金曜日).

4 薄い；細い, 細身の. ～ paquet d'imprimés 印刷物を入れた薄い包. ～ filet d'eau 細い水流.〚印刷〛caractère ～ 細身の活字. 〚印刷〛filet ～ 細罫.

5 〔多くの名詞の前〕貧弱な；みすぼらしい；(土地が)痩せた；(利益などが)僅かな. ～ pâturage 痩せこけた牧草地. ～ profit 薄利. ～ récolte 僅かな収穫. ～ repas 貧弱な食事. ～ salaire 安月給. gazon ～ まばらな芝生. terre ～ 痩せた土地. avoir le cheveu ～ 毛髪が薄い.〔話〕C'est ～. もの足りないね.

6 水量の少ない, 浅い. ～ eau 浅瀬.

7 〚建築〛貧調合の(原材料の含有率が低い). béton ～ 貧コンクリート. chaux ～ 貧石灰. enduit ～ 油成分の少ない(含まない)塗料.

8 charbon ～ 低揮発性炭《良質の燃料炭》.

maigre[2] *n.m.* **1** 〚料理〛(肉の)脂の少ないところ, 赤身(= viande ～). ～ de jambon ハムの脂の少ないところ. faire ～ par pénitence 肉断ちの苦行をする.〔副詞的〕manger ～ 肉抜きで食事をする.

2 〚印刷〛細身の活字, 細字(= caractère ～)(gras「太字」の対). imprimer en ～ 細字で印刷する.

3 〔*pl.* で〕(河川の)最低水位, 渇水期(= étiage)；(川・海の)浅場, 浅瀬. ～s d'un cours d'eau 水流の浅水区.

maigreur (< maigre) *n.f.* **1** 痩せていること；〚医〛羸痩(るいそう), やせ(= émaciation). ～ du cou 首の細さ. être d'une ～ effrayante 恐ろしく痩せている.

2 貧弱さ；(土地の)痩せていること；(線などの)細さ；乏しさ. ～ des revenus 収入の貧しさ. ～ d'une végétation 植生の貧弱さ.

mailing [mɛliŋ]〔英〕*n.m.* 〚商業〛ダイレクトメール式広告《公用推奨語は publipostage》.

maille[1] *n.f.* Ⅰ (網目) **1** (編物・レースの)編目, 目；メッシュ；ニット地, ジャージー(jersey). ～ à l'endroit 表目. ～ à l'envers 裏目. ～s de la dentelle レースの編目. ～ extensible ストレッチ・ニット地. tissu à ～s fines 目の細かいニット地. laisser échapper une ～ 目を一つ落とす. tricoter une ～ 目を編む.

2 (網・節などの)目. ～s d'un filet 網の目. filet à ～s larges 目の大きな網. glisser entre les ～s d'un filet 網の目をくぐり抜ける.

3 〚電〛回路網(= circuit fermé)；〚鉱〛(結晶構造の)単位格子, 単位鎖胞, セル；〚土木〛(橋の)格間；〚建築〛張間(はりま)；(格子の)目；treilli à larges ～s 目の荒い格子.

4 (鎖の)環(= anneau d'une chaîne). cotte de ～s 鎖帷子(くさりかたびら).

Ⅱ (斑点) **1** 〚狩〛(鷹などの羽根の)斑紋. ～s de perdreau やまうずらの斑紋.

2 〚植〛雌花芽；花芽. ～ d'un melon メロンの花芽.

3 〚医〛角膜斑(= macule cornéenne).

maille[2] *n.f.* 〚史〛マイユ《カペー王朝時代の最小貨幣；1/2 denier に相当》.〔比喩的〕avoir ～ à partir avec *qn* 人といざこざを起こす. sans sou ni ～ 文無し. n'avoir ni sou ni ～；être sans sou ni ～ 文無しである.

maillot *n.m.* **1** 〚服〛タイツ. danseuse en ～ タイツ姿の踊り子.

2 運動シャツ, ジャージー, 肌着. ~ de corps アンダーシャツ. ~ de sport スポーツ・シャツ. ~ jaune マイヨ・ジョーヌ (フランス一周自転車レース le Tour de France でトップに立っている選手が着用する黄色いジャージー).
3 水着 (= ~ de bain). se mettre en ~ 水着を着る.
4 〖古〗襁褓 (むつぎ). enfant au ~ 乳飲み子 (= nourrisson).

mailzine (<〖米〗*mail* + magazine) *n.m.* 〖情報〗電子メール・マガジン.

main *n.f.* Ⅰ (本義:手) **1** 手.
◆ 手の解剖学的構造: doigts de la ~ 手の指 (pouce「親指」, index「人差指」, médius「中指」, annulaire「薬指」, auriculaire「小指」); dos de la ~ 手の甲; muscles de la ~ 手の筋肉 (aponévrose digitale「指腱膜」, interosseux dorsaux「手甲間筋」, ligament annulaire「環状靱帯」); os de la ~ 手の骨 (〔os〕astragale「距骨 (きょこつ)」, 〔os〕calcanéum「楔状骨」, os crochu「鉤状骨」, 〔os〕cuboïde「立方骨」, os du carpe「手根骨」, pisiforme「豆状骨」, 〔os〕pyramidal「三角骨」, 〔os〕scaphoïde「舟状骨」, trapèze「大菱形骨」, 〔os〕trapézoïde「小菱形骨」, phalange「指節骨」(指の関節), phalangette「末節骨」, phalangine「中節骨」); métacarpe「中手」; paume de la ~ 掌; plat de la ~ 手の平; poignet 手首.
les ~s dans les poches ポケットに手を入れて. la ~ de Dieu 神の御手; 神の力; 神罰; 〔比喩的〕ゴッドハンド (神技的技術の持主). la ~ droite (gauche) 右手 (左手). ~ gantée 手袋をした手. à portée de 〔la〕 ~ 手の届くところに.
avoir de grosses (petites) ~s 大きな (小さな) 手をしている. fermer (ouvrir) la ~ 手を閉じる (開ける). lire dans les lignes de la ~ 手相を読む. se laver les ~s 手を洗う.
2 成句
◆〔à と共に〕à ~ 手による, 手動の; 手に持つ. frein à ~ 手動ブレーキ. sac à ~ ハンドバッグ.
à la ~ 手で. écrit à la ~ 手書きの. fait 〔à la〕 ~ 手作りの. dentelle faite 〔à la〕 ~ 手編みレース. travail fait à la ~ 手仕事. être bien à la ~ 手によくなじむ. outil qui est bien à la ~ 手によくなじむ道具. tenir *qch* à la ~ 何を手に持っている.
en venir aux ~s 殴り合いをはじめる.
attaquer à ~ armée 武装して襲撃する.
à ~ droite (gauche) 右 (左) 〔手〕の方に. tourner à ~ droite 右折する (= tourner à la droite).
à ~〔s〕levée〔s〕挙手で; 〖絵〗フリーハンドで. voter à ~〔s〕levées 挙手で採決する. dessin à ~ levée フリーハンドで描いたデッサン.
à ~s nues 素手で.
à deux ~s 両手で.
à pleine〔s〕~〔s〕手一杯に; 大量に; しっかり. donner à pleine〔s〕~〔s〕気前よく (大量に) 与える. puiser à pleine〔s〕~〔s〕dans la caisse 金庫の金をごっそり使う (着服する). tenir son verre à pleine ~ グラスをしっかり握る.
〖音楽〗à quatre ~s 四手連弾で.
à toutes ~s ふんだんに; 何でもこなす, 万能の. homme à toutes ~s 何でもこなす人.
◆〔avec と共に〕prendre *qch* avec les ~s 両手で何をつかむ. toucher *qch* avec la ~ 何に手で触れる.
◆〔dans と共に〕la ~ dans la ~ 手に手をとって, 手をつないで; 連携して. agir la ~ dans la ~ 連携して行動する. marcher la ~ dans la ~ 手をつないで歩く.
manger dans la ~ de *qn* 人に馴れ馴れしくし過ぎる. tenir sa tête dans ses ~s 頭をかかえる.
Rien dans les ~s, rien dans les poches. 種も仕掛けもございません (手品師の口上).
◆〔de と共に〕de ~ 手の; 手製の.
coup de ~ 奇襲; 妙策; 助力. avoir le coup de ~ 腕が立つ, 器用である.
homme de ~ 手下; 手先. homme de ~ d'un gang ギャングの手先.
jeux de ~〔s〕殴り合い, 悪ふざけ. 〔諺〕Jeux de ~s, jeux de vilains. 悪ふざけは喧嘩のもと.
revers de ~ 手の甲.
tour de ~ 器用さ. en tour de ~ 器用に.
de la ~ 手で. saluer de la ~ 手を振って挨拶する. recevoir *qch* de la même ~ de *qn* 人の手から直接何を受け取る.
de la ~ 彼 (彼女) の手による. gâteau de sa ~. 彼女の手製のケーキ. lettre de sa ~ 彼の自筆の手紙.
de la ~ à la ~ 手から手へ, 直接. argent versé de la ~ à la ~ (領収証なしに) 手渡された金.
de ~〔s〕en ~〔s〕手から手へ. Le document circula de ~ en ~. 資料は手から手へと回った.
d'une〔seule〕~ 片手で. tenir le volant d'une ~ 片手でハンドルを握る.
des deux ~s 両手で; 諸手を挙げて. applaudir des deux ~s 諸手を挙げて賛同する.
de longue ~ ずっと前から. ouvrage préparé de longue ~ ずっと前から準備してきた作品.
de première ~ じかに, 直接に. information de première ~ 直接情報. ouvrage de première ~ 一次資料に基づく著作. voiture de première ~ 一人しか使用していない中古車.
de seconde ~ 人づてに, 間接的に. rensei-

gnement de seconde ~ 人を介した情報. voiture d'occasion de seconde ~ 2人が乗っていた中古車.
ne pas y aller de ~ morte 手加減せずに殴る, やり過ぎる.

◆〔en と共に〕en ~〔s〕propre〔s〕本人の手に. remettre une lettre en ~〔s〕propre〔s〕手紙を直接名宛人に手渡す. avoir des preuves en ~ 証拠を握っている. avoir la situation en ~ 事態を掌握している. avoir son métier en ~ 自分の仕事を掌握している.
être〔bien〕en ~ よく手になじんでいる. être en bonnes ~s 確かな人の手に委ねられている. prendre qch bien en ~ 何をしっかり握る. prendre son en ~〔s〕何を引き受ける. clef en ~〔s〕(鍵を手にして→)即座に入居できる状態で.
◆〔entre と共に〕passer entre de nombreuses ~s 多くの人手を渡る. prendre sa tête entre ses ~s 頭をかかえる. remettre son sort entre les ~s de qn 己れの運命を人の手に委ねる.
◆〔par と共に〕passer par beaucoup de ~s 多くの人手に渡る. prendre qn par la ~ 人の手をつかむ. se tenir par la ~ 手をとり合う.
◆〔sous と共に〕sous la ~ 手元に. avoir un dictionnaire sous la ~ 手元に辞書がある.
〔en〕sous ~ ひそかに; こっそりと. négocier〔en〕sous ~ 秘密裡に交渉する. tomber sous la ~ 手の届くところにある; たまたま手にする.
◆〔sur と共に〕~ sur ~ 両手を交互に使って. tirer une corde ~ sur ~ ロープを両手でたぐり寄せる.
〔話〕avoir le cœur sur la ~ 寛大である; 正直である.
◆〔前置詞なしで〕haut la ~ 手もかけずに. réussir haut la ~ 易々と成功する. Les ~s en l'air! / Haut les ~s! ホールドアップ!
◆〔動詞と共に〕avoir des ~s de (en) beurre 手からよく物を落す. avoir les ~s libres 行動の自由を持っている. avoir la ~ ouverte 気前がいい. avoir la haute ~ sur … を牛耳っている.
baiser la ~ d'une dame 婦人の手に接吻する. demander (obtenir) la ~ d'une jeune fille 娘の親に結婚の許しを求める (結婚を許される).
donner (prêter) la ~ à に手をさしのべる, に手を貸す. prêter la ~ à un crime 犯罪に加担する.
faire les ~s à qn 人の手にマニキュアをする.
faire ~ basse sur を奪う (盗む).
forcer la ~ à qn 人に無理強いする.
lever la ~ sur qn 人に向かって手を振りあ

げる.
〔話〕mettre la ~ à la pâte 自分で手をくだす. mettre la ~ sur qch 何を探し当てる; 何を手に入れる; 何を押収する; 何を奪う. mettre la dernière ~ à qch 何に最後の手を加える (最後の仕上げをする).
porter la ~ sur qn 人に殴りかかる.
rentrer les ~s libres (何も手に入れないで) 手ぶらで帰る.
se donner la ~ 手を取り合う, 握手する; しめし合わす.
se laver les ~s de qch 何から手を引く; 何の責任逃れをする.
se salir les ~s (悪で) 手を汚す.
se tordre les ~s (苦痛などで) 手をよじる.
tendre la ~ 手を差し出す, 助けの手を求める, 物乞いする. politique de la ~ tendue 援助政策.
tenir la ~ de (à) qn 人の手をとる; 人を助ける. tenir la ~ à qch 何に気を配る.

II〚転義〛**1**〚サッカー〛ハンド (=faute de ~). Il y a ~! ハンド!
2 腕前, 技量, 技能; 流儀. de ~ de maître (親方の腕前で→) 素晴しい腕前で. Il s'en est tiré de ~ de maître. 彼は見事にその場を切り抜けた. avoir des ~s en or 見事な腕前をもっている. pianiste qui a une bonne ~ gauche 左手の使い方がうまいピアニスト. faire la ~ à qn 人の腕を練える. se faire ~ 腕を磨く. perdre la ~ 腕を落とす.
3 筆跡〔の手〕. avoir une belle ~[1] 字がうまい. signer de ~ ~ 自署の.
4 お針子 (=couturière). première (petite) ~ 店一番の (見習いの) お針子.
5 所有者, 保有者; 持主. changer successivement de ~〔s〕次々と持主が変わる.
6 権力〔の保有者〕, 権威; 支配権. ~ de justice[1] 司法権. bien placé sous ~ de justice 司法権の管理下におかれた財. tomber aux (dans les ~s, entre les ~s) de l'ennemi 敵の手中に落ちる.
7 手の形のもの; インデックス; 菓子 (パン) はさみ. ~ de Fatma (アラビアの) 手の形のお守り. ~ de justice[2] (王杖の先についた) 象牙 (宝石) の手《司法の象徴》; 王杖. ~ 〔de toilette〕体を洗う浴用タオル.
8 (抽出などの) 把手. ~ fixe 固定把手.
9〚トランプ〛親; (配られた) 手. avoir (être à) la ~ 親である. avoir une belle ~[2] 手がよい. faire la ~ カードを配る. passer la ~ 親を譲る. forcer la ~ 手を引く.
10 (布地などの) 手触り, こし; (紙の) 嵩 (かさ). papier qui a de la ~ 嵩 (こし) のある紙.
11〚商業〛(紙の) 1帖《25枚, 1/20連》. une rame qui se compose de vingt ~s 20 帖からなる1連.
12〚自動車〛~ de ressort バネ支え.
13 井戸桶の金環 (= ~ d'un sceau de

puits).
14〖法律〗権限. administration en ~ commune (夫婦財産制における) 夫婦の共同管理.
15〖商業〗~ courante 当座帳 (= brouillard).
16〖海〗〖集合的〗荷役人夫.

main-d'œuvre(*pl.*~**s**-~) *n.f.* **1** 人手, 労力. manque de ~ 人手不足；労働力不足.
2 手間賃, 人件費 (= frais de ~). ~ coûteuse (bon marché) 高い (安い) 人件費.
3〖集合的〗労働者；労働力. ~ agricole 農業労働者 (労働力). ~ du bâtiment 建設労働者. ~ étrangère (immigrée) 外国人 (移民) 労働者.

Maine *n.pr.f.* la ~ メーヌ川《ロワール河la Loire 右岸の支流；長さ 10 km；Angers アンジェを流れる》.
—*n.pr.m.* le ~ メーヌ地方《フランス西部の地方》. le bas ~ 低メーヌ地方. le haut ~ 高メーヌ地方.

Maine-et-Loire *n.m.*〖行政〗le ~ メーヌ = エ = ロワール県《(= département de ~；県コード 49》フランスと UE の広域地方行政区画の région Pays de la Loire ペイ・ド・ラ・ロワール地方に属す；県庁所在地 Angers アンジェ；主要都市 Cholet ショレ, Saumur ソーミュール；4郡, 41 小郡, 364 市町村；面積 7,131 km²；人口 732,942》.

main-forte *n.f.sing.* **1** 援助, 助力, 支援, 手助け. donner (prêter)~ à *qn* 人に力を貸す. trouver ~ 助けを見出す.
2 (官憲などへの) 協力. réclamer ~ à la Préfecture 警視庁に協力を要請する.

mainlevée *n.f.*〖法律〗解除, 撤回, 取消, 却下. ~ amiable 示談的解除. ~ d'une hypothèque 抵当権の解除. ~ d'une opposition 反対の却下. ~ d'une saisie 差押解除. ~ judiciaire 司法判決による取消.

mainmise *n.f.* **1**〖封建〗(財産の) 差押え, 没収 (= confiscation, saisie).
2 (領土などの) 併合；収用. ~ d'un Etat sur les territoires étrangers 一国による外国領土の併合.
3 支配；乗っ取り. ~ d'un trust sur un secteur de l'économie 大企業による経済の一部門の独占的支配.

mainmorte *n.f.* **1**〖古・史〗マンモルト, 死手権《封建制度, 相続権のない農奴・領民・臣下などの財産を領主が没収する権利》. homme de ~ 農奴.
2 永代財産 (= bien de ~). personne de ~ 永代財産所有団体.

mains-pieds-bouche *n.m.*〖医〗syndrome ~ 手足口疾患症候群.

maint(e) *a.ind.*〖古・文〗多くの.〖現用〗à ~ es reprises；à ~ es fois 何度も, 繰返し て. à ~ es et ~ es fois 何度も何度も繰返して.

en ~ s endroits 多くの場所で. en ~ e〔s〕occasion〔s〕多くの機会に.
—*pr.ind.*〖古〗多くの人(物). ~ s d'entre eux 彼らのうちの多くの者.

maintenance *n.f.* **1** (機械・装置などの) 保守, メンテナンス；保全；維持管理, 整備. ~ de bâtiments 建物の維持管理.〖鉄道〗~ de voies ferrées 保線. ~ de voirie 道路の保守整備. contrat de ~ 保守管理契約. technicien de ~ 保守管理技術者.
2〖軍〗(兵力・物資の) 補充；補給兵力 (物資). ~ des effectifs et du matériel 兵員と軍需物資の補充. services de ~ (兵力の) 補充業務；兵站部.
3〖古〗維持, 保有. ~ de la loi 法律の維持.

maintenant *ad.* **1** 今, 現在；今日 (こんにち)；今度は. Autrefois et ~. 昔と今. *M* ~ il est très riche. 今や彼は大金持だ. *M* ~, c'est moi qui demande la parole. 今度は私が発言を求める番だ. hommes de ~ 当節の人々.
à partir de ~ 今から. dès ~ 今からすぐ. et ~ そして今や. jusqu'à ~ 今まで. pour ~ 今のところ, さし当り. Ce n'est pas pour ~. すぐという話じゃないさ.〖話〗C'est ~ ou jamais. またとない機会だ.
Moi, ici et ~. われ直ちに (=〔ラ〕Ego hic nunc).
~ que + *ind.* …である現在；…なので (= en ce moment où). Inutile de mentir, ~ que je sais tout. 何もかもわかっているから, 嘘をついても無駄だ.
Ça fait ~ dix ans qu'elle est partie. 彼女が行ってしまって今でもう 10 年になる.
2〖過去の叙述で〗今や, すでに. Son pouls était presque insensible ~. 彼の脈拍はもうほとんど感じられなくなっていた.

maintien *n.m.* **1** 支えること, 支持.
2 維持；継続. ~ de l'état d'urgence 非常事態の維持 (継続). ~ du niveau de vie 生活水準の維持. ~ de l'ordre 秩序の維持；公安の維持. force de ~ de l'ordre 治安 (警察) 力.〖法律〗~ dans les lieux 継続居住権《善意の賃借人に対する法的権利》. ~ des traditions 伝統の維持.
3〖軍〗~ au corps des soldats libérables (罰を受けた期間に見合う) 除隊延期. ~ sous les drapeaux 除隊延期.
4 態度, 物腰. ~ élégant 上品な物腰. hautain et froid 尊大で冷淡な態度. gaucherie du ~ 態度のぎこちなさ. perdre son ~ 度を失う, まどう. se donner un ~ 態度を繕う.

maire *n.*〖行政〗メール《フランスの最小地方行政単位である commune「コミューヌ；地方自治体」の長》, 市 (町, 村) 長；(大都市の arrondissement「区」の) 区長《「郡」にあたる；arrondissement の長は sous-préfet という》. ~ de Paris パリ市長. ~ s d'arrondissement de la Ville de Paris パリ

mairie

の区長．~ du Vᵉ arrondissement de Paris パリ市第5区の区長．adjoint au ~ 助役．Madame le ~ 女性の市(町，村，区)長．le ~, en principe seul compétent pour célébrer le mariage 原則として結婚式を行う唯一の法的権限保有者である市(町，村)長．Association des ~s de France フランス・コミューヌ長(市町村長，地方自治体首長)協会（略記 AMF）．

mairie *n.f.* **1** コミューヌ(地方自治体：市・町・村)の首長の職(在職期間)être élu à la ~ d'une ville 町(市)長に選ばれる．**2** 市(区)役所，町(村)役場(行政組織・建物)．~ de Paris パリ市庁舎．~ de IVᵉ arrondissement de Paris パリ市第四区役所．~ d'Illiers-Combray イリエ＝コンブレー町役場．employé de ~ 役所(役場)の職員．déclarer une naissance à la ~ 役所に出生を届け出る．

maïs [mais]［西］*n.m.*『植』トウモロコシ．épi de ~ トウモロコシの穂．farine de ~ トウモロコシ粉．flocons de ~ コーンフレークス(=corn-flakes)．grains de ~ トウモロコシの穀粒．pain de ~ トウモロコシ・パン．huile de ~ コーンオイル．papier ~ トウモロコシ紙(黄色の煙草巻紙)．à grains 粒トウモロコシ．~ doux (sucré) 甘味トウモロコシ．~ frais grillé 焼きトウモロコシ．~ pop-corn ポップコーン用トウモロコシ．~ soufflé ポップコーン (=pop-corn)．

maison *n.f.* ① (家) **1** 住居，住宅，家屋，住まい．
◆(建築法，様式による家の種類) ~ à colombage コロンバージュ方式(ハーフティンバー造り)の家．~ de bois (brique, pierre, parpaing, de torchis) 木造(レンガ造り，石造り，コンクリートブロック造り，荒壁土造り)家屋．~ en dur コンクリート造りの家屋．~ préfabriquée プレハブ家屋．
◆(用途による家の種類) ~ bourgeoise お屋敷風の家．~ de campagne 別荘．~ individuelle 個人用の戸建住宅．~ de vacances (de plaisance) 別荘．~ à louer (à vendre) 貸家(売家)．
◆(家の外側部分) fondation (façade, mur, toit, toiture) d'une ~ 家屋の基礎(壁面，壁，屋根，屋根組み)．
◆(家の内側部分) appartements 一連の部屋，居住室．balcon バルコニー．bibliothèque 図書室・書斎．buanderie 洗濯場．bureau 書斎．cabinet (de toilette) トイレ，手洗い，便所，はばかり．cave 地下室．cellier (酒類，食物の) 貯蔵室(庫)．chambre 寝室．couloir 廊下．cuisine 台所．débarras 物置．entrée 玄関．escalier 階段．grenier 屋根裏，屋根裏物置．hall 玄関ホール．lingerie シーツ，タオルなどを整理する部屋，場所．office 配膳室，家事室．pièce 部屋．salle (寝室以外の)部屋．salle à manger 食堂．salle de bains 風呂場．salle d'eau シャワー室，洗面・洗濯室．salon 客間．séjour 居間．sous-sol 地下．terrasse テラス，屋上庭園．vestibule 玄関ホール．véranda ヴェランダ，ベランダ．w.-c. トイレ，手洗い．
◆(住宅の使用に関する動詞) acheter une ~ 家を購入する．bâtir (se faire bâtir) une ~ (自分の)家を建てる．construire (se faire construire) une ~ (自分の)家を建てる．équiper sa ~ 住居の器具類，調度品を整える．habiter une ~ 住む．louer une ~ 家を貸す(借りる)．occuper une ~ 住む．quitter sa ~ 家を出る．réaménager une ~ 屋内の模様替えをする．rénover une ~ 改築する．squatter une ~ (空き家を)無断で占拠する，不法に占拠する．
◆(家の種類別総称) bâtiment 建物，家屋．bâtisse (趣味の悪い)大規模な建物．cabane 小屋．chaumière わらぶきの家，つましい家屋．construction 建物．hôtel 邸宅，屋敷，館．hutte 粗末な小屋．pavillon (郊外の)戸建住宅，東屋，館．résidence 住宅；(特に)高級住宅，別荘．villa 別荘．
◆〔成句〕à la ~ 家に，家で，自宅に，自宅で．Serez-vous à la ~ dimanche à midi? 日曜の正午はご在宅ですか．dans la ~ 家の中に．mentir gros comme une ~ 大嘘をつく．Les ~s empêchent de voir la ville. 樹だけを見ると森が見えない．

2 家の中．~ bien tenue よく整頓された家，きちんとした家．~ en désordre 片付いていない家．linge de ~ リネンサプライ(シーツ，タオル，テーブルクロス，エプロンなど)．déménager toute la ~ 家中にあるものを持って引っ越す．tenir la ~ 家事を切り盛りする，家の中を整頓する．

3 家庭，世帯．~ accueillante 気持ちよく他人を迎え入れる家庭．dépenses de ~ 家計の支出．maître (maîtresse) de ~ 主人(女主人，主婦)．train de ~〔古〕〔集合的〕使用人，召使．〔現用〕暮らし向き，生活水準．faire la jeune fille de la ~ お客様の世話をする．〔くだけて〕C'est ~ du Bon Dieu. とても居心地のよい家だ．

4（家事手伝いの）勤め口．employé de ~ 家事使用人．〔集合的〕les gens de ~ 使用人，召使．Elle a fait de nombreuses ~s. 彼女は多くの家で召使として勤めた．

5 家柄，家系．~ des Bourbon ブルボン家．
6〔政治〕la M~ Blanche (アメリカの)ホワイトハウス，大統領府，アメリカ政府，政権．
7〔宗教〕~ du Seigneur (de Dieu) 神殿，教会，聖堂；(特に)エルサレムのヤーウェの神殿．

8〖天文〗les douze ~s du ciel 十二宮.
Ⅱ〖施設〗**1**(公的, 私的な)施設, (特に)医療関連施設. ~ de convalescence 保養所. ~ de fous 精神病院. ~ de retraite 養老院, 老人受け入れ施設. ~ de repos 療養所. ~ de santé(私立の)病院, (特に民間の)精神病院.〖法律〗~ de justice 和解所《刑事事件において, 検事局と弁護側双方の出席のもと, 犯罪の加害者と被害者の間で和解を目指す場所で, いくつかの検事局においてなされている試み》. ~ du marin 海軍宿舎《宿泊施設》.
2 刑務所, 拘置所, 拘留施設. ~ centrale (中央)刑務所《既決囚を収容する刑務所, とくにその中でも刑期1年以上の受刑者を収容するもの》. ~ d'arrêt 拘置所《容疑者や未決囚, および残余刑期1年未満の既決囚を拘留, 収容する施設》. ~ de correction (de redressement) 少年院, 感化院;軽罪犯の刑務所. ~ de dépôt 拘留所.
3(文化, 教育などの)施設, 機関, 会館, センター. ~ d'éducation (私立で寄宿制の)学校.〔古〕~ d'enfants 託児所, 児童ホーム《両親の休暇中, 子供を預かる施設》, 児童対象の休暇村. ~ des jeunes et de la culture 青少年文化会館《第二次世界大戦以後, 文化活動, 施設の地方分散を促進する運動が起こったが, 特に1960年代にマルロー André Malraux 文化相が主導して地方の主要都市で文化会館の建設が進められた》. ~ familiale de vacances ヴァカンス用家族宿舎. M~ de France フランス会館, フランスを代表する建物《フランス大使館》. ~ de la France フランス観光局. ~ de la culture du Japon à Paris パリ日本文化会館. M~ du Japon de la cité internationale de l'université de Paris パリ大学国際都市の日本館. M~ franco-japonaise de Tokyo 東京日仏会館.
4 娯楽施設;売春宿, 娼家. ~ close 娼家. ~ de jeux 賭博場. ~ de passe 売春宿. ~ de rendez-vous 娼家. ~ de tolérance 娼家.
5 会社, 商社, 商店;店舗;勤務先の機関, 企業. ~ de commerce 商社. ~ de détail (de gros)小売(卸売り)店, 商店. ~ fondée en 1990 1990年創業の会社. avoir 50 ans de ~ 勤続50年である. ~-mère 本社, 本店. "Notre diplomatie a devant elle une lourde tâche... Cela signifie que notre ~ doit être aux avant-postes, à la fois dans le monde et au sein de l'Etat"(discours de M. de Villepin, ministre des affaires étrangères, lors de la conférence des ambassadeurs, août 2003)「わが国の外交は重要な任務に直面している. …ということは, わが省は世界においても, 国家の内部においても先頭に立っていなければならない, ことを意味している.」(2003年8月, フランス大使会議の席上でド・ヴィルパン外相が行った演説から).

Ⅲ〖形容詞的に〗**1** 自家製の. pâté ~ 自家製パテ.
2〖俗〗とてもうまくできた. blague ~ 上出来の冗談.
3 内々の, 仲間同士の. esprit ~ 同族意識, 仲間意識. syndicat ~ 企業内組合.

Maison-Blanche(la) *n.f.* **1**(アメリカ合衆国の)ホワイト・ハウス《大統領官邸;=[英] White House》.
2(旧ソ連, ロシア共和国の)最高会議の建物の通称.

maisonnette *n.f.*〖建築〗小住宅, メゾネット《共同住宅の一住居が2層以上になっているもの》.

maître(sse) *n.* **Ⅰ**〖支配者〗**1** 主, 主人. Le ~ pouvait disposer de son esclave comme de tout autre bien. 主人は奴隷を他のすべての物と同じように自由に扱えた.〔諺〕Tel ~, tel valet この主にしてこの僕あり.〔諺〕Nul ne peut servir deux ~s à la fois. 何人も二主に見(まみ)えず.
2 支配者, 主. ~ du monde 世界の支配者, 神. J6M (Jean-Marie Messier, moi-même ~ du monde)ジャン=マリー・メシエ, 我自身世界を支配する《Vivendi Universal 社会長だった Jean-Marie Messier が自らを称してこう名乗ったと伝えられている》. être le ~ chez soi 自宅ではすべてを支配する, 自分の領分における支配者. être seul ~ à bord 一人ですべてを決定できる, 誰の指図も受けない. Le capitaine d'un bateau est seul ~ à bord après Dieu. 船長は神に次ぐ船上の支配者である. Ni Dieu ni ~ 神もなく, 主も支配者もなく《アナーキストの標語》. l'œil du ~ 主の眼, 鋭い眼力.〖トランプ〗Je suis ~ à cœur. 私はハートで最強の札を持っている.
en ~ 主人として, 権威をもって, 何の制約もなく. parler en ~ 思うがままに話す.
3 主人, 制御する人. ~(sse) de maison (du logis, de céans, des lieux)主人, ホスト(主婦, 女主人, ホステス);所有者. être ~ de son destin 自らの運命を自分で決める立場にある. être son ~, être ~ de soi 誰からも制約されない, 自制する(できる). être ~ de+*inf.* 自分の意思で…できる. se rendre ~ de *qch* …を制御する, 獲得する.
4(動物の)飼い主, (ものの)持ち主.《*Guide du bon chien, bon* ~》(BCBM)『良い犬と良い飼い主の手引き』(Ed. Hermé, 1986年). bien sans ~ 所有者なき財産. maison de ~ 持ち家(貸家に対して), 立派な邸宅, 大邸宅.
Ⅱ〖指導者, 先生〗**1** 先生. ~ d'école (小学校の)先生〔=institu*teur*(*trice*)〕;教師. ~ de piano ピアノの先生. ~ nageur 水泳のコーチ.〔諺〕Le temps est un grand ~. 時は偉大な師なり.
2 師, 巨匠, 大家. ~ à penser 思想的指導者. ~ spirituel 精神的指導者, 心の問題に

関する師. ~ de Moulins ムーランの画家, 画工（Moulins 大聖堂の絵を遺した無名の画匠）. Le ~ l'a dit. 師曰く《スコラ哲学者がアリストテレスへ寄せる敬意を表す，転じて権威への盲従を揶揄する》.

3 親方，棟梁，主任，工場長. ~ et compagnon 親方と職人頭. ~ de forges 鉄工場主，製鉄業の主要な企業家，大製鉄企業. 〖建築〗~ d'œuvre 施工管理者，設計監理者，主要設計者；〔転じて〕計画のリーダー. ~ d'ouvrage 施工主，施主，工事依頼者. ~ des cérémonies 式部長官. ~ chanteur マイスタージンガー. ~ de chapelle 聖堂の楽長，カペラマイスター. ~ d'hôtel 執事；給仕頭，司厨長.

4 指導者，監督者. ~ des requêtes（コンセイユ・デタ［国務院］の）調査官；〔史〕（王制下の）請願審理官. ~ de ballet（劇場の）バレエ団長. 〔古〕〖軍〗~ de camp（大革命前の歩兵，騎兵の）連隊長. 〖海軍〗premier ~ 一等兵曹. second ~ 二等兵曹. quartier-~ 兵長，上等水兵；〔古〕主計士官. grand ~ de l'Ordre de la Légion d'honneur レジヨン・ドヌール勲章名誉総裁（大統領が兼務）. grand ~ du Grand Orient de France フランス=フランマソン（フリーメーソン）本部長. grand ~ de l'université 文部大臣. ~ de conférence 助教授, 准教授. ~ de recherche 研究主任. ~ assistant（大学の）講師. ~ d'études 自習監督. passer ~ dans le métier de …の親方になる, …において名人技を身につける. passer ~ en (dans)…で他人に抜き出ている, 得意技とする. de main de ~ 秀でた腕前を発揮して.

Ⅲ 〘敬称，呼びかけ〙**1** 法律家, 弁護士, 公証人などの敬称（Meと略す）.

2（芸術家，学者などへあてた手紙の書き出しなどで）先生, 師. Monsieur le professeur et cher ~ 親愛なる先生.

3〔古，地方〕職人などの敬称, 親方（「氏 Monsieur」の代わりに用いられることもある）. ~ Jacques ジャックの大将.

4〔戯〕~ Corbeau カラスの親玉. ~ Renard キツネの大将.

Ⅳ 〘女性形〙愛人, 情婦, 妾.

—*a.* **1** 親方になれる, 主任の地位にある. ~ cuisinier 主任料理人, 主任コック. 〔古〕~ queux 料理人. 〖情報〗~-esclave プライマリーとスレーブ. 〖電算〗ordinateur ~ サーバー.

2 力がある, 指導力がある. ~sse femme 女丈夫.

3 最重要の, 主な. ~-autel 主祭壇, 中央祭壇. garder ses cartes ~sses 最大の切り札を手元に置く. 〖機械〗~ cylindre 親シリンダー. ~ mot キーワード,（呪文などの）鍵言葉.〖建築〗~sse poutre 主桁. pièce ~sse もっとも重要な部分,（美術館などの）最高の収蔵品.

maître-assistant(*e*) *n.*（大学の）専任講師.

maître-autel(*pl.*~**s**-~**s**) *n.m.* 〖宗教〗主祭壇, 中央祭壇.

maître-cylindre(*pl.*~**s**-~**s**) *n.m.* 〖自動車〗親シリンダー, マスター・シリンダー.

maîtrise *n.f.* Ⅰ〘制御〙**1** 支配；制圧, 征服. ~ de l'air (de la mer) 制空（制海）権. ~ de l'énergie nucléaire 核エネルギー（原子力）の制御. ~ d'une zone opérationnelle 作戦地帯の制圧.
avoir la ~ de la matière 素材を自由に使いこなす. avoir une bonne ~ du français フランス語を十分マスターしている. perdre la ~ de sa vitesse 自分でスピードが制御しきれなくなる.

2 自制 (= ~ de soi). avoir la ~ de soi 自制する. garder (perdre) la ~ de soi 自制心を保つ（失う）. reprendre la ~ de soi 平静を取り戻す.

Ⅱ〘位階〙**1**〖学〗修士〔号〕(licence「学士号」の上；doctorat「博士号」の下の学位；大学教育第二課程で licence+1 年で取得できる)；修士課程. ~ de méthodes informatiques appliquées à la gestion 経営応用情報処理学修士（略記 Miage）. ~ de sciences et techniques 理工学修士〔号〕（略記 MST）. ~ de sciences de gestion 経営学修士（略記 MSG）. ~ de sociologie 社会学修士〔号〕. mémoire de ~ 修士論文. faire sa ~ 修士課程に在学する.

2〖学〗メートル・ド・コンフェランス (maître de conférence)（助教授，准教授相当）の地位（職務）.

3〖職人〙(ギルド・職業団体の) 親方 (maître) の地位；〔集合的〕親方；職工長. agent de ~ 職工長〘個人〙.

4（フラン=マソン（フリー=メイスン）結社の）親方の地位（下から3番目の位階）.

5〖教会〗聖堂楽長（カペルマイスター）(maître de chapelle) の地位（職務）；聖歌隊.

6〔比喩的〕見事な腕前, 腕の冴え. exécuter avec ~ 完璧に仕上げる.

majesté *n.f.* **1** 威光, 威厳；尊厳. ~ impériale (royale) 皇帝（国王）の威厳. atteinte à la ~ du souverain 君主の尊厳の侵害, 不敬罪. 〖美術〗Christ en (de)~ 玉座のキリスト〔図・像〕（聖母や聖人たちに囲まれ玉座に正面を向いて座ったキリスト像）. Dieu de ~ 威厳に満ち溢れた神.

2（建物・風景・文体などの）荘厳さ, 荘重さ, 壮大さ, 壮麗さ. ~ de l'autel 祭壇の荘厳さ. ~ de la nature 自然の雄大さ. ~ d'un palais 宮殿の壮大さ. ~ d'une scène 舞台の壮麗さ. pluriel de ~ 威厳の複数（布告などのje に代る nous）.

3 君主の権威；君主. Leurs *M*~*s* 両陛下（略記 LL. MM.）. Sa *M*~ 陛下（略記 S. M.）. Sa *M*~ la reine d'Angleterre 英国女

王陛下. Votre *M*~(VOS *M*~s) 陛下(両陛下)《呼びかけ：略記は V. M. (VV. MM.)》.

majestueux(**se**) *a.* **1** (人が)威厳に満ちた, 厳かな. ~ vieillard 威厳のある老人. personne ~*se* 威厳のある人. souverain ~ 威厳に満ちた君主.
2 (建物・光景などが) 荘厳な；壮麗な；壮大な, 雄大な. architecture ~ 壮大な建築. paysage ~ 雄大な風景. spectacle ~ 壮麗なショー. taille ~*se* 堂々たる体軀.

majeur(**e**)[1] (mineur(*e*) の対) *a.* **1** より大きな；より重要な. la ~*e* partie du territoire national 国土の大部分. en ~*e* partie 大部分は, 多くは(=pour la plupart). arc ~ d'un cercle 円の長弧. 〖カトリック〗causes ~*s* 教皇直裁事項. le lac *M*~ (イタリアとスイスにまたがる)マッジョーレ湖(=〔伊〕lago Maggiore). 〖カトリック〗ordres ~*s* 上級聖品(prêtre, diacre, sous-diacre). 〖論理〗prémisses ~*es* d'un syllogisme 三段論法の大前提. sinistre ~ 大災害. 〖論理〗terme ~*e* (三段論法の)大名辞(=le ~).
2 非常に重大(重要)な；やむを得ぬ. empêchement ~ やむを得ぬ支障. force ~*e* 不可抗力. intérêts ~*s* du pays 重大な国益. tâche ~*e* 重要任務. C'est ma préoccupation ~*e*. それは私の最大の関心事である.
3 〖法律〗成年(=âge de la majorité légale；満 18歳以上)に達した；〔話〕一人前の；年上の. fille ~*e* 成年に達した娘. héritier ~ 成年に達した相続人. ne pas être ~ 未成年である；半人前である. Il est ~, il sait ce qu'il fait. 彼はもう一人前なのだから, 何をやっているかわかっている.
4 自治能力のある. peuple ~ 自治能力のある国民(民族).
5 〖音楽〗長調の. gamme ~*e* 長音階. intervalle ~ 長音程. mode ~ 長調, 長旋法. symphonie en si bémol ~ 変ロ長調の交響曲. tierce ~*e*[1] 長3度. ut ~ ハ長調.
6 〖トランプ〗tierce ~*e*[2] 最強カードの3枚続き.
——*n.* 成年者, 成人. 〖法律〗~ incapable (interdit) 成年無能力(禁治産)者. 〖法律〗~ protégé 被保護成年者.

majeur[2] *n.m.* **1** 〖論理〗大名辞(=terme ~).
2 中指(=médius).
3 〖音楽〗長調. morceau en ~ 長調の曲.

majeure[2] *n.f.* 〖論理〗大前提(=prémisse ~).

major[1] 〔ラ〕*n.m.* **1** 〖軍〗准尉(1975年以降；陸・海・空軍の下士官の最上位).
2 〖軍〗管理局長(1975年以降 chef des services administratifs)；〖海軍〗(兵器庫・管理業務担当の)准将. ~ de garnison 駐屯部隊長補佐将校.
3 〖軍〗(戦時下の)総司令部首席参謀.
4 〖軍〗(外国の)少佐(大隊長)(=chef de bataillon).
5 〖軍〗軍医(1928年までの旧称)(=médecin militaire).
6 〖学〗(グランドゼコール選抜試験の)首席合格者；首席卒業者. ~ de la promotion 同期の首席合格女子学生. sortir ~ de Polytechnique ポリテクニックを首席で卒業する.
——*a.* 〔合成語で〕上級の, 上位の. infirmière-~ 首席看護婦(女性看護師). médecin-~ 軍医(旧称). sergent-~ 曹長. tambour-~ 軍楽隊鼓手長《ブラスバンド長》.

major[2] 〔英〕*n.f.* 〖経済〗メジャー〔企業〕. ~*s* de l'industrie pétrolière 石油産業のメジャー.

majoration *n.f.* **1** 過大評価；水増し. ~ des stocks dans le bilan 貸借対照表上での在庫品の過大評価. ~ de facture 見積書の金額の水増し.
2 (価格などの)上乗せ, 引上げ；加算, 増額；(物価の)値上がり. ~ d'impôt 税の加算, 課税加算. ~ de retard (税の)延滞加算金. ~ du prix des transports 運賃の値上げ.

majorette 〔米〕*n.f.* マジョレット, バトンガール, バトントワラー(=〔英〕drum ~；制服で行進する楽隊の女性隊員). défilé de ~*s* バトンガールの行進.

majoritaire *a.* **1** (投票が)多数決制の；過半数の賛成を得た. opinion ~[1] 多数意見. scrutin ~ 多数決制投票制 (scrutin proportionnel「比例代表制投票制」の対). scrutin de liste ~ 多数制リスト式投票制.
2 (人が)多数派の；与党の；多数派による. gouvernement ~ 多数派内閣. opinion ~[2] 多数派の意見. partis ~*s* 与党.
3 〖商法〗過半数の株式を保有する. actionnaire ~ 多数派株主.
——*n.* 多数派の人. les ~*s* 多数派；与党(略称 majo).

majorité *n.f.* **1** 〖法律〗成年, 成人年齢(フランスでは1974年以降18歳, それ以前は21歳；minorité「未成年」の対). ~ civile 民事成年年齢(満18歳). ~ électorale 選挙権取得年齢(満18歳). ~ pénale 刑事成年年齢(満18歳；但し満18歳未満の場合特例あり).
2 大多数. en ~ 大多数は. assemblée composée en ~ d'avocats 弁護士が大多数を占める会議.
3 (投票による)多数. ~ absolue 絶対多数, 過半数. ~ relative (simple) 相対的(比較, 単純)多数. ~ renforcée (qualifiée) 強化(特別, 制限)多数(過半数を超える多数). ~ silencieuse 物言わぬ大衆, サイレント・マジョリティー. dans la ~ des cas 多くの場合. scrutin à ~ relative 相対的多数決投票.
4 多数派；〖政治〗与党. 〖経済〗~ des actionnaires 多数派株主. député de la ~ 与党の国民議会議員. avoir la ~ 多数派を獲

得する(占める).〖経済〗réunir la ~ des actions d'une société 会社の株の多数《相対多数または過半数》を集める.
5 〖商業〗多数決.
6 〖海軍〗(軍港の)司令部, 参謀部；〔集合的〕司令部員, 参謀部員.

majuscule *a.* 大文字の(minuscule「小文字」の対). *A* ~ 大文字のA. lettre ~ 大文字.
——*n.f.* 大文字.

maki [日] *n.m.* 巻き寿司.

makimono [日] *n.m.* 〖美術〗巻物；絵巻物.

mal[1] *ad.* 〔優等比較級は一般に plus ~, 時に pis. 劣等比較級は moins ~〕 **1** 悪く；まずく；下手に. lettre ~ écrite 下手な手紙. travail ~ fait 出来の悪い仕事. de ~ en pis 益々悪く. La situation va de ~ en pis. 事態は益々悪化している. aller ~[1] うまく行かない. affaire qui va ~ うまく行かない事業. être ~ dans sa peau 居心地が悪い, 自分に我慢がならない. être ~ foutu[1] 出来が悪い. parler ~ 話下手である. parler ~ le français フランス語を話すのが下手である. penser ~ うまく考えられない. tourner ~[1] うまく行かない, 悪化する；悪い結果になる. tant bien que ~ どうにかこうにか. *M* ~ lui en prit. 彼はまずいことになった. Ça commence ~! すべり出しが悪い！
2 (体調が)悪く. être ~ en point 体調を崩している, 調子が悪い. être ~ foutu[2] 身体の具合が悪い；体格が悪い. être ~ portant 健康状態が良くない. se porter ~；~ se porter 健康がすぐれない, 体調が悪い.
3 不充分に. enfant ~ aimé 愛に恵まれない子供. travailleur ~ payé 賃金の悪い労働者.
~ connaître よく知らない (=méconnaître). ~ dormir よく眠れない. être ~ à l'aise 窮屈な思いをする, 居心地が悪い；気分が悪い. être ~ logé 居住条件が悪い. les ~-logés 居住条件の悪い人. être ~ nourri 栄養不良である. les ~-nourris 栄養不良者, 栄養失調者. être ~ remis de sa maladie 病気から十分回復していない.
4 不正確に；間違って. être ~ renseigné (informé) 間違った情報を与えられている；よく知らない.
5 不恰好に, 似つかわしくなく, だらしなく. individu ~ habillé みすぼらしい(だらしない)恰好の人. être ~ foutu[3] だらしない恰好である. Ça marque ~. いかがわしい風采だ.
6 良俗に反して；不当に；不都合に. enfant ~ élevé 育ちの悪い子供. se conduire ~ 素行が悪い. 〔諺〕Bien ~ acquis ne profite jamais. 悪銭身につかず.
7 悪意をもって, 邪険に；悪い意味に. ~ interpréter la conduite de *qn* 人の行動を悪く解釈する. ~ parler de *qn* 人のことを悪く言う. ~ traiter *qn* 人を虐待する.
8 苦労して；つらく. asthmatique qui respire ~ 呼吸が困難な喘息患者.
9 pas ~ 〔ne と共に〕悪くなく, なかなかよく；〔ne なしで〕かなり；完全に. Elle ne chante pas ~. 彼女はなかなか歌がうまい. Comment allez-vous? —Pas ~. お元気ですか？—まあまあです. Il a pas ~ voyager. 彼はよく旅に出ます. pas ~ de かなりの…. Il y a pas ~ de monde. かなりの人出だ.

——*a.inv.* **1** 身体が不調の；居心地が悪い. être bien (au plus) ~ 重態である. se sentir ~ 気分が悪い. se trouver ~ 気を失う. On est très ~ dans ce lit. このベッドはひどく寝心地が悪い.
2 不都合な, 不届きな. bon gré ~ gré 好むと好まざるとにかかわらず；仕方なしに. quelque chose de ~ 何か不都合なこと. Il est (C'est) ~ de + *inf*. …するのはよくないことだ.
3 不仲の, 折り合いの悪い. être ~ avec *qn* 人と折り合いが悪い. se mettre ~ avec *qn* 人と不仲になる. Ils sont au plus ~. 彼らは犬猿の仲だ.
4 〔話〕ne ... pas ~ 悪くない；素晴らしい. Elle n'est pas ~ du tout. 彼女は仲々いかす. C'est pas ~. いいね.
5 〔古〕〔女性形は male〕悪い, 不吉な；死の. *male* fortune 不運. à la *male* heure 今はの際に. mourir de *male* mort 横死を遂げる.

mal[2] (*pl. aux*) *n.m.* Ⅰ 《害 悪》 **1** 害, 被害；災難；不幸. *maux* de la guerre 戦争の災禍, 戦禍. faire du ~ à …に害を及ぼす. 〔話〕Il ne ferait pas de ~ d'une mouche. 彼は虫も殺せぬ男だ. mettre ~ à *qn* 人を虐待する. rendre le ~ pour le ~ 悪には悪を以て報いる.
〔Il n'y a〕pas de ~. (詫びに対して)心配御無用です. 〔諺〕*M* ~ d'autrui n'est que songe. 他人の不幸は夢に過ぎぬ. 〔諺〕De deux *maux*, il faut choisir le moindre. 同じ災難なら小さい方を選ぶべき.

Ⅱ 《痛み・不快》 **1** 痛み；不快, 不快感. ~ de l'air 飛行機酔い. ~ de cœur 吐き気. ~ de mer 船酔い (=naupathie). ~ des montagnes 高山病 (= ~ d'altitude). ~ de la route 車酔い. ~ (*maux*) de tête 頭痛 (=migraine). ~ des transports 乗物酔い (=cinépathie, cinétose).
avoir ~ à …が痛い, に不快感を覚える. avoir ~ au cœur 胸がむかむかする, 吐き気がする. J'ai ~ aux dents (à l'estomac). 私は歯(胃)が痛い.
faire ~ à …に痛みを与える. Cette brûlure me fait ~. 火傷が痛む. Cela me fait ~ au cœur. それは私に吐き気を催させる. Cela me ferait ~! それは私には耐え難いこと

だ！Ça te fait ~? 痛むかい？ se faire〔du〕~ 痛い思いをする；怪我をする. Il s'est fait au genou en tombant. 彼は転んで膝を痛めた.
2 精神的苦痛, 苦悩. ~ du pays ホームシック；郷愁 (=nostalgie). être en ~ de qch 何の不足に悩む. poète en ~ d'inspiration インスピレーションの欠如に悩む詩人. faire〔du〕~〔à〕²…を苦しめる. plaisanteries qui font du ~ 人を傷つける冗談.〔話〕Cela me ferait ~! とても我慢がならない！
3 病気 (=maladie)；発作. ~ blanc 瘭疽 (ひょうそ) (=panaris). ~ de Bright ブライト病《腎臓病・腎炎の総称》. ~ de Pott ポット病, ポット脊柱後弯症 (cyphose de Pott；結核性脊椎炎 tuberculose de la colonne vertébrale).〔比喩的〕le ~ français フランス病《フランス社会の病的現象》；〔話〕梅毒 (=syphilis).〔古〕~ sacré (caduc, divin)；haut ~ 癲癇 (てんかん) (=épilepsie). grand (petit) ~ 〔癲癇〕大 (小) 発作. prendre (attraper) ~ 病気になる.〔諺〕Aux grands maux, les grands remèdes.《大病には強い薬→》毒をもって毒を制す.
4 苦労；労苦, 骨折り. non sans ~ かなり苦労して. sans trop de ~ さして苦労せずに. avoir du ~ à+inf. …するのに苦労する. donner du ~ à ~ 人に苦労をかける. se donner du ~ pour+inf. (pour que+subj.)…するのに苦労する.〔諺〕On a rien sans ~. 労なくして得られるものなし.
5 困ったこと, 不都合. Le ~ est qu'il oublie souvent ses promesses. 困ったことに彼は約束を忘れる. Je n'y vois aucun ~. そこには不都合があるとは思わない.
6（人に）不利なこと；悪口；悪い意味. dire du ~ de qn 人の悪口を言う. penser du ~ de qn 人を悪く思う. prendre (tourner) qch en ~ 何を悪く解釈する.
III〔道徳的〕**1** 悪, 悪徳；不善；罪. le bien et le ~ 善と悪.〔聖書〕arbre de la science du Bien et du M ~ 善悪を知る知恵の樹. le ~ nécessaire 必要悪. esprit du ~ 悪霊. Les Fleurs du M ~ de Baudelaire ボードレールの『悪の華』(1857 年). distinguer le bien du ~ 善悪を識別する. faire le ~ 悪をなす；罪をおかす. Le ~ est fait. 悪はなされた；もう取返しがつかない. sans songer (penser) à ~ 悪意なく. Honni soit qui ~ y pense!「思い邪なる者に災いあれ！」《英国のガーター勲章の銘文》.〔諺〕Mémoire du ~ a long trace. 悪事千里を走る. Notre Père qui es aux cieux …délivre-nous du ~.「天にまします我らの父よ, …われわれを悪から救いたまえ」《主の祈りの文言》.〔諺〕Qui ~ veut, ~ lui tourne.（悪をなそうとする者に悪は戻る→）自業自得, 因果応報, 身から出た錆. Il faut

couper le ~ à sa racine. 悪は根本から切り取らねばならぬ.
malabsorption n.f. 〔医〕吸収不良 〔症〕. syndrome de ~ 吸収不良症候群, 同化不良症候群（略記 SMA；=〔英〕MAS：malabsorption syndrome）.
malacoptérygien(ne) a.〔魚〕軟鰭 (なんき) 目の.
―n.m.pl.〔魚〕軟鰭目；軟鰭目の魚 (cyprinidés 鯉科, gadidés 鱈科, salmonidés 鮭科などの類).
malade a. **1**（人間・動植物が）病気のかかった；（器官が）病に冒された；（心が）病人だ；〔俗〕（人が）気の狂った. être ~ 病気である. être ~ à crever (mourir) 死ぬほどの重病である. être ~ de la grippe 流感に罹っている. être ~ de le jalousie 嫉妬に狂っている. être ~ des reins；avoir les reins ~s 腎臓が悪い. être gravement ~ 重病である.〔兵隊語〕se faire porter ~ 病気届を出す；仮病を使う. tomber ~ 病気になる.
arbre ~ 病木. enfant ~ 病気の子供. gorge (poitrine) ~ 病気に罹った喉（胸）. graine ~ 病菌に冒された種子. intestins ~s 病気に罹った腸. oiseau ~ 病気の鳥.
Tu as l'air ~. 君は具合が悪そうだね.〔俗〕T'es pas un peu ~? 君は少し頭がおかしいんじゃないか.
2（機械などが）調子が悪い；〔話〕（物が）ぼろぼろの. voiture bien ~ おんぼろ車.
3〔比喩的〕病める, 狂った, 不振な. industrie ~ 不振にあえぐ産業. société ~ 病める社会. L'économie française est bien ~. フランス経済は重症に陥っている.
―n. 病人；患者 (=personne ~). grand ~ 重病人. ~ du poumon 肺病患者. ~ imaginaire 気で病む人.〔mental〕精神病患者 (=aliéné). isolement des ~s contagieux 伝染病患者の隔離.
C'est un ~. あいつは頭がおかしい. consultation des ~s 患者の診察. isolement des ~s contagieux 伝染病患者の隔離. guérir un ~ 病人を治す. mettre un ~ en observation 患者を検査にまわす. opérer un ~ 患者の手術をする. prendre garde auprès d'un ~ 患者を看病する. soigner les ~s 病人の看護をする. Le ~ va mieux. 患者は快方に向かっている.
maladie n.f. **1**〔医〕病気, 病, 疾病, 疾患, 症. ~ aiguë (chronique) 急性（慢性）疾患. ~ allergique アレルギー疾患. ~ auto-immune (par auto-immunisation) 自己免疫疾患. ~s bactériennes 細菌性疾患. ~ bleue 青色病, チアノーゼ (=cyanose). ~ cœliaque 腹腔病. ~ coronarienne 冠状動脈疾患. ~ d'Addison アジソン病《慢性副腎皮質不全》. ~ d'Alzheimer アルツハイマー病（略記 MA）. ~ de Basedow バセドウ病. ~s des caissons ケイソン（潜函）病. ~ du

collagène 膠原病 (=collagénose). ～ de Ménière メニエール病. ～ des nerfs moteurs 運動ニューロン疾患. ～ de Paget ページェット病. ～ du sommeil 睡眠異常症. ～ de système 結合組織系, 膠原病. ～ familiale 遺伝病. ～ génétique 遺伝子病；遺伝性疾患. ～ hémolytique du nouveau-né 新生児溶血性疾患 (略記 MHN). ～s hépatocérébrales 肝脳疾患. ～ héréditaire 遺伝病, 遺伝性疾患；〖誤って〗先天性疾患. ～ d'Hodgkin ホジキン病 (悪性リンパ腫). ～ hyperostosante 骨化過剰症. ～ immunitaire 免疫異常症. ～ immunoproliférative 免疫細胞増殖性疾患. ～s infantiles 小児科疾患. ～s infectieuses 伝染病. ～ lysosomiale リソソーム病. ～ mentale 精神病. ～s parasitaires 寄生虫病. ～ de Parkinson パーキンソン病. ～ périodique 周期性熱病 (=fièvre méditéranéenne familiale 遺伝性地中海回帰熱). ～ polykistique du foie (des reins) 肝嚢胞症 (嚢胞腎). ～s professionnelles 職業病. ～ psychosomatique 心身病. ～ sérique 血清病 (=～ du sérum). ～ sexuellement transmissible 性感染症 (略記 MST). ～s transmises par les animaux (par les insectes) 動物 (昆虫) 媒介性疾患. ～ valvulaire du cœur 心臓弁膜症. ～s vénériennes 性病. ～s virales ウイルス性疾患. assurance 〔-〕～ 疾病 (健康) 保険. cause d'une ～ 病因. couverture ～ universelle 包括的疾病保険 (任意加入の疾病保険；略記 CMU). diagnostic d'une ～ 病気の診断. longue ～ 長期 (療養) 疾患. retour de ～ 病気のぶり返し. symptômes d'une ～ 病気の症状 (症候). traitement curatif (préventif) des ～s 病気の治療 (予防) 措置. attraper (contracter, couver) une ～ 病気にかかる. 〖話〗en faire une ～ 気に病める；気落ちする. relever de ～ 病気から回復する. transmettre une ～ 病気をうつす.
2 (動植物の)病気, 病害；(特に犬の)ジステンパー (=～ de Carré). ～ de la vigne 葡萄の木の病気 (mildiou べと病, oïdium オイディウム菌病など).
3 〖比喩的〗変質, 痛み. ～ du vin 葡萄酒の変質.
4 〖比喩的〗病弊, 病い. La guerre est une ～ affreuse. 戦争は恐るべき病弊である.
5 奇癖, 性分. avoir la ～ de la propreté 潔癖性である.

maladif(ve) *a.* **1** 病気がちの, 病弱な, 虚弱な. tempérament ～ 虚弱体質.
2 病的な, 異常な. jalousie ～ve 病的な嫉妬. paleur ～ve 病的な青白さ.

maladministration *n.f.* 管理不全. ～ du système éducatif 教育システムの管理運営不全.

maladresse *n.f.* **1** 不器用；不手際. ～ d'un apprenti 見習っ子の不器用さ. ～ de style 文体のぎこちなさ. ～ enfantine des gestes 振舞いの子供っぽいぎこちなさ. avec ～ 不器用に.
2 へま, 失敗. commettre (faire) une ～ へまをしでかす.

maladroit(e) *a.* **1** 不器用な. conducteur ～ 不器用な運転手. être ～ de ses mains 手先が不器用である.
2 へまな. négociateur ～ へまな交渉者.
3 ぎこちない. débutant ～ ぎこちない初心者. geste ～ ぎこちない仕種. mensonge ～ お粗末な嘘. style ～ 鈍重な文体.
——*n.* **1** 不器用な人. **2** へまな人. Quel gros ～! 何てへまな奴なんだ!.

malaire *a.* 〖解剖〗頬の (=jugal). os ～ 頬骨 (=os de la pommette). région ～ 頬部.

malais(e¹) *a.* マレー半島 (la Malaisie) の；マレー人の；マレー語の. péninsule ～e マレー (マライ) 半島.
——*M*～ *n.* マレー〔半島〕人.
——*n.m.* 〖言語〗マレー, マライ語 (マライ・ポリネシア polayo-polynésien 語族).

malaise² *n.m.* **1** 気分の悪さ, 不快感. ～ cardiaque 心臓の不快感. ～ de la menstruation 月経時の気分の悪さ. ～ passager 一時的な気分の悪さ. avoir un ～ 気分が悪くなる. éprouver un ～ 不安感を覚える.
2 漠然とした不安 (=～ vague), 居心地の悪さ. provoquer une ～ 不安 (居心地の悪さ) をかきたてる.
3 〔比喩的〕(経済・政治などの) 不調, 危機の兆し；(大衆などの) 不満感. ～ paysan 農民の不満. ～ politique 政情不安.

Malaisie(la) *n.prf.* [国名通称] マレーシア (公式名称 la Fédération de *M*～ マレーシア連邦 (Persekutuan Tanah Malaysia)；国民：Malaisien(ne)；首都：Kuala Lumpur クアラ・ルンプール；通貨：ringgit [MYR]).

malaisien(ne) *a.* マレーシア (la Malaysie, la Malaisia) の；～人の. dollar ～ マレーシア・ドル (=dollar de la Malaysie) (通貨単位).
——*M*～ *n.* マレーシア人.

malaria 〔伊〕*n.f.* 〖医〗マラリア (=paludisme).

Malawi(le) *n.prm.* [国名通称] マラウィ (公式名称：la République du *M*～ マラウィ共和国；国民：Malawien(ne)；首都：Libongwe リボングウェ；通貨：kwacha [MWK]).

malawien(ne), malawite *a.* マラウィ (le Malawi) の, マラウィ共和国 (la République du Malawi) の；～人の (=malawite).
——*M*～ *n.* マラウィ人.

malaxeur *n.m.* 混和機, 練り機, ミキサー, ニーダー. ～ à béton コンクリート・ミキサー (=bétonnière). ～ à beurre バター

練り機. ~ à terre 真土混和機. ~-broyeur 鋳物砂混練機. baratte-~ コンバインドチャーン.

malayo-polynésien(**ne**) *a*. **1** マレー・ポリネシアの.
2〖言語〗マレー・ポリネシア語族の. langues ~nes マレー・ポリネシア語族(=langues austronésiennes).
——*M*~-*P*~ *n*. マレー・ポリネシア人.

malbec *n.m.*〖農〗マルベック《ボルドー地区 le Bordelais やカオール Cahors 周辺地区で栽培される高収穫量の赤葡萄酒用葡萄品種》.

malchance *n.f.* **1** 不運, 不遇. avoir de la ~ 運が悪い, 不遇である. avoir la ~ de+*inf*. 運悪く…する. être victime d'une ~ persistante 不運につきまとわれる. jouer de ~ ついていない. par ~ 運悪く.
2 不運な出来事. C'est une ~. 不運な出来事だ. une série de ~s 不運の連続.

Maldives (**les**) *n.pr.f.pl.*[国名通称]モルディヴ《公式名称:la République des *M*~ モルディヴ共和国;国民:Maldivien (*ne*);首都:Malé マレ;通貨:rufiyaa [MVR]》.

maldivien(**ne**) *a*. モルディヴ(les Maldives)の;モルディヴ共和国(la République des Maldives)の;~人の.
——*M*~ *n*. モルディヴ人, モルディヴ諸島民.

mâle¹ *n.m.* **1** 雄, 牡(femelle「雌, 牝」の対). Le belier est le ~ de la brebis. 去勢されていない牡羊は羊の雄である. organes géniteux du ~ 雄の生殖器官.
2〔話〕(性的に)強い男. un beau ~ 雄々しい美男子.
3 (系図用語などで)男, 男性. de ~ en ~ 男系による. domination du ~ dans la société 社会における男性の支配体制.

mâle² *a*. **1** 雄(牡)の;雄性の. animaux ~s 雄の動物. fleur ~ 雄花. hormone ~ 男性ホルモン.
2 男の;男性の(=masculin). enfant ~ 男児. héritier ~ 男の相続人. population ~ d'un pays 一国の男性人口.
3 男らしい, 雄々しい;勇壮な. ~ courage (résolution) 雄々しい勇気(決断力). air (visage) ~ 男らしい様子. style ~ 勇壮な様式. voix ~ 男性的な声.
4〖機工〗雄の, 差込み用の. prise ~ 差込みプラグ. vis ~ 雄ねじ.

malédiction (<maudire) *n.f.* **1** 呪い. paroles de ~ 呪詛の言葉. donner une (des)~(*s*) à *qn* 人を呪う.
2 神の呪い, 神罰(=~ divine; ~ de Dieu).
3 宿命的な不運, たたり. ~ qui pèse sur *qn* 人につきまとう不運.
——*int*. M~! 畜生! しまった!

maléfique *a*. **1**〖天文〗禍をもたらす, 不吉な.〖占星〗étoile ~ 凶星.
2 不思議な害悪をもたらす, 妖しい. beauté ~ 妖気ただよう美しさ. charme ~ 妖しげな魅力.

malentendant(**e**) *a*. 難聴の.
——*n*. 難聴者, 耳の遠い人.

malentendu (<entendre) *n.m.* **1** 誤解. mots qui provoquent des ~s 誤解を招く文言. dissiper les ~s 誤解を解く.
2 (誤解に基づく)不和, 軋轢(あつれき). Il y a eu des ~s entre nous. われわれの間に軋轢(誤解)がある.

mal-être *n.m.inv.* 不満足感.

malfaçon *n.f.* (仕事・工事などの)手抜き, 手落ち;欠陥;不出来;瑕疵(かし). ~ due à la négligence des ouvriers 工員の不注意に基づく欠陥.

malfaisance *n.f.* **1** 悪意.
2 (思想などのもたらす)害悪, 害毒, 悪影響.
3 (物のもたらす)害.〖医〗~ de certaines inoculations ある種の接種の薬害.

malfaisant(**e**) *a*. **1** 悪意のある, 悪意にみちた. individu ~ 悪意のある人間.
2 有害な;害悪(害毒)を流す. idées (pensées)~es 有害思想. influence ~*e* 悪影響. insecte ~ 害虫.

malfai_teur_(**trice**) *n*. 悪人, 悪党;犯人. bande de ~s ギャング団, 暴力団. dangereux ~ 凶悪犯. recel de ~s 犯人隠匿. repaire de ~ 悪党の巣窟. appréhender un ~ 悪党(犯人)を逮捕する.

malfamé(**e**) *a*. 評判の悪い, いかがわしい(=mal famé (*e*)). maison (rue)~*e* いかがわしい家(通り).

mal-fondé(**e**) *a.p.*〖法律〗(裁判上の請求の)理由・証拠の不備がある(bien-fondé「正当な, 理由のある」の対).
——*n.m.*〖法律〗(裁判上の請求の)理由・証拠の不備.

malformation *n.f.*〖医〗奇形. ~ antérioveineuse 脊髄動静脈奇形. ~ cardiaque 心〔臓〕奇形. ~s congénitales de la main 先天性手指奇形. ~ de tissu 組織奇形. ~ des membres 四肢奇形. ~ entraînée 後天性奇形. ~ faciale 顔面奇形. diagnostiquer une ~ dès le stade fœtal 胎児期から奇形を診断する.

malformé(**e**) *a*. 奇形の. bébé ~ 奇形児.

malgache *a*. マダガスカル(Madagascar)の;マダガスカル人の.
——*M*~ *n*. マダガスカル人.
——*n.m.*〖言語〗マダガスカル語.

malheur (<mal+heur「運」) *n.m.* 不幸;不運, 悪運;不遇, 逆境;不幸な出来事, 禍い;困ったこと;支障. ~s de la vie 人生の逆境. un ~ sans égal とてつもない不幸. Le ~, c'est que+*ind*. 不幸なことは…であることだ. Le ~ a voulu que+*subj*.

不幸にもたまたま…であった. grand (horrible, terrible)~ おそるべき不幸. Un grand ~ est que.; C'est un grand ~ que …というのは大変不幸なことだ. s'exposer à grands ~s ひどい不運に身をさらす. Quel ~ que+*ind*.! …とは何と不幸なことか.
abîme de ~s 不幸のどん底. cause de ~ 不幸の原因. coup du ~ 不運の仕打ち. ~s qui arrivent coup sur coup 次から次へとやってくる不運. oiseau de ~ 凶鳥;〔比喩的〕不吉な人. spectacle d'un ~ 不幸な出来事の光景. victimes du ~ 不幸な出来事の犠牲者.
par ~ 不幸にも. pour son ~ 彼(彼女)にとって不幸なことに. avoir du ~(des ~s) 不幸を味わう. être au bord du ~ 逆境の淵に立たされている.
faire le ~ de *qn* 人の不幸の原因となる. faire un ~ 馬鹿なことをしでかす;(芝居などが)馬鹿当りする. porter ~ 不幸をもたらす. prévoir un ~ 不幸な出来事を予見する. supporter un ~ 逆境に耐える. tomber dans le ~ 逆境に陥る.
〔諺〕Le ~ des uns fait le bonheur des autres. 一方の不運は他方の幸運;甲の薬は乙の毒.〔諺〕Un ~ n'arrive (ne vient) jamais seul. 悪い事は重なるものだ;泣き面に蜂;二度あることは三度ある.〔諺〕A quelque chose ~ est bon. 禍いにも功徳あり;禍を転じて福となす.〔話〕Ce n'est pas un ~. 大したことじゃない.
——*int*. **1** M~! 畜生! しまった!
2〔南仏〕おやまあ(感嘆と驚愕の表現). Oh, ~! qu'elle est belle! おやまあ何て美人だ!
3 M~ à! …に禍あれ! M~ aux tyrans! 暴君に禍あれ!
4 不幸なるかな. M~ aux victimes! 敗者は不幸なるかな!(=vae victis).

malheureusement *ad*. **1** 運悪く, 生憎, 残念ながら. M~, je n'ai pas d'argent sur moi. 生憎お金の持ち合わせがありません. C'est ~ impossible. 生憎それは不可能です.
2〔やや古〕不幸にも. M~ pour lui. 彼にとって悪いことに.

malheureux(se) (<malheur) *a*. **1** (人が)不幸な, 不幸せな;不運な;失敗した;気の毒な;貧しい;不満な. ~*se* victime d'un accident 事故の気の毒な犠牲者. ~ vieillard 気の毒な老人. adversaire ~ 敗れた敵方. candidat ~ 不合格者, 落選者. enfant ~ 不幸な子供. entreprise ~*se* 失敗に帰した企て. famille ~*se* 気の毒な(貧しい)家族.
〔話〕être ~ comme les pierres〔du chemin〕やりきれないほど不幸である. être ~ pour sa (par la) faute 過失で落ちこんでいる. être ~ toute la vie 生涯を通して不幸(不運)である. Je suis ~ de ne pouvoir rien faire pour vous. 何もしてあげられなくて残念です. rendre *qn* ~ 人を不幸にする.〔諺〕Heureux au jeu, ~ en amour. 勝負運強けれど女運悪し.
2 不幸な;運の悪い;悲しげな;不吉な;時宜を失した, 不的確な;へまな;残念な. accident ~ 運の悪い事故. air ~ 悲しげな様子. amour ~ 不幸な恋;片思い. combinaison ~*se* よくない組合せ. époque ~*se* 不幸な時代. étoile ~*se* 不吉な星. existence (vie)~*se* 惨めな生活. tentative ~*se* 失敗に帰した試み. par un ~ hasard 運の悪いことに.
avoir la main ~*se* (勝負で)手が悪い;へまばかりでかす. avoir un mot ~ 不適切な言葉を口にする. être né sous une étoile ~*se* 悪い星の下に生まれ合わせている. Il est ~ que+*subj*. …であるとは残念だ. C'est (bien)~. 大変残念だ.〔話〕Si c'est pas ~! ひどいことだ! なんてことだ!
3〔名詞の前〕哀れな, 惨めな;ろくでなしの. ~ ivrogne 手のつけられない呑んだくれ.
4〔名詞の前〕取るに足らない. un ~ billet de dix francs たかが 10 フラン札 1 枚. ~ historion 取るに足りない大根役者.
5 悪い;非難すべき. ~ incrédulité 咎めるべき疑い深さ (不信心).
——*n*. **1** 不幸な人;気の毒な人, 哀れな人;貧しい人. les heureux et les ~ 幸せな人々と不幸な人々.
2 ろくでなし;馬鹿者. M~! ろくでなしめ!(怒り・憤慨の表現). M~! qu'as-tu fait! なんてことをしでかしてくれたんだ. この馬鹿者! M~ que je suis. 俺はろくでなしだ.

malhonnête *a*. **1** 不誠実な, 不正直な;ずるい. ~ homme 不誠実な人. commerçant ~ あくどい商人. financier ~ 悪徳金融業者. joueur ~ いかさま賭博師. projet ~ 背徳の企て.
2〔やや古〕不作法な, 礼儀知らずの. homme ~ 不作法な人. manières ~*s* 礼儀知らずの態度.
3〔やや古〕淫らな;ふしだらな. désirs ~*s* 淫らな欲望. femme ~ ふしだらな女性. livre ~ いかがわしい本.
——*n*.〔やや古〕不作法者, 礼儀知らず.

malhonnêteté *n.f*. **1** 不誠実さ;不正直さ;ずるさ;不誠実な言葉(行為). ~ d'un agent d'affaire 業者の不誠実さ. ~ intellectuelle 知的欺瞞.
2〔やや古〕不作法;無礼な言動. commis de petites ~*s* いささか不作法な役人.
3〔やや古〕猥褻さ, いやらしさ. dire des ~*s* いやらしいことを口にする.

Mali(le) *n.pr.m*.〔国名通称〕マリ(公式名称:la République du M~ マリ共和国(旧仏領スーダン le Soudan français);国民:Malien(*ne*);首都:Bamako バマコ;通

貨：franc CFA [XOF]）.

malice *n.f.* **1**〔文〕悪意（=malignité, méchanceté）. par ~ 悪意から. sans ~ 悪意なく；無邪気に. J'ai dit ça sans ~. 悪意があってそう言ったわけではない. ne pas entendre ～ à *qch* 何に悪意を認めない；何を悪くとらぬ.
2 茶目っ気, いたずら心；いたずら；術策, 罠. ~ cousue de fil blanc 見え見えの策. boîte à ~ びっくり箱；とっておきの術策. un grain (une pointe) de ~ ちょっとしたいたずら. réponse pleine de ~ 機知に富んだ返答. sac à ~（手品師の）種袋；〔一般に〕術策；術策に富む人.

malicieux(se) *a.* **1** いたずら好きな, 茶目っ気のある；少し意地悪な. enfant ~ いたずらっ子（=taquin）. réponse ~*se* 意地の悪い返答.
2 からかうような. regard ~ からかうような目付き.

malien(ne) *a.* マリ(le Mali)の, マリ共和国(la République du Mali)の；~人の.
――*M*～ *n.* マリ人.

malignité *n.f.* **1** 邪悪さ, 陰険さ, よこしまさ；悪意；意地悪. par ~ 悪意から. être la proie de la ~ publique 世間の悪意の餌食となる.
2（物の）有害性；有毒性；〔医〕（疾病の）悪性〔度〕. ~ d'une tumeur 腫瘍の悪性度.

malin[1]**(gne)** *a.* **1**（人が）抜け目のない, いたずら好きな, 利口な；抜け目のなさそうな；いたずらっぽい. ~ garçon；garçon ~ いたずら坊主. regard (sourire)~ いたずらっぽい眼付（微笑）. jouer au plus ~ avec *qn* 人と知恵比べをする.
2〔C'est または非人称構文 Il est の属辞として〕.〔話〕利口な, 上手な；〔反語的〕下手な；馬鹿げた；難しい. Ce n'est pas ~ d'avoir fait cela! そんなことをしでかしてまずかったな！ Ce n'est pas bien ~. それは大したことじゃない. Ce n'est pas plus ~ que ça! それほど馬鹿げたことはないさ！ Elle n'est pas bien ~*gne*. 彼女はあまり利口じゃない. Il serait plus ~ d'attendre sa réponse. 彼(彼女)の返事を待つのが得策だろう.
3 有害な；危険な；〔医〕悪性の (bénin「良性」の対).〔医〕fièvre ~*gne* 悪性の熱〔病〕.〔占星〕influence ~*gne* de son étoile 生まれた星の不吉な影響.〔医〕syndrome ~ 悪性症候群.〔医〕tumeur ~*gne* 悪性腫瘍. vapeurs ~*gne*s 有毒ガス.
4 邪悪な, 意地の悪い；悪意のある. ~ plaisir；joie ~*gne* よこしまな喜び. ~*s* propos 悪意のある言辞. esprit ~ 悪魔(= le *M*~).
――*n.* 利口な人；抜け目のない人, 食えない奴.〔諺〕A ~, ~ et demi 上には上がある.〔反語的〕gros ~ 大馬鹿者. faire le ~ 利口ぶる. C'est un ~ (C'est une petite ~*gne*).
あいつはなかなか食えない奴だ.

malin[2] *n.m.* le *M*~ 悪魔(=démon, Satan).

malique *a.*〔化〕acide ~ リンゴ酸.

mal-jugé *n.m.*〔法律〕不当判決（衡平に反する司法判断）.

malle *n.f.* **1** 大型トランク. ~-cabine 船旅用トランク. ~ de bois 木製大型トランク. ~ d'osier 柳行李. fabriant de ~*s* 大型トランク製造業者(=malletier). faire ses ~*s* 荷造りをする；旅支度をする；出発する.〔俗〕se faire la ~ 立ち去る；ずらかる.
2〔やや古〕（自動車の）トランク(=coffre). ~ arrière 後部トランク.
3〔古〕郵便馬車(= ~-poste)；英仏海峡連絡船(= ~ de Calais).〔史〕~ des Indes インド便（ロンドンから Calais, Marseille を経てインドに至る郵便業務）.

malléabilité *n.f.* **1**（金属の）可鍛性, 展性. degré de ~ des métaux 金属の可鍛性(展性). **2**〔比喩的〕（精神・性格などの）柔順性, 順応性.

malléable *a.* **1**（金属が）可鍛性の, 展性に富んだ. métaux ~*s* 可鍛性金属（金, 銀, 銅, アルミニウムなど）.
2（人・性格などが）柔順な, 素直な；影響されやすい. caractère ~ 柔順な性格.

malléolaire *a.*〔解剖〕踝(くるぶし)の.〔医〕fracture ~ 踝骨折.

malléole *n.f.*〔解剖〕踝(か, くるぶし)(=cheville). ~ externe 外踝(= ~ péronière 腓骨踝). ~ interne 内踝(= ~ tibiale 脛骨踝).

mallette *n.f.* **1** 小型スーツケース；アタッシェケース(=attaché-case).
2〔ベルギー〕小学生用鞄, ランドセル(=cartable).

mal-logé(e) *a.* 住居条件の悪い；住居に困っている.
――*n.* 住宅困窮者.

mal-logement *n.m.* 劣悪な居住状況（住所不定 SDF など）.

mal-mené(e) *a.p.* **1** 乱暴に扱われた；ひどい目に遭わされた. voleur ~ ひどい目に遭わされた泥棒. être ~ par la critique 批評でこきおろされる.
2〔スポーツ〕相手に打ちのめされる. être ~ dans les premiers rounds 第一ラウンドで打ちのめされる.
3 ひどく傷めつけられた；酷使された. bateau ~ par la tempête 嵐で傷んだ船. voiture ~*e* 酷使された車.

malnutrition *n.f.* 栄養不足；栄養失調, 栄養不良.

malocclusion〔英〕*n.f.*〔医〕（歯の）不正咬合, 咬合異常. ~ dentaire 歯の不正咬合.

malolactique *a.*〔化〕リンゴ酸(=acide malique)を乳酸(=acide lactique)に変える. fermentation ~（葡萄酒の製造工程

malonique

で)マロラクティック醗酵, リンゴ酸乳酸化醗酵《若い葡萄酒に含まれるリンゴ酸を乳酸と炭酸ガスに変える醗酵過程で, 酸味を和らげる効果がある》.

malonique *a.* 〖化〗acide ~ マロン酸 ($CH_2(COOH)_2$).

malonylurée *n.f.* 〖化〗マロニル尿素 (=acide barbiturique バルビツール酸).

malouin(e) *a.* **1** サン=マロ (Saint-Malo)の; サン=マロの住民の.
2 les îles *M*~ *es* マルイーヌ諸島, フォークランド (Falkland) 諸島.
——*M*~ *n.* **1** サン=マロの住民. **2** マルイーヌ(フォークランド)諸島の住民.

malposition *n.f.* 〖医〗変位, 異常位《器官などの位置の異常》. ~ de l'utérus 子宮変位 (rétroflexion de l'utérus 子宮後屈〔症〕, rétroversion de l'utérus 子宮後傾〔症〕, など). ~s dentaires 歯の変位.

malpropre *a.* **1** 不潔な (=sale). chambre ~ 不潔な部屋. main ~ きたない手. vêtement ~ よごれた衣服.
2 ぞんざいな. travail ~ ぞんざいな仕事.
3 (言動などが)不潔な, いやらしい. mot ~ いやらしい言葉. plaisanteries ~s いかがわしい冗談.
4 不誠実な (=malhonnête); きたない. individu ~ 不誠実な人. procédés ~s きたないやり方.

malpropreté *n.f.* **1** 不潔さ, きたならしさ (=saleté). ~ répugnante 胸の悪くなるような不潔さ. vivre dans la ~ 不潔に暮す.
2 汚物.
3 いやらしい言動; ずるい行為. commettre (faire) une ~ ずるい行為をする. dire des ~s けがらわしいことを言う.

malsain(e) *a.* **1** 不健康な. apparence ~*e* 不健康な外観. enfant ~ 病弱な子供.
2 健康に悪い. climat ~ 健康に有害な気候. eaux ~*es* 健康を損う水. logement ~ 健康に悪い住居. travaux ~s 健康に有害な仕事.
3 〖比喩的〗不健全な, 病的な; 有害な. esprit ~ 不健全な精神. idées ~*es* 有害な思想. littérature ~*e* 背徳文学.
4 〖海〗危険な. côte ~*e* 航海が危険な沿岸. Filons d'ici, le coin est ~. ここはやばいから, ずらかろう.

malt [malt]〔英〕*n.m.* モルト, 麦芽. ~ whisky モルトウィスキー.

maltage *n.m.* 麦芽(モルト) (malt) 製造.

maltais(e) *a.* マルタ (la Malte) の, マルタ共和国 (la République de Malte) の; マルタ島の; ~ 島民の; マルタ語の. chien ~ マルタ犬, マルチーズ. livre ~*se* マルタ・ポンド《通貨単位》.
——*M*~ *n.* マルタ人, マルタ島民.
——*n.m.* 〖言語〗マルタ語.

maltase *n.f.* 〖生化〗マルターゼ《マルトースをグルコース加水分解する酵素》.

Malte *n.pr.f.* 〔無冠詞〕**1** マルタ〔島〕(=île de ~). 〖医〗fièvre de ~ マルタ熱, 波状熱 (=brucellose). croix de ~ マルタ十字勲章《マルタ騎士団章》. ordre souverain de ~ マルタ最高勲章 (=ordre souverain militaire et hospitalier de Saint–Jean de Jérusalem サン=ジャン・ド・イエルサレム最高軍事慈善勲章).
2 マルタ《国名通称; 公式名称: la République de *M*~ マルタ共和国; 国民: Maltais(*e*); 首都: La Valette ラ・ヴァレッタ; 通貨: livre maltaise [MTL]》.

malterie *n.f.* **1** 麦芽(モルト) 製造所. **2** 麦芽製造業.

malthusianisme (<Thomas Robert Malthus [1766–1834], 英国の経済学者) *n.m.* **1** 〖経済〗マルサスの学説.
2 マルサス主義. néo ~ 新マルサス主義《産児制限による人口抑制論》.
3 〖経済〗生産縮小主義 (= ~ économique); 経済成長抑止論.

malthusien(ne) *a.* **1** 〖経済〗マルサス学説の; マルサス主義の.
2 反経済成長主義の; 人口抑制主義の, 産児制限論の.
——*n.* マルサス学派, マルサス主義者.

maltose *n.m.* 〖生化〗マルトース, 麦芽糖.

maltraitance *n.f.* 虐待, いじめ. ~ insidieuse 陰険な虐待(いじめ).

maltraitant(e) (<maltraiter) *a.* 虐待行為を行う. parents ~s 子供を虐待する親 (=bourreaux d'enfants).

maltraité(e) *a.p.* **1** 虐待された, いじめられた. enfant ~ 虐待された子供. régime politique ~ par le destin 運命に翻弄された政治体制.
2 酷評された. écrivain ~ par la critique 批評家連に酷評されている作家.
3 (規則などを) 遵守されない. grammaire ~*e* 守られない文法.

malus [malys]〔ラ〕*n.m.* 〖損保〗《事故を起こした運転者に対する》割増保険料《bonus「割引保険料」の対》.

malvacées *n.f.pl.* 〖植〗葵科植物《葵(あおい) mauve, ハイビスカス hibiscus, 綿(わた) cotonnier など》.

malveillance *n.f.* **1** 悪意; 敵意; 反抗. ~ ouverte (manifeste) あからさまな悪意. regarder *qn* avec ~ 敵意の眼で人を見る.
2 犯意, 故意. accident dû à la ~ 故意の事故. actes de ~ 犯意に基づく行為, 犯行. incendie dû à la ~ 放火による火事.

malveillant(e) *a.* (bienveillant の対) **1** (人が)悪意を抱いた. être ~ envers (pour) *qn* 人に悪意を抱いている.
2 悪意を含んだ; 悪意に基づく. propos ~ 悪意的言辞. regard ~ 悪意に満ちた視線.

——n. 悪意のある人.

malvenu(e) (<venir) *a.p.* **1** 発育不全の. arbre ～ 発育の悪い樹木.
2 当を得ない, 的外れの；折悪しくやって来た. reproches ～*s* 的外れの批難.
3〔文〕être ～ à (de)+*inf.* …する権利(資格)がない. Elle est ～*e* à (de) se plaindre. 彼女は不平など言えたものではない.

malversation *n.f.* **1** 使い込み. **2** 汚職行為；公金横領, 公金不正運用；腐敗行政(政治). commettre des ～*s* 汚職(公金横領)を行なう. fonctionnaire coupable de ～*s* 汚職行為を行なった公務員.

mal-vivre *n.m.inv.* 生活苦；生活難. ～ des chômeurs 失業者の生活難.

malvoisie (<*M*～, ギリシアの島名 Malvesie) *n.m.*〖葡萄酒〗**1** マルヴォワジー酒(ギリシア産の甘味葡萄酒).
2 マルヴォワジー種の葡萄(=cépage ～).
3 (マルヴォワジー種の葡萄による)甘味葡萄酒. ～ de Madère マデイラ島産の甘味葡萄酒. ～ des Pyrénées-Orientales 東部ピレネー地方産の甘口葡萄酒.

malvoyant(e) *a.* **1** 目が弱い. **2**〔話〕〖医〗弱視の(=amblyope).
——*n.* 目の弱い人；弱視者.

mambo [西] *n.m.* **1**〖舞踊〗マンボ・ダンス. **2**〖音楽〗マンボ.

mamelle *n.f.* **1** (動物の)乳房；〖医〗〖古〗(女性の)乳房(=sein)；〖蔑〗巨乳(=sein gros). ～*s* de la chèvre 牝山羊の乳房. ～ droite (gauche) 右(左)の乳房. bout de la ～ 乳頭(=tette, trayon). enfant à la ～ 乳飲み児, 乳幼児.〖医〗inflammation des ～*s* 乳房炎(=mammite).〔文〕dès la ～ すでに乳飲み児の頃から. sucer la ～ 乳房を吸う.
2〔古〕(男の)乳房, 胸. sous la ～ gauche 心の中で(に). n'avoir rien sous la ～ gauche 情も勇気もない.
3〔比喩的〕(精神的・物質的)糧(かて). Labourage et pâturage sont les deux ～*s* dont la France est alimentée. 農耕と牧畜はフランスを養う二つの乳房である《Sully の言葉》.

mamelon *n.m.* **1**〖解剖〗(乳房の)乳頭, 乳首；〔一般に〕乳頭(=papille). aréole du ～ 乳輪.
2 円状突起物；円丘. ～*s* boisés des Vosges ヴォージュ地方の樹木で覆われた円丘群.

mamelu(e) *a.*〔話〕巨乳の, でかぱいの, 胸の大きい. femme ～*e* 巨乳の女性.

mamie, mamy, mammy *n.f.*〔幼児語〕おばあちゃん(=grand-mère).

mamillaire *a.*〖解剖〗乳頭(mamelon)の；乳頭状の. muscle ～ 乳頭筋. tubercule ～ 乳頭結節.
——*n.f.*〖植〗マミラリア(サボテンの一属名).

mamirolle *n.m.* マミロール《フランシュ=コンテ地方 le Franche-Comté, ドゥー県 département du Doubs の Mamirolle 村(市町村コード 25600)で牛乳からつくられ, 非加熱・加圧・弾力のある半硬質, 外皮洗浄式, 延べ棒型黄褐色のチーズ；当地の国立乳製品学校 Ecole nationale d'industrie laitière で開発, 脂肪率 45 %》.

mammaire *a.*〖解剖〗乳房の.〖解剖〗aréole ～ 乳輪.〖医〗dysplasie ～ 乳腺症(=mastopathie).〖解剖・医〗glande ～ 乳腺.〖医〗tumeur ～ 乳癌(=cancer au sein).

mammalien(ne) *a.*〖動〗哺乳類の. faune ～ 野生の哺乳動物.

mammalogie *n.f.*〖動〗哺乳類学.

mammectomie *n.f.*〖医〗乳房切除〔術〕(=mastectomie).

mammifère *a.* 乳房のある；哺乳類の. animaux ～ 哺乳動物.
——*n.m.* 哺乳動物；〔*pl.* で〕哺乳類(綱). ～*s* aériens (aquatique, terrestre) 空中生活性(水生, 陸生)哺乳類. ～*s* carnivores (insectivores, herbivores, omnivores) 肉食(虫食, 草食, 雑食)哺乳類.

mammite *n.f.* **1**〖獣医〗乳房炎. ～ de la vache 乳牛の乳房炎.
2〖医〗乳腺炎(=mastite).

mammo *n.m.*〖医〗マンモ, マンモグラフィー(=mammographie)《乳房造影法》. faire une ～ マンモグラフィーの検査をする.

mammobile (<*mammo*graphie+auto*mobile*) *n.m.*〖医〗移動式マンモグラフィー装置(乳房X線撮影法装置), 乳癌検診車(=unité mobile de mammographie)《地方などへの出張巡回検診装置》.

mammographie [ma[m]mɔgrafi] *n.f.*〖医〗マンモグラフィー, 乳房(乳腺)X線造影法(=～ aux rayons X；radiographie mammaire)《略称 mammo》.

mammoplastie *n.f.*〖医〗乳房形成術；豊胸術.

mammouth [mamut] *n.m.* **1**〖古生物〗マンモス. restes de ～*s* en Sibérie シベリアのマンモスの遺骸.
2〔比喩的〕マンモス的存在, 巨大物.
3〖商業〗hypermarchés *M*～ マンムート 巨大スーパー(Docks de France 系列のスーパーチェーンの名称).
——*a.* マンモス的な, 巨大な. avion ～ 巨人機. navire ～ マンモス船, 巨大船.

mamy, mammy ⇒ **mamie**

manaé *n.f.*〔俗〕〖軍〗空輸(=*man*utention *a*éronautique).

management *n.m.* **1** 経営, 管理(=gestion). Ecole de ～ de Lyon リヨン経営学校《1872 年創設のグランド・エコール；略記 EM Lyon》.
2 (企業の)経営陣, 首脳陣.

manager [manadʒɛ(œ)r] [英] *n.m.* **1** マネージャー, 支配人.
2 (企業の) 経営者；管理職, マネージャー. ~ technico-commercial 技術営業マネージャー.
3 (組合などの) 運営者.
4 芸能マネージャー《公用推奨語は manageur》(= impresario).
5 〚スポーツ〛マネージャー《公用推奨語は manageur》；コーチ, トレーナー (= entraîneur).

Manche *n.pr.f.* **1** 〚地理〛la ~ 英仏海峡. tunnel de la ~ 英仏海峡トンネル.
2 (スペインの) ラ・マンチャ地方 (= La Mancha). Don Quichotte de la ~ ラ・マンチャの男ドン・キホーテ.
3 〚行政〛la ~ マンシュ県 (= département de la ~；県コード 50) フランスと UE の広域地方行政区画の région Basse-Normandie 低ノルマンディー地方に属す；県庁所在地 Saint-Lô サン＝ロー；主要都市 Avranche アヴランシュ, Cherbourg シェルブール, Coutances クータンス；4 郡, 52 小郡, 602 市町村；面積 5,947 km²；人口 481,471；形容詞 manchois (*e*)).

manche¹ *n.m.* **1** 柄, 握り, 取手；(筆の) 軸；(弦楽器の) 棹 (さお)；〚航空〛操縦桿. ~ à (de) balai 箒の柄；〚航空〛操縦桿；〚情報〛ジョイスティック；〚話〛痩せた大女. ~ de casserole 鍋の取手. ~ de guitare ギターの棹. ~ de parapluie 傘の柄. ~ de pinceau 筆の軸. couteau à ~ de corne 角 (つの) 製の柄のついたナイフ.〚航空〛tirer sur la ~ 操縦桿を引く.
2 〚料理〛股肉, 肩肉；股 (肩) 肉の骨. ~ du gigot 羊の骨付腿肉. ~ à gigot スネ骨固定はさみ. côtelette à ~ 骨付股 (肩) 肉のカツ.
3 〚比喩的〛branler dans le ~ (柄がぐらぐらである→) (地位・体制などが) ぐらついている. être (se mettre) du côté du ~ 有利な方につく. jeter le ~ après la cognée (斧の後に柄を投げる→) いや気がさして中途で投げ出す. s'endormir sur le ~ 一途中でやる気をなくす.〚俗〛tomber sur un ~ 思いがけない障害に出くわす.

manche² *n.f.* **1** 袖, スリーブ. ~ ballon パフスリーブ. ~ collante ぴったりした袖. ~ kimono きもの袖. ~s longues (courtes) 長袖 (短い袖). ~ montée 普通袖. ~ raglan ラグラン袖. ~s au coude 半袖 (= demi-~).
〚比喩的〛avoir *qn* dans sa ~ 人を意のままに動かす.〚比喩的〛garder *qch* dans sa ~ 何を最後の手だてとしてとっておく. passer (enfiler) les ~s d'un vêtement 上着の袖に腕を通す. retrousser ses ~s 腕まくりする. Retroussons nos ~s. さあ仕事にとりかかろう. se mettre en ~s de chemise (上着を脱いで) シャツ姿になる. tirer la ~ de

qn；tirer *qn* par la ~ 人の袖を引く；〚比喩的〛人の注意を惹く；人に懇願する.〚話〛C'est une autre paire de ~s. それは全く別の話だ；それはずっと難しい.
2 (3 回勝負の) 1 (2) 回戦；(1 ゲーム中の) 一勝負；(テニスなどの) セット. première ~, seconde ~ et belle 1 回戦, 2 回戦と決勝戦. être ~ à ~ 1 勝 1 敗である；〚比喩的〛互角である. gagner la première ~ 1 回戦に勝つ；緒戦に勝利を収める.
3 管, ホース.〚海〛~ à air 通風筒；〚空港〛吹流し. ~ à incendie 消防 (消火) ホース.〚海〛~ à vent 通風筒. ~ d'un ballon 気球の排気筒.
4 〚地形〛海峡 (= bras de ~). la M ~. 英仏海峡, ドーヴァー海峡 (= [英] the Strait(s) of Dover). la ~ de Danemark デンマーク海峡.

manchette *n.f.* **1** 袖口, カフス；袖口の飾り；(事務員などの) 袖口カバー；(長手袋の) 腕回し. ~s de chemise en dentelle シャツの袖口のレース飾り. boutons de ~s カフスボタン.
2 〚料理〛マンシェット《肉料理の骨に巻く紙飾り》.
3 〚スポーツ〛coup de ~ (フェンシングの) 手首への切り技；(プロレスの) エルボースマッシュ.
4 〚印刷〛傍注, 側注；脇記. texte en ~ 傍注文.
5 (新聞の第一面の) 大見出し. lire d'abord la ~ まず大見出しに目を通す.

manchot(e) *a.* **1** 手のない, 腕のない. être ~ de la main droite 右手がない.
2 〚話〛不器用な. ne pas être ~ 器用である.
——*n.* **1** 手 (腕) のない人. **2** 〚比喩的〛〚話〛不器用者, 無能な人間.

M & A (= [英] *m*erger and *a*cquisition) *n.f.* 〚法律・経済〛(企業の) 合併取得 (買収) (= [仏] fusion-acquisition).

mandant(e) *n.* **1** 〚法律〛委任者, 委託者 (mandataire「受任者」の対). ~s d'un fondé de pouvoir 代理人 (代表権を付与された上級管理職員) への委任者.
2 〚政治〛(選挙で権限を委託する) 有権者. député et ses ~s 代議士とそれを選んだ有権者.

mandarine *n.f.* マンダリン・オレンジ；蜜柑 (mandarinier の実).

mandarinier *n.m.* 〚植〛マンダリン・オレンジの木《rutacées 蜜柑科, Citrus 柑橘属；実は mandarine》.

mandat *n.m.* **1** 委託, 委任, 代理, 任務. ~ ad litem 訴訟委任. ~ de représentation en justice 訴訟委任. ~ domestique 夫婦代理権 (1965 年以前, 結婚した女性に認められていた, 家事遂行上, 夫を代表する権利). ~ général 包括委任. ~ légal 法定代理. ~ spécial 特別委任. ~ tacite 黙示の委任.

avoir pour ~ de+*inf.* …することを委任されている. donner ~ de+*inf.* …する権限を与える. La commission communautaire n'a pas encore reçu ~ de négocier avec le Japon une limitation des ventes de voitures. 共同体委員会は日本と自動車輸出の規制を交渉する権限をまだ授与されていない.
2 (政治的権限としての) 職務委任;(選挙に基づく) 代表権, 代理権; 議員職, 議員任期. ~ de député 下院議員職 (任期). ~ de parlementaire 国会議員職 (任期) (=~ parlementaire). ~ politique 政治上の代表権(理論的には有権者の委託に基づき, その意向に沿ってのみ代表権を行使できるとする~ impératif「命令的委任」と, 代表民主主義の原則によって, 1度選出された議員は独自の判断に基づいて代表権を行使できるとする~ représentatif「代表委員」の二つの考え方がある). ~ présidentiel 大統領職 (任期). cumul de ~s 議員職の兼職. M. X en est à son cinquième ~. X 氏は当選 5 回目だ. M. Y a donné sa démission en cours de ~. Y 氏は任期途中で辞任した.
3 〖国際法〗委任統治 (第一次世界大戦後, 旧ドイツ, オスマン両帝国に属していた一部領土に対して適用された制度). commission des ~s〔国際連盟〕委任統治委員会. territoire sous ~ 委任統治領.
4 支払委任, 為替, 手形. ~-contributions 納税為替手形. ~-lettre 郵便為替. ~ optique 電子為替. ~ postal (-poste) 郵便為替 (~-carte 局留め簡易為替; ~ télégraphique 電報為替).
5 依頼書, 命令書. ~ de paiement (公共機関が発行する) 支払命令書. ~ du Trésor 国庫支払命令書. ~ de virement 払込依頼書.
6 命令, 禁止命令; 令状. ~ d'amener 拘引状. ~ d'arrêt 逮捕状, 収監状. ~ de comparution 召喚状. ~ de dépôt 拘留状.

mandataire *n.* 受任者, 代理権者, 代表者. ~ aux Halles 旧パリ中央市場の仲買人. ~ de justice 裁判所選任の管理人. ~-liquidateur 裁判所上の清算人. ~ social 会社代表者. Etat ~ (国際連盟時代の) 委任統治受任国.

mandat-carte (*pl.* ~**s**-~**s**) *n.m.* 葉書為替.

mandat-contributions (*pl.* ~**s**-~) *n.m.* 納税為替.

mandaté(*e*) *a.p.* **1** 委任を受けた. délégué ~ 委任を受けた代表.
2 為替 (手形) で支払われる. somme ~*e* 為替送金額.
3 (国庫金について) 支払指図する.
——*n.* 受任者.

mandatement *n.m.* **1** 支払命令 (指図). ~ d'une allocation 手当の支払命令.
2 為替送金.

mandat-lettre (*pl.* ~**s**-~**s**) *n.m.* 封

緘為替 (書信クーポン付の郵便為替).

mandat-poste (*pl.* ~**s**-~) *n.m.* 郵便為替.

mandibulaire *a.* **1** 下顎の; 顎の. fosse ~ 下顎窩. hypoplasie ~ 下顎形成不全, 小下顎症. nerf ~ 下顎神経.
2 〖鳥〗嘴 (bec) の.

mandibule *n.f.* **1** (人・動物の) 下顎 (= maxillaire inférieur);〔*pl.* で〕(上下の) 顎 (=mâchoires).〔話〕jouer des ~s がつがつ食べる.
2 〖鳥〗嘴. ~ inférieure (supérieure) 下 (上) の嘴.
3 〖動〗(節足動物の) 大顎; (甲殻類の) 大顎.

manducation *n.f.* 〖生理〗咀嚼 (そしゃく).

manège *n.m.* **1** 調馬術; 馬術; 馬場; 調馬場. ~ couvert 屋内調馬場 (=salle de ~). ~ d'ensemble 団体馬術, 騎馬パレード.
2 (牛馬などを用いた) 動物動力装置. ~ à puiser l'eau 水汲み動物動力装置.
3 マネージュ, 回転木馬, メリーゴーランド (=~ de chevaux de bois). faire la tour de ~ メリーゴーランドを回転させる.
4 〖舞踊〗マネージュ (円の軌跡を描くこと).
5 〔比喩的〕術策, 小細工; 処世術. petit ~ 小手先の術策.

manga [日] *n.m.* 漫画 (=bande dessinée japonaise).

mangaka [日] *n.* 漫画家 (=dessina*teur* (*trice*) de manga; dessina*teur* (*trice*) de bande dessinée).

manganate *n.m.* 〖化〗マンガン酸塩. ~ de potassium マンガン酸カリウム.

manganèse *n.m.* **1** 〖化〗マンガン (元素記号 Mn, 原子番号 25, 原子量 54.93; 1774 年発見の金属元素).
2 〖金属〗マンガン (灰色の金属; 比重 7.2; 融点 1,260℃, 沸点 2,100℃). acier au ~ マンガン鋼. nodules de ~ (深海海底の) マンガン団塊.

manganésien(*ne*) *a.* 〖化〗マンガンの; マンガンを含む (=manganésifère).

manganésifère *a.* 〖化〗マンガンの; マンガンを含む (=manganésien).

manganeux(*se*) *a.* 〖化〗(特に 2 価の) マンガンの, マンガンを含む. oxyde ~ 酸化マンガン (II).

manganin [mãganɛ̃] (<〔商標〕*M*~) *n.m.* マンガニン (銅・マンガン・ニッケルの合金; 銅 82％, マンガン 15％, ニッケル 3％; 電気抵抗線に用いる).

manganique *a.* 〖化〗(特に 3 価の) マンガンの, マンガンを含む. anhydride ~ 無水マンガン. oxyde ~ 酸化マンガン (III).

manganite *n.m.* 〖化〗亜マンガン酸塩.
——*n.f.* 〖鉱〗水マンガン鉱 (=acerdèse).

mangeable (<manger) *a.* **1** 食べるこ

とができる, 食べられる；食用になる (= comestible).
2 (料理が)何とか食べられる, 口に合う. Cette soupe n'est pas ~. このスープはとても飲めたものではない. Ce n'est pas bon, mais enfin c'est ~. これはおいしくないが, 何とか食べられる.

mangeaille *n.f.* **1**〔話・蔑〕食物（くいもの）；質より量の食物(=plat plantureux). abus de la ~ 食べ過ぎ. odeur de ~ 食物の匂い.
2〔古〕飼料, 餌(えさ). faire de la ~ pour les poulets 鶏に餌を与える.

manger *n.m.* **1**〔古〕食べること. le ~ et le boire 食べることと飲むこと；食物と飲物.
2〔俗〕食物；食事(=repas). les règles du ~ et du boire 食物と飲物のとりきめ. préparer le ~ 食事の仕度をする.

mange〔-〕tout *n.m.inv.* **1**〔植〕莢隠元, さやいんげん (=haricot ~)；さやえんどう (= pois ~).
—*a.inv.* (さやも実も)すべてが食用になる. haricot ~ さやいんげん. pois ~ さやえんどう(=goulu).

manglier *n.m.*〔植〕マングローブ林の木.

mangoustan *n.m.*〔植〕マンゴスチンの木(=mangoustanier).

mangouste¹ *n.f.*〔植〕マンゴスチン(mangoustanier の実).

mangouste² *n.f.*〔動〕マングース.

mangrove〔マレー語〕*n.f.*〔植〕マングローブ林(熱帯の海浜・河口に密生する常緑樹林).

mangue *n.f.*〔植〕マンゴー. chutney de ~ マンゴー・チャツネー. sorbet à la ~ マンゴーのソルベ（シャーベット）.

manguier *n.m.*〔植〕マンゴーの木.

maniabilité *n.f.* **1**(機械・道具の)手動操作性；使い易さ；(コンクリートの)ワーカビリティー.
2(乗物の)操縦性；操縦し易さ. ~ d'une petite voiture 小型車の操縦し易さ.

maniable *a.* **1** 手で扱い易い, 操作し易い. arme ~ 操作し易い武器. outil ~ 扱い易い道具. dictionnaire d'un format ~ 手頃なサイズの辞書.
2 加工し易い. drap ~ 加工し易い布地.
3 操縦し易い, 操縦性に優れた. avion ~ 操縦し易い航空機. petite voiture très ~ en ville 市街地で乗り回すのに便利な小型車.
4 (人, 性格などが)扱い易い；従順な. cheval ~ おとなしい馬. classe ~ 扱い易い学級. électeurs peu ~s 扱い難い選挙民.
5〔海〕(天候が)航海に適した, 穏やかな. temps ~ 穏やかな航海日和.

maniaco〔-〕dépressif(ve) *a.*〔医〕躁鬱性の, 躁鬱病の. psychose ~ve 躁鬱病.
—*n.* 躁鬱病患者.

maniaque (<manie) *a.* **1**〔医〕躁病の, 躁的な；〔古〕発狂した. délire ~ 躁的譫妄(せんもう)；躁鬱病. excitation ~ 躁的興奮. psychose ~ dépressive 躁鬱病, 双極性障害.
2 (人が)変質的な；異常な. besoin ~ 変質的欲求.
3 (人・性向などが)偏執〔狂〕的な, マニアックな；熱狂的な. souci ~ 偏執的な気苦労. être ~ dans son travail 仕事に熱中している.
—*n.* **1**〔医〕躁病患者. ~ dépressive 躁鬱病患者.
2 変質者. un vieux ~ 年老いた変質者.
3 偏執者, マニア. ~ de la vitesse スピード・マニア, スピード狂.

manichéen(*ne*) *a.* **1**〔宗教〕マニ教の.
2 マニ教的二元論の, 善悪二元論的な. film ~ 単純な善悪二元論的映画.
—*n.* マニ教徒；マニ教的二元論者.

manichéisme *n.m.* **1**〔宗教〕マニ教(ペルシアのマニ Mani が3世紀頃唱えた二元論的宗教).
2 (マニ教的な)善悪二元論.

manie *n.f.* **1**〔医〕躁病, 躁状態；〔古〕狂気(=folie). ~ aiguë 急性躁病. ~ confusionnelle (délirante) 錯乱躁病.
2 偏執；固定観念.『心・医』 ~ de 〔la〕 persécution 被害妄想.
3 奇癖；熱中, 悪癖. ~ de collectionneur 収集癖. avoir la ~ des citations 引用癖がある. avoir la ~ de la propreté 潔癖性である. Il a la ~ de bricoler. 彼は工作マニアである. Chacun a ses répulsions et ses ~s. なくて七癖.

maniement *n.m.* **1** (道具類の)取り扱い；(器具などの)操作.『軍』 ~ d'armes 教練. ~ des baguettes 箸の使い方. ~ d'un fusil 小銃の取り扱い方. ~ d'une machine 機械の操作. appareil d'un ~ délicat 取り扱いに注意を要する機器.
2 管理, 運営, 運用. ~ des affaires 事業の運営. ~ de l'argent 資金の運用.
3 使い方. ~ des chèques 小切手の使い方. ~ d'une langue 言語の操り方. ~ des métaphores 隠喩の使い方.
4 ~ des hommes 人のあしらい；人事管理.
5〔畜産〕(家畜の)皮下脂肪蓄積部.

manière *n.f.* **1** やり方, 流儀；手段, 策. ~ d'agir 行動の仕方. ~ d'être あり様, 様態. ~ de gouverner 統治の仕方. ~ de marcher 歩き方. ~ de penser 考え方. ~ de vivre 生き方. la ~ dont il s'y prendre 彼のやり方.
avoir la ~ 流儀がある. employer la ~ forte 強硬手段に訴える. C'est la meilleure ~ pour réussir. それは成功する最良の方策だ. C'est une ~ de parler. それは言葉の綾だ. Ce n'est pas dans sa ~. それは彼らしくない. Chacun a sa ~. 人にはそれぞれ

の流儀があるものだ.

◆〔à と共に〕à la ～ de …のように, の流儀で. à la ～ d'un torrent 奔流のように. à sa ～ 彼の流儀で. Il m'aime à sa ～. 彼は彼なりに私を愛している. cuisine à la〔～〕française フランス流の料理.

◆〔de と共に〕d'une ～ générale 概して, 一般的に. de ～ ou d'autre；d'une ～ ou d'une autre いずれかの方法で. d'une autre ～ 別のやり方で. de la belle ～ 手荒く, 容赦なく. de la bonne ～ しかるべきやり方で. d'une certaine ～ ある意味で, ある見方をすれば. de cette ～ こんな風に, こうして. de la même ～ 同じように. de quelle ～ どんな風に. de toutes les ～s あらゆる手段で. de toute〔s〕～〔s〕いずれにせよ.

de ～ à+inf. …するように. Restez silencieux de ～ à ne pas le déranger. 彼の邪魔にならないよう静かにしていなさい. de la ～ que+ind. (cond.)…するように. Il a parlé de la ～ que l'on a vu clairement ses intentions. 彼は彼の意図が人にはっきり判るように話した.

de〔telle〕～ que+ind. …なので…する《結果》. Il a agi de telle ～ qu'il a échoué. 彼はこんなやり方をしたので失敗してしまった. de〔telle〕～ que+subj.；de ～ ce que+subj. …するように《目的》. Voulez-vous parler de ～ qu'on vous comprenne？ 人に判るように話していただけますか？

◆〔en と共に〕en ～ de …の形で；として. en ～ d'excuse お詫びのしるしに. imagination qui combine les images en (de) mille ～s 映像をさまざまな形で結びつける想像力.

en aucune ～ どうであろうとも；全然. Ça ne me regarde en aucune ～. それは私には全く関係がないことだ.

en quelque ～ ある意味で, どこか. Son attitude relève en quelque ～ de la provocation. 彼の態度にはどこか挑戦的なところがある.

◆〔par と共に〕par ～ de …のようにして, として. par ～ de passe-temps 暇つぶしとして. par ～ de plaisanterie 冗談めかして.

2 〔芸術上の〕流儀, 手法, 作風；〔古, 戯〕気取り, 衒(てら)い. ～ d'un écrivain 作家の作風. ～ de peindre 画風.〔版画〕 noire メゾチント. sonate dans la ～ classique 古典様式のソナタ. tableau à la ～ de Cézanne セザンヌ風の絵. un《à la ～ de Picasso》ピカソもどきの絵. écrire à la ～ de Hugo ユゴー流に書く.

3 しかるべき方策. avoir la ～ やり口を心得ている. avoir l'art et la ～ 如才がない. Il y a la ～. しかるべき方策がある. Il y a la ～ avec les femmes. 彼は女のあしらい方を心得ている.

4 〔文〕あり様(よう)；〔文法〕様態；種類；〔古〕外観. adverbes de ～ 様態の副詞.

propositions circonstancielles de ～ 様態の状況節. roman construit en ～ de poème 詩のように構成された小説.

5 〔pl. で〕態度, 物腰；きちんとした態度, 洗練された物腰. ～s correctes (insolentes) きちんとした(無礼な)態度. ～s d'une nation 国民性.

apprendre les bonnes (belles)～s きちんとした態度を身につける. avoir de mauvaises ～s 態度が悪い. manquer de ～s 行儀作法がなっていない. C'est pas des ～s！ 態度がなっていない！ En voilà des ～s！ なんという態度だ！

6 〔pl. で〕気取った態度.〔話〕sans ～ 格式張らず. faire des ～s 気取る, 勿体をつける. faire des ～s pour+inf. …するのに勿体をつける, 気取って…する. Ne fais pas tant de ～s！ そんなに気取らないで！

manif (<*manif*estation) *n.f.* 〔話〕デモ.

manifestant(e) *n.* デモ参加者, デモ隊員.

manifestation *n.f.* **1** (意見などの)表明；(力などの)誇示, 明示；(感情などの)発現, 表出, 表現. ～s de joie 喜びの表現.〔法律〕 de volonté 意思の表明.

2 〔医〕徴候. ～s de la maladie 病気の徴候.

3 〔神学〕(神の)顕現；(神の属性の)示現. ～ de Dieu 神の顕現.

4 示威運動, デモンストレーション, デモ(=〔話〕manif). ～ contre la guerre 反戦デモ. ～ d'agriculteurs 農民のデモ行進. participer à une ～ デモに参加する.

5 (芸術・スポーツなどの) イヴェント, 催し. ～ culturelle (musicale, sportive) 文化(音楽, スポーツ)祭.

manifeste¹ *n.m.* **1** 宣言, 声明, 声明書, マニフェスト. ～ de Brunswick ブルンスヴィック宣言(1792年, 王党派亡命将軍ブルンスヴィックが革命時パリ市民に対して出した最後通牒). ～ des Soixante 60人宣言(1864年, 労働者の権利拡大を訴えたもの. ナポレオン三世はこれにそってスト権を認めた). ～ du parti communiste 共産党宣言(1848年). ～ du surréalisme シュールレアリスム宣言(1924年, 第2宣言は1930年).

2 〔海〕積荷記録, 船荷証券；〔航空〕フライト記録. ～ d'entrée 入国(入港)積荷目録. ～ de sortie 出国(出港)積荷目録.

manifeste² *a.* **1** 明白な, 確実な, 目に見える. erreur ～ 明白な錯誤. il est ～ que …は明らかだ.

2 明らかな, 目にあまる. abus ～ 明らかな濫用.

3 重大明白な. violation ～ de la loi 重大明白な違法〔行為〕.

manigance *n.f.*〔多く *pl.*〕ちょっとした策略. se douter d'une ～ 罠ではないかと思う.

maniguette *n.f.*〔植〕マニゲット(アモマム amome の種子；胡椒に似た味；通称

manioc n.m.〚植〛マニオック, キャッサバ(南米原産のEuphorbiacéesとうだいぐさ科の灌木；根からタピオカtapiocaを採る).

manip, manipe (<manipulation) n.f. **1**〔話〕画策, 不正操作. **2**〔学生隠語〕マニップ, (物理, 化学等の)実験〔実習〕. ~s de chimie 化学の実験.

manipulant(e) a. **1** (器具を)操作する；(薬品などを)調合する.
2〚葡萄酒〛(シャンパーニュ酒の)製造に当たる. coopérative ~e シャンパーニュ酒製造協同組合《協同組合加入の葡萄栽培者から葡萄を買い取って製造する；ラベルでの略記CM》. négociant ~ シャンパーニュ酒の製造販売者《自家葡萄園の葡萄と買付けた葡萄から製造し販売する業者；略記NM》. récoltant ~ シャンパーニュ酒の葡萄栽培兼製造業者《略記RM》. société de récoltants ~ シャンパーニュ酒の葡萄栽培兼製造会社《略記SR》.
3〔比喩的〕(世論などを)操作する；不正操作の.

manipulateur¹(**trice**) n. **1** (機器の)操作者；(薬剤等の)取扱者. ~ de laboratoire 実験助手. ~ radio〔graphe〕X線技手.
2 手品師(=prestigateur).
3 画策者.
―a. **1** 操作を行なう. bras ~ d'un robot ロボットの操作アーム. **2** (世論等を)操作する, 画策する.

manipulateur² n.m.〚機工〛マニピュレータ, 遠隔手動操作装置, 操作アーム；電鍵；〚鉄道〛主幹制御器. ~ dactylographique (送信機の)鍵盤. ~ universel 万能遠隔操作装置, マジックハンド.

manipulation n.f. **1** 取扱い；(機器の)操作；(薬品の)調合. ~ des explosifs 爆発物の取扱い. ~s à distance de substances radioactives 放射性物質の遠隔操作. faire une ~ délicate 微妙な操作をする.
2〔pl. で〕(学校での)実験(略称manips). ~s de chimie (chimique) 化学実験.
3 手先の仕事；指先の手品；〚医〛手技〔治療〕. 〚医〛~s vertébrales 手技脊椎矯正〔術〕.
4〚生・医〛操作.〚生〛~ des embryons 胚操作.〚医〛~s génétiques (de gène) 遺伝子操作.
5 (世論などの)操作；(相場・選挙などでの)不正操作. ~ des cours de la Bourse 市場操作, あやつり相場. ~s électorales 選挙の不正操作. ~ de l'information 情報操作. ~ de l'opinion 世論操作.

manitou n.m. **1** マニトウ《アメリカ・インディアンの超自然的存在》. grand ~ 大マニトウ《神》.
2〔比喩的〕大立物, 大御所. le grand ~ de la presse ジャーナリズムの大御所.

mannequin [mankɛ̃] n.m. **1**〚美術〛人形(動物)模型《関節が動く模型》；(陳列用の)マネキン人形；(仕立屋の)ボディースタンド. **2** ファッションモデル, マヌカン(=modèle).

mannitol n.m. **, mannite** n.f.〚化〛マンニトール, マンニット《マンナmanne du frêne に含まれる多糖》.

mannose n.m.〚生化〛マンノース《マンニトールmannitolを酸化して得られる醛酸性単糖類》.

mano a mano (pl. ~s a ~s) n.m.〚スポーツ〛〔俗〕対決, 一対一の対決.
―ad. 一対一で.

manodétendeur n.m. (圧縮ガス・加圧液体などの)減圧弁, 減圧装置.

manœuvrabilité n.f. (車, 船, 航空機などの)操作性, 操縦性(=maniabilité).

manœuvrable a. (車, 船, 航空機などの)操縦し易い, 操縦性に富む；(機械などが)操作し易い. voiture (bateau)~ 操縦性の良い車(船).

manœuvre n.f. Ⅰ《操作》**1** 操縦, 運転；ハンドル操作. ~ d'un aéronef 航空機の操縦. ~ d'un véhicul 車の運転. faire des ~s pour se garer 駐車するために車を操る. faire une fausse ~ 操縦ミスを犯す；〔比喩的〕へまをしでかす.
2〚鉄道〛操車, 入換, 入換操作. locomotive de ~ 入換機関車.
3 (機械・武器などの)操作. ~ d'un fusil 小銃の操作.〚海〛~ du gouvernail 操舵. ~ d'une machine 機械の操作.〚海〛~ d'un navire 操船.
4〚海〛索(=câble, cordage). ~s dormantes (courantes) 静索(動索). ~s volantes 動索.
5〚医〛手技；外科実習. ~ de Léopold (産科触診法の)レオポルド手技. ~s obstétricales (胎児の娩出を助ける)産科手技. ~s opératoires 手術の手技.
Ⅱ《演習》**1**〔多く pl.〕〚軍〛教練；演習. aller à la ~ 教練(演習)に行く. ~s combinées 合同演習. champ (terrain) de ~[s] 演習場. grandes ~s 大演習；〔比喩的〕大デモンストレーション.
2〚軍〛(戦時の)機動作戦. ~ de déploiement (de repli) 展開(撤退)作戦.
Ⅲ〔比喩的〕**1** やり口；計略, 画策, 策動, 陰謀；(市場などの)操作；人心操作. ~s corruptrices 買収工作. ~s électorales 選挙の裏工作. ~ habile 巧みな画策. ~s obscure 不透明な画策, 謀略, 不正操作. connaître la ~ やり方を心得ている.
2〚法律〛(違法行為の構成要素となる)計略, 策動；陰謀. ~s dolosives 人を欺く詐略, 詐欺. ~s frauduleuses 詐術, 欺罔(ぎもう)手段, 不正な策略《詐欺罪escroquerieの構成要素となる》.

manomètre *n.m.* 圧力計, 検圧計, マノメーター. ~ à haute tension 高圧計. ~ à mercure 水銀圧力計. ~ à (du) vide 真空計. ~ enregistreur 自記圧力計 (=manographe).

manque *n.m.* **1** (de の)不足, 欠如. ~ d'alimentation 食糧不足. ~ d'argent 金不足.〖法律〗~ de base légale 法定根拠の欠缺. ~ d'imagination 想像力の欠如. ~ de logements 住宅不足. ~ de main-d'œuvre 労働力の不足, 人不足. ~ de mémoire 記憶の欠如, 記憶喪失. ~ de sommeil 睡眠不足, 寝不足.〖話〗M~ de chance!; M~ de pot! ついてないな！ par ~ de …が不足して. par ~ de précaution 注意不足から.
2〖医〗(薬物などの)禁断状態 (=état de ~)(公用推奨語は état de privation). être en ~ 禁断状態にある.
3 欠けたもの;〖織・編物〗織目 (編目) の欠落;〖比喩的〗至らぬ点.
4 やり損い. ~ à gagner 儲け損い；儲け損った額.
5〖ルーレット〗マンク (1 から 18 までの桝目；19 から 36 までは passe). Impair, rouge et ~ 奇数で赤のマンク.

manqué(e) *a.p.* **1** 不成功に終った, 失敗した.〖精神分析〗acte ~ 失錯 (錯誤) 行為. ouvrage ~ 失敗作. projet ~ 不成功に終った計画. vie ~e やり損いの人生.
2 天職を誤った (《素人に対する褒め言葉》;〖古〗なり損いの. cuisinier ~ (コックになり得た) 料理の名手.〖話〗garçon ~ お転婆娘.〖古〗poète ~ 出来損いの詩人.
3 達成されなかった. objectif ~ 達成できなかった目標.
4 欠席した. cours ~ 欠席した講義. rendez-vous ~ すっぽかした会う約束.
5 取り逃がした. occasion ~e 取り逃がした機会.

manquement *n.m.* (義務・法律・規則などに)背くこと, 懈怠, 義務違反, (à への)違反. ~ à la discipline 規律違反.

Mans (Le) *n.pr.m.* ル・マン (département de la Sarthe サルト県の県庁所在地；市町村コード 72000；形容詞 manc*eau(elle)*). cathédrale Saint-Julien du ~ ル・マンのサン=ジュリヤン大聖堂 (11-15 世紀；ロマネスクとゴシック様式). église de la Couture du ~ ル・マンのラ・クーチュール聖堂 (11-13 世紀；プランタジュネ様式；聖母子像). église Saint-Jeanne d'Arc du ~ ル・マンのサント=ジャンヌ=ダルク聖堂 (旧 hôpital Cœffort；12 世紀). le Vieux ~ ル・マン旧市街. Circuit automobile du ~ ル・マンオートレース・サーキット (1923 年以降 les Vingt-Quatre Heures du ~ ル・マン 24 時間自動車耐久レースのサーキット).

mansarde (<Mansart, Jules-Hardouin, フランスの建築家 [1646-1708]) *n.f.*〖建築〗**1** マンサール (途中で勾配の変る屋根).
2 マンサール (マンサール屋根の下の屋根裏部屋) (=chambre mansardée).
3〖誤用〗屋根窓.

mansardé(e) (<mansarde) *a.*〖建築〗chambre ~e 屋根裏部屋. étage ~ 屋根裏, 屋階.

manteau (*pl.* ~x) *n.m.* **1** コート；(特に) 婦人用コート. ~ de cuir 革のコート. ~ d'hiver (de fourrure) 冬 (毛皮) のコート. ~ réversible リヴァーシブル・コート. mettre (enlever) son ~ コートを着る (脱ぐ). sous le ~ ひそかに.
2〖比喩的〗すっぽり覆うもの；うわべ. ~ de l'indifférence 無関心の装い. village sous son ~ de neige 雪にすっぽり覆われた村.
3〖動・狩〗(鳥獣の) 異色背部.
4〖動〗(軟体動物の) 外套膜.
5〖地学〗(地球の) マントル.
6〖建築〗マントルピース (=~ de cheminée).
7〖劇〗~ d'Arlequin 舞台枠を飾る垂れ幕.
8 (高速原子炉の) 炉心外殻.

manuel(le) *a.* **1** 手の, 手先の；手で行なう；手先の器用な. habileté ~le 手先の器用さ. métiers ~s 手仕事, 手工業. travail ~ 手仕事. travailleur ~ 手仕事をする人；肉体労働者 (travailleur intellectuel「知的労働者」の対).
2 手動の (automatique「自動の」の対). commande ~le 手動操作, 手動制御.
3〖情報処理〗手で操作する (informatique「コンピュータ処理による」の対).
4〖医〗手を用いる. médecine ~ 手治療 (chiropractie「整体術」などの médecine parallèle「並行医療」).
―*n.* 肉体労働者.

manufacture *n.f.* **1** 製作所, 製造工場；〖古〗手工業 (手工芸) 製作所. ~ d'armes 小火器製造工場. ~ nationale de Sèvres 国立セーヴル製陶所.〖史〗~ royale 王立製作所. ~ royale des Gobelins 王立ゴブラン製作所 (= ~ nationale de tapisseries de Gobelins 国立ゴブラン織製作所).
2〖経済史〗マニュファクチャー, 工場制手工業.
3〖古〗製造, 加工. Ecole centrale des arts et ~s 国立中央工芸学校 (略称 ECAM；Ecole centrale de Paris パリ中央工科学校；俗称 Piston, Centrale；1829 年創立のグランドエコール).

manufacturé(e) *a.* 加工された；加工製品の. exportation ~e 加工製品の輸出. produit ~ 加工製品.

manu militari〖ラ〗*l.ad.* 公の武力を用いて, 軍事力によって (=par la force armée).

manuscrit[1]**(e)** *a.* 手書きの. affiche ~e 手書きのポスター. inscription ~e 手書き

manuscrit² *n.m.* **1** 手書文書, 手書本；写本 (略記 ms；*pl.* mss). ～s de la Mer Morte 死海写本〔文書〕. ～ du Moyen Age ornés de miniatures ミニアチュア挿画で彩られた中世の手書本 (写本). ～ sur parchemin 羊皮紙に書かれた写本.
2 手稿；原稿；タイプ原稿 (=tapuscrit). ～ inédit 未刊手稿. étude des ～s 手稿 (写本) 研究 (=manuscriptologie).

manutention *n.f.* **1** 荷拵え, 荷造り, 荷扱い. ～ des colis 小荷物の荷造り.
2〖建築〗荷役, 貨物取扱い.
3 荷扱い所 (商品の搬入・発送作業所). ～ d'un grand magasin 百貨店の商品搬入・発送所.

manutentionnaire *n.* 荷扱係, 荷造係；倉庫係；(運輸機関の) 貨物係.

MAO¹ (=*m*ono *a*mine-*o*xydase) *n.f.*〖生化〗モノアミン・オキシダーゼ.

MAO² (=*m*usique *a*ssistée par *o*rdinateur) *n.f.* コンピュータ援用音楽, コンピュータ利用音楽 (作曲・演奏).

maoïsme [maoism] *n.m.* 毛沢東 (Mao Tsé -Toung) 主義, マオイズム.

maoïste *a.* 毛沢東主義の, 毛沢東時代の中国支持者の, 極左の, 極左主義の.
◆ 1968 年 5 月に多くの maoïste 運動が生まれたが, その主なものに Gauche prolétarienne, Mouvement du 27 mai, Nouvelle résistance populaire, Secours rouge などがあった. また日刊紙《*Libération*》は創刊当初, 毛沢東主義の新聞とみなされていた.
—*n.* 毛沢東主義者, マオイスト, 毛沢東時代の中国支持者, 極左主義者.

Mao Zedong, Mao Tsö-tong [中国] *n.pr.* 毛沢東 (もう・たくとう), マオ・ツォートン (政治家 [1893-1976]；中華人民共和国の初代主席 [1954-59]). *De la contradiction de* ～ 毛沢東著『矛盾論』(1937 年). *le Petit Livre rouge de*～『毛沢東語録』(1960 年).

MAP (=*m*ise *a*u *p*oint) *n.f.*〖写真〗ピント合わせ, (ピントの) 合焦. ～ assistée 補助合焦, 自動合焦〔方式〕.

MAPA (=*m*aison d'*a*ccueil pour *p*ersonnes *â*gées) *n.f.* 老人受入れセンター, 老人の家 (自活できない老人を収容する社会福祉施設).

maqueraison *n.f.*〖漁〗鯖漁の漁期 (ブルターニュ地方では夏).

maquereau¹ (*pl.*～**x**) *n.m.*〖魚〗鯖 (さば). filets de ～ fumés 鯖の 3 枚おろしの薫製.〖植〗groseille à ～ グーズベリーの実 (鯖料理のソースに用いる). pêche au ～ 鯖漁.

maquer*eau*²(***elle***) (<[オランダ]ma-kelâre) *n.*〔俗〕売春婦のひも.
—*n.f.* 売春宿の女将.

maquette *n.f.* **1**〖彫刻〗(小型の) 習作, 雛型；〖絵〗下絵, 下図；原図, 原画；版下；〖劇〗舞台模型；〖建築〗完成模型；〖機械〗小型模型；原寸大模型. ～ d'affiche ポスターの原画. ～ de navire 船の縮尺模型. ～ d'un immeuble ビルの完成模型. ～ en cire 蠟製雛型.
2 素案, 雛形. la nouvelle ～ de l'armée de terre 陸軍の新しい雛型 (モデル).
3〖出版〗レイアウト；組見本. ～ d'épreuve 束見本.
4 (レコードの) 雛型見本 (=avant-projet).
5〖経済〗計量経済学の模型 (雛型).

maquillage *n.m.* **1** マキヤージュ, メーキャップ；化粧. ～ léger 薄化粧. refaire son ～ 化粧を直す.
2 メーキャップ用品 (=produits de ～：fards 紅おしろい, fond de teint ファンデーション, mascara マスカラ, ombres à paupières アイシャドー, poudres 粉白粉, rouge 口紅, など).
3〔比喩的〕偽装, 粉飾；変造；(真実の) 糊塗. ～ du passeport パスポートの変造. ～ d'une voiture volée 盗んだ車の偽装.

maquillé(e) *a.* **1** 化粧した, メーキャップした. être très ～*e* 厚化粧をしている.
2〔比喩的〕偽装された, 粉飾された；変造された；ごまかされた. dépenses ～*es* 粉飾支出. vérité ～*e* 糊塗された真実.

maquilleur(se) *n.* メーキャップ係. ～ de studio (映画・TV などの) スタジオ・メーキャップ係. ～ de théâtre 劇場のメーキャップ係.

maquis *n.m.* **1** マキ (地中海沿岸, 特にコルス (コルシカ) 島の灌木密生地帯)；(第二次世界大戦下, レジスタンスの) 安全地帯. prendre le ～ (コルス島で犯罪者が) マキに逃げこむ；〔比喩的〕地下にもぐる.
2 マキ団 (第二次世界大戦中のレジスタンス組織).
3〔比喩的〕複雑煩瑣なこと. ～ de la procédure 訴訟手続の煩雑さ.

maquisard *n.m.* (第二次世界大戦下レジスタンスの) マキ団員.

MAR (=le *Mar*oc) *n.m.* モロッコ (国名略記).

mar. (=*mar*di) *n.m.* 火曜日 (略記).

marabout [アラブ] *n.m.* **1**〖宗教〗マラブー (イスラム教の聖者・隠者・道士)；マラブーの墓 (=tombeau d'un ～)；マラブーの墓の上に建立された霊廟 (小聖堂) (=koubba).
2〖鳥〗はげこう (はげこう属の大型こうのとりの総称). ～ africain アフリカはげこう (=cigogne à sac ふくろこうのとり).
3〖服〗はげこうの尾羽根, マラブーフェザー；はげこうの羽根製の装飾.
4〔古〕細い絹のより糸；絹の薄布. écharpe de ～ 絹のスカーフ.

5 (胴が太く円い蓋のついた)湯沸し.
6 マラブー・テント《円錐形のテント》(= tente ~).

maraîchage *n.m.* 〖農〗野菜栽培.

maraîch*er*(*ère*) *a.* 〖農〗野菜栽培の; 野菜栽培業の. culture ~*ère* 野菜栽培. jardin ~ 菜園.
——*n.* 野菜栽培者;野菜栽培業者.

maraîchin(*e*) *a.* 〖地理〗(ポワトゥー地方 le Poitou やブルターニュ地方 la Bretagne の)マレー地帯の, 沼地帯の. pays ~ マレー地帯, 沼地帯の.
——**M~** *n.* マレー地帯の住民.

Marais(le) *n.pr.m.* **1** (パリの)マレー地区《パリ市右岸第3区と第4区にまたがる地区;かつて沼沢地, のちに野菜栽培地であったことに由来する名称》.
2 沼沢地帯. le *M*~ breton (poitevin) ブルターニュ (ポワトゥー) 地方のマレー地帯.
3 〖史〗マレー党《大革命時の中道派「平原党」la Plaine につけられた蔑称》.

marais *n.m.* **1** 沼沢;沼沢地帯. gaz des ~ メタンガス. végétations des ~ 沼沢地帯の植生.
2 (野菜栽培に適した)低湿地.
3 ~ salant 塩田. ~ du littoral 沿岸干拓地.
4 〔比喩的〕泥沼, 泥沼状態. ~ de la médiocrité quotidienne 平凡な日常生活の泥沼. ~ de la vie politique 政界の泥沼状態.
5 〖気象〗~ barométrique 停滞前線.

maranges *n.m.* 〖葡萄酒〗マランジュ《ブルゴーニュ地方 la Bourgogne, コート・ド・ボーヌ la côte de Beaune 地区の最南部, ソーヌ=エ=ロワール県 département de Saône-et-Loire のシェイイ Cheilly-lès-*M*~, サンピニー Sampigny-lès-*M*~, ドジーズ Dezize-lès-*M*~ の3村にまたがる230 ha の葡萄畑で産出する葡萄酒の appellation;主に赤;80% が一級畑 premier cru;cheilly-lès-~, sampigny-lès-~, dezize-lès-~ の AOC 酒, または côtes-de-beaune の AOC 酒として売られることもある》.

marasme *n.m.* **1** 〖医〗(特に小児の)消耗症《低蛋白栄養失調症》.
2 意気消沈;無気力(= apathie).
3 〔比喩的〕不振, 沈滞. ~ économique 経済不況. ~ politique 政治の沈滞.
4 〖植〗おちば茸, ほうらい茸(= mousseron d'automne).

marathon [maratɔ̃] (<〖ギ〗*M*~, 地名) *n.m.* **1** 〖スポーツ〗マラソン《42.195 km》;長距離レース. ~ de Paris パリ・マラソン大会《1976年創設》. ~ des neiges 雪上マラソン. ~ de Capri à Naples カプリ・ナポリ間水泳マラソン.
2 耐久レース.
3 〔比喩的〕長時間交渉《会議》, マラソン会談. ~ agricole 農業問題マラソン交渉《ヨーロッパ共同体の共通農業政策をめぐる長時間交渉:1991, 1993, 1994 の3回》. ~ parlementaire 国会の長時間審議.

marathonien(ne) *n.* 〖スポーツ〗マラソン選手, マラソン競技者.

marbre *n.m.* **1** 大理石《brocatelle ブロッカテッロ大理石〔色斑入り大理石〕, carrare カララ産大理石, cipolin 雲母大理石, griotte グリオット大理石〔赤と茶の斑点入り大理石〕, ophite 輝緑大理石, paros パロス島産大理石, turquin 青大理石など》. ~ rose (vert, bleu) 薔薇色 (緑色, 青色) の大理石. ~ artificiel 人造大理石. ~ jaspé (tacheté, veiné) 碧玉模様入り(斑入り, 木目模様入り) 大理石. carrière de ~ 大理石採石場 (= marbrière). colonne de (en) ~ 大理石の円柱. plaque de ~ 大理石板. statue de ~ 大理石の彫像. froid comme le (un) ~ 大理石のように冷淡な.
2 大理石製品;(テーブルなどの)大理石板;代理石像(碑).
3 (本の縁・板壁などの)大理石模様.
4 〖工〗(面の平面性を確認するための)面板《本来大理石製であったが, 石又は金属製》.
5 〖印刷〗組付台;(版画の)版台. texte sur le ~ 組み上ったテクスト.

marbrerie *n.f.* **1** 大理石加工;石材加工. **2** 大理石加工業;石材加工業. ~ funéraire 墓石製造業.

marbri*er*(*ère*) *a.* 大理石の;大理石採取の;大理石加工の;石材採取・加工の.
——*n.m.* **1** 大理石採取工;大理石加工師.
2 大理石加工業;大理石販売業;大理石商, (特に)墓石商(= ~ funéraire).
——*n.f.* 大理石採取場.

marbrure *n.f.* **1** (岩石・木の裁断面・紙・板壁などの)大理石模様.
2 (寒さや打撲などで肌にあらわれる血管の)まだら模様, あざ(= livedo). ~*s* aux pommettes 頬骨部のまだら模様.

marc [mar] *n.m.* **1** マール, 果実の搾滓, 葡萄の搾滓. ~ d'olive オリーヴの搾滓. ~ de raisin 葡萄の搾滓.
2 〖酒〗マール《葡萄の搾滓からつくるオー=ド=ヴィー》. ~ de Bourgogne (Champagne) ブルゴーニュ (シャンパーニュ) 地方のマール酒. boire un petit verre de ~ マール酒を一杯ひっかける.
3 コーヒーの出しがら(= ~ de café).

marchand(*e*) *n.* 商人(= commerçant);小売商(= détaillant);商店. ~ ambulant 行商人. ~*e* d'amour 売春婦. ~ de biens 不動産屋. ~ de canons 死の商人. ~ de couleurs 雑貨屋, 薬・化粧品屋. ~ d'habits 古着. ~ de quatre-saisons 八百屋. ~ de sommeil 安ホテル経営者. ~ de soupe まずいレストラン店主;〖比喩的, 話〗儲け本位の私学経営者. ~ de tapis 絨毯屋;いい加減な商品をしつこく売り込む商人. ~

forain (市の) 露天商人.
—*a.* 商品の, 商品価値をもつ, 商業用の, 営利の. 『経済』PIB ~ 商品国内総生産《市場で対価をもって取引される財・サービスが marchand と呼ぶのに対して, 学校, 警察などの公共サービスは non marchand 非商品 (非営利) と呼ばれる》. prix ~ 仕入れ価格. valeur ~*e* 商品価値. galerie ~*e* 商店アーケード. marine ~*e* 商船隊. ministère de la marine ~*e* 海運省. port ~ 商業港.

marchandage *n.m.* **1** 『法律』下請負《労賃の上前をはねる仕組》.
2 値引き交渉, 値切ること. faire du ~ 値切る.
3 〔蔑〕かけひき; 取引. ~*s* de couloirs (議会での) 裏取引, ロビー活動. ~ électoral 選挙取引.

marchandeur(se) *n.* **1** 値切る人. **2** 『法律』下請負人, 下請人.

marchand-grainier *n.m.* (播種用の) 種物商人.

marchandisage *n.m.* 『商業・経済』商品化(販売)計画, マーチャンダイジング《市場調査を中心とする販売促進策》; 〔英〕merchandising に対する公用推奨語》.

marchandisation (<marchandise, marchandiser) *n.f.* 商品化. ~ du sport スポーツの商品化.

marchandise *n.f.* **1** 商品; 『金融』(国際収支の) 貿易《商法では食料品は denrée といい, 別扱い》. bourse de ~ 商品取引所 (bourse de commerce, marché à options の方が正しい). déballer ses ~*s* 売り物を並べる; 持ち札をさらけ出す. faire valoir sa ~ 手前味噌を並べる. tromper sur la ~ 約束以外のものを渡す, 偽物を売りつける.
2 貨物 (voyageur「乗客」の対). gare de ~*s* 貨物駅. transports de ~*s* 貨物輸送. wagons (de) ~*s* 貨車.

marchant(e) *a.* **1** 〔稀〕歩く, 進む.
2 〖軍〗aile ~*e* 旋回翼;〖比喩的〗(政党・組合・宗教動などの) 行動派, 積極派, 進歩派.

Marche *n.pr.f.* 『地理』la ~ マルシュ地方《中央山塊の北西部, la Creuse と la Haute-Vienne の 2 県にまたがる旧州名; la Basse-~ (中心都市 Bellac) と la Haute-~ (中心都市 Guéret) に分かれる》.

marche *n.f.* Ⅰ 〖歩行・進行〗**1** 歩くこと, 歩行; 足並; 歩きぶり;〖陸上競技〗競歩 (= ~ athlétique); 行程. ~ en avant (à reculons) 前進 (後ずさり). ~ lente (rapide) ゆっくりした (速い) 歩み. ~ pesante 重い足取り.
bienfaits de la ~ 足行の健康効果. chaussures de ~ ウォーキングシューズ, 歩行靴. épreuve de ~ 競歩レース. 〖医〗troubles de la ~ 歩行障害. village situé à deux heures de ~ 歩いて 2 時間の行程にある村. accélérer (ralentir) sa ~ 歩調を早める (緩

める). aimer la ~ 歩くのが好きである. faire ~ vers la ville 町に向って歩く. faire de la ~ (健康維持のために) 歩く, ウォーキングをする; 競歩をやっている.
2 行進;デモ行進;〖軍〗行軍, 進軍.〖軍〗~ de front 最前線の進攻. ~ de protestation 抗議のデモ行進. ~ du silence (silencieuse) 無言の抗議デモ行進.〖軍〗~ forcée 強行軍.〖史〗la *M* ~ sur Rome (ファシスト党の) ローマ進軍. ~ proccessionnelle 行列の行進. ~ victorieuse 戦勝行進.〖史〗la Longue *M* ~ (中国共産党の) 長征. ordre de ~ 進軍命令.
conduire (ouvrir) la ~ 行進の先頭を歩む. fermer (clore) la ~ 行進の殿 (しんがり) をつとめる.
3 行進曲, マーチ (=air de ~, chanson de ~). ~ funèbre de Chopin ショパンの『葬送行進曲』. ~ militaire 軍隊行進曲. ~ *nuptiale* de Mendelssohn メンデルスゾーンの『結婚行進曲』. ~ *turque* de Mozart モーツァルトの『トルコ行進曲』.
4 移動, 進行. ~ d'un typhon vers l'Est 台風の東進.
5 (車輛の) 進行; 進む方向;バックギア. ~ avant 前進ギア. trains en ~ 進行中の列車. sens de la ~ 進行方向. faire ~ ~ 〔en〕arrière 車をバック (U ターン) させる.
6 (天体の) 運行; (時間, 状況などの) 推移, 経過; (事件などの) 進展; (機械の) 動き, 作動; (仕事の) 手順; (組織の) 機能, 活動;〖チェス〗駒の動かし方. ~ des saisons 季節の移り変り. ~ de sécurité d'un train 列車の安全進行 (運転). ~ d'une tragédie 悲劇の進展.〖音楽〗~ harmonique 和声的進行.〖印刷〗~ topographique (書体, ポイントなどの) 活字指定.
organisation en bon état de ~ 順調に活動している機構. moteur en état de ~ 作動可能なエンジン.
assurer la bonne ~ d'une usine 工場の順調な操業を確保する. indiquer la ~ à suivre 踏むべき手順を示す. mettre un frein à la ~ inquiétante d'une politique 憂慮すべき政策の遂行にブレーキをかける. régler la ~ d'une horloge 時計の動きを調節する.
7 en ~ 進行状態に (の); 作動中の. train en ~ 動いている列車. être en ~! 動いている列車に飛び乗らないでください. mettre une machine en ~ 機械を作動させる.
Ⅱ〖足で踏むもの〗**1** (階段の) 踏み板, 踏み面 (づら); (階段の) 段, ステップ; ペダル.《Attention à la ~》「段差あり, 足元に注意」. ~*s* d'une échelle 梯子の段. ~*s* d'un escalier 階段の段 (ステップ). escalier à dix ~*s* 10 段の階段. manquer une ~ 階段を 1 段踏み外す. monter (descendre) les ~*s* 階段をのぼる (降りる).

2〖狩〗(獲物の)足跡.
3(織機,ろくろ,オルガンなどの)ペダル.
marché *n.m.* **Ⅰ**《売買契約》**1** 売買, 取引；取引条件, 契約, とりきめ；調達. ~ au comptant¹ 現物取引. ~ à option オプション付取引. ~ à forfait 一括請負契約. ~ à livrer 受注売買. ~ de l'Etat 国amenities, 国の公共事業国調達. 〖行政〗~ d'études 調査契約. ~ de fournitures (商品の)納入契約. ~ de gré à gré 随意契約. ~ ferme 確定取引. 〖行政〗~ négocié 交渉契約. ~ public 公取引, 公契約；政府調達契約. ~ par adjudication 基準市場, 公共機関による物資・サービスの調達. conclure un ~ 売買契約を結ぶ. bon ~ 安い値段；〖無変化形容詞として〗安い(比較級 meilleur ~, moins bon ~)；〖副詞的〗安く. édition 〔à〕bon ~ 廉価版の書籍.〖比喩的〗faire bon ~ de qc 何を軽く見る, 何を意に介さない. à bon ~ 安く. acheter à bon ~ 安く買う. mettre le ~ en main〔s〕à qn 人に取引条件の諾否を迫る；〖比喩的〗人に態度の決定を迫る；人に二者択一を迫る. par-dessus le ~ おまけとして；〖話〗その上. s'en tirer à bon ~ 大した損害も受けずに困難な立場を抜け出す. Le bon ~ coûte toujours cher. 安物買いの銭失い.
2 (証券市場, 為替市場などの)取引方法. ~ à ferme 期限指定取引. ~ à prime 選択権付き条件取引. ~ à règlement mensuel 月毎清算取引. ~ à terme¹ 先物取引. ~ au comptant¹ 現物取引.
Ⅱ 《取引の場・状況》**1** 定期市；市場(いちば), マーケット；市. Le ~ a lieu tous les mardis. 市は毎週火曜日に立つ. ~ agricole 農産物市場(市況). ~ aux fleurs (aux poisson) 花(魚)市場. ~ aux puces 蚤の市. ~ aux timbres 切手市. ~ du sucre 砂糖市場. jour de ~ 市の立つ日. aller au ~ 買物に行く. faire son ~ 市場で買物をする；買物をする.
2 市場；取引の中心地. Lyon, ~ de la soie 絹の取引中心地リヨン.
3 (株式・商品などの)市場(しじょう), マーケット. ~ commun 共同市場. M~ commun〔européen〕ヨーロッパ共同経済体. 〖商業〗~ à terme² 先物市場. ~ d'instruments financiers 金融先物市場(略記MATIF). 〖経済〗~ au comptant² スポット・マーケット. 〖経済〗~ baissier(haussier) 弱気(強気)の市場, 下向き(上向き)相場の市場, 低(高)相場. ~ captif 完全独占市場. ~ couvert (découvert) 屋根付(露天・青空)市場. ~ des capitaux 長期資本市場. ~ des changes 為替市場. 〖商業〗~ de contrats à terme 先物取引市場. ~ d'intérêt national (public) 国(公)益市場(略記MIN). 〖証券〗~ d'inscription 登録株式市場. 〖証券〗~ des options オプション市場. ~ du travail 労働市場. ~ financier 金融市場. 〖経済〗~ gris グレーマーケット. ~ hypothécaire 住宅金融取引市場. 〖証券〗~ hors cote 店頭取引市場. ~ intérieur (extérieur) 国内(国外)市場. ~ libre 自由市場. ~ monétaire 短期通貨市場, 通貨市場. ~ noir ブラックマーケット, 闇市場. ~ officiel 公定市場. ~ porteur 有望市場. économie de ~ 市場経済. étude de ~ 市場調査, マーケティング・リサーチ. loi du ~ 市場の法則. part de ~ 市場占有率, シェア. prix du ~ 市場価格.
〖証券〗Premier ~ 第一部市場《国内外の大企業対象》. Second ~ 第二部市場《中規模企業対象；1983年発足》. Troisième ~ 第三部市場, 店頭取引市場. Nouveau ~ 新市場《1996年2月発足》.
4 市況, 商況；相場. ~ ferme² 堅調の市況, 底固い市場. ~ officiel 公的相場. ~ parallèle (公的相場との)並行相場, 闇相場.

Marché commun *n.m.* 共同市場, (特に)ヨーロッパ共同市場(= ~ européen), ヨーロッパ経済共同体. ~ andin アンデス諸国共同市場. élargissement du ~ ヨーロッパ共同市場の拡大.

marchepied *n.m.* **1** (馬車・列車・車などの)昇降段, ステップ；(乗物の座席などの)足置き.
2 d'un autel (d'un trône) 祭壇(玉座)の昇降段の最上段.
3 脚立(きゃたつ)；〖海〗フットロープ.
4 〖比喩的〗足がかり, 踏台. se faire un ~ de qn (qch) 人を踏み台(何を足がかり)にする. servir de ~ à qn 人の出世の踏み台となる.

marcheur(**se**) *n.* **1** 歩く人；よく歩く人(=grand ~)；健脚家(=bon ~). ~ infatigable 疲れを知らぬ健脚家.
2 行進者, 行進参加者. ~s de la paix 平和行進参加者.
3 〖スポーツ〗競歩(marche)の選手.
4 〖古〗(のろのろ走行する)ボロ車(船).
——*n.m.* 〖話〗〖古〗vieux ~ 女を追いまわす老人, 路上で女漁りをする老人.
——*n.f.* (オペラ, ミュージックホールなどの)独白なしの女性の端役.

marcottage (<marcotter) *n.m.* 〖園芸〗取木式増殖〔術〕. ~ artificiel 取木, 圧条. ~ naturel 匍匐茎(ランナー)による増殖.

marcotte *n.f.* 〖園芸〗取木用の枝. ~ de vigne 葡萄の取木枝. une ~ sevrer 根付いた取木を切り離す.

mardi *n.m.* 火曜日《週の第2日；<〔ラ〕Martis dies「マルスの日」(=jour de Mars)；略記 mar》. 〖カトリック〗M~ gras マルディ・グラ, 謝肉火曜日《謝肉祭 carnaval の最終日；四旬節 carême の前日》. 〖カトリック〗M~ saint 聖火曜日《復活祭の前週である聖週 la semaine sainte の火曜日》.

mare *n.f.* 沼, 池；水たまり. ~ aux canards 鴨池；鳥網猟の鴨池；合鴨(あひる)飼育池.〔戯〕~ aux harengs (鰊池→) 北大西洋.〔比喩的〕~ de sang 血の海.

marécage *n.m.* **1** 沼地, 沼沢地. ~ alternant avec des prairies 牧草地と沼沢地が交互に現れる土地. **2**〔比喩的〕泥沼.

marécageux(se) *a.* **1** 沼地の；沼の多い. terrain ~ 沼地, 沼沢地.
2 (動植物が)沼地を好む, 沼地に棲息(生育)する. plantes ~ses 沼沢植物.

maréch al (*pl.* **aux**) *n.m.* **1** 〔de France〕フランス元帥《階級ではなく高位dignité》. Monsieur le M~ 元帥閣下《呼びかけ》. bâton de ~ 元帥杖. recevoir le bâton de ~ 元帥の位に就く.
2〖軍〗~ des logis (des logis-chef)(騎兵・砲兵・憲兵などの)軍曹(曹長).
3〔古〕(大革命前の)陸軍総司令官(connétable)の補佐役. ~ de camp (大革命前・王政復古期の)少将.
4〔古〕馬掛りの将校；騎兵隊の将校.
5 蹄鉄工(=maréchal-ferrant).

marée *n.f.* **1** 潮汐. ~ basse 干潮(=basse mer). ~ de morte-eau 小潮(=faible ~). ~ de tempête 嵐により上昇した潮位. ~ de vive-eau 大潮(=grande ~). ~ descendante 引き潮. diurne 日周潮《24時間50分毎に1回ずつの満潮と干潮が現われる》. ~ haute 満潮(=haute mer, pleine mer). ~ montante 上げ潮. ~ moyenne 平均潮位. ~ semi-diurne 半日周潮《24時間50分毎に2回ずつの満潮と干潮がある》. coefficient de ~ 潮汐係数(20-120). courant de ~ 潮の流れ, 潮流. échelle de ~s 検潮柱, 潮位標柱. raz de ~ 高潮, 津波；〔比喩的〕社会的激動の波.〔比喩的〕contre vent et ~ *l.ad.* あらゆる障害にも拘らず.
2〖天文〗(天体間の)潮汐作用. ~ terrestre 地球潮汐.
3 満潮. attendre la ~ 満潮を待つ, 潮が満ちるのを待つ.
4〔比喩的〕潮のように押し寄せるもの. ~ blanche どか雪. ~ de bonheur 高まる幸福感. ~ humaine 押し寄せる人の波. ~ montante du chômage 押し寄せる失業の波. ~ noire 黒い潮, 流出原油. ~s rouges 赤潮.
5 生鮮魚介, 鮮魚. marchand de ~ 鮮魚商；魚の仲買人(卸商)(=mareyeur). pavillon de la ~ aux Halles 市場の鮮魚棟. manger de la ~ 魚を食べる.

marégramme *n.m.* 潮候曲線《自動検潮器のデータ曲線》.

marégraphe *n.m.* 検潮器, 自動検潮器.

marémo*teur*(*trice*) *a.* 潮力の；潮力利用の. énergie ~*trice* 潮力エネルギー. usine ~ de la Rance ランス川河口潮力発電所《1966年完成》.

marennes *n.f.*〖貝〗マレンヌ牡蠣《département de la Charente-Maritime シャラント=マリチーム県の郡庁所在地 M~ 地方産の牡蠣》.

mareyage *n.m.*〖商業〗魚介卸業；魚介仲買業.

mareyeu*r*(*se*) *n.*〖商業〗魚介卸売商；魚介仲買人.

margarine *n.f.* マーガリン.

Margaux *n.pr.* マルゴー村《département de la la Gironde ジロンド県, arrondissement de Bordeaux ボルドー郡, メドック地区 le Médoc の村(市町村コード33460)；葡萄酒の名産地》. appellation ~ contrôlée マルゴーの原産地管理呼称. Château ~ シャトー・マルゴー《マルゴー村にあるシャトー；マルゴー村の第一級指定畑の銘酒の醸造所》.

margaux *n.m.*〖葡萄酒〗マルゴー《マルゴー村の原産地管理呼称 AOC 酒；=vin de M~》.

marge *n.f.* **1** 欄外, 余白. note en ~ 余白の覚書.
2 幅, ゆとり, 許容範囲. ~ d'erreur 誤差.〖金融〗~ de fluctuations (為替の)変動幅. ~ de manœuvre 行動の自由. ~ de sécurité (安全確保に必要な)ゆとり. ~ de variation 変動幅.
3〖経済〗利幅(= ~ bénéficiaire). ~ brute d'autofinacement (MBA) 営業利益. ~ nette d'autofinancement キャッシュフロー《純利益と諸積立金の合計》. ~ de garantie (株式取引きの)追い証.
4 周辺, 外, 埒外. en ~ de …の外で, …の枠外で. Une rencontre bilatérale franco-japonaise a eu lieu en ~ du sommet des Sept. 7カ国首脳会議を機に日仏2国会談が行われた.

marginal(ale) (*pl.* **aux**) *a.* **1** 余白の, 欄外の. note ~*ale* 傍注.
2 周囲の, 周辺の, まわりの, 縁の；境界の.〖航空〗bord ~ 翼端.〖心〗conscience ~*ale* 周辺意識.〖医〗fracture ~*ale* 辺縁骨折.〖植〗poils ~*aux* 周辺のけば.〖地学〗récifs ~*aux* 周辺礁.
3〖経済〗ぎりぎりの, 限界の；採算すれすれの. coût ~ 限界原価；〖電算〗限界費用(価格). entreprise ~*ale* 限界企業. prix ~ 限界価格. production ~*ale* 限界生産力. unité ~ 限界単位.
4 中心から外れた；マージナルな；副次的な, 二義的な；社会からはみ出した. groupe ~ マージナルグループ《社会からはみ出したグループ》. phénomènes ~*aux* 周辺的現象. rôle ~ 二義的(副次的)役割.
——*n.* 社会の主流からはみ出した人.

marginalisé(e) *a.* **1** 中心から遠ざけられた, 周辺的な；あまり重要でない. formation politique ~*e* 非主流的政治経歴. variétés traditionnelles ~*es* 隅に追いやられた古来の品種.
2 (人が)社会の周辺に追いやられた, 社会

の主流から取り残された；〖社〗境界化され た. catégorie sociale ~*e* 境界的社会階層.
— *n.* 社会の周辺的人間.

marginalisme *n.m.* 〖経済〗限 界 主 義 (製品価格は消費者向け価格に依存するという経済理論).

marginalité *n.f.* 〖社〗境界性 (社会の主流から疎外された状態).

marguerite *n.f.* 〖植〗マルグリット，マーガレット (白菊). grande ~ フランス菊. effeuiller la ~ マルグリットの花弁を順に摘んで恋占いをする.

mari *n.m.* 夫 (= conjoint, époux). le ~ et la femme 夫と妻. mon ~ 私の夫. votre ~ あなたの御主人. le premier (second) ~ 最初の (二番目の) 夫. adultère du ~ 夫の不倫. devoirs et droits du ~ 夫の義務と権利. prendre un ~ 結婚する. trouver un bon ~ 良い夫を見付ける. vivre comme ~ er femme 同棲する. C'est son ancien ~ (ex-~). あれは彼女の昔の夫です.

mariage *n.m.* **1** 結婚, 婚姻. ~ civil 法的結婚, 民事婚, 非宗教婚 (役所で行なう合法的結婚；~ religieux の対). ~ religieux 宗教的結婚 (教会堂などで行なう). ~ d'amour 恋愛結婚. ~ d'argent 金銭結婚. ~ de la main gauche 内縁関係；〖古〗身分違いの結婚. ~ mixte 異人種 (異教徒, 異国籍) 間結婚. ~ morganatique 貴賤相婚. ~ putatif 合法的と推定される婚姻. acte de ~ 婚姻証明書. célébration du ~ 結婚式. consentement des parents au ~ des enfants mineurs 未成年の子供の結婚に対する父母の同意. contrat de ~ 夫婦財産契約. demande en ~ 求婚. dissolution du ~ 婚姻の解消. formules du ~ 婚姻手続. 〖法律〗opposition au ~ 婚姻の取消請求. second ~ 再婚.
2 結婚式 (= cérémonie du ~, noce). assister à un ~ 結婚式に出席する. être invité à un ~ 結婚式に招かれる.
3 婚礼の行列 (= cortège nuptial).
4 結婚生活, 婚姻状態. les premiers temps du ~ 新婚生活. ~ blanc 形式的結婚生活 (肉体関係のない結婚). anniversaire du ~ 結婚記念日.
5 〖比喩的〗(異種の) 組合わせ；結合, 配合；(企業・政党などの) 提携, 合併, 合体；癒着. ~ de deux couleurs 2 色の配合. heureux ~ des mots 言葉の見事な組み合わせ.
6 〖トランプ〗同種のキングとクイーンの札のペア；マリッジ.

marial (**ale**) (*pl.* **aux**) *a.* 〖カトリック〗聖母マリアの. culte ~ 聖母マリア信仰.

Marianne *n.pr.f.* マリアンヌ (フリギア帽をかぶった女性；フランス共和国の愛称；1792 年以来の伝承).

Marie *n.pr.f.* **1** マリア. la Sainte ~ 聖母マリア (= ~ Mère de Dieu). Prière à 〔la Sainte〕 Marie 聖母マリアへの祈り (聖マリア讃歌)《Je vous salue Marie, pleine de grâces, le Seigneur est avec Vous, Vous êtes bénie entre toutes les femmes et Jésus, le fruit de vos entrailles, est béni. Saint Marie, Mère de Dieu, priez pour nous pauvres pêcheurs, maintenant et à l'heure de notre mort. Ainsi soit-il.》. la Société de ~ マリア会 (修道会). tradition de ~ マリア伝説. la Vierge ~ 聖処女マリア, 聖母マリア (= la Sainte Vierge).
2 マリー, マリア 〖女性の名〗. ~-Antoinette d'Autriche オーストリアのマリー=アントワネット (〔1755-93〕；フランス王妃：〔1774-93〕). ~ Madeleine, ~ de Magdala マグダラのマリア. ~-Thérèse マリア・テレジア (〔1717-80〕；オーストリア女帝 〔1740-80〕).

marié (**e**) *a.p.* 既婚の, 結婚している. femme ~*e* 既婚の女性. homme ~ 既婚の男性, 妻帯者.
— *n.* **1** *n.m.* 新郎, 花婿；*n.f.* 新婦, 花嫁. ~*s* 新郎新婦, 花婿花嫁 (= nouveaux ~*s*). robe de ~*e* ウェディングドレス. témoins des ~*s* 新郎新婦の立会人.
2 結婚したての男 (女), 新婚の男 (女). jeune ~ 結婚したての男. jeune ~*e* 新妻. jeunes ~*s* 新婚夫婦. lune de miel des jeunes ~*s* 新婚夫婦の蜜月.
3 〖詩法〗rimes ~*es* 平韻 (= rimes plates).

marie-jeanne *n.f.inv.* 〖俗〗マリー=ジャンヌ (マリファナ marijuana の俗称).

marijuana, marihuana [mariwana] *n.f.* 〖植〗大麻；マリファナ.

marin *culture* *a.* **1** 海の, 海産の；沿岸の. aquaculture ~*e* 海中 (海産) 養殖. brise ~*e* 海風.《le Cimetière ~》de Paul Valéry ポール・ヴァレリーの「海辺の墓地」(詩). courants ~*s* 海流. cure ~*e* 臨海 (海浜) 療法 (= thalasothérapie). plantes ~*es* 海草. 〖軍〗Rafale ~*e* 海軍用ラファル戦術攻撃機. sel ~ 海塩.
2 航海用の. carte ~*e* 海図. lieue ~*e* リーグ (3 海里). mille ~ 海里 (= mille nautique：1,852 m；英国連邦では 1,853.18 m).
3 船員の, 海員の, 船乗りの；海軍の.〖服〗col ~ セーラーカラー. costume ~ セーラー服. inscrit ~ 海員 (海軍) 籍登録者. avoir le pied ~ 船酔いしない〔比喩的〕窮地でも動じない.

marin[2] *n.m.* **1** 船員；水夫；水兵 (= ~ de la marine de guerre). ~ d'eau douce 新米の水夫. ~ de la marine marchande 商船員. ~ pêcheur 漁船員, 漁夫, 漁師. bonnet à pompon rouge de ~*s* français フランス海軍水兵の赤い玉のついた軍帽. vieux ~ expérimenté 老練な老水夫 (= loup de mer).
2 航海術に長けた人, 船海者. les Phéniciens, peuple de ~*s* 海洋民族のフェニキア人.
3 〖法律〗〔集合的〕船舶乗組員.

marinade

　4 水兵服, セーラー服 (=costume ~)；セーラーカラー (=col ~).
　5 〖気象〗マラン《ラングドック地方 le Languedoc に吹く湿った東南の海風》.

marinade *n.f.* 〖料理〗**1** マリナード《香味野菜, 香辛料, 塩, 葡萄酒, 酢を用いた漬け汁》. ~ crue (cuite) 非加熱 (加熱) マリナード. ~ instantanée 即席マリナード. viande dans la ~ マリナードに漬けた肉.
　2 マリナードに漬けた食材 (料理)《食肉, 野鳥獣, 魚, 野菜, 果物など》.
　3 〖カナダ〗ピックルス.

marinage (<mariner) *n.m.* **1** 〖料理〗(食材を) マリナード (marinade) に漬けること, マリネーすること.
　2〖話〗塩漬け状態.
　3〖採鉱〗(坑道から採鉱した後の) 残土の除去.

marine² *n.f.* **1** 航海術, 海事；海運行政；〖集合的〗海員. Musée de la M~ 海事博物館.
　2 (一国の) 船舶保有量, 船団；海運力. la ~ française フランスの海運力. ~ marchande (de commerce) 商船団. ~ de pêche 漁船団. ~ de plaisance レジャー船団.
　3 海軍 (= ~ militaire (de guerre))；海軍力. la M~ nationale フランス海軍 (=la M~ militaire française). ministère de la M~ 海軍省. officier de M~ 海軍士官. 1ᵉʳrégiment parachutiste d'infanterie de Marine (1ᵉʳRPIMa) 第1降下傘降下海兵連隊. Service hydrographique et océanographique de la M~ 海軍水路部. troupes de ~ 海兵隊.
　4〖美術〗海洋画.

marine³ 〖英〗*n.m.* **1**〖軍〗海兵隊. **2** 〖軍〗(アメリカ・英国の) 海兵隊員, マリーン. ~ américain アメリカ海兵隊員. les ~s 海兵隊 (=troupe de ~).

mariné(e) *a.p.* **1** 〖料理〗マリナードに漬けた, マリネーした. hareng (saumon) ~ マリネーした鰊 (鮭).
　2 (海運貨物が) 海水につかった. café ~ 海水につかったコーヒー豆.

marinier(ère¹) *a.* 海軍の；海事の. officier ~ 海軍下士官 (=sous-officier de la Marine nationale)；(商船の) ペティオフィサー (オフィサーと水夫の間).
　――*n.* (水路・運河の) 平底船 (押し船) の船頭 (乗組員).

marinière² *n.f.* **1**〖水泳〗横泳ぎ. nager [à] la ~ 横泳ぎする.
　2〖服〗マリニエール《セーラー服型のブラウス》.
　3〖料理〗moules [à la] ~ ムール・〔ア・ラ〕マリニエール《ムール貝を白葡萄酒にエシャロットとパセリを加えて蒸し煮にした料理》.

marin-pêcheur (*pl.* **~s-~s**) *n.m.* 漁船乗組員.

marionnette *n.f.* **1** (人形劇の) 人形；〔*pl.* で〕人形劇；マリオネット小屋 (=théâtre de ~s). ~ à fils (à gaine) 操り人形 (指人形). ~s japonaises du bunraku 日本の文楽人形. montreur de ~s 人形使い (=marionnettiste).
　2〖比喩的〗操り人形, 傀儡 (かいらい). Il est une vraie ~. 彼は操り人形に過ぎない.
　3〖海〗ナインピンブロック, 七針滑車.

Marisonde *n.f.* 〖気象〗マリゾンド《海洋気象観測機器 (ブイ)》.

mariste *n.* 〖カトリック〗マリア会 (la Société de Marie) 会員, マリスト会会員. père ~ マリア会修道士, マリスト会修道士. sœur ~ マリア会修道女, マリスト会修道女.

marital (ale) (*pl.***aux**) *a.* 〖法律〗**1** 夫の. autorisation ~ale 夫の承認. pouvoir ~ 夫権, 夫の権利.
　2 夫のような. union ~ale 内縁夫婦関係. vie ~ale 内縁生活, 同棲生活.

maritime *a.* **1** 海岸の；海浜の, 沿海の, 臨海の；海洋性の. canal ~ 海洋運河. climat ~ 海洋性気候. pin ~ 海浜松. plantes ~s 海浜性植物. port ~ 海港 (port fluvial 「河川港」の対).
　département de la Charente-M~ シャラント=マリチーム県《シャラント川河口地帯の臨海県；県庁所在地 La Rochelle》. département de la Seine-M~ セーヌ=マリチーム県《セーヌ河下流の臨海県；県庁所在地 Rouen》.
　2 海の；海上の；海事の；海軍の. activités ~s 海上活動. commerce ~ 海上交易. droit ~ 海洋法. forces ~s 海軍；海軍力. grandes puissances ~s 海運団；海軍団. inscription ~ 海員 (海軍) 籍登録. navigation ~ 海上航海.
　Organisation ~ internationale 国際海事機関《略記 OMI》(= 〖英〗IMO：*I*nternational *M*aritime *O*rganization). préfet ~ 海軍軍管区司令長官. région ~ de l'Atlantique (de la Méditerranée) 大西洋 (地中海) 海軍軍管区. transport ~ 海上輸送.
　3 船の, 船舶の. chantier ~ 造船所 (=chantier naval).
　――*n.* 船員, 海員；(特に) 商船員.

marketeur (se) *n.*〖商業〗マーケティング専門家.

marketing [markεtiŋ] 〖英〗*n.m.* 〖経済・商業〗マーケティング, 市場調査《フランス語では étude du marché, marchéage, 公用推奨語の mercatique などがある》；市場取引；販売方式. ~ direct 直販方式. ~ mix 混合マーケティング (=marchéage) (= 〖英〗~ mix；マーケティング手法の混合展開). ~ téléphonique 電話通販, テレマーケティング (=télémarketing). directeur du ~ マーケティング責任者. plan de ~ マーケティング計画. techniques de ~ マ

ーケティング技術《市場調査études de marché，購売動機調査études de motivation，販売促進promotion des ventes，宣伝publicité，新製品の開発recherche de nouveaux produits，販売員の活性化stimulation du personnel de vente など》．

marmaille n.f. 〚話〛騒がしい子供の群；ちびっこども．

marmelade (<［ポルトガル］marmelada) n.f. **1** マルムラード，マーマレード（1981年以後素材は柑橘類agrumesに限定）．~ d'oranges マルムラード・ドランジュ，オレンジ・マーマレード．
2 煮くずれた物．en ~（食物が）煮くずれた．〚比喩的〛avoir le nez en ~ 鼻がつぶれている．
3 〚比喩的〛〚話〛目茶苦茶な状態．avoir le cerveau en ~ ひどく頭が混乱している．être dans la ~ 金に困っている．

marmenteau (pl. ~x) a.m. 〚法律〛風致ול保存のため伐採を許されない．bois ~ 風致林．
── n.m. 風致林．

marmite n.f. **1** 〚料理〛マルミット《蓋付きの両手鍋》；マルミット鍋の内容物．~ en acier inoxydable (en cuivre, en fonte) ステンレス(銅，鋳物)のマルミット．une ~ de bouillon マルミット鍋一杯のブイヨン．écumer la ~ ブイヨンのあくを取り除く．〚比喩的〛faire bouillir la ~ 家計を支える．trouver couvercle à sa ~（マルミットに蓋を見つける→）結婚する．
2 〚料理〛~ de Papin；~ à pression 圧力鍋，圧力釜（=cocotte-minute）．~ norvégienne 火なしこんろ．
3 〚地学〛~ de géants；~ torrentielle ポットホール，甌穴（おうけつ）．
4 〚軍〛〚隠〛重砲弾（第一次大戦時）．

marmite-traiteur (pl. ~s-~s) n.f. **1** 調理鍋．**2** 〚料理〛仕出し屋鍋．

marmiton n.m. 若いコック助手，コック見習い．

Marn (=Mission d'assistance à la gestion du risque nucléaire) n.f. 〚原子力〛核危機管理援助団体〚民間組織〛．

marnage n.m. 潮位差《高潮線と低潮線の差異》．~ maximal (minimal) 最大(最小)潮位差．

Marne n.pr.f. **1** 〚地理〛la ~ マルヌ川（Langresラングル高地に源を発し，Chaumont ショーモン，Epernay エペルネー，Château-Thierry シャトー＝チエリー，Meauxモーを経て，パリの上流のCharentonシャラントンの近くでセーヌ河に合流；長さ525 km）．la batailles de la ~ マルヌの会戦（1914年9月6日-13日，第一次世界大戦下の大激戦地）．canal de la ~ au Rhinマルヌ＝ライン連絡運河（315 km，1838-53年建造）．canal de la ~ à la Saône マルヌ＝ソーヌ連絡運河（224 km，1862-1907年建造）．
2 〚行政〛la ~ マルヌ県（=département de la ~；県コード51）フランスとUEの広域地方行政区画のrégion Champagne-Ardenne シャンパーニュ＝アルデンヌ地方に属す．県庁所在地Châlon-en-Champagne シャーロン＝アン＝シャンパーニュ；主要都市Epernay, Reims ランス, Vitry-le-François ヴィトリ＝ル＝フランソワ；5郡，44小郡，619市町村；面積8,162 km²；人口565,229；形容詞haut-marnais (e)）．

marne n.f. 〚地学〛泥灰岩，マール（=〚英〛marl）（35-65%の石灰分を含む堆積岩；酸性土壌改良材，セメントの原料）．~ à foulon 漂布土．~ argileuse 粘土質泥灰岩．sol de ~s noires 黒色泥灰岩土壌．

Marne-la-Vallée n.pr. マルヌ＝ラ＝ヴァレー《パリの東郊，département de Seine-et-Marne セーヌ＝エ＝マルヌ県に1966年以降開発された新都市（市町村コード77206）；ユーロディズニーランド Euro-disneyland (Parc Disneyland Paris)，デカルト科学都市 cité Descartes，橋梁道路学校 Ecole nationale des ponts et chaussées などがある》．

marnière n.f. マール（泥灰岩）採掘場．

marno-calcaire a. 〚地学〛泥灰岩・石灰岩性の．vieux pli ~ 泥灰岩・石灰岩性古褶曲．

Maroc (le) n.pr.m. 〚国名通称〛モロッコ（公式名称：le Royaume du M~ モロッコ王国 (al-Mamlaka al-magribiyya)；国民：Marocain (e)；首都：Rabat ラバト；通貨：dirham [MAD]）．

marocain (e) a. モロッコ (le Maroc) の，モロッコ王国 (le Royaume du Maroc) の；~ の人．モロッコ語の．〚織〛crêpe ~ モロッコ縮緬（ちりめん），モロッコ・クレープ．économie ~e モロッコ経済．race bovine ~e 牛のモロッコ種．
── M~ n. モロッコ人．
── n. **1** 〚言語〛モロッコ語（アラビア語方言）．**2** 〚織〛モロッコ縮緬．robe de ~ モロッコ縮緬のドレス．

maroilles n.m. 〚チーズ〛マロワル（département du Nord 北仏県，la Thiérache チエラシュ地方の Maroilles（市町村コード59550）原産の，牛乳からつくられる，軟質，洗浄外皮，直径13 cm，厚さ6 cm，重量800 gのAOCチーズ；脂肪分45-50%）．

maronite (<Maron, エ世紀のシリアの開祖) a. 〚宗教〛マロン典礼派（レバノンを中心にひろまった，アラム語のマロン典礼を用いる東方カトリック教会）．église ~ マロン典礼派キリスト教会．

maroquin n.m. **1** モロッコ革（山羊の皮を植物性タンニンでなめした上質の革）．in-folio relié en ~ rouge 赤いモロッコ革で

製本された二つ折本.
2〔話〕〔古〕大臣用の革の書類鞄(=portefeuille ministérielle);大臣職. obtenir un ～ 大臣に任命される.

maroquinerie *n.f.* **1** モロッコ革(maroquin)の製造業(製造所).
2 皮革加工業;皮革製品製造業, 袋物製造(販売)業(portefeuilles, portemonnaie, sac à main, sous-main など).
3 皮革製品の販売業(店);〖集合的〗皮革製品(ceinture ベルト, portefeuille 書類鞄, sac à main ハンドバッグ, serviette 折り鞄, sous-main デスクマット など). aller acheter un sac à main dans une ～ 皮革製品専門店にハンドバッグを買いに行く. vendre de la ～ 皮革製品を販売する.

marquant(e) *a.* **1** 強い印象を残す;注目すべき, 重要な;目立つ. événement ～ 印象的な出来事. particularités ～*es* 目立つ特徴. progrès ～*s* 顕著な進歩.
2 著名な. hommes ～*s* d'un parti 党の著名人. personnage ～ 名士.
3〖トランプ〗carte ～*e* 点になるカード.

marque *n.f.* [I] **1** 印, 目印, マーク. ～ littérale 文字による印. ～ numérique 数字による印. faire une ～ sur une liste リストに印をつける.
2〖スポーツ〗スタートライン;(跳躍競技などの)踏切線;スターティング・ブロック(=〔英〕starting-block);〖ラグビー〗(フェアキャッチの)マーク. ～ de départ d'un sauteur en longueur 走幅跳の踏み切り線. A vos ～*s*! Prêts? Partez! 位置について!用意!スタート!
3 検印;(品質検査などの)合格印;(囚人の)烙印;(家畜の)焼印;(制作者の)銘;(字が書けない人の署名代りの)書き印(=～ écrite)(+, × など). ～ au fer rouge du bétail 家畜の焼印. ～ de la douane 税関の検印. ～ de la viande de boucherie 食肉の検印. ～ d'orfèvre 金銀細工の刻印. ～ européenne (nationale) de qualité ヨーロッパ(フランス)品質保証マーク. ～ sur une pièce de céramique 陶磁器の製造銘.
4 (商人間の)値段の符牒.
5 商標, ブランド, マーク;ラベル, 製品の証票;製品;製造元. ～ collective 法人のマーク. ～ communautaire (ヨーロッパ)共同体保護マーク(ラベル). ～ de distributeur 配給業者のマーク. ～ de fabrique (de commerce) 工業製品(商品)の商標;〖転じて〗商標のついた製品(製品の)製造(販売)元. ～ déposée 登録商標(薬などの)商品名. ～ figurative 図案によるマーク. ～ nominative 意匠文字マーク, ロゴマーク(=logo).
grande ～ de champagne シャンパーニュ一流銘柄. grandes ～*s* et ses sous-～*s* 大企業とその下請企業. de ～ 一流銘柄の;(人が)一流の. hôte de ～ 賓客. produit de ～ 銘柄品;メーカー品.〖商業〗taux de ～ マークアップ率(商品にブランドをつける際の価格引上率);売上純利益率(=taux de marge brute).〖葡萄酒〗carruade de lafite, deuxième ～ du château Lafite-Rothschild シャトー・ラフィット=ロートシルトのセカンド・ラベルであるカリュアード・ド・ラフィット.
6 刻印器.

[II]《目印となるもの》**1** (本の)しおり, しおり紐(=marque-page). mettre une ～ dans un livre しおりをはさむ.
2 標識.〖法律〗～ de mitoyenneté (de non-mitoyenneté) 互有(非互有)の標識.〖海〗～ de poupe (船の船名および帰属港を示す)船尾の表示.〖海〗～ fixe (flottante) 固定(浮動)標識.
3〖遊戯〗(得点を示す)数取り札;(金額を示す)メダル.
4〖スポーツ・遊戯〗得点, スコア. Qu'en est la ～? スコアは? A la mi-temps, la ～ était de trois à deux. ハーフタイムでスコアは3対2だった. mener à la ～ 得点でリードする. ouvrir la ～ 先に得点する.

[III]《痕跡》**1** (車輪, 傷などの)痕, 痕跡;(皮膚の)あざ. ～*s* de blessure 傷痕. ～*s* de dents 歯形. ～*s* de pas 足跡. ～*s* de roues de voiture dans un chemin 道路の車輪の痕. ～ du temps (顔に刻まれた)時の流れの痕跡(皺, しわ). ～ en tête (馬の)額の白斑. avoir une ～ sur le visage 顔にあざがある.
2〖*pl.* で〗〖狩〗獲物の痕跡.

[IV]《表象》**1** (階級, 勲功などの)標章;〖海軍〗(軍艦の)要人乗艦旗. ～ de l'amiral 提督旗, 将旗.〖紋章〗～*s* d'honneur (楯の上の)位階章.
2 しるし, 証拠. ～ d'amitié (d'amour, de courage, de haine) 友情(愛情, 勇気, 憎悪)のしるし. ～ de faiblesse humaine 人間の弱さの証拠.
3〖言語〗標識. ～*s* du pluriel 複数標識(複数語尾のs, x など).

marqué(e) *a.p.* **1** 印をつけられた;印のついた;商標つきの;ネーム入りの. arbre ～ 印のついた木. linge ～ 印のついた下着. être ～ d'un numéro 番号が付いている.
2 刻印を押された. ～ au (bon) coin de … の刻印を打たれた. réflexion ～*e* au coin du bon sens 良識がはっきりうかがえる考察. ～ au sceau de … の刻印を押された. poinçon ～ sur du métal 金属上の刻印.
3 (de, à の)跡をとどめた. ～ de petite variole あばた面の. plumage ～ de taches 斑点のある羽根.
4 (人が)烙印を押された;評判の悪い. homme politique ～ à droite 右翼の烙印を押された政治家.
5 (顔が)疲れをとどめた;(人が)年齢を刻みこまれた;(顔立ちの)はっきりした. hom-

me ~ par l'âge 年齢の刻まれた人. visage ~ やつれた顔；皺の多い顔；目鼻立ちのはっきりした顔.
6〖スポーツ〗(選手が)マークされた. joueur étroitement ~ ぴったりマークされた選手.
7 定められた, 指定された, 明示された. frontière bien ~e 明示された国境(境界). heures ~es pour la prière 定められたお祈りの時刻. à l'heure ~ 決められた時間に. prix ~ 表示価格. ville ~e sur la carte 地図に記入されている都市.
8 書かれた. Il n'y a rien de ~ sur le tableau noir. 黒板には何も書かれていない.
9 目立たせられた；際立った；はっきりした. changement ~ はっきりした変化. différance ~e 際立った差異. habitude ~e はっきりした習慣. influence ~e 明白な影響〔力〕. mélodie ~e はっきりしたメロディー. saisons ~es はっきり違いのわかる季節. taille ~e 強調されたウエストライン. avoir les traits ~s 目立ちがはっきりしている. écouter avec une attention ~e ひときわ注意して耳を傾ける.
10〖理・生〗(放射性同位元素などで) 標識づけされた. molécule ~e 標識分子. substance ~e 標識物質.
11〖言語〗有標の. forme ~e du substantif 体言の有標形《女性複数形など》. forme non ~e du substantif 体言の無標形《男性単数》.

marque-page (pl. **~s-~**〖**s**〗) n.m. 栞(しおり).

marqueterie n.f. **1** 寄木細工；寄木張り；象眼細工.
2 寄木細工の家具製造〔業〕. bois de ~ 寄木細工材《anis アニス, ébène 黒檀, myrte 銀梅花, noyer 胡桃, など》.
3 パッチワーク, モザイク作品.

marqueur[1] n.m. **1**〖文具〗マーカー(=crayon ~)；フェルトペン, サインペン(=crayon-feutré).
2〖医・生〗マーカー.〜〖tumoral〗腫瘍マーカー. ~ génétique 遺伝的マーカー. ~ phénotypique(血液の)表現型マーカー. ~ tumoral 腫瘍マーカー. ~ viral ウイルス・マーカー.
3〖物理〗追跡子, トレーサー(traceur)《追跡用アイソトープ》(=traceur isotopique). ~ radioactif 放射性トレーサー(=traceur radioactif).
4〖遺伝〗標識. ~〖génétique〗遺伝標識《標識となる特定の遺伝子や形質の ADN (DNA) 配列》.
5 指標；標識.〖考古〗~ chronologique 年代測定指標.

marqueur[2] (**se**[1]) n. **1**（商品, 家畜などに）印をつける人.
2〖ゲーム, スポーツ〗得点者；ポイントゲッター. ~ d'un but score.

marqueuse[2] n.f. 記録装置.

marquis n.m. **1** 侯爵；侯爵位. ~ de Sade サド侯爵.
2〖史〗(カロリング朝の) 辺境伯.

marquisat n.m. **1** 侯爵の称号；侯爵位.
2 侯爵領. **3**〖史〗辺境伯領.

marquise n.f. **1** 侯爵夫人. Madame la ~ 侯爵夫人様. la ~ de Sévigné セヴィニェ侯爵夫人.
2〖建築〗(玄関のガラス張りの)庇, 雨よけ；(プラットホームなどの)ガラス張りの屋根. ~ au-dessus de la porte 戸口の上の庇. ~ d'une gare 駅のガラス屋根.
3〖宝飾〗マルキーズ指輪《人差指にはめる長方形の宝石入りの指輪》.
4〖料理〗マルキーズ《侯爵夫人の洗練さに由来する多種のデザート名；ex. ~ au chocolat；苺, バナナ, キルシュのグラニテにクレーム・シャンティイを添えたもの；dacquoise au chocolat；génoise au chocolat など》. ~ au chocolat マルキーズ・オー・ショコラ《チョコレート, バター, 卵, 砂糖からつくられるチョコレートケーキ；ムースとパルフェの中間の形態で, ヴァニラ風味のクレーム・アングレーズもしくはクレーム・シャンティイを添えて供される冷菓》.
5〖清涼飲料〗〖古〗マルキーズ酒(=boisson ~；白葡萄もしくはシャンパーニュ酒をソーダ水で割り, 薄切りのレモンを添えて冷して供される).
6〖家具〗マルキーズ椅子《幅が広く, 奥行きがあり, 背もたれの低い肘掛椅子》.

marraine n.f. **1**〖キリスト教〗(洗礼式・堅信式の)代母(parrain「代父」の対；〖古〗commère). porter le prénom de sa ~ 代母の名前をもつ.
2 (船などの命名式などの) 司宰女性；(新種の花などの) 命名をする女性.
3 (クラブ, 協会などの) 新入会員を紹介する女性.
4 母親の代役. ~ de guerre 戦時の兵士の母親代り.

marranes (<〖西〗marrano) n.m.pl. 〖史〗マラネン《カトリックへの改宗を強制されたが, 秘かにユダヤ教の信仰を守ったスペイン, ポルトガルのユダヤ人》.

marrant(e) a.〖話〗滑稽な, おかしい, 面白い；奇抜な. C'est ~. 面白い.

marron n.m. [I] **1** 栗の実《栗の木 châtaignier の実》. ~s chauds (grillés) 焼き栗. ~s glacés マロングラッセ. dinde aux ~s 栗詰めの七面鳥《クリスマス料理》. marchand de ~s 焼き栗売り. purée de ~s 栗のピュレー. tirer les ~s du feu 火中の栗を拾う.
2 マロニエ (marronnier〖d'Inde〗) の実《通常食用にはならない》.
3 栗色(=couleur ~). ~ chair (foncé) 淡い(濃い)栗色.
[II] (警備員, 兵士などの) 巡回票；(職工の

marronnier

Ⅲ〔話〕頭，顔；げんこつ. recevoir un ~ げんこつを喰らう.
――*a.inv.* **1** 栗色の. cheval ~ 栗毛〔の馬〕. yeux ~ 栗色の瞳.
2〔話〕だまされた，一杯食わされた. On est ~. 一杯食わされた.

marronnier *n.m.* **1**〔植〕マロニエ（通常「インド・マロニエ」を指す）. ~ commun 通常のマロニエ (Æsculus hippocartanum；白花；一般にヨーロッパで植えられているインド・マロニエを指す). ~ à fleurs rouges 赤花マロニエ（~ commun と pavia rouge「赤花パウィア」の交配種；Æsculunda rubicunda Loisel）. ~〔d'Inde〕インド・マロニエ，マロニエ（Æsculus indica Colebr.；バルカン半島原産；白花）. ~ du Japon 栃の木（Æsculus turbinata；赤花）. bois de ~ マロニエ材. fleurs du ~ en thyrses pyramidaux dressés 直立したピラミッド状密錐花序のマロニエの花. fruit du ~ マロニエの実（=marron d'Inde；渋味が強く食用には向かず，saponine や薬用の aesculine を抽出するのに用いる）. allée de ~s マロニエの並木道.
2〔植〕栗の木（=châtaignier；実は食用の marron）.
3 マロニエ材（=bois de ~）.
4〔比喩的〕〔話〕決った日の出来事に関する記事.

Mars [-s] *n.pr.m.* **1**〔ローマ神話〕マルス（軍神）. champ de *M*~ 練兵場. Champ-de-*M*~（パリの）シャン=ド=マルス.
2〔天文〕火星.

mars[1] [mars]（<*M*~）*n.m.* **1** 3月. au mois de (en)~ 3月に. giboulées de ~ 春のにわか雨. Arriver comme ~ en carême（四旬節の時に必ず3月となるように）必ず来る（起こる）.
2〔*pl.* で〕〔農〕les ~ 3月播きの穀類（= grains semés en ~）（avoine 蒸麦, millet 黍（きび）, orge 大麦，など）. blé de ~ 3月播きの小麦.

mars[2] *n.m.*〔昆虫〕マルス，こむらさき（nymphalidés たてはまちょう科, Apatura 属）.

marsannay *n.m.*〔葡萄酒〕マルサネー（ブルゴーニュ地方 la Bourgogne, Dijon の西南東6kmの村 Marsannay-la-Côte（市町村コード21160）でつくられるロゼと赤のAOC葡萄酒）.

marsanne *n.f.*〔農〕マルサンヌ（la Provence プロヴァンス地方, la Savoie サヴォワ地方などで栽培される白葡萄酒用の葡萄の品種）.

marseillais(e) *a.* マルセイユ（Marseille）の；~生まれの, ~の住民の.〔言語〕accent ~ マルセイユ訛り.〔料理〕bouillabaisse ~*e*（本場の）マルセイユ風ブイヤベース. histoires ~*es* マルセイユ風小咄（大法螺小咄；galéjade）.
――*M*~ *n.* マルセイユの住民（市民）.

Marseillaise *n.f.* **1** la ~ ラ・マルセイエーズ《フランス共和国の国歌；元は1792年 Rouget de Lisle [1760-1836] が作曲したライン軍団の軍歌；1795年の国民公会が国歌に制定》.
2〔美術〕ラ・マルセイエーズ群像（Paris のエトワール凱旋門にある Rude 作の記念群像 (1832-35年)；1792年の義勇兵のマルセイユへの出発を描いたもの）.

Marseille *n.pr.* マルセイユ（département des Bouches-du-Rhône ブーシュ=デュ=ローヌ県の県庁所在地, フランスとUEの広域地方行政区画の région Provence-Alpes-Côte d'Azur 地方の地方庁所在地；市町村コード13000）. aéroport de ~-Provence à Marignane（西部）マリニャンヌのマルセイユ=プロヴァンス空港. le Vieux-Port de ~ マルセイユの旧港.

Marshall (les îles) *n.pr.f.pl.*〔国名通称〕マーシャル諸島（公式名称：la République des îles *M*~ マーシャル諸島共和国；国民：Marshallais(e)；首都：Majuro マジュロ；通貨：dollar des Etats-Unis [USD]）.

marshallais(e) *a.* マーシャル諸島 (les îles Marshall) の，マーシャル諸島共和国 (la République des îles Marshall) の；~の住民の.
――*M*~ *n.* マーシャル諸島の住民.

marteau (*pl.* **~x**) *n.m.* **1** ハンマー，金槌. ~ à forger 鍛造ハンマー. ~ à panne bombée 丸頭ハンマー. ~ à river リベットハンマー（=~-riveur）. ~ guidé ドロップハンマー. ~〔-〕perforateur 削岩機. ~ pneumatique 空気ハンマー（=~-piqueur）. ~ trépideur 杭打ちハンマー. enfoncer un clou avec un ~ 金槌で釘を打ちこむ.
2 金槌状のもの；ハンマー；〔音楽〕(ピアノの) ハンマー；ドアノッカー；〔林業〕刻印槌.〔医〕à répercussion (à réflexes) 打診器. ~ de commissaire-priseur (d'ivoire) 競売人の小槌. ~ d'horloge 時計の時報ハンマー. ~ de porte ドア・ノッカー.
3〔解剖〕槌骨（ついこつ）（中耳小骨の一つ）.
4〔スポーツ〕ハンマー（重量7.257kg）. lancer du ~ ハンマー投げ.

marteau-pilon (*pl.* **~x-~s**) *n.m.*〔冶〕鍛造ハンマー，ドロップハンマー.

marteau-piolet (*pl.* **~x-~s**) *n.m.*〔登山〕ハンマー=ピッケル；アイスハンマー，アイスピッケル.

martial (ale) (*pl.* **aux**)[1]（<Mars「軍神マルス」）*a.* **1**〔文〕戦争の，戦闘の，軍隊の；戦意を鼓舞する. discours ~ 戦意昂揚演説. vie ~*ale* 軍隊生活.
2 軍人（軍隊）調の，軍人らしい. démarche ~*ale* 軍人らしい振舞い. voix ~*ale* 軍隊調の声.

3 軍の；戦時下の. cour ~ale 軍法会議. loi ~ale 戒厳令. proclamer la loi ~ale 戒厳令を布告する.
4 好戦的な. caractère ~ 好戦的性格. nation ~ale 好戦的国家(国民).
5 arts ~ aux 武芸, 武術, 武道.

martial (**ale**) (*pl*.**aux**)² *a*. **1** 〖化〗〖古〗鉄を含む. pyrite ~ale 黄鉄鉱 (=pyrite jaune).
2 〖生理〗鉄分の. carence ~ale 鉄欠乏症. fonction ~ale du foi 肝臓の貯鉄機能. traitement ~ 鉄剤投与療法.

martien(**ne**) *a*. **1** 火星 (Mars) の. jour sidéral ~ 火星恒星日. jour solaire ~ 火星太陽日 (=sol). observation ~ 火星観測. satellites ~s 火星の衛星 (Deimos, Phobos). volcan ~ 火星の火山 (Olympus Mons).
2 〖占星〗火星の影響下にある. type ~ 火星の影響下のある人.
──*n*. **1** M~ 火星人. **2** 〖占星〗火星の影響下にある人. **3** 〖比喩的〗火星人のような人, 奇人.

martiniquais(**e**) *a*. マルチニック (la Martinique) の; マルチニックの住民の.
──*M*~ *n*. マルチニックの住民.

Martinique *n.pr.f*. **1** 〖地理〗l'île de la ~ マルチニック島《大西洋の仏領アンティル諸島の島》.
2 〖行政〗la ~ ラ・マルチニック《2003年の憲法改正により DROM (département et région d'outre-mer) すなわちフランスの海外県 DOM ならびに広域·行政区の海外地方 ROM となる；県·地方コード番号 972；面積 1,102 km², 人口 381,427；県庁·地方庁所在地 Fort-de-France；主要都市 La Trinité, Le Marin；4 郡, 45 小郡, 34 市町村；形容詞 martiniquais(*e*)》.

martin-pêcheur (*pl*.~**s**-~**s**) *n.m*. 〖鳥〗マルタン=ペシュール, かわせみ.

martre *n.f*. **1** 〖動〗貂(てん)《いたち科 mustélidées, てん属 martes；~ commune 貂；~ fouine 胸白貂；~ zibeline 黒貂の3種がある》. poiles de ~ 貂の毛《上質の画筆の材料》.
2 〖動〗〖一般に〗いたち科の動物. ~ blanche 白貂 (=hermine).
3 貂の毛皮. manteau de ~ 貂のコート.

martyr(**e**¹) *n*. **1** 〖キリスト教〗殉教者. 〖カトリック〗commun des ~s 殉教者の共通典礼. jouer les ~s 殉教者面をする, 殉教者ぶる.
2 〖広義〗(信念·信仰に) 殉じた人 (犠牲者). ~s de la Résistance レジスタンス運動に殉じた犠牲者.
──*a*. **1** 〖死〗した. **2** 虐待されている, いじめられている. enfant ~ いじめられっ子. peuple ~ 迫害された民族.

martyre² *n.m*. **1** 殉教；殉教の苦しみ.

~ de saint Sébastien 聖セバスチャンの殉教. subir le ~ 殉教する.
2 〖広義〗(大義などに) 殉ずること.
3 〖比喩的〗(肉体的·精神的な) 激しい苦しみ；つらさ, つらい状況. souffrir le ~ 死ぬほどの苦しみを味わう.

Marv (= 〖英〗*M*anoevrable *R*e-entry *V*ehicle) *n.m*. 〖軍〗軌道可変式再突入多弾頭ミサイル (= 〖仏〗missile à ogives multiples capable de changer de trajectoire en phase de rentrée).

marxien(**ne**) *a*. カール・マルクス (Karl Marx [1818-83]) の, ~に関する. sociologie d'inspiration ~*ne* マルクスの発想に基づく社会学.

marxisme [marksism] *n.m*. マルクス主義. ~-*léninisme* マルクス・レーニン主義. partis politiques du ~ マルクス主義政党.

marxisme-léninisme *n.m.sing*. マルクス=レーニン主義.

marxiste [marksist] *a*. **1** マルクス主義の. économie ~ マルクス主義経済学. philosophie ~ マルクス主義哲学.
2 カール・マルクスの (=marxien).
──*n*. マルクス主義者.

marxiste-léniniste *a*. マルクス=レーニン主義の；~主義者の.
──*n*. マルクス=レーニン主義者.

maryland [mɑrilɑ̃d] (<Maryland) 〖英〗 *n.m*. 〖煙草〗メリーランドタバコ；メリーランド・タバコの葉.

mas *n.m*. (プロヴァンス地方 la Provence の) 農家；別荘.

Masan 〖韓国〗 *n.pr*. 馬山(まさん), マサン.

mascara 〖英〗 *n.m*. 〖化粧〗マスカラ. ~ résistant à l'eau 水性マスカラ. se mettre du ~ マスカラをつける.

mascarade 〖伊〗 *n.f*. **1** 仮面舞踏会, 仮装会；仮装行列. ~s du Carnaval 謝肉祭の仮装行列.
2 マスカラード《仮面音楽劇》.
3 おかしな変装；奇妙な身なり.
4 〖蔑〗見せかけの演出, 茶番劇, 欺瞞. Ce procès n'a été qu'une ~. この訴訟は全くの茶番劇だ.

mascaret *n.m*. 潮津波. ~ de la Gironde ジロンド河の潮津波.

mascarpone 〖伊〗 *n.m*. 〖チーズ〗マスカルポーネ (1) イタリア産のクリーミーなホワイトチーズ；2) このチーズとゴルゴンゾーラ gorgonzola を混ぜた軟質チーズ》.

masculin(**e**) *a*. Ⅰ **1** 男の, 男性の (féminin「女の, 女性の」の対), 男性用の. caractère ~ 男性的性格. goûts ~s 男性的趣味. métier ~ 男の仕事. population ~*e* 男性人口. sexe ~ 男性. vêtements ~s 男物の衣服. voix ~*e*¹ 男の声.
2 男らしい；男っぽい. voix ~*e*² 男らし

い(男のような)声. femme aux allures ~ es 男っぽい仕草の女性.
Ⅱ〚言語〛**1**〘文法〙男性の. forme ~ e 男性形. nom ~ 男性名詞.
2〘詩法〙rime ~ e 男性韻(e muet「無音のe」で終らない脚韻).
―*n.m.*〘文法〙男性(＝genre ~);男性形(＝forme ~ e).

maser [mazεr](＝[英]*m*icrowave *a*mplification by *s*timulated *e*mission of *r*adiation). *n.m.*〚物理〛メーザー, マイクロ波増幅器《分子系または原子系の誘導放出を利用したマイクロ波増幅器(発振器)》.

masochisme [mazɔʃism](＜Leopold von Sacher-Mas*och* [1836-95], オーストリアの小説家) *n.m.* マゾヒズム, 被虐性愛.

masochiste (＜Sacher-Masoch [1836-85], オーストリアの小説家) *n.* マゾヒスト, 被虐性愛者(略記 maso).
――*a.* マゾヒストの;マゾヒストの. plaisir ~ マゾヒスト的快楽.

masquage *n.m.* **1**〚物理・心〛遮蔽, マスキング;(音の)遮蔽効果(＝effet de masque).
2〚写真〛マスキング.
3〚電算〛マスキング.

masquant(e) *a.*〚薬〛遮蔽性の, マスキング作用のある. produit ~ マスキング剤《ドーピング検査を逃れるための薬剤》.

masque *n.m.* **1** 仮面, マスク, お面;覆面;仮面をつけた人, 仮装者. ~ s africains アフリカの面. ~ s de carnaval 謝肉祭の仮面(仮装者). ~ s du théâtre antique 古代劇の仮面.〘仏史〙le *M* ~ de fer 鉄仮面. ~ de velours noir (目のまわりを隠す)黒ビロードの覆面. mettre un ~ 仮面をつける.
2〔比喩的〕仮面(本性を覆い隠すもの). ~ de l'hypocrisie 偽善の仮面. ôter son ~ ; lever (jeter) le ~ 仮面を捨てる;本性を現わす. lever (arracher) le ~ de *qn* 人の仮面をはぐ.
3 〚医・農・工〛マスク, 面. ~ à gaz 防毒マスク (＝ ~ anti-gaz). ~ à oxygène 酸素マスク. ~ d'anesthésie 麻酔用マスク. ~ d'apiculteur 養蜂家の防虫面. ~ du chirurgien (使い捨ての)外科医マスク. ~ d'escrime フェンシングの面. ~ de soudeur 溶接工の防護面.
4 面相, 容貌;顔付(特に)異常な顔付.〚医〛~ de grossesse 妊娠性肝斑. ~ de la mort 死相. avoir un beau ~ 美しいマスクの持主である. avoir un ~ de tristesse 悲しい顔付をしている.
5 面形. ~ mortuaire デスマスク.
6〚美容〛パック(＝ ~ de beauté, ~ antirides).
7〚建築〛(柱頭・アーチ・噴水口などに取りつけられた)怪人面(＝mascaron).
8〚土木〛(ダムの)心壁.
9〚物理・心〛遮蔽. effet de ~ 遮蔽効果.
10〚写真〛マスク.
11〚昆虫〛仮面(やごの下唇).

masqué(e) *a.* **1** 仮面をつけた;覆面をした. bal ~ 仮面舞踏会. bandit ~ 覆面強盗.
2〚軍〛遮蔽された. tir ~ 秘匿射撃《遮蔽物の陰からの射撃》.
3〔比喩的〕隠された. intentions ~ es 隠された意図. porte ~ e par une tenture 壁掛で隠された扉.

MASS (＝ *m*athématiques et *s*ciences *s*ociales; *m*athématiques *a*ppliquées et *s*ciences *s*ociales) *n.f.pl.*〚教育〛〔応用〕数学・社会科学学群《大学教育第一課程の学群の名称》.

massacre *n.m.* **Ⅰ 1** 大量虐殺, 殺戮. ~ de le guerre 戦争による大量虐殺.〚史〛le ~ des Innocents (ヘロデ王による)幼児殺し.〚仏史〛le ~ de la Saint-Barthélemy サン=バルテルミーの大虐殺(1572年 8月 23-24日, パリにおける新教徒の大虐殺).〚仏史〛le ~ de Septembre 9月の大虐殺(1792年). ~ d'une minorité ethnique 少数民族の虐殺.〚遊戯〛jeu de ~ 人形倒しゲーム〔の小屋〕.;〔比喩的〕狙い撃ち;(批評家などの)手当り次第の非難・攻撃. échapper au ~ 虐殺を免れる. envoyer des soldats au ~ 兵を死地に追いやる.
2 めった打ち. Ce match de boxe a tourné au ~. このボクシングの試合はめった打ちになった.
3 大規模破壊, 大量破壊. ~ de l'environnement 環境の大規模破壊.
4 破損;ぞんざいな仕事;惨憺たる演奏(上演). interprétation ~ 惨憺たる演奏. ~ de vaisselle 食器の破損.
5〔俗〕faire un ~ 馬鹿当りをとる, 大成功を収める.
Ⅱ 1〔古〕大量の獲物を仕止めること.
2〚狩〛鹿の頭部《獲物のはらわたを猟犬に褒美として与える時毛皮の上に置く》.
3 (頭蓋骨の一部を伴った)鹿の角(飾り物).〚紋章〛頭蓋骨をつけた鹿の角の紋様.

massage *n.m.* マッサージ. manœuvre de ~ マッサージの方法《claquement 平手打ち, effleurage なでる, friction もむ, hachure 細かく叩く, percussion 叩く, pétrissage もみほぐす, pincement つまむ, pression 押す, tapotement 軽く叩く, vibration 振動させる》.〚医〛~ cardiaque 心臓マッサージ. ~ facial フェイスマッサージ. ~ s thaïlandais タイ式マッサージ. ~ thérapeutique 治療マッサージ. faire un ~ à *qn* 人をマッサージする.

masse *n.f.* **Ⅰ**〖集団, 群〗**1** 大勢, 団体.〚法律〛des créanciers 債権者団体. ~ des obligataires 債権保有者団体. La place était remplie par une ~ de manifestants. 広場はデモ参加者で埋めつくされていた. en ~ 大勢で, 大挙して. levée en ~ 大量

動員.
2 大衆.〔*pl.* で〕les ~s 一般大衆, 庶民. action de ~ 大衆行動. mouvement de ~ 大衆運動. parti de ~ 大衆政党. psychologie de ~ 大衆心理.
3〔古〕プロレタリアート. ~ du peuple 人民.
II(量, 塊) **1 a)** 総量, 総額. ~ imposable 課税総所得. ~ monétaire 通貨供給量, マネーサプライ(disponibilités monétaires et disponibilités quasi-monétaires 準通貨供給高を合計したもの;日本の M_2 にほぼ相当するが, ただし郵便貯金などを含む). ~ salariale 人件費(給料と社会保障雇用主負担分の合計), 給料総額.
b) 共同基金, 積立金.
2 塊, 集まり, 群. ~ de cailloux 小石の集まり. ~ du sang 血液の総量. Une ~ d'air chaud s'approche de la côte ouest de l'Aquitaine. 暖気団がアキテーヌ西岸に近づいている. Cette statue est sculptée dans la ~. この像は1個の石(1本の木)に彫られている(つなぎ目がない). s'affaisser comme une ~ ばったりと倒れる.
3 大量. collecter une ~ de documents pour écrire un livre 本を書くために多くの資料を集める. Des amis, il en a une ~. 友達なら彼は大勢もっている. Il n'y en a pas des ~s. それほど多くない.
4(大規模な建造物などの)全容, 威容.
5〔*pl.* で〕絵画の構成要素.
6〖音楽〗~ instrumentale 楽器群. ~ orchestrale 管弦楽群. ~ vocale 声楽部(群).
7〖商業〗マス (12 グロス).
III〖科学・技術〗(質量, 物体) **1**〖物理〗質量. ~ atomique 原子質量. ~ critique 臨界質量. ~ électrique 電荷. ~ nucléaire 原子核質量. ~ propre 静止質量. ~ réduite 換算質量. ~ volumique 密度. rapport de ~ 質量比.
2〖地学〗地塊. ~ charriée 推し被せ地塊.
3〖地学〗~ d'eau〔海〕水塊.
4〖気象〗気団 (= ~ d'air). ~ chaude (froide) 温 (寒) 気団.
5〖電〗アース. à la ~ アースした.
6〖薬〗マス.

masseng *n.m.*〖葡萄〗マサン(やや甘口の白葡萄酒用の葡萄の品種). petit ~ プチ・マサン種. gros ~ グロ・マサン種.

masséter [-εr] *a.m.*〖解剖〗咬筋の. muscle ~ 咬筋.
——*n.m.* 咬筋 (=muscle ~).

massétérique *a.*〖解剖〗咬筋の. réflex ~ 咬反射, 咀嚼反射, 顎反射.

masseur[1] *n.m.* マッサージ器. ~ électrique 電気マッサージ器.

masseur[2] (**se**) *n.* マッサージ師.〖医〗~-kinésithérapeute マッサージ=運動療法士.

masseur-kinésithérapeute (*pl.*

~s-~s) *n.m.* マッサージ=運動療法士 (師).

massif (**ve**) *a.* **1** (金銀細工・家具制作などで) 材質が中まで均等な;メッキ(張り物)でない. bijou en or ~ 金むくの装身具. meuble en acajou ~ 総マホガニー製の家具.
2 重く(厚く)どっしりした;がっしりした;ずんぐりした;〖蔑〗鈍重な. corps ~ ずんぐりした体. porte ~ve 厚くどっしりした扉. roche ~ve 巨岩. tour ~ve どっしりした壮大な塔. esprit ~ 鈍重な人間.
3 大量の, 大規模な;集団的な. *a*rmes de *d*estruction ~ve 大量破壊兵器(略記 ADM). attaque ~ve de l'aviation 大空襲. bombardement ~ 絨毯爆撃. départs ~s au début des grandes vacances 夏のヴァカンスのはじめの大規模な出発.〖薬〗dose ~ve 大量投与量. manifestation ~ve 大々的なデモ.
——*n.m.* **1**〖建築〗基礎;支壁. ~ en béton コンクリートの基礎. ~ d'ancrage d'un pont suspendu 吊橋のアンカー支壁.
2 茂み, 植込み. ~ d'euphorbe とうだいぐさの茂み. ~ de fleurs 花の植込み. ~ de roses 薔薇の植込み.
3〖地理〗山塊. le *M*~ armoricain (ブルターニュ地方 la Bretagne の) アルモール山塊. le *M*~ central (フランスの) 中央山塊.
4〖地質〗地塊, 底盤, バソリス. ~ ancien 大陸安定地塊.
5〖解剖〗~ facial osseux 骨性顔面塊(顔の骨格).

massificateur (**trice**) *a.* 集団化する, マス化する;大衆化する. société ~*trice* 大衆化社会.

massique *a.* **1**〖物理〗質量の(に関する). chaleur ~ 比熱 (=chaleur spécifique). puissance ~ (モーターなどの)重量当りの出力. volume ~ 比容積(重量1 kg 当りの容積).
2〖言語〗(名詞が)非可算の, 数えられない, 質量の. nom ~ 質量(分量)名詞 (= [英] mass noun) (de l'eau など).

mass-média, mass media [米] *n.m.pl.*〔mass-medium の複数形〕マス・メディア, マスコミ (cinéma, presse, publicité, radio, télévision など).

massore, massorah [ヘブライ語] *n.f.* マソラ(ユダヤ教聖書学者によるヘブライ語聖書の本文批評・注解);マソラ本文集成(ユダヤ教聖書学者による聖書本文).

massoret *a.*〖宗教〗(ユダヤ教の)マソラ学者;マソラ編集者.

massorétique *a.* ヘブライ語聖書本文批評・注解学の.

mastectomie *n.f.*〖医〗乳腺切除(術). ~ segmentale 区域乳腺切除術. ~ simple 単純乳房切断術. ~ totale 乳腺全切除術.

mastère [米] *n.m.*〖学〗**1** マステール,

マスター (= [英] master)《フランスでは、グランド・ゼコール協議会 (Conférence des Grandes Ecoles : CGE) が, 技師資格取得者, 高等経営学校修了者, DEA 取得者またはこれらと同等の有資格者が, 4 学期 1 年間の学業を修了した場合に与える称号で, 学位ではない).
2 修士 (=master)《Bac+5 年で取得可能な国家認定学位；ヨーロッパ連合 UE の高等教育の学位制 LMD licence-master-doctorat の下から 2 番目の学位).

mastic *n.m.* **1** マスティック樹脂 (lentisque レンチスクスの幹や枝から採取する樹脂).
2 (接合・充填用の) パテ. ~ de vitrier ガラス屋用パテ.
3 〖印刷〗誤植. faire un ~ 誤植をする.
——*a.inv.* マスティック色の《淡い灰色がかったベージュ色). imperméables ~ マスティック色のレインコート.

masticage *n.m.* パテ付け. ~ des carreaux パテによる窓ガラスの固定.

masticateur(trice) *a.* 咀嚼する, 咀嚼の.〖解剖〗muscles ~s 咀嚼筋《muscle masséter 咬筋, muscle temporal 側頭筋など).

mastication *n.f.* 咀嚼 (そしゃく).

masticatoire *a.* **1** 口の中で咀嚼するための, 嚙むための. chewing-gum, pâte à 嚙む練り物のチューイングガム.
2 咀嚼のための. coefficient ~ (歯・義歯の) 咀嚼能率. pièces ~s des crustacées 甲殼類の咀嚼器.
——*n.m.* 嚙み物《ガム, 嚙みタバコなど);嚙み薬.

mastite *n.f.* 〖医〗乳腺炎 (=mammite).

mastocyte *n.m.* 〖生・医〗肥満細胞, 肥胖細胞.

mastocytose *n.f.* 〖医〗肥満細胞症.

mastoïde *a.* 〖解剖〗乳様の. apophyse ~ 乳様突起.
——*n.f.* 乳様突起 (=apophyse ~).

mastoïdien(ne) *a.* 〖解剖〗乳様突起の. cavités ~nes 乳様突起洞, 乳突洞.

mastoïdite *n.f.* 〖医〗乳様突起炎, 乳突洞炎 (=infection mastoïdienne). ~ chronique 慢性乳様突起炎.

mastopathie *n.f.* 〖医〗乳腺症.

masturbation *n.f.* マスターベーション, 手淫, 自慰行為. ~ intellectuelle 知的マスターベーション.

mat(e) *a.* **1** (金属が) 磨いていない, 艶消しの. or ~ 艶消しの金.
2 艶のない；艶消しの. côté ~ et côté brillant d'un tissu 布の艶のない面と光沢面. fard ~ 艶消しのおしろい.〖写真〗papier ~ 艶消しの印画紙. peau ~e 艶のない肌. verre ~ すりガラス. visage ~ 艶のない顔色.
3 くすんだ, どんよりした. couleur ~e すんだ色. jour ~ どんよりした日.
4 (音が) 鈍い, bruit ~ 鈍い物音. son ~ 鈍い音；〖医〗(打診の際の) 濁音. La base du poumon droit est ~. 右肺底に濁音がある.

mât *n.m.* **1** 〖海〗マスト, 帆柱. grand ~ メーンマスト, 大檣. petit ~ 小帆柱 (= mâtereau). ~ de charge 荷役用マスト, デリックポスト. ~ de fortune スペアマスト. voilier à trois ~s 3 本マストの帆船.
2 マスト状のもの；ポール；旗竿 (テント, アンテナなどの) 支柱；〖鉄道〗信号柱 (= ~ à (de) signal).〖民俗〗~ de cocagne マ・ド・コカーニュ, 宝棒《先端に種々の景品が吊されている).〖鉄道〗~ de sémaphore 腕木信号柱.
3 〖植〗~s du Nord 北欧材《樅)《柱材となる).

match [-tʃ] (*pl.* ~[*e*]*s*) [英] *n.m.* **1** 〖スポーツ〗試合, マッチ, レース, 取組. ~ de boxe (de football, de lutte, de tennis) ボクシング (サッカー, レスリング, テニス) の試合. ~ de classement 選抜試合 (=critérium). ~-aller ヴィジターゲーム (遠征第 1 戦). ~-retour (revanche) ホームゲーム=ホームグランドでの第 2 戦). ~s internationaux 国際競技大会. ~ nul 引分試合. faire ~ nul avec … と試合を引分ける. ~ poursuite de cyclisme 自転車の追抜きレース. test-~s de rugby ラグビーの国別対抗戦. disputer un ~ 試合を戦う. gagner (perdre) un ~ 試合に勝つ (負ける).
2 (スポーツ以外の) 試合, 競技会. ~ de bridge (d'échecs) ブリッジ (チェス) の競技会.
3 (経済・政治の領域での) 競争. ~ industriel Japon-Etats-Unis 日米の産業マッチ.

matelas *n.m.* **1** マトラ, マットレス. ~ à ressorts スプリング入りマットレス. ~ de plumes 羽毛マットレス. ~ pneumatique 空気マットレス.
2 緩衝材, (緩衝用の) クッション；(荷造用) パッキング. ~ d'air 空気の緩衝層.
3 (落葉などの) 厚い層；〖話〗(紙幣などの) 分厚い束；札束のつまった財布. un ~ de billets de banque 紙幣の束. Il a le ~. 彼は札束のいっぱいの財布をもっている.

matelasserie *n.f.* マットレス製造所.

matelot *n.m.* **1** 水夫, 船員. apprenti ~ 見習水夫.
2 〖軍〗水兵. ~ breveté 正規水兵 (兵員免許取得水兵；海軍兵員の最下位の階級). pompon rouge des quartiers-maîtres et ~ français フランス水兵の帽子の赤いポンポン.
3 〖海〗~ d'avant (d'arrière) (隊列を組む艦隊・商船団の) 先行 (後続) 艦 (船).

matelote *n.f.* 〖料理〗マトロット《魚の輪切りを, 赤または白葡萄酒, 玉葱, 香味野

菜で煮込んだ料理；主に鰻・鯉・ブロシェ・鱒などの川魚を用いるが，大鮃などの海の魚介や仔牛の肉に応用されることもある). ～ à la marinière 漁師風マトロット. ～ d'anguille (de carpe) 鰻 (鯉) のマトロット. sauce ～ マトロット・ソース《赤葡萄酒と玉葱入りソース》. veau en ～ 仔牛肉のマトロット.

matérialisation *n.f.* **1** 〚物理〛物質化. ～ de l'énergie エネルギーの物質化. **2** 有形化，実体化，具体化，形体化；実現. ～ d'une idée (d'un projet) アイディア (計画) の具体化. **3** 〚心霊〛(霊媒による) 霊の具現.

matérialisme *n.m.* **1** 〚哲〛唯物論 (= spiritualisme「精神論」の対). ～ dialectique (historique) 弁証法的 (史的) 唯物論. **2** 物質主義，実利主義.

matérialiste *a.* **1** 〚哲〛唯物論〔者〕の. **2** 物質主義〔者〕の，実利主義〔者〕の. —*n.* **1** 〚哲〛唯物論者. **2** 物質主義者，実利主義者.

matériau *n.m.sing.* **1** 〚工〛(造船・機械などの) 材料. ～ destné à l'électronique 電子工学の材料. **2** 〚一般に〛材料，素材. ～ d'une étude 研究材料.

matériaux *n.m.pl.* **1** (土木・機械製造などの) 材料，資材；素材. ～ de construction 建設資材. ～ bruts 非加工材料《石や砂，土木建設素材》. ～ structurels 構造材《鉄鋼材，ガラス，セメントなど》. ～ supports 基材《半導体のウェハー，銅の導体など》. ～ composites 複合素材. nouveaux ～ 新素材. **2** 〚比喩的〛研究資料，著述の素材；基本資料. **3** 〔*pl.* で〕〚比喩的〛構成要素；資料. recueillir des ～ 資料を収集する.

matériel (*le*)[1] *a.* **1** 物質の，物質から成る. monde ～ 物質界 (monde spirituel「精神界」の対). 〚力学・数〛point ～ 質点. substance ～ *le* 物質. **2** 〚哲〛質量の (formel「形相の」の対). cause ～ *le* 質量因. **3** 実在の；実体上の；事実上の；物理的な；実際的な；具体的な，物の；事物の；有形の. 〚法律〛compétence ～ *le* 事物管轄. 〚法律〛délit ～ 実質犯. 〚法律〛droit ～ 実体法. 〚法律〛élément ～ de l'infraction 犯罪の事実的要素. 〚法律〛fait ～ 有形的事実. 〚法律〛faux ～ 物の (有形) 偽造. 〚法律〛norme ～ *le* 直接規範. obstacle ～ 物理的障害. preuves ～ *les* 具体的 (物的) 証拠. ne pas avoir le temps ～ de faire *qch* 何をする時間が物理的にない. **4** 金銭上の，財産上の；経済的な；(欲求などが) 物質的な，身体的な. aide ～ *le* 物質的援助. dégâts ～ *s* 物的損害. jouissance ～ *le* 物質的 (肉体的) 享楽. préjudice ～ 物的損

害. problèmes ～ *s* 金銭的問題. vie ～ *le* 物質生活. avoir des difficultés ～ *les* 経済的に困っている. **5** 実行する. 〚法律〛auteur ～ 実行犯. **6** 形式的な. erreur ～ *le* 形式的過誤. **7** 〚蔑〛実利的な；卑俗な；肉欲的な. civilisation ～ *le* 物質主義的な文明，物質文明. esprit bassement ～ 低俗な物欲根性.

matériel[2] *n.m.* **1** 構成物質，素材，材料，物質；表現手段. 〚精神分析〛～ analytique 分析の素材. 〚生〛～ génétique 遺伝物質. les mots, ～ de la littérature 文学の表現手段である語. les notes, ～ de la musique 音楽の手段である音. **2** 〚集合的〛機器，機材；設備，施設；資本 (personnel「人員」の対). ～ agricole 農業機材. ～ de bureau 事務機器. ～ de culture 農耕機器. ～ de guerre 軍用資材，軍需物資. 〚鉄道〛～ fixe 固定 (静的) 設備《線路・駅舎など》. 〚鉄道〛～ roulant 動的設備《車両など》. 〚比喩的〛～ humain (企業などの) 人的要素，人材. amortissement du ～ 機器の減価償却. compte《～》dans la comptabilité d'une entreprise 企業の簿記における「資本」勘定. 〚軍〛dépôt de ～ 物資置場. 〚軍〛service du ～ 兵站部. stocks du ～ 物資のストック. acheter du ～ 物資を調達する. **3** 〚電算〛ハードウェア (〚英〛hardware の公用推奨語)；logiciel「ソフトウェア」の対. **4** 用品，用具；(特に) スポーツ用品 (=〚話〛matos). ～ de camping キャンプ用品. ～ de pêche 釣り道具. **5** 〚社・商業〛分析材料，資料；手段；宣伝媒体. ～ de propagande 宣伝手段.

matérielle[2] *n.f.* 〔古・話〕日々の糧 (かて). avoir la ～ assurée 生活の糧を確保している. gagner sa ～ 生活の糧を得る.

matériovigilance *n.f.* 〚医〛医療機器 (装置) の安全監視.

maternel (*le*) *a.* **1** 母親の. allaitement ～ 母乳保育. amour ～ 母性愛. hôtel ～, maison ～ *le* 母子寮. lait ～ 母乳. **2** 母親のような. école ～ *le* 幼稚園 (= ～ *le*). geste ～ 母親らしい振舞い. **3** 母方の (=du côté ～ *le*). grands-parents ～ *s* 母方の祖父母. ligne ～ *le* 母系. qualités ～ *les* 母譲りの長所. **4** langue ～ *le* 母語. **5** 〚社会福祉〛母親に関する，母性の. protection ～ *le* et infantile 母子保護《略記 PMI》. —*n.f.* 幼稚園 (=école ～ *le*).

maternité *n.f.* **1** 母親であること；母性. assurance ～ 母性保険《妊娠・出産・休などを対象とする社会保険》. sentiment ～ 母性感情. **2** 妊娠；出産. allocation〔de〕～ 出産手当. congé ～ 出産休暇，産休. **3** 〚法律〛母権. recherche de la ～ 母権捜

査.
4 産院；(病院の) 産科. ~s de la Ville de Paris パリ市立産院. sage-femme attachée à une ~ 産院付助産婦.
5 〖美術〗母子像. peindre des ~s 母子像を描く.
6〖稀〗母性感情. ~ abusive 過度の母性感情.

materno-fœtal(*ale*)(*pl.aux*) *a*. maladie transmise par la voie ~ale 母胎感染病.

math〔**s**〕［mat］(＜*math*ématique) *n.f.pl.*
〖話〗**1** 数学. cours de ~ 数学の講義. être fort en ~s 数学に強い. étudiant(*e*) en ~s 数学学生. prof de ~s 数学教師.
2 数学学級 (＝classe de mathématiques). ~ élem［matelεm］(＝ *math*ématiques *élém*entaires) 基礎数学学級. ~ spé［matspe］(＝*math*ématiques *spé*ciales) 特別数学学級《理系グランド・ゼコール受験準備学級第 2 年次》. ~ sup［matsyp］(＝*math*ématiques *sup*érieurs) 上級数学学級《理系グランド・ゼコール受験準備学級第 1 年次》. ~ géné［matʒene］(＝*math*ématiques *géné*rales) 一般数学学級.

mathématicien(***ne***) *n*. **1** 数学者. **2** 数学教師.

mathématique *a*. **1** 数学の；数学的な. pensée ~ 数学的思考. problèmes ~s 数学問題. sciences ~ 数学. théorème ~ 数学の定理. économie ~ 数理経済学 (＝économétrie). 〖電〗fonction ~ 数学的関数.
2〖比喩的〗数学的な；厳密な；正確な. précision ~ 数学的正確さ. avoir l'esprit ~ 厳密な考え方をする.〖話〗C'est ~. それは確かだ.
—*n.f.* **1** 数学. ~s appliques 応用数学. ~s pures 純粋数学. cours de ~s 数学の授業《講義》(＝〖俗〗maths [mat]). enseignement des ~s 数学教育.
2〖学〗数学学級. ~s élémentaires 基礎数学学級 (＝〖俗〗math elem [matelɛm]). ~s supérieures (spéciales) 上級 (特殊) 数学学級 (＝〖俗〗math sup [matsyp], hypotaupe (math spé [matspe]), taupe).

matheux(***se***) *n*.〖話〗**1** 数学学生. **2** 数学に強い生徒 (学生).

matière *n.f.* 〖Ⅰ〗《物質, 原料》**1** 物質.〖原子〗~ active 放射能(性)物質；(電池の)活物質. ~ combustible 燃料, 可燃性物質. ~ contaminante 汚染物. ~ fissile 核分裂物質. ~s (fécales) 糞便.〖料理〗~s grasses 脂肪素材 (beurre, crème, huile, margarine など).〖解剖〗~ grise (脳の) 灰白質；知能, 頭脳, あたま.〖薬〗~ médiale 医薬品素材. ~ plastique プラスチック. ~ polluante 汚染物.
2 原料, 材料. ~ brute 原料, 原材料. ~ colorante 顔料, 染料. ~ grasse 脂肪.

lubrifiante 潤滑剤. ~s premières 原材料. ~ réfractaire 耐火材.
3〖絵画〗マチエール.
4〖文法〗complément de ~ 材料の補語.
5 本体；事項, 領域；構成要件.〖法律〗~ d'un crime 犯罪の構成事実《犯罪の故意性とは無関係》. ~ législative 法律事項.
6〖哲〗質量 (forme「形式, 形相」の対). avoir la forme (l'esprit) enfoncée dans la ~ 形而下的なことしか考えない.
7〖*pl.* で〗〖財政〗資材.
〖Ⅱ〗《思考の対象》**1** 内容, 主題, 題材. en ~＋*a*. (de) …の分野では (＝dans le domaine de：ただし後者の場合には de＋定冠詞に対して, en ~ de は冠詞をとらない). en la ~ この問題については, この関係では. ~ de l'acte juridique 法律行為の目的. entrée en ~ 序論, 手始め. table des ~s 目次.
2 教科, 課目 (＝discipline). ~ à option 選択科目.
3 口実, 理由, 根拠. donner (fournir) ~ à …の口実を提供する, …の基になる. il y a ~ à …するいわれがある.

MATIF, Matif (＝*m*arché à *t*erme des *i*nstruments *f*inanciers) *n.m.* 金融証書先物取引《フランスでは 1986 年 2 月導入》.

Matignon *n.pr.* l'hôtel ~ マチニョン館《フランスの首相官邸》《パリ左岸 7 区の Av. de Varenne 57 番地, トリニー伯シャルル=オーギュスト・ド・ゴワイヨン・マチニョン Charles-Auguste de Goyon Matignon の旧居だったことからこの名称がある》.

matignonable (＜l'hôtel Matignon 首相官邸) *a.*,*n*.〖俗〗首相候補〔の〕.

matin *n.m.* **1** 朝；午前, 午前中. à une heure du ~ 朝の 1 時 (午前 1 時) に. au ~ 朝に, 朝早く. la veille au ~ 前日の朝. le 1er janvier au ~ 元日の朝, 元旦. au petit ~ 明け方に.
de bon (grand)~ 朝早く, 早朝. se lever (de bon) ~ 早起きする. du ~ au soir 朝から晩まで；四六時中. du soir au ~ 一晩中. être du ~ 朝型 (早起き) である. Le ~ arrive. 朝が来る, 朝になる.
brouillard du ~ 朝霧. crépuscule du ~ 黎明. l'étoile du ~ 明けの明星. fraîcheur du ~ 朝の爽やかさ. rayons du ~ 朝日. rosée du ~ 朝露.
2〖副詞的〗le ~. travailler le ~ (午前中に) 働く. [le] ~ et [le] soir 朝晩. tous les ~s 毎朝. ce ~ 今朝. ce ~ vers cinq heures 今朝の 5 時頃. un beau ~ ある朝. un de ces ~s；un de ces quatre ~s いずれ近いうちに.
lundi ~ 月曜日の朝. hier ~ 昨日の朝. demain ~ 明朝. le lendemain ~ 翌朝.
3〖比喩的〗はじまり. le ~ de la vie 人生の朝.

matinal(***ale***)(*pl.aux*) *a*. **1** 朝の. bri-

se ~ale 朝風. heures ~ales 早朝. messe (prière)~ale 朝のミサ(祈り). rosée ~ale 朝露. toilette ~ale 朝の身づくろい. faire une petite promenade ~ale 朝の散歩をする.
2(花が)朝咲きの.
3(人が)早起きの. Les paysans sont plus ~ aux que les citadins. 農民は都会人より早起きである. Vous êtes bien ~ aujourd'hui. 今日はまた随分早起きですね.

matinée *n.f.* **1** 朝, 午前中. au début de la ~ 早朝. à la fin de la ~; en fin de la ~ 昼前, 昼近く. lundi dans la ~ 月曜日の午前中に. toute la ~ 午前中いっぱい. travail de la ~ 午前中の勤務. faire la grasse ~ 朝寝坊する.
2〖社交界の用語〗午後；午後の集い(soirée「夜, 宵」の対)；〖劇〗昼間興行, マチネー. la ~ jusqu'à l'heure de dîner 夕食時までの午後《午後 6-7 時頃まで》. ~s classiques de la Comédie-Française コメディー＝フランセーズのマチネー・クラシック《古典劇の昼間興行；主に生徒向け》. ~ dansante 昼のダンスパーティー. ~ poétique 詩の昼間朗読会. donner une pièce en ~ マチネーで芝居を上演する.
3〖服〗〖古〗マチネー《朝着る婦人用部屋着》.

matité *n.f.* **1** 艶消し〔状態〕.
2(音の)響きのなさ；〖医〗(打診の際の)濁音. 〖医〗~ pulmonaire 肺の濁音.

matraquage *n.m.* **1** 棍棒(警棒)で殴ること, 殴打；(火器による)集中攻撃. ~ des manifestants デモ隊の警棒による殴打. ~ d'artillerie 猛砲撃.
2 執拗な反復. ~s publicitaires しつこい反復宣伝.
3〖話〗ダンピング. ~ des prix 価格のダンピング.

matraque *n.f.* 棍棒(=gourdin)；(特に)警棒(=casse-tête). ~ des CRS 共和国保安機動隊の警棒. 〖俗〗C'est le coup de ~! 棍棒でひっぱたかれるほど〔値段が〕高い!

matrice *n.f.* **1 a)**(ものを生み出す)母体, 基盤, 発生源；〖菌〗母体. **b)**〖生〗細胞間質, 基質；〖解剖〗爪床；〖岩石〗石基；〖冶〗〖地〗(じ)；(電気鋳造用の)成形陰極；結合剤.
2 母型, 鋳型；(レコードの)原盤；(印刷機の)抜き型；〖印刷〗(活字の)母型；紙型.
3 a)〖数〗マトリックス, 行列. ~ symétrique 対称行列. **b)**〖文法〗母型文 (= phrase ~).
4〖コンピュータ〗マトリックス《入力導線と出力導線の回路網》(=〖英〗TFT: *Think Film Transistor*). écran à ~ active アクティヴ・マトリックス式液晶ディスプレー.
5 徴税原簿, 納税者原簿(= ~ du rôle des contributions)；土地台帳(= ~ cadastrale).

matriciel(le) *a.* **1**〖数〗行列の, マトリックスの. calcul ~ 行列計算. mécanique ~ le 行列力学.
2〖行政〗原簿の, 台帳の. loyer ~ 徴税原簿上の評価賃貸料.

matricule *n.f.* **1** 登録簿(= registre ~). inscription sur la ~ 登録簿への登記(= immatriculation). ~ militaire 軍籍簿. ~ scolaire 学籍簿.
2〖医〗入院者名簿(= ~ d'un hôpital).
3 登録；登録証(= extrait de ~). droits de ~ 登録料.
——*n.m.* 登録番号(= numéro d'inscription sur un registre ~ ; numéro ~).〖兵隊俗語〗Ça va barder pour ton ~. やばいことになるぞ.
——*a.* 登録簿の. numéro ~ 登録番号(= numéro d'immatriculation).

matrilignage *n.m.* 母系家系.

matrilinéaire *a.* 母系の (patrilinéaire「父系の」の対). famille ~ 母系家族. société ~ 母系社会.

matrimonial(ale)(*pl.***aux**) *a.* **1** 結婚(婚姻)の, 結婚(婚姻)に関する. agence ~ ale 結婚相談(斡旋)所. annonces ~ ales 結婚広告. droit ~ 婚姻法. droits ~ aux 婚姻上の諸権利.
2〖法律〗配偶者の財産関係に関する. avantage ~ 夫婦財産上の利益. régime ~ 夫婦財産制.

matronymat *n.m.*〖社〗母系の姓の継承.

matronyme *n.m.*〖社〗母系の姓《母もしくは女性の祖先に由来する姓；patronyme「父系の姓」の対》.
▶ **matronymique** *a.*

maturation *n.f.* **1**〖生〗成熟〔期〕. ~ des fruits 果実の成熟〔期〕. ~ dentaire (osseuse) 歯(骨)の成熟. ~ du fœtus 胎児の成熟.
2(チーズの)熟成. cave de ~ 熟成室.
3〖医〗化膿〔期〕. ~ d'un phlegmon 蜂巣織炎の化膿〔期〕.
4〔比喩的〕成熟, 円熟, 熟成, 深化, 完成. ~ d'un projet 計画の煮つまり(完成). ~ d'un talent 才能の円熟.

maturité *n.f.* **1**〖植〗成熟, 完熟. fruit à ~ 熟した果実.
2 成熟〔状態〕；壮年期(jeunesse「青年期」と vieillesse「老年期」の中間). précoce (tardive) 早熟(晩熟). ~ sexuelle 性的成熟.
3 精神的成熟(= ~ de l'esprit ; d'esprit)；円熟〔期〕. arriver à ~ 円熟期に達する, 円熟する. être en pleine ~ 円熟期の頂点にある.
4〖医〗~ d'un abcès 膿瘍の形成最盛期.
5(年齢と経験のもたらす)分別. manquer

maudit(e)

de ~ 大人らしい分別に欠ける.
6〚スイス〛中等教育修了試験(baccalauréat français 相当). rater sa ~ 中等教育修了試験に失敗する.

maudit(e)(＜maudire) *a.p.* **1** 地獄におとされた；呪われた；忌み嫌われた；不遇な. amour ~ 呪われた恋. Les Poètes ~s de Verlaine ヴェルレーヌの『呪われた詩人たち』(評論 1885 年). M~ soit le maladroit! 不器用な者に災いあれ！
2〚多く名詞の前〛いまいましい、癪に障る. ~ animal いまいましいけだもの. ~*e* histoire ひどい話. Quel ~ temps! 何て厭な天気だ！
——*n.* 地獄に堕ちた人；呪われた者. le M~ 悪魔 (=le démon).

Maurice〚無冠詞〛*n.pr.f.*〚国名通称〛モーリシャス(公式名称：la République de M~ モーリシャス共和国)国民：Mauricien (*ne*)；首都：Port-Louis ポート＝ルイス；通貨：rupee mauricienne [MUR]).

mauricien(ne) *a.* モーリシャス(Maurice)の、モーリシャス共和国(la République de Maurice)の；モーリシャス島の；～人の.
——*M~* *n.* モーリシャス人；モーリシャス島民.

Mauritanie(la) *n.pr.f.*〚国名通称〛モーリタニア(公式名称：la République islamique de M~ モーリタニア・イスラム共和国)国民：Mauritanien (*ne*)；首都：Nouakchott ヌアクショット；通貨：ouguiya [MRO]).

mauritanien(ne) *a.* モーリタニア(la Mauritanie)の、モーリタニア・イスラム共和国(la République islamique de Mauritanie)の；～人の.
——*M~* *n.* モーリタニア人.

maurrassien(ne)(＜Charles Maurras [1868-1952], フランスの国粋主義的=王党派的作家・ジャーナリスト・政治理論家) *a.* シャルル・モーラスの；モーラス派の.
——*n.* モーラス派、モーラス支持者.

maussade *a.* **1**(人が)不機嫌な、無愛想な. air ~ 無愛想な様子. caractère ~ 無愛想な性格. humeur ~ 不機嫌. mine ~ ぶすっとした顔付. rester ~ ぶすっとしている.
2(天気・場所などが)陰鬱な、佗しい. ciel ~ 陰鬱な空.

mauvais(e) *a.*〚一般に名詞の前；優等比較級は pire または plus mauvais(e)〛① (物・状態・行為などについて) **1** 悪い：粗悪な、劣悪な、質の悪い、ひどい. ~ produit 劣悪品. ~*e* qualité 劣悪な品質. ~*e* route 悪路.
2 悪い：正常でない、異常な；欠陥のある、劣った. ~ état 悪い状態. ~*e* mine 悪い顔色. ~*e* vue 悪い視力. avoir de ~ yeux 眼が悪い.

3 悪い：機能が低下した. ~*e* digestion 消化不良. ~*e* santé 悪い健康状態. avoir une ~*e* mémoire 物覚えが悪い. être en ~*e* santé 体の具合が悪い.
4 悪い：不適当な；好ましくない；下手な. ~ caractère 悪い性格. ~ goût¹ 悪趣味. ~*es* habitudes 悪習. ~*e* méthode まずい方法. ~*es* plaisanteries 悪い冗談. ~ prétexte 下手な口実. ~*e* querelle つまらぬ争い. ~*e* situation 悪い状況. arriver un ~ moment まずい時にやって来る. faire un ~ rêve 悪夢を見る.
C'est la ~*e* heure pour sortir. 出かけるには悪い時だ. Il est ~ de＋*inf.* …するのはよくない(まずい).〚副詞的〛Il fait ~ ＋ *inf*¹ …してはまずい；…するのは危険だ.
5 悪い：有害な、弊害のある；危険な；悪性の. ~*e* graine 悪い種子；〚比喩的〛〚話〛見込みのない子供；悪童. ~*e* grippe 悪性の流感. ~*es* herbes 雑草. ~*es* institutions 悪法. ~ livre 悪書. ~*e* loi 悪法.《Le tabac est ~ pour la santé.》「タバコは健康に有害である」(製品に表示が義務付けられている文言).
6 悪い：不吉な、不運な；勝ち目のない. ~*e* nouvelle 悪いニュース(知らせ). ~ présage 凶兆. ~ procès 勝ち目のない訴訟. ~ signe 悪い徴候. ~ sort 悪運.
7 悪い：悪意のある、意地悪な；誠意のない. ~ rire 意地悪な笑い. ~*e* volonté 不誠意、悪意. avoir ~ esprit 悪意がある；たちが悪い.
8 悪い：不道徳な、腐敗した. ~*e* conduite 不品行、悪行. ~ lieu 悪所、遊里. femme de ~*e* vie ふしだらな女；娼婦.
9 悪い：(商売などが)思わしくない、不振の；不作の. ~*e* période (saison¹) 不振期. La récolte est ~*e* cette année. 今年は不作だ.
10 悪い：間違った、不正確な；出来の悪い. ~*e* adresse 不正確な住所表記. ~ calcul 間違った計算. ~*e* copie 不出来なコピー. ~ exemple 悪例. ~ film 出来の悪い映画. ~ jugement 誤った判断. faire un ~ numéro de téléphone 電話番号をかけ間違える. parler en ~ français 不正確な(下手な)フランス語で話す.
11 悪い：不味い、不快な. ~ goût² 不味い味. ~*e* haleine 臭い吐息、口臭. ~*e* odeur 悪臭. faire un ~ repas 不味い食事をとる. C'est pas ~ ! 悪くないね！いけるぞ！/うまいぞ！Ça sent ~¹. 厭な匂いがする.
12 悪い：天候が悪い；(海が)荒れている. ~ temps 悪天候. Il fait ~ pour sortir 外出するには天気が悪すぎる. La mer est ~*e* ce matin. 今朝海は荒れている.
13 悪い：つらい、厭な. ~*e* expérience つらい経験. ~ jours つらい日々；悪い(困難な、不幸な)時代. ~*e* saison² 厭な季節.

faire ~ visage à qn 人に素気なくする．〚話〛la trouver (l'avoir) ~e つらく感じる；不愉快になる．sentir ~．厭な匂いがす る．Ça sent ~². (厭な匂いがする→)雲行きが怪しくなった．〚文〛Il fait ~+inf.² …するのは厭なことだ．

Ⅱ〚人について〛**1** 悪い：劣った；才能のない；資格に欠ける；不得手な，下手な．~ acteur 大根役者．~ élève 出来の悪い生徒，劣等生．~ médecin 藪医者．~ père 悪い父親．~ poète へぼ詩人．être ~ en maths 数学の出来が悪い．

2 悪い：性悪な；不道徳な；意地悪な；不愉快な．~ commerçant 悪徳商人．~ enfant 悪童．〚俗〛~ fer 信用できぬ奴．~ garçon 不良少年；やくざ．~ mari 不実な夫．être ~ avec qn 人に意地悪をする．Ce n'est pas le ~ type あれは厭な奴じゃない；いい奴だ．

——n. 悪い人，性悪な人，悪人．les bons et les ~ 善人と悪人．le M ~ 悪魔 (=le Démon)．Oh, la ~e! おお悪い女(ひと)だ！

——n.m. 悪；悪いこと．le bon et le ~ 善と悪．Dans toute chose, il y a du bon et du ~．何事にも良い面と悪い面がある．

mauve *n.f.* 〚植〛モーヴ，銭葵(ぜにあおい) (malvacées あおい科)．
——*a.* モーヴ色の，薄紫の．rose ~ 薄紫色の薔薇．
——*n.m.* モーヴ色，薄紫色．

mauzac *n.m.* 〚葡〛モーザック (主に西南フランスで栽培される白葡萄酒用の品種)．

MAV (=mercatique après-vente) *n.f.* 〚商業〛販売後マーケティング(商品の販売後の不都合情報の収集など)．

maxi (<maximum) *n.m.* 〚話〛最大限．
——*a.inv.* 最大限の (=maximal)．prix ~ 最高価格．vitesse ~ 最高速度．
——*ad.* 最大限に；最大限に見積って (=au maximum)．

maxidiscompte *n.m.* 〚商業〛最大値引，ハード・ディスカウント．

maxillaire *a.* 顎の．cancer ~ 〔supérieure〕上顎癌．
——*n.m.* 顎骨．~s supérieures 上顎骨．~ inférieure 下顎 (=mandibule)．

maxillo-facial (*ale*) (*pl.aux*) *a.* 〚解剖〛顎と顔面の．〚医〛chirurgie ~ale 顎顔面〔補綴〕手術．〚医〛prothèse ~ale 顎顔面補綴．médecin ~ 顎顔面治療医．

maxima (**a**) 〚ラ〛*l.ad.* 〚法律〛appel *a* ~ 減刑を求める検察官の上訴 (appel *a* minima 「加刑を求める検察官の上訴」の対)．

maximal (*ale*) (*pl.aux*) *a.* **1** 最大の；最高の．température ~*ale* 最高気温．vitesse ~*ale* 最高速度．
2 〚数〛極大の．élément ~ d'un ensemble ordonné 順序集合の極大，元．

maximalisme (<maximum) *n.m.* **1** 〚政治〛最大限綱領主義；過激主義；急進主義；強硬体制．
2 〚ロシア史〛ボルシェヴィズム(Bolshévisme)；ボルシェヴィキ思想(政策，体制)，ソ連共産主義〔体制〕．

maximation, maximisation *n.f.* 〚経済〛最大化．~ du profit 利益の最大化．

maxime *n.f.* **1** 行動基準，道徳律．suivre une ~ 準則にのっとる．avoir pour ~ que… を行動基準とする．
2 箴言，格言；警句，アフォリズム；〚*pl.* で〛箴言集．~ populaire (traditionnelle) 俚言，諺．

maximuliste *n.* **1** 〚政治〛過激論者；過激派；急進主義者，強硬派．
2 〚ロシア史〛ボルシェヴィキ(Bolshevic)；ソ連共産主義者．
——*a.* **1** 過激論的な；過激派の．hypothèse ~ 過激な仮定 (仮説，推測)．
2 〚ロシア史〛ボルシェヴィキ(Bolshevic)．

maximum [maksimɔm] (*pl.~s, maxima*) 〚ラ〛(minimum の対) *n.m.* **1** 最大限，最高度；最大値．〚数〛極大．~ absolu 最大．〚気象〛~ barométrique 最高気圧．~ d'altitude (de vitesse) 最高高度(速度)．le ~ d'efforts 最大限の努力．~ d'intensité d'une maladie 病状の最悪期．~ de prix 最高価格，上限価格．〚数〛~ relatif 極大．
thermomètre à *maxima* 最高温度計．au ~ 最大限に；最大限に見積って (=au grand ~)．mille euros au ~ せいぜい1000ユーロ．utiliser *qch* au ~ 何を最大限に利用するか．
2 〚法律〛最高刑 (=~ de la peine)．être condamné au ~ 最高刑に処せられる．
——*a.* 〚女性形は不変あるいは maxima〛最大の，最高の (=maximal)．prix ~ 最高価格．pressions ~s (*maxima*) 最大圧．rendement ~ 最大生産量(能率)．tarif ~ 最高料金．vitesse ~(maxima) 最高速度．

maxiscooter *n.m.* 大型スクーター．Burgman 400, le pionnier des ~ 大型スクーターのパイオニア，スズキ・バーグマン400．

Mayence *n.pr.f.* マインツ (Mainz) (ドイツの都会；ラインラント＝プファルツ Rheinland-Pfalz (=〚仏〛le Rhénanie-Palatinat) 州の州都)．cathédrale romane de ~ マインツのロマネスク様式の大聖堂．musée Gutenberg à ~ マインツのグーテンベルク博物館(印刷博物館)．

Mayenne *n.pr.f.* **1** 〚地理〛la ~ マイエンヌ川 (le Maine メーヌ地方の川；長さ185 km；Mayenne マイエンヌ, Laval ラヴァル, Château-Gontier シャトー=ゴンチエを流れ，la Sarthe サルト川と合流して，la Maine メーヌ川となる)．
2 〚行政〛la ~ マイエンヌ県 (=départe-

mayonnaise 1202

ment de la ～；県コード 53；フランスUE の広域地方行政区画の région Pays de la Loire ペイ・ド・ラ・ロワール地方に属する；県庁所在地 Laval；主要都市 Mayenne, Château-Gontier；3 郡, 32 小郡, 261 市町村；面積 5,171 km²；人口 285,338；形容詞 mayennais (*e*)).
3〖行政〗マイエンヌ《マイエンヌ県の都市；市町村コード 53100；形容詞 mayennais (*e*)).

mayonnaise *n.f.*〖料理〗マヨネーズ, マヨネーズ・ソース (=sauce ～). œufs〔à la〕～ ゆで卵のマヨネーズ添え. poulet à la ～ 鶏肉のマヨネーズ添え.

Mayotte *n.pr.f.*〖無冠詞〗**1**〖地理〗マイヨット島《=île de ～；インド洋上, コモロ諸島の島》.
2〖行政〗マイヨット《フランス共和国の県に相当する海外独立共同体 collectivité d'outre-mer (COM) départementale；いずれ DOM 海外県になる予定；行政コード 976；首都 Dzaoudzi ザウジ；面積 374 km²；人口 68,200；形容詞 mahorais (*e*)).

mazout [mazut][ロシア] *n.m.* 燃料油, 重油 (=fuel-oil). chaudière à ～ 重油ボイラー.

mazouté(e) *a.* 重油 (燃料油) で汚染された. oiseaux ～*s* 流出重油で汚染された鳥.

MBA¹ (=〖英〗*M*aster of *B*usiness *A*dministration) *n.m.*〖教育〗経営学修士.

MBA² (=*m*arge *b*rut d'*a*utofinancement) *n.f.*〖経済〗自己金融粗マージン, 自己投資粗利鞘, キャッシュフロー (=〖英〗cash flow)；資金繰り.

MBA-Institut (=〖英〗*M*anagement & *B*usiness *A*dministration-*I*nstitut) *n.m.*〖教育〗経営・経営管理学院《グランド・エコール；Bac+4 年》. ～ Bordeaux ボルドー経営・経営管理学院 (1975 年創設). ～ Paris パリ経営・経営管理学院 (1982 年創設).

MBB (=〖独〗*M*esserschmitt-*B*olkow-*B*lohm)〖無冠詞〗*n.f.* メッサーシュミット=ボルコウ=ブローム社《西独の航空機・兵器等の製造会社》.

MBBA (=*m*éthoxy*b*enzilidène-*b*utyl*a*niline) *n.f.*〖化〗メトキシベンジリデン=ブチル=アニリン.

MBC (=*m*éthyl*b*enzylidène *c*amphre) *n.m.*〖生化〗メチルベンジリデン・カンフル, 4-～ 4=メチルベンジリデン・カンフル《卵巣癌の存在を示す蛋白質》.

MBDB (＜N-*m*éthyle-1-(1, 3-*B*enzo*d*ioxyol-5-YL) 2-*b*utanamine) *n.f.*〖薬〗合成麻薬《通称 Eden》.

MBFR (=〖英〗*M*utual and *B*alanced *F*orce *R*eductions) *n.f.pl.* (中部ヨーロッパ) 兵力相互均衡削減〔交渉〕(=réduction mutuelle et équilibrée des forces en Europe).

MBLP (=*m*issile *b*alistique à *l*ongue portée) *n.m.*〖軍〗長距離弾道ミサイル (=〖英〗LRBM：*L*ong *R*ange *B*allistic *M*issile).

MBMS (=*m*issile *b*alistique *m*er-*s*ol) *n.m.*〖軍〗海上発射対地弾道ミサイル, 海対地弾道弾.

mbps (=*m*éga*b*it *p*ar *s*econde) *n.m.* 秒速メガバイト.

MBS (=*m*arge *b*rute *s*tandard) *n.f.*〖商業〗標準粗利益, 標準粗マージン.

MBT (=*m*er*c*apto*b*en*z*othiazole) *n.m.*〖化〗メルカプトベンゾチアゾール.

MCA (=*M*ouvement *c*orse pour l'*a*utodétermination) *n.m.*〖政治〗コルス (コルシカ) 自治推進運動 (1983-87 年).

MCC (=*M*inistère de la *c*ulture et de la *c*ommunication) *n.m.* 文化情報省.

MCCA (=〖西〗*m*ercado *c*omún *c*entroamericano) *n.m.*〖経済〗中央アメリカ共同市場, 中米共同市場 (=〖仏〗*M*arché *c*ommun *c*entre*a*méricain) (1990 年創設, エルサルバドル, グアテマラ, コスタリカ, ニカラグア, ホンジュラスの 5 カ国で構成).

McDo [makdo] *n.pr.* マクドー《マクドナルド McDonald の愛称》.

McDonald's〖米〗*n.pr.m.* マクドナルズ, マクドナルド《略称 McDo「マクド」》.

MCI (=〖英〗*m*ild *c*ognitive *i*mpairment) *n.m.*〖医〗軽度認知障害 (=léger déficit cognitif, troubles cognitifs légers). taux de conversion du ～ vers la maladie d'Alzheimer (MA) 軽度認知障害からアルツハイマー病への移行率.

MCJ (=*m*aladie de *C*reutzfeld-*J*akob) *n.f.*〖医〗クロイツフェルト=ヤコブ病 (=〖英〗CJD：*C*reutzfeld-*J*akob *d*isease；〖独〗Creutzfeld-Jakob Krankheit)《海綿状変性脳症；ドイツの精神科医クロイツフェルトとヤコブによって, 1920-21 年に発見された疾患》. ～ classique 散発性クロイツフェルト=ヤコブ病. ～ familiale 家族性クロイツフェルト=ヤコブ病. V-～ (=variante de la ～；vMCJ とも書く) 変性クロイツフェルト=ヤコブ病〔狂牛病〕(=maladie de la vache folle), 牛のスポンジ型脳症 (ESB=encéphalopathie *s*pongiforme *b*ovine)).

MCLS (=〖英〗*m*uco*c*utaneous *l*ymphnode *s*yndrome) *n.m.*〖医〗小児急性熱性皮膚粘膜リンパ節症候群 (=syndrome adénocutanéo-musqueux), 川崎病 (=syndrome de Kawasaki).

MCM (=*m*ontants *c*ompensatoires *m*onétaire) *n.m.pl.* (CEE, UE のヨーロッパ共通農業政策 Politique agricole commun [PAC] の) 国境調整税 (1969 年 CEE が導入). ～ négatifs マイナス国境調整税《通貨の弱い加盟国に適用；輸出税・輸入助成金を課す》. ～ positifs プラス国境調整税《通貨の強い加盟国に適用；輸入税・輸出助成金を課す》.

MCMM (= multi charges multi missions) a.inv.〘軍〙多武装・多目的の. drone tactique ~ 多武装・多目的無人航空機.

MD (= Mouvement démocratique) n.m.〘政党〙民主主義運動(2007年5月1日, UDF 総裁の François Bayrou フランソワ・バイルーが結成).

Md (= mendélévium) n.m.〘化〙「メンデレビウム, メンデレヴィウム」の元素記号.

MDA[1] (= méthyl diamphétamine) n.f.〘薬〙メチル・ジアンフェタミン(幻覚作用を持つ合成麻薬).

MDA[2] (= 3,4-méthylène-dioxy-amphétamine) n.f.〘薬〙3,4=メチレン=ジオキシ=アンフェタミン(アンフェタミン系合成麻薬;幻覚を伴う覚醒剤;禁止薬物;俗称 love dry).

MDC (= Mouvement des citoyens) n.m.〘政治〙市民運動党(Jean-Pierre Chevènement ジャン=ピエール・シュヴェーヌマンが率いる左翼政党, 1992年創設). liste ~ aux élections européennes ヨーロッパ議会議員選挙の市民運動党リスト.

MDCS (= mesures de confiance et de sécurité) n.f.pl.〘軍縮〙ヨーロッパ安全協力会議 CSCE の)信頼・安全醸成措置 (= [英] CSBM: Confidence and Security-Building Measures).

MDD (= marque des distributeurs) n.f.〘商業〙販売業者商標. fabricants de produits des ~ 販売業者商標製品の製造業者.

MDEA (= 3,4-méthylène dioxy-N-éthylamphétamine) n.f.(n.m.)〘薬〙3,4=メチレンジオキシ=N=エチランフェタミン(アンフェタミン系覚醒剤;幻覚作用のある覚醒剤;禁止薬物;俗称 Eve エーヴ(イヴ)).

MDM (= Médecins du monde) n.m.pl. 世界医師団(Bernard Kouchner が1980年に設立した国際的医療組織).

MDMA (= méthylène-dioxyde-métamphétamine, méthylène dioxy-3, 4-méthamphétamine) n.m.〘薬〙メチレン=ジオキシド=メタンフェタミン(メタンフェタミン系麻薬;俗称 l'ecstasy, la pilule de l'amour. 1914年ドイツで食欲抑制剤として開発されたもの;言語や性の抑制を解き, 恍惚状態を招くため, 麻薬の一種として流行).

MDR (= Mouvement des réformateurs) n.m.〘政治〙改革主義者運動(1992年, 「統一フランス党」France unie, 「民主主義者連合」Association des démocrates, 「好成績と分配」Performance et partage の3党が合併して結成した政党;2002年 UMP に合流).

MDS (= médicament dérivé du sang) n. m.〘薬・医〙血液製剤(血液からつくられる医薬品). contrôle des ~ 血液製剤の安全管理.

MDSF (= Mouvement démocrate socialiste de France) n.m. フランス民主社会主義運動(1973年 Max Lejeune らが結成した中道左派の政党;のち MDS (mouvement démocrate socialiste), PSD (Parti social-democrate) を経て UDF と合体).

ME (= microscope électronique) n.m. 電子顕微鏡.

méandre (< le Méandre, トルコの曲りくねった川) n.m. **1**〘地理〙(河川の)曲流, 蛇行. ~ libre 自由蛇行.
2 (道などの)くねり, 蛇行. ~s d'une route 道路のジグザグ.
3〘美術〙メアンドル模様. 凹凸模様, ジグザグ模様.
4〘比喩的〙(話・考えなどの)曲りくねり;(交渉などの)迂余曲折. ~ de la politique 政治の迂余曲折.

méat [mea] n.m. **1**〘解剖〙道, 管;道口. ~ supérieur (moyen, intérieur) du nez 上(中, 下)鼻道. ~ urinaire 尿道口.
2〘植〙細胞間隙 (= ~ intercellulaire).

Meaux n.pr. モー(département de Seine-et-Marne セーヌ=エ=マルヌ県の郡庁所在地;市町村コード 77100; la Brie ブリー地方の中心都市;形容詞 meldois(e)). brie de ~ モーのブリー〘チーズ〙. moutarde de ~ モー特産の粒入り辛子.

MEB (= microscope électronique à balayage) n.m. 走査電子顕微鏡. photo prise au ~ 走査電子顕微鏡で撮影した写真.

MEC (= Mission d'évaluation et de contrôle) n.f.〘国会〙(国家予算の有効利用を監視する)評価管理委員会(1999年2月創設). la ~ de l'Assemblée nationale 国民議会の評価監査団.

mécanicien(ne) n. **1** 機械工;整備工, 整備士. 修理工;(特に)自動車整備工. ~ d'avion 航空機整備工. ~ d'un garage 自動車修理工場の整備工(修理工). ~ électricien 電気工. bleu de ~ 機械工(整備工, 修理工)の青い作業衣.
2〘鉄道・海・空〙機関士. ~ d'aéronéf (navigant) 航空機関士.〘海〙~ de la marine 機関員.〘鉄道〙~ [de locomotive] 機関士, 機関車運転士.
3 機械設計者, 機械技師 (= ingénieur ~). officier ~ 技術将校.
4 力学専門家.
—a.〘古〙機械の. civilisation ~ne 機械文明.

mécanicien-dentiste (pl. ~s-~s) n.m. 歯科技工士 (= prothésiste dentaire).

mécanique[1] a. **1** 機械の;機械的な;機械で動く, 自動の;機械製の.〘話〙ennuis ~s [de moteur] エンジントラブル. escalier ~ エスカレーター (= escalier roulant). fauteuil ~ 車椅子. industrie ~ 機械産業. jouet ~ 機械仕掛の玩具. piano ~

自動ピアノ. procédés ~s 機械化工程. tissage ~ 機械織.
2 〖軍〗機械化した(=mécanisé). force ~ 機械化部隊.
3 〖比喩的〗機械的な, 反射的な, 自動的な. geste ~ 反射的な(自動的な)仕草. réaction ~ 機械的な反応.
4 力学の; 力学的な. énergie ~ 力学的エネルギー. lois ~s 力学の諸法則.
5 〖哲〗機械論の.
6 〖古〗arts ~s 工芸.

mécanique² *n.f.* **1** 力学. ~ appliqué 応用力学. ~ céleste 天体力学. ~ chimique 化学力学. ~ des fluides 流体力学. ~ newtonienne ニュートン力学. ~ ondulatoire 波動力学. ~ quantique 量子力学. ~ rationnelle 理論力学. ~ statique 統計力学.
2 機械工学; 機械の組立技術. ~ automobile 自動車工学. ~ d'une horloge 時計組立技術.
3 機械仕掛, 機械; 仕組, 機構. une belle ~¹ 素晴しいメカ(機械). être fort en ~ メカに強い.
4 〖比喩的〗(人体について)体つき. une belle ~² 素晴しい体つき. 〖話〗remonter la ~ 全力を傾注する. 〖俗〗rouler les ~s 肩をゆすって歩く.
5 〖比喩的〗複雑な仕組. ~ diplomatique 複雑な外交的機構.

mécanisation *n.f.* 機械化. ~ de l'agriculture 農業の機械化.

mécanisé(e) *a.p.* 機械化された. agriculture ~e 機械化農業. brigade ~e 機械化旅団. 〖軍〗force ~e 機械化軍事力. production ~e 機械による生産.

mécanisme *n.m.* **1** 仕組; 構造; 機械装置, 機械仕掛, メカニズム. ~ d'un horloge 時計の構造(機械仕掛). fonctionnement (réglage) d'un ~ 構裝置の機能(調整).
2 〖比喩的〗仕組; 構造; 機構, メカニズム. ~ administratif 行政機構. ~ du corps humain 人体構造, 人体の仕組. ~ économique 経済機構.
3 〖生〗機能過程, メカニズム. ~s biologiques 生体のメカニズム. ~s organiques 器官の機能過程(メカニズム).
4 〖心〗機制. ~ de défense 防衛(逃避)機制.
5 〖音楽〗演奏技術(テクニック), 技巧.
6 〖哲〗機械論, 機械観. ~ matérialiste 唯物論的機械論.

mécano (<mécanicien) *n.m.* 〖話〗機械工; 修理工; 整備工; 機関士. 《*Le M~ de la Général*》『ジェネラル号の機関士』(Buster Keaton 主演の映画).

mécanographie *n.f.* (計算・分類・分別・複写などの)事務機器導入(使用).

mécanographique *a.* 事務機器の; 事務機器による; 事務の機械処理のための. classements ~s 事務機器による分類.

comptabilité ~ 事務機器利用簿記. machines ~s 事務機器.

mécanothérapie *n.f.* 〖医〗機器療法 (機器を利用する治療法の総称).

mécatronicien(ne) *n.* 機械・電子技術者, メカトロニクス技術者.

mécatronique *n.f.* 〖機工〗メカトロニクス(ロボットなどの工作機械類の制御工学).

mécénat (<Mécène) *n.m.* メセナ, 学術・文芸の庇護(援助). ~ d'entreprise 企業メセナ.

mécène (<Mécène=Caius Cilnius Maecenas, 古代ローマの皇帝アウグストゥスの寵臣〖前69年頃-8年〗; ウェルギリウス, ホラチウスなどの文人を庇護した) *n.m.* 学問・芸術の庇護者・パトロン.

méchanceté *n.f.* **1** 意地の悪さ; 悪意. ~ d'un regard 意地悪い目付き. ~ noire 悪辣さ(=scélératesse). agir avec(par)~ 意地悪く行動する.
2 意地悪な言動. ~ gratuite ただの意地悪. dire une ~ 意地悪を言う. faire des ~s 意地悪をする.

méchant(e) *a.* Ⅰ 〖一般に名詞の後〗**1** 意地悪な. ~e langue 毒舌家, 中傷家. caractère ~ 意地悪な性格. critique ~ 意地悪な批評家. homme ~; ~ homme 意地悪な人; 悪人. paroles ~es 意地の悪い言葉. regard ~ 意地悪そうな目つき. être ~ avec (envers, pour) qn 人に対して意地悪である.
2 手に負えない. une enfant ~e 手に負えない女児.
3 (動物が)たちの悪い, 咬みつく, よく吠える. 《Chien ~》「猛犬あり」(掲示の文言).
4 〖話〗ひどい結果を招く. Ce n'est pas bien ~. 大したことにはならない.
Ⅱ 〖名詞の前〗**1** 不愉快な. ~ humeur 不機嫌(=mauvaise humeur). être de ~ humeur 不機嫌である. s'attirer une ~e affaire 面倒な事を背負いこむ.
2 取るに足りない; 無価値な, 下らない; みすぼらしい. ~ cabaret みすぼらしいナイトクラブ. ~ écrivain 三文文士. ~e habitude 下らぬ習慣. ~ médecin 藪医者.
3 〖話〗素晴らしい, 凄い. ~ voiture 凄い車. remporter un ~ succès 大成功を収める.
—— *n.* 〖文〗意地悪な人; 悪人. les bons et les ~s 善人と悪人. faire le ~ いきり立つ, むきになる, 依怙地になる.

mèche *n.f.* **1** (ランプ, 蠟燭などの)芯, 灯心; (花火, 爆薬などの)火口(ほくち), 導火線. ~ de lampe ランプの芯. ~ lente 緩燃導火線. couper une ~ brûlée 燃え尽きた芯を切る. 〖比喩的〗éventer(découvrir) la ~ 陰謀をあばく. 〖比喩的〗vendre la ~ 秘密を洩らす.
2 メッシュ, 房; 髪の房. ~s folles ほつれ毛. une ~ de cheveux 一房の髪. se faire

faire des ~s 髪をメッシュに染めさせる.
3 鞭の先端.
4(樽の薫蒸殺菌用の)硫黄をしませた布.
5〚医〛タンポン. ~ hémostatique 止血タンポン.
6〚機工〛錐,ドリル,ビット. ~ à cuillère 壺錐. ~ de perceuse 穿孔ドリル. ~ hélicoïdale ねじれドリル,ドリル.
7〚海〛(舵などの)心棒,舵心機.
8〚織〛網目;網織地,メッシュ;網糸.

Mecklembourg〔独〕*n.pr.* メークレンブルク(Mecklenburg)《ドイツ北東部の地方》. Land de ~-Poméranie-Occidentale メークレンブルク=フォーアポンメルン州(Mecklenburg-Vorpommern)《ドイツ北東部の州;州都 Schwerin シュヴェーアリーン》.

mécompte *n.m.* **1** 誤算;期待外れ,失望. ~s de l'assurance-vie 生命保険の誤算. subir de graves ~s 深い失望を味わう.
2〔古〕計算違い.

méconnaissance *n.f.* 認識不足;無知,無理解;否認. ~ de la situation 状況に関する認識不足. ~ des auteurs contemporains 同時代の作家の無視(評価の否認). ~ des règles essentielles de la politesse 最低の礼儀作法をわきまえていないこと.

méconnu(e)(<méconnaître)*a.p.* 真価を認められない;世に知られない. autorité ~e 正当に評価されない権威. écrivain ~ 不遇の作家.
—*n.* 世に認められない人;不遇の人. un grand ~ 不遇の偉人.

mécontent(e) *a.* 不満な;不機嫌な. air (visage) ~ 不満な様子(面もち). avoir l'air ~ 不満そうである. moue d'une fille ~*e* 不機嫌な娘のふくれ面. professeur ~ de ses élèves 教え子に不満の教授. être ~ de qch (qn) 何(人)に不満である. être ~ de son sort 自分の境遇に満足していない. être ~ de+*inf.* (de ce que+*ind.*, que+*subj.*) …すること(であること)に不満である. ne pas être ~ de qch (de+*inf.*) 何(…すること)に不満はない.
—*n.* 不満な人,不平家;〘*pl.* で〙不満分子. un perpétuel ~ 永遠の不満家;気難しい人(=grognon). clameurs des ~s 不満分子の非難の声. conspirations de ~s 不満分子の陰謀.

mécontentement *n.m.* 不満,不平. ~ populaire 大衆の不満. ~ qui couve くすぶる不満. manifester son ~ 不満を表明する.

Mecq(La)〔la mɛk〕〔イスラム〕*n.pr.f.* **1** メッカ《Mekka〔h〕:サウジアラビアのヒジャーズ地方の中心都市;モハメッドの生誕地で,イスラム教徒の聖都》.
2〔比喩的〕la M~ メッカ(活動・関心の中心;多くの人が訪れる場所);発祥地. Hollywood, le ~ du cinéma 映画のメッカ,

ハリウッド.

MECV(=*M*inistère de l'*e*nvironnement et du *c*adre de *v*ie) *n.m.* 自然環境・生活環境省.

Med〔mɛd〕(<Méditerranée) Le Club ~ 地中海クラブ《略称》. villages Club ~ 地中海クラブ村.

médaille *n.f.* **1** メダル,メダイユ;(古代ギリシア・ローマの)古銭. ~ à l'empreinte d'un grand homme 偉人の肖像を刻印したメダル. cabinet de ~s de la Bibliothèque nationale 国立図書館の古銭室. face d'une ~ メダルの表. revers d'une ~ メダルの裏面;〔比喩的〕物事の隠れた面.
2 賞牌,メダル;勲章;(勲章の)略綬. ~ d'or (d'argent, de bronze) 金(銀,銅)メダル. 〚軍〛~ commemorative 従軍章. ~ de la résistance レジスタンス功労章. ~ de sauvetage 人命救助章. ~ militaire 戦功章. ~ d'or au grand concours de vin d'Alsace アルザス産葡萄酒大品評会での金牌. décerner à *qn* la ~ 人にメダルを授与する.
3 お守りのメダル. ~ de saint-Christophe 聖クリストフのメダル(交通安全のお守り). 〚カトリック〛~ pieuse メダイ. ~ de la Vierge 聖母のメダイ. ~ en or 金のメダル.
4 徽章,バッジ;認識票;(動物の)鑑札.

médaillé(e) *a.* **1** メダルを授与された. soldat ~ 戦功章を授与された兵士.
2(高品質保証の)認証を付与された. poulet ~ メダル獲得鶏. vin ~ d'or 金牌受賞葡萄酒.
—*n.* メダル(勲章)を授与された人. ~ militaire 戦功章を授与された軍人.

médaillon *n.m.* **1** 巨大メダル.
2(円形・楕円形の)薄浅彫りの肖像;円形(楕円形)の額におさめた肖像画(彫刻).
3(写真・髪などを入れて胸に下げる)ロケット.
4(雑誌・新聞の)かこみ写真(=photo en ~).
5〚料理〛メダイヨン《肉・フォワグラ・伊勢海老の身などの輪切り(料理)》. ~ de foie gras d'oie 鵞鳥のフォワグラのメダイヨン. ~s de veau 仔牛の肉のメダイヨン.

médazépam *n.m.*〚薬〛メダゼパム(ベンゾジアゼピン系の抗不安剤).

medcost *n.pr.m.*〚無冠詞〛メドコスト《医療専門家を対象としたインターネットのサイト名:www.~.fr/》.

médecin *n.m.* 医師. ~ des Armées 軍医(=~ de l'armée, ~ militaire). ~-chef de l'hôpital 病院の主任医師. ~-conseil 顧問医師. ~ des hôpitaux 病院勤務医. ~ de famille 家庭医,かかりつけの医者. ~ du travail 労働医療専門医《原則は独立医師だが,多くは企業・企業連合診療所勤務医》. ~ d'urgence 救急医. ~ généraliste 一般医,総合医,総合医学臨床医(praticien de médecine générale), 家庭医(~ spécialiste

「専門医」の対）〔英国の総合医 general practitioner に相当〕. ~ légal 司法監察医. ~ libéral 自由診療医. ~ occasionnel 臨時勤務医. ~ salarié 勤務医. ~ spécialiste 専門医. ~ traitant 主治医. ~ volant 空飛ぶ医師〔飛行機を利用して医療にあたる医師〕. M~s aux pieds nus 裸足の医師団〔1987年設立〕. M~s du Monde 世界の医師団〔1980年設立〕. M~s sans frontières 国境なき医師団〔1971年設立；略記 MSF〕. femme-~ 女医. ordre des ~s 医師会.

médecin-conseil (*pl.* **~s-~s**) *n. m.* 顧問医師.

médecine *n.f.* **1** 医学. ~ aérospatiale 航空宇宙医学. ~ clinique 臨床医学. ~ compréhensive 包括医学. ~ curative 治療医学. ~ de l'aviation 航空医学 (= ~ aéronautique). ~ du sport スポーツ医学 (= ~ sportive). ~ du travail 産業(労災)医学. ~ d'urgence 救急医学〔医療〕. ~ générale 総合(一般)医学. ~ infantile 小児医学 (= pédiatrie). ~ interne 内科〔医〕学. ~ légale 法医学. ~ militaire 軍医学. ~ nucléaire 核医学. ~ prédicative 予言医学. ~ préventive 予防医学. ~ psycho-somatique 心身医学, 精神身体医学. ~ spécialisée 専門医学. ~ sociale 社会医学. ~ tropicale 熱帯医学. ~ vétérinaire 獣医学.
docteur en ~ 医学博士. enseignement de la ~ 医学教育. étudiant en ~ 医学生. faculté de ~ 医学部. faire sa ~ 医学を修める.
2 医業；医療, 診療；療法. ~ hospitalière 病院医療. ~ libérale 自由医業(診療). ~s naturelles 自然療法〔acupuncture 鍼術, homéopathie 同種療法, mésothérapie 真皮薬剤小量注入療法, phytothérapie 薬草療法, など〕. ~ physique 身体療法 (= rééducation リハビリテーション). ~ privée 私立医業. ~ scolaire 学校医学. ~ traditionnelle 伝統療法.

médecine-spectacle *n.f.* 医学ショー.

Medef (= *M*ouvement des *e*ntreprises de *F*rance) *n.f.* フランス企業運動〔旧フランス経営者全国評議会 ex-CNPF；フランスの経営者団体；日本の経団連に相当〕.

média (<médium の複数形〕; [米] mass media の省略形) *n.m.* **1** メディア；マス・メディア；〔集合的〕メディア関係者；〔多く *pl.*〕広告媒体. nouveau ~ 新メディア.
2 〔電算〕メディア, 媒体. interchangeabilité de ~ メディア互換性.

médiacalcose *n.f.* 〔医〕石灰沈着性中膜動脈硬化症 (= calcification de la paroi).

médiamat *n.m.* メディアマット〔TV 視聴率調査；フランス全土から抽出された 2,300 世帯の 4 歳以上の人 5,600 名を標本とし, 視聴率計測器を利用〕.

Médiamétrie *n.f.* 〔無冠詞〕〔情報〕メディアメトリー〔1985 年設立の世論調査機関；旧 CEO = Centre d'études d'opinions 世論研究センター〕. enquête ~ メディアメトリーの世論調査.

médian(e) *a.* 中央の, 正中の. 〔解剖〕artère ~e 正中動脈. 〔統計〕écart ~ 偏差の中央値. ligne ~ e 〔幾何〕(三角形の)中線；〔解剖〕(人体の)正中線；〔スポーツ〕(テニスの)センターライン；(サッカー, ラグビーなどの)ハーフライン. 〔解剖〕nerf ~ 正中神経. 〔植〕nervure ~e (葉の)中肋. 〔幾何〕plan ~ d'un tétraèdre 四面体の正中面. 〔言語〕voyelle ~e 中央母音.
―*n.f.* **1** 〔幾何〕中線. ~ du triangle 三角形の中線.
2 〔統計〕中央値, メディアン；〔学生隠語〕(クラスの)平均点.
3 〔言語〕語中音.

médiaplanneur(se) *n.* 〔宣伝〕メディアプランナー.

médiaplanning [英] *n.m.* 〔宣伝〕メディアプランニング (= plan média).

médiascope *n.m.* メディアスコープ (TV 視聴率測定器).

médiastin *n.m.* 〔解剖〕(胸腔の)縦隔. ~ antérieur 前縦隔. ~ postérieur 後縦隔. ~ supérieur 上縦隔.

médiastinal(ale) (*pl.* **aux**) *a.* 〔解剖・医〕縦隔の. physème ~ 縦隔気腫. tumeur ~ale 縦隔腫瘍.

médiastinite *n.f.* 〔医〕縦隔炎〔胸部縦隔の炎症〕.

médiastinoscopie *n.f.* 〔医〕(胸腔の)縦隔鏡検査.

médiat(e) *a.* 媒介を通しての, 間接の (immédiat「直接の」の対). 〔医〕auscultation ~e 間接聴診. cause ~e 間接的な原因. 〔法律〕juridiction ~e 間接審理. 〔史〕vassal ~ (神聖ローマ帝国の)陪臣.

médiateur(trice) *a.* 仲裁の, 調停の. commission ~*trice* 仲裁委員会. puissance ~*trice* 調停国. 〔数〕plan ~ 二等分面.
―*n.* **1** 調停者, 仲裁者. jouer un rôle de ~ entre deux pays en conflit 2 紛争当事国の間で調停役を果たす.
2 行政監査委員, オンブズマン. ~ de la République [française] フランス共和国斡旋員, 共和国オンブズマン〔1973 年に創設され, 1976 年, 1989 年に補完された制度に基づいて任命される独立した権限を持つ司法官の一種で, 行政当局と一般市民の間でおこる個人的な紛争の調停, 処理にあたる〕. ~ européen EU オンブズマン〔1994 年に欧州議会で採択された決定に基づいて創設された制度〕.
3 〔労働〕労働紛争調停委員.
4 媒介物質. ~ chimique 化学媒介物質.
―〔数〕*n.f.* 垂直二等分線.

médiathécaire *n.* メディア資料館 (médiathèque) の学芸員.

médiathèque *n.f.* メディアテーク《フィルム, レコード, テープ, 印刷物等各種のマスメディア資料のコレクションおよびその収集展示館》.

médiation *n.f.* **1** 仲介, 調停；〖国際法〗居中調停；〖公法〗仲介；〖刑訴法〗調停. offrir (proposer) sa ~ 調停を申し出る. Les parties à tout différend dont la prolongation est susceptible de menacer le maintien de la paix et de la sécurité internationales doivent en rechercher la solution, avant tout, par voie de négociation, d'enquête, de ~, de conciliation, d'arbitrage, de règlement judiciaire, de recours aux organismes ou accords régionaux, ou par d'autres moyens pacifiques de leur choix. いかなる紛争でもその継続が国際の平和及び安全の維持を危うくする虞のあるものについては, その当事者は, まず第一に, 交渉, 審査, 仲介, 調停, 仲裁裁判, 司法的解決, 地域的機関または地域的取極の利用その他当事者が選ぶ平和的手段による解決を求めなければならない.《国際連合憲章第33条》.
2 仲介, 中間物；〖哲〗媒介.
3 〖音楽〗メディアツィオ《詩編の歌唱における中間終止》.

médiatique *a.* **1** マスメディアの(に関する). publicité ~ マスメディア利用宣伝活動.
2 マスメディアで人気のある. une personnalité très ~ マスメディアの超人気者.

médiatisation¹ (<médiatiser) *n.f.* **1** 〖哲〗媒介.
2 〖史〗(直臣領の)陪臣領化；(大国による小国の)併合.

médiatisation² *n.f.* 〖情報〗メディア(マスメディア)化；マスコミによる伝達. ~ d'un événement 事件のマスコミ化.

médiatisé(e) *a.p.* メディアで報道された；メディア化された. événement ~ メディアで報道された出来事.

médiboom *n.m.* 医療ブーム.

médic[o]- [ラ] [ELEM]「医学, 医者」の意 (*ex. médico-légal* 法医学の).

médical(ale)(*pl.***aux**) *a.* 医学の；医療の；医師の. acte ~ 医療行為. auxiliaires ~*aux* 医療補助員(=paramédicaux). certificat ~ 健康診断書. corps ~ 医師団. déontologie ~*ale* 医の倫理, 医道. dossier ~ 医療記録. études ~*ales* 医学研究(学習). examen ~ 医学的検査. imagerie ~*ale* 医学の造影法, 医療画像診断. secret ~ 医療秘密. soins ~*aux* 医学的治療, 医療. visite ~*ale* 往診. visiteur ~ (製薬会社の)プロパー.

médicalisation *n.f.* 医療の普及；医療体制(設備・施設)の拡充；医療機関への委託；医療措置. ~ d'une contrée isolée 僻地の医療体制の拡充. ~ de la grossesse 妊娠の医療措置.

médicament *n.m.* 〖医・薬〗医薬品, 薬, 薬剤. ~ analgésique 鎮痛剤. ~ (à usage) externe (interne) 外用薬(内服薬). ~ contre la toux 咳止め, 咳薬. ~*s* coupe-faim 食欲抑制剤. ~ de confort 強壮剤. ~ générique ジェネリック医薬品, (特許切れの)後発医薬品；商標登録のない医薬品. ~ pour l'estomac 胃薬. ~*s* susceptibles d'entraîner une baisse de vigilance 注意力を低下させる可能性のある薬. ~ teratogène 催奇性医薬品. ~ vétérinaire 獣医薬.
prendre des ~*s* 薬を飲む. prescrire un ~ 薬を処方する.
Association d'*a*ide aux *v*ictimes des *a*ccidents de ~*s* 薬剤事故被害者援助協会《略記 Aavam》. consommation abusive (abus) de ~*s* 医薬品の濫用. déchets issus de ~*s* 医薬廃棄物. dépendance aux ~*s* 薬物依存〔症〕(=pharmacodépendance). effet secondaire d'un ~ 医薬品の副作用. formule d'un ~ 薬の処方〔箋〕. indication (contre-indication) d'un ~ 薬剤の使用指示(禁忌). précaution d'emploi d'un ~ 医薬品の使用上の注意. prescription d'un ~ 薬の処方. recueil des ~*s* 薬局方(=codex, pharmacopée). vignette d'un ~ remboursé par la Sécurité sociale 社会保障制度(医療保険)で還付される薬価証紙.

médicamenteux(se) *a.* **1** 薬効のある. plante ~*se* 薬用植物.
2 薬物による, 投薬による. traitement ~ 薬物療法. eczéma ~ 薬疹.
3 医薬品の. consommation ~*se* 医薬品の消費〔量〕.

médication *n.f.* 〖医〗投薬, 薬物治療. ~ calmante 鎮痛薬物治療. ~ sans prescription 処方なしの投薬. ~ substitutive 代用投薬, 置換投薬.

médicinal(ale)(*pl.***aux**) *a.* 薬用の. plantes ~*ales* 薬用植物.

medicine-ball [mɛdsinbol] [英], **médecine-ball** (*pl.* ~-~**s**) *n.m.* 〖医〗メディシンボール《柔軟体操・筋肉強化用の革製の重いボール》.

médico[-]chirurgical(ale) (*pl.***aux**) *a.* 〖医〗内科学と外科学の. matériel ~ 内科外科用医療機器.

médico-légal(ale)(*pl.***aux**) *a.* **1** 法医学(médecine légale)の. autopsie ~*ale* 法医解剖, 司法検死.
2 institut ~ 司法監察医院；(パリの)法医学監察院《通称ラ・モルグ la Morgue de Paris》.
3 医事法学の.

médicométrique *n.f.* 〖医〗計量医学《コンピューター援用診断・治療》.

médico-pédagogique *a.* 医学教育〔学〕の. centres ~*s* 医学教育センター.

médico-professionnel (le) *a.* 職業医学の.
médico-psychologique *a.* 〖医〗医学心理学の; 医学心理学併用療法の.
médico-social (ale) (*pl.* **aux**) *a.* 社会医療の 《医療と社会福祉に関する》. BTS 《sciences ~ ales》社会医療学上級技術員免状.
médico-sportif (ve) *a.* スポーツ医学 (=médecine du sport) の. centres ~s スポーツ医学センター.
médiéviste *n.* 中世学者, 中世研究家. historien ~ 中世史家.
Médine *n.pr.* メディナ (=〖アラビア語〗al-Madīna〔h〕; サウジ=アラビア北西部の都市. マホメット Mahomet が没し, その墓があるイスラム第2の聖地).
médiocratie *n.f.* 〖政治〗凡庸 (凡愚) 政治〔体制〕.
médiocre *a.* **1** 並以下の; (収入・地位・暮しなどが) ぱっとしない; (作品などが) 凡庸な, 平凡な; (成績などが) かんばしくない. appartement de dimensions ~s あまり広くないアパルトマン. devoir ~ あまり出来のよくない宿題. loyer ~ 安い家賃 (地代). ouvrage ~ 凡作. revenus ~s 低所得. salaire ~ 薄給. sole ~ やせた土地. vie ~ 平凡な生活. n'avoir qu'un intérêt ~ pour qch 何にあまり興味がもてない.
2 (人が) 凡庸な, 平凡な; (生徒が) 出来のよくない. écrivain ~ ぱっとしない (凡庸な) 作家. élève ~ en mathématique あまり数学ができない生徒.
3 〖文〗並の. ~s difficultés さほどでない難事. taille ~ 中背.
——*n.* 凡庸な人; 凡人.
——*n.m.* 凡庸さ; 並. au-dessous du ~ 並以下.
médiocrité *n.f.* **1** 並以下であること; ささやかさ; (人・作品などの) 凡庸さ, 平凡さ; 量的不足. ~ du bonheur ささやかな幸せ. ~ d'un écrivain 作家の凡庸さ. d'une existence 生活のつつましさ. ~ d'une œuvre 作品の平凡さ. ~ de ses revenus 彼の収入のささやかさ (低所得).
2 凡庸な人, 凡人. association de ~s 凡人たちの集り.
3 平凡な物 (=chose médiocre).
4 〖古〗中庸; 人並みの状態. ~ dorée 黄金の中庸 (=〖ラ〗aurea mediocritas; ホラティウス Horace の言葉). vivre dans la ~ 人並みの暮しをする.
médiodorsal (ale) (*pl.* **aux**) *a.* 〖解剖〗背側正中の. 〖言語〗〔consonne〕~ ale 中部舌背音.
médisance (<médire) *n.f.* **1** 悪口を言うこと. se répandre en ~s 悪口を言い立てる.
2 悪口, 中傷. ~ anonyme 無名の中傷. ~ faite par malignité 悪意に基づく中傷. prêter aux ~s 悪口の的になる.

Médisite *n.m.* 〖無冠詞〗〖情報処理〗(インターネットの) 医療サイト (=sites médicaux).
méditation *n.f.* **1** 瞑想, 黙想; 熟考. s'adonner à la ~ 瞑想に耽る. *M~s métaphysiques* de Descartes デカルトの『形而上学的省察』(1641年). *M~s poétiques* de Lamartine ラマルチーヌの『瞑想詩集』(1820年).
2 〖宗教〗黙祷, 念祷 (=oraison mentale).
méditerranée *n.f.* 内海. la *M~* 地中海 (=la Mer ~).
Méditerranée (la) *n.f.* 地中海 (=mer ~). la ~ occidentale (orientale) 西 (東) 地中海.
méditerranéen (ne) *a.* 地中海の, 地中海性の; 地中海沿岸の. climat ~ 地中海性気候《夏季は高温で乾燥し, 冬は温暖で多雨》. le Club ~ 地中海クラブ《観光会社; 略して le Club Med》. 〖医〗fièvre ~ 地中海熱.
——*M~ n.* 地中海人, 地中海沿岸の住民.
médium¹ [-jɔm] (*pl.* **~s**) 〖ラ〗 *n.m.* **1** 中位, 中間.
2 〖音楽〗(声域の) 中音, 中声.
3 〖絵画〗(絵具の) 溶剤, 溶媒, メディウム.
4 媒質. ~ élastique 弾性媒質.
médium² [-jɔm] (*pl.* **~s**) *n.m.* 〖心霊〗霊媒.
médium³ [-jɔm] (*pl.* **média**) *n.m.* メディア, 伝達手段, コミュニケーションの媒体; マスメディア. ~ publicitaire 宣伝媒体.
Médoc (le) *n.m.* メドック地区《ジロンド河 la Gironde の左岸の地域名》. vin du ~ メドック地方産の葡萄酒 (=médoc).
médoc¹ *n.m.* 〖葡萄酒〗メドック《ボルドー地方 le Bordelais ジロンド河 la Gironde 左岸, メドック地区産の AOC 葡萄酒; vin du *M~*》.
médoc² *n.m.* 〖話・蔑〗医薬品, くすり (=médicament).
médocain (e) *a.* メドック (Médoc) 地区の. cru ~ メドック地区の特級葡萄畑〔の酒〕.
medulla [-ラ] *n.f.* 〖生〗(胚腺の) 髄; 髄質. 〖植〗木髄. 〖解剖〗~ oblongata 延髄 (=moelle allongée). ~ ossium adipos (flava) 脂肪骨髄. ~ spinalis 脊髄.
médullaire *a.* **1** 〖解剖〗脊髄 (moelle épinière) の (に似た). lames ~s du thalamus (脳の) 視床の髄板.
2 〖解剖〗骨髄 (moelle osseuse) の. canal ~ 髄管. os ~ 骨髄のある骨.
3 〖植〗髄の; 木髄の. 〖植〗canal ~ 髄腔.
4 〖解剖〗髄 (médulla) の; 髄質の (cortical 「皮質の」の対). substance ~ de la glande surrénale (du rein) 副腎 (腎臓) の髄質. suc ~ 髄液. zone ~ du rein 腎臓の髄質部.

5〖解剖〗延髄の,脳幹の. stimulant ~ 延髄(脳幹)興奮剤.

médullarine *n.f.*〖生〗メデュラリン(髄質から分泌される胚生殖腺ホルモン).

médullectomie *n.f.*〖医〗副腎髄除去〔術〕.

médullisation *n.f.*〖医〗骨髄形成.

médulloblastome *n.m.*〖医〗髄芽腫(小児の小脳に発生する悪性腫瘍).

médullo[-]surrénale *a.*〖解剖〗副腎髄の. glande ~ 副腎髄腺.
——*n.f.*〖解剖・医〗副腎髄質(アドレナリン adrénaline, ノルアドレナリン noradrénaline を分泌).

médullo-surrénalome *n.m.*〖医〗副腎腫.

méduse *n.f.* くらげ.

MEDVEDEV, Dmitli [ロシア] *n.pr.* デミトリー・メドヴェージェフ(1965年9月14日生まれの政治家;2000年ガスプロム会長, 2005年ロシア連邦共和国国第一副首相;2008年3月大統領に当選).

meeting [mitiŋ][英] *n.m.* **1** (政党・組合などの情報交換・討論のための)ミーティング, 集会, 大会. ~ politique 政治集会. **2**〖スポーツ〗競技会, 大会. ~ d'athlétisme 陸上競技会. ~ aérien 航空ショー, 航空機展示会 (= ~ d'aviation).

méfait *n.m.* **1** 悪行. commettre de nombreux ~s 数々の悪行を重ねる.
2 害;損害. ~s du tabac タバコの害.

méfiance *n.f.* 不信, 疑念. avoir la ~ envers *qn* 人に疑念を抱いている. éveiller la ~ de *qn* 人に疑念を抱かせる. vivre dans la ~ 不信の念を抱いて暮らす.〔諺〕 M ~ est mère de sûreté. 疑いは安全の母.

méfiant(e) *a.* 疑い深い;疑念を抱いた;怪しむような. air ~ 怪しむような様子. naturel ~ 疑い深い本性. regard ~ 疑惑の眼差し. être ~ à l'égard de *qn* 人を信用しない.
——*n.* 疑い深い人.

MEG[1] (= *magnéto-encéphalogramme*) *n.m.*〖医〗脳磁図.

MEG[2] (= *magnéto-encéphalographie*) *n.f.*〖医〗脳磁図測定〔術〕.

méga (< *mégaoctet*) *n.m.*〖コンピュータ〗メガバイト, メガ(略記 Mo).

méga- [ギ] ELEM **1**〖度量〗「10^6, 100万倍」の意(略記 M) (*ex. méga*tonne メガトン).
2「大」の意 (*ex. méga*lithe 巨石遺構).

mégabase *n.f.*〖生化〗メガ塩基(ADN (=DNA)の長さを測定する単位;略記 Mb;1 Mb=100万塩基).

mégabit *n.m.*〖コンピュータ〗メガバイト(Mbit, Mb と略記;2^{20} bits に相当).

mégacalorie *n.f.*〖物理〗メガカロリー(100万カロリー;略記 Mcal).

mégacaryocyte *n.f.*〖生〗巨核球, 巨核細胞(骨髄の血小板巨核母細胞).

mégacité *n.f.* 超巨大都市 (=mégapole).

mégacôlon *n.m.*〖医〗巨大結腸症. ~ toxique 中毒性巨大結腸. syndrome de ~ 巨大結腸症候群.

mégacycle *n.m.* メガサイクル. ~ par seconde メガサイクル毎秒, メガヘルツ (mégahertz;略記 MHz).

mégadyne [megadin] *n.f.*〖物理〗メガダイン (10^6ダイン).

mégaélectronvolt *n.m.*〖物理〗メガエロクトロンヴォルト, 百万電子ヴォルト(略記 MeV).

mégaeuro *n.m.* メガユーロ, 100万ユーロ(略記 M€).

mégaflop *n.m.*〖コンピュータ〗メガフロップ(略記 Mflops;コンピュータの演算能力を示す単位で, 1メガフロップは1秒間に100万回の浮動小数点演算能力に相当する).

mégafusion *n.f.*〖経済〗巨大企業合併.

mégahertz [megaerts] *n.m.*〖物理〗メガヘルツ, メガサイクル/秒(MHz と略記. 1 MHz=10^6Hz).

mégajoule *n.m.*〖物理〗メガジュール (10^6J).

mégakaryocyte *n.m.*〖生〗巨核球, 巨核細胞 (=mégacaryocyte).

mégalencéphalie *n.f.*〖医〗巨脳症.

mégalérythème *n.m.*〖医〗巨大紅斑. ~ épidémique 表皮巨大紅斑.

mégalithe *n.m.*〖考古〗巨石遺跡(dolmen, menhir など).

mégalithique *a.*〖考古〗巨石の. alignements ~s de Carnac カルナックの巨大列石遺跡. civilisation ~ 巨石文化.

mégalo- [ギ] ELEM「巨大」の意 (*ex. mégalo*polis 巨大都市).

mégaloblaste *n.f.*〖生〗巨赤芽球.

mégalocornée *n.f.*〖医〗巨大角膜;巨大眼球.

mégalocytaire *a.*〖生〗巨大赤血球の. série ~ 巨大赤血球群(promégablaste 前巨赤芽球, mégaloblaste 赤芽球, mégalocyte 巨大赤血球など).

mégalocyte *n.m.*〖生〗巨大赤血球.

mégalomane *a.*〖医〗誇大妄想の.
——*n.* 誇大妄想症患者, 誇大妄想者.

mégalomanie *n.f.*〖医〗誇大妄想狂.

mégalopole *n.f.* 巨大都市圏, メガロポリス (=mégalopolis, megapole).

mégaloville *n.f.* 巨大都市.

mégaoctet *n.m.*〖情報〗メガバイト (100万バイト. Mo と略記).

mégaœsophage *n.m.*〖医〗食道拡張〔症〕. ~ idiopathique 特発性食道拡張〔症〕.

mégaparsec *n.m.*〖天文〗メガパーセク (10^6パーセク;3,261,600光年に相当).

mégaphone *n.m.* メガホン, 拡声器 (= porte-voix).

mégaplexe *n.m.* 〖映画〗メガプレックス〖20以上の映写室をもつ巨大複合映画館〗.

mégaporteur *n.m.* 〖航空〗超大型旅客機(輸送機).

mégaptère *n.f.* 〖動〗座頭鯨(ざとうくじら)(=jubarte, baleine à bosse).

mégaséisme *n.m.* 大地震, 巨大地震.

mégastar *n.f.* **1** メガスター, 超大型俳優(歌手). **2** 超有名人;〖スポーツ〗超スター選手. ~ du football サッカーの超スター選手.

mégastore 〖英〗*n.m.* 〖商業〗メガストア, 巨大ショッピングセンター.

mégasystème *n.m.* 巨大組織. ~s socio-économiques 社会経済的巨大組織(例えば教育制度).

mégatonne *n.f.* メガトン(100万トン. Mtと略記. 特に核兵器の破壊力をTNT火薬に換算して表わす単位). bombe H de cinq ~s 5メガトンの水爆.
—*n.m.* 100万トン級タンカー.

mégatonnique *a.* メガトン(100万トン)の;メガトン級の. charge explosive ~ メガトン級の核弾頭.

mégawatt [megawat] *n.m.* 〖電〗メガワット, 100万ワット〖電力の単位;MW, Mwと略記〗.

megisserie *n.f.* 明礬(みょうばん)鞣し工場;明礬鞣し革販売業. quai de la M~ ケ・ド・ラ・メジスリー〖パリ市第1区, セーヌ河右岸の河岸大通り;シャトレ広場とルーヴル宮の間にあり, 園芸店・鳥獣商などの店が並ぶ〗.

MEI (=*M*ouvememt *é*cologiste *i*ndépendant) *n.m.* 〖政治〗独立環境運動(1994年結成;月刊機関誌 *Lettre des écologistes*「環境派通信」).

meibomite *n.f.* 〖医〗眼瞼板腺(マイボーム腺 glande de Meibomius)炎.

meilleraye-de-bretagne (la) *n.m.* 〖チーズ〗ラ・メーユレー=ド=ブルターニュ〖ラ・メーユレー・トラピスト派修道院 Abbaye (Trappiste) de la Meilleraye で, 牛乳からつくられる, 圧搾非加熱, 洗浄外皮, 一辺24cm, 厚さ4-5cmの角型, 重量2kg, 脂肪分45-50%〗.

meilleur(e)[1] *a.* **1** 〖bon の優等比較級〗より良い;より優れた;より善良な;より上等な;より美味な. ~ santé よりよい健康状態. Je vous souhaite (une) ~*e* santé. 一層の御健勝をお祈り申し上げます. M~*e* santé! どうかお元気で! être en ~*e* santé 健康状態がより良い.
une ~*e* solution より良い解決策.
bien ~ ずっと良い. un peu ~ 少しましな. Il est bien ~ que son père. 彼は父親よりはずっとましだ.
article de ~*e* qualité より品質のよい商品.
espoir d'une vie ~*e* よりよい生活に対する希望. souvenir d'un temps ~ よりよい時代の思い出. 〔à〕~ marché より安く.
de ~*e* heure もっと早く〔から〕. se lever de ~*e* heure より早く起床する. être de ~*e* humeure 大層機嫌が良い.
Ce plat serait ~ avec un peu de sel. もうすこし塩気が強ければもっとおいしいだろうに. Il est ~ que tu ne penses. 彼は君が考えているよりましな奴だ. Il est ~ chercheur que pédagogue. 彼は教育者より研究者としての方が優れている. Il fait ~ qu'hier. 昨日よりはいい天気だ. Le temps est ~. 天気は良くなった. Je ne connais rien de ~. これより良いものは知らない. Vous avez ~*e* mine qu'hier. あなたの顔色はきのうより良い.
2 〖定冠詞・所有形容詞と共に〗〖bon の最上級〗最も良い;最も優れた, 最上の. les ~es conditions 最上の条件. le ~ écrivain de notre temps 現代の最大の作家. les ~s esprits 最も優れた頭脳. le ~ des hommes 最も優れた人. le ~ moyen 最良の方策. les ~s ouvriers de France フランスの最優秀職人(略記MOF;最良の職人に与えられる国家称号). mon ~ ami 私の最高の親友. la ~*e* solution qu'on puisse adopter 採り得る最良の解決策. C'est là le ~ parti. それこそが最善策だ. tirer le ~ parti de la situation 状況を最大限に利用する. ce qu'il y a de ~ dans le monde この世で最上のもの. une des ~es voitures de l'année 今年の最優秀車の一つ.
〔Je vous adresse〕mes vœux les ~s (mes ~s vœux;mes ~s souhaits) pour la nouvelle année. 新年おめでとうございます, 謹賀新年. Veuillez agréer l'expression de mes ~s sentiments (de mes sentiments les ~s;de mes salutations les ~s). 敬具〖手紙の結びの文言〗. 〖諺〗La raison du plus forts est toujours la ~. (最も強い者の言い分が常に正しい→)勝てば官軍, 負ければ賊軍;無理が通れば道理引っこむ.
◆〖二者間で〗よりよい方〖比較級としての用法〗. la ~*e* de ces deux solutions 二つの解決策のよりよい方.
—*n.* 〖定冠詞と共に〗最良の人(物). le ~ d'une société エリート. J'en passe et des ~ 〔*e*〕*s*. 〖列挙の後で〗後は省略, さらに素晴らしいものも含めて. Prenez cette route-ci, c'est la ~. こちらの道を行きなさい, そのほうが道がいいから. Que le ~ gagne! 最も秀れた者に勝利あれ!

meilleur[2] *ad.* より良く. Il fait aujourd'hui qu'hier. 今日はきのうより良い天気だ. Cette rose-ci sent ~ que celle-là. この薔薇はあれより香りが良い.
—*n.m.sing.* 最もよいもの;最も良いこと, 最も良い部分. le ~ de ses pensées 彼の考えの最もよい点, 彼の思想の精髄. pour le ~ et pour le pire 順境にあれ逆境に

あれ. être unis pour le ~ et pour le pire 苦楽を分かち合っている. donner le ~ de soi-même 己れの最善を尽す. passer le ~ de sa vie 人生の最良の時期を過す.〚スポーツ〛prendre (avoir) le ~ sur *qn* 人の優位に立つ. Le ~, c'est de+*inf.* (que+*ind.*) 一番いいのは…することだ. Le ~, c'est de n'en rien dire. 一番いいのはそれについて何も言わないことだ.

meilleure[2] *n.f.sing.*〚話〛吃驚するようなこと, あっと驚くような話. C'est la ~ ! 吃驚するような話だ!

méiose *n.f.*〚生化〛(細胞の) 減数分裂.

méiotique *a.*〚生〛減数分裂の. réduction ~ 減数分裂性還元, 還元〔減数〕分裂.

meitnérium [majtnɛrjɔm] (< Lise Meiter, スウェーデンの核物理学者 [1878-1968]) *n.m.*〚化〛マイトネリウム《元素記号 Mt, 原子番号 109, 原子量 268 の人工元素》.

MEITO (= *M*aison de l'*é*lectronique, de l'*i*nformatique et de la *t*élématique et de l'*O*uest) *n.f.* 西部フランス電子・情報処理・テレマチック・センター.

Meizhou〔中国〕*n.pr.* 梅州(ばいしゅう), メイジョウ《広東省の都市》.

mél (< *m*essage (messagerie) *él*ectronique) *n.m.* 〚情報処理〛電子メール, E-mail.

mélæna ⇒ **mélena**

mélamine *n.f.*〚化〛**1** メラミン《石灰窒素からつくられる樹脂の原料》. **2** メラミン樹脂. plateau de table en ~ メラミン樹脂製の食卓板.

mélan〔**o**〕**-**〔ギ〕ELEM 「黒色」の意《*ex. mélano*derme 黒皮症》.

mélancolie *n.f.* **1** 憂愁, もの悲しさ, メランコリー; うら淋しさ. ~ d'un paysage 風景のうら淋しさ. ne pas engendrer la ~ 陽気である; まわりの人を陽気にする.
2〚精神医学〛鬱状態(= état dépressif aigu). ~ anxieuse 不安神経症的鬱. ~ intermittente (périodique) 間歇的(周期的) 鬱状態. crise de ~ 鬱状態の発症.
3〚古医学〛黒胆汁(= bile noire)《人を憂鬱にさせるという脾臓液; 人間の性格の要素となる 4 体液の一》.
4〚美術〛*M*~ §*II* d'Albert Dürer アルブレヒト・デューラーの『メレンコリア §*II* 』(*Melencholia* §*II* ; 銅版画 ; 1514 年).

mélancolique *a.* **1** 憂愁に満ちた, 愁いに沈んだ; 愁いに満ちた, 沈み勝ちな; 憂鬱そうな. homme ~ 愁いに沈んだ人. visage ~ 愁いに満ちた表情. avoir l'air ~ 憂鬱そうである. être d'humeur ~ 憂愁に満ちた気質である.
2 物悲しい, うら淋しい. chanson ~ 物悲しい歌. paysage ~ うら淋しい景色.
3〚医〛鬱病の; 鬱状態の. stupeur ~ 鬱性昏睡.
　—*n.*〚医〛鬱病患者. douleur morale de ~ 鬱病患者の精神的苦痛.

Mélanésie *n.pr.f.* la ~ メラネシア《l'archipel Bismark, les îles Fidji, les îles Salomon, la Nouvelle-Calédonie, la Papouasie-Nouvelle-Guinée, Vanuatu などを含む, オセアニアの地域名》.

mélanésien(**ne**) *a.* メラネシア (la Mélanésie) の; ~の住民の; ~語の.
　—*M*~ *n.* メラネシア人. les ~*s* メラネシア族.
　—*n.m.*〚言語〛メラネシア語.

mélange *n.m.* **1** 混合, 配合;(薬品の) 調合;〚比喩的〛(異文化・異民族などの) 混淆; 混和. ~ du ciment セメントの混合. ~ des couleurs 色の混合. ~ des drogues pour préparer un médicament 医薬品の調剤のための薬剤の調合.〚法律〛~ de fait et de droit 事実と法の混合した攻撃防御方法(請求理由). ~ de peuples 諸民族の混淆. ~ de vins 葡萄酒の混合 (= coupage).〚話〛éviter les ~*s* 酒の混ぜ飲みを避ける. faire ~ d'huile et de vinaigre 油と酢を混ぜ合わせる.
2 混じり気. sans ~ 混じり気のない. sans ~ de *qch* 何の混じっていない. bonheur sans ~ 一点の翳りもない幸福, 完璧な幸せ.
3 混合物, (異種のものの) 混じり合い;〚化〛混合物;〚比喩的〛雑種; 混血児.〚内燃機関〛~ carburant 混合気. ~ d'événements heureux et malheureux 禍福のないまぜ. ~ d'huile et de vinaigre 油と酢の混ぜ合せ.〚化〛~ détonant 爆発性ガス. ~ impur 不純混合物. ~ nutritif pour les bestiaux 家畜の混合飼料.〚薬〛~ pharmaceutique 調合医薬品, 調剤.〚化〛~ réfrigérant 寒剤, 凍結剤.〚内燃機関〛~ riche (pauvre) 過(稀薄)混合気. ingrédients d'un ~ 混合物の成分.
4〔*pl.* で〕雑纂; 記念論文集. ~*s* historiques (politiques) 歴史(政治)雑纂. ~*s* littéraires offerts à *qn* 人に捧げられた文学記念論文集.

mélangé(**e**) *a.p.* **1** (他のものと) 混ぜ合わされた, 混合された. ingrédients ~*s* 混合成分. vin ~ avec un autre vin 他の葡萄酒と混ぜた葡萄酒, 混合葡萄酒.
2 混ぜ合わされてできた, 混成の;〚比喩的〛混血の; 雑種の;〚織〛交織の. ensemble ~ 混成体. race ~*e* 混血種; 雑種. sentiments ~ 複雑な感情. style ~ 混淆様式.
3〚蔑〛一様でない, 雑多な. assistance assez ~*e* (社会階層が) かなり雑多な出席者.

mélangeur *n.m.* **1** (気体, 半溶解物, 固体等の) 混合機 (装置); 撹拌機, ミキサー;〚冶〛混銑炉.〚冶〛~ à béton コンクリート・ミキサー.〚冶〛~ de fonte 混銑器.〚冶〛~-frotteur (鋳造用の) 混砂機.
2〚水道〛(冷水と温水の) 混合栓 (= robinet ~).

mélanine

3 〖放送・映画・音響〗ミキサー(=~ de sons, mixeur).

mélanine *n.f.* 〖生〗メラニン〖色素〗. absence congénitale de ~ 先天性メラニン欠乏〖症〗. présence pathologique de ~ メラニンの病的沈着(mélanome「黒色腫」など).

mélanique *a.* 1 〖生・医〗メラニンの；メラニンを含む. pigment ~ メラニン色素. tumeur ~ 黒色腫(=mélanome).
2 〖医〗黒皮症 de (mélanisme) の. mutation ~ 黒皮症病変.

mélanisme *n.f.* 1 〖動〗黒化, メラニン(黒色素)沈着(形成), メラニズム.
2 (人の)黒性.
3 〖医〗黒色素沈着症, メラノーシス(mélanose).

mélanoblaste *n.m.* 〖生〗黒色素芽細胞, メラニン芽細胞.

mélanoblastome *n.m.* 〖医〗メラニン芽細胞腫.

mélanocortine *n.f.* 〖生化〗メラノコルチン, メラニン細胞刺激ホルモン(=〖英〗MSH; *melanocyte-stimulating hormone*；副腎皮質ホルモン).

mélanocyte *n.m.* 〖生・医〗黒色素胞, メラノサイト(メラニン *mélanine* 生成細胞).

mélanoderme *a.* 〖人類〗黒色人種の. ——*n.* 黒人.

mélanodermie *n.f.* 〖医〗黒皮症(=mélanisme).

mélanogenèse *n.f.* 〖生〗メラニン形成.

mélanome *n.m.* 〖医〗黒色腫(=tumeur mélanique).

mélanose *n.f.* 〖医〗メラノーシス(メラニン色素沈着)；〖植〗(ぶどうの)褐斑病.

mélanostimuline *n.f.* 〖生化〗黒色素胞刺激ホルモン.

mélanotropine *n.f.* 〖生化〗メラノトロピン(メラニン細胞刺激ホルモン；*mélanostimuline*；〖英〗MSH=*melanocyte stimulating hormone*).

mélasma *n.m.* 〖医〗肝斑(=chloasma).

mélasse *n.f.* 1 糖蜜. ~ de cane (bétrave) 砂糖きび(砂糖大根)の糖蜜. distillation des ~s 糖蜜の蒸留.
2 〖話〗濃霧；泥；名状し難い苦境, 混迷状態.〖比喩的〗être dans la ~ 混迷状態に陥る. patauger dans la ~ ぬかるみを歩く.

mélatonine *n.f.* 〖薬〗メラトニン(松果体分泌ホルモン, 体内生物時計に関与).

mele *n.m.* (コルスの)蜂蜜(=miel). AOC mele di Corsica (miel de Corse) コルシカ(コルス)産の産地呼称特別蜂蜜.

mêlé(e) *a.p.* 1 (à に)混ぜられた, 溶け合った. fumée ~e à la poussière 塵埃と混ざった煙.
2 (de の) 混じった. joie ~e de douleur 苦悩の入り混じった喜び. vert ~ de bleu 青の混じった緑色. vin ~ d'eau 水割り葡萄酒.
3 入り混った；複雑な；もつれた. cheveux ~s もつれた髪. couleurs ~es 複色. sang ~ 混血〖児〗. sentiments ~s 複雑な感情. société ~e 雑多な人々の集まり. style ~ 混淆様式.

mêlée² *n.f.* 1 乱戦；乱闘；〖比喩的〗激しい論戦；〖話〗激しい応酬. ~ confuse 大混戦. ~ sanglante 血煙い乱戦. rester à l'écart de la ~ 乱戦(乱闘)に加わらないでいる. se jeter dans la ~ 乱戦(乱闘)に加わる.
2 (人・事物の)大混乱〖状態〗. considérer l'histoire comme une ~ 歴史を大混乱状態とみなす.
3 〖ラグビー〗スクラム. ~〖ordonnée〗タイトスクラム. ~ spontanée (ouverte) ラック. tourner une ~ スクラム(ラック)を組む.

méléna, mélæna *n.m.* 〖医〗下血(げけつ), メレナ.

mélèze *n.m.* 〖植〗メレーズ, から松(genre Larix ラリックス種の落葉針葉樹). ~ du Japon 日本から松(学名 Larix leptolepis). bois du ~ から松林. ~ d'Europe ヨーロッパから松(学名 Larix europea).

mélisse *n.f.* 〖植〗メリッス, メリッサ(西洋やまはっか属の香草；別称 citronelle；piment des abeilles). ~ sauvage；~ de bois 野生メリッス(=melitte). 〖薬〗eau de ~ メリッス水(鎮痙剤, 気付薬). infusion de ~ メリッサのアンフュジョン.

mélitococcie *n.f.* 〖医〗ブルセラ・メリテンシス感染症, ブルセラ熱(=brucellose), マルタ熱(=fièvre de Malte), 波状熱(=fièvre ondulante).

mélodie *n.f.* 1 〖音楽〗メロディー, 旋律. motif d'une ~ 旋律のモチーフ. musique sans ~ 旋律のはっきりしない音楽.
2 〖音楽〗(詩をもとにした)フランス歌曲. M~ de Fauré sur des vers de Verlaine ヴェルレーヌの詩によるフォーレの『歌曲』. chanter une ~ 歌曲を歌う.
3 〖比喩的〗(文章, 詩などの) 音楽的な響き, 抑揚. ~ d'un poème 詩の旋律的な響き.

mélomane *n.* 熱狂的音楽愛好者(特にクラシック音楽)；音楽狂.
——*a.* 音楽を熱狂的に愛好する.

melon *n.m.* 1 〖植〗ムロン, メロン(瓜科 Cucurbitacées の植物；品種は縞入りムロン melons brodés とカンタルー・ムロン melons cantaloups の2種に大別される).
2 〖果実〗ムロン, メロン. ~ à chair rouge(verte) 赤(緑)肉の~. 〖料理〗~ au porto ムロン・オー・ポルト(冷したメロンの種の部分をくり抜き, 中にポルト酒を注いで供する前菜). 〖料理〗~ au jambon de Parme パルマの生ハム添えメロン(イタ

リア料理のプロシュート〔・ディ・パルマ〕・エ・メローネ prosciutto〔di Parma〕e melone の代表的なもの). ~ d'eau 西瓜 (=pastèque).
3 chapeau ~ 山高帽.
4〖軍〗〔学生隠語〕サン=シール特別士官学校 Ecole spéciale militaire de Saint-Cyr の一年生.
5〔俗・蔑〕北アフリカ人, マグレブ三国人.

melonnière *n.f.*〖農〗メロン畑, メロン栽培場.

Melun *n.pr.* ムラン (département de Seine-et-Marne セーヌ=エ=マルヌ県の県庁所在地; 市町村コード 77000; 形容詞 melunais *a*).

MEM¹ (=*mé*moires *m*ortes) *n.f.pl.* データ読出し専用記憶装置 (=〔英〕ROM : *r*ead-*o*nly *m*emory).

MEM² (=*m*onde *é*conomie de *m*arché) *n.m.*〖経済〗市場経済世界, 市場経済界.

membrane *n.f.* **1**〖解剖・医〗膜. ~ du corps humains 人体の膜 (aponévrose 腱膜, choroïde 脈絡膜, cornée 角膜, endocarde 心内膜, épendyme 上衣, ~ hyaloïde (眼の) 硝子体膜, méninge 髄膜, péricarde 心膜, périoste 骨膜, péritoine 腹膜, sclérotique (眼の) 強膜, tympan 鼓膜など). ~s fœtales 胎膜. ~ muqueuse 粘膜. ~ séreuse 漿膜. fausse ~ 偽膜. rupture des ~s (出産時の) 破水. ~s alaires de la chauve-souris こうもりの翼膜. ~ nictitante (鳥などの眼の) 瞬膜.
2〖生〗~ cellulaire 細胞膜. ~ nucléaire (細胞の) 核膜. ~ vacuolaire 液胞膜.
3〔一般に〕薄膜.〖化・物理〗~ semi-perméable 半透膜.〖音響〗~ vivrante (スピーカーなどの) 振動膜.

membraneux(se) *a.* **1**〖生, 解剖〗膜の; 膜質の.〖昆虫〗ailes ~ses 膜翅. tissu ~ 膜状組織.
2〖医〗膜を生じる; 膜性の. angine ~se 膜性アンギナ. bronchite ~se lipodystrophie ~se 膜形成性脂質異栄養症. néphropathie ~se 膜性腎症.

membranule *n.f.*〖解剖, 動〗小膜 (=petite membrane).

membre *n.m.* Ⅰ《手足》**1** (人体の) 肢体, 肢. les quatre ~s 四肢. ~s inférieurs¹ 下肢《cuisse, jambe, pied》. ~s supérieurs 上肢《bras, avant-bras, main》. anomalie des ~s 四肢異常 (奇形). ~ atrophié 萎縮肢体.〖医〗~ fantôme (肢体切断後の) 幻影肢. paralysie des ~s 肢体麻痺. fléchir (plier) les ~s 肢体を曲げる. tendre (détendre) les ~s 肢体を伸ばす. trembler de tous ses ~s 全身で震える.
2 (動物, 昆虫の) 脚, 肢. ~s antérieurs 前肢. ~s postérieurs 後肢.
3〔話〕男根, ペニス (=~ viril ; pénis).
Ⅱ《構成要素》**1** 構成員, 会員, メンバー, 一員. ~ actif 活動的メンバー. ~ associé 準会員, 客員会員. ~ bienfaiteur 寄付会員. ~ d'une association 協会会員. ~ d'un club sportif スポーツ・クラブの会員. ~ d'un comité 委員会委員. ~ d'une Confrérie des Chevaliers des Tastevin. 利酒の騎士団会員. ~s de l'équipage (飛行機, 舟などの) クルー. ~ d'une famille 家族の一員. ~ d'un jury 陪審員; 審査委員会委員. ~ du parti socialiste 社党員. ~ d'une société savante (secrète) 学会会員 (秘密結社員). ~ fondateur 創立会員. ~ honoraire 名誉会員. ~ perpétuel (à vie) 終身会員. carte de ~ 会員証. les quarante ~s de l'Académie française アカデミー・フランセーズ (フランス学士院) の40人の会員《終身会員》. devenir ~ 会員になる.
2 (国際機関, 条約・同盟などの) 加盟国; 構成国. ~s d'une alliance 連合国. ~ d'un Etat fédéral 連邦の構成国 (州). ~s de l'Onu 国連加盟国. les Etats (des pays) ~s 加盟国. Etats ~s de l'Union européenne ヨーロッパ連合の加盟諸国. Etat ~ fondateur de l'ONU 国連原加盟国. pays en développement *M*~ (世界貿易機関 WTO) 加盟途上国.
3 (文の) 構成要素, 成員; (詩句の) 節. ~ de phrase 文の構成要素.
4〖建築〗部材; 装飾部材; (特に) 刳付 (=moulure). ~ inférieur² (postérieur)² 上弦材 (下弦材).
5〖海〗(船の) 肋材 (=membrure).
6〖数〗(方程式の) 辺. premier (second) ~ 左辺 (右辺).

mémentine *n.f.*〖薬〗メマンチーヌ《アルツハイマー治療薬》.

mémento [memɑ̃to][ラ] *n.m.* **1** 心覚えのしるし; 覚書, メモ; メモ帳, 備忘録 (=mémorandum, agenda).
2 提要, 要説. ~ de chimie 化学提要.
3〖カトリック〗(ミサでの) 追想の祈り. ~ des morts (des vivants) 生者 (死者) の記念の祈り.

mémoire¹ *n.f.* **1** 記憶力; 記憶; 良い記憶力 (=bonne ~). ~ affective 感情記憶. ~ associative 連想記憶. ~ auditive 視覚記憶. ~ de fixation 記銘力. ~ évocative 喚起記憶. ~ fidèle (sûre) 確かな記憶. ~ immédiative (différée) 即時 (延期) 記憶.〖生〗~ immunitaire (immunologique) 免疫 (免疫学的) 記憶. ~ sensori-motrice 感覚運動記憶. ~ visuelle 視覚記憶. ~ volontaire (involontaire) 意識 (無意識) 的記憶. défaillance de ~ 失念. exercice de ~ 記憶力の強化訓練. perte de ~ 記憶喪失. trou de ~ 記憶の穴 (欠落部分).〖医〗trouble de la ~ 記憶障害.
avoir la ~ de …を覚えている. avoir de la ~ ; avoir beaucoup de ~ 記憶力に恵まれている. avoir (garder) *qch* dans sa ~ (en

mémoire²

~) …を記憶にとどめる. avoir une bonne (mauvaise) ~ 物覚えが良い (悪い). Si j'ai une bonne ~, c'est... 私の記憶が確かなら, …です. ne pas avoir la ~ de …が覚えられない. ne plus avoir qch en ~ …を覚えていない. chercher (fouiller) qch dans sa ~ pour trouver un souvenir ~を思い出そうとして記憶をまさぐる. fortifier sa ~ 記憶力を高める. perdre la ~ 記憶を喪失する. rafraîchir la ~ 記憶を新たにする. rappeler qch à sa ~ …を想起する. rayer qch de sa ~ …を記憶から消し去る.

événement qui vit dans nos ~s われわれの記憶に生き続けている出来事. fait digne de ~ 記憶にとどめるべき事柄.

de ~ そらで, 暗記して. jouer de ~ 暗譜で演奏する. réciter de ~ 暗唱する.

〔否定文で〕de ~ d'homme 記憶にある限り. De ~ d'homme, rien de tel ne s'était jamais produit. 覚えている限り, このようなことはいまだかつてなかった.

en ~ 記憶の中に. revenir en ~ 記憶に甦える.

pour ~ 思い出をとどめるために; 念のため; 参考として;〔簿記〕参考に. épitaphe écrite pour ~ 記念碑銘. Je vous signale, pour ~, un excellent livre sur la question. 念のためこの問題に関する素晴らしい本をあなたにお示しします.

2 (de の) 思い出; 追憶. honorer la ~ d'un mort 故人をしのぶ.

3 死後の名声 (名誉); 記念. discours à la ~ d'un grand homme 偉人の栄誉を称える演説. général de glorieuse ~ 名声赫々たる将軍. consacrer la ~ d'un poète 詩人の名声を永久に称える. réhabiliter la ~ d'un condamné défunt 断罪された死者の名誉を回復させる.

à la ~ de; en ~ de …の記念として. dresser une statue à la ~ de qn 人を記念して彫像を建立する. inaugurer une plaque à la ~ de qn 人の記念銘板を除幕する.

4〔カトリック〕(ミサ・聖務日課中の) 死者の記念 (=commémoration). faire ~ des défunts (d'un saint) 死者 (聖者) の記念を行なう.

5〔電算〕メモリー; メモリー機能; 記憶装置. ~ à disque (à tambours magnétiques) ディスク (磁気ドラム) 型記憶装置. ~s auxiliaires 補助記憶装置. ~ cache キャッシュ・メモリー. ~ morte ロム (MEM = 〔英〕ROM: *read only memory*) (読み出し専用メモリー). ~ vive ラム (MEV = 〔英〕RAM: *random access memory*) (書き込み可能メモリー). capacité d'une ~ 記憶容量. carte à ~ メモリー・カード. mise en ~ メモリー化, メモリーへの書き込み. mettre une information en ~ 情報を記憶させる.

6〔神話〕M~ 記憶の女神 (ギリシア神話ではMnémosyne ムネモシュネ). les filles de M~ ミューズ.

mémoire² n.m. **1** 意見書, 説明書, 報告書; 指令書; 請願書, 陳情書 (exposé, requête, instructions). ~ au chef d'Etat 国家元首への請願書. ~ justificatif 正当性を示す証明書. adresser (écrire) un ~ à qn 人に報告書 (説明書) を書き送る.

2〔法律〕(裁判所に提出される) 趣意書. ~ ampliatif (破毀院, コンセイユ・デタへの上告書を補う) 補充趣意書. ~ en défense (補充趣意書に対する) 抗弁趣意書. ~ d'avocat 弁護士趣意書. ~ préalabre (コンセイユ・デタへの上告の前に知事に提出する) 事前趣意書.

3〔法律〕(認諾離婚の申立てに付加する) 理由書.

4 (賃貸物件の) 細目書;(建物・取引・訟務などの) 計算書; 請求書. envoyer un ~ à un client 顧客に請求書を送付する.

5 学術的報告書, 研究報告; 研究論文;〔pl. で〕(学術団体の) 研究論文集, 会誌. ~ de maîtrise 修士論文. ~s de l'Académie des sciences 科学アカデミー研究論文集.

6〔pl. で〕回想録. ~s autobiographiques 自伝的回想録. ~s historiques 歴史的回想録. *Les M~s d'outre-tombe* de Chateaubriand シャトーブリヤンの『墓の彼方の回想』(1809-41 年執筆).

memorandum [memɔrɑ̃dɔm]〔英〕n.m. **1**〔外交〕覚書, メモランダム; 報告書.
2 メモ, 覚書; 備忘録; メモ帳 (略記 mémo〔s〕). tenir un ~ メモをとる.
3 要約参考資料; 便覧.
4〔商業〕注文書, 発注書.

mémori*al* (*pl. aux*) n.m. **1** 回想録, 手記. *Le M~ de Sainte-Hélène* de Las Cases ラス・カーズ著『セント = ヘレナ手記』(Napoléon の言行録).
2〔外交〕外交訓令覚書.
3〔簿記〕当座帳 (= brouillard).
4〔英〕記念碑, 記念建造物, メモリアル. Le ~ de La Fayette ラ・ファイエット記念碑.

mémoriel(le) a. **1** 記憶の, 記憶に関する. **2**〔電算〕メモリーの. capacité ~le メモリー容量.

mémorisation n.f. **1** 記憶; 暗記.
2〔情報処理〕データの書き込み (情報データをメモリーに記録すること).

mémorisé(e) a.p. **1** 記憶に刻まれた.
2〔電算〕データを書き込んだ. données ~es 記憶されたデータ.

MEMS (=〔英〕*micro-electro-mechanical system*) n.m. 微小電気機械システム (=〔仏〕microsystème électromécanique).

menaçant(e) (< menacer) a. **1** 威嚇的な, 攻撃的な. attitude ~e 威嚇的な態度. émeute ~e 険悪な騒乱. lettre ~e 脅迫状.
2 不安を抱かせる. danger ~ 不安を抱か

せる危険. mer ~*e* 荒れ模様の海. temps ~ 雨(嵐)もよいの天気.

menace *n.f.* **1** 脅し,威嚇;脅威;脅迫;威嚇的言動;『法律』強迫. ~ bioterroriste 生物(細菌)テロの脅威. ~ contre la paix 平和に対する脅威. ~*s* en air こけ脅し. ~*s* terroristes テロの脅威. gestes (paroles) de ~ 脅迫的行動(言動). lettre de ~ 脅迫状. recul de la ~ à l'Est 東側諸国での脅威的状況の後退. mettre ses ~*s* à exécution 脅しを実行に移す. obéir sous la ~ 脅しに屈する. obtenir *qc* par la ~ 脅して何を手に入れる. proférer des ~*s* de mort contre *qn* 人を殺すと脅す.
2 (悪いこと・危険などの)兆し;危機,危惧. ~ de guerre 戦争の脅威(兆し). ~ de pluie 雨の降るおそれ.

menacé(e) *a.p.* **1** 威嚇された. se sentir ~ おどされていると感じる.
2 おびやかされた;危機に瀕した. espèce ~*e* 絶滅危惧種. jours ~*s* に瀕した生命. paix ~*e* おびやかされている平和.
3 temps ~ 今にも雨が降り出しそうな天気.

ménadione *n.f.* 『生化』メナジオン(ビタミン K 1).

ménage *n.m.* **1** 夫婦,家庭,所帯;核家族. ~ à trois (妻妾同居の) 3 人世帯. ~ de garçon (男の) 単身世帯 (mono-ménage 単身世帯). entrer (se mettre) en ~ 世帯を持つ,同棲をはじめる. faire bon (mauvais) ~ 夫婦仲が良い(悪い);うまが合う(合わない),折り合いが良い(悪い).〔古〕faux ~ 内縁の夫婦. petit ~ 同性愛者の世帯. scène de ~ 夫婦喧嘩.
2 家事,家政;掃除,片付け. articles de ~ 家庭用品. femmes de ~ 掃除婦, 家政婦. ustensiles de ~ 掃除用品. faire des ~*s* 家政婦として働く. faire le ~ 掃除をする,家を片付ける;整理する.
3 家庭,住居の切り盛り(管理). de ~ 自家製の. pain de ~ 自家製のパン.
4〖経済〗家計,個人. consommation finale des ~ (家計〈個人〉最終消費). dépenses de ~ 日常家事支出. taux d'équipement de ~ en biens de consommation durable 家庭用耐久消費財の普及率. revenu des ~*s* 家計(個人)所得.

ménage*r*(ère[1]) *a.* **1** 家事の;家政の;家庭の;夫婦生活の. aide ~ 家事手伝い. art ~ 家政術. appareil ~ 家庭用機器 (électroménager「家電製品」など). déchets ~*s* 家庭廃棄物, 家庭ごみ. enseignement ~ 家庭科〔教育〕. équipement ~ 家庭用機器備品. occupations ~ères 家事. pouvoir ~ 家政上の権限. travaux ~*s* 家事労働.
— *n.*〔古〕財産管理人.

ménagère[2] *n.f.* **1** 主婦, 専業主婦. bonne ~ 良い主婦. panier de la ~ 買い置き

の食糧.
2 ケース入りのナイフ・フォーク・スプーン・セット. ~ en argent (inox) 銀(ステンレス)のナイフ・フォーク・スプーン・セット.

ménagerie *n.f.* **1**〔集合的〕見世物用動物;動物園;飼育している動物群. la ~ du Jardin des Plantes de Paris パリ植物園内の動物園. ~ de fauves 野生動物園. ~ de cirque サーカス用動物〔小屋〕. ~ foraine 見世物用動物.
2〔比喩的〕異様な人びとの集り.

ménaquinone *n.f.* 『生化』メナキノン(ビタミン K 2).

Mende *n.pr.* マンド (département de la Lozère ロゼール県の県庁所在地;市町村コード 48000;le Gévaudan ジェヴォーダン地方の中心都市;形容詞 mendois (*e*)). pont Notre-Dame de ~ マンドのノートル=ダム橋(14 世紀).

mendélévium [mɛ̃delevjɔm] *n.m.* 『物理・化』メンデレヴィウム(元素記号 Md, 原子番号 101, 原子量 256;1957 年発見の人工放射性元素. ソ連の化学者 Mendeleiev に因む命名).

mendélien(ne) (<Johann Gregor Mendel, オーストリアの遺伝学者 [1822-84]) *a.* メンデルの;メンデルの法則 (lois de Mendel) の. caractère ~ メンデル形質, 単位形質. génétique ~*ne* メンデル遺伝学. hérédité ~*ne* メンデルの法則による遺伝.

mendélisme *n.m.* 『生』メンデリズム(メンデルの法則に基づく遺伝理論).

mendiant[1]**(e)** *a.* 物乞いをする, 托鉢の. moine ~ 托鉢修道士. ordres ~*s* 托鉢修道会 (アウグスティヌス会 augustins, カルメル会 carmes, ドミニコ会 dominicains, フランシスコ会 franciscains など).
— *n.* 乞食.

mendiant[2] *n.m.*『菓子』マンディヤン (=les quatres ~*s*:4 つの托鉢修道会の修道士の衣服を象徴するアーモンド amandes, 干しいちじく figues sèches, はしばみの実 noisettes, 干し葡萄 raisins secs を用いたデザート菓子).

mendicité *n.f.* **1** 物乞い, 乞食をすること. vivre de la ~ 物乞いをして暮す.
2 乞食の状態, 乞食暮し. être réduit à la ~ 乞食暮らしに身を落とす.

menhir [mɛnir] (<ブルトン語で「直立巨石」を意味する語) *n.m.*『考古』メニール, メンヒル. alignement de ~*s* メンヒルの列.

Menière (<Prosper M~, フランスの医師 [1799-1862]) *n.pr.* maladie de M~ メニエール病(めまい, 耳鳴り, 難聴を伴う内耳性病変).

méning[o]- [ギ] ELEM「髄膜」の意 (ex. *méningo*-encéphalite 髄膜脳炎).

méninge *n.f.* **1**〖解剖・医〗髄膜. ~ dur 硬膜 (= dure-mère). ~ encéphalo-spinale 脳脊髄膜. sarcomatose de la ~ 髄膜肉腫

méningé(e) 症.
2〔*pl.* で〕〔俗〕脳味噌 (=cerveau).

méningé(e) *a.*〔解剖・医〕髄膜の. artère ~ 硬膜動脈. hémorragie ~*e* 髄膜出血. sarcome ~ 髄膜肉腫. syndrome ~ 髄膜炎.

méningiome *n.m.*〔医〕髄膜腫, メニンジオーマ.

méningite *n.f.*〔医〕髄膜炎；脊髄炎. ~ cérébro-spinale 脳脊髄膜炎. ~ purulente 化膿性髄膜炎. ~ tuberculeuse 結核性髄膜炎. ~ virale ウイルス性髄膜炎.

méningocèle *n.f.*〔医〕髄膜瘤, 頭瘤 (=encéphalocèle).

méningococcie *n.f.*〔医〕髄膜炎菌感染症.

méningocoque *n.m.*〔医〕髄膜炎菌（グラム陰性球菌の一種. 流行性脳脊髄膜炎の病原体).

méningo-encéphalite *n.f.*〔医〕髄膜炎；脳炎.

méniscal(ale)(*pl.***aux**) *a.*〔解剖〕関節間軟骨の, 半月板の.〔医〕cyste ~ 半月板嚢腫, 半月嚢種.〔医〕lésion ~*ale* 半月障害.

méniscectomie *n.f.*〔医〕(膝関節の)半月板切除〔術〕.

méniscite *n.f.*〔医〕膝関節半月炎.

méniscographie *n.f.*〔医〕(膝関節の)半月板造影法.

ménisque *n.m.* 1〔光学〕メニスカス (=［英］meniscus)(皿状の凹凸レンズ). ~ convergent (divergent) 凸(凹)メニスカス.
2〔物理〕メニスカス（毛細管内の液体表面の凹凸).
3〔解剖〕関節半月 (= ~ articulaire)；関節間軟骨. ~ externe 外半月.
4〔建築〕三日月形装飾；〔宝飾〕三日月型宝石.

mennonite (<Menno Simons, オランダの宗教改革者［1496-1561]) *n.*〔宗教史〕(プロテスタントの) メノー派信徒 (→ amish de Pensylvanie). église ~ メノー派教会. Conférence ~ mondiale 世界メノー派信徒会議（略記 CMM；本部 Strasbourg).

ménopause *n.f.*〔生理〕月経閉止, 閉経；閉経期, 更年期 (=retour d'âge, âge critique).

ménopausée *a.f.*〔生理〕月経が閉止した, 閉経した；更年期の. femme ~ 閉経した女性；更年期の女性.

ménopausique *a.*〔生理〕月経閉止に関する, 月経閉止による. troubles ~*s* 更年期障害.

ménorragie *n.f.*〔医〕月経過多〔症〕(量または期間).

ménorrhée *n.f.*〔医〕月経 (=écoulement mensuel).

-ménorrhée〔ギ〕ELEM「月経」の意 (*ex.* algo*ménorrhée* 月経痛).

menotte *n.f.* 1〔幼児語〕おてて (=petite main).
2〔*pl.* で〕手錠. passer (mettre) les ~*s* à *qn* 人に手錠をはめる；〔比喩的〕人の自由を奪う (=menotter).

mensonge *n.m.* 1 嘘, 嘘言. dire des ~*s* 嘘をつく. ~ diplomatique 外交上の嘘. ~ innocent 罪のない嘘. ~ par omission 言い落としの嘘. ~ pathologique 病的な嘘言症. gros ~ 大嘘. pieux ~；~ officieux 人のためを思っての嘘.
2 虚偽, 偽り.
3 虚構, つくりごと；幻.〔諺〕Tous les songes sont ~*s*. 夢は幻 (=Songes, ~*s*). vivre dans le ~ 虚構に生きる.

mensonger(ère) *a.* 嘘の, 虚偽の. comportement ~ 虚偽の行動. promesse ~*ère* 嘘の約束.

menstruation *n.f.*〔生理〕月経 (=ménorrhée, menstrues, règles). absence de ~ 無月経. ~ douleureuse 月経困難症 (=dysménorrhée). ~ irrégulière 不規則月経. absence de ~ 無月経 (=aménorrhée).

menstruel(le) *a.* 月経の. cycle ~ 月経周期. douleur ~ 月経痛. écoulement ~ 月経. éruption ~*le* 月経疹. irrégularité ~*le* 月経不順. psychose ~ 月経神経病. sang ~〔月〕経血.

mensualisation (<mensualiser) *n.f.* 月極にすること；月毎の支給 (支払) 化. ~ de l'impôt 税の月毎支払い化. ~ des salaires 賃金の月給化, 月給制化.

mensualité *n.f.* 1 月1回の支払額；月賦金. 2 月1回の受領額；月給. 3 (月1回の) 定期刊行；月刊.

mensuel(le) *a.* 1 月1回の, 月当りの；毎月の, 月毎の. publication ~ *le* 月刊. réunion ~ *le* 月例集会. salaire ~ 月給.
2 月刊の. revue ~ *le* 月刊誌.
——*n.* 月給勤労者, 月給制被用者 (salarié payé horaire (hebdomadaire) 時間給（週給）制被用者の対).
——*n.m.* 月刊誌 (=revue ~ *le*).

mensuration *n.f.* 身体測定；身体測定値.〔法律〕~*s* judiciaires 司法身体測定, 司法識別法. ~ de Miss Monde ミス・ワールドのスリー・サイズ (tour de poitrine 胸囲, taille 身長, hanches ヒップ周り). prendre les ~*s* de *qn* (人の) 身体測定をする.

mental(ale)(*pl.***aux**) *a.* 1 心 (頭) の中での. calcul ~；opération ~ *ale* 暗算. image ~ 心像. représentation ~ *ale* 心に思いうかべたもの.〔法律〕restriction ~ *ale* 心裡留保；〔キリスト教〕意中留保.
2 精神の；精神的な；知的な. âge ~ 精神年齢. cruauté ~ *ale* 精神的虐待. déficience ~ *ale* 知的不全, 精神薄弱. état ~ 精神状態. handicap ~ 精神障害. hôpital ~ 精神病院. hygiène ~ *ale* 精神衛生. maladie ~ *ale* 精神病. médecine ~ *ale* 精神医学.

troubles ~ *aux* 精神障害.

mentalité *n.f.* **1** 〖社〗(集団の) 精神構造, 精神的 (心的) 状態. ~ d'une société 社会の精神構造. ~ primitive 原始心性. **2** (世代・時代・特定社会などの) 精神傾向；物の見方 (考え方), 発想 (思考) の特性；メンタリティー. ~ des Japonais 日本人の物の見方 (思考特性). ~ des jeunes 若者のメンタリティー. ~ du public 大衆の精神傾向. infantile 子供じみた物の考え方. **3** (人の) 性向, 根性. ~ de commerçant 商人根性. avoir une ~ de commerçant 商人じみた考え方の持主である. avoir une sale ~ 根性が汚い. **4** 〖話〗品性, 倫理感. ~ détestable おぞましい品性. Quelle ~! / 〖皮肉〗Belle (jolie) ~! なんとご立派な品性だ!

menteu*r*(*se*) (< mentir) *n.* 嘘つき. M~! 嘘つき! grand ~ 大嘘つき. sale ~! うすぎたない嘘つきめ!〖話〗être ~ comme un soutien-gorge (ブラジャーのように嘘をつく→) とんでもない嘘つきである.
— *a.* **1** 嘘ばかり言う, 嘘つきの, 虚言癖のある. petite fille ~ *se* 嘘つきの小娘. **2** 偽りの；人をあざむく. compliments ~*s* 心にもないお世辞. éloges ~*s* 心にもない賛辞. propos ~*s* 嘘言.

menthe *n.f.* **1** 〖植〗マント, ミント (labiacées 唇形科, mentha マンタ属の香草). ~ aquatique 水生ミント. ~ citronnée レモン香ミント (= ~ bergamote ベルガモットミント). ~ poivrée ペパーミント. ~ pouliot ペニローヤルミント. ~ verte 緑ミント (= ~ douce). ~ à l'eau ミント水 (ミント・シロップを水で割った清涼飲料). ~ du Japon 日本ミント (メントールの抽出用). sauce à la ~ ミント入りソース. thé à la ~ ミントティー.
2 ミントのエッセンス (= essence de ~).
3 ミント飲料 (infusion, liqueur, sirop de ~).

menthol [mɑ̃-, mɛ̃-] *n.m.* 〖化〗メントール, はっか脳 (ミントの精油から抽出されるテルペン・アルコール).

mentholé(*e*) *a.* メントール (ハッカ) 入りの. cigarette ~*e* メントール入りシガレット.

mention *n.f.* **1** 言及, 特記. ~ de *qch* par *qn* 人による何の言及. être digne de ~ 言及に値する. faire ~ de …に言及する.〖非人称〗Il est fait ~ de …について言及された；…が引合いに出された. faire une courte ~ de …について短かく言及する. n'en faire qu'une légère ~ de …について軽く触れるだけである. ~ honorable d'un militaire 兵士の功.
2 記入, 書込；欄外付記, 傍記 (= ~ marginale). biffer les ~*s* inutiles 不要な記載を抹消する. La lettre est revenue avec la ~《destinataire inconnu》. 手紙は「名宛人不明」の付箋付きで返送されてきた.
3 評価, 成績；悪くない評価. ~ très bien (bien, assez bien, passable) (成績評価の) 秀 (優, 良, 可). ~ honorable[2] (très honorable) du doctorat 博士論文審査における評価優 (秀). ~ honorable[3] dans un concours コンクールの選外賞. être reçu avec ~ 悪くない成績で合格する. obtenir la ~ bien 優の評価を獲得する.

menton *n.m.* 顎 (あご), おとがい；顎部. ~ en galoche しゃくれた顎. ~ pointu (rond) 尖った (丸) 顎. double ~ 二重顎. fossette au ~ 顎のくぼみ. poils au ~ 顎ひげ.

mentonnie*r* (*ère*[1]) *a.* 〖解〗顎の. nerfs ~*s* 顎の神経. trou ~ おとがい孔.

mentonnière[2] *n.f.* **1** (ヘルメット・甲冑などの) 顎当；(帽子の) 顎紐. ~ d'un kepi ケピの顎紐.
2 〖医〗顎用包帯.
3 〖音楽〗(弦楽器の) 顎当.
4 〖印刷〗(活字ケースの) 支え腕木.

menu[1] *n.m.* **1** 献立, メニュ (1 回の食事を構成する料理).
2 定食, 定食メニュ (à prix fixe；formule). ~ à 100 francs 100F の定食. ~ dégustation ムニュ・デギュスタシオン (シェフの自慢料理の賞味用定食). ~ gastronomique 美食家向け定食. ~ touristique 観光客向け定食. manger au ~ 定食を食べる (manger à la carte 「ア・ラ・カルトで食べる」の対).
3 献立表, メニュー. Le ~, s'il vous plaît. 献立表を見せて下さい. consulter le ~ 献立表を見て料理を選ぶ.
4 〖電算〗メニュー.
5 〖比喩的〗〖話〗議事日程 (= ordre du jour)；(トレーニングなどの) プログラム.

menu[2] *ad.* 細かく, 小さく. oignons hachés ~ 微塵切りの玉葱. écrire ~ 細かい字で書く. trotter ~ 小股で (ちょこちょこ) 歩く.
— *n.m.* **1** 〖古〗詳細.〖現用〗par le ~ 仔細に, 詳しく. raconter *qch* par le ~ 何を詳しく話す.
2 〖*pl.* で〗粉炭, 粉鉱 (= charbon en ~*s* morceaux).

menu[3] (*e*) *a.* **1** (物が) 細い, 小さい. ~ *es* branches d'un arbre 木の小枝. ~ *s* objets 小型アクセサリー, 小間物. à pas ~*s* 小股で. couper en ~*s* morceaux 細かく刻む.
2 (人が) ほっそりと小さい, か細い. jeune fille toute ~*e* か細い少女；華奢な少女.
3 (動物が) 小型の.〖狩〗~ gibier 小型の野獣 (獲物) (兎など).
4 〖比喩的〗些細な, 重要でない；(金額が) 僅かな；(貨幣が) 少額の. ~ *es* dépenses こまごました出費. ~*s* détails 詳細. ~*e* monnaie 少額貨幣. ~*s* peuple 細民. ~*s* soucis 些細な心配事.

menu-carte (*pl.* **~*s*-~*s***) *n.m.* 〖料

理〕ムニュ・カルト, ムニュ〔レストランの料理の品書き(献立表)〕.

menuet *n.m.* **1**〔舞踊〕メヌエット. danser le ~ メヌエットを踊る. **2**〔音楽〕メヌエット.

menuiserie *n.f.* **1** 指物細工, 家具製作；建具製造；造作工事. ~ d'art 高級家具製作. ~ de bâtiment 建具製造. entreprise de ~ (指物細工, 家具製作, 建具製造)業. **2** 指物師(建具師)の仕事場(=atelier de ~). **3** 指物, 家具；建具(=mobile)；造作(=~ dormante). **4** サッシ製造；サッシ. ~ métallique 金属サッシ〔製造〕. **5**〔古〕金銀細工.

menuisier(ère) *n.* **1** 指物師, 木工細工職人 ~ d'art 高級家具職人. ~ en meubles 家具職人, 家具製造工. **2**〔古〕金銀細工師.

MEP (= mode d'exercice particulier) *n.m.*〔医〕特殊治療実践法. omnipraticiens conventionnés ayant un ~ 特殊治療法を行なう全科保険医(accupuncture, homéopathie, angéiologie, allergologie, thermalisme など).

méphitique (<Méphitis, 古代ローマの疫病の女神) *a.* 有毒悪臭性の. vapeurs ~s 有毒悪臭性発散気.

mépris (<mépriser) *n.m.* **1** (de の)無視, 軽視. ~ de l'argent 金銭の軽視. ~ des règles 規則の無視. au ~ de …を無視して, に逆らって. au ~ du bon sens 良識に逆らって. au ~ du danger 危険を顧みず. **2** 軽蔑, 侮蔑. ~ moqueur 嘲笑的軽蔑. sourire de ~ 軽蔑的笑い. termes de ~ 侮蔑語. avec ~ 軽蔑して, 侮蔑的に. traiter qn avec ~ 人を侮蔑的に扱う. éprouver du ~ pour qn 人に対して軽蔑を抱く. mériter le ~ 軽蔑に値する. **3** 侮蔑的言動. essuyer les ~ de qn 人の侮蔑を浴びる. souffrir des ~ 侮蔑的言動に苦しむ.

méprise (<se méprendre) *n.f.* 取り違え, 勘違い, 考え違い, 思い違い. ~ des sens 意味の取り違え. par ~ 間違って. commettre une lourde ~ とんでもない勘違いをでかす. Si ce n'est pas une ~. 思い違いでなければ.

mer *n.f.* **1** 海；海洋.〔気象〕~ agitée 荒れた海(波高 1.25-2.5 m).〔気象〕~ belle 海は穏やか(波高 0.1-0.5 m). ~ bordière 縁海. ~ calme (seraine, tranquille) 静かな海. ~ d'huile 油を流したように凪いだ海. ~ écumante (tempéreuse) 泡立つ(荒れ狂う)海. ~ forte 荒れている海. ~ intérieure 内海.〔気象〕~ peu agitée 比較的波の低い海(波高 0.5-1.05 m). ~ territoriale 領海. armée de ~ 海軍. bord de la ~ 沿海. cu-

re au bord de la ~ 臨海(海浜)療法(=thalassothérapie). régions du bord de la ~ 沿海地方. brise (vent) de ~ 海風. catastrophe en ~ 海難. combat sur ~ 海戦.〔国際法〕Convention des Nations unies sur le droit de la ~ 海洋法に関する国際連合条約(= 〔英〕United Nations Convention on the Law of the Sea；1982 年第三次国際連合海洋法会議で採択). coup de ~ (一時的な)時化(しけ). droit de la ~ 海洋法. équipage à la ~ 船舶乗組員, 海員.〔気象〕état de la ~ 海況〔形容詞：agitée, amollie, belle, bonace, calme, écumante, étale, houle, immobile, plate, seraine, tranquille, tempétueuse など〕. fond de ~ 海底. haute (pleine) ~ 沖, 外洋；公海. navire de haute ~ 外洋航海船, 外航船. en haute (pleine) ~ 沖(外洋, 公海)で. homme (gens) de ~ 海員.〔軍〕maîtrise de la ~ (des ~s) 制海権. mal de ~ 船酔. avoir le mal de ~ 船酔いする. niveau de la ~ 海面の水位. par ~ 船で, 海路で；船便で. commerce par ~ 海上貿易. expédition par ~ 船便発送. voyage par ~ 船旅. profondeur de la ~ 海の水深. rivages de la ~ 海浜. sable de ~ 海砂. surface de la ~ 海面.

aller à la ~ 海(海岸)に行く. aller en ~ (船で)海に出る. prendre la ~ 出航する. Un homme à la ~! 人が海に落ちたぞ!(=Un homme est tombé à la mer!)；〔転義〕海に落ちた人；「なすすべを知らぬ人」. **2**〔地理的呼称〕海. la ~ du Japon 日本海. la ~ du Nord 北海. la ~ Noire (Rouge) 黒海(紅海). la ~ intérieure du Japon 瀬戸内海. **3** 潮(=marée). La ~ est basse (haute, pleine). 干潮(満潮)だ. La ~ monte. 潮が満ちてきた. **4**〔天文〕(月・惑星の)海. la ~ Australe (de la Fécondité)(月の)南(豊)の海. ~ lunaire 月面の海. **5**〔軍〕(ミサイルの)艦上発射. missile ~-air (~-~；~-sol) 艦対空(艦対艦；艦対地)ミサイル. **6**〔比喩的〕海のようなひろがり(大量), 海. ~ de colzas コルザ(西洋菜種)の海, 一面のコルザ畑. ~ de feu 火の海. ~ de documents 資料の海(山). la ~ de Glace ラ・メール・ド・グラス(「氷の海」の意；le mont Blanc 地区の大氷河の名称). ~ de feu 火の海. ~ de mots 言葉の氾濫. ~ des nuages 雲海. ~ de sable 砂の海. **7**〔比喩的成句〕chercher par ~ et par terre いたるところを探しまわる. Ce n'est pas la ~ à boire. (海を呑みほすわけではない→)それほど困難ではない. Il avalerait (boirait) la ~ et les poissons. 彼は喉があからからだ.

mer. (= mercredi) *n.m.* 水曜日(略記).

mer-air *a.inv.* 〖軍〗艦対空の. missile ~ 艦対空ミサイル《軍艦から発射される対空ミサイル》.

mercaphonie *n.f.* 〖経済〗電話利用マーケティング (=mercatique téléphonique; 〖英〗phone marketing).

mercaptan *n.m.* 〖化〗メルカプタン, チオアルコール, チオール (thiol)《メルカプト基をもつ有機化合物》.

mercaticien(ne) *n.* 〖商業〗マーケティング専門家.

mercatique *n.f.* 〖経済・商業〗マーケティング(〖英〗marketing の公式推奨用語).

merchandising [mɛrʃɑ̃diziŋ] (< 〖英〗) *n.m.* 〖商業〗マーチャンダイジング, 商品化計画; 商品販売計画; 商品開発《公用推奨語は marchandisage》.

merci *n.f.* **1** 〔古・文〕憐れみ, 慈悲. demander ~ 慈悲を乞う. se rendre à ~ 降伏する.
2 〔現用〕Dieu ~. 神様のお陰だ, お陰で. Dieu ~, il s'en est bien tiré. お陰で彼はうまく切り抜けることができた. L'opération s'est bien passée, Dieu ~. お陰で手術はうまくいきました. sans ~ 情容赦ない. lutte sans ~ 熾烈な闘い.
3 〔古・文〕恣意に. à ~ 随意に. à la ~ de *qn* (*qch*) 人の意のままに. avoir (tenir) *qn* à sa ~ 人を意のままにしている. être à la ~ des événements 事件にふりまわされている.
— *int.* **1** 有難う. M~ beaucoup. どうも有難う. M~ bien. 有難とう. M~ infiniment. /M~ mille fois. 本当に有難とう. M~ monsieur (madame). 有難うございます. M~ de bien vouloir répondre dans les plus brefs délais. 早速御返事を賜わり有難うございます. M~ d'être venu. 来てくださって有難う. M~ de (pour) votre cadeau. 贈物を有難うございます. M~ pour tout. 色々有難とう.
2 いいえ, 結構です (=Non, ~.). Encore un peu de potage? — [Non,] ~, je me suis suffisamment servi. もう少しポタージュをいかがですか？—いいえ, もう充分いただきました.
3 〔皮肉〕真平御免です. Moi, sortir avec elle? M~ bien! 彼女と出掛けるですって？願い下げです！
— *n.m.* お礼. Mille ~s de (pour) votre bienveillante attention. お心づかいに心から感謝いたします. dire un grand ~ à *qn* 人に心からお礼を言う.

Mercosur (= 〖西〗 *Mercado comun del Sur*) *n.m.* 南米南部共同市場, メルコスル《1991 年創設, 1995 年発足》; l'Argentine, le Brésil, le Paraguay, l'Uruguay の正式加盟 4 カ国と準加盟の la Bolivie, le Chili から成る; = 〖仏〗Marché commun du Sud de l'Amérique latine).

mercredi *n.m.* **1** 水曜日《週の第 3 日; 略説 mer; < 〖ラ〗Mercurii dies「メルクリウス (メルクール) の日」》.〖カトリック〗~ des Cendres 聖灰水曜日《四旬節 carême の初日; 司祭が信徒の額に悔悛の秘蹟としての灰 cendres を塗る日》.
2 〖教育〗(学校の) 休業水曜日. promener les enfants le ~ 休業水曜日に子供たちを散歩させる.

mercure *n.m.* **1** 〖元素〗水銀《元素記号 Hg, 原子番号 80, 原子量 200.59》.
2 〖金属〗水銀《常温で液状の白く輝く金属; 比重 13.6, 凝固点 -38.87℃, 沸点 356.58℃》. ~ corné 甘汞, カロメル (= ~ doux 塩化水銀 (I): chlorure mercureux). ~ précipité blanc 白降汞. alliages de ~ 水銀合金 (=amalgame). baromètre à ~ 水銀温度計. contamination par le ~ 水銀汚染. dorure au ~ アマルガム法メッキ. électrode au ~ 中銀電極. intoxication par le ~ 水銀中毒 (=hydrargyrisme). lampe à vapeur de ~ 水銀灯. maladies dues au ~ 水銀病 (maladie de Minamata 水俣病など). pile à oxyde de ~ 酸化水銀電池. pollution par le ~ 水銀汚染. rectificateur à ~ 水銀整流器. récupération du ~ 水銀の回収. recyclage du ~ 水銀の再利用. thermomètre à ~ 水銀気圧計.
En France, le taux de ~ maximal tolérable est fixé à 0.5mg/kg dans le poisson. フランスでは, 魚に含まれる最大許容水銀含有率はキロ当たり 0.5 mg である.

mercurescéine *n.f.* 〖薬〗マーキュロクローム《殺菌・消毒薬》.

mercureux(se) *a.* 〖化〗一価の水銀 (mercure monovalent) を含む, 第一水銀を含む. chlorure ~ 塩化第一水銀, 塩化水銀 (I), 甘汞 (かんこう).

mercurey *n.m.* 〖葡萄酒〗メルキュレー《département de Saône-et-Loire ソーヌ=エ=ロワール県のシャーロン地区 la Côte chalonnaise のメルキュレー Mercurey 村 (市町村コード 71640) と Saint-Martin-sous-Montaigu 村 (市町村コード 71640) で生産される赤と白の AOC 葡萄酒; 赤は pinot noir, 白は chardonnay の品種; 作付面積 548 ha, côte chalonnaise に属する》.

mercurique *a.* 〖化〗二価水銀 (=mercure bivalent) を含む, 第二水銀の. chlorure ~ 塩化第二水銀, 塩化水銀 (II), 昇汞 (しょうこう)《HgCl₂》.

mercurochrome [商標] *n.m.* 〖薬〗マーキュロクローム, マーキュロ《水銀系消毒薬》.

merde (< mère de Dieu「神の母」) *n.f.* 〖卑〗**1** (人間・動物の) 糞 (=excrément). 糞便 (=matière fécale). ~ de chien 犬の糞.
2 くだらぬ奴; くだらぬこと. ne pas se

mère

prendre pour une (de la) ~ 自分をいっぱしの人間だと思い込む. C'est une (de la) ~. 糞みたいな奴(もの)だ. Quelle ~, ce film! 何てくだらん映画だ！de ～くだらない；いまいましい. Quel temps de ~! 何ていやな天気だ！
3 〖隠〗〖航空〗濃霧で視界のきかぬ天気.
4 〖隠〗麻薬, 薬物；(特に)ヘロイン(héroïne)；環境汚染物質.
5 〖比喩的〗混乱. foutre la ~ 目茶苦茶にする.
6 〖比喩的〗困難な状況；動きのとれない状況. être dans la ~〔jusqu'au cou〕にっちもさっちもいかない.
7 〖比喩的〗つらい精神状態.
8 〖比喩的〗avoir de la ~ dans les yeux 目の前の物に気がつかない. traîner qn dans la ~ 人を笑いものにする.〖諺〗Plus on remue la ~, plus elle pue. (糞をかきまぜるほど, 悪臭がひどくなる→)怪しい事件をほじくればほじくるほど怪しくなる.
9 ~ d'oie 黄緑色(=merdoie).
——int.〖話・卑〗**1** くそ！くそったれ！ちぇっ！M~, j'ai oublié ma portefeuille! 財布を忘れてしまった.
2 〖驚嘆・賞賛〗へえ！ほう！そりゃよかった！M~ alors! C'est drôlement bien! そりゃ凄くいいね！
3 Oui ou ~? イエスかノーか？(=Oui ou non?).

mère *n.f.* I **1** 母, 母親. ~ célibataire 未婚の母. la ~ de Dieu；Bonne M~ 聖母マリア(=Vierge Marie). ~ de famille 主婦. fête des M~s 母の日. frères par la ~ 異父兄弟. être ~ de deux enfants 2児の母.
2 母代りの女性；母のごとき存在. ~ adoptive 養母. ~ nourrice 乳母. Eve, la ~ de tous les hommes すべての人の母であるイヴ.
3 〖カトリック〗女子修道院長, 修道会長(=~ supérieure)；〖敬称〗院長(修道女) さま. ma ~ 院長(修道女)さま. ~ Teresa マザー・テレサ.
4 おばさん. la ~ Poulard ラ・メール・プーラール(プーラールおばさん)；Le Mont-Saint-Michel の旅籠. omelette de la M~ Poulard メール・プーラールのオムレツ(旅籠の女将旧姓 Anne Boutiau [1851-1931] の開発した名物料理).
5 〖比喩的・文〗母, 源. La Grèce est la ~ des arts. ギリシアは学芸の母である.〖諺〗L'oisiveté est ~ de tous les vices. 小人閑居して不善をなす.
6 〖陶〗石膏型；〖印刷〗母型.
7 〖醸造〗酢母, 種酢(=~ du vinaigre).
II 〖同格形容詞的〗**1** 母の. reine ~ 王太后.
2 母の, 源の, 主たる. ~ patrie 母国, 本国, 祖国. branche ~ (木の)本枝. carte (コンピュータの)マザー・ボード.〖生〗cellule ~ 母細胞.〖化〗eau ~ 母液. idée ~ d'une œuvre 作品の根本思想.〖言語〗langage ~ 祖語, 母語.〖商業〗maison ~ 本店, 本社；本部. usine ~ 主力工場, 中核工場.

mère〔-〕**patrie**(*pl.*～**s**-～**s**) *n.f.* 母国, 祖国(=patrie).

méridien(**ne**)¹ *a.* **1** 〖天文〗子午線の, 子午面の. cercle ~ 子午環, 子午線. hauteur ~ne d'un astre 天体の子午線高度. lunette ~ne 子午線儀. plan ~ d'un lieu 場所の子午面.
2 〖文〗正中の, 正午の. ombre ~ne 正中の物の影(最短の影).
3 〖針灸〗経線の. points ~ 経穴, つぼ.

méridien² *n.m.* **1** 〖天文〗子午環. céleste)；子午面(=plan ~)；〖地理〗子午線(=~ terrestre), 経線. ~ d'origine；premier ~ 本初子午線(=~ zéro). ~ de Greenwich グリニッチ子午線(本初子午線の基点, 経度0の基準子午線). ~ magnétique 磁気子午線. ~ principal 主子午線. ~s et parallèles sur les cartes 地図上の経線と緯線.
2 〖針灸〗経脈, 経絡. quatorze ~s de l'acupuncuture 針灸術の14経脈(経路). points de ~ 経穴, つぼ(=points ~s).
3 〖解剖〗経線. ~ oculaire 眼球経線.
4 〖数〗(曲線の)子午線.

méridienne² *n.f.* **1** 〖古・文〗昼寝. faire sa ~ 昼寝する.
2 〖古〗昼寝用寝椅子.
3 〖天文〗子午面が地平面と交叉する線.
4 〖測量〗子午線三角測量網. la ~ de France tracée par Cassini カッシーニが引いたフランスの子午線三角測量網.

méridion*al*(**ale**)(*pl.***aux**) *a.* **1** 南の, 南に面した；南側の(septentrion の「北の, 北部の」の対). la France ~*ale* 南フランス(=le midi de la France). la côte ~*ale* de la Grande-Bretagne 英国の南沿岸. partie ~*ale* de la France フランスの南部. portail ~ d'une cathédrale 大聖堂の南面入口.
2 南フランス(ミディ le Midi)の, 南仏(ミディ)地方の住民の. accent ~ 南仏訛り. climat ~ 南フランス性気候.
——*M*~ *n.* ミディ(南仏)地方の住民.

meringue [m(ə)rɛ̃g] *n.f.* 〖製菓〗ムラング, メレンゲ(卵白を砂糖でつくる菓子). ~ à l'italienne イタリア風メレンゲ. ~ cuite 軽焼きメレンゲ.

mérinos [-s] 〖西〗*n.m.* **1** メリノ種の羊(スペインで開発された北アフリカ原産の羊の品種；細くて上質の羊毛がとれる). bélier ~ メリノ種の牡羊.〖話〗laisser pisser le ~ (メリノ種の羊に小便を垂れ流させる→)時機の到来を待つ.
2 メリノ羊毛；メリノ生地. châle de ~ メリノ羊毛製のショール.

merise *n.f.*〖果実〗ムリーズ《野生桜桃の実》.

merisier *n.m.*〖植〗ムリジエ, 野性桜桃《=cerisier sauvage；学名 Prunus avium；果実 merise は食用》. ~ à grappes 房なりムリジエ《学名 Prunus padus；実は黒く, 酸味がつよい》.

mérite *n.m.* Ⅰ〚賞賛に値すること〛**1** 功績, 手柄；長所. acte de ~ 賞賛に値する行為.
avoir du ~ à+*inf.* …する点で賞賛に値する. avoir le ~ de *qch*. (de+*inf.*) …(する)という功績をたてる《長所がある》. avoir du ~ de la sincérité 真摯であるという長所がある. Il n'a eu qu'un ~, c'est… 唯一賞賛に値するとすれば, それは…であった.
faire sonner ses ~s 自分の手柄を吹聴する. s'attribuer le ~ de *qch*. 何を自分の手柄にする. se faire un ~ de *qch*. (de+*inf.*) …(すること)を誇りにする. C'est tout à son ~. それは全く彼の功績である. Il y a du ~ à faire cette chose. こうしたことをするという賞賛すべき点がある. Sans effort, pas de ~. 努力なきところに功績なし.
2〚宗教〛功徳. les ~s du Christ キリストの功徳.
3（行為の）声価, 賞賛すべき点. ~ des bonnes œuvres 慈善の高い評価. rehausser le ~ d'une action 行為の声価を高める.
Ⅱ〚優れた資質〛**1**〚文〛（人の）優れた資質, 才能. ~ distingué; haut ~ 卓越した資質. acteur de grand ~ 非常に優れた俳優. éclat du ~ 才能の輝き. homme plein de ~ 比類のない才人. avoir du ~ 優れた資質がある. avoir toutes sortes de ~s あらゆる資質を備えている.
2（作品などの）優れた点, 価値. ~ d'un ouvrage littéraire 文学作品の価値. œuvre pleine de ~ 完璧な作品.
3（物の）利点, 有用性.
Ⅲ〚勲章〛功労賞. Ordre du *M*~ agricole 農事功労勲章《1883 年制定；chevalier, officier, commandeur の 3 等級あり；俗称épinard, poireau》. Ordre du *M*~ maritime 海事功労勲章《1930 年制定》. être décoré du *M*~ civil 民事功労章を受章する.

mérité(e) *a.p.*（賞罰などが）当然受けるべき. punition ~*e* 当然の罰. recompense ~*e* 当然に値する報酬（褒賞）. succès bien ~ 当然の成功.

merlan *n.m.* **1**〖魚〗メルラン《西ヨーロッパの沿岸の鱈科の魚；学名 Merlangius merlangus》.〚料理〛~ poché メルランのポシェ.〚料理〛filet de ~ メルランの三枚おろし.〚比喩的〛faire des yeux de ~ 白眼をむいて見上げる.
2《他の魚の呼称》~ jaune 黄鱈, ポラック (=lieu). ~ noir 黒鱈, コラン (=colin).
3〚話・古〛床屋, 理髪師 (=coiffeur).
4〚食肉〛縫工筋で包んだ網焼用ステーキ肉.

merle *n.m.*〖鳥〗メルル, 鶫(つぐみ)《一般に雄の羽根色は黒, 雌は茶色》. ~ blanc 白鶫；〚比喩的〛めったにない事(人)；稀有な人物.〚比喩的〛fin ~ ずるい男. vilain (〚皮肉〛beau) ~ いやな奴；醜い男.〚比喩的〛jasser comme un ~ よく喋る.〚比喩的〛siffler comme un ~ 口笛がうまい.〚料理〛pâté de ~ 鶫のパテ《コルス《コルシカ》島名物》.

merlette *n.f.* **1**〖鳥〗雌の鶫(つぐみ). **2**〚紋章〛マーレット《嘴と足のない架空の鳥》.

merlu *n.m.*〖魚〗メルリュ《メルルーサ属の海水魚；colin コラン, saumon blanc 白鮭などの名で売られる》.

merluche *n.f.*〖魚〗**1** 干鱈, 塩鱈. **2**〖魚〗メルリューシュ《メルリュ merlu, ラング lingue などの天日干しの市販名》.

meropenem *n.m.*〚薬〛メロペネム《カルバペネム系抗生物質》. trihydrate de ~ メロペネム三水化物《略記 MEPM；抗生物質》.

mérou *n.m.*〖魚〗メルー《羽太(はた)科 serranidés の魚》.

merroutage (<mer+route) *n.m.*〚運輸〛海陸組合せ運輸《トラックまたはトレーラーと貨物船を利用した商品・物資の輸送》.

merveille *n.f.* **1** 驚嘆すべきこと, 驚異. la ~ des ~s 驚異中の驚異. ~s de la nature 自然の驚異.〚bâtiments de〛la *M*~ du Mont-Saint-Michel ル・モン=サン=ミシェル大修道院の「メルヴェイユ」(「驚異」棟)《大修道院の北面に 1212 年から 1228 年にかけて建造された巨大建造物》.
les Sept *M*~s du monde 世界の七不思議 (les pyramides d'Egypte, le phare d'Alexandrie, les jardins suspendus de Babylone, le temple de Diane à Ephèse, le tombeau de Mausole, le Zeus olympien de Phidias, le colosse de Rhodes). la huitième ~ du monde《世界の七不思議に次ぐ八番目の驚異→》世界の七不思議に匹敵する驚異. *Alice au pays des ~s* 不思議の国のアリス (=*Alice in Wonderland*；Lewis Carroll の作品；1865 年).
à ~ 見事に. A ~! お見事です. Je me porte à ~. 体調は絶好調です. C'est ~ de+*inf.* (que+*subj.*) …とは驚くべきことだ. C'est ~ de vous voir ici! あなたにここでお目にかかれるなんて, 何て素晴らしいのでしょう. crier ~ 賛嘆の声を放つ. dire des ~s de … をほめやす.
2 驚異的な物, 素晴らしい物. une ~ de 驚異的な…；素晴らしい…. une ~ d'architecture 驚異的建築物. une ~ de beauté 素晴らしい美しさ. une ~ d'habileté 驚嘆すべき器用さ.
Ce roman est une ~ de perfection. この小説の完成度は驚異的だ. Ce vin est une ~.

merveilleux(se)

この葡萄酒は実に素晴らしい. faire ~ 素晴らしい成果をもたらす. faire des ~s 驚嘆すべきことをやってのける.
3 素晴らしい人. une pure ~ 完璧に素晴らしい人. Cet ébéniste est une ~. この家具職人の腕は素晴らしい.
4〖菓子〗メルヴェイユ《砂糖をふりかけた揚げクッキー》.
5〖農〗メルヴェイユ《洋梨の品種名》. ~ d'hiver 冬物のメルヴェイユ洋梨.
6〖園〗~ du Pérou おしろいばな (=belle-de-nuit).

merveilleux(se) a. **1** 驚異的な, 驚くべき；摩訶不思議な, 不可思議な. événement ~ 驚くべき出来事. guérison ~ 驚異的回復. pays ~ 不思議の国, 架空の国. pouvoir ~ 不可思議な力. *Aladin ou la Lampe ~se*『アラディンと不思議のランプ』.
2 素晴らしい, 見事な. ~ talent 素晴らしい才能. acteur ~ 素晴らしい俳優. beauté ~se 見事な美しさ. jardin ~ 見事な庭園. paysage ~ 素晴らしい景色. succès ~ 大成功.
3〔文〕超自然的な, 架空の, 幻想的な. caractère ~ des contes de fée 妖精物語 (お伽話) の超自然性.
——n.〖史〗伊達男(女)《18世紀末から19世紀初頭にかけて突飛な服装をした男女》. les M~ses du Directoire 総裁政府時代のメルヴェユーズ (伊達女) たち.
——n.m. **1** 不可思議；超自然的世界；(作品などの) 超自然的要素. ~ allégorique dans la poésie classique 古典時代の詩の寓意的超自然性. ~ de la science-fiction SF小説の超自然的世界.
2 素晴らしさ；素晴らしい物. goût du ~ 素晴らしい好み.

mérycisme *n.m.*〖医〗反芻症 (=rumination)《胃の運動機能障害》.

mésalazine *n.f.*〖薬〗メサラジン《整腸薬, 潰瘍性大腸炎・クローン病治療薬；薬剤製品名 Pentasa (*n.m.*)》.

mésaventure (<aventure) *n.f.* 不快な出来事, 災難. par ~ 運悪く. Il m'est arrivé bien des ~s. 多くの災難がわが身にふりかかった.

mescaline *n.f.*〖薬〗メスカリン《メキシコ産のさぼてんの一種 peyotl ペヨートルに含まれる幻覚作用のある結晶アルカロイド》.

mesclun [mɛsklœ̃]〖プロヴァンス語〗*n.m.*〖料理〗メスクラン《香草と多くの生野菜のミックスサラダ》.

mésencéphale *n.m.*〖解剖〗中脳. aqueduc du ~ 中脳水道.

mésenchymateux(se) *a.*〖生〗間葉の, 間葉性の. tissu ~ 間葉性組織.

mésenchyme *n.m.*〖生〗間葉, 間充組織.

mésenchymome *n.m.*〖医〗間葉腫.

mesentente (<entente) *n.f.*〔文〕見解の不一致 (相違)；不和, 軋轢. ~ de (entre) deux personnes 二人の間の見解の相違. ~ superficielle 表面的不和. de petites ~s ちょっとした意見の食い違い.

mésentère *n.m.*〖解剖〗腸間膜. tumeur de ~ 腸間膜腫瘍.

mésentérique *a.*〖解剖・医〗腸間膜の. abcès ~ 腸間膜膿瘍. kyste ~ 腸間膜嚢胞. lymphadénite ~ 腸間膜リンパ節炎.

mésentérite *n.f.*〖医〗腸間膜炎. ~ primaire (secondaire) 一次性 (二次性) 腸間膜炎.

mesestimation (<mésestimer) *n.f.* 過小評価, 不当評価. ~ d'un artiste 芸術家の過小評価.

mesmérisme *n.m.* メスメリスム《オーストリア出身の医学者 Franz Anton Mesmer [1734-1815] の唱えた学説とそれを応用した治療法》, メスマー理論, 動物磁気説 (=magnétisme animal)《メスマー理論に基づく》動物磁気催眠治療術.

mésoclimat *n.m.*〖気象〗メゾ気候, 局地性気候 (=climat local)《100 km 未満の範囲の地域性気候》. ~ forestier de Fontainebleau フォンテーヌブロの森の局地的気候. ~ urbain 都市圏気候.

mésoderme *n.m.*〖生〗中胚葉.

méso[-]économie *n.f.*〖経済〗メゾ経済学《ミクロ経済学とマクロ経済学の中間》.

mésofaune *n.f.*〖生・環境〗〖集合的〗メゾフォーヌ, メゾファウナ《みみず・線虫など地中に棲息する体長 0.2-4 mm 程度の生物》.

mésolithique *a.*〖考古〗中石器時代の. outillage ~ 中石器時代の石器.
——*n.m.* 中石器時代 (=période ~)《paléolithique と néolithique の中間期；紀元前 12000 ~ 前 6000 年》.

mésologie *n.f.*〖環境〗環境生物学；環境人間学.

mésométéorologie *n.f.*〖気象〗中気象学, 中規模気象学《数 km²-数十 km² の範囲内に影響を与える大気現象を扱う》(= météorologie de méso-échelle).

mésomorphe *a.*〖物理〗メゾモルフの《液体と固体の中間状態》. état ~ メゾモルフ状態.

méson *n.m.*〖物理〗中間子. ~ π パイ中間子《湯川秀樹が予言した中間子》.

mésopause *n.f.*〖気象〗メゾポーズ, 中間圏上面, 反転面《中間圏 mésosphère と外気圏 exosphère との境界面または遷移圏》.

mésosphère *n.f.*〖気象〗中間圏《成層圏 stratosphère と熱圏の中間の大気層；地表から約 40-80 km》.

mésothéliome *n.m.*〖医〗中皮腫. ~

bénin 良性中皮腫. ~ malin 悪性中皮腫, 中皮癌 (=cancer mésothélial). ~ pleurale 胸膜中皮癌.

mésothélium *n.m.* 〖解剖〗中皮.

mésothérapie *n.f.* 〖医〗メゾセラピー《複数の短い針で少量の薬剤を真皮に注入する療法；リューマチ, 蜂巣炎, 疼痛, 肥満などに効くとされる》.

mésothorax *n.m.* (昆虫の) 中胸.

mésothorium [mezɔtɔrjɔm] *n.m.* 〖化〗メソトリウム《トリウムとラジオトリウムの間の放射性同位元素；原子量228, 記号 Ms-Th；発光塗料の他, 癌の治療に用いられる》.

mésozoïque *a.* 〖地学〗中生代の, 中生界の.
—*n.m.* 中生代, 中生界 (=ère ~) 《2億4500万年前-6500万年前；三畳紀 trias, ジュラ紀 jurassique, 白亜紀 crétace に分かれる；=第二紀 secondaire》.

mesquin(e) *a.* **1** 卑しい. esprit ~ 卑しい考え. personne ~e 卑しい人.
2 けちな；けちくさい. calculs ~s さもしい打算. somme ~e はした金. Cela fait ~. それはけちくさい.
3 〔古〕ちっぽけな；貧弱な；虚勢な.

mesquinerie *n.f.* **1** 卑しさ, さもしさ；卑しい行為, 卑劣な振舞 (=action mesquine). Il est incapable d'une telle ~. 彼はこんな卑劣な振舞いができない.
2 貪欲さ, けちくささ, 吝嗇.

message *n.m.* **1** メッセージ, 言伝 (ことづて), 伝言. ~ de condoléances お悔やみの言伝. ~ téléphoné 言伝電報《電話による言伝を郵便で伝えるサービス》. ~ téléphonique 電話による言伝. Puis-je laisser un ~ ? (電話で) 言伝をお願いできますか.
2 書簡, 電報. ~ confidentiel 極秘書簡. ~ de condoléances 弔電. ~ de félicitations 祝電. ~ personnel 親書.
3 挨拶, 所感, 巻頭言. ~ du président de la République devant le Parlement 議会における共和国大統領の挨拶.
4 〖政治〗教書. ~ sur l'état de l'union アメリカ大統領の一般教書；(フランス) 大統領の国会に対する親書《大統領は直接に国会に出席せず, 親書をもって国会にその意見を伝えることになっている》.
5 伝えようとする内容, 訴えかけ, 主張, 教え. ~ de la Bible 聖書の教え. ~ de l'au-delà 彼界からのメッセージ. ~ publicitaire 広告スポット. film à ~ 主張のある映画.

messager(ère) *n.* **1** (伝言を持った) 使者；〖史〗伝書使, 飛脚. 〖神話〗~ des dieux 神々の使者. Hermès (Mercure), ~ des dieux 神々の使者ヘルメス (メルクリウス). 〖同格〗pigeon ~ 伝書鳩. envoyer un ~ 使者を派遣する. servir de ~ à *qn* 人の使者をつとめる.
2 〔比喩的・文〕前触れ. ~*ère* du jour 曙.

Les hirondelles sont les ~*ères* du printemps. 燕は春を告げる鳥である.
3 〖生〗ARN ~ メッセンジャー RNA (リボ核酸).
4 〖電気通信〗~ de poche ポケットベル, ポケベル (=pager).

messagerie *n.f.* 〔多く *pl.*〕**1** (旅客・貨物・郵便物などの) 輸送業務；運送業；配送業. ~s aériennes 航空輸送会社 (1919年設立). ~s coopératives des journaux français フランス新聞共同会社 (略記 CCP). ~s Hachette アシェット配送会社 (1897年設立；現 NMPP : Nouvelles M~s de la *p*resse *p*arisienne). ~s françaises de la presse フランス定期刊行物配送会社 (略記 MFP；第二次大戦後). ~s du livre 書籍配送会社. ~s lyonnaises de presse リヨン定期刊行物配送会社 (略記 MLP). ~s maritimes 海運業；海運会社, 郵船会社. ~s de 〔la〕 presse (新聞・雑誌などの) 定期刊行物配送会社. Conseil supérieur des ~s de presse 定期刊行物配送業高等評議会 (略記 CSMP). Nouvelles M~s de la presse parisienne パリ新聞雑誌配送新社 (略記 NMPP；1947年設立). Service national des ~s 国営輸送業務会社 (国鉄系；略記 SERNAM 「セルナム」). société de ~ 輸送 (配送) 会社.
2 至急配送便, 急行便, 早便；至急配送便の荷受所 (=bureau des ~s). ~ électronique 電子郵便 (=télémessagerie).

messe *n.f.* **1** 〖カトリック〗ミサ. ~ basse 通常のミサ (歌を伴わない). ~ chantée (haute) 歌ミサ. ~ concélébrée 共同ミサ. ~ de minuit (クリスマスの) 深夜ミサ. ~ des morts 死者の追悼ミサ. ~ du jour 日々のミサ；(クリスマスの) 日中ミサ. ~ papale (pontificale) 教皇ミサ. ~ solennelle[1] 荘厳ミサ. grand-~ 盛式ミサ, 荘厳ミサ. livre de ~ ミサ典書 (=missel). aller à la ~ ミサに行く. assister à la ~ ミサに列席する. célébrer (dire) la ~ ミサを執り行う (唱える). 〔話〕faire des ~s basses 小声で話す.
2 ~ noire 黒ミサ《悪魔を称える祭式》.
3 〖楽〗ミサ曲. ~ solennelle[2] 荘厳ミサ曲.

Messénie(la) *n.pr.f.* 〖地理〗メッセニア《ギリシア南部ペロポネソス半島西部の地域名》.

messianique *a.* 〖宗教〗メシアの, 救世主の；メシア信仰の. espérance ~ メシア待望〔論〕.

messianisme *n.m.* **1** 〖宗教〗救世主信仰；救世主待望論.
2 〔比喩的〕救世主視. ~ révolutionnaire 革命を救世主到来とみなす説.

messie *n.m.* 〖宗教〗メシア, 救世主. le M~ (ユダヤ教, キリスト教の) 救世主, イエス=キリスト (Jésus-Christ). avènement du M~ 救世主イエス=キリストの到来. se-

mesure

conde venue du *M*~ 救世主イエス=キリストの再臨.〔話〕attendre *qn* comme le ~ 人を待ちこがれる.

mesure *n.f.* Ⅰ《措置, 方策, 手段》**1** 措置, 施策, 政策. ~ de relance 景気刺激策. ~ de représailles 報復措置. ~ de sanction 制裁措置. ~ juridique (réglementaire) 法的 (行政的) 措置.〖予算〗~ nouvelles 新政策経費 (services votés の対). ~ politique (économique) 政治的 (経済的) 措置. mettre en œuvre un ensemble de ~s destinées à faciliter l'aboutissement des négociations 交渉の妥結を促すために一連の施策を実施に移す. par ~ de précaution 用心のために.
2 処し, 処置.〖法律〗~ conservatoire 保全処分;現状維持措置. ~ disciplinaire 懲戒処分.
Ⅱ《測定, 計測》**1** 尺度, 度量衡, 単位, 基準. deux poids, deux ~s ダブルスタンダード, 相手 (状況) によって異なる基準を適用する, 不公平である. Il n'y a pas de commune ~ entre l'arme nucléaire et l'arme conventionnelle. 核兵器と通常兵器とはまったく違うものである (共通の尺度では測れない). sans commune ~ 共通の尺度がない.
2 測ること, 計測測定値. ~ des masses 量の計測. ~ des températures 温度の測定. ~ du temps 時間の計測. instrument de ~ 計測機器. sciences de la ~ 計測学. unité de ~ 計測単位.
3 寸法, (特に) 身体の寸法.〖服〗~ industrielle イージーオーダー. sur ~ あつらえ. prendre les ~s d'une pièce 部屋の寸法を測る.
4 (抽象的なものの) 評価;評価の〔肯定的な〕結果. avoir la ~ du temps qui passe 時の移り変わりを自覚する. donner la ~ de sa capacité 能力を示す. donner 〔toute〕 sa ~ 力量を発揮する. prendre la ~ de *qn* …の能力を試す.
5 程度, 度合い, 割合, 範囲. à ~ 徐々に, 段々に. à la ~ de …に応じた, …の範囲内の. à ~ que+*ind.* …するに従って. au fur et à ~ de (que+*ind.*) 徐々に, … と共に. dans la ~ de mes moyens 私の能力の範囲内で. dans la ~ du possible 可能な限り. dans la ~ où+*ind.* …である以上, …の範囲内で, …であることを考えれば.
6 桝, 桝に入る量. La ~ est comble. 我慢の限度を越える (=combler la ~). faire une bonne ~ 多めにあげる, おまけをする.
7〖フェンシング〗剣の届く距離. être en (à la) ~ 切っ先の届く所にいる. être en ~ de+*inf.* …できる (=être en état de, être à même de).
8〖音楽〗小節, 拍子. ~ binaire (à deux temps) 二拍子. ~ ternaire (à trois temps) 三拍子. battre la ~ 拍子を取る. compter une ~ pour rien (演奏前の) 調子合わせをする

る;小手調べをする. en ~ 拍子を合わせて, 一定の間隔を置いて. scander la ~ はっきりと拍子をつけて弾く (歌う).
Ⅲ《中庸, 節度》avec ~ 節度をもって, 穏便に. juste ~ 中庸. outre ~ 度を越した, むやみに. sans ~ 際限なく, めちゃくちゃに. sens (goût) de la ~ 節度〔中庸〕の精神.

mesuré(e) *a.p.* **1** 計測された;計算された. distance (hauteur) ~ *e* 計測された距り (高さ).
2 (à) 釣り合った. récompense ~ *e* au service 業務に見合った報酬.
3 制限された, 限られた.
4 調子の整った;ゆったりした. à pas ~ ゆっくりした足どりで. prose ~ *e* 調子の良い散文.
5 慎重な;控え目な, 節度のある. paroles ~ *es* 控え目な言葉.

MET (=microscope électronique à transmission) *n.m.*〖電子工〗透過型電子顕微鏡 (=〔英〕TEM: transmission electron microscope).

méta (=métaldéhyde) (<〔商標〕*M*~) *n.m.*(*f.*)〖化〗メタルデヒド, メタ (携帯用固形アルコール燃料の通称).

méta-〔ギ〕ELEM **1**「連続, 変化」の意 (*ex. méta*morphose「変身, 変形」;〖生〗*méta*chronisme「継時性」).
2「超越, 包括」の意 (*ex. méta*psychologie「メタ心理学, 超心理学」).
3「化」「メタ」(ベンゼン環の 1, 3 位) の意 (*ex. méta*mérie「メタメリー, 同分異性体」).
4「中間の, 中期の」の意 (*ex.*〖解剖〗*méta*carpe「中手」;〖生〗*méta*phase「中期細胞分裂」).
5「上位の」の意 (*ex. méta*-analyse 上位分析).
6「共に」の意 (〖生〗*méta*biotique「変態共生の」).
7「後に」の意 (*ex. méta*physique「形而上学」:「物理学を終えてから後に研究すべきアリストテレスの作品」の意;〖昆虫〗*méta*thorax「後胸」).

métaanalyse *n.f.* 上位分析, メタアナリシス (既に公表されたすべてのデータを再度検証すること).

métabolique *a.*〖生化〗代謝性の. acidose ~ 代謝性アシドーシス. alcadose ~ 代謝性アルカドーシス (血漿中の重炭酸イオンが増加して pH が上昇する病的過程). encéphalopathie ~ 代謝性脳症. équivalent ~ 代謝当量. myopathie ~ 代謝性ミオパシー (内分泌代謝疾患に伴う筋病変). régulation ~ 代謝調節.〖医〗syndrôme ~ 代謝異常症候群, メタボリック・シンドローム (内臓脂肪過多症).

métabolisme *n.m.*〖生理〗代謝, 物質代謝, 新陳代謝. ~ basal 基礎代謝 (= ~ de base). ~ de calcium カルシウム代謝. ~

métallographie

de l'eau 水代謝《体内の水分布，水の出納》．~ d'électrolyte 電解質代謝．~ d'énergie エネルギー代謝《= énergétique》．~ du glucose グルコース代謝．~ de l'hydrate de carbone 糖質代謝．~ des lipides 脂質代謝．~ intermédiaire 中間代謝．~ protéique 蛋白質代謝．~ purique プリン代謝．phénomènes d'assimilation du ~ 代謝の同化現象，同化作用《=anabolisme》．phénomènes de dégradation du ~ 代謝の異化現象，異化作用《=catabolisme》．

métabolite *n.m.* 〖生理〗代謝産物；代謝物質．

métacarpe *n.m.* 〖解剖〗中手（ちゅうしゅ）．cinq os du ~ 中指の五つの骨．

métacarpien(ne) *a.* 〖解剖〗中手の．os ~ 中手骨．
— *n.m.* 中手骨．fracture des ~s 中手骨骨折．premier ~ 第1中手骨．

métacentre *n.m.* 〖物理〗傾心，メタセンター《浮体の傾心の中心点》．

métacognition [-gni-] *n.f.* 〖心〗メタ認知．

métaconnaissance *n.f.* メタ認識《認識に関する認識》．

métacycline *n.f.* 〖薬〗メタサイクリン《半合成テトラサイクリン系抗生物質；MTCと略記》．

métagalaxie *n.f.* 〖天文〗メタギャラクシー，全宇宙《銀河系とすべての星雲を含む宇宙全体》．

métagénome *n.m.* 〖生〗メタゲノム《個々の微生物ではなくその集団から選ばれたADN(DNA)の塩素配列を決めて探し出す遺伝情報》．~ bactérien 細菌のメタゲノム．étude sur le ~ du tube digestif de l'homme 人間の消化管のメタゲノム研究．

métairie *n.f.* **1** 〖農〗《分益小作農法による》小作地．exploitant d'une ~ 小作地を耕作する農民《=métayer》．
2 小作地農業施設《住居・作業小屋等の付属施設》．

métal (*pl.* **aux**) *n.m.* **1** 金属；〖化〗金属元素．~ à canon 砲金．alcalin アルカリ金属．~ alcalino-terreux アルカリ土類金属．~ antifriction 減摩メタル（合金）．~ anglais ブリタニアメタル，ブリタニア《錫・銅・アンチモニーの合金》．~ aux précieux 貴金属《argent, or, palladium, platine》．~ blanc ホワイトメタル《白色合金》．~ bleu コバルト．~ de fonte 鋳造金属，鋳金．~ déployé エキスパンデッドメタル．~ de terres rares 希土類金属．~ en gueuse 銑鉄．~ léger (lourd) 軽（重）金属．~ natif 自然（天然）金属．~ radioactif 放射性金属．en (de) ~ 金属製の．industrie des ~ aux 金属工業．scie à ~ aux 金挽鋸，金鋸（かなのこ）．
2 金属貨幣，硬貨《=monnaie》．payer en ~ 硬貨で支払う．
3 〖紋章〗金地（かなじ）《金・銀色の地》．
4 〖考古〗金属器．âge des ~s 金属器時代．
5 〖文〗《人の》資質，素質，素地，地金，気性．De quel ~ est-il donc fait? 一体どんな性格の人ですか．

métalangage *n.m.* 〖語〗メタ言語．

mét*al*-carbonyle (*pl.* **~aux-~s**) *n.m.* 〖化〗金属カルボニル，カルボニル錯体《一酸化炭素を配位子とする金属錯体の総称》．

métaldéhyde [metaldeid] *n.m.(f.)* 〖化〗メタルデヒド《エチルアルデヒドの三量体，携帯用固形アルコール〔燃料〕で，通称「メタ」méta $(C_2H_4O)_4$》．

métalinguistique *a.* メタ言語の．jeux ~s メタ言語遊び《クロスワード mots croisés など》．

métall[o]- 〖ラ〗 ELEM 「金属」の意《ex. *métall*urgie 冶金, *métall*ographie 金属組織学》．

métallerie *n.f.* 〖建築〗金属建材製造業；金属建材取付業《=menuiserie métallique》．

métallescent(e) *a.* 《表面が》金属的光沢を放つ．

métallifère *a.* 〖鉱〗金属を含有する．gisement ~ 金属鉱床．

métallique *a.* **1** 金属の；金属性の，金属質の；金属を含んだ；〖化〗金属元素が遊離して存在する．cristal ~ 金属結晶．〖化〗liaison ~ 金属結合．savon ~ 金属石鹸．
2 金属製の．〖写真〗boîtier ~ 金属製ボディー．monnaie ~ 硬貨．pont ~ 金属橋．
3 金属特有の；金属的な；メタリックな．couleur ~ 金属的色彩，メタリック・カラー．reflet ~ 金属光沢．
4 〖比喩的〗金属的な，メタリックな．son ~ 金属音．voix ~ キンキン声．

métallisation *n.f.* 〖工〗金属被覆加工；金属溶射；メタリック塗装．

métallisé(e) *a.p.* **1** 金属で被覆した，メッキした；金属溶射した．
2 金属光沢を与えた，メタリック調の．peinture ~e メタリック塗装．rouge ~ メタリック調の赤．voiture gris ~ メタリック・グレー塗装の車．

métallo *n.m.* 〖話〗金属労働者《=ouvrier métallurgiste》．

métallocène *n.m.* 〖化〗メタロセン．

métallochromie *n.f.* 金属表面着色加工．

métallochromique *a.* 金属表面着色性の．〖化〗indicateur ~ 金属指示薬．

métallo-enzyme *n.f.(m.)* 〖生化〗金属酵素．

métalloflavoprotéine *n.f.* 〖化〗金属フラビン蛋白質．

métallogénie *n.f.* 〖鉱〗鉱床学．

métallographie *n.f.* 〖冶〗金相学，金属組織学《金属の構造・特性の研究》．~ aux

métalloïde

rayons X X線金属組織学. ~ microscopique 顕微鏡金属組織学.
métalloïde *n.m.*〖化〗メタロイド, 半金属. élément ~ 半金属元素 (稀金属元素の俗称).
métalloïdique *a.* 半金属の. élément ~ 半金属元素, 類金属元素, メタロイド (métalloïde).
métalloplastique *a.*〖化〗可塑金属性の. joint ~ 可塑金属性ジョイント.
métalloprotéine *n.f.*〖生化〗金属蛋白質《補欠分子族が金属の複合蛋白質》.
métallothérapie *n.f.*〖医〗金属療法《金属〔塩 (えん)〕を用いる治療法》.
métallothionéine *n.f.*〖生化〗メタロチオネイン《金属イオンを固定可能な硫化プロテイン》.
métallurgie *n.f.*〖冶〗**1** 金属工業, 冶金. ~ du fer 製鉄業, 鉄鋼業. ~ fine 合金製造業, 特殊鋼製造業. ~ lourde 冶金工業.
2(特に) 金属加工業, 金属機械製造業《機械産業, 輸送用機器などを含む》.
3 金属産業界, 金属産業《産業統計では, 鉄と非鉄金属は別々に扱われ, 機械工業, 輸送用機器なども独立した部門をなす》.
◆ 主な冶金技術・作業: aciérage 硬化処理. affinage 電解精錬. alésage 中ぐり. amalgamation アマルガメーション. bleuissage ブルーイング. brassage 攪拌 (かくはん). calcination 焼成, 焙焼, か焼. coulage 鋳造. décapage 酸洗い, 下地処理. décarburation 脱カーボン. décolletage 外円削り. déphosphoration 脱燐. dessiccation 乾燥, 脱水. doucissage 研磨. ébarbage バリ取り. écrouissage 冷間加工, 常温圧延. emboutissage 型打ち, プレス加工. estampage 型の押し出し, スタッピング. étirage 引き抜き, 線引. filage 押し出し. finage 精錬. forgeage 鍛造. fraisage フライス削り. grillage 焙焼. laminage 圧延. matriçage 型鍛造. moulage 鋳造. polissage 研磨. profilage 成型. repoussage 型押し, 打ち出し. ressuage 溶出, 溶離. soudure 溶接. tréfilage 伸線.

métallurgique *a.* 冶金の; 金属工業の. industrie ~ 金属工業.
métallurgiste *a.* 冶金に関係する; 金属工業の. industriel ~ 金属工業経営者. ouvrier ~ 金属労働者, 製錬工.
——*n.* **1** 金属工業経営者. **2** 金属労働者《略称 métallo》.
métalogique *n.f.* メタ論理学.
——*a.* メタ論理の; メタ論理学の.
métamagnétisme *n.m.*〖物理〗メタ磁性.
métamatériau *n.m.* 超素材, メタ素材.
métamathématique *n.f.* 超数学.
métamère *a.* **1**〖化〗構造異性の, 同分異性の, メタメリーの. **2**〖動〗体節の.
——*n.m.* **1**〖化〗構造 (同族) 異性体, メタメリー体 (=corps ~). **2**〖動〗体節構造異性.
métamérie *n.f.* **1**〖化〗メタメリー, 同族異性. **2**〖動〗体節制, 分節性.
métamorphique *a.*〖地学〗変成作用の; 変成作用した. roche ~ 変成岩.
métamorphisme *n.m.*〖地学〗変成〔作用〕. ~ de contact 接触変成作用. ~ régional 地域変成.
métamorphopsie *n.f.*〖医〗(眼の) 視像変形〔症〕, 変視症, 変形視症.
métamorphose *n.f.* **1** 変形; 変性; 変身. ~ des bourgeons en fleurs et en feuilles 芽の花または葉への変化. ~s de Jupiter ユピテルのさまざまな変身.
2〖動〗変態. ~ complète (incomplète) 完全 (不完全) 変態. ~ de la chrysalide en papillon 蛹の蝶 (蛾) への変態.
3〖比喩的〗(人の) 変身; (事物の) 激変. ~ d'un acteur 俳優の変身. ~ d'un paysage 風景の変容.
4〖錬金術〗(卑金属から貴金属すなわち金への) 変換. ~ des métaux en or 金属の金への変換.
métandienone *n.f.*〖生化〗メタジエノン, メタンドロステノロン (=méthandrosténolone)《蛋白同化ホルモン》.
métaphase *n.f.*〖生〗中期細胞分裂《有糸分裂の中期》.
métaphore *n.f.*〖修辞〗隠喩, 暗喩, メタフォール, メタファー. ~ filée (suivie) メタファーの連鎖.
métaphorique *a.* 比喩的な, 暗喩的な, 隠喩 (暗喩) に富む. style ~ 隠喩に富む文体. tournure ~ 隠喩的表現.
métaphosphate *n.m.*〖化〗メタ燐酸, 無水燐酸.
métaphosphorique *a.*〖化〗acide ~ メタ燐酸 (HPO_3).
métaphysaire *a.*〖解剖〗骨幹端の.
métaphyse *n.f.*〖解剖〗骨幹端.
métaphysique *a.* **1**〖哲〗形而上学の, 形而上学的な.〖美術史〗école ~ 形而上派《キリコ Chirico の提唱した絵画の流派》.〖哲〗état ~ 形而上的段階.〖哲〗intuition ~ 形而上的直観 (Bergson). problèmes ~s 形而上学的諸問題.
2 純理的な. méthode ~ 純理の方法.
3 抽象的な;〖蔑〗空理空論的な. discussion ~ 抽象的議論.
——*n.f.* **1** 形而上学. ~ générale 普遍の形而上学. ~ particulière (spéciale) 特殊的形而上学.
2〖広義〗基礎理論, 純理学. ~ du droit 法形而上学, 法理学.
3〖比喩的〗抽象論;〖蔑〗空理空論. C'est de la ~ ! それは空論だ！
métaplasie *n.f.*〖医・生〗変質形成, 化生.

métapsychique *n.f.* 超心理学, メタ心理学 (=parapsychologie).
　—*a.* 超心理〔学〕的な. phénomènes ~s 超心理〔学〕的現象 (prémonition「虫の知らせ」, télépathie「テレパシー」など).
métapsychisme *n.m.* メタ精神現象.
métapsychologie *n.f.* メタ心理学, 超心理学, 超意識心理学, メタサイコロジー《無意識の領域を体系的に研究する心理学の分野》.
métastabilité *n.f.* 〖化〗準安定性.
métastable *a.* 〖物理・化〗準安定の. équilibre ~ 準安定均衡. état ~ 準安定状態. phase ~ 準安定相.
métastase *n.f.* 1 〖医〗(病原体・腫瘍細胞などの) 転移. ~ lymphatique リンパ行性転移.
　2 〖言語〗(破裂音の) 弛緩.
métastatique *a.* 〖医〗転移性の. calcinose ~ 転移性石灰沈着症. cancer ~ 転移性癌. carcinome ~ du foie 転移性肝癌. ophthalmie ~ 転移性眼炎. pneumonie ~ 転移性肺炎. recurrence ~ 転移性再発. tumeur ~ 転移性腫瘍.
métatarsalgie *n.f.* 〖医〗中足(ちゅうそく)痛〔症〕(中足骨頭部の痛み).
métatarse *n.m.* 〖解剖〗中足(ちゅうそく).
métatarsien(**ne**) *a.* 〖解剖〗中足の. arcade ~ne 中足弓状部. os ~ 中足骨. ligaments ~ 中足靭帯.
　—*n.m.* 中足骨. premier (deuxième)~ 第一(第二)中足骨.
métathéorie *n.f.* 〖哲・言語〗メタ理論.
métatomine *n.f.* 〖生化〗メタトミン《ホルモン》.
métayage *n.m.* 〖農〗分益小作農法《地主と小作人が収穫物を分け合う小作制度》. contrat de ~ 分益小作契約.
métayer(**ère**) *n.* 〖農〗分益小作農民.
métazoaires *n.m.pl.* 〖動〗後生動物《多細胞動物；protozoaires「原生動物」の対》.
méteil *n.m.* 〖農〗ライ麦と小麦の混植栽培.
métempsycose *n.f.* 輪廻転生〔説〕.
méten céphale *n.m.* 〖解剖〗後脳(こうのう); (狭義で) 小脳.
météo¹ (<*météo*rologie) *n.f.* 1 メテオ, 気象学; 気象観測. bulletin de la ~ 気象通報 (情報). prévision de la ~ 天気予報.
　2 気象通報, 気象情報 (=bulletin ~); 天気予報 (=prévision ~). ~ marine 海洋気象〔情報〕. écouter la ~ 天気情報を聴く.
　3 気象の情況, 天気, 天候. Si la ~ le permet... 天気が許せば….
météo² (<*météo*rologique) *a.inv.* 気象の; 気象学の. messages ~ 気象情報. prévisions ~ 天気予報.
Météo-France *n.f.pr.* 〖無冠詞〗メテオ=フランス《フランス気象庁》. prévisions nationales de ~ メテオ=フランスの全国気象予報.
météo-océanographique(*pl.* **~-~s**) *a.* 海洋気象の. bouées ~s 海洋気象観測ブイ.
Météor (=*Métro est-ouest rapide*) *n.m.* 〖鉄道〗メテオール, 急行地下鉄東西線《1998年10月15日に営業運転を開始したパリの地下鉄新線14号線》.
météore *n.m.* 1 〔古〕(雲を除く, 雨, 風, 雷, 虹などの) 大気現象. ~s aériens 大気象.
　2 流星, 流れ星 (=étoile filante).
　3 〔比喩的〕彗星のように一瞬きらめく人 (現象). briller (passer) comme un ~ 彗星のように輝く (消え去る).
météorique *a.* 1 大気現象の, 大気中の. 〖気象〗eaux ~s 天水. érosion ~ 風水浸蝕.
　2 流星の; 隕石の. averse ~ 流星雨. cratère ~ 隕石クレーター, 隕石孔. fer ~ 隕鉄. nuage ~ 隕石雲, 隕石群. pierre ~ 石質隕石.
　3 〔比喩的〕極めて迅速な. évolution ~ 素早い進展.
météorisation¹ *n.f.* 〖地学〗風化.
météorisation² *n.f.* 〖医〗(胃腸の) 鼓脹, 鼓腸. souffrir de ~ 鼓腸に苦しむ.
météorisme *n.m.* 〖医〗鼓腸.
météorite *n.f.(m.)* 隕石.
météoritique *a.* 流星の, 隕石の; 流星体の, 隕石に似た. cratère ~ 隕石孔, 隕石性クレーター.
météoroïde *n.m.* 宇宙塵.
météorologie *n.f.* 気象学; 気象観測 (=observations météorologiques); 気象台 (=observatoire météorologique) (〖俗〗météo と略す). bulletin de la ~ 気象通報 (=bulletin météorologique).
météorologique *a.* 気象学の, 気象の, 気象に関する. bulletin ~ 気象通報. carte ~ 気象図. observations ~s 気象観測. observatoire ~ 気象台. Organisation ~ mondiale (OMM) 世界気象機関 (= 〔英〕 WMO: World Meteorological Organization). satellite ~ 気象〔観測〕衛星. station ~ 測候所.
météorologiste, météorologue *n.* 気象学者; 気象専門家; 気象官.
météoropathie *n.f.* 〖医〗気象病.
météoropathologie *n.f.* 〖医〗気象病理学.
Météosat *n.pr.m.* メテオサット《気象衛星の名称；ヨーロッパの気象衛星打上げ機構》. satellite météorologique ~ 気象衛星「メテオサット」.
métèque *n.m.* 1 〔蔑〕在仏外国人; 好ましくない在仏外国人 (=étranger indésirable).
　2 〖古代ギリシア〗ギリシア在住外国人《市

metformine *n.f.*〖薬〗メトホルミン〔経口血糖降下薬, 糖尿病治療薬；薬剤製品名 Glucophage (*n.m.*) など〕.

méthacrylate *n.m.*〖化〗メタクリル酸塩 (エステル)；メタクリル樹脂.

méthacrylique, méthylacrylique *a.*〖化〗メタクリルの, メチルアクリルの. acide ~ メタクリル酸. résine ~ メタクリル樹脂〔有機ガラスの材料〕.

méthadone *n.f.*〖薬〗メタドン, メサドン〔麻薬中毒患者の中毒症状緩和用の合成麻薬性鎮痛剤〕.

méthamidophos *n.m.*〖農〗メタミドフォス〔毒性の強い有機燐系殺虫剤；フランスでは認可されていない〕.

méthamphétamine *n.f.*〖薬〗メトアンフェタミン ($C_{10}H_{15}N$；覚醒剤, ヒロポン). ~ intoxication メトアンフェタミン中毒.

méthanal (*pl.* ~*s*) *n.m.*〖化〗メタナル, ホルムアルデヒド (=aldéhyde formique, formaldéhyde).

méthanation *n.f.*〖化〗メタン生成.

méthane [metan] *n.m.*〖化〗メタン (=旧称 formène). ~ liquéfié 液化メタンガス.

méthanier *n.m.* 液化天然ガス専用運搬船, GNL タンカー.

méthanisation *n.f.*〖化〗メタン生成, メタン化, メタンガス発生. ~ des déchets organiques 有機廃棄物からのメタン生成.

méthanoïque *a.*〖化〗acide ~ メタン酸, 蟻酸 (=acide formique).

méthanol *n.m.*〖化〗メタノール, メチルアルコール (=alcool méthylique).

méthémoglobine [metemɔglɔbin] *n.f.*〖生化〗メトヘモグロビン〔酸素の運搬に不適当なヘモグロビン酸化物. ヘモグロビンの第一鉄が酸化第二鉄になったもの〕.

méthémoglobinémie *n.f.*〖医〗メトヘモグロビン血症.

méthénolone *n.f.*〖薬〗メテノロン〔蛋白合成ステロイド〕.

méthicilline *n.f.*〖薬〗メチシリン〔ジメトキシフェニルペニシリン dimethoxy-hénylpenicillin=DMPPC；合成ペニシリン〕.

méthionine *n.f.*〖生化〗メチオニン〔含硫アミノ酸の一種〕, アデノシルメチオニン (adénosylméthionine). ~ active 活性メチオニン.

méthionyladénosine *n.f.*〖生化〗メチオニルアデノシン, アデノシルメチオニン (=adénosylméthionine), 活性メチオニン (=méthionine active).

méthode *n.f.* **1**〖哲〗方法；方法論. ~ analytique (synthétique) 分析的 (綜合的) 判断. ~ expérimentale 実験的方法. *Discours de la* ~ de Descartes デカルトの『方法叙説』(1637 年).

民権は付与されない〕.

2 方法, 方式, 手法, やり方. ~ d'enseignement 教育方法. ~ de fabrication d'un produit 製品の製造方法. ~ de travail 仕事の手順. ~*s* thérapeutiques 治療法. avec ~ 方法だてて, 系統的に. procéder avec ~ 手順を踏む. sans ~ 筋道なしに. livre composé sans ~ 筋道をふんでいない著作. **3** 入門書；〖音楽〗教則本. ~ de comptabilité 簿記入門〔書〕. ~ de lecture 読書入門〔書〕. ~ de piano ピアノの教則本. **4**〔話〕方策, 手だて, 策. manquer de ~ 方策に欠ける, 打つ手がない. Chacun a sa ~. 各人各様である. Vous n'avez pas la ~. あなたには有効な手だてがない.

méthodique *a.* **1** 方法だった, 系統的な；筋道だった；方法的な. classement ~ 系統的分類. esprit ~ 筋道だった精神〔の持主〕. preuves ~*s* 筋道のたった証拠. recherches ~*s* 系統的研究. d'une manière ~ 系統的に, 筋道だったやり方で. **2** 組織的な, 徹底した. formation professionnelle ~ 組織的職業訓練. violence ~ 組織的暴力. **3** 方法に関する. doute ~ de Descartes デカルトの方法的疑念. **4**〔蔑〕型通りの.

méthodiste *a.*〖宗教〗メソジスト派の. —*n.* メソジスト派信徒.

méthodologie *n.f.* 方法論. certificat de logique et de ~ des sciences (哲学学士取得のための) 科学論理・方法論修了証.

méthotrexate *n.m.*〖生化・薬〗メトトレキサート〔抗リウマチ薬；代謝拮抗剤, 抗腫瘍薬 MTX と略記〕.

méthoxamine *n.f.*〖薬〗メトキサミン. hydrochlorate de ~ 塩酸メトキサミン〔交感神経刺激性アミン昇圧剤〕.

méthoxsalène *n.m.*〖薬〗メトキサレン〔尋常性白斑治療薬；紫外線照射と併用〕.

méthoxyflurane *n.f.*〖薬〗メトキシフルラン〔吸入式全身麻酔薬〕.

méthylacrylique ⇨ méthacrylique

méthyladénine *n.f.*〖生化・薬〗メチルアデニン〔アデニンのメチル誘導体；略記 MeAde〕.

méthylcellurose *n.f.*〖化〗メチルセルロース〔水溶性軟膏の基剤；食品添加物〕.

méthylcytosine *n.f.*〖生化・薬〗メチルシトシン〔シトシンのメチル化体；MeCyt と略記〕.

méthyle *n.m.*〖化〗メチル. chlorure de ~ 塩化メチル (CH_3Cl：冷媒). salicylate de ~ サリチル酸メチル.

méthylène *n.m.*〖化〗メチレン, メチレン基 ($-CH_2$, 2価の基). bleu de ~ メチレンブルー〔弱殺菌性色素〕. chlorure de ~ 塩化メチレン (CH_2Cl_2).

méthylène*d*ioxy*a*mphétamine *n.f.*〖薬〗メチレンジオキシアンフェタミン

(幻覚作用をもつ合成麻薬；禁止薬物；略記 MDA)．

méthylène*dioxyméth*amphétamine n.f.〘薬〙メチレンジオキシメタンフェタミン（興奮剤；幻覚作用をもつ合成麻薬；禁止薬物；略記 MDMA；俗称 ecstasy）．

méthylguanine n.f.〘生化・薬〙メチルグワニン（グワニンのメチル化体；MeGua と略記）．

méthylique a.〘化〙メチルの, メチルを含む．alcool ～ メチルアルコール．

méthylisocyanate n.m.〘化〙イソシアン酸メチル（猛毒可燃性液体；殺虫剤の原料；略称 MIC）．

méthylorange n.m.〘化〙メチルオレンジ（酸性モノアゾ染料；酸塩基指示薬），ヘリアンチン（＝hélianthine）．

méthyl*phén*idate n.m.〘薬〙〔塩酸〕メチルフェニデート（略記 MPH）（$C_{14}H_{19}CO_2$）；向精神薬；難治性鬱病治療薬，小児の注意欠陥・多動性障害 ADHD（＝〔仏〕TDAH）治療薬, ナルコレプシー治療薬）．

méthyl*préd*nisolone n.f.〘生化・薬〙メチルプレドニゾロン（合成糖質コルチコイド；副腎皮質ホルモン製剤）．

méthyltestostérone n.f.〘生化・薬〙メチルテストステロン（合成男性ホルモン作用薬；末期女性生殖器癌および手術不能の乳癌治療薬）．

méticuleux(**se**) a. **1** 細かく気を配る, 細心な, 綿密な. analyse ～se 綿密な分析. esprit ～ 気配りの精神. propreté ～se ちりひとつない清潔さ. être ～ dans son travail 仕事に念入りである.
2〘古〙小心な（＝craintif）．

métier n.m. Ⅰ **1** 職業, 仕事.〘史〙corps de ～s（中近世の）同業組合. Ecole (Conservatoire) des arts et ～s 工芸学校（保存院）．Conservatoire national des arts et ～s 国立工芸保存院（略記 CNAM；1794年設立の博物館兼国立高等工芸学院；1802年以降 Paris の旧 Saint-Martin-des champs 小礼拝堂内に設置）．
2 職業, 職種, 商売. ～ d'art 工芸（陶芸, ステンドグラス, 宝飾, タピスリーなど）．～ de la guerre (des armes) 職業としての軍. ～ intellectuel (manuel) 知的仕事 (手仕事). petit ～ 小商い, 職人的な手職. sale ～ 汚れる仕事, つらい仕事, 汚い仕事. le plus vieux ～ du monde 世界最古の職業（売春）．les risques du ～ 職業に伴う危険, リスク. secrets du ～ 職業上のコツ. Il est pâtissier de son ～. 彼はパン職人だ. homme de (du) ～ 玄人, 本職, 職人. être du ～ 玄人である, 本職である．
3 仕事, 役割, 任務. faire ～ de qch (＋inf.) …が職務である, 役割である, を商売にする.〘諺〙Chacun son ～ et les vaches seront bien gardées. 皆が自分の仕事をすれ

ばすべてうまく行く. A chacun son ～. それぞれ得意とするものがある.〘諺〙Il n'est point de sot ～. 職業に貴賎なし.
4 熟練, 技量, 腕前；〘蔑〙技巧. avoir du ～ 玄人の技を身につけている. C'est le ～ qui rentre.（素人に対して）慣れればうまく行く.
Ⅱ（（仕事用の）用具, 機械）**1** 紡織機. ～ à filer 紡織機. ～ Jacquard ジャガード織機. ～ mécanique 力織機.
2〘比喩的〙仕事台. mettre sur le ～ 仕事に取り掛かる. Vingt fois sur le ～, remettez votre ouvrage ; polissez-le sans cesse et le repolissez. 作品は何回推敲してもしすぎることはない（Boileau の詩論 *Art poétique*）．

métis(**se**) [metis] a. **1**（人が）混血の；（動植物が）雑種の. enfant ～ 混血児. population ～ 混血の住民. chien ～ 雑種犬.
2〘織〙（布地が）混織の, （特に）綿麻交織の. tissu ～ 混織布. ～ coton 綿麻交織布.
3〘古〙（物・事柄が）二種混合（混淆）の. fer ～ 硫黄・砒素混合鉄.
— n. **1** 混血児, 混血；雑種. **2** 混織布；綿・麻交織布. draps de ～ 混織布.

métissage n.m. **1**（人種間の）混血.〘比喩的〙～ culturel 異文化混淆（交流）．
2 交雑, 異種間交配；〘植〙交雑育種（＝hybridation）．
3〘織〙交織.

métoclopramide n.m.〘薬〙メトクロプラミド（胃腸機能調整薬, 制吐剤；製品名 Primpéran プランペラン）．

MetOp (＝〔英〕*Met*eorological *Op*erational (satellite)) n.m.〘無冠詞〙〘宇宙〙メトオップ, 極軌道気象衛星（ヨーロッパ気象衛星機関 Eumetsat が打ち上げる低軌道気象観測衛星）（＝〔仏〕satellite météorologique opérationnel [à orbite] polaire）．〘satellite〙～-A メットオップ A 号機（2006年10月に打ち上げた第1号機）. le programme ～ メットオップ計画.

METP (＝*m*arché d'*e*ntreprises de *t*ravaux *p*ublics) n.m.〘経済〙公共土木企業市場.

métrage n.m. **1** メートル測定（測量）．
2 メートル長；（特に）生地の長さ.
3〘映画〙フィルムの長さ. court (moyen, long)[-]～ 短編 (中編, 長編) 映画.

mètre n.m. **1**〘度量〙メートル（略号 m）. ～ carré 平方メートル（略記 m^2）. pièce de vingt ～s carrés 広さ20㎡の部屋. ～ cube 立方メートル（略記 m^3）. ～ par seconde メートル毎秒（速度の単位；略記 m/s）. ～ par seconde par seconde ；～ par seconde carrée メートル毎秒毎秒（加速度の単位；略記 m/s^2）. distance de cent ～s 100 m の距離. dix ～s de hauteur (de longueur) 高さ（長さ）10 m. homme d'un quatre-vingts 1 m 80 の人. par ～ courant

métré

長さ1m当たり. dix euros le ~ 1 m当たり10ユーロ.
2 メートル尺 (=étalon de ~). ~〔-〕étalon メートル原器. ~ à ruban 巻尺. ~ en métal 金尺. ~ pliant 折れ尺. mesurer des dimensions avec un ~ メートル尺で寸法を測る.
3〖スポーツ〗…メートル競技 (競走, レース). un cent ~s 100 メートル・レース. courir un cent ~s 100 メートル競走を走る. un cent dix ~s haies 110 メートル・ハードル・レース. un quatre cents ~s 400 メートル・レース.

métré *n.m.* **1**〖建築〗(土地・建物の) メートル測量；寸法.
2 工事明細書；工事見積書.

métrique[1] *a.*〖詩法〗韻律の, 韻律を保つ. vers ~ 長短格による定型詩句 (vers syllabique「音綴数による定型詩句」の対).
　—*n.f.* **1** 韻律法. **2** 韻律学.

métrique[2] *a.* **1**〖度量衡〗メートルの；メートル制の.〖電気通信〗onde ~ メートル波 (波長 1-10 m). quintal ~ メートル制キンタル (=100 kg). système ~ メートル法 (フランスでは1795年4月7日に導入). tonne ~ メートル・トン (=1000 kg).
2〖数〗距離に関する. espace ~ 距離空間. géométrie ~ 計量幾何学.
　—*n.f.* **1** 計測；メートル計測〔法〕；メートル法 (=système ~). termes de ~ 計測用語. **2**〖数〗計量；距離.

métrisation *n.f.* メートル法化.

métrite *n.f.*〖医〗子宮筋層炎.

métro (<chemin de fer *métro*politain「首都鉄道」) *n.m.* **1** 地下鉄, メトロ. le ~ de Paris パリのメトロ. ~ régional 広域地下鉄. ~ urbain 都市部地下鉄. lignes de ~ 地下鉄の路線. station de ~ 地下鉄の駅. ticket de ~ 地下鉄の切符. prendre le ~ 地下鉄に乗る. *M* ~, boulot, dodo. 地下鉄に乗り, 仕事をし, 帰って寝る (パリの勤労者の日常の表現).
2 地下鉄の車輌 (列車). le dernier ~ 地下鉄の終電車. rater le ~ 地下鉄に乗り遅れる.

métrologie *n.f.* 計測学, 度量衡学；度量衡.

métronidazole *n.m.*〖薬〗メトロニダゾール《抗生物質；トリコモナス症治療薬》. les spiramycine との混合薬剤製品名 Birodogyl (*n.m.*).

métropole *n.f.* **1** 大都市, 首都, 首府, (地方の) 中心都市, 主邑. ~ d'équilibre 均衡都市《国土整備政策においてパリと地方の間で経済産業上の発展を均衡させるために指定された, 地方発展中核都市》. Rouen est la ~ de la Normandie. ルーアンはノルマンディの中心都市である.
2〖比喩的〗中心 (中核)〔都〕市. ~ de la mode モードの中心都市.
3 (海外領土, 海外県および植民地に対する) 本国, 本土, 内地. les Français de la ~ 本土に住むフランス人. les statistiques commerciales limitées à la ~ フランス本土のみを対象とする貿易統計.
4〖教会〗(首都) 大司教座.

métropolisation *n.f.*〖経済〗大都市集中化.

métropolitain(e) *a.* **1** 首都の. chemin de fer ~ 首都鉄道, 地下鉄, メトロ (= métro).
2 本国の, 本土の, 内地の. la France ~e フランス本国. départements ~s et départements d'outre-mer 本国県と海外県. territoire ~ 本国領土.
3〖カトリック〗首都大司教〔座〕の.〔archevêque〕~ 首都大司教. église ~e 首都大司教座聖堂.
　—*n.* 本国人.
　—*n.m.* **1** 地下鉄, メトロ. Direction et administration du ~ 地下鉄管理局.
2〖カトリック〗首都大司教 (= archevêque ~).

métroptose *n.f.*〖医〗子宮下垂〔症〕.

métrorragie *n.f.*〖医〗(月経時以外の膣からの) 出血. ~ juvénile 若年性〔子宮〕出血.

metteur(se) *n.*〔女性形は稀〕. ~ au point 仕上げ人；仕上げ工. ~ en œuvre (計画などの) 実行者；(機械などの) 製作者；宝石をはめこむ職人；〖比喩的〗実践者, 推進者. ~ en ondes (ラジオ放送の) ディレクター.〖印刷〗~ en pages 組版工. ~ en scène〖劇〗演出家；〖映画〗監督 (= ~ en film).

metton *n.m.*〖チーズ〗メトン (フランシュ=コンテ地方 le Franche-Comté で, 脱脂牛乳からつくられる, 硬質, はしばみの実大の粒状, 脂肪分1％以下).

Metz *n.pr.* メッス (département de la Moselle モーゼル県の県庁所在地；フランスとUEの広域地方行政区画の région Lorraine ロレーヌ地方の地方庁所在地；市町村コード57000；形容詞 messin(*e*)). aéroport de ~-Nancy-Lorraine メッス=ナンシー=ロレーヌ空港 (南 23 km). cathédrale Saint-Etienne de ~ メッスのサン=テチエンヌ大聖堂. Centre Pompidou de ~ メッスのポンピドゥー・センター (略称 CPM；Paris のポンピドゥー・センターの分館).

meuble *n.m.* **1** 家具, 家財道具, 備品. ~ ancien 古家具. ~ de bureau 事務用家具, 備品. ~ de jardin 庭園家具. ~ de rangement 整理用家具. ~ Louis XIV ルイ十四世様式家具. ~ métallique 金属製家具. marchand de ~s 家具屋 (antiquaire 古道具商, brocanteur 中古家具屋). ~ pliant 折畳み式家具. être dans ses ~s 自分で家具を買い揃えた家に住む.〖皮肉〗faire partie des ~s 古顔である. sauver les ~s (生活に必要なもの) 最低限のものを確保する.

◆主な家具：armoire キャビネット, (開き戸つきの)箪笥, bahut (背の低い)食器棚, buffet 食器棚, bureau 事務机, bibliothèque 書棚, canapé 長椅子, ソファ, chaise 椅子, commode 箪笥, fauteuil 肘掛け椅子, lit ベッド, 寝台, siège 椅子, table 机, テーブル.
2 家具販売業；家具製造業. travailler dans le ~ 家具業界で働く.
3 〖法律〗動産. ~ corporel 有体動産(=par nature). ~ incorporel 無体物(=~par détermination légale).
—— a. 〖法律〗移動可能な. bien ~ 動産(動物, 家具, 船舶, 建築材料, 株式, 債権, 著作権, 営業権などを含む).

meublé(e) a. 家具調度付の. chambre ~e 家具調度付の部屋.
—— n.m. 家具調度付の貸家(貸室).

meule n.f. **1** 挽臼. ~ courante (traînante) 上臼. ~ dormante (gisante) 下臼.
2 〖食品〗丸形チーズ(=~de fromage; gouda, gruyère など). ~ de 30 cm 直径 30 cm の丸形チーズ. ~ de gruyère 丸型グリュイエール・チーズ.
3 グラインダー；(歯科の)ホイール.
4 〖俗〗バイク(=motocycle, motocyclette, moto).

meunerie n.f. **1** 製粉業. Ecole nationale supérieure de ~ et des industries céréalières 製粉・穀物産業学校《略記 Ensmic；1924 年 Paris で Ecole française de meunerie として設立；1971 年国立の Ensmic となり, 2006 年 Surgère (département de la Charente-Maritime シャラント=マリチーム県) に開設された Ecole nationale d'industrie laitière et des industries agroalimentaires 国立乳製品産業・農業食品産業学校の中核校となる》.
2 〖集合的〗製粉業界.

meunier[1] **(ère)** a. **1** 粉屋の；製粉の. industrie ~ère 製粉業.
2 〖料理〗ムニエルにした(=à la ~ère). à la ~ère ムニエルの《小麦粉をまぶしてバターで焼いた》. sole (à la) ~ère 舌鮃のムニエル.

meunier[2] n.m. **1** 粉挽き；製粉業者. echelle de ~ 粉屋の梯子《蹴込みのない垂直の椅子》. garçon ~ 粉屋の小僧.
2 〖魚〗ムーニエール《水車小屋の近くに棲息する 鯎 (うぐい) chevenne の一種》. ~ noir (rouge) 黒(赤)ムーニエ《カナダの淡水魚》.

meunier[3] n.m. 〖葡萄〗ムーニエ《赤td葡萄の品種；別称 pinot ~, gris ~, auvernat》.

meunière[2] n.f. **1** 粉屋の女房, 女性の製粉業者. **2** 〖鳥〗青四十雀(=mésange bleue).

meurette n.f. 〖料理〗ムーレット《クルトンを加えた赤葡萄酒のソース；卵料理, 魚料理などに添える》.

Meursault n.pr. ムールソー《département de la Côte-d'Or コート=ドール県の町(市町村コード 21190)；主に辛口の白の銘酒の産地；形容詞 murisaltien (ne)》. la Côte de ~ ムールソーの丘. la Paulée de ~ ムールソーのポーレ《毎年 11 月後半の les Trois Glorieuses de Bourgogne (ブルゴーニュの栄光の三日間) の最終日の祝宴；文学賞を授与》.

meursault (<M~, département de la Côte-d'Or コート=ドール県, Beaune ボーヌ郡の村名, 市町村コード 21190) n.m. 〖葡萄酒〗ムールソー《ブールゴーニュ地方 la Bourgogne, コート=ド=ボーヌ地区 la Côte de Beaune の Meursault, Blany などの村でつくられる高級 AOC 葡萄酒；大半は chardonnay, pinot blanc による辛口の白；赤は pinot noir, pinot beurot, pinot liébault から》.

Meurthe n.pr.f. **1** 〖地理〗la ~ ムールト川《Vosges ヴォージュ山脈に源を発し, Saint-Dié サン=ディエ, Lunéville リュネヴィル, Nancy ナンシー を経て, la Moselle モーゼル川に注ぐ；長さ 170 km》. la Grande ~ 大ムールト川《シュルヒト峠に源を発する》. la Petite ~ 小ムールト川《Gérardmer ジェラールメールの北に源を発する》.
2 〖行政〗la ~ ムールト県(=département de la ~)；旧県名, 現在は département de la Meurthe-et-Moselle と département de la Moselle の 2 県になっている》.

Meurthe-et-Moselle n.pr.f. 〖行政〗la ~ ムールト=エ=モーゼル県(= département de la ~；県コード 54；フランスと UE の広域地方行政区画の région Lorraine ロレーヌ地方に属す；県庁所在地 Nancy ナンシー；主要都市 Lunéville, Toul トゥール, 4 郡, 45 小郡, 594 市町村；面積 5,235 km², 人口 713,779).

meurtre n.m. 殺人, 人殺し；故殺(= homicide volontaire). ~ avec préméditation 謀殺(=assassinat). ~s aggravés 加重故殺, ~ simple (加重故殺の ない) 単純故殺, 一般の故殺《加重故殺の対》. commettre un ~ 殺人を犯す. être accusé de ~ 殺人で告発される. incitation au ~ 殺人教唆. tentative de ~ 殺人未遂〖罪〗.

meurtri(e) (<meurtrir) a. **1** あざ(打ち傷)のついた. épaule ~e par le coup de bâton 棒で打たれた肩の傷.
2 疵のついた. pêche ~e 疵物の桃.
3 やつれた, 憔悴した. œil ~ くまの生じた眼.
4 傷ついた. âme (cœur) ~e 傷ついた心.

meurtrier(ère) n. **1** 殺人者, 人殺し. ~ professionnel 殺し屋.
—— a. **1** 致命的な, 死をもたらす. climat ~ 致命的気候.
2 多数の死者を出す. combat ~ 多数の戦死者を出す激戦. épidémie ~ère 多数の死

者を出す伝染病. virage ~（交通事故死多発の）魔のカーヴ.
3 人を殺せる. arme ~ ère 凶器. poison ~ 猛毒.
4 殺人にかりたてるような, 殺人にかり立てる. folie ~ ère 殺人に至る狂気.

meurtrissure *n.f.* **1** 打撲, あざ. corps couvert de ~ s あざ (打撲) だらけの体.
2（果物などの）疵, いたみ.
3 やつれ, 憔悴；（眼の）くま.
4〖比喩的〗傷. ~ du cœur 心の傷.

Meuse *n.pr.f.* **1**〖地理〗la ～ ムーズ河 (フランス, ベルギー, オランダを流れる川；オランダ名 Maas マース河；長さ 950 km；仏領内では Verdun ヴェルダン, Sedan スダン, Charleville-Mézières シャルルヴィル=メジエールを流れる).
2〖行政〗la ～ ムーズ県 (=département de la ~；県コード 55；フランスと UE の広域地方行政区画の région Lorraine ロレーヌ地方に属す；県庁所在地 Bar-le-Duc バール=ル=デューック；主要都市 Commercy コメルシー, Verdun ヴェルダン；3 郡, 31 小郡, 500 市町村；面積 6,220 km²；人口 192,198；形容詞 meusien (*ne*)).

meusien(ne) *a.* ムーズ川 (la Meuse) の；ムーズ県 (département de la Meuse) の；ムーズ県の住民の.
——*M*～ *n.* ムーズ県民.

MEV (= *m*émoires *v*ives) *n.f.pl.*〖情報〗随時書き込み・読出し記憶回路, ラム (=〖英〗RAM : *R*andom[-]*A*ccess *M*emory).

MeV (= *M*éga-*é*lectron *V*olts) *n.m.pl.*〖電〗メガ電子ヴォルト (100 万電子ヴォルト).

mévente *n.f.* **1**〖商業〗売行き不振. période de ~ 売行き不振期.
2〖古〗投げ売り (= vente à perte).

mexicain(e) *a.* メキシコ (メキシコ合衆国 les Etats-Unis de Mexique, le Mexique の；メキシコ市 Mexico) の；メキシコ人の. peso ～ メキシコ・ペソ (メキシコの通貨).
——*M*～ *n.* メキシコ人.

Mexique(le) *n.pr.m.*〖国名通称〗メキシコ (公式名称：les Etats-Unis du *M*～ メキシコ合衆国；国民：Mexicain (*e*)；首都：Mexico メキシコ〔シティー〕；通貨：peso mexicain [MXN]).〖地理〗golfe du ～ メキシコ湾.

MEZ (=〖独〗*M*ittel*e*uropäische *Z*eit) *n.f.* 中部ヨーロッパ〔標準〕時 (=〖仏〗HEC : *h*eure de l'*E*urope *c*entrale).

mezzanine [mɛdzanin]〖伊〗*n.f.* **1** 中 2 階；中 2 階の窓 (=fenêtre ~).
2〔しばしば *n.m.*〕(劇場の) 中 2 階席.

mezza voce [medzavɔtʃe]〖伊〗*l.ad.*〖音楽〗メザヴォーチェ (中位の声) (〖略記〗mv).

mezzo-soprano [medzo-] **1** *n.m.* 〖音楽〗メゾソプラノの音域 (soprano と通常女声の最低音域とされる contralto「コントラルト」の中間の音域).
2 *n.f.* メゾソプラノ歌手.
——*a.* メゾソプラノの；～の音域の；次高音部の.

mezzotinto [mɛdzotinto]〖伊〗*n.m.*〖版画〗メゾチント彫法 (彫版), メゾチント彫法 (彫版).

MF¹ (= *m*ark *f*inlandais) *n.m.* フィンランド・マルカ《フィンランドの旧通貨単位. 1 MF=100 penni》.

MF² (= *m*élanine *f*ormaldéhyde) *n.f.*〖化〗メラニン・ホルムアルデヒド《接着剤, 家電製品などのプラスチック製品の原料》.

MF³ (= *m*odulation de *f*requence) *n.f.*〖放送〗周波数変調 (=〖英〗FM : *F*requency *M*odulation).

mf (= *m*ezzo *f*orte)〖音楽〗*ad./n.m.inv.* メゾ・フォルテ《中位に強く》.

MFI (= *M*édias *F*rance *i*ntercontinents) *n.f.* 大陸間フランス通信《第 3 世界向けの通信社》.

Mflops (= *m*éga*flops*) *n.m.*〖コンピュータ〗メガフロップス《演算能力の単位；1 秒間に 100 万回の浮動小数点演算能力》.

MG (= *m*édecins *g*énéralistes) *n.m.pl.* 総合医, 一般医. syndicat ～ France フランス総合医 (一般医) 組合.

Mg (= *m*agnésium) *n.m.*〖化〗「マグネシウム」の元素記号.

mg (= *m*illigramme) *n.m.*〖度量衡〗ミリグラム《1/1000 gramme》.

Mgen (= *M*utuelle *g*énérale de l'*E*ducation *n*ationale) *n.f.*〖教育〗国民教育者共済組合.

MGF *n.m.*〖通貨〗マダガスカル・フラン (= franc malgache の略記).

MG France (= *m*édecins *g*énéralistes de *France*) *n.m.pl.* フランス総合 (一般) 医組合.

MGLA (= *m*atière *g*rasse *l*aitière *a*nhydre) *n.f.*〖酪農〗無水乳脂肪性物質.

Mgr (= *m*onseigneur) *n.m.* 猊下（枢機卿・大司教・司教などへの尊称の略記. 複数は Mgrs).

mgr (= *m*illi*gr*ade) *n.m.*〖幾何〗ミリグレード《角度の単位》.

MHAC, Mhac (= *M*usée de l'*H*omme, des *A*rts et des *C*ivilisations) *n.m.* 人類・芸術・文明博物館《Jacques Chirac 大統領の提唱により, Paris の Musée des arts d'Afrique et d'Océanie (2003 年開館) と Musée de l'Homme 人類研究所を統合して 2006 年に Paris の quai Branly に開館した新博物館；建物は Jean Nouvel の設計》.

MHD (= *m*agnéto*h*ydro*d*ynamique) *n.m.* 磁気〔電磁〕流体力学；電磁流体発電. propulsion par ～ 電磁流体式推進.

MHT (= *M*atra *H*autes *T*echnologies) *n.m.* マトラ高度技術会社.

MHz(=*méga*hertz)メガヘルツ《100万ヘルツ》.

mi- ĒLEM(「半(は)」の意)**1**〔名詞を伴って〕la ~-avril 4月半ば. la ~-carême 四旬節の中日(なかび). à ~- …の半分まで. à ~-chemin 道の途中で. à ~-corps 体の真中で/胴体の半分まで. à ~-distance 半分の距離に.
2〔形容詞を伴って〕~-clos 半ば閉じた. ~-long ハーフロングの. ~-souriant 半ば笑いながら.
3〔名詞・形容詞を伴い反復して〕半ば…半ば…, 半々の. étoffe ~-coton, ~-polyester 綿とポリエステル半々の混紡生地. régime ~-capitaliste, ~-planifié 半ば資本主義, 半ば計画経済の体制.

MIA[1] (=*m*odulation *d'i*mpulsions en *a*mplitude) n.f. 〖電気通信〗パルス振幅変調(=〖英〗PAM : *p*ulse *a*mplitude *m*odulation).

MIA[2] (=*M*ouvement *i*slamique *a*rmé) n.m. イスラム原理主義武装集団(旧 Fis(=Front islamique du salut)イスラム救国戦線の武装組織 ; =le ~ du Fis).

MIAGE (=*m*aîtrise *d'i*nformatique *a*ppliquée à la *g*estion des *e*ntreprises) n.f. 〖教育〗企業経営情報管理学修士.

miansérine n.f. 〖薬〗ミアンセリン(抗鬱薬 ; 薬剤製品名 Athymil (n.m.)).

Miaoli [台湾] n.pr. 苗栗(びょうりつ), ミャオリ(北西部台湾海峡岸の都市および県名).

mi-bas n.m.inv. ハイソックス(=demi-bas).

MIC (=*m*odulation par *i*mplusions et *c*odage) n.f. 〖電気通信・音響〗パルス符号変調(=〖英〗PCM : *p*ulse *c*ode *m*odulation).

Mica (=*m*issile *d'i*nterception, de *c*ombat et *d'a*utodéfense) n.m. 〖軍〗迎撃・攻撃・自衛ミサイル, ミカ・ミサイル.

mica n.m. **1**〖鉱〗雲母, マイカ. ~ blanc 白雲母(=muscovite). ~ noir 黒雲母(=biotite). **2** 雲母板.

micacé(e) a. **1**〖鉱〗雲母質の, 雲母状の ; 雲母を含んだ. sable ~ 雲母を含んだ砂. **2** 雲母に似た.

mi-carême n.f. 〖カトリック〗四旬節(carême)の中日(なかび)《四旬節の第3週の木曜日 ; 仮装祭が行われる》.

micaschisteux(se) a. 〖地学〗雲母頁岩(けつがん)質の. sol ~ 雲母頁岩質の土壌.

micelle n.f. 〖化・生〗ミセル, 膠質粒子.

Michelin n.pr. **1** famille ~ ミシュラン家. André ~ アンドレ・ミシュラン[1853-1931] ; Edouard ~ エドゥアール・ミシュラン[1859-1940]《この兄弟は取りはずし可能なタイヤの発明者・タイヤ製造会社 Manufacture française des pneumatiques Michelin の創業者》. pneu〔matiques〕 ~ ミシュラン・タイヤ.
2 *Guide* ~ ギッド・ミシュラン(André Michelin が 1900 年に創刊した案内書シリーズ》. *Guides* ~ *rouges* 赤表紙のミシュラン・ガイドブック・シリーズ《ホテル・レストラン案内 ; 年刊》. *Guides* ~ *verts* 緑表紙のミシュラン・ガイドブック・シリーズ《観光案内》. *Cartes* ~ カルト・ミシュラン・シリーズ《各種の道路地図》.

micheline (<Michelin, 開発者・開発会社名) n.f. **1**〖鉄道〗ミシュリーヌ型気動車(ゴムタイヤを装着した気動車). **2**〖誤用〗気動車(=autorail).

mi-chemin(à) l.ad. 途中で, 中途で. À ~ du rire et des larmes 涙と笑い. Lyon est à ~ entre Paris et Marseille. リヨンはパリとマルセイユの中ほどにある. Le pont est à ~ du village. 橋は村への道の途中にある. s'arrêter à ~ 中途でやめる(放り出す).

michetonneuse n.f. (カフェのテラスで客引きする)売春婦.

mi-clos(e) a. 半ば閉じた. porte ~-e 半ば閉じたドア. avoir les yeux ~ 半ば目を閉じている.

micmac n.m. 〖話〗**1** ちょっとした企み, 策動. ~ écœurant いやらしい企み.
2 混乱 ; 紛糾. ~ jurisprudentiel 判例解釈をめぐる紛糾.

mi-corps(à) l.ad. 体の真中で. portrait à ~ 半身像. être saisi à ~ 体の真中(胴)をつかまれる.

mi-côte(à) l.ad. 坂の途中で ; 山の中腹で. s'arrêter à ~ 坂の途中で立ちどまる.

mi-course n.f. コースの半ば, 途中. à ~ l.ad. コースの半ばで ; 事の途中で. s'arrêter à ~ 途中でやめる.

micro [mikrɔ] n.m. **1** マイク(=microphone). **2** マイクロ・コンピュータ(=micro-ordinateur). jeux pour ~ コンピュータゲーム.
——n.f. 〖俗〗マイコン情報処理(=micro-informatique).

micro- **1**「小」,「微」,「顕微鏡による」,「微小写真の」,「拡大の」等の意を表わす接頭語. **2**〖単位〗マイクロ(10^{-6}, 100万分の1, 記号 μ)(macro-の対).

microalvéole n.f. 〖工〗(ディジタル録音の際のディスク上の)極小凹み, ピット.

micro〔-〕ampère n.m. 〖電〗マイクロアンペア(記号 μA).

micro〔-〕analyse n.f. 〖化〗微量分析, ミクロ分析.

microangiopathie n.f. 〖医〗(糖尿病患者にみられる)細小血管症.

micro-assemblage n.m. 〖工〗微細部品の組立.

microbalance n.f. 微量天秤.

microbe n.m. **1** 微生物 ; 細菌 ; 病原菌.
2〖俗〗弱虫, ちび公.

microbien(*ne*) *a.* **1** 微生物の, 細菌の. culture ～*ne* 細菌培養. prolifération ～*ne* 細菌の増殖. **2** 細菌による, 細菌性の. maladie (affection) ～*ne* 細菌性疾患. toxines ～*nes* 細菌性毒素.

microbille [mikrɔbij] *n.f.* (色素・研磨剤等の) 微細粉末, 微粒 《 micronisation によって得られる 》.

microbiocénose *n.f.* 〘生態〙(ある地域の) 微生物共同体 (群集).

microbiologie *n.f.* 微生物学.

microbiologique *a.* 微生物学の, 微生物学的な. contamination ～ 微生物汚染.

microbouturage *n.m.* 〘生化・植〙微小挿木増殖法 《蘭などを交配によらず, 試験管内で人工的に増殖する技術》.

microbus [mikrɔbys] *n.m.* マイクロバス.

microcalculateur *n.m.* 〘情報処理〙マイクロ計算器; マイクロコンピュータ (= micro-ordinateur).

microcalorimètre *n.m.* 微少熱量測定器.

microcapsule *n.f.* 〘薬〙マイクロ・カプセル.

microcassette *n.f.* マイクロカセット.

micro-centrale *n.f.* 超小型発電所 (= ～ électrique). ～ hydraulique 超小型水力発電所.

microcéphale *a.* 〘医〙小頭症の. ── *n.* 小頭症患者.

microcéphalie *n.f.* 〘医〙小頭症.

microchimie *n.f.* 微量化学.

micro-chirurgie *n.f.* 〘医〙顕微鏡利用手術, 顕微手術.

microcircuit *n.m.* 〘電子工〙超小型回路, マイクロ回路, 集積回路 (= circuit intégral). carte à ～ 集積回路埋め込みカード.

microcirculation *n.f.* 〘生〙微小循環 《細動脈, 毛細血管, 細静脈の血液循環》.

microclimat *n.m.* 〘気象〙マイクロ気候, 局地的気候, 微気候. ～ des villes 都市の局地的気候.

microcline *n.m.* 〘鉱〙微斜長石 《 カリウム含有長石》.

microcode *n.m.* 〘情報〙マイクロ・コード, マイクロ符号 《マイクロプログラミングに伴うコード》.

micro-commutateur *n.m.* 〘電〙マイクロ・スイッチ.

microcomposant *n.m.* 〘電子〙超小型素子.

microcoque *n.m.* 〘生〙単球菌, 微球菌, ミクロコッカス. ～ conjonctif 結膜ミクロコッカス《結膜炎をおこすグラム陽性桿菌》.

microcornée *n.f.* 〘医〙小角膜.

microcosme *n.m.* **1** 小宇宙; 小世界 (macrocosme「大宇宙」,「大世界」の対). **2** (特に神秘主義者にとって) 人間, 人体.

3 (社会の) 縮図, ミニアチュア.

4 微小生態系.

5 〘動〙海鞘 (ほや) の1種.

micro-cravate (*pl.* ～*s*-～*s*) *n.m.* (衣服につける) 超小型マイク.

microcrédit *n.m.* 〘金融〙ミクロクレディ, マイクロクレジット 《 2006年ノーベル平和賞を受賞したバングラデシュのムハマド・ユヌス Muhammad Yunus らが創設した, 貧困撲滅のために低所得者層の事業を援助する少額無担保融資制度; ＝ microfinance). la Grameen Bank bangladaise spécialisée dans le ～ 少額無担保融資に特化したバングラデシュのグラミーン銀行.

microcristal (*pl.* **aux**) *n.m.* 微小結晶.

microcristallin(*e*) *a.* 微細結晶性の. 〘医〙arthrite ～*e* 微細結晶性関節炎.

micro-curie *n.m.* 〘物理〙マイクロキュリー 《放射能の単位; 10^{-6}キュリー; 記号 μCi》.

microcuvée *n.f.* 〘葡萄酒〙(限定生産用の) 超小型醸酵槽; ミクロキュヴェで生産される葡萄酒.

microcytose *n.f.* 〘医〙赤血球縮小症.

microdactylie *n.f.* 〘医〙(特に足の母趾の) 小趾(指)症.

micro[-]densimètre *n.m.* 〘理〙微小比重計.

microdissection *n.f.* 〘医〙顕微解剖.

micro-économie *n.f.* ミクロ経済学 (macro-économie「マクロ経済学」の対).

micro-économique *a.* ミクロ経済〔学〕の.

microédition *n.f.* マイクロ出版〔物〕《書籍・雑誌等のマイクロフィルム版》.

micro-électronique *n.f.* マイクロ・エレクトロニクス, 超小型電子工学. ingénieur ～ マイクロ・エレクトロニクス技師.

microélément *n.m.* 微量元素 (= oligoélément).

microencapsulation *n.f.* 〘薬〙(薬剤の) マイクロカプセル充填.

microencapsulé(*e*) *a.p.* 〘薬〙(薬剤が) マイクロカプセルに充填された.

micro[-]entreprise *n.f.* 〘経済〙超小規模企業.

micro-exploitation *n.f.* 小規模自作農業 (10 ha 以下).

microfactographie *n.f.* 〘冶〙ミクロファクトグラフィー (1) 微視破面学; 2) 材料, 特に金属の破面の顕微鏡検査》.

microfarad *n.m.* 〘電〙マイクロファラド《電気容量の実用単位; 10^{-6}farad; 略記 μF》.

microfaune *n.f.* 〘動〙微小野生動物 (arthropodes 節足動物, mollusques 軟体動物, protozoères 原生動物など); 〘生態〙微小動物相.

microfibre *n.f.* マイクロファイバー《超

極細合成繊維).
microfiche *n.f.* マイクロフィッシュ.
microfilm [mikrɔfilm] *n.m.* マイクロフィルム.〖情報〗sortie d'ordinateur sur ~ コンピュータのマイクロフィルム出力 (= ~ sortant sur l'ordinateur ; = [英] COM : Computer Output Microfilm).
micro-filtre *n.m.* マイクロ・フィルター.
▶ microfiltrage *n.m.*
microfinance *n.f.* 〖金融〗ミクロフィナンス, マイクロファイナンス《低所有層の起業を補助するための無担保少額融資制度》; microcrédit).
microfissure *n.f.* 〖工〗(金属・コンクリートなどの) 微細亀裂.
microflore *n.f.* 〖生〗微生物相.
microforme *n.f.* 1 マイクロフォーム (microfilm や microfiche への縮刷) ; 縮刷印刷物. 2 縮小複写 (= microcopie).
microgélule *n.f.* マイクロカプセル.
microglie *n.f.* 〖解剖〗小膠細胞, 小神経膠細胞, ミクログリア, ホルテガ細胞 (= cellule d'Hortega).
microgliocyte *n.m.* 〖解剖〗小神経膠細胞.
microglobuline *n.f.* 〖生理〗マイクログロブリン.
microglossaire *n.m.* 専門用語集.
microgramme *n.m.* マイクログラム (100万分の1グラム. 記号 μg).
micrographie *n.f.* 1 顕微鏡使用の研究 ; 顕微鏡試験. 2 顕微鏡写真〔撮影術〕.
microgravité *n.f.* 〖物理・宇宙〗微小重力 ; 無重力.
micro-grenu(e) *a.* 〖地学〗微晶質の. roche ~ *e* 微晶質岩石.
micro-grill (*pl.* ~ -~ *s*) *n.m.* 〖家電〗レンジ=グリル《電子レンジ four à *micro-ondes* とグリル兼用の調理器具》.
microguêpe *n.f.* 〖昆虫〗ミクロ雀蜂, 小型足長蜂.
microhistoire *n.f.* 微細歴史学《取るに足らぬ史実に基づく歴史学》.
microhm [mikrom] *n.m.* 〖電〗マイクロ・オーム (100万分の1オーム ; 記号 μΩ).
micro-informatique *n.f.* 〖情報〗マイクロ・プロセッサー, マイクロ・コンピュータ利用情報処理〔学〕, ~ 情報工学, マイコン応用.
micro-injection *n.f.* 〖生〗マイクロインジェクション, ミクロ注入《顕微鏡下で細胞などに施す微量注入》.
microinsémination *n.f.* 〖医〗顕微授精《顕微鏡とマイクロマニピュレーターによる人工授精》.
micro-instruction *n.f.* 〖情報処理〗マイクロ命令《マイクロプログラムの命令》.
micro-interrupteur *n.m.* 〖電〗マイクロ・スイッチ.

micro-irrigation *n.f.* 〖農〗局所限定灌水《植物の周辺だけに灌水する方法》.
microlite *n.m.* 〖結晶〗微晶, マイクロライト ; 〖鉱〗マイクロ石, マイクロライト.
micromanipulateur *n.m.* 〖生〗極微操作装置, マイクロマニピュレーター.
micromanipulation *n.f.* 〖生〗マイクロマニピュレーション, 極微操作《顕微鏡下で極微調整装置・器具による操作》.
micromécanique *n.f.* 〖工〗ミクロ機械工学《集積回路等の超小型部品の製造・加工技術》.
micrométéorite *n.f.* 〖天文〗微小隕石, 流星塵 (= poussières de ~ *s*). pluie de ~ *s* 微小隕石雨.
micromètre *n.m.* 1 (顕微鏡などの) 微測計. 2 マイクロメーター, 徴測計. 3 マイクロメートル《長さの単位 100万分の1メートル ; ミクロン micron と同義 ; 記号 μm》.
micrométrie *n.f.* (マイクロメーターによる) 微計測 ; 測定法.
micrométrique *a.* マイクロメーターの, 測微〔法〕の. microscope ~ 測微顕微鏡. vis ~ マイクロメーターねじ, 測微ねじ.
microminiaturisation *n.f.* 〖電子工学〗部品の超小型化.
micromodule *n.m.* 〖電子〗マイクロモジュール《超小型電子回路の単位》.
micro(-)moteur *n.m.* 〖機工〗マイクロモーター, 超小型モーター.
micromuscle *n.m.* 〖解剖〗微小筋肉.
micromutation *n.f.* 〖遺伝〗ミクロ突然変異 (macromutation「マクロ突然変異」の対).
micron *n.m.* 1 ミクロン《長さの単位. 100万分の1メートル. 記号 μm ; マイクロメーター (= micromètre). 2 〖物・化〗マイクロン《直径 0.2-10 μ の膠状微粒子》.
Micronésie *n.pr.f.* 1 ミクロネシア《カロリン Carolines, マリアナ Mariannes, マーシャル Marshall, キリバティ Kiribati, ナウル Nauru などの諸島から成る》. 2〔国名通称〕ミクロネシア《公式名称 : les Etats fédérés de *M*~, ミクロネシア連邦 ; 旧アメリカ合衆国信託統治領のカロリン諸島のうちパラオ諸島 Palau を除く, ポナペ Ponape, トラック Truck, ヤップ Yap, コスラエ Kosrae の諸島が 1980年 10月に結成 ; 1986年アメリカとの自由連合国を宣言 ; 首都 : Palikir パリキール ; 国民 : micronésien (*ne*) ; 通貨 : dollar des Etats-Unis [USD]》.
micronésien(ne) *a.* ミクロネシア (Micronésie) の ; ミクロネシアの住民の ; ミクロネシア語の.
—*M*~ *n.* ミクロネシア人.
micronisation *n.f.* (色素・研磨剤などの) 極小微粉化.

micronucléus *n.m.* 〖生〗小核, 副核.
micronutriment *n.m.* 〖物理〗微量元素 (=oligoélément).
micro-ondable *a.* 〖料理〗電子レンジで加熱調理可能な. plat ～ 電子レンジで調理可能な料理.
micro-onde *n.f.* 〖電〗マイクロ・ウェーヴ, マイクロ波, 極超短波 (周波数 1-30 GHz). (four à) ～s 電子レンジ. 〖医〗thérapie à ～ マイクロウェーヴ療法.
micro-ondes *n.m.inv.* 電子レンジ (=four à micro-ondes).
micro-ordinateur *n.m.* マイクロ・コンピュータ (MO, micro と略記).
micro〔-〕organisme *n.m.* 〖生〗微生物.
micro-PAC *n.f.* 超小型燃料電池 (=micro-*p*ile *à c*ombustible).
microparticule *n.f.* 微粒子; 〖環境〗大気中浮遊微粒子 (10 マイクロメートル未満).
micropesanteur *n.f.* 〖宇宙〗微小重力; 無重力状態 (=microgravité).
microphage *n.m.* 〖生〗小食細胞, ミクロファージュ, マイクロファージ.
micro〔phone〕 *n.m.* 〖電〗マイクロフォン.
microphotographie *n.f.* **1** 顕微鏡写真 (撮影術) (photomicrographie と呼ぶ方が適切). **2** マイクロフィルム写真 (撮影術).
microphylle *n.f.* 〖植〗小葉.
microphysique *n.f.* 微視物理学, ミクロ物理学 (原子・原子核物理学) (macrophysique の対).
micropilule *n.f.* 〖薬〗ミクロピリュル, ミニピル (黄体ホルモンだけを含む経口避妊薬).
micropolluant *n.m.* 微量汚染物質, 微量有害物質.
microporeux (se) *a.* 微小多孔質の.
microprocesseur *n.m.* マイクロプロセッサー, 超小型演算素子.
microprogrammation *n.f.* 〖情報〗マイクロプログラミング.
microprogramme *n.m.* 〖情報処理〗マイクロプログラム, アプレット (applet) (マイクロプログラミングで使うルーチン).
microprojection *n.f.* 微量注入法.
micropropagation *n.f.* 〖生化・植〗微小繁殖 (植物を試験管内で大量に人工的に増殖する技術; =microbouturage).
microreprographie *n.f.* マイクロ複写 (法) (文書をマイクロフィルム, マイクロフィッシュなどで複写する技術).
microrobot *n.m.* マイクロ・ロボット, 超小型ロボット.
microsatellite[1] *n.m.* 〖遺伝子〗マイクロ・サテライト (ADN (DNA) の極小片).
microsatellite[2] *n.m.* 〖宇宙〗超小型人工衛星 (重量 100 kg 未満).
microscope [mikrɔskɔp] *n.m.* **1** 顕微鏡. ～ à contraste de phase 位相差顕微鏡. ～ à émission ionique (froide) イオン放射顕微鏡. ～ électronique 電子顕微鏡. ～ stéréoscopique 実体顕微鏡.
2 〖天文〗le M～ 顕微鏡座.
microscopique *a.* **1** 顕微鏡による. examen ～ 顕微鏡検査.
2 顕微鏡でしか見えない, 微視的な. êtres ～s 顕微鏡的存在. organisme ～ 微生物 (=micro-organisme).
3 〔話〕極く細かい. écriture ～ 微細文字記述.
micros d'or (=micro-ordinateurs) *n.m. pl.* 〖情報処理〗マイクロ・コンピュータ (略称).
microseconde [mikrɔs(ə)gɔ̃d] *n.f.* マイクロセカンド (100 万分の 1 秒. 記号 μs).
microséisme *n.m.* 微小地震.
microserveur *n.m.* 〖情報処理〗マイクロサーヴァー.
microsillon *n.m.* **1** (レコード盤面に刻まれる) 微小溝. **2** LP レコード (=disque ～).
microsociété *n.f.* 〖社〗微小社会.
microsociologie *n.f.* ミクロ社会学, 微視社会学.
microsome *n.m.* **1** 〖生〗ミクロソーム (細胞質内の微粒体). **2** 〖社〗社会の縮図, 社会の模型.
microsonde *n.f.* マイクロゾンデ.
microspore *n.f.* 〖生〗 (シダ植物の) 小胞子; (顕花植物の) 花粉.
microstructure *n.f.* **1** ミクロ組織, 微細構造. **2** (大規模構造の一部を成す) 微小構造. ～ en sociologie 社会学における微小構造.
microtechnique *n.f.* 〖工〗顕微鏡技術 (光学・電子顕微鏡下で行なう研究, 製造, 修理技術).
microthermie *n.f.* 〖単位〗マイクロテルミー (熱量の単位. 100 万分の 1 テルミー. 記号 μth).
microtome *n.m.* ミクロトーム (生体組織などの検鏡用切片作成機器).
microtracteur *n.m.* 〖農〗超小型トラクター.
microtraumatisme *n.m.* 〖医〗軽度の外傷性傷害; 軽度の精神的ショック.
micro-trottoir (*pl.* ～s-～s) *n.m.* (ラジオ・TV の) 街頭インタヴュー; 街頭世論調査.
microtubule *n.m.* 〖生〗微細管, 微小管 (細胞の原形質にみられる微細管).
microtunnelier *n.m.* 〖土木〗トンネル掘削小型ロボット.
microvoiture *n.f.* 超小型自動車, マイクロ・カー; ミニ・カー (=voiturette).
miction *n.f.* 〖生理・医〗排尿. syncope de

la ~ 排尿性失神. troubles de la ~ 排尿障害.

mictionnel(le) a. 〔医〕排尿の；排尿に関する. impériosité ~ le 排尿切迫〔症〕,尿意切迫.

MID (= *m*odulation d'*i*mpulsions en *d*urée) *n.f.* 〔電気通信〕パルス継続時間変調 (= 〔英〕PDM: *p*ulse *d*uration *m*odulation；=〔仏〕MIL: *m*odulation d'*i*mpulsions en *l*argeur「パルス幅変調」とも いう).

MIDEM (= *m*arché *i*nternational du *d*isque et de l'*é*dition *m*usicale) *n.m.* 国際レコード・音楽出版見本市.

midi *n.m.* Ⅰ(真昼)〔多く無冠詞〕**1** 真昼. chaleur de ~ 真昼の暑さ. le plein ~ 真昼. en plein ~¹ 真昼間に.〔比喩的〕nier la lumière en plein ~ 明白な事実をはっきり否定する. le soleil de ~ 真昼の太陽.
2 昼食時. magasin qui reste ouvert à ~ 昼食時に開いている店. sommeil de ~ 昼寝. prendre un cachet matin, ~ et soir 朝昼晩 1 つずつカプセル剤(錠剤)を飲む.
3 正午, 午後 0 時；12 時. ~ juste 正午きっかり. à ~ juste 正午きっかりに. vers ~；〔話〕vers les ~ 正午頃. sur le coup de ~ 正午の時計が鳴っている時に. les douze coups de ~ 正午を告げる 12 の時計の音. magasin fermé de ~ à deux heures 正午から 2 時まで閉まる店.
Il est ~ (~ dix, ~ et demi(e)). 正午(12 時 10 分, 12 時半)だ.〔俗〕C'est ~〔sonné〕! (12 時だ→) もう手はない；後の祭りだ.〔比喩的〕chercher ~ à quatorze heures わざわざ事を難しく考える.〔比喩的〕〔隠〕marquer ~ 勃起する.
4〔比喩的〕(人生・治世などの)最盛期(= âge de la pleine maturité). ~ de la vie 人生の盛り. démon de ~ 中年の愛欲の魔.
Ⅱ(南)**1** 南方向. appartement (coteau) exposé au ~ 南向きのアパルトマン(丘の斜面). du nord au ~ 北から南へ. en plein ~² 真南を向いた. fenêtre en plein ~ 真南向きの窓.
2 (地域の)南部. le M~ 南ヨーロッパ(= le ~ de l'Europe)；(特に)南フランス, ミディ(= le ~ de la France). le M~ libre 「ミディ・リーブル」(Montpellier で 1944 年創刊の日刊紙). accent du M~ 南仏訛り. aiguille du M~ エーギュイーユ・デュ・ミディ(モンブラン山系の岩峰；標高 3842 m). canal du M~ ミディ運河 (Toulouse と地中海沿岸の Thau 湖を結ぶ；総延長 241 km). pic du M~ de Bigorre ピック・デュ・ミディ・ド・ビゴール (ピレネー山脈の高峰, 2872 m). pic du M~ d'Ossau ピック・デュ・ミディ・ドソー (ピレネー山脈の高峰, 2884 m). région M~-Pyrénées ミディ=ピレネー地方 (フランス南西部のフランスおよび UE (EU) の広域地方行政区画；l'Ariège, l'Aveyron, la Haute-Garonne,

le Gers, le Lot, les Hautes-Pyrénées, le Tarn の 7 県から成る；地方庁所在地 Toulouse). voyager dans le M~ 南仏を旅行する.
3〔古〕南 (= sud).

midinette (< midi+dînette；dînette à midi「ささやかな昼食でしのぐ娘」) *n.f.* **1**〔古〕ミディネット(オート・クーチュールやモード店のお針子・売子の若い女性). gaîté des ~s ミディネットたちの陽気さ.
2 (庶民的な) 町娘；〔蔑〕ミーハー的女性. avoir des goûts de ~ ミーハー趣味である.

Midi-Pyrénées *n.pr.m.*〔行政〕région ~ ミディ=ピレネー地方(フランスと UE の広域地方行政区画；l'Ariège, l'Aveyron, la Haute-Garonne, le Gers, le Lot, les Hautes-Pyrénées, le Tarn, le Tarn-et-Garonne の 8 県から成る；45,427 km²；人口 2,551,687；地方庁所在地 Toulouse).

MIEC, Miec (= *M*ouvement *i*nternational des *é*tudiants *c*atholiques) *n.m.* 国際カトリック学生運動(1921 年スイスの Fribourg で創設；加盟 88 カ国).

miel *n.m.* **1** 蜂蜜. ~ d'accacia (de lavande) アカシア蜜(ラヴェンダー蜜). ~ du Gâtinais ガーチネ地方特産の蜂蜜. ~ rosat 薔薇蜜. bonbons au ~ 蜂蜜入りボンボン.
2〔比喩的〕甘さ；甘いもの；心地よさ；〔蔑〕甘ったるさ. lune de ~ 蜜月, ハネムーン. paroles de ~ 甘い言葉 (=paroles mielleuses). être tout sucre tout ~ (下心があって)いやに優しくする.

miellé(e¹) a. **1** 蜂蜜入りの, 蜂蜜で甘く味付けした；〔薬〕蜂蜜で甘味をつけた. boisson ~ 蜂蜜入りの飲物.
2 (色・味・香りが) 蜂蜜のような. parfum ~ 蜂蜜のような芳香.

miellée² *n.f.* **1**〔植〕(érable, tilleul などの芽・葉にある)蜜. **2** (蜜蜂の持ち帰る)花蜜；花蜜の季節.

mielleux(se) a. **1** 蜂蜜を思わせる；〔蔑〕気の抜けた, 甘ったるい. goût ~ 蜂蜜を思わせる味. lois ~ 気の抜けた法律.
2〔比喩的〕媚びへつらうような甘さの, 見せかけの甘さをもった. ton ~ 媚びへつらうような甘い調子.

mieux¹ ad.〔bien の優等比較級〕**1** より よく, より上手に；より以上に. ~ que jamais これまでになくよく. Elle chante ~ que moi. 彼女は私より歌がうまい. Nous ferions beaucoup ~... もっとうまくやれるのだが…. ~ que je n'eusse pu faire できる限り上手に. Il a réussi ~ que je ne pensais. 彼は私が考えているより以上に成功した (ne は虚辞). Elle est ~ que jolie, elle est adorable. 彼女は綺麗どころかほれぼれするほど素晴らしい.
◆〔成句〕
aimer ~ より好む. J'aime ~ le thé que

mieux²

café. 私はコーヒーより紅茶のほうが好きだ. J'aime ~ ça. 私はそのほうがいい. J'aimerais ~ la mort (mourir)! 死んだほうがましだ!
aimer ~ que+*subj*. …するほうを好む；むしろ…してもらいたい. J'aime ~ qu'il prenne la responsabilité lui-même. 彼自らが責任をとってもらいたい.
aller ~ 健康状態がよくなる；事態が好転する. Elle va ~ aujourd'hui. 彼女の具合は今日はよくなっている. Les choses commencent à ~ aller. 事態は好転しつつある. Ça ira ~ demain. 明日になればもっとうまくいくでしょう.〔話〕Ça [ne] vas pas ~! 全くどうしようもない！ひどすぎる！あんまりだ！
à qui ~ われ先に, 競って；一生懸命に；非常に, この上なく. Les oiseaux chantaient à qui ~. 小鳥たちは競い合うように啼いていた.
d'autant ~ que …であるだけにいっそうよく. Je le sais d'autant ~ que j'en ai été témoin. 私はそれを目撃していただけにそれをよく知っている.
de ~ en ~ ますますよく. Le malade va de ~ en ~. 病人はどんどん快方に向かっている.〔話・皮肉〕De ~ en ~, ne vous gênez pas! どうぞご遠慮なく！
faire ~ de+*inf*. …するほうがよい. J'aurais ~ fait de ne rien dire. 私は何も言わないほうがよかったのかもしれない.
~…plus (moins)…; plus (moins)…, ~…すればするほど…. M~ je la connais, *plus* je l'aime. 彼女のことをよく知れば知るほど彼女が好きになる.
ni pis ni ~ よくも悪くもならず. Il va ni pis ni ~. 彼の病状に変りはない.
on ne peut ~ この上なく, 完全に.〔話〕C'est on ne peut ~. 申し分ない. Cette robe va on ne peut ~ pour elle. このドレスは彼女に実によく似合う.
pour ~ dire ~ disons ~ もっとうまい言い方をすれば, と言うよりはむしろ；より正確に言えば.
pour ne pas dire ~ (~ dire) 十分控え目に言っても.
Tant ~! それはよかった！しめた！(Tant pis!「残念だね！」「仕方がないさ！」の対).
valoir ~ que … よりよい, (に) 優る. M~ vaut la mort que l'esclavage. 奴隷になるくらいなら死んだほうがましだ.〔諺〕M~ vaut tard que jamais. 遅くても全然ないよりまし.
~ vaut+*inf*. (que+*subj*.); Il vaut ~ + *inf*. (que+*subj*.)〔非人称構文で〕…のほうがよい.〔諺〕M~ vaut tenir que courir. 明日の百より今日の五十. Il vaut ~ se taire que de dire des bêtises. 馬鹿なことを言うくらいなら何も言わないほうがいい. Il vaut ~ de partir que de rester. ここにいる

よりは出かけたほうがよい.〔話〕Ça vaut ~. そのほうがよい.

2 le ~〔bien の最上級〕最もよく, 最もうまく；最も多く；一番. le ~ du monde この上なくうまく, 完璧で. les hommes *les* (*le*) ~ doué (s) 最も天分のある人びと《今日では定冠詞をすべて一致させる傾向にある》. le (du) ~ qu'on peut できるかぎりよく. Il joue son rôle le ~ qu'il peut. 彼は自分の役割をできる限りうまく果たしている. C'est elle qui parle français le ~ de notre classe. われわれのクラスで最も上手にフランス語を話すのは彼女だ. C'est moi qui la comprends le ~. 彼女を一番理解しているのは私だ.

3〔節の冒頭で単独に用いて〕それどころか (= ~ que cela, qui ~ est). Il a réussi à l'examen；~, il a été reçu premier. 彼は試験に受かった, しかも一番で.

mieux² *a.inv.*〔meilleur の中性〕**1**〔中性代名詞・不定詞などの補語・属詞として〕よりよい. Ce sera ~ pour moi. 私にとってはそのほうがよい. quelque chose de ~ よりよい何か. Il n'y a rien de ~. これ以上のものはない.

qui ~ est [kimjøzɛ] 更によいことには (= ce qui est ~ encore); それどころか. Il est intelligent, et qui ~ est, très sensible. 彼は頭がよい上, さらによいことには感受性が実に鋭い. Vous ne venez pas au rendez-vous et, qui est ~ est, vous ne vous excusez même pas! あなたは約束の時間にやって来なかった, それなのに謝りさえしない！

2〔物について〕よりよい, より快適な, より満足すべき. Parler est bien, se taire est ~. 話すのよりも, 黙っているほうがもっとよい. Le salon est ~ à présent. 客間は今ではずっとよくなった. J'aimerais un appareil photo un peu ~ que celui-ci. これよりもうすこしいいカメラが欲しいのですが.

3〔人について〕より健康な；より快い, より好ましい；より恰好のよい. se sentir ~ 体の具合がよくなったと感じる. Il est ~ que son père. 彼は父親よりいい. Mettez-vous dans ce fauteuil, vous serez ~. この肘掛椅子にすわりなさい, もっと快適ですから. Il est ~ sans moustache. 彼は口鬚がないほうがいい.

4 ce que…de ~ 最もよいこと (もの). ce qu'il y a de ~ dans la société 社会のもっとも上層. C'est tout ce qu'il y a de ~. それは最高である. Ce qu'il y a de ~ à faire, c'est de+*inf*. 最上の策は…することだ.

mieux³ *n.m.* **1**〔無冠詞または不定 (部分) 冠詞+~〕よりよいこと (もの); 改良, 改善；(病状が) 快方に向かっていること；改善.〔=bien plus〕. Il y a ~. よりよいこと (もの) がある. Il y a du ~. 改善が見られる；(病状が) 経過良好である. changer en

～ よりよくなる. en attendant ～ さしあたりは, 当面. En attendant ～, je m'en contentrait. さしあたりは, それで満足しよう. espérer ～ よりよいこと(もの)を期待する. faute de ～ 止むを得ず, 仕方がないので；止むを得ない時には, 仕方がなければ. ne pas demander ～〔que + *inf.*〕〔…することに〕喜んで同意する；〔…できれば〕願ったり叶ったりだ. s'attendre à ～ よりよいことを当てにする. Je m'attendais à ～, je suis déçu. もっといいことを期待していたのに, がっかりだ. Il a beaucoup de talent；～, du génie. 彼は才能に満ちあふれている, それどころか天才だ.
2〔定冠詞(所有形容詞)+ ～〕最もよいこと(もの), 最良, 最善；よりよいこと. Le ～ est de partir sans mot dire. 一番いいのは何も言わずに立ち去ることだ.〔諺〕Le ～ est l'ennemi du bien. より良いは良いの敵；欲を出すと元も子もなくなる. aller le ～（病状が）快方に向かう.
au ～ 最もよく, 最高に；最もよくいって, 非常にうまくいけば. acheter (vendre) au ～ 最もいい値で買う(売る). arranger une affaire au ～ 事をこの上なくうまく収める. en mettant les choses au ～ 最善の場合には(でも). faire au ～ 最善を尽す. Au ～, nous arrivrons dans une heure. 最も順調にいけば, 1 時間で着くだろう.
au ～ de …が最もよいやり方(状態)で. Le cheval est au ～ de sa forme. 馬は体調万全である. être au ～ avec *qn* 人と非常に仲がよい.
de son ～ 最善を尽して. faire de son ～ 最善を尽す.
des ～ 非常にうまく. travail des ～ réussi〔s〕大成功の仕事.
pour le ～ 最もよく, 非常にうまく；素晴らしく；最善を期して. Faites pour le ～. 最善を尽しなさい. Tout va pour le ～. 万事順調.

mieux-être *n.m.inv.* 生活の改善；福祉の向上, 健康状態の改善. quête du ～ 生活向上策の探求.

mieux-offrant *n.m.* (競売・市場のせり などで)最高値入札者.

mieux-vivre *n.m.inv.* よりよい暮し.

mifépristone *n.f.*〔薬〕ミフェプリストーヌ, RU 486（黄体ホルモン抑制作用のある合成ステロイドホルモン；避妊薬).

mi-fin(*e*) *a.* 中位の細かさの；中粒の. petits pois ～*s* 中粒のグリーンピース.

mignardise *n.f.* **1** 愛らしさを装うこと；〔多く *pl.*〕媚びを含んだ態度；(芸術上の)気取り. ～*s* d'une coquette 媚びるような愛嬌(しな). faire des ～*s* 可憐さを装う.
2〔文〕愛らしさ. ～ de son visage 顔の愛らしさ.
3〔料理〕ミニャルディーズ（食後にサービスされるお愛想の小菓子).
4〔服〕飾り紐.
5〔植〕ミニャルディーズ（石竹の一種).（= oeillet ～).

mignon(*ne*)¹ *a.* **1**〔時に名詞の前〕可愛らしい, 愛くるしい；小作りの. enfant ～ 可愛い子供. fille jeune et ～*ne* 可愛い少女. gestes ～*s* 愛くるしい仕種. péché ～ 憎めない欠点. pied ～ 愛らしい足. C'est ～ chez vous. お宅は洒落ていますね.
2〔話〕(人が)愛想のよい, 親切な. Soyez ～, aidez-moi à mettre le couvert. 済みませんが食卓の仕度を手伝ってください.
3〔料理〕filet ～ フィレ・ミニョン（牛・豚の胸郭内の胸椎に沿った細長いフィレ肉).
——*n.* 可愛らしい子(人)（多く子供・娘など). Mon ～ ねえ坊や. une jolie petite ～*ne* 可愛い少女.

mignon² *n.m.* **1** 愛らしさ.
2 お気に入り(= favori).
3〔古〕稚児. les ～*s* d'Henri III アンリ 3 世の稚児たち.
4〔料理〕フィレ・ミニョン. ～ de veau 仔牛のフィレ・ミニョン.
5〔チーズ〕～ maroilles ミニョン・マロワル（北仏 département du Nord ノール県原産の牛乳からつくられるマロワル・チーズの小型のもの；赤褐色の洗浄外皮で柔質；1辺 11-11.5 cm. 高さ 3 cm の角型；脂肪分 45%以上).
6〔料理〕ミニョン（家禽肉・子牛の胸腺・牛肉などの切り身をソーテした（強火で油炒めした）料理名).

mignonne² *n.f.* **1**〔果実〕ミニョンヌ（濃赤色の外皮の洋梨；poire ～).
2〔果実〕ミニョンヌ（黄白色の細長い西洋すもも；prune ～).

mignot *n.m.*〔チーズ〕ミニョー（ノルマンディー la Normandie のオージュ地方 pays d'Auge で, 牛乳からつくられる, 軟質, 天然外皮, 直径 11-12 cm, 厚さ 4 cm の平型, 重量 350-400 g, 脂肪分 40-45%).

migraine *n.f.* **1**〔医〕偏(片)頭痛（= hémicrânie). ～ allergique アレルギー性偏頭痛（= ～ histaminique「ヒスタミン性偏頭痛」). ～ classique 典型的偏頭痛（女性に多い). ～ chez l'enfant 小児頭痛. ～ commune 普通型頭痛. ～ due à tension nerveuse 神経緊張性偏頭痛. ～ ophtalmique 眼筋麻痺性偏頭痛. ～ précédée de signes annonciateurs 前兆のある偏頭痛. ～ vasculaire 血管性偏頭痛. traitement curatif (préventif) des crises de ～ 偏頭痛の発作の治療(予防).
2〔広義〕頭痛(= mal (maux) de tête). avoir la ～ 頭痛がする.
3〔比喩的〕〔話〕頭痛. donner la ～ à *qn* 人の頭痛の種となる；人をうんざりさせる.

migraineux(*se*) *a.* 頭痛の；頭痛持ちの. crise ～*se* 頭痛の発作.
——*n.* 頭痛持ち.

migrant(e) a. 移住する.
——n. **1** 移住者, 移民；(特に) 移民労働者, 出稼ぎ労働者 (= travailleur immigré). accueil des ~s 移民〔労働者〕の受け入れ.
2〖比喩的〗遠距離通勤者.

migrateur(trice) a. (鳥・魚などが) 移動する, 渡る, 回遊する. oiseau ~ 渡り鳥. poisson ~ 回遊魚.
——n.m. 渡り鳥；回遊魚.

migration n.f. **1** (人間集団の) 移住；(民族の) 移動. ~s des Barbares 蛮族の大移動. ~ saisonnière (ヴァカンス, 季節労働などの) 季節的移動 (移住).
2〖生〗(鳥の) 渡り；(魚の) 回遊；(野獣の) 移動. ~ des hirondelles 燕の渡り. ~ des saumons 鮭の回遊. ~ des troupeaux 野獣の群の移動.
3〖医〗遊走；転移；体内移行. ~ de cellules cancéreuses 癌細胞の転移. ~ de l'ovule par la trompe 卵子の卵管遊走. ~ d'un caillot sanguin 血餅の体内移行.
4〖物理〗(分子内の) 原子移動. ~ des pôles 極の移動.
5〖電業〗移行, 移送.

migratoire a. 移住 (移動, 渡り, 回遊) 性の；移住 (移動, 渡り, 回遊) に関する. phénomène ~ 移住現象.

MII (= multiplexage intelligent intégré) n.m.〖情報処理〗統合知的情報多重化. système ~ 統合知的情報多重化システム.

MIIC (= Mouvement international des intellectuels catholiques) n.m. 国際カトリック知識人運動〔1947年創設〕.

MIJARC, Mijarc (= Mouvement international de la jeunesse agricole et rural catholique) n.m. 国際農村カトリック青年運動〔1954年創設〕.

mijotée n.f.〖料理〗ミジョテ《とろ火で煮た料理；= plat mijoté；男性形 mijoté もある》. ~ de pied de cochon 豚足のミジョテ.

mijoter (< mijot, 果物の熟成籠) v.t. **1**〖料理〗トロ火でコトコト煮る. lapin mijoté 兎の煮込み.〖料理〗viande à ~ トロ火で煮るに適した肉.
2〖比喩的〗〖話〗ひそかに準備する；(計画・文章などを) ゆっくり練り上げる. ~ un complot 陰謀をひそかに練り上げる.
——v.i. **1** トロトロ煮える. faire ~ un ragoût シチューをじっくり煮込む.
2 (計画などが) ひそかに準備される, 熟す.
3〖話〗(人が) 熟慮して待つ.
——se ~ v.pr. (陰謀などが) ひそかに準備される；(計画が) 熟す.

mijoteuse n.f.〖家電〗煮込用電気鍋.

MIL (= modulation d'impulsions en largeur) n.f.〖電気通信〗パルス幅変調 (=〔英〕PWM : pulse width modulation)《パルス継続時間変調 MID : modulation d'impulsions en durée；=〔英〕PDM : pulse

duration modulation ともいう》.

mil [mil] a.num.card.《mille の古い綴り；2000年未満の西暦年号に用いる；西暦2000年は l'an deux mille》. l'an ~ 西暦千年 (l'an mille とも書く). en ~ (mille) neuf cent quatre-vingt-dix-neuf 1999年に.

Milan n.pr.m. ミラノ (=〔伊〕Milano；la Lombardie ロンバルディア地方(州)の中心都市(州都)；形容詞 milanais(e)). cathédrale de ~ ミラノ大聖堂 (= il Duomo).

milan n.m.〖鳥〗鳶 (とび).

milanais(e) a. ミラノの (Milan,〔伊〕Milano) の.〖料理〗à la ~e ミラノ風の《パン粉・卵・チーズの衣をつけてフライにする》. escalope〔à la〕~e ミラノ風仔牛の薄切カツレツ.
——M~ n. ミラノ市民.
——n.m.〖菓子〗杏入りクッキー.

MILAS (= missile de lutte anti-sousmarine) n.m. 対潜攻撃ミサイル.

mildiou (<〔英〕mildew) n.m.〖植〗(野菜・葡萄などの) べと病.
▶ mildiousé(e) a.

MILDT (= Mission interministérielle de lutte contre la drogue et la toxicomanie) n.f. 麻薬・薬物常用対策省間委員会.

mile [majl, mil]〔英〕n.m.〖度量〗マイル (1 ~ = 1,609 m).

mileage〔英〕n.m. **1** マイル数, 走行距離. **2** マイル当りの費用 (運賃). **3**〖航〗(航空会社の) マイレージ特典.

miliaire a.〖医〗粟粒 (ぞくりゅう) の, 粟粒性の. tuberculose ~ 粟粒結核.
——n.f. 粟粒疹, 汗疹, あせも. ~s cristallines 水晶様汗疹, 白いあせも (= sudamina). ~ profonde 深在性汗疹. ~s rouges 赤いあせも, 紅色汗疹 (= bourbouille, gourme).

milice n.f. **1**〖集合的〗市民軍, 義勇軍；民兵；民警. ~ populaire 民兵. la M~〔de Vichy〕(ヴィシー政府派の) 民軍《1943-44の反レジスタンス民兵団》.
2〖仏史〗~s communales (bourgeoises, urbaines) 自由都市の市民軍. ~s provinciales (大革命以前の) 予備軍《籤引きで徴兵》.
3〖スイス〗Armée de ~ 市民兵軍.
4〖ベルギー〗ベルギー軍 (armée belge)；兵役. certificat de ~ 兵役証明書.
5 (非合法の) 私兵. ~s privées 私兵.

milicien(ne) n. **1** 民兵, 民警. **2**〖ベルギー〗n.m. 兵役による召集兵.

milieu(pl. ~x) n.m. ① (空間, 時間の中点) **1** 中央, 中間, 真ん中. le ~ du jour (de la nuit) 正午 (真夜中, 午前0時). le ~ d'une pièce 部屋の中央. le doigt du ~ 中指. l'empire du ~ 中国. du ~ 中央の, 真ん中の. le rang du ~ 中央の列. Le monde a été marqué entre le ~ et la fin du XXème siècle par la guerre froide. 20世紀の半ばから末にかけて, 世界を特徴づけた

のは冷戦だった.
〖前置詞句〗au ~ de 真ん中に (で, を), 中ほどに (で, を), 最中に. s'arrêter au ~ du gué 浅瀬の真ん中で立ち止まる. se cacher au ~ de la foule 人波の中に身を隠す. se trouver au ~ des gens de connaissance 面識のある人たちに囲まれている. Interrompu au ~ de son exposé, l'orateur a eu du mal à reprendre le fil de son raisonnement. 発言者の説明の途中で中断されたために, 論理の流れを取り戻すのに苦労した. au beau ~ de;en plein ~ de 真っ只中で (に), 真っ最中に.
2 ~ de table テーブルの中央において花, 果物などを盛る飾り鉢 (→ surtout).
3 ~ de terrain (サッカーの) ミッドフィールダー, 中盤の選手.
4 〖舞〗ミリユー《稽古場の中央でバーにつかまらずにする稽古》.
II 《抽象的》1 中間にあるもの, 両極端の中間) 中間, 中庸, 中道;(三段論法の) 中 (媒) 概念. principe du ~ exclu 排中律《二つの相反する命題があるとき, そのいずれかが真であり, 他の一つが誤でなければならない). le juste ~ 中庸. tenir le ~ 中道を行く, 中庸を保つ. L'homme dans la nature est un ~ entre rien et tout. 自然の中における人間は無と全ての間にある《Pascal》.
III 《環境》**1**(自然, 生物にとっての) 環境, 外界. ~ alcalin アルカリ環境. 〖生〗~ intérieur 内(部)環境. ~ de culture 培養基, 培地. adaptation au ~ 環境への適応. étude du ~ 環境学. protection du ~ naturel 自然環境の保護.
2 (人間にとっての) 環境. ~ familial 家庭環境. ~ social 社会環境. Bien qu'issu d'un ~ modeste, il n'eut aucune difficulté à s'intégrer dans la haute société parisienne. 彼は貧しい階層の生まれではあったが, パリのハイソサエティに溶け込むのに何の苦労もしなかった.
3〔pl. で〕業界, …界, 階層. ~x d'affaires (économiques) 実業(経済)界. selon des sources proches des ~x concernés 関係筋によれば.
4 (しばしば M~ で) 暴力団, やくざ, 暗黒街. argot du ~ やくざ世界の隠語.
militaire a. 軍の, 軍事の, 軍隊の, 軍人の, 戦争に関する. art ~ 兵法, 軍事学. attaché ~ (大使館付)駐在武官《3 軍すべてを代表する武官は attaché des forces armées, 海軍武官は attaché naval, 空軍武官は attaché de l'air》. autorités civiles et ~s 軍民当局. aviation ~ 空軍. commandement ~ 軍司令部. dépenses ~s 軍事支出《予算の主要項目の一つ》(dépenses civiles の対).
discipline ~ 軍規, 軍律.
Ecole ~ 士官学校《陸軍の士官学校として Ecole spéciale ~ (ESM), Ecole ~ interarmes (EMIA) および Ecole ~ du corps technique et administratif (EMCTA) があり, ESM (1802 年創立, 長く Saint-Cyr に置かれていたため Ecole de Saint-Cyr として知られた) が最も有名;海軍と空軍の士官学校はそれぞれ Ecole navale と Ecole de l'Air だが, 前者においては Ecole ~ de la flotte (EMF) 海軍幹部候補生学校もある》.
équipement ~ 軍備, 防衛装備. gouvernement ~ 軍事政府;(植民地などの) 軍事司令部. gouverneur ~ 軍事司令官;軍弁務官. heure ~ 几帳面なほど正確な時間. insignes ~s 軍隊の記章. justice ~ 軍事裁判, 軍法会議. matériel ~ 武器, 兵器. exportations de matériels ~s 武器輸出. programmation ~ 防衛計画. loi de programmation ~ 防衛計画法. région ~ 陸軍軍管区《海軍軍管区は région maritime, 空軍軍管区は région aérienne》. salut ~ 軍隊式の挨拶, 敬礼. service ~ 兵役《国民役務 service national の一つ》.《Servitude et grandeur ~s》『軍隊の服従と偉大』《A. de Vigny の作品;1835 年》. tribunal ~ 軍法会議. victoire ~ 戦勝;武力による勝利.
—n. 軍. 軍人. ~ de carrière (de métier) 職業軍人.
militant(e) a. (思想, 主義, 組織などのために) 戦う;戦闘的な. politique ~e 戦闘的政策. syndicaliste ~ 戦闘的組合活動家.
—n. (政党, 組合などの) 闘士, 活動家. ~e féministe フェミニズムの女闘士. ~s d'un parti 政党の活動家.
militarisation n.f. **1** 武装化;軍国化.
2 軍隊化, 軍隊式編成.
militarisé(e) a. **1** 武装化した;軍国化した. zone ~e 武装化地帯.
2 軍用の. équipements ~s 軍用装備.
militarisme n.m. 〖蔑〗軍国主義;軍国主義体制;軍事優先体制.
militariste a. 軍国主義の;軍国主義者の. nationalisme ~ 軍国主義的ナショナリズム.
—n. 軍国主義者. les ~s et les pacifistes 軍国主義者と平和主義者.
militaro-industriel(le) a. 軍事産業の, 産軍の. complexe ~ 産軍複合体.
milium [miljɔm] n.m. 〖医〗稗粒腫 (はいりゅうしゅ).
Millau n.pr. ミヨー《département de l'Aveyron アヴェーロン県の郡庁所在地;市町村コード 12100;皮鞣し・手袋製造の中心地;形容詞 millavois(e)》. Maison de la Peau et du Gant de ~ ミヨーの皮革・手袋博物館. viaduc de ~ ミヨー道路橋《タルヌ川 le Tarn を跨ぐ水面上 270 m, 長さ 2,460 m の巨大コンクリート橋;2004 年 12 月開通》.
mille[1] a.num.card.inv. **1** 1000 の;千番目の (= millième). ~ ans 1000 年. ~ mètres 1000 メートル. l'an ~ 紀元千年《= l'an

mille²

mil：2000 年未満で可能な表記). l'an deux ~ 紀元 2000 年. le numéro ~ d'un journal 新聞の第 1000 号. taux de mortalité pour ~ habitants 人口千人当たりの死亡率.
2 千もの, 無数の, 沢山の. 〘美術〙~〔-〕fleurs 千花図, 千花模様. M~ excuses (pardons). 誠に申訳ありません. ~ fois 千倍；千回；幾度となく. dire ~ fois qch 何を何度も言う. être à ~ lieues de …とは無縁である. M~ mercis. 大変有難し.
——*n.m.* (*pr.num.card.*) *inv.* **1** 〘数〙1000；およそ 1000；多数. Dix fois cent 〔font〕~. 10×100＝1000. multiplier par ~ 1000 を掛ける, 1000 倍する. pour ~ 千分率, パーミル《略記‰》. un pour ~ 千分の 1（1 ‰）. des ~ et des cents；des cents et des ~ 数千数百. avoir des ~ et des cents 大金持である.
2 〘商業〙(単位となる) 1000 個. prix au ~ 1000 個単位の価格.
3 《出版の印刷単位》1000 部. les dix premiers ~ d'un roman 小説の初版 1 万部. vingtième ~ 第 20 刷 (累計 2 万部).
4 〘スポーツ〙1000 メートル. courir dix ~ 1 万メートルを走る.
5 〘射撃, 遊戯〙(1000 と記された) 標的の中心部. mettre 〔en plein〕 dans le ~ 的の中心を射抜く；〘比喩的〙金的を射る, 言い当てる, 成功する.
 ◆ ~ un (deux, trois...) 1001 〔の〕 (1002 〔の〕, 1003 〔の〕).
 ~ et un〔e〕(1000+1 →) 無数の. commettre ~ une erreurs multiples 無数のミスを犯す. *les M*~ *et Une Nuits* 『千一夜物語』, 『アラビヤン・ナイト』.
 le premier janvier, ~ 〔mil〕 neuf cent quatre-vingt-dix-neuf 1999 年 1 月 1 日 (...dix-neuf cent quatre-vingt-dix-neuf とも書く).
 ◆ 〘*inv.*〙~, deux ~, trois ~, dix ~, onze ~, cent ~, deux cent ~ 1000 〔の〕, 2000 〔の〕, 3000 〔の〕, 1 万 〔の〕, 1 万 1 千 〔の〕, 10 万 〔の〕, 20 万 の.
 ◆ ~ et unième ~, deuxième ~, 1001 番目 〔の〕, 1002 番目 〔の〕

mille² *n.m.* 〘度量〙**1** マイル, 英マイル (＝ ~ anglais) (1,609 m).
2 海里 (＝ ~ marin) (1,852 m；英連邦では 1,853.18 m).
3 〔古〕 ~ romain 古代ローマ・マイル (左右 1000 歩ずつの合計距離；1,481.5 m).

mille-feuille *n.m.* **1** 〘菓子〙ミル＝フイユ (薄いパイ皮を重ね, 間にキルシュやラム酒入りカスタードクリームなどをはさんだケーキ).
2 〘料理〙ミル＝フイユ風料理. ~ de saumon frais au beurre rose 鮭のミル＝フイユ, 薔薇色ソース付.

mille〔-〕fleurs *n.f.* **1** 〘美術〙千花図, ミルフルール (数多くの花模様からなしたタピスリー；＝tapisserie à ~).
2 〘香水〙ミルフルール (のこぎり草) 《千花香エキス》.

millénaire *a.* **1** 千の, 千個の.
2 千年の, 千年を経た. plusieurs fois ~ 数千年を経た.
3 非常に古い. arbres ~s 非常に古い木々, 太古木.
——*n.m.* **1** 千年〔間〕, 千年紀, 10 世紀. cycle du ~ (OMC：*O*rganisation *m*ondiale du *c*ommerce の) 千年紀ラウンド (＝ 〔英〕 Millenium Round). dynasties égyptiennes du escond ~ avant Jésus-Christ 西暦前 2 千年紀のエジプト王朝. depuis des ~s 数千年前から.
2 千周年, 千年祭. deuxième ~ 第 2 千年紀；2 千年祭.
——*n.* 〘宗史〙至福千年 (千年王国) 説の信奉者.

millénarisme *n.m.* **1** 〘宗教史〙千年王国説, 至福千年説, ミレナリスム. **2** 〔広義〕理想社会到来説.

millénariste *a.* 〘宗教史〙千年王国の, 至福千年の. théorie ~ des premiers siècles de l'Eglise 初期キリスト教会の千年王国 (至福千年) 説.
——*n.* 千年王国 (至福千年) 論者；理想社会到来論者.

millénium [-njɔm] *n.m.* **1** 〘キリスト教〙千年王国, 至福千年, ミレニウム (最後の審判に先立って救世主が地上に君臨する千年間). croyance au ~ 千年王国 (至福千年) 説 (＝millénarium).
2 〔広義〕黄金時代 (＝âge d'or).

millésime *n.m.* **1** 製造年；(貨幣・メダルの) 鋳造年；(切手の) 発行年；(葡萄酒の) 生産年, ミレジム (主に AOC, VDQS (AOVDQS), vins de pays など, 生産地名が示されている葡萄酒に表示). 〘葡萄酒〙bon (mauvais) ~ 良い (悪い) 生産年. L'an 1945 est un grand ~ pour les bordeaux rouges. 1945 年はボルドーの赤葡萄酒の最高の生産年である. médaille frappée au ~ de 1661 1661 年の鋳造刻印のあるメダル.
2 (年代表記の) 1000 の数字.

millésimé(e) *a.* 製造 (鋳造, 発行, 生産) 年の表示のある. champagne ~ 生産年の表示のあるシャンパーニュ酒. vin ~ 生産年表示葡萄酒, ヴィンテージ (vintage) ワイン.

millet [mijɛ] *n.m.* **1** 〘植〙ミエ；黍 (きび) (＝ ~ commun)；〔広義〕雑穀類 (maïs とうもろこし, sarrasin そば, sorgho もろこし, など). ~ à grappes 粟 (あわ). ~ blanc 黍. ~ noir そば (＝sarrasin). farine de ~ 黍粉, ミエ粉. grain de ~ ミエの種子, 粟粒. gros ~ もろこし (＝ ~ de Guinée).
2 〘医〙粟粒腫 (ぞくりゅうしゅ) (＝milium).

milliampère *n.m.* 〘電〙ミリアンペア (1/1000 ampère；略記 mA).

milliardaire *a.* 10 億単位の金をもつ,巨億の富をもつ.
— *n.* 億万長者,大富豪.
millibar *n.m.* 〖気象〗ミリバール《気圧の旧国際単位;略記 mb;現在は hectopascal「ヘクトパスカル」hPa を使用》.
millième *a.num.ord.* 1000 番目の. C'est la ~ fois qu'il commet la même erreur. 彼はもう 1000 回も同じ誤りを犯している.
— *a.num. fractionnaire* 1000 分の 1 の. la ~ partie 1000 分の 1.
— *n.* 1000 番目.
— *n.m.* **1** 1000 分の 1. un ~ de millimètre 1 ミリメートルの 1000 分の 1. un dix ~ 1 万分の 1. quatre ~s 1000 分の 4. calcul des charges d'un immeuble en copropriété par ~s 共同住宅の光熱費の 1000 分の 1 単位の計算. Il est intéressé à cette affaire pour un ~, 彼はこの件にこれっぽっちも興味をもっていない.
2 〖砲術〗ミル《距離の 1000 分の 1 の弧に対する角度》.
3 〖広義〗全体の極く小部分. Il n'a pas le ~ de l'intelligence de son frère. 彼は兄に比べ知性のかけらも持ち合わせていない.
millier *n.m.* **1** 千;約千,千あまりの. un ~ de francs およそ 1000 フラン. cinq ~s manifestants 5000 人ばかりのデモ隊.
2 〖*pl.* で〗幾千;多数. ~s d'hommes 数千の人. Des ~s et des ~s d'années se sont écoulées. 数千年もの歳月が過ぎ去った. par ~s 幾千となく.
milligramme *n.m.* 〖度量衡〗ミリグラム(1/1000 g;略記 mg).
millimètre *n.m.* 〖度量衡〗ミリメートル(1/1000 m;略記 mm). ~ carré 平方ミリメートル(略記 mm²). ~ cube 立方ミリメートル(略記 mm³).
millimétré(e) *a.* **1** ミリメートルの;ミリ単位の. **2** 〖比喩的〗細かく(厳密に)調整した. cuisson ~e 厳格な加熱調理.
millimétrique *a.* ミリメートル単位の;精密な. ▶ **millimétré(e)** *a.*
millimicron *n.m.* 〖度量衡〗ミリミクロン(1/1000 micron;略記 mμ).
million *n.m.* **1** 100 万(10⁶). un ~ d'euros 100 万ユーロ. dix ~s d'habitants 人口 1,000 万. cent ~s de francs 1 億フラン. mille ~s 10 億(= milliard). un ~ de ~s 1 兆(= billion). partie par ~ 100 万分率,ピーピーエム(略記 ppm).
2 多数,無数. des ~s d'étoiles 何百万もの星;無数の星.
3 〖通貨〗100 万フラン(100 万ドル,100 万ユーロなど). 百万長者(= millionnaire). appartement de trois ~s 300 万フランのアパルトマン. être riche à ~s 大金持である.
millionième *a.num.ord.* 100 万番目の. la ~ entrée dans une exposition universel- le 万国博覧会の 100 万番目の入場者.
— *a.num.fractionnaire* 100 万分の 1 の.
— *n.* 100 万番目.
— *n.m.* **1** 100 万分の 1 (= ~ partie). carte au ~ 100 万分の 1 の地図.
2 極微小 (= part infime).
millionnaire *a.* **1** 百万単位の金を持つ;巨万の富を持つ.
2 人口 100 万に達する(を越える).
— *n.* 百万長者,大富豪.
millirad [milirad] *n.m.* 〖物理〗ミリラド《放射線の線量単位. 1/1000 ラド. mrad と略記》.
millirem [milirɛm] *n.m.* 〖物理・生〗ミリレム《人体レントゲン当量 rem の 1/1000》.
millithermie *n.f.* 〖物理〗ミリテルミー(1/1000 テルミー. mth と略記).
milord [milɔr] *n.m.* **1** 〔古〕卿《英国の貴族、上院議員に対する尊称》. **2** 〖英国〗外国の金満家(有力者). **3** 2 人乗りの 4 輪馬車.
mi-lourd *a.m.* 〖スポーツ〗**1**(ボクシングの)ライト・ヘビー級の《プロで 79.378 kg 以下;アマで 81 kg 以下》. **2**(柔道の)軽量級の.
— *n.m.* ライト・ヘビー級(軽重量級)の選手.
MILS (= *M*ission *i*nterministérielle de *l*utte contre les *s*ectes) *n.f.* 新興宗教セクト対策省間委員会.
MIM (= *M*ouvement *i*ndépendaliste *mar*tiniquais) *n.m.* 〖政治〗マルチニック独立運動《1971 年結成の独立派組織;1973 年 la Parole au Peuple を名乗り,1978 年 MIM と改称》.
mimétique *a.* 〖動〗擬態の. réactions ~s 擬態反応.
mimétisme *n.m.* **1** 〖動〗擬態. ~ des couleurs (formes) 色彩(形態)擬態. ~ du caméléon カメレオンの擬態.
2 〖比喩的〗模倣. ~ de l'acteur 俳優の模倣.
mimique *n.f.* **1** 身振り,ゼスチュア;身振りや表情による表現 (= gestuelle). ~ des sourds-muets 聾唖者の身振り表現. ~ expressive 表現力に富んだ身振り.
2 パントマイム術;物真似.
— *a.* **1** 身振りによる. langage ~ 身振り言語.
2 〖古代ギリシア・ローマ〗ミモス劇(mime) の. auteur ~ ミモス劇作者.
mimivirus *n.m.* 〖生〗ミミウイルス,擬態ウイルス《2003 年に発見された肺炎を起こす巨大ウイルス》.
mimolette *n.f.* 〖チーズ〗ミモレット《オランダ語では commissie kaas》《北部オランダ原産の,殺菌牛乳からつくられる非加熱圧搾式の橙色外皮の軟質チーズ,脂肪分 45 %;直径 20 cm の平たい球型;フランス産の同系チーズは boule de Lille とも呼ばれる》. ~ demi-étuvée 半乾燥ミモレット. ~

mimosa

jaune 黄色ミモレット.
mimosa *n.m.* **1** 〘植〙ミモザ〘ミモザ科 mimosacées, アカシア属の樹木；芳香のある黄花を咲かせる〙.
2 黄花をつけたミモザの枝. bouquet de ~ ミモザの花束.
3 〘植〙おじぎ草〘=sensitive；桃色の花をつける；触れると葉が折りたたまれる〙.
4 〘料理〙〘同格〙œuf ~ ミモザ卵〘ゆで卵の2つ割に, 卵黄をすりつぶしてマヨネーズに和えたものを盛りつけ, ミモザの黄花を模した料理〙.
mimosacée *n.f.* 〘植〙ミモザ科；ミモザ科の植物〘acacia アカシア, mimosa ミモザ, sensitive おじぎ草など〙.
mi-mouche *a.m.* 〘ボクシング〙ジュニア・フライ級の〘プロで 48.988 kg 以下；アマで 48 kg 以下〙.
——*n.m.* ジュニア・フライ級の選手〘=poids ~〙.
mi-moyen *a.m.* **1** 〘ボクシング〙ウェルター級の〘〔英〕welter, プロは 66.678 kg, アマは 67 kg 未満〙. **2** 〘柔道の〙軽中量級の.
——*n.m.* 〘ボクシングの〙ウェルター級〘= poids ~〙；ウェルター級の選手；〘柔道の〙軽中量級の選手.
MIN (= *m*arché d'*in*térêt *n*ational) *n.m.* 〘食品・青果を扱う〙国益市場〘1953 年創設, フランス全土に 17 カ所〙.
Minamata 〔日〕*n.pr.* 水俣〘熊本県の不知火海に面した湾名〙. baie de ~ 水俣湾. maladie de ~ 水俣病〘メチル水銀中毒症〙.
minaret [-rε] *n.m.* ミナレット〘モスクの尖塔；祈禱時報係 muezzin が信者に祈りの時を告げる場所〙.
mince *a.* **1** 薄い, 厚みのない〘épais「厚い」の対〙. couche de glace 薄氷. étoffe ~ 薄い布地. membrane ~ 薄膜. plaque ~ 薄板. couper de la viande en tranches ~s 肉を薄切りにする.
2 細い；幅の狭い. ~ croissant de lune 細い三日月. ~ filet d'eau 細い水流. longue et ~ embarcation 長細い舟艇.
3 〘人・体が〙ほっそりした. jambes ~s ほっそりした脚. jeune femme ~ ほっそりした若い女性. lèvres ~s 薄い唇. avoir la taille ~ ウエストが細い.
4 貧弱な；〘根拠が〙薄弱な；〘人・作品などが〙つらまぬ, 無価値な. voix ~ か細い声. pour un ~ profit 薄利で. jouer un rôle très ~ つまらぬ役割を演じる. 〘話〙C'est ~. 足りません. Ce n'est pas une ~ affaire que de+*inf.* …するのは容易なことではない.
——*ad.* 薄く. couper ~ 薄切りにする. peindre ~ 薄塗りする.
——*int.* 〔俗〕**1** 畜生, ちぇっ；しまった. M~ ! /Ah ~ ! /M~ alors!, j'ai perdu mon sac. しまった, 鞄を忘れた.
2 ~ de+*n.* 何という ~ 〘驚き・失望〙.

M~ de bagnole! 何て事だ！何というボロ車だ！ M~ de partie de plaisir! 何というお遊びパーティーなんだろう！

mine¹ *n.f.* Ⅰ 〘鉱山〙**1** 鉱山, 鉱脈, 鉱床；炭田. ~ à ciel ouvert 露天掘り鉱山. ~ de charbon 炭鉱, 炭坑. ~ de fer 鉄鉱山. ~ de houille 炭鉱. exploitation de ~ 鉱山の開発, 鉱床の採掘. travailler à la ~ 鉱山で働く.
2 鉱山施設, 鉱業所, 炭鉱. carreau de 〔la〕 ~ 堆鉱場, 鉱石〘砕石〙置場. fond de ~ 坑底. galerie de ~ 坑道.
3 〘教育〙Ecole nationale supérieure des ~s de Paris 国立パリ高等鉱業学校〘1783年創設 ENSMP；通称《Mines de Paris》；地質学者, 専門鉱山技師の養成機関として大きな権威をもつと同時に, 最近では理工系高級官僚の登竜門にもなっているグランド・エコール〙. 〘教育〙Ecole nationale supérieure des ~s de Nancy 国立ナンシー高等鉱業学校〘略称 ENSMN；1919 年創設〙. 〘教育〙Ecole nationale supérieure des ~s de Saint-Etienne 国立サン=テチエンヌ高等鉱業学校〘略称 ENSM-SE；1816 年創設〙. ingénieur des ~s 専門鉱山技師〘Ecole des ~s の卒業生に与えられる資格；地質学や鉱山関係技術の知識のみでなく, 理工系一般行政に必要な素養も含む〙.
4 〘比喩的〙宝庫, 鉱脈. ~ d'érudition 深い専門知識をもつ人, 生き字引. ~ d'or 金のなる木, 有力な収入源.
5 ー〔de plomb〕鉛筆の芯.
6 〘鉱〙鉱物. ~ de platine プラチナ鉱.
Ⅱ 〘爆薬, 爆弾〙**1** 地雷；機雷. ~ à effet de souffle 空気圧効果地雷. ~ à fragmentation 破片式地雷. ~ antichar 対戦車用地雷. ~ antipersonnel 対人用地雷. ~ bondissante 跳躍地雷. ~ dormante 敷設機雷. ~ flottante 〘dérivante〙 浮遊機雷. ~ marine 〘mouillée〙機雷. ~ terrestre 地雷. champ de ~s 地雷原. détecteur de ~s 地雷探知機. chasseur de ~s 掃海艇. dragueur de ~s 掃海艇. mouilleur de ~s 機雷敷設艦.
2 爆薬；火坑, 雷坑〘爆薬を仕掛ける穴〙.
3 〘比喩的〙陰謀.

mine² *n.f.* Ⅰ 〘顔〙**1** 〘健康状態を示す〙顔色. ~ défaite 憔悴した顔色. ~ florissante 生き生きとした顔色. avoir bonne ~¹ 顔色がよい. avoir mauvaise ~ 顔色が悪い. avoir une ~ de papier mâché 土色の顔をしている. sale ~ 悪い血色. 〘話〙Tu en as une 〔sale〕~ ! ひどい顔色だぞ！
2 〘感情の表現としての〙顔付. ~ boudeuse 仏頂面. ~ éplorée 悲嘆に暮れた顔. ~ ouverte 明朗な顔付. ~ réjouie うれしげな顔付. ~ soucieuse 憂い顔. ~ souriante にこやかな顔付.
avoir la ~ longue 〘allongée〙いやな顔をする. faire bonne ~ à *qn* 人に愛想よくする. faire mauvaise 〘froide〙~ à *qn* 人にいやな

顔をする(冷たいあしらいをする). faire は~ふくれっ面をする；すねる. faire triste~ à qn 人にうんざりした顔をする.
3〔*pl.* で〕表情の動き；態度；〔蔑〕気取り, 勿体ぶった態度. ~s affectées 気取った態度. faire des ~s 気取る, 勿体ぶる；愛嬌をふりまく；しなを作る.
II〔外観〕**1** 様子, 外観, 見かけ. ~ assurée (résolue) 断乎とした様子.
avoir bonne ~² (食物が) 美味そうである. jambon de bonne ~　美味そうなハム.〔話・反語的〕avoir bonne ~³ いい恰好だ；みっともない. J'aurais bonne ~ avec ce parapluie! この傘をもって歩いたら, いいざまだろうな!
avoir la ~ de+*inf.* …するように見受けられる. Elle a la ~ d'être contente. 彼女は満足しているようだ.
faire ~ de+*inf.* …するふりをする. Il a fait ~ de s'intéresser à cette nouvelle. 彼はそのニュースに関心のあるふりをした.
payer de ~　好ましく見える. ne pas payer de ~　見ばえがしない；風采が上がらない. Ce petit hôtel ne paie pas de ~, mais il est très bien équipé. この小さなホテルは見てくれは悪いが, 設備はとても良い.
〔話〕~ de rien 何食わぬ顔で. *M*~ de rien, il était au courant de toute l'affaire. そしらぬ顔で彼は一部始終心得ていたのだ.
〔諺〕Il ne faut pas juger les gens sur la ~. 見かけで人を判断してはならぬ.
2〔古〕風貌；風体. gentleman de belle ~　押し出しのよい紳士. individu de mauvaise ~　顔付の悪い人. avoir de la ~　押し出しがよい.

Minefi (= *Min*istère de l'*E*conomie, des *F*inances et de l'*I*ndustrie) *n.m.*〔行政〕経済・財務・産業省. ~ collectivités locales 経済・財務・産業省地方公共団体局.

minerai *n.m.* 鉱石. ~ broyé 粉鉱〔選鉱用に原石を砕いたもの；schlich〕. ~ de fer 鉄鉱石. ~ d'uranium ウラン鉱石. disposition des ~s 鉱脈, 鉱床. extraction d'un ~ 採鉱. extraire un métal d'un ~ 鉱石から金属を取り出す. fonte du ~ 溶鉱.

minér*al* (*ale*)(*pl.aux*) *a.* 鉱物の, 鉱物質の, 無機の. chimie ~*ale* 無機化学. combustible ~ solide 固形燃料《多くの場合, 石炭を指す》. eau ~*ale* ミネラルウォーター, 鉱水. règne ~ 鉱物界. richesse ~*ale* 鉱物資源. sel ~　無機塩.
――*n.m.* 鉱物, 無機物.
◆ 主な鉱物：ambre 琥珀, antimoine アンチモン, arsenic 砒素, barytine 重晶石, bismuth ビスマス, blende 閃亜鉛鉱, borax 硼砂, calcite 方解石, cobaltine 輝コバルト鉱, cuprite 赤銅鉱, diamant ダイヤモンド, fluorine 蛍石, galène 方鉛鉱, granite 花崗岩, gypse 石膏, mica 雲母, nitre 硝石, or　natif 自然金, pyrite 黄鉄

鉱, pyroxène 輝石, quartz 珪水晶, sel gemme 岩塩, silicate 珪酸塩, silice シリカ, soufre 硫黄, vanadinite 褐鉛鉱, zéolithe 沸石.

minéralier *n.m.*〔船〕鉱石専用貨物船, 鉱石運搬船. pétrolier-vraquier-~ タンカー・バラ積・鉱石運搬兼用船.

minéralier-pétrolier (*pl.*~*s*-~*s*) *n.m.*〔船〕鉱石・石油兼用運搬船.

minéralisa*teur* (*trice*) *a.* 無機化する. substances ~ *trices* 無機化物質《酸素, 酸, 硫黄など》.
――*n.* 無機化物質.
――*n.m.*〔生・環境〕(有機物の) 無機化微生物 (バクテリア).

minéralisation *n.f.* **1** 鉱化；(有機物の) 無機化.
2 (ミネラル・ウォーターの) 含有鉱物質. ~ caractéristique en mg/l (ミネラル・ウォーターの) 1リットル当たりのミネラル含有成分 (ミリグラム).

minéralocorticoïde *n.m.*〔生化〕ミネラル (鉱質, 電解質) コルチコイド, 電解質ホルモン《体内の鉱質と水分の代謝に関与する副腎皮質ホルモン》.
――*a.* ミネラルコルチコイド様の.

minéralocorticostéroïde *n.m.*〔生化〕ミネラルコルチコステロイド, 鉱質コルチコイド, 電解質ステロイドホルモン (=9-alpha-fludrocortisone).

minéralogie *n.f.* 鉱物学.

minéralogique *a.* **1** 鉱物学の. collection ~ 鉱物学標本コレクション.
2 鉱山局の. arrondissement ~ 鉱山局管区. numéro ~ 自動車登録番号《「鉱山局登録番号」の意；1929年まで自動車の登録は鉱山局の所管であったことの名残り》. plaque ~ (自動車の) ナンバープレート (=plaque d'immatriculation).

minéralogiste *n.* 鉱物学者.

minéralurgie *n.f.*〔鉱〕選鉱法 (=valorisation des minerais).

minervois *n.m.*〔葡萄酒〕ミネルヴォワ《南仏ラングドック地方 le Languedoc, le M~ ミネルヴォワ地方区の特にオード県 département de l'Aude とエロー県 département de l'Hérault で生産される葡萄酒；主に carignan 種で生産される赤；他に若干のロゼと白の AOC 酒》.

minestrone [minɛstrɔn]〔伊〕*n.m.*〔料理〕ミネストローネ《米または麺類, ベーコンなどの入った野菜スープ》.

mineur(e)¹ *a.* (majeur の対) **1** より小さい；あまり重要でない, 二流の. l'Asie *M*~ *e* 小アジア. arc ~ d'un cercle 円弧の小さい方. écrivain ~ 二流作家. frères ~*s* フランシスコ会修道士. œuvre ~*e* 二流作品. poète ~ マイナーポエート. problème ~ 低次元の問題.〔論理〕proposition ~ *e* 小前提.〔論

理』terme ~ 小名辞.
2『法律』未成年の《1974年以降満18歳未満》. enfant ~ 未成年の少年；児童. personne ~ e 未成年者.
3『音楽』短調の. gamme ~ e 短音階. intervalle ~ 短音程. mode ~ 短調. sonate en ut ~ ハ短調ソナタ. tierce ~ e 短3度.
——*n*.『法律』未成年者《1974年以降満18歳未満；成年者 majeur は満18歳から》. enlèvement de ~ s 未成年者の誘拐. garde à une des ~ s 未成年者の保護監察. tuteur du ~ 未成年者の後見人. violence commise sur ~ de quinze ans 15歳の未成年者に対する暴力行為.

mineur² *n.m.* **1** 坑夫, 鉱山作業員；(特に) 炭鉱夫 (= ~ de houille). ~ de fond 坑内坑夫.
2『軍』地雷 (機雷) 敷設兵；対壕工兵.
3 採鉱機. ~ continu 連続採鉱機.

mineur³ *n.m.* **1**『音楽』短調 (= mode ~, ton ~). **2**『論理』小名辞 (= terme ~).

mineure² *n.f.*『論理』小前提 (= proposition ~ *e*).

miniature *n.f.* **1** ミニアチュール《古写本の鉛丹 (minium) で書かれた朱色の装飾文字》；写本装飾文字；(古写本の) 細密画挿絵. ~ s byzantines ビザンチンの細密画挿絵. manuscrit à ~ s 細密画挿絵入り手稿.
2『美術』細密画法；細密画, ミニアチュア. ~ sur vélin ベラム (犢皮紙) に描かれた細密画. peintre de ~ s 細密画家. peindre en ~¹ 細密画法で描く.
3 小型細工物；ミニアチュア模型.
4『同格』lampe ~ 豆ランプ. train ~ 列車のミニアチュア模型. jardin ~ 小庭園. voiture ~ ミニカー.
5 en ~² 小規模な, 縮小した. Paris en ~ 小型のパリ. ville en ~ 極小都市.

miniaturisation *n.f.*『技術』小型化. ~ de documents 資料の小型化《マイクロフィルム化, マイクロフィッシュ化》.

minibaisse *n.f.* 小下落. ~ à la pompe ガソリンスタンドでのガソリン価格の小下落.

minibar *n.m.* (ホテルの客室の) ミニバー.

minibombe *n.f.*『軍』小型爆弾；(特に) 小型核爆弾 (= ~ nucléaire；米軍の B61-11 の通称).

minibus [minibys] *n.m.* ミニ・バス.

mini-caméra *n.f.* 小型カメラ.

minicassette *n.f.* **1** 小型カセット. **2** (<『商標』) 携帯用小型カセット《テープ・レコーダー》, ミニ・カセット, ウォークマン.

minichaîne *n.f.*『電』ミニコンポ・ハイファイセット；コンパクトステレオ装置.

minicom *n.f.* ミニコム《ミニテル Minitel を利用した通信サーヴィス》.

minicontrôleur *n.m.*『情報処理』アプリケーション優先コンピュータ (=『英』AOC：*a*pplication *o*riented *c*omputer).

minicoptère *n.m.* 軽ヘリコプター (= hélicoptère léger).

mini[**-**]**crèche** *n.f.* 小型託児所.

mini[**-**]**disque** *n.m.* ミニ・ディスク (=『英』Mini-Disc, MD；光磁気方式による記録と消去が可能なミニ・ディスク). ~ vierge (未使用の) 生ミニ・ディスク.

mini-encyclopédie *n.f.* 小型百科事典.

minier (**ère**²) *a.* 鉱山の；鉱業の. bassin ~ 鉱床地域. effectifs ~ s des houillères 炭坑夫の実数. gisement ~ 鉱脈. industrie ~ *ère* 鉱業. pays ~ 鉱山地方.

minière² *n.f.* **1** 露出鉱区, 露天堀鉱山. **2**『古』鉱山 (= mine)；鉱石 (= minerai).

mini[**-**]**invasif** (**ve**) *a.*『外科』超小型医療機器を用いた極小開孔方式による. opération ~ *ve* 極小開孔式手術.

minijupe *n.f.* ミニスカート.

mini-krach *n.m.*『株式』小暴落. ~ boursier 株の小暴落.

minilab *n.m.*『写真』ミニラブ, ミニラボ《ミニ現像所》.

mini-légume *n.m.* ミニ野菜.

mini-libre-service *n.m.* 小型セルフサービス店《売場面積 120 m² 以内》.

minima¹ *n.m.pl.* minimum の複数形.

minima² (**a**)『ラ』*l.a.inv.*『法律』appel *a* ~ 検事上訴《刑罰を法定下限まで上げるよう求める検事上訴》.

minimal (**ale**) (*pl.***aux**) *a.* 最小の, 最少の, 最小限の；極小の.『美術』art ~ ミニマルアート《表現手段を最小限におさえた芸術》. condition ~ *ale* 最低条件.『数』élément ~ (集合の) 極小元.『言語』paire ~ *ale* 最小対.『気象』température ~ *ale* 最低気温.

minimaliste *a.* **1** 最小限の. proposition ~ 最小限の提案.
2『芸術』ミニマリズム (最小限表現主義) の, ミニマルアートの.

minime *a.* 僅かな, 些細な. dégâts relativement ~ 比較的軽微な被害. incident ~ とるに足らぬ出来事. salaire ~ 安月給.
——*n.* **1**『スポーツ』ミニーム〔クラス〕(13-15歳のクラス；cadet (*te*) の下位, benjamin (*e*) 〔13歳未満〕の上位. catégorie des ~ s ミニーム・クラス. match de ~ s ミニーム・クラスの試合.
2『宗教』ミニモ会修道士 (女) 《15世紀に François de Paule が設立した修道会の修道士 (女)》.

mini-message *n.m.*『情報通信』ミニメサージュ, ショート・メッセージ (『英』移動電話の SMS (=*s*hort *m*essage *s*ystem) による最大160語の電文通信), テクスト (texto).

minimex (<*mini*mum de *m*oyens d'*ex*istence)〔ベルギー〕*n.m.*『社会福祉』ミニメックス《最低生活保護給付金》.

minimexé(e) [ベルギー] *n.*『社会福祉』最低生活保護給付金 (minimex) の受給者.

minimisation *n.f.* 矮小化；過小評価. ~ maximale du risque 危険の最矮小化.

minimum (*pl.* ***minima, ~s***) *n.m.* 最低限, 最小値, 最小量, 必要最小量；『数』極小値, 最小値；『法律』最低刑. ~ garanti 最低保証額《社会保障給付の改定に際して, その基準となる》；(特に) 最低保証賃金. ~ vieillesse 老齢者最低所得保証 (= ~ de la pension vieillesse). ~ vital 最低生活保証賃金 (= salaire ~ vital)；基礎代謝, (生命の維持に必要な) 最低栄養摂取量. au ~ 少なくとも, 最低でも, 最小限に. Optimiser, c'est chercher avec le ~ de moyens le maximum d'effets. 最適化するとは最小の手段で最大限の効果を求めることである.
——*a.* 最小限の, 最低限の, ごく小さい. salaire ~ interprofessionnel de croissance (SMIC) 全産業一律スライド制最低賃金《1970 年から実施. それまでの SMIG (= salaire ~ interprofessionel garanti「全産業一律保証最低賃金」) (1950 年制定) にも物価上昇に応じたスライド制は採用されていたが, SMIC の場合はそれに加えて一般賃金動向も加味する》.

mini-ordinateur *n.m.* ミニ・コンピュータ, 小型コンピュータ《大型とマイクロ・コンピュータの中間；略称 mini》.

minipilule *n.f.*『薬』ミニピル《エストロゲンを小量含有する避妊薬》.

mini[-]**portable** *n.m.*『電算』ミニポータブル・コンピュータ.

MiniRoc *n.m.*『軍』ミニロック, 交戦用ミニ・ロボット (= Mini-Robot de choc)《小型の戦闘用自動兵器》. programme ~ ミニロック開発計画.

minisatellite *n.m.*『宇宙工学』小型人工衛星《重量 100 ～ 500 kg 程度》.

ministère *n.m.* **1** 省, 省の庁舎 (建物). ~ des affaires étrangères 外務省. quartier des ~s 官庁街. Je passerai tout à l'heure au ~. 後で役所に立ち寄ります.
2 内閣《第 5 共和政以降, この意味では用いられなくなり, 代わって cabinet そして特に gouvernement が使用される》. ~ Guy Mollet ギ・モレ内閣. ~ d'union nationale 挙国一致内閣.
3 大臣職. se voir confier le ~ de l'intérieur 内務大臣に任命される.
4『法律』~ public 検察, 検察官, 検察庁；検察当局. magistrat du ~ public 検察官.
5『宗教』聖職, 司祭職.

ministériel(le) *a.* **1**『行政』省 (ministère) の, 大臣管轄の；内閣の, 政府の (= gouvernemental). arrêté ~ 省令. circulaire ~ 本省通達. crise ~ 内閣の危機, 内閣総辞職, 内閣不在期間.
2 内閣 (政府) 支持の, 与党の. député ~ 与党の代議士《国会議員》. journal ~ 御用

新聞. parti ~ 与党.
3 司法補助職の；職務上の. officier ~ 裁判所付属吏《avoué 代訴人, commissaire-priseur 競売吏, huissier de justice 執達吏, notaire 公証人など》.
4〔誤用〕大臣の. voyage ~ 大臣の旅行.

ministrable *a.* 大臣候補の, 大臣になりうる.
——*n.* 大臣候補者.

ministre *n.m.* ① **1** 大臣, 閣僚《第 5 共和政下では閣僚は首相の提案に基づいて, 共和国大統領によって任命される；閣僚職は国会議員をはじめ, 特定の職務あるいは職業と兼ねることができない》.
~ d'Etat 国務大臣《副総理格の閣僚；第 4 共和国時代には連立政権に参加する諸政党の代表者がこの肩書をもった；第 5 共和政の初期には政治的な意味合いよりも形式的な名誉を強調するものになったが, 1980 年代以降はかつての政治的意義を取り戻している》. ~ délégué 副大臣, 担当大臣, 委任大臣《首相その他の閣僚の補佐をし, 権限の一部を委譲 déléguer されて, 特定の分野を担当する閣僚；特に首相に直属する ministre délégué auprès du Premier ministre は, 首相に代わって複数省庁にまたがる事務を統括する, 一般閣僚を越える権威をもつ時代もあった；ministre délégué はスクレテール・デタ secrétaire d'Etat と異なり, 必ず閣議に出席する》. ~ sans portefeuille 無任所相. cabinet de ~ 大臣官房《日本の大臣官房とは異なり, その役割はきわめて政治的で, 構成員も政治的な理由に基づいて任命されることが多い》. conseil des ~s 閣議. Premier ~ 内閣総理大臣, 首相《第 4 共和政までの首相は閣議の主宰をする行政府の長で, président du Conseil と呼ばれた；第 5 共和政になると, 大統領が閣議を主宰し, 首相は筆頭閣僚 premier des ministres にすぎなくなる》. Premier ~ de sa Majesté イギリスの首相《ドイツ, オーストリアの首相は Premier ~ と同時に宰相 chancelier とも称される》.
2〔同格, 形容詞的に〕大臣にふさわしい. bureau ~ 両袖がついた大型デスク.
3〔外交〕公使. ~-conseiller (大使館付き) 公使《階位ではなく職務を指す；たとえば階位は外務参事官 conseiller des affaires étrangères でも ~-conseiller の職につく例は多い》. ~-conseiller pour les affaires économiques 経済問題担当公使. ~ plénipotentiaire 全権公使《フランス大使 ambassadeur de France に次いで外交官として第 2 の階位》. ~ résident 駐在 (弁理) 公使《公使館 légation の長；かつて大使館の数が限られていた時代には駐在公使も多かったが, 現在は皆無》.
4 Monsieur le ~ 大臣またはそれに準ずる職務にある (あった) 人, あるいは公使に対する呼掛け《たとえば次官 vice-ministre と

minitel

か次官補 vice-ministre adjoint なども対象とならない.
Ⅱ **1** 聖職者, 司祭, 牧師. ~ du Culte (de Jésus-Christ) 司祭. **2**〔古〕執行者, 代行者.

minitel［商標］*n.m.*〔情報通信〕ミニテル《フランス・テレコムが開発したデーターベース用の通信端末》.

minitélex *n.m.* ミニテレックス《ミニテル minitel を利用したテレックス・サーヴィス》.

miniteliste *n.* ミニテル (minitel) 利用者.

minium［minjɔm］*n.m.* **1**〔化〕鉛丹, 光明丹 (=plomb rouge；酸化鉛 oxyde de plomb；Pb_3O_4).
2 (鉛丹入りの) 錆止め塗料〔鮮紅色〕.

minoration *n.f.* **1** 減価, 減額. coefficient de ~ 減額係数. ~ des prix de 10% 価格の 10% 減額.
2 過小評価 (=sous-estimation), 軽視.
3〔経〕下낚, 下방.の調整.

minoritaire *a.* 少数派の (majoritaire「多数派の」の対). gouvernement ~ 少数与党内閣.

minorité *n.f.* **1** 少数派, 少数. ~ de blocage 拒否権を行使できる少数派, 決定の採決を阻止できる少数派〔決定に特定多数majorité qualifiée が必要な機関や組織で, 少数でも実質的に決定を左右できる制度〕. être (se trouver) mis en ~ 投票で負ける. Mis en ~, le gouvernement a donné sa démission. 政府は評決に敗れて総辞職した. Le congrès du parti est contrôlé par une ~ de délégués. 党大会はごく一部の代議員に牛耳られている. Le menchevik signifie "partisan de la ~", tandis que le bolchevik celui de la majorité, mais la réalité était l'inverse. メンシェヴィキとは少数派を意味し, ボルシェヴィキとは多数派を意味するが, 現実はその逆だった.
2 少数民族. La ~ arménienne est assez nombreuse pour que sa présence en elle-même pose de graves problèmes aux autorités d'Azerbaïdjan. アルメニア人は少数派ではあるが数が多いので, その存在だけでアゼルバイジャン当局にとって重大な問題となっている.
3 未成年, 未成年の期間, (特に) 国王 (皇帝) が親政にいたる前の期間；〔法律〕満 18 歳未満 (majorité「成年」の対).

minotier (ère) *a.* 製粉の. pêche ~ère 魚粉製造目的の漁業.

minoxidil *n.m.*〔薬〕ミノキシジル《降圧剤；育毛促進薬》.

Minubh (=*Mi*ssion des *N*ations *u*nies en *B*osnie-*H*erzégovine) *n.f.* 国連ボスニア=ヘルツェゴヴィナ派遣団《1995 年 12 月-2003 年 6 月》.

minuit *n.m.* 真夜中, 午前 0 時, 午後 12 時, 24 時. à ~ précis 夜の 12 時きっかりに. ~ et demie 午前 0 時半. Editions du ~ 深夜叢書社 (出版社). messe de ~ (クリスマスの) 深夜ミサ. soleil de ~ 真夜中の太陽.

Minuk (=*Mi*ssion *in*térimaire des *N*ations *u*nies au *K*osovo) *n.f.* 国連コソボ暫定代表団《団長 Bernard Kouchner；コソボ自治州の民政を担当》.

minuscule *a.* **1**〔しばしば名詞の前〕微小な, ごく小さい. ~ commerce ささやかな商売. animal ~ 微小動物. lettre ~ 小文字.
2 小文字の；小文字で書かれた. écriture ~ 小文字書体〔文〕.
── *n.f.* **1** 小文字 (majuscul「大文字」の対).
2 小文字書体. ~ cursive 小文字草書体.

minutage[1] (<minute) *n.f.* 分刻みのスケジュール, 厳密なタイムスケジュール.〔軍〕会戦の時間的調整. ~ d'une cérémonie 儀式の分刻みのスケジュール.〔軍〕~ d'une opération militaire 軍事作戦の時間的調整.

minutage[2] (<minute) *n.m.*〔法律〕正本 (原本) の作製. ~ des actes notariés 公正 (公証) 証書原本の作成. ~ du jugement 判決文原本の作成.

minutaire (<minute) *a.*〔法律〕正本 (原本) の. acte ~ 原本証書. testament ~ 遺言書原本.

minute[1] *n.f.* **1**〔時間の単位〕分《記号 min；mn；1 min=60 secondes；60 min=1 heure；1440 min=1 jour》；分間. deux heures vingt-et-une ~s quinze secondes 2 時間 21 分 15 秒 (2 h 21 min 15 s). une ~ de silence 1 分間の黙禱. à onze heures dix ~s précises 11 時 10 分きっかりに. La gare est à cinq ~s d'ici. 駅はここから 5 分のところです. toutes les cinq ~s 5 分毎に.
2 極く短い時間, ちょっとの間. Attendez une ~. ちょっと待ってください. n'avoir pas une ~ à perdre 一刻も無駄にできない. la ~ de la vérité 真実を告げる瞬間. à la ~ ただちに；ちょっと前に；時間きっかりに. à la ~ où…の瞬間に. à la ~ présent 現時点で, 今のところ. dans une ~ すぐに. de ~ en ~ 時々刻々. d'ici à quelques ~s 数分後に. d'une ~ à l'autre ただちに, すぐにも. jusqu'à la dernière ~ ぎりぎりの瞬間まで. petite ~ ちょっとの間.
3〔同格〕すぐできる. clé-~ スピード合鍵.［商標］〔料理〕cocotte-~ 圧力鍋.〔料理〕steak ~ ミニッツ・ステーキ.
4 分 (60 分の 1 度), 分度 (=~ d'angle, ~ sexagésimale)〔記号；角度の測定単位〕. trois degrés, dix ~s 3°12′.〔古〕〔幾何〕~ centésimale センチグレード.
5〔美術〕ミニュット, 分《module モデュールの下位単位, 1/12, 1/18, 1/30 モデュール》.
── *int.*〔話〕*M*~〔, papillon〕! ちょっと待て.

minute[2] *n.f.* **1** 〖法律〗(細字で書かれた, 判決, 証書などの) 正本, 原本 (= ~ d'acte) (grosse「太字で書かれた謄本」の対). ~ du jugement 判決文原本. acte notarié en ~ 原本寄託公証証書.
2 細字, 細字書体.
minuté(e) *a.p.* **1** 分刻みの. emploi du temps strictement ~ 厳密な分刻みの時間割. travail ~ 分刻みの工程.
minuterie *n.f.* **1** ミニュトリー(一定時間が過ぎると電流が切れるタイマー式スイッチ). ~ d'escalier 階段タイマー式照明装置. **2** (時計の) 日の裏装置, 輪列.
minuteur *n.m.* タイマー, タイムスイッチ. ~ d'une bombe à retardement 時限爆弾のタイムスイッチ. sonnerie d'un ~ de cuisson 調理タイマーのベル.
minutie [-si] *n.f.* **1** 細心；綿密. avec ~ 綿密に, 念入りに. peinture d'une grande ~ 超精密画.
2 〖やや古〗些細なこと；取るに足らぬこと；〖pl. で〗つまらぬ些事.
minutier [-tje] *n.m.* **1** (公証人の) 公正証書原本 (minute des actes d'un notaire) の原簿. **2** 公正証書保管所 (125 年以上を経過した公正証書の保管所). le ~ central des Archives 古文書館の中央公正証書保管所.
minutieux(se) *a.* **1** (人が) 細心な, 綿密な, 細部にこだわる. observateur ~ 細部に目を光らせる観察者.
2 緻密な, 丹念な, 入念な. dessin ~ 緻密なデッサン. examen ~ 念入りの検査. préparation ~ *se* 用意周到な準備.
——*n.* 細心 (綿密) な人.
miocène *n.m.* 〖地学〗中新世 (第三紀後半の新第三紀の第一半期).
——*a.* ~の.
MIP (= *m*odulation d'*i*mpulsions en *p*osition) *n.f.* 〖電気通信〗パルス位置変調 (=[英] PPM : *p*ulse *p*osition *m*odulation).
Miprenuc (= *Mi*ssion *pré*paratoire des *NU* au *C*ambodge) *n.m.* 国連カンボジア先遣ミッション (= [英] UNAMIC；1991 年 11 月-92 年 3 月).
MIPS (= *m*illion d'*i*nstructions *p*ar se*c*onde) *n.m.* 〖電算〗1 秒当り 100 万回の命令処理, ミップス (コンピュータの情報処理能力を示す単位).
MIP-TV (= *M*arché *i*nternationale des *p*rogrammes de *t*élé*v*ision) *n.m.* 国際 TV プログラム見本市.
mirabelle *n.f.* **1** 〖果実〗ミラベル (mirabellier の実；甘くて香りのよい黄色のプラム). confiture de ~*s* ミラベル・ジャム.
2 〖酒〗ミラベル酒 (= eau-de-vie de ~；ミラベルでつくる無色透明の蒸留酒). ~ de Lorraine ロレーヌ産ミラベル酒 (AOC).
mirabellier *n.m.* 〖植〗ミラベル (プラムの一種) の木.

miracle *n.m.* **1** 奇蹟, 奇跡. Cela tient de la ~. それは奇蹟的なことだ. crier〔au〕~ 奇蹟だと叫ぶ, 驚嘆する. croire aux ~*s* 奇蹟を信じる；信じ易い. faire (opérer) un ~ 奇蹟を行う.
2 奇蹟 (奇跡) 的な事象, 驚異的事象；驚異. les sept ~*s* du monde 世界の七不思議. par ~ 奇蹟的に, 不思議なことに. être un ~ d'harmonie 驚嘆すべき調和を示す.
3 〖文史〗(中世の) 奇蹟劇.
miraculeux(se) *a.* **1** 奇蹟による. apparition ~*se* 奇蹟による出現. guérison ~*se* 奇蹟による治癒.
2 奇蹟の起こった；奇蹟を生む. la grotte ~*se* de Lourdes (聖母マリアが顕現した) ルールドの奇蹟の洞窟.
3 奇蹟的な；驚くべき. remède ~ 奇蹟的な薬効の治療薬. C'est ~ que+*subj*. …とは奇蹟だ (驚くべきことだ). Il n'y a rien de ~ dans sa réussite. 彼の成功は驚くに値しない.
mirage[1] *n.m.* **1** 蜃気楼.
2 〖比喩的〗幻, 幻覚, 錯覚. ~ de la célébrité 名声の錯覚.
3 〖軍〗*M*~ ミラージュ戦闘 (戦闘爆撃) 機. *M*~ 2000 ミラージュ 2000 型機.
mirage[2] (< mirer) *n.m.* 検卵 (卵の透光検査).
miraud(e) *a.* 〖話〗近視の, 近眼の, 眼が悪い.
——*n.* 近視者.
mire *n.f.* **1** 照準. prendre sa ~ 狙う, 照準をつける. cran de ~ (銃の) 谷形照門. ligne de ~ 照準線. avoir *qch* dans sa ligne de ~ 何かに狙いをつけている. point de ~ 照準点；標的, 目標. être le point de ~ 衆人注視の的である.
2 子午線標識. ~ du Nord 北の子午線標識 (Paris のモンマルトルの丘 Butte Montmartre に 1675 年に設置). ~ du Sud 南の子午線標識 (Paris のモンスーリ公園 Parc Montsouris 内に 1806 年に設置).
3 〖測〗標尺, 箱尺 (= ~ parlante). jalon-~ 標柱.
4 〖TV〗テストパターン (= ~ électronique).
mire-œuf〔s〕 (*pl.* **~-~s**) *n.m.* 透光式検卵器.
mirepoix (< duc de Lévis-*M*~, 18 世紀の元帥, 政治家) *n.f.* 〖料理〗ミルポワ (= sauce ~；レヴィ=ミルポワ公爵の料理人が開発したソース；人参・玉葱・セロリの角切りまたは小角切りにハムやベーコンと香草を加えて調理する；肉, 野鳥獣, 魚料理に用いる). ~ au maigre ミルポワ・オー・メーグル (ハムまたはベーコンを加えないミルポワ・ソース, ~ au gras の対).
mirifique *a.* 〖話〗驚くべき, 驚嘆すべき, 素晴らしい.
miro *a.* 〖話〗近視の, 近眼の, 眼が悪い (=

mirobolant(e)

miraud (e)].
mirobolant(e) a. 〖話〗素晴らしい，信じられないほど見事な；嘘のような．promesses ~es 信じられないほど素晴らしい約束．succès ~ 嘘のような成功．C'est un type ~. 凄い奴だ．
mirodrome n.m. 〖俗〗ピープショー (〖英〗peep[-]show).
—n. 近視者．
miroir n.m. **1** 鏡，反射鏡．~ à trois faces 三面鏡．~ ardent 集光鏡（火つけ鏡）．~ argenté 銀鏡．~ concave 凹面鏡．~ convexe 凸面鏡．~ d'ameublement 備付鏡．〖自動車〗~ de cortoisie (サンバイザーに付く) 化粧鏡．~ de poche 手鏡．~ de Venise ヴェネツィア製の鏡；〖植〗(円い花冠の) カンパニューラ．~ mural 壁鏡．~ plan 平面鏡．~ sphérique 球面鏡．~ tournant 回転鏡．~ à (aux) alouettes ひばりをおびき寄せる鏡罠；おびきよせるもの．chasse au ~ 鏡罠猟．commerce des ~s 鏡商 (=miroiterie). écriture en ~ 鏡映文字，逆書き．se regarder dans un ~ 鏡に自分の姿を映して見る．
2（鏡状のもの）水面．~ d'eau 水鏡；泉水．~ d'un lac 鏡のような湖面．
3〖比喩的〗(鏡のように) 映し出すもの．les yeux, ~ de l'âme 心の鏡である眼．~ de la société 世相を映し出す鏡．
4〖精神分析〗stade du ~ 鏡像段階．signe (symptôme) du ~ 鏡像徴候（精神分裂病の症候の一つ）．
5（鳥・昆虫の）燦点（さんてん）〖明るい斑紋〗；翼鏡．~s de la queue du paon 孔雀の尾の翼鏡．
6〖料理〗œufs [au] ~ 目玉焼．
7 木の幹につけた切り溝．
8〖物理〗反射面．~ électronique (magnétique) 電子（磁気）反射面．
9〖地学〗~ de faille 断層鏡脈，鏡膚．
10〖馬〗鏡（尻毛の光った部分）．
11〖俗〗~ à putain 色男（皮肉）．
miroton, mironton n.m. 〖料理〗ミロトン，〖俗〗ミロントン（ゆでた牛肉の薄切りに玉葱を添えた料理）．〖同格〗〖料理〗bœuf ~ ブフ・ミロトン．
MIRV (=〖英〗Multiple Independently Targetable Re-entry Vehicle) n.m. 〖軍〗**1**（ミサイルの）個別誘導複数目標弾頭 (= ogives multiples guidées vers plusieurs objectifs ennemis).
2 MIRV 装着ミサイル (=〖仏〗missile à ogives multiples guidées vers plusieurs objectifs).
mis(e) (<mettre) a.p. **1**〖文〗衣服を着た．femme bien (mal) ~e 服装のよい（悪い）女性．
2 整えられた．cheval bien ~ よく調教された馬．La table est ~e. 食卓の用意が整いました．

mis[o]- [ギ] ELEM「嫌う」の意 (ex. misogynie 女嫌い).
MISASH (=maths, informatique et statistiques appliquées aux sciences humaines) n.f.pl. 〖教育〗人文科学系応用数学・情報科学・統計学（大学教育第一課程 DEUG の学群名）．
MISASHS (=mathématiques, informatiques et statistiques appliquées aux sciences humaines et sociales) n.f.pl. 〖教育〗人文・社会科学系応用数学・情報処理・統計学学群（大学教育第一課程 DEUG の学群名）．
miscellanées n.f.pl. 論集；雑録．
miscible a. 〖物理・化〗混和性の；混合しうる．L'eau et l'alcool sont ~s. 水とアルコールは混合可能である．
mise n.f. Ⅰ **1**（~ à (en) + n. の用法は，動詞 mettre およびその受身形 être mis と対応していることが多い）〖場所，状態などに〗置くこと，設置，据付，適用，実施，執行．
a)〖場所〗~ à l'eau (舟の) 進水．〖電〗~ à la terre 接地，アース．~ au monde 出産．〖法律〗~ au rôle（裁判所の）事件簿への登記〖民事訴訟で原告弁護人が呼び出し状を裁判所書記課に提出することで提訴する行為〗．~ bas 自然出産，動物の出産．~ en avant 目立たせること，前面に押し出すこと，主張．〖話〗~ en boîte からかい，冷やかし．~ en bouteilles 瓶詰めにすること；ワイナリー．
b)〖状態〗~ à feu 点火，火入れ．~ à l'index 禁止，仲間はずれにすること，村八分；〖労働法〗ボイコット．~ à la retraite 定年退職させること，引退させること．~ à la raison 説得，落ち着かせること．~ à la voile 帆を張ること，出港準備．~ à mort 死刑．~ à pied 出勤停止，停職〖雇用主が従業員に対して科す制裁措置，あるいは経済的理由によるレイオフ〗．~ au net (propre) 清書すること，仕上げ．~ au pas 規則に従わせること，おとなしくさせること，戒告．~ aux enchères 競売付託．~ en accusation 告訴．〖法律〗重罪院移送決定．~ en branle 騒ぎ立てること，(いろいろな手段を) 動員すること，動かすこと．~ en cause 責任を問うこと，問題視すること，係わり合いにすること；裁判所へ出頭を命じること，嫌疑をかけること；〖法律〗訴訟引き込み，強制的訴訟参加，強制参加．~ en chantier 着工．~ en circulation 流通させること，流布させること．~ en demeure 催促，督促，督促状，改善命令．~ en disponibilité（公務員の）休職，停職，職務停止．~ en eau（ダム，貯水池などに）水を入れること，通水．〖法律〗~ en état 弁論適状に置くこと〖裁判において審理が弁論段階まで進行したときに用いられる．procédure de ~ en état は準備手続き〗．〖法律〗~ en examen 予審開始の決定〖1992 年の刑事訴訟法改正に伴い導入

された用語．その前に inculpation）．~ en forme 体裁を整えること；加工，成型；〖印刷〗組版の作成．~ en garde 警告；〖法律〗警戒状態《1959年1月7日のオルドナンスに基づく例外的な制度で，国防上の必要が生じたときに政府が適用できる》．~ en jeu 利用，使用，作動（介入）させること．~ en liberté 釈放，解放．~ en marche 運転開始，始動．~ en œuvre 施行，実行，実施，着手，始動．~ en ondes（ラジオ・テレビの）オンエア，放送，放映．~ en ordre 整理，整頓．~ en pratique 実践，実行．~ en plis 髪のセット，パーマ．~ en place 設置，構築，執行，運用．~ en question 検討，検討課題とすること，問題にすること．〖税〗~ en recourement 徴税処分．~ en service 供用開始，開業，運転開始．~ en vente 発売．~ en vigueur（法律，条約などの）発効，公布，効力を持たせること．〖法律〗~ sous séquestre 供託．

c)〖その他〗~ à jour（最新情報を含む）補遺．~ à niveau（要求されている）水準への引き上げ．〖法律〗~ à prix 最低競売価格の決定．~ au point 調整，取り付け；（新製品，技術の）開発；〖写真〗焦点，ピント合わせ．〖情報〗~ au point d'un programme デバッキング；（すでに流布している情報に関連した）訂正，追加発表（発言），釈明，説明．~ aux voix 投票にかけること．〖法律〗~ en délibéré 合議への付託．〖数〗~ en facteurs 因数分解．~ en musique（詩などに）曲をつけること，作曲．〖印刷〗~ en page 割付，大組，ページ割；（新聞の）整理．~ en scène（演劇，映画の）演出，監督；〖比喩的〗演出，不自然な行動，状況．~ en valeur 目立たせること；（資源，能力などの）開発，有効利用．~ sous tension 通電，スウィッチを入れる，コンセントをつなぐ．~ sur pied 整備，準備，態勢固め，態勢を整えること．

2 être de ~ 通用する，適当である，時宜を得ている．Il se comporte d'une manière qui n'est pas de ~ chez nous. 彼のやり方は我が家にはそぐわない．

Ⅱ（服装，身なり）soigner sa ~ 服装に凝る．

Ⅲ（賭けること，賭け金，出資，出資金）~ de fonds 出資金．~ sociale 出資金．doubler la ~ 賭け金を倍にする，大きく出る．sauver la (sa) ~ 賭け金を失わせる，損はしない；〖話〗弱点をさらけ出さずにすむ．sauver la ~ à qn …に損をさせない，不快な思いをさせない，危急を救う．

Misec（= *M*utuelle *i*nterprofessionnelle du *S*ud-*E*st et de la *C*orse）*n.f.* 東南フランスおよびコルス（コルシカ）全職業共通互助会．

misérabilisme *n.m.* 〖文学・映画〗無残主義《人間生活の無残さを好んで描くもの》．
▶ **misérabiliste** *a.*

misérable *a.* **1** 惨めな，悲惨な，無残

（惨）な，哀れな．cabane ~ みすぼらしい小屋，あばら屋．fin ~ 無惨な最期．se sentir ~ 惨めだと思う．
2 貧しい，極貧の，赤貧の．quartier ~ 貧民窟，スラム街．
3 つまらぬ，無価値な，些細な；（金銭が）極く僅かな．salaire ~ 薄給．se battre pour quelques ~s sous 僅かな金のために戦う．
4 卑しむべき，軽蔑すべき．~ acte de trahison 恥ずべき裏切行為．
—— *n.* **1** 惨めな人，哀れな人．Les *M*~s, roman de Victor Hugo ヴィクトル・ユゴーの小説『レ・ミゼラーブル』（1862年）．
2 貧乏人，貧民．
3 ひどい奴，ろくでなし．*M*~! Vous avez trahi! 裏切ったな！お前は人間の屑だ！

misère *n.f.* **1** 貧困，窮乏；極貧．crier ~ 困窮を訴える；窮乏を示す．être (tomber) dans la ~ 貧窮のどん底にある（陥る）．être réduit à la ~ 食うや食わずやの状態に追いこまれる．~ de la philosophie 哲学の貧困．~ dorée 裕福そうだが内実は火の車の状態．~ noire 赤貧．〖医〗~ physiologique 栄養不良，飢餓状態．de ~ 惨めな，みすぼらしい．salaire de ~ 雀の涙ほどの給料．
2 悲惨，惨めさ；〖多く *pl.*〗災難，不幸；苦労；〖文〗悲惨な運命，不運．~ de l'homme sans Dieu 神なき人間の悲惨（Pascal）．~s de la guerre 戦争の惨禍．~s de l'âge 老いの惨めさ（煩わしさ）．~s du temps その時代の不幸．c'est une ~ de + *inf.* …するのは辛いことだ．〖比喩的〗collier de ~ 辛い仕事．compassion aux ~s d'autrui 他人の不幸に対する思いやり．malade sur son lit de ~ 病床の病人．petites ~s 日常の煩わしいこと，悩み．Quelle ~! 何てひどいことだ！faire des ~s à qn 人を煩わす；人をからかう．
3 〖カナダ〗avoir de la ~ à + *inf.* …するのに苦労する．donner de la ~ à qn 人に気苦労をかける．manger de la ~ 貧しく暮す；試練に遭う．
4 些細なこと，つまらぬこと．se quereller pour une ~ 些細なことで争う．
5 卑しむべきこと．
6 〖植〗むらさきつゆくさ（tradescantia の通称）．

miséricorde *n.f.* **1** 慈悲，寛容；（罪の）赦し．~ de Dieu；~ divine；~ du ciel 神の慈悲．implorer la ~ divine 神の慈悲（赦し）を乞う．Dieu de ~ 慈悲深い神．Vierge de ~ 慈悲深い聖処女（聖母マリア）《〖図像学〗マントの下に罪人をかくまう聖母像》．demander ~ 赦し（憐み）を乞う．obtenir ~ 赦しを得る．sans ~ 容赦なく．
〖諺〗A tout péché ~. 赦されぬ罪なし．
2 〖古〗慈悲心，憐憫の情．œuvres de ~ 慈善事業，施し．
3 〖海〗ancre de ~ 予備主錨（= ancre de salut「非常用大錨」）；〖比喩的〗頼みの綱．

miso

4 〖教会〗ミゼリコルド《聖職者腰掛板裏面の突出部》.
5 〖古〗ミゼリコルド《敵に突きつけて命乞いをさせる短剣》.
6 シャルトルー修道会の食事.
——*int.* しまった, 大変だ, 何たることか《絶望, 意気消沈, 改悔の念を伴う驚愕の言葉》.

miso [miso] 〖日〗 *n.m.* 味噌 (=pâte de soja fermenté).

misogyne *a.* 女嫌いの；女性蔑視の.
——*n.* 女嫌い；女性蔑視者.

misogynie *n.f.* 〖心〗女嫌い, 強度の女性嫌悪〖症〗 (philogynie「女好き」の対)；女性蔑視.

missel *n.m.* 〖カトリック〗ミサ典書.

missile [英] *n.m.* 〖軍〗ミサイル. ~ à charge nucléaire à longue portée 長距離核弾頭ミサイル. ~ à courte (longue, moyenne) portée 短 (長, 中) 距離ミサイル. ~ à ogives (têtes) multiples guidées vers plusieurs objectif 複数弾頭複数標的誘導ミサイル (= [英] Marv: *ma*nœuvrable *re*entry *v*éhicule「機動的再突入ミサイル」). ~ à plus courte portée 超短射程中距離ミサイル (= [英] SRINF). ~ air-air (air-mer, air-sol) 空対空 (空対艦, 空対地) ミサイル. ~ air-sol à moyenne portée 中射程空対地ミサイル《略称~ ASMP》. ~ antiaérien (antichar, antimissile, antiradar) 対空 (対戦車, 対ミサイル, 対レーダー) ミサイル. ~ antibalistique 弾道ミサイル迎撃ミサイル (= [英] ABM: *a*nti-*b*allistic ~). ~ antinavire supersonique 超音速対艦ミサイル《略記 MAS》. ~ balistique à portée intercontinental 大陸間弾道ミサイル (= [英] ICBM: *i*nter*c*ontinental *b*allistic ~). ~ balistique mer-sol lancé de sous-marins nucléaires 原子力潜水艦発射艦対地弾道ミサイル. ~ balistique stratégique à longue (courte) portée 長 (短) 距離戦略弾道ミサイル (= [英] LRBM: *l*ong *r*ange *b*allistic ~； SRBM: *s*hort *r*ange *b*allistic ~). ~ d'autodéfense 防禦用ミサイル. ~ de combat 戦闘 (攻撃) 用ミサイル. ~ de croisière subsonique 亜音速巡航ミサイル (Tomahawk など). ~ d'interception 迎撃ミサイル. ~ mer-air (mer-mer, mer-sol) 艦対空 (艦対艦, 艦対地) ミサイル. ~ mer-sol balistique stratégique 艦対地戦略弾道ミサイル《略称~ MSBS》. ~ naval à préguidé inertiel 慣性誘導式艦載ミサイル《Exocet MM「艦対艦エグゾセット・ミサイル」など》. ~ porte-torpille ミサイル魚雷. ~ sol-air [à] très courte portée 超短射程地対空ミサイル《略称~ SATCP》. ~ sol-air [à] courte portée 短射程地対空ミサイル《略称~ SACP》. ~ sol-air [à] moyenne portée 中射程地対空ミサイル《略称~ SAMP》. ~ sol-air portable 携帯式地対空ミサイル《Mistral, Stinger など》. ~ sol-

sol balistique mobile 移動式地対地弾道ミサイル. ~ stratégique (tactique) 戦略 (戦術) ミサイル. croiseur nucléaire lance-~ *s* ミサイル発射原子力巡洋艦. détection des ~ *s* ミサイル探査. groupement de ~ *s* stratégiques 戦略ミサイル群. ~ tactique antichar 対戦車戦術ミサイル (= [英] ATM: *a*nti-*t*ank ~). lance-~ *s* ミサイル発射装置. rampe de lancement de ~ *s* ミサイル発射台.

mission *n.f.* 1 使命, 任務, 天命, 天職. ~ accomplie 任務完了, やるべきことはやった. avoir ~ de + *inf.* …を任務とする. avoir pour ~ de + *inf.* …をすることが仕事である. chargé de ~ (大臣官房などの) 秘書官, 主任, 嘱託. frais de ~ 出張費. ordre de ~ 出張命令. Il s'est vu confier la ~ de + *inf.* 彼は…をする使命を委ねられた. inspecteur général de l'administration en ~ extraordinaire (IGAME) 特任行政監察官.

2 使節, 使節団, 派遣団, 調査団. ~ culturelle de la France à New York 在ニューヨーク・フランス文化代表部. ~ diplomatique 外交使節, (特に) 大使館. *M*~ permanente de la France auprès des Nations unies 国連常駐フランス代表部. chef de ~ 使節団長, (特に) 大使《公使, 領事を指す場合もある》. ~ économique japonaise en France 訪仏日本経済使節団. ~ scientifique 学術使節〖調査隊, 調査団〗.

3 伝道, 布教；(特に) カトリックの伝道本部, 布教団.

missionnaire *n.m.* 1 〖宗教〗布教者, 宣教者, 伝道者. ~ *s* d'Afrique アフリカ宣教団. position du ~ (性交の) 正常位.

2 〖広義〗(理想・理念の) 普及者, 宣伝者. ~ de la paix 平和の伝道者.
——*a.* 布教の, 宣教の, 伝導の. congrégation ~ 布教修道会. esprit ~ 布教精神. œuvre ~ 伝道事業. sœur ~ 宣教修道女.

2 (理想・理念の) 普及の, 宣伝の.

missive *a.f.* 〖法律〗lettre ~ 信書《carte postale 葉書, lettre 手紙, télégramme 電信など》.
——*n.f.* 手紙, 書状.

Mistral *n.m.* 〖軍〗missile ~ ミストラル・ミサイル《超短距離射程防衛用空対空ミサイル》.

mistral *n.m.* 〖気象〗ミストラル《ローヌ河沿いに地中海方向に吹く強い北 [西] 風の地方名》.

MIT (le) (= [英] *M*assachusetts *I*nstitute of *T*echnology) *n.m.* (アメリカの) マサチューセッツ工科大学.

mite *n.f.* 1 衣蛾 (いが)〖の幼虫〗(teigne 小蛾科), habit mangé des ~ *s* 衣蛾に食われた衣服. 〖話〗mangé aux ~ *s* 穴だらけの, 台なしの.

2 粉だに《acarien「だに目」, arachnide

「くも形綱」の節足動物；植物・動物を食う). ~ de la farine 粉だに. ~ du fromage チーズだに. allergie aux ~s だにアレルギー.
3〖古〗〖話〗目やに(＝chassie). avoir la ~ à l'œil 目やにをためている.

mité(e) *a.* 虫に食われた，虫食いの；〖比喩的〗穴だらけの. fourrure ~e 虫に食われた毛皮.

mi-temps *n.f.inv.* 〖スポーツ〗ハーフタイム《試合の前後半間の休憩時間》；試合の半分. L'arbitre a sifflé la ~. 審判がハーフタイムの笛を吹いた. première (seconde) ~ 試合の前半《後半》.
── *n.m.inv.* **1** 半日のパートタイム；半日労働(＝travail à ~；plein-temps「全日労働」の対). travailler à ~ 半日制のパートで働く.
2 半日制. ~ pédagogique 半日授業.

MITHA (＝*m*ilitaires *i*nfirmiers et *t*echniciens des *h*ôpitaux des *a*rmées) *n.m.pl.* 〖軍〗軍病院看護・技術員.

mithridatisation *n.f.* 〖医〗ミトリダテス法《毒物の服用量を漸増して耐毒性を高める療法》.

mithridatisme *n.m.* 〖医〗ミトリダテス法(＝mithridatisation).

MITI, Miti(le) [miti] (＝〖英〗*M*inistry of *I*nternational *T*rade and *I*ndustry) *n.m.* (日本の) 通産省《通商産業省の略記；＝ Ministère du commerce extérieur et de l'industrie》.

mitigation (＜mitiger) *n.f.* 軽減，緩和. 〖法律〗~ des peines 刑の軽減.

mitiliculture *n.f.* ムール貝の養殖.

mitochondrial(ale) *(pl.aux) a.* 〖生化〗ミトコンドリアの. ADN ~ ミトコンドリア・デオキシリボ核酸(＝〖英〗mtDNA).

mitochondrie [mitɔkɔ̃dri] *n.f.* 〖生〗ミトコンドリア，糸粒体《動植物の細胞内の糸状・顆粒状の微小体》.

mitogène *a.* 〖生化〗《細胞の》有糸分裂促進性の. facteurs ~s 有糸分裂促進因子.

mitose *n.f.* 〖生〗《細胞の》有糸分裂(prophase 前期, métaphase 中期, anaphase 後期, telophase 終期などから成る). ~ réductionnelle 還元的分裂.

mitotique *a.* 〖生化〗有糸分裂の. index ~ 有糸分裂指数.

mitoyen(ne) *a.* **1** 境界の, 仕切りの. cloison ~ne séparant deux chambres 2つの部屋を分ける間仕切り.
2 〖法律〗互有の. fossé ~ 互有溝. mur ~ 互有壁(塀).
3 〖比喩的〗中間の；仲介的な. état ~ 富裕と貧困の中間状態. opinion ~ne 中間の意見.

mitoyenneté *n.f.* **1** 隣接, 相隣, 境界性. **2** 〖法律〗互有(権). ~ d'un mur 壁(塀)の互有(権).

mitraillade *n.f.* **1** 〖軍〗一斉射撃, 掃射.
2 〖稀〗機銃掃射(＝mitraillage).
3 〖比喩的〗激しい雨霰. ~ de la grêle 激しい霰(雹).
4 〖比喩的〗~ de questions 質問の雨.

mitraillage *n.m.* 〖軍〗機銃掃射.

mitraillette *n.f.* 携帯用軽機関銃, ミトライエット；自動短銃, マシンガン(＝pistolet-mitrailleur).

mitrailleur *n.m.* **1** 〖軍〗機関銃手. **2** 〖史〗(大革命下の) 大量殺戮者.
── *a.* canon ~ 機関砲.

mitrailleuse *n.f.* 〖軍〗機関銃, 機銃. ~ lourde (légère) 重(軽)機関銃. automobile équipée d'une ~ 機銃装備車(＝automitrailleuse). rafale de ~ 機銃掃射. tireur de ~ 機関銃手.

mitral(ale) *(pl.aux) a.* 〖解剖〗《心臓》の弁膜の；僧帽形の；僧帽弁の. insuffisance ~ale 僧帽弁閉鎖不全症. rétrécissement ~ 僧帽弁狭窄症. valvule ~ale 僧帽弁.
── *n.* 僧帽弁狭窄(閉鎖不全)症患者.

mitterrandien(ne) *a.* François Mitterrand〖1916-96 年〗の.

MIV (＝*m*aturation *o*vocytaire *i*n *v*itro) *n.f.* 〖生・医〗試験管内での卵母細胞の成熟.

mi-voix(à) *l.ad.* 小声で，ひそひそと. parler à ~ 小声で話す.

mix [miks] *n.m.* 〖話〗混合, 混成. ~ de techniques de pointe 先端技術の混合.

mixage *n.m.* 〖音響〗ミキシング, 同時録音. table de ~ audio オーディオ・ミキシング盤, オーディオ・ミキサー.

mixeur *n.m.* (料理用の) ミキサー(＝〖英〗mixer [miksœr]), 攪拌器. ~ à bol ボール付ミキサー. ~ plongeant ハンドミキサー.

mixité *n.f.* **1** 性別(国籍, 出身) の異なる人々の混在.
2 男女共学〔制〕(＝~ scolaire；~ des établissements scolaires).

mixte *a.* **1** (異質のものを) 混ぜ合わせた, 混合した, 混成の；異種族(宗教) 間の. 〖保険〗assurance ~ (生命保険の) 混合保険. bail ~ 混合賃貸借. 〖軍〗brigade ~ 混成旅団. 〖法律〗chambre ~ de la Cour de cassation 破毀院合同部. commission ~ (利害の異なる委員から成る) 混合(合同) 委員会. cuisinière ~ (ガスと電気など異種熱源を併用した) 熱源混合レンジ. 〖法律〗jugement ~ 混合判決. mariage ~ 異人種(異教徒・異国籍) 間結婚. navire (train) ~ 貨客船(列車). 〖鉱〗roche ~ 混成岩. salade ~ ミックスサラダ. 〖経済〗société d'économie ~ 混合経済会社, 混合資本会社, 公私混合会社. tribunal ~ (利害を異にする者によって構成される) 混合裁判所. végétation ~ 混植生.
2 男女両性から成る；男女共学の. chœur ~ 混声合唱. double ~ (テニス) 混合ダブルス. école ~ 男女共学校.

3〔数〕整数と分数を含む；多項式と有理分数式から成る. fraction ～ 帯分数.
——*n.m.* 混合体.

mixtion *n.f.* **1**〔薬〕調合；調合剤, 合剤, 調合水薬. **2**(種々の物質の)混合.

mixture *n.f.* **1**〔化〕調合剤, 合剤；〔薬〕調合水薬；合剤.
2〔俗〕得体の知れないごた混ぜの食物(飲料), あまりおいしそうでないごたまぜ食品.

MJC (= *m*aison des *j*eunes et de la *c*ulture) *n.f.* 青少年文化センター.

MJCF (= *M*ouvement de la *J*eunesse *c*ommuniste de la *F*rance) *n.m.* 〔政治〕フランス共産主義青年運動(1920年発足).

MKS (= *m*ètre-*k*ilogramme-*s*econde) メートル=キログラム=秒(単位). le système ～ MKS単位系.

MKSA (= *m*ètre-*k*ilogramme-*s*econde-*a*mpère) メートル=キログラム=秒=アンペア(単位). le système ～ MKSA単位系.

ml (= *m*illi *l*itre) *n.m.* 〔度量衡〕ミリリットル(1/1000 l).

MLC (= *m*aladie *l*ongue et *c*outeuse) *n.f.* 〔医・社会保障〕長期高医療費疾患.

MLD (= *m*aladie de *l*ongue durée) *n.f.* 〔医〕長期疾患. liste des ～ 30 30種類の長期疾患リスト.

MLF (= *M*ouvement de *l*ibération des *f*emmes) *n.m.* 女性解放運動(1968年の大学紛争の最中に発足；フェミニズム運動の草分けの存在).

MLI (= le *M*ali) *n.m.* マリ(国名略記).

Mlle (= *M*ademoise*lle*) *n.f.* マドモワゼル, 嬢(複数形はM^{lles}).

MLN (= *M*ouvement de *l*ibération *n*ationale) *n.m.* 国民解放運動(第二次世界大戦下 Jean Moulin らが創設したレジスタンス組織).

MLP (= *M*essageries *l*yonnaises de *p*resse) *n.f.pr.pl.* リヨン定期刊行物(新聞雑誌等)配送会社.

MLT (= la *M*alte) *n.f.* マルタ(国名略記).

MM (= *M*essieurs) *n.m.pl.* 諸氏.

mm (= *m*illi *m*ètre) *n.m.* 〔度量衡〕ミリメートル(1/1000 m). ～² (= *m*illi*m*ètre *car*ré) 平方ミリメートル. ～³ (= *m*illi*m*ètre *cu*be) 立方ミリメートル.

mμ (= *m*illi*m*icron) *n.m.* 〔度量衡〕ミリミクロン(1/1000 micron).

Mme (= *M*ada*me*) *n.f.* マダム(複数はM^{mes}).

mmol (= *m*illi-*m*ol) *n.f.* 〔化〕ミリモル(1/1000 モル).

MMS (= 〔英〕*m*ultimedia *m*essage *s*ervice) *n.m.* 〔情報〕マルチメディア・メッセージ・サーヴィス(携帯電話で写真などを送受信する業務).

MMT (= *M*édecins *M*aîtres-*T*oile) *n.pr. m.* 〔医〕医師団網(インターネット上のフランス語医師団サイト名).

Mn (= *m*anga*n*èse) *n.m.* 〔化〕「マンガン」の元素記号.

MNAM (= *M*usée *n*ational d'*a*rt *m*oderne) *n.m.* 国立近代美術館(Centre national d'art et de culture Georges-Pompidou (CNAC) à Paris パリの国立ポンピドゥー芸術文化センター内にある).

MNC (= 〔英〕*M*ulti-*N*ational *C*orporation) *n.f.* 多国籍企業(= multi-national enterprise；= 〔仏〕multinationale).

MNEF, Mnef (= *M*utuelle *n*ationale des *é*tudiants de *F*rance) *n.f.* フランス学生全国互助会(学生の共済と社会保障制度を維持する組織；1948年設立).

mnémonique¹ *a.* 記憶の；記憶に関する；記憶を助長する. procédé ～ 記憶法.

mnémonique² *n.m.* 〔電算〕(アセンブリー言語の)記憶用命令コード, ニーモニック.

mnémonique³ *n.f.* 記憶術.

mnémotechnique *a.* 記憶を助ける, 記憶力を増す. moyen ～ 記憶術.
——*n.f.* 記憶術(法).

mnésique *a.* 記憶の, 追想の. 〔医〕hallucination ～ 追想幻覚, 記憶幻覚. 〔医〕illusion ～ 追想錯覚.

MNI (= *m*ono*n*ucléose *i*nfectieuse) *n.f.* 〔医〕感染性単核細胞症, 感染性単球増加症. ～-test 感染性単核細胞症テスト.

MNLE (= *M*ouvement *n*ational de *l*utte pour l'*e*nvironnement) *n.m.* 〔環境〕全国環境保護促進運動(1982年発足の環境保護団体).

MNR¹ (= *M*ouvement *n*ational *r*épublicain) *n.m.* 〔政治〕共和主義国民運動党(国民戦線FNから分かれた；Bruno Mégret が1999年12月に設立した右翼政党).

MNR² (= *M*usées *n*ationaux *r*écupération) *n.m.* 国立博物館回収〔品〕. œuvre classée ～ 国立博物館回収対象作品. toile portant la mention ～ 国立美術館回収対象指定油絵.

MNT (= *m*odèle *n*umérique de *t*errain) *n. m.* 土地のディジタル化モデル.

MNU (= *m*édicaments *n*on *u*tilisés) *n.m. pl.* 〔薬〕未使用薬剤. collecte de ～ 未使用薬剤の収集(再利用).

MO¹ (= 〔英〕*m*agneto-*o*ptical) *a.* 光磁気の(= magnéto-optique). disque ～ 光磁気ディスク, MOディスク.

MO² (= *m*anœuvre *o*rdinaire) *n.m.* 通常(一般)肉体労働者.

M/O, MO³(le) (= *M*usée d'*O*rsay) *n.m.* (パリの)オルセー美術館.

Mo¹ (= *m*éga*o*ctet) *n.m.* 〔情報〕メガバイト (= mégabyte) (1 Mo = 1 million d'octets). 100 ～ de mémoire 記憶容量2メガバイト. 2 ～ de mémoire centrale (コンピューターの)容量100メガバイトのメインメモリー. capacité maximale de mémoire vive en ~ RAM (ランダムアクセスメモリー) のメガ・バイト表示による最大記憶容量. disque dur de 400 ~ 400 メガバイトのハードディスク.

Mo² (= *mo*lybdène) *n.m.*〖化〗「モリブデン」の元素記号.

MOAB (= 〖英〗 *massive ordnance air blast*; *mother of all bombs*) *n.f.*〖軍〗空中爆発大量殺戮兵器; 〖俗称〗すべての爆弾の母爆弾《空中爆発熱圧式爆弾; 2003 年開発; = 〖仏〗la mère de toutes les bombes》.

MOAN (= *S*ommet *é*conomique pour le *M*oyen-*O*rient et l'*A*frique du *N*ord) *n.m.*〖政治〗中東・北アフリカ経済首脳会議,《1994 年創設; 加盟 60 カ国》.

mob (= *bo*bylette) *n.f.*〔話〕モブ, モビレット《商標》, 小型バイク.

mobile *a.* **1** 動かせる, 可動性の; 取り外せる; 移動性の, 携帯用の.〖印刷〗caractères 〔d'imprimerie〕 ~s 分離活字. carnet à feuilles ~s ルーズリーフ式手帳. culasse ~《銃の》遊底. ordinateur ~ モバイル・コンピュータ. pont ~ 可動橋. résidence ~ 移動住居, トレーラー・ハウス. téléphone ~ 移動電話〔器〕, 携帯電話〔器〕.
2 移動性の; 非定住性の. main-d'œuvre ~ 流動労働力人口. population ~ 非定住人口.
3 機動性の. force ~ 機動隊. gendarmerie ~ 機動憲兵隊. troupes ~s 遊撃隊. la garde républicaine ~ 機動共和国衛兵隊, 機動憲兵隊《1926-55 年の呼称》.〖仏史〗la garde〔nationale〕~ 国民遊撃隊《1848 年創設; パリの治安維持にあたった志願衛兵団》.
4 変動性の, 変動する.〖法律〗conflit ~《法律の抵触における》動的抵触.〖経済〗échelle ~ スライディング・スケール, スライド制; 〖労働〗《賃金などの》スライド制. échelle ~ des salaires 賃金のスライド制. fêtes ~s 変動祝祭日《Pâques「復活祭」およびそれに付随する l'Ascension, la Pentecôte など, 年によって日付が変動する祝祭日》.
5 変わりやすい. caractère ~ 気まぐれな性格. esprit ~ 気分の変わりやすい人. visage ~ 表情がよく動く顔.
——*n.m.* **1**〖物理〗運動体. vitesse d'un ~ 運動体の速度.
2 動機, 原因; 動因, 原動力. ~ d'un crime 重罪の動機.
3 遊撃隊員; 機動隊員《CRS, 機動憲兵隊の隊員》.〖仏史〗~ de 1870 1870 年の国民遊撃隊員《= garde nationale ~》.
4〖美術〗モビル《常動性彫刻》. ~s de Calder カルダーのモビール作品.
5 携帯用パソコン, モバイル〔コンピュータ〕《= ordinateur individuel ~》.
6 移動電話〔器〕; 携帯電話《= téléphonie ~》; téléphone ~》.

mobilier(**ère**) *a.* **1** 動産の, 動産から成る; 動産に関する. action ~ 不動産訴訟. biens ~s 動産. contribution ~ère 住居税《地方税の一つ. 家具付き住居の賃貸価値を基準にし, 居住者《家主であると賃借者であるとを問わない》に課される》. fortune ~ère 動産. gestion ~ère 動産管理. vente ~ère 動産の公売.
2〖法律〗動産の. effets ~s 有価証券. valeurs ~ères 有価証券.
◆ **有価証券の種類**《詳しくは valeur を見よ》: action 株式, certificats d'investissement 投資証券, compte d'épargne en action (CEA) 株式投資信託型貯蓄, emprunt à sensibilités opposées 金利先物債権の一種で金利の上げ下げ両方にヘッジする, emprunt d'Etat 国債, MATIF (= *m*arché *à t*erme des *i*nstruments *f*inanciers) 金融先物〔市場の〕商品, obligations 債権, obligations à bons de souscription d'actions ワラント債, obligations à coupon zéro ゼロクーポン債, obligations à taux fixe 確定利付き債権, obligations convertibles en actions 株換社債, parts de fondateur 創立者創出資証書, titres participatifs 特殊出資証書.
——*n.m.* **1**〔集合的〕家具, 調度, 調度品.
2 ~ national 国有の家具《調度品》《国有建造物の装備品として利用される》, 国有動産管理局.

mobilisable *a.* **1**〖軍〗動員可能な.
2〔比喩的〕調達〔活用〕可能な. fonds ~s 調達可能な資金. jeter dans une affaire toutes les énergies ~s 可能な限りのエネルギーを事業に傾注する.
——*n.*〖軍〗動員可能者.

mobilisa*teur*(*trice*) *a.* **1**〖軍〗動員に関する. centre ~ 動員本部.
2〔比喩的〕動員できる. slogan (mot d'ordre) ~ 大衆に訴えるスローガン.

mobilisation *n.f.* **1** 動員, 召集; 結集, 糾合; 大規模な利用. ~ générale 総動員〔令〕. La réalisation de cette opération nécessite la ~ de tous les moyens disponibles. この事業をやり遂げるには利用可能なすべての手段を使わなければならない. commerce fermé pour cause de ~ du propriétaire 店主応召のため閉店.
2〖経済・金融〗現金化; 固定資本の流動化; 手形の現金化,《特に》中央銀行の再割引持ち込み;《債権などの》動産化;《証券の》流通化. ~ de capitaux investis 投下資本の流動化. ~ par l'escompte 割引きによる債権の動産化.
3〖生理〗《貯蔵栄養の》動員, 可動化;〖医〗関節授動〔術〕.

mobilité *n.f.* **1** 可動性, 運動性. ~ d'un membre 四肢の可動性.
2《人口・集団などの》移動性, 流動性. ~ d'une population 人口の移動性. ~ profes-

sionnelle 職業的流動性；(企業の) リストラ. ~ sociale 社会的流動性.
3〖軍〗機動性. ~ d'une armée 軍隊の機動性.
4 変りやすさ. ~ d'esprit くるくる変る考え方. ~ de l'humeur むら気. ~ de la physionomie 表情の変りやすさ. ~ des reflets de l'eau 水面の反射光の変りやすさ. ~ des sentiments 移り気.
5〖化〗移動度, 易動度.

moblog *n.m.*〖情報通信〗モブログ《携帯電話によるブログ》.

modafinil *n.m.*〖薬〗モダフィニル《睡眠障害のナルコレプシーに対する特効薬》.

modal (ale) (*pl.* **aux**) *a.* **1**〖音楽〗施法(音階)の. musique ~ale 施法音楽. notes ~ale 施法音程《la tierce「三音」と la sixte「六度」》.
2〖文法〗動詞の叙法の, 法の, 様態の. attraction ~ale 法的牽引. auxiliaire ~〖叙〗法助動詞《devoir, pouvoir など》(=la ~).
3〖論理〗様相の. logique ~ale 様相論理学.〖電算〗notion ~ale 様相概念.
4〖法律〗実行方法が指定された. clause ~ale 実行方法指定条項.

modalité *n.f.* **1** あり方, やり方, 方式, 方法；適用方法. ~s d'application d'une loi 法律の適用形態. ~ d'exécution de l'attribution du congé payé 有給休暇付与の執行方法. ~s de paiement 支払方法.
2〖哲〗様相, 様態, 態様. La glace, la vapeur sont des ~s de l'eau. 氷と水蒸気は水の様態である.
3〖法律〗(債務の) 履行態様限定条項. La condition et le terme sont des ~s importantes.〖債務の〗条件や期限は重要な限定条項である.
4〖言語〗様態；様態辞. adverbe de ~ 様態の副詞 (=adverbe de jugement)《assurément, peut-être, sans doute など》.
5〖音楽〗施法性；施法.
6〖医〗理学療法；症状の様相変化.
7〖心〗~ de sensation 感覚の種.

mode¹ *n.m.* **1** 方式, 様式, やり方, 態様, 流儀, 形態, 手段. ~ d'action 行動様式. ~ d'emploi 使用法〖説明書〗. ~ d'expression 表現手段. ~ de gouvernement 政治形態. ~ de paiement 支払方法. ~ de pensée 思考法. ~ de production 生産方式. ~ de scrutin 投票方式 (方法). ~ de traction 牽引方式. ~ de transport 交通手段. ~ de vie 生活様式.
2〖法律〗(債務の) 履行態様限定条項.
3〖哲〗様相, 様相. étude des ~s de l'être 存在様相の研究.
4〖音楽〗施法；調, 音階. ~s de la musique antique 古代音楽の施法. ~ majeur (mineur) 長 (短) 調.
5 調子, 調. ~ comique (tragique) 喜劇 (悲劇) 調.

6〖言語〗法, 叙法. ~ indicatif 直説法. ~ personnel (impersonnel) 人称 (非人称) 法.
7〖統計〗モード, 最頻値.
8〖電算〗モード《情報処理機器の機能状態》. ~ de texte テクスト・モード. ~ programme プログラム・モード.

mode² *n.f.* **1** 流行, はやり. à la ~ 流行の, 評判の. chanson à la ~ ヒット・ソング. être à la ~ 流行している；はやる. Ce n'est pas à la ~. それは流行遅れだ. Il est de ~ (C'est la ~) de + *inf.* …するのが今風だ. lancer une ~ 流行を打ち出す. suivre la ~ 流行を追う.
2 モード, ファッション, 流行の服飾. ~ d'hiver (de printemps) 冬 (春) のモード (ファッション). ~ féminine 婦人ファッション. être habillé à la dernière ~ 最新流行の服を着ている.
3 服飾品 (モード製品, ファッション製品) 製造 (販売) 業；モード (ファッション) 界. boutique (magasin) de ~ モード店, (特に) 婦人服飾品販売店, モード店；〖古〗婦人帽子店 (=chapellerie féminine). industrie de la ~ モード産業. travailler dans la ~ モード業界で働く.
4 生き方；やり方, 流儀. ~ de vie 生き方. à la〖~〗de …風 (流) に (の).〖料理〗tripes à la〖~〗de Caen カン風の臓物の煮込料理.〖料理〗bœuf〖à la〗~ ブフ・〖ア・ラ〗モード《人参・小玉葱入りのビーフシチュー》. vivre à sa ~ 気儘に生きる.

MODEF (=*M*ouvement de *d*éfense des exploitants *f*amiliaux) *n.m.* 家内的自作農擁護運動《1959 年設立；1976 年家内的自作農組合の全国組織に再編》；本部 Angoulême》.

modèle *n.m.* **1** 模範, 手本, 亀鑑；典型, 見本, 規範, 基準. ~ d'action 行動規範. ~ d'écriture 習字の手本. ~ de rédaction d'acte juridique 法律文書の作成見本.〖法律〗~ législatif 立法基準.
imitation d'un ~ 手本の模倣. donner un ~ à la jeunesse 若者に範を垂れる. être cité comme ~ 手本として引用される. prendre *qn* pour (comme) ~；prendre ~ sur *qn* 人を手本にする. sur le ~ de …にならって (則って). écrire un texte sur le ~ d'un article 論説にならって文章を書く. s'écarter d'un ~ 規範からかけはなれる. Votre conduite est un ~ pour tous. あなたの行動は万人の鑑だ.
2 (美術作品・文学作品の) モデル；(職業的) モデル. ~ de modes (de magazine) モード雑誌のカヴァーガール. dessin d'après le ~ モデルによるデッサン. figure dessinée d'après le ~ 裸体画像. servir de ~ à un artiste 芸術家のモデルをつとめる.
3 (芸術作品の) 習作, 雛型；下絵, 下図；原画, 原図 (=maquette). fabriquer le ~ d'une sculpture 彫刻の雛型を制作する (=

modeler).
4 模型；型；鋳型 (=~ de fonderie). ~ en bois 木型. ~ en carton 紙型. ~ réduit 縮尺模型. ~ réduit au 1/100ᵉ 100 分の 1 縮尺模型. ~ réduit d'avion 模型飛行機.
5 (商品の) 型式, 機種, 型；意匠, デザイン；(服の) 型見本. ~ courant 現行モデル；標準モデル. ~ de fabrique 製造型式, 製品の意匠. ~ déposé 製品の登録意匠. contrefaçon d'un ~ déposé 製品登録意匠の侵害. ~ nouveau (nouveau ~) de voiture 新型車. char ~ 1999 1999 年式 (99 式) 戦車. présentation des ~s ニューモードの発表会.
6〖経済・人文科学〗〔理論〕モデル. ~s de fonctionnement (prévisionnels) 機能 (予測) モデル. ~ dynamique (statique) 動態 (静態) モデル. ~s linguistiques 言語モデル. ~ mathématique 数学的モデル.
―*a.* 模範的な, モデルとなる. conduite ~ 模範的行動. élève ~ モデル生. ferme ~ モデル農場. mari ~ 夫の鑑.

modélisation *n.f.* モデル化. ~ informatique 情報処理のモデル化.

modélisme *n.m.* 模型制作. ~ ferroviaire (naval) 鉄道 (船舶) 模型制作.

MoDem (=*M*ouvement *dém*ocratique) *n.m.*〖政治〗民主主義運動《François Bayrou が 2007 年 5 月 10 日に結成した中道政党》.

modem [mɔdɛm] (=*mo*dulateur-*dém*odulateur) *n.m.*〖情報〗(コンピュータの) 変復調装置, モデム (= [英] modulator-demodulator).

modem-fax *n.m.*〖情報処理〗モデム・ファックス《変復調とファックス機能をそなえた装置》. carte ~ ファックス・モデム・カード

modéra*teur*[1] (***trice***) *n.* 調停者；仲裁者；抑制者, 抑え役.
―*a.* **1** 調停する；抑制する, 緩和する. élément ~ d'une assemblée 集会の調停要素. nerf ~ 抑制神経.〖法律〗pouvoir ~ 抑制 (調整) 権限. rôle ~ 調停役.
2 ticket ~ (医療保険の) 自己負担分.

modérateur[2] *n.m.* **1**〖工〗調節品, 調整器, レギュレーター (régulateur), モデレーター, 調速機；〖写真〗抑制剤. ~ d'une horloge 時計の調速装置.
2 (原子炉の) 減速材. ~-refroidisseur 減速冷却材.

modération *n.f.* **1** 適度, 節度, 中庸；緩和, 穏健. ~ dans les idées 思想の穏健さ. avec ~ 適度に, 控え目に, ほどほどに. boire (manger) avec ~ 控え目に飲食する (食べる).《L'abus d'alcool est dangereux pour la santé, consommez avec ~.》「過度のアルコールの摂取は健康に有害です, 控え目に飲んでください」(酒壜・広告に添える ことを義務づけられた警告の文言). faire preuve de ~ 節度を示す.
2 調節, 抑制, 自粛；緩和 (=atténuation), 軽減 (=diminution). ~ dans les dépenses 節約. ~ d'une clause pénale 違約条項の緩和. ~ de droit 減税. ~ des domages-intérêts 損害賠償の減額. ~ des prix 物価の抑制. ~ d'une peine 刑の軽減, 減刑. ~ d'une vitesse 減速.
3〖化〗loi de ~ relative à l'équilibre chimique 化学平衡の変動抑制則.

modéré(e) *a.p.* **1** 節度ある, 控え目な. paroles ~es 控え目な発言. amitié ~e 控え目な友情. être ~ dans le boire et le manger 飲食を控える. faire un reproche ~ それとなく非難する.
2 (政治的に) 穏健な, 穏和な；保守的な. députés ~s 穏健派国会議員. avoir des opinions ~es en politique 政治的に穏健な意見を持つ.
3 適当な, ほどほどの, 法外でない；低価格の. chaleur ~e ほどほどの熱気. habitation à loyer ~ 低家賃住宅 (略記 HLM). prix ~ 手ごろな値段, 適当な値段. vent ~ 穏やかな風.
4〖音楽〗モデラート (moderato) の.
―*n.*〖政治〗穏健派.

moderne *a.* Ⅰ (現代) **1** 現代の, 現今の, 現在の. architecture ~ 現代 (近代) 建築. art ~ 現代芸術. civilisation ~ 現代文明. époque ~[1] 現代. Français ~s 現今のフランス人. la France ~ 現代フランス. pensées ~s 現代思想. société ~ 現代社会. temps ~[1] 現代.
2 今風の, 最新の, モダンな. confort ~ 新しい設備をそなえた快適さ. danse ~ モダンダンス. technique ~ 最新技術.
3 現代風な. jeune fille très ~ ナウな少女. peintre absolument ~ 純粋に現代風な画家.
Ⅱ 《近代》(ancien, antique の対) **1** 近世の；近代の. auteurs anciens et ~s 古代作家と近代作家.〖史〗époque ~[2] 近代《東ローマ帝国の滅亡 (1453) からフランス大革命 (1789) まで》. histoire ~ 近代史. littérature ~ 近代文学. temps ~[2] 近世《中世以後現代まで》.
2〖教育〗enseignement ~ 近代教育課程《中等教育課程で, ギリシア語とラテン語を必修とする古典教育課程 enseignement classique に対し, 近代語と自然科学を主とする課程》. classe de première ~ 近代教育課程第一学級.
―*n.* 近代人.〖文史〗Querelle des anciens et les ~s 新旧論争《古代文学支持派と近代派の間の 17 世紀末の論争》.
―*n.m.* **1** 現代趣味；現代風.
2 現代風の家具調度. être meublé en ~ 現代風の家具調度をそなえている.

modernisa*teur* (***trice***) *a.* 近代化の, 現代化の；近代化を推進する. projet ~ 近

modernisation

——*n.* 近代化計画.
——*n.* 近代化主義者, 近代化推進論者.

modernisation *n.f.* **1** 近代化, 現代化. ～ de l'industrie 産業の近代化.
2 (設備等の)新型化, 改善. ～ d'une encyclopédie 百科事典の更新改訂.

modernisme *n.m.* **1** 近代(現代)趣味;当世風;〖蔑〗極端な近代趣味.
2 (芸術・建築における)モダニズム. ～ en peinture 絵画におけるモダニズム.
3 〖神学〗(カトリックの)近代主義.

modernité *n.f.* 近代性;現代性;今日性. ～ de l'équipement d'une usine 最新の工場設備. ～ d'un pays industriel 工業国の近代性. ～ de la technologie 技術の今日性. ～ en peinture 絵画における現代性.

modeste *a.* **1** 謙虚な, 謙遜な;慎み深い, 控え目な. air ～ 謙虚な様子. ton ～ 慎み深い口調.
2 (時に名詞の前)質素な, 地味な;庶民的な. habit ～ 地味な衣服. logis ～ 質素な住みか. être d'une origine ～ 庶民の出である. mener un train de vie ～ 質素な暮しをする. Veuillez accepter ce ～ cadeau. 心ばかりの贈物をお受取り下さい.
3 (金額などが)僅少な, ささやかな. ～ revenu ささやかな所得. salaire ～ 薄給. acheter *qch* pour un prix ～ 安値で何でも買う.
4 〖古〗節度ある, 中庸の.
——*n.* 謙虚な人;慎み深い人. les ～ et les orgueilleux 謙虚な人と傲慢な人. faire le ～ 謙遜する(ぶる).

modestie *n.f.* **1** 謙虚さ;謙遜. ～ naturelle 自然の謙虚さ. fausse ～ うわべだけの謙虚さ. avec ～ 謙虚に. par ～ へりくだった気持から. avoir la ～ 謙遜さをそなえている.
2 慎み深さ, しとやかさ. ～ des gestes 挙措の慎み深さ.
3 (ロープ・デコルテで胸を隠す)ショール.
4 〖古〗節度(＝goûts modestes).

modifiant(e) (＜modifier) *a.* 修正(変更, 改変)する. facteur ～ 変更をもたらす要因. loi constitutionnelle n° 2005-204 du 1ᵉʳ mars 2005 ～ le titre xv de la Constitution (フランス共和国)憲法第15章を修正する2005年3月1日の憲法的法律第2005-204号.

modifica*teur*[1] (***trice***) *a.* 変更させる, 修正させる;変質させる. action ～ *trice* 変更(修正, 変質)作用. agent ～ 変質剤. 〖生〗gène ～ 変更遺伝子.
——*n.* 修正者.

modificateur[2] *n.m.* **1** 変質剤. **2** 変速(変動)装置.

modification *n.f.* **1** 修正, 一部変更, 手直し, 改良, 改修. faire des ～ à …に修正を加える. ～ dans un programme プログラムの手直し. ～ d'un projet de loi 法案の修正. ～ en mieux (en pire) 改善(改悪).
2 変化, 変形, 変容;〖化〗変態;〖生〗部分的変異. ～ physique 物理的変化.
3 〖文法〗修飾;〖言語〗形態変化;音韻変化.

modulaire *a.* **1** 〖建築〗モデュール式の, モデュール割りの.
2 〖数〗加群(加法)の.
3 〖コンピュータ〗内蔵ユニット式の. lecteur de disquettes ～ 3.5″, 1.44 Mo 3.5インチ, 記憶容量1.44メガバイトの内蔵式フロッピーディスク・ドライブ.

modulation *n.f.* **1** 〖理〗変調. ～ d'amplitude (d'impulsion) 振幅(パルス)変調. ～ de fréquence 周波数変調(＝〖英〗frequency modulation);FM放送;〖電・物理〗変調. ～ de phase 位相変調.
2 (声, 調子などの)抑揚, 強弱, 高低.
3 〖音楽〗転調. ～ en la mineur イ短調への変調.

module *n.m.* **1** 〖建築〗モデュール, モジュール(建築設計上の基準尺度, 基準尺, 基準寸法, 寸法単位). ～ architectural 建築モデュール, 建築基準尺〔度〕. recherche d'un ～ dans l'architecture moderne 現代建築における基準尺の探究. Le ～ des architectes grecs était le demi-diamètre du fût de colonne à sa base. 古代ギリシアの建築家の基準尺は円柱柱身基部の半径であった.
2 〖美術〗(古代彫刻の)理想的頭身比.
3 基準(規格)寸法(単位);(貨幣などの)規格直径;(線路の)軌間, ゲージ. ～ d'une cloche 鐘のモデュール(鐘の舌が当たる個所の厚さ). ～ d'un engrenage 歯車のモデュール(ピッチ円直径を歯数で割った値). ～ d'une médaille メダルの規格直径. ～ d'une voie ferrée 鉄道線路の軌間寸法 (＝largeur de voie). cigarette de gros ～ 太巻きシガレット.
4 流量;〖水理学〗(河川の)年間平均流量 (m³/秒で表す);(ポンプなどの)排水量単位(24時間あたり10 m³を1単位とする). ～ spécifique (relatif) d'un fleuve 河川の年間平均流量指標(流域1 km²につき1/秒で表す).
5 〖物理〗抵抗係数(率). ～ d'élasticité 弾性係数(率) (＝～ d'Yang ヤング率). ～ de rigidité 剛性率. ～ de rupture 破壊係数. ～ de torsion (de traction) ねじれ(伸び)弾性率.
6 〖数〗(合同関係の)法;(複素数・ベクトルの)絶対値;加群;定数 log₁₀e (略号 M). ～ d'une congruence 合同の法. ～ d'un nombre complexe (réel) 複素数(実数)の絶対値. ～ d'un vecteur ベクトルの絶対値.
7 モデュール, (規格化された)構成ユニット, 構成単位, 単位部材. 〖宇宙〗～ de commande (de service) (宇宙船の)司令(機械)船. 〖建築〗～ d'habitation プレハブ住宅ユ

ニット.〖宇宙〗~ lunaire 月着陸船.
8〖電算〗モデュール, 機能単位.
9 モデュール・カー《都市用小型乗用車》.
10 (組織内の) 作業グループ. ~ de terminologie 専門用語グループ
11〖教育〗学習単元, 教育単位 (= unité d'enseignement)《programme や時間など》.

modulé(e) *a.p.* **1** 抑揚 (高低) をつけた; 抑揚 (高低) をつけて歌った (演奏された); 色調を微妙に変えた. air ~ 抑揚をつけたメロディー; 抑揚をつけて歌った歌曲.
2〖音楽〗転調された. passage ~ 転調パッセージ.
3〖電〗(電流, 電波などを) 変調した. courant à fréquence ~e 周波数変調電流. courant ~ 変調電流.
4〖比喩的〗(状況に対応して) 変化させた; 手加減した. maison ~e 可変設計住居. prix ~s 個別対応価格; 状況に応じた価格〔制〕.

modulor (< module + nombre d'or, 商標) *n.m.*〖建築〗モデュロール《黄金分割比に基づき 1945 年に Le Corbusier ル・コルビュジエが創案したモデュール (建築設計基準尺度)》.

modus vivendi [mɔdysvivɛ̃di]〖ラ〗 *n.m.inv.* 和解策, 妥協策.

moelle [mwal] *n.f.* **1**〖解剖〗骨髄 (= ~ osseuse). ~ adipeuse 脂肪〔骨〕髄, 黄色〔骨〕髄 (= ~ jaune). ~ osseuse pyoïde 膿様骨髄. ~ rouge 赤色〔骨〕髄《造血源》.〖食材〗~ de bœuf 牛の骨髄. os à ~ 髄入り骨.〖料理〗sauce à la ~ 骨髄入りソース.〖料理〗entrecôte à la ~ 骨髄添えアントルコート・ステーキ.
2〖解剖〗神経の髄質, 髄. ~ allongée 延髄. ~ épinière 脊髄 (= épinière).
3〖比喩的〗骨の髄; 精髄, エッセンス. jusqu'à la ~ 骨の髄まで, 徹底的に, 芯から. être corrompu jusqu'à la ~ 〔des os〕骨の髄まで腐りきっている.
4〖植〗(茎・根の) 髄.

moelleux(se) [mwa-] *a.* **1** (触覚的に) 柔らかい, 伸縮性のある. étoffe ~se 手触りのいい (柔らかい) 布. fauteuil ~ 座り心地の良い肘掛椅子. lit ~ ふかふかのベッド.
2 (味覚的に) 柔らかな, 口当たりのよい. omelette ~se ふわふわのオムレツ. vin ~ 口当りのよい葡萄酒 (甘すぎず, 辛口すぎもしない葡萄酒).
3 (視覚的に) 柔らかい, 耳触りのよい. son ~ 耳触りのよい音. voix ~se 柔らかな (しっとりとした) 声.
4 (視覚的に) 柔らかな, しなやかな; 優雅な. courbe ~se et séductrice しなやかで魅力的な体の線.〖絵画〗touche ~se 柔らかなタッチ.

mœurs [mœr, -s] *n.f.pl.* 〖Ⅰ〗(品行) **1** 品行, 素行, 身持ち; 品性. avoir de bonnes (mauvaises) ~ 品行 (身持ち) が良い (悪い).

~ corrompues 腐り切った品性.〖法〗bonnes ~ 公序良俗. contraire aux bonnes ~ 良俗に反する. bonté des ~ 身持ちの良さ. certificat de bonnes vie et ~ 人物 (品行) 証明書. femme de ~ faciles (légères) 身持ちの悪い (尻軽な) 女. légèreté des ~ 身持ちの浅薄さ. régularité des ~ 素行の規則正しさ. avoir des ~ spéciales (particulières) 同性愛者である.〖諺〗Les mauvaises compagnies corrompent les bonnes ~. 朱に交われば赤くなる.
2 良俗, 風紀 (= bonnes ~); 風俗. attentat aux ~ 風俗壊乱, 風紀紊乱, 泥乱 (びん らん).〖警察〗brigade des ~ 風俗班, 風紀係. crime contre les ~ 風俗壊乱 (紊乱) 罪. police des ~ 風紀警察, 警察の風紀係 (= les ~). avoir des ~ (ne pas avoir des ~) 身持ちが良い (悪い).
〖Ⅱ〗(風俗) **1** (民族・国・地方・時代・階層などの) 風俗, 風習, 慣習. ~ civilisé 洗練された風俗. ~ de notre époque 現代の風俗習慣. roman de ~ 風俗小説. scène de ~ 風俗画. science historique des ~ 風俗史学. variété des ~ 風俗習慣の多様性. roman (comédie) de ~ 風俗小説 (劇).
C'est entré dans les ~. それはもう世間の慣行になっている.〖諺〗Autres temps, autres ~. 時代が変われば風俗も変る.
2 (個人の) 生活習慣, 暮しぶり. avoir des ~ simples (solitaires) 簡素な (孤独な) 暮し向きである. Quelles ~! / Drôles de ~! / En voilà, des ~! 何てざまだ!
3 (動物の) 習性, 生態. ~ des abeilles 蜜蜂の習性 (生態).

MOF[1] (= *m*eilleur *o*uvrier de *F*rance) *n.m.* フランスの名匠・名工・名職人.
MOF[2] (= [英] *M*inistry *o*f *F*inance) *n.m.* (日本の) 大蔵省, 財務省 (= Ministère des Finances).

mohair [mɔɛr]〖英〗 *n.m.* **1**〖織〗モヘア《アンゴラ山羊の毛》. pull en ~ モヘアのセーター.
2 モヘア織, モヘア生地 (= étoffe de ~).

Mohammed ⇒ **Mahomet**

MOI (= *m*ain-d'œuvre *i*mmigrée) *n.f.*〖集合的〗移民労働者, 移民労働力 (= travailleurs immigrés).

moindre *a.*〖多く名詞の前〗**1**〖petit の比較級. 多く抽象的・比喩的の意味に用いる. 具体的な物については plus petit を用いる〗より小さい; より少ない; 劣った; 下級の; より少ない (劣った). bien (beaucoup) ~ 遙かに少ない. L'inconvénient sera beaucoup ~. 支障は遙かに少ないであろう. nombre ~ より少ない数. question de ~ importance 第二義的な (取るに足りない) 問題. vin ~ qualité 品質の劣る葡萄酒. à ~ prix より安い値段で. de ~ valeur より価値の低い. Mon effort est ~ que le vôtre. 私の努力はあなたのそれには及びま

moine

2〔定冠詞・所有形容詞と共に用いて最上級となる〕最小の. les ~s détails 極く些細な詳細. mon ~ effort 私の最小限の努力. C'est là son ~ défaut. それこそが彼の欠点のうちで最小のものだ. La ~ erreur serait fatale. どんな誤ちも致命傷になるであろう. Je m'éveille au ~ bruit. 私はどんなに小さい物音にも目をさます. Je n'en ai pas la ~ idée. 私にはまるで見当もつきません. Il obéit aux ~s désirs de ses supérieurs. 彼は上司のどんな望みをも きく. sans le ~ doute いささかも疑わずに.

— n. **1** より小さい(少ない)もの；劣った者. certains hommes et non des ~ ある種の大物.〔諺〕De deux maux, il faut choisir le ~. 二つの悪のうちでは小さい方を選ばねばならぬ.

2 最も小さい(少ない)もの；最劣等(最下級)者. C'est le ~ de mes soucis. そんなこと私はほとんど気にもしていません. C'est la ~ des choses. なんでもないことです；お安い御用です.

moine n.m. **1** 修道士, 修道僧. cellule de ~ 修道僧房.
2(キリスト教以外の)僧, 道士. ~ bouddhiste 仏教僧侶(=bonze).
3〔動〕モワーヌ(あざらしの一種).
4〔鳥〕macareux ~ ツノメドリ. vautour ~ 黒禿鷲.
5〔印刷〕刷りむら, 刷り残し.
6〔古〕あんか(燠(おき)を入れるベッド用暖房具).

moine-soldat (pl. ~s-~s) n.m. **1**〔史〕僧兵. **2**〔比喩的〕〔政治〕(政党の)教条主義者；体制的強硬派.

moins ad. **Ⅰ**〔peuの比較級・劣等比較級〕
1〔~ + a.(ad.)〕より少なく；それほど…でない. Il est ~ riche. 彼はそれほど金持ではない. Tâchez d'arriver ~ tard. こんなに遅れずに着くよう心がけなさい. Il a ~ parlé. (Il a parlé ~). 彼はさほど口数が多くなかった.
2〔~ a.(ad.)+que〕よりも少なく；…ほど…でない. Il gagne ~ que moi. 彼は私ほど稼ぎがよくない. Elle est ~ jolie que sa mère. 彼女は母親ほどきれいではない. Il est ~ intelligent que je (ne) croyais. 彼は私が思っていたほど頭がよくない(主節が肯定の場合, 虚辞のneを用いるのが普通). Elle est ~ irritée qu'inquiète. 彼女はいら立っているよりは不安である.
3〔比較の副詞と共に〕un peu plus ou un peu ~ 少し多いか少ないか. beaucoup ~ que… はるかに少なく. d'autant ~ que… …であるだけに一層少なく. encore ~ que… さらに少なく.
4〔否定語と共に〕ne ~ pas~〔que〕〔と〕同様に…である. ne ~ pas ~ de+数詞 …を下らぬ数の. n'en ~ pas ~ それでも…

る(=malgré cela). non ~ que… と同様(=ainsi, comme). ne…rien ~ que… 少しも…でない. Il n'est rien ~ que riche. 彼は少しも金持でない. Rien n'est ~ sûr. (Il n'y a rien de ~ sûr.) これほど不確かなものはない.

5〔un(e) (pl. de) ~ +a.(que)〕〔より〕もっと少ない者.
6〔~ de+n.(que)〕〔より〕もっと少ない. Il a ~ de bonne volonté que de talent. 彼は才能より, やる気がないのだ.
7〔~ de+数詞〕…以下の. Elle a ~ de vingt ans. 彼女ははたち前だ. les ~ de vingt ans 20歳未満の人たち. M~ de deux ans ont passé. 2年足らずが過ぎ去った.
8〔~ que+a.〕少しも…でない(=fort peu). Il est ~ qu'honnête. 彼は実直どころではない.
9〔成句〕~ que jamais これまでになく少なく. à ~ それより安値で；もっとつまらぬことで. à ~ de+数詞 …より安い値段では. à ~ de cent euros 100ユーロ以下では. à ~ de+n. (de+inf.；que de+inf.)…でなければ(…しない限り). à ~ d'un imprévu 不慮の出来事がなければ. à ~ d'être millionnaire 百万長者でもなければ. à ~ que+(ne)+subj. …でなければ(neは虚辞). Il viendra certainement à ~ qu'il (ne) soit malade. 彼は病気でなければきっと来るであろう. plus ou ~ 多かれ少なかれ；程度の差こそあれ, 多少とも. ni plus ni ~ (que) 全く〔…と〕同様に, まさしく. de ~ en ~ ますます少なく.
10 ~…〔et〕~… 少なければ少ないほどますます少なく. M~ il travaille〔et〕~ il gagnera. 彼の働きが少なければ少ないほど, 稼ぎも少なくなるだろう. ~…〔et〕plus… 少なければ少ないほどますます多くなる.

Ⅱ〔peuの最上級〕**1**〔le (la, les) ~ +a.〕最も…でない. C'est l'homme le ~ intelligent que je connaisse. 私の知る限り最も頭のよくない男だ. ce qu'il nous faut le ~ 我々にとって最も必要でないもの. ce dont nous avons le ~ besoin 我々が最も必要としないもの.
◆ ce que… de ~ +a. 最も…でないもの. ce qu'il y a de ~ cher 最も安いもの.
2〔le ~ +ad.；動(国 le ~〕最も少なく. Elle court le ~ vite de toute la classe. 彼女はクラスの中で走るのが一番遅い. le ~ du monde〔疑問文・条件節で〕少しでも；〔否定と共に〕少しも…ない.
3〔le ~ +n.〕最も少ない. faire le ~ de bruit possible できるだけ音を立てない.
— n.m. **1** 最小限のこと. le ~ qu'on puisse dire 少なくとも言えることは.
◆〔成句〕au ~ ；tout au ~ ；pour le ~ ；〔文〕à tout le ~ 最小限に見積っても；せめて, とにかく. du ~ それでも；いずれ

しても.
2 マイナス記号(−).
——*prep.* **1** を引いた. Dix 〜 six font quatre. 10引く6は4 (10-6=4).
2 …分前. Il est onze heures 〜 cinq. 11時5分前です. Il est une heure 〜 le quat. 1時15分前です.〖話〗Il (C') était 〜 une (cinq). 危いところだった.
3 を除いて(=sauf). Il a toutes les qualités 〜 la patience. 彼は忍耐力を除いたすべての長所をそなえている.
4 マイナス(負数を表す). Il fait 〜 dix. 零下10度だ.

moins-deux *n.m.*〖ゴルフ〗イーグル(=〖英〗eagle).

moins-disant(e) *n.*〖法律〗(競売での)最低額入札者.
——*n.m.* 最低の見通し.

moins-perçu *n.m.*〖法律・財〗未収金, 徴収不足分 (trop-perçu「超越徴収分」の対).

moins-trois *n.m.*〖ゴルフ〗アルバトロス (=〖英〗albatros).

moins-un *n.m.*〖ゴルフ〗バーディー(=〖英〗birdie;〖仏〗oiselet ともいう).

moins-value *n.f.*〖経済〗**1** 減価, 値下がり, 下落 (plus-value「値上り」の対).
2 減収. 〜 d'une taxe 税の減収.

moiré(e) *a.* **1** モワ(雲紋)のある, 雲紋仕上げの, 木目加工を施した. papier 〜 モワレ加工紙.
2〖比喩的〗玉虫色の. ailes 〜*es* des corbeaux 鳥の玉虫色に輝く羽根.
——*n.m.* **1** モワレ模様, 雲紋. **2** 〜 métallique (モワレ加工を施した)トタン(ブリキ).

mois *n.m.* **1** 月, 暦月. 〜 bissextil 閏月. 〜 de Marie 聖母月(5月).〖天文〗〜 sidéral 恒星月. 〜 solaire (lunaire) 太陽(太陰)月. 〜 synodique 朔望月. le 〜 dernier (prochain) 先月(来月). au 〜 de janvier 1月に (=en janvier). au cours (dans le courant) du 〜 今月中に. début (fin) du 〜 月初め(月末). tous les 〜 毎月. tous les six 〜 6カ月毎に. être payé au 〜 月給を貰っている.
2 1カ月;30日間;月間. dans un 〜 1カ月後に. rester un 〜 à Paris パリに1カ月滞在する. trois 〜 de congé 3カ月の休暇. par 〜 1カ月に, 一月当り. deux fois par 〜 月2回. être enceinte de trois 〜 妊娠3カ月である.
3 月給;月極め勘定. payer son 〜 à un employé 従業員に月給を払う. toucher son 〜 月給を受けとる. treizième 〜;〜 double ボーナス (bonus). verser deux 〜 de caution 2カ月分の権利金を納入する.

Moïse *n.pr.m.* モーセ(ヘブライ語 Moshê). Dix Commandement (Décalogue) de 〜 モーセの十戒.
——*m*〜 *n.m.* (乳児用の)舟型揺り籠.

moisi(e) (<moisir) *a.p.* **1** かびの生えた;かび臭い. pain 〜 かびの生えたパン.
2〖比喩的〗長く待った, 待ちくたびれた.
——*n.m.* かびの生えたもの;かびの生えた部分. odeur de 〜 かび臭い匂い. enlever le 〜 d'un fromage チーズのかびた部分を取り除く. ça sent le 〜. かび臭い;〖比喩的〗〖話〗きな臭いぞ, 物騒な気配がする.

moisissure *n.f.* **1** 黴(かび)の発生.
2 黴 (=champignon de 〜)(ascomycètes 子嚢菌類, mucor 毛黴, mycoderme 皮膜酵母菌, penicillium ペニシリウム, puccinie 銹病菌など). 〜 blanche (verte) 白(青)黴. 〜*s* du fromage チーズの黴. 〜*s* du vinaigre 酢の黴. roquefort à 〜 bleues 青黴のあるロックフォール・チーズ.
3 黴の生えた部分. enlever la 〜 d'une confiture ジャムの黴を取除く.
4 黴による変質・腐敗;〖比喩的〗腐敗, 頽廃.

Moissac *n.pr.* モワサック《département du Tarn-et-Garonne タルヌ=エ=ガロンヌ県の小郡庁所在地;市町村コード 82200;形容詞 moissagais(e)》. église Saint-Pierre de 〜 モワサックのサン=ピエール聖堂(南正面彫刻と中庭回廊の柱頭彫刻で名高い;12-15世紀).〖農〗chasselas de 〜 モワサックのシャスラ白葡萄《食卓用の甘い品種》.

moissac *n.m.* モワサック《タルヌ=エ=ガロンヌ県 département du Tarn-et-Garonne で栽培される食用の白葡萄の品種名》(= chasselas de Moissac).

moisson *n.f.* **1** (穀物, 特に小麦の)収穫, 刈入れ. 〜 à la main (à la machine) 手刈り(機械刈り). faire les 〜*s* 収穫する.
2 収穫物. 〜 abondante 豊作. engranger la 〜 収穫物を納屋に入れる.
3 収穫期. La 〜 approche. 収穫期が近付く.
4〖比喩的〗大量にかき集める行為(かき集めた物). une 〜 de documents 資料の大量収集, 収集された大量の資料.

moissonnage *n.m.*〖農〗**1** (穀類, 特に小麦の) 刈入れ, 収穫. **2** 収穫方法. 〜 mécanique 機械化収穫.

moissonneur(se[1]) *n.* 収穫人, 刈入れをする人.

moissonneuse[2] *n.f.*〖農〗刈取機.

moissonneuse-batteuse (*pl.* 〜*s*-〜) *n.f.*〖農〗刈取脱穀機, コンバイン.

moissonneuse-lieuse (*pl.* 〜*s*-〜*s*) *n.f.*〖農〗刈取結束機, バインダー.

moite *a.* **1** 湿り気を帯びた, 湿っぽい. chaleur 〜 蒸暑さ.
2 汗ばんだ. avoir les mains 〜*s* 手が汗ばむ.

moitié *n.f.* **1** 半分, 2分の1;半数;約半数. une 〜 d'huile, une 〜 de vinaigre 油とヴィネーグルを半分ずつ. 〜 de sa vie 彼

Moka

(彼女)の半生. ~ des voix plus une 半数プラス1, 過半数. ~ d'une heure 1時間の半分, 30分. ~ d'un tout 全体の半分. la ~ des candidats 志願者の半数. une bonne ~ たっぷり半分；半分以上. la plus belle ~ du genre humain 人類の美しい半分《女性》. la première (seconde) ~ du XXe siècle 20世紀の前半 (後半). partager qch en deux ~s (par ~(s)) 何を半々に分ける. Il voyage la ~ du temps. 彼はしょっちゅう旅行している.

2 半ば, 中途. la ~ de son existence 人生の半ば. à la ~ d'une côte 丘の中腹に.

3 〔話〕妻 (= ~ de la vie de qn). ma (douce) ~ 私のベターハーフ.

4 à ~ 半ば；ほとんど. verre à ~ vide 半ば空になったグラス. être à ~ fou ほとんど狂人に近い. ne rien faire à ~ 何事も中途半端にしない.《法律》louer à ~ 分益賃貸しをする. à ~ chemin 途中で, 中途 (= à mi-chemin). à ~ prix 半値で. entreprise à ~ publique, à ~ privée 半官半民の企業.

5 de ~ 半分だけ. augmenter (réduire) de (la) ~ 5割増 (減) にする. en rabattre de (la) ~ 半値にする. 話半分に聞く. être de ~ dans qch 何について責任の半分を担っている.

6 pour ~ 半分の, 半ば. être pour (la) ~ dans qch 何において責任の半分を担っている.

7 ~ A ~ B 半ば A 半ば B. ~ farine et ~ son (半ば小麦粉, 半ば麩(ふすま)→) どっちつかずの, 曖昧な. cathédrale ~ romane ~ gothique 半ばロマネスク様式, 半ばゴシック様式の大聖堂.

8 ~-~ 半々(に). partager les bénéfices ~-~ 利益を折半(山分け)する. Etes-vous content du repas? —M~~. 食事に満足しましたか？—まあまあです.

Moka 〔アラビア〕n.pr. アル=ムカー (al-Muka), モカ《イエーメンの紅海に面した港町；17-18世紀にコーヒー豆の輸出港として知られた》.

moka n.m. **1** モカ・コーヒー豆 (= café de M~)《紅海東岸の南端部で収穫したコーヒー豆》；モカ・コーヒーの木 (= caféier de M~). boire du ~ モカ・コーヒーを飲む. cultiver le ~ モカ・コーヒーの木を栽培する.

2 〔酒〕crème de ~ クレーム・ド・モカ.

3 〔菓子〕モカ《ジェノワーズまたはビスキュイの薄切りにコーヒー風味のシロップを浸みこませ、コーヒー風味のまたはチョコレートで香り付けしたバタークリームを塗って何層にも重ねたケーキ》.

Mokpo 〔韓国〕n.pr. 木浦 (もくぽ), モクポ《韓国西南部の黄海に面した港湾都市》.

mol (< molécule) n.f. 〖化〗**1** 分子 (molécule). **2** モル (mole), グラム分子《物質量の単位》.

molaire[1] a. 〖化〗モル濃度の, モルあたり. masse moléculaire ~ 分子モル質量. solution ~ モル溶液. volume ~ モル体積.

molaire[2] a. かみ砕く；臼歯の. dent ~ 臼歯.
—n.f. 臼歯. grosses ~s 大臼歯. petites ~s 小臼歯 (= prémolaires). premières ~s 初期臼歯.

môlaire a. 〖医〗胞状奇胎の. grossesse ~ 胞状奇胎妊娠.

molarité n.f. 〖化〗モル濃度.

Moldau (la) n.pr.f. モルダウ川, ヴルタヴァ川 (la Vltava；ボヘミア地方に源を発し, Praque (Praha) プラハを流れエルベ川に合流する川；長さ 430 km).

moldave a. モルダヴィア (la Moldavie) の, モルダヴィア共和国の；モルダヴィアの住民の, モルダヴィア人の；モルダヴィア語の.
—n.m. 〖言語〗モルダヴィア語.
—M~ n. モルダヴィア人, モルダヴィア共和国民.

Moldavie (la), Moldova (la) n.pr.f. 〔国名通称〕モルダヴィア, モルドヴァ《公式名称：la République de M~ モルダヴィア共和国 (la Republica Moldoveneasca)；国民：Moldave；首都：Chisinau キシナウ；旧称 Kishinev キシネフ；通貨：leu [MDL]》.

mole n.f. 〖化〗モル, グラム分子量《国際単位系における物質量の基本単位；記号 mol》. ~ d'atomes (de molécules) 原子 (分子) モル. masse d'une ~ モル質量. volume d'une ~ モル体積.

môle[1] n.f. 〖医〗(妊婦の) 奇胎. ~ destructive 侵入胞状奇胎. ~ hydatiforme 胞状奇胎.

môle[2] n.f. 〖魚〗まんぼう《俗称 poisson-lune「月魚」, lune de la mer「海月」》.

moléculaire a. 〖化〗分子の. formule ~ 分子式. poids ~ 分子量. 〖医〗médecine ~ 分子医学.

molécule n.f. **1** 〖物理・化〗分子.
2 〔古〕微粒子, 微小体. ~ à chaîne 鎖状分子. ~ géante 巨大分子. ~ marquée 標識分子.

molécule-gramme (pl. ~s-~s) n.f. 〖化〗グラム分子.

moléculture n.f. 分子栽培《植物の葉や種子から医療用・産業用の分子を生産する》.

molette n.f. 〖葡萄〗モレット《サヴォワ地方 la Savoie で栽培される発泡性の白葡萄酒用の品種》.

mollah [mɔla], **mulla, mullah** [mula] 〔アラビア語〕n.m. 〖イスラム〗ムッラー《イスラムの教義や律法に通じた人物に対する尊称》. ~ Omar オマール師《アフガニスタンのタリバン指導者；Mohammed Omar》.

mollard n.m. 〔俗〕痰, 唾.

mollarder *v.t.* 〔俗〕痰 (唾) を吐く.
mollesse (<mou) *n.f.* **1** (物の) 柔らかさ. ~ d'un fruit blet 熟し過ぎた果実のぶよぶよした状態. ~ d'un lit ベッドの柔らかさ. ~ des tissus 布地の腰のなさ (脆さ). **2** (性格などの) 柔弱；優柔不断, 無気力；甘さ；安逸. ~ d'un élève paresseux 怠惰な生徒の軟弱さ. ~ du gouvernement 政府の優柔不断さ. refuser avec ~ 弱々しく拒否する. **3** (文体などの) 脆弱 (ぜいじゃく) さ；曖昧さ, 甘さ；温和さ. ~ d'un climat 気温の温和さ. ~ des contours 輪郭の曖昧さ. ~ d'une phrase 文章の弱さ. ~ de la touche 筆致の甘さ.
mollet *n.m.* ふくらはぎ, こむら. douleurs du ~ ふくらはぎ痛.
molluscum [mɔlyskɔm] *n.m.* 〔医〕軟属腫, 軟疣 (なんゆう) 腫. ~ contagiosum virus 伝染性軟属腫ウイルス. ~ pendulum 伝染性軟疣. ~ sebaceum 脂腺性軟疣.
mollusque *n.m.* **1** 〔動〕軟体動物；〔*pl.* で〕軟体動物門 (=classe de ~s)；軟体動物門の動物 (amphineures 原軟体類, céphalopodes 頭足類, gastéropodes 腹足類, lamellibranches 弁鰓類など). ~ à coquille 殻付軟体動物. ~ comestible 食用軟体動物, 貝類 (=coquillage). **2** 〔比喩的〕〔話〕愚図な奴, 腑抜け.
molsidomine *n.f.* 〔薬〕モルシドミン (抗疼痛薬；薬剤製品名 Corvasal (*n.m.*) など).
molybdène *n.m.* **1** 〔化〕モリブデン (元素記号 Mo, 原子番号 42；原子量 95.94；1782年発見の金属元素). **2** 〔金属〕モリブデン (白色の金属；融点 2,620℃).
molybdénite *n.f.* 〔鉱〕モリブデン鉱, 輝水鉛鉱.
molysmologie *n.f.* 環境汚染学, 公害学.
moment *n.m.* **1** 瞬間, 瞬時, 一瞬；時節, 時期. 一時. Un ~, svp! ちょっと待ってください！ ~ d'angoisse (de bonheur) 苦悩 (幸せ) の時. ~ décisif 決定的瞬間. le ~ présent 現時点. célébrité du ~ 一時の名声. les derniers ~s de qn 人の臨終. éclat d'un ~ 一瞬の光輝. grand ~ de l'histoire 歴史上の重大な時期. à un ~ donné ふとある時；突然. arriver au bon ~ よい折にやって来る. avoir de bons ~s いい目を見る；時折機嫌が良くなる；時々正気に戻る；時々いい子になる. ne pas avoir un ~ à soi 少しも暇がない. passer un ~ agréable 楽しいひと時を過ごす.
◆〔副詞的用法〕Il hésita un ~. 彼は一瞬躊躇した. Il est resté un bon ~ avec moi. 彼はかなり長い間私と一緒にいた.
◆〔前置詞を伴う句〕à aucun ~ 一度も (決して) …〔ない〕. à ce ~〔-là〕その時；〔話〕そういう訳なら. à certains ~s 時折. à ses ~s perdus 暇な時に. à tout ~；à tous ~s 絶えず, いつも. au ~ de+*inf.* (*n.*)〔ちょうど〕…しているところへ (…の際に). au ~ où (〔文〕que) +*ind.* …している最中に. dans le ~ présent 目下, ただ今. dans un ~ すぐに, 間もなく. de ~〔s〕en ~〔s〕時々刻々, 絶えず. d'un ~ à l'autre 今にも, 程なく. du ~ que+*ind.* …である以上は (であるからには) (=puisque). en ce ~ 今, 目下. en un ~ 一瞬のうちに, たちまち. par ~s 時折. pour le ~ 今のところ, 目下. sur le ~ まさにその時に；当座は.
2〔定冠詞と共に〕現在, 現今, 当節；その当時. l'homme du ~ 時の人. la mode du ~ 現今 (当代) の流行. les plus grands écrivains du ~ 現在 (当時の) の最も偉大な作家たち.
3 機会, 折, 時機；好機. le ~ d'agir 行動すべき時. le ~ psychologique[1] 絶好のチャンス. choisir le ~ précis où …のための的確な時期を選ぶ. guetter (saisir) le ~ favorable 好機を窺う (捉える). profiter du ~ 好機に乗じる. C'est le ~. 今がチャンスだ. C'est le ~ ou jamais. 千載一遇のチャンスだ.
4〔物理〕モーメント, 能率, 積率. ~ d'inertie 慣性モーメント (能率). ~ d'un couple 偶力のモーメント. ~ d'une force 力のモーメント. ~ magnétique 磁気モーメント.
5〔哲〕契機, 要因. ~ psychologique[2] 心理的契機.
momentané(e) *a.* 一時の, 瞬間的な, 束の間の. efforts ~s 断続的な努力. gêne ~e 一時的気兼ね. paralysie ~e 一時的麻痺. plaisir ~ 束の間の楽しみ.
momentanément *ad.* 一時的に；臨時に；当座, 当面；瞬間的に. cacher ~ un secret ちょっとの間秘密を隠す. Le trafic est ~ interrompu. 交通は一時的に途絶える.
mométasone *n.f.* 〔薬〕モメタゾン. ~ furoate フランカルボン酸モメタゾン (皮膚用薬；薬剤製品名 Nasonex (*n.m.*) など).
momie *n.f.* **1** ミイラ. la ~ de Ramsès II ラムゼス2世のミイラ. embaumement d'une ~ ミイラの防腐処理. sec et maigre comme une ~ ミイラのように痩せこけた. **2**〔比喩的〕(ミイラのように) 痩せこけた人；無気力な人；無反応な人；旧弊な人.
momification *n.f.* **1** ミイラにする (なる) こと；ミイラ化. ~ naturelle par dessèchement 乾燥による自然なミイラ化. **2**〔医〕(組織などの) ミイラ化；壊死. ~ d'un orteil par la gangrène 壊疽による足指のミイラ化.

mon[o]-

3 〖比喩的〗(精神の) 硬直化；無気力状態.

mon[o]- [mɔn]〔-〕[ギ] ELEM「単一」の意
(*ex. mon*ade 単子).

monaca*l* (***ale***) (*pl.***~aux**) *a.* 修道士
の. vie ~ *ale* 修道士生活.

Monaco *n.pr.m.* 〚無冠詞〛〖国名通称〗
モナコ (公式名称：la Principauté de *M*~
モナコ公国；国民：Monégasque；首都：
Monaco；通貨：franc français [FRF]).

monarchie *n.f.* **1** 君主制, 君主政治, 王
政, 独裁制. ~ absolue 絶対君主制. ~
constitutionnelle 立憲君主制. ~ élective
選挙君主制. ~ héréditaire 世襲君主制. ~
militaire 軍事独裁制. ~ parlementaire 議
会制君主国家.〚史〛~ de Juillet 7月王政
(1830年8月7日の憲章によって成立し,
1848年2月の革命まで続いた. 君主は
Louis–Philippe ルイ=フィリップ).
2 君主国家. ~ hachémite ハシメテ王国
(ヨルダン). ~ wahhabite ワッハーブ王朝
(サウジアラビア). Le Japon est une ~
constitutionnelle. 日本は立憲君主国家であ
る.

monarchiste *n.,a.* 君主制主義者〔の〕,
君主制擁護者〔の〕, 反共和制主義者(1848
年以降, フランスの君主制主義者はオルレ
アン家擁立派 orléaniste とブルボン家擁立
派 légitimiste に分かれている).

monarque *n.m.* **1** 君主, 帝王, 国王；
国家元首. ~ absolu 絶対 (専制) 君主. ~
constitutionnel 立憲君主.
2 le ~ du ciel (suprême) (天上の, 至高の帝
王→) 神 (=Dieu). 〖神話〗le ~ des dieux ユ
ピテル (=Jupiter).

monastère *n.m.* **1** 〖宗教〗隠修修道院.
2 (修道会所属の) 修道院 (abbaye 大修道
院, chartreuse カルジオ会の山間修道院,
commanderie 聖堂騎士団修道院, couvent
修道院, érmitage 隠修修道院, laure 散居修
道院, prieuré 小修道院, など).
3 〖広義〗寺院. ~ de bonzes 仏教寺院.

monastique *a.* 修道士 (moine) の, 修道
女 (moniale) の；修道院 (monastère) の；
修道院風の, 僧院風の. discipline ~ 修道
院の規律. ordres ~*s* 隠修修道会. vie ~ 修
道院生活.

monaura*l* (***ale***) (*pl.***aux**) *a.* **1** 〖音響〗
モノラルの (=monophonique). disque ~
モノラル・レコード.
2 〖生理〗片耳だけによる. audition ~ *ale*
片耳だけの聴音.

monazite *n.f.* 〖鉱〗モナズ石 (セリウム
などの希土類元素やトリウムを含有する鉱
石).

monbazillac (<*M*~, département de
la Dordogne ドルドーニュ県北東部ドルドーニュ
川左岸の町モンバジヤック (市町村コード
24140)) *n.m.* 〚葡萄酒〛モンバジヤック (甘
口のデザート用 AOC 白葡萄酒).

mondain (*e*) *a.* **1** 上流社会の, 社交界

の. chronique ~*e* (新聞などの) 社交界消息
欄. soirée ~*e* 夜会. vie ~*e* 上流社会の生
活.
2 社交界を好む, 社交界好きな；派手好み
な. femme ~*e* 社交界好きの女性.
3 風紀係の. police ~*e* 風紀警察 (=la ~*e*)
(麻薬・風紀犯罪を取締る警察).
4 〖宗教〗俗界の, 俗世間の. vie ~ e^2 俗界
の生活 (vie monastique「修道生活」の対).
5 〖哲〗世界内の.
──*n.* 社交界の人士；社交好きな人；社交
家.

mondanité (<mondain) *n.f.* **1** 社交好
き, 社交界通い；上流社会好み.
2 〔*pl.* で〕社交界の行事；社交界の動静；
(新聞・雑誌などの) 社交界消息欄 (=chroni-
que mondaine).
3 〔*pl.* で〕社交界のしきたり (作法).
4 〖宗教〗世俗性, 俗世に在ること；俗世へ
の執着.

monde *n.m.* Ⅰ《存在するもの》**1** 宇宙,
万物, 万有. conception du ~ 宇宙観. créa-
tion du ~ 天地創造. fin du ~ 世の終末.
《*la guerre des*~*s*》『宇宙戦争』(H. G.
Wells ウェルズの科学小説). vision du ~
世界観. Pour les Anciens, la Terre était
au centre du ~. 古代の人にとっては地球
が宇宙の中心だった.
2 〖天文〗天体系. le ~ de la lune 月世界.
3 体系, 世界. le ~ des animaux 動物の世
界. ~ de l'art 芸術の世界. 《*le~du silen-
ce*》『沈黙の世界』(J. Cousteau の映画の題
名). ~ extérieur (intérieur) 外的 (内的) 世
界. ~ physique 物理の世界. ~ spirituel 霊
的世界.
4 〖比喩的〗世界, 世界の縮図. Paris, c'est
un ~. パリは世界の縮図だ.
Ⅱ《人間の住む世界》**1** 世界, 地球. carte
du ~ 世界地図. citoyen du ~ 地球市民.
tour du ~ 世界一周.
2 (政治的, 社会的な) 世界, 地球の部分, 一
部. ~ capitaliste 資本主義世界. Ancien
(Nouveau) ~ 旧 (新) 世界. tiers (quart) ~
第三 (四) 世界. fin d'un ~ 一つの時代の終
わり. Institut du ~ arabe アラブ世界研究
所 (略記 IMA；à Paris). L'unilatéralis-
me de Washington a bouleversé le ~ mul-
tipolaire qui semblait s'installer après la
guerre froide. アメリカの単独行動主義が
冷戦後に定着するかに見えた多極世界を揺
るがせた.
3 (人間が生きる場としての) 世界, (特に宗
教的に) この世, 現世. l'autre ~ あの世, 来
世. mettre au ~ 生む. renoncer au ~ 修
道院に入る, 遁世する. venir au ~ 生まれ
る. n'être plus de ce ~ 現存ではない.
vous êtes d'en bas, moi, je suis d'en
haut；vous êtes de ce ~, moi, je ne suis
pas de ce ~.「あなた方は下から出たもの
だが, 私は上から来たものである. あなた方

はこの世のものであるが、私はこの世のものではない」(聖書・ヨハネによる福音書8-22).
4 世の中, 世間, 人間の生きる社会.
5 (au, du と共に) 最上級などを強調する (《成句を参照》). le pays le plus puissant du ~ 世界最強の国. unique au ~ この世で唯一つの, 比べるものがない. de par le ~ 全世界を通じて.

III《社会, 人間集団》**1** 社会階層, グループ. Il n'est pas de notre ~. 彼とは生まれが違う.
2 (特に) 社交界, 上流階級. beau ~ 名士の集まり, (皮肉に) ご立派な人たち, いかがわしい連中. le grand ~ 上流社会. femme du ~ 貴婦人. gens du ~ 社交界の人士, 上流の人々. faire son entrée dans le ~ 社交界にデビューする.
3 …界. ~ des affaires 財界. ~ du spectacle ショービジネスの世界. petit ~ 子供の世界.
4 人間の集まり, 人々, 群集. Il n'y a pas grand ~. あまり集まっていない, ガラガラだ, 入りが悪い.

IV〔成句〕
Ainsi va le ~. 世間 (浮世) とはそうしたものだ.
à la face du ~ 公然と.
avoir des idées de l'autre ~ 突拍子もない考えをする.
Ce n'est pas le bout du ~. そんなに遠くない.
Ce serait le bout du ~ si …で精一杯だ, それ以上には行けない.
C'est le bout du ~. とても遠い, 離れている.
C'est le ~ renversé (à l'envers). 常識はずれ, 話があべこべだ.
C'est un ~ ! とんだ話だ!
C'est vieux comme le ~. 太古の昔からある; 非常に古い.
depuis que le ~ est ~ 天地開闢以来, 昔ならずっと.
envoyer *qn* dans l'autre ~ …を殺す.
faire tout un ~ de *qch* …をやたらと難しく考える, 重視する.
Il faut de tout pour faire un ~. 人さまざま;我々がみなこうであることはありません.
〔話〕Il y a du ~ au balcon. (女性の) 胸が豊かだ.
Il y a un ~ entre (Un ~ les sépare). …のあいだに雲泥の差がある, 比較にならぬものではない.
Il y a un ~ fou. すごい人出だ.
Il n'est plus de ce ~. 彼は亡くなった, 存命ではない.
la huitième merveille du ~ 世界で八番目の不思議 (七不思議に匹敵するようなもの).
La perfection n'est pas de ce ~. この世に完璧というものはない, 現実は不可能だ.
La rue est à tout le ~. 外では自分勝手をしてはいけない.
le mieux du ~ できる限りうまく, この上なく.
Le ~ est petit. 珍しいところでお会いします.
le plus vieux métier du ~ 世界最古の職業 (prostitution 売春).
Mon royaume n'est pas de ce ~. 私の国はこの世のものではない (聖書・ヨハネによる福音書18-36).
monsieur Tout-le-*M*~ ありきたりの人, どこにでもいる人, ただの人.
pas le moins du ~ まったく…ではない, ぜんぜん違う.
pour rien au ~ 何があろうとも, 断じて.
pour tout l'or du ~ 何が何でも, いかに高くつこうとも, どんなにお金を積まれようとも.
se prendre pour le centre (le nombril) du ~ 自分が世界の中心だと思う, 自己中心である, 自分勝手である.
sept merveilles du ~ 世界の七不思議.
tout est pour le mieux dans le meilleur des ~s 万事順調.
tout le ~ 全員, 皆さん, 各自.
Tout le ~ est servi? (食事を始める前に) 皆に行き渡っていますか.
〔話〕Tout le ~ il est beau, tout le ~ il est gentil. 皆さん立派な良い人たちです.

mondeuse *n.f.*〖葡萄〗モンドゥーズ (サヴォワ地方 la Savoie で栽培される葡萄の品種). ~ blanche モンドゥーズ・ブランシュ (白葡萄酒用の品種). ~ noire モンドゥーズ・ノワール (赤・ロゼ葡萄酒用の品種).

mondial (**ale**)(*pl*.**aux**) *a.* 世界の, 全世界の;世界規模の, 世界的な. la *M*~ale1) (サッカーの) ワールド・カップ (=Coupe du monde de football);2) ラ・モンディヤル (保険会社名). Organisation ~ale du Commerce 世界貿易機構 (略記 OMC;=〔英〕WTO:*W*orld *T*rade *O*rganization). Organisation ~ale de la propriété intellectuelle 世界知的所有権機関 (略記 OMPI;=〔英〕WIPO:*W*orld *I*ntellectual *P*roperty *O*rganization). Organisation météorologique ~ale 世界気象機関 (略記 OMM;=〔英〕WMO:*W*orld *M*eteorological *O*rganization). Organisation ~ale de la Santé 世界保健機関 (略記 OMS;=〔英〕WHO:*W*orld *H*ealth *O*raganization).
patrimoine ~ 世界遺産. la Première (Seconde) Guerre ~ale 第一 (二) 次世界大戦. production ~ale de pétrole 世界の石油生産高. réputation ~ale 世界的名声.

mondialisation *n.f.* **1** 世界化, 世界的展開, 世界規模化, 世界的支配, グローバリゼーション (=〔英〕globalisation). ~ de l'économie (de l'information) 経済 (情報) の

世界化. ~ d'un conflit 紛争の世界規模化. lutte contre la ~ 世界化反対運動.
2 世界的普及；世界的統一；世界規格化. ~ des modèles de consommation 消費商品モデルの世界規格化.

mondialisme *n.m.* **1** 〖政治〗世界化政策，グローバリズム (globalisme). ~ démocratique 民主主義の世界化. ~ maçonnique フラン・マソン (フリー・メイスン) の世界化政策.
2 〖経済〗(国を超えた) 世界中心主義〔体制〕. ~ libéral 世界的自由貿易体制.

monégasque *a.* モナコ公国 (la principauté de Monaco) の；モナコ市 (Monaco-Ville) の. population ~ モナコ公国民；モナコ市の住民.
──*M*~ *n.* モナコ公国民；モナコ市民.

monel 〖商標〗*n.m.* 〖冶〗モネル・メタル《耐酸性が強いニッケル・銅合金》.

MONEP [monɛp] (=*marché des options négociables de Paris*) *n.m.* 〖経済〗パリ・オプション取引市場.

monétaire (<*monnaie*) *a.* 貨幣の；通貨の. clause ~ 支払貨幣条項. dévaluation ~ 平価切下げ. Fonds ~ international 国際通貨基金《略記 FMI；=〖英〗IMF；*I*nternational *M*onetary *F*und》. masse ~ 通貨供給量，マネーサプライ. politique ~ 通貨政策. système ~ 貨幣制度，通貨制度. système ~ européen ヨーロッパ(欧州) 通貨制度《略記 SME》.

monétarisme *n.m.* 〖経済〗マネタリズム，通貨政策優先主義《アメリカの経済学者 Milton Friedman らが提唱.

monétariste *a.* **1** 〖経済〗通貨至上主義 (マネタリズム) の；通貨至上主義者の. politique ~ 通貨至上主義的政策.
2 〖財政〗通貨問題の.
──*n.* **1** 通貨至上主義者. **2** 通貨問題専門家.

monéticien(ne) *n.* IC カード《マイクロプロセッサー組込カード》開発担当技術者.

monétique *n.f.* (銀行等の入金・引出・送金等の) 現金電算機処理 (monnaie と informatique の合成語).

monétisation *n.f.* 〖経済〗**1** 貨幣鋳造. **2** 通貨制定.

mongol(e) *a.* モンゴル (la Mongolie) の，蒙古の；モンゴル共和国 (la République de Mongolie) の. tribus ~*es* 蒙古族.
──*M*~ *n.* モンゴル人，蒙古人. ancien empire des *M*~*s* モンゴル族旧帝国，タタール帝国，韃靼帝国.
──*n.m.* 〖言語〗モンゴル語 (=le khalkha).

Mongolie(la) *n.pr.f.* **1** モンゴル地方，モンゴリア，蒙古《現在北部はロシアのブリヤート自治国 la république autonome de Bouriatie；中部はモンゴル=Etat de *M*~ モンゴル国；南部は中国の内蒙古自治区 la région autonome de *M*~-Intérieure》.
2 モンゴル国 (=Etat de *M*~) 《旧モンゴル人民共和国 la république populaire de ~，旧 la ~-Extérieure「外蒙古」，首都ウランバートル Oulan-Bator；形容詞 mongol(*e*)；通貨 turgik；宗教 lamaïsme「ラマ教」，形容詞 mongol(*e*)》.

Mongolie-Intérieure(la) 〖中国〗*n.f.* 内蒙古自治区 (=中国語表記では Nei Menggu). région autonome de *M*~ 内蒙古自治区《主都 Hohhot フフホト (フーホハオト)》.

mongolien(ne) *a.* **1** 〖医〗蒙古症 (mongolisme) の，ダウン症候群の (=trisomique). faciès ~ 蒙古人様顔貌.
2 〖古〗蒙古の，モンゴルの.
──*n.* 蒙古症患者，ダウン症候群患者.

mongolique *a.* **1** モンゴルの；蒙古の. **2** 蒙古人種 (類蒙古人種，モンゴロイド) の. tache ~ (新生児の) 蒙古斑.

mongolisme *n.m.* 〖医〗蒙古症，モンゴリズム，ダウン症候群 (=syndrome de Down)，21 =トリソミー (=trisomie 21).

mongoloïde *a.* **1** 〖人類学〗モンゴロイド (類蒙古人種) の.
2 〖医〗蒙古人様の，蒙古症様の. idiote ~ 蒙古症様白痴.
──*n.* **1** モンゴロイド人. **2** 〖医〗蒙古症様の人.

moniale *n.f.* 隠修修道女.

moniliase *n.f.* 〖医〗モニリア症，カンジダ症 (=candidose) 《不完全酵母 candida 感染症》. ~ de la peau 皮膚モニリア症，皮膚分芽菌症，皮膚カンジダ症.

moniteur[1] (**trice**) *n.* **1** 指導員，コーチ；教官. ~ d'auto-école 自動車教習指導員 (教官). ~ d'une colonie de vacances ヴァカンス村 (林間学校) の監督指導員. ~ d'éducation physique 体育教員. ~ de ski (de voile) スキー (ヨット) の指導員.
2 〖軍〗体育指導補助教官《略称 mono》.
3 放送モニター；外国放送聴取員，外電傍受者.

moniteur[2] *n.m.* **1** 〖工〗監視装置，モニター. ~ de rayonnement 放射線監視装置 (モニター).
2 放送監視装置，モニター.
3 監視 (モニター) プログラム《システムの動作を監視・統制・制御・検証するプログラム》；監視装置；モニタースクリーン，表示装置 (=écran).
4 〖医〗監視装置，モニター《呼吸・脈拍などの生理的徴候を観察・記録する装置》. ~ cardiaque 心臓モニター.
5 〖新聞〗モニトゥール (表題). Le *M*~ du Puy-de-Dome「ピュイ=ド=ドーム県モニター報」.

monitorage *n.m.* 〖工・医〗電子式自動監視装置 (技術)，モニタリング (=〖英〗monitoring の公用推奨語).

monitoring [mɔnitɔriŋ] 〚英〛 n.m. 〚医・工〛モニタリング, 自動監視技術 (装置) 〚＝〚仏〛monitorage〛. ～ du circuit sanguin 血液循環のモニタリング.

monnaie n.f. **1** 貨幣, 通貨, コイン, 硬貨. ～ centrale 中央銀行通貨. ～ convertible 交換性をもつ通貨. ～ de banque 銀行貨幣. ～ de compte 計算貨幣. ～ de cuivre (nickel) 銅 (ニッケル) 貨. ～ d'échange 取引通貨, 〚比喩的〛交換条件, 取引材料. ～ de papier 紙幣マネー (＝papier ～). ～ de référence 基軸通貨. ～ de réserve 準備通貨. ～ convertible 交換可能通貨. ～ divisionnaire 補助通貨《コインや少額の紙幣など, 銀行券や本位通貨の補助として使われる；従属貨幣ともいう》. ～ électronique 電子貨幣, クレジットカード. ～ en circulation 流通貨幣. ～ faible (forte) 弱い (強い) 通貨. ～ fiduciaire 信用通貨 (貨幣). ～ légale 法定通貨. ～ métallique 金属貨幣《本来は金貨と銀貨を指す》. ～ numésimatique 古銭. ～ postale 郵便貯金通貨. ～ primaire 第一次通貨《現金通貨の別名》. ～ scripturale 預金通貨. ～ unique européenne ヨーロッパ単一通貨. fausse ～ 贋金, 贋造貨幣. quasi ～ 準通貨 (預金). battre ～ 貨幣を鋳造する. La M～ 造幣局《正確には Direction des M～s et Médailles 財務省造幣局という》. Hôtel de la M～ (＝la M～) 造幣局. battre ～ 通貨を鋳造 (発行) する. payer qn en ～ de singe 空約束をする, 口先でごまかして切り抜ける.

2 交換手段, 〚比喩的〛支払い手段. C'est ～ courante. よくあることだ, よく用いられる手段だ. payer qn en ～ de singe 空約束をする. rendre à qn la pièce de sa ～ 仕返し (しっぺ返し) をする. se servir de qch (qn) comme ～ d'échange …を取引材料に利用する.

3 小銭, 釣銭. faire la ～ de 1000 francs 1000 フランをくずす. Avez-vous la ～ de ce billet? この紙幣をくずせますか. Gardez la ～. お釣りはとっておいて下さい《チップを渡す時の言い回し》. Je n'ai pas de ～. 小銭がありません.

◆ **主要な通貨**《1999 年 1 月 1 日のユーロ移行前の通貨を含む》: baht バーツ (タイ), couronne クローネ (デンマーク, ノルウェー, スウェーデンなど), dollar ドル (アメリカ, カナダ, オーストラリアなど), florin ギルダー (オランダ), franc フラン (フランス, ベルギー, スイスなど), lire リラ (イタリア), livre ポンド (イギリス, エジプト, イスラエルなど), mark (deutsche mark) マルク (ドイツ), peseta ペセタ (スペイン), peso ペソ (メキシコ, ボリビア, コロンビアなど), rial リアル (イラン), rouble ルーブル (ソ連, ロシア), roupiah ルピア (インドネシア), roupie ルピー (インド, パキスタンなど), schilling シリング (オーストリア), sucre スクレ (エクアドル), won ウォン (韓国), yen 円 (日本), yuan 元 (中国), zloty ズロチ (ポーランド).

monnayage n.m. 貨幣鋳造.
monnayeur n.m. **1** 〚稀〛貨幣鋳造工. faux ～ 贋金造り. **2** (自動販売機等の) 自動機器の) コイン投入口.

mono (<*mono*phonie) n.f. 〚話〛〚音響〛モノ, モノラル (＝monaural) (stéréo「ステレオ」の対).

monoacétyl-phénolphthaléine n.f. 〚化〛モノアセチル・フェノールフタレイン《フェノールフタレインの誘導体. 下剤に利用》.

monoacide a. 〚化〛一塩基酸の. base ～ 一酸塩基.
—— n.m. 一酸性塩基.

monoalcool n.m. 〚化〛一価アルコール.

monoamine n.f. 〚化〛モノアミン《一個のアミノ基をもつアミン化合物. 神経系の伝達物質》.

monoamine-oxydase n.f. 〚生化〛モノアミン・オキシダーゼ, モノアミン酸化酵素《モノアミン類の酸化的脱アミノ反応の触媒酵素. MAO と略記》. inhibiteur de la ～ モノアミン酸化酵素阻害剤《抗鬱剤》.

monoatomique a. 〚化〛単原子の.

monobasique a. 〚化〛一酸塩基の. acide ～ 一酸塩基酸.

monoblaste n.m. 〚生〛単芽球《単核細胞の幹細胞》.

monobloc a.inv. 〚機工〛モノブロックの, 単一部品による；〚冶〛単一鋳型による. châssis ～ モノブロック車台. 〚鉄道〛roues ～ モノブロック車輪.
—— n.m. **1** 〚機工〛モノブロックキャスト《内燃機関の単一鋳型によるシリンダー列》. **2** 〚歯科〛(顎と歯の) 一体型整位器具.

monocâble n.m. 単線式空中ケーブル, 単索条.
—— a. 単索条式の. téléphérique ～ 単索条式ロープウェイ.

monocaméral (ale) (pl. **aux**) a. 〚政治〛(国会の) 一院制の. système ～ (国会の) 一院制.

monocamérisme, monocaméralisme n.m. 〚政治〛(議会の) 一院制.

monocaténaire a. 〚生化〛単鎖の.

monocellulaire a. 〚生〛単細胞性の, 単一細胞から成る.

monocépage a. 〚葡萄酒〛単一の品種からつくられる. vin blanc sec ～ 単一品種による辛口白葡萄酒《chardonnay, riesling, sauvignon blanc などによる》.
—— n.m. 単一品種製葡萄酒 (＝vin ～). vins rouges en ～ pinot-noir ピノ・ノワール種によるみの赤葡萄酒. En Bourgogne, le ～ est obligatoire pour les grands crus. ブル

monochlore n.m. 〖化〗モノクロル. ~ de vinyle 塩化ビニル.

monochlorhydrique a. 〖化〗モノクロル化合物の.

monochromateur n.m. 〖光学〗モノクロメーター, 単色光器《入射光から任意の単色光を取り出す分光器》.

monochromatique a. 1〔古〕単色の (=monochrome), 単彩の; 単彩画の. 2〖物理〗単光の, 単色〔性〕の. radiation ~ du laser レーザーの単色光. 3〖医〗単色性の, 単(一)色性色覚 (=monochromatisme, achromatopsie totale)の.

monochromatisme n.m. 1〖物理〗単色性, 単彩性. 2〖医〗単色性色覚, 一色性色覚, 全色盲 (=achromatopsie totale).

monochrome a.〖写真・TV〗モノクロの; 白黒の;〖絵画〗単彩の, 単色の. photo ~ モノクロ写真, 白黒写真 (=photo en noir et blanc).

monochromie n.f. 単色, 単彩 (polychromie の対).

monocle n.m. 片眼鏡; 片眼帯.

monoclinal (ale)(pl.aux) a.〖地学〗(地層が)単斜の. structure ~ ale 単斜構造.

monoclinique a.〖結晶〗単斜晶〔系〕の. système ~ 単斜晶系.

monoclonal (ale)(pl.aux) a.〖生化〗単一クローンの, モノクローンの, モノクローナル. anticorps ~ モノクローナル抗体 (=〖英〗monoclonal antibody).

monocolore a. 1 単色の, 1色の. 2 単独政党から成る. gouvernement ~ 単独政党内閣.

monocoque a. 1〖工〗モノコック〔構造〕の, 張殻(はりから)構造の.〖自動車〗carrosserie ~ モノコックボディー《車体と車台を一体化した車体構造》. 2〖船〗bateau ~ 単胴〔構造〕船 (bateau multicorps「多胴〔構造〕船」の対).
— n.m.〖船〗単胴船.

monocotylédoné(e) a.〖植〗単子葉の.
— n.f.pl. 単子葉綱〔植物〕(graminées 稲科, liliacées 百合科, orchidées 蘭科, palmiers 椰子科など).

monocristal (pl.aux) n.m.〖物理・工〗単結晶.

monoculaire a. 1〖医〗単眼の, 片眼の. strabisme ~ 単眼斜視. vision ~ 単眼視. 2〖光学〗一眼の, 単眼の. microscope ~ 単眼顕微鏡. télescope ~ 単眼望遠鏡.
— n.f.〖光学〗単眼鏡, 単眼望遠鏡.

monoculture n.f.〖農〗単作; 単式農業《単一植物の栽培》. ~ du riz 稲の単作.

monocycle n.m. (曲芸用などの)一輪車.
— a. 一輪の.

monocyclique a. 1〖生〗(動物が)年1回の性周期をもつ. 2〖生態〗単輪廻(りん)ね)の. 3〖化〗単環式の.

monocylindrique a. 1〖工〗単気筒の, 1シリンダーの. moteur ~ 単気筒エンジン. 2〖建築〗(円柱が)単一柱身の (=monostyle).

monocyte n.m.〖生理〗単核細胞, 単球, 単核白血球.

mono-déficience n.f.〖医〗単機能障害《déficiences intellectuelles exclusives; déficiences motrices exclusives など》.

monodépartemental (ale)(pl.aux) a.〖行政〗単一の県から成る région ~ ale 単一県からなる地方《la Guadeloupe, la Guyane, la Martinique, la Réunion の4旧海外県 DOM など; 略記 DOM-ROM; DROM「海外県・地方」》.

monofactoriel(le) a. 単一因子性の.〖医〗hérédité ~ le 単一因子性遺伝.

monofonctionnel(le) a. 単一機能の.

monogamique a. 一夫一婦制の; 一夫一婦制に基づく. société ~ 一夫一婦制社会.

monogenèse n.f.〖生〗単性《雄または雌だけが生まれる現象》.

monogénique a.〖医〗単一遺伝子性の. maladie ~ 単一遺伝子病, メンデル型遺伝病.

monogramme n.m. 1 モノグラム《姓名の頭文字を図案化した組合せ文字》. 2 花押; 簡略化した署名.

monographie n.f. モノグラフィー《限定された単一主題の研究論文》, 小論. ~ d'une région 地域研究論文; 地誌.

monohydrate [mɔnɔidʀat] n.m.〖化〗一水化物.

mono-instrument n.m. 単一測定器. ~ HRV vertical SPOT (= ~ vertical) スポット衛星垂直高解像度単一測定器.

monoïque a.〖植〗雌雄同体の, 雌雄同株(しゅ)の (dioïque「雌雄異株」の対)(トウモロコシ maïs, ハシバミ noisetier など). espèce ~ 雌雄同株種.

monoline 〖米〗 a.inv.〖金融〗 ~ insurance companies モノライン保証会社《債券の格付・保証会社, 金融保証会社; =〖仏〗assurances ~ (monoligne)》.

monolithe a. 一本の石でできた, 一枚岩の. colonne ~ 一本石の円柱. monument ~ 一本石の記念碑.
— n.m. 1 一本石(一枚岩)の柱(碑), 直立巨石. 2 巨石.

monolithique a. 1 一本石(一枚岩)でできた (=monolithe). monument ~ 一本石の記念碑《menhir メンヒル, obélisque オベリスクなど》. 2〔比喩的〕一枚岩の, 結束の固い; 同質の,

parti ～ 一枚岩の政党.
monologue *n.m.* **1** 独白, モノローグ, 独り言, 長広舌, 独り占めのお喋り.『文学・映画』～ intérieur 内的独白.
2 独白劇；独白場面.
monomanie *n.f.* **1**〔古〕固定観念, 執念. **2**『精神医学』偏執狂, 単一狂, モノマニー.
monomère *n.m.*『化』モノマー, 単量体.
―*a.* モノマーの.
monométallisme *n.m.*『経済』(通貨の) 単本位制 (⇔全本位制, 銀本位制など).
monomoteur *a.*『航空』単発の. avion ～ 単発航空機.
―*n.m.* 単発機.
mononévrite *n.f.*『医』単発神経炎. ～ multiplex 多発性単発神経炎.
mononucléaire *a.*『医』単核の, 単核細胞の.
―*n.m.* 単核細胞；単核白血球 (＝leucocyte ～). ～ basophiles 好塩基性単核細胞.
mononucléé(e) *a.*『生』(特に白血球が) 単核の. cellule ～ 単核細胞. globule blanc ～ 単核白血球.
mononucléose *n.f.*『医』単核細胞症, 単核白血球増加症. ～ infectieuse 感染性単核細胞症 (EB ウイルスによる感染症).
mononucléosique *a.*『医』単核球 (単核細胞) 増加症の. syndrome ～ 単核球 (単核細胞) 増加症候群.
mono[-]parental(ale)(*pl.***aux**) *a.* (父または母の) 単親の, ひとり親の. famille ～*ale* 片親の家庭 (父子家庭, 母子家庭).
monopartisme *n.m.*『政治』一党体制.
monophasé(e) *a.* (電流が) 単相の. courant ～ 230 volts 230 ヴォルトの単相交流電流.
―*n.m.* 単相交流電流 (＝courant ～). appareil domestique alimenté en ～ 単相交流で作動する家電製品.
monophonie *n.f.* **1**『音楽』モノフォニー, 単旋律音楽 (polyphonie「多声音楽」の対).
2 モノラル音響〔法〕(stéréophonie「ステレオ音響〔法〕」の対).
monophonique *a.* **1**『音響』モノラルの (stéréophonique「ステレオの」の対). amplificateur (disque, radio)～ モノラル・アンプ (レコード, ラジオ).
2『音楽』単声部の, モノフォニックな (polyphonie「多音声」の対).
monophotonique *a.*『物理』単光子の, 単光子による.
monophysite *a.*『宗教』キリスト単性論の.
―*n.* キリスト単性論者.
monoplace *a.* (飛行機・車が) 単座の, 一人乗りの. avion ～ 単座航空機.
―*n.* 単座飛行機；一人乗りの車.

monoplan *a.*『航空』単葉の.
―*n.m.* 単葉機 (＝avion ～).
monoplégie *n.f.*『医』単麻痺 (顔面・四肢の単一の筋だけに起こる麻痺；顔面神経麻痺, 正中神経麻痺, 腓骨神経麻痺など).
monopode *a.* 一脚の, 一本足の, 単足の.『美術』lion ～ 一脚ライオン図 (像) (帝政様式).
―*n.m.*『写真』一脚.
monopole *n.m.* **1**『経済』専売〔権〕, 一手販売；独占；専売品. 独占は双務式専売 (単一の売り手が単一商品を単一の買い手に独占的に販売する) (＝duopole 複占). ～ d'Etat 国家の専売〔権〕. ～ de fabrication 製造専売. ～ de fait (一企業による製造・販売の) 市場独占. ～ du tabac (du sel de l'allumette) タバコ (塩, マッチ) の専売. ～ fiscal 財政専売 (国の財政に結びついた専売制度). ～ légal (特許, 商標などの) 法的独占. capitalisme ～ 独占資本主義 (＝capitalisme monopoliste). loi contre les ～*s* 独占禁止法. avoir le ～ de *qch* 何を一手に販売 (製造) する.
2 独占企業. grands ～*s* privés 巨大民間独占企業. grands ～*s* publics 巨大専売公社.
3〔比喩的〕専有〔権〕, 独占, ひとり占め；専有物. ～ de l'honnêteté 誠実さのひとり占め. Vous n'avez pas le ～ de la vérité. あなただけが真実に通じているわけではない.
monopoleur(se) *a.*『経済』独占的な, 専売の (＝monopoliste). trust ～ 専売トラスト (＝trust monopolisateur).
―*n.m.* 独占者；専売者.
monopolisateur(trice) *n.* **1** 独占者, 専売者.
2 独り占めする人. ～ des honneurs 栄誉を独り占めする人.
―*a.* 独占的な；専売の；独り占めする. trust ～ 専売トラスト.
monopolisation *n.f.* 独占〔化〕；専売. ～ de la pétrole 石油の独占化. ～ de la vente des tabacs タバコの専売.
monopoliste *a.*『経済』独占的な, 専売の. capitalisme ～ 独占資本主義.
―*n.* 独占者；専売者；独占資本家；独占 (専売) 主義者.
monopolistique *a.*『経済』独占的な, 独占形態の. capital ～ 独占資本. pratiques ～*s* 独占行為.
monoprocesseur *a.m.*『電算』単一プロセッサー式の.
―*n.m.* 単一プロセッサー・システム.
monoproduit *a.*『経済』単一製品主義の.
monopsone *n.m.*『経済』買手独占〔市場〕, 需要独占.
monorail [mɔnɔraj] *a.m.*『交通』モノレール方式の.『鉄道』train ～ モノレール車両.

—*n.m.* モノレール〔鉄道〕.

monoréacteur *a.m.* 〖航空〗単発ジェット・エンジンの. avion ~ 単発ジェット機.
—*n.m.* 単発ジェット機.

monosaccharides *n.m.pl.* 〖化〗単糖類, 単糖質〖糖質の基本単位〗.

monoski *n.m.* 〖スポーツ〗モノスキー〖スキー板一枚を用いる水上・雪上スキー〗.

monostyle *a.* 〖建築〗(円柱が)単一柱身の.
—*n.m.* 単一柱身の円柱.

monosulfate *n.m.* 〖化〗亜硫酸ナトリウム.

monothéique *a.* 〖宗教〗一神教の, 一神論的. croyances ~s 一神教的信仰.

monothéisme *n.m.* 〖宗教〗一神教, 一神論.

monothéiste *a.* 〖宗教〗一神教の; 一神論の. idées ~s 一神論. peuple ~ 一神教民族.
—*n.* 一神教信者, 一神論者(polythéiste の対).

monotone *a.* **1** 単調な; 変化に乏しい. bruit ~ 単調な物音. discours ~ et ennuyeux 単調で退屈な講演. intonation ~ 平板な抑揚. paysage ~ 変化に乏しい風景. style ~ 退屈な任務. vie ~ 変化に乏しい人生.
2 (声・施律などが)一本調子の. chant ~ 一本調子の(単調な)歌唱.
3 〖音楽〗単調音の.
4 〖数〗増減のない, 単調な. fonction ~ 単調関数.

monotonie *n.f.* **1** 単調さ; 平板さ; 退屈さ. ~ de l'existence 生活の退屈さ. ~ du style 文体の平板さ. ~ d'un travail 仕事の単調さ.
2 一本調子. ~ d'un orateur 演説者の一本調子.
3 〖数〗増減のなさ, 単調性. ~ d'une fonction 関数の増減のなさ.

monotrème *n.m.* 〖動〗単孔動物;〖*pl.*で〗単孔類(かものはし, はりもぐらなど).

monovalent(e) *a.* **1** 〖化〗1 価の(= univalent); 〖生〗1 価の. chromosome ~ 一価染色体.
2 〖医〗1価の, 単価の(特定の菌だけに抵抗する抗原を含む). sérum ~ 1 価血清. vaccin ~ 1 価ワクチン.
3 単一用途の, 単一機能の. bâtiment ~ 単一用途の建造物.

monoxyde *n.m.* 〖化〗一酸化物. ~ de carbone 一酸化炭素(CO, 大気汚染物質のひとつ).

monoxyle *a.* 一本(一枚)の木材からつくられた. pirogue ~ 丸木舟. tambour ~ 丸木太鼓.

monozygote *a.* (双生児が)一卵性の(= uniovulaire, univitellin). jumeaux ~s 一卵性双生児.

Monrovia *n.pr.* モンロヴィア(リベリア le Libéria の首都の港湾都市). le groupe de ~ モンロヴィア・グループ(アフリカの21カ国が結集した政治・経済・外交・文化・防衛共同体;1961 年創設).

monseigneur (*pl.messeigneurs, mosseigneurs*)〔略記 Mgr.; *pl.* Mgrs., NN, SS〗*n.m.* **1** 猊下(げいか) (枢機卿・大司教・司教などの高位聖職者に対する尊称). M~ Lustiger リュスティジェ猊下(枢機卿, パリ大司教;1926-2007).
2 〔古〕殿下(王族・皇族に対する尊称). M~ フランス王太子殿下(ルイ 14 世の王太子以降の尊称).
3 〔古〕閣下(大公・宰相などに対する尊称).
4 〔俗〕(強盗が錠前などを壊すために用いる)バール(= pince-~).

monsieur[1] [məsjø]; 〔話〕msjø〕〔略記 M.〕(*pl.messieurs* [mesjø]〔略記 MM.〗*n.m.* **1** (大文字で) …氏, …さん(男性の姓・名・称号・職名の前につける尊称). M~ Dupont デュポン氏, デュポンさん. *Messieurs* de l'Academie アカデミー会員諸氏. M~ le Ministre 大臣閣下. *Messieurs* les jurés 陪審員各位. *Messieurs* les usagers 利用者各位. M~ votre père 御尊父さま.
2 (男性への呼びかけ) Bonjour, ~ 今日は(通常は, あとに姓・名はつけない). Bonjour, ~ Dupont. 今日は, デュポンさん(あとに姓をつけるのは目下に対する場合やくだけた調子, あるいは地方語表現で丁寧を伴う場合は召使などに対する言葉遣い). Bonjour, ~ dame (messieurs dames). いらっしゃいませ(店員などの挨拶). Merci, ~. ありがとうございます. Oui, ~ はいそうです. Mesdames et *Messieurs*! 紳士淑女の皆さま! M~, s'il vous plaît! ムシユ・シル・ヴー・プレ!(給仕などに呼びかける時の文言, Garçon! に代って用いられることが多い).
3 (手紙の文言) M~ 拝啓(書き出し; Cher M~. は親しい間柄の場合). Je vous prie d'agréer, M~, l'expression de mes sentiments les plus respectueux. 敬具(結びの文言).
4 (召使が主人を指して)御主人様, 旦那様. M~ est sorti. 旦那様はお出かけです.
5 男性, 殿方, 紳士(dame の対), 〖幼児語〗おじさん. ce ~ この方. un ~ très bien 立派な紳士. un〔certain〕~ Dupont デュポンとかいう男性. 〔皮肉〕un joli ~ あまり感心しない奴. 〔話〕un vilain ~ いやな奴. Comme M~ voudra. あなた様のお望み通りに.
6 〔話〕夫, 亭主.
7 (ブルジョワ階級の)紳士. un gros ~ 大金持. faire le ~ 旦那風を吹かす. C'est un 〔grand〕~. 大人物だ.

8 『仏史』《王族への敬称》 M~ 王弟殿下. M~ le Prince 大公殿下《コンデ Condé 家の長子》.

monsieur² *n.m.* 『チーズ』ムッシュ, ムッシュ=フロマージュ (~-fromage) 《ノルマンディー地方 la Normandie で牛乳からつくられる, 白かび外皮の軟質チーズ; 脂肪分 60％; 直径 7 cm, 高さ 5 cm の円筒状》.

monstre *n.m.* **1** 『神話』怪物, 化物, 妖怪. ~ gigantesque 巨大怪物.
2 巨体動物, 巨獣. ~s marins 海の巨大動物 (鯨など).
3 『医』畸型〔体〕. ~ bicépale 2 頭畸型〔体〕. étude des ~s 畸型学 (=tératologie).
4 化物のような人間 (物). Quel ~! 何てひどいことだ!
5〔比喩的〕人でなし, 人非人; 怪人物; 鬼 (=~ humain). ~ de cruauté 鬼のように残忍な人. ~ d'ingratitude ひどい恩知らず. ~ de travail 仕事の鬼. ~ sacré 名優, 大スター; 大立物, 怪物. ~ sacré de la politique 政界の怪物. ~ sanguinaire 流血沙汰も好む人非人.〔話〕Petit ~! 悪戯っ子め! 悪餓鬼め!〔女性形は Petite monstresse!〕.
6〔音楽〕モンストル《作曲家が作詞家に渡すシラブル数のみを指示した無意味なテクスト》;〔文〕(文学作品の) 素稿.
7〔比喩的〕支離滅裂な考え (作品).
—— *a.*〔話〕巨大な;〔比喩的〕~ dîner ~ 大掛りな晩餐会. effet ~ 途方もない効果.

monstrueux (se) (<monstre) *a.*〔時に名詞の前〕**1** 怪物 (化物) のような; 凄じい, ひどい. bêtes ~ses 怪獣. dieux ~ 怪物のような神々.
2『医』畸型の. enfant difforme et ~ 畸型児.
3〔比喩的〕兇悪な, 極悪非道の. crime ~ 兇悪な犯罪. massacre ~ 大虐殺.
4〔比喩的〕途方もない; 並外れた; 巨大な. appétit ~ 並外れた食欲. bruit ~ すさまじい騒音. croissance ~se 並外れた成長. idée ~se 途方もない考え. ville ~se マンモス都市, 巨大都市. C'est ~! 凄い! ひどい!

mont *n.m.* **1** 山 (山名). le ~ Blanc モン・ブラン《「白山」の意; 標高 4,808 m》. le massif du M~-Blanc モン・ブラン山塊. le ~ Everest エヴェレスト山《〔チベット名〕Chomo Lungma「チョモ・ランマ」; 標高 8,848 m》. le ~ Fuji 富士山. le ~ des Oliviers 橄欖 (かんらん) 山, オリーヴ山《エルサレムの東, パレスチナの丘; 麓にゲッセマネの園がある》.
2〔*pl.* で〕山脈, 山塊, 山地;(特に) アルプス山脈. les ~s d'Auvergne オーヴェルニュ山地. au delà des ~ アルプスの彼方で.
3〔解剖〕人体の隆起部. ~ de Vénus 恥丘 (=pénil).
4〔手相〕丘 (きゅう) (掌の隆起部).
5〔古・詩〕山. le ~ sacré 聖山 (パルナソス

山).〔常用〕par ~s et par vaux 山越え谷越え. promettre ~s et merveilles できもしない約束をする.

montage *n.m.* **1** 組立, 取付, 設置, 架設. ~ à blanc 仮組立. ~ des barres 核燃料棒の集合体. ~ d'un meuble 家具の組立. ~ de précision 精密組立. ~ en bijouterie 宝飾品の細工 (宝石のはめ込みなど). atelier de ~ 組立工場.『工』chaîne de ~ 組立ライン.
2〔電〕接続, 結線, 配線. ~ en série (parallèle) 直列 (並列) 接続. ~ électronique imprimé プリント配線. ~ symétrique プッシュブル接続 (=push-pull).
3『映画・写真』モンタージュ, 合成〔技術〕.『音響』編集, ダビング. ~ des bandes enregistrées 録音テープの編集. ~ de photographies 写真の合成. ~ photographique モンタージュ写真 (=photomontage).〔film de〕~ モンタージュ映画.
4『印刷』レイアウト, 割付け.
5『株』~ financier 資金計画.

montagnard (e) *a.* **1** 山の, 山地の. vie ~ 山岳生活.
2 山地に住む. peuples ~s 山岳民族.
3 (動植物が) 山地性の. centaurée ~e 深山 (みやま) 矢車菊《学名 Centaurea montana》.
—— *n.* **1** 山地の住民.『植』rose ~e アルペン・ローズ.
2〔話〕山好きの人, 山男, 山女. vrai ~ 根っからの山男.
3『仏史』les M~s (大革命期の) 山岳党 (la Montagne) の党員.

montagne *n.f.* **1** 山, 峰; 山岳. chaîne de ~s 山脈, 連峰. mal de ~ 高山病. massifs (de ~s) 山塊. pays de ~s 山地, 山岳地方. pied d'une ~ 山麓. C'est la ~ qui accouche d'une souris. 泰山鳴動して鼠一匹. aller à la ~ 山に行く;〔比喩的〕第一歩を踏み出す, 進んで機会を捉える. faire de la ~ 登山をする. se faire une ~ de qch 何を大げさに考える.
2 山地, 山岳地帯 (=pays de ~). ~ à vaches 山地の放牧地. faire une excursion en ~ 山歩きをする. habiter en ~ 山地に住む. passer ses vacances à la ~ 山で休暇を過ごす.
3〔比喩的〕山, 堆積. une ~ de livres 本の山.
4 ~s russes ジェット・コースター.
5『仏史』la M~ (大革命時代の) 山岳党《議会の高所を占めた急進派》.
6『地理』la M~ Noire ラ・モーターニュ・ノワール, 黒山地帯《中央山塊 le Massif central 南部の結晶質岩からなる地》.『地理』les M~ Noires レ・モンターニュ・ノワール, 黒山脈《ブルターニュ地方 la Bretagne の山脈》.

montagne-saint-émilion *n.m.*『葡萄酒』モンターニュ=サン=テミリヨン

(département de la Gironde ジロンド県, Saint-Emilion の北に隣接する Montagne 村 (市町村コード 33570) を中心とする地区で生産される赤の AOC 酒).

montagneux(se) *a.* 山の多い；山から成る. massifs ~ 山地. pays ~ 山国, 山岳地帯. région ~ *se* 山岳地方.

montagny *n.m.* 〖葡萄酒〗モンタニー (département de Saône-et-Loire ソーヌ=エ=ロワール県の Montagny, Buxy, Jully-lès-Buxy, Saint-Vallerin の 4 村にまたがる地区で生産される辛口の AOC 白葡萄酒；作付面積 207 ha).

montaison *n.m.* **1** (特に鮭の) 遡上. **2** 遡上期. **3** 〖植〗薹(とう)が立つこと.

montant[1] *n.m.* **1** 総額, 合計. ~ des frais 経費の総計. ~s compensatoires monétaires 国境調整税(補助金)《UE (EC) の農業共通政策に基づく農産物の価格差の調整；略記 MCM》. **2** (梯子の) 竪木；(窓・ドアの) 竪框(たてかまち)；(テント・ネットなどの) 支柱；(木組などの) 垂直材；脚, 台脚. ~s d'une échelle 梯子の竪木. **3** 〖文〗こく, 風味, 芳香. donner du ~ à une sauce ソースにピリッとした風味をきかせる. vin qui a du ~ こくのある葡萄酒. **4** 〖馬具〗面繋(おもがい) (= ~ de bride).

montant[2] (**e**) (<monter) *a.* **1** 上がる, 上昇する, 登る. bateau ~ 流れを遡る船 (bateau avalant の対). chemin ~ 上り坂. 〖音楽〗gamme ~e 上行音階. marée ~e；flots ~s 上げ潮. mouvement ~ 上昇運動. 〖服〗robe ~e ローブ・モンタント (肩・背の蔽われた婦人用礼服). 〖鉄道〗train ~ 上り列車 (登山鉄道で目的地に向かって登る列車；そこから一般化して主要駅から目的地に向かう列車に対してあり；(常識的に) 上り列車 (主要駅に向かう列車；*cf.* train descendant 下り列車 (登山鉄道で山麓の駅に下りる列車；一般化して主要駅に向かう「上り列車」の意に用いられることあり)；(常識的に) 下り列車 (主要駅から目的地に向かう列車)). 〖鉄道〗voie ~e 上り線. **2** 〖軍〗当番(当直)につく. équipe ~e 当直班. garde ~e 上番衛兵.

Montauban *n.pr.* モントーバン (département du Tarne-et-Garonne タルヌ=エ=ガロンヌ県の県庁所在地；市町村コード 82000；形容詞 montalbanais (*e*)). Musée Ingres アングル美術館. le Vieux ~ モントーバン旧市街.

montbéliarde *n.f.* 〖畜産〗モンベリヤール種 (département du Doubs ドゥー県の県庁所在地 M~ (市町村コード 25200) 原産の, 白と黒のぶちの乳牛品種).

Mont-Blanc *n.pr.m.* le ~ モン=ブラン (le mont Blanc とも表記；ヨーロッパの最高峰；標高 4,804 m). Chamonix-~ シャモニー=モン=ブラン (ル・モン=ブラン山麓の町；市町村コード 74400). massif du ~ ル・モン=ブラン山塊. tunnel du M~ モンブラン・トンネル (フランスとイタリアを結ぶ道路専用トンネル；1965 年開通；長さ 11,600 m；フランス側 7,640 m；火災事故により 1999 年 3 月から 2002 年まで不通).

mont-blanc (*pl.* ~**s**-~**s**) *n.m.* 〖菓子〗モン=ブラン (栗と生クリームを用いた菓子).

Mont-de-Marsan *n.pr.* モン=ド=マルサン (ランド県 département des Landes の県庁所在地；市町村コード 40000；形容詞 montois (*e*)).

mont-de-piété (*pl.* ~**s**-~) *n.m.* 公営質店 (= le crédit municipal). engager qch au ~ (を)質に入れる.

mont-d'or (<les *M*~s-d'*O*~) (*pl.* ~**s**-~) *n.m.* 〖チーズ〗モンドール (リヨネ地方 le lyonnais の les Monts-d'Or de Lyon 地区で山羊乳・牛乳・山羊乳と牛乳の混合したものからつくられる軟質, 自然外皮の AOC チーズ；脂肪分 45％；直径 8-9 cm, 厚さ 1.5 cm の平たい円盤状；vacherin に近い).

monté(e)[1] *a.p.* **1** 馬に乗った, 騎馬の, 騎乗の. police ~e 騎馬警官(隊) (= police à cheval). troupe ~e 騎兵隊. être bien (mal) ~ 良い(悪い)馬に乗っている. **2** (植物が)徒長した, とうが立った. ~e graine 結実するまで徒長した. laitue ~e とうの立ったレタス. **3** 組立てられた；(宝石などが)台にはめこまれた. appareil mal ~ 組立て不良の機器. coup ~ 仕組まれた陰謀. diamant ~ sur platine プラチナ台のダイヤモンド. 〖菓子〗pièce ~e ピエス・モンテ (糖菓を積み上げて美しく飾られた組立てケーキ). **4** 備え付けのある, 用意の整った. installation mal ~e 貧弱な内装. ménage bien ~ en vaisselle 食器類がよく揃った世帯. **5** 〖音楽〗調律した. instrument ~ sur le ton d'ut ハ調に調律した楽器. **6** 〖話〗怒った, 激昂した. avoir la tête ~e のぼせ上っている. être très ~ contre qn 人に対してひどく腹を立てている. **7** 〖俗〗être bien ~ 体格が逞しい.

monte-charge *n.m.inv.* 貨物用エレヴェーター, 荷場用リフト.

montée[2] *n.f.* **1** 上がること, 上昇. ~s et descentes d'un ascenseur エレヴェーターの昇降. ~ d'un avion 飛行機の上昇. ~ des eaux 水位の上昇, 増水. ~ des prix 物価の上昇. ~ de la scève 樹液の上昇. ~ de la température 温度の上昇. ~ en puissance (人気, 売上げなどの)力強い上昇. ~ laiteuse (du lait) 乳が張ってくること；初乳. **2** 登ること, 登攀. ~ à l'echelle 梯子登り. ~ d'une montagne 登山.

3 上り坂；(山・丘の) 登り道. ~ d'un boulevard (d'un chemin) 大通り (道) の上り坂. rude ~ 厳しい上り坂.
4 〖建築〗~ d'une voûte ドームの高さ.
5 〔古〕〔*pl.* で〕階段 (=escaliers). descendre les ~*s* 階段を下りる.
6 荷上げ. ~ des bagages 荷物の階上への持ち運び.
7 (蚕の) 上簇(じょうぞく)《成熟した蚕を繭をつくらせるために簇に上げること》.

montélukast *n.m.* 〖薬〗モンテルカスト. ~ de sodium モンテルカスト・ナトリウム《気管支喘息治療薬；薬剤製品名 Singulair (*n.m.*) など》.

monténégrin(**e**) *a.* モンテネグロの；セルビア=モンテネグロ国連邦共和国を構成するモンテネグロ共和国 (la République du Monténégro) の；~人の, ~の住民の.
—*M*~ *n.* モンテネグロ人；モンテネグロ共和国国民.

Monténégro(**le**) *n.pr.m.* **1** 〖史〗〔国名通称〕モンテネグロ《公式名称：la République du *M*~ モンテネグロ共和国：ユーゴスラヴィア連邦共和国の構成国；国民：Monténégrin (*e*)；首都：Podgorica ポドゴリカ》.
2 セルビア=モンテネグロ国連邦共和国 (=république fédérale de l'Etat de Serbie-et-*M*~)《ユーゴスラヴィア連邦共和国の 2003 年からの呼称；形容詞 serbo-monténégrin (*e*)；首都 Belgrade；通貨 dinar [CSD] (Serbie), euro [EUR] (monténégro)；域内には la Vojvodine ヴォイヴォディナ と le Kosovo コソヴォの自治州を含む》.

monte-plats *n.m.* (料理・食器用の) リフト《調理場と食堂を結ぶ昇降式リフト》.

monteur(**se**) *n.* **1** 組立工；仕上工；縫製工；職人. ~-ajusteur 組立て調整工. ~ de lignes électriques 配線工. ~ électricien 電気工事. ~ en bijouterie 宝石はめこみ職人, 宝飾細工師, 金銀細工師. ~*se* en cols 襟の縫製女工.
2〖映画〗モンタージュ技師, フィルム編集者. chef ~ 主任モンタージュ技師.
3 準備工作者. ~ d'affaires 事業のプロモーター. ~ de coups 策謀家.

montgolfière *n.f.* 熱気球《先駆者であるフランスの Joseph Montgolfier [1740-1810], Etienne Montgolfier [1745-99] 兄弟に由来する名称；=ballon à l'air chaud》.

monthélie *n.m.* 〖葡萄酒〗モンテリー《ブルゴーニュ la Bourgogne, コート=ド=ボーヌ地区 la Côte de Beaune の Monthélie (市町村コード 21190) 村でつくられる赤と白の AOC 葡萄酒》. château-de-~ シャトー=ド=モンテリー《1 級畑》.

montlouis *n.m.* 〖葡萄酒〗モンルイ《トゥーレーヌ地方 la Touraine, ロワール河左岸 Montlouis〔-sur-Loire〕モンルイ (市町村コード 37270) 周辺の chenin blanc シュナン・ブラン種による辛口・甘口・発泡性の AOC 白葡萄酒》.

Montmartre (<mons Martyrum：mont des Martyrs「殉教者の山」または mons Martis：mont de Mars「マルス神の山」) *n.pr.* モンマルトル《パリ第 18 区の小高い丘；標高 130.53 m》. Basilique du Sacré-Cœur au sommet de la butte ~ モンマルトルの丘の頂に聳えるサクレ=クール・バシリカ聖堂《1876 年》. cimetière ~ モンマルトル墓地《パリ北墓地》. Musée du Vieux ~ 古モンマルトル博物館.

Montmartrobus *n.m.* 〖交通〗モンマルトロビュス《パリのモンマルトルの丘を巡回するパリ市交通公団のマイクロバス》. ligne du ~ モンマルトロビュスの路線.

montmartrois(**e**) *a.* モンマルトル (Montmartre) の；~の住民の. peintres ~*s* モンマルトルの画家たち.
—*M*~ *n.* (パリの) モンマルトルの住民.

montmorency (<*M*~, イール=ド=フランス地方 l'Ile-de-France の町) *n.f.* 〖農〗モンモランシー種の桜桃《酸味が強く, ジャム, 缶詰, オー=ド=ヴィー, 菓子用》.

montmorillonite [mɔ̃mɔrjɔnit] *n.f.* 〖鉱〗モンモリロナイト《フランスの Montmorillon で発見された粘土性鉱物；少量の苦土を含むアルミニウム水和珪酸塩》.

montoire *n.m.* 〖チーズ〗モントワール《中仏ヴァンドモワ地方 le Vendômois で, 山羊乳からつくられる, 軟質, 自然外皮；直径 6-7 cm, 高さ 5 cm の小円錐台型；重量 100 g；脂肪分 45 ％》.

Montparnasse (<mont Parnasse パルナソス山：Apollon と Muses が住むとされたギリシアの山) *n.pr.m.* le ~ (パリの) モンパルナス街区 (=quartier du ~)《パリ市の左岸, 第 6 区と第 7 区にまたがる街区；20 世紀の前半芸術家・作家が住んで活躍した》. cimetière du ~ モンパルナス墓地. gare 〔de Paris-〕~ 〔フランス国鉄の〕パリ・モンパルナス駅. station ~-Bienvenüe (パリの地下鉄の) モンパルナス=ビヤンヴニュー駅. Tour ~ トゥール・モンパルナス《モンパルナス駅前の超高層タワービル》.

Montpellier *n.pr.* モンプリエ, モンペリエ《département de l'Hérault エロー県の県庁所在地；フランスと UE の広域地方行政区画の région Languedoc-Rousillon 地方の地方庁所在地；市町村コード 34000》. l'aéroport ~-Méditerranée モンプリエ=地中海空港. le vieux ~ モンプリエ旧市街.

montpelliérain(**e**) *a.* モンプリエ (モンペリエ) (Montpellier) の；~の住民の.
—*M*~ *n.* モンプリエ (モンペリエ) 市民.

montrachet[1] *n.m.* 〖葡萄酒〗モンラシェ《ブルゴーニュ地方 la Bourgogne, コート=ド=ボーヌ地区 la Côte-de-Beaune でシャルドネー種の白葡萄からつくられる, 最高級の辛口の AOC 葡萄酒》.

montrachet² *n.m.*〖チーズ〗モンラシェ《ブルゴーニュ地方la Bourgogne, département de Saône-et-Loire ソーヌ=エ=ロワール県のSaint-Gengoux-le-National サン=ジャングー=ル=ナショナル町(市町村コード71460)で,山羊乳からつくられる,軟質,高さ10cm,直径5-6cmの円筒型のチーズ;脂肪分45％》.

montravel *n.m.* 〖葡萄酒〗モントラヴェル《ボルドーBordeauxの東,ドルドーニュ河la Dordogne右岸の甘口の白のAOC葡萄酒》.

montre *n.f.* **1** 腕時計(=~-bracelet);懐中時計(=~ de poche, ~ de gousset, ~ de gilet);時計. ~ à arrêt ストップウォッチ. ~ à quartz クオーツ時計. ~ automatique 自動巻き腕時計. ~ de précision クロノメーター(=chronomètre). ~ électronique 電子時計. ~ solaire ソーラー式時計.
2 〖スポーツ〗course contre la ~ タイムレース,タイムトライアル.
3 〔比喩的〕一刻を争う仕事;時間を限られた仕事.

Montréal [mɔreal] *n.pr.* モントリオール,モンレアル《カナダ,ケベック州の都市》;モントリオール(モンレアル)地方. Ile de ~ モントリオール(モンレアル)島《セント・ローレンス川の中の島》. Jeux olympiques de ~ モントリオール・オリンピック(1976年夏).

montréalais(e) [mɔrealɛ, ɛz] *a.* モントリオール(Montréal)の;~の住民の.
──*M*~ *n.* (カナダの)モントリオール市民.

montre-bracelet(*pl.~s-~s*) *n.f.* 腕時計(=montre). ~ dame 婦人用腕時計.

montreux(*se*) *n.* 見世物師. ~ de marionnettes 操り人形師. ~ d'ours 熊の曲芸師,熊使い.

Mont-Saint-Michel(**Le**) *n.pr.m.* ル・モン=サン=ミシェル《département de la Manche マンシュ県の町;市町村コード50116;形容詞montois(*e*)》. abbaye du ~ ル・モン=サン=ミシェル大修道院《岩山上に聳える世界遺産》. baie du ~ ル・モン=サン=ミシェル湾.

monture *n.f.* **1** 乗用家畜;(特に)乗用馬;〔戯〕乗物(自転車,バイクなど).〔諺〕Qui veut voyager loin ménage sa ~.(遠く旅せんと欲する者は馬をいたわる→)長続きするためには余力を要す.
2 (物をはめこむ台)(鋸などの)柄;(刀剣の)柄(つか),鍔;銃床;(眼鏡の)フレーム;(宝石などの)台座;(カメラの)交換レンズ用マウント,マウント. ~ baïonnette Nikonニコン交換レンズ用バイオネット・マウント.〖写真〗~ pour filtre au diamètre 72mm 直径72ミリのフィルター取付枠.
3 組立て;はめこみ,象眼.

Monu(=*M*ission d'*o*bservation de l'*O*NU) *n.f.* 国連監視団. casques bleus de la ~ 国連監視団兵士.

monument *n.m.* **1** 記念建造物,記念物,モニュメント. ~ aux morts de la guerre 戦没者慰霊碑. ~ commémoratif 記念碑. ~ funéraire 墓碑,追悼碑. ~ naturel 天然記念物. dresser (élever, ériger) un ~ 記念建造物を建立する.
2 (古代の)建築物,遺構;(歴史的,公共的)大建築物(建造物). ~s de l'Antiquité 古代の遺構. ~ historique 歴史的建造物. ~s (historiques) classés (inscrits) 指定(登録)歴史的建造物. Charte de Venise sur la conservation et la restauration des ~s et des sites. 歴史的建造物と風致地区の保全と修復に関するヴェネツィア憲章(1964年). Conseil international des ~s et des sites 歴史的建造物と風致地区に関する国際評議会(=〔英〕Icomos: *I*nternational *C*ouncil on *M*onuments and *S*ites). Inventaire général (supplémentaire) des ~s et des richesses artistiques de la France フランスの歴史的建造物・文化財総目録(追加目録)(の作成). Musée des ~s français à Paris パリのフランス文化財博物館《シャイヨ宮内》. Prosper Mérimée, 2ᵉ inspecteur général des *M*~s historiques 第2代歴史的建造物監察総監プロスペル・メリメ(1834-60年). ~ mégalithique 巨石建造物. ~ préhistorique 先史時代の遺構. ~ public 公共建造物.
3 〔文〕不朽の名作;不滅の偉業(事蹟);金字塔. Les œuvres d'Homère sont le plus beau ~ de l'Antiquité. ホメロスの作品は古代文明の金字塔である.
4 〔話〕とてつもない物;でかい物;〔ぞ〕un ~ de bêtise 馬鹿の見本. Ce lit est un véritable ~. この寝台は実にどでかい代物だ.

monumental(*ale*)(*pl.aux*) *a.* **1** 記念建造物の;記念建造物的な. plan ~ de Paris パリの記念建造物(名所旧蹟)案内地図. statue ~ale 記念像.
2 〔比喩〕記念碑的な;壮大な,堂々たる;不朽の. fontaine ~ale 壮大な泉水. œuvre ~ale 記念碑的作品,不朽の名作.
3 〔話〕途方もない,馬鹿でかい. erreur ~ale とんでもない間違い. orgueil ~ 途方もない思いあがり. Il est d'une bêtise ~ale おそろしく馬鹿な奴だ.

Mopral *n.m.* 〖薬〗モプラル《プロトンポンプ阻害薬,酸分泌抑制作用のある消化性潰瘍治療薬の商品名》.

MOPS(=〔英〕*M*illion *O*peration *P*er *S*econd) *n.f.*〖電算〗1秒当たり100万回演算.

moquerie *n.f.* **1** 嘲笑,愚弄,揶揄,からかい;〔古〕冗談. être enclin à la ~ よくからかう.
2 嘲笑的言動,冷かし. accabler *qn* de ~s

人を嘲笑して打ちのめす. exciter les ~s de la foule 群衆の物笑いの種になる.

moquette *n.f.* モケット, 絨毯, カーペット；モケット地. ~ bouclée カールした毛のモケット. ~ chinée 糸染めのモケット. tisseur de ~ モケット織職人, カーペット職人 (=carpettier).

moral(**ale**)(*pl.***aux**) *a.* **1** 道徳に関する, 道徳的な, 道義上の, 倫理的な. jugement ~ 道徳的判断. obligation ~ale 道徳的義務. préceptes ~aux 道徳律. responsabilité ~ale 道義的責任. sens ~ 倫理観, 善悪を峻別できる判断力. L'aide aux PVD (*p*ays *e*n *v*oie de *d*éveloppement) constitue une obligation non seulement économique mais aussi ~ale. 発展途上国への援助は単に経済面だけでなく, 道義上の義務でもある.
2 良俗にかかわる, 良俗に合致した；倫理に関する；教訓的な；教化にかかわる. histoire ~ale 教訓的な話, 物語. vie ~ale 品行方正な生活.
3 精神的な, 知的な, 形而上の. sciences ~ales 人文科学, 精神科学. académie des sciences ~ales et politiques 人文・社会科学アカデミー. Très affaibli sur les plans tant physique que ~, il supporta mal l'échec de sa dernière œuvre. 彼は肉体的にも精神的にも非常に弱っていたため, 最新作の失敗に耐えることが極めて難しかった.
4〚法律〛personnalité ~ale 法人格. personne ~ale 法人. impôt sur le revenu des personnes ~ales 法人(所得)税.
5〚哲〛(知性, 論理などに対する)感情, 心の動きに関する；心情的な. certitude ~ale 心証上の確信(論理, 論証に基づかない).〚法律〛dommage ~(心情や名誉に関する)精神的損害. facultés intellectuelles et ~ales 知的能力と情意的能力. la preuve dite ~ale de l'existence de Dieu 神の存在に関するいわゆる心情的証拠.
―*n.m.* 道徳的, 精神的なもの；精神力, 士気, 気力. le ~ des troupes 部下の士気, やる気. au ~〚古〛精神面, 精神状態；〚現用〛精神的には.
avoir le ~ やる気がある, 溢れている. avoir bon (mauvais)~ 気力が充実して(衰えて)いる. avoir le ~ à zéro 意気消沈している. avoir le ~ au beau fixe いつもやる気満々である. avoir un ~ d'acier (どのような試練にも耐えられる)強い精神力を備えている. Le ~ est bon? 気分は爽快ですか, やる気があるでしょうね. Dans ce climat de morosité, le ~ des consommateurs est atteint. 不景気風が吹く中, 消費者の意欲は低下している.
―*n.f.* **1** 道徳, 倫理学, 倫理. ~ale kantienne (platonicienne, stoïcienne) カント(プラトン, ストア学派)倫理学. traité de ~ale 倫理学概論.

2 道徳観, 道徳的規律, 指針, モラル. ~ale bourgeoise ブルジョワジー特有の道徳観. ~ale chrétienne キリスト教的道徳. ~ale épicurienne 快楽派の道徳観. offense à la ~ale publique 公衆道徳に対する違反. La ~ ale démocratique et humaniste est, selon Trotski, une fiction conçue par les oppresseurs pour que les opprimés renoncent à employer des moyens "immoraux" de s'affranchir. (Monique Canto-Sperber : "Injustifiable terreur" in Le Monde du 3 octobre 2001) トロツキーによれば, 民主主義的, 人権重視の「道徳律」とは,「非道徳的な」手段によって自由を得ることを被抑圧者に諦めさせるために, 抑圧者が考え出したフィクションなのである.
3 教訓, 寓意, 訓戒. La ~ale de cette histoire est que この物語の教え(寓意)は…. faire la ~ale à *qn* …に説教する.

moralité *n.f.* **1** 道徳性, 倫理性. ~ d'une action (d'une attitude) 行動(態度)の道徳性. geste d'une ~ exemplaire 手本となる倫理的な振舞い.
2 品行；道徳感(=sens moral). personne de haute ~ 品行方正な人. personne sans ~ 道徳感の欠如した人.
3 教訓. ~ d'une fable 寓話の教訓. ~ passée en proverbe 諺となった教訓.
4〚文学史〛(中世の)教訓劇, 寓意劇.

morasse *n.f.*〚印刷〛(新聞の)最終ゲラ, 最終校正刷り.

moratoire *a.*〚法律〛猶予を与える, 延滞の. intérêts ~s 延滞利子.
2〔一般に〕活動を一時停止する.
―*n.m.* **1**〚法律〛モラトリアム(戦争, 経済危機などによる負債の返済猶予). obtenir un ~ モラトリアムを獲得する.
2〔一般に〕活動の一時停止(凍結). ~ nucléaire 核実験のモラトリアム；原子力発電所建設の一時停止.

moratorium [-jɔm][ラ] *n.m.*〚法律〛モラトリアム, 支払い停止(延期), 支払い猶予(期間)；執行猶予(=moratoire)；〔一般に〕活動(使用)の一時停止(延期, 凍結)(=moratoire). ~ légal 法定猶予.

Morava *n.pr.f.* **1** la ~ モラヴァ川(モラヴィア地方 la Moravia を流れる川；378 km；ドナウ河 le Danube の支流).
2 la ~ モラヴァ川(セルビア la Serbie を北に流れる川；西モラヴァ川 la ~ de l'Ouest, 298km；南モラヴァ川 la ~ du Sud, 318km；ドナウ河の支流).
3 la ~ モラヴァ地方(モラヴィア la Moravia のチェコ語表記).

morave *a.* モラヴィア(Moravie)の；モラヴィア人の.〚史〛frères ~s モラヴィア新教徒, ボヘミア新教徒(=frères bohèmes)(15世紀モラヴィア地方の新教徒の一派).
―*M~ n.* モラヴィア地方の住民.

Moravie(**la**) *n.f.* モラヴィ(Morava)地

方, モラヴィア地方《チェコ共和国 la République tchèque 中部の地方名；モラヴァ川 la Morava 流域地方；形容詞 morave》. la ~-Méridionale 南モラヴィア（モラヴィア）州《州都 Brno ブルノ》. la ~-Septentrionale 北モラヴィア（モラヴィア）州《州都 Ostrava オストラヴァ》.

morbide *a.* **1** 病気の；病気に関する. état ~ 病気の状態. symptômes ~s 病気の徴候.
2 病的な, 不健全な. curiosité ~ 病的好奇心. goûts ~s 頽廃趣味.

morbidité *n.f.* **1** 病的性質. ~ d'un état 病的な状態.
2 病因, 病原（＝pathogène）.
3 罹病率, 罹患率. ~ cancéreuse 癌の罹病(患)率. tables de ~ 罹病(患)率表.
4〔比喩的〕不健全性. ~ d'un film 映画作品の不健全さ.

morbier *n.m.*〖チーズ〗モルビエ《フランシュ＝コンテ地方 le Franche-Comté で牛乳からつくられる非加熱圧搾自然外皮のチーズ；脂肪分45％；直径 35-40 cm, 厚さ 7-9 cm の円盤状, 重量 6-8 kg；最適賞味時期は春》.

Morbihan *n.pr.m.* **1**〔行政〕le ~ モルビアン県《＝département du ~；県コード 56；フランスと UE の広域地方行政区画 région Bretagne ブルターニュ地方に属す；県庁所在地 Vannes ヴァンヌ；3郡, 42 小郡, 261 市町村；主要都市：Lorient ロリヤン, Pontivy ポンティヴィ；面積 6,763 km²；人口 643,873；形容詞 morbihannais (e)》.
2 le ~ モルビアン地方. golfe du ~ モルビアン湾《牡蠣の養殖場が多い》.

morbihannais(e) *a.* モルビアン地方（県）の（département du Morbihan の）；モルビアン地方（県）の住民の.
──**M~** *n.* モルビアン地方人, モルビアン県人.

morceau(*pl.***~x**) *n.m.* **1**（食物の）一切れ, 一片, 一塊；（食肉の）部位, 部分. un ~ de bœuf ひと切れの牛肉. ~ de choix 極上肉〔の塊り〕；〖商取引〗極上品, 特選品. un ~ de fromage 一かけのチーズ. un ~ de pain 一切れのパン. deux ~x de sucre 角砂糖2個. sucre en ~x 角砂糖.
bas ~x 並肉〔の塊り〕. bons (fins)~x 上肉〔の塊り〕. légumes coupés en petits ~x 細切りにした野菜（＝julienne）. avaler un gros ~ 大きな食物の塊りを呑みこむ.〔話〕manger (prendre) un ~ 簡単な腹ごしらえをする.
2（固形物の）一片, 断片, 塊り；（全体的の）一部分；割れはし, 破片. ~ de bois 木片, 木ぎれ. ~ d'étoffe 布ぎれ. un ~ de papier 1 枚の紙片. un ~ de terre 1 区画の地所. couper (déchirer, mettre) en ~ 細かく切る(ちぎる, 砕く). réduire en mille ~x

粉々にする. La vitre est en mille ~x. 窓ガラスが粉々に砕けた. recoller les ~x（仲違いしたカップルを）和解させる.
3（文学・美術・音楽の）作品断片；小品；（組曲を構成する）楽曲, 作品.〔recueil de〕~x choisis 選文集, 抜粋. ~ de musique 楽曲；楽譜. ~ de piano ピアノの小曲. le dernier ~ d'un concert コンサートの後の楽曲. ~ d'architecture 建築作品.
4〔話・成句〕C'est un gros ~. 厄介な問題だ.〔話〕casser (cracher, lâcher, manger) le ~ 泥を吐く, 口を割る. emporter le ~（はげしく嚙みつく→）成功する, 勝利を収める（＝enlever le ~）. pour un ~ de pain 安い値段で.〔話〕un sacré ~ 太った大男.

morcellement（<morceler）*n.m.* **1** 分割；（特に）（土地, 財産などの）細分化；細分化した状態（＝morcèlement）. ~ d'un pays 国の分割. ~ de la propriété (de la terre) 財産（土地）の細分化.
2 分散. ~ des forces 勢力の分散.

mordant[1] (***e***)（<mordre）*a.* **1**（動物が）咬みつく. bêtes ~es 咬みつく動物 (loup, ours, renard など).
2 腐食性の；（やすりが）よく削れる.
3〔比喩的〕（寒さなどの）刺すような；（声・音が）鋭い, 甲高い. froid ~ 刺すような寒気.
4〔比喩的〕辛辣な, 手厳しい. critique (écrivain)~ 辛辣な批評家（作家）. ironie ~e 辛辣な皮肉. style ~ 鋭い文体.

mordant[2] *n.m.* **1** 鋭さ, 強烈さ；（声・音の）鋭さ, 甲高さ. ~ d'une scie 鋸の切れ味のよさ.
2（批評・筆致などの）鋭さ, 辛辣さ. œuvre qui a du ~ ぴりっとしたところのある作品. troupe qui a du ~ 士気旺盛な部隊.
3 腐食剤；〖染料〗媒染剤；〖工芸〗金箔の貼りつけ用ニス. emploi de ~s en gravure 製版の腐食剤使用.
4〖音楽〗モルデント.

morey-saint-denis（<M~-S~-D~）*n.m.inv.*〖葡萄酒〗モレー＝サン＝ドニ《ブルゴーニュ地方 la Bourgogne, コート・ド・ニュイ la Côte de Nuits 地区の AOC 酒, 多く赤；Clos-des-Lambray が特に名高い；この地区では bonnes-mars, clos-de-la-roche, clos-de-tart, clos-saint-denis は独自の AOC をもつ》.

morgon *n.m.*〖葡萄酒〗モルゴン《ボージョレ地区 le Beaujolais の村落モルゴン Morgon 村の gamay ガメー種による赤の AOC 葡萄酒；ボージョレ地区の9つのクリュ（特定葡萄畑）のひとつ》.

morgue[1] *n.f.* **1**（身元不明者の）死体公示所, 死体検視所, モルグ. **2**（病院の）霊安室.

morille *n.f.*〖茸〗モリーユ, 編笠茸《Marchella 属, Pezizales 目の食用茸》.〖料理〗~s à la crème モリーユのクリーム煮.〖料

理〛gâteaux de ～ ガトー・ド・モリーユ《編笠茸の菓子仕立て》.

morillon *n.m.* **1** 〚葡萄〛モリヨン《赤葡萄の品種；ブルゴーニュ地方 la Bourgogne の pineau, オルレアン地方 l'Orléanais の auvergnat に相当》.
2 〚鳥〛モリヨン，金黒羽白《海鴨の一種；ヨーロッパに多い；学名 Aythia fuligula》.
3 〚鉱〛小粒のエメラルド原石.

mormon(e) (<livre de *M*～) *n.* 〚キリスト教〛モルモン教徒《1830 年米国で Joseph Smith が設立した「最後の日々の聖者のエルサレム教会」の信徒》. livre de *M*～ モルモンの経典.
——*a.* モルモン教の；モルモン教徒の.

morne *a.* **1** (人が) 元気のない，沈みこんだ；(表情が) 暗い. ～ désespoir 暗い絶望. attitude ～ 沈みこんだ様子.
2 (天候などが) どんよりした，曇った. ciel ～ 曇った空. temps ～ どんよりした天気.
3 (場所が) 陰気な. quartier ～ 陰気な街区. ville ～ さびれた町.
4 (光, 色が) 鈍い，ぱっとしない. couleur ～ 鈍い色彩.
5 活気のない，生気に乏しい；平板な. ～ silence 重苦しい沈黙. air ～ 活気のない様子. journée ～ 陰気な一日. style ～ 平板な文体. vie ～ 沈滞した生活. yeux ～s 活気のない眼差し.

-morphe ［ギ］ ELEM「形」の意 (*ex.* a*morphe* 無定形の).

morphine *n.f.* 〚薬〛モルフィネ，モルヒネ《阿片中に含まれるアルカロイド；C₁₇H₁₉NO₃HCL》. ～-base 未精製モルヒネ，粗モルヒネ. dépendance de ～ モルヒネ依存症. ヘロイン中毒. hydrochlorate de ～ 塩酸モルヒネ. injection (piqûre) de ～ モルヒネ注射. intoxication à la ～ モルヒネ中毒 (= morphinisme). mode d'administration de ～ モルヒネ投与法. recepteur de ～ モルヒネ受容体. sulfate de ～ 硫酸モルヒネ.

morphinique *a.* 〚薬〛モルフィネ (モルヒネ) の；モルヒネ系の. euphorie ～ モルヒネのもたらす快感. médicament ～ モルヒネ剤.
——*n.m.* 〚薬〛モルフィネ (モルヒネ) 剤.

morphinisme *n.m.* 〚医〛モルフィネ (モルヒネ) 中毒，モルヒネ依存症.

morphinomane *a.* モルフィネ (モルヒネ) 中毒の.
——*n.* モルヒネ中毒者，モルヒネ依存者.

morphinomanie *n.f.* 〚医〛モルフィネ (モルヒネ) 中毒，モルヒネ依存症.

morphogenèse *n.f.* 〚生〛形態発生，形態形成.

morphologie *n.f.* **1** 〚生〛形態学. animale (végétale) 動物 (植物) 形態学.
2 形態学的形態 (構造)；(人の) 体形. ～ d'un athlète スポーツ選手の体形. anomalies de la ～ 形態異常, 奇形.
3 〚地学〛地形学；地表の形態. ～ de la surface terrestre 地形学 (= géomorphologie).
4 〚言語〛形態論；形態論的形態；形態組織. ～ lexicale 語彙形態論, 語彙学 (= lexicologie).

morphologique *a.* **1** 〚生〛形態学の；形態学的. types ～s 形態学的類型.
2 〚言語〛形態論の；形態論的.
3 〚地学〛形態の. traits ～s de la surface terrestre 地表の形態的特徴.

morphophysiologie *n.f.* 〚生〛形態生理学.

morphopsychologie *n.f.* 〚生〛形態心理学, 体型心理学.

morse¹ *n.m.* 〚動〛せいうち (鰭脚 (ききゃく) 目 pinnipèdes の大型海獣).

morse² (<Samuel *M*～, アメリカの発明家・画家［1791-1872］；1832 年モールス電信法を考案, 1840 年特許取得) *n.m.* **1** モールス電信法 (国際海事通信の手段としては, 1999 年 2 月 1 日より通信衛星システムに変更された). alphabet ～ モールス符号. code ～ モールス信号〔法〕. signaux en ～ モールス符号による信号.
2 モールス電信機.

morsure *n.f.* **1** (動物が) 咬むこと. ～ d'un chien 犬が咬むこと.
2 咬み傷, 咬傷；(虫の) 刺し傷. ～ animale 動物による咬み傷. ～ d'insecte 虫さされ. ～ de serpent 蛇咬傷；毒蛇咬傷.
3 (刃物の) 切り傷；損傷；損害. ～ de canif ナイフによる切り傷. ～ du froid 冷害. ～ du gel 凍結による損傷, 霜害.
4 〚影版〛(酸による銅板の) 腐蝕. ～ d'un acide 酸による腐蝕.
5 〚比喩的〛手ひどい攻撃；痛手. être en proie aux ～s de la jalousie 嫉妬に苛まれる.

mort¹ *n.f.* **1** 死, 死亡. ～ apparente 仮死. ～ cardiaque 心臓死. ～ cérébrale 脳死 (= coma dépassé). ～ dans la dignité 尊厳死. ～ de cellule 細胞死. ～ du feu 焼死. ～ du fœtus 胎児死亡. ～ par l'asphyxie 窒息死. ～ par choc ショック死. ～ par écrasement 圧死. ～ par l'électricité 感電死. ～ par étranglement 扼死. ～ par le froid 凍死. ～ périnatale 周産期児死亡. ～ par submersion 溺死 (= noyade). ～ sans souffrance 安楽死 (= euthanasie). ～ subite 急死, 急性死, 突然死. ～ violente 非業の死, 変死. ～ volontaire 自死.
combat à ～ 死闘. commando de la ～ 決死隊. constat de la ～ 死亡証明書. critères de la ～ 死の判定基準. définition de la ～ 死の定義. libre choix de sa propre ～ 死の自由選択. peine de ～ 死刑. pulsion de ～ 死の欲動. silence de ～ 死の静寂. souffle de ～ 死の前兆.
apprendre la ～ de qn 人の死を知る. avoir la ～ sur le visage 死相が現われている.

mort[2]

donner la ~ à …を殺す. se donner la ~ 自殺する (=se suicider). être à la ~ 臨終を迎えている, いまわの際にある. être blessé à ~ 致命傷を負う. s'ennuyer à ~ 死ぬほど退屈する. être sur le lit de ~ 死の床に伏している. M~ à …に死を！ M~ aux traîtres! 裏切者に死を！

2 (器官・組織などの)死, 壊死；壊死. ~ d'une cellule (d'un tissu organique) 細胞(組織)の壊死 (=nécrose).

3 〔比喩的〕死の苦しみ；死ぬほどの悲嘆. la ~ dans l'âme 死ぬほどの思いで, 断腸の思いで. accepter qch la ~ dans l'âme 断腸の思いで何を受けいれる. avoir la ~ dans l'âme 死の苦しみを味わっている. souffrir mille ~s 死ぬほどの苦しみを味わう.

4 〔比喩的〕終焉, 滅亡；破滅. ~ de la civilisation maya マヤ文明の終焉(滅亡). ~ de la monarchie 王政の崩壊. C'est la ~ de toutes nos espérances. これでわれわれの望みはすべて断たれた.

5 〔宗教〕死滅, 死. ~ de l'âme 魂の死. ~ éternelle 永遠の死.

6 la M~ 死神.

mort[2] n.m. **1** 〔トランプ〕(ブリッジ, ホイストの)ダミー. faire le ~ 手札を公開する. jouer pique du ~ 手札のスペードを出す.

2 〔建築〕(壁紙の)落筒.

mort[3] (**e**[1]) (<mourir) a. **1** (人・動物が)死んだ. ~ ou vif 生死を問わず. être ~ 死んだ. être à demi (moitié) ~ 半ば死にかけている. être ~ à la guerre 戦死した. être ~ accidentellement 事故死した. être ~ de faim (de froid, de maladie) 餓死(凍死, 病死)した. être comme ~ 死んだように動かない. être laissé comme (pour)~ 死人として遺棄される. tomber ~ 死ぬ. corps ~ 死体. enfant ~ à la naissance 死産児. personne ~e 死者. poisson ~ 死んだ魚.

Il est ~ et enterré./Il est ~ et bien ~. 彼は間違いなく死んだ. Il est ~ depuis longtemps. 彼は随分前に死んだ(でいる).

2 (組織などが)死んだ. cellule ~e 死んだ細胞. peau ~e 死んだ皮膚.

3 (植物が)枯死した, 枯れた. arbre ~ 枯木. branche ~e 枯枝. feuille ~e 枯葉. fleurs ~es 枯花. paille ~e 干藁.

4 〔比喩的〕(人が)死んだような. être ~ d'amour 死ぬほど恋いこがれている. être ~ de fatigue 疲れで死にそうである. C'est un homme ~. 彼は死んだも同然だ. Il est ~ pour la science. 彼は学者としてはもう死んだも同然だ. être plus ~ que vif 生きた心地もしない.

5 〔比喩的〕(à を)断念した. homme ~ au monde 世捨人.

6 〔比喩的〕生気のない；(手足が)麻痺した；(町などが)活気を失った, 沈滞した；(色が)くすんだ；(水が)よどんだ. doigt ~

感覚のない指. eau ~e よどんだ水, 溜り水. la Mer M~e 死海. quartier ~ 死んだような(活気のない)街区. regard ~ 虚ろな眼差. saison ~e オフシーズン.

7 〔比喩的〕活用されない, 無駄な. angle ~ 死角. argent ~ 死金. poids ~ 自重. temps ~ ロスタイム.

8 〔美術〕nature ~e 静物〔画〕.

9 〔俗〕(機械などが)使用不能に陥った. 〔海〕corps ~ 係船, 錨泊. piles ~es 寿命の来た電池. Le moteur est ~. エンジンは使用不能だ. C'est ~./Elle est ~e 万事休すだ！

10 〔比喩的〕死滅した；消え失せた. civilisation ~e 死滅した文明. espérance ~e 消え失せた希望. 〔言語〕langue ~e 死語 (langue vivante「現用語」の対).

11 〔比喩的〕過ぎ去った, 過去の. printemps ~s 過ぎ去った春.

12 〔電算〕mémoire ~e ロム (ROM: read-only memory)《読み出し専用メモリー》.

mort[4] (**e**[2]) n. **1** 死者；犠牲者 (=victime)；死体 (=corps d'un ~). 〔法律〕~ civil 民事死(法的死亡 mort civile)を認定された人. un ~ vivant 生ける屍. ~s de la guerre (d'une influenza) 戦争(インフルエンザ)の犠牲者.

cendres d'un ~ 遺灰；遺骸. corps d'un ~ 遺体. masque d'un ~ デスマスク. 〔俗〕médecin des ~s 監察医, 法医学専門家 (= médecin légiste). monument à la mémoire d'un ~ 死者の追悼記念碑. 〔話〕place du ~ (車の)助手席. sonnerie aux ~s 追悼ラっぱ. veillée des ~s 通夜.

ensevelir un ~ 死者を埋葬する. faire le ~ 死んだふりをする. 鳴りをひそめる；知らぬふりをする. 〔諺〕Les ~s ont toujours tort. 死人に口なし. 〔諺〕Il faut laisser les ~s ensevelir les ~. (死者をして死者を葬らしめよ→)先ずは緊急事に当れ (『ルカ伝』9.60).

2 (冥界の)死者；死者の霊 (=âme des ~s)；[pl. で]冥界. culte des ~s 死霊崇拝. dieu des ~s 冥界の神. 〔カトリック〕jour (fête) des M~s 万霊節 (=Toussaint「万聖節」の翌日；11月2日). séjour des ~s 冥界 (=empire des ~ ; royaume des ~s). évoquer les ~s 死者の霊を呼び覚す. prier pour les ~s 死者のために祈る.

mortalité n.f. **1** 死亡率 (=taux de ~). taux de ~ et de natalité 死亡率と出生率. ~ accidentelle 事故死亡率. ~ infantile 幼児死亡率. 〔保険〕tables de ~ 死亡表. Le taux mondial de ~ en 1998 était de 9 pour 1000 habitants. 1998年の世界全体の死亡率は9％であった.

2 (災害, 疫病などによる)大量死.

3 〔古〕死すべき運命 (immortalité「不死」の対).

mort-aux-rats [mɔr(t)ora] *n.f.inv.* 殺鼠剤, 猫いらず (=anhydride arsénieux).

mort-bois (*pl.*~*s*-~) *n.m.* 雑木林, やぶ.

morte-eau (*pl.*~*s*-~*x*) *n.f.* 小潮 (vive-eau「大潮」の対); 小潮時 (=période des ~s-~x). marée de ~ 小潮.

mortel (*le*) *a.* **1** 死すべき; 滅ぶべき;〔比喩的・文〕束の間の, うつろいやすい. Tous les hommes sont ~s. 人はすべて死すべき存在である.〔文〕dépouille ~*le* 遺骸, なきがら.
2 死にいたる, 死をもたらす, 致命的な. blessure ~*le* 致命傷. coup ~ 致命的打撃. dose ~*le* 致死量. maladie ~*le* 死にいたる病い. poison ~ 猛毒.
3 破滅に導く, 死をもたらす.〔カトリック〕péché ~ (霊魂の死をもたらす) 大罪.
4 死ぬほどの, ひどい. froid ~ 酷寒, ひどい寒さ.
5 やりきれない, 耐え難い, ひどく退屈な. ennui ~ 耐え難い退屈さ. pendant trois ~ *les* heures やりきれない長い3時間.
6 死を願わせる. ennemi ~ 不倶戴天の敵.
7 死を思わせる. pâleur ~*le* 死人のような蒼白さ. silence ~ 死のような静寂.
——*n.* 死すべき存在, 人間. les dieux et les ~s 神々と人間. le commun des ~s 並の人. heureux ~ 運のいい人.

morte-saison (*pl.*~*s*-~*s*) *n.f.* 閑散期, オフシーズン;(経済活動の)季節的低調期. ~ du tourisme 観光のオフシーズン.

mortier *n.m.* **1** モルタル; 漆喰. ~ aérien 気硬性モルタル. ~ au (de) ciment セメントモルタル. ~ gras 石灰分の多いモルタル. ~ hydraulique 水硬性モルタル. ~ maigre 砂の多いモルタル.
2 乳鉢 (=~ de pharmacien); すり鉢 (=~ de cuisine). ~ et pilon en buis すり鉢と黄楊 (つげ) のすりこぎ.
3〔軍〕〔古〕白砲;〔現用〕迫撃砲 (=~ de tranchée). ~ d'infanterie 歩兵用迫撃砲. ~ 120mm 120ミリ迫撃砲.
4〔仏史〕モルチエ帽 (高等法院長などがかぶった円い縁なし帽);〔現用〕法官の縁なし帽 (破毀院・会計検査院の法官が着用する).

mortification *n.f.* **1**〔宗教〕苦行, 禁欲. jeûner par ~ 苦行として断食する.
2 屈辱, 自尊心の痛み. infliger une ~ à qn 人に屈辱を与える.
3〔医〕壊死 (えし) (=nécrose). ~ par brûlure 火傷による壊死. ~ pulpaire 歯髄壊死.
4〔料理〕モルティフィカシヨン, 熟成 (肉を腐敗直前まで貯蔵して柔化させ, 風味を出す処理;=faisandage). effet de ~ 熟成効果.

mortinatalité *n.f.* **1**〔医〕死産; 死産数. taux de ~ 死産率 (出生数1000件あたりの真性死産数で示す).
2 死産率 (=taux de ~).

mort-né (*e*) (*pl.*~*s*-~*s*) *n.* 死産児 (=enfant ~). faux ~ 準死産児 (出生申告以前に死亡した新生児).

mortuaire *a.* 死の; 死者の; 葬儀の. acte ~ 死亡証書. cérémonie ~ 葬儀. couronne ~ 葬儀の花輪. drap ~ 柩を覆う黒布. extrait ~ 死亡抄本 (死亡証書のコピー). fourgon ~ 霊柩車. maison ~ 死者の出た家, 喪家. masque ~ デスマスク. registre ~ 死亡者台帳.
——*n.f.*〔ベルギー〕死者の出た家 (=maison ~).

morue *n.f.* **1**〔魚〕鱈 (たら) (鱈科 gadidées, 鱈属 gadus の海魚). ~ fraîche 生鱈, カビヨー (cabillaud). ~ noire 黒鱈, エグルファン (églefin). ~ séchée 干鱈, メルリューシュ (merluche). ~ verte 緑鱈, 塩鱈.
2〔衣〕〔服〕habit à queue de ~ 燕尾服 (=frac).
3〔蔑〕〔古〕売女, 淫売婦; 女.

morula *n.f.*〔生〕桑実胚 (胚発生の一時期. 桑の実状に分割された割球が凝集した状態の胚).

morutier (*ère*) *a.* **1** 鱈 (morue) に関する; 鱈漁の. industrie ~*ère* 鱈産業. navire ~ 鱈漁船.
——*n.m.*〔魚〕鱈漁船; 鱈漁の漁師. embarquer sur un ~ 鱈漁船に乗り込む.

morve *n.f.* **1** 鼻汁, 洟 (はな). avoir la ~ au nez 洟を垂らす.
2〔獣医・医〕馬鼻疽 (ばびそ); 鼻疽 (びそ) (pseudomonas mallei 菌による人獣感染症). ~ aiguë (chronique) 急性 (慢性) 鼻疽. ~ cutané 馬鼻疽腫, 皮疽.

MOS (=*m*étal *o*xyde *s*emi-conducteur) *n.m.*〔電子〕金属酸化膜半導体, モス素子 (=〔英〕Metal Oxyde Semiconductor). ~ FET モス素子 (金属酸化半導体) 電界効果トランジスター.

mosaïque *n.f.* **1**〔美術〕モザイク, 寄木細工; モザイク模様. pavage ~ モザイク模様の舗装. revêtement en ~ モザイク模様の壁張り.
2〔比喩的〕モザイク状のもの, 雑然たる集まり; 雑文集. ~ de petits Etats 小国家の割拠状態.
3〔生〕モザイク.
4〔農〕モザイク病.

mosaïquage *n.m.* **1** モザイク〔模様〕の作成.
2 (航空・宇宙衛星写真の) モザイク写真合成 (=〔英〕mosaicking).

Moscou *n.pr.* モスクワ (Moskva; ロシア共和国の首都; 旧ソ連邦の首都).

moscovite *a.* モスクワの (Moscou, Moskva) の; ~の住民の.
——*M*~ *n.* モスクワ市民.

mosellan (*e*) *a.* **1** モーゼル川 (=la Mo-

Moselle

selle) の. **2**『モーゼル川流域地方 Vallée de la Moselle の. **3** モーゼル県 département de la Moselle の.

Moselle *n.pr.f.* **1**『地理』la ~ モーゼル川 (les Vosges ヴォージュ山脈に源を発し, Epinal エピナル, Metz メッスを経て, Coblence コーブレンツで le Rhin ライン河に合流する；長さ550 km). **2**『行政』la ~ モーゼル県 (＝département de la ~；県コード57；フランスでUEの広域地方行政区画の région Lorraine ロレーヌ地方に属す；県庁所在地 Metz メッス；主要都市 Forbach フォルバック, Sarrebourg サールブール, Thionville チヨンヴィル；9郡, 51 小郡, 730 市町村；面積 6,214 km²；人口 1,023,447；形容詞 mosellan (*ne*)).

MOSFET (＝『英』*M*etal-*O*xyde *S*emiconductor *F*ield *E*ffect *T*ransistor) *n.m.*『電子工』MOS 型電界効果トランジスター, 金属・酸化膜・半導体 FET, モスフェット.

mosquée *n.f.* モスク, イスラム教寺院, 回教寺院.

Mossad *n.pr.m.* モサド (イスラエルの秘密情報機関. 1951年創設).

MOT (＝『英』*M*inistry *o*f *T*ransport) *n.m.* 運輸省 (＝Ministère des transports).

mot *n.m.* [I]『語』**1** 語, 単語；言葉. ~ à double sens 二重の意味をもつ語. ~-clé キーワード. ~ de cinq lettres (5文字の語→) 糞! (＝merde). ~ obsène 卑猥な言葉. ~ tabou タブーとされる単語. grand ~ 大袈裟な言葉；重大な言葉. gros ~ 下品な言葉；〔文〕大仰な言葉.
~ à ~ 一語一語；逐語訳 (＝traduction ~ à ~). ~ pour ~ 一語一語, 逐語的に. répéter ~ pour ~ les paroles de *qn* 人の言葉を一字一句違えず繰り返す.
au bas ~ 最低 (最小) に見積もっても. sans ~ dire；sans dire ~ 一言も発せずに.
jeu de ~s 語呂合わせ；洒落. premier ~ 初歩. ignorer le premier ~ de la chimie 化学のイロハも知らない.
avoir un ~ sur le bout de la langue 言葉が口先まで出かかっている. chercher un ~ dans le dictionnaire 辞書を引いて単語を調べる. chercher ses ~s 言葉を探す；言いよどむ. manger ses ~s 言葉を呑みこむ. manger la moitié des ~ 言葉を半分呑みこむ. ne dire ~；ne pas dire un〔seul〕~ ひと言も口をきかない.〔諺〕Qui ne dit ~ consent. もの言わぬは同意のしるし. Pas un ~ sur ce point. この点については一言うな. ne pas entendre un ~ à *qch* 何を少しも理解できない. ne pas souffler ~ ひと言も発しない. trouver le ~ juste 適切な言葉を見つける.
C'est le ~./Tu as dit le ~. まさにその通り；まさにぴったりの言葉だ. Ce n'est pas le ~. それは適切な表現ではない.

2『言語』語. ~ courant (usuel) 常用語. ~ d'emprunt 借用語. ~ d'entrée (辞書の) 見出語. ~ écrit (oral) 文語 (口語). ~ fonctionnel (grammatical, lexical) 機能語 (文法語, 語彙的語). ~-outil 道具語. ~ simple (composé) 単純 (合成) 語.
3 (符丁としての) 言葉, 合言葉；『情報』語, ワード. ~ convenu (電信などの) 符号.『軍』~ d'ordre 合言葉；命令, 指令；スローガン.『軍』~ de passe (合言葉の) 答え；(グループなどへの) 加入資格；『情報』パスワード.『軍』~ de sommation (合言葉の) 問い. se donner le ~ しめし合わす.
4 鍵になる言葉. ~s croisés クロスワード〔遊び〕. faire des ~s croisés クロスワードをする. ~ de l'énigme 謎を解く答え. fin ~ de *qch* 何を解く鍵, 何の真因. J'ai su le fin ~ de l'affaire. 私は事件の真相をつかんだ. maître ~ (魔術の) 呪文 (＝ ~ magique)；(教義などの根幹をなす) 重要な言葉.

[II]『言葉』**1** 言葉, 発音. ~s d'amour 愛の言葉. ~ d'éxcuse 詫びる言葉, 弁解. bon ~；~ d'esprit 気の利いた言葉；警句. dernier〔s〕 ~〔s〕最後の言葉. derniers ~s de *qn* 人の臨終の言葉. le dernier ~ de l'élégance エレガンスの極致.
avoir le dernier ~ 言い負かす；最後の切り札を握る. ne pas avoir dit son dernier ~ まだ降参した (全力を出し切った) わけではない. C'est mon ~. これがぎりぎり最後の提案だ；これ以上は譲れない；これが最後の言い値だ.

◆〔成句〕à ces ~s；sur ces ~s そう言うと；その言葉を聞くと.
à ~s couverts 遠回しの言い方で；やんわりと.
au moindre ~ ほんのひと言いっただけで.
en un ~ ひと言で言えば, 要するに.
en d'autres ~s 言い換えれば.
avoir le ~ de la fin 総括する, 締めくくる；落ちをつける.
avoir son ~ à dire 発言を許される；言い分がある.
〔話〕avoir (échanger) des ~s avec *qn* 人と口論する, やり合う.
〔話〕dire deux ~s à *qn* 人にきついことを言う.
mesurer (peser) ses ~s 言葉遣いに気を配る；言葉を選ぶ.
n'avoir qu'un ~ à dire pour+*inf.* (pour que+*subj.*) …するにはひと言うだけでよい.
ne pas avoir peur des ~s；ne pas mâcher ses ~s 歯に衣着せない, はっきりものを言う.
parler à ~s ouverts あけすけに話す.
placer un (son) ~ 口を挟む.
prendre *qn* au ~ 人の言葉を真にうける.
trancher le ~ 歯に衣着せない, はっきりものを言う.

2 単なる言葉《行為・現実の対》. Assez de ~s! ぐずぐず言うな! passer des ~s aux actes 言葉から実行に移る. se payer de ~s (行動せずに)言葉だけで満足する;口先に乗せられる. Ce ne sont que des ~s. それは口先だけのことだ.
3 気の利いた言葉, 警句 (=bon ~, ~ d'esprit); 名文句 (= ~ célèbre); 至言. ~ d'auteur 作家に固有の言葉. ~ d'enfant 子供が口にする愉快な文言. ~ historique 歴史に残る名言. recueil de ~s célèbres 名言集.
Ⅲ 《書かれた言葉》**1** 短信; 短い文章. écrire (envoyer) un ~ à qn 人にひと言書き送る. Je vous enverrai un petit ~. 近く一筆啓上いたします.
2 伝言, メッセージ. laisser un ~ à qn 人にメッセージを残す.

motard(**e**) (<moto) n.〖話〗**1** オートバイ乗り.
2〖話〗(軍隊・警察の)オートバイ隊員. ~ de la police routière (de la route) (=motocycliste). 交通警察のオートバイ隊員.

moteur[1] n.m. **1** モーター, 発動機;エンジン. ~ à combustion interne (à explosion) 内燃機関. ~ à essence ガソリン・エンジン. ~ à réaction ジェット・エンジン (=réacteur). ~ à vapeur 蒸気機関. ~ Diesel (diesel) ディーゼル・エンジン. ~ électrique 電動モーター, 電動機. ~ éolien 風動機関. ~ hydraulique 水力機関. ~ linéaire リニア・モーター.
2 内燃機関, エンジン. ~ à 2(4) temps 2(4)サイクル・エンジン. ~ à 6 cylindres (de 2500 cm³) 6気筒(排気量2500 cc の)エンジン. ~ à〔priston〕rotatif ロータリー・エンジン. ~ à refroidissement par air (eau) 空(水)冷エンジン.〖同格〗bloc ~ エンジン・ブロック.〖同格〗frein ~ エンジン・ブレーキ.
3〖比喩的〗原動力, 推進力;動因;推進者;首謀者. ~ de la croissance économique 経済成長の原動力. ~ du complot 陰謀の首謀者. ~ d'une politique 政治(政策)の推進者.
4〖電算〗~ de recherche (インターネットの)検索エンジン《キーワード, テーマなどによる検索ソフト》.
5〖古代哲学〗原動者. le premier ~ 第一原動者.
6〔古〕動力. ~ animé 生物動力《人, 馬など》. ~ inanimé 無生物動力《風, 水など》.

moteur[2] (**trice**) a. **1**〖生理〗動力の, 運動性の.〖医〗ataxie ~trice 運動性運動失調〔症〕.〖解剖〗centre ~ 運動中枢〔器官〕.〖解剖〗muscle ~ 運動筋.〖解剖〗nerfs ~s 運動神経.〖医〗paralysie ~trice 運動麻痺.〖解剖〗plaque ~trice 運動終板.〖医〗troubles ~s 運動障害.
2〖機械〗動力の. arbre ~ クランク軸 (= vilebrequin). force ~ 駆動力.

moteur-fusée(pl. ~s-~s) n.m. ロケットエンジン.
motif n.m. **1** 動機;理由;根拠.〖法律〗~ décisif (判決中の)決定的理由.〖法律〗~ décisoire (判決理由中の)決訟的理由. ~ d'inquiétude 不安の理由.〖法律〗~s du jugement 判決理由.〖法律〗~ de non distribution (郵便物の)配達不能の理由《Adresse insuffisante「宛先表記の不備」; N'habite pas à l'adresse indiquée.「表記の宛先に宛先人居住せず」; Refusé「受取り拒否」, décidé「死亡」など》. ~ valable レっきとした理由.〖法律〗contrariété de ~s 判決理由の矛盾. avoir des ~s de+inf. …する動機(理由, 根拠)などがある. chercher les ~s de la conduite de qn 人の行動の動機を探る. exposé des ~s 理由の説明. faux ~ 口実, 言い逃れ. sans ~ 根拠(いわれ)のない.
2〖美術〗(絵画・彫刻などの)モチーフ, 主題, 題材;〖デザイン〗モチーフ《文様の構成単位》.〖鉱〗~ cristallin 結晶模様. ~s décoratifs 装飾文様. ~s géométriques (végétaux) 幾何学(植物)文様. tissu imprimé à ~s de fleurs 花模様のプリント生地. aller sur le ~ 写生に行く. peindre sur le ~ 写生する, モデルを描く.
3〖音楽〗モチーフ, 動機.

motilité n.f.〖生理〗運動機能, 運動性;運動能力. ~ intestinale 腸の運動性. réhabilitation de la ~ 運動機能再生.

motion n.f. **1** (会議における)動議, 発議;決議. faire (rédiger, retirer) une ~ 動議を提出する(起草する, 撤回する). rejeter une ~ 動議を否決する. ~ de censure (政府に対する国会での)不信任動議.
2 宣言文, 発議文.
3〖法律〗(国民投票付託のための国会両院の)提案.
4〖精神分析〗欲動の動き.

motivation n.f. **1**〖哲, 心〗(行為などの)動機;(行動, 学習などの)動機づけ, モチヴェーション;〖言語〗動機づけ.〖心〗~s inconscientes 無意識的動機づけ.
2〖経済〗(経済行為の)動機;(消費者の)購買動機, 購買意欲 (= ~ du consommateur). étude des ~s 購買動機調査, モチヴェーション・リサーチ.
3〖法律〗動機づけ, 正当化. ~ d'un jugement 判決の正当化. lettre de ~ 出願動機説明書, 出願理由書.

motivé(**e**) a.p. **1** 理由(根拠)のある.〖法律〗arrêts ~s de la Cour de cassation 破毀院の法的根拠のある判決. refus ~ 根拠のある(正当な)拒絶.
2 動機のある, 動機づけされた, モチヴェーションのある;やる気のある, 意欲のある. élève ~ やる気のある生徒. gaieté ~e 理由のある陽気さ. être ~ dans son travail 仕事に意欲的である.
3〖言語〗動機付けのある.

moto (=*moto*cyclette) *n.f.* (排気量 125 cc 以上の) オートバイ, バイク. ~ légère 軽オートバイ (50 cc 以上 125 cc 未満).

motobécane (<[商標]*M*~) *n.f.* モトベカーヌ, 軽バイク.

motobineuse *n.f.*〖農〗自動中耕除草機.

motociste *n.* オートバイ販売 (修理) 業者.

motocross [mɔtɔkrɔs] *n.m.* モトクロス《オートバイによるクロスカントリー競技》.

motoculteur *n.m.* 自動耕耘機；農業用小型トラクター.

motoculture *n.f.* 機械化農業, 動力利用農耕. ~ de plaisance 動力利用レジャー農耕.

motocycle *n.m.* 原付二輪車, モーターサイクル《cyclomoteur, motocyclette, scooter, vélomoteur の総称. 通称《deux-roues》原付二輪車》.

motocyclette *n.f.*〔古・文〕オートバイ, バイク (現在では moto を用いる).

motocyclisme *n.m.* オートバイ利用；オートバイ競技.

motocycliste *n.* オートバイ (moto, motocyclette) 乗り, バイク乗り. ~ de la police オートバイ警官.
——*a.* オートバイの, バイクの；バイク利用の；バイク用の. casque ~ バイク用ヘルメット. sport ~ オートバイ競技.

motofaucheuse *n.f.*〖農〗自動刈取機；自動草刈機.

motohoue [mɔtou] *n.f.* 自動鋤起し機, モーターホー.

motomarine [カナダ] *n.f.* モートマリーヌ, 水上スクーター.

motonaute *n.m.*〖スポーツ〗モーターボート・レース選手；モーターボート愛好者.

motonautique *a.*〖スポーツ〗モーターボート競技の；モーターボート・スポーツの. Union internationale ~ 国際モーターボート連合.

motonautisme *n.m.* モーターボート・レース；モーターボート・スポーツ. Fédération française de ~ フランス・モーターボート連盟 (1922 年創設).

motoneige *n.f.* スノーモービル (=scooter des neige).

motoneurone *n.m.*〖生〗運動ニューロン (=neurone moteur). *α*(*γ*) ~ アルファ (ガンマ) 運動ニューロン.

motopaver [mɔtɔpavœr] *n.m.*〖土木〗自動舗装機.

motoplaneur *n.m.* 補助エンジン付グライダー.

motopompe *n.f.* 自動ポンプ.

motor-home (*pl.* **~-~s**) [英] *n.m.* モーター・ホーム, キャンピングカー《公用

推奨語は autocaravane》.

motorisation *n.f.* **1** 機械化；動力化. ~ de l'agriculture 農業の機械化.〖軍〗~ des troupes 部隊の機械化.
2 (自動車の) エンジン搭載；エンジン搭載別車種. modèle disponible en trois ~s 3 種のエンジン搭載が選択できるモデル. 7 ~s de 3 à 286 chevaux 125 馬力から 286 馬力までのエンジン搭載別 7 車種.
3 [英] 自動車の普及, モータリゼーション.

motorisé(e) *a.p.* **1** 機械化された, 自動車を用いた；エンジンのついた, 動力化された. agriculture ~*e* 機械化農業.〖軍〗colonnes ~*es* 車輌の隊列. transports ~s 自動車輸送.〖軍〗troupe ~*e* 機械化部隊, 自動車部隊. véhicule ~ 自動車輌.
2〖話〗車を持っている：車を使った. être ~ 自動車 (バイク) を利用している. week-end ~ 車による週末旅行.

motoriste *n.* **1** エンジン修理工；エンジン整備工.
2 (自動車・航空機の) エンジンメーカー, エンジン製造業者. Hispano-Suiza Aérostructures, filiale du ~ français Snecma フランスのエンジン製造会社 Snecma の子会社イスパノ (ヒスパノ) =スイザ・アエロストリュクチュール社.

motorship [mɔtɔrʃip] [英] *n.m.*〖船〗内燃機関船, ディーゼル・エンジン船 (略記 M/S).

motrice *n.f.*〖鉄道〗駆動車 (=loco*motrice*). ~s de rame des TGV　TGV 列車の駆動車 (電気機関車).

motricité *n.f.*〖生理〗運動機能, 運動性. ~ volontaire (involontaire) 随意 (不随意) 運動性. réhabilitation de la ~　運動機能再生.〖心理〗test de ~　運動機能テスト.

mots[-]croisés *n.m.pl.* クロスワード・パズル. faire des ~ クロスワード・パズルを楽しむ.

mots-croisiste *n.* クロスワード・パズル考案者.

motte *n.f.* **1** 土塊 (つちくれ)；(移植する草木の) 根付きの土. ~〔à　brûler〕泥炭の塊. ~ d'argile 粘土の塊. ~ de gazon 土付きの芝生. briser à la herse les ~ d'un champ 畑の土塊を馬鍬で砕く.
2〖冶〗抜き枠鋳型.
3 塊. ~ de beurre バターの塊 (小売用). acheter du beurre en (à la) ~ バターを塊で買う.
4〔古〕(築城用の) 土盛り, 丘；城. château construit sur une ~ 土盛りの上に築かれた城. La *motte* Beuvron ブーヴロン城.
5〖話〗恥丘 (=pubis)；女性の性器.

mou[1] (***mol***) (*f.***molle**) *a.*〔母音で始まる男性名詞の前では *mol*〕**1** 柔かい, ふわりとした. *mol* oreiller 柔かい枕. argile *molle* 柔かい粘土. fromage à pâte *molle* 軟質チーズ. fruit ~ 柔かい果物. matelas ~

軟かいマットレス. pain ~ ふわりとしたパン.〖解剖〗partie molle 軟部〔組織〕(筋肉と内臓など；骨の対). substance molle 軟かい物質.〖医〗tumeur molle 軟質腫瘍.
2 柔軟な, しなやかな；たわみやすい. de molles étoffes しなやかな布地. chapeau ~ ソフト〔帽〕. tige molle du roseau 葦のなよなよした茎.
3 柔和な, 温和な, 穏かな. molles ondulations de terrain 土地のなだらかな起伏. bruit ~ 鈍い音. climat ~ けだるくなるような気候.〖物理〗rayons X ~s 軟X線. temps ~ 蒸し暑い天気. vent ~ 軟風, 微風.
4 活気に乏しい, 力のない, だらりとした. cheval ~ 駑馬(どば). visage ~ しまりのない顔. avoir les jambes molles 脚に力がない(はいらない). avoir le ventre ~ 腹が出ている, 出腹である.
5〖比喩的〗柔弱な；優柔不断な；だらけた, たるんだ, 手ぬるい. air ~ だらけた様子. éducation molle 手ぬるい教育. élève ~ au travail 勉強に身の入らぬ生徒. esprits ~s 優柔不断な人々. femme molle 柔弱な女. gestes ~s もの憂げな動作. style ~ しまりのない文体. être ~ avec ses enfants 子供に甘い.〖話〗être ~ comme une chiffre ひどく無気力である. mener une vie molle だらけた生活を送る. opposer une molle résistance 弱々しく抵抗する.
——n. 優柔不断な人, 柔弱な人, ぐず(《女性形は稀》).

mou[2] *ad.* **1**〖俗〗そっと (=mollo；doucement). Vas-y ~. そっとやれよ.
2 無気力に (=mollement). musicien qui joue trop ~ だらけた演奏をする音楽家. travailler ~ 気のない働き方をする.

mou[3] *n.m.* **1** 柔らかさ, 柔らか味. le dur et le ~ 固さと柔らさの.
2〖話〗柔弱な男. C'est un ~. 奴は愚図だ.
3 (綱などの) たるみ, 緩み. avoir du ~ たるんで(緩んで)いる. donner du ~ à une corde 綱を緩める.

mou[4] *n.m.* **1**〖食肉〗ムー, 肺臓；もつ. acheter du ~ de bœuf chez le tripier 臓物専門店で牛もつを買う.
2〖話〗bourrer le ~ à (de) qn 人をだます. rentrer dans le ~ de (à) qn 人をだます；人をぶちのめす.

mouchage *n.m.* 洟(はな)をかむこと.
mouchard[1] (*e*) *n.* **1**〖話〗密告者；告発者 (=dénonciateur).
2〖蔑〗警察のスパイ. いぬ (=espion de police)；〖古〗警察.

mouchard[2] *n.m.* **1** (機関士, トラック運転手に対する) 監視装置.
2〖軍〗偵察機 (=avion d'observation).
3〖隠〗(監房の扉の) のぞき穴.
4〖印刷〗トンボ (=repère).

mouche *n.f.* **I** **1** 蠅 (はえ). ~ bleue (de la viande) 蒼蠅, 青蠅, 肉蠅. ~ domestique 家蠅. ~ dorée (verte) 金蠅 (青蠅). ~ du vinaigre 猩々蠅. écraser une ~ 蠅を叩く. enculage de ~s 重箱の隅をつつくような細かさ. faire d'une ~ un éléphant (蠅を象にする→) 針小棒大に言う. Il ne ferait pas de mal à une ~ 虫一匹殺せぬ男だ. mourir (tomber) comme des ~s 蠅のようにばたばた死ぬ, 大量死する. pattes de ~ 細かく読み難い字.〖話〗prendre la ~ むかっ腹を立てる.
2〖古〗虫, 羽虫 (abeille, guêpe, mouche, moucheron, moustique, taon など).
II (蠅に似たもの) **1**〖釣〗毛鉤 (けばり), ルアー. ~ artificielle 毛鉤, ルアー, 擬似餌. pêche à la ~ ルアー釣り.
2 つけぼくろ.
3〖フェンシング〗(フルーレの剣先につける) たんぽ.
4 (射撃の標的の) 黒点. faire ~ 的の中心を射抜く；〖比喩的〗目的を達する.
5 (眼中に現れる) 小黒斑. ~s volantes 飛蚊 (ひぶん) 症. avoir des ~s devant les yeux 飛蚊症に罹っている.
6 下唇の下の小さなひげ. porter la ~ ムーシュひげを生やす.
7〖天文〗M ~ 蠅座.
III (性質が蠅に似たもの) **1**〖古〗スパイ；〖現〗すばしこく立ち廻る人. fine ~ 抜け目のない人.
2〖船〗偵察艇. ~ d'escadre 艦隊偵察艇.
3 M ~；Bateau ~ バトー・ムーシュ (パリ, セーヌ川の大型観光船).
4〖スポーツ〗フライ級 (=poids ~)；フライ級の選手. poids ~ フライ級 (プロボクシングでは 48.99–50.80 kg). poids mi-~ ミドル・フライ級 (47.63–48.98 kg). poids super-~ スーパー・フライ級 (50.80–52.16 kg).

mouchoir *n.m.* **1** ハンカチーフ (=~ de poche). ~ de (en) papier 鼻紙 (=papier-~). ~ de soie 絹のハンカチ.〖話〗arriver dans un ~ 一団となってゴールインする. couvrir ses yeux de son ~ ハンカチを眼に当てる. faire un nœud à son ~ ハンカチに結び目をつける (《忘れないようにする目印》). jouer du ~ 涙を流す, すすり泣く. secouer son ~ en signe d'adieu 別れのしるしにハンカチを振る. jardin grand comme un ~ de poche 猫の額ほどの狭い庭.
2 スカーフ, ネッカチーフ (=~ de cou, ~ de tête).

moudjahid [mudʒaid] (*pl.* **~*in* (*e*)** [mudʒaidin]) *n.m.* イスラム教徒の戦士 (ゲリラ)；〖*pl.* で〗ムジャヒディン；(植民地解放の) イスラム戦士. les ~*in* afghans アフガニスタンのイスラム戦士たち. les ~*in* algériens アルジェリアのイスラム戦士たち

(1954-62 年).
——a. 〖多く性の変化なし〗イスラム教戦士の, ~ による. combattants ~ in〔e〕ムジャヒディン戦士. lutte ~〔e〕ムジャヒディンの戦い.

mouette *n.f.* **1** 〖鳥〗かもめ, ムーエット (goéland よりも小型のかもめ). ~ ravisseuse 盗賊鷗 (=stercoraire). ~ rieuse ゆりかもめ.
2 〖海〗救命ゴムボート (=canot pneumatique de sauvetage).

mouillage (<mouiller) *n.m.* **1** 湿潤化, 濡らすこと. ~ du soja pour le faire germir 大豆を発芽させるために水に浸すこと.
2 水中投下. ~〔de l'ancre〕投錨. ~ des mines 機雷敷設. ~ d'un navire 碇泊;係船. ~ en rade foraine 防波堤のない錨地での投錨.
3 〖海〗投錨地, 碇泊地. pêche au ~ 投錨船上からの釣り. être au ~ 碇泊(投錨)している.
4 (酒・牛乳などの)水増し;〖比喩的〗水増し. ~ du vin mis en vente 水増しして販売された葡萄酒. 〖経済〗~ de capital 資本の水増し.

mouillant(**e**) *a.* 〖化〗界面を活性化させる. pouvoir ~ d'une huile 油の界面活性作用力. produit ~ 湿化剤, 界面活性剤.
——*n.m.* 湿化剤, 界面活性剤 (=tensio-actif).

mouillé[1](**e**) *a.* **1** 濡れた;湿った. cheveux ~ s 濡れた髪. enfant ~ 寝小便をした子供. 〖比喩的〗poule ~ e 臆病者, 意気地なし. 〖地形〗section ~ e d'un fleuve 河川の流積. yeux ~ s うるんだ眼. voix ~ e 泣き声;感動に震える声. être ~ jusqu'aux os ずぶ濡れである.
2 〖言語〗湿音の, (子音が)口蓋化した. consonne ~ e 口蓋化した子音. n ~ 湿音の n 〔p〕(*ex.* agneau〔aɲo〕).

mouillé[2] *n.m.* 濡れていること, 湿っていること;湿った匂い. sentir le ~ 湿った匂いがする.

moulage (<mouler) *n.m.* **1** 型に取ること;鋳型に流しこむこと, 鋳造;(プラスチックの)成形. ~ à cire perdue 蠟型法. ~ du caillé 凝乳の成形(チーズの製造工程). ~ d'une cloche 鐘の鋳造. ~ d'objets en matière plastique 製品のプラスチック成形. ~ de précision 精密鋳造. ~ en sable 砂型鋳造. ~ par pression ダイカスト. prendre un ~ de *qch* 何の型をとる.
2 鋳造品;鋳物;成形品;〖彫刻〗石膏複製品. ~ de sculpture monumentale 記念的彫刻作品の石膏複製品.

moule[1] *n.m.* **1** 鋳型;金型;型枠;型. ~ à cire perdue 蠟型. 〖製菓〗~ à gaufre (à tarte) ゴーフル(タルト)型. ~ en coquille 金型. 〖冶〗~ en sable 砂型. couler du métal en fusion dans un ~ 融けた金属を鋳型に流し込む. être fait au ~[1] 型枠でつくられている.
2 〖比喩的〗形, タイプ. être coulé dans le même ~ 同じタイプである. être fait au ~[2] 姿勢がよい. jambes faites au ~ 形のよい脚. mettre *qn* dans un ~ 人を枠にはめこむ.

moule[2] *n.f.* **1** 〖貝〗ムール〔貝〕, 貽貝 (いがい). ~ commune 通常のムール貝(学名 Mytilus edulis). ~ d'eau douce 淡水貽貝, 石貝 (=mulette). 〖料理〗~ s à la marinière;~ s marinières ムール・〔ア・ラ〕マリニエール(香草を加えた白葡萄酒でムール貝を殻ごと加熱調理したもの). 〖料理〗~ s〔et〕frites ムールとフライドポテト(ベルギーの定番惣菜). culture (élevage) de ~ s ムール貝の養殖 (=mytiriculture). 〖料理〗soupe aux ~ s ムール貝のスープ.
2 〖俗〗間抜け, 腑抜け. Quelle ~! 何て頓馬だ.

moulin *n.m.* **1** 製粉機, 粉挽き車;水車 (= ~ à eau);風車 (= ~ à vent). apporter de l'eau au moulin de *qn* 人に助け舟を出す. entrer quelque part comme dans un ~ 自由自在に出入りする. faire venir l'eau au ~ 利益を得る. se battre contre les ~ s à vent 〔風車と格闘する→〕ありもしない敵と闘う. 〖ドン・キホーテの逸話から〗. 〖諺〗On ne peut être à la fois au four et au ~. 同時に2つのことはできない;同時に2個所にいることはできない.
2 水車小屋;風車小屋;粉挽き場;製粉工場. M ~ -Rouge (Paris の) ムーラン・ルージュ(赤い風車小屋の看板をもつナイトクラブ).
3 挽砕機, 圧搾機, ミル. ~ à café コーヒーミル, コーヒー豆挽き器. ~ à huile 圧搾式製油装置, 油搾り機(植物油用). ~ à légumes 野菜刻み器. ~ à poivre 胡椒挽き.
4 〖話〗(航空機・車の)エンジン (=moteur). faire tourner son ~ エンジンをまわす.
5 〖話〗~ à paroles よく口のまわる人, おしゃべり人間.
6 (ラマ教徒の)祈禱筒.
7 〖葡萄酒〗le ~ -à -vent ムーラン=ア(ナ) =ヴァン酒 (ボージョレ地方 le Beaujolais の M ~ -à -Vent 地区の AOC 赤葡萄酒).

moulin-à-vent (<Moulin-à -Vent:département de Saône-et-Loire ソーヌ=エ=ロワール県, Mâcon 郡, Romanèche-Thorins 村の地区名) *n.m.* 〖葡萄酒〗ムーラン=ア=ヴァン (ボージョレ地方のムーラン=ア=ヴァン地区で生産される赤葡萄酒の AOC;軽くて香りが良い).

moulinet *n.m.* **1** 〖古〗小型水車, 小型風車.
2 〖現用〗水車のように回転する機器. ~ d'une barrière 回転式出木戸. ~ d'une crécelle (玩具の)がらがらの回転胴. ~ d'un treuil ウインチの巻胴. ~ hydrométri-

que 回転式流速計. canne à pêche munie d'un ~ リール付きの釣竿. pêche au ~ リール竿釣り.
3 水車のように回転させること. faire le ~ (des ~s) avec une épée 剣をぐるぐる振りまわす. faire de grands ~s des deux bras (avec les bras) 腕を大きく振りまわす.
4 〖舞〗ムリネ.

Moulins *n.pr.* ムーラン《département de l'Allier アリエ県の県庁所在地；市町村コード 03090；形容詞 moulinois (*e*)》. cathédrale Notre-Dame de ~ ムーランのノートル=ダム大聖堂 (tryptique du *Couronnement de la Vierge* [1498年頃] あり). le Maître de ~ ムーランの巨匠《大聖堂の三折祭壇画の無名の画家》. marché à bestiaux de ~ ムーランの家畜市.

moulis *n.m.* 〖葡萄酒〗ムーリ《département de la Gironde ジロンド県ジロンド河 la Gironde の左岸 le Haut-Médoc オー=メドック地区の Moulis-en-Médoc 村 (市町村コード 33480) で生産される赤の AOC 酒》.

moulu(e) (<moudre) *a.p.* **1** 挽いた；粉にした，粉末状の. café ~ 挽いたコーヒー豆.
2 〖比喩的〗へとへとに疲れた. avoir le corps ~ 全身くたくたである. être ~ 〔de fatigue〕へとへとに疲れている.

mourant(e) *a.* **1** 瀕死の, 死にかけている. malade ~ (*e*) 瀕死の病人.
2 〖比喩的〗憔悴した. regards ~s 憔悴した眼つき.
3 〖比喩的〗消えようとする；かすかな；(色が) 淡い. couleur ~*e* 淡い色. feu ~ 消えようとする火. lumière ~*e* 残光. sons ~s かすかな音. voix ~*e* 消え入るような声.
4 〖話〗死ぬほど退屈な. conférence ~*e* 恐ろしくつまらない講演.
5 〔やや古〕〖話〗死ぬほど笑わせる. raconter des histoires ~*es* 笑話をする.
— *n.* **1** 死にかけている人, 瀕死 (臨終, 危篤) の人. la sainte onction des ~ 臨終の人に対する塗油式.
2 〖法律〗le premier ~ des conjoints (des père et mère) 配偶者 (父母) 間の先死者.

moussant(e) *a.* 泡を立てる. agent ~ 発泡材, 発泡体. bain ~ 発泡性入浴剤. 〖化〗pouvoir ~ 起泡力. produit ~ 発泡性製品. savon ~ 発泡石鹸.
— *n.m.* 発泡剤, 気泡剤.

mousse¹ *n.f.* **1** 泡, 気泡. ~ au bord d'un pot de bière ビール・ジョッキの縁の泡. ~ de champagne シャンパーニュ酒の気泡. ~ de savon 石鹸の泡. ~ des torrents 奔流の泡.
2 〖話〗ビール. une (petite) ~ 一杯のビール.
3 〖料理〗ムース (生クリーム・卵白などを泡立てて混ぜ込んだアントルメまたは肉・魚などのすり身の軟らかいパテ). 〖菓子〗 ~ au chocolat ムース・オー・ショコラ, チョコレート・ムース. 〖料理〗 ~ de foie gras d'oie 鵞鳥のフォワ・グラのムース. 〖料理〗 ~ de saumon 鮭のムース・オー・ショコラ.
4 (泡・スポンジ状のもの) ~ à raser シェーヴィング・フォーム. ~ carbonique 発泡消火剤. ~ d'argile 気泡粘土. ~ de nylon ウーリー・ナイロン. ~ de platine 白金海綿. caoutchouc ~ フォーム・ラバー. 〖織〗point ~ ガータ編み.
5 〖比喩的〗 ~ de l'esprit 泡立つ心. se faire de la ~ やきもきする.

mousse² *n.f.* 〖植〗苔 (こけ)；[*pl.* で] 蘚苔植物, 蘚苔類 (muscinées 蘚類と bryophytes 苔類). ~ de chêne 楢苔 (ならごけ) (Evernia 属；香水の原料を抽出する地衣類). tapis de ~ 苔の絨毯. rocher couvert de ~ 苔むした岩. 〖同格〗vert ~ モスグリーン (淡緑色). 〖諺〗Pierre qui roule n'amasse pas ~. (転がる石に苔は生えない→) 職を転々としていると金持にはなれない.

mousseau (*pl.* **~x**) *a.m.* 〔古〕pain ~ パン・ムーソー (上質小麦で作ったパン).

mousseline *n.f.* 〖織〗ムースリーヌ (木綿・絹・羊毛の薄い, 透き通った布地), モスリン. ~ de soie (laine) 絹 (羊毛) のムースリーヌ.
— *a.inv.* **1** 〖料理〗ムースリーヌ状の. pomme ~ ムースリーヌ状マッシュポテト (泡立てたクリーム・卵黄を加えて軽く仕上げたもの). sauce ~ ソース・ムースリーヌ, ムースリーヌソース (泡立てたクリームを加えたソース・オランデーズ).
2 verre ~ ムースリーヌ・ガラス (ムースリーヌ生地を模した磨りガラス).

mousseron *n.m.* 〖植〗ムースロン (はらたけ属の食用茸).

mousseux (se) *a.* **1** 泡立つ, 発泡性の. cidre ~ 発泡性シードル (林檎酒). crème ~*se* ホイップ・クリーム. vin ~ ヴァン・ムスー, 発泡性葡萄酒 (champagne 以外の発泡酒の通称).
2 〖比喩的〗ふんわりした. coiffure ~*se* ふっくらとした髪型. dentelles ~*ses* ふんわりしたレース.
3 うぶ毛に覆われた. 〖植〗rose ~*se* にわいばら.
4 〔古〕苔むした.
— *n.m.* 発泡性葡萄酒 (=vin ~) (champagne を除く).

mousson *n.m.* 〖気象〗モンスーン (=[英] monsoon；インド洋・南アジアの季節風).

moustache *n.f.* **1** 口髭 (くちひげ). ~ épaisse 濃い口髭. ~[*s*] à la Charlot チャップリン髭. ~[*s*] à la gauloise ガリア髭 (長くて先の垂れた髭). ~[*s*] gauloise[*s*]. ~[*s*] en croc カイゼル髭. femme qui a de la ~ 口のまわりに髭の生えた女性.

moustique

vieille ~ 老兵. porter la ~(des ~s) 口髭を生やしている. retrousser (tortiller) sa ~ 口髭をひねりあげる.
2〔比喩的〕口髭風のもの. se faire une ~ (des ~s) en buvant 飲物を飲んで口の周りに丸い跡がつく.
3(動物の) ひげ. ~s du chat 猫のひげ.
4〔pl. で〕(金箔細工師の) 細長いピンセット.
5 単結晶の金属フィラメント.
6〖航空〗(超音速機・高速機の) 翼の先端小翼.

moustique n.m.〖昆虫〗蚊. insecticide qui tue les ~ 蚊を殺す殺虫剤. maladies à ~ 蚊の媒介する疾病. nuages de ~ s 蚊の群れ. piqûre de ~ 蚊の刺し傷.

moût [mu] n.m.〖醸造〗ムー(葡萄、林檎、梨などの醱酵前の果汁).；(特に) 醱酵前の葡萄の搾り汁(= ~ de raisin). fermentation du ~ ムーの醱酵. transformation du ~ en vin 葡萄の搾り汁の葡萄酒への変換.

moutarde n.f.〖植〗芥子菜(からしな). graine de ~ 芥子の実；粒芥子.
2〖調味料〗芥子、ムータルド、マスタード. ~ à l'ancienne 古式ムータルド(~ de Meaux モー産ムータルドなど). ~ aux herbes de Provence プロヴァンスの香草入りムータルド. ~ au poivre vert グリーンペパー入りマスタード. ~ blanche 白ムータルド、辛口ムータルド(= ~ forte). ~ brune 褐色ムータルド(= ~ de Bordeaux ボルドー産ムータルドなど). ~ de Bordeaux ボルドー産ムータルド(アルコール発酵前の葡萄液 moût de raisin を用いる褐色のマスタード). ~ de Dijon ディジョン産ムータルド(酸味葡萄汁 verjus と白葡萄酒を用いる黄色い辛口のマスタード；= ~ blanche, ~ forte). ~ de Meaux モー産ムータルド(芥子の粗粒を用いた古式マスタード；= ~ à l'ancienne). ~ d'Orléans オルレアン産ムータルド(弱いヴィネガーを用いる). ~ forte 辛口ムータルド、ホットマスタード. ~ noire 黒ムータルド.〖医〗cataplasme à la〔farine de〕~ 芥子泥湿布. poudre de ~ anglaise 英国風粉芥子. sauce ~ 芥子入りソース、マスタード・ソース.
3 マスタード状のもの. gaz ~ マスタード・ガス(マスタード臭のある毒ガス, イペリット(ypérite).
—— a.inv. 芥子色の(=jaune ~).

moutardier n.m. **1** ムータルド(芥子) 製造者；芥子商.
2〖食器〗ムータルディエ、芥子入れ(壺) (=pot à moutarde).

mouton n.m. 〖I〗**1** 羊(羊一般、または去勢牡羊を指す；種牡羊は bélier、牝羊は brebis、仔羊は agneau、牝仔羊は agnelle). ~ à laine 羊毛用の羊、綿羊. ~ de Pauillac (de Sisteron)

ポイヤック(シストロン)産の羊(食用として最も珍重される). abats de ~ 羊の臓物(もつ). côtelettes de ~ 羊の骨付あばら肉. gigot de ~ ジゴ〔・ド・ムートン〕、羊の腿肉；〖料理〗羊の腿肉のロースト. compter des (les) ~ s 羊を数える(眠れない時 un ~、deux ~ s … と唱えて眠りに入る呪文). doux comme un ~ 羊のようにおとなしい. être frisé comme un ~ 縮れ毛である.
◆〖成句〗
~ s de Panurge 付和雷同の徒(Rabelais の Pantagruel『パンタグリュエル』中). chercher le ~ à cinq pattes (5本脚の羊を探す→) ありそうもないものを探し求める. Revenons (Retournons) à nos ~. 本題に戻りましょう(中世の笑劇 Maître Pathelin『パトラン先生』から).
2 羊肉、マトン(=viande de ~). manger du ~ 羊〔肉〕を食べる. ~ à la broche 羊肉の串焼.
3 羊の毛皮；羊革. manteau en ~ 羊革(ムートン)のコート. parchemin en ~ 羊皮紙；羊皮紙文書. reliure en ~ (書物の)羊革装.
〖II〗(羊に類似したもの) **1** 羊のような人、従順でだまされやすい人. C'est un ~. あれは実におとなしい人だ. ~ enragé 普段おとなしいが突然怒り出した人.
2 盲従する人、付和雷同する人(=moutonnier ; ~ de Panurge).
3〔隠〕密告者(スパイの同房囚人；mouchard, délateur, espion).
4〔多く pl.〕〔話〕羊雲、綿雲(=nuages moutonnés)；白い波頭(= ~ s d'écume)；綿ぼこり. balayer les ~ s 綿ぼこりを掃く.
5〖土木〗ドロップハンマー；〖工〗打金；〖建築〗鐘を吊す横木；〖海〗タック(帆索の一つ). ~ à délic (sec) ドロップハンマー. ~ Charpy シャルピー〔衝撃〕試験機.
6〔古銭〕羊の印のついた金貨(= ~ d'or).

moutonnisme n.m. 付和雷同性；群居、群生、群棲(=grégarisme).

mouture (<moudre) n.f. **1** (穀物、コーヒーなどを) 挽くこと；(特に) 小麦の製粉(= ~ de blé). ~ basse 挽白式製粉. ~ haute ローラー式製粉.
2 挽いた粉；同時に挽いた粉. résidus des ~ s 麩(ふすま) (製粉の残滓). trier deux ~ s d'un sac (袋から2種の挽き粉を取出す→) 一挙両得の実をあげる.
3〔古〕挽き賃. réclamer sa ~ 挽き賃を請求する.
4 混合麦(小麦、大麦、裸麦を3等分して混ぜたもの). pain de ~ 混合麦パン.
5〔比喩的〕〔多く 蔑〕蒸し返し、焼き直し. Ce n'est jamais qu'une nouvelle ~ de son dernier livre. これは彼の前作の焼き直しにすぎない.
6〔比喩的〕状態、稿、版. première (der-

nière)~ d'un article 記事の初稿 (最終稿).

mouvance *n.f.* **1**〚史〛(分封土の主封土への) 帰属 [関係]；(帰属による) 主従関係. ~ active 主封土. ~ passive 分封土.
2 勢力範囲, 支配圏. ~ électorale 選挙地盤. être dans la ~ de …の勢力範囲にある. pays de ~ communiste 共産主義圏の国.
3〚文〛動く性質, 動性.

mouvèdre *n.m.*〚農〛ムーヴェードル (赤葡萄酒用の葡萄の品種).

mouvement *n.m.* Ⅰ〚動き〛**1**（物体の）運動. ~ absolu (relatif) 絶対 (相対) 運動. ~ accéléré 加速運動. ~s alternatifs (circulaires) 往復 (円) 運動. ~ annuel (diurne) 年 (日) 周運動. ~ ascendant (descendant) 上昇 (下降) 運動. ~ continu (discontinu) 連続 (不連続) 運動. ~s divergents (convergents) 拡散 (収斂) 運動. ~ en avant (en arrière) 前進 (後退) 運動. ~ horizontal (vertical) 水平 (垂直) 運動. ~ initial du séisme 地震の初動. ~ ondulatoires 波動. ~ orogénique 造山運動. ~s périodiques 周期運動. ~ perpétuel 永久運動. ~ rotatoire 回転運動. ~ séismique (sismique) 地震. ~ sinusoïdal 正弦曲線. ~s synchrones 同期運動. ~ vivratoire 振動. force d'un ~ 運動力. quantité de ~ 運動量. résistance au ~ 運動抵抗, 摩擦. mettre qch en ~ 何を始動させる.
2〚自然現象〛運動, 運行；変動, 移動. ~ des astres (des corps célestes, des étoiles) 天体 (星) の運動. ~s de l'écorce terrestre 地殻変動. ~ des électrons (d'une molécule) 電子 (分子) の運動. ~ des fluides 流体の動き. ~ des nuages 雲の動き (移動). ~s sismiques 地震運動. lois du ~ 運動の法則.
3（人工的な）運動, 動き, 移動. ~ aspiratoire d'une pompe ポンプの吸上げ運動.〚映画〛~ de caméra カメラの移動. ~ d'un véhicule 車の移動. compteur à ~ rotatif 回転運動メーター, 回転計. production du ~ 運動力の産出. transmission du ~ 運動の伝達.
4〚機工〛動力装置；（時計の）ムーヴメント. ~ d'horlogerie 時計仕掛, 時限装置.
5〚交通〛運行, 往来；交通量. ~ des avions sur un aérodrome 空港での航空機の離着陸量 (発着量). ~ des navires d'un port 港湾の船舶出入港量.〚鉄道〛chef du ~ 列車の運行主任. ensemble des ~s 交通量.
6〚経済〛流通, 動き, 移動, 変動. ~ de caisse 金銭の出納. ~ de capitaux (de fonds) 資本 (資金) の移動. ~ des marchandises 商品の流通. Direction du ~ général des fonds au ministère des Finances 財務省の理財局.
Ⅱ〚人間・生物の動き〛**1** 運動；動作；活動；移動；動き. ~s actifs (passifs) 能動的 (受動的) 運動. ~ du bras 腕の運動. ~s du corps humains 人体の運動. ~ de croissance 生長運動. ~s de danse ダンスの動作. ~ de gymnastique 体操運動. ~ de nage 泳ぎの動き；泳法. ~s des oiseaux 鳥の移動. ~s de la tête 頭の動き. ~s du visage 表情の動き. ~ instinctif 本能的動作. ~ reflexe 反射運動. ~s réguliers (répétés) 規則的 (反復) 運動. ~ volontaire (involuntaire) 随意 (不随意) 運動.
légèreté des ~s 動作の軽やかさ. liberté de ~ 運動の自由. organes du ~ 運動器官. aimer le ~ 活動を好む. avoir des ~s gracieux 身のこなしが優雅である. en deux temps, trois ~s 素早く. être sans cesse en ~ 絶えず動き廻る. faire un ~ 体を動かす. prendre (se donner) du ~ 運動をする, 体を動かす. rester sans ~ じっとしている. Pas un ~ 動くな！
2（人間集団の）移動, 動き；動勢；活動；活気. ~ d'une foule 群衆の動き (流れ). ~ de personnel 人事異動. ~ de la rue 通りの往来.〚軍〛~ de troupes 部隊の移動. surveiller les ~s de l'ennemi 敵の動勢を監視する. faire ~ （軍隊が）移動する. guerre de ~ 機動戦 (guerre de position「陣地戦」の対). être en ~ ごった返している, 活気がある；動いている. Il y a du ~ dans ce quartier. この界隈には活気がある.
Ⅲ〚動きを感じさせるもの〛**1**（文章などの）活気, 生彩；〚美術〛動勢, 動感, ムーヴマン. ~ de la phrase 文章の躍動感. style sans ~ 生彩のない文体. personnages sans ~ 動きのない人物群像.
2〚音楽〛速度, テンポ；楽章；声部進行. indication de ~ 速度記号. le premier ~ d'une sonate ソナタの第１楽章. ~ contraire (oblique) 反 (斜) 進行.
3〚地形〛起伏, 凹凸, カーブ. ~ du sol (de terrain) 土地の起伏. ~ serpentin d'une rivière 川の蛇行.
Ⅳ〚比喩的〛**1** 情動, 衝動, 動き. ~s de l'âme 心の動き. ~ de colère (de fureur) 怒りの発作. ~ de joie (d'enthousiasme) 歓び (熱狂) のたかまり.
bon ~ 善意, 親切心. avoir un bon ~ 優しい気持をもつ. agir de son propre ~ 自発的に行動する. intelligence en ~ 活き活きとした知性.
2（社会・歴史などの）動向, 動き, 趨勢；変化, 革新. ~ de l'histoire 歴史の流れ. ~ des idées 思潮. ~ d'opinion 世論の動向. ~ des réformes 改革の動向. parti du ~ 進歩派政党 (parti consevateur「保守派政党」の対). être dans le ~ 時流に通じている (従う).
3（政治的・社会的・文化的集団の）運動；運動集団, 運動組織. ~ de grève (de révolte) ストライキ (反乱) 運動. ~ féministe 女権擁護運動. ~ insurrectionnel 暴動〔組織〕. ~ littéraire 文学運動. ~ syndical 組合運動.〚政治〛M~ démocratique 民主主義運動

mouvementé(e)

(2007年5月Bayrouにより結成).〖経済〗M~ des entreprises de France フランス企業運動〘略記 Medef；旧 CNPF「フランス経営者全国協議会」を 1998 年に改組〙.〖政治〗M~ des réformateurs 改革派運動〘略記 MDR；1992 年結成〙.〖政治〗M~ national républicain 全国共和国運動〘略記 MNR；1999 年結成の極右政党〙.〖政治〗M~ pour la France フランス擁護運動〘略記 MPF；1994 年結成〙.〖政治〗M~ républicain et citoyens 共和派市民運動〘略記 MRC；2003 年結成〙.
4 量的変化, 変動；傾向. ~s des prix 物価の変動. ~s de la population 人口の変動. ~ de hausse (de baisse) à la Bourse 株式市場の値上がり(値下がり)傾向.

mouvementé(e) *a.p.* **1** 波瀾に富んだ, 活気に溢れた；目まぐるしく変る. mener une vie ~e 波瀾万丈の生涯を送る. récit ~ 活気に溢れた物語. séance ~e 議論百出の会議.
2 凹凸の多い, 起伏の多い. terre ~e 起伏の多い土地.
3 〖商業〗(商品が)売買の多い, 品動きの激しい. articles ~s 売買の多い商品.

mouvementiste *a.* 〖政治〗社会運動の, 社会運動に参画する. la gauche ~ 社会運動的左翼.
—— *n.* 社会運動派.

MOX (= *m*êlange d'*ox*ydes) *n.m.* 〖化・原子力〗混合酸化物；〖原子力〗ウラニウム・プルトニウム混合酸化物 (= ~ d'uranium et de plutonium), MOX 燃料 (= 〖英〗mixed *ox*ides)〘増殖炉用の原子炉燃料〙.

moxa [mɔksa]〔日〕*n.m.* **1** もぐさ (armoise よもぎ属). **2** 〖医〗灸(きゅう).

moxage (<moxer) *n.m.* 〖原子力〗MOX〘ウランとプルトニウムの酸化物からつくる核燃料〙の使用 (導入).

moxibustion *n.f.* お灸(きゅう)(もぐさ moxa 療法).

moyen(ne)[1] *a.* 〔時に名詞の前〕**1** 中間に位置する, 中間の；中級の, 中級の ~ âge 中年 (= âge ~). le M~ Age 中世. homme d'âge ~ 中年の人, 中年男. le ~ français 中代フランス語 (14-15 世紀). le M~-Orient 中東.
〖論理〗~ terme (三段論法の) 中名辞, 媒概念；〔常用〕中間策, 折衷策, 妥協案；中期. à ~ terme 中期の. emprunt d'Etat (programme) à ~ terme 中期国債 (計画).
cours ~ (河川の)中流；〖学〗(小学校の) 中級課程〘初等教育の第 3 課程 cycle 3；略記 CM；小学校第 4 年次が CM 1, 最高学年の第 5 年次が CM 2〙；(外国語教育などの) 中級コース.
〖数〗termes ~s (比例式の) 内項.〖言語〗voix ~ne 中間態.
2 中程度の；中規模の；並みの, 平凡な, 凡庸の. ~ne bourgeoisie 中産プルジョワ階級. classe ~ne 中流階級. intelligence ~ne 並みの知能. petites et ~nes entreprises 中小企業〘略記 PME〙.〖解剖〗partie ~ne du cerveau 中脳.〖スポーツ〗poids ~ 中量級, ミドル級. qualité ~ne 中級品質. régions ~nes de l'atmosphère 大気圏の中層. résultats bien ~s ごく平凡な成績. être de taille ~ne 中背である.
3 平均的な, 標準的な. Français ~ 平均的フランス人, ごくありふれたフランス人.
4 平均の, 平均した. âge ~ 平均年齢. durée ~ne de la vie 平均寿命. taux ~ de rendement des obligations 債券の平均利廻り. température ~ne annuelle 年間平均気温. à une vitesse ~ne de 80 kilomètres à l'heure 平均時速 80 キロで.

moyen[2] *n.m.* **1** 手段, 方策, 方法, やり方；秘策, 抜け道, うまい手. les ~s du bord ありあわせの手段, 応急手段. ~ de contrôle 監視 (管理) の手段, 方法. ~ d'existence 生活の方, 収入. ~ d'expression 表現手段. ~ de fortune ありあわせの手段. ~ de paiement 支払方法. ~ de production 生産手段, 生産設備. ~ de transport 交通 (運輸) 機関, 交通の手段.
Vous y allez par quel ~ ? どうやって行くつもりですか. "quand les ~s tuent les fins." (Jean Cot, *Le Monde* du 27 mars 1999「手段が目的を殺すとき」(1999年3月, コソボ紛争に NATO 諸国が介入したとき, その介入のためにコソボ住民に対する迫害が激化したと批判する記事の題).
◆〖成句〗
au ~ de …によって, …を通して, …を用いて. Faut-il stimuler l'activité au ~ de travaux publics accrus ou de réformes de structure, voilà un sujet de discussions désormais classique entre les économistes. 景気刺激策として公共事業を増やすのか, あるいは構造改革に頼るべきか, これは経済学者のあいだで今や古典的とも言える論議の対象である.
employer les grands ~s 最後の手段に訴える, 非常手段を用いる.
il y a ~ de …することが可能である.
il n'y a pas ~ de …するのは不可能である. La fin justifie les ~s. 目的が手段を正当化する.
par le ~ de …を利用して, …によって.
par tous les ~s 全力を尽くして, 何が何でも.
pas ~ de …する手段がない, どうにもしようがない, お手上げだ.
Qui veut la fin veut les ~s. 目的を求めるものは手段も手に入れようとする.
se donner les ~s de …するための手段を手に入れる.
〔俗〕tâcher ~ de (que + *subj.*) …するべく努力する (tâcher de trouver le ~ de がつまった言い回し).

trouver le ~ de …する方法を見つける.
trouver ~ de …することに成功する；〔皮肉〕…するへまをやらかす, 愚かにも…する, 信じがたいことだが…する.
Tous les ~s (lui) sont bons. どんな手段でもとる, 手段を選ばない.
2〔*pl.* で〕能力, 才能, 力量, 体力, 素質. avoir les ~s à la mesure de ses ambitions 抱いている野心に見合った能力を備えている. être en pleine possession de ses ~s (体調や精神状態が) 絶好調である. par ses propres ~ 自力で, 自分だけで (=médiviste). perdre ses ~s うろたえる, 判断力を失う, 適切な反応ができない. Il a de grands ~s (peu de ~s). 彼は有能である (才能に恵まれていない). Face à un adversaire particulièrement coriace, le vainqueur a dû mobiliser tous les ~s en sa possession. 非常に粘り強い相手を前にして, 勝者はもっているあらゆる力を発揮しなければならなかった.
3 財力, 資金力.〔財政〕voies et ~s 歳入. C'est au-dessus de mes ~s. それを買うだけのお金を持っていない；高すぎて手が出ない. les gens qui ont les ~s (n'ont pas les ~s) 豊かな人たち (貧しい人たち). vivre selon ses ~s 分相応の暮らしをする.
4〔法律〕事由, 攻撃防御方法, 理由. ~s d'une cause 訴訟事件の攻撃防御方法. ~ de défense 弁護側の攻撃防御方法. ~ de droit 法的攻撃防御方法. ~ de fait (訴訟当事者の) 事実に関する攻撃防御方法. ~ de preuve 証拠上の理由. ~ inopérant 主張上の無効理由. ~ irrecevable 受理されない理由.

Moyen〔**-**〕**Age, moyen**〔**-**〕**âge** *n.m.* 中世 (西ローマ帝国の崩壊の 476 年からトルコ軍によるコンスタンチノープル占領の 1453 年, もしくはアメリカ大陸発見の 1492 年まで). haut (bas)~ 中世初 (末) 期. spécialiste du ~ 中世学者 (=médiéviste).

moyen-courrier(*pl.***~s-~s**) *n.m., a.m.* 中距離旅客機〔の〕(〔航続距離 1600-2000 km 程度のものをいう〕(→ long-courrier).

moyen-métrage, moyen métrage(*pl.***~s**〔**-**〕**~s**) *n.m.*〔映画〕中編映画 (上演時間 30-60 分程度).

moyennant *prép.* **1** によって, を用いて；のおかげで. ~ un effort intellectuel 知力を駆使して.
2 と引き換えに. ~ finance〔s〕金を払って. ~ quoi その代りに；そうすれば. Je lui remettrai mille francs,~ quoi nous serons quittes. 1000 フランを彼に返せば, 借りがなくなるでしょう. ~ récompense 報酬を条件に.〔文〕~ que + *subj.* (*ind.*) …という条件で, …さえすれば (= à condition que, pourvu que).

moyenne[2] *n.f.* ① 〔平均〕**1** 平均；平均値 (= valeur ~). ~ des températures à Paris au mois d'août パリの 8 月の気温の平均値.〔数〕~ arithmétique 算術 (相加) 平均.〔数〕~ géométrique 幾何 (相乗) 平均.〔数〕~ harmonique 調和平均.〔数〕~ pondérée 加重平均.〔数〕~ quadratique de deux nombres positifs 2 つの正数の相乗平均.
en ~ 平均して. travailler en ~ 8 heures par jour 一日に平均 8 時間仕事をする. être plus riche que la ~ 平均より金持ちである.
2 平均速度. rouler à une ~ de 80 km/h 平均時速 80 km で車を走らせる.〔話〕faire 〔du〕80 de ~；faire une ~ de 80 kilomètres à l'heure 平均時速 80 km で走行する.
3 平均点；及第点 (100 点満点の 50 点).〔学〕~ de notes scolaires 成績の平均点. avoir la ~ à un examen écrit 筆記試験で 50 点 (及第点) をとる. Sa ~ est de 15 sur 20. 彼 (彼女) の平均点は 20 点満点の 15 点だ.
4〔政治〕(比例代表制選挙における) 平均得票数. ~ électorale〔de liste〕当選標準票数. système de la plus forte ~ (名簿式比例代表制選挙での) 最大平均システム (各名簿の獲得投票数を, すでに獲得した議席数 + 1 で割った商が最も大きい順に, 残余の議席を割り当てる方式；système du plus forte reste「最大余剰システム」の対).
② 並み, 中程度. intelligence au-dessus de la ~ 並以上の知能. être dans la ~ 並みの水準にある.

Moyen-Orient(**le**) *n.pr.m.* 中東；(時に) 中近東 (l'Extrême-Orient「極東」の対；東地中海・紅海・オーマーン湾・ペルシャ湾の沿岸地帯). les pays du ~ 中東諸国 (l'Egypte と西アジア諸国；時に l'Afganistan, le Pakistan, la Lybie を含む).

moyen-oriental (**ale**) (*pl.* **aux**) *a.* 中東 (le Moyen-Orient) の；~ の住民の.
——*M~-O~* *n.* 中東の住民.

mozambicain(**e**) *a.* モザンビーク (le Mozambique) の, モザンビーク共和国 (la République du Mozambique) の；~ 人の.
——*M~* *n.* モザンビーク人.

Mozambique(**le**) *n.pr.m.*〔国名通称〕モザンビーク (公式名称：la République du M~ モザンビーク共和国；首都 Maputo マプト；国民 Mozambicain；公用語：ポルトガル語；通貨 metical〔MZM〕). le canal de (du) ~ モザンビーク海峡 (アフリカ大陸とマダガスカル島の間の海峡).

Mozart [mɔzar] *n.pr.* ヴォルフガンク・アマデウス・モーツァルト (Wolfgang Amadeus Mozart) (〔1756-91〕；出生名 Johannes Chrysostomus Wolfgangus Theophilus Mozart).

Mozarteum *n.pr.m.*〔音楽〕モーツァルテウム (ザルツブルク Salzbourg (Salzburg) にモーツァルト財団が創設した音楽研究・教育機関；劇場と国立モーツァルテウ

ム音楽演劇大学がある). Fondation internationale du M~ à Salzbourg ザルツブルク国際モーツァルテウム財団 (=[独]Internationale Stiftung M~ Salzburg). Orchestre du M~ de Salzbourg ザルツブルク・モーツァルテウム管弦楽団 (=[独]Salzburger M~ Orchester).

mozartien(ne) [mɔzarsjɛ̃, ɛn] *a.* モーツァルト (Mozart) の; モーツァルトの作品の.
——*n.* モーツァルト愛好家.

mozzarella [mɔdzarɛlla] [伊] *n.f.* 【チーズ】モッツァレッラ (イタリアのラティウム, カンパニア地方で, 牛乳や水牛乳からつくられる, 伸縮性のある軟質チーズ).

MP3 (=[英] *M*PEG-1 *A*udio *L*ayer *III*) *n.m.* 【情報】MP 3 方式《MPC (Multimedia PC) 規格で, MPEG-1 の動画を品質を落とすことなく圧縮する方式》.

MPA (=*M*ouvement *p*our l'*a*utodétermination) *n.m.* (コルス島の) 住民自己意志決定運動《穏健派の自主運動組織》.

MPEG (=[英] *M*ouving *P*icture *E*xperts *G*roup) *n.m.* 【電算・通信・TV】エムペグ《動画の圧縮方式》. normes ~ エムペグ規格 (MPEG-1, 2, 3, 4, 21 など). norme de compression ~ [-] 4 第 4 相エムペグの圧縮規格.

Mpix (=*m*illion[s] de *pix*els) *n.m.* 100 万画素, メガピクセル (mégapixels).

MPM (=*M*ouvement *p*opulaire *m*ahorais) *n.m.* マイヨット人民運動《政党名》.

MPOC (=*m*aladie *p*ulmonaire *o*bstructive *c*hronique) *n.f.* 【医】慢性閉塞性肺疾患《慢性の気道閉塞を特徴とする肺疾患の総称. 慢性気管支炎 bronchite chronique, 肺気腫 emphysème pulmonaire など; =[英]COPD : *c*hronic *o*bstructive *p*ulmonary *d*isease》. la ~ précoce 早発性慢性閉塞性肺疾患.

MPPT (=*M*ouvement *p*our un *p*arti des *t*ravailleurs) *n.m.* 労働者党結成推進運動《1985 年に結成されたフランスの極左の政治団体; 労働インターナショナル路線を歩む; 1991 年 Parti des travailleur「労働党」となる; 週刊の機関誌 *Informations ouvrières*》.

MPT (=*M*inistère des *p*ostes et *t*élécommunications) *n.m.* (日本の) 旧郵政省.

MPU (=[英] *m*icro*p*rocessor *u*nit) *n.f.* 【情報】マイクロプロセッサー・ユニット, 超小型演算素子 (=unité centrale d'un microprocesseur).

MR (=[英] *m*édical *r*epresentative) *n.* 【医・薬】医療 (医薬) 情報担当者 (=[仏] représentant(*e*), délégué(*e*) médic*al*(*ale*) (DR), visiteu*r*(*se*) médic*al*(*ale*); délégué(*e*) pharmaceutique (DP)).

MRA (=[英] *m*agnetic *r*esonance *a*ngiography) *n.f.* 【医】〔核〕磁気共鳴血管造影 〔法〕(=angiographie par imagerie par résonance magnétique, angio-IRM).

MRAM (=[英] *m*agnetic *r*andom *a*ccess *m*emory) *n.f.* 【電算】エムラム《随時書き込み・読み出し可能磁気メモリー》(=[仏] mémoire magnétique à accès aléatoire). non-volatilité de la ~ エムラムの不揮発性《電源を切ってもデータが消えない性質》.

MRAP (=*M*ouvement contre le *r*acisme et pour l'*a*mitié entre les *p*euples) *n.m.* 反人種差別・民族友愛促進運動《1949 年設立の団体; 月刊誌 *Différences* を発行》.

MRBM (=[英] *m*iddle-*r*ange *b*alistic *m*issile) *n.m.* 【軍】中距離弾道ミサイル (=[仏]MBMP : *m*issile *b*alistique à *m*oyenne *p*ortée).

MRC (=*m*ulti *r*echargement de la *c*assette) *n.m.* 【写真】(APS フィルムの) 途中交換システム. fonction ~ フィルム途中交換機能.

MRE (=[米] *m*eal *r*eady to *e*at) *n.m.* 【軍】即席携帯食 (=[仏] repas prêt à manger).

MRFA (=[英] *M*utual *R*eduction of *F*orces and *A*rmaments) *n.f.* (中部ヨーロッパ) 相互兵力削減〔交渉〕.

MRG (=*M*ouvement des *r*adicaux de *g*auche) *n.m.* 左派急進運動, 急進社会党左派《1972 年, 急進社会党 Parti radical-socialiste から独立し, Mouvement de la gauche radicale-socialiste (MGRS) を結成; 1973 年 Mouvement des radicaux de gauche (MRG), 1994 年 Mouvement des radicaux pour la réforme et la république, 1996 年 Parti radical-socialiste (PRS), 1998 年 Parti radical de gauche (PRG) と改称; 左翼穏健派の政党》.

MRI (=[英] *M*agnetic *R*esonance *I*maging) *n.f.* 核磁気共鳴造影法 (=[仏] IRM : *i*magerie par *r*ésonance *m*agnétique nucléaire).

MRJC (=*M*ouvement *r*ural de la *j*eunesse *C*hrétienne) *n.m.* 農村キリスト教青年運動《1929 年創設の JAC (=*J*eunesse *a*gricole *c*hrétienne) を継承し, 1964 年創設》.

mRNA (=[英] *m*essenger *R*ibo*n*ucleic *A*cid) *n.m.* 【生】メッセンジャー・リボ核酸 (=[仏] ARNm : *a*cide *r*ibo*n*ucléique *m*esseger).

MRP (=*M*ouvement *r*épublicain *p*opulaire) *n.m.* 【政治】人民共和運動《1944 年 Georges Bidault により結成, 1967 年解党; 第四共和政下のキリスト教民主主義政党》.

MRQP (=*m*eilleur *r*apport *q*ualité *p*rix) *n.m.* 品質と価格の最高の釣合《製品のコスト・パフォーマンス》.

MRS[1] (=[英] *m*agnetic *r*esonance *s*pectroscopy) *n.f.* 【医】〔核〕磁気共鳴スペクト

ロスコピー《=[仏] spectroscopie par résonance magnétique；核磁気共鳴による生体内の分子スペクトル検査》.

MRS[2] (=matériaux à risques spécifiés) n.m.pl. 〖畜産〗特定危険物質《牛の死体のうち狂牛病などの感染源となりうる臓器類》.

MRSA (=[英] methicillin-resistant Staphylococcus aureus) n.m. 〖医〗メチシリン耐性黄色ブドウ球菌《院内感染症の病原菌の一種》.

MRT (=la Mauritanie) n.f. モーリタニア《国名略記》.

MRV (=[英] Multiple Re-entry Vehicle) n.m. 〔非個別誘導〕複数核弾頭〔ミサイル〕, 多弾頭ミサイル (=engin à têtes nucléaires multiples sans guidage indépendant).

MS (=[英] multiple sclerosis) n.f. 〖医〗多発性硬化症 (=[仏] sclérose en plaques).

ms (=manuscrit) (pl.**mss** = manuscrits) n.m. **1** 手稿, 手書原稿《タイプ原稿も含む》. **2** 写本.

m/s (=mètre par seconde) 〖度量衡〗メートル毎秒《速度の単位》. m/s² (=mètre par seconde carrée) メートル毎秒毎秒《加速度の単位》.

MSA (=Mutualité sociale agricole) n.f. 農業関係者福祉互助〔金庫〕(=Caisse de ~).

MSAC (=[英] most seriously affected countries) n.m.pl. 最貧国, 第四世界 (=[仏] PMA：pays les moins avancés).

MSBS (=mer-sol balistique stratégique) n.m. 〖軍〗戦略艦対地弾道ミサイル (=[英] SLBM：Submarine Launched Ballistic Missile 潜水艦発射弾道ミサイル).

MS-DOS [ɛmɛsdɔs] (=[英] Microsoft Disk Operating System) n.m. 〖情報処理〗エムエス・ドス《マイクロソフト社ディスク・オペレーティング・システム》.

MSF (=Médecins sans frontières) 〖無冠詞〗n.m. 国境なき医師団《1971年に創設されたフランスの国際的医師派遣民間組織》.

MSG[1] (=maîtrise de sciences de gestion) n.f. 〖教育〗経営学修士.

MSG[2] (=météosat de seconde génération) n.m. 第2世代のメテオサット《気象衛星》. mise en orbite des satellites ~ 第2世代のメテオサット衛星の打上げ.

MSH (=[英] melanocyte-stimulating hormone) n.f. 〖生化〗黒色素胞刺激ホルモン (=[仏] mélanostimuline).

MSIN (=mort subite inexpliquée du nourrisson) n.f. 〖医〗乳児の原因不明突然死 (=[英] SIDS：sudden infant death syndrome 乳児突然死症候群).

MSP (=Mouvement pour la solidarité par la participation) n.m. 参加による連帯のための運動《1971年設立のゴーリスト左派の政治団体》.

MSS (=[英] Multispectral Scanner) n.m. 多重スペクトルスキャナー (=scanneur multibande).

MST[1] (=maîtrise en sciences et techniques) n.f. 〖教育〗科学・工学修士.

MST[2] (=maladies sexuellement transmissibles) n.f.pl. 〖医〗性交渉による伝染性性病.

MSTCF (=maîtrise de sciences et techniques comptables et financières) n.f. 〖教育〗会計財政学修士.

MT (=moyenne tension) n.f. 〖電〗中電圧. courant en ~ 中圧電流.

Mt (=mégatonne) n.f. メガトン《100万トン》.

MTC (=million de tonnes d'équivalent-charbon) n.m. 〔単位〕石炭換算100万トン.

MTCR (=[英] Missile Technology Control Regime) n.m. 〖軍〗ミサイル関連技術輸出規制 (=[仏] régime de contrôle de la technologie de missile).

MTL (=motocyclette légère) n.f. 軽モーターバイク《排気量50cc以上80cc未満のMTL 1, 2と排気量80cc以上125cc未満のMTL 3の区別がある》.

MTS (=mètre, tonne, seconde) n.m. 〖度量衡〗メートル・トン・秒単位系 (=système ~).

mu n.m.inv. **1** ミュー《ギリシア語字母の第12字 M, μ》. **2** μ：ミクロン (micron) の略号；100万分の1を示す合成要素 micro- の略号《ex. 1μm=1 micromètre》. **3** 〖物理〗ミューオン (muon).

mucilage n.m. 〖薬〗粘漿薬, 粘滑薬.

mucilagineux(se) a. **1** 〖植〗粘液を分泌する, 粘液質の. substance ~se 粘質物質. **2** 粘液状の, 粘滑性の, ねばねばする. ——n.m. 〖薬〗粘漿剤.

mucilagineux[2] n.m. 〖薬〗粘漿剤 (=mucilage).

mucinose n.f. 〖医〗ムチン沈着症. ~ folliculaire 毛包性ムチン沈着症, ムチン沈着性脱毛症.

mucocèle n.f. 〖医〗粘液瘤, 粘液嚢胞. ~ appendiculaire 虫垂粘液小球形成. ~ de l'appendice 虫垂粘液嚢腫.

mucoïde n.m. 〖生〗ムコイド, 類粘素《動物性蛋白質の一つ》.

mucopolysaccharides n.m.pl. 〖生・化〗ムコ多糖類(質).

mucopolysaccharidose n.f. 〖医〗ムコ多糖症(略記 MPS). ~ de type II ムコ多糖症第II型, ハンター症候群 (=syndrome de Hunter).

mucoprotéine n.f. 〖生〗粘性蛋白質, ムコ蛋白質《蛋白質と多糖が結合した複合蛋白質》.

mucosectomie *n.f.*〖医〗粘膜切除術. ～ endoscopique pour cancer superficiel de l'œsophage 食道の表面(初期)癌の治療のための内視鏡的粘膜切除術.

mucosité *n.f.*〖生〗粘液.

mucoviscidose *n.f.*〖医〗囊胞性繊維症, ムコヴィシドーシス(＝fibrose kystique, maladie fibrokystique)《肺・膵・腸の囊胞性繊維症；MVDと略記》.

mucus [mykys] *n.m.*〖生理〗粘液. ～ du col〔de l'utérus〕〔子宮〕頸管粘液《月経周期により性状・分泌量が変化する》.

mue *n.f.* **1**〖動〗(毛, 羽毛の)生え変わり；(哺乳類の)換毛, 毛変わり；(鳥の)換羽；(蜥(とや)；(鹿の)落角；(蛇, 昆虫などの)脱皮；(蚕の)眠(みん). ～ d'un cerf 鹿の落角〔期〕. ～ du plumage 羽毛の生え変わり〔期〕. ～s des vers à soie 蚕の眠.
2 換毛(換羽)期；(鹿の)落角期；脱皮期.
3 脱け毛, 脱け落ちた羽毛；落角(おちつの), 脱けがら, trouver une ～ de serpent 蛇の脱けがらを見つける.
4 (思春期の)声変わり, 変声.
5 家禽肥育用ケージ(＝cage)；伏せ籠. mettre les poulets en ～ 鶏をケージに入れる.
6〖比喩的〗変化, 変容.

muet(**te**[1]) *a.* [I]（生物について）**1** 唖の, 物が言えない；(動物が)鳴かない. être ～ de naissance 生れつき口がきけない. enfant sourd et ～ 聾唖児. Les poissons sont ～s. 魚は声を出さない.
2 (一時的に)口がきけない, 声が出ない. être ～ d'admiration (de terreur) 感嘆(恐怖)のあまり声も出ない. être confus et ～ 困惑して口がきけない.
3 (意図的に)口をきかない, 無言の. être ～ pendant des heures 何時間も黙りこくっている. être ～ comme une carpe (comme un poisson) 黙りこくっている. être ～ comme une pierre (comme une tombe) 石(墓石)のように沈黙している；口が堅い. à la ～ te 無言で；ひそかに.
4〖劇〗台詞なしの. jeu ～ 無言の所作(演技). personnage (rôle) ～ 台詞のない登場人物(役).
[II]（無生物について）**1** 言葉によって表現されない. de ～s reproches 無言の非難. Les larmes sont le langage ～ de la douleur. 涙は苦悩の無言の表現である. joie ～te 言葉にならないよろこび.
2 (sur に)言及しない. La loi est ～te sur ce point. 法律はこの点に関し口を閉ざしている.
3 音を出さない, 物音のしない, 無言の. cinéma (film) ～ 無声(サイレント)映画. église ～te 物音のしない教会堂. horloge ～te 時鐘装置をもたない時計.〖文〗l'univers ～ 沈黙の宇宙(世界).
4 発言のない. peuple ～ 物言わぬ民衆. réunion ～te 発言のない集会.〖劇〗scène ～te せりふのないシーン.
5〖言語〗発音されない, 無音(無声)の, 黙音の. e ～ 無音(無声, 黙音)の e. h ～ 無音の h. lettre ～te 黙字.
6 文字(記号)の記されていない. carte ～te 白地図. médaille ～te 刻印のない(無銘の)メダル.
— *n.* 唖, 唖者. les sourds et les ～s de naissance 生来の聾唖者. dactylologie utilisée par les ～s 唖者の用いる手話法.
— *n.m.* 無声(サイレント)映画(＝cinéma ～). le ～ et le parlant 無声映画とトーキー. vedette du ～ 無声映画のスター.
— *n.f.* **1**〖軍〗la grande ～ 軍隊《1945年以前, 軍人に選挙権や発言権がなかったことによる》.
2〔古〕意識. à la ～ 口もきかずに, 物音をたてずに.

muette[2] *n.f.* **1**〔古〕猟犬小屋；猟小屋.
2 château de la M ～ ラ・ミュエット城館《Paris の Bois de Boulogne ブーローニュの森内の》. quartier de la M ～ de Paris パリのラ・ミュエット地区《第16区》.

muezzin [myɛdzin] *n.m.* (イスラムの)祈祷時報係《モスクの尖塔から1日に5回時報を告げる》.

muflerie *n.f.*〔話〕下品；下品な言動.

mufti, muphti [アラビア] *n.m.*〖イスラム〗ムフティー(＝イスラム法解釈学者). grand ～ (国会における)イスラム法解釈の最高権威者.

muge *n.m.*〖魚〗ミュージュ, 鯔(ぼら)(＝mulet). œufs de ～ pressés からすみ.

muguet *n.m.* **1**〖植〗鈴蘭；鈴蘭の花(＝fleur de ～). offrir du ～ le 1er mai 5月1日に(幸福を祈って)鈴蘭を贈る.
2 鈴蘭の香料(＝essence de ～).
3〖医〗口腔カンジダ症, 鵞口瘡(がこうそう)(＝Candiai albicans).

Mujahidin〔-e-〕Khalq [イラン] *n. pr.m.pl.* ムジャヒディン〔＝エ＝〕ハルク《イランの反体制レジスタンス・テロ組織名》. organisation des ～ ムジャヒディン〔＝エ＝〕ハルク機構.

mule *n.f.* 牝騾馬(らば)《牡の驢馬(ろば)âne と牝馬 jument との交配雑種の牝》.〖比喩的〗être têtu comme une ～ 頑固である；頭が固い.〔話〕vraie tête de ～ 石頭；頑固者.

mulet[1] *n.m.* **1**〖家畜〗牡騾馬(らば)(＝grand ～)《牡ろば âne と牝馬 jument との間の雑種》. petit ～ 駄騾(けってい)《牡馬 cheval と牝ろば ânesse との間の雑種；＝bardot》.〔話〕têtu comme un ～ ひどく強情な.
2〔話〕(オートレースの)移動用車両.

mulet[2] *n.m.*〖魚〗鯔(ぼら)(＝muge).

Mulhouse *n.pr.* ミュルーズ《département du Haut-Rhin オー＝ラン県の郡庁所

在地；市町村コード 68100；形容詞 mulhousien(ne)). aéroport international de Bâle-～ バーゼル＝ミュルーズ国際空港. Musée français du chemin de fer de ～ ミュルーズ・フランス鉄道博物館. Musée national de l'automobile de ～ ミュルーズ国立自動車博物館. Parc zoologique et botanique de ～ ミュルーズ動植物公園.

mulla, mullah ⇒ mollah
mulsion n.f.〖酪農〗搾乳.
multi- [mylti][ラ] ELEM「多数，多重」の意《ex. multinational 多国籍の》.
multicâble n.m. 多重ケーブル TV 放送.
multicanal (ale) (pl. **aux**) a.〖放送〗マルチ・チャンネル方式の. téléviseur ～ マルチ(多重)チャンネル TV 受像機.
multicande n.m.〖数〗被乗数(掛算の第1項; multiplicateur「乗数」の対).
multicarte a.〖商業〗複数の企業を代表する. voyageur de commerce ～ 多企業代理セールスマン.
multicausal (ale) (pl. **aux**) a. 原因が複数の，複数原因の(＝pluricausal).
multicellulaire a.〖生〗多細胞の, 多細胞性の(＝pluricellulaire).
multicéréales n.f.pl. 多種混合穀類.
multicolore a. 多色の, 複数の色彩をもつ; 多色刷りの. étiquette ～ 多色刷りのラベル. étoffe ～ 多色の布地.
multiconfessionnel (le) a. 複数の信仰が存在する, 多宗教の.
multiconnecteur n.m. マルチコネクター《多機器連結コード》.
multicoque a.〖船舶〗多胴の, 多胴式の. voilier ～ 多胴式ヨット.
──n. 多胴船(catamaran, trimaran, praoなど).
multicouche a. 多層の；多層膜の. film ～ 多層フィルム. traitement ～ 多層被膜加工；(レンズの)多層膜コーティング. vitre ～ 多層式窓ガラス.
multiculturalisme n.m. **1** 多文化性; (単一社会における)多文化の共存状態. **2** 多文化賞揚主義.
multiculturel (le) a. 多文化の, 多文化的な. ville ～ le 多文化混在都市.
multidevise a.〖金融・経済〗多通貨による(＝[英] multicurrency).
multidiffusion n.f.〖TV〗番組の複数時間帯反復放映.
multidimensionnel (le) a. 多次元の, 多元的な(＝pluridimensionnel); 多方面の, 複数の領域にまたがる.〖統計〗analyse ～ le 多元的分析. développement ～ d'une entreprise 企業の多角的業種拡大.〖医〗RMN ～ le 多次元核磁気共鳴.
multidisciplinaire a. (研究等が)複数の専門分野にわたる, 学際的な(＝pluridisciplinaire). recherche ～ 学際的研究.

multidistribution n.f.〖商業〗(商品の)流通方式の多様化.
multifactoriel (le) a. 多要素の, 多因子の, 多因子の; 多因数の.〖医〗maladie ～ le 多因子性疾患. Les maladies coronariennes sont ～ les. 冠状動脈症は多因性である.
multifenêtre a.〖電算〗(ディスプレイの)マルチウインドウ方式の. logiciel ～ マルチウインドウ・ソフト.
multifilaire a.〖電〗(ケーブルなどが)多線の, 多数の導線から成る. câble ～ 多線ケーブル.
multifilière a. 多企業が関連する. approche ～ de l'élimination des déchets 廃棄物除去に関する多企業参加の取組み.
multiflash a.〖写真〗マルチフラッシュ方式の. liaisons ～ es マルチフラッシュ連結. système ～ マルチフラッシュ・システム.
──n.m.〖写真〗マルチフラッシュ発光《複数のストロボの同時発光》. système ～ マルチストロボ方式.
multiflore a.〖植〗多花性の. pédoncule ～ 多花花柄.
multifonction [s] a. 多機能の(＝multifonctionnel). four ～ s 多機能オーヴン. imprimante ～ 多機能プリンター. molette ～ 多機能ダイヤル.〖電算〗périphérique ～ s 多機能周辺機器(imprimante, copieur, scanner, carte などの多機能をそなえた機器). télécopieur ～ s 多機能ファックス.
multifonctionnel (le) a. 多機能の(＝multifonctions).
multiforme a. 多形態の.
multigestion n.f.〖金融〗(投資の)多種管理《Sicav「可変投資会社」や FCP (fond commun de placement)「共同投資資金」などの管理者を選別し, それらを統合管理する銀行業務》.
multigrade a.〖自動車〗huile ～ マルチグレード・オイル《粘性が安定したエンジンオイル》.
multi-instrumentiste n.〖音楽〗多楽器奏者.
multilatéral (ale) (pl. **aux**) a. 多国間の. accord ～ 多国間協定.
multilatéralisme n.m. **1**〖国際政治・経済〗多国間共同政策体制(主義). **2**〖法律〗多面主義, 双務体制.
multilinéaire a.〖数〗多重線形の.
multilingue a. **1** 複数言語による. **2** 複数言語を操る(＝plurilingue). **3** 多種の言語で書かれた(＝plurilingue).
multilinguisme n.m. 多言語使用〔能力〕.
multilobé (e) a. **1**〖植〗(葉が)多裂片の. **2**〖解剖〗(臓器が)多葉性の.
multimédia a. 多数の情報媒体を利用する(による, に関する), マルチメディアの.

campagne publicitaire ～ マルチメディア式宣伝キャンペーン. groupe ～ マルチメディア・グループ《出版・放送・映像・音楽等の複数のメディアを含む情報産業グループ》.

multimédiatisation *n.f.* マルチメディア化.

multimètre *n.m.* 多機能測定器, マルチメーター《電流, 電圧, 電気抵抗などを測定する機能をもったメーター》.

multimilliardaire *n.* 数十億長者《10億単位の金を持つ富豪》；超大富豪, 大金持.
——*a.* 数十億単位の.

multimillionnaire *n.* 数百万長者；大富豪, 大金持.
——*a.* 数百万の, 100万単位の.

multimissions *a.* 多種任務の, 多目的の.『軍』fregate ～ 多用途フリゲート艦（略記 FREMM）.

multimod*al* (*ale*) (*pl.* ***aux***) *a.*『運輸』多方式併用の（鉄道, 道路, 空路などの各種輸送方式を組み合わせた）. transport ～ 多方式併用輸送.

multination*al* (*ale*) (*pl.* ***aux***) *a.* **1** 多国家から成る. force ～ *ale* 多国籍軍. L'URSS est un pays ～. ソ連は多国家から成る国である.
2 多国家にまたがる；多国家に関する；超国家の. firme (entreprise, société) ～ *ale* 多国籍企業.
——*n.f.* 多国籍企業, 超国家企業 (= firme ～ *ale*).

multinationalisation *n.f.*『経済』(企業の) 多国籍化.

multinévrite *n.f.*『医』多発性神経炎.

multinorme *a.* マルチ方式の, 多規格対応の (= multistandard). ～ PAL/SECAM パル・セカム両方式対応の. récepteur ～ マルチ方式受像 TV.

multipare *a.* **1**『動』多胎の (unipare「単胎の」の対). La truie est ～. 牝豚は多胎である.
2『医』経産の, 多産の (nullipare「出産経験のない, 未産の」, primipare「初産」の対).
——*n.f.* 経産婦；多産な女性.

multipartisme *n.m.*『政治』複数政党制, 多党制 (= pluralité des partis).

multipartite *a.*『政治』多政党から成る. gouvernement ～ 多政党連立政府.

multipasse *n.f.*『電算』**1** 多数回処理, 複数パス. imprimante laser [type] ～ 多数回処理型レーザー・プリンター.
2 多数回処理物；多数回処理型プリンター.

multiple[1] *a.* **1**『複数名詞とともに』多様な, 多種の, 種々様々の；多数の, 数々の. activités (causes) ～ s 多種多様な活動 (原因) d'une situatuon 状況の様々な側面. missile à ogives ～ s 複数弾頭ミサイル. questionnaire à choix ～ s 複数

の選択肢のあるアンケート. à de ～ s reprises 何度も繰返して.
2『単数名詞とともに』様々な要素を含む (から成る)；多色の；複式の；重複した.『電算』accès ～ 多重アクセス. douleur ～ 複雑な苦痛. écho ～ 多重反響. fruit ～ 多花果, 集合果. personnalité ～ 多重人格.『電』prise ～ 多岐プラグ. poulie ～ 複滑車. question ～ 複雑多岐な問題. tête nucléaire ～ 複数核弾頭.
3『数』多重の. ～ de …の倍数の. intégrale ～ d'une fonction 関数の多重積分. racine ～ d'une polynome 多項式の多重根. 10 est ～ de 2 10は2の倍数である.
4『医』多発性の. myélome ～ 多発性骨髄腫.

multiple[2] *n.m.*『数』倍数. le plus petit commun ～ 最小公倍数 (略記 p. p. c. m.). les ～ s et les sous-～ s 倍数と約数.

multiplet *n.m.* **1**『情報処理』バイト群 (octet「8 ビットのバイト」など). **2**『物理』多重項（スペクトルの）多重線.

multiplex *a.inv.*（同一回路による）多重送信の；(放送) 多重の, 多元の. dispositif ～ 多重送信装置. émissions ～ 多重放送.
——*n.m.inv.* 多重送信〔装置〕；多重放送, 多元放送.

multiplexage[1] *n.m.*『映画』マルチプレックス映画館（複数の映画館があるビル）(= complexe multisalle).

multiplexage[2] *n.m.* **1**『情報通信』(情報伝達の) 多重化, 多重化技術. concentration des données par ～ 多重化技術によるデータの集線.
2『自動車』（電気・電子機器の1本のケーブルによる) 多元制御〔技術〕.

multiplexe *n.m.*『映画』ミュルチプレックス《複数の映画映写室をもつ映画館； complexe multisalle 多映写室式複合映画館》.

multiplexeur *n.m.*『情報通信』多重交換装置, 多重チャンネル, マルチプレクサー.

multiplica*teur*[1] (*trice*) *a.* 乗ずる；増加させる；『電』増倍性の. train ～ 増速ギア, 増速器.
——*n.m.* **1**『数』乗数《乗法の第2項；multiplicande「被乗数」の対》.
2 増加装置, 増倍器. ～ d'électrons 電子増倍管. ～ de pression 増圧器. ～ de tension 電圧増倍器.

multiplica*teur*[2] *n.m.*『写真』～ de focale コンバージョンレンズ (= convertisseur).

multiplicatif (*ve*) *a.* **1** 増加 (増加) する.
2『数』乗法の, 掛算の. loi ～ *ve* 乗法. signe ～ 乗法記号 (× または・).
3『言語』倍数を示す. préfixe ～ 倍数接頭

辞 (bi-, tri-, quadri- など).

multiplication *n.f.* **1**〖数〗掛算, 乗法 (記号は×または・；被乗数 multiplicande×乗数 multicateur＝積 produit). La 〜 de 2 par 4 fait 8. 2の4倍は8. faire une 〜 掛算をする. table de 〜 乗算表（九九の表）.
2 増加, 増大；倍加. 〜 des partis politiques 政党の増加.
3〖物理〗(電子の) 増倍；(原子炉での中性子の) 増倍.〖核物理〗〜 de neutrons 中性子の増倍.〖核物理〗facteur de 〜 (中性子の) 増倍率.
4〖生〗増殖, 繁殖. 〜 cellulaire 細胞分裂. 〜 des bactéries 細菌の繁殖. 〜 végétative 植物の増殖.
5〖機工〗歯車比, ギア比.

multiplicité *n.f.* **1** 多数, 多数性；多種, 多種性；多様性；複合性. 〜 des cas 多数の事例. **2**〖数〗(多項式の根の) 多重度,〖核物理〗多重度.

multiplieur *n.m.*〖情報処理〗乗数器；掛け算器. 〜 analogique (numérique) アナログ式 (ディジタル式) 乗数器.

multipolaire *a.* **1**〖電〗多極の. dynamo 〜 多極ダイナモ (直流発電機).
2〖生理〗(神経細胞が) 多極化した.
3〖政治〗多極的な, 多極化した. monde 〜 多極的世界.

multipoint *a.*〖電算〗マルチポイントの (3つ以上の端末に接続された；[英] multipoint).
—*n.m.* マルチポイント・コンピュータ・システム.

multipotent(e) *a.*〖生〗(細胞が) 多分化の. cellule 〜 *e* 多分化細胞, 万能細胞. cellule de souche 〜 *e* 多分化幹細胞, 万能幹細胞.

multiprise *n.f.*〖電〗多連ソケット (= prise multiple).

multiprocesseur *n.m.*〖電算〗マルチプロセッサー, 多重プロセッサー (2つ以上の独立した演算装置や制御論理をもつ中央処理装置).

multiprogrammation *n.f.*〖電算〗マルチプログラミング (1台のコンピュータによる複数のプログラムの同時実行).

multiprogrammé(e) *a.*〖情報処理〗多重プログラミング化された (= multi-tâche[s]).

multipropriété *n.f.* (別荘などの) 共同所有, 共有 (= propriété saisonnière).

multiracial(ale)(*pl.* **aux**) *a.* 多人種の (からなる), 多民族からなる. association 〜 *ale* 多人種の集団 (組織). Conseil exécutif 〜 多人種参加執行評議会. société 〜 *ale* 多人種 [共存] 社会.

multirécidiviste *n.*〖法律〗常習累犯者 (3犯以上).

multirésistant(e) *a.*〖医・音楽〗多剤耐性の. bactérie 〜 *e* 多剤耐性菌 (メチシリ

ン耐性黄色ブドウ球菌 Sarm など).

multirisque *a.*〖保険〗複数の損害に対応する. assurance 〜 オールリスク保険, 総合保険.

multisalariat *n.m.*〖労働〗複職賃金労働.

multisalles *a.*〖映画〗複数の上映ホールをもつ. complexe 〜 シネマコンプレックス, 多ホール式映画館.
—*n.m.* 多ホール式映画館 (= complexe 〜).

multiservice *a.*〖情報処理〗多種サービスに接続可能な. carte à mémoire 〜 多機能メモリーカード, ICカード.

multisoupapes *a.*〖機工〗多弁 (バルブ) 方式の. moteur 〜 多弁式エンジン.

multistandard *a.m.inv.* 多基準対応の, マルチ方式の.
—*n.m.* マルチ方式TV受像機 (= récepteur 〜).

multisupport *a.*〖保険〗マルチサポート方式の (保険者が多様な金融支持体を選択できる), 変額方式の. contrat d'assurance vie 〜 マルチサポート生命保険契約, 変額保険契約 (保険期間中に Sicav「可変資本投資会社」, SCI「不動産投資民事会社」, FCP「共同投資資金」など, 株式や債券に投資運用し, その成果に応じて死亡保険金額, 満期保険金額, 解約返戻金額などが決まる生命保険契約).
—*n.m.* マルチサポート (変額) 生命保険契約.

multi[-]tâche[s] *a.inv.*〖情報処理〗多機能の, 多重プログラム方式の (= multiprogrammé). logiciel de communication 〜 多重プログラム通信ソフト. ordinateur 〜 多重プログラム用コンピュータ.

multithérapie *n.f.*〖医〗(エイズの) 多種抗レトロウイルス薬併用治療〖法〗(= polythérapie).

multitraitement *n.m.*〖情報処理〗多重処理, マルチプロセッシング (= [英] multiprocessing).

multitube *a.*〖軍〗(火砲, ロケット砲が) 多連装の, 多砲身の. canon 〜 多連装砲.

multitubulaire *a.*〖機・工〗(ボイラーの) 多管式の. chaudie 〜 多管式ボイラー.

multitude *n.f.* **1** 多数, 多くの；無数の, 数知れぬ. une 〜 d'étoiles 数知れぬ星. une 〜 de spectateurs 無数の観客. une 〜 de poissons 魚の大群.
2〔文〕群衆；大衆；〔蔑〕衆愚, 下層民. flatter la 〜 大衆にこびる.

multi-universitaire *a.* 多大学の；多大学協同の；多大学共同利用の. équipe 〜 多大学構成チーム.

multi[-]usages *a.inv.* 多用途の. correcteur 〜 多用途修正液. mobile 〜 多用途携帯電話.

multivarié(e) *a.*〖統計〗多変量の.

analyse ~*e* 多変量解析.

multivibrateur *n.m.*『電子工学』マルチヴァイブレーター, 多調波発振器.

multivoie *a.*『電気通信』複数の回路を持つ, マルチウェーの.
——*n.m.* 多重送信回路システム, マルチプレックス (multiplex).

multizone *n.f., a.*『写真』マルチゾーン《多分割測光・測距》方式〔の〕.『写真』système de mesure ~ マルチゾーン測定システム.

Munchon [北朝鮮] *n.pr.* 文川 (ぶんせん), ムンチョン《江原道の都市》.

Munich [mynik] *n.pr.*『地名』ミュンヘン (=〔独〕München; 形容詞 munichois (*e*)).

munichois (*e*) *a.* ミュンヘン (München, 〔仏〕Munich) の; ミュンヘン市民の.
——*M~ n.* **1** ミュンヘン市民. **2**『史』ミュンヘン協定 (=accords de Munich, 1938) 支持派;〔広義・蔑〕強権屈従者.

municipal (*ale*) (*pl. aux*) *a.* **1** 市 (町・村) の, 地方自治体の; 市 (町・村) 営の. arrêté ~ 市町村令. conseil ~ 市 (町・村) 議会. conseiller ~ 市 (町・村) 会議員. élections ~*ales* 市町村会議員選挙, 地方選挙 (=les ~*ales*)〔古〕la Garde ~*ale* パリ市衛兵隊《現 la Garde républicaine de Paris パリ市共和国衛兵隊《ガルド・レピュブリケーヌ》の旧称》. loi ~*ale* 市町村条令. magistrats ~*aux* 市町村行政官《市町村長・maire など》. taxes ~*ales* 市町村税. théâtre ~ 市立劇場.
——*n.m.* パリ市衛兵隊員《現 gardien de la paix パリ市警警察官》.

municipalisation *n.f.* 市町村有化. ~ des sols 土地の市町村有化.

municipalité *n.f.* **1** 市 (町・村) 当局;〔行政法〕市 (町・村) 長と助役《執行部》. ~ d'une commune 地方自治体の運営機関《市町村長・助役・市町村会議員から成る》.
2 市役所, 町 (村) 役場 (=mairie).
3 市 (町・村).

munition *n.f.* **1**〔*pl.* で〕弾薬《cartouche, charges de poudre, fusée, obus, plomb など》. entrepôt de ~ 弾薬集積所.
2〔古〕〔多く *pl.*〕糧食 (= ~ s de bouche).

munster [mœstɛr]〔<*M ~*, Haut-Rhin 県の町〕*n.m.*『チーズ』マンステール《アルザス地方 l'Alsace で牛乳からつくられる軟質, 洗浄外皮のチーズ; 脂肪分 45-50 %》. ~ fermier マンステール・フェルミエ《牛乳からつくられる, 軟質, 白カビ外皮の AOC チーズ; 脂肪分 45-50 %》. ~ laitier マンステース・レーチエ《殺菌牛乳からつくられる軟質, 洗浄外皮のチーズ》.

muon *n.m.*『物理』ミューオン, ミュー粒子《μ と表記》. résonance de spin de ~ ミューオンスピン共鳴. rotation de ~ ミューオン回転.

▶ **muonique** *a.*

muphti ⇒ mufti

muqueuse *n.f.*『解剖』粘膜. ~ buccale 口腔粘膜. ~ du tube digestif 消化管粘膜. ~ utérine 子宮粘膜, 子宮内膜 (=endomètre).

muqueux (*se*) *a.* **1** 粘液〔性〕の. dégénération ~*se* 粘液変性.
2 粘液を分泌する. glande ~*se* 粘液腺. colique ~*se* 粘液性大腸炎, 粘液仙痛. membrane ~*se* 粘膜 (=muqueuse).

MUR (=*M*ouvement *u*ni de la *R*ésistance) *n.m.* レジスタンス統一運動《1943 年仏で結成, 同年 CNR (le Conseil national de la Résistance) に再編》.

mur *n.m.* **1** 壁; 壁体; 壁面; 塀, 垣. ~s aveugles めくら壁. ~ coupe-feu 防火壁. ~ d'appui 胸壁. ~ de briques 煉瓦壁. ~ de cloison 仕切壁. ~ d'enceinte 囲壁;《城塞・町》の城壁. ~ de fondation 基礎壁. ~ de pierres 石垣. ~ de quai 岸壁. ~ de soutènement 擁壁, 土止め壁 (= ~ de support). ~ écran d'un barrage ダムの心壁. ~ en ailes 翼壁. ~ latéral 側壁. ~ mitoyen 境界壁, 共有壁. ~ paraneige 防雪壁. ~ portant 耐力壁.
le *M~* des Fédérés《パリのペール=ラシェーズ墓地内の》連盟軍兵士銃殺の壁《1871 年》. le *M~* des lamentations à Jérusalem エルサレムの「嘆きの壁」. ~ de sécurité israélien en Cisjordanie シスジョルダニー《ヨルダン川西岸地区》のイスラエルの安全壁《ヨルダン川西岸のパレスチナ地区にイスラエルが建造した分離壁》. la chute du *M~* de Berlin ベルリンの壁の崩壊, 東独の崩壊.
aller dans le ~ 悪賢い行為を失敗させる. être le dos au ~ 逃げ場がない; 絶体絶命である. être au pied du ~ 壁際にはいつめられる. mettre *qn* au pied du ~ 人を追いつめる; 人に決断を迫る.〔話〕faire le ~《兵士・生徒などが》塀を乗り越える; 無断外出する. entre quatre ~s がらんとした部屋の中で; 家に閉じこもって; 牢獄の中で.〔諺〕Les ~s ont les oreilles. 壁に耳あり.
2 壁 (塀) 状のもの;《洞穴・坑道などの》内壁.『気象』~ de brouillard 霧の壁. ~ de rondins 丸太の棚.『スポーツ』faire le ~ 壁をつくってブロックする.
3〔*pl.* で〕《町を囲む》城壁; 町. dans les ~s 城壁内に. hors des ~s 城壁外に (の).
4〔比喩的に〕壁, 障壁, 障害. ~ d'airain 越え難い障害. ~ d'incompréhension (de silence) 無理解《沈黙》の壁.『航空』~ de la chaleur 熱の壁. ~ de la vie privée 私生活の壁. ~ des montagnes 山脈の障壁.『航空』~ du son 音速の壁 (= ~ sonique). se heurter à un ~ 壁にぶつかる.
5《壁のように》無反応な人. parler à un ~ 壁に向かって話す.

mûr(e¹) *a.* **1** (果物・穀物が) 熟した, 熟れた. fruit bien (trop)~ 完熟の (熟れすぎた) 果物. melon ~ 熟したメロン.
2〖医〗(腫物などが) 膿み切った. panaris ~ 膿み切った瘭疽 (ひょうそ).
3 (人間・精神が) 成熟 (円熟) した. âge ~ 壮年, 熟年. esprit ~ 分別ある人. homme ~ 壮年 (熟年) の男性. être ~ pour *qch* (+ *inf*.) 何 (…するのに) 丁度よい時期にある. être ~ pour le mariage (se marier) 結婚適齢期にある. être ~ pour le prix Goncourt ゴンクール賞は手のとどくところにある.
4 (機会などが) 熟した. projet ~ 十分練り上げた計画. L'affaire n'est pas encore ~. 事態はまだ熟していない. La révolution est ~. 革命の機は熟した. après ~ réflexion 熟慮の上で.
5〖俗〗酔っぱらった. Il est complètement ~. 奴はすっかり出来上がっている.
6〖話〗(布地が) くたびれた, 着古した, 今にも破れそうな.

muraille *n.f.* **1** (高く厚い) 壁;〔多く *pl.*〕城壁, 市壁 (=mur de fortification). ~ crénelée 狭間 (鏡眼) 付きの城壁. la Grande M ~ de Chine 中国の万里の長城. enceinte de ~ s 城・都市を囲む城壁. manteau couleur〔de〕~ 灰色のコート. pan de ~ 壁面.
2〖比喩的〗壁のようにそそり立つもの;障壁, 障害. ~ blanche de la falaise 断崖の白い岩壁. ~ de rochers 岩壁. ~s douanières 関税障壁.
3〖船〗(水面上の) 舷側.
4〖馬〗蹄壁.

mural(ale)(*pl.* **aux**) *a.* 壁の;壁に掛ける;壁面に描かれた;〔植物が〕壁に生える. carte ~*ale* 掛地図. peintures ~*ales* 壁画 (=fresque). pendules ~*ales* 壁掛時計. plantes ~*ales* 壁に繁茂する植物.

mûre² *n.f.* **1** 桑 (mûrier〔blanc〕) の実.
2〖果樹〗ミュール, ブラックベリー, 黒木苺 (mûrier〔noir〕の実).

muré(e) *a.p.* (<murer) **1** 壁でふさがれた. fenêtre ~*e* 壁でふさがれた窓, めくら窓.
2 壁で囲まれた;壁で守られた. jardin ~ 壁をめぐらした庭園. paix ~*e* 壁で守られた平和. ville ~*e* du moyen âge 中世の城塞都市.
3 閉じこめられた;幽閉された. mineurs ~s au fond 地底に閉じこめられた坑夫たち.
4 閉じこもった, 孤立した. ~ en soi-même 自分の殻に閉じこもった;自閉状態の.

murène *n.f.*〖魚〗うつぼ.

muret *n.m.*, **murette** *n.f.* 低い石垣, 縁石. ~ d'enceinte 低い石垣囲い.

mûrier *n.m.*〖植〗**1** 桑の木 (= ~ blanc;学名 Morus alba;実は mûre). ~ blanc 白桑の木 (養蚕用). ~ noir 黒桑の木 (果樹).
2 ミュリエ, ブラックベリー (黒木苺) の木 (= ~ noir;学名 Morus nigra;実は mûre).

mûrissage, mûrissement *n.m.* (果実の) 熟成, 完熟. ~ des bananes dans les entrepôts 室 (むろ) でのバナナの熟成 (完熟).

mûrisserie *n.f.* (果実, 特にバナナの) 熟成場, 熟成室, 室 (むろ). ~ des bananes バナナの熟成室.

murmure *n.m.* **1** つぶやき, ささやき;ひそひそ話. Pas un ~ dans la salle. 室内にはつぶやきひとつ聞こえない. ~ d'administration 賞讃のざわめき.
2 ざわめき, 小声の取沙汰. ~ d'administration (de protestation) 賞讃 (抗議) のざわめき.
3〔多く *pl.*〕不平 (不満) の声, 非難のざわめき. ~s d'une foule indignée 憤慨した群衆のざわめき. accepter sans ~ 四の五の言わずに承諾する. sans hésitation ni ~ 異議を唱えずに.
4〖比喩的〗(水流・葉むらの) ささやき, ざわめき. ~ d'un ruisseau 小川のせせらぎ.
5〖医〗~ respiratoire (vésiculaire) (聴診の際の) 呼吸音 (肺胞音).

murol *n.m.*〖チーズ〗ミュロール (département du Puy-de-Dôme の城塞都市 Murol (市町村コード 63790) で, 牛乳からつくられる非加熱, 圧搾式, 外皮洗浄, 弾力のある半硬質, 殺菌, 工場製チーズ;ドーナツ型, 脂肪分 45 %, 重量 450-500 g).

mur-rideau (*pl.* **~s-~x**) *n.m.*〖建築〗カーテンウォール, 帳壁 (= [英] curtain wall).

musacées *n.f.pl.*〖植〗芭蕉科, 芭蕉科植物 (バナナの木 bananier, ストラリジャ stralitzia など).

Musan [北朝鮮] *n.pr.* 茂山 (もさん), ムサン (咸鏡北道の中国との国境都市).

musc [mysk] *n.m.* **1** 麝香 (じゃこう), ムスク (麝香鹿 chevrotain porte-~ の牡の腹部分泌腺から分泌される香料).
2 麝香入り香水.
3 ~ végétal 植物性麝香 (あおい科の mauve musquée から抽出される精油香料).

muscade *n.f.* **1**〖植〗肉豆蔲 (にくずく) の種子, ナツメグ (=noix ~). beurre de ~ ナツメグ・バター.
2〖植〗rose ~ ミュスカド・ローズ (ナツメグの芳香をもつ赤薔薇の品種).
3 (奇術に使う) コルクの小球. Passez ~! 消えろ.

muscadelle *n.m.*〖葡萄〗ミュスカデル (ボルドー地区 le Bordelais で栽培される白葡萄酒の品種;sauternes doux, graves sec などを生む).

muscadet *n.m.* **1**〖葡萄〗ミュスカデ

muscadet côtes-de-grandlieu（主にロワール河 la Loire の河口地帯で栽培されている白葡萄の品種）．**2**〖葡萄酒〗ミュスカデ酒《AOC には，le muscadet, le muscadet-des-coteaux-de-loire, le muscadet-de-seine-et-maine の 3 種》．le ~ sur lies ミュスカデ・シュール・リー《澱引きしないミュスカデ酒，軽い発泡性の白葡萄酒》．le ~ nouveau ミュスカデ・ヌーヴォー《新酒》．

muscadet côtes-de-grandlieu *n.m.inv.*〖葡萄酒〗ミュスカデ・コート=ド=グランリユ（département de la Loire-Atlantique ロワール=アトランティック県，Nantes ナントの南に位置する葡萄畑の AOC 酒 (1994 年認定)；白葡萄酒)．

muscadier *n.m.*〖植〗肉豆蔲(にくずく)の木，ナツメグの木．

muscadine *n.f.* **1**〖葡萄〗ミュスカディーヌ《カナダ原産の葡萄の品種》．**2**〖葡萄酒〗ミュスカディーヌ酒．

muscari *n.m.*〖植〗ムスカリ．~ à fleurs bleues (blanches) 青花(白花)ムスカリ．~ nain 矮性ムスカリ．

muscarine *n.f.*〖生化〗ムスカリン《ベニテング茸などに含まれる猛毒アルカロイド》．

muscat *a.*〖葡萄〗ミュスカ(マスカット)種の．raisin ~ ミュスカ(マスカット)葡萄．vin ~ ミュスカ種による葡萄酒．──*n.m.* **1**〖葡萄〗ミュスカ(マスカット)種葡萄，ミュスカ(マスカット)．grappe de ~ ミュスカ(マスカット)葡萄の房．~ blanc (noir) 白(黒)ミュスカ．
2〖葡萄酒〗ミュスカ(=vin ~)（frontignan, malaga, picardin など，甘口の葡萄酒 vin de liqueur)．

muscinées *n.f.pl.*〖植〗蘚(せん)類《mousses, hépatiques》．

muscle *n.m.* **1**〖解剖〗筋，筋肉．
◆ 筋肉の種類：~ adducteur 内転筋．~ anconé 肘筋．~ aponévrose du grand oblique 大斜筋の腱膜筋．~ biceps 二頭筋．~ biceps crural 大腿二頭筋．~ blanc 白色筋，白筋(= ~ lisse 平滑筋)．~ calcanéum 踵骨筋．~ cardiaque 心筋 (=myocarde)．~ ciliaire 毛様体筋．~ couturier 縫工筋．~ cubital 尺骨筋．~ de l'antigravité 抗重力筋．~ deltoïde 三角筋．~ demi-membraneux 半膜様筋．~ demi-tendineux 半腱筋．~ dentelé 鋸筋(きょきん)．~ dorsal 背筋．~ droit 直筋．~ du squelette 骨格筋 (= ~ squelettique；赤色筋 ~ rouge)．~ éminence Thénar 母指球筋．~ extenseur 伸筋．~ fessier 臀筋．~ fléchisseur 屈筋．~ frontal 前頭筋．~ involontaires 不随意筋．~ jumeau (臀部の) 双子筋；（ふくらはぎの）腓腹筋．~s lisses 平滑筋．~s masticateurs 咀嚼筋，咬合筋．~ masséter 咬筋．~ occipital 後頭筋．~ orbiculaire des lèvres (des paupières) 唇 (まぶた)の輪状筋．~ peaucier 皮筋．~ péronier 腓骨筋．~ rond 円筋．~ rotule 膝蓋 (しつがい)筋．~ rouge 赤色筋, 赤筋 (= ~ squelettique 骨格筋)．~ sous-épineux 棘 (きょく)下筋．~ ~s squelettiques 骨格筋．~ sterno-cléido-mastoïdien 胸鎖乳突筋．~ strié 横紋筋．~ temporal 側頭筋．~ tenseur 張筋．~ trapèze 僧帽筋．~ triangulaire 三角筋．~ triceps 三頭筋．~s volontiers 随意筋．
2〖話〗体力；気力．avoir du ~ 力が強い，エネルギッシュである．

musclé(e) *a.* **1** 筋肉の発達した，筋肉隆々たる；逞しい．athlète ~ 筋肉隆々の運動選手．jambes ~es 筋肉の発達した脚部．
2〖比喩的〗腕っ節が強い；強靭な；強力な；構成のしっかりしている．musique ~e 力強い音楽．ordinateur ~ 高性能コンピューター．pièce de théâtre ~e 構成のしっかりした戯曲．
3〖比喩的〗強権的な．politique ~e 強力な政策．régime ~ 強権体制．
4〖学生隠語〗難解な．problème ~ 難解な問題．

musculaire *a.* 筋の，筋肉の．contraction ~ 筋収縮．défense ~ 筋性防御．fatigue ~ 筋疲労．douleur ~ 筋肉疲労．fibre ~ 筋肉繊維．hernie ~ 筋ヘルニア．

musculation *n.f.* 筋力トレーニング，筋肉鍛練．

musculature *n.f.*〖集合的〗筋肉，筋肉系，筋肉組織；筋肉のつき方；〖美術〗肉づき，筋肉表現．

musculeux(se) *a.* **1**〖解剖〗筋肉性の；筋肉による．brides ~ses du côlon 結腸の筋肉性の襞(ひだ)．
2 筋肉質の，筋肉の発達した．bras ~ 筋肉の発達した腕．

musculo-membraneux(se) *a.*〖解剖〗筋と膜の，筋と膜の要素をもつ．

musculo-squelettique *a.*〖医〗筋肉と骨の(に関する)．troubles ~s 筋肉と骨の障害〔症〕(TMS と略記)．

musculotendineux(se) *a.*〖解剖〗~se 筋肉腱隔膜．

Muse *n.f.* **1**〖ギ神話〗les neuf ~s 9 人のムーサイ(ミューズ)《文芸・学術を司る 9 女神；Caliope カリオペ (雄弁・叙事詩), Clio クレイオ (歴史), Erato エラト (悲歌), Euterpe エウテルペ (音楽), Melpomène メルポメネ (悲劇), Polymnie ポリュムニア (抒事詩), Terpsichore テルプシコレ (舞踊), Uranie ウラニア (天文)；特に詩の女神》．les ~s, filles de Mémoire 記憶の女神ムネモシュネの娘のムーサイ．enfants de ~s 詩人．invoquer les ~s (ミューズの加護を求めて) 霊感を得る．
2〖比喩的〗la ~；les ~s 詩；詩芸術 (=la

poésie). la ~ épique 叙事詩. cultiver les ~s 詩作に励む.
3〚比喩的〛詩的霊感(＝inspiration poétique). invoquer sa ~ 詩的霊感を祈願する.
4〚古〛詩人に霊感を与える女性.

muséal(***ale***)(*pl.* **aux**) *a.* 博物館の. établissement ~ 博物館施設. politique ~ale 博物館政策.

museau(*pl.*~**x**) *n.m.* **1**(動物・魚などの)鼻面(はなづら)《馬には用いない》. ~ du (de) chien 犬の鼻. ~ de requin 鱶の鼻.
2〚料理〛ミュゾー《牛・豚などの鼻の肉付軟骨, 頬や唇の肉の料理》. ~ à la vinaigrette ミュゾーのソース・ヴィネグレット和え. salade de ~ ミュゾーのサラダ.
3〚話〛顔面, 面(つら), 変った可愛い顔. affreux ~ ひどい顔付. fricassée de ~ あつあつの接吻(抱擁)(＝embrassade).
4〚解剖〛~ de tanche 子宮頸の腔への突出部.

musée *n.m.* **1** 博物館；美術博物館, 美術館(＝~ des beaux-arts；~ d'art). M~ Carnavalet et d'Histoire de la Ville de Paris カルナヴァレ・パリ市歴史博物館. M~ de l'Histoire de France フランス歴史博物館《パリの l'hôtel de Soubise 内》. M~ de l'Homme 人類博物館. M~ du Louvre ルーヴル美術館. M~ d'Orsay オルセー美術館. M~ national des arts et traditions populaires 国立民芸民族博物館. M~ national d'Art moderne 国立近代美術館. M~ national du Moyen-Age, Thermes de Cluny 国立中世博物館・クリューニー古代浴場《通称 M~ de Cluny クリューニー博物館》. M~ Picasso ピカソ美術館.
~ de cires 蝋人形館(*M~* Grévin など). ~ de peinture 絵画館(＝pinacothèque). ~ lapidaire 石碑・石像博物館(展示館). ~ scientifique 科学博物館.
conservateur d'un ~ 博物館学芸員. Direction des ~s nationaux 国立博物館局《Ministère de la Culture の局》. Réunion des ~s nationaux 国立博物館連合《略記 RMN》. 《Printemps des M~s》「博物館の春」《1999年に導入されたヨーロッパの博物館の無料開館日；2002年4月7日の場合, フランスの800館とヨーロッパ28カ国400館が参加》. objet de ~ 美術館入りに値する名品.
2 博物館的なもの；(博物館の)コレクション；珍品の寄せ集め. ~ imaginaire 空想の博物館. 〚同格〛ville [-] ~ 博物館街(町全体が博物館のような都市). 〚話〛~ des horreurs 醜悪なものの寄せ集め. ~ d'inepties 愚言の宝庫.
3〚古〛女神ムーサイ(ミューズ Muse)の神殿. M~ アテネのミューズの丘；(アレクサンドリアの)ムセイオン.

muséographe *n.* 博物館(美術館)学芸員.

muséographie *n.f.* **1** 博物館誌, 博物館史. **2** 博物館運営法, 博物館展示法；博物館(美術館)展示品分類学, 博物館展示品目録作成学.

muséologie *n.f.* 博物館学.

muséum [myzeɔm][ラ] *n.m.* 自然科学博物館, 自然博物館. M~ national d'histoire naturelle de Paris 国立パリ自然史博物館《1793年までの呼称は「植物園」Jardin des Plantes》.

musical(***ale***)(*pl.* **aux**) *a.* **1** 音楽の, 音楽に関する, art ~ 音楽芸術. son ~ 楽音.
2 音楽を伴う, 音楽を奏でる, 音楽による. chaises ~ales 音楽に合わせた椅子取りゲーム. comédie ~ale ミュージカル. critique ~ale 音楽批評. émission ~ale 音楽放送. matinée ~ale マチネー・コンサート. phrase ~ale 楽句. soirée ~ale 音楽の夕べ, イヴニング・コンサート.
3 音楽を解する；音楽的な, 耳に心地よい. qualité ~ale d'un enregistrement 録音の音楽的特性(音楽的高品質). voix ~ale 耳に心地よい声. avoir l'oreille ~ale 音楽を聴きわける耳がある.

musicalité *n.f.* **1**(詩句・音声・演奏などの)音楽性. ~ des vers 詩句の音楽性.
2(音響機器の)音楽的忠実性. ~ d'un récepteur radiophonique ラジオの音楽再生忠実性.

musicassette *n.f.*〚音楽〛ミュージックカセット.

music-hall(*pl.*~-~**s**)[myzikol][英] *n.m.* **1** ミュージックホール. chanteuse de ~ ミュージックホールの歌手. numéros d'un spectacle de ~ ミュージックホールのショーの演目.
2 ミュージックホールのショー(＝spectacle de ~).

musicien(***ne***) *n.* **1** 音楽家；作曲家；演奏家, 楽団員, 楽士；軍楽隊員. ~ ambulant 流しの楽師. ~ de jazz (rock) ジャズ(ロック)・ミュージシャン.
2 音楽愛好家.
——*a.* 音楽がわかる；音楽好きの. avoir l'oreille ~ne 音楽がわかる耳をもっている.

musico- ELEM「音楽」の意(*ex. musico*logie 音楽学).

musicographe *n.* 音楽批評家；音楽解説者；音楽史家.

musicologie *n.f.* 音楽学；楽理, 音楽理論；音楽史；音楽評論.

musicologue *n.* 音楽学者；楽理学者, 音楽理論家；音楽史家；音楽評論家.

musicothérapie *n.f.*〚医〛音楽療法.

musique *n.f.* **1** 音楽；楽曲. ~ atonale (dodécaphonique) 無調(十二階)音楽. ~ classique 古典(クラシック)音楽. ~ contemporaine 現代音楽. ~ de ballet バレエ音楽. ~ de chambre 室内音楽, 室内楽. ~ de film 映画音楽. ~ de théâtre (de scène)

舞台音楽. ~ enregistrée 録音音楽. ~ en stéréophonie ステレオ音楽. ~ folk フォーク(カントリー)ミュージック. ~ légère 軽音楽. ~ militaire 軍楽〔隊〕. ~ pour piano ピアノ音楽, ピアノ曲.
boîte à ~ ミュージック・ボックス. Conservatoire national supérieur de ~ de Paris 国立パリ高等音楽保存院(1795年創設；作曲家・演奏家の養成機関). Conservatoire national supérieur de ~ de Lyon 国立リヨン高等音楽保存院(1979年創設). école (professeur) de ~ 音楽学校(教師). écouter (entendre) de la ~ 音楽を聴く. écrire (composer) de la ~ 作曲する. interpréter (jouer, faire) de la ~ 音楽を演奏する. note de ~ 楽符. œuvre de ~ 音楽作品. société de ~ 音楽団, 楽隊.
2 楽譜. savoir lire la ~ 楽譜が読める. jouer sans ~ 暗譜で演奏する. papier à ~ 五線紙. être réglé comme du papier à ~ 几帳面である；細部まできちんと決まっている. marchand de ~ 楽譜商.
3 (制服をまとった)楽隊.(特に)軍楽隊(= ~ militaire)；〖古〗楽隊演奏会. ~ d'un régiment 連隊音楽隊. chef de ~ 楽隊長；軍楽隊長. régiment qui marche ~ en tête 軍楽隊を先頭に行進する連隊. En avant la ~！さあ行こう.
4〖古〗音楽会(=concert). Il y a des ~s tous les soirs. 毎晩音楽会が開かれる.
5〖比喩的・話〗C'est toujours la même ~. 例によって例の話だ, いつもの話だ. changer de ~ 話題(態度)を変える. connaître la ~ やり方を心得ている.

muslim [アラビア語] n. ムスリム, イスラム教徒(=musulman(e)).

mussitation n.f. 〖医〗呟語(げんご)〔重症患者における発語のない口唇の動き〕.

must [mœst][英] n.m. 〖俗〗義務；(流行に)絶対不可欠なもの, 必需品.

mustélidés n.m.pl. 〖動〗いたち科；いたち科動物(belette いいずな, furet フェレット, hermine 白貂, martre 貂, putois けながいたちなど).

musulman(e) a. イスラム教の；イスラム教徒の. art ~ イスラム教芸術. religion ~e イスラム教.
——n. イスラム教徒.

mutabilité n.f. **1** 変わり易さ, 移り気. **2** 突然変異性.

mutage n.m. 〖醸造〗(アルコール, 無水亜硫酸などの添加による)葡萄液の醗酵停止.

mutagène a. 〖生〗突然変異誘発性の. élément ~ 突然変異因子.
——n.m. 突然変異原, 突然変異誘発因子. ~ du milieu 環境の変異原(医薬品, 食品添加物, 農薬, 建築素材など).

mutagenèse n.f. 〖生〗変異生成, 突然変異誘発.

mutant[1] n.m. **1** 〖生〗突然変異種, 突然変異体. **2** 〔比喩的〕変り種；〖SF〗突然変異人間.

mutant[2] (**e**) a. 〖生〗突然変異性の. caractère ~ 突然変異性. gène ~ 突然変異遺伝子.

mutateur n.m. 〖電〗整流器.

mutation n.f. **1** 変化, 変動；改変, 革新. ~s technologies 技術革新. société en pleine ~ 激変を遂げる社会.
2 配置転換, 異動, 更迭；(選手の)移籍. ~ d'office 職務の異動. ~ sur demande 願出に基づく配置転換.
3 〖法律〗(権利, 財産の)譲渡, 移転；(土地台帳の)改訂. droits de ~ 譲渡税, 移転登録税. 〖農〗~ d'exploitation 農地経営移転. 〖海事〗~ en douane (船舶の)所有権の移転.
4 〖生〗突然変異. ~ chromosomique 染色体の突然変異. ~ génique 遺伝子の突然変異. ~ provoquée 誘発突然変異. ~ spontanée 自然突然変異.
5 〖音楽〗jeux de ~ (オルガンの)ミューテーションストップ.
6 〖言語〗母音変異. ~ consonantique 子音推移.

mutationnisme n.m. 〖生〗突然変異説.

mutatis mutandis [mytatismytɑ̃dis][ラ] loc.ad. 必要な変更を行なって(= en faisant les changements nécessaires).

mutilation n.f. **1** (手足など身体各部の)切断, 切除. bras brasé du ~ 腕の切断. ~ sexuelle 性器切除(castration 去勢, excision 割礼, infibulation 陰部封鎖術, など). ~ spontanée du lézard トカゲの尻尾切り(自切).
2 毀損, 損壊；(樹木の)極端な剪定. ~ d'une œuvre d'art 美術品の損壊. ~ périodique des arbres 樹木の定期的な刈り込み.
3 (文章・作品の)削除, 改竄(かいざん).

mutilé(e) a. 手(足)を切断された.
2 〔比喩的〕(美術品などが)損壊された；(文章などが)大幅に削除された, 改竄された. arbre ~ 枝を落された木. statue ~e 損傷を受けた彫像.
——n. 手(足)を失った人. ~ de guerre 傷痍軍人. ~ du travail 労災身障者. place réservée au ~ (列車・バス等の)傷痍軍人・労災身障者優先席(座席にMと表記).

mutinerie n.f. **1** 反抗；反乱, 暴動. ~ des soldats 兵士の反乱.
2 〔稀〕茶目気.

mutique a. 〖医〗無言症にかかった.
——n. 無言症患者.

mutité n.f. 〖医〗唖.

muton n.m. 〖生〗ミュートン(突然変異単位).

mutualisation n.f. (危険・経費などの)相互扶助化, 共済化, 共済保険化, 共同負担.

mutualisme n.m. **1** 〖経済・社〗相互扶

助体制, 共済体制；互助主義, 共済主義. **2**〖動〗相利共生；相互扶助説.
mutualiste *a.* 共済主義の；共済主義に基づく. société ~ 共済組合.
——*n.* 共済組合員.
mutualité *n.f.* **1**〖経済・社〗相互扶助制, 共済性, 互助組織, 共済組織；共済組合. ~ agricole 農業共済組合. Fédération nationale de la M~ française フランス共済組合全国連盟《略記 FNMF》. M~ fonction publique 公務員共済制度《略記 MFP》. salle de la M~ 共済会館ホール.
2〖稀〗相互性.
mutuel(le[1]) *a.* 相互の, 双方の. amour ~ 相思相愛. Assurance ~ le des fonctionnaires 公務員相互保険制度. société d'assurance ~ le 相互保険会社. enseignement ~ 相互教授. pari ~ urbain 場外馬券〔制度〕《略記 PMU》.
mutuelle[2] *n.f.* 共済組合. ~ des fonctionnaires de la Mutualité fonction publique 公務員共済制度の公務員共済組合. M~ d'entraide et de prévoyance militaire 軍人互助養老共済制度《略記 MEPM》. M~ nationale des étudiants de France フランス学生全国互助会《略記 MNEF；1948年創設》. ~ étudiante régionale 地方学生互助会. Fédération interprofessionnelle des ~s 全職種共済組合連盟《1989-90年創設》.
Mv (=*m*endél*év*ium) *n.m.*〖化〗「メンデレヴィウム」の元素記号.
MVD (=*m*uco*v*isci*d*ose) *n.f.*〖医〗囊胞性肺繊維症；膵臓繊維症《=FKP：*f*ibrose *k*ystique du *p*ancréas》.
MWe (=*m*éga*w*att *é*lectrique) *n.m.*〖電〗電力メガ100万ワット. puissance ~ メガワット表示発電力.
MWj/t (=*m*éga*w*att par *j*our par *t*onne) *n.m.*〖電〗1トン当りメガワット日《1日1トン当りのメガワット表示発電量；発所の燃料効率》.
myalgie *n.f.*〖医〗筋肉痛, 筋痛〔症〕. ~ épidémique 流行性筋痛症, 感染性胸膜痛症《=pleurodynie contagieuse》.
Myanmar(le) *n.pr.m.*〖国名通称〗ミャンマー《ビルマ語で Myanmar》《公式名称：〔la République socialiste de〕l'Union du M~ ミャンマー連合〔社会主義共和国〕《旧称 la Birmanie ビルマ》；国民：Birman(*e*)；首都：2005年まで Yangon ヤンゴン《=旧称 Rangoon ラングーン》, 2005年以降 Naypyidaw ナイピダウ に移転；通貨：kyat〔MMK〕》.
myasthénie *n.f.*〖医〗筋無力症. ~ grave 重症筋無力症《略記 MG》. ~ oculaire 眼筋無力症.
myatonie *n.f.*〖医〗筋緊張症, 筋強直症. ~ congénitale 先天性筋緊張症.
myc(o)-〔ギ〕ELEM「菌」の意《*ex.* *myco*logie 菌類学》.

mycélien(ne) *a.* 菌糸の, 菌糸体の.
mycélium [-ɔm] *n.m.*〖植〗菌糸, 菌糸体《=〖話〗blanc de champignon 茸の白菌糸》.
-myces, -mycète 〔ギ〕ELEM「菌」の意《*ex.* saccharo*myces* サッカロミケス《酵母の一種》, asco*mycètes* 子囊菌類》.
mycét(o)-〔ギ〕ELEM「菌」の意《*ex.* *mycét*ome 菌腫》.
mycétome *n.m.*〖医〗菌腫, マズラ菌腫《=maduromycose》, マズラ足《=pied de Madura》.
myciculture *n.f.*〖農〗茸栽培.
mycobactérie *n.f.* マイコ（ミコ）バクテリー, マイコ（ミコ）バクテリウム《=mycobactérium》《結核菌, 癩菌など》. ~s atypiques 非定型抗酸菌, 非結核性抗酸菌.
mycobactérium 〔ラ〕*n.m.*〖生・医〗マイコバクテリウム, 抗酸菌《=bactérie acidorésistante》.〔ラ〕~ bovis ウシ型抗酸菌.〔ラ〕~ lepræ ハンセン病病原菌《=bacille de Hansen》, ライ病菌.〔ラ〕~ tuberculosis 結核菌《=bacille de Koch, bacille tuberculeuse》.
mycoderme *n.m.* 皮膜酵母菌. ~ du vin 葡萄酒の皮膜酵母菌《酸化によりアルコール破壊し, 酸味を壊す》.
mycologie [mikɔlɔʒi] *n.f.*〖植〗菌学.
mycologue *n.* 菌類学者.
mycoplasme *n.m.*〖生〗マイコプラズマ《細菌より小さい自己増殖可能な微生物》.
mycoprotéine *n.f.* 菌蛋白質.
mycorhize *n.f.*〖植〗菌根《菌と高等植物の根との共生；truffe と chêne など》.
mycose *n.f.*〖医〗真菌症.
mycosique *a.*〖医〗真菌性の. méningite ~ 真菌性髄膜炎. vaginite ~ 真菌性膣炎.
mycosis [mikɔsis] *n.m.*〖医〗真菌症, 真菌感染症. ~ fongoïde 菌状息肉腫〔症〕, 茸状息肉腫《皮膚の悪性リンパ腫》.
mycothérapie *n.f.*〖医〗《ペニシリンなどの》菌利用療法.
mycotique *a.*〖医〗真菌の. toxine ~ マイコトキシン, 真菌毒素.
mycotoxicose *n.f.*〖医〗マイコトキシコーシス, マイコトキシン中毒症, かび中毒症, 真菌中毒症.
mycotoxine *n.f.* 真菌毒, かび毒, マイコトキシン《=〖英〗mycotoxin》.
mydriase *n.f.*〖医〗散瞳《さんどう》, 瞳孔拡大. ~ pathologique 病的散瞳.
Mydriasponge 〔商標〕*n.f.*〖薬〗ミドリヤスポンジュ《マイクロカプセルを用いた眼薬》.
mydriatique *a.*〖医〗散瞳作用のある, 瞳孔を拡大させる. effet ~ de l'atropine アトロピンの散瞳作用.
——*n.m.* 散瞳薬.
myél(o)-〔ギ〕ELEM「髄」の意《*ex.*

myélencéphale

*myé*lite 脊髄炎, *myé*logramme 骨髄造影).
myélencéphale *n.m.* 〖解剖〗髄脳.
myéline *n.f.* 〖解剖〗髄素, ミエリン（髄鞘の主成分）.
myélinisé(e) *a.* 〖解剖〗ミエリン(myéline)を含む(に覆われた), 有髄性の；随鞘のある. nerf ~ 有髄神経.
myélite *n.f.* 〖医〗脊髄炎. ~ aiguë (chronique) 急性 (慢性) 脊髄炎. ~ infectueuse 感染性脊髄炎.
myéloblaste *n.m.* 〖医〗骨髄芽球, 骨髄芽細胞.
myélocyte *n.m.* 〖生〗骨髄球, ミエロサイト.
myélodysplasie *n.f.* 〖医〗骨髄異形成症, 骨髄異形成症候群 (=SMD：syndrome *myé*lo*d*ysplasique；〖英〗MDS：*m*yelo*d*ysplastic *s*yndrome).
myélofibrose *n.f.* 〖医〗骨髄線維症, 骨髄硬化症 (=myélosclérose).
myélogramme *n.m.* 〖医〗骨髄像.
myélographie *n.f.* 〖医〗脊髄造影〔法〕, ミエログラフィー.
myéloïde *a.* 〖医〗骨髄性の；骨髄様の. leucémie ~ 骨髄性白血病.
myélomalacie *n.f.* 〖医〗脊髄軟化症.
myélome *n.m.* 〖医〗骨髄腫, ミエローマ, 形質細胞腫 (=plasmacytome).
myéloméningocèle *n.m.f.* 〖医〗脊髄膜瘤, 脊髄瘤 (=myocèle).
myélopathie *n.f.* 〖医〗脊髄症. ~ après radiothérapie 放射線脊髄症. ~ cervicale 頚椎〔症〕性脊髄症.
myélosaccoradiculographie *n.f.* 〖医〗仙骨腰椎骨髄造影〔法〕.
myélosarcome *n.m.* 〖医〗骨髄肉腫.
myélosclérose *n.f.* 〖医〗骨髄硬化症.
myentérique *a.* 〖医・解剖〗腸管筋の. réflexe ~ 腸管筋反射.
myiase *n.f.* 〖医〗蝿幼虫症, 蝿症（蝿の寄生虫）.
mylonite *n.f.* 〖岩石〗マイロナイト, 展砕岩（岩石の構成鉱物が圧搾されて破砕し, 微粒集合体と化したもの）.
myo- [mjɔ]〖ギ〗ELEM「筋, 筋肉」の意 (ex. *myo*carde 心筋).
myoblaste *n.m.* 〖生〗筋芽細胞, 筋原細胞.
myocarde *n.m.* 〖解剖〗心筋〔層〕.
myocardie *n.f.* 〖医〗心筋症.
myocardiopathie *n.f.* 〖医〗心筋障害, 心筋症 (=cardiomyopathie). ~ restrictive 拘束型心筋症.
myocardite *n.f.* 〖医〗心筋炎.
myocèle *n.m.* 〖解剖〗筋腔.
myoclonie *n.f.* 〖医〗筋クローヌス, ミオクロニー, ミオクローヌス, 筋間代（きんかんたい）, 間代性筋痙攣 (=convulsion clonique).
myocomme *n.m.* 〖解剖〗筋節中隔.

myodermatome *n.m.* 〖医〗筋皮〔膚分〕節.
myodésposie *n.f.* 〖医〗飛蚊 (ひぶん) 症 (=mouches volantes).
myofibrille [-ij] *n.f.* 〖解剖〗筋原繊維.
myoglobine *n.f.* 〖生化〗ミオグロビン, 筋肉ヘモグロビン (=hémoglobine musculaire)（略記 Mb；筋肉細胞内にある色素蛋白質）.
myographie *n.f.* 〖医〗筋運動描記法, 筋運動記録, ミオグラフィー.
myologie *n.f.* 〖医〗筋肉学.
myome *n.m.* 〖医〗筋腫. ~ utérine 子宮筋腫.
myomectomie *n.f.* 〖医〗〔子宮〕筋腫摘出〔術〕. ~ par cœlioscopie 腹腔鏡利用〔子宮〕筋腫摘出術. ~ par voie abdominale 腹部切開による〔子宮〕筋腫摘出術. ~ par voie hystéroscopie 子宮鏡利用〔子宮〕筋腫摘出術.
myopathe *a.* 〖医〗筋障害の. enfant ~ 筋障害児.
—— *n.* 筋障害患者, ミオパシー患者.
myopathie *n.f.* 〖医〗ミオパシー, 筋障害. ~ cortisonique ステロイドミオパシー. ~ dégénérative 変性ミオパシー. ~ métabolique 代謝性ミオパシー. ~ *s* secondaires 副次性ミオパシー（毒物, 医薬品, 内分泌疾患などによってひきおこされるミオパシー）. ~ thyréotoxique 甲状腺中毒性ミオパシー.
myope *a.* 1 近視の, 近眼の. œil ~ 近眼. 2〔比喩的〕〖話〗近視眼的な, 視界の狭い.
—— *n.* 近視の人.
myopie *n.f.* 1 〖医〗近視. ~ axiale 軸性近視（眼軸が長くなることによる近視）. ~ dégénérative 変性（悪性, 病的）近視. ~ forte 強度近視. ~ réfracteuse 屈折性近視（角膜や水晶体の屈折力が強くなるための近視）. ~ scolaire 学校近視. ~ simple 単純近視, 良性近視.
2〔比喩的〕視野の狭さ. ~ intellectuelle 知的近視眼, 近視眼的思考.
myorelaxant(e) *a.* 〖医・薬〗筋肉を弛緩させる作用のある.
—— *n.m.* 筋肉弛緩剤.
myosarcome *n.m.* 〖医〗筋肉腫（悪性腫瘍）.
myosclérose *n.f.* 〖医〗筋硬化症.
myosine *n.f.* 〖生化・医〗ミオシン（筋肉の収縮蛋白質の一種）.
myosis [mjɔzis] *n.m.* 〖医〗縮瞳, 瞳孔収縮.
myosite *n.f.* 〖医〗筋炎（筋肉の炎症）. ~ suppurative 化膿性筋炎.
myosotis [-tis] *n.m.* 〖植〗ミオゾチス, 勿忘草（わすれなぐさ）(=ne-m'oubliez-pas, oreille-de-souris「鼠の耳草（ねずみのみみくさ）」). ~ des Alpes bleu 青花アルプスわす

れなぐさ.
myotique *a.*〚医〛縮瞳性の，瞳孔を収縮させる.
——*n.m.*〚薬〛縮瞳薬.
myotonie *n.f.*〚医〛筋強直症，筋緊張症. ~ congénitale 先天性筋緊張症.
myotonique *a.*〚医〛筋強直性の，筋緊張性の. dystrophie ~ 筋緊張性ジストロフィー，萎縮性筋緊張症.
myria-, myrio-［ギ］ELEM「1万，万倍」の意 (*ex.* myriamètre 1 万メートル；*myrio*phylle 房藻).
myriamètre *n.m.* 1万メートル（略記 mam）.
myrosine *n.f.*〚生化〛ミロシン（辛子の実に含まれる酵素）.
myrrhe *n.f.* 1 ミルラ，没薬（もつやく）（香気のあるゴム樹脂；香料・薬材用）. 2〚植〛ミルラの木（アラビア原産のカンラン科 burséracées, コミフォラ Commiphora 属）.
myrte *n.m.*〚植〛ミルト，ミルタ，銀梅花（ぎんばいか）(=~ commun 通常ミルト)（地中海沿岸地方原産の常緑低木；芳香のある梅花型白花をつける；古代では栄光・愛の象徴，黒紫色の漿果は食用になる；学名 Myrtus communis). ~ bâtard 西洋やちやなぎ. ~ épineux やちやなぎ.
myrtiforme *a.*〚解剖〛(ミルトの葉のように) 槍の穂先形の, 披針形の. canoncules ~s de la vulve 大陰唇の槍の穂先形の丘. muscle ~（鼻の）披針筋. fossette ~ du maxillaire supérieur 上顎披針小窩.
myrtille *n.f.*〚植〛1 ミルチーユ, 通常すのき (airelle commune)（学名 Vaccinium myrtillus). 2 ビルベリー, ブルーベリー（学名 Vaccinum corymbosum に対するフランスでの通称）. 3 ミルチーユ (ブルーベリー) の実 (食用). confiture de ~s ミルチーユ (ブルーベリー) ジャム.
mystère *n.m.* Ⅰ〚神秘〛1 神秘, 不可思議；超自然的現象. ~ de la nature 自然の神秘. ~ de la vie 生命の神秘. 2 不可解なこと, 謎. ~s de la politique 政治の不可解なからくり. ~ de la science 学問の奥秘. clé du ~ 謎を解く鍵. aimer le ~ 謎めいたことを好む. éclaircir un ~ 謎を解明する (解く). C'est un ~! それは謎だ! Ce n'est un ~ pour personne. それは周知のことだ. 3 秘密；機密；隠し立て. faire〔un〕~ de qch；faire grand ~ de qch 何を隠し立てする (さも秘密らしく隠す). s'envelopper (s'entourer) de ~ 身辺を秘密で固める. 〚話〛M~ et boule de gomme! まるで謎だ! inutile de faire des ~ 隠し立てをしても無駄である. 4〚菓子〕〚商標〛ミステール (メレンゲとアーモンド片でつくるアイスクリーム). ~ à la vanille ヴァニラ風味のミステール. 5〚航空〛ミステール（フランス製の超音速戦闘機の機種名）. ~ 20 ミステール 20 型.
Ⅱ〚宗教〛1 神秘的教義；〚カトリック〛奥義；〔*pl.* で〕(古代宗教の) 秘儀, 密儀, 玄義. ~ de la Trinité 三位一体の奥義. ~s grecs d'Eleusis 古代ギリシアのエレウシスの秘儀. 2〚仏文史〛(中世の) 聖史劇. ~ de la Passion キリスト受難劇. représentation d'un ~ 聖史劇の上演.
mystérieux(se) *a.* 1 神秘的な；不可思議な. forêt ~se 神秘的な森. monde ~ 神秘の世界. sourire ~ de la Joconde モナ・リザの神秘的な微笑. 2 謎の；得体の知れない；理解し難い. ~ personnage 謎の人物. circonstances ~ses 理解し難い状況. propos ~ 謎めいた言葉. 3 秘密の. dossier ~ 機密文書. 4 秘密好きな；秘密ありげな. homme ~ 秘密めかす人物. voix ~se 秘密ありげな声. 5〚古〛秘教的な. prophétie ~se 秘教的予言. rites ~ses 秘儀.
mysticète *n.m.*〚動〛ひげ鯨亜目（長須鯨(ながすくじら), 座頭鯨(ざとうくじら), ミンク鯨など).
mysticisme *n.m.* 1〚哲・神学〛神秘主義, 神秘説, 神秘神学. ~ chrétien (bouddhiste) キリスト教 (仏教) 神秘主義. 2 神秘的信仰；直観主義, 非理性主義.
mystification (<mistifier) *n.f.* 1 (人を) 煙に巻くこと, 韜晦. ~〚文学〛文学的韜晦. être le jouet d'une ~ まんまとかつがれる. 2 大衆瞞着 (欺瞞). ~ de l'opinion 欺瞞的世論操作.
mystique *a.* 1 神秘的な；神秘主義的な. expérience ~ 神秘的体験. 2 (人が) 神秘主義的傾向のある. 3〚宗教〛秘儀に関する；〚カトリック〛奥義に関する, 寓喩的な；神秘の. le corps ~ du Christ キリストの神秘体（カトリック教会 l'Eglise を指す). L'Agneau ~ 神秘の仔羊, 神の子羊 (=l'Agneau de Dieu；キリストを指す). la Rose ~ 神秘の薔薇の花 (聖母マリア). interprétation ~ 秘儀的解釈. 4 神がかりな. patriotisme ~ 神がかり的愛国心. 5〚法律〛秘密の. testament ~ 秘密証書遺言.
——*n.* 1 神秘家, 神秘主義者；神秘哲学信奉者 (=illuminé). 2 狂信家. ~s de la révolution 革命の狂信家たち.
——*n.f.* 1 神秘学；神秘神学. ~ chrétien (juive) キリスト教 (ユダヤ教) 神秘学. 2 神秘的信仰；狂信, 盲信. ~ de la force 力の盲信. ~ révolutionnaire 革命に対する狂信.
mythe *n.m.* 1 神話. ~ cosmogonique 宇宙創成神話. ~ d'Orphée オルフェウス神

話. ~ solaire 太陽神話.
2〔比喩的〕神話；伝説. ~ de l'Age d'or 黄金時代伝説. ~ de Faust ファウスト伝説. ~ napoléonien ナポレオン神話. ~ du Paradis perdu 失楽園伝説.
3 寓話的, 寓話. ~ de la caverne chez Platon プラトンの洞窟の寓話.
4 絵空事.〔話〕C'est un ~ ! つくり話だ；でっち上げだ！
5 俗説. ~ de la galanterie française フランス人は色好みだとする俗説. détruire les ~s 俗説を打破する.

mythique *a.* **1** 神話の；神話に関する；神話的な. héros ~ 神話中の英雄. récit ~ 神話物語.
2 架空の. revenus ~s 架空の所得.

mythologie *n.f.* **1** 神話；神話大系；(特に) 古代ギリシア・ローマ神話 (= ~ de l'Antiquité gréco-latine). ~ aztèque アステカ族の神話.
2 神話学, 神話研究；神話学書. comparée 比較神話学. spécialiste en ~ 神話研究者 (=mythologue). consulter une ~ 神話研究書で調べる.
3〔比喩的〕神話的なもの. ~ de la star (vedette) スター神話.

mythomane *a.* 虚言症の；〔心〕空話症の.
— *n.* 虚言症患者；空話症患者；病的嘘つき.

mythomanie *n.f.*〔医〕虚言症.
mytiliculture *n.f.* ムール貝養殖〔業〕.
▶ **mytiliculteur** *n.m.*
mytilotoxine *n.f.*〔生化〕ミチロトキシン (ムール貝の毒素).
myx〔o〕- 〔ギ〕ELEM 「粘液, 粘液腫」の意 (*ex. myxo*cyte 粘液細胞).
myxoblastome *n.m.*〔医〕粘液芽細胞腫.
myxœdème *n.m.*〔医〕粘液水腫. ~ circonscrit prétibal 脛骨 (けいこつ) 前部粘液水腫.
myxome [miksom] *n.m.*〔医〕粘液腫, 粘液芽細胞腫 (良性腫瘍). ~ cardiaque 心臓粘液腫. ~ de l'oreillette 心耳粘液腫. ~ intramusculaire 筋肉内粘液腫.
myxomycètes *n.m.pl.*〔植〕粘菌類, 変形菌類.
myxovirus *n.m.*〔医〕ミクソウイルス, ムンプスウイルス (A・B 型インフルエンザウイルス = ~ influenzæ A et B), 流行性耳下腺炎ウイルス (=virus de la parotidite épidémique).

N

N¹, n [ɛn] *n.m.inv.* フランス語の字母の第14文字. le *N* (l'*N*) majuscule 大文字の N.
N² 〔記号・略記〕**1** *n.m.* 番号 (= 〔ラ〕*n*ota) の略号. *N*°1 (= *n*uméro un) 第1番《複数は N°s. n°, n°s とも書く》.
2 *n.m.* 〔方角〕北 (= *N*ord, *n*ord) の略. *N*.-*N*.-*E*. (= Nord-Nord-Est) 北北東.
3 *n.m.* 〔化〕窒素 (= 〔古〕*n*itrogène, 〔現用〕*a*zote) の元素記号. *N*O₂ (= dioxyde d'azote) 二酸化窒素.
4 〔化〕アヴォガドロ数 (= *n*ombre d'Avogadro = N_A), 溶液の規定度 (= *n*ormalité) の略号.
5 *n.m.* 〔物理〕ニュートン (= *n*ewton)《力の MKS〔A〕単位》. *N* par m² 平方メートル当りニュートン《圧力の単位》.
6 *n.f.* 〔生化〕ノイラミニダーゼ neuraminidase 《ノイラミン酸を加水分解する酵素》. le 〔virus〕H5*N*1 H5N1型ウイルス《鳥インフルエンザ (Sras, 〔英〕Sars) の病原体》.
7 *n.m.* 〔物理〕中性子 (= *n*eutron). bombe *N* 中性子爆弾 (= bombe à neutron).
8 〔数〕自然数全体の集合 (N); ゼロを除く自然数の集合 (N* = *n* étoile).
9 国立 (国有, 国営) の; 全国の; 国内の. (= *n*ational (*a*le) (*a*ux) *a*.) の略. la *N* 10 (= la 〔route〕 *n*ationale dix. la R*N* 10 とも書く) 国道10号線. la B*N* (= la Bibliothèque *n*ationale. la *N*ationale とも書く) 国立図書館. l'EN*A* (= l'Ecole *n*ationale d'administration) 国立行政学院. P*N*B (= produit *n*ational brut) 国内総生産. l'U*N*EF (= l'Union *n*ationale des étudiants de France) 全フランス学生同盟.
10 ノルウェー (= la *N*orvège) の国籍を示す自動車標識記号.
11 某《固有名詞の明示を避けるための記号》. colonel *N* 某大佐.
N7 〔教育〕「国立トゥールーズ高等電気工学・電子・情報工学・水理学校」(EN-SEEIHT = *E*cole *n*ationale *s*upérieure d'*e*lectrotechnique, d'*é*lectronique, d'*i*nformatique et d'*h*ydraulique de *T*oulouse) の通称. 1907年創設のグランド・エコール》.
NA (= *n*or*a*drénaline) *n.f.* 〔生理・薬〕ノルアドレナリン.
Na (= 〔英〕*n*atrium) 〔物理・化〕「ナトリウム」(= sodium) の元素記号.
NABM (= *n*omenclature des *a*ctes de *b*iologie *m*édicale) *n.f.* 〔社会保障・医〕医学的生物学行為の用語集.

nabuchodonosor (<*N* ~ ネブカドネザル: エルサレムを破壊したバビロニア王) *n.m.pl.* シャンパーニュ酒の16リットル入り特大壜, ナビュコドノゾール〔壜〕.
NAC (= *n*ouveaux *a*nimaux de *c*ompagnie) *n.m.pl.* 〔動〕新種の愛玩小動物 (ペット)《外来小動物・昆虫類》.
nacelle *n.f.* **1** (帆, マストのない) 小舟. en forme de ~ 小舟状の.
2 (気球の) ゴンドラ, 吊り籠; (飛行機の) ナセル, 乗客 (貨物) 室; (飛行機の) エンジンカバー. ~ d'un avion 飛行機のナセル. ~ d'un ballon 気球のゴンドラ. ~ d'un montgolfier 熱気球のゴンドラ.
3 (作業用の) 吊り足場.
4 〔化〕試料用ボート.
nacre *n.f.* **1** 〔貝殻内部の〕真珠層, 真珠母. ~ des perles 真珠貝の真珠層. boutons de ~ 真珠層のボタン, 貝ボタン.
2 〔工芸〕螺鈿 (らでん). étui de ~ 螺鈿細工の箱.
3 〔文〕真珠のような光沢.
4 〔古〕〔貝〕羽箒貝 (はぼうきがい) (= pinne marine).
Nadge (= 〔英〕*N*ATO *A*ir *D*efense *G*round *E*nvironment) *n.m.* 〔軍〕ナッジ (NATO加盟国の自動防空警戒管制システム).
nadroparine *n.f.* 〔薬〕ナドロパリン. ~ calcique ナドロパリン・カルシウム《抗血液凝固剤》; 血栓塞症治療薬; 薬剤製品名 Fraxiparine (*n.f.*) など》.
nævo-carcinome *n.m.* 〔医〕母斑上皮腫, 母斑癌.
nævomatose *n.f.* 〔医〕母斑症候群. ~ basocellulaire 基底細胞母斑症候群.
nævus [nevys] (*pl.* **nævi**) 〔ラ〕 *n.m.* 〔医〕母斑. ~ épithélial 表皮母斑. ~ pigmentaire 色素性母斑. ~ sébacé 脂腺母斑. ~ vasculaire 血管性母斑, イチゴ状血管腫. ~ variqueux 疣 (ゆう) 状母斑.
NAF (= *n*omenclature d'*a*ctivités *f*rançaises) *n.f.* フランス職業リスト. codes de la ~ フランス職業リスト・コード番号.
NAFTA¹ (= 〔英〕*N*orth *A*merica *F*ree *T*rade *A*greement) 北米自由貿易協定, ナフタ《アメリカ, カナダ, メキシコによる自由貿易圏構想》; = 〔仏〕ALENA: *A*ssociation (*A*ccord) de *l*ibre-*é*change *n*ord-*a*méricain).
NAFTA² (= 〔英〕*N*orth *A*tlantic *F*ree *T*rade *A*rea) *n.f.* 北大西洋自由貿易地域,

ナフタ(=〔仏〕Association de libre-échange de l'Atlantique nord).

naftidrofuryl *n.m.*〖薬〗ナフチドロフリル〖血管拡張薬；薬剤製品名 Praxilène (*n.m.*) など〗.

nage *n.f.* **1** 泳ぎ, 水泳. passer une rivière à la ~ 川を泳いで渡る.
2 泳法.〖水泳〗~ libre 自由型, フリースタイル. en ~ libre 自由型で.〖水泳〗~ papillon バタフライ. ~ sous-marine 潜水泳法；スキンダイビング. ~ sur le dos 背泳. quatre ~s 4泳法のメドレー. Le crawl est la ~ la plus rapide. クロールは最速の泳法である. 400 m ~ libre 400メートル自由型〔競技〕.
3 漕ぐこと, 漕艇. banc de ~ (ボートの)腰掛板.〖漕艇〗chef de ~ 整調〔手〕, ストローク.
4〖話〗être en ~ 汗びっしょりである.
5〖料理〗ナージュ〖甲殻類・貝類をゆでるためのクール・ブイヨン；白葡萄酒と水に小玉葱, 人参, エシャロット, ニンニク, タイム, ローリエ, パセリなどの香味野菜・香辛料を加え, 塩こしょうをしたゆで汁〗. ~ chaude (froide) 熱い (冷い) ナージュ. écrevisses (coquilles Saint-Jacques) à la ~ ざりがに (帆立貝の貝柱) のア・ラ・ナージュ (ナージュとよばれるクール・ブイヨンでゆでて調理したもの).

nageoire *n.f.* 鰭 (ひれ). ~ anale 尻鰭. ~ caudale 尾鰭. ~ dorsale 背鰭. ~s paires (impaires) 有対 (正中) 鰭. ~s pectorales 胸鰭.

nageur(se) *n.* **1** 泳ぐ人；泳げる人；水泳者；水泳選手. ~ sur le dos 背泳ぎをする人；背泳選手.〖軍〗~ de combat 潜水攻撃隊員, フロッグマン (=homme-grenouille). maillot ~ 水着. maître ~ 水泳コーチ；水泳監視人.
2〖漕艇〗漕ぎ手 (=raneur). ~ de l'arrière 整調〔手〕, ストローク (=〔英〕strokesman). ~ de l'avant 舳先, バウ (=〔英〕bowman).
3〔古〕航海者.
——*a.* 遊泳性の. crustacé ~ 遊泳性甲殻類.

Nagorny-Karabakh (le), Nagorno-Karabakh (le), Haut-Karabakh (le). *n.m.*〖地理〗ナゴルニー (ナゴルノ) = カラバク, 高カラバク (1991年, 一方的に独立を宣言した自治州；アゼルバイジャン共和国に所属；首都 Stepanakert ステパナケルト).

NAIF (=*né après l'interdiction des farines*) *n.m.* 肉粉飼料禁止後に出生した家畜 (特に牛).

naïf(ve) *a.* **1** 自然な, 素朴な；天真爛漫な, あどけない, ナイーヴな；愚直な. bonne foi ~ve 自然な善意. candeur ~ve けない無邪気さ. désir ~ 自然な欲求. enfant ~ 純真な子供. question ~ve 素朴な質問. récit ~ 素朴な話.
2〖美術〗自然な, 素朴な；素朴派の. art ~ 素朴派芸術, 民芸. peinture ~ve 素朴派絵画.
3 (描写などが) 真実を伝える, ありのままの.〖哲〗経験に頼る. réalisme ~ 素朴実在論.
4 人を信じ過ぎる, お人好しの；馬鹿正直な, 世間知らずの. entreprise ~ve 世間知らずの企て. Vous êtes ~! あなたは何ておめでたいんだ!
5〔古〕生来の, 本来の. pointe ~ve 天然のピラミッド型ダイヤ.
——*n.* **1** 素朴な人 (=personne ~ve). **2** お人好し, 世間知らず, おめでたい人. Pauvre ~! 何てお人好しなんだ! **3**〖美術〗素朴派, 素朴派画家 (=peintre ~).

nain(e[1]**)** *a.* **1** (人が) 並外れて小さい, 倭小な.〖医〗小人症の. race ~e 倭人種. Il est ~. 彼は小人症である.
2 (動植物が) 小型種の, 倭性の. animal ~ 小型種動物. arbre ~ 倭樹；盆栽 (=arbre nanifié, bonsaï, bonzaï). haricot ~ 倭性隠元. rosier ~ 倭性薔薇.
3〖天文〗倭小な. étoile ~e 倭星. planète ~e 倭惑星. La 26e assemblée générale de l'Union astronomique internationale a attribué à Eris, Pluton et Cérès le statut de planète ~e. 国際天文連合の第26回総会 (2006年8月24日) は, エリス, プルートン (冥王星) とケレスを倭惑星と規定した.
——*n.* **1** 並外れて小さい人, ちび；小人 (こびと), 一寸法師；〖医〗小人症の人. les ~s et les géants 小人症の人と巨人症の人. ~ de jardin 庭の小人像 (装飾). Blanche-Neige et les sept ~s 白雪姫と7人のこびと. C'est un ~ à côté de vous! あなたの横に立つと, まるで小人みたいだ.
2〔比喩的, 文〕小人物, 小物 (こもの). géants et ~s 大物と小物.
3〖トランプ〗~ jaune ポープ・ジョーン (ダイヤの8を除いて行うゲーム).

naine[2] *n.f.*〖天文〗倭星 (=étoile ~). (géante「巨星」の対). ~ blanche 白色倭星.

naissance *n.f.* ① (生れ) **1** 出生, 誕生. ~ d'un enfant 子供の出生 (誕生).〖美術〗~ de Vénus ウェヌス (ヴィーナス) の誕生. légitime (naturelle) 摘出子 (非摘出子) としての出生. acte de ~ 出生証書. anniversaire de la ~ 誕生日. contrôle (limitation, régulation) de ~ 産児制限. date et lieu de ~ 生年月日と出生地. déclaration de ~ 出生の届. nombre de ~s 出生数, 出生率 (=natalité). ordre de ~s 大家内の子供の出生順. famille. 家庭内の子供の出生順.
à la ~ 出生時に. de ~ 生れながらの (に), 生れつきの. aveugle de ~ 生れつきの盲人. voleur de ~ 根っからの盗人. donner ~ à qn 人を生む.
2 出産, 分娩 (=accouchement). ~ avant terme (prématurée) 早産. ~ difficile 難産.

~ double (multiple) 双胎(多胎)産. médecine de la ~ 新生児医学(=néo-natal). temps normal de la ~ 出産予定日.
3 生れ，出自，家柄；〔古〕貴族の家柄. avoir de la ~ 名門(貴族の)出である. bassesse de la ~ 生れの卑しさ. de bonne (haute)~ 生れのいい，家柄の高い.
4〘占星術〙thème de ~ 誕生寺の天宮図.
II〘始め〙**1**(物事の)始まり，発生，出現；誕生. ~ de l'amour 恋の芽生え. ~ d'un fleur 川の源. ~ d'une idée 着想の発端. ~ d'une nation 国家の誕生. ~ d'une œuvre 作品の起源(生成過程). ~ du jour 夜明け. ~ et mort des étoiles 星の誕生と死. n'avoir ni ~ ni fin 始めも終りもない. donner ~ à qch 何をつくり出す. prendre ~ 始まる, 起る. Le Rhône prend ~ en Suisse. ローヌ河はスイスに源を発する.
2 つけ根, 基部. ~ des cheveux 髪の毛の生え際. ~ du cou 首のつけ根.

naissant(e) (<naître) a. **1** 生れたばかりの, 出来たての, 出初めの, 生え初めの. barbe ~e 生え初めた口髭. jour ~ 夜明け. lune ~e 出初めた月.
2〘化〙発生期の. hydrogène ~ 発生期の水素. à l'état ~ 発生期の.
3〘紋章〙(動物が) 楯(横帯)の中央から上半身を現わした.

naïveté n.f. **1** 馬鹿正直さ, おめでたさ；無邪気さ；天真爛漫さ；素朴さ, 自然さ. ~ enfantine (puérile) 子供っぽい無邪気さ. ~ en peinture 絵画の素朴さ.
2 子供じみた意見, 無邪気な言葉. dire des ~s 幼稚なことを言う.
3〔古〕(表現などの) 率直さ, 飾り気のなさ.

Najin［北朝鮮］n.pr. 羅津(らしん), ナジン（咸鏡北道の港湾都市).

Naju［韓国］n.pr. 羅州(らしゅう), ナジュ（全羅南道の都市).

nalorphine n.f.〘薬〙ナロルフィン（麻薬拮抗薬).

Namhae［韓国］n.pr. 南海(なんかい), ナムヘ（慶尚南道, 南海島の都市).

Namibie (la) n.pr.f.〘国名通称〙ナミビア（公式名称：la République de N~ ナミビア共和国；国民：Namibien (ne)；首都：Windhoek ヴィントフーク；通貨：dollar namibien [NAD]).

namibien(ne) a. ナミビア (la Namibie) の, ナミビア共和国 (la République de Namibie) の；～人の. dollar ~ ナミビア・ドル(通貨単位).
――N~ n. ナミビア人.

Nampo［北朝鮮］n.pr. 南浦(なんぽ), ナムポ（旧称 Chinnampo 鎮南浦；港湾都市).

Namwon［韓国］n.pr. 南原(なんげん), ナムウォン（全羅北道の都市).

nancéien(ne) a. ナンシー (Nancy) の；~の住民の.
――N~ n. ナンシー市民.

Nanchang, Nan-tch'ang［中国］n.pr. 南昌(なんしょう), ナンチャン（江西省 Jiangxi の省都).

Nanchong, Nan-tch'ong［中国］n.pr. 南充(なんじゅう), ナンチョン《四川省 Sichuan の都市).

Nancy n.pr. ナンシー《département de Meurthe-et-Moselle ムールト＝エ＝モーゼル県の県庁所在地；フランスとUEの広域地方行政区画の région Lorraine ロレーヌ地方に属す；市町村コード54040；ロレーヌ公爵の居住地；主な見どころ：place Stanislas スタニスラス広場(1750-55年), Palais ducal (16世紀；現 musée historique lorrain), église Notre-Dame-de-Bon-Secours (15世紀末), musée de l'Ecole de Nancy, musée des Arts et Traditions populaires et église des Cordeliers；形容詞 nancéien (ne)). école de ~ (装飾芸術の)ナンシー派 (E. Gallé, L. Majorelle, frères Daum, V. Prouvé, E. Vallinら・アール・ヌーヴォの発展に寄与). aéroport de Metz-~-Lorraine メッス＝ナンシー＝ロレーヌ空港(北43 km).

nandrolone n.f.〘薬〙ナンドロロン《テストステロン testostérone から誘導される同化促進ステロイド・ホルモン剤；筋力増強・精神興奮作用のあるドーピング剤). dopage à la ~ ナンドロロン・ドーピング.

Nangnim-Sanmaek［北朝鮮］n.pr. m.pl. 狼林(ろうりん, ランリム) 山脈 (=Monts Nangnim).

nanifiant n.m.〘農・園〙成長抑制剤.

nanisme n.m. (<nain) n.m. **1**〘医〙〔古〕小人(しょうにん)症, 侏儒(しゅじゅ)症, 低身長症. ~ hydrophysaire 下垂体性小人症《成長ホルモン分泌不全低身長症). ~ sénile 早老症. être atteint de ~ 小人症にかかっている.
2 (動植物の) 倭化；成長不良. gène de ~ 倭化遺伝子.

Nanjing, Nanking, Nánkin［中国］n.pr. 南京(ナンキン) 《江蘇省の省都).

Nanning, Nan-ning［中国］n.pr. 南寧(なんねい), ナンニン《広西壮族自治区 guangxi の首都；旧称邕(しよう) 寧 Yongning).

nano-［ギ］ELEM「小さい」の意；〘物理〙ナノ(10⁻⁹)《記号 n；ex. nano mètre「ナノメートル, 10億分の1メートル」(10⁻⁹m)).

nanobactérie n.f.〘生〙ナノバクテリア, 超微小細菌.

nanobiologie n.f. ナノバイオロジー《分子レベルの微小生物学).

nanobiotechnologie n.f. ナノバイオテクノロジー《10億分の1単位の超微小生命工学).

nanochirurgie n.f.〘医〙電子顕微鏡外科〔手術〕.

nanocristallin(e) a. 超微小結晶の.

cellule ~e 超微小結晶電池.
nanoélectronique *n.f.*〖理工〗ナノ・エレクトロニクス, ナノ電子工学, 超微細電子工学.
nanofil *n.m.* ナノフィル《フラーレンでつくられる超微細糸》.
nanofiltration *n.f.*〖浄水〗ナノ濾過, ナノ単位の微小物濾過〔処理〕《1ミクロンの固体を濾過する》.
nanogramme *n.m.*〖度量衡〗ナノグラム(10^{-9} (10億分の1) グラム).
nanomédecine *n.f.*〖医〗ナノ医学, 超微小医学《médecine moléculaire「分子医学」, thérapie cellulaire 細胞治療学など》.
nano[-]mètre *n.m.* ナノメートル(10^{-9}m;記号 nm).
nanomonde *n.m.* ナノ世界(10^{-9}m 単位の超微小世界).
nano-ordinateur *n.m.*〖電算〗超微小コンピュータ.
nanoparticule *n.f.* ナノ微粒子, 超微粒子.〖医〗thérapie par ~s ナノ微粒子利用治療〔法〕.
nanophysique *n.f.*〖物理〗ナノ物理学(10^{-9}m単位の領域の物理学, 原子単位の微小物理学).
nanoréseau *n.m.*〖電算〗ナノレゾー《サーヴァーとマイクロ・コンピュータ群を接続するネットワーク》.
nanorobot *n.m.* ナノロボット(10^{-9}m大の超微小ロボット).
nanoscience *n.f.*〖理〗ナノサイエンス, 超微小科学.
nanoscopique *a.* 超微視的な. échelles ~s 超微視的尺度.
nano[-]seconde *n.f.* ナノ秒《10億分の1秒》.
nanostructure *n.f.* ナノ構造《超微細構造》.
nanotechnologie *n.f.* ナノテクノロジー, 超微細工学(10^{-9}m レヴェルの超微小工学).
nanotube *n.m.* 超微細管, ナノチューブ《内径 10^{-9}m 単位の微細管》.
Nansha Qundao 〔中国〕*n.pr.pl.* 南沙《なんしゃ, ナンシャー》群島.
nantais[1] *n.m.*〖チーズ〗ナンテ《ブルターニュ地方 la Bretagne で牛乳からつくられる非加熱, 圧縮, 洗浄外皮の四角いチーズ;脂肪分40%;別称 fromage du curé》.
nantais[2] (***e***) *a.* ナント (Nantes) の;~の住民の. la Sèvre ~e ナント・セーヴル川《ロワール河の支流;長さ125 km》.
—**N~** *n.* ナント市民.
Nan-tch'ang ⇒ Nanchang
Nan-tch'ong ⇒ Nanchong
Nantes *n.pr.* ナント《département de la Loire-Atlantique ロワール=アトランティック県の県庁所在地, フランスと UE の広域地方行政区画 région Pays de la Loire ロワール河流域地方の地方庁所在地;市町村コード 44000;形容詞 nantais (*e*)》. aéroport de ~-Atlantique ナント・アトランティック空港.〖仏史〗l'édit de ~ ナントの勅令《1558 年》.
nanti(***e***) *n.* 質権者 (=créancier ~).
—*a.p.* **1** 質の. **2**〔広義〕裕福な;(de ~) 所有している. héritier ~ 裕福な相続人.
nantissement *n.m.* **1**〖法律〗質〔権〕. ~ cinématographique 映画フィルム質権, 映画質. ~ d'un bien immobilier 不動産の質, 不動産質 (=antichrèse). ~ d'un bien mobilier 動産の質, 動産質 (=gage). ~ du droit d'exploitation des logiciels コンピュータ・ソフトウエア開発権質権, ソフトウエア質. ~ de fonds du commerce 営業財産質権, 営業質.
2 担保品, 担保物.
Nantong, Nan-t'ong 〔中国〕*n.pr.* 南通《なんつう》, ナントン《江蘇省の揚子江沿いの都市》.
NAP (=*n*omenclature d'*a*ctivités et de *p*roduits) *n.f.* 業種・製品用〔術〕語.
napalm [napalm]〔英〕*n.m.* ナパーム. bombe au ~ ナパーム弾.
naphta *n.m.* **1** ナフサ, 石油ナフサ《揮発性石油蒸留物》. **2** 重質ガソリン.
naphtaline *n.f.* **1**〖化〗ナフタリン, ナフタレーヌ (=naphtalène)《防虫剤, 染料の原料》. **2**〔俗〕ヘロイン (=héroïne).
naphtazoline *n.f.*〖薬〗ナファゾリン《血管収縮剤》.
naphte *n.m.* **1** 鉱物油, 原油. ~ minéral 石油. couche de ~ 原油層. **2**〖石油化学〗石油ナフサ (=~ de pétrole)《比重約 0.70;溶剤, 脱脂剤など》. ~ de charbon 軽油. lampe à ~ 石油ランプ.
naphténique *a.*〖化〗ナフテンの. acide ~ ナフテン酸《乳化剤, 燃料油添加剤, 酸化触媒に利用》.
naphtol *n.m.*〖化〗ナフトール《防腐剤, 染料》. colorant de ~ ナフトール染料.
naphtylamine *n.f.*〖化〗ナフチルアミン《芳香族アミン;染料の原料;β-ナフチルアミンには強い発癌性がある》.
napoléon[1] *n.m.* ナポレオン金貨《ナポレオン1世と3世が鋳造させた皇帝の肖像を刻んだ20フラン金貨》. double ~ 40フラン金貨.
napoléon[2] *n.f.*〖果樹〗ナポレオン種の桜桃《bigarreau 種の一種》.
nappe *n.f.* ⊡〖布〗**1** テーブルクロス, 食卓布, テーブル掛け. ~ blanche 白いテーブルクロス. ~ en plastique (papier) プラスチック(紙)のテーブル掛け. la ~ et les serviettes テーブルクロスとナプキン. mettre (ôter) la ~ テーブルクロスを掛ける(取り除く).
2〖教会〗~ d'autel 祭壇布. ~ de communion 聖体拝領台布.

Ⅱ〔比喩的〕〔層・面〕**1** 水面；水層．~ d'eau 水面；〖地形〗静止水 (étang「池」, lac「湖」など). ~ d'eau souterraine 地下水層. ~ libre 自由水脈.
2 層.〖地質〗~ de charriage 横移地塊. ~ de feu 火の海. ~ de gaz (地表に漂う) ガスの層.〖地質〗~ de pétrole 石油層.〖地質〗~ volcanique 溶岩層, 溶岩台地.〖物理〗écoulement en ~ 層流.
3〖織〗フリース；総経糸.
4〖幾何〗葉. hyperboloïde à une ~ 一葉双曲面.

NAR (= *Nouvelle Action Royaliste*) *n.f.* 新王党派行動 (1971年設立のフランスの王政復古派の政党).

naratriptan *n.m.*〖薬〗ナラトリプタン (頭痛薬；薬剤製品名 Naramig (*n.m.*) など).

Narbonne *n.pr.* ナルボンヌ (département de l'Aude オード県の郡庁所在地；市町村コード 11100；ナルボネーズ地方 la Narbonnaise の中心都市；形容詞 narbonnais (*e*)). cathédrale Saint-Just-et-Saint-Pasteur de ~ ナルボンヌのサン=ジュスト・サン=パストゥール大聖堂 (13世紀-未完). station balnéaire à ~ -Plage ナルボンヌ=プラージュの海水浴場.

narcéine *n.f.*〖化・薬〗ナルセイン (麻酔性阿片アルカロイド).

narcisse (<〖ギ神話〗*N*~ ナルキッソス, ナルシス) *n.m.* **1**〖植〗水仙. ~ à bouquet 房咲き水仙. ~ à fleur de papillon 蝶形水弁水仙. ~ à grande (petite) couronne 大型 (小型) 花冠水仙 (ラッパ水仙). ~ des poètes 口紅水仙 (= jeannette, porillon). ~ jonquille 黄水仙. ~ sauvage 野水仙. ~ tazetta 日本水仙. ~ trompette ラッパ水仙.
2〖文〗ナルシスト, 自己陶酔者.

narcissique *a.* **1**〖精神分析〗ナルシシズムの, 自己愛の. névrose ~ 自己愛神経症.
2 ナルシスト的な, 自己陶酔的な. comportement ~ 自己陶酔的行動.

narcissisme *n.m.* **1**〖精神分析〗ナルシシズム, 自己愛. **2**〖広義〗自己陶酔.

narco[-]**analyse** *n.f.*〖医〗麻薬分析.

narcocratie *n.f.* 麻薬不正取引社会の権力機構, 麻薬界の支配体制.

narcodollars *n.m.pl.* 麻薬取引ドル資産.

narcolepsie *n.f.*〖医〗ナルコレプシー, 居眠り病 (睡眠障害の一種；短い睡眠発作と脱力発作が日中に反復する症状).

narcoma *n.m.*〖医〗麻酔性昏睡.

narcomanie *n.f.*〖医〗睡眠中毒 (= intoxication par somnifères).

narcomollarchie *n.f.* ムッラーによる麻薬支配体制 (アフガニスタンにおける mollah (イスラム教国の聖職指導者) による麻薬の支配体制).

narcose *n.f.* **1**〖医〗麻酔〔法〕. **2**〔古〕昏睡〔状態〕.

narcothérapie *n.f.*〖医〗(精神病患者に対する) 睡眠 (麻酔) 療法.

narcotine *n.f.*〖化・薬〗ナルコチン (阿片アルカロイドの一種；非麻薬性鎮咳・鎮痙剤).

narcotique *a.* **1** (植物・薬などが) 麻痺作用のある, 麻薬成分を含む. addiction ~ 麻薬依存, 麻薬中毒. prescription ~ 麻薬処方〔箋〕.
2〔話〕眠りを誘う, ひどく退屈な.
── *n.m.* **1** 麻酔薬；麻薬 (= agent ~, stupéfiant). **2**〔話〕眠気を誘うもの.

narcotrafic *n.m.* 麻薬密売.

narcotrafiquant(*e*) *n.* 麻薬密売人.

narine *n.f.* 鼻孔, 鼻の穴. aspirer *qc* en dilatant ses ~s 鼻の穴をひろげて吸い込む. se pincer les ~s 鼻をつまむ.

narra*teur* (*trice*) *n.* 語り手, 話者；(劇・放送などの) ナレーター. ~ d'une histoire 物語の語り手.

narthex〔ギ〕*n.m.*〖建築〗ナルテックス (教会堂の入口内部の玄関廊). ~ de la basilique Sainte-Marie-Madeleine à Vézelay ヴェズレーのサント=マリー=マドレーヌ・バジリカ聖堂のナルテックス.

narval (*pl.*~*s*) *n.m.*〖動〗一角 (いっかく) (=〔俗〕licorne de mer 海の一角獣).

nas*al* (*ale*)¹ (*pl.aux*) *a.* **1**〖解剖〗鼻の, 鼻に関する. cloison ~ale 鼻中隔. épine ~ale 鼻棘 (びきょく) (鼻骨の棘状突起). fosses ~ales 鼻腔. hémorragie ~ale 鼻血.
2〖言語〗鼻音の. voyelles ~ales 鼻母音 ([ɑ̃], [ɛ̃], [ɔ̃], [œ̃]).
3 鼻にかかった. voix ~ale 鼻声.

nasale² *n.f.*〖言語〗鼻音. consonnes ~s 鼻子音 ([m], [n], [ɲ] など). voyelles ~s 鼻母音 ([ɑ̃] [ɛ̃] [ɔ̃] [œ̃]).

Nasdaq (=〔英〕*National Association of Securities Dealers Automated Quotation* (*System*)) *n.m.*〖株式〗ナスダック (店頭株式市場の気配値のコンピュータ情報システム；全米証券業協会相場表示自動化システム, 1971年2月8日導入). indice ~ ナスダック市場総合指数 (店頭株価指数). système ~ ナスダック・システム.

nashi〔日〕*n.f.* 梨, 和梨 (= poire japonaise). ~ Hosui《*Abondance*》豊水〔梨〕(Delbard 社のカタログ登録名).

nasillement *n.m.* **1** 鼻声. **2**〖医〗閉塞鼻声, 閉鼻声 (= rhinorrhée fermée). **3** (あひるの) 鳴声.

nasonnement *n.m.*〖医〗開鼻声 (= rhinolalie ouverte) (呼気が過度に入る鼻腔共鳴).

nasopharyngien(*ne*) *a.*〖解剖〗鼻咽頭の.〖医〗fibrome ~ 鼻咽頭繊維腫.

nasopharynx *n.m.*〖解剖〗鼻咽頭 (= rhinopharynx), 上咽頭.

nasse *n.f.* **1**〖漁〗(川魚捕獲用の)筌(う
け). poser (lever) des ~s 筌を仕掛ける(引
揚げる).〖比喩的〗tomber dans la ~ 罠に
かかる.
2 小鳥捕獲網.
3〖貝〗ナス《肉食性腹足類の貝》.

natal(**e**)(*pl.*~**s**) *a.* **1** 生まれた場所の.
langue ~*e* 母国語. maison ~*e* de Victor
Hugo ヴィクトル・ユゴーの生家. pays ~
生国；生まれ故郷.
2〔古〕jour ~ 誕生日(= anniversaire de
naissance) ;〖教会〗(聖人の)祝日.

natalité *n.f.* 出生率(= taux de ~). taux
de ~ pour 1000 habitants 住民1000人当
りの出生率. pays à faible (forte)~ 出生率
の低い(高い)国. politique de la ~ 出生率
増加政策.

natation *n.f.* **1**〖スポーツ〗水泳. prati-
quer la ~ 水泳をやる. ~ synchronisée シ
ンクロナイズドスイミング(= ~ artisti-
que). épreuves de ~ 水泳競技. *F*édéra-
tion internationale de ~ amateur (FINA)
世界アマチュア水泳連盟.
2 (動物の)遊泳.

natif(**ve**) *a.* **1** 出身の, (de の)生まれの.
Elle est ~*ve* de Paris. 彼女はパリ生まれ
だ.
2 生来の, 生れつきの. locuteur ~ ネイテ
ィヴ・スピーカー. majesté ~*ve* 生れつき備
わった威厳. qualité ~*ve* 天賦の素質.
3〖鉱〗天然に単体で産出する. métal ~ 天
然産出金属. or ~ 天然金.
——*n.* (de の) 出身 (生まれ) の人. C'est un ~
de Lyon. あれはリヨン出の男だ. ~s d'un
pays 土着民.

nation *n.f.* **1** 国家, 国. clause de la ~ la
plus favorisée 最恵国条項. Organisation
des N ~s unies (ONU) 国際連合(国連). So-
ciété des N ~s (SDN) 国際連盟. Le gé-
néral de Gaulle a opposé l'Europe des ~*s*
à l'Europe supranationale. ド・ゴール将軍
は超国家的ヨーロッパに国家からなるヨー
ロッパを対置した.
2 国民, 人民, 市民. Etat-~ 国民国家. ap-
pel à la ~ 国民への呼びかけ, アピール.
〖経済〗comptes de la ~ 国民経済計算. les
élus de la ~ 国会議員. A la fin de chaque
année, le président de la République
adresse par télévision ses vœux à la ~. 毎
年大晦日に共和国大統領はテレビを通じて
国民に新年へ向けた挨拶をする. Le princi-
pe de toute souveraineté réside essentielle-
ment dans la Nation. (déclaration des
droits de l'homme et du citoyen de 1789) す
べての主権の本源は, 本質的に国民に存す
る(1789年の人および市民の権利の宣言).
consulter la ~ par voie de référendum 国
民投票によって国民の意思を問う. Une ~
est une âme, un principe spirituel. Deux
choses qui, à vrai dire, n'en font qu'une,

constituent cette âme, ce principe spiri-
tuel. (E. Renan) 国民とは魂であり, 精神
的な原則である. この魂, 精神的な原則を形
作るものは二つあるが, 本当を言えばそれ
らは一つのものである《エルネスト・ルナ
ン》.
3 a) 民, 民族, 種族. sagesse des ~*s* 諸国
民の知恵. **b**)〖聖書〗(ユダヤ教徒から見た)
異教徒, 異教の民. apôtre des ~*s* 異教徒の
使途(聖パウロ).

national(**ale**)(*pl.***aux**) *a.* **1** 国民の,
民族の. caractère ~ 国民性. fête ~*ale* 国
祭日, 国慶節, 建国記念日. identité ~*ale*
国民(民族)のアイデンティティー《自己確
認》. langue ~*ale* 国語 (langue officielle
「公用語」とは異なる). richesse ~*ale* 国富.
territoire ~ 国土.
2 全国的な, 国家の, 国立の. assemblée
~*ale* 国民議会(フランス議会の下院. Cham-
bre des députés, Chambre basse ともい
う). bibliothèque ~*ale* (la Nationale) 国立
図書館. biens ~*aux* 国有財産. bureau ~
du Parti socialiste 社会党全国書記局.
comptabilité ~*ale* 国民経済計算, GDP 統
計, GDP 統計. comptes ~*aux* 国民経済
計算, GDP 統計. défense ~*ale* 国防. édu-
cation ~*ale* 国民教育. ministère de l'édu-
cation ~*ale* 文部省. direction des musées
~*aux* 国立美術館・博物館局《文化省の一部
局》. Parc ~ 国立公園. patrimoine ~ 国
家的文化遺産. route ~*ale* 国道. secrétaire
~ de l'UMP chargé de l'organisation
UMP (国民運動連合) 組織担当全国書記.
3 国家主義(民族主義)的な. partis ~*aux*
国家主義政党. ~-socialiste 国家社会主義の,
ナチ.
——*n.m.pl.* **1** 国籍所有者, 自国民. **2** 国家
主義(民族主義)政党.
——*n.f.* **1** 国道 (= route ~). la ~ 1 国道1
号線《略記N 1, RN 1》. prendre la ~ n° 1
国道1号線を通る.
2 la N~ 国立図書館 (= la Bibliothèque
N~). Elle prépare sa thèse à la N~. 彼女
は国立図書館で学位論文を準備している.

Nationale(**la**) (= la Bibliothèque natio-
nale) *n.f.* 国立図書館.

nationalisé(**e**) *a.p.* 国有化(国営化)さ
れた. entreprise ~*e* 国有(国営)企業.

nationalisme *n.m.* ナショナリズム；
民族主義；国家主義, 国粋主義.

nationaliste *n.* ナショナリスト, 民族
主義者；国家主義者, 国粋主義者.
——*a.* ナショナリズムの, 民族主義の, 国家
(国粋)主義の.

nationalité *n.f.* **1** 国籍. avoir (perdre)
la ~ japonaise 日本国籍を有する(失う).
être de ~ française フランス国籍である.
~ acquise 取得国籍. ~ d'origine 原国籍.
~ d'une entreprise 企業の国籍.
2 民族；民族意識；国民性. principe des

~s 民族自決主義.

national-populisme *n.m.*〖政治〗国粋主義的ポピュリスム《外国人排斥・人種差別的傾向の強い反体制的民衆運動》.

nativité *n.f.* **1**〘キリスト教〙(キリストの) 降誕；(聖母マリア, 洗礼者ヨハネの) 誕生；誕生の祝日. la ~ [fête de la] *N* ~ キリスト降誕祭, ナティヴィテ, クリスマス (= la Noël). la ~ de la Sainte Vierge 聖処女 (聖母マリア) の誕生祝日《9月8日》. la ~ de saint-Jean-Baptiste 洗礼者聖ヨハネの誕生祝日《6月24日》.
2〘美術〙キリスト降誕図 (像).
3〘占星〙誕生時の天宮図 (= thème de ~, thème astral), ホロスコープ.

NATO (=〘英〙*N*orth *A*trantic *T*reaty *O*rganization) *n.f.* 北大西洋条約機構, ナトー (=〘仏〙OTAN : *O*rganisation du *t*raité de l'*A*tlantique *N*ord；オタン).

natrémie *n.f.*〘医〙ナトリウム血症《高ナトリウム血圧 hypernatrémie, 低ナトリウム血圧 hyponatrémie など》.

natriurétique *a.*〘医〙ナトリウム利尿性の. facteur ~ auriculaire 心房性ナトリウム利尿因子.

naturalisation *n.f.* **1** (外国人の) 帰化, 国籍取得. ~ d'un travailleur immigré 移民労働者の帰化. demander sa ~ 帰化を申請する.
2 (外来動植物の) 帰化, 土着化, 環境順化 (= acclimatation).
3 (外来語の) 国語化, (外来思想の) 同化 (= assimilation).
4 (動物の) 剝製化；(植物の) 標本化.

naturalisé(e) *a.* 帰化した, 国籍を取得した；土着化した；標本にされた. un(e) Français(e) ~(e) 帰化フランス人. plante ~e 帰化植物.
— *n.* 帰化人. ~ français 帰化フランス人.

naturalisme *n.m.* **1**〘哲〙自然主義《自然のみを実在と考える説》.
2〘美術〙自然主義絵画, 自然写実主義.
3〘仏文学史〙ナチュラリスム, 自然主義文学, 実証主義文学.

nature *n.f.* Ⅰ《自然》**1** (宇宙を構成する) 自然, 自然界. ~ personnifiée 人格化された自然. auteur de la ~ 造物主, 創造主, 神. jeux de la ~ 造化の戯れ, 自然界の奇観. lois de la ~ 自然界の法則 (掟). sciences de la ~ 自然科学 (= sciences naturelles). système de la ~ 自然の体系.
2 (人間に対立する) 自然；(都会に対する) 自然, 田舎. l'homme et la ~ 人間と自然. ~ détruite par l'homme 人間によって破壊された自然. ~ vierge 手つかずの自然. beautés (merveilles) de la ~ 自然美 (自然の驚異). protection de la ~ 自然保護. sentiment de la ~ 自然感情. silence de la ~ 自然のしじま (静寂).
au coin de la ~ 自然の片隅で. dans la ~ 草深い所に；〘話〙どこかわからぬ所に. disparaître dans la ~ 行方をくらます. seul dans la ~ 自然の中で唯ひとり. aimer (admirer) la ~ 自然を愛する (賛美する). vivre en pleine ~ 自然の真只中で暮す.

Ⅱ《本性》**1** (事物の) 本質, 実体的性質 (= ~ réelle)；(人・物の) 本性, 自然の姿, 本来の姿.〘神学〙 ~ divine 神性 (= ~ de Dieu). ~ d'une substance 物質の本質. ~ humaine 人間の本性, 人間性 (= ~ de l'homme)；〘キリスト教〙(キリストの) 人性. double ~ de l'homme 人間の二重の本性. union des deux ~s en Jésus-Christ イエス=キリストにおける神性と人性の合体. contre ~〔人間の本性に〕反する. vices contre ~ 性的倒錯, 同性愛.
2 本能；人情. cri de la ~ 本能の叫び. liens de la ~ 血の絆. voix de la ~ 血肉の情. laisser agir la ~ 本能に身を委ねる.
3 (人の) 性質, 性格；性格の持主. ~ bienfaisante 情深い性格 (の持主). être de ~ délicate 繊細な性格である. de (par) ~ 生来, 生れつき；本来. Il est optimiste de (par) ~. 彼は生来の楽天家だ. C'est une bonne ~. あいつはお人好しだ. C'est une ~. あいつは大物だ.
4 体質；体質の人. petite ~ ひ弱な人. être d'une ~ fragile 蒲柳の質である, 虚弱体質である.
5 (物の) 性質, 種類. ~ du terrain 土質. de ~ à + *inf.* …する性質の. recherches de ~ à bouleverser la science 学問を根底から覆す性質の研究. de cette ~ この種の. obstacles de toute ~ あらゆる種類の障害.
6〘法律〙(事物の) 法的性質 (= ~ juridique)；法律行為としての性質. ~ des biens 財の法的性質. en ~¹ 同一性質の財で (= en biens de même ~). égalité en ~ 遺産分割の等質性.

Ⅲ《実物》**1**〘美術〙実物. ~ morte 静物〔画〕. peindre d'après ~ 写生する.〔同格〕statue grandeur ~ 等身大の彫像.
2 現物. en ~² 現物で (= en son objet même). en argent ou en ~ 現金または現物で. capital en ~ 現物資本 (土地, 建物など). prestation en ~ 現物給付. payer en ~ 現物で支払う, 物納する.

— *a.inv.* **1**〘料理〙味をつけない, そのままの. café ~ ブラックコーヒー (= café noir). champagne ~ 生 (き) のシャンパーニュ《シロップを混ぜないシャンパーニュ》. fraises ~ 砂糖, 生クリームなどを添えない苺《デザート》. grandeur ~ 等身大. omelette ~ オムレット・ナチュール, プレーン・オムレツ《具材なしのオムレツ》. riz ~ 白飯.
2〘話〙(人・仕事などが) 自然な, 本当らしい；ナイーヴな；だまされやすい. Il est ~. 竹を割ったような男だ.

— *ad.*〘俗〙勿論 (= naturellement). Tu

naturel¹ (*le*)

sors ? —N ~ ! 出かけるの？—勿論．

naturel¹ (*le*) *a.* [I] 《自然》**1** 自然の；自然界の；自然に関する，自然に基づく．〖法律〗droit ~ 自然法 (droit positif「実定法」の対)．〖法律〗droits ~s 自然権 (=droits innés)．homme ~ 自然人．〖言語〗langue ~ *le* 自然言語 (langue artificielle「人工言語」の対)．merveilles ~ *les* 自然の驚異．Muséum national d'histoire ~ *le* 国立自然史博物館．〖法律〗obligation ~ *le* 自然債務．parc ~ régional des volcans d'Auvergne 地方立オーヴェルニュ火山公園．patrimoine mondial ~ 世界自然遺産．phénomènes ~s 自然現象．réserves ~ *les* 自然保護区．richesse ~ *les* du monde 世界の自然の豊かさ．sciences ~ *les* 自然科学．〖生〗selection ~ *le* 自然淘汰．site ~ 自然景観美．**2** 天然の；自然のままの．couleur ~ *le* des cheveux 地毛の色．eau ~ *le* 天然(自然)の水．〖社〗famille ~ *le* 自然家族，血縁家族．gaz ~ 天然ガス．jus de fruits ~ 天然果汁．produits (alimentaires) ~s 自然食品．ressources ~ *les* 天然資源．〖法律〗servitude ~ *le* 自然地役，soie ~ *le* 本絹．vin ~ 生(き)葡萄酒．**3** 本来の；本性の．caractères ~s 本来の性質．grandeur ~ *le* 実物大．propriété ~ *le* d'une chose 事物の本性．**4** 自然な，当然の．C'est ~ 当然のことだ．Il est ~ de+*inf.* (que+*subj.*) …するのは当然だ．**5** 〖音楽〗変化記号のつかない．gamme ~ *le* 自然音階．note ~ *le* 本位音，幹音．**6** 〖神〗恩寵 (啓示) によらない．〖宗教〗religion ~ *le* 自然宗教．**7** 〖数〗nombres ~s 自然数〖正の整数〗；nombres fractionnaires「分数」，nombres irrationnels「無理数」などの対)．[II] 《人間》**1** 生れつきの，生得の，天賦の．disposition ~ *le* 天性．faiblesse ~ *le* de l'homme 人間の生れつきの弱さ．penchant ~ 性癖．talent ~ 天賦の才．timidité ~ *le* 本来の内気さ．**2** 正常な，自然な．besoins ~s 自然の欲求，尿意，便意．état ~ 常態．fonctions ~ *les* 正常機能．mort ~ *le* 自然死．**3** 気取らない，自然な．geste ~ 気取らない振舞．style ~ 飾り気のない文章．d'une façon ~ *le* 気取らず．**4** 〖法律〗非摘出の，私生の (=bâtard)．庶出の．enfant ~ 非摘出子，自然子，私生児 (=enfant illégitime)．père ~ 実父．
— *n.* 〖古〗地元の人，土着民．

naturel² *n.m.* **1** 本性，気質．corriger le ~ de qn 人の気質をなおす．être d'un ~ jaloux 生れつき嫉妬深い．garder son ~ 地で行く，自然に振舞う．Il est bavard de son ~. 彼は生れつきおしゃべりだ．〖諺〗Chassez le ~, il revient au galop. 付け焼き刃はすぐ剝げる．

2 自然さ，自然味，気取りのなさ．~ du style 文体の自然さ．avec ~ 気取らずに．manque de ~ ぎこちなさ．

3 実物．au ~ 実物では，ありのままに；〖料理〗味をつけずに．thon au ~ 鮪の水煮〔缶〕．

naturellement *ad.* **1** 自然に；生来，生れつき，本能的に．cheveux ~ bouclés 生れつきカールした髪．sol ~ fertile もともと肥沃な土壌．être ~ optimiste 生れつき楽天的である．

2 必然的に，当然；容易に，簡単に．Cela s'explique ~. それは容易に説明がつく．On a été ~ porté à penser que... 必然的に…と考えるに至った．

3 気取らずに，巧まずに．écrire ~ 飾り気のない文章を書く．

4 勿論，無論．N~, c'est moi qui ai raison. 勿論私が正しいのです．Mais ~ ! 勿論ですとも！

naturisme *n.m.* **1** 〖哲〗自然崇拝；〖宗教〗(宗教の) 自然崇拝起源説．

2 〖医〗(ヒポクラテスの) 自然療法説．

3 ナチュリスム，自然復帰主義 (野外生活 vie en plein air, 自然食 aliments naturels, 裸体主義 (=ヌーディズム) nudisme など)．

naturiste *a.* **1** 自然復帰主義 (運動) の．

2 ヌーディズムの．mouvement ~ ヌーディズム運動．

3 〖哲学，宗教〗自然崇拝の；自然神崇拝の；自然崇拝説の．

4 〖医〗自然療法の．

— *n.* **1** 自然復帰主義者．**2** ナチュリスト，ヌーディスト (=nudiste)．camp de ~s ヌーディスト・キャンプ．

naturopathie *n.f.* 〖医〗自然療法 (主に食事・運動・空気・日光などにより自然治癒を図る療法=médicine douce : diététique, héliothérapie, massages など)．

naufrage *n.m.* **1** 難破，難船，海難．faire ~¹ (船が) 難破する；(人が) 海難で遭難する．faire ~ au port (港で難破する→) 成功直前で失敗する．

2 〖比喩的〗挫折；崩壊；破滅；破産；(名声などの) 失墜；破綻．faire ~² 失敗に帰す，破綻する．

naufragé (e) *a.p.* (船・人が) 難破した．marins ~s 難破した船員．navire ~ 難破船．
— *n.* 難破した人，海難者．

naupathie *n.f.* 〖医〗船酔い (=mal de mer)．

Nauru *n.pr.f.* 〖無冠詞〗〖国名通称〗ナウル (公式名称 : la République de ~ ナウル共和国 ; 国民 : Nauran(e) ; 首都 : Yaren ヤーレン ; 通貨 : dollar australien [AUD])．

nauruan (e) *a.* ナウル (Nauru) の，ナウル共和国 (la République de Nauru) の ; ナウル島の ; ~ の住民の ; ナウル語の．

——**N**～ *n.* ナウル人, ナウル島民.
——*n.m.* 〚言語〛ナウル語.

nausée *n.f.* **1** 吐き気；〚医〛悪心（おしん）. avoir la ～ (des ～s) 吐き気を催す.
2 むかつくような不快感（嫌悪感）. Rien que d'y penser, j'en ai la ～. それを考えるだけで, へどが出る. manger jusqu'à la ～ 吐き気を催すまでたらふく食べる.

nauséeux(se) *a.* **1** 吐き気を催す；吐き気を伴う. état ～ 吐きたくなる状態. 〚薬〛médicament ～ 吐剤. se sentir ～ 吐き気を覚える.
2 〚比喩的〛吐き気を催すような.

-naute 〚ギ〛 ELEM 「航行士」(navigateur) の意 (*ex.* astro*naute* 宇宙飛行士, cyber*naute* インターネットサーファー, サイバーノート).

nautique *a.* **1** 航海の, 航海に関する. art ～ 航海術. carte ～ 海図. mille ～ 海里. science ～ 航海学.
2 水上の. salon ～ 水上スポーツ見本市. ski ～ 水上スキー. sports ～s 水上スポーツ.
——*n.m.* 海里 (=mille ～, mille marin ; 1,852m).

-nautique 〚ギ〛 ELEM 「航行」(navigation) の意 (*ex.* aéro*nautique* 航空の).

nautisme *n.m.* 水上スポーツ；(特に)ヨット・スポーツ, ヨット競技.

naval(e) (*pl.* ～**s**) *a.* **1** 船の, 航船の. chantiers ～s du Havre ル・アーヴルの造船所. construction ～e 造船(業).
2 海軍の. base ～e 海軍基地. bataille ～e ; combat ～ 海戦. Ecole ～e 海軍兵学校〚海軍士官学校〛, 略称 la N ～e).
——*n.f.* 海軍兵学校 (=Ecole ～e). faire N ～ 海軍兵学校に学ぶ.

navalisation *n.f.* 〚軍〛(陸軍・空軍用武器・装備の)艦載化.

navarin *n.m.* 〚料理〛ナヴァラン(小玉葱, じゃが芋, 人参, 蕪入りの羊肉のシチュー).

navel (<〚西〛臍) *n.m.* 〚植〛ネーヴル, ネーヴル・オレンジ (=orange ～).

navet *n.m.* **1** 〚植〛ナヴェ, 蕪；大根(十字花科 crucifèracées の根菜. 学名 Brassica napus). ～ milan ミラノ蕪(白い球型, 茎が紫色). ～ nantais ナント大根(白く長い). ～ noir 黒蕪, 黒大根. 〚料理〛～ s farcis 蕪の肉詰め.
2 〚文学・芸術〛〚俗〛駄作.

navette *n.f.* **1** (織機の)杼(ひ), シャトル(ミシンの)中釜.
2 (連絡用の電車・バス等の)往復便, シャトル便. スペース・シャトル (=～ spatiale).
3 (国民議会と元老院間の)法案の往復.

naviculaire *a.* **1** 〚解剖〛舟状の. fosse ～ 舟状窩. os ～ (=os scaphoïde).
2 〚獣医〛舟状骨の. maladie ～ (馬の蹄の)舟状骨の炎症.

navigabilité *n.f.* **1** (河川などの)航行可能性, (船舶・航空機の)航行可能性, 耐航性, 可航性；耐空性. certificat de ～ (船舶・航空機の)航行許可書；堪航能力証明書；(航空機の)耐空証明書.

navigable *a.* ～ 船舶の航行が可能な. rivière ～ 船舶の航行可能な川.

navigant(e) *a.* 航行する, 航海する. mécanicien ～ 航空機関士. personnel ～ (船舶・航空機の)乗員. personnel ～ technique 航空機搭乗技術員.
——*n.* 乗員, 乗組員.

naviga*teur*(*trice*) *n.* **1** 航海者；船員；〚文〛船乗り. ～ solitaire 単独航海者. 〚史〛les grands ～s (15・16世紀の)大航海者 (C. Colomb, Vasco da Gama など).
2 〚海〛航海士.
3 〚航空〛航空士, 航法担当者.
4 〚自動車ラリー〛ナヴィゲーター.
5 〚情報処理〛ナヴィゲーター《ネット上のナヴィゲーション・ソフト》.
——*a.* 航海に従事する. officier ～ 航海士. peuple ～ 海洋民族.
——*n.m.* **1** (航空機・船舶の)自動航法装置(計器) (=～ automatique). ～ par satellite 衛星利用自動航法装置.
2 (ミサイル・戦車などの)自動操縦装置.
3 (自動車の)ナヴィゲーター.

navigation *n.f.* 航行；航海 (=～ maritime)；水上運輸, 水運. ～ côtière 沿岸航海. ～ de plaisance (ヨット, モーターボートなどによる)舟遊び, 遊覧航行. ～ fluviale 河川航行(運輸). ～ hauturière 遠洋航海. ～ intérieure 内水航行. ～ marchande (de commerce) 貨物運輸航行. ～ maritime 海洋航行. ～ mixte (河川と海洋の)混合航行. ～ sous-marine 潜航. compagnie de ～ 船会社. droits de ～ 航海税. ligne de ～ 船路. permis de ～ 航海許可証.
2 航空 (=～ aérienne)；飛行；航空運輸. ～ spatiale 宇宙飛行.
3 航海術, 航空術；航法. ～ à l'estime 推測航法 (=estimée). ～ à vue 有視界航法. ～ astronomique 天文航法. ～ observée. ～ radio[-]électrique 電波航法 (=radionavigation).
4 〚自動車〛運転補助. système de ～ 運転補助システム, ナヴィゲーター (=navigateur).
5 〚情報処理〛(ネット上の)ナヴィゲーション, 移動.

naviplane [-plan] *n.m.* 〚船〛ナヴィプラーヌ, ナヴィプレーン(水陸両用艇, ホヴァークラフト hovercraft).

navire *n.* 船(通常は外航大型船を指す)；艦船；〚法律〛船舶(大小の区別なし). ～ à moteur diesel ディーゼル・エンジン船. ～ à propulsion atomique 原子力船. ～ à vapeur 蒸気船, 汽船. ～ à voiles 帆船. ～ amiral 旗艦. ～ de commerce 商船. ～ de guerre 軍艦. ~ de pêche 漁船. ~ marchand 貨物船. ~ mixte 貨客船. ~ transbordeur フェリーボート《ferry boat の公用推奨語》. ~-citerne タンカー, 油漕船. ~-hôpital 病院船. ~-usine (魚類の) 加工船. pont d'un ~ 船(艦)橋.

navire-atelier（*pl.* ~**s**-~**s**）*n.m.*〖軍〗補給母艦.

navire-citerne(*pl.* ~**s**-~**s**) *n.m.* 油槽船, タンカー (=tanker).

navire-école(*pl.* ~**s**-~**s**) *n.m.* 練習船；練習艦.

navire-hôpital (*pl.* ~**s**-~**aux**) *n.m.* 病院船.

navire-jumeau (*pl.* ~**s**-~**x**) *n.m.* 姉妹船；姉妹艦.

navire-usine (*pl.* ~**s**-~**s**) *n.m.* 工船, 船上加工船《冷凍・缶詰製造など》. ~ des cétacés 捕鯨母船.

nazi(**e**) [nazi] (=[独] *N ationalsozi*alist) *n.*〖史・政治〗(ドイツの)国家社会主義ドイツ労働者党 (NSDAP=*N ationalsozialistische Deutsche Arbeiterpartei* [1920-45]) の党員, ナチ党員；国家社会主義者, ナチズム信奉者.
―― *a.* ナチの, ナチ党員の；ナチ的な. parti ~ ナチ党. régime ~ ナチ体制.

nazisme [nazism] *n.m.* ナチズム, 国家社会主義, ナチ体制.

N.B. (=[ラ] *N*ota *b*ene [nɔtabene]) *n.m. inv.* 注 (=notez bien).

NB (=*N*ouvelle *B*ourgeoisie) *n.f.*〘話〙新ブルジョワジー.

Nb (=*niob*ium) *n.m.*〖化〗「ニオビウム, ニオブ」の元素記号.

NBC (=*n*ucléaire, *b*iologique, *c*himique) *a.* 核・生物・化学の. armes ~ 核・生物・化学兵器 (=armes spéciales 特殊兵器).

NC (=*N*ouveau *C*entre) *n.m.*〖政治〗新中道派《2007年結成の政党》.

n.c., N.C. (=*n*on *c*ommuniqué) 非公表, 未発表.

NCAI ISO (=*n*orme de *c*ontrôle *a*ntidopage *i*nternationale ISO) *n.f.* ISO(国際標準化機構 *I*nternational *S*tandardization (*S*tandards) *O*rganization) 準拠国際ドーピング防止管理規準.

NCE ニース Nice 空港 (aéroport de Nice-Côte-d'Azur の略記).

NCL (=la *N*ouvelle-*C*alédonie) *n.f.* ヌーヴェル=カレドニー(ニューカレドニア)《国名略》.

NCM (=*n*égociations *c*ommerciales *m*ultilatérales) *n.f.* (GATT の) 多角的貿易交渉《新ラウンド le nouveau cycle [de négociations commerciales multilatérales], またはウルグアイ・ラウンド Uruguay Round とも呼ばれる》.

NCP (=*n*ouveau *C*ode *p*énal) *n.m.*〖法律〗新刑法典. législation du ~ 新刑法典の

n.c.v. (=[英] *n*o *c*ommercial *v*alue)〖郵〗商品価値なし (=[仏] sans valeur commerciale)《商品見本など》.

Nd (=*n*éodyme) *n.m.*〖化〗「ネオジウム」の元素記号.

N.-D. (=*N*otre-*D*ame) *n.f.* ノートル=ダム, 聖母マリア. cathédrale ~ de Paris パリ・ノートル=ダムの大聖堂.

NDA (=*n*ote *d*e *l'a*uteur) *n.f.* 著者注.

NDE (=*n*ote *d*e *l'é*diteur) *n.f.* 編者注.

NDLR (=*n*ote de *la r*édaction) *n.f.* 編集部注.

NDT (=*n*ote *d*u *t*raducteur) *n.f.* 訳者注.

Ne (=*n*éon) *n.m.*〖化〗「ネオン」の元素記号.

né(**e**) (<naître) *a.p.* **1** 生れた, 生れの, 出身の. ~ d'une famille aisée 裕福な家庭に生れた. être ~ à Paris en 1999 1999年パリで生まれた. français ~ aux Etats-Unis アメリカ合衆国生まれのフランス人. Madame Hugo, ~*e* Foucher ユゴー夫人, 旧姓フーシェ. nouveau-~ 生れたばかりの；新生児；新製品. pur sang ~ et élevé en France フランスで生れ育った純血種の馬.
2 bien (mal)~ 高貴(下賤)の出である；育ちが良い(悪い)；性格が良い(悪い). jeune fille bien ~*e* 高貴の出である育ちが良い, 性格が良い)娘. cœur bien ~ 気高い心根.
3 生れつきの, 生来の. être ~ pour *qch* (+ *inf.*) …の天賦の才がある, …するために生れてきた. être ~ poète 生れつきの詩人である. poète ~ 生来の詩人.

NEA, Nea (=*n*ouvelle *e*ntreprise *a*gricole) *n.f.*〖農〗新農業企業 (=entreprise en atelier 作業所型企業).

néant *n.m.* **1** 無, 虚無；〖哲〗無, 非有, 虚無. *L'Etre et le N* ~ de Sartre サルトルの『存在と無』(1943年). réduire à ~ 無に帰さしめる；消滅させる. retourner au ~ 死ぬ. tirer du ~¹ 無から創造する.
2 無し. signes particuliers: ~ 個人的特徴：ナシ.
3 無価値〔なもの〕；空虚, 空しさ；〔古〕低い身分.〔古〕homme de ~ つまらぬ人間；素姓の賤しい人間. avoir conscience du ~ des honneurs 栄誉の空しさを覚える. tirer du ~² (人を) 抜擢する；日の当る所に出す.

nébulaire *a.*〖天文〗星雲の；星雲に関する. ligne ~ 星雲線. théorie ~ 星雲説.

nébuleuse[1] *n.f.*〖天文〗星雲, 銀河系内ガス星雲. ~ à émission 輝線星雲. ~ diffuse 散光星雲. ~ d'Orion オリオン星雲. ~ obscure 暗黒星雲. ~ par réflexion 反射星雲. ~ planétaire 惑星状星雲.

nébuleux(**se**[2]) *a.* **1** 曇った, どんより曇った, 雲のかかった；霧のかかった. ciel ~ 曇り空.
2〔比喩的〕曖昧な, 漠然とした, つかみど

nébulisation *n.f.* 噴霧.
nébuliser *v.t.* 噴霧する;〘医〙(鼻に)噴霧する.
nébuliseur *n.m.* 噴霧器, スプレー,〘医〙ネブライザー;鼻噴霧法, 鼻エアロゾル. médicament en ~ スプレー式医薬品, 噴霧剤.
nébulosité *n.f.* **1** 雲霧(総称).
2〘医〙翳(かげ). ~ de la cornée 角膜片雲.
3〘気象〙雲量;曇った状態. ~ du ciel 曇り空.〘気象〙~ totale 雲量 100 %.
4〘天文〙星雲状物質. ~ obscure 暗黒星雲状物質.
5〔比喩的〕曖昧さ, 不明瞭.
nécessaire *a.* **1** 必要な, 必要不可欠の, 止むを得ぬ. chose ~ à qn 人にとって必要なもの. condition ~ et suffisante 必要十分条件. discernement ~ du jugement 判断に必要な分別. mal ~ 必要悪.
~ à qch 何にとって必要な. moyens ~ s à la défense du pays 国防に必要な軍備. pour qch (+ *inf.*; que+*subj.*; afin que+*subj.*) 何(…するため)に必要な.
〘非人称構文〙Il est ~ de+*inf.* (que+*subj.*) …することが必要である. Il est ~ de partir (qu'on parte) tout de suite. すぐに発たねばならない.〔諺〕Il n'y a point d'homme ~. かけがえのない人間など存在しない.
2 必然の, 必然的な, 不可避の (contingent「偶然の, 偶発的な」の対).〘哲〙l'être ~ 必然的存在. effet (résultat) ~ 必然的結果. suite ~ d'événements 事態の論理的成行き.
—*n.m.* **1** 必要品, 必需品. le strict ~ ぎりぎりの生活必需品. fournir le ~ 必需品を供給する. Il manque de ~. 必需品に欠く.
2 必要なこと. faire le ~ 必要なこと(必要な手続)をする.
3〘哲〙必然的なもの;必然. le ~ et le contingent 必然と偶然.
4 必要品を入れる容器(箱). ~ à (de) couture (à ouvrage) 裁縫箱. ~ de toilette 化粧道具入れ. ~ de voyage 旅行用品セット.
nécessité *n.f.* **1** 必要;必要性;必然性;不可避性. ~ de manger pour vivre 生きるための食べることの必要性.〘法律〙état de ~ 緊急避難;緊急事態. objets de première ~ 生活必需品. être (se trouver) dans la ~ de+*inf.* …する必要に迫られている. par ~ 必要に迫られて, 止むを得ず, 必然的に.〔諺〕N ~ fait la loi. 必要の前に法なし, 背に腹は変えられぬ. N ~ est mère d'industrie. 必要は発明の母.
2 必要;必要なもの;必需品;生理的要求. ~ s de la vie 生活上の必要. ~ s financières 必要経費. ~ s militaires 軍需〔品〕. faire de ~ vertu なすべき義務を果た

す. faire ses ~ s 生理的欲求をみたす;用便する. pourvoir aux urgents ~ s de l'Etat 国家の緊急事態に対処する.
3〘哲〙必然, 必然性 (contingence「偶然性, 偶発性」の対). ~ de mourir 死の必然性. doctrine de ~ 必然論, 決定論, 宿命論.
4〔古〕困窮, 貧窮, 貧困.
5 義務, 負担. ~ de la fonction 職務上の義務.
nécessiteux (se) *a.* 貧困な, 貧乏な, 困窮している. aider les familles ~ ses 貧困家庭を救済する.
—*n.m.pl.* 困窮者, 貧民. aider les ~ s 貧民を援助する.
nec plus ultra [nɛkplyz(s)yltra]〔ラ〕*n.m.inv.* 最上品(「これ以上のものなし」の意). le ~ des accélérateurs 最上級アクセレレーター. le ~ du luxe 最高の贅沢.
—*ad.* この上なく.
nécrobiose *n.f.*〘医〙死生〔症〕. ~ lipoïdique リポイド類壊死症, 類脂質性壊死症, オッペンハイム=ウルバッハ病 (=maladie d'Oppenheim–Urbach).
nécrologie *n.f.* **1** 物故者列伝, 物故者リスト. **2** 死亡通知;死亡記事;死亡者欄歴. lire la ~ d'un journal 新聞の死亡者欄(記事)を読む. faire la ~ d'un ministre 物故大臣の追悼記事.
nécromancie *n.f.* 降霊術.
nécropole *n.f.* **1** (古代の)共同墓地, ネクロポリス. **2** (近代都市の)共同大墓地. **3** (王侯などの)霊廟. **4** (墓場のような)死滅都市.
nécrosant(e) *a.*〘医〙壊死を起こす, 壊死させる. facteur ~ les tumeurs 腫瘍(癌)壊死因子. pulpe ~ 壊死髄.
nécrose *n.f.*〘医〙壊死(えし). ~ caséeuse 乾酪壊死. ~ de coagulation 凝固壊死. ~ pancréatique 膵壊死. ~ pulpaire 歯髄壊死.
nécroser *v.t.*〘医〙(組織に)壊死をもたらす. dent nécrosée 壊疽性歯髄. facteur nécrosant les tumeurs 腫瘍(癌)壊死因子.
—**se** ~ *v.pr.* 壊死する.
nécrosique *a.*〘医〙**1** 壊死 (nécrose) の;壊死性の (=nécrotique). phénomènes ~ s 壊死現象.
2 壊死の病源の, 壊死の起こした.
—*n.m.*〘薬〙歯髄神経除治剤.
nécrotique *a.*〘医〙壊死性の. angéite ~ 壊死性血管炎. entérite ~ 壊死性腸炎.
nectaire *n.m.*〘植〙蜜腺(花蜜 (nectar) を分泌する器官).
nectar *n.m.* **1**〘ギ神話〙ネクタール, 神酒(蜂蜜を基にした不老不死の神聖な飲物).
2〘植〙花蜜(虫媒花植物の蜜腺から分泌される甘い液体).
3〘飲料〙ネクタール, ネクター(果汁に砂糖水を加えた飲物). ~ d'abricot 杏のネクタール.

nectarine 4〔文〕美味な飲物.

nectarine *n.f.*〘果実〙ネクタリーヌ, ネクタリン《果皮が艶やかな桃の品種；外皮は赤・橙・赤黄混色；果肉は黄桃色；果皮と果核が分離しているところが類似のbrugnonと異なる》.

necton *n.m.*〘生〙遊泳動物, ネクトン.

NED (= *N*ouvelle *E*picerie à *D*omicile) *n.f.*〘商業〙新自宅青果店《インターネットによる青果販売店；www.euro-ned.com》.

néerlandais(*e*) *a.* ネーデルラント(la Néerlandee；オランダ語表記：Nederland) の, オランダ(les Pays-Bas) の, オランダ王国 (le Royaume des Pays-Bas) の〘hollandais はオランダの通称：la Hollande の形容詞〙；ネーデルラント(オランダ) 人の；オランダ語の；〘通貨単位〙. florin ~ オランダ・ギルダー.
——*N~ n.* オランダ人.
——*n.m.*〘言語〙オランダ語, フラマン語(le flamand).

Néerlande (la) *n.pr.f.* ネーデルラント (〔オランダ〕Nederland)；オランダ〔王国〕(=Royaume des Pays-Bas. オランダ語の表記 Nederland は「低地」の意；フランス語ではこれを訳して通常 les Pays-Bas が用いられる；la Hollande は旧称；首都 Amsterdam, 行政権の中心地 La Haye (Den Haag)；形容詞 néerlandais (*e*)) (= les Pays-Bas).

néerlandophone *a.* オランダ語を話す；オランダ(フラマン) 語圏の.
——*n.* オランダ語を日常語とする人. ~s de Belgique ベルギーのオランダ語を常用する住民.

nef *n.f.* **1**〘建築〙(教会堂の) ネフ, 身廊《入口 portail から聖歌隊席chœurまでの奥行きの空間で, 信徒席が設けられる》. ~ à cinq travées 5つの梁間(スパン) を持つ身廊. ~ aveugle 高窓のない身廊. ~ (centrale (principale)) ; grande ~ 中央身廊, 主身廊. ~ gothique ゴシック様式の身廊. ~ latérale 側廊 (= bas-côté, collatéral).
2〘建築〙身廊風空間, 舟型空間. ~ d'une gare 駅舎の奥行きのあるホール.
3〘工芸〙~ (de table) 食卓の舟型金銀細工容器 (香辛料入れなど).
4〔古・詩〕船, (特に中世の) 大型帆船. ~ figurée sur les armes de Paris パリ市の紋章に描かれた帆船《Fluctu at nec mergitur「たゆたえども沈まず」という銘句が添えられている》.

Nefa (=〔英〕*N*ew *E*uropean *F*ighter *A*ircraft) *n.m.*〘空軍〙新ヨーロッパ戦闘機《英・独・伊・西各国が 1992 年開発に着手した新型戦闘機の略称》.

nèfle *n.f.*〘果実〙ネーフル (néflier の実；食用).

néflier *n.m.*〘植〙ネフリエ (学名 Mespilus germanica；ばら科 rosacées の果樹；直径 5 cm 大の緑色の円形果実 nèfle「ネーフル」をつける). ~ du Japon びわの木 (= bibacier；学名 Eriobotrya japonica).

nèfre *n.f.*〘植〙ネーフル, 西洋花梨の実.

négatif (**ve**)[1] *a.* **1** 否定の, 否定を表す；否定的な (affirmatif「肯定の, 肯定的な」の対). mot ~ 否定辞.〘文法〙particule ~ve 否定小辞 (ne, non など). phrase ~ve 否定文. proposition ~ve〘論理〙否定命題；〘文法〙否定節. réponse ~ve 拒否回答. hocher la tête d'une manière ~ve かぶりを振る.
2 反対する；消極的な；成果のない；非建設的な (positif の対). attitude ~ve 消極的態度. critique ~ve けなす批評. homme ~ 否定ばかりする人. qualité ~ve 欠点.〘スポーツ〙résultat ~ 引分け. voix ~ve 反対票.
3〘数〙負の；〘物理・電〙負の；陰(電気) の. nombre ~ 負数. charge ~ve 陰電荷. électricité ~ve 陰電気. ion ~ 陰イオン. pôle ~ 陰極. température ~ve 氷点下.
4〘医・生〙負の, 陰性の；拒否的な.〘経済〙croissance ~ve マイナス成長. cuti ~ve ツベルクリン反応の陰性. examen sérologique ~ 血清検査の陰性.〘植〙géotropisme ~ 負の走(趣)性.〘電〙pôle ~ 陰極.〘物理〙proton ~ 反陽子. qualités ~ves 負数, 負量. réaction ~ve 生体拒絶反応. Rhésus ~ Rh−〘血液型〙.
5〘写真〙ネガの, 陰画の. épreuve (image) ~ve ネガ, 陰画.
6〘神学〙commandement ~ 禁令. théologie ~ve 否定の神学.

négatif[2] *n.m.*〘写真〙ネガ (陰画) の乾板 (フィルム)；ネガ, 陰画.

négation (<nier) *n.f.* **1** 否定, 否認；拒否. ~ de Dieu 神の存在を否定(否認). ~ de la vérité 真実の否定.
2〘文法〙否定；否定辞. adverbes de ~ 否定の副詞 (ne, non).
3〘論理・哲〙否定；否定命題. double ~ 二重否定.

négationnisme *n.m.* ネガシオニスム (ナチのガス室大量殺人の事実を否認する立場).

négationniste *n.* 第二次世界大戦下のナチによるユダヤ人大量虐殺を否定する論者 (= révisionniste).

négative[2] *n.f.* **1**〔古〕否定の小辞.
2 否定；否定的態度. dans la ~ もし拒絶された場合は, 駄目な場合は. persister dans la ~ 否定的態度をとりつづける. répondre par la ~ 拒否回答をする.

négativisme *n.m.* **1** 否定的態度；消極主義. **2**〘心〙拒絶症, 反抗癖. **3**〘哲〙現実否定主義.

négativité *n.f.* **1**〘物理〙負の帯電〔状態〕. **2** 否定的性格, 否定性；消極性. **3** (反応の) 陰性.

négaton n.m. 〖物理〗ネガトン, 陰電子, エレクトロン (électron) (陽電子 positon, électron positif の対).

négatoscope n.m. 〖医〗X線撮影像検査装置.

négligé[1] (**e**) a.p. **1** 手入れの行き届かない；身だしなみがよくない；(文章などが)ずさんな, ぞんざいな. intérieur ～ 手入れの行き届かない室内. rhume ～ 手当てをしない風邪. tenue ～e だらしない身なり. travail ～ 投げやりな仕事.
2 無視された. épouse ～e 夫に顧みられない妻.

négligé[2] n.m. **1** 身なりを構わぬこと；〖蔑〗身だしなみの悪さ, 身なりのだらしなさ.
2 婦人用部屋着 (化粧着), ネグリジェ, ガウン. être en ～ ネグリジェ姿でいる.

négligeable a. 無視しうる, 取るに足りない, 些細な. détails ～s 瑣末事. influence ～ 無視しうる影響. quantité ～ 〖数〗(計算上)無視しうる量；〖比喩的〗ものの数にはいらないこと (人). traiter qn comme quantité ～ 人を無視する.

négligence n.f. **1** ぞんざい, 投げやり, 無造作；怠慢, 不注意；(職務などの)不履行；〖法律〗懈怠 (けだい)；〖海〗～ clause 過失約款. ～ des pouvoirs publics 公権力の怠慢. ～ professionnelle 職務の不履行. C'est de la pure ～. 単なる不注意だ. avec ～ ぞんざいに. travail exécuté avec ～ ぞんざいな仕事. par ～ 不注意から.
2 手落ち, 手抜かり. ～s de style 文体上の粗漏.

négligent(**e**) a. 怠慢な；ぞんざいな, 投げやりな, 無頓着な；不注意な. employé ～ 怠慢な職員. mère ～e 無頓着な母親. méthode ～e d'un écrivain 作家のぞんざいな方法. être ～ de l'avenir 未来に無頓着である. jeter un coup d'œil ～ 気のなさそうな視線を投げかける.
——n. 怠慢な (投げやりな, 無頓着な, 不注意な) 人.

négoce n.m. **1** 〖商業〗国際的売買取引；商取引；貿易. ～ de céréales 穀類の国際取引. concurrence des ～s 貿易競争.
2〖蔑〗怪しい取引；非難されるべき商業活動. **3**〖古〗卸売.

négociabilité n.f.〖商業〗流通性, 譲渡(取引)可能性. ～ d'un effet de commerce 手形の流通性 (換金性).

négociable a.〖商業〗(証券・手形など)譲渡可能の, 流通しうる, 現金化しうる. titre ～ 流通証券.

négociant(**e**) n. 卸売業者. ～ en tissus 布地卸売業者. ～ en vins 葡萄酒の仲買・卸売商. ～-éleveur 葡萄酒の醸造兼仲介・卸売商. ～ international 貿易商.

négocia*teur* (***trice***) n. **1** 〖外交〗(条約・協定などの)交渉担当者, 交渉役, 交渉代表. ～ d'un traité de paix 平和条約の交渉役. **2** (取引などの) 交渉担当者, まとめ役.

négociation n.f. **1** 交渉, 折衝, 事前折衝；談判；取引；商議. ～ collective 団体交渉. ～s commerciales 商取引. ～ d'un contrat 契約交渉. ～ d'un divorse 離婚折衝. ～s entre les partenaires sociaux 労使間交渉. ～s secrètes 秘密折衝. avoir (conduire, engager) des ～s 交渉する (交渉を行なう, 交渉に入る). être en ～ (en cours de ～s) 交渉中である. être partisan de la ～ (紛争解決などの) 交渉派(ハト派)である. art de ～ 交渉術. ouverture (progrès, succès, échec) des ～s 交渉の開始 (進展, 成功, 失敗). par voie de ～ 交渉によって；談合ずくで.
2 (手形・証券などの) 譲渡, 取引. ～ d'un billet (d'une lettre de change) 手形 (為替手形) の取引.
3〖古〗商売.

Négosup (=Ecole supérieure de négociation commerciale) n.f.〖学〗ネゴシュップ (高等通商学院；1993年パリ商工会議所が Paris に創設したグランド・エコール；Bac+5年制；別の通称 Negocia (無冠詞)).

nègre(**f. négresse**) a. **1**〖f. nègre〗黒人文化の；〖やや古・蔑〗黒人〔種〕の. art ～ 黒人芸術, ニグロ芸術. littérature ～ 黒人文学. masque ～ 黒人仮面. race ～ 黒人種.
2〖nègre inv.〗黒褐色の (=tête-de-～). ～ blanc 黒白；〖比喩的〗曖昧な, どちらともとれる. motion ～-blanc 玉虫色の動議. robe ～ 黒褐色のドレス.

négrette n.f.〖葡萄〗ネグレット種 (赤葡萄酒用の葡萄の品種).

négrier(**ère**) a. 黒人奴隷売買に関する (に従事する)；奴隷売買の. capitaine ～ 奴隷船の船長. navire ～ 奴隷船.
——n.m. **1** 黒人奴隷商人；奴隷商人 (= marchand des esclaves). **2**〖比喩的〗奴隷のように雇人を酷使する雇主. **3** 奴隷船 (= navire ～).

négritude n.f. **1** 黒人であること, 黒人性. **2** 黒人的特質, 黒人気質；黒人特有の考え方 (感じ方).

négro-africain(**e**) a. ブラック・アフリカの；アフリカ黒人の.
——N～-A～ n. 黒人アフリカ人.

négro-américain(**e**) a. 黒人アメリカ人の (= afro-américain). musique ～e アメリカ黒人音楽. spirituel ～ アメリカ黒人霊歌.
——N～-A～ n. 黒人アメリカ人.

négroïde a.〖人類〗(容貌などが)黒人を思わせる；黒人系の. population ～ 黒人人口. races ～s 黒人系人種.
——n. ニグロイド, 黒色人種, 黒人.

NEI (= Nouveaux Etats indépendants) n. m.pl.〖政治〗新独立国家 (1991年のソ連解

体後の独立国家共同体の構成国).

neige *n.f.* **1** 雪. Il tombe de la ~. 雪が降る. ~ fondue 融けた雪；みぞれ. ~ fraîche 新雪. ~ lourde べた雪. ~s permanentes (éternelles) 万年雪. ~s persistantes 根雪. ~ poudreuse 粉雪. ~ tôlée アイスバーン. ~ vierge 処女雪. bonhomme de ~ 雪だるま. boule de ~ 雪の球. canon à ~ スノーガン. chute de ~ 降雪. classe de ~ 雪山学校. fonte des ~s 雪解け.〔同格〕pneus-~ スノー・タイヤ. sports de la ~ 雪上スポーツ. tempête de ~ 吹雪. train de ~ スキー列車. de ~ のように白い. barbe (cheveux) de ~ 真白なひげ(髪). blanc comme ~ 雪のように白い；清浄潔白な. faire boule de ~ 雪だるまをつくる.〔比喩的〕fondre comme ~ au soleil はかなく消える. vacances de ~ 雪上スポーツのヴァカンス.
2 雪状のもの. ~ artificielle 人工雪.〔化〕~ carbonique ドライアイス.〔化〕~ phosphorique 無水燐酸.〔料理〕œufs à la ~ ウ・ア・ラ・ネージュ(泡立てた卵白を熱湯または牛乳で加熱したものにキャラメルソースをかけ, 生クリームソースに浮かべた冷菓).〔料理〕œufs en ~ 泡立てた卵白.
3〔隠〕コカイン(cocaïne).

Nei Menggu, Nei Mongol *n.pr. f.* 内蒙古(=région autonome de Mongolie-Intérieure 内モンゴル自治州；首都 Houhehot 呼和浩特).

nem [nɛm] *n.m.*〔料理〕ネム(ヴェトナム風揚げ小春巻).

nématique *a.*〔電子〕ネマチック式の(2枚の偏光子を平行に配置する液晶方式). cristal liquide ~ ネマチック液晶. effet ~ ネマチック効果.

néoblaste *n.m.*〔生〕新生細胞(annélides 環形動物や planaires プラナリアなどの).

néo-calédonien(ne) *a.* ヌーヴェル=カレドニー(ニュー=カレドニア) (la Nouvelle-Calédonie)の；~の住民の.
——N~-C~ *n.* ヌーヴェル=カレドニーの住民.

néo-catharisme *n.m.*〔宗教〕ネオ(新)カタリ派；~の教義.

néocortex *n.m.*〔解剖〕(大脳の)新皮質, 等皮質, ネオコルテックス.

néodyme [neɔdim] *n.m.*〔化〕ネオジム(元素記号 Nd, 原子番号60；=〔英〕 neodymium. 1885年発見の希土類元素).

néo-fasciste *a.* ネオ(新)ファシズムの.
——*n.* ネオ=ファシスト.

néoformation *n.f.*〔医・病理〕新生物(néoplasme)の形成, 新生組織の形成；腫瘍の形成(=néoplasie)；新生物, 腫瘍.

néogauchiste *n.* 新左翼主義者, 新左翼.
——*a.* 新左翼の.

néogène *n.m.*〔地学〕新第三紀(第三紀の後半, 中新世と鮮新世から成る).

néoglucogenèse, néoglycogenèse *n.f.*〔生化〕糖質新生(=glucogenèse).

néo〔-〕**gothique** *a.*〔建築〕新ゴシック様式の, 擬ゴシック様式の. chapelle ~ 新ゴシック様式の礼拝堂.
——*n.m.* 新ゴシック様式(19世紀末に流行).

néo-guinéen(ne) *a.* ニューギニア (la Nouvelle-Guinée)の；~島の；~の住民の.
——N~-G~ *n.* ニューギニア人, ~島民.

néohespéridine *n.f.*〔化〕ネオヘスペリジン(ビタミンPの一種；食品甘味料). ~ dihydrochalcone ジヒドロカルコーン・ネオヘスペリジン(半合成甘味料. NHDC と略記).

néo-impressionnisme *n.m.*〔美術〕新印象主義(スーラが創始した流派. 点描主義 pointillisme).

néo〔-〕**libéral (ale)** (*pl.* **aux**) *a.*〔政治・経済〕ネオリベラル〔主義, 派〕の, 新自由主義 néolibéralisme の. mondialisation ~ale ネオリベラル派によるグローバリゼーション(世界化政策).

néolithique *n.m.* 新石器時代.
——*a.* 新石器時代の. site ~ 新石器時代の遺跡.

néologie *n.f.*〔言語〕新語法, 新語形成 (composition 合成, dérivation 派生, siglaison 頭文字による略語化, emprunt 借用などによる).

néologisme *n.m.* **1** 新語, 新造語；新語義.
2 新語導入.
3〔精神医学〕造語症, 言語新作.
4 新説.〔神学〕新解釈.

néo-mélanésien(ne) *a.*〔言語〕新メラネシア語の.
——*n.m.*〔言語〕新メラネシア語.

néomercantisme *n.m.*〔経済〕新重商主義.

néomortalité *n.f.* 新生児死亡率(=mortalité des nouveau-nés).

néomycine *n.f.*〔薬〕ネオマイシン, フラジオマイシン〔抗生物質〕.

néon [neɔ̃] *n.m.* **1**〔化〕ネオン(元素記号 Ne, 原子番号10；1898年発見の気体元素). lampe au ~ ネオンランプ. tube au ~ ネオン管；(誤って)蛍光灯.
2 ネオン管(=tube au ~)；ネオン管照明；蛍光灯〔照明〕. enseigne au ~ ネオンサイン.

néonatal(e) (*pl.* **~s**) *a.* 新生児の(=du nouveau-né).〔医〕jaunisse ~e 新生児黄疸. médecine ~e 新生児医学. mortalité ~e 新生児死亡率.

néonatalogie, néonatologie *n.*

f. 新生児医学.
néo(-)nazi(e) [neonazi] *a.* ネオ=ナチズムの.
——*n.* ネオ=ナチ, ネオ=ナチズム信奉者.
néo(-)nazisme *n.m.* ネオナチズム, 新ナチ主義；ネオナチ体制.
néo-paganisme *n.m.* 新異教主義.
néophélémétrie *n.f.* 〖化〗比濁分析〔法〕.
néophile *a.* 新しいものを好む.
——*n.* 新しいもの好きの人.
néophilie *n.f.* 新しいもの好き.
néophobe *a.* 新しいものを嫌う.
——*n.* 新しいもの嫌いの人物.
néophobie *n.f.* 新しいもの嫌い.
néophyte *n.* **1** 新入り, 新参；新入会(入党)者；(主義, 学説などの)新信奉者, 新共鳴者.
2 〖宗教史〗(初期キリスト教会の)新受洗者；新たに改宗した人. zèle d'un ～ 新改宗者の熱気.
——*a.* **1** 新入りの, 新参の. **2** 新たに改宗した.
néoplasie *n.f.* 〖医〗〔悪性〕新生物形成, 新形成；腫瘍形成；癌形成.
néoplasique *a.* 〖医〗〔悪性〕新生物形成の；腫瘍形成の；癌性の. affection ～〔悪性〕新生物形成疾患；癌性疾患. kyste ～ 腫瘍性嚢胞.
néoplasme *n.m.* 〖医〗新生物, 腫瘍. ～ maligne 悪性新生物, 悪性腫瘍, 癌 (=tumeur maligne, cancer).
néo-platonisme *n.m.* 〖哲〗新プラトン主義.
néoprène [商標] *n.m.* 〖化〗ネオプレーヌ (合成熱可塑性エラストーマ；耐油, 耐寒性の合成ゴム).
néoprotérozoïgue *a.* 〖地学〗新生代より前の時代. glaciations du ～ 新生代より以前の氷河期.
néo-québécois(e) *a.* 新ケベック人の.
——*N～-Q～* *n.* ケベックへの移民, 新ケベック人.
néotectonique *n.f.* 〖地学〗新期地殻構造学, ネオテクトニクス(第三紀以降の地殻構造理論).
néo-vaisseau (*pl.* ～-～**x**) *n.m.* 〖解剖〗新生脈管.
néovasculaire *a.* 〖医〗新生血管の. glaucome ～ 新生緑内障. maculopathie ～ 新生血管黄斑症.
néovascularisation *n.f.* 〖医〗新生血管形成.
néo-zélandais(e) *a.* ニュージーランド (la Nouvelle-Zélande)の；～人の. dollar ～ ニュージーランド・ドル《通貨単位》.
——*N～-Z～* *n.* ニュージーランド人.
néozoïque *a.* 〖地学〗〔古〕新生代の；第三紀の. ère ～ 新生代.

——*n.m.* 新生代, 第三紀 (=tertiaire).
NEP (=［ロシア］*N*ovaïa *E*konomitcheskaïa *P*olitika) *n.f.* ネップ, 新経済政策(1921年から1928年にかけソ連で実施された経済政策)；=［仏］nouvelle politique économique.
Népal(le) *n.pr.m.* 〖国名通称〗ネパール(公式名称：le Royaume du *N*～ ネパール王国；国民：Népalais(e)；首都：Katmandou カトマンズ；通貨：roupie népalaise [NPR]).
népalais(e) *a.* ネパール (le Népal)の, ネパール王国 (le Royaume du Népal)の；～人の；ネパール語の. roupie ～ *e* ネパール・ルピー《通貨単位》.
——*N～* *n.* ネパール人.
——*n.m.* 〖言語〗ネパール語.
néphanalyse *n.f.* 〖気象〗雲の分析(解析). cartes ～ *s* 雲の分析(解析)気象図.
néphélémètre *n.m.* 〖化〗比濁計, 濁度計.
néphr(o)- ［ギ］ELEM「腎臓」の意 (*ex.* *néphr*ologie 腎臓(腎)学).
néphrectomie *n.f.* 〖医〗腎臓摘出〔術〕.
néphrétique *a.* 〖医〗**1** (病的)腎臓の. colique ～ 腎仙痛.
2 腎仙痛の. médicament ～ 腎仙痛薬.
——*n.* 腎仙痛患者.
néphrite *n.f.* **1** 腎炎. ～ aiguë 急性腎炎. ～ chronique 慢性腎炎.
2 〖鉱〗ネフライト, 軟玉.
néphroangiosclérose *n.f.* 〖医〗腎血管硬化症.
néphroblastome *n.m.* 〖医〗腎芽細胞腫, ウィルムス腫瘍 (=tumeur de Wilms).
néphrocalcinose *n.f.* 〖医〗腎石灰沈着症, 腎石灰症, 腎石灰化症 (=calcinose rénale).
néphrocarcinome *n.m.* 〖医〗腎上皮腫, 腎臓癌 (=cancer du rein).
néphroépithéliome *n.m.* 〖医〗腎上皮腫, 腎臓癌 (=cancer du rein).
néphrographie *n.f.* 〖医〗腎臓X線撮影〔法〕.
néphrokyste *n.m.* 〖医〗孤立性腎嚢胞 (=kyste rénal).
néphrolithiase *n.f.* 〖医〗腎〔臓〕結石症, 腎石症.
néphrolithotomie *n.f.* 〖医〗腎切石術(腎実質を切開して結石を摘出する手術).
néphrologie *n.f.* 〖医〗腎臓(病)学.
néphron *n.m.* 〖生理〗ネフロン, 腎単位.
néphropathie *n.f.* 〖医〗腎症, ネフロパシー. ～ diabétique 糖尿病性腎症. ～ gravidique 妊娠腎. ～ hypercalcémique 高カルシウム血症性腎症. ～ interstitielle 間質性腎症. ～ tubulaire 細管性腎症. ～ vasculaire 管内性腎症.
néphropexie *n.f.* 〖医〗腎固定術.

néphrosclérose *n.f.* 〖医〗腎硬化症. ~ artériale 動脈性腎硬化症. ~ bénigne 良性腎硬化症. ~ maligne 悪性腎硬化症.

néphroscopie *n.f.* 〖医〗腎内視鏡検査.

néphrose *n.f.* 〖医〗ネフローゼ. ~ lipoïdique リポイド (類脂質) 性ネフローゼ.

néphrostomie *n.f.* 〖医〗腎瘻 (じんろう) 造設術, 腎造瘻術.

néphrotique *a.* 〖医〗ネフローゼ (néphrose) の. syndromes ~s ネフローゼ症候群 (=〖英〗nephrotic syndrome; 略記 NS).

néphrotomie *n.f.* 〖医〗腎切開〔術〕(結石除去などのための).

néphrotoxique *a.* 〖医〗腎臓にとって有害な, 腎臓に損傷を与える, 腎臓を破壊する.

népotisme *n.m.* **1** 〖宗教史〗(ローマ教皇の) 閥族主義. **2** 縁者贔屓 (ひいき); 縁故採用.

néprilysine *n.f.* 〖生化・薬〗ネプリライシン《アルツハイマー病患者の脳にたまるアミロイドベータ amyloïde beta を分解する酵素; アルツハイマー病の遺伝子治療薬としての可能性あり》.

neptunium [nɛptynjɔm] *n.m.* 〖化〗ネプツニウム《元素記号 Np, 原子番号 93, 原子量 237; 1940 年発見の超ウラン元素》.

néquentropie *n.f.* 〖物理〗負のエントロピー.

néréis [-s] *n.m.(n.f.)* 〖動〗ごかい.

nerf *n.m.* **1** 〖解剖〗神経. ~ adrénergique アドレナリン作動性神経. ~ auditif 内耳神経. ~s crâniens 脳神経. ~ facial 顔面神経. ~ moteur 運動神経. ~ olfactif 嗅神経. ~ optique 視神経. ~ pathétique 滑車神経. ~ phrénique 横隔神経. ~ pneumogastrique 迷走神経. ~〔grand〕~ sciatique 坐骨神経. ~ sensitif 知覚 (感覚) 神経. ~ spinal 副神経. ~ trijumeau 三叉神経. ~ végétatif 自律神経. douleur sur le trajet d'un ~ 神経痛 (névralgie). tronc d'un ~ 神経幹.
2 〖多く *pl.*〗〖比喩的〗神経, 感受性. crise (attaque) de ~s 神経の発作, ヒステリー; 逆上. faire (piquer) une crise de ~s ヒステリーを起こす. guerre des ~s 神経戦. 〖話〗paquet (boule) de ~s 神経過敏な人. avoir ses ~s; avoir les ~s en boule (en pelote) 神経を昂ぶらせている, 神経がぴりぴりしている. avoir les ~s fragiles (irritables) 神経が細い (過敏である). avoir les ~s solides 神経が太い. être (vivre) sur les ~s 疲れ切っている. passer ses ~s sur *qn* (*qch*) 人 (物) に八つ当りする. 〖話〗taper (porter) sur les ~s 神経に障る.
3 〖解剖〗筋 (corde); 腱 (tendon); 靱帯 (ligament). ~ de bœuf 牛 (馬) の頚部靱帯を乾燥したもの; ~ で作った鞭 (棍棒). viande pleine de ~s 筋だらけの肉. se fouler (se froisser) un ~ 筋を違える (痛める).

4 〖*sing.* で〗力, 気力, 原動力. avoir du ~ 元気 (気力) がある. Allons, du ~! さあ元気を出せ. le ~ de la guerre 軍資金. moteur qui manque de ~ 力の足りないエンジン.
5 〖製本〗綴帯, バンド.

néritique *a.* 〖地学〗浅海の, 沿岸性の. dépôts ~s 浅海成層. poissons ~s 浅海魚. zone ~ 浅海域.

nerveux(se) *a.* **1** 神経の. axe ~ dorsal cérébro-spinal 脳脊髄背面神経軸, 中枢神経系 (=névraxe). cellule ~se 神経細胞. centre ~ 神経中枢. fibre ~se 神経繊維. système ~ autonome 自律神経系 (=système neurovégétatif 植物神経系). système ~ somatique 身体神経系. tissu ~ 神経組織.
2 腱が目立つ. mains ~s 筋張った手. viande ~se 筋 (すじ) 肉.
3 神経的な, 神経性の. caractère ~ 神経質な性格. grossesse ~se 想像妊娠. maladie ~se 神経病. tension ~se 神経的緊張.
4 神経質な; いらいらした. rire ~ ヒステリックな笑い. tempérament ~ 神経質.
5 力強い, 精力的な; 〖自動車〗加速性に優れた. moteur ~ 力強いエンジン, 加速性のあるエンジン. voiture ~se 加速性能に優れた車.
——*n.m.* 神経質な人.

nervin(e) *a.* 〖薬〗神経の興奮を鎮める, 鎮経性の.
——*n.m.* 神経鎮静剤, 鎮経剤.

nervosité *n.f.* **1** (一過性の) 異常興奮. éprouver de la ~ 一過性の興奮を覚える.
2 神経過敏, いら立ち. ~ de l'opinion 世論のいら立ち.
3 力強さ, 加速性のよさ. ~ du moteur エンジンの力強さ.

nervure *n.f.* **1** 〖植〗葉脈, 脈系; 〖昆虫〗〔翅〕脈相, 脈網. 〖昆虫〗~ costale (翅の) 前縁脈. 〖植〗~ médiane (latérale) (葉の) 主脈 (側脈).
2 〖建築〗(アーチの) リブ, 格縁 (ごうぶち); 突出した円縁 (まるぶち). ~ d'un cintre アーチリブ.
3 〖工〗肋材〔筋状に突出した補強材〕; 〖航空〗(翼の) 桁, 翼小骨, ウェブ; 〖冶〗(鋳型の) 棧. 〖航空〗~ de bord d'attaque 前縁. ~ de renforcement 補強リブ.
4 〖製本〗綴帯, バンド.
5 〖服〗ピンタック, パイピング.

NES (= navires à effet de surface) *n.m.pl.* 〖海〗水面効果方式船, ホーバークラフト (=aéroglisseur)《超高速貨物船の一種》.

nestorien(ne) (<Nestorius, 5 世紀のコンスタンチノープルの東方教会総大主教) **1** 〖宗教史〗ネストリウス派.
——*a.* ネストリウス派の. hérésie ~ne ネストリウス派の異端邪教 (=nestorianisme).

Net *n.m.* 〖情報〗〖俗〗ネット, インターネ

ット網(=réseau Internet)《公用推奨語はToile). chercher des informations sur le N~ 情報をネット上で検索する. surfer sur le N~ ネットサーフィンをする.

net¹(**te**) a. [I]《清潔な》**1** 清潔な, きれいな. costume simple et ~ 小ざっぱりした服装. dents ~tes きれいな歯. intérieur ~ 清潔な室内. linge ~ 清潔な肌着. avoir les mains ~tes 手が清潔である;〔比喩的〕手が汚れていない, 後めたいところがない.
2 不純物のない, 汚れのない, 夾雑物のない. avoir la conscience ~te 心にやましいところがない. en avoir le cœur ~ 気持をすっきりさせる. faire les assiettes ~s 皿を洗う. faire place ~te 場所をすっかり明ける, きれいに引払う;〔比喩的〕好ましくない分子を一掃する. revenir les mains ~tes 手ぶらで帰る.
3 純粋な, 混ぜ物のない. froment ~ 混ぜ物のない小麦. vin ~ 不純物を含まぬ葡萄酒;生(き)葡萄酒;はっきりした味の葡萄酒. riz ~ 純米.
4 掛値なしの, 正味の(brut「総体の」対). bénéfice ~ 純益. cent kilos ~ 正味100キログラム. poids ~ 正味重量. prix ~¹〔商業〕正価;〔経済〕原価. salaire ~ 正味給与, 手取り給与(salaire brut「税込み給与」の対).
5 諸経費込みで(=tout compris). cent euros ~ 諸経費込みで100ユーロ. prix ~² 諸経費込みの料金.
6 (de を) 免れた. article ~ d'impôt 免税品. être ~ de tout soupçon 一切の嫌疑を免れている.
[II]《明瞭な》**1** 明瞭な, はっきりした. ~te amélioration はっきりした改善. différence très ~te 明確な相違. explication claire et ~te 明快な説明. langue ~te et simple 簡明な言葉. position ~te はっきりした立場. refus ~ きっぱりした拒絶. réponse ~te はっきりした返答. symptômes ~s 明瞭な症候.
avoir des idées ~tes はっきりした考えをしている. avoir une vue ~te 視力がよい.
2 鮮明な, はっきりした. copie ~te 鮮明なコピー. couleurs ~tes 鮮やかな色彩. écriture ~te 明瞭な筆跡. photo ~te 鮮明な写真. style ~ 明晰な文体. voix ~te はっきりした声. garder des souvenirs très ~s 鮮明な記憶を保ち続けている.
3 誠実な(=honnête). Cette affaire n'est pas ~te. この取引はきたない.
[III]《スポーツ》inv. (テニス・卓球の球が)レット (let) した. N~! On remet la balle! レット!サービスのやり直し.

net² n.m. mettre qch au ~ 何を清書する.
——ad. **1** 明瞭かつ正直に;きっぱりと. ~ et ; 率直に, ありのままに. refuser〔tout〕~ きっぱりと拒絶する. Je vous dirai ~.

はっきり申し上げましょう.
2 急に, 突然. s'arrêter ~ ぴたりと止まる. Cela s'est cassé ~. それは突然壊れた. La balle l'a tuée ~. 弾丸で彼女は即死した.
3 正味, きっかり. Cela pèse ~ 10 kilos. 重さは 10 kg きっかりだ.

netcam n.f. ネットカム《インターネットで映像を送ることのできる小型カメラ》.

netéconomie n.f.〔商業〕ネット経済, 電子商取引(=commerce électronique)《インターネット利用の商業》.

nétiquette n.f.〔情報処理〕ネチケット《インターネット・フォーラムのエチケット》.

netsurfeur(**se**) n.〔情報〕インターネット利用者, ネットサーファー(=internaute, cybernaute).

netteté n.f. **1** 明晰性, 明瞭性. ~ des idées 観念の明晰さ. s'exprimer avec ~ 意見をはっきりと述べる.
2 鮮明さ, 鮮やかさ. ~ d'une photo 写真の鮮明さ.
3 清潔さ.

nettoiement n.m. **1** 清掃. ~ d'une ville 町の清掃. service du ~ 清掃業務;清掃部局(課, 係).
2〔農〕(雑草・塵埃などの)除去;〔林業〕下草の除去. ~ du sol(農地の)雑草除去, 除草.

nettoyage n.m. **1** 掃除;洗濯;洗浄. ~ par le vide 真空掃除機による掃除. ~ du linge 下着の洗濯. ~ à sec ドライ・クリーニング. ~ des métaux 金属の洗浄.
2〔比喩的〕(邪魔物・好ましくない人物などの)一掃;追いたて;粛清. ~ ethnique 民俗浄化(=purification ethnique).
3〔軍〕掃討. ~ d'une position 陣地の一掃.

neuf¹ [nœf] [母音と無音の h の前では [n œv] a.num.card.inv. **1** 九つの. ~ cents 900. enfant de ~ ans 9 歳の子供.
2〔序数詞に代って〕9 番目の(=neuvième). Louis ~ (IXと表記)ルイ9世. page ~ 第9ページ. le ~ août 8月9日. Il est ~ heures du matin. 午前9時です.
——pr.num.card. 九つ;9人.
——n.m.inv. **1** (数・数字の)9. Quatre et cinq font ~. 4+5=9. preuve par ~ 九去法《9を法とした検算》.
2 9番;9番地(=numéro ~). habiter au ~ de la rue Saint-Honoré サン=トノレ通り9番地に住む.
3 (トランプの)9. ~ de trèfle クローバーの9.

neuf² n.m. **1** 新しいもの(こと);新品(=objet ~). vendre du ~ et de l'occasion 新品と中古品を売る. ~ à ~ 新品同様に. remettre à ~ 新品同様にする. 一新する. de ~ 新品で. être habillé de ~ (tout neuf ~) 新調の服を着ている. être meublé de ~ 新品の家具を備えている.

2 新しいこと，新事実；新機軸，新風. faire du ~ 新しいことをやる，新風を吹きこむ. Y a-t-il du ~? 何か新しいことがありますか?

neuf³(**ve**) *a.* **1** 新しい；出来たての；新調の；新品の，未使用の. école ~ve 新設の学校. flambant ~ 真新しい. voiture flambant ~(ve) ピカピカの新車. habit ~ 新調の(おろしたての)衣服. maison ~ve 新築の家. voiture ~ve 新車. à l'etat ~ 真新しい状態の；新品同様の. appareil-photo d'occasion à l'état ~ 新品同様のカメラ. faire peau ~ve (動物が)脱皮する；(人間が)生活を一新する.
2〔定冠詞を伴う名詞と共に〕新しい方の(ancien, vieux の対). le château ~ 新城. quartier ~ 新街区. la vieille ville et la ville ~ve 旧市街と新市街.
3 斬新な，目新しい；独創的な, expression ~ 斬新な表現. idées ~ves 独創的思想. Quoi de ~? 何か目新しいことは?
4 未経験の，始めての，うぶな. une âme ~ve；un cœur ~ うぶな心. jeune homme ~ dans le métier 仕事に未経験である(不慣れである).
5(感情などが)新鮮な，新しい. joie fraîche et ~ve わき上るみずみずしい喜び. regarder le monde avec des yeux ~s 新しい目で世界を見つめる.
6 最新の，生れたばかりの. bonheur ~ 新しい幸せ. pays ~ 新興国. peuple ~ 新国民.

neufchâtel [nøʃatɛl] *n.m.*〖チーズ〗ヌーシャテル《ノルマンディー地方 la Normandie の Neufchâtel-en-Bray(市町村コード 76270)産の牛乳からつくられる軟質，白カビ付外皮チーズ. 脂肪分 45％；旬 10 月～5 月》.

neur[o]- 〖キ〗 ELEM 「神経」の意《ex. *neuro*logie 神経〔病〕学》.

neural(*ale*)(*pl.aux*) *a.*〖解剖〗神経系の. crête ~ale 神経堤. plaque ~ale 神経板. tube ~ 神経管, 髄管.

neuraminidase *n.f.*〖生化〗ノイラミニダーゼ《ノイラミン酸を加水分解する酵素；N1 から N9 までの型がある；ウイルスの検出に利用》.

neuraminique *a.*〖生化〗acide ~ ノイラミン酸.

neurasthénie *n.f.*〖医〗**1** 神経衰弱；ノイローゼ. **2** 鬱状態(=dépression).

neurasthénique *a.*〖医〗神経衰弱の.
——*n.* 神経衰弱症患者，ノイローゼ患者.

neurectomie *n.m.*〖医〗脊髄神経後根切断術.

neurinome *n.m.*〖医〗神経鞘腫, シュワン腫(schwannom)《良性》. ~ des nerfs crâniens (rachidiens) 頭蓋(脊椎)神経鞘腫.

neurobiochimie *n.f.* 神経生化学.
▸ **neurobiochimique** *a.*

neurobiologie *n.f.*〖医〗神経生理学.
neuroblaste *n.m.*〖生理〗神経芽細胞.
neuroblastome *n.m.*〖医〗神経芽細胞腫, 交感神経芽細胞腫(=sympathoblastome).
neurochimie *n.f.* 神経化学.
neurochimique *a.*〖医〗神経化学の, 化学的神経医学の. hypothèse ~ 神経化学的推論.
neurochirurgical(*ale*)(*pl.aux*) *a.*〖医〗神経外科の, 神経外科的な.
neurochirurgie *n.f.*〖医〗神経外科.
▸ **neurochirurgical**(*ale*)(*pl. aux*) *a.*
neurochirurgien(*ne*) *n.* 神経外科医.
neuro-cognitif(*ve*) *a.* 神経学と認知科学の(に関する).
neurocrine *a.*〖生理〗(神経組織の)神経分泌〔作用〕の.
neurodégénératif(*ve*) *a.*〖医〗神経変性〔症〕の. maladie ~ 神経変性疾患《アルツハイマー病，パーキンソン病など》.
neurodégénération *n.f.*〖医〗神経組織の変性(退行変化).
neurodégénéscence *n.f.*〖医〗神経変性〔症〕.
neurodépresseur *n.m.*〖薬〗神経系抑制剤.
neuroectoderme *n.m.*〖生〗神経外胚葉.
neuro-endocrine *a.* 神経内分泌〔作用〕の. système ~ 神経内分泌系.
neuroendocrinien(*ne*) *a.*〖医〗神経内分泌〔学〕の. reflexe ~ 神経内分泌反応. système ~ 神経内分泌系.
neuroendocrinologie [nøroɑ̃dɔkrinɔlɔʒi] *n.f.*〖医〗神経内分泌学.
▸ **neuroendocrinien**(*ne*) *a.*
neuroépithéliome *n.m.*〖医〗神経上皮腫.
neurofibrille *n.f.*〖生理〗神経小繊維.
neurofibromatose *n.f.*〖医〗神経繊維腫症, レックリングハウゼン病.
neurogène *a.*〖医〗神経原性の. atrophie ~ 神経原性萎縮. tumeur ~ 神経原性腫瘍.
neurogénétique *n.f.*〖医〗神経遺伝学.
neurohormone *n.f.*〖生化〗神経〔分泌〕ホルモン.
neuroleptanalgésie *n.f.*〖医, 薬〗神経遮断(弛緩)麻酔〔法〕《向精神病薬と鎮静薬併用の鎮静治療法》.
neuroleptanesthésie *n.f.*〖医〗神経遮断麻酔, ニューロレプト麻酔.
neuroleptique *a.*〖薬〗抗精神病性の, 神経遮断(弛緩)作用のある.
——*n.m.*〖薬〗抗精神病薬, 神経遮断(弛緩)剤, 強力精神安定剤, メジャー・トランキライザー(=tranquillisant majeur)《精神分裂症などによる幻覚妄想や躁症の興奮を鎮静

させる向精神薬）．~ synthétisé 合成神経弛緩〔遮断〕薬．

neurolinguistique [nφrolɛ̃gɥistik] *n.f.* 神経言語学．

neurologie *n.f.* **1** 神経医学．**2** 神経病学．

neurologique *a.* 〖医〗神経〔病〕学の．chirurgie ~ 神経外科（=neurochirugie）．examen ~ 神経病学的検査．

neurologiste *n.* 神経科医．

neurologue *n.* 神経科医．

neurolyse *n.f.* 〖医〗神経剥離〔術〕．

neuromaste *n.m.* 〖動〗（水棲動物の）感丘．

neuromédiateur *n.m.* 〖生化〗神経伝達物質（=neurotransmetteur）．

neuromimétique *a.* 神経単位を模倣した，擬ニューロンの．réseaux ~s simulés sur informatique ニューロン・コンピュータ・システム（=systèmes neuronaux）．

neuromo*teur*（*trice*） *a.* 〖生理〗運動神経の．

neuromusculaire *a.* 〖解剖〗神経筋の．fuseau ~ 神経筋紡錘．unité ~ 神経筋単位．

neuromyosite *n.f.* 〖医〗神経筋炎．

neuron*al*（*ale*）（*pl.* **aux**）*a.* 〖生〗ニューロンの，神経単位の（=neuronique）．systèmes ~*aux* ニューロン・コンピュータ・システム．

neurone *n.m.* 〖解剖〗ニューロン，神経単位，神経元．
▶ **neuron*al*（*ale*）**（*pl.* **aux**），**neuronique** *a.*

neuroparalysant（*e*） *a.* 神経を麻痺させる．gaz ~ 神経麻痺性ガス．
——*n.m.* 神経麻痺性ガス．

neuropathie *n.f.* 〖医〗神経症，ニューロパシー；神経炎（=névrite）．末梢神経障害（= ~ périphérique）．~ carcinomateuse 癌性ニューロパシー．~ interstitielle 間質性ニューロパシー．~ optique 視神経症；視神経炎（=névrité optique）．~ périphérique 末梢神経障害．~ sensorielle 知覚性ニューロパシー．

neuropathologie *n.f.* 〖医〗神経病理学．

neuropeptide [nφrɔpɛptid] *n.m.* 〖生化〗ニューロペプチド，神経ペプチド（ペプチド型神経ホルモン．脳神経中のペプチド）．

neuropharmacologie *n.f.* 神経薬理学．
▶ **neuropharmacologique** *a.*

neuropharmacologue *n.* 神経薬理学者．

neurophysiologie *n.f.* 〖医〗神経生理学．

neurophysiologiste *n.* 〖医〗神経生理学者．

neuroplastique *a.* 〖医〗神経形成の．sarcome ~ 神経形成肉腫，神経肉腫（=neurosarcome）．

neuroplégique *a.* 〖薬〗神経遮断作用のある．
——*n.m.* 〖薬〗神経遮断剤．

neuro-pneumologie *n.f.* 〖医〗神経・呼吸器病学．

neuroprotec*teur*（*trice*） *a.* 〖医〗神経を保護する．effets ~s de la vitamine C ビタミンCの神経保護効果．

neuropsychiatre *n.* 神経精神科医．

neuropsychiatrie *n.f.* 神経精神医学．

neuropsychologie *n.f.* 〖医〗神経心理学．▶ **neuropsychologique** *a.*

neuropsychopharmacologie *n.f.* 〖医〗神経心理薬学．

neuroradiologie *n.f.* 〖医〗神経放射線学．

neurorécepteur *n.m.* 〖生化〗神経レセプター．

neurorétinite *n.f.* 〖医〗視神経網膜炎．

neurosciences *n.f.pl.* 神経科学．

neurosécrétion *n.f.* 〖生理〗神経分泌．

neuro-sédatif *n.m.* 〖薬〗神経鎮静剤．

neurostimulant（*e*） *a.* 〖薬〗神経刺戟（興奮，賦活）性の．
——*n.m.* 神経刺戟（興奮，賦活）薬．

neurostimulation *n.f.* 〖医〗（脳内電極による）ニューロン（ノイロン，神経単位）刺激〔術〕．

neurotomie *n.f.* 〖医〗神経切離術；神経解剖学．

neurotonie *n.f.* 〖医〗神経過敏〔症〕（=nervosité，tension nerveuse）．

neurotoxicité *n.f.* 〖医〗神経毒性．

neurotoxicologie *n.f.* 〖医〗神経毒物学．

neurotoxine [nφrɔtɔksin] *n.f.* 神経毒（=poison neurotique）《神経系に作用する毒物》．

neurotoxique *a.* 神経毒の（神経を冒す毒性をもつ）．gaz ~ 神経毒ガス（化学兵器）．
——*n.m.* 神経毒．

neurotransmetteur *n.m.* 〖生理〗神経伝達物質（=neuromédiateur）《神経の興奮を伝達する物質；アセチルコリン acétylcholine，ノルアドレナリン noradrénarine など》．

neurotransmission *n.f.* 〖生化〗神経伝達．

neurotrope *a.* 〖医〗向神経性の，神経親和性の．virus ~ 向神経性ウイルス．

neurotropisme *n.m.* 〖医〗神経親和性．

neuro(-)végétatif（*ve*） *a.* 〖解剖・生理〗植物性神経〔系〕の，自律神経〔系〕の．dystonie ~ve 自律神経失調症．systèmes 〔nerveux〕~s 自律神経系．

neurula *n.f.* 〖生〗神経胚．

neuston *n.m.* 〖環境〗水表生物．

neutralisant（*e*） *a.* **1** 〖化〗中和する，

neutralisation

中和作用のある. shampoing ～ (毛染めのあとの)中和シャンプー. substance ～ e 中和物質.
2 影響力を弱める, 無力化する.
―― n.m. 〖化〗中和剤.

neutralisation n.f. **1** 〖政治・法律〗(領土などの)中立化；中立宣言. ～ du personnel sanitaire 衛生要員の中立化. ～ d'un territoire 領土の中立化.
2 〖化〗中和；〖物〗相殺. ～ complète (partielle) 完全(部分)中和. ～ fractionnée 分別中和.
3 〖医〗中和. ～ du récepteur à l'aide d'une molécule 分子による受容体の中和. ～ d'une toxine 毒素の中和.
4 〖軍〗(敵の)無力化. tir de ～ 制圧射撃.
5 〖言語〗中和(異なる音素).

neutralisme n.m. 〖政治〗中立主義；中立政策；中立；中立の意思表明.

neutralité n.f. **1** 中立性. ～ d'un ouvrage historique 歴史書の中立性. observer une stricte ～ 厳正な中立性を遵守する.
2 〖政治, 法律〗〖局外〗中立；不偏不党. ～ armée (perpétuelle) 武装(永世)中立. ～ de la Suisse スイスの中立. ～ occasionnelle 戦時中立. garantir la ～ d'un Etat 国の中立を保証する.
3 〖精神分析〗(分析医の)中立性.
4 〖化・電〗中和性, 中性 (pH 7). ～ d'une solution 溶液の中和性.

neutre a. Ⅰ 〖抽象的〗**1** 中立の, 中立的な, 不偏不党の. gouvernement ～ 中立的政府. information ～ et objective 偏らない客観的情報. rester ～ dans une querelle 係争中に中立の立場を貫く.
2 〖国際法〗〔局外〗中立の；中立国の；〔広義〕中立的な. État (nation, pays) ～ 中立国. État perpétuellement ～ 永世中立国. lieu (terrain) ～ 中立の地. navire ～ 中立国の船舶. territoire ～ 中立国の領土. zone ～ 中立地帯. réunir une conférence en un lieu ～ 中立的な場所で会議を開催する. porter la discussion sur un terrain ～ 中立的な立場で議論を進める.
3 〖文法〗中性の. genre ～ 中性. pronom ～ 中性代名詞.
4 (色などが)ぱっとしない, ぼやけた；〔比喩的〕単調な, 色褪せた. teinte ～ くすんだ色合. existence ～ 単調な生活.
5 (言葉・文体・声の調子などが)生彩に乏しい. style ～ 生彩を欠く文体. voix ～ 抑揚のない声. être très ～ dans la discussion 議論に熱がはいらない.
Ⅱ 〖自然科学〗**1** 〖化〗中性の. détergent ～ 中性洗剤 (pH 6-8). lipide ～ 中性脂質(脂肪). oxyde ～ 中性酸化物. point ～ 中性点 (中和滴定で pH が 7.0 の点). sel ～ 中性塩.
2 〖物理・電〗電気的に中性の, 電荷をもたない. corps ～ 中性体. fil ～ 中性線. par-

ticule ～ 中性子 (＝neutron；neutrino).
3 〖生〗無性の. abeille ～ 働き蜂.
4 〖理〗中立の. équilibre ～ 中立の平衡. évolution ～ 中立的進化. mutation ～ 中立変異.
5 〖数〗中立の. élément ～ 単位元.
―― n.m. **1** 中立国 (＝État ～, nation ～, pays ～) (nation belligérante「交戦国」の対). devoirs des ～ s en temps de guerre 戦時の中立国の義務. droits des ～ s reconnus par les billigérants 交戦国が認めた中立国の権利.
2 〖文法〗中性 (＝genre ～).

neutrino n.m. 〖物理〗ニュートリノ, 中世微子 (レプトン lepton の一種の素粒子；略記 ν). ～ électronique 電子ニュートリノ (略記 $ν_e$). ～ muonique ミューニュートリノ (略記 $ν_μ$). ～ solaire 太陽ニュートリノ. ～ tauique タウニュートリノ (略記 τ). oscillation du ～ ニュートリノ振動.

neutron n.m. **1** 〖物理〗中性子 (原子核の構成要素である核子の一種；略記 n または N). ～ thermique 熱中性子. ～ de fission 核分裂中性子. diffraction des ～ s 中性子回折.
2 〖軍〗bombe à ～ s 中性子爆弾 (爆発時に大量の中性子を発生させる核兵器).
3 〖天文〗étoile à ～ s 中性子星 (中性子のガスから成る縮退星).
4 〖医〗thérapie au ～ 中性子治療 (中性子線による治療).

neutronique a. 〖物理〗中性子の. bombe ～ 中性子爆弾 (＝bombe à neutrons). rayonnement ～ 中性子放射.
―― n.f. 〖物理〗中性子学, 中性子理論.

neutronographie n.f. 〖医〗中性子線撮影(法).

neutronothérapie n.f. 〖医〗中性子治療 (＝thérapie au neutron) (サイクロトロンの中性子を利用した癌の放射線治療).

neutropénie n.f. 〖医〗好中球減少症, 顆粒球減少症 (＝granulocytopénie).

neutrophile a. 〖生化・医〗好中性の. polynucléaire ～ 好中球, 好中性白血球 (＝leucocyte ～)；好中性顆粒球.
―― n.m. **1** 好中球 (＝cellule ～)；好中性顆粒球 (＝granulocyte ～). **2** 〖医〗好中球増加症, 顆粒球増加症 (＝granulocytose) (成熟好中球の絶対数の $8000/μL$ 以上の増加).

neuvième a.num.ord. 第 9 の, 9 番目の (略記 9e；IXe). la ～ art 第 9 芸術 (劇画 bande dessinée). la ～ page 第 9 ページ. ～ partie 9 分の 1. la ～ siècle avant Jésus-Christ 西暦紀元前 9 世紀. la N ～ symphonie de Beethoven ベートーヴェンの第 9 交響曲. mairie du ～ arrondissement de Paris パリ第 9 区区役所.
―― n. 9 番目の人 (物). la ～ dans une compétition 競技の第 9 位の女子選手. arriver

le ~ 9着でゴールする.
——n.m. 9分の1. quatre ~s 9分の4.
——n.f. **1**〚学〛第9学級《初級科cours élémentaire 2年次の旧称;小学校の第9学年》(= ~ classe ; classe de ~). élèves de ~ 第9学級の生徒.
2〚音楽〛9度(音程).

ne varietur [nevarjetyr][ラ] *a.inv.* 内容に変更なき;最終の.〚法律〛acte ~ 内容に変更のない証書. édition ~ 決定版.

névé *n.m.* **1**〚地学〛ネヴェ, フィルン《氷河の上層を形成する粒状の万年雪》.
2〚一般に〛(高山の)万年雪.

Nevers *n.pr.* ヌヴェール《département de la Nièvre ニエーヴル県の県庁所在地;市町村コード 58000;形容詞 nivernais(*e*), neversois(*e*);le Nivernais ニヴェルネ地方の中心都市》. cathédrale Saint-Cyr-et-Sainte-Juliette de ~ ヌヴェールのサン=シール・サント=ジュリット大聖堂《13-14世紀》. faïence de ~ ヌヴェール陶器.

neveu(*pl.*~**x**) *n.m.* **1** 甥(姪 は nièce).
~ à la mode de Bretagne《ブルターニュ風の甥→》いとこの息子.
2〚古〛孫, 子孫.

névr[o]-〚ギ〛ELEM「神経」の意《ex. *névr*otomie 神経切断術》.

névralgie *n.f.*〚医〛神経痛. ~ cervico brachiale 頚部上腕神経痛. ~ crurale 大腿部神経痛. ~ de ganglion spénopalatin 翼口蓋神経節神経痛. ~ faciale 顔面神経痛. ~ glossopharyngée 呑咽神経痛. ~ intercostale 肋間神経痛. ~ occipitale 後頭神経痛. ~ trigéminée 三叉神経痛.

névralgique *a.* **1**〚医〛神経痛の. douleur ~ 神経痛. point ~ 圧痛点《痛みを感じる点》.
2〚比喩的〛point (centre)~ 痛いところ, 泣きどころ;急所.

névraxe *n.m.*〚解剖〛中枢神経系.

névrectomie *n.f.*〚医〛神経切除〔術〕.

névrilème *n.m.*〚解剖〛神経鞘(しょう).

névrite *n.f.*〚医〛神経炎, 末梢神経炎(= ~ périphérique). 神経炎(=neuropathie). ~ alcoolique アルコール性神経炎. ~ optique 視神経炎. ~ radiculaire 神経根炎.

névritique *a.*〚医〛神経炎の.

névrodermite *n.f.*〚医〛神経皮膚炎. ~ diffuse 汎発性神経皮膚炎.

névroglie *n.f.*〚解剖〛神経膠(こう), 神経支持質, グリア. cellule de ~ 神経膠細胞.

névrome *n.m.*〚医〛神経腫.

névropathe *a.*〚医〛ニューロパシーの;末梢神経障害症の;神経障害症の.
——*n.* 神経障害患者, ノイローゼ患者(=névrosé.)

névropathie *n.f.*〚医〛ニューロパシー, 末梢神経障害(= ~ périphérique);神経障害(=névrose). ~ interstitielle (parenchy- mateuse) 間質性(実質性)ニューロパシー. ~ régressive 退行性ニューロパシー.

névrose *n.f.*〚医〛神経症, ノイローゼ. ~ actuelle 現実神経症. ~ anxieuse 不安神経症. ~ cardiaque 心臓神経症. ~ d'angoisse 不安神経症. ~ de caractère 性格神経症. ~ des enfants 小児神経症, 小児ノイローゼ. ~ de situation 状況神経症. ~ gastrique 胃神経症. ~ gastrointestinale 胃腸神経症. ~ obsessionnelle 強迫神経症. ~ phobique 恐怖神経症. ~ professionnelle 職業神経症. ~ traumatique 外傷性神経症. ~ vésicale 膀胱神経症.

névrosé(*e*) *a.*〚医〛神経症の, ノイローゼの.
——*n.* 神経症患者, ノイローゼ患者.

névrotique *a.*〚医〛神経症の;神経症性の. dépression ~ 神経症性鬱病. trouble ~ 神経症性障害.

névrotomie *n.f.*〚医〛神経切断術.

new-look [njuluk][英] *n.m.inv.*〚モード〛ニュールック《1947年Christian Dior が発表》.
——*a.inv.*〚政治・経済・社会〛ニュールック方式の, 新様式の. politique ~ ニュールック政策.

newsgroup [njuzgrup][英] *n.m.*〚通信・電算〛ニュースグループ《ネット内で内容別に分類されたニュース》(=〚仏〛courant de forum).

new wave [njuwεv][英] *n.f.inv.*〚音楽〛ニューウェーヴ・ミュージック《1970年代のロックの様式》.

new-yorkais(*e*) *a.* ニューヨークの. marché ~ (株式・金融等の)ニューヨーク市場.
——*N~ n.* ニューヨーク市民.

nez *n.m.* ❶《人間の鼻》**1** 鼻. ~ aquilin 鷲鼻. ~ droit 鼻筋の通った鼻. ~ grec ギリシャ鼻. ~ pointu 尖った鼻. ~ retroussé 反り返った鼻. faux ~ つけ鼻. long ~ 長い(高い)鼻.
arête du ~ 鼻梁. bout du ~ 鼻の頭. crottes de ~ 鼻糞. lunettes sur le ~ 鼻眼鏡. os du ~ 鼻骨. poils du ~ 鼻毛. soins du ~ 鼻の治療.〚話〛trous de ~ 鼻の穴, 鼻孔(=narines).
〚話〛à plein ~ (鼻の穴一杯に→)(匂いが)非常に強く, ぷんぷんと. Ça sent le gaz à plein ~. ひどくガス臭い.
avoir le ~ bouché 鼻が詰まっている. faire un pied de ~ à *qn*(親指を鼻頭に当て他の指を拡げて見せる→)人を嘲る. parler du ~ 鼻声で喋る. respirer par le ~ 鼻で息をする. saigner du ~ 鼻血を出す. se boucher le ~ (悪臭などに)鼻をつまむ. se faire refaire le ~ 鼻をつくり直す《形成美容》.
Cela se voit comme le ~ au milieu du visage. それは分りきったことだ. Mouche ton ~. 鼻をかみなさい. Son ~ coule. 彼

は鼻水を垂らしている．La moutarde lui monte au ~. 辛子が彼の鼻につんとくる．《Le ~ de Cléopâtre : s'il eut été plus court, toute la face de la terre aurait changé.》「クレオパトラの鼻：もしそれがもっと短かかったなら，この世の様相はすっかり変っていたことであろう」(Pascal の言葉).
2 顔 (=face, figure, visage). le ~ en l'air (au vent) 上を向いて；上の空で．baisser le ~ うなだれる．lever le ~ 顔をあげる．mettre le ~(son ~) à la fenêtre 窓から外をのぞく．〘話〙mettre (fourrer) le ~ dehors 外出する．montrer son ~ 顔を出す．piquer du ~¹ 首をがっくり垂れる；顔から倒れる．
3〔比喩的〕鼻先, 顔, 面 (つら). à vue de ~ ざっと見て．avoir le ~ sur qch 何から顔をあげない；何のすぐそばにいる．avoir le ~ sur son travail 仕事に没頭している．Tu as le ~ dessus. 君の探しているものは目の前にある．
faire un long ~(un drôle de ~); faire le (un)~; allonger le ~ いやな顔をする；がっかりした顔をする，口惜しそうな顔をする．Il en fait un ~! 彼はいやな顔をしているぞ！
mettre (fourrer) son ~ (le ~) dans qch 何に首をつっ込む（口出しをする）．Il fourre son ~ partout. 彼は何にでも鼻をつっこむ．
〘話〙se casser le ~ 訪問先の戸口で閉め出しをくう；失敗する．〘俗〙se manger (se bouffer) le ~ いがみ合う．se trouver ~ à ~ avec qn 人と鼻を突き合わす．
〘話〙Ton ~ remue! 嘘をついてるな！
〘話〙Ce n'est pas pour ton ~. これはお前のためではない；お前にはやらない．
◆〘au ~〙 au ~ (à la barbe) de qn 人の鼻先 (面前) で．fermer la porte au ~ de qch 人に門前払いをくわせる；人を手びどくはねつける．Cela lui prend au (bout du) ~. (それは鼻先にぶらさがっている→) 今にもそうなるぞ．
◆〘bout du ~〙 mener qn par le bout du ~ 人を意のままに引きまわす．montrer le bout de son ~(du ~) ちょっと顔を出す；内心を洩らす．ne pas voir plus loin que le bout de son ~ 目先しか見えない，近視眼的である．
◆〘dans le ~〙〘俗〙avoir qn dans le ~ 人を嫌悪する．〘俗〙avoir un verre (un coup) dans le ~ ほろ酔い加減である．〘話〙gagner les doigts dans le ~ 苦もなく勝つ，楽勝する．
◆〘sous le ~〙〘話〙passer sous le ~ 目の前を通り過ぎる．Cela m'est passé sous le ~. それは惜しいことでふいになった．regarder qn sous le ~ 人をじろじろ眺める．
Ⅱ〘嗅覚〙**1** 嗅覚；〔比喩的〕勘, 直観力，

洞察力．avoir bon ~ 鼻が利く．avoir du ~; avoir le ~ fin (creux) 鼻がきく；勘が鋭い，鋭い洞察力をもつ．
2 (葡萄酒の)芳香．~ de fruits rouges 赤い果実の香り．
3 (香水の)調香師；(葡萄酒の) 鑑定人．
Ⅲ (動物の鼻) 鼻面．~ de chien 犬の鼻面．anneau dans le ~ (牛の) 鼻環．
Ⅳ (鼻のように突出したもの) **1** 船首；機首．bateau trop chargé à l'avant qui tombe sur le ~ 前部の積荷が重すぎて船首が下った船．piquer le ~² (飛行機が)急降下する．(株価が) 急落する．
2 〘地理〙岬．le ~ de Jobourg (コタンタン半島 presqu'île de Cotentin の) ジョブール岬．
3 〘建築〙〘機工〙 ~ de gouttière 呼樋．~ de marche 階段の踏板の鼻．
NF (=norme française) n.f. フランス規格 (AFNOR : Association française de normalisation「フランス規格協会」の認定する規格表示ラベル).
NFS (=numération formule sanguine) n.f. 〘医〙血液検査数値処方(血中の赤血球 hémoglobine, 血球容積率 hématocrite, 白血球 leucocyte, 血小板 plaquette その他の成分等を調べる検査値表示).
NG¹ (=nombre guide) n.m. 〘写真〙(フラッシュ, 閃光電球の) ガイドナンバー, 露光指数 (=〔英〕GN : guide number). flash intégré de 14 ガイドナンバー 14 のカメラボディー内臓ストロボ．
NG² (=nouvelle génération) n.f. 新世代．SNLE-~ 新世代ミサイル発射原子力潜水艦．
NGO (=〔英〕Non(-)governmental Organization) n.f. 非政府機関，民間公益団体 (=〔仏〕ONG : organisation non gouvernementale ; =〔英〕PVO : Public Voluntary Organization 民間自発団体ともいう).
NGV (=navire à grande vitesse) n.m. 超高速船 (catamaran 双胴船, hydroptère 水中翼船, monocoque 単胴船など).
NHDC (=néohespéridine dihydrochalcone) n.f. 〘化〙ネオヘスペリジン・ジヒドロカルコーン (みかん類の皮から抽出される針状結晶をもとにつくられる半合成甘味料).
NI (=non-inscrit(e)) a. 〘政治〙無所属の．―n. 無所属議員．
Ni (=nickel) 〘化〙ニッケルの元素記号．
niacine n.f. 〘生化〙ナイアシン, ビタミン PP (=vitamine PP).
NIC¹ (=négociations industrielles et commerciales) n.f.pl. 通商交渉．
NIC² (=Nouvel Instrument communautaire) n.m. (ヨーロッパ共同体の) 新共同体協定書 (1978年締結；ヨーロッパ共同体の経済政策の推進を目的とした投資計画融資制度；推進者の名前をとって「オルトリ便

NIC[3] (= *n*uméro *i*nterne de *c*lassement) *n. m.* (INSEE の統計資料の) 内部分類番号.

NICAM, Nicam [nikam] (= [英] *n*ear *i*nstantaneous *c*ompounded *a*udio *m*ultiplex) *n.m.inv* 【放送】ナイカム《高品質のステレオ音声と映像を送信する英国のディジタル方式；= [仏] compression quasi instantanée de la modulation de son》.

Nicaragua (le) *n.pr.m.* 【国名通称】ニカラグア《公式名称：la République du N ～ ニカラグア共和国；国民：Nicaraguayen (*ne*)；首都：Managua マナグア；通貨：cordoba oro [NIO]》.

nicaraguayen (*ne*) [-gwɛjɛ̃,ɛn] *a.* ニカラグア (le Nicaragua) の, ニカラグア共和国 (la République du Nicaragua) の；ニカラグア人の.
—*N*～ *n.* ニカラグア人.

nicardipine *n.f.* 【薬】ニカルジピン《Ca拮抗剤；本態性高血圧症治療薬；薬剤製品名 Loxen (*n.m.*) など》.

NiCd[1] (= *ni*ckel-*ca*dmium) *n.m.inv.* ニッケル・カドミウム. batterie au ～ ニッケル・カドミウム電池 (= pile ～)《正極にニッケル, 負極にカドミウム酸化物を用いた充電可能な電池》.

NiCd[2] (= *ni*ckel-*ca*dmium) *n.f.* ニッケル・カドミウム電池 (= batterie ～).

Nice *n.pr.* ニース《département des Alpes-Maritimes アルプ=マリチーム県の県庁所在地；市町村コード 06280；コート=ダジュールの保養地. 港町；形容詞 niçois (*e*)》. aéroport de ～-Côte-d'Azur ニース=コート=ダジュール空港《西南 7 km》. Promenade des Anglais de ～ ニースのプロムナード=デ=ザングレ《海浜の大通り・遊歩道》. musée Matisse de ～ ニースのマチス美術館《ガリア=ローマの遺跡 site gallo-romain 内》. musée Marc-Chagall de ～ ニースのマルク=シャガール美術館.

nicergoline *n.f.* 【薬】ニセルゴリン《脳循環代謝改善薬；薬剤製品名 Sermion (*n.m.*) など》.

nichrome *n.m.* 【冶】ニクロム《ニッケルとクロームの合金の商品名》.

nickel *n.m.* 【化】ニッケル《元素記号 Ni, 原子番号 28, 原子量 58.69》.
—*a.inv.* 【俗】(室内, 機械などが) ぴかぴかの, 申し分のない. C'est drôlement ～ chez eux. あいつらの家は本当にぴかぴかだね！

nickelage *n.m.* ニッケルメッキ.

nickel-cadmium *n.m.* ニッケル=カドミウム (Ni-Cd, NiCd と略記). batterie (accumulateur) ～ ニッケル=カドミウム電池.

nickelé (*e*) *a.* ニッケルメッキを施した. couteau inoxydable en acier ～ ニッケル・メッキを施した鋼鉄の錆止めナイフ.【話】 avoir les pieds ～s てこでも動こうとしない, なまけ者である；無気力である.

nickeler *v.t.* ニッケルメッキをする.

niçois (*e*) *a.* ニース (Nice) の. salade ～*e* サラッド・ニソワーズ《ニース風サラダ：トマト, 生玉葱, ゆで卵, オリーヴ, アンチョビー, ツナなどを混ぜ, オリーヴ油と酢のドレッシングをかけた冷菜》.
—*N*～ *n.* ニースの住民.

nicotinamide *n.m.* 【化】ニコチン酸アミド, ニコチンアミド.

nicotine *n.f.* 【化】ニコチン.

nicotinémie *n.f.* 【医】血中ニコチン量；ニコチン血症.

nicotinique *a.* 【化】ニコチンの；ニコチン酸の. acide ～ ニコチン酸《ビタミン PP》. récepteur ～ ニコチン受容体.

nicotinisme *n.m.* 【医】ニコチン中毒.

NICS (= [英] *N*ewly *i*ndustrializing *c*ountries) *n.m.pl.* 新興工業国, ニックス (= [仏] NPI : *N*ouveaux *p*ays *i*ndustrialisés)《1970年代に急成長を遂げた工業国；スペイン, ポルトガル, ギリシア, ユーゴスラヴィア, ブラジル, メキシコ, 香港, 韓国, 台湾, シンガポールを指したが, 1988年のオタワ・サミットで NIES ニーズ (= *N*ewly *i*ndustrializing *e*conomies 新興工業国・地域) と改称》.

nictation, nictitation *n.f.* **1** まばたき. **2**【医】痙攣性瞬目 (しゅんもく)《眼瞼筋の痙攣によりまばたきの瀕発が続く症状》.

nid *n.m.* **1** 鳥の巣. ～ d'aigle 鷲の巣；[比喩的] 断崖 (山頂) などに築かれた城. ～ d'alouette ひばりの巣. ～ de hibou 梟の巣. [比喩的] 廃屋. ～ d'hirondelle 燕の巣；【料理】燕巣, ニ・ディロンデル《あなつばめの巣から得る》.【中華料理】potage aux ～s d'hirondelles 燕巣のポタージュ.
faire son ～ 巣をつくる. prendre (trouver) l'oiseau (la pie) au ～《巣の鳥 (かささぎ) をつかまえる→》人が家にいるところをつかまえる；相手の不意を襲う.
2 (動物, 魚, 蜂などの) 巣. ～ d'abeilles 蜜蜂の巣；[比喩的]【織物】蜂巣 (はちす) 織；【刺繡】スモッキング；【機工】蜂巣 (ハニカム) 構造 (= ～-d'abeilles). ～ d'épinoche げうおの巣. ～ de fourmis 蟻の巣, 蟻塚 (= fourmilière). ～ de souris 鼠の巣.
3 (人間の) すみか, ねぐら；(悪党などの) 巣窟. ～ à rats 狭苦しいぼろ家. ～ d'amoureux 愛の巣. ～ de brigands 山賊の巣窟. rentrer au ～ ねぐらに帰る, 我が家に帰る. trouver le ～ vide；ne plus trouver que le ～ すでにもぬけの殻である.【諺】A chaque (tout) oiseau son ～ est beau. 住めば都.
4 巣状のもの (場所)；拠点. ～ à poussière ほこりだまり, ほこりだらけの場所.【軍】～ de mitrailleuses 機関銃巣, 機関銃座.【軍】～ de résistance 抵抗拠点.

5〖服〗~ d'ange ニダンジュ（〖商標〗nidange）《乳幼児用のフード付き袋状の長いコート》．

nida (= nid-d'abeilles) n.m.〖機工〗蜂巣状構造，ハニカム (=〖英〗honney comb). structure ~ ハニカム構造．plancher en structure ~ de papier d'aramide アラミドの薄板による蜂巣構造の床．

nidation n.f.〖生理〗(子宮壁への) 卵子の着床，卵着床．

nid(-)d'abeilles(pl.~s〖-〗~) n.m. **1**〖技術〗ハニカム(蜂巣)構造(nidaと略記)．radiateur à ~s〖-〗~ ハニカム型ラジエーター．
2〖刺繡〗ハニカムステッチ;〖織〗蜂巣(はちす)織．serviette de toilette ~ 蜂巣織のタオル．

nidification n.f. 営巣．

nièce n.f. 姪《甥は neveu》. ~ à la mode de Bretagne いとこの娘．

nième, énième, ennième〖εnjεm〗a. **1**〖数〗n 番の．la ~ (N~) puissance n 次, n 乗．puissance ~ d'un nombre 数の n 乗．racine ~ d'un nombre n 乗根．équation du ~ degré n 次方程式．
2 pour la ~ fois 何度も．Je vous le répète pour la ~ fois. 何度も繰返しそれを申し上げます．

NIEO (=〖英〗New International Economic order) n.m. 新国際経済秩序, ニエオ (=〖仏〗NOEI: Nouvel ordre économique international; 1974 年国連総会で採択)．

NIES (=〖英〗Newly Industrializing Economies) 新興工業国・地域, ニーズ．

Nièvre n.pr.f. **1**〖地理〗la ~ ニエーヴル川 (Nevers ヌヴェールで la Loire ロワール河に合流する支流；長さ 53 km)．
2〖行政〗la ~ ニエーヴル県 (=département de la ~; 県コード 58；フランスの UE の広域地方行政区画の région Bourgogne ブルゴーニュ地方に属す；県庁所在地 Nevers；主要都市 Château-Chinon, Clamecy, Cosne-Cours-sur-Loire；4 郡, 32 小郡, 312 市町村；面積 6,837 km²；人口 225,198；形容詞 nivernais(e))．

nifédipine n.f.〖薬〗ニフェジピン (Ca拮抗薬；高血圧症・狭心症治療薬；薬剤製品名 Chronadelate (n.f.) など)．

Niger(le) n.pr.m.〖国名通称〗ニジェール (公式名：la République du N~ ニジェール共和国；国民 Nigérien(ne)；首都 Niamey ニアメー；通貨：franc CFA〖XOF〗)．

Nigeria(le) n.pr.m.〖国名通称〗ナイジェリア (公式名：la République fédérale du N~ ナイジェリア連邦共和国；国民 Nigérian(ne)；首都 Lagos ラゴス；通貨：naira〖NGN〗)．

nigérian(e) a. ナイジェリア (le Nigeria) の, ナイジェリア連邦共和国 (la République fédérale du Nigeria) の；~人の．
— **N~** n. ナイジェリア人．

nigérien(ne) a. **1** ニジェール (le Niger) の, ニジェール共和国 (la République du Niger) の；~人の．
2 ニジェール川 (le Niger) の．
— **N~** n. ニジェール人．

night-club〖najtklœb〗(pl.~-~s)〖英〗n.m. ナイト・クラブ (=〖仏〗boîte de nuit)．

NIH (=〖英〗National Institutes of Health) n.m.pl.（アメリカ合衆国の) 国立衛生研究所．

nihiliste n. **1**〖哲〗ニヒリズムの, 虚無主義の．
2〖政治〗(19 世紀末ロシアの) 虚無主義の《絶対自由主義・無政府主義の》. parti ~ russe ロシア虚無党．
3 虚無的な．

Nikkei〖nikεj〗〖日〗n.pr. 日経, 日本経済新聞社．indice ~ 日経〖株価〗指数 (1949 年導入；225 銘柄の株価指数)．

Nil (le) n.pr.m. le ~ ナイル河．le ~ Blanc 白ナイル河．le ~ Bleu 青ナイル河．le ~ bleu ナイル・ブルー《緑色を帯びた薄青色》．
delta du ~ ナイル河デルタ地帯．〖医〗fièvre du ~ occidental 西ナイル熱《西ナイル・アルボウイルス arbovirus West Nile による伝染病》. virus du ~ ナイル・ウイルス《西ナイル熱病の病原体》.

nimbe n.m. **1**（神、ローマ皇帝, キリスト、聖人たちの頭部の) 光輪, ニンブス, 後光, 光背．~ crucifère (キリストの頭部の) 十字架を配した光輪．
2〖文〗（人・物を取り囲む) 栄光, 後光．

nimbo-stratus〖nɛ̃bostratys〗n.m. 乱層雲 (国際略記号 Ns) (=strato-nimbus)．

nimbus〖nɛ̃bys〗(<〖ラ〗「雲」の意) n.m. inv. 乱雲. cumulo-~ 積乱雲．

Nimègue〖オランダ〗n.pr. ナイメヘン (Nijmegen；都市名). les traités de ~ ナイメヘン条約．

Nîmes n.pr. ニーム《ガール県 département du Gard の県庁所在地；市町村コード 30000；形容詞 nîmois(e)》. les Arènes romaines de ~ ニームの古代ローマ円形闘技場．〖織〗tissu de ~ デニム生地 (=denim)．

NiMH[1] (=nickel métal hybride) n.m. inv. ニッケル・メタル複合. batterie au ~ ニッケル・メタル・ハイブリッド電池 (=batterie de type ~).

NiMH[2] (=nickel métal hybride) n.f. ニッケル・メタル・ハイブリッド電池 (=batterie ~).

NiMH[3] (=nickel de métal hydrure) n.m. inv. ニッケル水素化合物合金. accumulateur〖au〗~ ニッケル水素電池《マイナス極に水素吸収合金を用いた充電式電池》．

nîmois(e) a. ニーム (Nîmes) の．

——N~ n. ニーム市民.

Ningbo〔中国〕n.pr. 寧波(寧)(ねいは)、ニンポー《浙江省東部の港湾都市、古称「明州」；日本の遣唐使などゆかりの地》.

Ningxia〔中国〕n.pr. 寧夏(ねいか)、ニンシア《北西部の旧省》. ~ Hui 寧夏回(ニンシアフイ)族自治区《主都 Yinchuan 銀川(インチョワン)》.

Ningxia Huizu (région autonome de〔中国〕n.pr. 寧夏回(ニンシアフイ)族自治区《首都 Yinchuan 銀川》.

Ni-ni(le) n.m. (= ni privatisation, ni nationalisation)【政治】否否政策(構想)、否民営化・否国有化政策《1988年の大統領戦でミッテラン Mitterrand 候補が提唱した政策》.

niobium〔-ɔm〕n.m.【化】1 ニオビウム、ニオブ《元素記号 Nb、原子番号 41、原子量 92.9064》.
2〖鉱〗ニオブ《常にタンタルと共に産出する；延性・展性に富む灰色の金属で、超電導合金、耐熱合金、核燃料被覆材などに利用》.

niolo n.m.〖チーズ〗ル・ニヨロ《コルシカ(コルシカ)島ニヨロ高原の Casamaccioli 村で山羊・羊乳からつくられる軟質、自然外皮の四角いチーズ；脂肪分 50 %；別称 niolin》.

Niort n.pr. ニヨール (département des Deux-Sèvres ドゥー=セーヴル県の県庁所在地；市町村コード 79000；形容詞 niortais (e)).

Nippon (le) n.pr.m. 日本〔国〕(= le Japon).

nippon(〔n〕e) a. 日本の. lanceur 100 % ~ 100 パーセント日本製の《宇宙船・人工衛星》打上げロケット.
——N~ n. 日本人.

Nir (= numéro d'inscription au répertoire des personnes physiques) n.m. (社会保障制度 Sécurité sociale の)個人登録番号 (通称 numéro de Sécurité sociale 社会保障登録番号).

nirvana〔サンスクリット〕n.m.【仏教】ニルヴァーナ、涅槃(ねはん) (nirvāna).

nisapline n.f. ニザプリン《抗生物質；缶詰の保存剤》.

nit〔nit〕n.m.【物理】ニット《輝度の単位；略号 nt；1 nt = 1 cd/m²：1 平米当り 1 カンデラ》.

nitrant(e) a. 硝化する、硝化性の.

nitratation n.f.【化】ニトロ化、硝化.

nitrate n.m. 1【化】硝酸塩(旧称 azotate (nitrate)、新名称 trioxonitrate). ~ d'ammonium 硝酸アンモニア. ~ d'argent 硝酸銀. ~ de calcium 硝酸カルシウム. ~ de potassium 硝酸カリ〔ウム〕. ~ de sodium 硝酸ナトリウム. ~ du Chili チリ硝石.
2〖農〗〔pl. で〕硝酸系化学肥料《硝酸アンモニア、硝酸カルシウム、硝酸カリ、硝酸ナトリウムなど；= engrais nitratés》.

nitrate-fuel〔-fjul〕(pl. **s-~s**)〔英〕n. m.【化】ニトラート=フィユル《硝酸アンモニアと燃料油を混合した爆薬》.

nitrater v.t.【化】1 硝酸塩化する；硝酸塩を加える. engrais nitratés 硝酸塩系化学肥料. 2 (革などを)硝酸銀(塩)で処理する.

nitration n.f.【化】ニトロ化.

nitre n.m. 硝酸カリ〔ウム〕(= nitrate de potassium)；硝石 (= salpêtre).

nitré(e) a.【化】ニトロ基 (radical -NO₂)を含む. composé ~ ニトロ化合物.

nitreux (se) a.【化】1 酸化窒素 (+1, +3) の《新しい名称は dioxonitrique III》. acide ~ 亜硝酸 (HNO₃).
2 (バクテリアが)亜硝酸塩化する. ferment ~ 亜硝酸化酵母.
3 (土壌などの)硝石を含有した. eaux ~ses 含硝石水.

nitrière n.f. 硝石採取場.

nitrifiant(e) a.【化】硝化作用のある、硝性の. bactérie ~e 硝化菌.

nitrification n.f.【化】(バクテリアなどによる)硝化〔作用〕.

nitrile n.m.【化】ニトリル化合物.

nitrique a.【化】1 酸化窒素 (+2, +5) の. acide ~ 硝酸. 2 (バクテリアが)亜硝酸塩化をする. bactérie ~ 硝化菌 (= nitrobacter).

nitrite n.m.【化】亜硝酸塩.

nitrobacter, nitrobactérie n.f.【生】硝化菌《硝酸菌と亜硝酸菌の総称》.

nitrobenzène, nitrobenzine n.f.【化】ニトロベンゼン《アニリン染料の原料、香水の原料などに利用》.

nitrocellulose n.f.【化】ニトロセルロース、硝化綿《無煙火薬の原料》.

nitro-coton n.m.【化】硝化綿；(特に)綿火薬.

nitrofurantoïne n.f.【化・薬】ニトロフラントイン《尿路感染症治療薬》.

nitrogène n.m.【化】〖古〗窒素 (= azote).

nitroglycérine n.f.【化】ニトログリセリン《ダイナマイト dynamites の原料》.

nitrophile a.【植】(成長に)大量の硝酸塩 (nitrate) を必要とする、好硝酸塩性の. plantes ~s 好硝酸塩性植物.

nitrosamine n.f.【化】ニトロサミン、ニトロソアミン (nitroso-amine)《強力な発癌性有機化合物》.

nitrosation n.f.【化】1 ニトロソ化、ニトロシル添加《分子にニトロシル基を導入すること》.
2 亜硝酸塩化《アミン、アンモニアなどの有機硝化合物を硝化菌が亜硝酸塩に変えること》.

nitrosé(e) a.【化】ニトロソ化された、ニトロソ化合物になった. composé ~ ニトロシル化合物.

nitrosoamine n.f.【化】ニトロソアミン《発癌物質；魚などに含まれるアミン類

nitrosyle *n.m.*【化】ニトロシル基(-NO).

nitrotoluène *n.m.*【化】ニトロトルエン(火薬の原料).

nitruration *n.f.*【冶】(高温アンモニア・ガスを用いた鉄鋼の)窒化処理.

nitrure *n.m.*【化】窒化物. ~ de sodium 窒化ナトリウム(Na_3N).

nitrurer *v.t.*【冶】(鉄鋼に)窒化処理を施す. acier *nitruré* 窒化鋼.

nival (*ale*)(*pl.* **aux**) *a* 雪の;雪による. régime ~ 雪水性河洗《融雪水が流入する河川,春水位が上昇し,冬低下する》.

nive *n.f.*【地理】ニーヴ《ピレネー地方les Pyrénéesの急流》. la grande N~ 大ニーヴ川《バスク地方le pays basqueの急流;延長78km》.

nivéal (*ale*)(*pl.* **aux**) *a*.【植】冬咲きの;雪中で生育しうる. fleur ~*ale* 冬咲きの花.

niveau(*pl.* **~x**) *n.m.* **1** 水平面の高さ, レヴェル;水位(=~ d'eau). ~ de l'eau sur un navire 船の吃水線.【自動車】~ d'huile エンジンオイル・レヴェル. ~ d'un terrain 土地のレヴェル.
élévation de ~ des eaux 水位の上昇. inégalités de ~ 水平面の凹凸. jauge de ~ 水準器;油量計.
2 水平面, 水平;同平面;水準.【地形】~ de base 侵食基準面.【物理】~ d'énergie d'un atome 原子のエネルギー準位. ~ de la mer 海抜標高. sept mille mètres au-dessus du ~ de la mer 海抜7000メートル.【軍】angle au ~ (火砲の)射角, 仰角.【地図】courbes de ~ 等高線.【鉄道】passage à ~ 平面交叉, 踏切り.【測量】repères de ~ 水準点, 水準標石.【理】surface de ~ 水準面, 水平面;【数】等位面.
de ~ 同一平面の. être de ~ 同じ高さ(同一平面)である. mettre *qch* de ~ 何を水平(同一平面)にする.
3 水準器.【測量】レヴェル. ~ à bulle (d'air) 気泡水準器.【測量】~ à lunette 水準儀. ~ d'eau [à caoutchouc] ブラウン式水準器. ~ de maçon 下げ墨. passer le ~ 水準器で測定する.
4【比喩的】水準, レヴェル, 階層. ~ des études〔最終〕学歴. ~ des intelligences 知的水準. ~ de langue 言語レヴェル《文語・話語・俗語など》. ~ des prix 物価水準. ~ de vie 生活水準;等価所得(=revenu équivalant). indices de ~ de vie 生活水準指数. ~ mental (intellectuel) 知的水準, 知能程度《Q.I(IQ)》. ~ moyen des salaires 賃金の平均レヴェル. ~ social 社会階層. élèves de même ~ 同じ学力水準の生徒. Laboratoire [de] ~ [de biosécurité]-4 de Lyon リヨンの生物安全度4の実験研究施設(= Laboratoire P4 de Lyon). tests de ~*x* 知

能テスト. au ~ ministériel 閣僚レヴェルで.
5 (建物の)階層, 階(=étage). au ~ 10 10 階で(の). 10 ~*x* inférieurs d'une tour 高層ビルの下部10階.
6【電算】64 ~*x* de gris(プリンターの)64段階のグレースケール.

niveleuse *n.f.*【土木】地ならし機《grader の公用推奨語》.

nivellement *n.m.* **1** 水準測量, 水平測量. ~ barométrique 気圧高低測量. ~ trigonométrique 三角測量(= triangulation). instrument de ~ 水準測量儀, 水準儀.
2 水平化, 地ならし, 整地;【地形】均平作用《侵食作用による土地の平坦化》. ~ d'un terrain 整地.
3【比喩的】平準化, 平均化. ~ par la base (le bas) 最低基準に合わせた平等化. ~ des fortunes 資産の平均化.

Nivernais *n.pr.m.*【地理】le ~ ニヴェルネ地方《Nevers ヌヴェールを州都とする旧州》. canal du ~ ニヴェルネ運河《1842年完工,延長174km》.

nivicole *a.*【環境】積雪帯性の,積雪帯に棲息・成育する. plante ~ 積雪帯性植物.

nivo-【ラ】ELEM】「雪」の意 (*ex. nivo*-pluvial *a.* 雪雨の).

nivo-glaciaire *a.*【地学】雪氷の. régime ~ (河川の)雪氷状況.

nivomètre *n.m.*【気象】雪量計. ~ totaliseur 積算雪量計.

nivo-pluvial (*ale*)(*pl.* **aux**) *a.*【地学】雪と雨の, 雨雪の, 雨雪性の. régime ~ (河川の)雨雪性流況《春と秋に水位が高く, 夏は低い》.

nivosité *n.f.*【気象】降雪量.

NK (=[英]*n*atural *k*iller) *n.m.*【生】ナチュラル・キラー(=[仏]tueur naturel). cellules ~ ナチュラル・キラー細胞(= cellules tueuses naturelles).

NKGB (=[ロシア]*N*arodnyi *K*omissariat *g*ossoudarstvennoï *b*ezopasnosti) *n.m.* (ソ連の)国家保安委員会《=[仏]Commissariat du peuple à la sécurité d'Etat;ソ連の秘密政治警察組織;通称KGB》.

NKVD (=[ロシア]*N*arodnyi *K*omissariat *V*noutrennikh *D*iél) *n.m.*【警察】内務人民委員会《ソ連の政治警察;1934-43年》.

NLPC (=*n*éphro-*l*ithotomie *p*er*c*utanée) *n.f.*【医】経皮的腎結石切断術.

NM (=*n*égociant-*m*anipulant) *n.m.* (シャンパーニュ酒の)葡萄買付業者・製造業者(ラベル上の表記).

NMD (=[英]*N*ational *M*issile *D*efense) *n.f.*【軍】米本土防衛ミサイル網計画(= [仏] Programme de boucle antimissile).

NMDA (=[英]*N*-*m*ethyl-*D*-*a*sparaginic acid) *n.m.*【生化】N メチル D アスパラギン酸《神経伝達物質》. non-~ 非感受性 NMDA. récepteur ~ NMDA 受容体.

nmol (=*n*ano-*mol*) *n.f.* 〖化〗ナノモル(10^{-9}モル).

NMPP (=*N*ouvelles *M*essageries de la *p*resse *p*arisienne) *n.pr.f.pl.* 新パリ定期刊行物配送会社《新聞雑誌等の配送会社》.

NMR (= 〖英〗 *N*uclear *M*agnetic *R*esonance) *n.f.* 核磁気共鳴(= 〖仏〗 RMN : *r*ésonance *m*agnétique *n*ucléaire).

NNP (= 〖英〗 *N*et *N*ational *P*roduct) *n.m.* 国民純生産(= 〖仏〗 PNN : *p*roduit *nati*onal *n*et).

NO (=monoxyde d'azote) *n.m.* 一酸化窒素.

No (=*n*obélium) *n.m.* 〖化〗「ノーベリウム」の元素記号.

NO₂ (=dioxyde d'azote) *n.m.* 二酸化窒素.

nobélisable *a.* ノーベル賞(prix Nobel)が受賞可能な, ノーベル賞候補の.
——*n.* ノーベル賞候補者.

nobélisé(e) *a.p.* ノーベル賞(prix Nobel)を受賞した. Marie Curie, première femme ~*e* 女性初のノーベル賞受賞者マリー・キュリー.
——*n.* ノーベル賞受賞者.

nobélium [nɔbeljɔm] *n.m.* 〖化〗ノーベリウム《= 〖英〗 nobelium. 元素記号 No, 原子番号 102 ; 1957 年発見の人工放射性元素. A. B. Nobel に因む命名》.

noble *a.* **1** 貴族の ; 貴族の住む ; 貴族によ. chevalerie ~ 貴族の騎士道. nom ~ 貴族の家名(姓). être de naissance (de sang) ~ 貴族の出である. le ~ quartier du marais マレー地区の貴族街.
2 高貴な, 気高い, ノーブルな ; 気品のある ; 威厳のある, 堂々たる. ~ art ボクシング(=la boxe). ~ esprit 高貴な精神. ~ tâche 気高い任務. âme ~ 高潔な魂. beauté ~ 気品のある美しさ. cheval ~ 堂々たる馬. figure ~ 気品のある顔立ち. parties ~s (体の)重要な器官(心臓, 脳, 生殖器など). 〖劇〗père ~ 年配で威厳のある役柄. style ~ 気品のある文体.
3 (職業などが)高級な.
4 (物質が)高貴な ; 高品質の. appareil ~ 高品質の機器. gaz ~s 稀ガス(=gaz rares). matières ~s 天然素材(木材, 石材, 純毛など). métal ~ 貴金属. pourriture ~ du raisin 葡萄の貴腐《完熟した葡萄の粒が Botrytis cinerea 菌の作用で糖度が極端に上った状態》.
——*n.* 貴族(=aristocrate) ; 貴人. privilèges des ~s 貴族の特権.

noble-joué *n.m.* 〖葡萄酒〗ノーブル=ジュエ《ロワール流域 le Val de Loire, トゥール Tours の南郊でつくられる vin gris (淡いロゼ)の AOC 酒》.

noblesse *n.f.* **1** 貴族の地位(身分) ; 〖集合的〗貴族, 貴族階級(=classe de nobles). ancienne (nouvelle) ~ 大革命以前からの(以後の)貴族, 旧(新)貴族. haute (petite) ~

大(小)貴族. ~ d'épée 武家貴族. ~ de finance 爵位を買収した貴族. ~ de naissance 生れつきの貴族. ~ de robe(ブルジョワ出身の)法服貴族(= ~ d'office). ~ héréditaire (transmissible) 世襲貴族. ~ personnelle 一代限りの貴族.
hiérarchie des titres de ~ française フランスの貴族階級の爵位の序列. 〖諺〗*N* ~ oblige. ノブレス・オブリージュ《高貴なる身分は高貴たる義務を課す》《勇気・高潔・寛大さなど》. déroger à ~ 貴族の身分を汚す.
2 気高さ, 高貴さ, 高雅さ, 気品 ; 威厳 ; [*pl.* で] 〖文〗高潔な言動. ~ dans la conduite 品行の高潔さ. ~ de caractère 性格の気高さ. ~ d'esprit 精神の高潔さ. nature sans ~ 気品を欠く性質. manquer de ~ 品位に欠ける.

nocardiose *n.f.* 〖医〗ノカルジア症《好気性放射菌類ノカルジア Nocardia の感染症》.

noce *n.f.* **1** [多く *pl.*] 婚姻, 結婚(=mariage). justes ~s 正式な結婚. cadeaux de ~ 婚姻の贈物, 結婚祝い. frais de ~s 婚姻費用. nuit de ~ 初夜. secondes ~s 再婚. voyage de ~[s] 新婚旅行.
2 結婚式, 婚礼. aller à la ~ 結婚式に行く. festin (repas) de ~[s] 結婚披露宴. invités à la ~ 結婚式の招待客. robe de ~[s] 花嫁衣裳. ~ d'argent 銀婚式(結婚 25 周年). ~ d'or 金婚式(結婚 50 周年). ~ de diamant ダイヤモンド婚(結婚 60 周年).
3 〖集合的〗結婚式の参列者. La ~ est arrivée en retard à l'église. 結婚式の参列者は遅れて教会堂に到着した.
4 〖話〗乱痴気騒ぎ. faire la ~ 乱痴気騒ぎをする, 浮かれる. n'être pas à la ~ 居心地が悪い.

nocébo *n.m.* 〖医・薬〗ノセボ, ノーシボ《偽薬の投与による心理効果で障害が発症する現象》; ノセボ効果(=effet ~)《placebo「プラセボ(プラシーボ)効果」の対》.

nocicepteur *n.m.* 〖生理〗傷害受容体, 侵害受容器.

nociceptif(ve) *a.* 〖生理・医〗侵害受容の ; 痛みを受容する, 痛みの刺激を感じる. points ~s 圧痛点(全身に 18 ある).

nociception *n.f.* 〖生理〗侵害受容, 痛覚受容(痛みの感覚受容).

nocif(ve) *a.* **1** 有害な ; 有毒な. gaz ~ 有毒ガス. microbes ~s 病原菌. produit ~ 有害(有毒)製品.
2 〖抽象的〗有毒な, 害毒を流す, 危険な. influences ~ves 有害な影響. théorie ~ve 危険思想.

nocivité *n.f.* 有害性 ; 有毒性. ~ d'une substance 物質の有害(有毒)性. ~ d'une théorie 理論の有害性.

no-comment [nokɔmɛnt] 〖英〗 *n.m. inv.* ノー=コメント.

noctiluque *n.f.* 〖動〗夜光虫.

nocturie *n.f.* 〖医〗夜間多尿〔症〕.

nocturne (<nuit) *a.* **1** 夜の, 夜間の. noirceur ~ 夜陰.〖カトリック〗office ~ 宵課. promenade ~ 夜の散歩.〖法律〗tapage ~ 夜間の騒音による安眠妨害〔罪〕(違警罪).
2〖動〗夜行性の. papillon ~ 蛾 (=papillon de nuit).
—*n.m.* **1**〖音楽〗夜想曲, ノクターン；(18世紀の) セレナータ・ノットゥルノ. les ~s de Chopin ショパンの夜想曲 (ノクターン) 集.
2〖カトリック〗(聖務日課の) 宵課.
3〖美術〗夜景画.
4〖動〗〔*pl.* で〕夜禽類 (=oiseaux ~s)；夜行性猛禽類 (chouette, duc, grand duc, hibou など).
—*n.f.(m.)* **1** 夜間営業；夜間開場. ~ d'un magasin 商店の夜間営業.
2〖スポーツ〗夜間試合, ナイトゲーム, ナイター (=match en ~). les ~s de Vincennes ヴァンセンヌの夜間競馬.

nocuité *n.f.* (薬剤・食品添加物などの) 有害性 (innocuité「無害性」の対).

nodal (ale) (*pl.* **aux**) *a.* **1**〖光・物理〗節 (ふし) の. point ~ (レンズの) 節点.
2〖医〗心臓結節の. arythmie ~ ale 結節性不整脈. rythme ~ (心臓の) 結節リズム. tissu ~ 心臓結節組織.
3〖比喩的〗(問題の) 核心をなす.
—*n.f.*〖物理〗節線 (=ligne ~ale).

Nodong〖北朝鮮〗*n.pr.* **1** 蘆洞 (ろどう), ノドン《咸鏡北道, 日本海沿岸のミサイル発射実験場の所在地；現地の表記・発音 Rodong「ロドン」》.
2〖軍〗ノドン・ミサイル (=missile ~)《1990 年に初実験が行われた中距離弾道ミサイルに米国が与えた呼称》.

nodosité *n.f.* **1**〖医〗結節. ~ du cordon ombilical 臍帯結節. ~s rhumatismales リウマチ結節.
2〖植〗節, 瘤；根瘤. ~ d'un tronc 幹のこぶ. ~ radiculaire 根瘤.

nodulaire *a.* 〖医〗結節の；結節状の；〖植〗節のある.〖医〗lésion ~ 結節状病変.〖医〗lyphome ~ 濾胞性リンパ腫.〖植〗tige ~ 節のある茎.
2〖冶〗瘤塊 (焼鈍炭素) を含む. fonte ~ 瘤塊鋳鉄.

nodule *n.m.* **1**〖地学〗団塊, ノジュール. ~s de manganèse マンガン団塊.
2〖医〗小結節；結節. ~ lymphatique リンパ小節 (=結節性リンパ組織). ~ rhumatismal 結節 (肉芽腫の一種).〖医〗~s des chanteurs 歌手結節, 声帯結節《声の乱用に伴う炎症性腫瘤》.

noduleux (se) *a.* **1** 節の多い；結節の. tige ~se 節の多い幹. **2**〖地学〗団塊 (ノジュール) を含む.

nodus [nɔdys]〔ラ〕*n.m.* 〖医〗結節.

NOE (=*n*ouveaux *o*utils pour l'*e*nseignement) *n.m.pl.* 教育用新機器. projet ~ 教育用新機器開発計画《1997年から高等電気学校 Superect で推進されている計画》.

NOEI (=*N*ouvel *o*rdre *é*conomique *i*nternational) *n.m.* 新国際経済秩序, ニエオ (=〖英〗NIEO：*N*ew *I*nternational *E*conomic *O*rder；1974年国連資源特別総会で宣言).

Noël *n.m.* **1** ノエル, クリスマス, キリスト降誕祭 (la fête de ~；12月25日；法定祝日), クリスマス・シーズン. la〔fête de〕~ クリスマス. arbre de ~ クリスマスツリー；〖油田〗油井上部の配管分岐. bûche de ~ クリスマスイヴに焚く薪；〖菓子〗ビューシュ・ド・ノエル《太い薪の形をしたクリスマスケーキ》. carte de ~ クリスマスカード. Joyeux ~! メリー・クリスマス. messe de ~ クリスマスのミサ. Père (Bonhomme) de ~ サンタクロース. veillée de ~ クリスマスイヴ. croire au ~ サンタクロースの実在を信じる；〖比喩的〗物事を信じやすい, おめでたい. écrire au ~ サンタクロースに願いの手紙を書く. petit *n* ~ クリスマスの贈り物. réveillon de ~ クリスマスイヴの晩餐会.〔諺〕~ au balcon, Pâques au toison. 暮に暖かいと春は寒い.
2 クリスマスシーズン. vacances de ~ クリスマス休暇.
3 ~ クリスマスキャロル (=chanson populaire pour célébrer la Nativité).

nœud *n.m.* **1** 結び目, 結び. ~ droit (plat) 本結び. ~ simple (double) 一重 (二重) 結び. faire (défaire) un ~ 結び目を作る (ほどく). corde à ~s (昇降用の) 結び目つきロープ.
2〖衣〗飾り結び；(ネクタイの) 結び, ノット (=~ de cravate).〔~〕papillon 蝶ネクタイ. robe garnie de ~s 飾り結びのついたドレス.
3〖機工〗継ぎ手. ~ de jonction (鉛管の) 突合せ継手. ~ de soudure 溶接継手.
4〖植〗(樹木の) 節, 瘤；(枝・葉の) つけ根；(木材の) 節, 節目. ~ d'un tron 幹の節.
5〖解剖〗結節；節点. ~s cardiaques 心臓の結節. ~ de membrure 節点, 格点. ~ de Tawara (心臓の) 田原結節 (=~ atrioventriculaire du myocarde). ~ vital 生命点《延髄中の呼吸中枢》.
6〖電〗(回路網の) 分岐点.
7〖物理〗(振動の) 節《不動点；=~ de vibration》.
8〖天文〗交点. ~ ascendant (descendant) 昇 (降) 交点.
9〖数〗結節点. ~ d'un graphe グラフの結節点. théorie des ~s 結び目理論.
10〖動〗~ de vipères 蛇のからみ合い；

〖比喩的〗蠑のからみ合い,悪人の群らがり.
11〖比喩的〗要,核心,中心.〖演劇〗~ de l'action 芝居のやま. ~ du débat 論議の中心. ~ de la question 問題の核心. ~ ferroviaire (routière) 鉄道 (道路交通) の要衝 (分岐点).
12〖多く *pl.*〗〖文〗関係,縁,絆.結びつき. ~s de l'amitié 友情の絆.
13〖海・空〗(時速の) ノット (= [英] knot) (1852 m par heure). navire qui file dix ~s 10 ノットで進む船. avion qui décolle à cent ~s 時速 100 ノットで離陸する航空機.

Nohant *n.pr.* château de ~ ノアン館 (département de l'Indre アンドル県の~-Vic ノアン=ヴィック村,ノアン地区にある George Sand の旧居;現記念館).

noir(e)¹ *a.* ① 〖具体的〗**1** 黒い,黒色の. couleur ~e 黒色.〖航空〗boîte ~e ブラックボックス. cartes ~es (トランプの) 黒札. le causse N~ 黒いコース地方 (département de l'Aveyron と département du Gard の両県にまたがる石灰岩質の台地). cheveux ~s 黒い髪.黒髪. corail ~ 黒珊瑚. costume ~ 黒衣,黒服;喪服. mettre un costume ~ 黒衣 (喪服) を身にまとう. 〖物理〗corps ~ 黒体 (表面に入射する放射熱を吸収する架空物体). cravate ~ック・タイ. diamant ~ 黒いダイヤ (石炭,キャヴィアなどの俗称). encre ~ 黒インク. fumée ~e 黒煙. habit ~ 燕尾服,正装. laque ~e 黒添. marée ~e (黒い潮→) 流出原油の海岸漂着.〖地理〗la mer ~e 黒海. 〖地理〗les Montagnes ~es (ブルターニュ地方の) 黒山脈. nuit ~e 暗夜. or ~ de la mer Caspienne カスピ海の黒い金 (キャヴィア). perle ~e 黒真珠. pieds-~s〖話〗(独立以前の) アルジェリア在住 (出身) のフランス人;(アルジェリアの独立後) 本土に帰国したフランス人. prunelle ~e 黒い瞳. raisin ~ 黒 (赤) 葡萄. tableau ~ 黒板. 〖植〗tulipe ~e 黒花チューリップ;〖比喩的〗この世に存在しないもの. vêtement ~ 黒衣,黒服;喪服. yeux ~s 黒い目;〖医〗ブラック・アイ.
2 黒っぽい,浅黒い;濃い暗色の,暗色の. café ~ ブラックコーヒー (café au lait の対). cerise ~e 黒い桜桃.〖料理〗beurre ~ フライパンで焦がして色づけしたバター. lunettes ~es サングラス.〖話〗œil au beurre ~ 殴られて縁が黒あざになった目. pain ~ 黒パン. sang ~ 黒い血 (汚染血 sang contaminé).
3 (肌が) 黒い;日焼けした,赤銅色の. vierge ~e 黒い聖処女 (聖母). teint ~ 日焼けした顔色. être tout ~ après un séjour à la mer 海 (辺) で過ごして真黒に日焼けする.
4 黒い肌の,黒人の;黒人問題の. l'Afrique ~e 黒いアフリカ (黒人が多く住むアフリカ). femme ~e (à la peau ~e) 黒人女性. homme ~ 黒人男性. peuple ~ (race ~e)

黒人種族 (黒色人種). population ~e 黒人人口 (住民). problème ~ 黒人問題. quartier ~ 黒人居住区.
5〖動〗黒毛の. bêtes ~es 黒毛の動物. chat (cheval) ~ 黒猫 (黒馬).
6 黒衣 (黒服) をまとった. cadre ~ (ソーミュール Saumur 騎兵学校の) 馬術教官団 (黒い制服を着用). moines ~s 黒衣の修道士 (ベネディクト会修道士).〖史〗le Prince N~ 黒太子 (英国王 Edouard III の長子 [1330-76] の異名).
7 黒ずんだ,黒く汚れた,汚れた. cheminée ~e de suée 煤で黒ずんだ暖炉 (煙突). visage ~ de charbonnier 炭鉱夫の黒く汚れた顔. avoir les mains ~es 汚れた手をしている.
8 光のない,暗黒の;薄暗い.〖写真〗cabinet ~ 暗室.〖理・写真〗chambre ~e 暗箱,ブラックチェンバー. ciel ~ 暗い空. Il fait trop ~, ouvrez les volets. 暗すぎるから,鎧戸を開けて下さい.
couloir tout ~ 真暗の廊下. eau ~e d'un fleuve 大河の黒々とした水. froid ~ 曇り空のもとの寒さ. nuage ~ 黒雲,暗雲. nuit ~e 闇夜. le soleil ~ de la mélancolie メランコリアの黒い太陽 (デューラーの版画 Melencolia I (1514) による).〖気象〗tempête ~e (黒い嵐→)(中国の) 猛烈な砂嵐. 〖天文〗trou ~ ブラック・ホール.
9 黒々と浮かびあがった. silhouette ~e 黒々としたシルエット.
10〖話〗酔っぱらった (= ivre). Il est complètement ~. 彼はへべれけだ.
11〖中世医学〗黒い;黒胆汁質の;陰鬱な. bile ~e 黒胆汁 (古代医学の 4 体液 bile, bile ~e, flegme, sang の一,憂鬱体質 mélancolie の原因となるもの).
12〖機器〗boîte ~e ブラック・ボックス, 暗箱 (1) 機能はわかっているが構造や動作の仕組みがわからない装置;2)〖航空〗密封された飛行記録装置;3) 自動車の点火装置;4)〖比喩的〗極秘 (事項,暗黒部分).
② 〖抽象的・比喩的〗**1** 黒い;陰鬱な,陰気な;不幸な;不吉な,縁起の悪い. ~ destin 不幸な運命. ~s soucis 不吉な不安. colère ~e 激怒.〖史〗le Jeudi ~ 暗黒の木曜日 (1929 年 10 月 24 日木曜日;大恐慌の始まった日).〖経済〗le Lundi ~ 暗黒の月曜日,ブラック・マンデー (1987 年 10 月 19 日,ニューヨーク株式市場の大暴落した日).〖医〗maladie ~e 重度のノイローゼ (= neurasthénie profonde). une série ~e¹ 相次ぐ災難. avoir des idées ~es 暗い考えを抱く,いやなことばかり考える.
2 悪い;悪徳の;邪悪な;腹黒い. âme ~e 腹黒い心根.〖話〗bête ~e 嫌われ者;いやな物. l'esprit ~ 悪霊,悪魔. humour ~ ブラック・ユーモア. liste ~e ブラック・リスト,要注意人物名簿. magie ~e 黒魔術. messe ~e 黒ミサ. ~ jalousie 黒々

noir(e)² と渦巻く陰険な嫉妬心. regard ~ 意地悪い目つき. avoir de ~s desseins 奸計を抱く.
3 (悪徳・暴力・犯罪などをテーマとした) 暗黒物の. cinéma (film) ~ 暗黒映画. jungle ~ *e* 暴力教室. roman ~ 暗黒小説. (英国の) ゴシック小説; 犯罪物の推理小説.『出版』série ~ *e*² 暗黒叢書 (Gallimard 書店の犯罪推理小説シリーズ).
4 非合法の, 不正な, 闇の. caisse ~ *e* 機密費. marché ~ 闇市, ブラック・マーケット; 闇取引. travail [au] ~ 不法労働.

noir(e)² *n.* **1**『多く大文字』黒人 (=nègre). les N~s d'Afrique アフリカの黒人. les N~s des Etats-Unis (américains) アメリカ合衆国の黒人. musique des N~s 黒人音楽.『史』traite des N~s 黒人売買.
2『史』黒人奴隷 (=esclave noir); 黒人の召使.

noir³ *n.m.* ① (具体的) **1** 黒, 黒色 (=couleur noire). cheveux d'un ~ de jais 黒玉のように真黒な髪. film (photo) en ~ et blanc 白黒映画 (写真). le Rouge et le N~ de Stendhal スタンダールの小説『赤と黒』(1830年). taché de ~ 黒斑のある.〔比喩的〕aller (changer, passer) du blanc au ~ 手の平をかえすように豹変する. dire tantôt blanc, tantôt ~. 意見をくるくる変え る.〔比喩的〕C'est écrit ~ sur blanc. それは明々白々だ.
2『ゲーム』(トランプの札, チェスの駒, ルーレットの) 黒色, 黒 (rouge の対). miser à la roulette sur le ~ ルーレットの黒に張る. Le ~ est sorti. 黒が出ました.
3 黒服, 黒衣; 喪服. être (porter) en ~ 黒服 (喪服) を着ている. habillé (vêtu) de ~ 黒服 (喪服) を身にまとった. prendre (quitter) le ~ 喪に服する (喪が明ける).
4 暗さ, 暗闇; 暗闇, 闇. avancer à tatons dans le ~ 暗闇の中を手さぐりで進む. avoir peur du ~ 暗闇をこわがる. au plus ~ de la nuit 夜の漆黒の闇の中で.〔比喩的〕être dans le ~ (dans le ~ le plus complet) à *qch* 何について皆目見当がつかない.
5 黒いもの, 黒色物質; 黒い部分; 黒点, 黒丸; 炭. ~ activé 活性炭. ~ animal 獣炭, 獣骨炭. ~ de la cible 標的の黒丸. mettre dans le ~ 標的の中心に当てる. ~ de fumée 煤 (すす). pot au ~ 靴墨の壺;『気象』赤道無風帯;〔比喩的〕混沌とした状況. être barbouillé de ~ 煤だらけのまま.
6 (染料・色素・絵具の) 黒, 黒色.『染料・絵具』~ d'aniline アニリン・ブラック. ~ de carbone カーボン・ブラック. ~ d'ivoire アイボリー・ブラック. ~ de pêche ピーチ・ブラック. portrait tout en ~ 黒一色の肖像画. se mettre du ~ aux yeux アイシャドーをつける. souligner de ~ les sourcils マスカラをつける. teindre en ~ (髪を) 黒く染める.
7 黒大理石 (=marbre ~).

② (抽象的・比喩的) **1** 陰鬱, 憂鬱; 悲惨, 悲観. avoir le ~ ふさぎこんでいる. broyer du ~ 悲観する. au ~; en ~ 悲観的に, 暗く. pousser les choses au ~ 物事を悪い方へ悪い方へとる. teindre en ~ la situation 状況を悪くとらえる. voir tout en ~ すべてを悲観的にとらえる.
2 闇市 (=marché ~); 不法行為. acheter *qch* au ~ 何を闇で買う. travailler au ~ 闇 (不法) 労働をする.
3『農』黒変病. ~ des grains 黒穂病, 炭疽病 (=charbon). ~ de l'olive オリーヴの煤病 (=fumagène). ~ du seigle 麦角病 (=ergot).
4 ブラック・コーヒー (=café ~). un petit (grand) ~ ブラック・コーヒーの小 (大) カップ.
— *ad.* **1** 黒く. peindre ~ 黒く塗る.
2 暗く, 暗黒に. Il fait ~. 暗い. voir tout ~ すべてを暗く (悲観的に) とらえる.

noircissement *n.m.* 黒くなること, 黒くすること; 黒化.『写真』~ de la plaque photographique 写真乾板の黒化.

noisetier *n.m.*『植』ノワズチエ, はしばみの木 (実は noisette ノワゼット; 別称 coudrier). ~ de Byzance ビザンチン・ノワズチエ.

noisette *n.f.* **1** ノワゼット (はしばみ noisetier の実). ~ sèche 干したノワゼット. gâteau aux ~s ノワゼット入りケーキ. glace à la ~ ノワゼットの入ったアイスクリーム.
2 ノワゼットの実ほどの大きさの塊り (直径 1.5-3 cm 程度);『食肉』ノワゼット (主に仔羊や羊のコトレット (骨付あばら肉) から骨を外した肉塊). ~s d'agneau 仔羊のノワゼット.『料理』~s chasseur (ジャガイモ・シャスール (「猟師風ノワゼット」の意; 仔羊のノワゼットをソーテし, 白葡萄酒を加えたソースと茸を添えた料理).『料理』pommes ~s ポム・ノワゼット (ジャガイモの小球をバターで焼目をつけたもの).
— *a.inv.* ノワゼット色 (淡褐色) の.『料理』beurre ~ ブール・ノワゼット (ノワゼット色に焦がしたバター).『料理』sauce ~ ソース・ノワゼット (ブール・ノワゼットを加えたソース・オランデーズ). yeux ~ 淡褐色の眼.

noix *n.f.* **1** 胡桃 (くるみ) (noyer) の実, 胡桃. ~ verte 青胡桃. huile de ~ 胡桃油.
2 (胡桃の実ほどの大きさのもの). une ~ de beurre バターの球状の塊り.
3 ナッツ, 堅果. ~ d'acajou (de cajou) カシューナッツ. ~ de coco ココナッツ. à la ~ (de coco) 無価値の, 無視しうる; 偽の. ~ [de] muscade ナツメグ (香味料). ~ de pécane ピカンの木の実, ピーカンナッツ. ~ vomique 馬銭 (まちん) の木の実 (薬用).
4『食肉』ノワ (中核肉). ~ de côtelette ノワ・ド・コトレット (仔牛, 豚, 羊のあばら肉

の中央部). ~ de veau ノワ・ド・ヴォー《仔牛の腿の中核肉, ローストやエスカロップ用》.
5 〖機工〗(挽き割り器の) 粉砕輪;〖土木〗断面が半円型の溝;溝削鉋(かんな).
6 〖話〗間抜け, 馬鹿. Quelle ~, ce type! こいつは何て馬鹿なんだ!
7 〖話〗Des ~! 何でもないよ!

nom *n.m.* Ⅰ 〖名〗**1** (人の) 名, 名前; 姓, 苗字, 氏 (= ~ de famille) (prénom「名」の対);氏名;〖古〗(貴族の) 家名, 家柄. ~ et prénom 姓名.〖行政〗~, prénom, date et lieu de naissance 姓名および生年月日と出生地. ~ de baptême;petit ~ 洗礼名, クリスチャンネーム. ~ de famille¹ 姓, 苗字, 氏 (= ~ patronymique). ~ de garçon (de fille) (prénom の) 男 (女) 名. ~ de guerre (俳優の) 芸名 (= ~ de théâtre);(文筆家の) ペンネーム, 筆名 (= pseudonyme). ~ de jeune fille (結婚した女性の) 旧姓. ~ à particule 貴族の姓《de を伴う》:*ex*. Louis Ⅱ de Condé ルイ・ド・コンデ 2 世). un drôle de ~ 奇妙な名前. faux ~ 仮名;偽名. se cacher sous un faux ~ 偽名で隠れて暮す. grand ~ 高名な人;大御所. Louis, treizième du ~ 13 世のルイ, ルイ 13 世. usurpation de ~ 氏名の僭称.
appeler *qn* par son ~ 人を氏名で呼ぶ. ne pas pouvoir mettre un ~ sur un visage (une tête) 顔を見ても名前が思い出せない. offrir son ~ à une femme 女性に結婚を申し込む. porter le ~ de X X という名である. prendre un ~ 〔d'emprunt〕偽名を名乗る. prêter son ~ à une entreprise 事業に名を貸す. se faire un (grand) ~ 名をあげる, 盛名を馳せる. Quel est votre ~? お名前は?
2 (物の) 名称, 名;(法人の) 名称;名目, 名分. le ~ et la chose 名と実 (じつ). ~ commercial 商号, 屋号.〖生〗~ d'espèce (de famille², de genre) 種名 (科名, 属名). ~ de lieu 地名. ~ déposé 登録商品名. ~ de livre 書名 (= titre). ~ de rues 通りの名, 町名. ~ de terre 領土名;領主名. ~ d'usage 通称.〖古〗〖集合的〗le ~ français 全フランス人. homme digne du ~ d'artiste 芸術家の名を恥ずかしめぬ人. société en ~ collectif 合名会社.
〖比喩的〗appeler (nommer) les choses par leur ~ 歯に衣着せず言う, 物事をはっきり言う. donner *qch* un ~ 命名する.〖比喩的〗donner à *qn* des ~s d'oiseaux;traiter (accabler) *qn* de tous les ~s 人を散々に罵る. La santé n'est qu'un ~. 健康とは見かけのものにすぎぬ.
3 〖間投詞として〗N ~ de Dieu!;〖話〗N ~ de (d'un chien, d'une pipe)! N ~ d'un petit bon homme! 畜生! Cré (Sacré) ~ de Dieu! 畜生!

4 〖成句〗au ~ de …の名において;の名義して;を代表して. au ~ de Père, du Fils et du Saint-Esprit 父と子と聖霊の御名において. Au ~ de Dieu! 後生だから! お願いですから! au ~ de la loi 法の名において. agir au ~ de *qn* (en son ~) 人 (彼) に代って行動する. de ~ 名だけの (で). roi de ~ 名ばかりの王. connaître *qn* de ~ 名前で人を知っている. sans ~ 言語を絶した, 名状し難い. misère sans ~ (qui n'a pas de ~) 筆舌に尽し難い悲惨さ.
Ⅱ 〖文法〗名詞. ~ commun 普通名詞. ~ composé (collectif) 合成 (集合) 名詞. ~ propre 固有名詞. ~ sujet 主語の名詞. genre et nombre des ~s 名詞の性と数.

nomade *a.* **1** (人・部族などが) 遊牧の; 放浪性の;流浪の, 浮浪の, 非定住性の. peuple ~ 遊牧民. vie ~ 遊牧生活;放浪生活.
2 〖動〗移動性の. oiseaux ~*s* 渡り鳥. poissons ~*s* 回遊魚.
3 〖電算〗〖話〗携帯式の, ポータブルの. graveur de CD ~ ポータブル CD 録再機器.
── *n.* **1** 放浪者, 浮浪者;非定住者, 住所不定者.
2 〖*pl.* で〗遊牧民;流浪の民 (= peuple de ~*s*). ~*s* d'Europe ヨーロッパの流浪の民 (= gitan). caravane (tentes) de ~*s* 遊牧民のキャラヴァン (テント).

no(-)man's(-)land [nomansläd] 〖英〗 *n.m.inv.* **1** 〖軍〗無人地帯;中立地帯 (= terre d'aucun homme). **2** 荒廃した無人の土地.

nombre *n.m.* **1** 〖数〗数;数字. ~ cardinal (ordinal) 基数 (序数). ~ complexe 複素数. ~ concret (abstrait) 名数 (無名数). ~ diviseur 除数. ~ d'or 黄金分割数 $(1+\sqrt{5}/2)$;黄金数 (復活祭を算出するための数;西暦年数に 1 を加えて 19 で割った残りの数). ~ entier (naturel) 整数, 全数 (自然数). ~ imaginaire 虚数. ~ irrationnel 無理数. ~ pair (impair) 偶数 (奇数). ~ premier 素数. ~ quantique 量子数. ~ rationnel 有理数. ~ réel 実数. ~ 1 (2, 3 …) 数字の 1 (2, 3 …). ~*s* aléatoires 乱数. ~*s* magiques 魔術数.
2 (人・物の) 数. le ~ de + 複数名詞 …の数. ~ de fois 頻度〖数〗. ~ d'habitants d'un pays 一国の住民数 (= population). un ~ considérable かなりの数, 相当の数. un ~ incalculable (innombrable) 数え切れないほどの数. un ~ infinie 無数の…. un certain ~ de いくつかの…. un grand ~ 多数. un grand (bon) ~ de 多数 (かなり) の…. le plus grand ~ des 大多数の…. un petit ~ de 少数の…
au ~ de + 数詞 全部で… (= au total). Les victimes étaient au ~ de deux cents. 犠牲者は全部で 200 人だった. au (du) ~ de … の数の中に, … の中に. compter (mettre)

au ~ de …の数に入れる. Serez-vous du ~〔des invités〕. あなたも招待者の中に入っているでしょうか.
en ~¹ 数の上で. ennemi supérieur en ~ 数の上で優勢な敵.
sans ~ 無数の, 数え切れないほどの. Les maux de l'amour sont sans ~. 恋の悩みは尽きない.
『聖書』le livre des $N~s$；les $N~s$ 民数記.
3 多数 (=grand ~). ~ de 数 多くの. depuis ~ d'années 何年も前から. faire ~ 大挙して集まる；頭数を揃える. dans le ~ 数ある中には.
en ~² 数多く. être en ~ 定足数に達している.
4 番号. ~ atomique 原子番号.
5『理』数, 率. ~ d'Avogadro アヴォガドロ数. ~ de filets (ネジ山の) 条数. ~ Mach マッハ数. ~ de masse 質量数. ~ de neutrons 中性子数. ~ de tours 回転数. ~ de vitesse 変速数. ~ de transmission 透過率.
6『文法』数. le genre et le ~ d'un adjectif 形容詞の性と数. en ~³ 数で. accord en genre et en ~ 性数の一致.
7『作詩法・文体論』(韻文・散文の) リズム, 調子の良さ.

nombre-guide *n.m.*『写真』(フラッシュの) ガイドナンバー. un petit flash intégré de ~ 12 ガイドナンバー 12 のボディ内蔵小型フラッシュ.

nombreux (se) *a.* **1** 多人数の, 大勢から成る.《多く単数名詞と共に用いられ, 複数のときは名詞の後に置かれる》. ~se assistance 大勢の出席者. famille ~se 大家族. carte de famille ~se (フランス国鉄の) 大家族割引パス. groupe ~ 多人数のグループ.
2 多数の, 多くの《多く複数形で, 名詞の前に置かれる》. de ~ses expériences 多くの経験. de ~ses fois 幾度となく. de ~ses familles 多くの家族. Plus on est ~x, plus on s'amuse. 人が多ければ多いほど楽しめる. témoignages ~x 多くの証言.
3 〔文〕(文章の) リズム (調子) の良い. style ~x リズムの良い文体.

nombril [nɔ̃bri(l)] *n.m.* **1**『解剖』臍 (へそ). ~ de la terre 大地の臍, 世界の中心.〔比喩的・話〕se prendre pour le ~ du monde 自分が世界の中心であると思う.
2『植』(豆などの) 臍.
3『紋章』(楯形紋章の) 中央 (abîme) の下部.

nomégestrol *n.m.*『薬』ノメゲストロール《黄体ホルモン製剤；薬剤製品名 Lutenyl (*n.m.*)》.

nomenclature *n.f.* **1** (専門語の) 命名法,〔集合的〕専門用語；学術用語, 術語, 学名. ~ chimique 化学用語.
2 (辞書の) 語彙 (ごい). ~ de 70 000 mots 7 万語の語彙.

3 (事物の) 一覧表, リスト, 項目；(コレクションの) カタログ；列挙, 羅列.『財』~ budgétaire 予算科目. ~ des catégories socio-professionnelles 社会職業の種類一覧.『税』~ des douanes 関税品目一覧表. numéros de ~ internationale des maladies 国際疾病名称番号.

nomenklatura *n.f.*『政治』(ソ連時代の) ノーメンクラトゥーラ《共産党体制下の官職任命システムおよびその一覧表, 被任命者が形成する特権階級》.

Nomes (=*N*ouveau *M*ouvement européen *s*uisse) *n.m.*『政治』スイス新ヨーロッパ運動《ヨーロッパ連合加盟を目指すスイスの団体》.

NOMIC (=*n*ouvel *o*rdre *m*ondial de l'*i*nformation et de la *c*ommunication) *n.m.* 世界情報通信新秩序.

nominal (ale) (*pl. aux*) (<nom) *a.* **1** 名前の (に関する), 名指しの. appel ~ 指名点呼. erreur ~ale 名前の間違い. liste ~ale 名簿.
2 名目 (名義) 上の. chef ~ d'un parti 政党の頭目上の党首.『機械』puissance ~ale 公称 (定格) 出力. salaire ~ 名目賃金 (salaire réel「実質賃金」の対).『財政』valeur ~ale 額面.
3 名ばかりの, 有名無実の. autorité purement ~ale 名ばかりの権威.
4『文法』名詞の. proposition ~ale 名詞節.

nominalisation *n.f.*『言語』名詞化《文の名詞・名詞句への転換, *ex.* Le chauffeur est prudent. → la prudence du chauffeur》.

nominalisme *n.m.* 名目主義,『法律・経済』名目貨幣主義；名目貨幣価値〔論〕.

nominatif¹ (*ve*) *a.* 名前を記載した, 記名の. liste ~ve des électeurs 選挙人名簿. titre ~ 記名証券.

nominatif² *n.m.* **1** 記名証券 (=titre ~). **2**『文法』名格, 主格.

nomination (<nommer) *n.f.* **1** 任命；指名；選任. ~ à, à un poste supérieur 上位の地位への任命, 昇進. ~ des fonctionnaires 公務員の任命. ~ d'un héritier 相続人の指名. recevoir sa ~ 辞令を受けとる.
2 任命権；指名権. ~ du préfet 知事の任命権.
3 (受賞候補として) 指名されること, ノミネート. ~ aux Oscar オスカー (アカデミー賞) 候補指名.
4『競馬』出走登録.
5 (学術的) 命名 (=dénomination).

nominé (e)〔英〕 *a.* (賞の候補として) ノミネートされた《公用推奨語は sélectionné》. films ~s aux Oscars オスカー (アカデミー) 賞の候補指名.
—— *n.* 受賞候補者.

nommé (e) *a.p.* **1** …と名付けられた, と

いう名の，と呼ばれた；命名された. nouveau paqubot ~ Queen Mary II クイーン・メアリー2世号と命名された新造客船. un homme ~ Dubois デュボワという男. Louis XII, ~ le Père du peuple 国民の父と呼ばれたルイ12世.
2 名前を挙げられた，の. les personnes ~ es plus haut 上に名前を挙げた人々.
3 任命された；指定された. directeur récemment ~ 新しく任命された部長
4 à point ~ 折よく. arriver à point ~ ちょうどいい時に来る.
—*n.* un ~ (une ~ *e*) Dubois デュボワという男(女).

nomogramme *n.m.* 〖数〗ノモグラム，計算図表，共線図表.
nomologie *n.f.* 法律学；〖哲〗法則論.
non-actif (ve) 1 非就労の. population ~ *ve* 非労働人口.
2 〖軍〗予備役の，退役の.
—*n.* **1** 非就労者(élève, étudiant, retraité など). **2** 〖軍〗予備役(退役)軍人.
non-activité *n.f.* (公務員・軍人などの)休職. mise en ~ par suspension d'emploi 職務の中断による休職状態. officier en ~ 予備役将校.
nonagénaire *a.* 90歳代の. vieillard ~ 90歳台の老人.
—*n.* 90歳台の人.
non-agression *n.f.* 不侵略，不可侵. pacte de ~ 不可侵条約.
non-aligné(e) *a.* 〖政治〗(国・政府が)非同盟主義の，自由独立路線の. Conférence du sommet des pays ~ s 非同盟主義諸国最高首脳会議(1961年から). mouvement des pays ~ s 非同盟主義諸国運動(1956年ナセル Nasser, ネルー Nehru, チトー Tito らが結成).
non-alignement *n.m.* 〖政治〗非同盟〔主義〕，自主独立路線.
non-appartenance *n.f.* 無所属. ~ à un parti politique 政党への非所属.
non-assistance *n.f.* 〖法律〗不救助，救助義務違反. délit de ~ à personne en danger 人命不救助罪. être poursuivi pour ~ à personne en danger 危機に瀕した人に対する救助義務違反で訴追される.
non avenu(e) 〖法律〗起こらなかった，無効の. nul et ~ なかったものとして無効の. être considéré comme ~ なかったものとみなされる.
non-belligérance *n.f.* 非交戦状態.
non-belligérant(e) *a.* 非交戦の.
—*n.* 非交戦者；非交戦国.
non bis in dem [nɔnbisindɛm] 〔ラ〕〖法律〗一事不再理，二重処罰の禁止(=〔仏〕pas deux fois sur la même chose).
non-cadre *n.m.* 非管理職〖職員〗.
nonce *n.m.* 教皇庁大使(= ~ apostolique；各国に大使として派遣される大司教)

nonchalance *n.f.* **1** 無頓着，呑気；無関心，投げやり. faire un travail avec ~ 投げやりな仕事をする.
2 生気の無さ，やる気の無さ，ものうげな様子. marcher avec ~ のろのろ歩く.
nonchalant(e) *a.* 無頓着な，呑気な；投げやりな. démarche ~ *e* のろのろした動作. écolier ~ 投げやりな生徒. humeur ~ *e* 呑気な気質.
non-choix *n.m.inv.* 選択を拒否する態度；日和見主義；保守主義.
nonciature *n.f.* **1** 教皇庁大使(nonce)の職(任期). **2** 教皇庁大使館(公邸).
non〔-〕combatant(e) *a.* 実戦に加わらない，非戦闘性の.
—*n.* 〖軍〗非戦闘員.
non-comparant(e) *a.* 〖法律〗不出廷の.
—*n.* 不出廷者.
non-comparution *n.f.* 〖法律〗不出頭. ~ devant un tribunal 不出廷. en cas de ~ 出頭なき場合には.
non-conciliation *n.f.* 〖法律〗和解(示談)不成立，調停不成立. ordonnance de ~ 和解不成立の決定.
non-concurrence *n.f.* 〖法律〗不同意，同意拒否；競業避止義務. 〖労働〗clause de ~ (労働契約の)不同意条項. 競業避止義務条項.
non-conducteur *n.m.* 〖物理〗(電気・熱の)不導体.
non-conformiste *a.* **1** 慣習などに従わない；協調(同調)しない. attitude ~ 非協調的態度. peintre ~ 慣習に従わない画家.
2 〖イギリス〗国教を信じない；非国教主義(者)の. église ~ 非国教教会.
3 〖俗〗ホモの(=homosexual).
—*n.* **1** 慣習などに従わぬ人；非協調的人物. **2** 〖英〗非国教主義者.
non-conformité *n.f.* 不一致，背反，矛盾，不調和；非同調；〖宗教〗非国教徒の教義.
non-contradiction *n.f.* 〖論理〗無矛盾，矛盾がないこと. principe de ~ 無矛盾の原理.
non-convertibilité *n.f.* 〖財〗不換性，非兌換性.
non-convertible *a.* 不換性の，非兌換性の. billet ~ 不換紙幣.
non-croyant(e) *a.* 無信仰の.
—*n.* 無信仰者，無神論者.
non-cumul *n.m.* 〖法律〗(職務の)兼職禁止；(刑罰の)非加重，不併科；(事物の)非両立，非競合，併合排除. ~ des peines 刑罰の非加重〔複数の罪で起訴された者に対し，同一裁判では最高刑のみを宣告し，個々の犯罪に対する刑罰を加算しない原則〕.
non-dénonciation *n.f.* 〖法律〗不告発. ~ de crime 重犯罪の不告発.

non-directif(ve) *a.* **1** 指導権のない. chef ～ 指導権のない主任. **2** 〚心〛非指示的な, 無指導的な. entretien ～ 無指導的対談. psychothérapie ～ (精神療法で)無指導療法. questionnaire ～ 非指示的設問.

non-discrimination *n.f.* (人種・性別・職業・身分・政治的立場に関する)非差別〔主義〕.

non-dissémination *n.f.* (核兵器などの)拡散防止(=non-prolifération), 反拡散主義.

non-dit *n.m.* 黙秘；言わぬこと, 非言及.

non-droit *n.m.* 無法. zone de ～ 無法地帯.

non-écrit(e) *a.* 〚法律〛**1** (法原則について)不文の. droit ～ 不文法 (droit écrit 「成文法」の対). **2** (約定について)不文の. clause ～e 黙示の条項. réputé ～ 書かれなかったものとみなされる.

non-engagé(e) *a.* (国が)非同盟の, 国際紛争に加わらない；(人が)参加しない. nations ～es 非同盟諸国.
——*n.* 非同盟国；非参加者.

non-engagement *n.m.* 〚政治〛(超大国ブロックへの)非同盟, 非参加, 非同盟主義, 自由独立路線(=non-alignement).

non-évènement *n.m.* 期待外れの出来事, 実際には起こらなかった出来事；中身のないこと；(マスコミの)やらせ.

non-exécution *n.f.* 〚法律〛不履行. ～ d'un contrat 契約不履行.

non-existence *n.f.* 〚哲〛非存在.

non-ferreux(se) *a.* 鉄を含まない, 非鉄性の. métaux ～ 非鉄金属〖アルミニウム aluminium, 銅 cuivre, 亜鉛 zinc など〗.

non〔-〕figuratif(ve) *a.* 非具象の, 抽象の(=abstrait).
——*n.* 非具象画家.

non-figuration *n.f.* 〚芸術〛非具象芸術, 抽象芸術(=art abstrait).

non-fumeur(se) *n.* 非喫煙者.
——*s* 〚pl. で〛. 禁煙者専用の. 〚鉄道〛compartiment ～s 禁煙車室.

non-gouvernemental(ale) (*pl.* **aux**) *a.* 非政府の；民間の. organisation ～ale 非政府組織(略記ONG；=〔英〕NGO；*nong*overmental *o*rganization).

non-imposition *n.f.* 非課税. certificat de ～ 非課税証明.

non-imputabilité *n.f.* 〚法律〛非帰責性. cause de ～ 非帰責事由.

non-ingérence *n.f.* 〚政治〛不介入, 不干渉, 内政不干渉〔主義〕. principe de ～ 内政不干渉の原則.

non-initié(e) *a.* 素人の, 事情に通じていない.
——*n.* 素人, 門外漢(=profane).

non-inscrit(e) *n.* (議員などが)無所属の. députés ～s 無所属国民議会議員.
——*n.* 無所属議員.

non-intervention *n.f.* 〚政治〛(他国の政治・紛争に対する)不干渉〔主義〕. 〚国際法〛principe de ～ 不干渉主義.

non-interventionniste *a.* 不介入主義の, 内政不干渉主義の. politique ～ 内政不干渉主義政策. principe de ～ 不干渉主義.

non-juissance *n.f.* 〚法律〛(権利・資格等の)不享受.

non-lieu (*pl.* **～-～x**) *n.m.* 〚法律〛(予審機関による)公訴棄却の決定(=ordonnance ～), 免訴. ordonnance de ～ 免訴のオルドナンス.

non-linéaire *a.* 非線形の. 〚電子〛dispositif ～ 非線形装置(回路).

non liquet 〔-t〕〔ラ〕*n.m.* 〚法律〛不明瞭な事案(=〔仏〕le cas n'est pas clair).

non-lucrativité *n.f.* 〚法律〛非営利性.

non-marchand *a.* 〚経済〛非営利的な, 非商業的な. secteur ～ 非営利的(非商業)部門.

non-métal (*pl.* **～-～aux**) *n.m.* 〚化〛非金属〖金属光沢がない, 展性・延性に乏しい, 電気抵抗が大きいなど, 金属に共通の特性をもたない物質；常温で気体, 液体, 固体のものがある；旧称 métaloïde. Les treize éléments qui sont habituellement considérés comme ～ sont : l'astate, l'azote, le bore, le brome, le carbone, le chlore, le fluor, l'hydrogène, l'iode, l'oxygène, le phosphore, le silicium et le soufre. 通常非金属と見做されている元素は, アスタチン, 窒素, 硼素(ほうそ), 臭素, 炭素, 塩素, 弗素(ふっそ), 水素, 沃素(ようそ), 酸素, 燐, 珪素(けいそ), 硫黄の13である〗.

non-moi *n.m.inv.* 〚哲〛非我.

nonobstant *prép.* 〚法律〛ce ～；ce それにもかかわらず. ～ que+*subj*. …ではあるが(=quoi que).
——*ad.* 〔古〕しかしながら(=cependant).

non-OGM *a.inv.* 非遺伝子組換え生物(*o*rganisme *g*énétiquement *m*odifiée)性の. maïs ～ 非遺伝子組換えトウモロコシ.

non-paiement *n.m.* 支払い不履行, 不払い.

non-pesanteur *n.f.* 無重力(=apesanteur).

non-pratiquant(e) *a.* 〚宗教〛信者としての勤めを実践しない.
——*n.* 人.

non-présence *n.f.* **1** 〚法律〛不在. **2** 欠席.

non-présent(e) *n.* **1** 〚法律〛不在者. **2** 欠席者.

non-professionnel(le) *a.* 職業としない, 非職業的な, ノンプロの；アマチュアの. local à usage exclusivement ～ 職業目的としては使用されない場所. photographe

~ 非職業的写真家, ノンプロ・カメラマン.
——n. 非職業人, ノンプロ; アマチュア.
non-prolifération *n.f.* (核兵器の) 拡散防止政策, 不拡散政策. traité de ~ nucléaire (TNP) 核拡散防止条約 (= [英] NPT : Nuclear *Non-Proliferation Treaty*, あるいは Treaty of the *Non-Proliferation of Nuclear Weapon*).
non-réceptice *a.* 〖法律〗非通知性の. testament ~ 非通知遺言.
non-recevoir *n.m.* 〖法律〗無訴権. 〖法律〗fin de ~ 訴訟不受理事由. 妨訴抗弁; 〖慣用〗拒否, 拒絶. opposer à *qn* une fin de ~ (人に) 断乎反対する.
non-réciprocité *n.f.* 〖法律〗**1** 非相互性. **2** 非互恵性. régime de ~ 非互恵体制.
non-reconduction *n.f.* 〖商業〗非更新. ~ d'un contrat (d'un traité) 契約 (条約) の非更新.
non-recours *n.m.* 〖法律〗(手段などに) 訴えない (頼らない) こと. ~ à des mesures répressives 弾圧的 (処罰的) 措置の不行使.
non-réponse *n.f.* (質問, 問題に対する) 言いのがれ, 逃げ口上 (= faux-fuyant).
non-représentation *n.f.* 〖法律〗~ d'enfant 子の引渡し拒否.
non-résident(e) *a.* 非居住者の.
——n. 非居住者.
non-respect *n.m.* (法律, 規則などの) 不遵守.
non-retour *n.m.* 〖航空〗point de ~ 帰還不能地点; 〖比喩的〗あとに引けない時点.
non-rétroactivité *n.f.* 〖法律〗非遡及性; 非遡及効 (= effet non rétroactif). ~ des lois pénales 刑罰法規の不遡及性.
non-réussite *n.f.* 不成功, 失敗. ~ des ambitions 野望の挫折.
non-révélation *n.f.* 〖法律〗情報提供拒否. ~ de crime 重犯罪の情報提供拒否 (犯罪行為とみなされる).
non-salarial(ale)(*pl.***aux**) *a.* 賃金によらない. revenus *aux* 非賃金所得.
non-salarié(e) *a.* 賃金を受取らない. travailleur ~ 非賃金労働者.
——n. 非賃金労働者 (商人, 自由業など). 〖社会保障〗régime agricole des ~s 非賃金農業労働者制度.
non-satisfaction *n.f.* **1** (欲求等の) 不充足, 不満足. ~ des revendications 要求事項の不充足.
2 不満 (= insatisfaction).
non-sens *n.m.inv.* **1** 無意味; 意味をなさぬ文章 (言葉). **2** ナンセンス, 非常識; 馬鹿げたこと. sens et ~ 常識と非常識.
nonsense *n.m.* **1** 馬鹿げたこと, ナンセンス. **2** 戯文.
non〔-〕spécialiste *n.* 非専門家.
non standard *a.* 〖数〗analyse ~ 超準解析.

non-stop [nɔnstɔp] [英] *a.inv.* ノンストップの. émission radiophonique ~ 休みなしのラジオ放送. 〖航空〗vol ~ ノンストップ便, 直行便.
——*n.m.inv.* ノンストップ, 無休止, 連続. retransmission télévisée en ~ d'une épreuve sportive スポーツ競技のノンストップTV中継.
non-syndiqué(e) *a.* 組合に非加盟の, 非組合員の. travailleur ~ 組合非加盟労働者.
——n. 組合非加盟労働者; 非組合員.
non-tarifaire *a.* 非関税の. barrière ~ 非関税障壁.
non-tissé *n.m.* 不織布.
non-usage *n.m.* **1** 不使用, 利用しないこと. ~ d'une arme 武器の不使用. ~ d'une expression 言い廻しの不使用.
2 〖法律〗(権利の) 不行使 (= non-exercice). ~ de l'usurfait 用益権の不行使.
non-valeur *n.f.* **1** 〖法律〗無価値; 無価値の不動産.
2 〖経済〗不良債権, 回収不能の債権 (= créance irrécouvrable). admission en ~ 欠損組入れ. fonds de ~~s 不良債権用積立金. couvrir les ~~s 不良債権を補填する.
3 〖話〗無価値な存在 (人・物).
non-violence *n.f.* 非暴力; 無抵抗主義.
non-violent(e) *a.* 非暴力の. manifestations ~es 非暴力的なデモ.
——n. 非暴力主義者.
non-volatil(e) *a.* 揮発しない, 気化しにくい; 〖情報〗不揮発性の, 持久性の. 〖電算〗mémoire ~e 不揮発性メモリ, 持久記憶 (= mémoire permanente) (電源を切っても記憶内容が保持されているメモリ).
non-volatilité *n.f.* 〖電算〗不揮発性 (電源を切ってもデータが消えない性質). ~ de la MRAM エムラム (磁気ランダムアクセス・メモリ) の不揮発性.
nonylphénol-éthoxylé *n.m.* 〖化〗ノニルフェノール=エトキシレ
noologique *a.* 精神の. sciences ~s 精神科学.
noosphère *n.f.* 精神圏, 精神世界 (biosphère「生物圏」の対).
noradrénaline *n.f.* 〖生化〗ノルアドレナリン (交感神経から放出される神経伝達物質).
noradrénergique *a.* 〖生理〗ノルアドレナリン受容性の, ノルアドレナリン作用性の.
noramidopyrine *n.f.* 〖薬〗ノルアミドピリン (鎮痛・解熱・抗リウマチ薬).
nord¹ *n.m.inv.* **1** 〖方位〗北 (略記 N). le ~ magnétique 磁北. l'étoile du *N*~ 北極星. vent du ~ 北風 (= le *N*~). pièce exposée au ~ (en plein ~) 北向き (真北に向い

Nord²(le)

た)部屋. au ~ de …の北に. au ~ de la Loire ロワール河の北に. le ~ de la France フランスの北. perdre le ~ 方向がわからなくなる；逆上する. ~-est-quart 北東微北. ~-quart-~ ouest 北微西.
2 le *N*~ 北方；北部地方, 北国. l'Amérique (l'Afrique) du *N*~ 北米 (北アフリカ). la France du *N*~ 北フランス, 北仏. l'autoroute du *N*~ 北仏高速道路. le canal du *N*~ 北仏運河. 〖行政〗le département du *N*~ ノール県, 北仏県《フランスの北部県》. la gare du ~ à Paris パリの国鉄北駅. 〖行政〗la région *N*~-Pas-de-Calais ノール=パ=ド=カレー地方《le Nord, le Pas-de-Calais の2県から成るフランスとUEの広域地方行政圏》.
― *a*. 〔固有名詞の場合多く大文字〕北の, 北方の (=septentrional). l'Atlantique ~ 北大西洋. Organisation de traité de l'Atlantique ~ 北大西洋条約機構《略記 OTAN；=〔英〕NATO》. banlieue ~ de Paris パリの北部. le cap *N*~ ノール岬《ヨーロッパの最北端に位置するノルウェー北部の岬》. dialogue *N*~-Sud 南北対話. hémisphère ~ 北半球. latitude ~ 北緯. portail ~ d'une cathédrale 大聖堂の北面入口.

Nord²(le) *n.m.* 〖行政〗(フランスの)ノール県 (=département du ~；「北仏県」の意)《県庁所在地 Lille；6郡, 79小郡, 653市町村；県域5,739 km²；人口2,555,020；主な都市 Cambrai, Douai, Dunkerque, Valenciennes；形容詞 nordiste》.

nord-africain(e) *a*. 北アフリカの. climat ~ 北アフリカの気候.
―*N*~-*A*~ *n*. ~人.

nord-américain(e) *a*. 北アメリカ大陸の, 北アメリカの.
―*N*~-*A*~ *n*. 北米大陸の住民.

nord-coréen(ne) *a*. 北朝鮮 (la Corée du Nord) の, 朝鮮民主主義人民共和国 (la République démocratique populaire de Corée) の；~人の.
―*N*~-*C*~ *n*. 北朝鮮人 (=Coréen du Nord).

nordé, nordet (<Nord-Est) *n.m.* 〖海〗北東の風, ノルデ.

nord-est *n.m.* 北東《略記 N.-E.》；北東部. vent du ~ 北東風. le ~ de la France フランス北東部, 北東フランス.
―*a.inv.* 北東の. région ~ de l'Allemagne ドイツの北東地方.

nordique *a*. 北欧の (=nord-européen (ne))；《特に》スカンディナヴィアの；〖スキー〗ノルディック種目の. l'Europe ~ 北ヨーロッパ. 〖スキー〗combiné ~ ノルディック複合競技. langues ~s 北欧語, ノルド語《アイスランド, スウェーデン, デンマーク, ノルウェー語など》. pays ~s 北欧諸国. race ~ 北欧人種.

―*N*~ *n*. 北欧人, スカンディナヴィア人.

nord-irlandais(e) *a*. 北アイルランド (l'Irlande du Nord, l'Ulster) の；~人の.
―*N*~-*I*~ *n*. 北アイルランド人.

nordiste *a*. **1** 〖米史〗(南北戦争下の)北側の；北軍の.
2 (フランスの)ノール県 (北仏県) (=département du Nord) の；~の住民の, ノール=パ=ド=カレー地方 (région Nord-Pas-de-Calais) の；~の住民の.
―*n*. **1** 〖米史〗北軍派. **2** (フランスの)北県 (ノール=パ=ド=カレー地方) の住人.

nord-ouest *n.m.* 北西《略記 N.-O.》；北西部. vent du ~ 北西風. le ~ de la France フランス北西部, 北西フランス.
―*a.inv.* 北西の. côté ~ de la Corse コルス島北西側.

Nord-Pas-de-Calais *n.pr.* 〖行政〗la Région ~ ノール=パ=ド=カレー地方《ノール (北仏)県 département du Nord とパ=ド=カレー県 département du Pas-de-Calais から成るフランスとUEの広域地方行政区画；形容詞 nordiste；面積 12,378 km², 人口 3,996,588；地方庁所在地 Lille》.

Nord-Sud *n.m.inv.* 南北の《略記 N-S》.
―*a.inv.* 南北間の《開発途上国(南)と先進諸国(北)間の》. conférence ~ 南北会談. dialogue ~ 南北対話. Sommet ~ 南北首脳会談.

nord-vietnamien(ne) *a*. 北ヴェトナム (=le Viêt Nam du Nord) の；~の住民の.
―*N*~-*V*~ *n*. 北ヴェトナム人.

norépinephrine *n.f.* 〖生化〗ノルエピネフリン《略記 NE；アドレナリン作動性神経伝達物質》.

norethindrone *n.f.* 〖薬〗ノルエチンドロン《黄体ホルモン；経口避妊薬》.

noréthistérone *n.f.* 〖薬〗ノルエチステロン《黄体ホルモン；経口避妊薬, 異常子宮出血治療薬, 月経調整薬》.

NOREX (=*no*rmes et *r*èglements techniques pour l'*ex*portation) *n.m.pl.* 輸出品に関する規格と技術規制.

norfloxacine *n.f.* 〖薬〗ノルフロキサシン《略記 NFLX；化学療法剤・ニューキノロン剤；薬剤製品名 Noroxine (*n.f.*) など》.

NorLevo 〖商標〗〖薬〗ノルレヴォ《Besins-Iscovesco 社が1999年4月16日に発売した新型経口避妊薬》.

normal(ale) (*pl.aux*) *a*. **1** 正常な；普通の；平常の, 通常の；当り前の, 当然の. état ~ 正常状態. évolution ~*ale* d'une maladie 病気の通常の進行. homme ~ 正常人. réaction ~*ale* 正常反応. 〖医〗température ~*ale* 平熱. vie ~*ale* 通常の生活. à l'heure ~*ale* いつもの時刻に. en temps ~ 平常は, 通常は. Il n'est pas ~. 彼は正常でない《知能が劣っている, 頭がおかしい, まともでない》. Il est ~ de+*inf.*

(que+*subj.*) …するのは (…なのは) 当り前のことだ. C'est bien ~. 当り前だ (よくあることだ；無理もない).
2 標準的な；正規の, 規格 (規定) に合致した. 〖統計〗courbe ~*ale* 正規曲線. 〖統計〗distribution ~*ale* 正規分布. 〖数〗nombre ~ 正規数. pointure ~*ale* 標準サイズ.
3 〖化〗一規定の. solution ~*ale* 規定溶液.
4 〖教育〗école ~ *ale* 師範学校. école ~*ale* supérieure 高等師範学校 (= la N~ale).
5 〖幾何〗垂直な. droite ~*ale* 垂直線. plan ~ 垂直面.
——*n.f.* **1** la ~ 正常；平常, 常態；標準. intelligence au-dessus (au-dessous) de la ~ 標準以上 (以下) の知能. retour à la ~ 正常復帰. revenir à la ~ 平常に戻る.
2 〖気象〗標準値, 平年値. ~s saisonnières 季節の標準値.
3 〖教育〗la N~ (特に Paris の) 高等師範学校 (=Ecole ~ supérieure). être reçu à N~ Lettres (Sciences). 高等師範学校の文科 (理科) に合格する.
4 〖幾何〗法線 (=ligne ~).

normalien(*ne*) *n.* 師範学校 (=école normale) の学生 (卒業生)；(特に) (Paris の) 高等師範学校 (=Ecole normale supérieure) の学生 (卒業生).

normalisation *n.f.* **1** 標準化, 規格化 (=standardisation). Association française de ~ (AFNOR) フランス規格協会.
2 〖数〗正規化.
3 (国交等の) 正常化. ~ des relations diplomatiques 外交関係の正常化. processus de ~ 正常化のプロセス.

normalisé(*e*) *a.p.* **1** 正常化された. relations diplomatiques ~*es* 正常化された外交関係.
2 〖工〗標準化された, 規格化された. écartement ~ des voie de chemin de fer 鉄道線路の標準軌間. fabrication de produits ~*s* 規格製品の製造. taille ~*e* (既製服の) 標準サイズ.

normalité *n.f.* **1** 正常状態, 常態. notion de ~ 正常状態の概念.
2 〖化〗(溶液の) 規定度.

normand(*e*) *a.* **1** ノルマンディー地方 (la Normadie) の；ノルマンディー人の. la côte ~ ノルマンディーの海岸地帯. dialecte ~ ノルマンディー方言. les îles N~*es* チャネル諸島 (=〖英〗the Channel Islands) 《仏英海峡のノルマンディー地方沖にある英領の諸島；〖英〗les îles anglo-~*es*). réponse ~*e* (ノルマンディー人の返事→) 曖昧な返事. trou ~ 食事の間に飲むカルヴァドス酒.
2 race ~*e* (牛・馬などの) ノルマンディー種, ノルマン種. vache de race ~*e* ノルマンディー種の乳牛 (ブロンド, 焦茶, 乳白色の 3 色のぶちが特徴).

3 〖史〗ノルマン人の；ノルマンディー公国 (duché de Normandie) の. invasions ~*es* ノルマン人 (ヴァイキング) の侵攻.
——N~ *n.* **1** ノルマンディー人, ノルマンディー地方の住民. réponse de N~ 曖昧な返事.
2 〖*pl.* で〗〖史〗ノルマン人《ノルマンディー地方に侵攻・定住したヴァイキング》. conquête de l'Angleterre par les N~*s* ノルマン人によるイングランドの征服.
——*n.m.* **1** 〖言語〗ノルマンディー方言 (=dialecte ~). **2** ノルマンディー種の馬.

Normandie (la) *n.pr.f.* **1** ノルマンディー地方《フランスの旧州；州都 Rouen》.
2 〖行政〗la région Basse-N~ *n.pr.f.* 低ノルマンディー地方《フランスと UE の広域地方行政区画；le Calvados, la Manche, l'Orme の 3 県から成る；地方庁所在地 Caen；面積 17,583 km², 人口 1,422,193；形容詞 bas-normand(*e*)》. la région Haute-N~ *n.pr.f.* 高ノルマンディー地方《フランスと UE の広域地方行政区画；l'Eure, la Seine-Maritime の 2 県から成る；地方庁所在地 Rouen；面積 12,258 km², 人口 1,780,192；形容詞 haut-normand(*e*)》. 〖史〗la bataille de N~ ノルマンディーの会戦《第二次世界大戦下；1944 年 6 月 6 日-8 月 21 日》. 〖史〗le débarquement de N~ ノルマンディー上陸作戦《1944 年 6 月 6 日》. le pont de N~ ノルマンディー橋《1995 年に完成したセーヌ河河口の大吊橋；中央スパン 856 m》.

normano-picard(*e*) *a.* 〖言語〗ノルマノ＝ピカール語《ノルマンディー地方とピカルディー地方で話された英語と混消した方言》. parlers ~*s* ノルマノ＝ピカール方言.
——*n.m.* ノルマノ＝ピカール語.

norme *n.f.* **1** 規範. ~ grammaticale 文法規範. ~ juridique (sociale) 法的 (社会的) 規範.
2 正常な状態, 常態；典型的行動様式. revenir à la ~ 正常状態に戻る. s'écarter de la ~ 常態から外れる.
3 〖*pl.* で〗規格, 標準規格, 規準. ~*s* françaises フランス規格《略記 NF；フランス規格協会 Afnor=Association *f*rançaise de *nor*malisation の制定する規格；~*s* Afnor》. marque conforme aux ~*s* française フランス規格認定証 (=marque NF). ~*s* industrielles allemandes ドイツ工業規格 (=〖独〗DIN=*D*eutsche *I*ndustrial *N*ormen). ~*s* ISO (=〖英〗*I*nternational *S*tandardization *O*rganization) イソ《国際標準化機構》の国際標準規格, イソ規格. changement de ~*s* comptables 会計規準の変更.
4 ノルマ (=norma), 規準生産高, 労働基準量, 平均, 標準. ~ de productivité 生産性のノルマ.
5 〖数〗ノルム. ~ d'un vecteur ヴェクトルのノルム《表記 ‖ū‖》.

nor[r]ois(e) *n.m.* 〖言語〗古代ノルド語 (=nordique).
— *a.* 古代ノルド語の. inscription ~*e* 古代ノルド語の碑文.

norois, noroît (<Nord-Ouest) *n.m.* **1**〖海〗北西. **2** 北西風. (=vent du nord-ouest)

Norvège (la) *n.pr.f.* 〖国名通称〗ノルウェー《公式名称:le Royaume de *N*~ ノルウェー王国;国民:Norvégien (*ne*);首都:Oslo オスロ;通貨:couronne norvégienne [NOK]》.

norvégien(*ne*) *a.* ノルウェー(la Norvège) の, ノルウェー王国(le Royaume de Norvège) の;~人の;ノルウェー語の. couronne ~*ne* ノルウェー・クローネ《通貨》.
— *N*~ *n.* ノルウェー人.
— *n.m.* **1** ノルウェー語. **2**〖船〗ノルウェー型帆船《軸が尖った船型》.

nos[o]- [キ] ELEM 「病気」の意 (*ex.* nosologie 疾病分類学).

nosocomial (*ale*) (*pl.* ***aux***) *a.* 病院の, 病院内の. 〖医〗infections ~*ales* 院内感染.

nosographie *n.f.* 〖医〗疾病分類記述学, 疾病論.

nosologie *n.f.* 〖医〗疾病分類〔学〕.

nosophobie *n.f.* 〖医〗疾病恐怖〔症〕.

nostalgie *n.f.* **1** ノスタルジー, 望郷の念;郷愁. ~ des émigrés 移民の望郷の念 (ホームシック).
2 追憶, 愛惜, 懐古. avoir la ~ de *qc* 何を懐かしむ.

nostoc *n.m.* 〖植〗ノストック, 藍藻(類).

nostras [-as] [ラ] *a.* わが国の(=de notre pays), 特定地域に固有の. 〖医〗choléra ~ 急性吐瀉症, 疫痢(=choléra morbus).

nota bene [nɔtabene] [ラ] *n.m.inv.* 注(N.B. と略記).

notable¹ *a.* **1** (人が) 著名な, 有力な. ~ commerçant 有力な商人. personne ~ 著名人, 有力者.
2 (物が) 目立つ, 注目すべき, 重要な. fait ~ 目立つ出来事. ~ préjudice 重大な損害. ~*s* progrès 顕著な進歩.

notable² *n.m.* 名士, 著名人;大立物, 有力者. ~*s* d'une ville 町の名士. 〖仏史〗Assemblée de (des) ~*s* 名士会《旧体制下の国王の諮問機関》.

notaire *n.m.* **1**〖法律〗公証人《敬称に男女を問わず maître (略記 Mᵉ) を冠する》. acte fait devant ~ 公証証書, 公正証書. Chambre départementale des ~*s* 県公証人会議所. charge de ~ 公証人職. étude de ~ 公証人事務所. par-devant ~ 公証人立ち会いのもとに. ~-contrôleur 公証人監査官.
2 ~-apostolique 聖庁公証人.

notarial (*ale*) (*pl.* ***aux***) *a.* 公証人の. Centre de formation professionnelle ~ *ale* 公証人養成センター《CFPN と略記》. droit ~ 公証人法. fonctions ~*ales* 公証人の職務. sang ~ 公証人の血筋. style ~ 公証書の文体.

notariat *n.m.* 〖法律〗**1** 公証人 (notaire) の職. se destiner au ~ 公証人を志す.
2〖集合的〗公証人;公証人の職団, 公証人会.

notarié(*e*) *a.* 公証人によって作成された;公証人の立会いで作成された. acte ~ 公証証書, 公正証書.

notation *n.f.* **1** 記号表記;表記〔法〕. ~ algébrique 代数記号表記. ~ chimique 化学記号法. 〖音楽〗~ musicale 記譜法. ~ numérique ディジタル(数値)表記〔法〕. ~ par lettres 文字表記. ~ phonétique 音声(発音)表記.
2〖美術〗デッサン(彩色)による表現〔法〕;(絵の)スケッチ. ~ des ombres et des refles 陰影と反射光による表現.
3 覚書, ノート, 要約.
4 採点;評定. ~ d'un devoir 宿題の採点. ~ des fonctionnaires 公務員の勤務評定. agence de ~ 格付け機関.

note *n.f.* Ⅰ 〖註記〗**1** ノート, 覚書, 控え, メモ (=mémorandum). 〖法律〗~ d'audience 公判ノート. ~*s* réunies dans un classeur バインダーにまとめられた覚書. cahier de ~*s* ノートブック, ノート. carnet de ~*s*¹ メモ帳.
parler sans ~*s* メモなしで話す. prendre ~ de *qch*;prendre *qch* en ~ 何を書きとめておく. prendre une ~ メモをとる. prendre des ~*s* pendant un cours 講義のノートをとる. prendre bonne ~ de *qch* 何をしっかり心に留めておく. *N*~*s* nouvelles sur E. Poe de Baudelaire ボードレールの『E・ポーに関する新覚書』.
2 註, 註解. ~*s* et variantes 註と異本文. ~*s* additionnelles en fin de chapitre 章の末尾の補註. ~ biographique 略伝. ~*s* de l'auteur 筆者自註. ~ en bas de page 脚註. ~ manuscrite 草稿への書き込み. ~ marginale 傍註. ~ placée entre parenthèses 括弧内の註.
commentaire en ~ 註釈. introduction et notes d'une édition critique 校訂版の序文と註. mettre des ~*s* à un livre 本に註を付ける.
3 短い文書;通牒, 通達;(新聞の)小記事. ~ confidentielle 秘密文書. ~ diplomatique 外交文書. ~ officielle 公式文書(通達). ~ signée (non signée) 署名入り(非署名)文書. ~ verbale 口上書. ~*s* dans un journal 新聞の小記事. faire passer une ~ 通達を出す.
4 勘定書, 料金伝票;代金. ~ d'électricité (de gaz) 電気(ガス)料金〔伝票〕. ~ d'hôtel ホテルの勘定書;ホテル代《一般にレストランの勘定書は addition を用いる》. La ~,

svp. 勘定をお願いします. acquitter (payer, régler) une ～ 勘定を払う. demander sa ～ 勘定を求める. envoyer une ～ à un client 顧客に勘定書を送付する.
5 点数, 成績；勤務評定. ～ chiffrée 点数評価. ～ d'un élève 生徒の成績. ～ d'un fonctionnaire 公務員の勤務評定. carnet de ～s² 成績表. avoir de bonnes (mauvaises)～s 成績が良い(悪い). avoir la ～ 18 sur 20 20点満点で18点をとる. mettre une ～ à un devoir 宿題に点をつける.
II《音調》**1**〖音楽〗音符 (=～ de musique). ～ d'ornement 装飾音符. ～ pointée 付点音符. savoir [lire] ses ～s 楽譜が読める.
2〖音楽〗音, 音名 (do (ut), ré, mi, fa, sol, la, si)；(ピアノなどの)鍵, キー；調子, 調べ. ～ haute (basse) 高(低)音. échelle des ～s 音階. fausse ～¹ 調子外れの音；誤った音程. donner la ～¹ 主音を出して調子を示す. taper sur deux ～s à la fois 同時に二つのキーを叩く.
3 音楽的な声(音) (=son musical). ～ langoureuse du vent 物憂げな風の音. ～ plaintive d'un oiseau 小鳥の悲しげな啼声.
4〔比喩的〕調子. ～ juste その場に合ったもの. fausse ～² その場にそぐわないもの. ajouter une ～ personnelle 個人的なニュアンスを加える. chanter toujours la même ～ いつも同じことを言う. donner la ～² 全体の調子を示す；手本を示す. être dans la ～ 全体の雰囲気に合っている, 適切である. forcer la ～ 誇張する；勘定を水増しする. mettre (jeter) une ～ 特別なニュアンスを加える.
5 (香水の香りの)特徴, ノート. ～ ambrée 龍涎香系. ～ de cœur 香りが数時間長続きする香水. ～ de fond 香りが数日間持続する香水. ～ de tête 最初に感じる香り.

note[-]book [英] *n.m.*〖情報処理〗ノートブック型パソコン (=micro-ordinateur léger au format d'un bloc-notes). ～ couleur à matrice active アクティブ・マトリックス式カラー液晶付ノートブック型パソコン.

notice *n.f.* **1** (刊行者の)小序文 (=～ de l'éditeur)；解題.
2 略述；紹介記事. ～ bibliographique 小書誌. ～ biographique (人の)略伝, 小伝. ～ nécrologique (人の死亡時の)故人略歴.
3 取扱説明文；(特に)(機器の)取扱説明文 (=～ d'utilisation). ～ d'un appareil photo カメラの使用説明文. technique 技術的説明文. consulter la ～ d'un appareil 機器の使用説明書を参照する.
4〖商業〗(証券の)発行条件の概要, 募集要項, 目論見.

notificatif (ve) *a.* 通知の, 通告の. lettre ～ve 通告(通知)書.

notification *n.f.*〖法律〗通知, 通告, 送達, 告知, 告示；通知書, 通告書. ～ de redressement (課税額の)訂正通知(書).

notifié(e) *a.* 通知された, 通告された. sommes ～es (税金)通告額.

notion *n.f.* **1** 概念, 観念；知識. avoir la ～ du bien et du mal 善悪をわきまえている.
2〔特に *pl.* で〕基礎的知識；基本概念. ～s de chimie (d'informatique) 化学(情報科学)の基本的知識.
3 抽象概念.

notoriété *n.f.* **1** 周知性, 公知性；周知の事実.〖法律〗acte de ～ 公知証書. Il est de ～ publique que …は周知の事実である.
2 有名であること；有名になること；著名, 高名, 名声, 有名人. indice de ～ 知名度指数. ～ assistée リストに基づく知名度. ～ spontanée 自発的知名度.
3 悪名, 悪評.

nouille *n.f.* **1**〖料理〗ヌイユ, ヌードル, 麺 (ドイツ語の Nudel に由来). ～ au gratin ヌイユのグラタン. ～ sautée 炒麺, 焼きそば. poulet aux ～s 鶏のヌイユ添え《アルザス地方 l'Alsace の郷土料理》.
2〔俗〕だらけた人間, だらしない人. Quelle ～! 何てだらしない奴だ!

nourri(e) (<nourrir) *a.p.* **1** 食物(栄養)を与えられた；食事付きの. fruits bien ～s 充実した果物. grain ～ よく実の入った穀粒. mal ～ 栄養不良の. personnage logé et ～ 住み込みで三食付きの人.
2〔比喩的〕(砲撃, 火勢などが)激しい, (音が)よく響く；(描線, 筆跡などが)肉太の, 太い. applaudissements ～s 万雷の拍手. couleurs ～es 厚塗りの絵具 (ペンキ). feu (fusillade) ～ 激しい火勢(銃撃戦).
3〔比喩的〕(文章, 会話などが)内容豊かな, 充実した. conversation ～e 内容豊かな会話. style ～ 充実した文体.

nourrice *n.f.* **1** 授乳者；乳母. ～ agréée 公認乳母. ～ sèche 人工栄養で子育てする母親. chanson de ～ 子守歌. conte de ～ お伽話.〔同義〕mère ～ 乳母で子育てする母親. confier un enfant à une ～ 子供を乳母に預ける. mettre un enfant en ～ 子供を里子に出す.
2 授乳する獣.
3〖食肉〗ヌーリス《ポト・フー用の食肉》.
4 (配管の)マニホールド；(自動車の)補助ガソリンタンク；(水・ガソリンなどの)予備タンク.

nourricier (ère)¹ *a.* **1** 養育する；乳母の. père ～ 養父, 乳母の夫.
2 栄養を司る；養分を補給する；滋養になる. terre ～ 栄養に富む. artères ～ères 栄養動脈.

nourricière² *n.f.* 養魚場.

nourrissage *n.m.* 肥育；(特に)食肉牛の肥育.

nourrissant(e) *a.* 栄養価の高い, 栄養

nourrisseur(se)

分に富む. aliment ~ 栄養価の高い食品, 栄養食品. régime peu ~ 栄養価を控え目にした食事体制(食生活). substance ~e 栄養素.

nourrisseur(se) *n.* 肥育農家(業者)；(特に)食肉牛肥育農家(業者).

nourrisson *n.m.* 乳呑児；乳児《生後3週間から2歳まで；=infantil *a.*》. ~ prématuré 未熟児. alimentation des ~s 乳児栄養法. mort subite du ~ 乳児突然死症候群(略記 MSN；=［英］SIDS: *sudden infant death syndrome*). trouble des nutritions des ~s 乳児栄養障害.

nourriture *n.f.* **1** 食物, 食料；食品. ~ liquide (solide) 流動食(固形食). ~ surgelée 冷凍食品. prendre de la ~ 食事をとる. ne pas avoir assez de ~ 食うに困る. **2** 飼, 飼料. ~ des animaux 動物の飼料. **3**〔文〕(精神的な)糧 (かて). ~ de l'esprit 心の糧. Les N~s terrestres d'André Gide アンドレ・ジッドの『地の糧』(1897年). **4**〔古〕教育.〔諺〕N~ passe la nature. 氏より育ち.

nouveau¹ **(el)** **(f.elle)** **(m.pl.eaux, f.pl.elles)**《母音ではじまる男性単数名詞の前では *nouvel*》*a.* Ⅰ〔多くの名詞の後〕新しい, 新規の, 最近の.〖美術〗Art ~ アール・ヌーヴォー《1900年前後の装飾美術様式》.〖葡萄酒〗le beaujolais ~ ボージョレ・ヌーヴォー《毎年11月の第3木曜日午前零時に発売が開始されるボージョレ地区の当年産の新酒；俗称 beaujolpif [boʒɔlpif]》. Le beaujolais ~ est arrivé!「ボージョレ・ヌーヴォー入荷！」《酒屋などの宣伝文言》. création ~elle 新作, ニューモード. livres ~x 新刊書. mot (terme) ~ 新語. ordre ~ 新秩序. pommes de terre ~elles 新じゃが芋. pousses ~elles 新芽. produit ~ 最近の製品；新製品. vin ~ 新酒. voiture ~elle 新車. C'est ~, ça vient de sortir! 発売早々の新製品だよ！Ça alors, c'est ~! これは驚いた！初耳だ！Quoi de ~? 何か変わったことは？Rien de ~. 新しいことなし.〔諺〕Tout ~ tout beau. 新しいものは何でもよく見えるものだ. **2** 目新しい, 斬新な；新式の；新奇な；経験したことのない. homme ~ 新参者. C'est un homme ~ ici. この辺りでは新顔だ. idée ~elle 斬新な思想. spectacle ~ 目新しい光景. Ce n'est pas ~. 目新しいことではない. **3**〔多くの属詞〕不慣れの, 未経験な, 不案内の. être ~ dans le métier その職業では新米である. Ⅱ〔名詞の前〕**1** 新たな；新生の；従来とは異なる；別の, 第二の. le *nouvel* an 新年；元日 (=jour de l'an). la N~elle-Calédonie ヌーヴェル=カレドニー, ニュー=カレドニア. la ~elle cuisine ラ・ヌーヴェル・キュイジーヌ, 新料理. ~elle édition 新版. la ~elle lune 新月. le N~ Monde 新世界《アメリカ大陸》. la N~elle-Orléans ニュー・オーリンズ(「新オルレアン」の意；=New Orleans). les ~x pays industrialisés 新興工業国《略記 NPI；=［英］Newly industrializing countries (略記 NICS, NIC's)》. ~ produit 斬新な製品, 新製品.〖仏文史〗~ roman ヌーヴォー・ロマン, 新小説《1950年代に始まる新傾向の小説》. le N~ Testament『新約聖書』.〖映画〗la ~elle vague ヌーヴェル・ヴァーグ. élu 新しく選出された人. présenter sa ~elle femme 再婚した妻を紹介する. C'est un ~ Mozart. あれはモーツァルトの再来だ. Sa ~elle voiture n'est pas neuve. 彼の今度の車は新車ではない. **2** 成りたての, ほやほやの, 新しい, 新入の. ~x élèves 新入生. ~x mariés 新婚夫婦. ~elles recrues 新兵；新入社員. ~ riche〔軽蔑〕成金. ~ venu 新参者.

—*n.* 新人, 新参；新米；新入生；新会員.

nouveau² *(pl.~x) n.m.* **1** 新しいこと(もの), 新事実. apprendre du ~ 新事実を知る. C'est du ~! 初耳だ！~ dans cette affaire この問題には新しいことが. **2** 新味, 斬新さ. chercher du ~ 新奇を追い求める. faire du ~ 新機軸を出す. **3** à ~ 新たに, 新規に；再び (=à neuf). créditer à ~ 新規に口座に入金する. Il est à ~ sans travail. 彼は再び失職する. **4** de ~ 再び, もう一度 (=derechef). commettre de ~ la même erreur また同じ誤りを犯す. être de ~ malade また病気になる. Il fume de ~. 彼はまた煙草を吸い始めた.

nouveau-né(e) *a.* 新生の, 生まれたばかりの (nouveaux-nés, nouvelle-née は誤用).

—*n.* 新生児《出生から28日未満》；新生動物.

nouveauté *n.f.* **1** 新しさ, 斬新さ；独創性. ~ d'une doctrine 学説の斬新さ. **2** 新しいこと(もの). aimer la ~ (les ~s) 新しいものを好む. charme de la ~ 新しいものの魅力. C'est une ~! それは初耳だ！驚いた！**3** 改新性. esprit conservateur hostile aux ~s 改新を敵視する保守的人間. **4** 新刊書；(映画・演劇などの) 新作. rayon de ~s dans une librairie 書店の新刊書棚. **5** (モードの) 新作, 新製品 (=article de ~)；モード業界 (=industrie des ~s, commerce des ~s). la ~ de printemps 春のモードの新作. magasin de ~s モード店. être dans la ~ モード業界にいる. dernières ~s モードの最新作.

nouvelle *n.f.* Ⅰ(知らせ) **1** 知らせ, 情報；噂. ~ d'un accident (d'un décès) 事故(死亡)の知らせ. ~ de bonne source 確かな筋から出た情報. ~s du quartier 近所の噂.

bonne (mauvaise) ~ 良い (悪い) 知らせ. la Bonne N ~ (キリストの) 福音. fausse ~ 誤報. Première ~! 初耳だ. répandre une ~ 情報(噂)を広める. Ce n'est pas une ~. それは別に耳新しい話じゃない.〔諺〕Les mauvaises ~s ont des ailes. 悪い噂はすぐに広まる.
2〔*pl.* で〕ニュース, 報道. ~s de dernière heure; dernières ~s 最新のニュース. ~s du jour 今日のニュース. ~s de Paris パリ発のニュース. aux dernières ~s 最新ニュースでは. aller aux ~s 情報を集めに行く; ニュースの取材をする. écouter les ~s à la télévision テレビのニュースを聴く.
3〔*pl.* で〕消息, 近況; 便り. avoir des ~s de *qn* 人の近況を知っている; 人から便りをもらう. donner de ses ~s à *qn* 人に便りをする. être sans ~s de *qn* 人の消息を知らない. faire prendre des ~s d'un malade 病人の近況を知らせる.〔話〕Quelles ~s? 元気かい (=Comment ça va?). Vous autres, vous aurez (vous entendrez) de mes ~s. 覚えていろ, 今に見ておれ. Vous m'en direz des ~s. きっとお気に召すでしょう;〔皮肉〕さぞ不平を言うだろうよ.〔諺〕Pas de ~s, bonnes ~s. 便りのないのはいい便り.
Ⅱ 中(短)編小説, ヌーヴェル. romans et ~s 長編小説と中(短)編小説. recueils de ~s 中(短)編小説集.
Nouvelle-Angleterre (la) *n.pr.f.* ニュー・イングランド (=〔英〕New England).
Nouvelle-Bretagne (la) *n.pr.f.* ニュー・ブリテン島 (=〔英〕New Britain).
Nouvelle-Calédonie (la) *n.pr.f.* ヌーヴェル=カレドニー, ニュー・カレドニア (南太平洋にあるフランスの旧海外領土 TOM; 1999年の法律により, より広い自治権をもつ特別領土自治体 collectivité territoriale à statut particulier, collectivité sui generis となる; 2014年に独立か否かの住民投票が実施される予定; 行政コード 988; 中心都市 Nouméa; 形容詞〔néo-〕calédonien(*ne*)).
Nouvelle-Guinée (la) *n.pr.f.* ニュー=ギニア (形容詞 néo-guinéen(*ne*)). l'Etat de Papouasie-~ パプア=ニュー=ギニア国.
Nouvelle-Orléans (la) *n.pr.f.*〔米〕ニュー・オーリンズ (「新オルレアン」の意;〔米〕New Orleans / ルイジアナ州の港湾都市; 形容詞 néo-orléanais(*e*)).
Nouvelles-Hébrides (les) *n.pr.f.* ニュー・ヘブリデス諸島 (1980年 la République de Vanuatu「ヴァヌアツ共和国」となる; 首都 Port-Vila).
Nouvelle-Zélande (la) *n.pr.f.*〔国名〕ニュージーランド (〔英〕New Zealand) (国民: Néo-Zélandais(*e*); 首都: Wellington ウェリントン; 通貨: dollar néo-zélandais〔NZD〕).

nov*a*(*pl.*~*ae*)〔ラ〕*n.f.*〔天文〕新星. ~ galactique 銀河新星.

nov*ateur* (***trice***) *n.* 改革者, 革新者. —*a.* 革新的な. esprit ~ 革新的精神. tendances ~ *trices* 革新的傾向. théorie ~ *trice* 革新的理論.
novation *n.f.*〔法律〕**1** 更改. ~ d'une créance 債権証書の更改.
2〔稀〕革新, 変革;〔法律〕更新. ~ fondamentale 抜本的変革.
novatoire *a.*〔法律〕更改の. acte ~ 更改証書.
novembre (<古代ローマ暦の第9月) *n.m.* 11月. le 1er ~ 11月1日 (=Toussaint「万聖節」; 法定祝日). le 2 ~ 11月2日万霊節 (=jour des Morts). le 11 ~ 11月11日 (第1次世界大戦休戦記念日; anniversaire de l'Anmistice de 1918; 法定祝日).
novice *n.* **1** (修道院の修道誓願前の) 修練士(女).
2 初心者, 未経験者, かけ出し, 見習; *n.f.* おぼこ娘. se laisser prendre comme un ~ 他愛なく騙される.
3〔海〕見習水夫 (16-18歳). mousse, ~ et matelot 少年水夫 (15-16歳), 見習水夫と水夫.
—*a.* 無経験な, 初心の, かけ出しの; うぶな, 世慣れない. avocat ~ かけ出しの弁護士. Il est encore bien ~ dans ce métier. 彼はこの職業ではまだ新米だ.
novocaïne〔商標〕*n.f.*〔薬〕ノヴォカイン (局所麻酔薬).
NOx *n.m.pl.*〔化〕窒素酸化物 (=oxydes d'azote; monoxyde d'azote 一酸化窒素 (NO), dioxyde d'azote 二酸化窒素 (NO_2) など; 環境汚染物質).
noyade *n.f.* **1** 溺死; 溺死者. périr par ~ 溺死する. sauver *qn* de sa ~ 溺れた人を救う.
2〔稀〕溺死させること.〔仏史〕les ~s de Nantes ナントの溺死刑 (1793年).
3〔比喩的〕危機的状況. entreprise au bord de la ~ 倒産の淵に立たされた企業.
noyau (*pl.*~*x*) *n.m.* Ⅰ (果物の核) **1** 核 (さね), たね (林檎・梨などのたねは pépin). ~ de cerise (de pêche, de prune) 桜桃 (桃, 梅)・プラムのたね. fruit à ~ 核果, 石果. liqueur (eau, crème) de ~〔x〕あんずの核 (たね) で風味づけをしたリキュール. retirer le ~ たねを取る.
2〔植〕核 (かく). division cellulaire du ~ 細胞核分裂.
Ⅱ (物の中核) **1**〔解剖・生〕核; (神経系の) 核, (脳の) 神経核. ~〔cellulaire〕細胞核. ~ de la ségmentation (受精卵の) 卵割核. ~ du thalamus 視床核. ~ gélatineux (脊椎の) 髄核. ~ lenticulaire (大脳の) レンズ核. ~ rouge (中脳被蓋の) 赤核.〔医〕syndrome

noyé(e)

du ~ rouge 赤核症候群.〖生〗cellule à un seul ~ 単核細胞(=mononucléaire).
2〖化・気象〗~ artificiel 人工核.〖気象〗~ atmosphérique 大気核. ~ benzénique ベンゼン核.〖気象〗~ de condensation (de congélation, glucogène) 凝結(凍結, 氷結)核.
3〖物理〗原子核(= ~ atomique). ~ d'uranium ウラン原子核.
4〖地学〗(地球の)中心核;〖天文〗(彗星の)核(= ~ d'une comète);(太陽の黒点の)輝点. ~ liquide (solide) de la Terre 地球の流体(固体)中心核.
5〖建築〗(円柱などの)芯, 心柱;支柱. ~ d'un escalier 回り階段の心柱. ~ d'une voûte 円天井の中心の支柱.
6〖冶〗(鋳造用の)中子(なかご). ~ d'une statue 銅像の中子.
7〖電〗(コイルの)鉄心. ~ d'une bobine d'induction 誘導コイルの鉄心.
8〖数〗(線形写像などの)核;(積分方程式の)核.
9〖経済〗ハードコア(=輸入制限品目リスト liste de produits contingentés).
Ⅱ(人の集団)**1** (集団の)中核(= ~ dur). la famille, ~ de la cellule sociale 社会の基本構成単位である家族. ~ d'une colonie 移民(居留民)の中核. ~ de fidèles 信奉者の結束集団.
2 (政治的・軍事的)活動家の小グループ. ~ d'agitateurs 扇動家の小グループ. ~ de résistance レジスタンスの中核.

noyé(e) *a.p.* **1** 水に溺れた;溺死した. marins ~s en mer 海で溺れた船員.
2 ひたされた, うるんだ. cœur ~ de tristesse 悲しみに満ちた心. regard ~ ほんやりした目つき. yeux ~s de pleurs 涙にうるんだ目.
3〖比喩的〗埋没した. silhouette ~e dans l'ombre 闇に溶け込んだ人影.
4〖比喩的〗落ちこぼれた. élève complètement ~ 完全に落ちこぼれた生徒.
——*n.* 溺れた人, 溺れかけた人;溺死者. réanimation des ~s 溺れた人の蘇生措置. secours aux ~s 溺れた人の救助. repêcher un ~ 溺れかけた人を救いあげる.

noyer (<noix) *n.m.*〖植〗**1** くるみ(胡桃)の木(Juglandacées「くるみ科」の落葉喬木;学名 Juglans regia). ~ commun 通常のくるみの木.
2 くるみ材. armoire en ~ くるみ材の簞笥.
3 くるみ科植物.

Np (=*n*eptunium) (*n.m.*)〖化〗「ネプツニウム」の元素記号.

NPAI (= *n*'habite *p*as l'*a*dresse *i*ndiquée)〖郵〗表記住所に名宛人居住せず(郵送物の配達不能の理由を示す略記表).

NPD (= [独] *N*ationaldemokratische *P*artei *D*eutschlands) *n.m.* ドイツ国民主党《1964年西ドイツで結成されたネオ・ナチ政党》(= [仏] *P*arti *n*ational *a*llemand).

NPF (= *n*ation la *p*lus *f* avorisée) *n.f.* 最恵国. clause (de la) ~ 最恵国条項.

NPI (= *n*ouveaux *p*ays *i*ndustrialisés) *n. m.pl.* 新興工業国[群](= [英] NICS : *N*ewly *i*ndustrializing *c*ountries 新興工業諸国;NIES:*N*ewly *i*ndustrializing *e*conomies 新興工業経済地域に相当). les ~ d'Asie アジア新興工業諸国, アジア NICS《韓国, 香港, 台湾, シンガポール, タイ, インドネシアなど》.

NPT (= [英] *N*onproliferation treaty) *n. m.* 核不拡散条約《1968年締結》(= [仏] TNP: *t*raité de *n*on-*p*rolifération des armes *n*ucléaires).

NPY (= *n*europeptide *y*) *n.m.*〖生化〗神経ペプチド Y.

NQA (= *n*iveau de *q*ualité *a*cceptable) *n. m.* 許容品質水準.

NRA (= *n*ouvelle *r*églementation *a*coustique) *n.f.* 新騒音規制.

NRBC (= *n*ucléaire, *r*adiologique, *b*iologique, *c*himique) *a.*〖軍〗核・放射線・生物・化学的(兵器の). armes ~ 核・放射線・生物・化学兵器. attaque ~ 核・放射線・生物・化学兵器による攻撃.

NRE (< *n*ouvelles *r*égulations *é*conomiques) *n.f.pl.*〖経済〗新経済規制措置. la loi de 2001 sur les ~ 新経済規制措置に関する2001年の法律.

NRJ (= *N*ouvelle *R*adio pour les *j*eunes) *n.pr.f.*〖無冠詞〗〖放送〗エヌ・エル・ジェ, 青少年向け新ラジオ放送[局]《1981年設立の若者向け民間ラジオ放送会社とその放送名;2002年フランスのラジオ放送で聴取率1位となる》.

Ns (= *n*imbo-*s*tratus) *n.m.*〖気象〗乱層雲.

NSC (= *n*égociations sur la *s*tabilité *c*onventionnelle) *n.f.pl.* 通常兵力均衡交渉.

NSDAP (= [独] *N*ationalsozialistische *D*eutsche *A*rbeiter*p*artei) *n.m.*〖史〗〖独〗ドイツ国家社会主義労働党 = [仏] *P*arti *o*uvrier *a*llemand *n*ational-*s*ocialiste)《*P*arti *n*azi ナチス党;1919-44年》.

NSP (= *n*e se *p*rononcent *p*as) *n.pl.* (アンケート等に対する)未回答者[数].

nt (=*n*it) *n.m.*〖物理〗ニット《輝度の単位》.

NTA (=*a*cide *n*itrilo*t*ri*a*cétique) *n.n.*〖化〗ニトリル三酢酸.

NTB (= [英] *n*on *t*arif *b*arrier) *n.f.* 非関税障壁(=barrière non-tarifaire).

NTI (= *n*ouvelles *t*echnologies de l'*i*nformation) *n.f.pl.*〖情報〗新情報工学, 情報処理新技術.

NTIC (= *n*ouvelles *t*echnologies de l'*i*nformation et de la *c*ommunication) *n.f.pl.* 情報処理・通信新技術.

NTSC (= [英] *N*ational *T*elevision *S*ystem *C*ommittee) (TV の) NTSC《アメリカ

全国 TV 放映システム委員会) 方式 (= Système ~). téléviseur ~ NTSC 方式 TV〔受像機〕.

nu(e)¹ *a.*〔~-...の形で名詞の前では無変化〕**1**(人が)裸の, ヌードの;(腕・脚などが) むき出しの;(頭などが)毛のない;無帽の;手袋なしの;〔文〕裸になった. ~ du haut jusqu'en bas 全身丸裸の, 素裸の. Adam ~ 裸のアダム. adamiens ~s ヌーディスト. bras ~s むき出しの腕. demi-~;à demi (à moitié)~ 半裸の. femme ~e 裸女, ヌードの女性. mains ~es 手袋をしない手. pieds ~s 素足, 裸足 (= ~-pieds). visage ~ ひげのない (ひげを剃った) 顔. à l'œil ~ 肉眼 (裸眼) で. aller tout ~ 素裸で歩く. être ~ comme la main (un ver) 丸裸である. être ~-tête 無帽である. lutter à main ~e 素手で闘う. se mettre ~ 裸になる.
2〔動〕無毛 (無殻, 無鱗) の. mollusques ~s 無殻の軟体動物.
3(物が)むき出しの;(木が)葉のない;(土地が)草木のない;(壁が)むき出しの, 飾りがない;(部屋が)家具のない;(馬が)鞍をつけない;〔植〕(花が)苞のない;(花托が)鱗片 (果鱗), (種子が)種皮と果肉が癒着した. arbre ~ 葉の落ちた樹木.〔写真〕boîtier ~ カメラのボディーのみ, ボディー単体. prix d'un boîtier ~ ボディ単体価格. épée ~ 抜き身. mur ~ むき出しの壁. paysage ~ 一木一草もない風景. pièce ~e 家具を備えつけていない部屋. terre ~e ら地.〔法律〕titre ~ (公証人などの) 職株.
4 飾り気のない, ありのままの. expression ~e むき出しの表現. style ~ 飾り気のない様式 (文体). vérité toute ~e ありのままの真実.

nuage *n.m.* **1** 雲. ~ bas 下層雲. ~ de charge 電子雲. ~ de gaz ガス雲. ~ d'orage (orageux) 雷雲. ~ de pluie 雨雲. ~ en flocons 綿雲. ~ frontal 前線雲. ~ moyen 中層雲. ~s nacrés (irisés) 真珠雲, 彩雲, 紅雲. ~s noctiluques 夜光雲. ~ noir 黒雲. ~s obscurs 暗雲. ~ radioactif 放射能雲. ~s séparés ちぎれ雲. ~ stellaire 恒星雲. ~ supérieur 上層雲. ~ toxique 毒性雲, 有毒雲. ciel couvert de ~s 曇り空. ciel sans ~ 一点の雲もない空. couche de ~s blancs 白雲の層. formes de ~ 雲型. masses de ~s 雲塊.〔比喩的〕être (se perdre) dans les ~ 上の空である;空想に耽る.〔話〕être sur un ~ 雲に乗る心地がする.
2〔天文〕星間雲.
3〔雲に似たもの〕煙, 幕;薄布. ~ artificiel 人工雲;煙幕. ~ de fumée 煙幕. ~ de poussière 砂煙. ~ de sauterelles 雲霞の如き蝗の大群. ~ de tulle 薄地の網織布.〔化〕~ électronique 電子雲. un ~ de lait (コーヒーや紅茶にたらした) 膜状にひろがるミルク. mettre un ~ de poudre sur son visage 顔にお白粉を塗る.
4〔比喩的〕(不安, 不信などの) 暗影;かげり. ~s noirs à l'horizon 水平線上の黒雲;〔比喩的〕行手にたちこめる暗雲. bonheur sans ~s かげりのない幸せ.
5(宝石の) くもり.

nuageux (se) *a.* **1**(空・天候が)曇った, 雲に蔽われた. Le temps sera ~. 天気は曇りの見込み. ciel ~ 曇り空.
2〔気象〕雲の. système ~ 雲系, 雲の分布.
3〔比喩的〕明晰でない, 曖昧な, 混濁した. esprit ~ 明晰でない精神.

nuance *n.f.* **1** 色合, 色調, 濃淡. toutes les ~s de rouge 赤のすべての色調.
2 ニュアンス, 微妙な差. ~s du langage 言葉のニュアンス. ~s imperceptibles 知覚できないほどの微妙な差異. N~! 間違えないでくれよ. une ~ de かすかな…, 僅かな量の…. une ~ de tristesse かすかな悲しみ. réponse sans ~ はっきりした返答. style sans ~ 平板な文体. saisir les ~s ニュアンスを的確に捉える.
3〔音楽〕強弱抑揚. modification de la ~ 強弱抑揚の変化.

nuancé (e) *a.p.* **1** 濃淡のある, 微妙な色合を帯びた. teinte ~e 濃淡のある (微妙な) 色合.
2〔比喩的〕ニュアンスに富んだ, 含みのある. avis ~ 含みの多い意見. pensée ~e ニュアンスに富んだ考え.

nubile *a.* **1** 結婚適齢の;(娘が) 年頃の, 一人前の. âge ~ 結婚 (婚姻) 適齢期 (= nubilité). Selon le Code civil, les filles sont réputées ~s à quinze ans révolus, et les garçons à dix-huit. 民法の規定では女子は満 15 歳, 男子は満 18 歳が婚姻適齢に達したとみなされる.
2 出産年齢の.

nubilité *n.f.*〔法律〕婚姻適齢〔期〕.

nubuck *n.m.*〔皮革〕ヌバック革. chaussures en ~ ヌバック革靴.

nucal (ale) (*pl.* **aux**) *a.*〔解剖〕頸部の, 項 (うなじ) の. os ~aux 頸骨.

nuclé [o]-〔ラ〕ELEM「核 (原子核, 細胞核, 核酸) の」「~に関する」の意.

nucléaire *a.* **1** 原子核の, 原子力の, 原子力利用の, 核装備の. arme ~ 核兵器. Armes ~s du champ de bataille 戦術核兵器 (= 〔英〕SNF: Short Range *N*uclear *F*orces 短距離核兵力). arme ~ tactique 戦術核兵器 (ANT). armement ~ 核武装. arsenaux ~s stratégiques 戦略核兵器装備. bombardement ~ 核爆弾投下. bombe ~ 核爆弾. centrale ~ 原子力発電所. combustible ~ 核燃料. déchets ~s 核廃棄物 (= déchet radioactif). dissuasion ~ 核抑止力. énergie ~ 核エネルギー. essai ~ 核実験. explosion ~ 核爆発.

fission ~ 核分裂. forces ~s 核兵力, 核戦力. Forces ~s à portée intermédiaire 中距離核戦力 (=［英］INF：*I*ntermediate *R*ange *N*uclear *F*orces). Forces ~s intermédiaires à longueportée 長距離核戦力 (=［英］LRINF：*L*ong *R*ange *I*ntermediate *N*uclear *F*orces). fusion ~ 核融合. guerre ~ totale 全面核戦争. incident ~ 核事故. induction magnétique ~ 核磁気誘導. magnétisme ~ 核磁気. matière ~ 核物質. médecine ~ 核医学. non-prolifération ~ 核不拡散. ogive ~ 核弾頭 (=tête ~). pollution ~ 核汚染. porte-avion ~ 原子力空母. potentiel ~ stratégique 潜在的戦略核武装国. puissance ~ 核軍事力. rayonnement ~ 核放射能. réacteur ~ 核反応炉, 原子炉. réaction ~ 核反応. résonance magnétique ~ 核磁気共鳴 (RMN；=［英］NMR：*N*uclear *M*agnetic *R*esonance). sous-marines d'attaque ~s 攻撃型原子力潜水艦.
2〖生〗核の.
——*n.m.* 原子力利用, 原子力産業. ~ civil (militaire) 原子力の民間(軍事)利用. opposition au ~ 原子力利用に対する反対〔運動〕, 核反対運動.

nucléarisation *n.f.* **1** (エネルギーの)原子力化. **2**〖軍〗核武装.

nucléariste *n.* 核エネルギー(原子力発電所)利用支持派(推進論者).

nucléase *n.f.*〖生化〗ヌクレアーゼ《核酸類を加水分解する酵素の総量》.

nucléé(e)〖生〗(細胞が)核のある, 有核の. cellule ~ e 有核細胞.

nucléide *n.m.*〖物理〗核種 (=［英］nuclide).
▶ nucléidique *a*.

nucléine *n.f.*〖生化〗ヌクレイン《細胞内の核蛋白質複合体》.

nucléique *a.*〖生化〗ヌクレイン《核酸：核酸と蛋白質から成り, 燐を多量に含む物質》の；ヌクレインを含む. acide ~ 核酸.

nucléocapside *n.m.*〖生〗ヌクレオカプシド《ウイルスの核酸とそれを囲む蛋白質の膜》.

nucléocrate *n.* 原子力産業関係のテクノクラート.

nucléole *n.m.*〖生〗(細胞核内にある)核小体, 核仁(じん), 仁.

nucléolyse *n.f.*〖医〗(椎間板の)髄核変性；(椎間板ヘルニアの)髄核除去〔術〕；椎間板の中核の穿刺法《注射による破壊法》. ~ spontanée 自発性髄核変性. ~ thérapeutique 椎間板中核穿刺治療法, 髄核除去治療, 化学的髄核除去 (=chimionucléolyse 化学的椎間板中核穿刺法).

nucléon *n.m.*〖物理〗核子 (かくし)《原子核の構成要素である陽子と中性子の総称》.

nucléonique *a.* 核子 (nucléon) の.
——*n.f.*〖原子〗核工学 (=［英］nucleon-

ics)；原子核物理学.

nucléophile *a.*〖物理〗求核性の.

nucléoplasme *n.m.*〖生〗核質；核液.

nucléoprotamine *n.f.*〖化〗ヌクレオプロタミン《核蛋白質の一つ. デオキシペントース核酸 acide désoxypentose とプロタミン protamine からなる》.

nucléoprotéide *n.m.*〖生化〗核蛋白質 (=nucléoprotéine).

nucléoprotéine *n.f.*〖生化〗核蛋白質《核酸と蛋白質の複合体》.

nucléosidase *n.f.*〖生化〗ヌクレオシダーゼ《酵素の一種》.

nucléoside ［nykleozid］*n.m.*〖生化〗ヌクレオシド《プリン塩基またはピリミジン塩基と糖の還元基とが結合した配糖体状化合物》.

nucléosidique *n.m.*〖薬〗ヌクレオシド系抗 HIV 薬剤. non ~s 非ヌクレオシド系抗 HIV 薬剤.

nucléosome *n.m.*〖生化〗ヌクレオソーム《染色体を構成するクロマチンの単位構造》.

nucléosynthèse *n.f.*〖天文〗(天体内部の)原子核合成, 元素合成. ~ primordiale (ビッグ・バン直後の)原初元素合成. ~ stellaire 天体内核反応による元素合成.

nucléotidase *n.f.*〖生化〗ヌクレオチダーゼ.

nucléotide *n.m.*〖生化〗ヌクレオチド《ヌクレオシド nucléoside の糖部分が燐酸エステルを作る化合物の総称》.

nudisme *n.m.*〖風俗〗裸体主義, ヌーディスム.

nudiste *n.* 裸体主義者, ヌーディスム愛好者, ヌーディスト.

nudité *n.f.* **1** 裸であること；裸で生活すること. être dans une complète ~ 素裸である.
2 裸体, 裸の部分；〖美術〗ヌード像(写真).
3 (物の)むき出しの状態；飾り気のなさ. ~ d'un intérieur 室内の飾り気のなさ. ~ d'un mur むき出しの壁. ~ d'une plane sans arbre 木々のないむき出しの草原.
4〔比喩的〕むき出し；赤裸な状態. ~ de la pensée 赤裸な考え. ~ du style 飾り気のない文体.

nuée *n.f.* **1**〔文〕密雲, 厚い雲. ~s noires annonçant un orage 嵐の到来を告げる暗雲.
2〔地学〕~ ardente (噴火の際の)熱雲.
3〔比喩的〕(雲霞の如き)大群. ~ d'admirateurs ファンの群れ. ~ de sauterelles いなご(ばった)の大群.
4〔比喩的〕妄想.

nue-propriété(*pl.*~**s**-~**s**) *n.f.*〖法律〗虚有権 (usufruit「用益権」の対).

nuisance *n.f.* **1**〔多く *pl.*〕環境汚染, 生活妨害, 公害. ~s causées par les voitures 自動車公害. ~s chimiques 化学的環境汚染. ~s d'environnement 環境汚染. ~s in-

dustrielles 産業公害. ~s sonores 騒音公害. **2**〔古〕有害；有害物.
nuisible *a.* 有害な. excès ~s à la santé 健康に有害な濫用. gaz ~s 有害ガス. insects ~s 害虫.
—*n.m.pl.* 有害動物（=animaux ~s）.
nuit *n.f.* Ⅰ〔夜〕**1** 夜；夜の闇. le jour et la ~ 昼と夜. Il fait ~ 日が暮れる；日が暮れている；夜になる；夜である. La ~ arrive (tombe). 夜になる. ~ claire 明るい夜. ~ criblée d'étoiles 星明かりの夜. ~ de lune 月夜. ~ de la pleine lune 満月の夜. ~ sans lune 月のない夜. la ~ de Saint-Sylvestre 大晦日(12月31日)の夜. ~ noire (profonde) 闇夜 (=épaisse ~). ~ tombante 日暮,たそがれ時.
à la ~ 夜に. à la ~ close (tombée) 夜のとばりがすっかり降りて. à la ~ venue 夜になると. à la faveur de la ~ 夜陰に乗じて. à la tombée de la ~ 日暮れ時に. l'astre de la ~ 月 (=lune). bleu (de) ~ 濃紺色. pendant la ~ 夜間.
2〔擬人化された〕夜；夜の神. la N~ de Michel-Ange ミケランジェロの「夜」(彫刻). étoiles, filles de la N~ 夜の神の娘たちである星.
Ⅱ〔夜間〕**1** 夜, 夜間 (jour「昼間」の対). jour et ~；~ et jour 24時間. ouvert jour et ~ 24時間営業. ~ blanche¹ 白夜. ~ 眠らぬ夜. passer la ~ blanche 眠れぬ夜を過ごす；徹夜する. ~ calme (sereine) 穏やかな (晴朗な) 夜. ~ pure (tranquille) 澄み切った (平穏な) 夜. ~ sans sommeil 不眠の夜 (=~ blanche¹). la ~ de la Saint-Jean 夏至の夜 (一年のうち最も短かい夜).
début (milieu, fin) de la ~ 夜の始め (夜半, 夜明け). en pleine ~ 真夜中に (=au milieu de la ~). longue ~ polaire d'hiver 極地の冬の長い夜. ouvert (fermé) la ~ 夜間営業 (休業). silence de la ~ 夜のしじま. toute la ~ 一晩中. toutes les ~s 毎晩.
de ~¹ 夜間の；夜 (午後) の. boîte de ~ ナイトクラブ, キャバレー. dix heures de ~ 夜の (午後) 10時. garde de ~ 夜警団. gardien de ~ 夜警. *la Ronde de* ~ de Rembrandt レンブラントの『夜警』. service de ~ 夜間業務. train de ~ 夜行列車. travail de ~ 夜勤. veilleur de ~ 夜番, 夜警. vol de ~ 夜間飛行.
ne pas dormir de la ~ 一晩中まんじりともしない. ne pas dormir ni jour ni ~ 不眠不休である. passer la ~ 夜を過ごす；(眠らずに) 夜を明かす；(病人の) 夜を越す. passer la ~ auprès d'un malade 夜通し病人を看病する. passer la ~ avec une femme 女と寝る. rouler la ~ 夜間に車を運転する. se promener la ~ 夜散歩する. travailler la ~ 夜間に働く. Je vous souhait une bonne ~！おやすみ (省略形：Bonne ~！). Il ne sera pas la ~. 彼 (病人) は夜を越せない.

2 de ~² 夜用の. bonnet de ~ ナイトキャップ. chemise de ~ ナイトガウン；ネグリジェ. table de ~ ナイトテーブル. vase de ~ 溲瓶 (しびん).
3 de ~³ 夜行性の. fleur de ~ 夜開く花. mammifères de ~ 夜行性哺乳動物. oiseaux de ~ 夜鳥. papillons de ~ 夜蛾, 蛾.
4 一夜の宿泊 (=nuitée)；一夜の宿泊料, 一泊料金 (=~ d'hôtel). payer sa ~ 宿泊料を払う.
Ⅲ〔比喩的〕〔文〕闇, 暗闇. ~ de l'esprit 知性の闇. ~ de l'inconscient 無意識の闇. ~ de l'ignorance 無知がもたらす闇. ~ des temps 太古の闇, 太古の時代. depuis la ~ des temps 太古の時以来. ~ du mystère 神秘の闇. ~ éternelle 永遠の闇, 墓の闇, 死の世界. ~ profonde d'une cave 地下室の真暗闇.
nuitée *n.f.*〔観光〕**1**（ホテルなどでの）一泊（通常正午から翌日の正午まで）. **2** 一泊料金 (=nuit d'hôtel).
Nuits-Saint-Georges *n.pr.* ニュイ=サン=ジョルジュ (département de la Côte-d'Or コート=ドール県の小郡庁所在地；市町村コード21700；赤葡萄酒の生産地 Côte de Nuits の中心地；枝の主日 le dimanche des Rameaux (les Rameaux) (復活祭直前の日曜日) に葡萄酒のせり市「ニュイ=サン=ジョルジュ施療院の葡萄酒販売祭」vente de vins des Hospices de ~ が開催される；confrérie des Chevaliers du Tastvin「利酒の騎士団」の事務局所在地；形容詞 nuiton(ne)).
nuits-saint-georges *n.m.*〔葡萄酒〕ニュイ=サン=ジョルジュ (la Côte de Nuits コート=ド=ニュイ地区の中心地 Nuits-Saint-Georges 地区で生産される赤の AOC 銘酒).
nul(le)¹ *a.ind.*〔名詞の前〕〔文〕**1**〔ne, sans と共に〕いかなる…もない (=aucun, pas un). N~ le chose ne manque. 何も欠けていない. N~ homme n'est infaible. 絶対に誤りを犯さない者はない. Je n'en ai ~ besoin. 私はそれを全く必要としていない. Je ne l'ai vue ~le part. どこにも彼女の姿は見当たらなかった. sans ~ doute いさきかの疑いもなく, 疑いなく. sans ~le exception 例外なく. Agir sans ~le crainte. 全く恐れずに行動する.
2〔明確な否定語なしに〕N~ doute qu'il (n') ait raison (qu'il a raison). 彼に道理があることは全く疑いない. N~ le paix pour lui. 彼には全く平和がない.
—*pr.ind.sing.*〔文〕誰も…でない (=pas une personne).
◆〔単独に主語として〕N~ ne peut éviter sa destinée. 何びとも宿命を免れることはできない.

nul(le)² 1350

◆〔補語を伴うか，既出の語を受けて〕N ~le d'entre elles n'accepte cette proposition. 彼女たちの誰一人としてこの提案を受けいれない．

nul(le)² *a.qualif.*〔名詞の後，または属詞として〕**1** 存在しない，無に等しい．différence ~ le 差異ゼロ．nombre ~ ゼロ．〖数〗vecteur ~ ゼロヴェクトル．
2 無効の．〖法律〗~ et non avenu；~ et de ~ effet 無効の．billet ~ par expiration de délai 有効期限切れによる無効の切符．bulletin ~ 無効票．rendre ~ 無効にする．Ce testament est ~. この遺言は無効だ．
3（勝負などが）引分けの．match ~ 引分け試合．faire matich ~ 引分け試合を演じる．
4 無価値な；無能な．un devoir ~ 零点の宿題．élève ~ en maths 数学が全くできない生徒．personne ~ le 無能な人，能なし．Oh le ~！馬鹿者め！Il est ~. 彼は無能だ．

nulle³ *n.f.* 暗号文（文字）（= élément chiffré). les ~ s d'un message ~ 暗号メッセージの暗号．

nullipare *a.* **1**（人が）出産経験のない，未産の（primipare「初産の」，multipare「経産の，多産の」の対）．femme ~ 未経産婦．
2（動物が）懐胎したことのない．
— *n.f.* **1** 未経産婦．**2**〖動〗未懐胎の牝．

nullité *n.f.* **1**〖法律〗行為不存在とされる無効，無効，取消；無効原因；無効条件（= clause de ~）；無効な行為（文書）；効力欠如；宣言的無効．~ absolue 絶対無効．~ d'un acte 証明の無効性．~ des legs 遺贈の取消し．~ de procédure 手続きの無効．~ relative 相対無効（= ~ de protection). action en ~ 契約無効の訴え．clause de ~ 無効条項（約款）．demande en ~ 取消請求．testament frappé de ~ 無効原因のある遺言．無効な遺言．vice de ~ 無効の瑕疵．〔諺〕Pas de ~ sans grief. 不利益なければ，無効なし．〔諺〕Pas de ~ sans texte. 法律の規定なければ，無効なし．
2 無価値；無能．~ d'un argument 無価値の議論．~ d'une objection 異議のくだらなさ．~ d'une élève 生徒の無能さ．~ en maths 数学の学力のなさ．commission d'une ~ lamentable 目を覆いたくなるほど無能な委員会．
3 無能な人，能無し．C'est une vraie ~. 本当に無能な奴だ．
4〖数〗退化次数．

numéraire *n.m.*〖経済〗通貨，正金，法定通貨，法貨；現金．payer en ~ plutôt que par chèque 小切手よりも現金で支払う．
— *a.* **1**（貨幣が）法定の．espèces ~ s 法貨，通貨（= ~）．valeur ~ 法貨価値．
2〔古〕計数用の．pierre ~ 里程石標．

numéral (ale) *(pl.* **aux)** *a.* 数を示す，数の．〖文法〗adjectifs ~ aux 数形容詞．adjectifs ~ aux cardinaux (ordinaux) 基（序）数形容詞．lettres ~ ales 数字．

— *n.m.*〖文法〗数詞．~ aux cardinaux (ordinaux) 基（序）数詞．

numérateur *n.m.*〖数〗（分数の）分子（dénominateur「分母」の対）．

numération *n.f.* **1**〖数〗記数法，数の表示．~ arabe アラビア語記数法．~ binaire (décimale) 二進（十進）法（= ~ à base 2(10)). ~ romaine ローマ数字記数法．système décimal de ~ 十進法．
2 計算，算定；計数；計数法．〖医〗~ formule sanguine 血液像計算，血液像検査（略記 NFS). 〖医〗~ globulaire 血球計算（計数）〖法〗．〖医〗~ leucocytaire totale 全血血球数．〖医〗~ thrombocytaire 血小板数算定〖法〗．

numéri (< *numéri*que) *n.m.*〔俗〕デジカメ，デジタルカメラ（= appareil photographique *numéri*que).

numérique *a.* **1** 数 (nombre) の，数による．calcul ~ 数による運算．opérations ~ s 数値計算．
2 数的な；数の上での．supériorité ~ de l'ennemi 敵方の数の上での優位．
3〖数〗数値の，数で表示された．données ~ s 数値データ．force ~ d'une armée 軍隊の数的戦力．fonction ~ d'une variable réelle 実変数の数値関数．
4〖機・工〗ディジタルの，ディジタル方式の (analogique「アナログ方式」の対）．calculateur ~ ディジタル型計算機．machine-outil ~ ディジタル方式自動工作機械．technique ~ ディジタル技術（工学）．
5〖通信，放送〗ディジタル方式の (analogique「アナログ方式の」の対）；ディジタル放送（通信）の．chaînes HD (Haute Définition) ~ s par satellite 衛星ハイヴィジョン TV チャンネル．diffusion ~ hertzienne 地上波ディジタル放送 (= le ~ hertzien). signal ~ ディジタル信号．télévision ~ ディジタル TV〔放送〕．〖電算〗traitement ~ de l'information 情報のディジタル処理．*té*lévision ~ *t*errestre 地上波ディジタル TV 放送（略記 TNT).
6〔写真・ヴィデオ〕ディジタル方式の；ディジタル写真用の (argentique「銀塩写真の」の対）；デジカメの．appareil〔photo〕~ ディジタル・カメラ（略記 numéri). borne ~ ディジタル写真自動焼付機．bridge ~ ディジタル方式のブリッジカメラ（レンズ一体型一眼レフカメラ）．compact ~ コンパクトデジカメ．photo ~ ディジタル方式写真．reflex ~ 一眼レフディジタルカメラ．caméscope ~ ディジタル・ヴィデオカメラ．capteur ~ à 13, 89 mégapixels 1389 万画素のディジタル撮像素子．enregistrement ~ ディジタル録音．
7〖経済〗économie ~ ディジタル化経済，電子化経済（情報処理・電気通信，視聴覚技術を取得した情報通信産業を中核とする経済；インターネットなどの情報網と深くかか

かわった経済).

——*n.m.* **1** ディジタル技術. **2** ディジタル方式機器;(特に)ディジタルカメラ,デジカメ.

numérisation *n.f.*〖情報処理〗ディジタル化. ~ de l'information 情報のディジタル化. ~ des collections de musées 美術館収蔵品のディジタル化(《ディジタル技術を用いたデータベースの制作)).

numérisé(e) *a.p.*〖情報処理〗ディジタル化された. document ~ ディジタル化資料. angiographie ~*e* ディジタル式血管造影法. données ~*es* ディジタル化されたデータ. images ~*es* ディジタル化された映像. photos ~*es* grâce à un scanner スキャナーによるディジタル写真.

numériseur *n.m.*〖情報処理〗ディジタル化装置,(アナログデータの)ディジタル変換装置.

numéro *n.m.* [Ⅰ]《番号》《数字の前の略記 N°, n°》 **1** 番号.〖化〗~ atomique 原子番号. ~ de chambre d'hôtel ホテルのルームナンバー. ~ de compte bancaire 銀行の口座番号. ~〖de téléphone〗電話番号. composer (faire) un ~ de téléphone 電話番号を回す(電話番号のボタンの押す). ~ d'immatriculation d'une automobile 自動車のプレートナンバー. ~*s* des pages d'un livre 書籍のページナンバー. ~ d'inscription 登録番号. ~ de série シリアル・ナンバー.〖スイス〗~ postal 郵便番号《フランスは code postal》.

~ un ナンバーワン〔の〕;最も重要な,最大の. le ~ un d'un groupement politique 政治グループのナンバーワン(トップ). le ~ un espagnol スペイン政府のナンバーワン. ennemi public ~ un 公衆の敵ナンバーワン. ma préoccupation ~ un 私の最大の気がかり.〖電話〗~ vert 緑番号《企業が受信電話の通話料を負担する番号;フリーダイヤル番号》.

2 番地,部屋〔の家〕;(ホテル,病院など の) …号室(= ~ d'une chambre). ~ d'une maison 家屋の番地. côté des ~*s* pairs (impairs) (通りの)偶(奇)数番地側. habiter au ~ 7,〔dans la〕rue Saint-Honoré サン=トノレ通り7番地に住む. Le ~ trois est occupé. 3号室はふさがっている. le ~ 11 11号室の宿泊客).

3 (雑誌・新聞などの)号;…号の雑誌(新聞). ~ gratuit 無料配布号. ~ spéciale《Elections》選挙特集号. ~ spécimen 見本版. ~ zéro(新雑誌発刊前の)ゼロ号. anciens ~*s* バックナンバー. dernier ~ 最新号. vente au ~ 一部売り. La suite au prochain ~. 以下次号.

4 番号札;籤札. ~ d'attente 待ち番号〔札〕. ~ gagnant (sortant) 当り籤. tirer le bon ~ 当り籤を引く;〖比喩的〗幸運である.

5〖商業〗(商品サイズの)号,番;〖繊〗(糸の)番手;〖美術〗(絵画の)号.

6〔話〕変り者. C'est un ~ (un drôle de ~) 奴は変人だ.

[Ⅱ]〖演目〗**1** (サーカス,ミュージックホールなどの)出し物. ~ de danse (de mime) ダンス(パントマイム)の出し物.

2〔話〕(出演者の)得意技, 十八番. faire son ~ 得意技を披露する.

numérologie *n.f.* 秘数学.
numérotage *n.m.* 番号づけ,ナンバリング;番地づけ.
numérotation *n.f.* 番号化;番号づけ;番号制分類. ~ à dix chiffres (電話番号の)10桁番号化.
numéroté(e) *a.p.* 番号を付した,番号入りの;番地をつけられた. compte ~ (銀行の名義人の記名のない)番号口座.〖書籍〗édition ~*e* 番号入り限定版. exemplaire ~ d'un livre 番号入り限定本. place ~*e* 番号入り広場.
numéroteur *n.m.* ナンバリング,番号印字器.
numerus〔-〕clausus 〔nymerysklozys〕〔ラ〕*n.m.* 採用(適用)許可数制限,定数,定員《事前に定めた規則に基づき,職能・地位に対する許可数を制限すること》.
numismatique *n.f.* 古銭学,貨幣(メダル)の収集・研究.
——*a.* 古銭の,貨幣(メダル)の. recherches ~*s* 古銭収集.
nummulite *n.f.*〖地学〗ヌンムリテス,貨幣石.
nummulitique *a.*〖地学〗貨幣石を含有する;貨幣石紀(古第三紀)の.
——*n.m.*〖地学〗貨幣石紀,古第三紀(=paléogène).
nuoc-mâm 〔nɥokmam〕*n.m.inv.*〖調味料〗(ヴェトナムの)ニョクマム,魚醬(ぎょしょう).
nu-pieds *n.m.inv.* 革紐サンダル.
nu(e)-propriétaire (*pl.* ~*s*-~*s*) *n.*〖法律〗虚有権者.
——*a.* 虚有権者の.
nuptial(ale) (*pl.* **aux**) *a.* **1** 婚礼の. bénédiction ~*ale* 新婚夫婦の祝別式. marche ~*ale* ウェディングマーチ,結婚行進曲. robe ~*ale* ウェディングドレス.
2 結婚の. anneau ~ 結婚指輪.
nuptialité *n.f.* 婚姻統計;婚姻率(= taux de ~)《一定期間内の婚姻数の対人口比》.
nuque *n.f.* えり,襟首(えりくび),うなじ. ~ épaisse 猪首(いくび).
Nuremberg〔独〕*n.pr.* ニュルンベルク(=〔独〕Nürnberg). procès de ~ ニュルンベルク軍事裁判《1945年11月20日-1946年10月1日》.
nurserie, nursery〔nœrsəri〕(*pl.* ~*s*)〔英〕*n.f.* **1**〔古〕子供部屋. **2** (特に

空港・駅などの) 育児室, 保育室.
3 養魚場, 甲殻類養殖場.
nursing [nœrsiŋ]［英］*n.m.* 看護, 看護業務.
nutrigénétique *n.f.*『医』栄養遺伝子学.
nutriment *n.m.* **1** 栄養素(=élément nutritif, substance nourrissante), 栄養分. **2**〔稀〕栄養元素《食品に含まれる炭素, カリウムなど》.
nutrithérapie *n.f.*『医』栄養療法.
nutritif (ve) *a.* **1** 栄養のある, 滋養になる, 栄養分の多い. éléments ~s；substance ~ 栄養素, 栄養分.
2 栄養に関する. besoin ~ des enfants 小児の栄養所要量. valeur ~ve 栄養価.
nutrition *n.f.* **1** 栄養.
2 栄養摂取, 栄養法. ~ des organes 器官の栄養摂取. ~ parentérale 非経口的栄養法, 経静脈的栄養法. troubles de la ~ 栄養摂取障害.
nutritionnel (le) *a.* 栄養に関する；栄養学的な.『医』anémie ~le 栄養性貧血.『医』cirrhose ~le 栄養性肝硬変, アルコール性肝硬変(=cirrhose alcoolique). composition ~le du lait 牛乳の栄養学的組成. troubles ~s 栄養障害.
nutritionniste *n.* 栄養学者；栄養士. médecin ~ 栄養医.
NVA (la) (=［独］*N*ationale *V*olks*a*rmee) *n.f.*『史』国家人民軍《ドイツ民主共和国(東ドイツ)国防軍の正式名称；=［仏］Armée nationale populaire》.
nvMCJ (=*n*ouveau *v*ariant de la *m*aladie de *C*reutzfeldt-*J*akob) *n.m.*『医』クロイツフェルト=ヤコブ病新変種.
nyctalopie *n.f.* **1**『医』昼盲〔症〕(=cécité du jour). **2**『動』夜間の視力増大《猫, ふくろうなど》.
nycthéméral (ale) (*pl. aux*) *a.*『生

医』一昼夜の, 24 時間の. rythme ~ 一昼夜のリズム.
nycthémère *n.m.*『生理』一昼夜《覚醒と睡眠からなる時間の心理的単位》.
nyctophobie *n.f.*『心・医』暗闇恐怖.
nycturie *n.f.*『医』夜間頻尿症；夜尿症(=énurésie nocturne).
nylon (<［商標］*N*~) *n.m.*『織』ナイロン. bas ~ ナイロンストッキング. étoffe de ~ ナイロン生地. fil de ~ ナイロン糸.
nymphéa *n.m.*『植』睡蓮, ナンフェア.
nymphéacées *n.f.pl.*『植』睡蓮科.
nymphomane *n.f.*『医』女子色情症の女性.
nymphomanie *n.f.*『医』ニンホマニア, 女子色情症《女性の性欲亢進症》.
Nyons *n.pr.* ニヨン《département de la Drôme ドローム県の郡庁所在地；市町村コード 26110, 形容詞 nyonsais (*e*)》. AOC huile d'olive de ~ ニヨン産産地名呼称管理オリーヴオイル. quartier des Forts de ~ ニヨンのレ・フォール街区《古い屋根付家並》.
NYSE Euronext (=［英］*N*ew *Y*ork *S*tock *E*xchange *Euronext*) *n.pr.*〔無冠詞〕『金融』NYSC ユーロネクスト《Amsterdam, Bruxelles, Lisbonne, Paris, Porto の各証券取引所とロンドン国際先物・オプション取引所 LIFFE を運営する Euronext 社が, ニューヨーク証券取引所の運営会社 NYSE と合併して, 2007 年 4 月 4 日に発足した証券取引所運営グループ》.
nystagmus (nistagmys) *n.m.*『医』ニスタグムス, 眼球震盪(しんとう)症, 眼振. ~ acquis 後天性眼振. ~ congénital 先天性眼振. ~ optocinétique 視運動性眼振. ~ pathologique 病的眼振. ~ physiologique 生理的眼振.
NZL (=la *N*ouvelle-*Z*é*l*ande) *n.f.* ニュージーランド《国名略記》.

O

O¹, **o**¹ *n.m.inv.* フランス語字母の第15字 (l'o, le o). *o*, e dans l'*o* 合字 œ 《*ex.* œil》. *o* ouvert 開音の (広い) o ［ɔ］《*ex.* fol [fɔl]》. *o* fermé 閉音の (狭い) o ［o］《*ex.* dôme [dom]》. *o* nasal 鼻音の o ［õ］《*ex.* son [sõ]》.

O², **o**² 〖記号・略号〗**1** 〖元素記号〗O：*o*xygène 酸素 (*n.m.*). **2** O：*o*uest 西 (*n.m.*). o.-s.-o.：*o*uest-sud-*o*uest 西南西. **3** °degré 度 (*n.m.*)《温度・角度の記号；*ex.* 4℃「摂氏4度」, 360°「360度」》.

OA (＝ [英] *o*ffice *a*utomation) *n.f.* オフィス・オートメーション《事務の自動機器化；＝［仏］bureautique》.

OAA (＝*O*rganisation des Nations unies pour l'*a*limentation et l'*a*griculture) *n.f.* 国連食糧農業機構 (＝［英］FAO：*F*ood and *A*griculture *O*rganization of the United Nations)《1945年設立》.

OACI (＝*O*rganisation de l'*a*viation *c*ivile *i*nternationale) *n.f.* 国際民間航空機関 (＝［英］ICAO：*I*nternational *C*ivil *A*viation *O*rganization)《1944年設立. 国連の専門機関》.

OAD (＝*O*rganisation *a*nti*d*opage) *n.f.* ドーピング防止 (アンチドーピング) 機構.

OAEC (＝［英］*O*rganization for *A*sian *E*conomic *C*ooperation) *n.f.* アジア経済協力機構 (＝［仏］OCEA：*O*rganisation de *c*oopération *é*conomique en *A*sie).

OAMCE (＝*O*rganisation *a*fricaine et *m*algache de *c*oopération *é*conomique) *n.f.* アフリカ・マダガスカル経済協力機構.

OAP (＝*œ*dème *a*igu du *p*oumon) *n.m.* 〖医〗急性肺水腫.

OAS¹ (＝*O*rganisation de l'*a*rmée *s*ecrète) *n.f.* 秘密軍事組織《1961-63年；アルジェリア内戦・独立の時期のフランスの反独立派テロ組織》.

OAS² (＝［米］*O*rganization of *A*merican *S*tates) *n.f.* 〖政治・経済〗米州機構《1948年設立；本部Washington-D.C.；＝［仏］OEA：*O*rganisation des *E*tats *a*méricains》.

oasis [ɔazis] *n.f.* **1** オアシス. ～ saha-riennes サハラ砂漠のオアシス. palmeraies d'une ～ オアシスの棕櫚（しゅろ）林. **2**〔比喩的〕憩いの場所, 安らぎの場；くつろぎの時. ～ de silence 静かな憩いの場.

OAT (＝*o*bligation *a*ssimilable du *T*résor) *n.f.* OAT 国債《固定または変動年利式の中

長期国債》.

obédience *n.f.* **1** 〖カトリック〗(上位者に対する修道者の) 従順, 服従. Pauvreté, ～ et chasteté, les trois parties de la vie religieuse. 修道生活の三つの役割である貧困, 従順と貞潔. **2** 修道院変更許可状 (＝lettre d'～). **3**〖仏史〗lettre d'～ (修道者に授与した) 教員免許状《1850-81年》. **4** 主修道院の支部 (付属施設). **5**〔比喩的〕(精神的・政治的) 従属関係. les pays d'～ communiste 共産主義諸国, 共産圏衛星諸国. **6**〖文〗服従, 恭順. ～ absolue 絶対的服従.

obéissance (＜obéir) *n.f.* **1** (à への) 服従, 従属. ～ à ses parents 両親への服従. ～ passive 黙従. refus d'～ 服従拒否. jurer, prêter ～ à *qn* 人に服従を誓う. **2** (法律・規則の) 遵守. ～ à la loi 法律の遵守. ～ aux ordres 命令の遵守.

Obernai *n.pr.* オーベルネ《département du Bas-Rhin バ－ラン県の小郡庁所在地；市町村コード67210；葡萄畑に囲まれた古い城塞都市・ビールの生産地》. halle aux blés d'～ オーベルネの小麦市場《16世紀》.

obèse *a.* 〖医〗肥満症にかかった；肥満した, 肥満体の, 太った, でぶの. corps ～ 肥満体. 〖医〗malade ～ 肥満症患者. —— *n.* 肥満症患者；肥った人, でぶ.

obésité *n.f.* 肥満；〖医〗肥満症.

objecteur *n.m.* 〖軍〗～ de conscience 良心的兵役忌避者.

objectif¹(**ve**) *a.* **1** 客観的な (subjectif 「主観的な」の対). analyse ～ve de la situation 状況の客観的分析. histoire ～ve 客観的歴史. observateur ～ 客観的観察者. **2**〖哲〗客観的な, 表象的な. réalité ～ve 客観的 (表象的) 存在. **3**〖医〗他覚的な. symptômes ～s 他覚的症状. tintement ～ 他覚的耳鳴り. **4** 対象となる；〖光学〗対物性の.〖軍〗point ～ 目標地点.〖光学〗verre ～ 対物レンズ. **5**〖文法〗目的語の, 目的格の.

objectif² *n.m.* **1**〖光学〗対物レンズ；〖写真〗(写真機, 撮影機の) レンズ；写真機, カメラ. ～ à grand angle 広角レンズ (＝～ grand-angulaire). ～ achromatique 色消し対物レンズ. ～ anastigmatique アナスティグマート (非点収差補正レンズ). ～ inter-changeable 交換レンズ. ～ macro〔photo-graphique〕広角レンズ. ～ panoramique

パノラマレンズ. ~ périscopique 魚眼レンズ. ~s photo(graphiques)カメラ用レンズ. ~ standard 標準レンズ. ~ téléphotographique 望遠レンズ (=téléobjectif). (~) zoom ズームレンズ (= ~ à focal variable). ~ zoom trans-standard de base de 28 à 80 mm 28-80 ミリの標準ズームレンズ. diaphragme d'un ~ レンズの絞り. distance focale d'un ~ レンズの焦点距離. profondeur de champ d'un ~ レンズの焦点深度. télé (-) ~ 望遠レンズ. poser devant l'~ カメラの前でポーズをとる.
2 目標, 目的；〖軍〗目標(地点). ~s de guerre 戦争の目的. ~ d'un tir d'artillerie 砲撃目標. ~ inaccessible 到達(達成)不能の目標. ~ premier (principal) 第一(主要)目標. atteindre un ~ 目標を達成する；〖軍〗目標地点に到達する. bombarder des ~s militaires 軍事目標を爆撃(砲撃)する. avoir pour ~ de+inf.(n.) …すること(何)を目標とする.

objection *n.f.* 異議, 異論；反論, 抗弁；苦情.〖軍〗 de conscience 良心的兵役忌避. faire (soulever) une ~ à …に異議を申し立てる. répondre à une ~ 異議申し立てに反論する.

objectivisme *n.m.* 客観主義；客観論.
objectivité *n.f.* **1** 客観性. ~ de la science 科学の客観性.
2 客観的態度. ~ d'un historien (d'un juge) 歴史家(判事)の客観的姿勢. manque d'~ 客観的姿勢(客観性)の欠如.

objet *n.m.* Ⅰ (具体的な物)物体, 物, 品物. ~s (時に動植物を含める). ~ à usage professionnel 仕事の道具. ~ d'art 美術工芸品. ~ de luxe 贅沢品. ~ de première nécessité 生活必需品. ~ de piété (pieux) 信仰の対象となる品. ~ de toilette 化粧道具. ~ de valeur 高価な品物. ~ spatial 宇宙物体. ~ volant non identifié (OVNI) 未確認飛行物体, UFO. bureau des ~s trouvés 遺失物預かり所, 忘れ物預かり所. ces ~s apparemment futiles qui n'en ont pas moins une valeur particulière pour leurs propriétaires 一見つまらなく見えるが, それでも持ち主にとって特別な価値を持つもの.
Ⅱ (抽象的に) **1** 対象；〖哲〗客体, 対象 (sujet「主体」の対)；〖心〗対象. relation d'~ 対象関係. femme-~ (人格を否定され, もっぱら欲望の)対象とされている女性. langage-~ 対象としての言葉. voiture-~ (実用性を無視された)愛玩物として扱われる自動車. traiter qn en ~ …の主体性を否定して扱う.
2 目的, 目標, 主題, 的.〖法律〗~ d'un litige 係争物.〖法律〗~ du contrat 契約の目的.〖法律〗~ social (会社あるいは非営利社団の)目的. atteindre (remplir) l'~ 目標を

達する. avoir pour ~ de+inf. (qch) …することを(…)を目的とする. Le plan d'action gouvernemental a pour ~ d'assurer l'égalité entre les deux sexes au travail. 政府の行動計画は労働における両性の平等確保を目的としている. être (faire) l'~ de …の対象になる. Le malade fait l'~ de soins spéciaux. 病人は特別な看護を受けている. Au Japon, les parlementaires sont l'~ de diverses sollicitations de leurs électeurs. 日本では国会議員は有権者からのさまざまな依頼にさらされる. sans ~ 目的がない, いわれがない, 根拠がない. Satisfaction lui ayant été donnée, la démarche qu'il avait entreprise est désormais sans ~ (n'a plus d'~) 彼の要求は入れられたので, 彼が始めた手続きはもはや意味がない.
3 〖文法〗目的語. complément d'~ direct (indirect) 直接(間接)目的語.

objuration *n.f.* **1**〖多く pl.〗諫言(かんげん), 難詰 (なんきつ). **2** 懇願.

obligataire *a.*〖証券〗債券による；債券の. emprunt ~ 債券による借金. marché ~ 債券市場.
—*n.* 債券所有者.

obligation *n.f.* **1** (道徳・宗教・社会上の)務め, 義務, 責務, 義理. ~s militaires 兵役義務. ~s mondaines 社交的儀礼. ~ morale 道徳的義務. ~s professionnelles 職責. d'~ 義務的な. fête d'~ 信者が守るべき祝祭日.
avoir l'~ de+inf. …する義務がある. faire honneur (satisfaire) à ses ~s 己れに負う義務を果たす. se faire une ~ de+inf. …することを自らに課す, 必ず…する. être (se trouver) dans l'~ de+inf. …する必要に迫られる, …する破目になる. se soustraire à ses ~s 義務を逃れる. De par ses engagements vis-à-vis de ses partenaires, la France se trouve dans l'~ de revenir à l'équilibre budgétaire. フランスは他の加盟国との約束によって, 財政均衡を回復する義務を負っている.
2〖法律〗義務；債務. ~ alimentaire 扶養義務. ~ alternative 選択債務. ~ cautionnée (関税・所得税などの)保証付納付義務. ~ civile 民事債務. ~ conjonctive 複合債務. ~ de moyens 手段債務 (債務者が特定の結果について義務を負わない債務. この場合, 債権者は債務者が取るべきあらゆる手段をとらなかったことを証明してのみ, その責任を問うことができる). ~ de réserve 守秘義務, 慎重義務. ~ de résultat 結果債務 (債務者が特定の結果について義務を負う債務. この場合, 債権者は債務者がいかなる手段をとったかにかかわりなく, 契約された結果が達成されてないことを証明すれば, 債務者の責任を問える). ~ indivisible 不可分債務. ~ solidaire 連帯債務.

extinction d'une ~ (完済による) 債務の消滅. contracter une ~ envers qn¹ 人に対して義務を負う. s'acquitter de ses ~s 債務を弁済する.
3 〖財政〗債券；社債. ~ à taux fixe (variable) 固定 (変動) 金利債券. ~ à bon de souscription (d'actions) ワラント債, 新株引受権つき債券. ~ au porteur 無記名債券. ~ assimilable du Trésor (OAT) 長期国債. ~s convertibles 〔en actions〕転換社債. ~ échangeable 交換社債. ~ renouvelable du Trésor (ORT) 買い替え可能国債. émission d'~s par l'Etat 国債の発行. porteur d'une ~ 債券保有者.
4 〔やや古・文〕恩義. avoir à qn de l'~ 人に恩義を受けている. contracter une ~ envers qn² 人に恩義を受ける. s'acquitter d'une ~ 恩を返す.

obligatoire a. **1** 義務的な；強制的な, 必修の. 〖交通〗arrêt ~ 義務的 (強制的) 停車. 〖法律〗clause ~ 義務的条項. contrôle médical ~ 必ず受けなくてはならない健康診断. instruction gratuite et ~ 無償の義務教育〔制〕. La réservation des places est ~ dans les TGV. TGVでは座席を必ず予約しなくてはならない. L'étude du latin et du grec est ~ selon les sections. コースによりラテン語と古典ギリシア語の学習は必修である. Il est ~ de+ inf. ~するのは義務である.
2 〔話〕必然の, 当然の, やむを得ない, 不可避な. Il a raté son examen, c'était ~! 彼が試験に失敗したのは当然のことだ.

obligé(e) a.p. **1** (envers に対して) 義務を負った, 債務を負った. personne ~e envers un créancier 債権者に対し債務を負った人. être ~ de (〔古〕à)+ inf. …する義務がある；…することを余儀なくされている. On est ~ de faire ce qu'on a promis. 約束したことを果たす義務がある. Tu n'y es pas ~. そうする必要はない.
2 恩義を受けた. être ~ à qn de+ n. (+ inf.) …について人に感謝している. Je vous serais fort ~ de bien vouloir + inf. …してくだされば有難い仕合せです. Je vous suis bien ~. 心からあなたに感謝しています.
3 義務的な；必然的な, 必要な. conséquence ~e 必然的結果. formule ~e d'une lettre 手紙に必要な書式. visite médicale ~e 義務的な検診. 〖話〗C'est ~! 避けられないことだ. C'était ~. 仕方のないことだ.
4 〖音楽〗オブリガートの. récitatif ~ オブリガートの叙唱.
── n. **1** 義務を負った人；債務者 (=débiteur).
2 恩義を受けた人. Je suis votre ~. 有難うございました.

obligeance n.f. 親切. homme d'une extrême ~ ひどく親切な男. Ayez l'~ de+

inf. /Voulez-vous avoir l'~ de+ inf. ? どうか…してください (ませんか？)

obligeant(e) a. **1** (人が) 親切な；世話好きな. homme ~ 親切な人.
2 愛想のよい, 心のこもった. accueil ~ 愛想のよい応待. bonté ~e 心のこもった善意.

oblique a. **1** 斜めの；傾いた. cône ~ 斜円錐. des longues lignes ~s de la pluie 長い斜線を描いて降る雨. éclairage ~ 斜めに当てた照明. épaules ~s 傾いた肩. plan ~ 傾斜面. rayons ~s du soleil couchant 夕陽の斜めに射しこむ光線. regrad ~ 横目. 〖軍〗tir ~ ；feux ~s 斜射.
2 〖音楽〗mouvement ~ (多声の) 斜進行.
3 〖比喩的〗間接的な；(表現などが) 遠回しの. accusation ~ 遠回しの非難. 〖法律〗action ~ 間接 (斜行) 訴権；債権者代位権〔訴訟〕. 〖文法〗cas ~ 斜格. 〖文法〗discours ~ 間接話法 (=oratio obliqua；discours indirect). 〖人類学〗mariage ~ 斜行婚.
── n.m. **1** 〖解剖〗斜筋 (=muscle ~). **2** en ~ 斜めに. traverser une place en ~ 広場を斜めに横切る.
── n.f. 斜線 (=ligne ~).

obliquité n.f. (線・面の) 傾斜〔度〕. 〖天文〗~ de l'écliptique 黄道傾斜角. ~ des rayons du soleil 太陽光線の傾斜度.

oblitération n.f. **1** 消印を押すこと；押された消印. ~ du timbre 切手に押された消印. cachet d'~ 消印.
2 〖医〗(管腔の) 閉塞, 遮断；除去. ~ congénitale 先天性閉塞 (= imperforation). ~ d'une coronaire 冠状動脈閉塞.
3 (記憶・知覚の) 喪失, 減退.

oblong(ue) a. **1** 長方形の；細長い. visage ~ 細長い顔.
2 〖製本〗横長の. format ~ 横長の版型.

obnubilation n.f. 〖医〗昏蒙 (こんもう) (軽度の意識混濁, 意識の曇り).

OBO (= 〔英〕oil bulk ore) n.m. 〖海〗石油・ばら積・鉱石運搬共用貨物船 (= 〔仏〕pétrolier-vraquier-minéralier).

Obs (< le Nouvel Observateur, 週刊誌) n.m. 〖俗〗オブス (「ル・ヌーヴェル・オプセルヴァトゥール」の略称). les débats de l'~ 「ル・ヌーヴェル・オプセルヴァトゥール」の論争欄.

obscène a. 猥褻な, 猥らな. geste ~ 猥らな行為. livres ~s 猥本, 春本. propos ~s 猥談.

obscur¹(e) a. **1** 暗い；薄暗い, ほの暗い. atmosphère ~e 暗い雰囲気. chambre ~e 薄暗い寝室；暗室 (= chambre noire). ciel ~ 暗い空, 曇り空. endroit (lieu) ~ 暗い場所. nuit ~e 暗夜, 闇夜. salle ~e 暗い場所；映画館. sommeil ~ 深い眠り. souterrain ~ 薄暗い地下.
2 はっきり見えない, よく見えない. loin-

obscur²

tains ~s かすんだ彼方.
3（色が）黒ずんだ；くすんだ；暗い. grisailles ~es 黒ずんだグリザイユ画〔法〕. rouge ~ 暗赤色. ton ~ d'un tableau 絵のくすんだ色調.
4〔比喩的〕難解な, わかりにくい；曖昧な. énigme ~ 難解な謎. esprit ~ 曖昧な精神. événements ~s わかりにくい出来事. philosophie ~e 難解な哲学. point ~ はっきりしない点；曖昧な点. questions ~es よくわからない問題.
5〔比喩的〕人に知られていない；無名の. existence ~e 人目に触れない生活. héros ~ 知られざる英雄. périodes ~es de l'histoire 歴史の暗黒時代. mener une vie ~e 世に埋もれて生きる.
—*n.* 無名の人.

obscur² *n.m.* **1** 暗色. le clair et l'~ 明色と暗色；〔美術〕明暗描法 (=clair-~).
2 暗さ；闇 (=obscurité).
3 暗部. au plus ~ de lui-même 彼の心の奥底で.

obscurantisme *n.m.* 反啓蒙主義, 蒙昧主義；〔文学・美術〕難解主義.

obscurcissement (<obscurcir) *n.m.*
1 暗くすること；暗くなること. ~ du ciel par les nuages 雲による空の暗転.〔天文〕~ du soleil par l'eclipse 蝕による太陽のかげり.
2 衰え, 衰退, 鈍化. ~ de l'esprit 精神の鈍化. ~ de la vue 視力の衰え；黒内障 (=amaurose).
3 不明瞭（難解）化. ~ de la vérité 真実の隠蔽.

obscurité *n.f.* **1** 暗いこと；暗がり, 暗闇, 闇. complète (épaisse, profonde) 真暗闇. ~ du crépuscule 薄暮. ~ de la nuit 夜陰. ~ du soir 夕闇. ~ d'une pièce non éclairée 明りのついていない部屋の暗がり. chambre plongée dans l'~ 闇に包まれた寝室.〔農〕forçage à l'~ 遮光栽培. chercher dans l'~ 闇の中で探す. fuir à la faveur de l'~ de la nuit 夜陰に乗じて逃走する. se dissimuler à la faveur de l'~ 闇にまぎれる.
2〔美術〕暗調.
3〔比喩的〕難解さ；曖昧さ；不明であること. ~s de l'Ecriture『聖書』の難解性. ~ d'un écrivain 作家のわかりにくさ. ~ de la loi 法律の不明な点. ~ d'un ouvrage philosophique 哲学書の難解さ. apporter de l'~ dans une affaire 事柄を曖昧にする.
4 世に知られないこと. ~ des origines 起源の未知. ~ du passé 過去の闇. vivre dans l'~ 世に埋もれて生きること.

obsédant(e) *a.* 心につきまとう；執拗な. bruit ~ 執拗な騒音. doute ~ 払いがたき疑念. idée ~e 強迫観念 (=obsession).

obsédé(e) *a.p.* 固定（強迫）観念につきま

とわれた. être ~ des multiples soucis 心配症である.
—*n.* **1** 固定（強迫）観念につきまとわれた人. ~ sexuel 色情妄想者.
2 (de) ...で頭がいっぱいの人, ...のマニア. ~ de la politique 政治マニア. ~ de propreté 清潔症の人.

obsèques *n.f.pl.* 葬儀, 葬式（葬列と埋葬を伴う一連の葬儀）. ~ célébrées en grande pompe 盛大な葬儀. ~ civiles 非宗教葬. ~ nationales 国葬. ~ religieuse 宗教葬.

observance *n.f.* **1**〔宗教〕（宗規, 戒律の）遵守.
2 戒律. la stricte ~ de Cîteaux シトー会の厳格な戒律. manquer aux ~s 戒律にもとる.
3 修道会（戒律に基づく修道組織）. ~ de Saint-François サン=フランチェスコ修道会.
4（規則・風習の）遵守, 遵奉；（遵守すべき）規則, しきたり, 慣例. ~ du couvre-feu 外出禁止令（消灯）の遵守. ~ d'une règle sociale 社会的慣例の遵守. marxiste de stricte ~ こちこちのマルクス主義者.
5〔医・薬〕処方の遵守.

observa*teur*(*trice*) *n.* **1** 観察者, 観測者. ~ de la nature 自然の観察（観測）者.
2 目撃者；傍観者. assister à un événement en simple ~ 単なる傍観者として事件にかかわる.
3 オブザーヴァー；監視員. ~ officiel 公式オブザーヴァー. ~ des Nations unies 国連のオブザーヴァー.
4〔軍〕偵察者；観測者. ~ d'artillerie 着弾観測者.
5〔古〕遵奉者. ~ d'une loi 法律の遵奉者.
—*a.* 観察力のある. Elle est très ~*trice* 彼女は観察力が鋭い.

observation *n.f.* **I**（守ること）**1** 遵守 (=observance, respect)；（約束などの）厳守. ~ du Code de la route 道路交通法規の遵守. ~ d'un règlement 規則の遵守.
2〔古〕慣行, 慣習法.
II（見守ること）**1** 観察；観測. ~ astronomique 天体観測. ~ de la nature 自然の観察. ~ météorologique 気象観測. avoir l'esprit d'~ 観察力がある. instruments d'~ 観測機器.
2 観察（観測）所見；観察結果, 観察報告書；所見；指摘；〔法律〕判例評釈. ~ juste 的確な所見. ~ sur un auteur 作家に対する所見. envoyer ses ~s 観察所見（報告書）を送付する.
3 監視；〔軍〕偵察；(弾着の) 観測；〔スポーツ〕観察. ~ aérienne 空中査察. aviation d'~ 観測機. corps d'~ 偵察隊. poste d'~ 監視哨.
4〔医〕(病人の容態の) 監視. mettre un malade en ~ 病人を監視下に置く. quarantai-

ne d'~ 検疫期間.
5〖スポーツ〗(相手の戦力の)観察,偵察,round d'~ 相手の戦力の見当をつけるラウンド.
6 軽い非難(警告)(=avertissement), 批判, 注意；異議(=objection). faire une ~ à qn 人に小言を言う.

observationnel(le) *a.* 観察(観測)に基づく. bases ~ les de la connaissance scientifique 科学知識の観測に基づく根拠. cosmologie ~ le 観測宇宙〔構造〕論.

observatoire *n.m.* **1** 天文台(= ~ astronomique)；測候所, 気象台(= ~ météorologique)；観測所. l'O~〔de Paris〕パリ天文台(1667年創設). ~ astrophysique 天体物理観測所. ~ radio-astronomique 電波天文台. ~ solaire 太陽観測所. ~ volcanologique 火山観測所.
2 (政治・経済・社会的動向の)観測所, 観測機構. l'O~ français des conjonctures économiques フランス景気観測機構〔略号OFCE〕. l'O~ de l'immobilier 不動産動向観測所. l'O~ national de l'agriculture biologique 国立バイオ農業監視機構《Apca：Assemblée permanente des Chambres d'agriculture 内に設置》.
3〖軍〗監視所, 監視哨. l'O~ international des prisons 国際監獄監視機構.

obsession *n.f.* **1** 妄想, 固定観念. avoir l'~ 固定観念をもつ.
2〖心〗強迫；強迫観念. avoir de l'~ de l'échec 失敗の強迫観念を抱く.
3〔古〕悪魔にとりつかれていること, 憑依(ひょうい)；つきまとい.

obsessionnel(le) *a.*〖医〗強迫的な. idée ~ le 強迫観念〔症〕, 強迫思考. impulsion ~ le 強迫欲求, 強迫衝動. névros ~ le 強迫神経症.

obsolescence *n.f.* **1** 時代遅れ. **2**〖経済〗(機械などの老朽化による)価値低下；廃用.

obsolète [ɔpsɔlɛt] *a.* すたれた, 廃用の；陳腐な；役に立たない. mot ~ すたれた語, 廃用語.

obstacle *n.m.* **1** 障害物；障害.〖スポーツ；競馬〗course d'~s 障害物競走, 障害レース. franchir un ~ 障害を越える.
2 妨害, 妨げ；邪魔；障壁. faire ~ à qch 何々の邪魔をする. faire ~ à la montée des prix 物価の上昇を阻止する. rencontrer des ~s 数々の妨害(困難)に遭遇する.

obstétrical(ale)(*pl.***aux**) *a.*〖医〗産科の. choc ~ 産科ショック, 分娩時ショック.

obstéricien(ne) *n.*〖医〗産科医. cynécologue-~ 産婦人科医.

obstétrique *a.*〔古〕〖医〗産科の(=obstérical). clinique ~ 産科医院.
—*n.f.*〖医〗産科学.

obstination *n.f.* **1** 強情, 片意地. ~ de paysan 農民の頑固さ. ~ à refuser (dans le refus) かたくなに拒否し続けること. avec ~ 強情に.
2 ねばり強さ. ~ de son effort 彼のねばり強い努力.

obstiné(e) *a.p.* **1** (人が)強情な, 頑固な, 意地張りの. personne ~ e 頑固者.
2 ねばり強い, 不屈の. effort ~ 不屈の努力. travail ~ ねばり強い仕事. d'une manière ~ e ねばり強く；しつこく.
3 しつこい；〖医〗治りにくい. opposition ~ e しつこい反対. rhume ~ しつこい風邪.
4〖音楽〗basse ~ e 固執低音, バッソ・オスチナート.
—*n.* 強情者, 頑固者.

obstructif(ve) *a.* **1**〖医〗閉塞する, 閉塞性の. douleur ~ ve 閉塞痛.〖医〗syndrome ~ 気管支閉塞症候群.
2 妨害する；(特に)議事妨害の. ~ systématique 組織的(型にはまった)妨害. faire de l'~ pour empêcher le vote d'une loi 法案の採決を遮るため議事妨害をする.

obstruction *n.f.* **1**〖医〗閉塞症. ~ intestinale 腸閉塞.
2 妨害, 妨げ. faire de l'~ dans une assemblée 会議で議事妨害をする.
3 障害, 支障；障害物.
4〖スポーツ〗反則となる妨害行為, オブストラクション.

obstructionnisme *n.m.*〖政治〗議事妨害戦術.

obstructionniste *n.* 議事妨害者.
—*a.* 議事妨害の. tactique ~ 議事妨害戦術.

obtention (<obtenir) *n.f.* **1** (deの)取得, 入手, 獲得. ~ du permis de conduire 運転免許証の取得. ~ végétale 植物新品種《知的所有権の対象として登録証明書が発行され, 保護される》.
2〖理工〗生産；実現, 取り出し. ~ de la matière première 原材料の生産. ~ d'une température plus élevée より高温度の達成.

obturateur¹(trice) *a.* (穴, 口などを)塞ぐ, 閉塞する, 閉鎖の.〖解剖〗membrane ~ *trice* 閉塞膜. muscle ~ 閉鎖筋.

obturateur² *n.m.* **1** 閉塞装置, 閉塞物.
2〖写真〗シャッター. ~ central〔à lamelles〕レンズシャッター. ~ central commandé par microprocesseur, vitesse de 30 secondes à 1/800s. マイクロプロセッサー制御式レンズ・シャッター, シャッタースピード 30 秒～-1/800 秒. ~ de haut de gamme 高性能シャッター. ~ électronique à rideaux de toile caoutchoutée ゴム引き布製電子〔制御〕シャッター. ~ électronique programmé 電子制御シャッター. ~ mécanique 機械式シャッター. ~ plan〔-〕focal à lamelles métalliques défilant verticalement 縦走り金属製フォーカルプレーン・シャッター. ~ plan〔-〕fo-

obturation

cal électronique à défilement vertical de 30 secondes à 1/1000 seconde, poses B et T, synchro flash-X à 1/250s. 縦走り式電子制御フォーカルプレーン・シャッター, 30 秒～1/8000 秒, 長時間露光 B, T, シンクロ X 接点で 1/250 秒まで同調. ～ plan[-]focal à translation verticale 縦走りフォーカルプレーン・シャッター.
3〖砲〗(後装砲の)閉鎖機, 尾栓.
4〖機械〗(水・蒸気・ガスの)止め弁, 絞り弁, 栓.
5〖解剖〗閉鎖筋 (=muscle ～). ～ externe (interne) 外(内)閉鎖筋.
6(視力検査用の)視線を遮る円板.
7(避妊用の)閉鎖ペッサリー.
8 ～ de tympan (騒音から耳を守る)耳栓 (=boule Quies〖商標〗).

obturation 1 (穴・管などの)閉塞(鎖). **2** (歯の)充塡. ～ dentaire 歯の充塡. **3**〖写真〗シャッター作動.〖写真〗vitesse d'～ シャッター速度(スピード).

obus [oby] *n.m.* **1** 砲弾. ～ à balles 榴散(りゅうさん)弾. ～ à charge nucléaire 核砲弾. ～ à charge creuse (OCC) 中空装薬弾. ～ à chargement chimique (bactériologique) 化学(細菌)弾. ～ antichars 対戦車砲弾. ～ autopropulsé 自力推進弾. ～ de rupture 徹甲弾. ～ de sabot サボ弾《縮経口径弾の一種》. ～ en uranium appauvri 劣化ウラン弾. ～ éclairant 照明弾. ～ explosif 炸裂弾. ～ fumigène 発煙弾;焼夷弾. ～ perforant 徹甲弾. ～ sous-calibré 縮経口径弾. ～ spécial 特殊弾《化学弾, 細菌弾など》. ～ toxique 毒ガス弾.
2 砲弾状のもの;(捕鯨用の)銛(=harpon);(気送管やタイヤ等の)バルブ閉塞弁.〖農〗draineur 鋤玉《心土破砕機の挈柱に取付ける細長い砲弾状の器具》. homme (femme) ～ (サーカスの)人間砲弾.

OC (=*o*ndes *c*ourtes) *n.f.pl.*〖電波〗短波 (=ondes décamétriques).

oc [ɔk] *ad.*〖言語〗オック《中世の南フランス語で oui を意味する》;北フランス語ではoïl). langue d'～ オック語 (=langue occitane)《ほぼ la Loire ロワール河以南の南フランス諸地方の方言の総称;以北の北フランス諸地方の方言の langue d'oïl の対》.〖地理〗le Languedoc ラングドック地方《フランスの旧州名》.〖地理〗pays d'O～ オック地方.

OCAM[1] (=*O*rganisation *c*ommune *a*fricaine et *m*algache) *n.f.* アフリカ・マダガスカル共同機構《1966 年設立. 本部は中央アフリカ共和国の Bangui》.

OCAM[2] (=*O*rganisation *c*ommune *a*fricaine et *m*auricienne) *n.f.* アフリカ・モーリス島共同機構《1965 年 OAMCE に代り発足;-1985》.

OCBC[1] (=*O*ffice *c*entral de lutte contre le trafic des *b*iens *c*ulturels) *n.m.* 文化財不正取引防止中央本部.

OCBC[2] (=*O*ffice *c*entral des *b*iens *c*ulturels) *n.m.* (司法警察の) 文化財総局.

OCC (=*O*ffice *c*ulturel de *C*luny) *n.pr.f.* クリュニー文化事務所《1964 年設立のカトリック文化センター》.

occase (<〖俗〗=occasion) *n.f.* une bonne ～ 絶好のチャンス. C'est une ～. チャンスだよ.

occasion *n.f.* **1** 機会;チャンス, 好機. ～ inespérée 思いがけぬ(絶好の)機会. bonne (belle) ～ すばらしい機会, 好機. avoir (trouver) une ～ 好機を得る. avoir l'～ de + *inf*. …する機会を得る. donner (fournir) à *qn* l'～ de + *inf*. …する機会を与える. guetter l'～ 機会をうかがう. laisser échapper (passer) une ～ 好機を失する. manquer (perdre) une ～ 機会をのがす(失する). profiter de l'～ pour + *inf*. 機会に乗じて…する. saisir l'～ 好機を捉える (のがさない). saisir l'～ aux cheveux 機会を素早く捉える.〖話〗sauter sur l'～ 好機に飛びつく.
à l'～ 機会があれば, 折を見て. à la première ～ 次の機会に次第. à cette ～ この機会に, 折角の機会だから.〖諺〗L'～ fait le larron. 魔がさせば人は盗人.
2〖神話〗l'O～ 好機の女神《前頭部にだけ長い編み髪を垂らした禿頭》.
3 買い得;買得品. soldes et ～s exceptionnels 超特価の特売品と買得品. d'～[1] 中古の;〖古〗格安の. marchandise d'～ 中古商品, 中古品. voiture d'～ 中古車. acheter d'～ à un revendeur 古物商から中古で買う. faire le neuf et l'～ 新品と中古品を扱う (売る). vendre du neuf et de l'～ 新品と中古品を売る.
4 (de の) 動機, 契機, きっかけ, 原因. ～s de dispute 口論の種. ～s de haïr 憎悪の原因. à l'～ de …を契機に. feu d'artifice à l'～ du 14 juillet 革命記念日に行なわれる花火大会.
5 場合, 状況, 折, 機会. grandes ～s 晴れの日. d'～[2] 偶然的の, その場限りの. liaison d'～ かりそめの関係. dans les ～s exceptionnelles 例外的な状況下で. en toute ～ いかなる状況でも;機会(折)ある毎に. montrer du sang froid en toute ～ いかなる状況下でも冷静さを示す. par ～ 偶然に, ひょっとして;時折. Si, par ～, vous venez à Paris, ne manquez pas de venir nous voir. パリにいらっしゃることがあれば, 必ず私共のところにいらしてください.

occasionnel(le) *a.* **1** 偶然の, 偶発的な;一時的な, 臨時の;随時の;補助的な. dépense ～ le 臨時支出. préposé ～ 臨時の被用者. travail ～ 一時的な仕事. vente ～ le 臨時の売買.
2〖哲〗cause ～ le 偶因, 機会原因.

occident *n.m.* **1** 西 (ouest).

2 l'O~ a) 西洋《西ヨーロッパと北米》；l'Orient「東洋」の対）．b) 西ヨーロッパ(=l'Europe occidentale)．c) 〚政治〛西側諸国，北大西洋条約 OTAN (=NATO) 加盟諸国．
3 〚キリスト教〛l'Eglise d'O~ 西方教会，ローマ教会 (l'Eglise d'Orient「東方教会」の対)．

occidental (ale) (pl. **aux**) a. **1** 西の，西方の (oriental「東方の」の対). côte ~ ale 西海岸. l'Europe ~ ale 西ヨーロッパ，西欧. les Indes ~ ales 西インド諸島.
2 西洋の, 欧米の (oriental「東洋の」の対). civilisation ~ ale 西洋文明. mode de vie ~ ale 西洋の生活様式.
3 西ヨーロッパの，西欧の (l'Europe de l'Est「東ヨーロッパ(東欧)」の対)；西欧人の. 〚政治〛le bloc ~ 西欧ブロック, 西側諸国.
——O~ n. **1** 西洋人. **2** 西ヨーロッパ(西欧)人.

occidentalisation n.f. 西欧化，西洋化. ~ d'une mentalité 思考方法の西欧化.

occidentalisé(e) a. 西洋化された；西欧化された. habitudes de vie ~ es 西欧(西欧)化された生活習慣.

occipital (ale) [ɔksipital] (pl. **aux**) a. 〚解剖〛後頭部の. lobe ~ 後頭葉. os ~ 後頭骨. présentation ~ ale 後頭位. trou ~ 大後頭孔.
——n. 〚解剖〛後頭骨 (=os ~).

occiput [-t] n.m. 〚解剖〛後頭〔部〕. Il a reçu un coup sur l'~. 彼は後頭部に一撃をくらった.

occitan (e) [ɔksitã, an] a. オクシタニア(l'Occitanie)の，ラングドックの；オック語(langue d'oc)の. poète ~ オクシタニアの詩人, ラングドックの詩人.
——n.m. オクシタニア語, オック語 (=langue d'oc).
——O~ n. オクシタニアの住民，ラングドックの住民.

Occitanie (l') n.f. オクシタニア《オック語圏の諸地方の総称；南仏の31県, 北イタリア・アルプス地方の12の渓谷地帯, スペインのピレネー山脈渓谷地方1を含む地域に相当》.

occlus (e) a. **1** 〚化〛(固体に)吸蔵された. gaz ~ 吸蔵ガス.
2 〚気象〛front ~ 閉塞前線.

occlusif (ve) a. **1** 〚医〛閉鎖(閉塞)させる. bandage ~ 閉鎖包帯法.
2 〚音声〛閉鎖音の. consonne ~ ve 閉鎖子音 (=~ ve)；[b], [d], [g], [k], [p], [t]).
——n.f. 〚言語〛閉鎖音. ~s bilabiales 両唇閉鎖音 ([b], [p]). ~s dentales 閉鎖歯音 ([d], [t]).

occlusion n.f. **1** 〚医〛閉鎖〔術〕.
2 〚医〛閉塞〔症〕. ~ artérielle (veineuse) rétinienne 網膜動(静)脈閉塞症. ~ coronaire 冠状動脈閉塞. ~ intestinale fonc-

tionnelle (mécanique) 機能的(機械的)腸閉塞.
3 〚歯〛咬合. ~ bouleversée 不正咬合 (=malocclusion). ~ équilibrée (normale) 正常咬合.
4 〚化〛吸蔵, 収蔵, 閉塞.
5 〚気象〛(前線の)閉塞 (=~ front occlus).
6 〚音声学〛閉鎖.

occultation n.f. **1** 〚天文〛掩蔽(えんぺい), 星食. ~ du soleil par la lune 月による太陽の掩蔽, 日食 (éclipse).
2 (光源などの)遮蔽；〚軍〛完全消灯灯火管制. 〚海〛feu à ~s 明暗光(信号) (feu à éclats「閃光灯」の対).
3 (真実などの)隠蔽.
4 〚放送〛(電波障害による) TV 映像の遮蔽 (マスキング).
5 雲隠れ.

occultisme n.m. **1** 神秘学, 神秘術；神秘〔隠秘〕主義；神秘〔隠秘〕思想.
2 神秘術の実践；神秘療法, オカルティズム《加持・祈禱など》；オカルト信仰.

occupant (e) a. **1** 〚法律〛占有する. partie ~ e 占有部分.
2 〚軍〛占領する. armée ~ e；troupes ~ es 占領軍. nation ~ e 占領国.
——n. **1** 居住者；〚法律〛占有者；占住者；(乗物の) 乗客. ~s d'appartement アパートマンの住人. ~ de bonne foi 善意の占有者. 〚法律〛premier ~ 先占者.
2 〚軍〛占領軍兵士；〔集合的〕占領軍. lutter contre l'~ 占領軍と戦う.

occupation n.f. **1** 仕事；関心事. avoir de multiples ~s 沢山の仕事がある, 多忙である.
2 職, 職業. n'avoir pas d'~ 職がない.
3 居住；〚法律〛占有, 占住. ~ d'un appartement アパートの居住. ~ du domaine public 公産の占用. ~ d'un lieu 土地の占有. ~ temporaire 短期的公用占用. loyer payé à proportion de l'~ 占有率に応じて支払われる家賃.
4 占領；〚軍〛占領 (= ~ militaire). ~ de territoire 領土の占領. ~ d'une usine (ストライキなどによる) 工場の占拠. armée d'~ 占領軍. l'O~ ドイツ軍によるフランスの占領時代 (1940-44年).

occupé (e) a.p. **1** 占有されている. appartement ~ 住人のいるアパートマン. table non ~ e あいているテーブル. wc ~ 使用中のトイレ. ~ (表示で) 使用中. O~! 〔トイレで〕はいっています！〔電話〕La ligne est ~ e. /C'est ~. お話中です.
2 占領された. territoire ~ 占領された領土. ville ~ e 占領された都市. zone ~ e 占領地帯.
3 忙しい；手がふさがっている. avoir l'esprit ~ ひとつの事に夢中である. être ~ à (par) + n. (à + inf.) 何 (…すること)で忙しい. être très ~ 大変忙しい. être trop ~

4 (à, de に) 心を奪われた. être ~ aux pièces de Racine ラシーヌの芝居に心を奪われている.

OCDE (= Organisation de coopération et de développement économiques) n.f. 経済協力開発機構 (= [英] OECD : Organization for Economic Cooperation and Development).

OCDPC (= Office pour le contrôle des drogues et la prévention du crime) n.m. (国連の)麻薬管制および犯罪防止機関 (= [英] ODCCP : Office for Drug Control and Crime Prevention)《1997年設立の国連機関；本部 Wien》.

OCE (= Organisation de coopération économique) n.f. 経済協力機構《イスラム諸国の EC 型経済協力機構；1985 年発足；= [英] ECO : Economic cooperation organization).

océan n.m. **1** 大洋, 海洋, 大海；洋. l' ~ Antarctique 南氷洋. l' ~ Arctique 北氷洋. l' ~ Atlantique 大西洋. l' ~ Indien インド洋. l' ~ Pacifique 太平洋. études des ~s 海洋学 (océanographie).
2 l'O~ 大西洋. plages de l'O~ 大西洋の海岸.
3 〔比喩的〕(大洋のような)広大な広がり；(大洋の嵐や凪が交替するような)有為転変. désert, vaste ~ de sable 砂の海のような砂漠. l' ~ de la vie 大海のような人生の有為転変.
4 〔ギ神話〕O~ オケアノス(大洋の神).

Océanie (l') n.pr.f. オセアニア, 大洋州. Etablissements français de l' ~ オセアニア = フランス植民地(la Polynésie française の 1885 年から 1958 年までの呼称).

océanien(ne) a. オセアニア(l'Océanie)の, 大洋州の. art ~ オセアニア芸術. climat ~ オセアニア気候. Union ~ne オセアニア同盟(ヌーヴェル=カレドニーLa Nouvelle-Calédonie(ニュー=カレドニア)で 1989 年 5 月に結成された自治権拡大派の政治団体).
── o ~ n. オセアニア〔原〕住民.

océanique a. 大洋の；大洋性の；海洋の, 海洋性の. carte des fonds ~s 海底地図. climat ~ 海洋性気候. dorsale ~ 海嶺(かいれい). exploitations ~s 海洋開発. fosse ~ 海溝.

océanirium [ɔseanirjɔm] n.m. 海洋動物園, マリンランド.

océanographe n. 海洋学者.
océanographie n.f. 海洋学.
océanographique a. 海洋学の. Institut ~ 海洋学研究所. navire ~ 海洋調査船.

océanologique a. 海洋学の.
océanologue n. 海洋学者.
océanologie n.f. 海洋科学, 海洋学.

ochlocratie n.f. 衆愚政治.

OCI (= Organisation de la conférence islamique) n.f. イスラム諸国会議機構《1969 年創設；= [英] OIC : Organization of the Islamic Conference).

OCR (= [英] Optical Character Reader) n.f. 〖情報処理〗光学式文字読み取りシステム (= [仏] ROC : reconnaissance optique de caractères).

OCRB (= Office central de répression du banditisme) n.m. 〖警察〗強盗抑止本部.

ocre n.f. **1** 〖鉱〗オーカー, 黄土. 〖鉱〗~ jaune¹ (rouge) 黄色(赤色)オーカー.
2 〖絵具〗オークル, オーカー；黄土色顔料. ~ brune 黄褐色. ~ jaune² オークル・ジョーヌ, イエロー・オーカー. acheter une tube d'~ オーカーの絵具のチューブを買う.
── n.m. オーカー色, 黄褐色. façades d'un bel ~ pâle 美しい淡黄褐色の建物正面.
── a.inv. オーカー色の. pavés ~ オーカー色の舗装.

OCRGDF (= Office central pour la répression de la grande délinquance financière) n.m. 金融重犯罪抑止本部《資金洗浄防止対策組織, 1990 年 12 月 7 日創設；内務省所管).

Ocriest (= Office central pour la répression de l'immigration irrégulière et l'emploi d'étrangers sans titre) n.m. (国家警察の)不法入国・無資格外国人雇用対策本部.

OCRTIS (= Office central pour la répression du trafic illicite de stupéfiants) n.m. 麻薬不法取引防止中央本部.

OCRVOOA (= Office central pour la répression des vols d'œuvres et d'objets d'arts) n.m. 美術工芸品盗難抑止対策本部.

OCS (= Organisation de coopération de Shanghai) n.f. 上海協力機構 (= [中国] 上海合作組織, [ロシア] Shankhayskaya organizatsiya sotrudnichestva (ShOS), [英] Shanghai Cooperation Organisation (SCO)；2001 年 6 月上海で結成された中央アジア安全保障機構；本部 Beijing (北京)；加盟国 la Chine, la Russie, le Kazakhstan, la Kirghizie, le Tadjikistan, l'Ouzbékistan の 6 カ国；2004 年に la Mangolie, 2005 年に l'Inde, l'Iran, la Pakistan がオブザーヴァーとして参加).

octane n.m. 〖化〗オクタン(C_8H_{18}；パラフィン炭化水素). indice d'~ オクタン価(ガソリンのアンチノック性を示す指数；= [英] octane number). carburant à indice d'~ élevé ハイオクタン価のガソリン, ハイオクガス.

octant n.m. **1** 〖幾何〗八分円. **2** 〖海〗〔古〕八分儀. **3** 〖天文〗O~ 八分儀座.

octave n.f. 〖カトリック〗**1** (祝日後の 8 日目；祝日後の 8 日間). L' ~ de Pâques est le dimanche de Quasimodo. 復活祭後の 8 日目は白衣の主日である. ~s

privilégiées de premier ordre 第一級の特権的オクターヴ(Pâques, Pentecôte). ~s privilégiées de deuxième ordre 第二級の特権的オクターヴ(Noël, Ascension, Sacré-Cœur). fête de l' ~ オクターヴの祝日 (=fête ~).
2〚音楽〛オクターヴ, 完全8度音程；第8度. ~ augmentée (diminuée) 増(減)8度. à l' ~ オクターヴ高く(低く). faire des ~s オクターヴで奏でる.
3〚フェンシング〛第8の構え《剣先を外に向け下げる構え》.

octet *n.m.* **1** オクテット, バイト(=〚英〛byte)《コンピューターの情報量の単位. 8 bits に相当》. **2**〚物理〛8電子群.

octo- [ギ] ELEM「8」の意《*ex. octo*gone 八辺形》.

octobre (<古代ローマ暦の第8月) *n.m.* 10月《グレゴリオ暦の第10月；略記 Oct.；8bre》. au mois d' ~；en ~ 10月に. O~ en bruine, hiver en ruine. 霧雨の10月, 万物枯れる冬. la Fête d'O~ (ミュンヘンの)オクトーバーフェスト(=〚独〛Oktoberfest：ビール祭). la guerre d' ~ 第4次中東戦争.〚仏史〛les journées d' ~ (1789年の)10月動乱事件. la révolution d'O~ (ロシアの)10月革命《1917年》.

octode *n.f.*〚電〛8極管.
octogénaire *a.,n.* 80歳台の〔人〕.
octogone *n.m.* **1**〚幾何〛八辺形, 八角形. **2**〚城〛八面堡.
— *a.* 八角形の(=octogonal).

octosyllabe *a.*〚詩〛八音綴の, 八音節の. vers ~ 八音綴詩句.
— *n.m.* 八音綴詩.

octréotide *n.m.*〚薬〛オクトレオチド《成長ホルモン分泌抑制因子製剤・抗腫瘍薬；薬剤製品名 Sandostatine (*n.f.*)》.

octroi *n.m.* **1**（恩恵, 特権などの）授与；（休暇, 褒賞などの）恵与；付与. ~ d'un délai de grâce 弁済猶予期間の授与. ~ d'un droit (d'une grâce) 権利(恩恵)の授与. ~ des loisirs aux classes ouvrières 労働者階級に対するレジャーの恵与. ~ de marges bénéficiaires aux intermédiaires 仲介者に対する利鞘の付与. faire l' ~ d'un jour de congé à ses employés 使用人に1日の休暇を与える.
2（君主などによる憲章の）欽定, 制定. ~ de la Charte de 1814 1814年の憲章の欽定.
3〚史〛（他地の産物の）入市関税〔徴税事務所〕. barrière de l' ~ 入市関税徴税事務所（門）.

octuor *n.m.*〚音楽〛**1** 八重奏(唱)曲. **2** 八重奏(唱)団.

octuple *a.* 8倍の. ~ vitesse 8倍速.
— *n.m.* 8倍.

ocul[o]- ELEM「眼」の意《*ex. oculo*moteur 眼球運動の, *ocul*iste 眼科医》.

oculaire *a.* **1** 目(眼)の. globe ~ 眼球.

〚医〛hypertension ~ 高眼圧〔症〕.〚医〛myasthémie ~ 眼筋無力症. nerf ~ 視神経(=nerf optique). tension ~ 眼圧.
2〚光学〛接眼の. dégagement ~ (カメラのファインダーの)アイポイント. lentille ~ 接眼レンズ.
3 目視的. témoin ~ 目撃証人.
— *n.m.*〚光学〛接眼レンズ(=lentille ~). ~s redresseurs 正立接眼レンズ.

oculiste *n.*〚医〛眼科医(=ophtalmologue).

oculogyre *a.*〚解剖・医〛眼球回転運動の.

oculomoteur (trice) *a.*〚解剖・医〛眼球運動の, 動眼の. nerf ~ 動眼神経. paralysie ~*trice* 眼球運動麻痺, 動眼神経麻痺(=paralysie du nerf moteur oculaire).

oculo-nas*al*(*ale*)(*pl.* *aux*) *a.*〚医〛眼と鼻の. catarrhe ~ 眼と鼻のカタル性炎症.

oculo-urétro-synovi*al*(*ale*)(*pl.* *aux*) *a.*〚解剖〛眼と尿道と滑膜の.〚医〛syndrome ~ 眼・尿道・滑膜症候群《結膜炎, 尿道炎, 関節炎のあらわれる症候群；フィシンガー=ルロワ=ライター症候群 syndrome de Fiessinger-Leroy-Reiter》.

oculus [ɔkylys] (*pl.* **oculus, oculi**) *n.m.*〚建築〛円窓(=œil-de-bœuf).

ocytocine *n.f.*〚生〛オシトシン, オキシトシン(=oxytocine)《視床下部で生成され, 下垂体後葉から分泌されるポリペプチド・ホルモン；妊娠末期の子宮を収縮させるほか, 乳腺を刺激して子宮収縮・母乳分泌を促進する》.

ocytocique *n.m.*〚薬〛子宮収縮薬.

ODA (=〚英〛Official Development Assistance) *n.f.* 政府開発援助(=〚仏〛APD：Aide publique au développement).

ODAC (=office d'action culturelle) *n.m.* 文化活動局. ~ du Calvados カルヴァドス県文化活動局(略記 ODACC).

Odarc (=Office du développement agricole et rural de Corse) *n.m.* コルス農業農村開発公社.

ODAS (=Observatoire national de l'action sociale décentralisée) *n.m.*〚社〛国立地方分権社会福祉活動観察所《1990年設立の公的機関》.

ODE (=objectif dysfonctions érétion) *n. m.*〚医〛（陰茎の）勃起機能不全〔治療〕対象《治療薬として viagra ヴァイアグラなどが用いられる》.

ODECA (=Organisation des Etats centre-américains) *n.f.* 中米諸国機構《1991年発足, 1993年3月に SICA：Système d'intégration centraméicaine「中米統合機構」に改組》.

odeur *n.f.* **1** 匂い, 香り；臭気. ~ âcre 鼻をきすような匂い. ~ agréable (désagréable) 心地よい(不快な)香り. ~ carac-

téristique de certaines plantes 特定の植物の固有の香り. ～ corporelle 体臭. ～ de brûlé 焦げくさい匂い. ～ de cuisine 台所(調理)の匂い. ～ des foins 干草の香り. ～ de pourri 腐敗臭. ～ de l'haleine 呼気臭, 口臭. ～ de renfermé むっとするこもった臭い, 黴くさい臭い. ～ musquée 麝香. ～ subtile きつい匂い. science des ～s 香りの科学；嗅覚学. sensation des ～s 嗅覚. avoir une bonne (mauvaise)～ いい匂い(悪臭)がする. répandre une ～ 香り(匂い)をまき散らす.
2 〔*pl.* で〕香水 (=parfum). flacon d'～s 香水壜.
3 〔比喩的〕匂い, 香り. ～ de dévotion 抹香臭さ.
4 〖宗教〗～ de sainteté 聖人が死後放つ芳香；完璧な信心. mourir en ～ de sainteté 敬虔な信仰を抱いて死ぬ.

ODF (=*o*rthopédie *d*ento(-)*f*aciale) *n.f.* 〖医〗歯科美容整形外科〔学〕.

odieux(**se**) *a.* **1** 憎らしい, いやらしい, おぞましい. condition ～*se* 屈辱的な条件. crime ～ おぞましい重犯罪. homme ～ いやらしい男. ingratitude ～*se* 不愉快な忘恩. vie ～*se* 耐え難い人生.
2 ひどく不愉快な. Ce type est ～. ひどく不愉快な奴だ.
3 (子供が)手に負えない. Le gosse a été ～ aujourd'hui. この餓鬼は今日手に負えなかった.
—*n.m.* 憎らしさ；いやらしさ；おぞましさ. ～ d'un massacre 大量虐殺のおぞましさ.

ODJ (=*o*fficier de *d*ouane *j*udiciaire) *n. m.* 〖行政〗司法税関吏.

odomètre *n.m.* **1** (車などの)走行距離計. **2** (歩行者用の)歩数計, 万歩計 (=podomètre).

odont〔**o**〕**-, -odonte, -odontie** 〔ギ〕ELEM「歯」の意 (*ex. odonto*logie 歯科医学, orth*odontie* 歯科矯正学).

odontalgie *n.f.* 〖医〗歯痛 (=mal de dents).
▶ **odontalgique** *a.*

odontoblaste *n.m.* 〖歯〗象牙〔質〕芽細胞, 造歯細胞.

odontocète *n.m.* 〖動〗有歯鯨類(抹香鯨, シャチ, イルカなど).

odontoïde *a.* 〖解剖〗歯状の；歯状突起の. apophyse ～ 歯状突起.

odontologie *n.f.* 〖医〗歯科医学.

odontologiste *n.* 〖医〗歯科医 (=dentiste, chirurgien-dentiste).

odontomètre *n.m.* (切手の)目打ちゲージ.

odontostomatologie *n.f.* 〖医〗口腔歯科学.

odorant(**e**) *a.* **1** 匂いのする, 匂いの強い. fromage très ～ 匂いの強いチーズ.

2 芳香のある, 芳香性の. bois ～ 香木. bouquet ～ いい香りのする花束. rose ～ *e* 芳香性の薔薇.

odorat *n.m.* 嗅覚 (=olfaction). avoir l'～ fin 嗅覚が鋭い. chatouiller l'～ 嗅覚をくすぐる. perte de l'～ 嗅覚喪失, 無嗅覚症 (=anosmie). perversion de l'～ 嗅覚異常 (=parosmie).

OEA (=*O*rganisation des *E*tats *a*méricains) *n.f.* 米州〔諸国〕機構(全米平和機構) (=〔西〕OEA：*O*rganización de los *E*stados *A*mericanos = 〔英〕OAS：*O*rganization of *A*merican *S*tates) 《1948年の第9回米州諸国会議で採択されたボゴタ憲章により設立. アメリカ合衆国と中南米諸国の31ヵ国が加盟. 事務局ワシントン》.

OEB (=*O*ffice *e*uropéen des *b*revets) *n.m.* ヨーロッパ特許権事務局, ヨーロッパ特許庁《本部ミュンヘン》.

OECE (=*O*rganisation *e*uropéenne de *c*oopération *é*conomique) *n.f.* ヨーロッパ経済協力機構 (=〔英〕OEEC：*O*rganization for *E*uropean *E*conomic *C*ooperation).

OECF (=〔英〕*O*verseas *E*conomic *C*ooperation *F*und) *n.m.* (日本の)海外経済協力基金 (=〔仏〕Fonds (japonais) de coopération économique vers l'étranger).

OECLES (=*O*rganisation *e*uropéenne pour la mise au point et la *c*onstruction de *l*anceurs d'*e*ngins *s*patiaux) *n.f.* ヨーロッパ衛星打ち上げロケット建造・調整機関 (=〔英〕ELDO).

œcuménique *a.* 〖宗教〗全世界の；世界キリスト教会の；エキュメニズムの. Centres ～*s* en France フランス・エキュメニズム・センター. Conseil ～ des Eglises 世界キリスト教会評議会. Institut supérieur d'études ～*s* エキュメニズム研究高等学院. mouvement ～ エキュメニズム, 世界キリスト教合同運動. traduction française ～ de la Bible 聖書のエキュメニズム的仏語訳(略記TOB).

œcuménisme [ekymenism] *n.m.* **1** 〖宗教〗キリスト教会統一運動, エキュメニズム《現代のキリスト教会統一運動は1910年のエジンバラ国際プロテスタント会議にはじまり, 1948年教会統一評議会がジュネーヴに設立されて, プロテスタント教会と正教会の多くの流派が参加；カトリック教会も1962年の第2回ヴァチカン会議以降積極的姿勢をとりはじめ, 1986年にはアッシジでキリスト教以外の宗教を含む世界宗教会議が開かれた》. **2** 統一運動.

œcuméniste *a.* 〖キリスト教〗エキュメニズム, (œcuménisme) の；エキュメニズムの信奉者の. mouvement ～ 教会統一運動.
—*n.* エキメニズム運動家 (信奉者).

œdémateux(**se**) *a.* 〖医〗浮腫の；浮腫性の. sclérose ～*se* 浮腫性硬化症.

œdème [œdɛm, edɛm] *n.m.* 〖医〗浮腫, 水腫. ~ angioneurotique 血管神経性浮腫, クインケ浮腫. ~ du cerveau 脳浮腫, 脳膨脹. ~ en cours de grossesse 妊娠浮腫. ~ oculaire 眼浮腫. ~ palpébral 眼瞼浮腫. ~ papillaire 乳頭浮腫. ~ pulmonaire 肺水腫 (= ~ du poumon).

OEDFM (= *o*ffres d'*e*mploi à *d*urée *d*éterminée en *f*in de *m*ois) *n.f.pl.* 限定期間雇用求人月末数.

Œdipe *n.pr.m.* 〖ギ神話〗オイディプス. 〖精神分析〗complexe d'~ エディプス・コンプレックス (= œdipe).

œdipe (<Œdipe) *n.m.* 〖精神分析〗エディプス・コンプレックス (= complexe d'Œ~).

œdipien(ne) *a.* 〖精神分析〗エディプス・コンプレックスの.

OEFM (= *o*ffres d'*e*mploi en *f*in de *m*ois) *n.f.pl.* 月末求人数.

Œil (= *O*bservatoire *é*conomique de l'*im*mobilier *l*ocal) *n.m.* 〖経済〗地方不動産経済観測所《地方の不動産取引価格を分析する機関》.

œil (*pl.* **yeux** / **œils**) *n.m.* ① (眼) **1** 眼, 目; 眼球 (= globe de l'~); 視覚器官; 視力. ~ artificiel 義眼. ~ bleu 青い目 (虹彩の青い眼). ~ de Dieu 神の眼. ~ droit (gauche) 右(左)眼. ~ hypermétrope 遠視眼. ~ myope (presbyte) 近眼 (老眼). ~ simple 単眼. *yeux* composés (à facettes) 複眼. *yeux* étincelants きらきら光る目. *yeux* faibles (fatigués, lourds) 弱視 (疲れた目, 重い目). *yeux* fiévreux 熱っぽい目. *yeux* révulsés ひきつった目. *yeux* rouges (éraillés) 血走った目. *yeux* usés par les veilles 徹夜で疲れた目. axe des *yeux* 眼軸 (= axe optique). blanc de l'~ 白目. éclat de l'~ 目の輝き. 〖医〗étude médicale des *yeux* 眼科学 (= ophtalmologie). extirpation de l'~ 眼球摘出〔術〕(= énucléation). globe de l'~ 眼球 (= globe oculaire). maladies des *yeux* 眼病. monstre à ~ unique 一つ目の怪物. troubles des *yeux* 視覚障害. avoir de bons (mauvais) *yeux*[1] 目 (視力) が良い (悪い). avoir les *yeux* crevés 目が落ち窪んでいる. avoir les *yeux* bleus 青い目をしている, 碧眼である. avoir le soleil dans l'~ 太陽がまぶしい. fermer les *yeux*[1] 目を閉じる;〖文〗死ぬ. fermer les *yeux* de (à) qn 死人の目を閉じる, 人の死水をとる. ne pas pouvoir fermer l'~; ne pas fermer l'~ de la nuit まんじりともしない, 一睡もできない. mettre la main sur ses *yeux* pour s'abriter du soleil 手をかざして日光をさえぎる. ouvrir les *yeux*[1] 目を開く;〖文〗目ざめる. ouvrir de grands *yeux* 目を大きく見開く. ouvrir des *yeux* ronds 目を丸くする. perdre les *yeux* 視力を失う, 失明する.

regarder *qn* dans les *yeux* (entre〔les〕deux *yeux*) 人の顔をまともに見る (睨みつける). 〖話〗se casser (se crever) les *yeux* 目が疲れる. s'essuyer les *yeux* 目をぬぐう. à l'~[1] 目で. mener *qn* à l'~ 人を目の合図で動かす. mesurer *qch* à l'~ 何を目で測る. à l'~ nu 肉眼で, 裸眼で.

◆〖成句〗Œ ~ pour ~, dent pour dent. 目には目を, 歯には歯をもって報いる《旧約聖書》.

Mon ~! 怪しいものだ, 信じられない; 真平だ!

〖話〗avoir les *yeux* plus grands (gros) que le ventre 食べきれないほど料理を取る; 大それた野望を抱く.

〖俗〗avoir les *yeux* qui se croisent les bras ひどい藪睨みである.

〖俗〗ne pas avoir les *yeux* en face de trous 目の前のものが見えない; 目が覚めていない.

〖話〗coûter (payer) les *yeux* de la tête 目の玉が飛び出るほど高い (高く支払う).

Les *yeux* lui sortent de la tête. 目をむいて怒っている.

Cela me sort par les *yeux*. それはもう見飽きた.

à l'~[2] ただで, 無料で;〖古〗つけで. acheter à l'~ つけで買う.

entrer au cinéma à l'~ 映画館に顔で入る.

entre quatre〔-z〕*yeux* (quat'z *yeux*) 差し向かいで; 内輪で.

prendre *qn* entre quatre *yeux* 人とさしになる.

tourner de l'~ 目をまわす, 失神する.

2 まなざし, 目付き. ~ de défi 挑戦的な目付き. ~ de mépris (de pitié) 軽蔑 (憐れみ) のまなざし. *yeux* endormis 空ろな目付き. ~ froid 冷ややかな目付き. clin d'~ 目くばせ, またたき. deux *yeux* bavards お喋りなふたつの目.

〖話〗faire de l'~ à *qn* (*qch*) 人に目くばせをする, 色目を使う (何に食指を動かす). faire les gros *yeux* à *qn* 人に目をむく, 人を厳しい顔で見る. parler des (avec les) *yeux* 目で語る. regarder d'un ~ méchant 意地悪そうな目で見る. rouler des *yeux* fribonds 怒気を目に含む. s'inquiéter de ses *yeux* 不安な目付きをする. pour les beaux *yeux* de *qn* ただ人を喜ばせるために;〖話〗損得抜きで. travailler pour ses beaux *yeux* 彼のために無償で働く.

3 視線 (= regard). *yeux* d'autrui 他人の目. les *yeux* dans les *yeux* 互いに向き合って; 腹をうちわって. coup d'~ 一瞥; 概観; 〖話〗眺め, 景色. au (du) premier coup d'~ ちらっと見てすぐに.

avoir le coup d'~ 〔juste〕的確で素早い判断をする. jeter un coup d'~ sur *qch* 何を一瞥する; 何を素早く頭に入れる. baisser les *yeux*; tenir les *yeux* baissés 目を伏せる;

〔比喩的〕控え目にする. chercher qn des yeux 人を目で探す. jeter les yeux sur …に視線を投げかける；〔比喩的〕(人に)目をかける. jeter le mauvais ~ à qn 呪いの目を人に注ぐ. lever les yeux 目を上げる；関心を示す. mettre qch sous (devant) les yeux de qn はっきり示す. obéir à l'~ 人の言うなりになる. suivre des yeux (de l'~)目で追う；〔比喩的〕ひそかに注目する. sous les yeux de qn 人の眼前で(に). Ses yeux tombèrent sur cet article. この記事が彼の目に止まった.〔諺〕Loin des yeux, loin du cœur. 去る者は日々に疎し.

4 注視；関心；警戒(監視)の目. attirer (tirer) l'~ de qn 人の目(関心)を惹く.〔話〕avoir l'~ 〔à tout〕すべてに目を配る, 注意を怠らない. Où aviez-vous les yeux²? どこを見ていたんだ？〔話〕avoir l'~ sur qn; tenir qn à l'~ 人を見張る.〔話〕avoir de bons yeux² 目が鋭い《注意力・洞察力がある》.〔話〕ne pas avoir les yeux dans sa poche 何一つ見落とさない, じろじろ見る. n'avoir d'yeux que pour qn 人のことしか念頭にない. donner (taper) dans l'~ de qn 人にひどく気に入られる. être tout yeux 全身を目とする, 注意を集中する. faire de l'~ à qn 人に目をつける. faire les gros yeux à 人を見据える. fermer les yeux² (à, sur) …に目をつぶる, を黙認する. fermer les yeux à la vérité 真実に目をつぶる. ouvrir les yeux² 目を見開いて注視する, 気付く.〔話〕ouvrir l'~；ouvrir l'~ et le bon 目を光らせる, 用心する. l'~ du maître 鋭い眼力. aux yeux de qn 人の眼前で. sous l'~ de qn 人の監視下で.

5 見方, 気持；判断；目. voir qch de bon (mauvais)~ 何を好意的な(悪意のある)目で見る. voir qch de ses 〔propres〕yeux 自分の目で確かめる. voir avec (avoir) les yeux de la foi 頭から信じ切っている. ne pas 〔oser〕en croire ses yeux 自分の眼が信じられない. aux yeux de …の目からすれば, …の見解では. aux yeux de la loi 法律的見地からすれば. Cela saute aux yeux (crève les yeux). それは明々白々だ. se battre l'~ de qch 何を問題にしない. se mettre le doigt dans l'~ ひどい思い違いをする. d'un ~ sec 乾いた(冷ややかな)目で.

6〔pl. で〕〔話〕眼鏡(=lunettes). Je ne vois pas clair sans mes yeux. 眼鏡がないとはっきり物が見えない.

II〔眼に似たもの〕**1** 孔, 窓, 目；〔扉の〕覗き窓. ~ d'une aiguille 針穴〔pl. œils〕. ~ d'un marteau ハンマーの柄を差しこむ穴. ~ d'un obus 砲弾の火薬注入孔. ~ de pont 橋脚間のアーチ状開口部. ~ du rideau d'un théâtre 劇場の緞帳の覗き窓. yeux du fromage de gruyère グリュイエールチーズの目(ガス孔). yeux du pain パンの穴(気泡

孔).
2 〔pl. œils〕〔海〕(帆・錨などの) 索環(繋索を通す穴).
3 〔pl. 時にœils〕〔料理〕yeux (de graisse) d'un bouillon ブイヨンの上に浮いた脂.
4 目玉模様；(孔雀の尾などの) 眼状斑.
5 〔印刷〕〔pl. œils〕(活字の) 面, 字づら. gros ~ 太字. petit ~ 細字.
6 〔園芸〕(枝の先端の) 幼芽, 蕾. ~ à bois (à fleur〔s〕) 葉芽(花芽). yeux d'un pomme de terre じゃが芋の芽.
7 〔理工〕~ électronique 電子光電素子〔受光窓〕. ~ magique マジックアイ, 同調指示管.
8 見栄え；(布地・宝石などの) 光沢, 艶. perle d'un bel ~ 光沢のよい真珠.〔話〕avoir de l'~ 見栄えがする, 立派である.
9 〔美術〕中央部. ~ d'une rosace ステンドグラスの薔薇窓の中心部.
10 〔気象〕~ du (d'un) typhon 台風の目.
11 〔工〕目〔欠陥〕. ~ de poisson 銀点(溶着金属の欠陥).
12 〔機工〕~ de ressort バネ耳.
13 〔隠〕肛門〔同性愛者の隠語〕.

œil-de-bœuf (pl. ~s-~-~) n.m.〖建築〗牛の目窓(円形または卵形の小窓. oculus ともいう).

œil-de-chat (pl. ~s-~-~) n.m.〖鉱〗猫目石, キャッツアイ.

œil-de-perdrix(pl.~s-~-~) n.m.〖医〗魚の目, 鶏眼《足の裏の疼痛を伴う皮膚胼胝(たこ, べんち)》.

œil-de-pie(pl.~s-~-~) n.m.〖海〗鳩目(はとめ), アイレット.

œil-de-tigre (pl. ~s-~-~) n.m.〖鉱〗虎目石〖猫目石より珍しい〗.

œillet n.m.〖植〗ウイエ, カーネーション；撫子(なでしこ)；カーネーションの花. ~ d'Inde マリーゴールド(=tagète).

œilleton n.m. **1**〖園芸〗ひこばえ, 腋芽；(パイナップルの) 葉脈；(バナナの) 吸皮.
2 〖光学〗(接眼レンズ外筒の) 覗き穴；接眼レンズ；(ライフルなどの) 照準器. ~ de caoutchouc (光学機器の) アイカップ. fusil à ~ 照準器付小銃.
3 (扉の) 覗き穴(窓) (=œil d'une porte).

œillette n.f.〖植〗ウイエット, ポピー《学名 Papaver somniferum migrum；催眠性罌粟(けし)の一種；採油用栽培種》. huile d'~ ポピー・オイル.

œn〔o〕- [ギ]ELEM「葡萄酒」の意(ex. œnologie 葡萄酒醸造学).

œnanthique a.〖化〗葡萄酒の芳香の. acide ~ エナント酸.

œnoline a. **1** 〖化〗acides ~s エノリン(赤葡萄酒に含まれる赤色色素).
2 〖薬〗葡萄酒を賦形剤に用いた. médicament ~ 葡萄酒を賦形剤とした医薬品.

œnolisme, œnilisme n.m.〖医〗葡

葡酒の過飲によるアルコール中毒.
œnologie *n.f.* 葡萄酒醸造学.
œnologique *a.* 葡萄酒醸造学の.
œnologue *n.* 葡萄酒醸造学者.
œnométrie *n.f.* 葡萄酒のアルコール定量.
œnothèque *n.f.* 地酒販売店；葡萄酒販売店.
OEPFM (=*o*ffres d'*e*mploi à temps *p*artiel en *f*in de *m*ois) *n.f.pl.* 月末パートタイム求人数.
OER (=*o*bservatoire *é*conomique *r*égional) *n.m.*〖経済〗地方経済観測所.
OERT (=*O*rganisation *e*uropéenne de *r*echerche sur le *t*raitement du cancer) *n.f.* ヨーロッパ癌治療研究機構.
œsophage [ezɔfaʒ] *n.m.*〖解剖〗食道.
œsophagectomie *n.f.*〖医〗食道切除〔術〕.
œsophagien(**ne**) *a.*〖解剖・医〗食道の. caméra ~ *ne* 食道カメラ. dérivation ~*ne* 食道誘導〔法〕. dilatation ~*ne* 食道拡張症. perforation ~*ne* 食道穿孔. sténose ~*ne* 食道狭窄〔症〕. transection ~*ne* 食道離断術. tube ~ 食道管. varice ~*ne* 食道静脈瘤.
œsophagique *a.*〖解剖・医〗食道の (=œsophagien).
œsophagisme *n.m.*〖医〗食道痙攣.
œsophagite *n.f.*〖医〗食道炎. ~ caustique 糜爛性(びらんせい)食道炎. ~ infectieuse 感染性食道炎. ~ reptique 逆流性食道炎 (=~ par reflux).
œsophagogastrostomie *n.f.*〖医〗食道胃吻合術.
œsophagomalacie *n.f.*〖医〗食道軟化症.
œsophagoplastie *n.f.*〖医〗食道形成術.
œsophagoscope *n.m.*〖医〗食道〔内視〕鏡.
œsophagoscopie *n.f.*〖医〗食道鏡検査〔法〕.
œsophagotrachéal(**ale**)(*pl.***aux**) *a.*〖解剖〗食道と気管の.〖医〗fistule ~ 食道気管瘻(ろう).
œstradiol [ɛs-] *n.m.*〖生化〗エストラジオール, 安息酸エストラジオール (=~ benzoate)《エストロゲンの一種；略記 E_2, ED》(=estradiol).
œstral(**ale**)(*pl.***aux**) *a.*〖生理〗発情(œstrus)の. cycle ~ 発情周期.
œstriol *n.m.*〖生理〗エストリオール《ステロイドホルモン》(=estriol).
œstrogène [ɛstrɔʒɛn] *a.* 発情させる. hormone ~ 発情ホルモン.
　—*n.m.* 発情ホルモン物質, エストロゲン (=œstrogène)〖英〗estrogen).
œstrogénothérapie *n.f.*〖医〗エストロゲン投与療法.
œstrone [ɛstrɔn] *n.f.*〖生化〗エストロン《発情ホルモンの一つ》(=estrone).
œstroprogestatif *n.m.*〖生化・薬〗エストロプロゲスタティフ, プロゲステロン《黄体ホルモンの一種；エストロゲンとプロジェスタティフの合成体, 発情黄体ホルモン》(=estroprogestatif).〖薬〗~s contraceptifs oraux 経口避妊用エストロプロジェスタティフ《経口避妊薬》.
œstrus [ɛstrys]〖ラ〗*n.m.*〖生理〗発情.
œuf [œf] (*pl.*~**s** [ɸ]) *n.m.* Ⅰ (卵) **1** 卵；〖生〗卵 (らん), 卵子. ~ clair (fécondé) 無精(有精)卵. ~s de poisson 魚卵. coquille d'~ 卵殻. ségmentation de l'~ 卵割. pondre un ~ dans son nid 巣に卵を生む. **2** 鶏卵, 卵 (=~ de poule). ~ de Colomb コロンブスの卵. ~ de Pâques¹ 復活祭の卵, イースター・エッグ. ~s frais 産み立ての卵, 新鮮卵. blanc (jaune) de l'~ 卵白(黄). marchand de beurre, ~s et fromages バター・卵・チーズ販売商(略記 BOF).
◆〖料理〗~ à la coque 半熟卵. ~s au lait ウー・オー・レ《プディングの一種》. ~s au miroir (オーヴンで焼いた) 目玉焼き. ~s au plat (sur le plat) 目玉焼き. ~s brouillés スクランブルドエッグ. ~ dur 固ゆで卵.
◆〖成句〗des ~s sur le plat ぺちゃんこな胸. en forme d'~；en ~ 卵形の.〖建築〗ornement en forme d'~ 卵形装飾 (=ove).〖蔑〗tête d'~ インテリ. tête en ~(comme un ~)つる禿げ頭；間抜け.〖話〗Quel ~! 何という間抜けだ.
〖自動車〗avoir un ~ sous le pied そっとアクセルを踏む. donner un ~ pour avoir un bœuf 海老で鯛を釣る. écraser (étouffer) qch dans l'~ 何を未然に防ぐ.〖話〗être aux ~s 完全だ. être plein comme un ~ たらふく食べる. 腹一杯である. marcher sur des ~s そっと歩く, 慎重に行動する.〖諺〗mettre tous ses ~s dans le même panier 一つの事業に全財産を投じる；一つ事(一人の人)に全ての希望を託す. tondre sur les ~s, tondre un ~ 卵に火をともす. Va te faire cuire un ~! とっとと消え失せろ.
Ⅱ (卵形の物) **1** ~ à la liqueur リクール入りボンボン. ~s de Pâques² 復活祭の卵型チョコレート；復活祭の贈物.
2 ~ à repriser かがり卵(靴下のつくろい用具).
3〖俗〗ラグビーのボール.
4〖スキー〗卵形のフォーム (=position en ~).
5〖軍〗〖俗〗手榴弾 (=grenade offensive).
6〖錬金術〗~ des sages 賢者の卵《錬金術の原材料》.
7 ~s électroniques「タマゴッチ」(Tamagotchi).
œuvre *n.f.* **1** 仕事, 作業, 働き, 活動, 作用.〖古〗exécuteur des hautes ~s 死刑執行人. être à l'~ 仕事中である. être tout à son ~ 仕事に没頭している. se mettre à

l'～ 仕事に取り掛かる.
bois d'～(bois de chauffage) 工事用木材(薪). main-d'～ 労働力. maître d'～〖古〗施工者, 元請, 親方(maître d'ouvrage 施主と混同しないこと);〖現用〗(知的な仕事の)リーダー, チーフ.
faire ～ de …として行動する, 振舞う. faire ～ utile 有益な仕事をする.〖話〗ne pas faire ～ de ses dix doigts 仕事を怠ける.
mettre en ～ (計画などを) 実行する;(手段, 材料を) 活用する, 利用する. Il faut tout mettre en ～ pour sauver les enfants des effets de la pollution atmosphérique. 子供を大気汚染の影響から救うためにあらゆる手立てを講ずるべきである. mise en ～ 実施, 適用, 活用, 応用, 利用.
2 (仕事, 作業の) 結果, 業績.〖諺〗A l'～ on connaît l'ouvrier. 仕事を見れば人柄がわかる. l'～ accomplie par le général de Gaulle pour faire retrouver à la France sa place dans le monde フランスの国際的な地位回復を目指したド・ゴール将軍の業績.《à chacun selon sa capacité, à chaque capacité selon ses ～s》「その能力に応じて各人に, その労働に応じて各能力に」(サン=シモン主義者 Saint-Simonien の標語).
3 (特に文学, 美術などの) 作品, 著作, 著書, 制作;〖集合的〗全作品. ～ d'art 芸術作品. ～s complètes 全集. ～s choisies 選集. C'est une ～ de jeunesse. 初期の作品である. Voltaire, sa vie, son ～. ヴォルテール, 生涯と作品 (研究書名).
4 仕事, 作用. être l'～ de …の仕事である, …の作用である. faire son ～ 事を全うする. un monument sur lequel le temps a fait son ～ 時とともに朽ち果てた建物.
5 (特に宗教的, 道徳的に見た) 行為, 行い. ～ de chair 肉交. ～ pie 慈善事業. Chacun sera jugé selon ses ～s. 人はその行いによって裁かれる.
6 慈善事業. ～ de bienfaisance 慈善事業(団体). bonnes ～s 慈善団体. dame d'～ 奉仕活動をする婦人.
7〖海〗～s mortes 乾舷. ～s vives 喫水;〖比喩的〗生命線. nation frappée dans ses ～s vives 致命的な打撃を蒙った国.
——n.m. **1**〖文〗(文学, 美術などの) 作家の全作品〖文学作品については一般には f.〗.
2〖建築〗構造壁体, (建物の) 本体. gros ～ 躯体 (基礎, 壁, 屋根). second ～ 仕上げ工事, 内装工事. dans l'～ 建物本体の外にある, 外に. maître d'～ 施工業者. sous-～ 基礎部分で, 土台で;〖比喩的〗抜本的に, 根底から. être à pied d'～ 直ちに仕事に取り掛かれる状態にある;建築現場にいる.
3〖錬金術〗le grand ～ 金属を金に変える行為, 賢者の石の探求. l'～ au noir (錬金の第1段階としての) 物質の分離, 分解.

œuvré(e) a.p. 卵をもった. hareng ～ 抱卵鰊.
OFAT (= *o*fficiers *f*éminins de l'*a*rmée de *t*erre) n.m.pl. 陸軍婦人将校.
OFCE (= *O*bservatoire *f*rançais des *c*onjonctures *é*conomiques) n.m. フランス景気観測所.
OFDT (= *O*bservatoire *f*rançais des *d*rogues et des *t*oxicomanies) n.m. フランス麻薬・禁止薬物依存症監視機関 (在 Paris).
OFEMA (= *O*ffice *f*rançais d'*e*xportation des *m*atériels d'*a*rmement) n.f. フランス兵器輸出事務所.
Ofema (= *O*ffice *f*rançais d'*e*xportation de *m*atériels *a*éronautiques) n.f. フランス航空機材輸出機関.
offense n.f. **1** 侮辱, 無礼. grande (petite)～ 重大な (ちょっとした) 侮辱. ～ irrémissible 赦し難い侮辱. faire une ～ à qn 人に無礼をはたらく.〖話〗Il n'y a pas d'～. 何でもないさ. pardonner une ～ 無礼を赦す. Soit dit sans ～. こう言っては失礼ですが.
2〖キリスト教〗神を冒瀆した罪.《Pardonne-nous nos ～s comme nous pardonnons à ceux qui nous ont offensés.》「われらに罪を犯せしものをわれらが赦すがごとく, われらの罪を赦したまえ」(「主の祈り」Notre Père).
3〖法律〗(国家元首に対する) 侮辱罪. ～ envers le président de la République 共和国大統領に対する侮辱罪.
offensif(ve)[1] a. 攻撃的な;攻撃用の. alliance ～ve et défensive 攻守同盟. arme ～ve 攻撃用武器. combat ～ 攻撃. guerre ～ve 攻撃的戦争. retour ～ d'une maladie 病気のぶり返し.〖軍〗retour ～ d'une troupe 軍隊の逆襲 (反攻).
——n. 攻撃的人間.
offensive[2] n.f. **1**〖軍〗攻撃, 攻勢. mener une ～ 攻撃する. passer à l'～ 攻勢に転じる. prendre l'～ 攻勢をとる.
2〖比喩的〗攻勢, 襲来. ～ diplomatique 外交攻勢. ～ de l'hiver 冬の到来, 寒波の襲来.
office[1] n.m. Ⅰ 〖英語から〗事務所, 事務局, オフィス, 公社, 庁. ～ de tourisme 観光局, 観光案内事務所. ～ européen des publications officielles des Communautés européennes ヨーロッパ共同体公式刊行物事務所. O～ français de protection des réfugiés et des apatrides (OFPRA) フランス難民無国籍者保護局. O～ franco-allemand de la jeunesse (OFAJ) 仏独青少年局. O～ national des anciens combattants et victimes de guerre 全国在郷軍人戦争犠牲者事務局. O～ national des forêts 全国森林局 (ONF). O～ public d'aménagement et de construction 整備建設公社.
Ⅱ《務め, 役割》**1** 職務, 任務, 義務, 役目. faire ～ de …の代わりになる, 代役を果た

す, 役目を務める. Faute d'espace disponible, un réduit dans la cage d'escalier faisait ~ d'archives. 利用できるスペースがなかったので, 階段下の小さな部屋が書類置き場になっていた. remplir son ~ 与えられた役目を果たす, 効果がある, 効き目がある.
2 公職, (特に) 裁判所補助吏 officier ministériel の職《公権力によって与えられる官職株で, 終身効力を持つが, 金銭取引の対象ともなる》, 官職. ~ d'avoué (d'agent de change, de notaire) 代訴人 (公認株式仲買人, 公証人) 職《agent de change は 1988 年に廃止され証券会社 société de bourse に代わられて; 1996 年に再び法改正が行われ, société de bourse は廃止となり, 投資企業 entreprise d'investissement がその代わりとなった》. d'~ 職権により, 法令に則って, 自動的に.
3 a)〖教会, カトリック〗聖務, 教会の日課 (= ~ divin). ~ du jour (de nuit) 昼間の祈り (晩祈). ~ des morts 通夜, 告別式, 死者のための祈り. célébrer un ~ 司式する, 祭式を執り行う. **b)**〖プロテスタント〗ミサ.
4〖pl. で〗尽力, 世話;〖外交〗仲介, 斡旋, 調停. bons ~ s 斡旋, 好意, 世話. offrir (proposer) ses bons ~s 仲介 (調停) に乗り出す. monsieur bons ~s 調停者, 交渉担当者.
5〖出版〗委託販売書籍.
office² *n.f.* (時に *n.m.*) 配膳室, 家事室. ragots d'~ 使用人のあいだの噂話.
officiel(le) *a.* **1** 公式の, 公的な, 公認の, 当局からの (公正証書など) 公的な効力を持つ文書. acte ~ 公文書. document ~ 公文書. Journal ~ 官報 (略記 JO). Journal ~ de la République française フランス共和国官報 (略記 JORF). langue ~le 公用言語. note ~le 公文. textes ~s (法令, 議会議事録などの) 公的文書. visite ~le 公式訪問. De sources ~les, on a fait savoir que les informations de presse relatives à un éventuel remplacement du ministre des affaires étrangères étaient dénuées de fondement. 官庁筋によれば外務大臣が辞任するとの新聞報道には根拠がない. Le parti conservateur a échoué à conserver la majorité avec ses seuls candidats ~s. 保守党は公認候補だけで過半数を維持することに失敗した. Selon la version ~le, l'événement se serait déroulé d'une façon complètement différente. 当局の発表では事件の真相はまったく異なるそうだ.〖話〗〖C'est〗 間違いない.
2 正式の. Leurs relations sont ~les. 彼らの関係は正式のものだ.
3 公務用の;公職にある. passeport ~ 公用旅券. voiture ~le 公用車. L'hôtel Matignon est la résidence ~le du premier ministre français. マティニョン宮はフラ

ンス首相の官邸である.
4 肩肘張った, 堅苦しい.
officier *n.m.* **1** 士官, 将校. ~ d'active (de réserve, en retraite) 現役 (予備役, 退役) 将校. ~s généraux (supérieurs, subalternes) 将 (佐, 尉) 官.
◆ 将校の呼び方: **大将** général d'armée (陸, 空), amiral (海); **中将** général de corps d'armée (陸, 空), vice-amiral d'escadre (海); **少将** général de division (陸, 空), vice-amiral (海); **准将** général de brigade (陸, 空), contre-amiral (海); **大佐** colonel (陸, 空), capitaine de vaisseau (海); **中佐** lieutenant-colonel (陸, 空), capitaine de frégate (海); **少佐** commandant (陸), chef de bataillon (陸・歩兵, 工兵, 通信), chef d'escadron (陸・機甲), chef d'escadrons (陸・砲兵, 輜重), commandant (空), capitaine de corvette (海); **大尉** capitaine (陸, 空), lieutenant de vaisseau (海); **中尉** lieutenant (陸, 空), enseigne de vaisseau de première classe (海); **少尉** sous-lieutenant (陸, 空), enseigne de vaisseau de deuxième classe (海); **少尉候補生** aspirant (陸, 空, 海).
~ d'infanterie (d'aviation) 歩兵 (空軍) 士官, 将校. ~ marinier 海軍の下士官. ~ d'état-major 参謀将校. élève ~ 士官学校生. ~ de marine 海軍の兵科士官. ~ de la marine 兵科以外の海軍士官. ~ de la marine marchande 商船のオフィサー. ~ mécanicien 船舶の機関士.
2 公吏, 吏員, 公職にあるもの. ~ ministériel 裁判所補助吏 (代訴人 avoué, 公証人 notaire, 動産鑑定競売人 commissaire-priseur, 裁判所書記 greffier, 執行吏 huissier など). ~ de l'état civil 戸籍責任者, 身分吏 (一般に市町村長). ~ de police judiciaire 司法警察官, 職員. ~ de paix 警察官. ~ public 公署官, 公務担当者 (戸籍責任者, 公証人, 裁判所書記, 執行吏など).〖古〗~ municipal 市町村役場の職員.
3 (一部の勲章の) 特定位階勲等受勲者, オフィシエ (chevalier「騎士」よりも一階級上). ~ de la Légion d'honneur (de l'Ordre national du mérite) レジヨン・ドヌール (国家功労) 勲章オフィシエ章 (四等勲章) 佩用者. grand ~ de la Légion d'honneur レジヨン・ドヌール勲章グラン・トフィシエ章 (二等勲章) 佩用者. ~ des Palmes académiques パルム・ザカデミク勲章オフィシエ章 (二等勲章) 佩用者 (~ d'Académie ともいう).
4〖史〗grand ~ de la Couronne 朝廷の大官. ~ de bouche (王侯貴族の) 食膳係.
officieux(se) *a.* **1** 非公式の. à titre ~ 非公式に (= officieusement). candidature ~se 非公式の立候補. fiançailles ~ses まだ公にしていない婚約. négociations ~ses 非

公式の交渉. nouvelle de source ~*se* 非公式の筋からのニュース. organe ~ d'un gouvernement 政府の非公式筋. résultats ~ d'une élection 選挙の非公式結果.
2〔古〕親切な, 世話好きの. bonté ~*se* 善意.〔現用・文〕mensonge ~ 善意の嘘.
—*n.* 公式召使.

officinal(**ale**)(*pl.***aux**) *a.* 1〔植〕薬用の. plante ~*ale* 薬用植物. verveine ~*ale* 薬用ヴェルヴェーヌ, くまつづら.
2〔薬〕局方の, 調剤ずみの. préparation ~*ale* 局方製剤.

officine *n.f.* 1 (薬の)調剤室, 薬局(= pharmacie).
2〔比喩的〕(虚報などの)出所;(陰謀, スパイ活動等の)温床, 巣窟. ~ d'espionage スパイ活動の巣窟. ~ de fausses nouvelles 虚報の出所.

offrande *n.f.* 1 (神への)奉納, 奉献; 奉納物, 供物, 捧げ物. ~ expiatoire 贖罪のいけにえ. L'O~ *musicale* de J.-S. Bach バッハの『音楽の供げ物』(1747 年).
2〔カトリック〕(教会堂内での)献金.
3〔慈善事業への〕寄付, 献金;〔比喩的〕ささやかな贈物. ~ à une œuvre de bienfaisance 慈善団体への寄付. apporter son ~ à une souscription 募金に寄付する. faire à qn l'~ de son amitié 友情を贈る.

offre *n.f.* 1 提供, 捧げること, 申し出, 申し入れ, 提案, 提議;(特に広告で)特価. ~ avantageuse (価格, 条件などが)有利な提案.〔法律〕~ de concours 協力申出《公共事業の費用負担に関する行政契約の一種》. L'~ de médiation de l'ONU n'a pas permis de débloquer les discussions. 国連による仲介の申し出は交渉の行き詰まりを打開できなかった.
2〔経済〕供給. ~ d'emploi (non satisfaite) (有効)求人(demande d'emploi「求職」の対). ~ publique d'achat (OPA) (株式の)公開買付(= 〔英〕TOB = *takeover bid*). ~ publique d'échange (OPE) (株式の)公開交換. ~ publique de vente (OPV) (株式の)公開売却. appel d'~*s* 競争入札. économie de l'~ サプライサイドエコノミクス. équilibre entre l'~ et la demande 需要と供給のバランス.
3〔法律〕(弁済の)提供. ~ réelle 現実の提供《債務者が債務の弁済を申し入れる手続き》.

offreur(**se**) (< offrir) *n.*〔経済〕(財・業務などの)提供者 (demandeur(se)「請求者」の対).

offset [ɔfsɛt]〔英〕*n.m.* オフセット印刷. affiché imprimée en ~ オフセット印刷によるポスター.
—*a.inv.* オフセット印刷〔用〕の. papier ~ オフセット用紙.

off〔-〕**shore** [ɔfʃɔr]〔米〕*a.inv.* 1 沖合の. bateau ~ (強力なエンジンを備えた)オフショア・ボート;オフショア・ボート・スポーツ. pêche ~ 沖合漁業.
2 海底採掘の. exploitation ~ 海底油田開発.
3〔経済〕国外の, 域外の(= extraterritorial). investissement ~ 国外投資. société ~ 国外会社.
—*n.m.* 海底油田;海底採掘技術.

Ofival *n.m.* 全国食肉・酪農・養禽業事務機構 (= *O*ffice national *i*nterprofessionnel des *v*iandes, de l'élevage et de l'*a*viculture の略称)《2005 年 12 月 ONILAIT : *O*ffice *na*tional *i*nterprofessionnel du *lait* et des produits laitiers「国立乳業間機構」と合併して ONIEP : *O*ffice *n*ational *i*nterprofessionnel de l'élevage et de ses produits「国立酪農業間機構」となる》.

OFLAG [ɔflag] (= 〔独〕*Of*izier*lag*er) *n.m.* (第二次世界大戦下のドイツに設けられた)将校捕虜収容所.

ofloxacine *n.f.*〔薬〕オフロキサシン《化学療法剤・キノロン剤;薬剤製品名 Oflocet (*n.m.*) など》.

OFPRA (= *O*ffice *f*rançais de *p*rotection des *r*éfugiés et *a*patrides) *n.f.* フランス難民・無国籍者保護事務所《1952 年 7 月に設立された公的機関》.

OGD (= *O*bservatoire *g*éopolitique des *d*rogues) *n.m.* 地政の麻薬監視機構.

ogive *n.f.* 1〔建築〕オジーヴ, 交叉リブ;〔誤用〕尖頭アーチ. arc d'~*s* 交叉リブ. arc en ~ 尖頭アーチ. croisée d'~*s* 交叉リブの交叉部. voûte d'~ リブヴォールト.
2〔砲弾〕弾頭部, 弾頭. ~ nucléaire 核弾頭(= charge nucléaire, tête nucléaire). missile à ~*s* multiples 多弾頭ミサイル.

OGM (= *o*rganisme *g*énétiquement *m*odifié) *n.m.inv.* 遺伝子組換え生物(=〔英〕GMO = *G*enetically *M*odified *O*rganisms). contrôle sur la commercialisation des ~ 遺伝子組換え生物の商品化に関する管理.〔同格〕culture ~ 遺伝子組換え生物栽培.〔同格〕soja non-~ 遺伝子非組換え大豆.

OGZD (= *o*fficier *g*énéral de *z*one de *d*éfense) *n.m.*〔軍〕防衛管区付将官.

OHC (= 〔英〕*o*ver*h*ead *c*amshaft) *n.m.*〔自動車〕(エンジンの)オーバーヘッド・カムシャフト(=〔仏〕arbre à cames en tête). un 4 cylindres ~ オーバーヘッド・カムシャフト 4 気筒エンジン.

ohm [om] (< Georg Simon *O*~, ドイツの物理学者) *n.m.*〔電〕オーム《電気抵抗の単位, 記号 Ω》.

OHMI (= *O*ffice de l'*h*armonisation dans le *m*arché *i*ntérieur) *n.m.* (ヨーロッパ連合 UE の)国内市場調整事務局《UE 内の登録商標制度の管理機構;本部スペインの Alicante》.

ohmmètre *n.m.*〔電〕オーム計, 抵抗計.

OHQ (= *o*uvrier *h*autement *q*ualifié) *n.m.*

超熟練工.
OI (＝*o*rdinateur *i*ndividuel) *n.m.* パーソナル・コンピュータ (＝［英］PC：*p*ersonal *c*omputer).
OIBT (＝*O*rganisation *i*nternationale des *b*ois *t*ropicaux) *n.f.* 国際熱帯木材機関《＝［英］ITTO：*I*nternational *T*ropical *T*imber *O*rganization. 1983 年に採択され, 1985 年 4 月に発効した国際熱帯木材協定に基づき発足；1986 年横浜に事務局が設置された》.
OIC (＝*O*rganisation *i*nternationale du *c*afé) *n.f.* 国際コーヒー機構.
OICS (＝*O*rgane *i*nternational de *c*ontrôle des *s*tupéfiants) *n.m.* 国際麻薬規制機関《1961 年創設, 本部 Wien》.
-oïdal, -oïde［ギ］ELEM「… 状の〔物〕」の意《*ex.* astér*o*ïde アステロイド, 小惑星》.
OIE[1] (＝*O*ffice *I*nternational des *E*pizooties) *n.m.* 国際獣疫事務所《家畜の安全基準を定める国際機関；1924 年創設；本部 Paris；*O*rganisation *m*ondiale de la *S*anté *a*nimale：OMSA に改称するも OIE の略称はそのまま通用》.
OIE[2] (＝*O*rganisation *i*nternationale des *e*mployeurs) *n.f.* 国際経営者団体連盟《1920 年設立》.
oie *n.m.* **1**〖鳥〗鵞鳥, 雁(がん), オワ (ansériformes がんかも目, anatidés がんかも科の渡り鳥)；雌の鵞鳥(雁)《雄は jars》. ~ cendré 灰白色種の鵞鳥《渡り鳥》. ~ domestique(フォワグラ用に飼育される)家禽鵞鳥. ~ grise 灰色鵞鳥. ~ sauvage 雁. ~ d'Alsace (des Landes, de Toulouse) アルザス(ランド地方, トゥールーズ)の鵞鳥《名産地名》. gavage des ~s (フォワグラを得るための)鵞鳥の強制給餌. plume d'~ 鵞鳥の羽根ペン. être bête comme une ~ 鵞鳥のように間抜けだ.
2〖食材・料理〗鵞鳥；鵞鳥の肉；鵞鳥料理. ~ à l'alsacienne アルザス風鵞鳥料理《鵞鳥のローストにシュークルートを添えたもの》. confit d'~ コンフィ・ドワ《鵞鳥の肉の脂煮《保存食》；その料理》. foie gras d'~ truffé トリュッフで風味づけした鵞鳥のフォワグラ. foie gras cru d'~ 鵞鳥のフォワグラの生. escalopes chaudes de foie gras d'~ 鵞鳥のフォワグラの薄切りのソーテ.
3〖遊戯〗jeu de l'~ 双六(すごろく). ma mère de l'*O*~ マザー・グース. pas de l'~ 《分列行進の際の》パ・ド・ロワ《脚を折り曲げない歩き方》.
4〖比喩的・蔑〗間抜け者. ~ blanche うぶな小娘.
OIF (＝*O*rganisation *i*nternationale de la *f*rancophonie) *n.f.* 国際フランス語圏機構.
OIG (＝*O*rganisation *i*nter*g*ouvernementale) *n.f.* 政府間機構.
oignon［ɔɲɔ̃］*n.m.* **1**〖植〗オニヨン, 玉葱；玉葱の球根 (＝bulbe d'~, bulbe de l'~). ~ blanc 白玉葱. ~ jaune 黄玉葱. ~ rouge 赤玉葱. petit ~ blanc 白小玉葱. ~ haché 刻み玉葱. chapelet d'~ 数珠つなぎの玉葱. pelure d'~ 玉葱の〔薄〕皮.〖料理〗soupe à l'~〔gratinée〕スープ・ア・ロニヨン〔・グラチネ〕, オニヨン・スープ, グラチネ (＝gratinée).〖料理〗tarte à l'~ タルト・ア・ロニヨン, 玉葱パイ.〔vin couleur〕pelure d'~ 玉葱の皮色の葡萄酒.
2〔比喩的〕〔話〕aux petits ~s 申し分ない.〔話〕en rang d'~s 一列に整列して.〔話〕être couvert comme un ~ 重ね着をしている. pleurer sans ~s《玉葱なしで涙を流す→》すぐに涙を流す.〔話〕se mêler de ses ~s 自分の事に専念する. soigner *qn* aux petits ~s 丁寧に人の世話をする；(反用的に) 人を虐待する.
3 球根 (＝bulbe). ~ de tulipe チューリップの球根.
4〔比喩的〕(関節の) 胼胝 (べんち), たこ (＝callosité, durillon).
5〔古〕丸味を帯びた懐中時計.
oignonade *n.f.*〔料理〕オニヨナード《刻み玉葱, ヴィネグレット, マリナード, 冷製料理のつけあわせなどに用いる》.
oignonière［ɔɲɔnjɛr］*n.f.*〖農〗玉葱畑.
OIJ (＝*O*rganisation *i*nternationale des *j*ournalistes) *n.f.* 国際ジャーナリスト組織.
OILB (＝*O*rganisation *i*nternationale de *l*utte *b*iologique) *n.f.*〖農〗有害生物対策国際機構.
OIM (＝*O*rganisation *i*nternationale pour les *m*igrations) *n.f.* 国際移住機関《＝［英］IOM：*I*nternational *O*rganization for *M*igration；1951 年 CIME＝*C*omité *i*nter*g*ouvernemental pour les *m*ouvements *m*igratoires d'*E*urope ヨーロッパ移住問題政府間委員会として発足, 1980 年 CIM, 1980 年 OIM と改称》.
OIML (＝*O*rganisation *i*nternationale de *m*étrologie *l*égale) *n.f.* 国際法定計量機関 (＝［英］IOLM：*I*nternational *O*rganization of *L*egal *M*etrology)《1955 年設立》.
OIP (＝*O*bservatoire *i*nternationale des *p*risons) *n.m.* 刑務所監視国際機関.
OIPC[1] (＝*O*rganisation *i*nternationale de *p*olice *c*riminelle) *n.f.* 国際刑事警察機構, インターポール (＝OIPC-Interpol) (＝［英］*I*nternational *C*riminal *P*olice *O*rganization：ICPO-Interpol)《1923 年創設；本部 Lyon》.
OIPC[2] (＝*O*rganisation *i*nternationale de *p*rotection *c*ivile) *n.f.* 国際民間保護機関 (＝［英］*I*nternational *C*ivil *D*efense *O*rganisation：ICDO)《本部スイスの Petit-Lancy》.
OIPN (＝*O*ffice *i*nternational pour la *p*rotection de la *n*ature) *n.m.* 国際自然保護事

OIR 務所《1928年Bruxellesで創設》.
OIR (=Organisation internationale des réfugiés) n.f. 国際難民救済機関 (=[英] IRO: International Refugee Organization)《1948年設立》.
OIRT (=Organisation internationale de radiodiffusion et télévision) n.f. 国際ラジオ・テレビ放送機構《ヨーロッパ共産圏諸国の放送団体の連合組織；本部Praha；1993年European Broadcasting Unionに合流》.
Oise n.pr.f. **1**〖地理〗l'～ オワーズ川《ベルギーに源を発し，北仏，Compiègneコンピエーニュ，Creilクレイユ，Pontoiseポントワーズを経て，Conflans-Sainte-Honorineコンフラン=サント=オノリーヌでセーヌ河に合流；長さ302 km》. canal de l'～ à l'Aisne オワーズ=エーヌ運河《48 km》. canal de la Sambre à l'～ サンブル=オワーズ運河.
2〖行政〗l'～ オワーズ県《=département de l'～；県コード60；フランスとUEの広域地方行政区région Picardieピカルディー地方に属す；県庁所在地Beauvaisボーヴェ；主要都市Clermontクレルモン，Compiègne, Creil, Senlisサンリス；4郡，41小郡，693市町村；面積5,857 km²；人口766,441；形容詞isarien(*ne*)》.

oiseau (*pl.*~**x**) n.m. **1** 鳥；[*pl.*で]鳥類. ~*x* domestiques 家禽. ~ migrateur 渡り鳥. ~ sauvage 野鳥.〖文〗~ de Jupiter 鷲 (=aigle).〖文〗~ de Minerve ふくろう (=chouette). chant (cri；gazouillis, sifflement) des ～*x* 鳥の啼声 (さえずり). migration des ～*x* 鳥の渡り. petit ～ 小鳥.
2〖成句・諺〗L'～ s'est envolé.《鳥は飛び去った→》会いに来た人は立ち去ってしまっていた. être comme l'～ sur la branche《枝にとまった小鳥のようである→》居場所が定まらない，地位が不安定である. Petit à petit l'～ fait son nid.《少しずつ鳥が巣をつくる→》辛抱強く努力すれば事は成る. perspective à vol (vue) d'～ 鳥瞰図.
3〖話・蔑〗奴，人. ～ de malheur 哀れな奴. ～ rare《皮肉》稀代の人物. un drôle d'～ 変な奴.
4〖工〗(屋根ふき職人の) 台架.

oiselet n.m.〖ゴルフ〗バーディー (=[英] birdie；moins-unともいう).

OIT (=Organisation internationale du travail) n.f. 国際労働機構 (=[英] ILO: International Labour Organization).

OIUC (=Organisation internationale des unions de consommateurs) n.f. 国際消費者連合機構《1960年設立；本部La Haye；=[英] IOCU: International Organization of Consumers's Unions》.

OIV (=Office interprofessionnel du vins) n.m. 葡萄酒関連業種事務局.

OJC (=Organisation juive de combat) n.f. ユダヤ闘争機関.

OJD (=Office de justification de la diffusion) n.m.《新聞等の定期刊行物》普及部数確認事務局《1922年設立のOJT=Office de justification des tirages 発行部数証明機関を1946年に改称；新聞等の印刷・発行・配布数の管理に当る機関》.

OJNI (=objet juridique non identifié) n.m. 法的未確認物体.

Olaf (=Office de lutte antifraude) n.m.《ヨーロッパ議会の》不正行為防止局.

olanzapine n.f.〖薬〗オランザピン《神経弛緩薬；精神分裂症治療薬；薬剤製品名Zyprexa》.

Olap (=Observatoire des loyers de l'agglomération parisienne) n.m. パリ都市圏家賃観測所.

olé- [ラ] ELEM「油，オリーヴ」の意 (*ex. olé*agineux 油性の).

oléacées n.f.pl.〖植〗木犀 (もくせい) 科 (olivier, jasmin, lilas, frêne, troène など).

oléagineux (*se*) *a*. **1** 油性の，油状の (=huileux). nappe ~*se* 油膜；油を流したような水面.
2《植物・種子などが》植物脂肪に富む油を含む；油のとれる. graines ~*ses* 植物脂肪を含む種子 (soja, colza, coton, tournesol, arachide など). plante ~*se* 採油用植物 (soja, tournesol, arachide, lin, sésame, olive など).
―― n.m. 採油用植物 (=plante ~ *se*). Fédération française des producteurs d'～ et de protéagineux フランス採油植物・プロテイン採取用植物生産者連盟《略称Fop》.

oléandromycine n.f.〖薬〗オレアンドロマイシン《マクロライド系抗生物質》.

olécrâne n.m.〖解剖〗肘頭 (ちゅうとう)《尺骨上部の突起》. fracture de l'～ 肘頭骨折.

olécrânien (*ne*) *a*.〖解剖〗肘頭 (olécrâne) の. cavité ～*ne* 肘頭窩.

Oled (=[英] organic light emitting diodes) n.f. 有機発光ダイオード (=[仏] diode électroluminescente organique).

oléfine n.f.〖化〗オレフィン (=hydrocarbure éthylénique エチレン列炭化水素)，アルケン (=alcène).

oléi- [ラ] ELEM「油，オリーヴ」の意 (*ex. oléi*forme 油状の，*oléi*culture オリーヴ栽培).

oléicole *a*. オリーヴ栽培の.

oléiculteur (*trice*) n.〖農〗オリーヴ栽培者.

oléiculture n.f.〖農〗オリーヴ栽培.

oléifère *a*.〖植〗油を含む，植物性脂肪を含む. graines ～*s* 植物脂肪を含む種子.

oléine n.f.〖化〗オレイン《オレイン酸のトリグリセリド》.

oléique *a*.〖化〗acide ～ オレイン酸.

oléo- [ラ] ELEM「油；オリーヴ」の意

(*ex. oléo*duc 送油管).
oléoduc *n.m.* 石油パイプライン, 送油管 (=pipeline).
oléomètre *n.m.* 油比重計.
oléopneumatique *a.* 〖工〗油圧気体圧併用方式の (=hydropneumatique 液圧空気圧併用方式の). suspension ~ 油圧気体圧併用緩衝装置.
oléoprotéagineux(**se**) *a.* 油と蛋白質を多く含む. plante ~*se* 油と蛋白質を多く含む植物 (大豆 soja など).
oléoréseau *n.m.* 〖航空〗ハイドラン・システム (油圧緩衝着陸装置).
oléorésine *n.f.* 〖化〗オレオジン, 含油樹脂 (テレピン油など).
oléum [ɔleɔm] *n.m.* 〖化〗オレウム, 発煙硫酸 (=acide sulfurique fumant).
olfactif(**ve**) *a.* 嗅覚の. nerf ~ 嗅神経. organe ~ 嗅覚器官. sens ~ 嗅覚 (=odorat).
olfaction *n.f.* 〖生理〗嗅覚 (=odorat). organe de l' ~ 嗅覚器官.
olfactométrie *n.f.* 〖医〗嗅覚検査法, オルファクトメトリー.
OLH (= Ordre de la Légion d'honneur) *n.m.* レジヨン・ドヌール勲章; ~ 受賞団.
oligarchie *n.f.* **1** 寡頭政治, 少数独裁政治; 〖経済〗寡占支配. **2** 〖集合的〗〖政治・経済〗寡占支配者.
oligarchique *a.* 寡頭政治の. régime ~ 寡頭政治体制; 寡占体制.
oligémie *n.f.* 〖医〗乏血症, 血液減少〔症〕, 血量減少〔症〕.
oligiste *n.m.* 〖鉱〗赤鉄鉱 (=hématite 〔rouge〕).
oligo-〔ギ〕 ELEM「少数の, 少量の」の意.
oligoamnios *n.m.* 〖医〗羊水過少〔症〕 (=oligohydramnios).
oligocène *n.m.* 〖地学〗漸新世 (新生代古第三紀の第 3・三期; 約 3400 万年前から 2350 万年前まで).
oligocythémie *n.f.* 〖医〗赤血球過少〔症〕.
oligodendrocyte *n.m.* 〖生〗乏突起神経膠細胞, ~*s* fonctionnels 機能的乏突起神経膠細胞. ~*s* immatures 未熟乏突起神経膠細胞.
oligodendroglie [ɔligɔdɑ̃drɔgli] *n.f.* 〖医〗乏突起神経膠細胞 (組織).
oligo〔-〕**élément** *n.m.* 〖生〗微量元素 (cobalt, cuivre, fer, fluor, iode, manganèse, molybdène, zinc など).
oligohémie *n.f.* 〖医〗血液量減少〔症〕 (pléthore「多血症」の対).
oligohidrose *n.f.* 〖医〗乏汗症 (発汗が顕著に減少する症状).
oligoménorrhée *n.f.* 〖医〗過少月経〔症〕.
oligomère *n.m.* 〖化〗オリゴマー, 低重合体.

—*a.*〖化〗オリゴマー性の.
oligométallique *a.* 金属含水量の少ない. eaux ~*s* 微量金属鉱 (温) 泉.
oligonucléotide *n.m.* 〖生化〗オリゴヌクレオチド (2 個から 10 個の短い重合体の鎖; ポリヌクレオチド「ポリヌクレオチド」(多重合体の鎖) の対).
oligopeptide *n.m.* 〖生化〗オリゴペプチド (約 10 個以下のアミノ酸からなる比較的小さいペプチドの総称).
oligophagie *n.f.* 〖医〗食欲減退〔症〕 (polyphagie「過食症」の対).
oligophrène *a.* 〖医〗精神薄弱の.
—*n.* 精神薄弱者.
oligophrénie *n.f.* 〖医〗精神薄弱.
oligopole *n.m.* 〖経済〗(市場の) 寡占, 売手寡占.
▶ **oligopolistique** *a.*
oligopsone *n.m.* 〖経済〗(市場の) 買手寡占, 需要寡占 (oligopole「売手寡占」の対).
oligospermie *n.f.* 〖医〗精液過少 (減少)〔症〕.
oligothérapie *n.f.* 〖医〗オリゴテラピー (微量元素利用の民間治療法).
oligotrophie *n.f.* 〖環境・生態〗(湖沼, 河川の) 貧栄養.
▶ **oligotrophe** *a.*
oligozoospermie *n.f.* 〖医〗精子過少症, 乏精子症, 精子欠乏症.
oligurie *n.f.* 〖医〗乏尿〔症〕, 尿量過少 (減少)〔症〕.
olivaie *n.f.* 〖農〗オリーヴ畑 (=oliveraie).
olivaison *n.f.* 〖農〗オリーヴの収穫〔期〕.
olivâtre *a.* オリーヴ色がかった; (特に顔色が) 暗褐色の, 焦茶色の. teint ~ 暗褐色の顔色.
olive *n.f.* **1** 〖植〗オリーヴの実. ~ noire 黒オリーヴ (完熟オリーヴ). ~ verte 青オリーヴ (未熟の実を保存処理したもの). huile d' ~ extra vierge エクストラ・ヴァージン・オリーヴ油.
2 オリーヴ状のもの; 飾りボタン; 〖電〗中間スイッチ; 〖建築〗卵型繰形; (釣糸の) 錘 (おもり).
3 〖解剖〗オリーヴ核, 延髄オリーヴ (= ~ bulbaire). ~ cérébelleuse 小脳オリーヴ.
4 〖貝〗なみのこがい (=donax); まくらがい.
—*a.inv.* オリーヴ色の (青オリーブ色・黄緑色).
oliveraie *n.f.* 〖農〗オリーヴ畑 (=olivaie).
olivet *n.m.* 〖チーズ〗オリヴェ (オルレアネ地方 l'Orléanais で牛乳からつくられるチーズ). ~ bleu オリーヴ・ブルー (軟質, 青かび天然外皮, 直径 12-13 cm, 厚さ 2 cm の小円盤状; 重量 300 gr; 脂肪分 45 %). ~ cendré オリヴェ・サンドレ (軟質, 灰をまぶした天然外皮, 直径 12 cm, 厚さ 2.5 cm

の平たい円盤状；重量300 gr；脂肪分40%).

olivette *n.f.* **1** オリーヴ栽培地, オリーヴ畑 (=oliviaie, oliveraie).
2 [*pl.* で] (プロヴァンス地方 la Provence の) オリーヴ収穫祭踊り, オリヴェット踊り.
3 [葡萄の品種] オリヴェット種；オリヴェット種の葡萄 (オリーヴの実の形をした食用葡萄の晩生品種).
4 [トマト] オリヴェット種 (オリーヴの実状の小粒のトマト).

olivier *n.m.* **1** [植] オリーヴの木, 橄欖 (かんらん) (実は olive). branche d'~ オリーヴの枝 (平和・和解の象徴). culture de l'~ オリーヴ栽培 (=oléiculture, oliveraie). le mont (jardin) des O~s 橄欖山 (園) (エルサレム東方の丘；ゲッセマニ Gethsémani の丘). rameau d'~ オリーヴの枝 (ノアの方舟に鳩が運んできた枝).
2 オリーヴの枝 (=branche d'~). se présenter l'~ à la main 和平を申出る.
3 オリーヴ材. plateau en ~ オリーヴ材の盆.

olivine *n.f.* [鉱] 橄欖 (かんらん) 石. ~altéré 変質橄欖石, 蛇紋橄欖石.

olographe, holographe *a.* [法律] (遺言書が) 自筆の. testament ~ 自筆遺言書 [全文が自筆で, 日付, 署名入りのものをいう].

olopatadine *n.f.* [薬] オロパタジン. [薬] ~ hydrocloride 塩酸オロパタジン (アレルギー性疾患治療薬).

OLP (=*Organisation de libération de la Palestine*) *n.f.* パレスチナ解放機構 (1964年5月28日創設. 同年10月14日国連によりパレスチナ人の代表機構として承認) (=[英] PLO: *Palestine Liberation Organization*).

olympiade *n.f.* **1** [古代ギリシア] オリンピアード (相次ぐオリンピア祭の間の4年間).
2 [多く *pl.*] 国際オリンピック大会 (=jeux Olympiques).

Olympie *n.pr.* [地理] オリュンピア, オリンピア (ギリシアのペロポネソス半島西部の平野；古代ギリシアで競技会が開催された).

olympique (< [ギ] Olympie) *a.* **1** オリンピアの；[古代ギリシア] オリンピア競技会の. [古代ギリシア] jeux O~s オリンピア競技会.
2 国際オリンピック大会の, オリンピックの. champion(ne) ~ オリンピック優勝者. la Charte ~ オリンピック憲章. Comité international ~ 国際オリンピック委員会 (略記 CIO；=[英] IOC: *International Olympic Commitee*). jeux O~s d'été (d'hiver) 夏季 (冬季) オリンピック大会. piscine ~ 公認競技用プール (50 m). record ~ オリンピック記録.

Olympisme *n.m.* オリンピック体制；オリンピック主義.

OM (=*Olympique de Marseillaise*) *n.m.* [スポーツ] オランピック・ド・マルセイエーズ (フランスのフットボール (サッカー)・クラブ名の略称). Bernard Tapie, président de l'~ オランピック・ド・マルセイユ・クラブ会長ベルナール・タピ. affaire ~-Valenciennes OM 対ヴァランシエンヌ不正試合事件.

Oman *n.pr.* [無冠詞] [国名通称] オマーン (公式名称：le Sultanat d'O~ オマーン国；国民：Omanais(e)；首都：Mascate, Masqat マスカット；通貨：rial omanais [OMR]).

omanais(e) *a.* オマーン (Oman) の, オマーン・スルタン国 (le Sultanat d'Oman) の；~人の.
　——O~ *n.* オマーン人.

ombellales *n.f.pl.* [植] 散形花序.
ombelle *n.f.* [植] 散形花序；散形花. ~ composé (simple) 複合 (一重の) 散形花.

ombellifère *a.* [植] 散形花をもつ. plante ~ 散形花植物.
　——*n.f.pl.* 散形花科, せり科 (=ombelliféracées).

ombelliforme *a.* [植] 散形花状の.

ombilic *n.m.* **1** [解剖] 臍 (へそ) (=nombril).
2 [植] (睡蓮の葉・茸の傘などの) 臍；(果物の) 臍；(種子の) 臍 (=hile). ~ d'une navel ネーブル・オレンジの臍.
3 (楯・皿などの) 中央突起部.
4 [地形] (氷蝕谷底の) 谷窪.
5 [数] 臍点 (せんてん).
6 [文] 中心, 中心点, 中心地. ~ de la France フランスの臍 (フランス本土の幾何学的中心：le Cher シェール県の St-Amand-Monrond, Bruères-Alli champ, Vesdun；l'Allier アリエ県の Chazemas, Nassigny などの諸説あり). ~ de la terre 地球の臍.

ombilical (ale) (*pl. aux*) *a.* **1** [解剖] 臍の. cordon ~ 臍帯, 臍の緒. hermie ~ale 臍のヘルニア.
2 [技術] 臍形の. [地学] dépression ~ale 臍状陥没.

ombiliqué(e) *a.* **1** 臍のある. feuille ~e 窪んだ葉. **2** [医] 臍形の窪みのある. tumeur ~ 臍形腫瘍.

omble *n.m.* [魚] **1** オンブル, 大型岩魚 (いわな) (鮭科 salmonidés の淡水高級魚). ~ chevalier オンブル・シュヴァリエ (アルプス, ピレネー, スコットランド, アイルランドなどの高地の湖に棲息する大型の岩魚；重さ8 kgに達する).
2 ~ de fontaine カナダ岩魚 (=saumon de fontaine 泉鮭).

ombrage *n.m.* **1** 木陰；葉陰, 葉叢 (はむら). sous l'~ (les ~s) [des arbres] 木陰で.

donner de l'~ 木陰をつくる.
2 〔文〕疑念;不安, ねたみ;人に porter ~ à qn 人の自尊心を傷つける;人にねたみ心を抱かせる. prendre ~ de …に不安を抱く, …をねたむ;…に対してむっとする.
ombrageux(**se**) a. **1** (動物が)自分の影に驚く;物におじやすい. cheval ~ 自分の影に驚く馬.
2 〔比喻的〕(人が)疑い深い;むっとしやすい, 怒りっぽい. regarder qn d'un air ~ 人を猜疑の眼で見る.
ombre¹ n.f. **1** 陰, 日陰;木陰 (= ~ des arbres);物陰. ~ des feuillages 葉陰, 木陰. faire (donner, projeter) de l'~ 影を落とす. faire de l'~ à qn 人を妨げる.
à l'~ 日陰で(の). places à l'~ 日陰の席. se reposer à l'~ 日陰で休む.〔話〕mettre qn à l'~ 人を牢にぶち込む. mettre à l'~ de l'argent 金を隠匿する.
à l'~ de の陰で;のすぐそばで;の庇護の下で. à l'~ d'un vieux chêne 楢の古木の木陰で.
dans l'~ de qch 何の陰で;の庇護の下で.
dans l'~ d'une forêt 森の木陰で. vivre dans l'~ 人目を避けた所で暮す.
2 〔絵画〕陰, 陰影, 暗部, シャドー. les ~s et les clairs. 明暗, 明暗法 (=clair-obscur). terre d'~ 暗い土色, シャドーブラウン.〔美容〕~ à paupières アイシャドー.〔比喻的〕Il y a une ~ au tableau. 現状には一抹の不安がある.
3 陰, 投影;人影, 影法師. ~ absolue 本影. ~ portée 射影. ~ relative 投影 (物にうつった影). méthode des ~s 投影法. ~ méridienne 子午線影, 正午の影.
d'~ 影の.〔政治〕cabinet d'~ 影の内閣, シャドー・キャビネット (=〔英〕shadow cabinet). ~s chinoises 影絵. théâtre d'~s 影絵芝居.
avoir peur de son ~ 自分の影におびえる. être ~ de qn;suivre qn comme une (son) ~ 影のように人に寄り添う(つきまとう). être comme l'~ et le corps 形影相判う, 影のように常に一緒にいる.
4 暗がり, 闇. ~〔s〕de la nuit 夜陰. dans l'~ 暗い所で. faire qch dans l'~ こっそり何をする. laisser qch dans l'~ 何を未解決のままにしておく. rester dans l'~ 未解決のままである;うだつが上がらない. vivre dans l'~ 世に埋もれている.
5 不吉な影(前兆), 暗闇. mettre une ~ à;jeter une ~ sur に暗い影を投げかける. ~〔s〕de la mort 死の影;死相.
6 幻, むなしいもの. courir après une ~ 幻を追い求める.〔比喻的〕lâcher la proie pour l'~ (水に映った影をとろうとしてくわえていた獲物を落とす→)みせかけに心を奪われて真の利益を失う.
〔多く否定文で〕une (l') ~ de ごく僅かな. Il n'y a pas l'~ d'un doute. 露ほどの疑いもない,〔宗教〕亡霊, 死者. empire (royaume) des ~s 黄泉の国, 死者の王国. être l'~ de soi-même 見る影もなく痩せ衰えている, まるで亡者のようである.
ombre² n.m.〔魚〕オンブル (学名 Thymallus thymallus 鮭科の淡水魚;体長 25-40 cm 位で川鱒 truite に近い;食材として珍重されるが傷みやすい;omble とは別の魚).
ombromètre n.m. 雨量計.
ombudsman [ɔmbydzman] [スウェーデン] n.m. オンブズマン, 行政監察員 (=〔仏〕médiateur).
OMC (= Organisation mondiale (multilatérale) du commerce) n.f. 世界貿易機関, 多角的貿易機関 (=〔英〕WTO: World Trade Organization;〔英〕MTO: Multilateral Trade Organization;ガットのウルグアイラウンド発効後, ラウンドの合意の執行機関として 1995 年 7 月 31 日発足の国際機関).
OMCI (= Organisation maritime consultative intergouvernementale) n.f. (国連の) 政府間海事問題機構 (=〔英〕IMCO: Intergovernmental Maritime Consultative Organization).
-ome [om]〔ギ〕ELEM〔医〕「腫瘍, 腫」の意 (男性語尾) (ex. myome 筋腫, carcinome 上皮腫).
oméga n.m. **1** オメガ (ギリシア語字母の最終第 24 字 Ω, ω の名称). l'alpha et l'~ アルファとオメガ;〔比喻的〕始めと終り).
2 〔物理〕Ω (ohm の記号).
3 〔物理〕ω (角速度の記号).
4 〔原子物理〕~-hypéron オメガ粒子. ~-méson オメガ中間子.
5 〔生化〕~-3 オメガ 3 脂肪酸.
6 〔商標〕O~ オメガ (スイスの時計メーカーとその製品の名称).
omelette n.f.〔料理〕オムレット, オムレツ. ~ aux truffes トリュフ入りオムレツ. ~ espagnole スペイン風オムレツ. ~ flambée オムレット・フランベ (ブランデーやリキュールをかけ火をつけてアルコール分を飛ばして供するデザート用オムレツ). ~ fourrée オムレット・フーレ (具を巻きこんだオムレツ). ~ nature オムレット・ナチュール, プレーン・オムレツ. ~ plate 平らなオムレツ (昔風オムレツ). ~ soufflée オムレット・スフレ (スフレ風デザート用オムレツ).〔諺〕On ne fait pas d' ~ sans casser des œufs. (卵を割らずにオムレツはつくれない→) 犠牲を払わずに成果は得られない.
oméprazole n.m.〔薬〕オメプラゾール (プロトンポンプ阻害薬;酸分泌抑制作用のある消化性潰瘍治療薬;商品名 Mopral (n.m.), Zoltum (n.m.)).

OMI¹, Omi (=Office des *m*igrations *i*nternationales) *n.m.* (フランスの)国際移住問題事務所《1945年創設》.

OMI² (=Organisation *m*aritime *i*nternationale) *n.f.* 国際海洋機構《[英] IMO=*I*nternational *M*aritime *O*rganization》《1948年設立の国連専門機関》.

OMI³ (=Organisation *m*étéorologique *i*nternationale) *n.f.* 国際気象機関《1873年設立; 1951年国連専門機関のOMMに引継がれた》.

omis¹ *n.m.* 〖軍〗軍籍登録から省かれた青年. les ~ et les réfractaires 軍籍登録除外者と徴兵忌避者.

omis² (*e*) (<omettre) *a.p.* 省かれた; 抜けた, 漏れた. référence ~ *e* 抜けた参考資料.

omission *n.f.* **1** 省略; 遺漏, 脱落; 手抜き, 手落ち, 怠慢; 言い(書き)落し, 記載漏れ; 申告漏れ.〖文法〗~ d'un article 冠詞の省略. ~ d'une formule 書式の不備. ~ d'une mention obligatoire dans un acte 書類への義務的記載事項の記載漏れ. ~ d'un mot en typographie 活版印刷(組版)の語の脱落. ~ volontaire (involontaire) 作為的(不作為の)隠匿.
2 懈怠 (けたい), 故意の不作為.〖法律〗~ de porter secours 救助の懈怠. délit d'~ 懈怠の犯罪.〖宗教〗péché (faute) d'~ (par ~) 不作為の罪.

OMM (=Organisation *m*étéorologique *m*ondiale) *n.f.* 世界気象機関(=[英] WMO : *W*orld *M*eteorological *O*rganization)《1873年創設のOMIを引継いで, 1951年に設立された国連の専門機関; 本部Genève》.

OMMS (=Organisation *m*ondiale du *m*ouvement *s*cout) *n.f.* 世界ボーイスカウト運動組織(連盟).

omni- [ラ] ELEM ｢全, 総｣ の意 (*ex.* *omni*potence 全能).

omnibus [-bys] *n.m.* **1** 普通列車 (direct ｢快速｣, express ｢急行｣, rapide ｢特急｣の対). prendre un ~ 普通列車に乗る.
2 〖古〗乗合馬車; 乗合旅客車.
——*a.inv.* **1** 各駅停車の. train ~ 普通列車 (=*omnibus*). **2** 〖電〗barre ~ 母線.

omnidirectif (*ve*) *a.* 全方向性の, 無指向性の (=omnidirectionnel). antenne ~ *ve* 無指向性アンテナ.

omnidirectionnel (*le*) *a.* 無指向性の. antenne ~ *le* 無指向性アンテナ. microphone ~ 無指向性マイクロフォン.

omnipotence *n.f.* 全能; 全権; 至上権, 絶対的権力. ~ de Dieu 神の全能. ~ militaire 軍事的至上権.

omnipotent (*e*) *a.* 全能の; 絶対的権力をもつ. Dieu est ~. 神は全能なり. chef ~ 絶対的権力をもつ頭目. pouvoir ~ 至上権.
——*n.* 全能者.

omnipraticien (*ne*) *n.* 〖医〗一般医, 総合医 (=médecin généraliste) (médecin spécialiste ｢専門医｣の対).
——*a.* ~の.

omnisports *a.inv.* 多種目スポーツの. gymnase ~ 総合体育館. Palais ~ de Paris-Bercy パリ=ベルシー多目的スポーツセンター.

omnium [ɔmnjɔm] [英] *n.m.* **1** 〖経済〗(特殊会社形態の) 総合企業. ~ des pétroles 総合的石油企業.
2 (特定の活動に関する書籍・雑誌の) 総論.
3 (自転車競技の) ミックスレース.
4 (競馬の) 平坦コースのオープン・ハンディキャップレース.

omnivore *a.* 雑食性の.
——*n.m.* 雑食性動物. ~ humain 雑食性の人間.

omo-hyoïdien *a.m.* 〖解剖〗肩甲舌骨の. muscle ~ 肩甲舌骨筋.
——*n.m.* 肩甲舌骨筋.

omophage *a.* 生肉を食べる.
——*n.* ~人.

omoplate *n.f.* 〖解剖〗肩甲骨.

omphalocèle *n.f.* 〖医〗臍帯ヘルニア.

OMPI (=*O*rganisation *m*ondiale de la *p*ropriété *i*ntellectuelle) *n.f.* (国連の) 世界知的所有権機関《1967年の条約により創設; 1974年に国連の専門機関となる; =[英] WIPO : *W*orld *I*ntellectual *P*roperty *O*rganization; 本部 Genève》.

OMS (=*O*rganisation *m*ondiale de la *S*anté) *n.f.* (国連の) 世界保健機構(=[英] WHO : *W*orld *H*ealth *O*rganization).

OMSA (=*O*rganisation *m*ondiale de la *s*anté *a*nimale) *n.f.* 世界動物保健機構(=[英] WOAH : *W*orld *O*rganization for *A*nimal *H*ealth ; =旧 OIE : *O*ffice *i*nternational des *é*pizooties 国際動物流行病事務局).

OMT (=*O*rganisation *m*ondiale du *T*ourisme) *n.f.* 世界観光機関(=[英] WTO : *W*orld *T*ourism *O*rganization)《1975年設立, 本部 Madrid》.

ONC (=*O*ffice *n*ational de la *c*hasse) *n.m.* 国立狩猟管理局.

once *n.f.* 〖度量衡〗オンス《=[英] ounce; 略記 oz》. ~ avoir du poids 常衡オンス《英米で貴金属・宝石・薬品以外の商品に用いる重さの単位; 略記 oz av ; 1 oz av=1/16 livre avoir du poids=28.349 523 125 g》. ~ liquide 液量オンス《1 液量オンスは英国では 1/20 pint=28.413 0625 ml ; 米国では 1/16 pint=29.573 529 5625 ml》. ~ troy トロイ・オンス, 金衡オンス《フランスの都市 Troyes トロワに由来する貴金属・宝石・薬品の計量に用いられた système de poids de troy トロイ衡の単位; 略記 oz t ; 1 oz t=1/12 livre troy ｢トロイ・ポンド｣=31.103 4768 g ; once troy internationale ｢国際トロイ・オンス｣として金の取引に現用》. ~

de Paris パリ・オンス (1/16 livre) une ~ de... ごく少量の.

ONCFS (= *O*ffice *n*ational de la *c*hasse et de la *f*aune *s*auvage) *n.m.* 国立狩猟・野生動物管理機関.

onchocercose *n.f.* 〖医〗オンコセルカ症, 河川盲目症 (= cécite des rivières) 《回旋糸状虫の寄生による障害》.

oncidium [ɔ̃sidjɔm] *n.m.* 〖植〗オンシジューム《蘭の一種》.

oncle *n.m.* 伯父, 叔父；(時に) 大伯 (叔) 父 (= grand-~). ~ paternel (maternel) 父方 (母方) の伯 (叔) 父. ~ à la mode de Bretagne 父 (母) の従兄弟. 〖比喩的〗~ d'Amérique アメリカのおじさん《遠国に移住して思いがけない遺産をのこしてくれる親戚》. ~ par alliance 伯 (叔) 母の配偶者. *O*~ Sam アンクル・サム《アメリカ人》.

onco- (< 〖ギ〗ogkos 固まり, 肥大) [ELEM]〖医〗「腫瘍」の意.

oncogène *n.m.* 〖医〗癌遺伝子, 腫瘍遺伝子, オンコジーン. ~ cellulaire 細胞性腫瘍遺伝子. ~ viral ウイルス腫瘍遺伝子.
——*a.* 〖医〗発癌性の. gène → 発癌遺伝子. virus → 発癌性ウイルス (= oncovirus).

oncogenèse *n.f.* 〖医〗腫瘍発生, 発癌 (= carcinogenèse).

oncogénétique *n.f.* 〖医〗腫瘍 (発癌) 遺伝子学.

oncogénicité *n.f.* 〖医〗腫瘍原性, 癌原性.

oncologie *n.f.* 〖医〗腫瘍学, 癌医学 (= cancérologie).

oncologue, oncologiste *n.* 腫瘍学者；癌専門家；癌専門医.

oncotique *a.* 〖化〗pression ~ コロイド浸透圧.

oncotomie *n.f.* 〖医〗腫瘍切開術.

oncovirus *n.m.* 〖医〗発癌性ウイルス《癌遺伝子をもつウイルス》.

onction *n.f.* **1**〖カトリック〗(洗礼・病気・国王戴冠式などの際の) 塗油〔式〕. ~ du baptême 洗礼の塗油式. ~ des malades 病人の塗油 (= extrême ~).
2〖医〗(軟膏などの) 塗布；塗擦 (= friction).
3〖文〗(身振りや口調の) 敬虔な優しさ. ~ apostolique 使徒の敬虔な優しさ.

onctueux (-se) *a.* **1** 油質の, 油状の；ぬるぬるした；ねっとりした；滑らかな, すべすべした. graisse ~*se* ぬるぬるした油. liquide ~ 油状液体. 〖料理〗potage ~ とろみのあるポタージュ. savon ~ ぬるぬるした石鹸.
2〖しばしば皮肉・蔑〗情感に満ちた；敬虔ぶった. discours ~ 敬虔ぶった説教. manières ~*ses* 仁も優しそうな態度.

onctuosité *n.f.* **1** 油質, ぬるぬるっこさ, ぬるぬるした (すべすべした) 感触；脂質. ~ d'une crème クリームの脂っこさ.

2〖比喩的〗ねばっこい性格. ~ de ses manières 彼の態度のねばっこさ.

OND (= *Œ*uvre *N*otre-*D*ame) *n.f.* (ストラスブールの) ノートル=ダム建立団《11 世紀創設；大聖堂の建立と管理にあたる組織》.

Ondam (= *o*bjectif *n*ational d'évolution *d*es *d*épenses d'*a*ssurance-*m*aladie) *n.m.* 〖社会保障〗疾病保険の支出額の変化に関する国の目標値.

onde *n.f.* ① **1**〔古〕波；波紋. **2**〔文〕水；海. **3** 波状のもの；波形模様, 波装飾.
② 〖科学・技術用語〗**1** 波, 波動. ~ amortie 減衰波. ~*s* 〔radio-〕électriques 電波 (= ~*s* hertziennes). ~*s* électromagnétiques 電磁波. ~ entretenue 持続波. ~ hertzienne ヘルツ波, 地上波. ~ liquide 液状波動. ~ lumineuse 光波. ~*s* matérielles (ガス, 液体, 固体の) 物質の波動. ~ porteuse 搬送波. ~*s* sismiques 地震波. ~*s* sonores 音波. ~ stationnaire 定常波. ~ de bouche (砲弾発射の際, 砲口での) 爆燃波. ~ de choc 衝撃波；〖比喩的〗反応, 反響, 影響. ~ de surface 表面波. crête d'une ~ 波動の山. creux d'une ~ 波動の谷. longueur d'~ 波長. nombre d'~*s* 波動数. train d'~*s* 波列.
2 電波 (= ~*s* 〔radio-〕électriques, ~*s* hertziennes). ~*s* myriamétriques 1 万メートル波《波長 10 km 以上, 周波数, 30 kHz 以下》. ~*s* longues (kilométriques), grandes ~*s* 長波《キロメートル波. 波長 1-10 km, 周波数 30-300 kHz》. ~*s* moyennes (hectométriques), petites ~*s* 中波《100 メートル波. 波長 100-1000 m, 周波数 300-3000 kHz》. ~*s* courtes (décamétriques) 短波《10 センチメートル波. 波長 10-100 m, 周波数 3—30 MHz》. ~*s* métriques 超短波《メートル波. 波長 1-10 m, 周波数 30-300 MHz》. ~*s* décimétriques デシメートル波《10 センチ波. 極超短波. 波長 10-100 cm, 周波数 300-3000 MHz》. ~*s* centimétriques センチメートル波《極超短波. 波長 1-10 cm, 周波数 3-30 GHz》. ~*s* millimétriques ミリ〔メートル〕波《極超短波. 波長 1-10 mm, 周波数 30-300 GHz》.
3〔*pl.* で〕ラジオ放送 (= radiodiffusion). mettre en ~*s* 電波にのせる, ラジオで放送する. mise en ~*s* ラジオ放送の演出. sur les ~*s* ラジオ放送で, 放送で. passer sur les ~*s* ラジオ放送に出る, 電波にのる.
4〖音楽〗~*s* Martenot オンド・マルトノー《発明者の名前をとった電子楽器》.

ondée *n.f.* 夕立, 驟雨. brusques ~*s* にわか雨. grosse ~ 激しい夕立.

ondemètre *n.m.* 波長計.

ONDH (= *O*bservatoire *n*ational *d*es *d*roits de l'*h*omme) *n.m.* (アルジェリアの) 国立人権監視所.

on-dit *n.m.inv.* 噂. Ce ne sont que des ～. それは噂にすぎない.
Ondraf (= *O*rganisme *n*ational des *dé*chets *r*adioactifs et des matières *f*issiles) *n.m.* 国立放射性廃棄物・核分裂性物質処理機構.
ondulant(e) *a.* **1** 波打つ，うねる. blés ～s 波打つ小麦畑.
2〖医〗波状の. fièvre ～e 波状熱. pouls ～ 波状脈.
ondulation *n.f.* **1**〔古〕波紋；波.
2 波動，うねり. ～ des blés 麦の穂のうねり. ～ des cheveux 髪のウエーヴ. ～ des vagues 波動.
3 起伏，凹凸；蛇行. ～ du terrain 土地の起伏. ～ d'une rivière 川の蛇行.〖地学〗～ secondaire 小皺曲.
4〖電〗リプル.
ondulatoire *a.* **1** 波の. aspect ～ 波の様相. mouvement ～ 波動.
2〖物理〗波動の，波に関する，波形の. mécanique ～ 波動力学.
ondulé(e) *a.* 波打った. cheveux ～s ウエーヴした髪. route ～e 凹凸の道路. tôle ～e 波型トタン板.
onduleur *n.m.*〖電子工〗インヴァータ，逆相回転整流器.
one-man-show [wanmanʃo]〖英〗*n.m.inv.* ワン＝マン＝ショー，独演会（公用推奨語 spectacle solo または solo）.
ONERA (= *O*ffice *n*ational d'*é*tudes et de *r*echerches *a*érospatiales) *n.f.* 国立航空研究所.
onéreux(se) *a.* **1** 金のかかる，多額の費用がかかる，高額の. logement ～ 金のかかる住居.
2 有償の，負担付きの.〖法律〗à titre ～ 有償で，負担付で(の). contrat [à titre] ～ 有償契約.
ONF (= *O*ffice *n*ational des *f*orêts) *n.m.* 国立営林局（1966 年設立；国有林・公有林等の管理機関）.
ONG (= *O*rganisations *n*on gouvernementales) *n.f.pl.* 非政府機関，非政府組織（＝〖英〗NGO：*N*on *G*overnmental *O*rganizations).
ongle *n.m.*（人・動物・猛禽の）爪. ～s courts (longs) 短い (長い) 爪.〖医〗～ en bateau 匙状爪《低色素性貧血の症状》.〖医〗～ incarné 肉に食い込んだ爪. pince à ～s 爪切り.〖医〗syndromes des ～s jaunes 黄色爪症候群. vernis à ～s マニキュア液. se couper les ～s 爪を切る. donner un coup de ～ 爪で引掻く. faire les ～s à qn 人の爪にマニキュアをする. se ronger les ～s 爪を咬む.
◆〖成句〗
jusqu' au bout des ～s 爪の先まで，完全に. sur le bout des ～s 完全に.
connaître qch sur le bout des ～s 何を完全に知りつくす.
avoir les ～s crochus 強欲である.
ronger les ～s à qn 人の勢力をそぐ；人の利益を妨げる.
onglet *n.m.* **1**（ナイフなどの）爪かけ；（辞書の見出し用）爪かけ，爪.
2〖製本〗（地図・挿絵を貼り付けるためページの間に綴じ込む細長い紙）. monter des gravures sur ～ グラヴィアをオングレ（足）に貼りつける.
3〖精肉〗（牛肉の）オングレ（胸郭と腹腔の間の肉）.〖料理〗～ grillé オングルのグリエ.
4〖植〗（花弁の）下部尖端，爪.
5〖幾何〗蹄状体，蹄状形. ～ conique 円錐蹄状体.
6〖木工〗留め，継手. assemblage à (en) ～ 留め継ぎ，合掌継手. boîte à ～s 留め継ぎ箱.
7〖彫刻凸版〗彫刻刀（＝onglette, ognette).
8〖園芸〗爪《剪定で目の高さより上に残された枝》.
onguent [ɔ̃gɑ̃] *n.m.* 軟膏. traitement par l'～ 軟膏療法.
ONI (= *O*ffice *n*ational d'*i*mmigration) *n.m.*（フランスの）国立移民事務所《アルジェリア以外からの外国人移民労働者を対象》.
Oniam (= *O*ffice *n*ational d'*i*ndemnisation des *a*ccidents *m*édicaux) *n.m.* 国立医療補償管理庁（2002 年創設）.
ONIC (= *O*ffice *n*ational *i*nterprofessionnel des *c*éréales) *n.m.*〖農〗国立穀類関連職業事務局（1940 年設立）.
ONIFLHOR (= *O*ffice *n*ational *i*nterprofessionnel des *f*ruits, des *l*égumes et de l'*hor*ticulture) *n.m.* 国立青果園芸関連業事務局（1983 年設立；本部 Paris；2005 年 12 月 30 日のデクレにより Office national interprofessionnel des vins (ONIVINS) と合併して Office national interprofessionnel des fruits, des légumes, des vins et de l'horticulturc (Viniflor) となる；農業省所管の公的商工機関）.
ONILAIT (= *O*ffice *n*ational *i*nterprofessionnel du *lait* et des produits laitiers) *n.m.* 国立乳業・乳製品関連業事務局（1983 年設立；本部 Paris；2005 年 Office national interprofessionnel de la viande (Ofival) と合併して Office de l'élevage 酪農業事務局となる）.
ONISEP [ɔnisɛp] (= *O*ffice *n*ational d'*i*nformation *sur* les enseignements et les *p*rofessions) *n.m.* 国立教育職業情報局.
ONIVINS (= *O*ffice *n*ational *i*nterprofessionnel des *v*ins) *n.m.* 国立葡萄酒関連業事務局（2005 年 ONIFLHOR と合併して Viniflor となる）.
on line〖英〗*a.*〖通信〗オン・ライン（＝〖仏〗en ligne).

ONM (=Office national météorologique) n.m. 国立気象庁.

onomatopée n.f. 〖言語〗オノマトペ, 擬音語, 擬声語；擬態語；〖修辞〗声喩法.

ONP (=Opéra national de Paris) n.m. パリ国立歌劇団《旧 Théâtre national de l'Opéra de Paris「国立パリ歌劇場」；1989年改組；傘下に Opéra Bastille, Palais Garnier, Ecole de danse, Centre de formation lyrique をおさめる》.

ontogenèse n.f. 〖生〗個体発生 (phylogenèse「系統発生」の対).

ONU (=Organisation des Nations unies) n.f. 国際連合, 国連 (=〖英〗UN: United Nations).

Onuci (=opération des Nations unies en Côte d'Ivoire) n.f. コート・ディヴォワールにおける国連の作戦活動. militaires de l'~ 国連コート・ディヴォワール作戦軍.

ONUDI (=Organisation des Nations unies pour le développement industriel) n.f. 国連工業開発機関 (=〖英〗UNIDO: United Nations industrial development organization).

onusien(ne) a. 国連 (ONU) の. mission ~ne 国連の使命.
——n. 国連職員.

ONUST, Onust (=Organisation des Nations unies chargée de la surveillance de trêve en Palestine) n.f. 国連パレスチナ休戦監視機構 (=〖英〗UNTSO: United Nations Truce Supervision Organization in Palestine)《1948年創設》.

onycho- [ギ] [ELEM]「爪」の意《ex. onychophagie 爪咬み》.

onychochizie n.f. 〖医〗爪甲剝裂症, 葉状爪剝離症.

onychogryphose n.f. 〖医〗爪曲り症, 爪鉤症, 爪甲(そうこう)鉤彎症.

onycholyse n.f. 〖医〗爪甲(そうこう)剝離症, 爪剝離症.

onychomycose n.f. 〖医〗爪(そう)真菌症.

onychophagie n.f. 〖医〗爪咬み, 咬爪(こうそう)症.

onychoschisis n.m. 〖医〗爪甲(そうこう)層状分裂症《爪甲の先端が層状に裂ける症状》.

onyxis [ɔniksis] n.m. 〖医〗爪炎(そうえん), 爪病(そうびょう).

onze 〖この語の前では原則として, le, la, de, que はエリジヨンされない〗 a.num.card. 11 の；11 番目の. ~ heures du matin (de l'après-midi) 午前(午後) 11 時. Louis ~ (XI) ルイ 11 世. page ~ 第 11 ページ.
——n.m. (pr.num.card.) inv. **1** 11 《数字》. **2** le ~ 11 日《日付》. le ~ novembre 11 月 11 日《第 1 次大戦休戦記念日；法定祝日》. **3** 〖サッカー〗イレヴン《サッカーのチーム；~ joueurs de football》. le ~ de France フランスのサッカー代表チーム (=le ~ tricolore). **4** 〖史〗les O~ 十一人《古代アテネの審判団》；〖キリスト教〗十一使徒.

onzième 〖この語の前では原則として, le, la, de, que はエリジヨンされない〗 a.num.ord. 11 番目の《略記 11ᵉ》. le ~ arrondissement de Paris パリ市第 11 区. 〖宗教〗ouvrier de la ~ heure 遅くなって信仰に目覚めた人；〔転じて〕成功しそうになると仲間に加わる人.
——n. 11 番目の人. Elle est ~ en composition française. 彼女は仏作文で 11 位である.
——n.m. 11 分の 1. deux ~s 11 分の 2.
——n.f. **1** 〖学〗第 11 学級 (=classe de ~)《小学校準備課程 cours préparatoire の旧称；初等教育第 1 年次》. Elle est entrée en ~. 彼女は第 11 学級 (小学校第 1 年次) に入学した. **2** 〖音楽〗11 度《音程》.

OO (=〖英〗oil ore) n.m. 〖海〗石油・鉱石運搬共用貨物船 (=〖仏〗pétrolier-minéralier).

oocyte [ɔɔsit] n.m. 〖生〗卵母細胞 (=ovocyte).

oogénèse n.f. 〖生〗卵形成, 卵子発生 (=ovogénèse).

oolit[h]e n.m.(f.) 〖鉱〗オーライト, 魚卵状鉱石, 魚卵石.

OPA (=offre publique d'achats) n.f. (株式の)公開買付け, TOB (=〖英〗takeover bid), テンダーオファー (=〖英〗tender offer). une ~ partielle (株式の)一部公開買付け. une contre-~ 公開買付けに対する対抗買付け.

opable (<OPA) a. 株式公開買付けの対象となりうる.

OPAC (=Office public d'aménagement et de construction) n.m. 〖行政〗住宅整備建設事務所《旧 Office public d'HLM を改編. HLM の建設と管理に当る》.

Opacif (=organisme paritaire agréé pour le congé individuel de formation) n.m. 個人研修休暇に関する労使同機関.

opacification n.f. **1** 不透明化. **2** 〖医〗(X 線撮影のための)陽性造影剤注入 (内服). **3** 〖医〗混濁. ~ du cornée (du cristallin) 角膜(水晶体)の混濁.

opacité n.f. **1** 不透明〔度〕；暗度. ~ d'un papier 紙の不透明度. **2** 〖医〗(眼の水晶体などの)混濁. ~ d'un cristallin 水晶体の混濁. ~ cornéenne 角膜混濁. ~ vitréenne 硝子体混濁. **3** ~ de la nuit 夜の闇. **4** 〖文〗不透明性, 難解さ, 不可解さ. ~ d'un texte 文章の不透明性.

OPAEP (=Organisation des pays arabes

*e*xportateurs de *p*étrole) *n.f.* アラブ石油輸出国機構 (=〖英〗OAPEC：*O*rganizaion of *A*rab *P*etroleum *E*xporting *C*ountries)《1968年設立；設立当時の l'Arabie Saoudite, la Lybye, le Koweït に l'Algérie, Bahrein, l'Egypte, les Emirats arabes unis, l'Irak, le Qatar, la Syrie が加わり，計10カ国で構成》.

OPAH (=*O*pération *p*rogrammée d'*a*mélioration de l'*h*abitat) *n.f.* 住宅改善計画.

opale *n.f.*〖鉱〗オパール, 蛋白石. ~ de feu (noire) 火炎 (ブラック) オパール. d'~ オパール色の, 乳白色の. la Côte d'O~ オパール海岸《北海に面した北仏の海岸地帯名》. lueur d'~ 乳白色の光.
—*a.*〔*inv.*〕オパール色の, 乳白色の. mer ~ 乳白色の海. robes ~ オパール色のドレス. verres ~〔*s*〕乳白ガラス (=opalin).

opaliser *v.t.* 乳白色にする. verre *opalisé* 乳白ガラス.

Opano (=*O*rganisation de *p*êche de l'*A*tlantique *N*ord-*O*uest) *n.f.* 北西大西洋漁業管理機構《漁獲量の割当などを所管》. zone établie par l'~ 北西大西洋漁業管理機構の定める漁区.

opaque *a.* **1** 不透明な, 不透過性の. collant ~ 不透明糊. verre ~ 不透明ガラス. ~ à …を透さない. ~ aux rayons X X線を透過しない. corps ~ aux rayons ultraviolets 紫外線を透さない物体.
2 光を通さない；暗い. nuit ~ 暗夜. ombre ~ 暗黒.
3〔比喩的〕不透明な, 難解な, 明解でない. mot ~ 不透明な語.〖金融〗financement ~ 不透明融資. personnage ~ 不可解な人物.

op.cit (=〖ラ〗*op*ere *cit*ato) 前掲書〖に〗.

OPCVM (=*O*rganismes de *p*lacement *c*ollectifs en *v*aleurs *m*obilières) *n.m.pl.* 有価証券共同投資機関.

OPE (=*o*ffre *p*ublique d'*é*change) *n.f.* 株の公開交換買付け《他銘柄との交換による》.

opéable *a.*〖経済〗OPA (株の公開買付け) や OPE (株の公開交換買付け) の対象となりうる. société ~ OPA・OPE の対象となる会社 (=~).
—*n.f.* OPA・OPE の対象会社.

OPEC[1] (=*o*ffre *p*ublique d'*é*change) *n.f.*〖経済〗(株の) 公開交換《OPE と略記することもある》.

OPEC[2] (=〖英〗*O*rganization of *P*etroleum *E*xporting *C*ountries) *n.f.* 石油輸出国機構, オペック (=〖仏〗OPEP)《1969年創設；本部 Wien》.

open〖ɔpɛn〗〖英〗*a.inv.* **1**〖スポーツ〗オープンの《参加資格制限のない, プロとアマが参加しうる》. championnat du monde ~ オープン世界選手権. tournoi ~ オープン・トーナメント.
2〖航空〗billet ~ オープン・チケット.

—*n.m.*〖スポーツ〗オープン競技会. ~ de tennis テニスのオープン・トーナメント.

OPEP (=*O*rganisation des *p*ays *e*xportateurs de *p*étrole) *n.f.* 石油輸出国機構, オペップ (=〖英〗OPEC)《1969年創設；本部 Wien》.

opéra〖伊〗*n.m.* **1** オペラ, 歌劇《ジャンル, 作品》. grand ~ グランド・オペラ, 正歌劇. ~〔-〕bouffe オペラ・ブッファ, 喜歌劇. ~〔-〕comique オペラ・コミック. ~ sérieux オペラ・セリア (=~ seria, grand ~).
2 オペラ劇場, 歌劇場 (=théâtre de l'~)；歌劇団. O~ (de la) Bastille (パリの) 国立バスチーユ・オペラ劇場. Théâtre de l'O~-Garnier (パリの) 国立ガルニエ・オペラ劇場 (palais Garnier, l'O~ de Paris ともいう). O~ national de Paris パリ国立歌劇団《1994年創設；ガルニエ・オペラ劇場とバスチーユ・オペラ劇場を統轄》.
3 ~ de Pekin 京劇 (=jingxi).

Opéra-Bastille (l') *n.m.* (パリの) バスチーユ=オペラ劇場 (Carlos Ott 設計, 1989年バスチーユ広場の一角に誕生した国立歌劇場).

opérable *a.*〖医〗手術が可能な. malade (maladie) ~ 手術が可能な患者 (疾病).

opéra〔-〕**bouffe** (*pl.* ~**s**〔-〕~**s**) (<〖伊〗opera buffa) *n.m.*〖音楽〗**1** オペラ=ブッフ, 滑稽歌劇.
2 オペラ・ブッファ (18世紀のイタリア喜歌劇)；軽喜歌劇.

opéra-comique (*pl.* ~**s**-~**s**) *n.m.*〖音楽〗**1** オペラ=コミック, 喜歌劇《独白と歌唱によるオペラ》.
2〖劇場〗théâtre de l'O~-C~ (パリの) 国立オペラ=コミック劇場《別称 salle Favart ファヴァール劇場；1898年開場》.

opérant(**e**) *a.* 実効のある. mesure peu ~*e* ほとんど効果のない措置.

opérateur(**trice**) *n.* **1** (機器の) 操作者, 運転者, オペレーター；技師, 技士.〖映画・テレビ〗~〔de prise de vues〕撮影技師, カメラマン (=cadreur, cameraman). ~ de projection 映画館の映写技師；電話交換手. ~ du son 録音技師, ミキサー.〖航空〗~ radio 無線技師, 通信士.〖映画〗chef-~ 撮影監督, チーフ・カメラマン.
2〖医〗手術者, 執刀者.
3〖金融・株式〗売買取引実施者；相場師. ~ boursier 株式取引者, 相場師. ~ financier 金融売買取引者, 金融トレーダー.
4〖電算〗コンピュータ・オペレーター《操作・管理担当者》. ~ de saisie データ収集オペレーター.
—*n.m.* **1** (機械の) 作働 (作業) 機構.
2〖数・論・電算〗演算子, 作用素. ~ linéaire 線型 (一次) 演算子.
3〖言語〗操作子；作用語；機能語.
4〖生〗作動遺伝子, オペレーター遺伝子

《遺伝子の転写を制御する ADN (DNA) サイト》.

opération *n.f.* **1** 働き, 作用, 活動. ~ de la digestion 消化作用. ~ intellectuelle 知的活動, 思考, 思惟.
2〚キリスト教〛~ du Saint-Esprit sur la Vierge Marie 聖母マリアの受肉に及ぼした精霊の働き.〘比喩的・話〙par l' ~ du Saint-Esprit 奇蹟的に.
3〚工〛(機械などの) 操作, 運転；作業；業工程；工作；操業；施行, 実施. ~s industrielles 工場操業工程. ~ d'une pile 原子炉の運転. ~ de sauvetage 救出作業.
4〚薬〛調合；〚化〛操作.〚化〛~ unitaire fondamentale 単位操作.
5〚軍〛〔軍事行動〕作戦, 軍事行動 (= ~ militaire). base d' ~s 作戦基地. salle d' ~¹ 作戦指揮室, 作戦本部. système de commandement et de conduite des ~s aériennes 航空作戦指揮遂行システム (略記 SCCOA). théâtre d' ~s 作戦地域.
6 作戦, 活動. ~ de construction 建設事業. ~ de sauvetage 救助活動. ~s électorales 選挙運動. ~ publicitaire 宣伝キャンペーン.
7〚医〛手術 (= ~ chirurgicale). ~ sous anesthésie 麻酔をかけた手術. salle d' ~² 手術室 (略称 salle d'op [dɔp]). table d' ~ 手術台. pratiquer une ~ 手術を行う. subir une ~ 手術を受ける.
8〚法律〛法律行為 (= acte juridique)；取引, 売買, オペレーション, (市場の) 操作. ~ commerciale 商取引. ~ de banque 銀行取引行為, 銀行業務. ~ de Bourse 株式市場の売買 (取引), 証券・商品相場取引. ~ de vente 売買行為. ~ d'initié インサイダー取引. ~ financière 金融操作. Cet achat est une bonne ~. これはいい買物だ.
9〚数〛計算, 演算. les quatre ~s 四則演算, 加減乗除. apprendre les quatre ~s 四則演算を学ぶ. ~ de tête 暗算. ~ logique 論理演算.

opérationnel(le) *a.* **1**〔軍〕作戦上の；作戦に参加する, 作戦活動に入っている. base ~ le 作戦基地 (= base d'opérations). missiles (avions) ~s 作戦配置ミサイル (航空機), 実戦ミサイル (実戦機). troupe ~ le 作戦部隊.
2 実動する, 稼動する, 有効な, 実戦的な. employé ~ 実動職員. Le nouvel hôpital sera ~ dans un mois. 新設病院は１カ月後に実動する.
3 recherche ~ le オペレーションズ・リサーチ (=〔英〕operations research；operational research).
4 操作上の, 業務上の.

opératoire *a.* **1**〚医〛手術の；手術に関する；手術による. bloc ~ (病院の) 手術区域. choc ~ 手術ショック. médecine ~ 外科医学 (外科医療) (= chirurgie). méthode ~ 手術法. temps ~ 手術時間.
2 論理的作業 (操作) 上の；計算上の. schème ~ 論理的作業図式. théorie ~ 操作理論.

opératrice *n.f.* (電話の) 交換嬢 (交換手), オペレーター. ~ interurbaine 市外電話交換手.

opéré¹(e) *a.p.* **1** 手術を受けた. malade ~ 手術を受けた病人.
2 実施された, 実現した. réformes ~es 実現した改革.
— *n.* 手術を受けた人.

opéré² *n.m.*〚財〛avis d' ~ 売買確認書.

opérette *n.f.*〚音楽〛オペレッタ, 軽歌劇. ~s d'Offenbach オッフェンバックのオペレッタ作品. soldats (conspirateur, héros) d' ~ オペレッタに出てくるような兵士 (陰謀家, ヒーロー)；真面目に相手できない兵士.

opéron *n.m.*〚生化〛オペロン (数個の構造遺伝子とそれらを制御する調節遺伝子からなる情報単位).

Opex (= *Opération extérieure*) *n.m.*〚軍〛国外軍事作戦, 対外軍事行動.

OPHLM (= *Office public d'habitations à loyer modéré*) *n.m.* 低家賃住宅公社 (1912年設立).

ophtalmie *n.f.*〚医〛眼炎. ~ des neiges 雪眼炎；雪盲 (= cécité des neiges). ~ métastatique 転移性眼炎.

ophtalmique *a.*〚解剖・医〛眼 (œil) の. artère ~ 眼動脈. migraine ~ 眼性偏頭痛. nerf ~ 眼神経.

ophtalmo (< *ophtalmo*logiste) *n.*〔話〕眼科医, 目医者.

ophtalmologie *n.f.* 眼科学.

ophtalmologue, ophtalmologiste *n.* 眼科学者；眼科〔専門〕医.

ophtalmomètre *n.m.*〚医〛角膜計, 角膜曲率計.

ophtalmométrie *n.f.*〚医〛角膜測定, 角膜曲率測〔法〕.

ophtalmoplégie *n.f.*〚医〛眼筋麻痺 (= paralysie oculo-motrice). ~ externe (interne) 外 (内) 眼筋麻痺.

ophtalmoscope *n.m.*〚医〛(眼底・眼球内検査用の) 検眼鏡. ~ direct (indirect) 直像 (倒像) 検眼鏡. ~ indirect binoculaire 双眼倒像検眼鏡 (立体倒像検眼鏡).

ophtalmoscopie *n.f.*〚医〛眼底検査 (= examen du fond d'œil). ~ en lumière monochromatique 無色光線眼底検査.

opiacé(e) *a.* 阿片を含む；阿片特有の.
— *n.m.*〚薬〛阿片剤；モルヒネ剤 (= morphinique, morphinomimétique).

opinion *n.f.* **1** 意見, 見解；所信, 説；言論；〔多く *pl.*〕(政治的・宗教的) 信条, 信念. avoir une ~ sur *qch* 何について意見を持つ. changer d' ~s 意見を変える. combattre une ~ 意見を戦わす. défendre une ~ 意

見を擁護する. donner son ~ sur qch 何について自分の意見を述べる. être de l'~ de qn 人と同じ意見である. se faire une ~ sur qch 何について自分の意見をまとめる. ~s athées 無神論.〖法律〗~ dissidente (合議体における) 少数意見. ~ douteuse 疑わしい見解. ~s extrêmes 極論. ~s fermes 確ぎたる信念. ~ générale (personnelle) 一般的 (個人的) 意見. ~s paradoxales 逆説的見解. ~s philosophiques (politiques, religieuses) 哲学的 (政治的, 宗教的) 信条.〖法律〗délit d'~ 言論犯. divergences d'~s 見解の相違.〖新聞〗journal d'~ 言論紙, 意見紙 (journal d'information「情報紙」の対). liberté d'~ 言論の自由.《Toute personne a le droit à la liberté d'~ et d'expression》「人はすべて言論と表現の自由を権利として有する」. partage d'~s 意見の分裂 ; (投票での) 票の割れ ; (合議の採決における) 可否同数.〖文法〗verbes d'~ 陳述動詞 (déclarer, juger など). C'est 〔une〕 affaire d'~. それは考え方の問題だ. C'est une ~. それもひとつの考え方だ.

2 判断, 評価. ~ publique¹ 世評, 評判. avoir 〔une〕 bonne (mauvaise) ~ de …とよく (悪く) 思う. avoir 〔une〕 bonne ~ de soi 自惚れる. déchoir (remonter) dans l'~ de qn 人からの評価を失う (高める).

3 世論 (= ~ publique², ~ du public). française フランスの世論. courants (mouvements) d'~ 世論の動勢.〖政治〗gouvernement d'~ 世論政体. leader d'~ オピニヨン・リーダー. sondages d'~ 世論調査. agir sur l'~ 世論に働きかける. manœuvrer l'~ 世論を操作する.

opioïde n.m.〖薬〗オピオイド (合成鎮痛薬・麻酔薬 ; méthadone (n.f.) など).
——a. 阿片 (opium) 様の.

opiomane n. 阿片常用者, 阿片中毒者.

opiomanie n.f. 阿片常用癖, 阿片中毒.

opium [ɔpjɔm] 〔ラ〕 n.m. **1** 阿片. O~ オピヨム (Yves Saint-Laurent 社の香水名). alcaloïdes d'~ 阿片アルカロイド (codéine コデイン, morphine モルヒネ, narceine ナルセイン, narcotine ナルコチン, papavérine パパヴェリン, thébaïne テバインなど). fumer de l'~ 阿片を吸飲する. fumerie de l'~ 阿片吸飲所.〖史〗la Guerre de l'~ 阿片戦争 (1840-42 年). pipe à ~ 阿片煙管. teinture d'~ 阿片チンキ.

2 〔俗〕~ de laitue レタス阿片 (代用阿片 ; 野生レタス, 特に Lactuca virosa「毒レタス」から抽出された乳液に含まれるアルカロイドの lacticarium に麻酔作用がある).

3 〔比喩的〕阿片的存在 (理性・良心などを麻痺させるもの) ; 麻薬. La religion, c'est l'~ du peuple. 宗教は民衆の阿片である (Marx の言葉).

OPJ (= officier de police judiciaire) n.m.

司法警察官.

opothérapie n.f.〖医〗臓器療法, 臓器抽出液療法 (動物の臓器, 特に内分泌腺からの抽出液の投与による治療法).

opportun(e) a. 時宜にかなった, 時を得た, 好都合の. au moment ~ 適当な時期に. démarche ~e 時宜にかなった行動. en temps ~ 然るべき時に. Il serait ~ de + inf. (que + subj.) …するのは時宜にかなっているだろう.

opportunité n.f. 時宜性 ; 好機 ; 好都合.〖法律〗règle de l'~ des poursuites 起訴便宜主義.

opposabilité n.f. **1** 対向性. ~ du pouce 親指の対向性 (他の指と向き合わせることが出来ること).
2〖法律〗対抗性, 法的対抗性. ~ d'un contrat 契約の対抗性. action en ~ d'un jugement étranger 外国判決対抗力確認の訴え.

opposable a. **1** 向い合わせうる.
2 (à に) 対抗しうる ; (à を) 防ぎうる.〖法律〗droit ~ aux tiers 第三者に対抗しうる権利. forces ~s à l'ennemi 敵を防ぎうる軍事力.

opposant¹(e) a. 対立する, 敵対する.〖法律〗partie ~e 異議申立人.〖法律〗tiers ~ 異議を申立てた第三者.
——n. 反対者, 敵対者 ; 野党議員. ~s au régime 反体制派. ~s à la vente 売立ての敵対者. ~s des taxes 税金反対者. les gouvernants et les ~s 野党議員と政府与党議員.

opposant² n.m.〖解剖〗対立筋 (= muscle ~). ~ du pouce 親指の対立筋.

opposé¹(e) a.p. **1** 相対する ; (à と) 向い合った.〖幾何〗angles ~s par le sommet 対頂角.〖幾何〗côté ~ 対辺.〖植〗feuilles ~es 対生葉. rive ~e 対岸.
2 逆向きの. direction ~e 逆 (反対) 方向. en sens ~ 逆の方向に.
3 正反対の, 相反する ; 対照的な. caractères ~s 正反対の性格. intérêts ~s 相反する利害関係. mots de sens ~ 反意語.〖数〗nombres ~s 反数, 対称数 (= nombres symétriques). opinions ~es 反対意見.〖論理〗termes ~s 対当項.
4 (à に) 反対の ; (を) 妨げる. parti ~ 反対党.

opposé² n.m. **1** 反対の事物, 逆 ; 反対の方向. L'~ du sud est le nord. 南の反対は北. soutenir l'~ d'une opinion 反対意見を支持する. Elle est tout l'~ de son mari. 彼女は彼女の夫と正反対である.
à l'~ de 〔ce〕 qui …に反対に ; 〔と〕反対側に. La gare est à l'~. 駅は反対の方向です.
2〖数〗反数 (= nombre ~).

opposition n.f. **1** (位置の) 向かい合わせ, 対置.〖天文〗衝 (しょう). ~ et conjonction de deux astres 2 つの天体の衝と合 〔朔〕. ~ des pôles 両極の対当関係.〖天文〗~ périphérique 近日点衝. Lune en ~ avec

le Soleil 太陽と衝の位置にある月.
2 正反対の関係, 対立；相反〔関係〕；対照, 対比；〖言語〗対立；〖論理〗対当〔関係〕, 対偶；〖電〗逆位相. ~ de deux couleurs 2つの色のコントラスト. ~ d'intérêts 利害の対立〔関係〕. ~ entre bien et mal 善悪の対立. 〖電〗en ~ de phase 逆位相の. être en ~ avec …と相反する. Sa conduite est en ~ avec ses idées. 彼の行動は考えと相反する. par ~ à …と対照的に, …と対比して.
3 反対, 対抗；妨害；〖法律〗異議の申立て. 故障申立て；〖心〗抵抗, 反抗. faire de l'~ 反対する. faire (mettre) ~ à qch 何に反対する. faire ~ à un paiement 支払いを差止める. rencontrer l'~ 反対(抵抗)に遭遇する. 〖法律〗~ à mariage 婚姻の取消請求. ~ à un projet 提案への反対.〖法律〗~ à paiement 支払差止め.〖税〗~ à poursuites 滞納処分に対する異議申立て.〖心〗âge (phase) d'~ 反抗期. Pas d'~? Adopté. 反対はありませんね？ 採択されました.
4〖政治〗野党, 反対党 (= parti [s] de l'~). le gouvernement et l'~ 政府と野党. ~ de droite (de gauche) 右翼(左翼)の野党. l'O~ de sa Majesté 英国の野党. en régime parlementaire 議会制での野党 (= minorité 少数派). journal de l'~ 反体制派の新聞. être dans l'~ (de l'~) 野党側にいる.

oppositionnel(le) a.〖政治〗野党の, 反体制の. attitude ~ le 野党的(反体制的)立場.
——n. 野党人；反体制派.

oppresseur n.m. 抑制者, 抑圧者；圧制者 (opprimé「被抑圧者」の対). révolte des opprimés contre leurs ~ s 圧制者に対する被抑圧者の反乱.
——a.m. 抑圧的な, 圧制的な. régime ~ 圧制体制.

oppressif(ve) a. 抑圧的な, 圧制的な；暴虐な. autorité ~ ve 圧制的権威. mesures ~ ves 高圧的措置. politique ~ ve 抑圧的政治(政策).

oppression (< opprimer) n.f. **1** 抑圧, 圧制；虐待, 暴虐. ~ des consciences 信教の自由の抑圧. ~ du peuple 人民に対する抑圧. mesures d'~ 高圧的措置. régime d'~ 圧制体制. resistance à l'~ 圧制に対する抵抗.
2 息苦しさ；呼吸困難. avoir des ~s 息苦しさを覚える. souffrir d'~ 呼吸困難に苦しむ.
3〖比喩的〗胸をしめつけられるような思い；圧迫感；うっとうしさ；苦痛. ~ douloureuse 悲痛.

opprimé(e) a.p. 抑圧された, 圧制に苦しめられた；虐げられた. liberté ~ e 抑圧された自由. population ~ e 虐げられた人々.
——n. 被抑圧者；虐げられた人. oppresseurs et ~ s 圧制者と被抑圧者. cris des ~ s 被抑圧者の叫び. lutter pour les ~ s 虐げられた人々のために戦う.

OPR (= offre publique de retraite) n.m.〖株式〗(有価証券の) 株式市場からの引上げのための公開買付, 公開買戻し (= [英] buy back).

Opri (= Office de protection contre les rayonnements ionisants) n.f.〖環境〗電離線放射防護対策事務局.

opticien(ne) n. **1** 光学機器製造(販売)者.
2 眼鏡商 (= ~ lunettier).
3〔古〕光学専門家.
——a. 光学機器の. diplôme d'ingénieur ~ 光学技師免許.

OPTILE (= Organisation professionelle des Transports d'Île-de-France) n.pr.f.〖交通〗イール=ド=フランス地方定期路線運営私企業連合機構.

optimal(ale)(pl.**aux**) a. 最良の, 最も望ましい, 最適の (= optimum). altitude ~ ale de vol (航空機の) 巡航高度, 最適飛行高度. date limite d'utilisation ~ ale (食品の) 賞味推奨期限《略記 DLUO；《A consommer de préférence avant la date figurant sur l'un des fonds》「缶詰・瓶詰の底に記載されている日付以前に消費することが望ましい」という表記で示す).

optimalisation n.f.〖経済・情報処理〗最適化, 最良効率化 (= optimisation).

optimisation n.f.〖経済・情報処理〗最適化, 最良効率化 (= optimalisation).

optimiser v.t.〖経済〗最良の効率を与える；〖電算〗最適化する. ~ le PC パソコンを最適化する.

optimisme n.m. **1** オプチミスム, 楽天主義 (pessimisme「ペシミスム」の対)；〖哲〗最善説；〖倫理〗楽観論.
2 楽〔視〕；幸福感 (= euphorie). état d'~ 楽観的精神状態. envisager la situation avec ~ 楽観的に状況に対処する. médicamment qui incite à l'~ 幸福感促進剤 (= euphorisant).

optimiste a. **1** 楽天的な；〖哲〗最善説的. philosophie ~ 最善説的哲学. tendance ~ 楽天的傾向.
2 楽観的な. Le docteur n'est pas très ~. 医師は必ずしも病状を楽観していない. prévision ~ 楽観的予測.
——n. 楽天主義者, 楽天家, オプチミスト. C'est un ~ incorrigeable. 度し難い楽天家だ.

optimum [ɔptimɔm] (pl. **~s** または **optima**) [ラ] n.m. 最適状態, 最適条件. ~ d'un fonctionnement 機能の最良状態. ~ de population 最適人口.
——a. (a.f. は単複とも時に は optima) 最適な. température ~ (optima) 最適温度. conditions ~ s (optima) 最適条件.

option n.f. **1** 選択, オプション. ~ entre

deux possibilités ふたつの可能性の間の選択. ~ politique 政治的選択.『軍』~ zéro ゼロオプション, ゼロの選択 (=〔英〕zero-option；NATO とソ連のヨーロッパでの戦域核戦力を全面的に廃棄するという 80 年代のアメリカの提案). à ~ 選択できる, 選択式の. matières à ~ (試験の) 選択科目 (課題, 問題). n'avoir pas d'autre ~ 他の選択肢がない.
2『法律』選択権 (=droit d'~). successorale 相続選択権. droit d'~ de l'héritier 相続人の選択権.
3『商業』(売買の) 選択権 (=~ de vente, ~ d'achat). ~ de bourse 有価証券売買の選択特権. levée d'~ 選択権の行使.〔英〕stock-~ ストック・オプション (株式買入れ選択権) (=droit de souscription). accorder (obtenir, abandonner) une ~ 選択権を認める (獲得する, 放棄する). prendre une ~ sur une place d'avion 航空機の座席をおさえておく.
en ~ オプションの, 選択できる, 選択式の. boîte automatique en ~ オプションの自動変速機 (オートマチック).

optionnel(le) a. **1** 選択による.『財政』crédits ~s 予備費.
2 オプションの. disque dur ~ オプション式ハードディスク.

optique¹ n.f. **1** 光学. ~ électronique (physique) 電子 (物理) 光学. ~ médicale 医療光学. appareil (instrument) d'~ 光学機器. unité de mesure en ~ 光学測定単位.
2 光学論. L'~ de Newton ニュートンの『光学論』.
3 光学機器産業 (製造・販売). ~ de précision 精密光学機器産業. ~ photographique 写真光学産業. travailler dans l'~ 光学機器産業で働く.
4 光学部品 (レンズなど).
5〔比喩的〕物の見方, 見地, 観点. ~ du théâtre (de la scène) 舞台の視覚効果. changer d'~ 観点を変える. dans (sous) cette ~ この見地に立つと.

optique² a. **1** 視覚の；眼の；視神経の. angle ~ 視角 (=angle visuel). nerf ~ 視神経. papille ~ 視神経乳頭. thalamus ~ 視神経床.
2 光学的な. astronomie ~ 光学天文学. centre ~ 光心. câble ~ 光ケーブル.〔映画・TV〕effets ~s 光学的特殊効果, オプティカル効果. fibre ~ 光ファイバー. microscope ~ 光学顕微鏡. résolutions ~s 光の解像度. système ~ 光学系. verre ~ 光学ガラス；レンズ.

opto-acoustique a.『物理』光音響の. spectroscopie ~ 光音響分光.

opto[-]électronique a. 光学・電子併用の, 光電子〔方式〕の. circuit intégral ~ 光電子集積回路 (=〔英〕OEIC：Opto-Electronic Integrated Circuit). affichage ~ オプト・エレクトロニック・ディスプレー (=〔英〕OED：Opto-electronic display). stabilisateur ~ (レンズの) 光学・電子併用方式の手ぶれ補正機構.
—— n.f. オプトエレクトロニクス, 光電子工学.

optomètre n.m. オプトメーター (眼の屈折測定器)；視力測定装置.
optométrie n.f. 眼の屈折測定〔法〕, 検眼〔法〕.

optronique (<optique+électronique) a.『軍』電子光学方式の (=opto-électronique). armes ~s 電子光学兵器.
—— n.m. 電子光学；電子光学産業.

opulence n.f. **1** 富裕, 豪奢. vivre dans l'~ 豪奢に暮らす.
2 (国などの) 繁栄；(収穫の) 豊穣さ. ~ d'une ville 都市の繁栄.
3 (肉体の) 豊満さ. l'~ des nus de Rubens ルーベンスの描いた裸婦の豊満さ.

opulent(e) a. **1** 富裕な；(生活が) 豪奢な. homme ~ 富裕者. vie ~e 豪奢な暮し.
2 (国などが) 繁栄した；(収穫などが) 豊穣な, あり余るほどの. moissons ~es 豊かな実り. province ~e 繁栄した地方.
3 (肉体が) 豊満な. poitrine ~e 豊かな胸.

opus [ɔpys]〔ラ〕n.m.『音楽』作品 (略記 op.). numéro d'~ 作品番号. symphonie n° 9 en ré mineur, ~ 125 de Beethoven ベートーヴェンの交響曲第九番ニ短調, 作品 125.

OPV (=offre publique de vente) n.f. (株式の) 公開売出し.

OQN (=objectif quantifié national) n.m.〔医〕(入院に関する) 国の数量化目標.

or n.m. **1**『化』金 (元素記号 Au, 原子番号 79, 原子量 196.967).
2『金属』金 (比重 19.3；融点 1063℃). ~ blanc¹ ホワイトゴールド. ~ d'alluvion 砂金. ~ de Manheim 真鍮. ~ fin (pur) 純金. ~ gris 金と鉄 (銀, 銅) との合金. ~ jaune 明黄色の金. ~ natif 明黄色の金. ~ rouge¹ 赤金 (金と銅との合金). ~ vierge 新金. d'~¹ 金の；金製の. barre d'~ 金の延棒 (=~ en barre). feuille d'~ 金箔. lingot d'~ 金のインゴット (鋳塊). mine d'~ 金鉱. monnaie (pièce) d'~ 金貨. en ~¹ 金の, 金製の. bijou en ~ 金の装身具. plume en ~ 金のペン先.
3 (貨幣, 通貨としての) 金；金貨 (=monnaie d'~；pièce d'~). couvrir qn d'~ 人に多額の金を払う. cours de l'~ 金相場. encaisse (réserve) [d']~ 金保有高, 金準備高. étalon ~ 金本位制. valeur [d'] ~ 金価格. payer en ~ 金貨で支払う.
4 (富の象徴としての) 金. à prix d'~；au poids de l'~ 高い値段で. acheter (vendre) à prix d'~ 高く買う (売る).〔比喩的〕en ~² 有利な. affaire en ~ またとない有利な取引. faire de l'~ 儲ける, 蓄財する. pas-

sion pour l'~ ; soif de l'~ 金銭欲. pour tout l'~ du monde どんなに金を積まれても. Je ne l'accepeterais pas pour tout l'~ du monde. どんなに金を積まれても引受けたくない. ni pour ~ ni pour argent どんなに金を積まれても. manger dans l'~ 金の食器で食事をした.〖諺〗La parole est d'argent et le silence est d'~. 雄弁は銀, 沈黙は金.

5 金色；金色のもの；金糸 (=fil d'~) ;〖紋章〗金色. d'~² 金色の. cheveux d'~ 金髪. étoffe bordée d'~ 金糸の縁取りのある布地. médaille d'~ 金メダル.

6〔比喩的〕金《貴重なもの》. d'~³ 最良の. âge d'~ 黄金時代. cœur d'~ 美しい《高潔な》心〔の持主〕. la côte d'O~《ブルゴーニュ地方の》コート・ドール《黄金の丘；葡萄の名産地》. livre d'~ 芳名録. moisson d'~ 麦の刈入れ. nombre d'~ 黄金分割数 (≒1.618) ;〖暦〗黄金数《復活祭の日を算出するための数；西暦年数に1を加えて19で割った残りの数》. parler d'~ 賢明なことをいう；〖皮肉〗立派なことを口にする. en ~³ 完璧な, 理想的な. mari en ~ 申し分のない夫. bon comme l'~ この上もなく善良な.

7〔比喩的〕金《金になるもの, 収益をあげるもの》. ~ blanc²《白い金→》(スキー場の) 雪・ミネラルウォーター. ~ noir (黒い金→) 石油. ~ rouge² (赤い金→) 太陽光.

—*a.inv.* 金色の.

Ora (= *o*bligation *r*emboursable en *a*ction) *n.f.*〖債券〗株式償還社債.

Orabsa (= *o*bligation *r*emboursable *à* bons de *s*ouscription en *a*ctions) *n.f.* ワラント債.

Orabsar (= *o*bligation *r*emboursable *à* bons de *s*ouscription d'*a*ctions avec faculté de *r*achat) *n.f.* 買い戻し可能ワラント債.

orage *n.m.* **1** 雷雨 (雷鳴・稲妻・雨・霧・強風などを伴う俄か雨). Il fait (Il y a) de l'~. 雷雨である. L'~ gronde (éclate). 雷雨が轟く. pluie d'~ 俄か雨, 驟雨 (しゅう).

2〖地学〗~ magnétique 磁気嵐.

3〔比喩的〕(感情の) 激発. les ~s du colère 激しい怒り.

4〔比喩的〕嵐, 波瀾.〖話〗Il y a l'~ dans l'air. ひと波瀾起きそうだ. sentir venir l'~ ひと荒れしそうだ.

orageux (se) *a.* **1** 雷雨模様の；雷雨の多い, 雷雨性の；嵐の吹きすさぶ, 嵐模様の, 大荒れの ;〖海〗時化 (しけ) 模様の. climat ~ 雷雨性気候. nuit ~se 嵐の吹きすさぶ (荒れ模様の) 夜. temps ~ 雷雨の来そうな天気.

2〔比喩的〕激烈な；大荒れの, 騒然とした；波瀾万丈の. discussion ~se 激烈な議論. séance ~se 大荒れの会議. vie ~se 波瀾万丈の人生.

oraison *n.f.* **1** 祈り, 祈禱；念禱, 黙禱 (= ~ mentale). ~ dominicale 主の祈り. faire une ~ 祈りを捧げる.

2〔古〕演説.〔現用〕~ funèbre 弔辞, 追悼の辞.

oral (ale) (*pl.* **aux**) *a.* **1** 口頭による (écrit「文書による」の対). déposition ~ale 口頭供述. épreuves ~ales ; examen ~ 口述試験, 口頭試問. tradition ~ale 口頭伝承；口伝.

2 口 (bouche) の.〖解剖〗cavité ~ale 口腔. contraception ~ale 経口避妊薬による避妊. médicament administré par voie ~ale 経口投与される医薬品.〖言語〗phonème ~ 口腔単音. sexe ~ オーラル・セックス.〖言語〗voyelle ~ 口むろ母音.

3〖精神分析〗stade ~ 口唇期.

—*n.m.* 口述試験, 口頭試問. échouer à l'~ 口述試験に失敗する.

oralité *n.f.* **1**〖法律〗(訴訟手続きの) 口頭性. ~ des débats 弁論の口頭性.

2 (手続きの) 口頭主義.

3 口頭陳述 (=plaidoiries).

4〖心〗口唇性.

Orange¹ *n.pr.* オランジュ《département du Vaucluse ヴォークリューズ県の郡庁所在地；市町村コード84100；古代ローマの植民地, ナッソー Nassau 公国の首都；形容詞 orangeois (*e*)》. Arc de triomphe d'~ オランジュの古代凱旋門. Théâtre antique d'~ オランジュの古代劇場.

Orange² *n.pr.* **1**〖通信〗(英国の) オレンジ社《移動電話運営会社；2006年 France Télécom が買収し, 完全子会社化》.

2〖情報通信〗オランジュ社 (=société ~) (France-Télécom の子会社；旧 Wanadoo 社と合併). l'~ Internet オランジュ・インターネット (ポータルサイト名 www.orange.fr).

3〖交通〗carte O~ カルト・オランジュ《首都圏イール=ド=フランス地方の定期乗車券；6つのゾーン制；週間と月間あり；1-1 ~ 1-6, 2-3 ~ 2-6, 3-4 ~ 3-6, 4-5 ~ 4-6, 5-6 の各種料金制》.

orange *n.f.* オレンジ. ~ amère 橙 (だいだい) (=bigarade 酸橙 (さんとう)). ~ pressée オランジュ・プレッセ《オレンジを絞り, 砂糖と水を加えた即席の飲物》. écorce d'~ オレンジの皮 (=〖英〗 orange peel オレンジ・ピール). jus d'~ オレンジ・ジュース.

—*n.m.* オレンジ色.

—*a.inv.* オレンジ色の.

orangeade *n.f.* オランジャード, オレンジエード《オレンジジュースと砂糖, 水でつくる飲料》.

orangeat *n.m.* オレンジの果皮の砂糖漬.

oranger *n.m.*〖植〗オレンジの木. eau de fleur d'~ 橙花水《酸橙 bigaradier の花のエッセンスで, 菓子の香料として用いる》.

orangeraie *n.f.* オレンジ園.

orangerie *n.f.* オレンジ栽培用温室(鉢・箱植えの柑橘類の冬期に収容する温室・建造物). musée de l'O~ (パリのチュイルリー宮付属庭園の一角にある) オランジュリー美術館.

orang-outan[g] (*pl.* **~s-~s**) (<マレー語の「森の人」) *n.m.* 〖動〗オランウータン (Pongogidés ヒトニザル科).

orateur (*trice*) *n.* **1** 演説者, 弁士; 発表者. ~ d'un débat 討論会の討議参加者. ~ femme 女性の演説者 (= 〖稀〗oratrice). ~ religieux 説教者, 布教者 (= prédicateur). ~ sacré 説教者; 追悼演説者.
2 雄弁家, 弁舌さわやかな人. ~-né 生れつきの雄弁家. talent d'~ 雄弁家的才能.

oratoire *n.m.* **1** (個人の邸宅内の) 礼拝堂, 祈禱所.
2 O~ オラトリオ会 (= Congrégation de l'O~); オラトリオ会聖堂. l'O~ de France フランス・オラトリオ会.

oratorio 〔伊〕 *n.m.* 〖音楽〗オラトリオ. l'~ de Noël de Bach バッハの『クリスマス・オラトリオ』.

orbe[1] *n.m.* **1** 〖天文〗軌道面.
2 軌道; (飛行体の描く) 円, 輪.
3 〖詩〗天球. ~ d'or du soleil 日輪.
4 〔比喩的〕影響圏 (= zone d'influence). ~ d'une grande puissance 強大国の影響圏.

orbe[2] *a.* 〖古〗盲目の (= aveugle). 〖現用〗〖医〗coupe ~ (傷のない) 打撲傷. 〖現用〗〖建築〗mur ~ 盲壁 (めくらかべ).

orbiculaire *a.* **1** 円い, 環状の, 輪状の. muscle ~ 輪状筋.
2 円を描く. mouvement ~ 円運動.
—*n.m.* 〖解剖〗輪状筋 (= muscle ~). ~ des lèvres (des paupières) 唇 (瞼) の輪状筋.

orbitaire *a.* 〖解剖〗眼窩 (orbite) の. index ~ (頭骨測定の) 眼窩指数.

orbital (*ale*) (*pl.* **aux**) *a.* **1** 〖天文・宇宙工学〗軌道の. expérience ~ale 軌道実験. station ~ale 軌道ステーション. véhicule spatial ~ 輸送用宇宙船. 〖物理〗vélocité ~ale 軌道速度. vol ~ 軌道飛行.
—*n.f.* 〖原子物理, 化〗軌道, オービタル. ~ atomique 原子軌道.

orbite *n.f.* Ⅰ 〖解剖〗眼窩 (がんか). avoir les yeux qui sortent des ~s 眼が飛び出している.
Ⅱ **1** 〖天文・宇宙・物理〗軌道. ~ apparente 視軌道, 見かけの軌道. ~ circulaire (elliptique) 円 (楕円) 軌道. ~ des électrons 電子の軌道. ~ du soleil 太陽軌道 (= solaire). ~ équatoriale (人工衛星の) 赤道上静止軌道. ~ lunaire 月の軌道. ~ périodique 周期軌道. ~ polaire 極軌道.
faire sortir de son ~ 軌道から外す. mettre un satellite artificiel en ~ 人工衛星を軌道に乗せる. 〔比喩的〕mettre une nouvelle industrie en ~ 新しい産業を軌道に乗せる. être sur ~ 軌道に乗っている;〔比喩的〕順調に進んでいる.
2 〔比喩的〕勢力圏, 勢力範囲. attirer (entraîner) qn dans son ~ 人を自分の勢力下に引き込む. graviter dans l'~ d'un homme politique 政治家の取巻きとなる.

orbiteur *n.m.* 〖宇宙〗軌道を回るもの; (特に) 人工衛星, 軌道衛星, オービター; スペース・シャトル.

orbitofrontal (*ale*) (*pl.* **aux**) *a.* 〖解剖〗眼窩前頭部の. cortex ~ 眼窩前頭部大脳皮質.

orchestral (*ale*) (*pl.* **aux**) *a.* 管弦楽の; 管弦楽風の. musique ~ale 管弦楽.

orchestrateur (*trice*) *n.* 〖音楽〗管弦楽作曲者; 管弦楽用編曲者.

orchestration *n.f.* 〖音楽〗**1** 管弦楽法. traité d'~ 管弦楽法論.
2 管弦楽用編曲, オーケストレーション.
3 〔比喩的〕大がかりな組織展開. ~ d'une campagne de presse 大々的なプレス・キャンペーン.
4 〔比喩的〕調和的組み合せ. ~ de couleurs 色彩の調和的配色.

orchestre *n.m.* **1** オーケストラ, 管弦楽団. ~ de chambre 室内管弦楽団. ~ de jazz ジャズ・オーケストラ. ~ philharmonique de Vienne ヴィーン・フィルハーモニー管弦楽団 (= 〔独〕 Wiener Philharmoniker). ~ symphonique de Londres ロンドン交響楽団. chef d'~ オーケストラの指揮者.
2 〖劇場〗オーケストラボックス (= fosse d'~).
3 〖劇場〗〔集合的〕オルケストル席 (一階正面席); 一階席の観客. fauteuil d'~ オルケストル席.

orchidacées [ɔrki-] *n.f.pl.* 〖植〗蘭科; 蘭科植物 (catleya, cypripède, dendrobie, liparis, néottie, ophrys, orchis, vanda, vanillier, zygopétale など).

orchidectomie *n.f.* 〖医〗精巣 (睾丸) 摘除術 (= orchiectomie).

orchidée [ɔrkide] *n.f.* **1** 〖植〗蘭科植物; 蘭.
2 蘭科植物 (蘭) の花. offrir des ~s 蘭の花を贈る.

orchidopexie *n.f.* 〖医〗精巣 (睾丸) 固定術.

orchiépididymite *n.f.* 〖医〗睾丸 (精巣) 副睾丸炎.

orchis [ɔrkis] *n.m.* 〖植〗オルキス, えびね (蘭科).

orchite *n.f.* 〖医〗精巣 (睾丸) 炎. ~ ourlienne 流行性耳下腺炎性精巣炎.

Orcip (= *o*bligation *r*emboursable en *c*ertificats d'*i*nvestissement *p*rivilégiés) *n.f.* 優先投資証券転換社債.

ORD (= *O*rgane de *r*èglement des *d*ifférends) *n.f.* (OMC 世界貿易機構の) 紛争解決機関.

ordinaire *a.* **1** 通常の, 一般の, 普通の;

いつもの, 日常の. application ~ de la loi 法律の通常的適用. conditions ~s 一般的の条件. contrat ~ 通常契約. dépenses ~s 経常費. habits ~s 平服. les jours ~s et les jours de fête 平日と祝日. menu ~ 毎日の献立. mesure ~ 通例の措置. remède ~ 一般薬. tarif ~ 通常料金〔制〕. vêtements ~s 普段着. vie ~ 日常生活.〔話〕Ce n'est pas ~. それは変だ.
2〖法律〗一般法の, 普通法の. juridiction ~ 普通法裁判機関.
3 ありふれた, 平凡な, 世間並みの. esprit ~ 凡庸な精神.〔essence〕~ レギュラー・ガソリン. homme ~ 凡人. papier ~ 普通紙. peu ~ 非凡な, 並外れた. Il lui est arrivé une chose peu ~. 異例の事態が起こった. qualité ~ 並みの品質. vin ~ 並の葡萄酒.
4 通常勤務の. ambassadeur ~ 駐在大使. évêque ~ 正任司教.〔古〕médecin ~ du roi 王の侍医.
── n.m. **1** 習性, 恒例. à l'~ ; comme d'~ いつものように, 例によって. à son ~ 彼 (彼女) がよくするように. d'~ ; pour l'~ 普通は, 一般に, 普段は ; 多くは, 大抵は. Il rentre d'~ à six heures. 彼は普通6時に帰宅する.
2 通常の水準, 月並み. sortir de l'~ 非凡である, 異常である.
3 通常の食事 ;〔軍〕兵士の通常食. caporal d'~ 炊事係の伍長. un bon ~ 美味しい通常食. menu supérieur à l'~ 通常食を越える献立.
4 日常用葡萄酒, 並みの葡萄酒. grand ~ 上等な日常酒.
5 レギュラー・ガソリン (= essence ~).
6〖カトリック〗ミサ通常文 (= ~ de la messe).
7 日常生活. avoir horreur de l'~ 日常生活をおぞましく思う.

ordinal (ale) (pl. **aux**) a. **1** 順序を示す, 序数の.〖文法〗adjectif numéral ~ 序数形容詞. adverbe ~ 序数副詞 (premièrement など). nombre ~ 序数.
2 職業団体 (ordre professionnel) に関する. juridiction ~ale 職業裁判機関.
3〖生〗目 (もく) (ordre) の.
── n.m. **1**〖文法〗序数〔詞〕. **2**〖カトリック〗教会祭式用典礼暦.
3(英国国教の)聖職授任式目.

ordinariat n.m.〖カトリック〗司教区司教の職務 ; 司教区司教の裁判権.

ordinateur n.m.〖情報処理〗コンピュータ, 計算機 (=〔英〕computer). animation par ~ コンピュータ・アニメーション. conception assistée par ~ (CAO) コンピュータ援用設計 (=〔英〕CAD : *c*omputer-*a*ided *d*esign). ingénierie assistée par ~ (IAO) コンピュータ援用工学 (=〔英〕CAE : *c*omputer-*a*ided *e*ngineering). micro-~ マイクロコンピュータ, パソコン.

mini-~ ミニコンピュータ, ワークステーション. publication assistée par ~ (PAO) デスクトップ・パブリッシング (=〔英〕DTP : *d*esktop *p*ublishing). super-~ スーパーコンピュータ, スパコン.
~ amateur アマチュア用コンピュータ, ホビー・コンピュータ. ~ central ホスト・コンピュータ. ~ de bureau オフィス (デスクトップ)・コンピュータ. ~ de grande puissance 大型コンピュータ. ~ de poche モバイル・コンピュータ (=〔英〕mobile computer). ~ déporté リモート・コンピュータ. ~ individuel (OI) パーソナル・コンピュータ (=〔英〕PC : *p*ersonal *c*omputer). ~ portable (portatif) ラップトップ・コンピュータ.

◆ 関連用語 : station de travail ワークステーション. unité centrale メインフレーム. application アプリケーション・ソフトウェア. matériel ハードウェア. logiciel ソフトウェア. progiciel パッケージソフト.
bit ビット. boîtier 筐体 (きょうたい). carte graphique グラフィックカード. carte-mère マザーボード. carte-vidéo ヴィデオボード. cartouche d'encre トナーキット. clavier キーボード. disque dur ハードディスク. disquette フロッピーディスク. écran ディスプレイ, モニター, 画面 (= moniteur). extension 拡張. imprimante〔à jet d'encre, à laser, matricielle〕〔インクジェット, レーザー, ドットマトリクス〕プリンター. kilooctet (Ko) キロバイト. lecteur de disquette フロッピーディスクドライブ, FDD. manette de jeux ジョイスティック. mégaoctet (Mo) メガバイト. mémoire メモリー. mémoire cache キャッシュメモリー. mémoire de masse 外部記憶装置. mémoire morte ロム, ROM. mémoire vive メインメモリー, 本体メモリー, RAM. micro〔-〕processeur マイクロプロセッサー, MPU. octet バイト. notebook ノートブック・パソコン. P. C. パソコン, PC (DOS, Windows 用). périphérique 周辺機器. port d'extension 拡張スロット. port parallèle パラレルポート. port série シリアルポート. répertoire ディレクトリ. souris マウス. sous-répertoire サブディレクトリ. unité ドライブ. vitesse d'horloge クロックスピード.
base de données データベース. conception assistée par ~ (CAO) コンピュータ支援設計 (CAD). enseignement assisté par ~ (EAO) コンピュータ利用教育 (=〔英〕CAI : *c*omputer-*a*ided (*a*ssisted) *i*nstruction). publication assistée par ~ (PAO) デスクトップパブリッシング (=〔英〕DTP). système de gestion de base de données (SGBD) リレーショナル・デー

タベースマネージメントシステム (=〖英〗RDMS：*r*elationnal *d*atabase *ma*nagement *s*ystem). tableur スプレッドシート. traitement de texte ワープロ.

ordinateur-vêtement (*pl.* ~**s**-~**s**) *n.m.* 着用式コンピュータ (=〖英〗wearable computer).

ordination *n.f.* **1** 〖カトリック〗(司祭の) 叙階〔式〕; 〖聖公会〗聖職按手 (あんじゅ) 式〔礼〕; 任職〔式〕; 〖正教会〗叙聖〔式〕. ~ d'un prêtre 司祭叙階式.
2 〖数〗(多項式の) 整頓.

ordinogramme *n.m.* 〖情報処理〗チャート・プロセス, フローグラフ (=organigramme). ~ d'exploitation ラン・チャート.

ORDOC (=cellule d'*or*dre et de *doc*umentation) *n.f.* 〖税務〗査察課, 税務特捜課; 税務Gメン.

ordonnance *n.f.* **1 a)** 〖法律〗オルドナンス, 政府命令, 政令, 政令法.
◆第 5 共和政憲法にはオルドナンスに関する次の規定がある: **第 38 条** "Le gouvernement peut, pour l'exécution de son programme, demander au Parlement l'autorisation de prendre par ~s, pendant un délai limité, des mesures qui sont normalement du domaine de la loi. (...)"「政府は, その政策綱領の執行のため, 限定された期間, 通常は法律の領域に属する措置をオルドナンスによって定めることの許可を請求することができる.」
第 47 条 "Le Parlement vote les projets de loi de finances dans les conditions prévues par une loi organique. (...) Si le Parlement ne s'est pas prononcé dans un délai de soixante-dix jours, les dispositions du projet peuvent être mises en vigueur par ~. (...)"「国会は, 組織法律に定める条件に従って, 予算法案を表決する. …国会が 70 日の期間内に意思を表明しない場合には, (予算法律) 案の規定は, オルドナンスによって効力を生じさせることができる.」
第 92 条 (後に廃止) "Les mesures législatives nécessaires à la mise en place des institutions et, jusqu'à cette mise en place, au fonctionnement des pouvoirs publics seront prises en Conseil des ministres, après avis du Conseil d'Etat, par ~s ayant force de loi. (...)"「諸制度の設置にとって, およびその設置までに公権力の運営にとって必要な立法措置は, コンセイユデタの意見を聞いた後, 法律の効力を有するオルドナンスによって, 閣議において定められる.」
b) 〖法律〗(裁判所の) 命令. ~ de clôture 終結命令. ~ de non-lieu 控訴棄却の決定. ~ d'injonction de paiement (payer) 支払命令. ~ de police パリ警視庁官令. ~ de taxe 訴訟費用額確定命令.
c) 〖仏史〗勅令.
2 配置, 配列, 順番, 順序, (絵画, 装飾品などの) 構成, (建物の) 設計, 構え. ~ d'un repas 料理を供する順序.
3 〖医〗処方, 処方箋 (=prescription médicale). médicament délivré seulement sur ~ 処方箋によってしか出されない医薬品. écrire une ~ 処方箋を書く. exécuter une ~ 処方を調剤する.
4 〖軍〗 規定の, 規定された. officier d'~ (国家元首, 将官などの) 副官 (=aide de camp); 〖軍〗〖古〗従卒.

ordonnancement *n.m.* **1** 〖財政〗支払命令. 〖行政〗~ d'une dépense publique 公支出支払命令.
2 〖法律〗秩序. juridique 法秩序, 実定法構造.
3 〖経済〗能率的生産 (建設) 計画.
4 整備; 準備. ~ d'une cérémonie 儀式の手会めること. ~ d'un parc à la française 庭園のフランス式整備.

ordonnancer *v.t.* **1** 〖財政〗支払命令を出す. ~ un payement 支払命令を出す.
2 〖医〗d'~ 処方する.
3 生産 (建造) 計画を立てる.
4 (儀式の) 手会を整える.

ordonnancier *n.m.* **1** (薬剤師の) 処方記録簿. **2** 〖医・薬〗(臨床医の書手付) 処方箋.

ordonna*teur* (***trice***) *n.* **1** 組織者, 世話人. ~ d'une fête 祭りの世話人. ~ des pompes funèbres 葬儀執行者.
2 〖財政〗支払命令官. principe de la séparation des ~s et des comptables 支払命令官と会計官の兼職禁止の原則.

ordonné(e) *a.p.* **1** 秩序立った; 整頓された; 整然とした. chambre bien ~e よく整頓された部屋. univers harmonieusement ~ 調和的に秩序づけられた世界.
2 整頓好きな, 几帳面な. garçon ~ 几帳面な少年.
3 〖数〗couple ~ 順序対. ensemble ~ 順序集合.
4 〖カトリック〗叙階の秘跡 (sacrement de l'ordre) を授かった.
5 〖法律〗命じられた. le huis clos ~ 判事によって命じられた傍聴禁止.

ordovicien(ne) *a.* 〖地学〗オルドビス紀の.
──*n.m.* オルドビス紀 〖古生代の第 2 紀〗; 5 億年～4 億 3500 万年前).

ordre *n.m.* Ⅰ 〖秩序, 順序〗 **1** 秩序, 整理. en ~ 整然とした. sans ~ 雑然とした, ばらばらの. mettre de l'~ dans qch …を片付ける, 整理する, 系統立てて組み立てなおす. mettre qch en ~ …を整頓する. (bon) à ~ qch …を収拾する, 正しく処理する. rappeler à l'~ 叱責する, 規則に従うよう促す. remettre de l'~ 混乱を収拾す

る. Là, tout n'est qu'~ et beauté, luxe, calme et volupté (Baudelaire "*Invitaion à voyage*") 彼方ではすべてが秩序と美, 贅沢, 静謐そして快楽である《ボードレール「旅への誘い」》.
2 社会の秩序, 既成秩序, 体制, 制度. ~ établi 既成秩序. 『法律』~ judiciaire 司法裁判機構；受命裁判官の関与による配当順位. ~ juridique 法秩序. 『仏史』~ moral 道徳的秩序（最初にナポレオン三世が使用した言い方で, 第 3 共和政時代に王党派保守主義者が標語として掲げ, マク=マオン将軍 général Mac-Mahon の大統領当選へとつながった）. ~ monétaire international 国際通貨体制, 秩序. ~ politique (économique, social) 政治（経済, 社会）秩序. ~ public 公安, 治安. forces de l'~ 警察, 軍. homme d'~ 体制派. maintien de l'~ 治安維持. nouvel ~ international 新国際秩序. 『仏史』Parti de l'~ 秩序党《第 2 共和政時代, 社会主義運動に反対する王党派と保守共和派が連合して結成》. service de l'~ 団体, 集会, 催し物などの整理係, 警備係.
3 （万物の）秩序, 理法. C'est dans l'~〔des choses〕. 当然のことだ；変えようとしても無理なことだ. Tout est rentré dans l'~. すべてはあるべき姿に戻った.
4 順序, 順位；『数』次, 次数, 位数. ~ alphabétique アルファベット順. ~ alphanumérique 文字数字順. ~ chronologique 時系列順. ~ croissant 昇順. ~ décroissant 降順. ~ logique 論理順. ~ protocolaire 席次.『言語』~ des mots dans la phrase 語順.『物理』paramètre d'~ 秩序変数.『法律』~ distribution par voie d'~（売払された不動産価格の）債権者順位による配分.『競馬』tiercé dans l'~（dans le désordre）. dans l'~ d'arrivée 到着順に.
5 連勝単式（複式）.
6 順序, 順序. ~ du jour 議事日程〔[英] order of the day から〕；議題, 話題. ~ du jour prioritaire（国会における）優先議事日程. inscrire à l'~ du jour 議事に採りあげる. voter l'~ du jour 議案を採決する. La non-prolifération des armes de destruction massive est plus que jamais à l'~ du jour. 大量破壊兵器の拡散防止はかつてないほど重要な課題となっている.
7 整理能力, 几帳面. homme d'~ 几帳面な人. avoir de l'~ 几帳面である. travailler avec ~ 系統立てて仕事をする.
8（軍隊の）隊形. ~ de bataille 戦闘隊形；兵力量.『~ serré 密集隊形.
II『種類, 範疇』**1** 種類, 等級, 領域, 分野. de premier ~ 一級品. d'~ différent 異なる種類の（異なる分野からの）. de tous ~s あらゆる種類の. du même ~ 同じ種類の, 同じ系統の. Le problème est d'~ plus moral que juridique. 問題は法律よりも道義上のものだ.

2（分量, 価値などの）程度, 重要性. ~ de grandeur およその, 目安として. de l'~ de 1000 euros 1000 ユーロ程度.
3『生』（分類上の）目《classe 綱 と famille 科の間》.
4『建築』様式, オーダー. ~ corinthien コリント様式.
5『仏史』社会階級, 身分. les trois ~s（旧体制下の）三身分《noblesse 貴族, clergé 僧侶, tiers-état 第三身分, 平民》.
6『カトリック』（聖職者の）位階, 聖品；『宗教』（天使の階級の）九品. ~s majeurs 上級聖職《prêtre 司祭, diacre 助祭, sous-diacre 副助祭》. sacrement de l'~ 叙階の秘蹟. ~s mineurs 下級聖職《acolyte 侍祭, exorciste 祓魔師, lecteur 読師, 朗読者, portier 守門》. entrer dans les ~s 聖職につく.
7 職能団体（=~ professionnel）《法曹者, 医師, 建築家》. ~ des avocats 弁護士会. ~ national des médecins 全国医師会. bâtonnier de l'~ 弁護士会長.
8 修道会. ~ des capucins カプチン修道会. tiers ~ 第三会.
9『史』騎士団. ~ du Temple テンプル騎士団.
10 勲章, 受勲者団. O~ national de la Légion d'honneur レジョン・ドヌール勲章, 同勲章受勲者団. O~ national du mérite 国家功労勲章, 同勲章受勲者団.
III『命令』**1** 命令, 指示. ~ de la loi 法律の命令. ~ de mission 特務命令；出張命令, 出張命令書. ~ écrit (verbal) 書面による（口頭による）命令. ~ formel 正式な命令. clause と ~ 指図条項. mot d'~ スローガン, 合言葉；『軍』命令, 指令. jusqu'à nouvel ~ 新しい命令が下されるまで, 事態が変わるまで, 当分の間.
donner 〔l'〕 ~ de …するように命令する, 指図する. donner un ~ 命令を下す. être aux ~s de qn …の指図に従う, …の指図のままに行動する.〔Je suis〕à vos ~s. かしこまりました, 何なりとお申し付けください. être sous les ~s de qn …の指揮下にある, 部下である. intimer l'~ 厳しく命じる. recevoir l'~ 命令（指令）を受ける.
2『軍』命令を伝達するために開かれる集合（会議）. ~ du jour（隊長によって与えられる）日々の命令, 指令 citer qn à l'~ 表彰する, 表彰されるものの氏名を公表する.
3『商業』注文, 指示. ~ d'achat (de vente) 買（売）い注文. payer à l'~ de M. X X 氏に支払う.

ordure *n.f.* **1** 汚物；（特に）糞. ~s d'un chien 犬の糞.
2〔*pl.* で〕ごみ, 塵埃（じんあい）. ~s ménagères 家庭ごみ. boîte à ~s ごみ箱. collecte des ~s ごみ収集. recyclage des ~s ごみのリサイクル.
3〔文〕汚辱（=abjection）, けがれ. se vautrer dans l'~ 汚辱にまみれる.

4 卑猥な言葉, 破廉恥な言動. dire (écrire) des ~s 卑猥な言葉を吐く (書く). **5** 〔俗・間投詞的〕糞ったれ (唾棄すべき人間). Va-t'en, espèce d'~ ! 失せろ, 糞ったれめ !

öre, øre [ɸrə] *n.m.* オーレ《北欧諸国の旧補助通貨単位；1 ~ = 1/100 クローネ couronne；スウェーデンは öre, デンマークとノルウェーは øre と表記》.

OREAM (= *o*rganismes d'*é*tudes d'*a*ménagement d'*a*ires *m*étropolitaines) *n.m.pl.* 首都圏整備検討機関.

orée *n.f.* 〔文〕森のはずれ (= ~ d'un bois).

oreille *n.f.* Ⅰ 〔耳〕 **1** (聴覚器官としての) 耳. ~ externe (interne, moyenne) 外 (内, 中) 耳. opération radicale de l'~ moyenne 中耳根治手術. avoir l'~ dure；être dur d'~ 耳が遠い. avoir des bourdonnements d'~ 耳鳴りがする. entendre de ses (propres) ~s 自分の耳で聞く. se boucher les ~s 耳を塞ぐ. avoir les ~s rebattues de *qch* 何で耳にたこができている. casser les ~s 耳ががんがんする. dire de bouche à *qn* こっそり耳うちする. dire (parler) à l'~ de *qn* 人に何か耳うちする. dresser les ~s 耳をそばだてる. écouter de toutes ses ~s 耳を澄まして聞く. n'écouter que d'une ~ 上の空で聞く. entrer par une ~ et sortir par l'autre ~ 素通りする. être tout ~s 全身を耳にして聞き入る. prêter l'~ 耳を傾ける. venir (arriver) aux ~s de *qn* 人の耳に届く (入る). 〔諺〕Les murs ont des ~s. 壁に耳あり. **2** (外見としての) 耳. lobe de l'~ 耳たぶ. boucles d'~s イヤリング. rougir jusqu'aux ~s (恥ずかしさで) 耳まで真赤になる. avoir l'~ basse しょげている. 〔話〕dormir sur ses deux ~s 枕を高くして眠る. ne dormir que d'une ~ おちおち眠れない. échauffer les ~ à *qn* 人を激昂させる (怒らせる). mettre la puce à l'~ 人に疑念 (不安) を起こさせる. montrer le bout de l'~ 尻尾を出す, 正体が現れる. se faire tirer l'~ なかなか言うことを聞かない. **3** (聴覚としての) 耳. avoir de l'~ 耳が良い, 音感が鋭い. avoir l'~ fine 耳が良い. flatter l'~ 耳に快い. faire la sourde ~ 聞こえないふりをする. manquer d'~；ne pas avoir d'~ 音痴である. Ⅱ (耳に似たもの) **1** (容器の) 耳, 把手. ~ d'une marmite 鍋の把手. **2** 〔工〕(蝶ナットの) つまみ. écrou à ~s つまみつきナット. **3** 〔海〕(錨の) つめ. **4** 〔茸〕~-de-Judas ユダの耳, 木くらげ. 〔貝〕~-de-mer 耳貝 (haliotide の俗称). 〔植〕~-de-souris 勿忘草, 忘れな草 (myosotis 「ねずみの耳」の意).

oreiller *n.m.* **1** 枕. ~ de duvet 羽根枕. ~ dur (mou) 堅い (軟かい) 枕. sur l'~ ベッドで. **2** 〔比喩的〕安眠 (休息, 心の平穏) をもたらすもの.

oreillette *n.f.* **1** (ヘルメットなどの) 耳当て；〔医〕耳包帯. casque à ~s 耳当てつきヘルメット. **2** 〔解剖〕(心臓の) 心耳 (= auricule). ~ droite (gauche) 右 (左) 心耳. diverticule des ~s 心耳憩室. **3** 〔音響〕イヤホン, ヘッドホン. **4** 〔植〕オレイエット (茸やマーシュの一品種). **5** 〔菓子〕オレイエット, メルヴェイユ (merveille) 《揚げクッキー》.

oreillons *n.f.pl.* 〔医〕お多福風邪, 流行性耳下腺炎 (= parotidite épidémique). vaccin contre la rougeole, les ~ et la rubéole 麻疹 (はしか)・流行性耳下腺炎・風疹ワクチン (= vaccin R.O.R.).

orfèvre *n.* 金銀細工師 (商). ~-joaillier 金銀細工宝石師 (商). atelier d'~ 金銀細工工房. magasin d'~ 金工細工店 (= orfèvrerie). le quai des O~s à Paris パリのオルフェーヴル河岸《シテ島 l'île de la Cité の河岸, Palais de justice 裁判所の一角の軽罪裁判所と司法警察中央本部のある翼棟に面している》.

orfèvrerie *n.f.* **1** 金銀細工 (術)；金工 (金・銀・白金・銅・合金などを用いた工芸). **2** 金銀細工販売業；金工製品販売業. **3** 〔集合的〕金銀細工；金工製品. ~ d'étain 錫製品.

organe *n.m.* **1** (動植物の) 器官；(*pl.* で) 生殖器官. ~ *s* de la digestion (de l'ouïe, de la vue) 消化 (聴覚, 視覚) 器官. ~s des sens 感覚器官. ~s génito-urinaires 生殖泌尿器官. lésion d'un ~ 器官の病変 (損傷). **2** (*pl.*で) 〔機工〕装置, 機構. ~s de transmission 伝動装置. **3** 〔比喩的〕機関, 機構. ~ central de l'administration 行政の中枢機関. ~s du pouvoir 権力機関. ~ législatif 立法機関. **4** 〔比喩的〕手段, 道具, 仲介物. présenter une requête par l'~ d'un ami influent 有力な友人を介して請願書を提出する. **5** 代弁者；(思想の) 伝達手段；機関紙 〔誌〕. *la Globe*, ~ de la doctrine saint-simonienne サン=シモン主義の機関紙「ル・グローブ」. **6** (歌手, 弁士などの) 声 (voix). ~ enchanteur うっとりするような美声. ~ nasillard 鼻にかかった声.

ORGANIC[1], **Organic** (= *C*aisse de *c*ompensation de l'*org*anisation autonome nationale de l'*i*ndustrie et du *c*ommerce) *n.f.* 全国商工業自主機構補償金庫 (老齢退職年金機関の一つ).

ORGANIC[2] (= *Org*anisation *a*utonome

*n*ationale d'assurance vieillesse de l'*i*ndustrie et du *c*ommerce) *n.f.* 全国商工業老齢保険自主管理機構.

organigramme *n.f.* **1** (官公庁・企業などの) 組織図, 機構図. **2** 〖情報〗フローチャート, 流れ図 (=ordinogramme).

organique *a.* **1** 〖医〗器官の, 器質性の; 臓器を冒す (fonctionnaire「機能性の」の対). amnésie ~ 器質〔性〕健忘〔症〕. dysménorrhée ~ 器質性月経困難〔症〕. maladie (trouble) ~ 器質性疾患 (障害). psychose ~ 器質性精神病. psychosyndrome ~ 器質性精神症候群. sensation ~ 臓器感覚, 内臓感覚《=sensation visérale; 空腹, 便意など》.
2 有機体 (生物) に固有の. évolution ~ 生物進化. phénomènes ~s 生体現象.
3 有機的な, 有機性の, 有機質の. agriculture ~ 有機農業 (略記 AG). chimie ~ 有機化学 (chimie minérale「無機化学」の対). composé ~ 有機化合物. déchets ~s 有機性廃棄物; 生ごみ. engrais ~ 有機肥料. matières ~s 有機物. substances ~s 有機物質.
4 体質的な, 生まれつきの; 本質的な. défauts ~s d'un raisonnement 推理の本質的欠陥.
5 〔比喩的〕有機的な; 組織的な. analyse ~ 有機的分析. régime peu ~ 組織化の遅れた体制. solidarité ~ 有機的連帯. le tout ~ 有機的統一体.
6 〖法律・政治〗(国家・条約などの基本構造に関する) 基本的な. loi ~ 組織法律, 基本法, 構成法.

organisa*teur* [1] (***trice***) *n.* 組織者, 主催者; 発起人. ~ d'une exposition 展覧会の主催者. ~ d'une manifestation デモの組織者. ~ de voyages 旅行主催者; 旅行業者 (=voyagiste).
── *a.* 組織する. principe ~ 組織原理 (原則). puissance ~ 組織能力.

organisateur[2] *n.m.* 〖生〗形成体, 編制原, オーガナイザー.

organisation *n.f.* **1** 組織すること, 組織化, 企画, 計画, 準備, 設立, 結成. ~ de la production 生産体制 (計画). ~ du travail 労務体制, 労働形態. ~ de la journée 一日の予定作成. comité d' ~ 組織委員会. avoir l'esprit d'~ 物事を順序だてて考えられる. manque d'~ 計画性の欠如.
2 組織, 機構, 体制, 構成. ~ administrative 行政機構. ~ sociale 社会の組織. ~ d'un ministère 官庁の組織.
3 組織体, 団体, 機構, 機関. ~ politique 政党, 政治団体. ~ patronale 経営者団体. ~ syndicale 労働組合. O~ des Nations unies (ONU) 国際連合. ~ non gouvernementale (ONG) 非政府団体 (組織). O~ de l'unité africaine (OUA) アフリカ統一機構. O~ internationale de l'aviation civile (OIAC) 国際民間航空機関. O~ mondiale de la santé (OMS) 世界保健機関. O~ mondiale du commerce (OMC) 世界貿易機関 (= [英] WTO: *World Trade Organization*).
4 〔古〕(生物体の) オルガニゼーション.

organisationnel(le) *a.* 組織に関する. problèmes ~s 組織上の諸問題.

organisé(e) *a.p.* **1** 〖生〗器官を持った; 有機的な. corps ~s 有機体. être ~s 有機的存在 (生物). matière ~e (non ~e) 有機物 (無機物).
2 組織的な; 秩序立った; 企画準備された. atelier bien ~ きちんと整備された作業所 (工場), 効率のよい作業所. cuisine mal ~e 使い勝手の悪い台所. fête bien ~e 用意周到な祭典. 〔話〕vol ~ 計画的窃盗. voyage ~ 団体旅行.
3 (人が) 几帳面な, きちんとした; (考えなどが) 整理された, 首尾一貫した. cerveau ~ 明晰な頭脳. exposé bien (mal) ~ 首尾一貫した (まとまりを欠く) 発表.
4 組織された, 組織化された; 組織に属する. citoyens ~s en partis 政党に組織化された市民. 〔皮肉〕citoyen (travailleur) conscient et ~ 杓子定規な市民 (労働者) よ (演説の常套句). ouvriers ~s en syndicat 組合に組織化された工具.

organiseur *n.m.* **1** 〖電算〗小型電子情報機器, 電子手帳 (=agenda électronique).
2 〖商業〗整理台帳.
3 〖電算〗情報管理プログラム.

organisme *n.m.* **1** 組織, 機関, 機構 (organisation が特定の目的をもった団体や機関を指すのに対し, organisme は用法がより広く, 行政組織などにも使われる).
2 有機体, 生体; (特に) 人体.

organiste *n.* オルガン奏者, オルガニスト. ~ de concert 演奏会オルガン奏者. ~ d'église 教会堂オルガン奏者. ~ de Notre-Dame de Paris パリのノートル=ダム大聖堂付オルガン奏者.

organite *n.m.* 〖生〗細胞小器官 (特定の機能をもつ細胞要素; centrosome 中心体, mitochondrie ミトコンドリア, noyau 細胞核, nucléole 小核体, など).

organoboré(e) *a.* 〖化〗有機硼素の, 有機硼素化合物の.

organo-chloré(e) *a.* 有機塩素を含む, 有機塩素化合物系の. composés ~s 有機塩素系化合物. insecticide ~ persistant 残留性有機塩素系化合物系殺虫剤 (DDT, dieldrin など).
── *n.m.* 〖化〗有機塩素化合物; 有機塩素系殺虫剤 (DDT, アルドリンなど).

organogenèse *n.f.* 〖生〗器官形成〔学〕, 器官発生.

organo〔-〕halogéné(e) *a.* 〖化〗オルガノ・ハロゲン (ハロゲンを含む有機化合物) の.

organoleptique a. 〘生理〙感覚刺激に反応する, 器官感覚受容性の, 感覚器官を刺激する. substance ~ 〘薬〙感覚器官弛緩剤.
——n.m. 〘薬〙感覚器官弛緩剤.

organologie n.f. **1** 〘医〙器官学, 臓器学. **2** 〘生〙(動植物の)器官研究, 器官学. **3** 〘音楽〙楽器〔史〕研究.

organométallique a. 〘化〙有機金属の, 有機金属化合物の. composés ~s 有機金属化合物.

organo-phosphoré(e) a. 有機燐化合物を含む, 有機燐化合物系の. gaz neurotoxique ~ 有機燐性神経毒ガス《化学兵器》. insecticide ~ 有機燐化合物系殺虫剤 (parathion など).
——n.m.pl. 有機燐化合物系農薬.

organothérapie n.f. 〘医〙動物組織利用治療〔法〕.

organotropisme n.m. 〘生・医〙臓器親和性.

orgasme n.m. オルガスムス《性交時の性的興奮の頂天》. atteindre l'~ 性的興奮の絶頂に達する. avoir un ~ オルガスムスを覚える. ~ clitoridien 陰核で感じるオルガスムス. absence d'~ 性的興奮不全〔症〕, 無オルガスムス〔症〕(=anorgasme).
▶ orgasmique, orgastique a.

orge n.f. オルジュ, 大麦 ; 大麦の穀粒. crème d'~ 大麦のクリームポタージュ. eau d'~ 大麦湯. sucre d'~ 大麦糖.
——n.m. 麦粒(もみがら)を取除いた大麦の粒. ~ perlé 玉麦《脱穀・精白した大麦の粒》.

ORGECO (=*Or*ganisation *g*énérale des *co*nsommateurs) n.f. 《フランスの》消費者総連合《1959年設立 ; 1959年CGCとCFTCを中心に結成 ; BEUCに加盟 ; 本部Paris. 機関紙 *Information, consommation*》.

orge[o]let n.m. 〘医〙麦粒腫(ばくりゅうしゅ), ものもらい (=compère-loriot).

orgue n.m. **1** パイプオルガン. grand ~ ; grands ~s (1台の)大オルガン. l'~ de l'église St-Eustache de Paris パリのサン=トゥースタシュ聖堂のオルガン《パイプ8千本, 101音管列の名器》. Festival international d'~ à l'église St-Eustache de Paris パリのサン=トゥースタシュ聖堂で開催される国際オルガン・フェスティヴァル《1989年創設 ; 毎年6・7月開催》. se tenir l'~ パイプオルガンの演奏係を務める.
2 〘楽器〙~ de Barbarie 手廻しオルガン. ~ électrique (électronique) 電気(電子)オルガン. joueur d'~ (大道の)手廻しオルガン奏き.
3 (教会堂階上の)パイプオルガン演奏所 (=tribune d'~s).
4 〘音楽〙point d'~ 延音記号, フェルマータ(∩).
5 (パイプオルガン状のもの)〘地学〙~s

basaltitiques 玄武岩柱状群《玄武岩の柱状節理》. les ~s d'Espaly レ・ゾルグ・デスパリー《Le Puy-en-Velay 近郊エスパリーにある柱状節理群》. les O~s de Flandre フランドル通りのオルグ団地《パリのフランドル通りに1976年に建設された2732戸の社会福祉住宅から成る高層団地》. 〘動〙~ de mer 管(くだ)珊瑚. 〘軍〙~s de Staline《第2次世界大戦下ソ連軍が用いた》カチューシャ砲.

orgueil n.m. **1** 思いあがり, 自惚れ ; 高慢, 傲慢. l'~, péché capital 七つの大罪の一つである傲慢. bouffées d'~ にわかに見せる傲慢さ. avoir de l'~ 自惚れている. être gonflé d'~ 思いあがっている, 慢心し切っている.
2 自尊心 (=amour propre) ; 誇り. ~ bien légitime もっともな自尊心(誇り). mettre son ~ à+inf. …することを誇りにしている.
3 (de を) 鼻にかけること ; (de の)自慢の種. avoir l'~ de ses titres 肩書を自慢する. Il est l'~ de sa famille. 彼は一家の誇りである.
4 〘機工〙挺子の支点.

orgueilleux(se) a. **1** うぬぼれの強い ; 高慢な ; 誇り高い. démarche ~se 高慢な態度. peuple ~ 誇り高い民族.
2 (de を) 鼻にかける. femme qui est ~se de sa beauté 美しさを鼻にかける女.
——n. 高慢な人. faire l'~ 威張る.

orient n.m. **1** 東方 ; 東 (=est). à l'~ de …の東方に.
2 東部地域.
3 l'O~ オリエント ; 東洋 (l'Occident「西洋」の対) ; 近東諸国. les peuples de l'O~ 東洋の諸民族. voyage en O~ オリエント(東洋)旅行. l'Eglise d'O~ 東方教会. 〘史〙l'Empire latin d'O~ 東方ラテン帝国, コンスタンティノープル帝国 (=l'Empire latin de Constantinople). 〘史〙l'Empire romain d'O~ 東ローマ帝国, ビザンティン帝国 (=l'Empire byzantin). schisme d'O~ 東方教会の分離. venir de l'O~ 東洋からやって来る. 〘鉄道〙l'O~-Express オリエント急行《パリとイスタンブール間の国際列車》. l'Extrême-O~ 極東 ; 極東諸国《東南アジア, 東アジア諸国 ; 中国, 日本など》. le Moyen-O~ 中東 ; 中東諸国《l'Egypte, la Syrie, Israël, la Jordanie, l'Arabie-Saoudite, l'Irak, l'Iran, la Turquie など》. le Proche-O~ 近東 ; 近東諸国《l'Albanie, la Bulgarie, la Roumanie, l'ex-Yougoslavie など》.
4 フランマソン(フリーメイスン)結社支部. le Grand O~ de France フランス・フランマソン(フリーメイスン)結社本部《略記GODF ; 1728年創立》.
5 (真珠の)光沢. perles d'un bel ~ 美しい光沢を放つ真珠. les yeux à l'~ noir 黒い瞳

の眼.

orientable *a.* 方向転換が可能な, 向きを変えられる, 首振り式の. tête ~ 首振りヘッド.

oriental (ale) (*pl.* **aux**) *a.* **1** 東の；東方の. l'Afrique ~ *ale* 東アフリカ. l'Europe ~ *ale* 東ヨーロッパ, 東欧.〖古〗Indes ~ *ales* 東インド. la Méditerranée ~ *ale* 東地中海. les Pyrénées ~ *ales* ピレネー山脈東部地区.
2 東洋の. langues ~ *ales* vivantes 現用東洋語.〖教育〗Ecole〔nationale〕des langues ~ *ales*〔vivantes〕国立現用東洋語学校, 東洋語学校《1795年創設のグランド・エコール；略称 Langues'O [lɑ̃gzo], Enlov；現 Inalco [inalko]；*I*nstitut *n*ational des *l*angues et *c*ivilisations ~ *ales* 国立東洋言語文化学院》. musique ~ *ale* 東洋音楽. à l'~ *ale*¹ 東洋風に (の).
3 オリエント (l'Orient) の；(特に) 近東 (le Proche-Orient) 諸国の；近東諸国風の.〖料理〗à l'~ *ale*² オリエント風の《トマト, サフラン, にんにく, 唐辛子等で味付けした》. riz à l'~ *ale* オリエント風ライス.
—**o**— *n.* **1** 東洋人. les *O*~ *aux* et les Occidentaux 東洋人と西洋人. **2** 近東諸国人.

orientalisme *n.m.* **1** 東洋学；東方学.
2 東洋文化 (=civilisation orientale).
3 東洋風；東洋趣味. ~ de la musique russe ロシア音楽の東洋趣味 (調).
4 東洋人の特異性.

orientaliste *n.* **1** 東洋 (東方) 学者.
2 東洋語学者.
3 東洋趣味の画家.
—*a.* **1** 東洋学の；東洋語学の. savant ~ 東洋学者.
2 東洋趣味の. peintre ~ 東洋趣味の画家.

orientation *n.f.* **1** 方向の決定, 方向づけ. ~ d'un navire au compas 羅針盤による船舶の方向づけ (進路決定). sens de l'~ 方向間隔. table d'~ 方向指示盤.
2 進路指導, オリエンテーション. ~ professionnelle (scolaire) 職業 (学習) 指導.〖教育〗centre d'information et d'~ 進路指導情報センター (略記 CIO).〖教育〗conseiller d'~ 進路指導相談員.〖教育〗service commun universitaire d'accueil, d'~ et d'insertion professionnelle 大学生の受入れ・進路指導・就職部 (略記：SCUIO)；各大学内に設置》.
3〖法律〗loi d'~ 進路指導法律, 指針法, 基本方針法, 基本法. loi d'~ agricole 農業指針法《1961年制定, 通称 loi Pisani》. loi d'~ sur l'enseignement supérieur 高等教育基本方針法《1968年制定；通称 loi Edgar Faure》.
4 (建物の) 向き；〖海〗(帆の) 風受け加減；〖比喩的〗動向；傾向, 志向. ~ d'une église 教会堂の向き. ~ d'une vigne 葡萄畑の向

き. ~ des vents 風向き. ~ d'un courant littéraire 文芸思潮の傾向. modifier l'~ d'une politique 政策の方針を変える.

orienté(e) *a.p.* **1** (ある方向に) 向いた. ~ au sud 南向きの. maison bien ~ *e* 向きのよい家.
2 (政治・宗教・芸術などが) ある傾向をもった. discours ~ 傾向のはっきりした演説.
3〖数〗向きをつけられた. droite ~ *e* 指向直線《単位ヴェクトルを示す》.

orienteur (se) *n.* (学校・職業訓練の) 進路指導 (進路相談) 係 (orienta*teur* (*trice*) が用いられることあり). ~ professionnel 職業進路指導員. ~ scolaire 進学指導 (相談) 係.
—*a.* **1** 進路指導 (相談) の.〖軍〗officier ~ 新兵に対する進路指導担当士官.
2 方向づけをする. appareil ~ 方位測定器.

orifice *n.m.* **1** (管などの) 口, 開口部. ~ d'échappement 排気口. ~ d'une grotte 洞窟の開口部.
2 (人体の) 穴, 開口部. ~ de l'utérus 子宮口. ~ *s* naseaux 鼻孔.

oriflamme *n.f.* **1** のぼり, 旗. **2**〖史〗王旗.

originaire *a.* **1** (de を) 出身地 (原産地) とする；起源の. être ~ de Paris パリ生まれである. famille ~ de France フランス出身の家系. La bouillabaisse est ~ de Marseille. ブイヤベースはマルセイユ起源の料理である.
2 起源 (根源) にある. 最初の. Dieu, cause ~ de tous les êtres すべての生き物の起源的原因である神. sens ~ d'un mot 単語の語源の意味.
3 生れつきの, 最初からの. liberté ~ 生れつきの自由. vice ~ 生れ持った悪徳.

original (ale) (*pl.* **aux**) *a.* **1** オリジナルの, 元の, 原型となる；原画の, 原文の；原物の, 実物の. copie ~ *ale* 原画からの複製.〖法律〗document ~ 証書の原本. édition ~ *ale* 初版〖本〗. gravure ~ *ale* 版画の原作. manuscrit ~ 自筆原稿. texte ~ 原文.〖映画〗version ~ *ale* 原語版.
2 独創的な, 創意に富む. artiste ~ 独創的芸術家. idées ~ *ales* 独創的な考え.
3 (人・性格が) 風変りな, 奇抜な. habitudes ~ *ales* 風変りな習慣. homme ~ 奇人, 変人. manières ~ *ales* 奇抜な態度.
4〖古〗原始の, 最初の, 最初の.
—*n.* 変人, 奇人, 変り者. C'est un ~. あいつは変人だ. Quelle ~*e*! 何て変った女だ！
—*n.m.* **1**〖法律〗原本 (「写本・副本・謄本」の対). copie conforme à l'~ 原本と相違のない謄本. ~ double ~ 正本 (=second ~).
2 原文 (「訳文」の対)；原語. traduction qui s'éloigne de l'~ 原文とかけ離れた翻訳.
3 原画 (「複製画」の対)；原作 (「複製」の対). ~ d'une statue 彫刻の原作.

4(肖像画の)本人, モデル, 実物. ressemblance d'un portrait avec l'~ 本人と肖像画の酷似.
——*n.f.* 初版 (=édition ~).

originalité *n.f.* **1** 独創性, 斬新性, 特異性；原物性. ~ d'une théorie 理論の独創性. création d'une extraordinaire — 極めて独創性に富んだ創作. manque d'~ 独創性の欠如.
2 奇抜さ, 風変わりさ；奇行.
3 独創力, 創造力；創意, 個性. ~ d'un écrivain 作家の独創性力. crise d'~ d'un adolescent 青年の人格障害. œuvre pleine d'~ 創意に富む作品. respecter l'~ de *qn* 人の個性を尊重する.

origine *n.f.* **1** 始まり, 本源, 起源, 誕生. ~[s] du monde 宇宙開闢(かいびゃく). ~ de la Terre 地球の誕生. ~ de la vie 生命の起源.
à l'~ 初めは. depuis l'~ des temps この世の始まりから, 創世以来. dès l'~ 始めから. dès l'~ du christianisme キリスト教の成立からすでに.
2 起源, 源；原因. ~ des mots 語源.〖法律〗~ de propriété 財産権利書. ~ des religions 宗教の起源. ~ populaire d'une légende 伝説の民間起源. d'~ 起源の. mot d'~ étrangère 外来語. problème de l'~ de la vie 生命の起源の問題.
avoir *qch* pour ~；avoir son ~ dans *qch* 何を原因とする, 何に起源を発する. être à l'~ de *qch* 何の原因(起源)である. Des conflits affectifs sont à l'~ de certaines névroses. 感情のもつれがいくつかの神経症の原因である.
3 祖先；生れ, 出自, 出身, 出身地；家柄, 血筋；国籍；(動物の)血統. être d'~ française 生れがフランス人である. être d'~ normande ノルマンディー地方の出身である. de noble (modeste, basse)~ 貴族の出(平民の出, 素性のいやしい). certificat d'~ (動物の)出統書. pays d'~ 出身国.
4 原産地. appellation d'~ contrôlée (葡萄酒, チーズなどの) 管理された原産地呼称(表示)；原産地呼称(表示) 管理〔略記 AOC；AO〕. appellation d'~ *v*in *d*élimité de qualité supérieure 上級品質葡萄酒原産地呼称〔略記 AOVDQS；旧 VDQS〕. certificat d'~ 原産地証明书〔書〕. marchandise d'~ 原産地証明付きの商品. vodka russe d'~ ロシア原産のウォッカ.
5〖数〗(座標の)原点.〖天文〗méridien d'~ 本初子午線.

originel (*le*) *a.* **1** 原初の, 起源の, 本源の, 最初の. état ~ de l'homme 人間の原初の状態. au sens ~ de ce mot この語の原義で.
2〖神学〗原初の, 原始の. grâce ~ *le* 原始聖寵. innocence ~ *le* (堕落前のアダムの) 無罪の状態. péché ~ 原罪.

ORL[1] [ɔɛʀɛl] (= oto-rhino-laryngologie) *n.f.* 耳鼻咽喉科学.
——*a.* 耳鼻咽喉科の.
ORL[2] [ɔɛʀɛl] (= oto-rhino-laryngologiste (laryngologue)) *n.* 耳鼻咽喉科医.

Orléanais *n.pr.m.* l'~ オルレアン地方, ロルレアネ(Orléans を中心とするフランスの旧州).

orléanais(**e**)(<Orléans) *a.* オルレアンの；オルレアン地方の.
——*o*~ *n.* **1** オルレアンの住人. **2** オルレアン地方人.

Orléans *n.pr.* **1** オルレアン(フランスとUEの広域地方行政区である la région Centre 中仏地方の地方庁, département du Loiret ロワレ県の県庁所在地；市町村コード 45000；形容詞 orléanais (*e*)). cathédrale Sainte-Croix d'~ オルレアンの聖十字架大聖堂. la pucelle d'~ オルレアンの少女(= Jeanne d'Arc).
2 オルレアン家(=maison d'~). duc d'~ オルレアン公爵. Louis Philippe Joseph, duc d'~ オルレアン公爵ルイ・フィリップ・ジョゼフ(1747-93；通称 Phylippe Egalité).

orléans *n.f.inv.*〖織〗オルレアン織り(英国伝来の羊毛・木綿生地).

orlon [米] *n.m.* オーロン(米国デュポン社開発のアクリル繊維の商標名；浸透性・摩擦強度・耐久性に富み, 登山用品に多用される).

Orlyval *n.pr.m.*〖無冠詞〗オルリーヴァル(パリ交通公団 RATP が運行する RER：*R*éseau *e*xpress *r*égional と VAL；*v*éhicule *a*utomatique *l*éger の路線網で, 都心とオルリ空港 aéroport d'Orly を結ぶ).

orme *n.m.* **1**〖植〗楡(にれ)(楡科 ulmacées の木). ~ champêtre 野楡(学名 ulmus campestris). ~ commun en France フランス楡. allée d'~s 楡の並木道. Attendez-moi sous l'~. 楡の木の下で待っていてください. ~ 待っていても行きません.
2 楡材. ~ tortillard 木目のねじれた楡〔材〕. loupe d'~ 楡の木の瘤(こぶ).

ormeau (*pl.* ~**x**) *n.m.* 鮑(あわび).

Ormuz (**le détroit d'**) *n.m.* ホルムズ(Hormuz) 海峡.

Orne *n.pr.f.* **1**〖地理〗l'~ オルヌ川(la Normandie ノルマンディー地方, Caen カンなどを流れる川；長さ 152 km).
2〖地理〗l'~ オルヌ川(ローレヌ地方 la Lorraine の川；長さ 86 km；モーゼル川 la Moselle の支流).
3〖行政〗l'~ オルヌ県(=département de l'~；県コード 61；フランスとUEの広域地方行政区画 région Basse-Normandie 低ノルマンディー地方に属す；県庁所在地 Alençon アランソン；主要都市 Argenton アルジャントン, Montagne-au-Perche モ

ンターニュ=オー=ペルシュ；3郡, 40 小郡, 506 市 町 村；面 積 6,100 k m²；人 口 292,337；形容название ornois(*e*)).

orne *n.m.* 『植』オルヌ, マンナの木 (frêne「西洋とねりこ」の1種; 学名 Fraxinus ornus).

ornemaniste *n.* 装飾芸術家, 装飾彫刻家 (画家); 装飾職人.〔同格〕sculpteur ~ 装飾彫刻家.

ornement *n.m.* **1** 装飾. d'~ 装飾用の. art d'~ 装飾芸術. plante d'~ 観賞用植物. **2** 装飾, 装飾物. ~ d'architecture 建築装飾. ~ de tapisserie タピスリーによる装飾. ~s d'un édifice 建物の装飾. sculpteur (peintre) d'~s 装飾彫刻家(画家). ~s d'un texte 文章の綾.
3 装身具. ~s d'une toilette 装身具. sans ~ 飾り気のない, 地味な.
4 〔*pl.* で〕〔宗教〕祭服. ~s sacerdotaux de l'officiant 祭式執行者の祭服.
5 『音楽』装飾音.
6 〔文〕名誉, 栄光. être ~ de …の誉れである.

ornemental(ale)(*pl.***aux**) *a.* **1** 装飾の; 装飾的な, 飾りの多い. style ~ 装飾様式.
2 装飾用の. motif ~ 装飾文様. plantes ~ales 観賞用植物.

ornementation *n.f.* **1** 装飾施工；装飾. spécialiste de l'~ 装飾専門家.
2 〔総称〕装飾物. ~ d'un chapiteau 柱頭装飾.

ornithine *n.f.* 『生化』オルニチン (尿素産生に関係する塩基性アミノ酸の一種).〔薬〕~ oxoglurate オキソグルタル酸オルニチン (商品名 Cétronan (*n.m.*); 栄養液剤).

ornitho-, -ornis 〔ギ〕 ELEM 「鳥」の意 (*ex. ornitho*logie 鳥類学).
ornithologie *n.f.* 鳥学, 鳥類学.
ornithologique *a.* 鳥類学の, 鳥学の. parc ~ 鳥類動物公園. site ~ 鳥の名所, 鳥類保護地区.
ornithorynque *n.m.* 『動』かものはし (かものはし属 ornithorhynchus, 単孔亜科 monotrèmes).
ornithose *n.f.* 『医』鳥類病；オウム病クラミジア感染症 (鳥を介して chlamydia psittaci オウム病クラミジアが感染する).
oro-[1] 〔ギ〕 ELEM 「山」の意 (*ex. oro*graphie 山岳学).
oro-[2] 〔ラ〕 ELEM 「口」の意 (*ex. oro*pharynx 口腔咽頭).
orogenèse, orogénèse *n.f.* 『地学』造山運動 (作用).
orogénie *n.f.* 『地学』**1** 造山運動 (= orogenèse). **2** 造山運動学.
orographie *n.f.* 山岳学；山岳誌 (自然地理学の一分野).
oronge *n.f.* 『植』オロンジュ (てんぐだけ属の茸). fausse ~ 偽オロンジュ, 紅てんぐだけ (= ~ rouge) (猛毒種. 別名 amanite tue-mouches). ~ vraie 真オロンジュ, たまごだけ (かさの表が黄橙色, うらと茎が黄色の食用茸. 別名 amanite des Césars).

oropharyngien(ne) *a.* 『解剖』中咽頭の.〔医〕cancer ~ 中咽頭癌.
oropharynx [ɔrɔfarɛ̃ks] *n.m.* 『解剖』口腔咽頭, 中咽頭.

orphelin(e) *n.* 孤児 (両親を亡くした子供、本親を亡くした子供). être ~ de père 父親を失った子. ~ de guerre 戦争孤児.
——*a.* 孤児の；両親(片親)を亡くした. une jeune fille ~*e* 孤児の少女.

orphelinat *n.m.* **1** 孤児院. **2** 〔集合的〕孤児院の, 孤児たち.

ORS (=*o*bservatoire *r*égional de la *s*anté) *n.m.* 地方保健監視所.

ORSA (=*o*fficiers de *r*éserve en *s*ituation d'*a*ctivité) *n.m.* 『軍』現役予備役将校.

Orsay *n.pr.* **1** 『行政』オルセー (département de l'Essonne エソンヌ県の小郡庁所在地；市町村コード 91400；パリ南大学 l'université de Paris-Sud (旧パリ大学オルセー理学部) 所在地).
2 gare d'~ オルセー駅 (フランス国鉄旧パリ・オルセー駅；パリ=オルレアン鉄道の終始発駅).
3 le musée d'~ (パリの) オルセー美術館 (旧オルセー駅を全面改装した国立 19 世紀美術館；1848-1905 年の絵画・彫刻工芸品等を展示；1986 年開館).
4 le quai d'~ ル・ケー・ドルセー (フランス外務省の通称、パリのセーヌ河畔の quai d'~ オルセー河岸にあるため).

Orsec [ɔrsɛk] (=*or*ganisation des *sec*ours) *n.f.* 『行政』(災害時の) 救援組織.〔行政〕plan ~ 救援組織計画 (災害時に県知事が、公私を問わずすべての手段を講ずることができる救助計画).

ORSTOM (=*O*ffice de la *r*echerche *s*cientifique et *t*echnique d'*o*utre-*m*er) *n.m.* 海外科学技術研究局 (1943 年創設；1984 年より IRD: *I*nstitut français de *r*echerche scientifique pour le *d*éveloppement en coopération となる).

ORT (=*o*bligation *r*enouvelable du *T*résor) *n.f.* 『財政』更新可能国債.

orteil *n.m.* 足の指. gros ~ 足の親指 (= pouce).〔医〕~s en marteau ハンマー指, 槌指 (つちゆび).

ORTF (= *O*ffice de *r*adiodiffusion *t*élévision *f*rançaise) *n.m.* フランス・ラジオ・テレビ放送局 (1974 年までのフランス国営放送局の名称).

orthèse *n.f.* 『医』整形器具, 矯正器具 (= appareil orthopédique).

ortho- [ɔrtɔ] 〔ギ〕 ELEM 「真, 正」の意 (*ex. ortho*doxe 正統的な).

orthocentre *n.m.* 『幾何』垂心.

ortho-chlorobenzilidène-malononitrile n.m. 〖化〗真正クロロベンジリデン=マロノニトリル(生物化学兵器).

orthochromatique a. 〖写真〗整色性の, オーソクロマチックの《赤色光以外のすべての色光を感光する》. plaque ～ 整色性乾板.

orthodontie n.f. 〖医〗歯科矯正学.
orthodontiste n. 歯科矯正医.
orthodoxe a. **1** 〖宗教〗(宗教・神学上の)正説の, 正統の, 正統信仰の(hétérodoxe「異端の」の対). foie ～ 正統的信仰. théologien ～ 正統派神学者.
2 正教会の, 東方正教会の. l'Eglise ～ grecque (russe) ギリシア(ロシア)正教会, 東方正教会. rite ～ 東方正教会の典礼.
3 〔一般に〕正統的な, 伝統的な, オーソドックスな. économiste ～ 正統的経済学者. être peu ～ あまり正統的ではない, 独創的である.
—n. **1** 正統派. les ～s et les hétérodoxes 正統派と異端派. **2** 正教会, 東方正教会の信徒.

orthodoxie n.f. **1** 〖宗教〗正統的教義. ～ catholique カトリックの正統的教義.
2 正統的学説；正統性. ～ d'une théorie scientifique 科学理論の正統性.
3 ギリシア(ロシア)正教会の教義；東方正教.

orthodromie n.f. 〖海・航空〗大圏航路《地球上の2点間の最短距離》.

orthogénie n.f. 〖医〗計画出産〔学〕(= orthogénisme).
orthogénisme n.m. 〖医〗計画出産学(= orthogénie).

orthogonal (**ale**) (pl. **aux**) a. 〖幾何〗直交の, 直角の. plans ～ aux 直交面. projection ～ale 〖数〗正射影, 直角投影；〖製図〗正投影〔法〕；〖地図〗正射投影法.

orthographe n.f. **1** 綴り；正書法. faute d'～ 綴りの誤り.
2 綴り方, 綴字法. ～ étymologique 語源に忠実な綴字法. ～ phonétique 表音的綴字法.

orthographique a. 綴り字の, 正書法の. correcteur ～ スペル・チェックソフト(= vérificateur ～). réforme ～ 綴り字改革. signes ～s 綴字記号.

orthomyxovirus n.m. 〖医〗オルソミクソウイルス《インフルエンザウイルス》.

orthopédie n.f. **1** 〖医〗整形外科学. **2** 〔俗〕下肢整形〔術〕.
orthopédique a. 〖医〗整形外科〔学〕の；整形外科用の. appareil ～ 整形用器具.
orthopédiste n. **1** 整形外科医(= chirurgien ～)；整形士. **2** 整形器具製造(販売)者.
—a. 整形外科の. chirurgien ～ 整形外科医.

orthophonie n.f. **1** 〖医〗発音矯正. **2** 〖言語〗正音法.

▶ orthophonique a.
orthophoniste n. 発音矯正士.
orthophosphate n.m. 〖化〗正(オルト)燐酸塩(エステル). ～ de sodium 正(オルト)燐酸ナトリウム(抗酸化剤).
orthophosphorique a. 〖化〗acide ～ 正(オルト)燐酸(抗酸化剤).
orthopnée n.f. 〖医〗起坐呼吸.
orthoptie, orthoptique[1] n.f. 〖医〗視能矯正, 視能訓練. ～ amblyope 弱視視能矯正. ～ strabique 斜視視能矯正.
orthoptique[2] a. 〖医〗視能矯正の. rééducation ～ 視能矯正訓練.
orthoptiste n. 〖医〗斜視矯正専門医, 視能訓練士(= orthopticien).
orthorhombique a. 〖鉱〗斜方晶系の. cristal ～ 斜方晶系結晶.
orthostatique a. 〖医〗起立時の；起立によって生じる. albuminurie ～ 起立性蛋白尿. hypertension ～ 起立時高血圧. hypotension ～ 起立時低血圧.
orthosulfamide n.m. 〖薬〗オルソスルホンアミド《サルファ剤》. ～ benzoïque ベンゾイン・オルソスルホンアミド.
orthosympathique a. 〖解剖・生理〗交感神経の(= sympathique). système ～ 交感神経系.
orthotopique a. 〖医〗(組織移植が)正位の. transplantation ～ 正位移植.

OS[1] (= 〖英〗Operating System) n.m. (コンピュータの)オペレーティングシステム；基本ソフト(作動管理プログラム).

OS[2] [ɔɛs] n.inv. 一般工(= ouvrier spécialisé)《特殊技能を持たない工員》.

Os (= osmium) n.m. 〖化〗「オスミウム」の元素記号.

os [ɔs] (pl. [o]. 成句, 話語では [ɔs]). n.m. **1** (人・動物の)骨(魚の骨は arête). 〖科理〗～ à moelle 骨髄の入った骨. ～ court (long, plat) 短(長, 扁平)骨. grand ～ 大手根骨. formation de l'～ 骨形成. fracture d'un ～ 骨折. avoir de gros ～ 骨格が逞しい. avoir des ～ saillants 骨ばっている. donner un ～ à ronger à qn (人に)少しばかりの恵みを与える. se casser un ～ du bras 腕の骨を折る. 〔俗〕l'avoir dans l'～ しくじる. 〔話〕n'avoir que la peau sur les ～, n'avoir que la peau ～ et la peau, peau collée aux ～ (痩せて)骨と皮ばかりである. en chair et en ～ 自分自身で. ne pas faire de vieux ～ 若死する. Il y laissera ses ～ 骨を埋めることになる；破滅的な仕事に手を出す. jusqu'à la moelle des ～ 骨の髄まで, 骨まで；完全に, 徹底的に. 〔話〕sac d'～, paquet d'～ 痩せっぽっち.
2 (pl. で) 遺骸, 遺骨(= ossements).
3 (骨状のもの) ～ de seiche いかの甲.
4 骨材. manche de couteau en ～ 骨材を用いたナイフの柄.

5 〔話〕困難, 難儀. Il y a un ~ 面倒なことになる. tomber sur un ~ 厄介なことに出くわす.

◆ 主な骨・骨の部分名：apophyse mastoïde (styloïde, zygomatique) 乳様突起 (茎状突起, 頬弓突起). bassin 骨盤. carpe 手根骨, 腕骨. cavité oléocranienne (des yeux) 肘頭窩 (眼窩). clavicule 鎖骨 (さこつ). col 頸骨. colonne vertébrale 脊柱. condyle 関節突起, 顆 (か), 骨小頭. côtes 肋骨. crâne 頭蓋〔骨〕. cubitus 尺骨, 肘. doigts 指〔骨〕. étrier 鐙骨. fémur 大腿骨. fibula 腓骨 (= péroné). frontal 前頭骨 (= os frontal). gouttière du nerf radial 橈骨神経溝. humérus 上腕骨. ilion 腸骨. ischion 座骨. malléole externe (interne) 外 (内) 踝. mandibule 下顎骨. maxillaire inférieur (supérieur) 下 (上) 顎骨. métacarpe 中手骨. métatarse 中足骨. nasal 鼻骨 (= os nasal). neurocrâne 後頭蓋〔骨〕. occipital 後頭骨. oléocrâne 肘頭 (ちゅうとう). omoplate 肩甲骨. orteil 足指. pariétal 頭頂骨 (= os pariétal). pubis 恥骨 (= os pubis). radius 橈骨 (とうこつ). rotule 膝蓋 (くつがい) 骨. sacrum 仙骨. sphénoïde 蝶形骨 (= os sphénoïde). squelette 骨格. sternum 胸骨. tarse 足根骨. temporal 側頭骨. tête 頭蓋, 頭. tibia 脛骨 (けいこつ). trochanteur 転子. trou auditif 耳孔. ulna 尺骨. vertèbres cervicales (coccygiennes, lombaires, thoracique) 頸椎 (尾骶 (びてい) 骨, 腰椎, 胸椎) の. zygomatique 頬骨 (= os zygomatique).

oscietre *n.m.* 〔魚〕オシエートル種蝶鮫 (= esturgeon ~ ; 学名 Acipenser güldenstädti; 良質のキャヴィアが採れる).

oscillant(e) *a.* **1** 振動する;〔物理〕振動性の. circuits ~s 振動回路. mouvement ~ 振動. pendule ~ 振子.
2 揺れ動く, ぐらつく. esprit ~ 揺れ動く考え.
3 変動する;不安定な.〔医〕fièvre ~ 変動熱. obligations ~es 変額債券.

oscillateur *n.m.*〔物理〕オシレーター, 発振器, 発振子, 振動子, 振動管. ~ à quartz 水晶発振器. ~ à tube à vide 真空管発振器. ~ de haute fréquence 高周波発振器. ~ de pile 原子炉振動子. ~ hétérodyne ヘテロダイン発振器.

oscillation *n.f.* **1** 振動, 発振. ~ amortie 減衰振動. ~ à réaction 帰還振動. d'un pendule 振子の振動. ~ électrique 電気振動. ~ électromagnétique 電磁振動. ~ simple (double) 単 (複) 振動. ~ sismique 地震動.
2 揺れ, 動揺. ~ d'un navire 船の揺れ.
3 変動, 変化. ~ de la tension artérielle 血圧の変動. ~s de l'opinion 世論の変動. ~s des prix 物価の変動. ~s des cours de la Bourse 株式市況の変動. Zone climatique à

~s saisonnières 季節変動性気候地帯.

oscillatoire *a.*〔物理〕振動の, 振動性の. mouvement ~ 振動. phénomène ~ 振動現象.

oscillogramme *n.m.*〔物理〕オシログラム (オシロスコープ上の軌跡図).

oscillographe *n.m.*〔物理〕オシログラフ (振動波形を観測・記録する装置). ~ cathodique 陰極線オシログラフ, オシロスコープ (oscilloscope). ~ électromagnétique 電磁オシログラフ.

oscillomètre [-lo-] *n.m.* **1**〔医〕血圧計. **2**〔物理〕オシログラフ (= oscillographe).

oscilloscope *n.m.*〔物理〕オシロスコープ (信号波形を CRT の蛍光面上に表示する装置). ~ analogique アナログ方式オシロスコープ. ~ numérique ディジタル方式オシロスコープ.

ose *n.m.*〔生化〕単糖.

-ose〔ギ〕ELEM〖女性形名詞語尾〗**1**「行為, 行為の結果, 状態」を意味する (*ex.* métamorph*ose* 変身).
2〔医〕「非炎症性疾病」を意味する (*ex.* arthr*ose* 関節炎).
3〔化〕「炭水化物」を意味する (*ex.* gluc*ose* グルコース糖).

osé(e) *a.p.* **1** 大胆な, 思い切った. entreprise ~e 大胆な企て. ne pas être ~ de + *inf.* とても…する勇気がない. Il est ~ de + *inf.* …するのは向う見ずだ.
2 慎みのない, みだらな. plaisanterie ~e

oseille *n.f.* **1**〔植〕オゼイユ, すいば, すかんぽ (たで科 polygonacées の野菜, 酸味のある葉と茎を食用にする).
2〔俗〕お金.

oside *n.m.*〔生化〕配糖体 (= glycoside).

osier *n.m.* **1**〔植〕オジエ, 柳 (Salicacées やなぎ科). ~ blanc 白柳 (通常の柳 ~ commun ; 学名 Salix viminalis). ~ rouge 赤柳 (学名 Salix purpurea).
2 柳の細枝. panier d'~ 柳細工の籠.

OSM (= officier spécialisé de la marine) *n.f.*〔軍〕海軍特務将校.

osmique *a.*〔化〕オスミン酸の. acide ~ 〔四〕酸化オスミウム, 無水オスミン酸.

osmium [ɔsmjɔm] *n.m.*〔化〕オスミウム (元素記号 Os, 原子番号 76 ; 1803 年発見の金属元素). anhydride d'~ 無水オスミン酸.

osmiure *n.m.*〔化〕オスミウム化合物.

osmomètre *n.m.* 浸透圧計.

osmonde *n.f.*〔植〕オスモンド, ぜんまい. ~ royale 西洋ぜんまい.

osmose *n.f.* **1**〔物理〕浸透. **2**〔文〕感知し難い相互的影響関係 (= interpénétration). vivre en ~ 相互に影響し合って生きる.

osmotique *a.* 浸透の. coéfficient ~ 浸

透係数. pression ~ 浸透圧. pression ~ du plasma sanguin 血漿の浸透圧.

O.-S.-O. (=ouest-sud-ouest) *n.m.,a.inv.* 西南西.

OSP (=obligations de services publics) *n.f.pl.* 公共サーヴィス義務. proposition de règlement européen《~》公共サーヴィス義務に関するヨーロッパ条例案.

Ospaa (=Organisation de solidarité des peuples afro-asiatiques) *n.f.* アジア・アフリカ諸国民連帯機構《Mehdi Ben Barka [1920-65]らにより1957年創設(-1965), 本部 Le Caire カイロ》.

Ospaaal (=Organisation de solidarité des peuples d'Afrique, d'Asie et d'Amérique latine : Organización de Solidaridad con los Pueblos de Asia, Africa y América Latina) *n.f.* アフリカ・アジア・ラテンアメリカ諸国民連帯機構《1966年 Fidel Castroの主導により発足;本部 La Havane ハヴァナ》.

ossature *n.f.* **1** 骨格. avoir une forte ~ がっしりした体格をしている.
2 (建築・船などの)骨組み.
3 [比喩的]枠組み, 骨子;構成. ~ d'un discours 講演の骨子.

ossau (<*O*~, ピレネー山地 les Pyrénées の地名) *n.m.* 『チーズ』オソー《ピレネー山地で牛乳または山羊乳からつくられるチーズ》. ~ fermier (coopérative, industriel) 農家(協同組合, 工場)製のオソー. AOC ~-Iraty-Brebis Pyrénées オソー=イラティ=ブルビ・ピレネー原産地管理呼称. grand (petit)~ 大型(小型)オソー.

osséine *n.f.* 〖生化〗骨質, オセイン《骨の蛋白質》.

osselet *n.m.* **1** 〖解剖〗小骨. ~s de l'oreille 耳小骨《哺乳類には marteau 槌骨・enclume キヌタ骨(第二小骨), étrier 鐙骨の3つの耳小骨がある》.
2 〖pl. で〗(羊の趾骨(しこつ)を用いる)小骨遊び (=jeux des ~s).
3 〖獣医〗(馬の球節の)外骨症, 骨腫.

ossements *n.m.pl.* (人・動物の)白骨化した骨, 骸骨.

Ossétie (l') *n.pr.f.* **1** 〖地理〗オセティア《カフカス地方 le Caucase 中部の地方名》.
2 [国名] l'O~ du Nord 北オセティア自治共和国《ロシアに帰属》. l'O~ du Sud 南オセティア自治共和国《グルジアに帰属》.

Ossétie du Nord (l') *n.pr.f.* 北オセティア《公式名称 la République d'O~ du Nord 北オセティア共和国;ロシア連邦北カフカス地方の自治共和国;首都 Vladikavkaz ヴラディカフカス;形容詞 nord-ossète》.

Ossétie du Sud (l') *n.pr.f.* 南オセティア《公式名称 la République d'O~ du Sud;グルジア共和国北部, カフカス山脈南麓の自治共和国;中心都市 Tskhinvali ツヒンヴァリ;形容詞 sud-ossète》.

osseux(se) *a.* **1** 骨(os)の;骨性の;骨に関する. 〖解剖〗éminence ~ se 骨隆起. 〖医〗greffe ~ se 骨移植. 〖医〗greffe de moelle ~ se 骨髄移植. substance ~ se 骨質. système ~ 骨系統. 〖解剖〗tissu ~ 骨組織. 〖医〗transplantation ~ se 骨移植. 〖医〗tuberculose ~ se 骨結核;風棘(ふうきょく).
2 骨のある. poissons ~ 硬骨魚 (poissons cartilagineux「軟骨魚」の対).
3 骨で作られた. carapace ~ se 甲羅. charpente ~ se 骨格.
4 骨ばった, 骨が突出した. mains ~ ses 骨ばった手. visage ~ 骨ばった顔.

ossification *n.f.* 〖生理・医〗骨化. ~ endochondrale 軟骨内骨化, 内軟骨性骨化. ~ hétérotopique 異所性骨化. ~ intramembraneuse 膜性骨化. ~ périchondrale 軟骨外骨化.

osso-buco [ɔsobuko] [伊] *n.m.inv.* 〖イタリア料理〗オッソ=ブーコ《仔牛の骨付腿肉の煮込み;特に骨髄を賞味する》.

ossuaire *n.m.* 納骨堂, 納骨穴. ~ de Douaumont ドゥオーモンの納骨堂《第一次世界大戦中, 1916年のヴェルダン大会battaille de Verdun 戦の仏軍戦死者の納骨堂》.

OST (=Observatoire des sciences et techniques) *n.m.* 科学技術観測所.

Ostalgie [独] *n.f.* 旧東独への愛惜 (=nostalgie de la RDA).

osté-, ostéo- [ギ] ELEM 「骨」の意.

ostéal(e) *a.* 〖解剖・医〗骨の.

ostéalgie *n.f.* 〖医〗骨痛.

ostéine *n.f.* 〖生化〗骨質 (=osséine).

ostéique *a.* 〖解剖・医〗骨の, 骨に関する.

ostéite *n.f.* 〖医〗骨炎. ~ aiguë 急性骨炎.

ostensible *a.* **1** 〔文〕これ見よがしの, あからさまな. attitude ~ あからさまな態度. charité ~ これ見よがしの慈悲.
2 〔古〕人に見せてもかまわない. lettre ~ 人に見せてもよい手紙.

ostentation *n.f.* 見せびらかし, 誇示. luxe plein d'~ これ見よがしの贅沢. avec (par)~ これ見よがしに. agir sans ~ 控え目に振舞う. faire ~ de *qch* 何をひけらかす, 誇示する.

ostéo-arthrite *n.f.* 〖医〗骨・関節炎.

ostéo-arthropathie *n.f.* 〖医〗骨・関節症.

ostéo-articulaire *a.* 〖解剖・医〗骨と関節の. 〖医〗troubles ~s 骨・関節障害.

ostéoblaste *n.m.* 〖生〗骨芽細胞, 造骨細胞.

ostéoblastome *n.m.* 〖医〗骨芽細胞腫, 造骨細胞腫《骨の骨形成線維腫;=fibrome ostéogénique des os》.

ostéochondrite *n.f.* 〖医〗骨軟骨炎.

ostéochondrodystrophie *n.f.* 〖医〗骨軟骨異栄養症.

ostéochondromatose *n.f.* 〖医〗骨軟骨腫症.

ostéochondrome *n.m.* 〚医〛骨軟骨腫, 軟骨性外骨腫.
ostéochondrose *n.f.* 〚医〛骨軟骨症(＝ostéochondrite 骨軟骨炎). ～ du rachis cervical 頚椎症.
ostéoclasie *n.f.* 〚医〛(外科の)砕骨術.
ostéoclaste *n.m.* 〚生〛破骨細胞, 溶骨細胞.
ostéoclastome *n.m.* 〚医〛破骨細胞腫, 巨細胞腫.
ostéocope *a.* 〚医〛骨痛〔性〕の.
ostéocyte *n.m.* 〚生〛骨細胞.
ostéodensitométrie *n.f.* 〚医〛骨密度測定〔術〕.
ostéodystrophie *n.f.* 〚医〛骨ジストロフィー, 骨形成異常症. ～ rénale 腎性骨ジストロフィー, 腎性骨形成異常症.
ostéogène *a.* 〚生〛造骨の. couche ～ 造骨層.
ostéogenèse *n.f.* 〚生〛骨生成；骨生成学.
ostéogénie *n.f.* 〚生〛骨生成.
ostéographie *n.f.* 〚解剖〛骨図学.
ostéologie *n.f.* 〚解剖〛骨学.
▶ **ostéologique** *a.*
ostéolyse *n.f.* 〚医〛骨溶解〔症〕；骨変性〔症〕.
ostéomalacie *n.f.* 〚医〛骨軟化症.
ostéome *n.m.* 〚医〛骨腫.
ostéomyélite *n.f.* 〚医〛骨髄炎.
ostéomyélographie *n.f.* 〚医〛骨髄造影〔法〕.
ostéone *n.m.* 〚医〛オステオン, 骨単位. ～ primaire (secondaire) 一次(二次)骨単位.
ostéonécrose *n.f.* 〚医〛骨壊死.
ostéopathie *n.f.* 〚医〛骨疾患, 骨障害.
ostéopétrose *n.f.* 〚医〛大理石骨病, 岩様骨症〔骨硬化疾患〕.
ostéophyte *n.m.* 〚医〛骨棘(こつきょく).
ostéoplastie *n.f.* 〚医〛骨形成術.
ostéoplastique *a.* 〚医〛骨形成の. opération ～ 骨形成術.
ostéoporose *n.f.* 〚医〛骨粗鬆(こつそしょう)症, 骨多孔症(＝os déminéralisé), オステオポローシス. ～ sénile 老人性骨粗鬆症.
ostéopsathyrose *n.f.* 〚医〛骨脆弱症.
ostéosarcome *n.m.* 〚医〛骨肉腫.
ostéosclérose *n.f.* 〚医〛骨硬化症.
ostéosynthèse *n.f.* 〚医・外科〛骨接合〔術〕.
ostéotendineux(**se**) *a.* 〚解剖〛骨腱の. réflexe ～ 骨腱反射.
ostéotomie *n.f.* 〚医・外科〛骨切断術.
ostpolitik *n.f.* 〚政治〛対東欧政策.
ostréicole *a.* 牡蠣(かき)養殖の. technique ～ 牡蠣養殖技術.
ostréiculteur(**trice**) *n.* 牡蠣養殖業者.
ostréiculture *n.f.* 牡蠣の養殖.
otage *n.m.* 人質. prise d'～〔s〕人質にとること；人質の確保. prendre *qn* en (comme) ～ 人を人質にとる. retenir (garder) *qn* comme ～ 人を人質にとっておく. libérer les ～s en échange d'une rançon 身代金と交換に人質を解放する.
otalgie *n.f.* 〚医〛耳痛(＝douleur d'oreille).
OTAN (＝Organisation du traité de l'Atlantique Nord) *n.f.* 北大西洋条約機構(＝〔英〕NATO：North Atlantic Treaty Organization).
OTASE (＝Organisation du traité de l'Asie du Sud-Est) *n.f.* 東南アジア条約機構(＝〔英〕SEATO：South East Asia Treaty Organization).
OTC (＝〔英〕ornithine transcarbamylase) 〚生化〛オルニチン・トランスカルバミラーゼ(オルニチンとカルバミル燐酸とからシトルリンを生成する酵素；＝〔仏〕ornithine carbamyl transférase). 〚医〛déficit en ～ オルニチン・トランスカルバミラーゼ欠損症.
otique *a.* 〚解剖〛耳 (oreille) の. 〚医〛～ eczéma 耳湿疹.
otite *n.f.* 〚医〛耳炎. ～ externe 外耳炎. ～ interne 内耳炎, 迷路炎 (＝～ labyrinthique). ～ moyenne aiguë (chronique) 急性(慢性)中耳炎. ～ moyenne catarrhale 滲出性中耳炎.
otolithe *n.m.* 〚解剖〛耳石(じせき).
otologie *n.f.* 〚医〛耳科医学, 耳疾病学.
otomycose *n.f.* 〚医〛外耳道真菌症.
otoplastie *n.f.* 〚医〛外耳形成術(＝auricule plastie).
oto-rhino-laryngologie [otorinɔlarɛ̃gɔlɔʒi] *n.f.* 耳鼻咽喉科〔学〕(略記 ORL).
oto-rhino-laryngologiste *n.* 耳鼻咽喉科医(略称 oto-rhino).
otorragie *n.f.* 〚医〛耳出血.
otorrhée *n.f.* 〚医〛耳漏(じろう), みみだれ.
otosclérose *n.f.* 〚医〛耳硬化症.
otoscope *n.m.* 〚医〛耳鏡, 耳聴診管, オトスコープ.
otospongiose *n.f.* 〚医〛内耳海綿状変性〔症〕.
OTS (＝Ordre du Temple solaire) *n.m.* 〚宗教〛太陽神殿教団.
Ottawa *n.pr.* **1** オタワ族《北米インディアン》.
2 l'～ オタワ川.
3 オタワ《カナダの首都》. la Convention d'～ sur l'interdiction des mines antipersonnel 対人地雷〔全面〕禁止条約 (1997年 12月オタワ会議で成立, 134カ国が署名, 1999年3月1日発効；公式名称 Conven-

OUA

tion d'~ sur l'interdiction de l'emploi, du stockage, de la production et du transfert des mines antipersonnel et de leur destruction〗.

OUA (= Organisation de l'Unité africaine) n.f. アフリカ統一機構〖1963年発足〗.
ouate [wat] n.f. **1** 綿(la ~ と l' ~ のふたつの表記あり). doublé d'~ 綿入れの. ~ hydrophile 脱脂綿.
2 綿状のもの. ~ de cellurose セルロース綿. ~ de verre ガラス綿.
ouaterie n.f. 製綿業.
ouatine n.f. 〖織物〗キルティング. manteau doublé d'~(de ~) キルティングの裏地付コート.
ouatiner v.t. 〖織物〗キルティングで裏をつける. peignoir ouatiné キルティング・ガウン.
oubli n.m. **1** 忘れること；失却；失念；忘れられている状態. ~ d'une date 日付の失念. ~ d'un événement 出来事の忘却. 〖医〗~ du langage 失語症 (=aphasie). 〖医〗~ des mouvements 運動失調症 (=apraxie). ~ de l'usage des objets 物の失認症 (=agnosie). ~ de son passé 過去を忘れること. 〖医〗~ pathologique 病的失調〖症〗.〖ギ神話〗le Léthé, fleuve de l'~ 忘却の河レテ. ténèbres de l'~ 忘却の闇. demeurer caché dans l'~ 忘却の世界に埋もれたままである. sauver (tirer) une œuvre de l'~ 忘れられた作品を世に出す. tomber dans l'~ 忘れ去られる.
2 うっかり忘れること, 遺漏, 脱漏, 手抜かり. avoir (commettre, faire) un ~ うっかり忘れる. dans un moment d'~ うっかりしている時に. C'est un ~. うっかりしていたのだ.
3 (義務・礼儀などを) おろそかにすること, (規則などの) 無視；蔑視. ~ de ses devoirs 義務をおろそかにすること. ~ de soi〖-même〗自分のことを顧みないこと；自己犠牲. ~ des fautes 過失を見逃すこと. ~ des règles (きまり) の無視. pratiquer l'~ des injures 侮辱を水に流す.
ouest [wεst] n.m.sing. **1** 〖方位〗西 (略記 O). ~-nord-~ 西北西 (の) (略記 O-N-O). ~-sud-~ 西南西 (の) (略記 O-S-O). ~-quart-nord-~ 西微北.
à l'~ 〖de〗〖の〗西方に. la pointe Corsan à l'~ de Brest ブレスト西方のコルサン岬〖フランス本土の最西端；4°47'47" de longitude ~ 西経4度47分47秒〗.
chambre exposée à l'~ 西向きの部屋. Le soleil se couche à l'~. 太陽は西に沈む. vent d'~ 西風.
〖話〗être à l'~ 異常な状態におかれている.
2 l'O~ 西部地方, 西部. l'O~ de l'Europe 西ヨーロッパ. l'O~ de la France フランス西部.〖史・米〗la conquête de l'O~ 西部開拓. O~-France『ウェスト=フランス』紙〖1944年創立の地方日刊紙〗.
3 l'O~ 西側, 西側陣営, 西欧〖諸国〗. conférence entre l'Est et l'O~ 東西陣営会談. rapports Est-O~ 東西関係. l'Allemagne de l'O~ 西ドイツ〖旧ドイツ連邦共和国 (la république fédérale d'Allemagne, l'Allemagne fédérale). Berlin-O~ 西ベルリン. habiter dans l'O~ 西側 (西欧) に住む.
── a.inv. 西の；西側 (西欧) の. banlieue ~ de Paris パリ市西部. côte ~ de la Corse コルス島の西海岸. longitude ~ 西経. façade ~ de la cathédrale Notre-Dame de Chartres シャルトルのノートル=ダム大聖堂の西側正面.
ouest-africain(e) a. 西アフリカ (l'Afrique-Occidentale) の.
ouest-allemand(e) a. 西独の.
──O~-A~ n. 西独の住人.
ouest-européen(ne) a. 西ヨーロッパ (l'Ouest de l'Europe) の.
Ouganda (l') n.pr.m. 〖国名通称〗ウガンダ〖公式名：la République de l'Ouganda ウガンダ共和国；国民：Ougandais(e)；首都：Kampala カンパラ；通貨：shilling ougandais〖UGX〗〗.
ougandais(e) a. ウガンダ (l'Ouganda) の, ウガンダ共和国 (la République de l'Ouganda) の；~人の. shilling ~ ウガンダ・シリング〖通貨単位〗.
──O~ n. ウガンダ人.
ouï-dire n.m.inv. 噂, 風説. par ~ 噂で. Ce n'est qu'un ~. それは噂にすぎない.
ouïe n.f. **1** 聴覚；〖古〗聴くこと. finesse de l'~ 聴覚の鋭さ. organes de l'~ 聴覚器官. sensations de l'~ 聴感. avoir l'~ fine 耳が鋭い (良い). 〖話〗être tout ~ 全身を耳にしている.
2 〖pl. で〗(魚の) 鰓 (えら) (=branchie).
3 〖工〗〖pl. で〗(換気装置の) 吸気 (送風) 口.
4 〖音楽〗(ヴァイオリンなどの) S字口, 響孔 (=esse).
ouïgour, ouighour a.inv. **1** ウイグル族 (les Ouïgours) の. **2** ウイグル語の. ── n.m. ウイグル語.
ouragan n.m. **1** ウーラガン, ハリケーン, 暴風雨〖風速が時速120 kmを超える暴風〗.
2 (嵐のような) 感情の爆発, 激情の嵐. ~ de protestations 抗議の嵐, 嵐のような抗議.
ourlien(ne) a. 〖医〗流行性耳下腺炎の, お多福風邪の.
Ouroumtsi, Urumqi, Wulumuqi n.pr. ウルムチ〖新疆ウイグル自治区の首都〗.
ours[1] **(e)** [urs] n. ① **1** 熊. ~ blanc (polaire) 白熊 (北極熊). ~ brun ひぐま. ~

gris 灰色熊 (=grizzli). ~ malais マレー熊. ~ noir アメリカ黒熊. vendre la peau de l'~ avant de l'avoir tué とらぬ狸の皮算用. **2** 縫いぐるみの熊 (= ~ en peluche). **3**〖比喩的〗つき合いの悪い人, 無愛想な人. ~ mal léché 育ちの悪い人. Ⅱ ~ de mer; ~ marin おっとせい, あしか (=otarie). Ⅲ〖出版〗(新聞・書籍などの) 製作協力者リスト. Ⅳ〖天文〗la Grande O~e 大熊座. la Petite O~e 小熊座.

ours[2] *a.inv.* 無愛想な, 交際嫌いな. Ce qu'elle peut être ~! 彼女はなんて無愛想なんだ!

oursin *n.m.*〖動〗ウールサン, 雲丹(うに)(俗称 hérisson de mer「海の針鼠」, châtaigne de mer「海の栗」). ~ cru 生雲丹.〖料理〗omlette à l'~ 雲丹入りオムレツ.〖料理〗purée d'~s 雲丹入りのピュレー.〖料理〗soupe de poissons aux ~s 雲丹入りの魚のスープ.

outil [uti] *n.m.* **1** 道具; 工具. ~s à travailler le bois 木工具. ~s de jardinage 園芸用具. ~s de maçon 石工の道具. boîte à ~s 道具(工具)箱.〖諺〗Les mauvais ouvriers ont toujours de mauvais ~s. 下手な職人は仕事の出来を道具のせいにする. **2**〖比喩的〗道具. la télévision, ~ d'information 情報の道具としてのテレビ. **3**〖言語〗mot-~ 道具語, 文法語 (前置詞, 接続詞など).

outillage *n.m.* **1** 工具類, 工具一式; 機器; 設備, 施設. ~ agricole 農業器具 (機器). ~ industriel 工作機器; 工場施設. ~ manuel 手工具. **2** 工具(工作機器)製造工場 (=atelier d'~).

output [awtut] [英] [米] **1**〖電算〗アウトプット, 出力 (フランス語の公用推奨語は sortie). **2**〖経済〗生産高.

outrage *n.m.* **1** ひどい侮辱; 侮辱的言動. faire ~ à …に侮辱を加える. **2**〖法律〗侮辱罪. ~ à agent de la force publique 治安維持要員に対する侮辱罪. ~ à magistrat 司法官に対する侮辱罪. **3** (女性に対する) 凌辱, 暴行. faire subir les derniers ~s à une femme 女性を凌辱する. **4** (à に対する) 違反, 違背; 違反 (違反) 行為.〖法律〗~ aux bonnes mœurs 良俗に反する行為, 風紀壊乱.〖法律〗~〔public〕à la pudeur 公然猥褻行為. faire ~ à la raison 理性にもとる. **5**〖軍〗侮辱〔罪〕. ~ au drapeau 軍旗侮辱罪. ~ envers un supérieur 上官侮辱罪. **6**〖文〗毀損. ~s du temps 時 (加齢) による毀損, 老化.

outrance *n.f.* **1** 過度, 限度を超えること. ~ de son langage 彼の言葉の過激さ. aller jusqu'à l'~ 限度を超える. **2** 度を過ごした行為. ~ verbale (de langage) 言い過ぎ. **3** à ~ 極端に (な); 徹底的に (な). combat à ~ 死闘. travailler à ~ 猛烈に働く.

outre-Atlantique *ad.* 大西洋の対岸で (アメリカ合衆国やカナダについていう).

outre-Manche *ad.* 英仏海峡の向う側に (で); イギリスに (で) (=en Grande-Bretagne). touristes venus d'~ 英国からの観光客.

outre-mer *ad.* 海外に. la France d'~ 海外フランス領土. collectivité d'~ 海外自治体 (略記 COM; 2003年の憲法改正によりla Polynésie française, Saint-Pierre-et-Miquelon, Mayotte, Wallis-et-Futuna の4つの旧海外領土が COM となる). départements 〔français〕 d'~ フランス海外県 (略記 DOM). département et région d'~ 海外県・地方 (略記 DROM, DOM-ROM; 2003年の憲法改正により la Guadeloupe, la Martinique, la Guyane, la Réunion の4つの旧海外県 DOM が県と地方の性格をもつ海外県・地方となる). territoires 〔français〕 d'~ フランス海外領土 (略記 TOM). troupes d'~ 海外駐留軍.

outremer *n.m.* **1**〖鉱〗青金石, ラピスラズリ (=lapis-lazuli). **2** 群青, ウルトラマリン (=bleu d'~). ~ artificiel (naturel) 合成 (天然) 群青. couleur d'~ 群青色.
— *a.inv.* 群青の, 紺碧の. ciel ~ 紺碧の空. yeux ~ 群青の眼.

outre-Rhin *ad.* ライン河対岸で, ドイツで. constructeurs d'~ ドイツの製造業者. nos voisins d'~ ライン河対岸の隣人 (ドイツ人).

ouvert(e) (<ouvrir) *a.p.* Ⅰ (開いた) **1** 開かれた, あいている; 開いた. boîte ~e 開いた箱. fenêtres ~es 開かれた窓. grand (large) ~ 大きく開かれた. bouche grande ~e 大きくあけた口. yeux grands ~s 大きく見開いた眼. porte ~e 開いた戸 (扉). Entrez, c'est ~. お入りなさい, ドアは開いています. Son porte-monnaie est toujours ~. 〔彼は財布の緒を締めたことがない→〕彼は気前がよい.
2 (店などの) 開いている, 営業している; 開館している. ~ de 9h à 12h et de 14h à 18h 営業時間は 9~12時と 14~18時. heures d'~ 営業時間; 開館 (開場) 時間. magasin ~ 24 heures sur 24 ([le] jour et [la] nuit) 24時間 (昼夜) 営業の店. restaurants ~s le dimanche 日曜日に開いているレストラン.
3 (傷口が) 開いた;〖医〗切開された. blessure ~e 開いた傷口.〖医〗fracture ~e 開放骨折 (骨折部が皮膚を破って外に出る).〖医〗opération à cœur ~ 心臓切開手術.
Ⅱ (広げた) **1** 広げられた, 広い; 開いた. bras ~s 広げた両腕. chemise à col ~ 開

襟シャツ. fleur ~*e* 咲いた花. main ~*e* 広げた手のひら.

2〖発音〗開かれた. syllabe ~ 開音節. voyelle ~*e* 開母音, 広い母音.

III〖開放された〗**1**（施設などが）開放された, 自由に出入りできる；（道路が）通行可能な. association ~*e* à tous 万人に開放されている協会. bibliothèque ~*e* aux étudiants 学生に開放された図書館. canal ~ à la navigation 航行可能な運河.〖法律〗milieu ~（未成年者の育成扶助のための）開放環境体制.

2 さえぎるもののない, 開かれた；無防備の. champ ~ 開けた野原. maison ~*e* à tous les vents 吹きさらしの家. pays ~ 開かれた国；国境に要害のない国. port ~ 自由港；開港場. rade ~*e* さえぎるもののない停泊地. ville ~*e* 無防備都市.

3（人が）開放的な, 開けっ広げの；（顔付が）明朗な. caractère ~ 開放的な性格. physionomie ~*e* 明朗な容貌. à cœur ~ 胸襟を開いて, 率直に.

4 公然の；公開の. conflits ~*s* あからさまな対立. lettre ~ 公開状. à force ~*e* 暴力に訴えて. déchaîner une campagne ~*e* 明らかなキャンペーンを開始する. faire une guerre ~*e* à *qn* 人を公然と敵にまわす.

5〖法律〗特別に提訴の道が開かれている.

6 未決済の. compte ~ 未払勘定（=〖英〗open account）.

7（精神が）開かれた, 偏見のない. esprit ~ 開かれた精神, 総明な精神. religion ~*e* 開かれた宗教.

8 蛇口（栓）の開いた. robinet ~ 開いた蛇口（栓）.

9〖電・数〗開いた.〖電〗circuit ~ 開回路.〖数〗ensemble ~ 開集合.〖数〗intervalle ~*e* 開区間.

IV〖開始された〗**1** 開始された；解禁になった. La chasse (La pêche) est ~*e*. 狩猟（釣り）が解禁になった.《Les paris sont ~*s*.》〖賭〗「さあ誰でもお賭け下さい」；〖比喩的〗いよいよこれからが本番です. La séance est ~*e*. 開会しました.

2〖スポーツ〗jeu ~（ラグビーなどの）オープン攻撃.

ouverture（<ouvrir）*n.f.* **I**〖開〗**1** 開けること；開放；開放状態；〖医〗切開. ~ automatique (manuelle) d'un parachute 降下傘の自動（手動）開傘. ~ bucal 門口. ~ d'un chemin 道路の開鑿.〖電〗d'un circuit 回路を開くこと.〖医〗~ du crâne 開頭〔術〕. ~ d'un fossé 穴の掘鑿. ~ d'une lettre 手紙の開封. ~ des portes du magasin 店舗のドアの開扉.〖鉄道〗~ d'un signal 閉塞の開（通行許可）.〖医〗~ d'une veine 静脈切開〔術〕.

2（店を）開けること；営業；開館. ~ des magasins 店舗の開店. heures d' ~ 営業（開館）時間.

3（建物の）開口部；（壁・柵などの）通行口；（井戸の）口；（洞穴の）入り口；（火山の）火口；（炉の）口. ~*s* accidentelles 事故で生じた穴. ~*s* d'un bâtiment (d'un mur) 建物（壁）の開口部. ~ d'un vêtement 衣服の開き口（braguette, emmanchure など）.

II〖拡〗**1** 広げること.

2 角度,（角の）開き. ~ d'un angle 角の開き（大きさ）. ~ d'un compas コンパスの脚の開き. ~ de 45 degrés 45度の角度.〖自動車〗~ des roues avant 前輪駆動車のトートアウト.

3〖光学・写真〗(レンズの) 口径. ~ d'un objectif レンズ口径. régler l' ~（レンズの）絞りを調節する.〖映画〗~ en fondu フェード・イン. ~ numérique (relative) 開口数（口径比）.

4〖舞〗（脚の）ウーヴェルチュール, 開脚（= ~ de jambes）.

5 radar à ~ synthétique 開口レーダー.

III〖開通〗**1**〖交通〗（道路・鉄道などの）開通. ~ d'une autoroute 高速道路の開通. ~ d'une nouvelle ligne de métro 地下鉄新線の開通.〖鉄道〗signal d' ~ 進行信号.

2 アクセス, 方策, 可能性, 機会；〖法律〗訴訟能力. ~ d'une action 訴訟能力. cas d' ~ 提訴受理要件, 特別提訴理由.〖法律〗Il y a ~ à cassation. 上告への道が開かれている.

3〖比喩的〗拡がり, 広さ. ~ de cœur 心の広さ, 率直さ, 真さ. ~ d'esprit 幅広い理解力. avoir des ~*s* sur *qch* 何に対する理解がある. pratiquer la politique d' ~ 開放的政策を実施する.

4〖*pl.* で〗（交渉の）申し入れ. faire des ~*s* de paix à …と和平交渉に入る.

IV〖開始〗**1** 開始, 始め；開会；開設；店開き. ~ des assises 重罪裁判の開廷. ~ de conférence 会議の開会. ~ du cours 開講. ~ de crédit 信用取引の開始. ~ de crédits 支払い許可. ~ d'une école 開校. ~ d'une exposition 展覧会の開催.〖軍〗~ du feu 射撃（戦闘）開始. ~ d'une séance 開会. ~ de la session 会期の開始；開廷. ~ de succession 相続開始. ~ d'un théâtre 劇場の開場. ~ d'une usine 工場の開設. ~ en compte courant 当座預金の開設. cours d' ~ à la Bourse 証券取引所の始め値（寄付き値）. leçon d' ~ 開講の議義. faire l' ~ d'un café カフェを開業する.

2（漁・狩猟の）解禁. ~ de la chasse 狩猟の解禁. faire l' ~〔de la chasse〕解禁日に狩猟に出かける.

3〖音楽〗序曲. ~ des opéras de Wagner ヴァーグナーの楽劇の序曲.

4〖チェス〗序盤戦.

5〖ラグビー, サッカー〗オープン. demi d' ~ スタンドオフ (=ouvreur). faire une ~ ボールをオープンに回す；オープン攻撃をする.

ouvrable (<ouvrer) *a.* **1** 就労しうる。jour ~ 就労可能日；就業日；平日 (jour férié「祝日,休日」の対). **2** 加工しうる。

ouvrage *n.m.* **1** 仕事；仕事の口、職。~s manuels 手仕事. ~ pénible つらい仕事. avoir (ne pas avoir) d'~ 仕事がある(ない). se mettre à l'~ 仕事にかかる.〖法律〗louage d'~ 雇用契約.
2 (職人の)細工物、製作品. ~ d'orfèvrerie 金銀細工品. bois d'~ 細工用木材.
3 針仕事, 縫い物, 編み物, 手芸, 手芸品. ~s de dames 婦人の手芸〔品〕. boîte (corbeille, table) à ~ 裁縫箱 (籠, 台).
4〖建築・土木〗構築物；土木工事；工事. ~s d'art (交通路建設の橋・トンネルなどの) 土木工事. ~ léger 軽工事(《間仕切り・天井・左官工事など》). gros ~ 大規模工事(《基礎の壁体工事など》). ~ de ferronnerie 金物工事. ~ de maçonnerie 石工工事, 左官工事. ~ public 公共の建物, 公共工事.
5〖軍〗要塞(= ~ militaire)；防御構築物(= ~ défensif).
6〖冶〗(高炉の)炉腹.
7〖芸術家の〗作品, 美術工芸品；(学術的・文学的)著作, 著書, 著書. publication d'un ~ 著作の刊行. sujet d'un ~ 作品(著作)の主題. ~ en trois tomes 3巻本. ~ relié 装幀本.
8〔文〕仕事. ~ des hommes 人間の所産. du hasard 偶然の産物.

ouvré(e) *a.* **1** 就労した(chômé「休業した」の対). jour ~ 就労日 (jour chômé「休業日」の対).
2 加工した. produits ~s 加工品. produits semi-~s 半製品.

ouvre-boîte[s] *n.m.* 缶切り.

ouvrier(ère) *n.* **1** 労働者 (=travailleur(se))；〔集合的〕労働者〔階級〕. ~ agricole 農業労働者. ~s syndiqués 組織労働者. ~s non-syndiqués 未組織労働者. ~ à domicile 自宅労働者. ~ à façon 手間職人. ~ à la journée 日雇労働者. Meilleur ~ de France フランスの名匠・名工, 名職人《略称 MOF；1923年制定》. relations entre patrons et ~s 労使関係.
2 工員, 工場労働者 (= ~ d'usine)；肉体労働者(事務系労働者employéの対). ~ qualifié 熟練工. ~ hautement qualifié 超熟練工(OHQと略記). ~ non-qualifié 非熟練工. ~ professionnel 専門工《熟練工の中でCAPの証書を持つもの》. ~ spécialisé 一般工《特殊技能を持たない工員，略称OS [ɔɛs]》. ~ à la chaîne 流れ作業従事工員.
—*a.* **1** 労働者の；労働者用の；労働者主体の. classe ~ère 労働者階級. question ~ère 労働問題. syndicat ~ 労働組合. Force ~ère 労働者の力《CGT-FOの通称. 略称 FO》. Jeunesse ~ère chrétienne キリスト教労働者青年同盟《略称 JOC》.
2 主動的な, 〖機械〗 cheville ~ère 中心ピン；〔比喩的〕主要人物.
—*n.f.* 働き蜂 (=abeille ~ère), 働き蟻 (= fourmi ~ère).

ouvriérisme *n.m.* **1**〖政治〗労働組合至上主義(体制). **2** 労働者を支持する心情.

ouzbek, béke *a.* ウズベキスタン(l'Ouzbékistan)の, ウズベキスタン共和国(République d'Ouzbékistan)の；ウズベク人の, ウズベキスタン共和国民の；ウズベク語の.
—*n.m.*〖言語〗ウズベク語(ウズベキスタン共和国の公用語).
—*O~ n.* ウズベク人；ウズベキスタン人, ウズベキスタン共和国民. les O~s ウズベク族.

Ouzbékistan (l') *n.pr.m.* 〔国名通称〕ウズベキスタン《公式名称：la République d'O~ ウズベキスタン共和国；Ozbekiston respublikasy：国民：Ouzb*ek* (*èke*)；首都：Tachkent タシュケント；通貨：soum [UZS]》.

ouzo〔ギ〕*n.m.*〖海〗ウーゾ《ギリシア原産のアニス酒；水で割って飲む》.

ov-〔ラ〕[ELEM]「卵」の意 (*ex. ov*aire 卵巣).

ovaire *n.m.* **1**〖解剖〗卵巣.〖医〗cancer de l'~ 卵巣癌.〖医〗kyste de l'~ 卵巣嚢胞.〖医〗tératome de l'~ 卵巣奇形腫.
2〖植〗子房.

ovalbumine *n.f.*〖生化〗卵アルブミン, オヴァルブミン《卵白のプロテイン》.

ovale *a.* 卵形の, 楕円形の. ballon ~ ラグビー・ボール；ラグビー (=rugby). l'Office ~ (Oval Office)《ホワイトハウス内の》大統領執務室. table ~ 楕円形のテーブル. visage ~ 卵形の顔.
—*n.m.* **1** 卵形. ~ du visage 顔の卵形. **2**〖数〗卵形線.

ovariectomie *n.f.*〖医〗卵巣摘出〔切除〕〔術〕.

ovarien(ne) *a.* **1**〖解剖〗卵巣の.〖医〗aménorrhée ~ne 卵巣性無月経.〖動〗cycle ~ 発情周期 (=cycle œstral).〖医〗hémorragie ~ne 卵巣出血. hormones ~nes 卵巣ホルモン (folliculine, œstrogène, progestérone など).〖医〗hypoplasie ~ne 卵巣形成不全.〖医〗insuffisance ~ne 卵巣機能不全.〖医〗kyste ~ 卵巣嚢胞.
2〖植〗子房の.

ovarite *n.f.*〖医〗卵巣炎.

ovate *n.m.*〖宗教〗(ガリアの)祭官《ドルイド教の階位でドルイド司祭と詩人の中間の第2級》.

ovation *n.f.* **1** 熱烈な喝采；歓迎. ~s de la foule 群衆の大歓迎. être accueilli par une ~ 熱烈な喝采で迎えられる. faire une ~ à *qn* 人に熱烈な喝采を送る (=ovationner).
2〔古代ローマ〕(牡羊の供犠を伴う)凱旋将軍の祝賀式.

overdose [ɔvərdoz]［米］*n.f.* **1**（薬物の）過量, 有毒量, 致死量；過量摂取（公用推奨語は surdose）. mort par ～ 薬物の致死量摂取による死亡. courir un risque d'～ (麻薬の) 過量摂取による致死の危険を冒す. **2**〔比喩的〕〔話〕過大量, 厖大な量. ～ de travail 耐え難い程の仕事量.

overdrive [ɔvərdrajv]［英］*n.m.*〔自動車〕オーヴァードライヴ.

oviducte *n.m.*〔解剖〕〔輸〕卵管.

ovin(e) *a.* 羊の. race ～*e* 羊類.
——*n.m.pl.*〔動〕羊《＝les ovinés : mouton, bélier, brebis などを指す亜科名》.

ovinés *n.m.pl.*〔動〕羊類（＝ovins）(mérinos メリノ種の羊, mouflon ムーフロン (野生羊), mouton 羊など).

ovipare *a.*〔動〕卵生の. Les oiseaux sont ～s. 鳥類は卵生である. reproduction ～ 卵生繁殖.
——*n.m.* 卵生動物.

oviparité *n.f.*〔動〕卵生.

OVNI, ovni [ɔvni]（＝*o*bjet *v*olant *n*on *i*dentifié）*n.m.* 未確認飛行物体, ユーフォー（＝［英］UFO : *u*nidentified *f*lying *o*bject）.

ovo- ［ラ］ELEM「卵」の意（*ex.* ovoïde 卵状の）.

ovocyte *n.m.* 卵母細胞.

ovoflavine *n.f.*〔生化〕オボフラビン, ビタミン B₂（＝vitamine B₂）.

ovogenèse *n.f.*〔生〕卵形成（＝ovogénie）.

ovogonie *n.f.*〔生〕卵原細胞.

ovoïdal (ale) (*pl.aux*) *a.* 卵形の.

ovoïde *a.* 卵形の. fruit ～ 卵型の果実.

ovonique *n.f.*〔電子工〕オボニック装置 (オブシンスキー効果を応用した装置；スイッチ・記憶素子などに用いる).

ovovivipare *a.*〔動〕卵胎生の.
——*n.m.pl.* 卵胎生動物.

ovoviviparité *n.f.* 卵胎生.

ovulaire *a.*〔生理・動〕卵子の；〔植〕胚珠の. ponte ～ 排卵.

ovulation *n.f.*〔生理〕排卵（＝ponte ovulaire). induction de l'～ 排卵誘発〔法〕. inhibition d'～ 排卵抑制〔法〕.

ovulatoire *a.*〔生理・動〕排卵の.

ovule *n.m.* **1**〔動〕卵, 卵子；卵細胞（＝œuf).
2〔植〕胚珠.
3〔薬〕膣用坐薬（＝～ gynécologique). ～ spermicide 避妊用坐薬.

ox- [ɔks]［ギ］ELEM「酸, 酸素」の意（*ex.* o*x*hydryle 水酸基）.

oxacide [ɔksasid], **oxyacide** [ɔksjasid] *n.m.*〔化〕オキシ酸, 酸素酸.

oxacilline *n.f.*〔薬〕オキサシリン, メチルフェニルイソキサゾリルペニシリン（＝［英］MPIP）（イソキサゾリル系合成ペニシリン）.

oxalate *n.m.*〔化〕蓚（しゅう）酸塩.

oxalide *n.f.*〔植〕かたばみ（oxalidées かたばみ科）.

oxaliplatine *n.m.*〔化・薬〕蓚酸白金（抗癌剤；商品名 Eloxatine）.

oxalique *a.*〔化〕蓚酸塩の. acide ～ 蓚酸塩.

oxalose *n.f.*〔医〕先天性蓚酸過多症.

oxhydrique *a.*〔化〕酸水素の《酸素と水素を混合した》；酸水素吹管の.

oxhydryle, oxhydrile *n.m.*〔化〕水酸基, ヒドロキシル〔基〕(hydroxyle).

oxime [ɔksim] *n.f.*〔化〕オキシム.

oxonium [ɔksɔnjɔm] *n.m.*〔化〕オキソニウム.

oxy- [ɔksi]［ギ］ELEM「酸, 酸素」の意（*ex. oxy*chlorure オキシ塩化物）.

oxyacétylénique *a.*〔化〕酸素とアセチレンを混合する. chalumeau ～ 酸素アセチレン吹管.

oxyacide ⇒ oxacide

oxycarboné(e) *a.*〔化〕一酸化炭素と結合した. hémoglobine ～*e* カルボキシヘモグロビン（＝carboxyhémoglobine [HbCO]).

oxychlorure *n.m.*〔化〕オキシ塩化物.

oxy-coupage *n.m.* 酸素アーク切断〔法〕.

oxyd[o]- [ɔksid(ɔ)]［ギ］ELEM「酸, 酸素」の意（*ex. oxyd*ase 酸化酵素）.

oxydable *a.*〔化〕酸化され得る. métal ～ à l'air 空気に触れると酸化する金属.

oxydant(e) *a.*〔化〕酸化させる, 酸化性の.
——*n.m.* 酸化剤；酸化性物質, オキシダント（大気汚染物質）. ～s photochimiques 光化学オキシダント（光化学スモッグの主要生成物質. NO₂ を除いた酸化物質）.

oxydase *n.f.*〔生化〕酸化酵素.

oxydation *n.f.* 酸化 (réduction「還元」の対).

oxyde *n.m.*〔化〕酸化物. ～ alcoolique アルキル酸化物, エーテル. ～ azoteux 亜酸化窒素, ～ azotique 酸化窒素. ～ brun d'uranium 褐色酸化ウラニウム. ～ cuivreux 酸化銅. ～ d'argent 酸化銀. ～ de carbone〔一〕酸化炭素. ～ de fer 酸化鉄（＝～ ferreux : FeO). 〔de fer〕magnétique 磁性酸化鉄. ～ ferrique 三酸化二鉄 (Fe₂O₃). ～ de mercure précipité 黄降汞, 黄色酸化水銀（＝～ jaune de mercure). ～ de plomb fondu 光明丹, 鉛丹, 四酸化三鉛（赤色顔料）. ～ de zinc 酸化亜鉛. ～ noir de manganèse 黒色酸化マンガン, 二酸化マンガン. ～ noir d'uranium 黒色酸化ウラン. ～ rouge de plomb 鉛丹, 光明丹, 四酸化三鉛. ～ vert d'uranium 緑色酸化ウラン. ～ acidique 酸性酸化物. ～ basique 塩基性酸化物.

oxydimétrie *n.f.*〔化〕酸化滴定〔法〕(標準液として酸化剤を用いる滴定).

oxydo[-]réductase *n.f.* 〖化〗酸化還元酵素 (=〖英〗oxido-reductase).
oxydoréduction *n.f.* 〖化〗酸化還元. réaction d'~ 酸化還元反応.
oxyduc *n.m.* 液体酸素パイプライン.
oxygénase *n.f.* 〖化〗オキシゲナーゼ (酸素添加酵素).
oxygénation (<oxygéner) *n.f.* 〖化〗 **1** 酸化〔作用〕；酸素処理. **2** (過酸化水素水による)脱色, 漂白, 殺菌. **3** 酸素添加, 酸素化.
oxygène *n.m.* **1** 〖化〗酸素 (元素記号 O, 原子番号 8, 原子量 15.994). **2** 〖気体〗酸素 (O_2=dioxygène；無色, 無味, 無臭の気体；液化温度 -182.96℃, 固体化温度 -218.4℃). bombe d'~ 酸素ボンベ. 〖医〗tente d'~ 酸素テント. **3** 〔俗〕澄み切った空気 (=air pur). respirer l'~ à la montagne 山で澄んだ空気を吸い込む. **4** 〔比喩的〕新しい息吹き, 活力. donner de l'~ 活力を与える.
oxygéné(e) *a.* **1** 酸素を含む. eau ~ *e* 過酸化水素水, オキシドール《殺菌消毒用・止血用；H_2O_2 を 2.5-3.5 w/v% 含有する水溶液》. **2** 過酸化水素水で脱色した. cheveux ~ *s* 過酸化水素水で脱色した髪.
oxygénothérapie *n.f.* 〖医〗酸素〔吸入〕療法.
oxyhémoglobine *n.f.* 〖化〗オキシヘモグロビン, 酸素ヘモグロビン《酸素とヘモグロビンの結合体》.
oxylithe *n.f.* 〖化〗過酸化ナトリウム.
oxyphenbutazone *n.f.* 〖薬〗オキシフェンブタゾン《ピラゾロ系非ステロイド系抗炎症薬》.
oxysulfure *n.m.* 〖化〗酸硫化物.
oxytétracycline *n.f.* 〖薬〗オキシテトラサイクリン《テトラサイクリン系の抗生物質；1950 年 Finlay が発見》.

oxyure *n.m.* 〖医・動〗蟯虫 (ぎょうちゅう)《腸内の寄生虫》.
oxyurose [ɔksyrɔz] *n.f.* 〖医〗蟯虫症.
oyat [ɔja]〔ピカルディー地方 la Picardie の方言〕*n.m.* 〖植〗オヤ《海辺の砂地に生える稲科の植物；砂丘の保全に利用；別称 ammophile アンモフィル (好砂地草), gourbet グールベ》.
ozalid 〔商標〕*n.m.* 〖印刷〗オザリッド (<diazol のアナグラム)《感光紙 (フィルム) をアンモニア蒸気中で乾現像して陽画を作成する方法》；オザリッド法による陽画.
ozène *n.m.* 〖医〗臭鼻症, 慢性悪臭鼻炎 (rhinite chronique fétide) (通称 punaisie).
ozonation *n.f.* 〖化〗**1** オゾン化. **2** (特に水の) オゾン処理, オゾン利用殺菌 (=ozonisation).
ozone *n.m.* 〖化〗オゾン. accord de Montréal pour la protection de l'~ オゾン層 (=couche d'~) 保護のためのモントリオール協定 (1987 年 9 月).
ozoné(e) *a.* **1** オゾンを含む. air ~ オゾン含有空気. **2** オゾン処理をした. eau ~ *e* オゾン処理水.
ozonide *n.m.* 〖化〗オゾニド, 有機オゾン化物；オゾン化物.
ozonisation 1 〖化〗(酸素の) オゾン化. **2** オゾン殺菌〔処理〕.
ozoniseur, ozonisateur *n.m.* 〖化〗オゾン発生装置 (=ozoneur).
ozonité *n.f.* (宇宙空間の) オゾン量.
ozonolyse *n.f.* 〖化〗オゾン分解.
ozonomètre *n.m.* オゾン測定器 (計).
ozonosphère *n.f.* オゾン層.
ozonothérapie *n.f.* 〖医〗オゾン療法.
OZUS (=*O*bservatoire national des *Z*ones *u*rbaines *s*ensibles) *n.m.* 〖社会・政治〗国立人心過敏 (治安不安定) 都市圏観測所 (調査研究所).

P

P¹, p¹ [pe] *n.m.inv.* フランス語字母の第16字.

P²〖記号・略号〗**1**〖元素記号〗*p*hosphore「燐」(*n.m.*).
2〖物理〗*p*oise「ポワズ」(*n.f.*)(粘度のCGS単位の略号).
3〖数〗*p*eta-「ペタ」(10^{15}の略号).
4〖カトリック〗*p*ère「神父」の略号 (*n.m.*). *P*. La Chaise「ラ・シェーズ神父」. *P* abbé「大修道院長」. le R *P* : le Révérend *P*ère「神父様」(敬称).
5 *P*arking「駐車場」(*n.m.*) の略号.
6〖自動車国籍標識〗*P*ortugal「ポルトガル」.
7[英] *p*hysical containment「物理的封じ込め」; *p*athogen「病原体」; *p*rotection level「防御レヴェル」〖生化〗バイオセーフティー (生物安全防御) レヴェルの略. le Laboratoire haute sécurité *P*4 Jean Mérieux de Lyon リヨンの高度安全レヴェル4のジャン・メリュ研究所(創設2000年;人獣共通感染症に対する最高の安全対策を施した実験研究施設).

p² **1** *p*age「ページ」(*n.f.*) の略. *p*. 11 第11ページ. *pp*. 1〜15 第1ページから第15ページまで.
2 *p*our...「…につき」の略. dix *p*. cent 10%. cinq *p*. mille 1000分の5.
3〖数〗*p*ico-「ピコ」(10^{-12}) の略号.
4〖文法〗*a.p.*: *a*djectif *p*articipial「過去分詞形容詞」. *p.p*: *p*articipe *p*assé「過去分詞」.
5〖音楽〗*p*iano「弱く」の略号.

PA¹ (=*p*istolet *a*utomatique) *n.m.* 自動拳銃.
PA² (=*p*oly*a*mides) *n.m.*〖化〗ポリアミド (主鎖中にアミド結合をもつ重合体;合成繊維、歯車、フィルム、ベルトの材料).

Pa¹ (=*pa*scal) *n.m.*〖物理・気象〗パスカル (圧力の SI 単位).
Pa² (=*p*rot*a*ctinium) *n.m.*〖化〗「プロトアクチニウム」の元素記号.

PAC¹ (=*p*ile *à c*ombustible) *n.f.* 燃料電池.
PAC² (=*P*olitique *a*gricole *c*ommun) *n.f.* (ヨーロッパ共同体・ヨーロッパ連合の) 共通農業政策 (=[英] CAP: *C*ommon *A*gricultural *P*olicy).
PAC³ (=*p*raticien *a*joint *c*ontractuel) *n.m.* 契約臨床補助医.
PAC⁴ (=*p*rogression *a*ccélérée de *c*hute) *n.f.* (パラシュート降下の) 漸次加速降下〔技術〕.

Paca (=*P*rovence-*A*lpes-*C*ôte d'*A*zur) *n.pr.f.*〖行政〗プロヴァンス=アルプ=コート・ダジュール(地方名). région 〜 プロヴァンス=アルプ=コート・ダジュール地方(フランスとヨーロッパ連合 UE の広域地方行政区).

pacage *n.m.* **1** (羊・山羊の) 山林放牧.〖法律〗droit de 〜 牧養権.
2 牧養地.

pacemaker, pacemakeur [pɛsmɛkar] [英] *n.m.* ペースメーカー;〖医〗(心臓の) ペースメーカー (公用推奨語は stimulateur cardiaque).

pacfung, packfung [pakfɔ̃] 〖中国〗*n.m.* 洋銀, 白銀 (銅, 亜鉛, ニッケル合金の総称).

pacherenc-du-Vic-Bilh *n.m.*〖葡萄酒〗パシュランク=デュ=ヴィック=ビーユ (ピレネー les Pyrénées 山麓, l'Adour アドゥール河畔の AOC 酒; courbu, manseng, ruffiat, sauvignon, sémillon などの品種による甘口の白葡萄酒).

pachetoun(e) *a.* パシュトゥーン人の. ── *P*〜 *n.* パシュトゥーン人.

pachinko〖日〗*n.m.* パチンコ.

pachtou, pachto *n.m.*〖言語〗パシュトゥー語 (アフガニスタン東部とパキスタン西部で話されるインドヨーロッパ系言語).

Pachtoun, Pachto, Pathan *n.m.* パシュトゥン人. les *P*〜s パシュトゥーン族 (アフガニスタンとパキスタンの北西部に居住する民族;多くはスンニ派イスラム教徒).

pachydermie [-ʃi-] *n.m.*〖医〗皮膚肥厚症, 厚皮症.

pachyonychie *n.f.*〖医〗厚爪甲 (そうこう), 爪甲肥厚症.

pacification *n.f.* **1** 平和の回復;平定;鎮圧, 鎮撫. 〜 d'une émeute 暴動の鎮圧. mesures de 〜 鎮圧措置.
2 調停, 仲裁.
3 (人心の) 鎮静化. 〜 des esprits 人心の鎮静化.

pacifique (<paix) *a.* **1** 平和を好む, 平和的な. nation 〜 平和を愛する国民.
2 穏和な, 穏やかな. humeur 〜 穏和な気質. manifestation 〜 平穏なデモ. chien 〜 おとなしい犬.
3 平和を目的とする, 平和的な. politique 〜 平和政策. utilisation 〜 de l'énergie nu-

cléaire 核エネルギーの平和利用.
4 平穏無事な, 泰平の. coexistance ~ 平和共存. règne ~ 泰平の治世.
5〘法律〙possesseur ~ 平穏に占有する者《暴力も脅迫もなく始められ, 持続している占有者; possesseur violent「暴力的占有者」の対).
6〘地理〙太平洋の. l'océan *P*~ 太平洋 (= le *P*~). côte ~ du Japon 日本の太平洋岸.
——le *P*~ *n.pr.m.* 太平洋 (=l'océan *P*~). le ~ Sud (Nord) 南 (北) 太 平 洋.〘軍〙Centre d'expérimentation du *P*~《フランスの)太平洋核実験センター《1964-96 年》. Coopération économique en Asie-*P*~ アジア太平洋経済協力会議 (=〘英〙APEC : Asia-*P*acific *E*conomic *C*ooperation). la guerre du *P*~ 太平洋戦争《1941-45 年》.
——*n.* 平和を愛する人.
pacifisme *n.m.*〘政治〙平和主義 ; 平和主義政策.
pacifiste *n.* 平和主義者.
——*a.* 平和主義の. idéal ~ 平和主義的理想. mouvement ~ 平和運動.
package [paka(ε)ʒ]〘英〙*n.m.* **1**〘情報処理〙パッケージ《汎用プログラム》;=〘仏〙progiciel ; 公用推奨語は bloc de programme, programme-produit). **2**〘宣伝〙パッケージ, 一括組, 一括取引.
packfung ⇨ **pacfung**
Pacs (=*P*acte *c*ivil de *s*olidarité) *n.m.* 民事連帯規約. projet du ~ 民事連帯規約法案.
pacsé(e) (<Pacs) *a.p.* 民事連帯規約 (契約) (pacs=*p*acte *c*ivil de *s*olidarité) で結ばれた. couple ~ 民事連帯規約で共同生活をするカップル. homosexuels ~s 民事連帯規約で結ばれた同性愛者.
——*n.* 民事連帯規約者, パクセ.
pacsette (<Pacs) *n.f.* 民事連帯規約 (Pacs) で結ばれている女性, パクセット.
pacsounet (<Pacs) *n.m.* 民事連帯契約 (Pacs) を結んだ男性.
PACTE (=*p*rojets d'*a*ctivités *c*ulturelles et *c*ulturelles) *n.m.pl.* 教育・文化活動計画.
pacte *n.m.* **1** 条約, 協約, 協定 ; 契約 ; 協定書. ~ civil de solidarité 民事連帯規約《同棲者・同性愛者・近親者などの共同生活を認知する協約 ; 略記 Pacs》. le ~ de l'Atlantique Nord 北大西洋条約 (=le traité de l'Atlantique Nord). ~ d'alliance 同盟条約. ~ non-agression 不可侵条約. ~ fédéral (スイスの) 連邦規約〘憲法に相当〙. ~ social 社会協約 (契約). conclure (signer, rompre) un ~ 条約 (協定) を結ぶ (に調印する, を破棄する).
2 ~ avec le diable 悪魔との契約 ;〘比喩的〙背徳的な密約.
3〘比喩的〙恒常的な協定, 常に約束されていること. ~ avec la chance 好運との恵まれた協約.

paddock [padɔk]〘英〙*n.m.* **1** パドック《競馬場の下見所 ; 繁殖用牧場の囲い地》.
2 ~ polo ポロ競技場. joueur de ~ polo ポロ競技者.
PADHUE (=*p*raticien *à* *d*iplôme *h*ors *UE*) *n.m.*〘医〙ヨーロッパ連合以外の医師免許を持つ臨床医.
Padoue〘伊〙*n.pr.* パドヴァ (Padova)《イタリア, パドヴァ州の州都 ; 形容詞 padouan(e)》.〘il Santo〙de ~ パドヴァのサンタントニオ・バジリカ聖堂《13 世紀》(= basilique Sant'Antonio).
PAE (=*P*rojets d'*a*ctions *é*ducatives) *n.m. pl.*〘教育〙教育活動計画《1983 年 1 月に導入された中学校・高等学校での学業挫折, 社会的文化的不平等性などの対策計画》.
Paeca (=*P*lan d'*a*ction *é*conomique pour l'*Am*érique *c*entrale) *n.m.* 中米経済活動計画.
Paektu-san〘北朝鮮〙*n.pr.m.* 白頭山 (はくとうさん), ペクトゥシャン《北朝鮮と中国の国境にそびえる名峰 ; 標高 2,744 m》.
paella [paela, paelja]〘西〙*n.f.*〘料理〙パエーリャ, パエージャ.
PAF[1] (=*p*aysage *a*udiovisuel *f*rançais) *n. m.*〘放送〙フランス TV 放界の全体像 (状況).
PAF[2] (=*P*olice *a*ux *f*rontières) *n.f.* 国境警察《Dicciléc=*D*irection *c*entrale du contrôle de l'*i*mmigration et de la *l*utte contre l'*e*mploi des *c*landestins《国家警察の) 入国管理・密入国者雇用防止対策総局》.
PAF[3] (=*S*ervice *c*entral de la *p*olice de l'*a*ir et des *f*rontières) *n.m.* 《フランス国家警察》航空・国境警察中央本部.
pagaïe, pagaille [pagaj] *n.f.*〘話〙**1** 乱雑 ; 大混乱. Quelle ~ ! 何て散らかりようだ! C'est une ~ épouvantable. 驚くほどの乱雑さ. en ~[1] Son bureau est toujours en ~. 彼の書斎はいつも散らかり放題だ.
2 en ~[2] 大量に, 沢山. De l'argent, il y en a en ~. 彼は金はたっぷり持っている.
paganisme *n.m.* **1**《キリスト教から見た》異教 ;《特に》古代の多神教. ~ hellénique (romain) 古代ギリシア (ローマ) の異教 《多神教》.
2《ギリシア・ローマの》異教時代 (=antiquité greco-romaine).
3 異教的精神 ; 異教的傾向.
page *n.f.* **1** ページ, 頁. ~ à deux colonnes 2 段組みページ. ~ blanche 白紙ページ. ~ de garde 《本の》見返し (=feuille de garde). ~s de publicité d'une revue (à la TV) 雑誌の広告ページ (TV のコマーシャル番組). ~ de 30 lignes 30 行のページ. ~ grise 印刷の悪いページ. ~s jaunes de l'annuaire 電話帳の黄色ページ. belle ~ 奇数ページ (=~ impair), 右ページ (=~ de droite), 表ページ (=recto).

pagel, pagelle

fausse ~ 偶数ページ (= ~ pair), 左ページ (= ~ de gauche), 裏ページ (= verso). cahier de 192 ~s 192ページ建てのノート. notes en bas de ~ 脚註. numérotation des ~s ページ付け (= pagination). la première ~ des journaux 新聞の第一面. suite en (à la) ~ 3 ; suite en (à la) troisième ~ 続きは3ページへ. 〚比喩的〛être à la ~ 最新の情勢(ニュース)に精通している. 〚印刷〛mettre en ~〚s〛組つける. 〚印刷〛mise en ~〚s〛d'un texte テクストの組付. traducteur payé dix euros la ~ 1ページ当り20ユーロをもらっている翻訳家. Ouvrez〔à la〕~ 5. 5ページを開きなさい.

2 〚印刷〛丁(ちょう)(《2ページ分》,(印刷物の)葉, 枚, ページ組み. corner une ~ 1ページの隅を折る. déchirer une ~ 1ページ破る. tourner les ~s ページをめくる. 〚比喩的〛tourner la ~ 過去をきっぱり忘れて新しく出直す, 新しい一歩を印す. Une ~ est tournée. 新たな1ページがめくられた. Il manque une ~ à ce livre. この本には1枚落丁がある.

3 〚電算〛ページ(情報の記憶領域の一区画). ~-écran ディスプレーに映し出されるページ.

4 (文学作品などの)一節;〚音楽〛楽節. les plus belles ~s de Proust (de Mozart) プルーストの選文集(モーツァルトの楽節選).

5 〚比喩的〛(歴史, 人生などの)一時期, 一こま, 挿話. une ~ glorieuse de l'histoire de France フランス史上の栄光の一時期. écrire une ~ sanglante la なまぐさい一ページを書き加える(残虐行為を犯す).

pagel *n.m.*, **pagelle** *n.f.* 〚魚〛パジェル, 鯛(日本の真鯛に酷似;pageot とよばれることもある;市場では一般に daurade とよばれる).

pageot *n.m.* 〚魚〛パジョ(Sparidés 鯛科, Pagellus パジェルス属の海魚, daurade rose「桃色鯛」の名で市販されるものあり).

pagre *n.m.* 〚魚〛パーグル, 真鯛.

PAGSI, Pagsi (= *P*rogramme d'*a*ction *g*ouvernementale pour la *s*ociété de l'*i*nformation) *n.m.* 情報化社会のための政府行動計画(1999年1月策定のフランス政府の計画).

pagure *n.m.* 〚動〛やどかり (= bernard-l'ermite).

PAH (= *p*rime à l'*a*mélioration de l'*h*abitat) *n.f.* 住居改善補助金.

PAI (= *p*rojet d'*a*ccueil *i*ndividualisé) *n.m.* 〚学〛(給食の)個別対応計画〚食物アレルギー児童に対する特別給食計画;1999年教育省が導入〛.

paie ⇨ paye
paiement (< payer) *n.m.* **1** (金銭の)支払い;支払い金, 支払い額. 〚電話〛~ contre vérification 料金先方払いの通話, コレクトコール《略記 PCV》. ~ du prix de vente 売買価格の支払い. ~ électronique オンラインシステムによる自動支払い. ~ en espèces 現金払い. ~ par chèque 小切手による支払い. délai de ~ 支払期限. mode de ~ 支払方法. faire (arrêter) un ~ 支払いをする(停止する).

2 (借金などの)返済, 弁済;返済(弁済)金. ~ avec subrogation 代位弁済. ~ de l'indu 非債弁済. ~ direct d'une pension alimentaire 扶養定期金の直接弁済. ~ par compensation 相殺による弁済. ~ par intervention d'un effet de commerce 手形(小切手)の引受. recevoir un ~ 返済金を受領する.

3 (税金などの)納付;納付金. ~ des droits (d'un impôt) 税の納付.

4 対価, 代償. en ~ de …の対価として;の見返りとして.

païen(ne) *a.* 〚宗教〛(キリスト教・ユダヤ教・イスラム教など一神教から見た)異教の;(特に)古代多神教の. dieux ~s 異教の神々. peuple ~ 異教の民族;異教徒. religion ~ne 異教.

2 異教徒的な;無信仰の. mener une vie ~ne 無信仰の人生を送る.
── *n.* **1** 異教徒. **2** 無信仰者.

paille *n.f.* **1** 〚集合的〛藁;麦藁 (= ~ de blé). ~ de riz 稲藁. ~ fraîche (sèche) 生藁(乾し藁). botte de ~ 藁束. chapeau de ~ 麦藁帽子. hutte de ~ 藁小屋. papier ~ 藁紙. toit de ~ 藁葺屋根, 藁屋根. 〚葡萄酒〛vin de ~ ヴァン・ド・パイユ(ジュラ地方 le Jura で昔藁の上で乾した葡萄を絞ってつくられたことと, 麦藁色を呈していることに基づく呼称;現在ではジュラ地方とコート・デュ・ローヌ地方 les Côtes du Rhône で風通しのよい酒蔵に葡萄の房を2カ月以上乾してから絞られている;甘口の酒).

2 一本の藁;ストロー. boire avec une ~ ストローで飲む. tirer à la courte ~ 藁籤を引く(最短の藁を引けば当たり).

3 〚比喩的〛〚俗〛取るに足らぬこと, 僅かな金額;〚反語的〛べらぼうな額.

4 〚比喩的〛emballages de ~ 藁づつ包み. feu de ~ (人気などの)線香花火的輝き;束の間の情熱. homme de ~ 名義人. être sur la ~ 貧乏のどん底にある. mettre qn sur la ~ 人を一文無しにさせる. mourir sur la ~ 落ちぶれ果てて死ぬ.

5 〚料理〛pommes ~ ポム・パイユ(細い棒状のフライド・ポテト;pommes allumettes).

6 (宝石, 鋳物などの)瑕, きず, ひび. ~ dans un diamant ダイヤの中のきず.

7 〚海〛長いボルト.

8 ~ de fer 金属たわし.
── *a.inv.* 藁色の, 麦藁色の. jaune ~ 藁黄色. robe ~ 麦藁色のドレス.

paillote *n.f.* **1** (熱帯地方の)藁葺きの小屋, 藁小屋. **2**〖話〗海辺の小レストラン.

pain *n.m.* **1** パン.
◆ **variétés de ~** パンの種類：~ au cumin クミン(ういきょう)入りパン. ~ au levain 酵母パン. ~ aux céréales 雑穀入りパン. ~ aux graines de pavot けしの実入りパン. ~ azyme 無酵母パン, 種なしパン. ~ bis パン・ビス《麩(ふすま)入りの灰褐色のパン》. ~ blanc 白パン. ~ boulot パン・ブーロ《ずんぐりした円筒形のパン》. ~ brioché ブリオーシュ風のパン. ~ complet (intégral) パン・コンプレ(アンテグラル)《小麦の全粒粉パン》. ~ de campagne パン・ド・カンパーニュ(田舎)パン. ~ de fantaisie 変りパン. ~ de ferme 農家自家製パン. ~ de gruau 上質小麦粉パン. ~ de ménage (ordinaire) 自家製パン. ~ de mie パン・ド・ミー, 食パン. ~ de régime 食餌療法用のパン. ~ de seigle ライ麦パン. ~ de son 麩(ふすま)入りパン. ~〖en〗couronne 環状パン. ~ en épi 穂状パン. ~ enrichi au gluten (au magnésium) グルテン(マグネシウム)強化パン. ~ fendu 割れ目入りパン. ~ [-] ficelle フィセル《細長い棒パン》. ~ long 棒パン(baguette, bâtard など). ~ moulé 型に入れて焼いたパン. ~ noir 黒パン.〖~〗parisien パン・パリジャン, パリ・パン《棒状の500 gr のパン》(= parisienne). ~ rond 丸パン. ~ viennois パン・ヴィエノワ, ヴィーン・パン《上質粉のミルクパン》. baguette〖de ~〗バゲット. ficelle フィセル《細い棒パン》.
この他に brioche「ブリオーシュ」, croissant「クロワッサン」など. gros ~ グロ・パン《目方売りの大型田舎パン》. petit ~ プチパン《小型の棒状パン：菓子パン》.
fabrication du ~ パン製造, 製パン. marchand(e) de ~ パン屋(人)(= boulanger(ère)). panier (corbeille) à ~ パン篭. pâte à ~ パン生地. prix du ~ パンの価格(ordonnance n°86-1243 du 1er décembre 1986 により, パンの価格は全面的に自由化された). affiche《prix du pain》obligatoire パン価格の表示義務(arrêté n°78-89 du 9 août 1978 により, パンの名称, 重量, 単価, kg 当りの価格の表示が義務づけられ, 1981年3月からはパン屋以外で販売される解凍品に対して《décongelé》の表示が義務づけられた). acheter (manger) du ~ パンを買う(食べる). cuir le ~ パンを焼く.
2《パンの食べ方》~ à l'ail ニンニク・パン. ~ biscoté ビスコット, ラスク(= biscotte). ~ grillé (rôti) 焼いたパン；トースト(= toast). ~ perdu パン・ペルデュ, フレンチ・トースト. ~ sandwich de ~ de mie 食パンのサンドウィッチ.

3 菓子パン；パン状の菓子. ~ au chocolat (aux raisins) チョコレート(レーズン)パン. ~ d'épice(s) パン・デピス《香辛料入り焼き菓子》. ~ de Gênes ジェノヴァパン》.
4〖料理〗パン状料理, パン仕立て(= ~ de cuisine). ~ d'épinards ほうれん草のパン仕立て. ~ de gibier (de crustacé de poisson, de viande, de volaille) 猟鳥獣(甲殻類, 魚, 肉, 鳥肉)のパン仕立て.
5〖カトリック〗(聖体の)パン. ~ à chanter ミサ用のパン. ~ d'autel (ミサ用の)聖体のパン. ~ des anges 天使のパン.
6〖比喩的〗食物, 生きる糧；生きる手だて. ~ de quotidien 日々の糧(マタイ 6, 11). enlever (ôter, retirer) à qn le ~ de la bouche パンの糊口の道を断つ. gagner son ~ à la sueur de son front 額に汗して生きる糧を手に入れる. manquer de ~ 食べる物に事欠く. L'espérance est le ~ des pauvre. 希望は貧しき者の生きるよすがだ.
7〖成句〗avoir du ~ sur la planche 食うに困らない. être bon comme du (bon) ~. とても親切である. manger son ~ blanc le premier 楽な(楽しい)ことから先に手をつける；目先の幸せを楽しむ. ôter (faire passer) le goût du ~ à qn 人を殺す；人に二度とやる気をなくさせる.〖話〗promettre plus de beurre que de ~ 果せもしない約束をする.〖話〗vendre comme des petits ~s 飛ぶように売れる. long comme un jour sans ~ うんざりするほど長い. pour une bouchée (un morceau) de ~ 二束三文で；ほとんどただで.〖話〗Ça ne mange pas de ~. ほとんど金を喰わない(金がかからない). Je ne mange pas de ce ~-là. そんなやり口(仕事)はまっぴらだ.
8〖比喩的〗型にはめた固形物. ~ de savon 固形石鹸. ~ de sel 塩の塊り.
9〖植〗arbre à ~ パンの木(= artocarpe, artocarpus). ~ de singes バオバブの実の果肉. ~ d'oiseau こばんそう.
10 ~ de sucre 砂糖の塊り；〖地形〗岩峰.

PAIO (= *p*ermanences *d'a*ccueil, *d'i*nformation et *d'o*rientation) *n.f.pl.*〖労働〗常時受付・情報・指導センター.

pair[1] *n.m.* **1**〖財政〗(金銭, 証券などについて) 同等のもの, 同類；平価, ペア；(有価証券の) 額面金額. ~ du change 為替平価. au ~[1] 額面通りの. titre au ~ 額面通りの有価証券. au-dessous du ~ 額面以下で. obligation émise au-dessous du ~ 額面以下で起債される債券.
2 (一般に *pl.*) 同等, 同輩. l'artiste et ses ~s 芸術家とその仲間. de ~ à compagnon 対等に. traiter qn de ~ à compagnon 人を対等に扱う.
3〖史〗(封建時代・旧王政下の) 重臣, 大貴族. (1814-48 年の) 貴族院議員；(英国の) 貴族院 (Chambre des lords) の議員. Chambre des ~s 貴族院. être nommé ~ de France

pair²(**e**¹)
フランス貴族院議員に任命される.
4 au ~² 無給の住込みで,食住付きの無給で. étudiante au ~ 無給住込みの女子学生. travailler au ~ 無給住込みで働く.

pair²(**e**¹) (impair の対) *a.* **1** 偶数の(impair「奇数の」の対). côté ~ d'une rue 通りの偶数番地側. jours ~s 偶数日. nombre ~ 偶数. numéro ~ 偶数番号.
2〖解剖〗(器官が)対をなす,ペアの(目,肺,腎臓など). organes ~s 対の器官.
3〖鉄道〗上りの(起点駅に向かう). train ~ 上り列車. voie ~e 上り線.
4〖数〗fonction ~e 偶函数.
—*n.m.* 偶数(=nombre ~). jouer ~ (ルーレットで)偶数にかける.

paire² *n.f.* **1** (対をなすものの)一組,ペア;(対称的な2部分からなる)1体. une ~ de chaussures 一足の靴. une ~ de ciseaux 鋏1丁. une ~ de gants 一組の手袋. une ~ de jambes 両脚. une ~ de lunettes 一組の眼鏡.〖トランプ〗une ~ de rois キングのワンペア.
2 (動物の)つがい;(同種の動物の)2頭. une ~ de pigeons 鳩の一つがい. atteler des chevaux en ~ 馬を横に並べてつなぐ.
3〖理〗対;〖解剖・生〗対. ~ d'électrons 電子対. ~ de nerfs 神経対.
4〖戯〗二人組,カップル. une ~ d'amis 2人の親友. une belle ~ d'escrocs 二人組の詐欺師. Les deux font la ~. 二人共似たりよったりの欠陥人間だ.
5〖俗〗se faire la ~ ずらかる;脱獄する.

paisible (<paix) *a.* **1** 穏やかな,温和な. animal ~ 温和な動物. caractère ~ 温和な性格. homme ~ 穏やかな人. idée ~ 穏やかな思想. vivre ~ 穏やかに暮す.
2 心安らかな,内面の安らぎのある. âme (cœur) ~ 安らかな心.
3 平穏無事な;〖法律〗平穏な.〖法律〗~ possesseur d'une terre 土地を平穏に占有する者.〖法律〗possession ~ 平穏な占有(暴力も脅迫もなく持続している占有状態). règne ~ 泰平の世.
4 安らかな,静かな. retraite ~ 安穏な引退生活. nuit ~ 夜のしじま. sommeil ~ 安らかな眠り,安眠. chercher un endroit ~ 静かな場所を探す. mener une vie ~ 静かに暮す.

paix *n.f.* 平和,和平;講和;講和条約 (=traité de ~). ~ armée 武装平和. ~ des braves 名誉ある停戦. en temps de ~ 平時.《La guerre et la ~》『戦争と平和』(Tolstoïの小説).〖カトリック〗la ~ de Dieu 神の平和.〖史〗la ~ romaine パックス・ロマーナ. ~ séparée 単独講和. ~ d'Utrecht ユトレヒトの和約(1713年).〖諺〗Si tu veux la ~, prépare la guerre. 和を求めるなら戦いに備えよ. construction de la ~ 平和構築. imposition de la ~ 平和執行(1990年代前半,国連の使命として平和維持にとどまら

ず,紛争を強制的に停止させる活動も付け加えるべきとの考えが採用されて生まれた概念. ソマリアへの介入失敗で事実上,放棄された). opération de maintien de la ~ des Nations unies 国連平和維持活動(=〖英〗PKO: *P*eace *K*eeping *O*perations). processus de ~ au Proche-Orient 中東の和平プロセス. négociation de ~ 和平交渉. traité de ~ 講和条約. Prix Nobel de la ~ ノーベル平和賞. signer la ~ 講和条約に調印する.
2 安寧,平穏,安らぎ,静けさ. vivre en ~ 仲良く暮らす,安らかに生きる. laisser *qn* en ~ …をそっとしておく. ~ publique 公安. la conscience en ~ (être en ~ avec sa conscience) 良心にやましいところがない. gardien de la ~ 巡査.

pak-choï [pak-ʃɔi] *n.m.*〖植〗パクチョイ,チンゲン菜(=chou chinois).

Pakistan(le) *n.pr.m.*〖国名通称〗パキスタン (公式名称: la République islamique du P~ パキスタン・イスラム共和国;国民: Pakistanais(e);首都: Islamabad イスラマバード;通貨: roupie pakistanaise [PKR]).

pakistanais(e) *a.* パキスタン(le Pakistan)の, パキスタン・イスラム共和国の(la République islamique du Pakistan)の; ~ 人. roupie ~e パキスタン・ルピー(通貨単位).
—P~ *n.* パキスタン人.

pak-tsaï [paktsai]〖中国〗*n.m.*〖野菜〗パクチョイ,体菜(たいさい),チンゲン菜.

PAL (=〖英〗*p*hase *a*lternating *l*ine) *n.m.*パル方式(カラーTV放送の送受信方式).

palabre *n.f.* **1** (アフリカの)村人の談合.
2〔多く *pl.*〕〖蔑〗だらだらした長談義,小田原評定.

palace〖英〗*n.m.* パレス(超デラックス国際ホテル). le Grand P~ グラン・パラス,グランド・パレス・ホテル.〖比喩的〗mener la vie de ~ 豪邸で暮らす,豪奢な暮らしをする.

palais¹ *n.m.* **1** (王侯の)宮殿;王宮;(貴族・司教などの)館(やかた);官邸,公館,公邸;大邸宅.〖仏史〗le ~ 王宮(=~ du roi de France);宮廷(=cour). ~ ducal 公国の王宮. ~ épiscopal 司教館. le P~ du Louvre ルーヴル宮. le P~-Bourbon ブールボン宮(現・フランス国民議会 l'Assemblée nationale の議事堂). le P~ du Luxembourg リュクサンブール宮(現・フランス元老院 le Sénat の議事堂). le P~ de l'Elysée エリゼー宮(現・フランス共和国大統領官邸). le P~ du Vatican ヴァチカン宮. le P~ Pitti à Florence フィレンツェのピッティ宮(現・ピッティ美術館). le P~ Royal (パリの)パレ=ロワイヤル(1633年建造;建物の一部に le Conseil d'Etat, le Conseil constitutionnel などが入っている).

2 大建造物, パレス. le *P~* des Congrès à Paris パリ国際会議場. le *P~* de Chaillot シャイヨ宮《1937年の万博会場・複合博物館》. ~ des expositions 展覧会場. ~ des sports スポーツ会館《室内競技場》. le Grand (Petit) *P~* à Paris パリのグラン・パレ(プチ・パレ)《1900年の万博会場；現・博物館・美術館》.
3〖法律〗*P~* 裁判所 (=*P~* de Justice)《特に控訴院・大審裁判所》；〖集合的〗(裁判所の) 司法関係者；司法活動 (実務). gens du (de) *P~* 法曹. horloge du *P~* 裁判所の時計〔塔〕. jours de *P~* 開廷日. style du *P~* 司法文体. termes du *P~* 司法 (裁判) 用語. usages du *P~* 司法慣習. se destiner au ~ 弁護士を志す.

palais² *n.m.* **1**〖解剖〗口蓋 (こうがい), 上顎. ~ dur；voûte (dôme) du ~ 硬口蓋. ~ mou 軟口蓋 (=voile du ~). faire claquer sa langue contre son ~ 舌を口蓋で鳴らす《口蓋音を出す》.
2 味覚, 舌. avoir le ~ fin 舌が洗練されている. flatter le ~ 舌を楽しませる.

Palais-Bourbon(le) *n.pr.* ブールボン宮《パリの旧ブールボン公爵夫人館；Girardini 設計；1722-28年；現フランス国民議会 l'Assemblée nationale の本拠》.

palangre *n.f.*〖漁〗底延縄 (そこはえなわ). ~ à thon 鮪漁用底延縄.

palangrier *n.m.*〖漁〗底延縄漁船.

palatin(e) (<palais) *a.*〖解剖〗口蓋の. os ~ 口蓋骨. voûte ~*e* 硬口蓋.
—*n.m.*〖解剖〗口蓋骨 (=os ~).

palatoschizis, palatoschisis *n.m.*〖医〗口蓋裂.

Palau *n.pr.pl.f.* パラオ諸島《ミクロネシアの西カロリン諸島中の群島》. la République de ~ (Belau；des Palaos) パラオ共和国《326の火山島・珊瑚礁から成る；首都 Koror (Babeloab 島に新首都を建設中)；形容詞 palauan (e), 公用語 palauan と英語；通貨米ドル》.

pâle *a.* **1** (顔色などが) 青ざめた, 蒼白な；血の気の無い；(人が) 顔の青白い. ~ comme la mort (un cadavre) 死人のように青ざめた.〖古〗~*s* couleurs 萎黄病 (=chlorose). ~*s* ombres 亡霊, お化け. peau très ~ 青白くすきる様な肌. teint ~ 青白い顔色. visage ~ 青ざめた (蒼白な) 顔. les Visages ~*s*《アメリカ・インディアンの言う》白人. Peaux-Rouges et Visages ~*s* インディアンと白人. devenir ~ sous ~ l'effet du froid 寒さで真青になる. être ~ de peur 恐怖で青ざめている.
2 (光が) かすかな；(色が) 薄い, 淡い. ~ arc-en-ciel 薄い虹. ~ étoile du soir 夕方の淡い星影. aube ~ 白みかけの曙光. bière ~ de couleur ~ 淡い色のビール, ペール・エール (pale-ale). dessin ~ かすかな筆致のデッサン. lumière ~ 淡い光.〖絵具〗jaune de cadmium ~ ジョーヌ・ド・カドミヨム・パール, カドミウム・イエロー・ペール《淡いカドミウム黄色》. rouge ~ 淡紅色. à la ~ clarté des lampes ランプのほのかな光の下で.
3〖比喩的〗生彩を欠く；〖話〗(人が) 影の薄い. ~ imitation つまらぬ模倣. ~ voyou 碌でなしのごろつき. style ~ 生彩を欠く文体.
4〖話〗弱い, 疲れやすい；病気の. avoir des jambes ~*s* 脚が弱い (疲れている).〖軍隊語〗se faire porter ~ 病欠届を出す；仮病を使う.

palefrenier(ère) *n.* 馬丁, 馬係.

Palen (=*P*rogramme d'*a*daptation à la *l*imitation des *e*ssais *n*ucléaires) *n.m.* 核実験制限対応計画《1991年 CEA 策定；核実験禁止条約に対応する核実験計画》.

paléo-〔キ〕ELEM「古」の意.

paléoanthropologie *n.f.* 古人類学.

paléobiogéographie *n.f.* 古生物地理学.

paléobotanique *n.f.* 古植物学.

paléocène *n.m.*〖地学〗古新世《古第三紀の第一・三半期》.

paléochrétien(ne) *a.* 初期キリスト教 (教徒) の《5, 6世紀頃まで》. art ~ 初期キリスト教芸術.

paléoclimat *n.m.* 古気候《地質時代の気候》.

paléoclimatologie *n.f.* 古気候学.

paléoécologie *n.f.* 古環境生態学.

paléoenvironnement *n.m.* 古環境.

paléogène *n.m.*〖地学〗古第三紀《第三紀の最古の三半期で nummulitique 貨幣石紀, éogène 始第三紀ともいう》.

paléogéographie *n.f.* 古地理学《地質時代の地理学》.

paléographie *n.f.* 古文書学.

paléohistologie *n.f.* (動植物の) 古組織学.

paléolithique *a.*〖考古〗旧石器時代の.
—*n.m.* 旧石器時代《~ époque の一》. ~ inférieur 前期旧石器時代《紀元前15万年頃まで》. ~ moyen 中期旧石器時代《紀元前4万年頃まで》. ~ supérieur 後期旧石器時代《紀元前9000年頃まで》.

paléomagnétisme *n.m.*〖地学〗古地磁気, 古地磁気学.

paléontologie *n.f.* 古生物学. ~ humaine 化石人類学.

paléo-océanographie *n.f.* 古海洋学.

paléorelief *n.m.*〖地学〗古地形.

paléosismologie *n.f.* 古 (考古, 先史) 地震学.

paléosol *n.m.*〖地質〗古土壌.

paléotempérature *n.f.* 古気温, 古温度《地球化学の分析などから得られる, 地質時代の気温や海洋温度》.

paléozoïque *n.m.* 〖地学〗古生代 (= ère primaire 第一紀).
—*a.* 古生代の. ère ~ 古生代.

paleron *n.m.* **1** 〖動〗肩の肉付. ~ d'un cheval 馬の肩の肉付.
2 〖食肉〗パルロン《牛・豚などの肩肉；macreuse》.

Palestine (la) *n.pr.f.* パレスチナ. l'Organisation de libération de la ~ パレスチナ解放戦線《略記 OLP；1964 年結成》. territoires autonomes de ~ パレスチナ自治領.

palestinien (ne) *a.* パレスチナ (Palestine) の；~ の住民の. Charte ~*ne* パレスチナ憲章. Conseil *n*ational ~ (CNP) パレスチナ全国評議会. Front de salut national ~ パレスチナ救国戦線《略記 FSNP；1985 結成》. Front *n*ational ~ (FNP) パレスチナ国民戦線.
—P~ *n.* パレスチナ人.

palestinisation *n.f.* パレスチナ化.

palestino-israélien (ne) *a.* パレスチナ=イスラエルの. accords ~*s* パレスチナ=イスラエル協定.

palette *n.f.* **1** こて, へら. ~ d'une baratte 撹拌機のへら. ~ d'un frein de bicyclette 自転車のブレーキ板.
2 〖美術〗パレット；(特定の画家の) 色調. couteau à ~ パレット・ナイフ. artiste qui a une riche ~ 豊かな色調をもつ画家. faire sa ~ パレットに絵具を置く.
3 〖機械〗(羽根車・回転ポンプの) 羽根；(外輪船の) 水かき (= ~ de bateau)；(水車の) 水受板 (= ~ de moulin). ~ d'agitateur 撹拌翼.
4 荷役用パレット (= ~ de chargement). ~ à simple face 片面パレット. manutention des ~*s* par chariots à fourche フォークリフトによるパレットの運搬. 〖同格〗caisse-~ パレット・ケース.
5 〖機工〗つめ. ~ d'entrée (de sortie) 入り (出) づめ.
6 〖食肉〗肩肉《肩甲骨周辺の肉》. ~ de porc (de mouton) 豚 (羊) の肩肉.
7 〖電算〗~ de fonctions 機能表示液晶画面. ~ graphique グラフィック・パレット.
8 〔比喩的〕選択肢；表現力のひろがり. ~ de destinations 行先の選択肢. une riche ~ expressive 多様な表現力.

palettiste *n.* 〖情報〗グラフィック・パレット (グラフィック・ボード) 操作専門家.

palétuvier *n.m.* 〖植〗マングローブ (= manglier, 〖英〗mangrove).

pâleur *n.f.* **1** (皮膚・顔色などの) 青白さ, 血の気のなさ. ~ cireuse 蠟のような青白さ. ~ dûe à une anémine 貧血による青白さ. ~ liée au froid (à une émotion) 寒さ (情動) に起因する血の気のなさ.
2 (光の) 弱さ；(色の) 薄さ. ~ du ciel 薄い青空. ~ des fleurs 花の淡い色. ~ du soleil couchant 夕日の淡さ.
3 (表現などの) 生彩のなさ. ~ des expressions 表現の生彩のなさ. ~ du style 文体の平凡さ.

palier *n.m.* **1** (階段の) 踊り場. ~ de communication 共用踊り場. ~ de repos 中間踊り場. voisins de ~ 同じ階段の踊り場を利用する隣人. habiter sur le même ~ 同じ階に住んでいる.
2 (線路・道路・曲線などの) 水平部. train qui fait cent kilomètres à l'heure en ~ 平坦地で時速 100 km を出す列車. 〖航空〗vol en ~ 水平飛行.
3 〔比喩的〕横ばい, 一時的安定. ~ dans la hausse des prix 物価上昇の横ばい状態. atteindre un ~ 一時的安定状態に達する.
4 階段. par ~*s* 段階的に；徐々に. dégradation par ~*s* 段階的悪化 (荒廃).
5 〖機工〗軸受. ~ à billes ボールベアリング, 玉軸受. ~ à grande vitesse 高速軸受. ~ à roulement ころ軸受. ~ d'essieu 車軸軸受. ~ d'un moteur d'auto 自動車エンジンの軸受. ~ graisseur 自動注油軸受. ~ principal 主軸受.

Palika (= *P*arti de *li*bération *ka*naque) *n.m.* カナク解放党《ヌーヴェル=カレドニーla Nouvelle-Calédonie の独立派政党；1975 年創設》.

palilalie *n.f.* 〖医〗同語反復〔症〕, 反復言語〔症〕.

palissade *n.f.* **1** (杭・板などによる) 囲い柵, フェンス；(城の) 防御柵. ~ d'un jardin 庭園のフェンス. ~ en planches 板囲い.
2 生垣. ~ d'aubépines 西洋山査子の生垣. arbres en ~ 生垣の木. tailler des arbres en ~ 生垣の木を刈り込む.

palissadique *a.* 〖生〗柵状の. cellules ~*s* 柵状細胞. parenchyme ~ (葉の) 柵状組織.

palissandre 〔ギアナ〕*n.m.* 紫檀 (したん)；紫檀材.

palladium [paladjɔm] *n.m.* **1** 〖化〗パラジウム《元素記号 Pd, 原子番号 46, 原子量 106.4；白金属元素の一つ》.
2 〖鉱〗パラジウム《密度 11.92, 融点 1552℃, 沸点 2900℃の, 固い白色金属》.

palladure *n.m.* 〖化〗パラジウム化合物.

palliatif (ve) *a.* **1** 〖医〗(医薬品や治療が) 一時しのぎの；緩和させる, 軽減させる. 〖薬〗remède ~ 緩和剤. 〖医〗soins ~*s* 一時しのぎの看護. (特に) (癌患者などの) 緩和療法, 待期療法, パリアティヴ・ケア (= 〖英〗palliative).
2 〔比喩的〕一時しのぎの；姑息な；弁解的な.
—*n.m.* **1** 〖薬〗緩和剤. **2** 一時しのぎの姑息な手段；弁解, 言いわけ. ~ du chômage 一時しのぎの失業対策.

pallidal (ale) (*pl.* **aux**) *a.* 〖解剖〗淡蒼球 (pallidum) の. 〖医〗syndrome ~ 淡蒼球症

候群.

pallidectomie n.f. 〖医〗淡蒼球破壊術《パーキンソン病や片側バリスムなどの治療術》.

pallidum [-dɔm] n.m. 〖解剖〗(脳の)淡蒼球(=globus pallidus).

palmacées n.f.pl. 〖植〗椰子科;椰子科植物《palmier など 235 属 4000 種》.

palmaire a. 〖解剖〗掌の, 手のひら. abduction ~ 掌側内転. arcade ~ 掌動脈弓. muscle ~ 掌筋.

palmarès [-rɛs][ラ]n.m. **1** 受賞者名簿. ~ d'un concours コンクールの受賞者名簿. figurer au ~ 受賞者名簿に載る. **2** 〖スポーツ〗(個人・チームの)勝利記録. **3** 〖音楽〗ヒットパレード(〖英〗hit-parade の公用推奨語). **4** 〖広義〗評価順位表. ~ des hôpitaux (des universités) 病院(大学)の評価順位表.

palme n.f. **1** 棕櫚, 椰子. huile de ~ 椰子油, パーム油. vin de ~ 椰子酒. **2** 棕櫚(椰子)の葉(枝)《勝利・栄誉の象徴》. ~ du martyre 殉教者の栄冠(栄光). remporter la ~ 勝利の冠をかちとる.〖カトリック〗dimanche des ~s 棕櫚の主日(= dimanche des Rameaux「枝の主日」). **3** 棕櫚の葉記章《軍功章のリボンにつける記章》;〖pl. で〗教育功労勲章(= ~s académiques). **4** 〖建築〗棕櫚の葉模様. **5** 〖潜水具〗フィン, 足びれ(=nageoire en caoutchouc).

palmette n.f. **1** 〖建築〗パルメット, 椰子の葉模様. **2** 〖園芸〗(果樹栽培の)椰子の葉仕立て. poiriers en ~ 椰子の葉仕立ての洋梨.

palmier n.m. **1** 〖植〗椰子;椰子科植物(=palmacées:arec, chamærops, cocotier, dattier, doum, kentia, latanier, palmiste, phœnix, raphia, sagoutier, tallipot など). ~ à huile あぶらやし. ~ à sucre パルミラやし. ~〖-〗dattier 棗椰子(なつめやし). cœur de ~ 椰子の若芽の芯(=choux palmiste;arec アレック属の椰子の若芽の芯;食用). plantation de ~s palmiste パルミスト椰子園. **2** 〖菓子〗パルミエ《折りこみパイ生地でつくる棕櫚の葉形の菓子》.

palmier-dattier (pl. **~s-~s**) n.m. 〖植〗棗椰子(なつめやし)《実は datte, 学名 Phœnix dactylifera》.

palmipède a. (動物特に鳥が)水かきのある.
—n.m. 水かきのある鳥《鴨, あひるなど》;〖pl. で〗游禽類.

palmiste n.m. **1** 〖植〗パルミスト《檳榔樹(びんろうじゅ), モルディヴ椰子などのアレック属(=arec), 油椰子(=palmier à huile)》. chou ~ シュー・パルミスト《パルミストの若芽の芯. =cœur de palmier, 食

用》. **2** 檳榔子(びんろう)《檳榔樹の種子;椰子油 huile de palme が採れる》. **3** 〖動〗rat ~ あらげじりす(=xérus).

palmitate n.m. 〖化〗パルミチン酸塩.

palmite n.m. 〖食物〗パルミット《椰子の木の髄;俗に cœur de palmier 椰子の(若菜)》の芯).

palmitine n.f. 〖化〗パルミチン.

palmitique a. 〖化〗acide ~ パルミチン酸.

palois(e) a. 〖地名〗ポー(Pau)の.
——P~ n. ポーの住民, ポー市民.

palombe n.f. 〖鳥〗パロンブ《西南フランスの森鳩 pigeon ramier の一種;ピレネー山脈越えの渡鳥;食用として珍重される》.

palombière n.f. 〖狩〗パロンブ鳩捕獲網.

palourde n.f. 〖貝〗パルールド《大西洋岸や英仏海岸に多く棲息するあさり, はまぐりに似た 2 枚貝;地中海岸のものは clovisse「クローヴィス」と呼ばれる;plateau de fruits de mer「海の幸の盛皿料理」などで生食されることが多い;学名 Tapes descussatus》. 〖料理〗~s farcies パルールドの詰物料理. fausse (vraie) ~ 贋(真正)パルールド.

palpation n.f. 〖医〗触診.

palpébral(ale) a. 〖解剖〗眼瞼の. réflexe ~ 眼瞼反射. 〖医〗xanthome ~ 眼瞼黄色板症.

palpitation n.f. **1** 〖pl. で〗〖医〗動悸(どうき), 心悸亢進. avoir des ~s 動悸がする (=palpiter). **2** ぴくぴく動くこと, 痙攣. ~ des paupières (des ailes du nez) まぶた(鼻孔)の痙攣. **3** 〖比喩的〗脈動, ときめき;ゆらめき. ~ de l'âme 胸のときめき. ~ des étoiles 星のまたたき.

palplanche n.f. **1** 〖坑道の〗矢板. **2** 〖土木〗(水中・湿地工事の)シートパイル.

PALT (=*p*opulation *a*ctive au *l*ieu de *t*ravail) n.f. 〖労働・統計〗就労地労働(力)人口.

palud [paly(d)]**, palude, palus** [paly][ラ]n.m. **1** (ボルドー付近のガロンヌ川沖積地;干拓地. **2** 〖古〗沼, 沼地(=marais).

paludéen(ne) a. **1** 〖医〗マラリア(paludisme)の(=paludique);マラリアに罹った. accès ~ マラリアの発作. cirrhose ~ne マラリア性肝硬変. malade ~ マラリア患者. **2** 沼地(marais)の, 沼沢の(palustre). plante ~ 沼沢植物.
—〖医〗マラリア患者.

paludier(ère) n. 製塩職人;塩田労働者. ~s de Guérande 《ブルターニュ地方の》ゲランドの製塩職人.

paludisme *n.m.* 〖医〗マラリア (=malaria). ~ à Plasmodium falciparum 熱帯熱マラリア.

PALULOS (=*p*rime à *l'a*mélioration des *l*ogements à *u*sage *l*ocatif et à *o*ccupation *s*ociale) *n.f.* 社会福祉的賃貸住宅改善補助金.

palynologie *n.f.* 〖植〗花粉学;〖地学〗化石花粉学, 古花粉学 (=paléopalynologie).

PAM[1] (=*P*rogramme *a*limentaire *m*ondial) *n.m.* (国連の) 世界食糧計画 (=〖英〗WFP:*W*orld *F*ood *P*rogram).

PAM[2] (=〖英〗*p*ulse *a*mplitude *m*odulation) *n.f.* 〖電気通信〗パルス振幅変調 (=〖仏〗MIA:*m*odulation *d'i*mpulsions en *a*mplitude).

pamplemousse (<〖オランダ〗pompelmoes「大きなレモン」の意) *n.f.* 〖植〗パンプルムース, グレープフルーツ (pamplemoussier の果実). jus de ~ グレープフルーツ・ジュース.

PAN[1] (=le *P*anama) *n.m.* パナマ〔国名略記〕.

PAN[2] (=*p*éroxy-*a*cétyl-*n*itrates) *n.m.pl.* 〖化〗ペロキシ・アセチル・ニトラート, 過酸化アセチル硝酸塩〔有機イオンと二酸化窒素の化合物. 光化学スモッグの主要原因物質の一つ;毒性の強い環境汚染物質〕.

PAN[3] (=*p*oly*a*cryloni*n*itrile) *n.m.* 〖化〗ポリアクリロニトリル〔アクリル系合成繊維の原料;商品名オーロン, アクラリン, カネカロン, エクスラン, カシミロン, ボンネルなどのアクリル系合成繊維の素材〕.

PAN[4] (=*p*orte-*a*vions〔à propulsion〕*n*ucléaire) *n.m.* 原子力〔推進〕空母.

panacée *n.f.* **1** 万病薬 (=~ universelle). **2** 〖比喩的〗(精神的・社会的問題を解決する) 万能薬. 《Il n'y a pas de ~ sociale.》「社会問題を解決する万能薬はない」(Gambetta のことば).

panachage *n.m.* **1** 混ぜ合わせ, 混合. ~ de couleurs 色の混合. **2** 〖政治〗パナシャージュ (異なった政党に属する候補者に投票可能な連記投票制度). ~ d'une liste électorale 選挙リストのパナシャージュ (=~ électoral).

panache *n.m.* **1** (帽子の)羽根飾り. **2** (鳥の頭の上の) 飾り羽根, 冠羽 (かんう). **3** 羽根飾り風のもの. queue en ~ de l'écureuil リスの飾り羽風の尾. **4** 〖比喩的〗威風;華々しさ. politique de ~ 威信のある政治. avoir du ~ 威風堂々としている. **5** 〖比喩的〗faire〔un〕~ 前のめりに転落する;前倒しにひっくりかえる. **6** 〖建築〗(柱頭の) 孔雀の羽根模様;(ヴォールト voûte の要石の) 辻飾り;(教会常用ランプの) 上部.

panaché(e) *a.p.* **1** (花などが) 斑入りの, まだらの. camélia ~ 斑入りの椿の花. **2** 混ぜ合わせた. demi-~ ドゥミ・パナシェ (ビールをレモネードで割った飲料) (=~). fruits ~s 果物の盛り合わせ. salade ~e ミックスサラダ. style ~ 混淆様式.
—*n.m.* パナシェ (=demi-~).

panafricanisme [panafrikanism] *n.m.* 〖政治〗汎アフリカ主義, アフリカ民族統一主義.

panaire *a.* パンの;パン製造の. fermentation ~ パン酸酵.

Panamá(le) *n.pr.m.* 〔国名通称〕パナマ (公式名称:la République de *P*~ パナマ共和国;国民:Panaméen (ne);首都:Panamá (~); 通貨:balboa [PAB]).

panaméen(ne) *a.* パナマ (le Panama) の, パナマ共和国 (la République de Panama) の;~ 人の.
—*P~ n.* パナマ人.

panaméricain(e) *a.* **1** 全アメリカ大陸の. congrès ~ 全アメリカ大陸会議. route ~*e* パンアメリカン・ハイウェー. **2** 汎アメリカ主義の.

panaméricanisme *n.m.* 〖政治〗汎アメリカ主義, 汎米主義.

panarabe *a.* **1** 汎アラブの, アラブ諸国全体の. **2** 汎アラブ主義の.

panarabisme *n.m.* 〖政治〗汎アラブ主義 (アラブ諸国団結運動).

panaris [panari] *n.m.* 〖医〗瘭疽 (ひょうそ). ~ profond 皮下瘭疽. ~ superficiel 皮内瘭疽.

pan-bagnat (*pl.* ~*s*-~*s*) *n.m.* パン・バニャ (プロヴァンス語;ニース風サラダをはさんだ丸型サンドイッチ).

pancarte *n.f.* **1** 掲示, 掲示板, 標識. ~ à la vitrine d'un magasin 店のショーウィンドーの掲示. ~ d'une gare 駅の標識. ~ indiquant l'entrée d'un cinéma 映画館の入口を示す標識. **2** ポスター (=affiche). **3** プラカード (=placard). porter une ~ dans une manifestation デモ隊の中でプラカードを掲げる. **4** 〔古〕文書;料金表.

panchen-lama [panʃɛnlama] (*pl.* ~-~*s*) *n.m.* 〔チベット〕パンチェン=ラマ (ダライ・ラマの次の位の高僧).

panchromatique *a.* 〖写真〗全整色性の, パンクロの. pellicule ~ パンクロフィルム.

pancréas [pɑ̃kreɑs] *n.m.* 〖解剖・医〗膵臓. ~ accessoire 副膵, 迷入膵. carcinome du ~ 膵癌.

pancréatectomie *n.f.* 〖医〗膵臓切除〔術〕.

pancréatique *a.* 〖解剖・医〗膵臓の;膵臓による. canal ~ 膵管. insuffisance ~ 膵機能不全. nécrose ~ 膵壊死. suc ~ 膵

pancréatite n.f. 〖医〗膵炎. ~ aiguë 急性膵炎. ~ chronique 慢性膵炎. ~ post opératoire 術後膵炎.
pancréatojéjunostomie n.f. 〖医〗膵空腸吻合術.
panda [ネパール] n.m. 〖動〗パンダ. ~ géant ジャイアント・パンダ, パンダ. ~ lesser レッサー・パンダ.
pandémie n.f. 〖医〗(伝染病の)汎流行《大陸全体もしくは全世界にひろがる流行》. ~ de peste ペストの汎流行.
pandémique a. 〖医〗(疾病が)汎流行性の; 広域流行性の, 広範囲感染性の. maladie ~ 汎流行性疾病 (=pandémie). sida ~ 汎流行性疾患であるエイズ. vaccin ~ パンデミック・ワクチン《汎流行性疾患対策ワクチン》.
Pandore n.pr.f. **1** 〖ギ神話〗パンドラ《火の利用を知った人類を罰するためゼウスがこの世にもたらした最初の女性》. boîte de ~ パンドラの箱《ゼウスが与えた箱; 「すべての贈り物」の意》;〖比喩的〗諸悪の根源. ouvrir la boîte de ~ パンドラの箱を開ける《諸悪が流出して世に広がり, 底に希望だけが残った》;〖比喩的〗害毒・災難を世にひろめる.
panel [英] n.m. **1** パネル, 専門委員会. Intergovernmental P ~ on climate change (IPCC) 気候変動に関する政府間機構《パネル》(=〖仏〗P ~ intergouvernemental sur le changement climatique: PICC) **2** 〖統計〗パネル調査; パネル調査の対象群.
panéliste n. (討論会などの)パネリスト.
paneuropéen(ne) a. ヨーロッパ統合の(に関する); 汎ヨーロッパの. conférence ~ ne ヨーロッパ統合会議.
PANI (=phénomène aérospatial non identifié) n.m. 未確認航空宇宙現象《未確認飛行物体 OVNI, UFO の代りに, 1980 年以降用いられるようになった用語》.
panier n.m. **1** 籠; 笊(ざる); バスケット. ~ à bouteilles 瓶の運搬用籠. ~ à provisions (食料・日用品の)買物籠. ~ à ouvrage 裁縫(手芸)籠. ~ à salade 生野菜の水切り笊;〖話〗囚人(容疑者)護送車 (=voiture cellulaire). ~ percé 浪費家. **2** 籠の中身; 一籠分の量. un ~ de fraises 苺一籠.〖話〗~ de la ménagère 買い置きの食糧;(家計の)日常経費;(特に)食費. dessus du ~ (籠の上に盛られた果物→)最上質のもの. **3** 〖バスケットボール〗バスケット; バスケットに入った得点. balle au ~ バスケットボール. marquer (réussir) un ~ シュートを決める. **4** 〖建築〗花籠飾り. **5** 〖建築〗arc en anse de ~ 楕円アーチ. **6** 〖魚〗捕獲籠, 筌(うえ)(=nasse). ~ de crabes 蟹採り籠.

7 〖服〗パニエ《腰枠付ペチコート》;〖俗〗腰, 尻.
panifiable a. パンになる, 製パンに利用可能な. céréale ~ 製パン用穀物.
panification n.f. 製パン. ~ artisanale 職人による製パン. ~ industrielle 工場式製パン.
panini [伊] n.m. パニーニ, イタリヤ風サンドウィッチ.
paniquant(e) (<paniquer, panique) a. パニックをひき起こす. nouvelle ~ パニックをひき起こすニュース.
paniquard(e) n. 〖話〗〖蔑〗パニック状態になりやすい (=panicard(e)).
panique (<〖ギ神話〗Pan) a. (恐怖・危険などが)突然の, いわれのない; パニックの. peur (terreur) ~ 恐慌, パニック. trouble ~ 狼狽.
　──n.f. 恐慌, パニック. attaque de ~ パニックの発作. être pris de ~ 恐慌をきたす.
paniqué(e) a.p. パニックに陥った, 恐慌状態の, 恐慌をきたした. passagers ~s パニック状態の乗客. Il est complètement ~. 彼は完全にパニックに陥っている.
panislamisme n.m. 汎イスラム主義, 汎イスラム体制.
Pan-Mun-Jom, Panmunjom 〖朝鮮〗n.pr. 〖地名〗パンムンジョム, 板門店(はんもんてん). la zone démilitarisée à ~ 板門店非武装地帯《ソウルの北 60 km, 平壤の南 215 km の軍事境界線上に位置する直径約 800 m の区域》.
panne n.f. **1** 一時的作動停止, 故障. ~ d'automobile 自動車の故障. ~ d'électricité. ~ de courant 停電. ~ sèche; ~ d'essence ガソリン切れ. avoir une ~ ; tomber en ~ 故障する. être en ~ 故障している;〖比喩的〗言葉に詰まる; 継続不能に陥る, ストップしている.〖話〗être en ~ de qch 何かが欠けている. **2** 〖海〗帆; 帆の停船位置; 停船. mettre un bateau en ~ 帆の操作で船を停める. **3** 〖劇〗端役.
panneau(pl.~x) n.m. **1** 〖建築・家具〗壁板, 壁面, 鏡板, 羽目板; パネル, 合板, ボード. ~ de boiserie 板張り用羽目板. ~ de fer 鉄製の透かし壁板. ~ de glace 鏡面板. ~ d'un mur 壁板, 壁用パネル, パネル壁. ~ d'une porte 扉板;〖自動車〗ドアの外板 (= ~ portière). ~ de verrière ステンドグラスのパネル. ~ dur ハードボード. meubles à ~x 板張り家具. **2** 〖工〗盤, パネル, ボード. ~ chauffant 放熱パネル; パネル暖房. ~ de commande 制御(操縦, 計器)盤. ~ de contrôle 制御盤; コントロール・パネル. ~ solaire 太陽電池パネル. **3** 表示板, 標識板; 看板 (= ~ d'enseigne). ~ de signalisation 道路標識〔板〕(= ~ indicateur). ~x électraux 選挙公示板. ~

publicitaire 広告看板.
4〖美術〗パネル, 画板；パネル画；〖写真〗パネル版《約10×20 cm》. peinture sur ~x パネル画.
5〖建築〗(切り石の) 面；(切り石用の) 型板 (= ~ flexible). ~ de joint せり石間の接面.
6〖海〗ハッチカバー(= ~ de cale, ~ d'écoutille)；ハッチ, 艙口；(潜水艦の) 昇降口.
7〖服〗パネル. ~x d'une jupe スカートのパネル.
8〖狩〗張網 (filet)；罠 (piège). donner (tomber) dans le ~ 罠にかかる.〔比喩的〕tendre un ~ à qn 人を罠にかける.
9〖古〗鞍敷 (=coussinet de selle).

panneau-réclame (pl. ~x-~〔s〕) n.m. 広告掲示板, 看板(=panneau publicitaire).

pannicule n.m. **1**〖解剖〗~ adipeux 皮下脂肪層. **2**〖病理〗角膜上の膜状こぶ.

panniculite n.f.〖医〗脂肪組織炎；(特に) 皮下脂肪組織炎.

panonceau (pl.~x) n.m. **1** 盾形の標識 (紋章). ~ d'un commissaire-priseur (huissier, notaire) 競売吏 (執達吏, 公証人) の戸口の盾形標識.
2〔一般に〕商店の看板 (=enseigne)；(ホテル・レストランなどの) 推薦標識；等級標識. ~ d'un hôtel recommandé par une association touristique 観光協会による推薦ホテルの標識.
3 案内板, 標識.

panophtalmie n.f.〖医〗全眼球炎 (眼球全体の化膿性炎症).

panoplie n.f. **1** 武具一式, 武具のコレクションを揃えた盾形装飾 (=armes de ~).
2 (子供の) 扮装セット. ~ de cowboy カウボーイの扮装セット.
3〖話〗(日曜大工などの) 七つ道具.
4 (薬などの) 一式. ~ des antibiotiques 抗生物質の一式.
5 (国などの) 一連の行動手段；〖軍〗装備一式. ~ nucléaire française フランスの核軍備. toute une ~ de sanction 一連の報復措置.

panorama〔英〕n.m. **1** パノラマ〔画〕；パノラマ館. ~ de Paris パリのパノラマ画. le passage des P~s à Paris パリのパノラマ・アーケード.
2 見晴らし, 開けた展望. ~ qui s'étend jusqu'aux Alpes アルプスまでひろがる眺望.
3〔比喩的〕展望, 概観. ~ de la littérature contemporaine 現代文学概観.

panoramique a. **1** パノラマの；パノラマのような；見晴らしのよい, 展望のきく. car ~ 展望車.〖軍〗croquis ~ 作戦展望図.〖映画〗écran ~ シネマスクリーン.〖歯科〗radiographie ~ 全歯列 X 線撮影

〖術〗. restaurant ~ 展望レストラン. vue ~ 見晴らし, 展望；〖パノラマ写真；〖比喩的〗展望, 概観.
2 景観を示す. papier ~ 景色を描いた壁紙.
—— n.m.〖映画〗パノラミック撮影, パノラマ撮影.
—— n.f.〖歯科〗全歯列 X 線撮影〔術〕.

pansement n.m. **1** (傷, 負傷者の) 手当て；包帯をすること. ~ des blessés 負傷者の手当て.
2 手当用品 (bande 包帯, charpie 繃帯, compresse 圧定布, coton 脱脂綿, gaze ガーゼなど)；(特に) 包帯, ガーゼ. ~ adhésif 接着絆, 絆創膏 (=sparadrap). ~ antiseptique (aseptique) 無菌包帯. ~ au collodion コロジオン膜帯, 液体絆創膏. boîte à ~s 救急箱. mettre (changer) ~ 包帯をする (変える).
3〖薬〗保護剤. ~ gastrique 胃の粘膜保護剤.

panseuse n.f.〖医〗外科手術補助看護婦 (女性看護師).

pantalon n.m. **1** 〖時に pl.〗長ズボン, スラックス, パンタロン. ~ bleu ジーンズ (=blue-jean, jean). ~ collant タイツ；ズボン下 (=caleçon). ~ de golf ゴルフズボン. ~ de ski スキーズボン. ~ de toile bleue ブルージーンズ (bleu-jean). ~ (jean). bretelles (ceinture) de ~ ズボン吊り (ベルト). être en ~ パンタロン姿である. mettre (enfiler) son ~ パンタロン (ズボン) をはく. porter un ~ large (serré) ゆったりした (ぴったりした) パンタロンをはいている.
2〖古〗〔多く pl.〕ズロース.
3〖演劇〗(戸, 窓などを通してみえる) 背景.

panthéisme n.m. **1**〖哲〗汎神論. **2** 自然の神格化.

panthéon〔ラ〕n.m. **1** (古代の) パンテオン, 万神殿. le P~ d'Agrippa de Rome ローマのアグリッパのパンテオン (紀元前 27 年建立).
2 パンテオン (一国の偉人を合祀する霊廟). le P~〔de Paris〕パリのパンテオン (1764-90 年；第三共和政下 Victor Hugo の国葬を機にフランスの偉人たちの霊廟となった).
3 (神話・多神教の) 神々.
4 偉人たち. le ~ littéraire 文学の偉人たち.

panthéonisation (< panthéon；Panthéon) n.f. 遺骸をフランスの偉人を合祀するパンテオンに埋葬すること.

panthère n.f. **1**〖動〗豹, パンサー. ~ d'Afrique アフリカ豹, レオパード (=léopard). ~ des neiges 雪豹 (=once). ~ noire 黒豹.
2 豹の毛皮. manteau de ~ 豹のコート.
3〖俗〗激しい気性の女. ma ~ うちの山の

神.
4〘植〙amanite ~ てんぐだけ《毒茸》.

pantographe *n.m.* **1**〔鉄道〕(電車, 電気機関車の)パンタグラフ. **2** (製図の)縮図器.

pantomime *n.f.* **1** パントミーム, パントマイム；無言劇；(パントマイム役者の)所作. danse-~ パントマイム＝ダンス. jouer une ~ マントマイムを演じる.
2〔蔑〕大袈裟な身振り, 気取った態度.
——*n.m.*〘稀〙パントマイム役者(=mime).

pantone〔商標〕*a.*〘印刷〙パントン方式の《印刷インクを特定するための色彩システム》. couverture en couleurs ~*s* パントン方式の色刷り表紙.

pantoprazole *n.m.*〘薬〙パントプラゾール《胃・十二指腸潰瘍治療薬；薬剤製品名 Inipomp (*n.m.*), Eupantol (*n.m.*) など》.

pantothénique *a.*〘生化〙acide ~ パントテン酸《ビタミンB$_5$》.

pantoufle *n.f.* **1** スリッパ, 部屋履き. en ~*s* スリッパを履いて. mettre ses ~*s* ; se mettre en ~*s* ; chausser ses ~*s* スリッパを履く. passer sa vie dans ses ~*s* 自宅でのんびり暮す.
2〔話・古〕間抜け, へまな奴. raisonner comme une ~ 馬鹿馬鹿しい理屈をこねる.
3〘学生隠語〙誓約金《公務員養成のグランド・ゼコールの卒業生が官庁をやめて私企業に就職する時に支払う》；〔比喩的〕(公務員の)天下りポスト.

PAO (=*p*ublication *a*ssistée par *o*rdinateur) *n.f.* コンピュータ援用出版(=édition électronique, micro-édition；=[英]DTP : *d*esktop *p*ublishing).

Paoding ⇨ **Baoding**
Paofou ⇨ **Baofou**
PAP[1] (=*p*rêts à l'*a*ccession à la *p*ropriété) *n.m.pl.* 住宅取得貸付金.
PAP[2] (=*p*rojet d'*a*ugmentation des *p*récipitations) *n.m.* (世界気象機関OMM, WMOの)降水量増加プロジェクト.
Pap[1] (=*p*oisson *a*utopropulsé) *n.m.*〘軍〙自走式機雷処理装置.
Pap[2] (=*p*rêt à *p*hotographier) *n.m.*〘写真〙使い捨てカメラ.

papaïne *n.f.*〘生化〙パパイン《パパイヤの果実の乳液に含まれる酵素》.

pap*al* (*ale*) (*pl.* **aux**) (<pape) *a.* 教皇の (=pontifical). bulle ~ *ale* 教皇大勅書. croix ~ *ale* 教皇の十字架. terres ~ *ales* 教皇領.

paparazzi〔伊〕*n.m.* パパラッツィ《F. Felliniの映画の登場人物；強引で執拗な取材をするカメラマン》.

papauté *n.f.* **1** 教皇(pape)の地位；教皇の在任期間. accéder à la ~ 教皇位に就く. pendant la ~ de Jean XXIII ヨハネ23世の教皇在任期間に.
2 教皇権；教皇庁(=le Saint-Siège；le Vatican).

papavérine *n.f.*〘化〙パパヴェリン《阿片に含まれるアルカロイドの一種；鎮痙・麻酔作用がある；平滑筋弛緩薬》.

papaye [papaj] *n.f.* パパイア(papayer)の実. ~ verte 青パパイア.

papayer [papaje] *n.m.*〘植〙パパイアの木.

pape *n.m.* **1** (ローマ・カトリック教会の)教皇. chaire du ~ 教皇座(=Saint-Siège). dignité de ~ 教皇位. le Palais des ~*s* à Avignon アヴィニョンの教皇庁. Sa Sainteté ~ 教皇猊下. Votre Saint-~ 教皇猊下《呼びかけの尊称》.
2〔比喩的〕絶対的権力者, 大御所. ~ d'un parti 政党の大御所.

paperasse *n.f.* **1**〔多く *pl.*〕無用の書類. ~*s* administratives 無駄としか思われない役所の書類.
2 文書の濫用(=excès de la ~).

papesse *n.f.* **1**〔史〕女教皇. la ~ Jeanne (Jeanne la ~) 女教皇ジャンヌ《855年から857年まで教皇位に就いたとされる伝説上の人物》.
2〔比喩的〕女性の権力者, 女帝. la ~ de la psychanalyse 精神分析界の女傑.

papeterie [papt-, papɛt-] *n.f.* **1** 製紙；製紙業.
2 製紙工場(=usine de ~).
3 紙販売業；文房具店, 文具店. librairie-~ 書籍文具店.

papetier (ère) *n.* **1** 製紙業者(=industriel ~) ; 紙商(=marchand ~).
2 文房具商. ~ -libraire 文房具店兼書店. acheter des cahiers chez un ~ 文房具店でノートを買う.
——*a.* **1** 製紙の. industrie ~ *ère* 製紙業.
2 文房具を扱う. marchand ~ 文房具商.

papier *n.m.* **1** 紙, パピエ, ペーパー, 用紙. ~ à cigarettes 煙草の巻紙. ~ à dessin 画用紙. ~ à la main (à la machine) 手漉紙 (機械製紙). ~ à lettres 便箋. ~ à musique 楽譜用紙. ~ [à] réaction 試験紙. ~ bible 聖書用紙；インディアンペーパー. ~ blanc (de couleur) 白紙 (色付紙). ~ bouffant (出版物用の)特漉紙. ~ calque トレーシングペーパー. ~ carbone カーボン紙. ~ cristal グラシンペーパー.〔俗〕~ cul トイレットペーパー《略記 PQ [peky]》(= ~ de cabinet ; ~ [de] toilette). ~ de chiffon ラグペーパー《古布を原料とした良質紙》. ~ [d'] écolier 小学生の学習(宿題)用紙. ~ d'emballage 包装用紙. ~ d'émeri 紙やすり (= ~ de verre). ~ d'impression 印刷用紙. ~ de journal 新聞用紙. ~ de paille 藁紙, 藁半紙. ~ de sûreté 銀行券(紙幣)用紙. ~ (du) Japon 局紙.〔電算〕~ numérique デジタル・ペーパー(= ~ digital). ~ épais 厚紙. ~ fabriqué de vieux ~*s* 古紙. ~-filtre 紙フィルター. ~ glacé (lisse) 艶のあ

る(すべすべした)紙. ~ huile 油紙. ~ hygiénique トイレットペーパー. ~ jauni 黄ばんだ紙. ~ journal 新聞紙. ~ Kraft クラフト紙. ~ mâché 紙粘土. ~-monnaie 紙幣, 銀行券. ~ moiré 雲紋紙, モアレのある紙. ~ peint パピエ・パン, 壁紙. ~ photographique 印画紙. ~ quadrillé 方眼〔用〕紙. ~ sensible 感光紙. ~ timbré 証印の押された公的用紙; 印紙貼付用紙. ~ thermique 感熱紙. ~ usagé 古紙. ~ vélin 模造皮紙, ベラムペーパー《犢皮紙(ベラム)に似せた上質紙》. ~ vergé 透かしの入った紙. ~ Whatman ワットマン紙《画用紙》.
une feuille de ~ 1枚の紙. chapeau en ~ 紙の帽子. corbeille à ~s 紙屑かご. cornet de ~ 円錐形の紙容器. couverture en ~ 紙の表紙, ペーパーバック. formats de ~ 用紙サイズ, 洋紙の判. machine à ~ 製紙用機械. monnaie de ~ 紙幣. pâte à ~ 製紙用パルプ. ruban en ~ 紙テープ. serviette en ~ 紙ナプキン.
acheter du ~ 紙を買う. barbouiller (salir) du ~ くだらないことを書き散らす. jeter (mettre) qch sur le ~ 紙に何かを書きとめる. sur le ~ 紙の上では, 理屈の上では. Chose qui n'existe que sur le ~ 机上の空論にすぎない事柄.
2 (金属の)箔. ~ d'argent 銀箔; 銀紙(= ~ d'étain). ~ d'or 金箔.
3 印刷物, 文書, 記録;《新聞》原稿, 記事; 〔多く pl.〕書類. ~s d'affaires 訴訟書類; 営業活動書類.《海》~s de bord 船舶書類. ~s des archives 文書館の収蔵文書. ~s diplomatiques 外交文書. ~s domestiques 家庭の書類《日記, 帳簿, 手帳など》(= ~s de famille). ~ imprimé 印刷された文書. ~ libre 無印紙書類. ~ timbré 印紙貼付書類.
serviette pleine de ~s 書類がぎっしりつまった鞄. envoyer un ~ à son journal 記事を新聞社に送る. ranger des ~s 書類を整理する.
4 〔pl. で〕証明書; (特に)身分証明書 (= ~s d'identité; pièces d'identité)《carte d'identité, passeport, permis de conduire など》.《軍》~s militaires 軍隊手帳. faux ~s 偽造証明書. Vos ~s, svp. 身分証明書を提示してください. présenter ses ~s 身分証明書を提示する.
5 《財》有価証券(= titre, valeur); 手形(= effet de commerce); 小切手(= chèque). ~ à vue 一覧払い手形.《金融》~ commercial コマーシャル・ペーパー(略記 PC; = 〔英〕CP: *commercial paper*).《金融》~ commercial adossé à des créances 債権担保コマーシャル・ペーパー(=〔英〕ABCP: *asset backed commercial paper*). ~ court (15日以内の)短期手形. ~ de commerce 商業手形; (署名入りの)営業書類. ~-monnaie 紙幣, 銀行券; 信用貨幣. ~ sur Lon-

dres ロンドン払い手形. bon ~ 優良手形.
papier-calque (*pl.*~s-~) *n.m.* トレーシングペーパー.
papier-émeri (*pl.*~s-~) *n.m.* 紙やすり, サンドペーパー.
papier-filtre (*pl.*~s-~) *n.m.* 濾紙, 紙フィルター.
papier-monnaie *n.m.* 不換紙幣, 信用貨幣; 銀行券, 紙幣.
papier-parchemin (*pl.*~s-~s) *n. m.* 硫酸紙 (= papier sulfurisé).
papillaire *a.* 〖解剖〗乳頭 (mamelon) の.〖医〗cancer ~ 乳頭癌. muscle ~ 乳頭筋.〖医〗œdème ~ 乳頭浮腫.
papille *n.f.* 〖解剖〗(眼の)乳頭; 視神経乳頭 (= ~ optique). ~ de stase 視神経の鬱血乳頭. ~ linguale 舌上乳頭.
papilleux (**se**) *a.* 〖解剖〗乳頭のある, 顆粒状の. surface ~ 乳頭状表面.
papillite *n.f.* 〖医〗乳頭炎.
papillomavirus *n.m.* 〖医〗パピローマウイルス, 乳頭腫ウイルス.
papillome [papi〔l〕lom] *n.m.* 〖医〗乳頭腫(良性腫瘍).
papillon *n.m.* **1** 〖昆虫〗蝶; 蛾(= ~ de nuit). ~s diurnes (de jour) 蝶類. ~s nocturnes (de nuit) 蛾類. ~ bleu 青蝶, アポロ蝶 (apollon, parnassien).〔~ de〕mite 衣蛾(いが).〖比喩的〗~s noirs 暗い考え. avoir les ~s noirs 気が滅入る. faire la chasse aux ~s 蝶(蛾)を採集する. collectionneur de ~s 蝶(蛾)の収集家 (= lépidoptérophile). métamorphose du ~ 蝶(蛾)の変態 (larve「幼生」, chenille「毛虫, 芋虫」, nymphe「ニンフ」, chrysalide「蛹」). courir après les ~s つまらぬことに時間を費す. être léger comme un ~ 蝶のように移り気である.
2 〖比喩的〗軽薄な人, 移り気な人. C'est un vrai ~. あいつは本当に腰が落ち着かない.〔話〕Minute ~! おい, ちょっと待って.
3 〖服〗蝶の羽根型のもの. cravate ~ 蝶ネクタイ. nœud ~ 蝶結び; 蝶ネクタイ.
4 〖機工〗蝶ナット; 蝶形弁, 絞り弁; ガスの火口 (= bec ~). ~ des gaz ガスの調節弁. ~ d'une roue de bicyclette 自転車の車輪の蝶ナット.
5 折り込み広告; ちらし, ビラ;〔話〕交通違反通告書 (= avis de contravention). ~ publicitaire 宣伝パンフ(ちらし).
6 〖水泳〗バタフライ (= brasse ~; nage ~).
7 〖魚〗~ de mer ケトドン (= chetodon; 珊瑚礁に棲息する魚).
8 〖海〗スカイセル(帆).
9 〖数〗effet ~ バタフライ効果.
papillote *n.f.* **1** (髪の)カールペーパー, 髪巻き紙.
2 (ボンボンの)包み紙;(含んだ)ボンボン.
3 皺紙, faire des ~s avec un papier 紙を

丸める(丸めて捨てる).
4 〖料理〗(魚・肉などを包んで焼く)パピヨット,硫酸紙;アルミフォイル;(もも肉の骨に巻く)飾り紙;紙(フォイル)焼きの料理. ~s de homard et de coquille saint-Jacques オマールと帆立貝のパピヨット(紙包み焼き). en ~ 紙包み仕立て(の). cailles en ~ うずらの紙包み仕立て.
5 (肉の)薄片.
6 〖服〗スパンコール(＝paillette).
7 (ユダヤ教徒の)こめかみの巻き毛.

papillotement (＜papilloter) *n.m.* **1** (蝶のような)ひらひらする動き;移り歩き.
2 眩しさ. ~ de lumière 光のまぶしさ.
3 (TV画面などの)ちらつき. ~ d'images 映像のちらつき.
4 きらびやかさ.

papillotomie *n.f.* 〖医〗ファーター乳頭切開術, オッディ括約筋切断術(＝sphinctérotomie).

papivore *a.* 紙喰いの;〔話〕紙を浪費する.
——*n.* 紙喰い虫;〔話〕紙の浪費家;愛読者.

papouan(e)-néo-guinéen(ne) *a.* パプア＝ニュー＝ギニア(la Papouasie-Nouvelle-Guinée)の;~人の(＝papou(e)).
——*P~-N~-G~* *n.* パプア＝ニュー＝ギニア人.

Papouasie-Nouvelle-Guinée (la) *n.pr.f.* ［国名］パプア＝ニュー＝ギニア(国民:Papouan(e)-Néo-Guinéen(ne), papou(e);首都:Port Moresby ポート・モレスビー;通貨:kina [PGK]).

papule *n.f.* **1** 〖医〗丘疹(きゅうしん). ~ dermique 真皮性丘疹. ~ séreuse 漿液性丘疹. ~ solide 充実性丘疹.
2 〖植〗小乳頭, 小突起.

Papyrus *n.pr.* パピリュス(フランスの新聞雑誌関係データバンクの名称).

papyrus [papirys] ［ギ］ *n.m.* **1** 〖植〗パピルス. **2** パピルス紙. **3** パピルス文書. **4** 〖美術〗(エジプトの)パピルス花茎文様.

pâque *n.f.* **1** 〔ユダヤ教〕過越節(すぎこしのまつり)(エジプト脱出の故事の記念祭).
2 過越節で食べる仔羊(＝agneau pascal). immoler et manger la ~ 過越節の仔羊を生贄として殺して食べる.

paquebot [pakbo] (＜［英］packet-boat) *n.m.* 郵便船, 郵船;大型定期客船. le ~ France 大型客船フランス号(＝le France).

pâquerette *n.f.* 〖植〗雛菊(ひなぎく)(復活祭の頃から開花するため生まれた呼称＜Pâques). 〔話〕au ras de ~s 草の根の, 日常の.

Pâques *n.m.sing.* 〘無冠詞〙復活祭;復活祭の主日(＝le jour de ~)(春分後の最初の満月の日の直後の日曜日;3月22日から4月25日の間になる変動祝祭日;Pâques を基準とする一連の変動祝祭日は, Mercredi des Cendres:46日前;Passion:14日前;Rameaux:7日前;Quasimodo:7日後;Ascension 39日後;Pente côte:49日後;Trinité:56日後;Fête-Dieu:60日後).
le lundi de ~ 復活祭の翌日(代替休日). œuf de ~ 復活祭の卵, イースターエッグ(古くは彩色した卵, 現在はチョコレート製);復活祭の贈物. semaine de ~ 復活祭後の1週間(le lundi de ~ から le dimanche de Quasimodo「白衣の主日」の日曜日まで). semaine avant ~ 聖週間(＝semaine sainte) (le dimanche des Rameaux「枝の主日」の日曜日から復活祭まで). octave de ~ 復活祭後の8日間. la quinzaine de ~ 復活祭前後の2週間(le dimanche des Rameaux から le dimanche de Quasimodo までの15日間). vacances de ~ 復活祭休暇, 春休み. célébrer ~ 復活祭を祝う. 〔比喩的〕à ~ ou à la Trinité そのうち, いずれ, いつか;多分…ない. Il nous remboursera à ~ ou à ~ ou à la Trinité. 彼から金が戻ってくるのはいつのことやら. 〔比喩的〕long comme d'ici à ~ ひじょうに長い.
——*n.f.pl.* 〘無冠詞〙 **1** 復活祭. 〔古〕~ closes 白衣の主日(＝le dimanche de Quasimodo). ~ fleuries 枝の主日(＝le dimanche des Rameaux). Joyeux ~. よき復活祭を(挨拶). souhaiter de bonnes ~ à *qn* 人によき復活祭を祈る.
2 faire ses ~(p~) 復活祭に聖体を授かる.

Pâques (l'île de) *n.pr.f.* イースター島(スペイン語呼称:Isla de Pascua;1722年4月5日の復活祭の日曜日にオランダ人 Jacob Roggeveen が発見したことに因む呼称;太平洋東部の島;チリ領;形容詞 pascuan(*e*)). moai de l'île de ~ イースター島の巨石人像モアイ.

paquet *n.m.* **1** 包み, 荷;郵便小包;(タバコなどの)箱;(コーヒなどの)袋;(特に)外交行嚢. faire (défaire) un ~ 包み(荷)をつくる(ほどく). un ~ de café (de sucre) コーヒー・砂糖の1袋. ~-cadeau 贈り物用の包装. ~ de cigarettes (de gauloises) 紙巻タバコ(ゴーロワーズ)の箱〔の内容〕. fumer un ~ par jour 1日にタバコを1箱吸う. expédition d'un ~ par la poste 小包の郵便による発送. faire son ~ (ses ~s) 荷物をまとめる;立ち去る;死ぬ.
2 束;手紙の束(＝~ de lettres);札束(＝~ de billets);大量. ~ d'eau (de neige) 大量の水(雪). ~ d'énergie 巨大エネルギー. 〔話〕~ de graisse 脂肪のかたまり, 太った人. *P*~! でぶ! ~ de nerfs (d'os) 痩せ細った人. ~ de mer (甲板などを洗う)大波. J'ai reçu mon ~. 私は手紙の束を受け取った. toucher un ~ (le gros) 〔de billets〕大金を手に入れる. 〔話〕mettre le ~ 大金を賭ける;大金をつぎ込む;全力を投入する. 〔話〕risquer le ~ 一か八かやってみる;危

paquetage

ない橋を渡る.
par ～ 群れをなして. les gens se groupaient par petits ～s. 人々は数人ずつ固まっていた.
3〖比喩的〗面倒な事. avoir un ～ sur le nez (la conscience) 具合の悪い事に直面する. avoir son ～ 期待を裏切られる. donner un ～ à qn 人にずけずけ物を言う. lâcher le ～ 白状する. recevoir son ～ ぎゅうぎゅう言わされる. rendre à qn son ～ 人に心の内を明かす.
4〖ラグビー〗〖集合的〗フォワード (=～ d'avants) (=pack).
5〖印刷〗(紐でくくった) 組版 (=～ de caractères).
6〖情報通信〗パケット (=〔英〕packet) (data の転送単位).
7〖理〗～ d'ondes 波束, 波の群れ.
8〖解剖〗腺塊；〖俗〗男根. ～s adipeux du genou 膝の脂肪塊.

paquetage n.m. 〖軍〗(身の回り品の) 整頓；整頓した身の回り品；装備. faire son ～ 身の回りを整頓する；装備を整える.

paquet-poste (pl.～s-～) n.m. 郵便小包. ～ international 国際郵便小包〔国外向け郵便小包〕. ～ tarif général 通常料金郵便小包. ～ urgent 速達郵便小包.

PAR[1] (=Paris) パリ 《国際航空輸送での略記》. ～-CDG (=aéroport Paris-Charles-de-Gaulle) パリ＝シャルル・ド＝ゴール空港.

PAR[2] (=Plan d'aménagement rural) n.m. 農村整備計画.

para n.m. パラシュート兵 (=parachutiste).

para-[1]〔ギ〕[ELEM]「補助的な, 半ば, 準, 副, 擬似；傍の, 平行な；非正規の, 異常な；逆の, 反対の；超, 置換体の, 異性体の, 重合体の, 化合物の, 2原子分子の」の意 (ex. paramédical「補助医療の」；para statal「半公共的な」；parasympathique「副交感神経の」；parallèle「平行な」；paradoxe「逆説」；parapsychologie「超心理学」；paracyanure「パラシアン化物」).

para-[2]〔伊〕[ELEM]「防御, 保護」の意 (ex. parasol「パラソル」).

parabancaire a. 〖金融〗銀行に準じた, ノン・バンク の. activités ～s 準銀行活動. secteur ～ ノン・バンク部門.

paraben n.m. 〖薬〗パラベン (化粧品等に使用される防腐・殺菌剤). méthyl-～ メチルパラベン (防腐剤).

parabole n.f. 〖数〗放物線；パラボラ.

parabolique a. **1** 放物線〔状〕の.〖数〗ligne ～ 放物線.
2 放物面状の, パラボラ式の. antenne ～ パラボラアンテナ. miroir ～ 放物面鏡. capteur solaire ～ パラボラ式ソーラーコレクター, 太陽熱集熱器. パラボラ式ソーラーコレクター.
—— n.m. 放物面 (パラボラ) 式放熱器 (=radiateur à miroir ～).

paracaséine n.f. 〖化〗パラカゼイン 《チーズの原料》.

paracentèse n.f. 〖医〗穿刺 (せんし)〔術〕；(特に) 鼓膜切開術 (=～ du tympan).

paracétamol n.m. 〖薬〗パラセタモル, アセトアミノフェン (acétaminophen) 《非ピリン系解熱鎮痛薬；薬剤製品名 Efferalgan (n.m.) など》. ～ en sirop réservé aux enfants 小児用パラセタモール・シロップ剤.

parachimie n.f. 〖化〗準化学, 副次化学 《医薬品, 塗料など特定の化学製品の製造と商品化を行う化学部門》.

parachutage (<parachuter, parachute) n.m. **1** パラシュート降下；パラシュート利用の物資投下. ～ de médicaments 医薬品のパラシュート投下.
2〖比喩的〗(地位, 職階, 選挙候補などへの) 突然の (予期しない) 指名・任命. candidat au ～ (選挙区への) 降下傘候補.

parachutal (**ale**) (pl.**aux**) a. パラシュートによる. vol ～ パラシュート飛翔.

parachute n.m. **1** 落下傘, パラシュート, パラシュート型制動装置. ～ dorsal (ventral) 背負 (腹部着用) パラシュート. ～ de queue 航空機の着陸時制動用パラシュート. saut de ～ パラシュート降下.
2 (エレベーターの) 落下防止安全装置.
3 (時計の) 耐震バネ.

parachuté (**e**) (<parachuter) a.p. **1** 落下傘で降下した (投下された). matériel ～ 落下傘投下物資. troupes ～es 落下傘降下部隊.
2〖比喩的・話〗(選挙の) 地盤とは無関係に指名された；〔一般に〕予想外の地区に赴任した. candidat ～ 落下傘候補.

parachutisme n.m. 落下傘降下〔術〕；スカイダイヴィング (=～ sportif).

parachutiste a. **1**〖軍〗パラシュート (落下傘) 兵の. division ～ パラシュート師団. régiment d'infanterie ～ パラシュート兵連隊. régiment de blindés légers ～s 空挺軽機甲連隊.
2〖スポーツ〗スカイダイバーの.
—— n. パラシュート (落下傘) 兵；スカイダイバー. ～ licencié (e) 有資格スカイダイバー.

paraclinique a. 〖医〗臨床基礎医学の.

para-commando n.m. 〖軍〗空挺特攻隊〔員〕, パラシュート降下コマンド (=commando de parachutistes).

paracommercialisme n.m. 〖商業〗**1** 並行流通性. **2** 準商事体制. **3** 非正規商業活動.

paracommercialité n.f. **1** (並行輸入などの) 並行流通性. **2** 準商事性.

paracousie n.f. 〖医〗錯聴.

paracrine n.f. 〖生化〗パラクリン 《細胞間の情報伝達物質》.

parade[1] n.f. **1** 誇示；見せびらかし；宣

伝. de ~ 飾りの；うわべだけの. cheval de ~ 儀杖馬. gentillesse de ~ 見せかけの親切. habit de ~ 盛装. faire ~ de qch 何を誇示する. faire ~ de ses connaissance 知識をひけらかす.
2〖動・人類学〗(求愛や威嚇のための) ディスプレー.
3 閲兵式, 観兵式；分列行進, パレード. pas de ~ 分列行進の歩調. défiler comme à la ~ 閲兵式でのように行進する.
4（サーカス団の）公演前のパレード；（大道の）呼込芝居；〖仏文史〗パラード (18世紀のサロンで演じられた, 民衆の言葉を真似た寸劇).

parade² (<parer) *n.f.* **1**〖フェンシング〗パラード（剣による払い). ~ de prime (de seconde) 第一 (第二) パラード. coup de ~ 剣による払い.
2〖ボクシング〗パーリング.
3〖比喩的〗受け答え；対応策. être prompt à la ~ 受け答えが早い.

paradichlorobenzène *n.m.*〖化〗パラジクロロベンゼン（略記 PDB；主に衣類防虫剤).

paradis *n.m.* **1**〖宗教〗天国 (= ~ céleste) ; 極楽浄土. le ~ et l'enfer 天国と地獄. aller au(en)~ 天国に行く；死ぬ. chemin du ~ 天国への道；厳しい道のり. clef du ~ 天国の鍵. Il ne l'emportera pas au (en) ~. (天国には持って行かせぬぞ→) 今に後悔するぞ.
2〖聖書〗エデンの園, 地上の楽園 (= le P ~ terrestre).
3〖比喩的〗楽園, 楽土, 天国, パラダイス；至福, 安楽. ~ fiscal 租税回避地, タックス・ヘイヴン (=〖英〗tax haven). ~ tropical 熱帯の楽園. être au ~ 至福の境地に在る.
4〖劇場〗天井棧敷 (=poulailler；最上階の観客席).《*Les enfants du* ~》『天井棧敷の人びと』(Marcel Carné の映画作品；1945年作).
5《*les P~s artificiels*》『人工楽園』(Baudelaire の作品名；麻薬のもたらす悦楽；麻薬 (=drogues) を意味する).
6〖鳥〗oiseau de ~ 極楽鳥 (=paradisier).
7〖農〗パラディ (=pommier de ~)《接木の台木として利用される林檎の品種名；学名 Mala paradisiaca).
8〖植〗graine de ~ アモマム (amome) の種子, ギニア生姜 (maniguette) の種子.

paradisiaque *a.* **1** 天国の, 楽園の. joie ~ 天国の歓び.
2 天国 (楽園) のような. séjour ~ 非常に快適な滞在.

paradisier *n.m.*〖鳥〗極楽鳥 (=oiseau de paradis).

parador〖西〗*n.m.* パラドール《古城や歴史的建造物を改装したスペインの国営ホテル).

paradoxal (*ale*)(*pl.aux*) *a.* **1** 逆説的な；理屈に合わない；奇妙な. affirmation ~*ale* 逆説的主張. comportement ~ 理屈に合わない奇妙な行動. opinion ~*ale* 逆説的意見.
2 逆説好きな. esprit ~ 逆説好みの人.
3〖生理・医〗sommeil ~ 逆説睡眠, レム睡眠 (=〖英〗REM sleep).

paradoxe *n.m.* **1** 逆説, パラドックス, 二律背反. **2**〖広義〗道理 (常識) に合わないこと.

parafangothérapie *n.f.*〖医〗パラフィン泥土療法《パラフィンに泥土を混ぜたものを用いる).

parafe, paraphe *n.m.* **1** サインの飾り書き. signature ornée d'un ~ compliqué 複雑なパラフで飾られたサイン.
2 活字に付した飾り模様.
3 略署名《姓の頭文字などを用いた短い略署名；特に行政官が登録簿に登録された書類の受理日付・枚数などを確認するために付す). apposer son ~ aux renvois, aux ratures, au bas de page d'un acte 証書のページの下部に注記や削除個所に略署名をつける.
4〖文〗(パラフを思わせる) 唐草文様.

parafer ⇒ **parapher**

paraffine *n.f.* パラフィン, 石蠟 (=〖英〗paraffin) ;〖化〗パラフィン炭化水素 (= hydrocarbure paraffinique). ~ naturelle 天然パラフィン, 地蠟. huile de ~ パラフィン油 (潤活油) ; 灯油, ケロシン (=kérosène).

paraffiné(e) *a.* パラフィンを塗付した, パラフィンを浸した. papier ~ パラフィン紙.

parafiscal (*ale*)(*pl.aux*) *a.*〖行政〗特別課徴の. taxe ~*ale* 特別課徴税.

parafiscalité *n.f.*〖行政〗特別課徴金 (国や地方自治体の法定の税金以外に徴収されるもの；社会保障などの特別分担金など).

parafoudre *n.m.* 避雷装置；避雷針.

paragangliome *n.m.*〖医〗傍神経節腫.

paraganglionnaire *a.*〖解剖〗パラガングリオン (paraganglion) の. chaîne ~ sympathique 交感神経性パラガングリオン鎖.

parage (<parer) *n.m.* **1**〖食肉〗食肉の下処理《肉の不要な部分を取り除くこと).
2〖料理〗下拵え；(タルトなどの) 仕上げ.
3〖農〗(葡萄畑の) 冬前の深耕.

parages *n.m.pl.* **1**〖海〗海域；沿岸. ~ dangereux 危険海域. les ~s d'Ouessant ウェッサン島沿岸海域.
2〖広義〗付近, 周辺. dans les ~〔de〕〔の〕近くに.

paraglisseur *n.m.* パラグライダー (= parapente パラシュート滑降).

paragraphe *n.m.* **1** パラグラフ, 段落. 節. **2** パラグラフ記号(§). page 10, §1. 10ページの第1パラグラフ.

paragrêle *n.m.* 〖農〗雹(ひょう)防止装置, 雹よけ砲(=canon ~).
—*a.inv.* 雹防止の, 雹よけの(雹を雨に変える). canons ~ 雹よけ砲.

Paraguay(le) *n.pr.m.* **1** 〖国名通称〗パラグアイ〖公式名称：la République du P~〗パラグアイ共和国 | 国民：Paraguayen(*ne*); 首都：Assomption アスンシオン(Asunción); 通貨：guarani [PYG]).
2 le ~ パラグワイ川〖ブラジルに源を発し, パラグワイを流れ, パラナ川に合流する川; 延長 2,206 km〗.

paraguayen(*ne*) *a.* パラグワイ(le Paraguay)の, パラグワイ共和国(le République du Paraguay)の; パラグワイ人の.
—**P~** *n.* パラグワイ人.

paraître *n.m.* 〖哲・文〗外観, 外見. l'être et le ~ 実体と外観. juger sur le ~ 外見で判断する.

parakératose *n.f.* 〖医〗角化不全.
parakinésie *n.f.* 〖医〗運動錯誤症.
paralanguage *n.m.* 〖言語〗パラ言語, 準言語(身振り, 表情など).
paralgésie *n.f.* 〖医〗痛覚異常.
paralittérature *n.f.* パラ文学, 準文学(戯画, フォト・ロマンなど).

parallaxe *n.f.* 〖光学・天文〗視差, パララックス. 〖天文〗~ d'une étoile 星の視差. repère de correction de la ~ (写真機のファインダーの)パララックス修正(視差補正)マーク.

parallèle *a.* **1** 平行な. 〖体操〗barres ~s 平行棒. 〖幾何〗cercle ~ 平行円. droites (plans) ~s 平行線(平行面). rails ~s d'une voie de chemin de fer 鉄道線路の平行するレール. ~ à 平行した. Cette rue est ~ au boulevard. この通りは大通りと平行している.
2 同一方向(目的)を目指した; 並行した, 同時的な. pays qui mènent une politique ~ 同方向を目指した政策をとる国. 〖法律〗recours ~ 並行的訴訟手段. symptômes ~s 並行症状.
3 〖電〗並列の. circuit ~ 並列回路.
4 正規ルートと並行する, 不正規の, 非合法の; 闇の; 秘密の. commerce ~ 並行市場. comportement ~ 談合. cours ~ (正規レートとの)並行レート, 闇相場. importations ~s 並行輸入. marché ~ 並行市場; 闇市場; police ~ 秘密警察.
5 〖人類学〗(親族関係が)平行の(croisé「交差の」の対). cousin ~ 平行いとこ(父の兄弟(母の姉妹)の子). filiation ~ 平行親属関係.
6 対比的な. Vies ~s de Plutarque プルタルコスの『英雄列伝』.
7 〖映画〗montage ~ カットバック.

—*n.f.* **1** 平行線(=droite ~, ligne ~).
2 〖電〗並列. montage en ~ 並列接続.
3 〖軍〗並行塹壕. ~ de départ 出撃並行壕. banquette d'une ~ 並行壕の足場.
—*n.m.* **1** 〖幾何〗平行円(=cercle ~); 〖地理〗緯線(=~ terrestre). 〖天文〗~ céleste 等赤緯円. le 35ᵉ ~ de latitude nord 北緯35度線.
2 比較, 対照, 対比. entrer en ~ avec … と並び称される. faire un ~ entre A et B AとBを対比する. mettre deux choses (personnes) en ~ 2つの物(人)を対比する.

paralympique *a.* 〖スポーツ〗パラリンピックの. jeux ~ 国際身体障害者スポーツ大会, パラリンピック.

paralysant(*e*) *a.* **1** 〖医〗麻痺させる, 麻痺性の.
2 〔比喩的〕麻痺させる. facteur ~ de l'économie 経済を麻痺させる要因.
—*n.m.* 〖薬〗麻痺剤.

paralysé(*e*) *a.* **1** 〖医〗(四肢等が)麻痺した. avoir les bras ~s 腕が麻痺している. jambes ~es 麻痺した足.
2 〔比喩的〕(人が恐怖などで)金縛りにあった, 立ちすくむ; (組織などの活動が)麻痺した. transports ~s 麻痺状態の交通手段.
—*n.* 〖医〗麻痺患者; 中風患者.

paralysie *n.f.* **1** 〖医〗麻痺, 不随. ~ agitante 振動麻痺, パーキンソン病(=maladie de Parkinson). ~ bulbaire 延髄球麻痺, 球麻痺. ~ cérébrale 脳性麻痺. de la voile du palais 口蓋麻痺. ~ du nerf cubital (médian, radial, moteur oculaire) 反骨(正中, 橈骨, 動眼)神経麻痺. ~ du nerf récurrent 反回神経麻痺, 声帯麻痺, 喉頭麻痺(=~ laryngienne). ~ faciale 顔面神経麻痺. ~ générale progressive 全身麻痺. ~ infantil 小児麻痺, 急性灰白髄炎(=poliomyélite antérieure aiguë), ポリオ. ~ motrice 運動麻痺. ~ oculo-motrice 眼筋麻痺. ~ périodique 周期性四肢麻痺. ~ sciatique 坐骨神経麻痺. ~ spastique 痙性麻痺. ~ spinale spastique 痙性脊髄麻痺. être frappé de ~ 麻痺に冒される.
2 〔一般〕身動き出来ない状態; (活動などの)麻痺状態, 停滞. ~ de l'économie 経済麻痺, 経済的麻痺状態. ~ de la circulation 交通麻痺.

paralytique *a.* **1** 〖医〗麻痺性の; (人が)麻痺症にかかった. dislocation ~ 麻痺性脱臼. iléus ~ 麻痺性イレウス. strabisme ~ 麻痺性斜視.
2 〔比喩的〕麻痺した, 無力な. esprit ~ 麻痺した精神.
—*n.* 麻痺症患者, 麻痺患者.

paramagnétique *a.* 〖物理〗常磁性の; 常磁性体の. corps ~ 常磁体. résonance ~ 常磁性共鳴〖常磁性体の磁気共

鳴), 電子常磁性共鳴 (EPR).
paramagnétisme *n.m.*〖物理〗常磁性.
paramécie *n.f.*〖生〗パラメシー(ゾウリムシ属の原生動物).
paramédical (*ale*)(*pl.aux*) *a.* 準医療の;医療補助部門の. professions ~ales 準医療職, 医療補助職.
——*n.* パラメディカル, 準医療活動従事者, 医療補助者《医師以外の医療活動従事者;看護婦, 放射線技師, 救急隊員, 薬剤師など》.
paramètre *n.m.* **1**〖数〗助変数, 媒介変数, パラメータ;〖幾何〗径数. **2**〖統計〗母数, 母集団特性値. ~s d'une série statistique 統計の母集団特性値. **3**〖電算〗パラメータ《副プログラムの媒変数》. **4**〖鉱〗半晶軸, 標軸. ~s du cristal 結晶の格子定数. **5**〖比喩的〗(問題把握・解決などの鍵になる)要因, 特性, 要素.〖航〗~ d'orbite 軌道要素. ~s d'un problème 問題の本質的要素.
paramétrique *a.* **1**〖数〗助変数の, 媒介変数の, パラメータの. équation ~ 助変数(媒介変数)方程式. représentation ~ 助変数(パラメータ)表示. **2**〖電算〗パラメータの. analyse ~ パラメトリック分析法. attribut ~ パラメータ属性. **3**〖電〗amplificateur ~ パラメータ(パラメトリック)増幅器.〖音響〗égaliseur ~ パラメトリック・イコライザー.〖理〗excitation ~ パラメトリック励振.
paramétrisation *n.f.*〖電算〗パラメータ表示.
paramétrite *n.f.*〖医〗子宮傍結合組織炎.
paramilitaire *a.* 準軍隊式の, 軍隊に做った. groupe ~ 準軍隊式集団.
paramnésie *n.f.*〖医〗記憶錯誤.
paramunicipal (*ale*)(*pl.aux*) *a.*《行政》市町村の活動を補佐する. organisme ~ 準市町村行政機構《市町村立公社など》.
paramutation *n.f.* (遺伝子の)パラミューテーション《突然変異の一種》.
paramyéloblaste *n.m.*〖生〗側骨髄芽細胞.
paramyxovirus *n.m.*〖医〗パラミクソウイルス《ミクソウイルスの亜科》.
paranéoplasie *n.f.*〖医〗準新生物形成, 準腫瘍(随伴腫瘍)形成.
paranéoplasique *a.*〖医〗準(悪性)新生物の(に関する), 準腫瘍の;腫瘍随伴性の, 傍腫瘍性の《新生物・腫瘍・癌と共に進行する》. syndrome ~ 腫瘍随伴性症候群.
parano *n.f.*〖俗〗パラノイア, 偏執狂(=paranoïa).
——*a.*〖俗〗パラノイアの, 偏執狂の, 妄想症の(=paranoïaque).

——*n.*〖俗〗パラノイア症患者, 偏執狂.
paranoïa *n.f.*〖医〗パラノイア, 偏執症, 妄想症.
paranoïaque *a.*〖医〗パラノイアの, 妄想性の. caractère ~ 妄想型性格. délire ~ 妄想性譫妄(せんもう).
——*n.* 妄想症患者(略称 parano パラノ).
paranoïde *a.*〖医〗パラノイア的な, 妄想性の, 妄想型の. démence ~ 妄想性痴呆《精神分裂病》. réaction ~ 妄想反応. schizophrénie ~ 妄想型分裂病.
paranormal (*ale*)(*pl.aux*) *a.* 超常の;超自然的な.
parapente *n.m.*〖スポーツ〗**1** パラパント, パラグライダー(=paraglisseur)《山の斜面などから飛び降りて空を遊泳するためにつくられたスカイダイヴィング用パラシュート》. **2** パラパント(パラパント用パラシュートを用いて山の斜面から飛び降りて空を遊泳するスポーツ;〖英〗paragliding「パラグライディング」の一種).
parapentiste *n.*〖スポーツ〗パラパントを楽しむ人.
parapet *n.m.* **1** (橋などの)欄干, 手すり;(道路の)ガードレール. **2**〖城〗胸墻, 胸壁.
parapétrolier (*ère*) *a.* 石油産業に関連した, 石油関連業界の.
parapharmacie *n.f.* 薬局販売の非医薬品, 補助医薬品《シャンプー, 歯磨, 石鹸等》;その取扱業者.
paraphasie *n.f.*〖医〗錯語, 不全失語《言おうとした語と異なる語を発してしまう現象》. ~ littérale 字性錯語. ~ verbale 語性錯語.
paraphe *n.m.* **1** 略署名《多くの場合頭文字を用いる》. signature au ~ compliqué 複雑な略署名で署名する. **2**〖法律〗(判事による)認証署名. ~ d'un registre 登記簿の認証署名. **3**〖国際法〗仮署名《正式の署名権限者による署名までの暫定措置として, 交渉委員の頭文字による仮署名》. **4**〔比喩的〕唐草模様(arabesque), 渦巻模様(volute).
parapher, parafer *v.t.* 略署名する, 仮署名する;認証署名する.
paraphernal (*ale*)(*pl.aux*) *a.*〖法律〗嫁資外の. biens ~aux 嫁資外財産(biens dotaux「嫁資財産」の対).
——*n.m.pl.* 嫁資外財産.
paraphimosis [parafimozis] *n.m.*〖医〗嵌頓(かんとん)包茎.
paraphlébite *n.f.*〖医〗皮下静脈炎.
paraphrénie *n.f.*〖医〗パラフレニー, 妄想性精神障害, 偏執性痴呆症.
paraplégie *n.f.*〖医〗対(つい)麻痺, 両〔側〕麻痺;下肢対麻痺;痛感異常.
paraplégique *a.*〖医〗対(つい)麻痺の,

parapluie *n.m.* **1** 雨傘, こうもり傘. fermer son ~ 傘を閉じる；〖比喩的〗死ぬ. ouvrir le ~ 傘を開く(さす)；〖比喩的〗身に降りかかる火の粉に備える. prendre (emporter) un ~ 傘を携帯する人. **2** 〖比喩的〗〖軍〗~ nucléaire américain アメリカの核の傘.

parapolicier (**ère**) *a.* 準警察の な. groupe paramilitaire et ~ 半軍事的・警備活動グループ.

paraprofessionnel(**le**) *a.* (弁護士・医師などの) 専門職を補助する.
——*n.* 専門職補助員.

parapsoriasis [parapsɔrjazis] *n.m.* 〖医〗類乾癬. ~ en gouttes 滴状類乾癬. ~ en plaque 局面性類乾癬. ~ maculosa 斑状類乾癬. ~ lichénoïde 苔癬状類乾癬. ~ varioliforme 痘瘡状類乾癬.

parapsychique *a.* 〖心〗超心理学的な.

parapsychologie *n.f.* 超心理学(テレパシー, 千里眼, 念力, 超能力といった心霊現象を扱う心理学).

parapsychologique *a.* 〖心〗超心理学的な.

parapublic(**que**) *a.* 準公的な. secteur ~ 準公的部門. sites ~s 準公共用地.
——*n.m.* 準公的部門 (= secteur ~).

paraquat *n.m.* パラコート(極めて毒性の強い除草剤・枯葉剤).

parascolaire *a.* 学外の. enseignement ~ 学外教育.

parasismique *a.* 耐震の, 耐震性の, 耐震構造の. construction ~ 耐震建造物. normes ~s 耐震規格.

parasitaire *a.* **1** 寄生虫の；寄生虫による. 〖医〗maladie ~ 寄生虫病. **2** (人が) 寄生的な, 居候の, 寄食的な. mener une existence ~ 居候暮しをする.

parasite *n.m.* **1** 食客, 居候；〖古代ローマ〗伴食者. vivre en ~ chez qn 人の家に居候する.
2 〖社〗寄生的存在, パラサイト, 徒食者.
3 〖生〗寄生生物；寄生虫 (= ver ~). ~ externe 外部寄生生物 (= ectoparasite). ~ interne 内部寄生生物 (= endoparasite). ~s animaux d'espèces animales animaux に寄生する寄生動物. ~s corporels 体表寄生動物(しらみ pou, のみ puce, だに tique など). destruction des ~s 寄生生物の駆除 (除去).
4 〖多く *pl.*〗〖ラジオ〗雑音, ノイズ. ~s d'origine atmosphérique 大気性雑音. élimination des ~s 雑音の除去.
——*a.* **1** 〖生〗寄生する. animal (insecte, plante) ~ 寄生動物 (昆虫, 植物). ver ~ 寄生虫.
2 (人が) 寄生的な, 居候的な.
3 〖比喩的〗余分な, 過剰な. mots ~s 余剰語；冗語. ornement ~ あらがぬうな

装飾, 過剰装飾.
4 〖ラジオ〗雑音の, ノイズの. bruits ~s ノイズ.
5 〖電算〗寄生的な. virus ~ 寄生ウィルス.

parasiticide *a.* 寄生虫駆除性の, 殺寄生虫の.
——*n.m.* 〖薬〗駆虫薬, 虫下し.

parasitisme *n.m.* **1** 〖生態〗寄生 (状態). **2** 寄食生活, 居候. **3** 〖医〗寄生虫症 (= parasitose).

parasitologie *n.f.* 〖生〗寄生生物学；〖医〗寄生虫学.

parasitose *n.f.* 〖医〗寄生虫症.

parasol *n.m.* **1** (店頭の) 大型パラソル, 〖古〗日傘, パラソル (= ombrelle). ~ de plage ビーチ・パラソル.
2 パラソル型のもの. 〖植〗pin ~ パラソル松, 傘松 (地中海沿岸に多い).

parasoleil *n.m.* 太陽光線よけ；〖写真〗レンズフード (= ~ d'objectif). 〖写真〗~ d'objectif découpé 花型レンズフード.

parasomnie *n.f.* 〖医〗パラソムニー, 睡眠障害, 不規則睡眠 (睡眠中の歩行・夜間恐怖・夜尿症などを含む障害).

parasportif(**ve**) *a.* スポーツに付随する. le monde sportif et ~ スポーツ界とスポーツ関連の世界.

parastatal(**ale**)(*pl.* **aux**) *a.* 〖行政〗〖ベルギー〗半公共の. institutions ~ ales 半公共機関.
——*n.m.* 半公共施設；半公共機関.

parastatine *n.f.* 〖薬〗パラスタチン(コレステロール血症治療薬).

parasympathicomimétique *a.* 〖薬〗副交感神経を興奮させる, コリン作用性の.
——*n.m.* 〖薬〗副交感神経作用薬, 副交感神経興奮薬, コリン作用薬.

parasympathicotonie *n.f.* 〖医〗副交感神経緊張症.

parasympathique *a.* 〖解剖〗副交感神経の. système ~ 副交感神経系.
——*n.m.* 副交感神経.

parasympathocolinergique *a.* 〖薬〗副交感神経を遮断する, 抗コリン作用性の.
——*n.m.* 〖薬〗副交感神経遮断薬, 抗副交感神経薬, 抗コリン薬.

parasympatholytique *a.* 〖薬〗副交感神経抑制作用のある.

parasympathomimétique *a.* 〖薬〗副交感神経様作用のある.

parasynthèse *n.f.* 〖言語〗併置総合 〖語〗(複合語からさらに派生語をつくること；*ex.* anti-constitutionnellement).
——*a.* 併置総合の.

paratexte *n.m.* 〖文〗パラテクスト (表題, 献辞, 序文, 註記など).

parathion *n.m.* パラチオン (有機燐化合物系殺虫用農薬；1944 年に発売).

parathormone *n.f.* 〖生化〗パラトルモン,パラトホルモン,パラソルモン,副甲状腺ホルモン,上皮小体ホルモン,パラチリン(＝parathyrine)(＝hormone parathyroïdienne);副甲状腺で合成され血中に分泌されるホルモン).

parathyroïdectomie *n.f.* 〖医〗副甲状腺切除〔術〕.

parathyroïdes [paratirɔid] *n.f.pl.* 〖解剖〗上皮小体.

parathyroïdien(ne) *a.* 〖解剖・生理〗上皮小体の;上皮小体でつくられる. hormone 〜*ne* 上皮小体ホルモン,パラトホルモン(＝parathormone).

paratonnerre *n.m.* 避雷針.

paratyphique *a.* 〖医〗パラチフス(＝fièvre paratyphoïde;paratyphus)の.

paratyphoïde *a.* 〖医〗パラチフスの.
──*n.f.* 〖医〗パラチフス(＝fièvre 〜).

paravalanche *n.m.(f.)* 雪崩防止柵(壁).

paravent 〖伊〗*n.m.* **1** パラヴァン,屏風(びょうぶ), 衝立(ついたて). 〜*s* de laque 漆塗りの屏風. 〜 peint 絵屏風. s' habiller derrière un 〜 衝立の陰で着替えをする. **2** 〖比喩的〗防御策;隠蔽手段. abriter de mauvaises actions derrière le 〜 de la légalite 合法の名のもとに悪業を隠蔽する.

paravertébral(ale)(aux) *a.* 〖解剖〗脊椎傍の. douleurs 〜*ales* 脊椎傍痛. nerf 〜 脊椎傍神経. 〖医〗blocage des nerfs 〜*aux* 神経傍ブロック.

parc *n.m.* Ⅰ (公園) **1** 自然公園 (＝ 〜 naturel). 〜 national 国立公園. les 〜*s* nationaux des Cévennes (des Pyrénées occidentales) セヴェンヌ山脈(西部ピレネー山脈)国立公園. le 〜 naturel régional du Vercors ヴェルコール地方自然公園.
2 (都市の大規模な)公園 (＝grand jardin public);(城館などの)〔付属〕庭園;遊園地. 〜 à thème テーマ・パーク. 〜 à thème scientifique 科学的テーマ・パーク. 〜 André-Citroën アンドレ＝シトローエン記念公園(パリ市第15区;旧シトローエン自動車工場跡地;14 ha). 〜 aquatique 水公園;海浜公園;水の遊園地(Aquaboulevard, Aquarium, Océanopolis など). 〜 botanique 植物公園,植物園(＝jardin botanique). 〜 du château de Rembouillet ランブイエ城館付属庭園. 〜 de loisirs 遊園地(＝ 〜 d'attraction). 〜 de la Villette ラ・ヴィレット公園(パリ市第19区旧食肉処理場・市場跡;75 ha). 〜 floral du Bois de Vincennes ヴァンセンヌの森の花公園(パリ市立;30.8 ha). 〜 Monceau (パリ市第8区;8.4 ha の市立公園). 〜 municipal des Buttes-Chaumont ビュット＝ショーモン市立公園(パリ市第19区の丘陵公園;24.7 ha;1867年の万博を機に整備). 〜 zoologique 動物公園,動物園 (＝zoo). Direction des P〜*s*, Jardins et Espaces verts de la Ville de Paris パリ市公園緑地局. stades du P〜 des Princes パルク・デ・プランス・スポーツ公園のスタジアム群(パリ市ブーローニュの森の一角;1972-94 年).
3 〖カナダ〗 〜 industriel (都市周辺の)商工業地区.
Ⅱ(囲い)**1** 〖畜産〗(夜間用の)羊の板囲い(＝ 〜 à moutons);囲いのある家畜養牧場.
2 〖漁業〗網で囲った養魚場;(貝類の)養殖場. 〜 à esturgeons 蝶鮫(ちょうざめ)の養魚場. 〜 à huîtres 牡蠣の養殖場.
3 ベビーサークル (＝ 〜 à bébé).
Ⅲ(置き場・保有量) **1** (資材,兵器などの)置き場,集積場;駐車場 (＝ 〜 de stationnement; 〜 (à) autos;parking).〖軍〗 〜 à munitions 弾薬集積場.
2 (一国,一団体などの)保存総数,保有台数(人員は effectif). 〜 automobile 自動車保有台数. 〜 de machines-outils robotiques 自動工作機械の保有台数. 〜 de logements sociaux 社会福祉住居総数. 〜 des voitures françaises フランスの自動車保有台数. 〜 des wagons d'un réseau de chemin de fer 鉄道の保有台数.

parc-autos (*pl.* 〜*s*-〜*s*) 〖カナダ〗 *n.m.* 大規模駐車場;多階式屋内駐車場.

parcellarisation, parcellisation *n.f.* 細分化.

parcelle *n.f.* **1** 小片,小塊. une 〜 d'or 一かけの金.
2 (土地台帳上の)小区画地,一筆地;小農地. diviser un terrain en 〜*s* 土地を小区画に分筆する.
3 〖アフリカ〗建設用地;宅地.
4 〖比喩的〗一かけ. Il n'y a pas la moindre 〜 de vérité. 真実のひとかけらもない.

parchemin *n.m.* **1** 獣皮,羊皮(羊・山羊の皮);羊皮紙. **2** 羊皮紙文書. **3** 貴族の称号. 〖教育〗〖俗〗大学修了証書 (＝diplôme universitaire).

parcheminé(e) *a.p.* 羊皮紙状の. cuir 〜 羊皮紙状加工皮革. papier 〜 羊皮紙状紙. peau 〜*e* 羊皮紙状皮膚. visage 〜 黄ばんで皺だらけの顔.

parcimonie *n.f.* 吝嗇(りんしょく),けち;細かい節約;極端な節約. 〜 poussée jusqu'à l'avarice. 貪欲といえるほどの吝嗇. avec 〜 けちけちと (＝parcimonieusement). distribuer des éloges avec 〜 讃辞を惜しむ. user de *qch* avec 〜 何をけちけちと使う.

parcmètre *n.m.* 〖自動車〗パーキングメーター (＝parcomètre).

parcotrain *n.m.* 〖鉄道〗(フランス国鉄の)パルコトラン,乗客用有料駐車場.

parcours *n.m.* Ⅰ(通る場所・距離)**1** 行程,道程;距離;到達距離. Cela fait un 〜 assez long. かなり長い道のりである. 〜 de freinage 制動距離. 〜 de rodage 慣らし運転距離.

2 (乗物の) 走行距離；運賃. ~ des trains 列車の走行距離. payer le ~ 運賃を払う.
3 経路；(バスなどの) 路線；(川の) 流れ. ~ d'un autocar 観光バスのコース. modifier le ~ d'un fleuve 川筋を変える.
4〚スポーツ〛コース.〚スポーツ〛~ difficile de 3,000 mètres steeple-chase 3000 メートル障害の難コース.〚軍〛~ du combattant 障害物通過訓練コース. accident de ~ コースでの事故；〔比喩的〕(正常な進行を乱す) 不測事態.
5〚物理〛(荷電粒子の) 飛程, 行程. ~ libre moyen (気体分子, 自由電子などの) 平均自由行程. ~ maximum (粒子の) 最大飛程.
Ⅱ〚通行〛**1**〚やや古〛通過；〚封建〛自由通行権 (=droit de ~ ; 1889年廃止).
2〚古〛(他の入会地での) 入会放牧権 (= droit de vaine pâture).

parc-relai〔s〕 (*pl.* **~s-~**) *n.m.* 中継駐車場 (都心に通じる地下鉄の駅周辺に設置された駐車場).

pardessus *n.m.* (男物の) 外套, オーバーコート, オーバー. ~ doublé de fourrure 毛皮の裏付外套. mettre son ~ オーバー〔コート〕を着る.

pardon *n.m.* **1** 赦し；許し；容赦；赦免. ~ du coupable par la victime 犠牲者による罪人に対する赦し. ~ des fautes 過失に対する赦し. ~ généreux 寛大な赦し, 寛容. faute indigne de ~ 許し難い過ち.
accorder (donner) son ~ à *qn* 人に赦しを与える. demander ~ de *qch* à *qn* 人に何かについての赦しを乞う. Je vous demande ~ de vous déranger. お邪魔して申訳ありません. Je vous demande ~. /Mille ~s! / P~! 失礼しました, お許し下さい；失礼！dire《P~》et《Merci》「失礼」,「有難う」と言う.
2 P~?¹ 何とおっしゃいましたか?《聞き返す言葉》.
3〔俗〕P~!² 全く！《最上級の感嘆詞》. Le père est déjà costand, mais alors le fils, ~ ! 父親はがっしりしているが, 息子ときたら, もう凄いほどだ.
4〔古〕〔*pl.* で〕教会による信徒の免罪 (免償, 贖宥 (しょくゆう)) (=indulgences).
5〔ブルターニュ地方 la Bretagne の〕パルドン祭《教区毎に毎年行われる罪の赦免を求める宗教行事；教区旗を先頭に民俗衣裳を身にまとった信徒の行列が練り歩く》. le ~ de Notre-Dame d'Auray オーレーのノートル=ダム聖堂のパルドン祭.

pardonné (e) *a.p.* (人, 過ちなどが) 許された (赦された).〔諺〕Faute avouée est à moitié ~ *e*. 過ちも認めれば半ば許されたも同然. Vous êtes tout ~. どうかお気になさらないでください《詫びに対する応答》.

Pare (=**P**lan d'**a**ide au **r**etour à l'**e**mploi) *n.m.* 復職援助計画.

pare- (＜parer) ELEM「防ぐ」の意《*ex.* *pare*-feu「防火帯, 防火壁」》.

paré (e) *a.p.* **1** (de で) 飾られた；飾りつけられた. table ~*e* de fleurs 花で飾りつけをされた食卓.
2 装身具で身を飾った；着飾った. une femme ~ de bijoux 装身具で飾り立てた女性.
3〚料理〛下拵えができた. viande bien ~ *e* すっかり下拵えのできた肉.
4〚海・空軍〛準備が整った. P~! 準備完了！P~ à virer. 進路変更するぞろ. Vous voila ~! あなたも準備完了！

pare-balles *a.inv.* 防弾用の. gilet ~ 防弾チョッキ. vitre ~ 防弾ガラス.
—— *n.m.inv.* 防弾装置, 弾よけ；防弾チョッキ. ~ de stand de tir 射撃場の防弾装置.

pare-brise *n.m.inv.* (車輌・航空機等の) フロントガラス.

pare-chocs *n.m.inv.* (自動車の) バンパー；〔時計の〕耐震装置.

pare-feu (*pl.* ~-~〔**x**〕) *n.m.* **1**〚林業〛(森林の) 防火線 (帯) (=coupe-feu).
2 防火装置；(暖炉の) 火の粉よけ. cloison ~ 防火〔隔〕壁.
3〚情報〛ファイアーウォール (=〔英〕firewall ; LAN と Internet の中間にセットし, 外部から個別のコンピュータネットワークへの不法アクセスを防ぐプログラム機能).

parégorique *a.*〔古〕鎮痛用の, 鎮静性の.〚薬〛elixir ~ 阿片安息香チンキ (鎮痛・鎮静剤, 小児用下痢止め).
—— *n.m.* 鎮痛剤 (=médicament ~).

pareil (le)¹ *a.*〚名詞の前に置かれるとその名詞は無冠詞になりやすい〛**1** 同じような, 似通った. ~ à ...に似た. une voiture ~ *le* à la mienne 私のと同じような車. rester toujours ~ à soi-même 常に変らない.
conceptions ~ *les* 似通った考え. deux robes exactement ~ *les* 寸法違わぬ2着のドレス. effets ~ *s* produits par des causes différentes 異なる原因のもたらす同じような効果.
à ~ *le* heure¹ 同じ時刻に. hier à ~ *le* heure きのうの同じ時刻に.〚文〛à nul (*le*) autre ~ (*le*) 比べるもののない. Il a une imagination à nulle ~ *le*. 彼のような想像力を持っているものはない.〚文〛non ~ 比類のない. gentilles non ~ *le* この上ない優しさ.〚話〛~ que ...と同じような. Le temps est ~ qu'hier. 天気はきのうと変らない. Et votre santé? —C'est toujours ~. お体の具合は？—相変らずですよ.
2 このような. à ~ *e* une heure ~ *le* ; à ~ *le* heure² こんな時刻に. Qui donc vient nous déranger à ~ *le* heure? こんな時間にやって来る人騒がせな奴は一体誰だ？ dans une occasion ~ *le* こんな機会に, こんな場合. Que ferait-il en ~ cas? 彼だったらこんな場合どうするだろう？

——*n.* 同じような人(物);〔話〕同じ物. vous et vos ~s あなたとあなたの同類. Elle n'a pas sa ~ le au monde. 彼女は世界で比類のない人物だ. sans ~〔le〕類のない. lucidité d'esprit sans ~ le 比類のない精神的明晰さ.

pareil[2] *n.m.* 同じこと.〔話〕C'est du ~ au même. それは全く同じことだ(=C'est la même chose.).

——*ad.*〔話〕同じように(=pareillement). Essayez de faire ~. 同じようにやってごらん.

pareille[2] *n.f.* 同じ仕打ち. rendre la ~ à qn 人にしっぺ返しをする.

pareillement *ad.* **1** 同じように(=également). ~ à …と同じように. enfant vêtu ~ à son père 父親と同じような身なりをした子供.
2 同じく. La santé est bonne et l'appétit ~. 健康状態と食欲も同様に良好である. Bonne Année! —Et à vous ~. いい年を!—そちら様にとっても.

parenchymateux (se) *a.*〔解剖〕実質(parenchyme)の, 実質型の, 実質性の. ictère ~ 実質性黄疸. inflammation ~ se 実質〔性〕炎.

parenchyme *n.m.* **1**〔解剖〕(内臓などの)実質〔組織〕;(特に腺の)分泌組織. ~ d'une glande salivaire 唾液腺の分泌組織.
2〔植〕柔組織.

parent[1] **(e)** *n.* **1** 親戚, 親族;〔法律〕血族. ~ éloigné 遠い親戚. ~s en ligne directe 直系親族. ~s en ligne collatérale 傍系親族(frère, sœur, oncle, tante, cousin(e)など). ~ par alliance 姻族. ~ proche 近親. être ~ de qn 人の親戚である. Elles sont ~es〔entre elles〕. 彼女たちは親戚だ.〔比喩的〕traiter en ~ pauvre すげなく扱い ~, 邪魔者扱いする.
2〔生〕親(descendant「子孫」の対). ~ mâle (femelle) 雄(雌)親.
3〔比喩的〕類縁関係にあるもの. L'ignorance et la superstition sont proches ~es. 無知と迷信は同類である.
——*a.* **1** 親戚関係である. Ils sont plus ou moins ~s. 彼らは多かれ少なかれ親戚関係にある.
2〔比喩的〕類縁関係にある, 似通った, 同族の. intelligences ~es 類似の知性.〔言語〕langues ~es 同族言語.

parent[2] *n.m.* **1**〔*pl.* で〕両親, 父母(=le père et la mère). ~s adoptifs 養父母. ~s dénaturés 肉親の情愛に欠ける父母. ~s du conjoint 配偶者の両親, 義理の父母(=beaux-parents). ~s du père (de la mère) 祖父母(=grands-parents). ~s indignes du nom 名に値しない父母.〔カトリック〕~s spirituels 代父母, 名付け親;〔プロテスタント〕教父母(le parrain「代父」et la marraine「代母」). association de ~s d'élèves 学校の父母会. relation ~ s enfants 親子関係.
2〔*sing.* で〕親. ~ survivant 存命中の親. ~ unique (isolé) 片親.〔社会保障〕allocation de ~ isolé 片親手当《フランスに在住し, 職業の有無を問わず, 1人以上の子供を養育している片親に給付》.
3〔文〕祖先(=ancêtres, aïeux). nos premiers ~s 人類の始祖(Adam と Eve).

parentage *n.m.* **1** 生まれ, 血統, 家系.
2 親であること;親子関係.
3〔電算〕親子関係, ペアレンティジ.

parental (ale) (*pl.* **aux**) *a.* 両親の, 親の.〔法律〕autorité ~ale 親権;親の権威. congé ~ 〔親の〕出産休暇.

parenté *n.f.* **1** 血族(親属)関係;同族関係. ~ directe 直系血族関係. ~ collatérale 傍系血族関係. ~ du côté maternelle 母系血族関係(=utérine). ~ du côté paternel 父系血族関係(=consanguine). degré de ~ 親等. liens de ~ 血縁.〔人類学〕système de ~ 親族関係.
2〔広義〕~ adopté 養子の親子関係. ~ adoptive 養子縁組親族関係. ~ par alliance 姻戚関係. ~ spirituel (代父母と子供の間)霊的親子関係.
3〔集合的〕親類縁者. Il a une nombreuse ~. 彼には大勢の親類縁者がある.
4〔比喩的〕近親性;類似性;〔言語〕同族関係. ~ de deux opinions 2つの意見の近親性. ~ entre deux langues 2つの言語の間の同族関係.

parentéral (ale) (*pl.* **aux**) *a.*〔医・薬〕(医薬品・栄養剤等の投与や感染が)非経口的な;消化管外の. administration ~ale d'un médicament 医薬品の非経口投与.〔医〕fluide ~ale 輸液, 輸液剤. injection ~ale 注射剤. nutrition ~ale 非経口的栄養法, 中心静脈栄養法.

parenthèse *n.f.* **1** 挿入;挿入文;余談. par ~ ついでに言えば. faire une ~ 挿入文をはさむ;本題から外れる.
2 丸括弧, パーレン;〔数〕括弧. ouvrir (fermer) la ~ 括弧を開く(閉じる).〔比喩的〕ouvrir (fermer) une ~ 脇道に外れる(本題に戻る). entre ~s 余談ながら, 余談だが, ついでながら.〔数〕faire sortir une terme d'une ~ 括弧から項を出す. mettre entre ~s 括弧に入れる;〔比喩的〕脇に置いておく.

parésie *n.f.*〔医〕不全麻痺《部分的筋肉障害による運動機能の衰退》.

pare-soleil *n.m.inv.* 日光光線よけ, ブラインド;〔自動車〕サンバイザー;〔写真〕レンズフード.

paresse *n.f.* **1** 怠惰, ものぐさ. habitudes de ~ 怠惰な生活習慣. par ~ 怠惰から, ものぐさで. s'abandonner à la ~ 怠惰に身を任す.

paresseuse¹

2 〖心〗~ intellectuelle (d'esprit) 知的怠惰.
3 〖医〗(器官の) 機能低下, アトニー (atonie). ~ intestinale 腸の機能低下, 腸アトニー.

paresseuse¹ *n.f.* 〖衣〗紐で締めつけないコルセット (=corset à la ~).

paresseux¹(**se**²) *a.* **1** 怠け者の, 怠惰な, 不精な. enfant ~ 怠け者の子供. esprit ~ 怠惰な精神；怠け心. peuple ~ 怠惰な国民 (民衆). être ~ pour (〖やや古〗à) + *inf.* …するのを億劫がる. être ~ pour sortir 出不精である. être ~ pour les activités physiques 体を動かすのが億劫である.
2 やる気のなさそうな. attitude ~*se* やる気のなさそうな態度.
3 怠け心で選んだ, 安易な. solution ~*se* 安易な解決〔策〕.
4〔比喩的〕ゆっくり動く. fleuve ~ 流れがゆるやかな大河.
5 〖医〗機能が低下した.
― *n.* 怠け者 (= personne ~ *se*). ~ indécrottable 度し難い怠け者. Quel ~ ! 何て怠け者だ！

paresseux² *n.m.* **1**〖動〗なまけもの. **2**〖アフリカ〗ポト (原猿亜目の動物).

paresthésie *n.f.* 〖医〗感覚異常〔症〕, 触覚性錯覚, 知覚異常 (=dysesthésie)；軽度の感覚麻痺, 錯感覚 (ちくちく four mille-ments, ひりひり picotement ； しびれなど).

pare-vapeur *n.m.inv.* 結露予防装置. film ~ 結露予防フィルム.

parfait¹(**e**) *a.* **1** 完全な, 完璧な；理想的な. ~*e* égalité 完全な平等. ~*e* exactitude 完璧な正確さ. accord ~ 完全合意；〖音楽〗完全和音. beauté ~*e* 完璧な美しさ. cercle ~ 真円. corps ~ 完璧に鍛えた体. crime ~ 完全犯罪.〖物理〗fluide ~ 完全流体.〖理〗gaz ~ 理想気体.〖数〗nombre ~ 完全数. vertu ~*e* 完全な美徳.
2 非の打ちどころのない, 申し分のない. ~ viande 極上肉. bonheur ~ 申し分のない幸せ. vie ~*e* 申し分のない人生 (生活). C'est ~ ! / P ~ ! 申し分なし！(=Très bien).
3〔多く名詞の前〕理想的な (=idéal)；徹底した, 全くの. ~ gentilhomme 理想的な紳士. ~ salaud 卑劣漢そのもの. ignorance ~*e* 徹底した無知, 無知そのもの. monstre ~ 怪物そのもの.
4〖動〗成体に達した；〖植〗完成した. bois ~ 心材. forme ~*e* 成虫. insecte ~ 成虫.

parfait² *n.m.* **1**〖文〗完全, 完璧さ.
2〖古〗完璧な人, 非の打ちどころのない人.〖宗史〗(カタリ派の) 完徳者.
3〖言語〗完了. temps du ~ (ラテン語の) 完了時制.
4 パルフェ, パフェ (冷やした生クリームを添えたアイスクリーム). ~ au café パルフェ・オー・カフェ (アイスクリーム入りのコーヒー).

冷たいコーヒー).

parfum [-fœ̃] *n.m.* **1** 芳香, 香り. ~ des roses 薔薇の花の芳香. ~ du muguet (de la violette) 鈴蘭 (すみれ) の香り. ~ subtil ほのかな芳香.
2 香水. ~ à l'essence de la rose 薔薇の芳香エッセンスの香水, 薔薇の香水. ~*s* d'origine animale 動物性香水《ambre「竜涎香」, civette「麝香猫の麝香」, musc「麝香鹿の麝香」などを主体とした香水》. ~*s* d'origine végétale 植物性香水《花の芳香系》. ~*s* synthétiques 合成香水. fabrication de ~ 香水製造〔業〕. flacon de ~ 香水瓶. note de ~ 香水の香り. vaporisateur (atomiseur) à ~ スプレー式香水容器. se mettre du ~ 香水をつける.
3 (食品の) 香味；香料. glaces à tous les ~*s* あらゆる種類の香味のアイスクリーム. Quel ~ voulez-vous ? ―Vanille, SVP. どの香味 (香料) にしますか？―ヴァニラをお願いします (にします).
4〖古〗香気；香り；気配. ~ de hautaine vertu 高潔な美徳の香り. ~ de scandale スキャンダルの気配 (匂い).
5〖話〗être au ~〔de *qch*〕(何の) 事情に通じている.

parfumage (<parfumer) *n.m.*〖料理〗香りづけ (香料添加). ~ d'une crème 生クリームの香りづけ.

parfumé(**e**) *a.p.* **1** 香りのよい, 芳香性の；(de の) 香りがする. brise ~*e* かぐわしい風, 薫風.
2 香りの強い；風味のある；風味付けをした. champignon chinois ~ 椎茸. glace ~*e* au café コーヒー風味のアイスクリーム. pêche ~*e* 香りの強い桃.
3 香水をつけた. femme ~*e* 香水をつけた女性. serviette ~*e* 香水を浸みこませたナプキン.

parfumerie *n.f.* **1** 香水製造業；香水製造所. Musée international de la ~ 国際香水業博物館《1960年 Grasse に創設》.
2 香水販売業 (店) ；化粧品店.
3 香水製品 (=produits parfumants) ；化粧品 (=produits de beauté).

parfumeu*r* (**se**) *n.* **1** 香水製造 (販売) 業者；化粧品製造 (販売) 業者. **2** 香水 (化粧品) 販売員.

parfumeur-créateur (*pl.* ~*s*-~*s*) *n.m.* 香水調合師, 調香師. Pierre-François Guerlain, ~ 調香師ピエール=フランソワ・ゲルラン.

pari *n.m.* **1** 賭け. faire un ~ 賭けをする. gagner (perdre) son ~ 賭けに勝つ (負ける). tenir un ~ 賭けに応じる. Les ~*s* sont ouverts. お賭け下さい；〔比喩的〕事は始まっている／先行きは不確かである.〖哲〗~ de Pascal パスカルの賭け.
2 賭け事. ~ individuel (à la cote) ノミ行為.〖競馬〗~ jumelé 連勝式. ~ mutuel

hippodrome 場内馬券制度《略記 PMH》. ~ mutuel urbain 場外馬券制度《略記 PMU》.

pariétal(ale)(pl.**aux**) a. **1**〖解剖〗側壁の；頭頂の. lobe ~ 頭頂葉. os ~ 頭頂骨. péritoine ~ 壁側腹膜.
2〖植〗側膜の. plantation ~ale 側膜胎座.
3〖美術・考古〗側壁の. peinture ~ale 洞窟壁画.
—n.m.〖解剖〗頭頂骨(=os ~).
—n.f.〖植〗側膜胎座植物.

Parisien(Le) n.pr.m. ル・パリジャン《1944年 le Parisien libéré の名称で創刊の日刊紙》. Le P~ Dimanche ル・パリジャン日曜版.

parisien[1](**ne**) a. **1** パリ(Paris)の；パリ風の. accent ~ パリ訛り. baguette ~ne パリ風バゲット(パン). le Bassin ~ パリ盆地.〔pain〕~ パリ風パン, パリジャン《棒状のパン》. salade ~ne パリ風サラダ.〖料理〗sauce ~ne ソース・パリジェンヌ, パリ風ソース《油・レモン・セルフイユなどでつくるマヨネーズ風ソース；主に冷たいアスパラガスに添える》. transports publics ~s パリの公共交通. vie ~ne パリの生活.
2 パリッ子風の(洒落て優雅な特質).
3〖発音〗r ~ パリッ子風の R の発音《喉を鳴らす r；r roulé「巻き舌の r」の対》.
—P~ n. パリ市民；パリッ子.

parisien[2] n.m. パリジャン《レモン・ビスケット, アーモンドクリーム, 菓物の砂糖漬などでつくる伝統的菓子》メレンゲで蔽い低温のオーヴンで狐色に仕上げる.

ParisTech (=〖英〗Paris Institut of Technologie) n.pr.m.〖無冠詞〗〖教育〗パリテック, パリ科学工学院《=Institut des sciences et technologies de Paris；パリ技師養成グランド・ゼコール群 Grandes écoles d'ingénieurs de Paris ともいう；1991 年 Paris および周辺の国公立科学・工学系グランド・エコール 10 校を結集した連携組織として誕生；2007 年には科学・工学の公共共同機構に認定；構成校は ENPC, ENSAE, ENSAM, ENSCP, ENSMP, ENST, ENSTA, EP, ESPCI, AGRO Paris-Tech》.
étudier à ~ パリテックで学ぶ.

paritaire a. 異種の代表が同数の. commission ~ 労使同数委員会. commission mixte ~ 上下両院同数合同委員会.

paritarisme n.m. 平等当事者主義；(特に)労使関係当事者の平等主義.

paritariste (<parité) a. 異種同数主義の.
—n. 異種同数主義者(男女同数, 労使対等, 上下両院同数など).

parité n.f. **1** 等質, 同質, 同格, 同一, 同性. ~ de deux situations 二つの状況の同一性.
2〖経済〗等価, 平価；平衡価格, パリティ

~. ~ de change 為替平価, 為替レート(=taux de change). ~ de deux monnaies 二つの通貨の平価. ~ fixe 固定平価, 固定為替レート.
3 等質(同数)制. ~ des salaires masculins et féminins 男女同一賃金〖制〗. ~ entre les hommes et les femmes, ~ hommes/femmes 男女同数制. lutte pour la ~ hommes/femmes en politique 政治における男女同数制を達成する運動. projet de loi sur la ~ 男女等質制に関する法案.
4〖数〗奇偶性；〖電算〗奇偶性, パリティー, パリティー・ビット. ~ d'une fonction 関数の奇偶性. ~ impaire d'un nombre 数の奇数性.
5〖物理〗偶奇性.

parka n.m.(f.)〖服〗パーカ；ヤッケ, アノラック.

parkérisation[1] (<Robert Parker, アメリカのワイン鑑定家, Wine Advocate Guide Parker des vins de France (stock) の著者) n.f. パーカー評価の普及. phénomène ~ パーカー現象, パーカー・ブーム.

parkérisation[2] (<〖商標〗米国 Parker Rust-Proof 社) n.f.〖鉄鋼〗パーカーライジング法の防錆処理(燐酸塩皮膜による).

parking [parkiŋ]〖英〗 n.m. **1** 駐車；駐車場, パーキング. ~ payant 有料駐車場. ~ public 公共駐車場. ~ souterrain 地下駐車場.
2〖話〗見通しのない措置. stages ~s pour les chômeurs 失業者に対する当てのない実習.

Parkinson (<James ~ [1755-1824], 英国の医師) n.pr.〖医〗maladie de ~ パーキンソン病, 特発性パーキンソニズム, 振戦麻痺.

parkinsonien(ne) a.〖医〗パーキンソン病の(による).
—n. パーキンソン病患者.

parlant[1](**e**) a. **1** 言葉を話す, 物を言う.〖映画〗cinéma (film)~ トーキー. horloge ~e 時報.〖言語〗sujet ~ 話し手.
2〖話〗お喋りな. peu ~ 無口な.
3〖比喩的〗物を言いそうな, 雄弁な；説得力のある. gestes ~es 雄弁な身振り. portrait ~ 生き写しの肖像. preuves ~es 歴然たる証拠. Ces chiffres sont ~es. これらの数字が雄弁に語っている.
4〖副詞的用法〗(-ment で終る副詞と共に)…的に言えば. généralement ~ 一般的に言えば.

parlant[2] n.m.〖映画〗トーキー(=cinéma ~；film ~).

parlé(e) a.p. 話される；口語的な. journal ~ ラジオニュース. langue ~e 口語,

話し言葉(langue écrite「文語, 書き言葉」の対).

parlement *n.m.* **1**〔多く *P*~〕議会, 国会. Le ~ comprend l'Assemblée nationale et le Sénat. 国会は国民議会および元老院からなる《第5共和制憲法第24条》. membre du *P*~ 国会議員(=parlementaire). le *P*~ européen ヨーロッパ議会《ヨーロッパ共同体, ヨーロッパ連合の議会;在Strasbourg;別称 l'Assemblée européenne》. ~ réuni en congrès 両院合同会として開催される国会《第5共和制憲法の改正手続きのひとつとして, 改正案を国民投票にかける代わりに, 国会両院の合同会をひらくことが可能であると定められている》. débats du *P*~ 国会での討論. dissolution du *P*~ 議会の解散.
2〚仏史〛(大革命前の)高等法院;高等法院管区;高等法院の開廷期間. ~ de Paris パリ高等法院. conseiller au ~ 高等法院評定官. droit de remontrance du *P*~ (国王に対する)高等法院の建言権.

parlementaire[1] *a.* **1** 議会の;国会の;議院制の. année ~ 国会年度. assemblée ~ 〚行政〛commissions ~ *s* permanentes (spéciales) 国会の常任(特別)委員会. débats ~ *s* 国会討論. monarchie ~ 議院制王政. régime ~ 議会制. travail ~ 議会活動.
2 国会議員の. immunité ~ 議員特権. indemnité ~ 国会議員歳費.
3 議会の習慣にかなった. expression peu ~ 議会にふさわしくない表現.
4〚仏史〛(大革命前の)高等法院の;高等法院派の.
——*n.* **1** 国会議員. ancien ~ 元国会議員.
2〚仏史〛高等法院評定官;高等法院派.
parlementaire[2] *n.m.* 軍使.
——*a.* 軍使の. drapeau ~ 軍使のかかげる白旗.

parlementarisme *n.m.* 〚政治〛議会制政体, 議会政治, 議会制, 議院制.

parler *n.m.* **1** 話し方, 話しぶり;語調. ~ ambigu 曖昧な話しぶり. ~ doux (rude) 優しい(荒っぽい)話し方. ~ tranchant きっぱりした語調. avoir un ~ bref 手短かに話す.
2〚言語〛方言, 地方語 (=~ régional). ~ *s* méridionaux 南仏諸方言. ~ *s* ruraux 田舎言葉 (=patois).
3〚言語〛口話, 口語 (langue littéraire「文語」の対). ~ courant 日常口語.

parler-vrai(*pl.*~*s*-~) *n.m.* 真摯な話しぶり;(特に政治家の)真摯さ, 率直さ.

parloir *n.m.* **1** (修道院・病院・刑務所などの)面会所, 面会室. ~ d'une prison 刑務所の面会所(室).
2〔方言〕(個人住宅の)応接間.

parlot(**t**)**e** *n.f.* **1**〔話〕談話会;(特に)裁判所内の弁護士談話室;談話室.

2 お喋り. faire la ~ お喋りをする.

Parme [伊] *n.pr.f.* **1** パルマ (Parma;北イタリアのパルマ川 la Parma の河畔にある古都;形容詞 parmesan(*e*)). *la Chartreuse de* ~ de Stendhal スタンダールの『パルマの僧院』(小説;1839年). Université de ~ パルマ大学.
2 パルマ地方;〚行政〛パルマ州 (=province de ~). jambon de ~ ジャンボン・ド・パルム(パルマ地方特産の生ハム;[伊] prosciutto di Parma).
3 la ~ パルマ川(ポー河 le Pô の支流).

parme *a.inv.* 薄紫色の《パルマの菫violette de Parme の花の色》. robes ~ 薄紫色のドレス.
——*n.m.* 薄紫色.

parmentier[1] (< Antoine-Auguste Parmentier [1737-1813] 農学者;じゃが芋のフランスでの普及に貢献した男爵) *a.* 〚料理〛じゃが芋を用いた. carré d'agneau *P*~ 子羊の背肉のじゃが芋添え. hachis *P*~ アシ・パルマンチエ《牛肉の挽肉とマッシュポテトのグラタン》. potage *P*~ じゃが芋のクリーム・スープ.
parmentier[2] *n.m.* 〚料理〛パルマンチエ《牛肉の挽肉とマッシュポテトのグラタン;=hachis ~》.

parmentière *n.f.* 〚植〛パルマンチエール(じゃが芋 pomme de terre の古称).

parmesan[1] *n.m.* 〚チーズ〛パルムザン, パルメザン, パルミジャーノ《牛乳からつくられる加熱・圧搾, ブラシをかけ油を塗った外皮の硬質チーズ;脂肪分32%;イタリアのパルマ地方原産》. ~ râpé パルミジャーノの粉チーズ, パルメザンチーズ.

parmesan[2] (*e*) *a.* **1** パルマ (Parme)の;パルマ州の;パルマ地方の. 〚料理〛à la ~ *e* パルミジャーナの粉チーズを用いた《グラタンなど》.
2 パルマの住民の.
——*P*~ *n.* パルマ市民.

parodie *n.f.* **1** パロディー, もじり詩文.
2〚音楽〛替え歌;楽曲のパロディー.
3 滑稽な真似;へたな模倣;見せかけ. ~ de justice 裁判の真似ごと. ~ de réconciliation 見せかけの和解.

parodontal(*ale*)(*pl.aux*) *a.* 〚解剖・医〛歯周の.

parodonte *n.m.* 〚解剖〛歯周.

parodontie [parɔdɔ̃si] *n.f.* 〚医〛歯周治療〔術〕.

parodontite *n.f.* 〚医〛歯周炎. ~ chronique marginale 慢性周縁性歯周炎.

parodontologie *n.f.* 〚医〛歯周病学;歯周病治療〔術〕.

parodontolyse *n.f.* 〚医〛歯周組織破壊〔症〕, 辺縁性歯周炎.

parodontopathie *n.f.* 〚医〛歯周病(歯肉炎 gencivite, 歯周炎 parodontite など). ~ générative 増殖性歯周病. ~ pro-

fonde 深部歯周病.
parodontose *n.f.* 〖医〗歯周病, 歯周疾患.
paroi *n.f.* **1** 仕切り, 間仕切り；内壁. ~s de bois 木の間仕切り. appuyer son bibliothèque contre le ~ 書棚を壁際に設置する. **2** 側壁；(管などの)内壁. ~ d'une grotte 洞窟の側壁. ~ d'un tube 管の内壁. **3** 〖生・解剖〗(器官の)壁. ~ abdominale 腹壁. ~ cellulaire 細胞壁. **4** 岩壁 (= ~ de rocher ; ~ rocheuse). ~ nord des Grandes Jorasses レ・グランド・ジョラスの北壁. faire l'ascension de la ~ nord 北壁を登攀する.
paroisse *n.f.* **1** 〖カトリック〗小教区, 聖堂区 (diocèse「司教区」の最小区画；旧体制下では最小行政区画)；〖プロテスタント〗教会区, 教区. 〖カトリック〗curé de la ~ 小教区(聖堂区)主任司祭. 〖プロテスタント〗pasteur de la ~ 教会区牧師. Il y avait 30 709 ~s en France en 1996. 1996年現在フランスには 30,709 の小教区(聖堂区)があった. 〖比喩的〗n'être pas de la ~ よそ者である. querelles de ~ つまらぬ内輪もめ. **2** 〖集合的〗小教区の信徒；教区民. prêcher pour sa ~ 教区の信徒に説教する. **3** 〖古〗教区〖旧体制下の地方行政最小区画〗. 〖仏史〗cahiers de ~ (三部会の)教区陳情書.
paroissial (**ale**) (*pl.* **aux**) *a.* **1** 〖カトリック〗小教区の；〖プロテスタント〗教会区の. église ~ale 小教区(教区)教会堂. enclos ~ (ブルターニュ地方の)教区教会・墓地囲地. messe ~ale 小教区ミサ. **2** 〖カナダ〗農村の.
paroissien(**ne**) **1** *n.* 〖カトリック〗小教区信徒；〖プロテスタント〗教区信徒. **2** *n.m.* 〖カトリック〗ミサ典書 (=missel).
parole *n.f.* Ⅰ (口に出される言葉) **1** 言葉；発言. ~s aimables 愛想のよい言葉. ~s de bienvenue 歓迎の辞. ~s encourageantes 激励の言葉.
belles ~s 甘言. amuser *qn* de (belles) ~s 人を口車に乗せる, 人に甘言を弄する. bonnes ~s 親切な言葉；甘言. Sur ces bonnes ~s, je vous dis au revoir. (話がまとまった時など) お言葉に甘えてこれで失礼します.
en ~s 言葉の上では；口先だけで. payer *qn* en (de) ~s うまい言葉で人を釣る. se payer de ~s 甘い言葉に乗せられる. mesurer ses ~s 彼の発言の意味をおしはかる. ne pas prononcer une seule ~ 一言も発しない. Le sens de vos ~s m'échappe. あなたの発言の意味が私にはわからない.
2 名言；銘句, 格言, 警句；決まり文句. ~ historique 歴史的名言. ~ mémorable 銘記すべき名言, 至言. prononcer les ~s magiques 魔法の呪文を唱える.

3 〖キリスト教〗la P~ 神の御言葉 (=la ~ de Dieu), 神言 (=le Verbe). prêcher (porter) la bonne ~ 福音を説く；真実を伝える；〖話〗人を説得する. C'est ~ d'évangile. それは福音書の御言葉のように確かな真理だ.
4 〖*pl.* で〗言葉による説明；〖音楽〗歌詞. l'air et les ~s d'une chanson 歌曲のメロディーと歌詞. histoire sans ~s 説明のない絵物語. écrire les ~s d'une chanson 歌曲の歌詞を書く.
5 約束；誓言 (= ~ d'honneur). P~ (d'honneur)! /Ma ~ (d'honneur) 名誉にかけて；本当に, 正に；何てこった, 驚いた! Ma ~, je ne l'ai dit à personne. 誓って私はそのことを他言していません.
homme de ~ 約束を守る人. C'est un homme de ~. /Il est de ~. 彼は約束を守る人だ. Il n'a qu'une ~ (n'a aucune ~). 彼は一度言ったことは守る (少しも約束を守らない).
sur ~ 口約束で. prisonnier sur ~ 仮釈放の囚人. croire *qn* sur ~ 人の言葉通りに信じる. jouer sur ~ 現金なしで勝負をする.
donner sa ~ (d'honneur) 名誉にかけて誓う. manquer à sa ~ 約束をたがえる. rendre sa ~ à *qn* ; dégager *qn* de sa ~ 人の約束をなかったことにしてやる. reprendre (retirer) sa ~ 約束を取り消す. tenir (sa) ~ 約束を守る. Vous avez ma ~. /Je vous en donne ma ~. お約束します.
Ⅱ (話す行為) **1** 言語能力, 話す力. apprentissage de la ~ 言語能力の習得. organes de la ~ 音声器官. 〖電算〗reconnaissance de la ~ 言語(音声)認識. synthèse de la ~ 言語の合成. troubles de la ~ 言語障害.
avoir la ~ facile 弁舌爽やかである. perdre la ~ 言葉を失う, 口が利けなくなる. recouvrer l'usage de la ~ また口が利けるようになる. Il n'y a que l'homme qui a (ait) la ~. 言葉を話せるのは人間だけだ. Il ne lui manque que la ~. (動物や肖像画などが) 口を利いても不思議ではない位だ.
2 話すこと；発言；弁舌, 雄弁. adresser la ~ à *qn* 人に話しかける. prendre la ~ 話を始める；発言する. 〖諺〗La ~ est d'argent et le silence est d'or. 雄弁は銀, 沈黙は金.
3 発言権 (=droit de ~). La ~ est à M. X. 今度は X 氏に発言願います. temps de ~ 発言時間. accorder (passer) la ~ à *qn* 人に発言を許す(譲る). couper (refuser) la ~ à *qn* 人の発言を遮る(拒む). demander la ~ 発言を求める. ne pas avoir la ~ 発言権がない. Vous avez la ~. /Je vous donne (passe) la ~. どうぞお話しください.
4 〖トランプ〗passer ~ パスする. P~! パス!
5 話し方, 口調. avoir la ~ douce 口の利

き方が優しい. avoir la ~ rapide 早口である.
6〘言語〙パロール, 言(げん)(langue にのっとって個々人が行なう発話；langue「言語」の対)；話された言葉(=langage parlé)；書かれた言葉(=langage écrit). acte de ~ 言行為.

paronychie n.f. 〘医〙爪囲(そうい)炎(=péronyxis). ~ aiguë (chronique) 急性(慢性)爪囲炎.

parosmie n.f. 〘医〙嗅覚異常(=perversion de l'odorat).

parotide n. a. 〘解剖〙耳下の. glande ~ 耳下腺.
　——n.f. 〘解剖〙耳下腺 (=glande ~). inflammations de la ~ 耳下腺炎.

parotidectomie n.f. 〘医〙耳下腺切除〔術〕.

parotidien(ne) a. 〘解剖〙耳下腺の；〘医〙耳下腺炎の. artères ~ nes 耳下動脈.

parotidite n.f. 〘医〙耳下腺炎. ~ bactérienne 細菌性耳下腺炎. ~ épidémique 流行性耳下腺炎. ~ virale ウイルス性耳下腺炎.

paroxétine n.f. 〘薬〙パロキセチン《抗鬱薬；薬剤製品名 Deroxat (n.m.) など》.

paroxysmal(ale)(pl. **aux**) a. 〘医〙発作性の. tachycardie supraventriculaire ~ 発作性上室性頻拍〔症〕.

paroxysme [-ksism] n.m. **1**〘医〙発作；(病状の)極期.
2 絶頂, 頂点. ~ de la douleur (la joie) 苦しみ(歓びの)頂点. être à son ~ 絶頂に達している.

paroxysmique a. 〘医〙発作性の.

paroxystique a. **1**〘医〙発作性の. crise ~ 発作性発症. tachycardie ~ 発作性頻拍症. **2**〘文〙絶頂に達した, 頂天に達した. colère ~ 激怒.

parpaillot(e) n. 〘史〙〘蔑〙カルヴァン派(=calviniste)；新教徒(=protestant)；不信心者.

parquet¹ n.m. **1**〘法律〙検事室；〔集合的〕検察官, 検事(=magistrat du ~)；〘古〙判事席；弁護士席. ~ général 検事長室. petit ~ 検事取調室.
2〘株式〙(証券取引所の)立会所；立会；〔集合的〕公認仲買人. négociateur individuel de ~ 立会所の個人仲買人.

parquet² n.m. **1**〘建築〙板張りの床. ~ de chêne 楢材の床. ~ ciré ワックスをかけた木の床.
2 ~ d'élevage 家禽の飼育場.

parqueteur n.m. 寄せ木張り職人；寄せ木張り製造工；床板職人.

parqueur(se), parquier(ère) n. **1** 牡蠣養殖者.
2 囲いで飼育する家畜の世話人.

parrain n.m. **1**〘カトリック〙(洗礼・堅信時の)代父 (marrain「代母」の対). nom donné par le ~ 代父の与えた名. être le ~ d'un enfant 子供の代父となる.
2 (新造船などの)命名者；(人・物・作品などの)命名者.
3 (新会員などの)紹介者, 推薦者.
4 (企業・組織などの)後援者, スポンサー.
5〘話〙(マフィアなどの)ゴッドファーザー.

parrainage n.m. **1**〘カトリック〙代父 parrain (代母 marraine)の役. accepter le ~ de qn 人の代父(代母)を引受ける.
2 代父母制度, 名親制度《特に第三世界の困窮児を支援する制度》.
3〘政治〙(選挙の際の)推薦, 後援.
4 (文化事業などの)後援, 支援《=〔英〕sponsoring に対する公用推奨語；sponsorisation). sous le ~ du Ministère de la Culture 文化省の後援のもとに.

parricide n.m. 親殺し, 尊属殺；〘古〙君主殺害(=rigicide). commettre un ~ 尊属殺人を犯す.
　——n. 親殺し, 尊属殺害者, 尊属殺人犯；〘古〙君主殺害者.
　——a. 親殺しの, 尊属殺害の；〘古〙君主殺しの.

parsec (<parallaxe-seconde) n.m. 〘天文〙パーセク《天体の距離の単位, 略記 pc, 1 pc=32616 光年, 3.0856×10^{13} km).

parsisme n.m. 〘宗教〙パールシー教(パールシー族 les Parsis の宗教；ゾロアスター教の一派).

part n.f. 〔Ⅰ〕**1** 部分. Cette déposition ne reflète qu'une faible ~ de la réalité. この証言には事実のわずかな部分しか反映されていない. Il a une ~ indéniable de responsabilité dans cette affaire. 彼はこの件について一端の責任を負っている. pour une ~ 部分的に. pour une large (grande, bonne) ~ 大きく, かなりの程度まで (=dans une large (grande) mesure).
2 分け前, 取り分, 持分；役割, 貢献, 寄与, 分担. ~ de marché 市場占有率, シェア. Dans le secteur de l'automobile, les Européens ne cessent de perdre des ~s de marché dans le monde. 自動車産業では, ヨーロッパは世界市場でシェアを落とし続けている. Le consortium Airbus Industrie détient 30% du marché mondial mais sa ~ au Japon reste inférieure à 10%. エアバス社は世界市場の30%を占めているが, 日本におけるシェアは10%に満たないままである.
~ de gâteau ケーキの分け前. Dans une économie en pleine expansion, chacun a une ~ de gâteau croissante. 高度成長過程にある経済にあっては, 各人の取り分も増え続ける.
~ du lion 最大の取り分. Les travaux publics se réservent la ~ du lion dans la répartition des crédits budgétaires. 公共事業は予算の配分で最大の割合を確保して

いる. hors ~ 分割外部分；分け前 (相続分) の外で.
avoir ~ à 分け前に預かる，役割を果たす.
prendre ~ à 参加する，加わる，分担する，負担する，分け合う (=participer à, partager). Je prends ~ à votre douleur. お苦しみお察し申し上げます. En prenant ~ à la construction européenne, la France a consolidé sa position dans le commerce international. フランスはヨーロッパ建設に加わることで，国際貿易における立場を強化した.
3〖金融・財務〗~ de fondateur 創立者持分〈企業創立時に資金や物品など評価可能な形態以外の形でそれに参加した人に与えられる会社資産に対する持ち分で，名目価値を持たないが，利益配分や資産処理に際しては，一定割合の権利を保証する. 1996年7月の法律で~ de fondateur の発行は禁止された〉. ~ du feu (火災の際に) 焼けるに任せる部分. ~ sociale, ~ d'intérêt 出資者持株〈創立時に出資した人に発行される個人名義の証券〉.〖法律〗~ virile 均等部分〈分割不可能な総体に対して関係者各自が持つ権利〉.
à ~ entière すべての権利を認められた，完全な資格を持つ. admettre la Russie comme membre à ~ entière du G 7 ロシアを G 7 の正式メンバーとして認める.〖諺〗ne pas donner sa ~ aux chats (aux chiens) 自分の取り分をあくまで主張する. chacun sa ~ 各自の分け前. avoir sa ~ de …の中に取り分を持つ. faire la ~ de qn …の取り分を決める. ~ la ~ の分け前を別にする. faire la ~ de qch …を考慮に入れる. faire la ~ du feu 延焼を防ぐために必要な犠牲を受け入れる，救えないものは諦める. faire la ~ belle à qn …に分け前をどっさり与える，…に有利なように取り計らう. la ~ du pauvre 貧者の分け前，一番損な役回り.
Ⅱ〖場所，側，方向，方面〗**1** 側，方面. pour ma ~ 私としては. de la ~ de qn …の代理として，…の意を受けて，…の側から. Je vous transmets un message de la ~ du professeur. 教授からの伝言を伝えます. Je viens de la ~ de votre employeur pour vous annoncer votre promotion. 貴方の雇い主から依頼を受けて昇進を伝えにきました.
d'une ~ …, d'autre ~ … 一方では…，他方では…. d'une ~ et d'autre ~ (et de l'autre) 〈複数のものを対立させる時に用いる常套句〉. La concurrence entre d'une ~, les Américains et les Européens et, d'autre ~, les Japonais prend parfois l'allure d'une guerre économique. 欧米と日本との競争は時として経済戦争の様相を呈する.
2 場所，side. de ~ et d'autre de qch …を挟んで，…の両側に. Les relations de ~ et d'autre de la Manche sont toujours enta-chées de méfiance. 英仏関係は常に警戒心につきまとわれている. placer des tableaux de ~ et d'autre de la porte d'entrée 玄関扉の両側に絵を飾る.
3 場所. de toute(s) ~(s) あらゆる方角から. nulle ~ どこでもない. quelque ~ どこかに. de ~ en ~ 貫いて，両側にわたって.
4〖成句〗à ~ 除いて，例外として (=à l'exception de). A ~ ce petit défaut, l'ouvrage est parfait. このわずかな欠点を別にすれば，作品は完璧である. L'objection de M. X mise à ~, la proposition fait l'unanimité de l'assemblée. X氏の異論を例外として，提案は全員の支持を得ている. à ~ cela これを別にすれば，à ~ que… …は別にして. faire la chambre à ~ 夫婦が別々に寝る. à ~ soi 心の中で，密かに. prendre qch en bonne (mauvaise) ~ …を良い (悪い) 意味に取る. faire-~ お知らせ，通知，(特に) 死亡通知.

partage n.m. **1** 分割；分配，配分；〖法律〗(遺産の) 分配.〖史〗~ de la Pologne ポーランドの分割. ~ d'un 戦利品の分配. ~ d'une succession 相続財産 (遺産) の分配.〖電算〗~ de temps タイムシェアリング. ~ équitable 公平な分配. faire le ~ de qch 何を分割 (配分) する. sans ~ 全的に (な)，全面的な，留保なしに. testament-~ 遺産分配の遺言.
2 分担，分割. ~ des responsabilités 責任の分担. ~ du pouvoir 権力の分割. ~ du travail 仕事の分担.
3 可否同数；同数分裂. ~ des voix 賛否同数. S'il y a ~, la voix du président est prépondérante. 賛否同数の場合，議長の票が優先する.
4〖地形〗ligne de ~ des eaux 分水界.
5 分け前，取り分；(天与の) 特性，宿命. en ~ 分け前として；天与のものとして. recevoir qch en ~ 分け前として受け取る. recevoir un talent exceptionnel en ~ 天与の才として稀有な才能を授かる.

partagé(e) a.p. **1** 分けられた；分割された；配分された. ~ en deux (trois) parties 2 (3) 分割された. bénéfices équitablement ~s 公平に配分された利潤.〖法律〗succession ~e 分割相続. Dans ce procès, les torts sont ~s. この訴訟では双方に非がある. ville ~e en diverses sociétés 多分割社会の都市.
2 共有された. amour ~ 相思相愛. Mon amour n'est pas ~. 私は片思いだ. opinion généralement ~e 広く受け容れられている意見. responsabilité ~e 共同責任.〖電算〗temps ~ シェア・タイム.〖法律〗torts ~s (相殺される) 共同的過失.
3 (意見，感情などが) 分かれている；対立している. être ~ entre l'amour et la haine

愛情と憎悪が半ばしている. être ~ dans son cœur 心が千々に乱れている. Les avis sont ~s. 意見が分かれている.
4 être bien (mal)~ 天運に恵まれている (いない).

partance *n.f.* **1** 出航(出発)間際の. avion (navire, train) en ~ 出発間際の航空機(船, 列車). passagers en ~ pour Paris パリに向かう乗客.
2〔古〕出帆, 出港. coup de ~ 出港合図の空砲. point de ~ 出発地点.

partenaire (<〔英〕partner) *n.* **1** (ゲーム, ダンス, 競技などの)パートナー, 組む仲間, 相棒. ~ au bridge ブリッジのパートナー. la ~ d'un danseur ダンスのパートナー. la ~ d'un patineur ペア・スケートの相手. ~s financiers 共同出資者. ~ sexuel 性交渉の相手.
2 話し相手, 交渉相手. ~s sociaux 労使交渉当事者, ソシアル・パートナー.
3 (政治・貿易などの)相手国；協力国, 仲間の国. ~s commerciaux du Japon 日本の貿易相手国. ~s européens ヨーロッパの協力国.

parterre *n.m.* **1** (劇場の)パルテール, 一階席；一階席の観客(baignoire 「一階桟敷席」を除く一階正面席). retenir des billets de ~ 一階席券を予約する.〔話〕prendre un billet de ~ 床下する.
2〔古〕(昔の劇場の)平土間；平土間の観客(立見席).
3 花壇(=~ de fleurs)；芝生. ~ d'après Le Nôtre ルノートル設計の花壇. ~ de broderie 縁取りの花壇. ~ de roses 薔薇の花壇. ~s du parc de Versailles ヴェルサイユ宮殿付属庭園の花壇.
4 (タイル張りなどの)床；〔古〕地面. chiffon de ~ 床拭き雑布. laver le ~ 床を洗う.

parthénogénétique *a.* 単為生殖による(parthénogenèse)の, 処女生殖性の.

parti *n.m.* **1 a)** 政党, 党派, 団体, 集団. ~ communiste (PC) 共産党. P~ communiste français フランス共産党 (PCF). ~ conservateur 保守政党, (特に英国の)保守党. ~ démocrate 民主党. ~ dominant 圧倒的な多数党. ~ ouvrier 労働党. ~ républicain 共和党. ~ socialiste (PS) 社会党. P~ socialiste français フランス社会党 (PSF). ~ travailliste (特に英国の)労働党. ~ unique 単一政党, 独裁政党. système de ~ unique 一党独裁制. le ~ de M. X X 氏を党首にいただく政党. Les ~s et groupements politiques concourent à l'expression du suffrage. 政党および政治団体は, 選挙における意思表明に協力する (1958年10月4日第5共和国憲法第4条).
b) (特に)共産党. prendre la carte du ~ 共産党に入党する.
c) esprit de ~ 党派的傾向(偏見).

2 態度の決定, 決心. prendre ~ 態度を決める. Il refuse toujours de prendre ~. 彼は決して自分の立場を明確にしない. prendre ~ pour (contre) …を支持する(しない). prendre le ~ de …をする決心をする. prendre son ~ 決心する. prendre son ~ de …を〔仕方なく〕受け入れる, …する以外にないことを認める.
3 利益, 利用できるもの；〔古〕給与. tirer ~ 利用する(=profiter). tirer le meilleur ~ 最大の利益を引き出す, 最大限に利用する.
4 解決策, 方策. hésiter entre deux ~s 二つの進むべき道の間で迷う.
5 ~ pris 偏見；先入観. de ~ pris 先入観で. sans ~ pris 先入観なしに. C'est du ~ pris! それは偏見というものだ！
6 faire un mauvais ~ à qn …を酷い目にあわせる.
7〔古〕境遇.
8〔古〕結婚の相手, 縁. C'est un beau ~ qu'il n'a pas hésité un instant à refuser. 彼はこの良縁を躊躇せずに断った.

partial (ale) (*pl.* **aux**) *a.* 不公平な, 不公正な；偏った. autorité ~ale 不公正な当局. homme ~ 不公平な人. information ~ale 偏った情報. juge ~ 不公正な判事. être ~ envers qn 人に対して公平を欠く.

partialité *n.f.* 不公平. ~ aveugle 盲目的えこひいき. en faveur de qn 人に対するえこひいき. accuser un arbitre de ~ 審判を不公平と非難する. agir avec ~ 公平さを欠いて行動する. sans ~ 公平に.

participant(e) *a.* 加入する；参加する. nations ~es à une conférence 会議の参加国.〔商業〕obligation ~e 利益参加社債. personnes ~es 参加者.
——*n.* 加入者, 参加者. association qui compte de nombreux ~s 多くの加入者を数える協会. liste des ~s à une course レースの参加者リスト.

participatif (ve) *a.* 経営参加による；利益参加による. gestion ~ve (従業員による)企業経営参加. prêt ~ 資金調達, 融資. titre ~ 参加証券.

participation *n.f.* **1** (à への)参加, 加入；協力, 参画；加担. ~ à un complot 陰謀への加担. ~ à un congrès 会議への参加. ~ criminelle 犯罪加担. ~ sociale 社会活動への参加.
2 分担；分担金；会費 (=~ aux frais).
3〔経済・商業〕経営参加 (=~ à la gestion)；資本参加 (=prise de ~)；利益参加 (=~ aux bénéfices). ~ aux acquêts (夫婦財産制における)後得財産分配参加制. ~ des salariés à la gestion 賃金労働者の企業経営参加. ~ financière 経済利益参加. société en ~ 匿名会社(組合).
4 出演. ~ bénévole 無報酬の賛助出演.

particulaire *a.*〔微〕粒子の；粒子によ

る. nature ~ d'un rayonnement 光線の粒子性. pollution ~〔浮遊〕粒子による大気汚染.

particularisation *n.f.* 特異化, 特殊化；個別化. ~ d'un problème 問題の特異化.

particularité *n.f.* **1** 特色, 特性, 特徴；特殊性, 特異性. ~ d'une culture 文化の特色 (特異性). ~ d'une région 地方の特色. ~ d'un tempérament 気質の特性. ~ physique 身体的特徴. avoir la ~ de+*inf.* …する特性を持っている.
2〚言語〛特殊性；破格(=anomalie). ~s de la grammaire 文法の破格. ~s d'un dialecte 方言の特殊性.
3〔やや古〕特殊事情；委細. ~s d'un événement 事件の特殊事情 (委細).

particule *n.f.* **1** 粒子, 粒, 小片. ~s d'échappement de diesel ディゼルエンジン排気微粒子. ~ en suspension 浮遊粒子.
2〚物理〛粒子. ~ accélérée 加速粒子. ~ chargée 荷電粒子. ~ de champ 場の粒子. ~ diffusée 散乱粒子. ~ fondamentale 素粒子《baryon, boson, électron, fermion, gluon, hadron, hypéron, kaon, lepton, méson, muon, négaton, neutrino, neutron, nucléon, parton, photon, pion, positon, proton, quark など》. ~ magnétique 磁粉. ~ nucléaire 核子. accélérateur de ~ 粒子加速装置.
3〚言語〛小辞《préfixe, infixe, suffixe などの接辞や, 冠詞, 接続詞など》.
4 貴族の姓の前の小辞《~ = nobiliaire；フランス語の de, ドイツ語の von など》.

particul*ier*(*ère*) *a.* **1** 固有の, 独自の. ~ à に特有の. paysage ~ à une région ある地方に特有の景色. style ~ aux sciences 学問に固有の文体. attitude ~*ère* 独特な態度. avis ~ 独自の意見. traits ~s d'un caratère 性格の独自の特徴.
2 個人的な, 私的な；個人用の. chambre ~*ère* 個室；私室. collection ~*ère* 個人蔵. leçon ~*ère* 個人授業. correspondance ~*ère* 私信. hôtel ~ 私邸. intérêts ~s 個人の利害. legs ~ 個人の遺贈. libertés ~*ères* 個人的自由. signes ~s 個人的特徴. voiture ~*ère* 自家用車. à titre ~ 一個人として, 個人の資格で. à une conférence à titre ~ 個人の資格で会議に出席する.
3 特別な, 普通とは異った；顕著な. circonstances ~*ères* 特別な状況. considération ~*ère* 特別な配慮. avoir un talent ~ pour *qch* 何に特別な才能を持っている. Je n'ai rien de ~ à vous dire. 特にあなたに言うことはない.
4 特殊な, 個別的な, 限定的な. à titre ~ 特定の；特定名義で.〚法律〛légs ~ à titre ~ 特定名義遺贈. cas ~ 特殊なケース. clause ~ d'un testament 遺言書の特殊な条項.

état-majors ~s de l'armée 軍の特殊参謀部.〚論理〛proposition ~*ère* 特称命題.
5〚蔑〛普通でない；正常でない. amitiés ~*ères* 同性愛. opinion ~*ère* まともでない意見. C'est un peu ~. それはちょっと変だ.
— *n.* **1** 私人 (=personne privée) (personne publique「公法人」, agent public「公務員」の対). un simple ~ 単なる一私人.
2 個人 (=personne physique；individu) (groupement「集団」の対).
3〚話〛奴 (やつ). Tu le connais toi, ce ~？ 君はあいつを知ってるの？
— *n.m.* **1** 個別, 特殊. aller du général au ~ 一般から個別に至る. en ~ 個人的に；個別に；個別的に；とりわけ, 特に (en général の対). J'aime beaucoup la musique, en ~ l'opéra. 私は音楽が大好きです, 特にオペラが.

partie *n.f.* **1 a)** 部分, 一部；〚数〛(集合の) 部分；〚音楽〛パート, 一篇, 楽章.〚法律〛~s communes (共有物件の) 共有部分.〚文法〛~s du discours 品詞. [*pl.* で] les ~s (honteuses) 男性の性器, 男のいちもつ.〚法律〛~ législative (法典における) 法律の部. ~s privatives (共有物件の) 占有部分. en ~ 部分的に.〚会計〛comptabilité en ~ double 複式簿記. tout ou ~ 全体か一部分か. faire ~ de 加わる, 参加する. Il a rédigé seul la majeure ~ de cet ouvrage collectif. 彼はこの共著の大部分を一人で執筆した.
b) 専門分野；職業. Je ne suis pas de la ~. 自分は門外漢だ.
2 当事者, 交渉参加者；訴訟当事者 (=au procès)；契約当事者 (=~ au contrat). ~ adverse 相手方当事者. ~s belligérantes 交戦国. ~ civile 原告. se constituer ~ civile 告発する, 訴訟の原告になる. ~ intervenante 訴訟参加人. ~ jointe (民事訴訟の) 共同当事者. ~ plaignante 原告. ~ principale 民事訴訟における検察. ~ publique 検察. hautes ~s contractantes 締約国. avoir affaire à forte ~ 手強い相手と対峙する. être à la fois juge et ~ 公正な判断を下せる立場にない. prendre *qn* à ~ …を非難する, けんかを売る, 責める. Il m'a pris violemment à ~ à propos de l'article que j'avais consacré à son récent ouvrage. 彼は私が彼の新著について書いた記事に対して, 猛烈に抗議した. Les deux ~s sont restées sur leurs positions respectives. 両者は互いの立場を譲らなかった；交渉は物別れに終わった.
3 試合, 勝負；パーティー, 宴. On fait une ~？ (テニスなどで) ゲームをやりますか. La ~ est trop inégale. この試合はあまりにも一方的だ. ~ carrée スワッピングパーティー. ~ de campagne 行楽. surprise ~ 乱交パーティー.
4 Ce n'est que ~ remise. とりあえず延期

しただけだ.

partiel(**le**[1]) *a.* 部分的な；不完全な. à temps ~ パートタイムで. travail à temps ~ パートタイム労働.〖数〗dérivée ~ *le* 偏導関数.〖数〗différentielle ~ *le* 偏微分.〖天文〗éclipse ~ *le* 部分食. élection ~ *le* 補欠選挙(=la ~ *le*).〖学〗examen ~ (学年途中の)部分試験.〖軍〗mobilisation ~ *le* 部分動員. ordre ~ 半順序.〖物理〗pression ~ *le* 分圧.〖電算〗ROM ~ パーシャルROM.〖音響〗son ~ 部分音(=le ~).

partielle[2] *n.f.* 補欠選挙(=élection ~). remporter la ~ 補欠選挙に勝つ.

partisan(**e**) *n.*〔女性形は稀〕**1** (主義・政策・政党などの)支持者, 賛同者, 擁護者；〔蔑〕一味. ~ du féminisme フェミニズムの支持者(擁護者). ~ inconditionnel 盲目的な支持者(=chaud ~). être ~ de ce projet この計画の支持者である. **2** パルチザン, ゲリラ隊員(非正規軍の戦闘員). Franc-Tireurs et *P* ~s (第二次大戦下のレジスタンスの)遊撃・ゲリラ隊員(略記 FTP). guerre de ~s ゲリラ戦.
—*a.* **1**〔女性形は稀, 時に〔話〕partisante〕(de を)支持する；(に)賛同する. être ~ de la réforme 改革を支持している.
2〔蔑〕党派的な, セクト的な. esprit ~ 党派心. querelles ~ es セクト間抗争.

partita (*pl.* **~s**；**partite**)〔伊〕*n.m.*〖音楽〗パルティータ. *P*~ pour violon de Bach バッハの『ヴァイオリン・パルティータ』.

partiteur *n.m.*〖農〗(農業用水の)分流装置.

partition *n.f.* **1**〖政治〗(国土, 領土の)分割. ~ de la Palestine パレスチナの分割. **2**〖数〗分割. ~ d'un ensemble 集合の分割. **3**〖音楽〗総譜；スコア, 楽譜. ~ de piano ピアノスコア. **4**〖紋章〗(楯の)分割.

partitocratie *n.f.*〖政治〗政党強権体制.

partouze, partouse *n.f.*〔話〕乱交パーティー.

parturiente *n.f.*〖医〗産婦, 臨産婦.

parturition *n.f.*〖医〗(人の)自然分娩；(動物の)出産.

parulie *n.f.*〖医〗歯肉膿瘍, パルーリス(歯肉の膿瘍形成).

parurerie *n.f.* 婦人装身具(アクセサリー)製造(販売)業.

parution *n.f.* (<paraître) (書籍の)刊行(=publication)；(レコードなどの)発売(=mise en vente)；(記事などの)発表(=apparition).

parvis *n.m.* **1** (教会堂前の)広場. ~ de Notre-Dame パルヴィ・ド・ノートル=ダム(パリのノートル=ダム大聖堂前の大広場). **2**〖古〗(柱廊で囲まれた)教会堂前庭. **3**〖古〗(エルサレムの神殿の3つの)中庭.

parvovirus *n.m.*〖医〗パルヴォウイルス(伝染性紅斑などの病原).

PAS[1] [peaɛs] (=*p*ara-*a*mino-*s*alicylique) *n.m.*〖化・薬〗パラミノサリチル酸(=acide ~), パス(結核治療薬).

PAS[2] (=*p*ièce *a*utographe *s*ignée) *n.f.* 署名入り自筆文書.

PAS[3] (=*p*lan d'*a*ction pour la *s*écurité) *n.m.* 治安活動計画(フランス内務省の治安維持対策計画).

PAS[4] (=*p*rêt à l'*a*ccession *s*ociale) *n.m.* 社会的住居取得貸付(住居購入と賃借に対する低所得者向けの社会福祉的貸付制度).

pas *n.m.* Ⅰ〖歩み〗**1** 歩み, 歩き, 歩. rythme des ~ 歩調. à ~ comptés (mesurés) 一歩一歩踏みしめて；用心して. à chaque ~. à tous les ~ 歩くごとに；常に；頻繁に. à grands (petits) ~ 大股(小股)で. aller (marcher) à grands ~；faire des grands ~ 大股で歩く. arrêter les ~ 足をとめる. compter ses ~ 歩数を数える. faire des ~ 歩く, 歩みを進める. faire un ~ en avant；avancer d'un ~ 前に一歩踏み出す. faire un faux ~ 足を踏み外す；つまずく；過ちを犯す. Y aller de ce ~. この足で(すぐに)それに行く.
2 足跡(=trace de ~). des ~ sur le sable 砂の上の足跡. arriver sur les ~ de *qn* 人に踵を接してやって来る. marcher sur les ~ de *qn* 人の足跡をたどる. marquer le ~ 足踏みする.〖比喩的〗(仕事などが)進展しない. retourner (revenir) sur ses ~ 後戻りする. Cela ne se trouve pas dans le ~ d'un âne. それは容易には見つからない.
3 歩幅. distance de dix ~ 10歩の距離. galerie de deux mille ~ 2000歩の長さの歩廊. mesure en ~ 歩測. à deux (trois, quatre, quelque) ~ ごく近くに. Il habite à deux ~ d'ici. 彼はすぐ近くに住んでいる. allonger le ~ 歩幅を広げる. ne pas quitter d'un ~ *qn* 人の傍を一歩も離れない. tirer à trente ~ 30歩の距離から射つ. Il n'y a qu'un ~. 一歩の距離しかない；〖比喩的〗僅かの違いしかない.
4 足音(=bruit de ~). écouter des ~ 足音に耳を傾ける. entendre un ~ lointain 遠い足音を聞く.
5 〖*pl.* で〕行き来.〔salle des〕 ~ perdus (裁判所の)待合室；(駅の)コンコース. épier les ~ de *qn* 人の挙動をうかがう. faire des ~ inutiles 無駄な奔走をする. faire les cent ~ (同じ場所を)行きつ戻りつする.
6 〖比喩的〗歩みの段階, 一歩ずつ, 徐々に. le premier ~ 最終段階. le premier ~ 第一歩, 出発点, 端緒. faire les premiers ~ à *qn* 人に働きかける(言い寄る).〖諺〗Il n'y a que le premier ~ qui coûte. 大変なのはただ最初の第一歩. faire un grand ~ 大進歩をとげる. à ~ de loup 静かに. C'est un ~ en avant vers la paix. それは平和への第一歩だ.

Ⅱ《歩き方》**1** 足取り,歩調. ~ accéléré 速めた足取り. ~ agile (grave) 軽い (重々しい) 足取り. ~ de parade 分列行進の歩調. 〖軍〗~ redoublé (通常の2倍の) 速歩. ~ sans cadence ぶらぶら歩き. marche d'un ~ ferme しっかりした足取り. marche du même ~ 歩調を揃えて歩く. au ~¹ 行進の歩調で. au ~ de charge (course) 駆け足で. aller au ~ 歩いて行く. marcher au ~ 〔cadencé〕歩調をとって行進する. mettre qn au ~ 人に言うことをきかせる. se mettre au ~ 人に同調する. changer de ~ 歩調を変える;(足並みを揃えるために) 足を踏み変える. hâter (presser) le ~ 歩調を速める. marcher d'un bon ~ (d'un ~ pressé) 足早に歩く. ralentir le ~ 歩調を落とす.
2〖舞〗(ダンスの) ステップ (= ~ de danse);(バレエの) パ. ~ de deux (バレエの) パ・ド・ドゥー (2人の踊り手による踊り). ~ de valse ワルツのステップ. ~ seul (バレエの) パ・スール《1人舞踊》.
3 (動物の) 歩み;(馬の) 並足;(車の) 徐行. ~ de côté (馬の) 二踏跡運動. ~ lent et lourd des bœufs 牛ののゆっくりした重い歩み. ~ relevé d'un cheval 馬の足を高くあげた歩き方. cheval qui va au ~² 並足で歩く馬 (à trot, à galop などの対). mener un cheval au ~ 馬をゆっくり歩かせる. rouler une voiture au ~ 車をゆっくり走らせる.
4〖スキー〗ステップ. ~ alternatif 交互ステップ. ~ de patinage 滑走ステップ.
5 先行;優先権. avoir le ~ sur …に先行する. céder le ~ à qn 人に先を譲る (譲歩する). donner le ~ à …を優先させる;…をより重視する. prendre le ~ sur qn 人に先んじる;を制する.
Ⅲ《狭い通路・難所》**1**〖地形〗海峡 (= détroit);(山の) 難路, 隘路, 谷の狭窄部. le P~ de Calais パ・ド・カレー, カレー海峡《ドーヴァー海峡〔英〕the Strait[s] of Dover》の仏名. le ~ de Suse (アルプスの) スーザの険路.
2〖造園〗~ japonais 日本式の飛び敷石の通路.
3〖比喩的〗難所, 難関. mauvais ~ 難所;苦境, 窮地. se tirer d'un mauvais ~ 難境を脱する. franchir (sauter¹) le ~ 難関を乗り切る;思い切って決断する (= se décider). sauter le ~² 死ぬ (= mourir).
4 敷居 (= ~ de la porte; seuil). être sur le ~ de la porte 入口の敷居のところにいる.
5〖法律〗~〔-〕de〔-〕porte 商事賃貸借の権利金.
6〖機工〗(ねじの) リード, ねじ山;(歯車・スクリューなどの) ピッチ. ~ de vis ねじ山, ねじピッチ. ~ d'un écrou (d'un boulon) ナット (ボルト) のピッチ. ~ hélicoïdal ねじのリード. hélice à ~ variable 可変

ピッチのプロペラ (スクリュー).
7〖軍〗~ de tir (射撃の) 射座;(ロケット, ミサイルなどの) 発射台, 発射基地.
8 (旅客機・列車などの) 座席間隔.

PASCAL¹, Blaise n.pr. ブレーズ・パスカル《フランスの哲学者, 数学者, 物理学者 [1623-62]》.
Pascal² n.m. パスカル《フランスのCNRSのデータバンクの名称》.
pascal¹ (ale) (pl. aux) a. **1**〖キリスト教〗復活祭 (Pâques) の. cierge ~ 復活祭蠟燭. communion ~ale 復活祭中の聖体拝領. nuit ~ale 復活祭前夜.
2〖ユダヤ教〗過越節 (すぎこしのいわい) (Pâque) の. agneau ~ 過越の仔羊《エジプト脱出の故事を記念して毎年過越節に食べる犠牲の仔羊》.
pascal² (pl. ~s) n.m.〖物理〗パスカル《圧力のSI単位. 略記 Pa》. 100 ~ ヘクトパスカル (hectopascal).
pascal-seconde (pl. ~s-~s) n.m. パスカル秒《動粘度の単位;略記 Pa・s》.
Pas de Calais n.pr.m.〖地理〗パ・ド・カレー, ドーヴァー海峡 (= 〔英〕the Strait[s] of Dover)《英仏海峡 la Manche のうち Calais と Douvres (= 〔英〕Dover) の間の海峡名》.
Pas-de-Calais n.pr.m.〖行政〗le ~ パ=カレー県 (= département du ~)《県コード62;フランスとUEの広域地方行政区 région Nord-Pas-de-Calais ノール=パ=ド=カレー地方に属す;県庁所在地 Arras アラス;7郡, 76小郡, 897市町村;主要都市 Béthune ベチューヌ, Boulogne-sur-Mer ブーローニュ=シュール=メール, Calais, Lens ランス, Montreuil モントルイユ, Saint-Omer サン=トメール;面積6,639 km², 人口1,441,560》.
pas-de-porte n.m.inv.〖法律〗(商事賃貸借の) 権利金,(家屋の) 立退料.
PASOK (= 〔ギ〕*Panellínio Socialistikó Kínima*: ΠΑΣΟΚ) n.m. 汎ギリシア社会主義運動《1974年設立の政党;ヨーロッパ社会党, 社会主義インターナショナルに加盟》.
Pass (carte) n.f. カルト・パス《大手スーパー Carrefour のクレジットカード》.
passable a. まあまあの, 許容できる. élève ~ まあまあの生徒. mention ~ (評点の) 可. travail à peine ~ かろうじて許容できる仕事.
passage n.m. Ⅰ《通過・移行》**1** 通過, 通行;横断;〖天文〗通過, 経過;〖法律〗通過権. ~ des Alpes アルプス越え. ~ d'un col 峠越え. ~ d'une frontière 国境越え, 越境. ~ interdit 通行禁止. ~ de la Manche 英仏海峡横断. ~ du Rhin ライン河渡河. ~ d'un astre au méridien du lieu 天体の子午線通過 (経過). droit de ~¹ 通行権, 通過権. au ~ 通りすがりに. de ~ 通りすがりの;渡りの. bonheur de ~ かりそめの幸福.

passager(**ère**)

client de ~ ふりの客. lieu de ~ 通過地. oiseau de ~ 渡り鳥. sur le ~ de …の通過にあたって.
2 水路；〖海〗航海 (= ~ maritime). droit de ~² 通航権.
3 通行量. Il a du ~. 人通りが多い.
4 通行料《船賃, 渡河料, 橋の通行料金など》. payer le ~ 通行料を払う.
5 (船舶への)乗船；(航空機への)搭乗.
6 短期滞在；出演. ~ à Paris パリに立ち寄ること《短期滞在》. ~ à la télé TV 出演.
7 移行, 推移. ~ de l'état solide à l'etat liquide 固体から液体への移行. ~ de l'enfance à l'adolescence 少年から青年への移行.
8 進級.〖学〗examen de ~ 進級試験.〖社〗rite de ~ 通過儀礼.
9 (物を)渡すこと.〖陸上〗~ du témoin バトンタッチ.
10 (織物・皮革を染料・処理液に)浸すこと.
11 avoir un ~ à vide から回りすること；〔比喩的〕一時的な虚脱状態に陥る.
Ⅱ 〖通路〗通路, 通り道；路地；パサージュ, アーケード (= ~ couvert). ~ à niveau 踏切. ~ clouté 横断歩道. ~ piéton 歩行者専用道路. ~ protégé 通行優先道路, 歩行者優先道路 (= ~ pour piétons)；横断歩道. ~ souterrain 地下道. le ~ des Panoramas à Paris パリのレ・パノラマ・アーケード. voie de ~ 通り抜け通路.
Ⅲ 〖一節〗(小説・楽曲などの)パッセージ, (映画などの)シーン；〖音楽〗経過句. ~ particulièrement représentatif d'un auteur 作家の特徴を最もよくあらわす件り.

passager(**ère**) *n*. **1** (客船・旅客機・車の)乗客《列車の乗客は voyageurs》. ~ clandestin 無賃乗客. ~s en transit トランジット乗客. embarquement des ~s 乗客の乗船(搭乗).
2 短期滞在者.
——*a.* **1** 通りすがりの. hôte ~ ふりの客, 一見(いちげん)；一時滞在客. oiseaux ~s 渡り鳥.
2 一時的な；束の間の；はかない. beauté ~ère 移ろいやすい美しさ. bonheur ~ 束の間の幸せ. engouement ~ 一時的熱中. pluies ~ères 通り雨；夕立.
3 通りの多い. rue très ~ère 人通りの多い通り.

passant(**e**) *n*. 通行人；通りがかりの人. ~s ~s 帰宅が遅れた通行人；夜更けの通行人.
——*a.* **1** 人通りの多い；通行量の多い. rue peu ~e 人通りの少ない通り.
2 〖紋章〗(動物が)歩いている姿の. lion ~ 歩いている姿のライオン像.
3 〖電波〗bande ~e 通過周波帯.

passation *n.f.* **1** 〖法律〗(契約などの)締結；作成；作成署名. ~ d'un acte 証書の作成. ~ d'un contrat 契約の締結.
2 移譲. ~ des pouvoirs 権限の移譲.
3 〖簿記〗~ d'écriture (会計簿への) 記帳, 取引の記載.

passavant *n.m.* **1** 〖商法〗(移動規制商品の) 移動許可；課税貨物運送許可証.
2 〖海〗最上船(艦)橋；(油送船の)常設歩路.

passe¹ *n.m.* マスターキー；合鍵 (= passe-partout).

passe² *n.f.* Ⅰ 〖通過〗**1** 通過；通過過程.〖情報〗mot de ~ パスワード；加入資格；(合言葉の) 応答語.〔比喩的〕être dans une bonne (mauvaise) ~ 恵まれた(苦しい)状況にある. être en ~ de + *inf.* …しつつある. livres en ~ d'être imprimés 印刷中の書籍. Il est en ~ de réussir. 彼は成功しつつある.
2 〖狩〗(渡り鳥, 獲物などの) 通過 (= passage). ~ des oiseaux 野鳥の通過.
3 〖海〗水路, 水道 (= chenal). navire qui pénètre dans une ~ 水道に進入する船舶. chercher (trouver) la ~ 水路を探す(見つける).
4 〖スポーツ〗(ボールの) パス. ~ en arrière バックパス. faire une ~ パスを送る.
5 〖フェンシング〗パス, 突き. ~ d'armes 突き合い；〔比喩的〕激しい応酬 (= ~s oratoires).
6 〖闘牛〗パセ《牛をかわす技》. ~s de cape 肩マントによるパセ.
7 〖舞踊〗パス, 足の送り. ~ du paso doble パソ・ドブレのパス.
8 〖機工〗パス, 送り. ~ de finition 仕上げパス. usinage à une (deux) ~(s) 一回 (二回) 送りの機械加工.
9 〖海〗(網具の) ひと巻き.
10 〔古〕通行証 (= passe-partout)；通行許可；〖鉄道〗パス, 無料乗車券；定期乗車券. ~ Navigo パス・ナヴィゴ《イール＝ド＝フランス地方の地下鉄・RER・バス・市電に共通の非接触性電子パスで, カルト・オランジュ carte Orange の料金制に対応》.
11 (催眠術師の) 手の振り (= ~ magnétique).
Ⅱ 〖超過〗**1** 〖会計〗~ de caisse (不足金埋め合せ用の) 出納者手当.
2 〖印刷〗ロス見込みの余分の紙 (= main de ~).
3 〖賭博〗1 回の賭け金；〖ルーレット〗パス (19 から 36 番まで；1 ~ 18 は manque).
4 〖服〗(婦人帽の) 縁.
Ⅲ 〖話〗売春行為. hôtel de ~ 連れ込み宿. maison de ~ 売春宿.

passé¹(**e**) *a.p.* **1** 過去の. activités ~es 前歴. événements ~s 過去の出来事. les siècles ~s 過ぎ去った諸世紀. souvenirs des choses ~es 過去の事物の思い出. le temps ~ 往年. vie ~e 過去の人生.
2 過ぎたばかりの. l'an ~ 前年. lundi ~

前の月曜日.
3〔時刻・年齢が〕過ぎた. Il est deux heures ~es. 2時過ぎです. Il a quarante ans ~s. 彼は40歳を過ぎている.
4〖文法〗過去の. participe ~ 過去分詞.
5〔花が〕しおれた；〔果実が〕熟しすぎた；〔色が〕褪せた；〔ビールなどが〕気の抜けた. costume ~ 色あせた衣服.
6〖裁縫〗point ~ ステッチ.

passé[2] *n.m.* **1** 過去；過去の出来事. le ~, le présent et l'avenir 過去, 現在, 未来. recherches sur le ~ 過去の研究.〔話〕par le ~；dans le ~ かつて. jeter la lumière sur le ~ 過去に光を当てる.
2 (人の) 前歴 (=activités passées), 過去. avoir un ~ secret 秘めた過去がある. Son ~ n'est pas connu. 彼の前歴は不詳だ.
3〖文法〗過去, 過去形. ~ antérieur (composé, simple) de l'indicatif 直説法前 (複合, 単純) 過去〔形〕. ~ du conditionnel (du subjonctif) 条件法 (接続法) 過去〔形〕.
4〖刺繡〗broderie au ~ サテンステッチ.
5〖舞踊〗パセ (軸足の膝に他の足をつけ次の動作に移ること).

passé[3] *prép.*〔時間・空間的に〕を過ぎて~minuit 真夜中過ぎに. P~ l'église, vous tournez à gauche. 教会堂を過ぎたら左に曲がりなさい.

passe-bas *a.inv.*〖工〗ローパス式の (低周波数のものしか通さない). filtre ~〖写真〗(ディジタルカメラの撮像素子の) ローパス・フィルター；〖音響〗ローパス・フィルター, 低域フィルター.

passe-crassane *n.f.* パス=クラサーヌ (冬が旬の洋梨の品種).

passe-droit *n.m.* **1** 特典, 恩典, 優遇；依怙贔屓 (えこひいき). bénéficier d'un ~ 特典にあずかる.
2〔やや古〕不当な仕打ち.

passe-haut *a.inv.*〖工〗高域の. filtre ~ 高域フィルター.

passéisme *n.m.*〔蔑〕過去への執着；懐旧趣味. ~ figé 凝り固まった懐旧趣味.

passe-l'an *n.m.*〔チーズ〕パス=ラン (ラングドック地方 le Languedoc で殺菌牛乳からつくられる, 硬質, 茶褐色着色塗油自然外皮, 直径30-40cm, 高さ35cmの円筒形；重量35-40kg；脂肪分28-32％).

passement *n.m.*〔服〕パスマン (衣服の縁飾り；カーテンの飾り紐). ~ d'or 金糸の縁飾り (飾り紐).

passe-partout *n.m.inv.* **1**〔鍵〕パスパルトゥー, マスターキー, 合鍵 (通称 passe「パス」と略す). ~ de serrurier 鍵屋の合鍵.
2〔額縁〕パスパルトゥー (中味が入れ換えできる写真・版画・デッサン用の額縁). photo montée en ~ パスパルトゥーに収めた写真.
3〔木材・石材用の〕両引鋸.

—*a.inv.*〔比喩的〕**1** 何にでも (どこでも) 通用する. solution ~ 万能の解決策. tenue ~ どこでも通用する服装.
2〔蔑〕型通りの, 画一的な. réponse ~ 型通りの返答.

passeport [paspɔr] *n.m.* **1** 旅券, パスポート. ~ de service 公用旅券. contrôle des ~s パスポートの検査. présenter son ~ パスポートを提示する.
2 外交旅券 (= ~ diplomatique). demander (recevoir) ses ~s (大使が任地の政府から) 帰国を通告する (帰国を求められる).
3〖海〗(外国船に交付する) 出港許可証 (= droit de ~).

passerelle *n.f.* **1** 歩行者専用橋；歩道橋；足場板, 渡し板.
2 (港・空港の) 乗客乗降ブリッジ；タラップ. ~ télescopique 伸縮自在のタラップ.
3〖海〗船橋, 艦橋.
4〖劇場〗二重 (にじゅう) 〔ステージの天井から吊り下げられた照明機材などをセットする足場).
5〔比喩的〕掛橋.
6〔比喩的〕〖教育〗進路変更, 進路変更制度. ~ entre deux sections scolaires 二つの学系間の進路移行.

passerillage (<passeriller) *n.m.*〖葡萄酒〗パスリヤージュ (摘み取った葡萄の房を風通しのよい酒蔵で乾燥して糖度を高める工程；ジュラ地方 le Jura の vin de paille をはじめ, ピレネーの jurançon moelleux などの甘口の葡萄酒の生産に適用).

passerillé(e) *a.p.*〖葡萄酒〗raisins ~s レザン・パスリエ (摘み取った葡萄の房を風通しのよい酒蔵で乾燥して糖度を高めて得られる葡萄の粒).

passerose *n.f.*〖植〗立葵 (= rose trémière).

passe-temps *n.m.inv.* 暇つぶし.

passe-tout-grain[s] *n.m.inv.*〖葡萄酒〗パス=トゥ=グラン (1/3をピノ pinot 種, 2/3をガメー gamay 種でつくられる. ブルゴーニュ地方 la Bourgogne 産の赤葡萄酒).

passe-velours *n.m.inv.*〖植〗鶏頭 (けいとう) (amarante, célosie の俗称).

passif[1] *n.m.* **1**〖商業〗負債, (貸借対照表の) 負債の部, 貸方 (actif「借方」の対). actif et ~ du bilan d'une entreprise 企業の貸借対照表の借方と貸方.
2〖文法〗受動形；受動態.

passif[2] **(ve)** *a.* **1** 受身の, 受動的な；消極的な (actif「積極的な」の対).〖精神医学〗agression ~ve 受動攻撃的人格. air ~ 無気力な様子.〖軍〗défense aérienne ~ve 受動的防空体制 (市民防衛を主眼とする). élève ~ 消極的な子供. obéissance ~ve 黙従. résistance ~ve 消極的抵抗, 非暴力的抵抗. sécurité ~ve 消極安全性 (シートベルトなど). être ~ devant une situation 事

passion

態に対し消極的である.
2〚文法〛受動の. forme ~ve 受動形. voix ~ve 受動態. 受身.
3〚物理〛受動性の. circuit ~ 受動回路.〚電子工〛matrice ~ve 受動パッシヴ・マトリックス方式.
4〚化〛不動性の, 不動態の; 不活性の.
5〚医〛受動性の. immunité ~ve 受動(受身)免疫.〚免疫〛transfert ~ 受身伝達.

passion *n.f.* Ⅰ (情念) **1** 情熱; 熱情; 熱意;〚*pl.* で〛激情. ~s ardentes 熱情. expression de la ~ dans la littérature 文学における情熱の表現. feu des ~s 激情の炎. œuvre pleine de ~ 熱気の溢れる作品. maîtriser ses ~s 激情をおさえる. parler avec ~ 熱っぽく話す. suivre ses ~s 情熱の赴くままになる.
2 激しい恋心; 熱愛. ~ désordonnée 常軌を逸した恋心. ~ interdite 禁じられた熱愛. esclave de sa ~ 激しい恋心の奴隷. flamme de la ~ 熱愛の炎. objet de sa ~ 熱愛の対象, アイドル (=idole). aimer qn avec ~ 人を熱愛する. déclarer (avouer, témoigner) sa ~ 恋を打ち明ける. éprouver une grande ~ pour qn 人に激しい恋心を抱く.
3 欲情, 情欲, 痴情;〚俗〛変態性欲. assouvir sa ~ 欲情を満たす. avoir la ~ des femmes 女性に欲情する.
4 (物に対する) 熱中, 熱狂. ~ de la lecture 読書熱. ~ du pouvoir 権力欲. ~ des voyages (de voyager) 旅行熱. avoir la ~ du jeu 賭博に狂っている. avoir une ~ pour la musique 音楽に夢中である. Le travail est sa seule ~. 仕事が彼の唯一の熱中の対象だ.
5 (感情に基づく) 偏見. juger sans ~ 冷静に判断する.
6〚古〛情念, 情感. *Traité des ~s de l'âme* de Descartes デカルトの『情念論』(1649年).

Ⅱ (受難) **1** 受難; 殉教; 殉教録. la P~〚du Christ〛キリストの受難; (聖書中の) キリスト受難の記述. dimanche de la P~ キリスト受難の主日 (聖週 Semaine sainte の初日の日曜日). semaine de la P~ 受難週 (聖週の前の週). temps de la P~ 受難節 (受難の主日から復活祭までの2週間).
2〚文史〛(中世の) 受難劇. confrérie de la P~ 受難劇上演宗.
3〚音楽〛受難曲. *La P~ selon saint Matthieu* de Bach バッハの『マタイ受難曲』(1729年).
4〚古〛苦しみ. souffrir mort et ~ 死ぬほど苦しむ.
5〚植〛fleur de la P~ 時計草 (とけいそう) (=passiflore). fruit de la P~ パッション・フルーツ (くだものとけいそう passiflore の果実); grenadille, maracudja ともいう; 食用). sorbet aux fruits de la P~ パッション・フルーツ風味のソルベ.

passionné(*e*) *a.p.* **1** 情熱的な; 熱烈な; 熱のこもった. admirateur ~ 熱烈な崇拝者. amour ~ 熱愛. femme ~e 情熱的な女性. haine ~e 激しい憎悪. regard ~ 熱い眼差し. sentiment ~ 熱情. tempérament ~ 激しい気質.
2 (de, pour に) 夢中になった, 熱中した. être ~ de (pour le) théâtre 芝居に夢中である.
—*n.* **1** 情熱家; 激情家. **2** (de の) 熱愛者.

passionnel(*le*) *a.* **1** 情念的な, 感情的な. attitude ~le 感情的な態度.
2 恋情に駆り立てられた, 色恋沙汰の. crime ~ 痴情犯罪. drame ~ 色恋沙汰.

pastel *n.m.*〚美術〛**1** パステル (画材). ~s durs (tendres) 硬質 (軟質) パステル. portrait au ~ パステル肖像画. tons〚de〛~ パステル調.〚同格〛couleurs ~ パステルカラー. rouge ~ パステル調の赤.
2 パステル画. ~s de Degas ドガのパステル画.

pastèque *n.f.*〚植〛西瓜 (すいか) (=melon d'eau).

pasteur *n.m.* **1**〚古・詩〛牧人; 羊飼 (berger).
2〚人類〛遊牧者 (=~ nomade).〚同格〛peuple ~ 遊牧民.
3〚比喩的〛導き手, 指導者. ~ des peuples 民衆の指導者. le bon ~ 迷える仔羊たちを導く良き羊飼. le Bon P~〚des âmes〛イエス・キリスト.
4〚プロテスタント〛牧師 (=ministre du culte protestant);〚古〛〚カトリック〛司祭 (=prêtre). ~ luthérien ルター派の牧師.

pasteurella *n.f.*〚医〛パスツレラ (非運動性グラム陰性嫌気性菌属).

pasteurellose *n.f.*〚医〛パスツレラ菌感染症 (グラム陰性通気性嫌気性菌の感染症).

pasteurien(*ne*), **pastorien**(*ne*) *a.*〚医〛パストゥール (Louis Pasteur [1822-95]) の; パストゥールが発明した; パストゥール法の. méthodes ~nes パストゥール法. vaccinations ~nes (炭疽病, 狂犬病などの) パストゥール・ワクチン接種.
—*n.* パストゥール研究所 (Institut Pasteur) の所員.

pasteurisateur *n.m.* 殺菌器.

pasteurisation *n.f.* **1** (牛乳・生クリーム・ビール・ジュースなどの) 低温殺菌〚法〛(60-90℃); 低温殺菌保存〚法〛(《滅菌 stérilisation に対し, 病原菌などの有害菌を死滅させる殺菌法). ~ du lait〚牛〛乳の低温殺菌〚法〛.
2 殺菌〚法〛. ~ à ultra(-)haute température 超高温殺菌法 (=~ à UHT).

pasteurisé(*e*) *a.* 低温殺菌された; 殺菌された (fermentescible「醗酵性の」,「醗酵が続く」の対). beurre (fromage) ~ 殺菌バター (チーズ) (醗酵停止バター (チーズ)).

fromage ~ 殺菌チーズ, プロセスチーズ《加熱溶融加工チーズ》. lait ~ à ultra-haute température (à UHT) 超高温殺菌乳.

pasteuriser *v.t.* **1** 低温殺菌する. ~ du lait〔牛〕乳を低温殺菌する.
2〔一般に〕殺菌する, 滅菌する.

pastiche *n.m.* **1**《芸術作品の》模作. P~s et Mélanges de Proust プルーストの『模作と雑録』《死後 1954 年刊行》. recueil de ~s 模作集.
2《画家・作家の作風の》模倣；もじり. ~ du style de Hugo ユゴーの文体のもじり.
3〖音楽〗パスティッチョ《抜粋を継ぎ合わせた混成オペラ〔曲〕》.

pastille [pastij]〔西〕*n.f.* **1**〔古〕煉香 (ねりこう). ~s de benjoin 安息香の煉香.
2 円形ボンボン, ドロップ；薬用ドロップ, トローチ. ~ de menthe ミントドロップ. ~ de Vichy ヴィシー薬用ドロップ.
3 水玉模様.

pastis [-s]〖プロヴァンス〗*n.m.* **1**〖酒〗パスティス, アニス酒《アニス・エキスで香りづけしたアルコール飲料；水で割って食前に飲む；商品名 P~ 51, Ricard など》.
2〔話〕面倒, 厄介なこと. Quel ~! なんて面倒なんだ.

pastor*al* (***ale***[1]) (*pl.* ***aux***) (<pasteur) *a.*
1〔文〕羊飼いの, 牧人の. vie ~*ale* 牧人生活；田園生活.
2 田園の, 牧歌的な. roman ~ 田園小説. le Symphonie ~*ale* de Beethoven ベートーヴェンの『田園交響曲』《交響曲第 6 番, 1808 年》.
3〔人類〕遊牧〔民〕の. vie ~*ale* 遊牧生活.
4〔カトリック〕聖職者の；(特に) 司教の；〖プロテスタント〗牧師の. anneau ~ 司教の指輪. croix ~*ale* 聖職者の十字架. lettre ~*ale* 司教教書. instruction ~*ale* 司教教書 (=la ~). ministère ~ 牧師職.

pastorale[2] *n.f.* **1**〖文史〗牧〔田園〕文学；牧人〔田園〕劇.
2〖音楽史〗牧歌曲；牧歌劇. la P~ de Beethoven ベートーヴェンの『田園交響曲』.
3〖美術〗牧人〔田園〕画.
4〖カトリック〗司牧活動；司牧神学 (= théologie ~)；司教教書 (= instruction ~, lettre ~).

pastoralisme *n.m.* **1** 牧畜生活；田園趣味. **2**〖農業経済〗集約的牧畜体制.

pastorien(ne) ⇨ **pasturien**(*ne*)

PAT[1] (= *p*ersonne-*a*nnée-*t*ravail)〖統計〗人・年・労働〔量〕. indice du revenu brut d'exploitation par ~ 営業粗所得の人・年・労働指数.

PAT[2] (= *P*rime à l'*A*ménagement du *T*erritoire) *n.f.* 国土整備計画補助金.

PAT[3] (= *p*rojet *a*rchitectural et *t*echnique) *n.m.* 建築技術計画.

patate〔西〕*n.f.* **1**〖植〗バタータ；さつま芋 (= ~ douce)《convolulacées ひるがお科》.
2〔話〕じゃが芋 (= pomme de terre), ポテト. ~s chips ポテトチップス.〖カナダ〗 ~s frites フライドポテト, フリット.
3〖数〕〔話〕不規則なカーヴ図式 (= patatoïde).
4〔比喩的〕〔話〕間抜け, 馬鹿. Va donc, eh ~ ! 失せろ, 馬鹿め.
5〔話〕~ chaude 厄介な問題. avoir la ~ 好調である (= être en forme). en avoir gros sur la ~ (sur le cœur) 重苦しい気持ちである. faire ~ しくじる.
6〔話〕100 万サンチーム《1 万フラン》Il lui faut deux ~s pour acheter le camion de ses rêves. 彼の夢であったトラックを買うには 200 万サンチームが必要である.

patch [patʃ]〔英〕*n.m.*〖医〗**1** パッチガーゼ (= timbre).〔英〕~-test パッチテスト (= épidermotest).
2 絆創膏 (= système transdermique；pièce).

pâte *n.f.* **1**〖料理〗パート, 生地, 練り粉. ~ à frire 揚げ物生地. ~ à frire japonaise 天婦羅の衣. ~ à pain パン生地. ~ à paté パテ生地. ~ à tarte タルト生地. ~ d'amande パート・ダマンド, アーモンドペースト, マジパン《アーモンドの細粒と粉糖・水あめを練った製菓用生地》. ~ de cuisine 料理用生地. ~ de pâtisserie 製菓用生地. pétrir une ~ 生地をこねる.〔話〕être comme un coq en ~ 寝床でぐずぐずしている, 何不自由なく暮している.〔話〕mettre la main à la ~ 自ら仕事に手を下す.
2〖料理〗パート, パスタ, 麺類 (= ~s alimentaires). ~s fraîches 生パスタ.
3〖料理〗練り物, パート.〖製菓〗~ de fruits パート・ド・フリュイ《果物の果肉, 砂糖, ペクチンを主材料とする糖菓》. ~ de pomme (de cerise, de coing, de fraise) 林檎 (桜桃, マルメロ, 苺) のパート・ド・フリュイ. ~ de soja 豆腐.
4〖チーズ〗fromage à ~ dure (molle) 硬 (軟) 質チーズ.
5 泥膏；湖状の物；《石膏などの》ペースト. ~ à modeler 粘土. ~ à papier 製紙用パルプ. ~ dentifrice 練り歯磨き. colle de ~ ペースト状の糊.
6〖陶器〗《焼き物の》素地 (= ~ céramique). ~ dure (tendre) 硬 (軟) 質素地. ~ de porcelaine 磁器の素地.
7〖絵〗《パレット上の》絵具の塊. peindre dans la ~ (en pleine ~) 絵具を盛り上げて描く.
8〖鉱〗石基《斑状火成岩の基体》.
9〖印刷〗composition, forme tombée en ~ 落として滅 (めつ) になった活字組版 (= pâté).
10〖印刷〗~ à polycopier 複写用ゼラチン樹脂.

pâté

11〔話〕人間. bonne ~〔d'homme〕好み物. ~ molle ぐにゃぐにゃした人間.

pâté *n.m.* **1**〘料理〙パテ(= ~ en terrine), テリーヌ(= terrine), ペースト《陶製の容器で焼き上げた豚肉加工品；他に仔牛肉，猟鳥獣肉，各種内臓，魚肉を用いることもある》. ~ d'abats アバ(もつ)のパテ. ~ breton ブルターニュ風パテ《玉葱，豚の皮・頭肉の屑などでつくるパテ・ド・カンパーニュの一種》. ~ de campagne パテ・ド・カンパーニュ，田舎風パテ《豚の肉ともつを用いたパテ》. ~ de canard (d'anguille, de gibier, de lapin, de saumon, de volaille) 鴨(鰻，猟鳥獣，兎，鮭，家禽)のパテ. ~ de foie 肝臓のパテ，レバーペースト. ~ de foie gras d'oie truffé 鵞鳥のフォワグラのパテのトリュッフ風味. ~ de Périgueux ペリグー風パテ《鵞鳥または合鴨の肝臓，豚の赤身と脂身のファルスにトリュッフを加えたパテ》. ~ de ris de veau 仔牛の胸腺のパテ. ~ forestier パテ・フォレスティエ《各種の茸を加えたパテ・ド・カンパーニュ》. pâté à ~ パテ用生地. sandwich au ~ パテ・サンド. **2**〘料理〙パテ，パイ，パイ皮で包んだ料理(= ~ en croûte). ~ en croûte パテ・アン・クルート《豚，仔牛，猟鳥獣，家禽の赤身肉をパテ用生地で包んで焼き上げたもの》. ~ en croûte《pavé du roy》パテ・アン・クルート「王のパヴェ」風《豚と仔牛の腿肉の角切りと豚のひの挽肉の挽肉をパイ生地に包んで焼き上げたもの》. ~ de jambon en croûte ハム入りのパテのパイ皮包み. ~ impérial (printanier) 春巻. **3**〘ベルギー〙パテ《小型のクリームケーキ》. **4** 塊り(= bloc). un ~ de maisons 一かたまりの家. ~ de sable 砂まんじゅう. **5** インクのしみ. faire des ~s en écrivant 書きながらインクのしみをのこす. **6**〔印刷〕減活字，ごっちゃになった活字.

patellaire *a.*〘解剖〙膝蓋(しつがい)骨の，膝蓋の. chondropathie ~ 膝蓋軟骨症. reflexe ~ 膝蓋〔腱〕反射.

patelle *n.f.* **1**〘貝〙パテル，かさがい(= 俗称 bernique, bernicle, chapeau chinois；前鰓(ぜんさい)亜綱 Prosobranches の貝；直径5 cm程度の編笠形の貝；食用).

patente *n.f.* **1**〔古〕(国王：権利保有団体の交付する)証書，特認状，特許状. **2**〘海事〙(船舶の)健康証書(= ~ de santé) (船舶の衛生状態合格証). **3**〔古〕営業税《1976年以後は taxe professionnelle「事業税」に変更》；営業税納入証明書；営業許可. **4**〔カナダ〕〔俗〕物(= truc, machin).

paternel(le) *a.* **1** 父の，父親の. autorité ~ le 父親の権威. filiation ~ le 父子関係.〔心〕image ~ le 父親像. ligne ~ le 父系.〔旧〕puissance ~ le 親権.

2 父親としての；父親らしい；慈父らしい. amour ~ 父性愛. semonce ~ le 父親としての叱責. sentiment ~ 父親感. **3** 父方の(maternel「母方の」の対). tante ~ le 父方の伯(叔)母.
――*n.m.*〔話〕親父.

paternité *n.f.* **1** 父親であること，父性(maternité「母性」の対)；父親らしさ；父親らしい気持. joie de la ~ 父親であることのよろこび. **2**〘法律〙父の資格；父子関係. ~ adoptive 養父子関係. ~ alimentaire 扶養上の父子関係. ~ biologique 生物学的父子関係. ~ de fait 事実上の父子関係. ~ génétique 遺伝子的父子関係. ~ légale (嫡出または自然の)法定父子関係. ~ légitime 嫡出父子関係. ~ naturelle 自然父子関係《婚姻外に成立する父子関係》.〘カトリック〙~ spirituelle (洗礼・堅信の際の)霊的父子関係. allocation de ~ 父子手当. confusion de ~ (寡婦が9か月以内に再婚したために生じる)父子関係の混乱. congé de ~ 父子の育児休暇. désaveu de ~ 父子関係の否認. **3**〔比喩的〕著作者(発明者)であること. reconnaître (revendiquer) la ~ d'une œuvre 作品の著作者であることを認める(主張する).

Pathan ⇒ **Pachtoun**

-pathe, -pathie, -pathique
〔ギ〕ELEM「病；感受」の意(ex. allo*pathe* 逆症療法医, sym*pathie* 共感, a*pathique* 無気力な).

pathétique *a.* **1** 悲壮(悲愴)な，心に迫る；痛ましい. actrice ~ 心をゆさぶる女優. discours ~ s 胸を打つ演説. scènes ~ s d'une tragédie 悲劇の悲壮な情景. la sonate ~ de Beethoven ベートーヴェンの『悲愴ソナタ』(= la P ~). la Symphonie ~ de Tchaïkovsky チャイコフスキーの『悲愴交響曲』(交響曲第六番). ton ~ 悲壮なる口調. **2**〘解剖〙nerf ~ 滑車神経(第4脳神経). **3**〔神経生理〕感受性のある (apathique「無感情な」の対).
――*n.m.* 悲壮さ. ~ facile (mélodramatique) 安易な悲壮感. parler avec beaucoup de ~ 雄弁に語る.

pathogène *a.*〘医〙病因となる. agent ~ 病原，病原体. bactérie ~ 病原菌.
pathogenèse *n.f.*〘医〙病因論(疾患の原因の系統的研究).
pathogénique *a.*〘医〙病因学的な.
pathologie *n.f.*〘医〙病理学. ~ clinique 臨床病理学. ~ comparative 比較病理学. ~ expérimentale 実験病理学. ~ géographique 地理病理学.
pathologique *a.* **1**〘医〙病理学の，病理学的な. anatomie ~ 病理解剖〔学〕. **2** 病的な，病気の，病気による. croissance ~ 病的成長. kératinisation ~ 病的角化. mensonge ~ 病的虚言，空想虚言. physio-

logie ~ 病態生理学. troubles ~s 病的障害.
3 病的なまでに異常な.

patience *n.f.* **1** 忍耐〔力〕；辛抱. ~ d'ange 見事な忍耐力. ~ inaltérable 不屈の忍耐力. avoir de la ~ 辛抱強い. avoir la ~ de+*inf*. …するだけの忍耐力がある. perdre ~ 辛抱しきれなくなる. prendre ~ じっと我慢する. prendre ses maux en ~ 苦痛に耐える. P~! 辛抱しなさい (辛抱しよう)！；今に見ろ！
2 根気. jeu de ~ ジクソーパズル (=puzzle). ouvrage de ~ 根気仕事.〔諺〕P~ passe science. 根気は学識に優る.
3 冷静さ, 平静さ. s'armer de ~ 冷静に構える.
4〖トランプ〗ペーシェンス (一人占い) (=réussite). faire des ~s pour tuer le temps 時間潰しにペーシェンスをやる.

patient(e) *a.* **1** 忍耐強い, 辛抱強い. caractère ~ 忍耐強い性質. gens très ~s 辛抱強い人びと. Sois ~! 辛抱しなさい. Soyez ~, dans cinq minutes il sera ici. じりじりしないでください. 彼は5分以内に来るでしょうから.
2 根気のある. âme ~e ねばり強い人. espoir ~ ねばり強い希望.
3 根気のいる, 忍耐を要する. ~ labour 根気のいる耕作. ~ travaux de la science 学問の忍耐を要する仕事. longue et ~e étude 長く忍耐を要する研究.
── *n.* **1** 辛抱強い人. **2** 手術患者；〖広義〗患者. le médecin et ses ~s 医師とその患者. **3** 受刑者；罰 (体罰) を受ける人.

patin *n.m.* **1** (スケートの) ブレード；スケート；ローラースケート (=~s à roulettes). ~s à glace アイススケート. ~ artistique フィギュアスケート. ~s de vitesse スピードスケート. ~s d'une luge リュージュのブレード.
aller en (sur les)~s スケートで滑って行く. faire du ~〔à roulettes〕〔ローラー〕スケートをする.
2 (橇の) 滑り木；〖航空〗着陸橇；(椅子の) 下の) 横木；〖鉄道〗(レールの) フランジ (= ~ du rail)；(電車の) 集電靴；(キャタピラーの) シュー；〖建築〗枕木, 根太；〖機械〗 (軸受台の) ベース；(金敷の) 足. ~ de frein 制動靴, ブレーキ片.
3 (床保護用の) 布の靴底当て (=~ d'appartement).
4 軋轢 (あつれき), 揉め事. chercher des ~s à *qn* 人に喧嘩を売る. prendre les ~s de *qn* 人に味方する.
5〖隠〗唇へのキス. rouler un ~ à *qn* ディープキスをする.

patinage *n.m.* **1** スケート. faire du ~ スケートをする. ~ artistique libre dames 女子フィギュア (フィギア) スケート・フリー (競技). ~ de vitesse 1000 m hommes 男子1000メートル・スピードスケート (競技). ~ à roulettes ローラースケート. piste de ~ スケートリンク.
2 (車輪などの) 空転, スリップ.

patinoire *n.f.* **1** アイス・スケートリンク. ~ artificielle (naturelle) 人工 (天然) スケートリンク. ~ couverte 屋内スケートリンク. ~ olympique オリンピック競技用スケートリンク. La rue est une vraie ~. 通りはまるでスケートリンクのようだ.
2 ローラー・スケートリンク.

patio [patjo, pasjo]〖西〗*n.m.* パティオ, 中庭.

pâtisserie *n.f.* **1**〘総称〙パティスリー, ケーキ, 菓子 (ビスケットなどの干菓子は除く). manger des ~s (de la ~) ケーキ (菓子) を食べる.
2 ケーキ作り, 製菓. industrie de la ~ 製菓産業, 製菓業. ustensiles de ~ 製菓用用具.
3 ケーキ (菓子) 販売業；ケーキ店 (製造・販売). boulangerie ~ パン・ケーキ店.
4〖建築〗(天井などの) 化粧漆喰 (=moulage en stuc).

pâtissier (ère) *n.* 菓子 (ケーキ) 職人, 菓子販売者. boulanger ~ 菓子兼業パン職人. chef ~ シェフ・パティシエ《レストランの製菓部門の責任者》. chez le ~ 菓子店.
── *a.* crème ~*ère* クレーム・パティシエール, カスタード・クリーム.

pâtissoire *n.f.* パティソワール, ケーキ製造台.

pâtisson *n.m.*〖植〗パーティソン《瓜科 cucurbitacées のペポ南瓜の一種；直径25 cm 程度の平たい半球型, 果肉は乳白色でアルティショーに近い風味がある；別称 bonnet-de-prêtre, artichaut d'Espagne, artichaut de Jérusalem》.

patois[1] *n.m.* **1**〖言語〗俚言 (りげん) (方言 dialecte) の下位区分)；〘一般に〙田舎 (村) 言葉. ~ allemands ドイツ語系俚言. ~ d'une région 地方の田舎言葉.
2 仲間言葉, 職業語；隠語. ~ des savants 学者用語.
3〖蔑〗貧弱な (下品な) 言葉. Quel ~! ひどい言葉遣いだ!

patois[2] **(e)** *a.* 俚言の；田舎 (村) 言葉の. mot ~ 土地の言葉.

patriarcal (ale) (*pl. aux*) *a.* **1** (旧約聖書に描かれた) 族長の；族長時代の純朴さを思わせる. autorité ~*ale* 族長権. d'une manière ~*ale* 純朴に.
2〖宗教〗(カトリックの) 総大司教の；(東方教会の) 総大主教の. siège ~ 総大司教 (総大主教) 座.
3〖社会〗家父長制の. société ~*ale* 家父長制社会.

patriarcat *n.m.* **1**〖社会〗家父長制, 族制；家父長制社会, 父権社会, 族長制社会.
2〖宗教〗(東方教会の) 総大主教の地位 (在

任期間, 管区);(カトリックの) 総大司教の地位 (在任期間, 管区).

patriarche *n.m.* **1** 〖宗教史〗(旧約聖書に描かれた) 族長. le temps des ~s 族長時代《Abraham から Moïse まで》.
2〖宗教〗**a)** (キリスト教・ローマ教会の) 総大司教, 教皇 (= ~ de Rome). **b)** 総主教(5世紀以後 Constantinople, Alexandrie, Antioche, Jérusalem, Rome の大主教). ~ d'Antioche アンティオコス総大司教. **c)** (東方正教会の) 総大主教.
3 家長, 族長; 長老, 古老. le ~ de Ferney フェルネーの長老《晩年の Voltaire に対する呼称》.

patrie *n.f.* **1** 祖国. amour pour la ~ 祖国愛, 愛国心. la mère ~ 母国. Allons enfants de la ~! 進め祖国の子らよ!(la Marseillaise の冒頭の一節). mourir pour la ~ 祖国に殉じる. Aux grands hommes, la ~ reconnaissante 偉人たちに祖国は感謝の念を捧げる《パリのパンテオンに刻まれた銘句》. L'art n'a pas de ~. 芸術に国境なし. C'est ma seconde ~. それは私の第2の祖国である.《Pour la ~, les sciences et la gloire.》「祖国, 科学と栄光のため」(エコール・ポリテクニック l'Ecole polytechnique の銘句)
2 生まれ故郷. Charleville est la ~ de Rimbaud. シャルルヴィルはランボーの生地である.
3 本場, 中心地. ~ de l'art 芸術の中心地.

patrilignage *n.m.* 父系家系.

patrilinéaire *a.* 父系の (matrilinéaire「母系の」の対). famille ~ 父系家族. société ~ 父系社会.

patrimoine *n.m.* **1** 資産; 世襲財産, 遺産; 人類共通財産 (= ~ de l'humanité), 文化財 (= ~ culturel). ~ mondial (naturel) 世界文化 (自然) 遺産. ~ national 国民の財産. ~ originaire (後得財産分配参加制における) 当初財産. Année du ~ 文化財の年. Centre du ~ mondial 〔de l'humanité〕 de l'Unesco ユネスコの〔人類の〕世界遺産センター《在 Paris》. Comité du ~ mondial de l'Unesco ユネスコの世界遺産委員会《政府間委員会》. Convention du 16 novembre 1972 concernant la protection du ~ mondial, culturel et naturel 1972年11月16日の世界文化・自然遺産に関する協定. La liste du ~ mondial compte, au 12 juillet 2007, 851 biens classés dont 660 biens culturels, 166 biens naturels et 25 biens mixtes situés dans 184 Etats. 世界遺産リストには, 2007年7月12日現在, 851の財が登録され, うち660件が文化財, 166件が自然遺産, 184が混合遺産で, 184カ国に存在する. *Institut national du ~* 国立文化財研究所《略称: INP; 1990年 Ecole nationale du ~「国立文化財学校」を改組; 文化財の保存と修復の2部門を擁する国立の高等教育・研究機関; 文化省所管のグランド・エコール; 在 Paris)》.
2〖経済〗compte de ~ 国民資本勘定, 国民貸借対照表勘定《国民経済計算 comptabilité nationale の一部》.
3〖生〗~ héréditaire (génétique) 遺伝子型.

patrimonial (ale)(*pl.***aux**) *a.* **1** 家産の, 世襲財産の; 父祖伝来の. biens ~ *aux* 世襲財産.
2〖法律〗財産の; 財産に関する; 取引可能な. charges ~ *ales* 財産上の負担. droits ~ *aux* 財産法.

patrimonio *n.m.* 〖葡萄酒〗パトリモニヨ《コルス (コルシカ) 島北部の AOC 酒; 2000年以降赤葡萄酒については nielluccio 種の葡萄 90%以上, 白については vermentino 種 90%以上が必要となる; 他に muscat 種による甘口の白もある》.

patriote *n.* **1** 愛国者. ardent ~ 熱烈な愛国者.
2〖仏史〗(大革命下の) 革命派 (1789-90年).
── *a.* **1** 愛国的な. **2** 〖仏史〗革命派の. curé ~ 革命派の司祭.

patriotique *a.* 愛国的な; 愛国心に溢れた. ardeur ~ 熱烈な愛国心. chants ~s 愛国歌. sentiments ~s 愛国心, 祖国愛.

patriotisme *n.m.* 祖国愛, 愛国心.

patron(ne) *n.* **1** 経営者; 店主; 雇用主; (職人の) 親方; (レストランなどの) マスター, マダム, 主人. ~ de boulanger パン屋の主人. ~ charpentier 大工の棟梁. ~ d'un café (d'un restaurant) カフェ (レストラン) の店主 (マスター, 主人). les ~s et les employés 雇用主と被雇用者. ~ d'une société 会社の経営者. ~ d'une usine 工場経営者. tournée du ~ (客への) マスターのおごり.
2 〖話〗(妻から見た) 亭主, 主人;(夫から見て) 山の神;(召使から見て) 旦那さん, 奥さん.
3〖やや古〗パトロン (パトローヌ), 庇護者, 後楯. servir de ~ à qn 人のパトロンとなる.
4 守護聖人 (=saint ~, sainte ~ne). Sainte Geneviève, ~ne de Paris パリの守護聖人サント=ジュヌヴィエーヴ.
5〖学〗(医学生から見た) 教授, 医長《女性にも男性形を用いる》. Mme X est un ~. X 夫人は教授 (医長) である. assister un ~ 教授 (医長) の補佐をする.
6〖学〗指導教授《女性にも男性形を用いる》. ~ de thèse 学位論文の指導教授.
7〖話〗Salut, ~! やあ親分.

patronage *n.m.* **1** 庇護, 後楯; 後援, 支援; 賛助. grâce au ~ de の庇護 (後楯) のおかげで. sous ~ de …の後援のもとに, 後援による. exposition organisée sous le ~ de la municipalité 市の後援による展覧会.

2(聖人による)守護.
3 青少年育成会；青少年会館. ~ municipal 市立青少年会館. film de ~ 青少年向け選定映画；〚皮肉〛つまらぬ映画.

patronal (ale) (al.**aux**) a. **1** 経営者の, 雇用主の；経営者側の. cotisation (part) ~ ale aux caisses de Sécurité sociale 社会保障金庫の保険料の雇用主負担分. organisations ~ ales 経営者団体. syndicat ~ 経営者組合.
2 守護聖人の. fête ~ ale 守護聖人祭.

patronat n.m. **1** 〚集合的〛経営者, 使用者〔側〕；雇用主；使用者団体. Conseil national du ~ français フランス経営者全国協議会(略称CNPF；フランスの経営者団体；1998年10月27日 le Medef = *Mouvement des entreprises de France*「フランス企業運動」に改組). rencontre ~-syndicats 労使対決.
2(古代ローマ)パトローヌス (patron) の地位(身分, 称号)；〚古〛親分の権限.

patronite n.f. 〚鉱〛パトロナイト(バナジウム鉱の一種).

patronyme n.m. 姓, 苗字(= nom de famille)(≒ prénom).

patronymique a. 父称の. nom ~ 姓, 苗字(= nom de famille；名は prénom). 〚言語〛suffixe ~ 父称接尾辞.

patrouille n.f. **1** 巡回, パトルイユ, パトロール；〚軍〛哨戒, パトロール；偵察(= ~ de reconnaissance). ~ aérienne 空中哨戒. faire une ~ パトロールを行う. partir en ~ パトロール(巡回, 偵察)に出掛ける.
2 パトロール班；〚軍〛哨戒隊；哨戒艇機隊；巡視艇隊. ~ d'infanterie 歩兵のパトロール隊. ~ lourde (légère) 重(軽)装備のパトロール隊. ~ motorisée 機動パトロール隊. chasseurs d'une ~ 哨戒中の戦闘機編隊.
3(ボーイスカウトなどの)班.

patrouilleur n.m. **1** 〚軍〛パトロール隊員, 偵察隊員.
2 〚軍〛哨戒艇, 巡視艇；哨戒機(= avion de patrouille). ~ rapide lance-missiles ミサイル発射高速哨戒艇.

patte n.f. **1**(獣・鳥・虫の)脚. ~ s abdominales des crabes 蟹の腹部の脚. ~ s ambulatoires des insectes 昆虫の歩脚. ~ s de devant (de derrière) d'un quadrupède 四足獣の前脚(後脚). se dresser sur les ~ s de derrière 後脚で立つ. 〚比喩的〛~ de lièvre (化粧用の)パフ. 〚比喩的〛~ de mouche 細かくて読みにくい字. 〚比喩的〛~ d'oie (鷲鳥の脚→)鳥(からす)の足跡, 目尻の小皺；(道路の)分岐点(= carrefour). 〚比喩的〛pantalon à ~ s d'éléphant ラッパズボン. donner la ~ (犬が)お手をする.
2〚話/俗〛(人間の)脚, 足；腕, 手. avoir de grosses ~ s 大きな手をしている. avoir une ~ folle 軽くびっこをひく. en avoir

plein les ~ s 脚が棒のようである；〚比喩的〛うんざりしている.
être court (bas) sur les ~ s 脚が短い. faire ~ de velours (猫が)爪を隠す；(人が)猫かぶりをする. 〚比喩的〛montrer ~ blanche 合言葉を使う. ne pouvoir remuer ni pied ni ~ 身動きひとつできない. 〚比喩的〛retomber sur ses ~ s うまく難を免れる. se casser la ~ 脚を折る. se faire faire aux ~ s つかまる. se fourrer dans les ~ s de qn 人の足にまとわりつく；人の邪魔立てをする. sortir (se tirer) des ~ s de qn 人の手中を脱する. tirer dans les ~ s de (à) qn 人の邪魔立てをする. se tirer dans les ~ s 互いに足を引っ張り合う(邪魔し合う). tomber entre (sous) la ~ de qn 人の手中に陥る. traîner la ~ 足をひきずる. traîner un fil à la ~ 身動きがとれない. 〚A〛bas les ~ s! 手を出すな；口出しするな!
à ~ 歩いて. aller à ~ s jusqu'à la gare 駅まで歩いて行く.
à quatre ~ s 四つん這いで. se mettre à quatre ~ s 四つん這いになる.
3 〚比喩的〛coup de ~ 手ひどい言葉. lancer un coup de ~ à qn 人にひどい言葉を投げかける.
4 腕前；確かな腕前. avoir de la ~；avoir un bon coup de ~ 腕が確かである.
5 〚pl. で〛もみあげ(= ~ s de lapin)；短いひげ. porter des ~ s もみあげを長くしている.
6《鉤状のもの》吊し鉤；掛け鉤(= crochet)；~ à scellement フック. 〚海〛~ s d'une ancre 錨の爪.
7《細い帯状のもの》〚服〛タブ；(ポケットなどの)フラップ；(シャツなどの)前立て；(財布のふたの)留め革；(靴の)舌革. ~ d'épaule 肩章(= épaulette).
8 〚スイス〛布巾；雑巾(= ~ à poussière). ~ à relaver 食器の洗い布巾.

patte-d'oie (pl. **~ s-~**) n.f. **1** 道路の分岐点, (数本の道路の)交叉点(= carrefour).
2 目尻の小皺.
3 〚植〛あかざ(= chenopode).
4 〚海〛cordage en ~ 吊索.
5 ピラミッド型の骨組, 三角架構物(;橋脚の).

pâturage n.m. **1** (家畜の)放牧；放牧権.
2 放牧地, 牧草地(= prairie). ~ alpestre 高地放牧地(= alpage). amener (mener, mettre) le bétail au ~ 家畜を牧草地に連れていく.

pâture n.f. **1** (動物の)食物, 餌；(家畜の)飼料(= fourrage).
2 牧草地(= pâturage). mener les vaches en ~ 乳牛を放牧地に連れて行く. 〚法律〛vaine ~ 入会放牧；入会放牧権(= droit de vaine ~).
3 〚話〛(人間の)食物；飯の種.

Pau

4〔比喩的〕(精神の)糧；(噂の)たね；(記事などの)ねた. jeter qch en ～ à la curiosité du public 大衆の好奇心を満たすために何を投げ与える.

Pau n.pr. ポー《département des Pyrénées-Atlantiques ピレネー=アトランティック県の県庁所在地；市町村コード 64000；le Béarn ベアルヌ地方の旧都, ナヴァール Navarre 王の居城所在地；アンリ 4 世の生地；形容詞 palois (e)》. Château de ～ ポー城《13 世紀》. aéroport de ～ - Pyrénées ポー=ピレネー空港《北 12 km》.

pauchouse n.f.〖料理〗ポーシューズ, ポシューズ《=pochouse》《川魚の白葡萄酒煮》.

Pauillac n.pr. ポイヤック《département de la Gironde ジロンド県の小郡庁所在地；市町村コード 33250；ジロンド河 la Gironde 左岸の河川港, 葡萄酒・羊などの名産地；著名シャトーに 1855 年格付による第 1 級畑の ch. Lafite-Rothschild, ch. Latour, 第 2 級畑の ch. Mouton-Rothschild (1973 年第 1 級 に), ch. Pichon-Longueville-Baron, ch. Pichon-Longueville-Comtesse-de-Lalande, 第 4 級畑の ch. Duhart-Rothschild, 第 5 級畑の ch. Batailley, ch. Clerc-Milon, ch. Croizet-Bages, ch. d'Armailhac, ch. Grand-Puy-Ducasse, ch. Grand-Puy-Lacoste, ch. Haut-Bages-Libéral, ch. Haut-Batailley, ch. Lynch-Bages, ch. Lynch-Moussas, ch. Pontet-Canet；形容詞 pauillacais (e)》. moutons de ～ ポイヤック名産の羊. vins de ～ ポイヤック産葡萄酒《=pauillac》.

pauillac n.m.〖葡萄酒〗ポイヤック《ジロンド県 département de la Gironde ジロンド河左岸のオー=メドック le Haut-Médoc 地区のポイヤック村 P～ で生産される赤の AOC 酒》.

paulownia n.m.〖植〗ポーローニヤ, 桐(きり)《=～ impérial》《中国原産；1834 年フランスに導入；名称は 1864 年この木がロシア皇帝パーヴェル 1 世 (Paul Ier) の皇女でオランダ大公妃のアンナ・パウロフナ (Anna Pavlovna (Paulowna)) [1795-1865] に献上されたことに由来》.

paume n.f. **1** 手のひら, 掌(たなごころ)《= ～ de la main》. recevoir une balle avec la ～ 手のひらで球を受ける.
2〔古〕ジュ・ド・ポーム (jeu de ～)《手のひら, 次いでラケットを用いた球技》. courte ～ 屋内ポーム競技. longue ～ 屋外ポーム競技. Galerie nationale du Jeu de ～ 国立ジュ・ド・ポーム美術館《Paris のチュイルリー庭園 jardin des Tuileries の一角にある旧球戯場；ルーヴル宮の別館；現在は現代美術の不定期展覧会場》.
3〖木工〗はめ継ぎ, 相欠き. ～ carrée 十字相欠き継ぎ.

paumé (e) a. **1**〔話〕惨めな, 無一物の.

2 途方に暮れた.
━ n. ～ 人.

paupérisation n.f. 貧困化《=appauvrissement》.

paupière n.f.〖解剖〗眼瞼(まぶた). ～ supérieure (inférieure) 上 (下) 眼瞼. commissure des ～s 目尻. muscles des ～s 眼瞼筋. ombre à ～s アイシャドー. abaisser (fermer[1]) les ～s d'un mourant 死者の眼瞼を閉じる. avoir les ～s gonflées はれぼったい目をしている. avoir les ～s mi-closes 薄目を開ける. battre (ciller, cligner) les ～s まばたきする. fermer les ～s 眼瞼を閉じる, 眠る. ouvrir les ～s 目を開ける.

paupiette n.f.〖料理〗ポーピエット《肉の薄切りに具を詰めて巻いた料理》. ～ de veau 仔牛のポーピエット.

pause n.f. **1** 中休み；〖軍〗小休止《=halte》. ～ d'une activité (d'un travail) 活動 (仕事) の中休み. ～ d'un exercice (d'une marche) 演習 (行軍) の小休止. faire une ～ 中休みをする；小休止をする.
2〖スポーツ〗休憩. ～ entre deux périodes de jeu ハーフタイムの休憩.
3 中断；休憩. ～ de midi 昼休み. ～-café ポーズ=カフェ, コーヒー・ブレイク. ～-déjeuner 昼食休み；昼休み. ～-repas 食事休み；昼休み. faire dix minutes de ～ toutes les deux heures 2 時間毎に 10 分休む.
4〔話〕(旅行の途中の) 中休みの短い滞在. faire une ～ à Lyon リヨンで中休みする.
5(台詞などの)間(ま)；〖言語〗休止. faire des ～s en parlant 時々間を置いて話す.
6〖音楽〗全休止, 全休符. Une ～ vaut deux demi-～s. 全休止 (全休符) は 2 分の 1 休止 (2 分休符) 2 つに相当する.

pause-café (pl. ～s-～) n.f. ポーズ=カフェ, コーヒーブレーク.

pauvre a. **1**〔名詞の後・属詞〕貧しい, 貧乏な. famille ～ 貧しい家庭. gens riches et gens ～s 金持と貧乏人. pays ～s très endettés 重債務 (過度負債) 貧困国《略記 PPTE《=〔英〕 Heavily Indebted Poor Countries：HIPC》. pays les plus ～s 最貧国. quartier ～ 貧民街. être ～ (comme Job) 貧しい (極貧である). naître ～ 貧乏に生まれつく.
2 貧相な, 貧弱な；(土地が) やせた；(鉱石などが) 含有量の少ない. langue ～ 貧弱な語彙. minerai ～ 貧鉱. terre ～ やせ地. ～ en …に乏しい. alimentation ～ en vitamines ビタミンの乏しい食物. avoir l'imagination ～ 想像力が貧困である.
3〔名詞の前〕気の毒な, 可哀想な；惨め な, 哀れな；つまらない, くだらない. ～ homme 惨めな (哀れな) 男. ～ maison みすぼらしい家. ～ orateur へっぽこ弁士. ～ type みすぼらしい奴. faire ～ figure 哀れな顔をする；一人だけ見劣りする.
◆〔間投詞・呼びかけ〕

P~ con![povkɔ̃]馬鹿者！
P~ mec![povmɛk]哀れな奴め！
P~ Pierre! 可哀そうなピエール！
P~ de moi (nous)! 情けないなぁ！
mon ~ ami お気の毒に；私の身にもなってください。
── n.〘女性形 pauvresse はやや古〙 **1** 貧乏人, 困窮者；乞食 (mendiant)；浮浪者 (clochard)；〘pl. で〙貧民；困窮層. les ~s et les riches 貧乏人と金持. nouveau ~ 新しいタイプの困窮者 (SDF : sans domicile fixe「ホームレス」, RMIste「社会復帰最低所得制受給者」など). œuvre de secours aux ~s 貧民 (困窮者) 救済事業.
2 可哀そうな人, 哀れな人. Mon (Ma)~!お気の毒に！
3 ~ de …が足りない人. ~ d'esprit 知恵遅れの人, 知的障害者. ~ de talent 才能不足の人.
4〘聖書〙~ en esprit 心貧しき人；〘話〙知恵遅れの人 (= ~ d'esprit). Bienheureux les ~s en esprit. 心貧しき者は幸せなり.

pauvreté *n.f.* **1** 貧しさ, 貧困. grande (extrême) ~ 極度の貧困. religieux qui fait vœu de ~ 清貧の誓いをたてている修道士. tomber dans la ~ 貧困に陥る. vivre dans la ~ 貧困状態で暮す.〘諺〙 P ~ n'est pas vice. 貧は罪ならず.
2 みすぼらしさ. ~ d'un intérieur 家の中のみすぼらしさ.
3〘比喩的〙貧しさ；乏しさ；不毛性. ~ de l'imagination 想像力の貧困. ~ du terrain 土地の不毛性. ~ intellectuelle 知的貧困.

PAV (=*p*neu *a*ccrochage *v*ertical) *n.m.* 路面垂直接触式タイヤ.

pavage *n.m.* **1** 舗石敷設工事；舗装工事. ~ d'une rue 街路の舗石工事.
2 舗石, 舗装材. refaire le ~ d'une route 道路の舗石を取換える.

pavé *n.m.* **1** (道路, 中庭, 建物の床などの) 舗装材 (石, 木材, タイルなど)；舗石；床石；タイル. ~ bâtard 正規でない寸法の舗石. ~ d'échantillon 正規の寸法の舗石. ~ disjoint はがれた舗石. faire une barricade avec des ~s 道路の舗石をはがしてバリケードをつくる. poser des ~s 舗石を敷く.〘話〙C'est le ~ dans la mare. 晴天の霹靂だ.
2〘集合的〙(道路などの) 舗装；石畳；(室内などの) 床張り, 石の床, タイルの床. ~ de marbre 大理石の床張り. ~ de mosaïque モザイクの床張り.
3 舗装道路；街路, 道路. haut du ~ 家並寄りの高くなった舗道.〘比喩的〙tenir le haut du ~ 社会の最高位を占める；幅を利かす.〘話〙battre le ~ 通りをぶらつく. brûler le ~ 早く走る. être sur le ~ 路頭に迷う；失業中である. mettre (jeter) *qn* sur le ~ 人を追い出す (解雇する). sur le ~ de Paris パリの街中で.

4 舗石のような四角い塊；部厚いステーキ；舗石のような部厚のチーズ. ~ (du bœuf) au poivre 部厚いペパー・ステーキ.『料理』~ du Mail マイユ通りの舗石風ステーキ (Paris のビストロ Chez Georges の名物料理). ~ de plum-cake 四角いプラムケーキ. ~ en chocolat チョコレートの四角い塊. avoir un ~ sur l'estomac 胃が重苦しい.
5〘話〙(新聞の) 長たらしい記事；でかでかした広告；部厚い本. publier un ~ indigeste よくこなれていない部厚い本を出版する.

pavillon *n.m.* **I**〘構造物〙**1** (庭園の) 独立小館, あずま屋, 亭 (belvédère, kiosque, rotonde など). ~ chinois 中国風の亭. ~ de chasse (森の) 狩猟小屋 (= muette). ~ de verdure 庭園内の緑のあずま屋.
2 独立小住宅 (= maisonnette)；別荘 (= villa). ~ de banlieue 郊外の一戸建て (= pavillonnaire). habiter un ~ en banlieue (à la campagne) 郊外 (田舎) の一戸建小住宅に住む.
3 病棟 (= ~ d'un hôpital). ~ des cancéreux 癌病棟.
4 (博覧会場などの) 展示館, パヴィヨン, パビリオン. ~ d'une exposition 博覧会の独立展示館.
5 独立小館 (= ~ isolé)；パヴィヨン (= ~ hors-d'œuvre)《建物の突出翼棟；多く方形》. ~ central (d'angle) 中央 (角) の翼棟. le ~ de Flore aux Tuileries パリのチュイルリー宮のフロール翼棟. en ~ 方形の. comble en ~ ピラミッド型の方型屋根.
6 (自動車・車両などの) 屋根.
7 (管楽器の) 開口部, (拡声器などの) ラッパ. ~ d'un cor (d'une trompette) ホルン (トランペット) の開口部. ~ d'un haut-parleur (d'un phonographe) 拡声器 (蓄音機) のラッパ.
8〘解剖〙耳殻 (= ~ de l'oreille). lobe du ~ 耳朶 (じだ), 耳たぶ.
9〘古〙軍用テント；〘カトリック〙聖体覆い布；〘紋章〙(大紋の) 天幕.
II〘旗〙**1**〘海〙船旗；軍艦旗. ~ amiral 将旗 (提督搭乗軍艦旗). ~ d'armateur (海運会社の) 社旗. ~ de complaisance (船舶の) 便宜置籍国旗；便宜置籍旗. ~ de guerre 大戦闘旗. ~ de poupe tricolore bleu, blanc, rouge (フランスの艦船の) 船 (艦) 尾揭揚三色旗《3 色の幅の比率：青 30, 白 33, 赤 37 %》. ~ de quarantaine 検疫旗. ~ de signaux 信号旗. ~ national (国籍表示旗). ~ noir (à tête de mort) 海賊旗.『海洋法』monopole du ~ 便宜置籍船の独占体制. navire battant ~ français フランス旗を掲げた船舶.
couler ~ haut 降伏せずに沈没する；〘比喩的〙見事な最後を遂げる. montrer son ~ (海戦で) 国旗を掲げる；〘比喩的〙旗幟 (き) を鮮明にする.『国際公法』trafiquer

pavillonnaire sous ~ neutre 中立国の船舶を用いて交戦国が物資を不正輸送する. 〖国際法〗Le ~ couvre la marchandise. 船旗は積荷を守る《中立国の旗を掲げた船の積荷は交戦相手国のものでも臨検してはならない》;〖比喩的・話〗外見は内実を隠す.
2〖広義〗旗 (=drapeau). amener (baisser) le ~ 旗をおろす. baisser ~ ; mettre bas 降伏する.

pavillonnaire a. **1** 独立小住宅 (pavillon) の;〖蔑〗安普請の小住宅の. banlieue ~ の;安普請の小住宅が建ち並ぶ郊外. lotissement ~ 一戸建小住宅 (安普請の小住宅) の分譲地. zone ~ 一戸建小住宅地区.
2 棟を連ねた;別棟方式の. hôpital ~ 棟を連ねたホテル.

pavimenteux (se) a. **1** 舗装用の. roche ~ se 舗装用岩石.
2〖解剖〗扁平の. épithéliome ~ 扁平上皮腫 (癌). épithélium ~ 扁平上皮.

pavot n.m.〖植〗芥子, 罌粟 (けし)《けし科 papayéracées》. ~ blanc 白罌粟《阿片が採れる》. ~ bleu (ヒマラヤ原産の) 青罌粟. ~ géant 鬼罌粟. ~ ornemental ひなげし. ~ somnifère 催眠性罌粟, 白罌粟.

Pax Americana [ラ] n.f. パックス・アメリカーナ《米国の支配による平和》.

Pax Christi [ラ] n.pr.f.〖宗教〗パクス・クリスティ《キリストの平和》Paix du Christ の意;1945 年ロンドンで構想が生まれ, 1950 年に設立された平和運動団体》.

Pax Romana [ラ] n.f. パックス・ロマーナ (1) ローマの支配による平和. 2)〖一般に〗強国の支配による平和.

payable a.《一定期日に所定の場所・日時で》支払うべき. ~ à terme (à vue) 満期 (一覧) 払いの. ~ au porteur 持参人払い. ~ en argent (en nature) 現金 (現物) 払いの. ~ en franc suisse スイスフラン払いの. ~ par chèque 小切手払いの. chèque ~ à Paris パリ払いの小切手. traite ~ à 90 jours 90 日支払い手形.

payage n.m. **1** 通行料;〖古〗通行税. autoroute à ~ 有料高速道路. **2** 通行料金徴収;通行料金徴収所.

payant (e) (<payer) a. **1**《入場料・使用料・運賃などを》支払う. visiteurs ~s 有料入場者 (=~s).
2《切符・入場券・興行などが》有料の. autoroute ~ e 有料高速道路. billet ~ 有料券. chaînes [de TV] ~es 有料 TV チャンネル《chaînes gratuites「無料 TV チャンネル」の対》. entrée ~ 入場有料. spectacle ~ 有料のショー.
3〖話〗ペイする, 割に合う, 有利な;有効な. opération ~e ペイする取引.
——n. 料金を支払う人;有料入場者 (乗客).

paye [pɛj], **paie** [pɛ] n.f. **1**《賃金労働者への》給料の支払い. jour de [la] ~ 給料日.
2 給料 (=salaire);《軍人への》俸給 (=solde). bulletin (feuille) de ~ 給与 (俸給) 明細書. livre de [la] ~ 給与 (俸給) 台帳. avoir une bonne ~ 高給を得る. toucher sa ~ 給料 (俸給) を受取る.
3〖話〗《給料日から給料日までの期間→》長い間. Il y a (Ça fait) une ~ que + ind. ずっと前から…である.

payeur (se) n. **1** 支払う人, 支払人. mauvais ~ 払いの悪い人.
2〖行政〗支出係;公費支出係. trésorier- ~ général 総出納官.
——a. 支払いをする. bureau ~ 支払事務所.

pays n.m. **1** 国, 国家 (=Etat);国土 (=territoire);国民 (=nation). ~ agricole 農業国. ~ arabes アラブ諸国. ~ avancé 先進国 (=~ développé). ~ communiste (socialiste) 共産主義 (社会主義) 国. ~ démocratique 民主主義国家. ~ développés 先進国. ~ du tiers monde 第三世界諸国. ~ en développement (PED) 途上国. ~ en voie de développement 発展途上国《略記 PVD;〖英〗developing countries》. ~ étranger 外国. ~ exportateur (producteur) 輸出 (生産) 国. ~ industrialisé 先進工業国, 工業国. ~ légal《制限選挙制下の》有権者層 (~ réel「国民総体」の対). ~ les moins avancés 最後進国, 後発途上国, 最貧国《略記 PMA;=〖英〗LDC: Less Developed Countries》. ~ les plus pauvres 最貧国. ~ membre du Conseil de sécurité 安全保障理事会理事国. ~ membres de l'ONU 国連加盟国. ~ neutre 中立国. ~ occupé 被占領国. ~ occidentaux 西欧諸国. ~ pauvre 貧困国. ~ pauvre très endetté (PTTE) 重債務貧困国 (=〖英〗HIPC: Heavily Indebted Poor Countries). ~ producteurs de pétrole 産油国. ~ sous-développés 低開発国《略記 PSD;現在は ~ en [voie de] développement という》.
grands (petits) ~ 大国 (小国). message adressé au ~ par le président de la République 国民に対する共和国大統領のメッセージ. nouveaux ~ industrialisés 新興工業国《略記 NPI》. Prolétaires de tous les ~, unissez-vous「万国のプロレタリアよ, 団結せよ」(『共産党宣言』). Organisation des ~ exportateurs de pétrole (OPEP) 石油輸出国機構. se conduire comme en ~ conquis 横柄に振舞う, 我が物顔に振舞う. De quel ~ êtes-vous? どの国のお方ですか? Tout le ~ célébrait la fête nationale. 国をあげて《全国民が》国の祝日を祝った. L'avenir de l'Europe divise souvent les grands et les petits ~. ヨーロッパの将来はしばしば大国と小国を対立させている.
2《集合的》国民, 国民, 住民. Le gouvernement a décidé de consulter le ~ sur son projet de réforme. 政府は改革案を国民に問うことを決定した. Le ~ entier était en-

thousiasmé du succès de son équipe au mondial. ワールドカップにおけるナショナルチームの好成績で国中が熱狂していた. message adressé au ~ par le président de la République 国民に対する共和国大統領のメッセージ.
3 地方(=région);一地方の住民. le *P~* basque バスク地方. le *P~* breton ブルターニュ地方(=la Bretagne). le *P~* d'Auge (ノルマンディーの)オージュ地方. le ~ de la Loire ロワール河流域地方.〖行政〗~ d'outre-mer 海外地方《2004年2月27日の組織法律により la Polynésie française に与えられた呼称;法的には collectivité d'outre-mer 海外自治体》. gens du ~ 土地の人. produits du ~ 地方の特産品. traditions du ~ 地方の風習. vin du (de) ~ 地酒. Il n'est pas du ~. 彼は土地の者ではない. Tout le ~ parle de cette affaire. その地方ではこの事件でもち切りだ.
4〖多く所有形容詞を伴って〗祖国, 故郷; 故郷, 郷里(=~ natal). mal du ~ ホームシック. avoir le mal du ~ ホームシックにかかる. notre ~ われらが祖国. salut du ~ 救国. faire honneur à son ~ 祖国の名誉になる. mourir pour son ~ 祖国に殉ずる. quitter le ~ 国を離れる. retourner au ~ 帰郷する. revenir dans son ~ 国(郷里)に帰る. suivre les mœurs de son ~ 祖国(郷土)の風習に従う. l'Allemagne, ~ de Goethe, de Beethoven et de Wagner ゲーテ, ベートーベンそしてワグナーの祖国であるドイツ.〖諺〗Nul n'est prophète en son ~. 家郷にて預言者たりうるものなし《知らない人の尊敬のほうが得やすい》.
5〖形容詞(句)を伴って〗地方, 地域, 地帯. ~ chauds (froids) 熱帯(寒帯)地方. ~ d'élevage 牧畜地方. ~ de forêts 森林地帯. ~ de montagnes: haut ~ 山岳地帯. ~ de vignes 葡萄栽培地方. ~ déserts 砂漠地帯. ~ perdu 僻地. ~ plat (accidenté) 平坦な(起伏に富んだ)地方. ~ tempéré 温暖の地, 温帯地方.
6〖部分冠詞と共に〗地方の特徴, 国柄. voir du ~ 広く旅する, 見聞をひろめる. faire voir du ~ 人に旅をさせる;人を試練にあわせる.
7〖*sing.* で〗土地. gagner [du] ~ 地歩を固める, 前進する, 優勢になる. tirer ~ 立ち去る.
8 空想上の国. ~ des âmes あの世, 彼岸(=l'au-delà). ~ de Cocagne 桃源境, 夢の楽園. ~ des fées 妖精の国. ~ des rêves 夢の国.《*Alice au ~ des merveilles*》『不思議の国のアリス』(Lewis Carroll の作品). partir pour le ~ des rêves 夢の国に旅立つ(子供などが寝つくこと).
9 小さな町(村).
10 領域, 世界. La science conquiert des ~ nouveaux. 科学は新しい世界をひらいた.

paysage *n.m.* **1** 風景, 景色, 景観;(特に)田園風景. ~ champêtre 田園風景. ~ intérieur 心象風景. ~ méditérranéen 地中海地方の風景. ~ urbain 都市景観. admirer le ~ 景色に見とれる.
2 風景画, 風景写真. ~ de Corot コローの風景画. ~ historique 歴史的風景画. peintre de ~ 風景画家(=paysagiste).〖話〗faire bien dans le ~ うまくやってのける;効果抜群だ.
3〖比喩的〗概観;情勢, 大勢;様相, 雲行き. ~ audiovisuel français フランスの視聴覚界の情況(略記 PAF;フランスのテレビ・ラジオ放送界の情況). ~ politique 政治情勢.

paysagé(e), paysager (ère) *a.* **1** 自然を模した. jardin ~〖自然〗風景式庭園.
2 景勝の, 風光保全の, 風致保全の. patrimoine ~ 景勝遺産(自然遺産, 風致地区など). quartier ~ 風致保全地区.
3 bureau ~ 田園風景風事務室(植木を配した開放式大事務室).

paysagisme *n.m.* 造園術;造園業.
paysagiste *n.* **1** 風景画家. **2** (庭園・公園などの)造園家. jardinier ~ 造園家.
paysan(ne) (<pays) *n.* **1** 百姓(百姓女);農夫(農婦);〖*pl.*〗百姓《(次第に agriculteur, exploitant agricole が用いられる傾向にある). ~ parvenu 百姓の成り上がり. ~ propriétaire 自作農. ~ salarié 有給農業労働者(=ouvrier agricole). Centre national des indépendants et ~s 全国独立派農民センター(略記 CNIP;1949年結成の農民政党).〖ドイツ史〗la guerre des *P*~s 農民戦争(1524-25年).
2〖蔑〗どん百姓;田舎者, 無作法者. Quel ~! 何て無作法な奴だ!
—*a.* 百姓の;農民の. avoir un air ~ 百姓じみている. à la ~*ne* 百姓風に;〖料理〗田舎(農家)風の. Confédération ~*ne* 農民総連合(1987年 José Bové [1953-] らにより結成の農民組織). coutumes ~*nes* 農民の習慣(しきたり). parti ~ 農民党. sagesse ~*ne* 農民の知恵. syndicats ~s 農民組合. vie ~*ne* 農民生活.

paysannat *n.m.*〖社〗農民層;〖集合的〗農民.

Pays-Bas (les) *n.pr.m.pl.* [国名通称] オランダ(=la Néerlande)(la Hollande は古称・通称;オランダ語では Nederland ネーデルラント:「低地の国」の意)《公式名称:le Royaume des *P~*, le Royaume de *N~* オランダ王国;国民:Néerlandais(e);首都:Amsterdam アムステルダム, La Haye デン・ハーフ (Den Haag) [行政の首都];旧通貨:florin [NLG]》.

Pays de la Loire *n.pr.m.pl.*〖行政〗les ~ ペイ・ド・ラ・ロワール地方, ロワー

ル河地方《=la Région ~；フランスとヨーロッパ連合 UE の広域地方行政区画に属す》；la Loire-Atlantique, la Maine-et-Loire, la Mayenne, la Sarthe, la Vendée のロワール河中下流域 5 県から成る；面積 32,126 km²；人口 3,222,061；地方庁所在地 Nantes；形容詞 ligérien(*ne*)).

PAZ (=*P*lan d'*a*ménagement de *z*ones) *n. m.* 地区整備計画.

PAZF (=*p*ays *a*fricains de la *z*one *f*ranc) *n.m.pl.* CFA フラン圏アフリカ諸国. croissance économique des ~ フラン圏アフリカ諸国の経済成長.

Pb (=*p*lom*b*) *n.m.*『化』「鉛」の元素記号.

PBB (=*p*oly*b*romo *b*iphényl) *n.m.*『化』ポリ臭素化ビフェニル《環境汚染物質》.

PBC (=*p*oly*b*utyl*c*uprysil) *n.m.*『化』ポリブチルキュプリシル《プラスチックの原料》.

PBDE (=*p*oly*b*romo *d*iphényl *e*ther) *n. m.*『化』ポリ臭素化ジフェニル・エステル《環境汚染物質》.

PBI (=*P*rogramme *b*iologique *i*nternational) *n.f.*『環境』国際生物計画.

PBKA (=*P*aris-*B*ruxelles-*K*öln-*A*msterdam)『鉄道』パリ=ブリュッセル=ケルン=アムステルダム. TGV Thalys ~ パリ=ブリュッセル=ケルン=アムステル間 TGV「タリス」号.

PBT (=［英］*p*oly*b*utylene *t*erephtalate) *n.m.*『化』テレフタル酸ポリブチレン (= polytéréphtalate de butylène)《高温断熱材, 機械部品などのプラスチック製品の原料》.

PC¹ (=*p*arti *c*ommuniste) *n.m.*『政治』共産党.

PC² (=［英］*p*ersonal *c*omputer) *n.m.* パーソナルコンピュータ, パソコン (=ordinateur personnel (individuel), micro-ordinateur). IBM-~ アイ・ビー・エム・パソコン.

PC³ (=*p*olyester *p*oly*c*arbonate) *n.m.*『化』ポリエステル・ポリカーボネート.

PC⁴ (=*p*oste de *c*ommandement) *n.m.*『軍』司令所, 指揮所.

PC⁵ (=*p*rêts *c*onventionnés) *n.m.pl.* (主に建築資金の) 協定貸付〔金〕.

PCA (=［英］*p*atient *c*ontrolled *a*nalgesia) *n.f.*『医』患者管理鎮痛法 (=analgésie contrôlée par le patient).

PCB¹ (=［英］*P*oly*c*hlorinated *b*iphenyl, *p*oly*c*hloro*b*iphényles) *n.m.* ポリ塩化ビフェニル, ポリクロロビフェニル, 塩素化ビフェニル, 塩素化ジフェニル (=polychlorobiphényle).

PCB² (=*P*arti *c*ommuniste *b*ulgare) *n.m.* ブルガリア共産党.

PCC (=*P*arti *c*ommuniste *c*hinois) *n.m.* 中国共産党.

P.c.c. (=*p*our *c*opie *c*onforme) 原本と相違ないことを証明する.

PCDD (=*p*oly*c*hloro*d*ibenzo*d*ioxines) *n. f.pl.*『化』ポリクロロジベンゾダイオキシン, ポリ塩化ジベンゾダイオキシン《有毒汚染物質》.

PCDF (=*p*oly*c*hloro*d*ibenzo*f*uranes) *n.f. pl.*『化』ポリクロロジベンゾフラン, ポリ塩化ジベンゾフラン《殺虫剤》.

PCEM (=*p*remier *c*ycle d'*é*tudes *m*édicales) *n.m.*『教育』医学教育第一課程《2 年間》. ~ 1 医学教育第一課程第一学年.

PCF (=*P*arti *c*ommuniste *f*rançais) *n.m.* フランス共産党 (PC と表記する場合もある).

pcht ⇒ **pschitt**

PCI¹ (=*P*arti *c*ommuniste *i*nternationaliste) *n.m.* 国際共産党《第 4 インターナショナル・フランス支部；トロツキスト》.

PCI² (=*p*ouvoir *c*alorifique *i*nférieur) *n. m.* 低発熱量《可燃物を燃焼した際, 発生する水蒸気の凝縮熱を含めない発熱量；=［英］lower heat value》.

PCI³ (=*P*rojet de *c*omparaison *i*nternationale) *n.m.* (国連の) 国際比較計画.

PCL (=*P*arti *c*ommuniste *l*ituanien) *n.m.* リトアニア共産党.

PCM¹ (=*P*rogramme *c*limatologique *m*ondial) *n.m.* 世界気候計画 (=［英］ WCP: World Climate Program).

PCM² (=［英］Pulse Code Modulation) *n. f.* パルス・コード変換〔方式〕《by impulsion et codage》《アナログ信号をパルスで区切り, コード化してディジタル信号に変換する方式》.

PCMCIA (=［英］Personal *c*omputer *m*emory *c*ard *i*nterface *a*rchitecture) *n.f.* パーソナル・コンピュータ・メモリー・カード・インターフェース・アーキテクチャー《ノートブック型パソコンの拡張カードの標準規格》. connecteurs〔à la norme〕~ PCMCIA 規格の拡張コネクター. ports ~ PCMCIA 規格ポート.

PCML (=*P*arti *c*ommuniste *m*arxiste-*l*éniniste) *n.m.* マルクス=レーニン主義共産党《1978 年 PCMLF-L'Humanité Rouge が改名；1985 年 Parti pour alternative communiste「共産主義代替党」に改組；1988 年解党》.

PCMLF (=*P*arti *c*ommuniste *m*arxiste-*l*éniniste de *F*rance) *n.m.* フランス・マルクス=レーニン主義共産党《1967 年結党；1970 年 L'Humanité Rouge, Front Rouge, de Travailleur の 3 派に分党》.

PCP¹ (=*p*enta*c*hloro*p*hénol) *n.m.*『化』ペンタクロロフェノール《農薬, 木材防腐剤》.

PCP² (=*p*hen*c*yclidine) *n.f.*『薬』フェンシクリジン《麻酔薬；麻薬；1978 年製造禁止；略号は国際純粋・応用化学連合の名称である 1-(1-*p*hénylcyclohexyl) *p*ipéridine に由来》.

PCP³ (=*p*olitique *c*ommune de la *p*êche) *n.f.* (CE, UE の) 共通漁業政策.

PCPA (=*p*ara-*c*hloro*p*hényl *a*lanine) *n.f.* 【生化】パラクロロフェニルアラニン《血管収縮物質セロトニンのレベルを抑制する物質》.
PCR[1] (=*P*arti *c*ommuniste *r*éunionnais) *n.m.* 【政治】(海外県・地方の) レユニオン共産党.
PCR[2] (=*P*arti *c*ommuniste *r*oumain) *n.m.* ルーマニア共産党.
PCR[3] (=〖英〗*p*olymerase *c*hain *r*eaction) *n.f.* 【生化】ADN (DNA) 鎖の複製連鎖反応, ポリメラーゼ連鎖反応, 複製ポリメラーゼ連鎖反応《鎖の特定部位のみを繰返し複製し増幅する反応; =〖仏〗réaction de polymérisation en chaîne; =ACP: *a*mplification en chaîne par *p*olymérase》.
PCR[4] (=*p*roduits *c*endreux de *r*écupération) *n.m.pl.* 【環境】回収灰分.
PCRML (=*P*arti *c*ommuniste *r*évolutionnaire *m*arxiste-*l*éniniste) *n.m.* マルクス=レーニン主義革命的共産党《1974年Front Rouge 派が結党; 毛沢東派のフランスの極左の政治団体; 1983年解党》.
PCS[1] (=*P*arti *c*hrétien-*s*ocial) *n.m.* (ルクセンブルクの) キリスト教社会党.
PCS[2] (=*p*ouvoir *c*alorifique *s*upérieur) *n.m.* 最大発熱量.
PCT (=*P*arti *c*ommuniste *t*chécoslovaque) *n.m.* 【史】チェコスロヴァキア共産党.
PCUS (=*P*arti *c*ommuniste de l'*U*nion *s*oviétique) *n.m.* ソヴィエト連邦 (ソ連) 共産党《1918-91年》.
PCV (=*p*aiement *c*ontre *v*érification) *n.m.* 【電話】コレクトコール, 料金着信払通話. téléphoner en ~ コレクトコールで電話をかける.
Pd (=*p*alla*d*ium) *n.m.* 【化】「パラジウム」の元素記号.
PDA[1] (=*P*arti *c*hrétien-*d*émocrate) *n.m.* 【政治】(オランダの) キリスト教民主党.
PDA[2] (=〖英〗*p*ersonal *d*igital *a*ssistant) *n.m.* 【電算】携帯式個人情報端末, ポケットコンピュータ《=ordinateur de poche; Palm など》.
PDC (=*p*rofondeur *d*e *c*hamp) *n.m.* 【写真】(レンズの) 焦点深度.
PDEM (=*p*ays *d*éveloppés à *é*conomie de *m*arché) *n.m.pl.* 市場経済先進国.
PDF[1] (=*P*arti *d*émocrate *f*rançais) フランス民主党《1982年設立》.
PDF[2] (=〖英〗*p*ortable *d*ocument *f*ormat) *n.m.* 【電算】ポータブル・ドキュメント・フォーマット《米Adobe 社によるドキュメントのファイル形式; Acrobat で表示できる》.
P[-]DG (=*p*résident-*d*irecteur-*g*énéral, *p*résidente-*d*irectrice-*g*énérale) *n.* 代表取締役社長.
PDK (=*P*arti *d*émocratique du *K*urdistan) 〖トルコ〗 *n.m.* クルディスタン民主党.

PDPA (=*P*arti *d*émocratique du *p*euple *a*fghan) *n.m.* アフガニスタン人民民主党.
PDR (=*p*rime de *d*éveloppement *r*égional) *n.m.* 地方開発補助金.
PDRE (=*p*opulation *d*isponible à la *r*echerche d'un *e*mploi) *n.f.* 【労働】求職可能人口.
PDU (=*p*lan du *d*éplacement *u*rbain) *n.m.* 都市圏内移動計画, 都市交通計画. le ~ Ile-de-France イール=ド=フランス地方都市交通計画. mesures de réduction de circulation de 5% du ~ 都市圏内移動計画における交通量5％削減措置. mise en place des ~ 都市交通計画の実施.
PE (=*p*oly*é*thylène) *n.m.* 【化】ポリエチレン《エチレンの重合体》.
PEA (=*P*lan d'*é*pargne en *a*ctions) *n.m.* 【経済】株式投資貯蓄計画《1992年創設》. détenteur de ~ 株式投資貯蓄計画の保有者. fonds Euro ~ ユーロ株式投資貯蓄計画ファンド.
péage *n.m.* **1** 通行料. autoroute (pont) à ~ 有料自動車道 (橋).
2 通行料金徴収所. ~ de l'autoroute 自動車道料金所.
3 〔一般に〕有料制. chaîne de télévision à ~ 有料TVチャンネル.
péagiste *n.* 通行料金徴収係. ~ d'une autoroute 高速道路の通行料金徴収係.

peau (*pl.* ~**x**) *n.f.* **1** (人間の) 皮膚, 肌, 表皮スキン. La ~ comprend trois couches superposées, l'épiderme, le derme et l'hypoderme. 皮膚は表皮, 真皮, 皮下組織の三つの層から成る. ~ délicate デリケートな肌.
〔話〕vieille ~ 老女, しわくちゃ婆さん. cancer de la ~ 皮膚癌. kyste de la ~ 皮膚嚢胞. maladies de ~ 皮膚病. pigmentation de la ~ 皮膚の色素沈着. pores de la ~ 皮膚の毛穴. vieillissement de la ~ 肌の老化 (=vieillissement cutané). 〔やや古〕en ~ 肌も露わな. avoir la ~ blanche 肌が白い.
◆〖成句〗
〔話〕attraper qn par la ~ du cou (du dos) 逃げようとする人を後からつかまえる; 人の首根っこをつかまえる.
〔話〕avoir la ~ de qn 人を殺す. J'aurai sa ~. 奴を殺してやるぞ; 〔比喩的〕(論争などで) 奴を打ち負かしてやる.
avoir la ~ dure 面の皮が厚い; 鉄面皮である; 非情である.
〔俗〕avoir qn (qch) dans la ~ 人 (物) に夢中である (ぞっこん惚れている). 〔俗〕crever dans sa ~ はち切れるほど太っている; 口惜しさで胸が一杯である.
crever la ~ de qn 人を殺す.
entrer (se mettre) dans la ~ de qn 人の立場に立つ, 人の身になってみる.
être bien (mal) dans sa ~ 居心地が良い (悪

い）．〔比喩的〕faire ~ neuve 装いを新たにする；〔行動・意見などを〕一新する．
faire la ~ à qn 人を殺す．
mourir dans sa ~ 一生変らずに死ぬ．
n'avoir que la ~ sur les os 骨と皮ばかりだ（痩せ細っている）．
ne pas tenir dans sa ~ じりじり（うずうず）している．
2〔比喩的〕生命，命．craindre pour sa ~ 身の危険を心配する．défendre sa ~ 命を守る．jouer (risquer) sa ~ 身を危険にさらす．se faire trouver la ~ 弾丸に当って負傷する（死ぬ）．tenir à sa ~ 命に執着する．vendre cher sa ~ 最後の最後まで奮戦する．y laisser sa ~ 命を落とす．
3（動物の）皮，毛皮；革．~ brute (tannée) 生皮 (なめし革)．〔話〕~ d'âne 羊皮紙；（学校の）免状．~ de chagrin 粒起こしなめし革；〔比喩的〕次第に細りゆく生命（財産）（Balzacの同名の作品から）．~ de chamois セーム革．~ de phoque あざらしの皮《スキーの板の滑りどめ》．~ de renard 狐の毛皮．〔話〕~ de vache 峻厳な人．~ fraîche 生皮．~ retournée 起毛革．
gants de ~ 革手袋．livre [en] pleine ~ 革装本．sac en ~ 革靴．
4（果物・チーズなどの）皮；樹皮；（液状物の表面に張った）皮膜；〔医〕偽膜．~ de l'angine アンギナの偽膜．〔冶〕~ de crapaud 鋳膚．~ de crocodile 塗装面のひび割れ．~ d'orange オレンジの果皮；〔医〕オレンジ様皮膚；〔冶〕（金属表面の）皺変形．~ du lait bouilli 沸かした牛乳の皮膜．~ d'une pêche 桃の果皮．〔生〕~ plasmatique （細胞原の）形質膜．enlever la ~ de qch 何かの皮を取り除く．
5〔電〕effet de ~ 表皮 (スキン) 効果．
6 P~ de ~ de balle[s]！からきし駄目だ；無駄だ！真平だ！論外だ！〔俗〕pour la ~ 無駄に．

peaucier n.m.〔解剖〕皮筋 (=muscle ~)；広頸筋 (= ~ du cou).
PEbd (=polyéthylène basse densité) n.m.inv.〔化〕低密度ポリエチレン《密度0.91-0.93のポリエチレン；フィルム，シート，電線被覆，包装材の原料》．
PECC (=〔英〕Pacific Economic Cooperation Council) n.m.〔政治・経済〕太平洋経済協力会議 = [仏] CCEP：Conférence pour la coopération économique dans le Pacifique).
peccadille [-dij] 〔西〕n.f.〔宗教〕小罪；〔常用〕微罪，小さな過ち．simple ~ de jeunesse 若気のちょっとした過ち．
pécharmant n.m.〔葡萄酒〕ペシャルマン（ドルドーニュ川la Dordogne 右岸，Bergerac 地区に隣接する AOC の赤葡萄酒）．
pechblende [独] n.f.〔鉱〕ピッチブレンド，瀝青（チャン）ウラン鉱，閃ウラン鉱 (=uraninite).

pêche¹ n.f. **1** 桃，ペーシュ（pêcher「桃の木」の果実；pêche vraie 真正の桃，pêche plate 蟠(平)桃，nectarine ネクタリン，brugnon ブリュニヨン，などの種類がある）．~〔à chair〕blanche 白桃．~〔à chair〕jaune 黄桃．~ à peau duveteuse 果皮にうぶ毛のある桃（pêche vraie, pêche plate など）．~ à peau lisse 果皮にうぶ毛のない桃．~~-abricot, abricot-~ 杏桃．~ plate 平桃，蟠桃 (=peentoo)，密桃 (= ~ de miel)．~ Melba ピーチ・メルバ．confiture de ~s 桃のジャム．sorbet à la ~ 桃のソルベ（シャーベット）．〔話〕avoir la ~ 元気溌溂としている．〔話〕se fendre la ~ げらげら笑う．teint (peau) de ~ ビロードのような薔薇色の肌．
2〔話〕げんこつ (=coup de poing).
—— a.inv. 桃色 (=couleur ~) のやや黄色味を帯びた淡い薔薇色．

pêche² n.f. **1** 釣，釣魚；漁撈，漁業．~ à l'anglaise 英国式釣魚（リール moulinerつきの3-4.5mの釣竿を用いる浮き flotteur を用いた釣り）．~ à la bolognaise ボローニャ式釣魚（全長6.8mの伸縮式釣竿とリール，浮きを用いる釣り）．~ à la ligne 釣糸釣り；一本釣り．~ à la mouche ルアー（毛鉤，擬似鉤）釣り．~ à pied 徒歩漁．~ au chalut 底引漁．~ au (du) hareng 鰊（にしん）漁．~ au lancer 投げ釣り．~ au vif 友釣り．~ avec filets 網漁．~ bentique 底引漁業．~ côtière 沿海漁業．~ en bateau 船釣り．~ en eau douce 淡水漁業；川（湖沼，池）釣り．~ en mer 海釣り．~ en plombée 鉛釣り．~ hauturière 沖合漁業．~ interdite 釣り禁止．~ sous-marine 潜水漁法，もぐり漁．~ sportive スポーツ釣魚．
Accord franco-canadien du 10-11-1994 sur la ~ au large de Saint-Pierre-et-Miquelon サン＝ピエール＝エ＝ミクロン沖における漁業に関するフランス・カナダ両国間の1994年11月10日締結の協定．associations agréées pour la ~ et la protection du milieu aquatique 釣魚と水環境保全に関する認証協会（釣魚に関する環境省所管の公的管理組織；各県にある；略記 AAPPMA）．
articles de ~ 釣り道具．barque de ~ 釣り舟．bateau de ~ 漁船．carte de ~ 釣魚許可証（各県の AAPPMA が発行）．campagne de ~ 漁期．canne à ~ 釣竿．chalutier de ~ fraîche 底引鮮魚漁船（非冷凍保存方式）．Conseil supérieur de la ~ 漁業高等評議会（漁業に関する公的最高管理機関；略記 CSP）．Convention sur la ~ au filet maillant dérivant dans le Pacifique Sud 南太平洋における流し網漁に関する協定．domaine de ~ français フランスの専管漁業水域．droit de ~ 漁業権．engins de ~ 漁具．fermeture de la ~ 漁期の終了．filet

de ~ 漁網. flotte de ~ 漁船団. garde-~ 1) 漁業監視官；2) 漁業監視船. grande ~ 遠洋漁業. lieu de ~ 漁場；釣り場. lieu de ~ interdit 禁漁区. Organisation de ~ de l'Atlantique Nord-Ouest 北西大西洋漁業管理機構 (略記 Opano). ouverture de la ~ 漁業の解禁. petite ~ 沿岸漁業. port de ~ 漁港. saison de ~ 漁期. techniques de ~ 漁法；釣魚術. zone de ~ 漁区.
aller à la ~ 釣りに行く. 〔話〕aller à la ~ aux nouvelles 情報を集めに行く.
2 取れた魚, 釣果；漁獲物 (=produits de la ~). ~ abondante 豊漁. 〔聖書〕~ miraculeuse 奇蹟の大漁 (『ルカ』 5, 5–9). rapporter une bonne ~ 釣果をどっさり持ち帰る.
3 漁場, 釣り場. ~ réservée 専管漁場.
4 〔法律〕漁業権 (=droit de ~). avoir la ~ dans le lac 湖の漁業権を持っている.

péché n.m. **1**〔キリスト教〕罪. ~ mortel (霊魂の死をもたらす) 大罪 (~ véniel 「小罪」の対). ~ originel 原罪. petit ~ 小罪；小さな過ち. les sept ~s capitaux 七つの大罪 (avarice 貪欲, colère 怒り, envie 嫉妬, gourmandise 大食, luxure 色欲, orgueil 傲慢, paresse 怠惰). 〔俗〕laid comme les sept ~s capitaux ひどく醜い.
avouer (confesser) ses ~s 罪を告白する. commettre (faire) un ~ 罪を犯す. expier (racheter) ses ~s 罪を贖う. remettre à qn ses ~s；remettre les ~s de qn 人の罪を赦す. s'accuser de ses ~s 己れの罪を責める. tomber dans le ~ 罪に陥る. 〔諺〕A tout ~ miséricorde. 赦されない罪はない.
2〔一般に〕過ち. ~ de jeunesse 若気の過ち. ~ mignon 憎めない欠点, 弱味.

pêcher n.m.〔植〕桃の木〔学名 Prunus persica；薔薇科；果実は pêche). ~ d'ornement 花桃の木. ~ franc 実生の桃の木 (桃の接木用台木). ~ palissé 壁仕立ての桃の木.

pêcherie n.f. 漁場；漁区.

pécheur¹ (**eresse**) n. (宗教上の) 罪人 (つみびと)；罪深い人. ~ endurci かたくなな罪人. ~ repenti 悔い改めた罪人. Marie-Madeleine, la ~eresse. 罪深き聖女マグダラのマリア. 〔諺〕Dieu ne veut pas la mort du ~ (神は罪人の死を望まれない→) 人の弱さには寛大であれ.

pêcheur² (**se**) n. 釣り人, 釣師；漁夫, 漁師；漁業者；(貝などの) 採取者. ~ amateur アマチュアの釣り人. ~ au lancer ルアー釣りの人. ~ de perles 真珠の採取者. ~ professionel 専業漁師.
——a. 釣りの；漁の, 漁業の. bateau ~ 漁船 (=bateau de pêche). marin ~ 漁夫, 漁師員.

PECO (=pays d'Europe centrale et orientale) n.m.pl. 中央および東ヨーロッパ諸国.

pectine n.f.〔生化〕ペクチン.
pectiné (**e**) a.p.〔生〕(葉・触角などが) 櫛状の. feuille ~e 櫛状葉. sapin ~ 櫛状葉樅.
——n.m.〔解剖〕恥骨筋 (=muscle ~).
pectique a.〔生化〕ペクチンの. acide ~ ペクチン酸. substances ~s ペクチン質.
pectoral (**ale**) (pl. **aux**) a. **1** 胸の.〔解剖〕muscles ~ aux 胸筋.〔魚〕nageoires ~ales 胸びれ. région ~ale 胸部.
2 胸につける.〔カトリック〕croix ~ale (司教などの) 胸飾り十字架.
3〔薬〕呼吸器療法に効く；咳止めの, 祛痰 (きょたん) の. fleurs ~ales 咳止め花 (bouillon-blanc にわたばこ, coquelicot ひなげし, mauve にあおい, violette すみれ, など 7 種の花の混合；煎じて鎮咳, 祛痰薬として用いる). pâte ~ale 鎮咳用ドロップ. sirop ~ 咳止めシロップ.
pectose n.m.〔生化〕ペクトーゼ, プロトペクチン (=protopectine) (植物細胞壁内の水に不溶性のペクチン質).
péculat n.m.〔法律〕(公務員による) 公金私消.
pécule n.m. **1** へそくり. amasser un petit ~ 小金をためる.
2〔法律〕(親権者・後見人の配慮により未成年者・被後見人のために貯蓄しておく) 勤労所得貯金.
3〔法律〕(受刑者の労働報酬の一部による) 作業賞与金 (=~ d'un détenu). ~ de garantie (de réserve) 保証的 (留保的) 作業賞与金. ~ disponible 自由処分作業賞与金.
4〔軍〕(年金を受けられない軍人に対する) 退役一時金. ~ d'un militaire 軍人退役一時金.
pécuniaire a. 金銭的な, 金銭上の. ennuis ~s 金の苦労. peine ~ 罰金刑. situation ~ 財政状況, 懐具合. soutien ~ 金銭的支援.
PED¹ (=particules d'échappement de diesel) n.f.pl.〔環境〕ディーゼルエンジン排気微粒子 (=〔英〕DEP: diesel exhaust particles).
PED² (=pays en développement) n.m. 発展途上国 (=〔英〕developing country) (旧称 pays sous-développés「低開発国」).
péd[**i**]- 〔ラ〕ELEM「足」の意 (ex. pédicurie 足の治療術).
pédagogie n.f. **1** 教育学；教育. cours de ~ 教育学の講義. histoire de la ~ 教育学史. sociologie de la ~ 教育社会学.
2 教育法 (=méthode pédagogique). ~ audiovisuelle 視聴覚教育 (法). ~ des langues vivantes 現代〔外国〕語教育法.
3 教師の資質 (=sens pédagogique). manquer de ~ 教師の資質に欠ける.
pédagogique a. 教育学の；教育上の；教育的な. certificat d'aptitude ~ 教育適性資格 (略記 CAP). méthode ~ 教育法.

pédagogue

psychologie ~ 教育心理学. sens ~ 教育的センス.

pédagogue *n.* **1** 教育学者.
2 教育者. bon (mauvais) ~ 良い(悪い)教育者. qualités de ~ 教育者の資質.
3 教師, 教員 (=〔話〕〔略〕pédago). Elle est ~ *a*. 彼女は教師だ.
——*a.* **1** 教育者の資質をそなえた. professeur très savant, mais peu ~ 学者としては優れているが教育には不向きな教授.
2 教師的な. ton ~ 教師的口調.
——*n.m.* **1** (子供の)教育係, 先生. **2**〔古・蔑〕偏狭な教師;衒学者.

pédagothèque *n.f.* ペダゴテーク, 教育資料館, 教育図書館.

-pède [ラ] ELEM 「足」の意 (*ex.* bi*pède* 二足動物).

pédégère *n.f.* 女性の取締役社長 (= PDgère; femme P-DG).

pédiatre *n.* 小児科医.

pédiatrie *n.f.* 〔医〕小児科学, 小児科, 小児医学.

pédiatrique *a.* 〔医〕小児科の, 小児医学の, 小児の. chirurgie ~ 小児外科. clinique ~ 小児科診療所. dose ~ d'un médicament 小児薬用量. le Samu ~ 小児科救急医療支援業務, 小児科サミュ. service ~ d'un hôpital 病院の小児科.

pedibus [-bys] [ラ] *ad.* 〔話〕徒歩で (= à pied). Il faut y aller ~. そこには歩いて行かなくてはならない.

pédicule *n.m.* **1** 〔植〕柄 (へい), 梗 (こう). ~ d'un champignon 茸の柄.
2 〔動〕(器官の)柄, 梗. ~ de l'abdomen d'une fourmi 蟻の腹部の柄.
3 〔解剖〕茎, 根, 脚. ~ d'une tumeur 腫瘍根. ~ pulmonaire 肺根. ~ rénal 腎茎.
4 (洗礼盤などの)支脚.

pédiculicide *n.m.* 〔薬〕虱 (しらみ)寄生症治療薬.

pédiculose *n.f.* 〔医〕虱 (しらみ)寄生症.

pédicure *n.* 足の治療師 (爪の手入れ, 魚の目・まめなどの除去を行なう).

pédiluve *n.m.* (プール, 海水浴場などの)足洗い槽;足洗い場.

pédiment *n.m.* 〔地学〕(乾燥地帯, 半乾燥地帯の)山麓の侵食性緩斜面, ペディメント.

pédiplaine *n.f.* 〔地学〕(乾燥地帯の)山麓の侵食性平坦地.

pédogenèse *n.f.* 土壌生成〔論〕.

pédologie *n.f.* 土壌学 (土壌の化学的・物理的・生物学的特色と変成の研究).

pédoncule *n.m.* **1** 〔解剖〕(脳の)脚;〔医〕(腫瘍・ポリープの)茎. ~*s* cérébraux 大脳脚.
2 〔植〕花柄, 花梗;果柄.
3 〔動〕(触角の)梗節 (こうせつ) (=pédicelle).

pédophilie *n.f.* 小児性愛, 小児愛, ペドフィリア.

pédopsychiatrie *n.f.* 小児精神医学, 青少年精神医学.

pédzouille *n.m.* 〔話・蔑〕どん百姓;田舎っぺ (=petzouille).

PEE (=*p*lan d'*é*pargne *e*ntreprise) *n.m.* 企業貯蓄計画.

PEEFV (=*p*roduits *é*lectriques et *é*lectroniques en *f*in de *v*ie) *n.m.pl.* 使用済電気電子製品. transformation des ~ 使用済電気電子製品の再利用.

peeling [pilip] 〔英〕*n.m.* 〔医〕(皮膚などの)剝離, 剝落, 剝皮 (=exfoliation).

peentoo [中] *n.f.* 〔植〕蟠桃, 平桃 (=pêche plate;中国原産の平たい果実の黄桃・白桃).

PEEP (=Fédération des *p*arents d'*é*lèves de l'*e*nseignement *p*ublic) *n.f.* 公教育生徒父兄連盟.

PEF (=*P*aysage *é*nergétique *f*rançais) *n.m.* フランスのエネルギー展望.

PEG (=*p*oly*é*thyrène-*g*lycol) *n.m.* 〔化〕ポリエチレン=グリコール.

PEGC [peaʒese] (=*p*rofesseur d'*e*nseignement *g*énéral de *c*ollège) *n.m.* 中学校普通科正教員.

PEhd (=*p*oly*é*thylène *h*aute *d*ensité) *n.m. inv.* 〔化〕高密度ポリエチレン (比重 0.94-0.96. 硬質フィルム, 繊維, 成型品の原料).

peignage *n.m.* 〔製糸〕(繊維の)梳毛 (綿)工程.

peigne *n.m.* **1** 櫛. ~ de buis 柘植 (つげ)の櫛. ~ en plastique プラスチックの櫛. ~ fin 目の細かな櫛, 梳き櫛. gros ~ 目の粗い櫛. coup de ~ 一櫛入れること;(床屋の)仕上げ.
se donner un coup de ~ 一櫛当てる.〔比喩的〕donner un coup de ~ à *qch* 何の最後の仕上げをする. être sale comme un ~ ひどくきたない.〔比喩的〕passer au ~ fin 隈なく探す, 仔細に検討する. La police a passé au ~ fin tout le quartier. 警察はその界隈をしらみつぶしに捜査した.
2 櫛状の道具;梳毛機;(織機の)筬 (おさ).
3 〔動〕(蜜蜂などの後脚の)櫛状の短毛;(さそりの)櫛状器. ~ à pollen de l'abeille 蜜蜂の花粉捕捉用櫛状短毛.
4 〔貝〕いたや貝 (=pecten).
5 〔比喩的〕~ d'Adam (アダムの櫛→) 5 本の指.
6 〔植〕~ de Vénus ながみのせりもどき.

peine *n.f.* Ⅰ〔罰〕**1** 罰, 懲罰;〔法律〕刑罰, 刑.〔旧〕~ accessoire 付加刑. ~ affective 体刑. ~ alternative 選択刑.〔旧〕~ capitale 死刑 (= ~ de mort;フランスでは 1981 年 10 月 9 日廃止). ~ commuable 軽減刑. ~ complémentaire 補充刑. ~*s* contraventionnelles 違警罪の刑罰 (= ~*s* de police). ~ corporelle 体刑. ~*s* correctionnelle 軽罪の刑罰;懲治刑. ~*s* crimi-

nelles 重罪の刑罰《無期, 10年-30年の懲役・禁錮の刑》. ~ d'emprisonnement 禁錮刑. ~ de simple police 単純違警罪の刑. ~ de substitution 代替刑. ~s disciplinaires 懲罰, 懲戒刑. 〔旧〕~ infamante 名誉刑 (公民権剝奪刑). ~s militaires 軍法刑, 軍隊刑. ~ pécuniaire 金銭刑, 罰金刑. ~ politique[1] 政治的犯罪に対する刑. ~ principale 主刑. ~ privative de droits (de liberté) 権利(自由)剝奪刑. ~ restrictive de droits 権利制限刑. ~ sévère (légère) 厳罰 (軽い罰). aggravation de ~ 刑の加重. application d'une ~ 刑の適用. durée d'une ~ 刑期. expiration d'une ~ 刑期の満了. fractionnement de la ~ 刑の分割. principe de la ~ justifiée 正当刑罰の原則. être condamné à une ~ d'amende 罰金刑に処せられる. infliger une ~ 刑を科す.
pour sa ~[1] ; pour la ~ 罰として. sous ~ de qch (違反すれば)何の刑に処するものとして. sous ~ de mort (違反者は)死刑に処すものとして. Défense d'afficher sous ~ d'amende. 貼紙した者は罰金刑に処す《警告文》.
sous ~ de + inf. ; ~ que + subj. さもなければ…する(…の)恐れがあるので. Parlez plus lentement sous ~ de ne pas être compris. もっとゆっくり話さないと, わかってもらえません.
2(非刑事的な)制裁. ~ politique[2] (sociale) 政治的 (社会的)制裁. ~ privée 私的制裁.
3〔法律・商業〕違約金.
4〔宗教〕(神による)罪, 刑罰. ~s de l'enfer 地獄の罪;地獄の苦しみ. ~s éternelles 永遠の神罰, 罰刑.
〔Ⅱ〕《苦しみ》精神的苦痛, 心痛;苦悩;不安, 悲しみ. ~ de cœur 傷心. ~s de la vie 生きる苦しみ. avoir de la ~ 心を痛めている. éprouver des ~s 精神的苦痛を覚える. être comme une âme en ~ 不安にかられる. faire 〔de la〕 ~ 人に哀れを催させる;人を悲しませる. faire ~ à voir 見るも哀れである. mettre qn en ~ 人の心を痛める. se mettre (être) en ~ de …で心を痛める, …を案じる. mettre qn hors de ~ 人を安心させる.
〔Ⅲ〕《苦労》**1** 骨折り, 労力, 労苦, 努力. ~(s) de qn 人の労苦. homme de ~ 重労働者, 人夫. travail qui demande de la ~ 労を要する仕事.
à ~ かろうじて, ほとんど…ない. pour sa (la) ~[2] 骨折り賃として. en être pour sa ~ 骨折り損をする. ne pas être au bout de ses ~s 相変らず苦労している. perdre sa ~ 骨折り損をする. prendre la ~ de + inf. ~す る労をとる (=se donner la ~ de + inf.). donner la ~ pour + inf. …するのに苦労する.
C'est la ~ de + inf. (que + subj.) …するに値

する. Ce n'est pas la ~ de + inf. (que + subj.) …する必要はない, …するには及ばない. Ce n'est pas la ~ de venir (que tu viennes) toi-même. 君自身で来るには及ばないよ. 〔諺〕A chaque jour suffit sa ~. 一日の苦労は一日にて足れり(『マタイ』6, 24). 〔諺〕Toute la ~ mérite salaire. すべての労苦は報いられるべきだ.
2 困難. avec ~ かろうじて. sans ~ 容易に. non sans ~ かなり手こずって. avoir 〔de la〕 ~ à + inf. …するのに困難を覚える. avoir beaucoup de ~ (toutes les ~s du monde) à + inf. …するのにひどく手こずる. être en ~ de qch 何に不自由している. être en ~ de + inf. …するのは難しい. ne pas être en ~ pour + inf. …するのに苦労しない.
3 困った状態;〔やや古〕不如意. être dans 〔à〕la ~ 困っている, 金に困っている.

peint(e) (< peindre) a.p. **1** 色 (ペンキ) を塗った, 塗装した;彩色した. bois sculpté et ~ 彩色木彫. grille ~ e en vert 緑色に塗った格子. papier ~ パピエ・パン, 壁紙. statue ~ e 彩色した彫像.
2〔比喩的〕〔蔑〕(人・顔が)厚化粧した(の);(唇が)濃く口紅を塗った. femme aux ongles ~ s 爪を塗った女性, ネイル・ペインティングをした女性. jeune fille ~ e 厚化粧の娘. sourcils ~ s 描き眉毛.
3 絵に(を)描いた. 〖舞〗décors ~ s 書割.

peintre n.m. **1** 画家, 絵描き (= artiste). ~ abstrait (figuratif) 抽象 (具象) 画家. ~ d'aquarelles 水彩画家 (= aquarelliste). ~ de paysage 風景画家 (= paysagiste). ~ de portrait 肖像画家 (= portraitiste). ~ du dimanche 日曜画家. ~ impressionniste 印象派の画家. ~ religieux 宗教画家. femme ~ 女流画家. le ~ Berthe Morisot 画家ベルト・モリゾー《女流画家にも peintre を用いる》. Elle est ~. 彼女は画家だ.
2 ペンキ屋, 塗装業者. ~ décorateur 室内装飾塗装業者. ~ d'enseignes 看板描き(人). ~ en bâtiment(s) 建築塗装工. ~ en voitures 自動者塗装工(業者). métier de ~ 塗装業. outil de ~ 塗装用具.
3〔比喩的・文〕(de を)描写する作家;風景描写作家. ~ des mœurs 風俗作家. ~ d'une époque 時代を活写する作家.

peinture n.f. 〔Ⅰ〕《描くこと》**1** 絵に描くこと, 描画. faire la ~ d'un mur 壁画を描く.
2 絵画;絵;絵画作品《総称的用法》個人の作品としての絵画には一般に tableau, toile を用いる》. ~ à l'eau (à l'huile) 水彩(油彩)画. ~ abstraite (figurative) 抽象(具象)画. ~ acrylique アクリル画. ~ décorative 装飾画. ~ flamande (française) フランドル(フランス)絵画. ~ moderne 近代絵画. ~ murale 壁画. ~ religieuse 宗教画. aimer la ~ 絵が好きである. avoir du goût

péjoratif(ve)

pour la ~ 絵に趣味がある；〔話・蔑〕悪趣味である. faire de la ~ 絵をやっている.
3〔文〕(風俗，人なども)描写，活写. ~ de la société 社会の描写. ~ du sentiment par la musique 音楽による感情描写.
II〔塗装・塗料〕**1** 塗装；塗装面. ~ à la brosse 刷毛塗り. ~ au rouleau ローラー塗装. ~ au pistolet ピストル式噴射塗装. ~ d'une carrosserie d'automobile 自動車の車体の塗装〔面〕. ~ en bâtiment 建物塗装. entreprise de ~ 塗装業者. lessivage des ~s 塗装面の洗浄. refaire les ~s d'une maison 家の塗装を塗り直す.
2〔窯業〕(陶器などの)色付け，彩色.
3 塗料，ペイント，ペンキ. ~ à l'eau (à l'huile) 水性 (油性)ペイント，水性 (油性)塗料. ~ acrylique アクリル塗料. ~ brillante (mate) 光沢 (艶消し)塗料. ~ contre la rouille 錆止め塗料. ~-émail エナメル塗料. ~ métallisée メタリック塗料. ~ laquée 漆〔塗料〕. boiseries sans ~ 白木の指物細工. pot de ~ ペンキ壺.〔話〕un vrai pot de ~ 厚化粧の女性.《Attention à la ~!》「ペンキ塗りたて」(= P ~ fraîche. ~「塗りたてのペンキ」).
4〔稀〕絵具 (= couleur). tube de ~ 絵具チューブ. délayer la ~ avec de l'huile 油で絵具を溶く. mettre de la ~ 絵具を塗る.
5〔稀〕マニキュア (= vernis à ongles).

péjoratif(ve) a.〔言語〕(表現・接尾辞などが)軽蔑を示す (méliorativ「美辞の」の対). épithète ~ve 軽蔑を示す付加形容詞. mot ~ 軽蔑語. sens ~ 軽蔑的意味. suffixes ~s 軽蔑を示す接尾辞 (-aille, -ard, -asse, -aud, -espque など).
—n.m.〔言語〕軽蔑語，蔑称 (conasse「馬鹿な女」, lourdaud「のろま」など).

Pé-kiang [pekjã] n.f.pr. (中国の) 北江 (= Pékin, Beijing).

Pékin [pekɛ̃]〔中国〕n.pr. 北京, ペカン, ペキン, ベージン (Beijing)《中華人民共和国の首都；形容詞 pékinois(e)》.

pékinois(e) a. 北京 (Pékin, Beijing) の；~の住民の；北京語の. à la 〔manière〕 ~e 北京風の.〔料理〕canard laqué à la ~e 北京烤鴨, 北京ダック. cuisine ~e 北京料理. population ~e 北京市民, 北京人.〔料理〕potage ~ piquant 北京風酸辣湯.
—P~ n. 北京の住民.
—n.m.〔言語〕北京語.

PEL (= plan d'épargne-logement) n.m. 住宅貯蓄計画. prêt ~ 住宅貯蓄計画に基づく貸付.

pelade n.f.〔医〕斑状脱毛症 (= alopécie en aires).

pélagique a. 外洋の, 遠洋の；深海の. chalut ~ 遠洋トロール網. dépôts ~s 遠洋性堆積物. domaine ~ 外洋海域.

pélardon n.m.〔チーズ〕ペラルドン《ラングドック地方 le Languedoc で, 山羊乳か

らつくられる軟質, 自然外皮チーズ；直径6-7 cm, 厚さ 2.5-3 cm の円盤状；脂肪分 45 %》. ~ des Cévennes セヴェンヌ山地産ペラルドン.

pélargonium [pelargɔnjɔm] n.m.〔植〕ペラルゴニウム《ふうろそう科 Géraniacées；ゼラニウムに似た植物；ゼラニウムの別称とするのは誤り》.

pèlerin(e)〔女性形は稀〕n. **1** 巡礼者. ~s de Saint-Jacques-de-Compostelle サンチャゴ=デ=コンポステラへの巡礼者. femme ~ 女性の巡礼者. prendre son bâton de ~ 巡礼に出発する；〔比喩的〕(計画などの)根まわしをする.
2〔昆虫〕criquet ~ 飛蝗 (ひこう).〔鳥〕faucon ~ 隼 (はやぶさ).

pèlerinage n.m. **1** 巡礼, 聖地巡礼, 聖地詣で. le ~ de Saint-Jacques〔-de-Compostelle〕サンチャゴ=デ=コンポステラ (〔西〕Santiago de Compostela) への巡礼《11世紀以来, 西ヨーロッパ最大の聖地巡礼》. chemin (route) de ~ 巡礼路. aller en ~; faire un ~; se rendre en ~ 巡礼に行く.
2 巡礼地, 巡礼の聖地, 聖地. Saint-Jacques-de-Compostelle, ~ très fréquenté au Moyen Age 中世に最も賑わった巡礼の聖地サンチャゴ=デ=コンポステラ.
3 偉人訪問；史跡歴訪；思い出の地めぐり. ~ historique (littéraire) 歴史 (文学) 巡礼；歴史 (文学) 探訪. ~ sentimental 感傷旅行, センチメンタル・ジャーニー.

pellagre n.f.〔医〕ペラグラ, ニコチン酸 (ビタミン PP) 欠乏症候群, ナイアシン (niacine) 欠乏症.

pellagreux(se) a.〔医〕ペラグラ (pellagre) の, ニコチン酸欠乏症候群の. symptômes ~ ペラグラ症候群.
—n. ペラグラ患者.

pelle n.f. **1** シャベル；スコップ, 移植ごて；ちりとり (= ~ à poussière). ~ à charbon 石炭スコップ. ~ de jardinier 園芸用スコップ. ~ en métal (en plastique) 金属 (プラスチック) 製シャベル (スコップ).〔土木〕~ mécanique パワーショベル.〔話〕à la ~ 大量に. remuer l'argent à la ~ 金がたんまりある；大金を動かす. contenu d'une ~ シャベル一杯の分量 (= pelletée).
2〔料理〕ペル, 鏝箆 (こてへら).〔菓子〕~ à tarte タルト (ケーキ) サーバー. ~ de boulanger pour enfourner les pains パン焼き用のてこへら.
3〔海〕(オールの) 水かき.
4〔話〕ramasser (prendre) une ~ 倒れる, 落ちる, 転ぶ；しくじる.
5〔話〕ディープキス. rouler une ~ à qn 人にディープキスの分量をする.

pelleterie n.f. **1** 原皮；加工毛皮 (= fourrure). ~ d'élevage 飼育動物の毛皮 (astrakan, castor, chinchilla, marmot-

te, ragondin, renard, vison などの原皮・毛皮). ~ sauvage 野生動物の毛皮.
2 毛皮の加工(販売).
3 毛皮の加工所；毛皮商, 毛皮店.
pelletier(**ère**) n. 毛皮加工業者；毛皮商.
——a. 毛皮の. marchand ~ 毛皮商.
pelliculage n.m.〖印刷〗(印刷物などに薄膜を張る) 表面加工, フィルム被膜加工.
pelliculaire a. フィルム状の, 薄膜状の. couche ~ 薄膜層,〖電〗effet ~ 表皮(スキン)効果(=effet de peau).
pellicule n.f. **1** 薄膜, 薄皮；(熱した牛乳・溶かした金属などの表面に張る) 皮；(葡萄の実の) 皮. ~ de lubrifiant 潤滑油膜. ~ de givre sur une vitre 窓ガラスに張った霧氷〔膜〕. ~ des grains de raisin 葡萄の実の皮. ~ extérieure d'une feuille 葉の外角皮(=cuticule).〖電〗~ isolante 絶縁被膜. étang recouvert d'une ~ de glace 薄氷の張った池.
2〖pl. で〗(頭の) ふけ. lotion traitant contre les ~s ふけ止めヘア・ローション.
3〖映画・写真〗フィルム(=〖英〗film). ~ cinématographique (photographique) 映画(写真)用フィルム. ~ couleur カラー・フィルム. ~ en bobine ロールフィルム(=rouleau de ~). ~ noir et blanc 白黒フィルム. ~ perforée 有孔フィルム, パーフォレーション付フィルム. ~ vierge 未露光フィルム, 未使用フィルム. gâcher de la ~ フィルムを浪費する.
Péloponnèse n.pr.m.〖地理〗(ギリシアの) ペロポネソス〔半島〕.
pelote n.f. **1** (糸・毛糸の) 玉, 糸(毛)まり. mettre de la laine en ~ 毛糸を巻いて玉にする.〖比喩的〗avoir les nerfs en ~ いらいらする.
2 丸い塊. ~ de neige 雪の球.〖話〗faire sa ~ 小金をためる.
3 針差し(= ~ à épingles).
4〖球戯〗プロット, ペロタ(= ~ basque)(バスク地方 le Pays basque の伝統的球戯). ~ de main (球は pelote, 競技者は pelotaris, ラケットは chistera (編んだもの) または pala (木製), 競技場は trinquet).
5〖生〗未消化の食物塊. ~ de régurgitaion 逆流食物塊, 吐き戻し給餌塊. ~ fécale 糞便塊.
6〖動〗足底の小さなクッション状体.
pélothérapie n.f.〖医〗泥土療法(= traitement par les boues, fangothérapie).
peloton n.m. Ⅰ **1** 小さい糸玉. ~ de ficelle (de laine) 糸(毛糸)の小玉.
2〖生〗(昆虫などの) 群塊, むらがり；〖解剖〗小塊. ~ d'abeilles 蜂の群鬼. ~s adipeux 脂肪性小塊.
Ⅱ (人の集団) **1** (騎兵, 機甲部隊, 憲兵隊, 輸送隊などの) 小隊 (中隊 escadron の構成単位)；分隊, 班, 隊. ~ de chars 戦車小隊.

~ d'exécution 銃殺隊. ~ d'instruction (下士官・士官になるための) 教育隊. suivre les ~s 教育隊で教育を受ける. ~ de punition (de discipline) 軍規違反者懲罰分隊. ~ des sapeurs-pompiers 消防分隊. feu de ~ 一斉射撃. lieutenant chef de ~ 小隊長の中尉.
2〖スポーツ〗集団, グループ；(アメリカン・フットボールの) プラトゥーン (攻撃または防御専門グループ)；(自転車競技の) 集団. ~ de tête 先頭集団. être dans le ~ de tête 先頭集団の中にいる；〖比喩的〗トップグループにいる；先頭に立っている. tête du ~ 集団のトップ. ~ de queue 末尾グループ；〖比喩的〗おくれをとっているグループ. système de deux ~s (野球などの) ツー・プラトン・システム.
pelouse n.f. **1** 芝生, 芝地. ~ d'un parc 公園の芝生. ~ interdite；défense de marcher sur les ~s 芝生に立入り禁止.
2 (競馬場の) 芝観客席；(サッカー, ラグビーなどの) 芝生グラウンド.
peluche n.f. **1**〖織〗プリューシュ, 絹綿ビロード, フラシ天. ~ de coton (laine, soie) 綿 (毛, 絹) プリューシュ. chapeau de ~ プリューシュの帽子.
2 縫いぐるみ；縫いぐるみの動物. animal (ours) en ~ 縫いぐるみの動物 (熊). jouet en ~ 縫いぐるみ〔のおもちゃ〕.
3 綿屑,（織物の）けば. pull qui fait des ~s けば立ったプルオーヴァー.
pelvectomie n.f.〖医〗骨盤腔臓器切除術（膀胱・子宮・直腸）.
pelvien(**ne**) a.〖解剖〗骨盤腔の, 骨盤腔内の. ceinture ~ne 骨盤帯；〖動〗腰帯. diaphragme ~ 骨盤隔膜.〖魚〗nageoires ~nes 腹びれ. organes ~s 骨盤内臓器 (膀胱, 子宮 utérus, 直腸 rectum など).
pelvigraphie n.f.〖医〗骨盤造影〔法〕.
pelvimétrie n.f.〖医〗骨盤計測〔法〕. ~ externe 骨盤外計測〔法〕. ~ interne 骨盤内計測〔法〕.
pelvipéritonite n.f.〖医〗骨盤腹膜炎.
pelvis [pɛlvis] n.m.〖解剖〗小骨盤 (=petit bassin：腸骨体, 坐骨, 恥骨, 仙骨, 尾骨から成る).
pelvispondylite n.f.〖医〗骨盤脊椎炎. ~ rhumatismale リウマチ性骨盤脊椎炎.
pemphigoïde a.〖医〗類天疱瘡の.
——n.f. 類天疱瘡. ~ cicatricielle 瘢痕性類天疱瘡.
pemphigus [pɛ̃figys] n.m.〖医〗天疱瘡(てんぽうそう). ~ familial héréditaire congénital 家族性先天性遺伝性天疱瘡. ~ foliacé 落葉状天疱瘡. ~ muqueur 粘膜性天疱瘡. ~ végétant 増殖性天疱瘡. ~ vulgaire 尋常性天疱瘡.
PEN[1] (=permis d'émission négociable) n.m.〖環境〗環境汚染物質排出取引許可証 (通称 permis de polluer 環境汚染許可証).

PEN² (=*p*oly*é*thyl*è*ne *n*aphtal*è*te) *n.m.* 〖化〗ポリエチレン・ナフタレート. bouteille en 〜 ポリエチレン・ナフタレート製プラスチック・ボトル(再利用可能).

pénal (**ale**) (*pl.* **aux**) *a.* 刑罰の, 刑罰に関する; 刑法の, 刑事上の; 刑の. clause 〜*ale* (契約書中の)過怠約款, 違約金条項. code 〜 刑法典. code de procédure 〜*ale* 刑事訴訟法(略記 C.pr.pén). délit 〜 犯罪. droit 〜 刑法. justice 〜*ale* 刑事裁判組織. lois 〜*ales* 刑事法規. procédure 〜*ale* 刑事訴訟手続. sanction 〜*ale* 刑事制裁.
──*n.m.* 刑事裁判権(=juridiction pénale).

pénalisation *n.f.* **1**〖スポーツ〗ペナルティーを課すこと, 罰則の適用.
2〖広義〗制裁; 刑罰化; 処罰.

pénalité *n.f.* **1**〖法律〗犯罪性.
2 刑罰, 制裁, 処罰; 罰則; 罰金. 〜 civile 民事罰.〖商業〗〜 libératoire 不渡小切手振出反則金. 〜 pour retard de paiement de l'impôt 税金の納付遅滞に対する罰則(罰金).
3〖スポーツ〗ペナルティー(=〖英〗penalty). 〜*s* appliquées par l'arbitre 審判によって課せられたペナルティー.〖サッカー, ラグビー〗coup de pied de 〜 ペナルティー・キック.
4 不利な条件(=handicap).

penalty [penalti] (*pl.* **〜s, penalties**)〖英〗*n.m.* **1**〖スポーツ〗ペナルティ; (サッカー, ラグビーの) ペナルティ・キック (pénalty の表記あり). 〜 area ペナルティ・エリア(=〖仏〗surface de réparation). 〜 kick ペナルティ・キック(=〖仏〗coup de pied de réparation; 公用推奨語). siffler un 〜 ペナルティーの笛を吹く. tirer un 〜 ペナルティ・キックを蹴る.

penchant *n.m.* **1** 傾向; 趣味, 好み; 性癖. avoir un 〜 à (pour) +*n.* (à + *inf.*) 〜 嗜好をもつ(…する癖がある). avoir un 〜 pour l'alcool アルコール飲料に目がない. se laisser aller à ses 〜*s* 彼の好みに任せる.
2 (人に対する)好み. mauvais 〜*s* よこしまな好み; 悪徳.
3〖文〗(pour, envers に対する)好意, 情愛. éprouver un doux 〜 pour *qn* 人に恋慕の情を抱く.

penché (**e**) *a.* **1** (人が)かがんだ, 身をかがめた. avoir (prendre) un air 〜 (des airs 〜*s*) うなだれて物思いに耽る様子をする; 夢見心地の様子をする.
2〖物理〗傾いた. la tour 〜*e* de Pisa ピサの斜塔.

Penchi ⇒ Benxi

pendaison *n.f.* **1** 絞死, 首吊り自殺.
2 絞首刑(=supplice de la 〜). être condamné à la 〜 絞首刑を宣告される. être exécuté par 〜 絞首刑を執行される.
3 吊ること.〖話〗〜 de crémaillère 新築祝い(暖炉に自在鉤を吊ることから).

pendant¹ (**e**) *a.* **1** 垂れ下がった. les bras 〜*s* 垂れ下がった腕.〖建築〗clef 〜 下要石(かなめいし).〖法律〗les fruits 〜*s* 収穫前の果実. les jambes 〜*es* 垂れ下がった脚.
2〖法律〗(訴訟が)未決の, 係争中の, 係属中の. cause 〜*e* 未決事項. procès 〜 係争中の訴訟.
3〖法律〗〖ラ〗条件の下で.〖ラ〗〜*e* conditione 条件が未達成の間.
4 未解決の, 懸案の問題. affaire 〜*e* 未解決の, 懸案. question 〜*e* 懸案の問題.

pendant² *n.m.* **1** 対をなすもの; 一対の人(物). le 〜 de …と対をなすもの. Ce tableau est le 〜 de celui-là. この絵はあの絵と対をなす. vases qui sont le 〜 de l'autre 対をなす花瓶. faire 〜 à …と対をなす. Ces deux statues se font 〜 (*s*). この二つの彫像は対をなしている.
2〖装身具〗〜 (d'oreille); 〜*s* (d'oreilles) 耳飾り.

pendulaire *a.* **1** 振子の. mouvement 〜 振子運動. oscillations 〜*s* 振子波動, 乱調.
2〖鉄道〗振子式の. train 〜 振子式列車(急カーヴを高速で走行できる振子装置付き列車).
3〖労働〗migration 〜 振子通勤(自宅と職場を毎日往復する通勤形態).
──*n.*〖スイス〗振子通勤者.

pendule¹ *n.m.* **1** 振子; 単振子(= 〜 simple). 〜 balistique 弾道振り子. 〜 composé 複振り子, 実体振り子, 物理振り子. 〜 de Foucault フーコー振り子. 〜 d'une horloge 時計の振り子. 〜 de torsion ねじれ振子. 〜 électrique (検電器の) 電気振り子. 〜 horizontal 水平振り子.
2〖登山〗振り子ドラヴァース. faire une 〜 振り子トラヴァースをする.
3 〜 de sorcier (地下水脈を発見する) 魔法使い(占者)の振り子. 〜 du radiesthésie 放射感応術の振り子.

pendule² *n.f.* 振り子時計; (振子式)掛時計, 置時計. balancier d'une 〜 掛時計の振り子. 〜 murale 壁掛時計. 〜 à affichage numérique ディジタル表示式時計. 〜 à quartz クオーツ時計. 〜 astronomique 天文時計. 〜 électrique 電気時計.

pendulette *n.f.* 小型置時計, 小型の携帯用時計. 〜 à affichage numérique ディジタル式携帯用時計. 〜 de voyage 旅行用携帯時計. 〜 électrique 携帯用電気時計.

pénétrable *a.* **1** 透過性の, 浸透性の. matière 〜 à l'eau 水を通す物質.
2 立ち入ることができる. forêt difficilement 〜 立ち入りにくい森.
3〖比喩〗浸透しやすい. être 〜 aux influences 影響を受けやすい.
4〖比喩・文〗理解できる; 見抜ける. mystère peu 〜 理解し難い神秘. secret difficilement 〜 見抜けにくい秘密.

pénétrant(e)[1] (<pénétrer) *a.* **1** 深く内部に浸透する, 浸透性の;(雨が)衣服にしみとおる;(寒さが)身にしみる;(弾丸が)侵徹力のある;『物理』(光線が)透過能力のある. froid ~ 身にしみる寒さ. 『医』plaie ~*e* 穿通創. projectile ~ 侵徹力のある弾丸. 『物理』rayonnement ~ 透過光.
2 (声が)よくとおる(響く);(匂いが)強烈な. bruit ~ よく響く音. odeur ~*e* 強烈な匂い.
3 心にしみ入る, しみじみとした. douleur la plus ~*e* 心にしみ入る苦しみ. sentiment ~ しみじみとした感情.
4 洞察力のある. réflexion ~*e* 洞察力のある考察. regard ~ 鋭い目つき;慧眼. vue ~*e* 鋭い洞察力.

pénétrante[2] *n.f.* **1** 『交通』(高速道路と都心を結ぶ)幹線道路. **2** 『軍』補給路.

pénétration *n.f.* **1** 浸透, 透過;侵入;貫入, 針入;挿入;貫通;『軍事』侵攻;『空軍』突破(防御線を破って攻撃すること). ~ (du pénis dans le vagin) ペニスの膣挿入. ~ contre la volonté de *qn* 強姦(=viol). ~ dans le corps d'un germe infectueux 病原菌の体内侵入. ~ des eaux dans le sol 土壌への水の浸透. ~ d'une idée 思想の浸透. ~ pacifique (武力によらない)平和的勢力伸長 (浸透). 『物理』~ par osmose 浸透.
coefficient de ~ d'un mobile dans l'air 動体の大気侵入係数. force de ~ d'un projectile 弾丸の貫通力. 『空軍』vol de ~ 低空突破飛行, 侵入飛行.
2 〔経済〕市場浸透度, 普及率;『軍』(弾丸の)侵徹深度;『光』被写界深度;『土木』(アスファルトの)針入度. taux de ~ du téléphone mobile 移動(携帯)電話の市場浸透度(普及率).
3 透徹力, 透視力;看破, 眼識, 洞察力. esprit d'une grande ~ 洞察力に富んだ精神.

pénétré(e) *a.p.* **1** (de が)浸み込んだ. ~ de l'eau 水が浸み込んだ. vêtements ~*s* d'eau 水が浸み込んだ衣服.
2 (de) (に)確信した, (を)確信した. air (ton) ~ 確信に満ちた様子(口調). être ~ de reconnaissance 感謝の念に満ちあふれている.
3 〔皮肉〕(de が)浸みついた. air (ton) ~ 確信に満ちた様子(調子). être ~ de son importance 自分の重要性にこっている. être ~ de préjugés 偏見に満ちている.

pénible (<peine) *a.* **1** 骨が折れる, 辛い. chemin ~ 難路. maladie ~ 辛い病気. respiration ~ 苦しい呼吸. travail ~ 骨が折れる仕事.
2 (作品, 文章などが)辛苦を重ねた, 苦心の跡をとどめた. ouvrage ~ 労作.
3 〔時に名詞の前〕心を痛める, 辛い;悲しい. une ~ nouvelle 悲しい知らせ(ニュース). décision ~ 辛い決断. événement ~ 不幸な出来事, 災厄. souvenir ~ 辛い思

出. spectacle ~ à voir 見るも痛ましい光景. vivre des heures ~*s* 辛い時を過ごす. Il est ~ de+*inf.* …するのは辛い(不快な)ことだ.
4 〔話〕堪え難い. caractère ~ やり切れない性格. Ces gosses sont vraiment ~*s*. この餓鬼共には全く我慢がならない.

péniche *n.f.* **1** 『河川運輸』ペニシュ(平底の河川・運河用貨物運搬船). ~ au gabarit des canaux Freycinet フレシネ式運河用輸送船(長さ38.50 m, 幅5.05-5.10 m, 吃水1.80-2.10 m, 積載量280-350 t). ~ automotrice 自走ペニシュ. train de ~*s* remorqués 曳航されたペニシュの列.
2 『軍』平底舟艇. ~ de débarquement 上陸用舟艇.
3 〔話〕ぶかぶかのどた靴(=gros godillot).

pénicillinase *n.f.* 『生化』ペニシリン分解酵素, ペニシリナーゼ.

pénicilline *n.f.* 『薬』ペニシリン(1928年 Alexander Fleming が発見した抗生物質).

pénicillino-résistant(e) *a.* 『医』ペニシリンに耐性をもつ, ペニシリン耐性の.

pénicillium [penisi(l)ljɔm] *n.m.* 『植』アオカビ〔属〕.

-pénie 〔ギ〕ELEM 「欠乏, 欠陥」の意 (*ex.* fibrop*énie* 繊維素欠乏〔症〕).

péninsulaire *a.* 半島の;半島に住む.

péninsule *n.f.* 『地形』半島(=grande presqu'île). la P~ イベリア半島(=la P~ ibériatique).

pénis [penis] *n.m.* 『解剖』ペニス, 陰茎.

pénitence *n.f.* **1** 〔カトリック〕悔悛;〔プロテスタント〕悔改(くいあらため). 〔sacrement de〕la ~ 悔悛の秘蹟. faire ~[1] 〔d'une faute〕罪を悔悛する. *De profundis*, psaume de la ~ 悔悛の詩編「深き淵より」(死者への祈り).
2 〔カトリック〕(聴罪司祭による)贖罪;(自らに課す)贖罪の苦業, 苦行(=mortification). accomplir sa ~ 贖罪を課す. faire ~[2] 贖罪の苦業をおこなう.
3 〔広義〕罰, 処罰;ペナルティ, 罰点. infliger une ~ à *qn* 人を処罰する. ~ infligée à un coupable 罪人に対する罰. mettre un enfant en ~ 子供に罰を与える. par ~ 自ら罰するため, 自戒として. pour [ta] ~ 罰として. Pour ta ~, tu copieras cent lignes. 罰として100行を筆写しなさい.

pénitentiaire *a.* 行刑の, 懲治の;監獄の. administration ~ 行刑当局. colonie ~ 少年院. établissement ~ 行刑(懲治)施設;監獄(=prison). régime ~ 懲治(監獄)制度.

—*n.f.* 行刑当局(=administration).

pénombre (<ombre) *n.f.* **1** 薄暗がり, 淡い光. ~ verte de la forêt 森の緑の薄暗がり. pièce plongée dans une ~ crépusculaire 薄暗の淡い光につつまれた部屋.

pensée¹

2 〖物理〗半影.
3 〘比喩的〙目立たぬ状況. rester dans la ～ (人が)目立たない, ぱっとしない.

pensée¹ n.f. 1 思考；思考力；思索, 瞑想；知性. ～ abstraite 抽象的な思考. ～ claire 明晰な思考. ～ rationnelle 理性的な考え方. expression de la ～ 思考の表明. homme de ～ 思索家. Toute la dignité de l'homme est en ～. 人の尊厳は思考することにある(Pascalの言葉).
2 考え, 思い；思いつき, 着想. ～ banale 陳腐な考え. ～ ingénieuse 才気あふれる思いつき. ～ originale 独創的な考え, 斬新な着想. mauvaise ～ 悪い了見. la ～ de qch (de+inf. , que+ind.) 何の(…する, …という)考え；何を考えること. La ～ du suicide ne m'a plus quitté depuis. それ以来自殺という考えがもはや私の脳裡から去らなかった. à la seule ～ de+inf. …することを考えるだけで.
3 思想；意見, 見解；箴言, 瞑想録；論考. les P～s de Pascal パスカルの『パンセ』. ～ contemporaine 現代思想. ～ courte 箴言. ～ marxiste マルクス主義思想. ～ politique 政治思想. ～ populaire 民衆思想；諺. la libre ～ 自由思想. la liberté de ～ の自由. dire sa ～ 意見(見解)を述べる.
4 精神, 心. lire une ～ dans les yeux de qn 人の目に心を読む. Il me vint à la ～ que …ということが心に浮かんだ.
5 意図, 意向. avoir la ～ de+inf. …するつもりである. Je n'ai jamais eu la ～ de vous offenser. あなたを侮辱しようなど思ったことはありません. cacher sa ～ 意図を隠す.
6 観念, 想像. ～ de la mort 死の観念. dans la ～ de qn 人の脳裡に. en ～；par la ～ 頭の中で, 想像によって. se tourner en ～ vers sa jeunesse 心の中で青春時代を回想する.

pensée² n.f. 1 〖植〗パンジー, 三色すみれ. ～ jaune (violette) 黄色い(紫色の)パンジー.
2 パンジー色(＝couleur ～)《暗い紫色》. chapeau ～ 暗い紫色の帽子.

penseur(se) n. 1 考える人；瞑想する人. Le P～ de Rodin ロダンの『考える人』《彫像》.
2 思索家；思想家. ～ militant 戦闘的思想家. libre ～ 自由思想家.

pensif(ve) a. 物思いに耽った；考え込んだ. visage ～ 考え込んだ顔. prendre un air ～ 考え込んだ様子をしている. rester ～ 物思いに耽る.

pension n.f. 1 年金, 手当て, 定期的支給金, 恩給. ～ alimentaire 扶養料, 養育費, 別居手当. ～ de retraite 年金. ～ d'invalidité 障害年金. ～ de réversion 遺族年金. ～ proportionnelle 比例年金. ～ reversible (de réversion) 遺族

偶者年金(手当て), 転換(切替)年金. fonds de ～ 年金基金.
2 下宿, 賄いつきホテル, 宿舎. demi ～ 2食つきの下宿(ホテル)《朝食と昼食または朝食と夕食つき》. ～ complète 3食つきの下宿. prendre ～ 下宿する, 宿を定める.
3 寄宿舎. mettre qn en ～ 寄宿舎に入れる.
4 〖金融〗短期融資. aval en ～ 短期融資保証. prise (mise) en ～ (現金担保付の債券)貸(借).

pensionnaire n. 1 下宿人.
2 (ホテルの)食事付宿泊者.
3 〘学〙寄宿生, 寮生(demi-～「半寄宿生」, externe「通学生」の対).
4 (コメディー・フランセーズの)パンショネール(固定給制座員；sociétaire「歩合給制座員」の下位)(＝ ～ de la Comédie-Française).
5 (芸術関係財団・学校の)奨学金付招待学生. ～ à la Villa Médicis (ローマ大賞受賞による)ヴィラ・メディチス寄宿生.
6 〘古〙年金受給者(＝pensioné).
7 〘話〙 ～ d'une maison de retraite 養老院在院者. ～ d'une prison 監獄の受刑者.

pensionné(e) a.p. 年金を受ける. homme de lettres ～ 年金受給文人.
— n. 年金受給者. ～s titulaires de la carte de combattant 傷痍軍人証を持つ正規の年金受給者.

pentabromo-diphényléther [pɛ̃-] n.m. 〖化〗五臭化ジフェニルエーテル.

pentachlorophénol n.m. 〖化〗ペンタクロロフェノール.

pentagone n.m. 1 〖幾何〗五辺形, 五角形.
2 [米] le P～ ペンタゴン《アメリカ国防総省〔の建物〕；五角形の建物に由来する通称》.
— a. 〖幾何〗五辺(角)形の.

pentane [pɛ̃tan] n.m. 〖化〗ペンタン(C₅H₁₂；パラフィン炭化水素の一つ).

pentapolaire a. 1 〖史〗五都市同盟の《イタリアのAncône, Fano, Pesaro, Rimini, Senigalliaの5都市pentapole》. 2 五都市の；五極の.

Pentateuque (le) n.m. 〘聖書〙モーセ五書《旧約聖書の冒頭の五書》.

pentathlon n.m. 〘スポーツ〙1 五種競技. ～ classique (陸上競技の)五種競技《200 m, 1500 m, 走幅跳 saut, 円盤投 disque, 槍投 javelot》. ～ moderne 近代五種競技《射撃 tir, 水泳 natation, フェンシング escrime, 馬術 équitation, クロスカントリー cross》.
2 (古代ギリシア・ローマの)古代五種競技《格闘技 lutte, 走 course, 跳躍 saut, 円盤投 disque, 槍投 javelot》.

pentatonique [pɛ̃-] a. 〖音楽〗五音階の. échelle ～ 五音音階.

pente *n.f.* **1** 傾斜, 勾配. ~ abrupte (rapide) 急勾配. 急峻. ~ croissante 上り勾配, 上り坂. ~ de cinq pour cent 5％の勾配《100 m で 5 m の高低差》. ~ de cinq pour mille 5‰の勾配《1000 m で 5 m の高低差》. ~ de comble 屋根の勾配. ~ d'eau (運河の) 水面勾配. ~ douce 緩やかな傾斜 (勾配). 〖数〗~ d'une droite 直線の傾斜 (勾配). ~ d'une piste de ski ゲレンデの勾配. ~ transversale (道路の) 横断勾配《水はけ用の傾斜》. 〖数〗ligne de plus grande ~ 最大傾斜 (勾配) 線. rupture de ~ 傾斜の急変化;〖地学〗(河床の) 遷移点. en ~ 傾斜した. terrain en ~ 傾斜地.
2 斜面, 坂. monter (descendre) une ~ 坂を上る (下る). 〖地学〗~ continentale 大陸斜面. ~s d'une colline 丘の斜面. 〖地学〗~ limite (河川の) 平衡曲線.
3 〖比喩的〗傾向, 好み. 〖古〗avoir une ~ à + *inf.* …する傾向がある. avoir une ~ à …に惹かれやすい, …を好む. suivre sa ~ 自分の好みを追う.
4 〖比喩的〗(悪などへの) 傾き, 傾斜. la ~ du moindre effort 最も安易な道. 〖話〗être sur une mauvaise ~ 悪の道にはまり込んでいる. 〖話〗être sur une ~ savonneuse ずるずると悪い方向に滑り込んでいる. remonter la ~ 持ち直す;立ち直る;正道に立ち戻る;安易な道を捨てる.
5 〖電〗相互コンダクタンス.
6 ~ de fenêtre 窓のカーテン上の垂れ布.
Pentecôte [pã-] *n.f.* **1** 〖ユダヤ教〗五旬節, ペンテコステ《過越節の後の 50 日》.
2 〖キリスト教〗聖霊降臨の大祝日, パントコート《= le dimanche de la ~;復活祭後の第 7 日曜日にあたる変動祝祭日;聖霊が使徒たちに降臨した記念日》. le lundi de ~ 聖霊降臨の大祝日の翌日の月曜日《代替法定休日;1886 年 3 月 8 日制定》.
pentecôtistes *n.m.pl.* 〖プロテスタント〗ペンテコート派《20 世紀初頭米国に誕生したキリスト教原理運動の一派;聖霊の働きかけや神による治癒を重んじる》.
penthiobarbital [pɛ̃-] *n.m.* 〖薬〗ペンチオバルビタール《鎮静・催眠・痙攣薬》.
pentose [pɛ̃-] *n.m.* 〖化〗五炭糖《炭素 5 原子からなる単糖》.
pentoxifylline [pɛ̃-] *n.f.* 〖化・薬〗ペントキシフィリン, 五酸化フィリン《アデノシン拮抗薬》.
pénurie *n.f.* 極度の不足, 払底;窮乏;貧困. ~ d'argent de vivres 生活費の窮乏. ~ de blé (de pétrole) 小麦 (石油) の払底. ~ de main-d'œuvre 極度の人手不足. période de ~ 物資不足の時代.
Péole (< *p*réliminaire à *E*ole) *n.m.* ペオル〔衛星〕(1970 年 12 月 12 日打上げの科学技術衛星).

PEON (= *p*roduction d'*é*lectricité d'origine *n*ucléaire) *n.f.* 原子力発電, 原子力炉による電力生産. Commission ~ 原子力発電委員会.
péon (*pl.* ~*s*, ~*es*) (<〔西〕peón) *n.m.* (南米の) 貧農, 日雇い農業労働者, 牧夫.
péonage *n.m.* 〖労働〗(借金返しの) 奴隷的雇用状態, 奴隷的労働;(囚人の) 奴隷的労働 (服従).
PEP[1] [pɛp] (<〔英〕pepper 胡椒) *n.m.* 〖話〗〖古〗活力, 活気. avoir du ~ 活気に満ちあふれている.
PEP[2] (= *p*lan d'*é*pargne *p*opulaire) *n.m.* 庶民貯蓄計画制度《旧 PER:*p*lan d'*é*pargne *r*etraite 年金貯蓄計画制度を 1990 年 1 月 1 日から改変したもの》.
pépé *n.m.* **1** 〖幼児語〗おじいちゃん, ペペ (= grand-père;mémé の対). **2** 〖話〗おっさん, おやじ.
pépin *n.m.* **1** 〖植〗(漿果, 柑橘類, 瓜類の) 種. fruits à ~ 種のある果実.
2 〖話〗事故, 困難, 障害, 不愉快なこと.
pépinière *n.f.* **1** 〖農〗苗床;苗木育成場, 苗木畑;〖集合的〗苗, 苗木. ~ forestière 林業用苗木畑. semer en ~ 苗床に種を播く.
2 〖比喩的〗育成場, 育成施設, 温床. ~ d'entreprises 中小企業の育成措置. ~ de jeunes artistes 若い芸術家の育成場.
PEPP (= *p*rofesseur des *e*nseignements *p*rofessionnels *p*ratiques) *n.m.* 〖教育〗職業教育実習担当教授《旧 PTA:*p*rofesseur *t*echnique *a*djoint》.
pepsine [pɛpsin] *n.f.* 〖生化〗ペプシン《脊椎動物の胃液中の蛋白質加水分解酵素》. ▶ **peptique** *a.*
PEPT (= *p*rofesseur des *e*nseignements *p*rofessionnels *t*héoriques) *n.m.* 〖教育〗職業教育理論担当教授《旧 PETT:*p*rofesseur d'*e*nseignement *t*echnique *t*héorique》.
peptidase [pɛptidaz] *n.f.* 〖生化〗ペプチダーゼ《広義ではペプチドの結合の分解酵素の総称;狭義ではペプチドを加水分解する酵素の総称》.
peptide [pɛptid] *n.m.* 〖化〗ペプチド.
peptidique *a.* 〖化〗ペプチドの. groupement ~ ペプチド群. liaison ~ ペプチド結合.
peptique *a.* 〖生化・医〗消化の, 消化性の;消化を助ける;ペプシンの (pepsique). 〖医〗ulcère ~ 消化性潰瘍.
peptone [pɛpton] *n.m.* 〖生化〗ペプトン《天然の蛋白質を酵素・酸・アルカリ等で部分加水分解して生成する非結晶物質;オリゴペプチドとポリペプチド混合物の総称》.
peptonisation *n.f.* 〖生化〗ペプトン化.
PER[1] (= *p*lan d'*é*pargne *r*etraite) *n.m.* 〖社会保障〗*n.m.* 退職貯蓄計画.
PER[2] (= *p*lan d'*ex*position aux *r*isques) *n.m.* 災害対策計画《1982 年の法律による自

然災害対策計画；1995年の環境保護強化に関する法律 (la loi du 2 février 1995 relative au renforcement de la protection de l'environnement) により Plan de prévention des risques「災害予防計画」に変更).

PER³ (=［英］Price Earning Ratio) *n.m.* 〚経済〛株価収益率(=［仏］CCR：coefficient de capitalisation des résultats).

peracide *n.m.* 〚化〛過酸.

perazotique *a.* 〚化〛過硝酸の. oxyde ~ 酸化過硝酸.

perçant(e) (<percer) *a.* **1** 刺すような；刺すように鋭い；(眼が) よく利く. regard ~ 刺すように鋭い眼差し. vent froid ~ 身を切るように寒い風. avoir une vue ~ *e* 遠目が利く, 眼がよい.
2 (音, 声が) 鋭い, 切り裂くような. cris ~*s* かん高い叫び声. son ~ de la trompette トランペットの鋭い音.
3 洞察力の鋭い. esprit ~ 炯眼の人.
4 〚馬術〛(馬が) 血気にはやる. cheval ~ 駻馬 (かんば).

percé(e) *a.p.* **1** 穴のあいた. vêtements ~*s* 穴のあいた衣服. C'est un panier ~. (まるで穴のあいた籠だ→) 底抜けの浪費家だ.
2 穴がうがたれた. fenêtres ~ *es* en meurtrières (城の) 狭間の窓.
3 (矢で) 射貫かれた. cœur ~ d'une flèche 矢で射貫かれた心臓《恋の象徴》.
4〔比喩的〕être ~ jusqu'aux os 骨の髄まで浸みこんだ.

perce-neige *n.m.(f.) inv.* 〚植〛ペルス=ネージュ, 雪割草《アマリリス科 amaryllidacées》.

percepteur¹ *n.m.* (直接税の) 収税吏 (= comptable du Trésor)；(罰金の) 徴収官；(公共機関の) 公費出納官. le ~ et le trésorier-payeur général 収税・総出納吏.

percep*teur*²(*trice*) *a.* 知覚する. facultés ~ *trices* 知覚能力. organes ~*s* 知覚器官.

perceptibilité *n.f.* **1** 知覚可能性, 認知可能性. **2** (税の) 徴収可能性.

perceptible *a.* **1** 知覚し得る, 感知できる. son ~ 感知できる音.
2 理解できる, 察知できる. subtilité peu ~ ほとんど察知できない精緻さ.
3 〚税〛徴収し得る. taxe ~ 徴収可能な税.

perceptif(ve) *a.* 知覚に関する. champ ~ 知覚領域.

perception *n.f.* Ⅰ **1** 知覚. ~ des couleurs 色の知覚. ~ et sensation 知覚と感覚. localisation des ~*s* 知覚の定位.《Phénoménologie de la ~》de Merleau-Ponty メルロー=ポンティ『知覚の現象学』(1945年).〚文法〛verbes de ~ 知覚 (感覚) 動詞.
2 認識. ~ du bien et du mal 善悪の認識. Ⅱ **1** (税・罰金の) 徴収, 取り立て. ~ d'une taxe 徴税.

2 (徴収された) 税金；税額. ~ excessif 超過徴収税金.
3 収税吏の職；税務署, 税務事務所 (=bureau du percepteur).

percerette, percette *n.f.* 千枚通し, 刺錐.

perceur(se¹) *n.* 穿孔工；孔を開ける人.〚話〛~ de coffres-forts 金庫破り. ~-taradeur 穿孔・ねじ切り工. aléseur-~ 中刳・穿孔工.
——*a.* 孔をあける.

perceuse² *n.f.* 〚機械〛ドリル, 穿孔機, 錐 (きり). ~ électrique 電気ドリル.

perceuse-visseuse *n.f.* 〚機械〛ドリル, 穿孔兼ネジ締め機. ~ sans fil 電池式電動ドリル.

percevable *a.* 〚税〛徴収可能な. impôt ~ 徴収可能な税.

Perche (le) *n.pr.m.* ペルシュ地方《フランス北西部の旧州；現在の l'Eure-et-Loir と l'Orne の両県の中間部に相当する地方；中心都市は Corbon, 次いで Mortagne；他に Nogent-le-Rotrou などの都市がある；牛の放牧が盛んである；形容詞 percheron (*ne*)》.

perche¹ *n.f.* **1** 棒, バー, 竿, ポール；(市街電車などの) 集電ポール (= ~ de prise de courant).〚映画・放送〛~〔à son〕(先端にマイクをつけた) ブーム. ~ en fibre de carbone (棒高跳用の) 炭素繊維製ポール.〚陸上競技〛saut à la ~ 棒高跳. sauteur à la ~ 棒高跳の選手 (=perchiste).〚スキー〛~ de téléski Tバー・リフトのバー.〔比喩的〕tendre la ~ à *qn* 人に救いの手をさしのべる.
2〚狩〛(鹿の角の) 角幹.
3〚話〛のっぽ (=grande ~). Quelle grande ~, ce garçon! この青年は何て背が高いんだろう!
4〔古〕ペルシュ (1) 長さの単位；2) 地積の単位；1/100 arpent；パリでは 34.18 m²》. une ~ de vigne 1ペルシュの広さの葡萄畑.

perche² *n.f.* 〚魚〛ペルシュ, パーチ《鱸 (すずき) 属 Perca の食用淡水魚》. ~ de mer 海ペルシュ, ひめすずき (=serran). ~ goujonnière ろばすずき (=grémille). ~ noir 黒ペルシュ, ブラックバス (=black-bass). ~ soleil (arc-en-ciel) 虹色ペルシュ.

percheron(ne) *a.* **1** ペルシュ地方 (le Perche) の. **2** (馬が) ペルシュ地方産の. race ~*ne* ペルシュ種.
——*P*~ *n.* ペルシュ種の馬《農耕馬・荷役馬》.

perchiste *n.* **1**〚スポーツ〛棒高跳選手.
2〚映画・TV〛マイクブーム操作係 (=perchman). **3**〚スキー〛(ゲレンデの) Tバー・リフト係員.

perchlorate *n.m.* 〚化〛過塩素酸塩 (エステル).

perchlorique *a.* 〚化〛acide ~ 過塩素

酸 (HClO₄).

perclus(e) *a.* (身体が)動かない, 不随の. bras ～ 不随の腕. à demi ～ 半身不随の. être ～ de la jambe droite 右脚がきかない. être ～ de douleurs (de rhumatismes) 痛み(リウマチ)で体が動かせない. être ～ de peur 恐怖で身動きできない.

Perco (=**P**lan d'*é*pargne-*r*etraite *co*llectif) *n.m.* 〖社会保障〗集団的年金貯金計画.

percussion *n.f.* **1** 衝撃；衝突；(火器の)撃発；衝撃試験法. arme à ～ 撃発方式の銃器.
2 〖音楽〗打楽器, パーカッション (=instrument à (de)～)；(楽団の)打楽器セクション. *Concerto pour deux pianos et* ～ *de Bartok* バルトーク作曲の『2台のピアノと打楽器による協奏曲』.
3 〖医〗打診〔法〕. ～ immédiate 直接打診〔法〕. ～ médiate 間接打診〔法〕〖打診板 plessimètre などの器具を利用した打診法〗. marteau à ～ 打腱槌.

percutané(e) *a.* 〖医〗経皮の(皮膚を通して行なわれる). absorption ～*e*（薬物の）経皮吸収. néphrolithotritie ～*e* 経皮的腎結石砕石術.

percutant(e) (<percuter) *a.* **1** 衝撃を与える；衝撃によって作動する.〖軍〗〔obus〕～ 着発弾(標的に当たった衝撃で爆発する砲弾〔(obus) fusant の対).
2 〔比喩的〕衝撃的な, ショッキングな. déclaration ～*e* 衝撃的な声明. film ～ ショッキングな映画. formule ～ 衝撃的な言いまわし(スローガン).
3 〔比喩的〕(人が)精力的な, 活力のみなぎる.

percuteur *n.m.* **1** 〖銃〗撃鉄, 撃針. ～ d'un fusil 小銃の撃鉄.
2 〖考古〗加撃器.

percuti-réaction *n.f.* 〖医〗経皮反応 (=cuti-réaction)；(特に)ツベルクリン反応 (=réaction tuberculinique).

perdition *n.f.* **1** 〖神学〗(罪による魂の)破滅；(教会・救済から)見放されること. état de ～ (魂の)破滅状態.
2 〔文〕堕落, 頽廃. lieu de ～ 悪所(あくしょ).
3 〔古〕消失, 消滅.
4 破滅. la droite en ～ 破滅状態の右翼. navire en ～ 難破船.

perdreau (*pl.* ～**x**) *n.m.* 〖鳥〗ペルドロー (ペルドリの雛；若鳥).〖料理〗～ à la coque ペルドロー・ア・ラコック(フォワグラを詰めたペルドローをゆでてから冷やしたもの).〖料理〗～*x* aux raisins ペルドローのレーズン詰め.

perdrix *n.f.* **1** 〖鳥〗ペルドリ, やまうずら類(雉科 phasianidés, 鶉鶏類 gallinacée；猟鳥；美味；啼き声は cacaber). ～ commune (grise) やまうずら. ～ de mer 燕千鳥 (=glaréole). ～ des neiges 雷鳥 (=lago-

pède)〖カナダでは ～ blanche〗. ～ rouge あかあしいわしゃこ. chasse à la ～ ペルドリ猟.
2 〖料理〗ペルドリ料理. ～ aux choux ペルドリのキャベツ包み. ～ aux lentilles ペルドリのレンズ豆添え. potage de ～ ペルドリのポタージュ.

perdu(e) (<perdre) *a.p.* **1** 失われた, なくなった；紛失した；はぐれた. argent ～ au jeu 賭博ですった金. chien ～ はぐれた犬；野良犬. enfant ～ 迷子. objets ～*s* 忘れ物, 遺失物；遺失物保管所. Je vais essayer de chercher mon parapluie aux objets ～*s*. 傘を遺失物保管所へ探しにいくつもりだ. occasion ～*e* 逸機. *Le Paradis* ～ *de Milton* ミルトン『失楽園』(=*The Paradise Lost*). pas ～ 失われた足跡；〔比喩的〕(裁判所の)待合室,(駅の)コンコース (=salle des pas ～). sentinelle ～*e* 最前線の歩哨. temps ～¹ 失われた時, 過ぎ去った時. *A la recherche du temps* ～ *de Marcel Proust* マルセル・プルースト『失われた時を求めて』(7部からなる長編小説；1913-27年). terrain ～ 失地.〖諺〗Pour un ～ (Un de ～), deux (dix) de retrouvés. 一人失って二人(十人)見つかる(代りはいくらでもある). Tout est ～. 万事休す.〖諺〗Pour un ～, deux (dix) retrouvés. (一人失って二人(十人)見つかる→)代りはいくらでもつかる.
2 見失われた. balle ～*e* 流れ弾. coups ～ めくら射ち.〖建築〗ouvrage à pierre(s) ～*e*(*s*) 沈設工事. à corps ～ 猛烈な勢いで, 激しく, 必死に.
3 人里離れた. coin ～ 人里離れた場所. pays ～ 過疎地. village ～ 辺鄙な寒村.
4 (勝負に)負けた. bataille ～*e* 負け戦. causes ～*es* 敗訴.
5 無駄になった. heures ～*es* 無為に過ごした時間. occasion ～*e* 逃がした機会. peine ～*e* 無駄骨. temps ～*s*² 無為に過ごした時間. à temps ～；à mes moments ～*s* 暇な時に. vie ～*e* 徒労に終った人生. C'est bien de l'argent ～. それは無駄金だ. Ce n'est pas ～ pour tout le monde. 皆が損したわけではない. Le bienfait n'est jamais ～. 善行は決して無駄ではない.
6 見込みのない；駄目になった；堕落した. 腐敗した. ～ de dettes 借金で首がまわらない. ～ de santé 不治の病にかかった. femme (fille) ～*e* 売春婦. fille ～*e* 堕落した娘, 売春婦. homme ～ 破産した男；駄目になった男. C'est un homme ～. この男はもうおしまいだ. la Génération ～*e* 失われた世代, ロスト・ジェネレーション. jeunesse ～*e* 途方に暮れた若者たち. malade ～ 治る見込みのない病人. moissons ～*es* à cause de la grêle 雹で台無しになった収穫. être ～ de dettes 借金で首が回らない. être ～ de réputation 名声を失う.
7 道に迷った；〔比喩的〕困惑した；(視線

が) 定まらない. regard ~ うつろな眼差し. se sentir ~ 途方に暮れる. J'étais ~ et condamné à chercher mon chemin. 迷ってしまった私は道を探さなくてはならなかった. Ma tête est ~e 頭が混乱している.
8 姿を消した, 消えた. ~ parmi la foule 群衆の中にまぎれこんだ. Ciel ~ dans une grisaille brumeuse 灰色の霧にかき消された空. corps ~s dans des vêtements trop larges 大きすぎる衣服に埋没している体. sommet ~ dans le ciel かすんだ山頂.
9 没頭した(=absolvé). être ~ dans ses rêveries 夢想に耽っている.
10 (物が)傷んだ(=abîmé, endommagé). robe ~e 傷んだドレス. Ces fruits sont ~es. これらの果物は傷んでいる.
——*n.* 狂人(=fou). comme un ~ 狂ったように；全力をふりしぼって. crier comme un ~ 狂ったように叫ぶ.

père *n.m.* Ⅰ〖父〗**1** 父, 父親(mère「母, 母親」の対). le ~ et ses enfants 父とその子. le ~ et la mère 父母(=parent). le ~ du père (de la mère) 祖父(=grand-père). ~ de la femme 義父(=beau-~). ~ adoptif 養父. ~ légal 戸籍上の父. ~ légitime 嫡出子の父. ~ naturel 自然子(私生児)の父.
droits du ~ 父権(=puissance paternelle). 〖精神分析〗haine du ~ 父親に対する憎悪. 〖心〗image du ~ イマーゴ(子供の描く理想像としての父). parents du côté du ~ 父方の親戚. qualité de ~ 父親の資格. Alexandre Dumas ~ アレクサンドル・デュマ父(Alexandre Dumas fils の A・デュマ, デュマ・フィスの対). X P~ et Fils X 父子会社. Bouchard P~ et Fils ブーシャール父子会社. de ~ en fils 父から子へ, 親子代々. devenir ~ 父親になる. obéir à son ~ 父親に従う.〖諺〗Tel ~ tel fils. この父にしてこの子あり.
2 ~ de famille 一家の父, 家父, 家長(としての父). en bon ~ de famille 善良な家父として. placement de ~ de famille. 堅実な投資. responsabilité du ~ de famille 家父としての責務.
3〔*pl.* で〕〖文〗父祖, 祖先. nos ~s われらの父祖(祖先)(=aïeul). la terre des P~s 父祖の地, 祖国(=patrie). héritage de ses ~s 父祖から受け継いだ遺産.
4〔比喩的〕保護者. le ~ des pauvres 貧者の慈父. le ~ du peuple 国民の父(君主).
5〔比喩的〕創始者, 始祖, 元祖. Freud, père de la psychanalyse 精神分析学の創始者フロイト.
6〖劇〗~ noble 厳父の役(年配の威厳ある役柄).
7〖動〗雄親.
Ⅱ〖宗教〗**1**〖聖三位一体 la Sainte Trinité の第1位格である〗父. au nom du P~, du Fils et du Saint-Esprit 父と子と精霊の御名において. le P~ éternel 永遠の御父, 神(=Dieu). la Maison du P~ 天国(=paradis). Notre P~ 主の祈り(=Pater):《Notre P~ qui es aux cieux, que ton nom soit sanctifié, que ton Règne vienne, que ta Volonté soit faite sur la terre comme au ciel. Donne-nous aujourd'hui notre pain de ce jour. Pardonne-nous nos offenses, comme nous pardonnons aussi à ceux qui nous ont offensés. Et ne nous soumets pas à la tentation, mais délivre-nous du Mal. Amen.》[カトリック教会で]天にましますわれらの父よ, 願わくは御(み)名の尊まれんことを, 御(み)国の来らんことを, 御(み)旨の天に行わるる如く地にも行われんことを, われらの日用の糧(かて)を, 今日(こんにち)われらに与え給え. われらが人に赦す如く, われらの罪を赦し給え, われらを試みに引き給わざれ, われらを悪より救い給え. アーメン.(「主の祈り」:「マタイ」6, 9-13;共同訳『新約聖書』より).
2 les ~s de l'Eglise 初期キリスト教会の教父たち. ~s apostoliques 使徒教父. P~s du concile 宗教会議列席の司教たち. le (notre) Saint-P~；le saint-~ ローマ教皇(=pape).
3〖尊称〗神父, …師(略記 *sing.* P；*pl.* PP). ~ abbé 修道院長. le P~ X X 神父, X 師. ~ spirituel 霊的指導神父. mon P~；mon révérend ~ 神父さま；牧師さま(呼びかけ).
Ⅲ〖愛称〗爺さん, 親父. le P~ *Goriot* de Balzac バルザックの『ゴリオ爺さん』(1834-35 年). ~ Noël サンタクロース. mon petit ~ おじさん.

péremption *n.f.*〖法律〗文書の効力消滅；権利の喪失, 減効；訴権消滅時効. ~ d'instance 訴訟手続の減効. date de ~ 訴権消滅時効期日；(食品の)賞味期限(DLC=*d*ate de *l*imite de *c*onsommation).

péremptoire *a.* **1** (口調・行為などが)断固たる；(議論が)反論の余地のない. preuve ~ 決定的な証拠. ton ~ 断乎たる口調.
2〖法律〗(文書・行為の)効力消滅(péremption)にかかわる, 減効した. exception ~ 減効の抗弁.

pérennité *n.f.* 永続性；永続. ~ des traditions 伝統の永続性.

péréquation *n.f.* **1**〖行政〗適正化；均等化；調整. ~ des impôts 課税の適正化(能力に応じた税負担の割当). ~ des pensions (des traitements) 年金(給与)調整.
2〖経済〗調整(策). ~ des prix 価格調整. ~ sectorielle 部門別調整. système de ~ (同一部門の企業の均等をはかるため, 輸出入に助成金を出す)調整システム.

perestroïka [ロシア] *n.f.* ペレストロイカ, 改革路線《1985 年ソ連共産党書記長ゴルバチョフ Gorbatchev が推進した政

治・経済・社会およびその他の分野での改革政策).

perfectible *a.* 改良し得る；改善の余地のある.〖写真〗performances optiques ~s レンズの性能改良の余地あり.

perfection *n.f.* **1** 完全, 完璧. ~ du style d'un auteur 作家の文体の完璧さ. à la ~ 完璧に. parler le français à la ~ フランス語を完璧に話す. atteindre à la ~ 完全(完成)の域に達する. désir de la ~ 完璧志向.
2〖宗教〗宗徳；〖哲〗完全性.
3〖多く *pl.*〗〖文〗美点, 秀れた資質.
4 最高の人(物)；逸材；逸品. C'est une ~ de femme. 最高の女性だ. Cette machine est une ~. この機械は非の打ちどころがない.

perfectionné(e) *a.p.* 完成の域に達した；改良された；高品位の；高性能の. moteur très ~ 完璧なエンジン, 高性能エンジン. style ~ 磨き上げられた文体.

perfectionnement *n.m.* **1** 完璧の域に近づけること, 完璧化；改良. ~ d'un mécanisme 機構の完璧化(改良). stage de ~ 上級実習；(特に)技能研修実習. brevet de ~ 技能研修修了証.
2 改良, 改善. apporter des ~s à *qch* 何かに改良を加える.

perfectionnisme *n.m.*〖時に蔑〗完璧(完全)主義. C'est du ~! あきれた完璧主義だ.

perfectionniste *n.* 完全論者, 完璧主義者；凝り性の人.

perfluorocarbure *n.m.*〖化・医〗パーフルオロカルビュール, 過弗素炭化物.(=〖英〗PFC=*perf*luorochemical, 弗素炭化物；人工血液).

perforant(e) *a.* **1** 穿孔性の, 貫通性の.〖解剖〗artères ~*es* 穿孔動脈. instrument ~ 穿孔器.
2 装甲を貫通する. balle (obus)~ 徹甲弾.

perforation *n.f.* **1** 穴を開けること；(切抜などに)パンチを入れること.
2〖情報処理〗(カード, テープの)パンチ；(写真フィルムの縁の)パーフォレーション；(切手の)目打ち, ミシン目.
3〖医〗穿孔；穿孔術. ~ gastrique (intestinale) 胃(腸)穿孔.

perforé(e) *a.* **1** 孔を開けた, パンチを入れた. bords ~s d'une pellicule photo 写真フィルムのパーフォレーション入りの縁. carte (bande) ~*e* パンチカード(テープ).
2〖医〗(胃腸などが)穿孔した, 穴のあいた. intestin ~ 穿孔のある腸.

performance *n.f.* **1**〖スポーツ〗記録, 成績, 結果. bonne (mauvaise) ~ 好成績(悪い成績). homologuée (公認)~ 公認記録. être classé d'après ses ~ 試合成績に応じて格付けさせる. réaliser une belle ~ 好成績をあげる, 好記録を出す.
2 (スポーツなどでの)好成績；〖比喩的〗手柄, 殊勲. accomplir (réaliser) une ~ 好成績をあげる.
3〖多く *pl.*〗(機械などの)性能. ~s d'un avion 航空機の性能. ~ d'un ordinateur コンピュータの性能.〖オートレース〗indice de ~ d'une voiture レーシングカーの性能指数.〖電算〗analyse de ~ 性能分析, 効率分析.
4〖心〗作業達成能力. niveau de ~ 作業能力水準. test de ~ 作業検査(非言語検査).
5〖言語〗言語運用 (compétence「言語能力」の対).
6〖比喩的〗〖経済〗(企業, 作業方法などの)生産能力；高能率, 業務遂行能力；業績.
7〖美術〗パフォーマンス, ハプニング, 身体アート, ラント・アート.

performant(e) *a.* **1** 高性能の. imprimante ~*e* 高性能プリンター. moyens de combat les plus ~s 最高性能の戦闘手段. ordinateur très ~ 高性能コンピュータ. produit ~ 高性能製品.
2 効率の良い, 競争力のある. 高成績の. directeur des ventes très ~ 極めて有能な営業部長. entreprise ~*e* 競争力のある企業.
——*n.m.* アルペン競技用スキー (=ski ~).

performeu*r*(*se*) *n.* **1**〖スポーツ〗好成績を挙げる選手.
2〖芸術〗パフォーマンス芸術家.

perfusion *n.f.*〖医〗**1** 灌流；持続的注入. ~ sanguine 血液灌流. 血液吸着 (= hémoperfusion). ~ veineuse de produits de nutrition artificielle 人工栄養剤の静脈灌流. ~ de ~ 灌流管.
2〖比喩的〗(落ちこんだ部門・地方などへの)助成金の注入.

pergélisol *n.m.*〖地学〗永久凍土層.

pergola〖伊〗*n.f.*〖建築〗ペルゴラ, パーゴラ(蔓棚柱廊のあるあずまや).

perhydrol *n.m.*〖化・薬〗ペルヒドロール(濃縮過酸化水素水).

péri-〖ギ〗ELEM「周囲」の意 (*ex. peri*glaciaire「氷河周辺の」).

périadénite *n.f.*〖医〗腺周囲炎, リンパ腺〔節〕周囲炎.

périanthe *n.m.*〖植〗花被(かひ) (calice「萼」と corolle「花冠」).

périartérite *n.f.*〖医〗多発動脈炎, 動脈周囲炎. ~ noueuse 結節性多発動脈炎.

périarthrite *n.f.*〖医〗関節周囲炎. ~ de l'épaule 肩関節周囲炎. ~ scapulo-humérale 肩甲骨・上腕骨関節周囲炎, 肩関節周囲炎, 五十肩.

periarticulaire *a.*〖解剖・医〗関節周辺の. douleurs ~s 関節周辺痛.

périastre *n.m.*〖天文・宇宙科学〗(惑星・衛星の軌道の)近星点 (=〖英〗periastron).

péricarde *n.m.*〖解剖〗心膜.

péricardiectomie *n.f.*〖医〗心膜切除〔術〕.

péricardiotomie n.f.〖医〗心膜切開〔術〕.
péricardite n.f.〖医〗心膜炎, 外膜炎, 心包炎, 心嚢炎. ~ aiguë 急性心膜炎. ~ calcifiante 装甲心, よろい心. ~ chronique constrictive 慢性収縮性心膜炎. ~ sèche 乾性心膜炎, 滲出性心膜炎.
péricarpe n.m.〖植〗果皮. ~ des agrumes 柑橘類の果皮(=zeste).
péricholangite n.f.〖医〗胆管(道)周囲炎.
périchondral(ale)(pl.**aux**) a.〖解剖・医〗軟骨膜の. 軟骨外の. ossification ~ale 軟骨外化.
périchondre n.m.〖解剖〗軟骨膜.
péricoronarite n.f.〖医〗歯周囲炎. ~ de dent de sagesse 智歯周囲炎.
péricoronite n.f.〖医〗歯冠周囲炎.
péricrâne n.m.〖解剖〗頭蓋骨膜.
péricycle n.m.〖植〗(茎・根の)内鞘(ないしょう).
péricyte n.m.〖生〗周細胞, 外膜細胞(=cellule de l'adventice).
pericytome n.m.〖医〗周皮腫, 血管外皮腫(=périthélome).
péridural(ale)(pl.**aux**) a.〖解剖〗硬膜周囲の, 周硬膜の.〖医〗anesthésie ~ale 硬膜外麻酔; 硬膜知覚喪失症(=anesthésie épidurale).
—n.f. 硬膜外麻酔. accoucher sur ~ 硬膜外麻酔分娩をする.
périf, périph(<périphérique) n.m.〖話〗ペリフ, 都市周囲環状高速道路. ~ extérieur 都市外周環状高速道路. ~ intérieur 都市内環状高速道路. accident sur le ~ 環状高速道路上の事故.
périfolliculite n.f.〖医〗毛包周囲炎.
périgastrite n.f.〖医〗胃周囲炎(胃漿膜面の炎症).
périgée n.m.〖天文〗近地点. ~ d'un satellite 衛星の近地点. La lune est dans (à) son ~. 月は近地点に達した.
périglaciaire a.〖地学〗氷河周辺の, 周氷河の. zone ~ 氷河周辺地帯, 周氷河地帯. terrasse ~ 周氷河段丘.
Périgord n.pr.m. le ~ ペリゴール地方《フランス南西部の Périgueux ペリグーを中心とする旧地方》. truff noire du ~ ペリゴール地方の黒トリュッフ《黒松露の最高級品》.
périgordien n.m. (<Périgord)〖先史〗ペリゴール文化《後期旧石器時代の文化層相》. ~ ancien 古ペリゴール文化, シャテルペロン文化(=châtel perronien). ~ supérieur 後期ペリゴール文化, クラヴェット文化(=gravettien).
périgourdin[1](**e**) (<Périgord) a. **1** ペリゴール地方 le Périgord の; ペリゴールの住民の; ペリゴール方言の; ペリグー Périgueux の. cuisine ~e ペリゴール地方料理. paysans ~s ペリゴール地方の農民.〖料理〗salpicon à la ~e ペリゴール風サルピコン《フォワグラとトリュッフの角切りを和えた料理》.〖料理〗sauce ~e ソース・ペリグールディヌ《トリュッフとマデラ酒を用いたソース》.〖料理〗tourte de truffes à la ~e トリュッフのパイのペリゴール風《トリュッフのパイにトリュッフとマデラ酒でつくったソースを添えたもの》.
2 ペリグー Périgueux の; ペリグーの住民の.
——P~ ペリゴール人; ペリグーの市民.
périgourdin[2] n.m.〖言語〗ペリゴール地方方言.
Périgueux n.pr.m. ペリグー(département de la Dordogne ドルドーニュ県の県庁所在地; 市町村コード 24000). cathédrale Saint-Front de ~ ペリグーの聖フロン大聖堂(13世紀; ロマネスク=ビザンチン様式).〖料理〗faisan ~ 雉子のペリグー・ソース添え.〖料理〗sauce ~ ペリグー・ソース《トリュッフとバターを加えたマデラ・ソース》.
périgueux n.m. ペリグー石(Périgueux 近辺産の堅い黒石; 研磨用).
périhélie n.f.〖天文〗近日点.
péri-informatique[1] a.〖情報処理〗(コンピュータの)周辺機器の. équipements ~s (コンピュータの)周辺機器.
——n.m. (コンピュータの)周辺機器.
péri-informatique[2] n.f. **1**〖情報処理〗コンピュータ・システムの周辺機器《プリンター imprimante, 端末機器 terminaux など》. **2** 情報処理関連産業.
péril n.m. **1**〖文〗危険, 危難, 危機. entreprise en ~ 危機に瀕した企業. braver le ~ (les ~s); courir un ~(des ~s) 危険を冒す. échapper au ~ 危機を脱する. être en ~ 危機に瀕している. mettre qch (qn) en ~ 物(人)を危険にさらす. protéger qch (qn) contre un ~ 危機(危険)から…を守る. au ~ de …を賭けて. au ~ de sa vie 命を賭して. prendre une affaire à ses ~s 自らのリスクを賭けた事業を行なう. Il y a ~ à + inf. …するのは危険だ. Il y a ~ en la demeure. 一刻の猶予もならぬ.
2 脅威. ~s de [la] mer 海の脅威, 海難. le Mont-Saint-Michel au ~ de la mer 海の脅威にさらされているル=モン=サン=ミシェル. ~ fasciste ファシストの脅威. ~ jaune 黄禍. ~ rouge 赤化(共産主義化)の危機.〖法律〗arrêté de ~ (市町村による)老朽家屋からの退去命令.
périlleux(se) a.〖文〗危険な, 微妙な, デリケートな. entreprise ~se 危険な企て. saut ~ 空中転回, 宙返り降り.
Il est ~ de + inf. …するのは危険である. Vous abordez là un sujet ~. 微妙な主題に立ち入ろうとしていますよ.
périmé(e) a. **1** 有効期限が切れた;〖法

律〕失効した, 時効の；(食品の) 賞味期限を過ぎた. abonnement ~ 期限切れの予約講読 (契約). passeport ~ 有限期限切れの旅券. yaourts ~s 賞味期限切れのヨーグルト.
2 時代遅れの, 古くさい. idées ~es 時代遅れの考え.
périmètre *n.m.* **1** 〖幾何〗(二次元図形の) 周, 周長, 外周. ~ du cercle 円周.
2 (一定地域の) 外辺部, 境界線；〖軍〗(陣地などの) 外辺部；〖広義〗範囲. ~ d'agglomération 市街区域. ~ de Paris パリ市圏.
3 〖医〗(眼の) 周辺視野計.
périnatal (ale) (*pl.* **aux**) *a.* 〖医〗周産期の, 周生期の. examens ~s 周産期検診. hernie ~ale 周産期ヘルニア. médecine ~ale 周産期医学. mort ~ale 周産期児死亡. période ~ale 周産期 (妊娠第 28 週から生後 7 日まで).
périnatalité *n.f.* 〖医〗周産期.
périnatalogie *n.f.* 〖医〗周産期医学 (= médecine périnatale).
perindopril *n.m.* 〖薬〗ペリンドプリル (降圧薬；薬剤製品名 Coversyl (*n.m.*) など).
périnéal (ale) (*pl.* **aux**) *a.* 〖解剖・医〗会陰部の. hernie ~ale 会陰部ヘルニア.
périnée *n.f.* 〖解剖〗会陰 (えいん)；会陰部. rupture de la ~ (出産時の) 会陰裂傷.
périnéphrite *n.f.* 〖医〗腎周囲組織炎.
périnévrite *n.f.* 〖医〗神経周囲炎.
période *n.f.* Ⅰ〖期間〗**1** 時期, 期間, 時代. ~ bleue de Picasso ピカソの青の時代. ~ de crise économique 経済危機の時期. ~ d'entre deux guerres 両大戦間. ~ de sécheresse 渇水期. ~ électorale 選挙期間. ~ révolutionnaire 革命時代. en ~ de vacances ヴァカンス期に. en ~ scolaire 学期中. pour (dans) la ~ de 1990 à 2000. 1990 年から 2000 年にかけて.
2 〖軍〗(予備役軍人の) 訓練期間 (= ~ d'instruction). faire une ~ 軍事訓練を受ける.
3 〖医・生・化〗期；〖地学〗紀, 期. 〖原子力〗~ de demi-valeur (de demi-vie) 半減期. ~ d'élément radioactif 放射性元素の半減期. ~ d'incubation (病気の) 潜伏期. ~ d'invasion d'une maladie 病気の侵入期 (初期). ~ d'ovulation 排卵期. ~s〔menstruelles〕月経, 期. ~ glaciaire 氷河期. ~ jurassique ジュラ紀. ~ latente 潜伏期. ~ miocène (oligocène) 中新 (漸新) 世.
4 〖理・数〗周期；〖化〗〖集合的〗同周期元素. 〖天文〗~ de Mars autour du Soleil 火星の公転周期. ~ d'un courant alternatif 交流電気の周期. ~ d'un pendule 振子の周期. 〖数〗~ d'un fonction 関数の周期. ~ d'une fraction périodique 循環小数の循環節. ~ d'une onde 波動の周期. 〖天文〗~ synodique 会合周期.
5 〖スポーツ〗ハーフ・タイム (= mi-temps)；試合時間の半分.

Ⅱ〖句〗**1** 〖修辞〗総合文. ~ oratoire 雄弁体.
2 〖音楽〗楽節, 楽段 (= ~ musicale).
périodicité *n.f.* 周期性. ~ annuelle 年周期性. ~ des marées 潮の干満の周期性. ~ d'une publication 刊行物の定期刊行性.
périodique *a.* **1** 周期的な, 定期的な. phénomènes ~s 周期的現象. publication ~ 定期刊行〔物〕.
2 月経 (menstruation) に関する；生理用の. serviette ~ 生理用ナプキン.
3 〖自然科学〗周期的な, 周期律の. 〖化〗classification (tableau) ~ des éléments 元素周期表. 〖数〗fonction ~ 周期関数. 〖数〗fraction ~ 循環小数. mouvement ~ d'un pendule 振子の周期運動.
4 〖医〗周期性の. psychose ~ 周期性精神病.
5 〖修辞〗〖古〗総合文の. style ~ 総合文体.
── *n.m.* 定期刊行物.
périodisation *n.f.* (歴史などの) 時代区分. ~ de l'âge du bronze 青銅器時代という時代区分.
périodontite *n.f.* 〖医〗歯周炎. ~ apicale 根尖性歯周炎.
périodontologie *n.f.* 〖医〗歯周病学.
périonyxis *n.m.* 〖医〗爪囲炎 (カンジダ菌などによる爪の周囲の皮膚炎；paronychie).
périoste *n.m.* 〖解剖〗骨膜.
périostéal (ale) (*pl.* **aux**) *a.* 〖解剖〗骨膜の, 骨膜性の. 〖医〗chondrome ~ 骨膜性軟骨腫. réaction ~ale 骨膜反応.
périostéomyélite *n.f.* 〖医〗骨膜骨髄炎.
périostique *a.* 〖解剖〗骨膜の；〖医〗骨膜性の. chondrome ~ 骨膜性軟骨腫. réaction ~ 骨膜反応.
périostite *n.f.* 〖医〗骨膜炎.
péripatéticienne *n.f.* 〖話〗街娼.
péripétie *n.f.* **1** 予期せぬ出来事, 突発事；〖*pl.* で〗波瀾. ~s d'un voyage 旅の思いがけない出来事. après bien des ~s 波瀾万丈の果てに.
2 (劇・小説などの) 筋の急転；(特に) 大詰の急展開, 山場.
périphérie *n.f.* **1** (平面体の) 外周, (立体の) 表面. ~ d'un cercle 円周.
2 (都市の) 周辺；周辺地区 (街区)；外周部；郊外 (= banlieue, faubourg). s'établir à la ~ d'une grande ville 大都会の町外れに居を定める.
périphérique *a.* **1** 周辺の；都市外周の. boulevard ~ (大都市の) 周辺環状高速道路 (俗称略語 périf, périph). 〖放送〗poste (station) ~ 周辺国放送局 (フランスの場合 RMC, RTL, Europe 1 など). quartiers ~s 都市周辺地区 (街区).
2 〖解剖・医〗(諸器官の) 周辺の；末梢の.

périphlébite

fusion ~ (眼の) 周辺融合. 〖医〗iridectomie ~ 周辺紅彩切除術 (急性閉塞隅角緑内障に対する手術法). 〖医〗neuropathie ~ 末梢神経障害. 〖医〗paralyse faciale ~ 末梢性顔面神経麻痺. système nerveux ~ 末梢神経系. vision ~ 周辺視力.
—*n.m.* **1** 都市外周環状高速道路. **2** 〖情報処理〗(コンピュータの) 周辺機器 (graveur de CD-R/CD-RW CD/DVD-RW ドライヴ, imprimante プリンター, modem モデム, scanner スキャナーなど).

périphlébite *n.f.* 〖医〗静脈周囲炎. ~ rétinienne 網膜静脈周囲炎.

périphlite *n.f.* 〖医〗盲腸周囲炎.

périphrase *n.f.* **1** 〖修辞〗迂言 (うげん) 法 (jumelle を femelle du cheval というようなど).
2 〖文法〗迂言形式.
3 遠回しな言い方. parler par ~ 遠回しに話そう (=périphraser). parler sans ~ 単刀直入に話す.

périple *n.m.* **1** 大航海, 周辺航海, 周航. ~ de Magellan autour du monde マゼランの世界一周大航海.
2 大規模な観光旅行, 周遊, 巡歴.

périproctal (**ale**)(*pl.* **aux**) *a.* 〖解剖・医〗肛門周囲の. 〖医〗abscès ~ 肛門周囲膿瘍.

périproctite *n.f.* 〖医〗肛門周囲炎.

périrectal (**ale**)(*pl.* **aux**) *a.* 〖解剖・医〗直腸周囲の. 〖医〗abscès ~ 直腸周囲膿瘍.

périrectite *n.f.* 〖医〗直腸周囲炎.

périscolaire *a.* 〖教育〗課外教育の. activités ~ 課外教育活動.

périscope *n.m.* 潜望鏡, ペリスコープ.

périscopique *a.* **1** 広視野の, 広角の. objectif ~ 広角レンズ. verres ~s 広視野眼鏡.
2 〖軍〗(潜水艦の) 潜望鏡の; 潜望鏡深度の. immersion ~ d'um sous-marin 潜水艦の潜望鏡深度潜航.

périsperme *n.m.* 〖植〗周乳, 外乳, 外胚乳.

périsplénite *n.f.* 〖医〗脾周囲炎.

périssable *a.* **1** 〖文〗滅ぶべき, はかない. amour ~ うたかたの恋. Tout est ~ dans ce monde. この世ではすべてが滅びる定めである.
2 (食物が) 保存のきかない. denrées ~s 生鮮食品.
—*n.m.* 〖文〗滅ぶべきもの.

périssodactyle *n.m.* 〖動〗〖*pl.* で〗奇蹄類 (亜目)(馬 cheval, 犀 rhinocéros, 貘 (ばく) tapir など).
—*a.* 羊膜亜目に属する. mammifère ~ 羊蹄亜目哺乳動物.

péristaltique *a.* 〖生理〗蠕動 (ぜんどう) の, 蠕動性の. mouvements ~s (消化器官の) 蠕動. onde ~ 蠕動波.

péristaltisme *n.m.* 〖生理〗蠕動 (ぜん

う), 蠕動運動; 消化運動 (=motricité digestive). ~ de l'intestin 腸の蠕動.

péritel *a.inv.* TV 周辺機器 (=péritélévision) の.

péritéléphonie *n.f.* 電話周辺機器; 電話周辺機器サービス.

péritélévision *n.f.* TV 周辺機器 (テープレコーダー magnétoscope, TV ゲーム jeux électroniques 機器など).

péritoine *n.m.* 〖解剖〗腹膜.

péritonéal (**ale**)(*pl.* **aux**) *a.* 〖解剖・医〗腹膜の. 〖医〗dialyse ~ale 腹膜透析. membrane ~ 腹膜. tumeur ~ 腹膜腫瘍.

péritonite *n.f.* 〖医〗腹膜炎. ~ biliaire 胆汁性腹膜炎. ~ carcinomateuse 癌性腹膜炎. ~ par perforation 穿孔性腹膜炎. ~ tuberculeuse 結核性腹膜炎.

péritonsillite *n.f.* 〖医〗扁桃周囲炎.

périthyphlite *n.f.* 〖医〗盲腸周囲炎.

périurbain(**e**) *a.* 都市外縁部の, 都市周縁の. zones ~es 都市周縁部.

perle *n.f.* **1** 真珠, パール. ~ de culture 養殖真珠. ~ d'imitation 模造真珠. ~ fine (naturelle) 天然真珠. ~ noire 黒真珠. collier de ~s 真珠のネックレス. nacre (nom) de ~ (貝殻の) 真珠層. jeter des ~s aux cochons 豚に真珠を与える, 猫に小判を与える.
2 穴のあいた小球. ~s d'un chapelet 数珠の球. enfiler des ~s (真珠を糸に通す→) 〖話〗つまらないことに時を費す.
3 (真珠状のもの) 玉; ビーズ. ~ d'ambre 琥珀の玉. ~s de rosée 露の玉. ~s de sang (de sueur) 血 (汗) の滴. rideau de ~s 玉すだれ.
4 〖建築〗球状のつなぎ飾り.
5 〖比喩的〗真珠のように輝く人 (物); 非の打ちどころのない人 (建物). ~ rare 完璧な召使い. cette île, ~ de la Méditerranée 地中海の真珠のようなこの島. Cet ouvrage est la ~ de ma collection. この作品は私のコレクションの華である.
6 〖話〗ひどい間違い, 滑稽な誤り. ~ trouvée dans une copie d'examen 試験の答案で見つかった馬鹿げた誤り.
7 〖昆虫〗かわげら.
—*a.inv.* 真珠色の. gans ~ 真珠色の手袋. gris ~ 真珠色がかった灰色.

perlèche *n.f.* 〖医〗口角糜爛 (びらん) 症, 口角炎, あくち.

perliculture *n.f.* 真珠貝養殖.

perlier(**ère**) *a.* 真珠の; 真珠をつくる. huître ~ère 真珠貝. industrie ~ère 真珠産業.

perlingual (**ale**)(*pl.* **aux**) *a.* 〖薬〗舌下の, 舌を通して吸収される. 〖薬〗médicament absorbé par voie ~e 舌下錠剤.

permaculture *n.f.* 〖農〗ペルマキュルチュール (バイオ多様性を目指す自然農法).

permafrost [-st] 〖英〗*n.m.* 〖地学〗永

久凍土層 (=pergélisol, permagel).

permalloy [pɛrmalɔj, pɛrmalwa] (<P~, 商標) n.m. パーマロイ《ニッケルと鉄の合金；強磁性体》.

permanence n.f. **1** 恒久〔性〕，永久〔性〕，永遠〔性〕. ~ de la nature 自然の恒久不変性.
2 常時；常時営業；終日業務. ~ d'un commissariat de police 警察署の24時間体制. en ~ 永続的に；常時；〖話〗しょっちゅう，休みなく，頻繁に. assurer une ~ 常時営業(終日業務)を維持(確保)する，常時当直にあたる. être de ~ 常時開いている.
3 常設事務所. ~ électoral (常時活動している)選挙事務所. ~ médico-chirurgicale (24時間体制の)救急外科病院.
4 (学内の)自習室.

permanent(e) a. **1** 恒久的な，恒常的な，永続的な；不変の；〖物理〗永久の. armée ~e 常備軍. effort ~ 恒久的努力. emploi ~ 常勤の仕事. essence ~e des choses 事物の恒久的本質. ondulation ~e (毛髪の)パーマネントウエーヴ (=une ~e). pli ~ パーマネントプリーツ. établir une liaison ~e entre deux pays 二国間に恒久的関係を樹立する. aimant ~ 永久磁石. gaz ~ 永久気体.
2 中断なしの，入替なしの. cinéma (spectacle) ~ 入替なしの映画(ショー).
3 常任の；常駐の. comité ~ 常任委員会. envoyé ~ 駐在員. représentant ~ de la France à l'Onu 国連駐在フランス代表.
4 無休の，常時開かれている. bureau ~ 無休の事務所.
―n. 専従職員，専従員. ~s d'un syndicat (d'un parti) 組合(政党)の専従職員.
―n.f. (毛髪の)パーマネントウエーヴ (=ondulation ~e).

perméabilité n.f. **1** 透過性；透水性. ~ à l'air 通気性. ~ à l'eau 透水性. ~ du sol 土壌の透水性. 〖物理〗~ magnétique 透磁率. 〖生〗~ selective 選択透過性.
2 〔比喩的〕(国境の)侵入しやすさ；(影響などの)受容性. ~ aux influences 影響の受けやすさ.

perméable a. **1** (à~)透しやすい，よく透過する；透水性の. corps ~ à la lumière 光をよく透過する物体. terrains ~s 透水性の土壌.
2 〔比喩的〕影響を受けやすい，影響されやすい. homme ~ à toutes les influences あらゆる影響に左右される人. être ~ aux suggestions 暗示を受けやすい.

permis[1] n.m. **1** 許可証，免許証，鑑札. ~ de bâtir〔de construire〕建築許可証. ~ de chasse 狩猟許可証(鑑札). visa du ~ de conduire〕運転免許証. ~ pois lourds 重量車運転免許証. ~ de démolir (建築物の)取壊し許可証. ~ d'inhumer 埋葬許可証. ~

de pêche 釣魚許可証(鑑札). ~ de transport (製品の)運送許可証.

permis[2] **(e)** (<permettre) a.p. 許された. autant qu'il est ~ d'en juger 判断し得る限り. Il est ~ à qn de+inf. 誰に…することが許されている.

permissif(ve) a. 許容的な，許容態の，自由に許容する. réglementation ~ve 許容的規制. société ~ve 自由放縦な社会.

permission n.f. **1** 許可，許諾；承諾. ~ de stationnement 駐車許可〔証〕. ~ de voirie 道路使用許可〔証〕. avec votre ~ お許しを得て. avoir (accorder, demander) la ~ de+inf. …する許可を得る(与える，求める).
2 〖軍〗(短期の)休暇，外出許可；休暇期間；休暇(外出)許可〔証〕(=〖俗〗perme). ~ de minuit 深夜帰営許可. soldat en ~ 休暇中の兵士 (=permissionnaire). faire signer sa ~ 外出許可証にサインをもらう.

permissionnaire n.m. **1** 〖軍〗休暇中の軍人，外出許可証保持者 (=soldat en permission).
2 免許証(鑑札)保持者.
―a. 〖軍〗休暇(外出)中の. officier ~ 休暇中の将校.

permittivité n.f. 〖電〗誘電率 (=constante diélectrique；記号 ε). ~ absolue 絶対誘電率. ~ relative 比誘電率 (=constante diélectrique；記号 $\bar{\varepsilon}$).

permsélectif(ve) a. 〖化〗(膜の)透過選択性の. membrane ~ve 透過選択膜.

permutant(e) n. 〖行政〗交代者.

permutation n.f. **1** 交代，(地位・職務の)入れ替え，配置転換. ~ de deux fonctionnaires 二人の公務員の交代.
2 (事物の)入れ替え；(2対の)置換. ~ d'atomes dans une réaction chimique 化学反応での原子の置換. anagramme consistant en ~s de lettres 文字の入れ替えによるアナグラム《語句の綴りかえ》.
3 〖数〗置換，順列. ~ circulaire 巡回置換，円順列. ~ impaire (paire) 奇(偶)順列.

permutatrice n.f. 〖電〗交流の直流変換器.

PERN (=plan d'exposition aux risques naturels) n.m. 自然災害対策計画《1995年 PPR：plan de prévention des risques「自然災害予防計画」に改変》.

pernand-vergelesse n.m. 〖葡萄酒〗ペルナン=ヴェルジュレス《ブルゴーニュ地方 la Bourgogne, la Côte de Beaune の北部に位置する Pernand-Vergelesse 村(市町村コード 21420) でつくられる赤と白の AOC 葡萄酒；1 畑は île-de-vergeresse》.

pernicieux(se) a. (bienfaisant の対)
1 (薬物などが)有害な；〖医〗〖古〗(病気が)悪性の；致死的な. accès ~ de paludisme マラリアの悪性発作. anémie ~se 悪性貧

血.
2〖文〗(思想などが道徳的,社会的に)有害な, (人が)危険な. doctrines ~*ses* 害毒を流す教理.

péroné *n.m.* 〖解剖〗腓(ひ)骨.

péronéo-tibi*al* (*ale*)(*pl.**aux*) *a.* 〖解剖〗腓骨と脛骨の. ligament ~ 腓骨脛骨靱帯.

péroni*er* (*ère*) *a.* 〖解剖〗腓(ひ)骨の, 腓骨に関する. malléole ~*ère* 腓骨踝, 外踝. muscle ~ 腓骨筋.
—*n.m.* 腓骨筋.

per os [pɛrɔs] 〖ラ〗*l.ad.* 〖薬〗経口的に (=par la bouche). médicament〔à prendre〕~ 経口医薬品.

Pérou(**le**) *n.pr.m.* 〖国名通称〗ペルー《公式名称: la République du *P*~ ペルー共和国; 国民: Péruvien(*ne*); 首都: Lima リマ; 通貨: nouveau sol [PEN]》.

péroxidase *n.f.* 〖生化〗ペルオキシダーゼ《グアヤコールを酸化する酵素》.

péroxy-acétyl-nitrate *n.m.* 〖化〗ペロキシ=アセチル=ニトラート, 硝酸過酸化アセチル《スモッグに含まれる毒性の強い汚染物質; 略記 PAN》.

péroxyde *n.m.* 〖化〗過酸化物. ~ d'azote 過酸化窒素. ~ de benzoyle 過酸化ベンゾイル. ~ d'hydrogène 過酸化水素 (H_2O_2, 繊維・食品等の漂白剤, ビニル重合開始剤, ロケット燃料, 酸化剤. 3％水溶液のオキシドールは消毒殺菌剤). ~ de sodium 過酸化ナトリウム《漂白剤, CO_2 の吸収剤》.

PERP (=*p*lan d'*é*pargne *r*etraite *p*opulaire) *n.m.* 〖社会保障〗庶民退職貯蓄計画.

perpendiculaire *a.* **1** 〖幾何〗(à に)垂直な; 直角な. droite ~ 垂線. tracer une droite ~ à une autre 直線に垂線を引く.
2 〖古/文〗真上から真下へ, 鉛直な; 真上の; 天頂の. écriture ~ 縦書き. falaise ~ 垂直に切り立った断崖. Le soleil était déjà presque ~. 太陽はほとんど真上にあった.
3 〖建築〗style ~ 垂直様式《14-16 世紀の英国のゴシック様式; 垂直と水平を強調する様式》.
—*n.f.* 垂線 (=droite ~). abaisser une ~ à …に垂線をおろす. tirer une ~ 垂線を引く.

perpète(à), perpette(à) *l.ad.* 〖話〗
1 いつまでも, 永久に (=à perpétuité, pour toujours). être condamné à ~ 終身刑に処せられる. Je ne vais pas l'attendre jusqu'à ~. いつまでも待ちはしないよ.
2 〖古〗ずっと遠くに. Il habite à ~. 彼はとんでもなく遠いところに住んでいる.

perpétuel(le) *a.* **1** 永続する, 永久の; 不滅の; 不変の. calendrier ~ 万年暦.〖機械〗mouvement ~ 永久運動.〖音楽〗常動曲. principes ~*s* 不易の原理. rente ~ *le* 永久国債.
2 終身の. bannissement ~ 永久追放. di-

gnité ~ 終身位階.
3 絶え間ない, 際限のない. angoisse ~ 絶え間ない苦悶(不安). obsession ~ つきまとって離れない強迫観念.
4 〖広義〗〖*pl.* で〗打ち続く, 果てしなく続く. ~ *les* migraines 繰り返し起る頭痛. combats ~*s* 果てしない戦い.

perpétuité *n.f.* **1** 〖文〗永続; 永続性. ~ de la race humaine 人類の永続〔性〕.
2 à ~ 永久に;〖話〗長い間. être condamné à la réclusion à ~ 無期禁錮刑に処せられる. travaux forcés à ~ 無期懲役.

Perpignan *n.pr.* ペルピニャン《département des Pyrénées-Orientales ピレネー=オリアンタル県の県庁所在地; 市町村コード 66000; le Roussillon ルーション地方の中心都市; 旧マヨルカ王国の首都; 形容詞 perpignanais(*e*)》. citadelle de ~ ペルピニャン城砦《中に ancien palais des rois de Majorque マヨルカ王の旧王宮 [13-14 世紀] がある》. aéroport de ~-Rivesaltes ペルピニャン=リヴサルト空港.

per pro 〖ラ〗*l.ad.* 代理によって, 委任〔状〕によって (=par procuration).

perquisition *n.f.* **1** 捜索, 家宅捜索 (=visite domiciliaire). ~ dans une ambassade 大使館の捜索. fouille-~ 家宅捜索(捜査). mandat de ~〔家宅〕捜索令状. procès-verbal de ~ 捜索調書. faire des ~*s* perquisitionner).
2 〖比喩的〗詮索 (=investigation), 厳しい調査 (=inquisition).

perron *n.m.* 〖建築〗ペロン, (玄関前の)外階段.

perroquet *n.m.* **1** 〖鳥〗鸚鵡(おうむ)《雌は peruche》. ~ d'Afrique アフリカおうむ, ジャコ (=jacquot)《西アフリカ産の灰色のおうむ》.
2 〖比喩的〗répéter comme un ~ おうむのように, 意味もわからずただ人の言葉を繰返す.
3 おうむ色.
4 〖医〗bec de ~ 脊椎骨棘(こっきょく) (=ostéophyte vertébral).
5 〖医〗maladie des ~*s* transmissible à l'homme 人間に伝染することのあるおうむ病 (=psittacose)《おうむから伝染する腸チフス様伝染病》.
6 〖鳥〗~ de mer 海おうむ, つのめどり (=macareux).
7 〖魚〗poisson-~ ぶだい (=scare).
8 〖海〗トガンマスト.

perruche *n.f.* **1** 〖鳥〗鸚哥(いんこ).
2 雌のおうむ.
3 〖比喩的〗〖話〗お喋り女.
4 〖海〗後檣(こうしょう)のトガンスル.

Pers (=*P*rogramme *e*uropéen de *r*echerches *s*upersoniques) *n.m.* 〖航空〗ヨーロッパ超音速航空機開発計画.

persan(e) *a.* **1** (アラブ侵攻以後の)ペル

シア (la Perse) の, 近代ペルシアの《アラブ侵攻以前は perse；1935 年以降は iranien》. roi ~ ペルシア王 (=schah).
2 ペルシア起源の. chat ~ ペルシア猫. tapis ~ ペルシア絨緞.
—*n.* **1** ペルシア人. **2** ペルシア猫.
—*n.m.*〘近代〙ペルシア語(=le néo-persan).

persécuté(e) *a.p.* **1** 迫害された. juives ~s 迫害されたユダヤ人.
2〚心〛被害妄想に取り憑かれた.
—*n.* **1** 迫害された人. **2**〚心〛被害妄想者. ~ persécuteur 加害の被害妄想者.

persécution *n.f.* **1** 迫害. ~s des premiers chrétiens 初期キリスト教徒に対する迫害. ~s nazies contre les juifs ナチのユダヤ人迫害. être en butte aux ~s de qn 人の迫害の的にされる.
2〚心〛délire (folie, manie) de ~ 被害妄想.

persévérance (< persévérer) *n.f.* **1** 粘り強さ, 忍耐力；執拗さ. ~ dans la lutte 闘争の粘り強さ. avec ~ 粘り強く；辛抱強く. avoir de la ~ 粘り強い；執拗さがある. Il faut de la ~ pour réussir. 成功するには忍耐力を要する.
2〚カトリック〛catéchisme de ~ 公式初聖体拝領の後で続ける公教要理.

persévération *n.f.*〚医・心〛保続〔症〕, 固執. ~ des attitudes 姿勢保続, カタレプシー(=catalepsie). mentale 精神的保続症. ~ tactile 触覚保続.

persil [pɛrsi(l)] *n.m.*〚植〛パセリ, パセリル, パセリ. ~ commun simple 葉の縮れていない通常パセリ. ~ frisé 縮れ葉パセリ.

persillade *n.f.*〚料理〛**1** ペルシヤード《パセリ persil の微塵切りにニンニク・酢・油などを加えた調味用ソース》.
2 ペルシヤード《コールドビーフにペルシヤード・ソースをかけた料理名》.

persillé(e) *a.*〚料理〛**1** 刻みパセリを加えた；パセリで飾った. jambon ~ ハムと刻みパセリのゼリー固め《ブルゴーニュ地方 la Bourgogne の伝統料理》. vinaigrette ~*e* パセリ入りのフレンチ・ドレッシング.
2 脂身が霜降り状になった. entrecôte ~*e* 霜降りのアントルコート.
3〚チーズ〛青かびの筋入りの. fromage ~ 青かびチーズ.
—*n.m.* ブルーチーズ(=fromage ~).

persillère *n.f.* パセリ栽培鉢.

persique *a.* 古代ペルシアの. golfe P~ ペルシア湾.

persistance (< persister) *n.f.* **1** 頑強, 頑固；執拗さ；片意地. ~ dans une attitude ある態度に固執すること. avec ~ 頑強に；頑なに. affirmer qch avec ~ 何をか頑強に主張する. mettre de la ~ à faire qch 何かを執拗にやり続ける.
2 執拗な持続；存続. ~ d'un courant de pensée 思潮の存続. ~ des grands froids 強い寒気の居座り. ~ des images rétiniennes 網膜像の残続性, 視覚残像. ~ d'un trouble 障害の執拗な持続.

persistant(e) *a.* **1** いつまでも続く, 執拗な；いつまでも残る.〚医〛fièvre ~*e* 持続熱. neige ~*e* いつまでも解けない雪.〚医〛toux ~*e* いつまでも続く咳.
2〚植〛冬になっても葉が落ちない. arbre à feuilles ~es 常緑樹. calice ~ (果実の)残存萼.

persona non grata [ラ] *n.f.*〚外交〛ペルソナ・ノン・グラータ, 好ましからざる人物《外交官の任地国にとって歓迎できない人物として, アグレマンの拒否, 本国への召還の対象となる》.

personnage *n.m.* **1** (社会的地位のある)人物. ~ historique 歴史上の人物. ~ important 重要人物. ~ influent 影響力のある人物, 有力者. ~ puissant 権力者. ~ grands (hauts)~ s 要人.
2 (劇・小説などの)登場人物；〚美術〛作中人物. ~ légendaire 伝説上の人物. ~ principal 主要人物. ~ secondaire 端役. pièce à un ~ 独り芝居. se mettre dans la peau de son ~ 役の人物になり切る.
3 (日常生活で演じる)人間像；役回り. jouer un ~ 他人が思うような人間像を演じる, 人前で芝居をする. remplir son ~ 自分の役回りを果たす. sortir de son ~ 自分の役回りを放棄する, 本来の自分に戻る.
4 (外見, 行動などで注意を惹く)人；〚蔑〛奴. ~ de pauvre apparence 貧相な人. inquiétant ~ うろんな奴. un drôle de ~ おかしな人.

personnalisation *n.f.* **1** 個性化, 個性の付与. ~ d'un appartement アパルトマンの個性化. ~ du service サービスの個性化.
2 個人差をつけること；人的個別化. ~ des allocations 諸手当への個人差の付与. ~ de l'impôt 税の個別化. ~ des peines 刑の人的個別化.
3〚法律〛法人化. ~ d'une association 非営利団体の法人化.
4 (権力などの)個人集中.
5〚哲〛人格化. ~ des valeurs 価値の人格化.

personnalisé(e) *a.p.* **1** (製品などが)個人の好みに合わされた；〚一般〛個性化された, 個人化された, 個別化された. crédit ~ 個人貸付け. lettre ~*e* 私信. service ~ 客の好みにあったサービス. vêtement ~ 個人の好みに合った洋服. voiture ~*e* 個性化された車.
2 個人差をつけた. allocations ~*es* 個人格差のある手当.
3〚法律〛法人格のある. association ~*e* 法人格のある非営利団体.

personnalité *n.f.* **1** 人格,〚心・社会

personne¹

学・法律〗パーソナリティー.〖心〗~ de base ベーシック・パーソナリティー.〖心・法律〗dossier de ~ 人格調査資料.〖法律〗examen de ~ 人格調査.〖法律〗principe de la ~ de la responsabilité 自己行為責任の原則.〖心〗test de ~ 人格テスト.〖心〗troubles de la ~ 人格障害.
2 個性, 性格. ~ de l'impôt 租税の個人性.〖政治〗culte de la ~ 個人崇拝.
3 著名人, 高官, お偉方. ~ politique 政界の名士. haute ~ gouvernementale 政府高官.
4〖法律〗人格, 法人格. ~ juridique (civile, morale) 法人格. ~ physique 個人.

personne¹ *n.f.* **1** (男女の区別なしに) 人. ~ âgée 高齢者 (= ~ d'âge). ~ d'action 行動の人. ~ de connaissance 知合いの人, 知人, 知己. ~ de distinction 高貴な人；高位の人. ~ de goût 趣味のよい人. ~ humble 謙虚な人. ~ valide 健常人. ~ grande ~ 大人 (=adulte). les grandes ~s et les enfants 大人と小人.
2〔古〕女性. belle ~ 美しい女性, 美女. jeune ~ 若い女性.
3 人柄, 人物；〖哲・心〗人格 (= ~ humaine)；〖神学〗(三位一体の神の) 位格, ペルソナ；個人. la ~ et la masse 個人と大衆. la ~ et l'œuvre de Victor Hugo ヴィクトル・ユゴーの人と作品《研究書の題名》. ~ divine 神格. les trois ~s de la Trinité 三位一体の三位格. respect de la ~ humaine 人格の尊重.
4 (ある人の) 身体；(ある人) 自身；身なり, 風采. Toute sa ~ respire la bonté. 彼は全身に善意をみなぎらせている. être bien 〔fait〕 de sa ~ 風采が立派である. être peu soigneux de sa ~ 身なりを構わない. être satisfait de sa ~ 〔petite〕 ~ 自惚れている. exposer sa ~ aux périls 身を危険にさらす. s'en prendre à la 〔propre〕 ~ de *qn* 人を個人攻撃する.
en ~ 自分自身で；〔比喩的〕…そのもの, …の化身. aller (venir) en ~ 自身で行く (やって来る). L'évêque officiait en ~. 司教自ら祭式を司式した. la vérité en ~ 真理そのもの, 真理の化身.
5〖法律〗(法人の主体としての) 人. ~ à 〔la〕 charge 被扶養者. ~ administrative 公法上の法人. ~ civile 法人 (= ~ morale). ~ morale 法人 (~ physique「自然人」の対). (= ~ administrative)《Etat, région, département, commune, établissement public など》. ~ morale de droit privé 私法上の法人 (société, association, syndicat など). ~ morale de droit public 公法上の法人. état des ~s 個人的身分. identité d'une ~ 人の身分証明. tierce ~ 第三者.

6〖文法〗人称. première (deuxième, troisième) ~ 第一 (第二, 第三) 人称. roman à la première ~ 一人称小説. user de la troisième ~ en parlant à *qn* (高貴な) 人に向って三人称で話す.

personnel¹ *n.m.*〔集合的〕**1** 職員, 従業員, 社員. ~ d'une entreprise 企業の社員. ~ d'un hôtel ホテルの従業員. ~ navigant (au sol) d'une compagnie aérienne 航空会社の搭乗員〔地上勤務員〕. ~ d'une maison 召使一同. bureau du ~ 人事課. chef du ~ 人事部長.〖労働〗délégués du ~ 従業員代表. réduction du ~ 人員削減 (整理).
2 同一職業従事者. ~ médical (politique) 医療 (政治) 関係者.

personnel² *(le) a.* **1** 個人の, 個人的な；私的の；本人独自の. affaires ~les 個人の持物, 私物, 身の回りの品. bien ~ 本人の特有財産. intérêt ~ 個人的利益；個人的関心. libertés ~les 個人の自由. morale ~le 個人の道徳. ressources ~les 個人資金. souvenirs ~s 個人的追憶 (思い出). vie ~le 個人的生活, 私生活. Les coups de téléphone ~s sont interdits au bureau. 事務所での私用電話は禁止されている.
2 個人に向けた；本人宛ての, 個人対象の；対人の；(物権に対し) 債権に関する.〖法律〗action ~le 対人訴権 (action réelle「対物訴権」の対). attaque ~le 個人攻撃.〖法律〗droit ~ 対人債権. impôt ~ (個人的事情に配慮した) 個人課税. invitation ~le (代理出席を認めぬ) 個人招待〔状〕. lettre ~le 親展書, 私信.《P~〔le〕》「親展」《手紙の上書》.
3 個人的な約定に基づく, 人的の, 属人的な；一身上の. sûreté ~le (保証人による) 人的担保.
4 個性的な, 独自の. manière de dire bonjour très ~ le 独特な挨拶の仕方. qualité ~le 個性的な特質. style très ~ 極めて個性的な文体. avoir des idées ~les 独自の考えを持つ.
5〔蔑〕自己本位の, 身勝手な, ひとりよがりの.〖スポーツ〗joueur trop ~ 個人プレーが目立つ選手.
6〖神学〗位格 (ペルソナ) の. Dieu ~ 位格としての神. union ~le (キリストにおける神性と人性の) 位格的結合.
7〖文法〗人称の. modes ~s 人称法 (mode impersonnel「非人称法」の対). pronom ~ de la première personne du singulier 単数1人称代名詞 (je, me, moi).

perspective *n.f.* **1** 透視図法, 遠近法 (=loi de la ~)；透視 (遠近) 画.〖絵〗~ aérienne (色調と明暗による) 空気遠近法. ~ linéaire 直線透視図法. ~ spéculative (pratique) 純理論的 (実用) 透視図法. effet de ~ 遠近法効果. en ~¹ 遠近法に基づいて. dessin en ~ 遠近法によるデッサン.

péruvien(ne)

2 見通し, 展望, パースペクティヴ; (見晴らしのきく) 視界 (景観); 遠景. ~ splendide 見晴らしのきく見事な景観 (展望).
3〔比喩的〕(将来の) 見通し, 予測, 展望. ~s d'avenir 将来の見通し. ~ d'une guerre 戦争の展望. ~ inquiétante (rassurante) 不安な (安心できる) 予測. à la ~ de+*inf*. (de *qch*) …する (何という) 見通しに立って. dans cette ~ (ces ~s) こうした見通しのもとに. en ~² 将来の; 計画中の; 予測で. avoir un bel avenir en ~ 素晴らしい未来を予測する.
4 視点, 見地. dans la ~ de notre situation historique わが国の歴史的状況を考慮した視点に立つと. dans la ~ marxiste マルクス主義の見地からすると.
5 真直ぐな大通り. ~ (de) Newski à Saint-Pétersbourg サンクト・ペテルブルクのニェフスキー大通り.

perspicace *a*. 洞察力の鋭い; 透徹した; 明鋭な, 明晰な. observateur ~ 明察力の鋭い観察者. regard ~ 明敏な眼差し.

perspicacité *n.f*. 洞察力; 明敏さ. juger *qn* avec ~ 冷徹に人を判断する. manquer de ~ 洞察力に欠ける.

perspiration *n.f*.〔生理〕(水分の) 皮膚蒸散. ~ cutanée 皮膚発汗. ~ insensible 不感蒸散.

persuadé(e) *a.p*. 確信した; 納得した. être ~ de ~ *qch* (de+*inf*.; que+*subj*.) 何を (…すること; …であること) 確信する. J'en suis absolument ~. 私はそれを十分に確信している. Je ne suis pas tellement ~ de son innocence. 私は彼の無罪を確信しているわけではない.

persuasion *n.f*. **1** 説得; 説得力. agir par ~ 説得されて行動する. manquer de ~ 説得力に欠ける.
2 確信, 信念; 思い込み. avoir la ~ de *qch* (que +*ind*.) …を確信している (であると確信している). ~ inébranlable ゆるぎない確信.

perte *n.f*. **1** 失うこと, なくすこと, 紛失; 遺失, 喪失; 死別. ~ de cheveux 脱毛.〔法律〕~ de la chose due (= [ラ] Res perit domino) 債務の目的物の減失. ~ de connaissance 失神. ~ d'un époux 夫との死別. ~ de l'honneur 名誉の喪失. ~ de la nationalité française フランス国籍の喪失. ~ d'un parapluie 傘の遺失 (紛失). à ~ de vue 見渡す限り, 限りなく. Dans le contexte de la mondialisation, la ~ d'identité nationale constitue un grave sujet de préoccupation. グローバル化が進む中で国民アイデンティティーの喪失が重大な懸念を生んでいる.
2 (金銭上の) 損失, 損害, 損; 欠損. à ~ 無駄に, 損をして. sèche 丸損. ~s sociales 損金経理費用; 営業欠損. compte de ~s et profits 損益計算書. passer *qch* par ~s et profits (profits et ~s) …を失われたものとして扱う, 過去のものとして葬り去る. travailler à ~ 損を承知で仕事をする. vendre à ~ 損をして売る.
3 無駄, 空費. ~ de temps 時間の空費. en pure ~ 無駄に.
4 敗北; 死 (傷) 者; 破滅, 滅亡.〔法律〕~ d'un procès 敗訴. jurer la ~ de *qn* …の破滅を望む. Les ~s des forces anti-gouvernementales se comptent par milliers. 反政府勢力の死傷者は数千人に上る.
5 (エネルギー, 熱などの) 減損, 流出, ロス. ~ de charge 水圧低下. ~ en ligne 導線での熱によるエネルギー減損.
6〔医〕(血液などの) 流出. ~s blanches こしけ (=leucorrhée). ~s (de sang) 月経過多; 子宮出血 (= ~s rouges).
7〔生理〕体重の減少. réparer les ~s 体重の減少を補う.

pertinence *n.f*. **1**〔文〕適切さ; 正当性. ~ d'une argumentation 論法の適切さ. avec ~ 適切に.
2〔法律〕直接関連性. ~ d'une preuve 証拠の直接関連性.

pertinent(e) *a*. **1** 適切な; 正当な. analyse ~*e* 的確な分析. remarque ~*e* 適切な指摘.
2〔法律〕直接に関係する. preuve ~*e* 直接関連証拠.
3 参照に役立つ. marché ~ 基準〔参照〕市場.
4〔言語〕関与性のある. opposition ~*e* 関与的対立. trait ~ 関与特徴.

perturbateur(trice) *a*. 混乱をひき起こす, 混乱をもたらす. causes ~ *trices* 混乱をひき起こす諸原因. éléments ~s 撹乱因子; (集会などの) 妨害分子.〔天文〕forces ~ *trices* (天体に) 摂動をひき起こす力.
—— *n*. 混乱をひき起こす人; 妨害者. ~s de la société 社会に混乱をもたらす人びと. faire expulser les ~s au cours d'une réunion 集会の妨害者を退出させる.

perturbation *n.f*. 乱れ, 混乱;〔天文〕摂動;〔気象〕大気の乱れ (= ~ atmosphériques);〔電〕妨害, 擾乱. ~ d'une planète; ~ planétaire 惑星の摂動. ~ ionosphérique 電離層の擾乱. ~ magnétique 磁気嵐. ~s tropicales 熱帯性大気擾乱.
2 乱れ, 混乱; 動揺. ~s dans le trafic aérien 空の交通の乱れ. ~s politiques (sociales) 政治的 (社会的) 混乱. apporter de la ~; jeter la ~ dans …に混乱をもたらす.

perturbé(e) *a.p*. **1** 混乱した, 妨害された; 動揺した. assemblée ~*e* 混乱した会議. transports aériens ~s 混乱した空の交通. avoir l'air tout ~ すっかり取り乱した様子である.
2〔天文〕摂動した. planète ~*e* 摂動惑星.

péruvien(ne) *a*. ペルー (le Pérou) の, ペルー共和国 (la République du Pérou)

の；~人の.
——P~ *n.* ペルー人.

pervenche *n.f.* **1** 〖植〗ペールヴァンシュ, 蔓日日草(つるにちにちそう). ~ de Madagascar マダガスカル・ペールヴァンシュ(観賞用・薬用).
2 ペールヴァンシュの花の色(淡青紫色).
3 〖話〗パリ市の駐車違反取締婦人担当官(制服のペールヴァンシュ色から).
——*a.inv.* 淡青紫色の.

pervers(e) *a.* **1** 〖文〗邪悪な, 邪(よこしま)な. âme ~*e* 邪悪な心. 〖比喩的〗effet ~ 思いがけぬ悪効果.
2 背徳的な；堕落した, 頹廃的な. beauté ~*e* d'une femme 女性の頽廃的な美しさ. goûts ~ 背徳的(頽廃的)趣味.
3 〖心〗倒錯的な；(特に)性的に倒錯した. disposition ~*se* 倒錯的気質. avoir des tendances ~*es* 倒錯的傾向がある.
——*n.* **1** 〖文〗悪人；背徳者. **2** 〖心・医〗倒錯者. ~ sexuel 性的倒錯者.

perversion *n.f.* **1** 頹廃；堕落；腐敗. ~ des institutions politiques 政治制度の腐敗. ~ des mœurs 風俗の頹廃.
2 〖医・心〗(味覚などの)異常；〖精神分析〗〖性的〗倒錯. ~ de l'odorat 嗅覚異常. ~ 〖sexuelle〗性的倒錯.

pérylène *n.m.* 〖化〗ペリレン(芳香族の五環式縮合環炭化水素).

pesant[1] **(e)** (< peser) *a.* **1** 重い；重量のある. corps ~ 重い物体. fardeau ~ 重荷. métal ~ 重金属.
2 重量感のある；重々しい. architecture ~*e* 重量感のある建築物. monument ~ 重々しい記念碑. nuages ~*s* たれこめた厚い雲. soleil ~ 耐え難い日光. marcher d'un pas ~ 重い足取りで歩く.
3 〖海〗荒れた. mer ~*e* 荒海.
4 〖比喩的〗重苦しい；重い. aliments ~*s* 胃に重い食物. silence ~ 重苦しい沈黙. temps ~ 重苦しい天気. vie ~*e* 重苦しい人生. avoir un sommeil ~；dormir d'un ~ sommeil こんこんと眠る. se sentir la tête ~*e* 頭が重い.
5 〖比喩的〗鈍重な；ぎこちない. esprit ~ 鈍い頭脳, 鈍才. mains ~*es* 不器用な手. plaisanterie ~*e* ぎこちない冗談. style ~ 重苦しい文体.

pesant[2] *n.m.* 重さ. valoir son ~ d'or (同量の金と同じ価値がある→)貴重な価値がある, かけがえがない. 〖戯, 話〗valoir son ~ de moutarde (de cacahuètes) 際立っている.

pesanteur *n.f.* **1** 重さ；重み. ~ d'une charge 積荷の重さ. 〖物理〗accélération de la ~ 重力加速度. champ de ~ de la Terre 地球の重力圏. 〖物理〗loi de la ~ 重力の法則. substance sans ~ 重さのない物質.
2 〖比喩的〗重味；重々しさ；重そうな感じ；鈍重さ. ~ de l'âge 年齢の重み. ~ d'un corps 体の重さ. ~ d'un édifice 建物の重量感. ~ d'esprit 精神の鈍重さ. ~ de la marche (du mouvement) 歩み(動作)ののろさ.
3 重苦しさ. ~ d'estomac 胃の重苦しさ. ~ de tête 頭の働きの重さ.
4 〖多く *pl.*〗(社会などの)進歩を阻む要因. ~*s* idéologiques 思想的阻害要因. ~*s* sociologiques 社会の動きの鈍さ.

PESC (= *P*olitique *é*trangère et de *s*écurité *c*ommune) *n.f.* (ヨーロッパ共同体・UEの)対外共同安全保障政策.

PESD (= *P*olitique *e*uropéenne de *s*écurité et de *d*éfense) *n.f.* (ヨーロッパ連合 UE の)ヨーロッパ安全保障・防衛政策.

pèse-lettre[s] (*pl.* ~-~[s]) *n.m.* 郵便秤.

pèse-personne (*pl.* ~-~[s]) *n.m.* 体重計, ヘルスメーター.

pessac-léognan *n.m.* 〖葡萄酒〗ペサック=レオニャン(ボルドー地方 Le Bordelais グラーヴ Graves 地区 Pessac (市町村コード 33600)と Léognan 村(市町村コード 33850)で生産される赤・白のAOC葡萄酒；ペサック村の赤 château Haut-Brion, Ch. Pape-Clément が特に名高い).

pessaire *n.m.* **1** (避妊用の)ペッサリー.
2 〖医〗(子宮転位矯正用の)ペッサリー.

pessimisme *n.m.* **1** 悲観論, 悲観主義 (optimisme「楽観論(主義)」の対). tomber dans le ~ 悲観的な気持になる.
2 厭世主義, 敗北主義. ~ de la littérature réaliste リアリズム文学の厭世的傾向.
3 〖哲〗(ショーペンハウアーの唱えた)ペシミズム哲学.

pessimiste *a.* **1** 悲観的な, 悲観主義の (optimiste の対). attitude ~ 悲観的態度. conclusion ~ 悲観的結論. être ~ sur (à propos de, quant à) …について悲観的である.
2 厭世主義の；厭世的な. écrivain ~ 厭世的作家.
3 〖哲〗ペシミズム哲学の. philosophie ~ ペシミズム哲学.
——*n.* 悲観的な人, ペシミスト. ~ invétéré 心底からのペシミスト. C'est une ~. あの人はペシミストだ.

peste *n.f.* **1** 〖医〗ペスト；〖古〗悪疫, 疫病. 〖医〗~ bubonique 腺ペスト(ペスト菌によるリンパ節炎). 〖医〗~ pulmonaire 肺ペスト(ペスト菌による気管支肺炎). être atteint de la ~ ペストにかかる. 〖史〗~ noire 黒死病 (= la grande ~). ~ et choléra (ペストとコレラ→)〖話〗選択の許されない二つの解決策. fuir qn (qch) comme la ~ 人(何)をペストのように忌み嫌う. 〖間投詞〗*P* ~! 畜生！
2 〖獣医〗~ aviaire (bovine, porcine) 家禽(牛, 豚)ペスト.
3 〖植〗~ végétale 植物ペスト(植生を乱す

外来植物).
4〖比喩的〗ペストのように危険な(有害な,忌わしい)物(人);災厄,災い,災いの種. la ~ brune 褐色のペスト《ナチス》. une ~, une petite ~ 性悪女.

pesteux(se) *a.* **1** ペストの. bacille ~ ペスト菌. **2** ペストに感染した. rat ~ ペストにかかった鼠.

pesticide *a.* 寄生動(植)物駆除用の;殺虫用の.
— *n.m.* 寄生動(植)物駆除剤《防黴剤 fongicide, 除草剤 herbicide, 殺虫剤 insecticide など》;殺虫剤;農薬. épandage de ~ s par hélicoptère 農薬のヘリコプター散布.

PET[1] (= *p*olyéthylène *t*éréphtalate) *n.m.* 〖化〗ペット, ポリエチレン・テレフタラート. bouteille en ~ ペットボトル.

PET[2] (= 〔英〕*p*ositron-*e*mission *t*omography) *n.f.* 〖医〗陽電子放射断層撮影法(= 〔仏〕TEP = *t*omographie par *é*mission de *p*ositrons).

pet *n.m.* **1** 〖俗〗屁(へ), おなら. faire (lâcher) un ~ 屁をする, 放屁する(= péter). Ça ne vaut pas un ~ 〔de lapin〕.〔兎の〕屁ほどの値打ちもない.
2 〖隠〗悪い噂;大騒ぎ. Il va y avoir du ~. 悪い噂になるぞ. faire le ~ 見張りに立つ. porter le ~ その筋に訴える.

peta- 〔peta〕〖キ〗ELEM〖国際単位系〗ペタ(10^{15} の意;記号 P; *ex.* 8 ~ -Hz (8 PHz); 8×10^{15}Hz).

pétanque *n.f.* 〖遊戯〗ペタンク《cochonnet とよばれる標的小球に金属球を近付ける南仏生まれの球技》. boules de ~ ペタンク用の球. jouer à la ~ ペタンクをする. joueur de ~ ペタンク競技者(= bouliste).

pétéchial(ale)(*pl.***aux**) *a.* 〖医〗点状出血性の. hémorragie ~ ale 点状出血.

pétéchie *n.f.* 〖医〗点状出血, 溢血(いっけつ)点.

pétillant(e) *a.* **1** 〔薪などが〕パチパチはねる. feu ~ パチパチはねる火.
2 軽い発泡性の. eau minérale ~ *e* 軽度の炭酸ガス含有ミネラルウォーター(eau plate の対). vin ~ 軽い発泡性葡萄酒, ヴァン・ペチヤン《瓶詰めする際未醱酵の糖分があるため軽い発泡性をもつ葡萄酒》. フランスでの認可ガス圧は20℃で2気圧まで;ヴーヴレ Vouvray 地区の半数以上では vin perlant, vin perlé ともいう》.
3 きらきら光る. avoir l'œil ~ きらきら光る眼.
4 (de で)溢れんばかりの. dialogue ~ d'esprit 才気煥発の対話.

petit[1](***e***) *a.* (grand の対)〔主に名詞の前〕
Ⅰ(数量的) **1** 小さい;小柄な, 背が低い.〖史〗le P~ Caporal 小伍長(ナポレオン1世の綽名). ~ *e* fleur 小さい花. ~ *e* femme 小柄な女性. ~ es main 小さな手. ~ oiseau 小鳥. Le P~ Prince de Saint-Exupéry サン=テグジュペリの『小公子(星の王子さま)』(1943 年). un ~ vieux 小柄な老人. homme ~ 小男(= homme de ~ *e* taille). écrire un ~ a 小文字の a を書く. être ~ pour son âge 歳の割に小さい. se faire 〔tout〕 ~ 身をすぼめる.〖比喩的〗se faire ~ devant les grands お偉方の前で小さくなる.
2 (長さが)短い;(面積が)狭い;ちょっとした;(量が)少ない. ~ doigt 小指(= auriculaire). ~ moment 寸時, 短時間. ~ *es* phrases 短文. ~ *e* promenade ちょっとした散歩. ~ *e* quantité 少量. ~ volume 少容量. marcher à ~ *s* pas 小股で歩く. Le monde est ~. 世の中は狭いものだ《偶然人に出会った時などの表現》.
3 幼い, 小さい. ~ chat (chien) 仔猫(仔犬). ~ diable 小悪魔, 悪餓鬼, いたずらっ子. ~ frère (~ *e* sœur) 弟(妹). ~ garçon (~ *e* fille) 少年(少女).〖天文〗le P~ Cheval 駒座. quand j'étais ~ 私の小さかった頃.
4 小規模な, 小型の;僅かな, ささやかな. ~ avion (bateau) 小型機(小型船, 小舟).〔話〕 ~ *e* banlieue 大都市周辺の場末町. ~ bénéfice 僅かな利益. ~ bruit 小さな物音. ~ cadeau ささやかな(心ばかりの)贈り物. ~ *e* colline 小さな丘. ~ *e* entreprise 小企業. les ~ *es* et moyennes entreprises 中小企業(略記 PME).〖菓子〗~ *s* fours プチ・フール《食後, 飲物に添えて供される小型のドライ菓子》. ~ hôtel プチトテル, 小ホテル. ~ *e* maison 小さな家. ~ *e* monnaie 小銭. ~ *e* pluie 小雨. ~ restaurant 小レストラン. ~ *e* somme d'argent小額のお金. le P~ Trianon(ヴェルサイユの)小トリアノン宮. ~ village 小村.
faire un ~ tour ちょっと一回りしてくる. parler d'une ~ *e* voix 小声で話す. Je vous demande une ~ *e* minute. ちょっとお待ちください.
5 (光などが)弱い, ほのかな. ~ *e* lumière ほのかな光. le ~ matin 早朝. au ~ jour 夜明けに. cuire qch à ~ feu 何をとろ火にかける.
Ⅱ(質的) **1** ちょっとした, 取るに足らぬ. ~ *e* affaire ちょっとした用事. ~ coin 片隅. ~ voleur こそ泥. éprouver quelques ~ *es* difficultés 若干の困難を味わう. Encore un ~ effort! あと一息!
2 地位の低い;才能の乏しい, 凡庸な, 小ものの. ~ 下層階級の. ~ artisan 目立たぬ職人. ~ -bourgeois 小市民, 小市民階級の市民. ~ chef 下級管理職. ~ *es* classes 低学年;小規模クラス. ~ commerçant 小商人;小売商. ~ esprit 小人物(= ~ personnage). ~ *es* gens 下層民, 庶民(= le ~ peuple). ~ homme くだらぬ男. ~ origine 下層階級の出身. ~ poète へぼ詩人.
3 (物が)価値が低い;目立たぬ;効力のない;薄い. ~ *s* détails 瑣末な事柄. ~ *s*

petit[2]

résultats 芳しくない成果. avoir une ~e santé 身体が弱い. être en ~e tenue 薄着である. mener une ~e vie 目立たぬ生活を送る. C'est bien ~e chose. それは些細な(つまらぬ)ことだ.
4 真似事の；亜流の. faire son ~ Napoléon ナポレオンを気取る. jouer à la ~e guerre (au ~ soldat) 戦争(兵隊)ごっこをする.
5 こまやかな；こまごました. de ~es attentions こまやかな配慮. être plein de ~es attentions なにくれとなく気を遣う. être aux ~s soins pour qn 何くれとなく人の面倒を見る.
Ⅲ〖感情的，多く所有形容詞と共に〗**1** かわいい，いとしい. mon ~ chéri お前，あなた. ma ~e femme いとしい妻. mon ~ mari いとしい夫. ~ ami (~e amie) 恋人 (= amant；maîtresse). s'inquiéter de sa ~e santé 健康を気にかける. Embrasse ta ~e maman! さあお母さんにキスして.
2 くだらぬ，こしゃくな. ~ con 馬鹿者. ce ~ monsieur このつまらぬお方. ~ misérable くだらぬ奴.
── n. **1** 子供. les ~s Dupont デュポン家の子供たち.
2 末っ子.
3〖話〗若者(=jeune homme, jeune femme). une brave ~e 立派な(お人好しの)娘.
4〖呼びかけ〗 Comment vas-tu, mon ~ (ma ~e)? やあ君，元気かい. Viens ici, ~. 坊や，ここにおいで.
5〖pl. で〗低学年生.
── **petit**[?] n.m. **1** (動物の)仔，雛. ~ du lion ライオンの仔. faire ses ~s 仔を生む.〖比喩的〗faire des ~s 目立ってふやす. Mon argent a fait des ~s. 私の金が利子を生んだ. P~, ~, ~. こい，こい(家畜・家禽に対する呼びかけ).
2〖話〗若者(=jeune homme).
3〖pl. で〗下層の人々，庶民；〖sing. で〗下っぱ；下積みの人. C'est toujours les ~s qui perdent. 損をするのはいつも庶民だ.
4 小さいもの；矮小なこと；些細なこと，取るに足りぬこと. infiniment ── 無限小.
── ad. **1** 小さく；せせこましく；つつましく. écrire ~ 小さな字で書く. voir ~ 大胆さに欠ける；いじけている.
en ~ 小規模に，縮小して. Ce palais reproduit en ~ celui de Versailles. この宮殿はヴェルサイユ宮を小さく模したものだ. Je voudrais le même modèle en plus ~. もっと小さい型のがよいのだが. Tu vois tout en ~. お前は何でも矮小化してしまう.
2 ~ à ~〖ptitapti〗少しずつ. avancer ~ à ~ 少しずつ前進する.〖諺〗P~ à ~ l'oiseau fait son nid. 事は少しずつ練り上げるものだ.

petit-beurre (pl. ~s-~s) n.m.〖菓子〗プチ=ブール(四角いバタービスケット=ブラン(往々にして人種差別的な)貧しい白人.

petit-Blanc (pl. ~s-~s) n.m. (往々にして人種差別的な)貧しい白人.

petit-bois (pl. ~s-~s) n.m.〖建築〗プチ=ボワ，窓の桟(さん).

petit(e)-bourgeois(e) (pl. ~s-~s) n. 小市民；〖蔑〗プチブル.
── a. 小市民階級の；小市民的な；〖蔑〗プチブル的な；けちくさい. comportement ~ プチブル的行動.〖蔑〗esprit ~ プチブル精神；けちけち精神.

petit-chef (pl. ~s-~s) n.m. 小者の上司，細かいことにうるさい威張った上司.

petit-déjeuner (pl. ~s-~s) n.m. 朝食. ~ continental 大陸風朝食(パンとバター，ジャムに飲物で構成される朝食). croissants du ~ 朝食のクロワサン. prendre le ~ 朝食を食べる.
──v.i.〖話〗朝食をとる.

petite-fille (pl. ~s-~s) n.f. 孫娘.
petite-nièce (pl. ~s-~s) n.f. プチット=ニエース，甥(姪)の娘 (=arrière-nièce).

petitesse n.f. **1** 小ささ；少なさ，僅少さ. ~ de ses revenus 彼の所得の少なさ. ~ de sa taille 彼の背丈の低さ.
2 卑小さ，偏狭さ；卑劣さ. ~ d'esprit 精神的偏狭さ. ~ d'un homme 人の小物性(卑劣さ).
3 卑劣な言動. ~s d'un grand homme 大物のけちくさい言動.

petit-fils (pl. ~s-~) n.m. 孫(男性).

petit(-)four (pl. ~s[-]~s) n.m.〖菓子〗プチ=フール(食後デザート用の小さな焼菓子).

petit-gris (pl. ~s-~) n.m. **1**〖動〗(シベリア産の)栗鼠(りす)(りす科 sciuridés，学名 Sciurus vulgaris；冬毛は銀白色で，毛皮として珍重される)；りすの毛皮. manteau en ~ りすの毛皮のコート.
2〖動〗プチ=グリ，ひめりンごまいまい(灰褐色の螺旋状の殻に茶色の細縞がある小型の食用エスカルゴ escargot；大きさ 26-30 mm；主産地はプロヴァンス la Provence，ラングドック le Languedoc，シャラント県 la Charente，ブルターニュ地方 la Bretagne；学名 Helix aspersa).

pétition n.f. **1** 請願，嘆願，陳情；申請，申し立て. ~ d'hérédité 相続権の申請. droit de ~ 請求権.
2 請願(嘆願，陳情)書；申請書，訴状；要望書. ~ d'employés à leur chef 主任に対する従業員の要望書.
3〖論理〗~ de principe 先決問題要求の虚偽(結論が前提に置かれていることによる虚偽)，不当前提.

pétitionnaire n.〖法律〗請願(嘆願，陳情)者；請願(嘆願，陳情)書署名人.

pétitionnement n.m.〖法律〗請願，嘆願.

petit-lait (pl. ~s-~s) n.m. 乳清(=

lactosérum).
petit lisieux *n.m.* 〖チーズ〗プチ・リジュ《ノルマンディ地方 la Normandie で牛乳からつくられる軟質・洗浄外皮のチーズ；脂肪分 40-45％；別称 demi-livarot》.
petit-neveu(*pl.* ~**s**-~**x**) *n.m.* プチ=ヌヴー, 甥(姪)の息子(=arrière-neveu).
pétitoire *a.* 〖法律〗不動産物権確認訴権に関する. action ~ 不動産物権確認訴権〔訴訟〕.
— *n.m.* 不動産物権確認訴権〔訴訟〕(=action ~).
petit[-]pois(*pl.* ~**x**-~) *n.m.* 〖食材〗プチ=ポワ, グリーンピース(豌豆豆(えんどうまめ) pois の実).
petits-enfants *n.m.pl.* 孫たち.
petit-suisse(*pl.* ~**s**-~**s**) *n.m.* 〖チーズ〗プチ=スイス《小さい円筒型のフレッシュチーズ》.
pétoncle *n.m.* 〖貝〗**1** ペトンクル, 板屋(いたや)貝《俗称 amande de mer「海のアーモンド」；食用》.
2 〖カナダ〗平貝(=coquille saint-jacques).
pétr[o]- ［キ〗ELEM「石；石油」の意(*ex. pétro*chimie 石油化学, *pétro*logie 岩石学).
pétreux(*se*) *a.* 〖解剖〗(側頭骨の)岩様部の, 岩骨の. antre ~ 岩骨洞. ostéosclérose ~ *se* 岩様骨症.
pétrification *n.f.* **1** 石化作用；化石.
2 水(湯垢)形成(=incrustation).
3 〖比喩的〗(精神などの)硬直化.
pétrissage *n.m.* **1** (粘土, パンの練紛などを)こねること. ~ à main (mécanique) 手(機械)でこねること.
2 揉捏(じゅうねつ)式マッサージ《指, または指と掌を用いたマッサージ》.
pétrochimie *n.f.* 石油化学.
pétrochimique *a.* 石油化学の. complexe ~ 石油化学コンビナート. industrie ~ 石油化学産業.
pétrochimiste *n.* **1** 石油化学者. **2** 石油化学業者.
pétrodiplomatie *n.f.* 石油外交.
pétrodollar [petrɔdɔlar] *n.m.* 〖金融〗オイルダラー《産油国が輸出によって得たドルの余剰資金》.
pétrogenèse *n.f.* 〖地学〗岩石形成学.
pétrographie *n.f.* 〖地学〗記載岩石学《岩石の物理的・化学的特性および地層の研究》.
pétrole *n.m.* **1** 石油. ~ brut (naturel) 原油. ~ lampant 灯油(=kérosène). chimie du ~ 石油化学(=pétrochimie). équivalent ~ 石油当量. gaz ~ liquéfié 液化石油ガス(略記 GPL). gisements de ~ 油田. lampe (poêle, réchaud) à ~ 石油ランプ(ストーヴ, こんろ). Organisation des pays exportateurs de ~ 石油輸出国機構(略記

OPEP；=［英］OPEC：*O*rganization of *P*etroleum *E*xporting *C*ountries). produits du ~ 石油製品(benzine ベンジン, bitume 瀝青, brai ピッチ, essence ガソリン, fioul 燃料油(重油・軽油), gazole 軽油, gazoline 揮発油, huiles légères (lourdes, de graissage) 軽油(重油, 潤滑油), kérosène ケロシン, mazout 燃料油, parafine パラフィン, vaseline ワセリン, など). puits de ~ 油井. raffinage du ~ 石油精製.
— *a.inv.* 石油の色に似た. bleu (vert) ~ 石油青(緑). costume bleu ~ 石油青のスーツ.
pétroléochimie *n.f.* 石油化学(=pétrochimie).
pétrolette *n.f.* 〖話〗ミニバイク(=motocyclette).
pétroleuse *n.f.* **1** 〖仏史〗(パリ・コミューヌ時の石油を用いた)火付け女, 女放火魔.
2 〖俗〗(政党・組合等の)過激派女闘士.
3 〖俗〗烈女, 気性の激しい女性.
pétrolier[1] *n.m.* **1** 石油タンカー, 油槽船(=navire ~).
2 石油掘削技師(=technicien du pétrole).
3 石油業者(=industriel du pétrole).
pétrol*ier*[2] (***ère***) *a.* 石油の；石油関連の. industrie ~ *ère* 石油産業. pays ~ *s* 石油産出国. produits ~ *s* 石油製品.
pétrolier-minéralier (*pl.* ~**s**-~**s**) *n.m.* 〖船〗石油・鉱石運搬兼用船, タンカー・鉱石輸送兼用船(=minéralier-pétrolier).
pétrolier-ravitailleur (*pl.* ~**s**-~**s**) *n.m.* 〖軍〗給油補給艦.
pétrolifère *a.* 石油を含有(産出)する. sol ~ 石油含有地質.
pétrologie *n.f.* 〖地学〗岩石学.
pétromonarchie *n.f.* 〖政治〗石油資源依存君主制(政体).
pétrosite *n.f.* 〖医〗錐体炎《中耳炎が側頭骨錐体尖峰巣に及んだ疾患》.
pétsaï, pe-tsaï [petsai] ［中国〗*n.m.* 〖野菜〗ペーツァイ, 白菜.
PETT (=*p*rofesseur d'*e*nseignement *t*echnique *t*héorique) *n.m.* 〖教育〗技術教育理論担当教授《現行は PEPT：*p*rofesseur des *e*nseignements *p*rofessionnels *t*héoriques》.
pétulence *n.f.* **1** 並外れた活発(快活)さ. ~ des jeunes gens 若者の元気潑剌さ. parler avec ~ 勢い込んで話す.
2 (家畜などの)荒々しさ.
pétulent(*e*) *a.* **1** 潑剌とした. petits garçons ~ *s* 元気潑剌な子供たち.
2 はきはきした. réponse ~ *e* はきはきした返事.
3 (家畜などが)荒々しい. cheval ~ 悍馬(かんば).
pétunia *n.m.* 〖植〗ペチュニア. ~ *s* hybrides à grandes fleurs 交配雑種の大輪ペチュニア(=~ grandiflora).

peuh [pø] *int.* ふん（疑念、軽蔑、無関心を表す間投詞）. P～! Ça n'a aucun intérêt! ふん！つまらない！

peuple *n.m.* **1** 民族. ～s d'Asie (d'Europe) アジア（ヨーロッパ）の諸民族. ～ primitif (sauvage) 原始（未開）民族. droit des ～s à disposer d'eux-mêmes 民族自決権. étude des différents ～s 民族学.
2 国民. droits du ～ 国民の諸権利. élus du ～ 国民の選良（国民議会議員 députés）. gouvernement du ～, par le ～ et pour le ～ 国民の、国民による、国民のための政府（1958 年の憲法、第 2 条）. souveraineté du ～ 国民主権. volonté du ～ 国民の意思.
3 平民；臣民；民衆、大衆、庶民；人民. le ～, la noblesse et le clergé 平民、貴族と聖職者 (三部会 Tiers état を構成). le prince et son ～ 君主とその臣民. ～ des villes (des campagnes) 都会人（農村人）. appel au ～ 民衆（人民）への呼びかけ. 〖史〗commissaires du ～（ソ連の）人民委員（大臣相当）. homme (femme) du ～ 平民の男（女）. langage du ～ 庶民の言葉遣い. oppresseur du ～ 人民の圧政者. petit (bas) ～ 下層階級. être sorti du ～ 平民（庶民）の出である. exploiter le ～ 人民を搾取する. flatter le ～ 大衆に迎合する.
4〔やや古〕群衆.〔話〕Il y a du ～. 人が出ている. place encombrée de ～ 人波で埋められた広場. Tout le ～ se leva. 皆が立ち上がった.〔文〕un ～ de 大勢の、多数の.
——*a.inv.* 大衆的な；庶民的な；〔蔑〕下賤な. cadre tout à fait ～ 全く大衆的な雰囲気. être ～ 庶民的である. faire ～ がさつな態度をとる.

peuplé(e) *a.* **1** 人が住んでいる；人口の多い. région peu ～e 人口過疎地. ville trop ～e 人口過密都市.
2 (de が) 住んでいる. ville ～e de dix millions d'habitants 人口 1,000 万の都市.

peuplement *n.m.* **1** 人口移入、植民、移民、入植. ～ des terres vierges 処女地への入植. colonie de ～ 入植地.
2 動物を放つこと；魚の放流. ～ d'une basse-cour 家畜の放牧. ～ d'un étang 池への魚の放流.
3 植林、造林. ～ d'une forêt 植林.
4 植民（移民）状況. étude du ～ d'une région 一地方への植民研究. évolution du ～ 植民状況の進展.
5〖環境〗生物相、生活圏（ビオトープ biotope の）動植物相. ～ d'une forêt 森林の生物相.

peupleraie *n.f.* ポプラ林.

peuplier (=〔ラ〕populus) *n.m.*〖植〗ポプラ. ～ blanc 白ポプラ、アルバ・ポプラ (= populus alba) 別名 blanc de Hollande, bouillard). ～ euraméricain 欧米ポプラ（フランスで現在多く栽培されているポプラ. Robusta, Serotina など). ～ grisard 灰色ポプラ (=grisaille). ～ noir 黒ポプラ. ～ d'Italie イタリア・ポプラ、イタリア黒ポプラ (=populus nigra italica；生長が早いポプラ). ～ tremble 揺れ葉ポプラ、ヨーロッパやまならし (=tremble). l'île des ～s ポプラの島 (Ermenonville の城館付属庭園の池に浮かぶ島. ルソーの墓碑あり；遺体はパンテオンに移葬）

peur *n.f.* **1** 恐れ、恐怖、怖気（おじけ). une ～ bleue；une belle ～ 蒼白になるほどの恐怖. avoir une ～ bleue (une belle ～) 真蒼になるほど恐怖で震え上がる. ～ de mourir 死ぬ恐怖. ～ panique パニックに陥るほどの恐怖.
éprouver (ressentir) de la ～ 恐怖を覚える. être blanc (vert) de ～ 恐怖で真蒼になる、恐怖で震え上がる. être cloué au sol (paralysé) par la ～ 恐怖のあまり釘付けになる（身動きがとれなくなる). être pris (glacé) de ～ 恐怖に襲われる（凍りつく). frémir de ～ 恐怖に身震いする. inspirer de la ～ à qn 人に恐怖心を抱かせる. maîtriser sa ～ 恐怖を克服する. mourir de ～ 死ぬほど恐れる. en être quitte pour la ～ 恐い思いをしただけで済む. en proie de ～ 恐怖の虜となって. sans ～ 恐れずに.
2〖仏史〗la grande ～ 大恐怖（1789 年 8 月 4 日の夜の、貴族の報復を恐れた農民の騒擾事件).
3 心配、不安. la ～ que+〔ne〕+*subj.* …ではないかとの危惧.
4〔成句〕
◆〔動詞句〕avoir ～ 恐れる、不安がる. avoir grand ～ ひどく恐れる（不安がる). N'ayez pas ～. こわがることはありません；心配御無用.
avoir ～ de …を恐れる. J'ai ～ des chiens. 私は犬がこわい. Je n'ai ～ de rien. 私は何もこわくない.
avoir ～ de+*inf.* (que+〔ne〕+*subj.*) …するのではないかと恐れる.
avoir ～ pour qn (qch) 人（何）を案じる.
faire ～〔à qn〕(人を) こわがらせる.
prendre ～ 不安を覚える；ぎょっとする.
◆〔前置詞句〕de (par) ～ de；〔古〕～ de …を恐れて.
◆〔接続詞句〕de (par) ～ que+〔ne〕+*subj.* …ことを恐れて (懸念して).

PEVD (=*p*ays *e*n *v*oie de *d*éveloppement) *n.m.* 開発途上国.

PF (=produit de *f*ission) *n.m.*〖原子力〗核分裂生成物.

PFC (=*p*er*f*luoro*c*arbone) *n.m.*〖化〗ペルフルオロカーボン、過弗化炭化水素（酸素の定着剤).

PFI (=〔英〕*p*rivate *f*inance *i*nitiative) *n.f.* 公共事業の資金の民間委託〔制〕(=initiative de financement privé).

PFLP (=〔英〕*P*opular *F*ront for the *L*iberation of *P*alestine) *n.m.* パレスチナ解放

人民戦線(=［仏］FPLP：*F*ront *p*opulaire de *li*bération de la *P*alestine)《1967 年結成》.
PFM (=*p*ont *f*lottant *m*otorisé) *n.m.*〖軍〗機動舟艇橋, 動力付浮橋.
PFR (=*p*ays à *f*aible *r*evenu) *n.m.* 低所得国, 最貧国(1992 年の統計では国民 1 人当りの年間国民総生産 PNB が 675 ドル以下, 2001 年では 745 ドル以下の国を指す).
PG (=［英］*p*rosta*g*landin) *n.f.*〖薬〗プロスタグラジン (=［仏］prostaglandine).
PGCD (=*p*lus *g*rand *c*ommun *d*iviseur) *n.m.*〖数〗最大公約数.
PGHM (=*p*eloton de *g*endarmerie de *h*aute *m*ontagne) *n.m.*〖軍〗高山憲兵小隊《山岳地帯の警備と人命救助に当たる》.
PGM (=*p*lante *g*énétiquement *m*odifiée) *n.f.*〖農〗遺伝子組み換え植物.
PH[1] (=*p*orte-*h*élicoptères) *n.m.*〖軍〗ヘリコプター母艦. ~ Jeanne-d'Arc ヘリ空母「ジャンヌ゠ダルク」号.
PH[2] (=*p*raticie*n* (*ne*) *h*ospitali*er* (*ère*)) *n.*〖医〗病院臨床医.
pH [peaʃ] (=*p*otentiel *h*ydrogène) *n.m.*〖化〗ペーハー, 水素イオン指数. ~ -mètre pH メーター.〖医〗~ -métrie pH 値測定〔法〕.〖医〗~ -métrie œsophagienne エストロゲン pH 測定〔法〕. ~ urinaire 尿 pH.
ph (=*p*hot) *n.m.*〖物理〗フォト, ホト(照度の単位；1 ph：1 cm² につき 1 lumen).
phacochère *n.m.*〖動〗イボ猪.
phaco-émulsification *n.f.*〖医〗(白内障の)水晶体超音波吸引〔術〕.
phacomatose *n.f.*〖医〗母斑症.
phacomètre *n.m.*〖光学〗光学レンズの屈折度測定機.
phage *n.m.* ファージ, バクテリオファージ(=bactériophage), 細菌ウイルス.
phagédénique *a.*〖医〗侵食性の. ul-cère (chancre) ~ 侵食潰瘍(下疳).
phagédénisme *n.m.*〖医〗(潰瘍, 下疳などの)侵食(持続的拡張).
phagocytaire *a.*〖生〗食細胞の；食細胞活動の.
phagocyte *n.m.*〖生〗食細胞.
phagocyter *v.t.*〖生〗食細胞活動により破壊する, 食作用により侵食する；〖比喩的〗侵食する, 併合する. ~ l'ensemble du palais du Louvre (美術館が)ルーヴル宮全体を侵食する.
phagocytose *n.f.*〖生理〗(食細胞の)食作用, 食菌作用, 食細胞活動.
phalænopsis [-is] *n.f.*〖植〗ファレノプシス, 胡蝶蘭.
phalange *n.f.*〖解剖〗指節〔骨〕；指の関節.
phalangette *n.f.*〖解剖〗(指の)末節骨.
phalangine *n.f.*〖解剖〗(指の)中節骨.
phalangiste *n.*〖史〗(スペインの)ファランヘ(Falange, Phalange) 党の党員.
—*a.* ファランヘ党の. parti ~ ファランヘ党.
phallacidine *n.f.*〖化〗ファラシジン(たまごてんぐだけなどに含まれる毒性物質).
phalline *n.f.*〖化〗ファリン(たまごてんぐだけなどに含まれる毒性物質).
phallo [falɔ] *a.m.*〖俗〗男性中心主義の.
—*n.m.*〖俗〗男性至上主義者.
phallocentrisme *n.m.* 男性中心主義, 男性本位体制の.
phallocrate *a.* 男性中心主義の；男尊女卑の.
—*n.* 男性至上主義者, 男尊女卑的人間(俗に phallo と短縮されることあり).
phallocratie [fa(l)lɔkrasi] *n.f.* 男性中心主義, 男性優位論；男尊女卑(féminisme の対).
phallocratique *a.* 男性優越主義の, 男性優越主義的な. discours ~ 男性優越主義的言動.
phalloïde *a.* 男根(phallus)の形をした.〖植〗amanite ~ たまごてんぐだけ(猛毒の茸).
phalloïdine *n.f.*〖化〗ファロイジン(たまごてんぐだけ amanite phalloïde から抽出される毒性の強いペプチド).
phallotoxine *n.f.*〖生化〗たまごてんぐだけ (amanite phalloïde) 中毒物質 (phalloïdine, phalline など).
phanérogame *a.*〖植〗顕花植物の (=spermatophyte) (cryptogame「隠花植物の」の対).
—*n.f.* 顕花植物；〔*pl.* で〕顕花植物門.
phanie *n.f.*〖光学〗(心理的な)光の明るさ, ファニー.
phanotron *n.m.*〖電〗ファノトロン, 水銀整流器.
phare *n.m.* **1** 灯台；(空港の)標識灯. ~ à feu fixe 固定式灯台. ~ à feu tournant 回転式灯台. ~ automatisé 自動化無人灯台.〖航空〗~ de ligne 航空路灯台.〖航空〗~ d'identification 識別灯台. ~ d'un port 港湾灯台. ~ d'un terrain d'aviation (d'un aéro-port) 空港灯台(標識灯). ~ habité 灯台守常駐灯台. le ~ d'Alexandrie classé parmi les sept merveilles du monde 世界の七不思議の一つに数えられたアレクサンドリアの灯台.
bouées- ~ s 灯台ブイ. gardien de ~ 灯台守. radio*phare* 電波灯台.〖海〗Service des ~ s et balises 灯台・航路標識部.
2〖自動車〗ヘッドライト；ビームライト. ~ s à iode ヨードランプライト. ~ s anti-brouillards フォグライト. ~ s blancs (jau-nes) 白色光 (黄色光) ヘッドライト. ~ co-de 法定ライト(下向けヘッドライト). ~ co-de de recul バックライト. allumer (éteindre) ses ~ s ライトをつける(消す). mettre ses ~ s en veilleuse (en code) ヘッドライトを

減光する（下げる）. régler ses ~s ヘッドライトを調光する. rouler en ~s (pleins ~s) ビームライトで走行する.
3〔比喩的〕導く人（物）. livre-~ 啓蒙書. secteur ~ de l'industrie 産業の先導部門. usine-~ パイロット・プラント.
4〔海〕~ de l'avant フォアマスト. ~ de l'arrière メーンマスト.
5〔軍〕無線標識, ラジオビーコン（=〔英〕radio beacon）.

pharisien(ne) n. **1**〔宗教史〕パリサイ派, パリサイ人（びと）《前2世紀後から紀元後にかけて活動したユダヤ教の一派；律法を厳格に遵守することで名高い》.
2〔文〕形式主義者；偽善家；偽信仰家.
—a. **1**〔宗教史〕パリサイ派の；パリサイ主義の. doctrine ~ne パリサイ派の教義.
2〔文〕偽善的な.

pharmaceutique a. 薬の, 薬学の；製薬の. forme ~ ガレノス製剤 (=forme galénique). industrie ~ 製薬産業. laboratoire ~ 製薬会社. produit ~ 医薬品. spécialité ~ 専門医薬品《特定の効能のある市販医薬品》.
—n.f.〔古〕薬学.

pharmacie n.f. **1** 薬学；調剤術；製薬. ~ chimique 薬剤化学. ~ générale 基礎薬学. ~ inspecteur de la Santé 保健省監察薬剤. docteur en ~ 薬学博士. étudiant en ~ 薬学部の学生. faculté de ~ 薬学部. laboratoire de ~ 製薬工場. préparateur de ~ 調剤補助者.
2 薬局, 薬屋. ~ d'un hôpital 病院の薬局. aller à la ~ 薬局に行く. laboratoire d'une ~ 薬局の調剤室. médicaments vendus en ~ 薬局で売っている薬, 売薬.
3〔カナダ〕ドラッグストア (=drugstore).
4 薬箱, 救急箱；薬品棚 (=armoire à ~). ~ portative 携帯用薬箱.
5〔集合的〕医薬品, 薬. acheter de la ~ を買う. ~ de voyage 旅行用薬品.

pharmacien(ne) n. 薬剤師《薬学博士の称号を持ち, 薬剤師会に加入している》. ~ assistant 薬剤師助手. ~ d'officine 薬局薬剤師. P~s sans frontière 国境なき薬剤師団《略記 PSF；1985 年フランスで設立された人道的非政府団体；1994 年 Comité international de ~ (PSF-CI) 設立》. diplôme de ~ 薬剤師免許. l'Ordre des ~s 薬剤師会《1951 年設立》. aller chez le ~ 薬局に行く.

pharmaco-〔ギ〕ELEM「薬」の意 (ex. *pharmaco*logie 薬学).

pharmacochimie n.f. 製薬化学, 薬化学.

pharmacocinétique n.f.〔医〕薬物動態学, 薬動学, 薬力学, ファーマコキネティクス《薬物の薬理効果の速さの研究》(=pharmacodynamie).

pharmaco-dépendance n.f. 薬物依存症.

pharmacodynamie n.f.〔薬〕薬力学, 薬物効果学.

pharmacodynamique a.〔医・薬〕薬力学の, 薬力学的な.

pharmacogénétique n.f. 薬理遺伝学.

pharmacogénomique n.f.〔薬〕ゲノム薬理学, 遺伝子治療薬学, ゲノム創薬《ゲノムに適応する薬物の研究》.

pharmacognosie [-gnɔzi] n.f.〔薬〕生薬学《薬用動植物に関する薬学》.

pharmaco-informaticien(ne) n. 薬学情報科学専門家.

pharmacologie n.f.〔薬〕薬理学.
pharmacologique a.〔薬〕薬理学的な.
pharmacologiste n. 薬理学者 (= pharmacologue).

pharmacologue n. 薬理学者.

pharmacomanie n.f.〔医〕薬中毒；薬物嗜好.

pharmacopée n.f. **1** 薬局方 (=codex). **2** 医薬品の総本. ~ traditionnelle 伝統的医薬品.

pharmacophobie n.f. 薬剤恐怖症, 薬嫌い.

pharmaco-physique n.f.〔薬〕物理薬剤学, 薬理物理学.

pharmacorésistance n.f.〔医・薬〕(細菌の) 薬物耐性.

pharmacothèque n.f.〔化〕ファルマコテーク, 薬品バンク.

pharmacothérapie n.f.〔医〕薬物療法.

pharmacovigilance n.f.〔医〕薬物副作用警戒体制, 薬物監視体制.

pharyngal(ale) (pl. aux) a.〔音声〕咽頭音の, 咽頭で調音する.
—n.f. 咽頭〔子〕音 (=consonne ~ale).

pharyngalgie n.f.〔医〕咽頭痛.

pharyngé(e) a.〔医〕咽頭の. inflammation ~e 咽頭炎 (=pharyngite).

pharyngien(ne) a.〔解剖〕咽頭の. amygdale ~ne 咽頭扁桃.

pharyngite n.f.〔医〕咽頭炎. ~ aiguë 急性咽頭炎.

pharyngo-〔ギ〕ELEM「咽頭」の意 (ex. *pharyngo*scope 咽頭検査鏡).

pharyngo-laryngite n.f.〔医〕咽頭喉頭炎.

pharyngo-œsophagien(ne), **pharyngo-œsophagique** a.〔解剖・医〕咽頭と食道の. diverticule ~ 咽頭食道憩室.

pharyngoplastie n.f.〔医〕咽頭形成術.

pharyngoscope n.m.〔医〕咽頭鏡.

pharyngoscopie n.f.〔医〕咽頭鏡検査〔法〕.

pharyngotyphoïde n.f.〔医〕咽頭チ

フス, 扁桃チフス.

pharynx [farɛ̃ks] *n.m.* 〖解剖〗咽頭.

phase *n.f.* **1** 局面；段階, 過程；状態, 形勢；(疾病の) 期. ~ critique 危機的局面 (段階). ~s d'une maladie 病状の諸段階 (各期). **2** 〖天文〗位相. ~ de la Lune 月の位相, 月相. **3** 〖物理・電算〗位相, 相. ~ d'un mouvement sinusoïdal 正弦曲線運動の位相. différence de ~ 位相のずれ. espace de ~ 位相空間. mouvements périodiques en ~ 同位相の周期的運動. vélocité de ~ 位相速度. **4** 〖化〗相. deux ~s d'une émulsion d'eau et d'huile 水と油の乳剤のふたつの相. ~ gazeuse (solide) 気相 (固相). **5** 〖電〗位相, フェーズ. angle de ~ 位相角. 〔conducteur de〕~〔配電の〕相 (monophase 単相, biphase 二相, triphase 三相). modulation de ~ 位相変調. **6** 〖生〗(有糸分裂の) 期. ~s de la mitose 有糸分裂の諸期 (interphase 間期, prophase 前期, métaphase 中期, anaphase 後期, télophase 終期). **7** être en ~ avec qn (qch) …と同調する.

phasemètre *n.m.* 〖電〗位相計.

phénakistiscope *n.m.* フェナキストスコープ, 走馬灯 (1832年, J. Plateau の発明).

phénanthrène *n.m.* 〖化〗フェナントレン ($C_{14}H_{10}$；フェン系列の 3 環縮合芳香族炭化水素).

phénate *n.m.* 〖化〗フェナート, 石炭酸塩, フェノラート (=phénolate).

phencyclidine *n.f.* 〖薬〗フェンシクリディン (化学構造の 1-(1-*p*henylcyclohexyl) *p*ipéridine から PCP と略記；強い中毒性幻覚剤, 俗称 poudre d'ange).

phendimétrazine *n.f.* 〖薬〗フェンジメトラジン (肥満症治療用食欲抑制剤；amphétamine に似た中枢神経刺激性ドーピング剤).

phénéthylamine *n.f.* 〖薬〗フェネチルアミン (合成麻薬).

phénétique *n.* 〖生〗表型学.
—*a.* 表型学的な.

phénique *a.* 〖化〗〔古〕acide ~ 石炭酸, フェノール (=phénol).

phénix ⇒ phoenix.

phenmétrazine *n.f.* 〖薬〗フェンメトラジン (肥満症治療用食欲抑制剤；禁止ドーピング剤).

phénobarbital *n.m.* 〖薬〗フェノバルビタール. ~ de sodium フェノバルビタール・ナトリウム (抗癲癇薬, 催眠薬；薬剤製品名 Gardénal (*n.m.*)).

phénocopie *n.f.* 〖遺伝学〗表現型模写.

phénocristal (*pl.* **aux**) *n.m.* 〖地学〗(火成岩中の) 斑晶.

phénol *n.f.* 〖化〗フェノール, 石炭酸. ~

neige 結晶フェノール.

phénolate *n.m.* 〖化〗フェノラート, 石炭酸塩, フェナート (=phénate).

phénolbutazone *n.f.* 〖薬〗フェノールブタゾン (解熱鎮痛剤).

phénolique *a.* 〖化〗フェノール〔類, 化合物〕の. résine ~ フェノール樹脂 (フェノール類とホルムアルデヒドからつくられる熱硬化性樹脂；ベークライトの商品名で知られる).

phénologie *n.f.* 季節植(動)物学, 生物季節学 (気候, 特に季節が動植物に与える影響を研究する学問).

phénologique *a.* 生物季節学的な, 生物気象学的な (=bioclimatologique).

phénolphtaléine *n.f.* 〖化〗フェノールフタレイン (酸塩基指示薬).

phénolsulfonephtaléine *n.f.* 〖薬〗フェノールスルホンフタレイン (腎機能検査に用いられる指示薬；PSP と略記). épreuve de ~ フェノールスルホンフタレイン色素排出試験, PSP テスト.

phénoménal (*ale*) (*pl.* **aux**) *a.* **1** 〖哲〗現象の (に関する). monde ~ (カントの説く) 現象界 (monde nouménal「本体界」の対). **2** 〔話〕驚くべき, 驚異的な, 素晴らしい. récoltes d'une abondance ~ale 驚異的な豊作.

phénomène *n.m.* **1** 現象, 事象. ~ d'hystérie collective 集団ヒステリー現象. ~s extérieurs 外的現象. ~ naturel (social) 自然 (社会) 現象. ~s psychologiques 心理現象. ~ sensible (affectif) 感覚的 (情意的) 現象. **2** 〖哲〗現象 (noumène「本体」の対). **3** 驚異的現象, 驚異. ~ inattendu 予想外の驚異的現象. **4** ブーム. **5** 奇形の人間(動物). ~ de foire 市で見世物になる奇形人間 (動物). **6** 〔話〕奇人, 変人 (=drôle de ~). quel ~ ! 何て変った奴だ !

phénoménisme *n.m.* 〖哲〗現象論 (substantiarisme「実体論」の対).

phénoménologie *n.f.* 〖哲〗現象学.

phénoménologue *n.* **1** 〖哲〗現象学派哲学者, 現象学者. **2** 企業内人間工学専門家.

phénoplaste *n.m.* 〖化〗フェノール樹脂 (=résine phénolique；熱硬化性樹脂, ベークライト〔商標〕など；電気絶縁性, 耐熱性, 耐酸性にすぐれている).

phénoqué(e) *a.* 〖化〗フェノール (石炭酸) を含む. eau ~e 石炭酸水 (消毒殺菌用).

phénothiazine *n.f.* 〖化〗フェノチアジン.

phénotype *n.m.* 〖遺伝学〗表現型.
▶ **phénotypique** *a.*

phénoxyde *n.m.* 〖化〗フェノキシド.

phénoxyméthylpénicilline *n.f.*
〖薬〗フェノキシメチルペニシリン, ペニシリン V.

phényl- ELEM〖化〗「フェニル基をもつ」の意 (*ex. phényl*amine フェニルアミン).

phénylacétique *a.*〖化〗フェニル酢酸の. acide ~ フェニル酢酸.

phénylalanine *n.f.*〖生化〗フェニルアラニン (α-アミノ酸の一つ；Phe または F と略記).

phénylamine *n.f.*〖化〗フェニルアミン (=aniline).

phénylbutazone *n.f.*〖薬〗フェニルブタゾン (非ステロイド系のピラゾロン系鎮痛・解熱・消炎剤；butyl-4 diphényl-1, 2 pyrazolidinedione 3,5).

phénylcétonurie [fenilsetɔnyri] *n.f.*〖医〗フェニルケトン尿〔症〕.

phényle *n.m.*〖化〗フェニル〔基〕.

phényléthylamine *n.f.*〖化〗フェニルエチルアミン (興奮剤；$C_8H_{11}N$).

phénylfluorone *n.m.*〖化〗フェニルフルオロン (試薬，略記 PF, pf). détermination spectrophotométrique de zinc avec le ~ フェニルフルオロンによる錫の分光光度定量.

phénylglycine *n.f.*〖化〗フェニルグリシン.

phénylhydrazine *n.f.*〖化〗フェニルヒドラジン (無色の板状晶・液体. 試薬などに用いる. 慢性毒性あり).

phénylique *a.*〖化〗ether ~ フェニルエーテル. groupement ~ フェニル基.

phénylpyruvique *a.*〖生化〗acide ~ フェニルピルビン酸.

phéochromocyte *n.m.*〖医〗クロム親和性細胞.

phéochromocytome *n.m.*〖医〗クロム親和性細胞腫, 褐色細胞腫.

phéophycée *n.f.* **1**〖海藻〗褐藻 (=algue brune). **2**〔*pl.* で〕〖植〗褐藻綱；褐藻綱の海藻.

phéro[r]mone, phéro-hormone *n.f.*〖生〗フェロモン (昆虫相互のコミュニケーションに用いられる化学物質). sexuelle 性フェロモン.
▶ **phéromon***al*(***ale***) *a.*

phi〔ギ〕*n.m.inv.* フィー (ギリシア語の21番目の字母 Φ, φ).〖物理〗~ méson ファイ中間子.

philanthrope *n.* **1** 博愛家 (misanthrope「人間嫌い」の対). **2** 人道主義者 (=humanitariste)；慈善家.

philanthropie *n.f.* **1** 博愛；人道主義；慈善. **2** 無私, 無欲. par pure ~ 欲得抜きで.

philanthropique *a.* 人道主義の, 博愛主義の.

philatélie *n.f.* 切手愛好, 郵趣；切手収集.

philatélique *a.* 切手収集の, 郵趣の. Commission des programmes ~s 記念切手発行計画委員会. document ~ 記念切手資料集. exposition ~ 切手展, 郵趣展.

philatéliste *n.* 切手愛好家；切手収集家.

-phile〔ギ〕ELEM「…を愛する, を好む」の意 (-phobe「嫌う」の対) (*ex.* biblio*phile* 愛書家, hydro*phile* 親水性の).

philharmonie *n.f.* **1**〖音楽〗楽友協会, フィルハーモニー.
2 フィルハーモニック・オーケストラ (=orchestre philharmonique).

philharmonique *a.* 音楽愛好の. orchestre ~ フィルハーモニック・オーケストラ. société ~ 音楽愛好協会, 楽友協会.

philippin(e) *a.* フィリピン (les Philippines) の, フィリピン共和国 (la République des Philippines) の；~ 人の. les îles ~*nes* フィリピン諸島. peso ~ フィリピン・ペソ (通貨単位).
——**P~** *n.* フィリピン人.

Philippines (les) *n.pr.f.pl.*〔国名通称〕フィリピン (公式名称：la République des P~ フィリピン共和国)；国民：Philippin(e)；首都：Manille マニラ；通貨：peso philippin [PHP]).

philloxera ⇒ phylloxéra

philo *n.f.*〔話〕**1** 哲学 (=philosophie). bouquin de ~ 哲学書.
2 (リセの) 哲学学級 (=classe de ~) (旧制度ではリセの最高学年).

philodendron [-dɛ̃-] *n.m.* **1**〖植〗フィロデンドロン (熱帯アメリカ大陸産の里芋科 aracée の観葉小灌木). **2**〖植〗黄葉モンステラ (monstera).

philologie *n.f.* 文献学 (古典文明の史的研究, 古文書の批判研究, 古典語研究など). ~ comparée 比較文献学.

philosémite *n.* 親セム族派；〔誤用〕親ユダヤ派.
——*a.* ~ の.

philosophe *n.* **1** 哲学者；理想家；〖古代ギリシア〗自然学者；(18世紀の) 啓蒙思想家；自由理想家 (=libre penseur). ~ existentialiste 実存〔主義〕哲学者. ~ idéaliste 観念論 (唯心論) 哲学者. ~ matérialiste 唯物主義哲学者.
2〔古〕錬金術師 (=alchimiste). pierre des ~*s* 叡智石, 賢者の石, 化金石 (=pierre philosophale；錬金術の原材となる石).
3 哲人, 賢人；(古代) 賢者 (=sage).
4 (哲人のように) 達観した人. vivre en ~ 達観して暮す.
——*a.* **1** 哲人のような, 達観した, 平静を失わない.
2〔古〕哲学の；哲学者の. ton ~ 哲学者調.

philosophie *n.f.* **1** (古代の) 諸科学 (歴史学, 詩の対)；(16世紀の) ユマニスム, 人

文主義(=humanisme)；(18世紀の)啓蒙思想，自由思想.
2 哲学. ~ existentielle 実存哲学. divisions traditionnelles de la ~ 哲学の伝統的領域《esthétique 美学；éthique 倫理学；logique 論理学；métaphysique 形而上学；morale 道徳哲学，倫理学；ontologie 存在論；téléologie 目的論》.
3 哲学；思想大系；原論. ~ du droit 法哲学. ~ de l'histoire 歴史哲学. ~ des sciences 科学哲学.
4〖学〗哲学教育(=〖俗〗philo)；哲学学級(=classe de ~). agrégation de ~ 哲学のアグレガシオン《中等教育の哲学教授資格》. classe de ~ 哲学学級《〖旧〗lycée 高等学校の最高学年のクラス》. dissertation de ~ 哲学の小論文〖試験〗. doctorat (licence) de ~ 哲学博士号(学士号). faire sa ~ 哲学学級で学ぶ. professeur de ~ 哲学教授.
5 人生観；世界観；人生の知恵；思想. ~ de Hugo ユゴーの思想.
6 達観；諦観；心の平静. avec ~ 達観して，平然と，冷静に. prendre les choses avec ~ 事物を冷静に捉える.

philosophique *a.* **1** 哲学の；哲学的な；哲学者の. illusion ~ 哲学的幻想. livres ~*s* 哲学書. mener des recherches ~*s* 哲学の研究を行なう.
2 (哲人のように)超俗的な，悟り切った，達観した，叡智の刻まれた. tranquillité ~ 悟り切った平安.

philtre *n.m.* 媚薬，惚れ薬.
phimosis [-zis] *n.m.* 〖医〗包茎. ~ complet 完全包茎，真性包茎 (=vrai ~). ~ incomplet 不完全包茎. faux ~ 仮性包茎 (=pseudophimosis).

phléb[o]- [fleb(ɔ)-]〖ギ〗 ELEM 「静脈」の意 (*ex. phléb*ologie 静脈学).
phlébectomie *n.f.* 〖医〗静脈切開；刺絡，瀉血(しゃけつ) (=saignée).
phlébite *n.f.* 〖医〗静脈炎；静脈血栓症 (=phlébothrombose), 血栓性静脈炎 (=thrombophlébite).
phlébographie *n.f.* 〖医〗静脈造影〖法〗.
phlébolite *n.f.* 〖医〗骨盤斑.
phlébologie *n.f.* 〖医〗静脈学
▶ **phlébologue** *n.*
phléborragie *n.f.* 〖医〗静脈出血 (=hémorragie veineuse).
phlébothrombose *n.f.* 〖医〗静脈血栓症，血栓性静脈炎 (=thrombophlébite), 〖俗〗静脈炎 (=phlébite).
phlébotome *n.m.* 〖昆虫・医〗サシチョウバエ，砂蠅，白蛉《リーシュマニア Leishmanie, 黒熱病などを媒介する》.
phlébotomie *n.f.* 〖医〗瀉血，静脈切開 (=section veineuse).
phlébotonique *n.m.* 〖薬〗静脈賦活剤 (=veinotonique).

phlegmon *n.m.* 〖医〗蜂巣〔織〕炎，蜂窩織炎，フレグモーネ. ~ circonscrit 非拡散性フレグモーネ. ~ diffus 拡散性フレグモーネ. ~ gazeux ガス蜂巣炎，ガスフレグモーネ. ~ ligneux 木様蜂巣炎，木様フレグモーネ. ~ périamygdalien 扁桃周囲蜂巣炎. ~ sous-cutané 皮下蜂巣炎.
phlegmoneux(se) *a.* 〖医〗蜂巣炎性の，蜂窩織炎性の，フレグモーネ性の. appendicite ~*se* 蜂窩織炎性虫垂炎.
phloroglucinol *n.m.* 〖医〗フロログルシノール《抗痙攣薬；薬剤製品名 Spasfon (*n.m.*)》.
phlox *n.m.* 〖植〗フロックス.
phlyctène *n.f.* 〖医〗フリクテン，水疱 (=bulle).
PHM (=les *p*lus *h*autes *m*ers) *n.f.pl.* 海面最高水位.
pH-mètre [peaʃmɛtr] *n.m.* 〖化〗pH(ペーハー)メーター.
phobie *n.f.* **1**〖心・医〗恐怖症，病的恐怖. syndromes de ~ sociale 対人恐怖症候群，臆病 (=timidité). **2** (本能的な)嫌悪.
-phobie 〖ギ〗 ELEM 「…嫌い，…恐怖症」の意 (-philie の対) (*ex.* acro*phobie* 高所恐怖症).
phobique *a.* 恐怖症の，病的恐怖の. névrose ~ 恐怖神経症.
— *n.* 恐怖症患者.
phocéen(ne) (<Phicée フォカイア：小アジアの古代都市) *a.* **1**〖古代史〗フォカイアの.
2 マルセイユ (Marseille) の. la cité ~*ne* マルセイユ《昔フォカイアの植民地であったことに由来》.
——**P**~ *n.* **1**〖古代史〗フォカイア人.
2 マルセイユの住民 (=Marseillais (*e*)).
phocomèle *a.* 〖医〗あざらし肢症の，あざらし状奇形の《サリドマイドなどによる》.
——*n.* あざらし肢症患者；あざらし状奇形児.
phocomélie *n.f.* 〖医〗あざらし肢症, サリドマイド胎芽病 (=thalidomide-embryopathie).
phœnix, phénix [feniks] *n.m.* 〖植〗フェニックス.
phona*teur*(*trice*), phonatoire *a.* 〖生理・言語〗発声に関する. appareil ~ 発声器官. spasme ~ 痙攣性発声障害 (=dysphonie spasmodique).
phonation *n.f.* 〖生理・言語〗発声，発音. trouble de la ~ 発声障害.
phone *n.m.* 〖音響〗フォーヌ，ホン《音の強さの単位》. intensité d'un son en ~ フォーヌ(ホン)による音の強度.
phonème *n.m.* 〖音声学〗単音；〖音韻論〗音素. **2** 〖医〗音声幻聴.
phoniatrie *n.f.* 〖医〗音声医学，発声障害学.
phonocap*teur*(*trice*) *a.* 〖音響〗録

音を読みとる. cellule ~ *trice* カートリッジ. —*n.m.* 録音読取り装置, ピックアップ (= pick-up).

phonocardiogramme *n.m.* 〖医〗心音図.

phonocardiographe *n.m.* 〖医〗心音計.

phonocardiographie *n.f.* 〖医〗心音法. ~ intracardiaque 心腔内心音法.

phonogramme *n.m.* **1** フォノグラム, 音声曲線(音声振動の録音曲線).
2 〖言語〗表音文字 (idéogramme「表意文字」の対)；(速記の)表音符号；レコード, 録音盤.

phonographe *n.m.* 蓄音機(略称 phono). ~ à pavillon ラッパ管付蓄音機.

phonolit[h]e *n.f.* 〖鉱〗フォノライト, 響石(きょうがん).

phonologie *n.f.* 〖言語〗音韻論.

phonologique *a.* 音韻論の. système ~ 音韻体系.

phonométrie *n.f.* 〖物理〗測音〔法〕；音分析.

phonon *n.m.* 〖物理〗音子, フォノン.

phonothèque *n.f.* 音響関係資料館.

phoque *n.m.* **1** 〖動〗あざらし. ~ éléphant de mer ぞうあざらし. ~ moine モンクあざらし. ~ veau marin ごまふあざらし.
2 あざらしの毛皮. bottes en ~ あざらし皮のブーツ.

phorométrie *n.f.* 〖医〗眼位検査法.

phosgène [fɔsʒɛn] *n.m.* フォスゲン(猛毒ガス；chlorure de carbonyle, oxychlorure de carbone).

phosph[o]- 〔キ〕 ELEM 「燐」の意 (*ex. phospha*te 燐酸塩).

phosphagène *n.m.* 〖生化〗フォスファゲン(生体内で高エネルギー燐酸を貯蔵する化合物).

phosphatage *n.m.* 〖農〗燐酸カルシウム(燐酸肥料)施肥.

phosphatase *n.f.* 〖生化〗フォスファターゼ, 燐酸酵素(燐酸基加水分解酵素). ~ alcaline アルカリ性フォスファターゼ. taux de ~*s* acides (血清中の)酸性フォスファターゼ濃度(前立腺癌で増す).

phosphatation *n.f.* (鋼板の)燐酸塩皮膜処理.

phosphate *n.m.* 〖化〗燐酸塩；燐酸カルシウム (= ~ de calcium).

phosphaté(e) *a.* 〖化〗燐酸塩を含んだ；燐酸塩状の；燐酸の. aliments ~*s* 燐酸塩含有食品. engrais ~ 燐酸肥料.

phosphater *v.t.* **1** 〖農〗燐酸石灰を施す. ~ un champ 畑に燐酸石灰をまく.
2 (金属表面に)燐酸塩皮膜処理を行なう.

phosphatide *n.m.* 〖生化〗フォスファチド, 燐脂質 (= phospholipide, lipide phosphoré).

phosphatidylcholine *n.f.* 〖生理〗フォスファチジルコリン, レシチン (lécithine)(グリセロリン脂質).

phosphatidyl[-]éthanolamine *n.f.* 〖生化〗フォスファチジルエタノールアミン (= céphaline)(血漿や脳や脊髄の白質に含まれる燐脂質).

phosphatidylionositol *n.m.* 〖生化〗フォスファチジルイノシトール(燐脂質).

phosphaturie *n.f.* 〖医〗燐酸塩尿〔症〕.

phosphène *n.m.* 〖医〗閃光〔感覚〕(眼を閉じていて光刺激がないのに生ずる光覚).

phosphine *n.f.* **1** 〖化〗フォスフィン(気体化燐化水素). **2** 液体燐化水素.

phosphite *n.m.* 〖化〗亜燐酸塩.

phosphocalcique *a.* 〖化〗燐とカルシウムの；燐とカルシウムを含む.

phosphocréatine *n.f.* 〖生化〗クレアチン燐酸, フォスホクレアチン(脊椎動物の筋肉中に存在し, 筋運動のエネルギー源となる物質).

phosphodiestérase *n.f.* 〖生化〗フォスホジエステラーゼ(燐酸ジエステル加水分解酵素；PDE と略記).

phospholipase *n.f.* 〖生化〗フォスホリパーゼ(燐脂質を加水分解する酵素の総称).

phospholipide *n.m.* 〖生化〗燐脂質 (= lipide phosphoré), フォスファチド (phosphatide).

phospholipidose *n.f.* 〖医〗燐脂質症(肝細胞内に燐脂質が異常に沈着する病態).

phospholyse *n.f.* 〖化・生化〗加燐酸分解.

phosphoprotéine *n.f.* 〖生化〗燐蛋白質, フォスホプロテイン(燐酸基を含む蛋白質).

phosphore *n.m.* **1** 〖化〗燐(元素記号 P, 原子番号 15, 原子量 30.9737).
2 〖化〗燐(白色の同素体非金属；比重 1.82, 融点 44.1℃, 沸点 280℃). ~ blanc 白燐, 黄燐(融点 44℃, 燐光を発する発火性有毒物質). ~ noir 黒燐. ~ rouge 赤燐(発火点 250℃, 無害). bombes au ~ 黄燐焼夷弾.
3 〔文〕青白く光るもの；燐光体. yeux de ~ 青白く光る眼.

phosphoré(e) *a.* 〖化〗燐を含む. hydrogène ~ 燐化水素 (= phosphure d'hydrogène).

phosphore-bronze *n.m.* 燐青銅(機械用合金).

phosphorémie *n.f.* 〖生化〗血中燐濃度.

phosphorer *v.i.* 〔話〕猛烈に頭を使う, 熟慮する.

phosphorescence *n.f.* **1** 燐光. **2** 〖物理〗燐光〔性〕.

phosphorescent(**e**) *a.* 燐光を発する；燐光を利用した；燐光性の. analyse ~ 燐光分析(燐光を利用した定量・定性分析). lueur ~ *e* 燐光性微光.

phosphoreux(**se**) *a.* 〖化〗(特に三価の)燐を含む, 燐(III)の. acide ~ 亜燐酸, フォスフォン酸. alliage ~ 燐含有合金.

phosphoride *n.m.* 〖化〗燐化物.
—*n.m.pl.* 燐鉱.

phosphorique *a.* 〖化〗燐の；(特に五価の)燐を含む, 燐(V)の. acide ~ (H_3PO_4)；(特に)オルト燐酸, 正燐酸. anhydride ~ 無水燐酸(五酸化燐(P_2O_5)).

phosphorisme *n.m.* 〖医〗(白燐による)燐中毒.

phosphorite *n.f.* 〖鉱〗燐灰土, 燐灰岩.

phosphorolyse *n.f.* 〖生化〗加燐酸分解.

phosphoroscope *n.m.* 〖化〗燐光計.

phosphorylase *n.f.* 〖生化〗フォスホリラーゼ, 燐酸付加分解酵素(澱粉, グリコーゲンなどを加燐酸分解して, グルコース1-燐酸を生成する反応を促進する酵素).

phosphorylation *n.f.* 〖化〗燐酸化. ~ oxydative 酸化的燐酸化.

phosphorylcholine *n.f.* 〖生化〗フォスホリルコリン, フォスホリル基コリン, 塩基性コリン.

phosphoryle *n.m.* 〖化〗フォスホリル基(PO).

phosphotransférase *n.f.* 〖生化〗フォスホトランスフェラーゼ(燐酸基の転移を触媒する酵素の総称).

phosphuranylite *n.f.* 〖鉱〗燐ウラン鉱.

phosphure *n.m.* 〖化〗燐化物. ~ de calcium 燐化カルシウム. ~ d'hydrogène 燐化水素(=hydrogène phosphoré).

photo (=photographie) *n.f.* 〖俗〗写真〖術〗.

photo- [ギ] ELEM 「光, 光電, 光化学, 光子, 写真」の意 (ex. *photo*électricité 光電気, *photo*gravure 写真製版).

photoabsorption *n.f.* 〖物理〗光吸着.

photoallergique *a.* 〖医〗光アレルギー性の. réaction ~ 光アレルギー反応.

photoautotrophe *a.* 〖生化〗光独立栄養性の. organisme ~ 光独立栄養生物.

photobactérie *n.f.* 〖生〗発光(蛍光)バクテリア.

photobiologie *n.f.* 光生物学.

photocathode *n.f.* 光電〖管〗陰極, 光陰極.

photocellule *n.f.* 〖物理〗光電管(=cellule photoélectrique), フォトセル(光電効果を利用した電子管).

photochimie *n.f.* 光化学.

photochimiothérapie *n.f.* 〖医〗光化学療法.

photochimique *a.* 〖化〗光化学の；光化学性の, 光化学による. brouillard ~ 光化学スモッグ(=smogs ~s). cellule ~ 光化学電池. équilibre ~ 光化学平衡. équivalent ~ 光化学当量. gravure ~ 写真製版〖法〗(=photogravure). réaction ~ 光化学反応. sensibilisation ~ 光化学増感. smog ~ 光化学スモッグ.

photochrome, photochromique *a.* 〖光学〗変色性の. verre ~ サングラス.

photochromie *n.f.* 〖物理〗フォトクロミー, フォトクロミズム.

photochromisme *n.m.* 〖物理〗フォトクロミズム, フォトクロミー, 光互変(こうごへん), 光可逆変色.

photocoagulation *n.f.* 〖医〗(レーザー光線などによる)光凝固術. ~ au laser (à laser) レーザー光照射による光凝固術(網膜剥離や糖尿病性網膜症の治療法).

photocomposeuse *n.f.* 〖印刷〗写真植字機, 写植機.

photocomposition *n.f.* 〖印刷〗写真植字, 写植.
▶ **photocomposer** *v.t.*

photoconduc*teur*(*trice*) *a.* 〖物理〗光伝導の. effet ~ 光伝導効果.

photoconductif(**ve**) *a.* 〖物理〗光伝導の(による). cellule ~ *ve* 光伝導セル(光伝導を利用して光信号を電気抵抗の変化に変換する装置).

photoconduction *n.f.* 〖物理〗光伝導.

photocopie *n.f.* **1** 写真複写. **2** (ゼロックス等による)コピー. **3** コピー屋, コピー店. **4** フォトスタット(製版用複写写真機).

photocopié(**e**) *a.p.* コピー(複写)された. rapport ~ コピーされた報告書.

photocopieur *n.m.* 複写機(=machine à photocopier).

photocopieuse *n.f.* 複写機(=machine à photocopier).

photocopillage *n.m.* (書籍, 雑誌, ディスク, テープなどの)複写；(特に)不法複写(コピー)〖行為〗. ~ d'un livre 書籍の〖不法〗コピー.

photodégradable *a.* 光で分解される, 光分解の可能な. sacs plastiques ~ *s* 光分解プラスチック袋.

photodégradation *n.f.* 光による分解.

photodermatose *n.f.* 〖医〗光線皮膚疾患, 光線過敏性. ~ printanière juvénile 青年春季光線皮膚疾患.

photodétecteur *n.m.* (オートフォーカス・カメラ用)測距素子, オートフォーカス・センサー素子.

photodiode *n.f.* フォトダイオード(光電素子半導体ダイオード；露光計等に用いる).

photodissociation *n.f.* 〖物理〗光解離.

photodynamique *a.* 〖物理・医〗光線力学の; 光線力学的な. 〖医〗thérapie ~ pour le traitement des tumeurs 腫瘍治療のための光線力学的療法《光に反応するphotofrine II(*n.m.*)などの薬を注入した上で弱いレーザ光線を照射する治療法; 略記 TPD; =〔英〕photo*dynamic* *therapy*: PDT》.

photo[-]élasticité *n.f.* 〖物理〗光弾性.

photo[-]électricité *n.f.* 〖物理〗光電気.

photo[-]électrique *a.* 〖物理〗光電気の. cellule ~ 光電管; 光(ひかり)電池, 光電セル. courant ~ 光電流. effet ~ 光電効果. lecteur ~ 光電式読取機. seuil ~ 光電限界.

photo[-]électromagnétique *a.* 〖物理〗光電磁的な. effet ~ 光電磁効果.

photo[-]électron *n.m.* 〖物理〗光電子.

photoémetteur(trice) *a.* 〖物理〗光電子を放出する, 光電子放出性の.

photoémissif(ve) *a.* 〖物理〗光電子を放出する.

photoémission *n.f.* 〖電子〗光電子放出.

photo-finish [fɔtofiniʃ] (*pl.* ~**s-**~) *n.f.* 写真判定〔法〕; (着順などの)判定写真.

photofission *n.f.* 〖原子物理〗光核分裂.

photogénique *a.* **1** 写真映りの良い, フォトジェニックな;(俳優が)映画向きの. actrice ~ 写真映りの良い(映画向きの)女優.
2 〖写真〗感光性の;(色などが)写りやすい, (明るさが)写真に適した. matière ~ 感光材料.
3 〖物理〗光の化学効果に関する.

photogrammétrie *n.f.* 写真測量〔術〕.

photographe *n.* **1** 写真家; カメラマン; 写真技師. ~ d'art 芸術写真家. ~ de mode モードカメラマン. ~ de presse 報道写真家. ~ professionnel (amateur) プロ(アマチュア)カメラマン, 職業写真家(写真愛好家). 〖印格〗reporter ~ 写真レポーター. atelier (studio) de ~ 写真家工房, 写真スタジオ.
2 写真屋(フィルムの販売・現像・焼付と写真機材の販売を行う業者).

photographie *n.f.* **1** 写真〔撮影〕術; 写真撮影. ~ numérique ディジタル(デジタル)写真撮影〔術〕. faire de la ~ 写真をやる. histoire de la ~ 写真史.
2 (撮影された)写真 (= photo). ~ aérienne 航空写真. ~ d'identité 身分証明書用写真. ~ en couleur (en noir et blanc) カラー写真(白黒写真).
3 〖比喩的〗正確な再現, 引写し. ~ de la situation 状況の再現.

photographique *a.* **1** 写真の; 写真撮影術の; 写真用の. appareil ~ 写真機, カメラ(略称 appareil photo). 〖写真〗papier ~ 印画紙. 〖写真〗plaque ~ 〔写真〕乾板.
2 写真による; 〖印刷〗写真製版による. 〖印〗cliché ~ (印刷用の)写真版.
3 〖比喩的〗写真のような, 写真のように正確な; 写真的な. précision ~ 写真的精密さ.

photograveur *n.m.* 〖印刷〗写真製版技術者, 写真製版工, グラビア印刷工.

photogravure *n.f.* **1** 写真製版〔法〕;(特に)グラビア印刷〔法〕. ~ électronique 電子式写真製版. ~ offset オフセット製版. ~ sur zinc 亜鉛製版. ~ typographique 凸版.
2 (写真製版用の)版.
3 (写真製版で製版・印刷された)版画, フォトグラビア, グラビア.

photo-interprétation *n.f.* 写真解析(軍事目的または地図製作のための空中写真, 衛星写真の解析).

photo-ionisation *n.f.* 〖物理〗光イオン化, 光電離.

photo-isomérisation *n.f.* 〖化〗光異性化《光化学反応による異性化》.

photojournalisme *n.m.* フォトジャーナリズム.

photojournaliste *n.* フォトジャーナリスト, 写真記者, 写真リポーター (= reporter photographe).

photokératectomie *n.f.* 〖医〗レーザ光線利用角膜切除〔術〕. ~ *r*éfractive レーザー光線利用屈折矯正角膜切除術(略称 PKR).

photolecture *n.f.* 〖情報処理〗光学読取り.

photoluminescence *n.f.* 〖物理〗光ルミネセンス.

photolyse *n.f.* 〖物理〗光分解.

photomacrographie *n.f.* 〖写真〗マクロ写真撮影〔術〕, 拡大写真〔術〕 (= macrophotographie).

photomagnétoélectrique *a.* 光電磁気の.

photomécanique *a.* 〖印刷〗写真製版〔法〕の. gravure ~ en creux 凹版写真製版. ──*n.f.* 〖工〗写真製版工学.

photométéore *n.m.* 〖気象〗光学現象(虹, 蜃気楼等の光学的気象現象).

photomètre *n.m.* **1** 〖物理〗測光器, 光度計. ~ photoélectrique 光電光度計.
2 〖写真〗露出計 (= posemètre).

photométrie *n.f.* 〖物理〗光度測定, 測光, 測光学. ~ céleste 天体測光〔学〕. ~ photoélectrique 光電測光. ~ photographique 写真測光. ~ spectrale 分光測光.

photomicrographie n.f. 顕微鏡写真 (=microphotographie).
photomontage n.m. モンタージュ写真；合成写真.
photomosaïde n.f. (航空・宇宙衛星探査の) モザイク写真, 合成連続写真 (=mosaïde photographique).
photomosaïque n.f. 写真モザイク (=mosaïque photographique).
photomultiplicateur n.m. 〖物理〗光電子増倍管.
photon n.m. 〖物理〗フォトン, 光子.
photonique n.f. 光学利用情報処理〔技術〕.
photo-nucléaire a. 〖物理〗光核の. réaction ~ 光核反応.
photo-oxydant(e) a. 〖環境〗光酸化物質 (フォト・オキシダント) による. pollution ~e 光化学スモッグによる大気汚染. ――n.m. 光化学汚染物質《太陽光線中の紫外線が窒素酸化物に作用して発生する光化学スモッグ》.
photopériode n.f. 〖生〗光周期.
photopériodique a. 〖生〗光周期の.
photopériodisme n.m. 〖植〗光周期性, 光周性.
photophobe a. 〖医〗羞明 (しゅうめい) の. ――n. 羞明症 (まぶしがり症) 患者.
photophobie n.f. 〖医〗羞明 (しゅうめい), まぶしがり症.
photophone n.m. 1 フォトフォーヌ, フォトフォン, カメラ機能付携帯電話 (=téléphone équipé d'un appareil photo). ~ numérique デジカメ付携帯電話.
2 光線電話 (音声を光信号に変換する電話方式).
photophore n.m. 1 (鉱夫, 洞窟探検家・登山家などがヘルメットに着用する) ヘッドランプ. ~ de mineur (de spéléologue) 鉱夫 (洞窟探検家) 用ヘッドランプ.
2 携帯用白熱灯ランプ.
3 ガラス製の装飾用盃状蝋燭立て.
photopile n.f. 〖物理〗光電池 (=cellule photovoltaïque). ~ au sélénium セレン光電池.
photopolymère n.m. 感光性重合体, 感光性プラスチック, フォトポリマー《刷版制作用プラスチック》.
photoprotection n.f. 〖医〗対太陽光線防護；(特に) 紫外線防護, 日光よけ. ~ artificielle 人工的光線よけ.
photorécepteur[1] n.m. 〖生・生理〗光受容体, フォトレセプター.
photorécepteur[2] **(trice)** a. 光受容性の.
photo(-)réduction n.f. 〖化〗光還元.
photoreportage n.m. フォト (写真) ルポルタージュ.
photoreprographie n.f. フォトコピー (=photocopie).
photorésistance n.f. 〖電〗光抵抗.
photorésistant(e) a. 光抵抗性の.
photo-robot (pl. ~s-~s) n.f. モンタージュ写真 (=photomontage).
photo-roman (pl. ~s-~s) n.m. フォト・ロマン (写真で展開する小説).
photo-satellite (pl. ~s-~s) n.f. 写真撮影衛星；衛星写真《写真衛星による画像》.
photoscope n.m. 〖写真〗1 フォトスコープ, ディジタル・カメラ (=appareil de photo numérique) 《一般にレンズ固定式のものをいう》. ~ expert 高性能フォトスコープ. ~ ultracompact 超小型ディジタル・カメラ.
2 フォトスコープ《動画も記録できるディジタル・カメラ；カメラとヴィデオcaméscope の両機能をもつ》.
photosensibilisation n.f. 〖医〗光線過敏性；光線過敏症. réaction de ~ 光アレルギー反応.
photosensibilité n.f. 1 〖物理〗感光性；光電感度. 2 〖医〗光線過敏症, 日光過敏症.
photosensible a. 感光性の.
photosite n.m. 〖写真〗(ディジタルカメラの) 写真記録画素. ~s superposés sensibles au bleu, au vert et au rouge 青, 緑, 赤に感光する 3 層撮像素子 (Foveon [商標]). ~s utilisés 3008×2000, soit 6, 1 Mpix 有効写真記録画素数 3008×2000, 約 6.1 メガピクセル相当.
photosphère n.f. 1 〖天文〗(太陽・恒星などの) 光球. 2 〖比喩的〗光の球.
photostoppeur (se) n. 街頭写真屋.
photostyle n.m. 〖情報処理〗ライトペン (= [英] light pen).
photosynthèse n.f. 〖生〗光合成 (=assimilation chlorophyllienne).
photosynthétique a. 光合成の (による).
phototactisme n.m. 〖生〗光走性, 走光性.
phototaxie n.f. 〖生化〗走光性 (=phototactisme).
phototélégraphie n.f. 写真電送〔術〕, 電送写真 (=téléphotographie).
photothèque n.f. 1 写真コレクション. 2 写真資料館.
photothérapie n.f. 〖医〗光線療法《赤外線療法, 紫外線療法など》.
phototoxique a. 〖医〗光毒性の.
phototransistor n.m. 〖物理〗フォトトランジスター《感光性半導体素子とトランジスターの機能を兼ねた光電変換素子》.
phototropisme n.m. 〖植〗光屈性, 屈光性. ~ négatif des racines 根の背日性. ~ positif des fleurs 光の向日性.
phototype n.m. 1 〖印刷〗フォトタイ

photovoltaïque

プ, 写真凸版〔法〕; フォトタイプ印刷物.
2〖医〗光線感受性型. Les personnes de ~ I ont une peau très claire, qui ne bronze jamais. I型の光線感受性の人は, 肌が真白で, 決して日焼けしない.

photovoltaïque *a.*〖物理〗光起電力の《光を電気エネルギーに変換する》. cellule ~ 光起電力セル (= photopile 光電池). conversion ~ 光エネルギー変換. effet ~ 光起電力効果. système ~ 光起電力システム.

phrase *n.f.* **1** 文章; 文; 言回し; 文体. ~ de Proust プルーストの文(文体). ~ française フランス語の文章. ~ poétique 詩的文章. ~s toutes faites 紋切型の言回し. sans ~ 直截に, 単刀直入に. faire de grandes ~s 大袈裟な言い回しをする.
2 言辞, 言葉, 言回し, 発言; 表現. ~s d'excuse 詫びの言葉. ~s menteuses 嘘八百の言辞.
petite ~ des hommes politiques 政治家の問題発言. chercher ses ~ 言葉を探す. echanger quelques ~s 二言三言言葉を交す. faire des ~s 言葉を弄する; 美辞麗句を並べる. faiseur de ~s 饒舌家, お喋り.
3〖文法〗文. ~ composée (simple) 複文(単文). ~ impérative (interrogative) 命令(疑問)文. ~ nominale (verbale) 名詞(動詞)文. stylistique de la ~ 文体論.
4〖音楽〗フレーズ, 楽句, 小楽節 (= ~ musicale).

phraséologie *n.f.* **1** 慣用語法. ~ judiciaire 司法文体. **2**〔文〕(内容のない) 美辞麗句を用いた気取った文体 (= ~ vide de sens).

PHRC (= *p*rogrammes *h*ospitaliers de *r*echerche *c*linique) *n.m.pl.*〖医〗臨床研究に関する病院計画.

phreaker〔英〕*n.m.*〔俗〕フリーカー《違法に電話(コンピュータ, 通信)システムに侵入する人》.

phréatique *a.*〖地学〗自由地下水層の, 浸潤層の; 地下水性の. nappe ~ 自由地下水.

phréatomagmatique *a.*〖地学〗地下水層マグマの. éruption ~ 地下水マグマ爆発.

phrénique *a.*〖解剖〗横隔の, 横隔膜の (= diaphragmatique). nerf ~ 横隔神経. abcès sous-~ 横隔膜下膿瘍.

phtalate *n.m.*〖化〗フタル酸エステル, フタル酸塩.

phtaléine *n.f.*〖化〗フタレイン. ~ du phénol フェノールフタレイン (= phénolphtaléine)《染料の原料》.

phtalimide *n.f.*〖化〗フタルイミド《アミノ酸剤》.

phtalique *a.*〖化〗acide ~ フタル酸《合成樹脂, 合成繊維の原料》. anhydride ~ 無水フタル酸《染料, アルキド樹脂, 可塑剤など

の原料》.

phtalocyanine *n.f.*〖化〗フタロシアニン《ペイント, 印刷インクなどの青または緑の色材・顔料》.

phtisie *n.f.*〖医〗慢性肺結核 (= tuberculose pulmonaire chronique).

phtisiologie *n.f.*〖医〗結核学;(特に)肺結核 (= tuberculose pulmonaire) 学.

phtisiologue *n.*〖医〗結核専門医; 肺結核専門医.

PHU (= *p*raticien *h*ospitalo-*u*niversitaire) *n.m.*〖医〗大学病院臨床医.

phyco-, -phycée〔ギ〕ELEM「藻」の意 (*ex. phyco*mycètes 藻菌類, cyano*phycée* 青藻).

phycologie *n.f.* 藻類学.

phycomycose *n.f.*〖医〗フィコミコーシス (藻菌類感染性), ムーコル〔真菌〕症.

phyll[o]-, -phylle〔ギ〕ELEM「葉」の意 (*ex. phyllo*taxie 葉序, chlor*ophylle* 葉緑素).

phyllogénie *n.f.*〖生〗**1** 系統発生. **2** 系統発生学.

phylloquinone *n.f.*〖生化〗フィロキノン, フィトナジオン (phytonadione), ビタミン K_1 (= vitamine K_1)《血液凝固の促進に必要なビタミンKの一種》.

phylloxéra, phylloxera *n.m.* **1**〖昆虫〗フィロクセラ, ねあぶらむし《葡萄の葉・根につく害虫 (Phylloxera vastatrix)》.
2〖農〗(葡萄の) フィロクセラ病害《1865年頃アメリカから渡来したフィロクセラは, フランスの葡萄畑の約半分に壊滅的打撃を与え, フィロクセラ耐性葡萄の接種移植で対処した》; 形容詞 phylloxérien (*ne*), phylloxérique.

phylloxéré(e) *a.p.*〖農〗(葡萄栽培が) フィロクセラの被害を蒙った.

phylogenèse *n.f.*〖生〗系統発生 (ontogenèse「個体発生」の対).

phylogénétique *a.*〖生〗系統発生の. ——*n.f.* 系統学.

phylum [filɔm] *n.m.*〖生〗(分類学上の) 門, 分枝 (= embranchement); 系統 (= lignée).

-physe〔ギ〕ELEM「生成, 成長, 形成」の意 (*ex.* dia*physe* 骨幹, hypo*physe*〔脳〕下垂体).

physicalité *n.f.* **1** 身体的特徴; 身体性. ~ du judo 柔道の身体的特徴. ~ d'une œuvre d'art 芸術作品の身体性.
2 体 (= corps)
3 肉体的欲求.

physicien(ne) *n.* 物理学者; 物理学専攻学生. ~ de l'atome 原子物理学者 (= atomiste).

physico- ELEM「物理」の意 (*ex. physico*-mathématique 物理数学).

physico-chimie *n.f.* 物理化学.

physico-chimique *a.* 物理化学の, 物理化学的な. centre de détoxication ~ 物理化學的有毒物質処理場.

physico-mathématique *n.f.* 物理数学 (=physique mathématique); 数理物理学.
— *a.*〔古〕物理と数学の. questions ~s 物理数学的諸問題.

physio-〔ギ〕ELEM「自然, 身体, 生理学, 物理」の意《*ex. physio*graphie 自然地理学, *physio*logie 生理学, *physio*thérapie 物理(理学)療法》.

physiocratie *n.f.*〘経済史〙重農主義. Quesney, principal représentant de la ~ 重農主義の主要代表者ケネー.

physiographie *n.f.* 自然地理学.

physiologie *n.f.* **1** 生理学. ~ humaine (animale, végétale) 人体(動物, 植物)生理学. ~ pathologique 病理生理学.
2 生理機構, 生理. ~ de la respiration 呼吸作用の生理. ~ du tube digestif 消化管の働き.
3〘史〙〔文〕〔比喩的〕生理学《人間の生理に関する客観的描写》.《*P~ du goût ou Méditations de gastronomie transcendante*》par Brillat-Savarin ブリヤ=サヴァラン著『味覚の生理学―超絶的美食学的考察』(1825年). *La ~ du mariage*, par Honoré de Balzac バルザック著『結婚の生理学』(1830年).

physiologique *a.* **1** 生理学的な, 生体の機能に関する. faits ~s 生理学的現象.
2 生理的な, 身体的な(psychique「精神(心)の」の対). besoin ~ 生理的要求.
3 生体機能が正常な(pathologique「病的な」の対). sérum ~ 生理的血清.
4 生体機能が異常な《病的ではない機能障害についていう》. albuminurie ~ 生理的蛋白尿.

physionomie *n.f.* **1** 容貌, 顔付, 人相; 表情. ~ agréable 好感の持てる顔付. ~ douce (énergique, triste) 柔和な(精力的な, 悲しそうな)表情. caractère d'une ~ 人相. jeux de ~ 表情の動き. Il manque de ~. 彼の顔には特徴がない.
2 (事物に固有の)外観, 様相;(人・国民などの)特性, 特徴. ~ d'ensemble du scrutin 投票の特性. ~ de l'Europe ヨーロッパの特性. ~ d'une machine 機械の特徴.
3〘医〙相貌学;〔古〕人相学 (=physiognomie).

physiopathologie *n.f.*〘医〙生理病理学.

physiothérapie *n.f.*〘医〙物理療法, 理学療法.

physique[1] *n.f.* **1** 物理学. ~ appliquée (expérimentale) 応用(実験)物理学. ~ atomique (nucléaire) 原子(原子核)物理学. ~ de l'Univers 宇宙物理学.〔古〕~ du globe 地球物理学 (=géophysique). ~ électronique 電子物理学. ~ mathématique 数理物理学 (=physicomathématique). ~ quantique 量子物理学. ~ stellaire 天体物理学 (=astrophysique). ~ théorique 理論物理学. expériences de la ~ 物理実験. faire de la ~; étudier la ~ 物理を学ぶ.
2 物理学書 (=livre de ~).
3〔古〕自然学.
— *a.* **1** 物質の; 物質的な;(生物以外の)自然界の. géographie ~ 自然地理学. monde ~ 物質界. sciences ~s 物理と化学, 理化学.
2 物理学の(chimique「化学の」の対); 物理的な. certitude ~ 物理学的確実性. loi ~ 物理学の法則. phénomène ~s 物理現象. unités ~s 物理単位.

physique[2] *a.* **1** 肉体の, 身体の(moral「精神の」の対). culture (éducation) ~ 体育 (=gymnastique). état ~ 健康状態. force (vigueur) ~ 体力. handicapé ~ 身体障害者. souffrance ~ 肉体的苦痛. troubles ~s 身体の変調.
2 本能的な. peur ~ de l'obscurité 暗闇に対する本能的恐怖.
3 性的な (=sexuel), 肉体的 (=charnel). amour ~ 性愛. attirance ~ 性的魅力. plaisir ~ 肉体的快楽.
4〔スポーツ〕体力を要する. un parcours de cross très ~ 体力を要するクロスカントリー・コース.
5〘法律〙personne ~ (法の主体としての)自然人 (personne morale「法人」の対).
— *n.m.* **1** 体つき, 体格; 容姿 (=physionomie). ~ séduisant 魅惑的な体つき.〔劇〕avoir un ~ de jeune premier (première) 二枚目(娘役)にぴったりの容姿をしている (=avoir un ~ de l'emploi).
2 肉体, 身体. le ~ et le moral 肉体的にも精神的にも.

physiquement *ad.* **1** 物理的に; 物質的に; 現実に. chose ~ impossible 物理的に不可能な事柄. territoire ~ envahi 現実に侵略された領土.
2 肉体的に, 身体的に; 性的に (=sexuellement). souffrance ~ insupportable 肉体的に堪え難い苦痛.
3 容姿の上で, 体形的に. Il est ~ séduisant. 彼は魅力的な容姿をしている.

phyt[o]-〔ギ〕ELEM「植物」の意《*ex. phyto*géographie 植物地理学》.

phyt[o]hormone [fit(ɔ)ɔrmɔn] *n.f.*〘生〙植物ホルモン.

phyto-aromathérapie *n.f.*〘医〙フィト=アロマテラピー《植物・芳香利用療法》.

phytobiologie *n.f.* 植物生物学.

phytocénose *n.f.*〘生〙植物群, 植生《生活圏内の総体》.

phytochimie *n.f.* 植物化学.

phytochrome *n.m.*〘植・生化〙フィトクロム《光を感知して植物の生長・開花など

を調節する色素蛋白質).

phytocide *n.m.* フィトシド, 植物性殺菌素.
—*a.* 植物性殺菌素の. produit ~ 植物性殺菌剤.

phytocosmétique *n.m.* 植物性化粧品.

phytogéographe *n.* 植物地理学者.

phytogéographie *n.f.* 〖植〗植物地理学.
▶ phytogéographique *a.*

phytomasse *n.f.* 植物資源, フィトマス.

phytoménadione *n.f.* 〖生化〗フィトメナジオン, ビタミン K₁ (=vitamine K₁) (血液凝固の促進に必要なビタミンKの一種).

phytoœstrogen, phytoœstrogène *n.m.* 〖生化〗フィトエストロゲン, 植物性エストロゲン.

phytoparasite *n.m.* 〖植〗植物寄生.

phytopathologie *n.f.* 植物病理学.

phytophage *a.* 〖動〗草食性の.
—*n.m.pl.* 草食動物.

phytopharmaceutique *a.* 〖薬〗植物薬理学の；生薬〔学〕の；農薬の (=agro-pharmaceutique). produits ~s 生薬, 農薬.
—*n.f.* 植物薬理学；生薬学.

phytopharmacie *n.f.* **1** 植物薬理学, 農薬学. **2** 農薬製造業.

phytoplancton *n.m.* 植物プランクトン, フィトプランクトン.

phytoproduction *n.f.* 植物栽培による天然素材の製造〔法〕.

phytoremédiation *n.f.* 〖環境〗フィトルメディアション, フィトレメディエーション (有毒物質・重金属等の環境汚染物質を蓄積する植物による汚染土壌の浄化作用).

phytosanitaire *a.* 植物衛生の. 植物の病害予防の. produit ~ 植物病害予防製品, 農薬 (=produit pesticide, produit agro-pharmaceutique) (殺菌・殺虫剤).

phytosociologie *n.f.* 〖植〗植物社会学.

phytostérol *n.m.* フィトステロール, 植物ステロール.

phytothérapeute *n.* 植物療法士, 薬草療法士.

phytothérapie *n.f.* 〖医〗植物療法；薬草療法.

phytotoxicité *n.f.* **1** 植物に対する毒性；植物薬害. **2** 植物毒性.

phytotoxine *n.f.* 植物性毒素, 植物毒.

phytotoxique *a.* **1** 植物に対し有毒な. **2** 植物毒素の.

p.i. (=*p*ar *i*ntérim)〖ラ〗*l.ad.* 臨時に, 暫定的に.

piano¹ *n.m.* **1** ピアノ. ~ à queue グランドピアノ. ~ de concert コンサートピアノ. ~ droit アップライト型ピアノ. ~ mécanique 自動ピアノ. cours de ~ ピアノのレッスン. clavier d'un ~ ピアノの鍵盤. être (se mettre) au ~ ピアノに向かう. jouer du ~ ピアノを弾く. sonate pour ~ et violon ピアノとヴァイオリンのためのソナタ.
2 ~ à bretelles；~ du pauvre アコーデオン.
3 〖料理〗〖話〗(レストランの) 大型レンジ. être au ~ 大型レンジで調理している.

piano² 〖伊〗*ad.* **1** 〖音楽〗弱く, ピアノで (略記 *P.* または p.).
2 〖話〗静かに, そっと. Allez-y ~！ゆっくりやりなさい！
—*n.m.inv.* 〖音楽〗弱奏部.

PIB (=*p*roduit *i*ntérieur *b*rut) *n.m.* 〖経済〗国内総生産. le ~ marchand 商品国内総生産.

pibale *n.f.* 〖魚〗ピバル (鰻のしらす, 鰻の稚魚) (=civelle). ~, or blanc (高価なため) 白い黄金とよばれるピバル. 〖料理〗~s en cassolette ピバルのカソレット. la fête de la ~ (ランド地方の) ピバル祭. pêche aux ~ ピバル漁.

pic¹ *n.m.* 〖鳥〗ピック, きつつき, げら. ~ épeiche ヨーロッパあかげら (学名 Dendrocopos). ~ vert ヨーロッパあおげら (=pivert；学名 Picus viridis). grand ~ noir ヨーロッパくろおおげら (学名 Dryocopus martius).

pic² *n.m.* 〖工具〗つるはし. ~ de mineur 鉱夫用つるはし.

pic³ *n.m.* **1** 尖峰；尖った山頂, ピーク. le ~ du Midi (de Bigorre) ル・ピック・デュ・ミディ・ド・ビゴール (ピレネー山脈中央部の名峰；標高 2,872 m；山頂部に天文台がある).
2 〖比喩的〗(現象の) 頂天, 絶頂. ~ de pollution 汚染の極み.
3 〖比喩的〗(曲線などの) 頂点, ピーク.

pic⁴ (**à**) *l.ad.* **1** 垂直に. les falaises qui s'élèvent *à* ~ au-dessus de la mer 海上に垂直にそそり立つ断崖. couler *à* ~ 艦 (船) 首・艦 (船) 尾を立てて沈没する.
2 〖話・俗〗ちょうどいい時に. Arriver *à* ~ ちょうどいい時にやってくる.
—*l.a.* 垂直な. montagne *à* ~ 切り立った山.
—*à-pic* (*pl. à-~s*) *n.m.* 切り立った斜面.

picard(**e**) *a.* ピカルディー地方 (la Picardie) の；~ の住民の；ピカルディー方言の.
—*P*~ *n.* ピカルディー人；ピカルディー地方出身者.
—*n.m.* 〖言語〗ピカルディー方言, ピカルディー語 (オイル語系).

Picardie *n.pr.f.* **1** la ~ ピカルディー地方 (北フランスの旧地方・旧州名).
2 〖行政〗la ~ ピカルディー地方 (=la

région ～；フランスとヨーロッパ連合 UE の広域地方行政区画；l'Aisne, l'Oise, la Somme の 3 県 か ら 成 る；面 積 19,443 km²；人 口 1,857,834；地 方 庁 所 在 地 Amiens；形容詞 picard(e)）.

PICC （＝[英] *P*eripherally *I*nserted *C*entral *C*atheters) *n.m.pl.*〖医〗末梢穿刺中心静脈カテーテル〔法〕（＝[仏] cathéter central inséré périphériquement)（腕の血管に刺した注射針を通してカテーテルを心臓近くの大静脈まで送りこみ薬や高カロリー輸液を注入する治療方式）. ligne de ～ 末梢穿刺中心静脈カテーテル・ライン.

pick-up [pikœp][英] *n.m.inv.* **1** レコード・プレーヤー, 電蓄（＝électrophone)（略記 PU）.
2〖電〗（レコード・プレーヤーの）ピックアップ. bras d'un ～ ピックアップのアーム.
3〖農〗ピックアップ, 集秣機.
4〖自動車〗ピックアップ・トラック（＝[英] ～ truck)（荷台が無蓋の小型トラック）.

picnose *n.f.*〖生・医〗（細胞の）核濃縮〔症〕.

pico- [PREF]「ピコ」「10⁻¹², 1 兆分の 1」の意（略記 P）.

picodon *n.m.*〖チーズ〗ピコドン（山羊乳からつくられる軟質の AOC チーズ）. ～ de Dieulefit ピコドン・ド・ディユールフィ（ドーフィネ地方 le Dauphiné；自然外皮；直径 6-8 cm；厚さ 2-3 cm の小円盤状；重量 80-100 g；脂肪分 45 ％）. ～ de Saint-Agrève ピコドン・ド・サン=タグレーヴ（ラングドック地方 le Languedoc のヴィヴァレ地方 le Vivarais；自然外皮；直径 8-9 cm, 厚さ 2 cm の小円盤状；脂肪分 45 ％）. ～ de Valréas ピコドン・ド・ヴァルレアス（コンタ=ヴネサン地方 le Comtat-Venaissin；軟質・半生；洗い自然外皮；直径 7-8 cm, 厚さ 2 cm の小円盤状, 重量 100-120 g；脂肪分 45 ％）.

picogramme *n.m.*〖度量〗ピコグラム, 10⁻¹²（1 兆分の 1）グラム.

picotement *n.m.* ちくちくする感じ, ひりひり感（＝sensation de ～s). avoir des ～s dans la gorge 喉がひりひり痛む.

picpoul[e] *n.m.*〖農〗ピックプール（ラングドック地方 le Languedoc の白葡萄酒；ベルモット用の品種）.

pictogramme *n.m.* ピクトグラム, 絵文字, 絵文字標識, 視覚言語.

pictographique *a.* 絵文字法の, 絵文字. écriture ～ 絵文字表記；絵文字.

picto-idéogramme *n.m.* 絵による表意文字, 絵文字.

pictorialiste *n.*〖写真〗ピクトリアリスト, 絵画主義写真家（1890 年頃に活躍したパリ派）.

PIDESC （＝*P*acte *i*nternational relatif aux *D*roits *é*conomiques et *s*ociaux et *c*ulturels) *n.m.* 経済的・社会的・文化的権利に関する国際協定（1966 年 12 月 16 日）.

pièce *n.f.* [I]《1 単位》**1** 一つ. une ～ de ... 1 つの…. une ～ de bois 材木 1 本, 板 1 枚. une ～ de soie 1 巻（1 反）の絹生地. une ～ de vaisselle 1 個の食器. une ～ de viande 一塊りの食肉.
～ d'eau dans un jardin 庭園の泉水（小さな池）. ～ de musée (de collection)（美術館に展示したり, 収集に値する）逸品；珍品（＝ ～ rare).〖料理〗～ de résistance 主菜, メイン・ディッシュ（＝plat de résistance). ～ de titre 書名ラベル. ～ de vin 樽入りの葡萄酒；葡萄酒の樽（約 220 リットル）.〖菓子〗～ montée ピエス・モンテ（菓子や糖菓類を積み上げて美しく飾り立てた祝宴・饗宴用のデコレーション・ケーキ）.
2（商品などの）1 個, 1 品. à la ～¹ 1 個ずつ, ばらで. vendre qch à la ～ 何をばら売りする. à la ～；aux ～s 出来高で. travailler aux ～s 出来高払いで働く.〖話〗On n'est pas aux ～s.（出来高払いで仕事をしているわけではない→）急ぐことはない.
3〖副詞的用法〗1 個当り. payer qch dix euros [la] ～ 何に 1 個当り 10 ユーロ払う.
4（衣服の）揃いの一つ, ピース. costume [de] trois ～s 三つ揃いのスーツ. maillot [de bain] une ～（deux ～s) ワンピース（セパレート）の水着. ～s〖衣類〗vêtement de] deux ～s ツーピース, 上下揃いの服.
5（動物・獲物の）一匹. une ～ de bétail 一頭の家畜. ～s de gibier 狩猟野鳥獣の獲物, 獲物のジビエ. une ～ de poisson 1 尾の魚. prendre de belles ～s de poissons méditerranéens 見事な地中海の魚をとる.
6（土地・耕地の）1 区画（＝ ～ de terre). une ～ de blé 1 枚の小麦畑.
7〖ゲーム〗（pion「歩」以外の）チェスの駒（パズルの）駒.
[II]《全体の一部分》**1** 部分；部品；断片. ～s accessoires 付属部品.〖医〗～ anatomique 解剖された屍体の一部分. ～s de machine 機械部品. ～ détachée (de rechange) 交換部品, スペア. ～s osseuses du squelette 骨格を構成する骨. ～ polaire 磁極片. ～ rapportée¹（寄木細工の）寄木, 埋め木；〖蔑〗付け足しの親族（義理の兄弟姉妹など). démonter les ～s d'un moteur エンジンを解体する.

◆〖成句〗
～ à ～ 一つずつ, 徐々に. vendre tout ～ à ～ 一つずつ全部を売る.
d'une seule ～；tout d'une ～ 一つの材質で, ひとかたまりで；継ぎ目のない. déplacer une armoire tout d'une ～ たんすを分解せずにそっくり移す.〖比喩的〗marcher (être) tout d'une ～ 一本気である.
de toutes ～s 完全に, そっくり. être armé de toutes ～s 完全武装している. Cette histoire est forgée de toutes ～s. その話は完

piécette

全なでっちあげだ.
en ~ s にばらばらにし；粉々に. statue brisée en mille ~ s 粉微塵になった彫像. mettre en ~ s (物を)ばらばらにする；破壊する；(人を)殺す，ばらす. tailler en ~ s 殺戮する. tailler les ennemis en ~ s 敵を粉砕する.
être fait de ~ s et de morceaux 寄せ集めて作られている.

2 布切れ，つぎ；〚医〛パッチ（〚英〛patch のこと）；金属片. 〚裁縫〛~ rapportée² (パッチワークの)パッチ. remettre une ~ à un pneu crevé パンクしたタイヤにつぎを当てる.

Ⅲ （特定の意味）**1** 硬貨（= ~ de monnaie). ~ s et billets 硬貨と紙幣. ~ de dix francs 10 フラン硬貨. ~ d'or (d'argent) 金貨(銀貨). ~ fausse 贋造貨幣，贋金. frappe d'une ~ 貨幣の鋳造. donner la ~ à qn 人にチップを与える.

2 部屋，室，間(ま)（《家屋の共用部分，台所・洗面所・浴室以外の部屋をさす》. ~ de séjour 居間，リヴィング・ルーム（= living-room). appartement de trois ~ s 3部屋のアパルトマン. appartement d'une seule ~ ワンルーム・マンション，スチュディオ（= studio). petite ~ 小部屋. acheter (louer) un 〔appartement de〕 trois ~ s, cuisine et salle de bains 台所と浴室付き3部屋のアパルトマンを買う（借りる）.

3 （文学・音楽などの）作品；戯曲（= ~ de théâtre). ~ de Bach バッハの作品. ~ de vers 詩作品. ~ en cinq actes 5幕物の戯曲. ~ instrumentale (vocale) 器楽(声楽)曲. 〚文〛faire ~ à qn 人の邪魔をする，人に対立する. jouer (monter) une ~ 戯曲を上演する.

4 書類. ~ s authentiques 真正書類. ~ certificatives 証明書. ~ d'identité 身分証明書（= papier d'identité). ~ s justificatives 証拠書類. ~ s nouvelles 新規の書類. fausse ~ 偽造文書.

5 証拠となる物品. ~ à conviction 証拠物件(書類)；〔刑事事件の〕証拠品. juger sur ~ s (avec ~ s à l'appui) 証拠に基づいて判断する.

6 〚軍〛大砲（= ~ d'artillerie；~ de canon). ~ de 砲兵分隊. ~ de campagne 野砲. ~ de fusil-mitrailleur 機銃. calibre d'une ~ 大砲の口径. ~ de soixante-quinze 75 ミリ砲. chef de ~ 砲兵分隊長. ~ d'artifice 爆竹，かんしゃく玉.

7 〚紋章〛(楯の)幾何学的図形. ~ s honorable〔s〕主幾何学的図形（chef, chevron, croix, face, pal など）.

piécette *n.f.* **1** 小額貨幣，小銭.
2 〚*pl.*〛〚建築〛複数の小さな円を配した玉縁装飾.

pied *n.m.* Ⅰ 〔足〕**1** （人間の）足〔下肢のcheville「踝」より下の先端部). droit (gauche) 右(左)足. ~ s nus 裸足（はだし）. courir les ~ s nus 裸足で走る.

◆ doigts du (de) ~ 足の指，趾（= orteil）（1er orteil「足の第一趾（親指，母趾）」（= 〔gros〕 orteil；pouce du pied)；2e orteil 「足の第二趾」)；3e orteil「足の第三趾」(中指)；4e orteil「足の第四趾」(薬指)；5e orteil「足の第五趾」(小指)（= petit orteil)).

◆ muscles des ~ s 足の筋肉（abducteur「外転筋」，adducteur「内転筋」，fléchisseur「屈筋」，interosseux「骨間筋」).

os du ~ 足の骨（astragale「距骨」；calcanéum「踵骨」；cuboïde「立方骨」；cunéiforme「楔形骨」；métatarse「中足骨」；phalanges「指節骨」；scaphoïde「舟状骨」；tarse「足根骨」).

◆ parties du ~ 足の部分（cou-de-~ 「足首」；partie dorsale du ~ 「足の甲」；plante du (de) ~ 「足の裏」；pointe du ~ 「足先，つま先」；talon「踵（かかと）」).

anomalies du ~ 足の異常. bain de ~ s 足湯. blessure au ~ 足の怪我. coup de ~ 足蹴り，キック. coup de ~ au cul (au derrière) 尻への蹴り〚比喩的〛侮辱，屈辱. 〚サッカー〛coupe de ~ de pénalité ペナルティー・キック. empreinte de ~ s 足跡. étude du ~ 足病学；歩行学（= podologie). 〚精神分析〛fétichisme du ~ 足の淫愛. inflammation des tendons du ~ 足の腱の炎症.

maladies du ~ 足の疾病（~ d'athlète「運動選手足」(= 〚英〛athletic foot)；〔-〕bot 「彎曲足，内反足」；~ creux「窪み足」；~ équin「馬足」；~ 〔-〕plat「偏平足」.

ruptures des tendons d'Achille du ~ アキレス腱の断裂. soins des ~ s 足の手入れ（治療）（= pédicurie).

avoir de grands ~ s 足が大きい. avoir froid aux ~ s 足が寒い（つめたい）. avoir mal aux ~ s 足が痛い. avoir une épine au (dans le) ~ 足にとげが刺さっている；〚比喩的〛悩みの種がある. 〚比喩的〛enlever (ôter, tirer) une épine du ~ 心配の種を取り除く. marcher sur le ~ de qn 人の足を踏む. marcher sur la pointe des ~ s 爪先で歩く. Le ~ lui a manqué. 彼は足を滑らせた.

◆〚前置詞と共に〛~ à ~ 〔pje〔t〕apje〕一歩一歩；段々と. lutter ~ à ~ 一歩も退かず奮戦する. à ~ 歩いて，徒歩で.〚比喩的〛à ~, à cheval ou en voiture あらゆる手段を講じても，何としてでも. course à ~ 徒競走. Guide de Paris à ~ 『歩いて訪ねるパリ案内』. aller à ~ 歩いて行く.〚比喩的〛mettre à ~ （騎手を）騎乗停止処分にする；（職員・従業員を）仕事からおろす. à ~ sec 足を濡らさずに. au ~ levé 準備せずに. aux ~ s de qn 人の足下に. de la tête aux ~ s 頭のてっぺんから足の爪

先まで(=des ~s à la tête). de ~ ferme 一歩も引かず；たじろがず. attendre de ~ ferme たじろぐことなく待ち受ける. en ~ 立って；立った. portrait en ~ 全身像. sur ~¹ 立って, 起きて. être sur ~ 起床している. 〔比喩的〕marcher sur les ~s de qn 人を踏みづけにする；人を無視する. mettre sur ~ une armée (un projet) 軍隊に戦闘準備をさせる (計画実行の準備をする). 〔比喩的〕ne [pas] savoir sur quel ~ danser 途方にくれる. remettre qn sur ses ~s (倒れた)人を引き起こす. se remettre sur ~ (病人が)起きられるようになる. 〖ベルギー〗jouer avec les ~s 人をからかう(欺く). C'est bien fait pour tes ~s. 自業自得だ. ◆〔他動詞の後に冠詞を伴って〕avoir le ~ léger 足取りが軽い, 足が速い. avoir le ~ sûr (pesant) 足取りが確かである(重い). avoir les [deux] ~s sur terre 地上にしっかり立っている. avoir un ~ dans la tombe (la fosse) 片足を棺桶に突っ込んでいる. avoir toujours un ~ en l'air 絶えず動き回っている. boîter du ~ droit 右足をひきずって歩く. chausser son ~ 靴をはく. 〔話〕faire des ~s et les mains [pour+inf.] [・・・するために]あらゆる手段を講じる. faire du ~ à qn 人の足に足で触れて注意を惹く. lever le ~ 逐電する；(アクセルから足を上げる→)速度を落とす；中止する. mettre le ~ au plancher アクセルを踏み込む. mettre les ~s à (dans, chez) ・・・に赴く, ・・・に足跡を印す. ne plus pouvoir mettre un ~ devant l'autre もう一歩も歩くことができない. sentir des ~s 足に痛みを覚える. souffrir des ~s 足が痛む. taper des ~s 足を踏み鳴らす；地団太を踏む. taper du ~ (いらだって)床を蹴る. traîner les ~s 足を引きずって歩く；〔比喩的〕(・・・するのを)いやがる. ◆〔他動詞の後に無冠詞で〕avoir ~ (水中で)背が立つ. avoir ~ et poings liés 身動きがとれない, 手も足も出ない. avoir bon ~ (老人・病人の)足がしっかりしている. mettre ~ à terre (馬・乗物から)降り立つ. ne remuer (bouger) ni ~ ni patte 指一本動かさない, 身動きしない. perdre ~ (水中で)背が立たなくなる；(登山で)足を踏み外す；〔比喩的〕度を失う, どうしてよいかわからぬ. prendre ~ 大地を踏みしめる；場所を確保する, 地歩を占める. ◆〔自動詞・代名動詞と共に〕se brûler les ~s 足に火傷をする. se chauffer les ~s 足を温める. s'en aller de même ~ 同じ足取りで立去る. s'en aller (partir, sortir) les ~s devant (en avant) 足から先に出る(→棺に納まる, 死ぬ). s'être levé du ~ gauche 落着かない；気分が悪い. se laver les ~s 足を洗う. se tordre le ~ 足を捻挫する.

2 (馬・羊・豚などの)脚先；(哺乳類・鳥類の)脚；(貝の)足. 〖狩〗(獲物の)足跡. Au ~! (犬に対し)足元に来い！(命令). ~ de porc 豚足；〖料理〗豚足料理. Au P~ de Cochon「豚足亭」(パリの旧中央市場界隈のレストラン). 〖料理〗~s [et] paquets ピエ・パケ (豚足の内臓詰め). changer de ~ (馬が)走りながら手前を変える. galoper sur le ~ droit (馬が)右手前で走る. retomber sur ses ~s (猫が)足からうまく着地する；〔比喩的〕難局をうまく切り抜ける.

3 (植物の)根元；(茸の)柄；(作物の)一株. ~ d'un champignon 茸の柄. un ~ de vigne 葡萄の一株 (=cep). sur ~² 株のままの, 刈りられていない. fruits vendus sur ~ 収穫前に売られる果物. au ~ d'un arbre 木の根元に.

4 (家具・グラスなどの)脚；(写真の)三脚 (trépied), 一脚 (monopode). un ~ d'appareil de photo 写真機の三脚. ~ de lampe 電気スタンドの脚. verre à ~ 脚付きのグラス.

5 (階段・壁・梯子などの)最下部；(山・丘の)麓. 〖幾何〗~ d'une perpendiculaire 垂線の足. ~ de col (ワイシャツの)衿腰. ~ d'un mur 壁の下部. à ~ d'œuvre 建築現場に(で). être à ~ d'œuvre 仕事に着手しようとしている. au ~ d'une colline (d'une montagne) 丘の麓 (山麓). au ~ de l'échafaud 処刑台の下で, 処刑寸前に. donner du ~ à une échelle (安定させるために)梯子の脚を離して掛ける.

6 足状のもの；足部. ~ de bas ストッキングの足部. marcher à ~ de bas (en ~ de chaussettes) 靴下履きのままで歩く, 靴をはかずに歩く. ~ de fer (de fonte) (靴修理用の)鉄床, 鉄靴(かなしき).

7 ~. ~ du lit ベッドのすそ.

8 〔俗〕馬鹿者；いやなこと. Quel ~! 何て馬鹿だ！ 何てひどいことだ！comme un ~ 下手な. 〔話〕être bête comme ses ~s 大馬鹿である. se débrouiller comme un ~ へまをしでかす.

Ⅱ 〔度量〕**1** (英米加などの)フィート (=feet) (1 ~ =0.3048 m). Un ~ vaut 12 pouces. 1フィートは12インチである. mesurer six ~s 背丈が6フィートある.

2 〔古〕ピエ (昔の単位；1 ~ =0.3248 m). ~ de fard (de rouge) 厚化粧. faire un ~ de nez à qn (親指を鼻頭に当て他の指を拡げて)人を嘲る. souhaiter être [à] cent ~s sous terre (恥じ入って)穴があったら入りたい位だ.

3 〔古〕尺度. au ~ de la lettre 文字通りに. mesurer les hommes au ~ du savoir 知識を尺度に人間を測る. 〖現用〗〖皮肉〗au petit ~ 小型(小粒)の. un Napoléon au petit ~ ナポレオンを一回り小さくしたような男.

pied-de-biche

sur le (un)~ de …の尺度 (水準) で. armée sur le ~ de guerre 臨戦態勢の軍隊. discuter sur le ~ d'égalité avec qn 人と対等に議論する. vivre sur le ~ de trente mille euros par an 年間3万ユーロで暮す. vivre sur un grand ~ 贅沢に暮す.
4 フィート尺〔インチ目盛りで1フィートの物差し〕. ~ à coulisse 1 ギス.
5〔話〕性的快楽 (=plaisir sexuel);〔古〕戦利品の分け前. prendre son ~〔話〕オルガスムに達する;〔比喩的〕楽しみを得る;〔古〕分け前を取る. C'est pas ~! 楽しくないね! うまく行かないね!
Ⅲ〔詩法〕**1** (フランス詩の) 脚 (1) 1 音綴 = 1 脚; 2) 2 音綴 = 1 脚); (誤用) 音綴 (syllable). L'alexandrin est un vers de douze ~s. アレクサンドランは12音綴の詩句である.
2 (ギリシア・ローマ詩の) 脚〔長短の組合せから成る2-4音節の韻律単位〕. ~ pair (impair) 偶数 (奇数) 脚. vers de six ~s 6 脚詩 (=hexamètre).

pied-de-biche (pl. ~s-~-) n.m. **1**〔工芸〕ピエ=ド=ビーシュ〔ルイ15世時代様式の家具の牝鹿の踏状に先端が割れている脚部〕;(牝鹿足状の) ドアノッカーの握り).
2〔工具〕かじや (釘抜き), 金梃 (かなてこ), バール;(歯科の) 抜歯用鉗子 (かんし).
3〔機工〕(ミシンの) 布押え.

pied-de-mouton (pl. ~s-~-~) n.m.〔植〕ピエ=ド=ムートン, 羊の足, 皮茸, 針茸 (=hydne) (かのした属の食用茸).

pied-de-poule (pl. ~s-~-~) n.m.〔織〕千鳥模様〔の布〕.
—a.inv. tissu ~ 千鳥模様の布地.

pied-noir (pl. ~s-~s) n.〔一般に女性形は不変〕une ~ ピエ=ノワール (1962年の独立以前のアルジェリア在住 (出身) のフランス人). les ~s-~s rapatriés 本国に帰国したピエ=ノワールたち.
—a. ピエ=ノワールの. amis ~s-~s ピエ=ノワールたちの友人たち. foule ~-~〔e〕ピエ=ノワールの群衆.

pied-plat (pl. ~s-~s) n.m.〔話〕凡人, つまらぬ (無価値な) 人間.

pieds-〔et〕-paquets n.m.pl.〔料理〕ピエ=ゼ=パケ〔羊の足と胃に内臓を詰めたプロヴァンス地方, 特にマルセイユの名物煮込料理〕.

piège n.m. **1**〔狩〕罠 (わな). ~ à rats 鼠取り. ~ à mort 殺害式の罠. ~ d'attraction 誘い罠. ~ de capture 捕獲罠. chasse au moyen de ~s 仕掛罠猟. attraper au ~ 罠で捕える. dresser (tendre) un ~ 罠を仕掛ける (張る). tendre des ~s aux oiseaux 鳥の捕獲網を張る.
2〔軍〕仕掛, 落し穴. ~s antichars 対戦車壕 (地雷).
3〔比喩的〕(人に対する) 罠, 策略;(試験問題) 落し穴.〔俗〕~ à cons 子供騙し, 見えすいた術策 (=attrape-nigaud). ~ tendu par la police à un malfaiteur 警察が犯人に仕掛けた罠. se laisser prendre au ~; tomber (donner) dans le ~ 罠にかかる (はまる), してやられる. tendre un ~ à qn 人に対して罠を張る. C'est un ~! 罠だぞ!

piégé(e) a. **1** 罠にかかった.
2〔比喩的〕罠にはめられた, 捕捉された.
3 (爆発物に) 起爆装置をつけた;爆発物を仕掛けられた. voiture ~e 爆弾を仕掛けた車.

piégeage (<piéger) n.m. **1**〔狩〕罠仕掛け〔の狩猟〕(=piégée). ~ des renards 狐の罠猟.
2 (地雷などへの) 起爆装置の取付け;地雷 (爆雷) 敷設 (= ~ d'une mine).
3〔比喩的〕(人に) 罠を仕掛けること;(人を) 追いこむこと.

piégeux(se) a.〔話〕(罠が多く仕掛けられた→) 危険がいっぱいの.〔スポーツ〕piste ~se 危険なコース.

pie-mère (pl. ~s-~s) n.f.〔解剖〕(脳・脊髄の) 軟膜. ~s-~s crâniennes 脳軟膜;=méninge piale). ~s-~s rachidienne 脊髄軟膜.

Piémont〔伊〕n.pr.m. le ~ ピエモンテ (Piemonte)《イタリア北西部のアルプス山麓の地方名;イタリアおよびヨーロッパ連合の地方;中心都市 Turin トリノ (Torino);形容詞 piémontois(e)》.

piémont n.m.〔地学〕山麓;山麓沖積平野 (=plaine aluviale de ~). glacier de ~ 山麓氷河.

piercing〔pεrsiŋ〕〔英〕n.m. ピアシング (耳たぶ, 鼻, 舌, 皮膚などに穴をあけ, 宝石などを付ける行為). bijou de ~ ピアス接着の宝石. body-~ ボディ・ピアシング. se faire faire un ~ ピアスしてもらう.

pierre n.f. **1** 石, 岩, 岩石;石材. ~ tombale 墓石. maison de (en)~ 石造りの家. âge de〔la〕 ~ 石器時代. âge de la ~ taillée (paléolithique) 前期石器時代. âge de la ~ polie (néolithique) 後期 (打製, 磨製) 石器時代.〔建築〕pose de la ~ 定礎〔式〕.
◆ 石の種類: ~ aétite 鈴石. ~ calcaire 石灰石. ~ meulière 珪質石灰石. ~ ollaire 蛇紋石の一種. ~ ponce 軽石. ~ stéatite ステアタイト, 凍石. ~ de liais 硬質石灰岩. ~ à aiguiser 砥石.
◆ 道具, 素材としての石: ~ à bâtir 建築用石材. ~ à briquet ライターの石. ~ à feu (fusil) 火打石. ~ à chaux 石灰石. ~ à morfiler 油砥石. ~ à plâtre 石膏 (=gypse). ~ sèche (セメント, モルタルを用いない) 空積みの石材. ~ de taille 切石.〔考古〕~ levée メンヒル. goût de ~ à fusil ある種の白ワインを特徴づける辛口で鉱物的な味.
2〔比喩的〕de ~ 石のように硬い, 冷たい.

être (rester) de ~ 感情のない，冷たい，無感動である．un cœur de ~ 非情な，冷たい心．
◆《成句》
~ angulaire〖建築〗隅礎石；〖比喩的〗基礎，柱石．
~ à (par) ~ 一つ一つ，順を追って，段々と．
~ de touche (d'essai) 試金石．
~ philosophale〖錬金術〗賢者の石．
ne pas laisser ~ sur ~ 完全に破壊し尽くす．
poser la première ~ 礎を築く，最初に手をつける．
apporter sa ~ à …に貢献する，一臂の力を貸す．
être malheureux comme les ~s 孤独で不幸である．
~ d'achoppement 躓きの石，思わぬ障害．
guerre des ~s 石ころを武器にした戦い《とくにパレスチナのインティファーダ》．
faire d'une ~ deux coups 一石二鳥をうる．
geler à ~ fendre 猛烈に冷え込む，凍てつく．
poursuivre (tuer) qn à coups de ~ s．石をもって人を追い回す，殺す；〖比喩的〗人を激しく攻撃 (非難) する (= lapider)．
《Que celui d'entre vous qui est sans péché, lui jette la première ~.》「あなた方の中で罪のない者が，まずこの女に石を投げつけるがよい．」《ヨハネによる福音書第8章-7》．
jeter la ~ à qn …を非難する，…に罪を被せる．
jeter une ~ dans le jardin de qn …に嫌がらせをする．
C'est une ~ dans son jardin. それは彼に対する嫌がらせだ．
C'est un jour à marquer d'une ~ blanche. 記念すべき大切な日．
〖諺〗 P~ qui roule n'amasse pas mousse. 転職を重ねると金持ちにはなれない (→石の上にも三年，辛抱する木に金がなる) / 常に活動しているものは決して錆びつかぬ《二つの意味に分かれる；2世紀のギリシアの風刺詩人ルキアノスの言葉に由来》．
3 不動産，建物，建築．amateur de la vieille ~ 古い建築の愛好者．prix de la ~ 不動産価格．investir dans la ~ 不動産に投資する．travailler dans la ~ 不動産業で働く．
4 宝石，貴石；飾石 (= ~ ornementale)；ダイヤモンド．~ artificielle 人造石．~ dure 飾石．~ fausse 模造宝石．~ fine 準貴石；正貴石《= ~ précieuse véritable : diamant, émeraude, rubis, saphir の 4 つのみ》．~ gemme 宝石．~ gravée《カメオなどの》彫石．~ précieuse 貴石，正宝石．~ semi-précieuse 準貴石《2002 年，この呼称はフランスでは使用禁止となる》．~ synthétique 人造石．

◆ 主な宝石，貴石，飾石：aigue-marine アクアマリン，藍玉．améthyste アメシスト，紫水晶．aventurine 装飾用珪石，アベンチュリン，アヴェンチュリンガス．béryl ベリル，緑柱石．calcédoine 玉髄．chrysolite クリソライト《橄欖石》．chrysoprase クリソプレース，緑玉髄．corindon コランダム，鋼玉．diamant ダイアモンド，ダイア．émeraude エメラルド．escarboucle アルマンディン，貴柘榴．girasol 火蛋白石．grenat ガーネット，柘榴石．hématite 赤鉄鉱．hyacinthe 赤色ジルコン，風信子石．jargon 赤水晶．lapis ラピスラズリ，青金石．opale オパール．outremer ウートルメール，ラピスラズリ，青金石．péridot ペリドット，橄欖(かんらん)石．quartz 水晶，石英．rubis ルビー．sanguine 鏡鉄鉱．saphir サファイア，青玉．spinelle スピネル，尖晶石．topaze トパーズ，黄玉．tourmaline 電気石．turquoise トルコ石，トルコ玉．zircon ジルコン．
◆ その他の飾石：agate 瑪瑙 (めのう)．cristal de roche 水晶．cornaline 紅玉髄．jade 翡翠，硬玉．jaspe 碧玉．labrador ラブラドル長石．malachite 孔雀石．obsidienne 黒曜石．onyx 縞瑪瑙．sardoine 紅玉髄．

5〖医〗結石 (= calcul)；膀胱結石 (= calcul vésical)．~ biliaire 胆石．
6 ~ bleue《リンネルに青みをつける》青粉．~ infernale《医療用の》硝酸銀．

pierre-qui-vire *n.f.*〖チーズ〗ピエール・キ・ヴィール《ブルゴーニュ地方 la Bourgogne で，牛乳からつくられる軟質，洗浄外皮，直径 10 cm，厚さ 2.5 cm の円盤状；重量 200 g；脂肪分 45 %》．

pierreries *n.f.pl.* (宝飾用に加工済みの) 宝石類．

piété *n.f.* **1** 信仰心，宗教心；〖宗教〗敬虔，信心．image de ~ 宗教画．être d'une grande ~ 極めて信心深い．
2〖文〗敬愛心；〖宗教〗孝愛．~ filiale 孝行心．

piéton(ne) *n.* 歩行者．passage pour ~s 歩行者用通路．rue réservée aux ~s 歩行者専用道路．
—— *a.* 歩行者専用の．rue ~ne 歩行者専用道路．quartier ~ 歩行者専用地区，歩行者天国街区．

piétonnier(ère) *a.* 歩行者の；歩行者用の．passerelle ~ère 歩道橋．promenade ~ère 遊歩道．rue ~ère 歩行者専用道路．zone ~ère 歩行者専用地帯．

pieu (*pl.* ~x¹) *n.m.* **1** 杭；棒杭；〖土木〗基礎杭 (= ~ de fondation)《基礎工事用杭》．~ en métal (en béton) 金属 (コンクリート) パイル．clôture faite de ~x 杭囲い．planter des ~x 杭を打ちこむ．
2〖比喩的〗droit (raide) comme un ~《人

が)棒を呑んだようにしゃちほこばった.

pieux²(**se**) *a.* **1** 信心深い,敬虔な,敬神の;(絵,書物などが)宗教的な. âme ~ 信心深い心. croyance ~ *se* 世俗信仰(信仰個条以外の信仰). livres ~ 宗教書.
2〔文〕〔多く名詞の前〕敬愛の念に満ちた,うやうやしい;孝行な;真心のこもった. ~ mensonge 人のためを思ってのうそ. ~ souvenir 敬愛の念に満ちた思い出. fils ~ 孝行息子. vœu ~ 無理な願い,見果てぬ夢.

piézo-〔ギ〕[ELEM]「圧」,「圧力」の意(*ex.* piézographe 圧力測定器).

piézoélectricité (<〔ギ〕piézo 圧) *n.f.* 〔物理〕圧電気,ピエゾ電気.

piézo〔**-**〕**électrique** (*pl.* ~-~*s*) *a.* 〔物理〕圧電気の(による),ピエゾ電気の. effet ~ 圧電〔気〕効果. système de mise au point automatique ~ ピエゾ式自動焦点システム.
—— *n.f.* 圧電気,ピエゾ電気.

piézomètre *n.m.* 〔物理〕ピエゾメーター(液体の圧縮率を計測する装置).

PIF (=*p*aysage *i*ntellectuel *f*rançais) *n.m.* フランスの知的世界の全体像(状況).

pifomètre *n.m.* 〔話〕勘,直感(=flair). au ~ 勘で,見当で. choisir au ~ 勘で選ぶ.

PIF-PAF (=*p*ilotage *i*nertiel en *f*orce et *p*ilotage *a*érodynamique *f*ort) *n.m.* 〖軍〗(ミサイルなどの)慣性誘導航法・強力空力対応的誘導航法.

PIG (=*p*lan d'*i*ntérêt *g*énéral) *n.m.* 一般利益計画.

pige *n.f.* **1** 寸法;物差し(=règle). mesurer *qch* avec une ~ 物差しで何かを測る.
2〖印刷〗〔隠〕(植子工の単位時間の)ノルマ;(記者の)行数(記事)単位の稿料. journaliste payé à la ~ 行数(記事)単位の稿料で仕事をするジャーナリスト(=pigiste).
3〔俗〕年齢(=année d'âge). Il a vingt ~*s*. 彼は20歳だ.

pigeon *n.m.* **1** 鳩;雄鳩《雌鳩は pigeonne》. ~ qui roucoule くうくう啼く鳩. ~ biset (de roche) かわら鳩,岩鳩. ~ de voyageur 伝書鳩. ~ domestique (sauvage) 家鳩(野鳩). ~ ramier 森鳩,パロンブ(palombe). ~〖遊戯〗~ vol 鳩遊び.
2〖食材〗鳩の肉. aiguillettes de ~ 鳩の抱身のローストの薄切り料理. ~ rôti 鳩のロースト.
3〖スポーツ〗~ artificiel (d'argile) クレー(クレー射撃の標的となる粘土製の小円盤)〖英〗clay). tir au ~ クレー射撃(=ball-trap).
4〖果樹〗cœur de ~ クール・ド・ピジョン(桜桃の品種名).
5〔比喩的・話〕騙されやすい人,かも.
6〖建築〗一握りの漆喰;石灰の中の石;(木材の仕口・継手の)あり.
7〖舞踊〗ailes de ~ エール・ド・ピジョン(両脚を広げ鳥の羽ばたきに似せる飛躍).

pigeonneau(*pl.* ~**x**) *n.m.* 仔鳩,雛鳩,ピジョノー. ~ de Bresse ブレス地方の仔鳩(食用).〖料理〗~*x* aux petits pois 仔鳩のローストのグリーン・ピース添え.

pigiste *n.* 〖印刷・新聞〗出来高払いの植字工;行数払いのジャーナリスト,フリーのジャーナリスト.

pigment *n.m.* **1** 〖生化・医〗(生体内の)色素. ~ animal 動物性色素(ビリルビン bilirubine, ヘマチン hématine など). ~ biliaire 胆汁色素. ~ caroténoïde カロチノイド色素. ~ hémoglobinogénique 血色色素色素. ~ mélanique メラニン色素. ~ respiratoire 呼吸色素. ~ urinaire 尿中色素. ~ végétal 植物性色素(カロテン carotène, 葉緑素 chlorophile など). résorption du ~ 色素吸収.
2〔話〕メラニン;(皮膚への)沈着色素.
3〖化〗顔料;染料. ~ blanc 白色顔料. ~ noir 黒色顔料. ~*s* inorganiques 無機顔料. ~*s* minéraux 鉱物性顔料;岩絵具. ~ *s* organiques 有機顔料. encre de ~*s* (プリンターの)顔料インク.

pigmentaire *a.* 〖生化〗(生体内)色素の;〖医〗色素性の;色素沈着性の. cellule ~ 色素細胞(メラノサイト mélanocyte など). cirrhose ~ 色素〔沈着〕性肝硬変. épithélium ~ 色素上皮. nævus ~ 母斑, 黒あざ. prurigo ~ 色素性痒疹. troubles ~*s* 色素性障害(疾患)(黒皮症 mélanisme など). tumeur ~ 色素性腫瘍(メラノーマ mélanome など). urticaire ~ 色素性蕁麻疹.
2〖化〗顔料の;染料の. encre ~ 顔料性インク.

pigmentation *n.f.* **1** 〖生化〗色素沈着;色素形成. ~ de la peau 皮膚の色素沈着. **2** (顔料による)着色;染色.

pigmenté(e) *a.p.* **1** 色素が沈着した. peau ~ 色素が沈着した肌;日焼けした肌.
2 (顔料で)着色した, 染色した.

pignoratif(**ve**) *a.* 〖法律〗質入れの, 担保扱いの. contrat ~ 買戻権付偽装売買の金銭貸借契約. endossement ~ 質入裏書(=endossement de garantie).

PIL (=*p*rogramme d'*i*nsertion *l*ocale) *n.m.* 〖労働〗地方労働者社会同化計画(1987年導入).

pilaire *a.* 毛〔髪〕の;体毛の. bulbe ~ 毛根.

pile *n.f.* **1** 電堆,電池(=~ électrique);乾電池(=~ sèche). ~ à combustible 燃料電池. ~ au lithium リチウム電池. ~〔-bouton〕à 〔l'〕oxyde d'argent 酸化銀〔ボタン〕型電池. ~〔-bouton〕à 〔l'〕oxyde de mercure 酸化水銀〔ボタン〕型電池,〔ボタン型〕水銀電池. ~ 〔saline〕à 〔l'〕oxyde de mercure 酸化水銀〔塩〕電池. ~ alcaline アルカリ電池. ~ photovoltaïque 光電池. ~

solaire 太陽電池. ~ voltaïque ボルタ電池. **2** 原子炉(=~ atomique, ~ nucléaire, réacteur nucléaire；[英] atomic pile).

pile-bouton (pl. ~s-~s) n.f. ボタン型電池. ~ à l'oxyde d'argent ボタン型酸化銀電池. ~ au mercure ボタン型水銀電池.

pilier n.m. **1** 石柱；柱；支柱. ~ cantonné de colonnes 角に円柱を配した石柱. ~ d'un pont 橋脚(=pile). ~ en béton コンクリートの柱. ~s massifs どっしりした石柱群. élancement des ~s d'une cathédrale gothique ゴシック様式の大聖堂のすらりと延びる石柱群. quatre ~s de la Tour Eiffel エッフェル塔の4本の支柱.
2 (抗道の)支柱, 鉱柱, 炭柱(=~ de mine). ~ de sécurité 安全鉱柱, 保護支柱.
3 [登山]垂直の山脚(=éperon rocheux vértical).
4 [解剖]支台. ~s de la voûte du palais 口蓋弓. ~s du diaphragme 横隔膜の脚.
5 (pl. で)[話]がっしりした脚. tenir ferme sur ses ~s 両脚をふんばって構える.
6 [比喩的]柱となる人(物), 支え；支持者；[蔑]常連. ~ de bar バーの常連. ~ d'un parti 党の中核的人物. ~ de la société 社会の支え.
7 [ラグビー]プロップ. jouer ~ プロップの役割を担う.

pillage (<piller) n.m. **1** 略奪, 強奪(=vol). ~ d'un pays par les armées ennemies 敵軍による一国の略奪. crime de ~ 略奪罪. mettre une ville au ~ 町を略奪にさらす.
2 (財政の)乱脈, (金銭の)詐取. mettre au ~ les finances publiques 国家財政を乱脈状態にする.
3 (蜂)~ d'une ruche 蜜蜂による巣の奪取.
4 剽窃. ~ d'une œuvre littéraire 文学作品の剽窃.

pilocarpine n.f. [薬]ピロカルピン(みかん科ピロカルプス Pilocarpus 属植物, 特にブラジル産のヤボランジ jaborandi の葉に含まれるアルカロイド；塩酸塩は発汗剤, 腺分泌促進剤, 縮瞳剤などに用いられる劇薬).

pilosébacé(e) a. [解剖]毛嚢皮脂腺の, 毛包皮脂腺の. [医]follicules ~s 毛嚢(毛包)皮脂炎.

pilosisme n.m. [医]多毛症(=hirsutisme).

pilotage n.f. **1** (航空機の)操縦. ~ à distance 遠隔操縦. ~ automatique 自動操縦. ~ sans visibilité 無界飛行, 計器飛行(略記 PSV). ~ téléguidé 無線誘導飛行. système de ~ automatique 自動運航(操縦)システム.
2 [海]水先案内(=lamanage). ~ des navires dans le canal de Suez スエズ運河の船舶の水先案内. droits de ~ 水先案内料.

pilote n.m. **1** (航空機の)操縦士, パイロット. [比喩的] ~ automatique 自動操縦装置(=autopilote). ~ de chasse 戦闘機操縦士. ~ d'essai テスト・パイロット. ~ de ligne 路線航空機のパイロット. ~ militaire 軍用機のパイロット. ~-suicide 特攻機操縦士. [kamikase]. [同格] femme ~ 女性パイロット. premier ~ 機長(=commandant de bord). second ~ 副操縦士(=copilote).
2 [広義]操縦者. ~ d'un char 戦車の操縦者.
3 [スポーツ]オートレーサー(=~ de [voiture de] course).
4 [海]水先案内人, パイロット. ~-major 首席水先案内人. bateau-~ 水先案内船.
5 [比喩的]先導者, 案内役；指導者. servir de ~ à qn 人の案内役をつとめる.
6 [マスコミ](新聞・雑誌の)テスト号；(テレビの)テスト番組.
7 試作品, プロトタイプ, 原型(=prototype).
8 (自動機器の)制御回路；[電算]制御ソフト. ~ d'imprimante プリンターの制御ソフト.
9 [形容詞的]実験的な, 試験的な；規範になる. classe [-] ~ 実験クラス. ferme-~ 実験農場. locomotive-~ (安全点検のための)先駆の機関車. onde-~ パイロット電波. projet ~ パイロット・プロジェクト. rôle ~ 先験的役割. usine-~ パイロット・プラント；モデル工場.
10 [魚]ぶりもどき(=poisson [-]；rémora；naucrate).

piloté(e) a.p. **1** 操縦された；運転された. 搭乗した. avion ~ par un Français フランス人が操縦する航空機. trains ~s manuellement 手動運転式列車. voiture ~e par l'expert エキスパートが運転する車.
2 [海]水先案内人(pilote)が乗船(誘導)した. navire ~ à l'entrée d'un port 入港時に水先案内人が乗船した船.
3 (自動システムなどにより)制御された. [写真] appareil autofocus ~ par l'œil 視線操作自動焦点式カメラ.
4 [比喩的]案内された. étrangers ~s par un guide ガイドに案内される外国人.
5 [比喩的]先導された；指揮された. entreprise ~e par deux directeurs 2人の取締役に指揮された企業.
6 [建築]ピロティ(pilotis)構造の.

pilule n.f. [薬]丸薬, ピル, 経口避妊薬(=~ anticonceptionnelle；contraceptive). ~ avortive 妊娠中絶ピル(=~ du lendemain). ~ combinée 複合ピル. ~ séquentielle 連続服用ピル. prendre une ~1 丸薬(ピル)を服用する.
2 [比喩的]avaler la ~ 甘受する, ぐっとこらえる. [俗]prendre la (une)~ 散々な目にあう, 惨敗を喫する.

pimaricine *n.f.*〘薬〙ピマリシン(ポリエン系抗生物質；抗真菌薬，抗ウイルス薬).

piment *n.m.* **1**〘植〙ピマン，赤唐辛子；ピーマン(＝ légume). 〜-aromate 薬味用唐辛子. 〜 doux ピーマン(＝poivron). 〜 jaune(orange, vert)黄(橙色，緑色)ピーマン. 〜 rouge 赤ピーマン.〘料理〙beurre de 〜 パプリカ・バター.〘植〙faux 〜 ほおずき(＝morelle).〘料理〙ratatouille aux 〜s ピーマン入りラタトゥイユ. sauce aux 〜s チリソース，タバスコ Tabasco〔sauce〕.
2〘比喩的〙ぴりっとした味；面白味. aventure d'un 〜 d'exotisme 異国情緒が魅力的な冒険. mettre du 〜 à(dans)…にさび を利かす，に面白味を与える.

pin *n.m.* **1**〘植〙パン，松，パイン. 〜 à cinq feuilles 五葉松. 〜 maritime 海岸松(Pinus maritina Lamk). 〜 noir du Japon 日本黒松(Pinus Thunbergii Parl). 〜 parasol パラソル松，傘松(Pinus pinea). 〜 rouge 赤松. 〜 sylvestre パン・シルヴェストル，ヨーロッパ赤松(Pinus sylvestris). 〜 sylvestre de la Forêt Noire(ドイツの)シュヴァルツヴァルト赤松.
aiguilles de 〜 松葉. bois de 〜 松材. cône de 〜 松かさ，松ぼっくり(＝pomme de 〜). forêt de 〜s 松林(＝pineraie). résine de 〜 松やに. térébenthine extraite de la résine de 〜 松の樹脂から抽出されるテレビン油.
2 松材. charpente de 〜 松の木組.

pinacées *n.f.pl.*〘植〙松科(cèdre「セードル，ヒマラヤ杉」, épicéa「はりもみ」, mélèze「から松」, pin「松」, sapin「樅」など).

pinacothèque *n.f.*(イタリア・ドイツで)絵画館，美術館(＝musée de peinture). P〜 de Munich ミュンヘン絵画館 (Alte Pinakothek, Neue Pinakothek, Pinakothek der Moderne の 3 つあり).

pinavérium *n.m.*〘薬〙臭化ピナヴェリウム(＝〜 bromure)〔抗痙攣剤；商品名 Dicetel〕(*n.m.*).

pince *n.f.* **1** ペンチ，ピンセット，やっとこ；釘抜き，かなてこ；〘医〙鉗子(かんし)(＝〜 de chirurgien；forceps)；ニッパー；(クレーンの)つかみ. 〜 à cheveux ヘアピン，クリップ. 〜 à épiller 毛抜き. 〜 à linge 洗濯ばさみ. 〜 à ressort バネ式クリップ. 〜 coupante ペンチ，ニッパー. 〜 d'horloger 時計用ピンセット.〘医〙〜 hémostatique 止血鉗子. 〜s manipulatrices マニピュレーター. 〜 universelle 万能ペンチ. saisir avec une 〜 ピンセットでつまむ.
2(甲殻類などの)はさみ. 〜s d'un homard オマール海老のはさみ.
3(有蹄類，特に馬の)蹄の先端；(蹄鉄の)先端；(草食動物，特に馬の)門歯. 〜s du

cerf 鹿の蹄の先端.
4〘話〙手；足. aller à 〜s 徒歩で行く. serrer la 〜 de qn 人の手を握る.

pinceau(*pl.*〜**x**) *n.m.* **1** 筆，画筆；刷毛；ブラシ. 〜 à colle 糊刷毛. 〜 de martre 貂(てん)の毛の筆. 〜 du peintre 画筆. 〜 fin 細筆. gros 〜 太筆.
donner le dernier coup de 〜 à un tableau 絵に最後の筆を入れる，絵を仕上げる.
2(画家・作家の)筆致，タッチ；画法；絵画(＝peinture). 〜 d'un artiste 画家の筆致(画法). 〜 délicat(hardi)繊細な(大胆な)タッチ. vigueur de 〜 筆致の雄渾さ.
3(ごわごわした)毛髪，ひげ.
4〘物理〙束，ビーム. 〜 lumineux 光線束，光束.
5〘鉄道〙分岐線路.
6〔*pl.* で〕〘俗〙足.

pincement(＜pincer) *n.m.* **1** 挟むこと；つまむこと. 〜 de la peau 皮膚をつまむこと.
2〘音楽〙(弦楽器の)爪弾き，撥弦. 〜 des cordes du violon ヴァイオリンの弦の爪弾き.
3〘園芸〙摘芯，摘芽(＝pinçage). pratiquer le 〜 sur les arbres fruitiers 果樹の摘芯を行なう.
4〘比喩的〙〘古〙(心を深く傷つける)非難，攻撃.〔現用〕〜 au cœur 胸を刺す苦しみ (＝serrement). 〜 de la jalousie 嫉妬による心のうずき.
5〘自動車〙〜 des roues avant 前輪のトウ・イン(＝〔英〕toe-in；前輪をやや内向きに取り付けること).
6〘物理〙effet de 〜(プラズマにおける)ピンチ効果.

pinéal(**ale**)(*pl.* **aux**) *a.*〘解剖〙**1** corps 〜 松果体(＝épiphyse). glande 〜ale 松果腺. hormone 〜ale 松果体ホルモン.
2 œil 〜(トカゲ類などの)顱(ろ)頂眼.
——*n.f.*〘解剖〙松果体，松果腺.

pinenc *n.m.*〘農〙ピナンク(赤葡萄酒用の葡萄の品種).

Pingtung〔台湾〕*n.pr.* 屏東(へいとう)，ピントン(台湾南部；高雄の東の都市；別記 Pingtong).

Pingxiang〔中国〕*n.pr.* 萍郷(萍乡)(へいきょう)市，ピンシアン(江西省西部の窯業都市).

pinot *n.m.* **1**〘植〙ピノ(葡萄の品種名). 〜 blanc ピノ・ブラン種. 〜 gris ピノ・グリ種. 〜 meunier ピノ・ムーニエ種. 〜 noir ピノ・ノワール種. **2** ピノ種の葡萄酒.

pintade *n.f.*〘鳥〙パンタード，ホロホロ鳥(アフリカ原産のキジ類の野鳥・家禽).

pintadeau(*pl.*〜**x**) *n.m.*〘鳥〙ホロホロ鳥(pintade)の雛(若鶏)，パンタドー.〘料理〙〜*x* aux marrons ホロホロ鳥の若鶏の栗入り煮込み.

pintanisation *n.f.*〘農〙春化処理(＝

Pinyao［中国］*n.pr.* 平遥（へいよう），ピンヤオ《山西省の城塞都市》.

pinyin［pinin］［中国］*n.m.*〚言語〛ピン音；(特に) 漢語并音 (= hanyu ~)《1958 年に正式採用された中国語のローマ字表記法の一種》.

PIO (= *p*ression *i*ntra-*o*culaire) *n.f.*〚医〛眼内圧，眼圧 (= pression oculaire) (=［英〛IOP : *i*ntra*o*cular *p*ressure).

pioche *n.f.* **1** 鶴嘴 (つるはし). **2**〚話〛tête de ~ 石頭. **3** (トランプ，ドミノの) 山札.

piocyanine *n.f.*〚医〛緑膿菌.

piolet *n.m.*〚登山〛ピヨレ，ピッケル.

PIP (= *p*sychothérapie d'*i*nspiration *p*sychoanalytique) *n.f.*〚医〛精神分析学的精神療法.

pipe *n.f.* **1** (喫煙用) パイプ；パイプに詰めたタバコ. ~ en écume (de mer) (火皿が) 海泡石 (メーアシャウム meerschaum) 製のパイプ. ~ en racine de bruyère ブライヤー・パイプ《ヒースの根を加工してつくるパイプ》. allumer (fumer) sa ~ パイプに火をつける (パイプをくゆらす). fumer une ~ パイプを吸う；タバコを吸う. bourrer sa ~ パイプにタバコを詰める.
2〚俗〛紙巻タバコ (= cigarette). un paquet de ~s 1 箱のタバコ.
3〚比喩的〛casser sa ~ 死ぬ. se fendre la ~ 笑いこける. par tête de ~ 一人につき，一人頭.〚話〛Nom d'une ~ ! 畜生！《驚き・怒りをあらわす》.
4〚工〛管，パイプ. ~ d'aération 通気管 (パイプ).
5〚俗〛フェラチオ (= fellation)《性器の口唇愛撫》.

pipe[-]line［piplin, pajplajn］(*pl.* **~~s**)［英〛*n.m.* **1** パイプライン. ~ du pétrole 石油パイプライン，油送管 (= oléoduc). ~ de gaz ガス・パイプライン (= gazoduc).
2〚情報処理〛情報パイプライン.

piperade *n.f.*〚料理〛ピプラード《バスク地方 Pays basque のトマトとピーマン入りオムレツ》.

pipi *n.m.*〚話〛ピピ，おしっこ，小便 (= urine). faire ~ おしっこ (小便) をする (= uriner).

pipi-room *n.m.*〚俗〛便所 (= toilette, lavabo, WC).

pipolisation (<［英〛pipole「ショー・ビジネス界の著名人」) *n.f.* マスメディアによるタレント化 [現象]《peoplisation の表記もある》. ~ de la vie politique française フランスの政界のタレント化 [現象].

piquant[1] (**e**) (< piquer) *a.* **1** ちくちく刺す. barbe ~*e* ちくちくするひげ.
2 刺すような感じの，ぴりぴりする.〚話〛eau ~*e* 炭酸水 (= eau gazeuse). froid ~ 肌を刺す寒さ.
3 (味が) 辛い，ぴりっとした；(鼻に) つんとくる. moutarde ~*e* 辛口のからし (= moutarde très forte). odeur ~*e* de l'ammoniac アンモニアのつんとくる臭い.〚料理〛sauce ~*e* ソース・ピカント《辛子，酢，ピクルス，パセリなどを加えた酸味のあるブラウン・ソース》. saveur ~*e* ぴりっとした味. vin ~ 酸味のある葡萄酒.
4〚比喩的〛(言葉・表現が) 棘のある，皮肉な，辛辣な. conversation ~*e* 棘々しい会話. critique ~*e* 辛口の批評. mot ~ 辛辣な言葉.
5〚比喩的・文〛気の利いた，ぴりっとした；興味をそそる，興味のある. beauté ~*e* 小粋な美しさ. maxime ~*e* 気の利いた警句. Il est ~ de + *inf.* …するのは面白い (意外だ).

piquant[2] *n.m.* **1** 棘 (= aiguillon, épine). ~s des châtaignes 栗の実のいが. ~s des oursins うにの棘. ~s du pore-épique はりねずみの針.
2〚比喩的・文〛面白味；興趣；ぴりっとした印象. ~ de l'aventure 冒険の面白さ.
3〚料理〛辛味. donner du ~ ぴりっとした味にする.

pique *n.m.*〚トランプ〛スペード. atout ~ スペードの切札. as de ~ スペードのエース. avoir du ~ スペードを持っている. jouer ~ スペードの札を出す.

piqué[1] (**e**) *a.p.* **1**〚裁縫〛刺し縫い (キルティング) した；ミシンで縫った. dessus-de-lit ~ キルティングのベッドカヴァー.
2 虫に食われた；しみのついた. glace ancienne ~*e* 裏箔が剝げ落ちた古鏡. livre ~ 虫に食われた書籍. mains toutes ~*es* de taches de rousseur 雀斑 (そばかす) だらけの手. meuble ancien ~ des vers 虫食いだらけの古い家具. n'être pas ~ des hannetons (des vers) 立派なものである；堂々としている.
3〚料理〛食材に穴をあけてにんにくや脂身などを刺し込んだ. gigot de mouton ~ d'ail にんにくをピケした羊の股肉. oignon ~ d'un clou de girofle 丁子の蕾をピケした玉葱.
4〚葡萄酒〛舌を刺すような味がする. vin ~ 酸味を帯びた葡萄酒.
5〚石工〛鑿 (のみ) 切りした. moellon ~ 鑿切りした粗石，角石.
6〚写真〛(レンズが) 解像力のよい，ピントが固い. objectif ~ 解像力のよいレンズ.
7〚音楽〛note ~*e* スタッカート付きの音符. passage joué ~ スタッカートで演奏された楽節.
8 (自尊心などが) 傷ついた. avoir l'air ~ 感情を害した様子である.
9〚俗〛少々頭がおかしい. Il est complètement ~ ! 奴はすっかりいかれている.
—— *n.* 少々頭がおかしい人，いかれた奴.

piqué² *n.m.* **1** 〖裁縫〗ピケ《畝模様のある織物》. robe en ~ de coton 綿のピケのドレス.
2 〖バレエ〗ピケ《片脚を伸ばして爪先立に移る動作》.
3 〖航空〗急降下. bombardement en ~ 急降下爆撃. descendre en ~ 急降下する.
4 〖写真〗(レンズの)解像力. ~ extraordinaire 素晴らしい解像力. objectif d'un ~ inégalable 比類のない解像力をそなえたレンズ.

pique-feu *n.m.inv.* 火かき棒.

pique-nique(*pl.* **~-~s**) *n.m.* 野外での食事, ピクニック；(野外で食べる)弁当. faire un ~ 野外で食事をする (=pique-niquer). emporter son ~ 弁当を持って行く.

pique-note[**s**] *n.m.inv.* (書類・伝票などを突き刺しておく)書類差し, 伝票差し.

piquet *n.m.* **1** 杭. ~ de tente テントの杭. attacher des chevaux au ~ 馬を杭に繋ぐ. être planté comme un ~ 棒立ちになる. ficher un ~ 杭を打ちこむ.
2 ~ de grève ストライキのピケ.
3 〖学〗〖古〗立たせる罰. envoyer un enfant au ~ (罰として)生徒を立たせる《教室の片隅に壁を向いて立たせる》.
4 〖軍〗待機中の軍隊《昔, 馬を杭につないで騎兵隊が待機態勢をとったことから》；前哨隊. ~ d'incendie 待機中の消防班.

piqûre *n.f.* **1** (尖ったもの, とげ, 虫などが)刺すこと；刺し傷. ~ d'épingle ピンが刺すこと (刺し傷). ~ de guêpe 雀蜂が刺すこと.
2 〖医〗注射. ~ intramusculaire (intraveineuse) 筋肉(静脈)注射. faire une ~ à qn 人に注射する.
3 (紙, 本の)虫の食った穴 (= ~s de ver).
4 (湿気による紙の)しみ. parchemin couvert de ~s しみだらけの羊皮紙.
5 ちくちく感, むず痒く, 痒み. ~ d'ortie いらくさのちくちく感.〖比喩的〗~ d'amour-propre 自尊心が傷つけられたことによる心のうずき.
6 〖裁縫〗縫目 (=points de ~). ~s à la machine ミシンの縫目. robe garnie de ~s 縫目のあるドレス.
7 (金属の)錆による腐蝕.

piracétam *n.m.* 〖薬〗ピラセタム《ミオクローヌス治療薬；薬剤製品名 Nootropyl (*n.m.*)》.

piranha [piraɲa], **piraya** [piraja] *n.m.* 〖魚〗ピラニア.

piratage (<*pirater*) *n.m.* 海賊版の作成・販売, 非合法のコピー・販売. ~ de logiciels コンピューター・ソフトの海賊版作成・販売.

pirate *n.m.* **1** 海賊. ~ de l'air ハイジャッカー.
2 海賊船 (=bateau ~). couler un ~ 海賊船を沈める.
3 〖比喩的〗泥棒, 強盗, 悪徳業者. ~ informatique (ソフトの)不正コピー者；ハッカー.
4 〖同格・形容詞的〗海賊的な, 不法な, 非合法の, 地下の. édition ~ 海賊版. émission ~ 海賊放送. radio ~ 海賊ラジオ.
— *a.* 海賊的な.

piraterie *n.f.* 海賊行為 (= ~ maritime). ~ aérienne ハイジャック.
2 〖比喩的〗詐欺行為；(税の)不当徴収 (= exaction).
3 (商品の)海賊版の製造・販売, 不正コピー商品の製造・販売. ~ commerciale (商品の)不正コピー.

pire *a.* **1**〔mauvais の比較級の一つ. 主として比喩的意味に用いられる〕より悪い, もっと悪い (=plus mauvais)《meilleur「よりよい」の対》. Les femmes sont meilleures ou ~s que les hommes. 女性は男性よりいか悪いものだ. C'est ~ que tout. 何よりも悪い. C'est encore ~ que je ne croyais. 私が思っていたより遙かに悪い. ce qui est ~ もっと悪いことに. Il n'y a rien de ~. これほど悪いことはない.
〔諺〕Il n'est ~ eau que l'eau qui dort. (眠ったように動かない水ほど悪い水はない→)猫かぶりする奴が一番悪い.〔諺〕Il n'est ~ sourd que celui qui ne veut pas entendre. 聴く耳持たぬ者ほど厄介な者はない.
2〔定冠詞・所有形容詞+ ~〕〔最上級〕最も悪い, 最悪の (=le plus ~). la ~ chose qui puisse m'arriver 私にとって最悪の事態. ce qu'il y a de ~ 最悪のこと. mon ~ ennemi 私の最悪の敵.
— *n.*〔定冠詞+ ~〕〔代名詞的〕最悪の人(もの). C'est lui le ~ de tous. 彼が皆の中で一番の悪党だ. C'est la ~〔parmi d'autres〕. 彼女は誰よりも最悪の女だ.
— *n.m.* 最悪のもの(事態). le ~ de tout 何よりも悪いこと. la politique du ~ 最悪の事態を予測した政策. envisager le ~ 最悪の事態に直面する.
au ~ 最悪の場合に. en mettant les choses au ~ 最悪の事態を考慮して. de ~ en ~ ますます悪く. Leurs relations vont de ~ en ~. 彼らの関係はますます悪化していく. pour le meilleur et pour le ~ 良きにつけ悪しきにつけ.

PIREN (=*P*rogramme *i*nterdisciplinaire de *re*cherche sur l'*en*vironnement) *n.m.* 多分野環境研究計画《1979年より CNRS ですすめられている計画》.

pirouette *n.f.* **1** (足のつま先や踵を軸にした)ひと回り；半回転. faire une ~ くるりと回る；半回転する.
2 〖話〗はぐらかし, 茶化し. répondre par une ~；s'en tirer par une ~ はぐらかして逃げかわす.
3 〖比喩的〗(意見の)急変, 豹変. ~s d'un politicien 政治家の豹変.
4 〖舞踊〗ピルーエット；〖馬術〗ピルーエ

ット《後足(脚)の1本を軸にして回転する》.
5〔古〕独楽(こま).

pirrol, pirrole *n.m.* 〖化〗ピロール《窒素原子1個を含む5員環複素環芳香化合物》.

pis¹ 〔一般には[z]でリエゾンする〕*ad.* 〔文〕より悪く《副詞malの比較級の一つ；普通はplus mal; mieuxの対》. Cela va ni mieux ni qu'avant. 前に比べよくも悪くもなし. de mal en ~ ; 〔やや古〕de ~ en ~ [dəpizɑ̃pi] ますます悪く. Cela va de mal en ~. 事態はますます悪化する. Tant ~! 仕方がないさ! 残念だね! Tant ~ pour vous! お気の毒さま!
——*a.inv.* 〔pireの中性；主として中性代名詞の属詞・補語；今日では通常pireを用いる〕より悪い. ~ que jamais いまだかつてないほど悪い. C'est bien ~ en Afrique. アフリカではずっとひどい. Ce serait encore ~. それはさらに一層悪い(ひどい)だろう. Il n'y a rien de ~ que cela. それより悪いものは何もない.
qui ~ est [kipizɛ] もっと悪いことに〔略してpisのみでも用いられる〕. Il est ignorant, et qui ~ est (et ~), inconsient. 彼は無知で, おまけに軽率だ.
——*n.m.* 1〘無冠詞〙より悪いこと(もの). Je m'attendais à ~. 私はもっと悪いことを覚悟していた. Il y a encore ~. もっと悪いことがある. dire ~ que pendre de qn 口をきわめて人のことを悪く言う.
2 le ~ 最も悪いこと(もの). le ~ qui puisse vous arriver あなたの身に起りうる最悪の事態. Le ~ est qu'il ne reconnaît pas son erreur. 一番いけないのは彼が自分の誤をを認めないことだ.
au ~ aller [opizale] 最悪の場合には(でも). Au ~ aller, il pourrait remettre son voyage. やむを得なければ彼は旅行を延期してもよいだろう. Au ~ aller, tu n'y perdrais pas trop. 最悪の場合でも, 君はたいして失うものはなかろう. mettre les choses au ~ 最悪の事態を仮定する.

pis² [pi] *n.m.* (牛・羊などの)乳房. veau élevé au ~ 授乳のみで飼育した仔牛《草を食べさせないので白い肉が得られる》.

pis-aller [pizale] *n.m.inv.* 窮余の策；やむを得ず選んだ代役. être le ~ de qn やむを得ず人の代役を勤める.

piscicole *a.* 養魚〘法〙の, 養魚に関する. établissement ~ 養魚場.

piscicul*teur*(*trice*) *n.* 養魚業者.

pisciculture *n.f.* 魚の養殖, 養魚〘法〙; 養殖漁業.

pisciforme *a.* 魚形の. 〖動〗mammifères ~s 魚形哺乳類 (cétacées「鯨類」, siréniens「海牛類」など).
——*n.m.* 〖解剖〗(手の)魚形骨(手根骨 carpe の一つ).

piscine *n.f.* 1 プール. ~ couverte 屋内プール. ~ de compétition 競技用プール. ~ en plein air 野外プール. ~ familiale enterrée 地中設置家庭用プール. ~ municipale (市町村の) 公営プール. ~ olympique オリンピック・プール《競技用公式プール》. ~ publique (privée) 公営 (私的) プール. couloirs de ~ プールのコース. aller à la ~ プールに行く. nager en ~ プールで泳ぐ.
2〖原子力〗(原子力発電所の燃料冷却用の)プール. ~ de désactivation 原子燃料冷却用プール. ~ d'un réacteur 原子炉内のプール. pile ~ スイミングプール型原子炉.
3〖宗教史〗聖水盤 (初期教会で司祭が身を清め, 聖餐杯を洗うのに用いた);〖カトリック〗ピシーヌ(洗礼などで用いた聖水を捨てる桶); 〔古〕洗礼盤. la ~ probatique de Jérusalem エルサレムの犠牲を洗い清めた泉水.
4〔話〕la ~ フランス諜報本部 (DGSE) 《パリ市第20区のレ・トゥーレル・プール la ~ des Tourelles (1924年建造, 1989年改築; フランス水泳連盟の本拠) の真前の建物にあることに由来》.

piscivore *a.* 魚を食べる, 魚を主食とする (=ichtyophage).
——*n.m.* 魚食動物.

Pise *n.pr.* ピサ ([伊] Pisa) (トスカナ州 la Toscaneの古都；ピサ県の県都). campanile du Dôme, dit Tour penchée de ~「ピサの斜塔」とよばれる大聖堂付属鐘楼.

pissaladière [プロヴァンス語] *n.f.* 〖料理〗ピサラディエール《パン生地の上に玉葱, アンチョビー, 黒オリーヴの実を乗せたピッツァ風ニース料理》.

pissat *n.m.* (家畜・特にろばの)尿.

PISSC (=*P*rogramme *i*nternational *s*ur la *s*écurité *c*himique) *n.m.* 〖環境〗化学製品の安全に関する国際プログラム (=[英] IPCS: *I*nternational *P*rogramme on *C*hemical *S*afety).

pisse *n.f.* 〔卑〕小便 (=pipi). Ça sent la ~. 小便臭い. ~ d'âne (ろばの小便→) 不味い飲物.

pissenlit *n.m.* 〖植〗西洋たんぽぽ, たんぽぽ (=dent-de-lion).〔俗〕manger les ~s par la racine 死んで葬られる.

pisseur(*se*¹) *n.* 1〔古〕小便をする人；小便の近い人.
2〔比喩的・語・蔑〕~ de copie 三文文士；ヘボ記者.
——*n.f.* 〔比喩的・話・蔑〕小娘 (=fillette).

pisseux(*se*²) *a.* 1〔話〕小便臭い. rue ~se 小便臭い通り.
2 (小便のように) 色あせた黄色の.

pissoir *n.m.* 男子用公衆小便所 (=pissotoire, urinoir, vespasienne).

pissotière *n.f.* 〔話〕(男性用) 公衆小便所 (=urinoir public, vespasienne).

pistache *n.f.* ピスタチオの種；ピスタチ

pistachier

オの実. glace à la ~ ピスタチオのアイスクリーム. nougat aux ~s ピスタチオの種入りヌガー.
——*a.inv.* (ピスタチオの種のように) 明るい緑色の. vert ~ ピスタチオの種のような緑色.

pistachier *n.m.* 〖植〗ピスタチオの木 (実と種は pistache).

pistation *n.f.* 〖薬〗追跡調査.

piste *n.f.* **1** 〖狩〗(獣の) 足跡；(人の) 足跡, 足取り；跡. ~ d'un cerf 雄鹿の足跡. ~ tracée par une voiture 車の残したタイヤの跡. suivre (perdre) une ~ 足跡を辿る (見失う). suivre qn à la ~ dans la neige 雪に残した人の足跡を辿る.
2 〖比喩的〗足取り；手掛り. ~s brouillées かき消された足取り (足跡). bonne (fausse) ~ 確かな (誤った) 手掛り. perdre la ~ 手掛りを失なう. suivre un voleur à la ~ 泥棒の足取りを追う (追跡する). trouver une ~ 手掛りを追う.
3 踏みならされた道；未舗装の道. ~ cavalière 騎乗散策路. ~ cyclable 自転車専用通路. ~ de brousse 低木地帯の道. tracer une ~ dans la forêt 森に道を切りひらく.
4 〖スキー〗ゲレンデ (= ~ de ski, ~ pour skieurs) ；コース. ~ de descente (de slalom) 滑降 (回転) 競技コース. ski de ~ (hors-~) ゲレンデ (ゲレンデ外の) スキー.
5 (飛行場の) 滑走路. ~ d'envol (d'atterrissage) 離陸 (着陸) 用滑走路. ~s parallèles 平行滑走路.
6 〖馬術・競馬〗馬場；調教用コース. ~ d'un hippodrome 競馬場の馬場 (競走用コース). ~ gazonnée 芝生の馬場.
7 〖スポーツ〗競走路, トラック. ~ de course d'un stade 競技場のトラック. ~ d'élan pour le saut 跳躍競技の助走路. ~ de vélodrome 自転車競技場のピスト (競走路). épreuves sur ~ トラック・レース.
8 (サーカスなどの) 〖円形〗舞台. ~ d'un cirque サーカスの舞台. ~ de patinage スケートリンク. entrer en ~ 舞台に入場する ；〖比喩的〗行動を開始する.
9 (フィルム, テープなどの) 録音帯, トラック. ~ sonore サウンド・トラック. cartouche huit ~s 8 トラックのカートリッジ.

pisteur(se) *n.* **1** (スキー場の) ゲレンデ保守監視員. ~s-secouristes ゲレンデ保安監視・救助員.
2 〖狩猟〗獣の足跡を追う係.

pistolet *n.m.* **1** ピストル, 拳銃 (= révolver). ~ automatique 自動拳銃. ~-mitrailleur マシンガン (= mitraillette). tir au ~ ピストル射撃.
2 ピストル型の機器 (装置). ~ à air comprimé 圧搾空気噴射器. ~ à eau 水鉄砲. 〖スポーツ〗~ de stater スターター用ピストル. ~ inséminateur 人工受精ピストル.
3 (塗料・絵具の) スプレーガン. ~ à peintu-re ペイント用スプレーガン.
4 小型のミルクパン；〖ベルギー〗ピストル (小型の丸パン).
5 雲形定規.
6 〖海〗(ボートの) 吊り柱, ダビット.
7 尿瓶 (しびん) (= urinal).
8 〖話〗un drôle de ~ 変な奴.

pistolet-mitrailleur (*pl.* **~s-~s**) *n.m.* 〖軍〗ピストル=ミトライユール, 携帯機関銃 (= mitraillette；略称 P.-M [pεεm]).

pistoleur(se) *n.* 吹付け塗装工.

Piston 〖学〗〖俗〗ピストン (Ecole centrale [des arts et manufactures]「中央工科学校」(Paris, Lyon にあるグランド・エコール) とその学生の俗称). préparer (faire) ~ 国立中央工科学校の受験準備をする (で学ぶ).

piston *n.m.* **1** 〖機械〗ピストン. ~ de compresseur コンプレッサーのピストン. ~ d'un moteur à explosion (d'une machine à vapeur) 内燃 (蒸気) 機関のピストン. ~ rotatif 遊星ピストン. moteur à ~s ピストン式原動機.
2 〖楽器〗(金管楽器の) ピストン；コルネット (= cornet à ~s). ~s d'une trompette トランペットのピストン. jouer du ~ コルネットを演奏する.
3 〖比喩的〗ピストン状のもの. ~ d'eau (hydraulique) (落下する) 水柱. effet ~ (トンネルを通過する列車の生む) ピストン効果.
4 〖話〗後押し；後楯. avoir du ~ 後楯がある. coup de ~ 後押し. grâce au ~；par ~ de qn 人の後押しで.

pistou 〖プロヴァンス語〗*n.m.* 〖料理〗ピストゥー (バジリック [バジル]) basilic をすり潰したもの；すり潰したバジリックを用いた野菜の煮込み料理). soupe de (au) ~ スープ・ド (オー)・ピストゥー (バジリックとにんにくを用いたプロヴァンス風スープ).

pithiviers au foin *n.m.* 〖チーズ〗ピチヴィエ・オー・フォワン (オルレアン地方 l'Orléanais で牛乳からつくられる軟質チーズ；脂肪分 40-45%；別称 bondaroy au foin).

pitié *n.f.* **1** あわれみ, 憐憫, 同情. P~! お慈悲を！ Vierge de ~ 悲しみの聖処女, ピエタ (= la Pietà).
avoir 〔de la〕~ pour qn (qch) ；éprouver de la ~ pour qn (qch) ；prendre qn (qch) en ~ 人 (物) をあわれむ. Ayez de la ~! どうかお慈悲を！ être plein de ~ 憐憫の情に溢れている. exciter (inspirer) la ~ あわれを催す. quêter (solliciter) la ~ あわれみを乞う.
par ~ あわれんで. Par ~, laissez-moi tranquille! お願いだから, そっとしておいて. faire l'aumône à un pauvre par ~ あわ

れんで貧者に施しをする.
sans ~ 無慈悲に(な), 容赦なく. homme sans ~ 無慈悲な男. châtier qn sans ~ 容赦なく人を罰する.
C'est ~. あわれなことだ. C'est ~ de le voir. 彼は見るもあわれだ.〖話〗Ce n'est pas la ~ qui l'étouffe. 奴には同情心てもがないんだ. Cet enfant me fait ~. この子が可愛そうだ.

2(軽蔑のこもった)あわれみ. sourire de ~ あわれみの微笑.〖話〗chanter à faire ~ あわれみを催すほど下手糞に歌う. regarder en ~ あわれみの目で見る. Quelle ~！何と情けない！C'est〔une〕~／〖古〗Ce sont des ~s. 情けないことだ. Cela fait ~. 情けないことだ.

pittoresque *a.* **1** 絵のような；絵のように美しい. vieille ville ~ 絵のような古都. site ~ 絵のように美しい景勝地.
2 人目を惹く, 際立った；風変りな. personne d'une laideur ~ 際立って醜い人. personnage ~ 人目を惹く人物. tenue ~ 風変りな服装.
3(文体, 表現などが)生彩に富んだ. expression ~ 生き生きした表現. style ~ 生彩に富む文体.
—— *n.m.* 絵のようなもの；絵画的なもの；絵画的な美しさ. ~ d'une expression 表現の絵画性；絵画的表現.

pituitaire *a.* 〖解剖〗**1** 下垂体の, 下垂体部の(=hypophysaire). adénome ~ 下垂体腺腫(=adénome hypophysaire). corps(glande)~ 下垂体(=hypophyse). tumeur ~ 下垂体部腫瘍.
2 鼻腔粘液の. membrane (muqueuse)~ 鼻腔粘膜.

pituite *n.f.* 〖医〗**1** 胃の粘液；(二日酔の朝の)粘液性嘔吐液. **2** 鼻腔粘液. **3**〖古〗下垂体(=hypophyse).

pityriasis [-zis]〖ラ〗*n.m.*〖医〗ピティリアジス, 粃糠疹(ひこうしん). ~ capitis 頭部粃糠疹, 頭部乾性脂漏, ふけ症. ~ circiné 連圏状粃糠疹. ~ rosé de Gibert ジベルバラ色粃糠疹. ~ rubra pilaire 毛孔性紅色粃糠疹. ~ stéatoïde 脂性紅色粃糠疹. ~ versicolor 癜風(でんぷう).

pivoine *n.f.*〖植〗ピヴォワーヌ, 芍薬(しゃくやく). ~ de chine 牡丹. être rouge comme une ~ 真赤である.

pixel [piksɛl] *n.m.*〖電算〗ピクセル, 画素(=〖英〗picture element). CCD 320000 ~s 32万ピクセルのCCD(電荷結合素子).

pixellisation *n.f.*〖電算〗(画像の)画素処理.

PJ[1] (=*P*olice *j*udiciaire) *n.f.*(フランスの)司法警察.

PJ[2] (=*p*rotection *j*uridique) *n.f.* 法的保護. assurance ~ 法的保護保険《裁判などの経費を保障する保険》.

PJJ (=*P*rotection *j*udiciaire de la *j*eunesse) *n.f.* 青少年司法保護機構.

pK [peka] *n.m.*〖化〗ピーケー(pK＝-log₁₀K；Kは平衡定数)).

PKC (=*p*rotéine *k*inase *C*) *n.f.*〖生化〗プロテイン・キナーゼC. ~ phosphoriée プロテイン・キナーゼC燐酸塩.

PKK (=〔クルド語〕*P*artiya *K*arkerên *K*urdistan) *n.m.* クルド(クルディスタン)労働者党(=〔仏〕Parti des travailleurs kurdes)《1978年結党》. manifestation du ~ クルド労働者党員のデモ.

PL[1] (=*p*leine *l*une) *n.f.*〖天文〗満月.

PL[2] (=*p*onction *l*ombaire) *n.f.*〖医〗腰椎穿刺.

PL[3] (=〔英〕*p*roduct *l*iability) *n.m.* 製造物責任(=〔仏〕responsabilité du fait du produit (des produits), responsabilité de produit〔s〕).

Pl [peɛl] (=poiseuille) *n.m.*〖物理〗ポアズイユ(粘度の国際単位系単位. 10 ポアズに相当)).

PLA (=*p*rêt *l*ocatif *a*idé) *n.m.* 賃貸借補助貸付〔金〕. dette en ~ 賃貸借補助金負債額.

placage (<plaquer) *n.m.* **1**〖建築〗化粧張り. ~ de marbre sur un mur 壁面に大理石板を張り付ける工事.
2〖建材〗化粧合板；合板；ベニヤ板, 薄板. ~ de bois d'acajou マホガニーの化粧板. ~ de meuble de noyer くるみ材の家具用化粧合板. bois de ~ 合板.
3〖工芸〗金属箔の張りつけ；メッキ加工. ~ d'une feuille d'or sur un objet de cuivre 銅製の工芸品に金箔を張りつける工程.
4〖比喩的〗(文学作品, 楽曲, 建物などの)上張り, つぎはぎ.
5〖園芸〗(板状の芝生の)植付け.
6〖林業〗接穂.
7〖ラグビー〗タックル(=plaquage).

placard *n.m.* **I** **1** 掲示；貼紙；ビラ；プラカード(=pancarte)；〖古〗(壁などに貼る)檄文. ~ publicitaire 新聞(雑誌)広告. inserer un ~ dans un journal 新聞に広告を掲載する.〖仏史〗affaire des ~s 檄文事件(1534年). afficher un ~ 貼紙(ビラ)を貼る.
2〖印刷〗(棒組の)校正刷り, ゲラ刷り(=épreuve en ~). corriger les ~s ゲラ刷りを校正する.
3 厚塗り, プラック. ~ de couleur 絵具の厚塗り.〖医〗~ d'eczéma 湿疹の斑.〖医〗lésion cutanée en ~ 皮膚の傷のかさぶた.
4〖海〗(帆の)補布.
5〖機械〗平滑部.
II 1(作りつけ, はめ込みの)戸棚, たんす；押入れ. ~ à vêtements 洋服だんす. ~ de cuisine 食器戸棚.
2(扉の)化粧板. porte à ~ double 二重化粧板の扉.
3〖比喩的〗mettre au ~ 遠ざける；左遷

する. mettre un fonctionnaire au (dans un) ~ 公務員を左遷する.
4〔俗〕監獄 (＝prison).
5〔話〕胸, 胸郭 (＝cage thoracique)；胴 (＝ventre).

place *n.f.* Ⅰ (場所, 空間) **1** 場所. Il y a encore de la ~ dans la maison. 家にはまだ場所が残っている. Faute de ~, on se contentera d'énumérer rapidement les principales idées. スペースの関係で主要点を手短に述べるにとどめよう.
2 (物の) 置き場所, (人の) 居場所. changer la ~ des chaises 椅子の置き場所を変える. changer de ~ des décors de la pièce 部屋の装飾の位置を変える.
3 座席. ~ assise (debout) 座席 (立ち席). ~ du mort 自動車の助手席. ~ libre 空席. services à la ~ (列車の) 車内サービス. voiture à deux ~s 二人乗り自動車《省略形 une quatre ~s 四人乗り自動車》. prendre ~ 場所を占める, 座る, 腰掛ける. Je voudrais réserver deux ~s de première classe dans le train de Lyon. リヨン行列車に1等席2枚予約したいのですが.
Ⅱ (公共の場, 広場) **1** 広場. ~ de la Concorde コンコルド広場. une petite ~ charmante, presque un square, dans le VIème arrondissement 6区の小さな公園とも呼べるかわいい小広場. habiter ~ d'Italie イタリア広場に住む. sur la ~ publique 公開の場で. 〔古・文〕~ publique 大衆, 庶民.
2 要塞, 都市. ~ d'armes (要塞, 都市内の) 練兵所. ~ forte 要塞. bureau de la ~ 駐屯地司令部. commandant de la ~ 駐屯軍司令官. avoir des complicités dans la ~ 敵方 (相手側) に内通者がいる, 〔比喩的〕コネがある, 顔が利く. être maître de la ~ 我が物顔に振舞う, 誰にも邪魔されない.
3 市場；(特に) 株式市場. faire la ~ (特定の都市で) 商品の営業をする. A la ~ de Paris, le CAC 40 a récupéré une partie du terrain perdu la veille. パリ証券取引所ではCAC 40指数が前日の下げを部分的に取り戻した. Le dollar s'est fortement déprécié sur toutes les grandes ~s. ドルはすべての主要市場で大幅に下落した.
Ⅲ (抽象的な場) **1** 地位, 位置. ~ à qn …に席を譲る. ~ au soleil 陽のあたる場所. ~ d'honneur (会合, 会食などで) 主賓の席. chaque chose à sa ~ 本来の場所に収まる, 物事には順序がある. être à sa ~ ふさわしい地位を占める. remettre qn à sa ~ …に身の程を思い知らせる, …を叱責する. tenir sa ~ 地位にふさわしく振舞う.
2 順位. occuper la première ~ dans le classement des meilleures ventes ベストセラーの1位を占める.
3 職, 就職口, 働き場所. Il a trouvé une ~ à la mairie. 彼は市役所に職を見つけた.

Toutes les ~s offertes par la société X sont de caractère précaire. X社の求人対象はすべて臨時のものだ.
Ⅳ〔成句〕
à la ~ 代わりに.
à la ~ de …に代わって, の代わりに, 代理として. à ma ~, vous comprendrez facilement la position que j'ai prise au cours de la discussion d'hier. 私の立場に立って考えれば, 昨日の議論で私がとった立場は容易に理解できるでしょう.
A vos ~s! 席に戻りなさい.
au lieu et ~ de …の代わりに.
de ~ en ~ ところどころ.
en ~ あるべき場所に；既存の, 現にそこにある. les gens en ~ 体制側の人間, エスタブリシュメント. Tout est en ~ pour la réunion de ce soir. 今晩の集会の準備はすべて整っている. L'aile droite de la majorité s'élève ouvertement contre le gouvernement en ~. 与党の右派が現内閣に公然と反旗を翻している. ne pas tenir en ~ じっとしていない. rester en ~ いる場所にとどまる, おとなしくしている.
faire ~ à …に席を譲る, …に場所を空ける.
faire ~ nette 前からあるものを片付けて場所を作る, 不要なものを捨てる, 人員整理をする.
mettre en ~ 配置する, 設置する, 実施する, 設定する, (手段, 措置などを) 講じる.
mise en ~ 配置, 設置, 実施, 設定, 適用. Pour que la loi puisse entrer en vigueur, il faut attendre la mise en ~ des dispositifs nécessaires. 法の発効には必要な措置の実施を待たなければならない.
par ~s ところどころ.
sur ~ 現場で, その場で. à consommer sur ~ ou à emporter 店内飲食, テークアウトどちらも可能.
〔諺〕Qui va à la chasse perd sa ~. 職務を捨てて一時の快楽に溺れるものは地位を失う.
〖自転車〗sur-~ スタンディング, 停止. faire du sur-~ 立ち往生する, 行き止まりになる.

placé(e) *a.p.* **1** 置かれた；位置する. bien (mal) ~ いい (悪い) 場所 (位置) にある.
2 (地位, 立場に) いる, (を) 占める. personnage haut ~ 地位の高い人. être bien ~ pour + *inf.* …するのに都合のよい立場にある. Je suis mal ~ pour le savoir. 私はそれを知る立場にない.
3〖競馬〗cheval ~ 複勝式馬券にからんだ馬. jouer (un cheval) ~〔ある馬の〕複勝式馬券を買う.

placebo, placébo [plasebo]〔ラ〕*n. m.*〖薬〗偽薬, プラシーボ. effet ~ 偽薬効果.

placement *n.m.* **1** 投資, 資金運用, 投資資本, 投資金；投資対象物. ~ à caractère éthique 倫理重視型投資. ~ à court (long) terme 短（長）期投資. ~ à revenu fixe (variable) 確定（変動）利付き投資. ~ de portefeuille (会社支配を目的としない) 資本参加. ~ de père de famille 超安定型投資, 資金運用. ~ de tout repos 安定型投資, 資金運用. ~ en actions 株式投資, 株式で運用すること. ~ en portefeuille 株式・債権で運用すること. ~ refuge 逃避投資. organisme de ~ collectif en valeurs mobilières (OPCVM) 投資信託会社, ミューチュアルファンド《société d'investissement à capital fixe (SICAF) クローズドエンド型投資, société d'investissement à capital variable (SICAV) オープンエンド型投信 および fonds commun de ~ (FCP) 共同投資基金の法律上の総称》. **2** 職業紹介, 就職仲介. bureau de ~ （民間の）職業紹介所. **3** 収容, 委託；〖医〗施設, (とくに精神科医療施設) への収容 (= internement). ~ d'office 行政拘禁. ~ sous surveillance électronique 電子監視システム下の収監（略記 PSE）. ~ volontaire 任意収容（抑留）.

placenta [plasɛ̃ta] 〚ラ〛 *n.m.* **1** 〖解剖・医〗胎盤. décollement du ~ 胎盤剥離. infractus du ~ 胎盤梗塞. rétention du ~ 胎盤遺残.
2 〖植〗胎座.

placentaire *a.* **1** 〖解剖・医〗胎盤の. circulation ~ 胎盤循環. dysfonction ~ 胎盤機能不全. expression ~ 胎盤圧出〔法〕. hormone gonadotrope ~ 胎盤に含まれる生殖腺刺激ホルモン. kyste ~ 胎盤嚢胞. membranes ~s 胎盤膜. polype ~ 胎盤ポリープ. rétention ~ 胎盤遺残.
2 〖植〗胎座の.

placentation *n.f.* **1** 〖医〗胎盤形成；胎盤構造.
2 〖植〗胎座；胎座形成（配列）；胚珠着生.

placet *n.m.* **1** 〖法〗（裁判所に対する）審理請求書 (= réquisition d'audiennce)；審理請求書の提出.
2 〖古〗(国王・大臣への) 請願書.

placier(**ère**) *n.* **1** 訪問販売員；セールスマン；取次販売員；商品ブローカー. ~ en librairie 書店の取次販売員. voyageur-représentant-~ 出張・外交・取次販売員, 外交商業代理人 (略記 VRP). prospecteur-~ 就職斡旋員.
2 (市場の) 元締め, 差配人 (地割りや店舗の転貸借を扱う).

plafond *n.m.* **1** 〖建築〗天井. ~ à caissons 格間 (ごうま) 天井, 格天井. ~ de plâtre 漆喰天井. ~ d'une automobile 自動車の天井. ~ translucide 採光天井. chambre basse (haute) de ~ 天井の低い (高い) 部屋. faux ~ (天井の高さを下げるため の) 仕切り天井.〔比喩的〕〔話〕avoir une araignée au (dans le) ~ 狂っている.
2 〖美術〗天井画 (= peinture de ~)；(特に) トロンプルイユ (騙し絵) 式の天井画.
3 岩壁の天井. ~ d'une carrière (d'une caverne) 石切場 (洞窟) の天井.
4 〖気象〗雲底 (= ~ nuageux) 《雲の層の底部》. de lourds nuages 厚い雲の底部.
5 (航空機の) 上昇限度.
6 〔比喩的〕上限, 最高限度；〖経済〗(銀行券の) 発行限度. ~ de cotisation de la Sécurité sociale 社会保障制度の分担金上限額. ~ de réescompte auprès de la Banque de France フランス銀行の再割引上限. ~ de ressources (社会保障に関する) 生活手段上限額. ~ légal de densité 法定上限建築密度 (略記 PLD).
〔同格〕prix ~ 上限価格, 天井値 (prix plancher「底値」の対). vitesse ~ 最高速度.〔話〕crever le ~ 限度を超える, 青天井になる；過去の記録を破る.
7 〖トランプ〗bridge-~ ブリッジ=プラフォン (bridge-contrat「コントラクト・ブリッジ」の対).
8 〖建築〗平底；〖地理〗(渓谷・河川の) 底, 床. ~ d'une corniche 軒蛇腹の平底. ~ d'une vallée (d'un fleuve) 渓谷の底 (河床).

plafonné(**e**) *a.* 上限の.〖社会保障〗salaire ~ (掛金の対象となる) 上限給与所得.

plafonnement *n.m.* 上限, 最高限度；頭打ち. ~ de l'endettement 負債 (借金) の上限. ~ des prix 物価の頭打ち.

plafonnier *n.m.* 天井灯；(自動車の) 室内灯.

plage *n.f.* **1** 浜辺, 海辺；海岸；水浴場, 海水浴場. ~ à marée haute (basse) 満 (干) 潮時の海辺. ~ de galets 砂利浜. ~ de sable 砂浜. ~ d'un fleuve 川の平たい岸辺. ~ d'une station balnéaire 海水浴場の砂浜. ~ écumante 泡立つ浜辺.
articles de ~ 〖海〗水浴用品. parasol de ~ ビーチパラソル. promenade le long de la ~ 海岸沿いの遊歩道. robe de ~ ビーチドレス, 海浜着.〔合成語〕Balbec-~ バルベック=プラージュ《Balbec の町の海浜地帯》. aller à la ~ 浜に出る；海水浴に行く. se bronzer sur la ~ 浜で肌を焼く.
2 〖海〗(軍艦などの前後の) 甲板；〖軍〗(戦車の) 砲塔後部の平坦部；〖自動車〗(フロントガラス, リアガラスの内側の) 平坦部. Les cartes sont sur la ~ arrière. カード類はフロントガラスの手前の平坦部の上にある.
3 〖理〗面, 範囲；〖機械〗センサー測定域.〖物理〗~ d'équilibre 平衡範囲, 釣り合い限度.〖写真〗~ de focales 焦点センサー測定域, 測距スケール. ~ de mesure 測定面 (範囲).〖写真〗~ de mesure spot (カメラの) スポット式光量測定面.〖生〗~ liquidienne (エコグラフの) 液面.〖光学〗~ lumineuse

plagiat

(光度計・露出計の)均等拡散照明面.
4(レコードの)録音帯.
5 時間帯；(特に)放送時間帯. ~s de calme 静穏な時間帯. ~ libre (学校などの)自由時間. ~s musicales d'un quart d'heure 15分の音楽番組.
6 地帯. ~ d'herbes 草の生えた面.
7〖天文〗プラージュ(太陽表面の光輝域). ~ brillante プラージュ.
8〖比喩的〗幅, 距り, 差. ~ des choix 選択の幅. ~ des degrés 温度差. ~ des prix 価格の差. ~ d'utilisation d'un moteur モータの利用幅.

plagiat *n.m.* 盗作, 剽窃(ひょうせつ). accusation de ~ 剽窃の告発.

plaidant(e) *a.* 〖法律〗訴訟を起こす；法廷で争う；弁護する. avocat ~ 法廷弁護士 (avocat consultant「顧問弁護士」の対). parties ~es 訴訟当事者.

plaider-coupable (*pl.* ~-~s) *n.m.* 〖法律〗有罪を認める代りに刑の軽減をかちとる司法手続.

plaideur(se) *n.* **1** 〖法律〗訴訟人, 訴訟当事者 (parties). ~ d'un procès 訴訟当事者 (demandeur 原告, défenseur 被告側弁論人). **2**〖古〗訴訟狂.

plaidoirie *n.f.* **1** 〖法律〗(弁護士または訴訟人による)口頭弁論, 弁護；陳述；弁護原稿.
2〖比喩的〗擁護, 弁護.
3〖稀〗弁護業 (accusation「告発, 起訴, 弾劾」, réquisitoire「求刑, 糾弾」の対).

plaidoyer *n.m.* **1** 〖法律〗(弁護士による法廷での)口頭弁論陳述；(刑事裁判所における)被告人の弁護. **2** (思想などの)擁護, 弁護.

plaie *n.f.* **1** 傷, 傷口, 創. ~ contuse 挫傷. ~ déchirée 裂創. ~ par armes à feu 銃創. ~ par instrument piquant 刺創, 刺傷. ~ profonde 深い傷. ~ superficielle かすり傷, 擦過創.
mettre le doigt sur la ~ 病因を的確に示す. laver (panser) une ~ 傷口を洗う(包帯する). se faire une ~ à la main 手に傷を負う.
2 (心の)傷, 痛手 (= ~s du cœur). mettre le doigt sur la ~ 傷いところをつく；悩みの原因をつきとめる. retourner (remuer) le fer dans la ~ 傷口を掻きまわす. rouvrir une ~ 古傷に触れる.〖諺〗P~ d'argent n'est pas molle. 金銭上の損失は修復できる.
3〖比喩的〗災い；災厄, 嫌なこと(人).〖聖書〗les sept ~s d'Egypt エジプトの七つの災厄. C'est une vraie ~! 何て嫌なこと(奴)なんだ.

plaignant(e) *a.* 〖法律〗提訴する, 告訴する. partie ~e 告訴人, 原告.
——*n.* 〖法律〗告訴人；原告(=demandeur).

plaine *n.f.* **1** 平野, 平原；〖集合的〗平野部. ~ alluviale 沖積平野. ~ boisée 森林平野. ~ caillouteuse 円礫平野. ~ côtière 沿岸平野. ~ cultivée 耕作平野. la ~ du Rhône ローヌ平野. la ~ et la montagne 平野部と山岳地帯. ~ fertile 肥沃な平野. ~ glacée 凍土平原, ツンドラ地帯 (toundra). ~ steppique ステップ平原, 草原地帯.
2〖詩・古〗la ~ immense de la mer 大海原. ~ liquide 海原.
3〖仏史〗平原党 (国民公会の穏健派).
4〖紋章〗楯の下部 (第六部).

plainte *n.f.* **1** うめき声.〖詩〗~ du vent むせび泣くような風音. ~ éternelle 果てしない苦しみ. ~s lamentables 悲痛なうめき声. exhaler (pousser) des ~s うめき声を発する. souffrir sans ~ うめき声を立てずに耐える.
2 不平, 不満の声・苦情. sujet de ~ 不平(苦情)の種. adresser une ~ 不平を申し立てる. avoir des sujets de ~ 不平の種がある.
3 (苦情などの)訴え；〖法律〗告訴. ~ au juge d'instruction 予審判事に対する告訴. ~ avec de constitution de partie civile 付帯私訴を伴う告訴. ~ en faux 偽造の告訴. faire saporter (déposer une) ~ contre qn 人を告訴する. retirer sa ~ 告訴を取り下げる.

plaintif(ve) *a.* **1** 嘆くような, うめくような, 弱々しく訴えるような. gémissements ~s うめき声. voix ~ve 嘆くような声.
2〖比喩的〗物悲しい. note ~ve 物悲しい調べ.
3〖比喩的〗嘆くような響きの. musique ~ve 嘆くような音楽.

plaisance *n.f.* **1** レジャー, 娯楽；〖古〗楽しみ, 喜び. de ~ レジャー用の, 娯楽用の. bateau de ~ プレジャーボート, レジャー用ボート(ヨット, モーターボートなど). maison (habitation) de ~ 別荘. navigation de ~ 遊覧航海, レジャーの舟遊び. pêche de ~ 遊漁, 娯楽としての釣り. quartiers de ~ 歓楽街.
2 レジャーの舟遊び (= navigation de ~).

plaisancier(ère) *n.* ヨット (= bateau de plaisance) を楽しむ人, ヨット族, ヨットマン.

plaisant[1]**(e)** *a.* **1** 楽しい, 気持ちのよい, 心地よい, 快適な；魅力的な. ~ à l'œil (au palais) 目(味覚)を楽しませる. appartement très ~ 住み心地のとても快適なアパルトマン. décor ~ 魅力的な装飾. femme ~e 好感の持てる(魅力的な)女性；愉快な女性.
2 愉快な, 面白い. histoire ~e 笑い話. homme ~ 面白い人；好感の持てる人.
3〖名詞の前〗〖やや古〗滑稽な, おかしな. 奇妙な. ~e excuse 馬鹿げた口実. ~ homme 奇妙な男. C'est assez ~! かなり馬鹿げたことだ!

plaisant[2] *n.m.* **1**〖文〗面白いこと. le ~ de la chose 物事の面白い面.
2 おどけ者. mauvais ~ 悪ふざけをする人 (=plaisantin).

plaisanterie *n.f.* **1** 冗談；からかい, 冷かし；諧謔；ふざけ. ~ fine 巧みな冗談. ~ lourde 下手な駄じゃれ. ~ piquante 辛辣なからかい. mauvaise ~ 悪ふざけ. ~ à part 冗談抜きに, 冗談はさておき. par ~ 冗談で；ふざけて. être objet de ~ からかいの対象となる. prendre bien (mal) la ~ 冗談がよくわかる(冗談を真にうける). ne pas comprendre la ~ 冗談を解さない.
2 取るに足らぬこと；た易いこと. C'est une ~! 下らん! 冗談だろう! 簡単なことだ! Ce sera une ~ pour lui de résoudre ce problème. その問題を解くのは彼には造作もないことだ.

plaisir *n.m.* **1** 喜び, 楽しみ, 歓喜, 快楽. ~ d'amour 愛の歓び.〖話〗~ des dieux 高貴な悦楽. ~ de vivre 生きる歓び. ~ des yeux 目の楽しみ, 眼福. ~ intellectuel (physique) 知的な(肉体的)快楽. donner du ~ 楽しませる.〖話〗Au ~ 〔de vous revoir〕!〖話〗さようなら, また会いましょう. avec〔grand〕~ 喜んで. par ~；pour son (le) ~ 気晴らしに, 好きで. avoir ~ à+*inf.* …するのは楽しい. J'ai vraiment ~ à vous revoir. またお目にかかれて本当に嬉しいです. avoir (éprouver) du ~ 喜びを覚える. avoir le ~ de+*inf.* …する喜びを持つ. Aurions-nous le ~ de vous avoir à dîner? 夕食においでいただけますか. faire à *qn* le ~ de+*inf.* …して人を喜ばす. Cela me fait grand ~. それは大変嬉しいことです. Voulez-vous me faire le ~ de dîner avec moi? 私と夕食を共にしていただけませんか. Fais-moi le ~ de te taire. 黙ってくれないか. se faire un ~ de+*inf.* 喜んで…する. prendre ~ à *qch*(+*inf.*) (するの)を楽しむ.〖皮肉〗Je vous souhaite bien du ~. せいぜいお楽しみ下さい.〖諺〗Pas de ~ sans peine. 苦は楽の種.
2 肉体的快楽(=~ physique), 快感；性的快感. avoir du ~ 快感を覚える. prendre du ~ 肉体的快楽を得る. ~ solitaire 自慰, オナニー. marchande de ~ 売春婦.〖精神分析〗principe de ~ 快楽原則.
3〖多く *pl.*〗娯楽；快楽. ~s couteux 金のかかる娯楽. ~s de l'alpinisme 登山の喜び. ~s de l'esprit 精神的快楽. homme de ~ 遊び人. lieux de ~ 歓楽街.〖古〗menus ~s 王侯の楽しみ.〖現用〗ささやかな楽しみ. mener une vie de ~s 放蕩三昧の生活を送る.
4〖古〗意志, 希望. bon ~ 恣意. régime de bon ~ 専制政治, 絶対王政. à ~ 好き勝手に, 気まぐれに, 気儘に；理由なく.

plan[1] *n.m.* 〖I〗(計画, 案) **1** 計画, 案, 草案. ~ d'action 行動計画. ~ d'alignement 道路境界線計画. ~ d'avenir 将来計画.〖軍〗~ de bataille 戦闘計画. ~ de campagne 作戦計画.〖心〗~ d'échantillonnage 標本化(サンプリング)計画. ~ d'épargne 定期積立貯金.〖都市計画〗~ d'occupation des sols 土地占有計画(土地利用計画, 略記POS). ~ de travail 業務計画. élaborer (exécuter) un ~ 計画を立案(実行)する.〖話〗laisser en ~ 途中で放り出す. ~ d'urbanisme 都市計画.〖航空〗~ de vol フライトプラン. ~ stratégique 戦略計画.
2 (特に)政策立案.〖経〗~ de relance (stabilisation) 景気刺激(安定)策. ~ emploi jeune 青少年雇用促進策.〖史〗~ Marshall マーシャル・プラン《第二次世界大戦後, ヨーロッパの復興を援助するためにアメリカが進めた計画》.
3 (特に) 経済計画. ~ à court (moyen, long) terme 短(中・長)期計画. ~ impératif (indicatif) 強制的な(指標的な)性格の経済計画(旧ソ連などの社会主義諸国では経済計画は強制的なものだったが, フランスでは目標を定めるだけで, その実現を強制するものではなかった). ~ quinquennal 五カ年計画. commissariat général au (du) ~ 計画庁(経済企画庁). le Vème développement économique et social 第五次経済社会発展計画. contrat de ~ 計画契約《フランスの経済計画において, その実施を促すため政府と地方公共団体や公営企業などとの間で結ばれる契約》. Le général de Gaulle a déclaré un jour que le ~ était une "ardente obligation". ド・ゴール将軍はかつて経済計画は「熱い義務」であると述べた.
4 予定, (私的な)計画；考え, 思いつき. Avez-vous déjà fait vos ~s de vacances? 夏休みの予定はもう立てましたか.
5 (作品などの)筋書き, 構想, 大筋, 構図. ~ d'un ouvrage 作品の構想. ~ d'une tragédie 悲劇の筋書き. En dehors des principes généraux de disposition des idées—du ~ de l'écrit—, ce qui est commun à tous les genres, c'est le style. 考えを整理する一般的な原則, すなわち作品の構想に関する一般的な原則を別にすれば, すべての種類に共通するのは文体である.
〖II〗(図面, 設計図, 平面図) **1** 図面, 見取り図. ~ d'atelier 工作図. ~ d'exécution 詳細図. ~ d'un bâtiment 建物の図面, 設計図. ~ de câblage 配線図. ~ de masse マスプラン, 配置図, プロットプラン. ~ et élévation 平面図と立面図. ~ et maquette 平面図と模型. ~ sur bleu 青写真. échelle d'un ~ 図面の縮尺. acheter un appartement sur ~ 設計図だけでマンションを買う.
2 地図. ~ directeur (特に砲火部隊用の)詳細作戦地図. ~ de Paris パリの地図. Ci-joint un ~ de chez moi qui vous permettra de vous orienter lorsque vous viendrez à la

plan[2](**e**)

maison. 拙宅へお見えいただく際に迷われないよう地図を添えさせていただきます.
III（平面, 面）**1**（絵, 写真, 舞台などで遠近に基づく）面, 位置. ～ éloigné 遠景. premier ～ 前景, 前面. deuxième (second)～ 中景, 舞台の中央部. troisième ～ 遠景.〚比喩的〛de premier (second)～ 重要（二次的）な, 一流（二流）の. un homme de premier ～ 一流の人. mettre qch au premier ～ 前面に押し出す, 優先する, 重視する. reléguer qch au second ～ 後方に押しやる, 副次的なものとして扱う, 二の次にする. sur le ～＋adj. (de＋art. déf. ＋n.)…の次元（領域, 分野）で, …的に見れば. sur tous les ～s あらゆる観点から（面で）. sur le même ～ 同列に. La situation en Irak s'impose au premier ～ de l'actualité. イラク情勢がニュースの前面を独占している. La campagne présidentielle aux Etats-Unis relègue au second ～ tous les sujets d'intérêt intérieurs. アメリカの大統領選挙戦がすべての国内ニュースを背景に押しやっている.
2（写真, 映画で）画面, ショット, カット. ～ américain（人物の）上半身のショット. ～ général ロングショット. ～ moyen 全身像, ミディアムショット. ～ rapproché 接写像, 顔写真. gros ～ クローズアップ. premier ～ クローズアップ. longueur d'un ～ 1カットの長さ. tourner en ～ fixe 固定カメラで1カットを撮る.
3（科学, 技術, 器具の）面. ～ de cuisson（レンジの）トップ. ～ d'eau 水位, 水面.〚天〛～ de l'équateur 赤道面. ～ de sustentation d'un avion 飛行機の主翼, 支持翼.〚数〛～ de symétrie 対称面. ～ de travail（ユニットキッチンの）調理台. ～ incliné 斜面, スロープ, 斜坑. ～ méridien 子午面. ～ parallèle 平行面. ～ perpendiculaire 垂直面. ～ tangent 接平面. ～ vertical 鉛直面.

plan[2](**e**) a. 平らな；平面の.〚数〛figure ～e 平面図形.〚数〛géométrie ～e 平面幾何学. miroir ～ 平面鏡. surface ～e 平面.

planche n.f. **1** 板；台. ～ à dessin 製図板. ～ à laver 洗濯板. ～ à pain パン切り板. ～ à repasser[1] アイロン台. ～ à tonneau 樽の側板 (＝douve).〚スポーツ〛～ d'appel 踏切り板. ～ de bord〚航空〛計器盤.〚自動車〛ダッシュボード. ～ de chêne 楢板. ～ de placard 棚板. ～ de salut（海難遭難者がすがる板→）頼みの綱. ～ du parquet 床板. ～ d'un plongeoir 飛込板. ～ en équilibre シーソー板. ～ (mince) 厚板 (薄板).〚話〛～ pourrie（腐った板→）当てにならぬ人.
chemin de ～s sur une plage de sable 砂浜に設けられた板張りの歩道. maisonnette en ～s 板張りの小屋. avoir du pain（du travail）sur la ～ 食うに困らぬ貯え（仕事）がある. être cloué entre quatre ～s 棺桶に入

れられている. être maigre (plate) comme une ～（女性が）洗濯板のように痩せている.
2〚pl. で〛舞台 (＝～ de la scène)；芝居；俳優（歌手, 舞踏）業. brûler les ～s 熱演する. monter sur les ～s 舞台に立つ.
3〚スポーツ〛ボード；〚話〛スキー〔板〕. ～〔à roulettes〛スケートボード. ～〔à voile〛ウィンドサーフィン. faire de la ～ スケートボード（ウィンドサーフィン）をする. ～ de surf サーフボード. farter ses ～s スキー板にワックスを塗る.
4〚印刷〛（木・金属の）版 (＝～ d'imprimerie)；〚誤用〛組版 (＝composition)；版画, 挿絵, 別丁挿図.〚話〛～ à billets 紙幣印刷原版. faire marcher la ～ à billets 紙幣を発行（乱発）する；インフレ政策をとる. ～ de bois 版木. ～ de cuivre 銅版；銅版画. ～ en couleurs カラー挿絵ページ. ～ en photogravure グラビア印刷原版, 写真製版用の版.〚写真〛～-contact コンタクト焼付版.
5〚園芸〛細長い花壇（菜園）；〚農〛平らに耕した畑. ～ de salades サラダ菜畑. ～s d'un potager ～ 園の平畝. labour par ～s 平づくり耕作.
6〚海〛（舷側と岸壁を結ぶ）渡し板；荷揚通路. jours de ～ 船脚（荷卸し）期間.
7〚平らな塊〛真鍮のリンゴット (＝lingot de laiton)；スレート板の塊り；〚料理〛太った豚の脂身.
8〚学生語〛黒板 (＝tableau noir)；黒板に書かれる問題. faire une bonne ～ 黒板に正解を書く；上手に解答する；試問にうまく答える (＝plancher, v.i.).

plancher n.m. **1** 床（ゆか）；床面. ～ d'une maison 家屋の床. ～ d'un véhicule 車両の床. ～ en bois 板敷きの床.〚比喩的〛〚話〛débarrasser le ～ 出て行く.〚話〛mettre le pied au ～（自動車の）アクセルを床まで踏み込む.
2 階の間の仕切り面；階 (＝étage).
3〚古〛天井 (＝plafond). sauter au ～ 天井に飛びつく.
4〚解剖〛〚基〛底. ～ buccal 口腔の底部（口腔の下顎骨と舌骨の中間の軟かい部分）. ～ orbitaire 眼窩底.
5〚地学〛（地層の）基底部, 下部. ～ d'une caverne 洞窟の基底部.
6〚比喩的〛下限, 最低基準 (plafond「上限」の対).〚同格〛prix ～ 最低〔基準〕価格. rémunération-～ 最低の報酬. vitesse ～（高速道路での）最低制限速度.

planchiste n. ウィンドサーファー.

plancton n.m. プランクトン. ～ animal 動物性プランクトン (crustacées 甲殻類, mollusques 軟体動物, protozoaires 原生動物 など；＝zooplancton). ～ végétal 植物性プランクトン (diatomées 珪藻類など；＝photoplancton).

planctonique a. プランクトンの.

planctonophage a. プランクトンを食べる, プランクトン食性の. poissons ～s

plane *n.m.*〖植〗プラーヌ(＝érable ～)，プラタナス 楓(かえで)，白楓(＝érable blanc)(学名 Acer platanoides).

planétaire *a.* **1** 〖天文〗惑星の，遊星の；惑星(遊星)状の.〖天文〗mouvement ～ 惑星運動. nébuleuse ～ 惑星状星雲. orbite ～ 惑星軌道. système ～ 惑星系. **2** 惑星に似た.〖物理・化〗électrons ～*s* 〔惑星〕軌道電子.〖機械〗mouvement ～ 遊星運動. **3** 世界規模の，世界的な，地球全体の. expansion ～ d'un ～ 紛争の世界的拡大. guerre ～ 世界戦争.
—*n.m.*〖機械〗遊星歯車.

planétalisé(e) *a.p.* 地球全体にひろがった，地球規模の；世界化した(＝mondialisé). groupe ～ 世界的なグループ.

planétarisation *n.f.* (経済的・政治的・社会的現象の)世界化，全地球的拡大，地球規模化(＝globalisation, mondialisation, universalisation).

planétarium [-rjɔm] *n.m.* プラネタリウム.

planète *n.f.* **1** 〖天文〗惑星，遊星(étoile fixe「恒星」, comète「彗星」の対). ～ double 二重惑星. ～*s* du système solaire 太陽系の惑星. ～*s* géantes 巨大惑星(Neptune, Jupiter, Saturne, Uranus). ～*s* inférieures 内惑星(Mercure, Vénus). ～*s* supérieures 外惑星(Mars, Jupiter, Saturne, Uranus, Neptune, Pluton (2006年8月の国際天文学連合の大会で矮惑星に変更)). ～*s* naines 矮惑星. ～*s* telluriques 地球型惑星(Mars, Mercure, Terre, Vénus). étude des ～*s* 惑星学(＝planétologie). notre ～ 地球(＝Terre). période d'une ～ 惑星の公転周期. petites ～*s* 小惑星. trajectoire d'une ～ 惑星軌道. ～*s* joviennes 木星の惑星.〖占星〗être né sous une bonne (heureuse) ～ 良い星の下に生れている. **2** la ～ 地球(＝notre ～).

planétoïde *n.m.* **1** 〖天文〗小惑星(＝astéroïde). **2** 〖宇宙〗人工衛星(＝～ artificielle, satellite artificiel).

planétologie *n.f.*〖天文〗惑星学，遊星学.

planeur[1] *n.m.*〖航空〗グライダー，滑空機.

planeur[2] (**se**[1]) *n.* (金属の)平磨工, (金属板の)圧平機.

planeuse[2] *n.f.*〖機械〗圧平機，くせ取りロール〖金属板平滑機〗.

planifica*teur* (**trice**) *n.* **1** 計画立案者，プランナー；計画推進者. **2** 〖経済〗計画経済立案〖担当〗官.
—*a.* 計画を立案する；計画に基づいた. mesures ～ *trices* 計画立案措置.

planification *n.f.* 計画化；〖経済〗計画経済. ～ des naissances 産児計画(＝planning familial 家族計画). ～ du travail 労働の計画化. ～ en régime socialiste 社会主義体制下の計画経済.

planifié(e) *a.p.* 計画化された；計画に基づいた. économie ～*e* 計画経済. traitement médical ～ 計画に基づく治療.

planimétrie *n.f.* 平面測量〔法〕, 面積測定.

planisme *n.m.*〖経済〗計画経済主義；計画経済体制.

planisphère *n.m.* 平面地球図.～〔céleste〕平面天球図, 星座表.

planiste *n.*〖経済〗計画経済主義者；計画経済専門家.

plan-marché *n.m.,a.m.*〖経済〗市場制(式)(の). économie ～ 市場制経済.

plan-média (*pl.* ～*s*-～*s*) *n.m.* 広告媒体計画(＝〖英〗médiaplanning).

planneur(**se**) *n.* **1** 〖経済〗(経営, 生産など)の企画担当者, 立案者, プランナー. **2** 市場戦略広報担当者.

planning [planiŋ] 〖英〗*n.m.* **1** 企画, 生産(経営・業務)計画, 立案, プラニング. ～ annuel 年次計画. ～ de production 生産(製造)計画. **2** 計画表(公用推奨語は planigramme). **3** ～ familial 家族計画, 産児(出産)計画. centre de ～ familial 家族計画センター.

planque *n.f.* **1** 〖俗〗隠れ家, アジト・隠し場所(＝cachette). être en ～ 隠れ家に身をひそめる. faire (tenir) une ～ (刑事が)張り込みをする. **2** 〖兵語〗(戦時の)安全な場所(地位). **3** 〖俗〗楽な仕事(地位)；楽な仕事場. C'est la bonne ～！ 実に楽な仕事だ.

plan-relief (*pl.* ～*s*-～*s*) *n.m.* (縮尺された)都市模型, 要塞模型. Musée des ～*s*-～*s* 要塞模型博物館(パリの Hôtel des Invalides 廃兵院内).

plant *n.m.* **1** 苗, 苗木；(特に)葡萄の苗(＝～ de vigne). ～ de laitue レタスの苗. ～ issu de graine 種子から芽生えた苗. **2** 苗床, 苗木の苗；プランテーション(同一種類の植物の育成栽培). ～ de rosiers 薔薇の苗床.

plantage (<planter) *n.m.* **1** 〖古〗植え付け(＝plantation). **2** 〖話〗立ち往生, 行き詰まり. ～ de l'ordinateur コンピュータのフリーズ(バグ).

plantaire *a.*〖解剖〗足の裏の, 足底の.〖医〗réflexe ～ 足底反射.〖医〗verrue ～ 足の裏のいぼ(足底疣贅(ゆうぜい)). voûte ～ 足底弓, 土踏まず.

plantation *n.f.* **1** 植え付け, 植樹；植樹法. faire des ～*s* dans un parc 公園に植樹する. date de la ～ 植付け時期. **2** 〖多く *pl.*〗植木；作物. **3** 植付け地；(特に単一農作物の)栽培場. **4** (熱帯地方の)栽植農園, プランテーショ

plante

ン．～ des caféiers コーヒー園．
5 ～ de cheveux 髪の生え方；髪の生え際．

plante *n.f.* **1** 植物，草木；〔*pl.* で〕植物界；植生 (＝végétation)；作物．～ à fleurs 顕花植物 (＝〔～〕phanérogame)．～ annuelle (vivace) 一年生(多年生)植物．～ aromatique 芳香植物．～s chlorophyliennes 葉緑素植物．～ d'appartement；～ verte 観葉植物．～ de serre¹ 温室栽培植物．～ d'un pays 一国(地方)の植生．～s fourragères 飼料作物．～ grasse 多肉植物．～s herbacées 草本植物．～s médicinales (officinales) 薬用植物．～s potagères 野菜 (＝legumes)．～ sans fleurs 隠花植物 (＝〔～〕cryptogame)．～s textiles 繊維作物．～s vasculaires 維管束植物．étude des ～s 植物学 (＝botanique)．jardin des ～s 植物園．
2〔比喩的〕すくすく育った人．～ de serre² 温室育ちの人．C'est une belle ～ 美しい娘だ．

planteu*r*(*se*) *n.* **1** プランテーション経営者，栽植農園主．
2〔稀〕(植物を)植えつける人．
——*n.m.*〔酒〕プラントゥール(ラム酒，果汁，砂糖きびのシロップを混ぜたカクテル)．
——*n.f.*〔農〕じゃがいもの植付け機．

planton *n.m.* **1**〔軍〕伝令．
2〔軍〕立哨 (＝sentinelle fixe)．
3 伝令任務．être de ～ 伝令任務に就いている．mettre un soldat de ～ 兵士を伝令に出す．
4〔比喩的〕faire le ～ 長い間立ったままで待つ (＝attendre debout)．

plantule *n.f.*〔植〕実生(みしょう)．radicule de la ～ 実生の幼根．

plaque (＜plaquer) *n.f.* **1** (金属，大理石などの)板；〔電〕(蓄電池の)極板；プレート；〔写真〕乾板 (＝ ～ photographique；～ sensible)；〔料理〕クッキング・プレート ～ de cuisson).〔スイス〕～ à gâteau 菓子制作台(盤).〔料理〕～ à induction 電磁誘導クッキング・プレート，電磁調理器．～ à vent 風成雪板．〔電〕～ anode 陽極板．～ d'acier 鋼板．～ d'amiante アスベスト板．～ d'appui 基盤 (＝ ～ d'assise)．～ de base).～ de blindage 装甲板．～ de chocolat 板チョコ．〔料理〕～ de cuisson électrique クッキングプレート (＝ ～ chauffante)．～ d'égoût マンホールの蓋．～ de fondation 台座．～ de propreté 指板，フィンガーボード(ドアノブ周辺の金属板)．～ de terre アース板．～ de verglas (道路路面の)雨氷板．～ de verre 板ガラス．〔料理〕～ vitrocéramique ガラスセラミック・プレート．
2 銘板，プレート；記章，バッジ；勲章；〔賭博〕チップ．～〔commémorative〕記念銘板，記念の認識票．～ d'identité d'un soldat 兵士の認識票．～ d'immatriculation (車両の)ナンバープレート．～ de grand officier de la Légion d'honneur レジヨンヌ

ール2等勲章．～ tombale 墓碑板，墓石．
3〔鉄道〕～ tournante 転車台；方向指示案内板；〔比喩的〕中心，交点；仲介者．Paris est la ～ tournante de l'activité culturelle de France. パリはフランスの文化活動の中心である．～ tournante du trafic des stupéfiants 覚醒剤取引の中心地．Le secrétaire est la ～ tournante des communications. 秘書は情報伝達の仲介者(要)である．
4〔地学〕プレート．～ Pacifique 太平洋プレート．～ tectonique des ～s プレートテクトニクス，プレート構造地質学. théorie des ～s プレート理論．
5〔生〕板．〔歯科〕～ dentaire 歯石，プラーク．〔解剖〕～ neurale 神経板．〔解剖〕～ neuromusculaire 運動終板，端板．
6 しみ，汚れ；〔医〕斑，疹．〔医〕～ de pustules 膿疱斑(疹).〔医〕～s muqueuses 粘膜疹．〔医〕sclérose en ～s 多発硬化症．
7〔俗〕être à côté de la ～ 間違える，問題から外れる．mettre à côté de la ～ 的を外す．

plaqué¹ *n.m.* **1** メッキ．～ or (argent) 金(銀)メッキ，金(銀)張り．bracelet en ～ or 金メッキ(金張りの)ブラスレット．C'est du ～. それはメッキ物だ．
2 化粧合板．～ de chêne 樽の化粧合板．C'est du massif ou du ～? これはムク材と化粧合板のどちらですか．

plaqué²(*e*) *a.* **1** メッキした，張り合わせた．～〔d'〕or (〔d'〕argent) 金(銀)メッキの，金(銀)張りの．bijoux ～s〔d'〕or 金メッキ(金張り)の宝飾品．panneau ～ de chêne 樽の化粧合板．
2 押しつけられた，張り付いた．être ～ sur le sol 大地に張り付いている，身動きできない．
3〔音楽〕同時に弾いた．accord ～ 同時和音．
4〔ラクビー〕タックルされた．
5〔話〕捨てられた．femme ～*e* 捨てられた妻．

plaquemine *n.f.*〔植〕柿の実 (＝kaki)．
plaqueminier *n.m.*〔植〕柿のき(かきのき科ébénacéesの一属名)．～ de l'Inde 黒檀 (＝ébénier)．～ du Japon 柿 (＝kaki)．

plaquettaire *a.*〔医〕血小板の．agrégabilité ～ 血小板凝集能．

plaquette *n.f.* **1** 小型の銘板(プレート)；〔薬〕(錠剤の)固定シート；小板．～ de chocolat 板チョコ．
2 小冊子．～ publicitaire 宣伝用小冊子．
3〔医〕血小板 (＝ ～ sanguine)，栓球 (thrombocyte)．～ cinétique 血小板キネティクス，血小板回転．facteur des ～s 血小板〔凝集〕因子．
4〔機工〕パッド．～ de frein ディスクブレーキ・パッド．

plasma *n.m.* **1**〔生〕血漿 (＝ ～ sanguin)，

2【生】原形質.
3【物理】プラズマ《自由に運動する正・負の荷電粒子が共存して電気的中性になっている物質の状態；固体, 液体, 気体に次ぐ第4の状態》. confinement du ~ プラズマの閉じ込め. écran ~ プラズマ・ディスプレー. état de ~ プラズマ状態. oscillation de ~ プラズマ振動. panneau à ~ プラズマ・パネル (略記 PAP).

plasmagel *n.m.* 【生】原形質ゲル.
plasmagène *n.m.* 【生】細胞質遺伝子.
—*a.*【物理】プラズマを発生させる. fluide ~ プラズマ発生流体.
plasmalemme *n.m.* 【生】原形質膜, 細胞膜 (=membrane plasmique, cytoplasmique).
plasmalogène *n.m.* 【生化】プラズマローゲン《グリセロ燐脂質の一種》.
plasmaphérèse *n.f.* 【医】プラズマフェレーシス (=［英］plasmapheresis), 血漿交換療法.
plasmasol *n.m.* 【生】原形質ゾル.
plasmatique *a.* 【生】血漿 (plasma sanguin) の.【医】coagulation ~, 血漿凝固. protéines ~*s* 血漿プロテイン, 血漿蛋白.
plasmide *n.m.* 【生】プラスミド《バクテリア内の染色体から独立したリボ核酸体》.
plasmine *n.f.* 【生化】プラスミン《血漿中の蛋白質分解酵素》, フィブリノリジン (fibrinolysine).
plasminogène *n.m.* 【生化】プラスミノゲン《プラスミン plasmine の前駆体》.
plasmique *a.* 1 【物理】プラズマの；プラズマによる. sonde à propulsion ~ プラズマ推進宇宙探査機.
2【生】プラズマ (血漿) の；形質細胞の. membrane ~ 血漿膜, 原形質膜, プラズマ細胞膜 (=membrane cytoplasmique).
plasmoblaste *n.m.* 【生化】形質芽細胞.
plasmocytaire *a.* 【生】原形質膜の.
plasmocyte *n.m.* 【生】プラズマ細胞, 形質細胞. leucémie à ~ 形質細胞白血病. transformation en ~ 形質転換.
plasmocytome *n.m.* 【医】形質細胞腫, 骨髄腫 (myélome).
plasmocytose *n.f.* 【医】プラズマ細胞症, プラズマ細胞性口唇炎 (=chéilite plasmacytaire).
plasmode *n.m.* 【生】多核細胞, 融合細胞 (=syncytium).
plasmodium [plasmɔdjɔm] *n.m.* 【生】マラリア原虫 (=hématozoaire du paludisme)；住血原虫 (=hématozoaire).
plasmolyse [plasmɔliz] *n.f.* 【生】原形質分離.
plaste *n.m.* 【植】プラスチド《菌類以外のすべての植物の基本構成単位となる細胞小器官》.
plastic ［英］*n.m.* プラスチック爆薬, プラスチック爆弾 (=bombe ~). attentat au ~ プラスチック爆弾によるテロ. un charge de cinq kilos de ~ 5キロのプラスチック爆弾.

plasticage, plastiquage (<plastiquer；plastic) *n.m.* プラスチック爆弾によるテロ (=attentat au plastic).
plasticien(ne) *n.* 1 プラスチック製造工 (技術者). 2 造型美術家. 3【医】形成 (再建) 外科医 (=chirurgien spécialiste de la chirurgie plastique).
plasticité *n.f.* 1 塑性, 可塑性；流動性. ~ de la cire 蠟の可塑性.
2【美術】造型性.
3〖比喩的〗柔軟性, 適応性；【生理・心】可塑性, 再構築性. ~ du caractère de l'enfant 子供の性格の適応性. ~ de l'humeur 気分の柔軟性.
plasticulture *n.f.* プラスチック製ハウス栽培, ビニールハウス栽培.
plastie *n.f.* 【外科】形成術. ~ cutanée 皮膚形成術. ~ mammaire 乳房形成術.
-plastie ［ギ］ELEM「形成する」の意 (ex. rhino*plastie*「鼻形成〔術〕, 隆鼻術」).
plastifiant(e) *a.* 【化】可塑化性の；可塑剤の. substance ~*e* 可塑化物質.
—*n.m.* 可塑剤.
plastification *n.f.* 1 可塑化. 2 プラスチック加工, 樹脂加工.
plastifié(e) *a.* 1 プラスチック・フィルムで覆った, プラスチック (樹脂) 加工を施した. carte d'identité ~*e* プラスチック・フィルムで覆った身分証明書. papier ~ 樹脂加工紙.
2 可塑剤を加えた；可塑化した.
plastiquage ⇒ **plasticage**
plastique *a.* 1 可塑性の. argile ~ 可塑性粘土. explosif ~ プラスチック爆薬 (爆弾) (= ~, *n.m.*；plastic). substance ~ 可塑性物質.
2〖比喩的〗柔軟な. caractère ~ 柔軟な性格.
3 プラスチックの. matière ~ プラスチック〔材〕；合成樹脂〔材〕(= ~ *n.m.*). chimie des matières ~*s* プラスチック化学. en matière ~ プラスチック〔材〕の (=en ~). sac ~ プラスチックの鞄.
4【美術】造形の；彫塑の. arts ~*s* 造形美術《特に彫刻, 絵画》. beauté ~ d'une statue 彫像の造形美. génie ~ 造形の才能.
5 形の美しい. pose ~ 美しいポーズ.
6 形を与える；【医】形成 (成形) の.【医】chirurgie ~ 形成 (成形) 外科.【医】opération ~ 形成 (成形) 外科手術.
7【農】engrais ~ 多量要素肥料 (engrais catalytiques「触媒性肥料」の対).
—*n.m.* 1 可塑性物質；プラスチック〔材〕(=matière ~)；プラスチックの袋 (包み). en (de) ~ プラスチック製の (=en matière ~). bouteille en ~ プラスチックの瓶. ~

plastisol

artificiel 人工プラスチック《cellophane「セロファン」, nitrocellulose「ニトロセルロース」など》. ~ naturel 天然プラスチック《角, 鱗, ゼラチンなど》. ~ synthétique 合成プラスチック, 合成樹脂《石油(石炭)化学製品など》. chimie des ~s プラスチック化学. électronique ~ プラスチック電子工学, プラスチック・エレクトロニクス. envelopper qch dans un ~ 何をプラスチックの袋に入れる.
2 プラスチック爆薬(爆弾)(=explosif ~ ; plastic).
━━n.f. **1** 造形美術(芸術); 彫塑. ~ grecque ギリシア彫刻. **2** 体形; (物の)形. belle ~ d'une danseuse ダンサーの美しい姿態.

plastisol n.m.《化》プラスチゾル《ポリヴィニル塩化樹脂と可塑剤の混合乳液》.

plasturgie n.f. プラスチック製造業, プラスチック加工業, プラスチック工学.

plat[1] n.m. **1** 料理皿; 大皿. ~ à légumes 野菜の盛付け皿. ~ d'argent (de porcelaine) 銀(磁器)の大皿. mettre les petits ~s dans les grands 派手にもてなす. mettre les pieds dans le ~ ずけずけものを言う; 下手な口出しをする.
2 一皿の料理, 主菜の料理. ~ alsacien アルザス料理. ~ cuisiné 出来合いの料理. ~ d'entrée アントレの料理, 前菜料理. ~ de poisson (de viande) 魚(肉)料理. ~ de résistance 主菜(=~ principal);〔比喩的〕(行事などの)目玉. ~ du jour 本日のおすすめ料理. le menu avec le ~ du jour 本日の推奨料理付メニュー. ~ garni 野菜添えの料理. ~s régionaux 地方料理, 郷土料理. faire les ~s nets; nettoyer les ~s 料理をきれいに平らげる. faire honneur à un ~ 料理を楽しむ; きれいに平らげる.
3〔成句〕apporter qch à qn sur un ~ 人の望みを簡単にかなえてやる. faire tout un ~ de (avec) qch 何を大げさに考える; 大げさに騒ぐ. servir à qn un ~ de sa façon 人の意表をついたことを言う; 人に思いがけぬ心配をかける.
4〔話〕~ d'épinard 緑色のどぎつい下手な風景画.

plat[2] (e) a. **Ⅰ**《平らな》**1** 平らな; 水平な. 幾何 angle ~e 平角(180 度). pays ~ 平野, 平原. surface ~e 平らな面, 平面. terrain ~ 平らな土地, 平地.
2 平たい; 薄い. assiette ~e 浅い皿. bateau〔à fond〕~ 平底の船. chaussures à talon ~ 踵の低い靴, ローヒール. écran ~ フラット・ディスプレー; 平面ブラウン管. maison à toit ~ 平屋根の家. montre ~e 薄型腕時計.〔鉄道〕wagon ~ 長物貨車. avoir la bourse ~e 財布がぺちゃんこである.
3 (体の部位が)平たい, 平べったい. cheveux ~s ぴったりした髪. nez ~ ぺちゃん

この鼻. os ~ 平たい骨. pied ~ 扁平足;〔比喩的〕下賤な人. avoir la poitrine ~e (女性が)平べったい胸をしている.
4 波のない, 凪いだ. calme ~ べた凪;〔比喩的〕停滞状態. mer ~e 凪いだ海.
5 一様な.〔絵〕teinte ~e 濃淡のない色調.
6〔詩法〕rimes ~es 平韻.
7 à ~ 平らに; 平らな; (バッテリーが)あがった. à ~ ventre 腹這いで. se mettre à ~ ventre 腹這いになる.〔話〕se mettre à ~ ventre devant qn 人の前でへいこらする. batterie d'accumulations à ~ 上がったバッテリー.〔農〕labour à ~ 平坦耕 (labour en planche「平畝耕」の対). pneu à ~ パンクしたタイヤ.
être à ~ ぐったりしている, 疲れ切っている. mettre à ~ (人を)へとへとにさせる; (物を)平らくする;〔俗〕倹約する. nier à〔tout〕~ きっぱり否定する. poser une balance à ~ 秤を水平に置く. tomber à ~ 地面にべったり倒れる;〔比喩的〕何の反響も得られない. pièce de théâtre qui tombe à ~ 失敗に帰した芝居.
Ⅱ《平板な》**1** 平凡な, つまらない. ~ comédie ~e つまらぬ芝居. image bien ~e 陳腐な映像. livre ~ つまらない書物. physionomie ~e 特徴のない顔立ち. préoccupations ~es 取るに足りぬ気がかり. style ~ 平凡な文体.
2 卑屈な. de ~es excuses 卑屈な言訳.
3 (酒が)気の抜けた; (ミネラルウォーターが)非発泡性の, 炭酸ガスを殆ど含まない. eau〔minérale〕~e オー・プラット, ノンガスのミネラルウォーター (=eau minérale non-gazeuse). eau-de-vie ~e 気の抜けた蒸溜酒. goût ~ ばっとしない味. vin ~ 味のない葡萄酒.

plat[3] n.m. **1** 平たい部分. ~ d'un aviron 櫂の腹. ~ d'une épée (d'une lame) 剣(刀身)の平(ひら). ~ de la main 掌.
2〔食肉〕~ de côtes 牛の肋肉 (=plates côtes).
3 平坦な道; 平坦な土地 (=terrain ~);〔競馬〕平坦な馬場(コース). course de ~ 平坦なコースでの競馬.
4〔水泳〕水平飛込 (=plongeon à ~ ventre; ~-ventre).
5〔製本〕(本の) 表紙 (=~ supérieur). ~ inférieur 裏表紙. ~s toile クロス装の表紙.
6〔製鉄〕鋼板, 厚板.
7〔比喩的〕faire du ~ à qn 人にへつらう. faire du ~ à une femme 女性に言い寄る.

platanacées n.f.pl.〔植〕プラタナス科〔植物〕(platane プラタナス, plane 白楓など).

platane n.m.〔植〕プラタナス, 鈴懸けの木. faux-~ 大楓 (=sycomore), érable sycomore). ~ d'Orient オリエント・プラタナス.

plat-bord (pl. ~s-~s) n.m.〔船〕上甲

舷側, 船縁 (ふなべり).

plateau (*pl.* ~**x**) *n.m.* Ⅰ (平らな物) **1** (料理などを運んだり盛りつける) 盆, 皿；皿に盛られた料理. ~ à (de) fromages チーズの盛付け皿；チーズの盛合せ. ~ de fruits de mer 海の幸の盛合せ《貝類・甲殻類の盛合せ料理》. ~-repas 食器皿《仕切りつき食享皿》.〔比喩的〕apporter (donner, servir) qch à qn sur un ~ 人に何のお膳立てをしてやる.
2 (秤などの) 皿. ~ d'une balance 秤皿. ~ d'un pèse-bébé 乳児用体重計の受皿.
3〖機械〗厚板, 盤. ~ à trous (施盤の) 面板 (めんばん), (フライス盤の) 割出し板 (= ~ diviseur). ~ d'embrayage クラッチ板. ~ d'entraînement 駆動盤.
4 (車輌の) 平荷台；〖鉄道〗無蓋貨車 (=plate-forme).
5〖音楽〗~ d'un électrophone プレーヤーの回転盤.
Ⅱ (台型のもの) **1**〖地形〗高原, 台地, 高原地帯. le ~ d'Albions アルビヨン高原《旧対地戦略核兵器基地；1999年6月閉鎖》；のち第二外人工兵連隊, DGSEの盗聴センター, 天文台, レーダー基地などが使用》. les ~x lorrains ロレーヌ台地. ~ continental 大陸棚.
2 (劇場の) 舞台；(映画・TVの) セット；舞台 (セット) 関連経費《人件費・装置代》. ~ d'un studio de cinéma (de télévision) 映画 (TV) セット. frais de ~ 舞台 (セット撮影) 経費. monter sur le ~ 舞台に立つ；セットに入る.
3 (クラブの) 高平部, 山.〖医〗fièvre en ~ 稽留 (けいりゅう) 熱, 持続熱.

plateau-repas (*pl.* ~**x-**~) *n.m.* お盆にセットされて供される食事；車内食；機内食 (= ~ aérien).

plate-bande (*pl.* ~**s-**~**s**) *n.f.* **1** 花壇. fleurs qui s'alignent en ~s-~s 花壇に並んで咲く花.〔話〕marcher sur les ~s-~s de qn (人の家の花壇の上を歩く→) 人の権利を侵害する.
2〖建築〗平らな剖型 (くりがた)；(窓・戸口の上の) 楣石 (まぐさいし). ~ appareillée 水平アーチ. ~ de baie 開口部の楣石.
3 (接ぎ手用の) 帯鉄, 補強用鉄材 (= ~ defer).

plate-forme (*pl.* ~**s-**~**s**) *n.f.* Ⅰ (平面) **1** 高くなった面；(道路の) 道床；(線路の) 盛り土道；(駅の) プラットフォーム (= ~ de quai). ~ d'une route 道路の道床. ~ en planches 桟敷, 高座；舞台. toit en ~ 平屋根.
2 施工基面, 造成宅地. terrassement en ~ 台状の盛り土.
3〖地形〗台地. ~ continentale 大陸棚. ~ d'érosion 侵蝕台地. ~ littorale 海蝕台地. ~ structurale 構造平野.
4 (旧式のバス・電車後部の) 立席.

5〖鉄道〗無蓋貨車, 長持車 (=wagon plat et ouvert；plateau).
6〖軍〗砲床, 砲座 (= ~ d'artillerie). ~ de tir (塹壕の) 射撃用足場 (=banquette).
7〖石油〗~ de forage (海底油田探索用の) リグ, プラットフォーム.
Ⅱ〔比喩的〕〖plateforme の表記もある〗 (政党などの) 綱領, 基本方針, 政見. ~ commune 共同綱領.〖航空〗~ de correspondance ハブ空港 (hub). ~ électorale d'un parti 政党の選挙綱領. ~ revendicative (労働組合などの) 権利要求大綱. projet de ~ 綱領案.

platinage (<platiner) *n.m.* プラチナ (白金) メッキ, プラチナ張り加工；プラチナメッキ膜.

platine[1] *n.m.* **1**〖化〗プラチナ, 白金《記号 Pt；原子番号 78；原子量 195.09；白金族元素》.
2〖金属〗プラチナ, 白金《比重 21.45, 融点 1772℃, 沸点 3800℃の銀白色の可延性貴金属》. ~ d'argent 銀白金合金 (Ag 67%, Pt 33%；精密機器の電気抵抗材). ~ en lame 白金箔. ~ iridié 白金イリジウム合金 (Pt 90%, Ir 10%の合金, 電気接点材). ~ natif 自然白金. ~ rhodié 白金ロジウム合金 (Pt 90%, Rh 10%；電気接点材). alliance en ~ プラチナの結婚指輪. catalyseur de ~ プラチナ触媒. creuset en ~ 白金るつぼ. éponge (mousse) de ~ 白金海綿 (触媒材). métaux de la mine de ~ 白金族自然合金 (iridium イリジウム, osmium オスミウム, palladium パラジウム, rhodium ロジウム, ruthénium ルテニウムなどの稀金属). mine de ~ 白金鉱. mousse de ~ 白金海綿 (= ~ spongieux 触媒). noir de ~ 白金黒 (黒色の白金粉末；気体電極の保持材, 不均一相触媒などの原料). oxyde de ~ 酸化白金. préparation de ~ プラチナの製錬.
—— *a.inv.* 白金 (プラチナ) 色の, 銀白色の. cheveux blond ~ プラチナ・ブロンドの髪.

platine[2] *n.f.* **1**〖機械〗盤, パネル, 座金；(時計の) 地板；(ミシンの) 針板；(顕微鏡の) ステージ；〖印刷〗平圧凸版印刷機〔の圧盤〕. ~ d'une machine à coudre ミシンの針板. ~ de microscope 顕微鏡のステージ (=porte-objet「載物スライド」). ~ d'une montre 腕時計の地板.
2〖オーディオ〗ターンテーブル；レコードプレーヤー (= ~ tourne-disque)；プレーヤー (=lecteur). ~ DVD-DivX DVD=DivX プレーヤー. ~ universelle 汎用プレーヤー.
3〔やや古〕舌. avoir une bonne ~ 舌がよく回る, お喋りである；口が達者である.

platiné(e) *a.* **1** プラチナ・ブロンド色の. cheveux ~s プラチナ・ブロンドの髪.
2 プラチナ・メッキの；プラチナ張りの. vis ~*e* (エンジンの点火器の) 白金ビス, ポ

platineux *a.m.* 白金の. composés ~s 白金［II］化合物, Pt^{II}化合物（2価の白金化合物).

platinifère *a.* プラチナ(白金)を含む. roche ~ プラチナ含有岩石.

platinique *a.* 白金の. composés ~s 白金［IV］化合物, Pt^{IV}化合物（4価の白金化合物).

platinite *n.f.*〚冶〛プラチナイト《プラチナのような膨張性をもつ鉄ニッケル合金》.

platinoïde *n.m.*〚金属〛プラチノイド, 白金族自然合金(=métaux de la mine du platine ; iridium, osmium, palladium, rhodium, ruthénium).

plâtre *n.m.* **1**〚鉱〛石膏(=pierre à ~ ; gypse ; 硫酸カルシウム sulfate de calcium). carrière de ~ 石膏採取場.
2 焼石膏(= ~ cuit) ; 漆喰, プラートル, プラスター. ~ à mouler 鋳型用石膏. ~-ciment 漆喰セメント. buste en ~ 石膏製胸像. carreau en ~ 石膏板. fleur de ~ 微粉末石膏. sac de ~ 石膏袋. gâcher du ~ 漆喰をこねる.
3 石膏細工, 石膏像. ~ antique 古代石膏像.
4〚医〛ギプス(=gypse). faire un ~ à qn 人にギプスをはめる. avoir la jambe dans le ~ 脚にギプスをはめている.
5〚*pl.* で〛漆喰工事 ; 漆喰壁.〚話〛battre qn comme ~ (漆喰をこねるように) 人を打ちのめす. essuyer les ~s (漆喰工事が終ったばかりの) 新築家屋に住む ;〚話〛真先にひどい目に会う. refaire les ~s 漆喰壁を塗り直す.

plausible *a.* (仮説, 主張などが) 妥当と思われる. explication ~ もっともな説明. premier tour ~ des législatives 国民議会選挙の妥当と思われる第1回投票日.

Plavix *n.m.*〚薬〛プラヴィックス《Sanofi-Aventis 社の抗血小板薬 ; 脳梗塞の再発予防薬》.

PLD¹ (=*P*arti *l*ibéral-*d*émocrate) *n.m.* 自由民主党《ロシアの極右政党》.

PLD² (=*P*arti *l*ibéral *d*émocrate) *n.m.* (日本の) 自由民主党.

PLD³ (=*p*lafond *l*égal de *d*ensité) *n.m.*〚都市計画〛建築密度の法定上限(= ~ de construction).

plébiscite *n.m.* **1**〚古代ローマ〛平民議決 (plebiscitum).
2〚法律〛住民投票. ~ de détermination 決定についての住民投票《国家の将来に関する包括的決定》. ~ de ratification 追認についての住民投票. faire un ~ 住民投票を行う. recourir un ~ 住民投票に訴える.

plein¹(***e***) *a.* Ⅰ《中味の詰った》**1** 一杯いった, 一杯の, 満杯の. boîte ~e 中味の詰った箱. bourse ~e 金のぎっしり詰った財布. bouteille ~e 一杯入った瓶. métro ~ 満員の地下鉄. salle ~e de spectateurs 観客で満員のホール. tonneau ~ 満杯の樽. valise trop ~e à craquer 今にもはじけそうな旅行鞄. verre ~ à ras bords (jusqu'aux bords) なみなみと注がれたグラス.

avoir le cœur ~ 胸が一杯である. avoir l'estomac ~ お腹が一杯である, 満腹である. avoir les mains ~es 手が一杯である. avoir le nez ~ 鼻が詰まっている. parler la bouche ~e 口に物を頬張ったまま喋る.

~〔*e*〕+*n.*+de 何か一杯の…. une ~e casserole de potage 鍋一杯のポタージュ.

à ~〔*e*〕+*n.* 何か一杯に. crier à ~e voix 声を限りに叫ぶ. verser du vin à ~ verre グラスになみなみと葡萄酒を注ぐ. travailler à ~ temps (à ~ temps ~) フルタイムで働く (à ~ temps partiel「パートタイム」; à mi-temps「ハーフタイム」の対). moteur qui tourne à ~ régime フル回転のエンジン. à moitié ~e 半分入った.

2 充実した. une journée ~e 忙しい一日. vie ~e 充実した人生.

3〚俗〛酔っぱらった(= ~ de vin). Il est ~〔comme une barrique〕. 奴はぐでんぐでんだ.

4〚動〛腹に仔のある. jument ~e 孕んだ雌馬.

Ⅱ〚~ de ;〚話〛tout ~ de〛**1** (物が)…に満ちた ; …をたっぷり含む ; …に満ちついた. bouteille ~e de vin 葡萄酒の詰まった瓶. copie ~e de fautes 間違いだらけの答案. jardin ~ de monde 人波に埋まった庭園. main ~e de taches d'encre インクのしみだらけの手. pré ~ de fleurs 花が一面咲き乱れる牧草地. yeux ~s de larmes 涙の溢れる眼.

2 (人が)…に溢れた ; …にとりつかれた ; …に没頭した. homme ~ de courage 勇気溢れる人物.〚話〛être ~ aux ~s de qn 人のことをあれこれ心にかける. être ~ d'égards pour qn 人のことをあれこれ心にかける. être ~ d'idées 創意に満ち溢れている. être ~ d'une idée 一つの考えにとりつかれている. être ~ de soi 自惚れている.

Ⅲ《全体にわたる》**1** 満ちた ; 完全な ; 充実した. le ~ air 野外. jeux de ~ air 屋外競技. ~ cœur de la ville 都市の中心部. ~ *e* lune 満月. ~ *e* mer 満潮 ; 沖合. pouvoirs ~ 全権《委任》; 全権委任状. loi de ~s pouvoirs 全権委任法律. ~ succès 大成功. ~ tarif 正規料金制《割引のない満額料金》. payer ~ tarif 正規料金を払う. ~*e* victoire 完璧な勝利. ~*e*〚話〛juridiction 完全裁判訴訟, 全面審判訴訟. un jour ~ 丸一日. reliure ~*e* peau (本の) 総革装. de son ~ gré 自分の意志で.

en ~〔*e*〕…の真中に ; …の最中に. en ~ hiver 真冬に. en ~*e* mer 沖合に. en ~*e* nuit 真夜中に. en ~*e* poitrine 胸の真中に. en ~*e* rue 道の真中で. en ~ soleil 照りつける

太陽の下で, 真昼間に. en ~ sud 真南に. en ~e terre 露地で. en ~ travail 仕事の真最中に. en ~e vitesse 全速力で. pays en ~e croissance 成長途上国. agir en ~e liberté 完璧に自由に行動する. être en ~e forme 体調が万全である. être en ~e possession de …を完全に掌握している. donner une ~e assurance 十全な保証を与える. donner ~e satisfaction 充分に満足させる.
2 隙間のない；芯まで詰った；(人が) 丸々とした；(音が) よく響く. bois ~ 密林. brique ~e 普通煉瓦. expression ~e 力強い表現. joues ~es ふっくらした頬. mur ~ めくら壁. porte ~e (窓のない) 一枚戸. visage ~ 丸顔. voix ~e よく通る声.
IV《平らな》平らな；一様な (= plain).〖紋章〗écu ~ 無地紋. se heurter de ~ fouet 正面.〖軍〗tirer de ~ fouet 水平射撃.

plein² *ad.* **1**〖話〗tout ~ 非常に. être tout ~ gentil；être gentil tout ~ とても親切である, 親切そのものである.
2〖話〗~ de (tout ~ de) + n.〖無冠詞〗たくさんの…. Il y a ~ de gens. 大勢の人がいる.
3 たっぷりと, はっきりと.〖海〗porter ~ 帆にいっぱい風をはらませる.〖海〗gouverner ~ 帆に風を一杯はらませるように舵をとる. sonner ~ 中味のつまった響きをたてる.
——*prép.* …の中一杯に；…の一面に. avoir de l'argent ~ les poches ポケットに一杯金をつめこんでいる；たんまり金がある. en avoir ~ la bouche de qn (qch) 何 (人) こと を 盛んに 言いたがる.〖話〗en avoir ~ les bras へとへとになる.〖話〗en mettre ~ la vue à qn 人の気をそそる. Elle a mis du café ~ sa robe. 彼女はドレス一面にコーヒーをぶちまけた. Il y a du monde ~ la salle. ホール一杯に人があふれている.
——*n.m.* **1** 充満, 充実. ~ de la Lune 満月. La Lune est dans (en) son ~. 満月である. ~ de la mer (de l'eau) 満潮 (= la marée haute).
2 満潮. battre son ~ (満ち潮が) 岸を打つ；(海が) 満ちる；〖比喩的〗最高潮に達する. La mer bat son ~. 潮が満ちてくる. La fête bat son ~. 祭りは最高潮に達した；宴は酣 (たけなわ) である.
3 最大限, 最高潮. le ~ de la passion 情熱の極致. donner son ~ 全力を傾中する；最高潮に達する.
4 満杯, 容器一杯, 全容量. faire le ~ de …で一杯にする；…を一杯にする；〖比喩的〗…を最大限に集める. faire le ~ d'eau (d'essence, de mazout) 容器を水 (ガソリン, 燃料油) で満たす. faire le ~ des voix de gauche 左翼票を最大限に集める. faire le ~〔d'une voiture〕(車を) 満タンにする. Le ~, s.v.p. 満タンにしてください (ガソリ

ン・スタンドでの表現).
5 中味のつまっている物；満杯の場所；〖建築〗充実部分. les ~s et les vides d'une église 教会堂の充実構造部分と空白構造部分.
6〖印刷〗(文字の) 太線部. ~〔s〕et délié〔s〕d'une lettre 文字の太線部と細線部.
7 (保険の) 保有限度.
8〔前置詞とともに〕à ~ 完全に, 全く；積載量一杯で. argument qui porte à ~ 完璧な議論. camion chargé à ~ 積荷を満載したトラック. voiture qui roule à ~ 満員で走行する車. en ~ 完全に, ぴったりに. travailler à ~ フルに働く. en ~ sur (dans) …の真上 (真中) に.
La bombe est tombée en ~ sur la gare. 爆弾は駅を直撃した. La lune tombe en ~ sur la pelouse. 月光が芝生の真上から降り注いでいる. mettre en ~ dans le mille 標的の中央を射抜く；〖比喩的〗成功する；言い当

plein-air *n.m.inv.*〖スポーツ〗野外競技.
plein〔-〕emploi *n.m.inv.*〖経済・労働〗完全雇用. politique de ~ 完全雇用政策.
plein-temps (*pl.* ~**s**-~) *n.m.*〖労働〗プラン=タン, フルタイム労働, 専任, 専従. à ~ フルタイムで (= à temps plein). travailler à ~ フルタイムで働く (= faire un ~).
pléistocène *n.m.*〖地学〗更新世, 最新世〖第四紀の前期 (200 万年前～1 万年前)〗.
plénipotentiaire *n.m.* 全権使節, 全権委員.
——*a.* 全権を有する. ministre ~ 全権公使.
plénitude (< plein) *n.f.* **1** 完全, 十全；完璧；最盛.〖法律〗十全性. ~ du bonheur 幸福の絶頂. ~ de l'être 存在の十全性 (独立性).〖法律〗~ de juridiction 裁判権の十全性. ~ de compétence, (行政機関の) 包括的管轄権. ~ de juridiction de la cour d'appel (de la cour d'assises) 控訴院 (重罪院) の完全管轄性. ~ du pouvoir exécutif 執行権の完全性.〖聖書〗~ des temps (救世主の到来による) 時の成就. ~ de vie 人生の充実. homme dans sa ~ 成熟期の人間. être à sa ~ 最盛期にある.
2〖文〗(形の) 豊満；(声・音の) 丸味；(思索の) 豊かさ. ~ des chairs 肉付きの良さ. ~ d'un son 音の丸味.
3〖医〗充満, 飽満. ~ de l'estomac 胃の飽満 (充満).
plénum, plenum [plenɔm]〔ラ〕*n.m.* (社会主義国の党中央委員会の) 総会, 全体会議. réunion du ~ du comité central du parti communiste 共産党中央委員会総会.
plésiocuriethérapie *n.f.*〖医〗至近放射線照射療〔術〕(= curiethérapie).
plessimètre *n.m.*〖医〗打診板 (打診用器具).
pleur *n.m.* **1**〖文〗〔多く *pl.*〕涙, 落涙.

pleurage

~s convulsifs すすり泣き.〚詩〛~s de l'aurore 朝露 (=rosée du matin). ~s de joie 喜び. être tout en ~s 涙にくれる. fondre des ~s 泣きくずれる. répandre des ~s 涙を流す. sécher les ~s de qn 人の悲しみを慰める.
2〚古〛悲嘆.
3 (春に樹皮から滲み出る)樹液. ~s de la vigne 葡萄の樹液.

pleurage n.m.〚音響〛ワウ(=〚英〛wow)《再生装置の回転むらによって生じる音のゆがみ》.

pleural(ale) (pl. **aux**) a.〚解剖・医〛胸膜の. biopsie ~ale 胸膜生検. callosite ~ale 胸膜胼胝(べんち). épanchement ~ 胸水. infection ~ale 胸膜炎 (=pleurésie). mésothéliome ~ale 胸膜中皮腫. ponction ~ale 胸膜穿刺.

pleurésie n.f.〚医〛胸膜炎, 肋膜炎. ~ à épanchement 胸水性胸膜炎. ~ carcinomateuse (cancéreuse) 癌性胸膜炎. ~ exsudative 滲出性胸膜炎. ~ sèche 乾性胸膜炎 (=pleurite). ~ sérofibrineuse 血清線維素性胸膜炎.

pleurétique a.〚医〛**1** 胸膜(肋膜)炎性の. point [de coté] ~ 胸膜(肋膜)炎の胸痛点. souffle ~ 胸膜性雑音.
2 胸膜(肋膜)炎に罹った.
── n. 胸膜(肋膜)炎患者. soigner des ~s 胸膜(肋膜)炎患者を手当てする.

pleureur(se) a. **1** 泣き虫の;べそをかいたような. enfant ~ 泣き虫の子供. air (ton) ~ 哀れっぽい調子.
2 (木が)枝垂れの. cerisier à fleurs ~ 枝垂桜. saule ~ 枝垂柳.
── n. 泣き虫.

pleurite n.f.〚医〛胸膜炎 (=pleurésie).

pleurodynie n.f.〚医〛胸膜痛[症], 側刺[痛]. ~ épidémique 流行性筋痛症.

pleuronectidés n.m.pl.〚魚〛かれい〔鰈〕科;かれい科の魚(=pleuronectes;体側の片面の左または右だけに眼がある魚類;carrelet かれい, limande かれい, plie かれい, sole 舌鮃[ヨーロッパ産は眼が右寄り;日本産は左寄り], turbot 大鮃など).

pleuropneumonie n.f.〚医〛胸膜肺炎;〚獣医〛牛肺炎, 牛肺疫(マイコプラズマによる家畜の胸膜肺炎).

pleuroscopie n.f.〚医〛胸膜鏡検査〔法〕, 胸腔鏡検査〔法〕 (=thoracoscopie).

pleurote n.m.〚茸〛プルーロット, ひらたけ《切株に生える栽培向き茸;食用》.

pleurotomie n.f.〚医〛胸膜切開〔術〕.

plèvre n.f.〚解剖〛胸膜.

plexiglas[s] [plɛksiglɑs] (<P~, 商標) n.m. プレクシグラス《ガラス状透明樹脂》.

plexus [plɛksys] n.m.〚解剖〛(神経, 動脈などの)叢(そう), 神経叢;脈管叢. ~ de脈絡叢. ~ d'Auerbach アウエルバッハ神経叢. ~ entérique 腸壁内神経叢. ~ lom-

baire 腰椎神経叢. ~ myentérique 筋層間神経叢, アウエルバッハ神経叢(=~d'Auerbach). ~ sacré 仙骨神経叢. ~ solaire 太陽神経叢, 腹腔神経叢 (=~cœlique). ganglion du ~ solaire 太陽神経節.

PLFSS (=projet de loi de financement de la Sécurité sociale) n.m.〚社会保障〛社会保障の財政に関する法案.

PLI[1] (=Petit Larousse illustré) n.m. ラルース挿画入り小辞典.

PLI[2] (=prêt locatif intermédiaire) n.m.〚住居〛賃貸仲介貸付《1987年導入》.

pli n.m. **1** 折り目, 筋;〚服〛プリーツ, タック;(カーテンの)襞(ひだ);(布地の)折り目, しわ. ~ d'une carte 地図の折り目. ~ d'une feuille de papier 紙の折り目. ~ d'un vêtement 衣服のしわ. ~ plat フラット・プリーツ. jupe à ~s プリーツ・スカート (=jupe plissée). faire des ~s しわになる. marquer des ~s d'un pantalon en repassant アイロンでズボンに折り目をつける. enlever les ~s(アイロンで)しわを伸ばす. faux ~ 誤ってつけた折り目;余分なしわ.
2 (皮膚の)しわ (=~ de la peau). ~ du cou 首筋のしわ. ~s sinueux du front 額の横じわ. ~ sous le menton 顎の下のしわ.
3〚解剖〛しわ(たるみ)状のもの. ~ de l'aine 鼠蹊溝. ~ du bras 肘窩(ちょうか) (=saignée). ~ ventriculaire 虫様垂, 虫垂 (=appendice).
4 (土地の)起伏;〚地学〛褶曲. ~ de terrain 土地の起伏. ~ concave (convexe) 向斜(背斜). ~s isoclinaux 等斜褶曲.
5 (布地・髪などの)癖;(髪の)ウェーブ. mise en ~s (髪の)セット. se faire faire une mise en ~ 髪のセットをしてもらう.
6 (人の)癖. prendre le ~ de+inf. …する癖がつく. prendre un (son) ~ 習慣を身につける;(状況などに)慣れる. prendre un bon (mauvais) ~ 良い(悪い)習慣が身につく.
7 (二つ折りにした)封書;手紙, 文書. lettre envoyée sous ~ cacheté 封緘書簡. envoyer un ~ 手紙を送る. J'ai bien reçu votre ~. お手紙確かに拝受いたしました. sous le même ~ 同封で.
8〚トランプ〛札の取り集め (=levée).
9〚ベルギー〛(整髪した)髪の分け目.

pliant(e) (<plier) a. 折り畳み式の. lit ~ 折り畳み式ベッド. mètre ~ 折れ尺. vélo ~ 折り畳み式自転車.
── n.m. 折り畳み椅子 (=siège ~).

plie n.f.〚魚〛かれい (=carrelet).

pliocène n.m.〚地学〛鮮新世《新生代第三紀の最後の時期》.
── a. ~ o. époque ~ 鮮新世時代.

plissage (<plisser, pli) n.m. **1** プリーツ加工. **2**〚印刷〛(印刷中の紙に)しわが寄ること. **3** 折り紙.

PLM (=Paris-Lyon-Méditerranée)パリ・リヨン・地中海《フランス国鉄の幹線名》.

PLO (=〔英〕Palestine Liberation Organization) *n.f.* パレスチナ解放機構(=〔仏〕OLP: Organisation de libération de la Palestine).

plomb [plɔ̃] *n.m.* [I]《鉛》**1**〖化〗鉛《元素記号 Pb, 原子番号 82, 原子量 207.21》. **2**〖金属〗鉛《青味を帯びた灰色の金属;比重 11.35, 融点 327.5℃, 沸点 1740℃》. ~ blanc 鉛白;白鉛鉱. ~ blanchi 鉛と錫の合金. ~ jaune 黄鉛鉱. ~ rouge 鉛丹 (=minium; Pb_3O_4). ~ sulfuré 方鉛鉱. de ~^{1}, en ~^{1} 鉛の;鉛製の. blanc de ~ 鉛白 (=céruse 白色顔料).〖化〗chambre de ~ 鉛室.〖医〗coliques de ~ 鉛疝痛(なまりせんつう). essence sans ~ 無鉛ガソリン. gisement de ~ 鉛鉱脈(鉱床). mine de ~ 黒鉛 (=graphite), 石墨 (=plombagine). minerai de ~ 鉛鉱石. oxyde de ~ 酸化鉛 (=minium; ~ rouge). sels de ~ 鉛の塩化物, 塩化鉛.〖玩具〗soldats de ~ 鉛の兵隊. tuyau de ~ 鉛管. verre au ~ 鉛入りガラス, クリスタルガラス (=cristal). **3**〔比喩的〕de ~^{2}, en ~^{2} 鉛のような, 鉛のように重い. ciel de ~ 鉛色の空. jambes de ~ 鉛のように重い足. avoir (se sentir) des jambes en ~ 足が鉛のように重い. soleil de ~ 灼熱の太陽. sommeil de ~ 熟睡. [II]《鉛製品》**1**《釣糸・漁網などの》鉛玉, 錘(おもり);〖海〗測鉛, 測深錘(=~ de sonde);(カーテンなどにつける)おもり. à ~ 鉛垂に, 垂直に;〔比喩的〕まともに, 直截的に. avoir du ~ dans l'estomac 胃が重い. n'avoir pas de ~ dans la tête 軽率である. fil à ~ (測量用の)下げ振り糸, 錘重. **2**(銃の)散弾 (=cartouche à ~). des ~s de chasse 狩猟用散弾. **3** 封緘用鉛, 鉛印;(電気・ガスなどの)メーター用封印. ~ d'un compteur de gaz ガスメーターの封印. mettre un ~ à la porte d'un wagon 貨車の扉を鉛で封印する. **4**〖電〗ヒューズ (=~ fusible);安全器 (=coupe-circuit). sauter les ~s ヒューズを飛ばす. **5**〖印刷〗(活版用)組活字. **6**(ステンドグラスを)鉛製機, 鉛線.

plombage (<plomber, plomb) *n.m.* **1** 鉛をつけること, 鉛をかぶせること. **2**〖歯科〗充塡;充塡用アマルガム (=amalgame), 充塡材. perdre un ~ 充塡材がなくなる. **3**(貨車に)鉛の封印をする.

plombé(e) *a.* **1** 鉛入りの. carburant ~ 鉛入り燃料(ハイオクタン・ガソリン). **2** 鉛で蔽った. dent ~ 充塡された歯. **3**(貨車などが)鉛で封印された. **4** 鉛色の;青黒い. ciel ~ 鉛色の空. visage ~ 青黒い顔.

plombémie *n.f.*〖医〗鉛血症.

plomberie (<plomb) *n.f.* **1** 鉛製品製造業;鉛工場. **2** (水道・ガスなどの)配管工事;配管業;トタン工事. entreprise de ~ 配管工事業者. **3** 配管設備.

plombier *n.m.* **1** 鉛管工, 配管工. ~-couvreur トタン屋根ふき職人. ~-zingueur 亜鉛メッキ工. **2**〔話〕盗聴工作員(鉛管工のふりをして盗聴器を仕掛けることから).

plombières (<P~〔-les-Bains〕, ヴォージュ地方 les Vosges の町;市町村コード 88370) *n.f.*〖料理〗プロンビエール(糖果入りのアイスクリーム).

plombifère *a.* 鉛を含有する. minerai ~ 含鉛鉱.

plomb-tétraéthyl *n.m.*〖化〗四エチル鉛, テトラエチル鉛(燃料のアンチノック剤:=〔英〕TEL: tetraethyl lead).

plongée *n.f.* **1** 潜水;潜航. ~ sous-marine スキューバダイヴィング (=〔英〕scuba diving). en ~ 潜水している;潜航状態の. sous-marin en ~ 潜航中の潜水艦. **2** 下降, 降下, 沈下, 沈潜. ~ des cours de l'or 金の相場の下落. L'avion fait une ~. 航空機が降下する. **3** 見下ろすこと, 俯瞰;〖映画・写真〗俯瞰撮影. avoir une ~ sur la mer 海を見下ろす. **4**〖城〗(胸壁の)傾斜面.

plongeoir *n.m.* 飛込台.

plongeon *n.m.* **1** 飛込み, ダイヴィング;〖スポーツ〗ダイヴィングキャッチ. ~ avant (arrière) 前(後)飛込み. ~ de haut vol 高飛込み. ~ tremplin 飛板飛込み. faire le ~ 飛び込む, ダイヴィングをする;ダイヴィングキャッチをする;〔比喩的〕経済的破綻をきたす, (投機で)大損をする. **2** スカイダイヴィング.

plongeur(se) *n.* **1** ダイヴァー;水にもぐる人;潜水夫. **2** 飛込選手. **3** (レストランの)皿洗係. **4**〖陶芸〗釉薬工 (=trempeur). ——*a.* 潜水する. oiseau ~ 潜水鳥.

ploussard *n.m.*〖葡萄〗プールサール(ジュラ地方 le Jura で栽培される淡い赤葡萄酒用の品種;別称 poulsard プールサール;主な AOC は arbois, côtes-du-jura).

PLP (=professeur de lycée profesionnelle) *n.m.*〖学〗職業科高等学校教諭.

PLS (=position latérale de sécurité) *n.f.*〖医〗安全側臥位(応急手当の体位).

PLU (=plan local d'urbanisme) *n.m.*〖都市計画〗地方都市計画(旧 POS: plan d'occupation des sols 土地占有計画の代りに 2000 年 3 月に導入).

pluie *n.f.* **1** 雨, 降雨. La ~ tombe. 雨が降る. Le temps est à la ~. 雨模様である. ~ acide 酸性雨. ~ artificielle 人工降雨.

~ battante 篠つく雨. ~ de convection 対流雨. ~ de front 前線雨, 低気圧雨(=~ cyclonale). ~ de mousson モンスーン雨, 季節風雨. ~ de relief 山岳性雨. ~ de sang (大西洋岸・サハラの)赤砂雨;〖比喩的〗血の雨. ~ fine 霧雨(=bruine). ~ jaune 黄ない《東南アジアの花粉雨》. ~ littorale 沿岸性雨.
eau de ~ 雨水. gouttes de ~ 雨滴, 雨だれ. jour de ~ 雨の日, 降雨日. saison de ~ 雨季. signes de ~ 降雨の徴候. taux annuel de ~ 年間降雨率. marcher sous la ~ 雨の中を歩く. recevoir la ~ 雨に濡れる. en ~ 雨のように,雨あられと. Les projectiles tombent en ~. 砲弾が雨あられと降る.
〖諺〗Après la ~, le beau temps. 悲しみの後に幸せがやって来る. faire la ~ et le beau temps〖雨も晴も意のままにする→〗大きな影響力を行使する, 意のままに振舞う. parler de la ~ et du beau temps他愛のないことを話す.〖諺〗Petite ~ abat grand vent.〖小雨が大風を止める→〗ささいなことが難局を打開する. s'abriter de la ~ 雨宿りする, 雨から身を守る.
2〖比喩的〗une ~ de 雨のように降り注ぐ, 大量の. une ~ de baisers 接吻の雨. une ~ d'étoiles 降るような星空. une ~ de feu 砲火の雨. une ~ d'injures 悪口の雨.

plume *n.f.* **1** 羽, 羽毛. ~ de paon 孔雀(くじゃく)の羽根. ~ de la queue 尾羽根. barbes latérales de la ~ 羽毛の羽枝(うし).〖狩〗gibier à ~s 野禽. L'oiseau lisse (hérisse) ses ~s 小鳥が羽づくろいする(羽根を逆立てる). léger comme une ~ 羽のように軽い. petites ~s du duvet 綿毛の小羽毛(=plumette).
arracher les ~s 羽毛をむしり取る.〖話〗laisser des ~s 損をする. perdre ses ~s 羽毛が抜ける;〖話〗(人の)禿げる.〖話〗voler dans les ~s à (de) qn 人に飛びかかる.
2 羽飾り;羽毛製品.〖話〗les ~s ベッド. 羽飾りのついた帽子. lit de ~s 羽根(羽毛)ぶとん.
3 羽根ペン;(万年筆の)ペン先, ペン;筆. ~ d'oie 鵞鳥の羽, 鵞鳥の羽根ペン. ~ de dessinateur デザインペン;烏口. la ~ à la main 筆を手にして. dessin à la ~ ペン画. stylo à ~ 万年筆.
changer la ~ d'un stylo 万年筆のペン先を取り替える. se mettre dans les ~s ベッドにもぐりこむ.
4〖比喩的〗筆力, 文才. avoir la ~ facile 筆が早い.〖古〗homme de ~ 文人. mettre la main à la ~ ; prendre la ~ 筆を執る;書き始める. tremper sa ~ dans le fiel (le poison) 悪意をこめて書く. vivre de sa ~ 文筆生活をする, ペンで暮しをたてる.
5〖ボクシング〗poids ~ フェザー級《プロでは体重126ポンド(=57.152 kg)未満》.

6〖医〗~ à vaccin 接種刀(=vaccinostyle).
7〖釣〗薄い浮き.
8〖動〗(いかの)軟甲.

plumitif *n.m.* **1**〖法律〗訴訟記録(=registre d'audience). **2**〖俗〗へぼ作家.

plupart (la) *n.f.* 大部分;大多数. la ~ de+複数(集合)名詞. …の大部分, …の大多数〖代名詞・動詞・形容詞などは一般に de に続く名詞の性・数に一致〗. La ~ des candidats ont été admis. 志願者のほとんどが合格した. La ~ du personnel acceptant ces propositions. 職員の大多数がこの提案をうけいれた. La ~ d'entre nous le savaient. (〖稀〗le savait, le savions〗我々のほとんどがそれを知っていた.
la ~ du temps ほとんどいつも;概して. dans la ~ des cas ほとんどの場合. pour la ~ ;〖やや古〗la ~ 大部分は, 多くは. Ces étudiants sont, pour la ~, très intelligents. この学生たちは概して大変頭が良い.
——*pr.ind.* 大部分(大多数)の人〖単数扱いは文語的〗. La ~ s'en vont (〖文〗s'en va). ほとんどの人が立ち去る. Cette solution convient à la ~. この解決策はほとんどの人に好都合だ.

plural(ale) (*pl. aux*) *a.* 複数の, 多要素の;複数性の.〖論理〗jugement ~ 複数判断. mariage ~ 複数婚, 重婚;一夫多妻. société ~ale 多民族社会. vote ~ 複数投票権;複数投票制〖複数の投票権を与える制度;複数の選挙区で選挙権を与える制度〗.

pluralisme *n.m.* **1**〖哲〗多元論.
2 複数性, 多元性.
3 複数体制. ~ des parties 複数政党制. ~ scolaire 複数型教育制度. ~ syndical 複数組合制.

pluralité *n.f.* **1** 多数性;多様性;複数存在. la ~ des mondes 世界の多様性. ~ des tendances politiques 政治傾向の多様性.
2〖文法〗複数, 複数性. marque de la ~ 複数の標識. La ~ est marquée dans la langue par le pluriel. 複数性は言語では複数形で示される.
3 大多数;大多数の人, 過半数. la ~ des voix 投票の過半数.

pluriactif(ve) *a.* 多様な活動をする;複数の職業に就いた.

pluriactivité *n.f.*〖経済〗多角経営.

pluriannualité *n.f.* 複数年継続性. ~ budgétaire 数年にわたる予算制.

pluriannuel(le) *a.* **1** 数年にわたる, 複数年制の. contrat ~ 複数年契約. plan ~ 数年にわたる計画.
2〖植〗多年生の. plantes ~les 多年性植物.

pluricarte *n.f.* 複数職業身分証明書(=multicarte).

pluricentrisme *n.m.*〖政治〗(政党・組織などの)多派閥体制.

pluriculturel(le) *a.* 多文化の. société

~ le 多文化社会.

pluri-déficience n.f. 〖医〗多機能障害《déficiences motrices et intellectuelles「機能・知的障害」, déficiences physiques et mentales「身心障害」など》.

pluridimensionnel(le) a. 多次元の, 複数次元の (=multidimensionnel).

pluridisciplinaire a. **1** 多専攻の, 学際的な《複数の専門分野にまたがる》; = multidisciplinaire). coopération ~ 学際的協力. **2** 複数系列の, 多種の; 多種薬物使用の. dopage ~ 複数興奮剤服用, 多種薬物ドーピング.

pluriethnique a. 多民族の (=multiethnique). Etat ~ 多民族国家.

plurifonctionnel(le) a. 多機能の. salle ~ le 多機能ホール.

plurilatéral (ale)(pl.**aux**) a. **1** 複数の側面をもつ. **2** 〖法律〗(契約・条約などの) 複数の当事者間の. accord ~ 複数当事者間協定.

plurilégislatif (ve) a. 〖法律〗多面的適用法の.

plurilingue a. 多言語を話す; 多言語が使用されている. communauté ~ 多言語使用共同体.

plurilinguisme n.m. 多言語体制; 多言語主義.

pluri(-)média a. 多種メディアの(に関する, による), マルチメディアの (multi-média).

plurinational (ale)(pl.**aux**) a. 多国に係わる; (企業などが) 多国籍の (=multinational). entreprise ~ ale 多国籍企業. négociations ~ ales 多国間交渉.

plurinominal (ale)(pl.**aux**) a. 〖政治〗複数候補に投票する.

pluripartisme n.m. 〖政治〗複数政党制.

plurivalent(e) a. **1** 〖化〗〖古〗多価の (=polyvalent). **2** 〖哲・論理〗複数の価値を持つ, 多値の. 〖論理〗logique ~ e 多値論理学.

plusieurs a.ind.pl. 〖男女同形; 冠詞・指示形容詞・所有形容詞に先立たれることはない〗いくつもの, 何人もの. une ou ~ personnes 一人または数人以上の人. ~ fois 何回も, 幾度も. à ~ reprises 何度も繰返して. en ~ endroits さまざまな場所で. pendant ~ jours 何日にもわたって.
——pr.ind.pl. **1** 〖de＋補語を従えるか, 既出の複数名詞を受けて〗(の) いくつも, 何人も. ~ d'entre nous われわれのうちの何人か. J'ai lu ~ de vos romans. あなたの小説を何冊も読みました. Nous en avons ~. われわれはそれをいくつも持っています. **2** 〖単独で〗何人もの人 (= ~ personnes). à ~ 数人で, 数人がかりで. entreprendre qch à ~ 数人で何を企てる. P~ prétendent que＋ind. …と主張する人が何人もいる. Tu viendras seul? —Non, nous serons ~. 君ひとりで来る? —いや何人かで行くよ.

plus-value n.f. **1** 〖経済〗(商品・土地・株式などの) 値上り, 評価増, 増価; 売却益 (moins-value「減価, 減価」の対). les ~ s mobilières 動産の増価. **2** 〖財政〗(予算に対する) 歳入超過額; (工事などの) 追加費用. **3** 〖経済〗剰余価値《マルクス経済学の定義; 労働力と労働賃金との差》.

Pluton n.pr.m **1** 〖ギ神話〗プルートーン《冥界と死者の神 Hadès の別称》. royaume de ~ 冥界, 黄泉の国. descendre chez ~ 黄泉の国へ下る.
2 〖天文〗冥王星《太陽系の旧第 9 惑星》. L'Union astronomique international a rétrogradé, le 24 août 2006, ~ en planète naine. 国際天文学連合は, 2006 年 8 月 24 日, 冥王星を矮惑星に格下げした.
3 〖軍〗système ~ プリュトン体制《1974-92 年のフランス戦略核ミサイル体制; 1992 年以降 programme Hadès になる》.

pluton n.m. 〖地質〗プルトン《マグマが固体化して形成される深成岩体》.

plutonigène a. 〖原子力〗プルトニウムを生成する. réacteur ~ プルトニウム増殖炉.

plutonium [plytɔnjɔm] n.m. 〖化〗プルトニウム《元素記号 Pu, 原子番号 94. 1940 年発見の超ウラン元素》. bombe au ~ プルトニウム爆弾.

pluvial (ale)(pl.**aux**) a. 雨 (pluie) の; 雨による; 多雨の. eau ~ ale 雨水. écoulement ~ 雨水流. forêt ~ ale 多雨林. régime ~ d'un fleuve 河川の雨水支配型河況. réservoir ~ 雨水貯水池, 雨水だめ. 〖気象〗ruissellement ~ 雨食. saison ~ ale 雨季.

pluvieux (se) a. 多雨の; 雨の降る, 雨をもたらす; 雨を含んだ. climat ~ 多雨性気候. jour ~ 雨の日. pays ~ 多雨地方. saison ~ se 雨季. temps ~ 雨天. région ~ se 多雨地方. vent ~ 雨を含んだ風.

pluviomètre n.m. 〖気象〗雨量計.

pluviométrie n.f. 〖気象〗雨量測定〖法〗.

pluviométrique a. 〖気象〗雨量測定の. courbe ~ 雨量曲線. régime ~ 年間降水状況.

pluvio(-)nival (ale)(pl.**aux**) a. 〖水理〗降雨と融雪による, 降雨融雪性の. régime ~ d'un cours d'eau 河川の降雨融雪流況.

pluviôse n.m. 〖史〗雨月, プリュヴィオーズ《共和暦の第 5 月; 西暦の 1 月 20・21・22 日から 2 月 18・19・20 日に相当》.

pluviosité n.f. **1** 〖気象〗降雨量. ~ moyenne annuelle 年間平均雨量. taux de ~ 降雨率.

2 多雨性, 多雨状態.
3 雨水支配型河況.
PLV¹ (=*p*romotion sur le *l*ieu de *v*ente) *n.f.*〖商業〗売場での販売促進特売.
PLV² (=*p*ublicité sur le *l*ieu de *v*ente) *n.f.*〖商業〗販売場所での宣伝(商品展示台, 小形ポスターなどによる).
PM¹ (=［英］*p*ace[-]*m*aker) *n.m.*〖医〗(心臓の)ペースメーカー, 脈拍調整装置(=［仏］stimulateur cardiaque).
PM² (=*p*istolet-*m*itrailleur) *n.m.* 超小型機関銃.
PM³ (=*p*leines *m*ers) *n.f.pl.* 満潮.
PM⁴ (=*p*our *m*émoire) 念のため(案内状の文言).
PM⁵ (=*p*réparation *m*ilitaire) *n.f.* 軍事予備教育.
Pm (=*p*ro*m*éthium) *n.m.*〖化〗「プロメチウム」の元素記号.
PM10 (=*p*articules de diamètre apparent inférieur à 10 microns) *n.f.pl.*〖化・環境〗直径10ミクロン以下の粒子, 微粒子. capteur de ~ PM 10 測定器. exposition aux ~ 粒子10にさらされること.
PMA¹ (=*p*ara*m*éthoxy*a*mphétamine) *n.f.*〖薬〗パラメトキシアンフェタミン(=4-méthoxyamphétamine；アンフェタミン系合成麻薬, 幻覚を伴う覚醒剤；禁止薬物).
PMA² (=*p*ays les *m*oins *a*vancés) *n.m.pl.* 最貧国, 貧困発展途上国(=［英］MSAC: *M*ost *S*eriously *A*ffected *C*ountries).
PMA³ (=*p*etits et *m*oyens *a*ctionnaires) *n.m.pl.* 中小株主.
PMA⁴ (=*p*oste *m*édical *a*vancé) *n.m.*〖医〗事故現場救急医療所.
PMA⁵ (=*p*rocréation *m*édicalement *a*ssistée) *n.f.*〖医〗医学援用出産(体外授精, 人工生殖) ; 人工授精による ; 医学援用妊娠. enfant né par ~ 人工授精出産児.
PMC (=［英］*p*rivate *m*ilitary *c*ompany) *n.f.* 民間軍事会社(=［仏］compagnie militaire privée).
PMDRE (=*P*opulation *m*arginale *d*isponible à la *r*echerche d'un *e*mploi) *n.f.* 求職可能余剰人口.
PME¹ [pɛɛmə] (=*p*etite et *m*oyenne entreprise) *n.f.inv.* 中小企業(従業員数100-500名程度の企業).
PME² (=*p*orte-*m*onnaie *é*lectronique) *n.f.* 電子財布(ICを組み込んだ銀行カード).
PMFAT (=*p*ersonnel *m*ilitaire *f*éminin de l'*a*rmée de *t*erre) *n.m.*〖軍〗陸軍婦人兵.
PMI¹ [pɛɛmi] (=*p*etite et *m*oyenne *i*ndustrie) *n.f.inv.* 中小産業(=PME).
PMI² (=*p*rotection *m*aternelle et *i*nfantile) *n.f.*〖社会福祉〗母子の保護. centres de ~ 母子保護センター.
PMI³ (=*p*rothèse *m*ammaire *i*mplantable) *n.f.*〖医〗乳房埋込式充塡材.
PMMA (=［英］*p*oly*m*ethyl *m*ethacrylate) *n.m.*〖化〗ポリメタクリル酸メチル(=polyméthacrylate de méthyle).
PMP (=*p*réparation *m*ilitaire *p*arachutiste) *n.f.*〖軍〗降下兵予備教育. brevet ~ 降下兵予備教育修了証.
PMS (=*p*réparation *m*ilitaire *s*upérieure) *n.f.*〖軍〗上級軍事予備教育(上級技術員バカロレア合格者または同等の有資格者, 軍事予備教育PMと降下兵予備教育PMPの成績優秀者を対象；期間1年).
PMSI (=*p*rogramme de *m*édicalisation des *s*ystèmes d'*i*nformation) *n.m.*〖医〗医療情報システム構築プログラム(入院患者に対する診療と外科手術に関する病院毎の医療情報をデータ化するシステム・プログラム). données ~ 医療情報システム・プログラムのデータ.
PMU (=*P*ari *m*utuel *u*rbain) *n.m.*〖競馬〗場外馬券制度(売場).
PMV (=*p*anneau à *m*essage *v*ariable) *n.m.* 可変メッセージ表示板(=［英］VMS: *v*ariable *m*essage *s*ign).
PNB¹ (=*P*arti *n*ational *b*reton) *n.m.* ブルターニュ国民党.
PNB² (=*P*roduit *n*ational *b*rut) *n.m.* 国民総生産(ほぼGNPに同じ).
PNC¹ (=［英］*P*alestine *N*ational *C*ouncil) *n.m.* パレスチナ民族評議会(=［仏］CNP: *C*onseil *n*ational de la *P*alestine)(パレスチナ人の最高意志決定機関. 国会に相当).
PNC² (=*p*ersonnels *n*avigants *c*ommerciaux) *n.m.pl.*〖無冠詞〗〖航空〗民間航空乗務員.
PNdB (=［英］*P*erceived *N*oise *D*eci*b*el) *n.m.* PNデシベル, 知覚騒音デシベル(知覚騒音レベルの単位の略記).
PNET (=［英］*P*eaceful *N*uclear *E*xplosions *T*reaty) *n.m.* 平和目的の核実験に関する条約(=［仏］Traité sur les explosions nucléaires à des fins pacifiques；1976年調印).
pneu (*pl.* **~s**) (<pneumatique) *n.m.* **1** タイヤ. ~ à basse pression 低圧タイヤ. ~ à carcasse radiale ラジアルタイヤ(= ~ radial). ~ à crampons スパイクタイヤ(= ~ cramponné；clouté). ~ anticrevaison パンク防止タイヤ. ~ crevé パンクしたタイヤ. ~s lisses 磨耗したタイヤ. ~ neuf (rechapé) 新品(再生)タイヤ. ~ [pour] vélo 自転車用タイヤ. ~ sans chambre 無気室タイヤ. ~s usagés 使い古したタイヤ. ~ vert de Michelin ミシュランのプヌー・ヴェール(緑タイヤ)(1992年開発).
〖鉄道〗autorail à roues munies de ~s タイヤ式ディーゼルカー. crevaison d'un ~ タイヤのパンク. indice de charge par ~ タイヤの耐荷重指数. métro sur ~s タイヤ式地下鉄[車両]. recyclage de ~s usagés 古タイヤのリサイクル.

2〖郵便〗気送管送達式速達〔便〕(1984年3月30日廃止). envoyer un ~ 気送管送達式速達を送る.

pneu-citerne (pl. ~s-~s) n.m. 〖自動車〗(ガソリン運送用の)タンクトレーラー, タンクローリー.

pneumallergène a. 〖医〗吸入性アレルゲンの.
——n.m. 吸入性アレルゲン(室内塵, 花粉など).

pneumatique[1] a. **1** 空気の;気体の. machine ~ 空気ポンプ.〖天文〗la Machine ~ ポンプ座. os ~ (鳥の)含気骨. poche ~ 気嚢. vide ~ 真空.
2 空気をつめた;圧縮空気による. bandage ~ タイヤ. canot ~ 救命ボート. marteau ~ 空気ハンマー, 空気鑿岩機. oreiller ~ 空気枕. pistolet ~ 空気銃.〔古〕poste ~ 気送管送達郵便(速達郵便の一種). tube ~ 気送管.

pneumatique[2] n.m. **1** タイヤ(= pneu).
2〖郵〕〔古〕(圧縮空気による)気送管送達〔便〕(略称 pneu; 1984年廃止). envoyer un ~ 気送管送達便を送る.

pneumatique[3] n.f. **1** 気体学.
2〔古〕霊魂学, 心霊学(=pneumatologie).

pneumatocèle n.m. 〖医〗**1** 気体(ガス)漏出. **2** (骨折外傷により頭蓋内に生じる)気腫.

pneumatose n.f. 〖医〗(非炎症性の)気胞症. ~ kystique (腸の)嚢胞性気胞症.

pneumectomie n.f. 〖医〗肺切除〔術〕(=pneumonectomie).

pneumococcémie n.f. 〖医〗肺炎双球菌血症.

pneumococcie n.f. 〖医〗肺炎球菌感染症(グラム陰性菌の Streptococcus pneumoniæ 肺炎球菌による肺炎).

pneumoconiose n.f. 〖医〗塵肺〔症〕(アスベスト肺 asbestose pulmonaire, 珪肺 silicose pulmonaire など).

pneumocoque n.m. 〖医〗肺炎球菌.

pneumocystose n.f. 〖医〗カリニ肺炎(病原微生物 Pneumocystis carinii による間質性形質細胞性肺炎 pneumonie interstitielle à Pneumocystis carinii; pneumocystis carinii pneumonia;略記 PCP;エイズ患者によく見られる).

pneumoencéphalographie n.f. 〖医〗気脳造影〔術〕, 空気脳室造影〔術〕(PEG と略記).

pneumogastrique a. 〖解剖〗迷走性の. nerf ~ 迷走神経(=nerf vague). paralysie du nerf ~ 迷走神経麻痺.
——n.m. 迷走神経.

pneumographie n.f. 〖医〗**1** 呼吸運動(曲線)記録〔法〕. **2** 気体注入撮影法.

pneumologie n.f. 〖医〗呼吸器科学, 呼吸器病学.

pneumomédiastin n.m. 〖解剖〗肺縦隔.

pneumonectomie n.f. 〖医〗肺摘除〔術〕.

pneumonie n.f. 〖医〗肺炎. ~ à mycoplasme マイコプラズマ肺炎. ~ aiguë 急性肺炎. ~ atypique 原発性異型肺炎,〔原発性〕非定型肺炎. ~ bactérienne 細菌性肺炎. ~ caséeuse 乾酪性肺炎(結核性肺炎). ~ de déglutition 吸引性肺炎. ~ de rougeole 麻疹肺炎. ~ des légionnaires 在郷軍人肺炎(レジオネラ症). ~ grippale インフルエンザウイルス性肺炎. ~ interstitielle 間質性肺炎(肺臓炎). ~ lobaire 大葉性肺炎. ~ urémique 尿毒症性肺臓炎. ~ virale ウイルス性肺炎.

pneumonique a. 〖医〗肺炎の;肺炎に罹った. crachat ~ 肺炎性痰.
——n. 肺炎患者.

pneumopathie n.f. 〖医〗肺疾患.

pneumopéritoine n.m. 〖医〗気腹〔症〕;人工気腹術(= ~ artificiel).

pneumo-phtisiologie n.f. 〖医〗肺結核学.

pneumo-phtisiologue n. 〖医〗肺結核専門医.

pneumotachographie n.f. 〖医〗呼気気流測定. ~ à déviation ionique イオン偏流式呼気気流測定.

pneumothorax [pnømɔtɔraks] n.m. 〖医〗**1** 気胸〔症〕. ~ récidivant 再発性気胸.
2〔人工〕気胸〔術〕(= ~ artificiel;略称 pneumo).

PNG (= la Papouasie-Nouvelle-Guinée) n.f. パプア=ニュー=ギニア(国名略記).

PNL (= programmation neurolinguistique) n.f. 神経言語学的訓練のプログラミング. stage ~ 神経言語学的訓練のプログラミング実習.

PNLCC (= Plan national de lutte contre le changement climatique) n.m. 気候変動対策国家計画.

PNN[1] (= personnel non navigant) n.m. (航空会社の)非搭乗職員, 地上勤務職員.

PNN[2] (= Produit national net) n.m. 国民純生産(=〔英〕NNP: Net National Product).

PNNS (= Programme national nutrition santé) n.m. 国の栄養保健計画. recommandations du ~ 国の栄養保健計画による勧告.

PNR (= parc naturel régional) n.m. 地方自然公園. ~ Corse コルス(コルシカ)地方自然公園(略記 PNRC).

PNRS (= Programme national de recherche sur le sida) n.m. 国のエイズ研究計画(1987年3月策定).

Pnucid (= Programme des Nations unies pour le contrôle international des drogues) n.m. 国連国際麻薬規制計画《1990年12月策定；本部 Wien》.

PNUD (=*P*rogramme des *N*ations *u*nies pour le *d*éveloppement) n.m. 国連開発計画 (=［英］UNDP：*U*nited *N*ations *D*evelopment *P*rogram).

PNUE (=*P*rogramme des *N*ations *u*nies pour l'*e*nvironnement) n.m. 国連環境計画 (=［英］UNEP：*U*nited *N*ations *E*nvironment *P*rogram).

PO¹ (=*p*etites *o*ndes) n.f.pl.『電波』中波 (=ondes moyennes, ondes hectométriques).

PO² (=*p*rélèvement *o*bligatoire) n.m.『税』源泉徴収, 強制的ств.

Po (=*p*olonium) n.m.『化』「ポロニウム」の元素記号.

POA (=［英］*p*rimary *o*ptical *a*rea) n.f.『商業』第一視覚域《広告などの左上隅のよく目が行く部分》(=［仏］région préoptique).

POAT (=*P*rogramme *o*rdinaire d'*a*ssistance *t*echnique) n.m. 通常技術援助計画 (=［英］RPTA：*R*egular *P*rogram of *T*echnical *A*ssistance)《国連開発計画 PNUD の一環で, 主に専門家の派遣と奨学金の支給を行なう》.

pochage (<pocher) n.m.『料理』ポシェによる調理《水・湯・スープ等で魚・肉・野菜をゆでる調理法》.

poche n.f. ［Ⅰ］《ポケット》ポシュ, ポケット；ポケットの中味. ~ coupée (plaquée) カットイン (セットオン) ポケット. ~ intérieure 内ポケット. ~-revolver ヒップポケット (= ~ fessière).
fausse ~ イミテーション・ポケット. petite ~ 小ポケット. une pleine ~ de pièces de monnaie ポケット一杯の貨幣.
〖話〗connaître comme sa ~ 熟知している. 〖話〗faire les ~s à (de) qn 人のポケットを探る；人のポケットの中味を抜き取る. se remplir (s'emplir) les ~s 懐を肥やす；たんまり儲ける. sortir qch de sa ~ 何をポケットから取り出す. vider ses ~s ポケットを空にする.
◆〖dans とともに〗dans les (ses) ~s；dans la (sa) ~ ポケットの中に. les mains dans les ~s ポケットに手を入れて；懐手で. Rien dans les mains, rien dans les ~s. 種も仕掛けもありません《手品師の口上》.
〖話〗n'avoir pas sa langue dans sa ~ よく舌が回る. n'avoir pas les yeux dans sa ~ 凝視する. mettre qch dans sa ~ 何をポケットに入れる.〖話〗mettre qn dans sa ~ 人を手玉にとる.〖話〗mettre sa fierté dans sa ~ 誇りを捨てる.〖話〗C'est dans la ~. それはもう解決済みだ；それは易いことだ.
◆〖de とともに〗de ~ ポケット用の；小型の, 携帯用の. argent de ~ ポケットマネ

ー, 小遣い. calculateur de ~ 携帯用電卓. carnet de ~ 手帳. lampe de ~ 懐中電灯. livre [au] format de ~；［商標］Livre de ~ ポケットブック；ポケットブック叢書. montre de ~ 懐中時計. théâtre de ~ ポケット劇場, 小劇場, 豆劇場. voiture de ~ 超小型車.
de sa ~ 自分の金で. payer de sa ~ 自腹を切る.〖話〗en être de sa ~ 損害を蒙る.
◆〖en とともに〗avoir en ~ ポケットの中に持っている；手中にしている. avoir mille euros en ~ 懐中に 1000 ユーロ持っている. n'avoir pas un sou en ~ 無一文である. avoir une affaire en ~ 仕事を手中に収めている.〖話〗avoir sa nomination en ~ 任命を約束されている. mettre qch en ~ 懐に入れる；着服する.
◆〖plein とともに〗plein les ~s ポケット一杯に.〖話〗avoir de l'argent plein les ~s たんまり金を持っている.〖話〗s'en mettre plein les ~s しこたま儲ける.
［Ⅱ］《ポケット状のもの》**1** 穀物袋；小さな袋；袋. ~ en papier (en plastique) 紙袋 (プラスチック袋).
2 (鞄・財布などの) ポケット. ~s d'un sac à dos リュックサックのポケット. ~ intérieure d'un sac à main ハンドバッグの内ポケット.
3『狩』捕獲網；(魚網の端の) 袋網. ~ d'un chalut 底引網の袋網.
4『料理』~ à douille 口金付きの絞り袋.
5『動』(有袋類の) 充児嚢 (= ~ marsupiale)；『鳥』嗉嚢.
6『解剖・医』嚢, 化膿巣 (= ~ de pus). ~ d'un abcès du pus 膿瘍の化膿巣. ~ des eaux 胎胞. ~ de sang 血腫, 血まめ. ~ pharyngienne 扁桃嚢.
7 鉱・地質；埋蔵個所. ~ d'eau 地下水のたまり場.『地学』~ de minerai 鉱嚢. ~ de pétrole (原油の) 油脈瘤.
8『植』嚢. ~s de l'écorce d'orange オレンジの果皮の分泌嚢.
9 (皮膚・洋服などの) たるみ. avoir des ~s sous les yeux 目の下がたるんでいる. Ce pantalon fait des ~s aux genoux. このズボンは膝が出ている.
10『軍』(防衛線などの) 後退個所, へこみ. ~ de résistance 抵抗ポケット.
11『経済・政治』地域, 地帯；領域. ~s de chômage 失業地域.

poché(e) a. **1**『料理』ポシェした《熱湯または熱いスープでゆでた》. œuf ~ ウー・ポシェ, 落とし卵, ポーチド・エッグ. sole ~e ソール・ポシェ《ポシェした舌鮃料理》.
2 œil ~ 腫れた眼, くまの生じた眼.

pochette n.f. **1** 小袋, 小さい包装袋. ~ d'allumettes 紙マッチ. ~ de disque レコード・ジャケット. ~ de photographies 写真袋. ~-surprise 福袋.
2 胸ポケット；(胸ポケット用の) 飾りハン

カチ. Il portait une veste grise égayée d'une ～ rouge. 彼は赤い飾りハンカチで彩りを添えた灰色の上衣を着ていた.
3 コンパスケース；文房具ケース.
4 ポシェット, 小型ハンドバッグ.
5〖釣〗小型の網；〖狩〗鳥網.
6〖古〗小型ヴァイオリン.
7〖植〗ポシェット病（プラムの木の寄生菌 taphrina pruni に起因する）.

pochette-surprise(pl.～s-～s) n.f. びっくり小袋；福袋, おたのしみ袋.〔比喩的〕Il a eu son permis dans une ～. 運転が下手糞だった.

pochoir n.m. (文字・図案・ディジタル信号などの刷り込み用の) 型板, 型紙.

podagre n.f.〖医〗〖古〗痛風 (＝goutte).
——a. 痛風の.
——n. 痛風病み.

podium [-djɔm]〔ラ〕n.m. **1**〖古代ローマ〗ポディウム《円形闘技場周囲の腰壁（観覧席）》.
2〖建築〗(神殿などの) 基盤, 台座.
3 表彰台. monter sur le ～ 表彰台に登る.

podologie n.f.〖医〗足病学；足医学；歩行学.

podomètre n.m. 歩数計, 万歩計, ペドメー (＝pédomètre).

POE[1] (＝〖英〗port of embarkation) n.m. 荷積港 (＝〖仏〗port d'embarquement).

POE[2] (＝〖英〗port of entry) n.m. (入国者, 輸入品の) 通関港；通関手続；入国管理事務所のある港 (空港) (＝〖仏〗port d'entrée).

poêlage (＜poêler) n.m.〖料理〗**1** ポワラージュ《フライパンで蒸し焼きにする調理法》. ～ d'un carré de veau 仔牛の背肉の蒸し焼き.
2 フライパン調理〔法〕《フライパンで炒める・焼く・揚げる》.

poêle[1] [pwal] n.f.〖料理〗フライパン, ポワル；平鍋. ～ à blinis ブリニ用フライパン (小型で浅い). ～ à crêpes クレープ用フライパン (大型で浅い). ～ à frire 揚物鍋. ～ à marrons (底に丸窓があいた) 焼栗鍋. ～ à truite (楕円形の) 鱒の調理用平鍋. ～ à omelette オムレツ用フライパン. ～ en tôle d'acier 鉄のフライパン.
veau fricassé dans une ～ フライパンによる仔牛のフリカセ (クリーム煮). faire sauter qch à la ～ フライパンで何かを炒める.〔話〕tenir la queue de la ～ 事を牛耳っている.

poêle[2] [pwal] n.m. **1** (葬儀の際の) 柩の掛布 (＝drap funéraire, drap mortuaire). tenir les cordes du ～ 柩布の四隅の総を持つ《柩を運ぶ際の近親者・友人たちの務め》.
2〖古〗(結婚ミサ中の) 新婚夫婦にかぶせたヴェール.
3〖古〗(プロセッション procession〔聖体行列〕の時に) 聖体の上を蔽った移動天蓋.

poêle[3], **poël** [pwal] n.m. **1** ストーヴ. ～

～ à bois (charbon, pétrole 薪) (石炭, 石油) ストーヴ. allumer le ～ ストーヴに火をつける.
2〖カナダ〗〖俗〗レンジ (＝cuisinière). ～ électrique 電気レンジ.

poème n.m. **1** (個々の) 詩, 詩編. ～ à forme fixe 定型詩. ～ en prose 散文詩. ～ épique 叙事詩. ～ lyrique 抒情詩. ～-～ 純粋詩. recueil de ～s 詩集.
2 詩的作品, 詩情あふれる作品；詩的現実. Sa vie est un ～. 彼の人生は一編の詩だ.〖話〗C'est tout un ～. まるで詩の中の人物 (出来事だ).
3〖音楽〗～ symphonique 交響詩.

poésie n.f. **1** (文学様式としての) 詩, 詩歌. ～ épique (lyrique) 叙事詩 (抒情詩). ～ pure 純粋詩. ～ symbolique 象徴詩. aimer la ～ 詩を好む. écrire (faire) de la ～ 詩作をする.
2〔集合的〕(国・個人・流派などの) 詩；詩作. ～ antique (classique, contemporaine, moderne) 古代 (古典, 現代, 近代) 詩. ～ française フランス詩. ～ romantique ロマン派の詩. anthologie de la ～ française フランス詩選集.
3 (個々の) 詩 (＝poème). choix de ～s 詩選集 (＝anthologie). recueil de ～s 詩集. réciter une ～ 詩を朗唱する.
4〖ベルギー〗la ～ (高校の) 詩学級《古典文化系の第二年次, ～ syntaxe 統辞学級の後, la rhétorique 修辞学級の前》.
5 詩情；詩心. ～ d'un coucher de soleil 日没時の詩情. ～ des couleurs 色彩の詩, 詩情あふれる色彩. tableau plein de ～ 詩心に満ちた絵画. manquer de ～ 詩心に欠ける.

poète n.m. **1** 詩人. ～ classique (romantique, symbolique) 古典派 (ロマン派, 象徴派) の詩人. ～ contemporain 現代詩人. ～ épique (lyrique) 叙事 (抒情) 詩人. ～ lauréat 桂冠詩人. ～ né 生まれつきの詩人.〖俗〗～-～ 純粋詩人.
femme ～ 女流詩人. métier du ～ 詩人の職業. naître ～ 詩人に生まれつく. Madame de Noailles était un grand ～. ノアイユ夫人は大詩人であった.
2 詩情豊かな人；〖蔑〗夢想家. Matisse est le ～ du ～ coloris. マチスは色彩の詩人である. Wagner était un vrai ～. ヴァーグナーはまさに詩人だ.

poétesse n.f. 女流詩人, 女性詩人 (＝femme poète).

poétique[1] a. 詩の；詩に関する. art ～ 詩法. inspiration ～ 詩的インスピレーション. œuvres ～s 詩作品.
2 詩的な；詩情溢れる. fonction ～ du langage 言語の詩的機能. paysage ～ 詩情溢れる風景. prose ～ 詩的散文.

poétique[2] n.f. **1** 詩法 (＝art ～). la ～ de Boileau ボワローの詩法.

pogrom[e]

2 詩論. la ~ de Mallarmé マラルメの詩論.
3 文学創造理論.
pogrom[e] [pɔgrɔm] [ロシア] *n.m.* 組織的な大量虐殺；(特に)ユダヤ人虐殺.
Pohang [韓国] *n.pr.* 浦項(ほこう), ポハン《慶尚北道, 迎日湾に面した港湾都市》.
poids *n.m.* Ⅰ (具体的) **1** 重さ, 重量. 〖化〗~ atomique 原子量. ~ brut 総重量. ~ d'une charge 荷重.〖化〗~ formulaire 化学式量. ~ lourd¹ 重量車, 大型車《トラック, トレーラーなど》. permis de ~ lourd 重量車(大型)免許.〖化〗~ moléculaire 分子量. ~ mort 自重；死重；〖比喩的〗余計な負担；(グループなどの)お荷物, 重荷. ~ net 純量, 正味重量. ~ spécifique 比重, 比重. ~ total en charge 全備重量. ~ utile 積載重量. ~ vif (食肉用家畜の)生体重量. ~ volumique 単位体積重量, 比重. unités de ~ 重量の単位《gramme, dyne, newton, sthène, tonne など》.
faire le ~¹ 目方に達するようにする. faire bon ~ 目方のおまけをする. trois kilos, bon ~ たっぷり3キロ. mesurer le ~ de qch 何の目方を測る. vendre qch au ~ 目方で売る(目方売りする). vendre qch au ~ de l'or 何を高く売りつける.
2 体重. prendre (perdre) du ~. 体重が増える(減る). surveiller son ~ 体重に気を配る. de tout son ~ 全体重をかけて. tomber de tout son ~ どしんと落ちる.
3〖スポーツ〗(体重別の)級, クラス〖の選手〗《プロ・ボクシングでは：~ mouche フライ級 (50.802 kg 以下), ~ coq バンタム級 (53.524 kg まで), ~ plume フェザー級 (57.574 kg まで), ~ léger ライト級 (61.235 kg まで), ~ mi-moyens ウェルター級 (66.678 kg まで), ~ moyen ミドル級 (72.574 kg まで), ~ mi-lourd ライト・ヘヴィー級 (79.378 kg まで), ~ lourd ヘヴィー級 (79.378 kg 以上)》. un ~ lourd ヘヴィー級の選手.
faire le ~² 規定の体重をクリアする. ne pas faire le ~ 体重不足である；〖比喩的〗力不足である.
4〖スポーツ〗(重量挙げの)重量；(砲丸投げの)砲丸. ~ et haltères 重量挙げ. lancer du ~ 砲丸投げ.
5 分銅 (= ~ marqué)；おもり. ~ et mesures 度量衡.〖Bureau International des P~ et Mesures 国際度量衡局. avec ~ et mesures 慎重に. vérificateur des ~ et mesures 度量衡検査官. ~ de 5kg 5キロの分銅 (おもり). ~ d'une pendule 振子時計のおもり.〖比喩的〗faire (avoir) deux ~, deux mesures 場合によって評価を変える；不公平である.
Ⅱ〖比喩的〗**1** 重荷, 負担；重圧感. ~ des années 寄る年波の重み. ~ de l'impôt 重税感. ~ des péchés 罪の重さ. avoir un ~ sur la conscience 良心にやましさを覚える. avoir un ~ sur l'estomac 胃が重い.
2 重み；重要性；影響力. ~ économique du Japon dans le monde 世界における日本の経済的重み(重要性). ~ lourd² 重要人物(企業). lourds d'un parti politique 政党の重鎮. de ~ 重い, 重要な. argument ~ 重みのある議論(論証). homme de ~ 重きをなす人, 重鎮. motifs sans ~ 根拠のない動機. donner du ~ à …に重みを加える. faire ~² 重きをなす.
3〖数・統計〗重み；加重. ~ statistique 統計的重み；統計的重価〖率〗. affecter un ~ à une variable 変数に重みをつける.

poignant(e) (< poindre) *a.* 胸を刺すよう な. regard ~ 悲痛な眼差し. scène ~ e 胸が痛む情景.

poignard *n.m.* 短刀, 匕首(あいくち). coup de ~ 短刀の一刺し(一突き)；〖文〗胸を刺すような苦しみ. coup de ~ dans le dos 背後からの卑劣な一撃；〖比喩的〗卑劣な行為. frapper qn à coups de ~ (d'un coup de ~) (人を)短刀で切りつける. planter un ~ dans le cœur de qn (人の)心臓に短刀を突き刺す.

poignée *n.f.* **1** 一握り, 一つかみ. à ~{s}, par ~s 手に一杯握って；大量に. dépenser de l'argent à ~s 金を濫費する.
2〖比喩的〗一握り〖の人〗；少数派. une ~ de 一握りの；極く少数の. une ~ de sel 一握りの塩. une ~ de mécontents 一握りの不満分子. Nous n'étions qu'une ~. われわれは少数派でしかなかった.
3 握り, 柄；取手；ノブ. ~ d'outils 道具の柄. ~ d'épée 剣のつか. ~ de tiroir 抽出の取手. ~ de fenêtre 窓の取手. ~ de porte ドアのノブ (= bec-de-cane, béquille).
4 ~ de mains 握手. donner une ~ de mains à qn (人と) 握手する (= serrer la main à qn).

poignet *n.m.* **1** 手首. coup de ~ 手首の振り. à la force du ~ 腕の力だけで；〖比喩的〗自力で, 独力で. fortune aquise à force du ~ 独力で獲得した富.
2 袖口, カフス (= ~ de chemise). ~s simples (doubles) シングル(ダブル)カフス.
3 手首バンド, リストバンド (= ~ de force).

poignet-éponge (*pl.* ~s-~s) *n.m.*〖スポーツ〗吸水性リストバンド《汗止め, 汗ぬぐい用》.

poïkilotherme *a.* (動物が)変温性の (homéotherme「定温性の」の対). animal ~ 変温動物.
— *n.m.* 変温動物.

poil *n.m.* Ⅰ〖毛〗**1** (動物の)毛；毛並. 毛色. ~s des ovidés 羊毛. brosser le ~ にブラシをかける. chien à ~ long (ras) 毛足の長い(短い)犬. chute naturelle (pathologique) du ~ 毛の自然な(病的な)脱落.

〖狩〗gibier à ~ 野獣 (gibier à plume「野鳥」の対). de tout ~(tous ~s) あらゆる毛並の~;〖狩〗gibier de tout ~ あらゆる種類の野鳥獣.〖比喩的〗gens de tout ~ あらゆる種類の人びと. avoir mauvais ~ 毛色が悪い(健康状態がよくない). caresser qn dans le sens du ~ (毛をなでる→)〖話〗人におべっかを使う. changer de ~ (毛が抜けかわる→)様相が一変する;よくなる. Ça a changé de ~!〖話〗être de bon (mauvais)~ 機嫌が良い.〖話〗reprendre du ~〖de la bête〗元気を取り戻す;優勢になる.〖比喩的〗La gauche va reprendre du ~. 左翼が力を取り戻しつつある.〖話〗tomber sur le ~ à qn (人に)突然襲いかかる;(人の)邪魔をしに来る.
2 (下等な)毛皮;動物の毛で織った生地. ~ de castor 海狸(ビーバー)の毛皮. manteau en ~ de chameau らくだの毛編コート.
3 (人間の)体毛;〖文〗毛髪. ~s aux coins des lèvres 唇の端のひげ. ~s des aisselles 腋毛(わきげ). ~s de la poitrine 胸毛. ~ du pubis 恥毛, 陰毛. ~ de carotte 赤髪.《P~ de Carotte》『にんじん』(J. Renard の小説・戯曲). chute des ~s 脱毛;脱毛症(= alopécie). érection des ~s 毛の逆立ち. racine du ~ 毛根. à ~ 裸の;裸で. se mettre à ~ 裸になる. se balader à ~ 裸でぶらつく.
〖話〗avoir un ~ dans la main ひどい怠け者である(= avoir du ~).〖話〗avoir du ~ aux yeux (au cul) 勇気がある, 勇ましい.
4 (筆・ブラシなどの)毛;(絨毯, ビロードなどの)毛足. moquette à long ~ 毛足の長いカーペット. pinceau à ~ 毛筆. pinceau en ~s de porc (de martre) 豚毛の筆(貂の毛筆).
5 (植物の)毛, けば. ~s absorbants (utricants) 吸収毛(刺毛). ~ à gratter 薔薇の実のけば.
6〖織〗毳, けば. ~s d'un tapis 絨毯のけば. enlever le ~ des draps 織物のけばを取り除く.
7〖織〗(絹や木綿の)けば立った織糸(= floche). velours à trois ~s 3本織りのビロード.
8〖建築〗石理. ~ roux (noirs) 赤肌(黒肌)の石理.
Ⅱ〖転義〗**1** 毛1本ほどの量. Il s'en est fallu d'un ~. 間一髪だった. à un ~ près 紙一重の差で, ぎりぎりで. Il a été reçu au concours à un ~ près. 彼はぎりぎりで選抜試験に合格した.〖話〗au ~¹;au petit ~;au quart de ~ きっかり;ぎりぎり. arriver au ~ 時間きっかりに着く. Ça marche au ~. ぎりぎりに事が運ぶ.
〖話〗un ~ ほんの少々. pousser la table un ~ plus au fond テーブルをほんの少し奥

押す. un ~ plus petit もう少し. ne...pas un ~ 少しも…でない. Il n'y a pas un ~. 寸分の違いもない. un ~ de 極く少量の. un ~ de bon sens 僅かばかりの良識.
2〖話〗au ~² 完璧な, 見事な. Au ~! 申し分なし. être au ~ 完璧である, 素晴らしい. Elle est au ~, cette fille-là. あの娘(こ)は素晴しい.
3〖話〗A~ ひっこめ!;やめろ(野次).

poinçon n.m. **1** 穴あけ;千枚通し;錐(きり).;(版刻師の)鏨(のみ) (= ~ de tailleur);ポンチ. ~ d'une machine-outil 穿孔工作機.
2 刻印押し, 刻印;極印;(商品の)検査印. ~ d'Etat (品質の)国家検印. ~ de marque 商標刻印. ~ de qualité 品質証明刻印. frapper (marquer) d'un ~;apposer un ~ 刻印を押す.
3 (メダル・貨幣鋳造の)母型. ~ d'une nouvelle monnaie 新しい貨幣の母型. contrefaçon de ~ 母型の偽造.
4〖印刷〗(活字の母型をつくる)父型, パンチ.
5〖建築〗真束(しんづか).
6〖度量〗〖古〗ポワンソン《葡萄酒・油などの容量単位;約200-250ℓ》, ポワンソン樽. un ~ de vin 1 ポワンソンの葡萄酒.

poinçonnage, poinçonnement (< poinçonner) n.m. **1** 穴あけ, 穿孔.
2 刻印押し, 刻印づけ;検印押し;刻印;検印.
3 (切手などの)パーフォレーション, ミシン目.
4 (刺繍の模様の)押し抜き;(金属板の)打ち抜き.
5 (切符の)入鋏, 鋏入れ. ~ d'un billet 切符の入鋏.

poing n.m. **1** 拳(こぶし), 握り拳(こぶし). ~s fermés 握りしめた拳. dormir à ~s fermés 昏々と眠る. coup de ~¹ 拳打ち, げんこつ;〖ボクシング〗ブロー. donner un coup de ~ 殴りつける.〖話〗faire le coup de ~ げんこつを振う, 殴り合いに加わる. se battre à coups de ~ 拳で殴り合う.〖同格的〗style coup de ~ パンチのある文体. au ~ 掌中に;握りしめて. révolver au ~ 握りしめたピストル.
enfoncer ses ~s dans ses poches ポケットに手をつっこむ. lever le ~ sur qn 人に向かって拳を振りあげる. salut à ~ levé 拳を振りあげての挨拶(友愛のしるし). mettre les ~s sur les hanches (手を腰に当てる→)挑戦的な態度をとる. montrer le ~ 拳固を突きつけて人を脅す. prendre dans le ~ 掌中に収める. se ronger les ~s いきり立つ, ほぞをかむ;不安にかられる. serrer le ~ この手を握りしめなくてはならない→)総力を結集しなくてはならない;忍耐すべきである. taper du ~ sur la table 拳でテーブ

ルを叩く《不満, 怒り, 異議の表明》.
2 メリケンサック (=coup-de-poing).

point *n.m.* Ⅰ《空間上の点》**1** 点；《幾何学上の》点 (=~ géométrique). ~ de tangence 接点. les quatre ~s cardinaux (de l'horizon) 四方位, 東西南北.
2 点；地点；地区, 区域, 地域；個所. ~ central 中心点；中心地点.〖軍〗~ chaud 戦闘地域；《転じて》(一触即発の)紛争地区；(交通の)難所；(活動・スポーツなどの)中心点；争点, ホットな問題点. ~ d'appui 支点. ~ de départ 出発点. ~ d'eau 水の湧出点；水場. ~ de rencontre (川などの)合流点；接合点. ~ de repère 標点, 水準点；原点. ~ de ramification (鉄道・神経などの)分岐点.〖比喩的〗~ faible (sensible, vulnérable) (人の)弱点, 急所. ~ fort 強み.〖機工〗~ mort 死点；(自動車のギアの)ニュートラル. ~ mort bas (haut) (ピストンの)下(上)死点.〖比喩的〗〖話〗Les négociations sont au ~. 交渉はデッドロックに乗り上げている. ~ zéro 零地点, 零点, 原点. le ~ zéro des routes de France フランスの道路原標《Paris のノートル=ダム大聖堂前の広場にある》.
3 (船・航空機の)現在位置；〖比喩的〗現状〔分析〕. ~ de presse 短い記者会見. le ~ sur la situation économique d'un pays 一国の経済状況の分析. faire le ~ 現在の位置を測定する；(de, sur について)現状を総括する. faire un ~ rapide sur *qch* 何について瞥見する. porter le ~ sur la carte 地図(海図)上に現在位置を記す. recevoir le ~ par radio 無線で現在位置を確かめる.
4〖光学〗焦点；〖比喩的〗焦点, 要点. ~ à l'infini 無限遠点. au ~¹ ピントが合った；(機器が)きちんと調整された；準備万端整った. candidat au ~ 万全の態勢にある志願者. moteur au ~ きちんと調整されたエンジン. Ce prototype n'est pas encore au ~. この試作モデルはまだ仕上がっていない.
mettre au ~ (レンズの)焦点を合わせる, (映像の)ピントを合わせる；〖広義〗(機器を)調整する, 整備する；手直しする, 仕上げる；(問題の)焦点を絞る. mise au ~ (レンズの)焦点合わせ, (機器の)調整；手直し, 仕上げ；(問題の)整理. Ce projet demande une mise au ~. この計画は手直しを要する.
5 ~ de vue 観察(眺望)に適した位置；眺望, 展望；〖転義〗視点, 観点；見地, 立場；見解. ~ de vue sur le lac 湖の眺望.
à mon ~ de vue 私の見たところでは；私見では. à tout ~(tous〔les〕~s) de vue あらゆる点で.
au (du)~ de vue+*a*. (de+*n*.) …の見地からすると. au ~ de vue politique 政治的見地からすると.

examiner *qch* à divers ~s de vue 何を様々な観点から検討する. du ~ de vue 〔de la〕 forme 形式の点から見ると. exposer son ~ de vue 自分の見解を述べる. partager le ~ de vue de *qn* 人と見解を同じくする.

Ⅱ《時間上の点》時点；瞬間, 刹那. à ~¹〔nommé〕丁度よい頃合に, 折よく. arriver à ~ nommé (juste à ~) 丁度よい時に着く.〖諺〗Tout vient à ~〔à〕qui sait attendre. 待てば海路の日和あり.
être sur le ~ de+*inf*. まさに…しようとしている. J'étais sur le ~ de mourir 死にそうでいる. J'étais sur le ~ de partir. 私は丁度出かけようとしているところであった.

Ⅲ《段階・程度》**1** 段階, 程度. à ~² 適度に；食べ頃の；(果物が)程よく熟した. steak〔cuit〕à ~ 焼き加減が丁度よい《ミディアム》のステーキ《saignant と bien cuit の中間》.
au ~ de+*inf*. (à ce ~ que, à tel ~ que) …するほど…である. Il a travaillé au ~ d'y perdre la santé (à tel ~ qu'il est tombé malade. 彼は働きすぎて健康をそこねた.
à ce ~；à tel ~ そんな程度まで. au dernier ~；au plus haut ~ 極度に. à quel ~ どの程度に. à un certain ~ ある程度. en bon ~, bien en ~ 体調がよい. mal en ~ 体調を崩した, 調子が悪い.
2〖理〗点. ~ critique 臨界点. ~ d'ébullition 沸〔騰〕点. ~ d'éclair (de flamme) 引火点. ~ de fusion 融点. ~ de saturation 飽和点. ~ neutre 中立点, 中性点, ニュートラルポイント.

Ⅳ《要点》**1** (法律・論文などの)条, 段. dernier ~ d'un exposé 発表の最終部. discours en trois ~s 3部構成の講演；理路整然たる陳述.
2 主要点, 特質；論点；問題点；〖法律〗(訴訟上の)争点.〖法律〗~ capital 要点, ポイント. ~ commun 共通点.〖法律〗~ de fait (争訟の)事実の争点 (~ de droit「法的争点」の対)；〖一般〗具体的問題. ~ essentiel 本質的問題.〖法律〗~ litigieux 係争点.
~ par ~, tout à tour, 逐一. répondre ~ par ~ 一つ一つ答弁する. de ~ en ~ 遺漏なく, 正確に. exécuter un ordre de ~ en ~ 命令を遺漏なく遂行する. en tout ~(tous ~s)；sur tous les ~s de tout ~ あらゆる点で, 全面的に, 完全に. approuver en tout ~ 全面的に賛成する. C'est là le ~./Voilà le ~. そこがポイントだ.

Ⅴ《点的存在》**1** 点；斑点. ~ de carie 虫歯の斑点. ~ noir² 黒点；(地平線上の)黒雲；〖比喩的〗不安な点；〖話〗黒にきび点. ~s noirs de l'économie française フランス経済の問題点 (弱点). apparaître comme un ~ à l'horizon 地平線上に点のように見える.
2 (符号としての)点, 符号；〖文法〗終止符, ピリオド (=~ final)；句読点；〖音楽〗符

pointe

点. ~ d'exclamation 感嘆符号（！）. ~ d'interrogation 疑問符号（？）.〖音楽〗~s de reprise 反復記号（：）. ~s de suspension 中断符（…）. ~-virgule セミコロン（；）. deux 〔-〕~s コロン（：）.〖音楽〗noire suivie d'un ~ 付点4分音符.
faire un ~；marquer d'un ~ 点を打つ. mettre le ~ final à une discussion 議論に終止符を打つ. mettre un ~ sur i i の字の点を打つ. mettre les ~s sur les i 念を押す. P~, à la ligne. ピリオド, 改行《書取りの際の指示の文言》. Un ~, c'est tout. 以上で終り；それ以上言うことなし.
3〖生理〗点. ~ de chaud (de froid)（皮膚の）温（冷）点. ~ de douleur（皮膚の）痛点. ~ lacrymal 涙点.
4〖遊戯・スポーツ〗得点, ポイント, 点数；(統計上の) ポイント；(賽の) 目. hausse des prix d'un ~ 1ポイントの物価上昇. victoire aux ~s 判定勝ち. amener cinq ~s（さいころで）5の目を出す.〖スポーツ〗battre qn aux ~s 人に判定勝ちする. compter les ~s 双方の得点を数える；〖比喩的〗勝負の成行きを見守る. donner (rendre) des ~s à qn 人の点数にハンデを与える；人より強いと自負する. jouer une partie en vingt-cinq ~ 25点先取の勝負をする. marquer un ~ (des ~s) 得点をあげる；〖比喩的〗優位に立つ.
5（成績の）点, 評点；(社会保障などの) 点数. bon ~ 優〈評点〉；優の札《褒美のカード》. mauvais ~ 落第点. C'est un bon (mauvais) ~ pour le gouvernement. 政府は合格点 (落第点) だ. la moyenne des ~s 平均点. enlever un ~ par faute 間違い1つで1点減点す.
6〖印刷〗(活字などの) ポイント《1978年のAfnor 規格では, 1ポイントは0.351 mm》.〔古〕~ Diderot ディドロ・ポイント《1ポイントは0.3759 mm》. caractère de onze ~s 11ポイント活字, 11ポ.
7（靴・帽子などの）サイズ〔表示数〕《cf. pointure》；フランスの靴のサイズの1ポイントは0.666 mm》.
8〖電算〗ドット. résolution de 2400 ~s par pouce 1インチあたり2400ドットの解像力.
9〖紋章〗碁盤目.
Ⅵ（刺すこと）**1**〖裁縫〗縫い；縫い目, ステッチ；針編みレース（=dentelle au ~）. ~ à l'aiguille 針編い；～ arrière 返し縫い；返し針. ~ d'Alençon アランソン名産の針編みレース. ~ d'arrêt 返し針；糸止め. ~〔de〕devant 並縫い；運針. ~ de piqûre 縫い目. ~ de tricot 編み目.
pull-over au ~ de côtes ゴム編みのセーター. bâtir à grands ~s ざっと縫う；仮縫いする. coudre à ~s serrés 細かい縫い目で縫う. faire un ~ à un veston 上着の繕いをする.

2〖医〗縫合（=~ de suture）.
3（鍼術の）経穴（けいけつ）, つぼ《針を刺すポイント》. ~s disposés en lignes méridiens 経脈沿いにあるつぼ.
4 刺すような痛み. avoir des ~s dans le dos 背中に痛みを覚える.
5（ベルトなどの）孔.
6 ~ du jour 夜明け. au ~ du jour 夜明けに. se lever dès le ~ du jour 夜明けと共に起きる.

pointage（<pointer）*n.m.* **1** 点（印）をつけること.〖酒〗~ de la carte 海図上の位置記入.
2（リストによる）チェック. ~ des articles en comptabilité 簿記の項目チェック.
3（タイムレコーダー pointeuse による）出勤・退出の記録チェック. ~ du personnel à l'entrée de l'usine 工場入口でのタイムレコーダーによる職員の出勤・退出のチェック. ~ automatique 自動出勤・退出チェック. carte de ~ タイムカード.
4〖軍〗(火器の) 照準設定；照準. ~ direct (indirect) 直接（間接）照準設定. appareil de ~ d'un canon 大砲の照準器.
5〔広義〕(望遠鏡などの) 視野〔設定〕.

pointe *n.f.* Ⅰ（先端）**1** 先端；切先, 剣先；(塔の) 尖頂；葉先, 穂先, 枝先. ~ d'une aiguille 針の先端. sentir comme des ~s d'aiguille dans les yeux 刺すような視線を感じる. ~ d'asperge アスパラガスの芽の先端部〈穂先〉.〖解剖〗~ du cœur 心尖《心臓の最下端》.〖解剖〗~ du poumon 肺尖《肺臓の最上端》. ~ d'épée 剣先, 剣の切先. ~ émoussée 丸くなった（鋭利でなくなった）先端.〖フェンシング〗coup de ~ 突き.
à la ~ des baïonnettes 銃剣の切先をつきつけて, 武力に訴えて；力ずくで. en ~[1] 先の尖った. aiguiller (tailler) qch en ~ … の先を尖らせる. marcher sur la ~ du pied (des pieds) つま先立って歩く.
2〖舞〗(chaussons à) ~s トウシューズ. faire des ~s トウシューズで立つ.
3〖地形〗岬（=cap）；岬の先端, 端（はし）（= ~ de terre）；先端部. la ~ du Raz ラ岬《ブルターニュ地方 la Bretagne, Finistère 県の西端の岬》. ~ d'une île dans un fleuve 川中島の先端〔部〕.
4〖紋章〗楯の下端（=de l'écu）.
Ⅱ（先の尖ったもの）**1** 針, 釘, ピン；とげ；(塀などの) しのび返し；(棒の) 穂先. ~s de fer d'une grille 鉄柵のしのび返し. ~ du hérisson はりねずみのとげ. ~ de l'oursin うにの殻のとげ. ~s d'une plante 植物のとげ.
2〖製図, 美術〗(製図, エッチング用の) 針；(彫刻家の) 荒彫り用の鑿（のみ）（= ~ de sculpteur）. ~ à trace けがき針.〔sèche〕ドライポイント；ドライポイント版画（= gravure à la 〔sèche〕）. ~ d'un compas

pointeur(se)¹

コンパスの針先. compas à ~s sèche 割りコンパス，ディヴァイダー.
3 〖工〗~ de diamant ダイヤモンド・カッター〔ガラス切断ナイフ〕.
4 〖スポーツ〗(靴の) スパイク；〔pl. で〕スパイクシューズ (=chaussures à ~s). mettre des ~s スパイクをはく.
5 三角布；三角形の肩掛け；三角おむつ.
6 〖幾何〗鋭角二等辺三角形.
7 〖海〗(羅針儀の1点〔11°15'〕を示す)ポイント.
8 〖医〗~s de feu 熱焼灼法；熱焼灼法による火傷.
Ⅲ (侵攻・研究などの最前線)**1** 〖軍〗侵攻, 侵入. faire (pousser) une ~ jusqu'à …まで侵攻する；〖比喩的〗…まで足をのばす.
2 〖軍〗尖兵. ~ de l'aile droite d'une armée 軍団右翼の最前線.
3 最先端. de ~¹；en ~² 最先端の, 先端の；先端技術の. techniques de ~ 先端技術. technologie de ~ 先端技術工学. disciplines de ~ 先端技術分野. être à la ~ de recherche 研究の最先端にいる.
4 最大値, ピーク. ~ de la courbe カーブの最大値 (ピーク). ~ de vitesse；vitesse de ~ 最高速度. faire une ~ de vitesse 最高速度を出す. heures de ~ ラッシュアワー；ピーク時. en ~³ 最高で. Ce train fait du 300 kilo mètres/heure en ~. この列車は最高時速300 km まで出る.
Ⅳ (微量)**1** 〖文〗~ du jour 曙光, 曙.
2 少量. une ~ d'accent du Midi わずかな南仏訛り. une ~ de jalousie 嫉妬のかけら. une ~ de moutarde 少量のからし.
Ⅴ (鋭さ) 辛辣さ, 鋭さ；鋭い言葉. ~ de la douleur 痛みの鋭さ. yeux où perce une ~ de feu 刺すように鋭い目付き. lancer des ~s à qn 人に辛辣な言葉を投げかける.

pointeur(se)¹ n. **1** (商品などの)点検係；(名簿などの)チェック係；(労働時間などの)記録係；(スポーツの)公式記録員.
2 〖ペタンク〗目標小球 (cochonnet)への球の近づけ役 (tireur「投げ手」の対).
3 〖軍〗(火砲の)照準手.

pointeur² n.m. **1** 〖電算〗(マウス操作によりディスプレイ上に示される)ポインタ, 矢印. **2** 〖刑務所の隠語〗性犯罪者.

pointeuse² n.f. **1** タイムレコーダー (=horloge ~). **2** 〖機械〗ジグ中ぐり用工作機械.

pointillage [-ja-] n.m. **1** 〖美術〗点描；点刻. **2** 〖医〗指頭マッサージ.

pointillé [-tje] n.m. **1** 点線；(切り取り線の)ミシン目. ~ d'une feuille de timbres 切手のミシン目. limite de département indiquée sur une carte par un ~ 地図に示された点線による県境. Détachez suivant le ~. ミシン目に沿って切り離してください.
2 〖美術〗点描〔法〕；点刻〔法〕(=gravure au ~). dessin au ~ 描画.
3 〖紋章〗小点群. or figuré par un ~ 点状の金紋様.

pointillisme n.m. 〖美術〗点描主義.
pointilliste n. 〖美術〗点描主義画家.
── a. 点描主義の, 点描派の. peintre ~ 点描派画家.

pointu(e) a. **1** 先の尖った. chapeau ~ とんがり帽子. feuille ~e 鋭先形の葉. menton ~ 尖った顎. toit ~ d'une tour 尖塔の屋根.
2 ごつごつした. écriture ~e ごつごつした書体.
3 〖比喩的〗とげとげしい, 気難しい, 怒りっぽい. caractère ~ 気難しい性格.
4 かん高い. voix ~e かん高い声.
5 〖比喩的〗accent ~ 素気ない口調(南仏の人から見たパリっ子の口調).
6 〖比喩的〗高性能の；高度の, 厳密な. avoir une formation ~e 高度の教育を受ける. annonce ~e pour recruter un professionnel プロを募集する厳密な要件を提示した広告. logiciel ~ 高性能のソフト.

pointure n.f. **1** (靴・服・手袋などの)サイズ (=taille). ~ 42 サイズ42 (省略表現：du 42). Quelle est votre ~ de gants? あなたの手袋のサイズはいくつですか. Quelle ~ chaussez-vous? あなたの靴のサイズはいくつですか.
2 〖印刷〗ポワンチュール, パンチピン；パンチ穴〔印刷物の見当合わせ用〕.
3 〖比喩的・話〗une grosse ~ 重要人物.

poire n.f. **1** ポワール, 洋梨 (poirier の果実). ~s d'été (d'automne, d'hiver) 夏梨 (秋梨, 冬梨). ~s à couteau 生食用洋梨 (= ~s crues). ~s à cuire 加工用洋梨. ~ croquante (fondante) かりかりした (とろけるような) 洋梨の果実. ~s cuites 加工洋梨. ~ d'étranguillon すっぱい洋梨の実 (= à cochon；~ d'angoisse《非食用》). ~ musquée (sucrée) 芳香のある (甘味の強い) 洋梨.
◆ variétés de ~s 洋梨の品種：代表的品種 ~ beurrée-hardy ブーレ=アルディ種 (食べ頃9–11月中旬)；~ confidence コンフィダンス種 (9月中旬–2月)；~ doyenné -du-comice ドワイヤネ=デュ=コミス種 (9月中旬–1月)；~ pass-crassane パス=クラサンヌ種 (11–5月)；~ [bon-chrétien-] williams ボン・クレチヤン=ウィリアムス種.
◆ 〖料理〗~ Belle-Hélène ポワール・ベル=エレーヌ (洋梨の砂糖煮とヴァニラ・アイスを組合せたデザート). ~s pochées au vin 洋梨の葡萄酒煮. confiture de ~s 洋梨のジャム. conserve de ~s au sirop 洋梨の砂糖煮漬缶. entremets aux ~s 洋梨のアントルメ. P~ Williams ポワール・ウィリアムス (壜の中にウィリヤム種の洋梨がまるごと1個入った eau-de-vie；williamine).

en ~ 洋梨状の, 洋梨形の. perle en ~ 洋梨状のバロック真珠.〖話〗La ~ est mûre.(洋梨は熟している→)機は熟した. couper la ~ en deux (洋梨を二つ割りにする→)折半する；折り合いをつける. entre la ~ et le fromage (洋梨とチーズの間で→) 食事の終り頃に. garder une ~ pour la soif (喉の渇きにそなえて洋梨をひとつとっておく→)将来に備えて倹約する；万一に備える手だてを残しておく.
2 洋梨の果実状のもの. ~ à injection 注入器(噴霧器)の握り. ~ à lavement (トイレの)清掃具. ~ à poudre 火薬入れ. ~ d'angoisse 洋梨形の鉄製猿ぐつわ(拷問具). ~ en caoutchouc (血圧計などの) ゴム球.
3〖話〗顔；頭. en pleine ~ 顔の真中に. faire sa ~ 偉そうな顔をする；仏項面をする.
4〖比喩的〗〖話〗だまされやすい人；間抜け, 頓馬. Quelle (bonne) ~! 何というお人好しだ. Tu est trop ~! お前は頓馬すぎるぞ.
5〖食肉〗ポワール(牛肉の腿の小筋部；ステーキ用).

poiré *n.m.*〖飲料〗ポワレ, 梨酒(洋梨の果汁の醱酵飲料).

poireau (*pl.*~**x**) *n.m.* **1**〖植〗ポワロー, ポロ葱(日本での俗称)(学名 Allium porrum). manger le blanc et le vert du ~ ポワローの白い茎部と葉を食べる.〖料理〗~*x* à la vinaigrette ゆでたポワローのヴィネグレット・ソース和え.〖料理〗~*x* au gratin ポワローのグラタン. ~ du Nord 北仏産のポワロー.〖料理〗~*x* turbotin aux ~*x* チュルボタン(大かれいの子)のポワロー添え.
2〖比喩的〗〖話〗faire le ~ 待ちぼうけを食わせる, 長く待たせる.

poirée *n.f.*〖植〗ポワレー, ベット(bette), ふだんそう(学名 Beta vulgaris；白い葉脈を食べる葉物野菜). ~ blonde à carde blanche 白い葉脈の黄緑色ポワレー(品種名).

poirier *n.m.* **1**〖植〗梨の木(果実は poire). ~ cultivé (sauvage) 栽培用(野生)梨の木. ~ en espalier エスパリエ仕立ての梨の木. fruit de ~ 梨の果実, 梨.
2 梨の木材(堅く赤身を帯びた高級家具材). meubles en ~ 梨材の家具.
3〖比喩的〗faire le ~ 頭を地面につけて逆立ちする. figure du ~ ヨガの姿勢.

pois *n.m.* **1**〖植〗豌豆, えんどう；〖*pl.*で〗えんどう豆. petits[-]~ ~ verts；~ à écosser グリーンピース. petits[-]~ de conserve 缶詰のグリーンピース. boîte de petits[-]~ グリーンピースの缶詰. ~ cassés (二つ割りにした) 乾しえんどう豆(ピュレに調理してよく食べる). ~ chiche エジプト豆, ひよこ豆；〖話〗疣(いぼ)(=verrue).〖園芸〗~ de senteur スイートピー(=gesse odorante). ~ long 長豆, いんげん豆(=ha-

ricot). ~ mange-tout さやえんどう. fleur des ~ えんどうの花；〖比喩的〗精華；最高級品；〖皮肉〗伊達男, ダンディー.
2 水玉模様. cravate bleue à ~ blancs 青地に白い水玉模様のネクタイ.
3〖植〗〖アフリカ〗~ de terre 土豆(地中に実をつける豆；ゆでたり焼いて食用に供する).

poise [pwaz] *n.f.*〖物理〗ポアズ(粘度の国際単位系単位；略号 Po).

poiseuille (<J.-L. P~, フランスの物理学者 [1789-1869]) *n.m.*〖物理〗ポアズイユ(粘度の国際単位系単位；10 ポアズに相当；略号 Pl).

poison *n.m.* **1** 毒, 毒物, 毒薬；有毒物質. ~ de mine 鉱毒. ~ mortel 致死性毒物. ~ radioactif 放射性毒. ~ violent 猛毒. ~s microbiens 細菌性毒物, 細菌毒(cardiotoxine 心臓毒, cytotoxine 細胞毒, entérotoxine 腸管毒, hémolysine 溶血素, neurotoxine 神経毒など). ~s minéraux 鉱物性毒物, 鉱物毒(arsenic 砒素, cyanure de potassium 青酸加里など). ~s organiques 有機性毒物(nicotine ニコチン, strychnine ストリキニーネ, venin de serpent 蛇毒, venin de scorpion 蠍毒など). ~s végétaux 植物毒(belladone ベラドンナ, ciguë 毒人参, opium 阿片など). boire du ~ 毒を飲む, 服毒する. tuer *qn* par le ~ 人を毒殺する. effets des ~s 毒物効果, 中毒症状. immunité à l'égard des ~s 対毒免疫〔性〕. neutralisation des ~s 解毒.
2〖化〗触媒毒(=~ d'un catalyseur, ~ catalytique).
3〖香水〗P~ ポワゾン(1985年 Christian Dior 社が発売した商品名).
4 有毒食品, 有害飲料.
5〖比喩的〗〖文〗害毒. écrit plein de ~ 害毒に満ちた文書.
6〖話〗いやなこと. Quel ~ d'y aller! あそこにいかなくてはならないのは！
—. *n.*〖話〗un (une) ~ 手に負えない子供.

poisson *n.m.* **1** 魚；魚肉. ~s d'eau douce 淡水魚. ~s de mer；~s marins 海魚. ~s de rivière 川魚. ~s coffres はこ型の魚(はこふぐなど). ~ d'ornement 勧賞魚. ~s plats 平たい魚(ひらめ, かれいの類；pleuronectidés). ~ rouge 金魚. ~ volant[1] 飛魚(=exocet).
~s congelés 冷凍魚. ~ cru 生魚；刺身. ~s frais 鮮魚(=marée). ~ salé 塩魚；塩漬けの魚. ~ séché 魚の干物, 乾し魚. menus ~s 魚料理の献立(品書)
manger du ~ 魚を食べる. prendre des ~s 魚を捕る. marchand de ~ 魚屋(=poissonnier). ~s de chalut 底引網で捕る魚. élevage des ~s 魚の養殖(=pisciculture). étude des ~s 魚類学(=ichtyologie). industrie de la conserve du ~ 魚の缶詰業.

〖諺〗Les gros ~s mangent les petits. 弱肉強食は世のならい. Petit ~ deviendra grand. 将来有望だ.〖話〗engueuler qn comme un ~ pourri 人を罵倒する. être 〔heureux〕comme un ~ dans l'eau 水を得た魚のようである. être muet comme un ~ 黙りこくっている. faire une queue de ~ 追い抜いた車の前に出る. finir en queue de ~ 曖昧に終りを告げる.〖話〗se soucier de qch comme un ~ d'une pomme 何を全く気にかけない；何にあまり興味がない.
2〖天文〗P~s 魚座；双魚宮（黄道十二宮の第十二宮）. P~ austral 南魚座. P~ volant² 飛魚座.
3 ~ d'avril エイプリルフール（4月1日）.
4〖昆虫〗petit ~ d'argent 西洋衣魚（しみ）.
5〖軍〗~ autopropulsé 自動推進魚型具（機雷除去用の掃海器具，略記 Pap）.

poisson-chat（pl. **~s-~s**）n.m.〖魚〗鯰（なまず）.

poissonnerie n.f. **1** 魚屋（店舗）. **2** 魚介販売業，魚介商.

poissonneux(se) a. 魚の多い，魚影の濃い. lac ~ 魚の多い湖. rivière ~se 魚影の multi川.

poissonnier(ère) n. 魚屋，魚売り.

poitevin(e) a. **1** ポワトゥー地方(le Poitou)の；～の住民の；ポワトゥー方言の. art roman ~ ポワトゥー地方のロマネスク様式芸術. le Marais ~ ポワトゥー地方の沼沢地帯. plats ~s ポワトゥー地方の郷土料理.
2 ポワチエ(Poitiers)の；～の住民の.
—**P~** n. **1** ポワトゥー人. **2** ポワチエ市民.
—n.m.〖言語〗ポワチエ方言.

Poitiers n.pr. ポワチエ(département de la Vienne ヴィエンヌ県県庁所在地，フランスの UE の広域地方行政区の région Poitou-Charentes ポワトゥー＝シャラント地方の地方庁所在地；市町村コード 86000；旧ポワトゥー地方 le Poitou の首都；形容詞 poitevin(e)). aéroport de ~-Biard-Futuroscope ポワチエ＝ビヤール＝フュチュロスコープ空港（西南郊 12 km）.〖仏史〗bataille de ~ ポワチエの戦い（Charles Martel がアラブ軍を撃破；732 年）. église Notre-Dame-la-Grande de ~ ポワチエのノートル＝ダム＝ラ＝グランド聖堂（12 世紀のロマネスク様式）. Musée Sainte-Croix de ~ ポワチエの聖十字架博物館（考古学・人類学・美術；1974 年）. parc du Futuroscope de ~ ポワチエのフュチュロスコープ公園（1987 年創設のテーマパーク）.

Poitou n.pr.m. le ~ ポワトゥー地方（フランスの旧地方・旧州名；les Deux-Sèvres, la Vendée, la Vienne の 3 県域にほぼ相当；中心都市 Poitiers, 形容詞 poitevin(e)）.

Poitou-Charentes n.pr.f.〖行政〗la ~ ポワトゥー＝シャラント地方（＝la Région ~；フランスとヨーロッパ連合 UE の広域地方行政区画；la Charente, la Charente-Maritime, les Deux-Sèvres, la Vienne の 4 県から成る；面積 25,822 km²；人口 1,640,068；地方庁所在地 Poitiers；形容詞 picto-charentais(e)).

poitrinaire a.〖医〗〖古〗肺病の；肺結核の (=tuberculeux).
—n. 肺病患者；肺結核患者.

poitrine n.f. **1** 胸，胸部；〖解〗胸郭，〖古〗肺. respirer à pleine ~ 胸一杯息を吸いこむ. tour de ~ 胸囲.〖楽〗voix de ~ 胸声（きょうせい）（低い声域；voix de tête「頭声」の対）.
2 前胸部；心臓.〖医〗angine de ~ 狭心症. douleurs dans la ~ 胸痛. poche de ~ 胸ポケット. se frapper la ~ （悔悟の念をこめて）胸をたたく. serrer qn contre sa ~ 胸に抱きしめる.
3 （動物の）胸前（むなさき）（首と腹部の間の部分）；〖食肉〗（牛・羊の）胸肉；（豚の）ばら肉. ~ de bœuf 牛の胸肉. ~ de cheval 馬の胸前. ~ fumée ベーコン (=lard).
4〖医〗胸の病 (=maladie de ~；poitrinaire；caisse). mourir de la ~ 胸の病いで死ぬ. fluxion de ~ 肺炎 (=pneumonie).〖話〗partir de la ~ 胸をやられる，肺病にかかる.
5（女性の）胸 (=seins de femme；gorge). avoir de la ~ 胸が豊かである. belle ~ 美しい胸. n'avoir pas de ~ 胸が貧弱である.

poivrade n.f. **1**〖料理〗ポワヴラード（胡椒ソース；特に胡椒を白葡萄酒と酢でデグラサージュしたソース；=sauce ~).
2〖植〗ポワヴラード（生食用の紫アルティショー artichaut violet).

poivre n.m. **1** 胡椒〔の実〕. ~ blanc 白胡椒. ~ noir (gris) 黒胡椒. ~ en grains 粒胡椒. moulin à ~ 胡椒挽き. cheveux ~ et sel 胡麻塩頭. steak au ~ ペパーステーキ.
2 （胡椒と類似の）香辛料植物の実. ~ de Cayenne カイエンヌペッパー（唐辛子）.

poivré(e) a. **1**〖料理〗胡椒で調味した，胡椒の利いた；胡椒入りの；胡椒の香りのする.〖茸〗lactaire ~ 胡椒ちちたけ.〖植〗menthe ~e ペパーミント. parfum ~ 胡椒の風味.
2〖比喩的〗〖話〗卑猥な. histoire ~e 猥談. plaisanterie ~e 卑猥な冗談.

poivrier n.m. **1**〖植〗胡椒の木. **2** 胡椒入れ.

poivrière n.f. **1** 胡椒畑. **2** 胡椒入れ (=poivrier). **3**〖城塞〗（屋根が円錐形の）物見櫓，望楼. en ~ 円錐形の.

poivron n.m.〖植〗ポワヴロン，ピーマン (=~ doux). ~ rouge 赤ピーマン.

poivrot(e) n.〖話〗酔っぱらい.

POL (=la Pologne) n.f. ポーランド（国名略記）.

polaire *a.* **1** 極 (pôle) の, 南 (北) 極 の ; 極地の ; 極地性の ; 〖天文〗天極の. cercle ~ 極圏 (南北の緯度 66°34'以上の圏). climat ~ 極地気候.〖天文〗distance ~ 極距離. étoile P~ 北極星 (=la P~). expédition ~ 極地探険. orbite ~ (人工衛星の) 極軌道. région ~ 極地, 極地方. satellite ~ 極軌道衛星. vent ~ 極地風.
2〖数〗極の. coordonnées ~s 極座標. droite ~ 極線 (=~).
3〖物理・化〗電極の ; 磁極の.〖化〗molécull ~ 有極性分子 ; 有極分子.
4〖解剖, 医, 生〗極の. cataracte ~ 極白内障. cellule ~ 極体, 極細胞. globule ~ 極体.
5〖織〗ポレール《耐寒性・防風性・断熱性のある加工ポリエステル繊維》.
6 凍てつくような. froid ~ 厳寒, 酷寒.
polarimètre *n.m.*〖光学〗偏光計.
polarimétrie *n.f.*〖光学〗偏光測定, 偏光分析.
polarisant(e) *a.*〖光学〗偏光させる, 偏光性の. filtre ~ 偏光フィルター. microscope ~ 偏光顕微鏡.
polarisation *n.f.* **1**〖光学〗偏光. chromatique 色偏光. ~ circulaire (linéaire) 円 (直線) 偏光. angle de ~ 偏光角.
2〖電〗分極 ; (電池の) 成極 ; バイアス. ~ diélectrique 誘電分極. ~ électromagnétique (magnétique) 電磁 (磁気) 分極. charge de ~ 分極電荷. tension de ~ de grille 格子変倚電圧, グリッドバイアス電圧.
3〖生〗(細胞などの) 分極 (=polarité). ~ d'une cellule nerveuse 神経細胞の分極.
4〔比喩的〕(力・影響力などの) 一点集中 ; ~ de l'opinion 意見の集約.
polariscope *n.m.*〖光学〗偏光器.
polarisé(e) (<polariser) *a.p.* **1**〖物理〗偏った, 偏向を生じた. lumière ~*e* 偏光.
2〖電〗極のある, 有極の ; 分極の. composant ~ 分極素子.
3〔比喩的〕(関心・精力などが) 集中した ;〔話〕憑かれたような. attention ~*e* 集中した関心.
polariseur *a.m.*〖光学〗偏光させる.〖写真〗filtre ~ 偏光フィルター. prisme ~ 偏光プリズム.
——*n.m.* 偏光子 ; 偏光装置.
polarité *n.f.* **1**〖電工〗極性.
2〖物理〗極性. ~ magnétique 磁極性.
3〖数〗極関係, 極反.
4〖生〗(細胞・胚などの) 極性.
polarographie *n.f.*〖物理〗ポーラログラフィー《電気分解自記法》.
polaroid [-rɔid] (<P~, 商標) *n.m.* **1** ポラロイドカメラ ; ポラロイドカメラで撮影した写真.
2 ポラロイド《人工偏光板の商標》;〖*pl.*で〗ポラロイド眼鏡.
polder [pɔldɛr]〔オランダ〕*n.m.* ポルダ

ー, 干拓地.
poldérisation *n.f.* 干拓, 干拓地化, ポルダー (polder 干拓地) 化.
pôle *n.m.* **1**〖天文〗天極 (=~ céleste).
2〖地学〗(地球の) 極 (=~ terrestre) ; 極地, 極圏 ; (特に) 北極 (=~ boréal, ~ Nord). ~ antarctique (austral) 南極. ~ arctique (boréal) 北極. ~ Nord 北極. ~ Sud 南極. axe (ligne) des ~s 地軸. expédition au ~ Sud 南極探険.
3〖物理〗電極 (=électrode) ; 磁極 (=~ magnétique). ~ d'inclination 地球の磁極 (=~ magnétique). ~ d'un barreau aimanté 棒磁石の磁極. ~ d'une pile 電池の電極. ~ Nord magnétique 北の磁極. ~ négatif 陰極, 負極 (=cathode). ~ positif 陽極, 正極 (=anode).
4〖数〗極. ~ d'inversion 相反な極. ~ d'un cercle 円の極.
5〖生〗極. ~ contraire 対極. ~ animal (végétatif) 動物 (植物) 極.
6〔比喩的〕極. ~ contraire 対極. deux ~s 両極.
7〔比喩的〕極点, 中心点. ~ d'attraction (d'intérêt) 興味の焦点. ~ de croissance 経済成長の中心点.
polémique *a.* 論争の ; 論戦調の ; 挑戦的な. style ~ 論争調の文体. attitude ~ 挑戦的態度.
——*n.* 論争 ; 論戦. ~ au sujet de …に関する論争. engager (entretenir) une ~ avec qn 人と論戦を始める (交わす).
polémologie *n.f.* 戦争学, 戦争研究. Institut français de ~ フランス戦争学研究所.
polémologue *n.* 戦争学者.
polenta [pɔlɛ̃ta, pɔlɛnta]〔伊〕*n.f.*〖料理〗ポレンタ《<〔ラ〕「大麦粉」の意 ; イタリアではとうもろこし粉, コルス (コルシカ) 島では栗の粉を用いてつくる粥状の料理》.
pole position 〔英〕*n.f.* **1**〖スポーツ〗(オートレースの) ポール・ポジション《最前列内側のスタートに有利な位置》.
2〔比喩的〕(競争における) 最上位, 有利な立場.
poli[1](*e*) (<polir) *a.p.* **1** 磨かれた ; 滑らかな ; 光沢のある, 艶のある. armure ~*e* ぴかぴかに磨かれた甲冑. marbre ~ 磨き大理石. pierre précieuse ~*e* 磨いた宝石. surface ~*e* comme un miroir 鏡のように光沢のある表面.
2〔比喩的〕(文章などが) 磨きをかけられた, 推敲された. style ~ 磨かれた文体.
3 礼儀正しい, 丁寧な ; 丁重な. ~ comme un caillou (une glace) 極めて礼儀正しい ;〔皮肉〕礼儀知らずの. être ~ avec qn 人に対して礼儀正しい. être trop ~ pour être honnête 慇懃すぎて裏がありそうだ. Soyez ~! 礼儀を守れ! Il est ~ de+*inf.* (que+

poli² *subj.*)…するのが礼儀というものだ；…するのが礼儀に叶っている. **4**〚古〛(人が) 洗練された；開化した. esprit ～ 洗練された精神. société ～ *e* 文明社会.

poli² *n.m.* **1** 光沢. ～ d'un objet d'or 金製品の光沢. donner le (du) ～ à *qch* 何に光沢を与える；何を磨き上げる. **2**〚地学〛(岩石の) 削磨〚面〛；光沢. ～ désertique (glaciaire) 風蝕 (氷蝕) による削磨〚面〛.

police¹ *n.f.* **1** 公安, 治安；警察, 警察機能；〚集合的〛警察官. ～ administrative 行政警察. ～ de l'air 航空警察. ～ de l'hygiène publique (sanitaire) 公衆衛生警察. ～ de la route 道路警察. ～ de proximité 近隣警察. ～ de sûreté 治安警察. ～ des aérodromes 空港警察. ～ des mœurs 風紀警察. ～ des polices 警察監部局. ～ des ports 港湾警察. ～ économique 経済警察. ～ judiciaire 司法警察 (略記 PJ). ～ maritime 海洋警察；水上警察. ～ militaire 軍事警察. ～ mobile 機動警察. ～ montée 騎馬警察. ～ municipale 市町村警察. ～ nationale 国家警察. ～ politique 政治警察. ～ privée (非合法の) 私的警察, 民間警察. ～ rurale 農村警察. ～ scientifique 科学警察. ～ secours 救急警察〚班〛. ～ secrète 秘密警察. ～ technique et scientifique 科学捜査警察. agent de ～〚municipale〛市町村警察の警察官. agent de ～ judiciaire 司法警察補佐官, 司法警察職員 (略記 APJ：旧 inspecteur principal, inspecteur divisionnaire, chef inspecteur divisionnaire「刑事管理官」, commissaire「警視」, commissaire principal「警視正」, commissaire divisionnaire「警視長」). commissaire de ～ 警視. commissariat de ～ 警察署. contrôle de ～ 警察の検問. officier de ～ judiciaire 司法警察主務官, 司法警察官 (旧 inspecteur「刑事官」, enquêteur「刑事官補」).

◆《1995 年の改正による制服警察官と私服警察官の階級の名称変更》：**gardien de la paix** 巡査 (旧 gardien de la paix と sous-brigadier「巡査長」, enquêteur de 2ᵉ classe「2 級刑事官補」). **brigadier de** ～ 巡査部長 (旧 brigadier-chef「巡査部長」, brigadier-enquêteur de 1ʳᵉ classe「1 級刑事官補」). **brigadier major de** ～ 上席巡査部長 (旧 brigadier-chef de classe exceptionnelle「特級巡査部長」, chef-enquêteur de classe exceptionnelle「特級主任刑事官補」). **lieutenant de** ～ 警部 (旧 officier de ～「警部」, inspecteur「刑事官」). **capitaine de** ～ 主任警部 (旧 officier principal de ～「主任警部」, inspecteur principal「主任刑事官」). **commandant de** ～ 上席警部 (commandant「上席警部」, inspecteur divisionnaire「上席刑事官」).

Direction générale de la ～ nationale 国家警察総局 (略記 DGPN). Direction centrale de la ～ aux frontières 国境警察本部. enquêtes de la ～ 警察の捜査. force de ～ 警察力. Force de ～ des Nations unies 国連警察軍. Haut Conseil de déontologie de la ～ nationale 国家警察倫理高等評議会 (1995 年設置). inspecteur de ～ 刑事警察官. numéro de ～ d'un véhicule 車輌の登録番号. opération de ～ 警察活動. Organisation internationale de ～ criminel 国際刑事警察機構 (略記 OIPC), インターポール (略称 Interpol). personnel de la ～ 警察官. plaque de ～ (車の) ナンバープレート. poste de ～ 警察分署, 派出所. pouvoir de ～ 警察権. préfecture de ～ 警視庁 (Paris の他, 警察知事代理 préfet délégué の下に Bordeaux, Lille, Lyon, Marseille, Nice, Corse, Pyrénées-Atlantiques に設置). préfet de ～ 警察知事, 警視総監. troupe de ～ 警官隊. voiture de ～ 警察車輌. être (dans) la ～ 警察の一員である. être recherché par la ～ 警察に追われている. **2**〚法律〛(違警罪 contravention を構成する) 単純警察罪 (＝simple ～). ～ correctionnelle 軽罪 (＝délit). peines de ～ correctionnelle 軽罪の刑罰：懲治刑. tribunal de ～ correctionnelle 軽罪裁判所. tribunal de simple ～ 単純警察罪裁判所. **3** (私的な) 警備 (防犯) 組織；犯罪調査組織. ～ intérieure d'un grand magasin 百貨店の警備係. **4** 秩序の維持；(集団内での) 秩序. faire la ～ 秩序を保つ. **5**〚軍〛bonnet de ～ (ひさしのない) 略軍帽 (＝calot). salle de ～ 営倉.

police² *n.f.* **1** 契約証書 (＝～ d'abonnement). ～ d'abonnement à l'électricité (au gaz) 電気 (ガス) の使用契約書. **2** 保険証券 (＝～ d'assurance). ～ collective 団体保険契約 (証券). ～ flottante 船名不詳保険 (証券). ～ multirisque 複合保険. souscrire à une ～ 保険契約に署名する. **3**〚印刷・コンピュータ〛活字見本；〚集合的〛(同一の字体の一式の) 活字, フォント. ～ Bitmap ビットマップ・グラフィック・データ一式フォント, ビットマップ・フォント. ～ *s* résidentes プリンター内蔵フォント. style de ～ 活字の書体 (ゴチ, イタリック等).

Police-Secours *n.f.* 救急警察 (都市警察の犯罪対策任務の一つ). interventions de ～ 救急警察の活動.

policier¹ (**ère**) *a.* **1** 警察の；警察的な. bavure ～ *ère* 警察の失態. chien ～ 警察犬. enquête ～ *ère* 警察の捜査. État ～ 警察国家. régime ～ 警察〚国家〛体制. **2** 警察物の, 警察を扱った. film ～ 警察物 (探偵物) の映画. roman ～ 推理小説, 探偵小説.

—*n.* **1** 警察官, 警官 (=agent de ~; gardien de la paix); 刑事 (=inspecteur); 探偵 (=détective 〔privé〕). ~ en civil 私服警官 (刑事).

policier² *n.m.* 〔話〕推理物, 探偵物《映画, 小説 な ど》; film ~; roman ~). amateur de ~s 推理物のファン (愛好家).

policlinique *n.f.* ポリクリニック《病院付属の通院式診療所で, 臨床医学教育も行なう施設》.

polio (=poliomyélite; poliomyélitique) *n.f.,a.* 〔医〕ポリオ〔の〕, 灰白髄炎〔の〕. vaccin ~ injectable 注射式ポリオワクチン. vaccin ~ oral 経口ポリオワクチン.

poliomyélite *n.f.* 〔医〕ポリオ, 灰白髄炎. ~ antérieure aiguë 急性灰白髄炎, 脊髄性小児麻痺 (=maladie de Heine-Médin).

poliovirus [-rys] *n.m.* 〔医〕ポリオウイルス (=virus de la poliomyélite).

Politburo *n.m.* (ロシア, ソ連共産党中央委員会の) 政治局 (=Bureau politique). réunion du ~ du PCUS ソ連共産党政治局会議.

politesse *n.f.* **1** 礼儀, 礼節, 儀礼; 礼儀正しさ, 丁重さ. ~ du cœur 心底からの礼節. ~ du langage 言葉の丁寧さ. ~ de pure forme うわべだけの礼節. ~ exacte きちんとした礼節. ~ froide (glacée) 冷やかな丁重さ. ~ impersonnelle よそよそしい礼儀正しさ. ~ insultante 慇懃無礼. ~ japonaise 日本的礼節. ~ méprisante 人をさげすむような丁重さ. ~ obséquieuse 人に媚びるような慇懃な態度. ~ raffinée 洗練された礼節.
acte de ~ 丁重な行為. expression de ~ 丁寧な言い廻し. formules de ~ (手紙, 会話などの) 儀礼的なきまり文句《Veuillez agréer...; Auriez-vous la bonté de...; cher Monsieur; chère Madame など》. règles de ~ 礼儀作法, 礼法; 儀典. visite de ~ 表敬訪問.
avec ~ 礼儀正しく, 丁重に. saluer qn avec beaucoup de ~ 礼儀正しく人に挨拶する. par ~ 儀礼上. dire (faire) qch par ~ 儀礼的に何を言う (する).
avoir de la ~ 礼儀正しい. avoir la ~ de+ *inf.* …するだけの礼儀を心得ている. Tu aurais pu avoir la ~ de me téléphoner. 電話ぐらいするのが礼儀というものだ. manquer de ~ 礼を欠く. observer la ~ 礼節を守る.
2 礼儀的行為《挨拶, 招待, 贈物など》; 挨拶. brûler la ~ à qn 人のもとを挨拶もせずに立ち去る. échanger des ~s 挨拶を交す. faire une ~ à qn 人に礼儀をつくす. rendre la ~ à qn 人に仕返しをする. se confondre en ~s しきりに礼を言う.
3 〔文法〕丁寧表現. conditionnel de ~ 寧表現の条件法《Auriez-vous...; Voudriez-vous... など》. pluriel de ~ 丁寧の複

数《tu の代りの vous》.
4 〔古〕文明開化; 典雅, 上品, 洗練; 良き趣味.

politicaillerie *n.f.* 〔政治〕〔蔑〕腐敗した政治, 欲得づくの政治.

politicard(e) *a.* 〔政治〕〔蔑〕政治屋的な. magouille ~e 政治屋的な寝業.
—*n.* 〔話〕〔蔑〕いかがわしい政治屋, 欲得づくの卑しい政治家.

politicien(ne) *n.* **1** 政治家. ~ de droite (de gauche) 右 (左) 翼の政治家.
2 〔蔑〕政治屋, 腐敗政治家. ~ opportuniste 風見鶏的政治家.
—*a.* **1** 政治家の; 政治家にふさわしい. politique ~ne 政治家的政策.
2 〔蔑〕政治屋〔的〕な, 腐敗政治屋の. discussions ~nes 政治屋的議論.

politico-financier(ère) *a.* 政治と金融の. scandale ~ 政治金融スキャンダル.

politico-judiciaire *a.* 政治と司法の. affaires ~s 政治と司法に関する出来事, 政治司法問題.

politico-mafieux(se) *a.* 政治的マフィアの.

politique *a.* **1** 政治に関する, 政治の, 政治的な. carrière ~ 政治家としての (政界における) 職歴, 出世, キャリア. crime (délit) ~ 政治犯罪. crise ~ 政局, 政治危機. doctrine ~ 政治上の主義, 理論《anarchisme アナーキズム, communisme 共産主義, fascisme ファシズム, libéralisme 自由主義, marxisme マルクス主義, socialisme 社会主義, totalitarisme 全体主義 など》. droits ~s 政治的権利. droits civils et ~s 市民的, 政治的権利. Pacte international relatif aux droits civils et ~s 市民的および政治的権利に関する国際規約. échiquier ~ 政界, 政党間の勢力関係. fonds ~s 政治資金. formation ~ 政党. homme ~ 政治家. idées (pensées) ~s 政治思想. histoire des idées ~s 政治思想史. institutions ~s 政治制度. milieux ~s 政界. monde ~ 政界. parti ~ 政党. paysage ~ 政界. recomposition du paysage ~ 政界再編. philosophie ~ 政治哲学. prisonnier (détenu) ~ 政治犯. programme ~ 政治綱領, 政策. régime ~ 政体, 政治制度 (démocratie 民主主義, dictature 独裁制, monarchie 君主制, république 共和制 など). vie ~ 政治活動, 政治制度, 政界, 政界の動き. Académie des sciences ~s et morales 政治・人文科学アカデミー. Institut d'études ~s (略記 IEP; =Sciences-Po) 政治学院《国立大学の付属機関; かつては Ecole des sciences ~s と称する私立教育機関だった》.
2 (行動様式などの) 政治的な, 攻略的な, 巧みな, 巧妙な. Ce n'est pas très ~. それはあまりうまいやり方ではない.
3 〔古〕公共の, 国家統治に関する, 社会制

politique-fiction

度上の.〔現用〕économie ~ 経済学.
──*n.f.* **1** 政治家；政治家. C'est un fin ~. 彼は洗練された政治家だ.
2 政治的なもの(こと). Dans la société moderne, le ~ et l'économique sont les deux principaux facteurs qui déterminent le comportement des gens. 現代社会においては, 政治的なものと経済的なものが人々の行動を決定する二つの主要な要素である.
3 政治犯.
──*n.f.* **1** 政治；政策；政治活動；政界. Le gouvernement détermine et conduit la ~ de la Nation. (article 20 de la Constitution de 1958) 政府は国家の政策を決定し, 指導する (1958年憲法第20条). faire de la ~ 政治にかかわる；政治的な策略をめぐらす. La ~ n'est pas une science exacte. 政治は自然科学ではない (Bismarck ビスマルク). La ~ est un art de concilier des positions apparemment inconciliables. 政治とは一見両立できない立場を妥協させる術である. déclaration de ~ générale (国会の会期初頭に首相が行う) 施政方針演説. ~ agricole commune (PAC) (ヨーロッパ連合の) 共通農業政策. ~ américaine au Moyen-Orient アメリカの中東政策. ~ asiatique du gouvernement japonais 日本政府の対アジア政策. ~ budgétaire 財政政策. ~ commerciale 通商(貿易)政策. ~ conservatrice (libérale, progressiste, révolutionnaire) 保守(自由主義, 革新, 革命的)政策. ~ d'austérité (de relance) 引き締め (景気刺激)政策. ~ de la chaise vide (交渉, 会議における) ボイコット政策. ~ de la main tendue 接近(開放)政策 (とくに南北朝鮮関係で1990年代末から2000年代初めにかけて韓国が採用した対北朝鮮政策について用いられる). ~ de l'emploi 雇用政策. ~ des revenus 所得政策. ~ de non-intervention 非介入政策. ~ d'ouverture 開放政策. ~ de réformes 改革政策. ~ du gouvernement X dans le domaine extérieur X 政府の対外政策. ~ étrangère (extérieure) 外交, 対外政策. ~ fiscale 租税政策. ~ intérieure 国内政治, 内政. ~ internationale 国際政治. ~ monétaire 金融政策, 通貨政策. Conseil de la ~ monétaire de la Banque de France フランス銀行金融政策委員会. ~ politicienne 政治屋的な政治, 矮小で駆け引きに終始する政治.
2 (企業などの) 戦略, 方針；物事の進め方, 行動指針. La société X met en œuvre une ~ ambitieuse de conquête du marché. X社は市場獲得のために野心的な戦略を打ち出している. pratiquer la ~ de l'autruche 困難に正面から対処せずに, 首をすくめて難局をやり過ごそうとする. ~ du moindre effort 怠け者のやり方. ~ du pire 最悪の事態を予想し, それに期待する対策.

3 〔古〕打算.
politique-fiction *n.f.* 政治フィクション, 空想政治小説.
politisation *n.f.* 政治化；政治問題化；政治意識の活性化. ~ des conflits sociaux 社会的係争の政治問題化. ~ des syndicats ouvriers 労働組合の政治化.
politisé(e) *a.p.* 政治化された, 政治に関心を抱いた. étudiants peu ~s ノンポリ学生. littérature ~e 政治色の強い文学. réunion ~e 政治的集会.
politologie *n.f.* 政治学.
politologue *n.* 政治学者.
pollakiurie *n.f.* 〖医〗頻尿, 尿意頻数. ~ nerveuse 神経性頻尿.
pollen [pɔ(l)lɛn]〔ラ〕*n.m.* 〖植〗花粉. allergie aux ~s 花粉アレルギー. capteurs de ~ 花粉探知器. grain de ~ 花粉.
pollicitation *n.f.* 〖法律〗(約束・契約締結などの) 申込 (=offre).
pollination *n.f.* 〖植〗授(受)粉(作用), 花粉媒介. ~ croisée 交雑授(受)粉, 交配授(受)粉.
pollinique *a.* **1** 〖植〗花粉 (pollen) の. 〖地学〗analyse ~ 花粉分析；花粉学. chambre ~ 花粉室. loge ~ 花粉房. sac ~ 花粉囊. tube ~ 花粉管.
2 〖医〗花粉性の. asthme ~ 花粉性喘息.
pollinisation *n.f.* 〖植〗受粉, 授粉. ~ artificielle 人工受(授)粉. ~ directe 直接受粉. ~ par le vent 風媒受粉. ~ par les insectes 虫媒受粉.
pollinose *n.f.* 〖医〗花粉症 (=allergie aux pollens)；枯草熱 (=fièvre des foins).
polluant(e) *a.* 汚染をもたらす, 汚染源の. déchets ~s 汚染源廃棄物. voiture non ~e 無公害車.
──*n.m.* 汚染物質, 汚染源 (=agent ~). ~s atmosphériques 大気汚染物.
pollué(e) *a.* 汚染された. air ~ 汚染された空気. plage ~e par hydrocarbure 炭化水素で汚染された浜. site ~ 汚染地. ville ~e 汚染都市.
──*n.m.* 汚染された物質.
pollueur(se) *a.* 環境汚染を引き起す. agent ~ 環境汚染物質. usine ~se 環境汚染物質排出工場.
──*n.m.* (工場などの) 環境汚染源.
pollueur-payeur(*pl.* **~s-~s**) *n.m.* 〖環境〗環境汚染責任者即汚染対策費負担者. principe ~ 汚染責任者が費用を負担する原則.
polluposteur *n.m.* 〖通信〗スパマー (=spammeur；〔英〕spammer) (インターネットの特定アドレスに同一メッセージを大量に送信する人).
pollutaxe *n.f.* 環境汚染税, 環境汚染活動に対する一般税 (=TGAP : *t*axe *g*énérale sur les *a*ctivités *p*olluants.
pollution *n.f.* **1** 汚染；環境汚染. ~ aci-

de 酸性雨による汚染. ~ atmosphérique 大気汚染, 化学汚染. ~ chimique 化学物質による汚染, 化学汚染. ~ chimique des aliments 食物の化学汚染. ~ des eaux 水質汚染. ~ des sols 土壌汚染. ~ d'origine agricole 農業に起因する汚染(農薬, 肥料などによる環境汚染). ~ industrielle 産業活動に起因する汚染. ~ marine par les hydrocarbures 炭化水素(原油)による海洋汚染. ~ nucléaire 核汚染. ~ organique 有機物による汚染(下水, 乳製品製造所, 家畜飼育場廃棄物, 製紙工場・精糖工場などの廃棄物, 食肉処理場廃棄物などによる環境汚染). ~ pélagique 外洋汚染(原油流出などによる). ~ photo-oxydante 光化学スモッグによる環境汚染. ~ radioactive 放射能汚染. ~ tellurique 地下水(海水)汚染. ~ thermique 熱汚染(火力・原子力発電所の温廃水による水質汚染). ~ urbaine 都市環境汚染. ~ volontaire 意図的汚染. ~ en % du PIB 国内総生産に占める環境汚染対策予算のパーセント比率. prévention des ~s 環境汚染の予防[対策]. taxe sur la ~ atmosphérique 大気汚染税(略記 TPA).

2 〔広義〕公害;環境劣化, 環境破壊. ~ sonore 騒音公害.

3 〔古〕汚すこと;冒涜. 〖医〗~s nocturnes 夜間遺精, 夢精.

Pollux n.m. ポリュックス〔衛星〕(1975年5月15日打上げのフランスの試験衛星. ヒドラジン・エンジンの実験用).

POLMAR (=pollution marine) n.f. 海洋汚染.

polo [英] n.m. **1** 〖スポーツ〗ポロ. **2** ポロシャツ.

Pologne (la) n.pr.f. 〔国名通称〕ポーランド(公式名称:la République de P~ ポーランド共和国;国民:Polonais (e);首都:Varsovie (Warszawa) ヴァルシャヴァ(ワルシャワ);通貨:zloty [PLN]).

polonais(e[1]**)** a. ポーランド (la Pologne) の, ポーランド共和国の (la République de Pologne) の;~ 人の;ポーランド語の. danse ~e ポーランド舞踊 (mazurka, polka, polonaise など).
—P~ n. ポーランド人.

polonaise[2] n.f. **1** 〖舞踊〗ポロネーズ(ポーランドの民俗舞踊);〖音楽〗ポロネーズ《ポロネーズの舞踏音楽》. ~s de Chopin ショパンの『ポロネーズ』.
2 〖菓子〗ポロネーズ《メレンゲで包み, キルシュ酒を浸したフルーツケーキ》.

polonium [pɔlɔnjɔm] n.m. 〖化〗ポロニウム《元素記号 Po, 原子番号 84;1898年発見の放射性元素. ポーランド Pologne に因む命名》.

polono-allemand(e) a. ポーランドとドイツ両国[間]の. relations ~s ポーランド・ドイツ関係.

polprox (=police de proximité) n.f. 〔話〕ポルプロクス《街区パトロール警察》. renforcer les rangs et le rôle de la ~ 街区パトロール警察の人員と役割を強化する.

poltron(ne) a. 卑怯な, 臆病な.
—n. 卑怯者, 臆病者;間抜け.

polyacide n.m. 〖化〗多塩基酸, ポリ酸.
—a. 多塩基の. base ~ 多酸塩基.

polyacrylamide n.m. 〖化〗ポリアクリルアミド《アクリルアミド acrylamide の重合体》.

polyacrylique a. 〖化〗ポリアクリルの.
—n.m. ポリアクリル《アクリル酸重合体・共重合体》.

polyacrylonitrile n.m. 〖化〗ポリアクリロニトリル《アクリル系合成繊維の原料;略記 PAN》.

polyaddition n.f. 〖加〗重付加. ~ ionique イオン重付加.

polyalcool n.m. 〖化〗多価アルコール《分子中に2つ以上の水酸基をもつアルコール》.

polyallergie n.f. 〖医〗複合アレルギー, ポリアレルギー. ~ alimentaire 食物性複合アレルギー.

polyallergique a. 多種の物質にアレルギー反応を呈する, 多抗原性アレルギーの, 多原因アレルギー性の.
—n. 多抗原性アレルギー患者.

polyamide n.m. 〖化〗ポリアミド《主鎖中にアミド結合をもつ重合体の総称;吸湿性と染色性を買われて合成繊維に利用されたり, 機械強度と耐摩耗性に優れているためパイプ, ベルト, 歯車等に用いられる》. gilet pare-balles en ~ ポリアミド製の防弾チョッキ.

polyamine n.f. 〖化〗ポリアミン《アミノ基(-NH₂)またはイミノ基(=NH)を2つ以上もつ脂肪族化合物の総称》.

polyandre a. **1** 〖人類〗(女性が)多夫の;一妻多夫制の (monogame「一夫一婦の」の対);〖動〗一雌多雄の. femme ~ 多夫の女性.
2 〖植〗〔古〕多精核融合の, 多雄芯の. plante ~ 多雄芯植物.

polyandrie n.f. **1** 一妻多夫. **2** 〖植〗多精核融合.

polyarterite n.f. 〖医〗多発性動脈炎.
polyarthrite n.f. 〖医〗多発性関節炎. ~ chronique évolutive 進行性多発性慢性関節炎 (=~ rhumatoïde). ~ juvénille 若年性多発性関節炎, 若年性多発性リウマチ. ~ rhumatoïde リウマチ様関節炎, 慢性関節リウマチ.

polyarthritique a. 〖医〗多発性関節炎の;多発性関節炎にかかった.
—n. 多発性関節炎患者.

polyarthrose n.f. 〖医〗(非炎症性の)多発性関節炎.

polybasique a. 〖化〗多塩基の.

polybenzimidazol *n.m.* 〖化〗ポリベンゾイミダゾール(耐熱性高分子).

polybutadiène *n.m.* 〖化〗ポリブタジエン(合成ゴムの材料). ~-nitrile acrylique アクリロニトリル・ポリブタジエン(耐油性に富んだ合成ゴムの材料). ~-stylène ポリブタジエン・スチレン(タイヤ製造用の合成ゴム).

polycarbonate *n.m.* 〖化〗ポリカルボナート, ポリカーボネート(熱可塑性プラスチック).

polycarpique *a.* 〖植〗(雌蕊が)多心皮の. plante ~ 多心皮雌蕊植物.

polycentrique *a.* **1** 〖建築〗多心形の. plan ~ 多心形平面〔図〕. **2** 〖政治〗複数指導制の;多元的な, 多極化. parti ~ 複数指導化(多極化)政党.

polycéphale *a.* **1** 多頭の. monstre ~ 多頭怪獣. **2** 〖政治〗多頭の. gouvernement ~ 多頭政府.

polychimiothérapie *n.f.* 〖医〗多種医薬品併用化学療法(略記 PCT).

poly-chloro-biphényle *n.m.* 〖化〗ポリ=クロロ=ビフェニル(略記 PCB;有毒汚染物質の一種).

polychloroprène *n.m.* 〖化〗ポリクロロプレン, クロロプレン重合体(人工ゴムクロロプレンゴムの原料).

polychlorure *n.m.* 〖化〗ポリ塩化物. ~ de vinyle ポリ塩化ヴィニル(=〖英〗PVC: *polyv*inyl *c*hloride;=〖仏〗polymère du chlorure de vinyle 塩化ヴィニル・ポリマー).

polychondrite *n.f.* 〖医〗多発性軟骨炎. ~ atrophiante 萎縮性多発性軟骨炎.

polychrome *a.* 多色の.

polycistronique *a.* 〖生化〗多シストロン性の(多数のシストロンによる遺伝情報をもつ). ARNm ~ 多シストロン性 mRNA (=〖英〗polycistronic mRNA, polycistronic messenger).

polyclinique *n.f.* 〖医〗多診療科設置クリニック(診療所, 病院, (特に)私立病院);私立総合病院.

polyclonal(ale)(*pl.***aux**) *a.* 〖生化〗ポリクローン性の, ポリクローナルの. anticorps ~ ポリクローナル抗体.

polycondensat *n.m.* 〖化〗重合体.
polycondensation *n.f.* 〖化〗重縮合.
polyconsommateur(***trice***) *a.* 多数の禁止薬物(麻薬)を同時に服用する.
——*n.* 多種麻薬同時服用中毒者(=~ des drogues).

polyconsommation *n.f.* 〖薬〗多種薬剤同時服用(alcool, cannabis, tabac などの同時使用);(特に禁止薬物の)多種服用. ~ de plusieurs substances psychoactives 精神作用性のさまざまな物質の多種服用.

polycopie *n.f.* 謄写版印刷.

polycopié(e) *a.* 複写した, プリントにした.
——*n.m.* プリント教材;講義録のプリント(=cours ~;略称 poly). ~s de maths 数学のプリント.

polycopieur *n.m.* 複写機〔器〕.
polycourant *a.inv.* 〖鉄道〗多電流方式の. automotrice (locomotive électrique) ~ 多電流方式電車(電気機関車).

polycristal *n.m.* 多結晶〔質〕.
polyculture *n.f.* 〖農〗(農作物の)多種栽培, 混作.

polycyclique *a.* **1** 〖化〗多環式の. composé ~ 多環式化合物. **2** 〖電〗多周波の, 多重周期の. système ~ 多周波方式の. **3** 〖植〗多環の;〖生〗多輪廻の.

polycythémie *n.f.* 〖医〗多血症, 赤血球増加症.
polycythémie *n.f.* 〖医〗多血球血症.
polydactylie *n.f.* 〖医〗多指(趾)症.
polydipsie *n.f.* 〖医〗煩渇(はんかつ)多飲〔症〕(頻繁に喉が渇き, 多量の水を飲む症状).

polyèdre *n.m.* 〖幾何〗多面体(=corps ~). ~ convex 凸多面体. ~ régulier 正多面体.
——*a.* 多面の. angle ~ 多面角.

polyédrique *a.* 〖幾何〗多面体の.
polyélectrolyte *n.m.* 〖化〗多価電解質;高分子電解質(電解質の高分子化合物).
——*a.* 多価電解性の.

polyembryonie *n.f.* 〖生〗多胚, 多胚発生, 多胚形成.

polyène *n.m.* 〖化〗ポリエン(二重結合を多数もつ有機化合物の総称).

polyenzyme *n.m.* 〖生化〗複合酵素(=multienzyme).

polyépoxyde *n.m.* 〖化〗ポリエポキシド. résine ~ ポリエポキシド樹脂.

polyester [pɔliɛstɛr] *n.m.* 〖化〗ポリエステル.
polyestérification *n.f.* 〖化〗ポリエステル化.

polyéther *n.m.* 〖化〗ポリエーテル(主鎖にエーテル結合をもつ線状高分子の総称).

polyéthylène *n.m.* 〖化〗ポリエチレン(エチレンの重合体;PE と略記). ~ basse densité 低密度ポリエチレン(比重 0.91-0.93;PEbd と略記). ~ haute densité 高密度ポリエチレン(比重 0.94-0.96;PEhd と略記).

polyéthylèneglycol *n.m.* 〖化〗ポリエチレングリコール(軟膏基剤);略記 PEG).

polygamie *n.f.* **1** 複婚;(特に)一夫多妻. **2** 〖動〗多婚性;一雄多雌. **3** 〖植〗雌雄混株〔性〕.

polygénique *a.* **1** 〖生〗多原発生〔説〕

の.
2〖医〗多遺伝子の, ポリジーンの. hérédité ~ 多遺伝子遺伝, ポリジーン遺伝. pathologie ~ 多遺伝子病理学.
3〖地学〗(岩石などから) 多種の形成物から成る, 多成因性の;〖化〗2 種以上の原子価をもつ.

polyglobulie *n.f.*〖医〗赤血球過多症.

polygonacées *n.f.pl.*〖植〗たで (蓼) 科; たで科の植物《oseille オゼイユ, すいば; renouée たで; rhubarbe リュバルブ, 大黄; sarrasin そば, など》.

polygonal (ale) (*pl.aux*) *a.* **1**〖幾何〗多角の, (平面が) 多角形の. ligne ~ ale 折れ線. terrain ~ 多角形の土地.
2(立体が) 多角形の底面をもつ. pyramide ~ ale 多角形ピラミッド.

polygonation *n.f.* 多角測量.

polygone *n.m.* **1** 多角形, 多辺形. ~ régulier 正多角形. ~ convexe (concave) 凸 (凹) 多角形.
2〖物理〗~ des forces 力の多辺形(多角形). ~ de sustentation 支点多角形.
3〖軍〗(要塞の) 多角形. ~ de tir 砲撃演習場.

polyhaloïde *n.m.*〖化〗ポリハロゲン化物.

polyhandicapé(e) *n.*〖医〗多重障害者《身体障害と精神障害などの複合障害者》.

polyholoside *n.m.*〖生化〗ポリホロシド, 多糖, 多糖炭水化物 (amidon, cellulose, glycogène など; = polyoside, polysaccharide).

polyinsaturé(e) *a.*〖化〗多価不飽和の. acide gras ~ 多価不飽和脂肪酸《リノール酸 acide linoléique など》.

polyisobutylène [pɔliizɔbytilɛn] *n.m.*〖化〗ポリイソブチレン《イソブチレンの重合体》. ~-isoprène ポリイソブチレン・イソプレン (= caoutchouc butyl ブチルゴム).

polyisoprène *n.m.*〖化〗ポリイソプレン《イソプレンの重合体》.

polykystique *a.*〖医〗多嚢胞性の, 多発性嚢胞症の. maladie ~ du foie 多嚢胞性肝炎 (= polykystose du foie). maladie ~ des reins 多嚢胞性腎炎 (= polykystose rénale).

polykystose *n.f.*〖医〗多嚢胞性疾患, 多発性嚢胞症 (= maladie polykystique). ~ ovarienne 卵巣多嚢胞症, 多嚢胞性卵巣炎 (= syndrome des ovaires polykystiques). ~ rénale 多発性嚢胞腎, 多嚢胞性腎炎 (= maladie polykystique des reins).

polymédication *n.f.*〖医〗多種医薬品併用療法. ~ des personnes âgées 老齢者に対する多種医薬品併用療法.

polyménorrhée *n.f.*〖医〗月経頻発症.

polymérase *n.f.*〖生化〗ポリメラーゼ《ADN や ARN の合成触媒酵素》.

polymère *a.*〖化〗重合体の, ポリマーの.
—*n.m.* 重合体, ポリマー. haut ~ ハイ・ポリマー, 高重合体; 高分子化合物.

polymérie *n.f.* **1**〖化〗重合. **2**〖生〗多因子遺伝.

polymérisation *n.f.*〖化〗重合化.

polymétallique *a.* 金属含有量の多い, 多金属の; 数種の金属を含む. eaux ~s 多金属含有鉱泉.〖鉱〗nodule ~ 多金属団塊. sulfures ~s 多金属硫化物.

polyméthacrylate *n.m.*〖化〗ポリメタクリル酸. ~ de méthyle ポリメタクリル酸メチル《窓や防音壁などの建材に利用》.

polymorphe *a.* **1**〖化〗(結晶が) 多形の, 同質異形の. **2**〖医〗多形性の. **3**〖文〗さまざまな形をとりうる.

polymorphisme *n.m.*〖化〗多形《化学組成が同一で結晶構造が異なる現象》.

polymyosite *n.f.*〖医〗多発性筋炎.

Polynésie *n.pr.f.* la ~ ポリネシア. la ~-Française 仏領ポリネシア《フランスの旧海外領土 TOM; 2004 年よりフランス海外自治地方 (pays d'outre-mer français) POM の呼称; 実態は collectivité d'outremer 海外自治体; les îles de la Société, les Mar quises, les Tuamotu, les Gambier, les îles Australes の 5 群島, 118 島から成る; 面積 3,450 km², 人口 219,521; 海外自治政府所在地 Papeete [Tahiti 島]; 形容詞 polynésien(ne)》.〖政党〗le Rassemblement pour la république de ~ ポリネシア共和国促進連合 (略記 RRP; 現地語呼称 Tahoeraa Huiraatira).

polynésien (ne) *a.* ポリネシア (la Polynésie) の.
—*P*~ *n.* ポリネシア人.
—*n.m.*〖言語〗ポリネシア語.

polyneuropathie *n.f.*〖医〗多発性神経疾患, 多発性ニューロパシー.

polynévrite *n.f.*〖医〗多発神経炎; 多発性神経疾患 (= polyneuropathie). ~ infectieuse 感染性多発神経炎.

polynôme *n.m.*〖数〗多項式, 整式. ~ réductible 可約多項式.

polynucléaire *a.*〖生〗(細胞が) 多核の.
—*n.m.*〖生理〗多核白血球 (= leucocyte ~; granulocyte 顆粒性白血球). ~ basophile 好塩基性多核白血球. ~ éosinophile 好酸性多核白血球. ~ neutrophile 好中性多核白血球.

polynucléose *n.f.*〖医〗多核白血球増加症. ~ basophile 好塩基性多核白血球症, 好塩基増加症 (= basophilie). ~ éosinophile (hyperéosinophile) 好酸性 (高好酸性) 多核白血球症. ~ neutrophile 好中性多核白血球症.

polynucléotide *n.m.*〖生化〗ポリヌクレオチド《多数のヌクレオチドの重合体: 核酸》.

polyol *n.m.*〖化〗ポリオール, 多価アルコ

polyoléfine n.f. 〖化〗ポリオレフィン（合成繊維の1種）.
polyoside n.m. 〖化〗多糖.
polyoxyméthylène n.m. 〖化〗ポリオキシメチレン（ホルムアルデヒドの重合体）.
polypathologie n.f. 〖医〗多疾患病理学, 多発性病理学（多種の疾患に罹った病人の病理学）.
polype n.m. **1** 〖動〗ポリプ（腔腸動物の個虫）. **2** 〖医〗ポリープ, 茸腫（じょうしゅ）, 隆起性病変. ~ colique 大腸ポリープ (= ~ du côlon; ~ du gros intestin). ~ de la cavité du col utérin 子宮頚管ポリープ. ~ de l'endomètre 子宮内膜ポリープ. ~ des cordes vocales 声帯ポリープ. ~ digestif 消化器ポリープ. ~ du rectum 直腸ポリープ (= ~ rectal). ~ gastrique 胃ポリープ. ~ glandulaire 腺ポリープ, 腺性茸腫. ~ nasal 鼻茸（はなたけ, びじょう）(= ~ des fosses nasales). ~ placentaire 胎盤ポリープ.
polypectomie n.f. 〖医〗ポリープ切除〔術〕.
polypeptide [pɔlipɛptid] n.m. 〖生化〗ポリペプチド（アミノ酸の多重結合物）.
polypeux(**se**) a. 〖医〗ポリープの; ポリープ性の. colite ~se ポリープ性大腸炎, 大腸ポリープ (=polype du gros intestin).
polyphagie n.f. **1** 〖医〗多食症. **2** 〖動〗雑食性.
polypharmacie n.f. 〖薬〗ポリファルマシー（多種薬剤を用いる治療; 多種過剰薬剤投与）.
polyphasé(**e**) a. 〖電〗多相の. courant ~ 多相交流電気.
polyphénol n.m. 〖化〗ポリフェノール（水酸基が2つ以上あるフェノール; 赤葡萄酒, カカオ豆などに多く含まれる）.
polyphonie n.f. 〖音楽〗**1** ポリフォニー, 多声音楽. **2** ポリフォニー歌曲, 多声歌曲. **3** 〖比喩的〗同一テーマに関する多種の意見提示.
polyphonique a. 〖音楽〗ポリフォニーの, 多声の. chanson ~ ポリフォニー歌曲, 多声歌曲.
polyploïde a. 〖生〗倍数体の, 倍数の. cellule ~ 倍数体細胞. espèce ~ 倍数種. noyau ~ 倍数体細胞核. organisme ~ 倍数体細胞組織.
——n.m. 〖生〗倍数体（染色体数が基本数の整数倍である個体. 通常3倍体以上のものをいう）.
polyploïdie n.f. 〖生〗倍数性.
polypnée n.f. 〖医〗多呼吸〔症〕.
polypore n.m. 〖茸〗ポリポール, あしぐろ茸（非食用）.
polypose n.f. 〖医〗ポリポーシス, ポリープ多発症（消化管内に多発する限局性隆起）. ~ de la thyroïde 甲状腺ポリポーシス. ~ digestive 消化管ポリープ多発症. ~ recto-colique familiale 家族性直腸大腸ポリポーシス.
polypropylène n.m. 〖化〗ポリプロピレン（プロピレンの重合体; 機械強度, 耐摩耗性, 透明性にすぐれ, 繊維, フィルム等に用いられる）.
polyptyque n.m. 〖宗教・美術〗ポリプティク（多葉式折畳祭壇画）.
polyradiculonévrite n.f. 〖医〗多発性神経根・神経幹炎.
polyribosome n.m. 〖生化〗ポリリボソーム, ポリリボソーム（メッセンジャーRNA分子上に数個から数十個のリボソームが数珠状に連なっているもの; 蛋白合成に重要な役割を果たしている）.
polysaccharide n.m. 〖化〗多糖 (=polyholoside). ~ simple 単純多糖. ~ complexe 複合多糖.
polysémie n.f. 〖言語〗多義; 多義性（monosémie「単義; 単義性」の対）.
polysensoriel(**le**) a. 〖心〗多くの感覚に訴える; 多くの感覚を刺激する. 〖宣伝〗publicité ~ le 多感覚宣伝.
polysome n.m. 〖生化〗ポリソーム, ポリリボソーム (=polyribosome).
polysomnographe n.m. 〖医〗睡眠ポリグラフ.
polysomnographique a. 〖医〗睡眠ポリグラフの. enregistrement ~ 睡眠ポリグラフの記録（睡眠中の呼吸・心臓の動きの記録）.
polystyle a. 〖建築〗多柱式の. temple ~ 多柱式神殿.
polystyrène, polystyrolène n.m. 〖化〗ポリスチレン, スチロール樹脂.
polysulfure n.m. 〖化〗ポリ硫化物, 多硫化物.
polytechnicien(**ne**) a. 〖教育〗理工科学校の.
——n. 理工科学校 (Ecole polytechnique) の学生（卒業生）.
polytechnique a. **1** 理工科の. 〖教育〗Ecole ~ 理工科学校（1794年 Ecole centrale des travaux publics「中央土木学校」として Paris に創立; 1795年 Ecole ~ と改称; 軍・民間の科学・技術・経済分野での専門家を養成する高等教育機関（グランド・エコール）; 1972年女性に開放; 国防省所管; 通称〖l'X〗[liks]; 1976年 Palaisseau (91128) に移転）. écoles des concours communs ~s 理工科共通入学選抜試験適用校（理工系グランド・ゼコール）. Institut ~ des sciences appliquées 応用科学理工科学院（1961年創立; 略称 Ipsa; 航空・宇宙産業の技師養成校; 所在地は Kremlin-Bicêtre と Toulouse; Bac+5年制）. **2** 〖古〗学芸の諸分野にわたる.
——P~ n.f. ポリテクニック, 理工科学校

(=Ecole *p*~). être admis à *P*~ 理工科学校に入学する.

polytétrafluoroéthylène *n.m.* 〖化〗ポリテトラフルオロエチレン《弗素樹脂》.

polythéisme *n.m.* 〖宗教〗多神教 (monothéisme の対).

polythéiste *a.* 〖宗教〗多神教の, 多神論の.
— *n.* 多神教徒, 多神論者 (monothéiste の対).

polythène *n.m.* 〖化〗ポリテン《エチレン重合物の一種》.

polythérapie *n.f.* 〖医〗(エイズに対する) 多種抗レトロウイルス治療法併用法 (= multithérapie).

polythionate *n.m.* 〖化〗ポリチオ〔ン〕酸塩.

polytoxicomanie *n.f.* 〖医〗多種毒物嗜癖, 多種麻薬常用癖.

polytransfusé(e) *a.,n.* 多数の検血者による大量の輸血を受けた〔人〕.

polytraumatisé(e) *a.* 〖医〗(同一事故で) 多数の外傷を負った, 多発外傷の.
— *n.* 多数外傷患者. ~ de la route 交通事故の多数外傷怪我人.

polytraumatisme *n.m.* 〖医〗多発外傷性全身障害.

polyuréthan[n]e [pɔliyretan] *n.m.* 〖化〗ポリウレタン《主鎖にウレタン結合をもつ合成高分子の総称. ウレタンゴム, ウレタンホーム, ウレタン樹脂の原料》.

polyurie *n.f.* 〖医〗多尿〔症〕.

polyvalent(e) *a.* **1** 〖化・医〗多価の. 〖化〗alcool ~ 多価アルコール. 〖医〗serum ~ 多価血清. 〖医〗vaccin ~ 多価ワクチン.
2 (人が) 種々の役割 (機能) を持つ. 多能の. secrétaire ~ *e* 多能な女性秘書.
3 多用途の, 多目的の, 多機能の. 〖カナダ〗école ~ *e* (普通科と職業科を併せた) 公立多教科学校. enseignement ~ 多教科教育. 〖税〗inspecteur ~ (税の申告に関する) 多分野監査官. moteur ~ 多目的エンジン. salle ~ *e* 多目的ホール. 〖電算〗serveur ~ 多機能サーヴァー. usage ~ 多用途.

polyvinyle *n.m.* 〖化〗ポリビニル. acétate de ~ ポリ酢酸ビニル (= 〖英〗PVA: *polyvinyl acetate*). chlorure de ~ ポリ塩化ビニル (= 〖英〗PVC: *polyvinyl chloride*).

polyvinylique *a.* 〖化〗ポリビニルの, ポリビニル系の. alcool ~ ポリビニルアルコール (= 〖英〗PVA: *polyvinylalcool*). résine ~ ポリビニル樹脂.
— *n.m.* ポリビニル.

polyvinylpyridine *n.m.* 〖化〗ポリビニルピリジン《ビニルピリジンの重合ポリマー》.

polyvitamine *n.f.* 〖薬〗複合ビタミン剤.

POM (=*p*ays d'*o*utre-*m*er) *n.m.* 〖行政〗(フランスの) 海外自治地方《旧「海外領土」 TOM=*t*erritoire d'*o*utre-*m*er》; 2003年の憲法改正により TOM の呼称は廃止されて COM = *c*ollectivité d'*o*utre-*m*er 海外自治体となり, そのうち独自な体制をもつ la Polynésie-Française, Wallis et Futuna, la Nouvelle-Calédonie が POM と呼ばれるようになった; 自治政府と地方議会をもつ》.

Pomaks *n.pr.pl.* 〔しばしば蔑〕les ~ ポマク人《公式名 Bulgares-musulmans イスラム・ブルガリア人; ブルガリアとギリシアの国境のロドピ山脈 les Rhodopes 地帯の住民》.

pomelo, pomélo [pɔmelo] 〖西〗 *n.m.* **1** 〖植〗ポメロの木 (citrus maxima).
2 ポメロの果実《グレープフルーツに似ているがやや小ぶりで, 酸味が弱い》.

Poméranie (la) *n.pr.f.* 〖地方名〗ポメラニア《〖独〗Pommern, 〖ポーランド〗Pomorze; バルト海沿岸の Oder 川から Vistula 川の間の地域の歴史的呼称》. la ~ occidentale (orientale) 西 (東) ポメラニア地方. la ~-Ultérieur ポメレニア地方 (= le Pomérélie). le Mecklembourg-~-Occidental メクレンブルグ=フォアポメルン (Mecklembourg-Vorpommern) 州《ドイツ連邦共和国の州》.

pomerol *n.m.* 〖葡萄酒〗ポムロル酒《ボルドレー地方 le Bordelais ジロンド県 département de la Gironde の Pomerol 村 (市町村コード 33500) およびその周辺地区で生産される高品質の赤の AOC 葡萄酒; 代表は château Pétrus シャトー・ペトリュス》.

pomicul*teur* (*trice*) *n.* (林檎・梨などの) 核果栽培家, 果樹栽培農家.

pommade *n.f.* **1** 〖薬〗軟膏 (= onguent). ~ à l'oxyde de zinc 亜鉛華軟膏. ~ hydrophile 親水性軟膏.
2 ポマード〔整髪料〕; コールドクリーム; リップクリーム. ~ rosat pour les lèvres 香料入りリップクリーム. ~ rouge 口紅. 〔話〕passer de la ~ à *qn* 人におべっかを使う. Assez de ~! おべっかはいい加減にせよ!

pommard *n.m.* (<*P*~, ブルゴーニュ地方 la Bourgogne, コート=ドール県 département de la Côte-d'Or の村名 (市町村コード 21630); la Côte de Beaune コート・ド・ボーヌ地区の産地名)〖葡萄酒〗ポマール (pinot noir 種からつくられる赤の高級 AOC 葡萄酒). ~ premier cru ポマール・プルミエ・クリュ《第1級畑は=Epenots, Rugiens, Clos de la Commoraine など》.

pomme *n.f.* **1** 林檎の木 (pommier) の果実, 林檎 (= ~ fruit). ~ à cidre シードル用林檎. ~ à couteau; ~ douce 生食用の林

pommé(*e*)

檎. ~ à cuire 加工用の林檎. ~ acerbe 渋い林檎. ~ cuite 加熱調理した林檎. envoyer des ~s cuites à *qn* 不満をあらわにする. ~ d'api アピ林檎. ~ sauvage 野生林檎.
eau-de-vie de ~ 林檎の蒸溜酒；カルヴァドス (calvados). jus de ~ 林檎ジュース. jus de ~s fermenté 発酵林檎ジュース，シードル (cidre). tarte aux ~s アップルパイ. vert 鮮やかな緑色〔の〕. vêtements vert ~ 鮮やかな緑色の衣服.

◆ **variétés de ~** 林檎の品種：フランスで栽培されている代表的品種は：~s d'été 夏林檎，早生林檎 (= ~s précoces) (6-9 月；代表的品種：Granny Smith [オーストラリア原産の淡緑色の林檎]；Melrose [赤色])；~ d'automne 秋林檎 (10-11 月；Reine de Reinette [フランス原産；赤褐色])；~s d'hiver 冬林檎 (11-3 月；Belle de Boskoop [赤・黄；12-2 月]；Calville [黄色；11-12 月]；Golden Delicious [黄色；11-12 月]；Reinette blanche du Canada, Canada blanc [フランス原産；黄褐色；12-2 月]；Reinette grise du Canada, Canada gris [褐色；12-3 月])；~ Fuji フジ林檎 (日本産出の赤林檎).

couper une ~ en quartiers 林檎を 4 つ割りにする. croquer une ~ 林檎を嚙む. éplucher une ~ 林檎の皮をむく.
la ~ de Guillaume Tell ウィルヘルム・テルの林檎. la ~ de Newton ニュートンの林檎. la ~ attribuée par berger Pâris à la plus belle des trois déesses 牧人パリスが三美神のうち最も美しい女神に与える林檎.

2〚聖書〛林檎；禁断の木の実，禁断の実. la ~, fruit défendu du paradis terrestres 地上の楽園の禁断の実である林檎. la ~ qui tenta Eve イブを誘惑した林檎.

3〔話〕être aux ~s 見事である. C'est aux ~s! /Aux ~s! 素晴しい. être haut comme trois ~s ひどいちびである. être ridé comme une vieille ~ 顔が皺くちゃである. visage de ~ cuite 皺くちゃの顔. être rond comme une ~ 顔が真丸である. tomber dans les ~s 気を失う.

4 丸い果実；(キャベツ，レタスなどの) 結球部；芯. ~ d'acajou カシュー・ナッツ. ~ d'Adam¹ 大きなレモン. ~ d'Amour (d'amour) トマト. ~ de pin 松かさ (= cône du pin). ~ dorée トマト (<〔伊〕pomodoro).

5 じゃがいも，馬鈴薯 (= ~ de terre). ~s (de terre) frites フライド・ポテト. ~s (de terre) vapeur ふかしたじゃがいも. purée de ~s (de terre). ~s mousseline マッシュポテト. steak ~s frites フライド・ポテト添えステーキ. nez en ~ de terre 丸い鼻. sac de ~s de terre じゃがいも袋；〔話〕でぶ.

6（丸い物）(ステッキの) 握り；〚装飾〛球頭飾り；〚海〛檣頭 (=de mât).〚解剖〛~ d'Adam² 喉頭隆起，のどぼとけ. ~ d'arrosier じょうろの首 (蓮の実). ~ de canne ステッキの握り (= pommeau). ~ de douche シャワーの頭. ~ de lit (d'escalier) ベッド (寝台) の球頭飾り.

7〔俗〕面 (つら). faire une drôle de ~ 妙な顔をする. se sucer la ~ 接吻し合う. ma (ta, sa) ~ 私 (君, 彼・彼女) 自身. C'est pour ma ~. それは私の分だ.

8〔話〕だまされやすい人, お人よし.

pommé(*e*) *a.*〚植〛球型の（芯が林檎のような球型になる）. chou ~ 玉キャベツ.

pommeau *n.m.* **1** (ステッキ, 傘の) 握り，(剣の) 柄頭 (つかがしら).
2 (釣竿の端の) ゴム玉.
3 (鞍の) 前橋 (ぜんきょう), 前輪 (まえわ).
4〚スイス〛端役；作業の実行担当者.

pommeau²(*pl.*~**x**) *n.m.* ポモー（カルヴァドス酒 le calvados とシードル用の林檎ジュースを混ぜてつくるアルコール飲料；1981 年まで非合法, 1986 年公認）. AOC ~ de Normandie ノルマンディー産原産地名管理呼称ポモー (1999 年 180 の生産者による年産 70 万本). Association nationale interprofessionnelle des producteurs de ~ 全国ポモー生産関連業者連盟 (略記 ANIPP)；ノルマンディー，ブルターニュ la Bretagne，メーヌ地方 le Maine を中心とする業者連盟）.

pommelle *n.f.* ポメル，ストレーナー（取水口，排水口などのゴミ除け金具）.

pommeraie *n.f.* 林檎畑，林檎園.

pommette *n.f.* **1**〚解剖〛頬骨〔部〕. ~s saillantes 突き出た頬骨. os de la ~ 頬骨 (= os malaire).
2（装飾用の）珠頭；〚紋章〛小球形. croix à ~s 小球形付十字架.
3〔古〕(ピストルの) 床尾.
4（錠前の）ポメット（緩衝具）.

pommier *n.m.* **1**〚植〛林檎の木；林檎材. ~ en espalier 樹墻仕立ての林檎の木.
2〚植〛~ à fleur 花林檎 (= malus). ~ d'amour タマサンゴ (= solanum pseudocapsicum).

pomo- [ラ][ELEM]「果物」の意 (*ex.* pomologie 果樹栽培学).

pomoculture *n.f.* 果樹栽培.

pomologie *n.f.* 果樹栽培学.
▶ **pomologique** *a.*

pompage (<pomper) *n.m.* **1** ポンプによる汲み上げ；揚水；(ガス・気体の) 吸い込み，吸引.
2 ポンプによる圧縮.
3 ポンプ式輸送. ~ du béton コンクリートのポンプ輸送. station de ~ ポンプステーション.
4〚物理〛ポンピング. ~ optique 光ポンピング.

pompe[1] *n.f.* [I] **1**（ポンプ）ポンプ；(特に) 揚水ポンプ．~ à air 空気ポンプ；エアコンプレッサー．~ à eau 給水ポンプ．~ à essence 燃料ポンプ；ガソリンスタンド．~ à graisse グリーンガン．~ à huile 油ポンプ．~ à incendie 消火ポンプ (= ~ d'incendie)．~ à injection 噴射ポンプ (= ~ d'injection)．~ à jet 噴射（ジェット）ポンプ．~ à main 手押し (手動) ポンプ．~ à piston ピストンポンプ．~ à piston rotatif 回転プランジャポンプ．~ à sable サンドポンプ．~ à vide 真空ポンプ．~ axiale 軸流ポンプ．~ centrifuge 遠心ポンプ．〖発電〗~ d'accumulation 揚水ポンプ．~ d'alimentation de combustible 燃料ポンプ．~ d'arrosage 散水ポンプ．~ du béton コンクリート注入ポンプ．~ de compression 圧縮ポンプ；コンプレッサー (=compresseur)．~ d'épuisement 排水ポンプ．~ de gavage 強制栄養用ポンプ．~ de gonflage タイヤポンプ, 空気入れ．~ d'irrigation 灌漑用ポンプ．~ électrique 電動ポンプ．~ élévatoire 吸上げポンプ．~ moléculaire 分子ポンプ．~ noyée 水中ポンプ．~ rotative 回転ポンプ．~ thermique (à chaleur) ヒートポンプ (= thermopompe；冷暖房装置)．corps de ~ ポンプ本体．débit d'une ~ ポンプの排出量．véhicule de pompiers muni de ~ à incendie 消防車．amorcer une ~ ポンプに呼び水を入れる．
2 ガソリンスタンド (=station-service)．Il y a une ~. ガソリンスタンドがある．
[II] 〔比喩的〕**1** 〖錠〗serrure à ~ プラマー錠．
2 〔俗〕靴．des vieilles ~s 古靴．
3 〔話〕avoir le (un) coup de ~ 急にへばる．
4 〔話〕être (marcher) à côté de ses ~s ぼけっとしている．
5 〔俗〕à toute ~ 全速力で．
6 〔軍〕〔俗語〕〔soldat de) deuxième ~ 二等兵．
7 〔*pl.* で〕〔俗〕腕立て伏せ．faire des ~s 腕立て伏せをやる．
8 〔話〕~ à finances 金儲けの手段．
pompe[2] *n.f.* **1** 〔文〕（儀式などの）華美, 華麗, 壮麗．~ d'un couronnement 戴冠式の（皮肉）派手に．en grande ~ 盛大に, 華麗に；〔皮肉〕派手に．
2 〔*pl.* で〕~s funèbres 葬儀．service des ~ funèbres 葬儀社．
3 〔*pl.* で〕〖宗教〗〔古〕虚栄．〖カトリック〗renoncer à Satan, à ses ~s et à ses œuvres 悪魔とその虚栄とその業を捨てる（洗礼の時の文言）．
4 〔文〕（文体の）崇高さ；〔蔑〕誇張．
pompidolien(*ne*) *a.* (<Georges Pompidoux, フランスの政治家 [1911-74]) ジョルジュ・ポンピドゥーの．
　—*n.* ポンピドゥー派 (主義者)．

pompier *n.m.* **1** 消防士, 工兵消防士 (=sapeur-~)．~s de Paris パリ消防団 (1716年創設；1811年軍隊に編入, 現在は工兵旅団所属)．~ de service 劇場消防係．le bataillon de marins-~s de Marseille マルセイユ海軍消防大隊．voiture de ~s 消防車．fumer comme un ~ 煙草を煙突のようにふかす．
2 ポンプ操作係．
pompiste *n.* **1** （ガソリンスタンドの）給油係．**2** （石油産業の）ポンプ係．
ponce *n.f.* **1** 軽石 〖=pierre ~). polir à la ~ 軽石で磨く．se froter les pieds avec une ~ 軽石で足をこする (=poncer)．
2（目抜きした型紙の模様をうつし出すための）色粉袋；（色粉をつけて型紙の上をこする）フェルトの小片．poudre à ~ 色粉．
3 〖織物〗(布地の端にマークする) 油性インク．
ponceau[1] (*pl.*~x) *n.m.* **1** 〖植〗ポンソー（野生のひなげし：coquelicot)．
2 ひなげし色の染料．
—*a.inv.* 鮮やかな濃紅色の．
ponceau[2] (*pl.*~x) *n.m.* 小橋《単一径間の小さな橋）．
ponceux(*se*) *a.* 〖鉱〗軽石質の, 軽石状の．roche ~ 軽石状岩．tuf ~ 軽石凝灰岩．
poncho [pɔ̃(t)ʃo] 〔西〕*n.m.* **1** 〖服〗ポンチョ．**2** ソックス型の室内履き．
poncif *n.m.* **1**（色粉を用いた擦り写し式の）型紙．**2** 〔比喩的〕紋切型の表現, 月並みな考え．
ponction *n.f.* **1** 〖医〗穿刺 (せんし) 〔法〗．~ abdominale 腹腔穿刺 〖法〗．~ articulaire 関節穿刺．~ -biopsie 穿刺生検, 針生検．~ cisternale 大槽穿刺法．~ du cul-de-sac 直腸子宮窩穿刺, ダグラス窩穿刺．~ de la moelle osseuse 骨髄穿刺．~ de la vessie 膀胱穿刺．~ exploratrice 診査穿刺, 試験的穿刺．~ lombaire 腰椎穿刺（略記 P.L.)．~ pleurale 胸膜穿刺, 胸腔穿刺．~ veineuse 静脈穿刺 (=〔話〕prise de sang 採血検査).
2（貯金の）引出し；（給与などからの）天引き．
ponction-biopsie(*pl.*~s-~s) *n.f.* 〖医〗穿刺生検；針生検．
ponctualité *n.f.* **1** 時間厳守；期日厳守．avec ~[1] 時間通りに．~ des paiements 支払期日の厳守．
2 几帳面, 勤勉性．~ d'un employé (d'un étudiant) 事務員 (学生) の勤勉さ．avec ~[2] 几帳面に．
3 点状性．
ponctuation *n.f.* **1** 句読法；句読点を打つこと；〖印刷〗句読点活字；〖電算〗句読点．faute de ~ 句読点の誤り．règles de ~ 句読点の規則, 句読法．signes de ~ 句読記号 (astérisque, crochet, parenthèse, point, deux points, point-virgule, point

ponctuel(*le*)

d'exclamation, points de suspension, tiret, virgule). mettre la ~ dans une phrase 文章に句読点を打つ。
2〖音楽〗句読法。
3〖植〗孔紋, 膜孔, 壁孔。

ponctuel(*le*) *a.* **1** 時間を厳守する；期日通りの. être ~ à un rendez-vous 会う約束の時間を守る. paiement ~ 期日通りの支払い。
2 几帳面な, 勤勉な. empoloyé (étudiant) ~ 勤勉な事務員（学生）。
3 点の；点状の.〖劇・映画〗projecteur ~ ピンスポット. source lumineuse ~ *le* 点光源。
4 一点に関する；局部的な. considérations ~ *les* 限定的考察. opération ~ *le* 拠点作戦.
5〖言語〗点括的な. aspect ~ 点括的アスペクト。

pondér*al* (*ale*) (*pl.aux*) *a.*〖物理・化〗重量に関する. analyse ~ *ale* 重量分析. surcharge ~ 重量超過。

pondérat*eur* (*trice*) *a.* **1** 均衡を保たせる. influence ~ *trice* 調整作用.
2〖数, 統計〗重味づけの, 加重の. coefficient ~ 加重係数。

pondération *n.f.* **1** 沈着；穏健；熟考. agir avec ~ 沈着冷静に行動する.
2 釣合, 均衡, 均整；バランスをとること. ~ des masses sonores à l'orchestre オーケストラの音の釣合. ~ des pouvoirs 権力の均衡.
3〖数・統計〗加重, 重みづけ. coefficient de ~ 加重係数。

pondéré(*e*) *a.* **1** 冷静な, 思慮深い. caractère ~ 沈着冷静な性格.
2 均整（均衡）のとれた. pouvoirs ~ *s* 均衡のとれた政権.
3〖統計〗加重の, 加重係数をかけた.〖経済〗indice ~ 加重指数。

pondeur(*se*) *a.* よく卵を産む. poule ~ *se* よく卵を産む鶏.
——*n.f.* **1** よく卵を産む鶏 (= poule ~ *se*). **2**〖蔑〗よく子供を生む女.
3〖蔑〗濫作家。

pondoir *n.m.* 産卵箱, 巣箱。

poney [pɔnɛ] *n.m.*〖馬〗ポニー (= [英] pony) (牝は femelle du ~, ponette). ~ des îles Shetland シェトランド諸島のポニー. faire du ~ ポニーに乗る, ポニー乗馬をする。

pongiste (<ping-pong) *n.* 卓球競技者, 卓球選手.

pont *n.m.* **1** 橋, 橋梁. le ~ d'Avignon アヴィニョンの橋 (= ~ Saint-Bénézet サン=ベネゼ橋). le ~ du Gard ポン=デュ=ガール（ガール川にかかる古代ローマの水道橋）. le ~ de Normandie ノルマンディー橋（セーヌ河口の巨大斜長橋；中央スパン 856 m ；1995 年完成）. le P ~ -Neuf à Paris パリの ポン=ヌフ（セーヌ河にかかるパリ最古の橋；1604 年）.
Sous le ~ Mirabeau coule la Seine... ミラボー橋の下をセーヌが流れる…《Apollinaire の詩句》. construction d'un ~ 架橋. franchir (passer) un ~ 橋を渡る. jeter un ~ sur une rivière 川に橋をかける. vivre sous les ~ s（浮浪者などが）橋の下で暮す.
◆橋の種類：~ à haubans 斜張橋. ~ basculant (levant) 跳開橋, 跳ね橋 (= ~ -levis). ~ biais 斜橋. ~ -canal 運河橋（運河の通る橋）. ~ de béton armé コンクリート橋. ~ de chemin de fer 鉄道橋 (= ~ ferroviaire). ~ de pierre 石橋. ~ en arcs アーチ橋. ~ en (de) bois 木橋. ~ en fer 鉄橋. ~ flottant[1] 浮き橋, 舟艇橋 (= ~ de bateaux). ~ mobile 可動橋. ~ portant une conduite d'eau 水道橋 (= aqueduc). ~ pour les piétons 人道橋. ~ routier 道路橋 (= ~ pour les voitures, ~ -route). ~ suspendu 吊橋. ~ suspendu à haubans 斜張式吊橋. ~ tournant[1] 旋開橋, 回転橋. ~ viaduc 陸橋. petit ~ 小橋.
◆〖成句〗~ aérien 空路連絡.〖史〗~ aérien de Berlin（国境封鎖時の）ベルリン空路連絡. ~ aux ânes ピタゴラスの定理の証明；常識.〖軍〗tête de ~ 橋頭堡.
aménager un ~ entre A et B A と B との間の連絡をつける（渡りをつける）.
couper les ~ s avec …とつながりを絶つ（訣別する）, …と縁を切る.
couper (brûler) les ~ s derrière soi 自ら退路を絶つ, 背水の陣を敷く.
faire le ~ 休日間に橋をかける《休日にはさまった日を休日にする》；（レスリング・体操で）ブリッジをする. faire le ~ à qn 人に渡りをつける. faire un ~ d'or à qn 人を迎えるために大金を積む.
jeter un ~ entre A et B A と B との間の橋渡しをする. ~ jeté entre le passé et le présent 過去と現在をつなぐ橋.
servir de ~ 橋渡しの役を果す.
Il coulera (passera) de l'eau sous les ~ s (le ~) avant que+*subj.* …するまでに大分暇がかかるだろう.
2 P ~ s [et Chaussées] 橋梁道路局（課）, 土木局（課）（橋梁・道路・水路・港湾などの土木工事を管轄）.〖教育〗Ecole nationale des ~ s et chaussées 国立橋梁道路（土木）学校（1747 年創立のグランド・エコールの名門校；1997 年に Paris から Marne-la-Vallée の付置科学研究所 Descartes に移転, 略称 ENPC ；通称 les P ~ s). ingénieur des ~ s [et chaussées] 土木技師. Service des P ~ s et Chaussées 橋梁道路部, 土木部（ministère des Travaux publics「建設省」の部局）.
3〖電〗ブリッジ, 回路；〖解剖〗橋（きょう）；〖歯〗ブリッジ（橋義歯, 架工義歯）. ~ s

cytoplasmiques《神経細胞単位を結ぶ細胞質橋》.〖生〗~s d'union 細胞間橋 (=desmosome).〖解剖〗~ de Varole ヴァロリオ橋, 橋脳《中脳と延髄の間の橋状体》.〖電〗~ de Wheatstone ホイートストンブリッジ.
4〖機械〗(自動車の)車軸;リフト,クレーン. ~ avant (arrière¹) 前(後)車軸. ~ de graissage (自動車の)グリース作業用リフト. ~ élévateur (自動車修理用の)ラム式カーリフト. ~ flottant² (車の)浮動軸. ~ moteur 駆動車軸.〖鉄道〗~ roulant 遷車台;天井クレーン, 走行クレーン. ~ tournant² 転車台.
5〖船〗ブリッジ, 船橋;甲板, デッキ (= ~ d'un bateau);上甲板 (= ~ supérieur). ~ arrière² 後甲板. ~ de cloisonnement 隔壁甲板. ~ d'envol d'un porte-avion 航空母艦の飛行甲板. ~ inférieur (intermédiaire) 下(中)甲板. ~ principal 主甲板. ~ promenade d'un paquebot 客船の遊歩デッキ. faux [-]~ 中甲板. navire à trois ~s 三層甲板船. laver le ~ デッキを洗う. prendre l'air sur le ~ デッキで風に当たる.
6〖医〗(皮膚などの)橋《正常部と病変》.
7〖化〗(原子間の)橋かけ, 橋かけ結合.
8〖楽〗経過句.
9〖服〗(装飾用の)たれ, タブ, 折返し;(帽子の)耳おおい. ~ d'un pantalon ズボンのタブ(折返し). casquette à ~ 耳おおい付きキャップ.
10〖サッカー〗petit ~² プチ・ポン《相手の足間を抜くパス》.

pontage *n.m.* **1** 仮橋架設.
2 甲板艤装.
3〖医〗(血管の)バイパス手術(=〖英〗bypass). ~ des artères coronaires 冠状動脈バイパス手術. greffe de ~ バイパス移植.
4〖化〗架橋.

pont-bascule (*pl.*~s-~s) *n.m.* 車輛重量計測台, 車輛計重台.

pont-canal (*pl.*~s-~aux) *n.m.* 運河橋, 跨橋運河《道路や河を跨ぐ橋状運河》.

ponte 〘(pondre) *n.f.* 産卵, 放卵;産卵数(=saison de la ~). poules pour la ~ 産卵用鶏, 採卵鶏.
2〖生理〗~ ovarienne 排卵(=ovulation).

pontifical(ale) (*pl.***aux**) *a.* **1**〖古代ローマ〗祭司職の.
2 教皇(pape)の;教皇庁(la Saint-Siège)の;高位聖職者(司教)の.〖史〗Etats ~ *aux* 教皇領. garde ~ *ale*;gardes ~ *aux* 教皇庁儀仗兵. messe ~ *aux* 教皇(司教)ミサ. ornements ~ *aux* 教皇(司教)の装飾品. tiare ~ *ale* 教皇の三重冠.

pontificat *n.m.* **1**〖古代ローマ〗祭司長の地位.
2〖カトリック〗司教の地位;(特に)教皇の地位(=souverain ~);教皇の在位期間.

pont-l'évêque *n.m.inv.* (<*P*~-*l'E*~, ノルマンディー地方 la Normandie カルヴァドス県 département du Calvados の町名;市町村コード 60400)〘チーズ〙ポン・レヴェック《牛乳からつくられる軟質で洗った外皮の生チーズのAOC;厚さ3cm, 一辺10cmの四角形;脂肪分50%》.

ponton-grue (*pl.*~s-~s) *n.m.* (港湾の荷役用)起重機船.

pontonnier *n.m.* **1**〖軍〗架橋工兵. **2** 可動橋操作係(=pontier).

pont-promenade (*pl.*~s-~[s]) *n.m.* プロムナードデッキ.

pont-rail (*pl.*~s-~s) *n.m.* 鉄道橋.

pont-route (*pl.*~s-~s) *n.m.* 道路橋.

Ponts (les) *n.pr.m.*〖学〗レ・ポン《Ecole nationale des Ponts et Chaussées (ENPC)「国立橋梁・道路工学学校」およびその学生の俗称》.

POO (=〖英〗*p*ost-*o*ffice *o*rder) *n.m.* 郵便為替(=〖仏〗mandat-poste).

pool [pul]〖英〗*n.m.* **1** 共同出資グループ;企業連合.
2 共同利用組織(施設);共同管理〔機構〕. ~ charbon-acier 石炭鉄鋼共同管理機構 (=Communauté européenne du charbon et de l'acier ヨーロッパ(欧州)石炭鉄鋼共同体》;略記 CECA).
3 (同一目的の人間の)プール, グループ, 要員. ~ de donneurs de sang 献血者のプール.
4〖電算〗プール(記憶装置). ~ de données データーのプール.
5〖生〗~ génétique 遺伝子プール.

POP¹ (=*P*alais *o*mnisports de *P*aris-*B*ercy) *n.m.* パリ=ベルシー多目的スポーツセンター(=POPB).

POP² (=*p*olluants *o*rganiques *p*ersistants) *n.m.pl.*〖環境〗残留有機汚染物質. protocole relatif aux ~ 残留有機汚染物質に関する議定書《1998年Aarhus議定書》.

pop [pɔp] *a.inv.*〖音楽〗ポップ[ミュージック]の. groupes ~ ポップグループ.
——*n.f./n.m.*〖音楽〗ポップ, ポップミュージック(=pop music).

pop'art [pɔpart] (<〖英〗*pop*ular *art*) *n.m.*〖美術〗ポップアート《50年代英国に生まれた芸術様式;代表的作家はR. Lichtenstein, C. Oldenburg, A. Warhol, J. Rosenjust, T. Wesselmann ら》.

POPB (=*P*alais *o*mnisports de *P*aris-*B*ercy) *n.m.* パリ=ベルシー多目的スポーツセンター《Andrault, Parat, Guven の共同設計. 1984年完成》.

pope *n.m.*〖宗教〗ポープ《キリスト教東方教会の司祭》.

popeline *n.f.* **1**〔古〕ポプリン《絹の経糸と羊毛の横糸でつくられた薄手の布地》.
2〔布〕ポプリン《木綿または絹で織ったうね織りの目のつまった布地;=〖英〗poplin》.

poplité(e) *a.*〖解剖〗膕(ひかがみ)の, 膝

窩(しつか)の. artère ~é 膝窩動脈. creux ~ 膝窩. kyste ~ 膝窩嚢包. muscle ~ 膝窩筋.
——n.m. 膝窩筋.

pop music [pɔpmyzik, -mjuzik] (pl. ~ ~**s**) [英・米] n.f.〖音楽〗ポップミュージック(省略形 pop).

popote n.f. **1**〔話〕料理；炊事. faire la ~ 料理をする, 炊事.
2 (主に軍隊の)食堂；食卓仲間.
——a.inv.〔話〕家庭(家事)にかかりっきりの；出不精な.

popper [英] n.m. ポッパー, 吸入式性的興奮剤(催淫剤《＝aphrodiaque à inhaler》.

POPs (＝[英] persistent organic pollutants) n.m.pl.〖環境〗残留有機汚染物質, ポップス《ダイオキシン, PCB, DDTなど；＝[仏]polluants organiques persistants》.

populace n.f.〔蔑〕下層民, 賤民.

populacier(ère) a.〔蔑〕下層民の, 賤民の；下司な, 下賤な. allure ~ère いかがわしい振舞い. langage ~ 下賤な言葉遣い.

populaire (＜peuple) a. **1** 人民の；人民主義の, 人民主義による. démocratie ~ 人民民主主義. le Front ~ 人民戦線. gouvernement ~ 人民政府. insurrection ~ 人民(民衆)蜂起. la République ~ de Chine 中華人民共和国. la République ~ démocratique de Corée 朝鮮民主主義人民共和国(北朝鮮 la Corée du Nord).
2 民衆の, 庶民の, 庶民的な；大衆の, 大衆向けの；通俗的な. art ~ 民衆芸術, 民俗芸術, 民俗. classes ~s 庶民階級. croyances ~s 民間信仰. expression ~ 通俗的表現.〖言語〗forme ~ 民衆語形(forme savante「学者語形」の対). langue ~ 俗語. mot ~ 俗語. quartier ~ 庶民的な街区. musique ~ 大衆音楽, ポピュラー・ミュージック. roman ~ 大衆小説. traditions ~s 民間伝承. voiture ~ 大衆車. être d'origine ~ 庶民の出身である.
3 人気のある, 大衆受けのする. chanteur ~ 人気歌手. Henri IV, roi ~ 国民に人気のあった国王アンリ 4 世.

popularité n.f. **1** 人気；人望；流行. ~ d'un chef d'Etat 国家元首の人気 (人望). indice de ~ 人気の指標. établir une ~ 人気を不動のものとする. jouir d'une grande ~ 大いに人気を博する. perdre de sa ~ 人気を落とす. soigner sa ~ 人気の維持につとめる.
2〔古〕大衆性, 庶民性.

population n.f. **1** (一定地域内の)人口；住民. ~ du globe (de la France, d'une ville) 地球(フランス, 都市)の人口. ~ légale 法定人口〖国勢調査による〗. ~ mondiale 世界の人口. évolution de la ~ 人口の変遷. pyramide ~ 人口ピラミッド. recencement de la ~ 人口調査, 国勢調査. région à ~ dense (faible) 人口密度の高い(低い)地方. répartition de la ~ vivant en France フランス在住人口の分布. transfert des ~s 住民の強制移住.
2 (ある範疇の)人口. ~ active 労働人口. ~ agricole 農業人口. ~s civiles 民間人. ~ rurale 農村人口. ~ scolaire 就学人口. ~ urbaine 都市人口.
3〖生〗(一定区域内の)個体数, 個体群. ~ d'une ruche 蜂の巣の個体群. génétique de la ~ 個体群遺伝学.
4〖統計〗母集団. paramètre d'une ~ 母数.
5〖天文〗~ stellaire 星の種族.

populisme n.m. **1**〖政治〗大衆迎合主義；ポピュリズム.
2〖文史〗ポピュリスム《庶民を描こうとした 1930 年代の文学運動》.
3〖史・政治〗ポピュリズム, 人民主義《帝政ロシア, ラテン・アメリカなどの民衆中心の体制打破運動》.

porc n.m. **1** 豚；(特に)牡豚(＝verrat)《牝豚は truie；仔豚は goret, coureur, cochon de lait [乳呑み豚]；野豚は ~ sauvage 野生豚, 野豚；猪(sanglier). élevage de ~ 養豚. poils de ~ 豚毛.〔話〕être gras (sale) comme un ~ 豚みたいにデブ(不潔)である.〔話〕manger comme un ~ (豚みたいに)汚ない食べ方をする；がつがつ食べる.
2 豚肉(＝viande de ~)《carré de côtes, côtes premières 肋骨背肉, [côtes de] filet フィレ肉；échine 豚の（首のうしろ）；épaule 肩肉(前肢の上部)；jambon ジャンボン(後肢の腿部)；jambonneau ジャンボノー(前肢の肩下, 後肢の膝下肉)；palette パレット(上肩肉)；plat de ~ 前後肢前上部の肋骨より肉；pied 足(後肢の足)；poitrine ばら肉；pointe 尻肉；queue 尻尾；travers スペアリブ, など》.
~ frais (salé) 生(塩漬け)の豚肉. côtes de ~ sautées 豚のあばら骨付肉のソーテ. pied de ~ 豚足. rillette de ~ 豚のリエット. rôti de ~ ロースト・ポーク. manger du ~ 豚[肉]を食べる.
3 豚皮(＝peau de ~). ceinture en ~ 豚革のベルト. sac en [peau] de ~ 豚革の鞄.
4〔俗〕〔時に pork〕不潔な奴；大食漢；好色漢. Quel ~! 豚野郎め！　豚め！
5〖鉱〗鉱滓；鉱滓の捨て場.

porcelaine n.f. **1** 磁器. ~ à fond blanc 白磁. ~ à pâte dure 硬質磁器(＝~ dure). ~ à pâte tendre 軟質磁器(＝~ tendre). ~ de Chine (de Japon, de Meissen, de Saxe, de Sèvres) 中国(日本, マイセン, ザクセン, セーヴル)磁器. ~ peinte à la main 手描き磁器. ~ sertie de bronze ブロンズはめ込み磁器. statuette en (de) ~ 磁器製の小像.
2〖貝〗ポルスレーヌ, ほしだから.

porche *n.m.* **1** ポルシュ, ポーチ；車寄せ；(特に)(教会堂の)ポーチ. ～s latéraux de la cathédrale de Chartres シャルトルの大聖堂の脇門ポーチ. **2** (宮殿, 館の)玄関の間；(ビルの)エントランス・ホール. **3** (車の出入できる正門の)引き込み.

porcherie *n.f.* **1** 豚舎, 豚小屋. **2**〔話〕豚小屋のような所.

porcin(e) *a.* 豚の；豚を思わせる. élevage ～ 養豚. espèce ～e 豚類動物. les petits yeux ～s 豚のような小さな眼.
── *n.m.* **1**〘動〙豚目. les ～s 豚目動物(porc 豚, sanglier 猪, pécari ペッカリー, hippopotame 河馬など, ＝suiforme). **2** 豚類(verrat 種豚, truie 牝豚, porcelet 仔豚, porc charcutier 食用牡豚など).

pore *n.m.* **1**〔多く pl.〕毛穴；汗孔(＝～ sudoripare)；〘解剖〙孔.〘細胞〙～s de la membrane nucléaire 核膜孔. ～s obstrués 詰った毛穴. suer par tous les ～s 全身にびっしょり汗をかく. **2**〘植〙気孔. ～ germinatif d'une spore 胞子の胚孔. **3**〘地学〙孔隙(こうげき)；空孔. ～ d'un grain de sable 砂粒の孔隙. ～ des roches 岩の空孔. **4**〘物理〙(分子間の)隙間.

porno (<*porno*graphique) *a.*〔話〕ポルノの, ポルノ的な. ～ shop ポルノショップ, ポルノ専門店. cinéma (film) ～ ポルノ映画. revue ～ ポルノ雑誌.
──〔話〕ポルノ(<pornographie)；(特に)ポルノ映画(＝cinéma ～, film ～). aller voir un ～ ポルノ映画を観に行く.

pornographe *n.* ポルノ作家.
── *a.* ポルノ専門の.

pornographie *n.f.* ポルノグラフィー；春画；好色文学；ポルノ雑誌.

pornographique *a.* ポルノグラフィーの, ポルノ的な.

porokératose *n.f.*〘医〙汗孔角化症.

porome *n.m.*〘医〙汗孔腫. ～ eccrine エクリン汗孔腫.

porosité *n.f.* 多孔性, 間隙性；多孔率, 気孔率. ～ superficielle 表面多孔性.

porphyre *n.m.* **1**〘鉱〙斑岩. **2** (斑岩製の)乳棒, すり棒.

porphyrie *n.f.*〘医〙ポルフィリン症(ポルフィリン porphyrine の代謝障害性疾患). ～ aiguë 急性ポルフィリン症. ～ cutanée tardive 晩発性皮膚ポルフィリン症(成人の光線過敏性皮膚炎). ～ érythropoïétique congénitale 先天性骨髄性ポルフィリン症(ギュンター病 maladie de Günther). ～ hépatique 肝性ポルフィリン症. ～ héréditaire 先天性ポルフィリン症. ～ intermittente aiguë 急性間歇性ポルフィリン症. ～ varietaga (mixte) 多彩性(複合)ポルフィリン症.

porphyrine *n.f.*〘生・医〙ポルフィリン.

porphyrique *a.*〘鉱〙斑状の；斑岩を含む. granite ～ 斑状花崗岩.

port[1] *n.m.* **1** 港, 港湾.〘軍〙～ artificiel 仮設港, 揚陸施設. ～ autonome du Havre ル・アーヴル自治港. ～ d'attache (船舶の)本籍港. ～ de commerce 商港, 貿易港. ～ d'entrée 通関港. ～ de pêche 漁港. ～ de plaisance レジャー港, ヨットハーバー. ～ de pétrole 石油専用港. ～ de refuge 避難港. ～ de transit (d'escale) 中継港. ～ fluvial 河川港. ～ franc 自由港, フリーポート. ～ maritime 海港(＝～ de mer). ～ militaire 軍港. le vieux ～ de Marseille マルセイユの旧港. droits de ～ 入港税. équipement d'un ～ 港湾施設. gare maritime d'un ～ 臨港駅, 海港駅. arriver au ～ 港に着く；〔比喩的〕目的を達する. arriver à bon ～ (人が)無事目的地に着く；(商品が)いたずに到着する.〔比喩的〕échouer au (en vue du) ～；faire naufrage au ～ もう一歩のところで失敗する. se promener sur le ～ 港の岸壁を散策する. toucher le ～ (船が)港に着く；寄港(停泊)する；〔比喩的〕(人が)目的を達成しようとしている. **2** 港市, 港湾都市. Marseille, ～ de la Méditerranée 地中海の港町マルセイユ. habiter le ～ 港町に住む. **3**〔比喩的〕避難所, 安息所. L'homme n'a point de ～, le temps n'a point de rive … 人には安息の地なく, 時に辿り着く浜辺なし (Lamartine). **4** (ピレネー山脈 les Pyrénées の)峠. Saint-Jean〔-〕Pied-de-P～ サン=ジャン=ピエ=ド=ポール〘地名；「峠の麓の町サンジャン」の意〙；département des Pyrénées-Atlantiques ピレネー=アトランティック県の小郡庁所在地；市町村コード 64220〙.

port[2] (<porter) *n.m.* **1** 着用；(勲章などの)携帯；(武器の)携帯, 所持；(ひげを)生やすこと. ～ d'armes[1] 武器携帯；武器携帯許可証(＝permis de ～ d'armes). ～ d'armes prohibées 不法武器携帯罪. ～ de décorations 勲章の佩用. ～ illégal d'uniforme 制服の不正着用. ～ obligatoire du casque ヘルメットの強制着用. **2** 控え持つこと.〘軍〙～ d'armes[2] 控え銃(つつ)〘動作, 姿勢〙. se mettre au ～ d'armes 銃を控える. **3**〘法律〙(姓名, 称号などの)名乗っていること. ～ d'un nom patronymique 姓を名乗っていること. **4**〘海〙～ en lourd (船舶の)載貨重量. **5** 運賃；郵税(＝frais de ～). ～ payé 運賃(郵税)支払い済, 送料(運賃, 郵便)発送人立替払済；郵税別納. envoyer un colis en ～ payé 運賃発送者払いで荷物を送る. en ～ dû 運賃(郵税)着払いで. franc (franco) de

~ 運賃(郵税)込みで，送料(運賃，郵税)発送人負担(支払済，前払い)．payer le ~ 運賃(郵税)を支払う．
6〘音楽〙~ de voix ポルタメント(=portamento)．
7 物腰，風采．~ altier 毅然たる態度．~ de déesse 女神のようなたたずまい．avoir un ~ élégant 上品な身のこなしをしている．
8〘植〙固有の生活形態．

port³〘英〙*n.m.* **1**〘電算〙ポート．~ USB USB ポート．numéro de ~ ポート番号．
2〘電〙(回路の)入(出)力端子．

portabilité *n.f.* **1** 携帯性．
2〘電算〙(ソフトの)可搬性(異なるコンピュータに移植が可能なこと)．~ des programmes プログラムの可搬性．

portable *a.* **1** 携帯できる，携帯式の(=portatif)．machine à écrire ~ ポータブル・タイプライター．ordinateur individuel ~ ポータブル・パソコン，モバイル・パソコン；ノートパソコン．téléphonie ~ 移動電話《携帯電話 téléphone mobile，PHS，自動車電話など》．téléphone ~ numérique デジタル式携帯電話〔機〕．téléviseur (radio) ~ 携帯 TV (ラジオ)．
2〘法律〙(指定の場所・自宅まで)持参すべき，持参払いの(quérable「取立式の」の対)．dette (redevance) ~ 持参債務．
3〘服〙着用に耐える．manteau encore ~ まだ着られるコート．
4〘電算〙可搬性の，高移植性の(《複数のコンピュータで作動する》)．document ~ ポータブル・ドキュメント(《他のシステムに移せるドキュメント》)．logiciel (programme) ~ 高移植性ソフト(プログラム)．
—*n.m.* **1** ポータブル・コンピュータ(=ordinateur ~)．~ tout-en-un オール・イン・ワン式ポータブル・コンピュータ．
2 移動電話(=téléphonie ~, téléphone ~)．nombre de ~s en France フランスの移動電話〔機〕台数．Appelle-moi sur mon ~．私の携帯に電話をください．
3 ポータブル TV (ラジオ)．

portage *n.m.* **1**(人力による)搬送，運搬．
2(新聞の)宅配(=~ à domicile)．
3(特にカナダで，河川の航行不能個所での)人力による船の運搬；人力による船の運搬個所．

portail (*pl.*~s) *n.m.* **1** 門，正門；門構え．~ du parc 公園の門．~ fait d'une grille de fer 鉄格子の門構え．
2〘建築〙ポルタイユ，扉口．~ central (latéral) 中央(脇)扉口．~ d'une cathédrale (d'une église) 大聖堂(教会堂)のポルタイユ．~ des façades nord (sud) du transept トランセプト(翼廊)の北(南)の扉口(= ~ nord (sud))．le ~ royal de Chartres シャルトル大聖堂の王門．
3〘情報〙(インターネットの)ポルタイユ，アクセス・サイト，ポータル〔サイト〕(=

〘英〙portal)．www.politicorama，~ consacré à la vie politique フランスの暮らしと政治に関するポルタイユの「ポリティコラマ」．

portal (*ale*) (*pl.* **aux**) *a.*〘解剖〙門脈の．〘医〙cirrhose ~*ale* 門脈性肝硬変．〘医〙hypertension ~*ale* 門脈高圧症，門脈圧亢進症．

portance *n.f.* **1**〘物理〙揚力，浮力．~ aérodynamique 空力的揚力．coefficient de ~ 揚力係数．
2〘土木〙(土地の)荷重耐力，耐力．~ du sol 地耐力．

portant¹ (*e*) (<porter) *a.* **1** 支えとなる，支えの．mur ~ 耐力壁．roues ~*es* d'une locomotive 機関車の従輪 (roues motrices「(駆)動輪」の対)．
2〘海〙vents ~s 追い風，順風 (vents debout「向い風，逆風」の対)．
3〘航空〙surface ~*e* 揚力翼面，エアロフォイル．
4 à bout ~ 銃口を突きつけて．
5 être bien (mal) ~ 健康である(ない)．corps bien ~ 健康体．Elle est bien ~*e*．彼女は健康である．
—*n.* les bien ~s 健康人．

portant² *n.m.* **1** 取手，柄(=poignée)．~ d'une malle トランクの柄．
2〘機工〙保磁子．
3〘建築〙(開口部の)支柱；〘劇〙(舞台装置・照明などの)支え，支柱；(支柱で支えられた)舞台装置．~s d'une fenêtre 窓の支柱．
4 (店頭の)陳列用洋服掛け (=présentoir)．
5〘海〙(ボートなどの)櫂架，(オールの)クラッチ．

portatif *n.m.* ポータブル・パソコン (= micro-ordinateur~)，ノート(ブック)型パソコン (=notebook)．~ équipé d'un 〔processeur〕 Celeron 486 SLC à 600 MHz 〔d'Intel〕インテル社製のクロック周波数 600 メガヘルツの 486 SLC Celeron CPU を搭載したポータブル・パソコン．~ ultracompact 超小型ポータブル・パソコン，サブノートブック型パソコン (=subnotebook)．

porte¹ *n.f.* Ⅰ《都市・城塞などの門》**1** 市門，城門．fermer les ~s d'une ville (d'un château) 町(城)の門を閉める．ouvrir les ~s à l'ennemi 敵に町(城)を明け渡す．L'ennemi est à nos ~s．敵は間近に迫っている．
2 凱旋門 (= ~ triomphale)．la ~ Saint-Denis (Saint-Martin) (パリの)サン=ドニ(サン=マルタン)の凱旋門．
3 (旧城塞都市の)城門(市門)跡；旧城門(市門)地区．la Dauphine à Paris パリのドーフィーヌ門．habiter 〔à la〕 ~ d'Orléans (パリの)ポルト=ドルレアン地区に住む．
Ⅱ《入口》**1** (邸宅・庭園などの)門；門扉．

~ d'un cimetière 墓地の門. ~ d'un parc 公園の門. ~ principale d'une école 学校の正門.
2 (建物の) 出入口；戸, ドア, 扉. ~ à deux battants 両開きドア. ~ à ouverture (à fermeture) automatique 自動開閉ドア. ~ accordéon アコーデオン・ドア. ~ battante 自在ドア；風でばたばたするドア. ~ blindée 装甲ドア, 防犯ドア. ~ coulissante 引き戸. ~ coupe-feu 防火扉. ~ d'appartement 集合住宅の入口. ~ d'entrée 入口. ~ de face 正面入口. ~ de secours 非常口. ~ de service 通用口；勝手口. ~ de sortie 出口；〖比喩的〗逃げ口. ~ interdite au public 関係者以外立入禁止のドア (入口). ~ nord de Notre-Dame de Paris パリのノートル=ダム大聖堂の北の入口 (=portail nord). ~ secrète (dérobée) 秘密の出入口. ~ tournante 回転ドア (=〔à〕tambour). ~ va-et-vient スイングドア. ~ vitrée ガラス戸の入口 (扉).
double ~ 二重ドア. encadrement d'une ~ 戸口の框(かまち). fausse ~ (装飾用の) 偽せ扉. linteau d'une ~ 戸口の楣(まぐさ). montant d'une ~ 戸口の竪框(たてがまち). seuil d'une ~ 戸口の閾. 〖話〗C'est la ~ à côté. 目と鼻の先だ. 〖諺〗Il faut qu'une ~ soit ouverte ou fermée. どちらかに決めなくてはならない.
◆〖前置詞とともに〗à la ~ 入口で, 入口に；〘ベルギー〙戸外で. A la ~! 出て行け!〘ベルギー〙déjeuner à la ~ 戸外で昼食をとる. être à la ~ 戸口にいる；家に入れずにいる. frapper à la ~ ドアをたたく (ノックする). frapper à la bonne ~ ちょうまい相手に突き当たる；うまく助けを見出す. frapper à la mauvaise ~ お門違いなことをする, 見当違いをする. frapper à toutes les ~s あらゆる人に当たってみる；あらゆる手段を講じる. mettre (ficher, flanquer, foutre) qn à la ~ 人を追い出す；人を首にする.
à la ~ de …のすぐ近くに. Il habite à la ~ d'une église. 彼は教会堂のすぐそばに住んでいる.
à sa ~ 自分の家のすぐ前に (で). Il y a un arrêt d'autobus à ma ~. 私の家のすぐ前にバスの停留所がある.
~ à ~ 隣り合って. habiter ~ à ~ 隣り合って住んでいる. faire du ~ à ~ 一軒一軒家を廻る.
de ~ à ~ 戸口から戸口まで. Il a une heure de trajet de ~ à ~. 彼の家から職場まで 1 時間かかる.
de ~ en ~ 家から家へ. mendier de ~ en ~ 一軒一軒物乞いして廻る.
entre deux ~s ドアを開閉する短い間. parler à qn (recevoir qn) entre deux ~s 戸口でちょっと立ち話をする.
jusqu'à la ~ 戸口まで. accompagner qn jusqu'à la ~ ドアのところまで人に同道する.
par la ~ 戸口を通って. entrer (sortir) par la ~ 戸口から入る (出る). par la grande ~ 正面入口から；大手を振って, 堂々と.〖比喩的〗entrer par la grande ~ 実力で職につく；いきなり高位につく. par la petite ~ 裏口から；こそこそと. entrer par la petite ~ 裏口から就職する；下積みから始める.

◆〖動詞の目的語として〗
claquer la ~ ドアをバタンと閉める.
défendre (interdire, refuser) sa ~ à qn 人を家に入れない；人の出入を差し止める.
forcer la ~ de qn 人の家に無理に押し入る.
gagner la ~ そそくさと出て行く.
laisser la ~ ouverte à un compromis 妥協への道を開いておく.
ouvrir (fermer) sa ~ à qn 人に出入を許す (禁じる). Toutes les ~s vous seront ouvertes. あなたはどこでも歓迎されるでしょう.
ouvrir la ~ à …への道を開く.
prendre la ~ 退席する.
se ménager (se réserver) une ~ de sortie 逃げ道を確保しておく.
trouver ~ close ドアが閉まっている；留守である；面会謝絶にあう.
Fermez la ~!/La ~! ドアを閉めてください.

3 (列車・自動車などの) ドア；(タンス・冷蔵庫などの) 扉. ~ d'une automobile (d'un avion) 自動車 (航空機) のドア. ~ de four オーヴンの扉. ~ du réfrigérateur 冷蔵庫のドア〔ポケット〕. voiture à cinq ~s 5 ドアの自動車.

III〖比喩的〗**1** 入口, 門戸.〖カトリック〗~s du Ciel 天の門. Les ~s de l'Enfer de Rodin ロダン作『地獄門』. La P~ étroite de Gide ジッド作『狭き門』 (1909 年). ~ des grands corps de fonctionnaire 高級官僚への登竜門. ~ ouverte 門戸開放〔の〕. journée ~ ouverte 一般公開日. régime de la ~ ouverte 門戸解放政策.〖文〗aux ~s de la vie 生まれた際に. L'aéroport de Narita est la ~ du Japon. 成田空港は日本の玄関口である.
2〖多く pl.〗(山岳地帯の) 峡路.〖地形〗les P~s de Fer 鉄門 (ドナウ河 la Danube 沿いの峡路).
3 (水門などの) ゲート；〖坑道〗口. ~ d'aérage (坑道の) 通気口.
4 (空港の) ゲート. ~ d'embarquement 搭乗ゲート.
5〖スキー〗旗門. rater une ~ 旗門をはずれる.
6〖電〗(電子回路の) ゲート, ロジックゲート.
7〖衣〗(かぎホックの) アイ.

porte[2] a.〖解剖〗門脈の. système ~ 門脈系. veine ~ 門脈.

porté(e¹) *a.p.* **1** 運ばれた. fardeaux ~ s 運ばれる重い荷物.
2 輸送された. infanterie ~ e 機械化歩兵部隊. troupes ~ es 空輸部隊.
3 成文化された, 規定された. peines ~ es au code pénal 刑法に規定された刑罰.
4 投影された. ombres ~ es 投影された影.
5 être ~ à *qch* (à+*inf.*) 何の(…する)傾向がある. être ~ à la colère 怒りっぽい. être ~ sur *qch* 何が大好きである. être ~ sur la boisson 酒好きである.〔話〕être ~ sur une chose 色好みである.
6 Il est bien (mal) ~ de+*inf.* …するのは好ましい(好ましくない).

porte-aéronefs *n.m.inv.*〔軍〕航空母艦, 空母 (porte-avions, porte-hélicoptères など).

porte-aiguille (*pl.* ~-~ [*s*]) *n.m.* **1**〔医〕持針器《縫合用の針を固定する鉗子》.
2〔機工〕ニードルホールダー. **3** 縫針入れ, 針さし.

porte-allumettes *n.m.inv.* マッチ箱.

porte-autos *n.m.inv.* **1**〔道路運輸〕自動車運搬トレーラー. **2**〔鉄道〕自動車運搬専用貨車.

porte-avions *n.m.inv.*〔軍〕航空母艦. ~ d'escorte 護衛空母. ~ nucléaire 原子力空母.

porte-bagages *n.m.inv.* **1** 荷台. ~ du vélo 自転車の荷台. **2** 荷物棚, 網棚.

porte-barges *n.m.*〔海〕艀(はしけ)運搬船(=navire ~).

porte-bébé *n.m.* **1** ベビーカー, 乳母車. **2** 子供を背負うサック.

porte-billets *n.m.inv.* 札入れ, 紙入れ, 紙幣専用の財布；財布.

porte-bonheur *n.m.inv.* お守り, マスコット.

porte-bouteille *n.m.* **1** 壜棚；葡萄酒棚.
2 水切り用壜差し (=égouttoir à bouteilles; hérisson).
3 携帯用壜ケース.

porte-carte[s] *n.m.inv.* **1** 名刺入れ；パス入れ, 定期入れ；証明書入れ. **2** 地図入れ.

portecave *a.*〔解剖〕門脈大静脈の.〔医〕anastomose ~ 門脈大静脈吻合〔術〕.

porte-cigarettes *n.m.inv.* シガレットケース, 紙煙草入れ.

porte-clé[s], porte-clef[s] *n.m.inv.* キーホールダー.

porte-conteneurs *n.m.inv.*〔船〕コンテナー〔専用運搬〕船.

porte-crayon *n.m.*〔文具〕(デッサン用) 木炭ホールダー；ペンシルホルダー, 鉛筆ばさみ；鉛筆入れ, 筆箱.

porte-croix *n.m.inv.*〔カトリック〕(祭式・行列などの) 十字架捧持者.

porte-documents *n.m.inv.* ブリーフケース, 書類鞄, 書類ケース.

porte-drapeau (*pl.* ~-~ **x**) *n.m.* **1**〔軍〕連隊旗手. **2** 旗手. **3** (政治運動などの) 旗頭, 旗ふり, 旗手, リーダー.

portée² *n.f.* Ⅰ (射撃) **1** (火器の) 射程. 射程距離. ~ (レーダーなどの) 有効距離. ~ d'un fusil 小銃の射程距離. ~ d'un radar レーダーの有効距離. ~ efficace (utile) 有効射程. ~ maximale 最大射程.
canon à longue ~ 長距離砲. missile air-sol moyenne ~ (ASMP) 空対地中距離ミサイル. missile balistique à longue ~ 長距離弾道ミサイル (=〔英〕LRBM: *Long Range Ballistic Missile*). missile sol-air courte ~ (SACP) 地対空短距離ミサイル. missile sol-air très courte ~ (SATCP) 地対空超短距離ミサイル. à〔la〕~ de …の射程内に. hors de〔la〕~ de …の射程外に；…の届かない所に.
2 到達距離, 到達範囲. ~ de la vue 視界. à〔la〕~ de *qch* の届く範囲に. à〔la〕~ de〔la〕main 手の届く範囲に. à〔la〕~ de *qn* 人の手の届くところに；入手範囲に. Ne pas laisser à la ~ des enfants 子供の手の届くところに放置しないこと.
3〔比喩的〕理解できる範囲, 理解能力；入手できる範囲. ~ de notre intelligence われわれの理解できる範囲. C'est hors de ma ~ それは私の理解の範囲を越えている. chose à ~ 容易に入手できる物. 手の届く物. esprit d'une grande ~ 理解力に秀でた人. questions à la ~ des enfants 子供にも理解できる問題.
4 意味の範囲；カバーする範囲；影響力の及ぶ範囲；影響力, 結果. ~ d'un argument 議論の範囲. ~ d'un mot 言葉の意味範囲. décision d'une grande ~ 重大な結果をもたらす決定. événement d'une ~ internationale 国際的な影響を及ぼす出来事. mesure d'une ~ limitée 限定的効果の措置.
Ⅱ (保持) **1**〔動〕一腹の仔. une ~ de porcelet 一腹の仔豚. chiens d'une même ~ 一腹で生れた犬. faire sa ~ 仔を産む.
2〔海〕〔古〕積載量；〔現用〕最大荷重. ~ en lourd 積載可能重量. ~ d'un pèse-personne 体重計の最大荷重.
3〔建築・土木〕荷重. ~ d'une poutre 梁にかかる荷重.
4〔建築・土木〕張間, スパン, 径間. ~ de l'arche d'un pont 橋のアーチのスパン.
5〔機工〕支え面, スパン, 軸受け面. ~ d'un roulement ベアリングの軸受け面.
6〔音楽〕五線譜表.

portefaix *n.m.* 荷役労働者；沖仲仕 (=débardeur).

portefeuille *n.m.* **1** (二つ折りの) 財布, 札入れ, 紙幣入れ (=porte-billets). ~ de cuir 革財布. ~ électronique 電子財布 (=〔英〕wallet PC). avoir le ~ bien garni ぎ

っしり札束のつまった財布を持つ,金をたっぷり持っている.
2〖古〗紙挟み,カルトン(=serviette).
3〖古〗折鞄;大臣の書類鞄(=~ de ministre).;〖現用〗大臣の職. ministre à ~ (各省の)大臣. ministre sans ~ 無任所大臣. décrocher le ~ des Affaires étrangères 外務大臣のポストを手に入れる.
4〖集合的〗(法人・個人保有の)有価証券・証書, ポートフォリオ(=[伊] portfolio). ~ obligatoire 債券. ~ d'assurance 保険証券. effet de ~ 有価証券効果《持ち株の分散によるリスクの軽減効果》. société de ~ 持ち株会社;投資ファンド,投資信託会社. titre en ~ 証券証書,有価証券. valeur en ~ 証券価値.
5〖俗〗ベッド. faire le lit de qn en ~ 人のベッドのシーツを真中で折りたたむ《悪戯》.
6〖服〗jupe de ~ 巻きスカート.

porte-fort *n.m.inv.*〖法律〗債務引受け保証. ~人. convention de ~ 請合契約.

porte-graine *n.m.*〖農〗種子採取用植物. culture des ~s 種子採取用植物栽培.

porte-greffe (*pl.* ~-~[s]) *n. m.* [*inv.*]〖園〗接木の台木.

porte-helicopters, porte-hélicoptère[s] *n.m.*〖軍〗ヘリコプター空母(母艦);ヘリコプター搭載艦.

porte-jarretelles *n.m.inv.*〖服〗ガーターベルト.

porte-menu *n.m.* **1** (レストランの)メニュー立て,メニュースタンド. **2** (レストランの入口に掲げる)メニュー表示板.

porte-mine, portemine *n.m.*〖文具〗芯ホルダー;シャープペンシル.

porte-monnaie *n.m.* コイン入れ,がま口.

porte-parapluies *n.m.inv.* 傘立て.

porte-parolat *n.m.*〖政治〗(政府・政党などの)スポークスマンの職務(地位,任期).

porte-parole **1** *n.inv.* スポークスマン;代弁者. ~ du gouvernement 政府スポークスマン. ~ de l'opposition 野党の政見代弁者.
2 *n.m.inv.* (個人・グループの)広報紙(誌).御用新聞.

portepulmonaire *a.*〖解剖・医〗門脈と肺の.〖医〗anastomose ~ 門脈肺吻合〖術〗.

porteur[1](*se*) *n.* **1** 配達人;伝令;使者. ~ de dépêches 至急便配達人;電報配達人. ~ de journaux 新聞配達人. ~ de mauvaises nouvelles 悪い知らせをもたらす人. ~ de message 伝言の使者. ~ de télégrammes (télégraphique) 電報配達人.
2 (荷物の)運搬人;(特に)(駅・探険隊などの)ポーター. expédition géographique 探険隊のポーター. ~ d'une gare (d'un aéroport) 駅(空港)のポーター.〖登山〗guide, ~s et sherpas 案内人,ポーターとシェルパ.
3 (de)の所持者;着手者;着用者. ~ d'armes 武器の所持者.〖スポーツ〗~ du ballon ボールをキープしている選手. ~ d'eau〖古〗水の運搬人;〖スポーツ〗チームのリーダー. ~ de faux papiers 偽造証明書の所持者. ~ de lunettes 眼鏡をかけた人.
4 保有者;〖医〗保菌者(=~ de germes);(伝染病の)伝播者. ~ de microbes 細菌(病原菌)保有者. ~ d'une maladie contagieuse 伝染病の保菌者(伝播者).~ sain 健康な保菌者.〖株〗petit ~ 個人株主.
——*a.* **1** 運ぶ,運搬用の;伝える,伝達する. avion gros ~ 大型運送機(=gros ~).〖電〗courant ~ 搬送電流. fusée ~ *se* 打上げロケット;ブースター.〖通信〗onde ~ *se* 搬送波(電磁波).
2 保有する. animal ~ de germes 保菌動物. mère ~ *se* 代理母. nuages ~ *s* d'humidité 雨雲.
3 支えとなる.〖建築〗mur ~ 耐力壁.
4 将来性のある,成功を約束された. marché ~ 将来性のある市場. secteur industriel ~ 見込みのある(発展途上の)産業部門. thème (sujet) ~ 大成功を約束するテーマ.

porteur[2] *n.m.* **1**〖商業〗(手形・小切手などの)持参人;受取人;被裏書人(=tiers ~). ~ diligent (手形・小切手の)注意深い所持人. ~ d'un chèque (d'une lettre de change, d'un titre de créance) 小切手(為替手形,信用状)の持参人. billet (chèque) [payable] au ~ 持参人払いの手形(小切手).《Au ~》「持参人払い」(小切手などへの書き込みの文言).
2 運搬車;運搬船;(特に)ホッパー船. [avion] gros ~ 大型輸送機.

porte-voix *n.m.inv.* メガホン(=mégaphone).

portfolio [伊] *n.m.* **1** 帙(ちつ). **2** 箱入りの写真集(画集)(綴じられていないもの).

portier[1] (*ère*) *n.* **1**〖文〗門番. ~ du Paradis 天国の門番(聖ペテロ Saint Pierre).
2〖古〗(邸宅,修道院などの)門番(=concierge, gardien). ~ d'une grande maison 大邸宅の門番. loge du ~ 門番小屋. sœur ~ *ère* 門番の修道女.

portier[2] *n.m.* **1** (公共建造物の)守衛. ~ d'hôtel ホテルのドアボーイ.
2〖カトリック〗守門(下級聖職者の最下位;1792年に廃止).
3〖スポーツ〗ゴールキーパー(=gardien de but).
4〖TV〗(カラーTV受像器の光回路の)入口電子回路.

portière[2] *n.f.* **1** (自動車・鉄道車両の)ドア.〖鉄道〗~s à fermeture automatique 自動閉鎖式ドア. ~s avant d'une voiture 車の前部ドア. ~s de train 列車のドア. auto-

portillon

mobile à quatre ~s 4ドアの自動車. Défense de se pencher à la ~ des trains en marche.「走行中の列車のドアから体を乗り出すこと禁止」《注意書の文言》. poignée d'une ~ ドアのノブ.

portillon *n.m.* (両扉, 片扉の) 押し戸, 小門, (駅の) 改札口.《鉄道》~ automatique (電車のホーム進入と同時に閉まる地下鉄の) 改札自動扉. ~ de passage à niveau 踏切問閉扉《歩行者用》. ~ d'un bar バーの押し戸.

portion *n.f.* **1** 部分.《幾何》une ~ de droite 線分. la ~ enneigée de l'autoroute 高速道路の積雪部分. la ~ impossable du revenu 所得の課税部分.
2 割当て分;分け前;取り分, 持分;《法律》相続分. ~ congrue (大革命前に司祭がもらっていた) 僅かの年金;〔比喩的〕やっと生きていけるだけのもの (金). ~ de l'héritage 遺産の相続分. ~ disponible (réservée) 処分任意分 (= quotité disponible).
3 (食物の) 一人分. ~ d'un gâteau 菓子の一人前. demi-~ 半人分;〔比喩的〕半人前の人間.

portionnaire *n.*《法律》(包括財産・不可分財などの) 共有権者.

portique *n.m.* **1**《建築》柱廊, ポルチコ. ~ d'église 教会堂の柱廊.《哲史》la doctrine du P~;le P~ ストア哲学《ゼノンがアテナイの柱廊で講義をしたことに由来》.
2 門形構造物の横木;門形構造物. ~ de balançoire ブランコの横木. ~ terminal 橋門.
3《機工》門形クレーン (= grue à ~).《鉄道》~ à signaux 門型信号機. ~ de lavage 門型自動車洗浄装置. ~ roulant 門型移動式クレーン.
4 (空港などの) 門型金属探知装置 (= ~ de détection;~ de sécurité).

porto *n.m.*《酒》ポルト《ポルトガル産の甘口の葡萄酒》. ~ rouge (blanc) 赤〔白〕ポルト酒. ~ vieux 古ポルト酒, ヴィンテージポルト.《料理》melon au ~ ムロン・オー・ポルト《冷やしたメロンの中にポルト酒を注いだ前菜》. verre à ~ ポルト酒用グラス.

portoricain(e) *a.* プエルト・リコ (Porto Rico) の;~人の. Parti de l'*in*dépendance ~*e* プエルト・リコ独立党《略記 PIP》.
——*n.* プエルト・リコ人 (島民).

Porto Rico *n.pr.*《無冠詞》プエルト・リコ〔[西] Puerto Rico〕《西インド諸島大アンティル諸島東端の島;米国の自治領;公式名称 l'Etat libre de ~;[英] the Commonwealth of Puerto Rico;首都 San Juan サン・フアン;形容詞 portoricain(e)》. l'île de ~ プエルト・リコ島.

portrait *n.m.* **1** 肖像;ポートレート, 肖像画;肖像写真 (= ~ photographique). ~ à l'huile 油絵の肖像画. ~ au crayon 肖像鉛筆画. ~ de face (de profil, de trois-quarts) 正面の (横向きの, 斜め前を向いた) 肖像. ~s de famille 家族の肖像画 (写真) 群. ~ de groupe 群像. ~ en miniature ミニァチュア肖像. ~ équestre 騎馬像. ~ grandeur nature 等身大の肖像. ~ pédestre 起立全身像. ~〔-〕robot モンタージュ写真. Cet enfant est le vivant ~ (tout le ~) de son père. この子は父親に生き写しだ.
2〔話〕顔, 面 (つら). se faire abîmer le ~ 顔を傷つけられる.
3 人物描写;人物紹介;人物像. ~s contemporains 現代人物像. P~ à ~ ブーヴ『文学者群像』. interview-~ 人物紹介インタヴュー. jeu des ~s 名前当て遊び.
4 状況描写, 実態. ~ de notre époque 現代の描写. ~ 耳が遠い.

portraitiste *n.* 肖像画家.

portrait-robot(*pl.* **~s-~s**) *n.m.* モンタージュ写真 (= montage, photo-robot).

port-salut *n.m.inv.*《チーズ》ポール=サリュ《マイエンヌ la Mayenne 県のポール=デュ=サリュ Port-du-Salut 修道院で開発された牛乳による圧搾式非加熱洗浄外皮性のチーズ;脂肪分 45-50%, 直径 20 cm, 厚さ 8 cm の円盤状》.

portuaire *a.* 港湾の. installations ~s 港湾施設.

portugais(e[1]) *a.* **1** ポルトガル (le Portugal) の, ポルトガル共和国 (la République portugaise) の;~人の;ポルトガル語の.
2《牡蠣》ポルチュゲーズ種の. huître ~*e* ポルチュゲーズ牡蠣 (= ~*e*).
——*P*~ *n.* ポルトガル人.
——*n.m.*《言語》ポルトガル語.

portugaise[2] *n.f.* **1**《牡蠣》ポルチュゲーズ (= huître ~)《Crassostrea 属;ポルトガル, スペイン, フランスの沿岸に多い牡蠣》.
2〔話〕耳《ポルチュゲーズ牡蠣の殻に似ているところから》. avoir les ~s ensablées (砂がつまった牡蠣のような耳をもっている→) 耳が遠い.
3《海》ポルトガル式繋留 (= amarrage à la ~ (en ~)).

Portugal(le) *n.pr.m.* [国名通称] ポルトガル《公式名称:la République portugaise ポルトガル共和国;国民:Portugais の;首都:リジュボア Lisboa (Lisbonne リスボン);旧通貨:escudo [PTE]》.

POS (= *p*lan d'*o*ccupation des *s*ols) *n.m.* (建造物の) 土地占有計画《市町村の指導と責任による地域土地利用計画》.

pose *n.f.* **1** 取り付け, 据付け, 設置. ~ d'un lavavo 洗面台の据付け (設置). ~ des rails レールの敷設. cérémonie de la ~ de

la première pierre 定礎式.
2 姿勢, (モデルの) ポーズ. prendre la ~ ポーズを取る.
3 態度, ポーズ, 気取り. ~ gracieuse 優雅な姿. prendre des ~s 気取る.
4〖写真〗露光, 露出；長時間露出；撮影枚数. temps de ~ 露出時間. pellicule à 36 ~s 36枚撮りのフィルム.

posemètre *n.m.*〖写真〗露出計. ~ incorporé カメラ内蔵露出計.

positif(ve) *a.* Ⅰ (実証的な) **1** (人為的に) 制度化された, 確立された, 実在の.〖法律〗droit ~ 実定法 (droit naturel「自然法」の対). religion ~ve 啓示宗教.
2 実証的な, 実験的な. connaissance ~ve et connaissance intuitive. 実証的認識と直観的認識. philosophie ~ve 実証哲学. sciences ~ves 実証科学.
3 現実的な, 実際的な；実利的な. esprit ~ 現実的 (実利的) 精神. homme ~ 実利的人間.
4 実体のある；確実な；明確な. fait ~ 確固とした事実. promesse ~ve 確約.
Ⅱ (肯定的な) (négatif「否定的な」の対)
1 肯定的な；好意的な；積極的な, 建設的な. réponse ~ve 肯定的返事；〖電算〗肯定応答. esprit ~ 建設的精神.〖論理〗proposition ~ve 肯定命題；〖文法〗肯定文.
2〖医〗(反応が) 陽性の. cuti-réaction ~ve 陽性の皮膚反応 (ツベルクリン反応). examen bactériologique ~ 陽性の細菌検査反応. être ~ à un contrôle antidopage ドーピング検査に陽性反応を示す.
3〖数〗正の, プラスの. nombre ~ 正数.〖経済〗croissance ~ve プラス成長.
4〖電〗陽の, 正の (négatif「陰の, 負の」の対)；〖化〗陽の. charge ~ve 陽電荷. éléctricité ~ve 正電気. électron ~ 陽電子. ion ~ 陽イオン. pole ~ 陽極, 正極. borne ~ve d'un générateur 発電機の陽端子.
5〖写真〗陽画の；ポジの. épreuve ~ve 陽画, ポジ.
Ⅲ (本来的な)〖文法〗(形容詞・動詞が) 原級の. degré ~ 原級.
—*n.m.* **1** 現実的なもの；実利的なもの.
2〖文法〗原級 (=degré ~).
3〖写真〗陽画, ポジ (=épreuve ~ve).
4〖数〗正数；正量.
5〖電〗(電池の) 陽極板.

position *n.f.* **1** 位置, 順位, ポジション. ~ basse (haute) 低い (高い) 位置. ~s des joueurs sur le terrain de football サッカー選手のピッチ上の位置取り. ~ de tête (自動車レースの) ポールポジション. feu de ~ (自動車の) 車幅灯.〖数〗géométrie de ~ 位相幾何学 (topologie の対).〖言語〗voyelle en ~ forte (アクセントを受けるなど) 強い位置にある母音. arriver en première ~ 先頭でレースを終える, 一等になる. signaler la ~ d'un navire 船舶の位置を知らせる.
2 姿勢, 構え, 本位；〖軍〗規則で定められた姿勢. ~ assise (debout) 坐った (立った) 姿勢. ~ du missionnaire (性交の) 正常位. ~ inconfortable 居心地の悪い姿勢. mauvaise (fausse) ~ (痺れや痙攣などを引き起す) 悪い姿勢.〖軍〗rectifier la ~ (兵士の) 姿勢を正す.〖スポーツ〗En ~. 構えよ, 位置について (スターターの文言).
3 おかれた立場, 状況. ~ critique 危険な (困難な) 状況, 立場.〖経済, 法律〗~ dominante (d'une entreprise) (企業の) 支配的地位. abus de la ~ dominante 支配的地位の濫用 (日本の独占禁止法に言う「私的独占」). en ~ de+無定冠詞の名詞 …の位置 (立場) で. en ~ de défense 守りの立場 (姿勢) で. en ~ de force 強い立場で. être en ~ de+*inf.* …できる立場にある. être dans une ~ intéressante 妊娠している. se trouver dans une ~ difficile 困難な立場に立たされる.
4 立場, 態度, 見解. prendre ~ sur *qch.* …について立場を明確にする, 態度を決める. prise de ~ 立場の表明, 態度の決定, 言明. Les négociations de Cancun ont confirmé l'impossibilité de concilier les ~s des pays du Sud et de ceux du Nord. カンクンの交渉は南北諸国間の妥協が不可能であることを確認した.
5 陣取り, 陣地. ~ ennemie 敵の陣地. ~ stratégique 戦略拠点. guerre de ~ 持久戦 (guerre de mouvement「機動戦」の対). prendre ~ au bord d'une rivière 川のほとりに陣を敷く.
6 地位, 職, (特に) 高い地位. ~ en vue 高い地位, 人目につく職. ~ sociale 社会的地位. fonctionnaire en ~ de détachement 出向中の公務員. De par sa ~, il lui était impossible de se prêter à pareil jeu. 彼はその高い地位からして, そのような取引に応じられなかった.
7〖音楽〗〖舞〗ポジション；〖医〗胎位, 胎向.
8〖銀行〗口座の残高；〖株〗信用取引残高. demander sa ~ 残高を照会する.
9 (問題などの) 提示方法, (テーマの) 設定.《*P~s et propositions*》『立場と提言』(P. Claudel の作品).

positionnel(le) *a.* 位置の (に関する)；定位の. système ~ 位取り記数法.

positionnement *n.m.* **1** (家具など) の位置づけ.
2 位置測定. système de ~ par satellite 衛星利用位置測定システム (=〔英〕GPS: Global Positioning System).
3 (口座の) 残高計算.
4〖広告〗購買層の選定；製品の位置づけ (=d'un produit).

positivisme *n.m.* **1**〖哲〗実証主義. ~ d'Auguste Comte オーギュスト・コントの

実証主義(ポジティヴィスム)(=~comtien). ~ juridique法実証主義. ~ logique論理実証主義(=logico-~), 新実証主義.
2〔しばしば蔑〕現実主義, 実利主義.

positivité *n.f.* **1**〚哲〛実証性;実証的精神.
2 確実性, 現実性;積極性.
3〚医〛陽性;〚電〛陽であること;〚数〛正であること. ~ d'une réaction 反応の陽性.

positron, positon *n.m.*〚物理〛陽電子, ポジトロン(=électron positif).

positronium [-njɔm] *n.m.*〚物理〛ポジトロニウム(一対の電子と陽電子が結合した粒子).

POSL (= *P*arti *o*uvrier *s*ocialiste *l*uxembourgeois) *n.m.* ルクセンブルク労働者社会党.

posologie *n.f.* **1**〚薬・医〛(医薬品の)処方学, 薬用量学.
2 (医薬品の)服用指示.
3〔一般に〕〚誤用〛医薬品用量(=dose de médicament).

posphite *n.f.*〚医〛包皮炎.

possesseur *n.m.*〔女性にも多くこの形を用いる;possesseuse は稀〕
1 所有者;〚法律〛占有者. ~ à titre précaire 一時的占有者.〚法律〛~ de bonne foi 善意の占有者.〚法律〛~ de mauvaise foi 悪意の占有者(窃盗者или voleur など). ~ d'une terre 土地所有者(占有者). Elle est le ~ de cette maison. 彼女はこの家の持主である.
2 保持者. ~ du record du monde 世界記録保持者. ~ d'un secret 秘密の保持者. ~ de la vérité 真相を知る者.

possession *n.f.* **1** 所有. ~ d'une voiture 車の所有. avoir *qch* en sa ~;être en ~ de *qch* 何かを所有している. prendre ~ de *qch* 何かを入手する. tomber en ~ de *qn* 人の所有に帰する.
2〚法律〛占有. ~ continue (discontinue) 継続的(非継続的)占有. ~ de bonne foi 善意の占有.~ d'état 身分占有. ~ équivoque 曖昧な占有. ~ immémorable 古来の占有. ~ paisible (violente) 平穏な(暴力的)占有. ~ publique (clandestine) 公然の(内密の)占有. ~ utile 有用な占有. ~ vicieuse 瑕疵ある占有. envoi en ~ (相続財産の)占有付与の請求. mise en ~ 所持.
3〔*pl.* で〕所有物;所有財産;所有地;(本国から離れた)属領, 領土;植民地. ~s françaises du Pacifique 太平洋のフランス領土.
4 保持, 保有, 把握;(知識の)マスター. ~ de la vérité 真理の保持(把握).
5 精神的所有, 享受.
6 (愛情などの)獲得;女性の肉体の所有.
7 自制;(能力の)支配. être en ~ de toutes ses facultés 精神的に全く正常である. être en ~ de ses moyens 快調そのものである.

reprendre ~ de soi-même 自制力を取り戻す;意識を取り戻す.
8〚宗教〛悪魔憑き;〚精神医学〛憑依(ひょうい). délire de ~ 憑依妄想.
9〚文法〛所有. rapport de ~ 所有関係.

possessionnel(le) *a.*〚法律〛占有を示す. acte ~ 占有行為(証書).

possessoire (<possession) *a.*〚法律〛(特に不動産の)占有に関する. action ~ 占有訴権;不動産占有訴権(訴訟). protection ~ 不動産占有保護. trouble ~ 不動産占有妨害.
──*n.m.*〚法律〛(不動産の)占有の訴え, 占有訴権(=action ~). plaider le ~ 占有訴権を主張する.

possibilité *n.f.* **1** 可能性;可能なこと. ~ d'un accord 同意の見込み. ~ d'une guerre 戦争の起きる可能性. adverbe de ~ 可能性の副詞(peut-être など). avoir beaucoup de ~s 多くの可能性を秘めている. envisager toutes les ~s すべての可能性を検討する. Il n'y a que deux ~s. 可能性(できること)は2つしかない.
2 手段, 方法. avoir la ~ de+*inf.* …する手だてを持っている. dépasser ses ~s 能力(体力, 資力)を越える. donner (laisser) à *qn* la ~ de+*inf.* 人に…する余地を与える(残しておく).
3〔*pl.* で〕(人の)能力;体力;資力. connaître ses ~s 己れの能力(限界)を知る. Chacun doit payer selon ses ~s. 各人はそれぞれの能力(資力)に応じて支払うべきである.
4 用途. Cet instrument a de grandes ~s. この機器には多くの用途がある.

possible *a.* **1** 可能な. des choses ~s et des impossibles 出来る事と出来ないこと. solution ~ 可能な解決策. Est-ce ~? /〔俗, 方言〕C'est-il (C'est-y) Dieu ~? 本当ですか? Ce n'est pas ~!/〚話〛Pas ~! まさか! si〔c'est〕~;s'il est ~ できれば. Il est ~ de+*inf.* (que+*subj.*) …することは可能だ.
2 できる限りの. aussi lentement que ~ できるだけゆっくり. réponse aussi rapide que ~ 可能な限り早い返答, 可及的速やかな回答. aussitôt (dès) que ~ できるだけ早く. autant que ~ 可能な限り. le meilleur accueil ~ 最大限のもてなし. la plus grande quantité ~ 可能な限りの多くの量.
3〔時に名詞の前〕ありそうな;可能性を秘めた. aggravation ~ de la maladie 病気の悪化の可能性.〚話〛ministre ~ 大臣の候補者.
〔C'est〕~. ありうることだ;そうかもしれない. C'est bien ~. 大いにありうることだ. Irez-vous cet été en France? ─〔c'est〕~. この夏フランスにいらっしゃいますか?─かもしれません. Il est (C'est) ~ que+*subj.*;〚話〛P ~ que+*subj.* …かもしれない. Il est ~ qu'il fasse froid aujourd'hui.

今日は寒くなるかもしれない.
4〖話〗我慢ができる,まあまあの. repas tout juste ~ どうにか我慢のできる. Elle n'est pas ~. 彼女には全くやりきれない.
──*n.m.* **1** 可能なこと;あり得ること. au ~ 実に,極端に. Il est gentil au ~. 彼は実に親切だ. dans la mesure du ~ 可能な限り. de tout son ~ 可能な限り. faire〔tout〕son ~ 出来るだけのことをする;最善を尽す.
2〖*pl.* で〗可能な事柄. réaliser tous ses ~s 自分に出来ることをすべて実現する.

postage(<poster) *n.m.* **1**(郵便物の)発送;投函. **2** 郵船による郵便の発送.
posta*l* (*ale*)(*pl.aux*) *a.* 郵便の;郵便局の,郵便業務の. aviation ~*ale* 航空郵便〔業務〕.〖郵〗boîte ~*ale* 私書箱(略記 BP). carte ~*ale* 葉書,絵葉書. centre de tri ~ 郵便物集配選別センター. colis ~ 郵便小包. compte chèque ~ 郵便振替口座(略記 CCP). convention ~*ale* 郵便協定. franchise ~*ale* 郵税免除.〔numéro de〕code ~ 郵便番号. régime ~ intérieur(international)国内(国際)郵便制度. service ~ 郵便業務;郵政. taxe ~*ale* 郵税. *Union* ~ *ale universelle* (UPU) 国際郵便連合(=〔英〕*Universal Postal Union*: UPU). wagon ~ 郵便車.
postcombustion *n.f.*(エンジンの)アフターバーナー.
post-communiste *a.* 共産党(主義)崩壊後の. maladie ~ 共産主義崩壊の後遺症.
postcure *n.f.*〖医〗後(あと)療法, アフターケア.
postdoc *n.*〖話〗博士号取得後(課土課程終了後)の研究者,ポストドック(=post-doctorant(*e*)).
──*n.m.*〖話〗博士号取得後(博士課程終了後)の研究制度(=postdoctorat).
postdoctora*l* (*ale*)(*pl.aux*) *a.* 博士号取得後の(=〔話〕postdoc). stagiaire ~ 博士号取得後の実習生.
postdoctorant(*e*) *n.* 博士号取得後の研究者;博士課程終了後の研究者.
postdoctorat *n.m.* 博士号取得後(博士課程終了後)の研究制度.
poste[1] *n.m.* **1** 持ち場,職場,部署;(特に軍隊の)配置箇所,指揮所,また配置された兵員. ~ avancé 前線駐屯所(偵察所). ~ de combat 中隊本部,中隊参謀部,指令所. ~ de commandement (PC) 司令部,指令所. garder son ~ 与えられた地点を護る,任された任務を守る. être fidèle au ~ 任務に忠実である,不撓不屈である. relever un ~ 要員(兵士)を交代させる. rester à son ~ 配置された場所にとどまる,持ち場を死守する;普段の居場所にとどまる.
2 屯所,派出所,職場;作業場所. ~ à essence ガソリンスタンド(=pompe à essence, station service). ~ d'aiguillage 信号扱所,ポイント切替所.〖海〗~ d'amarrage 投錨地.〖鉄道〗~ de commande 指令所, 制御室. ~ de contrôle 監視所, 指令室, 出入国管理局,税関などの出張所. ~ de douane (douaniers) 税関出張所, 税関詰め所. ~ d'eau 給水栓. ~ d'incendie 消火用給水栓,消火栓. ~ de lancement ロケット,宇宙船発射基地. ~ de pêche 漁場,釣り座(ポイント). ~ de police 警察分署,派出所(=îlot). ~ de pompiers 消防署. ~ de surveillance 監視所. ~ de travail 作業場所,持ち場. ~ de tir ロケットなどの発射台. ~ frontière (国境にある) 出入国管理局出張所. ~ médicalisé de secours 救急医療基地.
3 地位,職,ポスト,任地. ~ de …の職,地位. ~ de haute responsabilité 高い地位,職. ~ vacant 空席のポスト.〖外交〗être en ~ 在外公館に勤務している. être nommé au ~ de (à un ~ de) …の職に任命される. rejoindre son ~ 赴任する.
4 輪番制労働,作業班(組). ~ du matin (de nuit) 朝番(夜番). travailler à raison de trois ~s de huit heures 8時間ごとの3交替制で働く.
5 (無線などの) 受信(発信)機, TV〔受像機〕, ラジオ〔受信機〕, 電話;内線番号. ~ émetteur ラジオ局, 発信局. ~ récepteur 受信機, 受像機. allumer (ouvrir) son (le) ~ TV (ラジオ) のスイッチを入れる. éteindre (fermer) le ~ TV (ラジオ) を消す. Rappelez-moi au bureau, ~ 116 事務所に電話してください, 内戦は 116番です.
6 (会計などの) 項目, 費目, 科目.
poste[2] *n.f.* Ⅰ (郵便) **1** 郵便;郵便事業, 郵政. ~ aérienne 航空郵便. ~ militaire 軍事郵便.
P~s, Télégraphes et Téléphones 郵便・電信・電話;郵便局(略記 PTT; 1959年以前の郵便事業の呼称). P~s et Télécommunications 郵便・電信電話;郵政省《1959年以後の呼称;略記 P et T;但し郵政省の略称は PTT を維持). P~s, Télécommunications, Télédiffusion 郵便・電信電話・TV 放送;郵政通信省(略記 PTT;1980年以降の呼称).
la P~ 郵便事業体 (1991年以降の独立公共事業体). bureau de ~ 郵便局. calendrier des ~s 郵便カレンダー (年末に郵便配達人が配布;引換えに心付けを渡すのが慣例). employé (agent) des ~s 郵便局員. facteur de la ~ 郵便配達人. grève des ~s (de la ~) 郵便スト. levée, tri, expédition et distribution des ~s 郵便物の集配. marches de la P~ 郵便市場. musée de la P~ 郵政博物館 (フランスでは Amélie-les-Bains, Amboise, Amiens, Caen, Marcq-en-Barœul, Le Luc-en-Provence, Lyon, Nancy, Paris, Riquewihr, St-Flour, St-Macaire, Toulouse にある). nombre d'en-

posté(e)

vois de la ~ 郵便発送数. service des ~s 郵便業務. expédier qch par la ~ 何を郵便で送る.
2 郵便局 (=bureau de ~)；郵便ポスト (= boîte aux lettres). grande ~ 中央郵便局. ~ restante 局留〔郵便〕（封筒の表書き）；局留郵便窓口. écrire à qn ~ restante 人に局留で手紙を出す. boîte aux lettres d'une ~ 郵便局の郵便箱. cachet de la ~ 郵便局の消印. mettre une lettre à la ~ 手紙を投函する.
II〔宿駅〕**1**〔古〕馬継場, 宿駅 (=relais de cheval). cheval de ~ 駅馬. hostellerie de la ~ 宿駅の旅籠 (ホテル・レストラン).
2 駅馬車 (=chaise de ~)；駅馬車の旅. jours de ~ 駅馬車の来る日. postillons d'une chaise de ~ 駅馬車の御者. en ~ 駅馬車で；大急ぎで. voyager en ~ 駅馬車で旅をする.
3〔古〕駅程 (約 8 km). être à six ~s de Paris パリから 6 駅程の距離にある. courir la ~ 大急ぎで行く (やる).

posté(e) a.〖労働〗輪番制の；輪番制で働く. ouvrière ~e 輪番制女子工員. travail ~ 輪番制労働.
—n. 輪番制勤務者 (=travailleur ~)；輪番制工員 (=ouvrier ~).

postéclair n.m.〖郵〗ポステクレール (1982 年に導入されたファックス télécopie の郵送業務).

postérieur(e) a. (antérieur の対) **1**（時間的に）より後の. ~ à …より後の. ~ au temps présent より後の (未来) の. date ~e à la date indiquée 指定された日付より後の日付. à une date ~e 後日に. très (bien, de beaucoup) ~ ずっと後の.
2（空間的に）後ろの, 後部の. partie ~e du crâne 後頭部. partie ~e du tronc 胴体背部.
3〔発音〕後舌調音の. A ~ 後舌の A ([a]).

postérité n.f. **1**〔文〕〔集合的〕子孫, 末裔. ~ d'Abraham アブラハムの末裔. ~ d'une famille 一家の子孫. mourir sans (laisser de) ~ 子孫を残さずに死ぬ.
2 後継者；後継作品. ~ d'un artiste 芸術家の後継者. ~ d'une œuvre 後継作品.
3 後世の人々. jugement de la ~ 後世の判断. aux yeux de la ~ 後世の人々の眼には. passer à la ~ 後世に残る. transmettre qch à la ~ 何を後世に伝える. travailler pour la ~ 後世のために働く.

postexpress n.m.〖郵〗ポストエクスプレス (1984 年に導入された郵便物の至急配達業務).

postface n.f.〖書物の〗後記, あとがき.

postglaciaire a.〖地学〗後氷期の, 氷河期後の. période ~ 後氷期.
—n.m. 後氷期.

posthite n.f.〖医〗〖陰茎の〗包皮炎.

posthume a. **1** 父の死後に出生した. enfant ~ 父の死後に出生した子.
2 死後刊行 (出版) の. ouvrage ~ 死後出版作品.
3 死後の. célébrité ~ 死後の名声. gloire ~ 死後の栄誉.

post[-]hypophysaire a.〖解剖〗〔脳〕下垂体後葉の. hormone ~〔脳〕下垂体後葉ホルモン (ocytocine オキシトシン, vasopressine ヴァゾプレシンなど).

post[-]hypophyse n.f.〖解剖〗〔脳〕下垂体後葉.

postier(ère) n. 郵便局員.

post-impressionnisme n.m.〖美術〗後期印象派, 後期印象主義.

post-impressionniste n.〖美術〗後期印象派画家.

post-marché n.m.〖財政〗(証券会社などの) 非営業部門 ([英] back[-]office に対する公用推奨語).

postménopausique a.〖医〗閉経後の. ostéoporose ~ 閉経後骨粗鬆症.

post[-]moderne a.〖美術〗ポストモダンの.

post-modernisme n.m.〖美術〗ポストモダニズム.

post[-]natal(ale)(pl.~s) a. 出生直後の. allocation ~ale 出生後手当. examens médicaux ~s 出生後の医学検査. pneumonie ~ale 後天性新生児肺炎.

postopératoire a.〖医〗術後の, 手術後の. complication ~ 術後合併症. douleurs ~ 術後の痛み. hématomes ~s 術後血腫. hépatite ~ 術後肝炎. infection ~ 術後感染〔症〕. irradiation ~ 術後照射. pancréatite ~ 術後膵炎. psychose ~ 術後精神病. transfusion ~ 術後輸血. thrombose veineuse ~ 術後血栓症.

post-partum [pɔstpartɔm][ラ] n.m.inv.〖医〗分娩後, 産褥, 産後.

post[-]pénal(ale)(pl.aux) a.〖法律〗有罪判決後の. suivi ~ 有罪判決後の監督的追跡調査.

postprandial(ale)(pl.aux) a.〖医〗食後の. douleur d'estomac ~ale 食後の胃痛.

post[-]production n.f.〖映画・テレビ〗ポストプロダクション《映画撮影後や番組収録後の編集作業》.

post[-]scriptum [pɔstskriptɔm][ラ] n.m.inv. 追伸 (略記 P.-S.). ajouter qch en ~ 何を追伸で書き加える.

postsonorisation n.f.〖映画・TV〗アフレコ；ダビング.

postsynchronisation n.f.〖映画〗アフレコ, 後時録音 (映画や TV で画像に合わせて後から音声・音響効果等を録音すること).

post-transfusionnel(le) a. 輸血後の, 輸血後遺症としての. sida ~ 輸血後発

症エイズ.

post[-]traumatique *a.*〖医〗身体的(心理的)外傷後の. névrose ～ 外傷後神経症, 外傷後ストレス障害.〖精神医学〗syndrome ～〔心的〕外傷後ストレス障害症候群.

postulant(e) *n.* **1**(任命・雇用・特恵などの)志願者, 請願者. ～ à un emploi 雇用志願者.
2〖法律〗(司法補助職としての)代訴人《司法補助職》.
3〖カトリック〗修道志願者, 聖職志願者.

postulat *n.m.* **1** 仮定, 前提条件;〖数・論理〗公準, 要請. ～ d'Euclide ユークレイデス(ユークリッド)の公準.
2〖カトリック〗(修練期に先立つ)修道院志願期.
3〖スイス〗(国会の行政府に対する)勧告.

postulation *n.f.* **1**〖法律〗訴訟代理, 代訴. **2**〔古〕懇願, 要請.

postural (ale) (*pl.* **aux**) *a.* 体位(posture)の, 姿勢の.〖医〗drainage ～ 体位ドレナージ《排痰法の一種》.〖医〗reflexe ～ 体位反射.〖心〗sens ～ 姿勢感.〖心〗sensibilité ～ *ale* 姿勢感性.〖医〗test ～ 体位変換試験.

posture *n.f.* **1** 姿勢, ポーズ;(特に)不自由な姿勢. ～ du yoga ヨガのポーズ. ～ incommode 窮屈な姿勢.
2〔比喩的〕〔文〕立場, 状態;境遇;精神状態. être en bonne (mauvaise) ～ 有利な(不利な)立場にある.

pot *n.m.* **1** 壺, 瓶;ポット;鉢. ～ à qch 何か用の壺(瓶). ～ à bière ビール・ジョッキ. ～ à confiture ジャム入れの壺(瓶). ～ à eau 水差し. ～ à lait ミルク壺;牛乳瓶. ～ à tabac パイプタバコ壺;〔話〕ずんぐりした人.〔古〕～ au noir 靴墨の壺;〖海〗(濃霧・豪雨に見舞われる)赤道無風帯;〔比喩的〕混沌とした状況. ～ de qch 何の入った壺(瓶). ～ de confiture (de lait) ジャム(牛乳)の入った壺(瓶). ～ de fleur 植木鉢. fleurs en ～ 鉢植えの花. ～-pourri ポプリ, ポプリ《ドライフラワー入りの香り瓶》.〔話〕plein ～ 逞しく;全速力で.〔比喩的〕découvrir le ～ aux roses 秘密を暴く.〔比喩的〕payer les ～s cassés 損害を賠償する;尻ぬぐいをさせる(させられる).〔諺〕Dans les petits ～s les bons onguents.(小さい壺に良い軟膏→)山椒は小粒でもぴりりと辛い.
2 壺の中味;(壺入りの)飲物;酒.〔話〕～ belge(自転車競技者の)ドーピング剤入り瓶.〔話〕boire (prendre) un ～ 一杯やる. manger tout un ～ de confiture ジャムを一瓶平らげる.
3〖建築〗壺形装飾. ～ à feu 火焰をいただく壺形装飾.
4 尿瓶(しびん), おまる(= ～ de chambre).
5〖料理〗ポ, 鍋料理, 煮込料理. ～ au feu ポ・ト・フー《肉・野菜の煮込料理》. poule au ～ プール・オー・ポ《鶏の丸ままの煮込料理》.〔話〕tourner autour du ～ 遠回しに手を打つ;遠回しに言う.
6〖自動車〗～ catalytique(排気管の)触媒装置. ～ d'échappement 消音器, マフラー.
7(ポーカーなどの)賭け金の総額.〔話〕mettre au ～ 金をつぎこむ.
8〔話〕幸運, つき. avoir du ～ ついている. manque de ～ つきのなさ.
9(リヨン地方 le Lyonnais の)50 m*l* 入りの瓶.

potabilité *n.f.* 飲用適性. normes françaises de ～ des eaux 水の飲用適性に関するフランスの規格.

◆ 保健法による飲料水の規格:温度25℃以下, pH 6.5-9, ミネラル総量 1500 mg/*l* 以下:総アルミニウム量 aluminium total 0.2mg/*l* 以下, アンモニア ammonium [NH_4^{++++}] 0.5 mg/*l* 以下, キエルダール窒素 azote Kjeldahl 1mg/*l* 以下, 塩化物 chlorures [Cl^-] 200 mg/*l*, マグネシウム magnésium [Mg^{++}] 50 mg/*l* 以下, 硝酸塩 nitrates [NO_3^{---}] 50 mg/*l* 以下, 亜硝酸塩 nitrites [NO_2^{--}] 0.1 mg/*l* 以下, カリウム potassium [K^+] 12 mg/*l* 以下, ナトリウム sodium [Na^+] 150 mg/*l* 以下, 硫酸塩 sulfates [SO_4^{--}] 250 mg/*l* 以下;重炭酸塩 bicarbonates [HCO_3^-] とカルシウム calcium [Ca^{++}] については規制なし.

potable *a.* **1** 飲用に適した. eau ～ 飲料水.
2〔俗〕**a)** どうにか飲める. vin ～ まずまずのブドウ酒. **b)** まあまあの出来ばえの. travail tout juste ～ かろうじて合格の仕事.

potage (< aliments cuits au pot「鍋で調理した食材」) *n.m.* **1**〖料理〗ポタージュ:スープ. ～ à la crème クリーム・ポタージュ. ～ aux légumes 野菜入りポタージュ. ～s clairs ポタージュ・クレール, すましポタージュ. ～ fermier 農家風ポタージュ. ～s liés ポタージュ・リエ, つなぎポタージュ《生クリーム, バター, タピオカ, 卵黄などでとろ味をつけたポタージュ》. ～ lié au jeune d'œuf 卵黄でつないだポタージュ. ～ parisien パリ風ポタージュ. ～-purée Parmentier じゃが芋のピュレーのポタージュ. ～ taillé ポタージュ・タイエ《野菜の角切りを裏漉さずそのまま用いたポタージュ:= ～ non passé》. ～ velouté ポタージュ・ヴルーテ《なめらかな口当りのポタージュ》. manger du ～ ポタージュを飲む.
2 ポタージュ製品;インスタントポタージュ. ～ en sachet パック入りポタージュ. ～ déshydraté 乾燥ポタージュ.
3(食事で)ポタージュを飲む時, 食事のはじめ. dès le ～ ポタージュの時から. arriver au ～ 食事の時間にぎりぎり間に合う.
4〔比喩的〕pour tout ～(食事すべて合わ

potager¹ せて→）何もかもひっくるめて, 全部. n'avoir que cent francs pour tout ~ 全部ひっくるめて100フランしか持ち合わせない.

potager¹ *n.m.* 菜園 (=jardin potager). allées d'un ~ 菜園の並木路.

potager² (**ère**) *a.* **1** （植物が）食用の, 野菜の. betterave ~*ère* 食用ビート (betterave fourragère「飼料用ビート」の対). culture ~*ère* 野菜栽培. herbes ~*ères* 葉物野菜, 菜葉. plantes ~*ères* 野菜. racines ~*ères* 根菜. **2** 野菜栽培用の；菜園の. jardin ~ 菜園.

potamologie *n.f.* 河川学.

potasse *n.f.* 【化】 **1** 苛性カリ (= ~ caustique). ~ caustique 苛性カリ, 水酸化カリウム (=hydroxyde de potassium, KOH). **2** カリ《カリウム化合物, 炭酸カリの俗称》. ~ d'Alsace アルザス・カリ (塩化カリ chlorure de potassium).

potassique *a.* 【化】カリウムを含む；苛性カリを含む. engrais ~ カリ肥料. sel ~ カリウム塩.

potassium *n.m.* カリウム《元素記号 K, 旧表記 kalium》. ~-40 カリウム40《放射性同位体》. chlorure de ~ 塩化カリウム (カリ料). sulfate de ~ 硫酸カリ (肥料).

pot-au-feu [potofø] *n.m.inv.* **1** 【料理】ポトーフー《牛肉と人参, ポワロー（葱）, 玉葱, 蕪, セロリなどを水煮にした料理》. manger du ~ ポトーフーを食べる. **2** 【食材】ポトーフー用の牛肉 (gîte 股肉, macreuse 肩肉, plat de côtes 肋肉など). **3** 【調理器具】ポトーフー用鍋.

pot-de-vin (*pl.* **~s-~-~**) *n.m.* 【話】袖の下, 賄賂. ~ perçu par un fonctionnaire 役人が受け取った袖の下.

poteau (*pl.* **~x**) *n.m.* **1** 柱, 支柱；標柱. ~ électrique 電柱. ~ -frontière 国境標柱. ~ indicateur （地名・方向・距離などの）道路標識. ~ télégraphique 電信柱. **2** （サッカー, ラグビーなどの）ゴールの支柱 (= ~ de but)；（テニスの）ネットの支柱. ~ de départ (d'arrivée)（競馬などの）スタート（ゴール）の標柱.【競馬】être coiffé au (sur le) ~ 首の差で負ける；【比喩的】土壇場で破れる.【ラグビー】marquer entre les ~s コンバートを決める.【競馬】rester au ~ スタートを切らない.【サッカー】tirer entre les ~s シュートを決める. **3** （銃殺用の）柱 (= ~ d'exécution). mettre (envoyer) qn au ~ 人を処刑する. Untel au ~! 何某を銃殺にしろ! **4** 【土木】杭. ~ de bois (de métal, de pierre) 木（金属, 石）の杭.

potée *n.f.* **1** 壷 (pot) 1 杯の量. une ~ d'eau 壷1杯の水. **2** 【比喩的】たくさん (= des ~s) de 沢山の…. ~ d'enfants 大勢の子供. éveillé comme une ~ de souris《子供が》一時もじっとしていな

い. recevoir une ~ d'injures 悪口を散々浴びる. **3** 【料理】ポテ《陶製の鍋 pot で肉・野菜を煮込んだ料理》. ~ auvergnate オーヴェルニュ風ポテ《塩漬けの豚肉, ソーセージ, キャベツ, 人参, 蕪などの水煮料理》. ~ lorraine ロレーヌ風ポテ《塩漬けと生の豚肉, キャベツ, 人参, 蕪, ポワロー, セロリにブーケガルニを加えた水煮料理》. **4** 【工】真土（まね）（鋳型の材料）. ~ d'émeri 金剛砂粉. ~ d'étain （研磨用の）パテ粉. ~ des potiers 陶磁器に黒鉛の釉薬を塗るための赤色オーカーを混ぜた水. moule de ~ 真土型. **5** 鉢植えの観賞植物.

potentat *n.m.* **1** 専制君主. **2** 大立物, 絶対的権力者. ~s de la finance 財界の大御所.

potentialisation *n.f.* 【薬】相乗作用.

potentialité *n.f.* 潜在性；潜在力, 潜在能力. ~s héréditaires 潜在遺伝形質.

potentiel¹ (**le**) *a.* **1** 潜在的な (actuel「現在の」の対). capacité ~*le* de production 潜在的製造能力.【力学】énergie ~*le* 位置エネルギー.【数】fonction ~*le* ポテンシャル関数. marché ~ 潜在的市場. **2** 【文法】可能性を示す. mode ~ 可能法.

potentiel² *n.m.* **1** 潜在力；可能性；潜在能力. ~ de croissance 潜在的成長力. ~ industriel d'un pays 国の潜在的工業力. ~ militaire 潜在的軍事力. à haut ~ 高度の潜在能力をそなえた. **2** 【学術用語】ポテンシャル；電位 (= ~ électrique). ~ à l'électrode 電極電位. ~ chimique 化学ポテンシャル.【化】~ d'hydrogène 水素イオン指数, pH.【生】~ de membrane 膜電位. chute de ~ 電位落下. différence de ~ 電位差.【数】~ newtonien ニュートン・ポテンシャル. ~ nucléaire 原子核ポテンシャル.

poterie (<pot) *n.f.* **1** 陶器（焼物）製造；陶器製造業；陶器製造工場 (=atelier de ~). **2** 陶器；土器. ~ (non) émaillée 釉薬をかけた（かけない）陶器. ~s étrusques エトルリアの土壷. ~s préhistoriques 先史時代の土器. **3** 陶土. façonner une ~ au tour 陶土をろくろで成型する. **4** 【土木】土管. **5** 金属製の揃いの食器. ~ de cuivre 銅製食器セット. ~ d'étain 錫の食器セット.

potestatif (**ve**) *a.* 【法律】当事者一方の意思による. condition purement (simplement) ~*ve* 純粋（普通）随意条件.

potion *n.f.* 【古】【薬】水薬, 水剤.【古】~ anodine 鎮痛水薬. ~ astringeante 収斂水剤. ~ purgative 下剤水薬. une cuillerée de ~ 一匙の水薬.

2〔比喩的〕~ magique (魔法の水薬→)特効薬, とっておきの秘訣.

potiron *n.m.* 〖植〗ポチロン, かぼちゃ, 南瓜《学名 Cucurbita maxima, 瓜科 Cucurbitacées》; かぼちゃの実. 〖料理〗soupe au ~ かぼちゃスープ.

potomanie *n.f.* 〖医〗渇飲症《絶えず飲物を欲する症状》.

potomètre *n.m.* 光度計, 測光器；露出計 (=posemètre). ~ intégrateur 光束計. ~ photoélectrique 光電測定器. 〖医〗~ visuel 視覚光度計.

pot(-)pourri (*pl.* **~s-~s**) *n.m.* **1** 〖音楽〗ポプーリ, ポプリ, 接続曲, メドレー. ~ de chansons de marches militaires 行軍歌のポプリ (メドレー).
2 ポプーリ, ポプリ《乾燥した花でつくる室内香》; ポプリ壺.
3 (異質のものの) 寄せ集め; (文学作品の) 雑纂.
4 〖料理〗〖古〗(肉と野菜の) ごった煮.

poubelle (<*P*~, ごみバケツの使用を強制したセーヌ県知事 Pouvelle に由来》 *n.f.* ごみ箱; ごみバケツ; 屑入れ, 屑籠；〖電算〗ごみ箱, トラッシュ；〖*pl.* で〗ごみ収集車. ~ de table 卓上の屑入れ. ~s de l'histoire 歴史の屑籠.
〖比喩的〗classe ~ 劣等生学級. local à ~s d'un immeuble 集合住宅のごみバケツ置場. sac-~ ごみ袋. télé-~ 低俗な TV 番組. jeter *qch* à la ~ 何を屑物入れに捨てる；〖比喩的〗何をごみのように捨てる. C'est bon à jeter à la ~. そいつはごみ箱行きだ.

pouce *n.m.* **1** (手の) 親指. coup de ~ (親指の一押し→) (作品などの) 最後の手直しをする; ちょっとした介入 (援助); 〖蔑〗ちょっとした粉飾; 裏工作. donner un coup de ~ à un tableau 絵の最後の仕上げをする. donner un coup de ~ à l'économie 経済活動をちょっと後押しする. 〖カナダ〗faire du ~ ヒッチハイクをする. mettre les ~s 兜を脱ぐ, 降参する. mordre les ~s de *qch* 何を後悔する. saisir entre le ~ et l'index 親指と人差指でつまむ. se blesser au ~ 親指に怪我をする. 〖話〗se tourner (se rouler) les ~s; tourner ses ~s 何もせずにぶらぶらしている. sucer son ~ 親指をしゃぶる.
2 (足の) 親指 (=gros orteil). manger sur le ~ 立ったまま大急ぎで食事をする.
3 〖度量衡〗プース《昔の長さの単位；2.7 cm》; 〖カナダ〗インチ (1/12 フィート；2.54 cm；略記 po).
4 極く少量. un ~ de terre 極く僅かな土地. ne pas céder un ~ de territoire 領土を全く譲らない. ne pas perdre un ~ de sa taille 身体をぴんと真直ぐにしている. ne pas reculer (avancer) d'un ~ 一歩も後に退かない (前進しない). Le travail n'a pas avancé d'un ~. 仕事は少しもはかどらなかっ

った.
5 〖俗〗et le ~ それ以上. coûter cent euros par mois et le ~ 月に100ユーロ以上かかる.
6 (遊戯の最中に) 親指をあげて求めるタイム. P ~ ! タイム！タンマ！P ~ casse! タンマ切った！《解除の宣言》. demander ~ タイムを求める.

poudrage (<poudre) *n.m.* 〖農〗農薬散布. ~ des vignes 葡萄に対する農薬散布.

poudre *n.f.* **1** 粉末, 粉. ~ de charbon 炭塵. ~ de savon 粉石鹸. ~ de zinc 亜鉛末. ~ dentifrice 歯磨き粉. ~ d'or 金粉. en ~ 粉末状の. lait en ~ 粉ミルク. réduire en ~ 粉末にする.
2 〖薬〗散剤, 粉薬. ~ à poudrer 微末. ~ insecticide 粉末殺虫剤.
3 火薬. ~ à feu 爆薬. ~ à la nitroglycérine ニトログリセリン爆薬 (=dynamite). ~ à canon 煙硝, 黒色火薬. ~ chloratée 塩素酸火薬. ~s composites コンポジット推進剤. ~ de coton 綿火薬. ~ noire 煙硝, 黒色火薬. ~ sans fumée 無煙火薬 (=~ à la nitrocellulose). odeur de ~ きなくさい匂い, 戦火の予兆. Ça sent la ~. きなくさい匂いがする (戦火が始まりそうだ). Service technique des ~s et explosifs《国防省の》火薬・爆薬技術部. 〖比喩的〗mettre le feu aux ~s 火薬に火をつける；〖比喩的〗怒り (紛争) に火をつける；破局を招く.
4 白粉, パウダー; 〖古〗髪粉. se mettre de la ~ 白粉をつける.
5 〖古〗土埃, 塵. 〖現用〗jeter de la ~ aux yeux de *qn* 人の目をくらます；人を煙にまく.

poudrerie *n.f.* **1** 火薬工場. **2** 〖カナダ〗粉雪, 吹雪, 雪煙.

poudrette *n.f.* 〖農〗粉末乾燥人糞《有機肥料》.

poudreux(se) *a.* **1** 粉末状の, 粉状の, パウダー状の. neige ~se 粉雪, パウダースノー.
2 埃まみれの；土埃だらけの. terre ~ 埃だらけの土地.
——*n.f.* **1** 〖農〗(農薬などの) 散布器.
2 粉雪 (=neige ~).
3 粉砂糖のふりかけ容器.
4 化粧用鏡台.

poudrier *n.m.* **1** プードリエ, コンパクト《化粧道具》. **2** 火薬 (爆薬) 製造者.

poudrière *n.f.* **1** 火薬庫; 弾薬庫.
2 〖比喩的〗火薬庫, (紛争などの) 一触即発の緊張地帯. la ~ du Proche-Orient 近東の火薬庫.

pouilly-fuissé *n.m.* 〖葡萄酒〗プイイ=フュイセ《le Maconnais マコネー地方の Solutré-Pouilly, Fuissé, Chaintré, Vergisson の4つの村で, chardonnay 種の葡萄からつくられる辛口の AOC 白葡萄酒；作付面積 724 ha, 単に pouilly ともよばれる》.

pouilly-fumé n.m.〖葡萄酒〗プイイ=フュメ《ロワール河la Loireの河畔Pouilly-sur-Loire村(市町村コード58150)で, blanc fumé種の葡萄からつくられるやや軽い辛口のAOC白葡萄酒；作付面積885 ha；pouilly-blanc-fumé とも呼ばれる》.

pouilly-loché n.m.〖葡萄酒〗プイイ=ロシェ《département de Saône-et-Loire ソーヌ=エ=ロワール県のLoché村でchardonnay種の葡萄からつくられる辛口のAOC白葡萄酒；作付面積28 ha》.

pouilly-vinzelles n.m.〖葡萄酒〗プイイ=ヴァンゼル《département de Saône-et-Loire ソーヌ=エ=ロワール県のVinzelles村(市町村コード71145)でchardonnay種の葡萄からつくられる辛口のAOC白葡萄酒；作付面積53 ha》.

poulailler n.m. **1** 鶏小屋, 鶏舎, 養鶏場；家禽小屋；〖集合的〗(鶏舎の)鶏；家禽. ~ d'engraissement 食用鶏の肥育舎. ~ de ponte 鶏卵場.
2〖話〗(劇場の)天井桟敷；〖集合的〗天井桟敷の観衆. prendre une place au ~ 天井桟敷に席をとる.
3〖俗〗あばら屋.

poulain n.m. **1** (生後30カ月未満の)仔馬《牡牝双方に用いる》；仔馬の皮革. ~ entraîné pour la course 競馬用に調教中の仔馬.
2〖比喩的〗(deの)愛弟子, 秘蔵っ子《学生・新進芸術家・スポーツ選手など》. le ~ du parti 政党の秘蔵っ子. le ~ du professeur X X 教授の愛弟子.
3〖機工〗荷積・荷下ろし用の梯子(=~ de chargement).〖海〗~ de charge(積載・荷下ろしの際の)防舷用組木材.

poularde n.f. **1**〖古〗プーラルド《仕切りのある大籠で肥育された若鶏》.
2 肥育鶏《雄・雌；トウモロコシ, 穀類, ミルクなどを給餌し, 放し飼いにした若鶏；体重1.8 kg以上》.〖料理〗~ demi-deuil 半喪鶏(黒トリュフをあしらった肥育鶏の胸肉のクリーム煮).〖料理〗~ rôtie 肥育鶏のロースト.〖料理〗~ truffée à la périgourdine ペリゴール地方風肥育若鶏のトリュフ添え.

poule[1] n.f. **1** プール, 雌鳥《きじ目の種々の鳥の雌》；(特に採卵用の)雌鳥《雄は coq》. ~ bonne pondeuse よく卵を産む雌鳥. ~ d'Inde 七面鳥の雌(=dinde). ~ faisane きじの雌. ~ leghorn レグホーン種の雌鶏. ~ pour la chair 食肉用雌鶏.
2〖食材〗雌鶏〖の肉〗.〖料理〗~ au pot プール・オー・ポ, 雌鶏のポ・ト・フー.
3(鶏に似た鳥)~ d'eau 鷭(ばん). ~ des bois (des coudriers) えぞ雷鳥. ~ des sables つばめちどり. ~ sultame ヨーロッパせいけい.
4〖成句〗~ mouillée 臆病(優柔不断)な人. cul de ~ (雌鶏の尻→)とがらせた口. faire la bouche en cul de ~ 口をどからせる. mère (père)~ 子供を手元に置きたがる母親(父親).〖話〗nid de ~ (雌鶏の巣→)道路の穴ぼこ. être le fils de la ~ blanche 運に恵まれている. quand les ~s auront des dents 万が一にもあり得ない場合. se coucher et se lever comme (avec) les ~s 早寝早起きする. tuer la ~ aux œufs d'or (金の卵を産む鶏をしめ殺す→)目先の欲にかられて大損する.
5〖話〗かわいい人《女性, 子供に対する呼びかけ》. Viens, ma petite ~. さあおいで.
6〖俗〗娘, 女；恋人；情婦. une jolie petite ~ かわいい娘. C'est sa ~. あれは彼の恋人(情婦)だ.
7〖俗〗尻軽女；娼婦. ~ de luxe 高級娼婦.

poule[2] n.f. **1** 賭け金；総賭け金. gagner la ~ 賭け金を浚う.
2〖競馬〗~ d'essai 明け4歳サラブレッド・クラシック・レース(1600m).
3〖スポーツ〗プール式試合法《双方のチームの選手の総当り式》；(予選リーグの)チーム・グループ, 組. le Championnat de France de rugby disputé par ~s グループ別で争われるラグビーのフランス選手権試合.

poulet n.m., **poulette** n.f. **1** プーレ(プーレット)；雛鶏《生後3-10カ月》；(特に)(食用の)若鶏；鶏. ~ blanc d'Auvergne オーヴェルニュ地方原産の白い若鶏. ~ jaune des Landes ランド地方原産の黄褐色の若鶏. ~ noir de Challans (西部フランス, ヴァンデー地方の)シャラン地区原産の黒鶏. ~ de Bresse ブレス地方の若鶏《ブレス種のラベル鶏》.
~ d'appellation 原産地名称管理若鶏(= ~ de label「ラベル鶏」). ~ de ferme 農家の放し飼い鶏. ~ de grain 穀粒で飼育した若鶏(= ~ de marque「銘柄鶏」). ~ désossé 骨抜き若鶏. ~ effilé (肝・砂ぎも・肺を残した)中抜き鶏. ~ éviscéré 内臓を全摘出した鶏.〖医〗grippe du ~ 鶏インフルエンザ・ウイルスによる流行性感冒. ~ quatre-quarts 45日飼育雌鶏. carcasse de ~ 鶏のがら. viande de ~ 鶏肉.
2〖料理〗若鶏料理. ~ béarnaise ベアルン風若鶏料理. ~ en croûte de sel 若鶏の塩包み焼き. ~ rôti ロースト・チキン. manger du ~ 鶏を食べる.
3(鳥の)雛, 雛鳥. ~ d'Inde 七面鳥の雛(=dindonneau).
4〖話〗かわいい人(子)《女性・子供に対する呼びかけ》. mon ~, ma ~te おまえ.
5〖話〗お巡り(=policier)；(特に)私服警官, でか.
6〖古〗恋文, ラブレター.

pouliethérapie n.f.〖医〗滑車加重牽引療法《滑車・ウエイト・コードを利用した牽引治療法；リハビリ療法》.

pouligny-saint-pierre n.m.〖チーズ〗プーリニー=サン=ピエール《ベリー地方

le Berry Pouligny-Saint-Pierre 産の山羊乳からつくられる軟質, 自然外皮の AOC チーズ；底辺7-8 cm, 高さ 8-9 cm のピラミッド型；重量 200-250 g；脂肪分 45 ％).

poulpe *n.m.* 〖動〗蛸 (たこ) (=pieuvre).

pouls [pu] *n.m.* 脈拍, 脈, 拍動, パルス. 〜 alternant 交互脈, 交代脈. 〜 artériel 動脈拍動. 〜 bégéminé 二段脈. 〜 capillaire 毛細管拍動. 〜 irrégulier 不整脈 (=arythmie). 〜 paradoxal 奇脈. célérité du 〜 脈拍の速さ (遅速). prendre le 〜 脈をとる. prendre (tâter) le 〜 de *qn* (*qch*) 人の意向 (何の状態) を打診する.

poumon *n.m.* **1** 〖解剖・医〗肺, 肺臓. 〜 droit (gauche) 右 (左) 肺. abcès du 〜 肺膿瘍. ablation chirurgicale d'un 〜 肺の外科的切除. cancer du 〜 肺癌. kyste du 〜 肺囊胞 (=pneumocystose). lésion au 〜 肺損傷. lobe supérieur (moyen, inférieur) du 〜 droit 右上 (中, 下) 肺葉. maladies du 〜 肺疾患 (=pneumopathie)；気管支肺炎 bronchopneumonie, 肺充血 congestion pulmonaire, 塵肺症 pneumoconiose, 肺囊胞 pneumocystose, 肺炎 pneumonie, 肺結核 tuberculose pulmonaire など). maladie du 〜 de fermier 農夫肺. sommet du 〜 肺炎. transplantation du 〜 肺移植. aspirer (respirer) à pleins 〜s 胸一杯息を吸い込む.
2 avoir de bons 〜s 声量がある；息が続く.
3 〖医〗〜 d'acier 鉄の肺, 人工肺 (= 〜 artificiel). cœur-〜 artificiel 人工心肺.
4 〖比喩的〗活力源, 酸素源. l'Amazonie, 〜 de la planète 地球の酸素源のアマゾン河流域. 〜 économique d'un pays 国の経済的活力源.

POUP (=*P*arti *o*uvrier *u*nifié *p*olonais) *n.m.* ポーランド統一労働者党 (ポーランド共産党；1948 年結成).

poupée *n.f.* **1** 人形. 〜 de cire 臘人形. jouer à la 〜 人形遊びをする. de 〜 人形の；人形のような；極小の. jardin de 〜 猫の額ほどの庭. maison de 〜 人形の家；小さな家. Maison de 〜 d'Ibsen イプセンの『人形の家』(戯曲；1879 年). théâtre de 〜 人形劇場 (=marionnette). vêtements de 〜 人形の衣裳. avoir un visage de 〜 人形のようなかわいい顔をしている.
2 マネキン人形 (=mannequin).
3 〖射撃〗人形型の標的.
4 〜 gonflable ダッチワイフ (男性の自慰用人形).
5 〖比喩的〗人形のような女性 (かわいいが中味のない女性)；〖俗〗かわい子ちゃん. chouette 〜 かわい子ちゃん. gracieuse 〜 blonde 金髪の優雅な女性. Salut 〜！ やあ, かわい子ちゃん！
6 〖話〗包帯を巻いた指.
7 〖機工〗(工作機械の) 主軸台 (= 〜 fixe). 〜 mobile 心押し台 (=contre-〜).
8 〖版画〗プペ (版画用タンポン). tirage à la 〜 1 枚の版木による多色刷り.

pouponnière *n.f.* 幼児養護施設 (家族が面倒を見ることができない3歳未満の幼児を終日受けいれる公立の託児所).

pourboire *n.m.* 酒手；心づけ, チップ；サービス料. donner un 〜 à *qn* 人にチップをやる. P〜 interdit. チップの授受禁止.

pour-cent *n.m.inv.* (百分率による) 利率.

pourcentage *n.m.* **1** 百分率, パーセンテージ. 〜 des pertes 損失の百分率. 〜 de votes 投票の百分率, 投票率. en 〜 百分率で.
2 率；歩合. 〜 de bénéfices 利益率. 〜 sur les ventes 売上げの歩合. au 〜 歩合で. vendeur rémunéré au 〜 歩合給の売子.

pourly *n.m.* 〖チーズ〗プールリ (ブルゴーニュ la Bourgogne のオーセロワ地方 l'Auxerrois で, 山羊乳からつくられる, 軟質, 自然外皮, 直径10 cm, 高さ6 cm の円筒型；重量 300 g；脂肪分 45 ％).

pourparler *n.m.* 〖多く *pl.*〗交渉, 折衝. 〜s diplomatiques 外交交渉 (折衝). 〜s franco-allemands 仏独の折衝. entrer en 〜s；engager (entamer) des 〜s 交渉に入る. être en 〜s avec … と折衝中である. rompre les 〜s 交渉を中断する.

pourpre *n.f.* **1** 〖染料〗プールプル (あくき貝 pourpre から採った古代紫 (紫紅色, 深紅色) の染料).
2 〖文〗赤紫色, 深紅色；赤み. 〜 de ses lèvres 唇の赤. Il a senti sentir la 〜 de la honte lui monter au visage. 彼は恥かしさで顔が赤らむのを感じた.
3 〖文〗紫衣, 緋色の衣 (昔皇帝や高官, 高僧が着用；権威と富の象徴).
4 〖史〗(古代ローマの) 執政官の地位 (= 〜 consulaire；帝位；王位 (= 〜 royale)；〖カトリック〗枢機卿の地位 (= 〜 cardinale；〜 romaine). être né dans la 〜 帝王家の生まれである.
—*n.m.* **1** 赤紫, 紫紅色；深紅色；パープル (=couleur de 〜). 〜 clair (foncé) 淡 (濃) 紫紅色. 〜 de Cassius カシウス紫金 (〜 minéral 鉱物性紫顔料；コロイド金とタンニンの合成物質；紅色ガラスやエナメル製造用).
2 〖貝〗にし類 (あくき貝科の貝) (〖俗〗にせたまびき貝；=faux bigorneau).
3 〖生理〗〜 rétinien 視紅, ロドプシン (=rhodopsine) (網膜視細胞外節に含まれる感光物質) (= 〜 visuel).
4 〖紋章〗紫色.
—*a.* 紫紅色の, 深紅色の；真赤な. 〖植〗hêtre 〜 葉が暗紅色のぶな. nuages 〜s 茜雲. Son visage devint 〜 de colère. 彼の顔は怒りで真赤になった.

pourri(**e**) (<pourrir) *a.p.* **1** 腐った；腐敗した. bois 〜 腐った木, 朽木. cadavre 〜 腐爛死体. jambe 〜s de gangrène 壊疽で腐

pourrissement

りかかった脚. viande ~e 腐った肉, 腐肉. C'est une planche ~e. (あれは腐った床板だ→) あいつは当てにならない.
2 (岩石・金属製品などが) ぼろぼろになった; (雪・氷が) 溶けかかった. câble ~ ぼろぼろになった電線. glace (neige) ~e 溶けかかった氷 (雪).
3 (天気・風土などが) じめじめした. climat ~ じめじめした気候. été ~ 雨ばかり降る夏.
4 (人が) 心根の腐った, 堕落した；(子供が) 甘やかされた；(風俗などが) 腐り切った. cœur ~ 腐った心根. homme ~ de vices 悪徳に染まり切った男. société toute entière ~e 腐り切った社会.
5 pot-~ ポ・プーリ, ポプリ (ドライ・フラワーなどを入れたガラス鉢の室内香).
6 信用度の低い. 〖経済〗 obligations ~ es ジャンク・ボンド (=〖英〗junk bond) (信用度の低い高リスク高利回りの債券).
7 〖話〗 être ~ de …で一杯である. Il est ~ d'argent. 彼は腐るほど金を持っている.

pourrissement (<pourrir) *n.m.* **1** 腐敗. ~ d'un fruit 果物の腐敗.
2 〖比喩的〗(状況の) 悪化 (=dégradation). ~ d'un conflit 係争の悪化. ~ de la situation internationale 国際情勢の悪化.

pourriture *n.f.* **1** 腐敗；腐った物, 腐った部分. odeur de ~ 腐敗臭. ôter la ~ d'un fruit 果物の臭ったところを取り除く. tomber en ~ 腐敗する.
2 〖農〗腐敗病. ~ grise de la vigne 葡萄の灰色かび病. ~ molle 軟腐病. 〖葡萄〗 noble du raisin 葡萄の貴腐 (完熟した葡萄に Botrytis cinerea 菌が繁殖し, 糖度を増した状態；特に Sauternes 地区で甘口の白の高級葡萄酒を生む).
3 〖医〗~ d'hôpital 病院壊疽.
4 〖比喩的〗腐敗, 堕落. ~ de la société 社会の腐敗.
5 〖話〗腐り切った奴, 腐った奴.

poursuite (<poursuivre) *n.f.* **1** 追跡, 追尾；〖軍〗追撃. ~ des malfaiteurs 犯人の追跡. ~ en voiture 車での追跡. centre de ~ des satellites 衛星追跡センター. 〖国際法〗droit de ~ 追跡権. jeu de ~ 追いかけっこ. radar de ~ 追跡レーダー. échapper à la ~ de *qn* 人の追跡を逃れる. se mettre à la ~ de *qn* 人を追跡する.
2 追求. ~ de la vérité 真理の追求.
3 〖法律〗訴追, 起訴, 提訴, 追求. ~ civile (criminelle) 民事の提訴 (犯罪の追及). ~ judiciaire 司法上の責任の追求. engager (entamer) des ~s contre に対して訴訟を起こす.
4 〖税関〗(関税当局に認められた) 追徴措置.
5 〖税〗滞納処分. agent de ~ 徴税執行人.
6 継続, 続行, 遂行. ~ d'une enquête 捜査 (調査) の続行. ~ de l'instance 訴訟手続の続行.

7 〖自転車競技〗追抜き競走, パーシュートレース (=course ~). ~ individuelle 個人追抜き競走. ~ olympique オリンピック方式追抜き競走 (4人1組2チームの団体レース).
8 研究, 探求, 趣味.
9 (*pl.* で) 求愛, 言い寄ること.

poursuiteur(**se**) *n.* 〖自転車競技〗追抜競走選手.

poursuivant(**e**) *n.* **1** 追跡者, 追手. être rattrapé par ses ~s 追手に逮捕される.
2 〖スポーツ〗(競走の) 追跡ランナー.
3 〖法律〗原告 (=demandeur).
4 〖法律〗差押実施債権者；差押実施者.
——*a.* 〖法律〗原告の. partie ~e 原告.

pourvoi (<pourvoir) *n.m.* **1** 〖法律〗(上級審・上級機関に対する) 上訴, 抗告；請願. ~ en appel 控訴 (控訴院 Cour d'appel へ の). ~ en grâce 特赦請願. ~ en révision 再審の申立て, 再審請求.
2 (破毀院, コンセイユ・デタに対する) 上告；破毀申立. (=~ en cassation). ~ dans l'intérêt de la loi 法律のための上告. ~ en annulation pour excès de pouvoir 越権を理由とする取消上告. ~ en Conseil d'Etat コンセイユ・デタへの提訴. ~ en révision 再審請求. ~ immédiat 即時抗告. ~ incident 付帯上告, 付帯的な破毀申立て. ~ principal 主たる破毀申立て. ~ rejeté 抗告棄却. commission d'admission des ~s en cassation 上告適格性についての事前審査委員会. examiner la recevabilité d'un ~ 抗告の受理について検討する. rejeter le ~ 上告 (控訴, 抗告) を棄却する.
3 〖税法〗不服申立て.

pourvoyeur(**se**) *n.* **1** (de の) 供給者；生活必需品の供給者. ~ d'un couvent 修道院の物資供給者. ~ de drogue 麻薬密売人.
2 〖比喩的〗供給源. cette grande ~se de crimes qu'est la misère 犯罪の大供給源である貧困.
——*n.m.* 〖軍〗弾薬手. ~ d'un mortier 臼砲の弾薬手.

poussage *n.m.* 〖水運〗プッシャーバージ方式 (平底船を一隻の動力船で押す水運方式).

pousse *n.f.* **1** 生える (成長する) こと；発芽. ~ des cheveux 発毛.
2 〖植〗芽；若枝. ~ de bambou 筍 (たけのこ). ~s de soja もやし.
3 〖製パン〗(練粉が) ふくらむこと；醱酵 (=fermentation).
4 〖獣医〗(肺気腫 poussif による) 馬の炭酸ガス窒息 (呼吸困難症).
5 〖葡萄酒〗(二次醱酵に伴う炭酸ガスの大量発生による) 異常醱酵 (変質).
6 〖経済〗jeune ~ 新設企業, スタート・アップ (=〖英〗start-up).
7 〖医〗急性発症 (=poussée).

pousse-café (*pl.* ~-~s, または無変

化）*n.m.* プッス・カフェ《正餐の後コーヒーの後で供される食後酒の小杯；その内容の食後酒》．

poussée *n.f.* **1** 押すこと．donner ~ à …を押す．
2 押す力，圧力．~ de la foule 群衆の圧力．sous la ~ du vent 風に押されて．résister aux ~s de l'ennemi 敵の圧力に抵抗する．
3 〖物理〗圧力；〖建築〗横圧力；水平力；圧縮応力．~ d'Archimède 浮力（= ~ hydrostatique）．~ des gaz ガス圧．~ des terres 土圧．~ de l'eau 水圧．~ horizontale (verticale) 水平 (垂直) 圧力．centre de ~ 浮心．
4 〖航空〗推力．~ de la fusée ロケットの推力．~ effective 有効推力．
5 衝動．~ de l'instinct 本能の衝動．
6 高揚，進出，急成長．~ de nationalisme 国家意識のにわかな高揚．~ de la gauche aux élections 選挙での左翼の進出．
7 急上昇，急騰；〖医〗急性発症．〖医〗~ de furonculose 癤 (せつ) の急性発症．~ de l'inflation インフレの急騰．~ du chômage 失業の急増．~ des prix 物価の急騰．avoir une ~ de fièvre 熱が急に上がる．
8 〖スポーツ〗プッシュ．

poussent *n.m.* 〖農〗プーサン《葡萄酒用の葡萄の品種》．

pousse[-]pousse *n.m.inv.* **1** 人力車．**2** 〖カナダ，スイス〗折畳式乳母車（= poussette）．

poussette *n.f.* **1** 折畳式乳母車（= ~-canne）．
2 ショッピングカート（= ~ à commissions）．
3 （子供用の）手押車．
4 〖話〗(自転車競技で) 上り坂での他人による後押し《違反行為》；(オートレースで, 自動車間の) 後押し．
5 〖賭博〗(ルーレットでの) 後張り, 後出し《勝負が決ってから賭金を当りの個所に張るいかさま》．
6 〖話〗(渋滞時の) 車ののろのろ運転．

pousseur *n.m.* **1** 〖水運〗プッシャー, 押し船．~ pour barges バージ (はしけ) 用押し船．
2 〖宇宙工学〗(ロケットの) ブースター (=[英] booster)；補助エンジン (= propulseur auxiliaire)．~ latéral (ロケット本体の) 側面取付け式ブースター (=[英] strap-on booster)．

poussière *n.f.* **1** 埃 (ほこり), 塵 (ちり), 塵埃. avoir une ~ dans l'œil 目に埃が入る. être couvert de ~ 埃まみれになる. faire de la ~ 埃を立てる. 〖話〗faire la (les) ~(s) 埃を払う. ôter (enlever) la ~ 埃を払う. soulever la ~ 埃を舞い上げる.〖比喩的〗~ des siècles 積年の埃；永の歳月.
2 粉末, 微粒子, 粉塵；〖動〗(蝶の) 鱗片. ~ cosmique 宇宙塵. ~ de charbon 粉炭, 炭

粉 (= poussier). ~ interplanétaire 星間微粒子. ~s radioactives 放射能塵. ~s volcaniques 火山塵, 火山灰. coup de ~ 粉塵爆発. La pneumoconiose est la maladie pulmonaire professionnelle causée par l'inhalation prolongée de ~s. 塵肺症は塵埃を長期にわたって吸収することに起因する肺の職業病である.
3 〖文〗灰塵；遺灰；土, 灰. mordre la ~ aux élections 選挙で一敗地にまみれる. réduire en ~ 粉々にする；粉砕する. retourner à la ~ 灰に帰す, 死ぬ. tomber en ~ 粉々になる；灰塵に帰す.
4 僅かなもの, 極く小額. 〖話〗et des ~s …とほんの少々.
5 無~ 無数の. archipel formé d'une ~ d'îles 無数の島で形づくられた列島.

poussiéreux(se) *a.* **1** 埃まみれの；埃がたちこめた. air ~ 埃がたちこめた大気. meubles ~ 埃をかぶった家具. route ~ se 埃っぽい道.
2 （埃がかぶったように）くすんだ, 艶のない. teint ~ くすんだ色調.
3 〖比喩的〗埃をかぶった, 古ぼけた, 時代遅れの, 古色蒼然たる. administration ~ se 時代遅れの行政機構.

poussin *n.m.* **1** (鳥の) 雛；(特に) (鶏の) ひよこ. la poule et ses ~s 雌鶏とそのひよこたち.；〖比喩的〗母親とその子供たち. ~ d'aigle 鷲の雛.
2 〖料理〗雛鶏《生後3カ月未満の食用雄鶏》(= jeune poulet). ~ au four à l'alsacienne 雛鶏のアルザス風オーヴン焼き.
Ⅱ (人間について) **1** 〖話〗小さな子供. Allons, il faut rentrer, mes ~s. さあ子供たちは家に帰りなさい.
2 〖スポーツ〗少年の部 (11歳未満).
3 〖軍隊語〗(Ecole de l'Air, écoles aéronautiques など航空関係のグランド・ゼコールの) 1年次生.

POUTINE, Vladimir [ロシア] *n.pr.* ウラジーミル・プーチン《1952-；ロシアの政治家；国家保安委員会KGB, ロシア連邦保安庁FSB長官を経て, 1999年首相, 2000-2008年第2代ロシア連邦大統領；2008年首相；形容詞 poutinien(ne)》.

poutre *n.f.* **1** 〖建築〗梁, 桁, ビーム. ~ à caisson ケーソン梁, 箱形梁. ~ à treillis トラス桁. ~ armée. ~ de pont 橋桁. ~ en béton armé 鉄筋コンクリートの梁 (桁). ~ pleine プレート梁. ~ transversale 横桁. maîtresse ~ 主桁. travée d'une ~ 梁間, 梁 (桁) のスパン.
voir une paille dans l'œil du prochain, et ne pas voir la ~ dans le sien 己が梁に気づかず, 隣人の目の藁をことあげする（『マタイ』7.3). C'est la paille et la ~. 目糞鼻糞を笑うの類だ.
2 〖体操〗（女子体操の）平均台〖競技〗.

poutrelle *n.f.* 〖建築〗小梁；鉄骨つなぎ

材.
poxvirus *n.m.* ポックスウイルス《痘瘡，水痘などの病原体》.
pp. 〖略〗**1** pages 複数ページ. **2**〖音楽〗pianissimo ピアニシモ, 極めて弱く.
PP1 (＝〖英〗Protein Phosphatase 1) *n.f.* 〖生化学〗蛋白質フォスファターゼ1《加水分解酵素》.
PPA (＝*p*arité de *p*ouvoir d'*a*chat) *n.f.* 購売力等（平）価.
PPAV (＝*p*oliomyélite *p*aralytique *a*ssociée à la *v*accination) *n.f.* 〖医〗ワクチン接種に伴う麻痺性ポリオ.
ppb (＝*p*art *p*er *b*illion) *n.m.* 〖化〗10億分比 (＝partie par milliard).
PPC[1] (＝*P*artitu di u *p*opulu *c*orso) *n.m.* コルシカ（コルス）人民党.
PPC[2] (＝ventilation assistée avec *p*ression *p*ositive *c*ontinue) *n.f.* 〖医〗持続的与圧式肺換気.
p.p.c.m. (＝*p*lus *p*etit *c*ommun *m*ultiple) 〖数〗最小公倍数.
PPE (＝*P*arti *p*opulaire *e*uropéen) *n.m.* 〖政治〗(ヨーロッパ議会の) ヨーロッパ民衆党《保守・保守中道系》.
PPES (＝*p*lan *p*artenarial d'*é*pargne *s*alariale) *n.m.* サラリーマン貯蓄パートナー計画《10-12年後資本と年金の形で積立金を受取る方式のサラリーマン貯蓄制度》.
PPESV (＝*p*lan *p*artenarial d'*é*pargne *s*alariale *v*olontaire) *n.m.* 任意加入制サラリーマン貯蓄労使計画.
pphm 〖英〗(＝*p*arts *p*er *h*ecto*m*illions) 1億分比.
PPi (＝*p*yro*p*hosphate *i*norganique) *n.m.* 〖化, 生化〗無機ピロ燐酸塩.
PPL (＝*p*ostes *p*rivés *l*ibres) *n.m.pl.* ハンディートーキー, ウォーキートーキー (＝walkie-talkie)《携帯用無線電話機》, トランシーバー.
PPM[1] (＝*P*arti *p*rogressiste *m*artiniquais) *n.m.* 〖政治〗マルチニク急進党.
PPM[2] (＝*p*rélèvement *p*our *m*icroanalyse) *n.m.* 微量（ミクロ）分析用検体.
PPM[3] (＝〖英〗*P*ulse *P*osition *M*odulation) *n.f.*〖電気通信〗パルス位置変調 (＝〖仏〗MIP：*m*odulation d'*i*mpulsions en *p*osition).
ppm (＝*p*art *p*er *m*illion) *n.m.* 〖化〗100万分比 (＝partie par million).
PPMA (＝〖英〗*p*olyacrylic *p*olymethyl methacrylate) *n.m.* 〖化〗ポリアクリル・ポリメタクル酸メチル (＝polyacrylique polyméthacrylate de méthyle)《合成繊維, レンズ, 食品包装用フィルム, 瓶などのプラスチック製品の原材料》.
PPP[1] (＝*p*artenariat *p*ublic-*p*rivé) *n.m.* 公私パートナー（協調）関係.
PPP[2] (＝*p*oints *p*ar *p*ouce)〖情報処理〗1インチ当たりのドット数 (〖英〗dpi＝*d*ots

*p*er *i*nch). résolution de 1920×1200 ～ 解像度 1920×1200 ドット・パー・インチ.
PPR (＝*p*lan de *p*révention des *r*isques) *n.m.* 自然災害予防計画《廃棄物投棄による自然環境汚染に対する予防計画を含む》.
PPV (＝*p*ara-*p*hénylène-*v*inylène) *n.m.* 〖化〗パラ＝フェニレン＝ヴィニレン.
pq [peky] (＝*p*apier *h*ygiénique) *n.m.* トイレットペーパー.
PQG (＝*p*lasma de *q*uarks et de *g*luons) *n. m.* 〖物理〗クオークとグルオンのプラズマ.
PQR (＝*p*resse *q*uotidienne *r*égionale) *n.f.* 地方日刊紙.
PR[1] (＝Clubs *P*erspectives et *R*éalités) *n. m.pl.* 展望と現実クラブ《フランスの政治集団；1965年創設；CPR とも略記；1995年 Parti populaire pour la Démocratie française となる》.
PR[2] (＝*p*oste *r*estante) *n.f.* 〖郵〗局留郵便.
PR[3] (＝*p*romenades et *r*andonnées) *n.f.pl.* 遊歩道散歩とハイキング；遊歩道・ハイキングコース.
Pr (＝*p*raséodyme) *n.m.* 〖化〗「プラセオジム」の元素記号.
Pr. (＝*p*rofesseur) *n.m.* （大学の）教授, (リセの) 教員.
præsidium ⇒ présidium
PRAG (＝*p*rofesseur *ag*régé de l'enseignement secondaire) *n.m.* 〖教育〗中等教育教授資格 (agrégation) 所有教授.
Prague *n.pr.* プラハ《チェコ共和国la République tchèque の首都 Praha；形容詞 pragois(e)》.〖史〗le printemps de P～「プラハの春」《1968年1月5日チェコスロヴァキアの首相に就任した Alexander Dubček が言論の自由など一連の改革を試みたことに対し, ワルシャワ条約機構軍が軍事介入し, 8月21日終焉》；〖音楽〗プラハの春音楽祭.
praire *n.f.* 〖貝〗プレール《主に大西洋岸と英仏海峡でとれる3-6cm大の2枚貝；生またはポタージュ, ファルシなどで加熱して食べる；別称 coque rayée, rigadelle, vénus à verrue など》.
prairie *n.f.* 牧草地；草原. ～ artificielle 人工牧草地《牧草の播種が行なわれ, 1-3年で生産される牧草地》. ～ d'élevage 放牧用草原. ～ naturelle (permanente) 自然 (恒常的) 牧草地《播種・耕作などが行なわれていない牧草地；＝pré》. ～ temporaire 一時的牧草地《いね科 graminées, 豆科 légumineuses の牧草が播種される牧草地》. la Grande P～ (北米の) 大草原. les P～s レ・プレーリー《カナダの3地方名》.
pralin *n.m.* **1**〖菓子〗プララン《アーモンドやヘーゼルナッツにカラメル状の砂糖をからめて挽きつぶしたもの；菓子や糖菓の材料》.
2〖農〗(種子などの) コーティング剤, 粉衣剤.

3〖農〗プララン(土と肥料を混ぜた肥料).
pralinage *n.m.* **1**〖製菓〗プラリーヌ(praline)の製造. **2**〖農〗プラリナージュ(種子などのコーティング剤塗布).
praline *n.f.*〖菓子〗**1** プラリーヌ(キャラメル状の砂糖をからめたアーモンド入りボンボン). ~s de Montargis モンタルジ名物のプラリーヌ. **2**〖ベルギー〗プラリーヌ入りチョコレート. **3**〔話〕cucul la ~ 何と馬鹿げた(=cucul). **4**〔話〕(形態の類似から)弾丸.
——*a.* 〔古〕赤味を帯びた明るい茶色. プラリーヌ色の. robe ~ プラリーヌ色のドレス.
praliné(e) *a.p.*〖菓子〗キャラメル状の砂糖をからめた;プラリーヌ入りの. amandes ~es アマンド・プラリネ(キャラメル状の砂糖をからめたアーモンド). chocolat ~ プラリーヌ入りチョコレート.
——*n.m.*〖菓子〗**1** プラリーヌ入りボンボン(ケーキ), プラリネ. **2** プラリーヌ入りチョコレート(=chocolat ~), プラリネ.
praséodyme *n.m.* **1**〖化〗プラセオジム(略記 Pr, 原子番号 59, 原子量 140.91, 希土類元素). **2**〖金属〗プラセオジム(融点 931℃, 沸点 3512℃の淡黄色の金属).
praticable *a.* **1** 実行できる, 実施(実現)可能な. projet ~ 実現可能な計画. religion ~ 実践可能な宗教. **2** 実際に使用可能な;(道などが)通行可能な. **3**〖建築〗本物のアーケード. chemin ~ pour les voitures 車が通行可能な道. décors ~s et décors figurés 使用できる舞台装置と見かけだけの舞台装置. 〖劇〗fenêtre (porte) ~ 開閉可能な窓.
——*n.m.* **1**〖劇〗(舞台装置の)二重(実際に通行できる舞台装置). **2**〖映・TV〗(カメラ, ライトの)足場;足場担当者.
praticien(ne) *n.* **1** 実務家;実践家. **2**〖美術〗(芸術家の指示で製作に当る)下職人, (彫刻の)下彫工. **3**〖医〗臨床医(=médecin ~;clinicien);医療行為実践者(sage-femme など).
——*a.* 実践的な;〖医〗臨床の. médecine ~ 臨床医学.
pratiquant(e) *a.* **1**〖宗教〗信者としての勤めを実践する. catholiques ~s 教会堂にきちんと通うカトリック教徒. Elle est croyante, mais peu ~. 彼女は信心深いが, 教会にはあまり行かない. **2**〖広義〗実践する, 実践的な;(特に)スポーツを実践する. sportif ~ スポーツマン.
——*n.* **1** 信者の勤めを実践する人. **2** スポーツマン.
pratique¹ *a.* **1** 実際的な;実用的な;実地の. exercices ~s 実習.〖学〗travaux ~s

実験;実習;演習(略記 TP).〖物理〗unités ~s 実用単位(ampère, coulomb, joule, ohm, watt など). **2** 現実の;現実感覚のある, 実務的な;〔しばしば蔑〕実利的な. homme (femme) ~ 現実感覚のある(実務的な)人. sens ~ 現実感覚. vie ~ 現実生活. **3** 実用的な;便利な. intérêts ~s 実利. instrument ~ 便利な道具. inventions ~s 実用新案. procédé ~ 実用的方法. C'est ~. それは便利だ. Cette encyclopédie est très ~. この百科事典は大変役に立つ. **4**〖哲〗実践的な;規範的な. *Critique de la raison* ~ de Kant カント『実践理性批判』(1793 年).
pratique² *n.f.* **1** 実地;実地体験. connaissance obtenue par la ~ 実地で獲得した知識. avoir la ~ de *qch* 何の実地体験がある. dans la ~ 実地では;実行段階では. dans la ~ de chaque jour 日々の体験で, 日常生活で. en ~ 実際には, 事実上 (en théorie「理論上」の対). **2** 実行, 実施, 実践;営為;実際業務, 営業;活動. la théorie et la ~ 理論と実践. ~ de *qch* 何の実行(実施). ~ des sports スポーツの実践, スポーツ活動. ~ d'un métier (d'une profession) 職業の実践, 職業活動. ~ d'une technique 技術の実行. ~ empirique 経験的実践. ~ idéologique 理論的実践. ~ illégale de la médecine 違法な医療行為. ~ politique (sociale) 政治的(社会)的実践, 政治(社会)活動. mettre en ~ une idée (un projet) 構想(計画)を実行に移す. **3** やり方, 行動様式;習慣, 慣例;〔*pl.* で〕振舞い;風習.〖法律〗~s anticoncurrentiels 反競争行為. ~s discriminatoires 差別待遇. ~s du monde 世間の慣行. ~ habituelle いつものやり方, 習慣. ~s odieuses おぞましい振舞い. ~ répandue 広く行きわたった慣行. toutes les ~s employées par les femmes 女性のあらゆる手練手管. **4**〖法律〗法の適用(実施), 法律実務(=procédure). ~ judiciaire 法適用;判例. ~ notaire 公証人の実務慣行. termes de ~ 法律実務用語. **5**〖文〗(宗儀・善行などの)実践;(戒律などの)遵守;〖哲〗実践;〔*pl.* で〕信仰実践, 信者の勤め, 勤行(=~s religieuses). ~ du bien 善行, 徳行. ~ de la charité 慈善行為. ~s de la dévotion 信心の努め. croyances et ~s 信仰と信仰実践. **6**〔やや古〕顧客であること;顧客(=client, clientèle). ~s d'une boutique 店の顧客. avoir beaucoup de ~ 得意先が沢山ある. donner sa ~ à un marchand 商人のお得意になる. **7**〔古〕交際;社交界への出入り(=~ du monde). **8**〖海〗libre ~ (検疫・隔離終了後の)入港

pravastatine

(上陸)許可.
pravastatine *n.f.*〖薬〗プラヴァスタチーヌ, プラバスタチン(HMG-CoA 還元酵素阻害薬;スタチン系の高コレステロール血症治療薬;薬剤製品名 Mevalotin「メバロチン」(*n.m.*). Elisor (*n.m.*), Vasten (*n.m.*)など).
Pravda *n.m.* プラウダ(「真実」の意. 1912 年創刊のソ連共産党中央委員会発行日刊機関紙;1992 年一時廃刊, のち復刊).
praxie [ギ] *n.f.*〖医〗運動の正調性(apraxie「失行症」の対).
prazosine *n.f.*〖薬〗プラゾシン. hydrochlorate de ~ 塩酸プラゾシン(交感神経抑制薬;交感神経遮断薬).
PRCE (=*p*rimes *r*égionales à la *c*réation d'*e*ntreprises) *n.f.pl.*〖経済〗企業創設地方補助金.
PRE[1] (=*p*ays à *r*evenu *é*levé) *n.m.*〖経済〗高所得国(1995 年で国民 1 人当たりの国内総生産 PNB が 9,385 US $, 2000 年 9,265 US $, 2005 年 10,726 US $ 以上の国).
PRE[2] (=*p*rimes *r*égionales à l'*e*mploi) *n.f.pl.*〖経済〗雇用促進地方補助金.
pré *n.m.* **1** 小牧草地. ~ salé 1) 塩気を含んだ小牧草地(満潮で海水に没する海辺の小牧草地);2) プレ・サレ(塩気を含んだ小牧草地で飼育された羊肉). mener les vaches au ~ 牝牛を小牧草地に連れて行く.
2 草地, 草原(くさはら). plantes des ~s 草地の植物. le P~-aux-Clercs プレ=オー=クレール(パリ Saint-Germain-des-Prés の前の草地;パリ大学の学生が散策し, 決闘場によく利用された). le P~-Catelen プレ=カトラン(1) Illiers-Combray の小庭園の名称;2) パリ, ブーローニュの森のレストラン名).
3〖古〗決闘場(決闘によく利用された le P~-aux-Clercs に由来). aller au ~ 決闘に赴く.
4 ~ carré 勢力範囲.
préalable *a.* **1** 事前の;(à より)以前の. autorisation ~ 事前の許可. avertissement ~ 事前通知. discussion ~ au vote 票決に先立つ討議. entente ~ 事前の了解. jugement ~ à la sentence définitive 判決に先立つ裁判. sans avis ~ 予告なしに.
2 先議すべき, 先行すべき, 先決の. conditions ~*s* à toute tentative de conciliation 和解交渉に先立つ前提条件.〖法律〗question ~ 先決問題.
——*n.m.* 前提条件. ~ du cessez-le-feu 休戦の前提条件. au ~ 事前に, 前もって;先ず第一に. mettre un ~ aux négociations 交渉に前提条件を付ける. sans ~ 前提条件なしに.
Préalpes (les) *n.pr.pl.*〖地理〗レ・プレアルプ, アルプス前山地帯(ヨーロッパのアルプス山脈中央部の北側と西側を縁取る山塊).

préalpin(e) *a.*〖地理〗レ・プレアルプ(les Préalpes)の, アルプス前山〔地帯〕の. vallées ~*es* アルプス前山地帯の谷.
préambule *n.m.* **1** (憲法・法律・条約・宣言などの)前文. ~ de la Constitution 憲法の前文.
2 (著作の)序文, 前書(=avant-propos).
3 (演説などの)前置き. Assez de ~*s*! 前置きはもう結構! en ~ 前置きとして, 手始めに. sans ~ 前置きなしに, いきなり, だしぬけに.
4〖比喩的〗幕開け, 前触れ, 前兆. ~ d'une crise 危機(発作)の前触れ.
préampli *n.m.*〖電〗プリアンプ(=préamplificateur).
préamplificateur *n.m.*〖電〗プリアンプ(略称 préampli), 前置増幅器.
préanesthésie *n.f.*〖医〗麻酔下手術前の諸検査.
Pré-AO [prεaɔ] (=*pré*sentation *a*ssistée par *o*rdinateur) *n.f.*〖情報処理〗コンピュータ援用表示.
préapprenti(e) *n.* 就職前の企業内研修(実習)学生(生徒).
préapprentissage *n.m.* (学生・生徒の)企業内職業訓練(実習), 事前研修.
pré-ARN messager *n.m.*〖生化〗プレ・メッセンジャー ARN (RNA), 伝令 RNA 前駆体(=〖英〗pre-m RNA, pre-messenger RNA).
Pré-aux-Clercs *n.pr.m.*〖地名〗プレ=オー=クレール(旧サン=ジェルマン=デ=プレ修道院 abbaye de Saint-Germain-des-Prés の西にあった草地;決闘によく使われた).
préavis *n.m.* **1** 予告;契約破棄の予告;(特に)労働契約解除の予告. ~ de grève ストライキの予告. ~ de licenciement 解雇予告. sans ~ 予告なしに.
2 予告期間(=délai de ~);(特に)解雇予告期間(=délai-congé). ~ d'un mois 1 カ月の予告期間.
3 (社会保険の利用の)事前申請.
prébiotique *a.*〖生〗(地球上に)生物が誕生する以前の.
pré-bobinage *n.m.*〖写真〗(フィルムの)撮影前巻上げ(方式)(カメラに装填後直ちにフィルムを引き出し, 撮影分を巻戻していく方式;不用意に裏蓋を開けてフィルムの露光を防ぐシステム).
précaire *a.* **1** 一時的な, 束の間の. bonheur ~ かりそめの幸せ. tranquillité ~ 束の間の安穏.
2 不安定な, 不確実な. emploi ~ 不安定な職. santé ~ 脆弱な健康. travailleurs ~*s* 雇用の保証が不確実な労働者. être dans une situation ~ 不安定な状況下にある.
3 根拠の不確かな.〖法律〗occupation ~ *sans* droit ni titre 権利も名義も欠く占拠.
4 間に合わせの;仮ごしらえの;仮の.

hébergement ～ 仮の宿. hutte ～ 仮ごしらえの小屋.
5〚法律〛一時的な, 仮の, いつ取り消されるかわからない. détenteur ～ 一時的な所有者. détention (possession)〔à titre〕～ 一時的占有, 容仮占有.
――n.m. 一時的な (仮の) もの.

précambrien(ne) a.〚地学〛先カンブリア (プレカンブリア) 時代 (界) の.
――n.m.〚地学〛先カンブリア (プレカンブリア) 時代 (界) 《古生代の前の時代》. roches du ～ 先カンブリア時代の岩石.

précampagne n.f. (選挙・宣伝の) プレキャンペーン, 前哨キャンペーン.

précancer n.m.〚医〛前癌〔状態〕《良性腫瘍の癌化段階》.

précancéreux(se) a.〚医〛前癌性の；前癌状態の. condition ～se 前癌状態. lésion ～se 前癌病度.

précandidat(e) n.〚政治〛立候補予定者.

précarité n.f. **1**〚文〛移ろいやすさ；不安定性, 不確実性, もろさ；危うさ；〚法律〛法的根拠の欠如. ～ de l'emploi 雇用の不安定性.
2〚法律〛容仮占有, 一時的占有性；一時的に所有すること；一方的取消可能性.

précatif(ve) a. 希望的 (要望的, 請願的) な.〚法律〛legs ～ 希望的信託遺贈.

précaution n.f. **1** 用心, 備え, 警戒. prendre des (ses) ～s pour ne pas+inf. …しないよう用心する. par ～ 念のため. pour plus de ～ 念には念を入れて.〚諺〛On ne prend jamais trop de ～s. 用心に過ぎることはない.〚諺〛Trop de ～s nuit. 用心も過ぎれば害.
2 慎重さ. avec ～ 慎重に. sans ～ うっかり.

précédent(e) a.〔時に名詞の前〕(時間・順序が) すぐ前の. l'article ～ 前条 (項). l'année ～e 前年. le jour ～ その前日 (=la veille). la page ～s 前ページ. le siècle ～ 前世紀.
――n.〚代名詞的〛前の人, 前任者；前の物.
――n.m. **1** 先例, 前例.〚法律〛～ juridique 判例.
2 慣行. invoquer un ～ 慣例に照らし合わせる.
3 sans ～ 前代未聞の, 未曾有の. prospérité sans ～ 未曾有の繁栄. événement sans ～ 前代未聞の出来事.

précepte n.m. **1** (芸術, 学問, 道徳などの) 準則, 教訓, 教え；規範. ～ moraux 道徳律. suivre (observer) un ～ 掟 (教え) を守る.
2〚宗教〛戒律. les ～s du Décalogue 十戒〔の戒律〕. ～s du Coran コーランの戒律. ～ religieux 宗教上の戒律.

précepteur(trice) n. **1** (王侯貴族, 富豪の子弟の) 家庭教師. **2**〚古〛教師, 師.

précession n.f. **1**〚機工〛歳差運動, すりこぎ運動. ～ d'un gyroscope ジャイロスコープ (回転儀) の歳差運動.
2〚天文〛歳差. ～ annuelle 年歳差, 年周差. ～ des équinoxes 分点歳差.

prêche n.m. **1** (新教の) 説教；(カトリックの) 説教. **2**〚話〛説教じみた話.

précieux(se) a. Ⅰ (貴い) **1** 高価な；貴重な. bijou (joyau) ～ 高価な装身具, 宝石. métal ～ 貴金属 (argent, or, platine など). meubles ～ 高価な家具. pierre ～se 宝石, déposer des objets ～ à la réception フロントに貴重品を預ける.
2〔時に名詞の前〕貴い, 貴重な, 重要な, 大切な. ～ à qn 人にとって貴重な (大切な). votre ～se santé あなたにとって大切な健康. ～ collaborateur かけがいのない協力者. bien ～ 宝物. conseils ～ 貴重な助言. documents ～ 貴重な資料. livre ～ 稀覯本. perdre un temps ～ 貴重な時間を失う.
3〚宗教〛〔時に名詞の前〕尊い.〚カトリック〛～ corps de Notre-Seigneur (聖体拝領の際に授かる) 主の尊き身体 (聖体).
Ⅱ (凝った) **1**〚文史〛プレシオジテ (préciosité) の (に関する)；才女の, 才女好みの. littérature ～se プレシオジテの文学.
2〚文〛凝った, 極度の洗練を求める；気取った. bijou d'un travail ～ 凝った細工の宝飾品. manières ～ses 気取った物腰. style ～ 凝った (気取った) 様式. parler d'un ton ～ 気取った口ぶりで話す.

précipice n.m. **1** 深い谷間；懸崖. ～ dans les montagnes 山地の深い谷間. route en corniche au bord d'un ～ 谷沿いの断崖の道路.
2〚比喩的〛危地；破滅の淵. l'État penchant au bord du ～ 破滅の危機に瀕している国家. jeter qn dans un ～ 人を窮地に追いこむ.

précipitation n.f. Ⅰ **1** 急ぐこと, 大急ぎ. avec ～ 大急ぎで, あわただしく. s'enfuir avec ～ あわただしく逃げ出す.
2 あわてること；あわただしさ；性急さ. Dans la ～ du départ, il a oublié son passeport. 出かける時のあわただしさのため彼はパスポートを忘れた.〚諺〛Ne confondez pas vitesse et ～. 急がば回れ.
Ⅱ **1**〚化〛沈澱 (précipité「沈澱物」を形成すること). ～ fractionnée 分別沈澱.
2〚気象〛降水〔量〕(=～s atmosphérique). ～s liquides 液体降水〔量〕(brouillard, pluie など). ～s solides 固体降水〔量〕(grêle, neige など). ～ nivale 降雪. ～ pluviale 降雨. abondance des ～s 降水量の多さ；多雨.

précipité¹**(e)** a.p. **1** 非常に速い. respiration ～e 荒い呼吸. rythme ～ 非常に速いリズム. à pas ～s 急ぎ足で.
2 あわただしい；性急な. départ ～ あわただしい出発. jugement ～ 性急な判断. Il

précipité² est trop ~ dans ses décisions. 彼の決断は性急すぎる.

précipité² *n.m.* **1** 〖化〗沈澱物. ~ blanc (jaune) 白(黄)降汞.
2 〖錬金術〗樹状結晶. 木(=arbre). ~ d'argent 銀木(=arbre de Diane). ~ d'étain 錫木(=arbre de Jupiter). ~ de plomb 鉛木(=arbre de Saturne).

préciput [-t] *n.m.* 〖法律〗先取権, 先取分；先順位相続権.

précis¹ *n.m.* **1** 概要. ~ des événements 事件の概要(略史).
2 概論, 提要；メモ(=mémento). *P*~ *de botanique*『植物学概論』.

précis²(**e**) *a.* **1** 正確な；的確な；厳密な；明確な, 明白な, はっきりした. bruit ~ はっきりした物音. conditions ~es 厳密な諸条件. contour ~ はっきりした輪郭. définition ~*e* 厳密な定義. détails ~ 正確な詳細. expression ~*e* 的確な表現. faits ~ 明確な事実. idée ~*e* はっきりした考え. images ~es 明確なイメージ. règlements ~ 厳密な規則. réponse ~*e* 明確な返答. sens ~ d'un mot 語の正確な意味. style ~ 簡潔な文体.
sans raison ~*e* これといった(明白な)理由なしに. avoir une fonction ~*e* はっきりした機能をもつ. définir d'une façon ~*e* 明確に定義づける.
2 間違い(狂い)の少ない, 精密な. balance ~*e* 精密な秤. dessin ~ 精密画. esprit ~ 明晰な精神. guide le plus ~ 最も正確な案内書. mouvement ~ 狂いのない(正確な)動作. raisonnement ~ 厳密な推理. science ~*e* 精密科学. tir ~ 精密射撃. 〖スポーツ〗faire une passe ~*e* 正確なパスを送る.
3 (時間について)ちょうど, きっかり. à une heure ~*e* 1時きっかりに. à cinq heures [et demie] ~*e* 5時半きっかりに.
4 (場所・時間などに)まさにその. le moment (l'instant) ~ ; la minute ~*e* まさにその瞬間. la date ~*e* où nous nous sommes rencontrés われわれが出会ったその日付.
5 (人が)言葉の明確な；几帳面な；時間を厳守する. écrivain ~ 表現の的確な作家. Il n'est pas très ~ ; il arrive souvent en retard. 彼は時間にすこしルーズだ. だからよく遅れてやってくる. Pour être plus ~, je dirai que.... もっとはっきり言いますと, 私の言いたいのは…ということです. Elle est ~*e* et claire. 彼女の言うことはきちんとしていて明快です.

précision *n.f.* **1** 正確さ, 明確さ；厳密さ；簡明さ. ~ d'un calcul 計算の正確さ. ~ dans la pensée 思考の明確さ. ~ mathématique 数学的厳密さ. avec ~ 正確に, 明確に；厳密に. indiquer avec ~ 正確に示す.
2 狂いの無さ；精密さ, 精度. ~ de travail 加工精度. de ~ 精密の. balance de ~ 精密天秤. instruments de ~ 精密機器.
3 〖多く *pl.*〗詳しい説明；詳細. demander les ~*s* 詳しい説明を求める.

précoce *a.* **1** (植物が)早生の, 早咲きの；(動物が)成長の早い. élevage d'ovins ~*s* 成長の早い羊の飼育. pomme ~ 早生の林檎. rose ~ 早咲きの薔薇. variété ~ 早生の品種.
2 (人が)早熟の；(性的に)ませた. fille ~ ませた娘.
3 (年齢的に)早い；若年性の, 早発性の. calvitie ~ 若禿. 〖医〗démence ~ 早発の痴呆. mariage ~ 早婚.
4 (時期的に)早い. automne ~ 早く訪れる秋. gelées ~*s* 早霜.

précocité *n.f.* **1** 早生り；早咲き. ~ des cerises 桜桃の早成り.
2 早熟, 性的早熟. ~ sexuelle 性的早熟. enfant d'une étonnante ~ 驚くほど早熟な子供.
3 (時期的に)早いこと. ~ du printemps 春の訪れの早さ.

précompte *n.m.* **1** 〖商業〗差引額の見積り；差引額.
2 (給料などからの)天引き, 天引き額. ~ assurance maladie 疾病保険の掛金の天引き[額].

préconditionnement *n.m.* 事前調整, 前処理；〖医・心〗前反応. 〖医〗~ myocardique 心筋前反応.

précontraint(**e**) *a.* 〖土木〗プレストレスの, プレストレス工法による. béton ~ プレストレスコンクリート, PSコンクリート.
——*n.m.* プレストレスコンクリート, PSコンクリート. ouvrage en ~ PSコンクリート建造物.
——*n.f.* プレストレスコンクリート工法.

précordial(**ale**)(*pl.***aux**) *a.* 〖解剖・医〗心臓の前の, 前胸[部]の. angoisse ~*ale* 胸内苦悶.

précordialgie *n.f.* 〖医〗前胸痛, 胸内痛, 胸内苦悶(心臓の前の前胸部痛).

précoulage *n.m.* (コンクリートなどの)事前形成, プレキャスト(=〖英〗precast).

précrise *n.f.* 危機の前兆；発作の前兆.

précurseur¹ *n.m.* **1** 先駆者, 先達, 先人. ~ *s* du romantisme ロマン主義の先駆者. le *P*~ 〔du Christ〕キリストの先駆者洗礼者ヨハネ(=saint Jean-Baptist).
2 〖生化〗前駆体；前駆(先駆)物質. La dopamine est le ~ de l'adrénaline et la noradrénaline. ドーパミンはアドレナリンとノルアドレナリンの前駆体である.

précurseur² *a.m.* 先触れの；〖医〗前駆的の. signes ~*s* d'un orage (d'une catastrophe) 嵐(災害)の前兆.

prédécesseur *n.m.* 〖女性にもこの形を用いる〗**1** 先任者；先行者, 先駆者(successeur「後継者」の対).

préfectoral (ale)

2 〔pl. で〕先人, 先輩；祖先. exemple des 〜s 先達の範.

prédiabète n.m. 〖医〗前糖尿病.

prédicant(e) a. 説教する；〖文・やや古〗説教じみた.
——n.m. 〔古〕プロテスタントの説教師；〖蔑〗説教好き, 説教家.

prédicat n.m. **1** 〖言語〗述語, 述部. 〖文法〗〜 nominatif 主格述語.
2 〖論理〗(命題の) 述語, 賓辞；(述語論理学での) 述語変項. calcul des 〜s 述語計算.
3 〖哲〗属性.
4 〖数学〗比例関数 (= fonction proportionnelle).

prédication n.f. **1** 宣教；〔文〕説教. 〜 de l'Evangile 福音の宣教. 〜 des apôtres 使徒の説教.
2 〔広義〕宣伝. 〜 du marxisme マルクス主義の宣伝.
3 〖言語〗叙述, 述部形成. auxiliaires de 〜 叙述の助動詞. modalités de la 〜 叙述の様態.

prédictif (ve) a. **1** 予告の；予報の；予測の；前兆の. 〖電算〗analyseur 〜 予測構文解析器. 〖医〗médecine 〜ve 予測医学, 前兆医学. test 〜 前兆テスト. théorie 〜ve 予測理論.
2 予言の.

prédiction n.f. **1** 予言. 〜s des astrologues 占星術師たちの予言. faire des 〜s 予言を行う.
2 予報. 〜 du temps par les services de la Météorologie nationale 気象庁予報部による天気予報.
3 予言 (予報) されたこと.

prédilection n.f. 偏愛, ひいき. avoir une (de la) 〜 pour … を偏愛する. avec (par) 〜 特に好んで. de 〜 特に好きな, 好みの. son hôtel de 〜 彼のひいきのホテル. son menu de 〜 彼の好みのメニュ (定食).

prédisposant(e) a. 傾向を与える. 〖医〗facteur 〜 病気に罹り易くする因子, 危険因子 (= facteur de risque). 〖医〗facteurs 〜s environnementaux 環境危険因子 (égouts 排水, gaz d'échappement 排気ガス, fumées d'usines 工場排煙, produits chimiques 化学製品, radioactivité 放射能, maladies infecteuses 感染症, など).

prédisposition n.f. (à の) 素質, 傾向. 〜 à l'obésité 肥満体質. 〜 génétique 遺伝素質. 〜 morbide 疾病素質.

prednisolone n.f. 〖薬〗プレドニゾロン (副腎皮質ホルモン製剤；抗炎症作用, 抗アレルギー作用など；薬剤製品名 Solupred (n.m.) など).

prédominance n.f. 優位, 優勢, 優越. 〜 d'un pays sur les autres 他国に対する一国の優位. tableau très coloré avec 〜 du bleu 青が優った色鮮やかな絵画.

prédominant(e) a. 他に優る, 優勢の；支配的な, 主な. souci 〜 最大の心配事.

pré-éclair n.m. 〖写真〗(ストロボの) プレ発光.

prééclampsie n.f. 〖医〗子癇前症 (妊娠中毒症).

pré(-)électoral (ale) (pl. aux) a. 選挙前の. promesses 〜ales 選挙公約. trêve 〜ale 選挙前の休戦.

préélémentaire a. 〖教育〗初等教育以前の (2 歳児から小学校入学まで). éducation 〜 初等教育以前の教育 (1887 年導入；2 歳から小学校入学までの児童を, 小学校または幼稚園に受け入れる教育制度；初級 petite section : 2-4 歳児；中級 moyenne section : 4-5 歳児；上級 grande section : 5-6 歳児に分かれる).

préemballage n.m. 〖商業〗事前包装, パック詰め.

préemballé(e) a. (生鮮食品などが) 包装済みの, パックされた. viande 〜e パック詰めの食肉.

prééminence n.f. **1** 〔最〕上位であること；卓越性；(sur に対する) 優越性. avoir la 〜 優位を占める. donner la 〜 à … を〔最〕上位に据える, …を最優先させる.
2 〔古〕顕位 (= dignité du rang).

prééminent(e) a. 卓越した；最高の；(sur より) 上位の. rang 〜 顕位. vertu 〜e 最高の徳性. être 〜 sur … より上位にある.

préemploi n.m. 採用前の仮雇用, 試用雇用. stage de 〜 試用雇用実習.

préempteur n.m. 先買権を行使する人, 先買人.

préemption n.f. 〖法律〗先買い. 〖法律〗droit de 〜 先買権；〖税関〗(過小申告に対する税関の) 申告価格での買取権.

préencollé(e) a. (シール, 壁紙などが) 糊付きの (裏面に予め糊を塗布した).

préfabrication n.f. 〖建築・造船〗プレハブ工法 (事前製造材の組立て工法)；プレハブ.

préfabriqué(e) a. **1** プレハブの, (組立部品を) 前もって作った. cloison 〜e プレハブ・パネル. maison 〜e プレハブ住宅 (= maison en 〜).
2 〔比喩的〕〖蔑〗前もって用意された；こしらえものの；でっち上げられた；型にはまった. réponse 〜e 用意ずみの回答. réunion 〜e 根廻しずみの会合.
——n.m. プレハブ材料 (部品). maison en 〜 プレハブ住宅.

préface n.f. **1** 序文, 助言, 序. 〜 et postface 序文と後書. demander une 〜 à qn (人に) 序文を依頼する. en guise de 〜 序に代えて.
2 〔比喩的〕幕開け.
3 〖教会〗(ミサの) 叙唱.

préfectoral (ale) (pl. aux) a. 〖行政〗県知事 (préfet) の；県庁 (préfecture) の；

préfecture

知事の発する. administration ~ale dans le département 県の知事行政, 県行政. arrêté ~ 知事命令. corps ~ 県知事行政府 (=la ~ale) (県庁と郡庁 sous-préfecture の総体).

préfecture (<préfet) *n.f.* **1** 知事(préfet)の職；知事の在位期間；知事公邸. **2** 知事の行政管轄区域.
3 県庁；地方(地域圏)庁；県庁所在地；地方(地域圏)所在地. Rouen est la ~ de la Seine-Maritime et la ~ de la Région Haute-Normandie. ルーアンはセーヌ=マリチーム県の県庁所在地であると共にオート=ノルマンディー地方の地方(地域圏)庁所在地である.
4 P~ de police de Paris パリ警視庁. P~ de Bordeaux (Corse, Lille, Lyon, Marseille, Nice, Pyrénées-Atlantiques) ボルドー(コルス, リール, リヨン, マルセイユ, ニース, ピレネー=アトランティック)警視庁(パリ警視庁の警視総監の権限を委任された地方警視庁).
5〖海軍〗P~ maritime 海軍軍管区庁；海軍軍管区司令部.
6〖古代ローマ〗(統治領域としての)道；属州長官職.

préférable *a.* より好ましい. ~ à …より好ましい. Ce projet est bien ~ aux autres. この提案は他より遙かに好ましい. Il est ~ de+*inf.* (que+*subj.*). …するのが好ましい. Il est ~ de se taire (que vous vous taisiez). 黙っている(あなたは黙っている)方がよい.

préféré(e) *a.* お気に入りの, 大好きな, 好みの. actrice ~e お気に入りの女優. restaurant ~ 好みのレストラン.
—— *n.* お気に入りの人, お気に入り (=favori).

préférence *n.f.* **1** 好み, ひいき, 選択. de ~ 好んで. choisir qch de ~ …を好んで選ぶ. de (par) ~ à … より好んで. utiliser l'avion de ~ au train 列車よりむしろ旅客機を利用する. par ordre de ~ 好きな順に. accorder (donner) la ~ à …を好む(選ぶ). avoir une ~ marquée pour …を特に好む. J'ai une ~ pour cette couleur./Cette couleur a ma ~. 私はこの色が特に好きだ；この色が私の好みだ. Je n'ai pas de ~. 特に好みはありません；どちらでも構いません. donner la ~ à un boucher ある肉屋をひいきにしている. faire des ~s entre plusieurs personnes 多くの人の中からひいきにする.
2 (人の)好意, ひいき, 寵愛. avoir (obtenir) la ~ sur qn 人よりも好かれている.
3 優先的利益, 優先権；先取権；特権. cause légitime de ~ 正当な優先事由.〖法律〗droit de ~ 優先弁済権, 先取特権 (=privilège). A consommer de ~ devant le 31.01.06 賞味推奨期限2006年1月31日. A consommer de ~ avant la date figurant sur l'un des fonds. (缶詰等の)底面に記されている日付までに賞味することが望ましい(食品の賞味期限に関する記述).
4〖国際法〗特恵. système généralisé de ~ 一般特恵制度.

préférentiel(le) *a.* **1** 特恵的な. régime de douanes ~ le 特恵関税制度. tarif ~ 特恵関税. traitement ~ 特別待遇.
2〖政治〗vote ~ 単純拘束名簿式比例代表制.

préfet *n.m.* **1** 知事；(特に)県知事(= ~ de département) (1982-88年には commissaire de la République「共和国執行官」と改称). ~ de la Seine セーヌ県知事(1968年まで). ~ de Paris パリ県知事(1976年より ~ de la Région Ile-de-France「イール=ド=フランス地方知事」となる). ~ de police 警察知事. ~ de police de Paris パリ警視総監(警視総監). ~ de région 地方知事. cabinet du ~ 知事官房. femme ~ 女性知事. Elle est ~. 彼女は知事である. être nommé ~ d'Yvelines イヴリーヌ県知事に任命される.
2〖軍〗軍管区長官. ~ de zone de défense 防衛管区長官. ~ maritime 海軍軍管区長官(将官).
3〖教会〗(聖省の)長官；長. ~ apostolique 使徒座直轄区長. ~ des brefs 教皇庁文書課長. ~ de congrégation 聖省長(枢機卿).
4 (宗教学校の)生徒監 (= ~ de discipline)；自習監督 (= ~ des études)；学院長. père ~ d'un collège 修道会付属学院長の神父.
5〖ベルギー〗(高校・中学の)校長(女性の場合は préfète).
6〖古代ローマ〗(道 préfecture の)長官, 代官；(皇帝の)親衛隊長. ~ des Gaules ガリア長官.

préfiguration *n.f.* 予示, 予兆.

préfinancement *n.m.*〖金融〗前貸融資, 前貸し.

préfixe *n.m.* **1**〖言語〗接頭辞(語)(語頭に置かれる造語要素；*ex.* pré-「前・光」の意).
2〖通信〗接頭コード(電話番号で加入者番号の前につく国別コードなど).

préfixion *n.f.*〖法律〗**1** 期限設定, 期限予定(事前に定めた期限). **2** 予定期限 (= délai préfixé).

Préfon (=*Pré*voyance de la *fon*ction publique) *n.f.*〖社会保障〗公務員福利厚生制度(公務員, 旧公務員およびその家族の共済基金積立てによる年金制度). adhérents à la ~ 公務員福利厚生制度加入者.

préformation *n.f.*〖生〗前成説 (= théorie de la ~, 17-18世紀にもてはやされた学説；生物はすでに胚芽の時に形成されているとする説).

préfourrière *n.f.*〖行政〗駐車違反車仮保管場所.

préfrontal(ale)(pl.**aux**) a. 〖解剖〗前部前頭葉の；前頭骨前部の. cortex ~ dorsolatéral 前部前頭葉背側面の大脳皮質.〖精神外科〗leucotomie ~ale 前頭葉白質切断術, 前頭葉白質ロボトミー.〖精神外科〗lobotomie ~ale 前頭葉切断術, 前頭葉ロボトミー, 標準ロボトミー.

préglaciaire a.〖地学〗氷河期以前の；(特に) 更新世 (préistocène) 以前の. période ~ du quaternaire 第四紀の前氷河期.

prégnandiol n.m.〖医〗プレグナンジオール (プロゲステロン progestérone の代謝物).

préhistoire n.f. **1** 先史, 先史時代；先史学. ~ et protohistoire 先史時代と原史時代. divisions de la ~ 先史時代区分.
2〔比喩的・話〕創始期, 草分け時代. ~ de la télévision テレビの草分け時代.

préhistorien(ne) n. 先史学者.

préhistorique a. **1** 先史時代の, 有史以前の. âges (temps)~s 先史時代. grotte ~ 先史時代の洞窟. hommes ~s 先史人. peinture ~ 先史絵画.
2〔比喩的〕非常に古い, 古色蒼然たる, 時代遅れの. machine (voiture) ~ 古色蒼然とした機械 (車).

préimplantatoire a.〖医〗(人工授精で) 受精卵の子宮壁着床前の. diagnostique génétique ~ 人工授精の受精卵移植以前の遺伝子診断.

préinscription n.f. 仮登録.

préinstallé(e) a.〖情報処理〗インストール済みの. logiciel ~ インストール済みのソフトウェア.

préjudice n.m. **1** 損害, 害 (=dommage). ~ corporel 身体的損害. ~ esthétique 美容上の侵害. ~ matériel (moral) 物質的 (精神的) 損害.〖精神医学〗délire de ~ 被害妄想. causer (subir) un ~ 損害をひき起す (蒙る). porter ~ à qn (qch) 人 (何) に損害を与える. porter ~ à la réputation 人の評判を傷つける. au ~ de qn (qch) 人 (物) の利害に反して (を損って). au ~ de l'Etat 国家の利益に反して. au ~ de la vérité 真理を曲げて.〖文〗sans ~ de qch 何を損う (妨げる) ことなく；偏見なく；〖話〗何は別としても.
2 予断；前例 (=préjugé). sans ~ de … は留保して；…とは別に；…を損わずに.

préjudiciaux a.m.pl.〖法律〗frais ~ 上訴予納金.

préjudiciel(le) a.〖法律〗判決前の；先決すべき. action ~le 先決訴訟. mesure de liberté surveillée ~le 判決前の監察付き釈放措置. question ~le 先決問題.

préjugé n.m. **1** 先入観, 予断. avoir un ~ en faveur (en défaveur) de qn 人に好意的な (不快な) 予断を抱く.
2〔蔑〕偏見. avoir un ~ (des ~s) contre …に対して偏見を抱く. ~s petits-bourgeois プチブル的偏見. ~s radicaux 人種的偏見. combattre les ~s 偏見と闘う. être sans ~s 偏見をもたない.

prélat [prela] n.m.〖教会〗**1** 高位聖職者 (カトリックの場合, 大司教 archevêque, 司教 évêque, 大修道院長 abbé, 教皇庁書記長 protonotaire および貌下 monseigneur の尊称で呼ばれる聖職者 ecclésiastique たち；紫色のスータン soutane violette の着用が認められる).
2〖カトリック〗~s domestiques 教皇庁侍従.

prélature n.f. **1**〖教会〗高位聖職者 (prélat) の地位. ~ personnelle 非管区高位聖職者 (司教管区から独立した活動の管轄権をもつ高位聖職者の地位). ~ territoriales 管区高位聖職者の地位.
2〔集合的〕(教皇庁の) 高位聖職者団.

prélavage n.m. (洗濯機・食器洗器などの) 予洗.

prélegs [prelɛg] n.m.〖法律〗先取遺贈.

prélèvement n.m. **1** 天引, 引き落とし；天引額. ~ automatique sur un compte bancaire 銀行口座からの自動引落し (振替). ~s obligatoires (税金・社会保険料など) 強制徴収 (額). ~ libératoire (forfaitaire) 任意徴収 (額). faire un ~ sur (le) salaire 給料から天引する.
2 抜取, 採取；抜取 (採取) 物；(採取した) 検体. ~ d'un tissu en vue d'une analyse 検査のための組織採取.〖医〗~ sanguin 採血；採取血液. registre automatisé des refus de ~ d'organes et de tissus 臓器・組織摘出拒否に関する自動化登録簿. ~ d'organes et de tissus sur un vivant 生体からの臓器・組織の摘出.
3〖経済〗~ agricole 農業課徴金 (CEE, UE 内で域外からの輸入農産物に課す課徴金).
4〖法律〗(共同占有物の分割前の) 先取り. ~ mobilier (immobilier) 動産 (不動産) の先取り, 先取控除動産. ~ successoral 相続先取資産.

préliminaire a. 予備の, 事前の；前提となるもの. accords ~s 事前合意. discours ~ 序文；前文；序論. dispositions ~s (法典などの) 巻頭規定 (=dispositions liminaires). conventions ~s 暫定契約 (協定). élection ~ 予備選挙. enquête ~ 事前 (予備) 調査. entretiens ~s 予備会談.
—n.m. **1**〔pl. で〕(休戦・和平などの) 予備交渉, 事前交渉. ~s de la paix 和平予備交渉.
2〔pl. で〕前置き；始まり；序幕. abréger les ~s 前置きをはしょる.
3〖法律〗準備手続. ~ de conciliation 和解手続.

prélude n.m. **1**〖音楽〗(演奏前の) 楽器 (声) の調整.
2〖音楽〗前奏曲, プレリュード. P~s de

Chopin ショパンの『前奏曲集』. ~s pour piano ピアノの前奏曲.
3〔比喩的〕端緒. ~ de la Révolution 大革命のまえぶれ.

Premar (=*Préfet maritime*) *n.m.*〖海軍〗海軍軍管区司令長官. ~ Brest ブレスト駐在大西洋海軍軍管区 (=région maritime de l'Atlantiqne) 司令長官. ~ Toulon トゥーロン駐在地中海海軍軍管区 (=région maritime de la Méditerranée) 司令長官.

prématuré(e) *a.* 未熟の；時期尚早の；早過ぎる. accouchement ~ 早産. chaleur ~e 時ならぬ暑さ. décision ~e 早まった決定. enfant ~ 未熟児. mort ~e 若死, 早死, 夭折. naissance ~e 早生. sagesse ~e 早熟な知恵. Il est ~ de + *inf.* …するのは時期尚早である.
—*n.* 未熟児 (=enfant ~).

prématurité *n.f.*〖医〗(出生児の) 未熟；未熟状態〖妊娠37週未満もしくは出生時の体重が2,500g未満の状態〗；早熟.

prémédication *n.f.*〖医〗(麻酔または痛みを伴なう検査の前の医薬品の) 前投薬.

préméditation *n.m.* あらかじめ熟慮すること, 事前計画；(犯罪などの) 予謀. meurtre avec ~ 謀殺.

prémédité(e) *a.p.* **1** 事前に考慮した. réponse ~e 事前に準備されていた返答.
2〖法律〗予謀の. crime ~ 予謀重犯罪. meurtre ~ 予謀を伴う故殺, 謀殺 (=assassinat).

préménopause *n.f.*〖医〗更年 (閉経) 期前症候群.

prémenstruel(le) *a.*〖医〗月経前の. syndrome ~ 月経前症候群.

prémessager *a.m.*〖生化〗前駆伝達子の, 前駆メッセンジャーの. ARN ~ ARN (RNA) 前駆伝達子.

premier(ère)[1] *a.* 〔一般に名詞の前〕 **I** 〔本義；第一の〕 **1** (順序・順位などの) 1 番目の；第一の；第一次の. ~ère année de médecine 医学部第1学年. ~ère édition 初版.〖史〗la P~ Empire 第一帝政.〖史〗la P~ère Guerre Mondiale 第一次世界大戦. ~ère moitié 前半. ~ère partie 第一部.〖文法〗~ère personne du singulier 第1人称単数. ~ prix 1等賞. ~ violon 第1ヴァイオリン〔奏者〕.
en ~ lieu 第一に, 真先に. Elisabeth ~ère (Ire, Ire) エリザベス1世. François ~ (Ier) フランソワ1世. Napoléon ~ (Ier) ナポレオン1世. tome ~ 第1巻. arriver 〔bon〕~〔楽々と〕1着になる.
2 (時間的に) 最初の, 初；最初期の. âge ~ 乳幼児期. les ~s âges 太古. ~ amour 初恋.〖カトリック〗la ~ère communion 初聖体. faire sa ~ère communion 初聖体拝領の式に出る. la ~ère enfance 幼児期. ~ enfant 第一子, 長子. avoir son ~ enfant 長子が生まれる.〖印刷〗~ ère épreuve 初校. ~ère esquisse 第一次草案 (スケッチ). ~ères feuilles 若葉. ~s hommes 最初の人類. ~ jet 下書き, 素描. du ~ jet 一挙に；一気に. le ~ jour du mois 月の一日 (ついたち). ~-né, ~ère-née 第一子, 長子. P~ ère nouvelle! それは初耳だ! ~ ère pierre 礎石. poser la ~ère pierre 礎石を置く；〔比喩的〕土台を築く, 創始者となる. la ~ère représentation 初演 (=la ~ère). ~ round (ボクシングの) 第1ラウンド；〔比喩的〕第1段階. ~ service de dîner 夕食の第1回サービス. ~ère version 初版；(製品の) 初回ヴァージョン；〖電算〗(ソフトの) 第1次ヴァージョン.
au ~ abord 一見して (=à la ~ère vue)；即座に. au ~ chef 第一に, 何にもまして. au (du) ~ coup 最初から, 一度で. à la ~ère heure 朝早く；早くに. à la ~ère occasion 次の機会には. dans un ~ temps はじめのうちは. dès le ~ moment 最初から. pour la ~ère fois はじめて.
arriver ~ 最初にやってくる；一番でゴールする. attendre le ~ métro メトロの始発を待つ. donner les ~s soins à un blessé. 怪我人に救急措置を施す. C'est la ~ère fois que + *ind.* …するのははじめてだ.
3 (空間的に) 先頭の, 冒頭の；一番手近の. ~ étage 2階. ~ère ligne 第1行；最前線. ~ nom d'une liste 名簿の筆頭の名前. ~ères pages d'un livre 本の巻頭. ~ plan (芝居・映画・絵画の) 前景. ~ ère porte sur la droite 右手の一番手前のドア. Prenez la ~ ère rue à gauche 最初の通りを左折しなさい.

〖**II**〗〔転義〕**1** 首位の, 首席の；最高位の. ~ ère danseuse プリマ・バレリーナ. ~ ministre 総理大臣, 首相. ~ personnage de …の第一人者. ~ secrétaire 第一秘書, 書記長；(外交官の) 一等書記官.
être ~ de la classe クラスの首席である. sortir ~ de son école 学校を首席で卒業する.
2 最上の, 最良の, 1等の；最重要の. ~ ère classe 1等.〖葡萄酒〗le ~ grand cru 特1級葡萄畑；特1級葡萄畑の葡萄酒, 1級特醸葡萄酒.〖鉄道〗wagon de ~ère classe 1等車. ~ objectif 第一目標. ~ peintre de notre temps 現代最高の画家.〖食肉〗côtes ~ ères (仔牛, 羊, 豚などの) コート・プルミエール (背肉の後部). découverte de ~ grandeur 最大級の発見. de ~ choix 精選された, 最上級の. de ~ ordre 一流の；最重要の. affaire de ~ ordre 最重要の問題. homme de ~ ordre 一流の人物. être aux ~ères loges 特等席を占める；(出来事を) 目の前で見る. être de ~ ère nécessité 必要不可欠である. jouer le ~ rôle 主役を演ずる.
3 初歩の, 初級の；基本の.〖教育〗~ cycle (中等教育の) 第1課程《第6-3学級》；(高等

première² *n.f.* **1** 〖劇〗初日, 初演 (=～ représentation)；〖映画〗封切上演．～ d'*Hernani* de Victor Hugo ヴィクトル・ユゴーの『エルナニ』の初演．
2 (乗物・劇場の) 1 等 (=～ classe)；1 等席；1 等切符．une ～ pour Nice ニース行1等切符1枚．〖鉄道〗wagon de ～ 1等車．voyager en ～ 1等で旅行する．
3 (中等教育の) 第1学級 (=classe de ～)；第1学級のクラス (生徒)《中等教育の6年目；最終学級の前の学年》．entrer en ～ 第1学級に進学する．～ supérieure (リセの) グランド・ゼコール受験準備学級．
4 〖登山〗初登頂, 初登攀．～ hivernale 冬季初登攀．～ solitaire 単独初登攀．
5 〖医〗(新医療技術による) 初手術；(科学技術の) 初成果．grande ～ 偉大な初成功．
6 〖自動車〗(変速ギアの) 第1速, ロー (=～ vitesse). monter une pente en ～ ローで坂をのぼる．passer la ～ 第1速に入れる．
7 〖スポーツ〗第1レース．
8 〖舞踊〗第1ポジション．
9 〖印刷〗初校〔刷〕(=～ épreuve). corriger en ～ 初校で直す．
10 (モード店の) 縫子主任．
11 〖話〗de ～ 最上の；極度に．vin de ～ 高級葡萄酒．être surpris de ～ ひどく驚く．

premières-côtes-de-blaye *n.m.*
〖葡萄酒〗プルミエール＝コート＝ド＝ブレー《ボルドー地方 le Bordelais, ジロンド河右岸, ジロンド県département de la Gironde, Blaye 〈市町村コード33390〉周辺地区の AOC 葡萄酒》．

premières-côtes-de-bordeaux *n.m.*〖葡萄酒〗プルミエール＝コート＝ド＝ボルドー《ジロンド県département de la Gironde 東南部, ガロンヌ河右岸の Bordeaux から Cadillac に至る長さ60 km の地域の丘で生産される赤と辛口の白の AOC 葡萄酒；甘口の白は AOC cadillac として売られる》．

premier-ministrable *n.* 首相候補者．

prémolaire *n.f.* 〖解剖〗小臼歯．

prémonition *n.f.* 虫の知らせ, 予感 (=pressentiment). avoir la ～ de *qch* …の予感がする．

prémonitoire *a.* **1** 虫の知らせ的な, 前触れの．rêve ～ 虫の知らせのような夢．
2 〖医〗(症状の) 前駆の, 前駆性の．signe ～ 前駆の徴候．

prémunition *n.f.* 〖医〗感染免疫, 相関免疫．

prenant(e) (<prendre) *a.* **1** 〔古〕始まる．〖カトリック〗carême [-] ～ 四旬節 (carême) 前の3日間；謝肉祭, 謝肉祭のお祭騒ぎ (＝カーニヴァル) (仮面；仮装の人；肉の火曜日）．
2 受取る．〖法律〗partie ～e 金銭の受取人；利害関係者；当事者．

教育の) 第1課程 (基礎課程)．～s éléments de la chimie 化学の基礎．enseignement du ～ degré 初等教育 (=enseignement primaire).
4 〖法律〗第一段階の．～ère instance 第一審．
5 当初の, 本来の．recouvrer sa santé ～ère 以前の健康を取り戻す．remettre *qch* dans son état ～ 何を原状に戻す．
6 根本の, 基本の．〖哲〗le ～ être 根本存在．〖哲〗cause ～ère 基本原因．données ～ères de la perception 知覚の根本条件．matières ～ères 原料, 原材料．〖数〗nombre ～ 素数．〖論〗proposition ～ère 公理 (=axiome). 〖言語〗sens ～ 原義．vérités ～ères 絶対的真理．
━━*n.* **1** 第1番 (1番目) の人 (物)；最初の人 (物)；先head；首席；トップ．～ au concours de Normale エコール・ノルマル入試のトップ〔合格者〕．le ～ des biens 最も大切な財産．～s de la classe クラスのトップ群．〖登山〗～ de cordée ザイル・パーティーのトップ．le ～ venu (la ～ère venue) 最初に来た人；誰でも．les trois ～s 最初の3人．
être le ～ à+*inf.* 最初に…する．plonger la tête la ～ère (les pieds les ～s) まっさかさまに (足から) 飛び込む．Elle a parlé la ～ère. 彼女が最初に口を開いた．
2 前者．De ces deux projets, je choisirai le ～. この二つの提案のうち, 私は前者を選ぶ．
3 jeune ～ (ère) (恋人役を演じる) 若立役 (娘役)；二枚目役者 (ヒロイン)．physique de jeune ～ 二枚目の容姿；女たらしの容姿．

premier² *n.m.* **1** 第1日；(月の) 一日 (ついたち) (=le ～ jour). le ～ (1ᵉʳ) janvier 1月1日, 元日 (=jour de l'an). le ～ (1ᵉʳ) mai 5月1日〖メーデー〗fête du Travail). le ～ (1ᵉʳ) novembre 11月1日《万聖節fête de la Toussaint》．
2 (建物の) 2階 (=～ étage). habiter au ～ 2階に住む．
3 (住所の) 1番地 (=numéro ～). habiter au 〔numéro〕 ～ (1ᵉʳ) rue Descartes デカルト通り1番地に住む．
4 (Paris, Lyon, Marseille などの) 第1区 (=～ arrondissement). la mairie du P～ arrondissement de Paris パリ市第1区 (= mairie du Iᵉʳ de Paris [Paris-Iᵉʳ]).
5 基本, 根幹．le ～ des droits de l'homme 人権の基本．
6 (特に英国の) 首相 (=～ ministre).
7 (文字謎 charade の) 第1語〔句〕．mon ～ 私の文字謎の第1語．
8 en ～ まず第一に；先頭を切って；筆頭の, 首席の．〖海軍〗commandant en ～ 艦長．arriver en ～ 先頭で着く．marcher en ～ 先頭を歩く．

prénatal (ale)

3 捕捉する. glu ~e とりもち. queue ~ (猿などの) 捕捉尾.
4〖比喩的〗人の心を捉える, 人を夢中にさせる. livre ~ 人の心を捉える (人を熱中させる) 書物. travail très ~ 非常に忙しい仕事.

prénatal (ale)(pl.**aux**) a. 出産前の, 産前の, 出生前の. allocations ~ales (妊婦の) 産前手当. diagnostic ~ 出生前診断. exercice ~ 妊婦体操.

preneur (se) n. **1** 引取り手; 買手. trouver ~ 引取り手 (買手, 賃借人) を見つける;〖戯〗夫を見つける.
2〖法律〗賃借人 (=locataire; bailleur「賃貸人」の対); (手形などの) 受取人 (émetteur「振出人」の対). ~ d'un bail à loyer 賃借契約人, 賃借人.
3 (使用賃借における) 借主 (=commandataire).
4〖稀〗捕獲者; 取る人. ~ de lapins 兎猟師. ~ de médicament 薬の服用者. ~ de son 録音係. ~ de thé 紅茶愛用者.
——a. 採取用の.〖土木〗benne ~se ドラグショベル (=piocheuse).

prénom n.m. 名 (姓名のうちの) 名; 姓は nom de famille; =〚英〛personal (given, christian, first) name, prename, forname). ~ masculin (féminin) 男性 (女性) 用の名. appeler qn par son ~ 人を名で呼ぶ. nom et ~ 姓名.

prénommé(e) a. という名 (prénom) をつけられた. fille ~e Anne-Marie アンヌ＝マリーという名の娘.

prénuptial (ale)(pl.**aux**) a. 婚前の, 結婚前の. certificat ~ 婚前健康診断証明書. cohabitation ~ale 婚前同居, 同棲. conception ~ale 婚前妊娠. examen ~ 婚前検診.

préoccupant(e) a. 憂慮すべき, 心配な, 気がかりな. situation ~e 憂慮すべき状況. symptômes ~s 気がかりな徴候.

préoccupation n.f. **1** 気懸り, 心配. avoir des ~s 心配事がある. sujet de ~ 心配の種.
2 専心, 専念, 没頭; 強い関心.
3〖古〗固定観念 (=idée fixe).

préoccupé(e) a. **1** (de に) 心を奪われた, 専念した. **2** 気がかりな, 物思いに耽った, 心配そうな. air ~ 気もそぞろな様子.

préolympique a.〖スポーツ〗**1** プレオリンピックの. jeux ~s プレオリンピック競技大会.
2 オリンピック競技大会のための. sélection ~ オリンピックの選手選考.

préopératoire a. **1**〖医〗手術前の, 術前の. examens ~s 手術前検査. irradiation ~ 術前照射, 術前放射線治療.
2〖心〗pensée ~ 前操作的思考.

préoptique a.〖解剖〗(脳の視床下部の) 視床 (視覚) 前部の. noyau ventro-latéral ~ 視床下部腹外側視索前野核. région ~ de l'hypothalamus 視床下部の視索 (視覚) 前野.

préoral (ale)(pl.**aux**) a.〖動〗口の前にある.

prépa n.f.〖話〗グランド・ゼコール受験準備学級 (=classe préparatoire). un (une) ~ HEC 高等商業受験準備課程学生. entrer en ~ HEC 高等商業受験準備課程に入る. enseignement en ~〔s〕準備学級教育. professeur de ~s グランド・ゼコール準備学級担当教員 (=professeur de préparatoires).
——n. グランド・ゼコール受験準備学級の生徒 (=préparationnaire).

prépandémique a.〖医〗(インフルエンザなどの) 大流行前の. vaccin ~ contre le H5N1 H5N1 型鳥インフルエンザの大流行前ワクチン. virus ~ 汎流行の前段階にあるウイルス.

préparateur (trice) n. **1** 実験補助員, 実験助手 (= ~ de laboratoire).
2〖薬〗~ en pharmacie 薬局調剤補助員.

préparatif n.m.〔一般に pl.〕準備; 準備作業. ~s de départ 出発準備. ~s d'un repas 食事の仕度. sans aucun ~ 何の準備もなしに.

préparation n.f. Ⅰ (物について) **1** 準備; 用意. ~ d'un repas 食事の仕度. ~ d'un voyage 旅行準備. ~ d'une attaque 攻撃準備. ~ de latine ラテン語の予習. ~ de 準備のための. temps de ~ 準備期間. travail de ~ 準備作業.〖軍〗tirs de ~ 準備射撃 (威嚇・着弾確認のための射撃). en ~; en cours de ~ 準備中の. ouvrage en (cours de) ~ 執筆中の著作. sans ~[1] 準備なしに, 即席で. parler sans ~ 準備なしで (即席で) 話す.
2 (料理の) 下拵え, 調理; 調理品; (薬品などの) 調合, 調合品; (材料の) 処理, 加工. ~ chimique (実験用の) 化学薬品の調合. ~s culinaires 料理の下拵え. ~ pharmaceutique 医薬品の調合.
3 プレパラート〔作業〕, 標本, 標品. ~ anatomique 解剖学の標本. ~ microscopique 顕微鏡標本.
4 選別, 選鉱. ~ mécanique 機械的選鉱.
5 (劇作などの) 伏線の設定. ~ d'un dénouement 大団円の按配.
6〖音楽〗予備. ~ d'une dissonance 不協和音の予備.
7〖美術〗パステルの習作. ~s de La Tour ラ・トゥールのパステル画習作.
Ⅱ (人について) **1** 養成, 予備教育. ~ à un examen 受験指導. ~ des élèves au baccalauréat バカロレアのための生徒の受験指導. ~ d'un sportif スポーツ選手の養成. ~ militaire 軍事予備教育 (略記 PM). ~ militaire supérieure 上級軍事予備教育 (略記 PMS).
2 (に対する) 心の準備, 心構え. ~ à la

mort 死に対する心構え. sans ~² 心の準備なしに；いきなり. annoncer à qn un accident tragique sans ~ いきなり悲惨な事故を人に知らせる.

préparationnaire n.〖教育〗グランド・ゼコール受験準備学級の生徒〔俗称 prépa〕.

préparatoire a. 予備の，準備の.〖教育〗classe ~ aux grandes écoles グランド・ゼコール受験準備学級《リセを卒業し，バカロレアに合格した生徒が，特定のリセあるいは中等教育の私学で，グランド・ゼコールの受験準備の教育を受ける学級；略記 CPGE；通称 prépa プレパ》.〖教育〗cours ~ 準備学級《小学校の第一学年；略記 CP》.〖法律〗instruction ~ 予備的手続.〖法律〗jugement ~ 予審手続を求める決定，予備判決. travail ~ 準備作業.

prépayé(e) a. 料金前払いの，前払いの，支払い済の. carte téléphonique ~e プリペイド・テレフォン・カード.

prépension [ベルギー] n.f. 繰上げ退職，繰上げ年金（＝préretraite）.

prépensionné(e) [ベルギー] n. 繰上げ年金受給者，繰上げ退職者（＝préretraité）.

prépondérance n.f. 優越，優勢（sur に対する）優位；支配権. ~ d'une nation sur les autres 他国に対する一国の優位（支配権）. avoir la ~ sur qch 何に対し優位を保つ.

prépondérant(e) a. 優越した，支配的な. avoir une influence ~e 支配的影響力をもつ. rôle ~ 優越的（支配的）役割. torts ~s〈有責離婚における〉支配的な過誤. voix ~e キャスティングヴォート.

préposé(e) n. 1 〈ある〉の担当者，係. ~ au vestiaire クローク係.
2 被用者；下級職員. ~ occasionnel 臨時被用者.
3 〖行政〗現業職員. ~ des douanes 税関職員. ~ des forêts 営林署員. ~ des postes 郵便局員.

prépositionnement (<prépositionner) n.m.〖軍〗〈軍事力の〉事前配置.

prépresse n.m.〖印刷, 電算〗プリプレス，印刷前諸工程〈原稿・データ収集，割付，製版フィルム作成など〉.

préprofessionnel(le) a.〖教育〗予備職業教育の《中等教育第5学級終了後の前期職業教育についていう》. enseignement ~ 予備職業教育.

préprogrammé(e) a. 事前にプログラミングされた；前もって決められた.

prépsychose [-koz] n.f.〖精神医学〗前精神病的人格〈精神病の素質のある人格〉.

prépublication n.f. 事前公刊, 〈単行本出版に先立つ〉雑誌上での発表.

prépuce n.m.〖解剖・医〗〈陰茎，陰核の〉包皮. ablation du ~ 陰茎包皮切除術（＝excision du ~）, 割礼（＝circoncision）. étroitesse du ~ 包皮狭小, 包茎（＝phimosis）. excision du ~ 陰茎包皮切除〔術〕, 割礼（＝circoncision）.

préraphaélite a.〖美術史〗ラファエル前派の. confrérie ~ ラファエル前派〔団体〕《Burne-Jones, Hunt, Millais, Rossetti ら》.
——n. ラファエル前派の画家.

prérapport n.m.（最終報告書の）事前報告書.

préréglage n.m.〖電子・電気通信〗（計器・回路の）事前選択, 事前調整.

prérentrée n.f.〖教員〗新学期開始前の勤務（新学期の準備のための）.

pré[-]retraite n.f. 繰上げ定年, 繰上げ退職；繰上げ退職年金.

préretraité(e) n. 繰上げ退職者.

prérévolutionnaire a. 革命直前の.

prérogative n.f.（出生，地位などに基づく）特権，特典；特性；排他的機能. ~s de la noblesse 貴族の特権. ~s des parlementaires 国会議員特権.

préroman(e) a.〖美術史〗ロマネスク様式以前の. art ~ ロマネスク様式以前の中世美術.

présage n.m. 1 前兆；（前兆に基づく）予測, 予言. ~ favorable 好ましい前兆. heureux (mauvais) ~ 吉兆（凶兆）. croire aux ~s 予言を信じる, 迷信深い.
2 前触れ, 兆し. ~ d'une crise (d'une tempête) 危機（嵐）の前触れ.

présalaire n.m.（在学中の学生に対する）前渡し給与（手当）.

pré-salé(pl. ~s-~s) n.m.〖食材・料理〗1 プレ=サレ《海浜の塩気を含んだ牧草地で飼育された食用羊・仔羊》. ~ du Mont-Saint-Michel ル・モン=サン=ミシェルのプレサレ〔料理〕（名物料理）. gigot de ~ プレ=サレの腿肉〔料理〕. mouton de ~ プレ=サレの羊.
2 プレ=サレの肉.

presbyacousie n.f.〖医〗老人性難聴（＝surdité sénile）.

presbyophrénie n.f.〖医〗プレスビオフレニー《意識障害を伴う老年痴呆・老年精神病の一種；アルツハイマー型老年痴呆の一形態》.

presbyopie n.f. 老眼, 老視（＝presbytie）.

presbyte a. 老視の, 老眼の.
——n. 老視（眼）の人.

presbytéral(ale)(pl. aux) a. 1 〖カトリック〗司祭の, 聖職者の. maison ~ale 司祭館（＝presbytère）.
2 〖プロテスタント〗長老の. conseil ~ 長老会.

presbytérianisme n.m.〖キリスト教〗長老制度；長老教会主義；全長老派教会.

presbytérien(ne) a.〖キリスト教〗長

老派の, 長老教会の.
—n. 長老派信徒.

presbytie [-sbi] n.f. 老視, 老眼 (= presbyopie).

préscolaire a. 学齢前の, 義務教育年齢未満の, 就学前の. éducation ~ 義務教育就学前教育 (= éducation préélémentaire).

préscolarisation n.f. 〖教育〗学齢前教育.

prescripteur¹ (**trice**) n. 〖医〗処方箋作成者. médecin ~ 処方医.

prescripteur² n.m. 策定者. ~ de manuels scolaires 教科書の編者.

prescription n.f. **1** 規定, 指示；規範；〖医・薬〗処方；処方箋 (= ordonnance). ~s de la loi 法の規定 (= ~ légale). ~ d'un médecin 医師の処方. observer les ~s de la morale 道徳の規範を守る. poursuivre les ~s 指示に従う.
2 〖法律〗時効. ~ acquisitive (extinctive) 取得 (消滅) 時効. ~ criminelle 公訴の時効. ~ pénale；~ de la peine 刑の時効. Il y a ~. 時効が成立している.
3 〖商業〗推奨.

prescrire (*p.p.* prescrit) v.t. **1** 〖法律〗時効により取得する；(刑罰・債務などを) 時効により消滅させる. ~ contre les interdits 禁止事項に反して時効取得する. ~ la propriété d'un immeuble 不動産の所有権を時効により取得する. ~ la peine 刑を時効により消滅させる. action *prescrite* 時効にかかった訴権.
2 〖法律〗(法令によって) 原則を立てる, 規定する (= édicter, établir)；(作為債務などを) 定める；(個別措置を命じる (= ordonner). ~ une enquête 調査を命じる. ~ de + *inf.* (que + *subj.*) …することを命じる. faire ce que *prescrit* la morale 道徳の命じるところに従う.
3 〖医〗処方する, 命じる. ~ des médicaments 医薬品を処方する. ~ un traitement 医療措置を命じる.
4 必要とする, 要求する. mesures que *préscrivent* les situations 状況の求める措置.
—**se** ~ v.pr. **1** (刑・債務などが) 時効になる, 時効にかかる, 時効により消滅する. Les peines *se prescriront* par vingt années révolues. 刑は満20年で時効となるであろう. Les arrérages de rentes *se prescrivent* par cinq ans. 年金の支払額は5年で時効になる.
2 命じられる；処方される.

prescrit(**e**) (< préscrire) a. 規定された, 定められた；命じられた, 処方された. au terme ~ 定められた期限に. 〖薬〗dose ~e 規定の服用量.

préséance n.f. (儀礼・儀式などでの) 優先権, 上位席次権. ordre des ~s dans un cortège 行列の優先順位. querelles de ~ 優先権 (席次) 争い. rang de ~ (高位者など の) 席次；外交席次.

présélection n.f. **1** 予備選抜, 予選；〖軍〗徴兵前の予備適性検査. candidats admis en ~ 予備選抜で選ばれた志願者.
2 (機器の) プリセット. boîte de vitesses à ~ プリセット式変速機. bouton de ~ プリセットボタン.

présence n.f. **1** 在席, 出席, 存在；出勤；参列. ~ controlée 出席 (出勤) 管理. la ~ de troupes françaises en Allemagne フランス軍のドイツ駐留. droit de ~ (大会などの) 出席 (参加) 料. feuille de ~ 出席表；出勤表.
éviter la ~ de *qn* 人との同席を避ける. faire acte de ~；faire de la ~ ちょっと顔出しする；出席 (参加) だけしている. Votre ~ intimide les élèves. あなたが居るので生徒たちが気後れしている. Vous êtes prié d'honnorer notre réception de votre ~. レセプションに御来臨の栄を賜りたく御案内申し上げます (招待状の文言).
2 存在の気配. sentir une ~ amie 友人の居る気配を感じる.
3 (人の) 面前；(物の) 前. en ~ 面と向かい合って. adversaires en ~ 対峙する敵対者. en ~ de …の前で. en ~ de la foule 群衆の面前で. hors de la ~ de *qn* 人の居ない所で.
4 (物の) 存在；存在物. ~ d'esprit 冷静, 沈着. avoir de la ~ d'esprit 臨機応変である. ~ de la vapeur d'eau dans l'atmosphère 大気中の水蒸気の存在. ~ de pétrole dans le sous-sol de cette région この地方の地下の石油の存在.
5 〖神学〗(神の) 現存；〖哲〗現存. ~ au (dans) le monde 世界における現存. ~ réelle (聖体中の) キリストの現存, 現存説.
6 現実的存在；現在性, 現代性. ~ de l'art roman ロマネスク芸術の現存. ~ de Shakespeare シェイクスピアの現代性.
7 〖法律〗(法定住所における) 生存；生存者.
8 存在感；迫力. ~ d'une actrice 女優の存在感. ~ d'un présentateur de télévision テレビ司会者の存在感. avoir de la ~ 存在感がある. manquer de ~ 迫力に欠ける.
9 (国家などの) 影響力, 勢力；存在の重み. ~ de la France en Afrique アフリカ大陸におけるフランスの影響力.
10 〔古〕外観, 様子.

présénile a. 初老期の. démence ~ 初老期痴呆.

présent(**e**)¹ a. **I** (〖存在する；absent の対〗) **1** (人が) 居る, 居合わせる；出席している；出勤している. élève ~ au cours 授業に出席している生徒. personnes ~es 出席者. soldat ~ à l'appel 点呼に居合わせた兵士. être ~ à une réunion 会合に出席している. être ~ partout どこにでも姿を見せる, 神出鬼没である；(神が) 遍在する. Ma-

dame X ici ~e. ここに居られるマダム X. P~(e)! (点呼で) はい. Elle était ~e au moment de l'accident. 彼女は事故に居合わせた. **2** (物が) 存在する, 在る. matières ~es dans l'air 空気中に存在する諸物質. **3** (心に) 存在し続ける, 残る. avoir qch ~ à l'esprit 何を心に留めている. être ~ à l'esprit 念頭にある；念頭を去らない. être ~ par cœur 心に残る. Ces moments me seront toujours ~s. これらの瞬間は私にとって生涯忘れられないものになるだろう. **4** (人が) (…に) 注意を払っている. avoir toujours l'esprit ~ 常に臨機応変である. être ~ à conversation 会話に注意を払っている.
Ⅱ (現在の；passé, futur の対) **1** 現在の, 今の. circonstances ~es 現在の状況. état ~ de la politique 政治の現状. instant ~ 今の瞬間. le 1er du mois ~(du ~ mois) 今月の 1 日 〔に〕. siècle ~ 今世紀. société ~e 現今の社会. temps ~ 現在時. **2** 〖文法〗現在の, 現在形の. participe ~ 現在分詞. subjonctif ~ 接続法現在 〔形〕. **3** 〖名詞の前〗この；〖法律・商〗本…, 当…. la ~e lettre 当書状. par la ~e 〔lettre〕当書状により. la ~e loi 本法律.
——n. 出席者 (= personne ~e). Combien y a-t-il de ~s? 出席者は何人ですか?

présent^2 n.m. **1** 現在時, 現在；現在の生活 (状況). à ~ 現在, 今；現在では. à ~ que + ind. 今や…であるから. d'à ~ 現在の, 今の. jeunesse d'à ~ 現今の若者. dès à ~ 今から. jusqu'à ~ 現在まで. pour le ~ 現在のところ. **2** 〖文法〗現在, 現在形. ~ de l'indicatif 直説法現在 〔形〕. conjuguer un verbe au ~ 動詞を現在形に活用させる.

présent^3 n.m. **1** 物を贈ること；贈り物, プレゼント (= cadeau). ~ de noces 結婚祝いの贈り物. 〖法律〗 ~s d'usage 慣例上の贈り物 《相続財産への贈与の持戻しの対象とならない》. faire ~ de qch à qn 何かを贈物として贈る. recevoir qch en ~ 何を贈物として受取る. **2** (天・自然からの) 恵み, 授り物. ~s du ciel 天の恵み.

présenta*teur* (*trice*) n. **1** 司会者, プレゼンテーター；解説者；ニュースキャスター (= animateur, annonceur). ~ du journal télévisé テレビニュースの解説者, テレビのニュースキャスター. ~ d'un numéro de variété ヴァライエティー番組の司会者. **2** (新製品などの) 紹介者, 宣伝者, デモンストレーター (= démonstrateur). **3** 〖稀〗(人の) 紹介者, 推薦者. **4** 〖法律〗(手形などの) 呈示人. ~ d'un effet de commerce (d'un billet à l'échéance) 手形の呈示人. **5** 〖宗教史〗聖職禄受領者の推薦人.

présentation n.f. **1** (人の) 紹介. lettre de ~ 紹介状. faire les ~s 人を紹介する. **2** 推薦. ~ de candidature 候補者推薦. droit de ~ 推薦権, 紹介権《公証人などの後任者推薦権》. **3** 呈示, 提出. ~ d'une pièce d'identité 身分証明書の提示. 〖商業〗effet payable à ~ 一覧払手形. **4** 発表, 紹介, プレゼンテーション；発表会. ~ de la collection d'hiver 冬のファッションショー. ~ d'un film 映画の試写会. **5** (人の) 態度, 外見. Cette vendeuse a une bonne ~. この売り子は態度が良い. **6** 展示, ディスプレー；(商品などの) 体裁；外装. ~ en boîte 缶詰形態. ~ originale des tableaux dans un musée 美術館での独創的な絵画の展示. **7** (意見などの) 提示, 展開. ~ des arguments 論証の展開. ~ détaillée d'une théorie 理論の詳細な開示. **8** 〖宗教〗奉献. 〖カトリック〗fête de la P~ d'Enfant Jésus 主の奉献の祝日《2 月 2 日》. 〖カトリック〗fête de la P~ de la Vierge 聖母マリアの奉献の祝日《11 月 21 日》. **9** 〖医〗胎位置. ~ du siège 骨盤位, 逆子. ~ du sommet 頭位.

présente^2 n.f. 〖商業〗本書状 (= la ~ lettre). au reçu de la ~ 本状を落手しましたら.

présentoir n.m. **1** (商品の) 陳列台. ~ d'un magasin à libre-service セルフサービス店の商品陳列台. **2** 〖宣伝〗(市場調査に基づく) 商品化計画 (販売促進計画) 立案者, マーチャンダイザー (= 〔英〕merchandiser).

présérie [preseri] n.f. プレセリー《量産前の小量生産》, 量産試作品. modèle de ~ 試作機種, 試作見本. voiture de ~ 量産前の試作車.

préserva*teur* (*trice*) a. 〔古〕(疾病・危険などを) 予防する, (de, contre から) 防ぐ. mesures ~ trices 予防措置.
——n.m. 〔稀用〕(食品などの) 防腐剤, 変質防止剤；保存剤；〖医〗予防剤, 保健剤. ~s et conservateurs 防腐剤と保存剤.

préservatif (ve) a. 〔古〕病気を予防する.
——n.m. **1** コンドーム (= condom). **2** 予防具. ~ féminin ペッサリー《避妊具》. **3** 予防薬.

préservation n.f. **1** 予防. **2** (収穫物などの) 保存. **3** 保護, 保全. ~ de l'environnement 環境保護. ~ du patrimoine de qn 財産保全.

préservé(e) a. 保存された. quartier ~ (都市の) 保存地区.

présidence n.f. **1** 大統領 (議長, 会長 président) の 地位 (職務)；~ の任期. être élu à la ~ de la République 共和国大統領

président(e)

に選出される. sous la ~ de François Mitterrand ミッテラン大統領の在位中に.
2 大統領(議長, 長官, 裁判長)の官邸(=résidence du président). réception à la ~ de la République 共和国大統領官邸でのレセプション.
3 (会議の)主宰, 司会. ~ d'une assemblée 会議の司会(議長職). sous la ~ de qn 人の司会で.

président(e) n.〔司法官については女性についても多く男性形が用いられる〕**1** 議長, 会長, 社長, 主宰者. ~ de l'Assemblée nationale (du Sénat) 国民議会(元老院)議長. ~ de la commission des affaires étrangères 外務委員会委員長. ~ directeur général (PDG, P-DG)；e-directrice générale 取締役会長, 社長. ~ d'âge 臨時に議長役を勤める最年長者. ~ d'honneur (honoraire) 取締役会長 (名誉会長). ~ du jury 審査委員会委員長. ~ de séance 会議議長. ~ de l'université de Paris パリ大学学長〔1968年以前は recteur〕.
2 大統領. ~ de la République 共和国大統領. ~ des Etats-Unis (français, russe) アメリカ(フランス, ロシア)大統領.〔仏史〕prince-~ (皇帝になる前の)ナポレオン三世.
3〖政治〗 ~ du Conseil (第 3, 4 共和政時代の)首相, 内閣総理大臣.
4〖法律〗裁判長, 所長, 院長. premier ~ de la cour d'appel 控訴院長〔大審裁判所 tribunal de grande instance の~ は裁判所長〕. ~ de chambre (控訴院, 破毀院の)部長.
5〔古〕~e …夫人.

présidentiable a. président (大統領, 議長, 会長)に選出されうる(選出される可能性のある).
—n. 大統領候補.

présidentialisme n.m.〖政治〗大統領制(=régime présidentiel)；大統領独裁体制.

présidentiel(le) a. président (大統領, 会長, 総裁など)に関する；(特に)共和国大統領 (le président de la République)の. élection ~le 大統領選挙 (=la ~le). régime ~ 大統領政体(体制).
—n.f. 大統領選挙.

présidium, præsidium [-djɔm] n.m. **1** (旧ソ連の)幹部会.
2〔広義〕幹部会. ~ de la Convention sur l'avenir de l'Europe ヨーロッパ〔連合〕の未来に関する協定検討幹部会(会長 Valéry Giscard-d'Estaing；ヨーロッパ連合憲法 Constitution européenne の構想の検討委員会).

présidoscope n.m. 大統領選挙予測 (l'IFOP と Libération 紙の協力による世論調査の名称).

présignalisation n.f.〖交通〗事前予告信号(自動車の走行速度を徐々に落させる信号).

présomptif(ve) a.〖法律〗推定の, 推定による. héritier ~ 推定相続人. l'héritier ~ de la couronne (du trône) 王位推定継承者, 王太子(=prince héritier).

présomption n.f. **1** 推定, 推測.〖法律〗~ absolue 絶対的推定, 反証を許さない推定 (=~ irréfragable).〖法律〗~ de fait 事実上の推定, 裁判官による推定 (=~ de l'homme).〖社会保障〗~ d'imputabilité 帰責の推定.〖刑事法〗~ d'innocence 無罪の推定, 推定無罪.〖法律〗~ légale 法律上の推定.〖法律〗~ simple 単純推定, 反証を許す推定 (=~ réfragable). ~s terribles 恐ろしい推測. n'avoir que des ~s 推定でしかない. Il ne s'agit que d'une simple ~. 単なる推測にすぎない.
2 自惚れ, 思いあがり, 買いかぶり. ambitieuse ~ 野心にみちた自惚れ. impertinente ~ 不躾けな思いあがり. par ~ 思いあがって. être sûr de soi jusqu'à la ~ 自惚れといってよいほどの自信がある.

présonorisation n.f.〖音楽〗プレイバック (=〔英〕playback).

presqu'île n.f. 半島(péninsule より地峡が狭い半島). la ~ de Quiberon en Bretagne ブルターニュのキブロン半島.

pressage n.m. 圧縮, プレス；プレス加工. ~ des disques レコードのプレス. ~ des fourrages 干し草の圧縮.

press-book [prɛsbuk] (pl. ~-~s)〔英〕n.m. (モデル, 映画作家, 写真家などが職業的自己紹介や宣伝に利用する)プレスブック(略称 book「ブック」).

presse n.f. Ⅰ (圧縮) **1**〖機工〗圧縮機, 圧搾機, プレス〔機〕. ~ à bras (à moteur) 手動(モーター)式圧縮機. ~ à coller de menuisier 指物師の接着プレス. ~ à compression 圧縮機. ~ à disques レコード・プレス機. ~ à forger 鍛造プレス. ~ à fourrage 干草圧縮機. ~ à fromage チーズ圧搾機. ~ à jus 果汁絞り機. ~ à matières plastiques プラスチック成型プレス. ~ à raisins 葡萄絞り機. ~ à vis 螺旋式プレス. ~ agricole 農業圧搾機. ~ d'huilerie 油絞り機. ~ hydraulique 水圧プレス. ~ mécanique 機械プレス. ~ monétaire 貨幣製造プレス. mettre sous ~¹ プレスにかける.
2 印刷機, プレス. ~ à cylindres 円圧印刷機. ~ à retiration 両面印刷機. ~ lithographique 石版印刷機. livre sous ~ 印刷中(刊行間近)の本. mettre sous ~² 印刷に付する.
3〔葡萄酒〕圧搾. vin de ~ ヴァン・ド・プレス(圧搾葡萄液の最後の搾り汁を用いてつくられる葡萄酒；別称 vin de goutte).
4〔文〕押し合い；群衆. ~ dans le métro 地下鉄の中の押し合いへし合い. éviter la ~ 人混みを避ける. fendre la ~ 人波をか

き分ける.
5 急ぐこと. sans ～ 急がずに.
6 繁忙, 仕事のピーク. moment de ～ ピーク時.
[II]《出版・報道》**1** 出版；報道, プレス. liberté de la ～ 出版・言論・報道の自由. agence de ～ 通信社. Agence France-P～ フランス通信社《略称 AFP；1944年設立》. attaché de ～ プレス担当官(者), 広報官(担当者). campagne de ～ プレス・キャンペーン. conférence de ～ 記者会見. délit de ～ 出版法違反《虚偽の報道, 名誉毀損など》. interview de ～ プレス・インタヴュー.
2 出版社；（大学などの）出版局. P～s universitaires de France フランス大学出版社《略称 PUF》. P～s universitaires d'Oxford (de Grenoble) オックスフォード（グルノーブル）大学出版局.
3 報道機関, ジャーナリズム；通信社（= agence de ～）；ジャーナリスト. ～ parlée (TV・ラジオの) ニュース番組. travailler dans la ～ ジャーナリズムで働く.
4〔集合的〕定期刊行物（= ～ périodique)《新聞, 雑誌類》. ～ de cœur 恋愛物大衆紙. ～ d'information 情報紙. ～ d'opinion 言論紙. ～ de province 地方紙. ～ féminine 女性誌. ～ parisienne パリ紙. ～ quotidienne 日刊紙.
5（個々の）報道, 情報, ニュース. avoir bonne (mauvaise) ～ 新聞（報道）で好意的（批判的）に扱われる；世間の受けが良い（悪い）.

pressé(e) *a.* **1** 急いでいる. voyageur ～ 急いでいる旅行者. avoir l'air ～ 急いでいる様子をしている. être ～ 急いでいる. d'un pas ～ 急ぎ足で.
2 急を要する, 緊急の, 至急の. besogne ～e 急ぎの仕事. lettre ～e 急ぎの手紙, 至急便. n'avoir rien de plus ～ que+*inf*. 何よりもまず…をする.
3（果物などを）絞った；（人が）押しつけられた；〖工〗プレス加工された, プレスされた. citron ～ シトロン・プレッセ（レモンを絞った果汁）. être en rangs ～s びっしり列を成している.
—*n.m.* 急を要すること, 緊急事態. aller (courir) au plus ～ 最も重要な緊急事態に立ち向かう.

presse-agrumes *n.m.inv.*〖料理〗柑橘類の圧搾式ジュース絞り器.
presse-bouton *a.inv.* 押しボタン式の, 完全自動式の. guerre ～ 押しボタン式戦争. urne ～ 押しボタン式投票. usine ～ 完全自動式工場, 無人工場.
presse-citron(*pl.*～-～〔s〕) *n.m.* レモン絞り器.
presse-étoupe (*pl.*～-～〔s〕) *n.m.*（蒸気機関などの）パッキン箱. ～ d'un robinet 栓のパッキン箱.
presse-fruits *n.m.inv.* 果汁絞り器.

pressentiment (<préssentir) *n.m.* 予感, 虫の知らせ（=prémonition). avoir le ～ de *qch*(que+*ind.*) 予感がする. ～ d'un malheur 不幸の予感. obscur ～ d'un danger 漠とした危険の予感.
presse-papiers *n.m.inv.* **1** 文鎮. **2**〖情報処理〗プレス=パピエ, クリップボード(=〔英〕clipboard；データをアプリケーションに移す際に利用されるメモリー内の場所).
presse-purée *n.m.inv.*〖料理〗（野菜の）すり潰し器, プレス=ピュレー.
presse-raquette(*pl.*～-～〔s〕) *n. m.*（テニスの）ラケットプレス《変形防止具》.
presseur(se) *n.* プレス工. ～ de forge 鉄の鍛造工.〖窯業〗～ de pâte 陶土プレス工.
—*a.* 加圧用の. cylindres ～s 加圧シリンダー.
pressing [prɛsiŋ]〔英〕*n.m.* **1**（衣類の）プレス（=repassage）；クリーニング（= teinturerie）；クリーニング店. porter un complet au ～ スーツをクリーニングに出す.
2〖スポーツ〗プレッシング.
pression *n.f.* [I]（具体的）**1**〖理〗圧力, 圧；張力；〖気象〗大気圧, 気圧（= ～ atmosphérique). 〖機工〗～ de vapeur). ～ absolu 絶対圧力. ～ admissible 許容圧力.〖気象〗～ centrale 中心気圧. ～ critique 臨界圧. ～ d'air 空気圧. ～ de cohésion 凝集圧. ～ de l'eau 水圧. ～ de frein ブレーキ（制動）圧. ～ du gaz ガス圧. ～ d'impact 衝撃圧. ～ de radiation 放射圧. ～ du vent 風圧. ～ électrique 電圧. ～ électrostatique 静電気圧. ～ hydrodynamique 動水圧. ～ interne 内圧. ～ osmotique 浸透圧. ～ réduite 減圧. ～ sonore 音圧.
2〖生理〗～ artérielle 血圧（=tension).
3〖カナダ・スイス〗高血圧（=hypertension).〖気象〗hautes (basses) ～s 高（低）気圧. machine à haute (basse, faible) ～ 高（低）圧エンジン（機器）. mise en ～ 加圧, 与圧. sous ～ 加（与）圧式の. cabine sous ～ 与圧室. chaudière sous ～ 蒸気ボイラー. gaz sous ～ 加圧ガス, 圧縮ガス. réacteur atomique refroidi par de l'eau sous ～ 加圧水冷却型原子炉. être sous ～ 加圧してある, 与圧してある；〔比喩的〕力が漲っている；緊張している.
4 圧力を加えること, 加圧；おすこと. ～ de la main 手圧. massage par ～ 指圧. huile d'olive obtenue par première ～ à froid 低温一番搾り方式によるオリーヴ油（=ヴァージン・オイル huile vierge). faire ～ sur *qch* 何かを加圧する（圧を加える）.
5〔時に *n.m.*〕〖服〗スナップ（=bouton-～；bouton à ～). fermer avec des ～s スナップで留める.

pressoir

6〖抽象的・比喩的〗圧力, 影響力；重圧. ~s de la masse 大衆の圧力. ~ fiscale 税の負担. ~ sociale 社会的圧力.〖政治〗groupe de ~ 圧力団体, ロビー (lobby). exercer (faire) une ~ qn qn 人に圧力を加える. sous la ~ de qch 何の圧力を受けて.

pressoir n.m. **1** 圧搾機, 絞り器；(特に) 葡萄圧搾機 (= ~ à vin). ~ à olives オリーヴ圧搾機. ~ à main 手動絞り器.
2 圧搾場.

pressostat n.m.〖物理〗定圧器.
pressothérapie n.f.〖医〗圧迫療法；指圧療法.
pressurage n.m.〖農〗**1** (果物, オリーヴ, チーズなどの) 圧搾. **2** 葡萄の搾滓 (しぼりかす) (marc) に残った葡萄酒を絞り出すこと.
pressurisateur n.m. (原子炉などの) 加圧機器.
pressurisation n.f.〖航空〗与圧, 加圧.
pressurisé(e) a. 与圧された；加圧された. cabine ~e (航空機, 宇宙船等の) 与圧室. réacteur à eau ~e (REP) 加圧水炉 = [英] PWR : *Pressurized Water Reactor* ; = [仏] réacteur à eau sous-pression).

prestataire n. **1** 給付金 (prestation) の受給者.
2 夫役の義務のある人. ~ de services サービス夫役従事者(体).

prestation n.f. **1** 給付.〖法律〗~ compensatoire (離婚の際の) 補償給付. ~ de services 役務給付. ~ en argent¹ (espèce)¹ 現金給付. ~ en nature¹ 現物給付.
2〖社会保障〗給付；給付金；手当. ~s de la Sécurité sociale 社会保障制度による給付. ~s en argent² 金銭給付 (家族手当など). ~s en nature² 現物給付 (医療, 医薬品, 治療費など). ~ d'assurance maladie (maternité, invalidité, décès) 疾病 (出産, 廃疾, 死亡) 保険の給付金. ~s d'accident (d'invalidité, de vieillesse) 傷害 (廃疾, 老齢) 手当. ~s familiales 家族手当. ~ médicale 医療給付. ~s 〔non〕 contributives 〔非〕拠出制の給付. cotisations et ~s (社会保障の) 掛金と給付金. taux de remboursement des ~s 給付金支給率.
3〖軍〗(軍人に対する) 給与. ~ en espèces² (en nature³) 金銭 (現物) 給与.
4〖税〗夫役現品；夫役.
5 (公共機関の) 市民への奉仕；〔一般に〕サービス, 労務奉仕.
6〖法律〗~ de serment (公務員・弁護士などの) 宣誓.
7〖pl. で〗〖人類〗(結婚に際し新郎が妻方に対し行う) 物品 (労役) の提供.
8 (スポーツ選手の) プレーぶり；(歌手の) 演技ぶり；出来. ~s télévisées テレビ出演の出来具合.
9〖史〗(臣下の) 献納金；(敗戦国からの) 貢物.

prestidigita*teur* (*trice*) n. 手品師, 奇術師.
prestidigitation n.f. 手品, 奇術.
prestige n.m. **1** 威光；声望；名声；魅力. ~ d'une actrice 女優の名声. ~ de la beauté (de la jeunesse) 美しさ (若さの) 魅力. ~ d'un pays 一国の威光. marque de ~ 声望のある商標, 高級品の商標. politique de ~ 派手な政策, 人気取り政策. voiture de ~ 高級車. avoir du ~ 声望 (権威) がある. jouir d'un grand ~ 盛大な威光を享受する. perdre son ~ 威信を失う.
2〖古, 文〗超自然的幻覚；幻惑；幻術；魅惑；不可思議なこと. ~s des démons 魔物の幻術.
3〔文〕(人を魅惑する) 秘術；魔力. ~s de l'art d'écrire 文筆業の秘術.

prestigieux (se) a. **1** 不思議な；素晴らしい, 驚嘆すべき. mets ~ 素晴らしい料理.
2 権威ある, 声望の高い；(商品が) 最高級の, 高品質の, 格調の高い. champagne ~ le plus ~ 最高級のシャンパーニュ酒. chef d'orchestre ~ 声望の高い指揮者. qualité ~se d'un produit 製品の最高品質. titre ~ 権威ある称号.

prestissimo〖伊〗ad.〖音楽〗プレスティッシモ, 極めて速く.
——n.m.〖pl. ~s〗極めて速い楽節 (楽章).

presto〖伊〗ad. **1**〖音楽〗プレスト, 速く. **2**〖話〗早く, 素早く. illico (subito) ~ 早く, さっさと.
——n.m.〖pl. ~s〗プレストの楽節 (楽章).

pré-stratégique a. 前戦略的な. armement ~ 前戦略兵器 (戦術核兵器).

présumé(e) a. 推定された. ~ innocent 無罪と推定された. son fils ~ 彼 (彼女) の息子と推定される者.

présupposé(e) a.p. 前提とされた.
——n.m. 前提；前提事項；〖言語〗前提. ~s inexacts 誤った前提.
présupposition n.f. 前提；前提要件；予想, 想定, 仮定.〖言語〗relation de ~ 前提関係.
présymptomatique a.〖医〗症状が現われる前の.
présynaptique a.〖解剖・生理〗(神経の) シナプス前部の. neuron ~ シナプス前部ニューロン (神経単位).

prêt¹ n.m. **1** 貸すこと, 貸与, 貸付, 貸したもの, 借りたもの, 借り. rembourser un ~ 借金を返す.
2〖経済, 金融〗融資, 借款, 貸付. ~ à

court (long) terme 短期(長期)借款. ~ à usage 使用使 用 借 (＝~ commodat). ~ aidé pour l'accession à la propriété (PAA) 住宅取得援助融資. ~ bonifié 利子補給付き融資. ~ concessionnel 公的借款(低利子融資).〖法律〗~ de consommation 消費貸借(＝mutuum). ~ épargne-logement 住宅資金積立預金を担保とする融資. ~ hypothécaire 担保付融資, 抵当付融資(貸付). ~ sur gage 担保付貸付. ~ usuraire 高利(暴利)の貸付. avances et ~s du Trésor 国庫短長期融資. remboursement des ~s obtenus dans le passé 過去に獲得した借款の返済. L'aide publique au développement du Japon est constituée pour une grande partie de ~s et non de dons. 日本の政府開発援助はその多くが贈与ではなく借款から成り立っている.

3〖軍〗兵士, 下士官の給料.

prêt[2]**(e)** a. **1** 用意(準備)のできた；(人が)外出の準備(身仕度)ができた. armées ~es 出動態勢のととのった軍隊. candidat ~ 準備万端ととのった志願者(候補者).〖スポーツ〗《A vos marques. P~? Partez!》「位置について, 用意, スタート！」.《Toujours ~!》「常に準備を怠るな！」(ボーイスカウトの銘句).《P~?》(テニス)レディー？(＝〖英〗Ready?). On va partir, es-tu ~ e! 出掛けるよ, もう仕度はいいか. être ~ à (pour)＋inf. (＋動作名詞)…する用意ができている, すぐにも…できる. être ~ à faire n'importe quoi (à tout faire) 何でもできる用意ができている. On est ~ à partir (au départ) 出発の準備ができている. La cérémonie est tout ~e. 儀式の準備はすっかりととのった. Il est fin ~. 彼はすっかり準備ができている. Le dîner est ~〔à servir；à être servi〕.夕食の準備ができました. La soupe est ~e. スープができている. Tout est ~ pour l'action. 行動の準備がすっかりできた；すぐにも行動に移せます.

2 ~-à＋inf. すぐに…できる〔もの〕. aliments en boîte ~ à consommer すぐに食べられる缶詰食品. maison ~e-à-habiter すぐに入居できる家；建売家屋. le ~-à-manger ファーストフード(＝〖英〗fast-food). le ~-à-monter 組立てセット(キット). le ~-à-porter プレ＝ア＝ポルテ, プレタポルテ(高級既製服).

3 (…の)覚悟ができている. ~ à tout 何でもやる覚悟ができている. ~ à tout croire 何でも信じるつもりである. Tout est ~ pour l'action.

4〔古〕être ~ à (de)＋inf. まさに…しようとしている. être ~ à mourir 死にかけている(＝près de mourir). goutte d'eau ~e à tomber 滴り落ちようとしている雫(水滴).

prêt-à-manger (pl. ~s-~-~) n. m.〔話〕プレ＝ア＝マンジェ, プレタマンジェ, ファースト＝フード店.

prêt-à-photographier (pl. ~s-~-~) n. m.〖写真〗使い捨てカメラ；インスタント・カメラ.

prêt-à-porter (pl. ~s-~-~s) n. m.〖服〗プレ＝ア＝ポルテ, プレタポルテ, 高級既成服(「すぐ着られる」の意). boutique de ~ プレタポルテ店. s'habiller en ~ プレタポルテを着る.

prétendant(e) n. **1** 要求者. ~ à un poste 地位の要求者.

2〖法律〗権利主張者.

3 王位(最高位)権利主張者. luttes entre les ~ à la papauté 教皇位権利主張者間の争い. prince ~ 王位権利主張王子.

—n. m. 結婚を熱望する男性.

prétendu(e) (＜prétendre) a. p. **1** いわゆる, 言うところの；自称の. un ~ baron 自称男爵. ~ crime 言うところの重罪. mari ~ 未来の夫.

2〖土木〗プレストレス処理された. béton armé ~ プレストレス鉄筋コンクリート.

—n.〔方言〕結婚相手, 婚約者.

prête-nom (pl. ~-~s) n. m. 名義貸人(個人, 会社)；名義. 貸契約(＝convention de ~).

prétensionneur n. m.〖自動車〗(事故のショックで)シートベルトをきつく引く安全装置.

prétentieux(se) a. **1** 自惚れた, 勿体ぶった, 気取った. jeune garçon ~ 自惚れた若者. **2** きざな. style ~ きざな文体.

—n. 自惚屋；気取り屋, きざな人. Quel ~ celui-là! 奴は何てきざな奴だ！

prétention n. f.〔しばしば pl.〕**1**〖法律〗(訴訟当事者の)申立て；(拡張的に)請求内容.

2 (取引における当事者の)主張, 要求；要求条件；要求額. ~ du syndicat ouvrier 労働組合の要求. ~ du vendeur 売手の主張. ~ légitime 正当な権利の主張. ~ sur un héritage 遺産の要求. rivalité des ~s d'héritiers 遺産相続人の主張をめぐる抗争. avoir des ~s sur qch 何に対して権利を主張する. rabattre de ses ~s 要求を切り下げる.

3 抱負；大それた望み；自負, うぬぼれ；気取り. ~ à l'élégance おしゃれだというぬぼれ. homme à ~s 気取った(勿体ぶった)男. avoir la ~ de＋inf. …していると自負する. avoir des ~s 高望みをしている. afficher des ~s ridicules 滑稽なほどの気取りを露わにする. avoir un air de ~ insupportable 耐え難いほど気取ってみえる. avec ~ 気取って, 勿体ぶって. sans ~ [s] (人が) 見栄を張らない；(物が) 嫌みのない.

pré(-)test n. m. **1**〖心〗事前テスト, 予備検査.

2 (製品などの精密検査前の)予備テスト.

3〖学〗予備試験.

4〖宣伝〗(広告媒体の)事前テスト, 事前調査(＝〖英〗pretesting).

prêteur(se) n. 貸主, 貸手；金貸し (em-

prétexte

prenteur「借主」の対. ~ à intérêt usuaire 高利貸. ~ sur gages 質屋, 質商.

prétexte *n.m.* **1** 口実, 言い訳, 言い逃れ；言い回し. ~ diplomatique 外交的辞令. ~ frivole くだらない口実. ~ plausible もっともな言い訳.
bon ~ 敬語的言い回し. mauvais ~ 偽りの口実. chercher un ~ 口実をさがす. donner (fournir) des ~s à qn 人に口実を与える. donner qch pour ~ 何を口実とする. prendre (tirer) ~ de qch pour+inf. 何を…するための口実とする. servir de ~ à qch 何の口実となる.
sous ~ de+無冠詞名詞 …を口実として.
sous ~ de+inf. (que+ind.) …する(である)口実で.〔否定文で〕sous aucun ~ いかなる事情があろうとも.
2 きっかけ, 理由, 機会 (=le moindre ~).

pretium doloris [presjɔmdɔlɔris]〔ラ〕*n.m.inv.*〖法律〗損害賠償金, 慰謝料 (=prix de la douleur).

prétorien(**ne**) *a.* **1** (独裁者などの)親衛隊の. garde ~ne 親衛隊.
2 (古代ローマの)プラエトル(法務官)の；将軍の.
── *n.m.* 近衛兵；〔*pl.* で〕親衛隊 (=armée ~ne, garde ~ne).

prétraité(**e**) *a.p.* 事前処理を施された. riz ~ 事前処理米.

prétraitement *n.m.*〖技術〗加工処理, 修正処理, 事前加工.〖衛星探査〗~ d'image 映像修正, イメージ・プロセッシング (=〔英〕image processing).

prêtre *n.m.* **1**〖カトリック〗司祭；〔一般に〕聖職者 (laïc「非聖職者・世俗者」の対). ~ qui célèbre la messe ミサをとり行なう司祭. ~ habitué 教会法典による資格を持たない教区付司祭. ~ libre 自由司祭 (特定の教区に属さない司祭). ~ missionnaire 布教司祭. ~ ouvrier 労働司祭 (= ~ au travail). diacre ordonné ~ 司祭に叙任された助祭. se confesser à un ~ 司祭に懺悔(告解)する.
2 (東方教会の) 司祭, 聖職者 (=papas).
3 (古代ギリシア, ローマ, エジプトその他の) 神宮〔女性は prêtresse〕. ~ d'Apollon アポロンの神宮. ~ gaulois 古代ガリアの神宮.
4 (古代ユダヤ教の) 祭司. grand[-]~ 大祭司.
── *a.* 聖職者の；〔蔑・古〕聖職者じみた.

prêtre-ouvrier (*pl.* **~s-~s**) *n.m.* 労働司祭 (=prêtre au travail).

preuve *n.f.* **1** 証明；証し, 立証. ~ d'amour 愛の証し. ~ de fatigue 疲労のしるし. ~ de fidélité 忠実さの証し. ~ d'une vérité 真実の証明.〖哲〗~ ontologique 存在論的証明.
2 証拠；〖法律〗証拠〔品〕. ~ contraire 反対証拠, 反証. jusqu'à ~ (du) contraire 反証が現われるまで. ~ directe (indirecte) 直接 (間接, 情況) 証拠. ~ évidente 明証, 確証. ~ indiciaire 懲憑(ちょうひょう)による証拠. ~ juridique 法的証拠. ~ littérale 文書 (書面) による証拠, 書証 (= ~ par écrit, ~ par des écrits). ~ matérielle 物的証拠, 物証. ~ préconstituée 事前構成証拠. ~ testimoniale 証言による証拠. ~ vivante 生きた証拠, 生き証人.
commencement de ~ par écrit 書証の端緒, 書面による証拠の手がかり. destruction (dissimulation) de ~ 証拠隠滅 (隠匿, 隠蔽). administrer une ~ 証拠〔品〕を提示する. avoir des ~s en main 証拠を握っている. être acquitté faute de ~s 証拠不足で無罪放免になる. faire la ~ de qch. 何を立証する. à défaut de ~s 証拠がないので. jusqu'à ~ du contraire 反証があるまで, 反証を待って.
◆〔成句〕
La ~, c'est que+ind.; La ~ en est que+ind. その証拠は…である.
〔話〕la ~; à ~ その証拠に.
〔話〕à ~ que+ind. …がその証拠だ；…を証拠 (前例) として.
〔C'est la〕 ~ que+ind. …という証拠だ.
avoir la ~ que+ind. という証拠を持つ.
faire la ~ que+ind. …であることを立証する.
faire ~ de qch 何を示す (発揮する).
faire ses ~s 自分が貴族であることを立証する；真価を発揮する.
3〖数〗検算 (= ~ d'une opération). ~ par neuf 九去法 (9を法とした検算). faire la ~ d'une opération 検算する.
4〖修辞〗論証部；(書物・資料の巻末の) 論証資料. ~s oratoires 演説の論証部.
5 (酒類の) アルコール含有量検査；アルコール含有度 (°で表示；100％アルコール (100°) を米国では200°, 英国では175°と表示).
6〔古〕(封建時代の) 神明証拠 (審判).

prévalence *n.f.*〖医〗有病率, 罹患率 (定められた一時点における人口 100, 1000, 10万などの単位人口に対する疾病患者の数).

prévaricateur(**trice**) *a.* **1** 言葉を濁す, 嘘をつく, ごまかす, 不誠実な.
2〖法律〗(政治家・役人などが) 職務を汚す, 義務にもとる. fonctionnaire ~ 汚職公務員.
── *n.* **1** 言葉を濁す人, 嘘つき；不誠実な人. **2** 汚職者, 職務違反者.

prévarication *n.f.* 汚職, 職務違反. ~ d'un fonctionnaire (d'un homme d'Etat) 公務員 (政府高官) の汚職 (職務違反).

prévente *n.f.*〖商業〗事前販売 (財・製品などの製造前販売).

préventeur(**trice**) *n.* 事故防止対策専門家.

préventif(ve) a. **1** 〖医〗予防の. indication ～ve 予防指示. médecine ～ve 予防医学. à titre de ～ 予防措置の名目で. prendre des mesures ～ves 予防措置をとる. **2** 〖法律〗予防的, 未決の. arrestation ～ve 予防検束. détention ～ve 未決拘留, 予防拘禁《1970年以降 détention provisoire「仮拘留」「一時拘留」と改称》. régime ～ 検閲(事前審査)制度.
―n.f. 〖法律〗未決拘留《＝détention ～; 1970年以降 détention provisoire「仮拘留」「一時拘留」と改称》.

prévention n.f. **1** 先入観(＝préjugé). avoir des ～s en faveur de qn (contre qn) 人に対して好ましい(好ましくない)先入観を抱く. sans ～ 先入観なしに.
2 偏見, 悪感情.
3 〖文〗非難, 告発.
4 〖法律〗(犯罪の)容疑; 〖古〗未決拘留(＝détention préventive; 現在は détention provisoire という); 未決拘留期間(＝temps de ～). faire un mois de ～ 1カ月間未決拘留される.
5 予防; 予防措置; 予防機関. ～ des accidents du travail 労働災害の予防〔措置〕. ～ médicale 医学的予防措置. ～ routière 交通安全機関.

préventologie n.f. 〖医〗予防医学.
préventologue n. 〖医〗予防医学専門家.
préventorium [-jɔm] n.m. 〖医〗プレヴァントリヨム《結核初期感染者や回復期の患者のための療養所》.

prévenu(e) (＜prévenir) a.p. **1** 先入観を持った. ～ en faveur de qn (qch) …に好意を抱いた～ contre qn (qch) …に偏見を抱いた.
2 (de の) 容疑をかけられた. être ～ d'un délit 刑事犯罪(軽罪)の容疑をかけられた.
―n. 〖法律〗(軽罪・違警罪の)被告人《予審などの事前手続を経て判決法廷で起訴の対象となっている軽罪犯・違警犯; 予審審議中の「被疑者」personne mise en examen;「重罪院の被告人」accusé とは異なる》. ～s et suspects 被告人と容疑者. Tout ～ est présumé innocent jusqu'au jugement de sa condamnation. 被告人はすべて有罪の判決があるまでは無罪と推定される.

prévisible a. 予知(予測, 予見)できる. dommage ～ 予見される損害. résultat ～ 予測可能な結果. risque ～ 予想される危険.

prévision (＜prévoir) n.f. **1** 予知, 予測, 予見. 〖経済〗～ à court (moyen, long) terme 短期(中期, 長期)予測. ～ budgétaire 予算の見通し. spécialiste de la ～ 経済予測専門家(＝prévisionniste). théorie générale des ～ 予知理論.
2 〖多く pl.〗予想, 予報. ～s optimistes (pessimistes) 楽観的(悲観的)予想. ～s météorologiques 天気予報. en ～ de …を見越して, …に備えて. se tromper dans ses ～s 見通しを誤る.
3 〖行政〗予想事態. ～s des règlements 条例の予想事態.

prévisionnel(le) a. **1** 〖行政〗予測に基づく, 将来の見通しに基づく. budget ～ 予測予算.
2 予知(予測)に関する. étude ～le 予知研究.

prévisionniste n.m. **1** 天気予報の専門人. ingénieur ～ de Météo France フランス気象台の予報官.
2 経済予測(＝prévision économique)の専門家.

prévisualisation n.f. 〖情報処理・写真〗事前画面表示, プレヴュー. image de ～ プレヴュー画像.

prévolcanique a. 火山活動前の.

prévoyance n.f. **1** 〖古〗予知; 予知能力(＝prévision).
2 〖現用〗先見の明; 将来に対する準備, 先々の備え. faire preuve de ～ 先見の明のあることを示す. manquer de ～ 先見の明がない. ～ sociale 社会的福利厚生. Caisse de ～ 養老厚生年金金庫. société de ～ 互助会.

prévoyant(e) a. **1** 先見の明のある. homme ～ 先見の明のある人.
2 将来に対する備えのある. mesures ～es 将来に備える措置.

prévu(e) (＜prévoir) a.p. 予想(予測, 予知, 予見)された; 予定(用意)された. ～ pour …用の. stade ～ pour cent mille personnes 10万人収容可能のスタジアム. comme ～ 予定通り. Nous arriverons demain comme ～. 予定通り明日着くつもりです. dans les conditions ～es par la loi 法律で予見された条件下で. arriver plus tôt que ～ 予定より早く到着する.
―n.m. 予想(予知)されたこと. le ～ et l'imprévu 予想されたことと予想外のこと.

priapisme n.m. 〖医〗(陰茎の)持続勃起〔症〕, 陰茎強直症.

prie-Dieu n.m.inv. プリー・ディユ《祈禱用の椅子, ひざまずいて祈禱する低い椅子》.

prière n.f. **1** 祈り, 祈禱; 祈りの言葉. ～ adressée à la Vierge 聖母マリアへの祈り. ～s catholiques カトリックの祈禱文. ～ des morts 死者への祈り. ～ mentale 念禱. ～ vocale 声禱. lieu de ～ 祈禱所(＝oratoire). livre de ～s 祈禱書. pose de la ～ 祈りの姿勢. aller à la ～ お祈りに行く. être en ～ 祈っている. faire (dire) sa ～ (ses ～s) お祈りを唱える.
2 懇請, 懇願, 願い, 頼み. P～ de＋inf. …してください. 《P～ de ne fas fumer.》「お煙草はご遠慮ください」. à la ～ de qn 人の依頼で. céder (écouter) à la ～ de qn 人の懇願に負ける(懇願に耳を傾ける). par ～s 懇

願によって.〖郵〗En cas de non distribution, ~ de retourner à... 配達不能の場合, ~に転送願います.

prieur(e) *n.* 小修道院長. mère ~ *e* (女性の)小修道院長〔様〕. père ~ (男性の)小修道院長〔様〕.

prieuré *n.m.*〖カトリック〗**1** プリユレ, 小修道院(大修道院に属し, 小修道院長 prieur(e)が管理する修道院).
2 小修道院付属教会堂;小修道院長の住居.
3〚稀〛小修道院長の地位.

Prifas (=Programme de *r*echerche *i*nterdisciplinaire *f*rançaise sur les *a*cridiens du *S*ahel) *n.m.* サヘル地帯飛蝗(ばった)に関するフランスの学際的調査計画.

prima-donna
(*pl.***prime donne** [primedɔne] または **~s-~s**)〚伊〛*n.f.*〖音楽〗(オペラの)プリマドンナ.

primaire[1] *a.* **1** 第一の, 第一次の;原初の, 初期の, 最初の;基本の. Caisse ~ de la Sécurité sociale 社会保障一次金庫. circuit ~ de refroidissement 一次冷却系統. les couleurs ~ s 3原色(le rouge, le jaune, le bleu). élections ~s (アメリカ大統領選挙の)予備選挙 (=une ~).〖電〗enroulement ~ 一次コイル.〖経済〗secteur ~ 第一次産業部門.〖医〗accidents ~s 初期偶発症状.
2 初等の, 初級の. école ~ 小学校. enseignement ~ 初等教育 (=le ~).
3〖地学〗古生代の. ère ~ 古生代 (=le ~) (cambrien, ordovicien, silurien, dévonien, carbonifère, permien の 6 紀に分かれる). grès ~s 古生代の砂岩.
4〚蔑〛単純な, 幼稚な;知能の低い;初歩的な. anticommunisme ~ 単細胞的な反共主義. garçon un peu ~ 幾分単純な少年.
5〖心〗一次性の. fonction ~ de la représentation 表象の一時的機能.
—*n.* **1**〚蔑〛単純な人, 知能の低い人. **2**〖心〗一次性の傾向の人.
—*n.m.* **1** 初等教育 (=enseignement ~). enfants du ~ 初等教育の児童.
2〖経済〗第一次産業部門 (=secteur ~).
3〖電〗一次コイル (=enroulement ~).
4〖地学〗古生代 (=ère ~).

primaire[2] *n.f.* **1** (アメリカ大統領の)予備選挙 (=élections ~s).
2 原色 (=couleur ~). les trois ~s 3原色.

primal(ale) (*pl.***aux**) *a.*〖精神医学〗cri ~ プライマル・スクリーム (=〖英〗primal scream;幼児期の抑圧された感情を吐露する叫び声). thérapie ~ *ale* プライマル・スクリーム療法(幼児期の外傷体験を再体験させて神経症を治す療法).

primat[1] *n.m.*〖教会〗首座〔大〕司教.
primat[2] *n.m.*〖哲〗優位性 (=primauté).
primate *n.m.* **1**〖動〗(*pl.* で)霊長目, 霊長類(anthropoïdes類人猿亜目(人と猿), prosimiens 原猿亜目 (lémuriens 狐猿類, loris ロマ猿, tarsiens メガネザル類, toupayes ツパイ原猿)から成る).
2〚話〛(知性を欠いた)猿みたいな男, 野卑な男.

primatial(ale) (*pl.***aux**) *a.*〖教会〗首座(大)司教の. église ~ *ale* 首座(大)司教会堂. sièges ~ *aux* 首座(大)司教所在地. titre ~ 首座〔大〕司教の称号.
—*n.f.* 首座(大)司教教会堂 (=église ~ ale).

primatologie *n.f.* 霊長類学.

primauté *n.f.* **1** 最高位, 首位. ~ de pape 教皇の最高権威.
2 優位性, 優越性. donner la ~ à *qch* 何に優位性を与える;何を優先させる.

prime *n.f.* **1** 保険の掛金, 保険料 (= ~ d'assurance). ~ chargée 営業保険料 (= ~ brute; ~ commerciale).〖海〗~ de grosse 冒険貸における貸主への利息. ~ fractionnée 分割払保険料. ~ pure 純保険料.
2 奨励金, 補助金, 助成金;補償金. ~ à la construction 住宅建設補助金. ~ à l'exportation 輸出奨励金. ~ allouée dans un coucours agricole 農業共進会奨励金. aide sous forme de ~s 補助金形式の援助.
3 (使用者が被用者に支払う)特別手当, 手当;賞与. ~ d'assiduité 勤勉(精勤)手当.〖軍〗~ d'encouragement 志願者手当. ~ de fin d'année 年末賞与. ~ de productivité 生産手当. ~ de transport 交通手当.
4〖株式〗プリム, プレミアム, 打歩(うちぶ) (有価証券の額面価格とそれを上廻る取引価格との差額). ~ d'émission (de remboursement) 発行(償還)割増金. marché à ~ 選択権(オプション)付き条件取引.〖金融〗prêts ~ プライム・ローン (=〖英〗prime loans). faire ~ (株の)人気が上昇する;〚比喩的〛もてはやされる.
5 景品, おまけ. en ~ 景品(おまけ)として;その上, おまけに. vente avec ~ 景品付き売買.

prime rate [prajmrɛt]〚英〛*n.m.*〖金融〗プライム・レート (=〚仏〛taux de base bancaire).

primerose *n.f.*〖植〗立葵 (=rose trémière).

prime time [prajmtajm]〚英〛*n.m.*〖TV〗プライムタイム(高視聴率の時間帯;公用推奨語は heure de grande écoute).

primeur *n.f.* **1** 新しさ, 新鮮さ. fruits (légumes) dans la (leur) ~;fruits (légumes) de ~ はしりの果物(野菜).〖同格〗vin ~ (その年の葡萄による)新酒. beaujolais ~ ボージョレの新酒 (=beaujolais nouveau). avoir la ~ de *qch* 何を最初に手にする(利用する). donner la ~ d'une nouvelle 新しいニュースを知らせる.
2 (*pl.* で)はしりの果物(野菜), 初物. marchand de ~s 初物を売る八百屋.

3 〔比喩的〕新しいもの，初物.

primevère *n.f.* 〖植〗桜草，プリムラ《学名 primula；primulacées 桜草科》. ~ à grandes fleurs 大輪桜草《学名 primula vulgaris》. ~ du Japon 日本桜草《学名 primula japonica》. ~ officinale 薬用プリムラ，黄花の九輪草《=coucou》.

prim'holstein [primɔlʃtajn] *n.f.inv.* 〖酪農〗プリモルスタイン種の牛《=race ~》《フリースラント原産》. les ~ プリモホルスタイン種の.
── *a.inv.* プリモルスタイン種の〔牛の〕. vaches laitières ~ et taureaux ~ プリモホルスタイン種の乳牛と種牛.

primipare *a.* **1**《女性が》初産の《multipare「経産の」, nullipare「未産の」の対》. femme ~ 初産婦.
2《動物の雌が》初産の. jument ~ 初産の牝馬.
── *n.f.* **1** 初産婦《=femme ~》. **2** 初産の雌.

primitif (**ve**¹) *a.* **1** 原始の；初期の；原始時代の；原始民族の；原始社会の. bouddhisme ~ 原始仏教. christianisme ~ 初期キリスト教. état ~ 原始の状態. l'homme ~ 原始人. société ~ ve 原始社会. système économique ~ 原始社会（時代の）経済システム.
2 元の，本来の. perdre sa couleur ~ ve 元の色を失う.
3 基本的，根本的. couleurs ~ ves 原色《スペクトルの7色；絵具の3原色》. langue ~ ve 祖語，原始言語.〖言語〗temps ~ s 基本時制.
4〖数〗fonction ~ ve 原始関数《=la ~ ve》.
5 野蛮な；素朴な. outil ~ 原始的な（素朴な）工具. raisonnement ~ 粗雑な推理.
── *n.m.* **1** 原始人；原住民.
2〖美術史〗初期芸術家；(特に)プリミティフ《ルネサンスに先立つ14・15世紀の西欧画家；その作品》. ~s italiens イタリアのプリミティフ派《画家・作品》.

primitive² *n.f.*〖数〗原始関数《=fonction ~》.

primo [ラ] *ad.* 第一に《=premièrement, en premier lieu》《略記 1°》.

primoaccédant(*e*) *n.*〖法律〗不動産をはじめて所有した人.

primoarrivant(*e*) *n.*（受け入れ国に到着し）はじめて難民申請をした移民.

primodélinquant(*e*) *n.*〖法律〗(軽罪の）初犯者《=délinquant(*e*) primaire》.

primodemandeur(*se*) *n.*〖労〗求職者《はじめて就職口を探す人》.

primogéniture *n.f.*〖法律〗嫡長，長子であること, 長子の身分. succession par ordre de ~ 出生順相続.

primo-infection *n.f.*〖医〗初感染. ~ tuberculose 結核初感染.

primoministérialisme *n.m.*〖政治〗首相主導政治体制.

primordial (*ale*) (*pl.* **aux**) *a.* **1** 最初の；本来の；元の；原始の. reprendre sa position ~ ale 元の姿勢に戻る.
2 極めて重要な，肝要な；本質的な. rôle ~ ale 主役. Il est de + *inf.* (que + *subj.*) …することが極めて重要である.
3〖植〗feuille ~ ale 幼芽の葉.

primo(-)vaccination *n.f.*〖医〗第1回ワクチン接種. obligation de ~ antivariolique 第1回天然痘予防ワクチン接種の義務化《フランスでは1902年から1984年まで》.

primulacées *n.f.pl.*〖植〗桜草科〔植物〕《cyclamen シクラメン, mouron はこべ, primevère 桜草など》.

prince *n.m.* **1** プランス，プリンス《王家の男性親族》；(特に)(王・皇帝の嫡子である)王子，皇子. ~s français (帝政下の)フランス皇子. ~ de Galles プリンス・オヴ・ウェルズ《英国王太子》. ~s de la maison de France フランス王家の王子たち. ~s du sang 王(皇)族の王子，親王. ~ royal 第一王子(皇子).
2 大公《principauté「公国」の支配者；duc「公爵」の上》《=principicule》. ~ de Monaco モナコ大公.
3（小国の）王，君主；首長；殿様. ~ arabe アラブの首長，シェリフ《chérif》. ~ régnant 実効支配している君主. jeux de ~ (殿様のお遊び→)傍迷惑.
4（封建時代の）諸侯.〖史〗~s feudataires (王・皇帝の)封建諸侯.
5（お伽話の）王子さま，若様；〖話〗美青年. le Petit P ~ de Saint-Exupéry サン=テグジュペリの『小王子(星の王子さま)』. être habillé (vêtu) comme un ~ 王子さまのように着飾っている；華麗に着飾っている.
6〔比喩的〕(de の)王者，第一人者，中心人物；権力者.〖キリスト教〗~ des apôtres 使徒の頭《使徒ペテロ》. ~s de l'Eglise 枢機卿. ~ du peuple 民衆. ~ des poètes 詩聖. ~ des sots 愚者の王《道化師の親方》. ~s de la terre お偉方《大立物》たち. fait du ~ (政府・権力者の)専断.〖話〗être bon ~ 鷹揚である, 寛大である.

princep [prɛ̃sɛps] (<[ラ]「第一の，最初の」の意) *a.inv.* **1** 初出の. édition ~ 初版本.
2（科学的現象の観察について）最初の. observation ~ 最初の観測《論文発表》.
3〖薬〗特許の, 特許権をもつ, 先発の. médicament ~ 特許医薬品《=médicament breveté》《ジェネリック（後発）医薬品 médicament générique (copié) のモデルとなる先発の特許医薬品》.

princesse *n.f.* **1** 王家の女性親族；(特に)(王・皇帝の娘である)王女, 皇女, 内親王, 公女, プリンセス.〔比喩的〕aux frais

principal¹

de la ~ 公費で；無料で.
2 大公妃, 大公女.
3〖古〗王妃；親王妃. belle comme la ~ お姫さまのように美しい.
4〖比喩的〗気取った女性；秀でた女性. faire sa ~ 気取る. prendre des airs de ~ 威張る.
5〖料理〗à la ~ ア・ラ・プランセス〔アスパラガスやトリュッフを添えた〕.
——*a.*〖多く *inv.*〗**1**〖服〗プリンセススタイルの. robe ~. プリンセス・ドレス.
2〖農〗amandes ~〔s〕殻の軟かいアーモンド. haricots ~〔s〕莢の長い隠元豆.

principal¹ (*pl.* **aux**) *n.m.* **1** 主要(重要)なこと, 要点. Le ~, c'est de+*inf.* (que+*subj.*) 重要なことは…することだ. Le ~, c'est d'agir vite. 要は素早く行動することだ.
2〖法律〗(財産法で) 主物 (=chose principale)；(訴訟において) 本案；訴訟の対象；本來的請求；主要事実事項. juge du ~ 本案判事.
3〖商業〗元本, 元金；(株などの) 額面価格. ~ et intérêt 元本と利息, 元利.
4〖商業〗(賃貸借における) 賃貸料 (=loyer).
5〖税〗本来の税額.
6〖音楽〗(オルガンの) プリンシパル (主音栓).
7 (公証人事務所の) 筆頭(主席) 書記 (=premier clerc).

principal² (**ale**) (*pl.* **aux**) *a.* **1** 主要な, 主な；最も重要な. ~ élément 主要構成要素. les ~ales puissances 主要国, 大国. appareil ~ 主機器. axe ~ 主軸. entrée (porte) ~ *ale* 正門. personnage ~ d'un roman 小説の主人公.〖文法〗proposition ~ *ale* 主節 (= ~ *ale*).〖カトリック〗quatre vertus ~ *ales* 四枢要徳 (courage「剛毅」, justice「正義」, prudence「賢明」, tempérance「節制」). résidence ~ *ale* 主たる住居 (résidence secondaire「副住居」の対). rôle ~ 主役. ville ~ *ale* 主要都市.
2 (集団において) 筆頭の, 主たる. ~ *ale* actrice 主演女優.〖法律〗chose ~ *ale* 主物. clerc de notaire ~ 公証人の筆頭書記 (=*principal, n.m.*). débiteur ~ 主たる債務者.
3〖法律〗(訴訟法で) 一次的 (本源的) な；主たる. appel ~ 主たる控訴. demande ~ *ale* 本來的請求, 主たる請求. demandeur ~ 本訴原告. pourvoi ~ 主たる上告.
4 (年代順に) 最初の. entrepreneur ~ 元請業者. locataire ~ 本来賃借人.

principal (**ale**)³ *n.*〖学〗中学校長 (collège, CES (=college d'enseignement secondaire) の長). Monsieur le ~ (男性の) 校長先生. Madame le ~ (la ~ *ale*) (女性の) 校長先生.

principalat *n.m.*〖教育〗**1** 中学校長の職. être nommé au ~ d'un CES 中等教育コレージュ (中学校 collège) の校長に任命される. **2** クラス担任教諭.

principale⁴ *n.f.*〖文法〗主節 (=proposition ~).

principauté *n.f.* **1** 公国 (prince が統治する国), 大公国. la ~ de Monaco (du Lichtenstein) モナコ (リヒテンシュタイン) 公国.
2 prince (王子, 皇子, 大公, 王族) の地位.
3〖神学〗(*pl.* で) P~s 権天使《天使の隊位第1位；天使の位階の上から3番目》.

principe *n.m.* **1** 根源；本源, 源泉；原因；要素, 成分. ~ de la vie 生命の本源. ~ actif 有効成分. ~s constituants 構成要素. remonter au ~ des choses 事物の根源に遡る.
2 原理, 公準. ~ d'Archimède アルキメデスの原理. ~ de relativité 相対性原理. ~ en thermodynamique 熱力学の原理.
3 (機能の) 原理, 理論的基礎. ~ de la machine à vapeur 蒸気機関の原理.
4 (*pl.* で) 基礎概念, 基本. ~s de la géométrie 幾何学の基本.
5 一般原理, 一般規範；(行動の) 原則；信条. ~ de morale 道徳の原則. ~s fondamentaux 基本的諸原則. ~s généraux du droit 法の一般原理. ~s politiques 政治的信条. ~ de la souveraineté nationale 国民主権の一般原理. ~ du régime parlementaire 議会内閣制の原理. avoir pour ~ de+*inf.* …するのを主義とする. faire qch pour le ~ 筋を通すため何かをする. partir du ~ que ~ という原則に立つ.
6 (*pl.* で) 道徳的信条；生活の規範. avoir des ~s 道徳的信条を遵守する.〖話〗融通がきかない. être fidèle à ses ~s 自分の信条を忠実に守る.
7〖前置詞+~〗de ~ 原則的な；信念からの. accord de ~ 原則的同意. en ~ 原則としては, 原則として. par ~ 信念から, 主義として. pour le ~ 建前として.

printanier (**ère**) *a.* **1** 春の；春らしい, 春めいた. floraison ~ 春咲き. salade ~ *ère* 春野菜のサラダ. temps ~ 春めいた気候.
2〖服〗春向きの. étoffe ~ *ère* 春着用生地. tenue ~ *ère* 春の装い.〖話〗Vous êtes bien ~ *ère*! すっかり春らしい装いですね.
3〖比喩的〗若々しい, 若やいだ. grâce ~ *ère* 若々しい優美さ.
——*n.f.*〖料理〗プランタニエール《新物野菜の炒め料理》.

printemps *n.m.* **1** 春. au ~ 春に.〖美術〗le P~ de Botticelli ボッチチェッリの「春」(フィレンツェのウフィティ美術館蔵). un ~ d'octobre 小春日和. équinox du ~ 分〖点〗.〖音楽〗le Sacre du ~ de Stravinsky ストラヴィンスキーの「春の祭典」(1913 年).〖諺〗Une hirondelle ne fait pas

le ～. (1羽の燕が戻ってきたからといって春にはならない→) 一斑を見て全豹を卜(ぼく)すべからず.
2〔比喩的〕春；活発化；雪解け. ～ de la vie 人生の春, 青春(=jeunesse). le ～ de Prague プラハの春(1968年チェコスロヴァキア共和国の自由化運動；春の音楽祭). le nouveau ～ entre Pékin et Moscou 北京とモスクワ関係の新しい雪解け.
3〔文・古〕歳. Elle avait quinze ～. 彼女は15歳の春を迎えていた.
4〔商業〕*P*～, Au *P*～ プランタン百貨店(1865年創立). le groupe Pinault-*P*～-Redoute ピノー=プランタン=ルドゥート・グループ.

prio (<*prioritaire*) *a.*〖郵〗優先配達の. envoi ～ du courrier 郵便物の優先配達. la lettre ～ de la Poste (フランス)郵便の優先配達(封筒に prio〔ritaire〕と表記する).

prion〖英〗*n.m.*〖生・医〗プリオン(クロイツフェルト・ヤコブ病, 狂牛病などの病原体とされる蛋白性の感染性因子・非通常性ウイルス).

prioritaire *a.* **1** 優先権を持つ. personne ～ 優先権のある人.
2 優先的に扱われる. envoi en service ～ (国際郵便の)優先配達送付(最も早い手段による配達；《*P*～》と表書き).
—*n.* **1** 優先権所有者. **2**〖郵〗優先配達郵便物(30 kg 以下).

priorité *n.f.* **1** (時間的に)先であること(=antériorité)；優先すること；優先権；(自動車の)優先通行権. avoir la ～ (に)優先通行権がある. ～ à droit (車の運転の)右側優先.〖労働〗～ d'embauchage 優先雇用〔権〕. ～ de passage 通行上の優先権.〖株〗actions de ～ 優先株.〖交通〗carte de ～ 優先権証明カード(乗物で立っているのがつらい人に与えられる公共交通機関での着席優先権保有証明書 carte station debout pénible；役所, タクシーなどの順番を飛びこえることもできる；傷夷軍人, 妊婦, 乳幼児連れの母親, 労災身障者, 民間身障者, 高級官僚などに認められる). en ～；par ～ 先ず第一に, 優先的に.〖都市計画〗zone à urbaniser en ～ 都市化優先地区(略記 ZUP).
2 優先権所有者；(特に)優先権証明カード(carte de ～)の所有者.
3 優先的に処理すべきこと, 先決問題. Le chômage est l'une des ～s du gouvernement. 失業は政府の先決問題の一つである.
4〔稀〕優位性.

pris(*e*[1]) (<*prendre*) *ap.* **1** (àから)取られた. mot ～ au latin ラテン語からの借用語.
2 (場所, 時間などが)ふさがった；(人が)多忙な, 先約がある. avoir les mains ～*es* 手がふさがっている. Cette place est-elle ～*e*? この席はふさがっていますか. Je suis très ～ cette semaine. 今週はとても忙しい

のです. Il avait sa journée ～*e*. 彼は一日中先約で一杯だった.
3 (de に)とらえられた；恋の虜となった. ～ de fièvre 発熱した. ～ de peur 恐怖に襲われた. ～ de vin 酒に酔った(=～ de boisson).
4〖医〗炎症を起こした. avoir la gorge ～*e* 喉がはれている.
5 固まった；氷結した. crème bien ～*e* すっかり固まってしまったクリーム. lait ～ 固まった牛乳. La rivière est ～*e*. 川は氷結している.
6〔古〕bien ～ 体つきのよい, スマートな. taille bien ～*e* すらりとした体つき.
7〔話〕C'est autant de ～. / C'est toujours ça de ～. これだけでも取り得だ.

prise[2] (<*prendre*) *n.f.* ① (prendre すること) **1** 手に取ること, つかむこと；保持；握り；握力.〖体操〗～s croisées (前腕の)交差握り. ～ ouverte (ラケットなどの)オープングリップ.〖体操〗～ オープンハンド(5本の指を同じ側に揃えた握り).〖体操〗～ palmaire 手の平での握り. poignée d'un instrument qui permet la ～ 握りやすする道具の取手(柄, 握り). avoir une bonne (mauvaise)～ (ラケットの)ホールディング(握り方)が良い(悪い).
2 捕捉；〖スポーツ〗組手. ～s autorisées 許容されている組手. ～ de catch (de judo) レスリング(柔道)の組手. être aux ～s avec (人と)つかみ合いをする, 争っている；〔比喩的〕と闘っている. être aux ～s avec des difficultés さまざまな困難に立ち向かって奮闘している. lacher ～ 放す；放棄する. mettre aux ～s (人を)相争わせる.
3〔比喩的〕～ de bec 口論. avoir ～ de bec avec *qn* 人と激論をたたかわす.
4 占拠, 占領；奪取, 捕獲, 押収, 拿捕；拘束.〖仏史〗la ～ de la Bastille バスチーユ監獄の占拠(1789年7月14日；フランス大革命の発端).〖法律〗～ de corps 身柄の拘束. ～ d'otage 人質をとる行為.〖海〗～ [maritime] (敵国船舶または中立違反の中立国船舶の)拿捕；拿捕された船舶と積荷(=de bonne ～). conseil des ～s 拿捕(捕獲)審検所.
5 使用；採取.〖軍〗～ d'armes 着装閲兵式.〖写真〗～ de cinq vues par seconde 秒間撮影速度 5 枚. ～ d'échantillons 標本(試料)採取.〖カトリック〗～ d'habit (de voile) 着衣式.〖医〗～ de sang 採血. ～ de vue[*s*] 撮影；録画.〖自動車〗～ directe ダイレクト・ドライヴ, (伝動軸の)直結. ～ en directe (エンジンに)直結している.〔比喩的〕～ (avec, sur に)密着している.〖株式〗～ ferme 全額引受.
6 所有, 引受け；開始, 着手.〖法律〗～ à partie 裁判官相手取り訴訟. ～ de conscience 自覚. ～ de contact avec *qn* 人と接触すること. ～ de position 態度の決定(表明)

prisée

~ de possession 入手；占有，占有開始；占拠；〔領土の〕取得；職務就任．
~ en charge（社会保険による）費用受担；（タクシーが）人を乗せること．taxe de ~ en charge（タクシーの）基本料金．~ en chasse 追跡〔開始〕．~ en considération 考慮，勘案．

7 凝固．~ du béton コンクリートの凝固．ciment à ~ rapide 速乾性のセメント．faire ~ 凝固する．

Ⅱ（prendre されるもの）**1** 手がかり；つかむ場所．avoir ~ sur *qn* 人に影響力がある．donner ~ à …に手がかりを与える，…の種を播く．donner ~ à la calomnie 中傷にさらされている．Il n'y a pas de ~ pour tenir cet outil. この道具には持つところがない．
2〔登山〕手がかり（=~s de mains）；足がかり，足場（=~s de pieds）．~ inverse 逆相の手（足）がかり．bonne ~¹ 良い手がかり（足場）．chercher une ~ 手がかり（足場）を探す．tailler des ~s dans la glace 氷に足場を刻む．
3 捕獲物，捕獲物．belle (bonne²) ~ 素晴らしい獲物．
4 使用（採取）物；（薬の）服用（使用）量．une ~ de tabac 一つまみの嗅ぎ煙草．médicaments à intégrer en trois ~s quotidiennes 一日 3 回服用する医薬品．~ de terre アース〔口〕．〔電〕~ femelle コンセント．〔電〕~ intermédiaire タップ．〔電〕~ mâle 差込み．

Ⅲ（prendre する装置）(de の) 取入口．~ d'air 吸気口，空気取入れ口．~ d'antenne アンテナ・プラグ．~ d'eau 取水口〔口〕；蛇口．〔電〕~ de courant コンセント，ソケット．〔電〕~ de courant à broche プラグ．~ de courant pour troisième rail (地下鉄などの) 第三軌条集電装置．~ de force 動力取出し装置．

prisée *n.f.* **1**〔法律〕（競売における）価格評価，価格査定．
2（市場における）商品の値踏み；（取引資産の）価格査定．

priseur(*e*) *n.* 競売吏；価格査定者．

prisme *n.m.* **1**〔幾何〕角柱．~ droit (oblique) 直 (斜) 角柱．~ triangulaire 三角柱．
2〔物理〕(結晶) 柱体，柱形結晶．
3〔光学〕プリズム．~ à réflexion totale 全反射プリズム．~ objectif 対物プリズム．~ pentagonal 五角プリズム，ペンタプリズム．~ polarisateur 偏光プリズム．jumelles à ~ プリズム式双眼鏡（=jumelles prismatiques）．〔比喩的〕voir à travers un ~ 色眼鏡で見る；ゆがめて見る，偏見をもって見る．

prison *n.f.* **1** 監獄，刑務所；拘置所；牢；〔軍〕営倉．~ centrale 中央刑務所（= maison centrale）．~ départementale 県刑務所．~ cellulaire（監獄の）独房．gardien de ~ 看守（=geôlier, maton）．être ~ 入獄中である．mettre *qn* en ~ 投獄する．sortir de ~ 出獄する．s'évader d'une ~ 脱獄する．aimable comme une porte de ~ 極めて不快な．

◆自由剥奪刑の執行機関としての prison には「拘置所」(maison d'arrêt：未決囚および残余刑期 1 年未満の既決囚を収容)；「拘留センター」(centre de détention：残余刑期 3 年未満の既決囚を収容)；「中央刑務所」(maison centrale：無期または残余刑期 3 年以上の有期の既決囚を収容)；「サナトリウム刑務所」(prison sanatoria)；「身心障害者拘留センター」(centre de détention sanitaire)；「青少年受刑センター」(centre de jeunes condamnés)；「特殊職業訓練刑務所」(centre pénitentiaire spécialisé) などがある．

2〔比喩的〕監獄のような場所．Cette école est une véritable ~. この学校はまるで監獄そのものだ．vivre dans une ~ dorée（金色の牢獄で暮す→）金はあっても不自由に暮す．

3 禁錮，懲役；〔軍〕営倉〔刑罰〕．peine de ~ 禁錮刑．être condamné à la ~ à vie 終身刑に処せられる．faire de la ~ 服役する．soldat puni de ~ 営倉入りの兵士．

prisonni*er* (*ère*) *n.* **1**〔軍〕捕虜，浮虜（=~ de guerre）．camp de ~s 捕虜収容所．échange de ~s 捕虜の交換．être fait(*e*) ~(*ère*) 捕虜になる．faire *qn* ~ 人を捕虜にする．
2〔法律〕拘禁刑受刑者，囚人，受刑者，在監者．~ évadé 脱獄囚．~ politique 政治犯，政治犯．~ sur parole 仮釈放の囚人．libérer (relâcher) un ~ 囚人を釈放する．
3 囚われた人，監禁されている人；〔軍〕営倉に入れられた兵．《*la* P~*ère*》『囚われた女』(Proust の作品名)．〔比喩的〕~ de son destin 運命の囚われ人．
4 被逮捕者．faire ~ 逮捕する．se constituer ~ 自首する．
──*a.* **1** 囚われた，捕虜になった，監禁された；自由を奪われた．bateau qui demeure ~ des glaces 氷に閉じこめられた船．
2〔比喩的〕~ の虜となっている．être ~ de ses préjugés 偏見の虜となっている．

pristinamycine *n.f.*〔薬〕プリスチナマイシン（抗生物質；薬剤製品名 Pyostacine (*n.f.*)）．

PRITI (=*p*ays à *r*evenu *i*ntermédiaire, *t*ranche *i*nférieure) *n.m.* 下方中規模所得国（国民 1 人あたりの年間国民粗生産 PNB が, 2003 年では US$766-3,035 の国を指

PRITS (=*p*ays à *r*evenu *i*ntermédiaire, *t*ranche *s*upérieure) *n.m.* 上方中規模所得国（国民 1 人あたりの年間国民粗生産 PNB が, 2003 年では US$3,035-9,385 の国を指

Privas *n.pr.* プリヴァ(département de l'Ardèche アルデーシュ県の県庁所在地；市町村コード 07259；マロン＝グラッセ marrons glacés の名産地；形容詞 privadois (e)).

privatif (ve) *a.* **1** (de を) 奪う；〖法律〗(権利などを) 剥奪する. peine ~ve de liberté 自由剥奪刑.
2〖言語〗欠除的；〖文法〗欠性〔辞〕の，否定の. opposition ~ve 欠除的の対立. préfixe ~ 否定接頭辞 (injuste の in など).
3〖法律〗排他的な；専用の. jardin ~ 専用庭. parties ~ves (集合住宅などの) 専用部分 (parties communes「共有部分」の対).
—*n.m.*〖文法〗否定接頭辞 (= préfixe ~) (a-, dé-, in- など).

privation *n.f.* **1** 欠如；欠落；欠乏. ~ de nourriture 食料の欠乏.
2 剥奪；喪失，停止. ~ des droits civiques 市民権の剥奪 (喪失，停止). ~ de la vue 失明.
3 [*pl.* で] 窮乏；耐乏生活. s'imposer des ~s つつましく暮す.

privatique *n.f.*〖情報・視聴覚〗個人使用機器 (パソコン，ハイファイコンポ，ヴィデオ，ヴィデオディスクなど).

privatisable *a.* 民営化しうる；民営化の対象となる，民営化候補の. entreprise ~ du secteur public 民営化候補の公共部門の企業.
—*n.f.* 民営化の対象となる公共事業.

privatisation *n.f.* (国有会社などの公共事業の) 民営化. commission d'enquête sur les ~s (議会の) 民営化に関する調査委員会. conditions de ~ 民営化の諸条件. loi sur ~s 民営化に関する法律. Ni ~, ni nationalisation 非民営化・非国有化政策 (1988年ミッテラン大統領が提唱；略称《le Ni-ni》).

privatisé (e) *a.* 民営化された. société ~e 民営化会社.

privatiseur (se) *a.* 民営化する，民営化を推進する. activité ~se 民営化推進活動.
—*n.* 民営化推進者.

privé (e)¹ *a.* **1** 私有の，個人所有の；排他的な (= privatif). propriété ~e 私有財産；私有地. voie ~e 私道.
2 私立の，民間の. clinique ~e 私立病院. détective ~ 私立探偵. école ~e 私立学校. enseignement ~ 私〔学〕教育. entreprise ~e 私企業. secteur ~ 私企業部門 (secteur public「公共部門」の対).
3 私の，〔個人的な；民事的な；非公式な；内々の.〖法律〗acte sous seing ~ 私署証書.〖法律〗droit ~ 私法. intérêts ~s 私的利益；民事的利益. personne ~e 私人. séance ~e 非公式会議. vie ~e 私生活，プライバシー. à titre ~ 個人の資格で.
—*n.m.* **1** 私企業部門 (= secteur ~). travailler dans le ~ 民間企業で働く.
2 私生活 (= vie ~e). en ~ 私的に，個人的に；内々に.
3 〔俗〕私立探偵 (= détective ~).

privé (e)² *a.p.* **1** (de が) 欠乏している. civils ~s de nourriture et médicaments 食糧と医薬品が欠乏している民間人. plante ~e d'eau 水が不足している植物.
2 (de を) 剥奪された. être ~ du sommeil 寝不足である.

privilège *n.m.* **1** 特権，特典；恩典. ~ d'émission de la Banque de France フランス銀行の紙幣発行の独占的特権. ~s de la noblesse 貴族の諸特権. ~ diplomatique 外交特権. ~ exclusif 独占的特権. ~ fiscal 税制上の特典. avoir (obtenir) le ~ de + *inf.* …する特権を享受する；恩典に浴する.
2〖法律〗特権；先取特権. ~ de juridiction 裁判所の特権. ~ d'un créance 債権の先取特権. ~ de la Sécurité sociale 社会保障先取特権. ~ du Trésor 国庫先取特権.
3〖法律・史〗特許〔状〕，允可〔状〕.〖史〗[du Roi] (革命前の印刷物の) 刊行允可. dresser (sceller) un ~ 特許状を作製する (特許状に封印する).
4 特典，利点. ~ de la naissance 出自 (家柄) による特典 (利点). bénéficier d'un ~ 特権を享受する；恩典に浴する.
5 特性. La raison est le ~ de l'espèce humaine. 理性は人類だけが持つ特性である. ~ de l'immortalité 不死という特性. avoir le triste ~ de + *inf.* …するのは悲しくもつらい勤めである.

privilégiature *n.f.*〖政治〗特権階級.

privilégié (e) *a.p.* **1** 特権を有する，特権的な. deux ordres ~s de l'Ancien Régime 旧体制下の特権的二身分 (貴族と聖職者).
2〖法律〗先取特権のある (を有する)；優先権をもつ. actions ~es 優先株. créance ~e 先取特権のある債権. créancier ~ 先取特権を有する債権者.
3 (社会的・経済的に) 恵まれた，特典に浴した. classes ~es 特権階級.
4〔文〕才能に恵まれた；恩恵に浴した；特に良好な；選り抜きの. un être ~ 才能に恵まれた人間. lieu ~ 特権的の場所，選り抜きの場所. relations ~es entre deux chefs d'Etat 二カ国元首の特別な関係.
—*n.* **1** 特権者. **2** 恵まれた人.

prix *n.m.* ① 《価格，物価，値段》 **1** 価格，値段. ~ affiché 公示価格. ~ agricoles garantis 保証農産物価格. ~ constants 実質価格. ~ courants 名目価格. PIB aux ~ courants 名目国内総生産. PIB aux ~ de 2000 2000年価格表示の国内総生産. ~ d'achat (de vente) 仕入れ (販売) 価格. ~ d'ami 特別値引き価格. ~ de la journée 日給. ~ de revient 原価. ~ des denrées alimentaires 食料品価格. ~ du〔pétrole〕brut 原油価格. ~ du marché 市場価格. ~ fixe 定価. menu à ~ fixe 定食. ~ industriels 工業製品

価格. ~ unitaire (à l'unité) 単価. élasticité des ~ 価格弾力性. théorie des ~ 価格理論. au ~ fort 高値, 一切の値引きなしの価格.
C'est mon dernier ~. これ以上の値下げはしません. Je vous fais un ~. 特別に値引きしましょう. Votre ~ sera le mien. 言い値で買います. y mettre le ~ 必要な支出は惜しまない.
2 物価. ~ à la consommation 消費者物価. ~ de détail 小売物価. ~ de gros 卸売物価. blocage des ~ 物価凍結. affiche《~ du pain》obligatoire パンの価格の義務的表示. contrôle des ~ 物価管理 (統制). flambée des ~ 物価の急上昇. indice des ~ 物価指数. libération des ~ 物価自由化. politique des ~ 物価政策 (politique contractuelle des ~ 政府, 産業界, 流通業界の合意に基づく物価政策). rapport qualité -~ / 品質・価格関数. stabilité des ~ 物価安定. variation des ~ 物価変動. casser les ~ 価格を破壊する, 大安売りをする. au ~ où est le beurre 生活費を考えれば.
3 価値, 値打ち. de ~ 値打ちがある. hors de ~ 値がつけられない, 手が出せないほど高い. ~ d'or (d'argent) 非常に高価な. mettre à ~ 売りに出す. mise à ~ 競売における最初の価格. mettre qch. à ~ 何に賞金を出す.
4 (抽象的な)価値, 値打ち. attacher du ~ à qch. …を重要視する, …に特別な意味を認める.
5 代償, 報酬, 報い, 罰. à tout ~ どうしても, 何が何でも. à aucun ~ 決して, いかに代償を積まれても. au ~ de qch. …との交換によって. C'est le même ~. 同じことだ. L'appauvrissement idéologique et le rétrécissement de la base politique de la majorité [...] apparaissent comme le ~ à payer pour sécuriser le passage de relais de Jacques Chirac à Alain Juppé. 与党の思想的貧困化と政治基盤の陥少化が, ジャック・シラクからアラン・ジュペへのバトンタッチを確実にするための代償であるかのように見える (*Le Monde* du 4 juin 2002).
Ⅱ (賞, 賞金, 賞品, 褒美, 報償) **1** ~ de Rome ローマ賞. ~ du meilleur acteur 主演男優賞. ~ Goncourt ゴンクール賞. ~ Nobel ノーベル賞 (~ Nobel de la paix (d'économie, de chimie, de physique, de biologie-médecine, de littérature) ノーベル平和 (経済学, 化学, 物理学, 生物・医学, 文学) 賞). grand ~ du festival de Venise ヴェネツィア・フェスティヴァル大賞. distribution des ~ (とくに学校における) 授賞式, 成績優秀者表彰式. livre de ~ 賞として与えられる豪華本.
2 賞の受賞者. Jimy Carter, ~ Nobel de la paix 2002, s'est montré hostile à une attaque contre l'Irak 2002 年ノーベル平和賞受賞者であるジミー・カーターは対イラク攻撃に批判的な態度を示した.
3 賞がかかった競技. grand ~ de Monaco モナコ・グランプリ.

prix-performance *a.inv.* 価格と性能間の；コスト・パフォーマンスの (=qualité-prix). rapport ~ 対価値性能；コスト・パフォーマンス比.

PRM (=*p*etit *r*obot *m*odulaire) *n.m.* 〖機械〗小型ユニット・ロボット《崩壊した建造物内の小型自走探査ロボットなど》.

PRO (=*p*rogramme de *r*econnaissance *o*ptique) *n.m.* 〖情報処理〗光学式認識プログラム《=〔英〕OCR: *o*ptical *c*haracter *r*ecognition 光学的文字認識ソフト》.

probabilité *n.f.* **1** 真実らしさ, 確からしさ；ありそうなこと；蓋然性. selon toute ~ おそらく, 十中八九.
2 〖数〗確率. ~ à posteriori (a priori) 事後 (事前) 確率. ~s au jeu 賭けの確率. ~ faible (forte) 低い (高い) 確率. calcul des ~s. théorie des ~s 確率論.
3 〖多く *pl.*〗予測, 見込み, 公算. examiner les ~s 予測を検討する. opinion fondée sur de simples ~s 単なる推測に基づく意見.

probable *a.* 真実らしい, 確からしい；ありそうな；起りそうな, 予測される；蓋然的な. C'est ~. 多分そうだ. Il est ~ (P~) que+*ind*. (〖稀〗+*subj.*) たぶん…らしい. Est-il ~ que+*subj.*? …ということがあり得ようか. 〖統計〗erreur ~ 確率誤差, 蓋然誤差. 〖宗教〗opinion ~ 蓋然的見解.
—*ad.* 〖話〗おそらく (=probablement). Tu crois qu'elle va venir? —P~ 彼女は来ると思う？—おそらくね.
—*n.m.* ありそうな (起りそうな) こと. le ~ et le certain ありそうなことと確実なこと.

probant(e) (<prouver) *a.* **1** 〖法律〗証拠となり得る. en forme ~*e* 正式な形式の (で). pièce ~*e* 証拠書類.
2 もっともな, 肯ける. argument ~ 説得力のある議論 (論拠). raison ~*e* もっともな理由. C'est tout à fait ~. それは全く確かだ.

probation *n.f.* **1** 〖法律〗保護観察〔措置〕. agent de ~ 保護観察官.
2 〖宗教〗修練期；(修練期に先立つ) 試練の期間.

probationnaire *n.* 〖法律〗保護観察措置下の人間.

probatoire *a.* **1** (学力, 能力などを)証明する. écrit ~ 証明書. examen ~ 学力検定.
2 〖法律〗(保護観察の対象をなす) 品行の検証に関する.

probiotique *a.* 生体防御機能をもつ.
—*n.m.* 生体防御機能をもつ微生物 (バクテリア, 酵母など).

problématique[1] *a.* **1** 疑わしい, 疑問

のある. entreprise ~ 成功の覚束ない企て. résultat ~ 疑わしい結果.
2〖哲〗jugement ~ 蓋然的判断《カント》.
3 問題の多い.

problématique² *n.f.* **1**〖総称的〗諸問題, 問題性, 複雑に絡み合った問題.
2 問題提起〖法〗.

problème *n.m.* **1** (解決すべき) 問題；(科学上の) 疑問；課題；練習問題. ~s philosophiques 哲学的問題. ~ des mots croisés クロスワードパズルの問題. clé (nœud) du ~ 問題の鍵. solution d'un ~ 問題 (疑問) の解決 (解答). faire un ~ d'algèbre 代数の問題を解く. Elle a fini ses ~s. 彼女は練習問題を解き終えた. résoudre un ~ 問題を解く.
2 難問, 難題, 難事；〖pl. で〗心の悩み (= ~s psychologiques). ~s de la circulation 交通問題. ~s économiques (financiers, politiques, sociaux) 経済 (財政, 政治, 社会) 問題. ~ technique 技術的難問. Il n'y a pas de ~；〖俗〗Y a pas de ~；Pas de ~. 問題はない；たやすいことだ. C'est votre ~. それはあなたの問題だ. enfant à ~ 問題児. faire ~；poser un ~ 難題を持ち出す. sans ~ 難なく, 無事に.

procaïnamide *n.m.*〖薬〗プロカインアミド (不整脈治療薬).

procaïne *n.f.*〖薬〗プロカイン (エステル型局所麻酔薬).

procarbazine *n.f.*〖薬〗プロカルバジン, 塩酸プロカルバジン (抗癌剤).

procaryote *n.m.*〖生〗原核生物 (eucaryote「真核生物」の対).
——*a.* 原核性の. bactérie ~ 原核バクテリア. cellule ~ 原核細胞.

procaryotique *a.*〖生・植〗原 (前) 核性の (細胞膜をもたず, 染色体のみからなる細胞核である「原 (前) 核」の）；eucaryotique「真核性の」の対).
——*n.m.pl.* 原 (前) 核生物 (バクテリア, 青藻など).

procédé *n.m.* **1** 実施方法 (方式), 工程, 手順, 製法；処置法；手法；やり方. ~ de fabrication 製造方法 (工程). ~s〖industriels〗製造過程. ~ continu 連続工程. ~ de construction 施工法.〖冶〗~ de cyanuration 青化法《金銀の湿式製錬法》.〖印刷〗~ photomécanique 写真製版〖法〗. ~ technique 技術的工程. ingénieur〖de〗~ プロセス・エンジニア.
2〖電算〗プロセス.
3 手順；まとめ方；〖蔑〗型にはまったやり方, 手口. ~ oratoire 演説のまとめ方. Cela sent le ~. どうもやり口がわざとらしい. Son habileté tourne au ~. その器用さが型にはまったやり方に堕落する.
4 (現象などの) 起り方, 過程；成り行き. ~ de bipartition cellulaire 細胞の二分裂過程.
5 (他人に対する) 接し方, 振舞い. ~s corrects 礼儀正しい振舞い. ~s inadmissibles 許し難い振舞い.
6〖解剖〗突起, 隆起.
7 (ビリヤードのキューの) タップ. queue à ~ タップ付きのキュー.

procédural (*ale*) (*pl. aux*) *a.* **1**〖法律〗法的手続 (procédure) の, 手続に関する；訴訟手続の. bataille ~ 手続上の争い. formalités ~ales 手続様式.
2〖情報処理〗手続型の. langage ~ 手続型言語 (langage déclaratif「宣言型言語」の対).

procédure *n.f.* **1** 手続；〖法律〗法的手続. ~ à suivre 踏むべき手続. ~ administrative 行政手続. ~ de divorce 離婚手続. ~ électorale 選挙手続. ~ inquisitoire 糾問手続. ~ judiciaire 司法手続. engager une ~ 手続を始める.
2〖法律〗訴訟手続 (= ~ contentieuse). code de ~ civile (pénale) 民事 (刑事) 訴訟法. intenter une ~ 訴訟手続をとる.
3〖法律〗訴訟記録.
4 手順, 所定の方式；処置. ~ d'atterrissage d'un avion 航空機の着陸手順.
5〖情報処理〗処理手順, 手続, プロシージャ. ~ de sauvegarde データ保護のためのバックアップ手続.

procédurier (*ère*) *a.* **1** 訴訟手続に精通した. avocat ~ 訴訟手続に明るい弁護士.
2 手続きが複雑な. formalités ~ères 煩瑣 (はんさ) な手続.
3〖蔑〗訴訟好きの, 三百代言的な.
——*n.* **1** 訴訟手続に明るい人. **2** 訴訟好き.

procès *n.m.* 〖Ⅰ〗**1**〖法律〗訴訟；訴訟手続. ~ civil (criminel) 民事 (刑事) 訴訟. entreprendre un ~ contre *qn*；intenter un ~ à *qn* 人に対して訴訟を起す, 人を告訴する. être en ~ avec *qn* 人と係争中である. faire le ~ de …を非難する (責める). faire un ~ d'intention à *qn* 人の意図を非難する. gagner (perdre) un ~ 勝訴 (敗訴) する. sans ~；sans〖autre〗forme de ~ 訴訟を経ずに, 正当な手続を経ずに；〖比喩的〗物を言わせずに.
〖Ⅱ〗(課程) (= processus)；〖言語〗過程.
〖Ⅲ〗〖解剖〗突起. ~ ciliaire 毛様体突起.

process [prɔsɛs] 〖英〗*n.m.*〖経済〗製造工程, 加工工程 (= processus de fabrication).

processeur *n.m.*〖電算〗**1** 演算処理装置, プロセッサー. ~ à 1.5 GHz 1.5 ギガヘルツのプロセッサー. ~ central 中央演算処理装置.
2 処理プログラム, プロセッシング；プログラム.

procession *n.f.* **1** (宗教的儀式での) 行列, プロセッション. ~ des Rameaux 枝の主日のプロセッション. suivre une ~ 祭列の後に従う.

2〔広義〕(人・車などの)行列, 長い列. ~ de manifestants デモ隊の列. marcher en ~ 行列をなして歩く.
3〔神学〕~ du Saint-Esprit (神および御子からの) 精霊の発出.

processus [-sys][ラ] *n.m.* **1** 過程, プロセス, メカニズム. ~ pathologique 病理学的推移. ~ physiologique 生理的なメカニズム. ~ politique 政治のプロセス.〔精神分析〕~ primaire (secondaire) (心的装置の) 一次 (二次) 過程.
2〔解剖〕突起 (=saillie). ~ coracoïde 烏口突起. ~ ethmoïdal du sphénoïde 蝶形骨の篩骨突起.

procès-verbal (*pl.* **~ - *aux***) *n.m.*
1 調書；供述書；(特に) 交通違反の調書 (= ~ de contravention；略記 P.V.). ~ de carence (d'interrogatoire, de perquisition) 差押動産不在 (訊問, 捜索) 調書. ~ de conciliation 和解(調停)調書. ~ de contravention 違反調書. ~ du juge (du notaire, de l'huissier) 判事 (公証人, 執達吏) 調書. avoir un ~ pour excès de vitesse スピード超過で交通違反の調書をとられる. dresser〔un〕 ~ 調書を作成する.
2 議事録；公式記録；報告書. ~ de séance 会議議事録. approuver le ~ 議事録を承認する.

prochain(*e*)[1] *a.* Ⅰ (時間的) **1** 近い, 間近い, やがて来る. avenir ~ 近い将来. fin ~e 近付く終り. un jour ~ 近い日〔に〕. dans les ~s jours 近いうちに. menace d'une guerre ~e 近付く戦争の脅威. mort ~e 間近の死.
2 (現在を起点として) すぐ次の, 今度の. l'année ~e 来年. dimanche ~ 今度の日曜日. la ~e fois 次の機会, 次回. à la ~e fois では又 〔別れの挨拶〕. le printemps ~ 来春. la semaine ~e 来週.
3〔文法〕futur ~ 近接未来.
4〔論理〕近い, 直接の. cause ~e 近因. genre ~ 最近類.〔神学〕pouvoir ~ 直接能力.
Ⅱ (空間的) **1** 次の；すぐ隣りの. ~ arrêt 次の停留所. descendre à la ~e station 次の駅で下車する. tourner à droite au ~ carrefour 次の交差点で右折する. gens du ~ village 隣り村の人びと.
2〔古・文〕ほど近い, 隣の (=proche). dans la chambre ~e 隣室で.
prochain[2] *n.m.* 隣人；同胞. amour du ~ 隣人愛.

prochaine[2] *n.f.* **1** 次の駅 (= ~e station). Vous descendez à la ~ ? 次でお降りになりますか？
2 次の機会 (= ~e fois；~e occasion). A la ~ ! それじゃまた！《別れの挨拶》.

proche *a.* **1** (空間的) 近くの, 近接する. ~ banlieue 近郊. le P~-Orient 近東. les plus ~s voisins 最も身近かな隣人. bruit ~ 近くの物音. endroit ~ 近場. la gare la plus ~ 最寄りの駅. ~ de[1] …にほど近い. villa toute ~ de la mer 海にほど近い別荘.
2 (時間的) ほどなく起る, 来たるべき, 間近に迫った；つい最近の. L'aurore est ~. 夜明けは近い. la certitude de la victoire toute ~ 勝利は間近に迫ったという確信. événement encore tout ~ つい最近の出来事. passé assez ~ かなり近い過去. ~ de[2] …を目前にしている.
3 (人が) 近縁の；身近な, 近い. ami très ~ 親友. parents ~s；~s parents 近親.
4 近似した. couleurs assez ~s l'une de l'autre かなり似通った色合.
——*ad.*〔古〕近くに. ici ~ この近くに.〔現用〕de ~ en ~ 少しずつ. épidémie qui gagne de ~ en ~ 徐々に広がりをみせる流行病.
——*prép.*〔古・方言〕の近くに. ~ la cathédrale 大聖堂の近くに. ~ de[3] …の近くに. ~ de la Bastille バスチーユの近くに.
——*n.m.pl.* **1** 近親者 (= ~ parent). C'est un ~. 近親者だよ. **2** 側近 (=entourage). ~s du Premier ministre 首相の側近.

Proche-Orient (**le**) *n.pr.m.* 近東. les pays du ~ 近東諸国 (l'Egypte, Israël, le Liban, la Syrie, la Turquite；時にla Cisjordanie, la Jordanie を加えることがある).

proche-oriental (*ale*)(*pl.* *aux*) *a.* 近東 (le Proche-Orient) の. problèmes ~aux 近東問題.

prochiralité *n.f.*〔化〕プロキラリティー.

prochlorperazine *n.f.*〔医〕プロクロルペラジン (制吐薬, 精神神経症薬, 精神分裂病薬).

prochromosome *n.m.*〔生〕前染色体, 染色中心.

procidence *n.f.*〔医〕脱, 脱出, 脱出症. ~ du cordon ombilical (出産時の胎児の) 臍の緒の脱.

proclamation *n.f.* **1** 宣言, 布告. ~ de la République 共和国宣言. ~ de l'indépendance d'un pays 一国の独立宣言.
2 公表, 公式発表. ~ du résultat d'un scrutin 投票結果の公表.
3 宣言書, 宣告, 声明〔文〕；公言. ~ de son innocence 自己の無実の公言. afficher (rédiger) 宣言 (声明) 文を掲示 (起草) する.
4〔古〕即位宣言. ~ d'un roi (d'un empereur) 国王 (皇帝) の即位宣言.

proclamer *v.t.* **1** 宣言する；公布する, 公式発表する；公表する. ~ l'indépendance d'un pays 一国の独立を宣言する. ~ la république 共和国の成立を宣言する. ~ le résultat d'un scrutin 投票結果を公表する. ~ une ordonnance オルドナンスを公布する. ~ qn roi 人を国王と宣する. ~

que¹ …と宣言する.
2 明言する；明示する (=affirmer). ~ son innocence 無実を叫ぶ. Tout *proclame* son innocence. すべてがその無実を示している. ~ sa victoire 勝利を明言する. ~ que² …と断言する. Il *proclame* le vin bon. 葡萄酒が上物だと明言する.

procréatif(ve) *a.* 子供を作る；子供を生む；生殖に関する. médecine ~ 生殖医学. projet ~ 出産計画.

procréation *n.f.* 出産；生殖. ~ artificielle (naturelle) 人工 (自然) 生殖. ~ médicalement assistée 医学援用生殖, 医学的介助生殖 (略記 PMA；人工授精など).

procréatique *n.f.* 〚医〛人工生殖学 (技術).

proct[o]- 〚ギ〛 ELEM 「直腸, 肛門の」の意 (*ex. proct*algie 直腸痛；*procto*scope 直腸鏡).

proctalgie *n.f.* 〚医〛肛門痛, 直腸痛 (=proctodynie).

proctectomie *n.f.* 〚医〛肛門括約筋・直腸切除〔術〕.

proctite *n.f.* 〚医〛直腸炎 (=rectite).

proctologie *n.f.* 〚医〛肛門科, 直腸肛門科, 肛門直腸医学.

proctologue *n.* 〚医〛肛門科医.

proctopexie *n.f.* 〚医〛直腸固定術 (直腸脱に対処する手術療法).

proctoplastie *n.f.* 〚医〛肛門形成術.

proctoscope *n.m.* 〚医〛肛 門 鏡 (=anoscope).

procuration *n.f.* 〚法律〛**1** 代理〔権〕, 委任. agir en vertu d'une ~ 代理として行動する. ~ générale 全面委任, 白紙委任. donner [sa] ~ 代理権を与える, 委任する. par ~ 代理を立てて, 委任〔状〕によって；代理として；〔比喩的に〕他人によって. voter par ~ 代理によって投票する.
2 委任状. dresser (rédiger) une ~ 委任状を作成する. signer une ~ 委任状にサインする.

procuratrice *n.f.* 〚法律〛女性代理人 (女性の代理権行使者；procureur の女性形)；女性の主任検察官 (=procureure).

procureur(e) *n.* **1** 検事, 検察官, 主任検察官. ~ adjoint 次席検事, 共和国次席検事, 次席補佐 (~ de la République を補佐する検察官). ~ de la République 大審裁判所検事正 (大審裁判所 tribunal de grande instance の検察の長), 共和国検事. ~ général¹ 検事総長, 検事長 (破毀院 cour de cassation, 控訴院 cour d'appel, および会計検査院 cour des comptes の検察の長). 法院検事長. 〚史〛~ du roi (王政下, 下級審の) 主席検事. ~ général² (王政下, 高等法院の) 主席検事. 〚仏史〛~ impérial (帝政時代の) 検事. substitut du ~ (検事長を補佐する) 検事.
2 〚法律〛〚古〛代理人 (女性は procuratrice)；(大革命前の) 代訴人, 代言人.
3 〚史〛検事. ~ général³ (革命前の高等法院の) 主席検事. ~ du roi (下級審の) 主席検事, 国王代訴人.
4 〚宗教〛修道会の利益代表修道士.

prodigalité *n.f.* **1** 浪費癖.
2 〔多く *pl.*〕浪費. se ruiner par ses ~*s* 浪費の結果破産する.
3 〔文〕潤沢, 過剰.

prodige *n.m.* **1** 不可思議な出来事, 驚嘆すべきこと；驚異；奇蹟. ~*s* de la médecine 医学の驚異. tenir du ~ 信じ難い. Cela tient du ~. それはまるで奇蹟だ.
2 驚嘆すべき人物, 天才. enfant ~ 神童, 天才児.

prodigieux(se) *a.* **1** 驚くべき, 驚異的な. ~ génie 驚異的天才. bêtise ~*se* 驚くべき愚かさ. foule ~*se* 驚くほど大勢の群衆.
2 〔稀〕不思議な. choses ~*ses* 不思議な出来事.
——*n.m.* 驚異.

prodigue *a.* **1** 浪費する, 浪費癖のある. 〚聖書〛l'enfant ~ 蕩児.
2 気前のいい. se montrer ~ avec *qn* 人に気前のいいところを示す.
3 〔比喩的〕(de を) 惜まない. ~ de compliments お世辞たらたらの. ~ de son temps 時間を惜しまない.
——*n.* 浪費家.

pro domo 〚ラ〛*l.a.inv.* 〚法律〛自己のために (の). avocat ~ 自分自身を弁護する弁護人. plaider ~ 自分自身のために弁護する. plaider ~ (訴訟当事者が弁護士を介さずに) 行う訴訟人弁論.

prodrome *n.m.* **1** 〚医〛前駆症状. **2** 徴候, 兆し, 前兆. ~ d'une révolution 革命の前兆.

prodromique *a.* **1** 〚医〛前駆の；前駆症の. **2** 〔比喩的〕前兆的な.

producteur¹ *n.m.* 〚情報〛データ・バンク作成者.

producteur²(trice) *a.* **1** (de を) 生産する, 作り出す. activités ~*trices* 生産活動. force ~*trice* 生産力. pays ~*s* de pétrole 石油産出国, 産油国.
2 製作担当の. 〚映画・TV〛société ~ *trice* 製作会社, プロダクション.
——*n.* **1** 生産者, 製造業者 (consommateur 「消費者」の対). ~ agricole 農業生産者. 〚情報処理〛~ de banques de données データ・バンクの制作者. ~ exclusif 独占的生産者. groupement des ~*s* 生産者連合. vente directe du ~ au consommateur 消費者に対する生産者の直販.
2 (映画・TV などの) 製作者, プロデューサー. ~ de cinéma 映画製作者 (プロデューサー). ~ de radio (télévision) ラジオ (TV) プロデューサー.

productibilité *n.f.* 〚工〛多産性, 高生産性；生産性, 生産力.

productien(ne) n.〖工〗生産工程管理技術者.

productif(ve) a. **1** 生産的な,生産力のある;生産性の高い;利益を生じる. activités ~ves 生産活動. investissement ~ 利益を生む投資. personnel ~ 生産要員;製造担当職員,工員 (personnel d'encadrement「幹部職員」の対). sol peu ~ 生産性の低い土壌.
2 (de を) 生み出す;〖法律〗法的結果を伴う;〖言語〗造語能力がある. capital ~ d'intérêts 利益を生む資本.〖哲〗cause ~ve d'effet 効果産出因.〖言語〗élément lexical ~ 造語要素.
3〖医〗増殖性の (=prolifératif). inflammation ~ve 増殖性炎. ostéite ~ve 増殖性骨炎. toux ~ve 喀痰を伴う湿性咳.

production n.f. **I**（生産,産出）**1** 生産,産出,生産高,生産物. ~ industrielle 工業生産,工業生産高.〖経済〗~ intérieure brute (PIB) 国内産出総額（1980年までフランスの国民経済計算で主要な経済量 agrégat. 国内総生産 produit intérieur brut との違いは非商品生産 produit non marchand を算入するか否かにある）. appareil de ~ 生産設備,産業構造. biens de ~ 資本財,生産財. capacité de ~ 生産能力. coût de ~ 生産コスト. facteurs de ~ 生産要素〈天然資源 ressources naturelles,労働 travail および資本財 biens de ~). moyens de ~ 生産手段. unité de ~ 生産単位,工場.
2 創作,制作,制作された作品. ~ de l'esprit 知的創作活動,その結果生み出された作品.
3 発生,生成,形成,増加. ~ de gaz toxique 毒ガスの発生.
4 映画・番組などの製作,プロダクション;映画・ラジオ・TV 番組. assistant de ~ 製作助手. directeur de ~ 製作担当者.
II〖法律,行政〗(書類などの) 提出,提示;届出, (証人を) 出廷させること.

productique n.f. **1**〖工〗生産工程管理工学,生産性向上技術《生産性の向上を目指す自動化情報工学》.
2〖情報〗コンピュータ制御製造技術 (= CFAO robotique).

productivisme n.m. 生産性重視主義,生産至上主義. condamner le ~ 生産性重視主義を非難する.

productivité n.f. **1** 生産力. ~ d'une terre 土地の生産力.
2 生産性. ~ du tavail 労働生産性. accroissement (baisse) de la ~ 生産性の向上（低下). normes de ~ 生産性規準.
3 生産の良さ;生産性の向上. investissement de ~ 生産性向上のための投資.

produit n.m. **1** 生産物,生産物,製品,産品. ~ agricole (alimentaire, industriel, minier) 農産物（食料品,工業製品,鉱業製品). ~ blanc (brun) 白物家電製品〈家庭用オーディオ製品). ~ brut 粗製品. ~ de base 基礎産品. ~ d'entretien 家庭内のメンテナンス用品. ~ de première nécessité 生活必需品. ~ de remplacement (de substitution) 代替品. ~ fini (semi-fini) 完成品（半製品). ~ intermédiaire 中間製品. ~ intérieur brut (PIB) 国内総生産 (=〔英〕GDP : gross domestic product). ~ national brut (PNB) 国民総生産 (=〔英〕GNP : gross national product). ~ laitier 乳製品. ~ manufacturé 製品〈加工・製造などによる生産品). ~ primaire (secondaire) 1 (2) 次産品.
2 (とくに化学変化によって得られる) 製品. ~ additif 添加剤. ~ colorant 顔料. ~ de beauté 化粧品 (= cosmétique). ~ de fission 核分裂生成物. ~ dérivé 副産物.
3 収益,収入,収穫. ~ financier 資金運用収入,金利収入,動産の評価益. Le ~ de l'impôt sur le revenu s'est élevé en 2003 à environ 53.000 millions d'euros. 2003年の所得税収入は約530億ユーロだった. vivre du ~ de sa terre 所有地の上がりで暮す.
4〖比喩的〗成果,結果. C'est le ~ d'une pure imagination. それはまったくの想像の産物だ.
5〖数〗積. ~ extérieur 外積,ベクトル積. ~ intérieur 内積. ~ scalaire スカラー積. ~ vectoriel ベクトル積.〖医〗~ organique 器官生成物,分泌物.
6〖法律〗acte de ~ (書類の) 受理証明.
7 動物の仔.

prof [prɔf] n.〖話〗教授,教諭 (= professeur).

profanation n.f. **1** 冒瀆,瀆聖,瀆神. ~ des églises 教会堂に対する瀆聖行為,教会堂荒らし. ~ de sépulture 墓荒らし.
2〖比喩的〗冒瀆,価値を下落させること;濫用. ~ d'un beau paysage par des constructions des usines 工場の建設による美観の悪化.

profane a. **1** 非宗教的な;世俗的な (religieux, sacre の対). art ~ 世俗芸術 (art religieux「宗教芸術」の対). monde ~ 世俗的世界,俗界.
2 素人の,門外漢の.
— n.m. le sacre et le ~ 聖と俗.
— n. **1** 非信者;俗人.
2 素人,門外漢. ~ en peinture 絵画の素人. expiliquer à un ~ 門外漢に説明する. aux yeux du ~ 素人の目には.

professeur n.m.〖女性にも用いる〗**1** （中等教育の) 教諭;（大学の) 教授 (= ~ d'université)《略称 prof [prɔf]》. ~ agrégé アグレガション試験に合格した有資格教授. 〔~〕agrégé de philosophie 哲学教授有資格教授. ~ à Paris-I (Panthéon-Sorbonne) パリ第一（パンテオン=ソルボンヌ）大学教授. ~ à la Sorbonne パリ大学旧文学・理学部教

授. ~ d'anglais 英語教員 (教諭・教授). ~ de droit 法学の教授. ~ des écoles 学校教員 (IUFM＝*I*nstitut *u*niversitaire de *f*ormation des *m*aîtres「教員養成大学」で養成される初等・中等・技術教育の教員). ~ titulaire (d'une chaire) (大学の) 講座担当正教授.
une femme ~ ; un ~ femme 女性教諭 (教授). Monsieur le *P* ~ X X 先生《大学教授 (特に医学アカデミー教授) に対する敬称》. réunion des ~ *s* 教授会. salle des ~ *s* 教授室.
De maître de conférence, il est devenu ~. 彼は大学助教授から教授になった. Elle est ~ de lycée. 彼女はリセ (高等学校) の教諭だ.
2〔俗〕(ピアノ, 絵画などの) 先生《通常は maître, maîtresse を用いる》. ~ de golf (piano) ゴルフ (ピアノ) の先生.

profession *n.f.* Ⅰ 《職業》**1** (個人活動としての) 職業 (= métier). Quelle est votre ~ ? あなたの職業は何ですか? sans ~ 無職. ~ indépendante 独立的職業. ~ libérale 自由業. ~ séparée (夫婦の) 別個の職業.
annuaire par ~ *s* 職業別電話帳. choix d'une ~ 職業の選択. de ~ 職業的な, プロの, 本職の ; 本職のような ;〔比喩的〕慣い性となった. militaire de ~ 職業軍人. sportif de ~ プロのスポーツ選手. menteur de ~ いつも嘘ばかりついている人. exercer la ~ d'avocat 弁護士業を営む. faire ~ de *q*ch (de+*inf*.) 何を (…することを) 職業とする.
2 (企業活動としての) 職業分野 ; 職業団体, 同業者. ~ *s* connexes 関連職業.
Ⅱ 《公言》**1** (信仰・意見などの) 公言. d'une opinion 意見の公言. faire ~ de *q*ch (de+*inf*.) 何を公言する. faire ~ de libéralisme 自由主義を標榜する. faire ~ de mépriser l'argent 金など気にしないと臆せず言う.
2〔カトリック〕修道誓願 (= ~ religieuse) ; 信仰告白 (= ~ de foi). ~ simple (solennelle) 単式 (盛式) 誓願. faire sa ~ (修練士〔女〕novice が) 修道誓願をたてる.

professionnalisant(e) (< professionnalisation) *a.* 職業の専門化を実践する, 専門職業教育のある. école la plus ~*e* 最も職業専門教育の進んだ学校.

professionnalisation *n.f.* 専門化.

professionnalisme *n.m.* プロ意識 (精神), 職業意識 (amateurisme「アマチュアリズム」の対).

professionnel(le) *a.* **1** 職業の ; 職業に関する ; 職業上の ; 専門職の. association ~ le 同業組合 (= corporation). baccalauréat ~ 職業教育バカロレア. brevets ~les (BP) 職業免状. brevets d'études ~les (BEP) 職業教育修了書. certificat d'aptitude ~le (CAP) 職業適性証明書. conscience ~le 職業意識. école ~le 職業学校. formation ~le 職業訓練. lycée d'enseignement ~ (LEP) 職業教育高等学校. maladies ~les 職業病, 職業性疾患. ouvrier ~ 1(2) 熟練工 (略記 OP 1, OP 2). secret ~ 職業上の秘密. taxe ~le 職業税.
2 職業の, プロの (amateur「アマの」の対). boxe ~ le プロ・ボクシング. championnat ~ プロ選手権《大会》.
── *n.* **1** 職業人 ; 専門家. ~ de l'informatique 情報処理学専門家.
2〔スポーツ〕プロ〔選手〕, 職業選手.

professoral(ale) (*pl*. **aux**) *a.* 教授の ; 教師の ; 教授 (教師) のような. corps ~ 教授団. ton ~ 教師ぶった口調.

professorat *n.m.* 教授の職 ; 教授の任期, 教授団.

profil *n.m.* **1** 横顔, プロフィール, 半画像, 側面. avoir un beau ~ 端正な横顔をしている. ~ fuyant (perdu) 斜め後ろから (= de trois-quarts) 見た横顔. de ~ 横向きの ; 横向きに, 横から見ると (de face「正面から見た」の対). photo de ~ 横顔の写真. se mettre de ~ 横向きになる.
2 (物の) 横向きの形 ; 輪郭. ~ d'une voiture 自動車の外観.
3 断面 ; 断面図. ~ d'équilibre (河川の) 平衡曲線. ~ d'une aile d'avion 航空機の翼の断面図《翼形》.〔鉄道〕~ du rail 軌条断面.〔航空〕~ laminaire 層流翼形. ~ longitudial (道路の) 縦断線形 ; (河川の) 縦断形.〔航空〕~ symétrique 対称翼形. ~ transversal (道路の) 横断形 ; (河川の) 横断形.〔幾何〕plan de ~ 側平面, 側画面.
4〔比喩的〕人物寸描, 概評, プロフィール. ~ d'un diplomate 外交官の人物寸描 (プロフィール). ~ médical 診療概況. ~ psychologique 精神的プロフィール, サイコグラフ, 心誌.
5 特性. ~ de l'intellectuel de gauche 左翼知識人の特性 (標準タイプ).〔商業〕~ des ventes en avril 4 月の販売グラフ特性.〔生〕~ génétique 遺伝子特性.
6〔電算〕プロファイル.

profilage *n.m.*〔工〕**1** (金属の) 成型 ; (道路の) 断面設計.
2 (自動車・船舶・航空機の) スタイリング ; 流線形. ~ de la carrosserie d'un nouveau modèle d'automobile 新型自動車の車体スタイル形成.

profilé[1] *n.m.* 形鋼 (=acier ~) ; 引抜き形材. ~ d'acier extrudé 引抜き形鋼. ~ en alliage d'aluminium アルミニウム合金形材. ~ en Ⅰ Ⅰ 形鋼. ~ normal 標準形鋼.

profilé[2] **(*e*)** *a.* **1** 決った側面 (断面) を持つ. sac ~ ...
2 側面 (輪郭) をもつ. gestion ~*e* prudente 慎重な側面をもつ経営.
3〔金融〕fonds de placement ~ 種々のリククを伴なう投資信託.

profileur(se) n. 〖心〗**1** プロファイリング専門家《人物の心理的・行動的特徴をデータとして記録分析し、その人物の能力を評価したり行動を予測する専門家》. **2**〖警察〗(連続殺人犯などの心理・行動を分析・解明し、事件を解決に導く)プロファイリング捜査官.

profiloplastie n.f. 〖医〗美容整形〔術〕.

profit n.m. **1** 利益, 利潤, 儲け. comptes de pertes et ~s (~s et pertes) 損益計算書. passer qch par ~s et pertes …を失われたものとみなして諦める, 過去のものとして葬り去る.〖諺〗Il n'y a pas de petits ~s. 小さな儲けはない；儲けは儲けだ《けちな人について》. Schématiquement, on peut considérer le ~ comme ce qui reste à l'entreprise une fois payés par elle l'ensemble de ses facteurs de production et, généralement, l'ensemble de ses charges. 図式的に言えば, 利潤とは企業がその生産要素費ならびに, 一般的には, その経費すべてを支払った後に残るものとみなすことができる.
2(抽象的に)利益, 利点, 得になること. au ~ de …のために.〖話〗faire du ~ (のが)経済的である, 長持ちする. faire (son) ~ de qch ; mettre qch à ~ ; tirer ~ de …を利用する, 生かす, 役立てる. il y a (du) ~ à qch (+inf.) …は得になる. Mettant à ~ l'accord de trêve intervenu entre les parties au conflit, l'ONU prépare activement le terrain à la fin définitive des hostilités. 国連は紛争当事者間で結ばれた休戦合意を利用して, 最終的な停戦への準備を積極的に進めている.
A cet égard, on consultera avec ~ l'ouvrage de X. この点についてはXの著作が有益な参考となる.

profitable (<profit) a. **1** 利益をもたらす. placement ~ 利益をもたらす投資.
2 有益な, 役に立つ. lecture ~ 有益な読書. Il est ~ à qn de+inf. …するのは人のためになる.

profiterole n.f.〖菓子〗プロフィットロール(生クリームやアイスクリームを詰めた小さいシュー). ~ au chocolat (熱い)チョコレートをかけたプロフィットロール.

profiteur(se) n.〖蔑〗なり振り構わず利益を追求する人；(災害や他人の仕事に)便乗して儲ける人；不正な手段で儲ける人. ~ de guerre 戦争成金.

profond(e) a.〖空間〗**1** 深い. fleuve ~ 深い川. mer peu ~e 浅い海. vallée ~e 深い谷. ~ de …の深さのある. puits ~ de dix mètres 深さ10メートルの井戸.
2 地表から深い. cave ~e 深い地下室. couches ~es du sol 深部の地層. racines ~es 地下深くおろした根, 深い根.
3 奥行きのある, 深い. forêt ~e 深い森. grotte ~e 奥深い洞窟. perspective ~e d'un tableau 絵の奥行きのあるパースペクティヴ. pièce large et ~e 間口が広く奥行きのある部屋. au plus ~ de …の最も奥深いところに, …の突き当たりに(=à l'endroit le plus ~ de).
4 深部に達する. aspiration ~e 深呼吸. blessure ~e 深傷, 深手. salut ~ 深く身をかがめた挨拶. sommeil ~ 深い眠り. sondage ~ 深海部の測量.
5 深みのある, 重味のある. ciel ~ 果てしなくひろがった空. couleur ~e 深みのある色. nuit ~e 闇夜；深夜. regard ~ 深みのある眼差し. silence ~ 深い静寂. vert ~ 深緑色. voix ~e 重味のある声.

〖II〗〖比喩的〗《深遠な》**1** 深遠な, 深く考察する. connaissance ~e 深遠な知識. écrivain ~ 深く考察する作家. méditations ~es 深い瞑想. philosophe ~ 深遠な哲学者.
2 奥深い；捉え難い. la France ~e 深層のフランス. instinct ~ 心の奥底の本能. mystère ~ 奥深い神秘. nature ~e de l'homme 人間の捉え難い本性. signification ~e 深い意味. structure ~e 深層構造.
3 激しい, 深甚な；甚だしい；深刻な. ~ mépris 激しい軽蔑.〖心〗arriéré ~ 重度精神薄弱(IQ 20以下). conflit ~ 深刻な争い. différence ~e 甚だしい相違. influence ~e 深刻な影響. tristesse ~e 深い悲しみ.

profondeur n.f. 〖I〗《深さ》**1** 深さ. ~ d'une mer 海の深さ. à un mètre de ~ 深さ1メートルのところで. avoir dix mètres de ~ 深さが10メートルある. en ~¹ 下方に, 縦に. creuser en ~ 縦に掘り下げる. rivière de faible ~ 浅い川. sans ~ 浅い. grotte sans ~ 浅い洞穴.
2(三次元の計測で)深さ；高さ(=hauteur)(largeur「幅」, longueur「長さ, 奥行」の対). ~ d'une boîte 箱の深さ(高さ).
3(水平方向の)奥行, 奥深さ.〖光学・写真〗~ de champ(レンズの)焦点深度. ~ d'un paysage 風景画の奥行(遠近感). base, hauteur et ~ d'un cube 立方体の底辺(幅), 高さ, 奥行. Cette place a cent mètres de large et deux cents mètres de ~. この広場は幅100メートル, 奥行200メートルある. en ~² 奥の方向に. crème qui agit en ~ 皮膚の奥で作用するクリーム. s'étendre en ~ 奥に広がる.
4〖pl. で〗深い所；奥まった所. ~s d'une forêt 森の奥. ~s de la mer 深海；海底. explorer les ~s des mers 深海探査.
5〖比喩的〗(色・眼差しなどの)深み. ~ d'un regard 深い眼差し.

〖II〗《深遠》**1**(思想などの)深遠さ. ~ d'une idée 思想の深遠さ. philosophe d'une rare ~ 稀に見る深遠な哲学者. en ~³ 深く, 根底的に.〖ひそかに〗changement en ~ 根底的変化. écrivain qui manque de ~ 深遠さに欠ける作家. œuvre sans ~ 深みに欠ける作品.

2(愛情の)深さ, (感情などの)激しさ, 強さ；(程度の)はなはだしさ. ~ de son attachement その愛着の強さ. ~ des vues 観察力の深さ.
3〘*pl.* で〙〘比喩的〙心の奥底 (= ~*s* de l'âme).〘心〙psychologie des ~*s* 深層心理学.

pro forma [ラ] *l.a.inv.* 形式として, 形式上の；〘商業〙見積りの, 仮の.〘商業〙facture ~ 見積仕切票, 見積送り状 (= [英] ~ invoice).

profusion *n.f.* **1** 豊富さ, おびただしさ；氾濫. ~ de compliments 讃辞の嵐. à ~ 豊富に, あり余るほど.
2 気前の良さ.

progénote *n.m.* 〘生〙プロジェノート (太古に存在したと推定する原始細胞；古代細菌 archébactéries, 真生細菌 eubactéries, 真核生物 eucaryotes の祖).

progestatif[1] (*ve*) *a.* 黄体の；妊娠を促す. corps ~ 黄体 (=corps jaune).

progestatif[2] *n.m.* 〘生化〙プロゲストゲン (黄体ホルモン物質). ~ de synthèse 合成黄体ホルモン.

progestérone *n.f.* 〘生化〙プロゲステロン (卵巣黄体から分泌される黄体ホルモン；progestatif の一種).

progiciel (<*pro*gramme + log*iciel*) *n.m.* 〘電算〙プログラムソフトウェア, パッケージ・ソフトウェア (= [英] package)(汎用プログラムのパッケージ).

prognathisme [-gna-] *n.m.* 〘解剖〙下顎前突症, 突顎 (とつがく).

programmable *a.* 〘情報処理〙プログラミング可能な, プログラム化しうる.

programmateur[1] *n.m.* **1**〘情報〙スケジューラ.
2〘機械〙プログラム実施装置；(家電製品の)プログラム・パネル. ~ d'une cuisinière 調理器のプログラム・パネル.

programma*teur*[2] (*trice*) *n.* (放送・興行等の)番組編成者.

programmathèque *n.f.* プログラムライブラリー.

programmation *n.f.* **1** (コンピュータの)プログラミング. ~ structurée 構造化プログラミング (= [英] SP : *s*tructured *p*rogramming). langage de ~ プログラミング言語.
2 (放送等の)番組編成, プログラムの編成.
3 計画化. loi d'orientation et de ~ relative à la sécurité 治安方針計画法.

programmatique *a.* 計画の, 綱領の. textes ~*s* d'une organisation 機構の綱領の文言.

programme *n.m.* **1** (興行・放送などの)プログラム, 番組；(会議の)予定；(儀式の)式次第. ~ affiché 公示プログラム. ~ de télévision TV 番組. ~ d'un spéctacle théâtral 芝居のプログラム (作品解説・配役などを記載). Demandez le ~. プログラムはいかが (売り子の呼声). d'une cérémonie officielle 公式行事の式次第. changement de ~ プログラム (番組) の変更. morceau hors ~ プログラム外 (番外) の作品.

2〘学〙(講義・試験の)題目 (科目)表；(授業の)カリキュラム, 授業計画 (= ~*s* scolaires). ~ de cours 講義題目表. ~ de sixième 第六学級の授業計画. publication du ~ de l'agrégation アグレガシヨン (中等教育正教授資格認定試験) のプログラムの公表.

3 計画, プログラム, (政党の)綱領；作業手続, 実施要領 (= ~ d'action). ~ à court (long) terme 短期 (長期) 計画. ~ architectural 建築計画. ~ d'avancement 工事工程表. ~ de réformes 改革の手順. ~ d'une entreprise 企業の事業計画. ~ électoral 選挙公約. ~ socialiste 社会党綱領. ~-pilote 試行計画, パイロット・プログラム.〘法律〙loi ~ 計画法律, プログラム法律.〘音楽〙musique à ~ 標題音楽 (= ~ descriptive).

4〘電算〙プログラム (= ~ d'un ordinateur). ~ d'assemblage アセンブラー (= assembleur). ~ de contrôle コントロール・プログラム. langage de ~ プログラム言語.

5〘生〙(生物体内の) プログラム. ~ génétique 遺伝子プログラム.

programmé(*e*) *a.* **1** プログラム化された, 計画された.〘教育〙enseignement ~ プログラム教育, 計画教育. ordinateur ~ プログラミングをしたコンピュータ.
2 (機器・家電製品などが) プログラムパネルをそなえた. automatisme ~ プログラム化自動制御.

programme-cadre *n.m.* 枠組計画 (プログラム). ~ pluriannuel 複数年にまたがる枠組プログラム.

programmer *v.t.* **1** (コンピュータの)プログラミングをする. **2** プログラムを組む, (番組を)編成する. **3** 手順を決める.

programmeur(*se*) *n.* (コンピュータの)プログラマー, 情報処理要員 (技術者).

programmiste *n.* (工事, 取引などの)計画立案専門家.

progrès *n.m.* **1** (人類, 文明, 社会などの)進歩. ~ scientifique 科学的進歩. ~ social 社会の進歩. ~ technique 技術の進歩. croire au ~ 進歩を信じる. faire des ~*s*[1] 進歩する.〘労働〙contrat de ~ 進歩協約 (国・企業の成長率に応じて賃金の上昇を定める協約).〘政治〙parti du ~ 進歩的政党.

2 (能力・技術などの)向上, 上達. faire des ~*s* en musique 音楽が上達する.〘話〙Il y a du ~. 前より良くなった.

3 進行, 進展. faire des ~*s*[2] (事態が)進展する；(病状が)進む, 悪化する. ~ d'épidémie 悪疫の拡大. ~*s* d'une inondation 洪水の進行. ~ de réformes 改革の進展. On

progressif(ve)

n'arrête pas le ~! 時代の流れを止めることはできぬ.
4 〖軍〗前進, 進出.
5 〖新聞〗*Le P*~「ル・プログレ」(Lyon で 1859 年に創刊された日刊紙).

progressif(ve) *a.* **1** 漸進的な；段階的な. diffusion ~*ve* d'une théorie 理論の漸進的普及. évolution ~*ve* 漸進的進展 (変遷, 進化). exercices ~*s* 段階的練習. verre ~ (眼鏡の)境目のない遠近両用レンズ.
2 累進的な（dégressif「逓減的な」の対）. impôt ~ 累進税.
3 進行性の. 〖言語〗forme ~*ve* d'un verbe 動詞の進行形. 〖医〗paralysie ~*ve* 進行性麻痺.

progression *n.f.* **1** 前進；進行. ~ d'une armée 軍隊の前進. ~ des glaciers 氷河の前進. ~ d'un véhicule 車輛の前進. 〖音楽〗~ mélodique (harmonique) 旋律 (和声) の段階的上昇.
2 進渉；漸増, 上昇；段階的発展. ~ du mal 病気の悪化 (=aggravation). ~ des revenus 所得の漸増. ~ de la science 科学の発展. période de ~ (景気の) 上り潮期 (période de régression「退潮期」の対).
3 〖文法〗進行. aspect de ~ 進行相, 進行形.
4 〖数〗数列. ~ arithmétique (géométrique) 等差(等比)数列.

progressisme *n.m.* **1** 進歩主義, 革新主義. **2** 〖教育〗進歩主義教育理論.

progressiste *a.* **1** 進歩的な；革新的な (conservateur「保守的な」, réactionnaire「反動的な」の対). idées ~*s* 進歩的思想. parti ~ 革新政党, 進歩的政党.
2 〖政治〗急進的な；極左の. chrétiens ~*s* 急進キリスト教派.
—*n.* 進歩(革新)主義者, 進歩(革新)派, 急進派.

progressivité *n.f.* **1** 漸進性；進歩性.
2 〖税〗累進性. ~ de l'impôt sur le revenu 所得税の累進性.

prohibé(e) *a.p.* (法律によって)禁止された, 法令違反の, 禁制の. armes ~*es* 所持・使用禁止の武器. 〖法律〗degré ~ 通婚禁止の親等. marchandises ~*es* 禁制品. temps ~ 禁止期間；禁漁(猟)期. vente ~*e* 法令違反販売.

prohibitif(ve) *a.* **1** 〖法律〗禁止の, 法令違反とする, 禁制の. loi ~*ve* 禁止法. régime ~ 禁止体制.
2 〖経済〗輸入禁止的な. tarifs douaniers ~*s* 輸入禁止的関税.
3 〖法律〗近親婚禁止に抵触する.
4 〖話〗(価格が高くて)手の出ない. prix ~ 手の届かぬ値段.

prohibition *n.f.* **1** 禁止；法令違反, 禁制, 禁止令. ~ de la pêche 禁漁. ~ de l'inceste 近親相姦の禁止. ~ du port d'armes 武器携帯禁止.
2 〖経済〗(製品の輸出入の)法定禁止, 禁止令. (特に)(アメリカの)禁酒法 (1919-33年). (= ~ des boissons alcoolisées；~ de l'alool). prendre des mesures de ~ 禁止措置を講じる.

prohibitionnisme *n.m.* **1** (有害物質の)禁止主義；禁止論；禁止体制.
2 〖経済〗保護貿易主義.

prohibitionniste *n.* **1** (アルコール, 麻薬などの)禁止論者. **2** (特に)(アメリカの)禁酒法支持者；禁酒党員. **3** 〖経済〗保護貿易主義者.

prohormone *n.f.* 〖生化〗プロホルモン (ホルモンの前駆物質).

proie *n.f.* **1** 生餌, 餌食；獲物. oiseau de ~ 猛禽. bondir sur une ~ 獲物に飛びかかる. lâcher (abandonner, laisser) la ~ pour l'ombre (水に映った獲物の影まで捕ろうとして口にくわえた獲物を取り落とす→) 幻の利益にとらわれて手中のものを失う (la Fontaine の寓話より).
2 〖比喩的〗餌食, 分捕品；犠牲. être la ~ de …の餌食となる；…に苛まれる, …の虜となる. être la ~ du malheur 不幸に見舞われる. La forêt fut la ~ des flammes. 森は炎になめつくされた. être en ~ à …に苛まれる；…の虜となる. être en ~ à l'anxiété 不安に苛まれる. être en ~ à la maladie 病魔にとりつかれる.

proinsuline *n.f.* 〖医〗プロインスリン (インスリンの前駆物質).

projecteur *n.m.* **1** 投光器；(自動車などの)ヘッドライト；(劇場の)スポットライト (= ~ de scène). 〖電気〗電気投光器. 〖自動車〗~*s* faisceaux ビーム式ヘッドライト.
2 映写機, (スライドなどの)プロジェクター. ~ des diapositives スライドプロジェクター. vidéo-~ ヴィデオプロジェクター.
3 〖比喩的〗注目を集めさせるもの, 注意喚起. ~ sur la faim dans le monde 世界の飢餓に対する照射.

projectif(ve) *a.* **1** 〖幾何〗射影の. géométrie ~*ve* 射影幾何学. propriétés ~*ves* 射影特性. transformation ~*ve* 射影変換.
2 〖心〗(心の内面を)射影する. psychologie ~*ve* 投射心理学. test ~ 投射テスト, 投射法 (=technique ~*ve*).

projectile *n.m.* **1** 投擲物, 発射体 (弾丸, 砲弾, ロケット, ミサイルなど). ~ à longue portée 長距離弾道弾. ~ intercontinental 大陸間弾道弾. lancer (jeter) des ~*s* 砲弾(ロケット)を発射する. pluie de ~*s* 砲弾の雨, 雨と降り注ぐ弾丸.
2 放射体, 射出物；〖原子物理〗加速粒子. ~ atomique 原子の放射体.

projection *n.f.* **1** (物を)放り投げること；投擲；(弾丸などの)発射；(ガス・液体

などの)放出, 噴出;〖多く *pl.*〗投擲(発射, 噴出)物. ~ de hanche 腰投げ. ~ de pierres 投石. ~ de liquide 液体の噴出. ~ de poudre 粉末の噴霧(=pulvérisation). ~ de vapeur 蒸気の噴出(=vaporisation). ~s volcaniques 火山噴出物. angle de ~ 射角.〖生理〗centres de ~ du cortex 大脳皮質の感覚投射中枢. force de ~ 放出力, 投擲力.
2〖映画・写真〗映写, 投影, 投射映像;〖光学〗(光の)放射;〔放映〕光線;〖医〗(X 線の)投影. appareil de ~ 映写機, プロジェクター. cabine de ~ 映写室. conférence avec ~s 映像投影付き講演.
3〖数〗射影, 投影;〖地図〗地図投影法(= ~ de carte);投射地図. ~ orthogonale (oblique) 正(斜)投影. plan de ~ 投影(投射)面.〖地図〗~〔de〕Mercator メルカトル図法.
4〖心・精神分析〗(内面の)投射, 投影. ~ des images 心象投影.
5〖医〗(X 線の)投影.
6〖統計〗予測. ~s démographiques 人口予測.
7〖電算〗射影〔演算〕.
8〖軍〗国外緊急軍事介入. ~ des forces 緊急武力(軍事)介入. *b*âtiment de ~ et de *c*ommandement 緊急介入指揮艦, 強襲揚陸指揮艦(略記 BPC).
projectionniste *n.* 映画映写技師.
projet *n.m.* **1** 計画, プラン, プロジェクト;研究課題. ~ criminel 犯罪計画. ~ de voyage 旅行計画. ~s politiques 政治プラン. avoir des ~s sur *qch* 何を狙っている. concevoir un ~ 計画を練る. être en ~; être à l'état de ~ 計画中である. exécuter un ~ 計画を実行に移す. former le ~ de+*inf.* …する計画を立てる.
2 草案, 下書き;計画書, 企画書;設計図. ~ de loi 政府提出法案(議員提出法案は proposition de loi). ~ de révision 政府提出憲法改正法案. ~ de résolution 決議案. ~ d'un édifice (d'une machine) 建造物(機械)の設計図. avant-~ 政府提出法案の草案. rédiger un ~ de thèse 論文の下書きを作成する.
3〖哲〗投企.
projetable *a.*〖軍〗緊急投入(出動)が可能な. unités militaires ~ 緊急介入部隊.
prolabé(e) *a.*〖医〗内臓脱出症(prolapsus)の.
prolactine *n.f.*〖生理〗プロラクチン(脳下垂体から分泌される催乳ホルモン).
prolamine *n.f.*〖生化〗プロラミン(植物性蛋白質).
prolapsus [prɔlapsys] *n.m.*〖医〗内臓脱出, 脱症(=descente d'organes). ~ anal 肛門脱(症), 脱肛. ~ du cordon ombilical 臍帯脱出. ~ du rectum 直腸脱. ~ génital 生殖器官脱出. ~ pylorique 幽門粘膜脱出症. ~ utérin 子宮脱. ~ valvulaire mitral

僧帽弁逸脱.
prolétaire *n.* **1** プロレタリア, 無産階級.
2〖話〗安サラリーマン.
3〖古代ローマ〗最下層民.
——*a.* プロレタリア(無産階級)の;プロレタリア階級に属する(=prolétarien(*ne*)). classe ~ プロレタリア階級.
prolétariat *n.m.* **1** プロレタリア階級, 無産階級, プロレタリアート. dictature du ~ プロレタリア独裁.
2 プロレタリア(無産階級)の身分.
prolétarisation *n.f.* プロレタリア化, 無産階級化.
prolifèrateur *n.m.*〖政治〗(大量破壊兵器の)拡散国(= ~ des armements de destruction massive).
prolifération *n.f.* **1**〖生〗(細胞などの)増殖.
2 (動植物の)急繁殖.
3 急激な増大. ~ horizontale des armes nucléaires 核兵器の水平拡散(核兵器の保有国数が増加し, 総数が急増すること). ~ verticale des armes nucléaires 核兵器の垂直拡散(核兵器の保有数が特定の国で急増すること).
prolo(*pl.*~**s**)(<prolétaire) *n.*〖話〗プロ, プロレタリア.
Prolog *n.m.* プロログ(=*pro*gramming in *log*ic)(1972 年フランスで開発されたコンピュータのプログラミング言語).
prolongateur *n.m.*〖電気〗延長コード(=rallonge électrique).
prolongation *n.f.* **1** (時間的)延長. ~ d'un contrat 契約の延長.
2 延長時間;延長期間. ~ de congé 休暇の延長.
3〖スポーツ〗延長〔時間〕;延長戦. jouer les ~e 延長戦を戦う.
4〖音楽〗(掛留における)予備, 延長. ~ d'une note 音の延長.
prolongé(e) *a.p.* **1** (時間的に)長引いた. cri (rire) ~ 長い呼び声(笑い声).〖話〗jeune fille ~e とうの立った娘. sécheresses ~es 長引く旱魃.
2 (距離的に)延長された. ligne d'autobus ~e 延長されたバス路線.
prolongement *n.m.* **1** (空間的)延長. travaux de ~ d'une route 道路の延長工事.
2 延長部;先端部. ~s de la cellule nerveuse 神経細胞の先端部(axone「軸索」, dendrite「樹木突起」など). dans le ~;en ~ 延長線上に.
3〖*pl.* で〕結果, 余波, 影響. ~s d'une affaire 事件の余波.
PROM 〔=〖英〗*p*rogrammable *r*ead *o*nly *m*emory〕*n.f.*〖情報処理〗書き込みが可能な読み出し専用記憶素子(=mémoire morte programmable).
promédicament *n.m.*〖薬〗前駆医薬,

promégakayocyte n.m. 〖生〗前巨核球(=promégalocyte).
バイオ前駆体(=bioprécurseur).

promégaloblaste n.m. 〖生〗前巨大赤芽球.

promégestone n.f. 〖薬〗プロメゲストン(《黄体ホルモン製剤；製剤製品名 Surgestone (n.f.)》.

promenade n.f. **1** 散歩, 散策. aller en ~ 散歩に行く. faire une ~ 散歩をする. ~ à la campagne 田園の散策. ~ en voiture ドライヴ. ~s littéraires 文学散歩.
2 遊歩道, プロムナード. la ~ des Anglais〔à Nice〕ラ・プロムナード・デ・ザングレ(「英国人遊歩道」；ニースの海岸の大遊歩道). la P~ plantée ラ・プロムナード・プランテ(「植え込みのある遊歩道」: パリ市第12区の旧国鉄 Bastille-Banlieue 線の廃線に伴わない高架部を利用してつくられた緑化遊歩道).
3 〖舞踊〗プロムナード.

promenoir n.m. **1** (病院・学校・修道院・刑務所などの) 散歩場.
2 (劇場などの) 立見席. prendre un billet de ~ 立見席の切符を手に入れる.

promesse n.f. **1** 約束. ~ de+inf.；~ que+ind. 〖未来形〗；~ que+cond. …するという約束. ~ d'ivrogne；~s en l'air 空約束. ~ sur parole 口約束；紳士協定(=gentlemen's agreement). arracher une ~ à qn；avoir la ~ de qn 人から約束を取りつける. dégager qn de sa ~ 人を約束から開放する, 人の約束をなかったことにする. être fidèle à sa ~ 約束を守る. faire des ~ 約束をする. manquer à sa ~ 約束を破る. tenir sa ~ 約束を守る. tromper par des ~s 約束でだます.
2 〖法律〗契約, 予約；約諾 (約束の承諾). ~ d'achat (de vente) 購入 (売却) 契約. ~ 〔d'action〕新株払込み証券. ~ de contrat 予約. ~ d'égalité (夫婦財産契約に定められる相続財産に関する) 平等約諾. ~ de mariage 結婚の約束, 婚約(=fiançailles). ~ de récompense 懸賞広告. exécuter une ~ 契約を実行する.
3 〖宗教〗神の約束. peuple de la ~ 選民(イスラエルの民).
4 〖文〗見込み, 望み；気配；将来性. jeune artiste plein de ~s 将来性のある若い芸術家.

prométhazine n.f. 〖薬〗プロメタジン. ~ hydrochloreuse 塩酸プロメタジン (C₁₇H₂₀N₂S；抗ヒスタミン薬；パーキンソン病治療剤).

prométhéum [prɔmeteɔm] n.m. 〖化〗プロメチウム(=〔英〕promethium；元素記号 Pm, 原子番号 61；1926年発見の希土類元素；ギリシア神話の英雄プロメテウス Prométhée に因む命名；prométhium とも書く).

prometteur(**se**) a. 有望な, 期待を持たせる. avenir ~ 期待を持たせる未来, 明るい未来. débuts ~s 幸先のよいデビュー. regards ~s 気を持たせるような眼差し. victoire ~se 将来に期待を持たせる勝利.
——n. 〖稀〗安請合をする人.

promis(**e**) a.p. **1** 約束された. C'est ~. 約束だ, 請け合うよ. 〖諺〗Chose ~e, chose due. 約束したことは果さねばならぬ. 〖聖書〗terre ~e 約束の地, カナン (=terre de Canaan)；〖比喩的〗豊饒の地；理想郷.
2 (à に) 運命づけられた, 約束された. jeune artiste ~ à un brillant avenir 輝やかしい未来を約束された若い芸術家.

promiscuité n.f. **1** (国籍・性・身分などの異なる) 雑居状態. **2** (不快感・驚きを与えるような) 人混み, 雑踏.

promissoire a. 誓約を内容とする. serment ~ 誓約的宣誓.

promo[1] (=bande vidéo *promo*tionnelle) n.f. 販売促進用ビデオテープ, デモ用ビデオテープ.

promo[2] (<promotion) n.f. 〖商業〗販売促進, 特売.

promo[3] (<promotion) n.f. 〖学〗〖俗〗(特にグランド・ゼコールの) 同期. de la même ~ 同期の.

promontoire n.m. **1** 岬. **2** 〖解剖〗岬角(こうかく)(=~nasal)(仙骨と中耳鼓室内壁にある突出).

PROMOSPACE n.f. 宇宙開発促進広報協会(=Association pour la promotion de l'exploration spatiale auprès du grand public).

promoteur(**trice**) n. **1** 主唱者, 唱導者；奨励者. Luther, un des ~s de la Réforme 宗教改革の主唱者の一人であるルター.
2 推進者；開発業者；発起人；興行主, プロモーター. ~ de construction(~-constructeur, ~ immobilier)不動産開発業者. ~ de〔s〕ventes セールスマン.
3 〖生化〗プロモーター(《遺伝子》).
4 〖宗教〗司教区裁判所検事.
——n.m. 〖化〗助触媒.

promoteur-constructeur n.m. 〖建築〗不動産開発兼建設業者.

promotion n.f. **1** 昇進, 昇格, 昇級；向上. ~ au général 将軍への昇進. ~ sociale 社会的階級の昇級；社会的地位の向上. avoir une ~ 昇進を獲ち取る. faire des ~s dans〔l'ordre de〕la Légion d'honneur レジオン・ドヌール勲章で昇級させる.
2 〖集合的〗同時昇進者；(グランド・エコールの) 同期入学者. bénéficier d'une ~ 昇進する. camarades de ~ (グランド・エコールの) 同期生.
3 〖経済・商業〗促進, プロモーション. ~ des ventes 販売促進〔策・部〕(=〔英〕sales promotion). ~ immobilière 不動産開発.

article en ~ 特売(特価)商品. contrat de ~ immobilière 不動産開発契約.

promotionnel(le) a.『商業』販売促進目的の. vente ~ le 特売, 宣伝販売, 値引販売.

prompt(e) [prɔ̃p(t), -t] a. **1** 素早い, 敏速な, 敏捷な. ~ comme l'éclair 電光石火の. un coup d'œil ~ 素早い一瞥. esprit ~〔à comprendre；à concevoir〕呑みこみが素早い頭脳. avoir l'esprit ~ 頭の回転が早い. ~ à+inf. (à qch) すぐ…する. homme ~ à se décider 決断の早い人. population ~e aux explosions すぐに爆発する国民. avoir la main ~e 手が早い, すぐ腕力に訴える. Elle est ~ à la réplique. 彼女はすぐに言い返す人だ. **2**〔名詞の前または後〕素早い, すぐに行われる；手早くなされる. ~e mort 急死. ~e réponse 即答. de ~s secours 救急措置. conclusions ~es 素早く出される結論. jugements ~s 素早い判断. mets de ~e confection 手早く出来る料理. Je vous souhaite un ~ rétablissement. 速やかな御本復をお祈りいたします. **3** (人が)気の早い, 熱し易い, 血気にはやった. L'esprit est ~ et la chair est infirme. 頭脳は活気に満ちているが肉体はひ弱い. **4**〔古〕束の間の. Sa joie est ~. その喜びは束の間であった.

prompteur n.m. **1**〖演劇〗プロンプター. **2**〖放送〗プロンプター《TV 放送でキャスターやアナウンサーに向け語る文言を活字で流す装置》.

promptitude n.f.〔文〕**1** (人・行動の)敏速さ；敏捷さ；素早さ, すみやかさ. ~ d'esprit 考えの敏捷さ. ~ de la guérison 回復のすみやかさ. ~ de jugement 判断の敏速さ. ~ à+inf. …する素早さ. ~ à réagir devant le danger 危険に対処する機敏さ. avec ~ 素早く.
2 短さ, はかなさ.

promu(e) a. 昇進した；進級した. caporaux ~s 昇進した兵長. élèves ~(e)s 進級した学生(生徒).
——n. 昇進(進級)者.

promulgateur(trice) a.『法律』(法律・法令を)公布する. instance ~ trice 公布機関.
——n. (法律の)公布者.

promulgation n.f. **1**〖法律〗(法律・法令・条約などの)審署, 発布. ~ d'une loi 法律の審署(公布). ~ des décrets (des ordonnances) デクレ(オルドナンス)の公布. ~ de traité 条約の審署. décret de ~ 公布令. **2** (学説などの)公表.

promulguer v.t. **1**〖法律〗(法律・法令を)審署し, 発布(公布)する. ~ des décrets (des ordonnances, des textes de loi) デクレ(オルドナンス, 法令)を審署する. ac- tion de ~ 審署行為. Le président de la République *promulgue* les lois dans les 15 jours qui suivent la transmission au gouvernement de la loi définitivement adoptées.「共和国大統領は, 確定的に採択された法律が政府に送付された後15日以内に, 法律を審署する.」《フランス第五共和国憲法典第2章第10条》.
2〔文〕(学説などを)公認する, 公表する. ~ les vérités 真実を公けにする.

pronateur(trice) a.〖解剖〗回内の, 内旋の, 内側に回転する. muscle ~ 回内筋, 内旋筋.
——n.m. 回内筋.

pronation n.f.〖解剖〗(手・腕の)回内《内側への回転》, 回内運動. ~ douloureuse de l'enfant 小児の回内痛.

prononcé¹(e) a.p. **1** 宣告された, 判決された；発音された.〖法律〗condamnation ~e 有罪判決. discours ~ 表明された演説.〖法律〗jugement ~ 下された判決. mot ~ 発音された語.〖法律〗peine ~e 判決刑.
2 明確な, はっきりした；目に付く. aversion ~e 明白な嫌悪感(反感). ombre ~e くっきりした影. talent ~ pour la musique 音楽に対する際だった才能. visage aux traits ~s はっきりした目鼻立ちの顔.

prononcé² n.m.〖法律〗言渡し, 宣告 (= prononciation). ~ du jugement 判決の言渡し.

prononciation n.f. **1** 発音；発音法. ~ correcte d'un mot 語の正しい発音. ~ régionale 地方訛りの発音. ~ sans accents 訛りのない発音. avoir une bonne ~ 発音が良い. défauts de ~ 発音の欠陥.
2〖法律〗(判決などの)言渡し (= prononcé). ~ de la sentence 裁定の言渡し.

pro-nord-coréen(ne) a. 北朝鮮(朝鮮民主主義人民共和国)支持派の, 北朝鮮寄りの.

pronostic n.m. **1** 〔多く pl.〕予想, 予測；前兆, 徴候. ~s des courses レースの予想. faire des ~s 予想を立てる. se tromper dans ses ~s 予測を誤る.
2〖医〗予後. ~ fondé sur le diagnostic 診断に基づく予後.

pronostique a.〖医〗予後の, 予後に関する. signes ~s 予後徴候.

pronostiqueur(se) n. **1** 予想家, 予測者. **2** (競馬などの)予想屋.

pronunciamiento [prɔnunsjamjɛnto]〔西〕n.m. **1** (スペイン, ラテンアメリカでの)軍事クーデタ, プロヌンシヤメント.
2 軍部の反政府的宣言(行為).

pro-occidental(ale) (pl. aux) a. **1** 親西欧的な. **2**〖国際関係〗西欧派の, 西欧側の.

propadiène n.m.〖化〗プロパジエン, アレン (allène).

propagande n.f. **1** (政治的・社会的)宣

propagation

伝, プロパガンダ, 宣伝戦. ~ d'un parti politique 政党の宣伝. ~ électorale 選挙プロパガンダ, 選挙宣伝戦. moyens de ~ 宣伝手段. tract de ~ 宣伝ビラ(ちらし, ポスター). faire de la ~ 宣伝活動をする.〔話〕C'est de la ~! それはデマだ!
2 宣教, 布教. ~s catholiques カトリックの宣教(布教).〔カトリック〕la P~ (ローマ教皇庁の) 布教聖省 (=Congrégation de la P~).
3〔広義〕(学説・思想などの) 宣伝.

propagation *n.f.* **1** 増殖；繁殖. ~ de l'espèce 種の繁殖.
2〔宗教〕(信仰・教義の) 普及, 布教. Congrégation pour la ~ de la foi 布教聖省 (=Congrégation pour l'évangélisation des peuples).
3 普及, 伝播；蔓延. ~ d'une épidémie 伝染病の蔓延. ~ des fausses nouvelles 誤報の広まり. ~ d'un nouvelle technique 新技術の普及.
4 (火災の) 拡大. ~ d'une incendie 火災の拡大.
5〔物理〕伝播. ~ de la chaleur 熱の伝播. vitesse de ~ d'une onde 波動の伝播速度.

propane *n.m.*〔化〕プロパン (C_3H_8)；プロパンガス.

propané(e) *a.* プロパンを含有する.〔燃料〕air ~ プロパン混合気.

propanier *n.m.*〔船〕液化プロパンガス専用運搬船, LPG (GPL) タンカー.

propédeute *n.*〔旧制〕予備課程(propédeutique)の在学生. ~s de lettres 文科予備課程の学生.
——*a.* 予備課程の.

propédeutique *n.f.* **1**〔旧制〕(大学の特定学部やグランゼコールを志願するバカロレア合格者に対し義務付けられた1年間の) 予備課程 (1948-66；俗称 propé). faire sa ~ 予備課程に在学する (=être en ~).
2〔一般に〕予備教育.
——*a.* 予備課程の. année ~ 予備課程学年. **2** 予備教育の.

propène *n.m.*〔化〕プロペン(propylène「プロピレン」の公式推奨語).

propension *n.f.* (à への) 傾向；性癖.〔経済〕~ à consommer (à épargner) 消費(貯蓄)性向. ~ au doute 疑い易い傾向. ~ au mensonge 虚言癖. avoir de la (une) ~ à + *inf.* …する傾向がある.
2 (事物の) 傾向.

properdine *n.f.*〔生化〕プロペルジン (血漿中の糖蛋白).

propergol [prɔpɛrgɔl]〔独〕*n.m.* ロケット推進剤(薬), ロケット燃料. ~ hybride 複合ロケット燃料. ~ liquide 液体ロケット燃料. ~ solide 固体ロケット燃料.

propfan [prɔpfã] *n.m.*〔航空〕プロップファン・ジェットエンジン (二重反転プロペラを持つタービン式ジェットエンジン)；プロップファンジェット機.

prophage *n.m.*〔医〕プロファージ(バクテリオファージの生活環の一形態).

propharmacien(ne) *n.* 医薬品取扱医師(近くに薬局がないところで医薬品の投与が認められている医師) (=médecin ~).

prophase *n.f.*〔生〕(有糸分裂の) 前期.

prophète, prophétesse *n.* **1**〔宗教〕預言者. David, le Roi-~ 預言者の王ダヴィデ. les premiers ~s hébreux 初期のヘブライの預言者たち (Abraham, Moïse など). les grands ~s bibliques 聖書の四大預言者 (Daniel, Ezéchiel, Isaïe, Jérémie). prophétesses d'Apollon アポロンの女預言者たち. tombeau du P~ à Médine メディナの預言者マホメットの墓.〔俗〕faux ~ ペテン師.
2 予言者；占者, 卜者, 占師. ~ de malheur 凶事の予言者.

prophétie *n.f.* **1**〔宗教〕預言.
2 予言. ~ de la sibylle シビラ(巫女)の予言.
3 占い. ~ d'une cartomancienne トランプ占いの女の占い.
4 予想, 予測.

prophétique *a.* **1** 預言の；預言的の；預言のような. livres ~s (聖書の) 預言書.
2 予言の；占いの. don ~ 予言の才(素質).

prophylactique *a.*〔医〕(疾病の) 予防の, 予防目的の, 予防措置としての. irradiation ~ (腫瘍の再発を防ぐための) 放射線による予防照射. mesures ~s 予防措置, 予防策. traitement ~ 予防的治療.

prophylaxie *n.f.*〔医〕(病気の) 予防措置, 予防法.

propice *a.* **1** (à に) 都合のいい；好都合な, 恵まれた. occasion ~ 好機. temps ~ à la pêche 釣り日和. choisir le moment ~ 都合のいい時を選ぶ.
2 (à に) 好意的な. prêter à qn une oreille ~ 人の話を好意的に聞く. Que Dieu nous soit ~! 神よわれらに慈悲をたれたまえ.

propionate *n.m.*〔化〕プロピオン酸塩(エステル). ~ de calcium カルシウム・プロピオン酸塩(殺菌用の食品添加物).

propionique *a.*〔化〕acide ~ プロピオン酸(香料・殺菌用の食品添加物).

propolis [-s]〔ギ〕*n.f.* 蜂蠟, プロポリス (蜜蜂が巣の隙間に充填する油性物質).

proportion *n.f.* **1** 割合, 率, 比率；比；〔数〕比例. ~ de A et de B；~ de A à B；~ entre A et B A と B との比率. ~ de la hauteur et la largeur d'une façade 建物正面の高さと幅の比率. ~ de décès par rapport à la population 死亡率. ~ des isotopes de carbone 炭素同位元素の含有率；炭素同位体比.〔物理〕~ de Poisson ポワソン比. loi des ~s multiples 倍数比例の法則.

dans la ~ de 20 pour cent 20 %の割合 (率)で. mettre la même ~ de sucre et de beurre dans un bol ボールに砂糖とバターを同じ割合で入れる. à ~ 同じ割合で. à ~ que+*ind.* …するにつれて. à (en)~ de に応じて；に比べると, の割には. Le résultat n'est pas toujours à ~ de l'effort. 結果は必ずしも努力に応じるわけではない. en ~ それ相応に, それに見合って. en ~ avec に比例している. en ~ de に応じて. Le travail est payé en ~ des risques. 労賃は危険度に応じて支払われる. sans (hors de)~ 比較にならない. toute〔s〕~〔s〕gardée〔s〕あらゆる相違を考慮した上で.〖数〗loi des ~s multiples 倍数比例の法則.
2 釣合, プロポーション；均衡；〖*pl.* で〗(全体の) 釣合, 調和. ~ harmonieuse 調和のとれた釣合 (均衡). ~ idéale 理想的釣合 (プロポーション). avoir de belles ~s 美しいプロポーションである. canon de ~s 人体比例の規範 (カノン). élégance des ~s 体のプロポーションの優雅さ. équilibre de ~ 釣合の均衡.
3〖*pl.* で〗大きさ, 規模. ~s d'une catastrophe 災害の規模. œuvre de ~s colossales 壮大な作品. dans des ~s démesurées 並外れた規模で. hors de ~ 並外れた大きさ (規模).
4〖比喩的・古〗対応, 対応関係, 相似. établir une ~ 調整する, 按配する.

proportionnalité *n.f.* **1** 比, 比例, 釣合. ~ de la masse et du poids 質量と重量の比. ~ limitée 有限比例. coefficient de ~ 比例係数.
2 相関関係.
3 比例配分, 按分. ~ de l'impôt 比例課税〔制〕. règle de ~ 比例配分の規則.

proportionné(e) *a.* **1** (à に) 釣合った, 見合った. amende ~*e* au délit 罪科に応じた罰金. impôts ~s à la fortune 資産に見合った税金.
2 釣合いのとれた, 均整のとれた, 調和のとれた (=bien ~). architecture ~*e* 均整のとれた建築. femme bien ~*e* プロポーションの良い女性. mal ~(*e*) 均整のとれていない.

proportionnel(le) *a.* **1** (à に) 釣合った. 比例した, 応じた. impôt ~ 比例課税, 比例税, 定率税 (impôt progressif「累進課税」の対).〖政治〗scrutin de liste à la représentation ~*le* 比例代表制連記投票.
2 比例する. directement (inversement)~ 正 (反) 比例する.〖数〗moyenne ~*le* 相乗平均 (=moyenne géométrique 等比平均). nombres ~s 比例数. nombres inversement ~s 反比例数. partages ~s 比例配分.
——*n.f.*〖政治〗比例代表制 (=représentation ~ *le*).

propos *n.m.* **1** 意図；決心.〖宗教〗ferme ~ (2度と罪を犯すまいという) 堅い決意. avoir le ferme ~ de+*inf.* …することを堅く心に決めている. ~ de+*inf.* …する意図 (決心). dans le ~ de+*inf.* …するつもりで. de ~ délibéré 意図的に, 故意に. Mon ~ n'est pas de vous commander. 私にはあなたを非難するつもりはない.
2 主題, 事柄. à ~[1]；à ce そのことですが；時に, ところで. À ~, comment va-t-il? ところで彼は元気かい. à ~[2] 折良く；賢明に. arriver fort à ~ ちょうどいい時にやって来る. à ~ de について. à ~ de rien；à ~ d'un rien；à ~ de tout et de rien 何でもないのに, つまらぬことで. à tout ~ 何かにつけて；しょっちゅう. hors de ~ 見当違いに. mal à ~ まずい時に；時宜をわきまえずに, 理由もなく. croire (juger) à ~ de+*inf.* …するのが賢明だと思う (判断する). Il est (serait) à ~ de+*inf.* (que+*subj.*) …するのは (…なのは) 時宜にかなっている.
3〖多く *pl.*〗(ある主題についての) 発言, 言葉；せりふ；話題；記述. ~ austères 厳しい発言. ~ blasphématoires 冒瀆の言辞. ~ d'un personnage de roman 小説の登場人物の言葉. P~, essais d'Alain アランのエッセー『語録』. échange de ~ 会談, 会話.
4〖蔑〗悪口, 中傷.

proposition (< proposer) *n.f.* **1** 提案, 提議, 発議；申出, 申し入れ；(会議での) 動議.〖国会〗~ de loi 議員提出法案 (projet de loi「政府提出法案」の対). ~ de mariage 結婚の申し込み. ~ de révision 憲法改正案. ~ de paix 講和の申し入れ. ~ d'opposant à une autre 反対動議. ~ votée dans une assemblée 会議で票決にかけられた動議. accepter (repousser) une ~ 提案を受け容れる (はねつける). faire des ~s 提案する, 発議する. faire des ~s à une femme 女に言い寄る. sur la ~ de qn 人の発議で；人の推薦で.
2〖論理・数〗命題. ~ catégorique 定言命題. ~s contradictoires 矛盾命題. ~ évidente de soi (par elle-même) 自明の命題. calcul des ~s 命題計算. démontrer une ~ 命題を証明 (論証) する.
3〖文法〗節. ~ affirmative (exclamative, impérative, interrogative, négative) 肯定 (感嘆, 命令, 疑問, 否定) 節. ~ circonstancielle 状況節. ~ complétive 補足節. ~ principale (subordonnée) 主 (従) 節. ~ relative 関係節.

propre[1] *a.* ① (固有の, 適した) **1** 固有の, 本来の；(à に) 固有の, 特有の. attribut ~ à une chose 物に固有の属性.〖法〗bien ~ 特有財産. capitaux ~s 自己資本 (社会資本, 準備金など). mouvement ~ d'un astre 天体の固有運動. nom ~ 固有名詞

propre[2]

(nom commun「普通名詞」の対). dictionnaire de noms ~s 固有名詞事典. sens ~ 語の本義（原義）(sens figuré「比喩的意味」の対). au sens ~ du mot 語の本来の意味で.〚数〛valeur ~ 固有値. Chaque être a ses caractères ~s. 誰にでもそれぞれ固有の性格がある.

2〚所有形容詞と共に, 名詞の前；属詞にはならない〛自身の；そのものの.〚古〛~ amour 自尊心（=amour(-)~）. ma chemise 私自身のシャツ. dans leur ~ intérêt 彼等自身の利益を考えて. de (en) ses ~s mains 自分自身の手で. remettre qch à qn en ses ~s mains 何かを人に直接手渡する. de mes ~s yeux 自分の目で. ridicule à mes ~s yeux 私の目に滑稽に映る. Je l'ai vu à mes ~s yeux 私自身の目でそれを目撃した. être son ~ maître 自分自身の主である. par sa ~ faute 彼自身の過失によって. pour son ~ compte 彼自身の勘定で.

3 適切な；(à, pour に) 適した. mot ~ 適切な語. objet qui est peu ~ à cet usage この用途には不適な物. sol ~ à la culture du blé 小麦の栽培に適した土壌. ~ à + inf. …するのに適した. discipline ~ à former 養成に資する. être ~ à remplir son emploi 職務を遂行するのに適している.〚諺〛Qui est ~ à tout, n'est ~ à rien. 多芸は無芸.

II（清潔な）**1** 清潔な；綺麗好きな. ma chemise ~ 私の清潔なシャツ. maison modeste mais ~ つつましいが小ざっぱりした家. ménagère très ~ 綺麗好きな家政婦. être ~ sur soi 身綺麗である.〚反語〛Nous voilà ~s ! ひどいことになってしまった.

2 綺麗な；きちんとした, 正確な. copie ~ 浄書, 清書, 浄写. pianiste qui a un jeu ~ 正確に演奏するピアニスト. Voilà du travail ~. あれはきちんとした仕事だ.

3（幼児が）おむつの取れた；（犬が）大小便のしつけをされた. Cet enfant a été ~ vers un an. この子は1歳ほどでおむつが取れた. chien ~ à l'appartement 室内で大小便のしつけのされた犬.

4 環境を汚染しない, 公害を出さない, 無公害の. bombe〔nucléaire〕~ きれいな核爆弾. moteur ~ 低公害エンジン. technologie ~ 環境を汚染しない科学技術. voiture ~ 公害対策自動車.

5（人が）清廉な；（金・やり方に）きれいな. une affaire pas très ~ 少々うさんくさい取引. faire de sa vie quelque chose de ~ んとか清らかに暮す. Qui est-ce? ―Rien de ~ ! 奴は誰だい？―いかさま野郎だ！

propre[2] n.m. **1** 特性, 固有の性質；〚pl. で〛〚法律〛（夫婦財産共通性）communauté entre époux における夫または妻の）特有財産（=biens ~s）（acquêt「後得財産」（婚姻後に取得した財産）の対）. le ~ de l'amour 愛の特性. Le rire est le ~ de l'homme. 笑いは人間に固有のものである. les ~s d'une femme (d'un mari) 妻（夫）の特有財産. en ~ 特性として；自分だけで. avoir qch en ~ 何を特性として所有している；何を自分で所有している. avoir un bien en ~ 財物を自分で所有している. ce qui appartient en ~ à la femme 女性に固有の性質. particularités que la Bretagne possède en ~ ブルターニュ地方だけが持っている特殊性.

2 (語の) 本義（=sens ~）. au ~ 〔語の〕本来の意味で (au figuré「〔語の〕比喩的意味で」の対). prendre un mot au ~ 語を本来の意味に取る. se dire au ~ (語が) 本来の意味で用いられる.

3〚カトリック〛(ミサ典書の) 特定典礼文. ~ des saints (ミサ典書の) 聖人祝日の部.

4 清潔. blancheur du ~ 清潔な白さ.〚話〛Ça sent le ~ ! いかにも清潔な感じだ！〚反語的〛C'est du ~ ! ひどいものだ！

5 浄書, 清書. mettre (recopier) un brouillon au ~ 下書きを清書する.

6 ~ à rien 役立たず（=propre-à-rien）.

propreté n.f. **1** 清潔さ；無公害性, 非汚染状態. ~ du linge 下着の清潔さ. air de ~ 汚れのない空気. aimer la ~ 綺麗好きである. avec ~ 清潔に.

2 綺麗好き. obsession de la ~ 強迫的綺麗好き.

3〚芸術〛端正さ；（演奏の）正確さ. ~ d'une peinture 絵画の端正さ.

4〚裁縫〛仕上げ.

propriétaire n. **1** (de の) 所有者, 持主；飼主. Le ~ de cette voiture est prié de se faire connaître. この車の持主は申し出て下さい. ~ d'un chien 犬の飼主. faire le tour du ~ 自分の家（所有地）を見廻る.

2 不動産所有者. ~ d'immeubles ビル所有者. ~ exploitant (récoltant) 自作農.

3 家主 (locataire「賃借人」の対). ~ d'un appartement アパルトマンの家主.

――a. **1** 所有する. être ~ de sa maison 家を保有している.

2〚情報処理〛（機器などの）著作権のある.

propriété n.f. 〚Ⅰ〛〔所有権・所有物〕**1** 所有, 私有, 所有権（=droit de ~）；〚集合的〛所有権者, 所有者. ~ commerciale 商事所有権. ~ culturale 耕作所有権. ~ des biens 財産の所有〔権〕. ~ du sol 土地所有〔権〕. ~ du dessus (du dessous) 地上（地下）権. ~ immobilière (mobilière) 不動産（動産）所有〔権〕. Union nationale de la ~ immobilière 全国不動産所有者連合会（略記 UNPI）. ~ industrielle 工業所有権（特許・商標・意匠登録など）. Institut national de la ~ industrielle 国立工業所有権管理院（略記 INPI）. ~ intellectuelle 知的所有権（各種著作権など）. Centres régionaux de la ~ forestière 地方林業地センター（略記 CRPF）. Convention de Paris pour la pro-

tection de la ~ industrielle〔du 20 mars 1983〕工業所有権保護に関するパリ条約. Fédération nationale de la ~ agricole 全国農地所有者連盟（略記 FNPA）. Organisation mondiale de la ~ intellectuelle 世界知的所有権機関（略記 OMPI；＝［英］WIPO：*W*orld *I*ntellectual *P*roperty *O*rganization). Syndicat national des chercheurs et usagers de la ~ industrielle et intellectuelle 全国工業所有権・知的所有権研究者・利用者組合（略記 SN CUPI）.
~ littéraire 文学著作権. ~ privée 私的所有権；私有地. ~ saisonnière 季節的所有〔権〕；共同保有（＝multipropriété, pluripropriété）. droit de ~ 所有権. acte de ~ 所有権証書. certificat de ~ 所有権証明書. démembrement de la ~ 所有権の部分移譲. prêt aidé pour l'accession à la ~ （上地・建物の）所有権取得のための援助貸付〔制度〕（略記 PAP；1995 年以降 prêt à taux 0「無利子貸付」に移行）.
2 所有物（人・物に関して）. C'est ma ~. それ（あいつ）は私のものだ.
3 所有地；（郊外の）大邸宅. ~ de 50 hectares 50 ヘクタールの所有地. P~ privée. Défense d'entrer. 私有地につき立ち入り禁止《立札の文言》. ~ morcelée 細分化された所有地.
II《特性・適性》**1** 特性；性質. ~s de la matière 物質の特性. ~ physique 物理的性質.《生》~s vitales 生命特性.
2 （用語の）適切さ. ~ de l'expression 説明の適切さ.

propriocepteur *n.m.*〖生理〗自己受容器, 固有受容体.

proprioceptif (**ve**) *a.*〖生理〗自己受容〔性〕の, 固有受容の. informations ~ves 自己受容性情報. sens ~ 自己受容性感覚. sensibilité ~ve 自己受容性感覚.

proprioception *n.f.*〖生理〗自己受容〔性〕, 固有受容〔性〕；自己受容感覚性.

propulseur *n.m.* **1** 推進装置, 推進器. ~ à gaz ガス推進装置, ターボプロップエンジン（＝turbopropulseur）. ~ à hélice プロペラ推進装置. ~ à réaction ジェット推進装置. ~ auxiliaire 補助推進装置, ブースター（〔英〕booster の公用推奨語）. ~ d'un engin spatial 宇宙船の推進装置（＝moteur-fusée「ロケットエンジン」）.
2〖考古〗投槍（投銛）器.
——*a.m.* 推進の；推進用の. engin ~ 推進式兵器（ロケット, ミサイルなど）. gaz ~ d'une bombe aérosol エアゾル・ボンベの推力ガス. mécanisme ~ 推進機構.

propulsif (**ve**) *a.* 推進用の. hélice ~ve スクリュー・プロペラ, 推進プロペラ. poudre ~ve （砲弾・ロケットなどの）推進薬.

propulsion *n.f.* **1** 推進力（＝force de ~）. ~ Diesel-électrique ディーゼル電気推進. ~ électrique 電気推進. ~ nu-

cléaire (atomique) 原子力推進. sous-marin à ~ nucléaire 原子力潜水艦. ~ par hélices プロペラ（スクリュー）推進. ~ par réaction ジェット推進. force de ~ 推進力.
2 送出. organe de ~ du sang 血液送出器官（心臓）.

propyle *n.m.*〖化〗プロピル基（＝base propylique. 1価のアルキル基（C_3H_7-）).

propylène *n.m.*〖化〗プロピレン.

prorata〔ラ〕*n.m.inv.* **1**〔古〕出し分；取り分, 分け前（＝quote-part）；按分比例, 比例配分. distribuer les ~ 取り分を配分する. recevoir son ~ 分け前を受け取る. compte-~ 分け前勘定.
2 au ~〔de〕(何に) 比例して, 応じて. contribution partagée au ~ des parts héréditaires 相続分に比例した費用負担.
3〔ラ〕~ temporis 時間に応じて（＝proportionnellement au temps écoulé). méthode de calcul ~ 時間対応計算方式.

proratisation *n.f.*〖法律〗時間対応決定方式（＝méthode de calcul prorata temporis).

prorogatif (**ve**) *a.* （期間・期限）延長の, 延期の；〖政治〗（議会）休会の. décret ~ 期間延長のデクレ.

prorogation *n.f.* **1** （期日, 期限の）延期；（契約・期間など）延長（＝prolongation). ~ de delai (terme) 期限の延長.
2〖政治〗（議会の）休会.
3〖法律〗（権限, 権利の）拡大変更. ~ de compétence de juridiction 裁判機関の管轄権の変更.

proroger *v.t.* **1** （期日を）延期する；（契約・期間などを）延長する. ~ une échéance d'un mois 支払い期日を1カ月延長する. ~ un traité 条約の有効期間を延長する.
2〖政治〗（議会を）休会（停会）にする. parlement qui *se proroge* jusqu'en octobre 10月まで休会になる議会.
3〖法律〗（権利・権限を）拡大する. ~ la compétence de juridiction 裁判機関の管轄権を拡大変更する.
4〔文〕遅らせる.

Prosac〔商標〕*n.m.*〖薬〗プロザック（1987年にアメリカの Eli Lilly 社が発売した抗鬱薬；幸福感をもたらす薬剤；herbe de saint Jean 聖ヨハネの薬草＝弟切草（おとぎりそう）mille(-)pertuis). ~ la pilule du bonheur 幸福錠薬プロザック.

proscription (＜proscrire) *n.f.* **1**〖古代ローマ〗（政敵の）粛清. ~s sanglantes de Sylla スュラによる血塗られた粛清.
2 （政治犯などの）弾圧；追放, 国外追放；排斥, 排除. ~s politiques (religieuses) 政治的（宗教的）弾圧.
3 排除；（思想・商品の）禁止, 禁制；（言葉の）使用禁止. ~ des drogues 麻薬の禁制. ~ de certains mots 特定の言葉の使用禁止. ~ de pratiques dangereuses 危険な実務の

禁止.

proscrire *v.t.* **1** (政敵を)粛清する；弾圧する；追放する；処断する，断罪する．~ ses ennemis politiques 政敵を粛清(追放)する. peuple proscrit 弾圧された民族.
2 (de から)締め出す，排斥する，排除する. ~ qn de la société 人を社会から排除する.
3 (思想・行動などを)禁止する；(品物を)禁制とする；(言葉の使用を)禁じる；廃止する. ~ des drogues 麻薬を禁制する. ~ les œuvres de qn 人の作品を禁書にする. ~ de son style les mots superflus 無駄な語を文体から排除する. liberté proscrite 禁じられた自由.

proscrit(e) (<proscrire) *a.p.* **1** 粛清された，追放された；国外追放された；排斥された，弾圧された．糾弾された. homme ~ de la société 社会から排除されている人.
2 禁止された，禁制の. mots ~s 使用禁止語，禁制語. œuvres ~es 禁書.
── *n.* **1** 弾圧を蒙った人；追放された人，国外追放者.

prose *n.f.* **1** 散文. en ~ 散文で. poème en ~ 散文詩. écrire en ~ 散文で書く. faire de la ~ 散文を書く.〔比喩的〕faire de la ~ sans le savoir 知らずに事をうまくやる(Molière の『町人貴族』より).《Tout ce qui n'est point ~ est vers.》「散文でないものはすべて韻文である」(同上).
2〔集合的〕散文作品. la ~ française フランスの散文作品.
3 (固有の)文章，文体.〔話〕~ administrative お役所調の文章. mauvaise ~ 悪文.
4 手紙，書き物. J'ai reçu votre ~. あなたのお手紙拝受いたしました.
5〔カトリック〕続唱.

prosélyte [prɔzelit] (<〔ギ〕prosêlutos, 在留外国人) *n.* **1**〔史〕ユダヤ教への改宗者.
2 (宗教の)新しい信者，新規信奉者.
3〔比喩的〕(政党・主義などの)新共鳴者，新加盟者. ~ islamiste イスラム原理主義者.

prosélytisme *n.m.* **1** 改宗，転向；改宗の勧誘，改宗勧誘熱. ~ de l'ex Front islamique du Salut 旧救国イスラム戦線の改宗勧誘熱. **2** 信奉者獲得熱.

pro-soviétique *a.* ソ連寄りの，ソ連〔支持〕派の.

prospect[1] [prɔspɛ] *n.m.*〔建築〕(十分な採光を考慮して)建物間にとるべき最短の隔り，プロスペ.

prospect[2] [prɔspɛkt] 〔英〕 *n.m.* 〔経済〕(企業の)潜在顧客，プロスペクト (= client potentiel).

prospec*teur*(*trice*) *n.* **1** 探鉱者；踏査者. ~ d'uranium ウランの探鉱者.
2 探究者. ~ des techniques de pointe 先端技術の探求者.
3 市場調査者.
── *a.* **1** 資源調査をする. **2** 探究する.

prospecteur-placier (*pl.* ~s-~s) *n.m.* 〔労働〕就職斡旋担当者.

prospectif(ve)[1] *a.* **1** 未来に関する；未来を予測する. étude ~ve du marché 市場の未来予測. **2** 〔哲〕前望的.

prospection *n.f.* **1** 探査；地下資源探査，探鉱. ~ biologique 生物学的探査. ~ géophysique 地球物理的探査. ~ pétrolière 石油資源探査.
2〔商業〕調査. ~ commerciale；~ d'un marché 市場調査. ~ par courrier ダイレクトメールによる顧客開発.
3〔比喩的〕探究，精査.

prospective[2] *n.f.* 未来予測学；未来学(= futurologie).

prospectus [-tys] 〔ラ〕 *n.m.* **1** プロスペクチュス，宣伝用のパンフレット，ちらし. ~ publicitaire 宣伝パンフレット.
2 (出版物の)刊行趣意書，内容見本；案内パンフレット. ~ d'un hôtel ホテルの案内パンフレット.

prospère *a.* **1** 繁栄している；繁昌している；隆盛な，順調な，恵まれた. affaire ~ 繁栄している(順調な)事業. années ~s 繁栄の時代. commerce ~ 繁昌している商売.
2 (人が)元気そうな. santé ~ 体調の良さ(絶好調).

prospérité *n.f.* **1** 繁栄，隆盛. ~ de la France フランスの繁栄. être en pleine ~ 隆盛をきわめている. période de ~ 好況期.
2 (人の経済的・心身の)好調状態；順境.

prostacycline *n.f.*〔生化〕プロスタサイクリン，プロスタグランジン I_2 (prostaglandine I_2).

prostaglandine *n.f.*〔生化・薬〕プロスタグランジン(ホルモン様物質；不飽和モノカルボン酸；平滑筋収縮作用あり；薬剤としては分娩促進発熱，人工妊娠中絶，肺動脈血塞栓症，肺高血圧症，末梢閉塞性動脈疾患，男性不妊症の治療に用いられる).

prostate *n.m.*〔解剖〕前立腺.〔医〕abcèe (cancer, kyste, tumeur) de la ~ 前立腺膿瘍(癌，嚢胞，腫瘍). adénome de la ~ 前立腺腫. antigène spécifique de la ~ 前立腺特異抗原 (=〔英〕prostate specific antigen；略記 PSA). tuberculose de ~ 前立腺結核，結核性前立腺炎.

prostatectomie *n.f.*〔医〕前立腺摘出〔術〕. ~ radicale 前立腺全摘出術.

prostatique *a.*〔解剖・医〕前立腺の. abcès ~ 前立腺膿瘍. biopsie ~ 前立腺生検. calcul ~ 前立腺結石. cancer ~ 前立腺癌. échographie ~ 前立腺超音波造影〔術〕，前立腺エコー〔検査〕. hypertrophie ~ 前立腺肥大〔症〕. liquide ~ 前立腺液. massage ~ 前立腺マッサージ. sarcome ~ 前立腺肉腫. sinus ~ 前立腺洞. utricule ~ 前立腺小室.
── *n.m.* 前立腺症患者.

prostatisme *n.m.*〔医〕前立腺肥大症候

prostatite *n.f.*〖医〗前立腺炎. ~ aiguë 急性前立腺炎. ~ chronique bactérienne (non bactérienne) 慢性細菌性(非細菌性)前立腺炎.
prostatodynie *n.f.*〖医〗前立腺痛.
prosternation *n.f.* **1** 平伏. **2** 卑下, 追従.
prostitué(e) *a.* **1** 売春する. **2**〖文〗(~ à に) 堕した, 堕落した.
——*n.f.* 売春婦, 娼婦. ~ dans la rue 街娼. ~ de luxe 高級娼婦, コールガール (call-girl).
——*n.m.* 男娼, おかま.
prostitution *n.f.* **1** (異性間または同性間の)売春. lutte contre ~ 売春廃止対策(運動). maison de ~ 売春宿. répression de l'exploitation de la ~ d'autrui 売春斡旋行為の抑止.
2〖文〗堕落 (=avilissement). ~ du monde moderne 近代社会の堕落.
prostration *n.f.* **1**〖宗教〗伏礼, 平伏, ひれ伏すこと (=prosternation).
2〖医〗疲憊 (ひはい), 衰弱, 虚脱, 意気銷沈. ~ chronique 慢性疲労. ~ générale 全身疲憊. tomber dans une ~ profonde 疲労困憊する.
prostré(e) *a.* 疲労困憊した.
prot[o]- [ギ]|ELEM|「原始, 原初, 最初」の意 (*ex. proto*type 原型).
protabagique *a.* 煙草を推奨する. publicité ~ 煙草の宣伝広告.
protactinium [prɔtaktinjɔm] *n.m.*〖化〗プロトアクチニウム (元素記号 Pa, 原子番号 91. 1918 年発見の放射性金属元素).
pro-taliban *a.inv.* タリバーン (Taliban) 支持の, タリバーン派の. manifestation de Pakistanais ~ à Rawalpindi ラワルピンディで行なわれたパキスタン人のタリバーン支持デモ.
protamine *n.f.*〖生化〗プロタミン(ポリペプチドの一種).
protéagineux(se) *a.* プロテイン (蛋白質) に富む, 蛋白質を生む, プロテイン性の. plantes ~ses プロテイン含有植物(soja, tournesol, colza, pois, féverole, lupin など; 食用と飼料用).
——*n.m.* 蛋白質・澱粉利用植物.
protéase *n.f.*〖生化〗プロテアーゼ (蛋白質分解酵素; =enzyme protéolytique).
protec*teur*(*trice*) *n.* **1** 保護者, 庇護者. ~ du faible 弱者の保護者.
2 後援者, パトロン, 擁護者, 後楯. ~ des arts 芸術の後援者.
3 保護手段 (機構).
4〖カナダ〗~ du citoyen オンブズマン (ombudsman).
——*a.* **1** 保護する, 庇護する. couche ~ *trice* 保護膜. divinité ~ *trice* 守護神.〖写真〗filtre ~ レンズの保護用フィルター. saint ~ d'une ville 町の守護聖人. Société ~ *trice* des animaux 動物保護協会 (略記 SPA). vernis ~ (油絵の)画面保護用ワニス.
2〖経済〗国内産業保護の. droits ~s 保護関税. système ~ 保護貿易制度.
3〖話・蔑〗保護ぶった, 人を見くだすような. air ~ 横柄な態度.
——*n.m.* **1** 保護装置, プロテクター.〖電〗~ de surtension 過電圧保護装置.
2〖化〗防護薬.
3〖話〗~ d'une femme 女性のパトロン; 売春婦のひも.
protection (<protéger) *n.f.* **1** 保護, 庇護; (神の)加護; (contre に対する) 保護策, 防護策, 予防措置 (=mesure de ~). ~ civile 民間 (市民) 防衛. ~ contre la pollution atmosphérique 大気汚染防護策. ~ contre la radioactivité 放射線障害防護. ~ contre les maladies 疾病予防策. ~ de l'environnement 環境保全 (保護). ~ de l'enfance 児童保護.〖国際法〗~ diplomatique 外交的保護. ~ divine (du ciel) 神の加護. ~ judiciaire des mineurs 未成年者の保護観察処分. ~ maternelle et infantile 母子保護〔策〕(略記 PMI [pɛɛmi]). ~ sociale 社会的保護; 社会保障. ~ routière 自動車事故防止策.
loi relative à la ~ des consommateurs 消費者保護に関する法律.〖法律〗régime de ~ 無能力者保護制度. de ~ 1 保護 (防護) 用の. écran de ~ 防護スクリーン. obtenir la ~ de *qn* 人の庇護をうける. prendre *qn* sous sa ~ 1 人を保護する.
2 保護者; 防護物;〖軍〗装甲. ~s d'un char d'assaut 戦車の装甲.〖電算〗~ d'un fichier informatique 情報ファイルの保護〔ソフト (システム)〕. ~ thermique 熱遮蔽. travailler sans ~ 防護装置なしで作業をする.
3 後援, 後楯, 庇護. avoir de hautes ~s 後楯がある. prendre *qn* sous sa ~ 2 人の後楯になる. par ~ de *qn* 人の後援をうけて. obtenir *qch* par ~ de *qn* 人の後援 (庇護) により何を手に入れる.
4〖経済〗国内産業保護政策. système de ~ 国内産業保護制度 (=protectionnisme).
5〖蔑〗保護者ぶった高慢な態度. de ~2 保護者然とした; 相手を見くだすような. avoir un air ~ をする. ton de ~ 相手を見くだすような口調.
protectionnisme *n.m.*〖経済〗保護貿易主義 (libre-échange「自由貿易」の対).
protectionniste *a.*〖経済〗保護貿易主義の. mesures ~s 保護貿易上の措置.
——*n.* 保護貿易主義者.
protectorat *n.m.* **1** 保護領, 保護国; 保護領制度; (大国と小国の) 保護関係.
2〖英史〗(クロムウェル親子による) 護民郷政治 [1653-59]; 護民郷の地位.
protégé(e) *a.p.* 保護された.〖国際法〗

protège-dents

état ~ 保護国. nature ~e 自然保護区.〚道路交通〛passage ~ 通行優先道路. site ~ 風致保護地区.
——n. **1** 被保護者, 被擁護者;お気に入り. **2** (動物の)ペット.

protège-dents n.m.inv.〚スポーツ〛(ボクサーなどの) マウスピース.

protège-document n.m. 書類ホルダー, 書類入れ.

protège-poignet n.m.〚スポーツ〛リスト・バンド.

protège-tibia n.m.〚スポーツ〛(サッカー, ラグビーなどの) 脛(すね)当て, レッグプロテクター.

protéide n.m.〚化・生化〛〚古〛蛋白質 (= protéine);(特に) 複合蛋白質 (= protéine conjuguée), プロテイド.

protéine n.f.〚化・生化〛プロテイン, 蛋白〔質〕《旧称は albumine》. ~ azoïque アゾ蛋白質. ~ conjuguée 複合蛋白質 (ヘム蛋白 hémoprotéine, 燐蛋白 phosphoprotéine, 金属蛋白 métalloprotéine など). ~ contractée 収縮蛋白質. ~ de dépôt 貯蔵蛋白質. ~ du sang 血中蛋白質. ~ fibreuse 線維状蛋白質. ~ globulaire 球状蛋白質. ~ insoluble 非可溶性蛋白質, 硬蛋白質. ~ plasmatique 血漿蛋白質. ~ référentielle 比較蛋白質. ~ simple 単純蛋白質. ~ structurelle 構造蛋白質, コラーゲン (collagène). ~ transporteuse 輸送蛋白質, ヘモグロビン (hémoglobine). synthèse de ~ 蛋白合成, 合成蛋白.

protéiné(e) a. **1** プロテイン (proteine 蛋白質) を添加した. **2** 蛋白質の, プロチドの;蛋白質性の (= protéique).

protéinémie n.f.〚生理〛血中蛋白質濃度.

protéinique a.〚化・生化〛**1** プロテイン (蛋白質) を含む. **2** 蛋白質の (= protéique).

protéinogramme n.m.〚医〛血中蛋白質計量図.

protéinurie [prɔteinyri] n.f.〚医〛蛋白尿 (症).

protéique a. 蛋白質の. substance ~ 蛋白質.

protéolyse n.f.〚生化〛蛋白質分解.

protéolytique a.〚生化〛蛋白質分解性の. enzyme ~ 蛋白質分解酵素.

protéose [prɔteoz] n.f.〚生化〛プロテオース.

protéosynthèse n.f.〚生化〛蛋白質合成 (= synthèse de protéine).

protérozoïque n.m.〚地学〛原生界.
——a. 原生界の.

protestable a.〚法律〛(手形などが) 支払い (引受け) 拒否できる.

protestant(e) a.〚キリスト教〛新教の, プロテスタントの;新教徒の. religion ~e 新教.
——n. 新教徒, プロテスタント.

protestantisme n.m. **1** (教義・組織としての) 新教, プロテスタンティズム;プロテスタント教会;プロテスタント主義.
2〔集合的〕(一国・一地方の) 新教徒. ~ français フランスの新教徒.

protestataire a. **1** 抗議する. déclaration ~ 抗議声明.
2〚史〛(ドイツによるアルザス・ロレーヌの併合に対する) 併合抗議派の. députés ~s 併合抗議派議士.
——n. **1** 抗議者. **2**〚史〛併合抗議派.

protestation n.f. **1** 抗議, 異議, 反対;異議の申立て, 抗議文(書), 反対声明. ~ collective de la foule 群衆の集団の異議申立て. ~ contre des réductions d'effectifs 人員削減に対する抗議. ~ de principe 原則的反対. ~ écrite 書面での抗議. ~ verbale 口頭による抗議. rédiger (signer) une ~ 抗議文を作成する (に署名する). repousser les ~s de qn 人の反対を拒絶する.
2 明言, 確言 (= assurance);確約, 誓約 (= promesse). faire des ~s d'amitié 友情の誓いを立てる. faire une ~ de son innocence 身の潔白を誓う.
3〚法律〛(手形などの商業証書の) 拒絶証書 (= protêt) の作成.

protêt [prɔtɛ] n.m.〚法律〛(手形の) 拒絶〔証書〕. ~ faute de paiement (faute d'acceptation) 支払 (引受) 拒絶証書.

prothèse n.f.〚医〛補綴, 充填;人工器官 (義肢・義歯など);〚歯科〛歯科補綴術(学). ~ articulaire artificielle 人工関節. ~ auditive 補聴器. ~ dentaire complète 全部床義歯, 総義歯, 総入れ歯. ~ dentaire fixée 固定式義歯. ~ dentaire partielle amovible 取外し式部分床義歯, 取外し式部分入れ歯. ~ de l'appareil digestif 人工消化器 (手術中に使用). ~ en silicone シリコン製人工器官 (特に尿失禁対策). ~s œsophagiennes 人工食道. ~ orthopédique 整形人工器具 (人工関節, 義肢など). ~s totales du genou 人工膝関節. ~ vocale 人工声帯. porter une ~ dentaire 入れ歯をはめる.

prothésiste n.〚医〛人工器官 (義肢・義歯・義眼など) の補綴士;(特に) 歯科補綴士, 歯科技工師 (= ~ dentaire).

prothétique a.〚医〛補綴 (prothèse) の;人工器官の.

prothionamide n.m.〚薬〛プロチオナミド《抗結核薬》.

prothrombine [prɔtrɔ̃bin] n.f.〚生化〛プロトロンビン《血液中の凝結作用物質, 第II因子 facteur II》.

protide n.m.〚生化・医〛プロチド, 窒素質有機体《アミノ酸を含む含窒素化合物. ペプチド, プロテインなど;〚俗〛蛋白質》.

protidique a.〚生化〛プロチドの;プロチドを含有する (= protéique). consti-

tuants ~s プロチド構成要素. métabolisme ~ プロチド代謝.
protidogramme *n.m.*〚医〛血中プロチド計測図.
protique *a.*〚化〛acide ~ 水素酸(= hydracide).
protistes *n.m.pl.*〚生〛原生動物(=protozoaires).
proto *n.m.*〚俗〛プロト(*proto*xyde d'azote 亜酸化窒素；麻酔用笑気ガス；禁止薬物の対象).
protocolaire *a.* **1** 儀礼の；儀礼上の；儀典の. visite ~ 表敬訪問.
2 儀礼にかなった.
3 儀式ばった. 盛大な. ton ~ 儀式ばった態度.
protocole *n.m.* **1** 儀礼, 公式儀礼, 儀典, 礼儀, しきたり. chef du ~ du ministère des affaires étrangères 外務省儀典長.〔service du〕~ 儀典課.
2 議定書, 議定事項, 条約, 合意. ~ d'accord 合意議定書. Le ~ de Kyoto sur la réduction de gaz à effet de serre constitue un point de départ pour lutter contre le réchauffement de la Terre. 温室効果ガスの削減に関する京都議定書は地球温暖化対策の出発点をなしている. ~ de Montréal モントリオール議定書《オゾン層破壊の原因となるフロンガスの生産・消費を規制するために1986年に調印された》.
3 (公式文書・書簡の)書式集(=formulaire)；(私人間の)合意文書.
4〚印刷〛校正記号. ~ typographique 活字の校正簿.
5〚情報〛プロトコル, 通信規約.
6〚医〛プロトコル《研究・治療法の計画およびその文書》. ~ d'essais thérapeutiques 治療検査計画. ~ opératoire 外科手術計画.
proto[-]étoile *n.f.*〚天文〛原始星.
protogalaxie *n.f.*〚天文〛原始銀河《生成中の銀河》.
protohistoire *n.f.*〚史〛原始時代《先史時代 préhistoire と歴史時代 histoire の中間期》；原始時代史.
proto-industrialisation *n.f.*〚経済〛原始産業化活動《産業革命以前の地方の家内・季節産業の活動》.
proton *n.m.*〚物理〛プロトン, 陽子.
proton-synchrotron *n.m.*〚物理〛陽子シンクロトロン.
protonthérapie *n.f.*〚医〛陽子シンクロトロン利用療法, プロトン療法.
protophyte *n.m.*〚植〛単細胞(少分化細胞)植物《茸 champignon, 海藻 algue など》.
protoplanète *n.f.*〚天文〛原始惑星.
protoplasma, protoplasme *n.m.*〚生〛原形質.
protoplaste *n.m.*〚生〛原形質体.
protoporphyrie *n.f.*〚医〛プロトポルフィリン症.
protoporphyrine *n.f.*〚生〛プロトポルフィリン(テトラピロール化合物).
prototypage *n.m.*〚工〛原型(基本型)製作, 試作モデル製作. ~ rapide CFAO(コンピュータ援用設計・製造)法による迅速試作モデル製作.
prototype *n.m.* **1** 原型. ~ d'œuvre d'art 美術品の原型(原画, 原作).
2〚工〛原型, プロトタイプ《大量生産前の試作モデル》(略称 proto). ~ d'un avion 試作航空機. vaccins ~s 試作ワクチン.
3〚工〛(実験用・レース用自動車の)プロトタイプ, 試作車.
4〔古〕典型.
prototypiste *n.* 試作品(プロトタイプ)調整技術者.
protoxyde *n.m.*〚化〛第一酸化物, 初級酸化物. ~ d'azote 亜酸化窒素(N_2O). ~ de fer 酸化鉄(II). ~ de mercure 酸化水銀(I).
protozoaire *n.m.*〚動〛原生動物(=protiste)《単細胞性の動物》；amibiens, foraminifères, radiolaires, sporozoaires, infusoires, ciliés など).
protozoose *n.f.*〚医〛原虫感染症.
protubérance *n.f.* **1**〚解剖〛隆起. ~ annulaire(脳の)輪状隆起, 橋脳, ヴァロリ才橋(=pont de Varole). ~s frontales 額の隆起.
2 突出, 突起. ~s de pierres calcaires 石灰岩の突起.
3〚天文〛~s〔solaires〕太陽の紅焔, プロミネンス. ~ active 活動的紅炎. ~ coronale コロナ紅炎.
provenance *n.f.* 出所(でどころ)；起源；発送地. ... d'une lettre 手紙の発送地. en ~ de「…から」やって来る《 destination de「…を目的地とする, …行きの」の対》. avion(train) en ~ de Paris パリ発の航空機(列車). indication de ~(産品の)出所〔表示〕；輸入先の表示. pays de ~ 発送国；(商品の)輸入先の国；(亡命者の)原住国.
provençal(ale)(*pl. aux*) *a.* **1** プロヴァンス地方(la Provence)の；プロヴァンス風の.〚料理〛à la ~*ale* プロヴァンス風《オリーヴとトマトを多用する》. cuisine ~*ale* à l'huile d'olive et à l'ail オリーヴ油とにんにくを用いたプロヴァンス料理.〚建築・美術〛style roman ~ プロヴァンス風ロマネスク様式.〚料理〛tomates ~*ales* プロヴァンス風トマト料理.
2 プロヴァンス地方の住民の；プロヴァンス地方出身の.
——*P*~ *n.* プロヴァンスの住民.
——*n.m.*〚言語〛プロヴァンス語；オック語(=langue d'oc, l'occitan).
Provençale(la) *n.f.* プロヴァンス高速道路《エクス=アン=プロヴァンスとニースを結ぶオートルート A 8 号線の俗称》.

Provence *n.pr.f.*〖地理〗la ～ プロヴァンス地方《東南フランスの歴史的地方；首都 Aix-en-Provence；現在 の les Alpes-de-Haute-Provence， les Bouches-du-Rhône, le Var の3県の県域に相当》. la ～ rhodanienne ローヌ河流域プロヴァンス地方. la ～ intérieure 内陸部プロヴァンス地方. la ～ maritime 海岸部プロヴァンス地方.《la Provence》「ラ・プロヴァンス」(《le Provençale》紙と《le Méridional》紙が1997年に合併して創刊した地方日刊新聞). comté de ～ プロヴァンス伯爵領. débarquement de ～ プロヴァンス地方上陸作戦《第二次世界大戦下, 1944年8月15日の連合軍上陸作戦》.

Provence-Alpes-Côte d'Azur *n.pr.f.*〖行政〗la Région ～ プロヴァンス＝アルプ＝コート・ダジュール地方《フランスと UE の広域地方行政区；les Alpes-de-Haute-Provence, les Hautes-Alpes, les Alpes-Maritimes, les Bouches-du-Rhône, le Var, le Vaucluse の6県で構成；地方庁所在地 Marseille；面積 31,395 km²；人口 4,506,151；略記 PACA》.

providence *n.f.* **1** (神の)摂理, 神慮. la divine ～； la ～ de Dieu 神の摂理.
2〔文〕P～ (世界を統べる) 神. desseins impénétrables de la P～ 測り難い神意.
3 救いの神, 救い主. être la ～ de *qn* 人の救い主である. Vous êtes ma ～！あなたは私の恩人です！
4 l'Etat-～ 福祉国家 (=〔英〕welfare state).

province *n.f.* **1**〖仏史〗(特に旧体制下の) 州, 旧州；地方. ～s françaises フランスの旧州；フランスの地方.
2〖カナダ・ベルギー〗州. les dix ～s canadiennes カナダの10州. les neuf ～s de la Belgique ベルギーの9州.
3〔集合的〕(首都に対し) 地方, 田舎. Paris et la ～ パリと地方. villes de ～ 地方都市. s'installer en ～ 田舎に住みつく.
4〖古代ローマ史〗(イタリア以外の) 属州, プロヴィンキア. la Gaule cisalpine, ～ romaine ローマの属州ガリア・キザルピナ.
5〖キリスト教〗管区. ～ ecclésiastique 司教 (大司教) 管区. ～ religieuse 修道会管区.
—*a.*〔話〕田舎くさい. Il est resté très ～. 彼は依然として田舎っぺだ.

provincial(ale) (*pl.aux*) *a.* **1** 地方の；田舎の；〔蔑〕田舎臭い. accent ～ 地方訛. coutumes ～ales 田舎の風習. manières ～ales 田舎者の振舞, ぎこちない仕事. pères ～aux des Jésuites イエズス修道会の地方管区長.
2 (フランスの) 旧州 (province) の；(カナダの) 州政府の (fédéral「連邦政府の」の対). gouvernement ～ (カナダの) 州政府.
—*n.* 地方人, 田舎の人.

Provins *n.pr.* プロヴァン《département

de Seine-et-Marne セーヌ＝エ＝マルヌ県の郡庁所在地；市町村コード 77810；城塞都市；形容詞 provinois (*e*)》. Ville Haute de ～ プロヴァンの山の手の町《城塞都市部；Tour de César〔12-13世紀〕などがある》.

proviral(ale) (*pl.* **aux**) *a.* プロウイルス (provirus) の. ADN ～ DNA プロウイルス.

provirus *n.m.*〖生・医〗プロウイルス《レトロウイルスの感染した細胞の DNA》.

proviseur *n.m.*〖教育〗**1** リセの校長.
2〔ベルギー〕中等学校 (athénée) の副校長 (adjoint du préfet).

provision *n.f.* **I** **1** (食料・物資の) 貯え, 備蓄. ～s de bouche 糧食 (=～s). ～s de guerre 弾薬. une ～ de …のストック (備蓄). une ～ d'eau 水のストック.
2〔*pl.* で〕(買入れた) 食糧, 日用品 (〖話・略称〗provise). faire des (ses) ～ ; aller aux ～s (日用品の) 買物をする. filet (panier) à ～s 買物袋 (買物籠).
3〔比喩的〕たっぷりの量. une bonne ～ de courage 溢れんばかりの勇気.
II **1**〖法律〗(判決確定以前に判事が支払いを命じる) 債権者への前渡金, (弁護士などに対する) 前渡金, 前払金. ～ ad litem 訴訟費用仮払金. ～ alimentaire 仮払扶養料.〔古〕par ～ (判決が) 仮の；〔一般に〕仮に, 暫定的に.
2〖商業〗(手形などの) 引当て資金；(株式の) 注文者委託金. chèque sans ～ 不渡小切手 (=〔話〕chèque sans provise [sans prove]).
3〖財政・会計〗準備金, 引当金. ～ pour dépréciation 減価引当金.

provisionnel(le) *a.*〖法律〗仮の.〔acompte〕～ 予定納税. budget ～ 暫定予算. indemnité ～ *le* 仮補償金. partage ～ (資産分割までの) 仮配分.

provisoire *a.* **1**〖法律〗仮の；一時的な, 暫定的な；当座の. à titre ～ 一時的に, 暫定的に. décision ～ 仮の決定 (判決). détention ～ 一時拘留. exécution ～ 仮執行. mesures ～s 暫定措置. mise en liberté ～ 仮釈放. sentence ～ 仮判決.
2 臨時の, 応急の. gouvernement ～ 臨時政府. installation ～ 仮設住宅. soins ～s 応急手当.
—*n.m.* 仮の状態；〖法律〗仮判決.

provitamine *n.m.*〖生〗プロビタミン《体内でビタミンに変わる物質》. ～ D プロビタミン D (ergostérol, hydrocholestérol など).

provocant(e) *a.* **1** 挑発的な, 挑戦的な. attitude ～ *e* 挑発的な態度. paroles ～es 挑発的な言葉.
2 扇情的な, 色っぽい. femme ～ *e* 扇情的な (艶っぽい) 女.

provoca*teur* (*trice*) *a.* 挑発的な, 挑戦的な. agent ～ おとり捜査員, 潜入秘密

工作者. geste ~ 挑発的態度.
—n. **1** 挑発者,挑戦者.
2 (鎮圧の口実をつくるため警察などから廻された) 扇動者.

provocation *n.f.* **1** 挑発；挑戦；挑発行為 (=〖話〗provoc [-k]). ~ au combat 挑戦. répondre à une ~ 挑発に乗る.
2 〖法律〗教唆,扇動. ~ au meurtre 殺人教唆. ~ non publique à la discrimination 人種差別の非公然の教唆. complicité par ~ 教唆共犯.

proxénète [prɔksenɛt] *n.* 売春斡旋屋.
—*n.m.* (娼婦の) ひも (=maquereau, souteneur).

proxénétisme *n.m.* 売春斡旋行為；売春斡旋業. ~ hôtelier 売春宿営業.

proximal (*ale*)(*pl.aux*) *a.* 〖解剖〗体の中央に近い,近位の (distal「抹消の,遠位の」の対). segment ~ d'un membre 肢体の近位区域.

proximité *n.f.* **1** 近さ；近隣,近接. ~ de la ville 町の近く (近隣). à ~ [de]〔の〕近くに. habiter à ~ du métro 地下鉄の駅の近くに住む. hôtel à ~ 近くのホテル. de ~ 近くの,近接した,近隣の,〔比喩的〕身近の,日常の. commerce de ~ 近くの商店. emplois de ~ 身のまわりの世話をする仕事〔近隣の老人・病人の救助〕.〖軍〗fusée de ~ 近接炸裂ロケット. média de ~ 身近のメディア. police de ~ à Paris パリの近隣警察 (日本の交番相当). service de ~ (老人・病人などの) 身近の世話.
2 (時間的な) 近さ,間近さ. ~ du départ 出発間近. ~ possible de la tempête 嵐が近づく可能性. fusée de ~ 近接信管.〖電算〗opérateur de ~ 近接演算子.
3〔古〕(血縁関係の) 近さ. ~ de parenté 血縁の近さ.

proxylé(*e*) *a.* 〖化〗ニトロセルロースを主成分とする. poudre ~*e* ニトロセルロース火薬,綿火薬.

PRP (=*pré*retraite *p*rogressive) *n.f.* 〖社会保障〗段階的繰上げ退職. allocation de ~ 段階的繰上げ退職手当.

PrP (=*p*rotéine du *p*rion) *n.f.* プリオンのプロテイン,プリオン蛋白質. la ~ anormale 異常プリオン蛋白質 (狂牛病,変種クロイツフェルト=ヤコブ病 VMCJ の病原体).

PrPc (=*p*rotéine du *p*rion *c*ellulaire) *n.m.* 〖生化・獣医・医〗細胞プリオンの蛋白質 (非病原性プリオン).

PrPres (=*p*rotéine du *p*rion *rés*istant à la protéase) *n.f.* 〖生化〗枕蛋白質分解酵素プリオンの蛋白質.

PrPsc (=*p*rotéine du *p*rion de *s*crapie) *n. m.* 〖生化・獣医・医〗スクラピー (震羊症)・プリオン蛋白質 (狂牛病の感染源とされる病原性プリオン). variante de la maladie de Creutzfeld-Jacob due à la ~ de la va-che folle 狂牛病のスクラピー・プリオンに起因するクロイツフェルト=ヤコブ病の変種.

PRSP (=〔英〕*p*enicillin *r*esistant *S*treptococcus *p*neumoniae) *n.m.* 〖医〗ペニシリン耐性肺炎連鎖球菌 (=〔仏〕Streptococcus pneumoniae résistant à la pénicilline).

prudence *n.f.* **1** 慎重さ,用心深さ. avoir de la ~ 慎重である. avoir la ~ de+ *inf.* 慎重にも…する. manquer de ~ 慎重さに欠ける. avec ~ 慎重に,用心深く. conduire avec ~ 用心深く行動する. par [mesure de] ~ 万一に備えて. se faire vacciner par [mesure de] ~ 万一に備えてワクチンを接種してもらう.〔諺〕*P*~ est mère de sûreté. 用心は安全の母.
2〖文〗(*pl.* で) 用心深い (慎重な) 行為.

prudent(*e*) *a.* 慎重な；用心深い；安全な. homme ~ 慎重な人. vieillard ~ 用心深い老人.
Il est ~ de+*inf.* …する方が安全である. Il n'est pas ~ de travailler dans ces conditions. こんな条件下で働くのは無謀だ. C'est plus ~. その方がより安全だ. Ce n'est pas ~. それは慎重さを欠く.
—*n.* 慎重な人,用心深い人.

prud'homal(*ale*)(*pl.aux*) *a.* 〖法律〗労働審判所〔判事〕の (に関する). compétence ~*ale* 労働審判所〔判事〕の権限. conseiller ~ 労働審判所判事 (=prud'homme). juridiction ~*ale* 労働裁判機関.

prud'homie *n.f.* **1** 労働審判所 (=juridiction prud'homale).
2 労働審判所管轄権 (事項). Conseil supérieur de la ~ 労働審判所高等評議会.
3〔古〕廉直,賢明.

prud'homme *n.m.* **1** 〖法律〗労働審判所判事 (=juge au conseil de ~ s；conseiller ~；conseiller prud'homal). Elle est ~. 彼女は労働審判所判事だ.
2 〖法律〗労働審判所 (=conseil de ~s). aller aux ~s 労働審判所に行く.
3〔古〕廉直な人,賢人.

prune *n.f.* **1** プリュヌ,プラム,西洋すもも (prunier「プリュニエ (西洋すもも)」の果実；mirabelle, quetsche, reine-claude などの品種がある). ~ d'Agen アジャン産のプリュヌ. ~ sauvage 野生プリュヌ. ~ séchée 干しプリュヌ (プラム). confiture de ~*s* プリュヌ (プラム) のジャム.〖菓子〗tarte aux ~*s* プリュヌ (プラム) のタルト.
2 プラム酒 (=eau de vie de ~[*s*]). une vieille ~ プリュヌ (プラム) の古酒.
3 ~ de coton；~-coton ココプラムの実 (=icaque).
4〔俗〕交通違反 (=contravention).
5〔俗〕pour des ~*s* 無意味に,いたずらに (行為・仕事について).
—*a.inv.* 濃紫色の (quetsche の果皮の色). robe ~ 濃紫色のドレス.

pruneau(*pl.*~**x**) *n.m.* **1** 〖食品〗プリュ

prunelle¹

ノー, 干しプラム. ~x d'Agen アジャン産干しプラム.【料理】~x au bacon 干しプラムのベーコン巻き.
2 〔俗〕(小銃・ピストルの)銃弾.

prunelle¹ *n.f.* 鱗木(りんぼく)(=prunellier)の実; りんぼく酒 (=liqueur de ~).

prunelle² *n.f.* **1** 瞳, 目. tenir comme à la ~ de ses yeux 自分の目のように大切にする. **2** まなざし. jouer de la ~ 目くばせする, 色目を使う.

prunellier [-nelye] *n.m.*【植】プリュネリエ, 野生プリュニエ (=prunier sauvage), 鱗木(りんぼく)(実は prunelle).

prunier *n.m.*【植】プリュニエ, プラム (prune) の木, 西洋李(すもも)木. ~ commun プリュニエ・コマン (一般的なプラムの木)(=~ sauvage 野生プリュニエ). ~ domestique 栽培用プリュニエ (学名 Prunus domestica).【話】secouer qn comme un ~ (人を)強くゆさぶる; 人をこっぴどく叱りつける.

prunus [prynys] *n.m.*【植】プリュニュス (桜, 梅, プラムなどの花木の総称; 花は五弁花).

prurigineux(**se**) *a.*【医】痒疹(そうよう)性の, かゆい. pemphigus ~ 痒疹性天疱瘡.

prurigo *n.m.*【医】痒疹(ようしん)(激しい瘙痒を伴う丘疹・じんま疹様小結節). ~ aigu 急性痒疹. ~ chronique 慢性痒疹.

prurit [pryrit] *n.m.* **1**【医】瘙痒(そうよう), かゆみ. ~ généralisé 全身瘙痒, 汎発性のかゆみ. ~ génital 性器瘙痒〔症〕. ~ localisé 局部的瘙痒. ~ psychosomatique 心身瘙痒〔症〕. ~ vulvaire 外陰瘙痒〔症〕.
2〔比喩的〕抑え難い激しい欲望.

prussien(**ne**) *a.* プロイセン (la Prusse) の, プロシアの; ドイツ (1870-1914 年) の. à la ~ne 規律正しい (規律正しく) (<プロイセン兵風の〔~に〕).
──**P~** *n.* プロイセン (プロシア) 人; プロイセン (プロシア) 兵.

prytanée *n.f.* **1**〔古代ギリシア〕五百人評議会会場.
2〔軍〕軍人子弟の学校; 幼年学校. le P~ militaire de La Flèche ラ・フレーシュ陸軍幼年学校 (旧イエズス会学校を利用して 1808 年創立).

PS¹ (=Parti socialiste) *n.m.*【政治】社会党.

PS² (=particules en suspension) *n.f.pl.* 浮遊粒子《大気汚染物質》.

PS³ (=polystylène) *n.m.*【化】ポリスチレン《スチレンの重合体. スチロール樹脂》.

PS⁴ (=pouvoirs sucrants) *n.m.pl.* 甘味添加能力. échelle des ~ 甘味添加能力度.

P.-S. (=〔ラ〕post-scriptum [pɔstskriptɔm]) *n.m.inv.* 追伸. mettre un ~ 追伸を書き加える.

Ps (=particules en suspension) *n.f.pl.*〔環境〕浮遊粒子〔状物質〕《大気汚染物質》.

PSA (=〔英〕prostate specific antigen) *n.m.*【医】前立腺特異抗原 (=antigène spécifique prostatique) (前立腺異常の指標). dosage sanguin du ~ 前立腺特異抗原の血中含有量測定《前立腺癌の検査法の一》.

psalliote [-ljɔt] *n.m.*【茸】プサリオット, はらたけ《食用の栽培茸; =agaric》.

psammite *n.m.*【鉱】砂岩《雲母を含んだ粘土質の砂岩》.

psaume *n.m.* **1** (旧約聖書の)『詩編』(=livre des P~s). ~s pénitentiaux 痛悔詩編 (『詩編』中の7編; le De profundis を含む).
2〔文学史〕『詩編』の翻訳 (翻案) 詩.
3〔音楽〕詩編曲《声楽曲》.

psautier *n.m.*【宗教】詩篇集 (=livre de ~s, recueil des ~s).

PSC¹ (=Parti social-chrétien) *n.m.* (ベルギーの) 社会キリスト教党.

PSC² (=produits de substitution aux céréales) *n.m.pl.*【農】穀類代替生産物.

pschitt [pʃit], **pschit, pscht, pcht**〔擬音語〕**1** *int., n.m.* プシット, プシュ. champagne qui fait ~ プシュっと音をたてるシャンパーニュ酒.
2 *n.m.*〔話〕エアーゾル (=aérosol).

PSD (=Parti social-démocrate) *n.m.*【政治】社会民主党.

PSE¹ (=Parti socialiste européen) *n.m.*【政治】(ヨーロッパ議会の) ヨーロッパ社会党《フランスの PS, ドイツの SPD など各国の社会党系の議員集団; 1996 年結成; 本部 Bruxelles》.

PSE² (=placement sous surveillance électronique) *n.m.*【法律】(囚人の) 電子式監視拘置. ~ à domicile (囚人の) 電子式監視下の自宅拘置《軽犯罪や刑期満了前の囚人を自宅の電子機器による監視下に置く措置》.

PSES (=Plan stratégique, économique et social) *n.m.* 戦略・経済・社会問題計画.

pseudarthrose *n.f.*【医】偽関節《骨折治療の際, 骨癒合が起こらないまま, 骨折端が硬化または萎縮した状態》.

pseudo- 〔ギ〕 ELEM「偽の」の意 (ex. pseudonyme 偽名).

pseudo-alergie *n.f.*【医】偽性アレルギー.

pseudocrise *n.f.*【医】偽〔性〕分利《熱の下がり方の一種; 高熱がいったん急激に下降するが, 脈拍数や呼吸数が増加する現象》.

pseudo〔**-**〕**fluctuation** *n.f.*【医】(筋組織の) 偽性波動.

pseudogène *n.m.*【生】偽遺伝子.

pseudoglobuline *n.f.*【化】プソイドグロブリン.

pseudo〔**-**〕**goutte** *n.f.*【医】偽性痛風, 仮性痛風.

pseudogrippal(**ale**)(*pl.aux*) *a.* 擬

似(偽)流行性感冒(インフルエンザ)の. syndrome ~ 擬似流感症候, 偽インフルエンザ症候.

pseudohermaphrodisme *n.m.* 〖生・医〗偽半陰陽, 擬雌雄同体性, 仮性半陰陽. ~ mâle (femelle) 男(女)性仮性半陰陽.

pseudohypertrophie *n.f.* 〖医〗偽性肥大, 仮性肥大.

pseudokaposi *n.m.* 〖医〗偽カポジ肉腫.

pseudolymphome *n.m.* 〖医〗偽リンパ腫. ~ cutané 皮膚偽リンパ腫.

pseudomélanose *n.f.* 〖医〗偽性黒色症.

pseudomembrane *n.f.* 〖医〗偽膜.

pseudomembraneux(**se**) *a.* 〖医〗偽膜性の. angine ~ se 偽膜性アンギナ. entérocolite ~ se 偽膜性腸炎.

pseudomonas [ラ] *n.m.* 〖医〗ブドウ球菌 (= staphilocoque). [ラ] ~ æruginosa 緑膿菌, 緑膿ブドウ球菌. æruginosa méthicilline-résistant メチシリン耐性黄色ブドウ球菌 (= [英] MRSA : *m*ethicillin-*r*esistant *s*taphylococcus *a*ureus).

pseudo〔-〕**myopie** *n.f.* 〖医〗仮性近視, 偽近視.

pseudonyme *n.m.* 偽名；ペンネーム (〖話〗省略形 pseudo).

pseudopelade *n.f.* 〖医〗偽円形脱毛症 (毛が再生しない円形脱毛症).

pseudophimosis *n.m.* 〖医〗偽包茎, 仮性包茎, 嵌頓(かんとん)包茎.

pseudopolyarthrite *n.f.* 〖医〗偽多発性関節炎. ~ rhizomélique 根茎性偽多発性関節炎(四肢のつけ根などに起こる関節炎；フォレスチエ症候群).

pseudorhumatisme *n.m.* 〖医〗偽〔性〕リウマチ.

pseudoscience *n.f.* 〖哲〗擬似科学.

pseudotumeur *n.f.* 〖医〗偽腫瘍. ~ cérébrale 脳偽腫瘍. ~ inflammatoire des gencives 歯茎炎症性偽腫瘍.

PSG (= *P*aris-*S*aint-*G*ermain) *n.m.* パリ=サン=ジェルマン(フランスのサッカー・チーム名).

PSH (= *P*arti *s*ocialiste *h*ongrois) *n.m.* ハンガリー社会党(1989年, 旧ハンガリー社会主義労働者党(PSOH)すなわちハンガリー共産党を改組, 改称).

PSI[1] (= *p*etit *s*ystème *i*ndividuel) *n.m.* 〖情報処理〗小型パーソナル・コンピュータ.

PSI[2] (= [英] *P*roliferation *S*ecurity *I*nitiative) *n.f.* 〖軍縮〗(大量破壊兵器及び関連物質の)拡散防止構想 (2003年；= [仏] ISP : *I*nitiative de *s*écurité contre le *p*rolifération.)

PSIG (= *p*eloton de *s*urveillance et d'*i*ntervention de la *g*endarmerie) *n.m.* 憲兵隊監視・緊急介入部隊.

psilocybine *n.f.* 〖化・薬〗プシロシビン, シロシビン(しびれ茸 psilocybe から抽出されるアルカロイド. LSD に似た幻覚作用がある).

psittacidés *n.m.pl.* 〖鳥〗鸚鵡(おうむ)科.

psittacose *n.f.* 〖医〗オウム(鸚鵡)病(オウムなどの愛玩用の鳥から感染するクラミジアによる気道感染症).

psitt [psit], **pst** [pst] 〖擬音語〗*int.* (注意をひくための)ちょっと！ おい！

PSM (= [英] *p*rofessional *s*cience *m*aster) *n.m.* 〖教育〗科学技術経営学修士(= mastère professional scientifique)(理学と数学を経営学, 法学, 情報通信などの分野に応用する科学技術専門の経営学修士；アメリカの Alfred P. Sloan Foundation の提唱により誕生した新しい修士学位).

PSMV (= *P*lan de *s*auvegarde et de *m*ise en *v*aleur) *n.m.* 〖都市計画〗保護再開発計画.

psoas [psɔas] *n.m.* 〖解剖〗腰筋, 腸腰筋. abcès du ~ 腰筋膿瘍. contraction du ~ 腸腰筋攣縮(れんしゅく).

PSOE (= *P*arti *s*ocialiste *o*uvrier *e*spagnol) *n.m.* 〖政治〗スペイン労働者社会党.

PSOH (= *P*arti *s*ocialiste *o*uvrier *h*ongrois) *n.m.* ハンガリー労働者社会党(1956年旧ハンガリー労働者党を改称. ハンガリー共産党に相当. 略称: MSZMP. 1989年10月ハンガリー社会党 PSH と改称).

psoralène *n.m.* 〖薬〗ソラレン誘導体(長波長紫外線とともに光化学療法の PUVA 療法に用いられる).

psoriasis [psɔrjazis] *n.m.* 〖医〗乾癬(かんせん). ~ arthropathique 関節症性乾癬. ~ en gouttes 滴状乾癬. ~ pustuleux 膿疱性乾癬. ~ syphilitique 梅毒性乾癬. ~ vulgaire 尋常性乾癬.

PSPH[1] (= *p*articipant au *s*ecteur *p*ublic *h*ospitalier) *l.a.* 公的医療機関部門に加入する. établissement privé ~ 公的医療機関部門に加入する私立医療機関. hospitalisation privée non ~ 公的医療機関部門に非加入の私立医療機関.

PSPH[2] (= *p*articipants aux *s*ervices *p*ublics *h*ospitaliers) *n.m.pl.* 〖社会保障〗公共医療業務従事者.

PSRE (= *p*opulation *s*ans emploi à la *r*echerche d'un *e*mploi) *n.f.* 求職無職者人口. chômeurs ~ 求職失業者数.

pst ⇒ psitt

PSU (= *P*arti *s*ocialiste *u*nifié) *n.m.* 統一社会党(1960年設立；1961-68年 Mendès-France が所属；Michel Rocard も設立者のひとりであった).

PSV (= *p*ilotage *s*ans *v*isibilité) *n.m.* 〖航空〗無視界(計器)飛行.

psy [psi] *n.* 〖話〗精神分析医 *psy*chanalyste, 精神科医 *psy*chiatre, 心理学者 *psy*chologue, 精神療法医 *psy*chothérapeute の総称通称. Les 〜s peuvent-ils tout guérir? 精神専門家たちははたしてすべてを治癒できるのか?

psych[o]- [ギ] ELEM「霊魂, 精神」の意.

psychanalyse *n.f.* **1** 精神分析, サイコアナリシス；精神分析学；精神分析療法. **2** 精神分析的研究.

psychanalyste *n.* 精神分析学者；精神分析専門家 (医) (単に analyste ということもある).

psychanalytique *a.* 精神分析の；精神分析的な；精神分析学的な.

psychasthénie *n.f.*〚精神医学〛精神衰弱 (aboulie 無為, appréhensions irraisonnées 説明のつかぬ懸念, doute 疑念, obsession 妄想, sentiment d'imperfection 欠陥感覚などを伴う神経症).

psychasthénique *a.*〚精神病理〛精神衰弱の. ― *n.* 精神衰弱症患者.

psychédélique [psikedelik] (=[英]psychedelic) *a.* **1**〚精神医学〛サイケデリックな, 幻覚状態の；(薬品が) 幻覚を引き起こす (LSD など)；サイケデリック薬剤 (LSD などの幻覚剤) の. **2** サイケ調の, 幻覚的・創造的陶酔状態の；サイケ文化の. état 〜 サイケデリックな状態. musique 〜 サイケ調音楽. ― *n.*〚薬〛幻覚剤常用者；サイケ文化人.

psychédélisme *n.m.* サイケデリックな状態《幻覚剤によって生じる創造的陶酔状態》.

psychiatre [psikjatr] *n.* 精神科医.
psychiatrie [psikjatri] *n.f.* 精神医学.
psychiatrique *a.* 精神科の；精神医学の. hôpital 〜 public 公立精神病院. service de 〜 (病院の) 精神科.

psychique *a.* **1** 精神の, 心の, 心的な, 思考の. activité 〜 精神活動.〚医〛cécité 〜 精神盲. hallucination 〜 精神的幻覚.〚医〛surdité 〜 精神聾 (ろう). trauma 〜 心的外傷, トラウマ.〚医〛troubles 〜s 精神疾患. **2**〔誤用〕心霊の, 超心理の (= métapsychique, parapsychique).

psychoacoustique *n.f.* 音響心理学.
psychoactif(ve) *a.*〚薬〛精神に影響を及ぼす, 精神を活性化させる, 向精神性の (= psychotrope). ― *n.m.*〚薬〛向精神薬 (= psychotrope).

psychoanaleptique *a.*〚薬〛精神活動刺激性の, 精神賦活作用のある. substance 〜 精神活動刺激物質. ― *n.m.*〚薬〛精神賦活剤, 精神蘇生薬《中枢神経興奮剤》.

psychobiologie *n.f.* 精神生物学, サイコバイオロジー.
▶ **psychobiologique** *a.*

psychochirurgie *n.f.*〚医〛精神外科.

psychoclinicien(ne) *n.*〚医〛臨床心理学者.

psychocritique *n.f.* (文学作品の) 精神分析学的研究. ― *a.* 精神分析学的批評 (研究) の. méthode 〜 精神分析学的研究方法. ― *n.m.* 精神分析的批評家.

psychodiagnostique *n.m.* **1** 精神診断学. **2** ロールシャッハ・テストによる精神現象や人格診断法.

psychodrame *n.m.*〚精神医学〛心理劇, サイコドラマ《精神療法の一種》.

psychodysleptique *a.* 精神異常発現性の《幻覚, 妄想を引き起こす》. ― *n.m.*〚薬〛精神異常発現薬；向精神薬 (LSD, mescaline など).

psychodysostose *n.f.*〚医〛異骨精神症.

psychogène *a.* 心因性の. amnésie 〜 心因性健忘 (症). dépression 〜 心因性鬱病. psychose 〜 心因性精神病. réaction 〜 心因性反応, 異常体験反応. rhumatisme 〜 心因性リウマチ. surdité 〜 心因性難聴, 機能性難聴.

psychogenèse *n.f.* **1** 精神発生〔学〕. **2**〚医・心〛心因, 心理起因；心因性.
psychogénétique *n.f.* 心理遺伝学.
psychogénie *n.f.*〚医〛心因症.
psychogénique *a.* 心因〔症〕性の. dépression 〜 心因性鬱病. psychose 〜 心因性精神病, 祈禱性精神病. réaction 〜 心因性反応.

psychohygiène *n.f.*〚医〛精神衛生 (= hygiène mentale).
psychohygiénique *a.*〚医〛精神衛生の. consultation 〜 精神衛生相談.

psychokinèse, psychokinésie *n.f.* 念力, 念動, 精神的遠隔操作, サイコキネシス《精神力によって物体を操作する超能力》；略記 PK.

psycholeptique *a.*〚薬〛精神抑制の, 精神弛緩の. ― *n.m.* 精神抑制薬, 精神弛緩薬.

psycholinguistique *n.f., a.* 心理言語学 (の).

psychologie *n.f.* **1** 心理学《略称 psycho [psiko]》. 〜 analytique de Jung ユンクの分析心理学. 〜 clinique 臨床心理学. 〜 comparée (expérimentale) 比較 (実験) 心理学. 〜 des caractères 性格心理学 (= caractérologie). 〜 des profondeurs 深層心理学. 〜 du comportement 行動心理学. 〜 économique 経済心理学. 〜 pathologique 病理心理学 (= psychopathogique). 〜 pédagogique 教育心理学. 〜 sociale 社会心理学 (= psychosociologie). **2** 心理学書. **3** 心理的洞察力.〔話〕avoir de la 〜 他人の気持ちがわかる.〔話〕manquer de 〜 人の心が見抜けない.

4 心理分析, 心理描写. ~ d'un romancier 小説家の心理分析.
5 集団的心理, 心性. ~ des Français フランス人の心理. comprendre la ~ de l'adversaire 敵の心理を見抜く.
6 (個人の)心の持ち方, 考え方 (=mentalité). Il faut changer votre ~. あなたの物の考え方を変える必要がある.

psychologique a. **1** 心理の, 心理的な; 心理学の, 心理学的な. analyse ~ 心理分析. guerre ~ 心理戦, 神経戦. méthode ~ 心理学的方法. moment ~ 心理的契機, 絶好のチャンス. roman ~ 心理小説. test ~ 心理テスト.
2 精神的な, 心の. état ~ 精神状態, 心理状態. avoir des problèmes ~ s 心の問題をかかえている.

psychologisme n.m. 心理学主義;〖哲〗心理主義.

psychométrie n.f. 〖心〗心理検査, 精神測定, サイコメトリー.

psychomimétique a. 精神的擬態性の.
—— n.m. 〖薬〗精神的擬態誘発剤(麻薬の一種).

psychomoteur(trice) a. 〖生理〗精神運動性の; 精神運動に関する. excitation ~ trice 精神運動性興奮. rééducation ~ trice 精神運動訓練. retardement ~ 精神運動制止 (鬱病の一症候).〖薬〗stimulant ~ 精神運動性興奮剤(カフェイン, コカイン, ニコチンなど).〖医〗troubles ~ s 精神運動障害.

psychomotricien(ne) n. 〖医〗精神運動治療士.

psychomotricité n.f. 〖生理〗精神運動性.

psycho-neuro-immunologie n.f. 〖医〗精神神経免疫学(免疫システムに対し精神状態と神経システムが及ぼす影響の研究).

psychonévrose n.f. 〖医〗精神神経症.

psychooncologie n.f. 〖医〗精神腫瘍学, サイコオンコロジー(悪性腫瘍の精神医学・心理学的研究).

psychopathe [psikɔpat] n. **1** 精神病質者, サイコパス. **2**〖俗〗精神病者.

psychopathie n.f. 精神病質.

psychopathique a. 精神病質的な. personnalité ~ 精神病質的人格.

psychopathologie n.f. 精神病理学.

psychopathophobie n.f. 〖医〗心理的病の恐怖〔症〕.

psychopédagogie n.f. 心理教育学.

psychopédagogue n. 教育心理学者.

psychopharmacologie n.f. 〖医〗精神(神経)薬理学.

psychophysiologie n.f. 〖医〗精神生理学.

psychophysique n.f. 物理心理学, 精神物理学(物理現象と感覚の関係を考究する心理学;G.T. Fechnerが開拓した分野).

psychoplasticité n.f. 精神可塑性, 暗示性(=suggestibilité).

psychoprophylactique a. (精神的予防法による)無痛分娩の. accouchement ~ 精神的予防式無痛分娩(通称 accouchement sans douleur; ラマーズ法 méthode Lamaze).

psychoprophylaxie n.f. 〖医〗精神的予防〔法〕(無痛分娩法など).

psychopsychédélique a. 〖薬〗精神異常発現性の(=psychodysleptique).
—— n.m. 精神異常発現薬.

psychorééducateur(trice) n. 精神運動回復訓練士.

psychorigide a. 精神的に硬直した, 精神硬直性の.

psychorigidité n.f. 〖心〗精神的硬直性; 精神硬直(知的柔軟性を欠き, 新しい状況に対応できない性格).

psychose [psikoz] n.f. **1**〖医〗精神病, 精神障害. ~ aiguë 急性精神病. ~ alcoolique アルコール精神病. ~ basedowienne バセドウ病性精神病. ~ de dégénération 変質精神病, 非定型精神病(=~ atypique). ~ de génération 生殖精神病(女性の生殖機能に関連する精神病). ~ d'innovation 祈祷性精神病(祈祷, 迷信などに起因する心因性精神病). ~ endogène 内因性精神病. ~ exogène 外因性精神病. ~ expérimentale 実験精神病, モデル精神病. ~ fonctionnelle 機能(性)精神病. ~ gravidique 妊娠精神病(妊娠中の精神病). ~ hallucinatoire 幻覚精神病. ~ maniaco(-)dépressive 躁鬱病 (=folie maniaco(-)dépressive). ~ menstruelle 月経精神病, 月経周期性精神病. ~ mixte 混合精神病. ~ passionnelle 熱情妄想症. ~ postopératoire 術後精神病, 術後精神障害. ~ psychogène 心因性精神病. ~ puerpérale 産褥期精神障害. ~ schizoaffective 分裂情動精神病. ~ toxique 中毒性精神病.
2 妄想, 固定観念, 強迫観念. ~ collective 集団的妄想.

psychosé(e) a. 〖医〗(人が)精神病の(=psychotique).
—— n. 精神病者.

psychosédatif(ve) a. 〖薬〗精神を安定させる. médicament ~ 精神安定薬.
—— n.m. 精神安定薬, トランキライザー(=tranquillisant).

psychosensoriel(le) a. 〖心〗精神感覚の. phénomène ~ 精神感覚的現象.

psycho-sensori-moteur(trice) a. 〖医〗精神感覚運動性の. crise ~ trice 精神感覚運動発作.

psychosocial(ale)(pl. aux) a. 社会心理の, 社会心理に関する; 社会心理学的な. équilibre ~ 社会心理的均衡.

psychosociologie n.f. 社会心理学.

psychosomaticien(ne) n. 〖医〗心身医学者.

psychosomatique a. 〖医〗心身の, 精神身体の《精神と身体とが密接に関連した》. médecine ~ 心身医学, 精神身体医学.
— n.f. 心身医学, 精神身体医学 (= médecine ~).

psychostimulant(e) a. 精神を興奮(賦活)させる, 興奮(賦活)作用のある.
— n.m. 〖薬〗精神興奮薬.

psychotechnicien(ne) n. 精神工学士, 精神技術の専門家.

psychotechnique n.f. 精神工学《実験心理学や精神生理学の経済学・経営学・社会学・人事管理などの分野への応用技術》.
— a. 精神工学的な. tests ~s 精神工学的テスト.

psychothérapeute n. 〖医〗精神療法医.

psychothérapie n.f. 〖医〗精神療法.
psychothérapique, psychothérapeutique a. 精神療法の, ~による.

psychotique a. 精神病の, 精神病質の；精神異常の.
— n. 精神病患者；精神異常者.

psychotonique a. 〖医・薬〗精神賦活性の (= psychostimulant).
— n.m. 精神賦活薬.

psychotoxique a. 〖医〗精神(人格)に有害な, 精神毒性の. 〖軍〗arme ~ 精神損傷兵器, 精神毒兵器.
— n.m. 精神毒剤, 精神毒兵器.

psychotronique n.f. 超自然現象学, 意識工学《超心理学の一分野》.
— a. 超自然現象を扱う《ホラー, ファンタジー, SFなどの要素を含む現象を取扱う》.

psychotrope a. 〖医〗向精神性の, 精神に作用する. médicament ~ 向精神薬.
— n.m. 向精神薬 (= médicament ~)《精神安定剤, 幻覚剤など》.

psychromètre n.m. 〖理〗乾湿計, 乾湿球温度計.

Pt (= platine) n.m. 〖化〗「白金, プラチナ」の元素記号.

PTA (= professeur technique adjoint) n.m. 〖教育〗技術教育補助教員《現行は PEPP = professeur d'enseignement pratique et profession》.

PTAC (= poids total autorisé en charge) n.m. 〖自動車〗積載許可総重量. véhicule de transports de marchandises d'un ~ supérieur à 3.5t 積載許可総重量3.5トン以上の貨物輸送車輌.

PTBT (= 〖英〗Partial Test Ban Treaty) n.m. 核実験部分禁止条約 (= 〖仏〗Traité d'interdiction partielle des essais nucléaires. 1963年モスクワで調印, 1983年10月10日発効)).

PTEP (= professeur technique d'enseignement professionnel) n.m. 〖教育〗職業教育技術担当教員.

ptéridophytes n.f.pl. 〖植〗羊歯門〔植物〕《羊歯 fougères, ひかげのかずら lycopode, すぎな prêle など》.

ptérodactyle a. 〖動〗指に膜をもつ.
— n.m. 〖古生物〗翼手竜《ジュラ紀ヨーロッパ産 ptérosauriens の一種》.

ptérosauriens [pterɔsɔrjɛ̃] n.m.pl. 〖古生物〗翼竜類, プテロサウルス.

ptérygion n.m. 〖解剖〗翼状片, 翼状贅片.

PTFE (= polytétrafluoroéthylène) n.m. 〖化〗ポリテトラフルオロエチレン《テトラフルオロエチレンの重合体》. 〖織〗fibres textiles en ~ ポリテトラ弗化エチレン織糸《合成繊維》.

PTH (= 〖英〗parathyroid hormone) n.f. 〖生化〗副甲状腺ホルモン (= hormone parathyroïdienne, parathormone).

ptomaïne n.f. 〖生〗プトマイン, 死毒, 屍毒《動物組織の腐敗により生成される有毒物質》.

ptôse, ptose n.f. 〖医〗(内臓の)下垂(症). ~ gastrique 胃下垂(症) (= gastroptose). ~ splanchnique 内臓下垂 (= splanchnoptose). ~ abdominale 腸下垂. ~ mammaire 乳房下垂, 垂れ乳.

ptôsis, ptosis [ptozis] 〖ギ〗n.m. 〖医〗眼瞼下垂症《上眼瞼の挙上不全》(= blécpharoptôse).

PTSD (= 〖英〗Post-Traumatic Stress Disorder) n.m. 〖医〗心的外傷後ストレス障害 (= 〖仏〗SPT : syndrome [de stress] post-traumatique). patient souffrant du ~ 心的外傷後ストレス障害に悩む患者.

PTT n.m.pl. **1** (= Postes, Télégraphes et Téléphones) 郵便・電信・電話〔省〕《1959年以前の呼称；1960年に Postes et Télécommunication (P et T) 郵便・遠距離通信省〔省〕と改称されるがPTTの呼称は慣用として残る》.
2 (= Postes, Télécommunications et Télédiffusions) 郵便・電信電話・放送省《1980年以降の郵政省の呼称；1991年1月より la Poste と France Telecom の2公社に分離独立》.

ptyaline n.f. 〖生化〗プチアリン《唾液中の澱粉分解酵素；唾液中の α-アミラーゼ》.

ptyalisme n.m. 〖医〗唾液分泌過多症, 流涎(りゅうぜん)症 (= sialorrhée), よだれ症 (= salivation), 流涎.

PU (= polyuréthan[ne]) n.m. 〖化〗ポリウレタン《主鎖中にウレタン結合をもつ高分子化合物；合成繊維, 合成ゴムの原料》.

Pu (= plutonium) n.m. 〖化〗「プルトニウム」の元素記号.

puant(e) (< puer) a. **1** 臭い, 悪臭のする. bêtes ~es 悪臭動物《狐, いたち, てんなど》. bouc ~ 悪臭を放つ牡山羊. fromage ~ 臭いチーズ. haleine ~e 臭い息.

2 〔比喩的・話〕鼻持ちならない. ~ d'orgueil 威張りくさった. personnage ~ 鼻持ちならぬ人物.
3〔比喩的〕mensonge ~ 鉄面皮な嘘.
pub (=*pub*licité) *n.f.*〔俗〕広告；コマーシャル, 広告.
pubalgie *n.f.*〔医〕恥骨結合部疼痛.
puberté *n.f.* 思春期〔第二次性徴の発現から長骨骨端線の閉鎖までの, 主に身体的成長と性的成熟の時期〕；青年期 adolescence は児童期と成年期の中間で, 主に精神的発達を基準とした一時期).〔医〕~ précoce 思春期早発症.〔医〕~ tardive 思春期遅発症.
pubien(ne) *a.*〔解剖〕恥骨の. pilosité ~ne 恥毛, 陰毛. symphyse ~ne 恥骨結合.
pubis [pybis] *n.m.* **1**〔解剖〕恥骨. **2**〔俗〕恥丘, 陰阜 (いんぷ). poil du ~ 恥毛, 陰毛.
public(***que***) *a.* **1** 公の, 公共の, 国家の, 国の, 政府の, 国民の. acte ~ 公文書.〔経済〕actions ~ ques 公訴. administrations ~ ques 一般政府（GDP 統計の用語. 中央, 地方政府と社会保障機関を含む), 行政〔機関〕. affaires ~ ques 公務, 政務；公事；国事. aide ~ que au développement (APD) 政府開発援助 (=〔英〕ODA =official *d*evelopment *a*ssistance). assistance ~ que 民生事業, 生活保護, 社会福祉（現 aide sociale「社会扶助」；民生委員会). association reconnue d'utilité ~ que 公益団体.〔集合的〕autorité ~ que 政府当局〔者〕. bien ~ 公共財産, 国家財産. charges ~ ques 公租；公職. chose ~ que〔文〕国益；〔古〕国家, 共和国. collectivité ~ que〔地方〕公共団体. dette ~ que 政府債務.〔法律〕domaine ~ 公産, 行政財産（公共団体の財産の中で公共の利用に供されるもの, またはとくにそれに適した公役務に用いられるもので, 譲渡できない)；公の領域. Cela appartient au domaine ~. それは公のものである（私人が勝手に利用, 改変してはいけない). tomber dans le domaine ~ 私的所有権（著作権など)が消滅する. droit ~ 公法（droit privé「私法」の対). école ~ que 公立学校（宗教教育を行わない). édifice ~ 公共建造物. effets ~s 公債. entreprise ~ que 公共企業, 国有企業. établissement ~ 特殊法人, 公施設法人, 公共営造物, 公共機関. Le Commissariat à l'énergie atomique est un établissement ~ à caractère industriel et commercial. 原子力庁は公商業的性格の公施設法人である. établissement d'intérêt ~ 公益法人, 公益団体. fête ~ que 公的祝祭. finances ~ ques 財政. fonction ~ que 公務. statut de la fonction ~ que 公務員法. fonction ~ que locale 地方公務. fonctionnaire (agent, officier) ~ 公務員, 官公吏. force ~ que〔公権力, 公の武力〔警察, 憲兵, 軍隊の総称〕. homme ~ 公人. intérêt ~ 公益. marché ~ 公益市場；政府調達. ministère

~ 検察. monument ~ 公共の建造物, 建物. ordre ~ 公共の秩序. pouvoirs ~s 政府当局, 政府, 当局. puissance ~ 公権力, 国家権力, 国家. salut ~ 国家の安寧, 公安.〔史〕comité de salut ~ 公安委員会（1793年にフランス革命政府が創設した機関, 行政権を集中する)；救国委員会（国家的危機に際してしばしば賛えられる時期). santé ~ que 公衆衛生, 厚生, 保健. ministère de la santé ~ que 厚生省. secteur ~ 公共部門, 国有部門. sécurité ~ que 治安, 公安. service ~ 公役務, 公共サービス,〔主に *pl.* で〕公益事業. transports ~s 公共交通〔機関〕. travaux ~s 公共事業；公共土木事業. le Trésor〔~〕国庫. utilité ~ que 公益. vie ~ que 公的生活.
2 世間一般の, 社会全体の；世間周知の. ennemi ~ 公衆の敵, 社会の敵（重大犯罪者などについて用いられる). instruction ~ que 国民教育 (=éducation nationale). liaison ~ que 周知の関係. opinion ~ que 世論. rumeur ~ que 世間の噂. rendre ~ 公表する. tomber dans le domaine ~（著作権, 特許権が)消滅する. Il est de notoriété ~ que que …は世間周知のことである.
3 公開された, 公共の. appel ~ 公募. audience (conférence) ~ que 公開法廷（講演会). cours ~ 公開講座. écrivain ~ 代書人. espace ~ 公共空間, パブリックスペース. fille ~ que 娼婦. grand ~ 民衆用の. injure ~ que 公然侮辱. lieu ~ 公共の場所. matériel électronique grand ~ 民生用電子機器. homme ~ 公人. jardin ~ 公園. offre ~ 公開入札提供. place ~（町村の)広場. relations ~ ques（英語の影響)パブリック・リレーションズ, 広告, 宣伝, 広報. scrutin ~ 公開投票. séance ~ que 公開法廷. vente ~ que 競売. voie ~ que 公道. rendre ~ (que) 公表する. Le gouvernement a rendu ~ son rapport annuel sur la défense nationale. 政府が国防年次報告を公表した.
—— *n.m.* **1** 国民, 人々, 公衆, 大衆. interdit au ~ 一般立ち入り禁止. relations avec le ~ パブリック・リレーションズ, 広報. Informé de la décision du gouvernement, le ~ n'a pas caché sa déception. 政府の決定を知らされた国民は失望を隠さなかった.
2 読者, 観客, 観衆, 聴衆, 見学者, 入場者. film tous ~s 対象を絞らない映画. foyer du ~（劇場などの)ホール. grand ~ 一般の利用者（読者, 観衆, 聴衆…)；一般向けの. être bon ~ 簡単に好意的な反応を示す, 感心しやすい. Le ~ de cet écrivain est composé en grande partie de jeunes. この作家の読者は多くが青少年である. L'exposition ne manquera pas de retenir l'attention du ~ japonais. この展覧会は日本の皆様の興味を惹かずにはおかないでしょう.
3 公共機関, 公共部門. inégalités de salai-

publication

res entre le ~ et le privé 公務員と民間の給与格差. travailler dans le ~ 政府機関(公共企業)で働く. en ~ 人前で, 公開の場で.

publication n.f. **1** 刊行, 出版；発行. ~ assistée par ordinateur コンピュータ援用出版《略記 PAO》. ~ de documents 資料の刊行. date de ~ d'un livre 書籍の出版日付.
2 刊行 (出版) 物；(主に) 定期刊行物. ~s périodiques 定期刊行物. directeur de ~ 定期刊行物の発行責任者. enregistrement des ~ 刊行 (出版) 物の登録.
3 〔法律〕公告, 公示；公布；公表. ~〔des bans〕de mariage 結婚の公告. ~ d'une ~ 法律の公布.

publiciste n. **1** 公法学者, 公法専門家 (=spécialiste du droit public).
2 広告業者 (公用推奨語は publicitaire).
3 〔古〕ジャーナリスト；政治評論家.

publicitaire a. 宣伝の, 広告の. agence ~ 広告代理店. dépenses ~s d'une entreprise 企業の宣伝費〔支出〕. campagne ~ 宣伝キャンペーン. message ~ コマーシャル, CM, スポット (=〔英〕spot). vente ~ 宣伝売.
——n. 広告業者 (=publiciste).

publicité n.f. **1** 宣伝, 広告；コマーシャル, 宣伝ポスター (ちらし)；宣伝活動. ~ collective (製品・経済分析などの) 集合的宣伝活動. ~ directe ダイレクトメール. ~ de lancement (商品の) 売出し (発売) 広告. ~ de marque (商品の) 商標宣伝. ~ lumineuse ネオンサイン式宣伝. ~ massive 大々的宣伝. ~ mensongère 虚偽広告. ~ par les affiches ポスター広告. ~ par la télévision テレビコマーシャル. ~ sur les lieux de vente 販売現場宣伝, 実演宣伝販売 (略称 PLV). ~ tapageuse 鳴り物入りの宣伝.
agence ~ 広告代理店, 広告会社. budget de ~ 宣伝費〔予算〕. campagne de ~ 宣伝キャンペーン. service de ~ 宣伝部局. faire de la ~ pour qn (qch) …の宣伝 (広告) をする. faire paraître une ~ dans le journal 新聞に広告を出す.
2 宣伝文, 宣伝コピー (=message publicitaire)《俗略 pub》.
3 公開；公開性；公示性；公知, 周知. ~ des débats parlementaires 国会討論の公開；周知性.〔法律〕~ des registres 登記簿の公示.〔法律〕~ foncière 不動産の公示, 土地公示.

public-relations [pyblikrəlasjɔ̃]〔英〕 n.f.pl. パブリック・リレーションズ, PR, 広報活動 (=relations publiques).

publi-information n.f. 広告情報, 広告記事 (=publireportage).

publiphone n.m. 公衆電話. ~ à cartes カード式公衆電話.

publipostage n.m. ダイレクトメール〔方式・広告〕, 広告郵便 (〔英〕mailing に対

する公用推奨語).

publipromotionnel (le) a.〔商業〕販売促進宣伝〔用〕の. magazine ~ 販売促進宣伝雑誌.

publirédactionnel n.m.〔宣伝〕宣伝広告 (=publicité rédactionnelle).

publireportage n.m.〔商業〕ルポルタージュ形式の宣伝.

puce n.f. Ⅰ **1** 蚤 (のみ) (学名 Pulex). ~ commune de l'homme 人を刺す蚤. être piqué (mordu) par une ~ 蚤に刺される (喰われる). prendre une ~ 蚤を取る.〔比喩的〕le marché aux ~s；les ~s 蚤の市 (がらくた).〔話〕sac à ~s ベッド, 寝床. jeu de ~s 蚤遊び.
◆〔成句〕
avoir la ~ à (de) l'oreille 警戒している. 不安になる. mettre la ~ à l'oreille à qn 人に疑念 (不安) を起こさせる.〔話〕remuer (secouer) les ~s à qn 人を叱りつける (叱責する).〔話〕secouer ses ~s；se secouer les ~s 起きてのびをする；動き回る.
2〔話〕小柄な人, ちび. Bonjour, ma ~！やあ, ちび助.
3 蚤色《赤褐色》. rideaux ~ 蚤色のカーテン.
4〔動〕~ d'eau みじんこ (=daphine).〔甲殻〕~ de mer はまとび虫 (=talitre).
Ⅱ **1**〔電子工〕(集積回路の) チップ. ~ électronique 電子集積回路のチップ.〔電算〕~ à ADN DNA チップ, バイオチップ, 生物化学素子 (=biopuce；〔英〕biochip).
2 小さな丸いしみ, 小さな丸い紙片；煙草の小片.

puceron n.m.〔昆虫〕あぶら虫, ありまき. ~ du rosier 薔薇につくあぶら虫.

Puchon〔韓国〕n.pr. 富川 (ふせん), プチョン《京畿道の都市；ソウルの西南郊》.

pudeur n.f. **1** 羞恥心, はじらい；恥. ~ affectée 猫かぶり (=pudibonderie). ~ des femmes 女性のはじらい.〔法律〕attentat (outrage) public à la ~ 公然猥褻罪. sans ~ 破廉恥な (に).
avoir de la ~ はじらいを見せる. manquer de ~ 恥知らずである. rougir de ~ 恥じて赤面する.
2 慎み深さ, 遠慮. De la ~, pas de larmes！お願いだから泣かないでくれ！cacher ses sentiments par ~ 慎み深く感情を隠す. Vous pourriez avoir au moins la ~ de vous taire. せめて黙ってくださいませんか.

Pu'er〔h〕, Pu-Er〔h〕〔中国〕n.pr. 普洱, プーアール《雲南省の都市》. thé ~ 普洱 (プーアール) 茶《後醱酵の黒茶；通称 thé noir-noir》.
——n.m.inv. 普洱 (プーアール) 茶. les ~ 普洱 (プーアール) 茶.

puériculteur (trice) n. (3 歳児までの) 幼児保育士；保父 (保母). ~ trices d'une crèche 託児所の保母.

puériculture *n.f.* 育児学 (法).
puéril(e) *a.* **1** 子供らしい;〔古〕子供の. âge ~ 小児期.〖医〗respiration ~*e* 小児肺胞音呼吸. traits ~*s* あどけない顔つき.
2〔多く蔑〕子供っぽい, 幼稚な. amusement ~ 児戯. contes ~ 童話. idée ~*e* 他愛ない考え. Il est ~ de+*inf.* …するのは子供じみている.
puérilisme *n.m.*〖心・医〗小児症, 小児化症.
puerpéral(ale)(*pl.aux*) *a.* 産褥(さんじょく)の, 産褥期の. aménorrhée ~*ale* 産褥無月経. cardiomyopathie ~*ale* 産褥性心筋症. endormétrit ~*ale* 産褥子宮内反症. fièvre ~*ale* 産褥熱. psychose ~*ale* 産褥期精神障害.
puerpéralité *n.f.* 産褥.
puisage (<puiser) *n.m.* 汲み上げ (= puisement).〖法律〗droit de ~ 汲水(きゅうすい)権.〖法律〗servitude de ~ 汲水地役.
puissance *n.f.* ⅠⅠ(力)**1** 力, 強さ; 潜在能力, 影響力. ~ de l'argent (de la parole) 金(言葉)の力. ~ de séduction 誘惑の力. ~ de travail 仕事能力. ~ d'un raisonnement 推理力, 推理能力. ~*s* productives 生産能力. ~ sexuelle 性的能力 (impuissance〔sexuelle〕「性的不能」の対). ~ spirituelle 精神力. impureté en ~ 潜在的な不純さ(けがれ). avoir *qch* (*qn*) en sa ~ 物(人)を思いのままに動かす.
2 権利; 権力; 権威. ~ absolue de Dieu 神の絶対権力. ~ du citoyen 市民権. ~ de l'homme (de la femme) 男性 (女性) の権利 (力). ~ du peuple 人民の権力.〖法律〗~ maritale (夫の妻に対する) 夫権.〖法律〗~ paternelle (未成年の子に対する) 親権 (= autorité parentale). ~ publique 公権力, 国家権力; 国家. ~ royale 王権. *Volonté de* ~ de Nietzche ニーチェの『権力への意志』(1884-88 年). abuser de sa ~ 権力を濫用する. montrer (étaler) sa ~ 権力 (権威) をふりかざす.
3 勢力; 支配力, 影響力, 覇権, 権力保有者 (国); 主権国 (=Etat souverain); 大国. ~*s* atomiques 核大国. ~*s* d'argent 金権大国. de la France sous Napoléon ナポレオン治下のフランスの支配力 (覇権). ~ capitaliste 資本主義勢力 (大国). ~ économique 経済的支配力〔保有国 (企業)〕; 経済大国. ~ ennemie 敵国. ~ maritime 海運国. ~ militaire 軍事力; 軍事大国. ~ politique 政治勢力; 政治的権力者. les grandes ~*s* 強大国, 列強 (=superpuissances). coalition de ~*s* 国家連合.〖外交〗Hautes ~*s* 〔contractuelles〕(条約の) 締約(当事)国.
4〖物理〗力; 仕事率;〖機工〗出力;〖電〗電力;〖地理〗(河川の) 運搬力. ~ administrative (fiscale) d'un moteur d'automobile 自動車エンジンの行政 (課税) 馬力《略号 Pa; エンジンの気筒容積に応じた課税対象馬力; CV (<chevaux)で表わす; 1 CV は気筒容積約 1/6 リットル;実馬力 chevaux SAE の対; 1998 年より環境問題を考慮して Pa=CO_2/45+(p/40)$^{1.6}$ の計算式が導入された [CO_2 は km 当たりの二酸化炭素排出グラム; P は KW 馬力 (実馬力)]》. ~ au frein d'un moteur モーターのブレーキ馬力 (= ~ effective). ~ de pointe 最大出力.〖光学〗~ dispersive 分光度.〖光〗~ d'un microscope 顕微鏡の屈折力. ~ d'un phare 灯台の光線出力強度. ~ du son 音量. augmenter (diminuer, régler) la ~ de son poste ラジオのヴォリュームを上げる (下げる, 調節する). ~ d'un système optique 光学装置の強度 (=convergence).〖機工〗~ nominal 公称 (定格) 馬力. niveau de ~ acoustique 音圧レベル (dB (décibels)で表示). unités de ~ の力の単位 (CGS 単位系で erg, MKSA 単位系で watt, hectowatt, kilowatt など).
5〖地質〗層厚, 炭丈(すみたけ). ~ d'un filon 脈幅.
6〖神学〗les *P*~*s* 能天使《中級第二隊の位階の天使》. ~*s* infernales (des ténèbres) 悪魔.
ⅡⅠ〖数〗累乗, 冪(べき);〖幾何〗方冪. deux ~ cinq 2 の 5 乗 (2⁵). à la ~ deux 2 乗して. à la ~ trois 3 乗して. à la $n^{ième}$ ~ n 乗して;〔話〕最大限に.
ⅢⅠ(態)**1**〖哲〗可能態, 潜勢態. la ~ et l'acte 可能 (潜勢) 態と現実態; 潜在能力と行為. en ~ 潜在的に (な). criminel en ~ 潜在的犯罪者.
2〔古〕~ de+*inf.* …する能力, 方途.
puissant(e) *a.* **1** (抽象的に) 力を備えた, 強い, 影響力がある; (特に)強大な軍事力を持つ. homme ~ 有力者, 実力者. nation ~*e* 強国. parti ~ 強大な政党. Entouré de ~*s* voisins, le pays est constamment proie à un sentiment d'incertitude. この国は強国に囲まれているため常に不安感にさいなまれている.
2 (物理的に) 力がある, (機械などが) 強力な. muscle ~ 強い筋肉. Attention, freins ~*s*! (大型車の後部につける注意) 強力ブレーキに注意.
3 力を秘めた, (薬などの) 効果が大きい, 有効な. argument ~ 確固たる論拠. émotion ~*e* 深く激しい感動. personnalité ~*e* (自己の) 強い性格. voix ~*e* 強い声.
—— *n.m.* **1** 有力者, 実力者, 勢力家. les ~*s* de ce monde この世の権勢家たち. **2** 強国.
puisseguin-saint-émilion *n.m.*〖葡萄酒〗ピュイスガン=サン=テミリヨン (département de la Gironde ジロンド県 Saint-Emilion の東北の Puisseguin 村 (市町村コード 33570) で生産される赤の AOC

puits *n.m.* **1** 井戸. ～ artésien 自噴井, 掘抜井戸. ～ stérile 空井戸. ～ tari 涸れ井戸.〔比喩的〕un ～ de science 知恵の泉. creuser un ～ 井戸を掘る. tirer de l'eau au ～ 井戸から水を汲む.
2 竪坑(たてこう), 立坑(=～ de mine); 井戸状のもの. ～ d'accès à l'égout 下水のマンホール. ～ d'aérage 通気坑. ～ d'assenseur エレヴェーターピット. ～ de fondation 基礎杭坑, 根切り. ～ de forage 鑿井(さくせい). ～ de pétrole 油井. ～ de transport 運搬立坑.〘地形〙～ naturel 淵. ～ vertical 竪坑, 土坑.
3〘海〙～ à chaîne 錨鎖室. ～ des pompes ポンプ室.
4〘菓子〙～ d'amour ピュイ・ダムール(パイ生地の中にクリームやジャムを詰めた菓子).
5〔比喩的〕〘環境〙～ de carbone 炭酸ガス井(炭酸ガスを貯蔵する森林や海洋).
Puksubaek-san〘北朝鮮〙*n.pr.m.* 北水白山(ほくすいはくさん), プクスベク=サン(標高 2,522 m).
Puligny-Montrachet *n.pr.* ピュリニー=モンラシェ(département de la Côte-d'Or コート=ドール県の村;市町村コード 21190;辛口の白の銘酒の産地).
puligny-montrachet *n.m.*〘葡萄酒〙ピュリニー=モンラシェ(la Côte de Beaune 地区 Puligny-Montrachet 村の辛口の白の AOC 銘酒).
pull [pyl] (=pull-over) *n.m.* プルオーバー(chandail セーター). ～ col montant ハイネック・セーター.
pullorose *n.f.*〘獣医〙(家禽の)雛白痢(サルモネラ菌の一種による伝染病).
pull-over [pylɔvɛr, pulɔvɛr]〘英〙*n.m.* プルオーバー(chandail セーター).
pulmonaire *a.*〘解剖・医〙肺の. abcès ～ 肺膿瘍. alvéole ～ 肺胞. artère ～ 肺動脈. asbestose ～ アスベスト肺. biopsie ～ 肺生検. circulation ～ 肺循環, 小循環(=petite circulation). cœur ～ 肺性心. collapsus ～ 肺虚脱. congestion ～ 肺充血. débit sanguin ～ 肺血流量. embolie ～ 肺塞栓(症). emphysème ～ 肺気腫. encéphalopathie ～ 肺性脳症. examen de fonction ～ 肺機能検査. fibrose ～ 肺繊維症. hypertension ～ 肺高血圧症. infractus ～ 肺梗塞. insuffisance ～ 肺動脈弁閉鎖不全(症). kyste ～ 肺囊胞. mycose ～ 肺真菌症. résection ～ 肺切除〔術〕. respiration ～ 肺呼吸. rétricissement ～ 肺動脈〔弁〕狭窄〔症〕. thromboembolie ～ 肺血栓塞栓症. tuberculose ～ 肺結核(症).
—. 肺病患者, 肺病病み.
pulpaire *a.*〘解剖・医〙歯髄の. nécrose ～ 歯髄壊死.
pulpe *n.f.*〘解剖・医〙歯髄. ～ dentaire 歯髄. dévitalisation de la ～ 歯髄除活法, 歯髄失活法. hypérémie de la ～ 歯髄充血.
pulpectomie *n.f.*〘医〙**1** 歯髄炎の失活〔法〕; 歯髄炎鎮静療法. **2** 歯髄切除〔術〕, 断髄法(=dévitalisation [de la pulpe]).
pulpite *n.f.*〘医〙歯髄炎.
pulsar [pylsar] (<〘英〙*puls*ating st*ar*) *n.m.*〘天文〙パルサー(電波天体の一つ).
pulsatif(ve) *a.* **1**〘物理・電〙脈動の. **2**〘医〙搏動(はくどう)の; 脈搏の, 動悸の. douleur ～ *ve* 搏動性疼痛《ずきずきする痛み》. ondes ～ *ves* 脈波《末梢動静脈の拍動》.
pulsatile *a.* **1**〘医〙搏動性の; 脈打つ. onde ～ 搏動波. tumeur ～ 搏動性腫瘍.
2〘音楽〙リズミカルな.
3〘植〙anémone ～ ピュリサティル・アネモネ(=coquerelle).
pulsation *n.f.* **1** 搏動, 拍動; 脈拍; 動悸. ～ du cœur 心拍動. 60 ～ s/minute 1分当り心搏数 60.
2〘物理〙(電流・地磁気の)脈動; (音の)振動.
3〘天文〙(変光星の変光の)脈動.
pulsé *a.p.* ～ air 送風機で送られた. air ～ 送風機で送られた空気. chauffage par air ～ 温風暖房.
pulsion *n.f.*〘精神分析〙欲動. ～ conflictuelle の葛藤. ～ s de mort 死の欲動. ～ s sexuelles 性的欲動(=libido). libération des ～ s 欲動からの解放, カタルシス(catharsis).
pulso[-]réacteur *n.m.*〘航空〙パルスジェットエンジン(燃焼室の空気取入れ口が断続的に開閉する非連続燃焼性ジエットエンジン).
pultacé(e) *a.*〘医〙粥状の. exsudat ～ 粥状便.
pulvérin *n.m.*〘化〙粉火薬.
pulvérisateur *n.m.* (粉末の)散布器(=poudreuse); (液体の)噴霧器(=vaporisateur); アトマイザー(=atomiseur); (特に)農薬散布(噴霧)器. ～ de peinture à air comprimé 圧搾空気式塗料噴霧器(スプレー).
pulvérisateur-mélangeur (*pl.* ～ s-～ s) *n.m.*〘土木〙粉砕ミキサー.
pulvérisation (<pulvériser) *n.f.* **1** 細粉化, 粉末化, 霧化; 粉砕. ～ nucléaire 核分解.
2 (粉末の)撒布; (液体の)噴霧. ～ d'insecticide 殺虫剤の噴霧(撒布). ～ s nasales 鼻への薬剤のスプレー噴射.
3〔比喩的〕細分化, 分散化. ～ des responsabilités 責任の雲集霧散.
pulvérisoir *n.m.*〘農〙ピュルヴェリズール(土塊粉砕地ならし機).
pulvérulence *n.f.* 粉末状.
pulvérulent(e) *a.* **1** 粉末状の. chaux ～ *e* 粉状石灰.

puréе

2 粉になりやすい. roches ~es 粉状に砕ける岩.
3 埃まみれの.
4 〚植〛粉蠟(白粉)で被われた.

puma *n.m.* 〚動〛ピューマ《学名 Filis concolor》, クーガー (couguar).

punch [pœnʃ][英] *n.m.* 〚料理〛ポンチ, パンチ《本来は紅茶にレモン, 砂糖, 肉桂を加えた飲物；現在では酒・果汁・炭酸水・スパイスなどを混ぜた飲物》. ~ glacé 冷やしたパンチ. boire un verre de ~ (un ~) パンチを一杯飲む. boire du ~ パンチを飲む.

punctum [pɔ̃ktɔm][ラ] *n.m.* 〚生理〛点. ~ cæcum (眼の)盲点 (=point aveugle). ~ lacrimale 涙点 (=point lacrymal). ~ proximum (眼の)近点 (=point proche). ~ remotum (眼の)遠点 (=point éloigné).

punitif (ve) *a.* 処罰の, 懲罰としての. appareil ~ 懲罰具. expédition ~ve 報復としての平手打ち. 〚法律〛loi ~ve 処罰法.

punition *n.f.* 1 罰すること, 処罰, 懲罰；制裁. ~ collective 集団的制裁. en ~ de ses péchés 自分の罪を罰するため.
2 罰；刑罰. ~ corporelle 体罰. ~ exemplaire 見せしめの罰. ~ légère (sévère) 刑罰(厳罰). donner (infliger) une ~ 罰を課す. pour la ~ de *qn* 人に対する罰として. recevoir une ~ 罰を受ける.
3 当然の報い. ~ de la maladresse 不器用さの報い.

PUP (=*P*olice *u*rbaine de *p*roximité) *n.f.* 地域密着都市警察；交番 (〚話〛polprox；1999年4月18日パリ警視庁が導入した新たな都市警察制度；日本の交番に相当》. ~ à Paris パリ郊外担当都市警察.

pupillaire[1] *a.* 〚法律〛被後見未成年者 (pupille) の；孤児の. patrimoine ~ 被後見未成年者の資産.

pupillaire[2] *a.* 〚解剖・生理〛瞳孔の. réaction ~ 瞳孔反応. réflexe ~ 瞳孔反射, 瞳孔の光反射.

pupillarité *n.f.* 〚法律〛被後見未成年者の状態(期間).

pupille[1] *n.* 〚法律〛1 被後見未成年者.
2 (公共の保護を受ける)孤児；国の被後見子 (= ~ de l'Etat). ~ de la Nation 国の被後見戦災孤児.
3 (私設保護施設の)保護児童.

pupille[2] [pypij(l)] *n.f.* 〚解剖・医〛瞳孔 (=prunelle). ~ tonique 瞳孔緊張症.

pupitre *n.m.* 1 見台；〚音楽〛譜面台 (= ~ à musique). 〚教会堂〛~ d'autel 聖壇教見台. 〚教会堂〛~ de chœur 聖歌隊演壇. ~ d'un dessinateur 製図台. au ~ 〚de chef d'orchestre〛指揮台に. se mettre au ~ 指揮台に立つ. Qui sera au ~ 誰が指揮するのですか. chef de ~ 首席奏者.
2 (斜めの上蓋がついた)書き物台. ~ d'école (d'écolier) 教室机.
3 〚機工〛制御卓, コンソール. ~ de conduite d'une locomotive 機関車の運転操作台. ~ d'un ordinateur コンピュータのコンソール (操作台). 〚放送〛~ de visualisation (テレビ放送の)画像制御台 (調整台).

pupitreur(se) *n.* 〚情報処理〛制御卓操作係, コンソールオペレーター.

pur(e) *a.* 1 純粋な；完璧な；完全な；混じり気のない；絶対的な. ~ de tout mélange 何の混じり気もない. alcool ~ 純粋アルコール. art ~ 純粋芸術. cheval (de) ~ sang 純血種の馬. 〚化〛corps ~ 単体 (= corps simple). couleur ~e 純色. *Critique de la raison ~e* de Kant. カントの『純粋理性批判』(1781年). cuivre (or) ~ 純銅(純金). 〚哲〛entendement ~ 純粋悟性. état de ~ nature 純粋な自然状態. idée ~e 純粋理念. mathématiques ~es 純粋数学. musique ~e 絶対音楽. Parisien ~ 生粋のパリッ子. poésie ~e 純粋詩. sciences ~es 純粋科学. 〚音楽〛son ~ 純音. vin ~ 生葡萄酒.
2 〚名詞の前〛単なる, 全くの. ~ hasard 単なる偶然. ouvrage de ~e imagination 単なる想像力の産物. ~ et simple 単なる, 純然たる；無条件の；全くの. 〚法律〛acceptation ~e et simple 単純承認, 留保なしの受諾. 〚法律〛obligation ~e et simple 単純債務. en ~e perte 全く無駄に.
3 (空気・水などが)澄んだ, きれいな；(心などが)清らかな, けがれのない；(人々が)純潔な. amour ~ 清らかな恋；純愛. ciel ~ 澄み切った空. regard ~ 澄んだまなざし. voix ~e 澄んだ声.
être ~ de *qch* 何のない；何を免れた. être ~ de tout soupçon 嫌疑を持たれる余地のない. être ~ de toute tache 何の汚れもない.
4 均整のとれた, 完璧な. profil ~ 端正な横顔. style ~ 整った文体.
—*n.* 1 純粋(純心)な人.
2 (信条・政党などに)忠実な人；厳格な信奉者. C'est un ~. あいつは信奉者だ.

purée *n.f.* 1 〚料理〛ピュレ《加熱調理したじゃが芋・豆・野菜・栗・肉・魚などを潰して漉したもの》；(特に)マッシュポテト (= ~ de pomme de terre, pomme de terre en ~；pommes ~；mousseline). ~ de crevette 小海老のピュレ(つみれ). ~ d'épinards ほうれん草のピュレ. ~ de foie gras d'oie 鵞鳥のフォワグラのピュレ(ペースト). ~ de marrons 栗のピュレ. ~ de pois えんどう豆のピュレ；〚話〛濃霧 (= brouillard très épais). ~ de poisson (de gibier, de viande) 魚(野鳥獣, 肉)のピュレ. 〚古／俗〛~ de septembre ~ septembrale 葡萄酒.
2 〚比喩的〛〚話〛困窮, 貧困. être dans la ~ 暮らしに困っている, 困窮している. 〚俗〛P~! 畜生；なんてひどいんだ.
3 〚話〛困窮者, 貧乏人. C'est une ~! 貧乏人だ.
—*a.* 惨めな, 尾羽打ち枯らした, 哀れな.

purement ad. **1** 完全に, 全く；ひとえに；単に. acte ~ gratuite 全く無償の行為. ~ et simplement 留保も条件もなしに；専ら；単純明快に；単に.
2〔文〕典雅に, 端正に. écrire ~ きちんと書く. parler ~ et correctement 典雅に正しく話す.
3〔稀〕清らかに. vivre ~ 清らかに暮す.

pureté n.f. **1** 純粋さ；純度. ~ chimique 化学的純度. or à 99.99 % de ~ 純度 99.99 %の金. ~ de l'or 金の純度. état de ~ 純粋状態.
2 清らかさ；清澄さ. ~ de l'air des montagnes 山の空気の清らかさ. ~ de son son の清澄さ. ~ des yeux 澄んだ目.
3 純潔, 無垢；清らかさ, 汚れのなさ. ~ absolue d'une jeune fille 乙女の純粋無垢. ~ d'une âme 魂の純潔. ~ de cœur (du cœur) 純心さ. ~ des enfants 子供の汚れのなさ. ~ des motifs 動機の純粋さ.
4〔言語の〕純正さ, 純粋さ；〔形などの〕端正さ, 典雅さ. ~ du dessin デッサンの端正さ. ~ de la langue 言語の純正さ.

purgatif(ve) a. **1**〔薬〕下剤の, 瀉下(しゃか)性の. huile ~ve ひまし油 (= huile de ricin). médicament ~ 下剤. **2** 浄化する, 清める.
—n.m. 下剤.

purgatoire n.m. **1**〔カトリック〕煉獄《正しい人の霊魂が罪の償いを果たすため苦しみ, 浄化されて天国に召されるまでとどまる場所》. aller au ~ 煉獄に落ちる. âmes au ~ 煉獄にある霊魂, 苦しみの教会 (= Eglise souffrante).
2〔比喩的〕試練の場所, 困難な時期. faire son ~ en ce monde 現世で煉獄の苦しみを味わう.

purification n.f. **1**〔宗教〕浄め, 浄めの儀式.〔カトリック〕fête de la ~ de la Vierge 聖母マリア御浄めの祝日, 主の奉献の祝日 (= chandeleur)《2月2日》.
2〔教会〕(聖杯・卓布・司祭の指などの) お浄め.
3 浄化. ~ de l'air 空気の清浄化. ~ ethnique 民族浄化.

purine n.f.〔生化〕**1** プリン《複素環式化合物》. **2**〔誤用〕プリン塩基 (= base purique).

purique a.〔生化〕プリンから誘導された, プリン誘導体の. base ~ プリン塩基.

purisme n.m. **1** 純正語法主義. **2**〔美術・建築〕ピューリズム, 純粋主義.

puritain(e) n. **1**〔宗教史〕清教徒, ピューリタン. **2** 厳格主義者, 潔癖家.
—a. **1**〔宗教史〕清教徒の. **2** 厳格な, 潔癖な.

puritanisme n.m. **1**〔宗教史〕清教徒主義《清教徒の理論・精神・行動など》, ピューリタニズム. **2** 厳格主義.

puromycine n.f.〔薬〕ピューロマイシン (PM と略記；代謝拮抗薬として作用する抗生物質).

Purpan n.f.〔教育〕ピュルパン高等農業学校 (= ESAP : Ecole Supérieure d'agriculture de Purpan の通称；1919 年 Toulouse に創設).

purpura n.m.〔医〕紫斑〔病〕. ~ abdominal 腹部紫斑病, 腸性紫斑病. ~ allergique アレルギー性紫斑病. ~ annulaire téléangiectasique 血管拡張性紫斑病. ~ hyperglobulinémique 高グロブリン血症性紫斑. ~ rhumatoïde リウマチ性紫斑病. ~ trombotique thrombocytopénique 血栓性血小板減少性紫斑病.

pur-sang n.m.inv.〔競馬〕サラブレッド, 純血種. ~ anglais 英国産サラブレッド.

purulence n.f. **1**〔医〕化膿. **2**〔文〕腐敗, 堕落.

purulent(e) a. **1**〔医〕膿状の, 化膿した；化膿性の. arthrite ~e 化膿性関節炎. conjonctivite ~e 化膿性結膜炎. inflammation ~e 化膿性炎. kératite ~e 化膿性角膜炎. méningite ~e 化膿性髄膜炎. ostéomyélite ~e 化膿性骨髄炎.
2〔文〕腐敗 (堕落) をもたらす.

pus [py] n.m.〔医〕膿(のう), うみ.

Pusan〔韓国〕n.pr.〔地名〕釜山(ふざん), プサン.

pustule n.f. **1**〔医〕膿胞. ~ aseptique 無菌性膿胞. ~ maligne 悪性膿胞, 炭疽 (= charbon humain).
2〔植〕(葉・茎の) 小突起；〔動〕いぼ状突起.

pustuleux(se) a.〔医〕膿胞の, 膿胞性の. proriasis ~ 膿胞性乾癬.

pustulose n.f.〔医〕膿胞症. ~ exanthématique aiguë généralisée 急性汎発性発疹性膿胞症. ~ palmoplantaire 掌蹠膿胞症. ~ varioliforme 痘瘡様膿胞症.

putatif(ve) a.〔法律〕推定上の, 推測の, 想像上の. mariage ~ 合法的なものと推定された結婚. père (enfant) ~ 推定上の父 (子). testament ~ 推測のみで実際には存在しない遺言.

Putong〔中国〕n.pr. 浦東(ほとう), プードン《上海市の黄浦江の対岸の新区》.

putonghua〔中国〕n.m.〔言語〕プータンホワ, 普通話《北方中国語の北京方言に基づく公用話語》.

putréfaction n.f. 腐敗. arrêter la ~ 腐敗を防止する. cadavre en état de ~ avancée 腐敗が進んだ屍体. tomber en ~ 腐敗する.

putréfiable a. 腐敗しうる, 腐敗しやすい. substance ~ 腐敗性物質.

putréfié(e) a. 腐敗した. cadavre ~ 腐乱屍体.

putrescence n.f. 腐敗状態.

putrescent(e) a. 腐敗が進行中の；腐りかかった.

putrescibilité n.f. 腐敗性.

putrescible *a.* 腐敗しうる,腐敗性の.
putride *a.* **1** 腐敗した,腐った. cadavre ～ 腐敗した死体. eau ～ 腐った水.
2 腐敗による. odeur ～ 腐敗臭.
3 〔比喩的〕〔文〕腐敗(堕落)させる. écrits ～s 人を堕落させる文書.
putsch [putʃ]〔独〕*n.m.* **1** (武装グループによる)暴動,反乱;クーデター.
2 〖スイス〗衝突.
putt [pœt]**, putting** [pœtiŋ]〔英〕*n.m.* (ゴルフの)パット,パッティング.
putter [pœtœr]〔英〕*n.m.* (ゴルフの)パター.
puvathérapie *n.f.* 〖医〗プーヴァPUVA療法《ソラレン長波長紫外線療法;ソラレン誘導体を内服(外用)したあと長波長紫外線 A を照射する皮膚病治療法》;＝〔英〕*p*soralen-*u*ltra*v*iolet *A* *t*herapy;光化学療法》.
Puy(Le) *n.pr.* Le ～〔-en-Velay〕ル・ピュイ〔＝アン＝ヴレー〕(1988 年までは Le Puy; département de la Haute-Loire オート＝ロワール県の県庁所在地;ヴレー地方 le Velay の中心都市;市町村コード43000;形容詞 ponot (*e*))). cathédrale Notre-Dame du *P*～ ル・ピュイのノートル＝ダム大聖堂(12世紀;ロマネスク様式の名聖堂). chapelle Saint-Michel d'Aiguille du *P*～ ル・ピュイのサン＝ミシェル＝デーギュイーユ礼拝堂(円錐岩塊上の礼拝堂[10-11世紀]). rocher Corneille du *P*～ ル・ピュイのロシェ・コルネイユ(岩山の上に巨大な聖母像[1860年]がある). lentille verte du *P*～ ル・ピュイの緑色レンズ豆(特産品).
puy *n.m.* 〖地理〗ピュイ(オーヴェルニュ地方 l'Auvergne の火山,火口). le ～ de Dôme ル・ピュイ・ド・ドーム(オーヴェルニュ地方 l'Auvergne クレルモン＝フェラン Clermont-Ferrand の西にそびえる火山峰,標高1,465 m;山頂に気象台がある). la chaîne des ～s 火山山脈.
Puy-de-Dôme *n.pr.m.* 〖行政〗le ～ ピュイ＝ド＝ドーム県(＝département du ～;県コード63;フランスとUEの広域地方行政区の région Auvergne オーヴェルニュ地方に属す;県庁所在地 Clermont-Ferrand クレルモン＝フェラン;5郡,61小郡,470市町村;主要都市 Ambert アンベール,Issoire イソワール,Riom リヨン,Thiers チエール;面積7,965 km²;人口604,266).
puzzle [pœzl]〔英〕*n.m.* **1** パズル;(特に)ジグソーパズル〔＝英〕jigsaw ～). faire un ～ ジグソーパズル遊びをする.
2 〔比喩的〕複雑に入り混じったもの;複雑な難問. L'Autriche-Hongrie était un ～ de nations slaves et germaniques. オーストリア＝ハンガリー帝国はスラヴ民族とゲルマン民族が複雑に入り混じった国家であった.
P.-V. (＝*p*rocès-*v*erbal) *n.m.* 〔話〕調書,(特に)交通違反調書(＝procès-verbal de contravention);交通違反;罰金.
PVAC (＝〔英〕*p*oly*v*inyl *ac*etate) *n.m.* 〖化〗ポリヴィニルアセタート,酢酸ヴィニル樹脂(＝polyacétate de vinyle)(塗料などの原料).
PVB (＝*p*oly*v*inyl (de) *b*utyral) *n.m.* 〖化〗ポリビニル・ブチラール(合成樹脂).
PVC (＝〔英〕*p*oly*v*inyl *c*hloride) *n.m.* 〖化〗ポリ塩化ヴィニル(＝〔仏〕polychlorure de vinyle). bouteille en ～ ポリ塩化ヴィニル製ボトル. pull en ～ ポリ塩化ヴィニル繊維のセーター. recyclage du ～ ポリ塩化ヴィニル製品のリサイクル.
PVD (＝*p*ays en *v*oie de *d*éveloppement) *n.m.* 発展途上国,開発途上国(＝〔英〕Developing countries). les ～ à croissance très rapide 急成長発展途上国(群)(新興工業国(群),新興工業経済地域に相当).
PVM (＝*p*eloton *v*oltigeur *m*otocycliste) *n.m.* (警察の)オートバイ巡回部隊.
PVP (＝*p*oly*v*inyl*p*yrrolidone) *n.f.* 〖薬〗ポリビニルピロリドン(代用血漿;錠剤の粘結剤,皮膜形成剤,分散剤,懸濁剤などに利用される).
PWR (＝〔英〕*P*ressurised *W*ater *R*eactor) *n.m.* 加圧水型原子炉(＝réacteur à eau pressurisée).
py〔o〕-〔ギ〕ELEM「膿,化膿」の意(*ex.* *py*ogène 化膿性の;*py*urie 膿尿).
pycnocline *n.f.* (海・湖の)密度躍層(密度の急激な変化を示す層).
pycnose *n.f.* 〖生〗(細胞の)核凝縮,核濃縮.
pyélite *n.f.* 〖医〗腎盂(じんう)炎.
pyélogramme *n.m.* 腎盂像.
pyélographie *n.f.* 腎盂造影法. ～ intraveineuse 静脈性腎盂撮影法.
pyélonéphrite *n.f.* 〖医〗腎盂腎炎.
pyémie *n.f.* 〖医〗膿血症.
pyjama 〔英〕*n.m.* 〖衣料〗**1** パジャマ. **2** (インドの女性が着るゆったりした薄い布地の)パンタロン.
pyléphlébite *n.f.* 〖医〗門脈炎.
pylône *n.m.* **1** 〔古代エジプト〕ピュロン(神殿入口の塔門).
2 (橋・大通りなどの)装飾塔.
3 塔状架構物;(足場の)やぐら;鉄塔. ～ de haute tension 高圧送電線の鉄塔. ～ d'un pont suspendu 吊橋の塔門.
pyloplastie *n.f.* 〖医〗幽門形成術.
pylore *n.m.* 〖解剖〗幽門. sténose du ～ 幽門狭窄(胃幽門部の狭窄).
pylorectomie *n.f.* 〖医〗幽門切除(術).
pylori *n.m.* 〖医〗hélicobacter ～ ヘリコバクター・ピロリ菌.
pyligneux(se) *a.* 〖化〗acide ～ *se* 木酢酸.
 ―― *n.m.* 木酢液.
pylorique *a.* 〖解剖・医〗幽門(pylore)の. antre ～ 幽門洞. exclusion ～ 幽門空置術.

pyloroduodénal(ale)

glande ~ 幽門腺. insuffisance ~ 幽門閉鎖不全〔症〕. sténose ~ 幽門狭窄〔症〕.
pyloroduodénal(ale)(pl.**aux**) a. 〖解剖〗幽門と十二指腸の. 〖医〗sténose ~ale 幽門十二指腸狭窄〔症〕.
pyloroplastie n.f. 〖医〗幽門形成〔術〕.
pyloroptose n.f. 〖医〗(胃の)幽門部下垂.
pyocyanique a. 〖医〗緑膿性の；緑膿菌性の. bacille ~ 緑膿菌.
——n.m. 緑膿菌(=bacille ~；グラム陰性好気性桿菌 pseudomas æruginosa；院内感染症の病原菌の一種).
pyodermite n.f. 〖医〗膿皮症(皮膚の化膿性病変).
pyogène a. 〖医〗(細菌が)化膿性の. streptocoque ~ 化膿性連鎖球菌.
pyohémothorax n.m. 〖医〗膿気胸.
pyonéphrose n.f. 〖医〗膿腎〔症〕.
Pyonggang 〔北朝鮮〕n.pr. 平康(へいこう), ピョンガン《江原道の都市》.
Pyongsan 〔北朝鮮〕n.pr. 平山(へいざん), ピョンサン《黄海北道の都市；北朝鮮のウラン工場所在地》.
Pyongsong 〔北朝鮮〕n.pr. 平城(へいじょう), ピョンソン《平安南道の都市》.
Pyongyang 〔北朝鮮〕n.pr. 平壌(へいじょう), ピョンヤン《朝鮮民主主義人民共和国の首都》.
pyorrhée [pjɔre] n.f. 〖医〗膿漏〔性〕. ~ alvéolodentaire 歯槽膿漏〔症〕(=parodontite 慢性辺縁性歯周炎).
pyosalpinx n.m. 〖医〗卵管留膿症, 卵管留膿腫.
pyothorax n.m. 〖医〗膿胸, 化膿性胸膜炎(=pleurésie purulente).
pyracantha n.m. 〖植〗ピラカンス《とかざんざし属の常緑低木；buisson-ardent》.
pyrale n.f. 〖昆虫〗ピラル, 螟蛾(めいが)《とうもろこし, 葡萄などに害を及ぼす》. lutte contre la ~ 螟蛾除去対策.
pyralène 〔商標〕ピラレーヌ《変圧器の絶縁用合成オイル；塩素を多量に含み, 熱分解するとダイオキシンなどの有毒物質を発生する》.
pyramidal(ale)(pl.**aux**) a. 1 ピラミッド形の, 角錐状の. fromage ~ ピラミッド型チーズ. peuplier ~ ピラミッド樹型のポプラ. plantes ~ales (樹型の)ピラミッド状植物.
2 〖解剖〗錐形の. cellules ~ales 錐体細胞. faiseaux ~aux 錐体路. fracture ~ale 錐体状中央骨折.〔os〕~(手根骨の)三角骨. signe ~ 錐体路徴候(錐体路症候群). voie ~ale 錐体路.
3 〖比喩的〗巨大な, 壮大な(=colossal, monumental). talent ~ 壮大な才能.
4 〖商業〗ピラミッド形の. vente ~ale ピラミッド形販売, ねずみ講(=système ~).

pyramide n.f. 1 ピラミッド. ~ à degrés 階段状ピラミッド. ~ de Khéops à Gizeh ギゼーのクフ(ケオプス)王のピラミッド. ~s aztèques du Mexique メキシコのアステカ人のピラミッド.
2 〖数〗角錐. ~ oblique (régulière) 斜方(正)錐体. ~ tronquée 角錐台.
3 〖解剖〗錐体. ~ de Malpighi 腎錐体(=~ rénale).
4 〖比喩的〗ピラミッド(角錐)状のもの. 〖環境〗~ alimentaire 食物ピラミッド. ~ de fruits ピラミッド状の積みあげた果物. ~ des âges en France au 1er janvier 2002 2002年1月1日現在のフランスの人口ピラミッド(年齢別人口構成図). le ~ du Louvre ルーヴル美術館のピラミッド《1988年；Ieoh Ming Pei の設計による中央入口》. ~ financière 財政ピラミッド. 〖体操〗~ humaine 人間ピラミッド. en〔forme de〕~ ピラミッド状の(に).
5 〖比喩的〗(知的・政治的)巨大構造物. ~ de la science 巨大な科学体系. la civilisation, cette prodigieuse ~ 壮大な構造物である文明.

pyranne n.m. 〖化〗ピラン《C_5H_6O の組成をもつ6員環の複素環式化合物》.
pyrène n.m. 〖化〗ピレン《芳香族の4環式縮合環炭化水素》.
Pyrénées(les) n.pr.f.pl. 〖地理〗ピレネー山脈《フランスとスペインの国境に展開する山脈；golfe de Gascogne ガスコーニュ湾から golfe du Lion 獅子湾まで総延長430km；最高峰はスペイン側の pic d'Aneto ピック・ダネト, 標高3,404m》. les ~ espagnoles (françaises) スペイン(フランス)ピレネー. Parc national des ~ ピレネー国立公園《1967年創設；約5万 ha》.
Pyrénées-Atlantiques n.pr.f.pl. 〖行政〗les ~ ピレネー=アトランティック県(=département des ~；1969年までは département des Basses-Pyrénées「低ピレネー県」と呼ばれた；県コード64；フランスと UE の広域地方行政区の région Aquitaine アキテーヌ地方に属す；ピレネー山脈西部の県；県庁所在地 Pau ポー；主要都市 Bayonne バイヨンヌ, Biarritz ビアリッツ, Oloron-Sainte-Marie オロロン=サント=マリー, Orthez オルテーズ, Saint-Jean-de-Luz サン=ジャン=ド=リューズ；3郡, 52小郡, 545市町村；面積7,629 km^2；人口600,018》.
Pyrénées-Orientales n.pr.f.pl. 〖行政〗les ~ ピレネー=オリヤンタル県(=département des ~；県コード66；フランスと UE の広域地方行政区の région Languedoc-Roussillon ラングドック=ルーシヨン地方に属す；ピレネー山脈東部の県；県庁所在地 Perpignan ペルピニャン；主要都市 Céret セレ, Prades プラド；3郡, 31小郡, 226市町村；面積4,087 km^2；人口

392,803)).

pyrèthre *n.m.* 〖植〗除虫菊. poudre de ～ 除虫菊殺虫剤.

pyréthrine *n.f.* 〖化〗ピレトリン(除虫菊 pyrèthre からつくられる物質;殺虫剤に利用).

pyréthrinoïde *a.* 〖化〗ピレトリン含有の.
—*n.m.* ピレスロイド系殺虫剤. ～ de synthèse 合成ピレスロイド系殺虫剤.

pyrétique (<pyrexie) *a.* 〖医〗**1** 熱の;熱病の;熱病を起こす. maladies ～s 熱病. **2** 発熱性の.

pyrétothérapie *n.f.* 〖医〗発熱療法.

pyrex [pirɛks] 〖商標〗*n.m.* 〖調理〗パイレックス(耐熱ガラス製品).

pyrexie *n.f.* 〖医〗発熱 (=fièvre).

pyridine *n.f.* 〖化〗ピリジン(窒素原子1個を含む6員環複素芳香化合物;無色で悪臭を放つ;溶剤・アルコール変性剤などに用いる).

pyridoxine *n.f.* 〖生化・薬〗ピリドキシン, ビタミン B_6(酵母・穀類の種子・動物組織から抽出される水溶性ビタミンB群の一つ;補酵素として作用する).

pyrimidine *n.f.* 〖生化〗ピリミジン(麻酔性のある結晶);ピリミジン塩基(核酸,ヌクレオチド,ヌクレオシドなどの構成成分).

pyrimidique *a.* 〖生化〗ピリミジンの. base ～ ピリミジン塩基(核酸, ヌクレチド, ヌクレオシドなどの構成成分).

pyrite *n.f.* 〖鉱〗硫化鉄鉱;黄鉄鉱 (=～ jaune). ～ blanche 白鉄鉱. ～ de cuivre 黄銅鉱 (= ～ cuivreuse).

pyro- [ギ] ELEM「火, 熱」の意 (*ex.* *pyro*lyse 熱分解, *pyro*mane 放火魔).

pyrocatéchine *n.f.* 〖化〗ピロカテキン, カテキン (catéchine), カテコール (catéchol).

pyrochimie *n.f.* 〖化〗熱化学.

pyro[-]électricité *n.f.* 〖物理〗熱電気, 焦電気, ピロ電気, パイロ電気(結晶の一部を熱したとき表面に電荷が現れる現象).

pyrogallol *n.m.* 〖化〗ピロガロール, 焦性没食子酸(現像薬, 羊毛媒染剤, 皮膚病治療薬などに用いられる).

pyrogénation *n.f.* 〖化〗高温反応. ～ de la houille 石炭の高温反応.

pyrogène *a.* **1** 熱を生じる.
2 〖医〗発熱性の. substances ～s 発熱性物質, 熱原質.
3 〖鉱〗火成の. roche ～ 火成岩.

—*n.m.* 発熱物質(剤).

pyrrole *n.m.* 〖化〗ピロール(1個の窒素原子を含む五員複素環芳香化合物).

pyrolusite *n.f.* 〖鉱〗軟マンガン鉱, パイロルーサイト, 二酸化マンガン.

pyrolyse *n.f.* 熱分解;〖石油〗クラッキング. four à ～ 熱分解炉/オートクリーニング・オーヴン (=four autonettoyant).

pyrolysé(e) *a.* 〖化・物理〗熱分解された.

pyromane *n.* 放火魔, 放火癖者.

pyromanie *n.f.* 放火癖.

pyromètre *n.m.* 高温計, パイロメーター. ～ à rayonnement 放射高温計. ～ optique 光温度計 (=pyrophotomètre).

pyromycine *n.f.* 〖薬〗ピューロマイシン(代謝拮抗薬として作用する抗生物質;蛋白合成阻害剤).

pyrone *n.m.* 〖化〗ピロン(複素環式ケトン).

pyrophosphatase *n.f.* 〖生化〗ピロフォスファターゼ(生合成反応促進物質).

pyrophosphate *n.m.* 〖化〗ピロ燐酸塩, 二燐酸塩 (=diphosphate).

pyrophosphorique *a.* 〖化〗acide ～ ピロ燐酸 ($H_4P_2O_7$), 二燐酸 (=acide diphosphorique).

pyrosis [pirɔzis] *n.m.* 〖医〗胸やけ, 嘈囃(そうそう).

pyrosphère *n.f.* 〖地学〗発熱圏(地核内の岩石圏と重層圏の間の層;マントル).

pyrosulfate *n.m.* 〖化〗ピロ硫酸塩, 二硫酸塩 (=disulfate).

pyrosulfurique *a.* 〖化〗acide ～ ピロ硫酸, 二硫酸 (=acide disulfurique) ($H_2S_2O_7$; スルホン化剤, 酸化剤).

pyrotechnicien(ne) *n.* 花火製造者;花火打上師.

pyrotechnie *n.f.* 花火製造業;花火打上業.

pyrotechnique *a.* 花火製造の;花火打上げの. spectacle ～ 花火大会.

pyroxène *n.m.* 〖鉱〗輝石(有色造石鉱物の一群).

pyroxyle *n.m.* 〖化〗〖古〗綿火薬 (=coton-poudre, fulmicoton).

pyroxyline *n.f.* 〖化〗ピロキシリン.

pyruvique *a.* 〖生化〗acide ～ ピルビン酸, 焦性葡萄酸 (=acide pyroracémique). carboxylase d'acide ～ ピルビン酸カルボキシラーゼ.

pyurie *n.f.* 〖医〗膿尿. ～ stérile 無菌性膿尿.

pz (=*pi*èze) *n.f.* 〖物理〗ピエズ(圧力の単位の略号).

Q

Q¹, q¹ [ky] *n.m.inv.* フランス語字母の第17字.
Q²〖記号・略記〗**1**〖数〗有理数全体の集合 (corps des nombres rationnels) の略号；Q*《ゼロを除く》有理数の集合.
2〖物理〗電荷 (quantité d'électricité) の略号.
3 (= [英] Queensland) *n.pr.* (オーストラリヤの) クイーンズランド. fièvre ~ Q熱 (ダニの媒介によるリケッチア性熱病).
q²〖記号・略記〗〖度量〗キンタル (quintal métrique) の略号 (1 q=100 kg；複数は qx とも書く).
Qaïda (Al) (< [アラビア] Al-Qaïda「基地」) *n.pr.f.* 〖政治〗アル・カイーダ (カイダ) (Oussama Ben Laden が1988年に創設したスンニ派ムスリム武装テロリストの国際組織；2003年 Quadat al-jihâd「ジハード(聖戦)」の基地を名乗る).
Qaraqorame ⇒ Karakoram
Qarakorum, Karakorum *n.pr.m.* カラコルム；カラコルム山脈 (カシミール地方北部の山脈, K2, Gasherbrum などの高峰を擁する (= karakoroum)).
qat, khat [kat] (< [アラビア語 qāt]) *n.m.*
1〖植〗カート (エチオピア, イエーメンのにしきぎ科の常緑小灌木；célastracées「にしきぎ科」).
2 カート (カートの葉に含まれる幻覚作用のある物質；葉を噛んで幻覚を覚える).
Qatar(le) *n.pr.m.* 〖国名通称〗カタール (公式名称 l'Emirat du ~ カタール首長国)；首都 al-Dawha アル=ドーハ；公用語 l'arabe；通貨 ryal du ~ カタール・リヤル [QRA]；形容詞 qatarien(*ne*), qatari(*e*)).
qatari(*e*) *a.* カタール (le Qatar) の, カタール国 (l'Etat du Qatar) の；~人の.
— Q~ *n.* カタール人.
qatarien(*ne*) *a.* カタール (le Qatar) の. カタール国 (l'Etat du Qatar) の；~の人の (= qatari).
— Q~ *n.* カタール人.
QCM (= *q*uestionnaire à *c*hoix *m*ultiples) *n.m.* (アンケートの) 複数選択肢式質問用紙 (設問).
QED, q.e.d. (= [ラ] *q*uod *e*rat *d*emonstrandum = ce qu'il fallait démontrer)〖数〗以上説明終り (= c. q. f. d.).
q.e.f. (= [ラ] *q*uod *e*rat *f*aciendum) それはなされるべきことであった (= ce qu'il fallait faire).
q.e.i. (= [ラ] *q*uod *e*rat *i*nveniendum) それは見つけられるべきことであった (= ce qu'il fallait trouver).
QG (= *q*uartier *g*énéral) *n.m.inv.* **1**〖軍〗司令部. **2**〖政〗(政党の) 本部；(企業の) 首脳陣. ~ des partis politiques 政党本部.
qhat ⇒ qat
QHS (= *q*uartier de *h*aute *s*écurité) *n.m.* (刑務所の) 高度保安管理区画, 高度監視区域.
QI (= *q*uotient d'*i*ntelligence) *n.m.* 知能指数 (= [英] IQ：*i*ntelligence *q*uotient).
Qigong〖中国〗*n.m.* 気功.
Qilian Shan〖中国〗*n.m.* 祁連山 (きれんさん), チーリエンシャン (中央部から南東にのびる山脈；別称 NanShan「南山」).
Qin Shi Huangdi〖中国〗*n.pr.* 秦 (しん) の始皇帝 (前250-前210, 在位前221-210).
Qin, Ts'in, Chin〖中国〗*n.pr.m.pl.* 秦 (しん) (前221-前206).
Qing, Ts'ing〖中国〗*n.pr.m.pl.* 清, 清国 (1644-1911).
Qingdao, Tsingtao〖中国〗*n.pr.* 青島, チンタオ (山東省 Shandnrg の港湾・工業・文化都市).
Qinghai, Tsinghai, Chinghai [kiŋgaj]〖中国〗*n.m.* le ~ 青海 (チンハイ) 省 (チベット高原の東北部に位置する省；省都 Xining 西寧 (シーニン)). ~ Hu 青海湖 (チンハイフー) (西寧の西海抜3,200 m の高地にある中国最大の塩水湖).
Qingyuang, Ts'ingyuang, Chingyuan〖中国〗*n.pr.* 清苑 (せいえん), チンユワン (保定 Baoding の旧称).
Qinling〖中国〗*n.pr.* les montagnes de ~ 秦嶺 (しんれい) 山脈, シンリン山脈 (中国中部を東西に走る延長1,500 km に及ぶ山脈；平均標高2,000-3,000 m；最高峰は Pic Taibei 太白山の3,767 m；ジャイアント・パンダ, きんしこう, ときなどの稀少動物の棲息地としても知られる).
Qiqihar, Tsitsihar, Ch'i-ch'i-haerh〖中国〗*n.pr.* 斉斉哈爾, チチハル (黒龍省 Heilongjiang 中西部の工業都市・交通の要衝；旧称 Longjiang 龍江).
Q-mètre *n.m.*〖気象〗(Q= [英] quality factor) 線質係数測定器.
q.p. (= [ラ] *q*uantum *p*lacet) *n.f.* 任意量.
QR (= *q*uotient *r*espiratoire) *n.m.* 呼吸率, 呼吸商 (呼吸に占める炭酸ガス量と酸素量の比率) (= [英] RQ：*r*espiratory *q*uo-

tient).

Q-ratio *n.m.*〖経済〗Qレシオ, Q比率《企業の現有する有形資産の全市場価額の更新費用に対する比率》.

q.s. (=［ラ］*quantum sufficit*) *n.f.* 必要量 (=［仏］*quantité suffisante*)《処方箋などに用いる》.

qsp (=*quantité suffisante pour...*) *n.f.*〖薬〗(薬剤処方における)…に対する(補形剤の)充足量. ~100 g 充足量 100 g.

QSR (=*quartier de sécurité renforcée*) *n. m.* (刑務所の) 監視(保安)強化区画(区域)《1982年廃止》.

quadragénaire *a.* 40歳代の.
── *n.* 40歳代の人 (《話》quadra［s］).

quadrangulaire *a.* 四角形の. tour ~ 四角い塔.

quadrat *n.m.*〖環境〗方形区, コドラート《植生調査などで設定される方形の単位地域》.

quadratique *a.* **1**〖数〗2次の; 自乗の. équation ~ 2次方程式 (=équation du second degré). moyenne ~ (2つの数の) 相乗平均.
2〖鉱〗正方晶系の. système ~ 正方晶系.

quadrature *n.f.* **1**〖数〗求積法; 積分. ~ du cercle 円積法.〖比喩的〗C'est la ~ du cercle. それは解決(実現)不可能なことだ.
2〖天文〗矩(く); (月の)弦. ~ occidentale (orientale) 下(上)矩. marée de ~ 小潮.
3〖物理〗4分の1周期の位相差, 直角位相.
4〖建築〗建築装飾画.

quadriceps ［-s］ *n.m.*〖解剖〗大腿四頭筋.

quadrichromie *n.f.*〖印刷〗4色刷り《黄・マゼンタ・シアン・黒の4色インクを用いた印刷; 略記・略称は quadri》. livre imprimé en ~ 4色刷りの本.

quadricycle *a.* 四輪の. voiturette ~ 超小型四輪自動車, 四輪ミニカー (=petite voiture à quatre roues).
── *n.f.* 超小型四輪自動車 (=voiture ~).
── *n.m.* 四輪自転車.

quadriennal (ale) (*pl. aux*) *a.* **1** 4年に1回の. Les Jeux olympiques sont ~ *aux*. オリンピック大会は4年に1回開催される. **2** 4年単位の, 4年間続く. plan ~ 4年計画.

quadrijumeaux *a.m.pl.*〖解剖〗tubercules ~ (大脳脚後部の)四丘体.
── *n.m.pl.* 四つ子 (=quadruplés).

quadrillage *n.m.* **1** (紙面・地図などの)碁盤割り; 碁盤目; 碁盤縞. ~ au verre de visée optionnel par ACL illuminé en rouge (ディジタルカメラで) 選択個所が液晶ディスプレーで赤く照明される碁盤目のガラス製ファインダー. ~ Lambert (地図作製の)ランベルト図法. ~ des rues 碁盤目のような街路.
2 (小区画への)分割;〖警察〗碁盤割り警備. La police a procédé au ~ du quartier. 警察は街区の碁盤割り警備措置を講じた.
3 (公共機関・商業施設などの)地域別配分. ~ hospitalier 病院の地域別配置.

quadrille *n.m.* **1**〖舞踊〗カドリーユ (4人1組で踊る); カドリーユの踊り手1組;〖音楽〗カドリーユ曲.
2〖舞踊〗カドリーユ《パリのオペラ座バレエ団員の上位階級》. premier (deuxième) ~ 第1 (第2) カドリーユ.
── *n.f.*〖古〗馬上試合 (carrousel) に加わる騎馬武者の1組;〖闘牛〗主闘牛士 (matador) を補佐する騎士の一団.

quadrillé(e) *a.p.* **1** 碁盤割りになった, 碁盤縞の.〖衣〗チェックの. complet ~ チェックのスーツ. laine ~*e* チェックのウール生地. papier ~ 方眼紙.
2 (地域を)碁盤状に分割した, 地区割りにされた. territoire ~ 地区割りの領土. zone ~*e* 地区割りの管理地帯.
── *n.m.* チェック模様の生地. ~ vert et bleu 緑と青のチェック生地.

quadrimestre *n.m.* 4カ月の期間, (1年の) 3半期. le premier ~ (年の)第1・3半期.

quadrimestriel(le) *a.* 4カ月続く, 4カ月間の; (年の) 3半期の.

quadrimoteur *a.*〖航空〗4発エンジン式の; エンジンを4基装備した.
── *n.m.*〖航空〗4発機 (=avion ~).

quadriparti(e), quadripartite *a.* **1** 4つの部分からなる, 4者による.〖政治〗commission ~*e* 4者委員会.〖政治〗4者会談. **2**〖植〗4深裂の.

quadripôle *n.m.*〖電〗4重極, 4極子 (=quadrupôle).

quadriréacteur *a.*〖航空〗4基のジェットエンジンを装備した, 4発ジェット式の.
── *n.m.*〖航空〗4発ジェット機 (=avion ~).

quadrithérapie *n.f.*〖医〗(エイズ治療の)抗レトロウイルス剤4種併用治療〖法〗.

quadrivalent(e) *a.*〖化〗4価の (=tétravalent).

quadruple *a.* 4倍の; 4重の.〖音楽〗~ croche 64分音符. récolte ~ de la précédente 前回の4倍の収穫.
── *n.m.* 4倍. payer le ~ du prix 価格の4倍を支払う. rendre *qch* au ~ 何を4倍にする.
── *n.(f.)*〖貨幣〗クワドループル《スペインの古金貨; 2 pistoles》; (ルイ13世時代の) フランス金貨 (20 livres).

quadruplés(es) *n.pl.* 四つ子.

quadruplex ［kwa-, ka-ks］ *n.m.*〖電気通信〗四重送信システム.

quadrupolaire *a.*〖電〗4重極の, 4極子の. résonance ~ 4重極共鳴, 核4重極

quadrupôle *n.m.* 〖電〗4重極, 4極子(=quadripôle). ~ électrique 電気的4重極.

quai *n.m.* **1** 岸壁, 埠頭, 波止場. ~ de débarquement 上陸(荷揚げ)埠頭(=débarcadère). ~ d'embarquement 乗船(積荷)埠頭(=embarcadère). ~ flottant 浮き埠頭. navire à ~ 接岸している船. navire qui arrive à ~ 接岸する船. taxe (droit) de ~ 埠頭税.
2 河岸〖護岸工事を施した川岸〗; 河岸通り. ~ de la Seine セーヌ河の河岸. le Q~〔d'Orsay〕フランス外務省《パリの quai d'Orsay にあることによる通称》. diplomates du Q~ d'Orsay フランス外務省勤務外交官. le Q~ des Orfèvres 司法警察(=la police judiciaire)の本部《パリ・シテ島の quai des Orfèvres に因む通称》. ~ Voltaire《パリの》ヴォルテール河川岸. bateau à ~ 河岸に繋留されし船. bouquinistes des ~s《パリの》河岸の古書屋台. se promener sur les ~s 河岸〔通り〕を散策する.
3 駅のプラットホーム(= ~ de la gare; ~ d'une station). ~ de l'arrivée (du départ)(列車の)到着(発車)ホーム. Le train entre en gare, voie 2, ~ A. 列車は A 番ホーム, 2 番線に入ります. billet (ticket) de ~ (駅の)入場券.

quaker (eresse) [kwεkœr, -krεs]〖英〗*n.* クエーカー教徒《新教徒の Society of Friend「キリスト友の会」(=Société des Amis)の会員の俗称》.

qualifiable *a.* **1** 形容しうる《多く否定文で》. Sa conduite n'est pas ~. 彼の行動は言語道断だ.
2〖スポーツ〗出場資格をとりうる. athlète ~ à la finale du saut en longueur 走幅跳びの決勝戦に出場できる選手.

qualifiant (e) *a.* 職業資格を付与する. formation ~e 職業資格付与訓練. stage ~ 職業資格付与実習.

qualification *n.f.* **1** 形容; 呼称;〖文法〗(修飾語による名詞の)修飾. ~ d'excellent mathématicien 卓越した数学者の呼称.
2 資格; 資格付与;〖スポーツ, 競馬〗出場資格. ~ d'infirmière 女性看護婦の資格.〖スポーツ〗~ pour la finale 決勝進出資格. ~ professionnelle 職業資格《学歴・技能などに応じた事務員・工員の資格》. carte de ~ professionnelle 職業資格証明書.
3〖法律〗法性決定; 性質決定; (犯罪の)法性(罪名)決定. ~ de crime 重罪の決定. conflit de ~s 法性決定の抵触. cumul de ~s (同一の犯罪事実について)法性(罪名)決定の観念的競合.

qualifié (e) *a.* **1** 資格をそなえた, 有資格の. ouvrier (ère) ~ (e) 熟練工《略記 OQ》; 通称 ouvri*er* (*ère*) professionel (*le*) (ouvri*er* (*ère*) spécialisé (*e*)「一般工」(os)の対).

être ~ pour + *inf*. …するのに適任である, …する資格がある.
2 (選手, チーム, 馬などが)(pour に)出場資格のある; (トーナメントなどに)勝ち残った. athlète ~ pour les Jeux olympiques オリンピックに出場資格を得た陸上競技選手.
3〖法律〗適格性のある; 法的決定の対象となる; 情状を加重した. aveu ~ 証拠能力のある自白. établissement ~ 適格事業所. fait ~ 加重非行として決定された所為. vol ~ 加重情状のある窃盗.
4 majorité ~*e* 加重多数《過半数をこえた上特定の条件を満たした多数; 特別多数(majorité renforcée)》.
5〖古〗貴族の称号をもつ, 高い身分の.
6〖数〗符号のついた. nombre ~ 符号のついた数.

qualitatif (ve) *a.* 質の, 質的な; 質に関する (quantitatif「量的な」の対).〖化〗analyse ~*ve* 定性分析. différence ~*ve* 質的差異. étude ~*ve* 質的研究.

qualité *n.f.* ① 〖質〗**1**〖哲〗質(quantité「量」の対).
2 (物の)質, 性質, 品質; 特性. ~ de l'environnement 環境の質. ~s de la matière 物質の性質. ~ de 〔la〕 vie 生活の質《略記 QdV》. ministre de la ~ de la vie 生活向上大臣. améliorer la ~ de la vie 生活の質(生活環境)を改善する. ~ du style 文体の質. ~s essentielles 本質. ~s propres d'une chose 物の特性. adjectif précisant la ~ 品質形容詞(=〔adjectif〕qualificatif). expression linguistique de la ~ 質の言語的表現. rapport ~-prix 品質価格比, コスト・パフォーマンス. de ~ supérieure 高級の. de bonne (mauvaise) ~ 良(悪)い品質の. préférer la ~ à la quantité 量よりも質をとる. tester les ~s d'une voiture 車の品質をテストする.
3 良質(=bonne ~), 高品質(=haute ~; ~ supérieure), 特質. cercle de ~ 製品品質向上運動サークル. garantie de ~ 品質保証. laine (soie) de première ~ 第一級の品質の羊毛(絹). marque nationale de ~ (製品の)高品質国家認定証. produit de meilleure ~ 最高級品. statut de ~ 品質規定. de ~¹ 良質の, 上等の, 高品質の. enseignement de ~ 高度の教育. vin de ~ 良質の葡萄酒. vin délimité de ~ supérieure 生産地指定上質葡萄酒《略記 VDQS; AOC より下位; 正式名称: *a*ppellation *d'o*rigine *v*in *d*élimité de ~ *s*upérieur (AOVDQS)》. vin de ~ produit dans une région *d*élimitée 生産地限定地域優良葡萄酒《略記 VQPRD; UE の呼称規制でフランスの AOC, AOVDQS がこれに相当する》.
4 (人の)品性, 資質; 長所, 美点. les ~s et les défauts 長所と短所. ~s naturelles (acquises) 生来の資質(後天的能力). ~ person-

nelle 個人の資質. ~s rares 稀有の資質. bonnes (mauvaises)~s 長所 (短所). de ~² 品性のすぐれた. gens de ~ 人格識見のすぐれた人たち. avoir toutes les ~s (人が) あらゆる美点をそなえている. faire valoir les ~s de qn 人の長所を引き出す (引き立てる).

Ⅱ（身分）**1** 身分；資格：肩書，称号. ~ de citoyen (de comte, ducale, de fonctionnaire) 市民 (伯爵，公爵，公務員) の身分. 〖法律〗~ de créancier (d'époux, d'héritier) 債権者 (配偶者, 相続人) の資格.〖法律〗~ du jugement 訴訟記録. ~ pour agir 当事者適格. contestation d'une ~ 資格に対する異議.〖法律〗défaut de ~ 名義の欠缺. en ~ de …の資格で，…として. en ~ de tuteur 後見人の資格で. ès ~〔s〕de … の職権によって (à titre personnel「個人の資格で」の対). avoir ~ pour+inf. …する資格（権限）がある. décliner ses nom, prénom et ~ 自らの姓名, 身分を述べる.
2〖法律〗〔pl. で〕代訴人の作成する訴状. opposition à ~s 代訴人の作成した訴状に対する異議申立て.
3〔古〕貴族の身分. homme de ~ 貴族.

qualité-prix, qualité/prix (rapport) *n.m.* 対価格品質, コスト・パフォーマンス,〖電算〗費用性能比.

qualiticien(ne) *n.* 〖経済〗(製品・業務の) 品質管理担当者.

quanta *n.m.pl.* ⇒ quantum

quantième *n.m.* 〖法律〗日付 (le jour du mois). indiquer le ~ du mois 日付を記す. Quel ~ (Le ~) sommes-nous? — Le premier. 今日は何日ですか? — 1 日です.〖一般的用法〗montre qui marque les ~s 日付表示つきの腕時計.
— *a.* Le (La) ~ êtes-vous? あなたは何番目ですか?

quantifiable *a.* 数量化し得る. données ~s 数量化し得るデータ.

quantification *n.f.* **1** 定量化, 数量化；〖論理〗量化 (賓辞・語・命題の論理量を定めること)；〖情報処理〗(データの) 数量化《=〔英〕quantization；連続的な量を離散的な数値で表わすこと》.
2〖物理〗量子化.

quantique *a.* 〖物理〗量子の, 量子に関する；量子による. bits ~s 量子ビット (= q-bits). électronique ~ 量子エレクトロニクス. logique ~ 量子論理. mécanique ~ 量子力学. nombre ~ 量子数. ordinateur ~ 量子コンピュータ. physique (chimie)~ 量子物理学 (化学). théorie ~ 量子論.

quantitatif (ve) *a.* 量的な, 量に関する (qualitatif「質的な」の対), 計量的；〖言語〗言語音の長さに関する.〖文法〗adverbe ~ 数量副詞 (beaucoup, peu など).〖化〗analyse ~ve 定量分析 (analyse qualitative「定性分析」の対)；〖経済〗(証券投資など

の) 計量的分析. changement ~ 量的変化. génétique ~ 量的遺伝学. héritage ~ 量的遺伝.〖言語〗marque ~ve (母音に付ける) 量的記号.〖経済〗théorie ~ve 貨幣数量説《物価水準が貨幣供給量に正比例するとする理論》.
— *n.m.* 〖化〗定量.

quantité *n.f.* **1** 量；数量, 分量. ~ d'eau tombée 降水量. ~ d'information 情報量. ~ de marchandises 商品量. ~ de nuage 雲量. ~ prescrite de médicament 医薬品の処方量.
〔une〕~ de；〔des〕~s 大量の, 沢山の. ~〔s〕de drogues 大量の麻薬. une grande (petite) ~ d'assiettes 大量 (少量) の皿. en (grande) ~ 大量に. Il y a des fruits en ~. 果物が大量にある. en petite ~ 僅かに.
2〖理〗(計測される) 量. ~ de chaleur (d'électricité, de lumière) 熱 (電気, 光) 量. ~ de mouvement 運動量.〖化〗~ de matière 物質量 (SI単位では単位mole). ~ négligeable 無視しうる量.
3〖詩法・音声学〗(音節の) 長短.
4〖言語〗数量. adverbe de ~ 数量副詞.
5〖論理・哲〗量 (qualité「質」の対).

quanton [kwã-] *n.m.* 〖核物理〗クワントン (量子力学の対象物).

quantum [k〔w〕ãtɔm] *(pl.quantums, quanta* [k〔w〕ãta]〔ラ〕*n.m.*
1 定量；特定量；〖法律〗(罰金, 分担金などの) 金額. Le ~ de l'amende sera fixé par jugement. 罰金額は判決によって決められることになる.
2〖物理〗量子. ~ d'action 作用量子. ~ de champ 場の量子. ~ de circulation 循環量子. ~ d'énergie エネルギー量子. ~ de flux magnétique 磁束量子. ~ de lumière 光量子. théorie des *quanta* 量子論.
3〔情報〕~ de temps 時間定量.

quarante *a.num.card.inv.* 40 の；40 番目の. ~ mille euros 4 万ユーロ.〖テニス〗~ points フォーティ.〖カトリック〗prière des ~ heures 40時間の祈り (贖罪のための3日間連続の祈り). semaine de ~ heures 週40時間労働. avoir ~ ans 40歳である. s'en moquer de qch comme l'an ~ 何を全く気にかけない.
— *n.m.* (*pr.num.card.*) *inv.* **1** 40 (=nombre ~). Q~ et dix font cinquante. 40+10=50.
2 40番；40番地 (=numéro ~). habiter au ~ de la rue Saint-Honoré サン=トノレ通り40番地に住む.
3〔テニス〕フォーティ.
4〔*pl.* で〕les Q~. 40人のアカデミー・フランセーズ会員. Cet écrivain est l'un des Q~. この作家はアカデミー・フランセーズ会員の一人である.
◆ ~ et un(e), ~-deux... 41〔の〕,〔42〕の
….

◆ ~ et unième, ~-deuxième 41番目〔の〕, 42番目〔の〕….

quarantenaire *a.* **1** 40年間続く(続いた).〖法律〗prescription ~ 40年の時効. **2** 検疫の, 隔離の. maladies ~s 検疫を要する)検疫伝染病(choléra, peste, fièvre jaune など). mesures ~s (伝染病等の)検疫(隔離)措置.
——*n.m.* (法定伝染病患者の)検疫区域；隔離所.

quarantième *a.num.ord.* 40番目の.
——*n.m.* 40分の1(=un ~). trois ~s 40分の3.
——*n.m.pl.* 〖地理〗les ~〔degrés de latitude Sud〕南緯40-50度地帯(南緯40度-50度未満の地帯). les ~ rugissants 咆える南緯40-50度地帯(暴風帯).

quark [kwark]〔英〕*n.m.* 〖物理〗クオーク《素粒子 hadron を構成する基本粒子；~ d (down) ダウンクオーク, ~ u (up) アップクオーク, ~ s (strange) ストレンジクオーク, ~ c (charme) チャームクオーク, ~ b (beauté; bottom) ボトムクオーク, ~ t (top) トップクオークの6種がある》. anti-~ 反クオーク.

quart[1] (*e*) *a.* **1** 第四の. Le Q~ Livre de Rabelais ラブレーの『第四の書』. ~〔-〕monde 第四世界(最貧諸国). **2** 四日目の.〖医〗fièvre ~e 四日熱. **3**〖狩〗~ an (猪の) 4年目.
——*n.m.* 四番目の人. le tiers et le ~ あらゆる人々.

quart[2] *n.m.* **1** 4分の1, 四半分. ~ du méridien terrestre 地球の子午線の4分の1.〖林業〗~ de (en) réserve (森林の) 4分の1保存地区. dépenser les trois ~s du revenu 収入の4分の3を支出する. manger un ~ de poulet 鶏の四半分を食べる. **2** 4分の1リットル(=un ~ de litre). ~ de champagne (de bordeaux) シャンパーニュ(ボルドー)酒の4分の1リットル瓶. ~ d'eau minérale ミネラルウォーターの4分の1リットル. boire un ~ de vin 4分の1リットルの葡萄酒を飲む. **3** 4分の1ポンド(=un ~ de livre) 《250 g》. un ~ de beurre バター 250 g. **4** ~の1時間, 15分(=un ~ d'heure)；短い時間(瞬間). une heure et〔un〕~ 1時15分. trois heures moins le (un) ~ 3時15分前. cinq heures trois ~s 5時45分. le ~ d'heure de Rabelais 勘定を請求される辛い瞬間. un ~ d'heure en ~ d'heure 徐々に. le dernier ~ d'heure (戦いの) 土壇場. passer un mauvais ~ d'heure 辛い瞬間を過す；気まずい思いをする. **5** 約四半分；かなりの部分. le premier ~ de la vie 最初の四半生. les trois ~s 大部分. portrait de trois ~s 斜め前向きの肖像. **6**〖海〗四半日の当直《昔は6時間；現在は4時間》；当直員. petit (grand) ~ 2 時

(真夜中まで6時間)の当直. ~ de fond 潜航中の潜水艦当直員. ~ de ~ 当直員. hommes de ~ 当直員. officier de ~ 当直士官. service de ~ 当直勤務(=bordée de ~). être de ~ 当直中である. prendre le ~ 当直任務につく.
7〖機械〗~ de tour (エンジンの) 4分の1回転(の位置)(点火時の最初の位置). partir au ~ de tour (エンジンが)すぐにかかる；(車の)出足がよい. Il comprend au ~ de tour. 彼は即座に理解する.
8 点(羅針儀の1目盛：11°15′). nord-~-nord-est 北微東. sud-ouest-~-ouest 南西微西.
9〖音楽〗4度(音程). ~ de ton 4分音.
10〖スポーツ〗~ de finale 準々決勝.

quarteron(*ne*) (<〔西〕cuateron) *n.* 白人と有色人種の混血者；白人と有色人種の混血と白人との混血者.

quartier (<quart) *n.m.* Ⅰ (地域) **1** (都市の) 区域；街区；地区, 界隈；地区住民. Chaque arrondissement de Paris comporte quatre ~s. パリの各区は4つの街区に分かれている. commissariat 〔de police〕de ~ 警察署. le Q~ latin 〔de Paris〕(パリ市左岸の) カルチエ・ラタン, ラテン区(昔ラテン語を話す学生で溢れたことに由来する文教地区). le ~ Saint-Germain de Paris (パリ市第6区の) サン=ジェルマン街区. les beaux ~s お屋敷街.
~ difficile 治安の不安定街区, 貧民街. ~ juif ユダヤ人街 (ghetto, juiverie など). ~ pauvre 貧民層の住む街区. ~ résidentiel (d'affaire, commercial, industriel) 住宅 (ビジネス, 商業, 工業)地区. ~ sensible 社会問題に過敏な街区, 治安の不安定な街区. vieux ~s 旧市街.
de ~ 街区の；街区住民のための. bal de ~ 街区のダンスパーティー. cinéma de ~ 界隈の映画館(cinéma d'exclusivité「封切映画館」の対). gens du ~ 地元住民. médecine de (du) ~ 町医者. Tout le ~ dormait. 地域住民は皆眠りこんでいた.
2〖軍〗〔多く *pl.*〕宿営地, 陣営；兵営；兵舎；防衛区域. ~ de cavalerie 騎兵隊兵舎. ~s d'hiver 冬営. avoir ~ libre 兵営からの外出許可を得る.〔俗〕chien de ~ 鬼軍曹. Q~ général 司令部(略記 Q.G.).〔比喩的〕〔話〕溜り場. Grand ~ général 総司令部(略記 G.Q.G.). demander ~ 命乞いする. ne pas faire de ~ 皆殺しにする；何人にも情容赦をしない. Pas de ~! 容赦なくやっつけろ. prendre ses ~s dans la ville (部隊が)町に宿営する. rentrer au ~ 宿舎(兵舎)に戻る.
3 (刑務所内の) 区域, 区画. ~ de haute sécurité 高度監視区域 (区画)(略記 Q.H.S.). ~ de sécurité renforcée 監視強化区域(略記 Q.S.R.) 監視強化区域(1982年廃止).
4〖法律〗海員登録上の区域, 管区.
Ⅱ (4分の1：quart) **1** (果実などの)四半

分；(獣肉の)枝肉《前後の肢を左右に分割した1肢分》. ～ de pomme 4つ割り林檎. ～ de veau 仔牛の枝肉. poids des quatre ～s 獣肉1頭分の枝肉の目方. le cinquième ～ 枝肉以外の廃物《角・皮・蹄・脂など》.
2 一片 (morceau)；塊. un ～ de fromage (de gâteau, de pain) 一片のチーズ(ケーキ，パン). ～ de roche 岩塊. ～ de viande 食肉の塊り. mettre qch en ～s 何を塊りに分ける.
3〖天文〗(月の)弦. le premier ～ 上弦. le dernier ～ 下弦.
4 4半期；4半期の支払い分；(支払いの)節季. pension payée par ～ 4半期毎に支払われる年金.
5〖紋章〗4分された楯の一画. franc-～ 4分した楯の向かって左上の一画.
6 (貴族の家系の)代. avoir quatre ～s de noblesse 4代続く貴族の家柄である.
7 (靴の)腰革 (=～ de soulier)；(馬の鞍の)あふり革 (=～ d'une selle).

quartier-maître (pl.～s-～s) n.m.〖海軍〗～ de 1re classe 兵長. ～ de 2e classe 上等水兵.

quartile n.m. **1**〖占星術〗クワルトス，矩 (黄径座90°の矩象).
2〖統計〗四分位数《度数分布で変数値の幅を四等分する変数値》.
——a. **1**〖占星術〗四分の一対座の，矩の.
2〖統計〗四分位の.

quart-maroilles n.m.〖チーズ〗カール＝マロワル《ベルギーの le Hainaut エノー 地方 や la Flandre フランドル地方で牛乳からつくられる，軟質，洗浄外皮，一辺8 cm，厚さ 3-3.5 cm の角型；重量 200-250 g；脂肪分 45-50 ％》.

quart-monde n.m.〖政治〗第四世界《(1)先進国の最下層；(2)後進発展途上国，最低開発国 (PMA=pays les moins avancés)》.

quarto [kwarto]〖ラ〗**1** ad. 4番目に (=quatrièmement. 4°と略記). **2** in ～〖本・紙〗四折判.

quartz [kwarts] n.m.〖鉱〗石英；水晶 (=cristal de ～)，クオーツ. ～ enfumé 煙水晶，黒水晶. ～ en poudre 石英砂，珪砂. montre à ～ クオーツ腕時計. mouvement à ～ クオーツ・ムーヴメント. oscillateur à ～ クオーツ発振器. piézoélectricité du ～ クオーツの圧電性. verre de ～ 石英ガラス.

quartzeux(se) a.〖鉱〗石英質の. sables ～ 珪砂.

quartzifère a.〖鉱〗石英を含む. roche ～ 石英岩.

quartzite [kwartsit] n.m.〖鉱〗珪岩《凝塊した石英から成る岩石》.

quasar [kwa(ka)zar] (<〖英〗quasi stellar object) n.m.〖天文〗クェーサー，準恒星状天体，準星.

quasi- [ラ] PREF「ほぼ，準」の意.

quasi-contrat n.m.〖法律〗準契約；行政準契約.

quasi-cristal (pl.～-～aux) n.m.〖物理〗準結晶.

quasi-délictuel(le) a.〖法律〗過失による不法行為 (quasi-délit) に基づく(に関係する).

quasi-délit n.m.〖法律〗過失による不法行為 (=faute non-intentionnelle), 準不法行為.

quasi-frère n.m. 準兄弟《再婚家庭における連れ子たちの間の兄弟関係》.

quasiment ad.〖話〗ほとんど (=quasi). résultats ～ nuls ほとんどゼロの成果.

Quasimodo^1 [kazi-] n.f.〖カトリック〗カジモド，白衣の主日 (=dimanche de ～；復活祭後の最初の日曜日).

Quasimodo^2 n.pr.m. カジモド《Hugoの『ノートル・ダム・ド・パリ』の登場人物》.

quasi-monnaie n.f.〖経済〗準通貨.

quasi-monopole n.m.〖経済〗**1** 準専売. **2** 準独占企業.

quasi-particule n.f.〖物理〗準粒子，擬粒子.

quasi-possession n.f.〖法律〗準占有《所有権 propriété 以外の物権の占有》.

quasi-société n.f. 準会社《完全または部分的国有企業》.

quasi-sœur n.f. 準姉妹《再婚家庭における連れ子たちの間の姉妹関係》.

quasi-usufruit n.m.〖法律〗準用益権《消費財の用益，同等物返還の義務あり》.

quaternaire a. **1** 4要素から成る；〖化〗4基〖元素〗から成る；〖数〗4変数の；4番目の.〖化〗composé ～ 第四化合物.〖地学〗ère ～ 第四紀.
2〖地学〗第四紀 (=ère ～) の. faune ～ 第四紀動物相.
3〖経済〗secteur ～ 第4次産業部門《組織・運営・研究などの部門》.
——n.m. **1**〖地学〗第四紀 (=ère ～). **2**〖経済〗第四次産業部門 (=secteur ～).

quaterne n.m.〖宝籤〗カテルヌ《4連数の組合せ》.

quatorze a.num.card. 14の；14番目の. ～ arrondissement de Paris パリ市第14区. ～ cents 1400 (=mille quatre cents). Louis ～ ルイ14世 (=Louis XIV).
——n.m. (pr.num.card.) inv. **1**〖数・数字〗14. Treize et un font ～. 13+1=14.〖話〗la guerre de Q～ 第一次世界大戦 (1914-18年).
2〖日付〗le ～ 14日. le ～ juillet 7月14日《フランス大革命記念日；国の祝日la fête nationale》.
3 14番地 (=numéro ～). habiter au ～, rue Saint-Honoré サン＝トノレ通り14番地に住む.

quatrain n.m.〖文学〗四行詩，カトラン.

quatre a.num.card.inv. **1** 4つの；4人

の. ~ ans 4 年. avoir ~ ans 4 歳である. ~ mille 4000. les ~ éléments d'Aristote アリストテレスの四大《自然界を構成する空気・火・土・水の 4 基本要素》. les ~ saisons 四季. marchand de ~-saisons 八百屋《人》. hôtel ~ étoiles 4つ星ホテル. mesure à ~ temps 4拍子. trèfle à ~ feuilles 4つ葉のクローバー. voiture à ~ portes 4ドアの自動車. voiture à ~ roues motrices 四輪駆動車 (voiture 4×4).
aux ~ coins de l'horizon 地平の隅々で, いたる所で. être entre ~ murs がらんとした部屋にいる; 家に閉じ籠る; 牢獄に入っている.
2 僅かの, 若干の. L'*Opéra de quat'sous* de Brechtブレヒトの『三文オペラ』. robe de ~ sous 安物のドレス. à ~ pas d'ici ここからすぐ近くに. un de ces ~ matins 近いうちに. dire ~ mots à *qn* 人に二言三言いう.
—*a.num.card.inv.* 4 の. ~ heures de l'après-midi 午後 4 時. chapitre (page) ~ 第 4 章 (ページ). Henri ~ (IV) アンリ 4 世. numéro ~ 4 番.
—*pr.num.card.inv.* 4 つ; 4 人. 〔話〕 avoir la tête en ~ 頭が割れるように痛む. monter l'escalier ~ à ~ 階段を 4 段飛びで (大急ぎで) 駆けあがる. plier un tissu en ~ 布を四折りにする. 〔話〕se mettre en ~ pour+*inf*. ~しようと精一杯努力する. se présenter à ~ 4人揃って出席する. 〔話〕 se tenir à ~ 懸命にこらえる. comme ~ 4人分に, 度外れに. manger comme ~ 沢山食べる.
—*n.m.inv.* **1** (数字・数の) 4; (月の)第 4 日; 4番地. ~ en chiffres romains ローマ数字のIV (iv). Q~ fois ~ 〔font〕 seize 4×4=16. ~ pour cent 4%. le ~ janvier 1 月 4 日. ~ de cœur ハートの 4. habiter au 4, rue Saint-Anne サン=タンヌ通り 4 番地に住む.
2〔スポーツ〕(ボート競技の) フォア. un ~ avec barreur 舵〔手〕つきフォア.

quatre-épices *n.m.inv.*【植】カトルエピス, くろたねそう《種が poivre 胡椒, girofle 丁子, muscade ナツメグ, gimgembre 生姜の 4 種の香りがする香草》.

quatre-feuilles *n.m.inv.*【建築】四つ葉型飾り窓; 【美術】四つ葉飾り, 四弁花模様.

quatre-mâts *n.m.inv.* 四本マストの帆船 (=voilier à quatre mâts).

quatre (4) MTA (=4-methyl-thio-amphétamine) *n.f.*【薬】4=メチル=チオ=アンフェタミン《覚醒剤; 俗称 flatliner (「脳波水平化剤」の意); 1997年登場》.

quatre-quarts *n.m.inv.*【菓子】カトルカール《小麦粉・バター・砂糖・卵を等量混ぜてつくるケーキ, パウンドケーキ (=〔英〕 pound cake: 小麦粉・バター・砂糖・卵を1ポンドずつ混ぜてつくるケーキ)》.

quatre-quatre[1] *n.m.inv.*【音楽】4分の4拍子.
quatre-quatre[2] *n.f.(m.)inv.*【自動車】四輪駆動車 (4×4 と表記).
quatre-saisons *n.f.inv.* **1**【植】四季耕作品種, 四季性野菜. fraise ~ 四季成り苺. laitue ~ 四季栽培レタス.
2 marchand de[s] ~ 青果の行商人.
quatre (4) WD (=〔英〕four-wheel drive)【自動車】*n.f.* 4 輪駆動 (=quatre roues motorices).
quatrième *a.num.ord.* 第 4 の, 4 番目の 《略記 IVᵉ》. le *IVᵉ* arrondissement de Paris パリ市第 4 区.【学】~ classe 第 4 学級. 【医】~ maladie 第四病, デュークス病 5 階. dimension 四次元. 【建築】~ ~ maladie de Dukes-filatow》. la ~ partie 4 分の 1 (=quart).【ボクシング】~ reprise 第 4 ラウンド.【仏史】la *IVᵉ* République 第四共和政 (1945-58 年). ~ vitesse (変速機の) 第 4 速, トップギヤ. en ~ vitesse トップギヤで; 〔話〕全速力で, 大急ぎで.
—*n.m.* 4 番目の人 (もの). le ~ de la liste リストの第 4 位の人 (もの).
—*n.m.* **1** 5 階 (=~ étage). habiter au ~ 5階に住む.
2 第4区 (=le *IVᵉ* arrondissement). habiter dans le ~ de Paris パリ市第 4 区に住む. mairie du ~ 第4区役所.
—*n.f.* **1**【学】第 4 学級〔の生徒・教室〕 (=~ classe; classe de ~)《中等教育の第 3 学年》. passer en ~[1] 第 4 学級に進級する.
2 (変速機の) 第 4 速, トップギヤ (=~ vitesse). passer en ~[2] ギヤを第 4 速 (トップ) に入れる.
3【トランプ】(同種の札の) 4 枚続き.
quatrillion *n.m.* 100 万の 4 乗 (10^{24}).
quatuor [kwa-]〔ラ〕*n.m.* **1**【音楽】四重奏 (唱); 四重奏 (唱) 曲. ~〔à cordes〕 弦楽四重奏曲. ~ vocal 四重唱.
2【音楽】四重奏 (唱) 団, カルテット. ~ d'orchestre オーケストラの絃楽器部門.
3〔話〕四人組.

Québec[カナダ] *n.pr.* **1** ケベック市《ケベック州の州都》. le vieux ~ ケベック旧市街. **2** le ~ ケベック州 (=la province de ~).

québécisme *n.m.*【言語】ケベックのフランス語法.

québécois(e) *a.* ケベック州 (le Québec, la province de Québec) の; ケベック市 (la ville de Québec) の; ~の住民の. français ~ ケベック・フランス語. gouvernement ~ ケベック州政府.
—Q~, e *n.* ケベック人; ケベック州民; ケベック市民.
—*n.m.*【言語】ケベック語, ケベック・フランス語 (français ~, franco-~).

quel(le) *a.interr.* **1**〔性質・種類〕 どんな,

どの, 何.
◆〖属詞〗Q~ est cet arbre? この本は何ですか? Q~ est le principe de la démocratie? 民主主義の原則とは何か?
◆〖付加形容詞〗Q~ le femme est-ce? どの女性ですか?；どんな女性ですか?（= Q~ genre de cette femme est-ce?）. Q~ moyen choisir? どの手段を選ぶべきか. ◇〖savoir と共に〗Il est mort je ne sais ~ le maladie. 彼は何だか知らないがある病気で死んだ. Il vient d'on ne sait ~ pays. 彼はどこかわからぬ国からやって来た. ◇〖n'importe ~＋n.〗どんな…でも. à n'importe ~ prix どんな値段でも. Venez à n'importe ~ le heure? 何時でもいいからいらっしゃい.
2〖数量・順序〗どれだけ, どれほど；何番目の.
◆〖属詞〗Q~le est la hauteur de cette montagne? この山の高さはどれほどですか? Q~ le est votre place en mathématique? 数学の成績は何番ですか?〖付加形容詞〗Q~ le heure est-il? 何時ですか? Q~ jour (de la semaine) sommes-nous? 今日は何曜日ですか?
3 誰, 何者 (＝qui). Q~le est donc cette femme? 彼女は一体何者ですか?
—*pr.interr.* どちら；誰 (＝lequel；qui)〖主語；直接目的語として用いるのは古語法〗Q~ est le plus méprisable de nous deux? 私たち二人のうちで, どちらが軽蔑に値するか?
—*a.exclam.*〖賞賛・驚きなど〗**1**〖付加形容詞〗何という. Q~ beau temps! 何といい天気だ！ Q~le bonne idée! 何と素晴らしい名案だ！〖蔑〗Q~le idée! 何と馬鹿げた考えだ！ Q~ homme! 何と素晴らしい男だ！ / 何とひどい奴だ！ Q~ le joie de vous revoir! またお目にかかれてとてもうれしい！ Q~ le belle fleur que la rose! 薔薇と何と美しい花だろう！
◆〖動詞と共に〗Q~le âme fiévreuse habitait ce corps frêle! いかに熱烈な魂がこのひ弱な肉体に宿っていることか！ Q~ salaud je suis! 何と私は下劣な人間だろう！ Q~le bêtise j'ai faite! 何というへまをしでかしたのだろう？
2〖属詞〗何という. Q~le est sa joie! 何の歓びはいかばかりか！ ◇〖否定で意味を強めて〗Q~le ne fut pas votre surprise! あなたの驚きはいかばかりであったろう！
—*a.rel.* **1** quel que＋*subj.*〖動詞は être〗〖譲歩〗…がどうであろうと. Q~le que soit la chose qu'on veut dire…人が何と言おうと. Q~ls qu'en soient les risques… どんなリスクがあろうとも.
2〖古〗quel＋*n.*＋que＋*subj.* どんな…でも (＝quelque＋n.que＋*subj.*). à ~ prix que ce soit どれほどの代価を払おうと.
3 tel ~ あるがままの, 元のままの；〖古〗

平凡な, 低級の. vendre sa maison telle ~ le. 自分の家をあるがままの状態で売る.

quelconque *a.ind.* 何らかの (＝n'importe lequel, quel qu'il soit).
◆〖名詞の後〗d'une manière ~ 何らかのやり方で. pour une raison ~ 何らかの理由で. Prêtez-moi un livre ~. 何でもいいから本を1冊貸して下さい.
◆〖名詞の前〗un ~ moyen 何らかの手段.〖蔑〗un ~ petit fonctionnaire 取るに足りぬ小役人.
◆（l'）un ~ (deux ~ s) de＋*n.* …の任意の一つ（一人）（二つ；二人）. un ~ de nos amis われわれの友人のうちの誰か一人. Prenons deux ~s de ces nombres. これらの数のうち任意の二つを取ろう.
—*a.qualif.* どこにでもあるような, ありきたりの, 平凡な；無意味な；つまらぬ. un homme très ~ 極くありふれた男；ひどく下らぬ男. C'est un livre que je trouve ~. それはありきたりの本だと思う.

quelque *a.ind.* **1**〖単数〗〖~＋不可算名詞〗いくらかの；〖~＋可算名詞〗或る, 何らかの (＝un, certain). ~ chose で (＝quelquechose). ~ autre chose 何か別のもの. à ~ distance 少し離れて. avec ~ retard すこし遅れて. depuis ~ temps しばらく前から. ~ sorte或る意味で, いわば. employer ~ moyen 何らかの手段を講じる. J'ai besoin de ~ argent. 少し金が入用だ. Je le reverrai ~ jour. いつか彼に再会するだろう. Je m'en irai dans ~ autre pays. どこか別の国に行ってしまおう. Cela m'a donné ~ espoir. それで少し希望がわいた.
2〖複数〗いくつかの, 何人かの. ~s autres amis 他の何人かの友人. ~s jours après 数日後に. dire ~s mots 数語を口にする. faire ~s pas 数歩歩く. les ~s livres que j'ai achetés 私の買った何冊かの本. J'ai dépensé cent et ~s euros. 私は100数ユーロを使った.
3〖話〗… et ~（s）…と少し. dans un mois et ~ 1ヵ月余り後に. Il me reste cent euros et ~s. 私の手元には100数ユーロ残った.
4 ~＋*n.*＋que＋*subj.* どんな…でも（譲歩）. ~ temps qu'il fît どんな天気だったとしても. à ~ prix que ce soit どんな値段でも. de ~ côté que je me tourne どちらを向いても.
◆〖古〗~＋*n.*＋qui (dont, ou)＋*subj.* どんな…が（で）…しても. ~ lien qui pût nous unir どんな絆がわれわれを結びつけていようとも.
—*ad.* **1**〖~＋数詞〗およそ, 約 (＝environ). ~ cent ans plus tard およそ100年後に.
2 ~ peu＋*a.* 少し, いささか…. Il est ~ peu naïf. 彼はいささか愚直だ.

quelque chose

〔文〕~ peu de+n.〔不可算名詞〕少しの(僅かの, 少量の)…. ~ peu d' ~ 少量の水.
3〔文〕~+a.(〔古〕ad.)+que+subj. どれほど…しても(=si ... que). ~ méchants que soient les hommes 人々がどんなに意地悪くても. ~ fort qu'il ait plu どれほど彼が喜んだとしても.

quelque chose *pr.ind.* **1** 何か, 或る物〔略記 qqch, qch〕. Q~ a changé. 何かが変った. Voulez-vous prendre ~? 何か召し上がりませんか?
◇REM 形容詞を添えるときは de を伴って男性単数形を用いる：~ d'important 何か重要なこと.
◆〔成句〕~ à+inf. …すべき何か. ~ à manger 何か食べるもの. Avez-vous ~ à dire (à faire)? 何か言うこと(すること)はありませんか?
~ comme+n. …のようなもの；〔+数詞〕およそ(=environ). ~ comme ça そのようなもの. Il sentit comme un découragement. 彼は気落ちのようなものを感じた. Il a ~ comme 50 ans. 彼はかれこれ50歳だ.
dire ~ 何か言う；心に訴える. Dites ~ s. 何か言いなさい. C'est un tableau qui dit ~. 感銘を与える絵だ.
être pour ~ dans qch 何に関係している. Il est pour ~ dans cette affaire. 彼はこの件に一役買っている. faire ~ 何とかする；成功する；(à qn 人を)感動させる. Faites ~ au lieu de vous lamenter! 嘆いてばかりいないで何かしなさい!
2 たいした人(事)；ひとかどの人, 然るべき人物；〔蔑〕ひどいこと. être ~ たいした人(事)である. C'est déjà ~. それだけでも大したことだ. compter pour ~ 重視する, 値打ちがある. Votre opinion compte pour ~. あなたの意見は検討の価値がある. se croire ~ 自分がひとかどの人物であると思い込む. C'est ~! そいつはひどい. Il est arrivé ~. 何かあったらしい.
3 何か困ったこと；気まずいこと. Il a ~ avec moi. 彼は私と気まずくなっている. Il y a ~ entre eux. 彼らの間には何かがある. Est-il arrivé ~ à votre père? あなたの父上に何かあったのですか? Serait-il arrivé ~? もしものことがあったら?
4 何かいいこと(仕事, 住い). Avez-vous trouvé ~? 何か見つかりましたか? Il cherche ~ dans la banque. 彼は銀行に働き口を探している. Je voudrais ~ au centre de Paris. 私はパリの都心にいい住居を探しているのだが.

quelqu'un(e), quelques-un(e)s
pr.ind. **I**〔単数〕**1** ある人, 誰か〔女性についても男性形を用いる〕(personne の対). Q~ est venu? 誰か来ましたか? Y a-t-il ~ qui puisse m'aider? 誰か私を助けてくれませんか?〔話〕II y a ~? 誰かいませんか? ◇REM. 形容詞を添えるときは de+男性単数形を用いる：~ d'important 重要な誰か. ~ d'autre 別の誰か.
2〔話〕然るべき人, 重要な人〔女性・複数無変化；常に属詞〕. Cet homme, c'est ~! あの男は大物だ! Elle se croit ~. 彼女は自分をひとかどの人物だと思っている.
3〔やや古〕~ de+n. (pr.) …のうちの或る者(物). ~ de mes amis 私の友達の誰か. ~ e de ces difficultés こうした困難のうちのどれか.
4〔話〕Il y a ~. 大勢の人がいる.
5〔話〕C'est ~! それは驚くべきことだ!
II〔複数〕**1**〔単独で〕幾人かの人たち；或る人たち. Quelques-uns prétendent que … 或る人たちは…と言い張っている. poète qui n'écrit que pour *quelques-uns* 特定の人のためにしか書かない詩人.
2〔既出の名詞を受けるか, de+〔代〕名詞, en を補語として〕…のうちの何人か(いくつか). *quelques-uns* des assistants 助手のうちの何人か. *quelques-unes* de mes amies 私の女友達のうちの何人か. *quelques-uns* de ses livres. (J'en ai lu *quelques-uns*.) 私は彼の本の(その)何冊かを読んだ. On lui a fait de nombreuses critiques, dont *quelques-unes* étaient fondées. 彼に対し数多くの批判がなされたが, そのうちのいくつかは正当なものであった.
—*n.m.* ce ~ その誰か(quelqu'un を反覆する場合).

qu'en-dira-t-on *n.m.inv.* 人の噂, 世評. se moquer du ~ 世間の評判など意に介さない.

quenelle (<〔独〕Knödel「クネーデル(団子)」) *n.f.*〔料理〕クネル〔魚または白身の食肉のすり身に卵・パン粉を加えてつくる半筒型のつみれ風団子〕. ~s de brochet à la lyonnaise リヨン風川かますのクネル〔川かますのすり身団子に生クリーム・ソースを添えた郷土料理〕.

quenouille *n.f.* **1**〔織〕クヌイーユ, 紡錘竿(つむさお)；クヌイーユに巻かれた繊維.〔比喩的〕arbre fruitier taillé en ~ 紡錘形に刈り込まれた果樹. filer sa ~ 糸を紡ぐ.〔比喩的〕tomber en ~ (国政・家督など)女の手に委ねられる. C'est un homme qui tombe en ~. あいつは女の尻に敷かれた奴だ.
2 紡錘仕立ての果樹；紡錘形の茎.
3 寝台柱.
4〔冶〕湯止め棒.
5〔植〕クヌイーユ〔穂が白い被膜で蔽われた病害〕.

quérable *a.*〔法律〕(債権などが)取立て払いの(portable「持参払いの」の対). créance ~ 取立て払いの債権.

quercinois(e), quercynois(e) *a.* ケルシー地方(le Quercy)の；~の住民の.

——n. ケルシー地方人.

quercitrin, quercitrine n.f. 〖化〗クエルシトラン, クエルシトリン《クエルシトロンの樹皮から抽出される黄色色素》.

quercitron n.m. **1** 〖植〗クエルシトロン《北米の西洋ひいらぎかし》(=chêne tinctorial). **2** クエルシトロン《樹皮に含まれる黄色色素》.

Quercy (le) n.pr.m. ケルシー地方《中央山塊とアキタニア平野の境界の地方；形容詞 quercynois(e), quercinois(e)》. le bas ~ 低ケルシー地方《Montauban を中心とする丘陵地帯》. le haut ~ 高ケルシー地方《Cahors を中心とする地域》.

quercynois(e) ⇒ **quercinois(e)**

querelle n.f. **1** 喧嘩, 口論；不和. ~ de famille 家庭内の揉め事. ~ de rues 路上の喧嘩. ~ entre époux 夫婦喧嘩. ~ verbale 口論. arbiter une ~ 喧嘩を仲裁する. provoquer une ~ 喧嘩を売る.
2 異議；(思想上の) 論争. 〖仏文史〗~ des Anciens et des Modernes 新旧論争《17 世紀》. ~ de compétence 裁判管轄の異議. ~s théologiques 神学論争.
3 紛争, 抗争. ~ collective 集団的紛争. ~ de l'Angleterre et avec ses colonies 英国と植民地間の紛争.

questeur n.m. **1** 〖政治〗(国会各院の) 財務・内部行政担当理事. ~s du bureau d'une assemblée parlementaire 国会理事部の財務・内部行政担当理事.
2 〖法律〗(裁判機関の) 財務・内部行政担当役員.
3 〖古代ローマ〗クアエストル《審問官；財務官》.

question n.f. **1** 質問, 問い, 疑問. ~ à dix mille francs 1 万フランの賞金がかかったクイズ. 〖比喩的〗une ~ à cent francs 難しい質問. ~ fermée (ouverte) アンケートなどの) 選択肢を限った質問 (自由回答形式の質問). ~s et réponses 質疑応答. ~ piège 引っ掛け質問. ~ sans réponse 答えのない質問, 疑問. C'est une bonne ~. (痛いところを突かれたように) なかなかよい質問ですね. se poser une ~ 自問する. se poser la ~ そのことについて考えている. se poser la ~ de savoir si …について考える, 自問する.
2 〖法律〗問題. ~ de confiance 内閣の信任問題. ~ écrite (orale) 書面 (口頭) 質問《国会に提出される文書による質問は, 原則として 1 カ月以内に担当閣僚の回答とともに官報に掲載される. 口頭質問には討議を伴う口頭質問~ orale avec débat と討議を伴わない口頭質問~ orale sans débat の 2 種類がある》. ~ préalable 先決問題《国会においては議事日程に登録された事項について審議の不要を決定させようとする動議. 訴訟においては ~ principale 主問題が存在するために必要な条件のいくつかがそろっているか否かを確認するために裁判官が審査すべき問題》. ~ préjudicielle (他の裁判所の判断を要する) 先決問題.
〖情報〗~s fréquemment posées (初心者などによる) よくある質問 (=〖英〗FAQ : frequently asked question).
3 問題. ~ d'actualité 時事問題. ~ de vie ou de mort 死活問題. ~ difficile 難問. la ~ d'Orient 東方問題《19 世紀オスマントルコ帝国の弱体化とともに持ち上がった中近東の諸問題》.
C'est la ~. 問題はまさにそれだ. Ce n'est pas la ~. そんなことが問題ではない. Là est la ~. 問題の焦点はそこにある. Lors du référendum sur l'Europe de mai 2005, les ~s sociales ont déterminé dans une large mesure les votes des Français. 2005 年のヨーロッパ憲法国民投票に際しては, 社会問題がフランス国民の投票を大きく左右した. C'est une autre ~. それは別問題だ. C'est une simple ~ de forme. それは単に形式的な問題だ. C'est toute la ~. それこそ問題の核心だ.
4 〖史〗拷問. soumettre qn à la ~ (人を) 拷問にかける.
5 〖成句〗
〖皮肉〗Belle ~! (Cette ~! Quelle ~!) 愚問だ.
en ~ 問題になっている, 話題の, 例の. Le livre en ~ est dans toutes les librairies. その本はどこの本屋にもある. être en ~ 問題になっている.
faire ~ 問題になる, 疑問がある. La culpabilité de X ne fait pas ~. X の有罪は確定的だ.
Il est ~ de+inf. (que+subj., +n.) …が問題 (話題) になっている, …がテーマである, …という噂がある. Il est essentiellement ~ dans cet ouvrage des rapports entre les structures familiales et les traditions politiques. この著書で主として取上げられているのは家族構造と政治的な伝統との関係である. Il n'en est pas ~. それは問題外だ, そうしたことが考えられているわけではない.
Il est hors de ~ de+inf. (que+subj.) …することは問題外である.
mettre qn à ~ …を苦しめる.
mettre (remettre) qch en ~ (再び) …を問題にする, 疑問視する, 正しさを疑う, 検討する, 実現を危うくする. L'enlisement de la situation en Irak remet en ~ la politique préconisée par les néo-conservateurs de la démocratisation du Moyen-Orient. イラク情勢の泥沼化は中東民主化というネオコンが主張する政策の正当性を疑わせる.
pas ~ (hors de ~) 問題外, 論外, もってのほか.
~ de+inf. (+n.) …するために. on a passé trois jours à la campagne, ~ de chan-

ger d'air 3日ほどいなかへ行ってきた。気分転換のためさ。
〖話〗~+n. …の問題, …が原因. on s'est disputé, ~ finances お金のせいで口論した.

questionnaire n.m. **1** 質問事項, (箇条書きにした) 質問表, 調査書；アンケート用紙；アンケート調査. ~ à choix multiple 回答多選択式のアンケート〔調査〕(略記 QCM). remplir un ~ アンケート用紙に記入する.
2 (試験の) 問題用紙.

questionnement n.m. 問題提起；〖集合的〗問題. ~ de la recherche 研究の問題提起.

questionneur(se) n. 質問好きな人；穿鑿(せんさく)好きな人. ~ indiscret 根掘り葉掘り立ち入った質問をする人.
——a. 質問好きな；穿鑿好きな. femme ~se 穿鑿好きな女性.

quétaine 〔カナダ〕n.〖話〗能なし, ぼんくら；取るに足らぬ人；悪趣味な人.

quête n.f. **1** 募金；義捐(ぎえん)金. ~ dans l'église 教会堂での募金. ~ pour des œuvres sociales 福祉事業への募金. faire une ~ 寄付金をつのる (大道芸人などが) 喜捨(きしゃ)を求める.
2〖文〗探求；探索；〖狩〗(猟犬の) 獲物探し.〖中世文学〗La Q~ du Saint Graal『聖杯探求』.〖現用〗 ~ を探し求めて. être en ~ d'un emploi 職を探している.

quêteur(se) n. **1** 募金係. bourse d'une ~se 募金係の財布.〖同格〗frère ~ des ordres mendiants 托鉢(たくはつ)修道会の托鉢修道士.
2 ねだる人, ねだり屋. ~ des compliments お世辞をねだる人.

quetsche [kwetʃ] n.f. **1**〖植〗クエッチュ. ~ d'Alsace アルザス・クエッチュ (アルザス地方 l'Alsace 特産のプラム；青紫色の細長い実をつける). confiture de ~s クエッチュのジャム.
2 クエッチュ酒 (クエッチュを用いた蒸留果実酒).

queue n.f. Ⅰ (尾)(動物の) 尾, 尻尾. ~ d'un chien 犬の尻尾. ~ basse 垂れた尻尾. avoir la ~ basse 尻尾が垂れている；〖比喩的〗rentrer la ~ basse 尻尾を巻いて (すごすご) と帰る. courte (longue) ~ 短い (長い) 尾.〖料理〗~ de bœuf braisée クー・ド・ブフ・ブレゼ (オックステールの蒸し煮料理). ~ en l'air ぴんと立てた尻尾. ~ en tire-bouchon du cochon 豚の丸まった尻尾.
cheval à ~ coupée 尻尾を切った馬. petite ~ du lapin 兎の小さな尻尾. singe à longue ~ 長尾猿.〖比喩的〗〖話〗n'en avoir pas la ~ (d'une) 何一つ持っていない；無一文である. remuer la ~ 尻尾を振る.〖比喩的〗se mordre la ~ (自分の尾を咬む→)(事

が) 堂々巡りする；(人が) きりのない仕事にひきずりこまれる.
Ⅱ (〖尾の形をしたもの〗) **1** 尾；尾部. ~ de cerf-volant 凧の尾. ~ de poisson 魚の尾びれ.〖比喩的〗faire une ~ de poisson 追い抜いた車の直前に出る.〖比喩的〗finir en ~ de poisson (魚の尻尾で終る→) 何の成果も挙げずに終る, 曖昧に終りを告げる.〖天文〗~ d'une comète 彗星の尾. ~ de scorpion さそりの尾.
2 (鳥の) 尾羽根 (=plumes de croupion). ~ du coq (du paon) 雄鶏 (孔雀) の尾羽根.
3〖料理〗(海老類の) クー, 尾, 身, 腹部 (= abdomen), 身. ~ d'écrevisse ざりがにの尾の身.
4〖服〗曳き裾, 裳裾；燕尾 (~ de morue¹)；燕尾服 (=habit à ~). ~ d'une robe ドレスの曳き裾. robe à ~ 曳き裾のドレス. porter la ~ 燕尾服を着ている.
5 お下げ髪, 弁髪；〖古〗かつらの尾部. ~ [-]de[-]cheval ポニーテール. ~ attachée par un ruban リボンで結んだお下げ髪.〖比喩的〗faire une ~ à qn 人をだしにする；人を煙に巻く.
6 (文字の) テール, 尾 (底線の下にはみ出る部分：g, p, q など). ~ d'une lettre 文字のテール. ajouter une ~ à un 0 0 に尾をつけて 9 にする.
7〖音楽〗符尾 (音符の縦線)(= ~ d'une note).
8〖俗〗男根 (=membre vivril；pénis)；(性的対象としての) 男.
9〖植〗(葉, 花, 果実の) 柄；(果実の) 蔕 (へた), 柄 (かへい)；茎；茎の頭部. ~ d'artichaut アルティショーの花托 (食用部分). ~ d'une feuille de marronnier マロニエの葉の葉柄. ~ d'une fleur 花柄. ~ d'une pomme. ~ de pomme 林檎の果柄 (へた).
10 (調理器具の) 柄, 取手. ~ de poêle フライパンの柄.
11〖楽器〗piano à ~ グランドピアノ (= un grand ~). piano demi-~ 小型グランドピアノ.
12〖ビリヤード〗キュー. ~ démontable 組立式キュー. faire fausse ~ キューで球を突きそこなう.
13 平削毛 (= ~-de-morue²). ~ à laquer (à vernir) ラッカー (ニス) 用平削毛.
14 (公文書に印璽をつける) 帯. ~ de parchemin 羊皮紙文書に印璽をつける帯.
15〖建築〗(軒などの) 端, 先, 尖；石尻 (~ d'une pierre).
16〖鉱〗副松木.
Ⅲ (列の後部) **1** (列の) 後尾, しんがり；(順位の) びり. ~ d'un cortège 行列 (隊列) の後尾. être dans la ~ de la classe クラスのびり (びりの部類). être en ~ de liste リストのしんがりに載っている. se mettre à la ~ しんがりにつく. A la ~! (行列の) 後ろにつきなさい. se tenir à la ~

du peloton (競走で) 一団の後尾につける.
2 (列車の) 後尾；後尾車輛；後部. wagons de (en)～ d'un train 列車の後尾車輛. monter en ～ (列車の) 後尾に乗る.
3 (一連のものの) 末尾, 終り.〖醸造〗～ de distillation 後溜.～ d'étang 沼尻.～ de l'hiver 冬の末期.～ d'un orage 嵐の終りぎわ.〖印刷〗～ de page 地, 罫下 (けした)《印刷ページの下部の余白》.～ d'une phrase 文末. sans ～ ni tête (頭も尻尾もない→) とりとめのない. histoire sans ～ ni tête ni queue とりとめのない話. commencer le roman par la ～ 小説を巻末から読み始める.
4 (順番を待つ) 行列.～ à un guichet 窓口の行列. longue ～ 長蛇の列. faire la ～ 行列をする. faire une ～ de deux heures 2 時間行列する. à la ～ leu leu 一列になって.
5 借金の残り (=～ d'une dette).

queue-de-cheval (pl.～s-～-～) n.f. **1** ポニー・テール《髪形》.
2〖解剖〗馬尾 (ばび)《脊髄神経根の集合》. syndrome de ～ 馬尾症候群, 馬尾障害.

queue-de-morue (pl.～s-～-～) n.f.〖話〗**1** (塗装用の) 平刷毛. **2**〖服〗燕尾；燕尾服 (=queue-de-pie).

queue-de-pie (pl.～s-～-～) n.f.〖話〗燕尾服 (=habit à queue).

queue-de-poisson (pl.～s-～-～) n.f.〖自動車〗〖話〗(追い越しの際に) 急に割り込む危険運転.

queue-de-rat (pl.～s-～-～) n.f. (先細の) 円鑢 (やすり).

Queyras (le) n.pr.m.〖地理〗ケラス地方《フランス・アルプスのギル山水系の山岳地帯；ヨーロッパで最高地点の村 Saint-Véran (市町村コード 05350), 標高 1,990-2,049 m がある》. le Bas-～ 低ケラス地方 (東部). le Haut-～ 高ケラス地方 (西部). Parc naturel régional du ～ ケラス地方自然公園《département des Hautes-Alpes オート＝ザルプ県にある高地自然公園；面積 6 万 ha；1977 年制定》.

Quézac n.pr. ケザック《département de la Lozère ロゼール県の町 (市町村コード 48400). 1992 年に天然ガス入りのミネラルウォーターが開発され, 1995 年 6 月ネスレ・グループにより市販が開始された》.

Qufu〖中国〗n.pr. 曲阜 (きょくふ), チューフー《山東省中西部の古都；周代は魯の首都；孔子 Confucius の生地》.

Quiberon n.pr.〖行政〗キブロン《département du Morbihan モルビアン県の小郡庁所在地；市町村コード 56170；形容詞 quiberonnais (e)；夏の保養地》. la baie de ～ キブロン湾. la presqu'île de ～ キブロン半島.

quiche n.f.〖料理〗キッシュ《生クリーム, 卵, ベーコンを加えたパイ》. ～ lorraine キッシュ・ロレーヌ (=ロレーヌ地方 la Lorraine 風キッシュ).

quiconque pr.rel.ind. …する者は誰でも (＝toute personne qui.；不定代名詞と関係代名詞とを兼ねる). Q～ est coupable doit être puni. 罪ある者はすべて罰せられねばならぬ.
—pr.ind. 誰, 何人 (なんびと) (＝n'importe qui). savoir qch mieux que ～ 誰よりもよく何かを知っている.

quid [kwid/kɥid]〖ラ〗ad.interr〖de を伴って〗どんな, どのように考えるべきか. Q～ de la situation? 状況はどうか?
—Q～ n.pr.m.〖無冠詞〗『クイッド (年鑑)』(Dominique et Michèle Frémy 共編の百科事典式年鑑；Robert Laffont 社刊). www.quid.fr/『クイッド年鑑』インターネット・サイト.

quiétisme n.m.〖宗史〗静寂主義. キエティスム《17 世紀の神秘的キリスト教》.

quiétude n.f. **1**〖文〗安らぎ, 平穏.～ d'un lieu 場所のもつ安らぎ. en toute ～ 心静かに. **2**〖宗教〗心の平安；〖哲〗(賢者の) 精神の平静.

quille [kij] n.f.〖船〗龍骨, キール.～ de roulis 彎曲部龍骨. ～ en fer plein 方形龍骨.

Quimper n.pr. カンペール《département du Finistère フィニステール県の県庁所在地；市町村コード 29000；形容詞 quimpérois (e)；le comté de Cornouaille 旧コルヌアイユ伯爵領の中心都市；古称～-Corentin カンペール＝コランタン》. cathédrale Saint-Corentin de ～ カンペールのサン＝コランタン大聖堂 (13-16 世紀のゴシック様式). faïences de ～ カンペール陶器. festival de Cornouaille à ～ カンペールのコルヌアイユ・フェスティヴァル (7 月末). Musée des Beaux-Arts de ～ カンペール美術館. Musée départemental breton de ～ 県立カンペール・ブルターニュ博物館《考古・民俗・歴史博物館》. le Vieux ～ カンペール旧市街.

Quimperlé n.pr カンペルレ《département du Finistère フィニステール県の小郡庁所在地；市町村コード 29150；形容詞 quimperlois (e)》.

quincaille n.f. **1** 金物 (かなもの).〖比喩的〗de ～ 値打のない, がらくた同然の. bijou de ～ 値打のない宝石.
2〖電算〗ハードウェア (＝〖英〗hardware).

quincaillerie n.f. **1** 金物 (＝quincaille). ～ d'ameublement 家具用金物. ～ de ménage 家庭用金物.
2 金物製造業；金物屋 (＝magasin de quincaillier).
3〖話〗安物の装身具.

quincaillier (ère) n. 金物商, 金物販売業者. ～ en gros 卸しの金物業者.

quinconce n.m. **1** (さいころの) 5 の目.
2〖造園〗カンコンス (さいころの 5 の目型に配した 5 本の木の植込み). arbres plantés en ～ カンコンス型に配された樹木.

▶ quinconcial(ale) a.

quincy n.m.〖葡萄酒〗カンシー《中部フランス, département du Cher シェール県の村 Quincy (市町村コード 18120) 周辺の葡萄畑 (180 ha) の AOC 酒;sauvignon 種による白葡萄酒》.

quine n.m.〖宝籤〗キーヌ《5 連番号式数字合せ籤 (くじ)》.

quinidine n.f.〖薬〗キニジン《不整脈治療薬》.

quinine n.f. キニーネ《塩酸キニーネ;抗マラリア薬》.

quinoleine n.f.〖化〗キノレイン《複素環式化合物 $C_{10}H_7N$;医薬品・染料の原料》.

quinoline n.f.〖化〗キノリン《医薬品・染料の原料》.

quinolone n.f.〖薬〗キノロン《抗生物質;微生物の ADN (DNA) 合成阻害作用がある;泌尿器系感染治療薬》.

quinone n.f.〖化〗キノン《芳香族炭化水素中のベンゼン環の水素 2 原子を酸素 2 原子で置換した, ジカルボニル化合物の総称》.

quinoxaline n.f.〖化〗キノキサリン.

quinqu[a]- 〔ラ〕ELEM「5」の意 (ex. quinquagénaire 50〔歳〕代の(人), quinquennat 5 年間).

quinqua n.〖俗〗50 歳代の人 (=quinquagénaire).

quinquagénaire a. 50〔歳〕代の.
—— n.〖歳〗代の人.

Quinquagésime [kɛ̃-, kɥɛ̃-] n.f.〖カトリック〗四旬節前の主日 (=le dimanche de ~)《復活祭の 50 日前;1969 年この呼称は廃止》.

quinquenn(al) (pl.**aux**) a. **1** 5 年にわたる, 5 年間の. plan ~ 5 カ年計画. **2** 5 年に 1 回の, 5 年毎の. fêtes ~ales 5 年毎に開催される祭典.

quinquennat [kɛ̃kɛ(ɛn)na, kɥɛ̃k[ɥ]-] n.m. 5 年間;(政権を委された)5 年の任期;5 カ年計画.

quinquina n.m. **1** 〖植〗キンコナ樹《キンコナ属 cinchona》. **2** キンコナ樹皮《キニーネ quinine の原料》. **3** キンキナ酒《キンコナ樹皮入り葡萄酒;食前酒》.

quintal (pl.**aux**)〔アラブ〗n.m.〖度量〗**1** キンタル, メートル法キンタル (=~ métrique)《100 kg;略記 q;現在では公式には使用されない》. **2** 〖古〗キンタル《フランスの旧重量単位, 48.95 kg》. **3** 〖カナダ〗キンタル《約 56 kg》.

quinte n.f.〖医〗咳の発作 (=~ de toux);(特に)百日咳の発作 (=toux coqueluchoïde).

quintessence n.f. **1** 〖古代哲学〗第五元素《エーテル éther》;〖錬金術〗純精分. **2** 〖やや古〗精髄;〖現用・比喩的〗真髄, 精華;極度の洗練. ~ du luxe 豪華の極み. at-

teindre la ~ de l'art 芸術の真髄を極める. **3** 蒸留を繰返して得られる揮発性エキス.

quintette [kɛ̃-/kɥ(w)ɛ̃tɛt] n.m.〖音楽〗**1** 五重奏〔曲〕. ~ à cordes 弦楽五重奏〔曲〕. ~ vocal 五重唱〔曲〕. **2** 五重奏〔唱〕団, クインテット.

quinteux (**se**) a. **1** 〔やや古〕気紛れな;怒りっぽい. cheval ~ 拗ねた馬, 後ずさりする馬. vieillard ~ 気難しい老人. **2** 〖医〗発作的な (<quinte). toux ~ se 発作的な咳;百日咳の発作的な咳.

quintillion [kɥɛ̃-, kɛ̃-] n.m. 100 万の 5 乗 (10^{30}).

quinto [kwinto, kɥɛ̃to]〔ラ〕ad. 第 5 に《略記 5°》(=cinquièmement).

quintuplé(e) a.p. 5 倍になった. prix ~ en cinq ans 5 年で 5 倍になった価格.
—— n. 五つ子.

quinzaine n.f. **1** 15;約 15. une ~ d'euros およそ 15 ユーロ.
2 15 日;2 週間. ~ commerciale d'un quartier 街区の商店の 2 週間の売出し期間. au bout d'une ~ 2 週間後. dans une ~ 2 週間後に (=dans quinze jours;dans deux semaines). la ~ de Pâques 復活祭の 2 週間. la grande ~ des prix littéraires 文学賞発表期の 2 週間《12 月前半の 2 週間》. la première ~ de décembre 12 月の前半. 《Les Cahiers de la Q~》「半月手帖」(1899 年 Péguy 創刊の雑誌).
3 〖話〗2 週間分の給料. toucher une ~ 2 週間分の給料を手にする.

quinze a.num.card. 15 の;15 番目の. ~ jours 15 日;2 週間. dans ~ jours 2 週間後に. Louis ~ (XV) ルイ 15 世. page ~ 15 ページ.
—— n.m. (pr.num.card.) inv. **1** 15〖数学〗. Huit et sept font ~. 8+7=15. numéro 15 15 番.
2 le ~ 15 日《日付》. le 15 août 8 月 15 日 (=Assomption de la Sainte Vierge「聖母被昇天の大祝日」;法定祝日). d'aujourd'hui en ~ 2 週間後に.
3 〖ラグビー〗フィフティーン《ラグビーチーム》. le ~ de France ラグビーのフランス代表チーム.
4 〖テニス〗フィフティーン《最初の得点》. ~ partout フィフティーン・オール.

quinziste n.m.〖スポーツ〗15 人制ラグビー選手.

quiproquo 〔ラ〕(qui pro quo) n.m. 取り違え;思い違い;人違い.

quittance n.f.〖商業〗受領証, 受取証;領収書;弁済証書. ~ de loyer 家賃の領収証. timbre-~〔領収書に貼付する〕収入印紙.

quitte a. **1** (負債, 法的義務を)免れた, 免除された;弁済をすませた. être ~ de qch (de+inf.)何を(…することから)辛うじて免れた. être ~ d'une corvée 辛い仕事を免

れた. être ~ envers qn 人に借りがない. en être ~ pour qch 何だけで済む. en être ~ pour sa peur 恐い思いをするだけで済む. Il en est ~ à bon compte. 彼は大したことなく済んだ. Nous sommes ~. われわれはこれで貸し借りなしだ.
2 義務を果たした；免除された. apport franc et ~ 債務負担のない持寄財産. s'estimer ~ envers qn 人に対する義務を果したと思う. tenir qn ~ de qch 人に何を免除する. Je ne peux le tenir ~ de ses paroles. 彼には約束を果たしてもらわなくてはならない.
3 ~ à + inf. …しても構わないから；…する覚悟で (= au risque de). Il ira jusqu'au bout. ~ à tout perdre すべてを失っても彼は最後までやり抜くであろう.
4 jouer (à) ~ ou double のるかそるかの大勝負をする, 一か八かやってみる. faire ~ à ~ avec qn あいこにする.
——n.m. un ~ ou double 一か八かの勝負.

quitus [k(ɥ)itys] (ラ) n.m. **1** (債務の) 弁済 (証書)；(職務の) 完遂 (証明書). arrêt de ~ (会計検査院の) 免責判決；決算承認判決.
2 決算承認 (証). donner ~ au conseil d'administration 経営理事会に決算承認を与える.

qui-vive n.m.inv. 誰何 (すいか). être sur le ~ 警戒している, 見張っている.

quiz [kwiz] (英) n.m. クイズ.

quôc-ngu [kɔkngu, kɥɔknŋy] (ベトナム) n.m.inv. 《語》コク=ヌグ (ベトナム語のローマ字表記法).

quorum [kɔrɔm] (ラ) n.m. **1** (議決に要する) 定足数. Le ~ est atteint. 定足数に達した.
2 (選挙が成立するための) 必要投票数.

quota [k(w)ɔta] n.m. 割当量；《統計》割当て, 配分. 《経済》~ s d'importation 輸入割当量. 《法律》pacte de ~ litis 成功報酬条項；勝訴条件報酬条項. 《統計》méthode des ~ s, sur un échantillon de 2000 personnes représentation française âgée de 18 ans et plus《世論調査》18歳以上のフランスを代表する 2000 人の統計標本に基づく割当て法. système de ~ s.《統計》割当て標本抽出法 (= (英) quote sampling).

quote-part (pl. 多く inv；時に ~ s) ~ s) n.f. **1** (費用などの) 割当額, 割前；(各自の) 支払い分；取り分；持分；《法律》割当 (配分) 額. payer sa ~ 割前を払う. recevoir sa ~ 取り分を受け取る.
2 (比喩的) 分担, 役割.

quotidien(ne) a. **1** 日々の, 毎日の；日常の. pain ~ 日々の糧. trajet ~ 通勤. travail ~ 毎日の労働. vie ~ ne 日常生活.
2 日刊の. journal ~ 日刊新聞, 日刊紙.
——n.m. **1** 日刊新聞, 日刊紙 (= journal ~). ~ du matin (du soir) 朝刊 (夕刊) 紙 (月曜~土曜発行). ~ régional 地方日刊紙. Le ~ du Médecin「医師日報」(1971 年創刊). Le ~ du Pharmacien「薬剤師日報」(1985 年創刊；週 2 回発行). Le Q~ du Peuple「人民日報」(マルクス・レーニン主義革命的共産党 PCRML の機関紙). Le Q~ de Paris「パリ日報」(1974-78 年, 1979-94 年).
2 日常生活 (= la vie quotidienne).

quotidienneté n.f. 日常性.

quotient [kɔsjã] n.m. **1**《数》(割り算の) 商；率. ensemble ~ 商集合.《生》~ assimilateur 光合成商 (率). ~ respiratoire 呼吸商 (呼吸に占める炭酸ガス量と酸素量の比率).
2 指数, 係数. ~ intellectuel 知能指数 (略記 QI = (英) IQ).《税》~ familial (課税計算のための) 家族係数. ~ de développement 発達指数. ~ électoral 当選基準数, クォータ (比例代表制選挙で選挙区の投票総数で議員定数を割った数).

quotité n.f. **1** 割当額, 分担額. impôt de ~ 割当額税, 定率課税 (事前に定められた割当分に対する課税；impôt de répartition「配分税」の対).
2《法律》配分額. ~ disponible (相続財産の) 自由処分可能分, 処分任意分, 自由分.

R

R¹, r [ɛr] *n.m.inv.* フランス語字母の第18字 [le *r*, l'*r*]. *r* grasseyé 喉鳴りのr. *r* roulé 巻舌のr. les mois en *R* Rのつく月；綴り字にrを含む月《牡蠣(かき)などの生の貝を食べてもよいとされる月》.

R² (=略記・略号) **1**〖数〗実数 (nombre *r*éel) の全体の集合.
2〖物理〗磁気抵抗 (*r*eluctance magnétique).
3〖物理〗電気抵抗 (*r*ésistance électrique).
4〖物理〗レントゲン (*r*öntgen).
5〖化〗完全気体のモル定数 (constance molaire des gaz parfait)《R=8.3145 ケルヴィン・モル》.
6〖商業〗登録商標 (〔英〕*r*egistered) (Ⓡ).
7〖自動車〗ルーマニア (la *R*oumanie) の国籍表示標識.

RA¹ (=*r*égion *a*utonome) *n.f.* 自治地方, 地方自治区.

RA² (=*r*épublique *a*utonome) *n.f.* 自治共和国. la *R* ~ du Nakhitchevan (アゼルバイジャン l'Azerbaidjan 自治共和国《アルメニア共和国とイラン, トルコに隣接；首都 Nakhitchevan》.

Ra (=*r*adium) *n.m.* 〖化〗「ラジウム」の元素記号.

RAA (=*r*humatisme *a*rticulaire *a*igu) *n.m.* 〖医〗急性関節リウマチ.

RAAS (=*r*adar à *a*ntenne *s*ynthétique) *n.m.*〖電磁〗合成アンテナ式レーダー, 合成開口レーダー (=〔英〕SAR：synthetic *a*perture *r*adar).

rab [rab] (<*rab*iot) *n.m.*〖俗〗追加分, 余分；残業. faire du ~ 残業をする. en ~ 余分に. une boule de pain en ~ 余分の丸パン1個. Il y a du ~ 余分がある.

rabais *n.m.* **1**〖商業〗値引き, 割引き (=réduction). ~ de 10% sur tous les prix marqués 表示価格より全品10％引き. au ~ 割引きして；安値で, 最低価格で. adjudication au ~ 安値入札. vente au ~ 特価販売, 安売り. refuser un travail au ~ 儲からない仕事を断る. vendre au ~ 割引きして売る, 安売りする.
2 減水. ~ d'une rivière 川の減水.

rabbi *n.m.* 〖宗教〗ラビ (1)ユダヤ教, ユダヤ人社会の宗教的指導者. 2)ユダヤの律法学者. 3) le Talmud タルムード (ユダヤ教の律法集) の制作者. 4)ユダヤ人に対する敬称. 5)〖俗〗スポンサー》.

rabbin *n.m.*〖宗教〗**1** ラビ, ラビン《1)ユダヤ教の宗教的指導者. 2)ユダヤの司祭》. Grand ~ ユダヤ教長老会議の首長.
2 ラビ (rabbi)《古代ユダヤの律法学者》.

rabbinat *n.m.*〖宗教〗**1** ラビ (rabbin) の地位 (身分, 職, 任期). **2**〖集合的〗ラビ集団.

rabbinique *a.*〖宗教〗ラビの. école ~ ラビ養成学校. hébreu ~ ラビ・ヘブライ語《中世のラビたちが用いたアラム語とアラビア語の混じったヘブライ語》.

rabéprazole *n.f.*〖薬〗ラベプラゾール《プロトンポンプ阻害薬；胃・十二指腸潰瘍, 胃炎・食道炎治療薬；製剤製品名 Pariet (*n.m.*)》.

rabiot *n.m.*〖俗〗**1** 配給追加分；分配した余り；余得. ~ de cigarettes 紙巻煙草の配給追加分. la ration et le ~ 配給量と追加配給量.
2 超過勤務時間, 残業；〖軍〗(懲罰などによる) 兵役延長 [期間]. faire du ~ 残業をする；兵役を余分に務める.
3〖比喩的〗おまけ. un petit ~ de vacances ちょっとしたおまけの休暇.

rabique *a.*〖医〗恐犬病 (rage) の；恐犬病に罹った. virus ~ 恐犬病ウイルス.

RAC (=*r*égime d'*a*ssurance-*ch*ômage) *n.m.* 失業保険制度.

raccommodage *n.m.* **1** 応急修理. ~ des filets de pêche 漁網の応急修理. **2**〖話〗仲直り, 関係修復. ~ d'un fils avec son père 息子と父親の仲直り.

raccommodeur(se) *n.* **1**(衣類などの) 繕い職人. ~*se* (en) dentelles レースの繕い女. ~ de filets de pêche 漁網の補修者.
2(陶磁器の) 補修者；(家具などの) 修理人. ~ de porcelaine 磁器の補修者.
3〖鉱〗運搬坑道保守係.

raccord *n.m.* **1**(二つの部分の) 接合, つなぎ合せ. ~ de papier peint 壁紙のつなぎ合せ. faire un ~ 接合する；〖話〗化粧くずれを直す.
2〖映画〗カットつなぎ (= ~ de plans)；つなぎカット.
3〖工〗継手；中継ぎ管；接続部品. ~ de pompe ポンプの継手. ~ de tuyaux de plomberie 鉛管の中継ぎ管.

raccordement (<raccorder) *n.m.* **1** 接続, 連結；連絡道路；〖鉄道〗連絡線 (= voie de ~). ~ de deux bâtiments par une passerelle 二つの建物を渡り廊下でつなぐ. ~ en plomb 鉛工継手. 〖鉄道〗~ particu-

lier 専用線. puissance de ~ 2800W 接続電力 2800 ワット. voie de ~ d'une nationale à une autoroute 国道と高速道路の連絡道路.
2 〖幾何〗緩和曲線；〖鉄道〗(曲線の) 緩和. ~ parabolique 放物線の緩和曲線.

raccourci *n.m.* **1** 要約. ~ d'un discours 演説の要約. en ~ 要約して；要約された. raconter en ~ かいつまんで話す.
2 (文章上の) 縮約 (凝縮) 表現.
3 〖美術〗(遠近法による) 短縮法. figure en ~ 短縮法で描かれた人物像.
4 近道. prendre un ~ 近道を行く.
5 〖舞〗ラクールシ《軸足の膝にもう一方の足をつけること》.
6 〖電算〗~ clavier 短縮キー.

raccroc *n.m.* 〖古〗(ビリヤードなどでの) まぐれ当たり. 〖現用〗par ~ まぐれで (= par hasard) ; 運よく.

raccrocheur(se) *a.* 〖話〗**1** 注意を惹きつける. affiche ~ *se* 人目を惹くポスター.
2 客引きをする.
—*n.* 客引き (= racoleu*r*(*se*)).
—*n.f.* 街娼 (= prostituée).

race *n.f.* Ⅰ 〖人〗**1** 人種；種族 (= ~ humaine). ~ blanche (jaune, noire) 白色 (黄色, 黒色) 人種. 〖文〗~ humaine 人類 (= humanité). croisements entre ~ *s* 人種交流.
2 〖稀〗民族 (= peuple) ; 国民 (= nation). ~ germanique (latine) ゲルマン (ラテン) 民族《常用は peuple germanique (latin) ; 民族学では ethnie を用いる》.
3 〖王族・貴族などの〗一族；〖文〗名門の家系, 気品. ~ royale 王族. être de ~ noble 貴族の出である. fin de ~ 名門の末裔. avoir de la ~ 名門の血をひく；生れながらの気品をそなえている.
4〖*pl*. で〗〖文〗末裔；〖古〗世代. ~ d'Abel アベルの末裔. ~ *s* futures 子々孫々.
5〖比喩的・話〗同類の仲間；〖蔑〗奴ら. ~ des poètes 詩人仲間. Quelle sale ~ ! 何てきたない奴らだ.
Ⅱ 〖動物〗**1** 種 (しゅ) (= espèce), 品種 (= espèce の下位区分). ~ bovine 牛の品種. ~ *s* de chevaux 馬の品種. vache de ~ normande ノルマンディー種の乳牛. ~ pure ; race ~ 純血種, 純血種. de ~ pure 純血種の (= pur-sang). chien de ~ pure 純粋 (純血) 種の犬. sous-~ 亜種《race の下位区分》.
2 純粋種 (= ~ pure). de ~ 純粋種の. chien de ~ 純粋 (純血) 種の犬. 〖比喩的〗écrivain de ~ 生粋の文筆家.

racé(e) *a.p.* **1** (動物の) 純粋種の；生粋の. cheval ~ 純血種の馬.
2 (人が) 生れながらに気品のある (上品な, 高雅な). homme ~ 生れつき上品な人. jeune fille curieusement ~ *e* 不思議な品をそなえた少女. vin rouge bien ~ 芳醇極まりな

い赤葡萄酒.

rachat (< racheter) *n.m.* **1** 買戻すこと；〖商業・財政〗買戻し (= réméré). ~ de police d'assurance 保険の買戻し. ~ d'une voiture 車の買戻し. pacte de ~ 買戻約款. vendre avec faculté de ~ 買戻権付きで売却する.
2 買い直し, 新たな購入. ~ journalier du pain 日々のパンの購入.
3 (身代金の支払いによる) 釈放. ~ des otages 人質の解放.
4 (罪の) あがない, 贖罪 (しょくざい) (= rédemption). ~ des péchés par le Christ キリストによる人類の罪の償い. ~ d'une faute 罪の償い.
5 償還, 償却. ~ de rente 公債の償還.
6 〖経済〗買収. ~ d'une entreprise 企業の買収. offre de ~ des actions en bourse 株式市場における株式の買収提案 (OPA : *o*ffre *p*ublique *d'a*chat など). ~ par une société de ses propres actions 自社株の買入償却.

rachetable (< rachat) *a.* 買戻し可能な；債務からの脱却 (償還) が可能な；(資格などの) 一括買取りが可能な.

rachi *n.f.* 〖医〗脊椎麻酔 (= rachianesthésic). faire une ~ 脊椎麻酔をかける.

rachialgie *n.f.* 〖医〗〖話〗脊椎過敏症.

rachianesthésie [raʃjanɛstezi] *n.f.* 〖医〗脊椎麻酔.

rachidien(ne) *a.* 〖解剖〗脊柱 (rachis) の；脊椎の；脊髄の. bulbe ~ 延髄. canal ~ 脊柱管. nerfs ~ *s* 脊髄神経. réflex ~ 脊髄反射.

rachis [-s] *n.m.* **1** 〖解剖〗脊柱, 脊椎 (= colonne vertébrale ; 33 の vertèbre「椎骨」から成る). dégénérescence du ~ 脊柱変性.
2 〖植〗花軸, 葉軸.
3 〖鳥〗羽軸.

rachitique *a.* **1** 〖医〗佝僂病 (くるびょう) の, 佝僂病に罹った.
2 〖植〗萎縮病, 萎縮病に罹った.
3 〖広義〗瘦せた, ひよわな, 成育の悪い. blé ~ ひよわな小麦. poulet ~ 瘦せた鶏.
—*n.* 佝僂病患者.

rachitisme *n.m.* 〖医〗佝僂 (くる) 病.

racial(ale) (*pl.***aux**) *a.* **1** 人種 (race) の, 人種的の. conflits ~ *aux* 人種紛争. discrimination ~ *ale* 人種差別 (= racisme). politique ~ *ale* 人種政策. préjugé ~ 人種的偏見 (= racisme). ségrégation ~ *ale* 人種隔離, アパルトヘイト (= apartheid) ; 人種差別.
2 〖動〗種の, 種に関する.

racine *n.f.* **1** 〖植〗根. ~ aérienne 気根. ~ principale 主根. petite ~ 小根, ひげ根 (= ~ fasciculée, fibreuse). ~ vivace 宿根. pipe en ~ de bruyère ブライヤー・パイプ. prendre ~ 根を張る, 根が生える, 根をの

ばす；〔比喩的〕根をおろす, 居すわる.
2〔古〕根菜 (= ~ comestible) (herbe「葉菜」の対). ~ de carotte 人参〔根〕. ~ de curcuma うこんの根 (=arrow-root). ~s farineuses 澱粉質の根菜 (pomme de terre など). manger des ~s 根菜を食べる.
3〔解剖〕根；根元, つけ根. ~ antérieure (postérieure) d'un nerf 神経の前 (後) 根. ~ dentaire 歯根 (= ~ d'une dent). ~ des cuisses 腿のつけ根. ~ des poils 毛根. ~ de la langue 舌のつけ根. ~ nerveuse 神経根. ~ rachidienne 脊椎根. ~ d'une tumeur 腫瘍の根部 (深部). jusqu'à la ~ des cheveux 徹底的に.
4〔比喩的・文〕根源, 起源. ~ des choses 事物の根源. ~s de l'orgueil 自尊心の根源 (種). attaquer (couper) le mal à sa ~ 悪を根絶する.
5〔pl. で〕深いつながり, ルーツ. avoir des ~s paysannes ルーツは農民である.
6〔言語〕語根. ~ latine de mots français フランス語のラテン語根. dictionnaire des ~s 語根辞典.
7〔数〕根 (こん), 集根, ルート. ~ carrée 二乗根, 平方根 (記号 √). ~ cubique 三乗根, 立方根 (記号 ³√). ~ d'une équation 方程式の根. ~ n^{ième} n 乗根. ~ imaginaire (réelle) 虚 (実) 根 (記号 ∜).
8〔釣〕てぐす (=crin de Florence). ~ anglaise 絹てぐす.

racisme *n.m.* **1** 人種差別主義；人種差別, 人種的偏見. Ligue *i*nternationale *c*ontre le ~ et l'*a*ntisémitisme (Licra) 人種差別主義と反ユダヤ主義に反対する国際連盟 (1927年設立). SOS-~ 人種差別救済組織 (1984年設立；全国人種諸問委員会に加入).
2〔広義〕差別主義；〔社会的〕差別. ~ envers les femmes 女性差別.
raciste *n.* 人種差別主義者.
——*a.* 人種差別主義の, 人種差別主義的な. comportement ~ 人種差別的行動. nationalisme ~ 人種差別主義的ナショナリズム (国粋主義). politique ~ 人種差別政策. violences ~s 人種差別的暴力行為.

rack [rak] [英] *n.m.* ラック (電子機器用の棚).

racket [rakɛt] [米] *n.m.* 恐喝団；恐喝, ゆすり.

raclage (<racler) *n.m.* **1** 削り取ること. ~ d'une casserole シチュー鍋の残滓の削り落とし.
2〔医〕掻把. ~ d'un lupus (皮膚の) 狼瘡の掻把. ~ d'un os à la rugine 骨膜剝離子による骨の掻把.
3〔林業〕(輪伐樹林の) 間伐 (=éclaircissement des taillis).

raclette *n.f.*〔料理〕**1** ラクレット (石臼状のチーズを半分に切り, 温めて, 溶け出したところをそぎ取る調理器).
2 ラクレット (スイス西南部の canton du Valais ヴァレー州生まれのチーズ・フォンデュ；溶けたチーズとじゃが芋, 干し肉, コルニッションなどを味わう；フランスでは abondance アボンダンス・チーズが最適).

racolage (<racoler) *n.m.* **1**〔古〕兵士の勧誘募集.
2 (客・党員などの) 勧誘. ~ publicitaire あの手この手の宣伝活動. faire du ~ pour une manifestation politique 政治デモへの参加を勧誘する.
3 (娼婦の) 客引き. ~ sur la voie publique 街娼の客引き.

rad [rad] (=radiation) *n.m.*〔物理〕ラド (放射線の線量を示す単位).

rad. (=radian) *n.m.*〔数〕ラジアン, 弧度 (角度の単位の略記).

radar (= [英] *r*adio *d*etection *a*nd *r*anging) *n.m.* レーダー, 電波探知機. ~ à antenne synthétique (RAAS) 合成開口レーダー (= [英] SAR : *s*ynthetic *a*perture ~；[仏] (同称) ~ à ouverture synthétique, à synthèse d'ouverture). ~ à effet Doppler ドップラーレーダー. ~ à visée latérale 側方監視レーダー (= [英] SLR : *s*ide-*l*ooking ~). ~ aéroporté à antenne latérale 側面アンテナ式航空機搭載レーダー. ~ de contrôle d'approche (航空機の) 進入管制レーダー. ~ de détection 探知レーダー. ~ de poursuite 追跡レーダー. ~ de surveillance 監視レーダー. ~ imageur 映像レーダー. ~ météo[rologique] 気象レーダー. ~-sonde レーダーゾンデ. ~ transhorizon 見通し外レーダー, OTH レーダー. avion ~s 空中警戒管制航空機 (= [英] AWACS: *a*irborne *w*arning *a*nd *c*ontrol *s*ystem). contrôle ~ (交通違反などの) レーダーコントロール. écran ~ レーダー網. onde ~ レーダー電波. station-~ レーダー基地, レーダーサイト. téléscope ~ レーダー望遠鏡.

radarastronomie *n.f.* レーダー天文学.

radariste *n.* レーダー係, レーダー操作 (保守) 要員.

rade *n.f.*〔海〕停泊地, 錨地. ~ de Brest ブレスト軍港錨地. être en ~ 停泊している.〔話〕laisser *qn* (*qch*) en ~ 見捨てる.〔話〕Le projet est resté en ~. 計画は頓挫したままだ. mouiller sur (en) ~ 投錨する.〔話〕voiture en ~ sur le bord de la route 道端でエンコしている車.

radeau (*pl.* **~x**) *n.m.* 筏 (いかだ). ~ de sauvetage 救命筏. ~ pneumatique 救命用ゴムボート.〔美術〕Le R-~ *de la Méduse*「メデューサ号の筏」(Géricault の作品；1819年).

radial (**ale**¹) (*pl.* **aux**) *a.* **1**〔解剖〕橈 (とう) 骨 (radius) の. fracture de la diaphyse ~ale 橈骨骨幹骨折. nerf ~ 橈骨神経. paralysie de nerf ~ 橈骨神経麻痺.

2 径方向の；動径の；放射状の.〖機工〗perceuse ~ale ラジアルボール盤.〖自動車〗pneu à carcasse ~ale ラジアルタイア.〖物理〗vitesse ~ale 視線(半径方向)速度.

radiale² *n.f.*〖交通〗(都心と周辺道路を結ぶ)放射状道路(=voie ~；voie pénétrante (都心への)「進入幹線道路」の対).

radiateur *n.m.* ラジエーター；暖房用放熱器；(エンジンの)冷却器. ~ à gaz(à bain d'huile) ガス(オイル)ストーヴ. ~ électrique 電気暖房器.

radiation¹ *n.f.* **1**〖物理〗輻射, 放射；輻射(放射)線；輻射(放射)線エネルギー. ~ infrarouge (ultraviolette) 赤(紫)外線. ~ ionisante 電離線. ~ solaire 日射. ~ thermique 熱放射(= calorifique). ceintures de ~ 放射線帯, ヴァン=アレン帯. pression de ~ 放射圧.
2〖物理〗粒子線(=flux de particules).
3〖生〗放散；適応放散(~ adaptive).
4〖解剖〗(神経繊維の)放線.

radiation² (<radier) *n.f.* **1** (名簿・帳簿・目録などからの)削除, 抹殺, 抹消. ~ du registre du commerce 商業登記簿からの抹消.
2〖法律〗抹消. ~ d'inscription hypothécaire 抵当権登記の抹消. ~ d'une affaire 事件の抹消.
3〖行政〗(公務員名簿からの)削除, 公務員の任務終了.

radical (ale) (*pl.***aux**)¹ *a.* **1**〖植〗根(racine)の；根から生える. feuilles ~ales 根に近い葉 (feuilles caulinaires「有茎葉」の対). pédoncule ~ ひこばえ.
2〖比喩的〗根本的な；絶対的な, 完全な. changement ~ 根本的変化.〖医〗cure ~ale 根本的治療.〖法律〗nullité ~ale 絶対無効. réforme ~ale 抜本的改革.
3〖政治〗急進主義の；急進社会主義の. parti ~ 急進党.

radical (*pl.***aux**)² *n.m.* **1**〖言語〗語幹 (flexion「屈折語尾」, déclinaison「語尾変化」, conjugaison「活用語尾」の対).
2〖数〗根号(√；ⁿ√).
3〖化〗基, 根(こん) (= ~ chimique). ~ d'acide 酸基. ~ hydroxyle 水酸基(-OH). ~ libre 遊離基. ~ nitro ニトロ基.

radicalisation *n.f.* 急進化, 過激化；硬化. ~ d'attitudes 態度の硬化. ~ d'un mouvement 運動の急進化. ~ des opinions 意見の過激化. ~ des revendications syndicales 組合の権利回復要求の尖鋭化.

radicalisme *n.m.* **1**〖政治〗急進主義；急進社会主義(=radical-socialisme)；急進(社会)主義政策(綱領).
2〖哲〗ラディカリズム；根本的変革主義；過激思想.

radical-socialisme *n.m.* 急進社会主義.

radical (ale)-socialiste (*pl.***aux**-

~s) *a.*〖政治〗急進社会主義の；~を信奉する；急進社会党の. ~ 急進共和・急進社会党(1901年結党；急進社会党 parti radical の正式名称).
——*n.* 急進社会主義者；急進社会党員.

radicelle *n.f.*〖植〗支根, 側根.
radicotomie *n.f.*〖医〗神経根切断術.
radiculaire *a.* **1**〖植〗幼根の. poussée ~ 胚にある幼根.
2〖医〗神経根の；歯根の. douleur ~ 神経根痛. syndrome ~ 神経根症状.

radiculalgie *n.f.*〖医〗神経根痛(= douleur radiculaire).

radiculite *n.f.*〖医〗神経根炎(= névrite radiculaire).

radiculopathie *n.f.*〖医〗神経根症.

radié(e) *a.* **1** (名簿などから)削除された, 抹殺された, 消去された. chômeur ~ 登録取消失業者. être ~ d'une liste électorale 選挙人名簿から削除された.
2 除名された. avocat ~ du barreau 弁護士会から除名された弁護士.

radiesthésie *n.f.* **1** 放射感知術《占い棒などを用いて発散するエネルギーを感知する術》；放射エネルギー感知学.
2〖医〗放射エネルギー感知治療法.

radieux (se) *a.* **1** 光り輝く. journée ~e 陽光の輝く一日. soleil ~ 光り輝く太陽.
2〖文〗晴れ晴れとした；喜色に輝く. ~ se beauté 輝くばかりの美しさ. jeune mère ~se 幸せいっぱいの母親. visage ~ 晴れ晴れとした顔.

radio¹ = *radio*diffusion；*radio*graphie；*radio*navigation；*radio*navigant；*radio*scopie；*radio*télégraphie；*radio*télégraphiste；*radio*téléphonie などの略).

radio² *n.f.* **1** ラジオ放送 (= *radio* diffusion). émission de ~ ラジオ放送. [poste de] ~ ラジオ受信機, ラジオ. écouter le ~ ラジオを聴く. écouter les informations à la ~ ラジオでニュースを聴く. passer à la ~¹ ラジオに出る；ラジオで放送する. ~-trottoir 街の噂, 風評.
2 ラジオ〔放送〕局 (= station de ~). ~ libre 自由ラジオ放送〔局〕. ~ locale privée 地方民間ラジオ放送〔局〕. ~ périférique 隣接国からのラジオ放送. ~ pirate 海賊放送〔局〕. maison de la ~ ラジオ放送会館.
3 ラジオ〔受信機〕. allumer (éteindre) la ~ ラジオをつける(消す). ~ portable ポータブル・ラジオ. ~-réveil 目覚しラジオ.
4 無線電信 (= *radio*télégraphie)；無線電話 (= *radio*téléphonie)；無線；無線通信装置. ~-taxi 無線〔ラジオ〕タクシー. communiquer par ~ 無線で通信する. message ~ 無線通話. ~ ラジオ・カー. voiture-~ ラジオ・カー.
5 X線撮影〔法〕, レントゲン写真〔術〕(= *radio*graphie)；X線透視〔法〕(= *radio*scopie). passer à la ~² ；passer une ~ X線検査を受ける. Les ~s sont normales. X線

検査には異常がない．
6 電波．～ extragalactique 銀河系外電波．～ solaire 太陽電波．

radio³ *n.m.* **1** 無線電報 (= *radio*télégramme)．
2 無線技士 (= *radio*télégraphiste；*radio*téléphoniste)；『航空・海』無線通信士 (= *radio*navigant)．～ de bord d'un avion 航空無線通信士．

radio- ［ラ］[ELEM]「無線・放射線」の意．

radio[-]actif(ve) *a*. 放射能の, 放射能のある. contamination ～*ve* 放射能汚染. déchets ～*s* 放射性廃棄物. élément ～ 放射性元素 (= radio élément). équilibre ～ 放射〔能〕平衡. famille ～*ve* 放射〔能〕性系列. isotope ～ 放射〔能〕性同位体, 放射性アイソトープ (= radioisotope). pluies ～*ves* 放射性雨. pollution ～*ve* 放射能汚染. rayons ～*s* 放射線. viande ～*ve* 放射能汚染牛肉.

radio[-]activation *n.f.* **1**『医』放射活性化(組織内に放射性同位体を注入し放射能を帯びさせること).
2『物理』放射化. analyse par ～ 放射化分析(試料に放射能を照射して特定元素の定量分析を行うもの).

radio[-]activité *n.f.* 放射能. ～ artificielle 人工放射能. ～ naturelle 自然（天然）放射能. ～ résiduelle 残留放射能.

radio[-]agronomie *n.f.* 放射線農学(放射線照射による品種改良, 農産物保存等の研究).

radio[-]alignement *n.m.*『航空・船舶』無線航路標識, ラジオレンジ (=［英］radio range).

radio[-]altimètre *n.m.*『航空』(レーダーによる) 電波高度計 (=radiosonde).

radio[-]amateur *n.m.* アマチュア無線士, ハム.

radio[-]astrométrie *n.f.* 電波天文測定学(電波源の測定学).

radio[-]astronomie *n.f.* 電波天文学.
▶ radio[-]astronomique *a*.

radiobalisage *n.m.*『航空・航海』ラジオビーコン（無線標識）による航路（位置）の指示．

radiobalise *n.f.* **1** ラジオビーコン (=［英］radio beacon), 無線標識(無線電波による航空機・船舶等の位置・航路を確認・指示する装置).
2 無線標識局.

radiobaliser *v.t.*『航空・航海』ラジオビーコン（無線標識）を設置する．

radiobiologie *n.f.* 放射線生物学(放射能と生物との関係の研究).

radioborne *n.f.*『航空』マーカー, マーカービーコン(空港の着陸用無線標識).

radiocarbone *n.m.*『化』放射性炭素(特に carbone 14). datation par les ～*s* 放射性炭素による年代測定.

radio-carpien(ne) *a*.『解剖』橈骨手根骨の．

radio[-]cassette *n.f.* ラジオカセット, ラジカセ. ～ portable ポータブル・ラジカセ．

radiochimie *n.f.* 放射〔線〕化学．

radiochronologie *n.f.* 放射性元素年代測定〔学〕．

radiocinéma *n.m.*『医』(器官の) X 線動態映画記録．

radiocinématographie *n.f.*『医』放射線 (X 線) 映画撮影〔法〕．

radiocobalt *n.m.* 放射性コバルト．

radiocom (=radiocommunication) *n.f.* 無線通信．

radiocom 2000 *n.m.* ラディオコム 2000 (フランスの自動車電話通信網の名称).

radiocommande *n.f.* 無線操縦 (装置), ラジコン．

radiocommandé(e) *a.p.* 無線操縦された, 無線操縦方式の, ラジコン式の. voiture ～*e* ラジコンカー．

radio[-]communication *n.f.* 無線通信. ～*s* avec mobiles terrestres 自動車無線〔通信〕. ～*s* avec mobiles maritimes 船舶無線〔通信〕．

radiocompas [radjɔkɔ̃pa] *n.m.*『航空・航海』ラジオコンパス, 無線方位探知機(無線標識の電波を受信して位置・航路を確認する装置；= radiogoniomètre).

radioconcentrique *a*.『都市計画』放射同心円上の(基幹道路が放射線状に伸び, 同心円状の環状道路がはりめぐらされた人口密集地帯の形状).

radioconducteur *n.m.*『通信』コヒーラー (=cohéreur).

radioconservation *n.f.* (食品の) 放射線照射保存．

radiocontamination *n.f.*『医』放射線汚染 (=contamination radioactive).

radiocontraste *n.m.*『医』X 線に対する不透明性. produit de ～ X 線不透過物質．

radiocristallographie *n.f.* (X 線, 電子, 中性子などを利用した) 放射線結晶学, 回折結晶学．
▶ radiocristallographique *a*.

radio-cubital(ale)(*pl.* **aux**) *a*.『解剖』橈骨尺骨の．

radiodermite *n.f.*『医』放射能皮膚炎；レントゲン皮膚炎．

radiodétection *n.f.* 電波 (無線) 探知〔法〕．

radiodiagnostic [radjɔdjagnɔstik] *n.m.*『医』放射線診断〔法〕, レントゲン診断．

radiodiffusion *n.f.* ラジオ放送. chaînes de ～ ラジオのチャンネル. émission de ～ ラジオ放送. Office de ～-*télé*vision *f*rançaise フランス放送協会 (ORTF；1926 年 *R* ～ française として設立；1945 年

RTF＝R~-Télévision française に改組；1963年 ORTF と改称；1974年6つの独立会社に分割). programmes de ~ ラジオの放送番組. station de ~ ラジオ放送局.

radiodistribution n.f. (ケーブル式の)ラジオ番組配信, 有線ラジオ放送.

radio[-]écologie n.f. 放射能生態(環境)学.

radio[-]électricien(ne) n. 無線通信技術者.

radio[-]électricité n.f. 電波(無線)工学；電波(無線)技術.

radio[-]électrique a. **1** 電波の (= herzien). ondes ~ s 電波. **2** 無線の. fréquence ~ 無線用波数 (=radiofréquence). **3** 電波(無線)工学の.

radio[-]électronique n.f. 無線電子工学.
—a. 無線電子工学の.

radio[-]élément n.m. **1** 放射性元素. ~ à vie longue (courte) 長(短)寿命放射性元素, 長(短)期半減期放射性元素. **2** 放射性同位元素, 放射性同位体 (=radio-isotope, isotope radioactif).

radio-enregistreur n.m. ラジオ付〔テープ〕レコーダー.

radio[-]étoile n.f. 〖天〗電波星, ラジオ星, 電波源天体.

radio[-]exposition n.f. 放射線照射.

Radio-France n.pr.f. 〖放送〗ラジオ＝フランス(1974年 ORTF を分割して誕生したフランス国営ラジオ放送会社；傘下に France-Inter, France-Musique, France-Culture, Radio-France internationale (RFI), Radio bleue, France-Info, Radio-France outre-mer (RFO) と複数の地方ラジオ放送を置く).

radiofréquence n.f. 〖通信〗無線周波数 (15 KHz-30 MHz).

radiogalaxie n.f. 〖天〗電波銀河, 電波星雲(電波を強く反射する銀河).

radiogène a. **1** 〖理〗放射能によって作り出された. **2** X線を放射する. appareil ~ X線装置. **3** ラジオ放送向きの.

radiogénique a. **1** ラジオ放送向きの. voix ~ ラジオ放送向きの声. **2** 〖物理〗放射性起源の, 放射能によってつくり出された.

radiogoniomètre n.m. 無線方向探知器, ラジオゴニオメーター, ラジオコンパス (=radiocompas, goniomètre).

radiogoniométrie n.f. 〖航空・航海〗無線方位測定；ラジオゴニオメーター(ラジオコンパス)による航行.
▶ **radiogoniométrique** a.

radiogramme n.m. **1** 〖医〗X線写真, X線像. **2** 無線電報 (=radiotélégramme).

radiographe n.m. レントゲン写真, ラ

ジオグラフ.

radiographie n.f. 放射線(X線, レントゲン)写真撮影〔法〕(略記 radio).

radiographique a. 〖医〗X線撮影〔法〕の；X線撮影法によって得られた. cliché ~ X線写真.

radioguidage n.m. **1** (航空機・船舶等の)無線誘導(制御). **2** (ラジオ, 無線等による)電波道路交通情報(サービス).

radioguidé(e) a. 無線誘導(制御)方式の. engin ~ 無線誘導ミサイル(ロケット).

radiohéliographe n.m. 〖天文〗太陽電波計.

radioimmunodétection n.f. 〖医〗放射性免疫検出法(略記 RID).

radioimmunoélectrophorèse n.f. 〖医〗放射免疫電気泳動法(免疫拡散法を利用した電気泳動法).

radio-immunologie n.f. 放射線免疫学(放射性マーカー等を利用した免疫学の測定技術).
▶ **radio-immunologue** n.

radio-immunologique a. 〖医〗(放射性同位元素)標識免疫検定法による, ラジオイムノアッセイによる. dosage ~ de la fraction β de l'HCG ヒト絨毛性ゴナドトロピンのβサブユニットの放射性免疫検定.

radioimmunothérapie n.f. 〖医〗放射免疫治療(放射性同位元素で標識した抗体を用いる癌の治療法).

radio-indicateur n.m. 〖生化・化・医・治〗指標放射性同位体, 放射性追跡子, 放射性トレーサー (=traceur radio actif).

radio-induit(e) a. 〖医〗電離線の照射で誘導される(顕現する). cancer ~ 電離線照射により顕現する癌.

radio-iode n.m. 放射性沃素.

radio-isotope [radjɔizɔtɔp] n.m. 放射性同位体, ラジオ・アイソトープ (=isotope radioactif).
▶ **radio-isotopique** a.

radio[-]journal (pl.~-~aux) n.m. ラジオニュース (=journal parlé).

radiolabile a. 〖医〗放射線(X線)の影響をうける；放射線により破壊される.

radiolaires n.m.pl. 〖動〗放散虫亜綱.

radiolarite n.f. 〖鉱〗放散虫岩.

radiolésion n.f. 放射能症(放射線被曝傷害のうち特に回復困難なもの).

radiolocalisation n.f. (船舶の)無線による位置測定.

radiologie n.f. 〖医〗放射線医学；放射線学.

radiologiste n. 〖医〗放射線科医, 放射線技師.

radiologue n. 放射線技師；放射線専門医, 放射線学者.

radioluminescence n.f. 〖物理〗放射線ルミネセンス(放射性物質の放射によ

radiolyse *n.f.* 〖化〗放射線分解.
▶ radiolytique *a.*

radiomanométrie *n.f.* 〖医〗放射線による内圧測定. ~ biliaire préopératoire 術前胆道内圧測定.

radiomaritime *a.* 海洋無線の. centre ~ 海洋無線局.

radiomessagerie *n.f.* 〖電話〗無線呼出サービス, ポケットベル〔業務〕《1987年に TDF と France-Télécom が導入》. ~ bilatérale 双方向ラジオメサジュリー.

radiométallographie *n.f.* 〖冶金〗X 線金属結晶分析〔法〕.

radiomètre *n.m.* 〖物理〗放射(輻射)計.

radiométrie *n.f.* **1** 〖物理〗放射(輻射)測定. **2** 〖物理・医〗放射線測定〔法〕. **3** 〖地球物理〗マイクロ波遠隔測定〔法〕.

radiomutagenèse *n.f.* 〖生〗放射線による突然変異誘発.

radionavigant *n.m.* 〖海・空〗無線航海(航法)士.

radionavigateur *n.m.* 航空(航海)無線通信士.

radionavigation *n.f.* 〖航空・航海〗無線(電波)航法(行).

radionécrose *n.f.* 〖医〗放射線壊死.

radionucléide *n.m.* 〖物理〗放射性核種(=radionuclide). ~ naturel (artificiel) 天然(人工)放射性核種.

radio-observatoire *n.m.* 電波天文台 (=observatoire radio-astronomique).

radiopathologie *n.f.* 放射線病理学.

radiopelvimétrie *n.f.* 〖医〗骨盤腔X線利用計測〔法〕.

radiophare *n.m.* 〖航空・航海〗無線標識〔局〕, ラジオビーコン, 電波灯台 (=radio-balise). ~ d'alignement 無線航路標識. ~ tournant 回転式ラジオビーコン.

radiopharmaceutique *a.* 〖薬〗放射線核種を含む；放射性医薬品の. administration ~ 放射性医薬品管理. produit ~ 放射性医薬品核種.

radiophonie *n.f.* 電波利用音声伝達〔法〕(radiodiffusion「ラジオ放送」, radiotéléphonie「無線電話」など).

radiophonique *a.* **1** 無線電話(=radiotéléphonie)の. **2** ラジオ放送(=radiodiffusion)の. programmes ~s ラジオ放送番組.

radiophosphore *n.m.* 放射性燐.

radiophotographie *n.f.* 無線写真電送；電送写真.

radiophysique *n.f.* 放射〔線〕物理学.
——*a.* 放射〔線〕物理〔学〕の.

radio-pirate (*pl.* ~[s]-~s) *n.f.* 海賊放送〔局〕.

radioprotection *n.m.* 放射線防護(防御).

radioralliement *n.m.* 〖航空〗無線標識誘導航法, ラジオ・ホーミング《= [英] radio homing, 単に ralliement といわれることもある》.

radiorécepteur *n.m.* ラジオ(無線)受信機；ラジオ(=radio).

radioreperage *n.m.* (位置, 速度その他の特性)無線探査.

radio-répondeur *n.m.* 無線情報サービス.

radioreportage *n.m.* 〖放送〗ラジオ・ルポルタージュ, ラジオの実況放送, ラジオ中継.

radioreporter [radjɔrəpɔrtɛr] *n.m.* ラジオ・リポーター；ラジオの実況放送担当者；放送記者.

radio(-)résistance *n.f.* 〖医〗放射線耐性(抵抗性).

radio(-)réveil *n.m.* 目覚しラジオ(目覚し装置付ラジオ).

radioscopie *n.f.* 放射線(X線, レントゲン)透視〔法〕.
▶ radioscopique *a.*

radiosensibilisateur (trice) *a.* 〖医〗放射性増感作用のある；放射線増感性の. produit ~ 放射線増感剤.
——*n.m.* 〖医〗放射線増感剤.

radiosensibilité *n.f.* (癌細胞などの)放射線(能)感受性.

radiosextant *n.m.* 天体電磁波六分儀.

radiosignalisation *n.f.* (電波標識・ラジオビーコンなどによる)無線信号システム.

radiosondage *n.m.* **1** 〖気象〗ラジオゾンデによる高層気象観測. **2** 地中の電波探査. **3** 〖航空〗レーダーによる高度測定.

radiosonde *n.f.* **1** 〖気象〗ラジオゾンデ(高層気象観測装置). **2** 電波高度計. **3** 地中探査用放射線検出器.

radiosource *n.f.* 〖天文〗電波源, 電波星, ラジオ星《強い電波を放射している, 銀河系外の星雲・銀河系内の超新星》.

radiospectromètre *n.m.* X 線分光器.

radiostérilisation *n.f.* 放射線〔照射〕殺菌；(害虫等の)放射線照射による不妊化.

radiostrontium [radjɔstrɔ̃sjɔm] *n.m.* 放射性ストロンチウム《特に strontium 90 を指す》.

radio-taxi *n.m.* 無線タクシー.

radiotechnicien(ne) *n.* 電波技師；電波技術者.

radiotechnique *n.f.* 電波技術, 電波工学.
——*a.* 電波技術の, 電波工学の.

radiotélégramme *n.m.* 無線電報 (=radiogramme)《略記 radio》.

radiotélégraphie *n.f.* 無線電信 (=télégraphie sans fil)《略記 radio》.

radiotélégraphique *a.* 無線電信の(による). station ~ 無線電信局.

radiotélégraphiste *n.* 無線電信士. certificat de ~ 無線電信士資格証.
radiotélémétrie *n.f.* 電波測距, 電波利用距離測定〔法〕.
radiotéléphone *n.m.* (列車, 自動車などの) 無線電話通信機, ラジオフォン,〔無線〕移動電話 (= téléphone mobile). ~ numérique ディジタル・ラジオフォン.
radiotéléphonie *n.f.* 無線電話 (略記 radio);(特に自動車・列車などと通話できる) 無線電話〔方式〕.
radiotéléphonique *a.* 無線電信の (による). réseau ~ 無線電信網.
radiotéléphoniste *n.* 無線電話士. certificat d'opérateur ~ 無線電話士資格証, ハム資格証. ~ radiotélégraphiste 無線電信電話士.
radiotéléscope *n.m.* 〖天文〗電波望遠鏡. ~ interférométrique 干渉電波望遠鏡.
radiotélévisé(e) *a.* ラジオとTVで放送された. allocution ~ *e* du président de la République 共和国大統領のラジオとTVで放送された演説.
radiotélévision *n.f.* 〖放送〗ラジオとTV;ラジオTV放送.
radiothérapeute *n.* 〖医〗放射線治療医.
radiothérapie *n.f.* 〖医〗放射線治療, 放射線照射療法. à petite source (悪性腫瘍に対する) 小線源照射療法. ~ des ions graves 重イオン放射線療法. ~ des particules 重粒子線療法. ~ externe 外部照射 (= ~ transcutanée 経皮照射, téléradiothérapie 遠隔X線療法). ~ intracavitaire 体腔内照射療法. ~ métabolique 代謝性放射線治療. ~ orthocinétique profonde 深部X線治療.
radiothérapique *a.* 〖医〗放射性療法の, 放射線治療の.
radiotoxicité *n.f.* 〖医〗放射線中毒.
radiotoxique *a.* 〖医〗放射性毒性の. ——*n.m.* 放射性毒物.
radiotraceur *n.m.* 〖生化・化学・医・治〗放射性追跡子, 放射性トレーサー (= traceur radioactif).
radio-trottoir *n.m.* 〚話〛歩道ラジオ《放送が統制されている国での噂による情報伝播》.
radique *a.* 〖医〗放射線照射に起因する, 放射線照射性の. entérite ~ 放射線照射性腸炎. lésions ~s 放射線照射性傷害(病変).
radis *n.m.* 〖植〗ラディ, ラディッシュ;二十日大根;大根〖アブラナ科の根菜〗. ~ bicolore 赤と白の二色に色分けされたラディ. ~ blanc 白大根. ~ demi-long à bout blanc 先端の白い中長型ラディ. ~ noir 黒大根《外皮が黒紫色, 中身は白》.〖料理〗~s noirs à la crème 黒大根の千切りの生クリームソース和え. ~ long 長大根. ~ rond rouge total 全体が赤い丸型ラディ.〖料理〗~s

rémoulade ラディのレムーラード・ソース和え《サラダ料理》. ~ rose foncé 濃桃色のラディ, 赤ラディ. fanes de ~ ラディの茎と葉.
radium [radjɔm] *n.m.* **1** 〖化〗ラジウム《元素記号 Ra;原子番号 88;原子量 226.0254;放射性金属元素》.
2 ラジウム《アルカリ土類金属》.〖医〗aiguille de ~ ラジウム針.
radiumthérapie *n.f.* 〖医〗ラジウム療法, ラジウム治療.
radius [-s] *n.m.* 〖解剖〗橈骨 (とうこつ).
radôme *n.m.* 〖電気通信〗レードーム《レーダーアンテナ用の保護ドーム》.
radon *n.m.* 〖化〗ラドン《元素記号 Rn, 原子番号 86. ラジウムの崩壊で生じる不活性の放射性希ガス元素》.
radoub [radu(b)] *n.m.* 〖海〗(船体の) 修理. bassin (cale) de ~ 乾ドック.
RAE (= *R*épublique *a*rabe *d'E*gypte) *n.f.* エジプト・アラブ共和国.
RAF = [独]*R*ote-*A*rmee-*F*raktion) *n.f.* 〖政党〗赤軍分派 (= Fraction de l'Armée rouge).
rafale *n.f.* **1** 突風, 疾風;スコール (= ~ de pluie). ~ de neige 吹雪. souffler en (par) ~s (風が) 突風となって吹く.
2 〖軍〗(銃火器の) 一斉射撃;〖比喩的〗一斉の行為. tirer par ~s 一斉射撃をする. une ~ d'applaudissements 一斉に起こる拍手.
3 〖軍〗*R*~ ラファル《フランス空軍の超音速戦闘攻撃機》. *R*~ A (B, C, M) A (B, C, M) 型ラファル.
raffinage *n.m.* **1** (砂糖・アルコール・ゴム・金属等の) 精製. **2** (石油の) 精製, 精油.
raffiné[1] **(e)** *a.p.* **1** 精製された;精錬された. essence ~*e* 精油. pétrole ~ 精油. sucre ~ 精糖.
2 洗練された;垢抜けた;凝った. architecture ~*e* 凝った建築. cuisine ~*e* 洗練された料理. gourmet ~ 飛び切りの食通. goût ~ 垢抜けた趣味. homme ~ 洗練された人. nourriture ~*e* 最良の食物. politesse ~*e* 洗練された礼儀作法. produits les plus ~s 最上品. style ~ 凝った (磨かれた) 文体. peu ~ がさつな.
3 〚蔑〛凝りすぎた;手の込んだ;きざな. travail ~ 凝りすぎた仕事;入念な仕事.
——*n.* 洗練された人.
raffiné[2] *n.m.* 精油 (= pétrole ~). du brut et du ~ 原油と精油.
raffinement *n.m.* **1** 洗練, 繊細さ. ~ dans le langage 洗練された言葉遣い. ~ du goût 趣味の繊細さ. ~ gastronomique 洗練された味覚. s'habiller avec ~ 垢抜けた身なりをする.
2 凝ること;〚蔑〛手の込んだこと. ~s d'expression 凝った表現. par un ~ de cruauté 残忍さの限りを尽くして.
raffinerie *n.f.* 精製所;精油所;精錬所;

製糖所.

rafraichissant(e) *a.* **1** 涼しくする，爽やかにする. brise ~ *e* 涼風.
2 喉の渇きをいやす. boisson ~ *e* 清涼飲料.
3〔比喩的〕新鮮（爽やか）な印象を与える. œuvre ~ *e* 新鮮な作品.
4〔古〕〔医〕便通をよくする. médicament ~ 緩下剤.

rafraichissement *n.m.* **1** 冷やすこと，冷えること，冷却. (気候が) 涼しくなること，爽やかになること. ~ de la température 温度の冷却.
2 (ペンキの) 塗りかえ, (油絵の) 手入れ, 色揚げ, 修復. ~ d'un immeuble 家屋の修復.
3 喚起;（知識の）更新, 復習. ~ de la mémoire 記憶の喚起.
4 清涼飲料;〔*pl.*で〕（レセプションなどで供される）冷たい飲物・冷菓. prendre un ~ dans un café カフェで清涼飲料を飲む. servir des ~ *s* 冷たい飲物や冷菓を出す.

rage *n.f.* Ⅰ〔激情〕**1** 激怒 (= fureur). avoir la ~ au cœur 怒り心頭に発する. de ~ 激怒して, 激怒のあまり. devenir blanc de ~ 怒りで真青になる. entrer dans une ~ folle 怒り狂う. entrer en ~ contre *qn* (*qch*) 人 (何) に対して激怒している. mettre *qn* en ~ 人をたけり狂わせる.
2 (de に対する) 狂おしい欲望 (情念). ~ d'aventures 激しい冒険欲. ~ de vivre 生きたいという欲望. avoir la ~ de + *n*.(*inf*.) …に対する (…したいという) 狂おしい欲望にかられている, …に夢中である.〔話〕Ce n'est plus de l'amour, c'est de la ~. 恋というよりは狂乱だ.
3〔古〕激痛. ~ de dents 激しい歯の痛み.
4〔比喩的〕猛威. faire ~ 猛威を振う. incendie (tempête) qui fait ~ 猛威を振う火事 (吹きすさぶ嵐).
Ⅱ〔医〕狂犬病. vaccin contre la ~ 狂犬病ワクチン.

ragoût *n.m.* **1**〔料理〕ラグー（香辛料をきかせた，肉・家禽・ジビエ・魚・甲殻類・野菜などの煮込み料理). ~ blanc 白いラグー・ホワイト・シチュー（食材に焼き色をつけないもの; fricassé など). ~ brun 茶色いラグー（食材に焼色をつけたもの). ~ de crustacés 甲殻類のラグー. ~ de légumes à la printanière 春野菜のラグー. ~ de mouton à l'irlandaise 羊のアイリッシュ・シチュー (=〔英〕irish stew; 羊肉とじゃが芋, 玉葱入りのシチュー).
2〔古〕料理の味を引き立てるもの（薬味, ソースなど).
3〔比喩的〕興味を引き立てるもの; 関心をそそるもの. ~ de la nouveauté 新鮮味; 新製品の魅力.

RAID (=〔unité de〕*r*echerche, *a*ssistance, *i*ntervention et *d*issuation) *n.m.*〔警察〕捜査・援助・介入・抑止班（国家警察の精鋭班).

raid [rɛd]〔英〕*n.m.* **1**〔軍〕急襲; 特別攻撃, 急攻 (特に) 空襲 (= ~ aérien). ~ de blindés (de parachutistes) 機甲部隊 (降下兵) の急襲.
2〔航空〕長距離耐久飛行. ~ Paris-Tokyo パリ=東京長距離耐久飛行.
3〔スポーツ〕長距離耐久テスト; 長距離耐久走. ~ à ski 長距離耐久スキー, 距離スキー.

raide *a.* **1** (布地が) 固い, ごわごわした; (毛が) こわい. cheveux ~ *s* ごわごわした髪. poils ~ *s* 剛毛.
2 ぴんと張った. corde ~ ぴんと張った綱.
3 突っ張った, こわばった, 硬直した. cadavre ~ 硬直した死骸. avoir un bras ~ 腕がこわばっている（曲らない). avoir les jambes ~ *s* (疲れで) 脚が棒のようになっている. se tenir ~ 体をこわばらせている, こちこちしている.
4 (坂, 階段などが) 急な, 急傾斜の. chemin ~ 急な坂道. escalier ~ 急傾斜の階段. pente ~ 急傾斜.
5〔文〕(動作, 文体などが) 堅い, 柔軟性を欠いた. air ~ 堅い様子. attitude ~ 鯱 (しゃちほこ) 張った態度. style ~ 柔軟性に欠ける文体.
6 堅苦しい, 頑固な. manière ~ 堅苦しいやり方. morale ~ こちこちの道徳観.
7〔話〕出鱈目な; 露骨な; ひどい, 信じ難い. plaisanterie ~ ひどい冗談. C'est ~! 眉唾ものだ! Elle est ~ 彼女には我慢がならない.
8〔話〕(酒が) 生 (き) の, 辛口で強い. eau-de-vie ~ 辛口で強い蒸溜酒.
9〔俗〕一文無しの. être ~ comme un passe-lacet (紐通しのように堅い→) 無一文である.
10〔俗〕(急死した人のように) 酔いつぶれた.
11〔軍隊用語〕se faire porter ~ 病気届を出す; 仮病を使う.
── *ad.* **1** 急激に, 荒々しく. frapper ~ 荒っぽく叩く. parler ~ 荒々しく話す.〔スポーツ〕renvoyer la balle ~ 強い球を返す. répondre ~ comme balle ずばり答える.〔話〕travailler ~ がむしゃらに働く.
2 急傾斜で; 急角度で. escalier qui grimpe ~ 急階段. tourner ~ 急に曲る.
3 突然. tomber ~ ばったり倒れる. tomber ~ mort 急死する. Elles sont tombées ~ *s* mortes. 彼女たちは急死した. tuer *qn* ~ 人を即死させる.

raider [rɛdɛr]〔英〕*n.m.*〔経済〕乗っ取り屋 (= prédateur).

raideur *n.f.* **1** (布地などの) 固さ, ごわごわしていること. ~ du linge 下着のごわごわした感じ.
2 (綱が) ぴんと張っていること, 剛性, 剛度.

3(体, 筋肉などの)こわばり, 硬直. ~ des membres 四肢のこわばり.
4(坂, 階段などの)急峻さ. ~ d'un escalier 階段の急峻さ.
5(態度などの)堅苦しさ, ぎこちなさ. marcher avec ~ ぎこちなく歩く. répondre avec ~ つっけんどんな返事をする.
6(性格などの)頑固さ. ~ de l'esprit 精神の頑固さ.
7 硬直性. ~ du style 文体の硬直性.

raie¹ *n.f.* **1** 線 (=trait). ~s parallèles 平行線. tracer une ~ sur une feuille de papier 紙に線を引く.
2 縞 ; 縞目. étoffe à grandes ~s 太縞模様の布地. indienne à mille ~s 細縞のインド更紗.
3〖農〗畝筋. ~s d'écoulement 排水用畝筋.
4 髪の分け目. porter la ~ à gauche (au milieu, sur le côté) 髪を左分けにする (中央で分ける, 脇で分ける).
5(体の)筋 ; 分け目. ~ du dos 背中の中央の筋. ~ des fesses (〖話〗~ du cul) 尻の割れ目.
6〖理〗線. ~s coronales コロナ線. ~ d'absorption 吸収線. ~ d'émission 輝線. ~s du spectre スペクトル線.
7 筋. ~ de lumière 光の筋.

raie² *n.f.* **1**〖魚〗鱏, えい. ~ bouclée 尾錠えい (学名 Raja clavata). ~ électrique 電気えい (=torpille) え Torpe do marmorata). ~ étoilée 星状斑紋えい (学名 Raja-radiata).〖話〗face (gueule) de ~ えいのような顔(口), いやな奴.
2〖料理〗えいの身. ~ au beurre noir えいの黒バター煮. ailes de ~ えいの縁側.

raifort [rɛfɔr] *n.m.*〖植〗西洋ワサビ, ホースラディッシュ, ワサビダイコン.

rail [raj] (*pl.* ~**s**) *n.m.* **1** レール, 軌条. ~ d'acier 鋼鉄製レール. ~ de sécurité (道路の) ガードレール. ~ d'une tringle à rideau カーテン・レール. ~s éclissés 継目板で継いだレール. ~s fixés aux traverses 枕木に固定されたレール. longs ~s soudés 長尺溶接レール (略記 LRS). écartement entre bords intérieurs des ~s レールの軌間距離 (=écartement de la voie).〖比喩的〗être sur les ~s 軌道に乗っている ; 進展の可能性がある. quitter les ~s sortir des ~s 脱線する (=dérailler). 〖比喩的〗remettre sur les ~s 軌道に戻す.
2 線路 (=voie ferrée), 鉄道 (=chemin de fer). transport par ~ 鉄道輸送 (=transport ferroviaire).
3 鉄道輸送.
4〖海〗(通行量が多い海域での) 指定航路.
5〖話〗チューブによる粉末コカインの吸入.

raillerie *n.f.* **1** 冷やかしの言葉. ~s méchantes 意地の悪い冷やかしの言辞.
2 冷やかし, からかい ; 嘲笑 ; 冗談. sur le

ton de ~ 冷やかしっぽく. sans ~ 冗談抜きにして. ne pas entendre ~ sur *qch* 何について冗談を受けつけない. Cela passe la ~. 冗談じゃない ; 冗談が過ぎる.

rail-route *a.inv.*〖運輸〗鉄道と道路併用方式の. transport ~ 鉄道道路併用輸送 (=ferroutage).

RAISIN (=*R*éseau *d'a*lerte et de *s*urveillance des *i*nfections *n*osocomiales) *n.m.*〖医〗院内感染に関する警報・監視網.

raisin *n.m.* **1** 葡萄の実(木は vigne) ; 葡萄. ~ blanc (noir) 白 (赤) 葡萄. ~ de cuve 醸造用葡萄. ~ de table 果物として食べる葡萄 (chasselas など). ~s secs 乾し葡萄. grappe de ~ 葡萄の房. jus de ~ 葡萄ジュース, グレープジュース. pain aux ~s 葡萄パン. variété de ~ 葡萄の品種 (=cépage). cueillir le ~ 葡萄を摘む. manger du ~ 葡萄を食べる.
2 葡萄の房状のもの. ~ de mer 海葡萄 (いかやたこの卵).〖植〗~ de renard 西洋つくばね草 (「孤の葡萄」の意 ; parisette).〖植〗~ d'ours 熊苔桃 (くまこけもも) (「熊の葡萄」の意 ; busserole うわうらし).
3〖紙〗〖古〗葡萄版, ロイヤル版 (50×64cm)(葡萄の房のマークが押されていたことに由来する紙型).

raisiné *n.m.* **1** レーズネ, 葡萄入り果実ジャム (洋梨などを混ぜたジャム). ~ de Bourgogne ブルゴーニュ特産葡萄入りジャム. **2**〖俗 : やや古〗血 (=sang).

raison *n.f.* ❶〖理性〗**1** 理性 ; 分別, 判断力. ~ lucide 明晰な理性. ~ vacillante ぐらつく理性. âge de ~ 物心がつく年ごろ (5歳から7歳位まで). lueur de ~ 理性のひらめき. mariage de ~ 理性的結婚, 打算的結婚 (mariage d'amour「恋愛結婚」の対). opérations de la ~ 理性の働き, 推理. avoir sa ~ 分別を保つ. entendre ~ 分別 (道理) をわきまえる. perdre la ~ 理性を失う, 気が狂う. recouvrer la ~ 理性を取り戻す.
2〖哲〗理性. ~ constituante (constituée) 構成的 (構成される) 理性. la ~ intuitive et la ~ discursive 直観的理性 (noêsis「ノエシス」) と論証的理性 (dianoia「推論的思考」). ~ pure 純粋理性. la *Critique de la R~ pratique* de Kant カントの『実践的理性批判』(1788年). la *Critique de la ~ dialectique* de Sartre サルトルの『弁証法的理性批判』(1960年). être de ~ 観念的存在 ; 〖蔑〗空想の産物.
3〖擬人的用法〗*R*~ 理性〔神〕. culte de la *R*~ (大革命時の) 理性崇拝, 理性の神格化. déesse *R*~ 理性の女神. temple de la ~ 理性の神殿.
4 道理 ; 良識 (=bon sens) ; 正しさ, 言い分. avoir ~ 道理がある, 正しい (avoir tort の対). avoir bien (tout à fait) ~ 全く正しい. Vous avez ~. あなたの言うことは

raisonnable

à tort ou à ~ 正しいかどうかは別として；正しくても間違っていても、むやみやたらに.

II〖理由〗**1** 理由；(正当化の) 理由, 論拠 (=justification)；動機, 訳(わけ). ~s apparentes 明白な理由(論拠). ~ d'Etat レゾンデタ, 国是, 国家的理由；〖比喩的〗正当化の口実. ~ d'être 存在理由. ~s de famille 家庭の事情. ~ de la loi 立法理由. ~ pour laquelle il est parti 彼が立ち去った理由. ~ valable 正当な理由, もっともな言い分.

à plus forte ~；~ de plus いわんや, まして, だからなおさら. aucune ~ pour … には全く道理がない. avec ~；avec juste ~ 正当な理由があって. bonnes ~s de+inf. …するには十分な動機. en ~ de¹ …の理由で, …故に. pour la〔simple〕~ que〔ただ〕…の理由で. pour une ~ ou une autre 何らかの理由で. sans ~ 理由もなく, みだりに. avoir de bonnes ~s pour …するのに十分な動機(理由)がある. être absent pour ~ de santé 病欠する. se faire une ~ 甘受する, 仕方がないと諦める. Ce n'est pas une ~. それは理由にならない. Il n'y a pas de ~. 理由がない.〖諺〗La ~ du plus fort est toujours la meilleure. 最強者の主張は常に正しい, 勝てば官軍.

2 論拠；論証；議論, 推論 (=raisonnement). ~ pour et ~ contre 賛成と反対の論拠. bonnes (mauvaises) ~s 良い(悪い)推理.〖諺〗Comparaison n'est pas ~. 似ているといって一方の証明にもならない.

3〖古〗釈明.〖現用〗avoir ~ de qn (qch) 人(何)に打ち勝つ.

III〖割合・比率〗**1** 比率, 比；比例；公比, 公差. ~ arithmétique 算術比. ~ de l'engrenage 歯車比. ~ de lumière 光比. ~ directe 正比例. ~ inverse 反比例, 逆比例. en ~ directe (inverse) de … に正(反)比例して. ~ d'une progression arithmétique (géométrique) 等差(等比) 数列比.

à ~ de …の割合で, …の比率で. en ~ de² …に比例して, …に応じて. On ne reçoit qu'en ~ de ce qu'on donne. 人は与えるのに応じてしか受け取れないものだ.

2 (会社・組合組織のための各自の) 分担金 (=part sociale).

3〖法律・商業〗〖旧〗~ sociale 商号〖現在は nom commercial を用いる〗；〖現用〗(専門職民事組合 société civile professionnelle の) 組合名, 社名.

raisonnable a. **1** 理性をそなえた, 理性的な；思考する. êtres ~s 理性的存在. faculté ~ 理性的能力. L'homme est un animal ~. 人間は理性をそなえた動物である.

2 (人が) 道理をわきまえた, 分別のある. acte ~ 分別のある行為. commerçant ~

まともな商人. C'est un enfant ~. ききわけのよい子だ. Soyez ~! 無理を言ってはいけません；おとなしくしなさい (=Sois sage!).

3 (意見・行動などが) 道理にかなった, 合理的な. action ~ 合理的行動. conseils ~s 理にかなった助言. idée ~ 合理的思想. Il est ~ de+inf. (que+subj.) …はもっともなことである.

4 (値段が) ほどほどの, 妥当な, 手ごろな. prix ~ 手ごろな値段.

5 (数量が) かなりの, 相当な, 平均以上の. revenu ~ まずまずの収入.

raisonné(e) a.p. **1** 論証した, 推理に基づく. bien (mal)~ 論理にかなった(合わない), 筋道の通った(立たない). exposé ~ du dogme chrétien キリスト教の教理に関する筋道の通った説明.

2 理論に立脚した；議論を尽した；証拠に基づいた. décision ~e 議論を尽した決定. grammaire ~e 理論的文法. projet ~ 練り上げた計画.

raisonnement (<raisonner) n.m. **1** 理性のはたらき；理性の行使. principes du ~ 理性行使の原則.

2 推理〔力〕；推論. ~ a priori (a posteriori) 先験的(後天的)推論. ~ déductif (inductif) 演繹的(帰納的)推論.〖論理〗~ disjonctif 選言推理.〖話〗Ce n'est pas un ~. 理屈にもなっていない.

3 〖pl. で〗理屈を並べること；口答え.〖話〗Pas de ~s! 御託を並べるな! 四の五の言うな! 言訳はやめろ!

rajeunissement (<rajeunir) n.m. **1** 若返り, 若やぎ. ~ des arbres fruitiers 果樹を若返らせること. ~ du visage par la chirurgie esthétique 整形外科術による顔の若返り. cure de ~ 若返り療法.

2 (比喩的) (建物などの) 化粧直し；(設備・制度などの) 更新, 若返り. ~ d'un parti politique 党の若返り. ~ d'une vieille institution 古い制度の近代化.

rajustement (<rajuster) n.m. **1** 調整；整えること (=réajustement). ~ d'une balance 秤の調整. ~ d'une cravate ネクタイを整えること.

2 (給与などの) 調整 (=réajustement). Les syndicats réclament un ~ des salaires. 組合は給与の調整を要求する.

râle n.m. **1** 喘(あえ)ぎ；嗄れたうめき声.

2 〖医〗ラ音, 小泡音, ラッセル《肺の聴診で聴取される雑音》. ~s crépitants 捻髪ラ音 (crépitation). ~ humide (sec) 湿性(乾性) ラ音. ~ métallique 有響性ラ音. ~s sibilants 乾鱉音, ギーギー音.

ralenti¹ n.m. **1** (エンジンの) 低速回転, アイドリング. au ~¹ 低速で；ペースを落して. travailler au ~ のろのろ働く.

2 〖映画〗スローモーション. au (en) ~² スローモーションで. prise de vue au ~ スロ

ーモーション撮影.

ralenti² (**e**) (<ralentir) *a.p.* 速度を落とした；緩慢化した. mouvement ~ スピードを落とした運動.

ralentissement *n.m.* **1** 減速. ~ d'une circulation 車の運行の減速.〖鉄道〗signal de ~ 減速信号.
2 (活動の)鈍化, 減退, 低下, スローダウン. ~ de la croissance économique 経済成長の鈍化. ~ du rythme cardiaque 心拍の低下.〖原子力〗~ d'une réaction en chaîne 核の連鎖反応の減速.〖化〗pouvoir de ~ 減速能.

ralentisseur *n.m.* **1**〖自動車〗減速装置. ~ électrique d'un poids lourd 重量車輛の電気式減速装置.
2〖原子力〗(原子炉の)減速材 (=modérateur).

ralliement (<rallier) *n.m.* **1** (部隊などの)集結, 集合. ~ des troupes 部隊の集結. mot de ~ 合言葉.〖比喩的〗point de ~ 集結地点；合意点.〖軍〗signe de ~ 集結地点を示す目印(旗印)；(会員間の)目印, 合印. trompette de ~ 集合らっぱ.
2〖比喩的〗(政党・主義などへの)加盟；賛同. ~ à un régime 体制への加盟. ~ à une doctrine 学説への賛同.

rallonge (<rallonger) *n.m.* **1** 継ぎ足し；中継ぎ. ~ d'un compas コンパスの中継ぎ. table à ~s 継ぎ足し板による伸長式テーブル.
2〖比喩的〗〖話〗histoire à ~s 長々と続く話. nom à ~s (de の入った) 長ったらしい名前(貴族の名前など).
3〖電〗延長コード (=cordon prolongateur).
4〖比喩的〗〖話〗追加料金；追加予算 (= ~ budgétaire)；追加休暇 (=supplément de congé).

rallye〖英〗*n.m.* **1** ラリー. ~ automobile 自動車ラリー〔競技〕. R~ de Monté-Carlo モンテ=カルロ自動車ラリー.
2〖話〗集会；(若者向けの一連の)パーティ.

rallye-raid [ralirɛd] (*pl.* **~s-~s**)〖英〗*n.m.* (自動車の)長距離耐ラリー(Paris-Dakar など).

RAM (=〖英〗*r*andom *a*ccess *m*emory) *n.f.*〖情報処理〗ランダム・アクセス・メモリー, ラム(データの書き込み・読出し可能なメモリー(記憶回路)) (=〖仏〗MEV : *mém*oires *v*ives).

RAMa (=*r*égiment d'*a*rtillerie [de] *ma*rine) *n.m.*〖軍〗海兵砲兵連隊.

ramadan〖アラビア〗*n.m.* **1**〖イスラム〗ラマダーン, 断食月(イスラム暦の第9月；イスラム教徒は日の出から日没まで断食する). fêtes de la fin du ~ ラマダーン月の終りの祭り, バイラム祭 (=baïram). observer les prescriptions du ~ ラマダーンの掟を守る.
2 ラマダーンの掟. observer (faire) le ~ ラマダーンの掟を守る.

Ramallah〖アラビア〗*n.pr.* ラマラー (Ram Allah；ヨルダン川西岸, パレスチナ自治区中部の都市). le QG de Yasser Arafat à ~ ラマラーのヤセル・アラファト司令部(議長府).

ramassage (<ramasser) *n.m.* **1** 集荷；集荷. ~ de feuilles mortes (du foin) 枯葉(干草)の集収.
2 集団送迎. ~ scolaire 幼稚園児や小学校児童などの巡回バスによる送迎.

ramasse-miettes *n.m.inv.* (食卓の)パンくず掃除器.

ramasseur (**se**) *n.* 拾い集める人；採取者；回収者, 集荷人. ~ de balles (テニス, ゴルフなどの)ボール拾い. ~ de champignons 茸の採取者. ~ de châtaignes 栗拾い〔人〕. ~ de lait d'une coopérative agricole 農業協同組合の牛乳集荷人. ~ de mégots 吸殻拾い.

ramasseuse-égreneuse (*pl.* **~s-~s**) *n.f.*〖農〗収穫・種取り機. ~ à maïs トウモロコシの収穫種取り機 (=〖英〗corn-sheller).

ramasseuse-presse (*pl.* **~s-~s**) *n.f.*〖農〗(麦藁・牧草等の)収穫圧縮機.

Rambouillet *n.pr.* ランブイエ (département des Yvelines イヴリーヌ県の郡庁所在地；市町村コード 78120；形容詞 rambolitan(*e*)). château de ~ ランブイエ城館 (14-18 世紀；フランス共和国大統領別邸). forêt de ~ ランブイエの森 (13,100 ha). Bergerie nationale de ~ 国立ランブイエ牧羊場. Sommet de ~ ランブイエ先進国首脳会談(第1回の首脳会談；ランブイエ城で 1975 年 11 月 15-17 日開催；仏, 独, 英, 伊, 米, 日の 6 カ国首脳が参加).

rame¹ *n.f.* 櫂(かい), 櫓, オール (=aviron). aller à la ~ 舟を漕ぐ. faire force de ~ 力漕する.〖話〗ne pas en ficher une ~ 何もしない.

rame² *n.f.* **1**〖印刷〗(紙の)連 (1 連は 20 帖(main), 500 枚).
2〖鉄道〗連結車両；車両編成；列車. ~ du métro 地下鉄の連結車両. 30 ~s du TGV TGV の 30 編成.

rame³ *n.f.*〖園芸〗(蔓用の)支柱.

rame⁴ *n.f.*〖織〗張り伸子(しんし). ~ sans fin 無限張り伸子.

rameau (*pl.* **~x**) *n.m.* **1** 小枝. ~ d'olivier オリーヴの小枝.
2〖カトリック〗le dimanche des R~x；les R~x 枝の主日(復活祭直前の日曜日；イエスのエルサレム入城を群衆が棕櫚の枝をかざして迎えたことに因む祝祭日). buis bénit des R~x 枝の主日の祝別された黄楊(つげ)の枝.
3 (系統樹の)分枝；(学問などの)小部門.

ramen

~ d'un arbre généalogique 系統樹の分枝. ~ éloigné de la maison royale 王家から枝わかれした遠縁の分家. ~*x* des langues romanes ロマン語の区分.
4 〖解剖〗〘血管・神経など〙の枝, 梢, 岐. ~*x* communicants 交通枝〘神経繊維〙.
5 〖地形〗〘山脈〙の支脈, 支山脈.
6 〖鉱山〗枝坑道.

ramen [日] *n.m.* ラーメン.

ramie *n.f.* 〖植〗ラミー, マオ, 苧麻(ちょま)〘イラクサ科の多年草〙; ラミーの繊維. toile de ~ ラミー布, 苧麻布, カラムシ布.

ramification *n.f.* **1** 〖植〗樹枝, 分枝.
2 〘神経, 鉄道などの〙枝分かれ, 分岐.
3 支店; 支部; 分派; 支流; 派生的系統.
4 〖論理・情報〗〘選択肢による〙分岐.

ramipril *n.m.* 〖薬〗ラミプリル〘降圧薬, 高血圧症治療薬・心筋梗塞治療薬; 薬剤製品名 Triatec (*n.m.*)〙.

ramollissant(e) *a.* 〖医〗緩和作用のある.
—*n.m.* 〖薬〗緩和薬, 軟化薬.

ramollissement *n.m.* **1** 柔化, 軟化; 軟化状態.
2 〖医〗軟化〘症〙. ~ cérébral 脳軟化症. ~ ischémique〘脳の〙虚血性軟化, 貧血性軟化. ~ kystique 軟化嚢胞.

rampant(e) *a.* **1** 〘動植物が〙這う, 匍匐性の, 蔓性の; 〘比喩的〙這うような. animaux ~s 匍匐性動物〘爬虫類〙. brouillard ~ 地を這う霧. cucurbitacées ~*es* 匍匐性瓜科植物. 〖軍〗marche ~*e* 匍匐前進. plantes ~*es* 蔓性植物. rosier ~ 蔓薔薇.
2 〖航空〗〘話・戯〙地上勤務の. personnel ~ 地上勤務員 (personnel navigant「機上勤務員」の対).
3 〘比喩的〙〘人・性格が〙卑屈な; 〘文体が〙品のない. caractère ~ 卑屈な性格. style ~ 品のない文体.
4 〘比喩的〙じわじわと進行する; 知らないうちに進展する. catastrophe ~*e* じわじわと忍びよる大災難.

rampe *n.f.* 〘高速道路・鉄道などの高さの異なる二路線を結ぶ〙傾斜路, ランプ. ~ d'accès à une autoroute 高速道路への進入ランプ. ~ de chargement 積卸し用ランプ.
2 〘道路・鉄道の〙急傾斜の上り勾配. Les poids lourds peinent dans la ~. 重量車が急坂であえぐ.
3 ~ de lancement 〘ロケット, カタパルトなどの〙発射台.
4 〘階段の〙手すり, 欄干. 〖俗〗lâcher la ~ 死ぬ.
5 〘劇場の〙フットライト, 脚光; 〘ショーウィンドーの列になった〙フットライト. 〖俗〗ne pas passer la ~〘せりふなどが〙受けない.
6 〖航空〗~ de balisage〘滑走路の〙航空標識.
7 〖解剖〗~ tympanique (vestibulaire) 鼓

室階〘前庭階〙.

Ramsar *n.pr.* ラムサール〘イランの地名〙. Convention de ~ relative aux zones humides d'importance internationale 国際的に重要な湿地帯に関するラムサール協約〘条約〙〘＝〔英〕the ~ Convention on Wetlands of International Importance; 1971年〙.

rancœur *n.f.* 〘文〙恨み, 怨恨, 遺恨. avoir de la ~ pour (contre) *qn* 人に対して恨みを抱く.

rançon *n.f.* **1** 身代金. libérer *qn* contre ~ 身代金と引換えに人質を解放する. payer une ~ 身代金を払う. mettre *qn* à ~ 人から金を捲き上げる.
2 〘比喩的〙代償, 代価. la ~ de …の代償. ~ de la célébrité 有名税.

rançonneur(se) *n.* **1** 金品の強奪者; 強盗, 追剥. ~ du cyberespace サイバースペース強盗〘インターネットなどのコンピュータ・ネットワーク上での盗人〙.
2 法外な料金をふっかける人; ぼろ儲けをする商人.

rancune *n.f.* 恨み, 怨恨, 遺恨. avoir de la ~ contre *qn*; garder ~ à *qn* 〘人〙に恨みを抱く. par ~ 意趣返しに. 〘話〙Sans ~ ! 恨みっこなし!〘仲直りの決まり文句〙.

rando *n.f.* 〘俗〙ハイキング (= randonnée).

randomisation (<〔英〕random「ランダム」) *n.f.* 〖統計〗無作為抽出; 無作為化.

randonnée *n.f.* **1** ランドネ, ハイキング, トレッキング; 遠出; 遠乗り〘〘話〙rando(s)〙. ~ à pied ハイキング, 徒歩旅行 (= ~ pédestre). ~ équestre 騎馬による遠出. ~ en auto (mobile) ドライブ. ~ pédestre en montagne トレッキング, ハイキング. Comité départemental de la ~ pédestre du Lot ロット県徒歩旅行委員会. Fédération française de la *R*~ pédestre フランス徒歩旅行連盟〘略記 FFRP〙. sentier de Grande ~ 大自然遊歩道〘略記 GR〙. ski de ~ 山スキー, クロスカントリースキー. faire une ~ à bicyclette サイクリングをする.
2 〖狩〗〘追いたてられた獲物が〙逃げ回ること. ~ d'un lièvre 野兎の逃走.

randonneur(se) *n.* ハイカー; ハイキング愛好者.

rang *n.m.* **I** 〘横の列〙**1** 〘横並びの〙列, 横列; 〖軍〗横の隊列 (file「縦列」の対). ~ d'un cortège 行列の横列. ~ de théâtre 劇場の客席の横列. se placer au premier ~ 最前列の席に座る. ~ de perles 真珠の一連. collier à deux ~*s* de perles 二連の真珠の首飾り.
A ~*s*, fixe! Rompez les ~*s*! 〖軍〗横隊に整列! les soldats sur cinq ~*s* 兵士を5列横隊に整列させる. en ~〔*s*〕 横列になって. se mettre en ~*s* 幾列にも横に並ぶ; 隊伍を組む. ren-

tre dans les ~s 隊列に戻る. serrer les ~ 列をつめる. sur les ~s 隊列に加わる. être (se mettre) sur les ~s 隊列に加わる;［比喩的］(地位などの獲得のための)競争に加わる (立候補する).
2［集合的］(将校・下士官に対して) 兵卒, 兵隊 (=homme du ~);［時に下士官を除く］. officier sorti du ~ 兵卒出身の将校. rentrer dans le ~ 一兵卒に戻る;［比喩的］下野する.
3［*pl.* で］［軍］~s d'une armée 軍人. servir dans les ~s 兵役を務める.
4 仲間;生徒仲間. Nous l'avons admis dans nos ~s. われわれは彼を仲間に迎えた. Silence dans les ~s! 生徒諸君静かに!
5［編物］段. ~ de tricot 編物の段.
6［数］(行列の) 階数.
7［カナダ］(農村の) 散居形態《主要道路や水路に直角に農場が並置された居住形態》;（区画の）農道;［*pl.* で］農場地帯 (village 「農村集落」の対).
II（位置）**1** 順位, 席次, ランク. ~ de présence 席順, 外交順位 (=~ diplomatique). ~ des privilèges et des hypothèques 先取特権および抵当権相互間の順位. au premier ~ de ... の首位に. arriver (être) au premier ~ de ...の首位になる (なっている). avoir ~ avant (après) qn 人より上 (下) の席次を占める. être sur les ~s 競争に加わる.［文］mettre qn (qch) au ~ de + *n.pl.* 人 (何) を...の列に加える. prendre ~ avec qn 人と肩を並べる. prendre ~ parmi (dans) ... に加わる. en (par) ~ d'âge (d'ancienneté) 年齢 (年功) 順に.
2 地位, 身分;等級;階級. ~ inférieur 下層階級. ~ social 社会的地位. avoir ~ de colonel 大佐の階級をもつ. de haut ~ 身分の高い. de premier ~ 第一級の. artisan de premier ~ 第一級の職人. de même ~ 同じ身分 (地位)の. personne de son ~ 自分と同じ身分 (地位) の人. hors ~ 別格の. inégalité de ~s 階級 (身分) の不平等. élever qn en un ~ 人を昇進させる. garder (tenir) son ~ 地位を保つ. tenir son ~ 地位にふさわしく振舞え;分をわきまえる.［話］rentrer dans le ~ 地位に甘んじる;野心を放棄する.
3 高い地位 (=~ élevé). occuper un ~ 高位を占める. n'avoir ni ~ ni richesse 地位も金もない.

rangée *n.f.* (木・家・人などの)列. une ~ de colonnes 列柱. une ~ de maisons 家並み.

rangement (＜ranger) *n.m.* **1** 整頓. ~ du linge 下着の整頓. élément de ~ 整理用ユニット. faire des ~s 整理整頓する.
2 整理戸棚;整理だんす (=meuble de ~; meuble-~).
3 配列. ~ rationnel 合理的配列.

ranimation (＜ranimer) *n.f.* **1**［医］蘇

生［術］(=réanimation);蘇生担当部. ~ d'un noyé 溺れた人の蘇生. service de ~ d'un hôpital 病院の蘇生部 (略称 réa). Il a été transporté d'urgence en ~. 彼は蘇生部へ緊急搬送された.
2［比喩的］(沈滞したものの) 蘇生;再び活気づけること. ~ de l'enthousiasme 熱情の蘇生. ~ des troupes 部隊の志気の鼓舞.

ranitidine *n.f.*［薬］ラニチジン. ~ hydrochloride 塩酸ラニチジン (制酸剤・H$_2$ 受容体拮抗薬;薬剤製品名 Azantac (*n.m.*)).

rapace *a.* **1** (鳥獣・主に鳥が) 肉食の (=canivore). éperviers ~s 肉食のはいたか.
2［比喩的］強欲な, 貪欲な. homme d'affaires ~ 貪欲な実業家. usurier ~ 強欲な高利貸し.
—— *n.m.* **1**［動］［*pl.* で］猛禽類. ~s diurnes 昼行性猛禽類 (aigle, épervier, faucon, vautour など). ~s nocturnes 夜行性猛禽類 (chouette, hibou, hulotte, strix など).
2［動］猛禽類の鳥.
3［比喩的］猛禽のように強欲な人, 禿鷹のような人. un vrai ~ 禿鷹そのもの, 我利我利亡者. usurier ~ 禿鷹のような高利貸.

rapatrié(e) *a.* **1** 本国に送還された. **2** 本国に帰還した;(特に) 植民地から本国に帰還した.
—— *n.* **1** 本国送還者. **2** 本国への帰還者. ~ d'Algérie (旧植民地の) アルジェリアからの本国帰還者. aide aux ~ 本国帰還者への援助.

rapatriement (＜rapatrier) *n.m.* **1** (捕虜などの) 本国送還. droit de ~ 本国送還権.
2 (植民地からの) 本国への送還;本国への引揚げ.
3［経済］(資本・利潤などの) 本国還流. ~ des bénéfices 利潤の本国還流.

râpé(e) *a.p.* **1**［料理］おろし金ですりおろす;千切りにする. carrottes ~es カロットラペ《人参の生の千切り;前菜料理》. gruyère ~ すりおろしたグリュイエール・チーズ.
2 刻んだ. tabac ~ 刻み嗅ぎタバコ.
3 擦り切れた. habit ~ 擦り切れた着物.［話］personnage ~ 見すぼらしい人物.［話］C'est ~. 駄目だ;無理だ;あいにくだ.

raphé *n.m.*［解剖］縫線. ~ médian du périnée 会陰正中縫線.

rapide *a.* **I**（移動）**1** (河川の流れが) 急な, 速い. courant ~ 急流. fleuve ~ 水流の速い河川.
2 (傾斜が) 急な, 急傾斜の. descente ~ 急な下り坂. pente ~ 急勾配.
3 走るのが速い, 高速の, 素早い. avion (navire) ~ 高速航空機 (船). cheval ~ 脚の速い馬. coureur ~ スピードランナー.

rapidité

train ~ 特急列車. voiture ~ スピードが出る車. être ~ comme une flèche 矢のように速い.
4（道路・スポーツ施設などが）スピードが出る、高速走行用の、高速の.『スポーツ』piste ~ スピードコース；高速ピスト（ゲレンデ）. route ~ 高速道路.
5〔比喩的〕早く過ぎ去る、早く流れる. cours ~ des heures 早く過ぎゆく時の流れ. instant ~ 一瞬. jeunesse ~ 束の間の青春.
Ⅱ（進歩）**1**（動作が）速い、素早い、急速な、敏速な、速いリズムの、早い. allure ~ 早い進捗状況. amélioration ~ 急速な改善. guérison ~ 急速な回復. lecture ~ 速読. marche ~ 速歩. médicament à action ~ 速効薬. mouvement ~ 機敏な動き. poule ~ 早い肉搏. réponse ~ 即答. rythme ~ 速いリズム. style ~ きびきびした文体. voix ~ 早口.
2（作業が）迅速な、手早い、スピーディーな；（人が）機敏な、敏速な. construction ~ 迅速な建設. esprit ~ 機敏な頭脳；頭の回転の早い人. expédition ~ 至急発送. victoire ~ 素早い勝利. d'une manière ~ 機敏に、てきぱきと. Il est ~ dans son travail. 彼の仕事ぶりははきはきしている.
3（材質・手段などが）作業スピードが早い；『写真』高感度の. acier ~ 高速度鋼（= acier à couper ~「高速度切削鋼」). fraise en acier ~ 高速度鋼フライス.『写真』pellicule ~ 高感度フィルム.
――*n.* 呑み込みの早い人；機敏な人.
――*n.m.* **1** 急流（= courant ~).
2 特急列車（= train ~). ~ de Paris-Marseille パリ=マルセイユ間の特急列車. partir par le ~ 特急列車で出発する.
3『アフリカ仏語』小型トラック；自家用小型バス.

rapidité *n.f.* **1**（移動体の）速さ、~ d'une cheval 馬の走る速さ. ~ d'un cours d'eau 水流の速さ. ~ du temps 時の流れの速さ. avec ~¹ 速い速度で. avec la ~ d'une flèche 矢のように速く. courir avec ~ 疾走する. parler avec ~ 早口で喋る.
2（行為の）速さ、素早さ、スピーディーなこと. ~ dans le travail 作業の迅速さ. ~ de décision 決断の早さ. ~ d'esprit 頭の回転の早さ. avec ~² 敏速に、てきぱきと. d'une ~ étonnante 驚くべき速さで.
3 機敏性. ~ du style 文体のスピード感. ~ d'une narration 物語りの展開の早さ.
4『スポーツ』スピードの出やすさ. ~ d'une piste ピストの高速性.

rapine *n.f.* **1** 掠奪. ~s des soldats en campagne 戦場での兵士の掠奪行為. **2** 掠奪品. vivre de ~s 掠奪品で暮らす. **3** 不正利得、横領；公金横領、汚職（= concussion). ~s d'un intendant 経理担当者による横領.

rappel *n.m.* **1** 呼び戻すこと；〔外交官などの〕召還；〔予備役軍人の〕再召集；『劇』カーテンコール、アンコール. ~ d'agent diplomatique 外交官の召還. ~ de réservistes 予備役軍人の再召集. lettres de ~ 大使召還状（= lettres de récréance；lettres de créance「信任状」の対).
2〔軍〕集合太鼓（ラッパ). battre (sonner) le ~ 集合太鼓（ラッパ）を鳴らす；〔比喩的〕〔人員・資金などを〕狩り集める.〔比喩的〕〔医〕bruit de ~ 鉄床（かなとこ）音《心音分列の症状》.
3（動物の）呼び交わす叫び声. ~ de perdrix いわしゃこの叫び声.
4（àへの）呼び戻し、復帰命令. ~ à l'ordre（違反者への）規律遵守の喚起；〔議長の〕静粛命令（= ~ au silence）；〔ルール違反の発言者に対する〕懲罰. ~ à la question（脱線した弁士を）本論に立ち返らせること. ~ à la réalité（aux réalités）現実に立ち返ること.
5 注意の再喚起、注意指示；注意、警告. ~ de compte 勘定の支払催告. lettre de ~ 直接税納付催告状.『道路標識』signal de ~ 再警告信号. faire un ~ à *qn* pour + *inf.* ... するよう改めて注意を喚起する.
6 記憶を呼び戻すこと、想起. ~ d'un nom 名前の想起. au ~ du passé 昔のことを思い出して.
7 反復. ~s de couleurs 同色反復. ~s〔de mots〕同語反復.
8〔医〕（ワクチンの）再接種（= vaccination de ~). injection de ~ 再接種注射（= piqûre de ~). se faire faire un ~ de la polio ポリオ予防ワクチンの2度目の接種をしてもらう.
9 追加；（給与などの）追加（差額）支給；（資金の）追加募集. toucher un ~ 差額支給分を受け取る.
10〔機工〕戻し作用. ~ de frein ブレーキ調整装置. force de ~ 復元力. ressort de ~ 戻しばね. vis de ~ 調節ねじ.
11『登山』（ロープを用いた）懸垂下降、アプザイル（= descente en ~). corde de ~ 懸垂下降用ザイル.
12『スキー』ラペル《カーヴに入る時脚を曲げスキーのテールを雪面から離す動作》.
13『ヨット』faire du ~；se mettre au ~ 風上に身を乗り出してバランスを取る.
14『ビリヤード』ラペル《玉を元の位置に戻す技》.
15 ~ de véhicules automobiles touchés par un défaut 欠陥のある自動車のリコール.

rapport（< rapporter）*n.m.* Ⅰ（持ち帰るもの）**1** 報告、レポート；報告書；鑑定書. ~ annuel¹ 年次報告書. ~ aux assemblées de sociétés（営利社団・会社の）社員（株主）総会報告書. ~ d'expertise 鑑定〔報告〕書. ~ de juge（係属事件についての）裁判官報告書. ~ de médecin légiste 法医学者の鑑

定報告書.『海』~ de mer (船長による) 航海報告書. ~ des commissaires vérificateurs 監査人報告書. ~ écrit (oral, verbal) 文書 (口頭) による報告. ~ scientifique 科学的報告書.
faire un ~ sur …について報告する. dresser (rédiger) un ~ 報告書を作成する.
2『軍』軍務報告;（訓令・郵便物配布のための）集合. ~ au combat (de patrouilles) 戦闘（パトロール）報告. Au ~! 集合!
3『話』告げ口. faire des ~s 告げ口をする.
4（資本・土地などのもたらす）収益, 利潤；収穫；所産. ~ annuel² 年利. ~ de l'argent 金利. ~ d'un immeuble 不動産収入. immeuble de ~ 賃貸マンション. maison de ~ 貸家. terre en ~ 耕作地. être d'un bon ~ 収益(収穫)が多い. être en plein ~ 大きな利益をもたらす. vivre du ~ d'une terre 土地の上がりで暮す.
5『法律』(金銭・財産などの) 持戻し, 取戻し, 返却. ~ à succession (贈与物の) 相続財産への持戻し. ~ des dettes 負債の持戻し. ~ des donations (des legs) 贈与物(遺贈)の持戻し. ~ en moins prenant 差引きよる持戻し. ~ en nature 現物による持戻し.
6『法律』(新たな決定による, 従来の決定などの) 取消し, 撤回 (=annulation, rétractation). ~ d'une offre 提議の撤回.
7 (異質のものの) 付加. pièces de ~ 寄木細工. terres de ~ 盛り土, 埋め土.
Ⅱ《関連》**1** 関連, 連関. ~ collectif du travail 集団的労働関係. ~ de cause à effet 因果関係. ~ de parenté 親族関係. ~s de voisinage 近隣関係. ~s entre époux (財産的・非財産的)夫婦関係.
le ~ qualité/prix 対価価値, コストパフォーマンス《品質と価格のバランス》.
avoir ~ à qch 何と関連がある. Il n'y a pas de ~ entre ces deux choses. これらふたつの事物に関連はない. mettre en ~ deux choses ふたつの事象を関連づける.
2 類似点, 共通点 (= ~ d'analogie ; ~ de ressemblance). ~s ~s les différences 類似点と相違点. avoir ~ avec …に似つかわしい. avoir beaucoup de ~ avec …と極めて似通っている. être sans ~ avec …と全く異なっている.
par ~ à¹ に対して；について. sous le ~ de qch;『話』sous le ~ qch 何の点から見れば. sous ce ~ この点から見て.
3 因果関係 (= ~ de cause à effet). Ces deux événements n'ont aucun ~. ふたつの事件には全く因果関係がない.
4『数』比, 比率. ~ de corrélation entre deux variables numériques ふたつの変数の相関関係. ~ de la circonférence au diamètre 円周率. ~ volumétrique de compression d'un moteur エンジンの圧縮比.
en ~ de …に釣合った. par ~ à² に比べて.
5〔多く pl.〕交際〔関係〕, 対人関係；性的関係 (= ~s sexuels). ~s d'affaires 取引関係. ~s de coexistence 共存関係. ~s diplomatiques entre Etats 国家間の外交関係. ~s entre parents et enfants 親子関係.
avoir (entretenir) des ~s avec qn 人と交際する (している); 女性と関係する. avoir de bons (mauvais) ~s avec qn 人と仲がいい(悪い). établir des ~s avec qn 人と近づきになる. être (se mettre) en ~ avec qn 人と交際している (近づきになる).

rapportable a. **1** 運び返せる, 元の場所に戻せる.
2『法律』(財について)持戻し可能な, 持戻すべき. dettes (donations)~s (相続財産に)持戻し可能な (持戻すべき) 負債 (贈与).
3『法律』(決定・処分などについて) 取り消し(撤回)うる, 取り消す(撤回)べき. créance ~ 取り消し得る債権. nomination ~ 取り消す(撤回)べき指名.

rapporteur(se) a. 密告する, 告げ口をする (= mouchard (e)).
——n. 密告者.
——n.m. 報告者;(国会での) 委員会報告者;(行政, 商事裁判所などの) 報告担当者. ~ général (国会の) 予算委員会総括報告者. ~ socialiste de la commission des lois 法案審議委員会の社会党所属の報告代議士. arbitre ~ 仲裁報告人. juge ~ 受命報告裁判官.

rapprochement (<rapprocher) n.m.
1 近づくこと(近づけること);接近;近接. ~ de deux chaises 二つの椅子を近寄せること.
2 歩み寄り, 和解；接近；(経済的)連合, 連携；合併. ~ des parties adverses 対立当事者の歩み寄り. ~ entres deux sociétés 二つの会社の連合 (合併). ~ entre l'Orient et l'Occident 東洋と西洋の歩み寄り (接近). ~ franco-allemand 仏独両国の接近.
3 比較, 対照. ~ des législations (複数国間の) 立法の比較 (対照). faire un ~ entre deux textes 二つのテクストを比較する.
4 性的関係 (= union sexuelle).

rapt [-pt] n.m. **1**『法律』(未成年者の) 誘拐(ゆうかい);女子の略取(誘拐). ~ d'un mineur par violance 未成年者の暴力による略取. auteurs du ~ 誘拐犯.
2『原子力』ピックアップ〔反応〕(pick-up) に対する公用推奨語).

raptus [raptys]〔ラ〕n.m.『精神医学』ラプッス, 激情発作. ~ épileptique てんかん発作. ~ suicidaire 自殺衝動.

raquette n.f. **1**〔スポーツ〕ラケット. ~ de tenis (de ping-pong) テニス(卓球)のラケット. manche de ~ ラケットの握り.
2 テニス (卓球) の選手. C'est une bonne ~. あれは名プレーヤーだ.
3 かんじき. ~ de montagne 登山用かんじき. marcher avec des ~s かんじきをはいて歩く.

rare

4 〖スポーツ〗(バスケットの)ラケット(バスケット直下のフリースローのゾーン).
5 〖鉄道〗環状の折り返し点；〖道路〗(立体交差部の)環状道路.
6 糸(帯)鋸；(時計の)緩急針，ひげ棒；(複写機の)受け口.
7 (牛の)前肢.
8 (小鳥用の)罠.
9 〖植〗うちわサボテン(nopal)〔の茎〕.

rare *a.* **1**〔時に名詞の前〕稀な；稀少な；珍しい. de 〜*s* étoiles 珍しい星. animaux (plantes)〜*s* 稀少動物(植物). gaz 〜*s* 稀少ガス. incident 〜 滅多に起こらぬトラブル. livre (édition)〜 稀覯本，珍本. mot 〜 あまり使われない語. objets 〜*s* 稀品. visiteurs 〜*s* 数少ない訪問者. à 〜*s* exceptions près 極く僅かな例外を除き. se faire (devenir)〜 滅多に姿を見せない. 〔話〕Vous devenez 〜! 近頃お見限りですね. Il est 〜 de+*inf.* (que+*subj.*)…は稀である.
2〔しばしば名詞の前〕類い稀な，稀有の. 〜 beauté (talent) 類い稀な美しさ (才能). homme 〜 稀有の人.
3〔話〕ありそうもない；不思議な. Ça n'aurait rien de 〜. そんなことがあっても不思議でも何でもない. C'est bien 〜 si+*ind.* / Ça serait bien 〜 que+*subj.* …ということはまずあるまいね. Ce serait bien 〜 qu'il ne puisse pas venir 彼が来れないことはまずないだろう.
4 まばらな；(光が)淡い；薄い. chevelure 〜 薄い髪. herbe 〜 まばらな草. lumière 〜 淡い光.

raréfaction *n.f.* **1**〖物理・医〗稀薄化，稀少化. 〜 de l'air en haute montagne 高山での大気の稀薄化. 〖医〗〜 du tissu osseux 骨粗鬆症 (=ostéoporose).
2 (特に食品の)品不足. 〜 des denrées alimentaires 食品の不足. 〜 provoquée par des spéculation 投機による品不足.

rareté *n.f.* **1** 少ない(稀な)こと，稀少〔性〕；滅多にないこと，類い稀なこと；珍しさ；珍品. 〜 des passantes 人通りのまばらなこと. édition de la plus grande 〜 稀覯本.〔話〕Vous devenez d'une grande 〜. あなたは滅多に顔を出さなくなった.
2 欠乏；〖経済〗不足，供給不足. 〜 des denrées 食糧不足. 〜 du numéraire 通貨不足.
3 珍品，珍しいもの. 〜*s* d'une collection コレクションの珍品. 〜*s* gastronomiques 美食の珍品.

RAS (=*r*ien *à s*ignaler) 特記することなし，万事好調.

ras¹ (**e**) *a.* **1** (髪の)短く刈られた；(毛が)短い；毛足の短い；剃った. cheveux (coupés)〜 丸刈. chien à 〜 poils 毛足の短い犬. étoffe 〜 毛足の短い布地. herbe 〜 丈の低い草. tête 〜*e* スキンヘッド. velours à 〜 poil 毛足の短いビロード.

2 表面に何もない. 〜*e* campagne 平坦地，広々とした平野. courir en 〜 campagne 平地を走る.〖海〗bâtiment 〜 マストのない船. table 〜*e* タブラ・ラーサ，何も書かれていない黒板(生れた時の魂の状態を表現したアリストテレスの言葉). faire table 〜*e* de …を白紙に戻す，一掃する.
3 すれすれの.〖服〗〜 du (de, le) cou 丸首の. pull-over 〜 du cou 丸首セーター. mesure 〜*e* すり切り一杯の升目.〖海〗navire 〜 d'eau 積荷の重さで船べりまで沈んだ船. à 〜 bord 縁まですれすれに；なみなみと. plein (à) 〜 bord 縁まで一杯に，満々と. verre rempli à 〜 bord なみなみと注がれたグラス. en avoir 〜 le bol うんざりしている.

ras² *n.m.* **1** à 〜 短く，ぎりぎりに. couper à 〜 短く刈る(切る).
2 au (à) 〜 de …とすれすれに. au 〜 des eaux (du sol) 水面(地面)すれすれに. 〜 des (de) pâquerettes 下品な，下卑た. plaisanterie au 〜 des pâquerettes 下卑た冗談. à 〜 de terre 地面すれすれに；〔比喩的〕低俗な. observer les événements à 〜 de terre 日常卑近な出来事を観察する.
―*ad.* 極く短く. gazon tondu 〜 短く刈り込んだ芝生. couper 〜 短く刈る(切る) (=couper à 〜).

rasage (<raser) *n.m.* **1** 剃ること；ひげ剃り. lotion après-〜 アフターシェーブローション.
2〖織〗剪毛，シャリング. 〜 d'une étoffe 布地の剪毛.

rascasse *n.f.*〖魚〗ラスカス，かさご(背びれに有毒の棘がある，スープ・ド・ポワソンやブイヤベースに用いられる；別称 scorpène；俗称 diable de mer 海の悪魔，crapaud de mer 海のひき蛙，scorpion de mer 海のサソリ). 〜 blanche 白かさご，おこぜ (=uranoscope). 〜 brune 茶かさご(非常に珍重される小型のかさご). 〜 rouge 赤かさご (俗称 chapon).

RASED (=*R*éseaux *d*'aides *s*pécialisées aux *é*lèves en *d*ifficulté) *n.m.pl.*〖教育〗就学困難生徒特別援助網(ex GAPP=*g*roupes *d*'aides *p*sycho *p*édagogiques 旧「教育心理援助グループ」).

rash [raʃ] (*pl.* **〜*s*, 〜es**) [英] *n.m.*〖医〗発疹(ほっしん)，皮疹 (=épruption cutanée)；吹き出物.

ras-le-bol *n.m.inv.*〔話〕うんざりした気分. sentiment 〜 devant la pression fiscale 重税に対するうんざり感.
―*int.* うんざりだ.

rasoir *n.m.* 剃刀(かみそり). 〜 à main (折りたたみ式の)西洋剃刀. 〜 électrique 電気シェーヴァー. 〜 jetable 使い捨て剃刀. 〜 mécanique (〜 de sûreté) 安全剃刀. coupant comme un 〜 剃刀のように良く切れる. coupe de cheveux au 〜 ヘアーのレザ

ーカット.

rassemblement (<rassembler) *n.m.*
1 ちらばったものの掻き集め.
2 (人が) 集まること；人だかり；群衆. dissiper (disperser) un ~ 群衆をけちらす.
3〖軍〗集合 . R~！集合！《号令》. sonner le ~ 集合ラッパを吹く.
4 収集. ~ des documents 資料収集.
5 結集；連合；連合体. ~ de la gauche 左翼連合. ~ pour la manifestation デモの集合. 〖史〗le R~ du peuple français フランス人民連合（ド・ゴール派の政党, 1943-53；略記 RPF.〖政党〗le R~ pour la République 共和国連合《新しいド・ゴール派の政党, 1976 年結成；略記 RPR》.

rat [ra] *n.m.* **1** 鼠, ラット；(特に) 雄鼠（雌は rate, 仔は raton）. ~ d'eau みずはたねずみ. ~ des bois ヨーロッパひめ鼠 (=mulot). ~ des champs 野鼠 (=campagnol). ~ d'égout どぶ鼠 (=surmulot). ~ musqué マスクラット, 北米麝香鼠 (=~ d'Amérique). ~ noir 家鼠. mort aux ~s 殺鼠剤, 猫いらず. piège à ~s 鼠取り.
〖話〗être comme un ~ dans un [son] fromage 安楽な思いをする.〖話〗être fait comme un ~ まんまと罠にかかる. s'ennuyer comme un ~ [mort] 退屈し切っている.〖諺〗A bon chat, bon ~. 敵もさる者. Les ~s quitte le navire.（難破船から鼠が逃げ出すー→) 卑怯者はいざというときこそこそと逃げ出すものだ.
2〖比喩的〗(人について) ~ de bibliothèque 本の虫. ~ d'église 教会堂の雑役係；こちこちの信者. ~ d'hôtel ホテルの客室荒し, 枕探し. ~ [de l'Opéra] パリのオペラ座付属バレエ学校生徒《端役をつとめる》.
3〖話〗けちん坊. C'est un ~. 奴はけちん坊だ.
—— *a.inv.* けちな. Ce qu'elle est ~！あの女はひどいけちだ！

Ratac (=*r*adar d'*a*cquisition de *t*ir de l'*a*rtillerie de *c*ampagne) *n.m.*〖軍〗野戦砲兵隊射撃捕捉レーダー.

rate *n.f.*〖解剖〗脾臓（ひぞう）.〖比喩的〗〖話〗se dilater la ~ 大笑いする.

raté(*e*) *a.p.* **1**（銃などについて）不発に終った；打ち損じた；(ねらったもの)を外した. coup ~ 打ち損なった一撃；(銃の) 不発. objectif ~ 外した標的. R~！外れ！
2 失敗に終った, しくじった；不調に終った；会い損なった. dessin ~ 描き損ないのデッサン. musicien ~ 目的を達成しなかった音楽家. occasion ~*e* つかみ損ねた機会. plat ~ しくじった料理. rendez-vous ~ すっぽかされた待ち合せ. train ~ 乗り損なった列車.
——*n.* 失敗者；落伍者. ~ aigri 気難しい落伍者.
——*n.m.* **1**（銃の）不発；（エンジンの）不点火, 不点火による不調.

2（目的の）不達成；（制度などの）不調. les ~s de la coexistance pacifique 平和共存の不発.

râteau (*pl.* ~*x*) *n.m.* **1** 熊手, まぐわ. ~ à foin 干し草用熊手.〖農〗~ mécanique 干草収穫機.
2〖船〗(甲板掃除用の) モップ.
3（カジノで賭札を集める）ラトー；（櫛歯のない）掻き集め用具.〖製塩〗~ de sel 塩掻き具.
4 熊手状のもの. ~ de métier à tisser 織機の筬（おさ）. ~ de montre 腕時計の櫛歯〖時計の進み具合を調節する歯車〗.

raticide *n.m.* 殺鼠剤 (=mort-aux-rats).

ratification (<ratifier) *n.f.*〖法律〗**1** 追認；承認. ~ d'une promesse de port-fort 無権代理行為の追認. donner sa ~ 追認する. La ~ équivaut à un mandat. 追認は委任に等し.
2（委任立法の）追認.
3（条約の）批准〔書〕. ~ d'une traité 条約の批准. dépôt des ~s 批准書の寄託. échange des ~s 批准書の交換.

ratio[1] [rasjo]〖ラ〗*n.m.inv.* 率, 比率 (=coefficient).〖経済〗~ d'endettement 負債率.〖経済〗~ du rendement du capital investi (RDR) 投資資本収益率 [=〖英〗Return on Investment: ROI].〖経済〗~ de rentabilité 収益率.

ratio[2]〖ラ〗*n.f.*〖法律〗理由；理性. ~ decidendi 判決理由. ~ legis 立法理由 (=raison de la loi)；立法者意思. ~ scripta 書かれた理性 (=raison écrite).

ration *n.f.*〖軍〗1 日分の糧食；配給量. ~ de combat 戦闘食. ~ de pain (de viande, de tabac) パン (肉, タバコ) の 1 日当りの配給量. double ~ 二倍糧食. distribuer les ~s 糧食を配る.
2 一日分の食糧割当量；配給量. ~s imposées en temps de guerre 戦時下の食糧配給量. mettre à la ~ 配給制にする.
3〖酪農〗(家畜 1 頭当り 1 日分の) かいば摂取量. ~ alimentaire. ~ de production (de croissance, d'engraissement) 肥育飼料割当量.
4〖生理〗(1 日分の) 栄養摂取量 (=~ alimentaire). ~ d'entretien 基礎カロリー. ~ de travail 労作時カロリー.
5〖話・皮肉〗分け前；量. recevoir sa ~ de coups したたかになぐられる.

rationalisation (<rationnaliser) *n.f.*
1 合理化. ~ des choix budgétaires 予算編成の合理化. ~ de la production 生産の合理化. plan de ~ 合理化計画.
2〖心, 精神分析〗(無意識的行動の) 合理化.

rationnel(*le*) (<raison) *a.* **1**（思想・行動などの）理性的な；理性をそなえた；理性に属する. connaissance ~*le* et connaissance révélée 理性的認識と啓示による認識. pensée ~ *le* 理性的な考え方.

rationnement

2 純理的な, 理論的な (expérimental「実験的な」の対). mécanique ~ 理論力学. nécessité ~ le 理論的必然性. philosophie ~ le 純理哲学.
3 (方法・組織が) 合理的な (irrationnel「不合理な」の対). méthode ~ 合理的方法. 〔話〕C'est ~! それはもっともだ.
4 〖数〗有理の, 示性の. expression ~ le 有理式. nombre ~ 有理数.

rationnement (<rationner) n.m. 割当 配給〔制〕. ~ du tabac 煙草の配給〔制〕. carte (ticket) de ~ 配給切符.

Ratisbonne n.pr. レーゲンスブルク (= 〔独〕Regensburg)《ドイツ東南部の古都; 1663-1806年, 帝国議会の開催地》.

ratissage (<ratisser) n.m. **1** 熊手(rateau)で掃くこと. ~ d'un jardin 庭を熊手で掃くこと.
2 〖軍〗(ある地区の)掃討;〖警察〗しらみつぶし捜査. opération de ~ 掃討作戦.

RATP (= Régie autonome des transports parisiens) n.f. パリ交通公団〔市バス, 地下鉄, RERの運行を行う公共企業体〕.

rattachement (<rattacher) n.m. 連結;併合. ~ de l'Alsace-Lorraine à la France アルザス=ロレーヌ地方のフランスへの併合.〖国際私法〗point de ~ 連結点.〖国際私法〗règle de ~ 準拠法原則. demander son ~ au siège sociale 本社への復帰(帰任)を求める.

rattachiste a.〖政治〗(国土の) 再併合を主張する, 再併合主義の.
— n. (国土の) 再併合主義者. ~ de la Belgique francophone フランス語圏ベルギーのフランスへの再併合主義者.

rattrapage (<rattraper) n.m. **1** 追いつくこと; 遅れの取戻し.〖教育〗cours de ~ 補習授業, 補講.
2 調整, 補正.〖機工〗~ de jeu 遊びの調整.〖経済〗~ des salaires 賃金の物価上昇調整分.
3〖印刷〗はみ出し.

raturage (<raturer) n.m. 抹消, 削除.
rature n.f. 抹消(削除)線;抹消(削除)個所. manuscrit surchargé de ~ 削除訂正個所だらけの手稿.

raturé(e) a. 抹消(削除)された, 削除訂正された. manuscrits ~s 削除訂正された手稿.

ravage n.m.〔多く pl.〕**1** (人災による)惨害, 大損害, 荒廃. ~s de la guerre 戦災, 戦禍. faire des~^{1} 大損害を与える, 荒廃させる, (戦争などが)猛威をふるう.
2 (天災による) 大災害, 荒廃. ~s causés par un séisme 地震による大災害. ~s d'un incendie (d'une inondation) 火災による大災害(大水害).
3 (人の肉体・精神の) 荒廃, 悪化, 憔悴. ~s de la drogue 麻薬による身心の荒廃. ~s de la maladie 疾病による憔悴. ~s du temps 寄る年波, 老化, 加齢による身心の衰え.〔話〕faire des ~^{2} 恋心を悩ませる.

ravagé(e) a.p. **1** 荒廃した. jardin ~ 荒れ果てた庭. pays ~ 荒廃した国.
2 やつれた;老いさらばえた;(精神的に)打ちのめされた. ~ de remords 良心の呵責にさいなまれた. visage ~ やつれた顔.
3〔話〕気のふれた. Tu es complètement ~! お前はすっかりいかれてしまったのか!

ravageur(se) a. **1** 被害を与える;荒らす. insectes ~s du blé 麦の害虫.
2〔比喩的〕憔悴させる. passion ~se 人を憔悴させる情念.
— n. 荒らす存在;掠奪者, 破壊者.〖農〗~s des cultures 作物荒らし(害鳥獣・害虫).

ravalement (<ravaler) n.m. **1** (建物の外装の) 化粧直し; (塗装の) 剥離作業, 塗りかえ; (外壁の) 磨き上げ; 塗装材料. ~ d'un immeuble ビルの化粧直し. ~ et peinture d'une façade 建物正面の化粧落しと塗装.
2〖園芸〗枝下ろし, 深剪定. ~ d'un arbre 樹木の枝下ろし.
3〔比喩的〕〔古〕(権威などの) 失墜, 堕落.

rave^1 n.f. **1**〖野菜〗ラヴ, 根菜《navet「蕪」, rutabaga「ルタバガ, スウェーデン蕪」など》. céleri-~ セルリ・ラヴ, 根セロリ.
2〖野菜〗ラヴ(十字花植物, 茎根を食用にする). chou-~ 球茎キャベツ.

rave^2 [rɛv]〔英〕n.f. 熱狂, 熱中;熱狂パーティー. ~-party レイヴ・パーティー;どんちゃん騒ぎ.

ravi(e) (<ravir) a.p. **1** とてもうれしい. visage ~ 喜びに溢れる顔;うっとりした顔. avoir l'air ~ うれしそうな様子をする. être ~ de qch (de+inf.; que+subj.) 何(…して;であること)とてもうれしい. Je suis ~ de vous voir. あなたにお目にかかれて大変光栄です. être ~ de ce que+ind. …であることを大変喜んでいる.
2〖宗教〗天に召された;恍惚とした. être ~ en extase 法悦に浸る.
3〔話〕Nous n'étions pas ~s. われわれは満足なんかしていなかった.

ravigote n.f.〖料理〗ラヴィゴット・ソース(=sauce ~〔同格的〕)《冷製ソースは, ヴィネグレット, ケーパー, 香味野菜, 玉葱の微塵切りを加えてつくる;温製ソースは, 白葡萄酒に等量の酢を加え, 細かく刻んだエシャロットを入れて煮詰め, 仔牛のウルーテを加えてつくる;主に仔牛の脳味噌や頭肉料理, 家禽のゆで肉に添える》.

ravin n.m. **1** ラヴァン, 峡谷, 山峡, 雨谷.
2 峡谷沿いの道. **3** 排水溝.

ravine n.f. ラヴィーヌ, 小峡谷, 小小峡谷, 渓流.

raviole n.f.〖料理〗ラヴィヨル (1) le Niçois ニース地方と Corse コルス(コルシカ)

島の地方料理：硬質小麦または小麦製の小さく四角い生地に，ほうれん草，挽肉またはチーズを包んでゆでる；2) le Dauphiné ドーフィネ地方の地方料理：ほうれん草，トム・チーズ，卵などでつくる小団子をゆでてからグラタンにする）．

ravioli [伊] *n.m.*〖料理〗ラヴィオリ（セモリナ粉でつくった2枚の生地の間に，野菜または肉の詰め物をし，ゆでてからトマトソース，おろしチーズをかけて供するパスタ料理）．

ravissant(e) (<ravir) *a.* **1** 人をうっとりさせる；うっとりするほど美しい；素晴らしい. paysage ~ うっとりするような景色．
2 （子供，女性について）素敵な，素晴らしい；綺麗な. Ta fiancée est ~e. 君の許嫁は素晴らしい．

ravissement *n.m.* **1** 恍惚状態, 有頂天. avec ~ うっとりして. être dans le ~ 有頂天になっている. jeter qn dans le ~ 人をうっとりさせる．
2 〖宗教〗天に召されること；法悦．
3 〖古〗強奪；誘拐．

ravisseur(se) *n.* 誘拐者（犯）. ~ d'enfant 子供の誘拐者（=kidnappeur）. ~ terroriste テロの誘拐犯．

ravitaillement (<ravitailler) *n.m.* **1** 〖軍〗(物資の)補給，調達. ~ des armées 兵站. ~ d'un navire 艦船への物資補給. ~ en carburant (en mutation) 燃料（弾薬）補給. ~ en vivres 糧食の補給. ~ en vol d'un avion de chasse 戦闘機への空中給油. ~ sur le pays 現地調達. tour du monde en avion sans escale et sans ~ 無着陸・無給油世界一周飛行．
2 〖一般に〗（食料など生活必需品の）供給；補給物資；日用食料品，食糧．〖話〗aller au ~ 買出しに行く. assurer le ~ des grandes villes 大都会の食糧を確保する．

ravitailleur (se) *a.* 〖軍〗補給用の. avion ~ 給油機. pétrolier ~ 給油艦.
—*n.* 補給要員．
—*n.m.* 補給機；補給艦．

rayé(e) *a.p.* **1** 筋(縞)のついた；罫を引いた. étoffe ~e en long 縦縞の布地. papier ~ 罫紙. pantalon ~ 縞ズボン．
2 （銃身内部に）腔線を施された. fusil ~ ライフル．
3 線を引いて消された. noms ~s sur une liste リストから線を引いて消された名前．
4 すり疵(きず)のついた. porte ~e すり疵のついたドア．

rayon[1] *n.m.* **1** 光線 (= ~ lumineux；~ de lumière). les ~s 明るさ, 光. ~ de lumière naturelle 自然光. ~ convergents 集束光. ~s du soleil 太陽光線, 日光 (= ~ solaire). un ~ de soleil[1] (de lune) 一筋の陽光(月光). ~s incidents 入射光線. ~s invisibles 不可視光線. ~s réfléchis (réfractés) 反射(屈折)光線. ~ vert（日の出，日の入りの時の）緑光. ~ visuel 視線；可視光線．
2〖*pl.*で〗輻射線, 放射線；線. ~s alpha アルファ線 (= ~s α). ~s bêta ベータ線 (= ~s β). ~s calorifiques 熱線. ~s cathodiques 陰極線. ~s corpusculaires 粒子線. ~s cosmiques 宇宙線. ~s électroniques 電子線. ~s gamma ガンマ線 (= ~s γ). ~s infra-rouges 赤外線 (= ~s ultra-rouges). ~s infra-rouges extrêmes 遠赤外線. ~s secondaires 二次輻射線. ~s ultra-violets 紫外線. ~s X X 線. ~s Röntgen. mal des ~s 放射線障害. traitement par les ~s 放射線療法．
3〖比喩的〗光明. un ~ d'espérance 一筋の希望の光. un ~ de soleil[2] 一筋の光明．
4《放射状のもの》(車輪の)輻，スポーク；(魚の)鰭条(きじょう), ひれ筋.〖植〗~s médullaires (茎の) 放射状組織, 射出髄. ~s métalliques d'une roue de bicyclette 自転車の車輪のスポーク. disposition en ~s 放射状配置．
5〖数〗半径（略記 r）；（一点からの）距離〔範囲〕, 範囲. ~ d'action 作用半径；行動半径；運転半径；（飛行機・船などの）航続距離；活動範囲. ~ de braquage 旋回〔回転〕半径.〖鉄道〗~ de courbe d'une voie 線路の曲線半径. ~ de giration 回転半径. ~ douanier (国境地帯の) 税関管理区域. ~ équatorial 赤道半径. ~ terrestre 地球の半径.〖幾何〗~ vecteur 動径. à deux kilomètres de ~；dans un ~ de deux kilomètres 半径2キロメートル以内に．
6〖比喩的〗littérature du second ~ エロ文学．

rayon[2] *n.m.* **1** 棚板. ~s d'une bibliothèque 本箱の棚板．
2 （百貨店などの）売場 (= ~s de vente). ~ des manteaux コート売場. chef de ~ 売場主任．
3〖話〗領分. C'est votre ~. それはあなたの問題だ. Ce n'est pas mon ~. それは私の知ったことではない. en connaître un ~ その領域に詳しい．
4 （蜜蜂の）蜜窩（みつぶさ）(= ~ d'une ruche)．

rayon[3] *n.m.* 〖農〗浅い畝. semer (planter) en ~s 畝にまっすぐ蒔く（植付ける）. un ~ de pois 一畝のえんどう豆．

rayonnant(e) *a.* **1** （光・熱などを）放射（輻射）する. chaleur ~e 放射（輻射）熱. soleil ~ 燦々と輝く太陽．
2 晴れやかな，にこやかな；(de で) 輝くような. beauté ~e 光輝く美しさ, まばゆいほどの美しさ. visage ~ de joie 喜色満面の顔．
3 放射状の.〖建築〗chapelle ~e (聖堂奥内陣回廊沿いに) 放射状に配置された礼拝室群.〖紋章〗étoile ~e 光芒を放つ星.〖美術，建築〗style〔gothique〕~ レヨナン〔ゴシ

rayonne n.f. 1 〘繊維〙〘商標〙レーヨン，ヴィスコース (viscose), 人絹 (soie artificielle)〘合成繊維〙．
2 レーヨンの織物 (= étoffe de ~). doublure en ~ レーヨンの裏地．

rayonné(e) a.p. 1 後光の射した；光り輝く．〘彫刻〙nimbe ~ 光背, 光輪. tête ~ e 光背をいただく頭部．
2 放射状の．〘生〙symétrie ~ e 放射相称．
— n.m.pl. 〘動〙放射相称動物．

rayonnement (< rayonner) n.m. 1 (光・熱などの) 放射, 輻射；〘物理〙放射線, 輻射線 (集合的). arme à ~ 放射性兵器 (中性子爆弾などの核兵器). ~ atmosphérique 大気放射. ~ cosmique 宇宙放射. ~ diffus 散乱線, 散乱放射線. ~ d'un corps radioactif 放射性物体の放射. ~ infra-rouge 赤外放射. ~ ionisant 電離放射線. ~ résiduel 残留放射線. ~ solaire 日射. ~ terrestre 地球放射. ~ thermique 熱輻射, 温度放射. pression de ~ 放射（輻射）圧．
2 〘文〙放射光. ~ d'une chandelle 蠟燭の光．
3 〘比喩的〙威光, 光輝；影響力. ~ de la civilisation grecque ギリシア文明の威光. ~ d'une œuvre 作品の影響力．
4 (喜びなどの) 発現, ひろがり. ~ de bonheur 幸福感の溢出 (発露). ~ de joie 喜びに輝く表情．
5 (霊媒などの) 霊力．

rayure n.f. 1 縞；縞模様. ~s sur le pelage du zèbre 縞馬の毛皮の縞模様. étoffe à ~s 縞模様の布地．
2 すり疵 (きず), 筋状の疵. faire des ~s sur une voiture 車にすり疵をつける．
3 (銃・砲の砲身内の) 腔綫．

raz [ra] n.m. 1 (河口・瀬戸などの) 早瀬, 渦潮. ~ de marée 高潮；津波 (= raz-de-marée, tsunami)；〘比喩的〙社会の大変動．
2 (la Bretagne ブルターニュ地方, la Normandie ノルマンディー地方の) 渦潮の起る瀬戸. Le ~ de Sein サン島の瀬戸. la pointe du R~ ラ岬 (département du Finistère フィニステール県西端の岬；危険水域)．

raz[-]de[-]marée n.m.inv. 1 津波 (= tsunami)．
2 〘比喩的〙社会的激動の波, 渦潮, 高波. ~ socialiste 社会主義のうねり．

razzia [ra[d]zja] 〘アラビア〙n.f. (アルジェリアなどで野盗による) 略奪；〘俗〙(商店などの) 集団略奪行為．

Rb[1] (= rétinoblastome) n.m. 網膜芽細胞腫 (= 〘英〙〘ラ〙retinoblastoma). gène ~ 網膜芽細胞腫遺伝子．

Rb[2] (= rubidium) n.m. 〘化〙「ルビジウム」の元素記号．

RBA (= revenu brut agricole) n.m. 農業粗収入, 農業総所得．

RBE (= résultat brut d'exploitation) n.m. 〘農〙農業粗利益 (農産物の売上から農業必要経費を差引いた額). ~ moyen par exploitation à temps complet 完全自営農の平均農業粗利益．

RBI = Radio-Berlin-Internationale) n.f. 〘無冠詞〙国際ベルリン・ラジオ (旧東独のフランス語国際放送)．

RBMK (= 〘ロシア〙Reactor Bolchoie Molchnastie Kipiachie) n.m. 〘原子力〙黒鉛減速軽水冷却沸騰水炉 (チェルノブイリ Tchernobyl などの原子炉). centrale Lénine de type ~ 黒鉛減速軽水冷却沸騰水炉型レーニン原子力発電所 (チェルノブイリから 22 km にある原発；1986 年第 4 号炉が事故を起こした)．

RBRR (= régiment blindé de recherche du renseignement) n.m. 〘軍〙偵察諜報活動機甲連隊．

RC[1] (= récoltant-coopérateur) n.m. (シャンパーニュ酒の) 葡萄収穫者兼協同組合員．

RC[2] (= registre du commerce) n.m. 商業登記簿．

RCA (= la République centrafricaine) n.f. 中央アフリカ共和国．

RCB (= rationalisation des choix budgétaires) n.f. 予算選択の合理化．

RCC (= régiment de chars de combat) n.m. 〘軍〙戦闘戦車連隊．

RCF (= rythme cardiaque fœtal) n.m. 胎児心拍リズム．

RCH (= rectocolite hémorragique) n.f. 〘医〙出血性直腸結腸炎．

RCI (= rentabilité des fonds propres et du capital investi) n.f. 〘経済〙自己資本および投下資本収益率．

RCM[1] (= radio communications avec les mobiles) n.f.pl. (自動車・船舶等の) 対移動物無線通信．

RCM[2] (= revenus de capitaux mobiliers) n.m.pl. 〘税〙動産資本所得．

RCP (= régiment de chasseurs parachutistes) n.m. 〘軍〙猟歩降下兵連隊．

RCS (= registre du commerce et des sociétés) n.m. 商業・会社登記簿 (その内容は 1) 登記場所；2) 個人営業 A，会社 B，経済活動グループ C，民事会社 D；3) INSEE による 9 桁の企業コード番号で表わされる. L'indication du ~ est obligatoire sur tous les documents commerciaux. 商業・会社登記簿の表示はすべての書類に義務づけられている．

RCV (= radicaux, chevènementistes et Verts) 〘政治〙groupe ~ 急進派・シュヴェーヌマン Chevènement 派・緑の党グループ (国民議会の会派名)．

RD[1] (= récemment dégorgé) a. (シャンパーニュなどの発泡酒の) 澱 (おり) を除去したばかりの. champagne Bollinger ~ 1975 ボランジェ 1975 年物蔵出シャンパーニュ．

RD[2] (=*r*echerche-*d*éveloppement) *n.f.* 研究開発.
RDA (=*R*épublique *d*émocratique allemande) *n.pr.f.* 【独史】ドイツ民主共和国, 東ドイツ (=l'Allemagne de l'Est) (1949-90年).
RDG (=*r*èglement de *d*iscipline *g*énérale) *n.m.* 【軍】一般規律軍紀.
RDI (=*r*adar *d*oppler à *i*mpulsions) *n.m.* 【軍】衝撃ドップラー・レーダー.
RDP (=*r*égiment de *d*ragons *p*arachutistes) *n.m.* 【軍】落下傘下機動化連隊. soldats du 13e ~ 第13落下傘降下機動化連隊の兵士.
RDS (=*r*emboursement de la *d*ette sociale) *n.m.* 【社会保障】社会保障債務返済. ~ contribution au ~ 社会保障債務返済税《社会保障制度の赤字を補塡するため1996年に導入》.
Re (=*r*hénium) *n.m.* 【化】「レニウム」の元素記号.
réa (<réanimation) *n.f.* 【医】蘇生〔術〕. infirmière de ~ 蘇生担当看護婦 (女性看護師).
réabonnement *n.m.* 予約購読の更新; 予約更新.
REACH (=【英】*R*egisration, *E*valuation, *A*uthorisation and *R*estriction of *C*hemicals) *n.f.* 【ヨーロッパ連合の】化学物質の登録・評価・認可・規制〔に関する規定〕, リーチ規制 (=regulation concerning the ~) (=【仏】règlement〔du Parlement européen et du Conseil européen〕nº 1907/2006 concernant l'enregistrement, l'évaluation et l'autorisation des substances chimiques ainsi que les restrictions applicables à ces substances)《3万種を超える化学物質の安全性評価などを企業に義務づける規制; 2007年6月1日より施行; 2008年6月よりヨーロッパ化学物質管理機構European Chemicals Agency (=【仏】Agence européenne des produits chimiques) に登録する》.
réactance *n.f.* 【電】リアクタンス, 感応抵抗; 【音響】音響リアクタンス (=~ acoustique). 【電】~ d'un condensateur コンデンサーのリアクタンス.
réacteur *n.m.* **1** ジェットエンジン (=moteur à réaction); ロケットエンジン (=~-fusée). ~ à combustible liquide 液体燃料ロケット. ~ à poudre 固型燃料ロケット. ~ d'avion 航空機用ジェットエンジン. avion à deux (quatre)~s 双 (四) 発ジェット機 (=biréacteur, quadriréacteur).
2【電】リアクター; 【物理・化】反応装置.
3【原子力】核反応炉 (=~ nucléaire), 原子炉 (=~ atomique). ~ à eau bouillante 沸騰水型原子炉 (=【英】BWR: *b*oiling *w*ater *r*eactor). ~ à eau légère (lourde) 軽 (重) 水炉《軽 (重) 水減速型原子炉》. ~ à

eau sous pression 加圧水型原子炉 (=【英】PWR: *p*ressurized *w*ater *r*eactor). ~ à haute température du type uranium-graphite-hélium ウラニウム=黒鉛=ヘリウム型高温原子炉. ~ à neutrons rapides (thermiques) 高速 (熱) 中性子原子炉. ~ de puissance 動力用原子炉, 発電用原子炉. ~ piscine スイミングプール型原子炉. ~ prototype 原型炉. ~ régénérateur à neutrons rapides 高速中性子増殖炉 (=surrégénérateur). ~ thermique 熱中性子炉 (=~ à neutrons thermiques).
réactif (ve) *a.* 反応する, 反応性の.【電】courant ~ 無効電流. force ~ve 反力, 応力, 抗力.
——*n.m.* 【化】試薬, 反応体. ~ de Schweitzer シュヴァイツァー試薬. ~ spécifique 特殊試薬.
réaction *n.f.* **I**〔学術〕**1**【理】反応. ~ chimique 化学反応. ~ de fusion 核融合反応. ~ d'hydrolyse 加水分解反応. ~ de polymérisation 重合反応. ~ d'oxydo-réduction 酸化還元反応. ~ en chaîne 連鎖反応. ~ en chaîne de fission 核分裂連鎖反応. ~ irréversible (réversible) 不可逆 (可逆) 反応. ~ lumineuse 発光反応. ~ nucléaire (thermonucléaire) 核 (熱核) 反応. ~ photochimique 光化学反応. ~ principale 主反応. chaleur de ~ 反応熱.
2 (生理的) 反応; 反応試験 (検査). ~ au froid 寒さに対する反応. ~ anamnestique 既往反応. ~ antigène-anticorps 抗原抗体反応. ~ bactériolytique 免疫溶菌反応. ~ congestive 充血反応. ~ cutanée 皮膚反応〔検査〕. ~ de bilirubine sérique urinaire 血清尿ビルビリン反応検査. ~ de défense de l'organisme 生体の防禦反応. ~ de l'hématoporphyrine ヘマトポルフィリン検査《血痕の確認検査法》. ~ de lépromine レプロミン反応. ~ de sédimentation 赤血球沈降 (血沈) 反応〔検査〕. ~ de toxine-neutralisation 毒素中和反応. ~ des lymphocytes mixtes 混合リンパ球反応 (=【英】MLR: *m*ixed *l*ymphocyte *r*eaction). ~ des vaisseaux sanguins par le froid 寒冷血管反応. ~ du cancer 癌反応. ~ du sang occulte 潜血反応. ~ enzymatique 酵素反応. ~ greffon-hôte 移植片対宿主反応. ~ immunitaire 免疫反応.【医】~ inflammatoire 炎症反応.【精神医学】~ psychogène 心因性反応. ~ pupillaire 瞳孔反応〔検査〕. ~ secondaire 二次反応.【医】副作用. ~ toxine-antitoxine 毒素抗毒素反応. ~ vitale 生活反応. psychologie de ~ 反応 (行動) 心理学.【心】temps de ~ 反応時間. faire ~ 体が急にほてる.
3〔力学・機械・航空〕反作用, 反力, 応力, 反動. avion à ~ ジェット機.【自動車】barre de ~ トルクロッド. moteur à ~ ジェット・エンジン. principe d'action et de

~ 作用と反作用の原理. propulsion par ~ ジェット推進.
4（機械・車などの）反応性, レスポンス. Cette voiture a de bonnes ~s. この車はレスポンスがいい.
5〖電子〗帰還, フィードバック；〖電〗再生.
Ⅱ〖常用〗**1**（心的・社会的な）反応, 手応え；反響；はね返り. ~ lente (vive) 穏やかな（激しい）反応. ~ de qn à une nouvelle ニュースに対する人の反応. ~s internationales 国際的反響. ~s verbales 言葉による反応, 返答. avoir une ~ de colère 怒りの反応を示す. être sans ~ 反応がない, 手応えがない. A-t-il protesté? —Non, aucune ~. 彼は異論を唱えましたか？——いいえ, 全く無反応でした.
2 反発, 反作用. en ~ contre … に反対しようとして. provoquer des ~s violentes 激しい反発を招く.
3（政治的）反動, 逆コース；反動派. la révolution et la ~ 革命と反革命. forces de la ~ 反動勢力.
4〖環境〗（生物による）環境の変容.

réactionnaire a.〖蔑〗反動的な；保守反動的な. gouvernement ~ 反動的政府.
——n. 保守反動的人間（=〖話〗réac).

réactionnel(le) a. **1**〖化〗反応性の, 反応作用のある. mécanismes ~s 反応のメカニズム.
2〖医・精神医学〗反応性の. dépression ~ le 反応性鬱病. motions ~ les 反応動機. psychose ~ le 反応性精神病. syndrome ~ psychotique 反応性精神病症候.

réactivation (<réactiver) n.f. **1** 再活動, 再生；現役復帰. ~ d'une commission 委員会の再生.
2〖医・化〗再活性化. ~ d'une maladie 病気の再発.

réactivité n.f. **1**〖化〗（原子・分子などの）反応性；〖物理〗（原子炉の）反応度. ~ de l'alminium アルミニウムの反応性. ~ d'un réacteur nucléaire 原子炉の反応度《臨界状態からの乖離度》.
2〖医・心〗反応性. ~ d'un antigène à un anticorps 抗原の抗体に対する反応性. ~ d'un être humain 人間の反応性.
3〖比喩的〗臨機応変性.

réactovigilence n.f.〖医〗（体外診断医療装置の）反応安全監視《体外診断医療装置事故防止対策》.

réadaptation n.f. **1** 再適応, 復帰；（身障者の）再教育, リハビリテーション. ~ d'un soldat à la vie civile 兵士の社会復帰. ~ professionnelle（失業者や労災被害者の）職業再教育. ~ sociale 社会復帰.
2〖医〗機能回復, リハビリテーション.〖医〗~ fonctionnelle 機能回復〔訓練〕.

réajustement n.m. 調整. ~ des prix 価格調整. ~ des salaires 給与調整.

réalisateur (trice) a. 実現（実行）する；実行力のある. génie ~ 実行力のある天才. Il est plus ~ que concepteur. 彼は立案者的というよりはむしろ実践者的である.
——n. **1** 実現者, 実行者.
2〖映画〗監督（=metteur en scène)；〖放送〗ディレクター（=metteur en ondes）；演出家. ~ d'un film 映画監督. ~ de télévision TV のディレクター.

réalisation n.f. **1** 実現, 実行, 実践, 達成. ~ complète d'une œuvre 作品の完成. ~ d'un contrat 契約の履行. ~ d'un projet 計画の実現. ~ d'un rêve 夢の実現. ~ d'une théorie 理論の実践.
2（技術・芸術などの）成果, 所産, 産物, 作品. une belle ~ de la technologie française フランス技術の見事な成果.
3〖映画・ラジオ・TV〗製作；演出；監督. ~ d'un film 映画の製作（監督). nouvelle ~ d'un film à succès 名作映画のリメイク.
4〖ジャーナリズム〗実施, 実行. ~ d'un interview インタヴューの実施.
5〖財政〗（金融財産などの）売却による現金化. ~ de l'actif d'une société (des valeurs) 会社の資産（有価証券）の現金化. ~ d'un capital 資本の売却. ~ d'une dépense publique 公的負担額の確定. ~ de l'impôt 課税額の確定.
6〖法律〗clause de ~（夫婦財産契約における）不動産みなし条項.
7〖音楽〗和声づけ.

réalisme n.m. **1** 現実主義, レアリスム, リアリズム；現実を重視する態度. ~ politique 政治的現実主義. faire preuve de ~ dans un cas difficile 難しい事例で現実的に対処する. réagir avec ~ 現実的に対応する.
2〖文・美〗写実主義；〖映画〗リアリズム.〖映画〗~ italien イタリア・リアリズム. ~ socialiste en URSS ソ連の社会主義リアリズム.
3〖哲〗実在論者 (nominalisme「唯名論」の対). ~ des universaux（中世）普遍概念の実在論.
4 写実性；〖蔑〗露骨な描写.

réaliste a. **1** 現実〔主義〕的な. attitude ~ 現実的態度.
2 写実的な；写実主義的な. art ~ 写実主義の芸術, リアリズム芸術. écrivain (peintre) ~ 写実主義文学者（画家). littérature ~ リアリズム文学.
3〖蔑〗露骨な.
——n. **1** 現実主義者；実際家.
2 写実主義者, レアリスト, リアリスト.
3〖哲〗実在論者 (conceptualiste「概念論者」, nominaliste「唯名論者」の対).

réalité n.f. **1** 現実；〖多く pl.〗現実の事物. ~ absolue 絶対的現実. ~ extérieure (intérieure) 外的（内的）現実. dures ~s de la vie 人生の厳しい現実.〖論

理〗jugement de ~ 現実判断. le rêve et la ~ 夢と現実. avoir le sens des ~s 現実感覚がある. dans la ~ 現実の生活では. en ~ 実際には. En ~, c'est tout différent. 実際には全く違う. La ~ dépasse la fiction. 事実は小説より奇なり.
2〖精神分析〗~ psychique 心的現実. épreuve de ~ 現実吟味. principe de ~ 現実原則.
3 現実性, レアリテ, リアリティー；真実性, 迫真性. douter de la ~ d'un fait 事実の現実性を疑う.
4〖哲・神学〗実在；実在性. ~ des choses 事物の実在性. ~ des idées chez Platon プラトンにおけるイデアの実在性. ~ objective de l'idée de Dieu 神という観念の表象的実在性.
5〖法律〗対物性 (personnalité「対人性」の対). ~ de l'impôt 税の対物性.

realpolitik 〖独〗 *n.f.* 現実的政策.

réanimateur[1] *n.m.* 〖医〗蘇生器；人工呼吸器 (装置) (=respirateur).

réanima*teur*[2] (***trice***) *n.* 〖医〗蘇生医 (=médecin ~). anesthésiste-~ 麻酔蘇生医.

réanimation *n.f.* **1** 蘇生〔術〕. ~ d'un asphyxié 窒息した人に対する蘇生術. service de ~ d'un hôpital 病院内の蘇生手当部 (室).
2 (病院の) 蘇生手当室 (略称 réa). rester en ~ 蘇生手当室にとどまる. Il a été transporté en ~ 彼は蘇生手当室に運びこまれた.

réapprovisionnement (< réapprovisionner) *n.m.* 再供給；再補給. ~ d'un magasin 商店への品切れ商品の再供給. ~ en munitions (en vivres) 弾薬 (糧食) の再補給.

réarmement *n.m.* **1** 再軍備, 再武装；新型兵器武装；再装塡；〖海〗再艤装.
2〖比喩的〗~ moral 道徳再武装〔運動〕(=〖英〗MRA: *Moral Re-Armament*. 米国の F. Buchman が提唱した, 個人や国民の行動動機の正純化による世界改革運動).

réarmeur *n.m.* 〖写真〗(カメラの) ワインダー.

réarrangement (<réarranger) *n.m.*
1 再整備, 配列替え.
2〖化〗転位. ~ moléculaire (原子の) 分子内転位. réaction de ~ 転位反応.

réassignation (<réassigner) *n.f.* **1** 〖法律〗再召喚. **2** 〖財政〗別途資金による充当.

réassort *n.m.* **1** 〖話〗新規取揃え；仕入れ直し. commande de ~ 新規取揃え (仕入れ) の注文.
2 新規取揃え品；仕入れ直し品 (=réassortiment).

réassortiment *n.m.* 〖商業〗**1** 新規取揃え；仕入れ直し.
2 新規取揃え品；仕入れ直し品 (略記 réassort).

réassurance *n.f.* 再保険.

réassureur *n.m.* 再保険者. ~s catastrophés 大損害を蒙った再保険者たち.

REB (=*r*éacteur à *eau bouillante*) *n.m.* 〖原子力〗沸騰水型原子炉 (=〖英〗BWR: *boiling water reactor*).

rebelle *a.* **1** 反抗の, 反乱する；(à に) 逆らう, 反逆する. armée ~ 反乱軍. 〖宗教〗les esprits ~s 反逆の霊, 悪魔. fils ~ 反抗的な息子.
2 (à を) 受けつけない, (に) 不向きな. enfant ~ à toute discipline 全く言うことをきかない子供. être ~ aux mathématiques 数学嫌いである, 数学がわからない, 数学を受けつけない.
3 (物が) 扱いにくい, 手に負えない；(病気が) 治りにくい. cheveux ~s くせ髪. fièvre ~ なかなか下らない熱.
4 〖話〗固い. viande ~ 固い肉.
——*n.* 反逆者, 叛徒. armée des ~s 反乱軍.

rébellion *n.f.* **1** 反逆, 反乱；暴動. réprimer la ~ 反乱を鎮圧する.
2 反抗. esprit de ~ 反抗精神, 反抗心.
3〖集合的〗叛徒.

reblochon *n.m.* ルブロションチーズ (la Savoie サヴォワ地方産で牛乳からつくられる洗浄外皮, 弱圧縮, 軟質の AOC チーズ (直径 13 cm, 厚さ 2.5 cm の円盤状；脂肪分 50%)；旬 7 月-11 月).

rebobinage *n.m.* 巻き戻し. 〖写真〗~ automatique フィルム自動巻き戻し.

reboisement (<reboiser) *n.m.* 再植林. ~ en pins maritimes des landes de Gascogne ガスコーニュ地方の荒地の海浜松再植林.

reboiseur *n.m.* 〖林業〗(伐採地の) 再植林者.

rebondissement (<rebondir) *n.m.* **1** (事件などの) 新展開. ~s de l'intrigue d'une comédie 喜劇の筋のめまぐるしい展開. ~ d'un scandale スキャンダルの再燃. ~ d'une épidémie 流行病のぶり返し.
2 はね返り, リバウンド. ~ d'une balle ボールのはね返り.

rebuffade 〖伊〗 *n.f.* 暴言を伴うひどい扱い；肘鉄砲. essuyer une ~ けんもほろろに扱われる.

rebut *n.m.* **1** 屑；スクラップ, 廃品, 不良品. de ~ 屑の；無価値の, 無用の：ぼろぼろの. marchandises de ~ 屑物, 見切り品. mettre (jeter) *qch* au ~ 何をスクラップにする, 何をお払い箱にする, 何を捨てる.
2〖比喩的〗屑のような存在, 屑. ~ du genre humain (de la société) 人間 (社会) の屑.
3〖比喩的〗〖多く *pl.*〗 (食物の) 残り物, 残飯 (=reste, rogation). manger des choses de ~ 残り物を食べる. ~ de grain (家禽の

餌にする) 穀屑 (= grenaille).
4 〔*pl.* で〕〖郵便〗配達不能郵便物；〜の係 (= service des 〜 s).

récapitulatif (ve) *a.* 要約的な. tableau 〜 des caractéristiques 特性要約一覧表.

récapitulation *n.f.* 要点のまとめ, 要約.

recel *n.m.* 〖法律〗隠匿(いんとく). 〜 de choses 贓物隠匿. 〜 de criminel 犯人隠匿〔罪〕. 〜 de grossesse 妊娠の隠匿. 〜 de naissance 出産の隠匿. 〜 d'objets volés 盗品隠匿.

recensement (< recenser) *n.m.* **1** 調査；調査目録；(特に) 人口調査, 国勢調査 (= 〜 de la population). 〜 complémentaire 補足的人口調査《人口急増の市町村で実施される》.
2 (資源などの) 調査. 〜 général des ressources 資源の総合調査.
3 〖軍〗(徴用可能な人員・物資の) 調査登録. 〜 〔du contingent〕兵役適齢者の調査登録.

recenseur (se) *a.* 調査の. agent 〜 (国勢調査などの) 調査員.
—— *n.* 調査員 (= agent 〜).

recension *n.f.* **1** 〔文〕校訂；校訂版.
2 (雑誌における文学作品の) 書評.
3 〔比喩的〕吟味, 点検；詳細な検討. 〜 informatique 情報の吟味.

récent (e) *a.* 最近の, 近頃の, 現今の, 直近の；(記憶・思い出が) 新しい；(人が) 新参の. architecture 〜*e* 現代建築. découverte 〜*e* 最近の発見. événements 〜*s* 最新の出来事. livre 〜 qui vient de paraître 新刊書. modèle le plus 〜 最新機種. nouvelle toute 〜*e* ホットニュース. avoir la mémoire toute 〜*e* de *qcn* 何について生々しい記憶を抱いている.

recépage, recepage (< recéper) *n.m.* **1** 〖農〗(葡萄などの) 深剪定《丈夫な新芽を得るため木の根元近くで剪定すること》. 〜 de la vigne 葡萄の深剪定.
2 〖土木〗打ち込んだ杭頭の切り揃え.

récépissé *n.m.* (書類・物品の) 受領証, 受付証, (金銭の) 領収証 (= reçu). 〜 d'un dépôt 供託金(預金)の領収証, 預り証. 〜 d'un envoi 新送品の受領証. 〜-warrant (預り証券と質入証券からなる) 倉庫証券.

réceptacle *n.m.* **1** 集積所；溜り場. 〜 des immondices de la ville 町の塵介の集積所.
2 〖水理〗水の貯溜場.
3 〖植〗花床, 花托.

récepteur[1] (trice) *a.* **1** (電波・信号などを) 受信する (émetteur「送信する」の対). antenne 〜 *trice* 受信アンテナ. cellule 〜 *trice* infrarouge 赤外線受信管. poste 〜 受信局；受信機.
2 〖生〗受容器の. centre 〜 (感覚の) 受容中枢. organe 〜 感覚受容器官. site 〜 d'un enzyme 酵素の受容部位.
—— *n.* d'un compte courant 当座預金の受入れ者.

récepteur[2] *n.m.* **1** 受信機, 受信装置 (émetteur「発信器」の対). 〜 de radio (de télévision) ラジオ (TV) 受信機. 〜 de TSF 無線〔電信〕受信機. 〜 Morse モールス受信機. 〜 ondes courtes (longues) 短(長)波受信機. 〜 toutes ondes オールウェーブ受信機. sensibilité d'un 〜 受信機の感度.
2 (電話の) 受話器 (= 〜 téléphonique). décrocher (raccrocher) le 〜 受話器をはずす (かける).
3 〖工〗(熱・化学・機械エネルギーの) 受給機 (générateur「発生機」の対).
4 〖生理〗受容器, 感覚器官 (= organe 〜) (effecteur「効果器」の対). 〜 de douleur 痛み受容器. 〜 des hormones ホルモン受容体. 〜 médicamentaire 薬物受容体. 〜 sensoriel 感覚受容器官, 感覚器官. 〜 tactile 触感受容器, 触覚器官.
5 〖生化〗受容体, レ (リ) セプター《細胞外部から来る刺激物質の情報を細胞内部に伝える構造体》. 〜 de cellules T T細胞レセプター. 〜 de volume 容量受容体. 〜 thermique (皮膚の) 温熱受容体. 〜 visuel (眼の) 感光体, 光レセプター.
6 〖言語〗(メッセージの) 受信者 (émetteur「発信者」の対).
7 〖電〗トランスデューサー, 変換器.
8 〔比喩的〕(刺激などの) 受容者.
9 〖法律〗〜 d'un compte courant 相互計算の差額債権者.

réceptif (ve) *a.* **1** 〖生〗(器官などが) 受容性の.
2 〖医〗(伝染病などに) 感受性のある；(病気に) かかりやすい.
3 〔比喩的・文〕(à に) 影響されやすい. 〜 à la suggestion 暗示にかかりやすい.

réception (< recevoir) *n.f.* **1** (通知・事物などの) 受領. 〜 d'une lettre 手紙の受領. accuser 〜 d'une lettre 手紙を受け取ったことを通知する《商業文・公用文の文言》. accusé (avis) de 〜 (書留などの) 受領証, 受取通知. envoi payable à 〜 受け取り払いの送付.
2 〖法律〗受納, 受諾, 受領, 受け入れ, 受理. 〜 de caution 保証人の受諾；保証金の受領. 〜 de travaux (注文者による) 請負仕事の受領 (受理). 〜 définitive (provisoire) 最終 (仮) 受領.
3 〖法律〗継受. 〜 d'une droit 法の継受.
4 (電波などの) 受信；(感覚・刺激などの) 受容, 摂受 (せつじゅ). 〜 dirigée (電波の) 指向性 (ビーム) 受信. 〜 de la lumière par l'organisme 器官による光の受容. 〜 en Morse モールス受信. appareil de 〜 受信機；(感覚の) 受容器.
5 (人の) 受け入れ, 出迎え；面会, 接見. 〜 à la Cour 宮廷 (宮中) の接見. 〜 d'un am-

bassadeur (d'un chef d'Etat) 大使 (国家元首) の迎え入れ (出迎え, との面会). faire une ~ cordiale 歓待する. faire une bonne (mauvaise)~ à qn 人を歓迎する (つれなく迎える).

6 レセプション, 接待；パーティー. ~ intime 内輪のパーティー. ~ officielle 公式レセプション.
grande ~ 盛大なレセプション, ガラ. invités d'une ~ レセプション (パーティー) の招待客. salle de ~ レセプションホール. donner une ~ レセプション (パーティー) を開く.

7 レセプションホール (=salle de ~), パーティー用の客間 (=salon de ~).

8 (ホテルなどの) 受付, フロント；受付 (フロント) 係. bureau de ~ 受付, フロント. s'adresser à la ~ 受付 (フロント) に問合せる.

9 入会 (入学) 〔の承認〕；入会式. discours de ~ à l'Académie française アカデミー・フランセーズ入会演説. séance de ~ 入会 (入学) 式.

10 〖スポーツ〗 (ボールの) レシーヴ；(ジャンプなどの) 着地. ~ d'un parachutiste パラシュート降下者の着地.

réceptionnaire *n.* **1** 〖法律・商業〗納品受理係；納品管理係；(製品・納品の) 受取人. **2** (ホテルの) 受付主任.

réceptionniste *n.* 受付係, 応接係；(ホテルの) フロント係.

réceptivité *n.f.* **1** 〖生〗 (感覚器の) 受容性.
2 〖医〗 (病気への) 感受性, 感染性. ~ à certaines maladies 特定の疾病に対する感受性 (感染性).
3 〖電信〗受信能力.
4 (人が) 影響を受けやすいこと.

récessif (ve) *a.* **1** 〖生〗劣性の, 潜性の (dominant「優性の」の対). caractère ~ 劣性形質. gène ~ 劣性遺伝子.
2 〖経済〗景気後退の, 経済不況の. impact ~ 景気を後退させる波及効果.

récession *n.f.* **1** 〖経済〗景気の後退 (= ~ économique). période de ~ 景気後退期.
2 〖地形〗 (氷河などの) 後退；〖天文〗後退. ~ des galaxies (nébuleuse) 銀河 (星雲) の後退 〖宇宙の膨張空間における後退現象〗.

récessionniste *a.* 〖経済〗景気後退の, 経済不況の (= récessif). tendances ~ s mondiales 世界的景気後退の趨勢.

récessivité *n.f.* 〖生・遺伝〗劣性.

recette *n.f.* **1** 収入, 入金；歳入；収入財源；売上高. ~〔nette〕利益. ~ du fisc 税収. ~ s et dépenses 収支. ~ s fiscales (non fiscales) 税 (税外) 収入. Les ~ s totales du projet de loi de finances 2002 sont évaluées à 234,3 milliards d'euros. 2002 年予算案における総歳入は 2,343 億ユーロと見積もられている. prélèvements sur les ~ s de

l'Etat au profit des communautés européennes 国家歳入のうち欧州共同体向け譲与分. faire ~ (芝居, 映画などが) 大当りする.
2 〖法律〗収受, 受領, 領収, 徴収, 徴税事務所. ~ buraliste 収税事務所〔係〕. ~ des impôts 徴税事務所. garçon de ~ (銀行などの) 集金係.
3 (納品された商品, 引き渡された工事などの) 受領, 受理, 受納. essai de ~ (船舶・機械などの) 納入試験.
4 作り方, やり方, 秘訣, 処方, レシピ. ~ de bonne femme (怪しげな) 民間療法. Livre de ~ s 料理の本. Donnez-moi la ~. やり方 (レシピ) を教えてください.
5 (鉱山の坑道, 坑口の) 操作場.

recevabilité *n.f.* **1** 〖法律〗受理可能性；受理. ~ d'une action publique 公訴の受理. ~ d'un appel (d'un pourvoi) 控訴 (上告) の受理. examiner la ~ d'un pourvoi 上告の受理の可否を検討する.
2 〖商業〗受領権.

recevable *a.* **1** 受けいれることのできる. excuse peu ~ 受け入れ難い陳謝.
2 〖法律〗 (請願・訴訟・提案などが) 受理可能な, 受理可能性のある. demande ~ 受理可能な要求. être ~ à+*inf.* (人が) …する資格を認められる.

receveur (se) *n.* **1** 出納係；収入役. ~ des contributions 収税吏. ~ de l'enregistrement 登記所長. ~ municipal 市町村の収入役. ~ public 官公庁の収税・出納係.
2 〔古〕 (公共交通機関の) 車掌. ~ d'autobus (de tramway) バス (市電) の車掌.
3 〖郵〗 ~ des postes 郵便局長.
4 〖医〗 (輸血の) 受血者；(臓器移植の) 被植者 (donneur「ドナー」の対). ~ universel 万能受血者 (一般に血液型が AB 型の人).

rechange[1] *n.m.* 予備品, スペア. ~ de vêtements 衣服の換え. de ~ 替えの；代りの. linge de ~ 着替え用下着. politique de ~ 代替政策. roue de ~ スペア・タイア. vêtements de ~ 替え着.

rechange[2] *n.m.* 〖商業〗戻り手形 (retraite) の振出し；戻り手形の取引価格.

recharge *n.f.* **1** 再装填；再充電；入れ替え (=rechargement). ~ d'une caméra カメラのフィルム再装填. ~ d'une batterie バッテリーの再充電. ~ d'un fusil 小銃の弾丸の再装填.
2 つめ替えるもの, カートリッジ. ~ de stylo 万年筆のカートリッジ.

rechargeable *a.* **1** 再充電可能の, 充電式の. pile ~ 充電式電池. **2** 入れ替えのきく. stylo ~ カートリッジ式万年筆.

réchaud *n.m.* コンロ. ~ à gaz ガスコンロ. ~ de table 卓上コンロ；卓上保熱台. ~ électrique 電気コンロ.

réchauffage (<réchauffer) *n.m.* **1** 再加熱.

2 〖農〗保温. ~ des vergers au moyen de réchauds ヒーターによる果樹園の保温.
3 予熱. ~ de l'acier（圧延前の）鋼鉄の予熱.

réchauffement (<réchauffer) n.m. 1 （冷えたものが）温まること；再加熱；（気象の）温暖化. ~ climatique 気候温暖化, 地球温暖化. indices du ~ de la Terre 地球温暖化指数. ~ d'un potage ポタージュの温め直し. La météo a prévu un ~ pour le week-end. 予報は週末に温かさが戻ると予測した.
2 〖園芸〗（温床の）保温. ~ des couches 苗床の保温.
3 〔比喩的〕活気の取戻し, 再燃. ~ du cœur 気力の再燃.

réchauffeur n.m. 加熱器, 再熱器. ~ d'eau 湯沸器. ~ d'eau d'alimentation 給水加熱器.

recherche n.f. 1 探すこと；調査, 探究, 追求；〖法律〗捜索, 捜査；立証. ~s bota-niques 植物調査. ~ de documents 資料の調査. ~ de filiation légitime 嫡出親子関係の立証. ~ de gîtes minéraux 鉱脈の探査. ~ de renseignements 情報調査. 〖電算〗~ de l'information 情報の探索, 情報アクセス. ~s de la police 警察の捜査活動. ~ du bonheur 幸福の探求. ~ du profit 利益の追求. ~ opérationnelle オペレーションズリサーチ.
action en ~ 捜索〔行為〕. 〖スキー〗position de ~ de vitesse （滑降の）最高スピード追求姿勢, スピード・ポジション.
à la ~ de …を追い求めて；…を探して. A la ~ du temps perdu de Proust プルースト の『失われた時を求めて』(長編小説；1913-1927年). à la ~ de la vérité 真実を求めて. aller à la ~ de qn 何を探しに行く. faire des ~s systématiques 系統的調査を行う.
2（学術的）研究；調査研究. ~ appliquée (fondamentale) 応用（基礎）的研究. ~s lit-téraires (philosophiques) 文学（哲）学研究. ~s sociologiques par enquêtes アンケートによる社会学的調査研究.
budget de la ~ 研究予算. Centre national de la ~ scientifique 国立学術研究センター（略記 CNRS）. comité de ~ 研究委員会. ministre délégué à la R~, auprès de ministre de l'Education nationale, de l'Enseignement supérieur et de R~ 国民教育・高等教育・科学研究大臣付科学研究担当大臣. faire de la ~ 研究活動を行う.
3（装飾・文体などの）凝り過ぎ. avec ~ 凝って. style sans ~ 巧まざる文体. mettre de la ~ dans sa toilette 化粧（衣服）に凝

recherché(e) a.p. 1 探し（追い）求められている, 人気のある. acteur ~ 人気俳優. édition ~e 稀覯本. objet d'art très ~ 引っ張り凧の工芸品.
2 凝った；〖蔑〗気取った. paroles ~es 選び抜いた言葉遣い. style ~ et prétentieux 勿体ぶった文体. toilette ~e 入念な化粧.

recherche-développement (pl. ~s-~s) n.f. 〖経済〗（新製品の）研究開発（略記 R. et D., RD）.

rechute n.f. 1 〖医〗（病気の）ぶりかえし（récidive「再発」とは異なる）. ~ sérieuse 病状の深刻なぶりかえし. 2（悪業への）逆戻り. accumuler ~ sur ~ 悪業を重ねる.

récidivant(e) a. 〖医〗再発性の. abcès ~ 再発膿瘍. aphte ~ 再発性アフタ. cancer ~ 再発癌. pharyngite ~e 再発性咽頭炎.

récidive n.f. 1 〖法律〗再犯, 累犯. ~ générale 一般的累犯（重罪と軽罪の累犯, 軽罪と違警罪の累犯など）. ~ perpétuelle 非限時的累犯. ~ spéciale 特定累犯（複数の重罪の累犯）. ~ temporaire 限時的累犯. en cas de ~ 再犯をおかした場合には.
2 〖医〗（病気の）再発（快癒後の再発；rechute は病状のぶり返し）. ~ de tumeur 腫瘍再発.

récidiviste n. 〖法律〗累犯者, 再犯者. 常習犯（=criminel ~；condamné ~）. 〖医〗再発性の.
──a. ~の.

récidivité n.f. 1 〖医〗（疾病の）再発性.
2 〖法律〗再犯（累犯）性.

récif n.m. 岩礁, 暗礁. ~-barrière 堡礁. ~s de corail ; ~s coralliens 珊瑚礁. ~ flangeant 裾礁（きょしょう）.

récipient n.m. 容器；〖化〗鐘状ガラス器, 排気鐘；〖生〗（移植体の）寄主, 被植体.

réciprocité n.f. 相互性；〖保険〗相互再保険. à titre de ~ 相互性の名目で. ~ diplomatique （条約に基づく）外交的相互性（互恵性）. traité de ~ 互恵条約.

réciproque a. 1 相互の, 互いの, 相互的な（=mutuel）；双務的な. 〖商業〗achat ~ 相互購買. amour ~ 相思相愛. confiance ~ 相互信頼. convention ~ 双務協定. 〖精神医学〗inhibition ~ 相互抑制的. obligations alimentaires ~s entre parents 親族間相互の扶養義務. C'est ~. それはお互い様だ.
2 〖文法〗相互的；〖論理〗換位の. emploi ~ d'un verbe pronominal 代名動詞の相互的用法. pronom ~ 相互の再帰代名詞. 〖論理〗proposition (théorème) ~ 換位命題（定理）. verbe [pronominal] ~ 相互的代名動詞.
3 〖数〗相反の, 逆の. nombres ~s 逆数.
4 相互依存関係にある, 関連した, 相関的な. obligations ~s de l'acheteur et du vendeur 買手と売手の相関義務.
5 同等性のある；互恵的な. traitement ~ des nationaux dans les rapports diplomatiques 外交関係における国民相互の同等待遇.

6 各自の, それぞれの (=respectif). apports ~s des associés 社員各自の寄与分.
——*n.m.* 〖文法〗相互的代名動詞. ~ direct (indirect) 再帰代名詞が直接 (間接) 目的格の相互的代名詞.
——*n.f.* **1** (相手と) 同じこと. rendre la ~ à qn 人に同様のことを仕返す.
2 〖論理〗換位命題.
3 〖数〗逆数；逆命題.

réciproquement *ad.* **1** 相互に, 互いに. se respecter ~ 互いに尊敬し合う. **2** et ~ 逆も亦然り.

récit *n.m.* **1** レシ, 物語；物語本. ~ d'aventures 冒険譚. ~ historique 歴史物語. faire un ~ 物語を語る.
2 〖劇〗(登場人物が舞台外の出来事について行なう) 語り〔部分〕(dialogue「会話部分」の対).
3 〖音楽〗独唱；独奏；(17世紀の) レシ《アリア様式の独唱曲》；叙唱, レシタティーヴォ (récitalif). ~ de soprano ソプラノの独唱. ~ de violon ヴァイオリンの独奏.
4 〖音楽〗スエル・オルガン (=〔英〕swell organ).

récital (*pl.* ~s)〔英〕*n.m.* 〖音楽〗リサイタル, 演奏会. ~ de piano ピアノ独奏会 (リサイタル). ~ poétique 詩の朗読会.

réclamant(e) *n.* 〖法律〗請求者, 主張者.

réclamation (<réclamer) *n.f.* **1** 請求, 要求.〖法律〗~ d'état (子による) 嫡出親子関係の主張；親子関係の主張. ~ de domages et intérêts 損害賠償請求.
2 苦情, クレーム；〖スポーツ〗抗議. faire (déposer) une ~ 苦情を申し立てる. service des ~s 苦情処理係.
3 異議, 反対；異議申立, 不服申立；行政不服申立. ~ d'un parti politique 政党の異議申立. ~ du contribuable auprès de l'Administration fiscale 税務当局に対する納税者の異議申立.

réclame *n.f.* **1** 広告, 宣伝 (=publicité)；広告記事. faire de la ~ 宣伝広告をする. à éclipse 点滅広告. ~ lumineuse ネオン広告. ~s pour crèmes de beauté 美容クリームの広告記事. en ~ 特価の, 特売の. article en ~ 特売品. mettre en ~ 特売する.《R~》「特価品」,「バーゲン」. panneau-~ 広告看板. vente[-] ~ バーゲンセール.
en ~ 特売の. article en ~ 特売品. mettre en ~ 特売品にする.
faire de la ~ 宣伝広告をする. se faire de sa propre ~ 自分を売りこむ.
2 〖比喩的〗売りこみ. se faire de sa propre ~ 自分を売りこむ.
3 〖印刷〗(昔の) 頁送り符牒；頁止め符牒. Chaque page du Dictionnaire de Furetière porte une ~. フュルチエールの辞書には頁毎に頁送り符牒が印刷されている.

4 〖劇〗(台詞渡しの) きっかけの言葉.
5 〖音楽〗(答唱詩編唱 psalmodie の) 答唱句.
6 (手紙の頭に書く) 宛名人の氏名・肩書.

reclassement *n.m.* **1** 再分類.
2 俸給表の改訂, 等級の改訂. ~ de la fonction publique 公務員の俸給表改訂.
3 (失業者などの) 再就職, 復職；社会復帰.
4 〖行政〗(公用廃止の財の公物への) 再組入れ.

réclusion *n.f.* **1** 〖法律〗禁錮重労働, 懲役 (=~ criminelle). condamné à dix de ~ criminelle 10年の禁錮重労働刑に処される. ~ criminelle à perpétuité (à temps limité) 無期 (有期) 禁錮重労働刑. peine de la ~ 禁錮重労働刑.
2 〖文〗隠遁；社会的疎外.

récognitif(ve) *a.* 〖法律〗承認する. acte ~ 承認書.

récolement (<récoler) *n.m.* **1** 〖法律〗差押動産の点検. procès-verbal de ~ 差押動産の点検調書.
2 伐採森林の立会検査.
3 〖税〗(アルコール飲料についての) アルコール含有量の検査.
4 (図書・在庫品などの) 照合点検. faire un ~ dans une bibliothèque 図書館での蔵書の照合点検を実施する.
5 (証言・供述などの) 検査. ~ des témoins 証人の証言の検査.

récoltant(e) *a.* (農作物を) 自分で収穫する. propriétaire ~ 収穫自作農民. viticulteur ~ 自作収穫葡萄栽培者.
——*n.* 収穫人.

récolte *n.f.* **1** (農作物の) 収穫, 取入れ. ~ des pommes de terre じゃがいもの収穫. faire la ~ des olives オリーヴの収穫をする. saison des ~s 収穫の季節.
2 〖広義〗採収, 採取. ~ du miel 蜂蜜の採取. ~ des perles 真珠の採取.
3 収穫物. La ~ est bonne cette année. 今年は豊作だ.
4 〖比喩的〗収集；収集品. ~ de renseignements 情報収集.

récolteur(se) *n.* 〖農〗収穫者；(特に) ゴム樹液採集労働者 (=~ du caoutchouc).

recombinaison *n.f.* **1** 〖物理・化〗再結合《分離していた1対の粒子が結合して安定した粒子に戻る現象》.
2 〖生化〗組み換え. ~ génétique 遺伝子組み換え.

recombinant(e) *a.* 〖生化〗遺伝子組換えによる.

recommandataire *n.m.* **1** 〖商法〗(手形の) 予備支払人.
2 〖刑法〗(身柄拘束の) 勧告者 (=recommandant).

recommandation (<recommander) *n.f.* **1** 推薦, 推挙；推薦状 (=lettre de ~). ~ chaleureuse 熱心な推薦 (推挙). sur la ~

recommandé(e)

de qn 人の推薦に基づいて. porteur de cette ~ この推薦状を持参する者. solliciter une ~ 推薦〔状〕を懇願する.
2 忠告；助言的指示, 指示勧告；〖国際法〗勧告, 斡旋勧告. ~ d'un médiateur 斡旋者による勧告. faire des ~s à qn 人に忠告する. ~ d'un médiateur 斡旋勧告. ~ du Conseil de sécurité de l'ONU 国連安全保障理事会の勧告. suivre les ~s de l'OIT 国際労働機関 (ILO) の勧告に従う.
3 〖郵〗書留扱い. fiche de ~ postale 郵便書留用紙.
4 〖カトリック〗神の手に委ねること. ~ de l'âme 霊魂を神の手に委ねること. ~ au prône (ミサの説教者による) 死者への祈りの勧め. prière de la ~ de l'âme 臨終の祈り.

recommandé(**e**) a. **1** 推奨された；勧告された.〖話〗Ce n'est pas très ~. あまり勧められたことではない. repos ~ 勧告された休養.
2〖郵〗書留扱いの (= en recommandation). lettre ~e 書留書簡. paquet ~ 書留小包.
——n.m.〖郵〗書留. envoi en ~ 書留送達.

recommencement (< recommencer) n.m. **1** 再開. ~ d'un travail 仕事の再開.
2 (始めからの) やり直し, 繰返し. ~ des mêmes erreurs 同じ過ちの繰返し. L'histoire est un perpétuel ~. 歴史は絶えず繰返される.

récompense n.f. **1** 報酬；褒章, 褒賞, 報い. donner une ~ à qn 人に報酬 (褒章) を与える. recevoir une ~ 報酬 (褒章) をもらう. mériter des ~s 褒賞に値する. en ~¹ 報酬として, 褒美に. en (pour) ~ de …の報酬 (褒美) として.
2〔皮肉〕報い, 応報. Tu auras la ~ de ta méchanceté. 意地悪すると罰が当たるよ.
3〖法律〗(夫婦共有財産の精算での) 償還〔金〕.
4〔古〕補償；賠償. en ~² 埋め合わせに.

recomposé(**e**) a. 再構成された. famille ~e 再構成家族《連れ子と同居する夫婦の家庭》.

recomposition n.f. **1** 再構成, 再組織. ~ d'un parti 政党の再組織.
2〖化〗再合成. ~ d'un corps chimique 化学物質の再合成.
3〖印刷〗組み直し. ~ d'un texte テクストの組み直し.

réconcilia*teur* (*trice*) n. 調停者.

réconciliation n.f. **1** 和解, 和睦. ~ des époux 夫婦の和解. ~ des peuples 民族間の和解.
2〖カトリック〗教会への復帰；復聖. ~ d'un clerc suspens 停職中の聖職者の教会復帰. ~ d'une église profane 冒瀆教会の復聖.

reconductible a. (契約などが) 更新可能な. mandat ~ 更新可能な任期.
reconduction n.f. **1**〖法律〗(期間の定めのある契約の) 更新. ~ des mesures exceptionnelles de financement de la Sécurité sociale 社会保障制度の財政に関する例外的措置の更新. ~ du prélèvement sur certains revenus 特定の所得からの先取控除の更新. ~ expresse (文書又は口頭による) 明示の更新. bail renouvelé par tacite ~ 暗黙の更新による賃貸契約の更新.
2〔広義〕更新, 継続, 延長. ~ de la politique actuelle 現行政策の継続.

reconduite n.f. 国外追放. ~ à la frontière des immigrés clandestins 不法入国者の国外追放.

réconfort n.m. 力づけ, 慰め, 支援. ~s célestes 天の助け. apporter du ~ à qn 人を励ます (慰める). avoir besoin de ~ 支援を必要とする.

réconfortant(**e**) a. **1** (精神的に) 力づける, 勇気づける；慰めとなる. nouvelles ~es 元気づける便り.
2 (体力的に) 力をつける, 活力を与える. action ~e d'une boisson 飲物の活力賦与効果. médicament (remède) ~ 強壮剤.
——n.m. 強壮剤, 強壮ドリンク剤. prendre un ~ 強壮剤を服用する.

recongélation n.f. (冷凍食品の) 再冷凍.

reconnaissance n.f. Ⅰ (認識) **1** (既知のものを) それと認めること, 認識, 再認. ~ d'une chose (d'un visage) 事物 (顔) の認識.
2〔心〕再認. ~ des souvenirs 記憶の再認. fausse ~ 再認錯誤.
3〖電算〗認識. ~ de caractères (de formes) 文字 (パターン) 認識. ~ de l'écriture 字体の認識 (読み取り). ~ de la parole 言語認識. ~ optique de caractères (スキャナーによる) 光学的文字認識 (=〔英〕OCR : optical character recognition). ~ vocale 音声認識. programme de ~ vocale 音声認識プログラム.
4 (互いに相手が誰であるかを) 認め合うこと. ~ finale dans la comédie classique 古典劇での (親子・兄弟などの) 幕切れの名乗り合い.〖海〗signaux de ~ (船舶間または船舶と地上間の) 相手の確認信号. signe de ~ (互いに相手だとわかるための) 目印.
Ⅱ (承認) **1**〖法律〗(私人の意思表示としての) 承認, 認知；(承認を示す) 証書. ~ de dette 債務証書. signer une ~ de dette 借用証書に署名する. ~ d'enfant naturel 自然子 (私生児) の認知. ~ de signature 自署の承認. ~ du mont-de-piété 質札. ~ forcée 強制認知. ~ tacite 黙示の認知. ~ volontaire 自発的認知.
2〖法律〗(当局の決定としての) 公的承認. ~ d'utilité publique (団体に対する) 公益性

の承認.
3〖国際法〗承認. ~ comme belligérants 交戦団体資格の承認 (= ~ de belligérance). ~ comme nation (Etat) 国家としての承認. ~ d'Etat (de gouvernement) (外国による) 国家 (政府) の承認. ~ de jure (de facto) 法 (事実) による承認. ~ mutuelle des diplômes 学位の相互認定.
4〖法律〗確認. action en justice pour la ~ d'un droit 権利確認の訴え.
Ⅲ(感謝) 感謝の念, 謝意. la ~ de qn pour qcn 人の何に対する感謝の念. avoir de la ~ à qn 人に感謝の念を抱く. 〔話〕 avoir la ~ du ventre 口腹の恩義を感じている. ~ 感謝の念をこめて. accueillir avec ~ 感謝して受けいれる. en ~ de qch 何に感謝して. en ~ du don de Dieu 神の贈り物に感謝して. mériter la ~ de tous 万人の感謝に値する. témoigner sa ~ 謝意を表する.
Ⅳ(偵察) **1**〖軍〗偵察. aviation (avion) de ~ 偵察飛行 (偵察機). patrouille de ~ 斥候隊. satellite de ~ 偵察(スパイ)衛星. troupe de soldats en ~ パトロール隊. partir en ~ 偵察(踏査)に出かける；〔話〕探しに行く.
2 偵察隊；偵察機. envoyer une ~ 偵察隊 (偵察機) を送る.
3 調査, 検査；踏査. ~ d'écriture 文書の検査. ~ des lieux 地域調査. ~ d'un pays inconnu 未知の国の踏査. 〖海〗 ~ d'une côte d'une rade 錨地の沿岸調査. ~ sanitaire 検疫.

reconnaissant(e) *a.* 感謝している. Aux grands hommes, la patrie ~*e* 偉人たちに祖国は感謝を捧げる(パリのパンテオンに刻まれた銘文). être ~ à qn de (pour) qch 何について人に感謝している. être ~ à qn de+*inf.* (de ce que+*ind.*) …ことについて人に感謝している. Je vous serais ~ de bien vouloir+*inf.* …していただければ有難く存じます.

reconnu(e) *a.p.* 承認ずみの；世間で認められた, 定評の. auteur ~ 定評のある作家. chose généralement ~*e* 周知の事物. fait ~ 公認の事実.

reconquête *n.f.* **1** 再征服, 再征圧；(失地の) 回復. ~ d'une place forte 要塞の再征圧.
2〖西洋史〗la R~ レコンキスタ(la Reconquista；8-15 世紀イベリア半島でのキリスト教徒によるアラブ支配地の奪回運動；1492 年 Grenade グラナダの占拠により終結).
3 権利の回復.

Reconquista (la) 〔西〕 *n.f.* 〖史〗レコンキスタ(=〔仏〕la Reconquête；イスラム支配下のスペインに対するキリスト教徒の再征服運動；722-1492 年).

reconstituant(e) *a.* 〖医〗体力を回復
させる.
——*n.m.* 〖薬〗強壮剤, 疲労回復薬 (=médicament ~；fortifiant).

reconstitué(e) *a.p.* **1** 再編成された. armée ~*e* 再編された軍隊. fortune ~*e* 立て直した資産. société ~ 再建会社.
2 構成し直した, 再構成された. corps ~ par synthèse 再合成された物体. steak haché ~ 型を整えた挽肉ステーキ.
3 復原された. église détruite ~*e* 復原された教堂.
4 再現された. crime ~ 犯罪の再現検証.
5 (器官などを) 再生させた. organe ~ 再生組織.

reconstitution *n.f.* 再編成, 再編制；再制定；再構成, 再組織. ~ d'une association dissoute 解散した協会の再編成. ~ d'un crime 重犯罪の検証. ~ du meutre 殺人の現場検証.

reconstructeur (trice) *a.* 再建する. 〖医〗chirurgie ~ *trice* (器官の) 再建外科.
——*n.* 再建者；復旧者. ~ d'une ville 都市の復旧者.

reconstruction (<reconstruire) *n.f.*
1 再建. ~ d'une église 教会堂の再建.
2〖医〗再建〔術〕.〖医〗 ~ chirurgicale (器官の) 外科的再建. ~ du tube digestif 消化管再建〔術〕.
3 復原, 復旧；再現. ~ des villes détruites par la guerre 戦争で破壊された都市の復旧.
4 再建物.

reconstruit(e) (<reconstruire) *a.p.* **1** 再建された；復興された. ville ~*e* après la guerre 戦後復興された都市. Cette cathédrale a été détruite et ~*e* plusieurs fois. この大聖堂は幾度も破壊され, 再建された.
2 復元された. histoire ~*e* 復元された歴史.
3〔比喩的〕立て直された. fortune ~*e* à grand-peine 苦労の末もち直した資産.

reconvention *n.f.*〖法律〗反訴, 反訴請求 (=demande reconventionnelle).

reconventionnel(le) *a.*〖法律〗反訴の. demande ~*le* 反訴請求.

reconversion (<reconvertir) *n.f.* **1**〖経済〗(企業活動の元の形への) 再転換；(新しい状況に対応するための) 転換, 変換. ~ d'une industrie militaire en industrie de la paix 軍需産業の平和産業への転換. ~ économique (politique, technique) 新しい状況に対応するための経済的 (政治的, 技術的) 転換.
2 (再教育による) 労働力の) 配置換え, 転用；職業転換, 転職.

record [rəkɔr]〔英〕*n.m.* **1**〖スポーツ〗最高記録, レコード, 記録. ~ mondial (national) 世界 (国内) 記録. améliorer (battre, établir) un ~ 記録を更新する (破る, 樹立する). détenteur d'un ~ 記録保持者.

2〔広義〕新記録. ~ de froid 記録破りの寒さ. ~ de production 生産の新記録. ~ de vitesse 速度の新記録. battre tous les ~s 他のすべてに優る；〔話〕想像を越える.
——a.inv. 記録的な. chiffres ~ 記録的数字. déficit ~ 記録的赤字.

recordman(pl.**~men**) n.m., **recordwoman**(pl.**~women**)〔英〕 n.f.〔スポーツ〕最高記録保持者.

recoupage n.m. **1** 再び切ること，再切断. **2**〔農〕再耕. **3**〔葡萄酒〕再ブレンド.

recoupe n.f. **1** 屑；切り屑；裁ち屑. ~s d'étoffe 布地の裁ち屑（=chute, retaille）. ~s de métal 金属屑（=rognure）. ~s de pierre 石の切り屑（=éclat）.
2〔農〕(秋などの) 二番刈（=regain）.
3〔製粉〕二番粉. pain de ~ 二番粉を用いたパン. son des ~s 二番粉麸（ふすま）.
4〔酒〕水割蒸留酒.

recoupement (<recouper) n.m. **1** (異なる情報・証言などの) 一致，合致；突き合わせ，クロスチェック，吟味，検証. ~ entre deux témoignages 二つの証言間の一致. effectuer des ~s クロスチェックを行なう. faire un ~ 突き合わせを行なう. savoir qch par ~ 何を突き合わせて知る.
2〔建築〕(石組み壁の)セットバック(上に向かって壁厚を減らす工法).
3(線・円の) 交切. point de ~ 交点.

recoupette n.f.〔製粉〕三番粉（澱粉製造用）.

recours n.m. **1** (人などに)頼ること；(手段などに) 訴えること. avoir ~ à qn (qch) 人 (何) に頼る (すがる，訴える). ~ à Dieu 神だのみ. ~ à la violence 暴力に訴えること.
2 頼りにする人 (手段). C'est notre seul (dernier) ~. これだけが頼みだ (これが最後の頼みの綱だ). le ~ suprême ~ 最良の手段. sans ~ 手の施しようのない，救いようのない.
3〔法律〕争訟；上訴；請願；遡求，償還請求. ~ administratif 行政不服申立.〔社会保障〕~ amiable 非訟手続. ~ cambiaire 流通証券の償還請求. ~ contentieux 行政訴訟，裁判上の申立. ~ dans l'intérêt de la loi 法律のための訴え. ~ de pleine jurediction 完全裁判訴訟. ~ en annulation 取消訴訟. ~ en cassation 上訴. ~ en grâce (国家元首に対する) 恩赦申立て. ~ en interprétation 行政行為解釈訴訟. ~ en révision 再審の訴え (申立て). ~ gracieux 非訟訴的異議申立；(租税不服申立). ~ pour excès de pouvoir 越権訴訟. ~ hiérarchique 階層的異議申立. voie de ~ 上訴.

recouvert(e) (<recouvrir) a.p. **1** 再び覆われた. fauteuil ~ à neuf 新しく張りかえられた肘掛椅子.
2 覆い尽された，すっぽりと覆われた. cadavre ~ par les décombres 瓦礫の山に埋った死体. sol ~ de neige 一面雪の大地.
3〔比喩的〕蔽い隠された；(de を) 秘めた. nonchalance ~e d'une volonté inflexible 不屈の意志を秘めた無頓着さ.

recouvrement¹ (<recouvrer) n.m. **1**〔文〕回復. ~ de la santé 健康の回復. ~ de titres 資格の回復.
2 (租税・債権・貸金などの) 取立て；徴収. ~ d'une créance 債権の取立て. ~ de l'impôt direct 直接税の取立. ~ forcé 強制徴収. faire un ~ 取立てる.

recouvrement² (<recouvrir) n.m. **1** 再び覆うこと；覆いつくすこと. ~ d'une région par l'inondation 洪水が地方を覆いつくすこと.
2 覆い，被覆；〔建築〕(瓦などの) 重ね，重なり；木ずり；〔機工〕(継手・すべり弁の) ラップ，〔地形〕(断層の) 転差. ~ de cheminée 煙突の陣笠. ~ photographique 写真被覆. à ~ 覆いのついた；重ね合わせた. tuiles à ~ 重ね合わせた瓦.〔地学〕lambeaux de ~ 衝上岩体.
3〔数〕被覆.
4〔海〕(船体の) 被覆，外板（=bordage）.

récré n.f.〔話〕レクレ，レクリエーション（=récréation）；〔学〕休み時間.

récréance (<créance) n.f.〔国際法〕lettres de ~ 大使召還状（=lettres de rappel）.

récréation n.f. **1** リクリエーション；気晴らし. 娯楽；休養. prendre un peu de ~ 少し気晴らしをする.
2 (学校などの) 休み時間（=heure de ~）(略式 récré). cour de ~ 運動場. aller en ~ 休み時間に遊びに行く.

récrimination (<récriminer) n.f.〔多く pl.〕激しい非難；非難の仕返し.

recrû n.m.〔林業〕(伐採後に生えた) 新芽.

recrudescence n.f. (寒さ，暴動などの) ぶり返し，再発. ~ de fièvre 再発熱. ~ de la grippe 流行性感冒のぶり返し. ~ des violences urbaines 都市暴動の再発激化.

recrue n.f. **1**〔軍〕新規入隊者，新兵. **2** (会・党などへの) 新規加入者.

recrutement (<recruter) n.m. **1**〔軍〕(兵の) 徴募；徴兵. bureau (service) de ~ 徴兵事務所 (徴兵部). âge requis pour le ~ 徴兵適齢.
2〔一般に〕募集；採用. ~ des adhérents (des adeptes) (会, 党などへの) 新規加入者 (支持者) の募集. ~ des fonctionnaires 公務員の募集. ~ sur concours 選抜 (競争) 試験による採用. ~ sur titres 資格採用. cabinet de ~ 募集事務所. concours de ~ 募集競争試験.
3〔集合的〕(会, 政党などの) 新規加入者；〔軍〕新兵.

rectal(ale)(pl.**aux**) a.〔解剖〕直腸の.〔医〕anesthésie ~ale 直腸麻酔.〔医〕fistule ~ale 直腸瘻.〔医〕toucher ~ 直腸内触診, 直腸指診.

recteur(trice) *n.* **1**〔古〕イエズス会学寮長；大学長 (=~ de l'université). **2**〔教育〕学区長 (=~ de l'académie)（国民教育省の高級官僚）. ~ de l'académie de Paris パリ学区長.
3 *n.m.*〖カトリック〗(小教区に属さない教会堂の) 主任司祭；(la Bretagne ブルターニュ地方の) 聖堂区主任司祭；〖英国国教会〗教区牧師.
4（カナダ、ベルギーの) 大学教授団長.

rectificatif(ve) *a.* 訂正する、修正する. budget ~ 修正予算. décision ~ *ve* 訂正裁判.
——*n.m.* (公文書などの) 訂正表、修正文；(新聞などの) 訂正〔記事〕.

rectification (<rectifier) *n.f.* **1** (道路・列などを) 真直ぐにすること. ~ d'un alignement 列の直線化. ~ d'un virage カーブの直線化.
2 (方向などの) 修正.
3 (誤り、脱落などの) 訂正、修正. ~ apportée à un texte 本文に加えられた訂正. ~ dans les journaux 新聞の訂正記事. ~ d'un calcul 計算の訂正. ~ d'une erreur 誤りの訂正. ~ en marge 欄外補正. procéder à la ~ des erreurs 誤りの訂正を行なう.
4〖法律〗(文書の) 補正、更生；調整；訂正 (更正；補正) 文. ~ d'acte de l'état civil 身分台帳 (戸籍簿) の更生. ~ de jugement 判決の補正.〖税〗~ d'office 職権補正.
5 (曲線の) 整正；〖幾何〗求長〔法〕. ~ d'une courbe 曲線整正. ~ d'un arc de courbe 内弧の求長〔法〕.
6〖化〗精留；〖電〗整流；〖機械〗研削. ~ de l'alcool アルコールの精留. ~ d'une pièce mécanique 機械部品の研削.

rectilinéaire *a.* 直線の、垂直の、〖写真〗直線補正の.〖写真〗objectif ~ シフト・レンズ.

rectite *n.f.*〖医〗直腸炎. ~ infectueuse 感染性直腸炎. ~ parasitaire 寄生虫性直腸炎. ~ médicale 医療性直腸炎.

rectitude *n.f.* **1** 直線性.
2 (判断、行為などの) 公正、方正、適正. ~ du jugement 判断力の確かさ. ~ du raisonnement 推論の的確さ.

recto 〔ラ〕*n.m.* (紙・写本などの) 表面 (verso「裏面」の対)；(本の) 表ページ、奇数ページ (洋書の右ページ；略記 r°). ~ verso 表裏両面に (の). impression ~ verso 両面刷り.

recto- ELEM「直腸 (rectum) の」の意 (*ex. recto*scope「直腸鏡」).

recto-colique *a.*〖解剖・医〗直腸と大 (結) 腸の；~ に関する.〖医〗polypose ~ 直腸大腸ポリポーシス.

rectocolite *n.f.*〖医〗直腸結腸炎、直腸大腸炎. ~ hémorragique 出血性直腸結腸炎 (略記 RCH).

rectoplexie *n.f.*〖医〗直腸固定術.

rectorat *n.m.* **1**〔大〕学区長 (recteur) の職 (職務、在任期間). **2**〔大〕学区長本部.
rectorragie *n.f.*〖医〗直腸出血.
rectoscope *n.m.*〖医〗直腸鏡.
rectoscopie *n.f.*〖医〗直腸鏡検査〔法〕.
rectoscopique *a.*〖医〗直腸鏡の (による). examen ~ 直腸鏡検査.
rectosigmoïdoscopie *n.f.*〖医〗直腸・S状結腸鏡検査〔法〕.
rectum [rɛktɔm] *n.m.*〖解剖〗直腸.
reçu(e) (<recevoir) *a.p.* **1** 受けた、受け取った. coups ~s 受けた打撃. R~ mille francs. 一金一千フラン受領《受取の書式として不変形で》.
2 合格した. candidats ~s 合格した志願者.
3 確認された、一般に認められた. acte ~ par un notaire 公証人によって確認された文書. idées ~es 型にはまった考え、紋切型の見解. usages ~s 一般に認められている慣習.
——*n.* 合格者. ~s des concours communs polytechniciens 理工科系グランド・ゼコール共通入学選択試験の合格者.
——*n.m.* **1** 受取り、受領証；領収書 (=quittance, récépissé). ~ d'un somme d'argent 金銭の領収書、領収書. ~ pour solde de tout compte (労働契約の終了時に賃金労働者が作成する) 賃金精算確認証. ~ soumis à un droit de timbre 印紙付領収証. donner (délibrer) ~ 受取りを出す. remettre un ~ 領収書を渡す.
2 受取ること、受領. au ~ de votre lettre 貴翰落掌の上. payer au ~ 現物受取り次第支払う.

recueil *n.m.* **1** 集、集成. ~ de documents 資料集. ~ de morceaux choisis 選文集.〖法律〗~ de jurisprudence 判例集. ~ de poèmes 詩集.
2〖比喩的〗寄せ集め. simple ~ de faits 事実の単なる寄せ集め.

recul *n.m.* **1** 後退、退却. ~ d'une armée 軍隊の退却. ~ de la civilisation 文明の衰退. ~ d'une épidémie 流行病の蔓延の後退. mouvement de ~ d'une foule 群衆の後ずさり行動. phares de ~ バックライト.
2〖物理〗はね返り、反跳；〖砲〗の後座；〖銃〗の；反動〔プロペラの〕すべり. ~ d'hélice プロペラのすべり. ~ radioactif 放射反跳. canon sans ~ 無反動砲.
3 後退するのに必要な空間、引き下れる空間. Ce cour n'a pas assez de ~. この中庭には引きさがるスペースが不足している.
4 必要な距離 (時間). avoir (prendre) du ~ 適当な距離を置く. prendre du ~ pour juger un ensemble 下がって全体を判断する.
5〖テニス、卓球〗バックコート.

reculade *n.f.* **1** 後退；〖軍〗退却.
2〖蔑〗譲歩、後退、尻ごみ. ~ de Milosevic ミロセヴィッチの譲歩.

reculé(e) *a.* **1** 遠く離れた；孤立した；行き難い. quartier ~ 行き難い街区. région ~ *e* 辺ぴな地方.
2 遠い昔の. époque ~ *e* 遠い昔の時代.

récupérable *a.* **1** (物について) 回収できる, 取り返すことができる. créance ~ 回収可能な債権. déchets ~ *s* リサイクルできる廃棄物.
2 (人が) 再雇用できる；更正できる, 社会復帰ができる.

récupérateur¹ (**trice**) *a.* **1** 回収する；回復させる.『生理』sommeil ~ (体力を回復させる) 回復睡眠.
2『政治』(反対派などを) 抱き込む, 抱き込みを助長する.
—— *n.* **1** 回収業者. ~ des déchets industriels 産業廃棄物回収業者. **2**『サッカー』ボールを取り戻す選手.

récupérateur² *n.m.* **1** (熱・エネルギーの) 回収装置, レキュペレーター, 復熱装置, 復熱室.『冶』~ de chaleur d'un haut fourneau 高炉の熱回収装置 (復熱室).
2『軍』(火器の) 復座機. ~ à ressort d'une mitrailleuse 機関銃のバネ式復座装置.

récupération *n.f.* **1** (エネルギー, 資源などの) 回収；(体力の) 回復. ~ de férrail スクラップの回収. ~ d'énergie エネルギーの回収. ~ d'un véhicule spatial 宇宙船の回収. ~ d'une créance 債権の回収. chaudière à ~ 廃熱ボイラー. papier de ~ 回収古紙. temps de ~ 体力の回復時間.
2 埋め合わせ.『教育』~ d'heures de cours 補講.『労働』~ des heures perdues 喪失労働時間の埋合せ. ~ d'un jour de congé 一日の代休.
3『政治』抱き込み, 取り込み. ~ des idées des écologistes 環境保全派の思想を取り込む.

récurage (<récurer) *n.m.* 磨くこと. ~ des casseroles 鍋を磨く. poudre à ~ 磨き粉, クレンザー.

récurrence *n.f.* **1**〖文〗回帰, 反復. ~ des sons dans le rythme 規則的な音の反復.
2『論理・数』帰納, 回帰；〖数〗帰納法. raisonnement par ~ 帰納法による証明. principe de démonstration par ~ sur les entiers naturels 自然整数に関する帰納法による証明原理.
3〖医〗回帰, 再発, 反復.

récurrent(e) *a.* **1**〖解剖〗(神経・脈管の) 回帰 (反回) する. nerf ~ 反回神経.
2〖医〗(熱・病気が) 回帰 (再発) する. fièvre ~ *e* 回帰熱.『生理』image ~ *e* 回帰像, 再帰残像.〖医〗ulcère ~ *e* 再発潰瘍.
3〖数〗回帰的, 循環する.〖情報〗processus ~ 回帰的処理. suite ~ *e* 循環数列.

récurrentiel(*le*) *a.*〖医〗〖法〗回帰性の, 回帰性な. paralyse ~ *le* 反回 (回帰) 神経麻痺.

récursoire *a.*『法律』上訴の, 求償の. action ~ 求償訴権 (訴訟).

récusable *a.* **1**『法律』(裁判官・証人などが) 忌避し得る；異議を唱え得る. juré (témoin) ~ 忌避し得る陪審員 (証人).
2 異論の余地のある, 信を置けない. témoignage ~ 信頼できない証言.

récusation (<récuser) *n.f.*『法律』(裁判官・証人などの) 忌避；異議申立. ~ de juré 陪審員忌避. ~ d'un témoin 証人の忌避. droit de ~ 忌避権.

recyclable *a.* **1** 再利用できる, リサイクル可能な. déchets ~ *s* リサイクル可能な廃棄物.
2 再教育しうる. techniciens ~ *s* 再教育可能な技術者.

recyclage (<recycler) *n.m.* **1**〖工・環境〗再利用, 再処理, 再生, 再循環, リサイクル. ~ des eaux usagées 廃水の再処理. ~ des papiers 古紙の再利用 (リサイクル). ~ du combustible nucléaire 核燃料の再利用, 核燃料リサイクル.
2〖教育〗進学コースの変更. ~ d'un élève 生徒の進路変更.
3 (管理職, 技術者などの) 再教育, 研修. ~ des cadres d'une entreprise 企業管理職の研修. centre de ~ 再教育センター, 研修所. stage de ~ 再教育研修.
4 (政策などの) 見直し, 再検討.
5 (計測などの) やり直し. ~ d'un compte à rebours 秒読みのやり直し.
6『経済』(通貨の) 環流；(流動資産の) 再利用. ~ de l'argent sale 汚い金の還流.

recyclé(e) *a.* **1** 再利用 (再処理, リサイクル) された, 再生された. papier ~ 再生紙.
2〖教育〗進学コースを変更した.
3 再教育を受けた. personnel ~ 再教育 (研修) を受けた職員.

rédacteur (**trice**) *n.* **1** (官公庁の) 文書係；文案起草者；(議事録などの) 作成者. ~ d'un ministère 省庁の文書係.
2 (論文・記事などの) 執筆者；(辞書などの) 編纂者. ~ d'un dictionnaire 辞書編纂者 (= lexicographe). ~ publicitaire コピーライター.
3 (定期刊行物の) 編集者；記者. ~ aux actualités ニュース編集者. ~ du journal parlé ニュースキャスター. ~ d'une revue 雑誌編集者. ~ en chef 編集主幹, 主筆. ~ politique 政治部記者.

rédaction (<rédiger) *n.f.* **1** (法案などの) 起草；(契約書・議事録などの) 作成；(記事・論文などの) 執筆；(辞書などの) 編纂. ~ d'un contrat 契約書の作成. ~ d'un dictionnaire 辞典の編纂. ~ d'un traité 条約の起草.
2 (小学校の) 作文. sujet de ~ 作文の課題.
3 (新聞・雑誌・全集などの) 編集；編集者；編集部；編集室. bureau de ~ 編集部 (室). directeur des ~ *s* 編集局長；編集長. Ecrivez à la ~ 編集部にお便りを下さい.

rédactionnel(le) *a.* 編集の；編集者の. erreur ~ *le* 編集ミス. publicité ~ *le* (通常記事を装った) 宣伝記事, アドバトリアル.

reddition [rɛ-] *n.f.* **1** 降伏；(城の) 明渡し (=capitulation). ~ sans conditions 無条件降伏. ~ d'une forteresse 城塞の明渡し, 開城.
2 〖法律〗計算書提示. ~ de〔s〕compte〔s〕(管理財産の) 報告書の提示, 収支決算報告. ~ des comptes de tutelle 管理財産に関する後見人の報告.

redécoupage (<redécouper) *n.m.* 〖行政〗再区割, 再区分. ~ électoral 選挙区の再区割.

redéfinition (<redéfinir) *n.f.* **1** 再定義. **2** (政策などの) 見直し. ~ des objectifs économiques 経済目標の見直し.

rédemption *n.f.* **1** 〖宗教〗罪の贖い (= ~ des péchés)；救済. la R~ (キリストによる) 贖罪〖キリストの死による人類の救済〗. **2** 〖法律〗買戻し. ~ d'un droit 権利の買戻し.

redéploiement *n.m.* **1** 〖軍〗(戦力の) 再展開, 再配備. ~ des forces alliées 連合軍の再展開.
2 〖経済〗再編成. ~ industriel 産業再編.

redevable (<redevoir) *a.* **1** 債務がある；(à *qn*) 人に借金がある. ~ de l'impôt 納税義務がある. Il m'est ~ de deux mille euros. 彼は私に, 2000 ユーロの借金がある.
2 恩義 (義理) がある. être ~ de *qch* à *qn* 人に何の恩義を蒙っている.
——*n.* **1** 金銭債務者の (公共料金・課税などの) 未納者. ~*s* de l'impôt sur les grandes fortunes 富裕税の納入義務者.
2 恩義を感じている人.

redevance *n.f.* **1** (定期的に支払うべき) 債務〖地代, 割賦金など〗. percevoir des ~*s* d'une métairie 小作地代の徴収.
2 (公共サービスなどの) 料金, 使用料. ~ de la télévision TV 受信料. ~ téléphonique 電話料金.
3 (特許, 著作権, 採掘権などの) 使用料, ロイヤリティー (royalties). ~ d'auteur 著作権使用料, 著者の印税. ~*s* pétrolières 石油採掘権利金.

redéveloppement *n.m.* 再開発, 再興, 再建.

rédhibition *n.f.* 〖法律〗(商品に瑕疵があった場合の) 売買契約の取消し；売買契約解除訴権 (=action rédhibitoire).

rédhibitoire *a.* **1** 〖法律〗(売買目的物に) 重要な瑕疵 (かし) のある；(売買契約の) 取消されるべき, (売買契約の) 解除原因となる. action ~ 瑕疵担保責任に基づく売買契約解除訴権 (訴訟). vice ~ (売買契約の) 取消原因となる瑕疵.
2 (欠陥などが) 致命的な, 重大な；(価格などが) 法外な, 途方もない. infirmité ~ 致

命的な障害. prix ~ 法外な値段.

rediffusion *n.f.* 再放送.

redingote (<〔英〕riding-coat「乗馬服」)〖服〗**1** 〔古〕ルダンゴット (長い燕尾服). **2** ルダンゴット (ぴったりした婦人用ロングコート).

redistributif(ve) *a.* 所得を再配分する. 〖税〗fiscalité ~*ve* 所得再配分税制. 〖税〗role ~ de l'impôt 租税の所得再配分的役割.

redistribution *n.f.* 再配分. ~ de revenus 所得の再配分. opération de ~ 所得再配分操作.

redondance *n.f.* **1** (文章の) 冗長さ；(文体の) 冗漫さ；余計な語；装飾過剰. ~ du baroque バロック芸術の装飾過剰. du style 文体の冗漫さ. couper quelques ~*s* 冗長さを断ち切る.
2 〖言語, 情報〗冗長性〖情報記号の重複〗.

redondant(e) *a.* **1** (文章が) 長たらしい, 冗長な；(文体が) 冗漫な；装飾過剰な；(de が) あり余る, 多すぎる. discours ~ 冗長な演説. épithètes ~*es* 多すぎる形容詞. phrase ~*e* d'épithètes 形容語過多の文.
2 〖言語〗冗長性のある.

redoublé(e) *a.p.* **1** 2 回繰り返された, 重複した；〖学〗留年した, 落第した. 〖学〗classe ~*e* 落第 (留年) した学級. 〖音楽〗intervalle ~ 複音程. lettre ~*e* 重複文字. 〖詩法〗rimes ~*es* 二重韻.
2 何回も繰り返された. 〖軍〗pas ~ 2 倍速歩. 〖ラグビー〗passe ~*e* 反復パス. frapper à coups ~*s* 立て続けに強打する.
3 つのる. haine ~*e* つのる憎悪.

redoublement (<redoubler) *n.m.* **1** 反復；重複. ~ d'une lettre 綴字の重複〖dada など〗.
2 急増, 倍加. ~ des douleurs 苦痛の激化. ~ de la fièvre 発熱の再発. ~ de vigilance 警戒の強化.
3 〖学〗落第, 留年.

redoutable *a.* 恐るべき；恐ろしい. adversaire ~ 強敵. air ~ 恐ろしげな様子. maladie ~ 恐ろしい病気.

redressement (<redresser) *n.m.* **1** 立てること, 起こすこと；(ゆがんだものを) 元に戻すこと；(曲ったものを) 真すぐにする. 〖航空〗機首の立て直し. 〖スポーツ〗~ d'une attaque 攻撃の立て直し. ~ du buste 倒れた胸像を起こすこと. ~ d'un châssis faussé ゆがんだ車台を元に戻すこと, 曲った車台の矯正. ~ des roues (カーヴの後の) ハンドルの戻し.
2 〖電〗整流；整流作用. dispositifs de ~ 整流器.
3 〖光学〗(倒像の) 正立化.
4 〖経済〗立て直し；再建, 復興. plan de ~ économique 経済再建計画.
5 改正；〖会計〗訂正, 〖税〗(課税額の) 更生.

~ d'un compte erroné 計算の誤りの訂正. ~ de l'imposition 課税額の更生(=~ fiscal). 〖法律〗~ judiciaire (支払不能の法人・個人に対する) 裁判上の更生, 司法救済措置.

6 矯正, 更生. 〔古〕maison de ~ 感化院, 教護院, 非行少年の更生施設.

7 〔稀〕損害賠償, 補償.

redresseur(se) *a.* **1** (倒像を) 正立させる. 〖光学〗prisme ~ 正立プリズム.
2 〖電〗整流用の. appareil ~ 整流器. valve ~ 整流管.
3 〖解剖〗muscles ~s des poils 立毛筋.
——*n.m.* **1** 〖電〗整流器. ~ à semi-conducteur 半導体整流器. ~ à tube électronique 電子整流管.
2 (曲り, ゆがみを直す) 仕上げ職人.
3 〔古〕~ de torts (中世の) 仁俠の義士; 〔現用〕正義派.

réductase *n.f.* 〖生化〗レダクターゼ (還元酵素).

réducteur(trice) *a.* **1** 〖化〗還元する (oxydant「酸化する」の対). pouvoir ~ 還元力.
2 〖写真〗(現像作用を) 減力する.
3 〖機械〗減速する. engrenages ~s 減速歯車〔装置〕.
4 〔比喩的〕極端に単純化する. analyse trop ~ *trice* d'une situation 状況の単純化し過ぎる分析. raisonnement ~ 過度の単純推理.
——*n.m.* **1** 〖化〗還元剤 (oxydant「酸化剤」の対). 〖写真〗(現像の) 減力剤.
2 〖機械〗(自動車の) 減速機 (装置); 減圧器. ~ à engrenages 歯車式減速装置. ~ de pression 減圧器.
3 (図面などの) 縮写器.
4 〔民俗学〕~s des têtes 殺した敵の頭部を曝して縮小させる風習をもつ部族.

réductibilité *n.f.* 還元可能性.

réductible *a.* **1** 減少 (縮小, 削減, 短縮) できる; 減額可能な. quantité ~ 減少しうる量. rente ~ 削減しうる金利所得 (年金).
2 〖数〗可約の. fraction ~ 可約分数. polynôme ~ 可約多項式.
3 〖化〗還元できる.
4 (a に) 帰着させうる, 還元しうる.
5 〖医〗整復できる. fracture ~ 整復可能な骨折.

réductimétrie *n.f.* 〖化〗還元滴定 (標準液として還元剤を用いる滴定).

réduction *n.f.* Ⅰ (数量的減少) **1** 軽減; 縮小, 短縮; 削減; 節減; 割引, 値引き (=~ des prix); 〖法律〗減殺; 〖料理〗煮つめ, 濃縮; 濃縮されたもの, 煮つめ汁. 〖生〗~ chromatique 染色質減数. ~ des armements 軍備縮小, 軍縮. ~ d'assurance 保険の削減. ~ de capital 資本の減少. ~ des dépenses 経費節減. ~ d'énergie エネルギーの削減. ~ d'hypothèque 抵当の縮減. ~ des impôts 減税. ~ de peine 刑の執行の減軽, 減刑. 〖法律〗obtenir une ~ de peine 減刑を獲得する. ~ du personnel 人員削減. ~ de pression 減圧. ~ du texte 原文の短縮. ~ de la durée du travail 勤務時間の短縮. ~ du temps de travail 労働時間の短縮 (略記 RTT).
avoir une ~ sur les chemins de fer 鉄道料金の割引を得る. faire une ~ de 25% sur les prix affichés 表示価格から25パーセント割引く. 25% de réduc[tion] 25%割引. carte de ~ 割引カード. 〖料理〗~ d'une sauce ソースの濃縮. filtrer la ~ 濃縮ソースを漉す.
2 (図形などの) 縮小; (図面・写真などの) 縮写, 縮小されたもの, 縮写, 縮図; 〖言語〗縮減. compas de ~ 縮写用コンパス. échelle de ~ 縮尺. en ~ 縮小して; 縮小された. copie en ~ 縮小コピー.
Ⅱ (単純, 低次・以前の状態に変えること) **1** 還元. 〖宗教〗~ à l'état laïque 還俗. 〖数〗~ à la plus simple expression 約分. 〖数〗~ [de fractions] au même dénominateur 通分. 〖哲〗~ phénoménologique 現象学的還元.
2 (化・冶〗還元. 〖冶〗~ directe 直接還元. ~ électrolytique 電解還元.
3 (観測誤差などの) 補正, 修正. ~ au niveau de la mer 海面補正. ~ à zéro ゼロ補正.
4 〖医〗整復. ~ d'une articulation luxée (d'une fracture) 脱臼 (骨折) の整復. ~ d'une hernie ヘルニアの整復.

réductionnel(le) *a.* 減数の, 還元の. 〖生〗mitose ~*le* 減数〔還元〕分裂.

réductionnisme *n.m.* 〖哲〗還元主義, 〖生〗還元論; 〔俗〕過度の単純化.

réduit(e) *a.p.* (<réduire) (数量的に) 減らした; 縮小された; 割引した. à prix (traif) ~ 割引価値 (料金) で. activité ~ 鈍った活動 (力). débouchés très ~s 限られた販路. format ~ 縮小判. modèle ~ 縮尺模型. ressources ~es 限られた資源. vitesse ~e 落としたスピード.

rééchelonnement (<rééchelonner) *n.m.* 〖経済・金融〗(債務の) 返済期間の延長. ~ de la dette internationale 国際債務の返済期間の延長.

réédification *n.f.* 再構築, 再建. ~ d'une église 教会堂の再建.

réédition *n.f.* **1** 再版, 重版.
2 再版本, 重版本.
3 〔話〕再現, 繰り返し. ~ de la situation de l'année dernière 昨年の状況の再来.

rééducation *n.f.* **1** 〖医〗リハビリテーション, 機能回復訓練. centre de ~ リハビリテーション・センター. ~ motrice 運動機能回復訓練 (=kinésithérapeute).
2 (思想などの) 再教育; (少年犯罪者の) 矯正教育. ~ professionnelle (失業者や労災被

害者などの)職業的再教育,職業的リハビリテーション. camp de ~ 再教育キャンプ.

réel(le) *a.* **1** 現実の;実在の;実体の. effet ~ 現実的効果. fait ~ 現実の事象.〖物理〗gaz ~ 実在気体.〖光学〗image ~*le* 実像 (image virtuelle「虚像」の対). personnage ~ 実在の人物.〖法律〗siège social ~ 実際上の会社の本店. société ~*le* 実体会社 (société fictive「名目(架空)会社」の対).〖情報〗temps ~ 実時間, リアルタイム. vie ~*le* 実生活.
2〖哲・神〗実在的な,実体的な. analyse ~*le* 実体的分析. choses ~*les* 実在的事物. définition ~*le* 実在的定義, 事象的定義. présence ~*le*(ミサにおけるキリストの)実在.
3 真実の;実際の. frais ~ 実費. puissance ~*le* d'un moteur. エンジンの実馬力. salaire ~*le* 実質賃金. valeur ~*le* 真価;〖物理・数〗真の値;〖商業〗実質値.
4〖名詞の前で〗真の,明らかな. ~*le* satisfaction 心からの満足.
5〖数〗実〔数〕の. axe ~ 実〔数〕軸. nombre ~ 実数.
6〖法律〗物の,物的な,物による;物に対する;不動産に関する. action ~*le* 対物訴権;不動産物権訴権. charge ~*le* 現物負担. droits ~*les* 現物権. impôt ~ 対物課税. offres ~*les* 現物贈与. subrogation ~*le* 物上代位.
7〖法律〗所有権(占有権)に関する. contrat ~ 要物契約.

réélection *n.f.* 再選挙;再選(再選されること;再選されること).

rééligibilité *n.f.* 被再選資格.

rééligible *a.* 被再選挙資格のある. Le président de la République n'est ~ qu'une fois. 共和国大統領は一度だけ再選されうる.

réélu(e) *a.p.* 再選された. député ~ 再選された国民議会議員.

réembauchage (<réembaucher) *n.m.* 再募集,再雇用.

réémetteur *n.m.* (TV放送などの)中継装置;中継局.

réemploi *n.m.* **1** 再使用. colonne de ~ 再使用円柱. **2** 再雇用. ~ du personnel licencié 解雇者の再雇用.

réensemencement *n.m.*〖農〗再播種,種子の播き直し.

rééquilibrage (<rééquilibrer) *n.m.* 平衡(均衡)の回復. ~ du budget 予算の均衡の回復.

réescompte *n.m.*〖商業〗(手形の)再割引.

réévaluation *n.f.* **1** 再評価. ~ des bilans 貸借対照表の再評価. ~ d'un immeuble 不動産の再評価. ~ de la population totale au 1ᵉʳ janvier 1月1日付の数値調整後全人口.
2〖財政〗平価切上げ(dévaluation「平価切

下げ」の対). ~ du franc français フランス・フランの平価切上げ.

réexamen *n.m.* **1** 再検査. ~ d'un malade 患者の再検.
2 再検討. ~ de la situation 状況の再検討.

réexpédition *n.f.* 転送;返送;回送. ~ du courrier 郵便物の転(返)送. ~ d'un colis à l'envoyeur 小包の発送者への返送.

réexportation *n.f.* 再輸出,輸入品の輸出.

REF (= *r*apport *é*conomique et *f*inancier) *n.m.*〖経済〗経済;財政報告〔書〕.

réfaction *n.f.* **1**〖商法〗(商品の)減価引渡し, 値引き. **2**〖税〗課税の基礎控除, 課税基準額の切下げ. **3**(作業の)再評価.

réfection *n.f.* **1** 作り直し;(建物・道路などの)修復, 修理, 再建. ~ d'une route 道路の修理. bâtiment en ~ 修復中の建物. travaux de ~ 修復工事.
2〖医〗(臓器等の)修復, 再建, 形成. ~ du tube digestif 消化管再建〔術〕.
3〖言語〗(語源に基づく)言語形態の変更.
4〖法律〗文書の作り直し;(書式の不備による証書の)修復.
5(修道院での)食事, 軽食.

réfectoire *n.m.* (修道院・病院・学校などの)食堂.

référé *n.m.*〖法律〗**1** レフェレ,(緊急時の)急速審理手続;略式裁判. assigner en ~ 急速審理手続のため召喚する. chambre des ~s 即決(略式)裁判所. juge de ~ 急速審理判事. ordonnance de ~ 急速審理命令.
2 略式判決.
3(権限をもつ機関への)付託, 報告, 請願. ~ de la Cour des comptes 会計検査院監査報告.

référé-liberté (*pl.* ~s-~s) *n.m.*〖法律〗不当拘留停止レフェレ(急速審理)による命令.

référence *n.f.* **1** 参照, 参考;(à への)準拠. par ~ à …に準拠して(た). indemnité fixée par ~ au traitement 俸給に準拠した手当. marque de ~ 参照記号. ouvrage de ~ 参考文献;参考書. faire ~ à un ouvrage ある著書を参照する.
2 典拠, 出典;言及;引用文. ~ à un article de loi 法律の条項への言及. ~s aux grands classiques 古典の名著の典拠.
3 註記, 引照, 参考. notes, commentaires et ~s 註, 註釈と引照. ~ au bas (en bas) de page 脚註. note de ~ 註記.
4〖行政・商業〗(書簡の左上の)参照記号(番号).
5〖商業〗numéro de ~ d'une marchandise 商品見本台帳番号. album de ~s 商品参照記号・番号台帳(簿).
6〖*pl.* で〗見元保証書(証明書);紹介状, 推薦状;〖比喩的〗人の真価の証明, 裏付け. fournir de bonnes (sérieuses) ~s 好意的な(真摯な)見元保証書を書く. Loué par un tel

critique, ce n'est pas une ~. あのような批評家に賞賛されたからといって、真価の裏付けにはならない.
7 〖経済〗actionnaire de ~ 代表的株主.
8 〖医〗~ médicale opposable (特定の疾病に対する) 標準的対応医療措置, セカンド・オピニヨン (略記 RMO). centre de ~ SRAS (=*s*yndrome *r*espiratoire *a*igu *s*évère ; =〖英〗SARS) サーズ (重症急性呼吸器症候群) 検診センター.
9 〖哲〗指向〔性〕;〖言語〗表示;指向対象 (=référent). ~ et signification 指示と意味作用. théorie de la ~ 指向性理論.
10 〖幾何〗système de ~ 座標系.
11 〖電算〗参照, 引用, 基準.

référencement *n.m.* **1** 〖商業〗(商品の) 販売リスト登録;販売リスト登録商品, 参照番号付き商品. ~ d'un échantillon 商品見本の販売リスト登録. centre de ~ 商品仕入れセンター. contrat de ~ 一括注文契約.
2 〖情報処理〗参照;(インターネットの) アクセス. ~ payant 有料アクセス.

référendaire *a.* **1** 国民投票 (référendum) の, 国民投票に関する.
2 conseiller ~ 破毀院調査裁判官;会計検査院調査評定官.

referendum [referãdɔm], **référendum** [ラ] *n.m.* **1** 国民投票, 人民投票, レフェランドム, レフェランダム. ~ constituant 憲法制定 (改正) 国民投票. ~ de consultation 諮問国民投票 (=antérieur). ~ de ratification 承認国民投票 (= postérieur). ~ facultatif (obligatiore) 任意的 (義務的) 国民投票. ~ législatif 立法国民投票. soumettre un projet de loi à (au) ~ 法案を国民投票にかける.
2 〖スイス〗〔referendum〕(法律・政令に対する) 市民投票〔制度〕. ~ d'initiative populaire 市民請求による市民投票.
3 (特定グループ全体に対する) 意見調査. ~ auprès des lecteurs d'un journal 新聞の読者に対する意見調査.
4 〖外交〗本国政府に対する請訓〔書〕.

référent(e) *a.* **1** 意見を求める, 裁量を仰ぐ;参照の. médecin ~ 主治医, かかりつけの医者, 相談医 (=médecin de référence), 家庭医, ホームドクター《多くの場合 médecin généraliste「一般医」である》.
2 準拠する;基準の. médicaments génériques d'un médicament ~ 基準薬のジェネリック (後発) 医薬品.
3 〖言語〗指示する, 指向的な.
——*n.m.* 〖言語〗指示物, 指向対象;〖論理〗指示対象. 〖言語〗~ imaginaire 架空指向対象《licorne「一角獣」など》.

référentiel(le) *a.* **1** 参照の;参照に役立つ;指示的な. manuel ~ 参照マニュアル (ハンドブック).
2 〖言語〗指向的な, 指示的な. fonction ~le du langage 言語の指示機能.
——*n.m.* **1** 参照システム. **2** 〖物理〗時間的・空間的位置決定システム. **3** 〖数学〗全体集合座標系;基礎空間.

refinancement *n.m.* 〖経済〗(金融機関・企業の) 金融市場での資金調達.
refinancer (se) *v.pr.* 〖経済〗(金融機関・企業が) 金融市場で資金を調達する.
reflation *n.f.* 〖経済〗通貨再膨張〔政策〕.
réfléchi(e)[1] *a.p.* **1** 反射された, 反映された, 映った. image ~*e* 鏡像. 〖光学〗lumière ~ *e* 反射光. 〖写真〗mesure en lumière ~ e (露出計の) 反射光測定.
2 〖文法〗再帰的な. pronom ~ 再帰代名詞. verbe pronominal ~ 再帰代名動詞.
réfléchi(e)[2] *a.p.* **1** (人が) 思慮深い;(言動が) 熟慮の上の. homme ~ 思慮深い人. réponse ~*e* 熟慮の末の返答. **2** tout bien ~ 万事をよく考えた上で. C'est tout ~. さんざん考えた上でのことだ.

réflecteur[1] *n.m.* (鏡などを利用した光線・熱・電波等の) 反射装置;反射板, 反射材, 反射鏡, レフレクター;反射望遠鏡 (=télescope ~) (原子炉の) 反射材. ~ à l'arrière d'un véhicule 車のバックミラー (= cataphote). ~ d'une antenne de radar レーダーアンテナの反射装置. ~ parabolique パラボラ式レフレクター, 放物面鏡.
réflecteur[2] (*trice*) *a.* 反射する. miroir ~ 反射鏡.
réflectif (ve) *a.* **1** 〖生理〗反射の. mouvement ~ 反射運動.
2 〖哲〗idées ~ ves 反省的思想.
reflet *n.m.* **1** 反射光, 照り返し;反映;光沢. ~*s* du ciel 空の反映. ~ du feu 炎の反映. ~*s* d'incendie dans le ciel 空に映る火事の炎. ~ de la lune 月影. ~ des neiges 雪の反射. ~ du soleil 太陽光の照り返し. ~*s* irisés 玉虫色の光沢. ~*s* luisants 光沢. ~*s* métalliques 金属光沢. couleur à ~*s* changeants 玉虫色. étoffe à ~*s* de satin サテンの光沢のある布. jeter (projeter) son ~ 反射光 (光沢) を放つ.
2 映った影 (姿), 映像;〖比喩的〗反映. ~ dans l'eau 水面に落とす影. ~ d'un visage dans la vitre ガラスに映った顔. Sa beauté était le ~ de son intelligence. 彼女の美しさはその知性を反映したものであった.
3 〔文〕反映するもの;似たもの. ~ de ma propre pensée 私の心の反映. l'homme, ce ~ de Dieu 神に似た存在である人間. pâle ~ de la gloire passée 昔日の栄光の色あせた名残.

reflexe *a.* **1** 反射的な. 〖生理〗arc ~ 反射弓. ~*s* archaïques du nouveau-né 新生児の初期反射動作 (agrippement「把握反射」など). 〖生理〗centre ~ 反射中枢. mouvement ~ 反射運動.
2 〖光〗反射の, 反射による. image ~ 反射像. vision ~ 鏡像.

3〖写真〗一眼レフ方式の. appareil ~ 一眼レフカメラ.
—*n.m.* **1**〖生 理, 医, 心〗反射. ~ anal 肛門反射. ~ cardiaque 心臓反射. ~ conditionné (conditionnel) 条件反射. ~ cornéen 角膜反射. ~ cutané 皮膚反射. ~ de défense 防御反射, 回避反射. ~ gastro-pancréatique 胃・膵反射. ~ hépatogène 肝性反射. ~ inconditionnel 無条件反射 (= ~ absolu). ~ noticeptif 侵害反射. ~ pathologique 病の反射. ~ pupillaire 瞳孔反射. ~ rachidien 脊髄反射. ~ rotulien 膝蓋〔腱〕反射. ~ vasomoteur 血管運動反射. absence des ~s 反射欠如〔症〕, 無反射〔症〕(= aréflexie).
2 反射的動作. avoir le ~ de+*inf.* 反射的に…する. Il a eu le ~ de freiner. 彼は咄嗟にブレーキを踏んだ. avoir de bons ~s 機敏な反射運動神経をもつ.
3〖写真〗〖英〗一眼レフ〔カメラ〕(= appareil ~).

réflexion[1] *n.f.* 〖物理〗**1** (光, 熱, 音の) 反射. ~ diffuse (irrégulière, totale) 拡散 (乱, 全) 反射. ~ d'un faisceau de neutrons 中性子ビームの反射. ~ d'un son 音の反響. ~ spéculaire 鏡面反射. angle de ~ 反射角. **2** (物体の) 反跳.

réflexion[2] *n.f.* **1** 熟考, 熟慮. 〔toute〕~ faite 熟慮の末に, 熟慮の結果. à la ~ よく考えてみれば. avec ~ よく考えて. affaire menée avec ~ よく考えて遂行された事業 (仕事). sans ~ よく考えずに. agir sans ~ 軽はずみな行動をする. manquer de ~ 思慮が足りない. mériter ~ 熟考に値する. se donner le temps de la ~ 沈思黙考する.
2 考察〔力〕; 知性.
3 (熟考して得た) 思想;〔*pl.* で〕内省録, 瞑想録 (= recueil de ~s).
4 (個人に対する) 意見; 〖話〗不快感を与える指摘, 非難. ~s désobligeantes 耳の痛い意見. faire une ~ à *qn* 人に意見をする.

réflexologie *n.f.* 〖医・心〗反射学.

réflexothérapie *n.f.* 〖医〗刺激反射療法.

reflux [-ly] *n.m.* **1** 引き潮, 干潮 (= ~ de la mer; jusant); 逆流. le flux et le ~ (潮の) 満ち干, 干満;〔比喩的〕人の去来. le flux et le ~ de la foule 寄せては返す人の波.
2〖医〗逆流〔現象〕. ~ gastro-œsophagique 胃食道逆流〔症〕. ~ hépato-jugulaire 肝頸静脈逆流〔現象〕. ~ œsophagien 逆流性食道炎. ~ vésico-urétéro-rénal 膀胱尿管腎逆流〔現象〕, 尿逆流〔症〕(= ~ d'urine).
3 後退, 後ずさり; 退潮. ~ de la foule 群衆の後退 (後戻り).
4〖化〗還流.

refondation (<refonder) *n.f.* 再建. ~ de l'armée de terre 陸軍の再創設.

refonte *n.f.* **1** 再溶解; 鋳直し; (貨幣の) 改鋳. des monnaies 貨幣の改鋳.
2 (作品の) 改作; (印刷物の) 全面改訂 (改版). ~ d'un dictionnaire 辞典の全面改訂. ~ d'un ouvrage 作品の改作.

réforestation *n.f.* 〖森〗森林再生, 再植林 (= reboisement).

réformage *n.m.* (ガソリンの) リフォーミング, 改質 〘〖英〗reforming の公用推奨語〙. ~ catalytique 触媒式リフォーミング.

réforma*teur* (***trice***) *n.* 改革者; 〖宗教〗宗教改革家; 〖心〗社会改革偏執狂. d'une société 社会改革者. le Mouvement des ~s 改革派運動 (1992年結成の政党; 略記 MDR; 2002年 UMP に合流). pouvoir ~ de la raison 理性のもつ改革能力.
—*a.* 改革する, 改革派の. député ~ 改革派代議士. mouvement ~ 改革運動.

réformation *n.f.* 〖法律〗(控訴審による) 原審判決の) 変更. L'appel est une voie de ~. 控訴は原審判決変更の手段である.
2〖行政〗(上級行政機関による下級行政機関の行為の) 変更. ~ par recours hiérarchique 上級行政機関による変更.
3〖宗教〗la R~ 宗教改革 (= la Réforme).
4〖古〗改革, 改正. ~ du calendrier sous la Révolution 大革命期の暦の改変.

réforme *n.f.* 〖I〗(非物質的改良) **1** 改良, 変革, 改革; 改正; 刷新. ~ agraire 農地改革. ~ constitutionnelle 憲法改正. ~ du calendrier 暦の改変. ~ de l'enseignement 教育改革. ~ de structure 構造改革. ~ d'une loi 法律の改正. ~ éléctorale 選挙制度の改革. ~ financière (juridique, politique, sociale) 財政 (司法, 政治, 社会) 改革. ~ orthographique 綴字法の改革 (= ~ de l'orthographie). apporter des ~s dans (à) *qch* 何を改革 (刷新) する.
2〖政治・社会〗(社会の) 漸進的変革 (révolution「革命」の対).
3〖宗教〗原初の厳格な戒律の復活. introduire la ~ dans une abbaye 大修道院に原初の厳格な戒律を復活させる.
4〖宗教〗la R~ 宗教改革.
〖II〗〖廃棄〗**1**〖軍〗退役, 賜暇;(身体的理由による) 兵役免除. ~ temporaire (définitive) 一時的 (決定的) 兵役免除. conseil de ~ 兵役免除審議会. mettre *qn* à la ~ 人を兵役免除にする.
2〔比喩的〕(老朽物・不要物の) 廃棄, 廃用. mettre à la ~ 廃棄をする.

réformé(***e***) *a.* **1**〖宗教史〗宗教改革によって生まれた. Eglise ~*e* (特にカルヴァン派の) 改革教会. religion ~*e* 新教 (= protestantisme). religion prétendue ~*e* 自称改革宗教 《新教に対するカトリック側の蔑称; 略記 RPR》.
2〖軍〗軍務に適さなくなった, 廃用になった. matériel ~ 廃用軍用物資. soldat ~ 軍務不適除隊兵.

réformisme

——*n.* **1** 〖宗教史〗改革教会派, 新教徒；(特に) カルヴァン派新教徒.
2 〖軍〗軍務不適除隊兵. ~ temporaire 一時的兵役免除者.

réformisme *n.m.* **1** 改革体制.
2 〖政治〗(革命によらない) 漸進的社会改良 (変革), 修正主義. ~ socialiste 社会主義的革新主義.

refoulement (<refouler) *n.m.* **1** (人の) 押し戻し, 排除；〖軍〗撃退. ~ des envahisseurs 侵略者の撃退. ~ des immigrants étrangers 移民の排除 (国境外への押し戻し).
2 〖鉄道〗(車輛・列車の) 逆行. 〖鉄道〗~ d'un wagon 車輛の逆行.
3 (流体の) 逆流, 逆送. ~ d'un fluide par l'action d'une pompe ポンプの作動による液体の逆流.
4 〖冶〗押し込み, 送り出し. ~ d'un rivet à la bouterolle リヴェット・セットへのリヴェットの押し込み.
5 (本能, 性欲などの) 抑制；〖精神分析〗抑圧；〖心〗退行. ~ des instincts 本能の抑圧. ~ d'un complexe コンプレックスの抑圧.

réfractaire *a.* Ⅰ (人について) **1** (à して) 従わない, 反抗する, 受けいれない. être ~ aux ordres 命令に従わない. conscrit ~ (19 世紀の) 徴兵忌避者.
2 〖仏史〗prêtre ~ (1790 年の一般市民聖職者憲章に) 宣誓を拒否した司祭.
Ⅱ (物について) **1** 耐火性の, 耐熱性の. alliages (métaux) ~s 耐熱合金 (金属). argile ~ 耐火粘土. brique ~ 耐火煉瓦.
2 〖医〗抗療性の. maladie ~ 難病.
3 〖生理〗不応の；〖生〗(細菌に対する) 耐性のある. 〖生理〗période ~ (刺激に対する) 不応期.
——*n.* 反抗者；(19 世紀の) 徴兵忌避者 (= conscrit ~, insoumis)；(第二次大戦下の) 対独非協力者.
——*n.m.* 耐火 (耐熱) 材.

réfracteur (*trice*) *a.* (光を) 屈折させる. téléscope ~ 屈折望遠鏡.
——*n.m.* 天体望遠鏡 (= lunette astronomique).

réfractif (*ve*) *a.* 〖光学〗屈折性の；屈折による (= réfringent (e)). 〖眼科〗chirurgie ~ve 屈折矯正手術. 〖眼科〗hypermétropie (myopie) ~ve 屈折性遠視 (近視).

réfraction *n.f.* **1** 〖物理〗屈折；屈折作用；屈折. double ~ 複屈折. indice de ~ 屈折率.
2 〖天文〗大気差, 気差, 大気屈折 (= ~ atmosphérique；大気の屈折作用による天体の見かけの高度の増加現象).
3 〖医〗(眼の) 屈折力 (測定). ~ oculaire 眼屈折. anomalie de la ~ 屈折異常. examen de la ~ 眼の屈折検査法.

réfractionniste *n.* 〖眼科〗目の屈折測定 (矯正) 士.

réfractomètre *n.m.* 〖物理〗屈折計；屈折率測定器；〖医〗屈折率式血清蛋白計.

réfragable *a.* 〖法律〗反証を許す. présomption ~ 反証によって覆すことが可能な推定.

refrain *n.m.* **1** (詩, 定型詩の) ルフラン, リフレイン, 折り返し〔句〕；ルフラン付きの歌 (= chanson à ~).
2 〖比喩的〗繰り返される単調な歌.
3 〖話〗決り文句. C'est toujours le même ~. いつもの決り文句だ. Changez de ~! 他の話にしたらどうだ！

réfrangibilité *n.f.* 〖理〗屈折性, 屈折度.

réfrigérant(e) *a.* **1** 冷却性の, 冷却作用のある. fluides ~es 液状冷媒 (液体窒素 azote liquide, クロロフルオロカーボン chloro-fluorocarbone, 液化ヘリウム hélium liquide など). mélange ~ 凍結剤, 寒剤 (= cryogène).
2 〖比喩的〗冷やかな. accueil ~ 冷やかな応待.
——*n.m.* 冷却装置, 冷却器；冷凍機；寒剤.

réfrigérateur[1] (*trice*) *a.* 冷却する；冷却する, 冷却作用のある.

réfrigérateur[2] *n.m.* **1** 冷蔵庫 (= frigidaire, frigo)；冷却装置, 冷却機. ~ électrique 電気冷蔵庫. petit ~ d'une chambre d'hôtel ホテルの客室用の小型冷蔵庫, ミニバール (minibar). ~ ménager 家庭用冷蔵庫. mettre la viande dans le (au) ~ 肉を冷蔵する. 〖話〗mettre au ~ (冷蔵庫に入れる→) 傍に置いて待つ.
2 冷凍装置, 冷凍機 (= congélateur).
3 冷蔵室.

réfrigération *n.f.* 冷却；冷凍 (= congélation). appareils de ~ 冷却 (冷凍) 装置. techniques de ~ 冷却 (冷凍) 技術.

réfrigéré(e) *a.* 冷凍された (= congelé), 凍った；冷蔵された；冷却された；〖話〗ひどく寒い, 凍てついた. cargo ~ 冷蔵 (冷凍) 貨物船 (貨物機). fruits ~s 冷凍果実. wagon ~ 冷凍車両.

réfringence *n.f.* 〖物理〗屈折性.

réfringent(e) *a.* 〖理〗(光・電磁波を) 屈折させる. milieu ~ 屈折媒質.

refroidissement *n.m.* **1** 冷え；冷却；気温低下. ~ à air (d'air, dans l'air, par l'air) 空冷. ~ à eau 水冷. ~ du temps 気温の低下. ~ par l'huile 油冷. circuit de ~ 冷却回路.
2 (身体が) 冷えること；寒気. avoir (attraper) un ~ 寒気を覚える. prendre un ~ 風邪をひく.
3 〖比喩的〗(人間関係の) 冷却；(熱意の) さめること. ~ de l'amitié 友情の冷却.
4 (景気の) 鎮静化.

refroidisseur *n.m.* 冷却装置, 冷却器.
——*a.* 冷却する. système ~ d'un réacteur atomique 原子炉の冷却システム.

refuge n.m. **1** 避難所, 逃げ場, 隠れ家. ~ assuré 安全な避難場所. lieu de ~ 避難場所. chercher (trouver) ~ (à) qn 人の所に逃げこもうとする(かくまわれる). demander ~ à qn 人にかくまってくれるよう頼む. s'échapper pour gagner un ~ 避難場を見つけるため脱出する；亡命する.
2〘狩〙(追われた獲物の)隠れ場所；巣穴.
3 溜り場. ~ de l'aristocratie 貴族の溜り場.
4 (山岳地帯の)避難小屋. le ~ Vallot du mont Blanc モンブランのヴァロー小屋.
5 (道路の)安全地帯. ~ installé à un passage clouté 横断歩道の安全地帯.
6 貧民院；養老院；困窮者避難所.
7〘文〙〘古〙保護者, 頼り. Vous êtes mon seul ~. あなただけが頼りなのです.
8 (比喩的)逃げ場；逃げ口上. ~ des poltrons 臆病者の逃げ口上.
9〘経済〙〘同格〙valeur ~ 逃避資産.

réfugié(e) a. (戦禍・迫害などから)避難した, 亡命した. révolutionnaires ~s 亡命革命派.
——n. 避難民, 難民；亡命者. ~ de Bosnie-Herzégovine ボスニア=ヘルツェゴヴィナからの難民. ~ stricto sensu 厳密な意味での難民. aide aux ~s 難民に対する救援. droit d'asile accordé aux ~s politiques 政治亡命者に対する庇護権. Haut commissariat [des Nations unies] pour les ~s (HCR) 国連難民高等弁務官事務所 (= [英] Office for the UNHCR : United Nations High Commissioner for Refugees). Office de secours et de travaux des Nations unies pour les ~s de Palestine dans le Proche-Orient 近東におけるパレスチナ難民に対する国連救済事業事務所 (= [英] UNRWA : United Nations Relief and Works Agency [for Palestine Refugees in the Near East] 国連難民救済事業機関). statut des ~s 難民に関する身分規定.

refus n.m. **1** 拒否, 拒絶. ~ catégorique 断固とした拒否. ~ de+inf. …することの拒否. ~ d'obéissance 服従の拒否.〘法律〙~ d'obtempérer 停船命令拒絶；交通検問拒絶. essuyer un ~ 断られる. opposer un ~ à qn 人の要求を拒絶する.〘話〙Ce n'est pas de ~. よろこんでお受けいたします.
2 謝絶, 辞退.
3〘心〙conduites de ~ 拒絶行為.
4 杭打ちの貫入停止；ふるいに残ったもの.
5 家畜が食べ残した草.
6〘競馬〙(障害物を前にした馬の)跳躍拒否.

refusé(e) a.p. 拒否された；断られた；不合格とされた, 落第された. autorisation ~e 拒否された認可. candidat ~ 不合格の志願者；落選者.
——n. (選抜試験の)不合格者；(展覧会など の)落選者.

regain n.m. **1**〘農〙二番草；二番草刈り. faucher le ~ d'un pré 牧草地の二番草を刈り取る(二番刈りをする).
2〘比喩的〙回復；甦り, 再来. ~ d'activité (de vie) 活気(生気)の甦り. ~ de jeunesse 若返り. ~ de santé 健康の回復.〘政治〙~ de tension 緊張激化.

regard n.m. **1** 視線. direction du ~ 視線の方向. attirer le[s] ~[s] 人目を惹く. échanger des ~s 視線を交す. échapper (se dérober) aux ~s 人目を逃れる(避ける). fixer (arrêter) son ~ sur …に視線を注ぐ, …を注視する, …を見つめる. jeter un ~ sur …に一瞥を投げる, …をちらっと見る. montrer du ~ 目で示す. promener ses ~s sur …を見回す. soustraire aux ~s 人目につかないようにする.
2 目つき, 眼差し. ~ atone うつろな目つき. ~ de feu 炎のように燃える眼差し. ~ doux (tendre) 優しい眼差し. ~ en coin (en coulisse) 横目, 流し目. ~ limpide 澄んだ目つき. ~ noir けわしい眼差し. éclat du ~ 目の輝き. expression du ~ 生き生きした目つき. force attractive du ~ 人を惹きつける眼つき. yeux sans ~ ぼんやりした目つき. avoir le (un) ~ assuré 確信に満ちた眼差しをしている. détourner ses ~s ふり向く. lancer un ~ interrogatif 問いたげな眼差しを投げかける. au premier ~ 初見では, 第一印象では.
3〘古〙注視. avoir un ~ à …に目を注ぐ.
◆〘現用〙au ~ de qch 何から見れば. au ~ de la loi 法律的に見れば. R~ sur le monde actuel de P.Valéry P. ヴァレリーの『現代世界の考察』. droit de ~ 監督権. avoir droit de ~ sur …について監督権を持つ.
4〘古〙方向；〘地学〙(断層の)運動方向.
◆〘現用〙en ~ 向い合って, 比較して. traduction avec (le) texte en ~ 対訳. mettre deux choses en ~ 二つの物を比較する. en ~ de …と向い合って；…と比較して.
5 (下水, 導管, 蒸気機関などの)のぞき穴, 検査孔, 点検窓；マンホール. ~ d'égout 下水道のマンホール.
6〘地学〙(断層)の運動方向 (= ~ d'une faille).

régence n.f. 摂政政治；摂政の地位；摂政期間.〘仏史〙la R~ (Philippe d'Orléans の)摂政時代 (1715-23年).
——a.inv. **1** 摂政時代の. **2**〘美術〙style R~ 摂政時代様式 (style Louis XIV と style Lous XV の中間の様式).

régénérant(e) a. **1**〘生〙再生させる. soins anti-âge ~s (皮膚の)老化防止再生手入れ. **2** (風俗・社会などを)刷新する；(精神的に)更生する.

régénérateur(trice) a. 再生させる；〘文〙刷新する. eau ~trice 洗礼の水.〘医〙médecine ~trice 再生医学 (nano-médecine 微細医学, thérapie cellulaire 細

régénératif(ve)
胞医療法など). principe ~ de l'épidémie 流行病の再発生原則.
— n.m. **1** 再生装置, 再生器. ~ d'un catalyseur 触媒再生装置. ~ de résine échangeuse d'ions イオン交換樹脂の再生装置.
2 熱交換器.
3 〖原子力〗増殖炉(=réacteur ~). ~ à neutrons thermiques 熱中性子増殖炉.
4 〖農〗(牧草地の)表土かき機.

régénératif(ve) a. 再生の, 再生する. médecine ~ ve 再生医療. 〖電算〗mémoire ~ 再生記憶装置. refroidissement ~ 回生冷却, 循環冷却.

régénération n.f. **1** 〖生〗再生. ~ de la queue du lézard トカゲの尻尾の再生. ~ des organes 器官の再生. ~ du tissu osseux d'un os fracturé 折れた骨の骨組織の再生.
2 〖物理・電子工・原子力〗再生;回生. ~ des combustibles nucléaires 核燃料の再生. ~ des neutrons 中性子の再生. ~ du plutonium プルトニウムの再生.
3 〖化〗再生. ~ du catalyseur 触媒の再生.
4 〖電算〗再生成, 再表示.
5 〔文〕回生;改新, 革新, 刷新. ~ de l'humanité 人類の回生. ~ intellectuelle 知的革新.
6 〖神学〗再生, 新生;改心;更生. ~ d'une âme 魂の再生(更生).

régénéré(e) a.p. 再生された. caoutchouc ~ 再生ゴム. catalyseur ~ 再生触媒. 〖比喩的〗société ~ e 生まれ変った社会.

régent(e) n. **1** 摂政. **2** 〖史〗フランス銀行理事.

reggae [rege] n.m. 〖音楽〗レゲエ(ジャマイカ音楽).
— a.inv. レゲエの. groupes ~ レゲエ音楽グループ.

régicide n. 王殺し(ルイ16世の処刑など).
— a. 王殺しの. révolutions ~s 王殺しの革命.

régie n.f. **1** 〖行政〗(国または地方自治体による)公営, 公営事業, 公的機関による管理. ~ d'Etat 国営. ~ communale 市 町 村営. ~ directe (simple) (公的機関による) 直接管理. ~ intéressée (受益者による) 委託管理. ~ municipale 地方自治体による商工業施設の公営. travaux mis en ~ 公法人が直営する土木事業(travaux à forfait「請負土木工事」の対).
2 公共企業体, 公社, 公団;国営企業(=~ nationale). ~ d'Etat avec monopole 国営専売公社. la R~ autonome des transports parisiens パリ交通〖自治〗公団(地下鉄と市バスを運営管理;略記 RATP). la R~ [française des tabacs] フランス・タバコ公社. cigarettes de la R~ フランス・タバコ公社製の紙巻たばこ. la R~ [nationale des usines] Renault ルノー公団(1945年国営企業化;1990年株式会社化).

3 (演劇・映画・放送などの)製作管理;製作部;製作室;調整室, 制御室, コントロール・ルーム. ~ de radiotélévision ラジオ・TV 調整室.
4 〖財政〗直接徴収・支出. ~ d'avance 支払事務の代行. ~ de recette 徴収事務の代行.
5 (公共事業費の)前払い方式.
6 〖宣伝〗広告スペース取扱業者.
7 〖仏史〗税の直接徴収.

régime n.m. **1** 制度, 体制, 組織. ~ constitutionnel 憲法体制. ~ de protection[1] 保護制度. ~ fiscal 税制. ~ foncier 土地制度.
2 〖政治〗体制, 政体. ~ capitaliste 資本主義体制. ~ démocratique 民主制. ~ libéral 自由主義体制. ~ parlementaire 議院内閣制. ~ politique 政治体制. ~ présidentiel 大統領制. ~ socialiste (communiste) 社会主義(共産主義)体制. 〖仏史〗Ancien R~ アンシャン・レジーム(旧政体).
3 〖法律・私法〗制度. ~ conventionnel 約定夫婦財産制. ~ de protection[2] 無能力者保護制度. ~ légal 法定夫婦財産制(=~ matrimonial de droit commun). ~ matrimonial 夫婦財産制.
4 〖法律・刑法〗~ pénitentiaire 刑務所制度, 懲治施設制度.
5 〖社会保障〗制度. ~ agricole 農業労働者制度. ~ autonomes 自主的制度. ~ complémentaire 補充制度. ~ général de la Sécurité sociale 社会保障一般制度. ~s speciaux 特別制度.
6 〖法律〗管理法規, 取締規定. ~ de boissons 飲料取締法規.
7 健康管理;(特に)食餌療法(=~ alimentaire), 養生. ~ 〔alimentaire〕diététique 食餌(ダイエット)療法. ~ hypocalorique 低カロリー食餌療法. ~ sec 禁酒(水分制限)療法. ~ végétarien 菜食療法. être au ~ 食餌療法をしている. faire (suivre) un ~ pour maigrir 痩せるために食餌療法を行なう(守る). ordonner un ~ à un malade 病人に食餌療法を指示する.
8 〖物理〗状態;一般状態;正規作動状態. 〖地学〗(川の)流水状況, (降水)状況;〖機械〗定格;(エンジンの)回転数, 出力. ~ critique 限界状態. ~ de croisière 巡航状態(経済的運行速度). ~ en cours d'eau ; ~ hydrologique 川の流況. ~ maximal d'un moteur エンジンの最高出力. 〖機械〗~ normal 〔標準〕定格. ~ permanent 定常状態. moteur à plein ~ 最高出力状態のエンジン.
9 〖文法〗被制辞. ~ direct (indirect) 直接(間接)被制辞, 直接(間接)目的格. le cas sujet et le cas ~ 主格と被制格(目的格).

régiment n.m. **1** 〖軍〗連隊(連隊長は大佐 colonel). ~ d'artillerie 砲兵連隊(略記 RA). ~ de chars 戦車連隊(略記 RC). ~ d'infanterie 歩兵連隊(略記 RI). ~ d'in-

fanterie parachutiste 降下歩兵連隊. ~ de logistique 補給連隊. ~ du génie 工兵連隊. ~ étranger 外人連隊（略記 RE）. ~ Roland ローラン連隊（地対空ミサイル連隊）.
2〖軍〗〖集合的〗連隊兵士；〖話〗軍隊；〖話・古〗兵役 (=service militaire). faire son ~ 兵役に就く. partir au ~ 入隊する.
3〖比喩的〗(人・物の)多数. un ~ de créanciers 大勢の債権者. des ~s d'arbres à fruits 沢山の果樹.

régimentaire a.〖軍〗連隊の. section de reconnaissance ~ 連隊偵察部門.

région n.f. **1**〖地理〗地方, 地域, 地帯, 圏（固有の自然地理的・人文地理的な特色をもつ地域）. ~ agricole 農業地帯. ~ cultivée 耕作地域. ~ du Proche-Orient 近東地方. ~ économique 経済圏；商工会議所管区. ~ géographique 地理的地方. ~ historique 歴史的地方（歴史的伝統でまとまった地方）. ~ industrielle 工業地帯. ~ marine 沿海地方. ~ méditerranéenne 地中海地方. ~ montagnarde 山岳地帯. ~ naturelle 自然的地方（自然的要素で構成される地域）. ~ polaire 極圏, 極地. ~ tropicale 熱帯. carte d'une ~ 地方地図. dans nos ~s わが国, 我々の郷土では. vin de la ~ 土地のワイン.
2 (大都市を中心とする)地域. ~ de Nice ニース地方. ~ parisienne パリ地方, 首都圏（1961-76年まで、「地方団体」collectivité territoriale としての地位を付与されていなかった地域圏の一つとして存在した）.
3〖行政〗レジョン, 地方（フランス本国の2～8県で構成される広域行政区域；従来の自然的・歴史的地方との混同を避けるために「地方圏」とか「州」の訳語を充てることがある；Alsace, Aquitaine, Auvergne, Bourgogne, Bretagne, Centre, Champagne-Ardenne, Corse, Franche-Comté, Ile-de-France, Languedoc-Roussillon, Limousin, Lorraine, Midi-Pyrénées, Nord-Pas-de-Calais, Basse-Normandie, Haute-Normandie, Pays de la Loire, Picardie, Poitou-Charentes, Provence-Alpes-Côte d'Azur, Rhône-Alpes の 22 の région がある；個々の名称は Région Ile-de-France のように de と地方名の定冠詞を省略する；フランス革命以前は税制上および軍事面の地方単位として province が用いられていた）. R~ Bourgogne (フランスと UE の広域地方行政区域の) ブルゴーニュ地方（広義の自然的・歴史的のブルゴーニュ地方 la Bourgogne と区別するための呼称）. R~ Provence-Alpes-Côte d'Azur (フランスと UE の広域地方行政区域の) プロヴァンス=アルプ=コート・ダジュール地方（略記 PACA）. préfet de ~ レジョン(地方)知事（広域行政区域の中心となる県の県知事が務

レジョンの出納官.
4〖行政〗~ monodépartementale d'outre-mer de la République française フランス共和国の単一県によって構成される海外地方 (=DOM-ROM)（la Guadeloupe, la Guyane, la Martinique, la Réunion の 4 つ）. ~ monodépartementale de la Martinique マルチニック県地方.
5〖集合的〗(パリに対する)地方. en ~ 地方で (=dans les ~s).
6〖軍〗管区, 軍管区 (= ~ militaire). ~ aérienne 空軍管区. ~ de défense 防衛（国防）軍管区. ~ maritime 海軍軍管区. état-major de la ~ 軍管区参謀部（軍令部）. général commandant de la ~ 軍管区指令将官.
7〖航空〗空域 (=zone de l'espace). ~ de contrôle 管制空域. ~ d'information de vol 航空機飛行情報空域.
8〖鉄道〗管区, 国鉄管区. la ~ ouest de la SNCF フランス国鉄の西部方面管区.
9〖言語〗圏, 語圏. ~ linguistique 言語圏. ~s occitanes オック語圏.
10〖解剖・医〗(身体の) 部位, 局部. ~ du cœur 心臓部. ~ lombaire 腰部. ~ pectorale 胸部.
11〖理〗層, 大気圏 (=couche atmosphérique)；(気象予報の)区. ~ basse (moyenne, haute) 低 (中, 高) 層圏. ~ de prévision 気象予報区. ~ E (電離層の) E 層.
12〖植〗部位. ~ des racines 根部.
13 (学問などの)領域, 範囲, 区分. ~s de la philosophie 哲学の諸領域.

régional (ale) (pl. **aux**) a. **1** 地方 (région) の, 州の. conseil ~ 地方 (地域圏) 議会. coutume ~ale 地方の慣習. cuisine ~ale 郷土料理. élections ~ales 地方選挙 (= les ~ales). institutions ~ales 地方制度 (機関). parlers ~aux 方言. Réseau express ~ 地域高速鉄道（略記 RER）. télévision ~ale 地方 TV.
2 地域の (mondial「世界的な」の対). accords ~aux de l'Europe ヨーロッパの地域協定.
3〖医〗局部の, 部位の. anesthésie ~ale 局部麻酔.

régionales n.f.pl. 地方選挙 (= élections ~).

régionalisation n.f.〖政治〗地方分権〔化〕；〖経済〗地方分散. ~ et centralisation 地方分権と中央集権. ~ d'un programme d'investissement 投資計画の地方分散.

régionalisme n.m. **1** 地方主義, 地方重視主義. ~ de George Sand ジョルジュ・サンドの地方色文学.
2〖行政〗地方分権主義, 地方分権体制, 地方分権制.
3〖言語〗地方固有の表現 (言葉).

régionaliste a. **1** 地方重視主義の, 地方色を重んじる. écrivain ~ 地方色重視作

家. **2**〖行政〗地方分権主義の. politique ~ 地方分権政策.
──*n.* **1** 地方主義者；地方色重視主義者；地方文学者. **2** 地方分権主義者.

régisseur(se) *n.* **1** (財産の)管理者. ~ du domaine 地所の管理者.
2〖劇〗舞台監督(= ~ du théâtre)；〖映画〗助監督；〖TV〗アシスタントディレクター.〖TV〗~ de plateau フロアディレクター.
3〖法律〗公社管理者《公社・公団などの直接徴収・支出の権限をもつ事業管理者》. ~ comptable du budget d'une régie 公社の予算会計責任者.

registraire *n.*〖カナダ〗登記簿(学籍簿)係.

registre *n.m.* **1** 登録簿, 登録台帳；登記簿, 帳簿；名簿；目録, 報告集. ~ à souches 控え片(原符)付き帳簿. ~ coté 整理番号付登録簿. ~ de l'état civil 市民身分登記簿, 戸籍簿. ~ du commerce 商業登記簿(略記 RC). ~ de comptabilité 帳簿. ~ domestique 家庭の帳簿. ~ d'un hôtel 宿帳. ~ d'un notaire 公証人の公正証書原本綴(= minutier). ~ de présence 取締役会出席簿. ~ de recette journalière de la Comédie-Française コメディー＝フランセーズ劇場の日別収入台帳. ~ maritime 船名簿. ~ national des brevets 全国特許原簿. ~ national des marques 全国商標原簿. ~ public de la cinématographie 映画産業公式登記簿. ~ scolaire 学籍簿. être sur le ~s de qn 人の記憶に残る. inscrire sur un ~ 帳簿に記入する. tenir un ~ 帳簿をつける；記録する.
2〖電算〗レジスター《演算のための一時的保存場所》. ~ d'instraction 命令レジスター. ~ mémoire レジスター・メモリー.
3〖音楽〗(オルガンの)音栓, ストップ(= ~ de l'orgue).
4〖音楽〗(歌手の)声域；(楽器の)音域. ~ aigu (haut) 高音域. ~ bas (grave) 低音域. ~ moyen 中音域.
5 (作品, 講演の)調子. ~ tragique d'une œuvre 作品の悲劇的調子.
6 権限(能力)の範囲. Cela n'est pas de mon ~. それは私の力の及ぶところではない.
7〖機工〗(炉, 煙道の)ダンパー, 風戸；(蒸気機関の)入口弁. ~ d'un fourneau 炉のダンパー. ~ de vapeur (蒸気機関の)蒸気弁.
8〖印刷〗(見当合せの)トンボ.
9〖美術〗(絵画, 彫刻の)層《同一水準に配置された方の像》. tympan gothique à ~s になったゴシック様式のタンパン彫刻.

réglable *a.* **1** 調節可能な. briquet à flamme ~ 炎の調節可能なライター. lumière ~ 調節可能な照明. siège ~ d'une voiture 調節可能な車の座席.
2〖経済〗支払い可能な. achat ~ en dix mensualités 10 回払いが可能な購買.

réglage *n.m.* **1** 罫；罫(線)引き.
2〖機械〗調整, 調節；調整(節)法；制御. ~ à distance 遠隔操作. ~ automatique 自動制御. ~ de phase 位相調整. ~ fin d'un horloge 時計の微調整. ~s horizontal et vertical 水平・垂直調整. ~ par tout ou rien オン・オフ制御.
3〖軍〗(砲撃の)修正. ~ du tir 射撃の修正.

règle *n.f.* **1** ものさし, 定規. ~ à calcul 計算尺. ~ graduée 目盛りつき定規. tracer des lignes avec une ~ (à la ~) 定規で線を引く.
2 規則, 規定, 法則, 規約, 規範；法規範(= ~ de droit, norme juridique) (競技の)ルール, 規則；戒律, 規律, 慣習, 礼法. ~ de conduite 行動規範.〖法律〗~ de fond (forme) 実体(形式)原則. ~ de grammaire (grammaticale) 文法の規則. ~ de libre association 自由連想の原則. ~ des trois unités 三単一の規則《古典演劇の基本理論で, 筋 action, 場所 lieu および時間 temps の一体性を求めるもの》. ~ d'or あらゆる状況で有効な行動規範, 黄金律.〖精神分析〗~ fondamentale 基本原則. ~ matérielle 物に関する原則. ~ morale 道徳律. ~ non écrite 不文律.〖保険〗~ proportionnelle 比例填補主義. ~s de l'art 建築設計上の基本的な原則, 当該分野において守られるべき基本的な原則. ~s de la politesse 礼儀作法. ~s de l'honneur (de la morale) 名誉規範(道徳律). ~(s) du jeu 規則, ゲームの規則. ~ du métier 職業上の規則.
C'est la ~ du jeu. そういう決まりなのだ. de ~ とされている. en bonne ~ はっきりと規定されている, 立派な規則にかなった. en ~ 正規の, 規則に則った, 正々堂々の, 本格的な. Tous mes papiers sont en ~. 私の書類はすべて有効だ. C'est une vengeance en ~. しきたりどおりの復讐だ. en ~ générale 一般的に, 概して. pour la bonne ~ 慣例に従って, 規則通りに. selon les ~s ; dans les ~s 決められた通りに, …を極めた. Il vaut mieux mourir selon les ~s que de réchapper contre les ~s. 定めに従って死ぬほうが, 定めに背いて死を逃れるよりましだ.
avoir pour ~ de + *inf.* …することを建前とする, …する主義である. être de ~ である, 決まっている. Il est de ~ de + *inf.* (que + *subj.*) …するのが正しい, 慣わしである. se mettre en ~ 決まりに従う, 借りをなくす. se mettre en ~ avec Dieu 死ぬ前に告解する. se faire une ~ de + *inf.* …することを主義とする, …することを方針とする. L'exception confirme la ~. 例外があるから規則の正しさが証明される.
appliquer (observer, respecter, suivre) la (les) ~(s) 規則に従う. enfreindre (violer) la (les) ~ (s) 規則を破る. assouplir la ~ 規則を緩める. établir (fixer) une (la, les) ~(s)

規則を定める.
3〖数〗~ de trois 比例算, 三率法.〖古〗les quatre ~s 四則.
4 月経. avoir ses ~s 月経がある.

réglé(e) *a.p.* **1** (紙が) 罫のある, papier ~ 罫紙.〖幾何〗surface ~e 線織面.
2 規則正しい；規則正しい生活をしている；きちんとした；秩序立った. homme ~ 規則正しい生活をしている人. maison bien ~e きちんとした家. mouvement ~ 規則的運動. pouls ~ 規則的な脈拍. vie ~e 規則正しい生活. à des heures ~es きまった時に.〖話〗C'est ~ comme〔du〕papier à musique. (五線譜のようにきちんとしている→) きまってそうなる (=C'est ~.).
3 決定済みの；決った；解決された.〖林業〗coupe ~e 定量的間伐. C'est une affaire ~e. それは決着済みの事だ. Tout est ~. すべて決定済みだ.
4 (機器が) 調整済みの. carburateur bien ~ 正しく調整された気化器. téléviseur mal ~ 調整の狂ったTV受像機.〖軍〗tir ~ 照準完了.
5〖生理〗月経のある (=menstrué). femme bien (mal) ~ 月経が順調 (不順) な女性.

règlement *n.m.* **1** 規定, 規則, 内規, 約, 決まり. ~ de l'Assemblée nationale 国民議会議院規則. ~ de copropriété 区分所有規約. ~ intérieur (d'atelier) d'une entreprise 就業規則.
2〖法律〗行政立法, 命令 (国会を除く権限をもつ執行機関によって制定され, 一般的かつ抽象的な効力をもつ規則). ~ autonome 独立命令 (法律に留保された事項以外について, 任意かつ排他的に制定される行政命令). ~ d'administration publique 特別執行命令 (1980年に廃止され, それ以後はコンセイユ・デタの議を経たデクレ décret en Conseil d'Etat に取って代わられた). ~ d'application 執行命令. ~ de police 警察条例.
3 (事件, 紛争などの) 解決. ~ amiable 協議整理手続, 同意解決. ~ arbitral 仲裁裁判による (紛争の) 解決. ~ des différends (国際貿易機関WTOにおける) 紛争解決. ~ juridique (国際紛争の) 司法的解決. ~ politique (国際紛争の) 政治的解決. Pour le Japon, le ~ du contentieux territorial constitue un préalable à la signature d'un traité de paix avec la Russie. 日本にとって領土問題の解決はロシアとの平和条約締結の前提条件となっている.
4 決済, 清算, 弁済. ~ d'une dette 債務の決済, 借金の返済. ~ par chèque 小切手による決済. ~ de compte (s) 決算；決着, 果し合い, 意趣晴らし.
5〖法律〗(紛争の) 解決. ~ judiciaire 裁判上の整理 (1985年に裁判上の更生 redressement judiciaire 手続に取って代わられた). ~ de juges (民事訴訟の) 管轄決定 (刑事訴訟法では管轄裁定). ordonnance de ~ 予審終結の決定.

réglementaire *a.* **1** 規則 (規定) にかなった；規則で定められた；正規の. acte ~ 行政立法行為. carte d'identité ~ 規則通りの身分証明書. certificat ~ 規定にかなった証明書. tenue ~ 制服.
2〖法律〗命令 (règlement) に関する；命令の領域に属する, 命令によって規制される；命令の性質をもつ；法規的な, 法規に関する, 行政規則の. décret ~ 一般規則命令デクレ. dispositions ~s 法規的措置, 行政措置, 行政命令. matières ~s 命令事項. pouvoir ~ 行政命令権, 規制権限, 行政規則制定権.

réglementation *n.f.* **1** (命令 règlement による) 統制；規制. ~ des prix 価格規制. ~ du stationnement 駐車の規制〔措置〕.
2 統制令；規制措置. ~ de la vente à crédit 信用販売に対する規制措置.
3 (特定の分野に関する) 法令の全体. ~ du divorce 離婚規制, 離婚法.

règlementé(e) *a.p.* 統制された, 規制された. acte juridique établi selon une forme ~e 所定の様式で作成された法的文書. commerce ~ 統制貿易, 管理貿易.

réglementer *v.t.* 統制する, 規制する. ~ le droit de grève スト権を規制する. ~ le taux de l'escompte 公定歩合を統制する.

règne *n.m.* **1** 君臨, 統治, 治世；(支配者の) 在位期間. le ~ de Louis XIV ルイ14世の統治. sous le ~ de Napoléon Ier ナポレオン1世の治下に.
2〖比喩的〗支配, 支配的体制, 君臨. ~ de la justice et de la liberté 正義と自由の時代. ~ de la loi 法の支配, 法治主義. ~ des banquiers 銀行家の支配体制 (君臨).
3〖生・鉱〗界. ~ animal (végétal) 動物 (植物) 界. ~ minéral 鉱物界. ~ divisé en embranchements et en classes 門と綱に分かれる界.
4〖カトリック〗(主祭壇上に吊された) 王冠；三重宝冠の各層.

régressif(ve) *a.* **1** 後退する, 元に戻る. marche ~ve 後退.
2〖哲〗〖生〗退行的；逆行的, 回帰的.〖言語〗assimilation ~ve 逆行同化.〖心〗conduite ~ve 退行的行為.〖地学〗érosion ~ve 頭部侵蝕. évolution ~ve 退行的進化.〖税〗impôt ~ 逆累進税. raisonnement ~ 後退的推理.〖電算〗test ~ 復帰試験.〖心〗thérapie ~ve 退行療法.

régression *n.f.* **1** 後退, 退歩；減少；衰退, 衰微. ~ de la production 生産の後退 (減少). être en ~ (en voie de ~) 後退 (減少) しつつある. Le chômage est en ~. 失業率は減少しつつある.
2〖生〗退行, 退歩；〖心〗退行；〖地学〗後退；〖数・統計〗回帰.〖生〗~ de la queue 尾

の退歩.〖精神分析〗~ libidinale (objectale, temporelle) リビドー的(対象的, 時間的)退行.〖地学〗~ marine 海退. coefficient de ~ 回帰係数.

regret *n.m.* **1** (失われたものへの)愛惜の情, 名残り惜しさ, 心残り;哀惜, 悲しみ. ~ du pays natal 郷愁(= nostalgique ; nostalgie). ~ du passé 過去への愛惜. ~*s* éternels とこしえの哀惜の情を捧ぐ《墓碑銘の慣用句》. expression de ~*s* douloureux 悲哀の情の表現. *Les R*~*s de Du Bellay* デュ・ベレーの『哀惜詩集』(1558年). quitter *qn* avec (sans) ~ 名残りを惜しんで(未練なく)人と別かれる.
2 後悔;悔恨, 悔悛. ~*s* amers 苦い後悔の念. ~ d'une faute commise 犯した過失に対する悔恨の情. ~ de n'avoir pas réussi 不成功に終った口惜しさ. ~*s* tardifs 遅きに失した後悔. avoir ~ 後悔する. être rongé de ~*s* 後悔にさいなまれる. montrer du ~ de+*inf.* …を後悔していることを示す. 〔話〕C'est votre dernier mot? Sans ~? それ以上は譲れないのですね? あとで後悔しませんか? Je n'ai qu'un ~, c'est de... ただひとつ後悔しているのは, …です.
3 残念さ, 遺憾. Mille ~*s* まことに遺憾ながら. Tous mes ~*s* 残念ながらお受けしかねる. à ~ 心ならずも, 残念ながら;不承不承. à mon grand ~ 大変残念なことに. accepter à ~ 不承不承引き受ける. donner à ~ 出し惜しむ. avoir [le] ~ de+*inf.*; être au ~ de+*inf.* 残念(遺憾)ながら…しなくてはならない. J'ai le ~ de ne pouvoir accepter votre proposition. 遺憾ながらあなたの御提案は受入れかねます. être au ~ d'annoncer que 残念ながら…であることをお知らせします. exprimer ses ~*s* 丁寧に断わる. *R*~ seulement. 欠席の場合のみ御返事下さい《招待状の文言》.

regrettable *a.* **1** 遺憾な, 残念な. conséquences ~*s* 残念な結果. faute ~ 遺憾な過失. Il est ~ que+*subj.* …であるとは残念である. Il est ~ qu'il l'ait appris si tard. 彼がそれを知ったのが遅くに失したことは残念だ.
2 〔古〕(人の)哀惜すべき. un homme ~ 名残り惜しい人.

regroupement (<regrouper) *n.m.* **1** 再集結;再編成, 再編;再団結. ~ de forces 軍の再編成. ~ d'hommes d'un parti 政党の構成員の再編. ~ des industries 産業の再編成. ~ de populations en temps de guerre 戦時の住民集結《保護, 監視などのため》. ~ familial (合法的移民労働者の)家族の呼び寄せ. ~ national 国民の再団結.
2 〖スポーツ〗精神集中(統一).

régularisation *n.f.* **1** 正規化, 正常化, 正式化;(内縁関係の)正式結婚化. ~ d'un acte juridique 法律行為の正規化. ~ d'une situation financière 財政状況の正常化.
2 〖法律〗適正化, 適式化. ~ d'un statut vicié de la société 瑕疵のある組合規約の適式化.
3 (機械の)調整;制御, (交通・河川などの)流量調節(規制);(河川の)改修. ~ des cotisations de Sécurité sociale 社会保障分担金の調整. ~ du cours d'eau 河川の水量調節. ~ du fonctionnement d'un appareil 機器の作動調整. ~ du trafic sur une voie ferrée 鉄道の運行規制.
4 〖地学〗(侵蝕による凹凸の)平滑化.

régularité *n.f.* **1** 規則正しさ;几帳面さ, 規則性, 定期性;(時計の)精度. ~ des habitudes 習慣の規則正しさ. ~ d'horloge (de chronomètre) 時計(クロノメーター, 精密時計)の規則性;〔話〕時計のような几帳面さ. ~ des ressources 収入の定期性, 定期収入性.
2 規則にかなっていること;合法(適法)性. ~ d'une élection 選挙の合法(適法)性.
3 均一性. ~ de la qualité 品質の均一性.
4 均整;調和;端正さ. ~ d'une façade 均整のとれた建物正面. ~ d'un visage 顔の端正さ, 端正な顔.

régulateur[1] (*trice*) *a.* 調整(調節)する. action ~*trice* d'un thermostat サーモスタットの調節作用.〖鉄道〗〔gare〕~*trice* 列車運行調整駅. gêne ~*trice* 調節(制御)遺伝子. hormone ~*trice* 調整ホルモン. induction ~*trice* (胚の)調整誘導. lac ~ 水流調整池. mécanisme ~ d'une horloge 時計の調速機構.

régulateur[2] *n.m.* **1** 調整装置, 調整器, レキュレーター.〖農〗~ d'une charrue すきへらの調整装置. ~ de pression (de température, de vitesse) 調圧器(調温器, 調速器).
2 調整役, 調整者. Le travail est le meilleur ~ de son existance. 仕事は彼の生活の最良の調整役である.
3 標準時計 (= résonateur).
4〖鉄道〗列車運行司令員, 列車運行管理者 (= dispatcher).
5〖軍〗~ général 輸送担当士官.

régulation *n.f.* **1** 規制;取締り. ~ du trafic sur le réseau routier 道路交通量の規制(管理).〖交通〗poste de ~ 管制センター.
2〖機械〗制御, 管制, 調節, 調整. ~ à main (automatique) 手動(自動)制御. ~ des compas d'un navire 船舶のコンパスの調整. ~ d'un système システム制御.
3〖生理〗調節. ~ thermique 体温調節.
4〖人口〗調節. ~ des naissances 産児調節;産児制限 (= contraception).

régulier (*ère*) *a.* **1** 適法の, 合法的な, 法規にかなった;規則通りの. acte ~ 合法的行為. adoption ~*ère* 適法な養子縁組.〖文法〗conjugaison ~*ère* 規則活用. gouvernement ~ 合法政権.〖文法〗verbe ~

規則動詞.〖スポーツ〗à la ~ère ルール通りに.
2 正規の, 規準に合致した, 正式の. décision ~ère 正式決定.〖法律〗dépôt ~ 通常寄託. passeport ~ 正式旅券. procédure ~ère 正規の手続. quittance ~ère 正規の受領書.
3 形の整った, 均斉のとれた;〖数〗正則の. disposition ~ère 均斉のとれた配置. écriture ~ère 整った字体. façade ~ère 端正な建物正面. fleur ~ère 整正花.〖数〗polyèdre ~ 正多面体. traits ~s 整った顔立. ville au plan ~ 整然とした区画の都市.
4 (運動・現象が)規則正しい, 一定の, 安定した, 正常の. efforts ~s 恒常的努力. pouls ~ 整脈, 規則脈, 品質. qualité ~ère むらのない(安定した)品質. vent ~ 恒風, 定常的な風. vitesse ~ère 一定した速度.
5 定期的な, 定時の. avion ~ 定期航空. intervalles ~s 定期間隔, 一定間隔. ligne ~ère 定期路線. service ~ d'autocars 長距離バスの定期的運行. train ~ 定期列車. être en correspondance ~ère avec qn 人と定期的に文通する.
6 道徳上の掟にかなった;公正な;几帳面な;〖話〗(職業・仲間の)掟を守る. conduite ~ère 品行方正. élève ~ 真面目な生徒. vie ~ère きちんとした生活. être ~ dans son travail 仕事ぶりが几帳面である.
7 〖宗教〗(修道会が)〖盛式〗修道会に属する. abbé ~ 正規の大修道院長. clergé ~ 律修聖職者.
8 〖軍〗正規の. armée ~ère;troupes ~ères 正規軍.
—*n.m.* **1** 〖宗教〗正規の修道士.
2 〖軍〗正規兵. les ~ et les supplétifs 正規兵と現地徴募補充兵.

régurgitation (<régurgiter) *n.f.* 〖医〗
1 (未消化の食物の)吐出, 逆吐, 吐き戻し. ~ du lait chez les nourrissons 乳呑児の溢乳.
2 〖鳥〗吐き戻し給餌《餌袋・嗉囊に貯えた食物を雛鳥に与える行為》.
3 〖医〗血液逆流《心臓弁の欠陥による症状》.

réhabilitation (<réhabiliter) *n.f.* **1** 〖法律〗復権, 復位, 復職. ~ du failli 破産者の復権. ~ judiciaire 裁判上の復権. ~ légale 法律上の復権.
2 名誉回復, 再評価.
3 〖医〗リハビリテーション;機能回復〔訓練〕;〖医・社〗社会復帰. ~ de la mobilité 運動機能回復(再生). ~ à la sortie de prison 刑務所出所者の社会復帰. ~ d'un toxicomane 麻薬常用者のリハビリテーション. ~ psychiatrique 精神科のリハビリテーション.
4 (集合住宅, 街区などの)再開発, 改修. ~ d'un quartier 街区の再開発.

réhabilité(*e*) *a.p.* **1** 復権した;名誉を回復した. condamné ~ 復権した受刑者. Dreyfus ~ 名誉を回復したドレフュス. failli ~ 復権した破産者.
2 再評価された. auteur ~ 再評価された作家.
3 修復された;再開発された. paysage urbain ~ 修復された都市景観. quartier ~ 改修された街区.
—*n.* 復権した人;名誉を回復した人.

rehaussement *n.m.* さらに高くすること, かさ上げ. ~ d'une toiture 屋根のかさ上げ. ~ fiscal 増税.

rehausseur *n.m.* 〖自動車〗ブースター《後部座席の子供をシートベルトで確保するための補助具》.

réhoboam [reɔbɔam] *n.m.* レオボアム《シャンパーニュ酒の大瓶;通常の6本分入り;約4.5*l* 余》.

réhydratation *n.f.* 〖医〗(脱水症などに対する)水分補給.

Reichstag 〖独〗*n.pr.m.* **1** (ベルリンの)ドイツ国議会, ライヒスターク《962-1806年, 1871-1945年》.
2 北ドイツ連邦国会《1867-71年》.
3 (神聖ローマ帝国の)帝国議会.
4 旧ドイツ国議会(=l'ancien Parlement du Reich).

réimplantation *n.f.* **1** (施設・活動などの)再設置(再導入).
2 〖医〗(臓器, 身体の一部の)再移植〔術〕, 移植〔術〕;〖歯科〗歯牙再植〔術〕. ~ cardiaque 心臓移植. ~ d'un doigt amputé 切断された指の再移植〔術〕.

Reims *n.pr.* ランス《département de la Marne マルヌ県の郡庁所在地;市町村コード51100;形容詞 rémois(*e*)》. basilique Saint-Rémi de ~ ランスのサン=レミ・バジリカ聖堂. cathédrale Notre-Dame de ~ ランスのノートル=ダム大聖堂《フランス歴代諸王の戴冠式が挙行された》. caves de champagne de ~ ランスのシャンパーニュの酒蔵群. chapelle Foujita de ~ ランスの藤田嗣治礼拝堂《フレスコ画》. montagne de ~ ランスの丘陵地帯《葡萄の栽培地;地方公園に指定》. sourire de ~ ランスの微笑《ノートル=ダム大聖堂の西側正面にある微笑む天使像》.

rein *n.m.* **1** 〖*pl.* で〗腰 (=lombes). ~s cambrés 軽く反らした腰. cambrure des ~s 腰の反り. douleur (maux) de ~s 腰痛. tour de ~s ぎっくり腰 (=lumbago). avoir les ~s solides 腰がしっかりしている, 基礎がある, 底力がある. avoir les ~s souples 腰が低い, 人づきあいが良い. avoir mal aux ~s 腰が痛い. casser les ~s à qn 人を打ちのめす. donner un coup de ~s 腰に力を入れる, ふんばる. mettre à qn l'épée dans les ~s 人を追いつめる. se casser les ~s 腰砕けになる.〖聖書〗sonder les ~s et les cœurs 人の心の奥底まで推し量る.

réincarcération

2〖解剖・医〗腎臓, 腎. ～ artificiel 人工腎臓. ～ droit (gauche) 右 (左) の腎臓. ～ flottant 遊走腎. maladies du ～ 腎臓病, 腎疾患 (calcul 結石, gravelle 尿砂, lithiase 結石症, pierre 結石, néphrite 腎炎. pyélite 腎盂炎, pyélonéphrite 腎盂腎炎, tumeur 腫瘍など). Les rognons sont les ～s comestibles d'un animal. ロニョンは動物の食べられる腎臓のことである.
3〖pl. で〗〖建築〗(穹隆の) 迫登 (せりのぼり) 部分.

réincarcération (<réincarcérer) n.f.〖法律〗再拘置, 再拘留.

réincarnation n.f.〖宗教〗霊魂の再化身 (再生) (死後, 霊魂が他の肉体に宿ること).

reine n.f. **1** 王妃. la ～ Catherine de Médicis 王妃カトリーヌ・ド・メディシス. ～ mère 皇太后 ;〖話〗姑 ; 一家の主婦.
2 女王. la ～ Elisabeth II 女王エリザベス 2 世. la ～ des Pays-Bas ネーデルラント (オランダ) の女王.〖史〗la ～ de Saba シバの女王. le mari de la ～ 女王の配偶者, 王婿 (=prince consort). avoir un port de ～ 女王のように威厳がある.
3〖比喩的〗女主人 ; 支配者 ; 花形. ～ de beauté 美の女王〖美人コンテストの優勝者〗. ～ du bal 舞踏会の女王.〖カトリック〗le R～ du ciel 天の元后 (聖母マリア). la ～ des Enfers 地獄の女王 (プロセルピナ Proserpine). La force est la ～ du monde 力は世界の支配者である.
4〖チェス〗女王 ;〖トランプ〗クイーン (= dame). ～ du cœur ハートのクイーン.
5〖昆虫〗女王蜂 ; 女王蟻. la ～ et les ouvrières d'une ruche 蜂の巣の女王蜂 (蟻) と働き蜂 (蟻).

reine-claude (pl. ～[s]-～s) n.f.〖植〗レーヌ=クロード (黄緑色の球形のプラム). ～ dorée 黄金色のレーヌ=クロード.

reine-des-prés (pl.～s-～-～) n.f.〖植〗レーヌ=デ=プレ (牧場の女王 ; しもつけそう spirée ulmaire の通称).

reine-marguerite (pl.～s-～s) n.f.〖植〗レーヌ=マルグリット, えぞ菊 (中国原産の composées 菊科).

reinette n.f.〖植〗レーネット (林檎の品種). ～ des ～s レーネット・デ・レーネット (フランス古来の黄色系林檎). ～ du Canada カナダ・レーネット (林檎の品種).

réinfection n.f.〖医〗再感染. ～ endogène 内因性再感染. ～ exogène 外因性再感染.

réinscriptibilité n.f.〖情報〗(記録媒体の) 再書込み可能性.

réinscriptible a.〖電算〗(記録媒体が) 書き換えが可能な (=〖英〗rewritable). compact disque ～ 書き換えが可能なコンパクト・ディスク (CD-RW).

réinsertion (<réinserer) n.f. 社会復帰 (=～ sociale) ; 就職促進. ～ d'un accidenté de travail 労働災害者の再就職. ～ sociale des anciens détenus 受刑囚出所者の社会復帰. aide à ～ des étrangers invités à quitter le territoire français 外国人の帰国社会復帰補助金. Centre de ～ (ホームレス SDF や住居困窮者を収容する) 社会復帰センター.

réintégrande n.f.〖法律〗(暴力などで奪われた) 占有回復訴権 (=action en réintégration).

réintégration n.f. **1** (権利・雇用・原状などの) 復帰, 回復 ; (特に公務員の) 復職, 原職復帰. ～ dans l'emploi 雇用の原職復帰. ～ dans la nationalité française フランス国籍の回復. ～ d'un fonctionnaire après un détachement 出向後の公務員の復職. action en ～ 侵奪占有回復訴権, 占有回収の訴え (=réintégrande). fonctinnaire révoqué qui obtient sa ～ 復職をかち得た解任された公務員.
2〖生〗(環境への) 原状復帰.

rejet[1] n.m. 〖I〗**1** 投げ出す (返す) こと ; 投棄 ; 投棄物. ～ des eaux usées 廃水の投棄. ～ de la terre d'un fossé 溝から掘り出した土.〖地学〗～ d'une faille 断層のずれ.
2〖詩法〗ルジェ, 擲置 (てきち) ;〖修辞〗送り. ～ en allemand ドイツ語の送り.
〖II〗**1** 拒否, 拒絶 ; 却下, 棄却. ～ de la formalité (登記申請手続における) 手続拒絶. ～ d'un pourvoi en cassation 上告の却下. ～ d'un projet (d'une proposition) 計画 (提案) の拒否. ～ d'une requête 請願の却下.
2〖社〗(受け入れの) 拒否, 排斥. ～ des membres indisciplinés d'un assemblée 規則を守らない会員の総会受入れ拒否.
3〖医〗(免疫的) 拒絶反応 (=réaction de ～).

rejet[2] n.m.〖植〗若枝, 新芽.

REL = réacteur à eau légère) n.m.〖原子力〗軽水炉.

relâche[1] n.m.(f.) **1**〖文〗中休み, 中断 ; くつろぎ. lieu de ～ 休息場所. moment de ～ 休憩の時. travailler sans ～ 休みなく働く.
2〖劇〗休演 (多く女性形). jour de ～ 休演日. faire ～ 休演する.

relâche[2] n.f.〖海〗寄港 ; 寄港地. port de ～ 寄港地. faire ～ 寄港する.

relâché(e) a.p. ゆるんだ, たるんだ ; 乱れた. autorité (discipline)～e たるんだ権威 (規律). conduite ～e 乱れた品行. style ～ たるんだ文体.

relâchement (<relâcher) n.m. **1** (糸, 綱などの) ゆるみ, たるみ ; 弛緩. ～ d'une corde tendue 張られた綱のゆるみ. ～ intestinal (de l'intestin) 腹くだし, 下痢 (= diarrhée). ～ musculaire 筋肉の弛緩.
2〖比喩的〗ゆるみ, たるみ, 乱れ, 衰え. ～ de l'attention 注意力の散逸. ～ de la disci-

pline 規律のゆるみ. ～ des mœurs 風紀の乱れ.
3〖釈放〗. ～ d'un otage (d'un prisonnier) 人質(囚人)の釈放.
4〖古〗中断, 中休み. travailler sans nul ～ 一刻も休まずに働く.

relais *n.m.* **1**〖古〗〖狩〗(疲れた猟犬の)換え犬. donner le ～ 換え犬を放つ.
2〖古〗〖交通〗(疲れた馬の)換え馬, 継ぎ馬 (=chevaux de ～); (継ぎ馬を常備する)宿駅, 宿場(=～ de poste). *R*～ et Châteaux ルレ・エ・シャトー《高級ホテル・レストランのチェーン名; 1954年創設》.
3〖スポーツ〗リレー. course de ～ リレー・レース. ～ quatre fois cent mètres; quatre cents mètres de ～ 4×100メートル・リレー《=～ 4×100 mètres》.
4〖労働〗(仕事の)交替, 引継ぎ; 中継ぎ. équipes de ～ 交替班. travail par ～ 交替制勤務(操業). prendre le ～ de *qn* 人の後を引き継ぐ, 人と交替する. prendre le ～ 引き継ぐ.
5 中継地点, 中継点. ville ～ sur la voie Paris-Berlin パリ・ベルリン・ルートの中継都市.
6 中継者, 仲介者. prêt-～ 短期のつなぎ融資.
7〖通信〗(ラジオ, テレビ, 電話などの)中継; 中継器; 中継所. ～ de télévision テレビ中継《器, 所》. ～ hertzien 電波中継. satellite ～ 中継衛星.
8〖電〗リレー, 継電器. ～ à retardement 時限継電器. ～ à semi-conducteur 半導体リレー. ～ sans contact 無接点リレー.
9〖地理〗(河口・海岸などの)寄洲, 沿岸砂洲.

relance *n.f.* **1**〖スポーツ〗(ボールの)蹴り(打ち)返し; 反撃. amorcer une ～ dans le jeu ゲームで反撃の口火を切る.
2〖トランプ〗賭金の釣り上げ, レイズ.
3 (計画などの)推進; (産業などの)振興; (景気の)再浮揚; (鈍っている動きの)再活発化, 再開, 再燃. ～ de l'économie 経済の再活性化. ～ de l'inflation インフレの再燃. campagne de ～ de l'épargne 貯蓄の振興キャンペーン. mesures de ～ économique 景気再浮揚策. plan de ～ économique 経済の再興計画, 景気刺激計画.

relapse〖英〗*n.m.*〖医〗(病状の)ぶり返し; 再発(=〖仏〗rechute). ～ du sida エイズの病状のぶり返し.

relatif (**ve**) *a.* **1** (à)関係のある, 関する. loi ～*ve* au patrimoine monumental 記念建造物の文化遺産に関する法律. mesures ～*ves* au chômage 失業対策.
2 相対的な(absolu「絶対の」の対), 他に依存する; (複数名詞を修飾して)相互関係のある, 相関的な. majorité ～*ve* et majorité absolue 相対的多数と絶対的多数.〖数〗nombre ～ (正負の)符号をもった数. posi-
tions ～*ves* 相互の位置関係.〖音楽〗tons ～*s* 関係調. valeur ～*ve* 関係的価値.
Tout est ～! 何事も相対的なのだ. La notion de vérité est toute ～*ve*. 真理の概念というものは全く相対的である.
3 不完全な, 不充分な; まずまずの. isolement ～ 不完全な防音(絶縁). luxe ～ まずまずの豪華さ. être d'une honnêteté ～*ve* 比較的正直である.
4〖文法〗関係の. pronom ～ 関係代名詞. proposition ～*ve* 関係詞節.
——*n.m.* **1**〖哲〗相対. **2**〖文法〗関係詞.
——*n.f.*〖文法〗関係詞節(=proposition ～*ve*).

relation *n.f.* Ⅰ〖関係, 関連, つながり〗
1 (事物のあいだの)関係, 関連, 関連性 (analogie 類似, appartenance 帰属, causalité 因果, coexistence 共存, correspondance 対応, identité 同一性, inférence 推論, opposition 対立など). ～ binaire (biunivoque, inverse, réflexive, symétrique, transitive, univoque) 二項(一対一の, 反比例の, 反射的な, 対称的な, 推移的な, 一義の)関係. ～ de cause à effet 因果関係. mettre deux phénomènes en ～ 二つの現象を関連付ける. ～ d'équivalence 同値関係.〖数, 論理〗～ d'ordre 順序関係.〖生理〗fonctions de ～*s* 関係機能.〖論理〗théorie des ～*s* 関係理論.
2 (人, 国, 団体などのあいだの)関係, 付き合い, 連絡, 間柄; 肉体関係. ～*s* d'affaires ビジネス上の関係. ～*s* d'amitié 友情〔関係〕. ～*s* amoureuses 恋愛関係. ～*s* diplomatiques 外交関係. ～*s* du travail 労働関係. ～*s* publiques パブリック・リレーションズ, 広報. ～*s* sociales 労使関係.
avoir des ～*s* avec *qn* …と付き合いがある; …と肉体関係がある. avoir des ～*s* suivies avec *qn* …と長い付き合いを持っている. nouer des ～*s* avec *qn* …と知り合いになる. rester en ～*s* avec *qn* …と付き合いを保っている.
établissement de ～*s* diplomatiques 外交関係の樹立. direction des ～*s* économiques extérieures (DREE) 対外経済関係局《フランスの経済財務省で外国との経済通商関係を担当する部局》. ministère des ～*s* extérieures 対外関係省《1980年代初頭の一時期, フランス外務省の正式名称として採用されていた》. rupture des ～*s* diplomatiques 外交関係の断絶.
Je me félicite de l'excellence de la ～ franco-japonaise. 私は日仏関係が良好な状態にあることを喜んでいる. Les ～*s* transatlantiques traversent une période de forte tension. 欧米関係は大きな緊張の時期にある.
3 知人, 知り合い, 縁故関係, コネ. avoir des ～*s* コネがある, 有力者を知っている. Ce n'est qu'une ～, mais pas un ami. 彼

relationnel(le)

(彼女)とは単なる付き合いで, 友人ではない.
4 交通(運輸)手段, 運転方法. ~ directe 直通運転. ~s aériennes entre l'Europe et l'Afrique ヨーロッパとアフリカとの航空路. [II] 報告, 記述, 詳述, 見聞録.〖法律〗~ d'un témoin 証言.〖法律〗~ orale 口頭陳述.〔古〕ouvrage de ~ 紀行(旅行記). terme de ~ 紀行で報告される現地語.

relationnel(le) *a.*〖哲〗関係的;〖心〗人間関係の. contact ~ 人間関係, 人間的接触.

relativisme *n.m.*〖哲〗相対論, 相対主義;相対論. ~ de Kant カントの相対論. ~ historique 歴史的相対主義.

relativiste *a.* **1** 相対主義の, 相対主義的な.
2〖物理〗相対性の;相対性理論の. mécanique ~ 相対性理論的力学. principe ~ 相対性原理.
―*n.* **1** 相対主義者. **2** 相対性理論家.

relativité *n.f.* **1**〖哲〗相対性. ~ de la connaissance 知識(認識)の相対性.
2〖物理〗相対性. ~ générale 一般相対性. ~ restreinte 特殊相対性. principe (théorie) de la ~ d'Einstein アインシュタインの相対性原理(理論).
3 相関性, 関連性, 依存性. ~ des conventions 約定の相対性, 契約の相対的効力. ~ du fait historique 歴史的事実の相関性.

relaxant(e) *a.* (<relaxer) 弛緩させる;リラックスさせる. médicament ~ 弛緩薬.
―*n.m.*〖薬〗弛緩薬, 緩和剤. ~ musculaire 筋肉弛緩薬.

relaxation *n.f.* **1**〖医〗弛緩, ゆるみ. ~ des muscles 筋肉の弛緩.
2〖医〗〖英〗リラックス療法, 弛緩療法(= relaxothérapie). séance de ~ リラックス療法タイム.
3 くつろぎ, 息抜き, 休息, 休養;気晴らし.
4〖物理〗緩和. ~ des aciers 鋼材の緩和.〖電子工〗oscillations de ~ 緩和発振.

relaxe¹, relax (<〖英〗relax) *a.* リラックスした, くつろいだ.〔fauteuil〕~ ソファ. avoir un air ~ くつろいだ様子をしている.
―*n.f.* **1** リラックス, くつろぎ.〖医〗cure de ~ リラックス(弛緩)療法.〔同格〕siège-~ リクライニング・シート.〔同格〕tenue-~ カジュアル・ウェア.
2 ソファ.
3〔間投詞〕R~! リラックス!(力を抜いて!)
―*ad.* リラックスして. Conduisez ~ 力を抜いて運転しなさい.

relaxe² *n.f.*〖法律〗(軽罪または違警罪の事項に関する)無罪〖判決〗, (被疑者の)釈放決定;釈放, 放免. ~ d'un prévenu (d'un inculpé) 被疑者の釈放〔決定〕.

relaxothérapie *n.f.*〖医〗リラックス療法(= relaxation).

relégation *n.f.* **1**〖古代ローマ〗(市民権を剥奪しない)追放, 流刑.
2〖旧法〗(植民地への)追放刑, 流刑《1970年以降 tutelle penale「刑事後見」に変更;1981年廃止》.
3〖スポーツ〗降格. ~ d'une équipe de football en seconde division サッカー・チームの第二部リーグへの降格.

relevé¹ *n.m.* **1** (原簿・原資料などからの)抜粋, 摘要, 抄録;明細書;要約資料;一覧表, 図表, 図面, 図示. ~ d'adresses 住所録. ~ de compte en banque 銀行預金口座取引明細書. ~ de compteur (水道・ガスなどの)検針. ~ d'identité bancaire (postale) 銀行(郵便貯金)口座確認証明書《略記 RIB (RIP)》.〖学〗~ de notes 通信簿, 成績表. faire un ~ de *qch* 何のリスト(一覧表)を作成する.
2〖法律〗(禁止・失権などからの)復権, 回復, 宣言解除. ~ de forclusion 失権からの回復.
3〖舞踊〗ルルベ.

relevé²(e) *a.p.* **1** 高くなった;高められた;持ち上げられた. bas de pantalon ~ 折り返したズボンの裾. chapeau à bords ~s つばの上った帽子. manches ~es まくり上げた袖. moustache ~e en pointe 両端をぴんと上げた口髭.〖馬術〗pas ~ 脚を高くあげる歩き方. virage ~ (車道の)外側を高くしたカーヴ.
2〖料理〗香辛料をきかせた, 辛い;味の濃い. mets très ~ 香辛料を十二分にきかせた料理. sauce ~e ぴりりと辛いソース.
3〔古, 文〕高尚な. passions les moins ~es ぱっとしない情念. style ~ 高尚な文体.
4 社会的地位が高い. condition ~e 高い身分(社会階層).
5 書き留められた. date ~e 書き留められた日付.

relèvement (<relever) *n.m.* **1** (倒れたものを)起こすこと;立て直し, 建て直し, 再建;(坐礁船・沈船の)引き上げ. ~ d'un mât (ヨットの)マストの立て直し. ~ d'un mur 壁の再建.
2〖比喩的〗再建, 復興. ~ d'une pays 経済の再建. ~ d'un pays 国の復興.
3 高くすること, 引き上げ, かさ上げ. ~ des impôts (des salaires) 税(賃金)の引き上げ. ~ de 1% de taux d'escompte 公定歩合の1パーセント引き上げ. ~ d'un sol 地面のかさ上げ.
4〖法律〗宣言解除, 免除. ~ d'un condamné 有罪判決者の刑の免除.
5〖海・空・測〗方位(地位)測定. compas de ~ 方位測定コンパス, 羅針儀.
6 図面の作成.
7〖幾何〗逆転による水平面への写像.

releveur¹(se) *a.* 起こす, 挙げる.〖解

剖〕muscle ~ 挙筋.
—— *n.* ~ de compteurs (ガス, 水道, 電気などの) 検針係.
releveur² *n.m.* **1**〖解剖〗挙筋. **2**〖海〗(機雷などの) 引揚船. **3**〖農〗(刈取機の) グレンリフター.
relibeller *v.t.* (金額などを) 補充的に再記入する.
relief *n.m.* **1** 凹凸;突起. ~ d'une surface 表面の凹凸.
2 (地形の) 起伏. ~ glaciaire 氷蝕地形. ~ d'un pays 土地の起伏. ~s montagneux 山岳の起伏;山岳地形. ~ sous-marin 海底の起伏. étude du ~ 地形学.
3〖美術〗浮き彫り;浮き彫り細工, レリーフ. ~ décoratif 装飾浮き彫り. ~ d'une médaille メダルの浮き彫り. ~ en trompe-l'œil だまし絵の浮き彫り装飾. coupole décorée de ~s 浮き彫り装飾のある円屋根. haut-~ 高浮き彫り. plan-~ (都市・城塞などの) 立体模型.
4 立体感;際立つこと. ~ acoustique 立体音響. ~ d'une peinture 絵画の立体感.〖法律〗~ de forclusion 失権からの回復. ~ du style めりはりのある文体. en ~ 浮き彫りになった, 盛りあがった, 立体感のある. carte en ~ レリーフ地図 (地形の起伏を示した地図). cinéma (photographie) en ~ 立体映画 (写真). sensation de ~ 立体感. mettre *qch* en ~ 何を浮き彫りにする, 何を明瞭に示す. sans ~ 平板な. mots sans ~ 平板な語彙. donner du ~ à *qch* 何を引き立たせる.
5〖*pl.* で〗(料理の) 残り物;〖文〗名残. ~ d'un repas 料理の残り物;残飯. ~s d'une splendeur passée 過去の栄華の名残.
religieux (**se**¹) *a.* **1** 宗教の;宗教上の, 宗教に関する. art ~ 宗教芸術. cérémonie ~se 宗教的儀式, 祭式. chant ~ 聖歌. doctrine ~se 教義. école ~se ミッションスクール. fête ~se 宗教的祝祭日. indifférence ~se 宗教的無関心. institutions ~se 宗教的制度 (機関). mariage ~ 宗教的結婚式 (教会堂での結婚式). musique ~e 宗教音楽. pratiques ~ 宗教的実践, 勤行. propagande ~se 布教, 伝道. rite ~ 宗教的祭式 (典礼, 儀式). secte ~ 宗派, 教派;宗教的セクト.
2 宗教活動 (生活) の;修道の. communauté ~se 修院共住団, 修道院. congrégation ~se (単式誓願) 修道会. habit ~ 修道服;僧服. ordre ~ 修道会. règle ~ 戒律. vie ~se 修道生活. vœux ~ 修道誓願.
3 宗教心の厚い, 敬虔な, 信心深い. esprit ~ 宗教心, 信仰心. homme ~ 敬虔な人, 信心深い人.
4〖比喩的〗神妙な. silence ~ 神妙な沈黙. vénération ~se 崇敬.
—— *n.* 修道会員, 修道士 (女);修道者, 僧 (尼僧). devenir ~(*e*) 修道士 (女) になる. ~

bouddhiste 仏教僧. ~ cistercien シトー会修道士. ~ défroquée 還俗した修道女. communauté de ~ 修院共住団 (abbaye de ~, congrégation 単式誓願 修道院, couvent, monastère 修道院など).
religieuse² *n.f.*〖菓子〗ルリジューズ (クリームを詰めた大きさの異なる2つのシューを重ね, チョコレートまたはカフェのソースを添えたケーキ).
religion *n.f.* **1** 宗教. ~ chrétienne キリスト教. ~ d'Etat 国家宗教, 国教. ~ musulmane イスラム教. ~ polythéiste 多神教. ~ shintoïste 神道, 神道教派.〖仏史〗guerres de *R*~ 宗教戦争 (1562-98年). personne sans ~ 無宗教者. pratiquer une ~ 宗教を実践する. professer une ~ 宗教を信奉する. se convertir à une ~ ...に改宗する.
2 信仰, 信心, 信仰心. avoir de la ~ 信仰を持つ.
3 修道生活;修道会. entrer en ~ 修道生活に入る, 修道会に入る. nom de ~ 修道名.
4〖比喩的・文〗務め. éclairer la ~ de *qn* 人に教える. éclairer la ~ du tribunal 裁判所に正しい情報を提供する. se faire une ~ de *qch* ...を大事な務めとする.
5〖比喩的〗崇拝, 賛美, 信仰. ~ de la raison 理性崇拝. ~ du progrès 進歩信仰.
6〖比喩的〗信戴, 合意. violer la ~ du serment 自分のした誓約を破る.
religionnaire *n.*〖仏史〗改革派キリスト教信徒, 新教徒, プロテスタント.
religiosité *n.f.* 宗教心, 信心深さ.
reliquaire *n.m.* 聖遺物匣. statue-~ de Sainte-Foy de Conques コンクの聖女フォワの聖遺物を納めた彫像.
reliquat *n.m.* **1** 未払金, 残金;〖簿記〗残高, 繰越高. ~ d'un compte arrêté 決算勘定の残高. ~ d'un compte de tutelle 後見計算の残高.
2〖医〗〖古〗余病 (= ~ d'une maladie), 後遺症 (=séquelle).
relique *n.f.* **1**〖カトリック〗聖遺物 (カトリック教会が崇拝の対象として認めた遺物). ~ de la vraie Croix キリスト磔刑の十字架の聖遺物. ~ de la sainte Foye 聖女フォワの聖遺物 (遺骨). vénération des ~s 聖遺物崇拝.
2〖他の宗教〗聖遺物, 遺品.
3〔一般に〕遺物, 遺品, 名残の品. ~s de mon passé 私の過去の名残.
4〖生〗遺物的存在, 過去の遺物;生きた化石 (=fossile vivant). Le gingko est une ~. いちょうは生きた化石である.
reliure *n.f.* **1** 製本〔術〕. atelier de ~ 製本屋, 製本工房. **2** 装幀. ~ en toile クロス装. ~ pleine 総革装.
relookage [rɔlukaʒ] *n.m.*〖話〗手直し, 化粧直し, 趣きを一新すること (= [英] re-

REM

looking). ~ d'une collection コレクション の手直し.

REM (= *r*apid *e*ye *m*ouvement) *n.m.* 〖生理〗急速眼球運動. sommeil ~ レム睡眠, 逆説睡眠 (=sommeil paradoxal). sommeil non ~ ノンレム睡眠 (=sommeil NREM).

rem [rɛm] (= [英] *R*öntgen *e*quivalent *m*an) *n.m.* 〖物理・生〗レム, 人体レントゲン当量, 生体実効線量 (=〖仏〗équivalent-homme de Röntgen)〖放射線の線量当量の単位, α線, X線を1ラド吸収した場合の生物学的効果を1レムと定めたもの).

rem (ad) [ad-rɛm]〖ラ〗適切に, 的確に.

Rem. (=*rem*arque) *n.f.* 註記.

rémanence *n.f.* 1 〖物理〗残留磁化 (= animation rémanente).
2 〖心〗(特に視覚の) 残続. ~ des images visuelles 映像の残続, 残像現象.

remaniement (<remanier) *n.m.* 1 手直し, 改訂 ; 修正 ; 〖印刷〗組み直し. apporter un ~ à un plan 計画に修正を加える. ~ d'un texte テクストの手直し (修正). ~ d'une page ページの組み直し.
2 改組, 改造. ~ des programmes プログラムの再編成. ~ ministériel 内閣改造.

remariage *n.m.* 再婚.

remarquable *a.* 1 注目すべき, 注目に値する ; 顕著な, 目立つ ; 驚くべき. ce qu'il y a de plus ~ 最も注目すべきこと. chose ~ 驚くべきこと. Chose ~, il a eu beaucoup de succès. 驚いたことに, 彼は大成功を博した. événement ~ 注目すべき出来事. particularité ~ 目立つ特徴. qualité ~ 注目すべき特質.
Il est ~ que+*subj*. …であるとは注目すべき (驚くべき) ことだ. Il est ~ par sa taille. 彼は身長で目立つ.
2 傑出した ; 素晴らしい. force ~ 傑出した力. un des hommes les plus ~s de ce temps 当代で最も傑出した人物のひとり. médecin ~ すぐれた医者, 名医. résultat ~ 素晴らしい結果.
——*n.m.* 注目すべき事柄.

remarque *n.f.* 1 注目 ; 観察. fait digne de ~ 注目に値する事実.
2 注意, 指摘 ; 忠告. faire la ~ de *qch* à *qn* 人に何を注意をする.
3 (…に関する) 考察 ; 注, 註記 ; 注意書. ~ pertinente 適切な注. R~s sur la langue française de Vaugelas ヴォージュラの『フランス語に関する考察』. édition accompagnée de ~s 注記付版本.
4 〖美術〗版画の余白に刷られた小さい図柄.

remarqué(e) *a.p.* 注目された ; 目立った. absence fort ~ ひどく目立つ不在. chose remarquable et ~ 人目に値し, 注目される事物. discours très ~ 大いに注目を集めた演説.

remboursable *a.* 〖商業・財政〗償還できる, 償還されるべき. prêt ~ sur (en) dix ans 10年償還の貸付.

remboursé(e) *a.p.* 払い戻された, 返済された, 償還された. frais ~s par la Sécurité sociale 社会保障により償還された経費. places ~es après l'annulation d'un spectacle 公演の中止後払い戻された入場料. 〖商業〗Satisfait ou ~. 満足していただけない場合返金.

remboursement *n.m.* 〖商業・財政〗 償還, 還付, 払い戻し, 返し, 返済. ~ de frais par la Sécurité sociale 社会保障による経費の償還. ~ des frais engagés 支払い経費の還付. ~ d'une dette 借金の返済. ~ de la dette sociale (RDS) 社会保障負債償還税〖社会保障制度の赤字を補填するために 1996年に導入 ; 所得税額は所得の 0.5 %〗. ~ d'un emprunt d'une société 社債の償還. ~ du prix d'un billet 切符の払戻し. ~ d'une rente 国債の償還. expédition contre ~ 着払いの発送.

rembourser *v.t.* 1 払い戻す ; (借金を) 返す ; 償還する, 返戻する, 還付する. ~ un emprunt d'Etat 国債を償還する. ~ une somme d'argent à un prêteur 貸手に金を返す.
2 (人に) 返済する, 返金する. ~ *qn* de ses avances 人に貸付金を返金する. ~ ses créanciers 債権者に返済する.

remède *n.m.* 1 (à, pour, contre に対する) 治療法 ; 治療薬, 薬 (=médicament). ~ préventif (universel) 予防 (万能) 薬. administrer un ~ 投薬する. prescrire un ~ 薬を処方する. prendre un ~ 薬を飲む. ~ de bonne femme 民間療法 ; 民間薬.
2 〖比喩的〗癒やしてくれるもの ; 防止策. ~ à (pour, de, contre) *qch* 何の防止策 (緩和策). ~ à (contre) l'ennui 倦怠を癒す手段. ~ contre l'inflation インフレ防止策. apporter un ~ (porter ~) à une situation 状況の打開策 (救済策) を講じる. C'est sans ~. 手の施しようがない. 〖諺〗Aux grands maux, les grands ~s. 大病には荒療治.

remembrement (<remembrer) *n.m.* 〖行政〗 1 (細分化された農地の) 整理統合, 交換分合. ~ de domaines agricoles 農地の整理統合 (= ~ rural).
2 〖広義〗 ~ urbain 都市の区画整理.

remerciement (<remercier) *n.m.* 感謝 ; お礼 ; 〖*pl.* で〗謝辞. discours de ~ (アカデミー・フランセーズ新会員の) 入会の挨拶. lettre de ~ 礼状. avec tous mes ~s 心からの感謝の念をこめて. faire ses ~s à *qn* 人に感謝する.

réméré *n.m.* 〖法律・商業〗買戻し (=faculté de rachat) ; 買戻約款 (=pacte de ~ ; clause de ~). vente à ~ 買戻権付売買 (=vente avec faculté de rachat). vendre un immeuble à ~ 買戻権付で不動産を売

remettant *n.m.*〚商業〛差額債務者. ~ d'un compte courant 交互計算の差額債務者.

remilitarisation (＜remilitariser) *n.f.* 再軍備.

reminéralisation *n.f.* ミネラル分の補充.

réminiscence *n.f.* **1**〚心〛レミニセンス《再認されない過去の映像の再生》.〚哲〛théorie platonicienne de la ~ プラトン学派の想起説. **2** おぼろで混濁した思い出（記憶）；回想. ~s lointaines de la première enfance 幼年期のはるかな思い出. **3**（文学・芸術における）無意識の模倣. poésie pleine de ~s mallarméennes マラルメの影響を深く受けた詩.

remis(**e**¹) (＜remettre) *a.p.* **1** 回復した；元気を取り戻した. ~ à sa place (en place) 元の場所に戻った. ~ en mémoire 記憶を回復した. fracture ~e 回復した骨折. Le malade est tout à fait ~. 病人は全快している. être bien ~ 和解している. **2** 引き渡された；届けられた. coupable ~ à la justice 裁きの手に委ねられた罪人. lettre ~e en mains propres 本人に直接手渡された手紙. **3** 延期された. décision ~e à plus tard 延期された決定. Ce n'est que partie ~e. 延期するだけです，またの機会にしましょう.

remise² (＜remettre) *n.f.* **1** (元の場所・状態に) 戻すこと.〚電算〛~ à zéro リセット，クリア. ~ en cause 再検討，吟味；強制的再参加. ~ en état 修復，修理. ~ en jeu à la touche (サッカー，ラグビー，バスケットなどの) スローイン. ~ en marche (機械などの) 再運転；(操業の) 再開. ~ en ordre 秩序の回復；(操業の) 再開. ~ en place d'un meuble 家具を元の場所に戻すこと. ~ de *qch* en question 何を再検討する. achever la ~ à neuf de son appartement アパルトマンの修復を終える. **2** 手渡し，手交；交付；引渡し；委託；付託；供託；(郵便物の) 配達.〚法律〛~ au juge de la requête conjointe 裁判官への共同申請書の付託. ~ de clés à un locataire 賃借人への鍵の手交. ~ de fonds en avance 資金の前渡し. ~ d'une lettre au destinataire 手紙の名宛人への配達 (手交). ~ des prix aux lauréats 優勝者への賞品の授与.〚法律〛~ d'un titre (債務者に対する) 証書の交付. **3** 賃借の清算. ~ d'un chèque à l'encaissement 小切手の現金化. ~ en compte courant (預金口座の) 交互計算による差引勘定. **4**〚商業〛(価格などの) 割引，値引 (＝rabais，réduction，ristourne). ~ consentie aux intermédiaires 中間業者への値引き. ~ de 10 % sur un article 商品の1割引.

faire une ~ 割引き (値引き) をする. **5** (刑罰の) 軽減；(債務・税などの) 減免，免除 (＝modération). ~ 〔de dégrèvement〕課税の軽減，減税. ~ de droits et amendes 租税および罰金の免除. ~ de la dette 負債の免除.〚教会〛~ des péchés par l'absolution 罪の赦免. ~ de peine 減刑 (＝réduction de peine). demande de ~ 減 (免) 税の申請. **6** (周旋人や中間仲買人などへの) 手数料，歩合. **7** (期限などの) 延期 (＝ajournement).〚法律〛~ de cause (公判の) 審議の延期，後日の弁論への事件の送付. sans ~ 時を移さず，直ちに. **8**〚フェンシング〛ルミーズ《構え直さずに突くこと》；〚ボクシング〛ルミーズ《即座の反撃》. **9**〚狩〛〚古〛獲物の隠れる雑木林. ~ des chevreuils のろ鹿の隠れ場所. **10** 車庫，ガレージ；物置小屋，納屋. ~s d'une ferme 農家の物置小屋. voiture de ~〚古〛貸し馬車；〚現用〛ハイヤー.

rémission *n.f.* **1** 罪の赦し；〚カトリック〛罪の赦免，特赦 (＝grâce). ~ des péchés 罪の赦し.〚史〛lettres de ~ (国王の) 特赦状. sans ~ 容赦なく；間断なく. déchéance sans ~ 決定的失墜. **2**〚医〛(疾病・症状の) 一時的な鎮静，寛解. ~ d'une fièvre 熱が一時的に下がること.

rémittance *n.f.*〚医〛(疾病・症状の) 間歇性，寛解；(苦痛の) 一時的和らぎ.

rémittent(**e**) *a.*〚医〛間歇性の. fièvre ~e 間歇熱，弛張熱. psychose ~e 間歇性精神病.

remix〚英〛*n.m.* リミックス録音，リミックス曲.

remnographie (＜RMN) *n.f.*〚医〛核磁気共鳴断層造影〔法〕(＝imagerie par résonance magnétique nucléaire).

remodelage *n.m.* **1** 原型の作り直し；改造，改革. ~ des structures 構造改革. **2** (都市の) 再開発. ~ des vieux quartiers 古い街区での再開発. **3**〚医〛美容整形. ~ du visage par la chirurgic esthétique 美容整形手術による顔の整形. **4**〚医〛(骨の) 再造形.

remontée *n.f.* **1** また上ること，のぼること，さかのぼること. ~ au premier étage 2階にのぼること. ~ de l'eau 水位の上昇. ~ des mineurs 坑夫の出坑 (坑昇). ~ d'une rivière à la nage 泳いで川をさかのぼること. **2**〚スポーツ〛形勢の挽回. faire une belle ~ 見事に形勢を挽回する. **3**〚スキー〛~〔mécanique〕スキーヤーの運搬設備，スキー・リフト (＝remonte-pente, télécabines, téléphériques, télésièges など).

4 〖植〗二度咲き；返り咲き.

remonte-pente *n.m.* 〖スキー〗Tバー・リフト.

remords *n.m.* 良心の呵責，悔恨，後悔. avoir du (des) ~ 良心にとがめられる. être bourré de ~；être en proie au ~；être la proie des ~ 良心に責めさいなまれる. sans ~ 心にやましいことなしに. mourir sans ~ 悔いることなく死ぬ. tuer sans ~ 良心の呵責を覚えずに殺す.

remorquage (<remorquer) *n.m.* (船の) 曳航；(自動車の) 牽引；(グライダーの) 曳航，引航. ~ automobile 自動車の牽引. ~ et poussage 曳船と押船運行. ~ maritime 海上曳船.

remorque *n.f.* 1 曳航；牽引. câble de ~ 曳航(牽引)索. prendre un bateau (une voiture) en ~ 船を曳航する(車を牽引する).
2 (動力をもたない) 付属車輌，トレーラー. ~ d'un camion トラック牽引トレーラー. semi-~ ハーフトレーラー.
3 曳航(牽引)索 (=câble de ~).
4 〖比喩的〗être à la ~ de *qn* 人の言いなりになる.

remorqueur(se) *a.* 牽引する. bateau ~ 曳船，タグボート. voiture ~*se* トラクターの牽引車.
——*n.m.* 曳船，タグボート (=bateau ~). ~ et pousseur 曳船と押船 (プッシャー).

rémoulade *n.f.* 〖料理〗レムーラード・ソース (=sauce ~) (マヨネーズにムータル ド，コルニション，ケーパー，香味野菜の微塵切りを加えた冷製ソース). 〖料理〗celeri 〔-rave〕~ 根セロリの千切りのレムーラード・ソース和え.

rempart *n.m.* 1 城壁. ~ crénelé 狭間(銃眼) のある城壁. ~ d'un château fort 城塞を取り巻く城壁. ville protégée par des ~*s* 城壁をめぐらした都市.
2 〖*pl.* で〗城壁沿いの大通り.
3 〖文〗防禦物. faire un ~ de son corps à *qn* 人を身をもって守る.

remplaçant(e) *n.* 代理人；(医者の) 代診；(俳優の) 代役；(スポーツの) 補欠；後継者. ~ de docteur X X医師の代診. chercher (prendre) un ~ 代理を探す (雇う). faire partie de l'équipe de France à titre de ~ 補欠としてフランス・チームに加わる. se chercher un ~ 代打 (代理) を探す. Son ~ a été déjà nommé. 後任はすでに任命ずみである.

remplacement *n.m.* 1 代理，代行. en ~ de …の代り (代理) として. en ~ de son père 父の代理として. assurer le ~ de *qn* 人の代理を務める. faire un ~ (des ~*s*) 代理をする. médecin qui fait des ~*s* 代理を務める医師.
2 代用，代替，取替え. ~ des biens dotaux 嫁資財の買換え. ~ d'un pneu タイヤの交換. produit de ~ 代用 (代替) 品.

rempli(e) (<remplir) *a.p.* 1 (de がて) 一杯になった，満たされた. bol ~ de lait ミルクをなみなみとついだ大カップ. bosquet ~ d'oiseaux 小鳥で一杯の木立. être ~ de ses mérites 自分の功績に鼻高々である. être ~ de soi-même 自惚れが強い. être ~ de tristesse 悲しみに胸がふさがれている.
2 (de が) 沢山ある，(で) 満ちあふれている. texte ~ d'erreurs 間違いだらけのテクスト.
3 (義務が) 果たされた. engagement ~ 果された義務.
4 (時間などが) 充実した. vie bien ~*e* 充し切った生涯.

remplissage (<remplir) *n.m.* 1 満たすこと；満ちること；充満. ~ d'une piscine プールの水はり. ~ d'un sac 袋詰め. coefficient de ~ d'un avion 旅客機の集客率 (満席率).
2 〖工・土木〗充填；(コンクリートの) 裏込め. ~ d'un mur 壁の目つぶし.
3 空白を埋めること；(用紙の) 記入，書込み. faire du ~ 記入する. 〖劇〗scène de ~ つなぎの場面.
4 〖音楽〗(和声の) 中声部.

remploi *n.m.* 1 再利用 (=réemploi). colonnes de ~ 再利用された円柱.
2 〖法律〗(夫婦それぞれの特有財産などの) 買換え；充当. ~ des biens dotaux 嫁資財産の買換え. ~ d'une indemnité de dommages de guerre 戦災補償 (賠償) 金の充当.

remuage (<remuer) *n.m.* 1 撹拌.
2 〖醸造〗~ de champagne シャンパーニュ酒のルミュアージュ (壜を逆さにセットし定期的に動かして澱 (おり) を壜口に集める工程).
3 〖農〗~ de blés 小麦の撹拌 (風を通すための作業).

remue-ménage *n.m.* 〖話〗1 (家具などの移動による) 上を下への大騒ぎ. faire du ~ 大騒ぎをする.
2 混乱，ごった返し；雑踏.

remue-méninges *n.m.inv.* ブレーンストーミング，創造的集団思考〖会議〗(=〔英〕brainstorming の公用推奨語).

rémunération *n.f.* 1 報酬；給与；謝金；手当 (俸給 traitement，賃金 salaire，賞与 gratification，謝礼 honoraire，手数料 commission, 家事使用人の給与 gages，サービス料・チップ pourboire, 現物給付 avantage en nature, 運賃 fret などを含む). 〖海〗~ d'assistance 海難救助手当. ~ du personnel 職員給与. ~ des salariés des administrations publiques 行政機関職員の給与. ~ d'un travail 仕事の謝〔礼〕金.
2 〖古〗報い.

rémunératoire *a.* 〖法律〗報酬 (謝礼) としての. legs ~ 報酬としての遺贈.

renaissance *n.f.* 1 〖神話・宗教〗(人の) 再生，復活. ~ en Jésus-Christ イエス=キリ

ストとしての再生《洗礼などによる》. ~s successives des êtres 生物の継起的再生.
2〔比喩的〕復活, 新生, 再来, 蘇生.
3〔比喩的〕復興. ~ des arts (des lettres) 芸術(文学)の復興. ~ d'un pays après la guerre 国の戦後復興. décor R~ ルネサンス期のユマニスム.
4〔史〕la R~ ルネサンス〔期〕, 文芸復興〔期〕.〔仏 史〕la R~ carolingienne カロリング朝ルネサンス(8・9世紀). la première R~ 初期ルネサンス〔時代〕. art de la R~ ルネサンス芸術. l'humanisme de la R~ ルネサンス期のユマニスム.
──a.〔工芸〕ルネサンス様式の(=style de la R~). les châteaux R~ de la Loire ロワール河流域のルネサンス時代(様式)の城館群. décor R~ ルネサンス様式の装飾. style R~ ルネサンス様式.

renaissant(e) (<renaître) a. **1** 甦える. discussions ~es 繰り返される議論. forces ~es d'un convalescent 回復期の患者に甦える体力. gazons toujours ~s 絶えず再生する芝生.
2 ルネサンス時代の, ルネサンスの (=de la Renaissance). art ~ ルネサンス芸術. époque ~e ルネサンス期.

rénal(ale)(pl.**aux**) a.〔解剖・医〕腎臓(rein)の;腎性の. anémie ~e 腎性貧血. artère ~e 腎動脈. biopsie ~e 腎生検. circulation ~e 腎循環. corpuscule ~ 腎小体 (=corpuscule de Malpighi マルピギ小体). épreuve de fonction ~e 腎機能検査. glomérule ~ 腎糸球体. hypertension ~e 腎性高血圧. infractus ~ 腎梗塞. sable ~ 腎砂. tuberculose ~e 腎結核. veine ~e 腎静脈.

renard n.m. **1** 狐, 狐の毛皮 (=fourrure du ~)《牡・牝共通;但し牝狐に renarde を用いることあり》. ~ argenté 銀狐〔の毛皮〕. ~ bleu 青狐. ~ polaire 北極狐. chasse aux ~s 狐狩り.《le Roman de R~》『狐物語』《12・13世紀の文学作品》. manteau à col de ~ 狐の襟巻付きのコート. l'opération R~ du désert『砂漠の狐』作戦《1998-99年の米軍のイラク侵攻作戦名》.〔俗〕écorcher le ~ ; piquer un ~ へどを吐く.〔俗〕tirer au ~《馬などが》進もうとしない;《人が》逃げ腰になる.
2〔比喩的〕(狐のように)狡猾な(狡い, 悪賢い)人. C'est un fin (vrai) ~. 狡賢い奴だ. vieux ~ 古狐.
3〔比喩的〕密告者, スパイ;スト破りの労働者.
4 (堤防などの) 漏水口, 割れ目;〔船〕軽度の浸水.
5〔天文〕le Petit R~ 小狐座.

renardeau (pl.**~x**) n.m. 小狐.

renaturation〔英〕n.f. **1**〔生化〕(変性したものの)復元. ~ d'une protéine dénaturée 変性蛋白質の再生.
2〔遺伝子〕(ADN (DNA) の二重螺旋の変

性した補糸の)新結合.

renchérissement (<renchérir) n.m.〔経済〕値上り, 価格の上昇. ~ des matières premières 原材料の値上り.

rencontre n.f. Ⅰ **1** (de, avec との) 出会い, 遭遇. ~ inattendue 思いがけない出会い. faire la ~ de qn 人と出会う. aller à la ~ de qn 人を迎えに行く.
2 邂逅, めぐりあい. faire une ~ めぐりあう.
3 会見;会談. ~ au sommet 首脳会談. ~ de chefs d'Etat 元首(首脳) 会談. ~ entre syndicats et patronat 労組と経営者の会見(会談). ~ UDF-RPR (=réunion entre les composants de l'UDF et le RPR) フランス民主主義連合と共和国連合間の会合.
4〔軍〕遭遇戦;会戦;戦闘.
5 決闘. conditions de la ~ 決闘の諸条件.
6〔スポーツ〕試合. ~ amicale (internationale) 親善(国際)試合.
7 (川の) 合流;(線の) 交差. point de ~ 合流点;(線の) 交点.
8〔天文〕(天体の) 会合. ~ de deux astres 2つの天体の会合.
9 衝突. ~ brutale 激突.
10〔言語〕~ de voyelles 母音の衝突.
Ⅱ〔古〕偶然;偶発事.〔文〕de ~ 偶然に出会った. amour de ~ かりそめの恋.〔現用〕par ~ 偶然に, たまたま;いわれもなく.

rendement n.m. **1** 収穫高, (農地の) 生産高, 産出高. ~ du blé à l'hectare ヘクタール当たりの小麦の生産高. ~ d'une exploitation minière 鉱山の採掘高.
2〔経済〕収益, 利潤. ~ boursier 証券取引収益. ~ d'une affaire 事業収益. ~ d'un placement 投資の利潤. action à gros ~ 利回りのよい株. taux de ~ d'un investissement 投資の収益率.
3 (労働の) 能率. avoir un bon ~ 能率が良い. optimisation du ~ 生産能率の最適化.
4 効率;〔化〕(反応の) 収量, 収率, 歩どまり. ~ brut 総収量. ~ calorifique (thermique) 熱効率. ~ de fusion 核分裂の収量. ~ d'une réaction 反応収量. ~ mécanique 機械効率. ~ quantique 量子収量 (収率).
5〔スポーツ〕ハンディキャップ.

rendez-vous n.m. **1** 会合の約束;待ち合わせ;(人と会う) 予約;会談. ~ amoureux ランデヴー, 逢引き. ~ d'affaires 取引上の会合. ~ social 労資会談. carnet de ~ 予約簿. jour d'un ~ 待ち合わせの日. maison de ~ 連込み宿. avoir [un] ~ avec qn 人と会う約束がある. avoir ~ avec la chance 運がいい. donner [un] ~ avec qn 人と会う約束をする. se donner ~ 落ち合う, 集合する. prendre [un] ~ 会う約束を取りつける;予約をする. recevoir qn sur ~ 予約した人と会う. visiter sur ~ 予約をとって訪問する.
2 会合の場所, 集会場所, 待合せ場所;

rendu¹(**e**)

〖軍〗集結地. ~ de chasse 狩猟の集結場所；狩猟小屋. Ce café est le ~ des étudiants. このカフェは学生の溜り場である.
3 〖宇宙〗(宇宙船・人工衛星の) ランデヴー(= ~ spatial, ~ orbital).
4 〖比喩的〗予定の結果. être au ~ 予定通りになる. Le beau temps est au ~. ちょうどいい天気になった. Les résultats ne sont pas au ~. 結果は予想通りではない.

rendu¹(**e**) (<rendre) *a.p.* **1** 返された, 返却された；回復した. 〖商業〗articles ~s 返品. condamné ~ à la liberté 自由を回復した罪人. prêté ~ お返し, 報復；返礼. être ~ à soi-même われに返る.
2 到着した；届けられた, 提出した. colis ~ à domicile 配達小包. compte ~ 提出された報告. Nous voilà ~s. とうとう着いたね. Soyez ~ ici pour midi 正午に間に合うようにおいで下さい.
3 (決定などが) 下された；実施された. justice ~e 下された裁き.
4 疲れ切った. être ~ へとへとに疲れている.
5 再現された. nature fidèlement ~e 忠実に再現された自然.

rendu² *n.m.* **1** 返礼；しっぺ返し.
2 貸してもらったものの返却. ~ de monnaie 返金. C'est un prêté pour un ~. これはお返しです；これであいこだ.
3 〖商業〗返品 (= article ~).
4 〖美術〗(現実の) 正確な表現. ~ des étoffes dans un tableau 絵画での布の忠実な表現. qualité du ~ 表現の出来ばえ.
5 〖建築〗(建築・装飾・宣伝などの) 図示, 描画. ~ d'architecture 建築完成予想図.
6 〖電算〗レンダリング, 立体物描画.
7 〖写真〗~ des contours 輪郭補正効果.

rêne *n.f.* 〖多く *pl.*〗**1** 手綱. ~ de bride 勒(ろく)の手綱. ~ de mors 轡(くつわ)の手綱. fausses ~s 止め手綱. longues ~s 長手綱. ajuster les ~s 手綱を調節する. lâcher les ~s 手綱を放す；〖比喩的〗すべてを放棄する. partager les ~s 手綱を両手に1本ずつ握る. prendre (tenir) les ~¹ 手綱を握る.
2 〖比喩的, 文〗手綱, 掌握, 統括. ~s de l'Etat 国政の手綱. prendre (tenir) les ~² de *qch*² 何の手綱を握る；何を支配する. tenir les ~s du gouvernement 政権を握る.

renégociation (<renégocier) *n.f.* (協定・契約などの) 改定交渉；再交渉. ~ du taux d'un prêt bancaire 銀行貸付金利の改定交渉.

renflouement (<renflouer) *n.m.* **1** (坐礁した船の) 離礁, (沈没船の) 浮上, 引上げ (=renflouage). ~ d'une navire naufragé (coulé) 難破船 (沈没船) の浮上 (離礁, 引上げ).
2 〖比喩的〗〖経済〗(財政援助による) てこ入れ, 浮上策. ~ d'une entreprise 企業に対す

るてこ入れ.

renforcé(**e**) *a.p.* **1** 強固された, 強化された. arguments ~s 強化された論拠. mur ~ 補強壁. plastique ~ 強化プラスチック. troupe ~e 補強された部隊.
2 〖話〗申し分のない, 典型的な. âne ~ 大馬鹿者.

renforcement (<renforcer) *n.m.* **1** 補強, 強化；〖文法〗(意味・表現などの) 強め. ~ d'une construction 建造物の補強. ~ d'un éclairage 照明の強化. ~ d'un régime 体制の強化. 〖文法〗~ de la négation 否定の強化.
2 (軍隊などの) 増強, 強化 (=renfort). ~ d'une troupe 部隊の増強.
3 〖写真〗補力.

renfort (<renforcer) *n.m.* **1** 増援, 増強；増援部隊 (=troupe de ~)；応援〔者〕. envoyer des ~s 援軍を送る. envoyer du personnel en ~ 応援の職員を派遣する. réclamer du (des)~(s) 援軍を呼ぶ. de ~ 応援の. armes de ~ 援軍.
2 〖建築〗補強；補強材；補強部分；〖冶〗(砲身の) 補強部；〖海〗(帆の) 補強布；隔壁防撓材. ogive de ~ 補強オジーヴ (交叉リブ).
3 à grand ~ de *qch* 多くの物を用いて. s'exprimer à grand ~ de gestes しきりに身振りを交えて意見を述べる.

reniement (<renier) *n.m.* **1** 否認. ~ de Dieu 神を否認すること, 瀆神. ~ de saint Pierre 聖ペテロのキリスト否認.
2 (信仰, 意見などを) 棄てること, 変節；裏切り. ~ de sa religion 宗教を棄てること. ~ de ses promesses 約束の裏切り.

renminbi yuan [rɛnminbiɥɑ̃] 〖中国〗〖通貨〗*n.m.* 人民元.

rennais(**e**) *a.* レンヌ (Rennes)の；レンヌの住民の. agglomération ~e レンヌ都市圏.
──**R**~ *n.* レンヌ市民.

Rennes *n.pr.* レンヌ《département d'Ille-et-Vilaine イル=エ=ヴィレーヌ県の県庁, フランスとUEの広域地方行政区 région Bretagne ブルターニュ地方の地方庁所在地；市町村コード 35000；旧ブルターニュ公爵領 duché de Bretagne の首都；形容詞 rennais(*e*)》. Palais de justice de ~ レンヌ裁判所《17世紀》. Rencontre Trans Musicales de ~ レンヌ・トランス・ミュジカル音楽祭. le Vieux ~ レンヌ旧市街.

rennine *n.f.* 〖生化〗レンニン, 凝乳酵素 (=labferment) 《乳汁を凝固させる胃液中の酵素》.

renom *n.m.* **1** 良い評判, 名声, 声望. ~ de l'Ena 国立行政学院の名声. avoir du ~ 評判の高い. en ~；de 〔grand〕~ 評判の高い, 有名な. restaurant de ~ 評判のレストラン. vin de grand ~ 銘酒.
2 〖文〗評判, 風評. bon (mauvais)~ 良い

(悪い)評判.

renommé(e¹) *a.p.* 有名な, 名高い；評判が高い. écrivain ~ 有名な作家. ~ pour (par) …で名高い, で知られる. région ~*e* pour ses vins 葡萄酒の生産で知られる地方.

renommée² *n.f.* **1** 名声；評判. ~ posthume 死後の名声. savant de ~ mondiale 世界的に有名な学者. faire des ~*s* 評判を立てる. jouir d'une grande ~ 名声を博する；評判が良い.〔諺〕Bonne ~ vaut mieux que ceinture dorée 良い評判は富に優る.
2 噂, 風説.『ギ・ロ神話』la R~ 噂の女神ファーマ(翼とラッパ, または 100 の口を持つ). temple de la R~ à Athènes アテネの噂の女神の神殿. les ailes de la R~ 噂の女神の翼；噂の翼. les trompettes de la R~ 噂の女神のラッパ；噂をひろめるラッパ.〖法律〗preuve par commune ~ 風評証拠. apprendre *qch* par la ~ 何を噂で知る. croire la ~ 噂を信じる. La vérité passe la ~. 事実は噂しに優る《Anatole France の言葉》.

renonçant(e) *a.* 放棄する. héritier ~ 相続権を放棄した相続人.
——*n.* 権利の放棄者；棄権者.
——*n.m.* 自己放棄者；世捨人.

renoncement *n.m.* **1** (à を) 放棄すること, 放棄, 断念. ~ au monde 世俗的なものの放棄. ~ aux plaisirs de la vie この世の快楽の放棄. ~ à soi-même 自己放棄.〖文〗~ à+*inf.* …するのを断念すること.
2 解脱.

renonciataire *n.*〖法律〗(他人の権利放棄による) 受益者 (renonciat*eur* (trice)「放棄者」の対).

renonciateur (trice) *n.*〖法律〗(財産・権利などの) 放棄者 (renonciataire「受益者」の対).

renonciation *n.f.* 断念；放棄. ~ à l'autorité parentale 親権放棄. ~ à la nationalité 国籍放棄. ~ à un projet 計画の断念. ~ à une hypothèque 抵当権放棄. ~ à succession 相続放棄 (=répudiation). ~ au trône 王位継承権の放棄. ~ translative 他者への権利移転を伴う放棄.

renonculacées *n.f.pl.*〖植〗きんぽうげ科〔植物〕.

renoncule *n.f.*〖植〗ラナンキュラス (=[ラ] ranunculus). fausse ~ ニセラナンキュラス, きんぽうげ (ficaire).

renouveau (*pl.* ~**x**) *n.m.* **1**〖文〗春(甦りの季節) (=printemps).
2 復活, 再生, 再来；復興. ~ charismatique カリスマの再来. ~ de l'économie 経済復興.

renouvelable *a.* **1** 更新 (継続) されうる；再生可能な. bail ~ 更新 (継続) 可能な賃貸契約. énergies ~*s* 再生可能エネルギー(太陽熱, 風力, 潮力, バイオマスなどの自然エネルギー). permis ~ 更新可能な免許証.
2 繰返すことができる, 反復可能な. expérience ~ 反復可能な実験.

renouvellement (<renouveler) *n.m.* **1** 新しくすること, 入れ換え, 更新. ~ d'un stock 在庫の補充. ~ de la voie ferrée 鉄道線路の更新. ~ général d'assemblée nationale 国民議会の(総選挙による)総体的組み替え. ~ partiel du Sénat 元老院の部分的組み替え(3年毎3分の1改選による). taux de ~ 労働移動率 (=〖英〗turn-over).
2 継続, 期限延長, 更新. ~ d'abonnement 定期購読の継続. ~ d'un bail 賃貸契約の更新 (継続, 延長). droit au ~ 契約更新権.
3 刷新, 変革, 復興 (=renaissance). ~ des sciences et des arts 文芸復興.

rénovateur¹ *n.m.* 再生剤. ~ universel 万能再生剤.

rénovateur² (trice) *a.* 革新的な, 新風を吹きこむ. doctrine ~*trice* 革新的理論. idée ~*trice* 革新的思想.
——*n.* 改革者；復興者. ~ d'une tendance politique 政治の流れの改革者.

rénovation (<rénover) *n.f.* **1** (建造物の) 改装；改築；(都市の) 改造, 再開発 (=~ urbaine)；修繕. ~ d'un hôtel ホテルの改装 (改築). ~ d'un quartier 街区の再開発.
2 刷新, 革新, 改革；甦生, 再興. ~ des méthodes pédagogiques 教育方法の革新. ~ spirituelle 精神の甦生.

rénové(e) *a.* **1** 改装された, 改築された；新しくした. hôtel entièrement ~ 全面改装されたホテル. quartier ~ 再開発された街区. tenture ~*e* 新しく貼りかえた壁紙.
2 (制度などが) 刷新された, 改革された.〖ベルギー〗enseignement ~ (=~) 改革教育制度 (1960 年代に改革された中等教育制度). レノヴェ).

renseigné(e) *a.p.* 情報を知らされた；消息通の. être bien ~ sur …について詳しい. être mal ~ よく知らない；間違った情報を与えられている.
——*n.* 情報を知らされた人. les bien ~*s* 消息通.

renseignement *n.m.* **1** (sur に関する) 情報, 資料；照会, 助言. obligation de ~ (契約における) 情報提供義務. aller aux ~*s* 問い合わせに行く. demander à titre de ~ 参考までに尋ねる. demander (obtenir) un ~ 情報を求める (得る). donner (fournir) des ~ …について情報を提供する. bureau (guichet) de[s] ~*s* 案内所. bureau de ~*s* touristiques 旅行案内所.
2〖*pl.*で〗案内所. s'adresser aux ~*s* 案内所に問い合わせる.
3〖*pl.*で〗調査機関. R~*s* généraux (フランスの) 総合情報局 (略記 RG；国家の政治的・社会的秩序維持に関する治安情報を調査・統括する機関；内務省国家警察局所管).

rentabilisation

4 〖軍〗秘密情報, 諜報, 諜報活動. faire des ～s 諜報活動をする. agent de ～s 諜報員, スパイ. Service de ～s (国防のための) 諜報部, 諜報機関 (略記 SR).

rentabilisation (＜rentabiliser) *n.f.* 採算がとれるようにすること, 黒字化. ～ d'une entreprise 企業の黒字化.

rentabilité *n.f.* 〖経済〗収益性, 営利性, 採算〖性〗. taux de ～ 収益率.

rentable *a.* **1** 金利所得を生む；利益になる, 採算の合う, 儲かる. affaire ～ 儲かる事業.
2 〔比喩的・話〕成果の上る, 有効な. recherches ～s 成果の上る研究.

rente *n.f.* **1** 金利所得, 資産所得, 非勤労所得；定期配当金. ～ de situation 社会的地位に伴う利得. ～ de culture de ～ 定期金取得目的の栽培 (culture vivrière「食糧供給栽培」の対). avoir des ～s foncières 不動産所得がある. vivre de ses ～s 金利で暮す, 働かずに遊んで暮す.
2 年金；恩給；定期金. ～ d'invalidité 労働不能補償年金. ～ viagère 終身年金 (終身定期金). réversion de ～ (権利者の死後の) 終身定期金の転換 (継承). terme échou d'une ～ 年金 (恩給) の支給期日.
3 国債, 公債 (＝～ sur l'Etat). ～ à 5 pour cent 5 分利付国債. ～ amortissable 償還国債. ～ perpétuelle 永久国債. cours de la ～ 国債の流通価格 (相場).
4 〖経済〗地代, 借地料 (＝～ foncière). ～ convenancière 借地料.
5 〖商業〗収益. ～ marginale 限界収益.
6 定期の出費.
7 〔話〕年金生活者 (＝rentier (ère)).

rentier (ère) *n.* 年金生活者, 年金受給者；金利生活者, 資産生活者；公債所有者. ～(ère) viager(ère) 終身年金受給者. mener une vie de ～ 年金暮しをする.

rentrée *n.f.* **1** 《元の場所へ戻ること》帰還, 帰宅；帰国. ～ à la caserne (兵士の) 帰営. ～ des voitures à Paris à la fin du week-end 週末の車のパリへの帰還. ～ en France フランスへの帰国. heure de ～ des ouvriers à l'usine 工員が工場に戻る時刻.
2 《元の状態に戻ること》(休暇などの後の) 活動再開 (期), 休みあけ；(特に) (夏休み後の) 新学年, 新学期 (～ des classes；～ des écoles)；(夏休み後の) 演劇シーズンの再開, 新シーズン (＝～ des théâtres). ～ de Noël (de Pâques) クリスマス (復活祭) の休暇の休みあけ. ～ des tribunaux 裁判所の再開日. ～ parlementaire 議会の再開. ～ politique (夏休み後の) 政治活動の再開. ～ sociale (夏休み後の) 社会活動の再開；労働運動 (労使交渉) の再開.
3 (俳人, 政治家などの) 返り咲き, カムバック. faire sa ～ 舞台に返り咲く.
4 〖狩〗(夜明けに) 動物が森に戻ること；(猟犬の) 犬舎への帰還.

5 〖ボクシング〗連打.
6 (収穫物などの) 取入れ, 収納. ～ des foins 乾草の取入れ.
7 入金 (＝～ d'argent)；徴収, 取り立て. ～s de l'impôt 税金の徴収. avoir d'importantes ～s 沢山の金が入る.
8 〖トランプ〗積み札から取ったカード.
9 〖宇宙〗大気圏への再突入 (＝～ dans l'atmosphère；～ atmosphérique). ～ balistique 弾道ミサイルの大気圏再突入. angle de ～ 大気圏への再突入角.
10 〖スポーツ〗(ボールの) 投入. 〖サッカー〗～ du ballon en touche タッチラインからのボールの投げ入れ. 〖ラグビー〗～ en mêlée スクラムでのボールの投入.

renversé (e) *a.p.* **1** 逆さまになった, 逆転した. 〖音楽〗accord ～ 転回和音. 〖紋章〗chevron ～ 逆向きの山形. 〖菓子〗crème ～ e クレーム・ランヴェルセ, カスタードプリン. image ～ e 倒影；〖光学〗倒立像. pyramide ～ 倒立ピラミッド. silhouette ～ e des arbres dans l'eau 水面に映る逆さまの木の影. C'est le monde ～！(世の中がひっくり返った→) 非常識だ！道理に反する！
2 転覆した, ひっくり返った. barque ～ e 転覆した小舟.
3 くつがえされた, 転覆された. loi ～ e くつがえされた法律.
4 (液体が) こぼれた. vin ～ sur la table テーブルにこぼれた葡萄酒.
5 仰向けになった, 後へ傾いた. tête ～ e のけぞった頭.
6 (書体が) 左傾斜の. écriture ～ e 左傾斜の書体.
7 吃驚仰天した；動転した. avoir un air ～ 取り乱した様子をしている. Je suis absolument ～ 私は吃驚仰天した.

renversement *n.m.* **1** (上下の) 逆転, 転倒；〖光学〗(像の) 倒立；〖音楽〗(和音・音階の) 転回；〖数〗(分数の) 分子と分母の入れかえ. 〖音楽〗～ des accords 和音の転回. 〖光学〗～ des images 映像の倒立. extincteur à ～ 転倒式消化器.
2 (順序・方向などの) 逆転；〖論理〗換位. ～ de courant (de la marée, du vent) 流れの逆流, (潮, 風向きの) 逆転. ～ de la marche d'une hélice プロペラの逆転. ～ de la situation 立場の逆転. ～ des valeurs 価値体系の逆転.
3 (政体などの) 転覆, 打倒；崩壊；(希望・計画などの) ついえ去ること. ～ des institutions 制度の崩壊. ～ du monarchie 王制の打倒.
4 〖医〗外反症. ～ de la vessie 膀胱外反症 (＝exstrophie de la vessie).
5 〖舞踊〗(頭などの) 後ろに反らすこと；〖体操〗逆宙, 逆転.

renvoi *n.m.* **1** 返送. ～ de l'ascenseur エレベーターの送り返し. ～ d'une lettre à

l'expéditeur 手紙の差出人への返送.
2 反射, 反響；『スポーツ』返球, リターン. ~ d'un son 音の反響. ~ d'une balle 返球.
3 解雇, 免職, 罷免；停学；放校. ~ d'un employé 従業員の解雇. ~ d'un élève 生徒の停学(退学)処分.
4 延期. ~ à huitaine 1 週間の延期. ~ sine die 無期延期.
5 『法律』移送；付託. ~ en commission d'un projet de loi 法案の委員会付託. ~ pour incompétence 管轄違いによる移送. arrêt de ~ devant la cour d'assises 重罪院への移送判決. motion de ~ 委員会再審議の動議. ordonnance de ~ devant le tribunal correctionnel 軽罪裁判所への移送決定. demande de ~ 移送請求.
6 『法律』棄却, 却下(=rejet). ~ des fins de la demande 請求棄却(却下).
7 『国際法』反致. ~ au deuxième degré 第二段の反致《第三国法への反致》.
8 (書面の)改変(追加)個所(=apostille)；(他の個所を)参照させること；『印刷』参照記号. faire un ~ à l'appendice 付録を参照させる. 『印刷』guidon de ~ 挿入記号.
9 『法律』註記.
10 『機械』(運動の)方向転換；遊び歯車. levier de ~ ベルト伝達逆転機構.
11 『音楽』反復記号.
12 げっぷ；おくび；逆吐, 吐き戻し. avoir des ~s 吐き戻し. faire un ~ げっぷをする.

réorganisation *n.f.* 再組織；再編成, 再編. ~ politique 政界の再編成. ~ de l'armée 軍隊の再編成. ~ de la Commission européenne ヨーロッパ委員会の再編成.

réouverture *n.f.* **1** (店舗・施設などの)再開店, 再開場. ~ d'un magasin (d'un théâtre) 店舗(劇場)の再開.
2 再開. ~ des négociations 交渉の再開.

REP[1] (=*r*éacteur à *e*au *p*ressurisée) *n.m.* 『原子力』加圧水型原子炉(=~ à eau sous pression；=〖英〗PWR：*p*ressurized *wa*ter *r*eactor). centrale ~ 加圧水型原子力発電所.

REP[2] (=*r*égiment *é*tranger de *p*arachutistes) *n.m.* 『軍』外人部隊降下兵連隊.

répandu(e) (<répandre) *a.p.* **1** ひっくり返った；こぼれた；散らかった, 乱雑な. papiers ~s sur une table 机の上の乱雑な書類. du vin ~ sur une nappe テーブルクロスにこぼれた葡萄酒.
2 広がった. douleur ~*e* dans toute une région du corps 体中に広がった痛み.
3 広まった, 普及した, 流布した. opinion très ~*e* 世間に広く行き渡った考え.
4 顔の売れた, 交際の広い. Il est très ~ dans le monde. 彼は顔のひろい男だ.
5 豊富な. Ce mollusque est très ~. この貝は大変多い.

réparateur(*trice*) *n.* 修理者, 修理

工；修繕人. ~ d'appareils de photo カメラの修理者.
—*a.* **1** 元気(健康)を回復させる. sommeil ~ 元気を回復させる睡眠.
2 『医』chirurgie ~ *trice* 修復外科；再建手術(=chirurgie reconstructrice), 形成外科(=chirurgie plastique).
3 償いの. geste ~ 償いの仕草.

réparation *n.f.* **1** 修理, 修繕；繕い. ~ d'une machine 機械の修理. ~*s* locatives (家屋賃貸借における)賃借人負担の修繕. ~ périodique 定期修繕. ~ provisoire 仮修理, 応急修理. atelier de ~ 修理工場. être en ~ 修理中である. route en ~ 修理中の道路.
2 〖*pl.*で〗修理工事. grosses ~*s* 大規模な修理工事.
3 (体力などの)回復；『生理』(組織の)修復. ~ des forces 体力の回復.
4 償い；謝罪. ~ publique 公衆の面前での謝罪. demander (obtenir) ~ d'une offense 侮辱に対して謝罪を要求する(謝罪させる).
5 『精神分析』修復作用.
6 〖法律〗補償；損害賠償. 〖*pl.*で〗(国家間の)賠償. ~ civile 民事補償. ~ en argent 金銭賠償. ~ en nature 現物補償. ~ intégrale 全額賠償. ~ par équivalent 等価賠償. question des ~*s* 賠償問題. 〖史〗(第一次世界大戦後の対独)賠償問題.
7 『スポーツ』(サッカーなどの)ペナルティ(〖英〗penalty の公用推奨語). coup de pied de ~ ペナルティー・キック. surface de ~ ペナルティー・エリア.

répartiteur[1](*trice*) *n.* **1** 分配者.
2 〖行政〗租税割当委員(=commissaire-~).
3 (石油パイプラインの)操作指令員(=〖英〗dispacher の公用推奨語)；配車係；(旅客機の)運航管理者.

répartiteur[2] *n.m.* **1** 〖工〗分配装置. ~ électronique de freinage 電子式ブレーキ作動配分装置(=〖英〗EBD).
2 (電気器具の)分配コード, マルチコネクター.

répartition *n.f.* **1** 配分, 分配；割当て, 分担. ~ de la richesse nationale 国富の配分. ~ de l'impôt 租税の割当て. ~ des bénéfices 利益の配分. 〖政治〗~ des sièges (比例代表制における候補者リストの)議席の配分. ~ des tâches 任務の分担. ~ des vivres 食料の配給. ~ proportionnelle 比例配分. impôt de ~ 割当て税. 〖経済〗opération de ~ (所得の)再配分オペレーション.
2 分布. ~ de la population de la région Ile-de-France イール=ド=フランス地方の人口分布. ~ géographique des plantes 植物の地理的分布.
3 分類, 類別(=classement, classification)；区別. ~ des biens en biens propres

reparution

et biens communs (夫婦財産の)特有財産と共通財産の区別. ～ par âge et par sexe 年齢と性別による分類(分布, 比率).

reparution (<reparaître) *n.f.* 再出現；再刊, 復刊. ～ d'une revue 雑誌の再刊(復刊).

repas *n.m.* **1** 食事；祝宴. les trois ～ principaux 一日3回の基本的食事(le ～ du matin, le petit-déjeuner 朝食；le ～ du midi, le déjeuner 昼食；le ～ du soir, le dîner 夕食). ～ de l'aprés-midi 午後の軽食 (collation, goûter, thé など). ～ à la carte (à prix fixe) ア・ラ・カルト(定食)の食事. ～ d'affaires 商用の会食. 〖医〗～ d'épreuve 試験食. ～ de fête de la nuit de Noël クリスマス・イヴの祝宴(＝réveillon). ～ de noces 結婚披露宴. ～ en plein air 野外の食事. ～ froid 冷たい食事(＝buffet). ～ léger 軽食(＝collation). ～ pris sur l'herbe 草の上の食事, ピクニック(pique-nique).
à l'heure des ～ 食事時に. entre les ～ 食間. offrir un grand ～ 盛饗に招く. préparer le ～ 食事の支度をする.
2 〖同格〗～-plateau 機内(車内)食. panier-～ バスケット入り弁当. ticket-～ 食券.

repassage *n.m.* **1** アイロンかけ. faire du ～ アイロンかけをする. table de ～ アイロン台.
2 〖刃物〗研磨. ～ d'un couteau ナイフ(包丁)研ぎ.

repasseuse *n.f.* **1** アイロンかけ女工.
2 アイロンかけ機.

repêchage (<repêcher) *n.m.* **1** (魚を)再び釣りあげること.
2 水から引きあげること；溺れかけた人の救助(＝～ d'un noyé).
3 〖比喩的〗(窮地にある人の)救済；落第生の救済；追試験(＝examen de ～)；〖スポーツ〗敗者復活戦(＝course de ～；épreuve de ～).

repentance *n.f.* 〔文〕悔悟〔の念〕, 悔恨.

repentir *n.m.* **1** 悔恨, 悔悟. 〖法律〗～ actif (犯罪者の)積極的悔悟. ～ d'un crime 罪の悔悟. droit de ～ 悔悟権. manifester du ～ 改悛の情を示す. pleurer par ～ 悔恨の涙を流す.
2 後悔(＝regret). avoir un ～ 後悔する.
3 〖絵画〗(制作中の)修正；(原稿などの)訂正, 推敲〔の跡〕. ～ d'un dessin (d'un manuscrit) デッサン(草稿)の手直し.
4 〖*pl.*で〕〖古〗頬に垂らした巻毛.

repérage (<repérer) *n.m.* **1** 標定, 位置決定. ～ d'un sous-marin 潜水艦の所在探知.
2 目印をつけること, 見当合わせ；〖印刷〗トンボによる位置合わせ.
3 〖映画〗ロケハン.
4 〖グラフィック・アート〗ルペラージュ

(ばらばらに書かれた図柄を記号によってまとめる作業).

répercussion *n.f.* **1** (音の)反響；(光の)反射；(衝撃などの)反動. ～ d'un choc ショックの反動. ～ d'un son par l'écho こだまによる音の反響.
2 反響, 影響, はね返り. ～ de la hausse des cours du pétrole sur le niveau général des prix 物価に対する石油価格高騰のはね返り. 〖財政・商業〗～ de l'impôt (価格などへの) 税の転嫁. ～ d'une crise économique 経済危機の影響.

repère *n.m.* **1** 目印, 目標；見当, 見当合わせの目印；〖印刷〗トンボ. ～ des charpentiers 大工のつける見当(見当合わせの目印). objet de ～ 目印となる物体. 〔point de〕～ 目印；目安；規準. choisir (trouver) un ～ 目印(目標)を選ぶ(見つける). perdre ses ～s 目標を見失なう. prendre *qch* comme (pour) ～ 何を目印にする.
2 (基準を示す) 標識；標点, 水準点, 水準標石(＝～ de niveau). ～ de distance 距離標, キロ程標. ～ pour noter le niveau des eaux 水位標.
3 (計器の)目盛り線. amener un index en face d'un ～ 指針を目盛線上に合わせる.
4 〖数学〗座標；座標系(＝～ référentiel). ～ orthonormé 正規直交座標.

répertoire *n.m.* **1** 目録, リスト, 名簿. 〖法律〗～ civil 民事名簿. ～ d'adresses 住所録. ～ des métiers 手工業者名簿. 〖法律〗～ général 一般事件簿. ～ général du tarif 関税一覧表. ～ sur un ordinateur コンピュータ以外的保存数据.
2 集, 総覧, 事典. ～ de doctrine 学説事典. ～ de droit 法律総覧. 〖法律〗～ de jurisprudence 判例事典.
3 (演劇・バレエなどの)上演目録, レパートリー；(音楽家の)演奏曲目. 〖美術〗レパートリー. ～ classique 古典的演目. ～ de la Comédie-Française コメディー＝フランセーズの上演目録(レパートリー).
4 〔話〕(知識などの)集成, 宝庫. ～ vivant 生き字引.
5 〔話〕(de の) 手持ち, レパートリー. avoir un ～ d'injures très étendu 多彩な罵詈雑言を知っている.

répéteur *n.m.* 〖電気通信〗中継器.

répétition *n.f.* **1** 繰り返し. texte plein de ～s 繰返しの多いテクスト.
2 反復. ～ des mêmes actes 同一行為の反復. armes à ～s 連発銃.
3 反復練習；稽古, 独習稽古, リハーサル. ～ d'un ballet バレエの稽古. ～ générale 総稽古.
4 〔やや古〕補習, 復習；個人教授. donner des ～s 復習させる.
5 模写, 模倣. ～ des mêmes ornements 同じ装飾の写し.
6 〖法律〗返還請求. ～ de l'indu 不当利得の

返還請求, 非債弁済の返還請求. action en ~ de l'indu 非債弁済返還請求訴権.
7〖電算〗反復. ~ code de ~ 反復コード. instruction de ~ 反復命令.

repeuplement(＜repeupler) *n.m.* **1** 人口再生；再植民. ~ d'une région désertée 過疎地方の人口再生.
2(魚の)放流, 再放魚；(動物の)再生放獣. ~ d'une rivière 川への魚の放流.
3〖林業〗再植林(＝reboisement). ~ d'une forêt en résineux 針葉樹の再植林.

Rephy(＝*Ré*seau de surveillance du *phy*toplancton) *n.m.* (海水の)植物プランクトン監視網.

repiquage(＜repiquer) *n.m.* **1**(苗の)移植. ~ du riz 稲の田植え.
2〖生〗(培養菌の)二次培養(＝~ bactériologique).
3〖土木〗(道路の)舗石の敷きかえ(＝~ des pavés). ~ d'une chaussée 道路の補修.
4〖写真〗修正. ~ d'une photo 写真の修正；修正写真.
5〖音響〗(レコードなどの)再録音；(テープの)ダビング；復刻盤.
6〖印刷〗追い刷り, 追加印刷(印刷物への追加印刷).
7〖ジャーナリズム〗(記事の)再掲載.

répit *n.m.* (つらい状態の)中断；休息, くつろぎ. accorder un moment de ~ くつろぎの時を与える. n'avoir pas un instant de ~ 息つく暇もない. sans ~ 絶え間なく, 休まずに. travailler sans ~ 働きづめに働く.

replantation(＜replanter) *n.f.* 〖林業〗再植林；〖農〗移植.

réplétif(ve) *a.* 〖医〗満たす, 充満させる. injection ~ve 充満注射.

repli(＜replier) *n.m.* **1**(衣服などの縁の)折返し. ~ du pneumatique タイヤの折返し.
2〔多く *pl.*〕襞(ひだ), 折り目；〖解剖〗(内臓などの)褶襞(しゅうへき). ~ cutané 皮膚の褶襞. ~ de l'intestin 腸の褶襞. ~s d'un rideau カーテンの襞. ~s d'un terrain 土地の起伏.
3〘比喩的〙心の襞, 奥底. ~ de l'âme 心の奥底. ~s de la conscience 意識の奥底.
4〔多く *pl.*〕うねうねした動き；屈曲. ~ des reptiles 蛇の蛇行. ~ d'une rivière 川の屈曲(蛇行).
5〖軍〗後退, 退却；〖経済〗後退. ~ du dollar ドルの値下がり. ~ stratégique 戦略的退却. ordre de ~ 退却命令.
6〘比喩的〙~ sur soi-même 内省.

réplication(＜répliquer) *n.f.* **1**〖生〗(遺伝物質などの)複製. ~ des acides désoxyribonucléique デオキシリボ核酸(ADN, DNA)の複製.
2〖電算〗複製, レプリケーション.

réplicon *n.m.* 〖生化〗レプリコン(ADN, DNAの複製単位).

répliquant *n.m.* 〖SF 小説〗アンドロイド(自動人形), クローン人間.

réplique *n.f.* **1** 言い返し, 反論；口答え, 抗弁；〖法律〗(被告の答弁に対する原告の)抗弁. ~ habile 巧みな反論. ~ vive 激しい抗弁(口答え). argument sans ~ 反論の余地のない議論. prouver qch sans ~ 反論の余地なく何かを立証する. Pas de ~! 口答えするな!
2〖劇〗(相手のせりふを受ける)返しせりふ；(稽古などでの)相手役. donner la ~ 人にせりふを渡す；人の相手役をする；〘比喩的〙人の話の引立て役になる. 〘比喩的〙se donner la ~ せりふのやりとりをする；議論を交わす.
3〖美術〗繰り返したもの；〖美術〗ひとりの作家の同一テーマの作品；〖音楽〗(音の)1オクターヴ違う繰返し；楽節(フレーズ)の繰返し；(フーガの)応答.
4〖美術〗レプリカ, 複製. ~ d'une œuvre d'art 美術品のレプリカ(複製).
5 酷似したもの. une variante ~ de son frère 兄(弟)の生き写し.
6〔*pl.* で〕〖地学〗余震(＝~s du séisme).

répondant(e) *n.* **1** 保証人(＝caution, garant). accepter d'être le ~ de qn 人の保証人になることを承諾する.
2 回答者. ~ d'un questionnaire アンケート用紙に対する回答者.
3〘話〙avoir du ~ 金の貯えがある；〘比喩的〙当意即妙の才に富む.

répondeur *n.m.* **1**(電話機の)自動応答装置. ~ automatique 留守番電話. ~-enregistreur 録音装置付き留守番電話機.
2(人工衛星の)トランスポンダー(＝transpondeur)(レーダー等から送られる信号に自動的に応答する送受信装置).

répondeur-enregistreur(*pl.* **~s-~s**) *n.m.* 留守番電話.

réponse *n.f.* **1** 答え, 返事, 回答, 答弁；返信；回答書；〖法律〗(陪審団の)答申. ~ à une question 質問に対する答え. ~ affirmative(négative) 肯定的(否定的)回答. ~s du gouvernement 政府の答弁. ~ du jury 陪審団の答申. ~ écrite 文書による回答(＝~ par écrit). défaut de ~ à conclusions 申立てへの回答(裁判)の欠如. avoir ~ à tout 何でもすらすら答える；〘比喩的〙どんな状況にも対処する. discuter par demandes et par ~s 質疑応答する. donner(faire)〔une〕~ à qn 人に返事する. faire les demandes et les ~s 独り問答をする；ひとりで喋りまくる. joindre un timbre pour la ~ 返信用に切手を同封する. obtenir(recevoir) une ~ 回答を得る. en ~ à qch 何に対する答えとして. en ~ à votre lettre お手紙に対する御返事として.
bulletin-~ 返信用回答用紙. carte-~ 返信用カード(葉書).〖郵〗coupon-~(外国向け郵便物に同封する)返信切手用国際クーポ

repopulation

ン. Ma lettre est restée sans ~. 手紙を出したが梨のつぶてだ.

2 (問題に対する)解答; 答案. noter les ~s des élèves 生徒の答案を採点する.

3 反論, 抗弁, 弁明. conclusion en ~ (原告の主張に対する)被告の抗弁. droit de ~ (新聞などでの)反論権, 反駁権《新聞などの記事により物的・精神的被害を蒙った人に対し, 反駁文の掲載を要求する権利》.

4 (提案・請求などに対する)回答, 指定.『商業』~ des primes プレミアム特権付き取引指定.

5『法律』(忌避に対する裁判官の)認否〔回答〕.

6 応答. J'ai frappé à la porte, mais pas de ~ ドアをノックしたが, 何の応答もなかった.

7 (刺激に対する)反応; (機械などの)応答, レスポンス. ~ immunitaire 免疫反応. ~ musculaire 筋肉の反応. ~ réflexe 反射的反応. ~ thermique 熱に対する反応. courbe de ~ 応答曲線. temps de ~ 反応時間.

8『音楽』(フーガの)応答; 唱和.

repopulation *n.f.* (人口減少地の)人口再増加.

report (<reporter) *n.m.* **1** 延期, 繰り延べ.『軍』~ d'incorporation pour le service national 国民役務における入隊延期. ~ de la date d'ouverture 開業期日の延期.

2『商法』(破産者の)支払停止日の繰上げ (= ~ de faillite). ~ de la date de cessation des paiements 弁済停止日の繰上げ.

3『株・為替』繰延取引. ~ en bourse 有価証券の繰越取引. marché des ~s 繰延取引.

4『簿記, 財政』繰越; 繰越し金 (= ~ à nouveau). ~ à nouveau déficitaire (bénéficiaire) 損金 (利益金) の繰越し; 繰越損金 (利益金).

5 転記. ~ d'écritures sur le grand livre 記述の台帳 (原簿) への転記.

6『選挙』~ de voix 票の移動《特に第2回投票で他の候補者に票が移動すること》.

7『印刷・写真』転写. impression en ~ 転写〔印刷〕. papier à ~ 転写用紙.

8『賭博, 競馬』儲けた金を再び賭けること.

reportage *n.m.* **1** ルポルタージュ記事 (作品, 番組), 探訪記事 (番組), ルポルタージュ文学. ~ photographique 写真ルポルタージュ, カメラルポ. ~ publicitaire 宣伝ルポ (= publi*reportage*). ~ télévisé TV のルポルタージュ番組 (= télé*reportage*).

2 ルポルタージュ, 現地取材〔活動〕.

reporter [rəpɔrtɛr] 〖英〗 *n.m.* レポーター, 現地取材記者, 報道記者; ルポライター; 報告者 (= 〖仏〗 reporte*ur* (se)).

reporter-cameraman [-man] (*pl.* **~s-cameramans**) [-man] 〖英〗 *n.* 映像取材リポーター《TV・映画撮影機材使用のリポーター; 公用推奨語は reporteur (reportrice) d'images》.

reporter-photographe (*pl.* **~s-~s**) *n.m.* フォトジャーナリスト (= photo-journaliste) 《写真取材リポーター》.

report*eur* (*trice*) *n.* **1** 報道記者, リポーター (〖英〗 reporter の公用推奨語). ~ d'images 報道カメラマン, 映像取材リポーター (= 〖英〗 reporter-cameraman).

2『印刷』(石版の)転写工.

3『株』取引猶予金・繰延利息の受取人.

reporting 〖英〗 *n.m.*『経営』財務状況報告.

repos (<reposer) *n.m.* **1** 休息, 休憩; 休養, 保養. ~ dominical 日曜の休息. une heure de ~ l'après-midi 1 時間の昼休み. jour de ~ 休日. maison de ~ 保養所; 療養所. troupes au ~ (後方で)休息中の部隊. mettre qn au ~ 人に休息をとらせる. ne pas demeurer en ~ un instant 一時もじっとしていられない. obtenir quinze jours de ~ 2 週間の休暇をもらう. prendre du ~ 休息をとる. sans ~ ni cesse (trêve) 休みなく, 絶え間なく.

2 休暇, 休日 (= jour de ~). ~ compensateur 代替休日. ~ hebdomadaire〔法規〕週休. ~ périodique 定休日.

3〖軍〗休めの姿勢. R~! 安め.

4〖文〗眠り. ~ éternel 永遠の眠り, 死の安息. champ du ~ 墓地 (= cimetière). perdre le ~ 安眠できなくなる. troubler le ~ des morts 死者の眠りを乱す.

5 静止状態, 休止状態, 停止状態. ~ de la mer 海の凪. à l'état de ~ 静止状態の. au ~ 静止している.『物理』masse au ~ 静止質量. en ~ 静止状態の, 休止した. demeurer (rester, se tenir) en ~ じっとしている.

6 (心の)安らぎ, 平穏. laisser qn en ~ 人をそっとしておく. de tout ~ 安心のゆく, 安全を保証された.

7 安寧, 平和. le ~ public 治安, 公安.

8 休止; 切れ目;〖音楽〗休止点;〖詩法〗句切り (= césure);（朗読の）息つぎ.

9 (農地の)休耕状態. laisser la terre en ~ 農地を休耕にしておく.

10〖建築〗(階段の)踊り場.

repose-pieds *n.m.inv.*, **repose-pied** (*pl.* **~-~s**) *n.m.* **1** (椅子の)足台, オットマン. **2** (オートバイの)足置.

repose-tête *n.m.inv.* ヘッドレスト (= appui-tête).

repotabilisation *n.f.* (廃水の)飲料水化.

repousseur *n.m.* **1** (金属・革の)打出し工, 型押し工.

2〖環境・工〗(排出される炭化水素の)拡散抑止物質 (dispersant「拡散物質」の対).

répréhensible *a.* 非難すべき, 咎むべき. ~ manœuvres ~s 非難すべき手だて, 不了見.

repreneur (*se*) *n.*『経済』(企業の)再建人. ~s d'une société 会社の再建人.

représailles *n.f.pl.* **1** 報復. **2** 仕返し, 復讐. exercer des ~ contre *qn* (人に)仕返しをする.

représentant(e) *n.* **1** 代理人；代弁者. ~ d'un chef d'Etat 国家元首の代理. ~s de Dieu 神の代理人, 聖職者. ~s en justice 法定代理人《avocat 弁護人, avoué 代訴人》. envoyer un ~ 代理人を派遣する.
2〖法律〗代襲相続人.
3 利益代表者, 代表. ~ du personnel 従業員(職員)代表. ~ de société 会社(営利社団)代表. ~ syndical 組合代表(=~ du syndicat). ~〔des citoyens, du peuple〕代議士, 国会議員《député, sénateur》.〖米・ベルギー〗la Chambre des ~s 下院.
4 国家代表；代表団員, 使節. ~s de la France à l'Onu 国連のフランス代表. ~ du gouvernement 政府代表. ~ du Saint-Siège 教皇特使(=légat). Bernard Kouchner, haut ~ des Nations unies au Kosovo ベルナール・クシュネール, コソヴォ駐在国連最高代表.
5〖商業〗外交員, セールスマン, 販売代理人(=~ de commerce). ~e en produits de beauté 化粧品のセールスウーマン. ~(e) médical(ale)(製薬会社の)医薬情報担当者(略記 RM). voyageur, ~, placier 出張・外交・取次販売員, セールスマン(略記 VRP). ~ multicarte 複数社の販売代理人.
6 代表的存在, 典型, 見本, 代表種；個体. ~e de l'élégance parisienne パリの優雅さを代表する女性. ~ d'une espèce 種の個体.

représentatif(ve) *a.* **1** 代表する；代表的な, 典型的な. échantillon ~ 代表的標本, 典型. opinion ~ve 代表的意見. syndicat ~ du personnel 従業員の代表的組合.
2〖政治〗代議制の, 代表制の. gouvernement ~ 代議政体(=régime ~)；議員内閣制(=régime parlementaire). mandat ~ 代表委任.

représentation *n.f.* **1** 表現, 描写, 表示, 表現したもの. la ~ du soleil dans les derniers tableaux de Van Gogh ヴァン・ゴッホの最後期の作品における太陽の表現.
2 図像, 像, イメージ, 記号；〖心理, 精神分析, 哲学〗心像, 表象.〖法律〗atteinte à la ~ de la personne 人の表象に対する侵害. système de ~ des sons 記譜法.
3 上演, 興行. contrat de ~ 上演契約. droit de ~ 上演権. la dernière ~ d'*Andromaque* au Japon 日本における『アンドロマック』の最後の公演.
4 代理(代行)すること；〖法律〗代理, 代襲；〖商業〗代理(代行)業, (保険などの)外交, セールス.〖民訴〗~ conjointe 共同代理.〖憲法〗~ des intérêts 利益代表. ~ en justice des plaideurs 訴訟当事者の裁判上の代理.
5〖法律〗提示, 提出. ~ d'acte 証書提示. ~ des livres de commerce 商業帳簿の提示. exiger la ~ d'un document 資料の再提出を要求する.
6 代表すること, 代表団, 代表機関, 代表使節. ~ de la France à l'étranger フランスの在外公館；フランスを国外で代表すること(もの). ~ diplomatique 外交使節, 在外公館.〖政治〗~ proportionnelle 比例代表制. ~ nationale 国民の代表, 国会, 議会, 国会議員. bureau de ~ 代表事務所, 駐在員事務所.
7 体面の維持. frais de ~ 交際費.
8〔*pl.* で〕忠告, 意見, 抗議.

représentativité *n.f.* **1**〖政治〗代表性, 代議性. ~ d'une assemblée 議会の代議性.
2 代表資格；代表権. n'avoir aucune ~ 代表権を全く持たない.
3 見本性, 標本性. ~ d'un échantillon 見本の標本性.

répresseur *n.m.*〖生〗リプレッサー, 抑制体.

répressif(ve) *a.* **1** 抑圧的な；抑止的な；抑制的な；刑事の(pénal). action ~*ve* 抑圧的行動. juridiction ~*ive* 刑事裁判機関(=juridiction pénale). loi ~*ive* 処罰の法律. mesure ~*ive* 抑圧(抑止)措置. société ~*ve* 抑圧的社会. système ~ 抑圧(抑止)制度.
2 抑圧的な, 鎮圧する. politique ~*ve* 弾圧的政策.
3 高圧的な. attitude ~*ve* 高圧的態度.

répression *n.f.* **1** 抑止, 抑制；抑圧, 弾圧；(暴動などの)鎮圧；(犯罪の)処罰, 禁圧. ~ d'une insurrection 反乱の鎮圧. ~ disciplinaire (公務員に対する) 懲戒.
2〖心〗(衝動・欲求などの)抑止, 抑制；〖精神分析〗禁圧.
3〖生〗(遺伝子の形質発現の)抑制.

réprimande *n.f.* **1** 叱責, 譴責, 戒告(=avertissement)；〖軍〗(士官・下士官に対する)訓戒《arrêt「禁錮」とは異なる》. faire (adresser) une ~ à *qn* 人を叱責する(=réprimander *qn*).
2〖古〗(未成年者への)説諭処分.

repris *n.m.*〖法律〗~ de justice 再(累)犯者, 前科者.

reprise (<reprendre) *n.f.* ① 《奪回・引取り》 **1** (要塞・陣地などの)奪回・再占領. ~ d'une balle ボールの奪回. ~ d'une place forte 要塞の再占領.
2 (商品の)引取り, 下取り；買取り；買取り商品. ~ d'une marchandise vendue 売った商品の引(下)取り. La maison ne fait pas de ~. 当店ではお買上げ品の引取りは御容赦願います.
3〖法律〗取戻し；先取り, 控除. ~ des propres (夫婦財産共通制の解消に際しての)特有財産の取戻し. ~s en nature (en valeurs) 現物(有価証券)による取戻し. delai de ~ 取戻し期限. droit de ~ 取戻し権.

réprobation

Ⅱ《再開・復活》**1**（中断している仕事の）再開；続行；（劇の）再演. ~ des combats (des cours, des travaux) 戦闘 (講義, 工事) の再開. ~ d'haleine 息つぎ.〖法律〗~ d'instance 訴訟手続の再開. ~ du travail après une grève ストのあとの就業の再開. ~ d'un film 映画の再上映. ~ d'une pièce de théâtre 芝居の再演.
2（経済, 事業などの）立直り；（流行などの）復活；（寒波などの）再来. ~ de l'économie japonaise 日本経済の立直り. ~ des valeurs en Bourse 株式市場の株価の持ち直し. ~ du mauvais temps 悪天候のぶり返し. ~ économique 景気の回復.
3〖スポーツ〗（ボクシングの）ラウンド；（フェンシングの）ルプリーズ《第 2 の攻撃動作》；（馬術の練習の）一課；（一緒に訓練を受ける）騎士団. Les ~s sont de 3 minutes, coupées d'un repos de 1 minute. ラウンドは 1 分の休憩をはさんで 3 分間で行なわれる. combat en dix ~s 10 ラウンドの試合.
4（自動車・エンジンの）加速〔性能〕；急加速 (= ~ de vitesse). avoir de bonnes ~s 加速性能が優れている. pompe de ~（気化器の）加速ポンプ.
5〖織物〗taux de ~ 歩どまり.
Ⅲ《反復》**1** 繰返し. à deux ~s 2 度繰返して. à plusieurs ~s 何度も繰返して.
2〖音楽〗反復〔部〕. signe de ~ 反復記号.
Ⅳ《修繕》**1**（衣服の）繕い. ~ perdue かけはぎ. faire une ~(des ~s) à une chemise シャツを繕う.
2〖建築〗（壁・柱などの）修理, 修復, 手直し. ~ de coulage du béton コンクリートの打ち継ぎ. ~ en sous-œuvre 根継ぎ, 基礎改修.

réprobation (<réprouver) n.f. **1** 厳しい非難；弾劾；叱責；排斥. encourir la ~ d'un supérieur 上司の叱責を受ける.
2〖宗教〗神罰；劫罰.

reprochable a. **1** 非難すべき, 非難に値する (=blâmable).
2〖法律〗忌避し得る (=récusable). témoin ~ 忌避し得る証人.

reproche n.m. **1** 非難；批判. ~s de la conscience 良心の呵責 (=remords). ~s justifiés (injustes) 正当な (不当な) 非難 (批判). ton de ~ 非難口調, なじるような口調. faire des ~s à qn 人を咎める (非難する). faire ~ à qn de + inf. (n) …したことについて人を非難する. soit dit sans ~ 別に非難しているわけではないが.
2〖法律〗忌避. ~ de témoin 証人の忌避. ~s de témoin 証人忌避理由.

reproduc*teur* (*trice*) a.〖生〗生殖する, 繁殖する, 繁殖用の. cellules ~*trices* 生殖細胞. cheval ~ 種馬 (しゅば). organes ~s 生殖器〔官〕.
—— n.m. 1〖動〗種畜. 2〖機工〗ならい治具.
—— n.f.〖機工〗複写穿孔機.

reproductible a. **1**〖生〗生殖可能な, 繁殖可能な. animaux ~s 生殖 (繁殖) 可能な動物.
2 複製可能な, 再生可能な. document ~ 複製可能な文書.

reproductif (ve) a. **1** 繁殖に関する, 生殖の. force ~ve d'un animal 動物の繁殖力. **2**〖経済〗再生産的な. dépenses ~ves 再生産的支出.

reproduction n.f. **1**〖生〗生殖, 繁殖, (森の) 若木, 苗木, 実生の若木. ~ asexuée (sexuée) 無性 (有性) 生殖. organes de ~ 生殖器〔官〕.
2 再生；再現；再演. ~ des sons 音の再生.
3 複写, 模写；複製, コピー；転載；翻刻〔物〕. ~ photographique 写真複写 (複製). ~ interdite 禁転載, 不許複製. ~ de la Joconde モナリザの複製.〖電算〗~ frauduleuse de logiciels ソフトの不正コピー. droit de ~ 複製 (翻刻) 権.
4〖経済・社会〗再生産. ~ du savoir 知的再生産. ~ simple (élargie) 単純 (拡大) 再生産.
5〖哲〗再生.

reprographie n.f. 複写〔法〕(photocopie フォトコピー・写真複写), électrocopie 電子コピー；ziazocopie ジアゾタイプ・青焼きなど).

reprotoxique a. 毒物生成 (再生) 性の；生殖阻害毒性の, 不妊化性の. effet ~ 生殖阻害有毒作用. risque ~ 不妊化毒性物質による危険. substances ~s 毒物生成性物質.
—— n.m.〖環境・医〗毒物生成物質；生殖阻害有毒物質, 不妊化毒性物質 (=agent ~, produit ~).

reptile n.m. 爬虫類の動物；(特に) 蛇；[pl. で]〖動〗爬虫綱 (=classe des ~s) (serpent, crocodile, lézard, tortue など).
2〖比喩的〗追従家, 卑劣漢.
—— a. **1** 爬虫類の (=reptilien)；爬行する. animaux ~s 爬虫類. **2** 卑屈な.

républicain(e) a. 共和主義の；共和主義者の, 共和派の, 共和国の, 共和政の, 共和党の. calendrier ~ 共和暦. constitution ~e 共和国憲法. Garde ~e [de Paris] ガルド・レピュブリケーヌ, 共和国衛兵隊 (儀仗兵隊). parti ~ 共和党.
—— n. 共和主義者；共和派；共和党員.〖政党〗Mouvement national ~ 共和主義国民運動党 (1999 年設立, 略記 MNR).〖政党〗Parti ~ des Etats-Unis アメリカ合衆国の共和党.〖政党〗R~s indépendants 独立共和派 (1962-77 年；略記 RI).

république n.f. **1** 共和国；共和政〔体〕, 共和制. le président de la R~ française フ

ランス共和国大統領. la Ve R~ (フランスの) 第五共和政《1958 ~》. ~ démocratique (populaire, socialiste) 民主 (人民, 社会主義) 共和国. être en ~ 共和国 (政・制) である.

2〖古代史〗共和国；共和制都市. la ~ romaine ローマ共和国.

3〖比喩的〗共同体, 国体, 社会. ~ des lettres 文学界, 文壇.

répudiation (<répudier) *n.f.* **1** (一方的意思による) 離婚《フランスでは認められない》. ~ d'une épouse qui n'a pas d'enfant 子供のない妻の離縁.

2 (権利などの) 放棄. ~ de nationalité 国籍放棄. ~ d'une succession 相続放棄.

3〖比喩的〗拒否, 拒絶, 放棄. ~ de ses principes 原則の放棄.

répugnance *n.f.* **1** 嫌悪；嫌悪感；(人・物に対する) 軽蔑の気持；(食物などに対する) むかつき, 不快感. avoir de la ~ pour un aliment ある食物を毛嫌いする. éprouver de la ~ à l'égard de (pour) …に軽蔑 (不快感) を覚える.

2 (à に対する) 嫌気, 気が進まぬこと. ~ à la guerre 厭戦感. faire *qch* avec ~ いやいや何かをする.

répulsif (ve) *a.* **1**〖物理〗反発を起こす, はね返す. forces ~*ves* 反発力, 斥力.

2〖文〗反感 (嫌悪) を招く；胸のむかつく. physionomie ~*ve* 反感を覚えさせる容貌.

—*n.m.*〖農〗忌避剤. ~ à moustiques 害虫忌避剤 (農薬).

répulsion *n.f.* **1**〖物理〗斥力, 反発力. ~ de l'aimant 磁石の反発力. ~ électrique 静電斥力. ~ mutuelle 相互反発.

2 反感, 反発, 嫌悪. ~ instinctive 本能的嫌悪の情. avoir (éprouver) de la ~ pour (à l'égard de) *qn* (人に) 反感を覚える. inspirer de la ~ à *qn* (人に) 反感を抱かせる.

réputation *n.f.* **1** 評判. excellente ~ 素晴らしい評判. ~ exécrable ひどい評判. avoir une bonne (mauvaise) ~；jouir d'une bonne (mauvaise) ~ 評判が良い (悪い). hôtel qui a une mauvaise ~ 評判の悪いホテル. personnage de la plus belle ~ 最高に評判の良い人物.

~ de …という評判. ~ d'homme spirituel 才気に溢れた人という評判. ~ d'intelligence 知的であるという評判. avoir la ~ de …という評判である. se faire une ~ de … という評判を取る. Quelle est la ~ de cet appareil photo? この写真機の評判はどうですか?

2 名声 (=bonne ~).〖法律〗atteinte à la ~ 名誉毀損. acquérir de la ~ 名声を得る. attaquer (flétrir, noircir, salir) la ~ de *qn* 人の名声を傷つける (汚す). nuire à la ~ de *qn* 人の名声を汚す. perdre *qn* de ~ 人の名声を失墜させる. perte de la ~ 名声の失墜. retrouver sa ~ perdue 失った名声を取り戻す. Un individu sans ~ est sans honneur. 名声のない人物は尊敬に値しない. produit de ~ mondiale 世界的名声を博している製品.

3〖やや古〗(女性の) 貞節, 貞潔, 貞操 (= ~ d'une femme). une femme perdue de ~ 貞節の誉れを失った女性.

4 de ~ 噂で. connaître *qn* (*qch*) de ~ 人 (何) を噂で聞いている.

réputé (e) *a.p.* **1** 評判の高い；著名な, 名高い. médecin ~ 高名な (有能な) 医師. restaurant ~ 評判のいいレストラン, 著名レストラン. romancier ~ 有名な小説家. ~ + *adj.*；~ pour + *n.* (*inf*.) …で評判の. région ~*e* pour ses vins 葡萄酒の生産で名高い地方.

2〖法律〗(法律によって) 推定される, みなされる. jugement ~ contradictoire 対審判決とみなされる判決.

requérant (e) (<requérir) *a.*〖法律〗申請する, 請求する；裁判に訴える. partie ~*e* dans un procès 訴訟の原告.

—*n.* 申請人；原告 (=partie ~*e*, demandeur).

requête *n.f.* **1** 頼み, 懇願, 懇請, リクエスト, 請求；請願〔書〕. à (sur) la ~ de …の請願 (依頼) に基づき. Les décisions relatives à l'autorité parentale peuvent être modifiées à la ~ de l'un des époux. 配偶者の一方の請願に基づき親権に関する決定は変更され得る.

2〖法律〗(決定権限を持つ者に対する) 申請〔書〕. ~ civile 民事再審申請. ~ commun 共同申請. ~ conjointe 共同申請〔書〕. ~ en cassation soumise à la chambre des ~*s* 破毀院審査部に提出された上告書 (抗告). ~ en divorce 離婚関係の申請. maître des ~*s* au Conseil d'Etat コンセユ・デタの調査官.

requiem [rekɥ(w)ijɛm]〔ラ〕*n.m.inv.*〖しばしば R~〗**1**〖カトリック〗死者の鎮魂のための祈り (歌)；死者のためのミサ (= messe de ~).

2〖音楽〗レクィエム, 鎮魂曲. le R~ de Berlioz ベルリオーズのレクィエム.

requin *n.m.* **1**〖魚〗鮫 (さめ), 鱶 (ふか). ~ blanc 白鮫《人喰い鮫》. cuir de ~ 鮫革. potage aux ailerons de ~ ふかひれスープ.

2〖比喩的〗鱶のような人間, 強欲漢. ~*s* de la finance 金融界の血も涙もない貪欲人間.

requis (e) (<requérir) *a.p.* **1** (pour のために) 必要な, 必須の. diplôme ~ pour occuper ce poste この職に就くために必要とされる免状. satisfaire aux conditions ~*es* 必要条件を満たす.

2 (民間人が) 徴用された. travailleur ~ 徴用労働者.

3〖法律〗(検察官の論告によって) 求刑され

réquisition

―*a.* ～の.

――*n.m.* **1** 徴用民間人. **2**〖仏史〗ドイツ占領軍に徴用されたフランス民間人《1939-45年》.

réquisition (<requérir) *n.f.* **1** (証人喚問・証拠書類提出などの) 請求. ～ de la présentation d'une pièce 証拠書類の提出請求. ～ du président 裁判長による証人喚問 (証拠書類提出) の命令. prendre des ～s (証人喚問・証拠書類提出などの) 請求.

2〖刑法〗(検事の) 論告, 求刑. ～ de l'application de la loi 刑法に基づく論告求刑. ～s du ministère public 検事意見書, 検事の申立書. signer la ～ 論告求刑に署名する.

3 (住民の) 徴用, (軍隊の) 動員; (物資・建造物などの) 徴発. ～s civiles 公的機関による徴用. ～ d'emprise totale 包括的徴用の請求. ～s militaires 軍部による徴発. ～s d'hommes (de véhicules) 人員 (車輌) の徴用 (徴発). ～ de la force armée (自治体の首長による) 軍隊の出動要請.

4〖財政〗～ de paiement 強制的支払命令〔書〕.

réquisitoire *n.m.* **1**〖法律〗(検察官による) 論告, 請求. ～ introductif 予審開始請求.

2〖法律〗(検事の) 求刑.

3 (比喩的) 糾弾, 激しい非難. ～ contre le gouvernement 政府に対する激しい非難.

RER[1] (= *R*éseau *E*xpress *R*égional) *n.m.* (パリの) 首都圏高速鉄道網《都心部は地下鉄方式》.

RER[2] (= *r*éticulum *e*ndoplasmique *r*ugueux) *n.m.*〖生〗粗面小胞体《細胞内のざらざらした内腔細網膜体》. intégration de la protéine dans une cavité du ～ 粗面小胞体内への蛋白質の組み込み.

RES (= *r*achat d'*e*ntreprises par les *s*alariés) *n.m.*〖経済〗賃金労働社員による自社株の買取り.

res [rεs]〔ラ〕*n.f.* 物.〖法律〗～ communis 万人の共有物 (共用物) (=〔仏〕chose commune) (空気, 太陽光線など). ～ derelicae 遺棄物 (=〔仏〕chose abandonnée).

rescapé(e) *a.* (事故・災害などの) 難を免れた, 生き残った. passagers ～s 難を免れた乗客, 生存乗客.

――*n.* 生存者. ～s d'un tremblement de terre 地震災害の生存者.

rescindant(e) *a.*〖法律〗(再審手続における判決の) 取消手続の (= rescisoire).

――*n.m.* (再審手続における判決の) 取消手続, ～ de la requête civile 再審申請における判決の取消手続.

rescision (<rescinder) *n.f.*〖法律〗(契約など法律行為の) 解除, 取消し. ～ d'une vente 売買契約の解除. ～ pour cause de violence 強迫を理由とする取消.

rescisoire *n.m.*〖法律〗(再審手続における) 原審請求 (= rescindant).

rescousse *n.f.*〖古〗(拉致された人・物の) 奪回, 奪還. ～ d'une personne enlevée par force 拉致された人物の奪回.

2〖国際法〗(拿捕された船舶・積荷の) 取戻し.

3 救出, 救援, レスキュー. à la ～ 助けに, 救助に. aller à la ～ de *qn* 人を救助しに行く. appeler *qn* (*qch*) à la ～ 人 (何) の助けを求める.

rescrit *n.m.* **1**〖古代ローマ〗(ローマ皇帝の) 答書, 勅裁書.

2 (皇帝の) 勅令, 勅令書 (= ～ impérial).

3〖教会法〗教皇裁定書, 教皇答書. ～ de grâce 教皇の赦免答書.

4〖法律〗高権解釈〔書〕. ～ de la commission des opérations de bourse 証券取引委員会による解釈意見.

réseau(*pl.*～**x**) *n.m.* **1** 網目; 網目状のレース地; ヘアーネット. ～ des mailles d'un filet 網目の網目.

2 網状のもの, 網;〖解剖〗網, 叢;〖動〗(反芻動物の) 網胃, 第二胃. ～ artériel (veineux) 動脈 (静脈) 網 (叢). ～ de fils de fer barbelés 鉄条網. ～ d'une toile d'araignée 蜘蛛の巣の網目. ～ hydrographique (河川の) 水系.

3〖美術・建築〗(円天井・ステンドグラスなどの) 網状模様.

4〖数〗束 (そく)

5〖理〗格子; 結晶格子 (= ～ cristallin). 格子線, 網状線; 回路網 (= ～ électrique). ～ concave 凹面格子. ～ correcteur 補償回路. ～ cubique 立方格子. ～ d'antennes 空中線網, アンテナ線網. ～ de barres (原子炉の) 燃料棒格子. ～ de diffraction 回折格子. ～ de distribution 配電 (配管) 網.

6 (交通・通信などの) 組織網, ネットワーク, 網; (特に) 鉄道網. ～ aérien 空路網. ～ de communication urbain 都市交通網. ～ de télévision TV 放送網. ～ d'observation 観測網. *R*～ express régional 首都圏高速鉄道網《パリ郊外を結ぶ高速地下鉄網; 略称 RER》. *R*～ ferré de France フランス鉄道網公社《略記 RFF; 1997年設立》. ～ ferroviaire (ferré) 鉄道網. ～ fluvial 河川輸送網, 水路網. ～ pluvial 排水路網. ～ routier 道路網. ～ téléphonique 電話回線網.〖鉄道〗～ TGV 超高速列車路線網. ～ urbain 都市のライフライン網; (特に) 都市鉄道網.

7〖情報・電算〗オンラインシステム (= ～ d'ordinateurs). ～ numérique à intégration de service サービス統合ディジタル・オンラインシステム《略称 RNIS》.

8 (経済的・社会的) 組織網; (人の) 組織網, 連絡網; 秘密組織網. ～ commercial (de distribution) 販売網, 販路. ～ d'espionnage スパイ網, 諜報組織網. ～ de résistance レジスタンス運動の地下組織. ～ social 社会の組織網.

résection *n.f.* 〚医〛切除〔術〕. ～ à l'anse 絞断器〔スネアー, ワイヤー〕を用いた切除. ～ costale 肋骨切除術. ～ endoscopique〔par les voies naturelles pour adenome〕de prostate 前立腺腫(癌)の内視鏡的切除〔術〕. ～ muqueuse endoscopique pour néoplasme superficiel de l'œsophage 食道表面の悪性新生物の内視鏡を用いた粘膜切除〔術〕. ～ partielle du foie 肝部分切除術. ～ pulmonaire 肺切除術.

réserpine *n.f.* 〚薬〛レセルピン《インドじゃぼく le rauwolfa の乾燥根エキスに含まれるアルカロイド；鎮静・血圧降下剤》.

réservataire *n.* 〚法律〛**1**(相続財産の)遺留分(réserve héritaire) の権利者(=héritier ～).
2(予約契約 contrat de réservation による) 留保(予約)権利の受益者.

réservation *n.f.* **1**(ホテル・レストラン・劇場・乗物などの)予約, リザーヴェーション. ～s en surnombre 過剰(重複)予約, オーヴァー・ブッキング. ～ obligatoire 予約必須〔制〕. ～ obligatoire des places dans les TGV avant le départ au guichet ou avec distributeurs à ～ rapide. TGV の座席予約は発車前に窓口または至急自動予約券売機で必ず行なうこと. ～ d'une chambre d'hôtel ホテルの部屋の予約. Sans dépôt d'arrhes, la ～ est assurée jusqu'à 19 heures. 予約金を支払わない限り, 客室の予約は19時までしか保証されません. système de ～ 予約管理システム. système de ～ Socrates(フランス国鉄の)予約システム「ソクラテス」. confirmer(annuler) une ～ 予約を確認する(取消す). effectuer une ～ sur Internet インターネットで予約を行なう.
2 予約券, 予約票. présenter son billet de train et sa ～ au contrôleur 車掌に乗車券と座席予約券を呈示する.

réservation² *n.f.* 〚法律〛(権利の)留保；留保された権利. ～ d'un droit dans un contrat 契約における権利の留保.

réserve *n.f.* Ⅰ〚貯え〛**1** 貯え, 備蓄, 貯蔵, 予備；〔*pl.* で〕備蓄物資. ～ d'eau potable 飲料水の備蓄. ～ de vivres 食料備蓄. de ～ 予備の. vivres de ～ 備蓄食品, 保存食. en ～ 予備に. avoir〔garder, mettre, tenir〕*qch* en ～ 何かを予備にとっておく(蓄えておく).
2〚生理〛予備；〔*pl.*で〕貯蔵物資(=～s nutritives). ～s lipidiques 脂質予備.
3(油田, ガス田などの)埋蔵量. ～s pétrolières 石油埋蔵量(=～ de pétrole).
4〚軍〛予備軍(=armée de ～)；予備役期間；予備役. officier de ～ 予備役将校.
5〚経済・財政〛準備金, 引当金, 積立金(=～ monétaire). ～ de devise étrangère 外貨準備高. ～ de garantie(保険会社や銀行の)保証. ～s facultatives 任意準備金. ～s légales¹ 法定準備金(=～s obligatoires). ～s statuaires 定款による準備金. fonds de ～ 準備金, 留保金；(会計上の)利益剰余金.
Ⅱ《保存・保護すべき場所(物)》**1** 貯蔵所, 備蓄場所；倉庫. ～ de marchandises 商品のストック場所.
2(博物館, 図書館, 文書館の)特別収蔵室；特別収蔵品, 特別保存図書(総称). ～ de la Bibliothèque Nationale 国立図書館の特別保存図書.
3(保存・保護のための)指定区域, 保護区. ～ de chasse(de pêche)禁漁(禁猟)区.〚林業〛～ d'une forêt 森林の伐採制限指定区域. ～ naturelle 自然保護区, 自然環境保全地域. ～ zoologique 鳥獣保護区.
4 指定居住地, 特別区. ～ amérindienne(indienne) アメリカ・インディアン居住区.
5 ～s foncières 遊休公有地.
6〚美術〛(作品中の)手の加えられていない部分, 白地の部分；余白.
7〚染色〛防染剤で被われた部分；防染剤.
Ⅲ《制限・留保》**1**〚法律〛留保；留保条項；留保条件. clause de ～ de propriété 所有権留保条項. faire des ～s sur *qch* 何に対して留保をつける. avec ～ 留保つきで. sans ～¹ 留保をつけるに, 無条件で, 全面的に. acceptation sans ～ 無条件の承諾.〚法律〛sous toutes ～s(明記しない事項については)保証の限りでない；〔常用〕真偽の保証なしに. information donnée sous toutes ～s 未確認情報. sous〔toute〕～〔あらゆる〕条件つきで. donner son accord sous ～ 条件つきで同意する.
〚法律〛sous ～ de+*n.*(*inf.*)；sous ～ que+*subj.* …〔することの権利〕を留保して；〔常用〕…でない限り. sous ～ d'erreur 間違っているのでなければ. sous ～ de vérification 確認することを条件に.
2〚法律〛(相続財産の)遺留分(=～ héréditaire, ～ légale²).
Ⅳ《慎み》控え目, 慎重.〚行政〛obligation de ～ (公務員の)慎重義務, 守秘義務, 職責上の義務. être〔rester, se tenir〕sur la ～ 控え目にする. manquer de ～ 慎みを欠く. sans ～² 無遠慮に, 率直に.

réservé(e) *a.p.* **1**(à, pour)(特定の人・用途などに)充てられた, 取っておかれた, 専用の, (の)ための. biens ～s 妻の留保財産《1985年廃止》. chasse(pêche)～*e* 特定猟区(漁区). emplacement ～ aux voitures officielles 公用車専用駐車場. places ～*es* aux invalides 身体障害者用座席. quartier ～ 売春街.
2 予約されている, 予約した, 指定した.〚鉄道〛compartiment ～ aux non-fumeurs 禁煙車室. place ～*e* 予約席. places ～*es* aux invalides 傷病者専用席.〚鉄道〛voiture ～*e* 団体予約車輌.
3〚法律〛保留された.〚教会法〛cas ～s 留保事項. Tous droits de reproduction, de

traduction et d'adaptation ~s pour tous pays すべての国において複製・翻訳・翻案に関するすべての著作権（コピーライト）所有. **4** 控え目な；慎重な；よそよそしい. caractère ~ 控え目な性格.

réserviste *n.m.*〖軍〗予備役軍人.

réservoir *n.m.* **1** 貯水池；貯水槽；（ガス・ガソリンなどの）タンク；（燃料用）タンク. ~ d'essence（自動車などの）ガソリンタンク. ~ de gaz (de pétrole) ガス（石油）タンク. ~ d'irrigation 灌水用貯水池. ~ d'un barrage ダムの貯水池, ダム湖.
2 養魚池, 生簀（いけす）. ~ de crustacés 貝殻類の生簀.
3〖医〗~ d'infection 病原巣.
4〖比喩的〗貯蔵庫. ~ de main d'œuvre 労働力の宝庫.

résidant(e) *a.* 居住する. membre ~ d'une société des savants 学会の在住会員（membre correspondant「通信会員」の対）.
—*n.* 居住者. ~ d'une maison de retraite 老人ホームの居住者.

résidence *n.f.* **1** 居住；居住地；〖法律〗居所（事実上の居住地）. certificat de ~ 居住証明書. avoir sa ~ à Paris パリに住む. changer de ~ 居所を変える. établir la ~ 居所を定める.
2（職務・法規上の）義務的な居住；駐在；在任期間.〖法律〗~ forcée（保釈などの場合の）住居制限.
3 住居；邸宅；高級住宅〔地〕. ~ principale 主住居, 本宅, 本居. ~ secondaire 副住居, 別荘, セカンドハウス. Hôtel Lassay, la ~ du président de l'Assemblée nationale 国民議会議長公邸ラセー館. ~ de tourisme 観光（保養）向け高級マンション. ~ mobile 移動式住居, トレーラー・ハウス, モバイル・ホーム（〖英〗mobile-home に対する公用推奨語）.
4（外国駐在の）外交官の職（公邸）. ~ d'un ambassadeur 大使公邸.
5 ~ universitaire 大学学生寮. Fédération des ~s universitaire de France フランス大学学生寮連盟（略記 Fruf；1964 年設立）. Fédération des étudiants en ~ universitaire de France フランス大学学生寮衆生連盟（略記 Feruf；1974 年 Fruf の分裂により 1975 年設立）.

résident(e) *n.* **1** 外国人在留者, 居留民. ~s japonais en France フランス在留日本人. carte de ~ 居留外国人証明書.
2（国籍を問わない）居住者. ~s et non-~s 居住者と非居住者.
3 外国駐在外交官；〖古〗（保護国に派遣された）駐箚（ちゅうさつ）官. ~ général au Maroc モロッコ総督.〖古〗ministre ~ 弁理公使.
4（居住施設の）入居者；（学生寮などの）寮生. ~s de la Cité universitaire de Paris パリの大学都市の学生寮入居者. ~s secon-

daires 別荘居住者, 別荘所有者.
5〖医〗(病院の) インターン, 研修医.
6〖カナダ〗居住者（= résidant）.
—*a.*〖情報処理〗（コンピュータの）メモリーに記録された. programme ~ メモリ記録プログラム.

résidabitiel(le) *a.* **1** 住宅用の. quartier ~ 住宅街；高級住宅街.
2 住み心地の良い. immeuble ~ le 住み心地の良い集合住宅.

résidu *n.m.* **1** 残った物, 残り滓（かす）, 残余. ~s de tabac 煙草の吸殻. ~ de la sagesse humaine 人智の残存物.
2〖工, 化〗残滓（さんし）, 残渣；残留物；〖化・生化〗残基.〖化〗~s de combinaison 化合残滓. ~s de fission 核分裂生成物. ~s industriels 産業残留物, 産業廃棄物.〖地学〗~ magmatique マグマの残渣.
3〖数〗剰余, 留数；〖論理〗剰余.〖数〗~ de puissance 冪（べき）剰余.〖論理〗méthode des ~s 剰余法.

résiduaire *a.* 残滓の, 滓（かす）の. eaux ~s 廃水.

résiduel(le) *a.* 残りの, 残留性の；廃物の.〖地理〗relief ~ 残丘（準平原地帯で侵蝕から残された地形）. rayonnement nucléaire ~ 核爆発残留放射能.〖地質〗roches ~les 残留堆積物.

résignataire *n.m.*〖法律〗(公職, 聖職禄の) 譲受人.

résignation *n.f.* **1** 諦め, 諦観（ていかん）；忍従, 服従. ~ à l'injustice 不正に対する諦め. avec ~ 諦めて. endurer (subir) qch avec ~ …を甘受する.
2〖法律〗辞職, 辞任；辞表；引退；譲位.

résigné(e) *a.* 諦めた, 忍従した. ~ à son sort 運命を甘受した. d'un air ~ 諦め顔で.
—*n.* 諦めた人, 忍従する人.

résiliabilité *n.f.*〖法律〗解約可能性.

résiliable *a.*〖法律〗解約しうる. contrat ~ 解約可能な契約.

résiliation (< résilier) *n.f.*〖法律〗（契約の）非遡及的解除,（契約の）解除, 告知. ~ conventionnelle 当事者双方の合意による契約の解除. ~ d'un contrat de travail 労働契約の解除.

résine *n.f.* 樹脂. ~ acrylique アクリル樹脂. ~ époxy エポキシ樹脂. ~ glycérophtalique グリセリン・フタール酸樹脂. ~ synthétique 合成樹脂. ~ du pin 松脂（まつやに）.

résiné *a.m.*〖葡萄酒〗樹脂を含んだ, 松脂分を含んだ. vin ~ grec ギリシアの樹脂を含んだ葡萄酒（ギリシアの特産品）.
—*n.m.* 樹脂を含んだ葡萄酒. boire du ~ 樹脂を含んだ葡萄酒を飲む.

résineux(se) *a.* **1** 樹脂を含む（= résinifère）. arbre ~ 樹脂性木.
2（匂いや味が）樹脂のような. substance ~ et aromatique 樹脂のような香りのする物

質.
——*n.m.pl.* 樹脂植物《針葉樹など》.

résinier(ère) *a.* 樹脂の. industrie ~ *ère* 樹脂産(工)業.
——*n.* 樹脂採取人.

résinifère *a.* 樹脂を生産する, 樹脂を出す. bois ~ 樹脂生産性樹木.

résinoïde *a.* 樹脂に似た, 樹脂様の.
——*n.m.* 樹脂性物質；ゴム樹脂, 合成樹脂.

résistance *n.f.* ① 《物理・生理現象》 **1** 耐性；強度. ~ à la corrosion 耐蝕性. ~ au feu 耐火〔性〕. ~ d'un corps au choc 物体の衝撃耐性. ~ d'un textile à l'usure 繊維の摩耗強度(耐摩耗性). ~ d'une voiture 車の強度(頑丈さ).
2 抵抗, 抵抗力；〖医〗耐病性. ~ de l'air 空気抵抗. ~ physiologique 生理的抵抗力.
3 〖電気〗抵抗；抵抗器；抵抗線. ~ ohmique オーム抵抗, 直流抵抗. ohm, unité de ~ 抵抗の単位オーム.
4 〖工〗~ des matériaux 材料力学；材料強度.
5 (動植物・人間の)耐久力, 耐性, 抵抗力. ~ à la fatigue 疲労に対する耐力. ~ aux antibiotiques 抗生物質に対する耐性. ~ d'une plante à la chaleur 植物の耐暑性. manquer de ~ 持久力に欠ける.
6 plat de ~ (食事の)主菜 (= plat principal).
② 《人間の行為》 **1** 抵抗, 反抗；抗争；抵抗(反対)運動, 妨害. ~ à l'oppression 弾圧に対する抵抗. ~ active 積極的抵抗. ~ passive 消極的抵抗, 無言の抵抗. ~ palestinienne パレスチナの抵抗運動. opposer une ~ farouche 死物狂いに抵抗する. sans ~ 抵抗しないで；難なく. se heurter à une vive ~ 激しい抵抗に遭遇する.
2 《多く R~》〖史〗(第二次世界大戦下の)レジスタンス運動；抗独派. Conseil national de la R~ 全国レジスタンス評議会(1939-45 年；略記 CNR). combattants de la R~ レジスタンスの戦士. médaille de la R~ レジスタンス勲章.
3 〖精神分析〗抵抗. levée des ~s 抵抗の解除.
4 精神的抵抗力, 頑張り. limites de la ~ 忍耐力の限界.

résistant(e) *a.* **1** 〖物理〗抵抗力のある；丈夫な, 強い. matière ~*e* à la chaleur (à la lumière) 耐熱(耐光)性物質. tissu ~ 丈夫な織物.
2 (人が)耐久力のある, 丈夫な；耐性のある. homme ~ 丈夫な人. être ~ à la fatigue 疲労に強い, 耐久力がある. Il est très ~. 彼はとても丈夫だ.
——*n.* **1** 抵抗する人, 抵抗派. **2** (特に)(第2次世界大戦中の)レジスタンス活動家.

résistivité *n.f.* 〖電〗比抵抗 (= résistance spécifique), 比電気抵抗, 電気抵抗率《SI 単位は Ωm》.

resocialisation *n.f.* 社会復帰.

résolu(e) (< résoudre) *a.* **1** 果断な, 毅然とした, 断乎とした. avec un air ~ 毅然とした態度で. se montrer très ~ à ne pas céder 頑として譲らぬ態度を示す.
2 解決した. problème ~ 解決した問題.

résoluble *a.* **1** 分解できる. **2** 解決できる. question ~ 解決し得る問題. **3** 〖法律〗(契約が)解除できる. contrat ~ 解除できる契約.

résolutif(ve) *a.* **1** 〖医〗(腫れ, 炎症を)散らす. cataplasme ~ 消炎湿布.
2 〔古〕決断する.
——*n.m.* 〖薬〗(腫れ, 炎症の)消散剤.

résolution *n.f.* ① **1** 決心, 決意, 覚悟. ~ inébranlable 確固たる決意. prendre (former) la ~ de + *inf* …する決心をする.
2 〖政治〗(国会の)決議；〔一般に〕(総会などの)決議. ~ adoptée par l'Assemblée générale de l'Onu 国連総会採択決議. ~ du Conseil de sécurité de l'Onu 国連安全保障理事会決議. ~s prises par l'Assemblée nationale 国会決議.
3 決断力. avec ~ 断固として, 決然と. avoir de la ~ 決断力がある.
② **1** 溶解, 分解. ~ de la neige en eau 雪が解けて水になること.
2 〖医〗(腫れ, 炎症などを)散らすこと, 消散；(筋肉の)弛緩, 軟化；(腫瘍, 膿瘍の)消滅；緊急緩和. ~ d'un abcès 潰瘍の吸収消散. ~ d'une inflammation 炎症の消散. ~ musculaire 筋肉の緊張解消 (弛緩).
3 〖法律〗(契約の)解除. ~ d'un bail 賃貸契約の解除.
4 〖論理〗分解, 分析.
5 解決, 解消, 解明. ~ d'une difficulté 困難な解消. ~ d'un problème 問題の解決.
6 〖数〗解法；(ベクトルの)分解. ~ algébrique 代数的解法. ~ d'une équation 方程式の解法. ~ d'un triangle 三角法 (= frigonométrie). ~ numérique 数値解法.
7 〖音楽〗解決 (不協和音の協和音への移行). ~ 〖和〗音.
8 〖光学〗解像〔度〕；解像力 (= pouvoir de ~), 分解能；(レーダーの)最小識別距離；〖電算〗(ディスプレー, プリンターの)解像度；(スペクトル線などの)分解能. ~ horizontale 水平解像度. ~ optique de 3600 points par pouce 光学解像度 3600 dpi. ~ maximale de 1600×1200 points par pouce (ppp) (ディスプレーなどの)最大解像度 1600×1200 dpi. imprimante à ~ de 2400×1200 ppp 解像度 2400×1200 dpi のプリンター. objectif à haute ~ 高解像度レンズ.

résolutoire *a.* 〖法律〗(契約を)解除を目的とした；解除に適した. action ~ 解除請求訴権. clause ~ 解除(解約)条項. condition ~ 解除(解約)条件.

résonance *n.f.* **1** 反響, 響き, 共鳴. ~

résonant(e)

d'une salle ホールの反響性 (響き). caisse de ～ 反響箱. entrer en ～ 共鳴する.
2〖物理・化・天文〗共鳴；共振. ～ magnétique nucléaire 核磁気共鳴(略記 RMN；=〔英〕NMR：*n*uclear *m*agnetic *r*esonance). énergie de ～ 共鳴エネルギー. fréquence de ～ 共鳴振動数. imagerie par ～ magnétique〔核〕磁気共鳴断層造影〔法〕(略記 IRN). niveau de ～ nucléaire 核磁気共鳴エネルギー単位. potentiel de ～ 共鳴電位.
3〖医〗(胸部打診の) 共鳴音.
4〖文〗共鳴, 共感. ～s profondes 深い共感.

résonant(e) *a.* **1** よく反響する, 響きのよい, よく通る. voix ～e よく通る声.
2〖物理〗共鳴の, 共振の. circuit ～ 共振回路. état ～ 共鳴状態.

résorcine *n.f.*〖化〗レゾルシン, レゾルシノール (résorcinol)(爆薬・染料・医薬品の原料).

résorption *n.f.* **1**〖医〗吸収. ～ de l'os 骨吸収. ～ du pigment 色素吸収. ～ intestinale d'un médicament pris par la bouche 経口医薬品の腸内吸収.
2〖物理〗再吸収.
3〖地学〗融食 (溶食) 作用.
4 (有害な現象の) 段階的解消. ～ du chômage 失業の解消. ～ de l'inflation インフレの沈静.

respect [-pɛ] *n.m.* **1** 尊敬, 敬意. ～ de qn 人が抱く敬意；人に対する敬意 (= ～ pour qn). ～ de soi〔-même〕自尊心. ～ d'un étudiant pour son professeur 学生の教授に対する尊敬の念. ～ pour les morts 死者に対する敬意. ～ sincère 真摯な敬意. attitude pleine de ～ 敬意に満ちた態度. avoir du ～ pour qn 人を尊敬している. inspirer (imposer, s'attirer) le ～ 尊敬の念を抱かせる. manquer de ～ à (envers) qn 人に敬意を欠く. manquer de ～ à une femme 女性になれなれしくしすぎる. montrer (témoigner) du ～ à qn 人に敬意を表する. avec ～ 敬意をもって, うやうやしく. sauf votre ～；sauf (avec, malgré) le ～ que je vous doit 失礼ですが. Je vous prie d'agréer, Monsieur, l'expression de mon profond ～.敬具〔手紙の末尾の文言〕.
2 尊重, 遵守；(物を)大切にすること. ～ de l'étiquette エチケットの遵守. ～ des lois 法律の尊重. droit au ～ de la vie privée 私生活尊重の権利.
3〖*pl.* で〗敬意のしるし, 挨拶. présenter ses ～s à qn 人に敬意を表する.〖軍〗Bonjour, mon colonel, mes ～s! おはようございます大佐殿〔上官に対する敬意の表現〕.
4 ～ humain 世間体, 外聞.
5 強制的な服従. tenir qn en ～ 人を抑え, 人を威圧する. tenir l'ennemi en ～ 敵を寄せつけない.

respectable *a.* **1** 尊敬すべき, 敬意に値する, 評価すべき；〖皮肉〗結構な. famille ～ 尊敬すべき家族.
2 おびただしい, かなりの, 相当量の. nombre ～ de *qch* かなりの数の. salle de dimensions ～s かなりの規模の広間.

respectif (ve) *a.* それぞれの, めいめいの, 各自の. apports ～s 相互の寄与. chances ～ves de deux adversaires 二人の敵対者双方にあるチャンス.〖法律〗enquête ～ve 各側証人尋問. position ～ve des deux astres 2つの天体のそれぞれの位置.

respectivement *ad.* それぞれ. quatre points désignés ～ A, B, C et D それぞれ A, B, C, D と名付けられた 4 点.

respectueux (se) *a.* **1** 敬意を払う；うやうやしい. foule ～se 敬意を払う群衆. être ～ à l'égard de (envers, pour) qn 人に敬意を払っている, 人を尊敬している.
2 尊敬を表す；丁重な.〖法律〗acte ～ (尊属に対する) 丁重な文書. air (ton) ～ 敬意のこもった様子 (口調). demande (lettre) ～se 丁重な要求 (手紙). rester à distance ～se 敬意から少し隔りを置いている. Veuillez agréer, Monsieur, l'expression de mes sentiments ～. 敬具〖手紙の末尾の文言〗. Veuillez agréer mes ～ hommages. 敬具 (特に目上の女性に対する手紙の末尾の文言).
3 (de を) 尊重する. être ～ du bien d'autrui 他人の財産を尊重している.

respirateur *n.m.* **1** 防毒 (防塵)マスク.
2〖医〗人工呼吸器.

respiration *n.f.* **1** 呼吸, 息, 息遣い. ～ artificielle 人工呼吸. ～ artificielle manuelle 手を使った人工呼吸. ～ assistée 人工呼吸器による呼吸. ～ difficile 呼吸困難 (= dyspnée). ～ entrecoupée とぎれとぎれの息遣い. ～ haletante はずんだ息. arrêt de la ～ par asphyxie 窒息による呼吸停止. mouvement de ～ 呼吸運動. reprendre sa ～ 息をつぐ. retenir sa ～ 息をつぐ.
2〖生理・医〗呼吸, 呼吸運動. ～ à aile de nez 鼻翼呼吸. ～ abdominale 腹式呼吸. ～ bruyante 喘鳴 (ぜいめい). ～ cutanée 皮膚呼吸. ～ externe 外呼吸. ～ interne 内呼吸. ～ organique (= ～ tissulaire). ～ paradoxale 奇異呼吸. ～ pulmonaire 肺呼吸.
3〖音楽〗フレーズ.

respiratoire *a.*〖医・生理〗**1** 呼吸に関する, 呼吸を司る. appareil ～ 呼吸器 (bronche, larynx, pharynx, poumon, trachée-artère など). système ～ 呼吸器系.
2 呼吸の；呼吸性の. arythmie ～ 不整脈. bruit ～ 呼吸音. centre ～ 呼吸中枢. cycle ～ 呼吸周期. échanges ～s de la plante 植物のガス交換. insuffisance ～ 呼吸不全. maladies ～s 呼吸器疾患. quotient

~ 呼吸商(二酸化炭素産出量と酸素消費量の比). 〚薬〛stimulant ~ 呼吸興奮剤. troubles ~s 呼吸障害. volume ~ 呼吸気量.

responsabilisation *n.f.* **1** 責任をとらせること. **2** (人に)責任感を自覚させること.

responsabilité *n.f.* **1** 責任. ~ atténuée 軽減責任. ~ civile (pénale) 民事(刑事)責任. ~ collective 連帯責任. ~ contractuelle 契約責任. ~ délictuelle 不法行為責任. ~ en matière d'accident d'automobile 自動車事故に関する責任. ~ légale 法的責任. ~ ministérielle (議会に対する)閣僚責任. ~ pénale des personnes morales 法人の刑事責任. ~ politique 政治責任. poste de ~ 責任のある地位. société à ~ limitée 有限責任会社, 有限会社(略記 SARL). décliner toute ~ 責任を負わない. fuir les ~s 責任をのがれる. prendre (assumer) la ~ de *qch* …の責任を負う. rejeter la ~ de *qch* sur *qn* …の責任を(人に)転嫁する. **2** 〔多く *pl.*〕責任にある地位;職責.

responsable *a.* **1** (de に関して)責任がある;(の)責任者である. être ~ de *qn* 人に対して責任がある. rendre *qn* ~ de *qch* 人に何の責任を負わせる. se sentir ~ de *qn* 人に対し責任を感じている. **2** 〚法律〛(損害賠償の)責任がある. éditeur ~ 出版責任者. Les parents sont ~s des dommages causés par leurs enfants mineurs. 親は未成年の子供の起こした損害に対して責任がある. **3** 分別のある, 思慮深い. agir en homme ~ 思慮深く振舞う.
——*n.* **1** 責任者. ~ des relations publiques PR(広報)の責任者. ~s d'un parti politique 政党幹部. ~ sur place 現地責任者. ~ *e* syndicale 組合の女性責任者. **2** 〔話〕張本人, 元凶;(事故などの)責任者. ~ d'un accident 事故の責任者. Le vrai ~, c'est l'alcool. アルコールが真の原因物質だ.

ressemblance *n.f.* **1** 類似. avoir une ~ avce …と類似している. ~ parfaite 酷似. **2** 〔*pl.* で〕類似点. identification des ~s 類似点の確認. **3** 〔文〕類似した姿. Dieu a fait l'homme à sa ~. 神は自分の姿に似せて人間を造った.

ressentiment *n.m.* 恨み, 怨恨, 遺恨(=rancœur). ~ féroce ひどい恨み. éprouver du ~ de *qch* contre *qn* 何について人に恨みを抱く. s'attirer (soulever) le ~ de *qn* 人の恨みを買う.

resserrement (<resserrer) *n.m.* **1** 締め直し, 結束. ~ d'une nœud 結び目の締め直し. ~ des mâchoires 顎の引き締め. ~ d'une amitié 友情の結束. **2** 縮める(縮まる)こと, せばめる(せばま

る)こと;引き締め;収縮. ~ du cœur 胸のしめつけられる思い. 〚経済〛 ~ du crédit (de l'argent) 金融引締め. sentiment de ~ à l'épigastre みぞおちの締めつけ(ひきつり)感.

ressort[1] *n.m.* **1** ばね, ぜんまい, スプリング. ~ à boudin コイルばね. ~ à lames 板ばね. lame de ~ (板ばねの)ばね板. ~ - bague 輪型スプリング, コイル. ~ d'appui 支えばね. ~ d'embrayage クラッチばね. ~ de rappel 引張りコイルばね, 戻しばね. ~s de soupapes d'un moteur d'automobile 自動車エンジンの弁ばね. ~s de suspension d'une voiture 車のサスペンション〔ばね〕. ~ d'une jouet mécanique 機械仕掛けの玩具のばね. ~ en hélice (héricoïdal, spiral) コイルばね, 渦巻きばね. ~ moteur d'une horloge 時計のぜんまい.
à ~ ばね式の, ばねで作動する. articulation à ~ ばね式継手. fusil à ~ ばね式銃(玩具). horloge à ~ ぜんまい式時計. matelas à ~ スプリング入りマットレス. faire ~ (ばねのように)はね返る, バウンドする. tendre le ~ d'un mécanisme 機械のばねを締める(ねじを巻く).
2 反撥力;活力, 気力. avoir du ~ 気概がある. manquer de ~ 気力に欠ける. mû comme par ~ はじかれたように飛び上がった. sans 〔aucun〕 ~ 腑甲斐ない.
3 〔比喩的〕ばね;原動力;動機. ~s cachés (secrets) 隠れた(秘められた)力. ~ de la volonté 意思の力. aveugle ~ 盲目的(本能的)な生命力. L'honneur, ~ de la puissance 力の原動力である名誉.

ressort[2] *n.m.* **1** 〚法律〛(権限のある機関や裁判所などの地理的な)管轄, 管轄区域, 管区. ~ de la cour d'appel 控訴院の管轄〔区域〕. du ~ du préfet 知事の管轄区域. être du ~ de[1] …の管轄に属する. **2** 〚法律〛(事案の性質などによる裁判所の)審級. en dernier ~ 終審で. jugement en premier (dernier) ~ 始(終) 審判決. taux du ~ (裁判所の)審級管轄制限額. **3** 〔一般的用法〕管轄, 権限. en dernier ~ 最終的に, 決定的に. être du ~ de[2] …の権限に属する. Ce n'est pas de mon ~. それは私の出る幕でもない.

ressortissant(*e*) (<ressortir) *a.* 〚法律〛(à の)管轄(権限)に属する, 管轄下にある.
——*n.* (特定の国, 身分規定の)管轄下にある人, 所属民;国籍保有者. ~s des Etats membres de l'Union europénne ヨーロッパ連合加盟国国籍保有者.

ressource *n.f.* **1** (困難を克服するため の)手段, 方策, 手だて. la ~ de faire *qch* 何をするための手段(方策). avoir la ~ de+*inf.* …する手だてがある. n'avoir d'autre ~ que de+*inf.* …する以外の手だてがない. unique ~ 唯一の手段. en dernière

～ 最後の手段として. Vous êtes ma dernière ～. あなたが私の最後の頼みの綱です.〔文〕sans ～ 手だてがない. situation sans ～ 救いようのない状況.

2〔*pl.* で〕資源. ～s en eau (en énergie, en hommes) 水(エネルギー, 人的)資源. ～s naturelles 天然資源. exploitation des ～s 資源開発.

3〔*pl.* で〕財源；生活手段の収入；総体, 資財, 財産；(法人の)資金, 資源. ～s de l'Etat 国庫の財源, 国庫金. ～s affectées (歳入)の特定財源. ～s cachées 隠匿財産. augmenter les ～s de qn 人の資財を増やす. être sans ～s 一文無しである.

4〔*pl.* で〕(芸術・技術などの)可能性, 潜在能力. ～s de l'artiste 芸術家の可能性. les infinies ～s de l'homme 人間の無限の可能性. ～s d'une langue 言語の表現資材. homme de ～(s)敏腕家, 策士.

5 気力, 意地；蓄えた力, 余力. avoir de la ～ 気力(余力)がある.

6〔航空〕急降下引起し. avion en ～ 急降下引起し状態の航空機 (en virage「施回中の」の対).

restant[1] *n.m.* **1** 残り. ～ de lumière 残光.

2 残金, 残額. payer le ～ 残金を支払う.

restant[2] (*e*) *a.* **1** 残っている, 残りの；生き残っている. argent ～ 残金.〔物理〕raynos ～s 残留線.

2〔郵〕局留めの. poste-～-e 局留郵便.

restaupouce *n.m.*〔話〕レストーブース, ファーストフード店.

restaurant (<「体力を回復させる濃厚なブイヨン」が原義) *n.m.* **1** レストラン, 料理店, 食堂. ～ à bon marché 安いレストラン. ～ à service-rapide ファーストフード (=fast-food). ～ d'autoroute オートルート・レストラン (=restoroute). ～ d'entreprise 社員食堂. ～ d'un hôtel ホテルのレストラン；ホテルの食堂. ～ de luxe 高級レストラン. ～ d'une gare 駅の食堂, ビュッフェ (=buffet de la gare). ～ japonais (chinois) 日本(中華)料理店. ～ libre-service セルフサービスの食堂 (=〔俗〕restau, resto). ～-pont (高速道路を跨ぐ)橋状レストラン. ～ populaire 大衆食堂. ～ régional 郷土(地方)料理店. ～ trois étoiles (deux étoiles, une étoile) (ミシュランのホテル・レストラン案内書の) 3つ星(2つ星, 1つ星)レストラン. ～ universitaire 学生食堂 (=〔俗〕resto U). ～ végétarien 菜食主義者向けレストラン.

café-～ カフェ・レストラン. chèque-～ 食券. hôtel-～ ホテル付属レストラン. hôtel sans ～ 付属レストランのないホテル. salle d'un (de) ～ レストランの食堂.〔鉄道〕voiture (wagon)-～ 食堂車. dîner au ～ レストランでの夕食.

2〔古〕レストラン(栄養価が高く体力を回復させるブイヨンの呼称；18世紀の庶民向けポタージュ類)；このレストランを供する食堂(レストラン)(料理店)の語源.

restaura*teur* (***trice***) *n.* **1** (記念建造物・美術工芸品などの)修復家, 修復技術者. ～ de vitraux ステンドグラス修復家.

2 (王政・宗教・科学などの)再建者, 復興者. ～ de la monarchie 王政復古者.

3 レストラン経営者, 料理店主.

——*a.*〔医〕chirurgie ～ 再生手術；形成外科.

restauration (<restaurer) *n.f.* **1** 再建, 復興；(特に)王政復古；(日本の)維新.〔史〕la *R*～ (フランスの)王政復古〔時代〕(1814-30年). la première *R*～ 第一次王政復古〔時代〕(1814年4月-1815年5月). la seconde *R*～ 第二次王政復古〔時代〕(1815年7月-1830年7月).〔装飾芸術〕le style ～ 王政復古〔時代〕様式. la *R*～ Meiji 明治維新. ～ de la religion catholique カトリックの復興. ～ des finances publiques 国家財政の再建.

2 (記念建造物・美術工芸品などの)修復；復原. ～ d'un monument historique 歴史的記念建造物の修復. ～ d'un tableau 絵画の修復.

3 レストラン業, 飲食店業. ～ rapide ファースト・フード (〔英〕fast-food の公用推奨語). voiture de ～ 食堂車.

restauvite *n.m.*〔話〕レストーヴィット, ファーストフード店.

reste *n.m.* ① 〔不可算〕 **1** 残り, 余り. ～ de l'arriéré 延滞金の残高. ～ d'une somme d'argent 残金. demander son ～ 釣銭を請求する. ne pas demander son ～ 釣銭を請求しない.〔比喩的〕何も言わずに身を引く(立ち去る). jouer de son ～ 最後の手段を講じる. mettre le ～ du lait dans un pot 余った牛乳を瓶に入れる.

2 残りの時間. le ～ de l'année (de la journée, de la soirée) 年(日中, 夕べ)の残りの時間. le ～ du temps そのほかの時間は. vivre à la campagne le ～ de sa vie 余生を田舎で過ごす.

3 その他の人々；その他の部分. le ～ de l'humanité 残りの人々. Le ～ des hommes n'ose (osent) pas se lever. その他の人々は立ち上がろうとしない.

4〔補語なしに〕その他の事(物). et〔tout〕le ～ 等々, 云々. faire le ～ 残りの仕事をする. pour le ～；quant au ～ その他に関しては.

5〔成句〕de ～ 余分に, 十二分に. avoir de l'argent (du temps) de ～ たっぷり金(時間)がある. du ～；〔文〕au ～ その上, いずれにせよ. être (demeurer) en ～ (avec に) 借金がある；〔比喩的〕借りがある. ne pas vouloir demeurer en ～ 借りをつくりたくない.

II〔可算〕**1** un ~ de …の僅かな残り. un ~ d'eau 僅かな水の残り. un ~ d'espoir 一縷の望み. un ~ de tissu 布の端切.
2 生き残り；子孫. ~s d'une armée vaincue 敗軍の生存者. ~ des familles autrefois souveraines 昔の君主の一族の末裔.
3〔数〕余り, 剰余. plus forts ~s 最大剰余〔法〕.
4〔法律〕(比例代表制の) 残余得票；剰余票；剰余議席. report des ~s 剰余持越し〔法〕.
III〔pl.で〕**1** (食事の) 残り物；残飯；余り物, おこぼれ. ~s d'un repas (d'un plat) 食事(料理)の残り物. ~s jetés aux ordures 生ごみとして廃棄された残飯. utilisation des ~s en cuisine 残り物を利用した調理. Il n'a eu que vos ~s. 彼はあなたのおこぼれを頂戴しただけだ.
2〔建築〕残骸, 遺跡, 廃墟. ~s d'un bâtiment détruit 破壊された建物の残骸 (遺跡). ~s du luxe d'autrefois 昔の栄華の名残り.
3〔文〕遺骸 (= ~ d'une personne；~s mortels). ~s exhumés 発掘遺体. recueillir les ~s de qn 人の遺骸を拾い集める.
4 (色香の) 名残り. avoir de beaux ~s (des ~s de beauté) (女性が) 色香をとどめている.

resténose n.f.〔医〕再狭窄〔症〕.
restituable a. **1** 返還 (返却) すべき. chose prêtée ~ en nature 現物で返却すべき貸与物.
2 (債務の) 取消しが可能な. prêt ~ à la demande du créancier 債務者の要求により取消し可能な貸付.
restitution n.f. **1**〔法律〕返還, 返却, 還付, 償還. obligé(e) à ~ 返還債務者.
2 復元, 原状回復；取消；復職；(現物の) 被害賠償. ~ d'une fresque フレスコ画の復元. ~ des niveaux de gris (プリンターの) グレースケール復元.
3〔物理〕coefficient de ~ 反撥係数. facteur de ~ 復元力.
4〔経済〕(ヨーロッパ農業政策上の) 農産物輸出補助金.

resto〔<restaurant〕n.m.〔話〕レスト, レストラン (=restau). ~ branché 洒落た人気レストラン. Guide de petits ~s des grands chefs 著名シェフの小レストラン案内.

restoroute〔商標〕n.m. レストルート 《高速道路や幹線道路沿いのレストラン；=restauroute)》.

restreint(e) (<restreindre) a.p. 制限された；限られた, 限定された；狭い. auditoire ~ 数の限られた傍聴者. édition à tirage ~ 限定出版. règlementation ~ à une région ある地域のみを対象とした規則.〔物理〕rotations ~es 拘束回転. suffrage ~ 制限選挙. superficie ~e 狭い面積.

restrictif(ve) a. **1** 制限する, 拘束する, 限定的な (=limitatif). clause ~ve 制限条項.〔文法〕expression ~ve 制限表現 (ne…que など).〔医〕syndrome ~ 肺拡張不全症候群, 呼吸圧迫症候群；無気肺, 廃虚脱 (肺容量の減少症).
2 排除的な (=exclusif). clause ~ve 排除条項.
3 厳密な, 厳格な. interprétation ~ve 厳格解釈.

restriction n.f. **1** 制限, 限定；制約；妨害, 阻害；拘束. ~ de la concurrence 自由競争制限. ~ des exportations 輸出制限. ~ des libertés 自由の制約. ~ des naissances 産児制限.
2 故意の言い落とし (=réticence)；留保. ~ mentale 心裡留保, 意中留保 《心中を故意に言わないでおくこと》. faire des ~s 留保する. avec ~ 留保付で. sans ~ 留保なしに, 無条件で. soumission sans ~ 無条件降伏.
3〔生化〕制限. enzyme de ~ 制限酵素. site de ~ (制限酵素の) 制限部位.
4〔pl.〕(量的) 規制〔措置〕；規制措置期間；(規制に伴う) 品不足. ~s budgétaires 予算の規制措置. ~s quantitatives à l'importation 輸入の量的規制.

restructuration (<restructurer) n.f. 再編, 再建, リストラ；〔心〕再構造化. ~ d'une industrie 産業の再編成.

résultat n.m. **1** 結果, 結末；成果. ~ d'une expérience 実験結果. ~ d'une négociation 交渉の結果. ~ d'un travail 仕事の成果. ~ positif (négatif) 肯定的 (否定的) 結果. ~ satisfaisant (décevant) 満足すべき (期待外れの) 結果.
beaux (heureux) ~s 見事な成果. compte de ~ (企業会計の) 成果計算書.
aboutir à un favorable résultat 良好な結果を得る. avoir le ~ de+inf. 結果として…させる. avoir pour ~ qch 結果として何を招く. être le ~ de qch 何の結果である. obtenir des ~s 成果を挙げる. travailler sans ~ 無駄骨を折る.
2〔数〕(計算の) 結果, 答；(問題の) 解答 (= solution). ~ d'une opération 演算の答.
3〔学〕(試験の) 結果；合否；成績；合格者名簿. affichage des ~s 合格者名簿の掲示.
4〔pl.〕(de)〔企業業績, 利益, 損益；~s〔nets〕de l'exercice 当期〔純〕損益. ~s d'exploitation 営業成績.
5〔スポーツ〕(試合の) 結果, スコア. ~s d'un match 試合の結果. ~s des courses 競技成績.
6〔pl.で〕(選挙の) 結果. ~s définitifs de l'élection 選挙の最終結果. lire dans les journaux les ~s du scrutin 投票結果を新聞で読む.
7〔副詞的に〕その結果, 結果として.

résumé n.m. **1** 要約, レジュメ. ~ d'une conférance 会議の要約 (レジュメ). en ~

要するに.
2 概論, 概説書. ~ de chimie 化学概論.

résurrection *n.f.* **1** (死者の) 蘇生；復活；〚宗教〛復活〔信仰〕. croire à la ~ de la chair 肉体の復活を信じる.
2〚カトリック〛la R~ キリストの復活 (= ~ de Christ)；キリスト御復活の祝日 (= fête de la ~).
3〚美術〛キリスト復活図.
4〔比喩的〕命拾い；(理念などの) 復活, 復興. ~ de l'Allemagne ドイツの復興. ~ d'un art ancien 古代芸術の復活.

retable *n.m.* 〚教会堂〛(祭壇背後の) 装飾衝立；(装飾衝立の) 祭壇画. ~ du maître-autel 主祭壇の装飾衝立. *le ~ d'Issenheim de Grünewald* グリューネヴァルト作の「イッセンハイムの祭壇画」《Colmar の musée d'Unterlinden 所蔵》. ~ sculpté 装飾衝立彫刻.

rétablissement (<rétablir) *n.m.* **1** (元の状態に戻す) 復原；建て直し, 再建；(秩序などの) 回復；(テクストの) 校訂.〚法律〛~ de l'affaire 訴訟事件の復原.〚会計〛~ de crédits 貸方補正. ~ de l'ordre 秩序の回復. ~ des relations diplomatiques 外交関係の修復. ~ de la situation économique 経済の再建. ~ d'un texte テクストの校訂. opérer un ~ 再建する.
2 復旧. ~ des communications 通信の復旧.
3 健康の回復. Je fais des vœux pour votre prompt ~. 一刻も早く本復されますようお祈りいたします.
4〚スポーツ〛倒立.
5〚法律〛(書証の) 返付.
6〚法律〛(職業活動などの) 再開. clause de non-~ 活動非再開条項.

retard *n.m.* **1** (定刻に対する) 遅れ；遅刻, 遅延. ~ de cinq minutes 5分の遅れ. ~ d'une personne à un rendez-vous 待ち合わせへの人の遅刻. ~ d'un train 列車の遅れ. billet de ~ (公共交通機関の発行する) 遅延証明書. une heure de ~ 1時間の遅れ (遅刻, 遅延). arriver en ~ 遅れて到着する, 遅刻する. avoir du ~¹ (定刻に) 遅れている. être en ~¹ d'un quart d'heure 15 分の遅れ (遅れ) である.
2 (時計などの) 遅れ；〚機械〛遅延装置. Ma montre prend du ~. 私の時計は遅れている. ~ à l'allumage¹ 遅延点火装置.
3 (仕事などの) 遅れ；(支払いの) 遅滞. ~ dans un paiement 支払いの遅れ. ~ des recherches 研究 (調査) の遅れ. travail en ~ 遅れている仕事. sans ~ すぐさま, 遅滞なく, 即刻. Ecrivez-moi sans ~. すぐに返事を書いてください. avoir du courrier en ~ 返事を出すのが遅れている郵便物がある. payer avec (sans) ~ 遅れて (遅滞なく) 支払う.
4 (発育・発達・発展などの) 遅れ.〚話〛~ à l'allumage² 呑み込み (理解) の遅さ, とろさ；のろまさ. ~ du langage (幼児の) 言葉の遅れ. ~ intellectuel 知恵遅れ. ~ (physique) 知的 (身体の) 発育の遅れ.〚医〛~ de croissance intra-utérin 子宮内膜性発育遅延.〚医〛~ du développement du langage 発達性言語障害 (失語). pays très en ~ sur les autres 他国に比べ著しく発展が遅れている国.
avoir du ~² 発育 (発達) が遅れている. être en ~² 最新情報に遅れをとっている. rattraper son ~ 遅れを取戻す.
5〚化・薬〛(薬品などの) 効力持続性. insuline ~ 持続 (遅効) 性インスリン. médicament ~ 遅効性医薬品.
6〚音楽〛掛留.

retarda*teur* (***trice***) *a.* 抑制する, 遅らせる.
——*n.m.* **1**〚化〛(反応の) 抑制剤 (catalyseur の対). **2**〚写真〛セルフタイマー. ~ électronique 電子式セルフタイマー.

retardement *n.m.* 引きのばし. à ~ (装置などが) 遅れて作動する；遅ればせに. bombe à ~ 時限爆弾. dispositif à ~ d'un appareil de photo カメラのセルフタイマー. engin à ~ 時限装置.〚話〛comprendre à ~ しばらくしてから理解する.

rétention (<retenir) *n.f.* **1** 留め置き. ~ d'informations 情報の留め置き, 情報の故意の言い落とし.〚社会保障〛~ de précompte 源泉徴収社会保障分担金の留め置き.
2〚医〛停留, 貯留, 沈着. ~ d'urine 尿閉. ~ incomplète d'urine 不完全尿閉. ~ lactée 鬱乳. ~ placentaire (du placenta) 胎盤遺残. ~ postopératoire d'urine 術後尿閉.
3〚法律〛留置；勾留. ~ administrative (不法入国者の) 行政拘置. droit de ~ 留置権.
4〚経済〛(価格つり上げのための) 出荷制限.
5〚地学〛(雪, 氷の形での) 水の貯留. ~ glacière 氷の形での水の貯留. ~ nivale 雪の形での降水の貯留.
6〚心〛(記憶の) 保持.

retentissement *n.m.* **1**〔文〕鳴り響くこと；鳴り渡る音；反響. ~ des pas 鳴り渡る足音.
2〔比喩的〕反響, 間接的影響, 余波, はねかえり；とばっちり. avoir un grand (profond) ~ sur …に大きな (深刻な) 影響を及ぼす.
3〔比喩的〕反響, 評判；名声. ~ du nom de Proust プルーストの名声. ~ d'une nouvelle ニュースの反響. Ce film a eu un grand ~. この映画は大評判を呼んだ.

retenu(*e*¹) (<retenir) *a.p.* **1** 予約された (libre「空いている」の対). place ~e 予約ずみの席, 予約席.
2 (人・行為などが) 控え目な, 慎み深い. grâce ~e 控え目な優雅さ.

3 留められた. cheveux ~s par un ruban リボンで留めた髪.
4 抑えた. baillement ~ 抑えたあくび. haleine ~e 殺した息.
5 (人が) 差障りのできた；ひきとめられた. être ~ à dîner 夕食をとるようひきとめられる.

retenue² *n.f.* Ⅰ 〖抑止〗**1** とめ置き. ~ d'une marchandise à la frontière par la douane 税関による国境での商品のとめ置き (差押え).
2 貯水；貯水池 (=~ d'eau). barrage à faible ~ d'eau 貯水量の少ないダム. bassin de ~ 貯水池；〖港〗貯水港. hauteur (niveau) de la ~ 貯水池の水面の高さ.
3 〖学〗(罰としての) 居残り, 禁足. ~s et pensums 居残りの罰と罰課. deux heures de ~ 2時間の居残りの罰. être en ~ 教室に残される.
4 〖建築〗(壁体内への) 梁端の固定.
5 〖海〗張索, ガイ. ~ de bôme スカンパー・ブームの張索.
6 〖印刷〗avoir de la ~ (印刷用紙が) インクの乗りがよい.
7 (道路の) 渋滞. 20 km de ~ sur l'autoroute 高速道路での20 kmの渋滞.
Ⅱ 〖保持〗**1** (給与からの) 控除, 天引き (=précompte). 〖税〗~ à la source 源泉徴収. 〖商業〗~ de garantie (履行) 保証金. ~ pour la retraite (la Sécurité sociale) 退職年金 (社会保障掛金) 控除. faire une ~ de 10% sur le (un) salaire 賃金から10%を天引き (源泉徴収) する.
2 〖算術〗次の位に繰りあげるため一時取っておく数. ajouter la ~ 取っておいた数を足す.
Ⅲ 〖自制〗自制〔心〕；慎み深さ, 控え目. avec ~ et discrétion 控え目でつつましやかに. langage sans ~ 慎み深さに欠けた言葉遣い. manquer de ~ 自制心に欠ける. manger sans ~ がつがつと食べる. rire sans ~ 遠慮会釈なく笑う.

réticence *n.f.* 故意の言い落し；〖法律〗事実の隠蔽；黙秘, 秘匿, 不告知；〖修辞〗黙説法. ~ dans un témoignage 証言における黙秘. parler sans ~ 隠しだてなく話す.
2 (行為・表現の) 控え目, ためらい勝ち；暗黙の不同意. avec ~ ためらい勝ちに.
3 〖精神分析〗抑制；無口.

réticent(e) *a.* **1** 故意に言い落す；黙秘的な. témoignage ~ 黙秘証言.
2 控え目な, 躊躇する；暗黙の不同意を示す. être ~ à l'égard d'un projet 計画に関し意見を表明することに躊躇する；計画に対し暗黙に不同意を示す.

réticulaire *a.* **1** 網状の, 網目状の.
2 〖結晶〗結晶格子の. intervalle ~ 結晶格子間隔.
3 〖医〗細網の, 網状の (=réticulé). 〖医〗

dégénération ~ 網状変性. 〖解剖〗fibre ~ 細網繊維. 〖解剖〗tissu ~ 細網組織, 小網組織 (=tissu réticulé).

réticulé(e¹**)** *a.* **1** 網状の. 〖生理〗formation ~e 網様体 (=réticulée). porcelaine ~e 透かし細工の磁器. 〖地質〗sols ~s des régions polaires 極地の網状土壌. 〖解剖〗tissu ~ de la rate 脾臓の細網組織.
2 〖建築〗appareil ~ (石, 煉瓦などの) 網目積み.

réticulée² *n.f.* 〖生理〗網様体 (=tissu ~).

réticulocyte *n.m.* 〖生理〗網〔状〕赤血球.

réticulocytique *a.* 〖生理〗網赤血球の. 〖医〗crise ~ 網赤血球分利.

réticulo-endothéial(ale) (*pl.* **aux**) *a.* 〖解剖・医〗網内の, 細網内皮の. système ~ (SRE) 網内系, 細網内皮系 (=〖英〗RES = *r*eticuloendothelial *s*ystem).

réticulo-endothéliose *n.f.* 〖医〗細網内皮症, 細網内皮増殖症, 細網症 (=réticulose).

réticulosarcome *n.m.* 〖医〗細網肉腫, 網皮肉腫〖悪性腫瘍〗.

réticulose *n.f.* 〖医〗細網症, 細網内皮症 (=réticuloendothéliose).

réticulum [retikyləm] *n.m.* **1** 網状組織.
2 〖生理, 解〗細網, 網質. ~ chromatique 染色体細網. ~ endoplasmique lisse (rugueux) 平滑な (ざらざらした) 細網内皮.
3 〖動〗網胃, 蜂巣胃 (反芻動物の第二胃) (=bonnet).

rétigraphe *n.m.* 〖理〗レチグラフ (X線結晶解析器).

rétinal(ale)(*pl.* **aux**) *a.* 〖解剖・医〗網膜の. image ~-ale 網膜映像. périphlébite ~ale 網膜静脈周囲炎.

rétine *n.f.* 〖解剖・医〗網膜. ~ électronique 電子網膜〖人工網膜〗. décollement de la ~ 網膜剥離.

rétinite *n.f.* 〖医〗網膜炎. ~ à cytomégalovirus サイトメガロウイルス性網膜炎. ~ circinée 輪状網膜症. ~ consécutive à une inflammation de la choroïde 脈絡膜炎症によって引き起こされる網膜炎. ~ exsudative 滲出性網膜炎. ~ mycosique 真菌性網膜炎. ~ pigmentée 色素沈着性網膜炎. ~ rubéolique 風疹性網膜炎. ~ solaire 日蝕性網膜炎, 日光網膜炎.

rétinoblastome *n.m.* 〖医〗網膜芽細胞腫 (Rbと略記).

rétinographie *n.f.* 〖医〗網膜撮影法；眼底撮影法.

rétinoïde *n.m.* 〖薬〗レチノイド《ビタミンA (rétine) とその関連化合物；抗癌, 抗オキシダント作用があり, にきびの治療にも用いられる》.

rétinoïque *a.* 〖化〗acide ~ レチノイン

酸《角質溶解剤．にきびの治療薬》．

rétinol *n.m.*〖生化〗レチノール（ビタミンA）．

rétinopathie *n.f.*〖医〗網膜症，網膜炎．~ anémique 貧血性網膜症．~ angiospastique 血管痙縮性網膜症．~ des prématurés 未熟児網膜症．~ diabétique 糖尿病網膜症．~ hypertensive 高血圧性網膜症．~ leucémique 白血病性網膜症．~ pigmentaire 網膜色素変性症．~ rubéolique 風疹網膜症．~ toxémique gravidique 妊娠中毒網膜症．

rétinoscopie *n.f.*〖医〗網膜検視法，検影法．

retirement (＜retirer) *n.m.*〖法律〗(品物の)引取り．

retombée *n.f.* **1** 垂れ下がり．~ de rideaux 垂れ下がったカーテン．**2**〖建築〗（アーチ，丸天井などの）迫上げ．**3** 落下物；〖*pl.*で〗降下物；（特に）有害降下物；〖軍・原子力〗（原爆等の）放射降下物(＝~s radioactives) (＝〔英〕radioactive fallout), 死の灰．**4** 影響；はね返り；悪影響．~s politiques d'un scandale スキャンダルの政治的悪影響．**5** (悪い状態への) 復帰．

rétorsion *n.f.* 対抗手段，報復措置 (＝mesure de ~). en ~ 報復措置として．

retouche *n.f.* **1** (絵画・写真・文などの) 修正，リタッチ；加筆；〖印刷〗修整；(時計の) 時間調整．~ de la soudure 再溶接．〖写真〗putitre à ~ 写真修正台．faire quelques ~s à un tableau (à un texte) 絵画（文章）に若干の修正を施す．**2** (既製品の寸法の) 手直し，補正．boutique de ~s 手直し店．

retour *n.m.* 〖Ⅰ〗（回帰）**1** 帰ること；逆戻り；帰還，帰宅，帰国．~ à (dans, en, vers) …への帰還．~ au pays natal 母国(生れ故郷)への帰還．~ de …から帰って；(à, de から) 帰った時．~ de l'enfant prodigue 蕩児の帰宅．~ de l'île d'Elbe de Napoléon ナポレオンのエルベ島からの帰還．~ d'un navire à son port d'attache 船舶の船籍港(母港)への帰還．imprévu 不意の帰宅．conduite de ~ （労働者の）帰郷措置．（船員の）雇入地送還措置．à mon (ton…)~ 私(君…)が帰った時．au ~ de¹ …から帰ると．attendre le ~ de *qn* 人の帰りを待つ．être de ~ 帰っている；帰って来る．partir sans esprit de ~ 戻って来る気持ちを抱かずに出発する．**2** 帰途，帰路；復路．aller 〔et〕~ 往復．往復切符 (＝billet d'aller 〔et〕~, aller-~). prendre un aller-~ 往復切符を買う．au ~ 帰り途で，帰る途中(で)．être sur le〔chemin de〕~ 帰る途中についている．**3** 回帰，復帰．~ à l'Antiquité 古代ギリシア・ローマへの回帰．~ au calme 平静状態

の回復．~ au pouvoir 政権への復帰．~ de couches 出産後の初月経．〖精神分析〗~ du refoulé 抑圧されたものの回帰．**4** 再来；再発．~ de la belle saison 快適な季節の再来．~ des hirondelles 燕の再飛来．~ des pluies 雨の再来．~ du froid 寒さのぶり返し．~ du printemps 春の甦り．~ offensive d'une maladie 病気の再発．sans ~ 永久に；決定的に．**5** 回顧．~〔en〕arrière 過去の回顧；〖映画〗フラッシュバック（〔英〕flash-back の公用推奨語). faire un ~ en arrière 過去に立ち返る；話を遡る．~ sur soi-même 自己反省．faire un ~ sur son passé 自分の過去をふり返る．**6** 反復，繰返し．~ d'un leitmotif ライトモチーフの反復．〖哲〗éternel ~ 永劫回帰．**7** 持主の手に戻ること；〖法律〗（相続法における）復帰〔権〕，回復．〖法律〗~ conventionnel (légal) 約定 (法定) 復帰権．clause de ~ à meilleure fortune (債務の) 出世払い借用条項．〖法律〗droit de ~ 回帰権．〖Ⅱ〗(反転) **1** 逆方向の動き．~ à la terre 帰農．~ de bâton (棒のはね返り→) 不正利得；(攻撃などの) わが身への はね返り．~ de flamme (内燃機関の) 逆火，バックファイヤー；〖比喩的〗はね返り，若返り，甦り．~ de manivelle 始動ハンドルの逆戻り；〖話〗反動；情勢の急変．~ de marée 潮の逆流．〖電〗~ du courant 電流帰路．~ offensif d'une armée 軍隊の反攻．~ offensif de l'hiver 冬への逆戻り，冬のぶり返し．en ~ ¹ 逆向きの．〖電算〗action (contrôle) en ~ フィードバック．〖生〗croisement en ~ 戻し交雑．effet en ~ はね返り効果，余波．〖電〗filet de ~ 帰線．〖スポーツ〗match aller et match ~ アウェイ(ヴィジター)の試合とホーム試合(ゲーム)．tours et ~s 屈曲．tours et ~s de la conversation 行きつ戻りつする会話．**2**〖生理〗~ d'âge 更年期；閉経期；初老．être sur le ~〔d'âge〕更年期にある；初老の年齢に達する，衰えはじめる．**3** 急変；逆転．~s brutaux de l'opinion publique 世論の急変．~ de〔la〕fortune 運命の有為転変．par un juste ~ des choses 当然の報いとして．**4**〖建築〗(線・面の) 曲り目；(建物突出部の) 入り隅．en ~ d'équerre 直角をなして．**5**〖海〗(通索の) 引手，牽引部．~ d'une manœuvre 通索の引手．〖Ⅲ〗(返還) **1** 返送；返品；返本；〖商業〗(不渡手形の) 返付；〖スポーツ〗返球．~ d'un colis à l'envoyeur 小包の差出人への返送．〖テニス〗~ de service サービスの打ち返し．〖スポーツ〗~ gagnant リターン・エース．~ des invendus 売れなかった本の返送．~ sans frais (不渡手形の) 無費用償還．faire ~ de *qch* 何を返送する．répondre par

~〔du courrier〕折り返し返事を書く. Il y a eu de nombreux ~s. 返本が沢山出た.
2 報い；返礼；返報. ~ de noces 新婚夫婦への返礼の宴. en ~² お返しに；その代りに. en ~ de qch 何の返礼として. aimer sans espoir de ~ 報われる望みなく愛する. payer qn de ~ 人に報いる (お返しをする).

retourne n.f. **1**〖トランプ〗(切札を決めるための) めくり, めくり札.
2〖新聞〗(他の紙面にある) 記事の続き (= tourne).
3〖話〗avoir les bras à la ~ 怠け者である.

retourné n.m. 〖サッカー〗オーヴァーヘッド〔・ショート, パス〕.

retournement n.m. **1** 裏返すこと；裏返し. 裏返した状態. ~ des feuilles sous l'effet de la lumière 光の効果による葉の裏返り.
2〖幾何〗対称移動, 折返し.
3〖写真〗反転. ~ de l'image négative ネガ映像の反転.
4〖航空〗反転. ~ déclenché 急半横転.
5〖比喩的〗逆転；急変. ~ des idéees 考えの急変. ~ de la situation 状況の逆転 (急変).

rétractation (<rétracter) n.f. 撤回, 取消し. ~ d'une vente 売却の撤回. delai de ~ 撤回 (取消) 期限. voie de ~ 取消請求手段；判決取消の申立て.

rétracteur a.m. 牽引する. muscle ~ 牽引筋.
—n.m. **1**〖解剖〗牽引筋. **2**〖医〗牽引子, 開創器 (=écarteur).

rétractibilité n.f. 伸縮性. ~ d'une pièce de bois (湿度の変化による) 木材の伸縮性.

rétractible a. **1** 伸縮性の.
2 (器官分) 退縮 (収縮) 性の；(爪が) 引っ込められる (=rétractile). griffes ~s des félins 猫族の引っこむ爪.

rétraction n.f. **1**〖医〗(組織・器官など の) 退縮. ~ d'un tendon 腱の退縮. ~ musculaire 筋退縮.
2〖土木〗(コンクリートの硬化時の) 収縮.
3 殻に閉じこもること；〖比喩的〗自分の殻に閉じこもること, 引きこもり. ~ de l'escargot エスカルゴの殻への閉じこもり. ~ affective (人の) 自分の殻への閉じこもり.

retrait n.m. Ⅰ〖後退〗**1** 後退. ~ de la vague 波が引くこと.
2 (人が) 引き下がること；辞退, 放棄；撤退, 退去；脱退. ~ de la compétition 競技 (競技) の辞退. ~ des troupes d'occupation 占領軍の撤退. ~ d'un Etat d'une organisation internationale 国際機関からの一国の脱退.
3 ~ avant l'organisme 射精前の性交中断 (避妊法の一；coït interrompu「中絶性交」).
4 en ~ 引っ込んだ. maison en ~ 家並み

から引っ込んだ家. être (rester) en ~ 引っ込んでいる；〖比喩的〗後退している；ぱっとしない.
5〖工〗収縮, 縮み. ~ du béton コンクリートの収縮.
6〖地学〗fentes de ~ 干裂, マッドクラック.
7〖文〗ひきこもり, 内省.
Ⅱ〖撤去〗**1** (預貯金の) 引き出し (《dépôt「預け入れ」の対). ~ d'une somme d'argent d'un compte bancaire 銀行口座からの金の引出し.
2 (預けた荷物の) 受取り. ~ d'un bagage en consigne 手荷物一時預り所に預けた荷物の受取り.
3 (認可などの) 取消し；撤回. ~ d'autorisation d'accepter un legs 遺贈の受入れ認可の取消し. ~ du permis de conduire 運転免許証の取消し. ~ d'un projet de loi 法案の撤回. droit de ~ 撤回権.
4〖法律〗取上げ, 剝奪. ~ de l'autorité parentale 親権の取上げ. ~ d'emploi 官職剝奪.
5〖法律〗取戻し；買戻し. ~ d'indivision 不分割持分の取戻し. ~ litigieux 係争中の権利の買戻し. ~ successoral 相続財産持分の取戻し.

retraite n.f. Ⅰ (後退, 退却, 身を引くこと, その動作) **1** 後退, 退却, 敗退, 譲歩. battre en ~ (軍隊が) 退却する, (意見, 立場などに) 固執しない, 譲る. déguiser la défaite en ~ stratégique 敗北を戦略的退却と偽る.
2〖軍〗帰営, 帰営ラッパ. sonner la ~ 帰営のときを知らせる. ~ aux flambeaux 軍隊の儀杖行列, 松明行列, 提灯行列.
Ⅱ **1** 定年, 退職, 退官；年金, 退職年金. ~ anticipée 定年前退職. ~ complémentaire (管理職などの) 補充退職年金. âge de la ~ 定年. caisse de ~ 年金基金. départ volontaire à la ~ 任意引退. officier à la (en) ~ 退役将校. pension de ~ 年金. régime de ~s 年金制度. prendre sa ~ 退職する, 引退する. toucher sa ~ 年金を受け取る.
2 隠遁, 引退；〖カトリック〗黙想のために修道院などに引きこもること；〖宗教〗黙想会, 心霊修行.
3 隠遁場所, 避難所, 隠れ家.
4〖金融〗戻り手形.
Ⅲ〖建築〗セットバック.

retraité(e) a. **1** 退職した；退役した. cadre ~ 退職幹部職員. militaire ~ 退役軍人.
2 退職年金の給付を受けている.
—n. **1** 退職者；退役者.
2 退職年金受給者. nombre de ~s du régime général 一般老齢年金制度の退職年金受給者数.

retraitement n.m. 〖工・原子力〗(素材,

材料の)再処理. ~ du combustible nucléaire 核燃料の再処理. usine de ~ 再処理工場.

retraiteur *n.m.* 【環境】(危険廃棄物・汚染廃棄物の)再処理業者.

retraitologie *n.f.* 【社】退職者(退職年金生活者)の諸問題研究.

retranchement (<retrancher) *n.m.*
1 削除. faire des ~s dans un texte テクストに手を加えて一部削除する.
2 【法律】利益制限.
3 【法律】破毀判決《原判決の一部削除》.
4 【軍】(天然または人工の)防御陣地.〔比喩的〕forcer (pousser) qn dans ses derniers ~s 人を窮地に追い込む;人をやりこめる.

retransfusion *n.f.* 【医】再帰輸血〔法〕, 自己血輸血(=autotransfusion).

retransmission *n.f.* 【通信・放送】転送, 再送信, 中継;中継放送(=émission transmise);再放送, 録画放送(=vidéotransmission). ~ en différé 録音(録画)放送. ~ en direct 生中継. ~ par satellite 衛星中継. satellite de ~ 放送衛星.

retrayant (<retraire) *n.m.* 【法律】取戻人, 買戻人, 引出人 (retrayé「取戻権の行使の相手方」の対).

rétrécissement *n.m.* **1** 狭まり, 編み, 狭隘(きょうあい). ~ de la chaussée 道幅の狭まり. ~ d'une lainage au lavage 洗濯による毛織物の縮み.
2 【医】狭窄(きょうさく)〔症〕. ~ aortique 大動脈弁狭窄症. ~ du champ visuel 視野狭窄症. ~ de l'œsophage 食道狭窄症. ~ mitral 僧帽弁狭窄症. ~ pulmonaire 肺動脈狭窄, 肺動脈弁狭窄. ~ tricuspide (心臓右心室の)三尖弁狭窄(=sténose tricuspide). ~ spiral du champ visuel 螺旋状視野狭窄.
3 〔比喩的〕(精神などの)狭隘化.

rétribution (<rétribuer) *n.f.* **1** 報酬, 給与. ~ en espèce 現金払いの給与. recevoir une ~ 報酬を受取る.
2 〔宗教〕報い. ~s célestes (最後の審判の際の)天の報い.

rétro[1] (< *rétro*garde) *a.inv.* (調度・モード・作品・作家などの)懐古調の, レトロ調の. chanson ~ 懐古調のシャンソン. style ~ レトロ調, 懐古調.
――*n.m.* 懐古趣味. vague du ~ 懐古趣味の流行(= *rétro*viseur).

rétro[2] (< *rétro*viseur) *n.m.* 〔話〕レトロ, バックミラー.

rétro- 〔ラ〕ELEM「後方へ;逆に;昔に遡って」の意(*ex. rétro*grade 逆行の;*rétro*viseur バックミラー).

rétroactif(ve) *a.* 【法律】遡及する, 遡及力のある. caractère ~ *ve* 遡及性. loi avec effet ~ 遡及効のある法律.

rétroaction *n.f.* **1** 遡及効(=effet rétroactif);【法律】遡及効;遡及力.
2 【生・情報】フィードバック(〔英〕feed-back に対する公用推奨語).
3 〔文〕立ち返ること, 反作用.

rétroactivité *n.f.* 遡及性(=caractère rétroactif;遡及効(=effet rétroactif). ~ de la loi 法律の遡及性.

rétrocession (< rétrocéder) *n.f.* **1** (譲り手への)再譲与, (譲られた権利などの)還付, 返還;(第三者への)転売;(再保険の)一部移転. ~ après expropriation 公用収用後の所有権返還. ~ du canal de Panama パナマ運河の返還. ~ d'honoraires 謝金譲渡.
2 【医】退行, 退化. ~ du tumeur 腫瘍の退化.

rétrochargeuse *n.f.* 【機械】バックローダー(= 〔英〕back loader).

rétroconduction *n.f.* 【医】(心臓の)室房伝導.

rétrocontrôle *n.m.* フィードバック(= 〔英〕feed-back).

rétroéclairage *n.m.* **1** 【舞台・写真】バックライティング《対象の後ろ側から照明を当てる方法》.
2 【電算】(液晶パネルの)バックライト〔照明〕;(時計の)バックライト〔照明〕.

rétro-éclairé(e) *a.* バック・ライト付の. affichage ~ バック・ライト付液晶表示. écran 〔à cristaux liquides〕 ~ バック・ライト付液晶ディスプレー(=écran LCD ~).

rétrofléchi(e) *a.* 【生・医】後屈した. utérus ~ 子宮後屈.

rétroflexion *n.f.* 反転, そりかえり;【医】後屈;【言語】(舌先の)反転, そり舌〔音〕. 【医】~ de l'utérus 子宮後屈〔症〕.

rétrofusée *n.f.* 【宇宙・航空】逆推進ロケット.

rétrogradation *n.f.* **1** 逆行, 後戻り.
2 〔天文〕(惑星の)逆行〔運動〕(=mouvement rétrograde). arc de ~ 逆行運動弧.
3 降格, 降任;〔スポーツ〕着順を下げるペナルティー. ~ d'un fonctionnaire 公務員の降格.
4 〔文〕後退, 退歩. ~s de l'humanité 人類の退歩. ~ morale 精神的頽廃.

rétrograde *a.* **1** 〔天文, 機械〕逆行の. mouvement ~ de Mars 火星の逆行運動. en sens ~ 右回りの, 時計回りの (en sens direct「左回りの」の対).
2 後退の. 〔ビリヤード〕effet ~ 引き球. mouvement ~ 後退運動.
3 〔文〕逆読しうる. phrases ~s 回文.
4 【医】amnésie ~ 逆行健忘〔症〕(=amnésie antégrade「前向健忘」の対).
5 退歩的な, 時代に逆行する, 後向きの (progressif「進歩的な, 前向きの」の対). idées ~s 復古的思潮. mesures ~es 後向きの措置. mode ~ 懐古調のモード. politique ~ 懐古調の政治.

rétrolisthésis *n.m.* 【獣医】レトロリステリア菌症《麻痺・発熱・単球増加症・髄膜炎・脳炎を発症》.

rétropéritoine *n.m.* 〖解剖〗後腹膜.
rétropéritonite *n.f.* 〖医〗後腹膜炎, 腹膜後炎《後腹膜腔 rétropéritoine の炎症》.
rétroprojecteur *n.m.* 〖光学〗背面投映機, レトロプロジェクター, オーヴァーヘッドプロジェクター（＝OHP）.
rétrospectif(**ve**)[1] *a.* **1** 回顧的な, 懐旧の; 過去に関する (prospectif の対). étude ～ *ve* 回顧的研究. exposition ～ *ve* 回顧展.
2 過去の事実に関する. documentaire ～ 過去に関するドキュメンタリー. peur ～ *ve* 思い出すとぞっとする恐怖.
rétrospectif[2] *n.m.* (カナダ *n.f.*)〖映画, TV〗フラッシュバック（＝〖英〗flash-back）.
rétrospective[2] *n.f.* **1** 回顧展（＝exposition ～）. grande ～ Picasso ピカソの大回顧展.
2 〖映画〗（監督, 俳優などの）回顧特集映画会（＝～ cinématographique）.
3 〖カナダ〗（映画, TV の）フラッシュバック（＝〖英〗flash-back ; retour en arrière）.
retrotranscription *n.f.* 〖生・遺伝〗レトロ転写.
rétrotransposon *n.m.* 〖生化〗レトロトランスポゾン《逆向き転移性因子》.
retrouvaille *n.f.* **1** 〔文〕再発見.
2〔話〕[*pl.* で] 再会; 関係回復. ～ *s* de deux pays 両国の関係回復.
rétroversion *n.f.* 反曲, 反転; 退化, 退行; 反訳; 〖医〗（子宮などの）後傾. ～ de l'utérus 子宮後傾〖症〗.
rétrovirus *n.m.* 〖生〗レトロウイルス《遺伝子情報の符号化に, ADN (DNA) に代って ARN (RNA) を用いるウイルス》. ～ préalablement rendus inoffensifs 予め無毒化されたレトロウイルス.
▶ **rétroviral** (**ale**) (*pl.***aux**) *a.*
rétroviseur *n.m.* バックミラー（＝〔話〕rétro）.
reuilly *n.m.* 〖葡萄酒〗ルイイ《ベリー地方 le Berry で sauvignon 種の葡萄からつくられる白の AOC 酒》.
réuni(**e**) (＜réunir) *a.p.* **1** 集められた; 結びついた. collaborateurs ～ *s* 集まった協力者たち. éléments ～ *s* 結合諸要素. preuves ～ *es* 集められた証拠.
2 〖商業〗連合した;（連合会などに）加盟した. les Magasins *R*～*s*「連合商店」《1894年パリのレピュブリック広場で開店した百貨店》.
réunification *n.f.* 再統一, 再統合. ～ de l'Allemagne ドイツの再統一. ～ d'un parti politique 政党の再統合.
réunifié(**e**) *a.p.* 再統一された. l'Allemagne ～*e* 再統一ドイツ.
Réunion(**la**) *n.pr.f.* レユニオン海外県・地方《県コード 974 ; 県庁所在地 Saint-Denis サン＝ドニ ; 4 郡, 49 小郡, 24 市町村 ;

面積 2,510 km² ; 人口 706,300〖'95〗; 形容詞 réunionnais(*e*)》; インド洋の島 ; 1946 年よりフランス海外県 DOM となり, 1982 年以降県と地方を兼ねる DOM-ROM : région monodépartementale d'outre-mer de la *R*～ となる）. île de la *R*～ レユニヨン島.

réunion *n.f.* **Ⅰ**（会議, 会合, 集会）**1** 会議, 会合. ～ des chefs de service 部長会議. ～ de travail 会議, 打ち合わせ. salle de ～ 会議室. être en ～ 会議中である. Je voudrais parler à M. X. —Je suis désolé, il est en ～ en ce moment.（電話で）X 氏はいらっしゃいますか. —申し訳ありませんが, 現在会議中です. La ～ annuelle des chefs d'Etat et de gouvernement des pays industrialisés s'est déroulée cette année aux Etats-Unis. 先進国首脳会議は今年アメリカで開催された.
2 集会, 集まり. ～ amicale 友人の集まり. ～ de famille 家族の集まり. ～ électorale 選挙集会. ～ politique 政治集会. ～ privée 非公開の集まり《法律上, réunion は一時的に非公開の場所でなされる集まりをさし, 正式に登録されている「結社」ないしは団体 association と区別される》. ～ syndicale 組合の集まり.〖法律〗délit en ～ 集合罪.
3〔古〕和解, 和合.
Ⅱ（結びつけること, 集めること）**1** 統合, 連結, 集積, 組み合わせ. ～ d'éléments disparates en un tout cohérent ばらばらな部分を一つの首尾一貫したものにまとめる. *R*～ des musées nationaux (RMN) 国立美術館・博物館連合.
2 集成, 収集. procéder à la ～ des preuves 証拠の収集を行う.
3 併合, 統合, 合併. ～ de la Savoie à la France サヴォワ地方のフランスへの併合.
4〖数〗和集合. ～ de deux ensemble A et B A と B の和集合（＝A∪B ; 表記 A∪B）.
réunion-téléphone 〖商標〗*n.f.* 電話会議.
réussi(**e**) (＜réussir) *a.p.* **1** 成功した; よい出来ばえの ; うまくいった. œuvre ～*e* 見事な出来ばえの作品. photo ～*e* うまく撮れた写真. soirée très ～*e* 素晴らしい夜会. spectacle ～ 成功を収めたショー. vacances ～*es* うまくいったヴァカンス.
2〔話〕〔多く皮肉〕Bravo, c'est ～！ お見事！
réussite *n.f.* **1** 成功, 好結果, 好首尾, （目的の）達成. ～ à un examen 試験の合格. ～ d'une expérience 実験の成功. ～ sociale[1] 社会的成功. chances de ～ 成功の機会. C'est une ～！ 大成功だ.
2〔話〕成功作, 完璧な作品. admirer une œuvre comme ～ 成功作として作品を称える.
3 成功者. ～ sociale[2] 社会的成功者.
4〖トランプ〗レユシット, ペーシェンス

(patience)(一人占い). faire une ~ 一人占いをやる.

réutilisable *a.* 再利用可能の.

réutilisation *n.f.* 再利用.

revaccination *n.f.* 〖医〗ワクチンの再接種. ~ obligatoire antivariolique 天然痘予防ワクチンの第２回義務的接種《フランスでは 1902 年から 1984 年まで》.

revalorisation (<revaloriser) *n.f.* **1** (通貨価値の) 回復, (平価の) 切上げ;価値の新規承認;(給料・社会保障給付金などの) 増額, (待遇の) 改善. ~ du franc フランの切上げ. ~ du SMIC スミック(全産業一律スライド制最低賃金)の引上げ. ~ de la condition des enseignants 教員の待遇改善.
2 (理論などの) 再評価, 新たな価値づけ. ~ d'une idée 思想の再評価. ~ du travail manuel 手仕事の再評価.

revanche *n.f.* **1** 復讐, 雪辱;仕返し, 報復. préparer une ~ militaire 軍事的報復を準備する. prendre sa ~ 仕返しをする. J'aurai (prendrai) ma ~. 今に仕返ししてやるぞ.
2 復讐戦. faire (jouer) la ~ 復讐戦を行う. perdre la partie et gagner la ~ 勝負に負け復讐戦で勝つ.
3 〔成句〕à charge de ~ 他日同じことをする (してもらう) という条件で. en ~ それに反して, 他方;その償いに, その埋め合わせに.

revanchisme *n.m.* 〖政治〗報復主義.

revascularisation *n.f.* 〖医〗血管再生術. ~ coronaire par pontage バイパス移植による心臓冠状動脈の再手術. ~ transmyocardique au laser レーザー心筋血管新生術 (=〖英〗TMCR : *trans*myo*c*ardial laser *r*evascularization).

rêve *n.m.* **1** (睡眠中の) 夢. ~ agréable 心地よい夢. mauvais ~ 悪夢 (=cauchemar). l'*Interprétation des* ~*s de* Freud フロイトの『夢の解釈』(*Traumdeutung* ; 1900 年). faire un ~ 夢を見る. Bonne nuit, faites de beaux ~*s*. おやすみ, いい夢を見なさい. en ~ 夢の中で, 夢で. voir en ~ 夢で見る.
2 〔比喩的〕夢想, 空想;幻想;夢のような理想;夢のような憧れ. ~ diurne 白日夢. ~ inachevé de Yasser Arafat ヤセル・アラファトの見果てぬ夢. femme de ses ~*s* 彼の理想の女性.
de ~ 夢のような, 理想の. ville de ~ 夢のような町. voiture de ~ 夢の車, 憧れの車, ドリームカー;理想の車.
caresser un ~ 夢を思い描く. poursuivre un ~ 夢を追い求める. Son ~, c'est de faire le tour du monde. 彼の夢は世界一周旅行をすることだ.
3 〔話〕理想的なもの;素晴らしいもの. C'est le ~ ! 夢のようなものだ. Ce n'est pas le ~ ! 素晴らしいものではない!

révégétalisation *n.f.* (荒地の) 植生再生.

réveil *n.m.* **1** 目覚め, 覚醒. ~ naturel 自然な目覚め. au ~ 目が覚めると. avoir le ~ pénible 寝起きが悪い.
2 〖軍〗起床らっぱ (太鼓);~の調べ. sonner (battre) le ~ 起床らっぱを吹く (起床太鼓を鳴らす).
3 目覚まし時計 (=~-matin ; une montre-~). mettre le ~ à six heures 目覚まし時計を 6 時にかける.
4 〖ホテル〗モーニングコール. *R* ~ à six heures, SVP. 6 時にモーニングコールをお願いします.
5 〔比喩的〕目覚め, 覚醒;迷いから覚めること, 現実に立ち帰ること;活動の再開. ~ de la foi (du patriotisme) 信仰 (愛国心) に目覚めること. ~ de la nature 春の訪れ. ~ d'un volcan éteint 休火山の活動再開. le Conseil du ~ 覚醒評議会(Al Qaïda の呪縛から覚醒したイラクのシン派武装組織). N'ayez pas trop d'illusions, le ~ serait pénible. あまり幻想を抱かない方がいい, 現実に立ち帰るのが辛いだろうから.

réveillon *n.m.* レヴェイヨン (クリスマス・イヴまたは大晦日の夜の祝宴的会食). ~ de Noël クリスマス・イヴのレヴェイヨン. ~ de la Saint-Sylvestre 大晦日のレヴェイヨン.

révélateur *n.m.* **1** 〖写真〗現像液. **2** 徴候, 徴し, 兆し. ~ de la crise 危機の徴候.

révélation *n.f.* **1** 隠されているものや秘められているものを明らかにすること;暴露;すっぱ抜き. ~ d'un secret 秘密の暴露 (漏洩).
2 不明の点を明らかにする情報;意外な新事実. faire des ~*s* à la police 警察に新事実を告げる (密告する). menaces de ~ ゆすり, 恐喝.
3 〖神学〗啓示, 黙示;天啓;お告げ (隠された真実を超現実的に人間に分からせること). 〖宗教〗la *R* ~ 天啓;神のお告げ;『ヨハネの黙示録』. les trois ~*s* 3 つの天啓 (ユダヤ教, キリスト教, イスラム教). ~ de connaissances ésotériques 隠秘思想の啓示. ~ des mystères 神秘的教義 (秘儀, 奥儀) の啓示.
4 (芸能界・スポーツ界などに突如現われた) 新人, 新星. la ~ de l'année 今年の新星.
5 突然の新たな理解 (感知). avoir la brusque ~ 突然悟る. avoir la ~ du plaisir 新たな喜びを味わう.
6 〖写真〗現像.

revendeur(**se**) **1** 再販業者, 小売業者;仲買人. ~ agréé Apple アップル正規販売店 (=〖英〗Apple Computer Authorized Reseller). **2** 古物商. ~ des livres 古本屋.

revendicateur(*trice*) *n.m.* **1** (本来あるべき権利の) 要求者, 請求者. ~*trice* feminine 女性の権利要求者. ~ social 社会的

権利の要求者.
2〖精神医学〗権利要求妄想にとりつかれた人.
——*a.* **1** 権利要求の. affiche ~ *trice* 要求項目を掲げたビラ.
2〖精神医学〗権利要求妄想の. idées ~ *trice* 権利要求妄想観念.

revendicatif(ve) *a.*(本来あるべき)権利を要求する;(特に)社会的権利を要求する. mouvement ~ 権利要求運動. programme ~ (労働組合などの)権利要求細目.

revendication (<revendiquer) *n.f.* **1**(正当な政治的・社会的権利の)要求, 改善要求;〖*pl.*で〗要求事項. ~ ouvrière 労働者の権利要求. formuler une ~ 要求事項を申し立てる. mener une action en ~ 権利要求の行動を起こす. satisfaire aux ~*s* 要求事項をみたす.
2〖法律〗権利の請求, 取戻し請求;取戻訴権. ~ de sa part d'héritage 自分の相続分の請求.
3〖法律〗(発明特許出願の要件としての)請求.
4〖法律〗~ d'enfant légitime (夫婦による)嫡出子についての主張.
5〖病理〗délire de ~ 権利要求妄想.

revente *n.f.* **1** 再販. **2** 転売. **3**(競売での)空競りの後の競りのやり直し (= ~ à la folle enchère).

revenu (<revenir) *n.m.* 所得, 収益, 収入. ~ de l'entreprise 企業所得. ~ de l'Etat 国家収入. ~ de la propriété 財産所得. ~ disponible 可処分所得. ~ du capital 資本所得. ~ national 国民所得. impôt sur le ~ 所得税. politique des ~*s* 所得政策.

réverbération *n.f.* **1**(光・熱の)反射, 照返し. aveuglante ~ du soleil 日光のまぶしい照り返し.
2〖物理〗(音の)残響. chambre à ~ 残響室. durée de ~ 残響時間.
3〖比喩的〗効果, 反映.

réverbère *n.m.* **1** 街灯. ~ à gaz ガス灯. ~ électrique 電灯式街灯.
2(ランプなどの)反射笠;反射鏡;反射面.〖冶〗four à ~ 反射炉.

réverend(e) *a.*〖カトリック〗尊い, 尊敬すべき《司祭, 修道士, 修道女に対する尊称》. la R ~ *e* Mère supérieure 女子修道院長様. le R ~ Père 神父様《略記 RP》.
——*n.* mon ~ 尊師;神父さま;〖プロテスタント〗牧師様.

rêverie (<rêver) *n.f.* **1** 夢想;夢;空想;物思い;瞑想. ~ amoureuse 愛の夢想. ~ délicieuse 甘美な夢. *Les R ~ s d'un promeneur solitaire* de Rousseau ルソーの『孤独な散策者の夢想』《未完;1782 死後出版》. être absorbé dans une ~ 空想夢中になる. se laisser aller à une ~ 物思いに耽る.

se livrer à une douce ~ 甘美な夢に耽る.
2〖蔑〗夢のようなたわけた考え;妄想. Son projet n'est qu'une ~. 彼の計画は妄想にすぎない.
3〖古〗譫妄的妄想;熟考.

revers *n.m.* **1** 裏, 裏面, 裏側. ~ d'une étoffe 布地の裏. ~ de la médaille メダルの裏面;〖比喩的〗物事の隠れた面.〖諺〗Toute médaille a son ~. (どんなメダルにも裏がある→)何事にも悪い面があるものだ. ~ de main 手の甲;手の甲で叩く(押しやる)こと.
essuyer son front d'un ~ de main 手の甲で額を拭う. frapper de ~ 手の甲で打つ. prendre à (〖古〗de) ~ 背面攻撃を加える, 側面を衝く.
au ~ de 背後から.
2 不運, 逆運;敗戦;失敗. ~ de fortune 逆境;金銭的損失. ~ économiques 経済的破綻. ~ militaires 軍事的敗北. essuyer un (des) ~ 失敗する;敗北を喫す.
3〖服〗折返し;(折返した)衿(えり). ~ d'un veston 背広の衿. à ~ 折返しのついた. manches à ~ ダブルカフス. pantalon à ~ 裾の折返しをつけたズボン. redingote à ~ de soie 絹の衿つきフロックコート.
4〖スポーツ〗バックハンド〔ストローク〕. volée de ~ バックショット. jouer en ~ バックハンドで打つ.

réversal(ale) (*pl.aux*) *a.*〖外交〗示談の. lettres ~ *ales* 示談書.

réversales *n.f.pl.*〖外交〗示談書 (= lettres ~).

reversement *n.m.* **1** 振替え;繰越. ~ de l'argent sur un autre compte 他の会計項目への金銭の振替え.
2 返還, 還付. ~ par tous les médecins d'une partie de leurs honoraires すべての医師による報酬の一部の返還.

réversibilité *n.f.* **1**〖法律〗復帰性, 返還可能性, 移譲可能性. ~ d'une pension de retraite 退職年金の移譲可能性.
2〖神学〗聖者(無垢の人)の功徳の他人への移譲性.
3〖理〗可逆性. ~ d'une réaction 反応の可逆性.〖光学〗principe de ~ (光線の)可逆原理.
4〖鉄道〗逆進可能性(機関車・車輌などの双方向進行が可能なこと);逆進装置.

réversible *a.* **1**(年金・権利などが遺族に)委譲しうる, (不動産などが)所有者に返還される. pension ~ sur la veuve 夫の死後妻が受けとることになる年金. terres ~ *s* après un bail emphytéotique 長期賃貸借契約満了後に返還される農地.
2 逆にしうる, 戻せる;〖化〗可逆の;〖心〗可逆的な.〖航空〗hélice à pas ~ 逆ピッチプロペラ.〖化〗réaction ~ 可逆反応.〖理〗transformation ~ 可逆変化.
3 裏返して使える, 両面使用可能の, リヴ

ァーシブルの. manteau ~ リヴァーシブル・コート.
4 〖神学〗mérites ~s 聖徒の交わり.

réversion *n.f.* **1** 〖法律〗取戻し権, 復帰権, 委譲権 (=droit de ~). pension de ~ (生存配偶者に給付される)死亡配偶者の年金(退職金), 遺族年金.
2 〖生〗復帰；先祖返り；隔世遺伝. ~ vraie 真性復帰.

revêtement (<revêtir) *n.m.* **1** 上塗り；上張り；化粧仕上げ；被覆. ~ du sol 床仕上げ. ~ en marbre 大理石張り. ~ extérieur 外装. ~ intérieur 内装；内部被覆. ~ mural 壁仕上げ.
2 〖土木〗護岸；築壁；土止め. ~ de puits 立坑築壁. ~ des rives 護岸.
3 道路舗装, (舗装の)表層. ~ antidérapant 滑り止め舗装. ~ de béton コンクリート舗装. ~ en asphalte (en bitume) アスファルト舗装.
4 被覆材, コーティング. ~ calorifuge 断熱被覆. ~ d'oxyde 酸化膜. ~ ignifuge 耐火被覆. poêle à ~ antiadhésif 焦付防止コーティング加工のフライパン.
5 〖航空〗~ de l'empennage 尾翼の被覆.

rêveur(se) *a.* **1** 夢想に耽る, 夢見がちな；夢見るような；夢見心地の. air ~ 夢見心地の様子. regarder d'un air ~ うっとりとした眼差しで眺める. caractère ~ 夢見がちな性格. 〖話〗Cela me laisse ~. それは私を困惑させる.
2 〖古〗瞑想的な. homme ~ 瞑想に耽る人.
—— *n.* **1** 夢想家；空想家；詩人.
2 〖蔑〗妄想をたくましくする人, 妄想家；空理空論家.
3 〖心〗夢を見る人.
4 幻視者. ~s orientaux 東洋の幻視者《ハシシュ(大麻)常習者》.

revirement *n.m.* **1** (急激な) 方向転換, 針路変更；(潮流の)急変. ~ d'une danseuse 踊り子の方向転換. ~ d'un vaisseau 船舶の針路変更.
2 (意見・行動などの) 急変, 急転. ~s d'un homme politique 政治家の豹変. ~s de fortune 境遇の有為転変.

révisé(e) *a.p.* 見直された；訂正(修正)された；校正された；校閲された；再点検された. article ~ du code 法典の修正条項. édition entièrement ~e 全面改訂版. épreuves soigneusement ~es 入念に校正したゲラ刷り. jugement ~ 訂正された判断；〖法律〗見直された判決, 再審判決. voiture d'occasion au moteur entièrement ~ エンジンをオーバーホールした中古車.

réviseur(se) *n.* **1** 校閲者. ~ de traduction 翻訳の校閲者.
2 〖印刷〗校正係 (=~ des épreuves typographiques). Elle est ~se dans une maison d'édition. 彼女は出版社の校正係である.
3 〖簿記〗監査役 (=~ d'entreprises).

révision *n.f.* **1** 見直し, 再検討；訂正, 修正, 改正, 改訂；追補；(法体系・法規範の)改正；校閲. ~ de la Constitution 憲法の改正 (=~ constitutionnelle). ~ d'un contrat 契約の見直し. ~ de la politique économique 経済政策の見直し. ~ des listes électorales 選挙人名簿の訂正. ~ des salaires 給与改訂. ~ d'un manuscrit 草稿の校閲. ~ législative 法律の改正. ~ triennale du loyer commercial 商事賃借料の3年毎の改訂. ~ déchirante 苦痛を伴う大転換.
2 〖印刷〗校正. ~ d'une feuille 校正刷の校正.
3 〖法律〗判決の見直し (再検討), 再審. 〖刑事訴訟〗pourvoi en ~ 再審の申立て, 再審請求. 〖民事訴訟〗recours en ~ 再審の訴え. obtenir la ~ d'un procès 再審をかちとる.
4 (機械類の)点検, 検査. ~ d'un véhicule 車両の点検. faire la ~ d'un moteur エンジンを点検する. procéder à une ~ complète オーバーホールを行なう.
5 復習, 総ざらい. ~ d'anglais 英語の復習. faire des ~s 総ざらいをする.
6 〖医〗再検診. ~ utérine 子宮内再診.
7 〖軍〗conseil de ~ (徴集兵の) 適性審査委員会 (1970年まで；現 commission locale d'aptitude 地方適性委員会).

révisionnisme *n.m.* **1** 〖政治〗修正マルクス主義, 修正社会主義；〖広義〗(政党綱領の)修正主義, 修正論.
2 (法律・憲法の) 改正論；(判決の) 再審要求.
3 〖史〗(ナチによるユダヤ人大量虐殺に対する)修正史観. ~ de l'histoire de l'holocauste ホロコーストに関する修正史観.

révisionniste *a.* **1** 修正主義の；conception ~ 修正主義的見解.
2 憲法改正を主張する.
—— *n.* **1** 修正主義者 (=〖蔑〗réviso).
2 憲法改正論者.
3 〖仏史〗ドレフュス(Dreyfus) 再審論者.

révocabilité *n.f.* **1** 取消し可能性；無効可能性；撤回の可能性. ~ d'un contrat 契約の解約可能性. ~ d'un testament 遺言の撤回可能性.
2 解任(免職, 罷免)可能性. ~ d'un fonctionnaire 公務員の免職可能性.

revocable (<révoquer) *a.* **1** 取消しできる；廃止できる；無効にできる. contrat ~ 解約可能な契約. à titre ~ 取消しできるものとして.
2 解任(免職) できる (=amovible). fonctionnaire ~ 罷免可能な公務員.

révocation (<révoquer) *n.f.* **1** 〖法律〗取消, 解除, 撤回, (勅令などの) 廃止. ~ d'un testament 遺言の撤回. 〖仏史〗~ de l'Edit de Nantes ナントの勅令の廃止 (1685年).

2 解任, 罷免, 免職 (=licenciement). ~ d'un dirigeant social 会社幹部の解任. ~ d'un fonctionnaire 公務員の免職. ~ pour des motifs déterminés 特定の理由に基づく解任.

révocatoire *a.* 取消しの, 解除の, 廃止の.〖法律〗action ~ 詐害行為取消訴訟. décision ~ 取消しの決定.

révolte 1 反乱, 反逆, 暴動. ~ armée 武装蜂起. ~ de paysans 百姓(農民)一揆. ~ de mai 1968 1968年の5月革命 (=événements de mai 1968). ~ militaire 軍事反乱. être en ~ contre …に対して反乱を起こしている. fomenter (réprimer) une ~ 暴動をあおる(鎮圧する).
2 反抗, 抵抗. ~ contre la société 社会に対する反抗. esprit de ~ 反逆精神.
3 憤激. ~ contre la guerre 戦争に対する激しい怒り. sentiment de ~ 激しい怒りの感情.

révolté(e) *a.p.* **1** 暴動(反乱)を起こした. anges ~s 反逆の天使. soldats ~s 反乱兵.
2 反抗的な. homme ~ 反抗的な人間.
3 憤激している. visage ~ 憤激した顔付.
── *n.* 暴徒, 叛徒；反乱者. ~ contre tous les dogmes あらゆる独断的意見(教養)に反抗する人間. ~s en littérature 文学界の反逆者.

révolu(e) *a.* **1** (時期が)満了した；(年齢が)満になった. Elle a quinze ans ~s. 彼女は満15歳になった.
2 過ぎ去った. époque ~e 過ぎ去った時代.

révolution *n.f.* Ⅰ 〘変革〙 **1** 〖政治〗革命；革命派, 革命勢力, 革命派. la R~〔française〕(1789年の) フランス大革命. la ~〔française〕de 1830 七月革命 (=la ~ de Juillet). les ~s de 1848 48年革命《1848年ヨーロッパ各地で続発した革命の総称》. la ~ de velours (チェコスロヴァキア共和国の) ビロード革命 (1989年11月). la ~ russe de 1905 (1917) 1905 (1917) 年のロシア革命. ~ verte 緑の革命 (1) 米作の農業革命 [1966-90]; 2) 環境革命). victoire de la ~ 革命勢力の勝利.
2 (経済・思想などの領域の) 革命, 大革命；激変. la R~ culturelle；la grande R~ culturelle prolétarienne (中国の)〘プロレタリア〙文化大革命 (1966-72年). ~ de l'information 情報革命. ~ des mœurs 風俗革命. ~ industrielle 産業革命. ~ scientifique 科学の大変革. 〖カナダ〗 ~ tranquille (ケベック Québec での) 静かな革命 (1960-66年；政治的・経済的・社会の大変革).
3 〔話〕騒動；動揺, 興奮. Tout l'immeuble était en ~. ビル全体が騒然としていた.
Ⅱ 〘回転〙 **1** 回転運動；周転. axe (surface) de ~ 回転軸(面). cône (cylindre) de ~ 円錐(円柱).
2 〖天文〗公転；公転周期；周期. ~s de la Terre 〔autour du Soleil〕地球の公転〔周期〕. ~ anomalistique (draconitique, sidéral, synodique) 近点 (交点, 公転, 会合) 周期.
3 展開, 変動. ~ des siècles 世紀の変遷. ~ des saisons 季節の循環.
4 〖生理〗 ~ cardiaque 心周期.

révolutionnaire *a.* **1** 革命の；革命的な；革命によって成立した；(特に)フランス大革命の.〖仏史〗calendrier ~ 革命暦, 共和暦. chants ~s 革命歌, 革命時代の歌. gouvernement ~ 革命政府. guerre ~ 革命的内乱. mouvement ~ 革命運動.〖仏史〗tribunal ~ 革命裁判所.
2 革命派の, 革命支持の；革命主義の, 革命的な. socialistes ~s 革命的社会主義者.
3 革新的な. découverte ~ 革命的発見. méthode éducative ~ 革新的教育法. technique ~ 革命的技術.
── *n.* 革命家.

révolver [rev⊃lvɛr] *n.m.* **1** リヴォルヴァー, 回転式連発ピストル (拳銃).
2 回転式装置. microscope à ~ 回転式顕微鏡.

revolving [rev⊃lviŋ]〔英〕*a.inv.*〖商業〗crédit ~ 回転信用勘定, リボ払い信用貸.

revue *n.f.* Ⅰ 雑誌. ~ hebdomadaire (bimensuelle, mensuelle, bimestrielle, trimestrielle) 週刊 (月2回発行の, 月刊, 隔月刊行の, 季刊) 誌. ~ automobile 自動車専門誌. ~ d'une société savante 学会誌 (=bulletin). ~ féminine 女性誌. ~ financière (littéraire, scientifique) 経済 (文芸, 科学) 誌. fonder une ~ 雑誌を創刊する. s'abonner à une ~ 雑誌の予約購読を申込む.
Ⅱ 〘点検〙 **1** 点検, 検討. ~ de 〔la〕presse 新聞論調紹介. ~ des ~s 雑誌論文紹介, 雑誌時評. faire la ~ de ses vêtements 衣類を逐一点検する. passer *qch* en ~ 何を点検する.
2 〖軍〗(装備などの) 点検；(人員の) 点呼；閲兵, 観兵式. ~ de détail (装備・服装の) 細部点検. ~ du 14-Juillet 7月14日 (フランス大革命記念日・国の祝日) の軍事パレード (=défilé militaire). passer les troupes en ~ 部隊を閲兵する.〔話〕être de la ~ (点検されている) あてが外れる.
3 時事的諷刺喜劇. ~ de chansonniers シャンソニエの諷刺寸劇.
4 〖劇〗レビュー, ショー. ~ à grande spectacle 大スペクタクルショー. ~ de music-hall ミュージック・ホールのレビュー.
Ⅲ 〔古〕再会.〖現用〗〔話〕Nous sommes 〔gens〕 de ~. また会えるよ.

révulsif (ve) *a.* **1** 〖薬〗誘導の；血液を誘出させる. médicament (remède) ~ 誘導剤. sinapisme ~ 誘導性芥子泥湿布.
2 〘比喩的〙激しい動揺を起こさせる, 動転させる.
── *n.m.* 誘導剤；誘導器具. ~ irritant 刺激

性誘導剤.
révulsion *n.f.* **1** 〖医〗誘導法 (=dérivation). **2** 動転.
rez-de-chaussée *n.m.inv.* (建物の) 1階 (=〖英〗ground floor, first floor). habiter au ~ 1階に住む.
RF[1] (=*R*épublique *f*rançaise) *n.pr.f.* フランス共和国.
RF[2] (=*r*evenus *f*onciers) *n.m.pl.* 〖税〗不動産所得.
Rf (=*r*uther*f*ordium) *n.m.* 〖物理・化〗ルセルホルジウム《104番元素記号》.
RFA (=*R*épublique *f*édérale d'*A*llemagne) *n.pr.f.* **1** ドイツ連邦共和国 (=Bundesrepublik Deutschland). **2** 〖独史〗旧西ドイツ (l'Allemagne de l'ouest)《1949-90年》.
RFF (=*R*éseau *f*erré de *F*rance) *n.m.* 〖交通〗フランス鉄道網会社《フランス国鉄の線路網の維持管理を担当する会社；1996年設立》.
RFG (=*r*atio des *f*rais de *g*estion) *n.m.* 〖経済〗経営費用率.
RFI (=*R*adio *F*rance *I*nternationale)〖無冠詞〗*n.f.* 国際フランス・ラジオ放送〔局〕《1975年創設》.
RFID (=〖英〗*R*adio *F*requency *Id*entification) *n.m.* 無線周波数識別方式 (=〖仏〗identification par radio fréquences). étiquette ~ 無線周波数識別方式タグ. lecteur ~ 無線周波数識別コード読取装置. système ~ 無線周波数識別方式.
RFL (=*R*assemblement pour une *F*rance *l*ibre) *n.m.* 自由フランス連合《1989年6月18日のヨーロッパ議会選挙にリストを提出した Jacques Cheminade [1941-] が率いた政党；1996年には Solidarité et Progrès を名乗る》.
RFO[1] (=*R*adio-*F*rance *o*utre-mer)〖無冠詞〗*n.f.* フランス海外ラジオ放送〔局〕《1982年国営放送会社のフランス海外ラジオ=テレヴィジョン Radio-télévision française d'outre-mer (RFO) として設立；1999年改称》.
RFO[2] (=*R*éseau *F*rance *O*utre-mer) *n.m.* 〖放送〗フランス海外放送網〔会社〕《1974年発足の FR 3 DOM-TOM を1982年改組；2004年 France Télévisions グループの傘下に；17の TV チャンネル, 10のラジオ・チャンネルをもつ海外放送の国有会社》. ~ Guadeloupe フランス・グワドループ海外放送局.
RFP (=*R*égie *f*rançaise de *p*ublicité) *n.f.* フランス広告会社《1969年設立；1992年解散》.
RFY (=*R*épublique *f*édérale de *Y*ougoslavie) *n.pr.f.* 〖史〗ユーゴスラヴィア連邦共和国〖国名略記〗《1992-2003年》.
RG[1] (=*r*émunérations des *g*érants) *n.f.pl.* 〖税〗経営報酬.

RG[2] (=*R*enseignements *g*énéraux) *n.m.pl.* 総合情報局《内務省国家警察に所属する政治的・社会的情報の収集分析機関》.
RGO (=*r*eflux *g*astro-*œ*sophagien) *n.m.* 〖医〗胃食道逆流〔症〕.
RGP (=*r*adios *g*énéralistes *p*rivées) *n.f.pl.* 〖放送〗民間総合ラジオ放送.
RGPP (=*R*enseignements *g*énéraux de la *p*réfecture de *p*olice) *n.m.pl.* 〖警察〗(パリ)警視庁総合情報部. la quatrième section aux ~ 警視庁情報部第4課《宗教担当》.
RH (=*r*essources *h*umaines) *n.f.pl.* 人的源.
Rh[1] (=*rh*ésus) *n.m.* 〖生化〗(血液の)「リーサス因子」facteur Rhésus の略.
Rh[2] (=*rh*odium) *n.m.* 〖化〗「ロジウム」の元素記号. mousse de ~ ロジウム海綿.
rH [ɛraʃ] (<*r*éduction+*H* 〔水素の原子記号〕) *n.m.* 〖生化〗酸化還元電位.
rhabdomancie *n.f.* 棒占い《棒で鉱脈・水脈などを探知する術》.
rhabdomyolyse *n.f.* 〖医〗横紋筋融解症, 麻痺性血色素尿症.
rhabdomyome *n.m.* 〖医〗横紋筋腫.
rhabdomyosarcome *n.m.* 〖医〗横紋筋肉腫《悪性腫瘍》.
rhabillage *n.m.* **1** 〖技術〗修理, 修復；(特に)時計修理. ~ d'une montre 腕時計の修理. **2** 着替え.
rhénan(e) *a.* **1** ライン川 (le Rhin) の, ライン河畔の. massif schisteux ~ ライン河畔片岩山塊.
2 ライン河沿岸地方の.
3 (ドイツの)ラインラント (Rheinland=〖仏〗la Rhénanie) の.
Rhénanie *n.pr.f.* ラインラント (〖独〗Rheinland；ライン河沿岸地方). la ~-du-Nord-Westphalie (ドイツの) ノルトライン=ヴェストファーレン州 (=〖独〗Nordrhein-Westfalen)《州都 Düsseldorf デュッセルドルフ》. la ~-Palatinat (ドイツの) ラインラント=パラティナート州 (=〖独〗Rheinland-Pfalz ラインラント=プファルツ州)《州都 Mainz (Mayence) マインツ》.
rhénium [renjɔm] *n.m.* 〖化〗レニウム《元素記号 Re, 原子番号75. 1925年発見の金属元素》.
▶ **rhénique** *a.*
rhéobase *n.f.* 〖生理〗基電流.
rhéologie *n.f.* 〖医〗レオロジー《物質の変形や流動に関する科学》, 流動学.
rhéophile *a.* 〖生〗流水に適した, 急流を好む. faune ~ 好流水性動物相.
rhéostat [reɔsta] *n.m.* 〖電〗レオスタット, 可変抵抗器.
rhésus [rezys] *n.m.* **1** 〖動〗赤毛猿 (=macaque ~)《北インドに棲息する猿；Rh 血液型因子の発見で知られる》.
2 〖医〗リーサス因子, Rh 因子 (=facteur ~). système ~ Rh 式血液型. ~ négatif

Rh 陰性, Rh⁻《血液型》. ~ positif Rh 陽性, Rh⁺《血液型》. sensibilisation ~ Rh 感作. sérum ~ Rh 型血清.
──*a*. Rh 因子の, Rh 式の. facteur sanguin ~ Rh 血液型因子. système ~ Rh 式血液型.

rhétorique *n.f.* **1** 修辞；修辞学, 修辞学書 (=traité de ~). ~ de Cicéron キケロの修辞〔学〕. ~ traditionnelle 伝統的修辞学 (演説の準備としての invention「創意」, disposition「構成」, élocution「措辞」と, prononciation「発声」の四部から成る). enseignement de la ~ 修辞学の教育.
2《文》表現手段, 説得の言辞；レトリック；大袈裟な言辞. employer toute sa ~ あらゆる説得手段を講じる.
3 美辞麗句, 空疎な雄弁. ~ exaltée 極端な美辞麗句. Ce n'est que de la ~. それは美辞麗句にすぎない.
4《教育》修辞学級 (=classe de ~)《19 世紀末までの中等教育最終学年直前の学年；現在の第 1 学級 classe de première に相当》；《ベルギー》修辞学級 (=première classique) 《後期中等教育の古典文科系最終学年；高校の第 3 学年》. être en ~ 修辞学級に在学する.
──*a*. 修辞学的な；修辞学の. figures ~*s* 修辞的表象. recherches ~*s* 修辞学的研究.

rhin[o]- [ギ] ELEM「鼻」の意 (*ex*. rhinologie 鼻科医学).

Rhin (le) *n.pr.m.* ライン河 ([独] Rhein；[オランダ] Rijn；スイス, フランス, ドイツ, オランダを流れ北海に注ぐ大河；総延長 1,298 km). le ~ antérieur 前ライン河 (スイスの Saint-Gothard に源を発する). le ~ postérieur 後ライン河 (スイスのアドゥーラ Adula 山塊に源を発する). le ~ supérieur 高ライン河 (スイス・アルプスを流れるライン河上流部). le ~ moyen ライン河の中流部. le ~ inférieur ライン河の下流部. le Bas-~ バ=ラン県 (ライン河下流地帯；県コード 67；県庁所在地 Strasbourg). le Haut-~ オー=ラン県 (ライン河上流地帯；県コード 68；県庁所在地 Colmar). 《仏史》l'Armée du ~ ライン軍団. 《独史》la Confédération du ~ ライン連邦 (1806-13 年). 《史》la ligue du ~ ライン同盟 (1658 年 Mazarin が提唱).

rhinalgie *n.f.*《医》鼻痛.
rhinencéphale *n.m.*《解剖》嗅脳.
rhinite *n.f.*《医》鼻炎, 鼻カタル. ~ chronique 慢性鼻炎. ~ spasmodique saisonnière 季節性痙攣性鼻炎.
rhinocéros [rinɔserɔs] *n.m.* **1**《動》犀 (さい). ~ blanc 白犀 (アフリカ犀の一種, 二角). ~ d'Afrique アフリカ犀. ~ d'Asie アジア犀, 一角犀 (= ~ unicorne). ~ noir 黒犀 (アフリカ犀の一種, 二角).
2《昆虫》おおつのかぶとむし (=orcyte).
rhinofibroscopie *n.f.*《医》鼻のファイバースコープ検査〔法〕, ファイバースコープ検鼻〔法〕.

rhinolalie *n.f.*《医》鼻音症, 鼻声. ~ fermée 閉鼻声 (呼気が十分鼻腔に到達しないために起こる症状). ~ ouverte 開鼻声 (過度の鼻腔共鳴).
rhinolaryngite *n.f.*《医》鼻喉頭炎.
rhinologie *n.f.*《医》鼻科〔医〕学.
rhinopharyngé(e) *a.*《解剖》鼻咽頭の. système ~ 鼻咽頭器官.
rhinopharyngite *n.f.*《医》鼻咽頭炎.
rhino[-]pharynx [rinɔfarɛ̃ks] *n.m.*《解剖》鼻咽頭. cancer du ~ 鼻咽頭癌.
▶ rhinopharyngé (*e*), rhinopharyngien (*ne*) *a*.
rhinophyma *n.m.*《医》鼻瘤. ~ sébacé 皮脂性鼻瘤. ~ vasculaire 血管性鼻瘤.
rhinoplastie *n.f.*《外科》鼻形成術；隆鼻術.
rhinopoïèse *n.f.*《医》鼻の形成手術 (鼻を新生する形成手術).
rhinorragie *n.f.*《医》鼻出血 (=épistaxis), 鼻血.
rhinorrhée *n.f.*《医》鼻漏 (びろう) (鼻汁が出ること). ~ cérébrospinale 鼻性髄液漏.
rhinoscope *n.m.*《医》鼻鏡.
rhinoscopie *n.f.*《医》鼻鏡検査〔法〕, 検鼻〔術〕.
rhinovirus *n.m.*《生》ライノウイルス (鼻風邪の病原).
rhiz[o]- [riz(ɔ)-] [ギ] ELEM「根」の意 (*ex*. *rhizo*me 根茎).
rhizarthrose *n.f.*《医》肢 (指) 根関節症. ~ du pouce 母指の指根関節症 (変形と疼痛を伴う).
rhizoïdes *n.m.pl.*《植》仮根.
rhizome *n.m.*《植》根茎.
rhizosphère *n.f.*《生》根圈, 根域 (植物の根の及ぶ範囲).
rhodié(e) *a.* ロジウム (rhodium) を含む；ロジウム合金の；ロジウム・メッキの.
rhodium [rɔdjɔm] *n.m.* **1**《化》ロジウム (元素記号 Rd, 原子番号 45, 原子量 102.9；1803 年発見の金属元素). **2**《金属》ロジウム (希金属；密度 12.4, 融点 1970℃；耐酸性金属).
rhododendron [rɔdɔdɛ̃drɔ̃] *n.m.*《植》ロドデンドロン, 石楠花 (しゃくなげ) (= rose des Alpes).
rhomb[o]- [ギ] ELEM「菱形」の意 (*ex*. *rhombo*ïdal 菱形の).
rhombencéphale *n.m.*《解剖》菱脳 (りょうのう).
rhombique *a.* 菱形の.
rhomboïde *n.m.* **1**《幾何・結晶》菱面体 (りょうめんたい). **2**《解剖》菱形 (りょうけい) 筋 (= muscle ~).
rhônalpin(e) *a.* ローヌ=アルプ地方 (la Région Rhône-Alpes) の；~ の住民の. la Région ~*e* ローヌ=アルプ地方.

Rhône
　——R~ n. ローヌ＝アルプ地方の住民.

Rhône n.pr.m. **1** le ~ ローヌ河(スイス、ベルニナ・アルプスの Aar-Gothard アール・ゴットハルト山地の標高1,750 m の地点に源を発し, le Valais ヴァレー地方, le lac Léman レマン湖, Genève, le Jura ジュラ山脈, Lyon, Avignon, Tarascon, Arles 等を経て地中海に注ぐ；全長812 km, うちフランス国内522 km；主な支流にl'Ain アン川, la Saône ソーヌ川, l'Isère イゼール川, la Durance デュランス川). canal du ~ au Rhin ローヌ・ライン両河川連絡運河(le Doub ドゥー川, l'Ill イール川を経て, ローヌ河とライン河を結ぶ運河；全長320 km；形容詞 rhodanien(ne)). Côtes du ~ コート・デュ・ローヌ(ローヌ河畔の丘陵地帯＝コート＝デュ＝ローヌ葡萄酒産地 côtes-du-r~ の産地). delta du ~ ローヌ河デルタ(三角州)地帯.
2 〖行政〗le ~ ローヌ県(=département du ~；県コード69；フランスと UE の広域地方行政区 région Rhône-Alpes ローヌ＝アルプ地方に属す；県庁所在地 Lyon リヨン；2郡, 51小郡, 293市町村；主要都市 Villefranche-sur-Saône ヴィルフランシュ＝シュール＝ソーヌ；面積3,249 km², 人口1,578,869；住民：Rhodanien(ne)).

Rhône-Alpes n.pr.f. 〖行政〗la Région ~ ローヌ＝アルプ(フランスと UE の広域地方行政区画に属す)；l'Ain, l'Ardèche, la Drôme, l'Isère, la Loire, le Rhône, la Savoie, la Haute-Savoie の8県から成る；面積43,738 km²；人口5,645,407；地方庁所在地 Lyon；形容詞 rhônalpine(e)).

Rhône-Poulenc 〖会社名〗n.pr. ローヌ＝プーランク会社(1928年プーランク兄弟会社とローヌ河化学工業会社が合併して誕生したフランスの有力化学・製薬会社；1982年国有化, 1993年民営化；1999年ドイツの Hoechist 社と合併し, Aventis グループに入る).

RHT (= réacteur à haute température) n.m. 〖原子力〗高温原子炉.

rhubarbe n.f. 〖植〗リュバルブ, ルバルブ, 食用大黄(だいおう)(たで科の多年生植物；葉柄を薬用・食用にする). 〖料理〗 ~ aux fraises リュバルブの苺添え. confiture de ~ リュバルブのジャム.

rHuEPO (= érythropoïétine recombinante humaine) n.m. 〖医〗遺伝子組換えヒトエリスロポエチン(赤血球生成促進因子, EPO 遺伝子を産生細胞に組み込んだ製剤).

rhum [rɔm] 〖英〗n.m. ラム酒. baba au ~ ラム酒漬けババ(洋菓子). la Route du ~ ラム海路レース(ヨットレース名).

rhumatisant(e) a. 〖医〗リウマチに罹った；リウマチに罹りやすい.
　——n. リウマチ患者；リウマチに罹りやすい人.

rhumatismal(ale)(pl. **aux**) a. 〖医〗リウマチ(病)の, リウマチ性の. douleurs ~ales リウマチ病.

rhumatisme n.m. 〖医〗〖日常語では多く pl.〗リウマチ. avoir des ~s リウマチに罹っている. ~ articulaire aigu 急性関節リウマチ(= maladie de Brouillard). ~s chroniques 慢性リウマチ.

rhumatoïde a. 〖医〗リウマチに似た, 類リウマチの. facteur ~ 類リウマチ因子(血清中の異常グロブリン. 進行性多発性関節炎の原因になるもの). polyarthrite ~ 類リウマチ多発性関節炎, 進行性慢性関節炎(= polyarthrite chronique évolutive).

rhumatologie n.f. 〖医〗リウマチ学.
rhumatologue n. 〖医〗リウマチ病学者；リウマチ病専門医.

rhume n.m. 〖医〗風邪, 感冒；鼻カタル(= rhinite). ~ de cerveau 鼻風邪, 急性鼻炎(= rhinite aiguë, coryza). ~ des foins 干し草鼻炎, 痙攣性鼻炎, 花粉症. attraper un ~ 風邪をひく(= s'en rhumer). avoir un bon ~ ひどい風邪をひく.

RI[1] (= radio[-] isotope) n.m. 〖化・医〗ラジオアイソトープ, 放射性同位体.
RI[2] (= régiment d'infanterie) n.m. 歩兵連隊.

riant(e) (< rire) a. **1** にこやかな, 笑いを浮かべた；陽気な, 楽しそうな. air ~ 楽しそうな様子. visage ~ にこやかな顔. yeux ~s 笑いをたたえた眼.
2 美しい, 目を楽しませる. ~es prairies 美しい牧草地. campagne ~e 眺めの良い田園.
3 〖比喩的〗快い, 人を陽気にする；楽観できる. avenir ~ 洋々たる未来. imaginations ~es 快い想像力. perspective ~e 明るい見通し.
4 〖古〗(人が)笑っている, よく笑う.

RIB [rib] (= relevé d'identité bancaire) n.m. 銀行預金口座身元確認証.

ribavirine n.f. 〖薬〗リバビリン(抗ウイルス薬；薬剤製品名 Rebetol (n.m.)；インターフェロン α-Zb と併用する C 型慢性肝炎の治療薬).

riblet n.m. 〖俗〗合成サメ肌状フィルム.
riboflavine n.f. 〖生化〗リボフラヴィン, ビタミン B₂(= vitamine B₂).
ribonucléase n.f. 〖生化〗リボヌクレアーゼ(ARN (RNA) の加水分解の触媒酵素).
ribonucléique a. 〖生化〗acide ~ リボ核酸, ARN (= 〖英〗RNA：ribonucleic acid).
ribonucléoprotéine n.f. 〖生化〗リボ核蛋白質. granules de ~s リボ核蛋白質の顆粒.

ribose n.m. 〖生化〗リボーゼ.
ribosome n.m. 〖生化〗リボソーム(細胞中の ARN (RNA) と蛋白質の複合体の微小

粒子）.

ribosomique *a.* リボソーム (ribosome) 内の. ADN ～ リボソーム・デオキシリボ核酸 (=［英］rDNA). ARN ～ リボソーム・リボ核酸 (=［英］rRNA).

ribozyme (＜*ribo*some＋en*zyme*) *n.m.*『生化』リボザイム（酵素活性を示す ARN (RNA) 分子）.

ricanement (＜ricaner) *n.m.* **1** 嘲笑, 冷笑. **2** 薄笑い, にやにや笑い.

riceys (les) *n.m.pl.*『チーズ』レ・リセー.〖サンドレ＝デ＝リセー(＝cendré des ～)〗(シャンパーニュ地方 la Champagne で, 脱脂牛乳からつくられる, 軟質, 灰をまぶした天然外皮, 直径12-13 cm, 厚さ3 cm, 重量350-400 g；脂肪分30-40 ％).

riche *a.* **1** 豊かな, 金持ちの, 資産家である, 裕えた. pays ～ 豊かな国, 富裕国, 先進国（pays industrialisé (développé) の言い換え．この場合の反対語は pays pauvre となる). quartier ～ 高級住宅街. faire un mariage 金持ちと結婚する (～ parti は金持ちの結婚相手).〖諺〗Il vaut mieux être ～ et bien portant que pauvre et malade. 金持ちで健康なほうが貧乏で病に侵されているよりよい (→当たり前のことを言うな).
2 贅沢な, 豪勢な, 豪華な, きらびやかな, 高価な. des ～s présents 高価な贈り物.〖話〗Ça fait ～. 豪奢な感じだ.
3 内容が豊かな, 多量の,（含有量, 比重, 率などが）高い. ～ collection de tableaux du XIXème siècle 多数の 19 世紀の絵画からなるコレクション. aliment ～ 栄養価の高い食物. gaz ～ 高熱量ガス. langue ～ 表現力が豊かな言語.『内燃』mélange ～ 可燃性成分の比率が高い燃料. nourriture trop ～ 重すぎる料理. rime ～ 完全押韻（共通の母音のほかに少なくとも一つの共通の子音を含む韻).
～ de (en) *qch* …を多く含む, …に富んだ. un aliment ～ en vitamines ビタミン豊富な食料. une histoire ～ de rebondissements どんでん返しが多い話. un épisode ～ de leçons pour l'avenir 将来のためになる教訓に富んだ挿話. un sous-sol ～ en minerais 地下に鉱物資源が多い土地.〖話〗C'est une ～ nature. 有望な人材, 精力的な人だ.
4（土地が）肥沃な,（食べ物に）こくがある. sol ～ 肥沃な土地. vin ～ こくがあるワイン.
——*n.* 金持ち, 富豪, 金満家, 富める者. nouveau ～ 成金.〖聖〗mauvais ～ 貧しい人に施しをしない金持ち. fils de ～ お坊ちゃん, 甘やかされた子供.〖諺〗On ne prête qu'aux ～s. 金を貸すなら金持ちに.〖聖書〗Il est plus facile à un chameau de passer par le trou d'une aiguille qu'à un ～ d'entrer dans le royaume de Dieu. 富んでいるものが神の国に入るよりは, らくだが針の穴を通るほうがもっとやさしい（ルカによ

る福音書18-25).

Richerenches *n.pr.* リシュランシュ（département du Vaucluse ヴォークリューズ県の村；市町村コード 84760). marché aux truffes de ～ リシュランシュのトリュフ（黒松露）卸し市（3月）.

richesse *n.f.* Ⅰ〖*sing.*で〗（豊かであること）**1** 富裕, 豊かさ, 富；資産階級, 資産家.《*Essai sur la ～ des nations*》『国富論』(A. Smith の著作). signes extérieurs de la ～ 富の目に見える形, 金持ちであることを見せびらかすようなものや行動. taxation sur les signes extérieurs de la ～ 外形標準課税. vivre dans la ～ 裕福に暮らす.〖諺〗Contentement passe ～. 金持ちであるより幸福であったほうがよい.
2 豪華さ, 高価さ, 見事さ, 立派さ. La ～ des couleurs caractérise les tableaux de Delacroix. ドラクロワの作品は見事な色彩の使い方が特徴である. Les visiteurs du château apprécieront tout particulièrement la ～ du mobilier. 城館の見学者はとくに家具調度品の豪華さに感心するだろう.
3（量の）多さ,（内容の）豊かさ,（土地などの）肥沃さ, 資源の豊かさ. La ～ des sols est le principal atout de cette région. この地方にとって最大の切り札は土地の肥沃さである.
4 含有量, 成分比の高さ.
Ⅱ〖多く *pl.*〗**1** 富, 財産. accumuler des ～s 財産を積み上げる.
2 貴重なもの, 宝物. ～s d'une collection d'œuvres d'art 美術品コレクションの貴重な作品. ～s d'une langue 言語の表現力の豊かさ.
3 資源, 生産される富. ～s minières 鉱物資源. exploitation des ～s du sous-sol 地下資源の開発. mise en valeur des ～s naturelles 天然資源の開発. répartition de la ～ nationale 国富の分配.
4（精神的な）豊かさ, 価値, 豊かな内容. les ～s d'une œuvre pour la réalisation delaquelle l'auteur a consacré toute sa vie. 著者が一生をかけて著した作品が含む内容の深さ.

ricin *n.m.* **1**『植』ひま, 唐胡麻（とうだいぐさ科). huile de ～ ひまし油（下剤).
2 羽だに（＝pou).

ricine *n.f.*『化』リシン（アセトン acétone とエタノール éthanol により合成される毒物). toxine de la ～ リシン毒.

rickettsie [rikɛtsi] (＜Riketts, アメリカの細菌学者) *n.f.*『生』リケッチア（つつが虫病, 発疹チフスなどの病原体).

rickettsiose [rikɛtsjoz] *n.f.*『医』リケッチア症.

rictus [-tys]［ラ］*n.m.* **1**『医』顔面の口辺筋の痙攣；強迫笑い.
2 唇のひきつり；無理笑い；冷笑. ～ sarcastique 嘲笑. avoir un ～ moqueur 嘲笑的

に口をゆがめる.

ride *n.f.* **1** (皮膚の)皺. ~s au coin de l'œil 目尻の皺. ~s du front 額の皺. traitement contre les ~s 皺の予防(治療)対策. visage couvert de ~s 皺だらけの顔. ne pas avoir pris une ~ 皺ひとつない；〖比喩的〗新鮮さを失わない, 時代の風潮に合った.
2 (皺に似た)筋, 溝；(土地の)起伏, 褶曲；(地層の)小皺, 漣痕；風紋. ~s de neige (de sable) 雪紋(砂紋). ~s d'une pomme しびた林檎の皮. ~s du terrain 土地の起伏 (褶曲). ~s éoliennes 風紋.
3〖*pl.*で〗水紋, 漣. légères ~s sur la face de l'Océan 大洋の海面の漣.

rideau(*pl.*~x) *n.m.* **1** カーテン, 窓掛 (=~x de fenêtre)；幕；(寝台の)帳(とばり) (=~x de lit). ~x à franges 総(ふさ)飾りつきのカーテン. ~x à torsades 撚総(よりふさ)の止め紐つきのカーテン. ~ de fer (店舗の)シャッター；(劇場の)防火シャッター；〖政治〗〖史〗(東欧圏の)鉄のカーテン.〖政治〗~ de bambou (中国の)竹のカーテン. ~x de mousseline モスリン地のカーテン. ~x transparents レースのカーテン. doubles ~x 二重カーテン.
poser des ~x aux fenêtres 窓にカーテンをつける. tirer les ~x カーテンを引く《多くは開ける；時に閉めるの意》.〖比喩的〗tirer le ~ sur *qch* 何を包み隠す；何について考えない(話さない)ことにする.〖話〗grimper aux ~x 激情を露わにする.
2 舞台の幕, 緞帳(どんちょう). ~ à la française フランス式の幕(垂直に上下する幕). ~ à l'italienne イタリア式の幕(上がる時に中央が開く幕). ~ de fond 舞台奥の幕. lever (baisser) le ~ 幕を開ける(おろす). *R*~! 幕を上げろ；幕をおろせ；〖話〗もう沢山だ, やめろ《観客の罵声》. Le ~ tombe (est tombé). 幕が下りる(下りた)；〖比喩的〗終った.
3〖比喩的〗幕状のもの, 視界を遮るもの, 幕. ~ de brouillard 霧の幕.〖軍〗~ de feu 弾. ~ de fumée 煙幕.
4〖土木〗土手, 法面；〖農〗(段畑の境いの)土手.

ridicule *a.* **1** 笑うべき；滑稽な, おかしい；馬鹿げた；不条理な. coutume ~ おかしい(馬鹿げた)習慣. expressions ~s 滑稽な表現. geste ~ 滑稽な仕草. livre absolument ~ 全く馬鹿げた書物. personnage ~ おかしな人物. vanité ~ 笑うべき虚栄心. Il est (C'est) ~ de+*inf.* (que+*subj.*) …するのは(…なのは)滑稽である(馬鹿げている). Je trouve ça ~. そいつは馬鹿げていると思う.
2 滑稽なほど僅かな. quantité ~ 極く僅かな量. somme ~ 取るに足らぬ金額.
── *n.m.* **1** 滑稽さ；馬鹿馬鹿しさ. ~ d'une époque 時代の滑稽さ (馬鹿馬鹿しさ). ~ de la vanité 虚栄の滑稽さ. ~ insupportable 耐え難いおかしさ. couvrir de ~；tourner en ~ 笑いものにする, 愚弄する. se couvrir de ~ 物笑いになる. se donner le ~ de+*inf.* 滑稽にも…する.
2 物笑いになること. sens du ~ 物笑いになるという感覚. avoir peur du ~ 人に笑われるのを恐れる. Le ~ tue. 物笑いになったらおしまいだ.
3〖古〗滑稽な人, おかしな人 (=personne ~).

rien *pr.ind.*〖直接目的となる rien は複合時制では過去分詞の前, 不定詞と用いられる時はその前に置かれる〗

Ⅰ〖否定〗(何も) **1**〖ne と共に〗*R*~ ne me plaît. どれも私には気に入らない. Ça ne me dit ~. 私はそれに何の興味もありません. Ça ne sert à ~. それは何にも役立たない. Je ne sais ~. 私は何も知らない. Je n'ai ~ vu. 私は何も見なかった. Je n'ai besoin de ~. 私は何も必要としていない. Je lui ai promis de ne ~ dire. 私は彼に何も言わないと約束した. Je ne te refuserai jamais plus ~. もう何だろうと決して断わりはしないよ.〖諺〗Qui ne risque ~ n'a ~. 虎穴に入らずんば虎児を得ず.
ne ... ~ du tout (~ de ~) 全く何も…しない. Je n'ai ~ vu du tout. 私は全く何も見なかった. Elle ne sait ~ de ~. 彼女は全く何も知らない.
ne ... en ~ いかなる点においても…しない, 全く…でない. Cela ne me regarde en ~. それは私とは全く無関係だ.
ne ... ~ moins que ... 少しも…でない. Il n'est ~ moins qu'un savant. 彼は全然学者なんかではない.
ne ... ~ 〔de〕 moins que まさに…である. Ce n'est ~ de moins qu'un miracle. それはまさに奇蹟だ. Il ne s'agit de ~ de moins de changer une égalité en inégalité. まさに平等を不平等に変えるということが問題なのだ.
ne ... pour ~ au monde いかなる理由であろうと (どんな犠牲を払っても)絶対に…しない. Je ne veux la voir pour ~ au monde. 私は絶対彼女に会いたくない.
ne ... ~ ... ~ の他に何も…しない, …の他には何もしない. Je n'ai ~ dit que ce que je pense. 私は思っていることの他は何も言わなかった.
◇ **REM** 形容詞を伴う場合は de を介し, 形容詞は男性単数形に置く：*R*~ d'inquiétant n'est arrivé. 不安になることは何も起らなかった. Il n'y a ~ de plus dangereux. これほど危険なことはない.
◆〖成句〗
◇〖avoir と共に〗n'avoir ~ 無一物である；異状なし.
n'avoir ~ contre *qn* 人に何の恨みもない.
n'avoir ~ de *qn* 人に似たところは少しもな

rien

い。
◇〘être と共に〙n'être ~ 何の価値もない，取るに足りない，物の数でない．Ce n'est ~. 何でもありません，構いません；どういたしまして．
n'être ~ à (de) qn 人とは何の関係もない．Il ne m'est ~. 彼は私には何でもない人間だ(赤の他人だ)．
n'être pour ~ dans qch 何に責任がない．Je n'y suis pour ~. 私のせいではない．
Il n'en est ~. それは全然違う．
comme si de ~ n'était 何事もなかったかのように．
Ce n'est pas ~. それは重大だ(難しい，つらい)．
◇〘faire と共に〙ne faire ~ 何もしない；働いていない．ne plus ~ faire 失業中である．
Ça ne fait ~. そんなこと構いません，何でもありません．
ne faire ~ à qn 人にとってどうでもよい；人にいやなことは何もしない．Les menaces ne lui font ~. 脅しても彼は一向に動じない．
R~ n'y fait. 何をしてもどうにもならない．Il n'y a ~ à faire. 手の施しようがない，なす術がない．
〘話〙Je n'en ai ~ à faire. それには全く興味がない．
N'en faites ~. そんなことはよしなさい．

2 〘省略文でne なしに〙R~ à dire. 何も文句はない；言うことはない，完璧だ(=Il n'y a ~ à dire.)．R~ à faire. なす術がない，手の打ちようがない (=Il n'y a ~ à faire). Que faites-vous? —R~. 何をしているのですか？一何も．A quoi penses-tu? —A ~. 何を考えているのですか？一何も．
~ de plus それ以上は何も；ただそれだけ．Je suis son ami, ~ de plus. 私は彼の友達，ただそれだけのことです．
~ de plus, ~ de moins 多くも少なくもなく；ちょうど．J'ai fait ce qu'il fallait, ~ de plus, ~ de moins. 私はなすべきことをした．ただそれだけのことだ．

3 〘くだけた会話における ne の省略〙C'est ~. 何でもありません (=Ce n'est ~). J'ai ~. 何でもない．君に言うことは何もない．

Ⅱ 〘否定でなく〙**1** 無，僅かなもの，取るに足りぬこと．faire qch de ~ 無から何を作る．〘諺〙On ne fait ~ de ~. 無からは何も作れない；努力なしに成果は得られるものではない．se réduire à ~ 無に帰する；無きに等しくなる．
C'est cela ou ~. そうするか何もしないかどちらかだ．C'est tout ou ~. 一切か無かどちらかだ．C'est mieux que ~ 大したことだ．C'est mieux que ~ 〘du tout〙ないよりはましだ．C'est moins que ~. ゼロ以下だ，全くひどいものだ；ただより安い．
◆〘成句〙~ que ただ…だけ (=seulement)．

R~ que d'y penser, j'en frémis. それを考えるだけで，私は身震いした．Je dis toute la vérité, ~ que la vérité. 私は真実を，ただ真実だけを語っている．〘話〙R~ que ça! たったそれだけ！；〘反語的〙大したものだ！Tu as gagné un million, ~ que ça. 100万も儲けたか，凄いもんだ！
〘話〙comme ~ 難なく；楽々と．Je m'en soucie comme ~. 私はそれを全く気にしていない．Cela atteint des millions comme ~. 軽く数百万に達する．
de ~〘du tout〙取るに足りない．fille de ~ 自堕落な娘．une petite opération de ~ du tout ほんのちょっとした手術．Merci! —De ~. 有難う！一どういたしまして (=Il n'y a pas de quoi./Je vous en prie)．
en moins de ~ 瞬く間に．En moins de ~ ils ont été couchés. あっという間に彼らは寝てしまった．
pour ~ 無料で；ただ同然の値段で；つまらないことで，無駄に；理由もなく．C'est pour ~. ただみたいなものだ．Je l'ai eu pour ~. 私はそれをただ(ただみたいな値段)で手に入れた．On n'a ~ pour ~. ただでは何も手に入らない．mourir pour ~ 無駄死する．se déranger pour ~ 無駄骨を折る．Ce n'est pas pour ~ que …なのは理由のないことではない．

2 〘テニス〙ラブ．~ à quinze ラブ・フィフティーン．Trente à ~. サーティー・ラブ．

Ⅲ 〘暗に否定のニュアンスをこめて〙(何か) **1** 〘否定または否定的なニュアンスを含む語の後で〙Je n'ai plus le temps de vous ~ dire. 私はもうあなたに何を言う暇もない．Il me défend de toucher à ~. 彼は私に何も触れぬよう命じている．Il est incapable de ~ dire. 彼は何も言うことができない．avant de ~ décider 何かを決める前に；何も決まらぬうちに．sans ~ dire 何も言わずに．Il est parti sans qu'on ait ~ décidé. 何も決まらないのに，彼は立ち去った．Il est trop étonné pour ~ dire. 彼は驚きのあまり何も言えない．

2 〘否定的ニュアンスを含む疑問文で〙A-t-on jamais vu ~ de pareil? このようなものを見たことがあるだろうか？ Dites-moi s'il est ~ de plus beau. これ以上美しいものがあったら言ってみてください．

3 〘仮定の si の後で〙C'est miracle si j'y entends ~. 何かがわかるなんて奇蹟的なことだ．

——*n.m.* **1** 無．Le ~, c'est ce qui n'existe pas. 無とは存在しないものということである．

2 つまらないこと；無意味なこと．Un ~ la fâche. つまらないことが彼女を立腹させる．Il se fâche pour un ~(des ~s). 彼はつまらないことで腹を立てる．Il s'amuse à des ~s. 彼は無意味なことをして楽しんでいる．les petits ~s qui rendent une maison

riesling

agréable 家を快適にするちょっとしたこと. 〖話〗comme un ～ 難なく, 楽々と. Il a résolu le problème comme un ～. 彼は難なく問題を解決した.
3 un ～ de ほんの少しの (=un petit peu de). en un ～ de temps 瞬く間に (=promptement).
4 〖副詞句として〗un ～ ほんの少し. C'est un ～ trop grand. ちょっと大きすぎる.
——*n.* **1** un(e) ～-du-tout 取るに足りぬ人間 (=personne de ～).
2 un(e) ～ de ～ 全く取るに足りぬ人間.
——*ad.* 〖俗・反語的〗ひどく. C'est ～ drôle! えらく変だ!. Il fait ～ froid! ひどく冷える.

riesling [rislin̄] *n.m.* 〖葡萄〗リースリンク, リースリング（主にライン河 le Rhin の河畔, アルザス地方 l'Alsace などで栽培される白葡萄の品種）; リースリング酒（リースリング種の葡萄からつくられる白葡萄酒）.

rifamycine *n.f.* 〖薬〗リファマイシン（地中海沿岸地方の土壌中の放射線菌 Streptomyces mediterranei からつくられる抗生物質）.

rigide *a.* **1** 堅い, たわまない, 曲らない, 柔軟性に欠ける. carton ～ 堅いボール紙. livre à couverture ～ ハードカヴァーの本. matière plastique ～ 堅いプラスチック素材. papier ～ 堅い紙, 厚紙. tige ～ 堅い茎（幹）.
2 堅い感じの. contours trop ～s d'une sculpture 彫刻の堅すぎる輪郭.
3 堅い, 厳格な; 頑固な. éducation ～ 厳しい教育. homme ～ 厳格な人; 頑固な人. règle ～ 厳しい規則.
4 堅苦しい, 柔軟性に欠ける, 硬直した. structure ～ d'un système économique 経済体制の硬直した構造.

rigidité *n.f.* **1** 堅いこと, 堅さ. ～ des contours 輪郭の堅さ. ～ d'un papier 紙の堅さ. ～ des poils d'une brosse ブラシの毛の剛さ. ～ des traits 表情の堅さ.
2 〖物理〗剛性. ～ à la flexion 曲げ剛性. ～ magnétique 磁気的剛性. module de ～ 剛性率 (=module de Coulomb「クーロン係数」).
3 厳しさ, 厳格さ. ～ des mœurs 慣習の厳しさ. ～ des principes 原則の厳格さ.
4 (制度・考えなどの)柔軟性の欠如, 硬直. ～ du caractère 性格の頑固さ. ～ d'un système économique 経済体制の硬直性.
5 〖医〗硬直. ～ cadavérique 死体（死後）硬直. ～ des muscles 筋肉の硬直.
6 〖電〗強度. ～ diélectrique 絶縁耐力.

rigotte *n.f.* 〖チーズ〗リゴット（牛乳または山羊乳からつくられる軟質チーズ）. ～ de Condrieu リゴット・ド・コンドリュ（リヨネ地方 le Lyonnais で牛乳からつくられる, 赤味を帯びた天然外皮, 直径4cm, 高さ3.5cm の小円筒状, 重量 50g; 脂肪分 45-50%). ～ de Pélussin リゴット・ド・ペリュサン（オーヴェルニュ地方 l'Auvergne で山羊乳または半山羊乳からつくられる, 天然外皮, 直径5cm, 高さ3cm の小円錐型; 重量 70-80g; 脂肪分 40-45%）.

rigoureux(*se*) *a.* **1** 厳格な, 厳しい. écrivain ～ 厳格な作家. maître ～ 厳格な教師. punition ～*se* 厳罰.
2 (気候などが)厳しい. froid ～ 厳寒. hiver ～ 厳冬. saison ～*se* 厳しい季節.
3 苛酷な, 厳しい. sort ～ 苛酷な運命.
4 厳密な, 正確な. ～*se* neutralité 厳正中立. définition ～*se* 厳密な定義. logique ～ 厳密な論理. observation ～*se* des règles 規則の厳守. au sens le plus ～ du terme 言葉の正確な意味で.

rigueur *n.f.* **1** 厳格さ, 厳しさ, 苛酷さ. ～ d'une règle 規則の厳しさ. 〖軍〗arrêts de ～ 重禁錮, 重営倉. morale ～ excessive 厳し過ぎる倫理（道徳）観. tenir ～ à qn de qch 何ついて人を許さない（恨む）. traiter qn avec ～ 人を苛酷に扱う.
2 (気候の)厳しさ; 厳寒. ～ de froid hivernal 冬の寒さの厳しさ.
3 〖*pl.* で〗〖文〗厳格な行為, 苛酷な行い. ～*s* du sort 運命のもたらす数々の苦難.
4 厳密さ, 厳正さ, 正確さ. ～ d'un calcul 計算の正確さ. ～ du jugement 判断の厳正さ. ～ d'un raisonnement 推理の厳密さ. esprit de ～ 厳正な精神. 〖経済〗politique de ～ (インフレ防止の)緊縮財政.
5 à la ～ やむを得なければ, 最悪の場合には. à l'extrême ～ ぎりぎりのところ. en toute ～ 完全に.
6 de ～ (慣習・規則により)是非とも必要な. 義務的な. délai (terme) de ～ 最終期限. tenue correcte est de ～ 正装のこと. tenue de soirée de ～ 必ず夜会服着用のこと. Il est de ～ de+*inf.* (que+*subj.*). …することが是非とも必要である.

Riken [日] *n.pr.m.* 理研, 理化学研究所 (=Institut de recherche en physique et en chimie).

rillette *n.f.* 〖料理〗リエット（豚肉または鵞鳥肉の塊を豚の脂で煮た料理）. ～ de la Sarthe (du Mans) サルト県（ル・マン）特産のリエット.

rilménidine *n.f.* 〖薬〗リルメニジン（高血圧症治療薬; 薬剤製品名 Hyperium (*n.m.*)）.

R.I.Ma. (=*régiment d'infanterie de Marine*) *n.m.* 〖軍〗海兵連隊.

rinçage (<rincer) *n.m.* **1** ゆすぎ; ゆすぎ洗い, 水洗い; 洗浄. ～ ultra-sonore 超音波洗浄. **2** (洗髪の)ゆすぎ洗い, リンス洗浄. リンス剤.

rioja [rjoxa] [西] *n.m.* 〖葡萄酒〗リョハ（スペインのリョハ地方 la Rioja でつくられる葡萄酒; 主に赤）. ～ Gran Reserva

(Imperial) リヨハ・グラン・レゼルバ（インペリアル）《3-5年物の瓶詰；上級酒》. ~ clarete リヨハ・クラレート（並級酒）.

RIP [rip] (=relevé d'identié postal) *n.m.* 郵便貯金口座身元確認証.

riposte *n.f.* **1** 言い返し, 当意即妙の返答, 反論, しっぺ返し. avoir la ~ rapide 当意即妙にやり返す.
2《スポーツ》（フェンシング）リポスト.
3 反撃, 逆襲（=contre-attaque）. ~ graduée 段階的反撃.

Riquewihr *n.pr.* リックヴィール（département du Haut-Rhin オー=ラン県の町；市町村コード 68340；アルザス地方 l'Alsace の葡萄畑の中にある中世の城壁で囲まれた町；アルザスの葡萄酒業の中心地の一つ）.

rire *n.m.* **1** 笑い；笑い声. ~ argentin 玉をころがすような笑い声. ~ bête (niais, sot) 間の抜けた薄笑い. ~ bruyant 騒々しい笑い. ~ clair 明るい笑い. ~ des yeux 眼で示す笑い. ~ éclatant けたたましい笑い.《TV》~s en boîte あらかじめ録音された笑い声. ~ forcé 作り笑い；《医》強迫笑い (=rictus). ~ gloussant くすくす笑い. ~ gras こもったような笑い. ~ hystérique ヒステリックな笑い. éclat[s] de ~ 爆笑. explosion de ~s 哄笑 (=hilarité). gros ~ 馬鹿笑い. avoir le fou ~ 気が狂ったように笑う；笑いが止まらない. éclater d'un ~ énorme 大声で笑い出す. mourir de ~ 笑いころげる.
2 嘲笑, 冷笑. attirer les ~s 嘲笑を招く.
3（動物の）笑いに似た仕草. ~ du singe 猿の笑い.

ris *n.m.*《料理》リ,（仔牛・仔羊の）胸腺 (thymus の食肉用語). ~ de veau リ・ド・ヴォー〔料理〕, 仔牛の胸腺〔料理〕. ~ de veau braisés Nantua 仔牛のブレゼ, ナンテュア・ソース添え.

RISC (=〔英〕reduced instruction set computer) *n.m.*《情報処理》リスク, 縮小命令セットコンピュータ (=〔仏〕ordinateur à jeu d'instruction réduit).

risée *n.f.*《海》リゼ（弱い突風）.

risk manager [riskmanadʒɛr]〔英〕*n.*《経済》リスク・マネジャー, 危機管理専門家.

risorius [-rys]〔ラ〕*n.m.*《解剖》笑筋.

risotto [riʒɔ(t)to]〔伊〕*n.m.*《料理》リゾット（主菜またはつけ合わせとなる米料理）. ~ à la milanaise ミラノ風リゾット《刻み玉葱, ハム, 茸, 白トリュフ入り》. ~ aux fruits de mer フリュイ・ド・メール（海の幸）のリゾット.

rispéridone *n.f.*《薬》リスペリドン（抗精神病薬；薬剤製品名 Risperdal *n.m.*)）.

risque *n.m.* **1**（生じる恐れのある）危険, 危険性, リスク, 恐れ；（災害発生の）危険. ~ d'aggravation 悪化の恐れ. ~ de perte d'emploi 失職の危険性. ~ d'inondation 洪水の危険性. ~s naturels 自然災害のリスク. ~ nucléaire (sismique) 核災害(地震)の危険性. ~ professionnel 職業上の危険. ~ zéro ゼロ・リスク.
capitaux à ~s リスクキャピタル《リスクの大きい資本》. charge des ~s 危険負担. gestion des ~s 危機管理. grossesse à ~ リスクの多い妊娠. management de ~s リスク・マネージメント, 危機管理. Plan de prévention des ~s 自然災害予防計画《自然災害および産業廃棄物による環境汚染予防計画；略記 PPR》. prise de ~ 危険の引受け. responsabilité pour ~ 危険に対する責任. théorie du ~ 危険理論. zone à ~s リスク・ゾーン.
au ~ de+*inf.* …する危険を冒しての をおそれずに. au ~ de *qch* 何の危険を冒して. aux ~s et périls de *qn* 人が全責任を負って, 人が危険を一身に負って. à tout ~ あらゆる危険を冒して. sans ~ リスクなしに.
courir un ~ 危険を冒す. courir le ~ de *qch* (de+*inf.*, que+*subj.*) 何の（…する）危険を冒す；…する恐れがある. C'est un ~ à courir. 一か八かやってみることだ. plein de ~ 危険がいっぱい. Il n'y a pas de ~ que+*subj.* …する恐れはない.
2 危険を冒すこと, 冒険. avoir le goût du ~ 冒険を好む. prendre un ~ (des ~s) 危険を冒す.
3《保険》(保険の対象としての)危険, 保険事故；損害, 災害, リスク；保険対象の種類, 保険率. ~ de guerre 戦争災害. ~s industriels 産業保険事故. ~ locatif 賃借リスク. ~ putatif 誤想危険. ~s simples 単純保険事故《一般住宅の火災など》.《社会保障》~s sociaux 社会的危険（疾病, 失業, 老齢, 労災, 家族負担, 母性, 廃疾, 死亡). ~ taré 異常保険事故. ~ variable 可変性保険事故.《自動車保険》assurance tous ~s 全災害保険 (=assurance multirisque). s'assurer contre les ~s d'incendie 火災保険にはいる.

risqué(e) *a.p.* **1** 危険を伴う, 危険の多い；思い切った, 大胆な. entreprise ~e 一か八かの企て. plan ~ 危険な計画. C'est trop ~. それは危険すぎる.
2 思い切った；きわどい. plaisanteries ~es きわどい冗談.

risque-tout *n.inv.* 向う見ずな人, 無鉄砲な人, 無茶な人, 大胆な人.
——*a.inv.* 向う見ずな, 大胆な. fillettes ~ 向う見ずな小娘たち.

rissole *n.f.*《料理》リソール（肉・魚肉のミンチをパイ皮で包んで揚げた料理）. ~s Pompadour ポンパドゥール風リソール《牛タン, トリュフ, シャンピニョンの角切りをバターで蒸煮し, パイ皮で包んで揚げたもの》.

rissoler *v.t.* **1**《料理》(肉・野菜にフライ

パンなどで)焼色をつける;(肉に)焼色をつけて肉汁を閉じこめる. ~ un poulet 鶏に焼色をつける. pommes de terre *rissolées* こんがりと焼色をつけたじゃが芋.
2〔比喩的〕こんがり陽焼けさせる. visage *rissolé* 陽焼けした顔.
── *v.i.* 焼色がつく. mettre une dinde à ~ 七面鳥に焼色をつける.

riste *n.f.*〖料理〗リスト《揚げた茄子にトマトを添えるプロヴァンス料理》.

ristourne *n.f.* **1**〖商業〗値引き, 割引き. faire une ~ 値(割)引きをする.
2〖商業〗(割引額の)払戻し, リベート. ~ illicite 不法リベート.
3〖法律〗(年末に保険組合が加入者に払戻す)割戻し.
4〖保険〗(保険事故の瑕疵・消滅による, 保険会社側からの)海上保険の契約解除.

ritaline *n.m.*〖薬〗リタリン (= *méthylphénidate* (*n.m.*):MPH〖塩酸メチルフェニデート〗($C_{14}H_{19}NO_2$):中枢神経に作用し興奮や覚醒効果をもたらす向精神薬;難治性鬱病治療薬, 小児の注意欠陥・多動性障害 ADHD:*Attention Deficit Hyperactivity Disorder*=〖仏〗TDAH:*troubles déficitaires de l'attention avec hyperactivité*治療薬, ナルコレプシー(睡眠障害)治療薬, 覚醒剤に似た効果があり, 1971年の向精神薬協定の対象薬剤に登録》.

rite *n.m.*〖祭式〗祭式, 典礼. ~s catholiques カトリックの典礼.
2〖宗教〗儀式. ~ du baptême 洗礼式. ~s funèbres 葬儀.
3(秘密結社などの)儀式. ~s maçonniques フランマソン(フリーメイソン)の儀式.
4〖社〗儀式, 儀礼. ~ de passage 通過儀礼.
5 慣習, ならわし, 習慣. ~ du sapin de Noël クリスマスツリーを飾る慣習. Après le dîner, il fume un cigare, c'est un ~. 夕食のあと葉巻を吸うのが彼のならわしだ.

rituel (*le*) *a.* **1**〖宗教〗祭礼の;典礼にかなった. chant ~ 祭礼歌. prières ~les 典礼にかなった祈禱.
2〔比喩的〕典礼的な, 式文のような. formule ~ le 決り文句.
3(儀式のように)決りきった, 慣習的な, 習慣となっている. promenade ~ le いつもの散歩.
── *n.m.* **1**〖宗教〗祭式. ~ d'initiation 入信祭式.
2〖宗教〗典礼定式書.
3 慣習, 儀礼, しきたり. ~ de la famille française フランスの家庭のしきたり.

rivage *n.m.* **1**(海・湖の)岸, 岸辺《湖の場合はむしろ rive》. ~ de la Méditerranée 地中海の岸辺. ~ de haute mer と ~ de mer 海岸(満潮線 laisse de haute mer と干潮線 laisse de basse mer の間の)前浜.
2 礒;浜;岸辺. ~ de sable 砂浜.〖法律〗droit d'accès au ~ 接岸権.
3〔文〕(川の)岸.〔詩〕~ de l'Achéron (du Styx) ~ aux en compétition 競技の相手. sans ~ 無敵の;比肩する者のない;比類のない. vaincre tous les ~ aux すべてのライヴァルにうち勝つ.
2 恋敵. jalousie contre un ~ 恋敵に対する嫉妬.
── *a.* 競争相手の, 競合する, 対抗する. entreprises ~ ales 競合企業. factions ~ ales 対抗し合う分派. nations ~ ales 競争国, 競合国.

rivalité *n.f.* 競争;敵対関係, ライバル関係, 競合;対抗意識. ~ amoureuse 恋の鞘当て. ~ de deux nations 二国の競合関係. ~ politique 政治のライバル関係.

rive *n.f.* **I 1**(河川・湖沼の)岸, 岸辺;河岸 (= ~ d'un fleuve). la ~ droite (gauche) de la Seine セーヌ河右岸(左岸)《下流に向かって右(左)側の河岸》. Yves-Saint-Laurent-R~-gauche (Paris) イヴ=サン=ローラン左岸店.
2〔詩〕海岸. ~ s de la mer Noire 黒海沿岸.
II 1〖建築〗屋根棟;斜面の縁. **2** ~ d'un four 炉の入口の縁.

riverain (*e*) *n.* **1**(河川や湖沼の)沿岸の住民(土地所有者). ~ s de Loire ロワール河沿岸の住民.
2〔広義〕沿道の住民(土地所有者);(森の)周辺住民(土地所有者). ~ s d'une rue 街路沿いの住民.〖道路標識〗accès réservé aux ~s 沿道居住者の車輌のみ通行(進入)可.
── *a.* 沿岸の;沿道の;周辺の. droit de ~(航行不能)河川沿岸の住民に与えられる)河川(河床)利用権. propriété ~ e d'une route 街道沿いの所有地.

riveraineté *n.f.*〖法律〗(航行不能の)河川沿いの土地所有権. droit de ~ 河川(河床)利用権.

rivesaltes (< R ~, 生産地名)〖郵便番号〗66600) *n.m.*〖葡萄酒〗リヴサルト《ルーション地方 le Roussillon の甘口の白葡萄酒》.

rivet [-vε] *n.m.* リベット, 鋲. ~ à tête fraisée (plate) 皿(平)リベット, 皿(平)鋲.

riveteuse *n.f.*〖工〗リベット(鋲)打ち機.

rivière *n.f.* **1** 川 (fleuve「大河」より小さい中程度の河川)《大河に注ぐ》支流. L'Oise est une ~ qui conflue avec la Seine à Conflans-Sainte-Honorine. オワーズ川はコンフラン=サント=オノリーヌでセーヌ河に合流する川である. ~ souterraine 地下川. oiseaux de ~ 水鳥. port de ~ 河川港.
2〔スポーツ〕(障害物レース・競馬の)水濠.
3〔比喩的〕流れ. ~ de larmes しとど流れ

る涙. ~ de lave 熔岩流. ~ de sang 血の海.
4〔比喩的〕~ de diamants ダイヤの首飾り.
5〔農〕vins de ~ マルヌ川 la Marne 流域産の葡萄酒.
RIVP (= *R*égie *i*mmobilière de la *V*ille de *P*aris) *n.pr.f.* パリ市不動産公社《混合経済会社》.
rivure *n.f.* **1**〔工〕リベット締め, 鋲締め. **2** 鋲頭.
rixe *n.f.* 殴り合いの喧嘩, 乱闘.
riyal (*pl.* ~**s**) *n.m.* リヤール《サウジアラビアやカタールの通貨単位；略記 R》.
riz [ri] *n.m.* **1**〔植〕稲. ~ aquatique 水稲 (= ~ de plaine irriguée). ~ de colline 陸稲. culture du ~ 稲作 (= riziculture). grain de ~ 米. paille de ~ 稲藁. repiquage du ~ (稲の) 田植. **2** 米；米粒 (= grain de ~). ~ blanchi 白米, 精米 (= ~ cargo). ~ décortiqué 玄米 (= ~ cargo). ~ étuvé 加圧蒸米, 事前処理米, レトルト米 (= ~ prétraité). ~ glacé 精白米. ~ gluant もち米. ~ long 長粒米. ~ paddy 籾米 (= ~ non décortiqué). ~ rond 短粒米. ~ sauvage 野生米, ワイルドライス. alcool de ~ 米酒《米でつくった酒；日本酒など》. eau de ~ 米水《飲料・布の糊づけ用》. farine de ~ 米粉.〔薬〕米粉巴剤.〔古〕poudre de ~ 白粉. vinaigre de ~ 米酢. **3**〔製紙〕papier de ~ 米紙《パンの木または若竹でつくった紙》.〔編物〕point de ~ ポワン・ド・リ.
rizerie *n.f.* 精米所, 精米工場《脱穀 décorticage, 精白 blanchiment, 糠 (ぬか) ふるい glaçage などの作業行程を行なう》.
rizicole *a.* 稲作の. zones ~s 稲作地帯.
rizicult*eur* (***trice***) *n.* 稲の栽培者；稲作農民.
riziculture *n.f.* 稲作, 稲の栽培.
rizière *n.f.* 稲田；水田 (= inondée). ~ sèche 陸田, おかぼ畑.
RLP[1] (= *r*adios *l*ibres *p*rivées) *n.f.pl.*〔放送〕民間自由ラジオ放送.
RLP[2] (= *r*adio *l*ocale *p*rivée) *n.f.* 地方民間ラジオ放送〔局〕.
RM[1] (= *r*écoltant-*m*anipulant) *n.m.*《シャンパーニュ酒の》葡萄収穫兼製造者.
RM[2] (= *r*èglement *m*ensuel) *n.m.* 月間決済.〔株〕marché〔à〕~ 月間決済取引〔市場〕 (= marché à règlement mensuel).
RMC (= *R*adio-*M*onte-*C*arlo) *n.f.* モンテ=カルロ放送〔局〕.
RMD (= *r*égion *m*ilitaire de *D*éfense) *n.f.*〔軍〕防衛軍事地方管区, 防衛軍管区. ~ Atlantique 大西洋防衛軍事地方管区.
RMI (= *r*evenu *m*inimum d'*i*nsertion) *n.m.* 社会復帰 (就職促進) 最低保証所得《1988年12月に創設された制度で, 25歳以上あるいは扶養子女をもつ者で最低保証所得《創設当時は月2,000フラン》に満たない収入しかな

い者を受益者とする》.
RMIste *n.* RMI《社会復帰 (就職促進) 最低所得》対象者.
RMLE (= *r*égiment de *m*arche de la *L*égion *é*trangère) *n.m.*〔軍〕外人部隊所属歩兵連隊.
RMM (= *r*émunération *m*ensuelle *m*inimale) *n.f.*〔経済〕月間最低報酬.
RMN (= *r*ésonance *m*agnétique *n*ucléaire) *n.m.* 核磁気共鳴 (= 〔英〕NMR : *N*uclear *M*agnetic *R*esonance). imagerie par ~ 核磁気共鳴造影〔法〕.
RMO (= *r*éférence *m*édicale *o*pposable) *n.f.*〔医〕医療診断に関するセカンド・オピニヨン照会.
RMU (= *r*evenu *m*inimum *u*nivercel) *n.m.* 包括的最低所得《万人に適用される最低所得》；revenu d'existence 生活可能所得》.
RN[1] (= *R*evenu *n*ational) *n.m.* 国民所得.
RN[2] (= *R*oute *n*ationale) *n.f.* 国道《単にNと記す場合が多い》.
Rn (= *r*adon) *n.m.*〔化〕「ラドン」の元素記号.
RNA[1] (= *r*evenu *n*et *a*gricole) *n.m.* 農業実収入.
RNA[2] = 〔英〕*r*ibo*n*ucleic *a*cid) *n.m.*〔生化〕リボ核酸 (=〔仏〕ARN : *a*cide *r*ibo*n*u*c*léique).
rnb, r'n'b' *n.m.*〔音楽〕〔話〕リズム・アンド・ブルース (=〔英〕rhythm and blues).
RNCS (= *r*egistre *n*ational du *c*ommerce et des *s*ociétés) *n.m.* 全国商業会社登記簿.
RNE (= *r*evenu *n*et d'*e*xploitation) *n.m.* 経営純収入.
RNIS (= *r*éseau *n*umérique à l'*i*ntégration de *s*ervices). *n.m.* サービス総合デジタル通信網, ISDN《フランスでは Numéris という商標で市場化されている》.
RNO (= *R*éseau *n*ational d'*o*bservation de la qualité du milieu marin) *n.m.* 全国沿海部水質監視網《1974年より機能》.
RNR (= *r*éacteur à *n*eutrons *r*apides) *n.m.*〔原子力〕高速中性子炉 (=〔英〕fast neutron reactor), 高速炉 (=〔英〕fast reactor), 高速増殖炉 (=〔英〕FBR : fast breeder reactor)《フランスの Superphénix, 日本の原型炉「もんじゅ」など》.
RNSA (= *R*éseau *n*ational de *s*urveillance *a*érobiologique) *n.m.*〔医〕全国大気微生物監視網《アレルギー対策機構》.
RNSP (= *R*éseau *n*ational de *s*urveillance de *s*anté *p*ublique) *n.m.*〔医〕全国公衆衛生監視網《1992年創設》.
RNT (= *r*éacteur à *n*eutrons *t*hermiques) *n.m.*〔原子力〕熱中性子炉 (=〔英〕thermal neutron reactor, thermal reactor ;〔仏〕réacteur thermique；プルサーマル炉), 低速中性子炉 (= réacteur à neutrons lents).
RNU (= *r*égie *n*ationale des *u*sines) *n.f.*

国営製造工場公社.

rº, Rº, RO (=［ラ］recto) 表ページ.

Roanne n.pr. ロアンヌ (département de la Loire ロワール県の郡庁所在地；市町村コード 42300；形容詞 roannais(e)). bassin de ~ ロアンヌ盆地《牛の放牧地区》. restaurant Troisgros à ~ ロアンヌのレストラン「トロワグロ」(1968 年以来ミシュランの 3 つ星を獲得している名店).

robe n.f. **1** ローブ, ドレス《ワンピースの婦人服》. ~ décolleté ローブ・デコルテ《夜会服》. ~ d'été 夏物のドレス. ~ de soie 絹のドレス. ~ du soir イヴニング・ドレス. ~ de ville 外出着；普段着. ~-manteau コートドレス. ~ montante ローブ・モンタント《肩・背の覆われた婦人礼服》. porter (mettre) une ~ ドレスを着用する.
2 長衣, 寛衣；(古代人・東洋人などの) 丈の長い寛衣；(丈の長い) 幼児服 (= ~ de bébé). ~ de baptême (幼児の) 洗礼服. ~ de chambre 部屋着, ガウン.
3〖宗教〗(聖職者の) 法衣, 僧服. ~ de moine 修道士の僧服. ~ du prêtre 司祭の法衣. cardinaux en ~ rouge 赤い法衣をまとった枢機卿たち.
4〖法律〗法服 (= ~ de magistrat)；〖比喩的〗法曹界. ~ d'avocat 弁護士の法服. homme (gens) de ~ 法律家, 司法官.〖仏史〗noblesse de ~ 法服貴族 (noblesse d'épée「武家貴族」の対).〖仏史〗la R~《大革命以前の》法官の身分.
5 式服, ガウン. ~ de professeur d'Université (儀式用の) 大学教授ガウン.
6〖比喩的〗(じゃが芋・豆・ソーセージなどの) 皮；(葉巻の) 外巻き葉 (= ~ de cigare). ~ d'un oignon 玉葱の皮.〖料理〗pommes de terre en ~ de chambre 皮つきじゃが芋.
7 (葡萄酒の) ローブ, 色合, 色. Ce vin offre une belle ~. この葡萄酒は美しい色をしている.
8 (動物の) 毛色. ~ d'un cheval 馬の毛皮.

Robert n.pr. Paul-Charles-Jules ~ ポール=シャルル=ジュール・ロベール《フランスの語学者・出版家 [1910-80]；主著に Dictionnaire alphabétique et analogique de la langue française, 共編著に Le Petit Robert, Micro Robert, Le Grand Robert de la langue française》.

robinet (<Robin, Robert の縮小形；羊の古称) n.m. **1** ロビネ, コック, 蛇口, 給水栓；コックの栓 (=clef du ~). ~ à deux voies 二分コック. ~ à eau chaude (froide) 温 (冷) 水栓. ~ à (du) gaz ガス栓. ~ à l'air エアコック. ~ automatique à débit limité 自閉水栓. ~ d'arrêt 止め弁. ~ d'incendie 消火栓. ~ de radiateur 放熱器の弁. ~ d'urgence 非常コック. eau de ~ 水道水. ouvrir (fermer) le ~ 蛇口を開く (しめる).
2〖比喩的〗〖話〗流れ放しのもの, よく喋るお喋り (人). C'est un vrai ~ とてつもないお喋り (人).
3 problèmes de ~ 水量計算の算数問題, 馬鹿げた難問.

robinier (<Jean Robin [1550-1629], 王室庭園師) n.m.〖植〗ロビニエ, ニセアカシア《北米原産, 豆亜科 Papilionacées ロビニア Robinia 属の高木》. ~ faux-acasia ニセアカシア (ロビニエ).

robot [rɔbo]〖チェコ〗(<robota「強制労働」；チェコの作家 Karel Capek [1890-1938] の戯曲 RUR (Robots universels de Russum [1920] から) n.m. **1** ロボット, 人造人間. ~s d'un film d'anticipation SF 映画に登場するロボット.
2〖機工〗ロボット (=自動制御機器)；工作ロボット, 自動工作機械. ~ autonome multiservices 多機能自動ロボット. ~ humain 人型ロボット. ~ industriel 産業ロボット. ~ mobile 移動式ロボット. ~ programmable プログラム制御ロボット. ~ de reconnaissance 偵察ロボット.〖同格〗avion-~ 自動 (遠隔) 操縦式無人航空機. sonde-~ ロボット探測機. voiture-~ 自動操縦車.
3〖料理〗調理用ロボット《ジューサー, ミキサー, カッターなどの多機能をそなえた家電製品》.
4〖海〗無人潜水〔探索〕船 (=sous-marin ~). ~ remorqué 曳航式無人潜水船. ~ télécommandé à câble ケーブル式遠隔操縦無水潜水船.
5 photo (portrait)-~〖警察〗(犯人の) モンタージュ写真；〖広義〗(人・物の) 共通のイメージ, 一般的特徴.
6〖比喩的〗ロボットのように働く人間, ロボット人間 (=homme-~). enquêteur-~ ロボット的捜査官. majorité-~ ロボット的多数派.

roboticien(ne) n. ロボット専門家, ロボット工学者.〖同格〗ingénieur ~ ロボット工学技師.

robotique n.f. ロボット工学. ~ générale (spécialisée) 一般 (特殊) ロボット工学.
——a. ロボット工学の；ロボット利用の.

robotisation n.f. **1**〖工〗ロボット化. ~ d'une usine 工場のロボット化.
2〖比喩的〗ロボット化, 自動化.

robotisé(e) a.p. **1**〖工〗ロボット化された；ロボット〔工作機械〕を装備した. atelier ~ ロボット化工場. machine ~e ロボット化工作機械.
2〖比喩的〗ロボット化された；ロボットのように操られた, 自由意思を奪われた. ouvrier ~ ロボットのように操られた工員.

robot-soudeur (pl. ~s-~s) n.m.〖機〗溶接ロボット, 自動溶接機.

robuchonien(ne) (<Joël Robuchon, フランスの名料理人 [1945-]) a. ロビュションの；ロビュション風の；ロビュション派の. cuisine à la ~ne ロビュション風の料

理. riguralité ～ne ロビュション的几帳面さ.

robuste *a.* **1** 〔時に名詞の前〕丈夫な, 頑強な, 逞しい. ～ comme un roc 岩のように頑強な. corps ～ 丈夫な体. mains ～s 頑丈な手. plante ～ 丈夫な植物. tempérament ～ 逞しい気質. avoir une santé ～ 頑健である.
2 (物が)堅牢な, 頑丈な；丈夫な, がっしりした. moteur ～ 堅牢なエンジン. voiture ～ 頑丈な車.
3 (信念などが)揺ぎない；(文体などが)力強い. ～ confiance en soi 揺ぎない自信. foi ～ 堅い信仰. style ～ 力強い文体.

robustesse *n.f.* 丈夫さ, 頑丈さ, 逞しさ；(物の)堅牢さ；(性格などの)強固さ. ～ d'une voiture 車の堅牢さ. ～ de son tempérament 彼の個性の強さ.

ROC¹ (=*R*assemblement des *o*pposants à la *c*hasse) *n.m.* (フランスの)狩猟反対者連合《本部 Lille》.

ROC² (=*r*econnaissance *o*ptique de *c*aractère) *n.f.* 〖技術, 情報〗活字の光学式読取, 光学式識字 (=[英]OCR：*o*ptical *c*haracter *r*ecognition). logitiel de ～ 活字の光学読み取りソフト.

roc¹ [rɔk] *n.m.* **1** 岩；岩山；岩地, 岩盤. grotte taillée dans le ～ 岩地をえぐってできた洞窟. dur comme un ～ 岩のように固い；厳のように動じない. bâtir sur le ～ 岩盤の上に建てる；堅牢なものを造る.
2 〔比喩的〕頑丈な人；頑固者；無情な人. Cet homme est un ～. 岩のように頑強な人〔頑固者〕だ.

roc² ⇒ rock

Rocamadour *n.pr.* ロッカマドゥール (département du Lot ロット県の城塞都市・聖都；市町村コード 46500). château de ～ ロッカマドゥール城 (14 世紀). Vierge noire dans la chapelle Notre-Dame de ～ ロッカマドゥールのノートル=ダム礼拝堂内の黒い聖母像《巡礼の対象》.

rocamadour (<*R*～, 地名；市町村コード 46500) *n.m.* 〖チーズ〗ロッカマドゥール《西南フランスのケルシー le Quercy 地方で、主に羊乳、時に羊乳に山羊乳または牛乳からつくられる, 小円盤状の軟質チーズ；脂肪分 45 %；cabécou de rocamadour ともよばれる》.

rocardien (ne) *a.* (<Michel Rocard, フランスの政治家〔1930-〕) ミッシェル・ロカール派の.

rocardisme *n.m.* 〖政治〗ロカール主義(1988 年に左翼政権の首相となった Michel Rocard の政治思想).

roche *n.f.* **1** 岩, 岩石；岩地；〖地学〗岩石, 岩盤. ～ calcaire 石灰岩. ～ dure (tendre) 固い(軟かい)岩石. ～ éruptive 噴出岩. ～-mère (土の)母岩, (石油の)根源岩. ～ sédimentaire 堆積岩. ～ volcanique 火山

岩. eau de ～ 岩清水. claire comme de l'eau de ～ 明白な, 明らかな.
2 〔比喩的〕岩のように固いもの. cœur de ～ 無情な心.
3 〔古〕(宝石の)原石.

Rochefort *n.pr.* ロシュフォール (département de la Charente-Maritime シャラント=マリチーム県の郡庁所在地；市町村コード 17300；大西洋岸の商業港の町；1666 年に Colbert が開いた旧軍港；形容詞 rochefortais (*e*)). Centre international de la Mer de ～ ロシュフォール国際海洋センター《旧 Corderie royale de ～ ロシュフォール製鋼所内》. maison natale de Pierre Loti à ～ ロシュフォールのピエール・ロチの生家.

Rochelle (La) *n.pr.* ラ・ロシェル (département de la Charente-Maritime シャラント=マリチーム県の県庁所在地；市町村コード 17000；大西洋岸の漁港・商港の町；形容詞 rochelais (*e*)). quartier ancien de ～ ラ・ロシェル旧市街《見どころは porte de la Grosse-Horloge など》. vieux port de ～ ラ・ロシェルの旧港《見どころは tour Saint-Nicolas など》. aéroport de *La* ～-Ile-de-Ré ラ・ロシェル=イール=ド=レ空港《西北郊》.

roche-magasin (*pl.* ～**s**-～**s**) *n.f.* 〖地学〗(石油などの)貯留岩 (=roche réservoir).

roche-mère *n.f.* 〖地学〗(土の)母岩；(石油の)根源岩.

rocher *n.m.* **1** 切り立った岩, 岩山；岩壁. ～ à pic 切り立った岩. ～ du Gibraltar ジブラルタルの岩山. 〘話〙le *R*～ モナコ (Monaco). escalade de ～ ロッククライミング. faire du ～ ロッククライミングをする.
2 岩礁, 暗礁. dégager un lit de rivière des ～s 河床から岩礁を取り除く.
3 〖解剖〗側頭骨岩様部.
4 〖菓子〗岩の形をした菓子. ～ du chocolat チョコレートの岩菓子.

roche-réservoir (*pl.* ～**s**-～**s**) *n.f.* 〖地学〗(石油などの)貯留岩 (=roche magasin).

Roche-sur-Yon (La) *n.pr.f.* ラ・ロシュ=シュール=ヨン《ヴァンデー県 département de la Vendée の県庁所在地；市町村コード 85000；形容詞 yonnais (*e*)). haras de *La* ～ ラ・ロシュ=シュール=ヨンの種馬飼育場.

Rocheuse *n.pr.f.pl.* les montagnes ～ ロッキー山脈 (=[英]the Rocky Mountains).

rocheux (se) *a.* 岩の；岩の多い；岩状の. côte ～ 岩で蔽われた海岸. ile ～ se 岩の島.

rock¹ [rɔk] 〔英〕*n.m.* 〖音楽〗ロック, ロックンロール (<rock and roll, rock'n roll), ロック音楽；ロックダンス.

──*a.inv.* ロック〔調〕の. chanteur ~ ロック歌手. concert ~ ロックコンサート.

rock², roc *n.m.* 〖鳥〗ロック(アラビアの伝説上の巨鳥).

rocker [rɔkœr] *n.m.* **1** ロック歌手(演奏家), ロックンロール(=〖英〗rock and roll, rock'n roll)歌手(演奏家). **2** ロックファン, ロックンロール音楽愛好家.

rockeur(se) *n.* **1** ロック歌手(演奏家); =rocker). **2** ロックファン.

rococo (<rocaille) *a.inv.* **1** 〖芸術〗ロココ様式の(18世紀の装飾様式). meubles ~ ロココ様式の家具.
2〖話〗時代遅れでやや滑稽な. faire ~ 古くさい.
──*n.m.* **1** ロココ様式(=style ~). **2** 時代遅れの物(様式).

rocroi *n.m.* 〖チーズ〗ロックロワ(シャンパーニュ地方 la Champagne やアルデンヌ地方 l'Ardenne で, 脱脂牛乳からつくられる, 軟質, 灰をまぶした天然外皮, 直径12 cm, 厚さ3 cm の平たい円盤状, 重量350-400 g; 脂肪分 20-30 %).

rodage (<roder) *n.m.* **1** ロダージュ, 試運転; ならし運転; 試運転期間. voiture (machine) neuve en ~ ならし運転中の新車(新しい機械).
2〖比喩的〗(新制度などの)試行, テスト; 調整(新人などの)訓練, 訓練期間. ~ d'une organisation 組織のテスト調整.
3(機械部品の)摺り合わせ, 研ぎあげ.

Rodez *n.pr.* ロデース, ロデーズ(département de l'Aveyron アヴェーロン県の県庁所在地; 市町村コード 12000; 旧ルエルグ伯爵領 comté du Rouergue の首都; 形容詞 ruthénois(e)). aéroport de ~-Marcillac ロデース=マルシヤック空港(北東10 km); cathédrale Notre-Dame de ~ ロデーズのノートル=ダム大聖堂(13-16世紀のゴシック様式; 鐘楼が名高い). Musée Fenaille de ~ ロデーズのフナイユ美術館.

rodomontade *n.f.pl.* 〔文〕空威張り, 強がり, 大言壮語, 大法螺. ~s médiatiques マスメディア的大法螺.

ROE (=〖英〗return on equity) *n.m.* 〖経済〗株主資本利益率(=〖仏〗retour [des investissements] sur fonds propres). Le ~ se calcule en divisant le résultat net par les fonds propres de l'entreprise. 株主資本利益率とは企業の純利益を株主資本で割って計算される.

rofécoxib *n.m.* 〖薬〗ロフェコキシブ(新世代の抗炎症薬; 薬剤製品名 Vioxx (*n.m.*)).

rogatoire *a.* 〖法律〗委託の; 委託に基づく. commission ~ 委託裁判事務, 司法委任. formule ~ 委託方式.

rogeret *n.m.* 〖チーズ〗ロジュレ(山羊乳の軟質チーズ). ~ des Cévennes ロジュレ・デ・セヴェンヌ(セヴェンヌ山地で, 山羊乳からつくられる, 軟質, 天然外皮, 直径6-7 cm, 厚さ2 cm の小さい円盤状, 重量80 g; 脂肪分 45 %).

rognage (<rogner) *n.m.* 端を切り落とすこと;(葡萄畑の)整枝作業.

rognon *n.m.* **1** 〖料理〗(牛・豚・羊などの食用の)腎臓, ロニョン. ~ de veau (de porc) 仔牛(豚)の腎臓. ~ de veau sauté aux trois moutardes 仔牛の腎臓のソーテ, 3種の辛子ソース和え.
2 ~ blanc (牡羊などの)睾丸.
3〖鉱〗(腎臓型の)鉱石塊, ノジュール. ~s de silex dans la craie 白亜層の中の燧石塊.

rognonnade *n.f.* 〖料理〗ロニョナード(腎臓つきの仔牛の腰肉〔の料理〕).

rognure [rɔɲyr] *n.f.* 切り屑, 裁ち屑, 屑. ~s de papier 紙の裁ち屑. ~s de viande 屑肉, 肉の切り落とし.

Rohdon 〖北朝鮮〗*n.pr.* 芦洞(ろどう), ノドン.〖軍〗missile ~ ノドン・ミサイル.

Roh Moo-Hyun 〖韓国〗*n.pr.* 盧武鉉(ノ・ムヒョン)(1946-;韓国新千年民主党 Nouveau Parti démocrate du millénaire [PDM]; 2003年2月から2008年2月まで大韓民国大統領).

RoHS (=〖英〗Restriction of Hazardous Substance in electrical and electronic Equipment) *n.f.* 〖環境〗(ヨーロッパ連合 UE の)電気および電子機器における有害化学物質の規制(=restriction de l'usage de certaines substances dangereuses)(鉛・水銀・カドミウム・六価クロム・ポリブロモビフェニル(PBB)・ポリブロモジフェニルエーテル(PBDE)の使用規制; 2006年7月施行). directive ~ (ヨーロッパ連合の) RoHS 指令. conformité ~ RoHS 指令に対する適合性. produit conforme ~ RoHS 指令適合製品.

Roh Tae-Woo 〖韓国〗*n.pr.* 盧泰愚(ノ・テウ)(軍人, 政治家[1932-]; 1988年2月第13代大統領に就任).

Rohyprol 〖商標〗*n.m.* 〖薬〗ローイプロール(催眠薬, 薬物).

roi *n.m.* **1** 王, 国王. ~ d'Angleterre 英国王. ~ de France フランス王. 〖仏史〗~ de Rome ローマ王(Napoléon Iᵉʳ の息子). ~ franc フランク王.
R~ Soleil 太陽王(=Louis XIV). le R~ Lear de Shakespeare シェークスピアの『リア王』.〖旧約聖書〗livre des R~s 列王紀. morceau de ~ 珍味;〖話〗飛び切りの美女. heureux comme un ~ この上なく幸せな. vivre en ~ 王侯のような暮しをする.
2〔*pl.* で〕〖聖史〗(キリスト生誕の時に訪れた)三王, 東方の三博士(=~s mages).〖カトリック〗fête (jour) des R~s 御公現の祝日, 公現祭(1月6日; 三王来朝の祝日; Épiphanie). gâteau (galette) des R~s 公現祭の祝菓子. tirer le gâteau des R~s; tirer

les ~s 公現祭の祝菓子を切り分けて王を決める。le ～〔de la fève〕(空豆の王→) 公現祭の祝菓子に入っている空豆〔の王〕(菓子を切り分けた時にこれが当たった者が参会者の王となる).
3〖天文〗オリオン座の三つ星 (=les trois ~ ; Baudrier d'Orion).
4〖比喩的〗王者；支配者；大立者. ~ de la création 万物の霊長《人間》. ~ de la forêt 森の王者《楢 chêne, 樅 sapin》. ~ de la route 自転車レースの王者《優勝者》. ~ des animaux 百獣の王《ライオン》.〖話〗~ des imbéciles (des cons) 大馬鹿者. ~ des métaux 金属の王《金》. ~ du pétrole 石油王.
5〖比喩的〗代表, 長；〖アフリカ〗部族長.〖古〗~ des merciers 小間物商の組合長.
6〖トランプ〗キング；〖チェス〗キング. ~ de careau ダイヤのキング (César). ~ de cœur ハートのキング (Charles). ~ de pique スペードのキング (David). ~ trèfle クローバーのキング (Alexandre). ~ d'atout 切札のキング.
7 bleu ~ 紺青, ウルトラマリン (=bleu outremer)《フランス王家の紋章の色》. uniforme bleu ~ 紺青 (ウルトラマリン) 色の制服.

Roland-Garros (<ローラン＝ガロス [1888-1918], フランスの飛行家・空軍将校；1913年地中海横断の初飛行に成功》n. m. **1** ローラン＝ガロス・テニス競技場 (= stade ~ ; フランス・オープン国際テニス大会の会場；Paris のブーローニュの森 Bois de Boulogne にある).
2 フランス・オープン国際テニス大会 (= jeux ~ ; Internationaux de France).

rôle n.m. **1** 役割；機能. ~ de la France dans le monde 世界におけるフランスの役割. ~ du médecin 医師の役割. ~ d'un instrument de musique 楽器の機能. ~ des mots dans la phrase 文に占める単語の機能. ~ social de la femme 女性の社会的役割. Le ~ de cette personne est de+inf. (consiste à+inf.) この人物の役割は…することにある. avoir le beau ~ 得な (見映えのす る, 楽な) 役まわりになる. avoir pour ~ de+inf. …することを役割とする. jouer un grand ~ 主要な役割を果たす.
2 (俳優の) 役, 役柄；(役の) せりふ. premier ~ 主役. grand (petit) ~ 大役 (端役). ~ tragique (comique) 悲劇 (喜劇) の役柄. distribution des ~s 配役. jouer un ~ 役を演じる；演技する. jouer le ~ de Phèdre フェードルの役を演じる. apprendre son ~ par cœur せりふを覚える. doubler un ~ ダブル・キャストを組む.
3〖法律〗目録, 台簿；記録書, 証書；(裁判所の) 訴訟事件目録；〖軍〗兵役予定者目録 (= ~ de la circonscription). ~ d'equipage (船舶の) 乗組員名簿. ~ d'impôt 納税者名簿 (= ~ des contribuables).〖海〗~s de l'inscription maritime 船舶登録簿. ~ général (particulier) (裁判所の) 訴訟事件総目録 (特定目録). mettre une cause au (sur le) ~ 訴訟を訴訟事件目録に記載する. à tour de ~ 訴訟目録の記載順に；順番に, かわるがわる.〖税〗~ nominatif 納税者課税台帳.〖軍〗inscription sur les ~s de l'armée 兵役予定者目録への登録. matrice du ~ des contributions directes 直接税課税原簿 (台帳).〖法律〗mise au ~ (裁判所での) 訴訟事件登録〔受理〕.〖法律〗sortie du ~ 弁論への送付.
4〖法律〗(公証証書, 判決文謄本などの) 表ページと裏ページ (= feuille recto er feuille verso).

rôle-titre (pl. ~s-~s) n.m.〖劇〗主題役 (作品の表題となっている人物の役；『ハムレット』のハムレット役など), タイトル・ロール.

rolle n.f.〖葡萄〗ロール (côtes-de-provence の AOC 畑で栽培されている葡萄の品種の一つ).

rollot n.m.〖チーズ〗ロロ (ピカルディー地方 la Picardie で, 牛乳からつくられる, 軟質, 洗浄外皮, 直径 7-8 cm, 厚さ 3.5-4 cm の小円筒型又は心臓型, 重量 200-300 g；脂肪分 45 ％).

ROM (= 〖英〗 *Read Only Memory*) n.f.〖情報処理〗ロム, 読み出し専用メモリー (=〖仏〗mémoire morte). CD-~ 読み取り専用光ディスク.

Roms(**les**) n.m.pl.〖民族〗ロム族, ロマニー語族, ジプシー (=Tziganes).

romain(**e**)¹ (<Rome, ローマ) a. **1** ローマの；古代ローマの；ローマ帝国の. Antiquité grecque et ~e 古代ギリシア・ローマ. balance ~e ローマ秤, 竿秤. calendrier ~ ローマ暦. caractère ~¹ ローマ文字. chifres ~s ローマ数字 (IX, ix など). civilisation ~e ローマ文明. conquêtes ~es ローマ帝国の征服. droit ~ ローマ法. empereur ~ ローマ皇帝. l'Empire ~ ローマ帝国.〖史〗paix ~e パックス・ロマーナ (= 〖ラ〗Pax romana；ローマ帝国支配下の平和状態).
2 古代ローマ風の (ローマ帝国崩壊後のローマの).〖印刷〗caractères ~s² ロマン字体 (1466年開発の字体) (=romain).〖植〗laitue ~e レーチュ・ロメーヌ, ロメーヌ・レタス (結球しないレタスの品種；=romaine).
3〖キリスト教〗ローマ・カトリックの. l'Eglise ~e ローマ・カトリック教会. rite ~e ローマ・カトリックの祭式.
— *R* ~ n. anciens *R* ~s 古代ローマ人.〖話〗travail des *R* ~s 大事業.

romain² n.m.〖印刷〗ロマン字体《= caractère ~ 》. composer un texte en ~ テキストをロマン字体で組版する. le ~ et l'italique ロマン字体とイタリック字体.

romaine² *n.f.*【植】ロメーヌ・レタス(= laitue ~)《結球しない直立性のレタスの品種；ぱりっとした歯ざわりが特徴》. ~ blonde (verte) ロメーヌ・ブロンド《緑色ロメーヌ》.〔話〕être bon comme la ~*e* 底抜けのお人好しである；ひどい目にあう.

romaine³ *n.f.* ローマ秤,竿秤(=balance ~).

roman¹ *n.m.* **1** ロマン,小説；長編小説. le ~ et la nouvelle 長編小説と中編小説. ~ d'amour (de mœurs) 恋愛(風俗)小説.【精神分析】~ familial 家族小説《子供が両親との関係を想像上で変更する幻想物語》. ~-feuilleton 新聞連載小説；(ラジオ,テレビの)連続ドラマ. ~-fleuve 大河小説. ~ noir ロマン・ノワール,ブラック・ノーヴェル,暗黒小説,恐怖小説. ciné-~ シネ・ロマン《映画用に書かれた小説》；オムニバス映画.【文史】nouveau ~ ヌーヴォー・ロマン《1950 年代から A. Robbe-Grillet, M. Butor, N. Sarraute, Cl. Simon らが提唱した新しい技法による小説》. **2**〖仏文史〗(ロマンス語で書かれた中世の)物語. ~ de chevalerie 騎士道物語. le R~ de Renard『狐物語』. le R~ de la Rose『薔薇物語』. **3** 信じられないような話,作り話. C'est du ~. とても本当とは思えない. C'est tout un ~. まるで小説のようだ.

roman² *n.m.* **1** 〖言語〗ロマン〔ス〕語. **2** 〖建築・美術〗ロマネスク様式(=style ~).

roman³ (*e*) *a.* **1** 〖建築・美術〗ロマネスクの,ロマネスク様式の；ロマネスク期の. art ~ ロマネスク芸術. église ~*e* ロマネスク様式の教会堂. style ~ ロマネスク様式. **2** 〖言語〗ロマン〔ス〕語の. langues ~*es* ロマン〔ス〕諸語《ラテン語から派生した諸言語；le français, le catalan, l'espagnol, l'italien, l'occitan, le portugais, le romanche, le roumain など》.

romanche *n.m.* 〖言語〗ロマンシュ語《スイスのグリゾン州で用いられているロマン語系の言語；1938 年スイス連邦共和国の第 4 の公用語となる》.

romanci*er* (*ère*) *n.* 小説家.

romand¹ (*e*) *a.* (スイスで)フランス語を用いる,フランス語圏の. la Suisse ~*e* フランス語圏のスイス. Orchestre de la Suisse ~*e* スイス・ロマンド交響楽団《1918 年設立》.
— *n.* フランス語圏のスイス人.

romand² *n.m.* ロマン語《スイスのフランス語圏の地方語》.

romanée *n.m.inv.*〖葡萄酒〗ロマネ《ブルゴーニュ地方la Bourgogne, コート=ドール県 département de la Côte-d'Or, コート=ドニュイ地区 la Côte de Nuits にある Vosne-Romanée 村 (市町村コード 21904) にある AOC 特級畑で pinot noir からつくられる赤葡萄酒》.

romanesque (<roman) *a.* **1** 小説のような；小説的な. imagination ~ 小説的想像力. réalité ~ 小説の現実. **2** (小説の中でのように)現実離れした,奇異な,数奇な. aventures ~*s* 波瀾万丈の冒険. **3** (小説の人物のように)空想的な. jeune fille ~ 夢見がちな少女. personne ~ 空想的な人. **4**〔文〕小説の；小説に固有の. expression ~ 小説的表現. technique ~ 小説の技法.
— *n.m.* 小説的なもの,小説の性質.

roman-feuilleton (*pl.* ~*s*-~*s*) *n.m.* 〖新聞・雑誌などの〗連載小説.

roman-photo (*pl.* ~*s*-~*s*) *n.m.* ロマン=フォト,写真小説《写真に文章を添えた小説》.

romantique *a.* **1** ロマン主義の；ロマン派の. école ~ ロマン派. écrivains ~*s* ロマン主義の作家. littérature (musique) ~ ロマン主義文学(音楽). poète ~ ロマン派の詩人. **2** ロマン派的な；ロマンチックな,情熱的な. beauté (ivresse) ~ ロマンチックな美しさ(陶酔). geste ~ 情熱的な身振り. personne ~ ロマンチックな人；情熱的な人. **3** 夢想的な；非現実的な. ~ égalitarisme 非現実的な平等主義. **4**〔古〕小説の中にでもあるような(=romanesque)；(風景などが)詩情豊かな. aspect ~ 詩情豊かな外観. situation ~ 小説に出てくるような状況；詩的な状況.
— *n.* **1** ロマン主義者；ロマン派の作家(芸術家). les classiques et les ~*s* 古典派とロマン派. **2** ロマンチックな人；情熱的な人；夢想家.

romantisme *n.m.* **1** ロマン主義. ~ français フランス・ロマン主義. **2** ロマン主義的要素. ~ dans la littérature 文学におけるロマン主義〔的要素〕. ~ des surréalistes 超現実主義者のロマン主義的要素. **3** ロマンチックな傾向；情熱的な性格. ~ de l'adolescence 青春期のロマンチスム.

romarin *n.m.* 〖植〗ロマラン,ローズマリー,まんねんろう《ユリ科の芳香性植物；香味野菜》. miel de ~ ロマランの蜂蜜《オード県 département de l'Aude ナルボンヌ Narbonne 地区の特産》.

Rome *n.pr.f.* ローマ(Roma)《古代ローマ・イタリア共和国の首都；形容詞 romain (e)》. la R~ antique 古代ローマ. concours de ~ ローマ大賞コンクール《大賞受賞者の芸術家はローマの Villa Médicis に 3 年間滞在できる》. l'Eglise de ~《カトリック》教会. 〖史〗roi de ~ ローマ王(François Charles Joseph Bonaparte, Napoléon II〔1811-32〕；ナポレオン 1 世の息子). le club de ~ ローマ・クラブ《1968 年創設；地球の経済・環境問題の将来を検討する専門家会議》. traité de ~ ローマ条約《1957 年 3 月 25 日調印；ヨーロッパ経済共同体 CEE を創設した条約》.〔諺〕A ~, il faut vivre comme à ~. 郷に入っては郷に従え.

Rompress *n.f.* ロムプレス社《ルーマニヤ国営通信社. 旧称 Agerpress》.

rompu¹ (*e*) (<rompre) *a.p.* **1** 折れた, 断たれた, 砕けた, 割れた, 切れた. liens ~s 断たれた絆. maille ~e 破れた編目. à bâtons ~s 断続的に, 散発的に.
2 破棄された, 破綻した, 破れた. équilibre ~ 破れた均衡. fiançailles ~es 解消された婚約. harmonie ~e 破れた調和. mariage ~ 破綻した結婚.
3 疲れ切った (= ~ de fatigue). être ~ de travail 仕事で疲れ切っている. être ~ par les fatigues 疲労困憊している. avoir les bras ~s (les jambes ~es) 腕 (足) がへとへとである.
4 (à) 慣れた, 熟達した, 巧みな. diplomate ~ aux négociations 交渉に慣れた外交官. être ~ aux mathématiques 数学に明るい.
5 〖絵〗他の色を混ぜた. couleur ~e 混色. ton ~ 混色の色調.
6 〖紋章〗chevron ~ 折れ曲った山形図形.

rompu² *n.m.* **1** 端物. ~s de rames de papier 紙の連の端物.
2 〖財政〗(株式の)端株. ~ d'attribution 割当端株. racheter les ~s 端株を買い足す.

romsteck ⇒ **rumsteck**

ronce *n.f.* **1** 〖植〗茨(いばら)；(棘のある)木苺；野生の桑 (= ~ des haies). ~ artificielle 有棘鉄線 (= fil de fer barbelé). ~ framboise 木苺の木 (= framboisier). fruit de la ~ 桑の実.
2 木目, 木目のきれいな木材, 木目材. ~ de noyer くるみの木目〔材〕. meuble en ~ d'acajou マホガニー木目の家具.
3 〖比喩的〗困難, 厄介. vie semée de ~s 茨の人生.

ronchopathie *n.f.* 〖医〗慢性鼾症.

rond¹ (*e*) *a.* **1** 丸い, 円形の；球形の；ballon ~ 円球；〖スポーツ〗サッカー・ボール. amateurs du ballon ~ サッカー・ファン. construction ~e 円形建造物《coupole, rotonde など》. fenêtre ~e 丸窓 (= œil-de-bœuf). perle ~e 円形真珠. pièce ~e 円い部屋. table ~e 円卓；円卓会議. chevaliers de la Table ~e 円卓の騎士. visage ~ 丸顔. yeux ~s 丸い眼；丸く見開いた眼. La Terre est ~e. 地球は丸い.
2 丸味を帯びた, 丸くふくらんだ, 丸くなった. bourse ~e 丸くふくらんだ財布. écriture ~e 丸みを帯びた書体, 丸文字. nez gros et ~ 大きな丸鼻. tuile ~e 突円状の瓦. avoir le dos ~ 猫背である.
3 丸々とした, 肉付きのよい；ずんぐりした. enfant tout ~ 丸々と太った子供. joues ~es ふっくらした頬. poitrine ~e et pleine はちきれんばかりの豊かな胸. Il est tout ~. 彼はずんぐり太っている.
4 端数のない. chiffre (nombre) ~ 端数のない数. Ça fait 500 euros tout ~s (en chiffres ~s). ちょうど 500 ユーロになります.
5 (金額が)かなりの額の. gagner une somme ~e かなりの金を稼ぐ.
6 (人・性格などが)率直な, 腹蔵のない. caractère tout ~ 実直な性格. un homme ~ en affaires 率直な事業家. être ~ en affaires 取引に術策を弄さない.
7 〖俗〗酔った. Il est complètement ~. 奴はぐでんぐでんだ.

rond² *n.m.* **1** 丸, 円；環, 輪. ~ de fumée 煙の輪. 〖植〗~ de sorcière 仙女の環, 菌環. de petits ~s de lumière 光の小円. faire des ~s dans l'eau 水面に波紋をつくる. tracer un ~ 円を描く.
en ~ 丸く；円を描いて, 輪になって. danser en ~ 輪になって踊る. s'asseoir en ~ 円座を組む. tourner en ~ ぐるぐるまわる. 〖話〗rester comme deux ~s de flan 仰天する, 開いた口が塞がらない.
2 丸いもの, 環状のもの. 〖建築・土木〗~ à béton 鉄筋コンクリート用の鉄筋丸鋼. ~ d'eau 円形の水盤. ~ de feutre フェルトの堡敷. ~ de gazon 円形の芝生. ~ de serviette ナプキンリング. 〖解剖〗grand (petit) ~ 大 (小) 円筋. 〖話〗en braver des ~s de chapeau 吃驚仰天する；ひどい目にあう.
3 輪切り. ~s de carotte (de citron) 人参 (レモン) の輪切り.
4 〖話〗スー (sou), サンチーム (centime), 小銭, 金. pièce de vingt ~s 20 スー貨幣. pas un ~ 一文無しである. Ils ont des ~s. 彼等は金持ちだ.
5 〖舞踊〗~ de bras ロン・ド・ブラ《腕による回転の動作》. ~ de jambe〔s〕ロン・ド・ジャンプ《足で半円を描く動作》. faire des ~s de jambe 馬鹿丁寧な仕草をする；気取った態度をとる.

rond³ *ad.* **1** tourner ~ 正常に作動する；〖話〗うまく行く, 調子がよい. moteur qui tourne ~ 正常に回転するエンジン. Cela ne tourne pas ~. うまく行かない；体調が悪い；頭がおかしい.
2 tout ~ 丸ごと. avaler qch tout ~ 何を丸飲みする《噛まずに呑みこむ》.

ronde¹ *n.f.* **1** 〖軍〗巡警, 見まわり；〖軍〗巡警. ~ de nuit 夜警. faire une ~；faire la ~ 巡回をする. chemin de ~ 《城壁の上など》の巡警路. 〖美術〗*La ~ de nuit* de Rembrandt レンブラントの『夜警』.
2 〖集合的〗見まわり；巡回班；〖軍〗巡警隊, 巡邏隊.

ronde² *n.f.* **1** 〖舞踊〗輪舞, ロンド, 輪舞曲. 〖比喩的〗~ des saisons 四季のめぐり.

entrer dans la ～ 踊りの輪に加わる. faire la ～ 輪になって踊る.
2 à la ～ まわりに；四方に；順ぐりに. boire à la ～ まわし飲みをする. être connu à dix lieues à la ～ 十里四方に知れ渡っている.
3〖音楽〗全音符.
4 丸い字体, 丸書体, 丸文字 (=écriture ～).
5〖スイス〗皮つきのじゃがいも (=pomme de terre en robe des champs).

rondin *n.m.* **1** 薪材. **2** 丸太, 丸太材.

rond-point(*pl.*～**s**-～**s**) *n.m.* **1**〖道路〗ロン=ポワン, ロータリー《いくつかの道が集まる円形広場》. le ～ des Champs-Elysées à Paris パリ, シャン=ゼリゼのロン=ポワン (=le ～ de l'Etoile「エトワール広場のロン=ポワン」；正式名称は le ～ de la place Charles-de-Gaulle「シャルル=ド=ゴール広場のロン=ポワン」).
2〖建築〗(教会堂後陣の) 半円形部 (=abside)；ロン=ポワン《円形交差部》. ～ de galeries d'un palais 宮殿のロン=ポワン.

ronflement *n.m.* **1** 鼾 (いびき). ～ ordinaire 通常の鼾. ～ avec apnée durant le sommeil 睡眠中の無呼吸症状を伴う鼾. ～ sonore 高鼾.
2 唸り音, ぶんぶんいう音.

rongeur(**se**) *a.* **1** 噛む, 齧(かじ)る. mammifère ～ 齧歯類哺乳動物 (=rongeurs).
2〔比喩的〕蝕む；徐々に破壊する. cancer ～ 体を蝕む癌. remords ～*s* 心を蝕む悔恨.
━*ver* ～ 良心の呵責, 悩み.

rongeurs *n.m.pl.*〖動〗齧歯類 (castor, écureil, lièvre, souris など).

ROP (=*R*egistre des *o*ppositions aux *p*rélèvements) *n.m.* 臓器・組織摘出拒否登記《脳死にもとづく移植目的での臓器・組織摘出を拒否する意志を, 生前にフランス臓器移植機関 EFG=*E*tablissement *f*rançais des *g*reffes に登録する制度；13歳以上に適用；1998年6月に導入》.

roquefort *n.m.*〖チーズ〗ロックフォール (le Rouergue ルエルグ地方で羊乳からつくられる AOC ブルーチーズ；自然外皮, 軟質, 脂肪分45%).

Roquelaure (**l'hôtel de**) *n.m.* ロックロール館《パリの bld St-Germain 246番地にある18世紀に建てられた旧ロックロール元帥邸. 現在は都市問題省 ministère de la Ville の庁舎》.

roquette[1] *n.f.*〖植〗ロケット (=〖伊〗ロケッタ rochetta)《学名 Eruca sativa；あぶらな属 Brassicacées の一年生香味野菜》. ～ en salade ロケットのサラダ仕立て.

roquette[2] *n.f.* **1**〖軍〗ロケット弾 (=〖英〗rocket), 無誘導ミサイル. ～ antichar 対戦車ロケット弾. lance-～*s* ロケット弾発射装置. **2**〔古〕火箭 (=fusée).

ROR (=*r*ougéole, *o*reillon, *r*ubéole) *n. m.*〖医〗麻疹 (はしか)・流行性耳下腺炎 (おたふく風邪)・風疹用3種混合ワクチン (=vaccin ～). le ～ gratuit 無料 ROR ワクチン接種. vaccin ～ ROR ワクチン.

RORHUM (=*r*égiment de *r*echerche d'*o*rigine *hum*aine) *n.m.*〖軍〗素姓調査連隊, 憲兵連隊.

rorqual *n.m.*〖動〗ながすくじら (長須鯨)〔科〕(=baleinoptère). grand ～ ながすくじら (=～ bleu, baleine bleue). ～ de mink ミンクくじら (=petit ～). ～ boréal 北半球のながすくじら.

rosace *n.f.* **1** ロザス, 薔薇形装飾, 円花飾り. plafond à ～ 薔薇形装飾付天井.
2〖建築〗薔薇窓 (=rose)《教会堂の円形薔薇模様のステンドグラス》. ～ gothique ゴシック様式の薔薇窓.
3 (釘などの頭をかくす) 円形装飾.
4 (ギターの共鳴板の) 円形開口部.

rosacé(e) *a.* **1**〖植〗薔薇の花に似た；薔薇に関する；薔薇科の. fleur ～*e* 薔薇状の花.
2〖医〗酒皶 (しゅさ) 性の, 酒皶様の. acné ～*e* 酒皶性痤瘡. 酒皶 (=rosacée). dermatite ～*e* 酒皶性皮膚炎. kératite ～*e* 酒皶性角膜炎.
━*n.f.* **1**〖植〗薔薇科の植物；〔*pl.* で〕薔薇科植物 (aubépine, cerisier, fraisier, pêcher, poirier, pommier, prunier, ronce, rosier など).
2〖医〗酒皶, 酒皶性痤瘡；酒皶鼻, 鼻瘤；〔俗〕赤鼻；〔広義〕赤ら顔 (=couperose).

rosage *n.m.*〖植〗ロザージュ (石楠花 rhododendron, アザレア azarée の俗称・地方呼称).

rosaire *n.m.* **1**〖カトリック〗ロザリオ (165個の玉のある15連の数珠).
2 ロザリオの祈り；ロザリオの祈りの祈禱書. dire son ～ ロザリオの祈りを唱える.

rosaniline *n.f.*〖化〗ローザニリン《赤色染料；fuchsine フクシン, bleu de Lyon リヨン藍, violet de Paris パリ紫などの染料の原料》.

rosat *a.inv.*〖薬〗薔薇の香りの入った. miel ～ 薔薇蜜.

rosbif [rɔzbif] (<〖英〗roast beef) *n.m.*〖料理〗ロースト用牛肉；ローストビーフ.

rose[1] *n.f.*〖Ⅰ〗〖薔薇〗**1**〖植〗薔薇の花, 薔薇；花をつけた薔薇の木. ～ blanche (jaune, rouge) 白 (黄, 赤) 薔薇. la R～ blanche 白薔薇《聖母マリアの象徴》. ～ des montagnes アルペンローズ；はまなす. ～ sauvage 野薔薇 (=églantine). 〖-〗thé ティー・ローズ. bouquet de ～*s* 薔薇の花束. offrir des ～*s* 薔薇〔花束〕を贈る. bouton (pétales) de ～ 薔薇の蕾 (花びら, 花弁). confiture de ～*s* 薔薇〔花〕のジャム. couronne des ～*s* 薔薇の冠. essence (huile) de ～ 薔薇の精油, ローズ・オイル《薔薇の花び

らを蒸溜抽出した香料). eau de ～ 薔薇香水《ローズ・オイルを薄めた化粧水). étude des ～s 薔薇学 (=rhodographie). [比喩的] film (roman) à l'eau de ～ 甘たるく感傷的で月並みな映画 (小説). pot aux ～s 薔薇香水入りの瓶. ratafia de ～ 薔薇の花入りリキュール, ロゾリオ (rossolis).《*le Roman de la R～*》『薔薇物語』(中性の寓意詩). cultiver des ～s 薔薇を栽培する. [比喩的] découvrir le pot aux ～s 秘密をあばく. être frais comme une ～ みずみずしい薔薇色の顔色をしている；輝くような顔色でくつろいでいる. être [couché] sur des ～s / être sur un lit de ～s (薔薇をまきちらしたしとねに横たわる→)安楽な生活を送る. [諺] Pas de ～s sans épines. (棘のような薔薇はない→)楽あれば苦あり. [話] envoyer *qn* sur les ～s 人をこっぴどく突っぱねる. [話] ne pas sentir la ～ いやな臭いがする.
2 [政治] la R～ 薔薇《フランス社会党のシンボル》. la fête de la R～ 薔薇祭《フランス社会党祭》. *le Poing et la R～*「握り拳と薔薇」《フランス社会党のシンボルである一本の赤い薔薇を握る拳；大会の機関誌のタイトル》.
3 [植] 薔薇に似た植物. ～ d'Inde マリーゴールド (=tagète). ～ de Jérico エリコの薔薇→エリコ草；安産樹 (あぶらな科). ～ de Noël クリスマス・ローズ (=hellébore, ellébore noir). ～ trémière 立葵. bois de ～ 紫檀, ローズウッド. pull bois de ～ 紫檀色のセーター.
II [薔薇に似たもの] **1** [建築] (教会堂などの) 薔薇窓 (=rosace)《大きな円形のステンドグラス入り窓》. la R～ Nord (Sud, Ouest) de Notre-Dame de Paris パリのノートル=ダム大聖堂の北面 (南面, 西面) の薔薇窓.
2 [海] ～ des vents (コンパスの) カード, 羅牌《羅針儀の方位を記した円盤》, 羅針盤.
3 [宝石] (ダイヤモンドの) ローズカット；ローズカット・ダイヤ (=diamant en ～).
4 [服飾] (帽子・靴などの) 薔薇の花飾り；薔薇結び.
5 [鉱] ～ des sables 砂漠の薔薇《薔薇の花形をした有色石膏結晶体》.
6 [俗] 貞節 (=virginité).
rose² *a*. 薔薇色の, 淡紅色の, ピンクの. joues ～s 薔薇色 (ピンク) の頬.
2 [比喩的] 楽しい, 心地良い, 気楽な. La vie n'est pas tout ～. 人生は必ずしも薔薇色ではない (楽な, 楽しいものではない).
3 [話] ピンクの, 性的な, エロチックな；売春の. messagerie ～ ピンクの電子郵便. presse ～ エロ雑誌 (新聞).
4 [話] 社会党の, 社会民主主義の. l'Europe ～ 社会民主主義体制が支配的なヨーロッパ. le pouvoir ～ 社会党政権.
—— *n.m.* 薔薇色, 淡紅色, ピンク. ～ bonbon 鮮やかなピンク (=～ vif). ～ clair 明

るいピンク. ～ gris グレー・ローズ, 桃灰色. ～ thé ティー・ローズ色 (淡黄桃色). la vie en ～ 薔薇色の人生, 楽観的人生. voir tout en ～ 世の中を楽観する. Ce n'est pas ～. 愉快じゃないよ.

rosé(e)¹ *a*. 薔薇色の, ロゼの, 淡紅色の, 桃色の, ピンクの；桃色がかった. [料理] aiguillettes de canard ～es 火を通し過ぎない焼き加減の鴨の抱身 (magret) の細切り料理. beige ～ ピンクがかったベージュ色. bouche ～ 薔薇色の唇. [葡萄酒] champagne ～ シャンパーニュ・ロゼ《赤まれは白と赤を混ぜた葡萄汁からつくられる淡紅色のシャンパーニュ酒》. pâleur ～*e* うっすらと紅ざした青白さ (顔色). [葡萄酒] tavel ～ タヴェル・ロゼ《ローヌ河流域で grenache を主体に cinault などの赤葡萄からつくられる淡紅色の AOC 葡萄酒》. teint ～ 薔薇色の顔色. vin ～ ロゼの葡萄酒《赤葡萄からつくられる淡紅色の葡萄酒》(=rosé, *n.m.*). [料理] garder la chair ～*e* 肉の赤味を残す (肉の焼き加減). [料理] poêler un canard en le conservant un peu ～ 鴨の肉を幾分ロゼの状態を保ってポワレする (油で蒸し焼きにする).

rosé² *n.m.* **1** [葡萄酒] ロゼ (=vin ～) (cabernet franc, gamay, grenache, pinot noir などの品種の赤葡萄を皮と種子とともに浸漬・醱酵させてつくる薄赤色の葡萄酒；若いものを冷やして飲む). ～ d'Alsace ロゼ・ダルザス (pinot noir 種からつくられるロゼ). ～ d'Anjou ロゼ・ダンジュー (grolleau, groslot 種の赤葡萄からつくられる AOC 酒). ～ du Béarn ロゼ・デュ・ベアルヌ (ピレネー山麓ベアルヌ地方 le Béarne 産のロゼ). ～ de Loire ロゼ・ド・ロワール (ロワール河流域の l'Anjou, le Saumurois, la Touraine 地方でつくられるロゼ). ～ de Provence ロゼ・ド・プロヴァンス (プロヴァンス地方産のロゼ). ～ des Ricey ロゼ・デ・リセー (シャンパーニュ地方 la Champagne で pinot noir 種からつくられるロゼの AOC 酒). boire du ～ ロゼを飲む.

2 [話] ロゼのグラス (=verre de vin ～). boire un petit ～ sur le zinc カウンターでロゼをつつまひっかける.

roseau (*pl.* **～x**) *n.m.* **1** [植] 葦 (あし). ～ *x* au bord d'un étang 池のほとりの葦. flûte de ～ 葦笛. vannerie de ～ 葦細工. frêle comme un ～ 葦のようにひ弱な.
2 [比喩的] 葦のようにひ弱なもの. L'homme n'est qu'un ～, mais c'est un ～ pensant. 人間は一本の葦にすぎない, しかしそれは考える葦である (Pascal の言葉).

rosé-des-prés (*pl.* **～s-～-～**) *n.m.* [茸] はらたけ (通称；=agaric champêtre, psalliote à lame rose ベニヒダタケ；食用).

rosée² *n.f.* **1** 露. ～ du matin 朝露. herbe

roselier(**ère**)¹

humide de ~ 露に濡れた草.〘話〙tendre comme un ~ (肉・野菜などが)非常に柔かい. **2**〘物理〙point de ~ 露点.

roselier(**ère**)¹ *a.* 蘆(あし)の生い茂った. marais ~ 蘆の生い茂る沼沢.

roselière² *n.f.* 蘆原.

roséole *n.f.*〘医〙薔薇疹. ~ infantile 小児薔薇疹. ~ syphilitique 梅毒性薔薇疹. ~ typhoïde 腸チフス薔薇疹.

roseraie *n.f.* 薔薇園.

rose〔-〕**thé** (*pl.* **~s**〔-〕**~**) *n.f.*〘植〙ティーローズ《中国原産；芳香性の古い薔薇〔の花〕》.

Rosette *n.pr.*〘エジプト〙ラシード(Rachid), ロゼット, ロゼッタ《ナイル河口の港町》. pierre de ~ ロゼッタ・ストーン《大英博物館所蔵の古代石碑片〔前196年〕》.

rosette¹ *n.f.* **1** 小さい薔薇形装飾.
2 (リボンの)花結び, 薔薇結び.
3 (勲章の)略綬. ~ d'officier de la Légion d'honneur レジョン・ドヌール勲章のオフィシエの略綬. avoir la ~ 勲章の綬勲者である.
4〘植〙ロゼット《薔薇状にひろがった根性葉》.
5〘料理〙~ de Lyon リヨンのロゼット《太い乾燥ソーセージ》.

rosette² *n.m.*〘葡萄酒〙ロゼット《西南フランスの Bergerac 北部地区で sauvignon, sémillon, muscadelle などの品種からつくられる甘口の AOC 白葡萄酒》.

roseur *n.f.*〘文〙薔薇色.

roseval (*pl.* **~s**) *n.f.*〘農〙ローズヴァル《赤味を帯びたじゃがいもの品種》.

rosier *n.m.*〘植〙薔薇の木, 薔薇《学名 Rosa；薔薇科 Rosacées》. ~s anciens 原種の薔薇. ~s arbustes modernes 近現代の小灌木性薔薇. ~s botaniques 野生種(原種)の薔薇；薔薇科植物. ~s centifolia (centfeuilles) 房咲性の薔薇, 多花性薔薇. ~ du Japon はまなす《学名 Rosa rugosa》. ~s〔de〕thé ティー・ローズ《原種薔薇の一》. ~s floribunda フロリバンダ種の薔薇. ~s florifères 多花性薔薇. ~s grimpants (sarmenteux) 蔓〔性〕薔薇. ~s hybrides de thé ハイブリッド・ティー・ローズ《テー・ローズの交配雑種》. ~s miniatures 矮性薔薇, ミニアチア・ローズ. ~s mousseux モス・ローズ. ~s multiflores 多花性薔薇. ~s musqués 麝香薔薇, マスク・ローズ. ~s pleureurs 枝垂薔薇. ~s remontants 二季咲薔薇. ~s sauvages 野薔薇. taille de ~s 薔薇の剪定.

rosier〔-〕**thé** (*pl.* **~s-~**) *n.m.*〘植〙ティーローズの木《芳香性の古い薔薇の木》.

rossignol *n.m.* **1**〘鳥〙ロシニョール, 夜鳴き鶯(うぐいす), ナイチンゲール(=〔英〕nightingale)《鳴き声の美しいひたき科こまどり属の鳥》. chant du ~ ロシニョールの鳴き声.〘比喩的〙avoir une voix de ~ (人が)澄んだ抑揚のある声をしている.
2〔商標〕ロシニョール《フランスのスポーツ用品メーカー Skis R~ S.A の商標》.
3 合い鍵；錠前をこじあける道具.
4〘話〙棚ざらしの本；売れ残り商品.
5〘音楽〙〘古〙小型のフルート；〘海〙(指揮用の)笛.
6〘医〙手指の職業性潰瘍性疾患(=pigeonneau).

rotateur(**trice**) *a.* 回旋させる.〘解剖〙muscule ~ 回旋筋.
—*n.m.*〘解剖〙回旋筋. ~ latéral 外旋筋, 回外筋.

rotatif(**ve**) *a.* 回転する, 回転式の. moteur〔à piston〕~ ロータリーエンジン.
—*n.m.* ロータリーエンジン.
—*n.f.*〘印刷〙輪転印刷機. tirer des journaux sur la ~ 輪転印刷機で新聞を印刷する.

rotation *n.f.* **1** 回転, 回転運動, 旋回, 旋転. ~ à droite (à gauche) 右手(左手)回転. ~ des roues 車輪の回転. ~ rétrograde 逆回転. axe de ~¹ 回転軸.
2〘天文〙自転. ~ du soleil (de la Terre) 太陽(地球)の自転.
3〘幾何〙(図形の)回転移動. centre de ~ 回転の中心.
4〘物理〙回転. ~ atomique 原子回転.〘結晶〙axe de ~² 回転軸.
5〘生理〙回転. ~ de la main 手の回転.
6 (人・物の)ローテーション, 交替. ~ du personnel 職員のローテーション式異動. ~ du stock 在庫の回転.
7〘交通〙(定期便の)運行回数；(船・航空機・鉄道車輛の)往復運転回数. ~ des wagons 貨車の運用.
8〘農〙輪作(=~ des cultures, assolement).
9 輪番；〘スポーツ〙ローテーション；〘ビリヤード〙ローテーション. par ~ 輪番(ローテーション)制で.

rotatoire *a.* 回転の；旋光の.〘医〙instabilité ~ 回転不安定性. mouvement ~ 回転運動. mouvement ~ de l'œil 眼振.〘物理〙polarisation ~ 回転偏光. pouvoir ~ 回転力.

rotavirus *n.m.*〘医〙ロタウイルス《幼児胃腸炎の病原》.

roténone *n.f.*〘化〙ロテノン《デリス derris〔露蒔〕などの熱帯植物の根から得られる物質；人畜に対し毒性の低い殺虫剤の原料》.

rôti(**e**) *a.p.*〘料理〙ローストした, 焼いた. poulet ~ ロースト・チキン. viande ~*e* 焼き肉.
—*n.m.* ロースト, 焼肉；(特に)ロースト・ビーフ(=rosbif). ~ de bœuf ロースト・ビーフ(=rosbif). ~ de porc ロースト・ポーク, 焼豚.
—*n.f.* トーストしたパン(toast).

rôtisserie *n.f.* ロースト料理専門店, 焼肉専門店, 焼肉料理店. la Chaîne des *R*~s 焼肉専門店チェーン《1963年設立》.

rôtissoire *n.f.* 〖料理〗(串刺し肉の)焼肉器, ロースター. ~-four 回転串を装備したオーヴン, オーヴンロースター.

rotogravure *n.f.* 〖印刷〗輪転式グラビア印刷.

rotor *n.m.* **1** 〖機械〗ローター, 回転子. ~ d'un moteur électrique 電動機の回転子.
2 〖航空〗(ヘリコプターなどの)ローター, 回転翼. ~ principal 主ローター(回転翼). ~ anticouple トルク平衡(補助)ローター.

rotule *n.f.* **1** 〖解剖〗膝蓋(しつがい)骨. être sur les ~s くたくたに疲れている. fracture de la ~ 膝蓋骨骨折.
2 〖機〗玉継手.

rotulien(ne) *a.* 〖解剖〗膝蓋骨 (rotule) の, 膝蓋の. choc ~ 膝蓋跳動. chondromalacie ~ne 膝蓋軟骨軟化症. 〖医〗réflexe ~ 膝蓋〖腱〗反射.

rouage *n.m.* **1** 歯車;歯車装置. ~s d'une montre 腕時計の歯車.
2 〖比喩的〗歯車(根幹となる機構). ~s de la machine sociale 社会機構の歯車.

rouble *n.m.* ルーブル《ソ連, ロシア共和国, ロシア連邦の通貨》. ~ russe ロシア・ルーブル《略記 RUB》.

roue *n.f.* **1** 車輪 (= ~ d'un véhicule). ~s avant (arrière) 前(後)輪. ~ de secours スペアタイヤ. ~s indépendantes 独立懸架車輪. ~ libre 自由輪, フリーホイール. en ~ libre 惰性で, 自由気儘に. ête en ~ libre 自由気儘に生きる. ~s motrices 駆動輪, 動輪. automobile à quatre ~s motrices 四輪駆動車 (4×4). deux ~s 二輪車 (= véhicule à deux ~s : bicyclette, moto, scooter, vélomoteur など). chapeau de ~ ハブキャップ, ホイールキャップ. 〖話〗sur les chapeaux de ~ 全速力で. démarrer sur les chapeaux de ~ 猛スピードで発進する;スタートダッシュをかける. prendre un virage sur les chapeaux de ~ フルスピードでカーブを曲る;話題を急に変える.
~s d'atterrisage d'un avion 航空機の離着陸装置(脚) (= train).
pousser *qn* à la ~ 人の後押しをする. 〖スポーツ〗~〖s〗à ~〖s〗; ~ dans ~ 同じ実力水準で. dans la ~ 後にぴったりくっついて. gagner d'une ~ 車輪ひとつの距離を置く.
2 (車輪状のもの) 車, 輪;歯車 (= ~ dentée; ~ d'engrenage). 水車 (= ~ hydraulique; ~ à eau);円盤. ~ de la Fortune 運命の女神の回す車輪;人生の有為転変 (= ~). ~ de friction 摩擦車. 〖海〗~ de gouvernail 舵輪. ~ de l'Histoire 歴史の歯車. ~ d'inverseur 逆転歯車. ~ de loterie (宝くじの)回転抽籤用円盤. grande ~ 大観覧車. 〖体操〗faire la ~ 側方回転をする;(孔雀など が) 尾羽根をひろげる;(人が) 気取る. ~ de gruyère (d'emmenthal) 円盤状のグリュイエール(エメンタール)チーズ.
3 〖古〗車責めの刑車. supplice de la ~ 車責めの刑.

Rouen *n.pr.* ルーアン《département de la Seine-Maritime セーヌ=マリチーム県の県庁所在地, région Haute-Normandie の地方所在地;市町村コード 76000;形容詞 rouennais(e)》. aéroport de ~-Vallée de Seine ルーアン=ヴァレー・ド・セーヌ空港《東南9km》. cathédrale Notre-Dame de ~ ルーアンのノートル=ダム大聖堂《ゴシック様式の名聖堂;12-16世紀》. église Saint-Ouen de ~ ルーアンのサン=トゥーアン聖堂《ゴシック様式;14-15世紀》. église Sainte-Jeanne d'Arc de ~ ルーアンのサント=ジャンヌ・ダルク聖堂《1979年竣工》. circuit de ~-les-Essarts ルーアン=レ=ゼサール・オートレース・サーキット《南郊》. corniche de la Côte Sainte-Catherine de ~ ルーアンのサント=カトリーヌの丘の山腹道路《展望台》. faïence ~ ルーアン陶器. musée des Beaux-Arts de ~ ルーアン美術館. musée de la céramique de ~ ルーアン陶磁器博物館. le Vieux ~ ルーアン旧市街.

rouennais(e) *a.* ルーアン (Rouen) の;~ の市民の. 〖料理〗canard (caneton) ~ à la ~ ルーアン鴨(子鴨)のルーアン風料理(ローストした鴨のガラをプレスしてとった血や滷液をソースに加える名物郷土料理). 〖料理〗sauce ~*e* ルーアン風ソース《鴨の肝, エシャロット, 赤葡萄酒, パセリ, ドミ・グラスでつくるソース》.

rouergat(e) *a.* ルエルグ地方 (le Rouergue) の;ルエルグ地方の住民の.
—*R*~ *n.* ルエルグ地方の住民.

Rouergue (la) *n.pr.f.* ルエルグ地方《フランスの地方名;中央山塊の南縁の地方;旧伯爵領;1607年にフランス王領となる;中心都市 Rodez ロデーズ(ス)》.

rouge *a.* **1** 〖色彩〗赤い, 赤色の. 〖ビリヤード〗bille ~ 赤球. bonnet à pompon ~ de matelot 赤玉つき水平帽. cachet ~ 赤い印璽. ciel ~ 赤い空《夕焼・朝焼の空》. couleur ~ 赤色, 赤い色. crayon ~ 赤鉛筆. croix ~ 赤十字. 〖Mouvement international de〗la Croix-*R*~ 国際赤十字運動. le Comité international de la Croix-*R*~ à Genève ジュネーヴの国際赤十字委員会《略記 CICR》. croissant ~ 半い半月. 〖Mouvement international du〗Croissant-*R*~ 国際赤半月運動《イスラム諸国の赤十字運動》. cuivre ~ 赤銅, 純銅, 金属銅 (= rosette). drapeau ~[1] 赤旗. encre ~ 赤インク. 〖写真〗effet 《yeux ~s》赤目効果. 〖写真〗système anti-yeux ~s (カメラの) フラッシュによる赤目の防止機構. le fleuve *R*~ 紅

rougeole

河. globules ~s 赤血球. label ~ ラベル・ルージュ, 赤ラベル《食品の高品質保証証》. lumière ~ 赤い色, 赤色光. la Mer *R*~ 紅海. le Moulin-*R*~ ル・ムーラン・ルージュ,「赤い風車」《パリのモンマルトルの麓にあるショーを中心とするナイトクラブ》. or ~ 赤金《金と銅の合金》. peinture ~ 赤色塗料. pierres ~s 赤色宝石(貴石)《cornaline, grenat, rubis など》. ruban ~ d'une décoration《レジヨン・ドヌール5等勲章の》赤色略綬. soleil ~ 赤い太陽《朝日, 夕日》. tapis ~ 赤い絨毯. dérouler le tapis ~ à *qn* 人を盛儀で迎える.

2(危険信号としての)赤色の, 危険な. alarme ~ 緊急(非常)事態警報.『サッカー』carte ~ レッド・カード《即時退場を命じる違反カード》. drapeau ~² 赤色信号旗. feu(signal) ~ 赤色信号. téléphone ~ 緊急電話, ホットライン.

3(革命・左翼運動の象徴としての)赤い; 共産党の, 左翼の. l'Armée ~ (旧ソ連の)赤軍, 赤衛軍;(中国文化大革命下の)紅衛兵;(左翼過激派の)赤軍[派]. ceinture ~ de Paris パリを取巻く左翼色の濃い町. drapeau ~³ 赤旗. l'Etoile ~¹ 赤い星印.『史』Khmers ~s クメル・ルージュ《カンボジアの共産主義ゲリラ組織名》. la place *R*~ à Moscou モスクワの「赤の広場」.

4『天文』赤色の, 赤色光を放つ. étoile ~² 赤色星.

5『動植物』赤い, 赤色の. algue ~ 赤藻. betterave ~ 赤い砂糖大根. corail ~ 赤珊瑚. fleur ~ 赤い花. fourmis ~ 赤蟻. fruits ~s 赤い果実《fraise, framboise, groseille など》. confiture de fruits ~s 赤い果実の混合ジャム. haricot ~ 赤いんげん豆. marée ~ 赤潮.『鳥』perdrix ~ あかあしいわしゃこ. poisson ~ 金魚(=cyprin doré). pomme ~ 赤林檎. viande ~ 赤身の肉.『鳥』~-gorge ヨーロッパこまどり, ロビン.『鳥』~-queue じょうびたき.

6『葡萄酒』vin ~ ヴァン・ルージュ, 赤葡萄酒《raisin noir 赤葡萄からつくられる》. bordeaux(bourgogne)~ ボルドー(ブルゴーニュ)の赤葡萄酒.

7『人種』race ~ 赤色人種《アメリカインディヤンの旧俗称; =les peaux ~s》.

8(金属などが)赤焼した, 赤焼の(=au ~). fer ~ 真赤に焼けた鉄.

9(顔などが)赤い, 紅潮した. face(main) ~ 赤い顔(手). avoir les joues ~s (寒さ, 暑さで)頬が赤い. devenir ~ de colère(de honte)怒り(恥しくて)顔が赤くなる.

10(髪・毛などが)赤っぽい; 赤毛の. barbe ~ 赤ひげ. cheveux ~s 赤毛(=roux).

11[副詞的]se fâcher tout ~ 真赤になって怒る. voir ~ 激怒する. voter ~ 左翼の候補者に投票する.

—*n.m.* **1** 赤, 赤色. ~ bordeaux ボルドー・レッド. ~ géranium ゼラニウム・レッド. ~ pourpré 赤紫, 深紅色. ~ vif 鮮紅色. le *R*~ *et le Noir*, roman de Stendhal スタンダールの小説『赤と黒』《1830年》. Le feu est au ~. 信号は赤だ. Le vert est la couleur complémentaire du ~. 緑は赤の補色である.

2 赤色染料, 赤色顔料.『絵具』~ de cadmium clair(foncé)カドミウム・レッド・ライト(ディープ). ~ de plom 鉛丹, 光明丹 (= ~ de saturne). ~s minéraux 顔料の赤.

3『化粧品』紅(べに), ルージュ. ~ à joues 頬紅. ~ à lèvres 口紅. bâton de ~ スティック口紅. se mettre du ~ 紅をさす.

4(金属の)赤焼. ~ blanc 白焼. porter un métal au ~ 金属を赤焼させる.

5(顔などの)紅潮. ~ de la colère 怒りによる紅潮. ~ de la honte 赤面. Le ~ monta au visage. 顔が赤くなった.

6『葡萄酒』赤葡萄酒(=vin ~). ~ ordinaire 並の安葡萄酒.『俗』gros ~ 安物の赤葡萄酒. boire du ~ 赤葡萄酒を飲む. préférer le ~ au rosé ロゼより赤葡萄酒の方を好む. un verre de ~ コップ1杯の赤葡萄酒.

7『話』(収支の)赤字. avoir son compte dans le ~ 収支が赤字である. être au(en) ~ 赤字になっている.

8『林業』(松の)赤錆病.

—*n.* 共産主義者(=communiste). C'est un ~. あいつは赤だ.

rougeole *n.m.* **1**『医』麻疹(はしか). encéphalite de ~ 麻疹脳炎. pneumonie de ~ 麻疹肺炎. virus de la ~ 麻疹ウイルス.

2『植』ママコナ(=mélampyre).

rougeoleux(se) *a.*『医』風疹の; 風疹にかかった.

—*n.* 風疹患者.

rouget *n.m.* **1**『魚』ルージェ, ひめじ《mullus「ひめじ科」の沿海魚の総称; 地中海・北大西洋岸で多く獲れる白身魚》. ~ barbet[ルージェ・]バルベ, ひめじ. ~ de roche 岩ルージェ, シュールミュレ(surmulet). ~ de sable 砂ルージェ, バルバラン(barbarin). ~ grondin[ルージェ・]グロンダン, かながしら.

2『獣医』ルージェ, 豚コレラ《人間にも感染する疫病》.

3『動』あきつつがむし(aoûtat).

rougeur *n.f.* **1** 赤味, 赤さ. ~ des lèvres 唇の赤さ.

2(顔の)紅潮. ~ de honte 恥しさによる赤面.

3[*pl.* で](皮膚の)赤斑, 赤い斑点. avoir des ~s à la face 顔面に赤い斑点がある.

rough [rœf][英] *n.m.* **1**(ゴルフ場の)ラフ. **2** ラフスケッチ(=crayonné, esquisse).

rougi(e) (<rougir) *a.p.* 赤くなった. eau ~e 赤葡萄酒を加えた水. feuilles ~es 紅葉. yeux ~s de pleurs 泣いて赤くなった目.

rouille *n.f.* **1** 錆(さび); 鉄錆. ~ de cui-

vre 緑青. ~ de plomb 鉛白. ~ pulvérulente 粉錆. couche de ~ 錆の層.
2 〖農〗錆(さび)病. ~ du blé (de la vigne) 麦(葡萄)の錆病.
3 〖比喩的〗錆. ~ de l'esprit 知性の錆.
4 〖料理〗ルイユ《にんにく, 赤唐辛子, サフランにオリーヴ油を加えたプロヴァンス地方 la Provence 特有の錆色のソース；ブイヤベースなどに添える》.
——*a.inv.* 錆色の, 赤錆色の, 赤褐色の. vêtements ~ 錆色の衣服.

rouillé(e) *a.* **1** 錆びた. couteau ~ 錆びたナイフ.
2 〖比喩的〗錆びついた, 鈍った. mémoire ~*e* 錆びついた記憶力. muscle ~ なまった筋肉.
3 〖農〗錆病にかかった. blé ~ 錆病にかかった小麦.
4 〖文〗錆色(赤褐色)の.

roulade *n.f.* **1** 〖音楽〗旋転, ルラード. faire des ~*s* 旋転をする.
2 〖料理〗ルラード《肉をロール状に巻いたもの》；〖菓子〗ロールケーキ. ~ de veau 仔牛肉のルラード(巻いた蒸し煮).
3 〖スポーツ〗回転 受身 (=roulé-boulé). ~ avant(arrière) 前(後)転受身.

roulage (<rouler) *n.m.* **1** 〖法律〗(車の)運行；交通. ~ des voitures 車の運行. police de ~ 道路交通規制；交通警察.
2 (トラックを使用による)運送. 〖manutention par〗~ ロールオン・ロールオフ荷役 (=〖英〗roll-on-roll-off).
3 〖採鉱〗運搬, 坑道運搬. ~ du charbon 石炭の坑道運搬. ~ en palier 水平(坑道)運搬. ~ par navette 中継往復式運搬法. galerie de ~ 運搬坑道.
4 〖農, 土木〗ローラーがけ.
5 〖冶〗圧延, 圧延加工.
6 (紙の)巻取り.

roulant(e)[1] *a.* **1** 移動式の. 〖軍〗〖cuisine〗~*e* 野戦用調理車. fauteuil ~ 車椅子. table ~*e* キャスター付ワゴン・テーブル.
2 〖鉄道〗輸送用の, 輸送に関する, 動的, 動く. matériel ~ 輸送 設備, 車輛(matériel fixe 固定(静的)設備；駅舎・線路などの対). personnel ~ (車両の)乗務員.
3 回転式の. escalier ~ エスカレーター. essuie-main ~ 回転式タオル. pont ~ 回転橋. tapis ~ ベルトコンヴェア. trottoir ~ 動く歩道.
4 〖車〗動く状態の. voiture ~*e* 動く車.
5 〖軍〗feu ~ 連続射撃, 連射. 〖比喩的〗feu ~ de questions 矢継ぎ早の質問, 質問攻め.

roulant[2] *n.m.* 〖鉄道〗乗務員 (=personnel ~).

roulante[2] *n.f.* **1** 〖数〗転曲線. **2** 〖軍〗野戦用調理車 (=cuisine ~).

roulé(e) *a.p.* **1** 巻いた；丸めた. 〖料理〗épaule ~*e* (骨を取った)巻いた肩肉. 〖菓

子〗〖gâteau〗~ ロールケーキ. pull à col ~ タートルネックのセーター.
2 〖発音〗巻き舌の. r ~ 巻き舌で発音する r, 転音の r.
3 〖話〗bien ~*e* (女性が)体つきの美しい. jeune fille bien ~*e* スタイルのよい娘.
4 〖地学〗丸くなった. galets ~*s* 水流で丸くなった石.

rouleau(*pl.* ~*x*) *n.m.* **1** 巻物, ロール；〖写真〗ロール・フィルム (= ~ de pellicules photographiques). ~ de papier 巻紙. ~ de pièces 棒状に包んだ硬貨. 〖料理〗~ de printemps 春巻. ~ de tissu 巻いた反物. 〖写真〗~ de 36 poses 36 枚撮りのロールフィルム. ~ du tabac 葉巻.
dérouler un ~ 巻いた物をひろげる. 〖比喩的〗être au bout de son ~；être au bout du ~ de parchemin 言うことが種切れになる；力(金, 生命)が尽きる.
2 (圧延用の)ローラー. 〖料理〗~ à pâtisserie 麺棒(めんぼう). ~ à pneus タイヤローラー. 〖土木〗~ compresse 道路(展圧)ローラー. 〖農〗~ plombeur 地ならしローラー. étendre la pâte au ~ 麺を麺棒で延ばす.
3 (塗装用の)ローラー, ローラー刷毛 (= ~ de peintre). 〖印刷〗~ 〖à encrer〗インク用ローラー (= ~ encreur).
4 〖美容〗ヘアカーラー (= ~ à mise en plis)；カールした髪.
5 (タイプライターの)プラテン (= ~ d'une machine à écrire).
6 (運搬用の)ころ.
7 〖スポーツ〗(走高跳びの)ロール跳び. ~ dorsal 背面跳び. ~ ventral ベリーロール.
8 (海岸に打ち寄せる)巻波. faire du surf sur un ~ 巻波に乗ってサーフィンをする.
9 〖建築〗(拱石の形づくる)外輪, 外接アーチ.
10 〖中世美術〗巻紙《画中の人物の言葉を記す帯状のもの》；〖現用〗〖劇画の〗吹き出し (=phylactère).
11 ~ de carte 地図の巻軸.

roulement *n.m.* **1** 転がること, 転がす こと. 〖幾何〗~ d'une courbe sur une droite 直線上の曲線の輪転.
2 〖機械〗ベアリング. ~ à billes ボール・ベアリング. ~ à rouleaux ローラー・ベアリング.
3 物の転がる音；長低音. ~ de tambours (de tonnerre) 太鼓(雷)の轟き.
4 (車が)走ること；車の走る音. ~ d'une bicyclette 自転車の走行. chemin de ~ (空港の)滑走路と駐機場を結ぶ走行路. couche de ~ (道路の)舗装面. entendre le ~ des voitures 車の走行音を聞く.
5 〖労働〗(人員の)交代, 勤務時間の割当て. travailler par ~ 交代制で勤務する.
6 交代勤務表；輪番表. ~ des agents de police 警官の交代勤務表. ~ des pharmaciens de garde 当番薬剤師の輪番表.

7〖法律〗判事の年間配属；判事 (検事) の年間配属表 (＝～ des cours et tribunaux).
8（体の器官を）動かすこと，まわすこと．～ d'yeux 眼のきょろつき．～ des hanches 腰を振ること．
9〖経済〗fonds de ～ 運転資金．

roulette *n.f.* **1** キャスター，脚車．patins à ～s ローラースケート．〖話〗flics à ～ ローラースケート装備パトロール警官．table à ～s キャスター付きテーブル．〖話〗Ça va (marche) comme sur des ～s. すらすらと事が運ぶ．
2 ルーレット（仕立屋，靴屋，製本師などが点線をつけるのに用いる歯車式の道具）．～ de couturier 仕立屋のルーレット．～〖de dentiste〗歯科用穿孔器，バー (＝fraise).～ de pâtissier (à pâte) 回転式パイ切り．〖製本〗～ or 金押し罫．
3〖遊戯〗ルーレット．jouer à la ～ ルーレットをする．～ russe (拳銃を用いた) ロシア式ルーレット．

roulotte *n.f.* **1** (ジプシー，旅芸人などの) 居住用車（馬・自動車が牽引する）．
2〖古〗キャラバン (caravane), キャンピングカー (＝de camping).
3 vol à ～ 車上ねらい，車上荒らし（駐車中の車からの窃盗）．

roumain(e) *a.* ルーマニア (la Roumanie) の，ルーマニア共和国 (la République de Roumanie) の；～人の；ルーマニア語の．orthodoxes ～s ルーマニア正教徒．
—**R**～ *n.* ルーマニア人．les ～s ルーマニア族．
—*n.m.*〖言語〗ルーマニア語．

Roumanie (la) *n.pr.f.* 〖国名通称〗ルーマニア（公式名称 République de R～；国民：Roumain (e); 首都：Bucarest ブカレスト；通貨：leu [ROL]）．

roussanne *n.f.* ルーサンヌ（les Côtes-du-Rhône ローヌ河沿岸地方や la Savoie サヴォワ地方で栽培される白葡萄酒用の葡萄の品種）．

Roussillon (le) *n.pr.m.* ルーシヨン地方（西南フランスの旧州；1659 年の講和条約によりフランス領となる；現在の département des Pyrénées-Orientales の県域にほぼ相当する；旧州都 Perpignan；形容詞 roussillonnais (e)). vins de Côtes du ～ コート＝デュ＝ルーシヨンの葡萄酒．

routage (＜router) *n.m.* **1** 〖郵〗(郵便物の) 配達区域仕分け；(新聞・雑誌・パンフレット等の) 配送地域別選別．
2 〖海〗船舶の航路選定．
3 〖電気通信〗(データ通信の) 経路制御．

routard(e) *n.* **1** 無銭旅行 (放浪生活) をする若者；徒歩旅行者；ヒッチハイカー．～*e* 危険をものともしないルータルド（ヒッチハイクの女性）．
2 バイク旅行者．

route *n.f.* **1** (都市間を結ぶ国または県が管理する) 主要道路；公道（市町村が管理する chemin「地方道路」, rue「街路」の対）．～ nationale 国道 (運輸省の Direction de Ponts et Chaussées 道路橋梁局の管轄；略記〖R〗N). les ～s départementales et les chemins vicineux 県道 (略記〖D〗) と村道 (略記 V). ～ forestier 林道．～ chaussées séparées 車線分離道路．à péage 有料道路．～ à quatre voies 4 車線道路．～ de montagne 山間道路．～ de Paris パリへ通じる道路．～ défoncée 穴ぼこ道路．～ difficile 難路．～ poussiéreuse ほこりっぽい道．～ revêtue 舗装道路．～ stratégique (militaire) 軍事 (軍用) 道路．～ transcanadienne カナダ横断道路．grande ～ 本街道，主要街道 (＝grand-～). prendre la ～ de Paris パリに向かう．
2 〖集合的〗道路，道路網；道路交通；陸路．la ～ meurtrière 魔の道路，事故多発道路．accident de la ～ 道路交通事故．code de la ～ 道路交通法規．concurrence du rail et de la ～ 鉄道と道路の競合．police de la ～ 交通警察．tenue de ～ (車の) ロードホールディング, 路面保持性．transport par ～ 陸運．
tenir bien (mal) la ～ (車の) ロードホールディングが良い（悪い）．arriver à Paris par la ～ 陸路でパリに着く．faire de la ～ (車で) 長い道程を走る．faire la ～ à pied (en voiture) 徒歩（車で）旅行する．Il y a trois heures de ～. 車で 3 時間の道のりだ．
3 (船・航空機などの) 路線；航路；通商路．～ aérienne¹ (maritime) 航空路 (航路).〖海〗～ au compas 羅針儀による針路．〖海〗～s composées 合成航路．〖海〗～ corrigée (vraie) 修正 (真正) 航路．～ des épices 香辛料の通商路．～ de la soie シルクロード．l'ancienne ～ des Indes 昔のインド航路．
4 〖天文〗(天体の) 軌道．～ du soleil 太陽の軌道．
5 進路，道筋，経路；道程，行程；旅行；〖比喩的〗道，行路．～ aérienne² (de mer, de terre) 空路 (海路, 陸路).～ du retour 帰路．～ du succès 成功への道．carnet (journal) de ～ 旅行手帖 (旅日記). chanson de ～ 行進歌．la feuille de ～ 道路地図, 行程表；〖比喩的〗〖政治〗(政策・計画などの) 行程表, ロードマップ (＝〖英〗road-map；2003 年 4 月 30 日公表, 2005 年までに独立国家のパレスチナの実現をめざすもの). feuille de ～ pour la réforme des institutions 制度改革の行程表．fatigue de la ～ 旅の疲れ．indémnité de ～ 旅行手当, 出張旅費．
à moitié ～ 途中で，中途で (＝mi-～). au bout de la ～ 人生行路の果てに；最後に．en cours de ～ 途中で，進行中で；旅行中に．
barrer (couper) la ～ à *qn* 人の進路を妨げる．changer de ～ 道 (進路) を変える．con-

tinuer sa ～ 道を続ける. demander sa ～ à qn 人に道を尋ねる. être sur la ～ de …へ行く途上にある. être sur la bonne ～ 正しい道を進んでいる；好調である. faire ～ vers …に向かって進む. faire fausse ～ 道を誤る；〔比喩的〕思い違いをする, 手段を誤る. montrer la ～ à qn 人に道を教える. perdre sa ～ 道を見失う；針路をそれる. remettre qch dans la bonne ～ 正道に戻す. souhaiter à qn〔une〕bonne ～ 人に旅路の安全を祈る. Bonne ～! 道中御無事で! 〔話〕tenir la ～ 順調に進んでいる. La ～ est toute tracée. 路線はしっかり敷かれている；為すべきことは明白だ.

6〔en ～〕en ～ 途中で；進行中に(の)；旅行中である(の)；作動中の, 軌道上に(の). être en ～ pour …への途上にある；旅行中である. mettre qch en ～ 何を開始する (始動させる). mettre le moteur en ～ エンジンを始動させる. la mise en ～ une affaire mise sur pied (=camioneur, tractionnaire ; chauffeur de poides lourds).la mise en ～ une affaire en ～ 出発する, 旅立て. 〔Allons,〕en ～! さあ出かけよう, さあ出発だ! S'arrêter en ～ 途中で止まる；挫折する.

routé(e) a. **1**〔郵便物などが〕仕分けされた；配分された. **2**〔船舶・航空機が〕進路を定められた.

routeur n.m.〔通信・電算〕ルーター. ～ filaire (sans fil) 有線 (無線) ルーター. modem-sans fil ADSL ADSL 無線モデム・ルーター.

routier(**ère**)[1] a. 道路の. carte ～ère 道路地図, ロードマップ. circulation ～ère 道路交通. gare ～ère バス・ターミナル. réseau ～ 道路網. sécurité ～ère 道路交通の安全. signalisation ～ère 道路標識. transports ～s 道路 (自動車) 運輸.

routier[2] n.m. **1** 長距離トラック (トレーラー) 運転手 (=camionneur, tractionnaire ; chauffeur de poides lourds). **2** トラック運転手用レストラン (=restaurant de ～s). manger dans un bon ～ 美味しい運転手用レストランで食事をする. **3**〔自転車競技〕ロードレーサー (pistard 「トラックレースのレーサー」の対). **4**〔海言〕小縮尺海図. **5** ルーチエ, シニア・スカウト (16 歳以上のボーイスカウト隊員).

routier[3] n.m. **1** vieux ～ 老練家, ベテラン. vieux ～ de la politique 老練政治家. **2**〔古〕〔pl. で〕(中世の) 野武士, 野盗.

routière[2] n.f.〔自動車〕ルーチエール, ツーリングカー (長距離走行向けの自動車). ～ ツーリング用オートバイ.

routine n.f. **1** ルーチーヌ, ルーチン, 日常的な仕事, 決まりきった仕事, 慣例. ～s administratives 行政のルーチンワーク. examens de ～ quotidienne d'un ～ détestables ～s 嫌悪すべきルーチンワーク. de ～ 定例の, 慣例の. examens de ～ 定

例検査. mission de ～ 定例的偵察任務. rencontre de ～ 定例会議. travail devenu une sorte de ～ 一種のルーチン化した仕事. se dégager des ～ ルーチンから脱却する. **2**〔集合的〕因習, 旧弊. esclave de la ～ 因習の奴隷. **3** お決まりの題目；決りもの. **4**〔電算〕ルーチン.

routinier(**ère**) a. 慣例 (旧習) にとらわれた；旧態依然たる；型にはまった. travail ～ 型にはまった仕事, ルーチンワーク. — n. 旧弊な人.

rouvre n.m.〔植〕ルーヴル, ヨーロッパ楢 (なら), 冬楢 (=chêne ～ ; 俗称 chêne noir「黒楢」).

roux(**sse**) a. **1** 赤褐色の. châtain-～ 赤味のある栗色. cheval ～ 鹿毛の馬 (=alezan, bai). cheveux ～ 赤毛, 赤毛の髪. **2** (人が)赤毛の. jeune fille ～sse 赤毛の少女. **3**〔料理〕赤褐色の焦げ目をつけた. beurre ～ 狐色に焦がしたバター, 焦がしバター (=beurre blond). **4**〔農〕la lune ～sse 赤枯れの月 (作物を枯らす晩霜の予兆とされる 4 月の赤味がかった月). — n. 赤毛の人. une belle ～sse 赤毛の美女. — n.m. **1** 赤褐色, 赤茶色 (=couleur ～sse). cheveux d'un ～ sombre 濃い赤茶色の髪. **2**〔料理〕ルー. ～ blanc ホワイト・ルー. **3** 茶色がかった漆喰 (不良品).

rouy n.m.〔チーズ〕ルーイ (ブルゴーニュ地方 la Bourgogne ディジョン地区 le Dijonnais で, 殺菌牛乳からつくられる, 軟質, 洗浄外皮, 一辺 9.5 cm, 高さ 2.5 cm の丸味を帯びた四角, 重さ 225 g；脂肪分 45-50 %).

roxithromycine n.f.〔薬〕ロキシスロマイシン (マクロライド系抗生物質；細菌性疾患に著効；略記 RXM；薬剤製品名 Rulid (n.m.)).

royal(**ale**)[1] (pl. **aux**) (<roi) a. **1** 国王の；国王に関する；王室の. couronne ～ale 王冠. famille ～ale 王室, 王族. maison ～ale 王家. palais ～ 王宮. le Palais-R～ à Paris パリのパレ=ロワイヤル (1633 年 Richelieu のために造営された建造物；1643 年 Louis XIII に贈与；現在 le Conseil constitutionnel, le Conseil d'Etat などが入る). prince ～ 王太子. voie ～ale 王道；近道 (最も安易で華々しい方策). **2** 王立の.〔史〕la Bibliothèque ～ale de Paris パリ王立図書館 (現在 la Bibliothèque nationale の前身). les Musées ～aux des Beaux-Arts de Belgique ベルギー王立美術館 (Bruxelles にある Musée d'Art Ancien と Musée d'Art Moderne からなる美術館). **3** 王者にふさわしい；豪華な；超然たる. cadeau ～ 豪華な贈物. indifférence ～ale

royale² 1742

超然たる 無関心. magnificence ~ale 王者にふさわしい華麗さ. mépris ~ 小気味良いほどの軽蔑.
4 〖料理〗à la ~ale ロワイヤル風の《洗練された凝った付け合せまたはロワイヤルを浮き実にしたコンソメを使う料理名に用いる》. cailles à la ~ale うずらのロワイヤル風《フォワグラをつめたうずら料理》. lièvre à la ~ale 野兎肉の赤葡萄酒煮. sauce ~ale ソース・ロワイヤル《鶏の velouté と白い fond de volaille を煮つめ、生クリーム、トリュッフ、バター、シェリー酒を加えたソース》.
5 〖動植物〗威風堂々とした、華麗な《品種名に用いる》. aigle ~ 犬鷲.

royale² *n.f.* **1** ロワイヤル髭《下唇の下の mouche (口の下のちょぼ髭)より長い》. Louis-Napoléon a des moustaches et une ~. ナポレオン3世は口髭とロワイヤル髭をたくわえている.
2 〖話〗la *R*~ フランス海軍 (=la marine ~) (la marine marchande「フランス商船団」の対).
3 〖料理〗ロワイヤル《澄んだポタージュ用の浮き実》. ~ d'asperge アスパラガスのロワイヤル. ~ de purée de volaille 鶏肉のピュレのロワイヤル.

royalisme *n.m.* 王党主義、君主制支持主義.

royaliste *n.* 王党主義者、王党派.
——*a.* 王党主義の; 王党派の. être plus ~ que le roi (国王より王党派である→)頑固に主張を貫く. journal ~ 王党派新聞.

royalities [rwajalti[s]] 〖英〗*n.f.pl.* **1** 特許権(著作権)使用料、ロイヤルティー. toucher des ~ 特許権(著作権)使用料を受け取る.
2 (石油採掘、パイプライン敷設などの)権利金《公用推奨語 redevance; 〖カナダ〗royautés》.

royaume *n.m.* **1** 王国. le *R*~-Uni 連合王国《=le *R*~-Uni de Grande-Bretagne et d'Irlande du Nord グレート=ブリテン・北アイルランド連合王国; 1923年以降の英国の正式名称; 略記 *R*-U.; 〖英〗United Kingdom 〔of Great Britain and Northern Irelande〕; 略記 UK》. le *R*~ du Danemark デンマーク王国. le *R*~ d'Espagne スペイン王国.
2 〖宗教〗~ de Dieu (des cieux) 神の王国; 天国 (=paradis).
3 〖文〗~ des morts 死者の国、地獄 (= l'Enfer).

Royaume-Uni (le) *n.pr.m.* 〖国名通称〗連合王国《英国》《公式名称: le *R*~ de Grande Bretagne et d'Irlande du Nord グレート・ブリテン・北アイルランド連合王国; 略記 R.-U.; 俗称の l'Angleterre は厳密にはイングランドを指す; 国民: Britannique; 首都: Londres (London) ロンドン; 通貨: livre sterling [GBP]》.

royauté *n.f.* **1** 王の身分; 王位. aspirer à la ~ 王位を熱望する.
2 王権; 王制 (=monarchie). chute de la ~ 王制の崩壊.

RP¹ (=*r*andonnée *p*édestre) *n.f.* ハイキング; ハイキングコース (=sentier de ~).
RP² (=*R*évèrent *P*ère) 神父.
Rp (=*R*éponse *p*ayée) *n.f.* 返信料前払電報.
RPA (*r*hino[-]*p*haryngite *a*iguë) *n.f.* 〖医〗急性鼻咽頭炎.
RPCR (=*R*assemblement *p*our la *C*alédonie dans la *R*épublique) *n.m.* フランス共和国に属するカレドニーア擁護連合《ヌーヴェル=カレドニーの独立反対派政党; 1977年創設》.
RPDC (=*R*épublique *p*opulaire *d*émocratique de *C*orée) *n.f.* 朝鮮民主主義人民共和国《北朝鮮》.
RPF (=*R*assemblement du *p*euple *f*rançais) *n.m.* フランス国民連合《ド・ゴール Charles de Gaulle が設立した政治団体; 1947-53年》.
R.P.I.Ma., Rpima (=*r*égiment *p*arachutiste d'*i*nfanterie de *Ma*rine) *n.m.* 〖軍〗海兵パラシュート降下連隊.
RPR (=*R*assemblement *p*our la *R*épublique) *n.m.* 共和国連合《1976年結成のド・ゴール派系保守政党》.
RPV (=〖英〗*R*emotely *P*iloted *V*ehicle) *n.m.* 遠隔操縦無人超小型飛行機 (=véhicule piloté à l'avance).
rRNA (=〖英〗*r*ibosomal *R*ibo*n*ucleic *A*cid) *n.m.* リボソーム RNA《リボソーム粒子内のリボ核酸》.
RRR (=*r*adiations *r*ésiduelles *r*éduites) *n.f.pl.* 〖軍〗軽減残留放射能. bombe à ~ 残留放射能軽減《核》爆弾、きれいな原爆.
RSCG (<*B*ernard *R*oux, *J*acques *S*éguéla, *A*lain *C*ayzac, *J*ean-Michel *G*oudard) *n.m.* エル・エス・セー・ジェー広告会社《1969年設立; 1991年 Eurocom に吸収》. Euro ~ ユーロー RSCG 広告会社《1991年設立》.
RSE (=*r*esponsabilité *s*ociale des *e*ntreprises) *n.f.* 企業の社会的責任 (=〖英〗CSR: *c*orporate *s*ocial *r*esponsibility).
RSF (=*r*eporters *s*ans *f*rontières) *n.m.pl.* 国境なきレポーター〔団〕.
RSFSR (=*R*épublique *s*ocialiste *f*édérative *s*oviétique de *R*ussie) *n.f.* 〖露史〗ソヴィエト連邦ロシア社会主義共和国、ソ連・ロシア共和国《ソ連を構成した15の共和国の一つ; 首都 Moscou (Moskva) モスクワ》.
RSI¹ (=*R*adio *S*uède *i*nternationale) 〖無冠詞〗*n.f.* スウェーデン国際放送〔局〕.
RSI² (=*r*adiométrie *s*pectrale *i*mageante) *n.f.* 〖物理〗画像化分光輻射測定 (=spectroradiométrie imageante).

RSO (=*r*adar à synthèse d'*o*uverture) *n. m.* 合成開口レーダー《空対地高分解能レーダー》.

RSP (=*r*émunération des *s*tagiaires du régime *p*ublic) *n.f.* 〖労働〗公的制度の実習生手当.

RSS[1] (=*R*épublique socialiste soviétique) *n.f.* 〖露史〗ソヴィエト社会主義共和国. ~ de Russie ロシア[・ソヴィエト社会主義]共和国《ソ連の共和国の一つ》; 首都 Moscou (Moskva) モスクワ; RSFSR=*R*épublique socialiste *f*édérative soviétique de *R*ussie と書くこともある》.

RSS[2] (=*r*éseau de santé social) *n.f.* 社会補償保健ネット《Cégetel のネット名》.

RSSA (=*r*épublique socialiste soviétique *a*utonome) *n.f.* (独立国家共同体の) 社会主義ソヴィエト自治共和国.

RSSB (=*R*épublique socialiste soviétique de *B*iélorussie) *n.f.* ベラルーシ(白ロシア)社会主義ソヴィエト共和国《独立国家共同体 CEI の構成国の一つ; 現称 République de Biélorussie ベラルーシ共和国》.

RSVP (=*R*éponse *s*'il *v*ous *p*laît) 折返し御返事を賜りたし, 乞御返事《案内状の下隅に記す》.

RTBF (=*r*adio*t*élévision *b*elge de langue *f*rançaise) *n.f.* 〖放送〗ベルギー・フランス語ラジオ・TV 放送社.

RTC (=*r*éseau *t*éléphonique *c*ommuté) *n. m.* 交換式電話回線網.

RTE (=*R*éseau de *t*ransport d'*é*lectricité) *n.m.* 送電網.

RTF (=*R*adiodiffusion-*T*élévision *f*rançaise) *n.f.* フランス・ラジオ・TV 放送〔局〕(1959 年 ORTF に改組改称).

RTL (=*R*adio-*T*élé-*L*uxembourg) *n.f.* ルクセンブルク放送〔局〕.

RTM (=*r*estauration des *t*errains en *m*ontagne) *n.f.* 山岳地帯の土地修復《山崩れなどによる土地破壊の修復工事》.

RTOL [aːtɔl] (=〖英〗*r*educed *t*ake-off and *l*anding) *n.m.* 〖航空〗短滑走離着陸機, アールトール.

RTT (=*r*éduction du *t*emps de *t*ravail) *n.f.* **1** 〖労働〗労働時間の短縮. accord de ~ 労働時間短縮協定. création de 250 emplois ~ 労働時間短縮による 250 人の創出. **2** 労働時間短縮〖法・制度〗《2000 年 1 月の第 2 オーブリー法 2e loi Aubry; 2000 年以降従業員 20 人以上の企業の法定週間労働時間を 35 時間 (年間 1600 時間相当) と定めたもの》. usagers de la ~ 労働時間短縮制度の利用者.

RU (=*R*oussel-*U*claf ルーセル=ユクラフ, 製薬会社) *n.m.* 〖薬〗le ~ 486 ユーセル=ルクラフ 486《人工流産・妊娠中絶用化学製剤, niféipristone; 486 は分子合成番号》.

R.-U. (=le *R*oyaume-*U*ni (de *G*rande-*B*retagne et d'*I*rlande du *N*ord)) *n.m.* 〔大ブリティン・北アイルランド〕連合王国(=〖英〗U.K.: *U*nited *K*ingdom 〔of *G*reat *B*ritain and Northern Ireland〕); 英国, イギリス.

Ru (=*ru*thénium) *n.m.* 〖化〗「ルテニウム」の元素記号.

ruandais(e) ⇒ **rwandais(e)**

ruban *n.m.* **1** リボン. ~ de soie 絹のリボン. ~ du chapeau 帽子のリボン. roses attachées par un ~ リボンで結んだ薔薇の花. **2** (勲章の) 略章, 略綬. ~ rouge レジョンドヌール 5 等勲章の赤綬. ~ violet 教育功労勲章の紫綬. le ~ bleu ブルーリボン《北大西洋横断最短時間記録保持商船がマストに揚げたもの》;〔比喩的〕最優秀賞; 最高位, トップ. **3** (リボン状のもの) ~ adhésif 接着テープ (=scotch). ~ d'acier 帯綱.〔encreur〕(タイプライター, プリンターの) インクリボン, リボン. ~ magnétique 磁気テープ (=bande magnétique). ~ perforé パンチテープ. scie à ~ 帯鋸. **4** 〖建築〗巻きリボン状装飾. **5** 〖植〗 ~ d'eau リュバン・ドー, みくり《水生植物》.

rubéfaction *n.f.* **1** 〖医〗発赤 (ほっせき)《摩擦などにより皮膚が赤くなること》. **2** 〖地学〗(熱帯の土壌の) 赤色化作用.

rubéfiant(e) *a.* 〖医〗発赤させる, 発赤性の.

—— *n.m.* 〖薬〗発赤薬《外用》.

rubéole *n.f.* 〖医〗風疹, 三日はしか. virus de la ~ 風疹ウイルス.

rubéoleux(se) *a.* 〖医〗風疹の, 風疹による.

—— *n.* 風疹患者.

rubescent(e) *a.* (皮膚などが) 赤くなった; 赤味を帯びた, 紅葉した. feuilles ~ es d'automne 秋の紅葉.

rubiacées *n.f.pl.* 〖植〗茜(あかね)科; 茜科植物《caféier コーヒーの木, gaillet ヤエムグラ, garance 茜, など》.

Rubicon *n.pr.m.* 〖地理・史〗le ~ ルビコン川《イタリアとガリア・キサルピナ la Gaule cisalpine の境を流れる川; 西暦紀元前 50 年カエサルが「賽は投げられた」(Alea jecta est!) と呼んで渡河を決行した》. franchir le ~ (ルビコン川を渡る→) 断乎決行する, 重大な決断をする.

rubidium [-jɔm] *n.m.* 〖化〗**1** 〖元素〗ルビジウム《元素記号 Rb; 原子番号 37; 原子量 85.47》. **2** 〖金属〗ルビジウム《輝銀色の金属; 比重 1.53, 融点 39℃, 沸点 688℃》.

rubigineux(se) *a.* **1** 錆で蔽われた. **2** 錆色の, 赤褐色の.

rubis *n.m.* **1** 〖宝石〗ルビー, 紅玉; ルビーの宝飾品. ~ en bague 指輪にはめこまれたルビー. ~ sang de pigeon 鳩の血色のル

rubivirus

ビー. laser à ~ ルビー・レーザー.
2（ルビーに似た）赤色半宝石. ~ balais バラスルビー (= ~ pinelle claire). ~ de Bohême ボヘミア・ルビー (grenat「ガーネット, 柘榴石」の総称). ~ du Brésil トパーズ (=topaze). ~ spinelle 紅尖晶石.
3（時計の軸用の）石. une〔montre〕trois ~ 3石入りの腕時計.
4 ルビー色の輝き.
5〔比喩的・成句〕faire ~ sur l'ongle（盃の赤葡萄酒の最後の一滴を爪の上に落としてもこぼれないほど）完全に飲み干す. payer ~ sur l'ongle 金額を即金で支払う.
── *a.inv.* ルビー色の, 真紅の. vin ~ ルビー色の葡萄酒.

rubivirus *n.m.*〔医〕ルビウイルス.

rubriquage (<rubriquer) *n.m.*〔集合的〕(新聞・雑誌・インターネットサイトの) 記事欄〔構成〕.

rubrique *n.f.* **1**（新聞・雑誌の記事の種類別）欄. ~ des sciences 科学欄. ~ diplomatique (politique) 外交 (政治) 欄. ~ sportive (des sports) スポーツ欄.
2（分類上の）項目, 部門. la ~ 《vêtements》d'un catalogue カタログの「衣類」項目. sous cette ~ この項目で. sous la même ~ 同じ分類項目で.
3〔書誌学〕(書籍の) 刊行地名表示；(特に) 偽の刊行地名.
4〔教会〕典礼執行規定 (典礼書中に赤字で印刷されている部分；祈禱文は黒字印刷). ~ du missel ミサ典書の執行規定.
5〔古〕(昔の法律書中の) 題目〔朱書されていた〕；(写本中の) 装飾色文字 (表題).

ruche *n.f.* **1**（蜜蜂の）巣；巣箱；（ひとつの巣の）蜜蜂の群れ. ~ en (de) bois 木製の蜜蜂巣箱. ~ en paille 蜂の巣. la R~ ラ・リューシュ (パリ市第15区, Passage de Danzig に 1902 年につくられた芸術家の家). ~ orphelin 無女王蜜蜂群. reine d'une ~ 蜜蜂の巣箱の女王蜂.
2〔比喩的〕(人が密集する) 蜂の巣のような場所. Les jours de marché, la ville est une ~. 市の立つ日, 町には蜜蜂の巣箱のように人が群がる.
3〔装飾〕ルーシュ（レースなどの襞飾り）.

rucher *n.m.* 養蜂場；蜂の巣箱群.

rude *a.* **1** ざらざらした；ごつごつした. barbe ~ ごわごわした口髭. chemin ~ でこぼこ道, 険しい道. peau ~ ざらざらした肌. surface ~ au toucher ざらざらした手触りの表面.
2 目 (耳) 障りな；口当りの悪い；粗野な. manières ~s 粗野な態度. vin ~ 渋い葡萄酒. voix ~ 耳障りな声.
3〔時に名詞の前〕骨の折れる, つらい. ~ attaque 激しい攻撃. ~ combat つらい戦闘, 激闘. ~ journée つらい一日. ~s travaux 骨の折れる仕事. climat ~ 厳しい気候. hiver ~ 厳冬.

métier ~ 骨の折れる職業. vie ~ つらい人生. en voir de ~s つらい目にあう. subir de ~s épreuves 厳しい試練にあう.
4〔しばしば名詞の前〕(人が) 荒っぽい；元気な；したたかな. ~ adversaire 手ごわい相手. ~ gaillard 快男児, 元気者. ~ paysan 粗野な農民. caractère ~ 粗野な性格. C'est un homme ~. 奴は荒っぽい男だ.
5〔話〕〔常に名詞の前〕凄い. ~ appétit 物凄い食欲. ~ estomac 丈夫そのものの胃袋. R~ serin! 大間抜けめ！ Tu as une ~ veine! ついてるね！

rudiment *n.m.* **1**〔*pl.* で〕(学問, 芸術などの) 初歩, 基本, 基礎. ~s de la chimie 化学の初歩.
2〔*pl.* で〕〔文〕(体系, 学説, 組織などの) 基礎. élaborer les ~s d'une théorie 学説の基礎を構築する.
3〔生〕原基；痕跡器官. ~ de queue 尾の痕跡器官.

rudimentaire *a.* **1** 初歩の, 基本の, 基礎の (=élémentaire). art ~ 荒けずりの芸術. connaissances ~s 基礎知識.
2 簡素な, 単純な. cabane ~ 堀立小屋. installation ~ 簡素な施設.
3〔生〕原基の, 痕跡の. organe ~ 痕跡器官. ailes ~s de l'autruche 駝鳥の痕跡翼.

rudologie *n.f.* 廃棄物処理学, ゴミ処理学.

rue *n.f.* **1**（家並みのある）通り, 街路. grande ~；grand-~ 大通り；目抜き通り (= ~ principale d'une ville). ~ à sens unique 一方通行の通り. ~ animée 活気に溢れた通り. ~ barrée 通行止めの通り. ~ commerçante 商店街. ~ couverte アーケード街. ~ déserte ひと気のない通り. ~-aux-maisons 住宅街. ~ passante 人通りの多い通り. ~ pavée 舗装通り. ~ piétonne 歩行者専用通り. ~ sans issue 行き止まりの通り. apartement sur ~ 通りに面したアパルトマン. combats de ~ 市街戦.〔話〕fille des ~s 街の女；街娼.〔話〕gamin des ~s 通りで遊ぶ庶民の子. plaque de ~ 通りの標識板.
au coin de la ~ 街角で. à tous les coins de ~ 町のいたるところで. courir les ~s（噂が）町をかけめぐる（ひろまる）. habiter ~ du Faubourg-Saint-Honoré ル・フォーブール＝サン＝トノレ通りに住む《前置詞も冠詞も省く》. prendre〔par〕une ~ 通りを行く. se promener dans les ~s 街を歩きまわる.
2〔単数で定冠詞とともに〕街 (まち), 街頭, 市街, 市街 (まちなか). dans la ~ 街頭 (街中) で (=en pleine ~). descendre dans la ~（デモなどのために）街に出る. être à la ~ ~ 路頭に迷う. jeter qn à la ~ 人を家から追い出す. homme de la ~ 庶民, 一般市民, ありふれた市民 (=citoyen ordinaire).
3〔集合的〕通りの住民；通行人；民衆. céder à la pression de la ~ 民衆の圧力に

屈する. soulever la ~ 民衆を蜂起させる.
4 狭い通路;狭い場所;〖劇場〗舞台裏の通路. sport de ~ 街角スポーツ.

ruée *n.f.* **1** 殺到. ~ d'une foule vers la sortie 群衆の出口への殺到. la R~ vers l'or ゴールドラッシュ.
2 群衆の混雑;ラッシュ(=rush). ~ des vacanciers vers le Midi 南仏に向かうヴァカンス客のラッシュ. ~ du métro 地下鉄のラッシュ.

ruelle *n.f.* **1** 小路, 路地. labyrinthe de ~s 迷路のような路地網.
2 寝台と壁(寝台と壁)のすき間 (= ~ du lit).
3 〖古〗(17世紀の貴婦人の)閨房, サロン化した寝室の一角.

ruffec *n.m.* 〖チーズ〗リュフェック《ポワトゥー地方 le Poitou で, 山羊乳からつくられる, 軟質, 天然外皮, 直径 10 cm, 厚さ 4 cm の円盤状, 重量 250 g》.

rugination *n.f.* 〖医〗骨膜剥離, 骨削.

rugby [rygbi] 〖英〗 *n.m.* ラグビー. ~ à VII 7人制ラグビー. ~ à XIII 13人制ラグビー. ~ à quinze 15人制ラグビー.
▶ **rugbystique** *a.*

ruine *n.f.* **1** (建物の)崩壊;荒廃. ~ totale (partielle) 全壊(半壊). bâtiment qui menace ~ 崩壊に瀕した建物. château en ~ 荒廃した城. tomber en ~ 崩壊(荒廃)する.
2 壊れかけた建物, 廃屋. acheter une ~ あばら屋を買う.
3 〔多く *pl.*〕廃墟;遺跡. ~s d'une ville détruite 破壊された都市の廃墟. ~s gallo-romaines 古代ガリア=ローマの遺跡. peintre de ~s 遺跡画家 (=ruiniste). pays qui se relève de ses ~s 瓦礫の山から立ち直る国.
4 〔比喩的〕崩壊, 滅亡, 破滅;(信用などの)失墜. ~ de l'Empire 帝国の崩壊(滅亡). ~ des institutions 制度の崩壊. ~ de son crédit 信用の失墜. Le gouvernement va à sa ~. 政府は瓦解に瀕している.
5 〔比喩的〕没落, 破産. ~ d'une entreprise 企業の倒産. couvir à sa ~ (vers la ~) (人・企業が)破産に瀕している;破滅の道を辿る. être au bord de la ~ 破滅の瀬戸際に立たされている.
6 〔比喩的〕(人・健康の)衰え;老残の身. 落ちぶれた人 (= ~ humaine). une pauvre ~ 老いさらばえた人.

ruiné(e) *a.p.* **1** (建物が)崩壊した, 廃墟と化した. couvent ~ 廃墟と化した修道院.
2 〔比喩的〕荒廃した;大打撃を蒙った. pays ~ 荒廃した国. vignobles ~s par le phylloxéra フィロクセラで全滅した葡萄畑.
3 〔比喩的〕(人が)破産した;(健康が)衰えた. ~ par des confiscations 没収により破産した人. homme ~ 疲弊した人.

ruisseau (*pl.* **~x**) *n.m.* **1** 小川, 小さい支流. ~ à sec 干上がった小川. murmure (gazouillis, gargouillis) d'un ~ 小川

のせせらぎ. prairies bordées de ~x 小川で縁取られた草原. 〖諺〗Les petits ~x font les grandes rivières. 塵も積もれば山となる.
2 〔比喩的〕流れ;流出. ~x de larmes とめどなく流れる涙. ~x de sang 血の川. faire couler des ~x de sang 流血の惨事を招く. ~x de lave 溶岩流.
3 (街路の)側溝, 排水溝, どぶ. l'odeur du ~ de Paris パリの排水溝の臭気. ramasser une nouvelle dans le ~ つまらぬ噂を集める.
4 〔比喩的・文〕(人生・社会の)どん底. tirer (sortir) qn du ~ 人をどん底から救い出す. tomber dans le ~ (どぶに落ちる→)どん底に落ちる.

ruissellement *n.m.* **1** (水などの)流出. ~ des eaux de pluie 雨水の流出. ~ de larmes 涙の流出. ~ en surface des eaux 水の表面流出.
2 (光・宝石などの)きらめき, 輝き. ~ de lumière 光のきらめき.
3 〖地学〗雨食 (= ~ pluvial). ~ concentré (diffus) 細流(布状)雨食. eaux de ~ 雨食水.

rully *n.m.* 〖葡萄酒〗リュリー《département de Saône-et-Loire ソーヌ=エ=ロワール県の Rully (市町村コード 71150) と Chagny (市町村コード 71150) 地区で生産される赤と白の AOC 葡萄酒;赤は pinot noir, 白は chardonnay の品種;作付面積 258 ha》.

rumen [rymɛn] *n.m.* 〖動〗ルーメン, 瘤 (こぶ) 胃〖反芻動物の第一胃〗(=panse).

rumeur *n.f.* **1** ざわめき, 騒音. ~ confuse 雑然とした騒音. ~ de la mer 潮騒. ~ de la rue 街路のざわめき. ~ de vague 波音.
2 噂, 風説. ~s de maladie 病気の風説. ~ publique 世間の噂 (取沙汰).
3 不満(抗議)のざわめき (= ~ de mécontentement). ~s menaçantes 強迫的な抗議のどよめき.

ruminant(e) *a.* 〖動〗反芻する. herbivore ~ 反芻性草食動物.
—— *n.m.* 反芻動物;〔*pl.*で〕反芻類. L'estomac des ~s comporte quatre compartiments : bonnet, caillette, feuillet, panse. 反芻類動物の胃は次の4つの部分に分かれる:網胃, 蜂巣胃, 葉胃, 瘤胃.

rumsteck [rɔmstɛk], **romsteck** (<〖英〗rumpsteak) *n.m.* 〖牛肉〗ロムステック, ラムステーキ, ランプ《牛の腰尻部の上質肉》;〖料理〗ロムステック, ランプステーキ. 〖料理〗aiguillette du ~ エーギュイエット・ド・ロムステック《ランプの薄切りステーキ》.

rupteur *n.m.* 〖電〗遮断器;(自動車のエンジン・プラグの火花を生むための)電流断続器. 〖電〗~ de ligne 断流器, ブレーカー.

rupture n.f. **1** 破断, 破損, 破壊, 切断；〖医〗破裂. ~ de digue 堤防の決壊, 破堤. ~ de rail 軌条折損.〖医〗~ des membranes 破水. ~ d'un câble ケーブルの断線. ~ fragile 脆性破壊. ~ par fatigue 疲労破壊. **2** 断絶, 中断；決裂；急変；食い違い；入れ替え.〖労働〗~ anticipée (有期労働契約の) 期間満了前の終了. ~ de charge 積荷の積み替え. ~ d'équilibre 均衡の喪失；(事態の) 急変. ~ de négociations 交渉の決裂. ~ de pente 傾斜の急変.〖地学〗(河床の) 遷移点. ~ de rythme リズムの急変. ~ de ton 調子の急変 (激変). ~ des relations diplomatiques 外交関係の断絶. ~ de stock 在庫切れ. **3**〖法律〗(法的関係の) 解消；(契約などの) 破棄, 解消. ~ de contrat 契約破棄, 破約. ~ du contrat de travail 労働契約の破棄. ~ de fiançaille 婚約解消. **4** 絶縁, 仲違い, 破局.

rural (**ale**) (pl. **aux**) a. 農村の, 田園の, 田舎の；農業の；農民の. bail ~ 農事賃貸借. chemin ~ 農道. code ~ 農村関係法典. délit ~ 農業犯罪. domaine ~ 農業経営用不動産. économie ~ale 農業経済〔学〕. exode ~ 農村人口の流出. gîte ~ 田園簡易宿泊施設, 田舎の民宿. habitat ~ 農業経営用住宅. population ~ale 農村人口. mœurs ~ales 農村の風俗習慣, 農民風俗. route ~ale 田舎道；〖カナダ〗(矩形農場地帯の) 縦列道路. usage ~ 農事慣習. vie ~ale 田園生活, 田舎暮し.

ruse n.f. **1** 術策, 計略, 手練手管；秘訣. ~s d'Apache アパッチ族の戦略；〔比喩的〕巧みなかけひき. ~ des femmes 女の手練手管. ~ de guerre 戦いのかけひき；〔比喩的〕奇計. ~ du joueur プレーヤーのかけひき. ~ du métier 商売の秘訣. ~s infernales 悪魔の術策. esprit de ~ 術策にたけた頭脳. employer la ~ en politique 政治で術策を用いる. obtenir qch par〔la〕~ 術策によって何かを手に入れる. recourir à la ~ 術策を行使する. **2**〖狩〗(獲物の) 目くらましの迂回行動.

russe a. **1** ロシア (la Russie) の；ロシア共和国 (la République de Russie) の；ロシア連邦 (la Fédération de Russie) の；~の住民の.
à la ~ ロシア風に (の). thé à la ~ ロシア風紅茶. boire à la ~ ロシア式に飲む (一息で飲んだあとグラスを投げる). délégué ~ à l'ONU 国連のロシア代表. l'Eglise〔orthodoxe〕~ ロシア正教会. littérature ~ (musique) ロシア文学 (音楽). la Révolution ~ ロシア革命. roulette ~ (ピストルによる) ロシア式ルーレット.
2 ソ連の (=soviétique).
3 ロシア語の.
——R~ n. **1** ロシア人. R~ blanc 白系ロシア人. **2** ソ連人 (=soviétique).

——n.m. ロシア語 (=grand-~).

Russie n.pr.f. **1** la ~ ロシア.〖地理〗la ~ d'Asie 極東ロシア.〖地理〗la ~ d'Europe ヨーロッパ・ロシア.〖史〗campagne de ~ par Napoléon Ier ナポレオン1世のロシア遠征 (1812年).
2〔国名総称〕ロシア (公式名称 la Fédération de ~ ロシア連邦 (1991- ；〔露〕Rossiiskaïa Federatsia-Rossia；大統領制連邦共和国：共和国21, 行政州 oblast 49, 行政領土 kraïs 6, 自治地方1, 自治区 okrougs 10, 自治都市2 (Moscou と Saint-Pétersbourg) から成る；首都 Moscou；通貨 rouble；公用語：ロシア語 (le russe)；形容詞 russe；通貨 rouble russe〔RUR〕). la République de ~ ロシア共和国 (1991年-).
3 la ~ Blanche 白ロシア, ベラルーシ (=Biélorussie).

russo-américain (**e**) a. ロシアと米国間の. sommet ~ de Moscou モスクワでのロシア・アメリカ首脳会談.

russo-japonais (**e**) a. ロシアと日本の. la guerre ~e 日露戦争. négociations ~es 日露交渉.

russule n.f. 〖茸〗リュシュル, 紅茸 (べにたけ) (食用と毒茸あり). ~ verdoyante 緑紅茸 (食用).

rustique a. **1** 田舎風の, 鄙びた；民芸調の. armoire ~ ancienne 古い田舎だんす. meuble ~ 民芸調の家具. romans ~s de George Sand ジョルジュ・サンドの田園小説. villa ~ 鄙びた別荘.
2 加工していない；〖建築〗(石の面を) 粗く仕上げた. bois ~ 丸太. ordre ~ ルスティカ様式 (粗石積みの建築様式).
3 田舎の, 田園の；〖文〗田舎臭い, 無骨な；〔古・文〕田舎の. langage ~ 田舎言葉；無骨な言葉遣い. manières ~s 粗野な態度. vie ~ 田園生活, 田舎暮し.
4〔動・植〕手のかからぬ；風土になじんだ；風土に順応する, 丈夫な. plante ~ 手のかからぬ (風土になじんだ) 植物. variété ~ 土地になじんだ品種.
——n.m. **1** 田舎風；民芸調. se meubler en ~ 民芸調の家具を備えつける.
2〔古〕田舎者.
3〔石工〕リュスティック (石材の粗面仕上げ用ハンマー).

rutabaga [スウェーデン] n.m.〖植〗ルタバガ, スウェーデン蕪 (crucifères 十字花科；食用にもなるが, 主に飼料用).

rutacées n.f.pl.〖植〗みかん科；みかん科の植物 (レモンの木 citronnier, オレンジの木 oranger, ヤボランジ jaborandi, 芸香 (うんこう) rue など).

ruthénium [-jɔm] (<Ruthénie ルテニア, ウクライナの地名) n.m. **1**〖化〗ルテニウム (元素記号 Ru, 原子番号44, 原子量 101.07).
2〖金属〗ルテニウム (白金族の硬い金属；

比重 12.3；融点 2500℃；osmiure d'iridium イリドスミンから抽出).

rutherfordium [rytɛrfɔrdjɔm] (<Ernest Rutherford [1871-1937], ニュージーランド生まれの英国の物理学者) *n.m.*〖化〗ラザーホージウム《人工放射性元素；第一番の超アクチノイド元素，第 12 番の超ウラン元素；元素記号 Rf；原子番号 104；原子量 261.1089》.

rutile *n.m.*〖砿〗ルチル，金紅石《TiO_2；チタン含有量 97 %》.

rutine *n.f.*〖化・薬〗ルチン《そば粉から抽出される物質；毛細血管の強化作用がある》.

rutoside *n.m.*〖薬〗ルトシド《昇圧薬；薬剤製品名 Esberiven (*n.m.*)》.

RVB (=*r*ouge, *v*ert, *b*leu) (ヴィデオ，TV の) 赤・緑・青の 3 基本色.

RVI (=*R*enault-*V*éhicules *i*ndustriels) *n.pr.m.pl.* 〖無冠詞〗ルノー産業用車輛製造会社《トラック等の専門会社》.

RVL (=*r*adar à *v*isée *l*atéral) *n.m.* 側面照準レーダー，側視レーダー (=〖英〗SLR : *S*ide-*L*ooking *R*adar).

Rwanda(la) *n.m.* 〖国名通称〗ルワンダ《公式名称：la République rwandaise ルワンダ共和国；国民：Rwandais(e)；首都：Kigali キガリ；通貨：franc rwandais [RWF]》.

rwandais(e), ruandais(e) *a.* ルワンダ (le Rwanda, le Ruanda) の，ルワンダ共和国 (la République rwandaise) の；〜人の. franc 〜 ルワンダ・フラン《通貨単位》.
— *R*〜 *n.* ルワンダ人.

RX (=*r*ayon *X*) *n.m.* X 線. scan 〜 X 線スキャナー (=scanner à rayons X)；〖医〗X 線 CT.

ryanodine *n.f.* 〖生化・医〗リヤノジン.

rythme *n.m.* **1** (音楽・詩などの) リズム, 律動. 〜 binaire (ternaire) 2 (3) 拍子. 〜 de la phrase 文章のリズム. 〜 du poème 詩のリズム. avoir du 〜 リズムがある, リズムがよい. manquer de 〜 リズムが悪い, 律動感に欠ける. avoir le sens du 〜 リズム感がある.
2 (運動などの) リズム；(規則的な) 反復, 循環. 〜 biologique 生体リズム, バイオリズム (=biorythme). 〜 cardiaque (du cœur) 心臓のリズム.〖医〗〜 circulaire 興奮旋回, 回帰性興奮.〖医〗〜 de galop (心臓の) 奔馬 (ギャロップ) リズム. 〜 de marée 潮の干満のリズム. 〜 d'une respiration 呼吸のリズム. 〜 des saisons 季節の移り変り. 〜 des vagues 波のリズム. perturbation d'un 〜 du cœur 不整脈 (=arythmie).
3 (活動などの) テンポ, 速度, ピッチ. 〜 de la vie moderne 現代生活のテンポ.〖映画〗〜 du montage モンタージュのテンポ. 〜 de la production 生産のピッチ. 〜 rapide de l'action dans une pièce de théâtre 演劇の動作の速いテンポ. vivre au 〜 de son temps 時代のテンポに合わせて生きる.

rythmique *a.* **1** 律動的な, リズミカルな, リズム感のある. danse 〜 リトミック〔舞踊〕. gymnastique 〜 リズム体操；新体操. mouvements 〜s du cœur 心臓のリズミカルな運動. musique 〜 リズミカルな音楽.
2 律動 (リズム) の；律動 (リズム) に基づく.〖言語〗groupe 〜 リズムグループ. versification 〜 律動的作詩法《音節の強弱に基づく作詩法》.
3 律動 (リズム) を与える.〖音楽〗section 〜 (ジャズの) リズム・セクション. trio 〜 (ピアノ, コントラバス, ドラムによるジャズの) リズム・トリオ.
— *n.f.* **1** リトミック舞踊 (=danse 〜). **2** 韻文 (散文) の韻律研究.

S

S¹, s¹ [ɛs] *n.m.inv.* **1** フランス語字母の第19字 (l's, le s).
2 S字形〔のもの〕.〖解剖〗côlon en S S字結腸 (=côlon sigmoïde). virage en s S字カーヴ. faire des s 〔道が〕ジグザグになる;〔酔漢が〕千鳥足で歩く.
S² 〔略記・略号〕**1** sud 南. S-E 南東.
2 〖物理〗simens ジーメンス〘電気伝導度の実用単位〙.
3 〖音楽〗soprano ソプラノ.
4 〖化〗soufre 硫黄〘元素記号〙.
5 *S*uède スウェーデン〘自動車の国籍識別記号〙.
s² 〔略記〕seconde 秒〘時間, 角度の単位〙.
s/ sur 上に, 河畔の;につき. Neuilly s/Seine ヌイイ・シュール・セーヌ.
/s sous 下に;傍の. Ferté /s Jouarre フェルテ・スー・ジュアール.
SA¹ [ɛsa] (= *s*ociété *a*nonyme) *n.f.* 株式会社.
SA² (= *S*on *A*ltesse) *n.f.* 殿下.
SA 21 (= *s*ociété *a*nonyme de xxiᵉ siècle) *n.f.* 21世紀型株式会社.
SAA (= *s*téroïde *a*nabolisant *a*ndrogène) *n.m.* 〖生化〗同化促進男性ステロイド〘ドーピング剤〙.
SAAM (= *s*ol-*a*ir *a*nti*m*issile) *n.m.* 〖軍〗地対空対ミサイル・システム, 地対空ミサイル迎撃ミサイル (= missile ~).
Saarc (=〔英〕*S*outh *A*sia *A*ssociation for *R*egional *C*ooperation) *n.f.* 〖経済〗南アジア地域協力連合 (=〔仏〕ASACR : *As*sociation *s*ud-*a*siatique de *coop*ération *r*égionale; 1985年創設;本部katmandou カトマンズ〙.
sabayon (< 〔伊〕zabaione) *n.m.* 〖料理〗サバイヨン〘砂糖, 卵黄, 白葡萄酒・シャンパーニュ酒をベースにしたとろ味のあるソース;菓子または甲殻類の料理などに用いる〙. ~ au rhum et aux marrons glacés ラム酒風味のサバイヨン, マロン・グラッセ添え.
sabbat [saba] 〔ヘブライ〕*n.m.* **1** 〖宗教〗安息日〘ユダヤ教では土曜日, キリスト教では日曜日, イスラム教では金曜日〙. Jour du ~ 安息日.
2 〖史〗〔中世の魔法使・魔女による〕夜宴, サバト.
3 狂宴, 狂ったようなダンス;〖話〗大騒ぎ. faire son ~ どんちゃん騒ぎをする.
sabbatique *a.* **1** 〖宗教〗安息の, 安息日の. repos ~ 安息. année ~¹ 安息年〘〖古代ユダヤ〕7年毎の耕地休閑年〙.
2 研究(研修)休暇の. année ~ 研究(研修)休暇年, サバティカル・イヤー.
3 魔法使いの夜宴のような, サバトのような. scènes ~s du moyen âge 中世のサバトの情景.
sabéisme *n.m.* 〖宗教〗シバ教.
SABENA (= *S*ociété *a*nonyme *b*elge de *n*avigation *a*érienne) *n.f.* 〖無冠詞〙サベナ航空〘ベルギー航空株式会社〙.
sable *n.m.* **1** 砂. ~ fin 細砂. ~s calcaires 石灰砂. ~ grossier 粗砂, 荒目砂 (= gros ~). ~ jaune 黄砂. ~ marin 海砂 (= ~ de mer). ~s mouvants 流砂, 飛砂. ~ siliceux 珪砂.〖化〗bain de ~ 砂浴. château de ~ 砂の城;砂楼閣. dune de ~ 砂丘. grain de ~ 砂粒;〖比喩的〗大事の妨げとなる瑣事. horloge de ~ 砂時計. île de ~ 砂洲. mer de ~ 砂の海, 砂丘. plage de ~ 砂浜. sac de ~ 砂袋. tempête de ~ 砂嵐. vin de ~ 砂地で栽培された葡萄からつくられた葡萄酒.
〖比喩的〗〖話〗avoir du ~ dans les yeux〘眠くて〕目をこする. bâtir sur le ~ 砂上に桜閣を築く. bâti à chaux et à ~ 堅固に建てられた;身体が頑丈. 〖話〗être sur le ~ 一文無しである;失業している.〖話〗semer sur le ~ 無駄なことをする. Marchand de ~ a passé. 睡魔が通った;おねむになったね〘眠気を催した子供に向って〙.
2 〖*pl*. で〕砂地;砂原, 砂漠 (= désert). les ~s de Libye リビア砂漠.〖植〗chardon des ~s 砂漠あざみ.〖植〗élyme des ~s 砂地はまむぎ (= oyat;砂止め用). rose des ~s 砂漠の薔薇〘薔薇の花形をした石膏結晶体〙.
3 〖冶〗砂型. ~ des moules 鋳物砂型 (= sablerie).
4 〖医〗腎砂 (= ~ rénal), 尿砂.
— *n.m.* 砂色〘灰色がかった明るいベージュ〙. manteau ~ 砂色のコート.
sablé(e) *a.p.* **1** 砂を敷いた. allée ~e 砂を敷いた道. fontaine ~e 砂濾過, サンドフィルター.
2 〖菓子〗pâte ~e サブレ生地〘バターを多く加えた砕けやすい生地〙. petit gâteau à pâte ~ サブレ生地の小菓子.
— *n.m.* 〖菓子〗サブレ〘さくさくしたバターケーキ〙. ~s au beurre バター・サブレ.
sableau *n.m.* 〖チーズ〗サブロー〘原産地である, département de la Vendée ヴァンデー県のLe Sableau Le Sableau に由来す

る名称；ポワトゥー地方 le Poitou で, 山羊乳からつくられる, 外皮なしのフロマージュ・フレ；一辺 10-12 cm, 厚さ 2-3 cm の三角形；脂肪分 45 %).

sableux(se) *a.* 砂を含む；砂地の. alluvions ～ses 土砂堆積層. eau ～se 砂混りの水. terrain ～ 砂地.

sablier *n.m.* 砂時計 (=horloge à sable).

sablière *n.f.* **1** 採砂場 (=carrière de sable). **2**〖建築〗桁 (けた), 軒桁.

sablo-limoneux(se) *a.*〖地質〗砂と泥土混りの, 砂とローム質の. terroir ～ 砂と泥土質の農地《特に葡萄畑》.

sablon *n.m.* 細砂；磨き砂.

sablonneux(se) *a.* 砂地の, 砂の多い. chemin ～ 砂の道. terrain ～ 砂地.

sablonnière *n.f.* 採砂場 (=sablière).

sabot *n.m.* **1** 木靴；木底の靴. ～s à bride de cuir 革帯つきの木靴. ～s à guillochures 格子模様を施した木靴. ～s de hêtre ぶな材の木靴. ～s orthopédiques 整形用木靴. marcher en ～s 木靴を履いて歩く.〖比喩的〗arriver avec ses gros ～s 魂胆が丸見えである. avoir de la paille (du foin) plein ses ～s (農民が) 裕福である. voir (entendre) venir qn avec ses gros ～s 人の腹の中を見通す.
2〖動〗(有蹄類 ongulés の) 蹄 (=onglon). ferrer le ～ d'un cheval 馬の蹄に蹄鉄を打つ.
3 (木製品の先端の) 保護具. ～ d'un pilotis 杭ぐつ. ～s de la table 机の脚輪.
4〖交通〗～ d'arrêt (d'enrayage) 車輪止め.〖商標〗～ de Denver [dɑ̃vœr] デンヴァーシュー, 車かせ《交通違反の車の車輪の固定具》. ～ de frein ブレーキシュー, 制動子.
5 baignoire ～ 座浴用の浴槽《木靴の型をしていたことに由来》.
6 (木製の) 円錐独楽 (こま)《もと木靴からつくったことに由来》. Le ～ dort. 独楽が眠るように回っている. dormir comme un ～ ぐっすり眠る.
7〖比喩的〗出来の悪い代物. travailler (jouer) comme un ～ 仕事ぶり (演奏) がまずい. C'est un vrai ～. まったくの粗悪品だ；へまな奴だ.

sabotage (<saboter) *n.m.* **1** (設備, 建築物, 装備, 器具, 文書などの) 破壊行為, 妨害行為；〖軍〗破壊工作. ～ d'une négociation 交渉の妨害. ～ d'une voie ferrée 鉄道の運行妨害. ～s exécutés par la Résistance レジスタンスの破壊工作.
2〖労働〗(ストライキの) サボタージュ；怠業 (=～ du travail).
3〖話〗やっつけ仕事, 手抜き.
4〖建築〗杭に杭ぐつをつけること (=～ d'un pieu à piloter)；〖鉄道〗枕木に切欠きをつける工事 (=～ des traverses d'une voie ferrée).
5〖古〗木靴の製造.

saboteur(se) *n.* **1** 雑な仕事をする人, 手抜きをする人. ～ d'une politique 政策の手抜き人. **2** 破壊活動 (工作) 員. **3**〖労働〗怠業者, サボタージュをする人.

sabre *n.m.* **1**〖刀剣〗サーブル, サーベル. ～ au clair 抜身のサーベル.〖軍〗S～ au clair! 抜刀! ～ de cavalerie 騎兵用軍刀.
2〖比喩的〗武刀, 武断政治. le ～ et le goupillon 軍隊と教会. bruit de ～ 戦争の脅威.
3〖スポーツ〗(フェンシングの) サーブル；サーブル種目；サーブル競技 (=escrime au ～). championnat du monde de ～ サーブルの世界選手権〔大会〕.
4 (サーベル型のもの) 生垣刈り機；(蒸気機関の) サーベル型カム.〖漁〗サーベル〖甲殻類捕獲用金具〗；(小型ヨットの) 細長い安定板. pêche des crustacés au ～ サーベル利用の甲殻類漁.
5〖話〗剃刀 (かみそり) (=rasoir à main).

SAC[1] (=sérum *a*ntiréticulo*c*ytotoxique) *n.m.*〖医〗抗網状赤血球毒血清.

SAC[2] (=service d'*a*ction *c*ivique) *n.m.* 市民行動隊《1968年創設, 1982年解散の治安維持組織》.

sac *n.m.* **1** 袋. ～ à blé (de blé) 小麦粉. ～ à charbon 石炭袋；〖天文〗コールザック (暗黒星雲)；〖古〗僧衣の僧. ～ à viande 〖兵隊隠語〗寝袋；〖古〗シャツ.〖話〗～ à vin 大酒飲み, 酔っぱらい. ～ de cuir (de papier, de toile) 革 (紙, 布) 袋.〖話〗～ de nœuds (d'embrouilles) 錯綜した出来事. ～ de sable 砂嚢；(ボクシングの) サンドバッグ. ～ de terre 土嚢. ～ en papier (en plastique, en toile) 紙 (プラスチック, 布) 製の袋. ～ postal 郵袋.
course en ～ 袋飛び競争. homme de ～ et de corde (死刑になるような) 極悪人. mettre dans le même ～ 同類扱いする.
2 1袋分の中味, 1袋分. engrais livré en ～s 袋単位で売られる肥料. gacher un ～ de plâtre 1袋分の漆喰をこねる. moudre cent ～s de blé 小麦100袋分を挽く.
3 袋状のもの；バッグ, 鞄；(特に) ハンドバッグ (=～ à main；～ de dame). ～ à dos リュックサック；背嚢. ～ au dos サックを背負って.〖話〗mettre ～ au dos 出征する. ～ à ouvrage 裁縫道具袋 (=～ de rangement). ～ à provisions 食料品の買物袋 (手提袋). ～ d'alpiniste リュックサック (=rucksac). ～ d'espèces monnayées 現金行嚢. ～ de couchage 寝袋, スリーピングバッグ. ～ d'écolier 学童袋.〖軍〗～ de soldat 背嚢. ～ de voyage (de nuit) 旅行用手提鞄, オーバーナイター. ～ en autruche オーストリッチ (駝鳥革) のハンドバッグ. ～ en crocodile (en croco) 鰐革のハンドバッグ. ～ en cuir (en tissu) 革 (布) のハンドバッグ. fouiller dans son ～ バッグの中を探す.
4 財布 (=～ d'argent)；〖話〗金, 莫大な財

産；〖俗〗旧1000フラン〔札〕〔新10フラン〕. gros ～〔s〕大金；金持ち. se marier avec le〔gros〕～ 金持ちの女と結婚する. avoir le ～；être au ～ 金持ちである. faire son ～ 財を成す；大金をためこむ. prendre qn la main dans le ～ 人を現行犯で捕える；人の悪事の現場をおさえる.
5 〖古〗(訴訟の)一件書類；書類一括袋. fond du ～ 最高秘密文書；問題の核心. juger sur l'étiquette du ～ 外見で判断を下す.〖俗〗〖話〗L'affaire est dans le ～. 事はうまく運んだ；成功疑いなし.〖話〗vider son ～ 内心を吐露する, 腹蔵なく話す.
6 〖解剖〗囊(のう). ～ aérien (鳥の)気囊.〖植〗～ embryonnaire (pollinique) 胚(花粉)囊. ～ foetal 胎囊.〖医〗～ herniaire ヘルニア囊. ～ lacrymal 涙囊.
7 〖話〗胃袋 (＝estomac)；腹 (＝ventre). s'en mettre plein le ～ たらふく食べる.
8 〖服〗ぶかぶかの服, 袋のような服. être habillé dans un ～ ずた袋のような不恰好な服を着ている.〖同格〗robe ～ サックドレス.
9 〖古〗粗布の衣服(喪・苦行の象徵). le ～ et la cendre 罪の償い. porter le ～ et le cilice 喪(苦行)に服する.

saccharase [-ka-] n.f.〖生化〗サッカラーゼ, スクラーゼ (sucrase), インベルターゼ (invertase)〖蔗糖などの分解酵素〗.
saccharate [-ka-] n.m.〖生化〗糖酸塩, サッカレート (＝sucrate).
saccharides [-ka-] n.m.pl.〖化〗糖類, 糖質(旧 glucides).
saccharifère [-ka-] a. 糖化する；糖を含む.
saccharification [-ka-] n.f. 糖化.
saccharimètre [-ka-] n.m. 糖度計, 検糖計.
saccharimétrie [-ka-] n.f. 糖度測定, 検糖；〖医〗糖分定量〖法〗.
saccharin(e)[1] [-ka-] a. 糖質の, 糖を含む；製糖の. ～ industrie ～e 製糖業.
saccharine[2] [sakarin] n.f. サッカリン(低カロリー人工甘味料；＝acide orthosulfamide benzoïque).
saccharoïde [-ka-] a.〖鉱〗糖状の. gypse ～ 糖状石膏.
saccharolé [-ka-] n.m.〖薬〗含糖医薬品(糖衣錠, シロップなどの経口医薬品).
saccharomyces [sakarɔmisɛs] n.m.pl.〖生化〗サッカロミケス, サッカロミケス属の酵母菌(酵母菌).
saccharose [-ka-] n.m.〖生化〗蔗糖.
saccoradiculographie n.f.〖医〗骨髄椎管造影〖法〗(仙骨, 腰椎管, 腰椎神経根とする放射線造影術；腰椎背部骨髄造影法 myélographie dersolombaire, 腰部造影法 radiographie lombaire).
saccule n.m.〖解剖〗(内耳前庭の)球形囊.

SACD[1] (＝Société des auteurs et compositeurs dramatiques) n.f. 演劇脚本家・作曲家協会(1777年 Beaumarchais により設立. 現在は, 演劇, 音楽, ラジオ, TV, 映画の著作権を管轄する機関として活動).
SACD[2] (＝〖英〗super audio compact disk) n.m.〖音響〗スーパー・オーディオ・コンパクト・ディスク.
SACEM (＝Société des auteurs, compositeurs et éditeurs de musique) n.f. 作詞家・作曲家・楽譜出版者協会(1851年設立). Grands prix de la ～ Sacem大賞(chanson, poète, compositeur, humour, édition musicale, jazz, musique de film, musique symphonique, musique traditionnelle などの各部門).
sacerdoce n.m. **1** (神・神々に仕える)聖職(地位・職能).〖カトリック〗～ de premier rang 一級聖職(教皇 pape・司教 évêque).〖カトリック〗～ de second rang 二級聖職(司祭 prêtre).〖カトリック〗～ de Jésus-Christ イエス＝キリストの聖職団.
2 聖職者集団；〖カトリック〗教皇権；教会(権力).
3 〖比喩的〗神聖な職業, 聖職 (＝vocation). ～ du professeur 教師という聖職.
▶ sacerdotal (ale) (aux) a.
sacerdotal (ale) (pl.**aux**) a. **1** 聖職の；聖職者の.〖カトリック〗司祭の；祭司制の；祭司主義の. documents ～ aux (『旧約聖書』の)祭司文書. habit ～ 僧服；祭司服.
2 聖職者風の, 聖職者を思わせる.
SACEUR, SACEur (＝〖英〗Supreme Allied Commander Europ) n.m. ヨーロッパ駐留連合国軍最高司令官 (＝commandement suprême des forces alliées en Europe).
Saché n.pr. サシェ(département d'Indre-et-Loire アンドル＝エ＝ロワール県の村；市町村コード37190). château de ～ サシェの館(16・18世紀；ルネサンス様式；現 musée Balzac バルザック記念館).
sachet (<sac) n.m. **1** 小袋, サシェ (＝paquet). ～ de papier 紙袋. ～ de thé ティーバッグ. un ～ de bonbons 一袋のボンボン. ～ d'alumettes マッチ箱.
2 匂い袋. ～ de lavande ラヴェンダーの匂い袋.
SACP (＝sol-air〖à〗courte portée) n.m.〖軍〗地対空短距離ミサイル (＝missile ～).
sacral (ale) (pl.**aux**)[1] a. 聖なる (profane「俗なる」の対).
sacral (ale) (pl.**aux**)[2] a.〖解剖〗仙骨(sacrum)の. anesthésie ～ale 仙骨麻酔.
sacralisation[1] (<sacraliser) n.f. 神聖化, 聖化. ～ des morts 死者の聖化.
sacralisation[2] (<sacrum) n.f.〖医〗仙椎化, 仙骨化. ～ de la cinquième (dernière) vertèbre lombaire 第5(最後の)腰椎の仙

椎化.

sacre *n.m.* **1** (教会による王・皇帝の)聖別式, 戴冠式. ~s des rois de France à la cathédrale Notre-Dame de Reims ランスのノートル=ダム大聖堂における歴代フランス国王の聖別式 (戴冠式) (Louis VII から; Henri IV と Louis XVIII を除く). le ~ de Napoléon Ier 皇帝ナポレオン１世の聖別式 (戴冠式).
2〖カトリック〗司教叙階式.
3〖比喩的〗祝祭, 祭典.《le ~ du printemps》「春の祭典」(Stravinski のバレエ曲; 1913年). ~ du prix Noble ノーベル賞受賞式典.

sacré(e)^1 *a.* Ⅰ〖一般に名詞の後〗**1** 神聖な, 聖なる;宗教的な (profane「世俗の」の対). art ~ 宗教美術. chant ~ 聖歌. édifice ~ 聖堂;神殿. éloquence ~e 説教術. feu ~ 聖火;〖比喩的〗崇高な情熱. histoire ~e 聖史. livres ~s 聖典, (特に)キリスト教の聖書. musique ~e 宗教音楽;(特に)教会音楽. ordres ~s 聖職位. vases ~s 聖具, 聖器 (calice 聖杯, patène 聖体皿など). le S~ Collège 枢機卿団.
2 神聖不可侵の, 侵すべからざる, 絶対的な;〖話〗貴重な. devoir ~ 侵すべからざる権利.〖仏史〗union ~e 神聖連合.
Ⅱ〖名詞の前〗〖話〗**1** とんでもない, ひどい, いまいましい. ~ menteur ひどい嘘つき. ce ~ métier のいまいましい職業.
2 凄い, とてつもない. ~e invention 素晴らしい発明. avoir une ~e chance 好運に恵まれる. Quelle ~e jolie fille! なんて可愛らしい娘なんだろう!
3〖罵りの言葉〗S~ nom (=cré nom)〖de Dieu〗! こん畜生!(糞ったれ!).

sacré(e)^2 *a.*〖解剖〗仙骨 (sacrum) の. artères ~es 仙骨動脈. nerfs ~s 仙骨神経. vertèbres ~es 仙椎.

sacré^3 *n.m.* 神聖なるもの. le ~ et le profane 聖と俗.

Sacré-Cœur *n.m.*〖キリスト教〗聖心(イエス・キリストの心臓;キリスト教の人類愛の象徴として, カトリック教会で信仰の対象となった). basilique du ~ (パリの)サクレ=クール・バジリカ聖堂 (モンマルトルの丘の頂きに 1876 年から 1912 年にかけて建立;ローマ=ビザンチン様式の教会堂, 1919 年献堂).

sacrement *n.m.* **1**〖カトリック〗秘跡. les sept ~s 七つの秘跡 (baptême, confirmation, eucharistie, pénitence, ~ des malades [1963 年までは extrême-onction], ordre, mariage). les derniers ~s 臨終の秘跡 (pénitence, eucharistie, ~ des malades). le saint〔de l'autel〕聖体の秘跡. procession du ~ 聖体行列. promener *qch* comme le saint ~ 何を後生大事に持ち歩く. administrer les ~s 秘跡を授ける. approcher des ~s 聖体を拝領する. fréquenter des ~s 頻繁に聖体を拝領して告

解する.
2〖プロテスタント〗聖礼典, サクラメント (baptême, cène の二つ).
3〖ギリシア正教〗機密.

sacrifice *n.m.* **1** 神への捧物, 供犠, 生贄, 犠牲. ~ humain 人身御供. immoler un taureau en ~ à Zeus 牡牛をゼウスへの生贄に捧げる. offrir *qch* en ~ 何を生贄として捧げる.
2〖カトリック〗犠牲. le S~ du Christ (de la Croix) キリスト (十字架) の犠牲 (人類救済のためのキリストの犠牲的死). le 〔Saint〕S~ ミサ聖祭 (キリストの犠牲の再現).
3〖比喩的〗犠牲的行為. ~ de soi 自己犠牲. esprit de ~ 犠牲的精神. faire des ~s 犠牲を払う. faire le ~ de sa vie à la patrie 祖国のために生命を捨てる.
4〖話〗出費;値引き. C'est pour moi un grand ~. 私にとっても大きな出費だ.〖商業〗Je veux bien faire un ~. 勉強いたしましょう.

sacrifié(e) *a.p.* **1** 犠牲になる, 犠牲になった, 決死的な. mission ~e 決死的任務. patrouille ~e 決死隊, 特攻隊. peuple ~ 犠牲になった国民.
2 (物が)見捨てられた, 見限られた, 無視された. marchandises ~es 投げ売り商品, 見切品. vente à prix ~s 特価販売, 特売, 投げ売り.
——*n.* 犠牲にされる人, 犠牲者 (=victime).〖皮肉〗l'éternelle ~e 永遠の犠牲者 (女性のこと).

sacrilège *n.m.* **1**〖宗教〗瀆聖, 瀆神. commettre un ~ 瀆聖の罪を犯す.
2〖一般に〗冒瀆, 不敬. C'est un ~ de+*inf.* …することは冒瀆的行為である.
——*a.* 聖を瀆す, 冒瀆的な. action ~ 冒瀆行為. idée ~ 冒瀆的な考え.
——*n.* 瀆神者;冒瀆者.

sacristain *n.m.* **1**〖カトリック〗聖具室係, 香部屋 (聖具室および教会堂内部の維持管理係).
2〖古〗〖蔑〗こちこちの信者.
3〖菓子〗サクリスタン (巻いた小型のパイ菓子).

sacristaine, sacristine *n.f.* **1** (修道院の) 聖具室 (香部屋) 担当修道女. **2** (教会堂の) 聖具室 (香部屋) 係.

sacristie *n.f.* **1**〖カトリック〗(聖堂の)聖具室, サクリスチー.
2〖比喩的・話〗punaise de ~ こちこちの信者 (=bigote).

sacro-iliaque *a.*〖解剖〗仙骨 (sacrum) と腸骨 (os iliaque) の, 仙腸骨の. articulations ~s 仙腸骨関節.

sacro-saint(e) *a.* 神聖にして不可侵の. règle ~e 神聖不可侵の掟.

sacrum [sakrɔm] *n.m.*〖解剖〗仙骨.

SACU (=〖英〗South African Customs

Union) n.f. 南部アフリカ関税同盟(=〔仏〕Union douanière d'Afrique australe；1969年創設；本部 Pretoria (l'Afrique du sud)).

SAD (=〔英〕seasonal affective disorder) n.m. 〘精神医学〙季節性情動障害(=〔仏〕trouble affective saisonnier)，季節性鬱病(=〔仏〕dépression saisonnière).

sadique a. **1** 〘精神医学〙サディズム(加虐嗜愛)の；サデストの. crime ~ サディストの犯罪. stade ~ anal 肛門サディズム期.
2 〘広義〙加虐的な，サディスティックな；残酷な；意地悪な. examinateur ~ 意地悪な試験官. plaisir ~ サディスティックな快楽.
—n. サディスト(略 sado).

sadisme n.m. **1** 〘精神医学〙加虐性愛，サディズム. **2** 〘話〙加虐趣味.

sadomasochisme n.m. 加虐被虐性愛，サド・マゾヒズム.

SADRAL (=système d'auto-défense rapprochée anti-aérienne léger) n.m. 〘軍〙個艦近接防御軽対空ミサイル発射システム.

SAE¹ (=Société auxiliaire d'entreprises) n.f. 企業の子会社.

SAE² (=〔英〕Society of Automotive Engineers) n.f. 自動車エンジニア協会. chevaux ~ 自動車エンジニア協会基準馬力，実馬力 (chevaux fiscaux「税馬力」の対).

SAE³ (=statistique d'activité des établissements de santé) n.f. 保健施設活動統計.

SAET (=Système d'automatisation de l'exploitation des trains) n.m. 〘鉄道〙列車運行自動化システム(フランスの Matra Transports International 社が開発した列車自動運転システム；Paris の新地下鉄 Météor の14号線などに導入).

SAF (=syndrome d'alcoolisation fœtal) n.m. 〘医〙胎児アルコール中毒症候群(知的障害児，奇型児の原因となる).

Safari (=Système automatisé pour les fichiers administratifs et le répertoire des individus) n.m. 行政ファイル・個人登録簿自動化システム.

safari (<〔スワヒリ〕safara「旅行」) n.m.
1 狩猟旅行 (=~ chasse)〘アフリカでの案内人付き有料野獣狩り旅行〙.
2 サファリ・パーク，自然動物公園.
3 〘一般に〙冒険旅行.
4 〘スポーツ〙S~ Rallye サファリ・ラリー(ケニアでの自動車ラリー競技，1953年創設).

safari-photo (pl. ~s-~s) n.m. 野獣撮影旅行.

SAFE (=systèmes agro-forestiers pour les fermes européennes) n.m.pl. 〘環境〙ヨーロッパの農場のための農林システム. projet ~ ヨーロッパの農場のための農林システム計画(従来の「集約農業」の対).

SAFER, safer (=société d'aménagement foncier et établissement rural) n.f. 農村土地施設整備会社(1960年の農業基本法により，農地の整備など農業構造の改善のために設立された混合経済組織).

safran n.m. **1** 〘植〙サフラン(学名 Crocus sativus，クロッカスの一種). ~ de Valence (スペインの)ヴァレンシア・サフラン.
2 〘植〙クロッカス (crocus) の通称.
3 〘香料・薬用・染料〙サフラン(サフランの花蕊を乾燥させたもの，あるいはその粉末). poulet au ~ サフランで香味づけした鶏料理.
4 サフラン色(オレンジがかった黄色)(= ~ couleur ~).
5 (サフラン以外の植物). ~ bâtard コルチカム (colchicum). ~ des Indes うこん (=curcuma). ~ des prés 〘犬〙サフラン (=colchique). faux ~ 黄花アマリリス.
—a.inv. サフラン色の. étoffe ~ サフラン色の布地. jaune ~ サフラン黄色.

safrané(e) a.p. **1** 〘料理〙サフランで色や風味をつけた. du riz ~ サフラン・ライス(サフランで色付けした米飯).
2 (顔料などの)サフラン色の. teint ~ サフラン色.

sage a. **1** 〘時に名詞の前〙賢明な，思慮深い，分別のある. ~s conseils 的確な助言，分別のある忠告. ~ décision 賢明な決断. homme ~ 賢明な人，賢人，賢者. agir en homme ~ 思慮深く行動する. Il est plus ~ de rester à la maison. 家にいるほうが賢明だ.
2 (子供が)おとなしい，聞き分けのよい，素直な. enfant ~ おとなしい(聞き分けのよい)子供. Sois ~ ! おとなしくしなさい.
3 (異性に対する言動が)慎ましい；(特に女性が)貞淑な. vierges folles et vierges ~s 尻軽娘と身持ちのよい娘.
4 (物が)理にかなった，穏当な；(嗜好・欲望などが)節度のある；(服装・態度などが)控え目な. air ~ 控え目な様子. ambitions ~s de petit-bourgeois プチブルの慎ましい野心. désirs ~s 節度のある欲望. robe ~ 控え目なドレス. tableau ~ 控え目でやや冷やかな絵画.
—n. **1** 賢人，賢者. 〘聖書〙le S~ ソロモン (=Salomon). Les sept ~s de la Grèce 古代ギリシアの七賢人.
2 有識者，学識経験者. 〘政治〙comité des ~s (学識経験者で構成される)賢人委員会.
3 理性的な人，常識人 (fou「気違いじみた人」の対).

sage-femme (pl. ~s-~s) n.f. 産婆；助産婦. homme ~ 男性助産師(1982年より認可).

sagesse n.f. **1** 〘文〙叡智，知恵. ~ des nations 諸国民の知恵；俚言，諺. dents de ~ 知恵歯，親知らず. Minerve, déesse de la ~ 叡智の女神ミネルヴァ.

2 〖ユダヤ教，キリスト教〗(神の教え，神の認識としての)知恵；神．～ de Dieu 神の知恵，神知．〖旧約聖書〗livre de S～〖知恵の書〗．

3 正しい行い，徳；キリスト教的徳行．S～ de Verlaine ヴェルレーヌ『叡智』(詩集；1881年)．retour à la ～ 悔悛(=résipiscence)．

4 賢明さ；節度，良識；慎重さ．âge de la ～ 壮年〔期〕．avoir la ～ de+inf. 賢明にも…する．se comporter avec ～ 節度をもって振舞う．

5 (子供の)従順さ，素直さ，聞き分けの良さ．enfant d'une ～ exemplaire 模範的に従順な子供．

6 〖女性の〗貞淑．fille d'une grande ～ 貞淑そのものの娘．

7 (思想などの)穏健さ，穏当さ，穏かさ．～ de conception d'une œuvre d'art 芸術作品の構想の穏やかさ（独創性のなさ）．

SAGI (=*S*ociété *a*nonyme de *g*estion *i*mmobilière) *n.pr.f.* 不動産管理株式会社《パリ市の住宅管理混合経済会社》．conflit entre la Ville de Paris et la ～ パリ市と不動産管理株式会社間の係争．

sagittaire *n.m.* **1** 〖天文〗le S～ 射手(いて)座．

2 〖占星術〗人馬宮《黄道十二宮の第九宮；11月23日～12月21日生まれ》．Elle est ～. 彼女は人馬宮生まれだ．

3 〖古代ローマ〗射手．
——*n.f.* 〖植〗慈姑(くわい)，おもだか(=flèche d'eau, sagette)．

sagittal(***ale***)(*pl.aux*) *a.* **1** 矢の形をした．schéma ～ 矢印による関連表示図．

2 〖解剖〗矢状(しじょう)の．suture ～*ale* 矢状縫合．

3 〖光〗球欠の．coupe ～*ale* 球欠断面．rayons ～*aux* 球欠光線．

Sahara *n.pr.m.* le ～ サハラ砂漠．le ～ occidental 西サハラ《旧スペイン領サハラ》(le ～ espagnol)．

saharien(***ne***) *a.* **1** サハラ砂漠の．climat ～ サハラ砂漠性気候．oasis ～*nes* サハラ砂漠のオアシス．

2 〖比喩的〗砂漠のような．chaleur ～*ne* 砂漠のような炎熱．
——*S*～ *n.* **1** サハラの住民．**2** サハラ駐留軍(=troupes ～*nes*)．

Sahel [saɛl] *n.pr.m.* **1** 〖地理〗le ～ サヘル《北アフリカの沿岸地方》．le S～ サヘル地方《アルジェリアとチュニジアにまたがる沿岸地方；砂漠と湿度の高い熱帯との中間地帯》．les pays du S～ サヘル地帯の諸国(la Mauritanie, le Sénégal, le Mali, le Burkina-Faso, le Niger, le Tchad, le Soudan の諸国)．

2 砂漠の風，シロッコ(sirocco)，シェルギ(chergui)《南部モロッコの熱風》．

sahélien(***ne***) *a.* サヘル(Sahel)地方の．climat ～ サヘル地方性気候．
——*S*～ *n.* サヘルの住民．
——*n.m.* 〖地学〗サヘル期《中新世と鮮新世の中間期》．

saignant[1](***e***) *a.* **1** 血の滴る；〖比喩的〗(精神的な傷が)未だ癒されていない．plaie encore ～*e* まだ血の流れている傷；生々しい心の傷．

2 〖料理〗(肉が)生焼けの，セーニャンの，レアの．biftek ～ 血の滴るような焼き加減のステーキ．biftek très ～ 僅かに火を通したステーキ(=biftek bleu)．cuisson ～*e* (肉の)生焼き．Vous voulez votre viande, ～*e* ou à point, ou bien cuit? 肉の焼き加減はセーニャン(生焼き)にしますか，ア・ポワン(ミディヤム)，よく焼き(ウェルダン)にしますか？

3 〖比喩的〗残酷な；(ジャーナリストの隠語)センセーショナルな．parole ～*e* 残酷な言葉．

4 〖スポーツ〗〖俗〗攻撃的な，血みどろな．

saignant[2] *n.m.* **1** 〖料理〗生焼き加減の肉(=viande saignante). aimer le ～ plutôt que le trop cuit 焼き過ぎよりもセーニャンの肉の方を好む．

2 〖ジャーナリズム〗センセーショナルな(血なまぐさい)事件．

3 血を流しているもの，血なまぐさいもの．

saignée *n.f.* **1** 〖医〗瀉血(しゃけつ)，刺絡(しらく)．traitement de la ～ 瀉血療法．pratiquer une ～ 瀉血を行なう．

2 瀉血された血液．～ copieuse 大量の瀉血．

3 〖解剖〗肘窩(ちゅうか)《肘の内側のくぼみ》；採血箇所）．～ du bras 腕の肘窩．

4 〖比喩的〗重大な出費；大量の人的損失；人間の流出．～ de la guerre de 1914-1918 第一次世界大戦の厖大な人的損失．subir une terrible ～ à la guerre 戦争で多数の人命を失う．

5 (灌漑・排水用の)溝，排水渠．

6 (樹液採取用の)溝；(コード埋め込み用の)壁面の溝．

7 〖葡萄酒〗セーニエ《赤葡萄液の一部をとり，ロゼや clairet (軽口の淡い赤葡萄酒)をつくる工程》．

saignement *n.m.* 〖医〗出血．～ de nez 鼻血，鼻出血(=epistaxis)．～ gastro-intestinal 消化管出血，胃腸出血．～ inter-abdominal 腹腔〔内〕出血．temps de ～ 出血時間．

saillant(***e***)(＜saillir) *a.* **1** 突き出た，突出した；出っ張った．〖幾何〗angle ～ 劣角(180°未満の角；angle rentrant「優角」の対)．corniche ～*e* 突き出た断崖．parties ～*es* d'un édifice 建物の張り出した部分．〖解剖〗pommettes ～*es* 突き出た頬骨．

2 〖比喩的〗目立った，際立った特徴．caractère ～ 際立った特徴．événements ～*s* de l'actualité 注目すべき時事問題．

saillie

3〖紋章〗(動物が)両後脚立ちの. bélier ~ 両後脚立ちの牡羊像.
　　—n.m. 突出部分. ~ d'un bastion (城塞の)凸角堡.

saillie n.f. **1** 突出した部分, 突出部. ~s d'un édifice 建物の突出部. en ~ 張り出した. balcon formant ~ 張り出したバルコニー. cap en ~ 突出した岬. faire (former) ~ 突き出る, 張り出す.
2〖法律〗(公道や隣地に)張り出した建物部分. ~s fixes (mobiles) 固定(可動)看板.
3〖比喩的〗才気, 機知. ouvrage plein de ~s 才気溢れる作品.
4(家畜の)交尾.
5〖古〗噴出, 迸り.

sain(e) a. **1**(身体・器官などが)健康な, 異状のない, 健全な. enfant ~ 健康な子供. ~ et sauf 無事に, 恙(つつが)なく. revenir ~ et sauf 無事帰宅する.
2(物が)傷んでいない, 傷ついていない. fruit ~ 傷んでいない果物. roche ~e しっかりした岩.
3(人が)正常な;健全な. divertissement ~ 健全な娯楽. jugement ~ 穏当な判断. être ~ d'esprit et de corps 心身ともに健全である.
4健康によい. alimentation ~e 健康食品.
5〖比喩的〗健全な, 安全な, 堅実な. affaire ~e 健全な(堅実な)事業.

saindoux n.m. 豚脂, ラード.

sainfoin n.m. 〖植〗サンフォワン, フランスおうぎ(まめ科おうぎ属の多年草の牧草). miel de ~ サンフォワンの蜂蜜(ガチネ la Gâtinais, ボース la Beauce, シャンパーニュ地方 la Champagne の特産).

saint(e)[1] a. **1**〖神学〗神聖な, 聖なる, 神の. le S~-Esprit;l'Esprit-S~ 聖霊. la S~e-Trinité 聖三位一体(le Père, le Fils, l'Esprit-S~).
2〖カトリック〗聖人(聖女)の, 聖別された, 聖…(多く大文字). ~ Louis 聖王ルイ(ルイ 9 世〔1214(5)-70〕;フランス王在位〔1226-70〕). ~ Paul 聖パウロ. ~e Anne 聖女マリアの母). ~e Marie, mère de Dieu 聖母マリア. la S~e Famille 聖家族(イエス, マリア, ヨセフ). la S~e Vierge 聖処女, 聖母マリア. l'Evangile selon ~ Luc 『聖ルカによる福音書』. le ~ nom de Dieu 神の御名.
3(聖人を記念する祝祭日の名称)la〔fête de〕S~-Jean 聖ヨハネの祝日(6月24日). la S~-Sylvestre (聖シルヴェストルの祝日→)大晦日, 12月31日. 〖仏史〗la S~-Barthélemy サン=バルテルミーの祝日の夜の大虐殺(1572年8月24日パリで行われた新教徒の大虐殺事件).
4(教会堂名・地名など)la S~e-Chapelle de Paris パリのサント・シャペル(ゴシック様式の礼拝堂;1242-48年). la cathédrale S~-Etienne de Bourges ブールジュのサン=テチエンヌ大聖堂. la basilique S~e-Madeleine de Vézelay ヴェズレーのサント=マドレーヌ・バジリカ聖堂. Boulevard S~-Germain de Paris パリのサン=ジェルマン大通り. 〔l'église〕S~-Sulpice de Paris パリのサン=シュルピス聖堂. aller à la messe à S~-Sulpice サン=シュルピス聖堂のミサに行く. Le Mont-S~-Michel ル・モン=サン=ミシェル.
5(物について)神聖な, 聖なる, 聖…. la ~e Croix 聖十字架. les S~es Ecritures 聖書(=la S~e Bible). le S~-Sacrement 秘跡. l'Année ~e 聖年(教皇が全贖罪を行う年;25年毎). guerre ~e 聖戦;十字軍の遠征. image ~e 聖像;聖画. lieu ~ 神聖な場所. les lieux ~s キリストゆかりの聖跡. 〖中世文学〗la quête du S~-Graal 聖杯探求〔伝説〕. la Semaine ~e 聖週〔間〕(復活祭の前の1週間). le lundi (mardi) ~ 聖週の月(火)曜日. la Terre ~e 聖地〔パレスチナ〕(=la Palestine). la Ville ~e 聖都 (Jérusalem, La Mecque, Rome など).
〖話〗toute la ~e journée 一日中休みなく.
6〖比喩的〗聖者のような, 敬虔な. ~ femme 聖女のような女性, 敬虔な女性. ~e homme 聖者, 有徳の人. colère ~e 義憤. faire œuvre ~e 慈善を行う. mener une vie ~e 敬虔な生活を送る.
7〖比喩的〗神聖な, 不可侵の. ~e autorité des lois 法の神聖不可侵の権威. ~e égalité 神聖な自由.
8〖話〗ひどい, 激しい. avoir une ~e horreur de qch 何をひどく嫌う.

saint(e)[2] n. **1**〖カトリック〗聖人(聖女). auréole (nimbe) autour de la tête d'un ~ 聖人の頭部光輪. canon des ~s 聖人の福音名簿. canonisation d'un ~ 聖人の列聖〔式〕. catalogue des ~s 殉教者目録. fête de tous les ~s 万聖節(=Toussaint, 11月1日). image (statue) de ~ 聖者像. jour natal d'un ~ 聖人の生誕日. récit de la vie d'un ~ 聖人伝.
~s de glace 氷の聖人の祝日(fêtes de ~ Mamert (5月11日);de ~ Pancrace (5月12日);de ~ Servais (5月13日):晩霜の下りる時期).
2(キリスト教以外の宗教の)聖人, 聖者. marabouts, ~s de l'islam イスラム教の聖人であるマラブー(道士).
3〖美術〗聖者像(絵画・彫刻). ~ de bois 木彫りの聖像;〖比喩的〗でくのぼう.
4〖比喩的〗聖人のような人, 有徳の人. Ce n'est pas un ~. あいつは聖人君子ではない. Madame est une ~e. 奥様は聖女のようなお方です.
5〖成句〗~ du jour その日の聖人;〖比喩的〗時の権力者. fêter le ~ du jour 羽振りのいい人におもねる. 〖皮肉〗petit ~ 小聖人, 聖人ぶる人. se donner des airs de petit ~ 聖人ぶる. Ce n'est pas un petit ~. あい

つもなかなかの悪だ. laisser la patience d'un ~ 堪忍袋の緒を切らせる. ne〔pas, plus〕savoir à quel ~ se vouer 誰に頼ってよいかわからない；どうしてよいかわからない. prêcher pour son ~ 我田引水する. vivre comme un ~ 清らかに生きる.〔諺〕Comme on connaît les ~s on les honore. 人は真価に応じて遇される. Il vaut mieux s'adresser à Dieu qu'à ses ~s. 下っ端よりもボスに話す方が話が早い.

saint[3] *n.m.* **1**〔考古〕(神殿の)聖所. le ~ des ~s 神殿の至聖所；〔比喩的〕(建物の)最奥部；(組織・企業・行政などの)中枢. **2**〔*pl.* で〕〔英史〕聖徒(Cromwell の指揮下の清教徒).

saint-amour *n.m.inv.* (<S~-A~-Bellevue, 産地名)〔葡萄酒〕サン=タムール《ボージョレ地方 le Beaujolais のサン=タムール=ベルヴュー村で生産される軽口の赤の AOC 葡萄酒；若干の白は mâcon または beaujolais blanc の名称で販売される》.

saint-aubin *n.m.inv.*〔葡萄酒〕サン=トーバン《la Côte de Beaune コート・ド・ボーヌ 地方 Saint-Aubin 村(市町村コード 21190) で白または赤の AOC 葡萄酒；白は ~-~-côte-de-beaune, 赤は côte-de-beaune-villages の名称でも流通している》.

saint-benoît *n.m.inv.*〔チーズ〕サン=ブノワ《オルレアネ地方 l'Orléanais の Saint-Benoît-sur-Loire (市町村コード 45110) で, 脱脂牛乳からつくられる, 軟質, 自然外皮, 直径 13 cm, 厚さ 3 cm の円形；脂肪分 40 %》.

saint-bernard(<le col du Grand-Saint-Bernard) *n.m.* サン=ベルナール犬《アルプスの大型救助犬》.

Saint-Brieuc *n.pr.* サン=ブリユー《département des Côtes-d'Armor コート・ダルモール県の県庁所在地；市町村コード 22000；形容詞 briochin (e)》. aéroport de ~-Armor サン=ブリユー=アルモール空港《西郊 10 km》. baie de ~ サン=ブリユー湾. cathédrale St-Etienne de ~ サン=ブリユーのサン=テチエンヌ大聖堂.

saint-bris *n.m.*〔葡萄酒〕サン=ブリ《ヨンヌ県 département de l'Yonne の Saint-Brie-le-Vineux (市町村コード 89530) を中心にソーヴィニヨン種の葡萄からつくられる白の AOC 酒》.

saint-chinian *n.m.*〔葡萄酒〕サン=シニヤン《西南フランス, ラングドック地方 le Languedoc, ベジエ Béziers (市町村コード 34500) の西北地区の AOC 赤葡萄酒》.

Saint-Christophe-et-Niévès *n.pr.m.*〔無冠詞〕〔国名通称〕セント=クリストファー=ネヴィス, セント=キッツ=ネヴィス (Saint-Kitts-et-Nevis)《公式名称：la Fédération de S~ セント=クリストファー=ネヴィス連邦；国民：Kittitien(*ne*) et Névicien(*ne*)；首都：Basseterre バステー

ル；通貨：dollar des Caraïbes orientales [XCD]》.

saint-cochon *n.f.* 聖豚饗宴祭 (＝la fête de ~；豚肉づくしの大祝宴).

saint-cyrien(*ne*)(<S~-Cyr；旧所在地) *n.* サン=シール陸軍士官学校生徒；サン=シール特別軍学校生徒 (Ecole spéciale militaire de Saint-Cyr；所在地 Coëtquidan) の生徒；~の卒業生《学生隠語 cyrard》.

Saint-Denis *n.pr.* **1** サン=ドニ《département de la Seine-~ セーヌ=サン=ドニ県の郡庁所在地；市町村コード 93200；形容詞 dionysien (*ne*)》. cathédrale (église abbatiale, basilique) de ~ サン=ドニ大聖堂・大修道院付属聖堂《12-13 世紀のゴシック様式聖堂；フランス王家の墓所》. évêché de ~ サン=ドニ司教区. IUT ~ サン=ドニ技術短期大学. Stade de France de ~ サン=ドニの「スタード・ド・フランス」(SDF) サッカー(球技)場. **2** canal ~ サン=ドニ運河《パリ北部, セーヌ河とウールク運河 canal de l'Ourcq を結ぶ運河；延長 6,650 m》. la Porte ~ サン=ドニ門《パリ市第 10 区にある凱旋門；1672 年建立》.

Saint-Emilion *n.pr.* サン=テミリヨン《département de la Gironde ジロンド県の赤葡萄酒生産の中心地；市町村コード 33330；形容詞 saint-émilionnais (*e*)》. église monolithe de ~ サン=テミリヨンの岩窟聖堂《11 世紀末》. remparts de ~ サン=テミリヨンの城壁《13 世紀》.

saint-émilion 1 *n.m.inv.* (<S~-E~, 産地名)〔葡萄酒〕サン=テミリヨン《ジロンド県 département de la Gironde のサン=テミリヨン Saint-Emilion (市町村コード 33300) の周辺地区で生産される赤の AOC 葡萄酒；cabernet 系品種, malbec, merlot などの品種で生産され, saint-émilion 種は用いない；上級酒には premier grand cru classé (catégorie A, B), grand cru classé, grand cru の格付けがあり, 10 年毎に見直される》. **2** *n.m.*〔農〕サン=テミリヨン種《コニャック地方で栽培される白葡萄の品種；別称 ugni》.

Saint-Esprit *n.m.*〔カトリック〕聖霊《父 Père と子 Fils と共に三位一体 la Trinité を形成；その第三位；鳩 colombe で象徴される；＝Esprit Saint》.

Saint-Estèphe *n.pr.* サン=テステーフ《département de la Gironde ジロンド県の村；市町村コード 33250；Haut Médoc 地区の赤葡萄酒の名産地；château Cos-d'Estournel (2e cru classé), ch. Lafon-Rochet (4e), ch. Montrose (2e) などの銘醸；形容詞 stéphanois (*e*)》.

saint-estèphe *n.m.*〔葡萄酒〕サン=テステーフ《Saint-Estèphe 村で生産される赤

sainteté *n.f.* **1** 聖性, 神聖性, 神聖さ. ~ de l'Evangile 福音の聖性. odeur de ~ 1) 聖者の遺体の香り；2）〔比喩的〕完璧な精神状態. ne pas être en odeur de ~ auprès de qn. (人に) 悪く見られる.
2 Sa S~ 教皇猊下 (略記 S.S.). Votre S~ 教皇猊下 (呼びかけ).

Saint-Etienne *n.rp.* サン=テチエンヌ (département de la Loire ロワール県の県庁所在地；市町村コード 42000；形容詞 stéphanois (*e*)). le Vieux ~ サン=テチエンヌ旧市街. aéroport de ~-Bouthéon サン=テチエンヌ=ブーテオン空港.

saint-florentin (<S~-F~, 生産地名, ヨンヌ県 département de l'Yonne の小郡庁所在地；市町村コード 89600) *n.m.inv.* 〖チーズ〗サン=フロランタン (ブルゴーニュ地方 la Bourgogne で牛乳から生産される, 軟質洗浄外皮のチーズ；脂肪分 45 %；直径 12-13 cm, 厚さ 3 cm の円盤状, 450-500 g).

Saint-Gall *n.pr.* 〖スイス〗ザンクト・ガレン (Sankt Gallen) (ザンクト=ガレン州の州都). abbaye de ~ ザンクト=ガレン大修道院 (反宗教改革運動の中心地).

saint-georges-saint-émilion *n.m.* 〖葡萄酒〗サン=ジョルジュ=サン=テミリヨン (département de la Gironde ジロンド県 Saint-Emilion の東に隣接する Saint-Georges 村 (市町村コード 33330) で cabernet franc, cabernet-sauvignon, malbec, merlot 種から生産される赤の AOC 酒).

saint-gildas-des-bois *n.m.* 〖チーズ〗サン=ジルダ=デ=ボワ (ブルターニュ地方 la Bretagne, département de la Loire-Atlantique ロワール=アトランティック県の町 Saint-Gildas-des-Bois (市町村コード 44530) で, 強化殺菌牛乳からつくられる, 軟質, 白カビ外皮, 直径 8 cm, 高さ 4 cm の円筒型, 重量 200 g, 脂肪分 75 % の 3 倍乳脂チーズ).

Saint-Gobain *n.pr.* サン=ゴバン (département de l'Aine エーヌ県の町；市町村コード 02410；1665 年にガラス製造所設置；化学会社の compagnie de ~ サン=ゴバン社の発祥地；形容詞 gobanais (*e*)). forêt de ~ サン=ゴバンの森 (4,200 ha).

saint-honoré (<saint Honoré, パン屋の守護聖人) *n.m.inv.* 〖菓子〗サン=トノレ (まわりに小さなシュー・ア・ラ・クレームを配し, 中央にクレーム・シャンティを添えた折込みパイ生地または砕いた生地のパイ菓子).

saint-jacques *n.m.inv.* 帆立貝 (= coquille saint-Jacques).

Saint-Jacques-de-Compostelle 〖西〗*n.pr.* サンチャゴ・デ・コンポステラ (スペイン北西部の Santiago de Compostela (「星ののぼる野の聖ヤーコブの聖地」の意), 11 世紀以来カトリックの巡礼の聖地). pèlerinage de ~ サンチャゴ・デ・コンポステラへの巡礼. chemin de ~ サンチャゴ・デ・コンポステラへの巡礼路.

Saint-Jean-de-Luz *n.pr.* サン=ジャン=ド=リューズ (département des Pyrénées-Atlantiques ピレネー=アトランティック県の小郡庁所在地；市町村コード 64500；大西洋岸の海水浴場・海浜保養地；形容詞 luzien (*ne*)). église Saint-Jean-Baptiste de ~ サン=ジャン=ド=リューズの洗礼者聖ヨハネ聖堂 (16 世紀；ルイ 14 世とマリー=テレーズの結婚式が挙行された). Institut de thalassothérapie de ~ サン=ジャン=ド=リューズ海洋療法研究所.

Saint-Jean-Pied-de-port *n.pr.* サン=ジャン=ピエ=ド=ポール (département des Pyrénées-Atlantiques ピレネー=アトランティック県の小郡庁所在地；市町村コード 64200；サン=チャゴ巡礼のピレネー越えのコースの拠点；中世の城壁で囲まれた城塞都市；形容詞 saint-jeannais (*e*)). citadelle de ~ サン=ジャン=ピエ=ド=ポール城砦 (17 世紀).

saint-joseph *n.m.* 〖葡萄酒〗サン=ジョゼフ (フランス中南部 département de la Loire ロワール県の Chavanay シャヴァネー (市町村コード 42410) から département de l'Ardèche アルデーシュ県の Guilherand ギーユラン (市町村コード 07500) の間にひろがる 795 ha の葡萄畑でつくられる AOC 酒；赤は syrah, 白は roussanne と marsanne 種の葡萄からつくられる).

Saint-Julien-Beychevelle *n.pr.* サン=ジュリヤン=ベーシュヴェル (département de la Gironde ジロンド県, Haut Médoc 地区の村；市町村コード 33250；赤葡萄酒の名産地；château Beychevelle (4ᵉ cru classé), ch. Branaire-Ducru (4ᵉ), ch. Ducru-Beaucailloux (2ᵉ), ch. Gruaud-Larose (2ᵉ), ch. Lagrange (3ᵉ), ch. Langoa-Barton (3ᵉ), ch. Léoville-Barton (2ᵉ), ch. Léoville-Las-Case (2ᵉ), ch. Léoville-Poyferré (2ᵉ), ch. Saint-Pierre (2ᵉ), ch. Talbot (4ᵉ) などの著名シャトーあり).

Saint-Lô *n.pr.* サン=ロー (département de la Manche マンシュ県の県庁所在地；市町村コード 50000；形容詞 saint-lois (*e*)). le Haras national de ~ 国立サン=ロー種馬飼育場 (1806 年創設).

saint-lucien(ne) *a.* セント=ルシア (la Sainte-Lucie) の；~の住民の.
——S~ -L~ *n.* セント=ルシア人.

saint-maixant *n.m.* 〖チーズ〗サン=メクサン (ポワトゥー地方 le Poitou の Saint-Maixant (市町村コード 79400) 地区で, 山羊乳からつくられる, 軟質, 自然外皮, 一辺 9-10 cm, 厚さ 3 cm の角型, 重量 300-350 g, 脂肪分 45 %).

Saint-Malo *n.pr.* サン=マロ (département d'Ille-et-Vilaine イル=エ=ヴィレーヌ

県の郡庁所在地；市町村コード 35400；城塞港湾都市；形容詞 malouin (e)．intramuros de ~ サン=マロの城塞市内市街．Mystère de la mer de ~ サン=マロ「海の神秘」水族館．remparts de ~ サン=マロ城塞都市の城壁．aéroport Dinard-Pleurtuit-~ ディナール=プルールチュイ=サン=マロ空港．

saint-marcellin *n.m.*〚チーズ〛サン=マルスラン《ドーフィネ地方 le Dauphiné の S~-M~（département de l'Isère イゼール県，市町村コード 38160）地区で主に牛乳から生産される軟質，自然外皮のチーズ》．

Saint-Marin *n.pr.m.*〚無冠詞〛[国名通称] サン=マリノ《公式名称：la République de S~（[伊] Republica di San Marino）サン=マリノ共和国；国民：Saint-Marinais (e)；首都：Saint-Marin サン=マリノ (San Marino)；通貨：lire italienne [ITL]》．

Saint-Nazaire *n.pr.* サン=ナゼール《département de la Loire-Atlantique ロワール=アトランティック県の郡庁所在地；市町村コード 44600；港湾・造船都市；形容詞 nazairien (ne)》．base de sous-marins de ~ サン=ナゼール潜水艦基地．bassin de ~ サン=ナゼール港．constructions navales de ~ サン=ナゼールの造船所（造船業）．Ecomusée de ~ サン=ナゼール産業博物館《名船の模型など》．pont routier de ~-Saint-Brévin サン=ナゼール=サン=ブレヴァンの道路橋《ロワール河口の 3 連斜張式大吊橋；1975 年完成；総長 3,356.4 m；正式名称 Pont de Mindin》．

Saint-Nectaire *n.pr.* サン=ネクテール《département du Puy-de-Dôme ピュイ=ド=ドーム県の湯治場（腎臓疾患に効く）；市町村コード 63710；形容詞 saint-nectérien (ne)》．église romane de ~ サン=ネクテールのロマネスク聖堂《12 世紀》．

saint-nectaire (<Saint-Nectaire, オーヴェルニュ地方 département du Puy-de-Dôme ピュイ=ド=ドーム県の温泉場「市町村コード 63710」) *n.m.inv.* サン=ネクテール・チーズ《牛乳からつくられる円型の自然外皮，圧縮式硬質チーズ；脂肪分 45 %》．

saint-paulin *n.m.inv.*〚チーズ〛サン=ポーラン《フランス各地で殺菌牛乳からつくられる硬質，非加熱洗浄外皮のチーズ；直径 20-22 cm，厚さ 4-5 cm の円型；脂肪分 45-50 %》．

saint-père (*pl.* ~s-~s) *n.m.*〚カトリック〛聖父《教皇に対する呼称》．

saint-pierre (*pl.* ~-~ [s]) *n.m.*〚魚〛サン=ピエール，まとうだい《両側にある黒く丸い斑点が，キリストの命により印した聖ペテロ Saint-Pierre の指の跡だとする伝承に基づく名称；学名 Zeus faber；まとうだい科 zéides；白身の海魚で珍重される；体長 30-50 cm；俗称 dorée, zée》．〚料理〛

du ~ à l'oseille サン=ピエールのオゼイユ《すかんぽ》風味．

Saint-Pierre-et-Miquelon *n.pr.* 〚無冠詞〛〚行政〛サン=ピエール=エ=ミクロン《群島；1946 年からフランスの海外領土 (TOM)；1976 年海外県 (DOM)；1985 年特別共同体 (collectivité territoriale à statut particulier)；2003 年の憲法改正に伴い collectivité d'outre-mer (COM) となる；行政地区コード 975；行政の中心都市 Saint-Pierre, 郡庁所在地 Miquelon；形容詞 saint-pierrais (e)》．

saint-remy *n.m.*〚チーズ〛サン=レミ (ルミ)《ロレーヌ地方 la Lorraine で，牛乳からつくられる，軟質，洗浄外皮，一辺 9-10 cm，厚さ 2.5-3 cm の四角型，重さ 200-250 g，脂肪分 40-50 %》．

Saint-Siège (le) *n.pr.m.* [国名通称] ヴァチカン市国《公式名称：l'Etat du S~；l'Etat de la Cité du Vatican；国民：Vatican (e)；通貨：lire de la Cité du Vatican [ITL]》．

saint-simonien (ne) *a.* サン=シモンの；サン=シモン主義の；空想社会主義の．— *n.* サン=シモン主義者，空想社会主義者．

saint-simonisme (<Claude de Saint-Simon [1760-1825], フランスの哲学者・経済学者) *n.m.* サン=シモン主義《空想社会主義》．

saint-véran *n.m.*〚葡萄酒〛サン=ヴェラン《département de Saône-et-Loire 県の Chânes, Chasselas, Davayé, Leynes, Prissé, Saint-Amour, Saint-Vérand その他の地域で chardonnay 種からつくられる辛口の AOC 白葡萄酒；作付面積 472 ha》．

saint-vincentais (e) et grenadin (e) *a.* セント=ヴィンセント=グレナディン〚諸島〛(Saint-Vincent-et-les-Grenadines) の；~ の住民の．— *S~-V~ et G~* *n.* ~ 人．

Saint-Vincent-et-les-Grenadines *n.m.*〚無冠詞〛[国名] セント=ヴィンセント・グレナディン〚諸島〛(=[英] Saint Vincent and the Grenadines)《国民：Saint-Vincentais (e) et Grenadin (e)；首都：Kingstown キングスタウン；通貨：dollar des Caraïbes orientales [XCD]》．

sainte-croix-du-mont *n.m.*〚葡萄酒〛サント=クロワ=デュ=モン《ボルドー地方 le Bordelais, département de la Gironde ジロンド県の Langon の北に位置する村《市町村コード 33410》の周辺の 4 ha の畑でつくられる甘口の AOC 白葡萄酒》．

sainte-foy-bordeaux *n.m.*〚葡萄酒〛サント=フォワ=ボルドー《département de la Gironde ジロンド県東部，ドルドーニュ川左岸の Sainte-Foy-la-Grande 村《市町村コード 33220》で生産される淡い赤 (clairet) の AOC 酒》．

Sainte-Lucie *n.pr.f.*〚無冠詞〛[国名]

サント=ルシー（セント=ルシア）(=［英］Saint Lucia)（国民：Saint-Lucien(ne)；首都：Castries カストリース；通貨：dollar des Caraïbes orientales [XCD]).

sainte-maure *n.m.*〖チーズ〗サント=モール（トゥーレーヌ地方 la Touraine の Sainte-Maure-de-Touraine（市町村コード 37800）で，山羊乳からつくられる，軟質，自然外皮のチーズ，直径 4 cm，長さ 15 cm の円筒型；脂肪分 45 %；別称 chèvre long). ~ fermier (laitier) 農家（工場）製サント=モール．

sainte-nitouche (*pl.* ~s-~s) *n.f.*〖話〗猫かぶり，かまとと．faire de la ~ かまととぶる．

Sainte-Trinité *n.pr.f.*〖キリスト教〗三位一体．ordre de la ~ 三位一体修道会．

Saintes *n.pr.* サント（département de la Charente-Maritime シャラント=マリチーム県の郡庁所在地；市町村コード 17100；旧サントンジュ la Saintonge 地方の首都；形容詞 saintais (e)). abbaye aux Dames de ~ サントの女子大修道院 (église abbatial : 12 世紀のロマネスク様式). Arc de Germanicus de ~ サントのゲルマニクスの凱旋門 (古代ローマの遺構). arènes de ~ サントの円型闘技場 (古代ローマの遺構). la Vieille ville de ~ サントの旧市街．

Saintes-Maries-de-la-Mer *n.pr.* サント=マリー=ド=ラ=メール（département des Bouches-du-Rhône ブーシュ=デュ=ローヌ県の小郡庁所在地；市町村コード 13460；ジプシーの巡礼の聖地 [5 月 24・25 日]，海水浴場；形容詞 saintois (e)). église de ~ サント=マリー=ド=ラ=メール聖堂（ロマネスク様式；地下聖堂にジプシーの守護聖女 sainte Sara の墓がある).

Saintonge *n.pr.f.* la ~ サントンジュ地方（Saintes サントを州都とするフランス西部の旧州名）．

saintongeais(e) *a.* サントンジュ地方 (la Saintonge) の；~の住民の．
——**S~** *n.* サントンジュ地方の住民, ~の出身者．

saisi(e)[1] *a.p.* **1**（感情などに）捕えられた．être ~ d'horreur ぞっとする．être ~ par le froid 寒さに襲われる．
2〖法律〗差押えられた（物件）；差押えを受けた（人）. débiteur ~ 差押えを受ける第三債務者．le tiers ~（差押えの）第三債務者．
3〖法律〗[tribunal] ~ 受訴裁判所．
4〖料理〗表面を強火で焼かれた．viande ~e 表面を強火であぶった肉．
——*n.*〖法律〗**1** 差押え債務者 (saisissant「差押え債権者」の対).
2 遺産占有 saisine の取得者．

saisie[2] *n.f.* **1**〖法律〗押収；（新聞などの）発行禁止；（映画などの）上映禁止．~ de pièces [à conviction] 証拠物件の押収．~ d'un journal 新聞の発行禁止．

2〖法律〗差押え．~-attribution（金銭債権の）帰属・差押え．~ conservatoire 保全差押え．~ contrefaçon 偽造物差押え．~ des droits incorporels 無体財産権差押え．~ des rémunérations 給与差押え．~ exécutoire 執行差押え．~ immobilière (mobilière) 不動産 (動産) 差押え．~-vente 売却・差押え．
3〖法律〗拿捕．~ d'un navire 船舶の拿捕．
4〖電算〗（データ，情報などの）取込み，採集．~ des données データ収集．

saisie-appréhension (*pl.* ~s-~s) *n.f.*〖法律〗把握・差押え（債権者が債務者の動産を把握して取得する差押え）．

saisie-arrêt (*pl.* ~s-~s) *n.f.*〖法律〗〖旧〗支払差押え・差止め．~ sur le prix de vente des meubles 家具の売却代金の支払い差止め．

saisie-attribution (*pl.* ~s-~s) *n.f.*〖法律〗（金銭債権についての）帰属・差押え．

saisie-brandon (*pl.* ~s-~s) *n.f.*〖法律〗〖旧〗薬束標識・差押え（1971 年以降 saisie des récoltes sur pieds「未収穫果実の差押え」）．

saisie-conservatoire (*pl.* ~s-~s) *n.f.*〖法律〗保存差押え（債務者が債権者に損害を与える形で財産を処分するのを阻止する差押え）．~ de droit commun 一般法上の保全差押え．

saisie-exécution (*pl.* ~s-~s) *n.f.*〖法律〗〖旧〗動産の執行・差押え（1991 年の改正法により saisie-vente「差押え・売却」となった）．

saisie-foraine (*pl.* ~s-~s) *n.f.*〖法律〗（債権者居住地における）債務者の差押え，旅客所持品の差押え（旧・民事訴訟法）．

saisie-gagerie (*pl.* ~s-~s) *n.f.*〖法律〗〖旧〗（賃借人の動産の）担保・差押え（1971 年以降 saisie conservatoire de droit commun「一般法上の保全差押え」）．

saisie-immobilière (*pl.* ~s-~s) *n.f.*〖法律〗不動産に対する差押え．

saisie-revendication (*pl.* ~s-~s) *n.f.*〖法律〗権利の取戻し請求のための差押え，返還請求・差押え．

saisine[1] *n.f.* **1**〖法律〗（相続人の）遺産占有権；〖一般〗占有取得．**2**〖法律〗訴えの係属；見解請求．~ du conseil constitutionnel 憲法評議会への付託．~ pour avis de la cour de cassation 破毀院見解請求．

saisine[2] *n.f.*〖海〗繋索，引綱，巻上綱．

saisissable *a.* **1** 知覚することができる，理解できる．mouvement à peine ~ ようやく感知しうる動き．
2〖法律〗差押えの対象となりうる．bien ~ 差押えしうる財．
——*n.m.* **1** 知覚しうるもの．**2** 差押えしうるもの．

saisissant[1](*e*) *a.* **1**（感覚について）強く

刺激する, 急激な. froid ~ 肌を刺す寒さ. **2** 人の心をとらえる. récit ~ 胸を打つ話. spectacle ~ 心に迫る情景. **3**〖法律〗差押え債権者である；差押えを行なう. créancière ~*e* 女性の差押え債権者.

saisissant[2] *n.m.* 〖法律〗差押え債権者, 差押え人(saisi「差押え債務者」の対). premier — 第一差押者.

saison *n.f.* **1** 季節；時候. les quatre ~*s* 四季(printemps 春, été 夏, automne 秋, hiver 冬). marchand(e) des quatre ~ (季節の青果を売る行商の) 八百屋. la belle ~ 良い(快適な)季節《春から秋にかけて, 温かく, 明るい日射しのある季節》. la mauvaise ~ 厳しい季節《寒く, 雨の多い晩秋から冬にかけての季節》. ~ des pluies 雨期. ~ sèche 乾期. en cette ~ この季節に. en toute[s] ~[s] 一年中. arrière-~ 季節の末期《晩秋, 初冬, 晩夏など》.
2 (作物・収穫・狩猟・漁撈などの) 時期, 旬. ~ des amours (動物の) 発情期. ~ des cerises 桜桃の旬. ~ des fleurs 開花期, 花盛りの時期. ~ des fruits (果樹の) 結実期. la ~ morte；la morte ~ 農閑期. ~ de la pêche au saumon 鮭の漁期. ~ des vendanges 葡萄の収穫期. ~ du sanglier 猪の猟期.
être de ~[1]《青果・魚介などが》旬である. fruits de ~ 旬の果物. salade de ~ 旬の野菜サラダ.
3 (観光・スポーツなどの) シーズン. ~ des vacances ヴァカンスのシーズン. ~ sportive スポーツ・シーズン. ~ théâtrale 演劇のシーズン. ~ touristique 観光シーズン. la haute ~ (basse) ~ 最盛期, 繁忙期 (オフシーズン). hors ~ オフシーズン. faire la ~ (ホテルなどが) シーズン中に観光客相手の営業をする. pendant la ~ シーズン中に.
4 湯治期間, 湯治のための滞在. faire une ~ à Vichy ヴィシーに湯治で滞在する.
5 適期, 時宜. être de ~[2] 時宜にかなっている. n'être pas de ~；être hors de ~ 時宜を失している.

saisonnalité *n.f.* (現象の) 季節性. ~ des ventes d'articles 商品の売行きの季節性.

saisonnier(*ère*) *a.* **1** 季節の, 季節的な, 季節に固有の. température ~ *ère* 季節的気温. variations ~ *ères* 季節の変動.
2 季節的な, 季節性の. ouvrier(*ère*) ~ (*ère*) 季節労働者. service ~ d'une ligne aérienne 航空路線の季節限定運行. travail ~ 季節労働.
3 〖法律〗季節的な, 季節を限った, 特定の季節の. location ~ *ère* 季節限りの賃貸借. maladies ~ *ères* 季節固有の病気. propriété ~ *ère* 季節固有の所有権 (別荘などの) 共同所有 (=multipropriété). travailleur ~ 季節労働者.
—— *n.* **1** 季節労働者 (=ouvrier(*ère*) ~(*ère*)).
2 シーズン客.

Sakchou [北朝鮮] *n.pr.* 朔州 (さくしゅう), サクチュ《平安北道の都市》.

salade *n.f.* **1** 〖料理〗サラッド, サラダ 《生野菜または火を通して冷やした野菜の料理》. ~ au roquefort ロックフォール風味のサラダ. ~ composée ミックスサラダ (=~ mixte). ~ cuite (braisée) 火を通したサラダ. ~ de crudités 生野菜の盛り合わせサラダ. ~ de fruits フルーツサラダ. ~ de homard breton ブルターニュ産オマールのサラダ仕立て. ~ de lentilles tiède レンズ豆の温かいサラダ. ~ de tomates トマト・サラダ. ~ niçoise サラッド・ニソワーズ, ニース風サラダ《ツナ, アンチョビ, オリーヴ, ゆで卵, トマト, 茄子, さやいんげん, にんなくなどを混ぜた料理》. ~ russe ロシア風サラダ《ゆで野菜をマヨネーズで和えたもの》. ~ verte グリーンサラダ《レタスなど緑色の野菜サラダ》. haricots verts en ~ サラダ風の莢隠元豆.
2 サラダ菜 (batavia, chicorée frisée, cresson, endive, laitue, mâche, pissenlit など).
3〖話〗ごたまぜ. 〖俗〗vendre sa ~ (香具師・芸人などが) 口上をのべる；自分を売りこむ.
4 [*pl.* で]〖俗〗でたらめ；ごたごた (=brouillami). Assez de vos ~*s*! おまえのでたらめはもう沢山だ.
5〖話〗panier à ~ 《サラダの水切りざる→》警察の囚人(容疑者)護送車.

saladerie *n.f.* 〖料理〗**1** (スーパーなどの) サラダ商品；サラダ売場. **2** サラダ専門レストラン.

saladier *n.m.* 〖料理〗サラディエ, サラダ碗, サラダボール, サラディエに盛るもの. ~ de porcelaine 磁器のサラディエ. un ~ de laitue サラダボール1杯のレタス.

salage (<saler) *n.m.* **1** (食品の) 塩漬け《乾塩や塩漬け液 saumure を用いた食材の保存法》. ~ d'un porc 豚肉の塩漬け.
2 (チーズの) 加塩.
3 (道路の) 塩まき《雪・氷を溶かす路面の氷結予防策》.
4 〖話〗とんでもない価格の請求, 高値のふっかけ, ぼる行為.
5 〖話〗厳罰.

salaire *n.m.* **1** 賃金, 給料, 給与, サラリー. ~ annuel 年間給与, 年給. ~ au temps 時間給. ~ brut 手取り給与. ~ de base 基本給. ~ de famine 飢餓賃金. ~ différé 農業擬制賃金《家族的農業経営で, 無給で働いた子供のために設定》. ~ direct (indirect) 直接(間接)賃金. ~ minimal 最低賃金. ~ net (réel) 名目(実質)賃金. ~ minimum interprofessionnel de croissance スライド制全職業共通最低賃金《略記 SMIC「スミック」, 1970年導入》. ~ minimum interprofessionnel garanti 全職業共通保証最低賃金《略記 SMIG「スミッグ」, 1950年導入；

salaison

1970年以降SMICに移行). augmentation de ~ 昇給. blocage des ~s 賃金凍結. bulletin de ~ 給与明細書. éventail des ~s 賃金格差. haut ~ 高給. hiérarchie des ~s 賃金体系. taxe sur les ~s 賃金労働者所得税. à travail égal, ~ égal 同一労働，同一賃金. payable à la journée (au mois) 日給 (月給).〔話〕~ unique 扶養手当 (=allocation de ~ unique).
2〔比喩的〕代償，報い. ~ de la peur 恐怖の報酬.

salaison *n.f.* **1** (食品の) 塩漬け加工. ~ des viandes (du poisson) 肉 (魚) の塩漬け加工. **2**〔多く *pl.*〕塩漬け食品. ~s de porc 豚の塩漬け. **3** (海水の) 塩分濃度.

salaisonnerie *n.f.* 塩漬食品加工業.

salamalec [salamalɛk] (<アラビア語の salām'alayk「汝に安らぎを」という挨拶表現に由来する) *n.m.*〔主に *pl.*〕過度の丁寧さ. faire des ~s 馬鹿丁寧な挨拶をする.

salamandre *n.f.* **1** サラマンドル，サラマンダー，火トカゲ (火の中に生き，口から炎を出す姿で描かれる伝説上の動物). la S~, emblème de François Ier フランソワ1世の紋章であるサラマンドル.
2〔動〕山椒魚. ~ du Japon 日本山椒魚，大山椒魚. ~ tachetée 斑入り山椒魚.
3〔建築〕サラマンドル・ストーヴ (暖炉用の緩慢焼用ストーヴ；商標).
4〔冶〕(溶鉱炉の炉床に残った) 金属塊.
5〔錬金術〕(硝酸蒸溜中に発生する) 赤い蒸気.
6〔化〕〔古〕石綿 (= ~ pierreuse；~ pierre；amiante).

salami〔伊〕*n.m.* サラミソーセージ. ~ danois デンマーク・サラミ. ~ de Strasbourg ストラスブール・サラミ (牛挽肉と豚脂；=saucisson d'Alsace アルザス・ソーセージ). ~ florentin フィレンツェ・サラミ. ~ hongrois ハンガリー・サラミ (パプリカ入り). ~ milanais ミラノ・サラミ.

salarial (ale) (*pl.* **aux**) *a.* **1** 賃金の；賃金に関する；賃金による. convention ~ale 賃金に関する協定. masse ~ale 賃金総額.
2 賃金労働者 (salarié) の，被用者の (patronal「経営者の」の対). cotisation ~ale de la Sécurité sociale 社会保障の被用者分担金. plan d'épargne ~ale 賃金労働者による貯蓄制度.

salariat *n.m.* **1** 賃金制.
2 賃金労働者の状態.
3 労働者階級.
4 被用者 (salarié) としての身分.

salarié (e) *a.* 賃金の支払いをうける，賃金制の. allocation aux vieux travailleurs ~s (AVTS) 老齢賃金労働者手当. travail ~ 賃金労働. travailleur ~ 賃金労働者.
── *n.* 賃金労働者，給与所得者，サラリーマ

ン. ~s agricoles 農業賃金労働者.

salbutamol *n.m.*〔薬〕サルブタモール (気管支拡張薬・喘息治療薬；薬剤製品名 Ventoline (*n.f.*)).

sale *a.* [Ⅰ]〔名詞の後〕**1** (物が) 汚い，汚れた. du linge ~ 汚れた下着類. eau ~ 汚水. les mains ~s 汚れた手.
2 (人が) うす汚い，不潔な. être ~ comme un cochon 豚のように汚い.
3 うす汚れた感じの. blanc ~ うす汚れた白. couleur ~ うす汚れた色.
4 卑猥な，破廉恥な. histoires ~s 下品な話. mots ~s 卑猥な言葉.
5 放射能をまきちらす. bombe nucléaire ~ 汚い核爆弾.
[Ⅱ]〔名詞の前〕**1** いやな，不快な. ~ affaire (histoire) いやな事件 (話). un ~ coup pour la fanfare 厄介なこと. un ~ temps いやな天気. avoir une ~ gueule 醜い顔をしている；病的な顔をしている. faire une ~ gueule うんざりした顔をする. C'est pas ~. 悪くない.
2 おんぼろの. cette ~ bagnole このおんぼろ車.
3 下劣な，軽蔑すべき，いやな. un ~ bonhomme いやな奴. C'est un ~ type. いやな奴だ.

salé¹ *n.m.* 塩漬け豚肉. manger du ~ 塩漬け豚肉を食べる.〔料理〕petit ~ aux lentilles プチ・サレ (塩漬け豚肉の薄切りのレンズ豆添え).

salé² (**e**) *a.p.* **1** 塩分を含んだ. eau ~e 塩水；海水. lac ~ 鹹水 (かんすい) 湖. saveur (goût) ~ 塩味.
2 (食品が) 塩気のある，塩辛い；塩漬けの. beurre ~ 有塩バター. bœuf (porc) ~ 塩漬けビーフ (豚肉). conserves ~es 塩漬保存食品. mouton de prés-~ プレ=サレ (塩分を含む牧草地で放牧される羊〔の肉〕). soupe trop ~e 塩辛すぎるスープ.
3〔比喩的・話〕際どい，卑猥な，みだらな. plaisanterie ~e 際どい冗談.
4〔比喩的〕極端な，法外な. addition ~e 法外な勘定〔書〕.

salep [-ɛp] *n.m.*〔薬〕サレップ (蘭科の植物の根を乾燥粉末化したもの，賦形剤).

salers [salɛrs] *n.m.*〔チーズ〕サレルス (カンタル県 département du Cantal の小郡庁所在地サレルス Salers (市町村コード 15410) およびその周辺地方でサレールス種の牛の牛乳からつくられる非加熱 2 回圧搾ブラシかけ自然外皮の半硬質 AOC チーズ；脂肪分 45％以上；fourme de S~, cantal-~ ともよばれる).
── *n.*〔畜産〕サレルス種の牛 (赤褐色の肉牛・乳牛；オーヴェルニュ地方 l'Auvergne の伝統的品種).
── *a.* サレルス種の.

salésien (ne) (<saint François de Sales) *a.*〔キリスト教〕**1** 聖フランソワ・ド・サル

[1567-1622]の. doctrine ~*ne* 聖フランソワ・ド・サルの教義.
2 聖フランソワ・ド・サル派の；サレジオ修道会の.
——*n.m.* サレジオ会修道士(1872年Jean Bosco が Torino で設立した聖フランソワ＝ド＝サル司祭会 Société des Prêtres de Saint-François-de-Sales の修道士).
——*n.f.* 救済のマリア会女子修道会(1872年設立の Société des Filles de Marie-Auxiliatrice の修道女.
salicacées *n.f.pl.* 〖植〗やなぎ科(saule「柳」など).
salicine *n.f.* 〖化〗サリシン, サリコシド(= salicoside)(柳・ポプラの樹皮に含まれるグルコシド)(鎮痛作用がある).
salicole *a.* 製塩(saliculture)の.
salicoside *n.m.* 〖化〗サリコシド, サリシン (= salicine)(柳やポプラの樹皮に含まれるグルコシド)(鎮痛作用がある).
saliculture *n.f.* 製塩；製塩業.
salicylate *n.m.* 〖化・薬〗サリチル酸塩, サリチル酸エステル.
salicylé(e) *a.* 〖化・薬〗サリチル酸〔塩〕の.〖薬〗médicament ~ サリチル酸〔塩〕系医薬品(アスピリンなど).
salicylique *a.* 〖化〗サリチル酸の. acide ~ サリチル酸. acide acétyl-~ アセチル＝サリチル酸 (= aspirine アスピリン).
salidiurétique *a.* 塩分排出作用のある.
——*n.m.* 〖薬〗塩分排泄剤 (= salurétique).
salière *n.f.* **1** (食卓の)塩入れ. ~ poivrière 塩胡椒入れ.
2 (馬の)眼の上の窪み.
3 〔比喩的〕(痩せた人の)鎖骨の上の窪み.
4 〖食肉〗サリエール(牛の肩肉の首に近い部位).
salifère *a.* 塩を含む. argile ~ 含塩粘土. plante ~ 含塩植物.
salification (< salifier) *n.f.* 塩化.
saligaud(e) *n.* 〔俗〕薄汚い奴, 下劣な奴；卑劣漢.
salin(e) *a.* 塩の；塩を含む；塩でできた. marais ~ de Guérande ゲランドの塩田(海塩田). roche ~*e* 岩塩〔鉱〕.
——*n.m.* 塩田 (= saline). Compagnie des ~*s* du Midi 南仏塩田会社.
salinage *n.m.* 〖製塩〗煎熬(せんごう)(濃厚鹹水を煮つめて塩をつくる工程). **2** 塩の集積場.
saline *n.f.* **1** 製塩所(岩塩の採掘所, 塩田の製塩工場). **2** 〔誤用〕塩田 (= marais salant).
salinier(**ère**) *a.* 製塩の. industrie ~*ère* 製塩業.
——*n.* 製塩業者.
salinisation *n.f.* (土地・河川・湖沼などの)塩度上昇, 塩分増加；塩水化. ~ des sols 土壌の含塩分上昇(土地の砂漠化現象の一因).

salinité *n.f.* **1** 塩度, 塩分. ~ des océans 大洋の塩度. **2** 含塩性.
salivaire *a.* 唾液の；唾液を分泌する. 〖医〗calcul ~ 唾石〔症〕. glandes ~*s* 唾液腺.
salivation *n.f.* 〖生理・医〗唾液分泌. 〖医〗~ excessive 唾液過多症〔症〕(= hypersialorrhée, sialorrhée).
salive *n.f.* **1** 唾液. **2** 〔話〕dépenser beaucoup de ~ 唾を飛ばして喋りまくる, 無駄話をする.
salle *n.f.* **1** (個人住宅の)室, サル, ルーム (chambre「寝室」, cuisine「台所」以外). ~ à manger¹ 食堂；食堂セット. ~ de bain[s] 浴室, バスルーム. ~ d'eau シャワールーム；洗面室；洗濯室. ~ de jeux 子供の遊び部屋. ~ de séjour 居間, リヴィングルーム.
2 (個人住宅以外の)室, ホール. ~ à manger² 食堂. ~ blanche 無菌室. ~ capitulaire 教会参事会室；修道院総会室. ~ commune (病院の)共同病室, 大部屋. ~ d'armes フェンシング道場. ~ d'arrêt (監獄の)監房. ~ d'attente 待合室. ~ d'audience 法廷. ~ de bal ダンスホール. ~ de chirurgie 手術室. ~ [de classe] 教室. ~*s* d'un lycée リセの教室. ~ de discipline (監獄の)懲罰室. ~ d'embarquement d'un aéroport 空港の出発ロビー. ~ d'études 自習室. ~ de garde 守衛室；(病院の)当番医詰所. ~ de jeux d'un casino カジノのルーレット室. ~ de lecture (図書館の)閲覧室. ~ des manuscrits de la Bibliothèque Nationale 国立図書館の手稿室. ~ de marché (銀行の為替などの)取引ルーム. ~ d'opérations オペレーション・ルーム；〖軍〗作戦〔指揮〕室. ~ des pas perdus (裁判所の)待合室；(駅の)コンコース. ~ de rédaction 編集室. ~ de réveil (病院の)手術後集中管理室. ~ de spectacle 劇場, ホール. ~ de ventes 競売場. ~ d'un restaurant レストランの食堂. ~*s* d'un tribunal 裁判所の法廷. ~ obscure (映画館などの)暗くできるホール. ~ polyvalente 多目的ホール.
3 劇場 (= ~ de théâtre)；映画館 (= ~ de cinéma)；(催し物の)ホール；〖劇〗客席；〔集合的〕観客. ~ de concert コンサート・ホール. ~ d'exclusivité 封切映画館. ~ de quartier (映画の)二番館. ~ de projection 映写室. ~ Gaveau サル・ガヴォー(パリのコンサート・ホール). une bonne ~ (劇場などの)上客. faire une ~ ~ 客席をさくらで埋める. réseau de ~*s* (映画の)配給網.
4 〖考古〗(鍾乳洞, 洞窟などの)広い部分.
5 〔古〕(宮殿, 邸宅などの)広間. ~ du trône 王座の間. grande ~ 大広間. ~ des gardes 近衛兵の控えの間.
salmanazar (< アッシリアの王名) *n.m.* サルマナザール(シャンパーニュ酒の大瓶；通常の12本分に相当, 9 *l* 以上).

salmétérol *n.m.* 〖薬〗サルメテロール(喘息治療薬;薬剤製品名 Serevent (*n.m.*)).

salmis (< *salm*igondis) *n.m.* 〖料理〗サルミ(本来はやましぎ bécasse, やまうずら perdrix, 野鴨, 雉肉のラグー;辛口の白葡萄酒とフォン・ド・ヴォーを主体にしたソースで, ローストした猟鳥を弱火で煮込んだ料理;広義では飼育鴨, ホロホロ鳥, 鳩の肉のラグー). ~ de perdrix (de faisan) やまうずら(雉)のサルミ.

salmonelle (<Daniel Elmer Salmon [1850-1914], アメリカの病理学者) *n.f.* 〖医〗サルモネラ菌(腸内細菌科のグラム陰性桿菌;サルモネラ症 salmonellose の病原菌 (=salmonella, *n.f.inv.*)). infection due à des ~s サルモネラ菌感染症 (=salmonellose).

salmonellose *n.f.* 〖医〗サルモネラ性胃腸炎.

salmoniculture *n.f.* 鮭(鱒)の養殖.

salmonidés *n.m.pl.* 〖魚〗鮭科;鮭科の魚類(saumon 鮭, corégone 小口鱒, omble いわな, オンブル, truite 鱒など).

Salomon *n.pr.m.* **1** 〖聖書〗ソロモン(紀元前970-931の第三代のヘブライ王;DavidとBethsabéeの子);〖比喩的〗賢者. ~ et la reine de Saba ソロモンとシバの女王. jugement de ~ 公正な審判. temple de ~ ソロモンの神殿.
2 〖地理〗les îles ~ ソロモン諸島(太平洋上の諸島);ソロモン諸島国 (1978年独立;首都 Honiara ホニアラ;公用語 anglais, 通貨 dollar des îles ~ [SBD];形容詞 salomonais (*e*)).
3 〖商業〗サロモン社(フランスの製靴・スポーツ用品会社;現 Adidas-S~ アディダス=サロモン社).

salomonais(**e**) *a.* ソロモン諸島 (les îles Salomon)の;〜の住民の.
—*S~ n.* ソロモン人;ソロモン諸島民.

salon *n.m.* **1** (個人住宅の)客間, 応接間, サロン. ~-salle à manger 食堂兼居間, リヴィングダイニング.
2 〖集合的〗応接セット;客間の家具類 (=mobilier de ~). un ~ Louis XVI ルイ16世様式の家具.
3 社交サロン;社交界. ~s littéraires du XVIIe et XVIIIe siècle 17・18世紀の文学サロン. habitué des ~s サロンの常連 (=salonnard). faire ~ 集まる. fréquenter les ~s 社交界に出入りする.
4 (営業用の)サロン, 応接室;室;店. ~ d'attente 待合室. ~ de coiffure 美容サロン, 美容室;理髪店. ~ de dégustation 葡萄酒商の試飲室. ~ d'essayage 試着室. ~ de réception d'une maison de haute couture オート・クーチュールの応接室. ~ de thé サロン・ド・テ(飲物と菓子類を出す), 喫茶店. ~ particulier d'un restaurant レストランの個室. 〖鉄道〗voiture-~ サロンカー.
5 〖カナダ〗 ~ funéraire (mortuaire) 霊安室;葬儀場 (=〔英〕funeral parlor);葬儀屋.
6 (定期的な)新作美術展;新作美術展の批評. le S~ d'automne サロン・ドートンヌ (秋の新作美術展). les S~s de Baudelaire ボードレールの美術展評.
7 新製品展示会, 見本市 (=~ d'exposition). le S~ de l'aéronautique et de l'espace 航空宇宙サロン. le S~ de l'agriculture 農業見本市, 農業博覧会(毎年春パリで開催). le S~ de l'automobile モーター・ショー, 新車見本市. le S~ mondial du tourisme 世界観光見本市. ~s ouverts au public 公開制見本市. ~s professionnels 産業見本市.

Salonique ⇒ Thessalonique.

salopette *n.f.* 〖衣〗**1** つなぎ(作業着). ~ de mécanicien (de jardinier) 機械工(庭師)のつなぎ. **2** サロペット(胸当てのついた吊りズボン).

salpêtre *n.m.* **1** 〖化〗硝石(硝酸カリウム nitrate de potasium (KNO₃)の通称). ~ du Chili チリ硝石. ~ de soude ソーダ硝石, チリ硝石.
2 (壁面などに形成される)硝石の粉.

salpêtrière *n.f.* 硝石工場.〖古〗la S~ (パリの)硝石工場;サルペトリエール病院(硝石工場跡地に1656年に建設された総合病院). CHU de la Pitié -S~ (パリの)ピチエ=サルペトリエール大学病院センター.

salpingectomie *n.f.* 〖医〗卵管(耳管)切除〔術〕.

salpingite *n.f.* 〖医〗卵管炎.

salpingographie *n.f.* 〖医〗卵管X線造影〔法〕.

salpingolyse *n.f.* 〖医〗卵管癒着剥離術.

salpingoplastie *n.f.* 〖医〗卵管形成〔術〕.

salpingostomie *n.f.* 〖医〗卵管開口術.

salsifis [salsifi] *n.m.* **1** 〖植〗サルシフィ, 西洋牛蒡(ごぼう)(菊科 scorsonère;学名 tragopogon porrifolius), ばらもんじん (=~ blanc). ~ noir 黒サルシフィ, 黄花ばらもんじん. ~ sauvage 野生サルシフィ (=〖俗称〗barbe-de-bouc 牡山羊の鬚).
2 〖料理〗サルシフィ(西洋牛蒡)の根 (=racine du ~). ~ au gratin サルシフィのグラタン.
3 〖植〗〖誤用〗スコルソネール, ふたみそう.

SALT (=〔英〕*S*trategic *A*rms *L*imitation *T*alks) *n.f.pl.* 戦略兵器制限交渉(1969年11月に米ソ間で始まった戦略核兵器制限交渉) (=〔仏〕conversations sur la limitation des armements stratégiques).

saltimbanque *n.* **1** 辻芸人, 大道曲芸師. **2** 道化;香具師(やし).

salubre *a.* **1** 健康によい, 体によい;健

康的な. air 〜 et frais du matin 朝の健康によい爽やかな空気. climat 〜 体によい気候. logement 〜 健康的住居.
2〔比喩的〕健全な (=sain). lectures 〜*s* 健全な読書.

salubrité *n.f.* **1** (気候・住居などが) 健康的なこと；(環境の) 快適さ. ~ d'un (du climat) 健康に良い空気 (気候). ~ d'un logement 住居が健康的であること.
2 衛生. ~ publique 公衆衛生. assurer la ~ 良い衛生状態を確保する.
3〔文〕健康そうな様子.

salut *n.m.* ① (救済) **1** 救い；助かること；救命；救出. ~ d'un pays 救国. Front islamique du ~ イスラム救国戦線(略記 FIS；アルジェリアのイスラム政党 [1989-1992]). ~ public 公安；国家の安寧.〖仏史〗Comité de ~ public 公安委員会 (大革命下). loi de ~ public 公安維持法. mesure de ~ public 公安維持対策. ancre de ~ 非常用の大錨；〔比喩的〕最後の手段, 頼みの綱. lieu (port) de ~ 避難場所 (港).〖海〗planche de ~ 遭難者がすがる板；〔比喩的〕頼みの綱. chercher son ~ dans la fuite 命からがら逃げる. devoir son ~ à 〜 命が助かったのは…のおかげだ.
2〖宗教〗救済. ~ de l'âme 魂の救済. ~ personnel 個人の救済. l'Armée du S~ 救世軍. espérer son ~ 救済を望む. faire son ~ 善行に励む. hors de ..., point de ~ 以外に救いはない.〔諺〕Hors de l'église, point de ~. 教会の外に救済なし.
② (挨拶) **1** 挨拶, お辞儀, 礼. ~ au drapeau 国旗に対する敬礼；〖軍〗軍旗礼 (式). ~ à la japonaise 日本式のお辞儀. ~*s* cérémonieux 儀式ばった (馬鹿丁寧な) 挨拶. ~ d'un acteur (喝采に応える) 役者のお辞儀. ~ de la main 手をあげる挨拶. ~ militaire 軍隊式敬礼. ~ réglementaire 規則にかなった敬礼. formules de ~ 挨拶の仕方. gestes de ~ 挨拶の仕草. faire (rendre) un ~ 挨拶をする (返す).
2〖宗教〗礼拝.〖カトリック〗~ (du Saint-Sacrement) 聖体降福式. assister au ~ 聖体降福式に出る.
③ (挨拶の言葉) **1** (出会い・別れの挨拶) こんにちは (=Bonjour)；さようなら (=Adieu, Au revoir). S~! サリュ!(やあ, おす! それじゃまた!). S~, les copains! やあ皆元気かい! それじゃ皆元気で!
2 (拒絶の言葉) とんでもない；お門違いだ, 俺をあてにするなよ.
3〔文〕(称賛の言葉) 栄えあれ, 誉むべきかな. S~, demeure chaste et pure! 栄あれ, 清純なるすみかよ.〔諺〕À bon entendeur, ~. 分る人には幸いあれ；私の言うことを良く考えよ.

salutaire *a.* **1** 健康によい, 体によい；精神的によい. air 〜 des montagnes 山岳地

帯の体によい空気. baume 〜 鎮静作用のある芳香材. climat 〜 *qn* 人の体によい気候. remède 〜 健康回復の治療法；健康薬品.
2 役に立つ, 為になる. conseil 〜 役に立つ忠告. lecture 〜 有益な読書.
3〖宗教〗魂の救済になる.

salutation *n.f.* **1** 丁寧な挨拶；お辞儀,〔蔑〕仰々しい挨拶 (儀礼). forme des 〜*s* 丁寧な挨拶の形式. faire de grandes 〜*s* 仰しい挨拶をする.
2〔*pl*. で〕(手紙の) 挨拶の文言. S〜*s* distinguées (empressées)/Veuillez agréer mes respectueuses 〜*s*. 敬具.
3〖宗教〗祝詞.〖カトリック〗〜 angélique (聖母マリアに対する) 天使ガブリエルの祝詞 (=Ave Maria). prière de la 〜 angélique 天使ガブリエルの聖母マリア讃美の祈り (Je vous salue, Marie, ...；Ave Maria).

Salvador(le) *n.pr.m.*〔国名通称〕エル・サルヴァドル (公式名称：la République du S〜 エル・サルヴァドル共和国；国民：Salvadorien(ne)；首都：San Salvador サン・サルヴァドル；通貨：colon salvadorien [SVC]).

salvadorien(ne) *a.* エル・サルバドル (le Salvador) の, エル・サルバドル共和国 (la République du Salvador) の；〜人の.
——*S*〜 *n.* エル・サルバドル人.

salve *n.f.* **1** 礼砲, 祝砲；〖軍〗一斉射撃 (=feu de 〜)；(爆弾の) 一斉投下；〔比喩的〕拍手喝采. 〜 d'artillerie 礼砲. tirer une 〜 礼砲を撃つ；一斉射撃をする.〔比喩的〕〜 d'applaudissement 一斉の拍手.
2〖物理〗バースト (= [英] burst). 〜 de neutrons 中性子のバースト.

SAM *n.* [英] Surface to Air Missile) *n.m.*〖軍〗地対空ミサイル (= [仏] MSA：missile sol-*air*).

sam. (=*sam*edi) *n.m.* 土曜日 (略記).

samarium [samarjɔm] *n.m.*〖化〗サマリウム (元素記号 Sm, 原子番号 62, 原子量 150.35. 1878 年発見の希上類元素). **2**〖金属〗サマリウム (比重 7.5, 融点 1080℃の希金属).

samba[1] *n.f.*〖舞踏・音楽〗サンバ.
samba[2] *n.m.*〖植〗サンバ (青桐科 sterculiacée のアフリカの樹木；軽量材として珍重される；別称 obéché).

Samchok〔韓国〕*n.pr.* 三陟 (さんしょう), サムチョク (江原道の臨海都市).

samedi *n.m.* 土曜日 (1 週間の第 6 日；略記 sam.). le 〜 saint 聖土曜日 (復活祭の直前の土曜日).

samoan(ne) *a.* サモア (Samoa) の, サモア諸島 (les Samoa) の；西サモア独立国 (l'Etat indépendant des Samoa occidentales) の；〜人の；サモア語の.
——*S*〜 *n.* サモア人.

Samoa occidentales(les), Samois(les)

—n.m. 〖言語〗サモワ語.

Samoa occidentales(les), Samois(les) n.pr.f.pl. [国名通称] 西サモワ諸島《公式名称：l'Etat indépendant des Samoa occidentales 西サモワ諸島独立国家；国民：Samoan(e)；首都：Apia アピア；通貨：tala [WST]》.

samouraï [samurai], **samurai** 〖日〗 n.m. 侍, 武士.

SAMP (=sol-air [à] moyenne portée) n.m.《軍》地対空中距離ミサイル(=missile ～).

SAMP/T (=sol-air moyenne portée/terre) n.m.《軍》陸軍地対空中射程ミサイル迎撃ミサイル《l'Aster-30の軍コード》.

SAMRO (=satellite militaire de reconnaissance optique) n.m.《軍》光学探査軍事偵察衛星.

Samsung [韓国] n.pr. 三星(さんせい), サムソン《最大手電気・電子機器製造企業のグループ名》.

SAMU [samy] (=Service d'aide médicale urgente) n.m. サミュ, 緊急医療救助隊, 救急医療サービス〔組織〕《医療センター付属の24時間体制公共救急医療システム》. ～ social ホームレス救急移動サービス.

samutard n.m. 救急医療サービス(SAMU)隊員.

SAN (=syndicat d'agglomérations nouvelles) n.m. 新都市組合《新都市に関する市町村間協力機構, 公益事業に対する投資・施設建設・運営の計画を担当》.

sanatorium [sanatɔrjɔm] [英] n.m.《医》サナトリウム, (特に結核・精神病・アルコール中毒など長期療養者用の) 療養所.

sancerre[1] n.m.《葡萄酒》サンセール《ロワール河流域, シェール県département du Cher の県庁所在地 S～ サンセール (市町村コード 18300) を中心とした地区で生産される AOC 葡萄酒；sauvignon 種の葡萄からつくられる辛口の白を中心に, pinot noir 種から若干の赤とロゼが生産される》.

sancerre[2] n.m.《チーズ》サンセール《ベリー地方 le Berry で, 山羊乳からつくられる, 軟質, 自然外皮のチーズ；脂肪分 45 %；別称 chavignol, crézancy, santranges》.

Sanchong [中国] n.pr. 三重(さんじゅ), サンチョン《台湾台北市近郊の都市》.

san-christobalien(ne) (kittitien(ne))et névicien(ne) a. セント＝クリストファー・ネイヴス (le Saint-Christophe-et-Niévès) の, セントキッツネヴィス (le Saint-Kitts-et-Niévès) の, セント＝クリストファー・ネヴィス連邦 (la Fédération de St-Christophe-et-Niévès) の；～の住民の. —S～-C～-et-N～ n. ～人.

sanctification n.f. **1** 神聖化, 聖化；〖カトリック〗成聖, 聖別. ～ des apôtres 使徒たちの聖別. **2** 祝聖, 聖なるものの讃美.

sanction n.f. **Ⅰ 1**〖法律〗(法令などの)批准, 裁可 (=consécration)；認可. ～ royale 勅裁. 〖史〗pragmatique — 国事勅書. **2** 承認, 同意, 是認 (=approbation). ～ de l'emploi d'un mot par l'usage 慣用による用語の容認. **3** 当然の結果；報い. ～ du progrès 進歩の自然な結果.

Ⅱ 1〖法律〗制裁, 制裁規定, 強制措置；〖倫理〗制裁. ～s économiques 経済制裁. ～s militaires 軍事制裁. ～ sociale 社会的制裁. **2** 懲戒, 処分, 懲罰. ～ administrative 行政罰. ～ disciplinaire 懲戒罰. ～ pénale 刑法上の処罰, 刑罰. prendre des ～s contre un élève 生徒に対し処罰の措置を講じる.

sanctionner v.t.〖法律〗**1** 裁可(認可, 承認)する；〔一般に〕容認する. ～ un decret デクレを承認する. décret sanctionné 承認されたデクレ. emploi d'un mot sanctionné par l'usage 慣用で容認された語の用法. **2** (権利義務の) 実効確保の措置をとる. **3** 制裁を加える；罰する (=punir)；刑を科す. ～ un delit 不法行為(軽罪)を罰する. ～ une faute 過失を罰する. personne sanctionnée 処罰された人.

sanctuaire n.m. **1** 聖所, 聖域；〖宗教史〗(イエルサレム神殿の)至聖所 (=～ du Temple de Jérusalem)；〖カトリック〗教会堂中央祭壇の周辺；内陣 (=～ d'une église). **2** 神殿, 教会堂, 寺院. ～ bouddhique 仏殿. **3**〖比喩的〗法の及ばない聖域, 避難所. **4** (鳥獣の) 禁猟〔保護〕区. ～ d'oiseaux 鳥類保護区. **5**〖軍〗核抑止力による保護地域, 核に守られた聖域 (=～ couvert par la dissuasion nucléaire).

sanctualisation (<sanctuaire, sanctualiser) n.f. 聖域化；(政治・軍事的) 不可侵化.〖軍〗～ de l'espace national 国土の不可侵化. ～ d'un site touristique 観光地の聖域化.

sandale n.f. サンダル；サンダル風の靴, サンダル靴. ～s de cuir 革のサンダル.

sandiniste (<Augusto César Sandino [1895-1934], ニカラグワの将軍・民族運動指導者) n. サンディニスト, サンディニスタ《1979年ソモサ政権を倒したニカラグワの民族戦線の構成員》. —a. サンディニストの. mouvement ～ サンディニスト運動.

sandre (<〖独〗Zander) n.m.(f.)《魚》サンドル, ツァンダー, ザンダー, パイク・パーチ (=〖英〗pike-perch), 細鱸(ほそすずき) 《すずき科 percidés の大型淡水魚, 体長 1 m, 重さ 15 kg に達するものあり；身は白く繊細》. 〖料理〗～ de Loire au céleri et au vin ロワール河のサンドル, 根セロリのピュ

レ添え、赤葡萄酒ソース．

sandwich [sãdwi(t)ʃ] (pl. **～es**) 〖英〗
n.m. **1** サンドイッチ．～〖au〗jambonハム・サンド《バゲットの縦割りに豚の腿ハムを挟んだもの》．
2 サンドイッチ状のもの，層状のもの；〖機工〗サンドイッチ構造体，サンドイッチ〖層状の軽量構造体〗．〖工〗～ carbone 炭素繊維サンドイッチ素材．verre-～ 強化ガラス．〖機工〗en ～ サンドイッチ状の(に)；〖話〗両側からぴったりと挟まれて．

sandwicherie n.f. サンドイッチ専門店，サンドイッチ屋．

sang n.m. **1** 血，血液．Le ～ est composé de plasma et d'éléments figurés. 血液は血漿と有形成分《赤血球・白血球・血小板》から成る．～ artériel (véineux) 動脈(静脈)血．～ contaminé 汚染血．～ laqué 溶血反応を起した血．～ séché 乾いて固まった血．analyse de ～ 血液分析；血液検査，検血．animaux à ～ chaud (froid) 温 (冷)血動物．coagulation du ～ 凝血．contamination du ～ 血液汚染．couleur de ～ 血色．〖医〗coup de ～ 卒中(=congestion cérébrale)．donneur (receveur) de ～ 献血者(受血者)．maladies du ～ 血液疾患．œil injecté de ～ 血走った目．pertes de ～ 失血．prise de ～ 採血．régulation du ～ 血液の調節〖作用〗．tension du ～ dans les vaisseaux 血圧．transfusion de ～ 輸血．〖医〗troubles dans la circulation du ～ 血液の循環障害．type de ～ 血液型(=groupe sanguin)《système ABO, facteur rhésus など》．
être 〔tout〕en ～ 血まみれになる．tirer du ～ à qn 人の血をとる．Mon ～ n'a fait qu'un tour. 血が逆流する思いだった．
2 〖比喩的〗血の気，血気，血潮．apport de ～ frais 新しい血の供給，新しい人材(資金)の注入．avoir le ～ chaud 血の気が多い．avoir le ～ qui monte à la tête 頭に血がのぼる．avoir du ～ dans les veines 元気潑剌としている．avoir du ～ de poulet (de navet) 気が弱い．brûler le ～ à qn 人の血を沸き立てる．faire bouillir le ～ à qn 人をかっとさせる．se faire du mauvais ～ 気をもむ．fouetter le ～ 血のめぐりを良くする；活気を与える，刺激する．
3 (流された) 血；命．Le ～ a coulé. 血が流れた；死傷者が出た．～ impur (敵の) 不純(穢れた)血．avoir les mains couvertes de ～ 血塗れのことをしている(→) 悪業の主である．〖カトリック〗le Précieux S～《キリスト》の御血．donner son ～ pour … のために命を捧げる．mettre un pays à feu et à ～ 国を戦火にさらす．payer son ～ 殺戮を行なう．suer ～ et eau 血と汗を流す．
4 血筋；血縁；血統；(血のつながった) 子孫，liens du ～ 血のつながり．voix du

血族の愛情．avoir du ～ bleu (noble) 高貴の血筋を引く．avoir qch dans le ～ 何かの天分がある．être d'un ～ illustre 名家の生れである．être du même ～ 血を分けた仲である．de ～ mêlé 混血の．de pur ～ 純血の．cheval de pur ～ 純血種の馬，サラブレッド (=pur-～)．

sang-froid n.m.inv. 冷静，平静．avec ～ 沈着に，冷静に，落ち着いて．faire qch avec ～ 沈着に何を行なう．de ～ 平然と，冷徹に．tuer qn de ～ 平然と人を殺す．garder (perdre, reprendre) son ～ 冷静を保つ(失う，取り戻す)．

sanglant(e) a. **1** 血に染まった，血まみれの，血なまぐさい；血を流す．affaire ～e 血なまぐさい事件．combat ～ 血みどろの戦闘．〖医〗diarrhée ～e 血便．mort ～e 流血を伴う惨死．plaie ～e 血が流れる傷．〖宗教〗sacrifice ～ 流血の供儀《生贄を捧げること；＝十字架上のキリスト》．
2 〖比喩的〗度を越えた，壮絶な，惨憺たる．critique ～e 情容赦のない批判．
3 〖文〗血の色の．rouge ～ 血のような赤．

sangle n.f. **1** (革または布の) 帯，ベルト．～ s d'une selle 鞍帯．〖医〗～ de compression 圧迫帯．～ d'ouverture automatique (パラシュートの) 自動開傘索(略 SOA)．lit de ～ 簡易ベッド．livres moués par une ～ バンドで結んだ本．
2 〖解剖〗～ abdominale 腹壁筋．
3 〖登山〗サングル《岩壁の細い通路》．

sanglier n.m. **1** 猪，牡猪《牡猪は laie, 6 カ月未満の仔猪は marcassin, 6 カ月 - 1 歳は bête rousse, 1-2 歳は ragot, 3 歳は bête de compagnie, 2 歳は ragot, 3 歳は tiers-an, 4 歳は quarteiner, それ以上は porc entier, 老牡猪は solitaire》．
2 猪の肉(=viande de ～)．

sanglot n.m. **1** すすり泣き，嗚咽(おえつ)．～ qui jaillit こみあげる嗚咽．avoir des ～s dans la voix 嗚咽で声がつまる．contenir ses ～s 嗚咽をこらえる．éclater (pousser) des ～s 泣きじゃくる，嗚咽する．
2 〖文〗悲嘆．vrais ～s 心の底からの悲歎．
3 〖比喩的〗すすり泣きに似た音．《Les ～s longs/Des violons/De l'automne.》「秋の日のヴィオロンの長いすすり泣き．」(Verlaine の詩句)

sang-mêlé n.inv. 混血〔の人〕(=métis, métisse)．

sangsue [sɑ̃sy] n.f. **1** 〖動〗蛭 (ひる)．Une ～ absorbe 15 millilitres de sang. 蛭が 15 ミリリットルの血を吸う．utilisation de la ～ en médecine 蛭の医学的利用《蛭に血を吸わせる療法》．
2 〖文〗(他人の金を絞り取る) 強欲な人間，吸血鬼．
3 〖話〗うるさくつきまとう人．

sanguin(e)[1] a. **1** 血の；血から成る．circulation ～e 血液の循環．écoulement ～

sanguine² 血流. gaz ~ 血液ガス《血液中の各種ガス》. groupes ~s 血液型《ABO式の他, Rhésus, kell, MNS, kidd, Duffy, Lutheran, Lewis, Se, Diego, Xg, Cartwright, Dombrock, Auberger の各方式 système がある》. incompatibilité ~e 血液型不適合. plasma ~ 血漿. plaquette ~ e 血小板 (=thrombocyte).【薬】produits ~ s 血液製剤. sérum ~ 血清. transfusion ~e 輸血. vaisseaux ~s 血管《artère 動脈, veine 静脈, capillaire 毛細血管》.
2 血の色をした;【植】orange ~e サンギーヌ・オレンジ, ブラッド・オレンジ《中身が血の色をしたオレンジ; sanguine》.
3 血色の良い;多血質の. tempérament ~ 多血質《古代ギリシアの医学者が説いた4気質の一つ》. visage ~ 血色の良い顔.
——n. 血の気の多い人.

sanguine² n.f. **1**【鉱】鏡鉄鉱《赤鉄鉱 hématite rouge の一種》.
2【美術】サンギーヌ《鏡鉄鉱からつくる赤色のチョーク, およびそれで描いたデッサン・石版画》.
3【植】サンギーヌ・オレンジ《中身が血のようにあいオレンジ; ~ orange ~》.

sanguinolent(e) a. **1** 血の混った.【医】crachats ~ s 血痰.【医】selles ~ es 血便. **2** 血の色をした, 血のように赤い. lèvres ~ es 血のように赤い唇.

sanie n.f.【医】〔古・文〕血膿.

sanieux(se) a.【医】〔古〕血膿の出る, 血膿を含む. écoulement ~ 血膿を含む分泌物. plaie ~ se 血膿の出る傷口.

sanitaire a. **1** 保健衛生の, 公衆衛生の. action ~ et sociale 保健社会活動《医療社会保障》. cordon ~ 〔医〕(悪疫防止のための) 交通遮断線;〔比喩的〕〔政治〕(ベルギーでの) 政治的防疫線 (=cordon politique)《民主的政党が極右・極左の過激政党と結びつくことを阻止する措置》. génie ~ 公衆衛生工学. législation ~ 公衆衛生法制. service ~ 公衆衛生係;〔軍〕衛生班. serviettes ~ s 生理用ナプキン (=serviettes hygiéniques). technique ~ 衛生工学.
2 (住居・ホテル等の) 水まわりに関する. appareils (installations) ~ s 水まわり《バス・洗面台・トイレなど》.
3〔軍〕衛生班の. véhicule ~ 衛生車輌.
——n.m. **1**〔多く pl.〕水まわり. ~ s publics 公衆トイレ. **2**〔pl. で〕〔軍〕衛生班.
——n.f.〔軍〕病院車.

san-marinais(e) a. サン=マリノ (Saint-Marin) の, サン=マリノ共和国 (la République de Saint-Marin) の; ~人の (=saint-marinais(e), marinais(e)).
——S~ -M~ n. サン=マリノ人.

sans-abri (pl. ~ -~〔s〕) n. **1** (災害などで) 家を失った被災者 (=sans-logis). Le tremblement de terre a fait dix mille ~. 地震で家を失った被災者数 1 万人.

2 宿なし, ホームレス, 住所不定者 (=SDF : sans domicile fixe). accueil des ~ s ホームレスの受け入れセンター.

sans-cœur a.inv.〔話〕無慈悲な, 無情な, つれない.
——n.inv. ~人.

sans-emploi n.inv. 無職, 失業者 (=chômeur). les ~ 失業者たち.

sans-filiste n. **1** 無線技士. **2** アマチュア無線家, ハム (= ~ amateur).

sans-gêne n.m.inv. 無遠慮.
——a.inv. 無遠慮な, 図々しい.
——n.inv. 無遠慮な人, 図々しい人.

sans-grade (pl. ~ -~〔s〕) n. **1** 兵卒 (=simple soldat ; gradé「下士官」の対).
2 決定権を持たない人 (共同体) ; 下役, 下っ端 (=subalterne).

sanskrit(e) a.【言語】サンスクリットの(梵語)の. grammaire ~e サンスクリット文法.
——n.m. サンスクリット語, 梵語.

sans-le-sou n.inv.〔話〕文無し.

sans-logis n.inv.〔多く pl.〕宿無し, 無宿者, 浮浪者, 住所不定者 (=sans-abri).

sans-papiers n. 身分証明書不所持者; (外国人で) 証明書 (carte de séjour 滞在許可証, pièce d'identité 身分証明書, permis de travail 労働許可書等の) 非所持者.

sans-parti n.inv. **1**〔政治〕無党派, 無所属. **2** (共産圏諸国で) 非共産党員.

sans-patrie n.inv. 無国籍者.

sans-plomb n.m.inv. 無鉛ガソリン《四エチル鉛 plomb-tétraéthyle を含まないガソリン》. super ~ à 95 d'octane 95 オクタン価無鉛スーパー・ガソリン.

sans-terre〔s〕 n. 農地を失った農民. les ~ du Nordeste brésilien ブラジル東北地方の農地を失った農民たち.

sans-travail n.inv.〔多く pl.〕失業者.

santal (pl. ~ s) n.m. **1**【植】サンタル, 白檀 (= ~ blanc) (Loranthacées). ~ noir 黒檀 (=excœcaria) (Euphorbiacées). ~ rouge¹ (des Indes) 紫檀 (Légumineuses, Papilionacées). faux ~ にせ白檀 (=hedera) (Araliacées).
2 白檀材 (=bois de ~). coffret de ~ 白檀の小箱.
3 白檀油 (=essence de ~). ~ rouge² 紫檀油 (収斂剤).

santé n.f. **1** 健康. état de ~ 健康状態. avoir de la ~ 健康である. être plein de ~, être en pleine ~ 健康そのものである. ~ physique 肉体的健康. A votre ~ ! ; S~ ! ア・ヴォトル・サンテ, サンテ, 御健康を祝して《乾盃で交す言葉》. boire à la ~ de qn 人の健康を祝して乾盃する. bon (mauvais) pour la ~ 健康に良い (悪い). ménager sa ~ 健康に気をつける. perdre (recouvrer, retrouver) la ~ 健康をそこねる (回復する). respirer la ~ 健康に満ちあふれてい

2 健康状態(=état de ~). avoir une bonne ~ ; être en bonne (parfaite) ~ すこぶる健康である，健康が上々である. avoir une mauvaise ~ ; être en mauvaise ~ 健康をそこねている(害している). avoir une petite ~ 体がひ弱である. Comment va la ~ ? お元気ですか?〔話〕Et les ~s ? で，皆様お元気? être en meilleur ~ 体の具合がよくなる.〔Je vous souhaite〕une bonne année〔et〕une bonne ~. よい年と御健勝をお祈りいたします《年賀の挨拶》.
3 保健衛生，保健. ~ publique 公衆衛生，保健行政. Ministère de la S~〔publique〕保健省. Organisation mondiale de la ~ (OMS) 世界保健機構(=〔英〕WHO : World Health Organization). service de ~ 保健業務；保健所. service de ~ des armées 軍衛生局；衛生隊〔班〕. service de ~ maritime 検疫業務；検疫所.
4 maison de ~ 私立精神病院(療養所).
5 la S~ (パリの) ラ・サンテ監獄(病院の跡地に建てられたことに由来する名称).
6〔比喩的〕健全さ，安定. ~ des finances 財政の健全さ(安定). ~ mentale (morale) 精神的健全さ；情緒の安定.

santoméen(ne) a. サン=トメ=プリンシペ(São-Tomé -et-Príncipe) の，サン=トメ=プリンシペ民主共和国(la République démocratique de São-Tomé -et-Príncipe (Saint-Thomas et du Prince)) の；~人の.
——S~ n. ~人.

santranges n.m.〔チーズ〕サントランジュ(ベリー地方 le Berry の Santranges (市町村コード 18240) で，山羊乳からつくられる，軟質，自然外皮，直径 6 cm，厚さ 4 cm，平たい球形，重量 150-180 g，脂肪分 45 %).

Saône 〔son〕n.pr.f. la ~ ソーヌ川(ローヌ河 le Rhône の支流 ; le Seuil de Lorraine 「ロレーヌ峠」に源を発し，Chalon-sur-Saône，Mâcon などを経て Lyon でローヌ河に合流 ; 長さ 480 km).

Saône-et-Loire n.pr.f.〔行政〕la ~ ソーヌ=エ=ロワール県(=département de la ~ ; 県コード 71 ; フランスと UE の広域地方行政区画の région Bourgogne ブルゴーニュ地方に属す ; 県庁所在地 Mâcon マコン ; 主要都市 Autun オータン，Chalon-sur-Saône シャロン=シュール=ソーヌ，Charolles シャロール，Louhans ルーアン ; 5 郡，57 小郡，573 市町村 ; 面積 8,565 km² ; 人口 544,893 ; 形容詞 saône-et-loirien(ne)).

São-Tomé-et-Principe n.pr.m.〔無冠詞〕〔国名通称〕サン=トメ=プリンシペ(公式名称：la République démocratique de S~ ; la République démocratique de Saint-Thomas et du Prince サンメ=プリンシペ民主共和国 ; 国民：Santo-

méen(ne) ; 首都：São Tomé サン・トメ ; 通貨 ~ dobra〔STD〕).

saoudien(ne) a. サウジ=アラビア (l'Arabie Saoudite) の，サウジ=アラビア王国(le Royaume d'Arabie Saoudite) の ; ~人の.
——S~ n. サウジ=アラビア人.

SAP (=〔英〕serum amyloid protein) n.m.〔医〕血清アミロイド蛋白(=〔仏〕protéine amyloïde sérique). taux sanguin de ~ 血中の血清アミロイド蛋白濃度.

Sapad (=service d'aide aux personnes à domicile) n.m.〔社会保障〕自宅介護サーヴィス.

sapeur n.m.〔軍〕(要塞を攻撃するための)坑道掘削工兵 ;〔一般に〕工兵. ~ mineur 地雷敷設工兵.〔話〕fumer comme un ~ ヘビースモーカーである.

sapeur-pompier (pl. ~s-~s) n.m.
1 工兵消防隊員，消防士(陸軍工兵隊 génie 所属). brigade des ~s-~s de Paris (BSPP) パリ消防隊. régiment de ~s-~s 工兵消防連隊.
2〔pl. で〕消防隊(=brigade, groupement des ~s-~s).

saphène a.〔解剖〕伏在性の. veines ~s 伏在静脈.
——n.f. 伏在静脈.

saphénectomie n.f.〔医〕伏在静脈 (veine saphène) 切除〔術〕.

saphir n.m. 1〔鉱・宝石〕サファイア，青玉. ~ de Louis XIV ルイ 14 世のサファイア (135.8 カラット). ~ synthétique 人造サファイア. de ~ サファイア色の. 青く輝く. ciel de ~ 碧空，蒼穹.
2〔オーディオ〕(33, 45 回転レコード用の) サファイア針.
——a.inv. サファイア色の，青く輝く.

S.A.P.H.O. (=synovite, acné, pustulose, hyperostose, ostéite)〔医〕滑膜炎・痤瘡・膿胞・骨過剰症・骨炎. syndrome ~ 滑膜炎・痤瘡・膿胞・骨過剰症・骨炎症候群.

sapin n.m. 1〔植〕樅(もみ)の木. ~ de Noël クリスマスの樅の木，クリスマスツリー. ~ argenté 銀樅(=~ blanc 白樅，~ des Vosges ヴォージュ樅 ; 学名 Abies pectiné). ~ bleu ~ (=~ noble 高貴樅，~ de l'Orégon オレゴン樅 ; 学名 Abies procera).〔同格〕vert ~ 暗緑色.
2 樅材(=bois de ~)(家具材・棺桶材). cercueil en ~ 樅の木製の棺桶. planche de ~ 樅板.〔話〕sentir le ~ (樅の木の匂いがする→棺桶の匂いがする→)死が近い.

sapine n.f. 1 樅材(=planche en sapin, solive en sapin).
2〔建築〕巻上げ塔.
3〔方言〕樅製の桶.

sapinière n.f. 樅(もみ)林.

saponine n.f.〔化〕サポニン.

saprophyte a.〔植，医〕腐生の. bac-

téries ~s 腐生菌. champignons ~s 腐生茸. germe ~ 腐生微生物.
—— *n.m.* 〖植〗腐生植物；〖医〗腐生菌.

SAPRR (= *Société des autoroutes Paris-Rhin-Rhône*) *n.pr.f.* パリ=ライン=ローヌ高速道路会社.

SAPTA (= 〖英〗*South Asian preferential trading arrangement*) *n.m.* 南アジア特恵貿易協定〔1995年締結〕.

SAR (= 〖英〗*synthetic aperture radar*) *n.m.* 〖電〗合成開口レーダー (=〖仏〗*radar à ouverture synthétique*, RAAS: *radar à antenne synthétique*)《航空機・人工衛星に搭載する空対地高性能レーダー》.

sarcelle *n.f.* 〖鳥〗サルセル, こがも.

sarcoïde *n.f.* 〖医〗類肉腫, サルコイド.
—— *a.* 〖医〗肉腫様の.

sarcoïdose *n.f.* 〖医〗サルコイド症, サルコイドーシス, 血管類狼瘡, ベニエ=ベック=シャウマン病 (= *maladie de Besnier-Boeck-Schaumann*).

sarcomateux(*se*) *a.* 〖医〗肉腫の；肉腫に関する；肉腫状の. tissu ~ 肉腫状組織.

sarcomatose *n.f.* 〖医〗肉腫症. ~ de la méninge 髄膜肉腫症.

sarcome *n.m.* 〖医〗肉腫. ~ à cellules géantes 巨細胞肉腫. ~ botryoïde 葡萄状肉腫. ~ de Kaposi カポジ肉腫, 特発性多発性色素性肉腫. ~ de l'estomac 胃肉腫. ~ des tissus conjonctifs 結合組織肉腫. ~ fuso-cellulaire 紡錘細胞肉腫. ~ globo-cellulaire 円形細胞肉腫. ~ prostatique 前立腺肉腫. ~ utérin 子宮肉腫.

sarcomère *n.m.* 〖解剖・医〗サルコメア, 筋節.

sarcoplasme *n.m.* 〖生〗筋形質《筋繊維の細胞質》.

sarcoplasmique *a.* 〖解剖・医〗筋形質の. réticulum ~ 筋小胞体《筋細胞の細網》.

sarcopte *n.m.* 〖動〗ひぜんだに《疥癬を起こす》.

Sardaigne(**la**) *n.pr.f.* サルデーニャ；サルデーニャ島《イタリアおよびUEの広域行政地区》.

sarde *a.* サルデーニャ(la Sardaigne)の；~島の；サルデーニャ語の.
—— *S~ n.* サルデーニャ島民.
—— *n.m.* 〖言語〗サルデーニャ語.

sardine *n.f.* **1** 〖魚〗鰯(いわし)；サーディン《鰊(にしん)科 Clupéides, 鰯属 Sardina》. ~ à l'huile オイルサーディン《鰯の油漬缶詰》. ~ en conserve 缶詰の鰯. ~s frites 鰯のフライ. escabèche de ~s 鰯のエスカベーシュ《揚げた鰯をマリネした料理》.
2 〖話〗下士官の袖章.
3 〖話〗(キャンプ用テントを固定する) 杭.

sardinerie *n.f.* 鰯缶詰製造工場.

sardinier[1] *n.m.* **1** 鰯漁船 (= bateau ~).
2 鰯漁の網, 鰯網 (= filet de pêche à la sardine).

sardinier[2] (*ère*) *n.* **1** 鰯漁の漁師. **2** 鰯缶詰製造工.
—— *a.* **1** 鰯漁の. bateau ~ 鰯漁船. pêche ~ère 鰯漁 (= pêche à la sardine).
2 鰯缶詰製造の.

sardonique *a.* 〖医〗痙攣(けいれん)性の；冷笑的な. rire ~ 冷笑, 痙攣笑い, ひきつり笑い《破傷風に特徴的症状》；冷笑, せせら笑い.

Sariwon [北朝鮮] *n.pr.* 沙里院(さりいん), サリウォン《黄海北道の都市》.

SARKOZY, Nicolas *n.pr.* ニコラ・サルコジ《1955- ; Neuilly-sur-Seine 市長, 国民議会議員, 予算相, 内相, 経済財政省, 「民衆運動連合」(UMP: Union pour un mouvement populaire) 総裁等を経て, 2007年5月16日第2回投票で社会党の Ségolène Royal 候補を僅差で破り第23代フランス共和国大統領；形容詞 sarkozien (*ne*), sarkozisté》.

sarkozyen(*ne*) *a.* 〖政治〗ニコラ・サルコジ (Nicolas Sarkozy [1955-]；2007年フランス共和国大統領) の；~派の.

SARL [εsaεrεl] (= *société à responsabilité limitée*) *n.f.* 有限責任会社, 有限会社.

Sarlat(**-la-Canéda**) *n.pr.* サルラ〔=ラ=カネダ〕 (*département de la Dordogne* ドルドーニュ県の郡庁所在地；市町村コード 24200；トリュフ・くるみなどの集荷市場；缶詰食品産業；形容詞 sarladais (*e*)). le Vieux ~ サルラ旧市街《中世とルネサンス期の古い家屋の家並み；maison de La Boétie, maison de Maleville, hôtel Plamon など》.

Sarm (= *staphylocoques aureus résistants à la méticiline*) *n.m.pl.* 〖医〗メチシリン耐性黄色ぶどう球菌 (= 〖英〗MRSA: *methicillin resistant Staphylococcus aureus*).

sarment *n.m.* **1** 葡萄の若枝(蔓)；〖スイス〗葡萄の株. **2** 〔一般に〕蔓, 蔓枝.

sarrasin[1] (*e*) *n.* 〖史〗サラセン〔人〕の. art ~ サラセン芸術. 〔*herse*〕~*e* (跳ね橋と城門の間の) 落し格子. invasion ~*e* サラセン人の侵入. tuiles ~*es* サラセン瓦《プロヴァンス地方の幅広い瓦》.
—— *S~ n.m.* 〖史〗サラセン人《中世にスペイン, オリエント, アフリカに居住したアラブ系民族》.

sarrasin[2] *n.m.* **1** 〖植〗そば (= blé ~；blé noir).
2 そば粉 (= farine de ~). crêpes de ~ そば粉のクレープ. galettes de ~ そば粉のガレット《菓子》.

sarrasson *n.m.* 〖チーズ〗サラソン《ラングドック地方 le Languedoc で, バターまたはクリーム化天然脂乳からつくられるチーズ》.

Sarre *n.pr.f.* **1** la ~ ザール川《ヴォージ

sarriette *n.f.* 〖植〗サリエット，きだちはっか，サヴォリー(南ヨーロッパ原産のしそ科の芳香性植物；料理用香草). ~ commune きだちはっか(= ~ des jardins)(一年草薬味用香草・観賞用). ~ de montagne やまきだちはっか(多年草，通称 poivre d'âne).

SARS (= [英] severe acute respiratory syndrome) *n.m.* 〖医〗重症急性呼吸器症候群，サーズ(ウイルス性新型肺炎；2002年11月中国広東省で発症；= [仏] SRAS : syndrome respiratoire aigu sévère).

sarteno *n.m.* 〖チーズ〗サルテノ(コルス(コルシカ)島で，山羊または羊乳，もしくは両者の混合乳からつくられる，圧搾非加熱，薄膜状自然外皮，直径12-13 cm，厚さ9-10 cmの平たい球状；重量1-1.5 kg).

Sarthe *n.pr.f.* 1 〖地理〗la ~ サルト川(le Perche ペルシュ地方に源を発し，Alençon アランソン，Le Mans ル・マンを経て，la Mayenne マイエンヌ川に合流する；長さ285 km).
2 〖行政〗la ~ サルト県(= département de la ~；県コード72；フランスと UE の広域地方行政区画の région Pays de la Loire ペイ・ド・ラ・ロワール地方に属す；県庁所在地 Le Mans；主要都市 La Flèche ラ・フレーシュ，Mamers マメール；3郡，40小郡，375市町村；面積8,206 km²；人口513,654；形容詞 sarthois(e)).

SAS[1] (= [英] sleep apnea syndrome) *n.m.* 〖医〗睡眠時無呼吸症候群(= [仏] SAS : syndrome des apnées du sommeil).

SAS[2] (= surveillance des acridiens du Sahel) *n.f.* 〖環境〗サヘル地帯ばった監視態勢.

sas [sas] *n.m.* 1 篩(ふるい)，濾し器. ~ à gros (petits) trous 目の粗い(細かな)篩. passer qch au ~ 何を篩にかける.
2 (運河)(水門と水門の間の)閘室(こうしつ)，水量調整室. écluse à ~ 閘門(こうもん)，水門.
3 (外気との気圧を調整する)気密室，エアロック(= ~ pneumatique，~ à air). ~ de décompression 減圧室. ~ d'un engin spatial (d'un sous-marin) 宇宙船(潜水艦)の気圧調整室.

sassanide *a.* (ペルシアの)ササン王朝の. art ~ ササン朝芸術. l'empire ~ ササン朝帝国.
——*S~s* *n.pr.m.pl.* ササン王朝(3-7世紀).

sassenage (<*S~*，イゼール県 département de l'Isère の郡庁，生産地名；市町村コード38360) *n.m.* 〖チーズ〗サスナージュ(ドーフィネ地方 le Dauphiné で，牛乳もしくは若干の山羊乳を混ぜた牛乳からつくられる，軟質，自然外皮のブルー・チーズ(= bleu de ~)；直径30 cm，高さ8-10 cmのパン状；重量5-6 kg；脂肪分45％).

Sasu (= service d'aide sociale d'urgence) *n.m.* 〖医〗緊急社会福祉業務(老人，遺棄児童，浮浪無能力者，暴力被害者などの緊急救済活動；電話番号17番).

SAT (= Section antiterroriste) *n.f.* テロ対策部門(フランスの司法警察の刑事班内に設置). ~ de la PJ à la Préfecture de police de Paris パリ警視庁司法警察のテロ対策部門.

Satan *n.pr.m.* サタン，悪魔大王，魔王.

satanique (<Satan) *a.* 1 サタンの，悪魔の. culte ~ サタン(悪魔)崇拝. pouvoir ~ 悪魔の力，魔力.
2 悪魔にとりつかれた.
3 悪魔のような；悪魔的な. rire ~ 悪魔的な笑い.
4 〖文〗école ~ 悪魔派文学(作家)(Byron など).

SATCP (= sol-air à très courte portée) *a.inv.* 〖軍〗 missile ~ 超短射程地対空ミサイル.

satellisation *n.f.* 1 〖宇宙工〗人工衛星の打上げ，人工衛星の軌道投入. vitesse de ~ 人工衛星軌道投入速度.
2 〖政治〗(国の)衛星国化；(大都市の周辺小都市の)衛星都市化；〖経済〗(企業の)系列化.

satellitaire *a.* 1 人工衛星の. 2 人工衛星による. mesures ~s 人工衛星による計測.

satellite *n.f.* 1 〖天文〗衛星. les ~s de Jupiter 木星の衛星群.
2 人工衛星(= ~ artificiel)，衛星. ~ de détection 探査衛星. ~ de [diffusion et] télécommunications 放送通信衛星；通信衛星. ~ de télécommunications pour expériences de nouvelles technologies en orbite 軌道上新技術試験通信衛星. ~ géostationnaire 静止衛星. ~ habité (non habité) 有人(無人)人工衛星. ~ météorologique 気象衛星. photos ~s 衛星写真. station de ~s 人工衛星(宇宙船)基地；衛星放送基地. système de télécommunications par ~ 衛星[利用]通信システム. ~-centrale solaire 太陽光発電衛星.
3 〖機械〗遊星歯車(= pignon ~). ~ d'un différentiel d'automobile 自動車のギアの遊星歯車.
4 〖比喩的〗衛星的存在；衛星国(= pays ~)；取巻き；追従者，おべつか使い；鞄持ち.
5 〖生・医〗付随体. AND ~ 付随 DNA.
6 〖空港〗のサテライト.
——*a.* 衛星の；衛星のような；他者の支配下にある；付随の. cité ~ (大都市周辺の)衛星都市. pays ~s des grandes puissances

強大国の衛星国. veine (artère, muscle, nerf) ~ 付随(平行)静脈(動脈, 筋, 神経).

satello-opérateur *n.m.*〖TV〗衛星TV放送業者.

satiété [sasjete] *n.f.* 飽満. avoir de *qch* à ~ 何をあり余るほど持っている. manger à (jusqu'à) ~ 腹一杯食べる, 鱈腹食べる; 飽食する. répéter *qch* à ~ うんざりするほど何を繰返す.

satin *n.m.* **1**〖織〗サテン, 繻子(しゅす). ~ blanc brodé d'argent 銀糸の刺繍入りの白繻子.《*Le Soulier de* ~》『繻子の靴』(Paul Claudel の戯曲；1923年).〔比喩的〕avoir une peau de ~ サテンのようにすべすべした肌をしている.
2〖織〗armure ~ 繻子織り. ~ de laine 毛繻子.

satinage *n.m.* **1**〖織〗繻子仕上げ. **2**〖製紙〗艶出し(光沢)加工.

satiné(e) *a.* 繻子(サテン)のように柔かく艶のある. papier ~ 光沢紙, 艶出し加工紙. peau ~*e* 艶やかな柔肌. tissu ~ 艶のある織物.
── *n.m.* **1** 繻子(サテン)のような艶. **2** サテン様木目belgium.

satisfaction *n.f.* **1** 満足；満足感(=sentiment de ~). ~ de soi-même 自己満足；満足感. ~ profonde 深い満足感.〖学〗billet de ~ 褒状(=satisfecit). à la générale (de tous) 満足して；皆が満足するように. avec ~ 満足して, 喜んで. regarder avec ~ 満足げに見つめる. avoir la ~ de+*inf.* …することに満足する. donner ~ à *qn* 人に満足感を与える. éprouver de la ~ 満足感を覚える. obtenir ~¹ 満足する. témoigner sa ~ 満足の意を表わす.
2 満足をもたらすもの；喜び, 楽しみ. petites ~*s* de la vie paisible 平穏な生活を送るささやかな喜び. ~*s* matériels 物質的楽しみ.
3 満足させること；(欲求などの)充足；(要求などの)受諾. accorder (donner²) ~〔aux vœux〕de *qn* 人の望みをかなえる. donner ~ aux grévistes ストライキ派の要求を受け容れる. donner ~ aux revendications d'ouvriers 工員の権利要求を受諾する. obtenir ~² 要求の受諾をかちとる. recevoir ~（欲望など）が満たされる.
4〔文〕(de, pour に対する)償い, 弁済；雪辱；〖宗教〗贖罪.〖カトリック〗~ sacramentelle (告解の際司祭が命じる)罪の償い. demander à *qn* ~ de *qch* 何の償いをすることを人に要求する. donner ~ à *qn* 人の決闘の申し出を受ける.

satisfaisant(e) *a.* 満足すべき；(人を)満足させる. réponse ~*e* 満足のいく回答. résultat ~ 満足すべき結果. travail ~ 申し分のない仕事.

satisfait(e) *a.* **1** (de に)満足した；満ち足りた. air ~ 満足した様子. être ~ de son sort 自分の境遇に満足する.
2 (欲望などが)満たされた；(願い・要求などが)かなえられた. désirs ~*s* 満たされた欲望.

satisfecit [-sit]〔ラ〕*n.m.inv.* **1**〖学〗褒状, 賞. décerner un ~ 褒状を授与する.
2〔文〕称賛.

Satory *n.pr.* plateau de ~ サトリー丘陵(département des Yvelines イヴリーヌ県 Versailles 南郊の丘陵地帯；陸軍の演習場・兵器実験センターがある).〖軍〗Salon ~ サトリーの軍事見本市.

saturant(e) *a.* 飽和させる. vapeur ~*e* 飽和蒸気.

saturateur *n.m.* **1**〖化〗飽和器. **2** 加湿器.

saturation *n.f.* **1** 飽和；飽和状態；〖物理〗(色の)飽和度, 彩度；色相；〖心〗〔心的〕飽和；〖地学〗飽和.〖写真〗~ des couleurs d'une émulsion 乳剤の彩度. ~ du sang en oxygène 血液の酸素飽和.〖地学〗~ du sol en eau 土壌の水飽和.〖物理〗~ magnétique 磁気飽和.〖地学〗degré de ~ (火成岩の)飽和度.〖化〗point de ~ 飽和点.〖広義〗限界点.〖地学〗zone de ~ 地下水飽和地帯. arriver à ~ 飽和状態に達する.
2〔比喩的〕飽和, 飽和状態；飽満；満杯. ~ de l'autoroute 自動車専用道路(オートルート)の飽和状態. ~ du marché de l'automobile 自動車市場の飽和状態.〖商業〗campagne de ~ 集中(総力)キャンペーン. seuil de ~ 飽和限界域. manger à ~ 鱈腹(たらふく)食う.
3〖論理・統計〗飽和. ~ d'une variable 変数の飽和.
4〖軍〗(砲火などの)集中. bombardement de ~ 絨緞爆撃.

saturé(e) *a.p.* **1** 飽和状態の, 飽和した. autoroute ~*e* 交通量が飽和状態に達した高速道路.〖化〗carbures ~*s* 飽和炭化水素 (C_nH_{2n+2}；=alcanes, parafines).〖経済〗marché ~ 飽和状態の市場.〖地学〗roche ~*e* 飽和岩.〖化〗solution ~*e* 飽和溶液. vapeur ~*e* 飽和蒸気.
2〖心・光学・写真〗鮮やかな彩度の, (色彩の)彩度が高い；(色が)濃い. couleur ~*e* 鮮やかな彩度の色, 純度の高い色.
3 (de で)一杯である, 満ち満ちている. air ~ de vapeur 水蒸気が充満した空気. cœur ~ de joie (d'angoisse) 喜び(苦悩)に満ちた心. éponge ~*e* d'eau 水をたっぷり含んだスポンジ. mémoire d'ordinateur ~*e* 満杯になったコンピュータ・メモリー.
4 (de に)飽き飽きした；うんざりしている. être ~ de romans policiers 推理小説に飽き飽きしている.

Saturne *n.f.* **1**〖ローマ神話〗サトゥルヌス〔農耕の神〕.
2〖天文〗土星. anneaux de ~ 土星環.

saturnin(e) *a.* 〚医〛鉛の；鉛による. colique ~*e* 鉛疝痛 (なまりせんつう). intoxication ~*e* 鉛中毒.

saturnisme *n.m.* 〚医〛鉛中毒〔症〕(= intoxication par plomb).

SAU (=surface agricole utile) *n.f.* 〚農〛有効農地.

sauce *n.f.* **1** 〚料理〛ソース. ~ à la truffe トリュッフ・ソース. ~ au beurre ソース・オー・ブール, バター・ソース (小麦粉, バター, コンソメ, 塩, ナツメグ, レモン汁でつくる ソース). ~ au curry カレー・ソース. ~ aux écrevisses エクルヴィス・ソース. ~ au vin rouge 赤葡萄酒ソース. ~ aigre-douce 甘辛味のソース. ~ béarnaise ソース・ベアルネーズ (エシャロット, エストラゴン, セルフィユ, 酢, 辛口葡萄酒, 卵黄, バターでつくるベアルヌ風ソース). ~ béchamel ベシャメル・ソース (小麦粉, バター, 牛乳, 塩, 胡椒でつくるソース). ~ blanche ホワイト・ソース. ~ bourguignonne ソース・ブルギニョン (赤又は白葡萄酒, 玉葱, シャンピニョン, ブーケ・ガルニ, バター, 塩を煮つめたブルゴーニュ風ソース). ~ bretonne ソース・ブルトンヌ (ポワロー, セロリ, 玉葱, シャンピニョン, 魚のヴルーテにバターを加えたブルターニュ風ソース). ~ brune ブラウン・ソース. ~ Colbert ソース・コルベール (フォン・ド・ヴォー, フォン・ド・ヴォライユ, バター, 塩, 胡椒, ナツメック, カイエンヌペパー, レモン汁でつくる). ~ courte (épaisse) 濃いソース. ~ demi-glace ドミ=グラス・ソース. ~ hollandaise ソース・オ〔ル〕ランデーズ (バター, 塩, カイエンヌペパー, 卵黄にバターを加えて泡立てレモン汁を加える). ~ longue 薄いソース. ~ marinière ソース・マリニエール (玉葱, バター, 塩, 酢, 白葡萄酒を煮つめてつくる). ~ mayonnaise マヨネーズ・ソース. ~ mousseline ソース・ムースリーヌ (ソース・オランデーズに泡立てた生クリームを加えたソース). ~ moutarde ソース・ムータルド, マスタード・ソース (玉葱, バター, 塩, 胡椒, 白葡萄酒を煮つめ, ドミ=グラス・ソースとディジョン・マスタード, レモン汁を加える). ~ normande ソース・ノルマンド (舌びらめのフュメ, フュメ・ド・ポワソン, シャンピニョン, 卵黄, 生クリームでつくる). ~ Périgueux ソース・ペリグー (ドミ=グラス・ソースにトリュッフを加えたソース). ~ rémoulade ソース・レムーラード (マヨネーズにコルニションの刻んだ目切りと香草を加え, アンチョビで風味づけしたソース). ~ royale ソース・ロワイヤル (鶏のヴルーテとフォン・ド・ヴォライユを煮つめ, トリュッフとバターを加えて泡立てたソース). ~ suprême ソース・シュプレム (白いルー, 白いフォン・ド・ヴォライユと生クリームを煮つめ, バターを加えてつくる). ~ tartare ソース・タルタール (固ゆで卵の黄身を用いたマヨネーズに, 刻んだシブーレットと玉葱のみじん切りを混ぜたもの). ~ tomate トマト・ソース. ~ vinaigrette ソース・ヴィネグレット (酢油ソース, フレンチ・ドレッシング). rognons ~〔au〕madère ロニョン (腎臓) のマデーラ・ソース添え. viande (poisson) en ~ 肉 (魚) のソース添え (ソース煮). allonger (rallonger) une ~¹ ソースをのばす (薄める). Il n'est ~ que d'appetit. すき腹にまずいものはない. La ~ fait passer le poisson. (ソースが魚を喉に通させる→)つまらぬものも飾り方次第で恰好がつく.〔比喩的〕〚話〛A quelle ~ serai-je mangé? 私の運命や如何に? **2** 肉汁 (=jus de viande). **3**〔比喩的〕味付け, 料理法. mettre *qn* (*qch*) à toutes les ~*s* 人 (物) をあらゆるやり方でこき使う. varier la ~ 体裁 (目先) を変える. **4**〔比喩的〕添え物. allonger la ~² ; remettre de la ~ 余計な補足を加える；くどくど話を引き延ばす. **5**〔比喩的〕激しいにわか雨 (=saucée). recevoir la ~ にわか雨に遭う. **6** (メッキ・塗り用の) 金 (銀) 溶液. **7** ~ de tabac タバコの葉の風味づけ液. **8**〚美術〛擦筆, 木炭筆. dessin à la ~ 擦筆によるデッサン.

saucée *n.f.* **1**〚話〛激しいにわか雨, 土砂降り (=averse). recevoir une ~ 土砂降りに逢う. **2** 拳固の雨 (=averse de coups).

saucier *n.m.*〚料理〛**1** ソーシエ (ソース専門料理人, ソース係りの料理人). **2**〚家電〛ソース造り用電気鍋.

saucière *n.f.* ソーシエール, 食卓用ソース入れ.

saucisse *n.f.* **1** ソーシス, ソーセージ (主に加熱用の生ソーセージ). ~ au vin blanc 白葡萄酒入りソーセージ. ~ de Francfort フランクフルト・ソーセージ (豚挽のみ, または仔牛と豚挽き入り). ~ de Strasbourg ソース・ド・ストラスブール (豚肉と牛肉の細かい合挽き入り). ~ de Toulouse ソーシス・ド・トゥールーズ (豚肉の粗挽きでつくる). ~ paysanne 田舎風ソーセージ (豚挽肉を豚の腸に詰める). ~ chaude dans du pain ホットドッグ. ~ grillée 網焼きソーセージ.〚話〛ne pas attacher son chien avec des ~*s* ひどいけちだ. **2**〚俗〛馬鹿, 阿呆 (=imbécile). Va donc, grande ~! この大馬鹿め.

saucisson *n.m.* **1** ソーシソン, ソーセージ (saucisse より概して大きい). ~ cuit 加熱ソーシソン. ~ de ménage 自家製ソーシソン. ~ de montagne 山地ソーシソン. ~ de Paris ソーシソン・ド・パリ (荒挽きの加熱ソーセージ；別称 cervelas 「セルヴラ」). ~ fumé 燻製ソーシソン. ~ noir 黒

ソーシソン（boudin の燻製）．～ séché (sec) ドライ・ソーセージ（salami など）．rondelles de ～ ソーセージの輪切り．**2** ソーセージ形のパン．**3** (発破の) 導火嚢．

sauf[-]conduit *n.m.* (公的機関，特に軍当局が発行する) 通行 [許可] 証．

sauge *n.f.* 〖植〗ソージュ，セージ，サルビア．～ officinale 薬用サルビア，セージ (= grande ～)〖薬草・香味野菜〗．～ sclarée おにサルビア（ヴェルモットの香りづけに用いる）．

saule *n.m.* 〖植〗柳，ソール．～ argenté 銀柳, 白柳（学名 Salix afba, Salix repens）. ～ marsault やまねこやなぎ．～〔pleureur〕枝垂柳（学名 Salix babylonica). vivier ～ 銀柳（学名 Salix ～ argenté).〖生 化〗glucoside de l'écorce du ～ 柳の樹皮に含まれるグルコシド，サリシン（= salicine, salicoside). ligne de ～s 柳並木（= saulée).

saumon *n.m.* **1**〖魚〗鮭，サーモン（salmonidés 鮭科，salmo 鮭属). ～ de l'espèce silver キングサーモン．～ en livrée nuptiale 婚姻色の鮭．～ nordique ノルディック・サーモン，北洋鮭．～ rose サーモン・ピンク（身の色). ～ rose-orangé (身が) 桃橙色の鮭．～ rose-pêche (身が) 桃黃色の鮭．～ sauvage (de culture) 天然 (養殖) の鮭．œufs de ～ イクラ．pêche au ～ 鮭漁．**2**〖料理〗鮭料理．～ cru mariné 生鮭のマリネ．～ fumé ソーモン・フュメ，スモークド・サーモン，鮭の燻製．～ poché froid ゆでた鮭の冷菜．darnes de ～ grillées 鮭の輪切りのグリル焼．escalopes de ～ 鮭の薄切り料理 (炒め，ムニエルなど). terrine de ～ 鮭のテリーヌ．**3**〖冶〗鋳塊，なまこ，インゴット（= lingot). ～ de fer (de fonte, de plomb) 鉄 (鋳鉄，鉛) の鋳塊． ── *a.inv.* サーモン・ピンク（鮭肉）色の．橙桃色の．robes ～ サーモン・ピンクのドレス．rose ～ 橙桃色 (鮭肉色) の薔薇の花．

saumoné(e) *a.* 鮭肉色の，サーモンピンクの (= rose ～). truite ～ e 紅鱒．

saumonette *n.f.* 〖魚〗ソーモネット《小型の roussette「とらざめ」の商品流通名；肉の色が鮭に似ていることに由来する呼称》．

saumonicole *a.* 鮭養殖の．élevage ～ de rivière 鮭の河川放流養殖．

Saumur *n.pr.* ソーミュール《département de Maine-et-Loire メーヌ=エ=ロワール県の郡庁所在地；市町村コード 49400；ロワール河畔の城下町；白と赤葡萄酒の産地；形容詞 saumurois (e)). château de ～ ソーミュール城（14 世紀；現 musée du Cheval 馬の博物館，musée d'Arts décoratifs 装飾芸術博物館). Ecole d'équitation militaire de ～ ソーミュール騎兵学校 (1825 年創立；1946 年以降 Ecole d'application de l'arme blindée et de la cavalerie 装甲兵器応用・騎兵学校となる). cadre noir de ～ ソーミュール騎兵学校の馬術教官団．église Notre-Dame-de-Nantilly de ～ ソーミュールのノートル=ダム=ド=ナンティイー聖堂（12 世紀；タピスリーが見もの). champignons de ～ ソーミュール特産のマッシュルーム．vins blancs de ～ ソーミュールの白葡萄酒（ソーミュール周辺 36 村で生産される辛口の白と赤および発泡性の AOC 葡萄酒).

saumur *n.m.* 〖葡萄酒〗ソーミュール葡萄酒《ロワール河畔のソーミュール Saumur 地区で生産される AOC 葡萄酒，発泡酒や辛口の白・ロゼが主体》．

saumurage (< saumurer) *n.m.* (食材の) 塩水漬け．～ des harengs 鰊 (にしん) の塩水漬け．

saumure *n.f.* **1** (保存食品用の香料入り) 塩水．mettre des olives dans le ～ オリーヴの実を塩水に漬ける．poissons en ～ 塩水漬けの魚．**2** (塩水漬けの食品からの) 浸出塩水．**3** (塩田・製塩所の) 鹹水 (かんすい)，濃縮塩水．

sauna [sona]〖フィンランド〗*n.m.* **1** サウナ (設備). **2** サウナ浴．

saupiquet *n.m.* 〖料理〗ソーピケ《辛味をきかせたソースまたはそれを用いた煮込み料理》．

saur *a.m.* hareng ～ 燻製鰊 (にしん) (= hareng sauré, hareng fumé). 〖話〗être sec (maigre) comme un hareng ～ (人が) 燻製鰊のように干からびて (痩せて) いる．

saur[o]-, -saure, -saurien [ギ] ELEM 「とかげ lézard」の意 (*ex. sauro*pidés 蜥形類，dino*saure* 恐竜).

saut *n.m.* **1** 跳ぶこと，跳躍，ジャンプ．～ à la corde 縄跳び．～ de joie 喜びで跳び上がること．～ d'une rivière 小川の飛び越し．faire un ～ 一跳びする，ジャンプする．faire de petits ～s ぴょんぴょん跳ぶ．〖比喩的〗faire le ～ 一大決心をする；(女性が) 誘惑に身を任せる．〖話〗faire le grand ～ 死ぬ．**2** 〖スポーツ〗跳躍 (ジャンプ)；ダイビング；〖*pl.* で〗ジャンプ競技；〖舞〗ソー (跳躍). ～ à l'élastique バンジー (benji)・ジャンプ．～ à pieds joints 立ち幅跳び．～ à la perche 棒高跳び．～ acrobatique 曲芸跳び (= ～ de voltige). ～ athlétique 陸上のジャンプ競技．〖水泳〗～ de carpe ジャックナイフ (飛び込みの型)；急に立ち上ること．～ d'obstacles 障害跳躍競技；〖競馬〗障害レース．～ du tremplin トランポリンのジャンプ．～ en hauteur 走り高跳び．～ en longueur 走り幅跳び．～ en parachute パラシュート落下，スカイダイビング．～ en ski スキージャンプ．～ périlleux 宙返り，とんぼ返り．piste de ～ ジャンプ・トラック．

ski de ~ スキーのジャンプ競技. triple ~ 三段跳び.
3 墜落. La voiture a fait un ~ de 10m dans le ravin. 車が谷に10m落下した.
4 急な動き. au ~ du lit ベッドから起きるなり, 起きぬけに. se lever d'un ~ 飛び起きる.
5 ひと走り. aller en trois ~s 急いで駆けつける. faire un ~ chez qn 人の家までひと走りする；人の家にちょっと立ち寄る. faire un ~ à Paris パリまでひと走りする.
6〖比喩的〗(思考・論理などの)飛躍；急転. aller des ~s et de bonds あれこれと脈絡のないことを話す(書く). faire un ~ d'une idée à l'autre 考えがあちこち飛躍する. Sa pensée procède par ~s. 彼の考えには飛躍が多い.
7 急変, 急転. ~ de vitesse 速度の急変.
8 落水, 滝, 瀑布 (=cascade, chute d'eau). ~s du Niagara ナイアガラの滝.
9〖数〗とび；〖電算〗ジャンプ〖プログラム処理の移行〗(=branchement).

sauté(e) a.p.〖料理〗(油・バターで)炒めた, ソーテ(ソテー)した. pommes de terre ~es 炒めたじゃがいも〖料理〗. viande ~e 炒めた肉〖料理〗.
—n.m.〖料理〗ソーテ, ソテー(肉・野鳥獣・鳥肉・魚を油またはバターで炒めた料理). ~ d'agneau (de veau) 仔羊(仔牛)の肉のソーテ(ソテー).

Sauternes n.pr. ソーテルヌ(département de la Gironde ジロンド県の村；市町村コード 33210)；甘口の白葡萄酒の産地；形容詞 sauternais(e)).

sauternes n.m.〖葡萄酒〗ソーテルヌ(ボルドー地方 département de la Gironde ジロンド県ソーテルヌ Sauternes (市町村コード 33210)地区産の辛口の AOC 白葡萄酒；最高は château d'Yquem).

sauteuse n.f.〖料理〗ソートゥーズ, ソーテ用浅鍋(フライパン). ~ en cuivre 銅製ソートゥーズ.

sauvage a. **1**(野生の) **1**(動物が)野生の. animaux ~s 野獣. canard ~ 鴨, 野鴨. chevaux ~s 野生の馬. état ~ 野生状態.
2〖植〗野生の, 自生の. fruits ~s 野生の果実. plantes ~s 自生植物. rosier ~ 野薔薇.
3 人が近付けない, 人跡未踏の；人里離れた；荒涼たる. côte ~ 人里離れた海岸地帯. forêt ~ 原始林. montagne ~ 人跡未踏の山.
4〖比喩的〗自然発生的な, 無秩序な. grève ~ 山猫スト. urbanisation ~ 野放しの都市計画.
5〖地学〗eaux ~s 表面流去水.
 1〖比喩的〗**1**(人の性格が)粗野な, 荒々しい；(行為が)野蛮な, 残虐な, 人間離れした. air ~ 粗野な様子. cri ~ 野蛮な叫び声. cruauté ~ 荒々しい残忍性.

2 未開の, 原始的な. peuples ~s 未開民族.
3 非社交的な, 人間嫌いの. enfant ~ 人見知りをする子供.
—n. **1** 非社交的な人；人間嫌い. vivre en ~ 人づきあいを避けて暮す.
2 粗野な人, 無作法な人；野蛮な人. agir en ~ 無作法に振舞う.
3〖古〗未開人, 野蛮人.

sauvageon(ne) n. 野生児, 自然児.
—n.m.〖園芸〗(接木の台木となる)実生(みしょう)の若木, 接木の台木.

sauvagin(e) a. (味・匂いが)野生の水鳥に固有な. odeur ~ 水鳥らしい匂い.
—n. 水鳥固有の味(匂い). viande qui sent le ~ 水鳥固有の味(匂い)がする肉.

sauvegarde n.f. **1** (当局・法などによる)保護, 庇護, 救助. ~ de justice (成年無能力者の)法的保護, 司法救助；裁判所保護. clause de ~ 保護条項, sous la ~ de …の保護(庇護)下に. se placer sous la ~ de la justice 法の保護下に身を置く.
2 擁護；防御〖手段〗. ~ de liberté 自由の擁護. commission de ~ 人権擁護委員会. agir pour la ~ de la paix 平和擁護のために行動する.
3〖経済・商業〗緊急輸入制限, セーフガード (=〖英〗safeguard).
4〖情報処理〗(データ保護のための)バックアップ (=〖英〗backup copie). copie de ~ スペア・コピー.
5〖海〗舵索；握り索.
6〖宇宙〗(人工衛星打上げ基地の)事故安全対策.

sauve-qui-peut n.m.inv. **1**(「逃げる者は逃げよ」の意→)「逃げろ」. **2** 潰走.

sauvetage n.m. **1** 海難(水難)救助〖活動〗. ~ en mer 海難救助. ~ maritime grâce à un message TSF 無線通話による海難救助. bouée de ~ 救命ブイ. canot de ~ 救命艇, 救命ボート. gilet de ~ 救命胴衣, 救命ジャケット. opération de ~ 救難活動. Société nationale de ~ en mer (SNSM) 国営海難救助協会.
2 (一般に)(遭難・災害などの)救助活動. ~ d'un alpiniste 登山者の救助活動. ~ humanitaire 人道的救助活動. échelle de ~ (消防の)救助梯子.
3〖比喩的〗救済. ~ d'une entreprise en difficulté 経営困難に瀕した企業の救済.

sauveteur n.m. 救助隊員, 水難救助隊員.
—a. 救助活動をする. chien ~ 救助犬.

sauveur[1] n.m. **1** 救い主；救済者. ~ de la patrie 救国者, 救国の英雄.
2 le S~ 救世主(イエス・キリスト Jésus-Christ).

sauveur[2] (**salvatrice**) a. 救いをもたらす. Dieu ~ 救世主たる神. geste ~ 救済的行為.

sauvignon n.m. **1**〖葡萄〗ソーヴィニ

ョン種（主にフランス中部と西南部で栽培されている辛口の白葡萄酒用の品種）. **2**〚葡萄酒〛ソーヴィニョン（ソーヴィニョン種の葡萄からつくられる白葡萄酒）.

SAV (=service après-vente) n.m. アフターサービス；アフターサービス部. ~ assuré アフターサービス保証付.

savagnin n.m. 〚葡萄〛サヴァニャン（ジュラ地方 le Jura で栽培されるヴァン・ジョーヌ (vin jaune) 用の白葡萄の品種；別称 naturé；代表的 AOC 酒は château-chalon, côtes du jura, arbois など）.

savane n.f. **1** サヴァンナ, サバンナ, 大草原. ~ arborée 木が点在するサヴァンナ. **2**〚カナダ〛沼地, 湿原.

savant(**e**) (<savoir) a. **1** 学識豊かな, 学問のある. ~ professeur 学識豊かな教授. être ~ en (dans, sur) に造詣の深い. être ~ en histoire 歴史に精通している.《Les Femmes ~es》『女学者』(Molière の喜劇；1672 年). **2** 学問的な；学術的な. édition ~e 学問的な注釈付きの校訂版.〚言語〛forme ~e 学者語形 (forme populaire「民衆語形」の対). société ~e 学会. termes ~ s 学術用語. **3** 学問的すぎる；難解な. C'est trop ~ pour moi. 私には難しすぎる. musique ~e et musique populaire 芸術音楽と大衆音楽. raisonnement ~ 難解な推論. **4** 熟練した；巧妙な；念の入った. ~e coquetterie 手管にたけた矯態. animal ~ 芸を仕込まれた動物. cuisine ~e 念の入った料理. ruse ~e 手のこんだ策略.

savarin n.m. (<Brillat-*S*~, 美食家の人名 [1755-1826])〚菓子〛サヴァラン（リキュール酒をしみ込ませた大型の環状スポンジケーキ, 生クリームあるいは菓物の砂糖漬などと共に供する）.

savaron n.m.〚チーズ〛サヴァロン（オーヴェルニュ地方 l'Auvergne で, 殺菌牛乳からつくられる, 圧搾非加熱, 洗浄後かびを発生させた外皮, 直径 20-21 cm, 厚さ 4-6 cm の厚い円盤状, 重量 1.5-1.7 kg, 脂肪分 45 %）.

saveur n.f. **1** 味；風味. les quatre ~s fondamentaux du goût 味覚の 4 つの基本的な味 (acide 酸っぱい, amer 苦い, salé 塩辛い, sucré 甘い). avoir de la ~ 風味がある. âcre 渋味. ~ piquante 辛味, ぴりっとした味. ~ salée 塩味. ~ sucrée 甘味. sans ~ 味のない；風味に欠ける. **2**〚比喩的〛味わい, 風趣. ironie pleine de ~ 味のある皮肉. style qui manque de ~ 味わいに欠ける文体.

savigny-lès-beaune n.m.〚葡萄酒〛サヴィニー＝レ＝ボーヌ（ブルゴーニュ地方 la Bourgogne, la Côte-de-Beaune コート＝ド＝ボーヌ地区の Savigny-lès-Beaune 村（市町村コード 21420) でつくられる赤の AOC 葡萄酒）.

Savoie n.pr.f. **1**〚地理〛la ~ サヴォワ地方（フランス・アルプス北部に位置する地方名；現在の département de la Savoie サヴォワ県と Haute-Savoie オート＝サヴォワ県の県域に相当する；形容詞 savogard(e)). comte de ~ サヴォワ伯爵. duché de ~ サヴォワ公爵領. maison de ~ サヴォワ家. **2**〚行政〛la ~ サヴォワ県 (=département de la *S*~；県コード 73；フランスと UE の広域地方行政区画の région Rhône-Alpes ローヌ＝アルプ地方に属する；県庁所在地：シャンベリー Chambéry；3 郡, 37 小郡, 305 市町村；面積 6,036 km²；人口 373,258；主要都市：アルベールヴィル Albertville, エクス＝レ＝バン Aix-les-Bains, サン＝ジャン＝ド＝モーリエンヌ Saint-Jean-de-Maurienne, ヴァル＝ディゼール Val-d'Isère；住民 Savoyard(e), Savoisien(ne))

savoir-faire n.m.inv. **1** 手腕；腕前, 手練. **2** ノウハウ (=[英] know how), 専門的知識. ~ commercial (industriel) 商業 (工業) の専門的知識.

savoir-vivre n.m.inv. **1**〚古〛処世術. **2** 礼儀作法. manuel de ~ 礼儀作法指南書.

savoisien(**ne**) a.〚史・政治〛サヴォワ地方 (la Savoie) の；~ の住民の (=savoyard).
——*S*~ n. サヴォワ人.

savon n.m. **1** 石鹼, サヴォン, シャボン. ~ à barbe シェービングフォーム. ~ antiseptique 消毒 (殺菌) 用石鹼. ~ acide 酸性石鹼 (=pseudo savon 擬石鹼). ~ médicamenteux 薬用石鹼. ~ de Marseille サヴォン・ド・マルセイユ, マルセイユ石鹼, (訛って) マルセル石鹼. ~ de ménage 家庭用石鹼 (= ~ de Marseille). ~ de parfumerie 香水石鹼. ~ de toilette 化粧石鹼. ~ en poudre 粉石鹼. ~ inversé 逆性石鹼. ~ liquide 液体石鹼. bulle de ~ シャボン玉. un [pain de] ~ 1 個の石鹼. se laver les mains avec du ~ 石鹼で手を洗う. **2**〚化〛脂肪酸塩 (総称). ~ des verres ガラス石鹼. ~ naturel 酸性石けん. **3**〚比喩的・話〛叱責, 大目玉. passer un ~ à qn 人に大目玉を喰わす. recevoir un ~ 大目玉を喰らう.

savonnerie n.f. **1** 石鹼製造所；石鹼製造 [業]. **2**〚織〛王立サヴォヌリー絨毯製作所 (la *S*~；1627 年に Chaillot シャイヨの石鹼工場跡地に設立されたことに由来する呼称；1712 年に王立となり, 1826 年 Goblins 製作所と合併) で製造された絨毯.

savonnette n.f. **1** サヴォネット, 化粧石鹼. ~ parfumée à la lavande ラヴェンダーの香料入り化粧石鹼. **2** [pl. で]〚自動車〛〚話〛つるつるの坊主タイヤ (=pneus lisses). **3**〚古〛蓋付き懐中時計 (=montre à ~).

savonneux(se) *a.* **1** 石鹸を含んだ. eau ~*se* 石鹸水. **2** 石鹸のように軟かく, ぬるぬるした；石鹸質の. argile ~*se* 石鹸状粘土.〖比喩的〗être sur une pente ~*se*(滑りやすい斜面に立っている→)危険(失敗)の瀬戸際にいる.

savoureux(se) *a.* **1** (飲食物が)風味のある, おいしい, うまい, 味の良い. fruits ~ おいしい果物. mets ~ 風味のある料理. **2**〖比喩的〗味わい深い, 味のある. livre ~ 味のある書物. plaisanterie ~*se* 味のある冗談.

savoyard(e) *a.* サヴォワ地方(la Savoie)の；~の住民の.〖料理〗fondue ~*e* サヴォワ風チーズフォンデュ.
— **S~** *n.* サヴォワ地方の住民, サヴォワ人.

Saxe 〖独〗 *n.pr.f.* la ~ ザクセン(Sachsen)地方；ザクセン州(=le Land de ~；州都 Dresde, 〖独〗Dresden). comte de ~ ザクセン伯爵.

Saxe-Anhalt 〖独〗 *n.pr.f.* la ~ ザクセン=アンハルト(Sachsen-Anhalt)州(=le Land de ~；州都 Magdebourg, 〖独〗Magdeburg).

saxitoxine *n.f.* 〖生化〗サキシトキシン (或る種のプランクトンが分泌する神経毒；貝類などの食中毒の原因物質).

saxo *n.m.* **1** 〖楽器〗サキソフォン(=saxophone). **2** サキソフォン奏者(=saxophoniste).

saxophone 〖商標〗(<Adolphe Sax, 開発者) *n.m.* 〖楽器〗サキソフォン(略称 saxo). ~ alto アルトサックス. ~ baryton バリトンサックス. ~ soprano ソプラノサックス. ~ ténor テナーサックス.

saxophoniste *n.* サキソフォン奏者 (略称 saxo サクソ).

Sb *n.m.* 〖化〗「アンチモン」antimoine の元素記号.

SBF (=*société des bourses françaises*) *n.f.* フランス証券取引所協会.

sbrinz [sbrints] *n.m.* 〖チーズ〗スブリンツ(スイスのブリエンツ Brienz 地方で, 牛乳からつくられる硬質, 加熱, 洗浄ブラシがけ, 油を塗布したチーズ；脂肪分 45%；直径 60 cm 厚さ 14 cm の平たい円筒形, 40-60 kg；薄切りにして食べる).

SBS (=〖英〗*sick building syndrome*) *n.m.* 〖医〗シックビル症候群, 有毒建築物症候群(=〖仏〗syndrome des bâtiments malsains).

Sc (=*scandium*) *n.m.* 〖化〗「スカンジウム」の元素記号.

S.C. (=*société civile*) *n.f.* 民事会社(組合). ~ de Château Lafite Rothschild シャトー・ラフィットロートシルト民事会社.

SCA (=*société en commandite par actions*) *n.f.* 〖商業〗株式合資会社.

scabieuse[1] *n.f.* 〖植〗スカビユーズ, スカビオサ(学名 Scabiosa), まつむしそう(Dipsacacées「まつむしそう科」；昔「疥癬」(かいせん)の治療に用いられた). ~ des jardins 園芸用スカビユーズ(学名 Scabiosa atropurpurea).

scabieux(se)[2] *a.* 〖医〗疥癬(かいせん)の. lésion ~*se* 疥癬性病変.

Scad (=〖英〗*subsonic cruise armed decoy*) *n.m.* 〖軍〗亜音速巡航武装デコイ, スカッド・ミサイル(=leurre aérien subsonique antimissile 亜音速デコイ装備ミサイル迎撃ミサイル).

scaferlati *n.m.* (パイプ・紙巻き用の)刻みタバコ.

SCAFR (=*Société centrale d'aménagement foncier rural*) *n.f.* 農村不動産整備中央会社(農地の整備など, 農業構造改善のために設立された農村土地・施設整備会社 SAFER を統轄する中央機関).

SCALP (=*Section carrément anti-Le Pen*) *n.f.* 反ル・ペン運動支部.

scampi 〖伊〗 *n.m.pl.* スカンピ(大型の海老の一種)；〖料理〗スカンピ, スカンピ・フリッティ, 海老フライ(=~ fritti).

scandale *n.m.* **1** スキャンダル, 醜聞. ~ financier 財政スキャンダル. ~ politique 政界スキャンダル.
2 悪評. au grand ~ de *qn* 人の大変な悪評を買って. entraîner un ~ public 世間の顰蹙を買う. faire ~ 非難の的になる.
3 破廉恥；恥さらし.
4 騒ぎ, 騒動. faire du (un)~ sur la voie publique 公道で騒ぎを起こす.
5 〖原義〗〖宗教〗(信仰の)躓き. ~ de la croix 十字架の躓き(イエス・キリストの磔刑により信仰を離れること). pierre de ~ 躓きの石；〖古代ローマ〗破産告示の石；〖比喩的〗世人の非難の的.

scandaleux(se) *a.* **1** 世人を憤慨させる, 破廉恥な, スキャンダルとなる, スキャンダラスな, 怪しからぬ. conduite ~*se* 破廉恥な行ない. propos ~ 恥知らずの言辞. roman ~ スキャンダルをまきおこす小説. vie ~*se* 世人の顰蹙を買う生活. C'est ~ ! 怪しからんことだ！ Elle est ~*se*. 彼女はスキャンダルの的だ.
2 スキャンダルを扱う. chronique ~*se* ゴシップ記事.
3 〖話〗途方もない, 法外な. désinvolture ~*se* とんでもない厚かましさ. mauvais goût ~ 途方もない悪趣味. prix ~ 法外な値段.
4 〖宗教〗躓きをもたらす, 罪に誘惑する.

scandinave *a.* スカンディナヴィア(la Scandinavie)の；~の住民の；~語の.〖言語〗languages ~*s* スカンディナヴィア語族(le danois, l'islandais, le norvégien, le suédois など).
— **S~** *n.* スカンディナヴィア人.
— *n.m.* 〖言語〗スカンディナヴィア語.

Scandinavie(la) *n.f.* スカンディナヴィア（la Danemark, la Finlande, la Norvège, la Suède に, 場合によって l'Islande が加わる北欧の地域名；形容詞 scandinave）.

scandium [skɑdjɔm] *n.m.* **1** 〖化〗スカンジウム（元素記号 Sc，原子番号 21. 1879 年発見の希土類元素. Scandinavie に因む命名）.
2 〖金属〗スカンジウム（密度 3，融点 1540℃の灰色の金属）.

scanner [-nɛr] 〖英〗 *n.m.* **1** 〖情報処理〗スキャナー (= 〖仏〗scanneur).
2 〖医〗スキャノグラフ(=scanographe), コンピューター断層撮影装置, CT スキャナー (=tomodensitomètre).
3 〖通信〗走査空中線, 走査装置, スキャナー.
4 〖治安〗~ à bagages 手荷物検査用 X 線透視装置.

scanneur *n.m.* スキャナー (= 〖英〗scanner). ~ multibande 多重スペクトルスキャナー.

scanographe *n.m.* 〖医〗スキャノグラフ, コンピューター断層撮影装置, CT スキャナー (=tomodensitomètre).

scan(n)ographie *n.f.* 〖医〗スキャノグラフィー．細隙 X 線造影〖法〗.

scaphoïde *a.* 〖解剖〗(骨が) 舟状の. os ~ 舟状骨.
—*n.m.* 〖解剖〗舟状骨 (= os ~). ~ carpien 手根舟状骨. ~ tarsien 足根舟状骨.

Scapi (= société en commandite par actions de propriété d'immeubles) *n.f.* 不動産所有権株式合資会社.

scapulaire[1] *a.* 〖解剖〗肩甲骨の, 肩の. artères (veines) ~s 肩甲動(静)脈. ceinture ~ 肩甲筋.
—*n.m.* 肩甲包帯.

scapulaire[2] *n.m.* 〖カトリック〗スカプラリオ（1）修道士が服の上に着る無袖肩衣；2）平信徒が肩にかける帯布）.

scapulalgie *n.f.* 〖医〗肩甲骨痛.
scapulo-huméral(ale)(*pl.aux*) *a.* 〖解剖〗肩甲骨と上腕骨の.
scapulopexie *n.f.* 〖医〗肩甲骨固定術.
scarification *n.f.* **1** 〖医〗(種痘などの時の) 乱切法. **2** 〖農〗土かき, 耙耕（はこう）；種皮処理.

scarlatine *n.f.* 〖医〗猩紅熱 (= fièvre écarlatine).
scarlatineux(se) *a.* 〖医〗猩紅熱の, 猩紅熱性の. néphrite ~se 猩紅熱腎炎.
scarlatiniforme *a.* 〖医〗猩紅熱様の. érythèmes ~s 猩紅熱様紅斑.

scarole *n.f.* 〖植〗スカロール（シコレの一種；シコレ・スカロール chicorée ~：サラダ用の野菜）.

SCC[1] (= service client courrier) *n.m.* 〖郵〗郵便顧客部（旧・郵便調査センター）.

SCC[2] (= Société centrale canine) *n.f.* 中央畜犬協会（1882 年創立；本部 Aubervilliers）.
SCCIN (= Service central de contrôle des installations nucléaires) *n.m.* 核関係施設中央管理部.
SCCOA (= système de commandement et de conduite des opérations aériennes) *n.m.* 〖軍〗空軍作戦指揮運用システム. programme ~ 空軍作戦指揮運用システム導入計画.
SCCRS (= Service central des compagnies républicaines de sécurité) *n.m.* (フランス国家警察の) 共和国保安隊本部, CRS 本部.
SCCV (= société civile de construction-vente) *n.f.* 建設販売民事会社（組合）.
SCEA (= société civile d'exploitation agricole) *n.f.* 〖経済〗農業経営民事会社（組合）.

sceau (*pl.~x*) *n.m.* **1** (国家・君主・国体などの) 公印, 印璽（いんじ）, 官印.〔grand〕~ de l'Etat 国璽. garde des S~x 国璽尚書（古くは chancelier 大法官, 現在は ministre de la justice 法務大臣）. ~ de la ville de Paris パリ市の公印.
2 印影；(蠟・鉛などへの) 刻印；(商標用の) 蠟印, 鉛印；封印. apposer (mettre) son ~ 押印する, 封印を施す. briser le ~ 封印を破る. porter le ~ de …の公印を押されている. 刻印されている.〖聖書〗sept ~x（『ヨハネの黙示録』の) 七つの封印.〖聖書〗septième ~ 第七の封印.
3 〔比喩的〕(特徴・保証などを示す) 印 (しるし), 刻印, 特徴, あかし. ~ du génie 天才の証し. confier qch sous le ~ du secret 秘密厳守の約束で何を打明ける.

scellé *n.m.* 〔多く *pl.*〕封印. apposer (mettre) les ~s 封印する. briser (lever) les ~s 封印を破る.

SCEM (= Service central d'exploitation de la météorologie) *n.m.* 気象学開発本部.

scénarimage *n.m.* 〖映画・TV〗絵コンテ, ストーリーボード（story-board〖英〗に対する公用推奨語）.

scénario (*pl.~s*)；〔稀〕scénarii〖伊〗*n. m.* **1** 〖映画・TV〗シナリオ, 台本, 脚本. adapté d'un roman 小説の脚色. ~ dessiné 絵コンテ.
2 (芝居, 小説の) 筋書；粗筋. ~ du vaudeville ヴォードヴィル（通俗喜劇）の筋書. ~ d'une bande dessinée (d'un logiciel de jeu) 劇画（ゲーム・ソフト）の筋書.
3 〔比喩的〕筋書, 大筋, やり口. ~ des négociations 交渉の筋書. ~ évolutif 進展予測.

scénariste *n.* (映画・TV・戯画・ゲームソフトなどの) シナリオライター.

scène *n.f.* ⅠⅠ **1** (劇場の) 舞台. ~ fixe (tournante) 固定（回り）舞台. côtés de

la ~ 舞台の袖 (=coulisse). devant (fond) de la ~¹ 舞台の前面 (奥). jeu de ~ 演技. entrer en ~¹ (役者が)舞台に登場する. mettre en ~ (戯曲を)上演する, 演出する；(映画を)監督する. metteur en ~ 演出家；映画監督. mise en ~ 上演；演出効果. mettre sur la ~ ; porter à la ~ 舞台化する. paraître en (sur〔la〕)~ 舞台に立つ；役者になる. quitter la ~ 舞台を去る (引退する). sortir de ~ (役者が)退場する.
2 舞台装置, 舞台背景；舞台設定. La ~ représente un palais. 舞台は宮殿を表している. La ~ se passe au moyen âge. 舞台は中世の出来事である.
3〔集合的〕舞台芸術, 演劇 (=le théâtre；l'art dramatique). la ~ française フランス演劇. ~ lyrique オペラ. ~ tragique 悲劇. chefs-d'œuvre de la ~. 舞台芸術の傑作. vedettes de la ~ 演劇の人気俳優.
4〔比喩的〕(社会の)舞台. la ~ du monde 世界の檜舞台. le devant de la ~² (社会現象の)舞台の前面；批判(注視)の矢面. occuper le devant de la ~ 舞台の前面に出る；世に知られる. entrer en ~² (人・物が)登場 (出現) する.
Ⅱ〔場面〕**1** (劇・作品の)場；場面, シーン. acte Ⅰ, ~Ⅲ 第1幕第3場. ~ à faire；grande ~ 見せ場. jouer la grande ~ 見せ場を演じる. ~ d'amour ラヴシーン, 濡れ場.
2 (絵画の)情景；風景画. ~ de genre 風俗画. ~s de l'automne 秋の風景画.
3 (実生活の)場面, 情景, 光景；現場. ~ atroce (terrible) 悲惨な光景. ~ comique 滑稽な光景. ~ du crime 犯罪現場. les ~s de la vie parisienne パリの生活の情景.〔精神分析〕~ primitive 原光景. touchante ~ de funérailles 葬儀の胸を打たれる情景. être témoin d'une ~ tragique 悲劇の現場を目撃する.
4 喧嘩 (=querelle)；騒動. ~ de ménage 夫婦喧嘩. avoir une ~ avec qn 人とひと悶着起こす. faire une ~ à qn 人に喧嘩を売る. faire une grande ~ d'indignation 人を憤慨させる. faire des ~s 駄々をこねる.
scénique a. **1** 舞台の；劇の, 芝居の. art ~ 舞台芸術. décoration ~ 舞台装置. effet ~ 舞台効果. indication ~ ト書. jeux ~s 見世物, 屋外芝居.
2 舞台向きの, 演劇的な. intrigue ~ 舞台向きの筋. valeur ~ d'une pièce 戯曲の演劇的価値.
scénographie n.f. **1**〔劇〕舞台装飾, 舞台デザイン；舞台装置.
2〔絵画〕遠近〔画〕法.
3 (博物館・展覧会などの)展示デザイン.
scénologie n.f. 舞台演出術.
scepticisme n.m. **1**〔哲〕懐疑論；〔宗教〕懐疑論. ~ moral (scientifique) 精神的 (科学的) 懐疑主義.

2 懐疑的精神, 懐疑的態度, 懐疑心. avec ~ 半信半疑で.
sceptique a. **1**〔哲〕懐疑論 (scepticisme) の (dogmatique「独断論の」の対)；懐疑主義の. esprit ~ 懐疑精神. philosophe ~ 懐疑哲学者.
2 懐疑的な, 半信半疑の. attitude ~ 懐疑的態度. être ~ sur qch 何について懐疑的である.
3〔宗教〕不信心の, 無神論的な.
── n. **1**〔哲〕懐疑論者；懐疑主義者.
2 懐疑的な人.
3 無神論者. le ~ et le croyant 不信心家と信心家.
schah, shah, chah 〔ʃa〕 n.m. シャー (ペルシャ王の尊称). ~ d'Iran イラン皇帝.
schéma n.m. **1** 図式；概念図；略図. ~ de la circulation sanguine 血液循環図.〔電〕~ de connexion 配線図. ~ en arbre (分岐式) 系統図. faire un ~ pour expliquer 説明用に略図を描く.
2 (計画などの) 概要；大網, 大要；方針. ~ directeur d'aménagement et d'urbanisme〕国土整備・都市計画基本大綱 (指針). projet de ~ directeur des TGV TGVの指針計画案.
3〔心〕~ corporel 身体図式《自己の身体に関する表象》somatognosie「身体認識」). troubles du ~ corporel 身体図式障害.
4〔教会〕(宗教会議の)議案, 案件.
5〔論理〕(三段論法の)格.
6〔電算〕スキーマ (=schème).
schématique a. **1** 図示した. coupe ~ 断面図. figure ~ 略図表. indications ~s 図示.
2 図式的な, 概略的な. explication ~ 図式的 (概略的) 説明.
3〔蔑〕大ざっぱな. conception ~ 大ざっぱな概念. interprétation ~ 粗雑な解釈.
Schengen n.pr. シェンゲン (ルクセンブルク大公国の地名). accord de ~ シェンゲン協定《1985, 1990年独, ベルギー, 仏, ルクセンブルク, オランダにより調印；1991年伊, 西, ポルトガルが参加；1995年, ヨーロッパ連合加盟国中, オーストリアとギリシアを除く調印18カ国で施行, 域内での移動の自由を保証》. espace ~ シェンゲン協定施行地域.
scherzo〔伊〕 n.m.〔音楽〕スケルツォ.
schismatique a.《教会史》カトリック教会から分離した, 離教した. Eglise ~ d'Orient 東方分離教会.
── n. カトリック教会からの離教者.
schisme n.m. **1**《教会史》(信徒の)離教；教会分離. ~ d'Orient 東方教会の分離 (西方教会と東方教会の分離). le grand ~ d'Occident 西方教会の大分裂 (1378-1417年).
2 (党派の)分裂. fair ~ 分裂する.

schiste *n.m.* 〚地学〛片岩, 結晶片岩；頁岩 (=～argileux)；スレート (=～dur). argileux 頁岩, 泥板岩. ～ bitumineux 油質頁岩, 油母頁岩. ～ dur スレート (=ardoise). ～ huileux 油母頁岩, 油母頁岩. ～ plat 扁平状頁岩. ～s charbonneux 岩質頁岩.

schisteux(se) *a.* 〚地学〛片岩の, 頁岩の；片岩状の；片岩を含む. sol ～ 頁岩性土壌. structure ～se 片状構造, 片理 (=schistosité).

schistose *n.f.* 〚医〛スレート塵肺症, スレート採取工病 (=maladie des ardoisiers).

schistosité *n.f.* 〚地学〛片状構造, 片理.

schiz[o]- 〚ギ〛ELEM「分裂, 分離」の意 (*ex. schizo*phrénie 精神分裂病).

schizo [skizo]〚話〛*n.* 精神分裂病患者, 総合失調症患者 (=schizophrène).
——*n.f.* 精神分裂病 (=schizophrénie).
——*a.* 精神分裂病の.

schizo-affectif(ve) *a.* 〚精神医学〛分裂情動的な. psychose ～ 分裂情動精神病.

schizo-analyse *n.f.* 〚精神医学〛精神分裂症 (総合失調症) 精神分析.

schizogamie *n.f.* 〚生〛異分裂, 分離生殖.

schizogenèse *n.f.* 〚生〛離生分裂生殖 (schizogamie の一種).

schizoïde 〚精神医学〛*a.* 分裂病質の；分裂病的な, 精神分裂病の, 総合失調症の. constitution ～ 分裂病質.
——*n.* 分裂病質の人.

schizoïdie *n.f.* 〚医〛分裂病質.

schizoïdique *a.* 〚精神医学〛分裂病質の, 総合失調症質の. tendances ～s 分裂病質的傾向.

schizomaniaque *a.* 〚精神医学〛精神分裂躁鬱病の. accès ～s 精神分裂躁鬱病の発作.

schizonévrose *n.f.* 〚医〛分裂神経症, 神経症性分裂病.

schizophasie *n.f.* 〚精神医学〛分裂言語症.

schizophrène *a.* 精神分裂病の, 総合失調症の.
——*n.* 精神分裂病患者, 総合失調症患者.

schizophrénie *n.f.* 精神分裂病, 総合失調症. ～ greffée 接枝分裂病.

schizophrénique *a.* 精神分裂病の, 総合失調症の.
——*n.* 精神分裂病患者, 総合失調症患者.

schizothymie *n.f.* 〚医〛分裂気質.

Schutzstaffel *n.f.* 〚史〛(ナチの) 親衛隊〔略記 SS〕.

SCI (=société civile de placement *i*mmobilier；société civile *i*mmobilière) *n.f.* 〚金融〛不動産投資民事会社, 不動産民事会社 (組合).

sciage (<scier) *n.m.* **1** 鋸引き. **2** 挽立て材 (=bois de ～). **3** クリーピング (=～ du diamant) (ダイヤモンド原石から削り出す作業).

scialytique (<S～, 商標) *n.m.* (手術室用の) 無影灯, シアリティック.
——*a.* 無影の. lampe ～ 無影灯.

sciatique [sjatik] *a.* 〚解剖〛坐骨の；坐骨神経の. nerf 〔grand〕～ 坐骨神経. paralysie ～ 坐骨神経麻痺.
——*n.m.* 坐骨神経 (=nerf ～).
——*n.f.* 〚医〛坐骨神経痛 (=goutte ～). ～ hyperalgique 疼痛性坐骨神経痛.

SCIC (=Société centrale *i*mmobilière de la *C*aisse des dépôts) *n.f.* (フランスの) 預託金庫中央不動産会社〔預託供託金庫の子会社〕.

scie *n.f.* Ⅰ **1** 鋸 (のこぎり), のこ. ～ à bois (à métaux, à ruban) 木挽鋸 (金鋸, 帯鋸). ～ à chaîne 鎖鋸, チェーンソー. ～ circulaire 丸鋸. ～ égoïne 手挽鋸 (=égoïne). ～ mécanique 鋸盤, 機械鋸. couper du bois avec une ～ 鋸で木材を切る. en dents de ～ 鋸歯状の；ジグザグの；〔比喩的〕一様でない.
2 〚音楽〛ミュージックソー (=～ musicale).
3 〔比喩的〕〚話〛うんざりするきまり文句 (歌詞の単調な反復)；うんざりさせる人(物). Quelle ～! もう, うんざりだ.
Ⅱ 〚魚〛のこぎりえい (=poisson ～).

science *n.f.* Ⅰ (〚科学〛) **1** 科学, (体系化した知識としての) 学問. homme de ～ 科学者 (homme de lettres「文学者, 文人」の対). monde de la ～ 学会, 学問の世界. progrès de la ～ 科学の進歩. La ～ n'a pas de patrie. 学問に国境なし.
2 (特定の) 科学, 学. ～s appliquées 応用科学. ～s de l'homme 人間学. ～ de l'information 情報科学. ～ économique 経済学. ～s exactes (dures) 精密科学. ～s expérimentales 実験科学. ～s humaines 人文科学. ～s mathématiques 数学. ～s naturelles 自然科学. ～s politiques 政治学 (=〔俗〕～ po). ～s pures 純粋科学 (～s appliquées「応用科学」の対).
3 les ～s 自然科学, 理学 (les lettres「文学」の対). docteur (licence) ès ～s 理学博士 (理学士). faculté des ～s 理学部. histoire des ～s 科学史.
4 〔学生語〕〚*pl.* で〛理科系教科. être doué pour les ～s 理科系の才能がある.
Ⅱ (〚知識〛) **1** 〚文〛知恵；知識；学識, 教養. ～ de l'avenir 予知〔力〕. ～ du bien et du mal 善悪に関する知. arbre de la ～ du bien et du mal 善悪を知る樹〔知恵の木の実の樹〕. ～ universelle 普遍的知識, 全知. demi-～ 生半可な知識. 〚文〛avec ～ 巧みに. parler de qch avec ～ 何について巧みに話す. un homme de votre ～ あなたのように学識 (教養) 豊かな人. l'ignorance et la ～ 無知と教養. puits de ～ 知識の泉. avoir

une ~ profonde du cœur 人情の機微に通じている. avoir la ~ infuse 知ったかぶりをする. savoir qch de ~ certaine 確かな知識に基づいて何を知っている.
2〔文〕手腕, 技量；術, 秘訣. ~ de la guerre 戦術 (= ~ stratégique). ~ de la gueule 美食術 (=gastronomie). ~ d'un ministre 大臣の手腕.〔諺〕Patience passe ~ 忍耐は技巧に勝る.

science-fiction (*pl.* ~s-~s) *n.f.*〔文学・映画等の〕サイエンス=フィクション, 空想科学小説 (映画)(略記 SF).

Sciences-Po [sjɑ̃spo] *n.f.pl.* シャンス=ポ (=sciences politiques 政治学；Institut des sciences politiques de Paris パリ政治学院の通称).

scienticité *n.f.* 科学性, 学問性.
scientificité *n.f.* 科学性；学問性.
scientifique *a.* **1** 学問の, 学術的；科学上の；(特に) 自然科学の (sciences naturelles) の. Centre national de la recherche ~ (CNRS) 国立学術研究センター. découverte ~ 科学上の発見, 科学的発見. milieux ~s 学界. nom ~ (動植物の) 学名 (=nom latin) (nom usuel「通称」の対). recherches ~s 学術的研究.
2 科学的な, 学問的な；科学的に厳密な, 客観的な；系統的な. enquête ~ 科学的調査. esprit ~ 科学的精神. observation ~ 科学的観察. police ~ 科学警察；鑑識.
3 科学研究の, 科学者の.
—— *n.* 科学者；(特に) 自然科学者, 理系の人 (littéraire「文系の人」の対).

scientisme *n.m.*〔しばしば蔑〕科学万能主義；科学主義；科学者的態度 (方法).
scientiste *a.* 科学主義の；科学万能主義の.
—— *n.* 科学主義者；科学万能主義者.

Scientologie *n.f.*〔宗教〕サイエントロジー (アメリカの作家 Lafayette Ron Hubbard [1911-1981] が 1952 年に創始した応用宗教哲学；ダイアネティックス dianetics と称する精神療法理論は, セクトの形で世界各地に普及した).

scientométrie *n.f.* 学術研究評価学〔術〕.

scierie *n.f.* **1** 製材所. **2** 石切工場.
scieuse *n.f.* 製材機；石材切断機.
scintigramme [sɛ̃tigram] *n.m.*〔医〕シンチグラム (人体放射能分布図).
scintigraphie [sɛ̃tigrafi] *n.f.*〔医〕シンチグラフィー (放射性同位元素による器官造影法). ~ articulaire 関節シンチグラフィー. ~ cérébrale 脳シンチグラフィー, 脳スキャニング. ~ de foie 肝シンチグラフィー, 肝スキャン. ~ thyroïdienne 甲状腺シンチグラフィー.

scintillateur [sɛ̃tijatœːr, sɛ̃tilatœːr] *n.m.*〔物理〕シンチレーター (シンチレーション計数管の発光部である放射線検出用蛍光体).

scintillation [sɛ̃tijasjɔ̃, sɛ̃tilasjɔ̃] *n.f.* **1** (星の) またたき, ゆらぎ, きらめき, シンチレーション (大気密度の変化などによる恒星等の天体の光のまたたき). ~ interplanétaire 惑星間シンチレーション.
2 (宝石などの) きらめき (=scintillement). ~s d'un diamant ダイヤモンドのきらめき.
3〔物理〕シンチレーション (放射線が蛍光体にあたって発する閃光). compteur à ~s シンチレーション計数管 (検出器)(=scintillateur,〔英〕scintillation counter).
4 (レーダー表示板の) シンチレーション (輝点のゆらぎ).
5〔比喩的〕(才気の) ひらめき.

scintillement *n.m.* **1** (星の) またたき. ~ des étoiles 星のまたたき.
2 きらめき. ~ de lustres de cristal クリスタルのシャンデリヤのきらめき. ~ des yeux 目のきらめき.
3〔映画・TV〕(画面の) ちらつき, フリッカー (=〔英〕flicker);〔音響〕フラッター.

scintillogramme *n.m.*〔医〕シンチログラム (=scintigramme).
scintillographie *n.f.*〔医〕シンチログラフィー (=scintigraphie).
scintillomètre [sɛ̃tijɔmɛtr, sɛ̃tilɔmɛtr] *n.m.* **1**〔物理〕シンチロメーター, シンチレーション計数管 (=compteur à scintillations).
2〔天文〕天体測光望遠鏡.

scission *n.f.* **1** (政党, 組合などの) 分裂；(企業の) 分割. ~ du parti socialiste 社会党の分裂. faire ~ 分裂する.
2〔物理・生〕分裂, 分離, 劈開 (へきかい).

scissionnisme *n.m.* 分派 (分裂) 主義.
scissionniste *a.* (政党, 組合などの) 分派 (分裂) 主義の. activités ~s 分派活動.
—— *n.* 分派 (分裂) 主義者.

scissiparité *n.f.*〔生〕分裂増殖.
scissure *n.f.*〔解剖〕(脳などの) 裂, 溝, 裂溝. ~ de Rolando ローランド溝, 中心溝. ~ de Sylvius (latérale) シルヴィウス (外側大脳) 裂 (大脳の前頭葉と側頭葉の間の裂溝). ~ interhémisphérique 半球間裂 (左右大脳半球の間の裂溝).

scitaminacées [si-] *n.f.pl.*〔植〕生姜科植物.

sciure *n.f.* 鋸屑；(特に) おがくず (= ~ de bois).

sclér[o]-〔ギ〕ELEM「硬い」の意 (*ex. sclérose* 硬化症).

scléral (ale) (*pl.* **aux**) *a.*〔解剖〕(眼の) 強膜 (sclère, sclérotique) の. rigidité ~ale 眼硬性.〔医〕straphylome ~ 強膜ぶどう腫.〔医〕verre ~ 強角膜レンズ.

sclère *n.f.*〔解剖〕(眼の) 強膜 (=sclérotique).

sclérenchyme *n.m.*〔植〕厚膜組織；〔動〕硬組織, 硬皮.

scléreux(**se**) *a.* 〚医〛硬化した, 硬化症の. tissu ～ 硬化組織.

sclérification *n.f.* 〚生・医〛(組織などの) 硬化.

sclérite *n.f.* 〚医〛(眼の) 強膜炎. ～ gélatineuse 膠状強膜炎.

sclérodactylie *n.f.* 〚医〛強皮指, 手指硬化症, 強指症.

sclérodermie *n.f.* 〚医〛強皮症, 皮膚硬化症(皮膚が硬化する疾患).

sclérœdème *n.m.* 〚医〛浮腫性強皮症.

sclérogène *a.* 〚医〛硬化をもたらす. maladie ～ 硬化症. méthode ～ 硬化法.

scléromalacie *n.f.* 〚医〛(眼の) 強膜軟化症.

sclérophylle *a.* 〚植〛硬葉の.

scléroprotéine *n.f.* 〚生化〛スクレロプロテイン, 硬蛋白質(ケラチン, エラスチンなど).

sclérose *n.f.* 〚医〛硬化症. ～ cérébrale tuberculeuse 結節性脳硬化症. ～ de Mönkeberg メンケベルグ硬化症(四肢動脈の中膜動脈硬化症). ～ en plaque 多発性硬化症(脱髄疾患). ～ latérale amyotrophique 筋萎縮性脊索硬化症. ～ s combinées de la moelle 亜急性脊髄連合変性症.

sclérosé(**e**) *a.* **1** 〚医〛硬化症にかかった; 硬化性の. ostéomyélite ～*e* 硬化性骨髄炎. tissu ～ 硬化した組織.
2 〚比喩的〛硬直化した. administration ～*e* 硬直化した管理体制.
——*n.* 〚医〛硬化症患者.

sclérote *n.f.* 〚植〛菌核. ～*s* arqués d'un champignon 茸の弓形菌核.

sclérothérapie *n.f.* 〚医〛硬化療法; (特に) 静脈瘤硬化療法.

sclérotique *n.f.* 〚解剖〛(眼の) 強膜(= sclère). ～ bleue 青色強膜(遺伝性先天異常).

SCM (= sections de cure médicale) *n.f.pl.* 〚社会福祉〛医療部門.

SCN (= Système de comptabilité national) *n.m.* 国民経済計算システム.

scolaire *a.* **1** 学校の, 学校教育の. âge ～ 学齢, 就学年齢; 義務教育就学年齢. année ～ 学年度. échec ～ 落第, 学業不振. éducation (enseignement) ～ 学校教育. effectifs ～*s* 就学者数. établissement ～ 教育機関, 学校. être à l'âge ～ 学齢に達している. livret (carnet) ～ 成績表. manuel ～ 教科書. obligation ～ (義務教育の) 就学義務. programme ～ 教育計画, カリキュラム. rentrée ～ 新学期(9月). succès ～ 優秀な成績. vacances ～*s* 学校休暇(万聖節Toussaint, クリスマスNoël, 冬季 hiver, 春 printemps, 夏 été の各種). violence ～ 校内暴力(=violence à l'école).
2 〚蔑〛型にはまった, 型通りの, 教科書風の. critique trop ～ 型にはまった批評.
——*n.m.* 就学児童, 学童(義務教育課程の生徒).

scolarisation (<scolariser) *n.f.* **1** 就学. taux de ～ 就学率. **2** 学校制度の普及(整備).

scolarité *n.f.* **1** 就学, 修学; 通学. années de ～ 修学年限. certificat de ～ 在学証明書. frais de ～ 学費, 授業料. taux de ～ 就学率. faire sa ～ 通学する.
2 修学期間; (特に) 義務教育年限(= ～ obligatoire). En France, la ～ est obligatoire de 6 à 16 ans. フランスでは義務教育年限は6歳から16歳までである.

scoliose *n.f.* 〚医〛脊柱側弯(症).

scoliotique *a.* 〚医〛側弯症の; 側弯症になった.
——*n.* 側弯症患者.

scombridés *n.m.pl.* 〚魚〛鯖科(の魚類).

scoop [skup] 〚英〛*n.m.* スクープ, 特ダネ(公用推奨語は exclusivité, primeur); 〚比喩的〛センセーショナルなニュース.

scooter [skutɛ(ɛ)r] 〚英〛*n.m.* スクーター. ～ de mer 水上スクーター(=motomarine). ～ des neiges スノー・モービル(=motoneige).

scopolamine *n.f.* 〚薬〛スコポラミン(鎮痛剤, 分泌抑制剤, 催眠剤).

scorbut [skɔrbyt] *n.m.* 〚医〛壊血病(ビタミンC欠乏症).

scorbutique *a.* 〚医〛壊血病の(に関する). symptômes ～*s* 壊血病的症候群.
——*n.* 壊血病患者.

score [英] *n.m.* **1** 〚スポーツ〛スコア(=marque). Le ～ est 3 buts à un. 試合のスコアは3対1. ～ final 最終スコア.
2 (選挙の) 得票数, 得票結果. ～ électoral 選挙得票数. améliorer son ～ 得票数をのばす.
3 (テスト・調査などの) 結果, 成績 (=note).
4 〚経済〛業績, 成績.

scoreur(**se**) *n.* 〚スポーツ〛得点者, ポイントゲッター.

scorie *n.f.* 〚多く *pl.*〛**1** 〚冶〛鉱滓, スラグ. ～*s* de déphosphoration (鉄鉱石の) 脱燐鉱滓, 塩基性スラグ(肥料).
2 〚地学〛(火山の) 岩滓(= ～*s* volcaniques).
3 〚比喩的〛残りかす, 屑.

scorpène *n.f.* 〚魚〛かさご(=rascasse).

scorpénidés *n.m.pl.* 〚魚〛笠子(かさご)科(の魚) (rascasse かさご, sébaste めばる).

scorpion *n.m.* **1** 蠍(さそり). ～ noir (brun) 黒(茶)蠍. pince du ～ 蠍のはさみ.
2 〚天文〛S～ 蠍(さそり)座; 〚黄道十二宮〛天蠍(てんかつ)宮(第八宮); 蠍座生まれの人(10月23日から11月21日までに生まれた人). être né sous le signe du S～ 蠍座の星のもとに生まれた. Elle est ～. 彼女は蠍座生まれだ.

3 蠍に似た動物.〖昆虫〗〜 d'eau たいこうち(=nèpe).〖魚〗〜 de mer かさご(=scorpène).

scotch[1] [skɔtʃ] (pl. ~**s**, ~**es**) 〖英〗n.m.〖酒〗スコッチ・ウィスキー, スコッチ. 〜 pur molt ピュア・モルト・スコッチ・ウィスキー. un double 〜 ダブルのスコッチ.

scotch[2] [skɔtʃ] (<S〜, 商標) n.m. スコッチテープ, スコッチ, セロテープ, 透明接着テープ(=ruban adhésif transparent). coller qch avec du 〜 セロテープで貼る.

scotch-terrier, scottish-terrier n.m.〖犬〗スコッチ・テリヤ(=terrier d'Ecosse).

scotome n.m.〖生理・医〗(視野の)暗点. 〜 absolu 絶対暗点. 〜 central 中心暗点. 〜 négatif 虚性暗点. 〜 physiologique 生理的暗点. 〜 relatif 比較暗点. 〜 scintillant 閃輝暗点, 閃光暗点.

scout(e) [skut]〖英〗a. **1** ボーイ(ガール)スカウトの. camp 〜 ボーイ(ガール)スカウト・キャンプ, ジャンボリー(=〖英〗jamboree). **2** 幼稚な.
——n. ボーイスカウト(=boy-〜), ガールスカウト(=jeannette).

SCP (=société civile professionnelle) n.f. 専門職民事会社(組合)《自由業又は裁判所付属吏 officiers ministériels などの民事会社(組合)》.

SCPC (= Service central de prévention de la corruption) n.m. 汚職予防本部《1993年創設》.

SCPI (=société civile de placement immobilier) n.f. 不動産投資民事会社(組合).

SCPRI (= Service central de protection contre les rayons ionisants) n.m. 対電離線防護対策中央局.

SCR (=〖英〗silicon controlled rectifier) n.m. シリコン(珪素)制御整流器《pnpn の4層構造をもつ珪素半導体素子(=thyristor サイリスター)》.

scrambling〖英〗n.m.〖電気通信・放送〗スクランブリング, 暗号化(=〖仏〗brouillage, codage).

scribe n.m. **1**〖古代ギリシア〗(行政・司法・宗教)書記官, 記録官.
2〖古代ユダヤ〗律法学者, ラビ.
3〖中世〗写字生.
4〖現用・蔑〗下級事務職員.

scripte n.〖映画・放送〗スクリプター.

scriptophilie n.f.〖株式〗非上場の株式・証券の調査・収集.

scripturaire a. **1** 聖書(=Ecriture sainte)に関する. exégèse 〜 聖書訳釈〖学〗.
2〖稀〗文字の, 書記上の, 書記法上の. système 〜 書記システム.

scriptural(ale) (pl.**aux**) a. **1** 記述による(oral「口頭の」の対).
2〖経済〗monnaie 〜 ale 預金通貨《小切手など現金通貨によらず金額記載により通用する通貨》.
3 聖書に関する(=scripturaire).

scrofulaire n.f.〖植〗ごまのはぐさ(=herbe aux écrouelles; 瘰癧(るいれき)ぐさ).

scrofule n.f.〖医〗**1** 腺病, スクロフローゼ. **2**〖古〗(pl. で)瘰癧(るいれき)(=écrouelles), リンパ節結核.

scrofuleux(se) a.〖医〗**1** 腺病質の. enfant 〜 腺病質の子供.
2〖古〗瘰癧(るいれき)性の;瘰癧. tumeur 〜 se リンパ節腫瘍.
——n. 腺病患者;〖古〗瘰癧患者.

scrofuloderme n.m.〖医〗皮膚腺病, 軟化性皮膚結核.

scrotum [skrɔtɔm] n.m.〖解剖〗陰嚢.
▶ scrot**al(ale)** (pl.**aux**) a.

scrupule n.m. **1** 良心のためらい, やましさ, 懸念;〖カトリック〗(宗教的)小心, 疑心. religieux 宗教的小心. avoir des 〜 s 心にやましさを覚える. avoir 〜 à+inf.…するのをためらう. se faire (un) 〜 de qch (de+inf.) 何(…するの)に気が咎める. sans 〜 (s) 何らやましさも覚えず.
2 細心綿密, 周到さ, 丹念さ. homme de 〜 細心綿密な人. avec minutie 〜 極く念入りに. agir avec 〜 慎重に行動する. être 〜 en affaires 事業を用意周到(良心的)に進める. être exact jusqu'au 〜 几帳面すぎるほど正確である.
3〖心, 医〗maladie du 〜 不安症.
4〖度量衡〗スクリュピュール《昔の重量単位; 1/24 once》.

scrupuleux(se) a. **1** 良心的な, 律儀な;愚直なまでの. homme 〜 sur l'honneur 名誉を重んじる人. être 〜 en affaires 商売に関して良心的(律儀)である. faire preuve d'une 〜 honnêteté 愚直なまでの誠意を示す.
2 細心綿密な, 周到な, 丹念な. attention 〜 se 綿密な注意. juge 〜 用意周到な判事. observateur 〜 細心な観察者.

scruta*teur*(*trice*) a. 詮索する;詮索好きな. air 〜 詮索な様子. regarder qn d'un œil 〜 人を探るような目で見る.
——n. (選挙の)開票人;開票立会人. 〜 d'un bureau de vote 投票所の開票立会人.
——n.m.〖機工, 電算〗(機器の作動の)検査装置. surveillance par 〜 検査装置による監視.

scrutation (<scruter) n.f. **1** 詮索;探究;吟味, 精査.
2〖情報〗(読取装置の)認識;(読取テクストの)光学的精査.

scrutin n.m. 投票制《投票 vote, 開票 ouverture, 投票結果の発表 proclamation du résultat の総体をいう》;(投票による)選挙;票決. 〜 à la tribune 議場登壇式投票. 〜 de ballotage 決戦投票. 〜 de liste 名簿式投票制;連記投票制. 〜

de liste à la représentation proportionnelle 比例代表制名簿式投票制. ~ de liste majoritaire à un tour 1回投票制名簿式投票制《相対多数得票名簿を当選とする制度》. ~ de liste majoritaire à deux tours 2回投票制名簿式投票制《第1回投票で絶対多数を得た名簿がない場合, 第2回投票での相対多数得取名簿を当選とする制度；フランスでは市町村議会議員選挙に適用》.
~ avec panachage パナシャージュ式連記投票制. ~ plurinominal 連記投票制《選挙人が同時に複数の候補者に投票する制度》. ~ proportionnel 比例投票制 (= ~ de liste). ~ public 投票者氏名公開投票制. ~ secret 無記名投票制. ~ uninominal 単記投票制《1人選挙区の単記投票制》. ~ à un tour 1回投票式単記投票制《最高得票者が当選》. ~ uninominal à deux tours 2回投票式単記投票制《第1回投票で絶対多数を獲得した候補者がいない場合, 第2回投票の相対多数を得たものが当選する；フランスの小郡・国会議員・大統領選挙などに適用》. ~ uninominal à trois tours 3回投票式単記投票制《フランスの国民議会議長, 元老院議長, 市町村長および助役の選挙などに適用》.
modes de ~ 投票方式. résultat du ~ 投票結果.

SCSI (=［英］small computer system interface) n.f. スカジー《小型コンピュータ・システム用インターフェース》.

SCSIN (=Service central de sûreté des installations nucléaires) n.m. 原子力施設安全対策本部《産業省の中央部局》.

SCSSI (=Service central de sécurité des systèmes d'information) n.m. 《情報処理》情報システム保安本部.

SCT (=Société centrale de trésorerie des caisses d'épargne) n.f.《金融》貯蓄金庫中央財務会社.

SCTIP (=Service de coopération technique international de police) n.m.《フランス国家警察の》警察国際技術協力部.

Scud n.m.《軍》スカッド・ミサイル《地対地ミサイル》(=missile ~). ~ à ogive chimique 化学兵器弾頭装備スカッド・ミサイル.

sculpteur [skyltœr] n.m. 彫刻家《女性彫刻家を sculptrice ということもある》. ~ de figures 彫像作家 (=statuaire). atelier du ~ 彫刻家の工房《アトリエ》.

sculptural (ale) (pl. **aux**) a. **1** 彫刻の. art ~ 彫刻芸術.
2 彫刻的な, 彫刻のような；端整な. beauté ~ale 彫刻のような美しさ. corps aux formes ~ales 端整な体つき.

sculpture [skyltyr] n.f. **1** 彫刻；彫刻芸術. ~ grecque ギリシア彫刻. faire de la ~ 彫刻をする. **2** 彫刻作品.

SDA (=secteur distinct d'activité) n.m.《経済》明白活動部門.

SDAGE (=Schémas directeurs d'aménagement et de gestion de l'eau) n.m.pl.《環境》水の開発と管理に関する基本方針.

SDAU (=schéma directeur d'aménagement et d'urbanisme) n.m. 国土整備・都市計画基本大綱《都市計画の中長期の基本プログラム》.

SDEC (=schéma de développement de l'espace communautaire) n.m. 地方共同体《市町村》空間開発計画大綱.

SDECE [ɛsdeəseə, sdɛk] (=Service de documentation extérieure et de contre-espionnage) n.m. 国外情報・防諜局《1982年に DGSE と改称》.

SDF[1] (=sans domicile fixe) a. 住所不定の, ホームレスの. les jeunes ~ 住所不定の若者たち.
―― n. 住所不定者, ホームレス. Les ~ échappent aux statistiques. 住所不定の人びとは統計から洩れている.

SDF[2] (=Stade de France) n.m. フランス競技場《パリ北部サン=ドニに1998年開設のサッカー競技場》.

SDGL (=Société des gens de lettres) n. pr.f. 文芸家協会.

SDI (=［英］Strategic Defense Initiative) n.f. 戦略防衛構想 (=［仏］IDS：Initiative de défense stratégique).

SDIS (=service départemental d'incendie et de secours) n.m. 県消防救急隊. réorganisation des ~ 県の消防・救急業務の再編.

SDN (=Société des Nations) n.f. 国際連盟《1919-45；=［英］the League［of Nations］》.

SDR (=société de développement régional) n.f. 地方開発会社.

Sdrif (=schémas directeurs de la région Ile-de-France) n.m.pl.《行政》イール=ド=フランス地方都市計画基本大綱.

SDRM (=Société pour l'administration du droit de reproduction mécanique) n.f. 音楽複製権管理会社.

SDS (=satellite data système) n.m. 衛星データ通信システム.

SDSL (=Saint-Denis-Saint-Leu) n.m.《サッカーの》サン=ドニ=サン=ルー・クラブ (=Club ~). Association ~《サッカーの》サン=ドニ=サン=ルー協会.

SDTI (=système de drone tactique intérimaire) n.m.《軍》代理戦術無人機システム《無人偵察監視機》.

SE (=［ラ］Societas Europea) n.f.《ヨーロッパ連合 UE の》ヨーロッパ会社, 欧州会社 (=société［anonyme］européenne). L'UE a adopté les statuts de la Société européenne ou Societas Europea (~) en octobre 2001. ヨーロッパ連合は2001年10月にヨーロッパ会社に関する法規を採択した. la nouvelle ~ 新ヨーロッパ会社.

Se (=*sé*lénium) *n.m.*〖物理・化〗「セレン」の元素記号.

seaborgium [sibɔrgjɔm] (<Glenn Theodor Seaborg [1912-99], 米国の化学者) *n.m.*〖化〗〖元素〗シーボルジウム《人工元素, 元素記号 Sg; 原子番号 106, 原子量 263.1186》.

sea-line (*pl.* ~-~*s*) [英] *n.m.*〖海〗(原油輸送の)シーライン；海底パイプライン.

séance *n.f.* **1** 会議, 審議；〖法律〗公判廷；(株式取引所の)立会い；(会議の)会期, (裁判の)開廷期間. ~s de l'Académie (du Conseil d'Etat, du Parlement) アカデミー(コンセユ・デタ, 国会) の会議 (~ 列席者~s d'un tribunal (de la cours d'assises) 裁判所(重罪院)の公判廷(開廷期間). ~ extraordinaire 臨時会議(会期). ~ publique 公開会議(裁判). en ~ publique 公開会議(裁判)で. ~ tenante 同じ会期中に；その場で直ちに. ordre du jour d'une ~ 会議の議事日程. ouverture (clôture) d'une ~ 開会(閉会). être en ~ (会議・裁判が)開かれている. ouvrir (lever) le ~ 会議を開く(閉じる). La ~ est ouverte (levée). ただいまより開会します(これにて閉会します)《議長の言葉》. présider une ~ 会議の議長を務める. tenir ~ 会議(公判)を続ける.
2 (仕事・作業・治療などの) 1 回分, 1 回当たりの時間. ~ d'entraînement (de gymnastique) トレーニング(体操) の 1 回分. ~ de pose(モデルの) 1 回分のポーズ時間. ~ de radiothérapie (de rééducation) 一回分の放射線治療 (リハビリ) 〔時間〕. ~ de travail 1 回の作業時間.
3 (劇・ショー・映画などの 1 回当たりの) 上演, 演奏, 上映. ~ de cinéma 映画の上映時間. première (deuxième, …) ~ dans une salle de cinéma 映画館の第 1 回 (第 2 回…) 上映. ~ musicale 音楽会. ~ privée 非公開上演(上映). ~ récréative 演芸会. La prochaine ~ est à 20 heures. 次の上映は 20 時に始まります.
4〖話〗異常で耐え難い場面. ~ de pleurs 愁嘆場.
5〖古〗(会議への)出席, 列席；列席権(= droit de ~). avoir (droit de) ~ 列席権を持つ. prendre ~ 着座する, 仲間入りする.

SEATO (= [英] *South East Asia Treaty Organization*) *n.f.* 東南アジア条約機構, シアトー《1954-77；[仏] *O*tase：*O*rganisation du *t*raité de l'*A*sie du *S*ud-*E*st》.

seau (*pl.* ~*x*) *n.m.* **1** バケツ, 手桶. ~ [en matière] plastique ポリバケツ.
2 バケツ状の容器. ~ à charbon 石炭バケツ. ~ à glace アイス・ペール, ワインクーラー.
3 バケツ(桶) 1 杯の量. vider un ~ d'eau バケツの水を捨てる.〖話〗Il pleut (La pluie tombe) à ~*x*. バケツをひっくりかえしたような土砂降りである.

sébacé(e) *a.*〖生理〗皮脂の, 皮脂性の. glande ~*e* 皮脂腺. matière ~*e* 皮脂.

sébaste *n.m.*〖魚〗セバスト, めばる(笠子(かさご))科 scorpénidés, めばる属 ~*s* の海魚》. grand ~ 大めばる《学名 ~ marinus；体長 30 cm-1 m》. petit ~ 小めばる《学名 S~*s* viviparus；体長 20-30 cm》.

SEBC (= *S*ystème *e*uropéen de *b*anques *c*entrales) *n.m.* ヨーロッパ中央銀行機構.

séborrhée *n.f.*〖医〗脂漏.

sébum [sebɔm] *n.m.*〖生理〗皮脂《皮脂腺の分泌物》；皮表脂質.

SEC[1] (= *S*ociété *c*entrale des *c*aisses d'*é*pargne pour l'*é*mission et le *c*rédit) *n.f.* 債券発行・貸付けのための中央貯蓄金庫会社.

SEC[2] (= *S*ystème *e*uropéen de *c*omptabilité nationale) *n.m.* (ヨーロッパ連合 UE の)国民経済計算のヨーロッパ統一システム《1995 年採択》.

sec[1] (*sèche*) *a.* ① (具体的) **1** 乾いた, 乾燥した. bois ~ 乾いた木材. lieu ~ 乾いた場所. linge ~ 乾いた洗濯物. sol (terrain) ~ 乾いた土地.
2 (植物・食品などが)乾燥させた, 干した (=séché). feuilles (herbes) sèches 枯葉(枯草). fruits (légumes) ~*s* 乾燥果物(野菜). gâteaux ~*s* ガトー・セック(クリームを用いない菓子；ビスケットの類い). petits fours ~*s* プチ・フール・セック(小さなビスケット, クッキー類).〖釣〗mouche sèche 擬似餌(鉤). poisson ~ 干し魚, 魚の乾物.
3〖気象〗乾いた, 乾燥した；雨の降らない. air ~ 乾いた空気. climat ~ 乾燥気候. froid ~ et piquant 乾いた肌を刺す寒さ. orage ~ 雨を伴わない嵐. saison sèche 乾季, 乾期. temps ~ 好天, 晴天；乾燥した天気. Il fait ~. 乾燥した天気だ.
4 (皮膚などが)乾いた, 乾燥した, 水気のない, かさかさした；渇いた. lèvres sèches 乾いた唇. peau sèche かさかさした膚. shampooing [pour] cheveux ~*s* ぱさつく髪用シャンプー. yeux ~*s* 乾き眼, ドライ・アイ. à pied ~ 足を濡らさずに. avoir la gorge sèche (le gosier ~), avoir soif 喉が渇いている. l'avoir ~〖話〗喉が渇いている；〖比喩的〗がっかりしている, 口惜しい思いをする. n'avoir plus un fil (un poil) de ~ 全身びしょ濡れである, 汗びっしょりになる.〖俗〗faire cul ~ ひと息に飲み干す. regarder *qn* d'un œil ~ 冷やかな目で人を見つめる.
5 (体が)ひからびた, 痩せた.〖話〗~ comme un pendu (un hareng) 骨と皮ばかりに痩せこけた. homme ~ 痩せた人.
6〖医〗乾性の. râles ~*s* 乾性ラ音(小泡音). séborrhée sèche 乾性脂漏. toux sèche (痰の出ない)から咳, 乾いた咳, 乾咳.
7〖酒〗生(き)の, 水で割らぬ；辛口の.

champagne demi-~ 半辛口のシャンパーニュ酒. vin blanc ~ 辛口の白葡萄酒 (vin blanc doux, vin moelleux の対). boire un alcool ~ 酒を生で飲む.
8 水分の欠けた;〘比喩的〙何も伴わない. briques (pierres) sèches 漆喰・セメントを用いない) 空積みの煉瓦 (石材).〘医〙régime ~ 水分 (酒類) 制限食餌療法.〘物理〙vapeur sèche 不飽和蒸気. nourrice sèche 母乳が出ない母親, 人工栄養で育てる母親. pain ~ 何もつけないパン. être au pain ~ (食物として) パンしかない. perte sèche 丸損.〘化〙par voie sèche 乾式法による.
II〘比喩的〙**1** 乾いた; 生硬な, 柔か味のない. bruit ~ 乾いた音. coup ~ 素早く打つ (叩く) こと. fermer la porte d'un coup ~ 戸をパタンと閉める. dessins ~s 生硬なデッサン.〘スポーツ〙placage ~ ハードタックル. voix sèche 乾いた声.
2 素気ない, 潤いのない. style ~ 無味乾燥な文体; 乾いた文体.
3 (言葉・態度など) 素気ない; よそよそしい. âme sèche (cœur ~) かたくなな心. réponse sèche にべもない返事. d'un ton ~ ぶっきら棒に, よそよそしい口調で.
4〘学生語〙(質問に) 立往生している. rester ~ 質問に全く答えられないでいる. Il est complètement ~. 彼はすっかり立往生している.
5〘トランプ〙1枚 (1回) きりの. carte sèche 1枚きりの同種札. partie sèche 1回勝負. en cinq ~〔s〕5 点先取一勝負の間に; 素早く. jouer en cinq ~〔s〕5 点勝負をする. avoir un atout ~ 手に切札が1枚しかない.

sec² *n.m.* **1** 乾燥; 乾いた場所; 乾燥状態. sensation du ~ et du mouillé 乾いた感じと湿った感じ. mettre qch au ~ 乾いた場所に置く.《 A conserver au ~ 》「乾燥した状態で (場所に) 保存すること」.
à ~ (川などが) 水の涸れた;〘織〙乾式紡績による;〘比喩的〙空の; 空っぽに;〘話〙一文なしの (で). avoir l'esprit à ~ 頭が空っぽである.〘話〙être à ~ すっからかんである, 無一文である. mettre à ~ (川・井戸を) 干上らす;〘話〙(人を) すっからかんにする (破産させる).〘海〙naviguer à ~〔de toile〕帆を張らずに航海する. nettoyage à ~ ドライ・クリーニング.
2 乾いた株, 干草 (=fourrage ~). mettre son cheval au ~ 馬に干草を与える.

sec³ *ad.* **1** 荒々しく, つっけんどんに. conduire ~ 荒っぽい運転をする. parler ~ 無愛想に話す. tout ~ 素気なく. un merci tout ~「有難う」とただ一言. refuser tout ~ にべもなく断る.
2 急に.〘話〙aussi ~ すぐさま, 即刻.〘放送〙couper ~ (音声・映像を) 急激に絞る, カットアウトする. démarrer ~ 急発進する.

3 大量に. boire ~ 大酒を飲む; 生 (き) のままで飲む; 一気に飲む.〘話〙Il pleut ~. 土砂降りだ, ざあざあ降りだ.

sec⁴ *int.*〘登山〙ザイル (ロープ) をぴんと張れ! (=Dur!).

SECAM, Secam [sekam] (=séquentil couleur à mémoire) *n.m.*〘TV放送〙セカム方式 (メモリー式逐次カラー走査方式). ——*a.inv.* セカム方式の.

sécession *n.f.* **1**〘政治〙(国民の一部の国家からの) 離脱, 分離独立.〘米史〙guerre de S~ 南北戦争.
2〘芸術〙la S~ (オーストリアの) 分離派 (1897年結成, Klimt, Olbrichts, O. Wagner; 〔独〕Sezession ゼツェッション).
3 分離. faire ~ 分離する.

séchage (<sécher) *n.m.* **1** 乾かすこと. ~ des cheveux 髪の乾燥. **2** 乾燥.

séché(e) *a.p.* **1** 乾いた. draps mal ~s 半乾きのシーツ. feuilles ~ es 枯葉.
2 乾かした; 乾した. hareng ~ 干し鰊 (=saur). poisson ~ 魚の干物.

sèche-cheveux *n.m.inv.* ヘア・ドライヤー (=séchoir à cheveux). ~ à infrarouge 赤外線式ヘア・ドライヤー.

sèche-linge〔s〕*n.m.*〘家電〙洗濯物乾燥機. ~ indépendant à tambour 単体のドラム式乾燥機.

sèche-mains *n.m.inv.* (熱風で手を乾かす) エア・タオル.

sèchement *ad.* **1** 荒っぽく, 素早く. frapper la balle ~ ボールをバシッと打つ. voiture qui démarre ~ 荒っぽく発進する自動車.
2 硬く, 生硬に. dessiner ~ 硬い線で描く.
3 素気なく, ぶっきらぼうに. répliquer ~ 突っけんどんに言返す. répondre ~ 素気なく答える.
4 (文体など) 無味乾燥に.

sécheresse, sècheresse *n.f.* **1** 乾燥, 乾燥状態. ~ de la peau 皮膚の乾き. ~ de la terre 大地の乾燥〔状態〕.
2 日でり, 旱魃 (かんばつ); 乾期. période de ~ 旱魃期; 乾期.
3〘比喩的〙〘文〙冷淡, 無情; 素気なさ, 無愛想. ~ de cœur 冷淡さ, 冷淡な心. répondre avec ~ 素気なく答える.
4〘比喩的〙(文体・作品の) 無味乾燥. ~ de style 文体の潤いのなさ, 潤いのない文体.
5〘比喩的〙(線・輪郭などの) 硬さ, 生硬さ. ~ d'un dessin 硬い線のデッサン.

sécherie, sècherie *n.f.* (魚などの保存食品の) 乾燥加工所.

séchoir *n.m.* **1** 乾燥器; ドライヤー (=~ à cheveux) (=sèche-cheveux). ~ à air chaud 温風乾燥器. ~ rotatif 回転式乾燥器.
2 物干台 (=~ à linge, =lessive).
3 乾燥場; 乾燥室. ~ à tabac タバコ乾燥室.
4〘隠〙刑務所 (=prison).

SECN (=*s*ystème *é*largi de *c*omptabilité *n*ationale française) *n.m.* 〖経済〗フランス国民経済計算拡大方式.

second¹ *n.m.* **1** (建物の) 3 階 (=étage). habiter au ~ 3 階に住む.
2 補佐役, 助手, 右腕；〖海〗副船長 (=capitaine en ~)；〖海軍〗副艦長 (=commandant en ~)；〖レストラン〗スゴン《シェフの補佐》；〖古〗(決闘の) 介添人. ~ vendeur (百貨店の) 売場の副主任.
en ~ 人の命令のもとで；責任者に代行して；次席で. commandant en ~ 副艦長；副司令官；副指揮官. 〖海軍〗officier en ~ 副長. commander en ~ 副司令官として命令を下す. passer en ~ 後に従う.
3 (文字謎 charade の) 第 2 語〔句〕.

second² (***e***¹) [səgɔ̃(d)] *a.* 〖一般に名詞の前；3 以上を数える場合は deuxième を用いる傾向あり〗**1** 第 2 の, 2 番目の；二つの内の, 2 度目の. ~ acte 第 2 幕 (=acte deux). ~ chapitre 第 2 章 (=chapitre deux). ~ cycle universitaire 大学教育第二課程《licence, maîtrise の課程；deuxième cycle universitaire》. 〖仏史〗le *S*~ Empire 第二帝政《1852-70 年》. étage 3 階. ~ fille 次女. ~ fils 次男. la *S*~*e* Guerre mondiale 第二次世界大戦. ~ mariage 二度目の結婚. 〖数〗~ membre. (式の) 右辺. ~*e* moitié du XXe siècle 20 世紀の後半. ~*e* partie 第 2 部. ~ personnage à partir de la gauche 左端から 2 番目の人物. 〖文法〗~*e* personne du singulier 2 人称単数. ~ service du dîner 2 回目の夕食サーヴィス. ~ tome 第二巻 (=tome deux). 〖音楽〗~ violon 第 2 ヴァイオリン〔奏者〕. 〖自動車〗~ vitesse 第 2 速, セカンド〔ギア〕. de ~*e* main 人づてに, 間接的に；中古で.
en ~ lieu その後, ついで, 加えて. enseignement du ~ degré 中等教育. une ~*e* fois 二度目〔に〕, 再度. C'est la ~*e* fois que …なのは 2 度目だ.
arriver ~ 2 番目に (2 着で) 到着する. être ~ sur une liste リストの 2 番目である. prendre la ~*e* rue à droite 2 番目の通りを右折する. s'asseoir au ~ rang 2 列目に座る. se marier en ~*es* noces 再婚する. Tu n'auras pas de ~*e* occasion. 二度とチャンスはないぞ. 〖葡萄酒〗Carruade de Lafite, ~*e* marque du château Lafite-Rothschild シャトー・ラフィット=ロートシルトのセカンド・ラベルであるカリュアード・ド・ラフィット.
2 〖序列〗次位の；二級の；二義的な. ~*e* classe 2 等. billet de ~*e* classe 2 等の切符. ~ prix 2 等賞. 〖鉄道〗voiture de ~*e* classe 2 等車. de ~ ordre；de ~*e* catégorie 二流の, B クラスの. film de ~ ordre B 級映画. article de ~*e* qualité 二級品. 〖文〗à nulle autre ~*e* 比類のない. richesse à nulle autre ~ 比べもののない富.

être ~ de la classe クラスで 2 番である. jouer le ~ rôle 脇役を演じる. obtenir la ~*e* place in un concours コンクールで 2 席になる.
3 もうひとつの；第二の, 新たな. ~*e* jeunesse 第二の青春. ~*e* patrie 第二の祖国. ~*e* vue 予知能力, 先見の明；千里眼. un ~ Molière モリエールの再来. état ~ 第二状態《異常な精神状態》. état ~ des somnambules 夢遊病者の第二状態. être dans un état ~ 気がふれている. Le rêve est une ~*e* vie. 夢は第二の人生である《Nervalの文言》.
4 〖名詞の後〗二次的な, 副次的な. 〖哲〗causes ~*es*《根本原因に起因する》副原因.
——*n.* **1** 2 番目の人, 2 位の人 (もの)；次席；補佐. 〖登山〗~ de cordée ザイルの 2 番手. ~〔de〕cuisine 料理の 2 番方, スゴン〔ド〕《料理長補佐》. ~ d'une liste リストの 2 番目. la ~*e* de leurs filles 彼らの 2 番目の娘. arriver le ~ 2 着でゴールする.
2 二次的なもの.
3 le ~ 後者 (le premier「前者」の対).
4 (ボクシングの) セコンド (=soigneur).
5 〖文〗sans ~ 比類のない. beauté sans ~*e* 類い稀なる美しさ.

secondaire *a.* **1** 二次的な, 副次的な (primaire「一次的な」の対). caractères sexuels ~*s* 二次性徴. personnage ~ 二流の人物. planète ~ 衛星 (=satellite). question ~ 二次的問題. rôle ~ 端役. résidence ~ 副住居, 別荘. C'est ~! それは大したことではない.
2 (時間的に) 2 番目の；第二期の；第二次の；付随的な. 〖医〗accidents ~*s* d'une maladie 病気の第二期症状. 〖電〗circuit ~ 二次回路. degré ~ 第二段階. écoles ~*s* 中等教育学校 (école supérieure「高等教育学校」の前段階；collège, lycée など). effets ~*s* 〖薬〗副作用；〖化〗副反応.《精神分析》élaboration ~ dans le rêve 夢の二次加工. 〖物理〗émission ~ d'électrons 電子の二次放出. 〖心〗émotif actif ~ 二次的情動素質. 〖電〗enroulement ~ 二次コイル. enseignement ~ 中等教育 (enseignement primaire「初等教育」の次の教育課程). 〖地学〗ère ~ 中生代. ~ forêt ~ 二次林. 〖言語〗radical ~ 二次語幹. 〖経済〗secteur ~ 第二次産業. 〖植〗tissus ~*s* 二次組織.
——*n.m.* **1** 〖電〗二次コイル (=enroulement ~).
2 〖地学〗中生代 (=ère ~).
3 中等教育 (=enseignement ~). professeurs du ~ 中等教育正教員.
4 〖経済〗第二次産業 (=secteur ~).
5 〖心〗第二次的性格者.

seconde² *n.f.* **1** (乗物の) 2 等 (=~ classe)；2 等席 (=places de ~)；2 等切符. une ~ aller et retour pour Paris パリへ

seconde³

の往復2等切符.〖鉄道〗voiture de ~ 2等車. voyage en ~ 2等での旅行.

2〖教育〗第2学級《中等教育の第5学年次；高校1年に相当》. élève de ~ 第2学級の生徒. entrer en ~ 第2学級に進学する.

3〖自動車〗(変速機の)第2速, セカンド (= ~ vitesse). passer en ~ セカンドに入れる.

4〖音楽〗2度《音程》.

5〖印刷〗再校〖刷〗(= ~ épreuve). lire des épreuves en ~ 再校刷に目を通す.

6〖フェンシング〗スゴンド, セコンド《第2の構え》(= ~ position de l'épée).

7〖舞〗第2ポジション.

seconde³ [səgɔ̃d] *n.f.* **1**《時間の単位》秒《略記 s.》. La ~ est la durée de 9 192 631 770 périodes de la radiation correspondant à la transition entre les deux niveaux hyperfins de l'état fondamental de l'atome de césium 133. 秒は¹³³C_s原子の基底状態の2つの超微細準位間の遷移に対応する放射の9 192 631 770周期の継続時間である(1967年の国際度量衡総会での定義；1977年, 地球のジオイド面上の¹³³C_sを基準とすることとなった). une ~ 1秒. aiguille des ~s d'un chronomètre クロノメーターの秒針(= ~ sautante). arrêt (départ) à la ~ 《時計の針の》秒停止(発進). vitesse de dix mètres〔par〕 ~ 秒速10 m.

2 一瞬, 瞬時, 瞬間. à la ~ 即刻. dans une ~ すぐに. en une ~ ; en deux ~s すぐに. d'une ~ à l'autre 直ちに. jusqu'à la dernière ~ 最後の瞬間まで, ぎりぎりまで. sans attendre une ~ 即刻, すぐさま. Une ~ ! ちょっと待て (= attendez un instant).

3〖幾何〗《角の単位》秒 (1/3600度, 略記″). cercle gradué en degrés, minutes et ~s 度, 分, 秒の目盛りをつけた円.

secondé(e) *a.p.* **1** 補佐された. médecin ~ par une équipe チームに補佐された医師. **2** 助けられた. être ~ par les circonstances 状況に恵まれる.

secourable *a.* 救う；好んで人を助ける. ~ bonté 人を救う善意. tendre une main ~ à *qn* 人に救いの手をさしのべる.

secourisme *n.m.*〖医〗応急手当；救急法.

secouriste *n.*〖医〗救急隊員.

secours *n.m.* **1** 救助, 救い, 助け. Au ~ ! 助けて！ aller (venir) au ~ de *qn* 人を助けに行く(来る). appeler (crier) au ~ 救いを求めて叫ぶ. courir au ~ 助けにかけつける. demander [du] ~ 助けを求める. être d'un grand ~ à *qn* 人にとって大きな助けとなる. laisser *qn* sans ~ 人を見殺しにする. porter (prêter) ~ à *qn* 人に救いの手を差しのべる.〖電算〗~ informatique (データの)バックアップ(〖英 backup〗).

2 救済；〖多く pl.〗援助, 救援；援助(救援)金；救助(救援)物資. ~ aux indigents 貧民救済〖事業, 活動〗. ~ mutuel 共済. association (société) de ~ mutuel 共済組合. ~ publics 公的救援金, 救済資金. envoyer des ~ aux sinistrés 罹災者に救援金(救援物資)を送る.

3〖多く *pl.*〗救護〖法, 活動〗, 救急手当. boîte de ~ 救急箱. équipe de ~ 救護班. poste de ~ 救護所. donner les premiers ~ aux blessés 負傷者に応急手当を施す.

4〖軍隊〗；〖軍〗援軍, 援兵. colonne de ~ 救助隊.

5〖宗教〗加護, 救い, 救済. S~ catholique カトリック救済組織《London で1946年結成の慈善団体》. ~ de la religion 秘跡.

6 ~ の非常用の；予備の. éclairage de ~ 非常用照明. frein de ~ 非常ブレーキ. porte de ~ 非常ドア, 非常口. roue de ~ スペアタイア. sortie de ~ 非常口.

secousse *n.f.* **1** 振動, 揺れ, 動揺；衝撃. ~ électrique 電撃, 電気ショック.〖医〗~ musculaire 攣縮(れんしゅく), 単収縮. ~ préliminaire (地震の) 初期微動. ~ sismique (tellurique) 地震 (= tremblement de terre；séisme). donner une ~ 揺ぶる. par ~s 不規則に. sans ~ 静かに, 滑らかに.

2《心理的》ショック (= choc psychologique), 衝撃；《秩序などに対する》打撃. donner une ~ à *qn* 人を動揺させる.

3〖俗〗ne pas en ficher (foutre) une ~ ぶらぶらしている.

SECPROS (= *s*ystème *e*uropéen de *c*omptes de la *pro*tection *s*ociale) *n.m.* ヨーロッパ社会保護費計算システム.

secret¹ *n.m.* **1** 秘密；機密. ~ administratif 行政上の秘密. ~ de fabrique 製造秘密. ~ d'Etat 国家機密；〖話〗極秘事項. ~ de la Défense nationale 国防上の秘密. 〖-〗défense 国防機密〖扱い〗. ~ des correspondances 信書(通信)の秘密. ~ médical 医療秘密. ~ professionnel 職業上の秘密. obligation de garder le ~ 守秘義務. révélation de ~ 秘密の漏洩. confier un ~ à *qn* 人に秘密を明かす. dévoiler un ~ 秘密を暴く. divulguer (trahir) un ~ 秘密を漏らす. être dans le ~ ；〖話〗être dans le[s] ~[s] des dieux 秘密(内幕)に通じている. mettre *qn* dans le ~ de *qch* 人に何の秘密(内幕)を教える. faire un ~ de tout 何でもかんでも秘密にする. 〖人が主語〗n'avoir pas de ~ pour *qn* 人に対して秘密がない；〖物が主語〗余さず人の知るところである. C'est un ~ ! 秘密だよ！

2 秘密の遵守, 守秘；内密；沈黙. ~s de la confession 告解の秘密遵守. ~s professionnels 職業上の守秘. exiger le ~ absolu 秘密厳守を求める. sous le sceau du ~ 他言しない約束で.

3 神秘；(心の)奥底；(事件などの)隠れた理由, 鍵；内幕. déchiffrer les ~s de la

nature 自然の神秘を解き明かす. dans le ~ du (de son) cœur 心の奥底で. ~s de la politique 政界の内幕. trouver le ~ de l'affaire 事件の隠れた原因を見出す.
4 秘訣；秘法. avoir le ~ de *qch* (de+*inf.*) 何の(…する)秘訣をもっている. ~ de l'art d'écrire 文章を書く秘訣. ~ d'une recette de cuisine 料理の作り方の秘訣. ~ de réussir 成功の秘訣.
5 a) 外界と隔絶した場所, 人目につかぬ場所. dans le ~；en ~ ひそかに, こっそり. dans le plus grand ~；en grand ~ 極秘裏に. fuir en ~ こっそり逃げる. vivre dans le ~(en ~) 人目につかずひっそり暮らす.
b) (監獄の) 独房. mettre *qn* au ~ 人を独房に入れる (監禁する). mise au ~ d'un inculpé pendant dix jours 被疑者に対する 10 日間の面接・文通禁止措置.
6 (金庫・錠前などの) 秘密の仕掛け. ~ d'un chiffre 数字合わせの秘密錠. ~ d'un coffret 金庫の秘密錠.〔比喩的〕problème à ~ 特殊な解決法のある問題. serrure à ~ 秘密仕掛けの錠.
7〔薬〕(皮をフェルト化するための) 硝酸水銀溶液.

secret[2] (***ète***) *a.* **1** 秘密の；機密の；隠しておきたい, 人に知られたくない. agent ~ 秘密諜報員, スパイ (=espion). code ~ 暗号 (=cryptographie). dossiers ~s 機密文書. fonds ~s 機密費.〔俗〕maladie ~*ète* 性病. mémoires ~*ètes* 秘録. négociations ~*ètes* 秘密交渉；闇取引. police ~*ète* 秘密警察. services ~s 秘密諜報活動, シークレットサービス；諜報部. société ~*ète* 秘密結社.
2 人目につかない, 秘密の；目立たない. escalier ~ 秘密階段. tiroir ~ 隠し引出し. tunnel ~ 秘密トンネル. vie ~*ète* 人目につかない人生.
3 心の中の, 内に秘められた, 秘かな, 表に現われない, 隠された. pressentiment ~ 秘かな予感. sens ~ 隠された意味. sentiments ~s 秘められた感情.
4 神秘の；秘教の, 秘教的な. rites ~s 秘儀.
5〔文〕心の内を明かさない, 口の堅い, 無口な；本性を隠した；控え目な. garçon très ~ 極めて口数の少ない少年.

secrétaire[1] *n.* **I** **1** 秘書, 事務員, 補佐. ~ comptable 会計事務員, 会計係. ~ de direction 役員秘書. ~ de rédaction 編集長補佐, 編集次長. ~ sténodactylo 速記・タイプができる秘書.
2 (公職にある) 書記官, 事務官, 秘書官, 閣僚, 理事, 幹事. ~ administratif 行政秘書官 (フランス国家公務員の職種の一つ). ~ au bureau de l'Assemblée nationale 国民議会議院運営委員会秘書 (国会議員). ~ d'ambassade 大使館つき書記官. ~ des affaires étrangères 外務事務官. ~ de chancellerie 在外公館事務官 (フランス外務省職員の職種の一つ). ~ d'Etat aux (auprès du ministre des affaires étrangères, chargé des) affaires européennes (外務大臣つき) ヨーロッパ問題担当副大臣 (閣外相, 大臣補佐, スクレテール・デタなどの訳もある). ~ d'Etat (アメリカの) 国務長官 (ヴァチカンの) 国務省長官. ~ au Trésor (アメリカの) 財務長官. ~ général du ministère des affaires étrangères (フランスの) 外務次官. ~ perpétuel de l'Académie française アカデミー・フランセーズ終身幹事. premier ~ à l'ambassade de France au Japon 在日フランス大使館一等書記官.〔史〕~ du Roi 国王秘書官；(王政下の) 国務卿.
3 (政党, 機関などの) 事務局員, 書記局員, 幹事. ~ général des Nations unies 国連事務総長. ~ général de la présidence de la République 大統領府事務総長. ~ général du gouvernement (フランスの) 内閣事務総局長 (日本の内閣官房長官を ~ général et porte-parole du gouvernement と訳すことがある). ~ général du parti communiste chinois 中国共産党総書記. ~ général du parti libéral-démocrate 自由民主党幹事長. ~ national chargé des questions sociales 社会問題担当全国書記 (フランスの政党において, ~ national は担当分野における最高責任者). premier ~ du parti socialiste 社会党第一書記.
II 書き物机.

secrétaire[2] *n.m.* **1** 書机, 書き物机. **2**〔鳥〕蛇食鷲 (へびくいわし) (=serpentaire).

secrétaire-greffer (*pl.* ~*s*-~*s*) *n.m.* 裁判所書記官.

secrétariat *n.m.* **1** 秘書課；事務局, 事務所；書記局；〔集合的〕員. S~ général de la présidence de la République (フランス) 共和国大統領府事務総長. S~ général du gouvernement (フランスの) 内閣事務総局 (閣議の準備や政府活動の調整事務を担当する総理府の部局). S~ général de l'ONU 国連事務総局.
2 庁 (国務庁長官 secrétaire d'Etat の管轄する官庁). S~ général au tourisme 政府観光総庁 (後の Direction générale du tourisme 観光庁 (ministère du Tourisme 観光省の総局)).
3 秘書 (書記) の職務 (任期). ~ général d'une société 学会の事務総長職.
4 秘書業. apprendre le ~ 秘書業を学ぶ. école de ~ 秘書養成学校.

secrétariat-greffe (*pl.* ~*s*-~*s*) *n.m.* 裁判所書記局.

sécréteur (***trice, teuse***) *a.*〔生理〕分泌する. glandes ~*trices* 分泌腺.

sécrétine *n.f.*〔生化〕セクレチン (胃腺分泌消化ホルモン).

sécrétion *n.f.* **1**〔生理〕分泌〔物〕. ~ externe 外分泌. ~ gastrique 胃の分泌物.

sécrétoire ~ interne 内分泌. **2**〖植〗分泌〔物〕. ~ de la résine 樹脂の分泌.

sécrétoire *a*. 分泌に関する, 分泌の. anticorps ~ 分泌抗体. diarrhée ~ 分泌性下痢. neuron ~ 分泌神経.

sectaire *n*. **1** セクト(党派, 派閥)主義者.
2 (宗教, 政治, 哲学の) 偏狭な信奉者；(異端派の) 熱狂的信者；セクト的教団員.
——*a*. セクト主義の；党派的な；狂信的な. comportement ~ セクト的行動.

sectarisme *n.m*. セクト主義；分派主義, 派閥体制；党派心, 党派根性.

secta*teur* (*trice*) *n*. **1**〖文〗(宗派の)信徒；(学説の)信奉者. ~s de Platon プラトンの信奉者.
2 セクト(党派)の構成員.

secte *n.f*. **1**〖古〗(古代哲学の) 学派. la ~ d'Epicure エピクロス学派.
2〖宗教〗セクト, 教派, 教派 (= ~ religieuse). Quakers ~ des Mormons モルモン教徒の一宗派であるクエーカー教徒.
3〖宗教〗セクト《閉鎖的・排他的宗派》；異端的宗派, 神秘主義的新興宗教の教団, 秘教集団. gourou de la ~ セクトのグール(教祖).
4〖蔑〗セクト, 党派, 分派, 派閥, 閥.

secteur *n.m*. **1**〖行政〗(特定の行政目的による)地域的分区, 行政区域, 区. ~ électoral 選挙区. ~ ferroviaire 鉄道管区. ~ financier 財政区. ~ sauvegardé〈文化財としての〉保護地区, 風致地区.
2〖電〗配電区；電源；(給水の) 区域. panne de ~ 〈配電区の〉停電. magnétophone à branchement piles-~ 電池と AC 電源 2 方式のテープレコーダー.
3〖軍〗戦区, (師団の) 軍事行動区域. ~ postal 野戦郵便区(略記 SP). sous-~ 連隊の軍事行動区域.
4〖精神医学〗~ psychiatrique 精神医療地区(ほぼ 7000 人単位). médecin-chef de ~ 精神医療地区主任医.
5 部門, 分野, 領域；活動領域；産業部門. ~ primaire (secondaire, tertiaire) 第一次(第二次, 第三次)産業部門. ~ privé 私的財産 (活動・企業) 部門. ~ public 公的財産 (活動・企業) 部門. ~ public local 地方公共行政活動領域〈地方公共団体, 県, 地方, 公共企業体など〉. ~ semi-public 半公共部門《公権力の監督下の私企業部門》. ~ nationalisé 国有化産業部門.
~ agricole 農業部門. ~ coopératif 協同組合部門. ~s d'une administration 行政部局. ~s médicaux 医療部局. un ~ de la science 科学の一部門(分野).
6〖地理〗区域, 域. ~ chaud (froid) 暖気(寒域).
7〖解剖〗区域, 下位区分 (=subdivision). ~s du lobe droit du foie 肝臓の右葉の組織.
8〖幾何〗扇状 (=circulaire). ~ elliptique 楕円扇状. ~ sphérique 球扇状.
9 (自動車の) 扇形歯輪, セクター.
10〖天文〗象眼儀 (=astronomique).
11〖電算〗(磁気ディスクの) セクター.

section *n.f*. ⌈⌉(部分) **1** (官庁・会社などの) 部, 課；部門. ~s du Conseil d'Etat コンセイユ・デタの部局. ~ homogène (企業・工場などの) 均質稼動部門.
2 (政党・労働組合などの) 支部. S~ française de l'Internationale ouvrière 労働者インターナショナル・フランス支部(1905-71 年のフランス社会党の正式名称；略記 SFIO). ~ locale d'un parti politique 政党の地方支部. ~ syndicale d'entreprise 企業内の労組支部. réunion de ~ 支部会議.
3〖行政〗~ électorale 選挙の投票所〔区域〕；投票区 (= ~ de vote)《大都市の投票分区》. la 1re ~ du 16e arrondissement de Paris パリ市第 16 区の第 1 投票所〔区域〕. ~ de commune 都市分区.
4 (大学の)学科；(リセの)科. section littéraire (scientifique) d'un lycée リセの文科(理科). changer de ~ 科を変わる.
5〖軍〗小隊 (30-40 人程度). ~ d'infanterie 歩兵小隊. chef de ~ 小隊長《中尉 lieutenant》.
6 (書物・論文などの) 部, 節. chapitres divisés en ~ 節に分けられた章.
7〖交通〗区間；保線区. ~ d'autoroute en réparation 修理工事中の高速道路区間.
8〖交通〗(バスなどの) 料金区間, 運賃区間.
9〖ジャズ〗セクション. ~ rythmique d'un orchestre de jazz ジャズバンドのリズム・セクション.
⌈⌈⌉(切断) **1** 切断；切断法；〖医〗切除, 切断. ~ nette きれいな切断 (切り口).
2〖幾何〗切断；(面の) 交叉 (=intersection). ~s coniques 円錐曲線. ~ droite 直断面. ~ plane d'un volume 立体の平断面. point de ~ 交点.
3 断面, 切断部, 切り口. tuyau de 5 cm de ~ 直径 5 cm の断面のパイプ. 〖地形〗~ mouillée d'un cours d'eau 流痕, 河積《水流の断面積》. ~ ronde 丸い切り口.
4〖建築・機械〗断面図. ~ longitudinale (transversale) d'un navire 船舶の縦(横)断面図.

sectoriel (*le*) *a*. **1** 部門別の；産業部門〔別〕の. croissances ~ les 産業部門別成長. études ~ les 部門別研究. grève ~ le 産業部門別ストライキ. législation ~ le 産業部門別立法. réorganisation ~ le 部門別再編成.
2〖幾何〗扇形の.

sectorisation (<sectoriser) *n.f*. **1** (産業の)部門化. **2** 地域的分散. **3**〖精神医学〗精神病医療補助の地区化 (= ~ de l'assistance psychiatrique).

Sécu (la) *n.f*. ラ・セキュ, 社会保障制度 (=la Sécurité sociale の俗称).

séculaire *a*. **1** 一世紀ごとの, 一世紀に

一回の, 100 年に 1 度の. année ~ 世紀の最後の.
2 1世紀を経た. une chêne deux fois ~ 樹令200年の楢の木.
3 数世紀も経た；非常に古い. tradition ~ 古来の伝統.

sécularisation (<séculariser) *n.f.* 〖教会〗**1**（修道会から）教区付になること,（修道士の）還俗（げんぞく）. bulle de ~ 還俗の教皇勅書.
2（教会財産の）国有化. ~ des biens du clergé 聖職者財産の国有化.
3（教育の）非宗教化, 世俗化. ~ de l'enseignement public 公教育の非宗教化.

séculariser *v.t.* **1**（修道士を）教区付にする；還俗させる, 在俗化する. ~ un monastère 修道士を在俗化する.
2 世俗化する；（教会財産を）国有化する；（教育を）非宗教化する. ~ l'enseignement 教育を非宗教化する.

séculier[1] *n.m.* 〖カトリック〗**1**（修道会に属さない）在俗聖職者, 在俗司祭 (= prêtre ~).
2 世俗人, 俗人 (=laïque)(ecclésiastique「聖職者」の対).

séculier[2] (**ère**) *a.* **1**〖教会〗修道院に属さない；教区付きの, 在俗の (régulier「修道会に属した」の対). prêtre ~ 在俗司祭（聖職者）.
2〖史〗世俗の, 俗事の (ecclésiastique「聖職にある」の対). bras ~ （宗教裁判に対して）世俗裁判権；世俗権力.

secundo [səg(k)ɔ̃do] 〖ラ〗*ad.* 第2に（略記 2° = deuxièmement).

sécurisant(e) *a.* 〖心〗安心感を与える. environnement ~ 安心感を与える環境. voiture ~e 安心感を覚えさせる車.

sécurisation *n.f.* 〖心〗安心感の付与. ~ de la voie publique 公道の安全確保.

sécurisé(e) *a.* 〖心〗安心感を与えられた；〖情報処理〗安全対策を施された. paiement ~ sur Internet インターネット上の安全対策付支払い. réseau ~ 安全対策ネット. univers ~ 安心感を覚える世界.

sécuriser *v.t.* **1** 安心感を与える, 安心させる. se sentir *sécurisé* 安心感を覚える.
2 安定感を増す, 安全を確保する. ~ le transport de fonds 現金輸送の安全を確保する.
3〖軍〗（軍事目標を）制圧する, 支配下に置く.

sécuritaire *a.* **1** 公安の；安全保障の. mesures ~s 公安対策. politique ~ 安全保障政策. **2** 安全の；安全対策を講じた. pneus ~s 安全タイヤ.

sécurité *n.f.* **1** 安心.
2（個人・社会・国家などの）安全, 安全保障. ~ collective 集団安全保障. ~ nationale 国の安全. ~ publique 公安. ~ routière 道路交通の安全. compagnie républicaine de ~ (CRS) 警察機動隊《県知事に直属し治安維持に当たる》. Conseil de ~ （国連の）安全保障理事会.
3 社会保障《英語の social security から》. la *S*~ sociale 社会保障制度.
4 de ~ 安全のための. ceinture de ~（自動車の）安全ベルト. marge de ~ 安全のためのゆとり幅.

SED[1] (= 〖独〗*S*ozialistische *E*inheitspartei *D*eutschlands) *n.m.* 〖独史〗ドイツ社会主義統一党《東ドイツで1946年に共産党と社会民主党が合併した党》；=〖仏〗Parti socialiste unifié (de l'unité).

SED[2] (= 〖英〗*S*urface-conduction *E*lectron-emitter *D*isplay) *n.m.* 表面伝導型電子放出素子ディスプレー, 表面電界ディスプレー《キヤノンと東芝が共同開発した新型の薄型ディスプレー；〖仏〗écran avec canon à électron à conduction de surface). l'écran ~ 表面電界ディスプレー. la TV ~ 表面電界 TV ディスプレー.

SED[3] (=*s*ystème d'*e*xploitation de *d*isque) *n.m.* ディスク・オペレーティング・システム (= 〖英〗D.O.S.: *D*isk *O*perating *S*ystem).

Sedan *n.pr.* スダン《département des Ardennes アルデンヌ県の郡庁所在地；市町村コード08200；形容詞 sedanais(e)). château fort de ~ スダンの要塞.

sédatif (ve) *a.* 鎮静（鎮痛）作用のある. action ~*ve* 鎮静（鎮痛）作用. eau ~*ve* 鎮痛水薬.
——*n.m.* 鎮静（鎮痛）剤. ~ psychique 精神抑制剤 (=psycholeptique).

sédation *n.f.* 〖医〗（症候の）鎮静, 消滅.

sédentaire *a.* **1** ほとんど外出しない, 外出嫌いの, 出不精の (casinier), 自宅にひきこもった. vie ~ 蟄居（ちっきょ）.
2〖人類学〗（民族が）定住生活を営む, 定住性の (nomade「遊牧生活を営む」の対). peuple ~ 定住民.
3〖軍〗駐屯する (mobile「機動性, 遊撃性」の対). troupes ~*s* 駐屯部隊.
4 一定の場所に固定された, 移動しない. commerçant ~ 店舗式商人 (forain「露天商」の対). emploi ~ 座職.
——*n.* 定住人. les ~*s* et les nomades 定住民と遊牧民.

sédentarité *n.f.* 定住〔性〕. ~ d'une population 住民の定住〔性〕. taux de ~ 定住率.

sédiment *n.m.* **1** 沈降, 沈澱, 沈積；沈降物, 沈澱物, 沈積物. 〖医〗~ urinaire 尿沈渣 (= ~ des urines).
2〖地学〗堆積物；流送土砂. ~ fluviatile 河川堆積物. ~ glaciaire 氷河堆積物. ~ lacustre 湖成層. ~ marin 海洋堆積物.

sédimentaire *a.* 〖地学〗堆積性の. roche ~ 堆積岩《水成岩 roche aqueuse, 風成岩 roche altérée など》.

sédimentation *n.f.* **1** 沈降《コロイド粒子のような微細な粒子が重力により沈下する現象》.〖医〗~ sanguine 血沈. vitesse de ~ (主に赤血球の)沈降速度.
2 a)〖化〗沈澱. **b)** 沈降分離《流体中の分散浮遊粒子を重力または遠心力を利用して沈降させ分離する操作》.
3〖地学〗堆積. ~ détritique 岩屑(がんせつ)堆積.

séditieux(**se**) *a.* **1** 反乱(暴動)を起こす.〖法律〗attroupement ~ 反乱的暴徒. élément ~ 反乱分子.
2 (演説などが)挑発的な, 扇動的な. écrits ~ 扇動的文書.
——*n.m.* 反乱を使嗾(しそう)する者, 反乱首謀者, 反徒；暴徒；徒党を組む者.

sédition *n.f.* 反乱, 騒擾, 反逆, 一揆, 暴徒.

séduction (<séduire) *n.f.* **1** 誘惑. puissance de ~ 誘惑の力. déployer toutes ses ressources de ~ あらゆる誘惑の手だてをつくす.
2〖法律〗誘惑, 誘拐；婦女誘拐. ~ dolosive 詐欺による婦女誘拐. rapt de (par) ~ 婦女誘拐.
3 魅惑, 魅力, 誘惑. ~ de la femme 女性の魅力. ~ du pouvoir 権力の誘惑.

SEE (=Stratégie européenne pour l'emploi) *n.f.* (=ヨーロッパ連合 UE [EU] の)ヨーロッパ雇用戦略《1997年ルクセンブルクのヨーロッパ評議会で策定；《Processus de Luxembourg》「ルクセンブルク方式」とも呼ばれる》.

SEFI (=Société européenne pour la formation des ingénieurs) *n.f.* ヨーロッパ技師養成協会.

Sefti (=Service d'enquête sur les fraudes aux technologies de l'information) *n.m.*〖警察〗情報技術不正取引捜査部《パリ警視庁の部局》.

segment *n.m.* **1**〖幾何〗線分 (= ~ de droite；~ linéaire)；弓形 (= ~ circulaire；~ de cercle)〖言語〗切片. ~ de droite orienté 有向線分. ~ sphérique 球冠.
2〖解剖〗(器官の)区域；〖動〗体節；節《足動物・環形動物などの》環節.〖解剖〗~s de l'intestin 腸の区域.
3 部分；階層；〖社〗社会階層.
4〖機工〗リング；切片；部分. ~ de compression 圧力リング. ~ de frein ブレーキ片. ~〔de piston〕ピストンリング.
5〖土木〗(トンネル工事の)セグメント.
6〖電算〗セグメント. adresse de ~ セグメント・アドレス. numéro de ~ 区分番号.

segmentation *n.f.* **1**〖生理〗(器官などの)分節；〖生〗卵割. ~ totale (partielle) 完全 (部分) 卵割.
2〖文〗分割；〖言語〗切片分割.
3〖電算〗(プログラムの)セグメント化.
4〖商業〗(購買傾向による)顧客のグループ分け.

Segpa (=section d'enseignement général et professionnel adapté) *n.f.*〖教育〗(中等職業教育の)一般職業適応教育部門.

ségrégatif(**ve**) *a.* 人種隔離の；(人種・性別などの)差別を助長する, 差別に基づく, 差別的な. mesures ~ves 差別的措置.

ségrégation *n.f.* **1** 人種隔離 (= ~ raciale)；アパルトヘイト (apartheid).
2 差別. ~ scolaire 学校での差別(いじめ). ~ sexuelle 性差別. ~ sociale 社会的差別.
3 隔離.
4〖化・物理〗凝離 (ぎょうり)；(金属の)偏析 (へんせき)；〖地学〗分結.〖治〗~ primaire 一次偏析.
5〖生〗分離.

ségrégationnisme *n.m.* **1** 人種隔離政策(主義)；人種隔離体制；アパルトヘイト (apartheid).
2〔一般に〕差別政策；差別体制.

ségrégationniste *a.* **1** 人種隔離政策(アパルトヘイト)の；~を支持する；人種隔離主義者の. manifestants ~s 人種隔離政策を支持するデモ隊.
2 人種隔離政策に関する；~に起因する；~が支配する. troubles ~s 人種隔離政策をめぐる騒動.
3 差別主義の；~を支持する；差別主義者の.
——*n.* **1** 人種隔離政策推進者(支持者), 人種隔離政策派. **2** 差別主義者.

ségrégé(**e**), **ségrégué**(**e**) *a.* **1** 人種隔離政策が採用されている. société ~e 人種隔離(差別)社会. **2** 差別を受けている.

seiche [sɛʃ] *n.f.*〖動〗こういか《学名 Sepia officinalis》. os de ~ いかの甲.

seigle [sɛgl] *n.m.* **1**〖植〗ライ麦；〔*pl.*で〕ライ麦畑.
2 ライ麦の粒 (= graine de ~)；ライ麦粉 (= farine de ~). pain de ~ ライ麦パン, 黒パン.

seigneur *n.m.* **1**〖史〗(封建時代の)領主 (= ~ féodal). ~ féodal 封建領主. droit du ~ 領主権.
2 (旧体制下の)貴族. grand (petit) ~ 大(小)貴族. faire le grand ~ 殿様気取りでいる.〔比喩的〕en grand ~ 大貴族然として, 豪華に. vivre en grand ~ 大名暮しをする.
3〔キリスト教, ユダヤ教〕le S~ 主(しゅ)(神 Dieu). S~！ 主よ！ (=S~ Dieu!). le S~ tout puissant 全能なる主.〔la fête de〕la Présentation du S~ 主の奉献〔の祝日〕(2月2日). le jour du S~ 主日《キリスト教では日曜日, ユダヤ教では土曜日》. Notre-S~ われらの主 (イエス・キリスト=Notre-S~ Jésus-Christ).
4〔敬称〕…殿, 閣下, 猊下 (madame「奥方様」の対).
5〔比喩的〕支配者, 主 (あるじ).〖戯〗mon ~ et maître うちの旦那さま. être maître

et ~ chez soi 亭主関白である.
6〚比喩的〛(政界・財界などの)支配者, 大立物. ~ de la finance 金融界の大立物.
7 ~ de la guerre (中国の) 軍閥;〚広義〛叛徒 (犯罪組織) の首領.

sein *n.m.* **1** 胸 (=poitrine). serrer *qn* (*qch*) sur (contre) son ~ 人 (何) を胸に抱きしめる.〚比喩的〛le ~ de Dieu 天国.〚比喩的〛le ~ de l'Eglise カトリックの宗門. dans le ~ 腕の中に.
2 胸中, 胸の内;心. déposer un secret dans le ~ de *qn* 人に秘密を打ち明ける. s'épancher dans le ~ de *qn* 人に胸中を打ち明ける.
3 乳房;胸 (=mamelle). ~ droit (gauche) 右 (左) の乳房. ~s むき出しの乳房. avoir de gros ~s 乳房 (胸) が大きい. n'avoir pas de ~s 胸がない, 乳房が小さい. bouts des ~s 乳頭, 乳首 (=mamelon). une paire de ~s 両の乳房. donner le ~ à un enfant 子供に乳房を含ませる (授乳する). nourrir au ~ 母乳で育てる. enfant nourri au ~ 母乳で育てられた子供;乳母に育てられた子供. faux ~s 乳房 (胸) パット. porter un enfant dans son ~ 子供を胸に抱きかかえる. soutien-gorge pour soutenir les ~s 乳房を支えるブラジャー.
〚医〛amputation du ~ 乳房切断術 (=mammectomie). cancer du ~ 乳癌. radiographie du ~ 乳房X線造影法, マンモグラフィー (mammographie). tuberculose du ~ 乳腺結核. tumeur du ~ 乳腺腫瘍.
4〚文〛母胎. dans le ~ de sa mère 母の胎内に. porter un enfant dans son ~ 子を宿している.
5〚比喩的〛内部;中心部, 内奥部. au ~ de …の内部に;の真只中に. au ~ de bonheur 幸せの真只中に. au ~ de sa famille 家族に囲まれて. au ~ de l'océan 大洋の真只中に. au ~ du parti 党内部で. au ~ de la terre 地中深く. dans le ~ de …の奥深く. dans le ~ de la nature 自然の懐深く.

Seine *n.pr.f.* **1** la ~ セーヌ河 (le plateau de Langres の標高471mの地点に源を発し, 英仏海峡に注ぐ;延長776 km). la Marne, l'affluent le plus long de la ~ セーヌ河の最長の支流マルヌ川.
2〚行政〛〚旧〛la ~ 県 (=l'ancien département de la S~; 1964年 ville de Paris と Hauts-de-Seine, Seine-Saint-Denis, Val-de-Marne の4県に再編). la ~ basse セーヌ河下流地方 (la région Haute-Normandie の Rouen より下流のセーヌ河流域地方名).

seine ⇨ **senne**

Seine-et-Marne *n.pr.f.*〚行政〛la ~ セーヌ=エ=マルヌ県 (=département de la S~;県コード77;フランスとUEの広域地方行政区画の région Ile-de-France イール=ド=フランス地方に属す;県庁所在地 Melun ムラン;主要都市 Fontainebleau フォンテーヌブロー, Meaux モー, Provins プロヴァン, Torcy トルシー;5郡, 43小郡, 514市町村;面積 5,917 km²;人口 1,193,767;形容詞 seine-et-marnais(*e*)).

Seine-et-Oise *n.pr.f.*〚行政〛〚旧〛la ~ セーヌ=エ=オワーズ県 (=département de la S~;フランス首都圏の旧県;1964年 l'Essonne, le Val-d'Oise, les Yvelines の3県などに分割;県庁所在地 Versailles ヴェルサイユ).

Seine-Maritime *n.pr.f.*〚行政〛la ~ セーヌ=マリチーム県 (=département de la S~;県コード76;フランスとUEの広域地方行政区画の région Haute-Normandie オート=ノルマンディー地方に属す;県庁所在地 Rouen ルーアン;主要都市 Dieppe ディエップ, Le Havre ル・アーヴル;3郡, 69小郡, 745市町村;面積 6,254 km²;人口 1,239,138).

Seine-Saint-Denis *n.pr.f.*〚行政〛la ~ セーヌ=サン=ドニ県 (=département de la S~;県コード93;フランスとUEの広域地方行政区画の région Ile-de-France イール=ド=フランス地方に属す;県庁所在地 Bobigny ボビニー;主要都市 Le Raincy ル・ランシー, Saint-Denis サン=ドニ;3郡, 40小郡, 40市町村;面積236 km²;人口 1,382,861;形容詞 séquanodionysien(*ne*)).

seing [sɛ̃] *n.m.* (証書への) 自署;〚古〛署名, 花押. ~ privé 私署 (公証人に受理されていない証書の署名).〚法律〛acte sous ~ privé 私署証書.

séisme *n.m.* **1** 地震 (=tremblement de terre, secousse sismique). ~ artificiel 人工地震. ~ profond (superficiel) 深発 (浅発) 地震. ~ sensible (insensible) 有感 (無感) 地震. intensité d'un ~ 震度 (degré I : ~ non ressenti;II : ~ à peine ressenti;III : ~ faible;IV : ~ largement observé;V : ~ fort;VI : ~ à dégâts légers;VII : ~ à dégâts sérieux;VIII : ~ à dégâts très importants;IX : ~ destructeur;X : ~ gravement destructeur;XI : ~ dévastateur;XII : ~ catastrophique《1992年に Commission sismologique européenne ヨーロッパ地震学委員会が採用した degrés d'intensité de l'échelle EMS (*é*chelle *m*acrosismique *e*uropéenne) ヨーロッパ有感地震震度》).
2〚比喩的〛激動. ~ politique 政治的激動.

séismicité *n.f.*〚地学〛震度;地震活動度 (=sismicité).

séismographe *n.m.* 地震計 (=sismographe).

séismographie *n.f.* 地震計測.

séismologie *n.f.* 地震学;〚一般に〛地盤変動学 (=sismologie).

séismologique *a.* 地震学の, 地震学的

な．Commission ~ européenne ヨーロッパ地震学委員会．

séismotechnique *n.f.* 地震工学．

SEITA [sɛita] **1** *n.m.* le ~ (= Service d'*e*xploitation *i*ndustrielle des *t*abacs et *a*llumettes) タバコ・マッチ産業開発公社（フランスのタバコ・マッチ製造専売公社；1935年 le SEIT にマッチ製造販売を加えて改組）．**2** *n.f.* la ~ (= *S*ociété d'*e*xploitation *i*ndustrielle des *t*abacs et *a*llumettes) タバコ・マッチ産業開発公社（1980年 le S~ を改組；1995年民営化；1999年6月10日 Tabacelera 社を合併し, Altadis 社となる）．

seize *a.num.card.* **1** 16の．~ euros 16 ユーロ．~ cents 1600 (=mille six cents)．Elle a ~ ans. 彼女は16歳です．**2** 16番目の (= seizième). ~ étage (日本式の)第17階．chapitre ~ 第16章．Louis ~ (XVI) ルイ16世．le numéro ~ 16番；16番地．『印刷』in-~-(in-16°) 16折判の〔本〕．**3**〖電算〗~ bits 16ビット．—*n.m.* (*pr.num.card.*) *inv.* **1**（数・数字の）16．Dix et six font ~. 10+6=16. composer le ~（電話番号の）16をダイヤルする．**2**（月日の）第16日 (=seizième jour du mois). le ~ août 8月16日．**3** 16番 (=numéro ~)；16番目の人（物）；16番地．S~, rue Saint-Honoré サン=トノレ通り16番地．

seizième *a.num.ord.* **1** 16番目の（略記 16e). le ~ arrondissement de Paris パリ市第16区．le ~ siècle 16世紀（略記 le XVIe siècle). pour la ~ fois 16回目に．**2**〖話〗パリ市第16区風の；高級住宅街的な．s'habiller très ~ いかにも第16区の住人のような装いをしている．—*n.* 16番目の人．la ~ de la liste リストの16番目の人．—*n.m.* **1** 16分の1．trois ~ 16分の3．un ~ de la population 住民の16分の1．**2** 16世紀 (=le ~ siècle). poètes français du ~ 16世紀のフランス詩人．**3** パリ市第16区．parler avec l'accent du ~ 気取った（上品な）話し方をする．—*n.f.* **1**〖音楽〗16度音程．**2**〖トランプ〗（同一カードの）6連札（ピケ piquet で16点になる）．

séjour *n.m.* **1** 滞在, 逗留；滞在期間．~ à l'étranger 外国滞在．~ à l'hôpital 入院〔期間〕．~ à l'hôtel ホテルでの逗留．~ forcé 強制的滞在；拘置．bref (court) ~ à Paris パリでの短い滞在〔期間〕．carte de ~ 外国人滞在許可証．interdiction de ~ 滞在禁止．lieu de ~ 滞在（逗留）地；滞在適地, 保養地．taxe de ~ 宿泊税．faire un ~ de huit jours 1週間の滞在．prolonger sun ~ 滞在期間を延ばす．

2〖文〗滞在地；〖古〗住い, すみか．~ agréable pour les vacances 快適なヴァカンス滞在地．~ d'été 夏の保養地．~ des dieux 神々のすみか．~ des morts 黄泉の国；冥界；地獄．~ éternel 天国．**3**〖建築〗居間, リヴィング (=salle de ~；〖英〗living[-room])．**4**〖古〗残留；(雨水・洪水などの)留り；(雪の)残り．

SEL (= *s*ystème d'*é*change *l*ocal) *n.m.*（商品・サービスの）地元物々交換システム．

sel *n.m.* **1** 塩；食塩 (= ~ commun；~ de consommation；~ de cuisine；~ ordinaire). ~ aromatisé 香味食塩．~ classique 昔風の食塩, 伝統的天然塩．~ de céleri セロリ塩（セロリの粉末を混ぜた食塩）．~ de Guérande ゲランド塩（ブルターニュ地方 la Bretagne ゲランド塩田の塩）．〖比喩的〗le ~ de la terre 地の塩（『マタイ』5-13 より；社会の模範となる人）．~ de table 食卓塩．~ de terroir 産地の固有塩．~ épicé 香辛料入り食塩．~ fin 精製塩 (= ~ de table). ~ gemme 岩塩 (= ~ de roche). ~ gris 食塩．~ ignigène 鹹水 (かんすい), 濃縮塩水 (= saumure). ~ iodé ヨード塩（精製塩に沃化ナトリウムを添加した食卓塩）．~ marin；~ de salin 海塩（塩田の天然塩）．~ nitrité 亜硝酸塩（ハム, ソーセージ類の保存料）．~ solaire 天日塩．

〖古〗faux ~ 密売塩．fleur de ~ フルール・ド・セル, 塩の華（最上質の海塩）．grain de ~ 塩粒．gros ~；~ gros グロ・セル, 粗塩（あらじお）．〖料理〗bœuf gros ~ ブフ・グロ・セル（ポトフーの牛肉の粗塩添え）．une pincée de ~ 一つまみの塩．poivre et ~ 塩こしょう．les routes du ~ 塩街道, 塩の道．régime sans ~ 塩抜きの食餌療法．être changé en statue de ~ 塩の像に変身する（『創世記』19-26 より）．〖比喩的〗愕然と立ちすくむ．manquer de ~ 塩味が足りない．mettre du ~ dans *qch* 何かに塩を加える．partager (offrir) le pain et le ~ 食卓を供にする．

2〖比喩的〗辛辣さ・機智．~ attique アッチカの塩（アテナイ風の洗練された機智・諷刺）．Cela ne manque pas de ~. なかなかわさびが利いている；ぴりっとした．plaisanterie pleine de ~ 辛辣極まる冗談．〖話〗mettre (ajouter) son grain de ~ 余計な口出しをする．

3〖古〗塩（えん）（中世では水銀 le mercure, 硫黄 le soufre と共に3大元素とされた）．

4〖化〗塩（えん）, 塩類．~ acide 酸性塩．~ alcalin (basique) 塩基性塩．~ ammoniac 塩化アンモニウム．〖生理〗~ biliaire 胆汁酸塩．~ d'Angleterre；~ d'Epsom 瀉利塩（硫酸マグネシウム；~ de magnésie). ~ de bain 浴用塩．~ de Glanber グラウバ塩, 芒硝（硫酸ナトリウム sulfate de sodium). ~ d'oseille 蓚酸水素カリウム（しみ抜き

剤). ~ de saturne 結晶酢酸鉛. ~ de Vichy ヴィシー塩〘重炭酸ナトリウム bicarbonate de sodium〙. ~s médicinaux 薬用塩剤. ~s minéraux 無機塩類.〘薬〙~ volatil 嗅ぎ塩〘炭酸アンモニウム carbonate d'ammonium officinal;気つけ薬〙. respirer les ~s 気つけ薬を嗅ぐ.

SELA (=〘西〙*Sistema economico latinoamericano*) *n.m.* ラテンアメリカ経済機構(1975年結成;=〘仏〙Système économique latino-américain).

SELARL (=*société d'exercice libéral à responsabilité limitée*) *n.f.*〘商事〙有限責任自由業社団.

SELCA (=*société d'exercice libéral en commandite par actions*) *n.f.*〘商事〙株式合資自由業社.

sélecteur[1] *n.m.* **1** 選別機;〘電気・機械・写真・情報〙セレクター, 選択装置.〘写真〙~ de mode de mise au point (カメラの)ピント・モード選択ボタン.
2 (オートバイの)クラッチペダル.

sélect*eur*[2] (*trice*) *a.* 選択する, 選抜する.
——*n.* 選別者, 選択者.

select*if* (*ve*) *a.* **1** 選択式の;選別の. méthode ~ve 選別(選別)方式. tri ~ de déchets ménagers 家庭ごみの分別.
2 選抜の. examen ~ 選抜試験. recrutement ~ 選抜式募集.
3 (ラジオ受信機の)分離感度がよい.

sélection *n.f.* **1** 選択, 選抜, 選出, 選別. faire une ~ 選択(選抜, 選別)する. ~ primaire (secondaire) 第一次(第二次)選別). ~ professionnelle 職業適性選抜〘法〙. comité de ~ 選考委員会. épreuve (match) de ~ 選抜試合.
2 選ばれた人(物);(作家の)募集;(オペラなどの)抜粋曲集;(スポーツなどの)選抜チーム.〘集合的〙(商品などの)特選品. ~ des meilleurs poèmes 名詩選集. la ~ française au Festival du cinéma de Cannes カンヌ映画祭のフランス特選作品.〘スポーツ〙~ nationale 全国からの選抜チーム;国を代表する選抜チーム.
3〘生〙淘汰;(品種改良のための)選別. ~ animale (品種改良のための)動物の選別. ~ dans l'espèce humaine 優生学的選別.〘生〙~ naturelle 自然淘汰.

sélectionné(*e*) *a.p.* **1** 選抜された;指名された. candidats ~s 選抜された志願者たち. sportif ~ 選抜された選手.
2 選りすぐった, 特選の. graines ~es 選りすぐった種子. vins ~s 特選葡萄酒.
——*n.* 選抜された人;〘スポーツ〙選抜選手, 代表選手.

selectivité *n.f.* **1**〘電波〙選択感度, 選択度, 分離度. **2**〘化〙選択率.

sélème *a.* 月の. sol ~ 月面.

séléniate *n.m.*〘化〙セレン酸塩.

sélénique *a.*〘化〙acide ~ セレン酸 (H_2SeO_4).

sélénium [selenjɔm] *n.m.* **1**〘化〙セレニウム, セレン(元素記号 Se, 原子番号 34. 1817年発見の非金属元素).
2〘半金属〙セレニウム, セレン. ~ cristallisé 結晶セレニウム. ~ gris 灰色セレン〘光電作用あり〙. pile à ~ セレン電池.

séléniure *n.m.*〘化〙セレン化物.

sélénographie *n.f.*〘天文〙月面学, 月理学.

sélénologie *n.f.*〘天〙月理学, 月質学, 月学〘月の研究〙.

Sélestat *n.pr.* セレスタ (département du Bas-Rhin バ=ラン県の郡庁所在地;市町村コード 67600;形容詞 sélestadien (*ne*)). Bibliothèque humaniste de ~ セレスタのユマニスト図書館〘旧小麦市場を改装, 1843年開館〙. la Vieille ville de ~ セレスタ旧市街 (église Sainte-Foy (12世紀ロマネスク様式), église Saint-Georges (13世紀ゴシック様式)).

selle *n.f.* **1** 鞍. ~ de femme 女性用鞍. cheval de ~ 乗用馬. être bien en ~ 鞍にぴったりおさまっている;〘比喩的〙(地位に)しっかりおさまっている. mettre (remettre) qn en ~ 人を鞍にまたがらせる(再び馬にのせる);〘比喩的〙人を助けて事業を起こさせる(立ち直らせる). monter un cheval sans ~ 裸馬に乗る. se remettre en ~ 再び馬にまたがる;〘比喩的〙(事業などが)立ち直る.
2 腰掛, サドル. ~ de vélo (de moto) 自転車 (バイク)のサドル. double ~ d'un moto バイクの2人乗り座席.
3〘料理〙(仔羊・羊・大型猟獣の)鞍下肉;鞍下肉の料理. ~ anglaise 仔羊(羊)の鞍下肉(腰肉). ~ d'agneau セル・ダニョー〘仔羊の鞍下肉とその料理〙. ~ de gigot (仔羊, 羊ノロ鹿 chevreuil の)尻肉. ~ de sanglier sauce aux coings 猪の鞍下肉, マルメロ・ソース添え.
4〘解剖〙~ turcique トルコ鞍〘頭蓋底正中に位置する蝶形骨の凹み〙. tumeur de la ~ トルコ鞍部腫瘍, 下垂体部腫瘍.
5〘医〙大便 (= matières fécales). ~ savonneuse 石鹸便. ~ verte (幼児の)緑色便, 緑便. analyse des ~s 検便. aller à la ~ 便所に行く.
6 (彫刻用の)回転式制作台.
7〘動〙(みみずなどの)環帯.

sellerie *n.f.* **1** 鞍具;馬具〘鞍 selles と馬具 harnais の総称〙.
2 鞍具置場;馬具置場.
3 鞍具製造;鞍具製造業.
4 鞍具販売業.

selles-sur-cher *n.m.* セル=シュール=シェール (département du Loir-et-Cher ロワール=エ=シェール県の小郡庁所在地 Selles-sur-Cher (市町村コード 41130)で生産

される山羊乳のAOCチーズ；直径7-8cm, 高さ2-3cmの円盤形，非加熱，非加圧，軟皮に塩を加えた木炭粉をまぶす，脂肪分45％].

sellette *n.f.* **1**〖古〗被告の座る訊問台. être sur la ~ 訊問を受ける；告発される；〖話〗槍玉にあがる. mettre (tenir) *qn* sur la ~ 人を被疑者のように追及する. Ramsfeld sur la ~ 吊り上げられたラムズフェルド（米国防長官）.
2（ビルの塗装工・清掃員の用いる）吊り腰掛.
3〖彫刻〗小型の回転彫刻台；（彫刻・工芸品などをのせる）小台.
4（馬車馬の）梶棒掛を支える小鞍.

Seltz [sɛl(t)s] *n.m.* eau de ~ ゼルツ水 (=〖独〗Selterswasser)〖天然のミネラルウォーター〗；（人工の）ソーダ水，炭酸水.

SEM¹ (=*société d'économie mixte*) *n.f.*〖経済〗混合経済社.
SEM² (=*Super-Etendard modernisé*) *n. m.*〖空軍〗改良型シュペール=エタンダール《フランスの地上攻撃機》.

semailles *n.f.pl.* **1** 種まき，播種；播種期 (=époque des ~). à la volée 空中播種. ~ en ligne 線状播種，直線播き. ~ de printemps 種子の春播き.
2 播く（播いた）種子.

semaine (<〖ラ〗*septimana*「7日の期間」) *n.f.* **1** 週 (=lundi, mardi, mercredi, jeudi, vendredi, samedi, dimanche の7日からなる). L'Organisation internationale de standardisation recommande de considérer le lundi comme le premier jour de la ~. 国際標準化機構は月曜日を週の第1日とみなすことを推奨している. cette ~ 今週. la ~ dernière (prochaine) 先週（来週）. la ~ suivante 翌週. jour de la ~ 曜日. Quel jour de la ~ est-ce aujourd'hui? 今日は何曜日ですか？(=Quel jour sommes-nous?).〖カトリック〗la ~ sainte 聖週〖復活祭の日曜日に終る1週間〗.〖カナダ〗fin de ~ 週末 (=week-end). Bonne fin de ~! いい週末を！
2 1 1週間；週間. une fois la (par) ~ 週に1回. dans une ~ 1週間後に. pour une ~ 1週間の予定で. partir pour trois ~*s* 3週間の予定で出かける. pendant une ~ 1週間の間 (=pendant huit jours). pendant deux ~*s* 2週間の間 (=pendant quinze jours). avoir quatre ~*s* de congé 4週間の休暇をとる. ~ du livre 読書週間.
à la ~ 週極めで. travailler à la ~ 週給制で働く. louer une voiture à la ~ 週極めで車を借りる.
à la petite ~ その場限りの. politique à la petite ~ 場当り的政策.〖古〗prêter à la petite ~ 短期間高利で貸す.〖軍〗vivre à la petite ~ その日暮らしをする.

de ~. 週番の. officier de ~ 週番士官. être de ~ 週番を勤める. événements de la ~ 今週の出来事.
3 就労週日 (=jour de travail, jour ouvrable)；平日. la ~ de trente-cinq heures 週35時間労働. la ~ anglaise 英国風就労週間《土曜半休もしくは全休制》. en ~；pendant la ~ 平日に，ウィークデーに.
4 週給 (=salaire hebdomadaire). toucher sa ~ 週給を受取る.
5〖古〗~ d'années 週年《古代ユダヤ教で，一安息年から次の安息年までの7年間を指す》.
6 7個の環から成る指輪（腕輪）(=semainier)；7個1組の品物.

sémantique *n.f.*〖言語・論理〗意味論. ~ analytique 分析的意味論. ~ comparée 比較意味論. ~ générale 一般意味論. ~ historique 歴史的意味論. ~ lexicale 語彙意味論. ~ structurale 構造意味論. composante ~ (生成文法)意味構成要素.
—*a.* **1** 意味論の（に関する）. aspect ~ du langage 言語の意味論的アスペクト. champ ~ 意味場.
2 有意味な (asémantique「無意味な」の対). phrase ~ 有意味文.

semblable *a.* **1**（に）似た，類似の. demeure ~ à ses voisines 隣家とよく似た住居. être ~ à son père 彼の父親とそっくりである. rester ~ à soi-même ちっとも変らない.
2〖時に名詞の前〗同じような，似たような. cas ~ 類似の事例. dans un cas ~；en occasion 同じような場合には. Il n'y a rien de ~. 類似のもの. Je n'ai jamais rien vu de ~. こんなものは未だかつて見たことがない.
3〖*pl.* で〗互いに似通った，相似の.〖数〗figures ~*s* 相似形. processus ~*s* 類似のプロセス.〖数〗termes ~*s* d'un polynôme 多項式の同類項.
4〖名詞に前置・強意的〗そのような. Pourquoi donc me donner un ~ conseil? どうして私にそんな忠告をするのですか？ Ne tenez pas de ~ propos. そんな話はもう止めなさい.
—*n.*〖所有形容詞とともに〗**1** 似たもの. ne pas avoir de ~ 類例がない.
2〖*pl.* で〗同類，同胞. aimer ses ~*s* 同胞を愛する.

semblant *n.m.* **1** 見せかけ. faire ~ de+*inf.* …するふりをする. faire ~ de comprendre わかったふりをする. Il ne dort pas, il fait ~. 彼は眠っているふりをしているだけだ.〖話〗ne faire ~ de rien 何くわぬ顔をする，知らぬふりをする.
2 un ~ de 一見…，見せかけの…；…のようなもの. un ~ de triomphe 見せかけの勝利. manifester un ~ de regret 形ばかりの遺憾の意を示す.

séminal (ale)

3 faux ~ 見せかけ, うわべだけのごまかし (=faux-~).

séméiologie *n.f.* 【医】症候学 (=sémiologie).

semelle *n.f.* **1** 靴底. ~s de cuir (de caoutchouc) 革底 (ゴム底). remettre des ~s à ses chaussures 靴底を張り替える.【話】C'est de la ~. まるで革底のように堅い肉だ.
2 (スキー板の) 滑走面.
3 (靴の) 底敷. mettre des ~s dans ses chaussures 靴に底敷を入れる.
4 (靴下の) 底.
5 (アイロンの) 裏《布に当たる面》.
6 〖フェンシング〗スメル《爪先から踵までの長さ》.〖比喩的〗ne pas avancer d'une ~ 一歩も動かない；全然進歩しない. ne pas quitter qn d'une ~ 人から一歩も離れない，人についてまわる. ne pas reculer d'une ~ 一歩も退かない；全然譲歩しない.
7 〖建築〗根太, 土台, 支え板. ~s de poutre 梁の支え板.
8 〖工〗底板, ベッドプレート；(パンタグラフの) 舟, 摺板体. ~ de frein ブレーキシュー底. ~ de rail 線路のパッド. ~ orientale 旋回台.〖土木〗~ traînée 布基礎.
9 〖海〗~ de dérive (舟底の) 安定板. ~ d'étambot 船尾プロペラ軸枠板.

semence *n.f.* **1** 種子, 種. blé de ~ 種麦. pommes de terre de ~ じゃがいも (馬鈴薯) の種芋.
2 精子 (=sperme)；精液 (=liquide séminal)；(特に家畜の人工授精用の) 精子, 精液.
3 〖比喩的〗種, 火種, 原因. ~ d'une révolution 革命の火種.
4 〖宝飾〗〖集合的〗小粒の宝飾用素材. ~ de diamants (de perles) 小粒のダイヤ (真珠).
5 (絨毯・靴などに用いる) 鋲, 平頭釘. ~ de tapissier タピスリー用鋲.

semen-contra [semenkɔ̃tra] 〔ラ〕 *n.m.inv.* 〖薬〗セメンシナ花《よもぎ科の植物の頭状花；駆虫剤サントニン santonine の原料》.

semestre *n.m.* **1** 6 カ月, 半年. ~ de janvier (de juillet)；premier (deuxième) ~ 上 (下) 半期. par ~ 6 カ月 (半年) ごとに.
2 〖学〗(1 学年 2 期制の) 学期. ~ d'été (d'hiver) 夏 (冬) 学期.
3 半期手当 (年金). recevoir son ~ 半期手当 (年金) を受取る.
4 半年 (半期) 勤務.

semestriel (le) *a.* **1** 6 カ月 (半年) 毎の. assemblée ~ le 半年毎に開催される会合.
2 6 カ月 (半年) 続く, 6 カ月 (半年) 間の. congé ~ 6 カ月 (半年) 休暇.

semeur (se) *n.* **1** 種をまく人. ~ (se) de zizanie 不和の種をまく人.
2 〖農〗播種機《農業機械》.

semi-aride *a.* 〖地理〗半乾燥性の；半砂漠性の (=subdésertique). stepps ~s 半乾燥気候性ステップ地帯.

semi-automatique *a.* 半自動式の, 半自動的な. armes ~s 半自動銃砲, 連発銃砲 (=arme à répétition).

semi-chenillé(e) *a.* 半無限軌道式の, 半キャタピラー方式の. véhicule ~ 半キャタピラー式車輌《前輪が車輪，後部がキャタピラー装備の車輌》.
— *n.m.* 半キャタピラー式車輌 (=véhicule ~).

semi-circulaire *a.* **1** 半円の, 半円形の. **2** 〖解剖〗canal ~ 三半規管, 半規管, 骨半規管.

semi-coke *n.m.* 半成コークス.

semi-conducteur (trice) *a.* 半導体の. électrode ~ *trice* 半導体電極. éléments ~s 半導体.
— *n.m.* 半導体. ~s intrinsèques 固有半導体. ~ magnétique 磁性半導体. détecteur à ~ 半導体検出器. laser à ~ 半導体レーザー.

semi-conserve *n.f.* 半冷凍, チルド冷蔵. ~ de poissons 魚のチルド冷蔵.

semi-consonne *n.f.* 〖言語〗半子音, 半母音 (=semi-voyelle).

semi-distillation *n.f.* (石炭の) 低温乾留.

semi-durable *a.* 半恒久的な.

semi-fini(e) *a.* 半ば完成した. produit ~ 半製品 (=semi-produit).

semi-grossiste *n.* 〖商業〗二次問屋.

semi-liberté *n.f.* 〖法律〗半自由, 半釈放《職業活動や治療に必要な期間，刑務所から出所を許される制度》.

sémillon *n.m.* 〖葡萄〗セミヨン種《ボルドー地区 le Bordelais の白葡萄酒の原料となる白葡萄の品種》.

semi-lunaire *a.* 〖解剖〗半月状の. ganglion ~ 半月神経節. ligne ~ 半月線. os ~ 半月骨. valve ~ 半月弁.
— *n.m.* 半月骨.

semi-marathon *m.m.* 〖スポーツ〗ハーフ・マラソン (21.0975 km). ~ de Paris パリ・ハーフマラソン大会《1993 年創設》.

semi-métal (*pl. aux*) *n.m.* 〖化〗半金属 (=métaloïde メタロイド；砒素など).

séminaire *n.m.* **1** 神学校 (=grand ~)；神学校の修業年限；〖集合的〗神学校の教職員と生徒. petit ~ 小神学校《中等教育神学校；生徒は聖職者になるとは限らない》. ~ interdiocésains 超司教区神学校. ~s diocésains 司教区神学校.
2 セミナー, 研修会, 研究会；シンポジウム；〖集合的〗セミナー参加者. ~ de recherche 研究セミナー, 研究会.
3 (大学の) ゼミナール, セミナー.
4 研修所, 養成所.

séminal (ale) (*pl. aux*) *a.* **1** 精液の；

精子(虫)の. liquide ~ 精液. perte ~ ale 遺精. vésicules ~ ales 精嚢.
2〔植〕(やや古)種子の.

séminariste *n.m.* 神学校の生徒, 神学生.

séminifère *a.*〔解剖〕精液を運ぶ, 輸精の. conduits ~s 輸精導管, 輸精管.

semi-nomade *a.* 半遊牧の. population ~ 半遊牧民.
——*n.* 半遊牧民.

semi-nomadisme *n.m.* 半遊牧民生活.

séminome *n.m.*〔医〕セミノーマ, 精上皮腫(精巣・睾丸の悪性腫瘍). ~ testiculaire 睾丸セミノーマ(=séminogoniome 精巣胚細胞腫).

semi-officiel(le) *a.* **1** 半公式の. **2** 未公式の. nouvelle ~ le 未公式ニュース.

sémiologie *n.f.* **1** 記号学. **2**〔医〕症候学(=séméiologie).

sémiologue *n.*〔言語〕記号学者, 記号論学者(=sémioticien).

semi-ouvré(e) *a.* 半完成の, 半仕上げの(=semi-fini (e)). produit ~ 半製品.

semi-perméable *a.* 半透性の. membrane ~ 半透膜.

semi-polaire *a.*〔物理〕半極性の. liaison ~ 半極性結合.

semi-précieuse *a.f.* 半貴石の. pierre ~ 半貴石(améthyste, grenat, quartz などを指すが誤用; 正しくは貴石 pierre précieuse 以外の準貴石 pierre fine を意味する).

semi[-]présidentiel(le) *a.*〔政治〕準大統領体制の. régime ~ 準大統領政体(普通選挙で選ばれた大統領と, 議会の解散権をもつ政府からなる政治体制).

semi-produit *n.m.* 半製品(=produit semi-fini (semi-ouvré)).

semi-public(que) *a.* 半官半民の. entreprise ~ que 半官半民企業.

semi-remorque *n.f.* ハーフ・トレーラー式車体(トレーラーの後部にのみ車輪がついていてトラクター牽引する車体).
——*n.m.* ハーフ・トレーラー車(全体).

semis *n.m.* **1** 播種, 種まき; 播種法. ~ à la volée 散布播種. ~ au semoir 播種機播き. ~ en ligne 条播き. ~ en poquets 点播. ~ sur couches 苗床播き.
2 苗, 苗木. ~ de salade サラダ菜の苗.
3〔比喩的〕散らし紋様. ~ de fleurs de lys 百合の花の散らし紋様.

semi-submersible *a.* 半沈潜式の. plate-forme de forage ~ 半沈潜式掘削用プラットフォーム.

Sémite (<Sem; ノア Noé の長男) *n.* セム人. les S~s セム族(les Akkadiens アッカド族, les Amorrites アモリ族, les Arabes アラブ族, les Araméens アラム族, les Ethiopiens エチオピア族, les Hébreux ヘブライ族, les Phéniciens フェニキア族など, 中東に住み, セム語族を話す民族の総称);〔誤用〕ユダヤ人(=juif).
——*s~* *a.* セム族の.

sémitique *a.* セム族(Sémites)の. langues ~s セム族語(=~s; l'arabe アラビア語, l'amharique アムハラ語, l'araméen アラム語, le berbère ベルベル語, l'hébreu ヘブライ語など, 西アジア・北アフリカで話されるハム・セム語 langues chamito-sémitiques 群).
——*n.m.*〔言語〕セム族語.

sémitisant(e) *a.*〔言語〕セム語(文化)研究の.
——*n.* セム語(文化)研究者.

sémitisme *n.m.* **1** セム人気質; セム人文化;〔誤用〕ユダヤ人気質.
2〔言語〕セム語法.

semi-voyelle *n.f.*〔言語〕半母音, 半子母(=semi-consonne).

SEMMARIS (=*Société d'économie mixte du Marché de Rungis*) *n.f.* ランジス市場混合経済社(1969年開設の Rungis 公益市場運営会社; 1965年パリ地方公益市場整備運営混合経済社(*Société d'économie mixte d'aménagement et de gestion du marché d'intérêt national de la région parisienne* として発足).

semoir *n.m.*〔農〕**1** 播種機; 粒状肥料散布機. ~ à engrais 肥料散布機.
2 播種用種袋.

semonce *n.f.* **1**〔海軍〕(国籍不明船に対する)国旗掲揚(停船)命令. faire la (les) ~(s) 国旗掲揚(停船)命令を下す. coup de ~ 国旗掲揚(停船)を命令する実弾または空砲の警告射撃;〔比喩的〕威嚇手段.
2 譴責, 戒告. verte ~ 厳しい譴責. adresser une ~ à *qn* 人を叱責する.
3〔古〕(国王による)出頭命令, 召喚.

semoule *n.f.* 粗粉, 粗粒; セモリナ(硬質小麦の粗粒; = ~ de blé dur); ポレンタ. ~ de blé dur 硬質小麦のセモリナ. ~ de maïs トウモロコシの粗粒; ポレンタ (polenta). sucre ~ 粗粉糖.

semoulerie *n.f.*〔食品工〕セモリナ(semoule)製造業(所).

sempervirent(e) *a.*〔植〕常緑の; 常緑樹の(caducifolié「落葉性の, 落葉樹の」の対). arbre ~ 常緑樹. feuillage ~ (樹木の)常緑葉. forêt ~ e 常緑樹林.

semtex [sɛmtɛks] *n.m.* セムテックス(プラスチック爆薬).

sénat *n.m.* **1**(古代ローマ・ヴェネツィア共和国などの)元老院.
2 le S~ (フランスの)元老院, (米国などの)上院; (パリの)元老院(建物). le S~ français フランス元老院. le S~ des Etats-Unis 米国の上院. être élu au S~ 元老院議員に選出される.

sénateur(trice) *n.*〔政治〕元老院(上

院) (Sénat) 議員. aller son train de ～ 威厳を示してゆっくり歩く. Le cumul des mandats de député et de ～ est interdit. 国民会議 (下院) 議員と元老院 (上院) 議員の兼職は禁じられている.

sénatorial (ale) (*pl.* ***aux***) *a.* 元老院の, 上院の；元老院 (上院) 議員の. élections ～*ales* 元老院議員選挙. groupe ～ 元老院議員グループ.

Sénégal (le) *n.pr.* 〚国名通称〛セネガル《公式名称：la République du S～ セネガル共和国の；首都：Dakar ダカール；通貨：franc CFA [XOF]》.

sénégalais(e) *a.* セネガル (le Sénégal) の, セネガル共和国 (la République du Sénégal) の；～人の.
—*S～ n.* セネガル人.

senellier ⇒ **cenellier**

sénescence *n.f.* 〚生理・医〛老化；老年期. ～ des tissus 組織の老化.

sénescent(e) *a.* 〚生理・医〛老化の. sujet ～ 老衰患者.
—*n.* 老衰者.

senestrorsum [sɛnɛstrɔrsɔm] *a.inv.* 左回りの, 反時計回りの, 左巻きの (dextrorsum「右回りの」の対).
—*ad.* 左回りに.

sénevé *n.m.* 1 〚植〛セヌヴェ, 黒芥子 (crucifères 十字花植物).
2 セヌヴェ (黒芥子) の種《=graine de ～；moutarde「ムータルド, マスタード」の原料》.

sénile *a.* 1 老人性の, 老年期の. cataracte ～ 老人性白内障. démence ～ 老年痴呆, 老人性認知障害 (認知症), アルツハイマー型痴呆 (=démence de type d'Alzheimer). dépression ～ 老年期鬱病. hypertension ～ 老年者高血圧. plaque ～ 老人斑. surdité ～ 老人性難聴.
2 老化した.

sénilisme *n.m.* 〚医〛早老〔症〕.

sénilité *n.f.* 〚医〛老化現象；老衰 (=vieillissement pathologique).

sénior, senior [senjɔr] 〚英〛*a.* 1 シニアの, 年長の, 年上の (50 歳以上の高齢者, 退職者). population ～ 高齢者人口.
2 上位の；《スポーツ》シニアの (《ジュニア junior とヴェテラン vétéran の中間クラス》). catégorie ～ シニア・クラス. joueurs ～*s* シニアの競技者.
—*n.* 1 年長者. 2 先任者；上役. 3 《スポーツ》シニア・クラスの競技者.

séniorie *n.f.* 《ベルギー》老齢者用医施設, 医療老人ホーム.

SENIT, Senit (=*s*ystème d'*e*xploitation *n*avale de *i*nformations *t*actiques) *n.m.* 《軍》海軍戦術情報処理システム. radar ～ 海軍戦術情報処理システム用レーダー.

Senkaku 〚日〛*n.pr.* les îles ～ 尖閣諸島 (中国名 Diaoyutai, Diaouyutai「釣魚諸嶼」；中国称 Pinnacle Islands；Uotsuri Jima「魚釣島」：［中］Diaoyu Dao「釣魚島本島」；Kuba Jima「久場島」：［中］Huangwei Yu「黄尾嶼」；Taisho Jima「大正島」：［中］Chiwei Yu「赤尾嶼」；Kita Kojima「北小島」：［中］Beixia Dao；Minami Kojima「南小島」：［中］Nanxiao Dao 他から成る諸島).

Senlis *n.pr.* サンリス (département de l'Oise オワーズ県の郡庁所在地；市町村コード 60300；形容詞 senlisien (*ne*)). ancien château royal de ～ サンリスの旧王城 (Hugues Capet の居城跡). cathédrale Notre-Dame de ～ サンリスのノートル=ダム大聖堂 (1153-91 年；ゴシック様式).

senne, seine *n.f.* 〚漁〛(半月形の) 底引網.

senneur *a.m.* 〚漁〛底引網を用いた. chalutier ～ 半月形引網式トロール漁船.
—*n.m.* 底引網漁船.

sénologie *n.f.* 〚医〛乳房疾患学.

sénonais(e) *a.* 〚地名〛サンス (Sens) の；サンスの住民の.
—*S～ n.* サンス市民.

Sens *n.pr.* 1 サンス (département de l'Yonne ヨンヌ県の郡庁所在地；市町村コード 89100；形容詞 sénonais (*e*)). archevêché de ～ サンス大司教区. cathédrale Saint-Etienne de ～ サンスのサン=テチエンヌ大聖堂 (12-16 世紀).
2 Hôtel de ～ サンス館 (パリのマレー地区にある旧サンス大司教邸 [1475-1519]；1961 年以降 Bibliothèque Forney).

sens[1] [sɑ̃s] *n.m.* ① 《感覚》1 (生理機能としての) 感覚, 知覚. cinq ～ (人間の) 五感 (goût「味覚」, odorat「嗅覚」, ouïe「聴覚」, toucher (tact)「触覚」, vue「視覚」). sixième ～ 第六感, 直感. organes des ～ 感覚器〔官〕. ～ chromatique 色彩感覚, 色感. 〚哲〛～ commun[1] 共通感覚 (五感の統合). ～ délicats 微妙な感覚. ～ externes (internes) 外部 (内部) 感覚. ～ kinesthétique 運動感覚 (～ articulaire「関節感覚」, ～ musculaire「筋肉感覚」). ～ spatial cutané 皮膚の空間感覚.
acuité (finesse) des ～ 感覚の鋭さ (繊細さ). erreur des ～ 感覚の錯誤. 〚宗教〛peine du ～ 地獄の業火で肉体が責められる罰 (peine du dam「劫罰」の対).
affecter (troubler) les ～ 感覚を乱す. reprendre ses ～ 意識を取戻す；気を取り直す. sentir par tous les ～ 全神経を集中して感じる. tomber sous le〔s〕～ 感覚で捉えられる；〖比喩的〗当然である, 言うまでもない. Cela tombe sous le ～. 明々白々だ.
2 〖*pl.* で〗官能；性欲 (=instinct sexuel). ardeur des ～ 官能の激しさ. commerce des ～ 性交. plaisir des ～ 官能の歓び. transport des ～ 官能の興奮. avoir des ～

性欲を覚える. être esclave des ~ 官能の虜となる.

3〔距離・平衡・リズムなどの〕感覚, 感；〔善悪などを〕感じ取る力, 勘, センス；〔古〕意識. ~ artistique (esthétique) 芸術的(美的)感覚. ~ de l'homme 人間的感覚. ~ de l'humeur ユーモアのセンス. ~ de l'orientation 方向感覚. ~ de la réalité (des réalités) 現実感覚. ~ des responsabilités 責任感.〔哲〕~ intime 内的感覚, 自覚. ~ moral 道徳感覚. ~ politique 政治的感覚. ~ rythmique リズム感.
avoir le ~ de 何に対する感覚(センス)がある. avoir le ~ des affaires 事業の勘がある. perdre le ~ de l'équilibre 平衡感覚を失う. tourner les ~ à qn 人の気を動顛させる.

II《分別》**1** 分別, 思慮(=bon ~)；〔やや古〕正しい判断力. avoir du ~ 思慮分別がある. ~ commun² 常識, コモンセンス. choquer le ~ commun 常識を逆でなする. bon ~ 良識. gros bon ~ 素朴な良識. homme de (bon) ~ 思慮深い人.
agir en dépit du bon ~ 常識を無視した行動に出る. être dans (tout) son (bon) ~ 良識にかなっている. Cela n'a pas de (bon) ~.¹ 非常識な話だ. paroles pleines de ~ 分別に富む言葉.〔古〕perdre le ~ 正気を失う.

2〔古〕(個人の)判断の仕方, 物の見方. à mon (ton) ~ 私(君)の意見では. en ~ (certain) ~；dans un (certain) ~ ある見方をすれば；ある意味では. en ~ que + ind. …であるという点から見て. aller dans le ~ de qn (事柄について)人の意見に合う.

III《意味》**1** 意味. ~ et le non-~ 意味と無意味. ~ ambigu (vague) 曖昧な意味. ~ étroit (restraint) 狭義, 厳密な意味(=~ précis). ~ figuré d'un mot 語の比喩的意味, 比喩的語義. ~ primitif (dérivé) d'un mot 語の原義(派生的意味).
au ~ large (stricte) du terme 用語の広い(厳密な)意味では. au ~ politique du terme 用語の政治的意味では. au ~ propre (figuré) du mot 本来の(比喩的な)意味で. extension de ~ 意味の拡大. mot à double ~ 二重の意味に取れる語. mot dépourvu de ~ 意味のない語.
chercher le ~ d'un mot 言葉の意味を調べる. faire un faux ~ 意味を取り違える. Cela n'a pas de ~.² それは意味がない. Cette phrase a plusieurs ~. この文は多義である.

2 意味付け, 意義. ~ caché d'une prophétie 予言の秘義. ~ d'un geste 仕草の意味. avoir du ~ 意義がある, 有意義である. donner un ~ à la vie 人生に意味を与える. trouver un ~ à l'existence 人生に意義を見出す.

sens² [sɑ̃s] *n.m.* **1**〔運動の〕方向. ~ à droite 右回り(=~ négatif, ~ rétrograde), 時計回り. ~ à gauche 左回り(=~ direct, positif, ~ trigonométrique)〔時計回りの逆〕. ~ contraire (inverse) 反対方向. en ~ contraire (inverse) 反対方向〔逆向き〕に.〔交通標識〕~ giratoire (ロータリーでの)施回方向. ~ horaire 時計廻り(=~ des aiguilles d'une montre).〔交通標識〕~ interdit 進入禁止〔路〕.〔交通標識〕~ obligatoire 強制的の進入方向.〔交通標識〕(voie à) ~ unique 一方通行〔路〕.
dans le ~ de la marche 進行方向に. dans les deux ~ 両方向に. dans tous les ~ ; en tous ~ あらゆる方向に, 全方位に, 四方八方に. parcourir un pays dans tous les ~ 国中を四方八方に駆けめぐる.

2〔線・面・毛並などの〕向き；方向. ~ de la largeur (de la longueur) 横 (縦)の方向. ~ dessus dessous [sɑ̃dsydsu] 上下逆さまに；〔話〕ごった返しに；気も転倒して. ~ devant derrière [sɑ̃dvɑ̃dɛrjɛr] 後前に. mettre son pull-over ~ devant derrière セーターを後前に着る. ~ d'un vecteur ヴェクトルの向き. ~ positif 正の方向. ~ negatif 負の方向. ~ vertical (horizontal) 垂直 (水平) 方向.
dans le bon (le mauvais) ~ 正しい (間違った) 向きに. Dans quel ~? どちらの方向に；どちら向きに. direction Nord-Sud dans le ~ du Sud au Nord 南北方向の南から北への向き.

3〔事態の〕動向；〔行動の〕方向；方針；進路. ~ de l'évolution 事態の進展の方向. ~ de l'histoire 歴史の動向. agir dans un même ~ 同一方向をめざして行動する.

sensass, sensa *a.*〔話〕素晴らしい, 凄い(=sensationnel).

sensation *n.f.* **1** 感覚；知覚；感覚作用. ~ auditive (gustative, olfactive, tactile, visuelle) 聴(味, 嗅, 触, 視)覚. ~ de chaude (de froid)¹ 温(冷)覚. ~s externes (internes) 外因(内因)感覚. ~ thermique 熱覚. ~ viscérale 内臓(臓器)感覚.

2 感じ, …感, 印象, 気持. ~ de chaud (de froid)² 熱い(冷たい)という感じ. ~ de faim (de fatigue, d'euphorie) 空腹(疲労, 幸福)感. ~s inoubliables 忘れ難い印象. avoir la ~ de + *inf.* (que +*ind.*) …という感じを抱く.

3 センセーション；感動；興奮；大評判. faire ~ センセーションをまき起こす. événement (nouvelle) à ~ センセーショナルな出来事(ニュース).

sensationnel(le) *a.* **1** センセーショナルな, 煽情的な, 世間を驚かすような. article ~ センセーショナルな記事. événement ~ 世間を驚かす出来事. nouvelle ~le センセーショナルなニュース.

2〔話〕素晴らしい, 凄い；〔蔑〕ひどい. C'est un ~! 素晴らしい (=C'est sensas [s]!).

sensé(e) *a.* **1** 良識(思慮分別)のある, 分

別のある，思慮深い. femme la plus ~e 最も思慮深い女性.
2 合理的な，道理にかなった. dire des choses ~es 理にかなったことを言う.

senseur [英] *n.m.* **1** 〖工〗センサー (= capteur) ; 感知装置.
2 〖宇宙工〗(衛星の姿勢制御用の) 光電センサー・システム.

sensibilisa*teur*(*trice*) *a.* 感度を高める ; 〖化〗(反応を) 敏感にする ; 〖写真〗増感作用のある ; 〖生理〗感作の. 〖写真〗bain ~ 増感液. 〖生理〗substance ~ *trice* 感作物質.
——*n.m.* 〖写真〗増感剤. ~ chromatique 増感色素.
——*n.f.* 〖生理〗(免疫の) 感作物質.

sensibilisation (<sensibiliser) *n.f.* **1** (人・世論などが) 敏感になること ; 敏感にすること ; 敏感化. ~ de l'opinion au problème de l'environnement 環境問題に対する世論の敏感化.
2 〖写真〗増感. ~ d'une pellicule (d'une plaque) フィルム (乾板) の増感.
3 〖医・生理〗感作 (かんさ) ; (抗原に対する過敏化). ~ excessive 過敏感作.

sensibilisé(e) *a.p.* **1** 敏感になった. opinion publique ~*e* à ce problème この問題に敏感になった世論.
2 〖写真〗増感された.
3 〖医〗感作 (かんさ) された ; (抗原などに) 過敏になった. être ~ aux antibiotiques 抗生物質に過敏である.

sensibilité *n.f.* **1** 感受性, 感性 ; 情 ; 心優しさ. ~ à fleur de peau 苛立ち易い感性. ~ de l'artiste 芸術家の感受性 (感性). politique 政治的感性 (感覚). ~ romantique ロマン派の感性. manquer de ~ 感受性に欠ける. n'avoir aucune ~ 鈍感である, 情がない.
2 〖生理・心〗感覚能力, 感覚 ; 感度. ~ tactile (extéroceptive) 触 (外受容性) 感覚. ~ viscérale (intéroceptive) 内臓 (内受容性) 感覚. ~ différentielle 分差感覚.
3 (計器の) 感度, 精度 ; 〖写真〗感光度 ; 〖爆薬〗感度 ; 〖心〗(テストの) 精度. ~ d'une balance 秤の精度. 〖物理〗 ~ d'une cellule photoélectrique 光電管の感度. 〖写真〗 ~ d'une émulsion photographique 写真乳剤の感光度. ~ d'un explosif 爆薬の感度. 〖心〗 ~ d'un test テストの精度. mesure de ~ 感度測定.
4 (政治) 政見, 傾向, 思潮. diverses ~s à l'intérieur d'un parti 政党内のさまざまな意見.

sensible *a.* **1** (à に) 感じやすい, 感受性が強い ; 情にもろい, 心優しい ; 感謝している. cœurs ~s 感じやすい心. femme peu ~ 薄情な女性. homme ~[1] 感受性豊かな人, 思いやりのある人. être ~ à la flatterie お世辞に弱い. être ~ à la musique 音楽がわかる. Il est ~. 彼は感受性が強い (情にもろい). Je suis ~ à vos attentions. 御高配に感謝いたします.
2 (à に対して) 敏感な ; (痛みなどを) 感じやすい ; 傷つきやすい ; 過敏な ; 微妙な. affaire ~ 微妙な問題. côté (endroit, partie) ~ 痛みやすい所, 急所 ; 〖比喩的〗弱点. C'est son côté ~. そこが彼の弱味だ. homme ~[2] 弱虫.
banlieues ~s 治安問題に敏感な郊外. quartier ~ 社会情勢・治安問題などに過敏な街区 ; 要注意地区 ; 貧民街. zone urbaine ~ 都市過敏地区 (社会情勢・治安・政情などに敏感な生活困窮者居住地区 ; 多人種・失業者・生活困窮者の居住する都市圏 ; 治安対策強化地区 ; 略記 ZUS).
avoir la gorge ~ 喉が弱い (すぐ痛くなる). être ~ à la chaleur (au froid) 暑さ (寒さ) に弱い. être ~ à la douleur 痛みに敏感である.
3 感覚のある, 知覚能力のある ; 鋭敏な. les êtres ~s 感覚をもつ存在. neurones ~s 知覚ニューロン (神経単位). oreille ~ 鋭い耳. L'oreille humaine n'est pas ~ à ces sons. 人間の耳はこれらの音を聴きとれない. avoir l'oreille ~ 聴覚が鋭い.
4 〖理〗(計器などの) 感度のよい ; 〖写真〗感光性の. antennes très ~s 高感度アンテナ. balance ~ 感度のよい秤. navire ~ au plus léger mouvement du gouvernail 舵のかすかな動きにも敏感に反応する船. papier ~ 感光紙, 印画紙. pellicule ultra-~ 超高感度フィルム.
5 〔時に名詞の前〕はっきり感じられる, 顕著な ; (à に) 感知しうる. apparences ~s はっきりした外観. hausse ~ des prix 物価の顕しい高騰. le monde ~ 感覚界. preuve ~ 明白な証拠. progrès ~ 顕著な進歩. son ~ à l'oreille 耳に聞こえる音. à peine ~ ほとんど感じとれない.
6 〖音楽〗note ~ 導音 (=la ~).
7 〔やや古〕(苦痛・損失などが) 身にしみる, 痛切に響く ; (侮辱などが) ひどくこたえる. affront si ~ ひどくこたえる侮辱. perte très ~ ひどくこたえる損失.
——*n.f.* 〖音楽〗導音 (=note ~).

sensiblement *ad.* **1** 際立って, 顕著に, 著しく. Les prix ont ~ augmenté. 物価は高騰した.
2 〔話〕ほぼ, およそ. Nous sommes ~ de la même taille. われわれの背丈はほぼ同じだ.
3 〔やや古〕感知できるほどに, 目につくほど. zèle ~ montré はっきり感じとれる熱意.

sensitif(ve) *a.* **1** 感覚を伝える, 感受性の. 〖薬〗bactérie ~*ve* 感受性菌. 〖解剖〗nerfs ~s 感覚 (知覚) 神経. 〖医〗période ~*ve* (胎児に対する外因的影響の) 感受期. 〖医〗phase ~*ve* (胎児の) 感受性過激期. 〖機

工〗touche ~ve 感受性タッチ《軽く触れるだけで作動する鍵(けん)》.〖解剖〗voie ~ve 感覚系伝導路.
2〖精神医学〗敏感な.
3〔文〕神経過敏な.
——*n.*〖精神医学〗敏感症の人;神経過敏な人.

sensitivo-mo*teur*(*trice*) *a.* 感覚(知覚)運動性の. nerfs ~s 感覚(知覚)神経.

sensitomètre *n.m.*〖写真〗感光度計.

sensoriel(*le*) *a.*〖生理・心〗感覚(知覚)の;感覚器の.〖医〗aphasie ~le 感覚性失語(症). examen ~ 感覚検査.〖医〗isolement ~ 感覚(知覚)遮断. nerf ~ 感覚(知覚)神経. neuron ~ 感覚ニューロン.〖医〗neuropathie ~le 知覚性ニューロパシー. recepteur ~ 感覚受容器. système ~ 感覚器官系.

sensori-mo*teur*(*trice*) *a.*〖生理・心〗感覚(知覚)運動性の.〖医〗neuropathie ~*trice* 知覚運動性ニューロパシー.〖医〗troubles ~s 知覚運動障害.

sensuel(*le*) *a.* **1** 官能の,性的な. amour ~ 性愛. appétits ~s 肉欲. jouissance toute ~le 官能の歓び,性的快感.
2 肉欲にふける. homme ~ 好色漢,漁色家.
3 官能的な,肉感的な,色っぽい. regard ~ 色っぽい(みだらな)目つき. voix ~le 官能的な(色っぽい)声.
——*n.* 快楽主義者,好色家.

sentence *n.f.* **1** 審判;判決;裁定,裁決;判決. ~ arbitrale (仲裁人による)仲裁裁定. ~ de mort 死刑の判決(審判). prud'homme 労働審判所判決. exécuter une ~ 判決(裁定)を執行する. prononcer (rendre) une ~ 判決を申し渡す(下す). ~ prononcée par le médecin 医師の申し渡した判定.
2〔古〕格言,警句.

senteur *n.f.*〔文〕芳香,薫り. ~s de fleurs 花の芳香. ~ délicate 妙なる香り.〖植〗pois de ~ スイートピー(学名 Lathyrus odoratus).

sentier *n.m.* **1** 小道,細道;登山道. ~ balisé 標識付登山道. ~ de grande randonnée トレッキング遊歩道. ~ forestier 森の小道. ~ pedestre 徒歩専用の細道.
2〔文〕困難な道. ~ de la vertu 美徳という困難な道.
3 le S~ luminoux 光り輝く小道 (1970年,ペルーで結成されたゲリラ組織名 Sendero Luminoso).

sentiment *n.m.* 〖Ⅰ〗(感情) **1** 感情,気持;〖*pl.* で〗思いやり,暖かい心(= les bons ~). ~ d'aversion 嫌悪感. ~ d'infériorité 劣等感. ~ de solitude 孤独感. ~ de tendresse 愛情(= tendre). ~ instinctif (inné) 本能的(先天的)感情. ~ religieux 宗教的感情.

agir plus par ~ que par réflexion 熟慮の上というよりも感情の赴くままに行動する. cacher ses ~s 感情を隠す.〔話〕prendre qn par les [bons] ~s 人の同情心に訴える.
2 感傷,情. avoir qn au ~ (par les ~s) 人の情に訴える. être incapable de ~ 情に溺れない. faire du ~ 感傷的な仲である. Ne fais pas de ~. めそめそするな. le faire au ~ 情に訴える. Ne pas s'embarrasser de ~s dans les affaires. 仕事に情を持ちこまない.
3 情感. chanter avec ~ 情感をこめて歌う.
4 愛情,好意. avoir du ~ pour qn 人に好意を抱く. déclarer ses ~ à qn 人に思いを打ち明ける. partager les ~ de qn 人と相思相愛の仲である.
5〖*pl.* で〗(手紙の結語) Je vous prie de croire à mes ~s distingués (dévoués, les meilleurs, respectueux); Veuillez agréer l'expression de mes ~s distingués. 敬具.
〖Ⅱ〗(感じ) **1** 感じ;印象,意識. avoir [comme] le ~ de + *inf.* (que + *ind.*) …という印象を持つ;…という感じがする.
2 感覚,センス,理解力. ~ de la nature 自然感覚,自然に対する理解力. ~ de la réalité 現実感覚. ~ esthétique (intellectuel) 美的(知的)感覚. avoir le ~ du beau 美的センスがある. juger par le ~ 感覚で判断する.
3 意見,見解. ~ commun (général) 一般的意見. à mon ~ 私の見解では. opposition de ~s 見解の相違. changer de ~ 意見を変える. exprimer son ~ 見解を表明する. Quel est votre ~ sur qch ? 何についての御意見は?
〖Ⅲ〗(感覚) **1**〔古〕感覚;意識. ~ de la lumière 光に対する感覚. nerfs du ~ 感覚神経. perdre le ~ 意識を失う.
2〔狩〕(猟犬の)嗅覚;(獣の)臭跡.

sentimental(*ale*)(*pl.aux*) *a.* **1** 感情的な;(特に)愛情に関する. attachement ~ à son pays 祖国愛. aventure ~*ale* 恋愛. vie ~*ale* 感情的生活;愛情生活.
2 感傷的な,センチメンタルな. romance ~*ale* 甘い恋の歌. voyage ~ 感傷旅行,センチメンタル・ジャーニー.
3 情をこめた,心情的な. discours ~ 情に訴える演説.
——*n.* 感傷的(センチメンタル)な人.

sentimentalisime *n.m.* 感傷主義;感傷癖;センチメンタリズム.

sentinelle *n.f.* **1**〖軍〗歩哨. placer (relever) une ~ 歩哨を立てる(交代させる).
2 見張り番. être en ~ 見張りに立つ.〔古〕faire [la] ~ 見張りをする.

SEO (= sauf erreur ou omission) 誤謬又は脱落は別にして,思い違いもしくは書き落しを除く.

Séoul *n.pr.* ソウル《大韓民国の首都;漢字表記は旧来の「漢城」(中国語読み「ハンチ

ョン」，日本の植民地時代の「京城 (けいじょう) Kyŏngsong」，2005年1月19日から「首爾」(中国語読み「ショウアル」；簡字体で「首尔」) に変更；形容詞 séoulien(ne)).

SEP[1] (=*sclérose en plaque*) *n.f.* 〖医〗多発性硬化症 (=〖英〗multiple sclerosis: MS；中枢性脱髄疾患の一種).

SEP[2] (=*Société européenne de propulsion*) *n.f.* ヨーロッパ推進機器製造会社 (戦術核ミサイル，航空機エンジン，宇宙ロケット等の製造会社名).

sépara*teur*[1] (***trice***) *a.* 分離する．〖光学〗pouvoir ~ 分解能；(レンズの) 解像力．

séparateur[2] *n.m.* **1** 分離器 (装置), セパレーター；〖通信〗緩衝増幅器, バッファ；〖鉱〗選鉱機；選別機．~ de l'accumulateur 蓄電池の隔離板．~ de poussières centrifuge 遠心式集塵機．~ de sens (道路の) 中央分離帯．
2 〖情報〗デリミター (=délimiteur), 分離記号．

séparation *n.f.* **1** 分離，分割．~ des adversaires 敵対者の引きはなし．〖法律〗~ de biens 夫婦別産制．~ de l'Eglise et de l'Etat 政教分離．〖法律〗~ des patrimoines 財産分割．〖理〗~ des variables 変数分離．〖物理・化〗~ isotopique 同位体分離．〖政治〗principe de la ~ des pouvoirs 三権分立の原則．~ d'un parti en différentes tendances 政党の派閥化．
2 別離，別れ．jour de la ~ 別れの日．〖法律〗~ de corps (法定による) 夫婦の別居．〖法律〗~ de fait (協議による) 夫婦の別居 (= ~ aimable).
3 〖天文〗離角, 分離角；(結晶の) 裂開．
4 選別；分別；〖鉱〗選鉱．~ des fruits des légumes 果物と野菜の分別．
5 境界；障壁；〖比喩的〗区別．ligne (surface) de ~ 境界線 (面)．~ entre le mot et l'idée 言葉と観念の区別．

séparatiste *a.* 分離主義の, 分離派の．
——*n.* 分離主義者, 分離派, 独立派．

séparé(e) *a.* **1** 別々の，別個の．envoi par pli ~ 別便での送付．
2 別れた, 離れ離れの．〖法律〗別居状態の．époux ~s 別居夫婦．

seppuku [sepuku]〖日〗*n.m.* 切腹 (=〖俗〗hara-kiri).

sepsis [-is] *n.m.* 〖医〗細菌感染症, 敗血症 (=syndrome septique). syndrome (symptôme) du ~ 敗血症徴候 (症状).

SEPT[1]**, Sept** (=*Service d'etudes communes des Postes et Télécommunication*) *n.m.* 郵便遠距離通信共同研究部．

SEPT[2]**, Sept(la)**[1] [lasɛt] *n.f.* 第7チャンネル (フランスの放送衛星 TDF 1 を利用して，1989年5月31日から放送開始したヨーロッパ文化 TV チャンネル).

Sept(La)[2] (=*Société d'édition et de programmation de télévision*) *n.f.* TV 番組制作・番組編成会社 (1986年設立の TV 放送株式会社；1989年 *Société européenne de programmes de télévision*「ヨーロッパ TV 番組会社」となる).

sept [sɛt] *a.num.card.* **1** 七つの；7人の．les ~ couleurs de l'arc-en-ciel 虹の7色．〖天体〗les ~ étoiles de la Pléiade プレアデス星団, すばる．les ~ merveilles du monde 世界の七不思議．〖キリスト教〗les ~ péchés capitaux 七つの大罪 (avarice「貧欲」, colère「怒り」, envie「嫉妬」, gourmandise「大食」, luxure「色欲」, orgueil「傲慢」, paresse「怠惰」).
2 (序数詞に代って) 七番目の (=septième). chapitre ~ 第7章．Charles ~ (VIIと表記) シャルル7世．Il est ~ heures de l'après-midi. 午後7時です．
——*pr.num.card.* 七つ, 7人．
——*n.num.inv.* **1** (数・数字の) 7．Trois et quatre font ~. 3+4=7．〖トランプ〗le ~ de carreau ダイヤの7．
2 7日．Quelle est la date d'aujourd'hui? —C'est le 7 août. 今日は何日ですか—8月7日です．
3 7番地．le [numéro] ~, rue du Faubourg-Saint-Honoré, Paris 8e パリ市第8区ル・フォーブール＝サン＝トノレ通り7番地．

septal(ale)(*pl.aux*) *a.* 〖解剖〗中隔の；鼻中隔の．〖医〗déviation ~ale 鼻中隔変形症．〖医〗perforation ~ale 鼻中隔穿孔 〔症〕．

septantaine [ベルギー, スイス] *n.f.* 70個；約70．

septante [sɛptɑ̃t] [ベルギー, スイス] *a. num.card.* 70〔の〕(=soixante-dix).

septembre *n.m.* 9月 (略記 sept. または 7bre；後者は古代ローマ暦では1年の7番目の月であったことから). au mois de (en) ~ 9月に．〖仏史〗massacres de ~ 9月の虐殺 (1792年9月2日から6日にかけてパリで行われた王党派の虐殺事件).〖仏史〗le 4 ~ (1870年の) 9月4日事件 (第二帝政の廃止と第三共和国樹立の日；la révolution du 4 ~；9月4日の革命). S~ noir 黒い9月 (1970年の9月, ヨルダン軍によるパレスチナの闘士の大虐殺事件をふまえたパレスチナのテロ組織の名称およびその虐殺事件). le 11 ~ (2001年)「9月11日」(ニューヨークのツインタワーに対するアル・カイダ (Al-Qaida) による航空機自爆によるダブル・テロ事件の日).

septennal(ale)(*pl.aux*) *a.* **1** 7年毎の, 7年に1回の．
2 7年続く；7年任期制の．mandat ~ du président de la République française フランス共和国大統領の7年任期 (2000年に5年任期に移行).

septennat [sɛptena] *n.m.* 7年任期〔制〕, (特に) フランス共和国大統領の7年

septentrional(ale)

任期〔制〕(= ~ du président de la République française)《フランス共和国大統領の任期は2000年9月24日の国民投票を経て, 2000年10月2日, 5年制quinquennatとする改正が行われた》.

septentrional(ale) (*pl.* **aux**) *a.* 北の, 北方の；北に位置する (méridional「南の」の対). l'Europe ~ 北欧. peuples ~ *aux* 北方民族.

septicémie [sɛptisemi] *n.f.* 〖医〗敗血症.

septicémique *a.* 〖医〗敗血症性の. choc ~ 敗血症性ショック, 細菌性ショック (= choc bactérien).

septicopyohémie *n.f.* 〖医〗膿瘍性敗血症.

septième *a.num.card.* 第7の, 7番目の. ~ art 第7芸術, 映画芸術. ~ chapitre 第7章. ~ partie 7分の1. le ~ sceau (『ヨハネの黙示録』の) 第7の封印. dimanche, ~ jour de la semaine 週の第7日である日曜日. habiter au ~ 〔étage〕第8階に住んでいる.
——*n.* 7番目の人 (など).
——*n.m.* 1 7分の1. deux ~s 7分の2.
2 第7区 (= ~ arrondissement). habiter dans le ~ de Paris パリ市第7区に住む.
3 8階 (= ~ étage). appartement au ~ 8階にあるアパルトマン.
——*n.f.* 〖学〗第7学級 (= la ~ classe)《小学校の中級課程 cours moyenの第2年次；初等教育の第5年次 (最上級)》.
2 〖音楽〗7度 (音程). ~ majeur (mineur) 長 (短) 7度. accord de ~ 7の和音.

Septimanie *n.pr.f.* la ~ セプティマニ一地方《古代ガリアのピレネー山脈とローヌ河との間の地名》.

septimo [ラ] *ad.* 第7に (略記 7°: septièmement).

septique *a.* **1** 細菌による.
2 細菌感染性の, 感染性の. abortion ~ 感染流産. choc ~ 感染性ショック (= choc infectueux)《細菌毒素による敗血症ショック》. syndrome ~ 細菌感染性症候群；敗血症 (= sepsis).
3 fosse ~ 浄化槽.

septmoncel *n.m.* 〖チーズ〗セットモンセル《ジュラ地方 le Juraで牛乳と山羊乳の混合乳からつくられる青かび入りAOCチーズ》.

septoplastie *n.f.* 〖医〗鼻中隔矯正手術.

septuagénaire *a.* 70歳代の.
——*n.* 70歳代の人.

septuagésime *n.f.* 〖カトリック〗七旬節の主日.

septum [sɛptɔm] [ラ] *n.m.* **1** 〖解剖〗中隔. ~ nasal 鼻中隔. 〖化〗隔膜；隔壁.

septuor [sɛptyɔr] *n.m.* 〖音楽〗**1** 七重唱 (曲), 七重奏 (曲). **2** 七重唱 (奏) 団.

sépulture *n.f.* **1** 墓, 墓所. violation de ~ 墓荒らし.
2 〖古・文〗埋葬, 葬儀. ~ ecclésiastique (教会による正式の) 埋葬礼.

séquano-dionysien(ne) *a.* セーヌ=サン=ドニ県 (département de la Seine-Saint-Denis) の；~県民の.
——**S~-D~** *n.* セーヌ=サン=ドニ県民.

séquelle *n.f.* **1** 〔多く *pl.*〕〖医〗後遺症, 余病, 続発症.
2 〔比喩的〕〔*pl.* で〕(災害などの) 余弊, 余波. ~s de la crise économique 経済危機の余波.
3 〖蔑〗一味, 手下, 輩下.
4 〖古〗結果, 結末.

séquençage *n.m.* 〖生化・化〗(塩基などの) 配列決定, 解読 (= décryptage). ~ ADN du chromosome 22 染色体22のデオキシリボ核酸 (DNA) の配列決定 (解読). ~ du génome humain 人ゲノムの解読《人の遺伝子情報全体の解読》.

séquence *n.f.* **1** 連続するもの；連鎖, 順序. 〖生化〗~ du génome humaine ヒト・ゲノムのアミノ酸配列.
2 随伴して起こる事；結果, 帰結.
3 〖映画〗一連のシーン, シーケンス. tourner une ~ 一連のシーンを撮る.
4 〖電算〗順番列, シーケンス. contrôle de ~ 順序 (シーケンス) 制御.
5 〖言語〗要素連続, シーケンス.
6 〖音楽〗反復進行.
7 〖教育〗連続授業. ~ d'arithmétique 算数の連続授業.
8 〖トランプ〗ひと続きの同種の札；(ポーカーの) ストレート.
9 〖カトリック〗(ミサの) 続唱.

séquenceur *n.m.* **1** 〖情報〗シーケンサー《逐次制御装置》.
2 〖生〗シーケンサー《アミノ酸配列自動分析装置》.
3 〖音楽〗シーケンサー《音楽信号を連続して記憶したプログラムを再生する装置》.

séquentiel(le) *a.* **1** 連続した, 逐次的. 〖TV〗(système) ~ couleur à mémoire 逐次メモリー制御カラー方式 (略記 SECAM「セカム」). 〖統計〗analyse ~ le 逐次解析. 〖電〗circuit ~ シーケンス (順序) 回路.
2 〖言語〗要素連続の, シーケンスの.
3 〖情報処理・電算〗逐次的, 順次的, シーケンシャル. accès ~ 順次呼出, 順次アクセス. contrôle ~ 逐次制御. logique ~ le 順次論理 (回路). opération ~ le 逐次処理, 順次演算.
4 自動制御の. brûleur ~ 自動制御バーナー.

séquestration *n.f.* **1** 軟禁；拘禁, 監禁；(特に) 不法監禁. ~ des otages 人質の拘禁.
2 隠遁.
3 〖法律〗〖古〗係争物寄託 (= séquestre).

séquestre *n.m.* **1** 〖法律〗係争物寄託.

~ conventionnel 当事者間の合意による寄託, 合意供託. ~ judiciaire 裁判上の係争物供託. biens mis sous ~ 寄託財産.
2 寄託物の保管者 (= gardien de ~).
3〖国際法〗(敵国財産の)押収, 接収.
4〖医〗腐骨(健全な骨からの骨の分離片).

séquoia [sekɔja] (<チェロキー・インディアン族長名)〖植〗セコイア《アメリカ杉の巨木; 樹齢2000年, 樹高110 mに達する》; ~ sempervirens と wellingtonia (gigantea) の2種あり.

SER (= surface *é*quivalente *r*adar) *n.m.* 等積平面レーダー.

sér[o]- 〖ラ〗ELEM〖医〗「血清」の意 (*ex. séro*logie 血清学).

Serbie(la) *n.pr.f.*〖国名通称〗セルビア(公式名称: la République de S~ セルビア共和国: ユーゴスラヴィア連邦共和国(セルビア=モンテネグロ共和国)の構成国; 国民: Serve; 首都: Belgrade ベルグラード (Beograd ベオグラード)).

serbo-croate *a.* セルビアとクロアチア〖人〗の; セルボ=クロアチア語の.
— *n.m.*〖言語〗セルボ=クロアチア語(南方スラヴ語族).

serein(e) *a.* **1**〖文〗(空が)澄み切った, 静かに晴れ渡った. ciel ~ 澄み切った空. coup de tonnerre dans le ciel ~ 青天の霹靂(へきれき). temps ~ 晴朗な天気.
2 平穏な; 平静な. couler des jours ~s 心安らかな日々を過す.
3 (心などが)晴れ晴れした; (判断などが)曇りのない, 公明正大な. esprit ~ 明澄な精神. jugement ~ 公明正大な判断. visage ~ 晴れ晴れした顔つき. être ~ devant la mort 死を前に泰然としている.
4〖医〗goutte ~*e* 黒内障 (= amaurose).

sérénité (<serein) *n.f.* **1** (空の)清澄, 晴朗. ~ du ciel 澄み切った空. ~ lumineuse 光輝く清澄さ.
2 平静, 平穏; 明鏡止水の境地. ~ de l'âme 心の平静さ. ~ d'un visage 顔付の穏やかさ. avec ~ 心静かに, 泰然と.
3 公平無私, 公明正大. ~ du jugement 判断の公平無私. ~ de l'historien 歴史家の公平無私.

séreuse[1] *n.f.*〖解剖・医〗漿膜 (= membrane ~); péricarde 心膜, péritoine 腹膜, plèvre 胸膜, synoviale 滑膜など).

séreux (se[2]) *a.* **1**〖医〗漿液性の, 血清状の; 血清を含む. gaine ~*se* d'un tendon 腱の漿鞘. liquide ~ 血清状液. membrane ~ *se* 漿膜 (= ~ *se*).
2〖古〗水性の.

SERFOB, Serfob (= *s*ervice *ré*gional de la *for*êt et du *b*ois) *n.m.* 地方営林局.

sergé (= *s*ervice *gé*néral) *n.m.*〖俗〗〖軍〗通常業務.

sergent *n.m.* **1**〖軍〗セルジャン《陸・空軍の下士官の最下位; 陸軍では maréchal des logis ともいい, 「伍長」に相当; 海軍では second maître, 憲兵隊では gendarme に当たる》. ~-chef セルジャン=シェフ(陸・空軍で下士官の下から2番目の階級; 陸軍では maréchal des logis-chef ともいう; 「軍曹」に相当; adjudant「曹長」の下; 海軍では premier maître, 憲兵隊では maréchal des logis-chef に当たる》.
2 教練指導下士官. ~ instructeur 教練指導軍曹.
3〖古〗軍曹 (caporal「伍長」の上).〖仏史〗les quatre ~s de la Rochelle ラ・ロシェルの4軍曹.
4〖古〗(昔の)執達吏 (= huissier). ~ à verge 競売担当執達吏.
5〖古〗~ de ville 巡査 (gardien de la paix の旧称).
6 (指物師の) クランプ (= serre-joint[s]).

sergent-chef (*pl.* ~*s*-~*s*) *n.m.*〖軍〗(歩兵・工兵・空軍の)軍曹 (sergent のすぐ上の位).

sergent-fourrier (*pl.* ~*s*-~*s*) *n.m.*〖軍〗セルジャン=フーリエ(糧秣・被服・宿営担当下士官).

sergent-major (*pl.* ~*s*-~*s*) *n.m.*〖軍〗(歩兵, 工兵, 空軍の) セルジャン=マジョール, 曹長 (adjudant「准尉・特務曹長」の下, sergent-chef「軍曹」の上の位の下士官; 主に中隊の計理担当).

sérici-〖ラ〗ELEM「絹」の意. (*ex. sérici*culture 養蚕).

sériciculture *n.f.* **1** 養蚕〖業〗. **2** 絹の製造〖業〗.

série *n.f.* **1** 連続, 一連, ひと続き. une ~ de malheurs 一連の不幸な出来事. ~ de prix 契約価格表(官庁や職業団体によって作成される業務標準価格表; 公共土木工事などの見積額の算定に利用). ~ noire[1]相次ぐ不運, 不運(不幸)続き. en ~[1]一連の. accidents en ~ 連続事故. tueur en ~ 連続殺人魔. loi des ~s (事故, 災害などの) 連続の法則.
2 (一連のサイズを揃えた) 既製品, 規格品, 一揃え, セット; 叢書, シリーズ. une ~ de casseroles 鍋のセット. S~ noire[2]《暗黒叢書》(1945年 Gallimard 社がつくった犯罪小説シリーズ). ~ policière (TVの)警察シリーズ. ~ télévisée TVのシリーズ物(ドラマ). soldes des fins de ~s 売り切り廉売, 棚ざらえ.
3 大量生産, 量産. de ~ 大量生産方式の(による). prix de ~ 量産価格. voiture de ~ 量産車.
en〖grande〗~[2] 大量生産で(の). fabrication (production) en ~ 大量生産. travailler en ~ 量産する(粗製濫造する (= faire de la ~).
hors ~ ~ 特製の; 特別注文の, 特注の;〖比喩的〗並外れた, 特異な. machine hors ~ 特注の機械. destin hors ~ 特異な運命.

sériel(le)

4 (分類の)組, 部類, 等級, ランク. division en ～s 部類(等級)別分類. film de ～ B B級映画. western de ～ Z Z級 (最低ランク)の西部劇. ranger par ～s 種類別に並べる.
5 〚スポーツ〛(シード順の)グループ；予選 (= ～ éliminatoire). être classé dans la première ～ トップ・グループにランク付けされる. être éliminé en ～ 予選で敗退する. Il est première ～. 彼はトップグループだ. tête de ～ グループのトップ.
6 〚海〛同一クラスのヨット(総称). ～s handicap ハンディキャップ・シリーズ. ～s monotypes 単一形(モノタイプ)艇級.
7 〚ビリヤード〛セリー(連続キャノン).
8 〚ボクシング〛連打.
9 〚舞踊〛一連の練習.
10 〚数〛級数. ～ arithmétique (géométrique) 等差(等比)級数. ～ convergente (divergente) 収束(発散)級数. ～ infinie 無限級数.
11 〚音楽〛セリー, 音列.
12 系列. ～ chronologique (du temps) 時系列.
13 〚理〛系〚列〛. ～ de chiffres 数字の区切り (= tranche). ～ des couleurs 色配列. ～ des hydrocarbures saturés 飽和炭化水素系. ～s radioactives 放射性系列. ～ spectrale スペクトル系.
14 〚電〛直列(parallèle「並列」の対). en ～³ 直列の(に).
15 〚地学〛統(同一時代の土壌).
16 〚林業〛(森林の)年次伐採部.

sériel(le) *a.* **1** 系列的な, 連続した；逐次の. numéro ～ シリヤルナンバー, 通し番号. ordre ～ 連続順序, 逐次. 〚電〛port ～ シリヤル・ポート. publications ～ les 逐次刊行物.
2 〚音楽〛セリーの, 音列の. musique ～ le セリー音楽；12階音楽.

sérieux¹(se) *a.* 〚I〛(真面目) **1** 真面目な, 真摯な, 真剣な；勤勉な, 熱心な. air ～ 真面目な様子. auditoire ～ 熱心な聴衆. élève ～ 真面目(勤勉)な生徒. employé ～ dans son travail 真面目に仕事をする職員. Soyons ～! 真面目にやりましょう!
2 信頼できる, 誠実な, 当てになる；信用のおける. amitié ～ 信頼できる友情. boutique ～ 信用のおける店. client ～ 上得意, 上客. promesse ～ se 誠意ある約束. renseignement ～ 当てになる情報. être ～ en affaires 取引に誠実である. Ce n'est pas ～. 冗談だよ. «Si pas ～ s'abstenir.»「冷やかしはお断り」(募集広告の文言).
3 (仕事などが)きちんとした, 入念な. ～ se études 入念な研究. arguments ～ きちんとした論拠. travail ～ 手堅い仕事.
4 真面目な, 堅い内容の. 〚仏文史〛le genre ～；la comédie ～ se 正劇ジャンル(喜劇と悲劇の中間の演劇様式). la musique ～ se

古典音楽.
5 いかめしい, 謹厳な, 品行方正な. atmosphère ～ se きちんとした雰囲気. jeune fille ～ se 身持ちの良い娘. 〚話〛être ～ comme un pape ひどく生真面目である.
〚II〛(重大な) **1** 深刻な, 重大な, ゆゆしい. affaire ～ se 重大問題. danger ～ 深刻な危険. maladie ～ se 重病.
2 〚名詞の前で〛(量的・質的に)重大な, 顕著な. ～ se augmentation des prix 物価の深刻な上昇. de ～ bénéfices 大きな利益. avoir de ～ ses raisons de + *inf.* …する確かな根拠がある. faire un ～ effort 目に見える努力をする.

sérieux² *n.m.* **1** 生真面目, 謹厳；誠実, 真摯, 真剣味. avec ～ 真剣に. 〚多く蔑〛esprit de ～ 真面目な精神. avec ～ 真面目に, 真剣に. garder (tenir) son ～ 持前の生真面目さを崩さない. manquer de ～ dans son travail 仕事に真剣味を欠く.
2 (物事の)重大さ, 深刻さ；堅固さ. ～ d'un projet 計画の手堅さ. ～ d'une situation 事態の深刻さ. prendre qch au ～ 物事を重大に考える(深刻に受けとめる). prendre qn au ～ 人の言動に受けとめる. se prendre au ～ 自分の言動に重きを置きすぎる.

sérigraphie *n.f.* 〚印刷〛シルクスクリーン(印刷), セリグラフィー.

sérine *n.f.* 〚生化〛セリン(アミノ酸の一種；グルコースの合成に役立つ).

seringue *n.f.* **1** 〚医〛注射器 (= ～ à injections)；注入器；洗滌器. ～ à instillations 点滴器. jetable 使い捨て注射器. aiguille (piston) d'une ～ 注射針(筒). être dans la ～ 身動きがとれない. faire une piqûre avec une ～ 注射をする. prise de sang avec une ～ 採血.
2 〚農〛噴霧器 (= ～ à arrosage).
3 〚隠〛銃, 火器；ピストル, はじき.

sérique *a.* 〚生理・医〛血清の；血清に関する；血清による. accident ～ 血清事故(血清注射の副作用). cuivre ～ 血清銅. dosage de calcium (magnésium, sodium) ～ 血清カルシウム(マグネシウム, ナトリウム)定量法. enzyme ～ 血清酵素. éruption ～ 血清疹. globuline ～ 血清グロブリン. phosphatide ～ 血清燐脂質. protéine ～ 血清蛋白.

serment *n.m.* **1** 誓約, 宣誓. ～ politique 憲法遵守の宣誓. ～ professionnel 服務宣誓. 〚医〛le S～ d'Hippocrate ヒポクラテスの誓約(医道倫理の誓い). 〚史〛les S～s de Strasbourg『ストラスブールの誓約』(842年；現存するフランス語最古の文献). prêter ～ 宣誓する. témoigner sous 〔la foi du〕～ 宣誓して証言する.
2 (個人間の)誓い, 約束. ～ d'amour 愛の誓い. 〚話〛～ d'ivrogne 空約束. faire le ～ de + *inf.* (que + *ind.*) …することを誓う.

sermon *n.m.* **1**〖宗教〗説教. le S~ sur la Montagne（イエスの）山上の垂訓. **2**〖蔑〗（長くて退屈な）お説教. faire un ~ à qn 人にお説教をする.

SERNAM [sɛrnam]（= *Ser*vice *n*ational des *m*essageries）*n.m.*（フランス国鉄の）小荷物配送業務, セルナム（5 t 未満）.

séroconversion *n.f.*〖医〗血清変換.

sérocytol *n.m.*〖薬〗セロシトール（フランスで開発された spécyton のスイスでの製品名）.

sérodiagnostic [serɔdjagnɔstik] *n.m.*〖医〗血清診断〔学〕.

sérodiscordant(e) *a.*〖医〗(性的パートナー間の) 血清反応が異なる, 血清反応が一致性の.

séro-fibrineux(se) *a.*〖生理〗血清繊維素性の. pleurésie ~ *se* 血清繊維素性胸膜炎.

sérogroupe *n.m.*〖免疫〗血清グループ, セログループ, 血清型.

sérologie *n.f.*〖医〗血清学；血清反応. ~ VIH positive ヒト免疫不全ウィルスの陽性反応.
▶ **sérologique** *a.*；**sérologiste** *n.*

sérologique *a.*〖医〗血清学の；血清学上の. épidémiologie ~ 血清疫学.

sérologiste *n.*〖医〗血清学者.

séronégatif(ve) *a.*〖医〗血清抗体反応検査が陰性の；(特に) エイズウイルス抗体検査が陰性の.
——*n.* 血清（エイズウイルス）抗体反応検査陰性者.

séronégativité *n.f.*〖医〗血清陰性反応；(特に) エイズウイルス抗体検査陰性.

séropositif(ve) *a.*〖医〗血清に陽性の, 血清陽性反応の；(特に) エイズウイルスの抗体検査が陽性の.
——*n.* 血清（エイズウイルス）抗体検査陽性者（〖俗〗séropo）.

séropositivité *n.f.* 血清陽性反応；(特に) エイズウイルス抗体検査の陽性. taux de ~ d'un pays 一国のエイズウイルス抗体検査陽性率.

séroprévalence *n.f.*〖医〗(人口に占める) 血清陽性反応者率；(特に) エイズウイルス (HIV) 感染率.

séroprophyraxie *n.f.*〖医〗血清利用予防法.

sérosité *n.f.*〖生理〗漿液.

sérothérapie *n.f.*〖医〗血清療法.
▶ **sérothérapique** *a.*

sérotonine *n.f.*〖生化〗セロトニン（5-ヒドロキシトリプタミン 5-hydroxytryptamine [5-HT]；哺乳動物の血清, 血小板, 脳などにある血管収縮物質〗神経伝達物質として不安を鎮める効果がある). transporteur de ~ セロトニン・トランスポーター（セロトニン運搬物質）.

sérotoninergique *a.*〖生化〗セロトニン作動促進性の, セロトニン代謝の. neurone ~ セロトニン神経. récepteurs ~*s* セロトニン受容体.

sérotonique *a.*〖生化〗セロトニンの. neuron ~ セロトニック神経.

sérovaccination *n.f.*〖医〗血清接種.

serpent *n.m.* **1**〖動〗蛇. ~ à lunettes めがね蛇, コブラ (= cobra). ~ à sonnette [s] がらがら蛇 (= crotale). ~*s* aglyphes 無毒牙蛇. ~ boa ボア, 王蛇. ~ non venimeux 無毒の蛇. ~ venimeux 毒蛇. anneaux d'un ~ 蛇のとぐろ (= nœud d'un ~). charmeur de ~ 蛇使い. étude des ~*s* 蛇学 (= erpétologie, ophiographie). langue de ~[1] 蛇の舌. peau de ~ 蛇革. poisons des venins de ~*s* 蛇毒. ruse de ~（蛇を思わせる）狡智.〖比喩的〗~ caché sous les fleurs（花蔭の蛇→）隠された危険.〖比喩的〗réchauffer un ~ dans son sein（蛇を懐に温める→）獅子身中の虫を育てる.
2（空想上の）蛇. ~ à plumes 有翼蛇（古代メキシコの神）.〖聖書〗d'airain 青銅の蛇.〖ギ神〗~ de la Méduse メドゥーサの蛇（蛇状頭髪）. ~ de mer[1]（伝説の）大海蛇；〖比喩的〗(新聞の) 埋め草.〖宗教〗dieux ~*s* 蛇神.
3〖聖書〗悪魔；〖比喩的〗誘惑者. Le ~ qui tanta Eve. イヴを誘惑した蛇（悪魔）.
4〖比喩的〗意地悪な（不実な）人. langue de ~[2] 毒舌家.
5〖比喩的〗虚言, 欺瞞〔的行為〕. ~ de la médisance 中傷の嘘.
6〖比喩的〗蛇のように蛇行するもの, くねくねしたもの. un ~ de fumée noire くねくねと棚引く黒煙.
7〖比喩的〗〖経済〗スネーク. ~ monétaire européen EC 域内の固定金融相場制の変動幅 (= ~ communautaire). être (entrer) dans le ~ 変動幅の中にある（入る）.
8〖音楽〗セルパン（蛇状の管楽器）.
9〖魚〗~ de mer[2]（水蛇→）蛇状魚（鰻 anguille, 穴子 congre など）.
10〖天文〗le S~ 蛇座.
11（気球のナセルの下の）衝撃吸収索.
12〖錬金術〗水銀 (= mercure).

serpigineux(se) *a.*〖医〗蛇行状の. kératose folliculaire ~ *se* 蛇行性小胞元角化症.

serpillière *n.f.* 床拭き雑布.

serran *n.m.*〖魚〗セラン, ひめすずき (= perche de mer「海ペルシュ」；羽太（はた）科 serranidés の海水魚沿岸の岩場に棲む. 体長 30 cm まで).

serranidés *n.m.pl.*〖魚〗羽太（はた）科（バール（鱸, すずき）bar, メルー（羽太）mérou, セラン（ひめすずき）serran など）.

serre *n.f.* **1** 温室. ~ vitrée ガラス温室. culture en ~ 温室栽培. melons de ~ 温室〔栽培〕メロン. plante de ~ 温室栽培植物；〖比喩的〗温室育ちの人. faire pousser

serré(e)

une plante en ~ 植物を温室で栽培する.
2〚気象〛effet de ~ 温室効果.
3〚船〛(助material の) 縦材.
4 圧搾. deuxième ~ au raisin 葡萄の二番圧搾.
5〚pl.で〛(猛禽類の) 爪. ~s de l'aigle 鷹の爪.

serré(e) *a.p.* **1** 締めつけられた. dents ~es くいしばった歯. avoir le cœur ~ 胸が迫る, 胸が締めつけられる思いがする. avoir la gorge ~e 喉が締めつけられる；喉が詰る.
2(衣服, 靴などが) 体にぴったりした；窮屈な. habit ~ ぴったりした(窮屈な) 服. pantalon ~ 体にぴったりしたパンタロン.
3〚pl.で〛(人, 物が) 詰めこまれた, ぎゅう詰めの. ~s entre des objets 物の間に詰めこまれた, サンドイッチ状の. être ~s comme des harengs (des sardines) すし詰めになっている.
4 間隔の詰った；密集した；密生した；(布地などが) 目が詰った. café ~ 濃いコーヒー. gazon ~ 密生した芝生. écriture ~e びっしり詰まった細かい書体.〚映画・音響〛montage ~ 稠密編集.〚軍〛ordre ~ 密集戦闘隊形. pluie ~e にわか雨.
5 (文体が) 簡潔な；(論理などが) 緻密な；手厳しい. critique ~e 手厳しい批評. emploi du temps ~ 時間に余裕のない仕事. raisonnement ~ 緻密な推理. jouer un jeu ~ 手堅いゲーム運びをする, 慎重に振舞う.
6 伯仲した, 白熱した.〚スポーツ〛arrivée très ~e 僅差のゴールイン. discussion ~e 白熱した議論. lutte ~e 接戦. partie ~e 際どい勝負.
7 金に困った, 切り詰めた；〚話〛しまりやの, けちな. vivre serré ~ 切り詰めた暮しをする.
8〚稀〛狭苦しい, 狭い.

serre-câbles *n.m.inv.*〚電〛ケーブル・コネクター.

serre-livres *n.m.inv.* 本立て, ブックエンド.

serrement (<serrer) *n.m.* **1** 握りしめること；締めつけ.〚比喩的〛~ de cœur 胸を締めつけるような苦悩；傷心. ~ de main〚s〛握手.
2〚鉱山〛(坑道内の) 防水障壁.
3〚古〛閉じこもり.

Serre-Ponçon (lac de) *n.pr.m.* セール=ポンソン湖(フランス最大のダム湖；東南フランス département des Hautes-Alpes オート=ザルプ県, 面積 30 km²).

serriculture *n.f.*〚農・園芸〛温室栽培.

serrurerie *n.f.* **1** 錠前製造業.
2〚建築〛金物製造業(balcon バルコニー, grille 格子, rampes d'escalier 階段の手すりなどの建material 製造).

serrurier *n.m.* **1** 錠前師, 鍵屋. **2** 金物細工師 (=métallier).

sertraline *n.f.*〚薬〛セルトラリン(抗鬱薬；薬剤製品名 Zoloft (*n.m.*)).

sérum [serɔm] *n.m.* **1**〚生理〛血清 (= ~ sanguin). ~ physiologique[1] 生理的血清. réaction du ~ 血清反応.
2〚医・薬〛(治療用の) 血清 (= ~ thérapeutique). ~ antibotulinique 対ボツリヌス中毒血清. ~ anticharbonneux 対炭疽病血清. ~ anticoqueluscheux 対百日咳血清. ~ antidiphtérique 対ジフテリア血清. ~ antigangreneux 対壊疽血清. ~ antitétanique 対破傷風血清. ~ antivenimeux 対蛇毒血清. ~ de vérité 自白薬(バルビツール系薬品). hépatite au ~ 血清肝炎. immuno-~ 免疫血清. maladie du ~ 血清病. réaction du ~ 血清反応. ~ physiologique[2] 生理的血清, 生理食塩液.

sérum-albumine *n.f.*〚生理〛血清アルブミン(血清中の蛋白質).

sérum-globuline *n.f.*〚生理〛血清グロブリン(血清中の蛋白質).

servage *n.m.* **1**〚史〛農奴の身分. **2**〚比喩的〛隷属状態, 依存状態.〚医〛syndrome de ~ (薬物) 依存症候群. ~ tabagique 煙草依存症, ニコチン中毒状態.

serveur[1] **(se)** *n.* **1** 給仕；給仕人. ~ d'un restaurant (d'un café) レストラン(カフェ) の給仕.
2〚スポーツ〛サーバー (= servant(*e*)) (relanceur(*se*)「レシーバー」の対).
3 (トランプの) 札を配る人.

serveur[2] *n.m.*〚電算〛**1** サーヴァー (=〚英〛server). ~ vidéotex ヴィデオテックス・サーヴァー.
2 データベース・サーヴァー (= ~ de données).

service *n.m.* **I** (個人, 集団, 機関に対する奉仕, 役務の提供) **1** 義務, 役務, 公務, 勤め, (特に) 兵役.
~ militaire 兵役(フランス大革命後に制定された徴兵制度は 1996 年に廃止されたが, 希望するものは従来の形態における兵役に就くことができる).
~ national 国民役務(兵役のみでなく, 憲兵隊, 警察, 消防, 環境保護, 社会福祉, 途上国援助などに奉仕する. 18歳から50歳のすべてのフランス国籍をもつ男性は国民役務に服する義務を負い, 17歳に達した時点で役所に登録, 18歳になる前に 1 日, 「防衛準備召集」に応じなければならない). coopérant du ~ national (国民役務の枠内で行われる) 協力任務従事者(徴兵制の廃止以降は volontaire du ~ national と呼ばれる). faire son ~ 兵役に就く. bon pour le ~ (兵役に就ける) 健康体である.
2 軍務. reprendre du ~ 再び軍務につく.
3 勤務, 職務, 当番. ~ de nuit 夜勤. ~ d'ordre (集会などにおける) 警備担当部〔者〕. agent de ~ 当直職員. état de ~ 職歴, 勤

務状況. être de ~ 勤務中である, 当直である. être en ~ commandé 職務上離れられない任務についている.
Il a pris sa retraite après 40 ans de bons et loyaux ~s. 彼は40年にわたる立派な勤務を終えて引退した. Je me vois dans l'obligation de me priver de vos ~s. あなたの勤務を手放さなくてはならない《解雇を通知する常用句》. être à cheval sur le ~；〔話〕être ~-~ 非常に厳格である, 口うるさい. Jamais pendant le ~. 仕事中ですので《アルコールの振る舞いを断る言葉》.
4 (宗教上の)儀式, お勤め, 勤行；神に対する仕え. ~ funèbre 葬儀. être au ~ de Dieu 宗門にある.
5 奉公, 奉仕, 仕えること. gens de ~ 奉公人, 使用人. escalier de ~ 裏階段, 使用人や配達用の階段. personnel de ~ 家事手伝い, 現業職員, 雑役要員. porte de ~ 通用門, 勝手口.
être au ~ de qn …に仕える. être en ~ chez qn …のもとに奉公する. Je me permets de vous offrir mes ~s 〔Je désirerais entrer à votre ~〕. あなたのもとで奉公したく存じます《奉公人の就職活動に用いられる慣用句》.
6 接客業のサービス；サービス料. Le ~ est compris mais pas le pourboire. サービス料金込み, チップは別. Dans un hôtel, le ~ compte autant que le confort matériel. ホテルでは, 設備面の快適さと同じくらいサービスが重要だ.
II 《役に立つこと》**1** (抽象的に)役に立つこと, 支えること, 利益になること. à votre ~ どういたしまして. Je suis à votre ~. 何なりとお申し付けください. au ~ d'une cause 大義を支えて. institution sans but lucratif au ~ des ménages (ISBLSM) 対家計非営利機関《国民経済計算体系における制度部門 secteur institutionnel の一つ》.
2 助力, 手助け. rendre ~ à qn …の役に立つ. rendre un manvais ~ à qn …にありがた迷惑なことをする. Puis-je vous demander un petit ~? ちょっとお願いしたいことがあります, 手伝ってもらえますか.
3 (物, 機械などが)機能すること, 使用可能なこと. hors ~ 使用不可, 使用不能. mettre en ~ (機械, 設備, 施設などを)機能させる, 使用開始する, 開業(開通)する. La mise en ~ du nouveau tramway de Bordeaux a été marquée par une série d'incidents techniques. ボルドーの新路面電車開通に際してはいくつかの技術的な問題があった.
4 交通の便, 運行. ~ d'été 夏季ダイヤ. Différents ~s sont disponibles entre l'île et le continent. 島と大陸のあいだにはいくつかの交通手段がある.
5 (出版物, 定期刊行物などの)配布, 配送. ouvrage reçu en ~ de presse (SP)《批評を求めるためにマスコミ関係者に送られる》寄贈本.
6 テニスなどの球技のサーブ. premier ~ (première balle de ~) ファーストサーブ. avantage ~ アドバンテージ・サーバー《アドバンテージ・レシーバーは avantage dehors》.
III 《サービス業, サービス, 第3次産業》**1** (産業としての)サービス. ~s marchands 営利サービス, 商品サービス. ~s non marchands 非営利サービス, 非商品サービス. secteur des ~s (tertiaire) サービス部門(第3次産業). société de ~s 非製造企業, サービス企業.
2 (経済活動としての)サービス, 役務. ~s publics 公共サービス, 公役務. balance des ~s 〔invisibles〕サービス収支. échanges de biens et ~s 財・サービス貿易. offre de ~s 業務提供のオファー. prestataire de ~s サービス提供者, (とくにインターネットの)プロバイダー.
L'Accord général sur le commerce des ~s (AGCS) est le tout premier ensemble de règles multilatérales, juridiquement contraignantes, qui régissent le commerce international des ~s. サービス貿易一般協定(AGCS)は初めて, 国際サービス貿易を律する法的拘束力を持った一連の多角的規則をまとめたものである.
IV 《食卓, 食事におけるサービス》**1** 食事を供すること, 給仕. libre ~ (self-~) セルフサービス.
2 (食堂車などの)食事時間, サービス. premier (second) ~ 1 (2) 回目の食事時間.
3 (食器の)セット, 一式. ~ à café (thé) コーヒー(紅茶)セット. ~ complet de Sèvres セーヴル焼き磁器食器一式.
V 《(公共)サービス》**1** 公共サービス, 公役務, 公益事業. mission de ~ public 公役務としての使命. On dénomme en France ~s publics l'ensemble des activités d'intérêt général qui sont, d'une manière ou d'une autre, prises en charge par la collectivité. La justice, la police, l'éducation, la prévention sanitaire mais aussi le transport ferroviaire ou la fourniture de l'électricité sont des ~s publics. フランスでは, 何らかの形で公共団体によって担われている全体的な利益に属する活動すべてを, 公役務と呼ぶ. 裁判, 警察, 教育, 公衆衛生, さらには鉄道, 送電などは公役務である.
2 公共サービス機関. ~s des postes 郵便業務.
3 (役所, 企業などの)部局, 部, 課. ~ administratif 総務部, 庶務課. ~ après-vente アフターサービス〔部局〕. ~ étranger (マスコミの)外報(信)部. ~ de gynécologie (病院の)婦人科. ~ de presse 広報部, 報道部(課). ~ de renseignements 情報部, 諜報部(課). ~s secrets 諜報部, シークレットサー

ピス. chef de ~ 部長, 課長. note de ~ 部内通達. réunion de ~ 部(課)会議, 打ち合わせ会議.

serviette *n.f.* **1** 〖食卓用〗ナプキン (= ~ de table). ~ en papier 紙ナプキン.
2 タオル (= ~ de toilette). ~ de bain バス・タオル.
3 書類鞄. ~ d'écolier 通学鞄.
4 ~ hygiénique 生理用ナプキン.

serviette-éponge (*pl.* ~**s**-~**s**) *n.f.* 吸水性の良いスポンジクロスのタオル；湯上りタオル.

serviteur *n.m.* 〖女性形は servante〗 **1** 〖文〗(de ~ の) 奉仕者. ~ de Dieu 神の僕 (修道士)；信心家. ~ de l'Etat 公僕.
2 〖古〗男の召使い, 従僕, 奉公人；〖戯〗手先, 走狗.
3 Votre ~ 小生, 私, 私自身.
4 〖儀礼的表現〗〔Je suis votre〕~. 失礼します (別れの挨拶)；お断りします (拒絶・不賛成の表現). 〖戯〗Votre ~. 私があなたに話しているのだ.〖手紙の末尾・古〗Votre très humble et très obéissant ~. 敬白, 頓首.

servitude *n.f.* **1** 屈従；隷属；〖古〗奴隷の身分, 奴隷状態. minorité dans la ~ 屈従状態の少数民族. réduire un pays en ~ 一国を隷属させる.
2 〖文〗束縛, 桎梏(しっこく)；拘束. ~s bureaucratiques 官僚主義的束縛.〖文法〗~ grammaticale 文法的拘束. Tout métier comporte ses ~s. 職業には拘束がつきものである.
3 〖法律〗地役〔権〕. ~ active 積極地役. ~ administrative 行政地役. ~ d'écoulement des eaux 通水地役権. ~ de passage 通行地役権. ~ légale 法定地役.〖軍〗~ militaire 国防地役.
4 〖海〗bâtiments de ~ 港湾雑役船.

servo〔-〕[ラ] ELEM「自動制御の, サーボ」の意 (*ex. servo*-mécanisme 自動制御機構).

servocommande *n.f.* 自動制御, サーボコントロール (= [英] servo-control), ブースター.

servo-direction *n.f.* 〖自動車〗サーボ・ハンドル〔機構〕, サーボ・ステアリング, パワー・ステアリング.

servo〔-〕**frein** *n.m.* 〖自動車〗サーボブレーキ.

servo〔-〕**mécanisme** *n.m.* 〖工〗サーボ機構, 自動制御機構；自動制御装置.

servo〔-〕**moteur** *n.m.* 〖工〗サーボモーター；サーボ電動機. ~ de gouvernail 操舵機.

servovalve *n.f.* 〖工〗サーボ弁《サーボモーターにより作動する弁》.

SES (= section d'éducation spécialisée) 〖教育〗*n.f.* 特殊教育部門(科).

sésame *n.m.* **1** 〖植〗セザム, セサム, 胡麻 (ごま)；胡麻の実 (= graine de ~). graines grillées de ~ 炒り胡麻. huile de ~ 胡麻油.
2 〖比喩的・文〗le ~ 魔法の呪文 (le ~ ouvre-toi! 「開けゴマ！」).

Sésame-Vitale *n.pr.m.* 〖無冠詞〗セザム=ヴィタル《IC チップ入りの健康保険カード》. système ~ セザム=ヴィタル・システム《保健情報システム》.

sésamoïde *a.* 胡麻(ごま) (sésame) の種子状の. 〖解剖〗os ~ 種子骨.
—— *n.m.* 〖解剖〗種子骨.

SESI (= Service études, statistiques et systèmes d'informations) *n.m.* 《フランス保健省の》研究・統計・情報システム部.

session *n.f.* **1** 〖議会などの〗会期；〖法定の〗開廷期；〖重罪院の〗開廷期 (= assises).〖取引所の〗立会い. ~ ordinaire (extraordinaire) 通常(臨時)会期. ~ parlementaire 国会会期.
2 〖学〗試験期. ~ de juin 6月の試験期.
3 (仕事・治療などの) 実施期間, セッション.
4 〖電算〗セッション.

Sète *n.pr.* セット《1927年までは Cette と表記》, département de l'Hérault エロー県の小郡庁所在地；市町村コード 34200；地中海と l'étang de Thau トー湖の間の港町；形容詞 sétois(*e*)). cimetière marin de ~ セットの海辺の墓地. musée Paul-Valéry de ~ セットのポール・ヴァレリー記念館. vieux port de ~ セットの旧港.

séton *n.m.* **1** 〖医〗(外科) 串線 (かんせん)；串線法. **2** blessure en ~ 浅い銃創 (剣).

Setrab (= Syndicat européen des transformateurs et distributeurs de produits biologiques) *n.m.* ヨーロッパ・バイオ農産物加工流通組合.

SETS (= Société européenne de télétransmissions sportives) *n.f.* 〖TV〗ヨーロッパ・スポーツ中継会社《TF1の子会社》.

seuil *n.m.* **1** 敷居；(家の) 入口, 戸口. franchir le ~¹ 敷居をまたぐ.
2 〖比喩的〗(時間・物事などの) はじめ, 出発点；(場所などの) はじまり. au ~ de の初めに；の門出に. au ~ de l'année nouvelle 年のはじめ. au ~ de la vie 生まれた時に；青春時代に. jusqu'au ~ de la mort 死の間際まで. ~ du désert 砂漠のはじまり.
3 〖地形〗(川底・海底などの) 隆起部, 浅瀬；海膨；(同じような高さの2つの地域間を結ぶ) 低い峠, 分水峠. ~ du Poitou ポワトゥー峠《パリ盆地 le Bassin parisien とアキタニア盆地 le Bassin aquitain を結ぶ低い峠》.
4 (水門・ドックなどの) 敷居, 閾, 下部戸当り. ~ d'une vanne 水門の閾. ~ d'une cale sèche 乾ドックのゲート基部.
5 〖比喩的〗下限 (plafond 「上限」の対)；〖経済〗限界；〖生理・心〗閾, 閾値；〖理〗限

界〔臨界〕〔値〕.〖生理・心〗~ absolu 絶対閾. ~ critique du surpeuplement 人口過剰の危機的限界. ~ d'audibilité 可聴閾値.〖生理〗~ d'élimination 排除閾.〖物理〗~ d'énergie d'une particule 粒子のエネルギー臨界値.〖心〗~ d'excitation 刺激閾.〖心〗~ de la conscience 識閾.〖経済〗~ de pauvreté 貧困限界《所得が生活費を充足できない水準点》.〖経済〗~ de rentabilité 損益分岐点. ~ de tolérance 許容限界.〖心〗~ différentiel 弁別閾.〖生理〗substances à ~ 有閾物質. au delà d'un ~ 限界を超えて. franchir le ~² 限界値を超える.

seul(e) *a.* Ⅰ〖付加形容詞〗**1**〖名詞の前〗唯一の,ただ一人(一つ)の;ただそれだけの.
◆〖不定冠詞+~ +名詞〗(plusieurs「いくつもの」の対). une ~*e* fois ただ一度. un ~ homme たった一人の男. comme un ~ homme (大勢の人が)一人のようにまとまって,皆一斉に. une ~*e* et même chose 同じひとつのこと(もの). maison à un ~ étage 二階家;〖カナダ〗平屋.
d'un ~ coup 一挙に. Un ~ mot et je m'en vais. 一言でも言ったら出て行くぞ. Une ~*e* personne n'a pas compris cette question. たったひとりだけこの質問がわからなかった.
◆〖定冠詞(所有形容詞・指示形容詞)+~+名詞〗(d'autres「他のいくつかの」の対)(あとに関係詞節が続く時その節の動詞は多く接続法;但し直説法,条件法もありうる) entrée réservée aux ~*s* adhérants 会員のみ入場可. Mon seul désir est d'aller en France. 私の唯一の望みはフランスに行くことである. Vous êtes la ~*e* personne que je connaisse ici. ここで知り合いなのはあなただけです. à cette ~*e* pensée こう考えただけで.
◆〖冠詞なしで〗Il deviendra ~ et unique ami. 彼は唯一無二の友となるだろう.
2〖名詞の後〗単独の,…だけの;孤独な. un homme ~ 一人ぼっちの男;一人暮しの男;孤立無援の男. compartiment pour dames ~*es* 婦人専用車室.〖音楽〗voix ~*e* 独唱の声. L'autorité ~*e* ne fait jamais bien. 当局だけがなすべきことを全く行なっていない.
Ⅱ〖属詞〗**1** 単独の,…だけの;孤独の. ~ à ~ 一対一で,差向いで. Je voudrais la voir ~ à ~〔*e*〕. 彼女と二人だけで会いたいものだ. coucher ~ ひとり寝する. être à+*inf.* …するのはひとりだ(vivre). ~ avec *qn* 他人を交えずに人と一緒にいる(暮す). être [tout] ~ au monde 天涯孤独である. être ~ à deux 独り言をいう. marcher ~ ひとりで歩く. vivre ~ dans une maison isolée 一軒家でひとり暮しをする. Allons au café, nous serons plus ~*s*. カフェに行こう,私たちだけになれるから. Le paysan travaille ~. 農民はひとりで働く.
2 独自の;風変りな. être ~ de son opinion 独自の意見をもつ. Il croit qu'il est ~ dans son genre (de son espèce). 彼は自分が一風変っていると思っている.
Ⅲ〖同格〗**1** 単独で,一人で;他の人(もの)の助けなしで. Elle tricotait, ~*e* dans sa cuisine. 彼女は台所で一人編物をしていた.
tout ~ 一人だけで;自然に,ひとりでに. parler tout ~ 独り言をいう. Cela va tout ~. それはひとりでにうまく行く. Le gaz s'est éteint tout ~. ガスはひとりでに消えた.
2〖冠詞(所有形容詞)+名詞の直前・直後,代名詞の直後,文頭において〗…だけ(=seulement). *S*~ mon père (Mon père ~) m'en a interdit. 父だけが私にそれを禁じた. Moi ~ le connaissais. 私だけがそれを知っていた.
◆〖副詞句〗à moi (toi, lui) ~ 私(君,彼)だけで. par cela ~ ただそれだけで.
—*pr.* ただ一人の人;ただ一つのもの.
◆〖不定冠詞+~〗Il n'a pas encore fini un ~ de ses devoirs. 彼はまだ宿題を一つも終えていない.
pas un ~ (une ~*e*) ただ一人(一つ)として…ない. Pas un ~ de ses amis ne l'abandonna. 彼の友達の誰一人も彼を見捨てなかった.
◆〖定冠詞+~〗, **être le ~ (la ~*e*)** à+*inf.* …するのは…だけだ. Elle fut la ~*e* à nous encourager. 彼女だけが私たちを励してくれた.
être le ~ (la ~*e*) qui+*subj.*(*ind., cond.*) …のは…だけだ. Elle est la ~*e* qui puisse (pourrait) nous aider. われわれを助けることができるのは彼女だけだ.
—*n.* 唯一者. le gouvernement d'un ~ 専制政治. Vous n'êtes pas le ~! あなただけではありません!

sève *n.f.* **1** 樹液. ~ ascendante (brute) 木部転流液. ~ descendante (élaborée) 節部転流液. arbre en pleine ~ 生き生きした樹木.
2〖比喩的〗生命力,活力,活気,精気. plein de ~ 活気に溢れた.

sévère *a.* **1** (人が)厳しい,厳格な. maître trop ~ 厳し過ぎる先生. parents ~*s* 厳しい両親. être ~ avec (pour) *qn* 人に対して厳しい.
2 (態度が)厳しい;(規則などが)厳しい,厳格な;(判断などが)厳正な. ~ économie 厳しい倹約. air ~ 厳しい態度. auditeur ~ 厳しい聴衆. condamnation ~ 厳罰. critique ~ 手厳しい批判. éducation ~ 厳格な教育. juge ~ 厳正な裁判官. jugement ~ 厳正な判断. loi trop ~ 厳格すぎる法律. mesures ~*s* 厳しい措置. ordre ~ 厳命. punition ~ 厳罰. regard (visage,

sévérité

voix)~ 厳しい視線(顔付, 口調).
3 (気候が)厳しい, 耐え難い, 苛酷な. climat ~ 苛酷な気候. froid ~ 厳寒.
4〖文〗(外観が)堅苦しい；(様式, 建築などが)虚飾を排した, 簡素で厳正な. beauté ~ 端正な美しさ. dessin ~ 虚飾のないデッサン. style ~ 厳正な様式.
5 重大な, 深刻な；苛烈な. ~ défaite 大敗北. lutte ~ 苛烈な争い. obstacles ~s 重大な障害. pertes ~s 深刻な損失.

sévérité n.f. **1** (人の)厳しさ；(罰などの)厳格さ；(争いなどの)激烈さ. ~ d'une éducation 教育の厳しさ. ~ d'une peine 刑罰の厳しさ. ~ d'un professeur 教授の厳しさ. ~ envers soi-même 自分に対する厳しさ. avoir de la ~ pour qn 人に厳しく接する. élever ses enfants avec ~ 子供を厳格に育てる. juger avec ~ 厳格に判断を下す.
2〖文〗〖多く pl.〗厳格な行為；厳しい判決. ~s inexorables 冷酷な判決.
3 (建築・様式などの)簡素厳正. ~ d'un style 様式の厳正さ. ~ d'une tenue 身なりの地味さ.
4 (敗北・損失などの)手ひどさ；重大さ. ~ d'une perte 損失の甚大さ.

sevrage [səvraʒ] n.m. **1** 断乳, 離乳 (母乳哺育の停止)；離乳期間. ~ du nourrisson 乳児の離乳. ~ maternel 母乳哺育の停止.
2〖医〗禁断(麻薬などの服用停止)；禁断療法. ~ de cure ~ 治療. ~ de l'alcool アルコール禁断療法. ~ du tabac 煙草の禁断療法. ~ d'une drogue 麻薬の禁断.〖療法〗. syndrome de ~ 離脱症候群.
3〖園芸〗(活着した接木・取木の)切離し.

Sèvre n.f.〖地理〗la ~ セーヴル川. la ~ nantaise セーヴル・ナンテーズ川(ナントで la Loire ロワール河に合流する；長さ126km). la ~ niortaise セーヴル・ニオルテーズ (Niort ニヨールを流れ, 大西洋に流れる；長さ150km).

sévruga n.m.〖魚〗セヴルガ種蝶鮫 (ちょうざめ) (=esturgeon ~；学名 Acipenser stellatus 星斑蝶鮫；良質のキャヴィアが採れる).

sexage n.m. **1**〖医〗胎児の男女識別. **2**〖畜産〗(雛の)雌雄選別.

sexagénaire a. 60歳代の.
——n. 60歳代の人.

sex-appeal [英] n.m. セックスアピール, 性的魅力 (=charme sensuel).

sexe n.m. **1** 性, 性別. ~ masculin (féminin) 男性(女性).〖生〗~ chromosomique 染色体の性. ~ génétique 遺伝子の性.〖遺伝〗~ homogamétique 同型配偶子の性, 同型性. ~ phénotypique 表現型の性. changement de ~ 性変換. différentiation du ~ 性分化.〖話〗le ~ des anges (天使の性→)無駄な議論の主題.
2〖集合的〗性. le ~ fort 男性. le ~ faible；le deuxième ~；le beau ~ 女性. le troisième ~ 第三の性, 同性愛者. l'autre ~ 異性. égalité des ~s 男女平等. les ~s 女性.
3 性欲, 性本能.〖英〗~-appeal セックス・アピール.
4 性器；生殖器官. ~ masculin (de l'homme) 男性性器. ~ de la femme 女性性器.

sexisme n.m. 性的差別, 性的偏見；(特に)女性に対する性的差別〔主義〕, 女性差別 (=discrimination sexuelle).

sexiste a. 性差別主義の, 性的偏見の；(特に)女性差別主義の.
——n. 性差別主義者, 性的偏見主義者；女性差別主義者.

sexologie n.f.〖医〗性科学.
sexonomie n.f.〖生〗雌雄学.
sexothérapie n.f.〖医〗性障害治療〔術〕.

sex-ratio [sɛksrasjo] [英] n.f. 性比, 男女出生比 (女性100に対する男性の人口比). ~ à la naissance 出生時男女比. La ~ est d'environ 105 garçons pour 100 filles. 男女出生比はほぼ女児100に対し男児105.

sex-shop [英] n.m. セックスショップ, ポルノショップ.

sex-symbol [英] n.m. セックス・シンボル (=sexe-symbole).

sextant n.m. **1** 六分儀. **2**〖天文〗le S~ (星座) 六分儀座. **3**〖数〗六分円 (60°の弧).

sextillion n.m. 100万の6乗 (10^{36}).

sextuor n.m.〖音楽〗**1** 六重唱曲, 六重奏曲. **2** 六重唱(奏)；六重唱(奏)団. ~ à cordes 弦楽六重奏団.

sextuple a. 6倍の.
——n.m. 6倍.

sexualité n.f. **1**〖生〗性的特質；性別. ~ des animaux 動物の性. absence de ~ 性別の欠如；無性性.
2〖精神分析〗性, 性欲；性行動. théorie de la ~ 性欲 (性行動) 論. troubles de la ~ 性障害, 性的異常.
3 性的関心, 性的能力；性的資質.

sexué(e) a.〖生〗有性の (asexé「無性の」の対). animaux ~s 有性動物. reproduction ~e 有性生殖.
2 性による特徴がある；性に影響された. statistique ~ 性別統計.

sexuel(le) a.〖生〗性の. caractères ~s primaires (secondaires) 第一次(第二次)性徴. chromosomes ~s 性染色体. hormones ~s les 性ホルモン. organes ~s 生殖器官, 性器 (=appareil génital).
2 性に関する, 性的な, セックスの；〖精神分析〗性欲 (性衝動) に関する. acte ~ 性行為. éducation ~le 性教育. harcèlement ~ セクシャル・ハラスメント. instinct ~ 性本能. rapports ~les 性交. relations ~les 性的関係. vie ~le 性生活. violences ~les 性的暴力.

Seychelles (les) n.pr.f.pl. **1** セーシェ

ル諸島.
2 [国名通称]セーシェル(公式名称：la République des S~ セーシェル共和国；国民：Seychellois(e)；首都：Victoria ヴィクトリア；通貨：roupie des Seychelles [SCR]).

seychellois(e) *a.* セーシェル〔諸島〕(les Seychelles)の, セーシェル共和国(la République des Seychelles)の; ~ の住民の; セーシェル共和国民の.
——S~ *n.* セーシェル人；セーシェル諸島民.

seyssel *n.m.* [葡萄酒]セーセル(アン県 département de l'Ain とオート=サヴォワ県 département de la Haute-Savoie 県のふたつの Seyssel 村で, altesse (rousette) 種の葡萄からつくられる, 淡黄金色の辛口の白の AOC 酒). ~ mousseux セーセル・ムース—(molette, chasselas の葡萄からつくられる弱発泡性の白葡萄酒；地元の俗称 bon-blanc).

SFAR, Sfar (=Société française d'anesthésie et de réanimation) *n.f.* フランス麻酔・蘇生学会.

SFC[1] (=Société française de cardiologie) *n.pr.f.* フランス心臓病学会.

SFC[2] (=syndrome de fatigue chronique) *n.m.* [医]慢性疲労症候群(1992年OMS が正式に認定；=[英]CFS：chronic fatigue syndrome).

SFDE (=Société française pour le droit de l'environnement) *n.f.* フランス環境法学会.

SFI (=Société financière internationale) *n.f.* 国際金融会社(=[英]IFC：International Finance Corporation)(BIRD の子会社. 開発途上国の私企業に対する金融を目的に1956年12月設立. 本部 Washington).

SFIO (=Section française de l'Internationale ouvrière) *n.f.* 労働者インターナショナル・フランス支部(1905年創設. 現フランス社会党 PSF の前身).

Sfor (=[英]Stabilization Force) *n.f.* (地域紛争の)安定化軍(=[仏]Force de stabilisation).

SFP[1] (=Société française de physique) *n.f.* フランス物理学会.

SFP[2] (=Société française de production) *n.f.* フランス[放送]製作公社.

SFPJ (=Société française de protection juridique) *n.f.* フランス法的保障保険会社.

SFT (=Société française de télédistribution) *n.f.* [放送]フランスTV広告会社(1972年設立の混合経済会社；TDF (Télédiffusion de France) の子会社).

SG (=selon grosseur) 大きさ(サイズ, 目方)による. prix ~ 値段はサイズによる(商品やレストランの料理の価格表示など). prix d'une langouste ~ ラングスト(伊勢海老)の値段は目方次第.

SGAP (=Secrétariat général pour l'administration de la police) *n.m.* [警察]警察行政総事務機構.

SGAR (=secrétaire général pour les affaires régionales) *n.m.* [行政]地方問題担当事務総長〔地方知事の補佐役〕.

SGBD (=système de gestion de base de données) *n.m.* [情報処理]データベース運用システム(=[英]DBMS：data base management system；Clio など).

SGDG (=sans garantie du gouvernement) 政府の保証なし.

SGDN (=Secrétariat général de la Défense nationale) *n.m.* フランス国防省事務総局.

SGDT (=système de gestion des données techniques) *n.m.* [情報処理]技術データ管理システム.

SGIM (=Société de gérance des immeubles municipaux) *n.pr.f.* 市営集合住宅管理会社(パリ市の社会福祉住宅を管理する混合経済会社).

SGML (=[英]standard generalized markup language) *n.m.* [電算]標準一般化マーク付け言語.

SGN (=sélection de grains nobles) *n.f.* (葡萄の)貴腐粒選り. tokay-pinot gris, ~ 1996 トケ=ピノ・グリ1996年貴腐粒選り.

SGOT (=sérum glutamooxaloacetate transférase) *n.f.* [生化]血清グルタミン酸オキサル酢酸塩転移酵素(=GOT, AST, ASAT)(心筋, 肝臓, 骨格筋などに多く含まれる酵素；細胞が破壊されると数値が上がる).

SGPT (=sérum glutamopyruvate trasférase) *n.f.* [生化]血清グルタミン酸ピルビン酸塩転移酵素(横紋筋や肝臓細胞, 赤血球中に含まれる転移酵素；細胞が破壊されると数値が上がる；GPT, ALT, ALAT).

SHA (=surface habitable) *n.f.* (建物の)居住可能床面積(壁, 階段, 扉, 窓枠等を除いた床面積. 居室, サービス空間, 廊下等の床面積).

Shaanxi, Shanxi, Shenxi [中国] *n.pr.m.* 陝西(せんせい)省, シャンシー省(東北部の省；省都 Xi'an 西安(シーアン)).

SHAF (=Société d'histoire de l'art français) *n.f.* フランス芸術史学会.

shafi'isme, chafi'isme *n.m.* [イスラム]シャーフィイー派.

shafi'ite, chafi'ite [ʃafiit] (<Shafi'i, Chafi'i [767-820], イスラム神学者) *a.* シャフィイーの. école ~ シャフィイー派.
——*n.* シャフィイー派信徒.

shah ⇒ schah

shampooineur(se) [ʃãpwi-], **shampouineur(se)** *n.* **1** (美容院・理髪店の)シャンプー係. **2** [電]絨毯洗浄機, カーペットクリーナー.

shampooing, shampoing [ʃãpw

ɛ] *n.m.* **1** シャンプー《洗髪》. se faire un ～ シャンプーをしてもらう.
2 シャンプー《洗髪剤》. ～ pour cheveux sec (gras) 乾いた(脂)髪用シャンプー. ～ traitant トリートメント・シャンプー.
3〘広義〙カーペットクリーナー《洗剤》(= ～ à moquette).

Shandong(le) 〔中国〕*n.pr.m.* 山東(さんとう)省, シャントン省《省都 Jinan 済南》.

Shangdong *n.pr.*〔中国〕山東(さんとう), シャントン《中東部の省, 首都 Jinan 済南》.

Shanghai 〔中国〕*n.pr.* 上海, シャンハイ, 〘仏〙シャンガイ《中国の港湾都市・商都; 形容詞 shanghaïen (ne)》. Organisation de coopération de ～(OCS) 上海協力機構《=〔中国〕上海合作組織,〔ロシア〕Shankhayskaya organizatsiya sotrudnichestva (ShoS),〔英〕Shanghai Cooperation Organization (SCO); 2001年上海で結成された中央アジア安全保障機構; 本部 Beijing (北京); 加盟国 la Chine, la Russie, le Kazakhstan, la Kirghizie, le Tadjikistan, l'Ouzbékistan の6カ国; 2004年 la Mongolie, 2005年 に l'Inde, l'Iran, le Pakistan がオブザーヴァーとして参加》.

Shanghai ⇒ Chang-hai

Shanghaiguan, Shanhaikuan 〔中国〕*n.pr.* 山海関(さんかいかん), シャンハイコワン《河北省北東部の都市; 旧称 Linyu 臨楡(りんゆ)》.

Shanqiu 〔中国〕*n.pr.* 商丘(しょうきゅう), シャンチウ《河南省 le Hénan 東部の都市》.

Shantou 〔中国〕*n.pr.* 汕頭(せんとう), シャントウ, スワトウ (Swatow)《広東省 le Quangdong の東シナ海に面した港湾都市, 経済特区》.

Shanxi[1] ⇒ Shaanxi

Shanxi[2] **(le)**〔中国〕*n.pr.m.* 山西(さんせい)省, シャンシー省《省都 Taiyuan 太原》.

Shaowu 〔中国〕*n.pr.* 邵武, チアンウー《福建省の都市》.

Shaoxing 〔中国〕*n.pr.* 紹興(しょうこう), シャオシン《浙江省の都市; 紹興酒の原産地》.

Shaoyang 〔中国〕*n.pr.* 邵陽(しょうよう), シャオヤン《湖南省 le Hunan 中部の都市; 旧称 Baoqing 宝慶》.

SHAPE (=〘英〙*S*upreme *H*eadquarters *A*llied *P*owers *E*urope) *n.m.* 〘軍〙《北大西洋条約機構 OTAN〘NATO〙軍の》ヨーロッパ連合国軍総司令部《1966年以降ベルギーの Casteau カストーに設置》.

Shenkaku *n.pr.* les îles de ～ 尖閣諸島.

Shenxi ⇒ Shaanxi

Shenyang 〔中国〕*n.pr.* 瀋陽(しんよう), シェンヤン《遼寧省の省都 le Liaoning; 旧称 Moukden, Fengtien 奉天》.

Shenzhen 〔中国〕*n.pr.* 深圳(しんせん), シェンジェン《広東省の経済特区都市》. la zone économique de ～ 深圳経済(特)区.

Shenzhou 〔中国〕*n.pr.* 神舟, シェンズー. capsule 〈～5〉《中国の》宇宙カプセル「神舟5号」.

SH-enzyme *n.f.(m.)* 〘生化〙SH 酵素 (= enzyme sulf*h*ydrilée), チオール酵素.

sherpa *n.m.* **1** シェルパ《ヒマラヤ山地のガイド, ポーター》. **2**〘俗〙シェルパ《先進国首脳会議などの準備担当官》.

sherry [ʃɛri] (*pl.* **～s**, **sherries**) *n.m.*〘英〙シェリー酒《スペインのヘレス Xérès 産の葡萄酒 xérès の英名》.

shetland [ʃɛtlɑ̃d] (<〘英〙*S*～, シェトランド諸島: スコットランド北東沖の島名) *n.m.* **1**〘織〙シェトランド・ウール《シェトランド産の細い羊毛でつくった毛織物》.
2 シェトランド・ウールで編んだセーター.
3〘動〙シェトランド・ポニー《シェトランド諸島原産の, 被毛・たてがみ・尾の長いポニー》.

shiatsu [ʃjatsu]〔日〕*n.m.*〘医〙指圧 (= pression du doigt sur les tsubos).

Shi Guangsheng 〔中国〕*n.pr.* 石廣生(ス・グァンソン)《中国対外貿易経済協力相》.

Shi Huangdi 〔中国〕*n.pr.* 始皇帝《前259-前210; 秦の皇帝[在位前221-前210]》.

Shijiazhuang 〔中国〕*n.pr.* 石家荘(せっかそう), シーチャーズォアン, シーチャチョワン《河北省 le Hebei の省都, 鉄道の要衝, 工業都市》.

Shijing 〔中国〕*n.m.*『詩経』(= Che-king).

Shinkiang Uighur ⇒ Xinjiang

shintô [ʃinto]〔日〕*n.m.* 神道 (= shintoïsme).

shintoïsme [ʃintɔism, ʃɛ̃-]〔日〕*n.m.* 神道.

shintoïste *a.* 神道の. culte ～ 神道〔信仰〕, prêtre ～ 神官, 神主.
— 神道信奉者, 神道主義者; 神徒.

Shiva ⇒ Çiva

SHOM (= *S*ervice *h*ydrographique et *o*céanographique de la *M*arine) *n.m.*〘軍〙海軍水路・海洋測量部.

SHON = *s*urface *h*ors œuvre *n*ette) *n.f.*《住居の》純床面積《屋根裏部屋, 内装不能の地下室, テラス, バルコニー, 駐車スペース, 食品貯蔵スペース等を除く》.

shosha 〔日〕*n.f.* 商社 (= société de commerce japonaise). sogo-～ 総合商社.

show-bizz, showbiz [ʃobiz]〘英〙*n.m.inv.*〘話〙ショービズ, ショービジネス (=〘英〙show-business).

SHPIF (= *S*ociété de l'*h*istoire de *P*aris et l'*I*le-de-*F*rance) *n.f.* パリ・イール=ド=フランス歴史学会.

SI[1] (= *s*ystème *i*nformatique) *n.m.*《コンピュータによる》情報処理システム.

SI² (=système international d'unité) *n.m.* 国際単位系.
Si (=silicium) *n.m.* 〚化〛「珪素(けいそ)」の元素記号.
SIA (=Salon international de l'architecture) *n.m.* 国際建築サロン《第 1 回は 1988 年 6 月 21 日より 6 日間. Grande Halle de la Villette で開催》.
SIAD (=Système interactif d'aide à la décision) *n.m.* 〚電算〛コンピュータ援用意志決定双方向システム(=〚英〛DSS: décision support system).
Sial (=Salon international de l'alimentation) *n.m.* 国際食品見本市.
sialadénite *n.f.* 〚医〛唾液腺炎《唾液腺実質組織の局部炎症》
sialagogue *a.* 〚医〛唾液の分泌を促進する.
——*n.m.* 〚薬〛唾液分泌剤, 催涎剤.
sialite *n.f.* 〚医〛唾液腺炎.
sialographie *n.f.* 〚医〛唾液分泌管 X 線検査〔法〕.
sialorrhée *n.f.* 〚医〛唾液分泌過多症, よだれ症, 流唾〔症〕.
siamois(e) (<Siam シャム) *a.* シャムの. chat ～ シャム猫 (=～). 〚医〛frères ～ (sœurs ～es) シャム双生児.
——*S～* *n.* シャム人, タイ人.
Sian ⇒ Xian
Siang ⇒ Xiang
Siar (=Surveillance industrielle de l'armement) *n.f.* 武器産業監視局.
sic [sik] 〚ラ〛*ad.* 原文のまま, ママ.
SICA (=société d'intérêt collectif agricole) *n.f.* 農事集団利益会社, 農業共同利益会社《農民を中心とし, 工業・商業関係者を加えた準協同組合的グループ; 1961 年創設》.
Sica (=〚西〛Sistema de la Integracion centroamericana) *n.m.* 中米統合機構 (1993 年創設; =〚仏〛Système de l'intégration centre-américaine).
SICAF [sikaf] (=société d'investissement à capital fixe) *n.f.* 〚金融〛固定資本投資会社《投資信託会社の 1 種. Frandev, Saint-Honoré Matignon などがある》.
SICAV, sicav [sikav] (=société d'investissement à capital variable) *n.f.* 〚金融〛可変資本投資会社《投資信託会社の 1 種. Investissement Plus, Haussman France, Rivoli Situations spéciales, Placements privatisation などがある》. ～ court terme 短期投資信託会社.
siccatif(ve) *a.* 乾燥促進作用のある.
——*n.m.* **1** (油絵具・塗料・ニス・インクなど)乾燥促進剤, シッカチフ. **2** 〚医〛傷口乾燥薬.
Sichuan, Sseu-Tch'ouan [中国] *n.pr.m.* 四川〔省〕, スーチョワン《中西部の省; 州都 Chengdu 成都, チョントン》.
Sicile(la) (〚伊〛Sicilia) *n.pr.f.* **1** シチリ

ア島.
2 〚行政〛シチリア州《イタリアと UE の広域行政地区; 州都 Palerme (〚伊〛Palermo); 形容詞 sicilien(ne)》.
SICOB, Sicob [sikɔb] (=Salon des industries du Commerce et de l'Organisation du Bureau) *n.m.* 事務機器産業見本市《毎年 5 月中旬と 9 月中旬の 2 回, パリの副都心デファンス地区 la Défense の CNIT で開催》.
SICOVAM (=société interprofessionnelle pour la compensation de valeurs mobilières) *n.f.* 〚金融〛全職域有価証券決済社, シコヴァム.
SID (=Service d'information et de diffusion) *n.m.* (フランスの)情報・広報部《首相所属》.
SIDA, Sida [sida] (=syndrome immuno-déficitaire acquis) *n.m.* 〚医〛後天性免疫不全症候群, エイズ (=〚英〛AIDS: Acquired Immuno-Deficiency Syndrome). dépistage systématique du ～ エイズの強制検診. virus du ～ エイズ・ウイルス (=〚英〛HIV: Human Immunodeficiency Virus ヒト免疫不全ウイルス).
sidateux(se) *a.* エイズ (Sida) に感染した.
——*n.* エイズ感染者 (=sidatique, sidéen, sidaïque).
sidatique *a.* エイズ (SIDA) の; エイズ (Sida) に感染した. malade ～ エイズ患者.
——*n.* エイズ感染者 (=sidaïque, sidéen).
sidéen(ne) *a.* エイズ (sida) の; VIH (HIV) ウイルスを保菌する. エイズに感染した. enfant ～ エイズ感染児. malade ～ エイズ〔感染症〕, 後天性免疫不全症候群 (=sida).
——*n.* エイズ感染者 (=sidaïque, sidatique).
sidér[o]-¹ 〚ギ〛ELEM「鉄」の意 (*ex.* sidérurgie 製鉄業).
sidér[o]-² 〚ギ〛ELEM「天体, 星の」の意 (*ex.* sidérostat シデロスタット).
sidéral(ale)(*pl.aux*) *a.* **1** 〚天文〛恒星の. année ～ale 恒星年 (=365.2564 太陽日). heure ～ale 恒星時. jour ～ 恒星日 (=23 時間 56 分 4.1 秒). observation ～ale 恒星観測. révolution ～ale 恒星周期.
2 〚文〛星の; 星から発する. lumière ～ale 星明かり. pluie ～ale 星の雨.
sidération *n.f.* **1** 天体の人体(健康)に及ぼす急激な影響.
2 〚医〛急激な発作, 体の麻痺; 生命力の急激な喪失. ～ de l'apoplexie 卒中発作.
sidéroblaste *n.f.* 〚生〛担鉄赤芽球, 鉄芽球, シデロブラスト.
sidérocyte *n.m.* 〚生理〛担鉄赤血球, シデロサイト.
sidérolithe, sidérolite *n.f.* 〚鉱〛石鉄隕石《鉄・ニッケルなどの金属と珪酸塩か

らなる隕石).

sidéropénie *n.f.* 〖医〗鉄欠乏症(=carence martiale, déficit martial).

sidéropénique *a.* 〖医〗鉄欠乏性の. anémie ~ 鉄欠乏性貧血(=anémie ferriprive). disphagie ~ 鉄欠乏性嚥下困難症.

sidérose *n.f.* **1**〖鉱〗菱鉄鉱(天然鉄カルシウム)(=sidérite). **2**〖医〗鉄沈着症, 鉄症(鉄粉吸入による肺疾患).

sidérostat *n.m.* 〖天文〗シデロスタット(移動分天体からの光を固定する可動鏡付装置).

sidérurgie *n.f.* **1** 製鉄〔法〕. **2** 製鉄業(=industrie sidérurgique).

sidologie *n.f.* 〖医〗エイズ研究；エイズ治療学(=sidénologie).

sidologue *n.* 〖医〗エイズ学者；エイズ専門医.

SIDPC (= *S*ervice *i*nterministériel des affaires civiles et économiques de *d*éfense et de la *p*rotection *c*ivile) *n.m.* 国防民間保護に関する民間経済問題省間部局.

SIDS (=［英］*s*udden *i*nfant *d*eath *s*yndrome) *n.m.* 〖医〗乳幼児突然死症候群(=［仏］mort subite des nourrissons).

siècle *n.m.* **1** 世紀(略記 s.). le IIIe (troisième) ~ après (avant) Jésus-Christ 西暦紀元(前) 3 世紀. le IVe (quatrième) ~ de l'hégire イスラム教紀元 4 年目(イスラム教紀元(ヘジラ)は西暦 622 年に相当). le ~ dernier 前世紀. le nouveau ~ 新世紀. au XXIe (vingt et unième) ~ 西暦 21 世紀に. au ~ où nous vivons 今世紀に, 現代に. fin de ~ 世紀末. **2** 1 世紀, 百年間. un demi-~ 半世紀. un quart de ~ 四半世紀. dix ~s 10 世紀；千年紀 (millénaire). pendant un ~ 1 世紀間, 百年間. aux ~s ~ この世の終り；dans les ~s ~s 世々, 永遠に. bâtiment qui a plus d'un ~ 1 世紀以上昔の建物. **3** 時代；当代. ~ de l'atome 原子力時代. le *S*~ des lumières 啓蒙時代 (18 世紀). ~ d'or 黄金時代. le Grand *S*~ 大世紀, ルイ 14 世の時代(治世). enfants du ~ 世紀児, 放蕩児. 〖文〗mal du ~ 世紀病(ロマン主義時代の青年の憂愁と虚脱感). match du ~ 世紀の大試合(対決). **4**〔しばしば *pl.*〕長い歳月. 〖話〗Il y a des ~s (un ~) que 随分前から…である. ~s futurs (passés) 未来(過去). depuis des ~s 遙か昔から. la fin des ~s この世の終り, 世界の終末；(ヴィクトル・ユゴーの)『諸世紀の伝説』(叙事詩集；1859-83 年). **5**〖宗教〗俗界, 浮世. les affaires du ~ 俗事. renoncer au ~ 浮世を捨てる, 宗教生活に入る. vivre dans le ~ 俗界で暮す.

siège *n.m.* **1** 本拠, 本拠地, 所在地；本部, 本社. ~ social 本社. travailler au ~ 本社で勤務する. Le ~ du PCF se trouve à la place du Colonel-Fabien. フランス共産党の本部はコロネル=ファビアン広場にある. On appelle parfois Microsoft "le géant de Redmond" parce que la firme a son ~ dans cette ville de l'état de Washington. マイクロソフト社を「レッドモンドの巨人」と呼ぶことがあるが, それは同社の本社がワシントン州のレッドモンド市にあるからだ. **2** 中枢, 中心. ~ de la douleur 痛みの中心. ~ de la pensée 思考の中枢, 脳. **3** 攻囲陣, 攻囲戦, 攻囲, 包囲. ~ de Stalingrad スターリングラード攻囲戦. état de ~ 戒厳令. Après les événements de la semaine passée, le gouvernement a décrété l'état de ~ en Haïti. ハイチでは先週の事件を受けて政府が戒厳令を発令した. faire le ~ de *qn* …に執拗に食い下がる, しつこく付きまとう. lever le ~ 包囲を解く, 攻囲陣を解く；引き下がる. **4** 腰掛, 椅子, 座. 席. ~ avant (arrière) (車の)前部(後部)座席, シート. ~ de bois (en rotin, métallique) 木製(藤製, 金属製)の椅子, 腰掛. ~ épiscopal 司教区本部. Saint-*S*~ ローマ教皇庁. ajuster le ~ avant de prendre le volant ハンドルを握る前にシートの位置を調節する. auto-~ 車用のチャイルドシート. Prenez un ~ おかけなさい.

◆ 椅子, 腰掛の種類：banc ベンチ, 席. banquette 長いベンチ, (汽車, 車などの)座席. bergère 大型の安楽椅子. canapé 長椅子, ソファ. chaise (肘掛のない)椅子. chauffeuse (炉辺に置く)低い椅子. divan 長椅子. escabeau (肘掛, 背もたれのない)腰掛, 床机. fauteuil (肘掛のついた)安楽椅子, 大型の肘掛け椅子. pliant 折りたたみ椅子. pouf (円い)クッション. stalle (教会内聖職者用の)席. strapontin 補助椅子, 補助座席. tabouret スツール, trépied 三脚床机. trône 王座, 高座.

5 席, 議席, 座, 教座. magistrat du ~ (magistrat assis, magistrat du parquet, magistrat debout) 裁判官, 判事 (裁判官, 判事, 検事 (検察)). répartition des ~s à l'Assemblée nationale 国民議会の議席配分. M. X occupe depuis 4 ans le ~ de député de Tokyo. X 氏は 4 年前から東京選出の代議士である. **6** 尻. se présenter par le ~ (胎児が)骨盤位で生まれてくる.

siemens [simεns, -mε̃s] *n.m.* 〖電〗シーメンス(コンダクタンスの SI 単位；記号 S).

sierra-léonais(e) *a.* シエラ・レオネ (la Sierra Leone) の, シエラ・レオネ共和国 (la République de Sierra Leone) の；~ 人の. ──*S*~ -*L*~ *n.* シエラ・レオネ人.

Sierra Leone (la) *n.pr.f.* 〖国名通称〗シエラ・レオーネ《公式名称：la République de *S*~ シエラ・レオーネ共和国；国民：Sierra-Léonais(e)；首都：Freetown フリ

Sife (=*stages d'insertion et de formation à l'emploi*) *n.m.* 〘労働〙社会同化・職業訓練実習 (1994 年 1 月 1 日導入). ~ collectifs (individuels) 集団 (個人) 的社会同化・職業訓練実習.

sifflement *n.m.* **1** 口笛；汽笛；(鳥の) さえずり. ~ admiratif 感嘆して吹き鳴らす口笛. ~ des oiseaux 鳥のさえずり. ~ d'un train 列車の警笛.
2 口笛の音. ~ d'un agent de police 警官の警笛.
3 ヒューヒューいう音. ~ d'une balle 弾丸のヒューヒューいう音. ~s du vent ヒューヒューいう風.
4 〘医〙~ d'oreilles 耳鳴り.

sifflet *n.m.* **1** 呼子, ホイッスル；〘海〙号笛；(機関車などの) 汽笛, 警笛 (= ~ avertisseur)；〘スポーツ〙(レフェリーの吹く) 笛. ~ d'alarme 警笛；非常汽笛. ~ de l'arbitre レフェリーの笛. en ~ 呼子の先の形のように；斜めに. 〘木工〙joint en ~ 合欠 (あいがき) 継ぎ. couper en ~ 斜めに切る.
2 呼子 (汽笛, 警笛) の音. ~ plaintif d'un train 列車の物悲しい汽笛の音. s'arrêter au ~ de l'agent de police 警官の呼子で停止する.
3 〔多く *pl.*〕口笛の野次. acteur accueilli par les ~s 口笛の野次で迎えられた俳優.
4 〘話〙喉笛, 喉元 (=gorge, gosier). couper le ~ à *qn* 人を返答につまらせる. serrer le ~ à *qn* 人の首をしめる.

SIFIDA (=*Société internationale financière de développement en Afrique*) *n.f.* 国際アフリカ開発金融会社.

SIG (=*Service d'information du gouvernement*) *n.m.* 政府広報室.

siglaison (<*sigle*) *n.f.* 頭文字による略語化 (*ex.* Organisation des nations unies → ONU 国連).

sigle *n.m.* 頭文字を用いた略号 (*ex.* Union européenne ヨーロッパ連合→ UE (EU)).

sigmoïde *a.* 〘解剖〙シグマ (Σ) 形の, S 字形の. côlon ~ S 状 (字) 結腸. valvules ~s 半月弁 (大動脈と肺動脈の入口にある). ——*n.m.* 〘解剖〙S 状 (字) 結腸.

sigmoïdectomie *n.f.* 〘医〙S 状 (字) 結腸切除〔術〕.

sigmoïdite *n.f.* 〘医〙S 状 (字) 結腸炎.

sigmoïdopexie *n.f.* 〘医〙S 状 (字) 結腸固定術.

sigmoïdoscopie *n.f.* 〘医〙S 状 (字) 結腸鏡検査〔法〕, ロマノスコピー (romanoscopie)；直腸 S 状 (字) 結腸鏡検査〔法〕(= rectosigmoïdoscopie).

sigmoïdostomie *n.f.* 〘医〙S 状 (字) 結腸口造設術 (人工肛門造設術).

signal (*pl.* **aux**) *n.m.* **1** 合図. attendre le ~ 合図を待つ. au ~ du *qn* 人の合図で. donner le ~ de …の合図をする.
2 信号；信号機, 信号灯；標識；信号波. ~ acoustique (sonore) 音響信号. ~ d'alarme 警報. ~ d'appel (電話・電信の) 呼出し信号, コールサイン. ~ d'arrêt 停止信号. ~ aux de chemin de fer 鉄道の信号. ~ de détresse 避難信号. ~ aux de route 道路交通信号. ~ d'un navire 船舶の信号灯. ~ électrique 電気信号. ~ aux horaires hertziens 時報. ~ aux lumineux (三色の) 交通信号機. ~ optique 視覚に訴える信号. système de ~ aux 信号システム. respecter un ~ 信号を守る.
3 (動乱などの) きっかけ, 口火, 引き金；前兆；しるし. donner le ~ de *qch* 何のきっかけとなる. La prise de la Bastille fut le ~ de la Révolution. バスチーユ監獄の占拠がフランス大革命の引金となった.
4 〘精神分析, 心〙サイン, シグナル.
5 〘情報〙(情報伝達の) シグナル, 信号. niveau de ~ シグナルレヴェル.

signalement *n.m.* **1** (犯罪人, 盗難車, 迷い犬などの) 特徴書；手配書, 人相書. ~ diffusé par toutes les polices de l'Hexagone フランスの全警察が配布した手配書.
2 異常の指摘. ~ d'un fait défectueux 不完全な事実の指摘.

signalétique *a.* **1** 特徴を表示した. bulletin ~ 書誌 (文献, 資料) 参照欄, 参考図書 (資料) 集. fiche ~ 1) (警察の) 人相カード；2) (商品の) 特徴記載票.
2 信号 (合図) に関する.
——*n.f.* **1** 信号研究 (学), 信号学.
2 (TV 番組の) 特徴を示す絵文字.
3 信号装置, 道路信号.

signalisation *n.f.* **1** 信号；信号装置. ~ automatique 自動信号. ~ ferroviaire 鉄道信号〔装置〕. système de ~ 信号システム.
2 交通標識. ~ des routes (routière) 道路標識 (bornes 道標, feux 信号, lignes 車線境界線, panneaux 標識など). ~ fluviale 河川交通標識.
3 〘心〙信号化.

signataire *n.* (文書・条約などの) 署名者, 記名調印者.

signature *n.f.* **1** 署名, サイン, 落款. apposer sa ~ en bas de page ページの下欄に署名する. ~ d'un couturier デザイナーのブランド名表示. ~ d'un peintre sur un tableau 絵画上の画家のサイン. 〘法律〙~ privée (法律行為の) 私人の署名. 〘法律〙~ sociale 会社代表者の署名, 会社印. sans ~ 無署名.
2 署名契約. honorer sa ~ 契約を守る.
3 署名, 署名をすること, 署名；署名権. ~ devant notaire 公証人立会の調印. ~ d'un contrat 契約の調印. ~ électronique (ネット上の) 電子調印 (署名). délégation de ~ 署名委任. avoir la ~ 署名権をもつ. être à

signe

la ~ (文書などの) サイン待ちの段階にある.
4〖印刷〗折丁番号, 背丁.
5〖比喩的〗(署名記事を書く) 大物記者；大作家. manuel qui réunit de grandes ~s 大物執筆者を網羅したハンドブック.
6〖カトリック〗S~ apostolique 教皇大審院.
7〖物理〗サイン；特性. ~ spectrale スペクトル特性図.〖軍〗~ acoustique d'un sous-marin 潜水艦の音響特性.
8〖放送〗サイン (番組などに固有の画像, テーマソングなど).

signe *n.m.* **1** 徴し, 兆し, 気配；〖医〗徴候 (=symptôme).〖医〗~ clinique (疾病の) 臨床的徴候. ~ de pluie 雨の気配.〖聖書〗~ des temps (救世主の到来を告げる) 時の徴し (マタイ 16, 3). ~ de vie 生きている徴し. ~s diagnostiques d'une grossesse 妊娠の診断徴候. ~s extérieurs du respect 敬意のあらわれ.〖税〗~s extérieurs de richesse (課税の算定基準となる) 高所得の指標. ~ pathologique 病気の徴候. ~ précurseur (avant-coureur, prémonitoire) 前兆, 予兆.
donner des ~s de fatigue (d'impatience). 疲れ (焦燥) の気を見せる. être le ~ de … の前触れである. ne pas donner ~ de vie まるで死んだようである；消息がない.
C'est ~ de *qch* (que+*ind.*) それは何が (であることの) しるしだ. C'est [un] bon (mauvais)~. 良い (悪い) 兆しだ；幸先が良い (悪い). C'est bon (mauvais)~ que+*subj.* …とは良い (悪い) 兆候だ.
2 特徴 (= ~ caractéristique；~ distinctif). ~ des temps 時代の特徴. ~s particulaires consignés par la carte d'identité 身分証明書に記入された身体的特徴.
3 合図, サイン；身振り, 手振り. ~ d'intelligence 了解の合図. ~ de tête affirmatif (négatif) うなずく (否定の) 身振り. communication par ~s 合図 (身振り) による意思の伝達. en ~ de …のしるしに. faire un ~ de la main 手で合図する. faire ~ à *qn* 人と連絡をとる. faire ~ à *qn* de+*inf.* 人に…するよう合図する. faire ~ que oui (non) 肯定 (否定) の合図をする.
4 記号；符号；文字.〖天文〗~s abréviatifs astronomiques 天文略符. ~s algébriques 代数記号. ~s alphabétiques アルファベット文字. ~s arbitraires (motivés) 恣意的 (動機づけのある) 記号. ~s codés (non codés) コード化 (非コード化) 記号. ~s conventionnels 慣用記号, 符号. ~s désignatifs 標示記号. ~s de ponctuation 句読点. ~s d'idées イデオグラム, 表意文字 (= idéogramme). ~s musicaux 音楽記号. ~s orthographiques 綴字記号. ~s phonétiques (de prononciation) 音標文字 (発音記号). ~ positif (négatif) 正 (負) の符号. ~s sténographiques 速記文字. marquer *qch*

d'un ~ 何に目印をつける.
5〖職業・地位・団体・宗教などの〗徽章, 標章；しるし. ~ de la croix 十字架 (徽章・しるし). faire le ~ de la croix (un ~ de croix) 十字を切る. ~s héraldiques 紋章. la loi sur le port de ~s religieux à l'école publique 公立校において宗教的しるしをつけることに関する法律 (ヴェール, 十字架などの着用を禁止する法律).
6〖占星〗(運勢を司る) 星のしるし. les ~s du zodiaque 黄道十二宮. sous le ~ de … の星の下に；〖比喩的〗…の影響下に；〖話〗…の雰囲気の中で. être né sous le ~ de la Vierge 乙女宮の星のもとに生れた. La réunion eut lieu sous le ~ de la bonne humeur. 会議は上機嫌の雰囲気の中で開かれた.

significatif (ve) *a.* **1** 意味 (意図) をはっきり示す. sourire ~ 意味深長な微笑.
2〖言語〗表意的な. pouvoir ~ d'un mot 語の表意力, 能記 (=signifiant).
3 (de を) 表示する, 明示する. comportements ~s de son caractère 彼の性格をよく表わす振舞い.
4 意義深い, 有意義な；重要な. faits ~s 有意義な出来事. Les résultats de l'élection sont ~s. 選挙の結果は意義深いものである.
5 有意な.〖数〗chiffres ~s 有意数字.

signification *n.f.* **1** 意味；意義；〖言語〗意味作用 (signifiant 能記 と signifié 所記 の関係). ~ d'un mot 語義. ~ d'un symbole 象徴の意味. Il ne saisie pas la ~ de mon geste. 彼には私の身振りの意味がわからない.
2〖法律〗(執行吏による) 通達, 送達；執行吏送達文書 (=instrumentum). ~ à domicile 住所送達. ~ à personne 本人宛送達. ~ d'un acte (d'un jugement) 証書 (判決文) の送達.
3〖文法〗degrés de ~ (形容詞, 副詞の) 比較変化の級 (comparatif 比較級, superatif 最上級, positif 原級).

Sigyope (S=membres *s*upérieurs；i=*i*nférieurs；g=état *g*énéral；y=*y*eux；o=*o*reilles；p=*p*sychisme) *n.m.pl.*〖軍〗国民役務 (徴兵) 身体検査の基準 (上肢・下肢・全身の健康状態・眼・耳・精神状態).

sihanoukiste *a.* (カンボジアの) シアヌーク (Norodom Sihanouk) 派の.

SII[1] (=société d'investissement *i*mmobilier) *n.f.* 不動産投資会社.
SII[2] (=syndrome de l'*i*ntestin *i*rritable) *n.m.*〖医〗過敏性腸症候群 (= [英] IBS: *i*rritable *b*owel *s*yndrome) (腸管の機能的疾患).

Sijung [北朝鮮] *n.pr.* 時中 (じちゅう), シジュン (慈江道の都市).

sikh [sik] [サンスクリット] *n.m.* シーク教徒 (インド北部のヒンドゥー教改革派).

sikhisme *n.m.* ～の.
sikhisme *n.m.* シーク教.
Si-kiang ⇨ Xi Jiang
Sikkim(le)［インド］*n.pr.m.* シッキム州（州都 Gangtok ガントク）. l'ancien royaume du ～ 旧シッキム王国.
sildénafil *n.m.*〖薬〗シルデナフィル（ヴァイアグラ Viagra の薬剤成分）.
silence *n.m.* **1** 沈黙, 無言, 沈思黙想；黙禱；静粛.〔Faites〕～！黙りなさい；静かに. garder (rompre) le ～ 沈黙を守る（破る）. imposer〔le〕～ qn 人に沈黙を強いる, 人を黙らせる. réduire qn au ～ 人を黙らせる. en ～¹ 黙って, 黙々と. marcher (obéir) en ～ 黙々と歩く（従う）. souffrir en ～ 愚痴もこぼさず耐える. minute de ～ 黙禱.〔諺〕La parole est l'argent et le ～ est d'or. 雄弁は銀, 沈黙は金.
2〔比喩的〕沈黙；黙秘；秘密；口外（言及）しないこと.〔話〕～ radio（沈黙ラジオ→）情報伝達の拒否. acheter le ～ de qn 人を買収して黙らせる. garder un ～ absolu sur qch 何について完全な沈黙を守る（完全黙秘する）. passer qch sous ～ 何について口を閉ざす. préparer qch dans le ～ 何を秘密裏に（密かに）準備する. en ～² 心ひそかに. aimer en ～ ひそかに愛する. loi du ～ 沈黙の掟.
3 音信を絶つこと, 音信不通. après un long ～ 長い音信不通のあと.
4 静寂, 静けさ. ～ de la nuit 夜のしじま. ～ profond 深い静寂. travailler en ～ 静かに働く. vivre dans le ～ ひっそり暮す. en ～³ 音もなく.
5〔通信〕受信不能, 不感. zone de ～ 不感地帯.
6 無返答；（行政官庁の）無回答.
7〖法律〗（成文法規の）欠缺（けつけつ）.
8〖音楽〗休止［符］.
silencieux¹(**se**) *a.* **1** 静かな, 物音のしない. endroit ～ 静かな場所.
2 音を立てない, 静かな. à pas ～ 足音をしのばせて. moteur ～ 静音エンジン.
3 無言の, 黙っている. 無口の. homme ～ 寡黙な人.〖政治・社会〗majorité ～ se 物言わぬ多数派（保守的中産階級）. rester ～ お し黙っている.
4〖医〗徴候のない, 無徴候の. infection ～ se 無徴候感染. phase ～ se d'une infection 感染症の潜伏期.
silencieux² *n.m.* **1**（エンジンなどの）消音装置, マフラー.
2（鉄火器の）消音装置, サイレンサー. révolver à ～ サイレンサー付ピストル.
silex［-lɛks］［ラ］*n.m.* **1** 燧石（すいせき）；火打石. frotter des ～ 火打石を打つ. armes préhistoriques en ～ 燧石製の先史時代武器.
2〔pl.で〕〖考古〗（先史時代の）燧石製石器. collection de ～ 燧石製石器のコレクショ

ン.
silhouette *n.f.* **1** シルエット；輪郭. des montagnes à l'horizon 地平線にくっきり浮かび上がった山脈. ～ d'un édifice 建物の輪郭. profil à la ～ シルエットによる横顔の肖像画. apparaître en ～（形が）くっきりと浮かび上がる, シルエットで浮かび上がる.
2（身体の）輪郭, 体つき, 線. ～ de tir（射撃用の）人像標的. avoir une ～ élégante 優美な体つきをしている.
3 影像, 影法師；影絵.
4（小説の）点景人物.
silicate *n.m.*〖化〗珪酸塩.
silice *n.f.*〖化〗シリカ（二酸化珪素 bioxyde de silicium (SiO₂) の俗称）；珪石. ～ fondue 石英ガラス (= verre de ～).
siliceux(**se**) *a.* シリカ（二酸化珪素）を含む, 珪質の. roches ～ ses 珪質の岩石, 珪石（砂岩 grès など）.
silicique *a.*〖化〗珪酸の. anhydride ～ 無水珪酸.
silicium［silisjɔm］*n.m.*〖物理・化〗**1** 珪素（元素記号 Si, 原子番号 14；非金属元素）. **2**〔非金属〕珪素（密度2.33, 融点1420℃, 沸点2700℃の濃灰色の単体）.
siliciure *n.m.* 珪素化合物, 珪化物. ～ de carbone 炭化珪素, カーボランダム（〖商標〗carborundum；研磨剤）. ～ de magnésium 珪化マグネシウム.
Silicon Valley［英］*n.pr.f.* シリコン・ヴァレー（アメリカ・カリフォルニア州の San José から San Francisco に至る電子・情報産業地帯；〔仏〕Vallée du silicium）.
silicone *n.f.*〖化〗シリコーン. ～ liquide 液体シリコーン. ～ solide 固体シリコーン. résine〔de〕～ シリコーン樹脂.
silicose *n.f.*〖医〗珪肺症（珪酸を含む粉塵による塵肺症）.
silicosé(**e**) *a.*〖医〗珪肺症の, 珪肺症にかかった (= silicotique).
── *n.* 珪肺症患者.
silicotique *a.*〖医〗珪肺［症］の. inflation ～ du poumon 珪肺症性の肺膨化.
── *n.* 珪肺症患者.
sillage *n.m.* **1**〖海〗(船の) 航跡；〔転じて〕船脚, 航行速度；〖空〗飛行機雲.
2〖理〗伴流, 後流.
3〔比喩的〕(人の) 通った跡；(香水の) 残り香 (= ～ d'un parfum). marcher dans le ～ de qn 人の通った跡を辿る.
sillon *n.m.* **1**〖農〗(畑の) 畝, 畝溝；〔詩〕〔pl. で〕田野, 田畑；〔古〕畑, 耕作地. tracer (creuser, ouvrir) un ～ 畝をつくる.〔比喩的〕tracer (creuser) son ～ 辛抱強く自分の仕事をする.《Qu'un sang impur abreuve nos ～ s》(敵の) 不浄の血がわが国の田野を潤すことを願う.（フランス国歌の1節）.
2 筋；溝. ～ d'un disque phonographique

レコードの溝(LPの溝はmicrosillon).『解剖』~s du cerveau 大脳溝. ~ labial 唇の筋. menton creusé d'un ~ au milieu 真中に筋が刻まれた顎. en forme de ~ 溝状の(= sulciforme).
3 筋状の痕跡, 航跡.
4『鉄道』シヨン《特急や貨物列車などが一定区間を走行するのを可能にする時間帯》.

silo [silo] n.m. **1**『農』(穀物・野菜・餌料等の保存用の)サイロ;(農産物保存用の)室(むろ), 倉庫.
2『軍』サイロ, 地下格納ミサイル発射台(= ~ lance-missil(s)).
3 駐車場ビル.

silo-couloir (pl. ~s-~s) n.m. 平屋型横長サイロ. ~ à fourrages 餌料(株)保存用平型サイロ.

silo-tour (pl. ~s-~s) n.m. 塔状サイロ. ~ à grains (小麦等の)穀物保存用塔状サイロ.

silurien(ne) a.『地学』シルル紀の.
── n.m. シルル紀(古生代の第3紀, 前4億3500万年~前4億1000万年).

Sima Qian ⇒ Sseu-ma Ts'ien

Simavelec (= Syndicat des industries de matériels audio-visuels) n.m. 視聴覚(AV)機器産業組合.

SIMBAD (= Système intégré de Mistral bitube d'auto-défense) n.m.『軍』個艦防御2連装ミストラル・ミサイル統御システム.

similigravure n.f.『印刷』網目写真製版〔術〕;網版;ハーフトーン《similiと略記》.

similitude n.f. **1** 類似, 相似;〔幾何〕相似;〔物理〕相似法;類似物. association des images par ~ 類似に基づく映像の結合. rapport de ~ 相似関係.
2〔古〕比喩, 直喩;たとえ〔話〕.

simple a. [I]〔物について〕**1** 単純な, 簡単な, 容易な(compliqué「複雑な」の対). ~ comme bonjour いとも簡単な. appareil très ~ 非常に単純な機器. opération ~ 単純操作. problème ~ 容易な問題. compliquer les choses ~s 簡単事を複雑にする. trouver tout ~ que …ということが極く簡単だと思う.〔話〕C'est tout ~. 実に簡単だ;決まりきったことだ. Ce n'est pas si ~. それほど単純ではない. Il est plus ~ de + inf. …するほうが簡単だ.
2 簡素な, あっさりした, 飾りのない. architecture ~ 簡素な建築物. habits ~s et modestes 簡素で地味な服装.〔話〕être dans le plus ~ appareil 裸でいる.
3 単一の, 単純構成の, 分解できない(composé「複合体の」の対).『化』corps ~ 単体. couleur ~ 単色.『哲』substance ~ 単純な実体〔Leibnizの用語〕.『数』réduire une fraction à sa plus ~ expression 分数を約分する.

4『文法』単純形の(composé「複合形の」の対). passé ~ 単純過去. temps ~ 単純時制.
5 一重の, 単一の(double「二重の」の対), multiple「多重の」の対);片道の. un aller ~ 往路の片道切符 (aller et retour「往復切符」の対). ~ 片道 chemise à poignets ~s シングルカフスのシャツ. comptabilité en partie ~ 単式簿記.『植』fleur ~ 単弁花;一重の花.『スポーツ』match ~ シングルス. nœud ~ 一重結び.
[II]〔人について〕**1** 気取りのない, 謙虚な;質素な. les gens ~s 謙虚な人たち;庶民. style ~ 飾りのない(簡素な)文体. être ~ dans sa mise 身なりが質素である. rester ~ dans les honneurs 栄職にあっても傲らない.
2 純な, 無邪気な. ~ comme un enfant 子供のように純真な. cœur ~ 純心;純心な人. homme ~ et honnête 一重な人.
3〔蔑〕愚直な, おめでたい. fille ~ et crédule うぶで男にだまされやすい娘. être ~ d'esprit 頭が弱い. être bien ~ pour …するほどおめでたい.
[III]〔人・物について〕〔多く名詞の前〕単なる, ただの, ちょっとした. ~ allusion ちょっとしたほのめかし(あてこすり). un ~ citoyen ただの一市民. ~ soldat 一兵卒. la ~ vérité 単なる真実. pur et ~ 純然たる;無条件の. refus pur et ~ 断乎たる拒絶. C'est un mensonge pur et ~. それは嘘以外の何ものでもない. Une ~ lettre suffira ちょっと一筆書き送るだけで十分でしょう. Ce n'est que'une ~ formalité. それは単なる形式にすぎない.
── n. **1** 単純な人. **2** 頭の弱い人(= ~ d'esprit). **3** 身分の低い人.
── n.m. **1** 単純なこと(もの). aller du ~ au complexe 単純なことから複雑なことへと進む.
2『スポーツ』シングルス(double「ダブルス」の対). ~ dames (messieur) 女子(男子)シングルス. jouer en ~ シングルスの試合をする.
3〔多く pl.〕薬用植物, 薬草 (= plantes médicales);〔古〕単純薬(単純組成の非調合薬; = médicament ~). cueillir des ~s 薬草を採取する.

simplement ad. **1** 単純に, 簡単に, 単に. mécanismes conçus très ~ 単純に設計されたメカニズム.
2〔蔑〕愚直に. voir les choses un peu ~ 物事をやや愚直にとらえる.
3 簡素に;気取らずに, 率直に, 飾らずに. avouer (reconnaître) ~ une erreur 誤りを率直に認める. dire qch ~ 正直に言う. recevoir qn ~ 人を素直に受けいれる. s'exprimer ~ 考えを率直に表明する. s'habiller ~ 飾らない服装をする. vivre ~ 気取らずに生きる. purement et ~ 無条件に,

singapourien(ne)

ひたすら. tout ~ ただ単に. attitude tout ~ ridicule 滑稽の一言に尽きる態度. S~, ...〖文頭で〗ただ；つまり. Il est ~ riche. 奴はただの金持ち. Je voulais ~ te dire bonjour! ちょっと挨拶したかっただけさ！

simplicité *n.f.* **1** 単純さ, 容易さ. ~ d'un appareil 機器の単純さ. problème d'une grande ~ 単純きわまる問題.
2 純真さ, 率直さ. ~ de cœur 心根の純真さ. ~ réelle (vraie) 正真正銘の純真さ. manquer de ~ 率直さに欠ける. parler en toute ~ ざっくばらんに話す.
3 簡素さ, 気取り(飾り)の無さ；謙虚さ, 素朴さ. ~ d'une architecture 建築の簡素さ(飾り気の無さ). ~ de sa tenue 身なりの簡素さ. ~ du style 文体の簡明さ. ~ enfantine 子供っぽい無邪気さ. ~ naturelle 自然な謙虚さ. vivre avec ~ 質素な暮しをする.
4 愚直さ；人のよさ, 馬鹿正直. avoir la ~ de croire qc 何を信じるほどおめでたい.
5 (物の) 単一性.

simplification *n.f.* **1** 単純化；簡略化. 単一化. ~ d'un exposé 報告［書］の要約 (=abrégé). ~ d'un système システムの簡略化. ~ du travail 作業の単純化.
2 〖数〗約分. ~ d'une fraction 分数の約分.

simplifié(e) *a.p.* 単純化された, 簡略化された. écritures ~es 簡略文字〖ステノグラフィ, ステノタイピなど〗. formule ~ 簡略化された書式. méthode ~e 単純化された方式.

simula*teur* (***trice***) *a.* (人が) 態度(感情)を偽る；〖医〗仮病の.
──*n.* 態度(感情)を偽る人, ふりをする人；〖医〗仮病を使う人.
──*n.m.* 〖機工〗(訓練・実験用の) シミュレーター, 模擬装置. ~ de vol フライト・シミュレーター, 航空機模擬操縦装置 (パイロットの訓練, 実験用).

simulation *n.f.* **1** 偽装；〖医〗詐病, 仮病；〖心〗擬態；〖スポーツ〗シミュレーション, ファウルの擬態〖ファウルを装い審判をだまそうとする違反行為〗.
2 〖法律〗偽装行為, 虚偽行為. ~ de maternité 母子関係の偽装. action en déclaration de ~ 偽装の確認の訴え, 虚偽表示確認訴訟.
3 (コンピュータなどによる) シミュレーション. logiciel de ~ シミュレーション・ソフト.

simulie *n.f.* 〖昆虫〗ぶよ, ぶゆ.

simultané(e) *a.* 同時の.〖電話〗appels téléphoniques ~s ダイヤル即時通話.〖電算〗opération ~e 同時処理(操作). traduction ~e 同時通訳.

simultanéité *n.f.* 同時性. ~ de deux événements 2つの出来事の同時性.〖電算〗~ réelle (apparente) 実(仮想)同時性.

simvastatine *n.f.* 〖薬〗シンヴァスタチン《高脂血症・高コレステロール血症治療薬；薬剤製品名 Lodalès (*n.m.*), Zocor (*n.m.*) など》.

sincère *a.* **1** 誠実な, 偽りのない；率直な. âme (cœur) ~ 誠実な心, 本心, 真心. ami ~ 真の友. biographe ~ 偽りのない伝記作者. être ~ avec (vis-à-vis de) qn 人に対して誠実である.
2 真心からの, 誠意のこもった. ~s condoléances 衷心からの弔意. S~s salutations 敬具〖手紙の末尾の文言〗. amitié ~ 心からの友情. recherche ~ de la vérité 真摯な真理の探究. réponse ~ 誠意のこもった回答. sentiments ~s 心のこもった感情.
3 ごまかしのない, 真正の, catholique ~ 真正のカトリック教徒. document ~ 真正の資料. élections ~s 公正な選挙.

sincèrement *ad.* **1** 真心から, 誠意をもって；率直に. pardonner ~ qn 心から人を許す. souhaiter ~ qch 心の底から何を望む. S~ vôtre./S~ à vous. 敬具〖手紙の末尾の文言〗.
2 〖文頭に置かれて〗率直に言って, 実のところ. S~, je ne le crois ~. 正直に言って, そうは思いません. S~, vous ne le saviez pas? 本当に知らなかったのですか？

sincérité *n.f.* **1** 誠実さ, 真摯さ；誠意. ~ artistique 芸術的真摯さ.〖法律〗devoir de ~ 真摯義務. en toute ~ 心から, 真摯に (=sincèrement). avouer avec ~ 誠意をもって告白する.
2 真正さ, 公正；〖法律〗(証書, 書類などの) 真正性, 確実性. ~ des élections 選挙の公正さ. ~ de l'exécution du budget 予算執行の公正性.〖法律〗déclaration de ~ (作成者による) 書類の真正性確認.

Sinchon 〖北朝鮮〗*n.pr.* 信川 (しんせん), シンチョン (黄海南道の都市).

sinciput [-t] *n.m.* 〖解剖〗〖古〗頭頂部 (occiput「後頭部」の対).

sinécure *n.f.* **1** 閑職. **2** 無意味な(無価値な) もの. Ce n'est pas une ~. それは片手間にできることではない.

sine die [sinedje] 〖ラ〗*l.ad.* 〖政治〗期限を定めずに, 無期限に. ajournement ~ 無期延期. TDR (taxe départementale sur le revenu) abandonnée ~ 無期限に提案が放棄された所得に対する県税. renvoyer un débat ~ 論争を無期限に延期する.

sine qua non [sinekwanɔ] 〖ラ〗*l.a.* 絶対不可欠な (= (condition) sans laquelle non). condition ~ 絶対不可欠の条件.

Singapour *n.pr.f.* 〖無冠詞〗〖国名通称〗シンガポール《公式名称：la République de ~ シンガポール共和国；国民：Singapourien (*ne*)；首都：Singapour シンガポール；通貨：dollar de Singapour [SGD]》.

singapourien(ne) *a.* シンガポール (Singapour) の；~人の.
──*S~ n.* シンガポール人.

singe *n.m.* **1** 猿；(特に) 牡猿 (牝猿は guenon；〔古〕singesse；〔雅 い〕猿 は sa-gouin). grands ~s 類人猿 (=~s anthropomorphes). ~ araignée 蜘蛛猿 (=atèle). ~ laineux ウーリーモンキー (=lagotriche). caractère imitatif du ~ 猿の物真似. malin comme un ~ 猿のように悪賢い. faire le ~ しかめ面をする，おどける. payer qn en monnaie de ~ 空約束をする；言を左右にしてなかなか金を返さない.〔比喩的〕monnaie de ~ 偽約束. payer en monnaie de ~ 空約束をする.〔諺〕On n'apprend pas à un vieux ~ à faire la grimace. 釈迦に説法.
2〔比喩的〕(猿のように) 醜くて皺だらけの人，猿面冠者；悪賢い人.
3 猿真似をする人.
4〔俗〕(同業組合の) 親方 (=patron) (compagnon「職人」は chien, aspirant「職人候補」は renard, apprenti「従弟」は lapin といった).
5〔工〕写ազ器；模写図 (polytechnique「理工科大学校」の隠語).
6〔軍〕〔古〕肉；(特に) コーンビーフ (corned-beef).
7〔織〕~ (mécanique) (架台の) 水平巻上装置.

singularité *n.f.* **1** 奇抜さ；奇異さ；矯な言動 (事物). ~ du geste 振舞の奇矯さ. idées d'une ~ 奇抜な考え. avoir le goût de la ~ 奇抜なことを好む.
2〔文〕特異性；独自性；〔理〕特異性(点). ~ de notre époque 現代の独自性.〔理〕transcendante 超越特異点.
3 単独性；〔言語〕単数性；〔古〕単一性.

singulier(ère) *a.* **1** 奇抜な，奇異な；ユニークな (banal の対)；不思議な，奇妙な. aventure ~ère 突飛な冒険. caractère ~ 奇異な性格. charme ~ 不思議な魅力. chose ~ère 奇妙な物. histoire bien ~ère 非常に不思議な話. homme ~ 奇人，変人，変り者.
Il est ~ que+*subj.* …というのは変だ.
2 特異な. personnalité ~ère 特異な人柄.〔数〕point ~ 特異点.
3〔文法〕単数の (pluriel「複数の」の対)；〔哲〕特殊の (général「総称の」の対).〔文法〕nombre ~ 単数.〔文法〕sujet ~ 単数主語.〔文法〕terme ~ 単数の用語.
4〔古〕単独の；独特の；単一の；稀有の.〔常用〕combat ~ 一騎打ち.
——*n.m.*〔文法〕単数〔形〕. ~ collectif 集合的単数. première personne du ~ 一人称単数〔形〕. au ~ 単数形で.
2 特異なもの.

sinistre[1] *n.m.* **1** 災害，災厄 (incendie 火災, inondation 洪水, naufrage 難波, tremblement de terre 地震 など).
2〔法律〕(保険の対象となる) 災害，損害；〔海上保険〕重大事故 (=~ majeur).

sinistre[2] *a.* **1** 不吉な，縁起の悪い. presage ~ 不吉な前兆.
2 不気味な；陰気な. bruits ~s 不気味な物音. mine ~ 陰気な顔付.
3 もの悲しい，うら淋しい. paysage ~ もの悲しい (うら淋しい) 景色.
4〔文〕悪意のある. desseins ~s 陰険な意図.
5〔多く名詞の前〕〔話〕ひどい，嘆かわしい. ~ imbécile とんでもない馬鹿. ~ voyou 嘆かわしい不良.

sinistré(e) *a.* **1** 罹災 (被災) した. populations ~es 被災民. région ~e 罹災 (被災) 地.
2〔経済〕(不況の) 打撃を蒙った. secteur ~ 不況に見舞われた部門.
——*n.* 罹災 (被災) 者. indemniser les ~s 罹災 (被災) 者に補償する.

sinistrose *n.f.* **1**〔心・医〕罹病〔炎〕神経症 (疾病・事故等の後，治癒を認めざるない神経症). **2**〔比喩的〕〔話〕ペシミズム.

Sinkiang Uighur ⇒ Xinjiang

sino-[1] ELEM「中国, 支那」の意 (*ex.* sinologue 中国 (支那) 学者).

sino-[2] 〔ラ〕ELEM〔解剖〕「洞 (sinus) の」の意 (*ex. sino*-auriculaire 洞房の).

sino-auriculaire *a.*〔解剖〕(心臓の) 洞房の. nœud ~ 洞房結節.

sinologie *n.f.* 中国学，支那学.

sino-soviétique *a.* 中ソの，中国とソ連の. sommet ~ 中ソ首脳会談.

Sintes (=*Système d'identification national des toxiques et substances*) *n.m.* 毒物・麻薬に関する国の識別システム.

Sinuiju〔北朝鮮〕*n.pr.* 新義州 (しんぎしゅう), シンイジュ (鴨緑江岸の都市；旧称 Chinnampo 鎮南浦).

sinus[1] [sinys] *n.m.*〔解剖〕**1** (骨の) 洞, 腔. ~ maxillaire 顎洞. ~ paranasaux 副鼻腔.
2 (脈管の) 洞. ~ anales 肛門洞. ~ coronaire 冠状静脈洞. ~ carotidien 頚動脈洞.

sinus[2] [sinys] *n.m.*〔数学〕正弦, サイン (略記 sin). inverse du ~ 余割 (=cosécante).

sinusal(ale)(*pl.***aux**) *a.*〔医〕洞 (sinus) の, 洞性の. arythmie ~ale 洞性不整脈. bradycardie ~ale 洞徐脈. tachycardie ~ale 洞頻脈.

sinusite *n.f.*〔医〕副鼻腔炎；静脈洞炎.

sinusoïdal(ale)(*pl.***aux**) *a.*〔数〕正弦曲線の.〔電〕oscillation sélectriques ~ales 電波の正弦曲線振動.

sinusoïde *n.f.*〔数〕正弦曲線.〔学生隠語〕faire des ~s 千鳥足で歩く.

sionisme (<Sion, エルサレムの山) *n.m.* シオニズム (パレスチナにユダヤ人国家建設しようとする運動).

sioniste *n.* シオニズムの；シオニズム運動参加者 (支持者).

SIPC (=Service interdépartemental de la protection civile) n.m. 〖警察〗民間人保護のための県間調整部.

siphon n.m. **1** 〖理〗シフォン, サイフォン, 吸上げ管. amorçage d'un ~ 吸上げ管の呼水注入.
2 (排水管用)トラップ, 防臭用S字管.
3 (炭酸水用)サイフォン瓶.
4 〖地形〗サイフォン(地下洞窟の水没部分).
5 〖動〗(二枚貝の)水管, 吸管.
6 〖植〗(草・海藻などの葉状体の)管状細胞.

SIR (=systèmes informatisés de réservation) n.m.pl. コンピュータ化予約システム.

Siracedpc (=Service interministériel régional des affaires civiles et économiques de défense et de protection civile) n.m. 〖国防〗国防および市民保護に関する民事・経済問題処理のための省間地方業務所.

sire n.m. **1** 陛下(呼称). S~, votre Majesté 陛下.
2 (俗)奴(やつ). pauvre ~ 哀れな奴. triste ~ 駄目な奴.
3 〖史〗殿(封建時代の諸侯・高官・富裕な町民の尊称). le ~ de Coucy クーシー殿. S~ Loup (Corbeau) (民話などで) 狼(烏)殿.

SIREN (=Système informatique pour le répertoire des entreprises) n.m. 〖情報処理〗(INSEE による)企業リストのコンピュータ処理システム. chiffres ~ 企業のコンピュータ処理コード番号(9桁の数字からなる).

SIRENE (=Système informatique pour le répertoire des entreprises et des établissements) n.m. 〖情報処理〗(INSEE による)企業と事業所台帳情報のコンピュータ処理システム(フランスの各企業に9桁のSIREN 番号を付与し, 更にその後に各種事業所ごとに5桁の登記簿登録番号を加えた計14桁を SIRET 番号という).

SIRET (=Système informatique pour le répertoire des établissements) n.m. (INSEE による)事業所のコンピュータ処理システム. chiffres ~ 事業所のコンピュータ処理コード番号(14桁の数字からなる).

sirocco n.m. 〖気象〗シロッコ(サハラ砂漠からヨーロッパの地中海沿岸に吹きつける乾燥した南東の熱風).

sirop [siro] n.m. **1** シロ, シロップ. ~ de framboise 木苺のシロップ. fruits au ~ 果物のシロップ漬け.
2 シロップ飲料. ~ à l'orange オレンジエード(=orangeade). ~ au citron レモネード(=citronnade).
3 糖蜜, 蜜. ~ d'érable (カナダの)メープルシロップ.
4 〖薬〗薬用シロップ(=~ pharmaceutique), シロップ剤. ~ contre le toux 咳止めシロップ.
5 〖話〗甘ったるさ, 感傷.

SIRPA (=Service d'informations et relations publiques des armes) n.m. 軍情報広報部.

sirupeux (se) a. **1** シロップ状の, どろりとした. **2** 甘ったるい. musique ~se 甘ったるい音楽.

SIS[1] (=service d'incendie et de secours) n.m. 〖行政〗消防・救援団.

SIS[2] (=Sida info service) n.m. エイズ情報サービス.

sis (e) (<seoir の p.p.) a. 〖法律〗位置する; 本社を置く. maison ~e à Paris パリに本社を置く会社.

sisal (pl. ~s) n.m. **1** 〖植〗サイザル麻(メキシコ, ユカタン半島原産の龍舌蘭の一種).
2 サイザル麻の繊維(ロープ用).

SISC (=Système d'intégration du système de combat) n.m. 〖軍〗戦闘システム統合システム(フランスの原子力空母に搭載されている戦闘情報処理システム).

sism[o]- 〖ギ〗 ELEF 「地震」の意(ex. sismographe 地震計).

sismal (ale) (pl. aux) a. 〖地学〗(地震の)等震度の. ligne ~ale 等震度線.

sismicité n.f. (地震の)震度, 地震活動度(=séismicité).

sismique a. 地震の(=séismique). ondes ~s 地震波. prospection ~ 〖人工〗地震地質探査. zone ~ 地震帯.

sismogénique a. 〖地学〗地震を起こす, 震源となる. failles actives ~s 地震を起こす活断層.

sismogramme n.m. 地震記象(地震計の記録), 震動図.

sismographe n.m. 地震計(=séismographe). 〖比喩的〗~s du Moyen-Orient 近東情勢の動向調査.

sismographie n.f. 地震計測定による地盤変動学.

sismologie n.f. 地震学; 〖一般〗地盤変動学(=séismologie).

sismologique a. 地震学の, 地震学的な.

sismologue n. 地震学者.

sismométrie n.f. 地震波計測〖学〗, 地震観測.

sismotectonique n.f. 地質構造地震学(活断層地震学).

sismothérapie n.f. 〖医〗痙攣療法, 電気痙攣療法, 電気ショック療法(=électrochoc); 振動療法.

sistolique a. 〖生理・医〗(心臓の)収縮〖期〗の. pression ~ 収縮〖期〗血圧, 最大血圧, 上の血圧.

SITA (=Société internationale de télécommunications aéronautiques) n.f. 国際航空通信会社(航空会社の座席予約業務, フライト計画等を知らせる通信ネットワーク会社).

sitcom [sitkɔm] (pl. ~s) (=〖英〗situa-

site

tion *com*edy) *n.m., n.f.*〖TV〗状況喜劇, シットコム(登場人物と状況設定のみからなる連続TVドラマ).

site *n.m.* **1** 風景, 風光, 景観. ～ classé 指定景勝地, 風致地区. protection des ～s 景観の保全.
2 地勢, 立地, 用地, サイト. ～ archéologique 遺跡発掘地. ～ de barrage ダムサイト. ～ industriel 工業用地. ～ propre d'autobus バスの専用路線. ～ stratégique 戦略拠点. ～ urbain 都市の立地.
3〖生・生化〗部位. ～ actif 活性部位. ～ d'un gène 遺伝子部位.
4〖電算〗サイト, インターネットのサイト(＝～ Internet), ウェブサイト(＝～ Web)(www上の情報拠点; ホームページの仮想上の場所). ～ d'accès アクセスサイト. ～ du ministère de l'économie, des finances et de l'industrie 経済・財務・産業省のインターネットサイト(www. finances. gouv. fr/). ～ personnel 個人サイト. adresse d'un ～ サイトアドレス, サイト名.
5〖軍〗[angle de] ～ 高低角. ligne de ～ 高低線(砲撃の際砲と目標とを結ぶ線). pointage en ～ 高低角の照準合わせ.
site-témoin (*pl.* ～*s*-～*s*) *n.f.*〖宇宙〗対照地域(＝zone-témoin, zone de référence).
sit-in [sitin]〖英〗*n.m.inv.* シットイン, 坐りこみ《非暴力抗議方式》. organiser des ～ シットイン(坐りこみ)を行なう.
sitiomanie *n.f.*〖医〗暴食症, 病的飢餓〔症〕.
Sitsang ⇨ Xizang
situation *n.f.* **1** (地理的)位置;立地条件(＝localisation);方位(＝position). ～ d'une maison exposée au midi 南向きの家の立地条件. ～ d'une ville 町の地理的位置.〖法律〗loi du lieu de ～ d'un immeuble 不動産所在地法.
2 立場, 境遇, 状況, 状態. ～ de famille 家庭状況. ～ heureuse 幸せな境遇. ～ pécuniaire très dure, être dans une ～ difficile 難しい立場にある.〖話〗être dans une ～ intéressante 妊娠している, 身重である. être en ～ de＋*inf.* …する立場にある;…できる.
3 (政治・社会などの)状況, 情勢, 立場. ～ actuelle de la France フランスの現状. ～ critique 危機的状況. ～ économique (politique, sociale) 経済的(政治的, 社会的)状況. ～ internationale 国際情勢.
4 (高い社会的)地位;職, ポスト;身分, 職分. ～ administrative d'un fonctionnaire 公務員の行政職. ～ brillante 輝かしい身分. ～ juridique 司法職. ～ militaire 軍務. avoir (faire) une bonne ～ 立派な地位にある. être placé dans une haute ～ 高い地位にある. perdre sa ～ 地位(ポスト)を失う.

5〖哲〗状況;〖言語〗文脈.〖精神分析〗teste de ～ 状況テスト. en ～ 状況下におかれた. mettre qn en ～ 人を現実に触れさせる.
6 (劇・小説の)場面, シチュエーション. ～ dramatique 劇的な場面. mot de la ～ 場面にぴったりはまった言葉, 名文句. Ce mot est bien en ～. この言葉はシチュエーションにぴったりだ. personnage en ～ 場面にふさわしい登場人物.
7〖経済〗資産計算〔報告〕書;(企業の)財務状況(＝ ～ financière) ～ de la Banque de France フランス銀行資産報告書. ～ du Trésor 国庫資産報告書. ～ nette 純資産. état de ～ 資産状況. établir une ～ 資産報告書を作成する.

situationnel(le) *a.* **1** 状況の;臨機応変の. prévention ～ *le* 状況的予防対策.
2 状況による.〖精神医学〗dépression ～ *le* 状況因性鬱病.
3〖言語〗(心理的, 社会的, 歴史的な)状況に即応する(に応じた). sémantique ～ 状況意味論.

situé(e) *a.p.* 位置した. ～ au Sud 南向きの. île ～*e* par 45° de latitude Nord 北緯45度に位置する島. maison ～ *e* rue de Faubourg-Saint-Honoré フォーブール＝サントノレ通りにある家. maison bien ～*e* 立地条件の良い家. port ～ au fond d'une baie 入江の奥にある家. villa ～*e* au milieu des montagnes 山中にある別荘.

Siuang-t'song, Xuantong〖中国〗*n.pr.* 宣統帝(清朝最後の皇帝, 在位1908-12;溥儀(ふぎ), 愛新覚羅[1906-67]).
Siuant'ong ⇨ Xuantong
SIV〖英〗simian immunodeficiency virus) サル免疫不全ウイルス(＝[仏] virus simiens de l'immunodéficience)《ヒト免疫不全ウイルス HIV の近縁ウイルス》.
SIVOM (＝*s*yndicat *i*ntercommunal à *vo*cation *m*ultiple) *n.m.*〖行政〗多目的市町村組合.
SIVP (＝*s*tage d'*i*nitiation à la *v*ie *p*rofessionnelle) *n.m.* 職業生活指導実習.
SIVU (＝*s*yndicat *i*ntercommunal à *vo*cation *u*nique) *n.m.*〖行政〗統一目的市町村間組合.

six [sis]〖子音の前では[si], リエゾンは[siz]〗*a.num.card.* **1** 6つの, 6人の. ～ euros [sizφro] 6 ユーロ. ～ francs [sifrɑ̃] 6 フラン. ～ heures [size:r] du matin 午前6時. ～ hommes [sizɔm] 6人の男.〖自転車〗les S～ Jours 6日間レース(1チーム2人の6日間レース). la guerre des ～ jours (イスラエルとアラブ諸国間の)六日戦争(1967年6月5-10日).
2 6番目の(＝sixième). Charles ～(VI) [sis] シャルル6世.
—*pr.num.card.* 6つ, 6人.
—*n.m.inv.* **1** (数・数字の)6. ～ fois ～ font trente-six 6掛ける6は36.

2 le ~ juin 6月6日.
3 6番地(=numéro ~). le ~, rue Saint-Honoré サン=トレノ通り6番地.
4 (トランプの)6. le ~ de cœur ハートの6.
5〖音楽〗le groupe des *S*~ 6人組(1918年 G. Auric, L. Dureg, A. Honegger, D. milhaud, F. Poulenc, G. Taillefevreにより結成).

six-huit [sisɥit] *n.m.inv.*〖音楽〗**1** 8分の6拍子(=mesure à ~). **2** 8分の6拍子の楽譜.

sixième *a.num.ord.* 第6の, 6番目の. le ~ arrondissement de Paris パリ市第6区.〖医〗la ~ maladie 第六病, 突発性発疹(=exanthème subit), 小児ばら疹(=roséole infantile). la ~ partie du total 全体の6分の1. la ~〔place〕第六位. le ~ sens 第六感, 直感. habiter au ~〔étage〕7階に住む. tome ~ 第6巻.
——*n.* 6番目のもの(人). la ~ du palmarès ヒットパレード(受賞リスト)の第6位.
——*n.m.* **1** 6分の1. cinq ~s 6分の5.
2 le ~ 第6区(=le ~ arrondissement).
3 7階(=le ~ étage).
——*n.f.*〖教育〗第6学級(= ~ classe; classe de ~)〈中等教育第1学年〉. entrer en ~ 第6学級に進学する, 中学校に入学する.

SJR (=*salaire journalier de référence*) *n.m.* 参考日給.

skeet [skit]〔英〕*n.m.*〖スポーツ〗スキート射撃.

skeleton〔英〕*n.m.*〖スポーツ〗スケルトン(「骨組」の意;一人乗りの橇競技).

ski *n.m.* **1** スキー(用具). ~ amont (aval) 山側(谷側)スキー板. aller en (à) ~s スキーで行く. chausser ses ~s スキーをはく. fixation d'un ~ スキーの金具(締具, ビンディング).
2〖スポーツ〗スキー; スキー競技(=épreuve de ~). ~ acrobatique アクロバットスキー, アクロ(=acro).
~ alpin アルペンスキー(descente 滑降; slalom〔spécial〕回転; slalom géant 大回転; super géant スーパー大回転; ~ alpin combiné アルペン複合など).
~ artistique (acrobatique) フリースタイルスキー(acro アクロ; ballet バレエ; bosses モーグル(=〔英〕moguls); saut アエリアル(=〔英〕aerial)など).
~ de fond 距離スキー, クロスカントリースキー, 歩くスキー. ~ d'été 夏スキー, サマースキー. ~ de piste ゲレンデスキー. ~ de randonnée 山スキー, クロスカントリースキー. ~ de saut ジャンプ(=saut de ski, saut).
~ nordique ノルディックスキー(biathlon バイアスロン; combiné nordique ノルディック複合(ジャンプと距離競技の組合せ); course〔de fond〕距離; ~; saut ジャンプなど).
bâtons de ~ (=〔英〕の)ストック. chaussures de ~ スキー靴.
moniteur de ~ スキー教師. piste de ~ ゲレンデ. station de ~ スキー場. saut de ~ ジャンプ.
aller au ~ スキーに行く. faire du ~ スキーをする.
3〔広義〕冬季スポーツ, ウィンタースポーツ(=sports d'hiver).
4 ~ nautique 水上スキー.

skiable *a.* (場所・時期などが)スキーに適した, スキーのできる. neige ~ スキーに適した雪. piste ~ スキーのできるゲレンデ.

ski-alpinisme *n.m.*〖スポーツ〗スキー=アルピニスム, スキー=アルピニズム(山スキー(ski de randonnée)とロッククライミング(escalade)の組合せ). ~〔de compétition〕スキー=アルピニスム競技(1948年まで冬季オリンピック種目; 2002年フランス山岳・登攀協会FFME(=*Fédération française de la montagne et l'escalade*)はski de montagne de compétition 競技山スキーと改称; 個人競技, 2人1組のチーム競技, 素登り(montée sèche; Vertical Race), リレー(~ en relais), 複合(~ en combiné)の5種目から成る).
championnat du monde de ~ de compétition スキー=アルピニスム世界選手権競技会. compétition de ~ スキー=アルピニスム競技.〔同格的〕stages ~ スキー=アルピニスム講習〔会〕. tenues ~ スキー=アルピニスム用ウエア.

skiascopie *n.f.*〖医〗(眼の)検影法.

ski-bob(*pl.*~-~*s*) *n.m.* スキーボブ, ヴェロスキー(=véloski; スキーを装着した自転車タイプの乗物).

skieur(se) *n.* **1** スキーヤー; スキー選手. ~ nautique 水上スキーヤー. **2**〖軍〗スキー兵.

skinhead [skinɛd]〔英〕*n.* スキンヘッド; スキンヘッド族(略称 skin スキン).

sky-surfing [skaisœrfiŋ]〔英〕*n.m.*〖スポーツ〗スカイサーフィング; スカイサーフ(=sky surf).

SL (=*sommeil à ondes lentes*) *n.m.*〖生理〗徐波睡眠, ノンレム睡眠.

SLA (=*sclérose latérale amyotrophique*) *n.f.*〖医〗筋萎縮性側索硬化症(=〔英〕ALS: *amyotrophic lateral sclerosis*).

slag〔slag〕〔英〕*n.m.* **1**〖冶〗鉱滓, スラグ. **2** 火山岩滓.

slalom [slalɔm]〔ノルウェー〕*n.m.* **1**〖スキー〗回転〔競技〕, スラローム. ~ géant messieur (dames) 男子(女子)大回転〔競技〕. ~ parallèle パラレル回転競技. ~ spécial スペシャル回転〔競技〕. course de ~ 回転(スラローム)競技. faire du ~ スラロームをする.

2〖水上スポーツ〗(カヌー・カヤックの)スラローム〔競技〕. ~ nautique(カヌー, カヤックの)水上スラローム競技.
3〖比喩的〗(障害物を避けて)ジグザグに進むこと. faire du ~ entre les tables テーブルの間をジグザグにすりぬける.
SLASM (=*s*ystème de *l*utte *a*nti-*s*ous-*m*arin) *n.m.* 〖軍〗対潜水艦攻撃システム.
SLAT (=*s*ystème de *l*utte *a*nti-*t*orpilles) *n.m.* 魚雷防禦システム.
SLBM (=〖英〗*S*ubmarine-*L*aunched *B*allistic *m*issile) *n.m.* 潜水艦発射弾道ミサイル(=missile balistique mer-sol lancé d'un sous-marin ; fusée ballistique sous-marine).
SLCM (=〖英〗*S*ubmarine-*L*aunched *C*ruise *M*issile) *n.m.* 潜水艦発射巡航ミサイル(=missile de croisière lancé de sous-marins ; missile de croisière sous-marin).
SLF (=*S*ervice de *l*égislation *f*iscale) *n.m.* 税法部(フランス財務省主税局所属).
SLFP (=*S*yndicat *l*ibre de la *f*onction *p*ublique) *n.m.* 公務職自由組合.
slip [slip] 〖英〗*n.m.* **1** パンティ(=~ de femme) ; ブリーフ(=~ d'homme). ~ de bain 海水パンツ ; (ビキニの)パンツ(=~ d'un bikini).
2〖海〗スリップウェー ; 引揚げ船台. ~ d'un balainier 捕鯨船の引揚げ斜面. ~ d'un chantier naval 造船所の引揚げ船台.
Slivafrance *n.pr.* スリヴァフランス(Crédit lyonnais が設定する投資信託のファンド名).
s.l.n.d. (=*s*ans *l*ieu *n*i *d*ate)(書籍の)刊行地・刊行年記載なし.
SLOC (=〖英〗*s*ea *l*anes *o*f *c*ommunication) シーレーン(=〖仏〗lignes maritimes de communication).
slovaque *a.* スロヴァキア(la Slovaquie)の, スロヴァキア共和国(la République ~)の ; スロヴァキア人の ; スロヴァキア語の. couronne ~ スロヴァキア・コルナ(=koruna)(通貨).
—*S*~ *n.* スロヴァキア人 ; スロヴァキア国民.
—*n.m.* 〖言語〗スロヴァキア語.
Slovaquie(la) *n.pr.f.* 〖国名通称〗スロヴァキア(公式名称:la République slovaque スロヴァキア共和国 ; 2004 年 UE(EU) と OTAN(NATO) に加盟 ; 国民:Slovaque ; 首都:Bratislava ブラティスラヴァ ; 旧通貨:koruna, couronne slovaque [SKK]).
slovène *a.* スロヴェニア(la Slovénie)の ; スロヴェニア共和国(la République de Slovénie)の ; スロヴェニア人の ; スロヴェニア語の. 〖政党〗Parti *l*ibéral *d*émocrate ~ スロヴェニア民主自由党(略記 LDS). les Slaves ~*s* スロヴェニア・スラヴ族.
—*S*~ *n.* スロヴェニア人, スロヴェニア国民.
—*n.m.* 〖言語〗スロヴェニア語.

Slovénie(la) *n.pr.f.* 〖国名通称〗スロヴェニア(公式名称:la République de S~ スロヴェニア共和国 ; 2004 年 UE(EU) と OTAN(NATO) に加盟 ; 国民:Slovène ; 首都:Ljubljana リュブリヤナ ; 旧通貨:tolar [SIT]).
slower (<〖英〗Slow Food) *n.* スロー・フード支持者.
Slow Food〖英〗*n.pr.m.* スロー・フード(fast-food「ファースト・フード」の対).
SLR (=〖英〗*s*ide-*L*ooking *R*adar) *n.m.* 側視レーダー(=〖仏〗RVL : *r*adar à *v*isée *la*térale).
SM[1] (=*s*ado*m*asochiste ; *s*ado*m*asochisme)〖精神医学, 心〗*a.* サドマゾヒズム(加虐・被虐性愛)の ; サドマゾヒズム趣味の ; サドマゾヒストの. goût ~ サドマゾ(SM)趣味.
—*n.* サドマゾヒスト.
—*n.m.* サドマゾヒズム.
SM[2] (=*S*ociété de *M*arie) *n.pr.f.* 〖カトリック〗マリア会(1816年, Jean-Claude Colin が設立).
Sm (=*s*amarium) *n.m.* 〖化〗「サマリウム」の元素記号.
SMA[1] (=*S*ervice *m*ilitaire *a*dapté) *n.m.* 〖軍〗適応兵役(徴集兵に対し公益業務を課し, 併せて職業訓練を行うもの), 海外派遣兵役.
SMA[2] (=*S*ystème *m*ulti-*a*gents) *n.m.* 多動作システム.
SMABTS (=*S*ociété *m*utuelle *a*ssurance du *b*âtiment et des *t*ravaux) *n.f.* 建設土木業保険相互会社.
SMAF (=*s*ous-*m*arin d'*a*ttaque *f*utur) *n.m.* 〖軍〗未来の攻撃型潜水艦.
SMAG [smag] (=*s*alaire *m*inimum *a*gri*c*ole *g*aranti) *n.m.* 農業最低保障賃金(1950 年制定 ; 1970 年 SMIC になる).
smartphone 〖英〗*n.m.* 〖情報通信・電算〗スマートフォン(パソコン機能付携帯電話機).
SMB (=*s*canneur *m*ulti*b*ande) *n.m.* (電磁遠隔探査の)多重スペクトルスキャナー.
SME (=*S*ystème *m*onétaire *e*uropéen) *n.m.* ヨーロッパ通貨制度(1979 年 3 月発足 ; 〖英〗EMS : *E*uropean *M*onetary *S*ystem).
smectique *a.* 〖物理〗スメクチックな(棒状分子が長軸を平行にして配列された層を形成した状態)(→ nématique). cristal liquide ~ スメクチック液晶.
SMER, Smer (=*s*ociétés *m*utuelles *é*tudiantes *r*égionales) *n.f.* 地方学生互助会社.
SMIA (=*s*ociété *m*ixte d'*int*érêt *a*gricole) *n.f.* 農事利益混合会社(農業生産物の加工・商品化にあたる混合会社).

SMIC [smik] (=*s*alaire *m*inimun *i*nter-professionnel de *c*roissance) *n.m.* 全産業共通スライド制最低賃金(1970年1月制定).

smicard(e) *n.* (SMIC しか受給していない)最低賃金労働者.

SMIG [smig] (=*s*alaire *m*inimun *i*nter-professionnel *g*aranti) *n.m.* 全産業共通最低保障賃金, スミッグ(1950-69年).

smigard(e) *n.* (SMIG しか受給していない)最低賃金労働者.

SML[1] (=*s*ection de *m*ortiers *l*ourds) *n.f.* 〖軍〗(機械化連隊の)重迫撃砲小隊.

SML[2] (=*S*yndicat des *m*édecins *l*ibéraux) *n.m.* 〖医〗自由診療医師組合.

smog [smɔg] (<〖英〗smoke 煙＋fog 霧) *n.m.* スモッグ, 煙霧. ~ électronique 電子(電磁波)スモッグ(TV, ラジオの電波や電磁波等による大気汚染). ~s photochimiques 光化学スモッグ.

smoking [smɔkiŋ] 〖英〗*n.m.* 〖服〗**1** スモーキング(上衣に絹の襟, ズボンの横に絹の側帯の入った男性用略礼服；〖俗〗smok). se mettre en ~ スモーキングを着る. **2** スモーキング(黒地の上着とチョッキ, パンタロンまたはスカートからなる婦人用スーツ)；黒の上着. **3** 〖英〗男性用室内着(=~-jacket). **4** スモーキング(サテンの縁付きフェルト帽).

smolt 〖英〗*n.m.* 〖魚〗スモールト(春海に下る二年子の鮭).

SMON (=〖英〗*s*ubacute *m*yelo-*o*ptico *n*europathy) *n.f.* 〖医〗亜急性脊髄·視神経障害, スモン〔病〕〖仏〗neuromyélopathie subaiguë avec névrite optique rétrobulaire).

SMP (=*S*ociété *m*ilitaire *p*rivée) *n.f.* 民間軍事会社.

SMR (=*s*ervice *m*édical *r*endu) *n.m.* 〖医·薬〗(医薬品の)有効率, 薬効率, 治療効果. ~ insuffisant 治療効果不足. amélioration du ~ 治療効果改善(略記 ASMR).

SMS[1] (=*s*ciences *m*édico-*s*ociales) *n.f.pl.* 〖教育〗社会医療科学(リセの技術員養成課程の一部門).

SMS[2] (=〖英〗*s*hort *m*essage *s*ervice) *n.m.* 〖情報通信〗ショート·メッセージ·サービス〖仏〗message écrit；携帯電話による短信サービス.

SMSP (=*S*ociété *m*inière de *S*ud *P*acifique) *n.pr.f.* 南太平洋鉱業会社.

SMSR (=*S*ervice *m*édical de *s*urveillance *r*adiologique) *n.m.* 〖医〗放射線監視医療部.

SMT (=*s*timulation *m*agnétique *t*ranscranienne) *n.f.* 〖精神医学〗頭蓋透過磁気刺激療法.

Smur (=*s*ervice *m*édical d'*u*rgence et de *r*éanimation) *n.m.* 〖医〗救急蘇生医療業務〔部〕.

Sn *n.m.* 〖化〗「錫」(étain)の元素記号.

SNA (=*s*ous-*m*arin *n*ucléaire d'*a*ttaque) *n.m.* 〖軍〗攻撃用原子力潜水艦, 攻撃用原潜.

snacks *n.m.pl.* 〖料理〗スナックス, スナック食品.

SNALC (=*S*yndicat *n*ational des *l*ycées et *c*ollèges) *n.m.* 全国中学高等学校組合(保守系の教員組合).

SNAMU (=*S*yndicat *n*ational de l'*a*ide *m*édicale *u*rgente) *n.m.* 全国救急医療援助組合.

SNC[1] (=*s*ociété en *n*om *c*ollectif) *n.f.* 合名会社.

SNC[2] (=*S*yndicat *n*ational des *c*ollèges) *n.m.* 全国中学校組合(フランスの独立系教員組合).

SNCB (=*S*ociété *n*ationale des *c*hemins de *f*er *b*elges) *n.f.* ベルギー国有鉄道会社, ベルギー国鉄.

SNCF (=*S*ociété *n*ationale des *c*hemins de *f*er *f*rançais) *n.f.* フランス国有鉄道会社, フランス国鉄.

SNCM (=*S*ociété *n*ationale *C*orse-*M*éditerranée) *n.f.* 国立コルス(コルシカ)地中海運会社.

SNCTA (=*S*yndicat *n*ational des *c*ontrôleurs du *t*rafic *a*érien) *n.m.* 〖労働〗全国航空管制官組合.

SNDA (=*S*ociété *n*ationale pour la *d*éfense des *a*nimaux) *n.f.* フランス動物愛護協会.

SNEA (=*S*ociété *n*ationale *E*lf-*A*quitaine) *n.f.* 国立エルフ＝アキテーヌ会社(1976年設立；1994 民営化された商工業的公共機関；石油·天然ガス·石油化学会社).

SNECMA [snɛkma] (=*S*ociété *n*ationale d'*é*tudes et de *c*onstruction de *m*oteurs d'*a*vions) *n.f.* 国立航空機エンジン研究製造会社, スネクマ.

SNEP (=*S*yndicat *n*ational de l'*é*dition *p*honographique) *n.m.* フランス音楽録音製品業組合.

SNES (=*S*yndicat *n*ational des *e*nseignements du *s*econd degré) *n.m.* 全国中等教育教員組合.

SNE-Sup (=*S*yndicat *n*ational de l'*e*nseignement *s*upérieur) *n.m.* 全国高等教育教員組合.

Snet (=*S*ociété *n*ationale d'*é*lectricité et de *t*hermique) *n.f.* 国立電気火力発電会社(1995年設立).

SNF (=〖英〗*S*hort Range *N*uclear *F*orces) *n.f.pl.* 短距離核戦力(=〖仏〗forces nucléaires à courte portée).

SNGSO (=*S*ociété *n*ationale de *g*az du *S*ud-*O*uest) *n.f.* 西南ガス国有会社(フランスガス公社 GDF の系列会社).

SNHP (=*s*yndrome *n*erveux des *h*autes

pressions) *n.m.* 〚医〛高圧神経症候群(= [英]HPNS：high pressure nervous syndrome；高圧のヘリウム-酸素混合ガスによるめまい・吐気など).

SNI (= *S*yndicat *n*ational des *i*nstituteurs) *n.m.* 全国初等教育教員組合.

SNIAS [snjas] (= *S*ociété *n*ationale des *i*ndustries *a*éronautiques et *s*patiales) *n.f.* 国立航空宇宙産業会社.

sniffer *v.t.* 〚俗〛(麻薬を)鼻から吸引する.

sniffeur (*se*) *n.* 〚俗〛(麻薬を鼻から吸引する)吸引者. ~ de cocaïne コカイン吸引者.

SNIP (= *S*yndicat *n*ational de l'*i*ndustrie *p*harmaceutique) *n.m.* 全国製薬産業組合.

sniper [snajpɛr] [英] *n.m.* 〚軍〛スナイパー, 狙撃兵 (= tireur isolé embusqué).

SNJ (= *S*yndicat *n*ational des *j*ournalistes) *n.n.* 全国ジャーナリスト組合.

SNLE (= *s*ous-marin *n*ucléaire *l*anceur d'*e*ngins) *n.m.* 〚軍〛ミサイル発射原子力潜水艦.

SNLE-NG (= *s*ous-marin *n*ucléaire *l*anceur d'*e*ngins-*n*ouvelle *g*énération) *n.m.* 〚軍〛新世代ミサイル発射原子力潜水艦.

SNM (= [英] *S*omali *N*ational *M*ovement) *n.m.* ソマリア国民運動 (= [仏] MNS：Mouvement national somalien) (ソマリアの反バーレ政権ゲリラ組織, イスラム原理主義の政党. 1981年結成. 1982年, SSFDと共に共同戦線を組む；1991年国土の北部を支配下に置きソマリア共和国la République du Somalilandとして独立を宣言).

snob [snɔb] [英] *n.* スノッブ(上流気取りの俗物), 似非 (えせ) 通人. —*a.* 〔女性形は不変, 時に複数形も不変〕スノッブの, 上流気取りの, 俗物の. Elle est un peu ~. 彼女はすこしスノッブだ.

snobisme *n.m.* スノビズム(上流気取りの俗物根性). ~ intellectuel 知的スノビズム. ~ mondain 社交界のスノビズム.

snowboard [英] 〚スポーツ〛スノーボード (= surf sur neige)；~ 競技. ~ géant messieurs 男子ジャイアント・スノーボード競技.

SNPA (= *S*ociété *n*ationale des *p*étroles d'*A*quitaine) *n.f.* 国営アキタニヤ石油会社.

SNPE (= *S*ociété *n*ationale des *p*oudres et *e*xplosifs) *n.f.* 国有火薬製造会社.

SNPL (= *S*yndicat *n*ational des *p*ilotes de *l*ignes) *n.m.* 全国定期航空路パイロット組合.

SNPM (= *S*yndicat *n*ational des *p*etites et *m*oyennes *e*ntreprises) *n.m.* 全国中小企業組合.

SNPMI (= *S*yndicat *n*ational du *p*atronat *m*oderne et *i*ndépendant) *n.m.* 全国現代独立経営者組合 (1979年CGPMEより独立した小企業経営者団体).

SNPN (= *S*ociété *n*ationale de *p*rotection de la *n*ature) *n.f.* フランス自然保護協会 (1854年Société impériale zoologique d'acclimatation 帝立動物順化協会の名称で設立されたものの後身；公益法人).

SNPNAC (= *S*yndicat *n*ational du *p*ersonnel *n*avigant de l'*a*viation *c*ivile) *n.m.* 全国民間航空搭乗員組合.

SNRI (= [英] *s*erotonin and *n*orepinephrine *r*euptake *i*nhibitor) *n.m.* 〚薬〛セロトニン・ノルアドレナリン再取り込み阻害薬《新抗鬱薬》；= [仏] inhibiteur du recaptage de la sérotonine).

SO₂ (= *a*nhydride *s*ulfureux, dioxyde de soufre) *n.m.* 無水亜硫酸；亜硫酸ガス.

SOA (= *s*angle d'*o*uverture *a*utomatique) *n.f.* (パラシュートの) 自動開傘索.

SOAI (= *S*ervice des *o*rganisations *a*éronautiques *i*nternationales) *n.m.* 国際航空機構部.

sobre *a.* **1** 飲食を控える；(特に)酒を飲まない；節制した. homme ~ 飲食を控えた人. repas ~ アルコール性飲料抜きの食事. vie chaste et ~ 慎ましく節制した生活. 〚話〛être ~ comme un chameau 粗食に甘んじる.
2 〚文〛(人が)(de, en に)控え目な；抑制した. ~ en parole 言葉遣いが控え目な, être ~ d'éloges むやみに褒めない.
3 飾り気のない, 地味な；簡素な. style ~ 簡潔な文体(様式). vêtement ~ 地味な衣裳.

sobriété *n.f.* **1** (飲食の)節制, 粗食；節酒, 禁酒. 〚話〛~ du chameau 粗食. Santé, ~. 健康のために禁酒を《広告の文言》.
2 〚文〛節度, 控え目. ~ de paroles 控え目な言葉遣い.
3 簡素さ；飾りのなさ；地味. ~ dans la tenue 着こなしの簡素さ. ~ du style 文体の簡素.

sobriquet *n.m.* (多く嘲弄的な)渾名 (= surnom). ~ ridicule 滑稽な渾名. donner un ~ à qn 人に渾名をつける.

SOC (= *s*ervices *o*fficiels de *c*ontrôle) *n.m.pl.* 〚農〛(ウイルスなどの) 公式管理業務. étiquette ~ 公式管理業務保証票.

soc *n.m.* 〚農〛犂(すき)べら, 犂先 (= ~ de charrue).

SOCAV *n.pr.* 〚無冠詞〛ソカヴ (Bergerac (市町村コード24100)に本社を置く, 葡萄酒の生産・販売会社；la S.A. ~).

soccer [sɔkɛr] [英] *n.m.* 〚スポーツ〛サッカー (= [仏] football).

SOCFIM (= *S*ociété *c*entrale de *f*inancement de l'*im*mobilier) *n.f.* 〚金融〛中央不動産金融会社.

sociabilité *n.f.* **1** 社交性, 人づきあいの良さ, 交際上手, 交際好き. manquer de ~ 社交性に欠ける.
2 社交；交際.
3 社会への適応性；〚社会〛社会性. ~ acti-

ve (passive) 積極的 (消極的) 社会性.
4〖生態〗群度.

sociable *a*. **1** 社交性のある, 交際上手な；人づきあいのよい. homme ～ 社交的な人. avoir un caractère ～ 社交的性格である.
2 社会性のある；〖生〗(動物が) 群居する；社会を構成する. insectes ～*s* 群居性昆虫. L'homme est naturellement ～. 人間は生来社会を構成する.

social[1] (***ale***) (*pl.* ***aux***) *a*. [I]〖社会〗**1** 社会の, 社会的な (individuel「個人的な」の対)；社会に関する. acte ～ 社会的行為. contrainte ～*ale* 社会的拘束. évolution ～*ale* 社会の進展. faits ～*aux* 社会事象. institution ～*ale* 社会制度. morale ～*ale* 社会道徳. ordre ～ 社会秩序. organisation ～*ale* 社会組織. phénomènes ～*aux* 社会現象. pression ～*ale* 社会的圧力. psychologie ～*ale* 社会心理学. relations ～*ales* 社会関係. sciences ～*ales* 社会科学. vie ～*ale* 社会生活. La France est une République indivisible, laïque, démocratique et ～*ale*. フランスは不可分の, 非宗教的, 民主的かつ社会的な共和国である (フランス第五共和国憲法第1条).
2 社会を構成する, 社会集団を形成する；社会構造に関する；〖動〗社会生活を営む, 群居する；〖植〗群生する, 群落を形成する. l'homme, animal ～ 社会を構成する動物である人間. changements ～*aux* 社会的変化. classes ～*ales* 社会階級. comportement ～ 社会的行動. contrat ～ 社会契約〔説〕. couches ～*ales* 社会階層. état ～ 社会状態. fonction d'utilité ～*ale* 社会的に有益な機能. groupe ～ 社会集団. inégalités (différences) ～*ales* 社会性の不平等. insectes ～*aux* 社会性昆虫. milieu ～ 社会環境. rang ～ 社会的序列. transformation ～*ale* 社会構造の変化.
3 社会問題を重視する；社会を重んじる, 社会の改善を目指す；社会主義的. droit ～ 社会法. justice ～*ale* 社会正義. ministre des affaires ～*ales*, travail et solidarité 社会問題・労働・連帯相. mouvement ～ 社会運動. mouvements ～*aux* ストライキ. Suite à des mouvements ～, le service est fortement perturbé. ストの影響で〔列車の〕運行は大幅に乱れています. politique ～*ale* 社会政策；労働政策. réformes ～*ales* 社会改革. catholicisme ～ カトリック社会主義.
4 労働問題 (労使関係) に関する. climat ～ (特に労働問題・労使関係に関する) 社会情勢. conflits ～*aux* 労使紛争. partenaires ～*aux* 労使関係. questions ～*ales* 社会 (労使) 問題. revendications ～*ales* (労働者の) 社会的権利の要求.
5 社会福祉に関する, 生活条件の改善を目指す, 社会保障の. aide ～*ale* 社会扶助. assurance ～ 社会保険. avantages ～*aux* 福祉厚生の特典. cotisation (de la Sécurité) ～*ale* 社会保障負担金. logements ～*aux* 社会福祉住居. sécurité ～*ale* 社会保障. la Sécurité ～*ale* 社会保障制度 (略称 la Sécu). Agence centrale des organismes de Sécurité ～*ale* 社会保障機構中央管理機関 (略称 Acoss). service ～ du travail 労働福祉サービス.
[II]〖会社・社交〗**1**〖法律〗(民事または商事の) 会社に関する. biens ～*aux* 会社財産. capital ～ 会社資本. part ～*ale* 出資金, 資本持分. raison ～*ale* 社名, 会社名, 法人名. siège ～ d'une entreprise 企業の本店〔所在地〕.
2 社交の, 社交上の, 交際上の. conventions ～*ales* 社交上のとりきめ. convenances ～*ales* 社交的礼儀作法.

social[2] *n.m.* **1** 社会問題；社会福祉；(特に) 労働問題；社会政策. faire du ～ 労働問題 (社会福祉) に取り組む.
2〔俗〕同志, 仲間.

social-chrétien (*pl.*～***aux***-～***s***), **sociale-chrétienne** (*pl.*～***s***-～***s***) *a*.〖政治〗キリスト教社会主義の, キリスト教社会主義党の. Parti ～ en Belgique, Parti ～ belge ベルギー・キリスト教社会党 (略記 PSC).
—— *n*. キリスト教社会主義者；キリスト教社会党員.

social-démocrate (*m.pl.*～***aux***-～***s***, *f.pl.*～***ales***-～***s***) *a*.〖政治〗社会民主主義の, 社会民主主義党の. formations ～*s* 社会民主主義団体. parti ～ allemand ドイツ社会民主党 (略記〔独〕SPD：*Sozialdemokratische Partei Deutschlands*). partis ～*aux*-～*s* 社会民主主義政党.
—— *n*. 社会民主主義者；社会民主主義党員.

social-démocratie (*pl.*～-～***s***) *n.f.*
1〖政治〗社会民主主義 (民主主義の枠内で社会改革を目指す政治姿勢).**2** 社会民主主義体制.**3** 社会民主主義.

socialisation (< socialiser) *n.f.* **1** 社会化, 社会共有化 (= collectivisation)；社会主義化；国有化. ～ des moyens de production 生産手段の社会共有化.
2 社会の組織；社会への順化；〖心〗社会化. ～ du jeune enfant 幼児の社会順化.

socialisé(***e***) *a.p.* **1** 社会化された, 社会集団に組織された. groupe ～ 社会化集団.
2 社会主義化された. pays ～ 社会主義国.
3 共有化 (国有化) された. propriété ～*e* 共有化 (国有化) 財産.

socialisme *n.m.* **1** 社会主義. ～ démocratique 民主社会主義. ～ de Marx マルクスの社会主義 (マルクス主義 marxisme). ～ d'Etat (ナチスの) 国家社会主義. ～ prolétarien プロレタリア独裁社会主義. ～ scientifique 科学的社会主義 (マルクス主義). S～

socialiste

utopique et S~ scientifique d'Engels エンゲルスの『空想的社会主義と科学的社会主義』(1876-77 年).
2〖政治哲学〗(共産化の過程の)社会主義段階《マルクス主義用語》. le ~ soviétique ソヴィエト社会主義.
3〖集合的〗社会主義体制；社会主義勢力(政党).

socialiste *a.* 社会主義の；社会主義者の；社会主義政党の, 社会党の. parti ~ 社会党《略記 PS》. Parti ~ français フランス社会党《略記 PSF》. député ~ 社会党国民議会議員, 社会党代議士. pays ~ 社会主義国. militants ~s 社会党活動家.
──*n.* 社会主義者；社会党員.

socialité *n.f.* (人やグループの行動の)社会性；社会的本能.

social-libéralisme *n.m.*〖政治〗社会民主主義；社会民主主義体制.

social-révolutionnaire *a.*〖史〗(ロシアの)社会革命主義の；社会革命党の.〖史〗le parti ~ (ロシアの)社会革命党(1900-22 年).
──*n.*〖史〗(ロシアの)社会革命党員.

sociétaire *n.* **1** (会社・協会・団体などの)正会員, 正社員；団体構成員；(特に非営利社団の)構成員.
2〖劇〗(劇団の)正団員, 正座員(利益の配分を受ける資格をもつ正団員；準座員は pensionnaire). ~s de la Comédie française コメディー・フランセーズの正団員(ソシエテール).
──*a.* **1** 正規の資格をもつ；(特に)(劇団の)正団員(正座員)の資格をもつ. membre ~ 正会員；正団員(正座員).
2 会社(団体)に加わっている.

sociétal (*ale*) (*pl.* **aux**) *a.*〖社〗社会全体に関する；社会生活に関する. approche ~ *ale* de la toxicomanie 麻薬常用癖に関する社会的アプローチ(取り組み). marketing ~ ソーシャル・マーケティング(社会的な目標達成のためのマーケティング；社会問題を重視するマーケティング). problème ~ 社会問題. responsabilité ~ *ale* des entreprises 企業の社会的責任.

sociétariat *n.m.* **1** (劇団の)正団員の資格. cooptation au ~ de la Comédie-Française コメディー=フランセーズ劇団正団員の資格認定. **2** 社団構成員の資格.

Societas Europea〔ラ〕*n.f.* ヨーロッパ会社, 欧州会社《ヨーロッパ連合の新規株式会社》；=〔仏〕société européenne；〔略記〕SE》.

société *n.f.* **1** 社会. ~ bloquée 閉塞社会. ~ industrielle 産業社会. ~ politique 政治社会. ~ post-industrielle 脱産業化社会. vivre en ~ 集団で生活する.
2 会, 協会, 団体；学会(= ~ savante)；組合；結社. ~ des Comédiens-Français コメディー=フランセーズ劇団(正団員を so-

ciétaire という). ~ des gens de lettres 文芸家協会. ~ secrète 秘密結社. ~ sportive 体育協会；スポーツ・クラブ.
3 会社, 組合. ~ anonyme (SA) 株式会社. ~ à responsabilité limitée (SARL) 有限会社. ~ civile 民事会社(組合)；非営利団体. ~ civile immobilière 不動産民事会社(組合)《略記 SCI》. ~ commerciale 商事会社. ~ d'acquêts 後得財産組合契約. ~ de Bourse 有価証券仲買業者(=agent de change). ~ des capitaux 物的会社. ~ d'économie mixte 混合資本会社《略記 SEM》. ~ des personnes 人的会社. ~ en commandite 合資会社. ~ en commandite par actions 株式合資会社. ~ en nom collectif 合名会社. ~ filiale 系列会社, 子会社. ~ internationale 国際会社. ~ financière 財政金融会社. ~ mère 親会社(子会社の株の 50%以上を所有). ~ mixte 混合会社. ~ mixte d'intérêt agricole (SMIA) 農事利益混合会社. ~ multinationale 多国籍会社. ~ nationale 国有(国営, 国立)会社(企業)(= ~ d'Etat). ~ par action (SA) 株式発行会社. ~ par action simplifiée (SAS) 簡易株式会社, 株式単純会社《1999 年法律改正に伴い誕生》. contrat de ~ (利益分配の)組合契約.
4 交際, 社交, 社交界.
5〖宗教〗S~ de Jésus イエズス会.〖史〗S~ des Nations 国際連盟.〖地理〗iles de la S~ ソシエテ群島.

sociobiologie *n.f.* 社会生物学.
socioculturel (*le*) *a.* 社会文化的な. animateur ~ 社会文化活動のリーダー. institution ~ *le* 社会文化的施設.
sociodrame *n.m.*〖精神医学〗ソシオドラマ. 集団的心理劇(サイコドラマ)《集団的精神療法》.
socioécologie *n.f.* 社会生態学.
socio[**-**]**économique** *a.* 社会的経済的な. enquête ~ 社会的経済的アンケート調査.
socio-éducatif (*ve*) *a.* 社会教育の；社会教育学的.
sociogramme *n.m.*〖社・心〗ソシオグラム(人間関係を計量社会的に示した図表・図式).
sociolinguistique *n.f.a.* 社会言語学〔の〕.
sociologie *n.f.* 社会学；群集生態学. ~ démographique (économique, politique) 人口(経済, 政治)社会学. ~ du travail 労働社会学. ~ végétale 植物社会学(群集生態学；=phytosociologie).
sociologique *a.* **1** 社会学の, 社会学的な. analyse ~ 社会学的分析. enquête ~ statistique ~ 社会学的調査, 社会学的統計.
2 社会の, 社会組織の；社会問題の. phénomènes ~s (社会学の対象となる)社会現象.

sociologue *n.* 社会学者.

sociométrie *n.f.* 計量社会学, ソシオメトリー〔社会集団と個人との関係の計量的測定法〕.

sociopathe *n.* 〖精神医学〗社会病質者〔社会的に好ましくない行動をする精神病質者〕, 精神病質者(= psychopathe).

sociopolitique *a.* 社会的政治的な.

socio-professionnel(le) *a.* 社会と職業に関する. catégories ~s (CSP) 社会・職業階層〔区分〕.
——*n.* 社会・職業組織責任者〔組合, 同業組合などの〕.

sociotechnique *n.f.* 社会工学.
——*a.* 社会工学的な. ingénieur ~ 社会工学技師.

sociothérapie *n.f.* 〖精神医学〗社会療法〔患者を集団に組み入れて治療する療法〕.

socle *n.m.* **1** (彫像などの)台座;(円柱などの)台石;(器具・花瓶などの)台, スタンド.
2 脚柱.
3 (建物の)基礎, 礎石.
4 〖地形〗基盤, 島棚 (= ~ insulaire). ~ continental 大陸棚. ~ hercynien ヘルシニア期の基盤.
5 〔比喩的〕基盤, 基礎. 〖教〗maîtriser le ~ commun des indispensables 不可欠の学習事項の共通基礎を習得する.

SOD (= 〖英〗*S*uper-*O*xide *D*ismutase) *n.f.* 〖生理〗スーパー・オキサイド・ディスムターゼ (= 〖仏〗superoxyde dismutase)〔生理活性酵素〕.

soda 〔英〕*n.m.* **1** ソーダ水, 炭酸水. ~ à l'orange オレンジソーダ水. whisky ~ ウィスキー・ソーダ〔ウィスキーの炭酸水割り〕.
2 〖カナダ〗重炭酸ソーダ (= bicarbonate de soude).

sodé(e) *a.* 〖化〗ソーダ(ナトリウム)を含む. alcool ~ ナトリウムアルコラート. chaux ~*e* ソーダライム.

sodique *a.* 〖化〗ソーダ(soude)の, ナトリウム(sodium)の;ナトリウム(sodium)を含む. sels ~*s* ナトリウム塩.

sodium [-jɔm] *n.m.* **1** 〖化〗ナトリウム (元素記号Na, 原子番号11, 原子量22.9898)〔旧称 natrium〕.
2 ナトリウム〔白色で軟かいアルカリ性金属, 密度 0.97, 融点 97.81℃〕. carbonate de ~ 炭酸ナトリウム, 炭酸ソーダ. chlorure de ~ 塩化ナトリウム. hydroxyde de ~ 水酸化ナトリウム. péroxyde de ~ 過酸化ナトリウム.

sœur *n.f.* **1** 姉 (= ~ aînée;〔話〕grande ~);妹 (= ~ cadette;〔話〕petite ~). 〔*pl.* で〕姉妹. ~ consanguine 異母の姉(妹). ~ de lait 乳姉妹. ~ germaine 同父母の姉(妹). ~*s* jumelles 双子の姉妹. ~ utérine 異父の姉(妹). belle-~ 義理の姉(妹). demi-~ 異父母の姉(妹).
〖神話〗les neufs ~s 9人のミューズ (= Muses). avoir deux ~s 2人の姉妹がいる. Et ta ~?〔俗〕(ところで妹さんは?→) もういい加減に止めたら〔話題を転じたり, 駄弁を止めさせる常套句〕.
2 姉(妹)のように親しい人;姉妹のような密接な存在. âme ~ 優しい心根. cellules-~*s* 姉妹細胞. sociétés-~*s* 姉妹会社.
3 〔女性名詞に添えて〕姉妹のように関係の深い(似通った)もの. Les misères et les grandeurs sont ~*s* jumelles. 悲惨と偉大さは双子の姉妹のようなもの.
4 〖カトリック〗修道女, スール, シスター;〔*pl.* で〕修道女会. Ma ~ 修道女さま〔呼びかけ〕. S~*s* de la Charité 愛徳修道会. ~*s* grises (灰色の制服の修道女→)聖フランソワ世俗修道会の慈善活動修道女. ~ hospitalière 慈善活動修道女. ~ infirmière 看護修道女. 〔話〕bonne ~ 〔慈善病院・教育施設付き〕修道女.

Sofaris (= *S*ociété *f*rançaise pour l'*a*ssurance du capital *ris*que des petites et moyennes entreprises) *n.pr.f.* フランス中小企業キャピタル・リスク保障保険会社.

SOFIA (= *S*ystème d'*o*rdinateurs pour le *f*ret *i*nternational *a*érien) *n.m.* 〖運輸〗国際航空貨物コンピュータ・システム.

Sofica (= *s*ociété de *fi*nancement des *i*ndustries *ci*nématographiques) *n.f.* 映画産業融資会社〔1985年に制度導入;1998年現在約 20 社〕.

SOFINAT (= *S*ociété pour le *fi*nancement de la protection de la *nat*ure et de la lutte contre la pollution) *n.pr.f.* 自然保護・汚染防止対策金融会社〔公害防止のためにつくられた金融会社〕.

SOFIRAD (= *S*ociété *fi*nancière de *rad*iodiffusion) *n.pr.f.* ラジオ放送財政会社〔1942年設立. 資本金の99%を国庫金で出資し, フランス国内及び国外の民放を支配〕.

Sofres, SOFRES [sɔfrɛs] (= *S*ociété *f*rançaise d'*e*nquêtes par *s*ondage) *n.pr.f.* フランス世論調査会社, ソフレス〔1963年設立〕.

software [sɔftwɛr]〔英〕*n.m.* 〖情報処理〗**1** ソフトウェア, ソフト (ハードウェア hardware の対;公用推奨語は logiciel).
2 (視聴覚・マルチメディア産業における)プログラム産業.

Sogenfrance *n.pr.* ソジャンフランス (Société générale の認定する投資信託 Sicav のファンド名).

soi-disant *a.inv.* **1** 自称の. un ~ docteur 自称博士. une ~ duchesse 自称公爵夫人.
2 いわゆる (= présumé, prétendu). la ~ liberté de pensée いわゆる思想の自由.
——*ad.* 自称するところでは;…と称して;表向きは. Il aurait ~ démissionné. 彼は辞

職したと称しているらしい.〔俗〕*S*~ que+*ind.* と称している；…ということらしい.

soie *n.f.* Ⅰ **1** 絹, シルク；絹糸 (=fil de ~); 絹織物 (=tissu de ~). ~ artificielle 人絹. ~ grège (brute, crue, écrue) 生糸. ~ sauvage 山繭糸, 天蚕糸. ~ torse 絹撚糸. ~ de 20 deniers 20デニールの絹糸. cocon〔de ~〕繭. ver à ~ 蚕. bas (robe) de ~ 絹の靴下 (ドレス). décreusage de la ~ 生糸の熱湯処理. foulard pure ~ 純絹のスカーフ. industrie de la ~ 絹産業. moulinage de la ~ 生糸の撚糸加工. ouvraison de la ~ 生糸の精練加工. la Route de la ~ シルク・ロード.
2〘絹糸状のもの〙~ végétale 植物の刺毛.
3〘絹地状のもの〙papier de ~ 薄葉紙.
Ⅱ **1** (猪・豚などの) 毛, 剛毛. pinceau en ~s de porc 豚毛の筆.
2 くもの糸 (=fil d'araignée).
3〘植〙(稲穂やとうもろこしの花被・葉の先端の) 毛.

soierie *n.f.* **1** 絹織物；絹製品. ~s de Lyon リヨンの絹織物. **2** 絹織物業；絹織物工場. **3** 絹織物製造 (販売).

soif *n.f.* **1** (喉の) 渇き. avoir ~ 喉が渇いている；(土地・植物が) 水を必要としている. 水涸れである. avoir très (grand) ~ ひどく喉が渇いている. boire à sa ~ たっぷり飲む. boire sans ~ やたらに酒を飲む；〔比喩的〕やりたくもないことをする. demeurer (rester) sur sa ~ 渇きを癒し切れずにいる；〔比喩的〕物足りぬ思いがする. jusqu'à plus ~ 渇きが癒えるまで；〔比喩的〕心ゆくまで.〔話〕Il fait ~ 喉が渇く. haleter de ~ 渇きにあえぐ. mourir de ~ 死ぬほど喉が渇く. souffrir de ~ 渇きに苦しむ.〘医〙~ pathologique 病的な喉の渇き.
2〔比喩的〕(de に対する) 渇望. ~ de connaissance 知識欲. ~ de l'or 金銭欲. ~ intellectuelle 知的渇望. avoir ~ de *qch* (de+*inf.*) 何を (…することを) 渇望する. avoir ~ de liberté 自由を渇望する. avoir ~ de sang 血に飢えている.

soignant(e) *a.*〘医〙看護する, 看護に従事する, 介護にあたる. aide 〔-〕~(e) 準看護師. équipe ~e 看護チーム (personnel infirmier 看護師, psychologue 心理専門家, assistance sociale 社会扶助員などから成る). personnel ~ 看護人；介護人.
——*n.* 看護人 (看護師, auxilliaire médicale 医療補助人など) ；介護人.

soigné(e) *a.p.* **1** 手入れ (注意, 世話) の行きとどいた；身だしなみのよい. tenue ~e きちんとした服装. ville propre et ~e 清潔で手入れの行きとどいた町. être ~ 〔de sa personne〕身だしなみがよい.
2 (仕事などが) 入念な, 丹念な. cuisine ~e 入念な調理. repas ~ 手の込んだ食事. style ~ きちんとした文体. travail ~ 入念な仕事.
3〔話・皮肉〕ご念の入った, ひどい. L'addition était ~e. 勘定はべらぼうだった.

soigneur *n.m.*〘スポーツ〙トレーナー；(ボクシングの) セコンド.

soigneux(se) *a.* **1** (de) に気を配る, を配慮する. ~ de sa personne 身だしなみに気を配った. être ~ de sa santé 健康に留意する. être ~ de+*inf.* (〔古〕à+*inf.*) …しようと気を遣う.
2 (人が) 細心な, 綿密な；きちんとしている. avoir l'air ~ 細心そうに見える.
3 (仕事などが) 入念な, 丹念な. ~ses recherches 丹念な研究. travail ~ 入念な仕事.

soin *n.m.* Ⅰ (*sing.* で. 心配り) **1** 心配り, 気配り, 心遣い, 配慮, 気遣い；〔古〕気がかり, 心配. ~ de plaire 人に気に入られようとする心遣い. ~ majeur de ma vie 私の人生の最大の関心事. malgré tous les ~s 用心深くしていたにもかかわらず. avoir (prendre) ~ de …に心を配る, …の世話をする. avoir (prendre) ~ d'un troupeau 家畜の群れの世話をする. prendre ~ de son corps 体に気を配る. Prenez bien ~ de votre santé. くれぐれも御自愛ください. avoir (prendre) ~ de+*inf.* (que+*subj.*) …するよう気をつける. laisser à d'autres le ~ de …の世話を他人に任せる.
2 入念さ, 細心さ. avec ~ 念を入れて；丁寧に. examiner avec grand ~ 念入りに検討する. exécuter avec beaucoup de ~ 念には念を入れて執行する. apporter (mettre) du ~ à *qch* (à+*inf.*) 何に (…するのに) 念を入れる.
sans ~ ぞんざいに, 乱暴に. enfant sans ~ だらしない子供. faire un travail sans ~ 仕事をぞんざいにやる. manquer de ~ ぞんざいである；雑である. manquer de ~ dans sa tenue 服装をかまわない.
Ⅱ (*pl.* で. 世話・手当て) **1** 世話, 心遣い, 配慮. ~s attentifs 注意深い心遣い. ~s du ménages 家事 (=~s domestiques). ~s matériels 物質的 (金銭的) 配慮. aux bons ~s de …様方, …様気付《宛名書き》. confier *qn* (*qch*) aux ~s de *qn* 人 (何) の世話を人に委ねる. donner ses ~s à une machine 機械の手入れをする. être aux petits ~s pour (avec) *qn* 何くれとなく人の面倒をみる. enfant qui a encore besoin des ~s de sa mère まだ母親の手がかかる子供.
2〘医〙手当て；処置；治療；介護. ~s à domicile 在宅看護 (介護). ~s infirmiers 看護. ~s médicaux 医療, 治療. ~s palliatifs 一時しのぎの手当て. ~s préventifs 予防処置.〔カナダ〕~s primaires (家庭医などによる) 一次医療, プライマリ・ケア. feuille de ~s 医療カルテ. premiers ~s donnés à un blessé 負傷者に対する応急手

当て.
donner des ~s à un malade 病人に手当て
を施す. recevoir des ~s dans un hôpital 病
院で手当てを受ける.
3（身体の）手入れ，ケア. ~s de beauté 美
容上の手入れ，ビューティー・ケア. ~s du
corps 体の手入れ，ボディー・ケア（=
hygiène corporelle）. ~s de toilette 化粧.
~s funèbres 遺体の処置.

soir *n.m.* **1** 夕方，夕べ，夕暮，宵；晩，夜
（日没から真夜中までは就寝時まで）. La ~
descend (tombe, vient). 日が暮れる，たそ
がれる. angélus du ~ 晩鐘. fraîcheur du
~ 夕べの爽やかさ. presse du ~ 夕刊紙.
repas du ~ 夕食. robe du ~ イヴニング
レス. salut du ~ 夕べの挨拶 (bonsoir,
bonne nuit). tombée du ~ 夕暮，たそがれ
時.
à ce ~ 今晩また会いましょう（別れの挨
拶）.〔副詞的〕au ~ 晩に. hier au ~ 昨晩.
la veille au ~ 前日の晩. le 1er mai au ~
5月1日の晩. du matin au ~ 朝から晩ま
で；一日中. du ~ au matin 晩から朝ま
で；一夜のうちに. être du ~ （人が）夜型で
ある.
2〔副詞的〕un ~；〔話〕un beau ~ ある
晩. dimanche (demain, le lendemain) ~
日曜（明日，翌日）の晩. hier ~ 昨晩. tous
les ~；chaque ~ 毎晩. sortir le ~ 夕方
（夜）外出する.
3（時刻について）午後（正午から真夜中ま
で）；一般に午後4時または5時から真夜中
まで）. six heures du ~ 午後6時.
4〔比喩的〕末期. le ~ de la vie 人生の暮
方，晩年.

soirée *n.f.* **1** ソワレー，宵の間，夕べ，晩，夜
（日没から就寝までの間）. Bonne ~！で
は，いい晩を《夕べの挨拶》. à la fin de la
~ 夜更けに. dans (pendant) la ~ 宵の間. en
~ 夕方に，夜になって. consacrer (passer)
ses ~s à 夕べを…して過ごす.
2 夕べの集い；夜のパーティー，夜会. ~
dansante ダンスの夕べ，夜のダンスパーテ
ィー. les ~s de Médan（ゾラを中心とする）
メダンの夕べ. Charmante ~！素晴らしい
夜会だ！；〔反語的〕結構な夜会だね！ ro-
be de ~ イヴニングドレス. 《Tenue de
~ de rigueur》「必ず正装のこと」（招待状での
要請の文言）. aller en ~ 夜のパーティー
（夜会）に行く. donner une ~ 夜のパーティ
ー（夜会）を催す.
3（芝居・映画などの）夜間興行，夜の部 (ma-
tinée「昼の部」の対）. une ~ débat à la
télévision TVの夜の討論番組. spectacle
donné en ~ 夜の部でのショー. projeter un
film en ~ 夜の部で映画を上映する.

soit-communiqué *n.m.inv.*〔法律〕
ordonnance de ~（裁判官の職種による）民
事事件の検察官への伝達決定；（予審判事に
よる）検事正への一件書類の伝達決定（送検
決定）.

soixantaine *n.f.* **1** 約60. une ~ de
personnes 60人ばかりの人.
2 約60歳；60歳台. atteindre la ~ 60歳
台に達する.

soixante *a.(pr.)num.card.inv.* 60〔の〕；
60番目〔の〕. ~ ans 60歳. ~ mille 6万.
~ minutes 60分. les années ~ 60年代.
page ~ 第60ページ. ~ et un (e) 61〔の〕.
~-deux 62〔の〕. ~-dix 70〔の〕. ~ et on-
ze 71〔の〕. ~-douze 72〔の〕.
~ et unième 61番目〔の〕. ~-deuxième
62番目〔の〕. ~-dixième 70番目〔の〕.
~ et unième 71番目〔の〕. ~-douzième 72
番目〔の〕.
— *n.m.inv.*（数字）の 60（= nombre ~）. le
numéro ~ 60；60番；60番地.

soixante-huitard(***e***) *a.* 1968年の，
五月革命の；1968年世代の.
— *n.* 1968年の五月革命参加者，五月革命
支持派；1968年世代の人.

soja *n.m.*〔植〕大豆. ~ transgénique 遺伝
子組換え大豆. farine de ~ 大豆粉；黄粉.
fèves de ~ 枝豆. germes (pousses) de ~
もやし. graine de ~ 大豆（粒）. huile de ~
大豆油. pâte (fromage) de ~ 豆腐（= tofu）.
pâte de ~ fermentée 味噌. sauce de ~ 醤
油.

Sokcho〔韓国〕*n.pr.* 束草（そくそう），ソ
クチョ（江原道，雪岳山国立公園の東麓の港
湾都市）.

SOL（= Service d'Ordre de la *l*égion）*n.m.*
〔軍〕外人部隊警務部（係）.

sol *n.m.* **I**（土地）**1** 地面，地表（= surfa-
ce du ~）. ~ battu 固められた地面. essai
au ~（航空機などの）地上テスト（essai au
vol「飛行テスト」の対）.〔軍〕missile ~-
(~-air, ~-mer, air-~, mer-~) 地対地
(地対空, 地対艦, 空対地, 艦対地）ミサイル.
ondulation du ~ 地表うねり（起伏）. vites-
se au ~ 地上速度. à deux mètres du ~ 地
表2mのところに. en rasant le ~ 地上す
れすれに. poser qch au ~ 何を地面に置く.
tomber sur le ~ 地面に倒れる.
2（地質から見た）土壌；〔地質・農〕土壌, 土
質；地味. ~s aménagés 整地. ~ argileux
粘土質の土壌. ~ de prairie 牧草地.〔地質〕
~ de transport 運搬土壌. ~ fertile (pau-
vre) 肥沃な（やせた）土地.〔地質〕~s rési-
duels 残留土壌. ~ vierge 未開拓地, 処女
地.
constituants des ~s 土壌の構成要素. ex-
ploitation du ~ 土地の開拓（開発）. pro-
duits du ~ 農産物. propriétés physiques
du ~ 土壌の物理的特性. science du ~ (des
~s) 土壌学（= pédologie）.
3 地所, 宅地. ~ à bâtir 建築用地. atta-
chement au ~ 土地への愛着（執着）. coeffi-
cient d'occupation du ~ 土地占有係数, 建
蔽率（略記 COS）. plan d'occupation des ~

solaire

s 土地占有計画《当局による市街地の利用規制》; 略記 POS.
4 国；土地；地方. le ~ breton (français) ブルターニュ(フランス)の地. le ~ natal 母国, 生国. droit du ~ (移民の子供の)出生地に基づく権利 (droit du sang「血縁による」の対).
5 (天体の)表面. ~ lunaire (de la lune) 月面.
Ⅱ 〚床〛床面, 床 (plafond「天井」の対). ~ carré タイル張りの床. ~ de terre 土間. 〚体操〛exercices au ~ 床運動. s'asseoir sur le ~ 床(地面)にすわる.

solaire *a*. **1** 太陽の, 太陽に関する. année (jour) ~ 太陽年(日). chaleur ~ 太陽熱. couronne ~ コロナ. culte ~ 太陽崇拝. cycle ~ 太陽循環期, 太陽活動周期. éclipse ~ 日蝕 (=éclipse du Soleil). énergie ~ 太陽エネルギー. rayonnement ~ 太陽光線. système ~ 太陽系；(太陽系に似た)恒星系.
2 太陽光線の, 日光の；太陽光線による, 太陽エネルギーの；太陽光線利用の. cadran ~ 日時計. capteur ~ 太陽エネルギー捕獲装置, ソーラー・コレクター. cellule ~ 太陽電池 (=pile ~, photopile). centrale ~ 太陽エネルギー発電所, 太陽熱発電所. Commission ~ mondiale (ユネスコの)世界太陽エネルギー委員会(=〔英〕World Solar Commission). constante ~ 太陽定数. 〚医〛dermatite ~ 日光皮膚炎. four ~ 太陽炉. habitat ~ ソーラー・ハウス. module ~ ソーラー・パネル. 〚医〛rétinite ~ 日光(日食性)網膜炎. voiture ~ ソーラー・カー.
3 太陽光線から守る. crème ~ 日焼け止めクリーム.
4 〚気象〛brise ~ 太陽風《日の出と共に吹き, 日没に鎮まる微風》.
5 〚解剖〛plexus ~ 太陽神経叢.
——*n.m.* 太陽エネルギー工学；ソーラー・システム, ソーラー産業.

solanacées, solanées *n.f.pl.* 〚植〛茄子(なす)科.

solarium *n.m.* 〚医〛太陽光線療法施設, 日光療法施設, ソラリヨム.

soldat *n.m.* **1** 軍人, 戦士, 兵士, 兵隊. ~ de métier 職業軍人. 〚玩具〛~ de plomb 鉛の兵隊 (=petit ~). ~ inconnu 無名戦士. le Tombeau du ~ inconnu à l'Arc de Triomphe de l'Etoile-Charles-de-Gaulle (パリの)エトワール=シャルル=ド=ゴール広場の凱旋門下の無名戦士の墓《第一次世界大戦の無名戦死者の墓；1920年設置》. S~ inconnu d'Indochine インドシナ戦争での無名の戦死者〔の墓〕(Pas-de-Calais県のNotre-Dame de Lorette国立墓地, 1980年). métier de ~ 軍職；軍人生活.〚話〛jouer au petit ~ 空威張りする, 偉ぶる.
2 (陸軍・空軍での階級としての)兵, 兵士, 兵卒 (=sans-grade; simple ~). ~ de première (deuxième) classe 一(二)等兵. ~ du contingent 召集兵. ~ engagé (mobilisé, rappelé, sursitaire) 志願(召集, 応召, 徴兵猶予)兵. ~ démobilisé 動員解除(復員)兵. jeune ~ 若い兵士；新兵 (=conscrit, recrue). vieux ~ 老兵；古参兵. femme ~ 女性兵士.
3 〚比喩的〛戦士. ~ de la liberté 自由の戦士. ~ du Christ キリスト擁護の闘士.
4 〚昆虫〛兵蟻(へいあり)；かめむし (=pyrocorise).

solde[1] *n.m.* **1** 〚会計〛貸借の差引〔残高〕, 収支バランス. ~ créditeur 貸越し額. ~ débiteur 借越し額. ~ du budget de l'Etat 国家予算の収支バランス. ~ des mouvements de capitaux (国際収支の)資本収支. ~ positif (négatif) 黒字(赤字)残. pour ~ de compte 精算金として；〚比喩的〛結局のところ, とどのつまり.
2 未払金；未払金の清算.
3 〚人口統計〛差. ~ migratoire 移入・移出人口の差. ~ naturel 出生・死亡人口の差.
4 ソルド, 見切り売り, 特売, バーゲンセール (=vente de (en)~).〚*pl.*で〕見切り品, 特売品 (=marchandises mises en ~). ~ exceptionnel 特別バーゲンセール. ~ saisonnier 季節バーゲンセール. ~ d'été (d'hiver) 夏(冬)のバーゲンセール. ~ en ~ バーゲンで. articles vendus en ~ 特売品.

solde[2] *n.f.* **1** 〚軍〛(軍人・軍属の)俸給. ~ mensuelle 月当りの俸給.
2 〚アフリカ〛給与, 俸給.
3 〚比喩的〛avoir *qn* à sa ~ 人を金で手なずけている.〚蔑〛être à la ~ de *qn* 人に雇われている；人に買収されている.

soldé(e) *a.p.* **1** 特売された, 投げ売りされた (=vendu en solde). marchandises ~*es* 特売品.
2 〚会計〛貸借勘定をされた；残高を支払った；清算された.

sole *n.f.* 〚魚〛ソール, 舌鮃(したびらめ) 《語源は solea Jovi (ユピテルのサンダル)；ヨーロッパのソールは左目ではなく右目, 日本近海産のソールは左目；ヨーロッパでは最も珍重される白身の魚》.
~ de Douvre (d'Ostende) ドーヴァー海峡(オステンド)ソール《共に最も美味とされるソール》. ~ de ligne 一本釣りのソール (=~ française フランス・ソール). ~ de sable 砂地ソール, 山鶉ソール (=~ perdrix). ~ franche ソール・フランシュ, 純生ソール《英仏海峡でとれるソールの呼称》.〚料理〛~〔à la〕meunière ソールのムニエル. filets de ~ sauce hollandaise ソールの三枚おろし, ソース・オ〔ル〕ランデーズ添え.

soléaire *a*. 〚解剖〛鮃(ひらめ)状の. muscle ~ 鮃筋.
——*n.m.* 鮃筋《下肢後部の伸筋》.

soleil *n.m.* Ⅰ (太陽) **1** le ~ 太陽；日輪,

日〔天文用語では一般に le S~〕. ~ levant 昇る太陽, 朝日；東方. Empire du S~ levant, le S~ levant 日本. ~ couchant 沈む太陽, 落日. ~ du minuit 白夜の太陽.〔dieu du〕S~ 太陽神. distance de la Terre au S~ 地球と太陽との間の距離. rayon de ~ 太陽光線, 日光, 日射.

2 日光, 陽光, 日照；日射；日差し；日向（ひなた）；日射熱. Il fait 〔du〕~. 日が照っている, 天気がよい, 晴れである. s'exposer au ~ 日光を浴びる. se protéger du ~ 日光から身を守る. au ~ 日向で；日の当る. place au ~ 日当りの良い場所；〔比喩的〕日の当る場所. avoir du bien (des biens) au ~ 不動産をもっている.

bain de ~ 日光浴. prendre un bain de ~ 日光浴をする.〖医〗coup de ~ 日射病；〔特に〕日射性皮膚紅斑症（=érythème solaire）, 激しい日焼け. en plein ~ さんさんと陽光が降り注ぐ場所で. lunettes de ~ サングラス.

Le ~ luit, brille pour tout le monde. 太陽はすべての人に役立つ. Il y a rien de nouveau sous le ~. (陽光の下で新しいものは何一つない→) 世の中ではすべて日々変りなく繰返される.

Ⅱ〔比喩的〕**1** 太陽のような存在；王権. le Roi-S~ 太陽王（ルイ 14 世）.
2〖天文〗un ~（太陽系に似た恒星系の）中心恒星, 太陽. Il y a des milliards de ~s dans chaque galaxie. 各星雲には無数の太陽がある.
3〔紋章〕日輪；日の丸.
4〔植〕ひまわり（=tournesol）.
5〔花火〕車輪.
6〔体操〕（鉄棒の）車輪. faire le grand ~ 大車輪をする.

solennel(le) [sɔlanɛl] *a.* **1** 儀式（盛儀）を伴う；盛大な；荘厳な. fêtes ~ les 盛儀, 大祝祭日. messe ~ le 荘厳ミサ. obsèques ~ les 盛大な葬儀. scéance ~ le de l'Académie アカデミーの総会.
2（誓約・契約などが）厳粛性をもった, 要式主義の, 正式の. acte ~ 要式行為, 正式公文書. contrat ~ 厳粛要式契約. rentrée ~ le des tribunaux 裁判所の公式再開廷. serment ~ 誓約. faire une déclaration ~ le 公式に（厳かに）宣言する.
3 厳粛な, 荘重な；〔蔑〕勿体ぶった, 大袈裟な. air ~ 厳かな雰囲気. cérémonie ~ le 厳かな儀式. personne ~ le しかめつらしい人. ton ~ 厳かな口調；勿体ぶった口調.

solennité *n.f.* **1** 祝祭；盛儀（=fête solennelle）. ~ de Pâques 御復活の大祝日, 復活祭.
2〖法律〗要式性, 厳粛性；公式性, 儀式性. ~ d'un contrat 契約の要式性. ~ d'une fête 祭祀の公式性.
3 厳粛さ, 荘重さ；〔蔑〕勿体ぶった様子.

~ prétentieuse 気取った様子. parler avec ~ 重々しく話す.

solénoïde *n.m.* **1**〖電〗ソレノイド（円筒状コイル）
2〖気象〗ソレノイド（等圧面と等密度面に囲まれた部分）.
——*a.* ソレノイドの（=solénoïdal (ale), aux）. spirale ~ ソレノイド渦巻線.

Solférino *n.pr.* ソルフェリーノ（イタリアの町名. 1854 年 6 月 24 日フランス軍がオーストリア軍を撃破）. rue de ~ ソルフェリーノ通り（パリ市第 7 区にあり, 10 番地にフランス社会党本部があるため, 社会党の代名詞として用いられることがある）.

solidaire *a.* **1** 連帯している,（de と）連帯関係にある. être ~ avec (de) qn 人と連帯している. se sentir ~ de qn 人と連帯していると感じる.
2〖法律〗（債権債務関係で）連帯責任を負う, 連帯の. acte ~ 連帯責任行為. caution ~ 連帯保証. débiteurs ~s 連帯債務者. obligation ~ 連帯債務. responsabilité ~ 連帯責任.
3〖機工〗一体の, 相互連関の, 相互依存関係にある（indépendant「独立の」の対）. pignons ~s 連関ギア.〔比喩的〕problèmes ~s 相互連関的問題.

solidarité *n.f.* **1** 連帯；連帯性；連帯感（=sentiment de ~）. ~ internationale 国際的連帯. ~ nationale 国民の連帯. ~ professionnelle 職業的連帯（性・感）. allocation à la ~ nationale 国民連帯手当. allocation de ~ spécifique (ASS)（長期失業者の一部に対する）特定連帯手当. contrat emploi-~ (CES) 雇用連帯契約（1989 年導入）. Fonds national de ~ 全国連帯基金（1956 年設立）. impôt de ~ sur la fortune (ISF) 連帯富裕税（1988 年導入）. loi de ~ et de renouvellement urbain (loi SRU) 都市再生連帯法（2000 年成立）. organisation de ~ 連帯組織. sentiment de ~ 連帯感. agir avec ~ 連帯感を抱いて行動する.
2〖法律〗連帯責任（=responsabilité solidaire）. ~ active 連帯債権. ~ commerciale 商事の連帯債務. ~ familiale 家族的連帯. ~ entre les créanciers 債権者間の連帯関係. ~ légale 法律上の連帯責任, 法的連帯責任. ~ ministrielle 内閣の連帯責任. ~ passive 連帯責任.
3 相互依存〔関係〕, 相関性, 連関性. ~ de la pensée et du langage 思考と言語の相関性.

Solidarność〔ポーランド〕*n.f.* ソリダルノスチ, 連帯（=solidarité）（ポーランドのグダニスク Gdańsk で 1980 年 9 月に結成した組合連合, 1982 年 10 月解散；1989 年再び合法化）.

solide *a.* Ⅰ〔堅固な〕**1**（物が）丈夫な, 頑丈な；しっかりした；安定した. chaise ~ 頑丈な椅子. couleur ~ 堅牢な色. fon-

solidification

dements ~s 堅固な基礎. mur ~ 丈夫な壁. voiture ~ 頑丈な車.
2(人が)丈夫な, 頑健な；がっしりした. ~ gaillard；gaillard ~ 屈強な男. épaules ~s がっしりした肩. avoir le cœur ~ 心臓が丈夫である. être ~ sur ses jambes 足元がしっかりしている.
3(人・精神が)しっかりした. avoir la tête ~ 考えがしっかりしている. être ~ dans ses convictions 信念に揺ぎがない.
4(議論などが)しっかりした；(信念などが)強固な；(性格が)真面目な. ~ amitié；amitié ~ 揺ぎない友情. ~s qualités しっかりした資質. connaissances ~s 確固とした知識. conviction ~ 揺ぎない信念. liens ~s 強固な絆. avoir de ~s raisons pour+inf. …する確固とした理由がある.
5〖軍〗頑強な. armée ~ 頑強な軍隊. être ~ au poste 部署を死守する；〖比喩的〗任務を守り抜く；不撓不屈である.
6〖話〗〖一般に名詞の前〗強い, 大きい, 激しい. ~ appétit 旺盛な食欲. ~ coup de poing 激しい拳固の一撃. ~s revenus たっぷりした収入.
II(固まった)**1** 固体の；固形の. aliments ~s 固形食品. corps ~ 固体. état ~ 固体状態. nourriture ~ 固形食 (nourriture liquide「流動食」の対).〖化〗solution ~ 固溶体.
2〖幾何〗立体の. angle ~ 立体角. figure ~ 立体形.
—*n.m.* **1** 固体. structure cristalline des ~s 固体の結晶構造. physique du ~ 固体物理学.
2〖幾何〗立体. ~s idéaux 理想立体.
3 しっかりしたもの, 確固たるもの. 強固なもの. acheter du ~ しっかりしたものを買う. Ça, c'est du ~! それはもう固まっている!

solidification *n.f.* 〖物理・化〗凝固, 固化. température de ~ 凝固温度.

solidifié(e) *a.* (液体を)固型化した, 固体化した；凝固させた. alcool ~ 固型アルコール〖燃料〗.

solidité *n.f.* **1** (物の)丈夫さ, 頑丈さ. 耐久性；堅牢性. ~ d'un pont (d'une maison) 橋(家屋)の頑丈さ (堅牢性). ~ d'une couleur 色の耐久性.
2 (人の)頑強さ, 頑健さ. avoir une ~ à toute épreuve いかなる試練にも耐える頑強さをそなえている.
3 強固さ；堅固さ；揺るぎなさ. ~ de jugement 判断の確かさ. ~ d'un lien 絆の強さ. ~ du mariage 結婚生活の揺るぎなさ. ~ du raisonnement 推理の固さ.
4 (制度などの)強固さ；安定性. ~ des institutions 制度の安定性.
5〖古〗固体であること, 固さ. ~ des corps 物体の固さ.

soliste *n.* **1**〖音楽〗独奏(独唱)者. ~ de concerts コンサートのソリスト. violoniste ~ ヴァイオリンのソリスト.
2〖舞〗ソリスト.

solitaire[1] *a.* **1** 孤独な；孤独を好む. enfance ~ 孤独な幼少時代. humeur ~ 孤独を好む気質. navigateur ~ 単独航海者.〖古〗plaisir ~ 自慰, オナニー (=masturbation). vie ~ 孤独な暮らし.
2 人気(ひとけ)のない, 淋しい；人里離れた；孤立した. forêt ~ 人気(ひとけ)のない森. hameau ~ 人里離れた集落. maison ~ 1軒家.
3〖動〗群居しない,〖植〗単頂花序の. guêpes ~s 群居しない雀蜂.〖俗〗ver ~ 虫, さなだ虫 (=ténia). fleur ~ 単頂花.
—*n.* **1** 孤独な人；孤独を好む人. vivre en ~ ひとりきりで暮す.
2 孤高の人；世捨人, 隠者.

solitaire[2] *n.m.* **1**〖狩〗群を離れた年老いた牡猪.
2 (指環の)一つ留ダイヤモンド.
3〖遊戯〗ソリテリー.
4〖海〗一人乗りの船.

solitude *n.f.* **1** 孤独, 孤立；独居. ~ morale 精神的孤独. aimer la ~ 孤独を愛する (好む). vivre dans la ~ 孤独に暮す.
2 孤独感 (=sentiment d'une ~); 人気(ひとけ)のなさ；人気(ひとけ)のない場所 (=lieu solitaire). ~ des forêts 森の人気のなさ.

sollicitation (<solliciter) *n.f.* **1** 懇願, 懇請；要請；陳情, 請願. céder aux ~s de qn 人の懇請に負ける.
2〖電算〗(入力や応答などの)要請.
3 誘惑, 誘い, そそのかし；客引き.
4〖物理・技術〗応力. ~ au choc 衝撃応力. machine qui répond fidèlement aux moindres ~s des commandes 操作の極く僅かな力にも忠実に応える機械.

solliciteur(se) *n.* (地位, 恩恵, 面会などの)懇願(請願)者；陳情者. éconduire un ~ 請願者の要請をはねつける (追い払う).

solo (*pl.* ~s；稀にも *soli*)〖伊〗*n.m.*〖音楽〗独奏(独唱)部, 独奏(独唱)曲；〖舞〗独奏演部(曲). en ~ ソロで；〖話〗独りきりで.
—*n.* 独身者 (=célibataire). ~ bizness ソロ・ビジネス《独身者を対象としたビジネス》. Au total, il y a 13, 8 millions de ~s en France. フランスには総数で1,380万人の独身者がいる.
—*a. inv.* ソロ. spectacle ~ ワンマンショー. violon ~ 独奏ヴァイオリン.

Sologne(la) *n.pr.f.* ソローニュ地方(la Loire ロワール河, le Cher シェール川, le Sancerrois サンセロワ川に囲まれた地域；酪農, 森業, 野菜の栽培, 狩猟などで知られる.)；形容詞 solognot(e)》.

solognot(e) *a.* ソローニュ地方 (la Sologne) の；ソローニュ地方の住民の.

—S~ n. ソローニュ地方の住民.
sol-sol *a.inv.*〖軍〗地対地の. missile ~ 地対地ミサイル.
solstice *n.m.*〖天文〗(太陽の)至(し)(太陽が赤道から最も離れた時);〖天文〗至点. ~ d'été 夏至. ~ d'hiver 冬至.
solubilité *n.f.* 可溶性;〖化〗溶解度.
soluté *n.m.* **1**〖薬〗液剤. ~ de l'eau oxygénée 過酸化水素水, オキシドール. ~ physiologique 生理的食塩水.
2〖化〗(溶剤中の)溶質.
solution *n.f.* **1** (問題を)解くこと, 解, 解答;(懸案などの)解決, 解決法;〖数〗解. ~ d'une difficulté 難問の解決.〖数〗~ d'équation 方程式の解. ~ d'un problème 問題の解答. ~ d'un rébus 判じ絵の解. ~ élémentaire 基本解. ~ militaire 軍事的解決法, 戦争. chercher (trouver) les ~s 解決策を探る (見出す). ~ numérique 数値解. ~ périodique 周期解.
〖数〗chercher une ~ à un problème 問題の解答(解決法)を探す. demander une prompte ~ すみやかな解決を求める. trouver la ~ d'un problème 問題の解答(解決法)を見出す.
2 (de の)溶液, 液剤, 液, 溶体;溶解;〖医〗溶剤, 水薬. ~ acide 酸性液. ~ aqueuse 水溶液. ~ au titre 標準溶液 (= empirique). ~ colloïdale コロイド溶液. ~ de Ringer リンゲル液. ~ de sucre 砂糖水. ~ hypersaturée (sursaturée) 過飽和溶液. ~ idéale 理想溶液. ~ médicamenteuse (pharmaceutique) 溶剤, 水薬. ~ normale 規定溶液. ~ saturée 飽和溶液. ~ solide 固溶体. ~ tampon 緩衝溶液. en ~ 溶解した. substance en ~ 溶解物質.
3 分離, 離解, 離断.〖医〗~ de contiguité 隣接分離. ~ de continuité 切れ目, 断絶;〖医〗裂開, 面断面分離(骨折・脱臼など). sans ~ de continuité 切れ目なく.
4〖史〗~ finale 最終解決策, 民族抹殺計画 (=〖独〗Endlösung;第二次大戦下のナチによるユダヤ人絶滅計画).
solvabilité *n.f.*〖経済〗支払能力, 債務返済能力. débiteur d'une ~ douteuse 支払能力が疑わしい債務者.
solvable *a.* 支払能力のある, 債務返済能力のある. débiteur ~ 返済能力のある債務者.
solvant *n.m.*〖化〗溶媒, 溶剤. ~ d'extraction 抽出溶媒. ~ non aqueux 非水溶媒. ~ organique 有機溶剤. ~ protique プロトン性溶媒, プロティック溶媒. effet de ~ 溶媒効果.
soma *n.m.*〖生〗体(たい)(生物の生殖細胞を除く全組織・器官;germen「生殖質」の対)に対して)身体.
somali(*e*) *a.* ソマリの (la Somalie) の, ソマリア民主共和国 (la République démocratique de Somalie) の;ソマリア人の;ソマリア語の.
—S~ *n.* ソマリア人. les S~s ソマリア族.
—*n.m.* ソマリ語《ソマリア民主共和国の公用語》.
Somalie (la) *n.pr.f.*〖国名通称〗ソマリア《公式名称:la République démocratique de S~ ソマリア民主共和国;国民:Somalien (*ne*);首都:Mogadiscio, Muqdisho モカディシオ;通貨:shilling somalien [SOS]》.
somalien(*ne*) *a.* ソマリア (la Somalie) の. shilling ~ ソマリア・シリング《ソマリア民主共和国の通貨》.
somathormone *n.f.*〖生化〗成長ホルモン (=hormone de croissance, hormone somatotrope) (=〖英〗GH:*grow*th *hor*mone).
somation *n.f.*〖生〗体変化, 副変態, 非遺伝性変態;(細菌の)変性.
somatique *a.* **1**〖医・心〗身体の, 身体に関する (psychique「精神の」の対);体性の, 体幹の. nerf ~ 体性神経. reflexe ~ 体性反射.
2〖生〗体の, 体質の (germinal, germinatif「生殖質, 胚」の対). cellules ~s 体細胞. mutation ~ 体細胞突然変異.
somatisation (<somatiser) *n.f.*〖精神医学〗身体化《心的葛藤の身体症状化》.
somato- 〖ギ〗ELEM「身体, 体」の意 (*ex. somato*trope 身体に作用する).
somatomédine *n.f.*〖生化〗ソマトメジン.
somato-psychique *a.*〖精神医学〗身体と精神の.
somatostatine *n.f.*〖生化〗ソマトスタチン, 成長ホルモン分泌抑制因子.
somatothérapie *n.f.*〖医〗(心理的問題についての)身体治療〖法〗.
somatotrope *a.* 体細胞に作用する. hormone ~ 成長ホルモン (=somatotrophine, hormone de croissance).
somatotrophine *n.f.* ソマトトロピン《成長ホルモン hormone de croissance), ソマトトロピック・ホルモン (hormone somatotrophique, STH と略記)》.
somatropine *n.f.*〖薬〗ソマトロピン《遺伝子組換えヒト成長ホルモン製剤;薬剤製品名 Genotonorm (*n.m.*) など》.
sombre *a.* Ⅰ〖具体的〗**1** 暗い, 薄暗い. ~ église 薄暗い教会堂. ciel ~ 暗い空.〖林業〗coupe ~ 弱間伐. nuit ~ 暗夜. pièce ~ 暗い部屋. Il fait ~. 薄暗い天気だ.
2 (色が)黒ずんだ, 暗い;黒ずんだ色の. couleur ~ 黒ずんだ色. manteau ~ 黒っぽいコート. rouge ~ 暗紅色.
3〖神話〗~ empire;~s bords;~s rivages 冥界.
Ⅱ〖比喩的〗**1** 暗い, 陰気な, 陰鬱な, 不安な, 絶望的な. ~ histoire 暗澹たる話. air ~ 陰鬱な様子. avenir ~ 暗い未来. carac-

tère ~ 陰気な性格. ~ journée；journée ~ 陰鬱な一日. visage ~ 沈んだ面持.
2〚話〛やり切れない, いやな, 嘆かわしい. ~ idiot 救いようのない馬鹿者.

somesthésie *n.f.* 体感, 身体感覚.

sommaire *a.* **1** 概略的な；大雑把な. analyse ~ 大雑把な分析. explication ~ 手短かな説明. exposé ~ 概略的報告（説明）書. projet ~ 概略的計画.
2 簡単な；一時しのぎの, 応急の. abri ~ 一時しのぎの避難所. examen ~ 簡単なテスト. réparation ~ 応急修理. repas ~ 簡単な食事.
3〚法律〛略式の. exécution ~ 正規の手続きを経ない処刑. matières ~s 簡易訴訟事件. procédure ~ 簡易訴訟手続.
— *n.m.*（本などの）要約；（要約付の）目次. ~ d'un livre 書物の要約. ~ d'une revue 雑誌の目次.

sommation[1]（<somme）*n.f.* **1**〚数〛求和；(特に)〚級数の〛総和〚法〛（記号Σ）. ~ de quantités 数量の求和. ~ des termes d'une série 級数の項の総和〚法〛. ~ infinitésimale 無限小求和.
2〚生理〛（刺激の）加重, 累積.

sommation[2] *n.f.* **1** 催告, 督促；(裁判所などの)催告状.
2 (歩哨・警官などの) 停止命令, 誰何 (Halte!；Halte ou je fais feu!「止まれ！ 止まらないと射つぞ！」)；(群衆に対する) 解散命令；警告.

Somme *n.pr.f.* **1**〚地理〛la ~ ソンム川（la Picardie ピカルディー地方の Saint-Quintin サン=カンタン, Péronne ペロンヌ, Amiens アミヤン, Abbeville アップヴィルを経て, 英仏海峡に注ぐ；長さ245 km）. baie de ~ ソンム湾.〚史〛la bataille de ~ ソンムの会戦（1916年7月-11月）.
2〚行政〛la ~ ソンム県（=département de la ~；県コード80；フランスとUEの広域地方行政区画の région Picardie ピカルディー地方に属す；県庁所在地 Amiens アミヤン；主要都市 Abbeville, Montdidier モンティディエ, Péronne；4郡, 46小郡, 783市町村；面積6,176 km²；人口555,551）.

somme[1] *n.f.* **1** 金額, 総額, 大金. la ~ à payer 払い込むべき金額. Le projet met en jeu des ~s considérables. この計画には大金がかかっている. 500 euros est une ~ pour lui. 彼にとって500ユーロは大金だ.
2 合計,〚数〛和. faire la ~ de X et de Y X と Y を足す. ~ algébrique 代数和. ~ d'une série 級数和.〚論理〛~ logique 論理和. ~ partielle 部分和, 小計. ~ totale 総計. signe de ~ 総和記号（Σ）.
3 総量, 総体.
4 *le* S~ *théologique* 神学大全（Thomas d'Aquin の主著）.
5〚慣用句〛~ toute 要するに, 結局. en ~ 熟慮すれば, 結論として, よく考えれば.

somme[2] *n.f.* bête de ~ 荷運び用の動物, 駄獣. travailler comme une bête de ~ 馬車馬のごとく働く.

somme[3] *n.m.* 睡眠. faire un (petit) ~ ほんの一眠りする. ne faire qu'un ~ 朝まで一息に眠る.

sommeil *n.m.* **1** 睡眠, 眠り. ~ à ondes lentes 徐波睡眠（= ~ lent). ~ de plomb 深い眠り. ~ léger 浅い眠り. ~ non REM ノンレム睡眠. ~ paradoxal 逆説睡眠, レム睡眠. ~ profond 深い眠り.〚精神医学〛~ prolongé (薬物利用の) 持続睡眠療法. ~ provoqué 催眠 (=hypnose). ~ REM (*ra*pid *e*ye *m*ovement) レム（急速眼球運動）睡眠. cure de ~ 睡眠療法. excès de ~ 睡眠過多 (=hypersomnie). huit heures de ~ 8時間の睡眠. insuffisance de ~ 睡眠不足, 不眠 (=insomnie). maladie de ~ 眠り病, トリパノゾーマ感染症 (=trypanosmiase). nuit sans ~ 眠られぬ夜. premier ~ 寝入りばな. troubles du ~ 睡眠障害. dormir d'un ~ de plomb 死んだようになって眠る.
2 眠気. avoir ~ 眠い. céder au ~ 眠気に負ける. mourir de ~ 死ぬほど眠い. vaincre le ~ 眠気に打ち勝つ.
3 休眠〚状態〛, 一時的な活動停止〚状態〛. ~ hibernal (hivernal) 冬眠. en ~ 眠ったような, 休眠状態の. affaire en ~ 休眠事業. volcan en ~ 休火山.
4〚比喩的〛le ~ éternel；le dernier ~ (最後の眠り→) 死 (=mort).

sommelier (ère)[1] *n.* **1** ソムリエ (ソムリエル) (レストランの葡萄酒・飲物係). meilleur ~ de France (du monde) フランス (世界) の最高のソムリエ.
2 (昔の大家の) 食事 (食品) 係；(王家などの) 酒係, 酒番.

sommelière[2] *n.f.*〚スイス〛(レストラン, カフェの) ウェートレス (=serveuse).

sommet *n.m.* **1** 頂上, 山頂. le ~ du mont Blanc モンブランの頂上. ~ sous-marin 海底山脈の山頂.
2 頂点；(組織の) トップ, 最上層部. le ~ de l'échelle sociale 社会階層の最上部.
3 頂上会談, 首脳会議 (=conférence au ~). ~ des pays industrialisés 先進国首脳会議, サミット. ~ européen ヨーロッパ首脳会議 (2007年現在は Conseil européen des chefs d'Etat et de gouvernement des vingt-sept pays membres de l'Union européenne ヨーロッパ連合加盟27カ国首脳会談；ヨーロッパ首脳会議の第1回開催は1961年）.
4 頂点, 極致. le ~ de la gloire 栄光の絶頂.
5〚数〛頂点. le ~ d'un triangle 三角形の頂点.

◆ 山頂の同意関連語　aiguille, ballon, dent, pic, pointe, puy.

somnambule *n.* **1** 夢遊病者. agir en ~ 夢遊病者のように行動する. marcher comme un(une) ― 夢遊病者のように歩く.
2 催眠術にかかった人. prédictions des ~s 催眠術にかかった人の予言.
――*a.* 夢遊病の; 夢遊病にかかった. pas ~ 夢遊病者の足どり.

somnambulisme *n.m.* 夢遊症, 夢遊病; ねぼけ(脳の不完全覚醒状態; 睡眠障害の一種). ~ provoqué 催眠状態; 催眠術.

somnifère *a.* 睡眠を誘発する, 催眠性の. médicament ~ 催眠薬.
――*n.m.* 催眠薬, 睡眠薬(=hypnotique). prendre un ~ 催(睡)眠薬を飲む.

somniloquie *n.f.* 寝言〔癖〕.

somnolence *n.f.* **1** 半睡状態(=demi-sommeil); うとうとしている状態; 眠気; 居眠り. médicament qui peut amener un état de ~ 眠気を誘うことのある医薬品.
2 〔比喩的〕無気力状態, ぼんやりした状態.

somnolent(e) *a.* **1** うとうとしている, 半睡状態の(=en demi-sommeil). état ~ 半睡状態. être ~ après un bon repas おいしい食事のあとうとうとしている.
2 無気力な, 不活発な; 〔比喩的〕眠っている, 目覚めずにいる; 麻痺した. qualités ~*es* 眠っている資質. vie ~*e* d'un village 村の半分眠ったような暮らし.

son[1] *n.m.* **1** 音, 音響. ~ agréable (hormonieux) 快い音. ~ aigu (grave) 高い(低い)音; 鋭い(重々しい, 鈍い)音. ~ audible 可聴音. ~ clair 澄んだ音. ~ complexe 複合音. ~ de cloche 鐘の音; 〔比喩的〕見解, 見方. ~s discordants 不協和音. ~ fondamental 基本音, 基音, 原音. ~ impulsif 衝撃音. ~s musicaux 楽音. 〔理・音楽〕~ pur (simple) 純音. ~ résonnant 反響音. énergie du ~ 音のエネルギー. enregistrement du ~ 録音. hauteur du ~ 音の高さ. ingénieur du ~ 録音(音響)技師. niveau d'intensité du ~ 音圧レヴェル. pression du ~ 音圧. 〔観光〕spectacle S~ et Lumière 音と光のショー. réflexion du ~ 音の反射. vitesse du ~ 音速(0℃の空気中で331 m/秒). au[x] ~[s] de …の音(音楽)を聞きながら(に合わせて).
2 〔言語〕音(おん), 音声. ~ fermé (ouvert) 閉音, 閉鎖音(開音). ~ guttural 喉音. ~ nasal 鼻音. étude des ~s par la phonétique 発音音声学. lecteur de ~ 音声読取装置.
3 〔医〕聴診音. matité du ~ (打診の際の) 濁音.

son[2] *n.m.* **1** 麩(ふすま); 糠(ぬか). boule de ~ 麩パン. pain au ~ 麩入りパン《小麦粉100 g につき15-30 g の麩を混入して焼いたもの》.
2 (詰物用)おがくず.
3 taches de ~ そばかす (=tache de rousseur).

sonar (=〔英〕*S*ound *n*avigation and *r*anging) *n.m.* 〔軍〕ソナー, 音響探知機. ~ d'attaque (潜水艦の) 攻撃用ソナー. ~ de veille 監視(警戒)用ソナー.

sondage *n.m.* Ⅰ **1** 探測, 測深. ~ acoustique 音響測深. ~ aérologique 高層気象探測. ~ par fusée ロケット探測. ~ ultrason 超音波探測.
2 〔採鉱, 地学, 土木〕ボーリング; 試錐. ~ à air comprimé 圧気ボーリング. ~ d'épreuve 試掘孔(ボーリング). ~ de sol 地質調査. ~ géologique 地質ボーリング調査.
3 〔医〕(ゾンデ, プジー, カテーテルなどの挿入による) 探針法, 消息子探索〔法〕. ~ par cathétérisme vésical 膀胱カテーテル挿入法による探索. ~ utérin 子宮消息子探索〔法〕. ~ urétovésical (vésical) 尿道膀胱探針法.
Ⅱ 〔比喩的〕世論調査, アンケート; 〔統計〕標本調査. ~ d'opinion 世論調査. ~s de paix 和平の打診. ~ réalisé par l'Ifop pour l'Express les 7 et 8 février 2002, auprès d'un échantillon de 961 personnes représentatif de la population française âgée de 18 ans et plus, inscrits sur les listes électorales. 2002年2月7日と8日の両日, 選挙人名簿に登録されている18歳以上のフランス人を代表する(無作為抽出法による)961人の標本を対象に, イフォップ社が「エクスプレス」誌のために実施した世論調査. enquête par ~ アンケート調査. faire (pratiquer) un ~ 〔d'opinion〕世論調査を実施する. Société française d'enquêtes par ~ フランス世論調査会社(略称 Sofres ソフレス).
~ d'écoute (TVの) 視聴率調査, (ラジオの) 聴取率調査 (=audience).

sonde *n.f.* **1** 〔海〕測鉛, 測深機; (計測した) 深度. navigation à la ~ 測深航行.
2 〔空〕ゾンデ; 電波高度計(= ~ radio-altimétrique). ~ spatiale (無人の)宇宙空間探査機.
3 〔気象〕ゾンデ, 探測機. ~ aérienne 空中探測機; 音響高度計. ballon-~ 探測気球. fusée-~ 高層気象観測用ロケット.
4 〔医〕ゾンデ, 消息子, プジー; カテーテル. ~ gastrique 胃ゾンデ, 胃プジー. ~ génétique 遺伝子ゾンデ, 分子ゾンデ. ~ nucléique 核酸ゾンデ. ~ œsophagienne 食道プジー. ~ utérine 子宮ゾンデ, 子宮消息子. ~ vésicale 膀胱カテーテル.
5 〔採鉱, 地学〕ボーリング機械.
6 (荷物の内容・食品などの一部を抜き取る) 刺(さ)し. ~ à fromage チーズ見本抜き取り検査器具.

sondé(e) *n.* 〔統計〕被調査人; (アンケート調査などの) 回答者 (=personne ~ *e*).

sondeur(se)[1] *n.* **1** 検査員; 調査員; (特に) 世論調査員 (= ~ d'opinion).

sondeur²

2 〔一般に〕*m.*〕〖海〗測深手.
3 〔一般に〕*m.*〕ボーリング係.
4 探索者. ~ d'un secret 秘密を探る人.

sondeur² *n.m.* 測深機, 水深計測器. ~ à ultra-sons 超音波測深機. ~ acoustique 音響測深機.

sondeuse² *n.f.* ボーリング機械.〖機械〗~ bras ハンドドリル.

songe *n.m.*〔文〕**1** 夢(=rêve); 夢幻, 幻影. Le S~ d'une nuit d'été de Shakespeare シェイクスピアの『真夏の夜の夢』.〔諺〕S~, mensonge. 夢は幻. ~ considérés comme prophétiques 運命を予言すると考えられる夢. clef des ~s 夢を解く鍵. pays des ~s 夢の国(睡眠, 無意識). vains ~s うたかたの夢幻. en ~ 夢で. voir *qn* en ~ 夢の中で人に会う. s'évanouir comme un ~ 夢幻の如く消え去る. La vie n'est qu'un ~. 人生は夢に過ぎない.
2 夢想, 空想. ~s des poètes 詩人たちの夢想.

Songhuajiang 〔中国〕*n.pr.f.* la (rivière) ~ 松花江(しょうかこう), ソンホアジャン(黒龍江 le Hei longjiang(アムール河)の支流; 長さ 1840 km).

Songjiang 〔中国〕*n.pr.* 松江(しょうこう), ソンチャン(中国東北部の旧県; 現内モンゴル自治区の一部).

Songnim 〔北朝鮮〕*n.pr.* 松林(しょうりん), ソンニム(黄海北道の都市).

sonnant(e) (<sonner) *a.* **1**(時刻 が)丁度の. à dix heures ~ *es* 10 時きっかりに.
2 時刻を打つ. horloge ~ ボンボン時計. montre ~ 時報を打つ腕時計.
3〔話〕espèces (pièces) ~ *es*〔et trébuchantes〕硬貨. payer en pièces ~ *es* 現金で支払う.
—*ad.* 正確に(=exactement). à midi ~ ちょうど正午に.

sonné(e) *a.p.* **1** 時鐘で告げられた; (時刻・年齢が)過ぎた. Il est midi ~ (dix heures ~ *es*). もう正午(10 時)はまわった.〔話〕C'est midi ~. もう手遅れだ. Il a soixante ans bien ~ *s*. 彼はとうに 60 歳を越している.
2〔話〕殴られてふらふらの. boxeur ~ ノックアウト寸前のボクサー.
3〔話〕頭のいかれた. Elle est un peu ~ *e*. 彼女は少々頭がおかしい.

sonnerie *n.f.* ①(音響)**1**(鐘・ベル・らっぱなどの)鳴る音, 響き. ~s des cloches 鐘の音. ~ du téléphone 電話のベル音.
2(時を告げる)鐘の音;(楽器の)調べ.〔狩〕角笛の調べ. ~ de la messe ミサの鐘.〔軍〕~ de l'extinction des feux 消灯らっぱ. ~ militaire 軍隊らっぱの調べ.
②(音響装置)**1**(教会などの)一組の鐘.
2 呼鈴, ベル. ~ d'alarme 非常ベル. ~ électrique 電鈴. ~ téléphonique 電話のベル. bouton d'une ~ 呼鈴のボタン. remonter (mettre) la ~ d'un réveil 目覚まし時計のベルをセットする.

sonnette *n.f.* **1** 呼鈴, 振鈴, ベル;鈴;呼鈴の押しボタン(=bouton de ~);ベルの音. ~ d'alarme 非常ベル. ~ d'une porte 戸口のベル. coups de ~ 呼鈴(ベル)の音.〔動〕serpent à ~ 〔*s*〕がらがら蛇(=crotale). tirer sur le cordon de la ~ 呼鈴の綱を引く. agiter une ~ 鈴を振る. appuyer sur la ~ ベルを押す.
2〔土木〕杭打ち機(=~ à enfoncer les pieux). ~ à vapeur 蒸気式杭打ち機.

sono *n.f.*〔話〕音響装置(=sonorisation). ~ d'une boîte de nuit ナイトクラブの音響装置.

sonomètre *n.m.*〖物理〗ソノメータ;騒音計;〖医〗聴力計(=audiomètre).

sonore *a.* **1**(声などが)よく響く;響き渡る. avoir une voix ~ よく通る声をしている.
2〔蔑〕調子の良い, 仰々しい. paroles ~ *s* 調子の良い言葉.
3 音のよく響く, 音響性の良い. couloir ~ 音の反響する廊下. église ~ 音のよく響く教会堂.
4 音の; 音響の; 音を発する;〖発音〗有声の(sourd「無声の」の対).〖発音〗consonne ~ 有声子音(=~)(b, v, d, z, g, z). corps ~ 発音体. effets ~ *s* 音響効果.〖映画〗film ~ トーキー映画(film muet「サイレント映画」の対).〖発音〗occulusives ~ *s* 有声閉鎖音(b, d, g). ondes ~ *s* 音波. phonème ~ 音素. signal ~ 音による信号. source ~ 音源.

sonorisation *n.f.* **1**(映画フィルムなどへの)音付け, 音入れ. ~ d'un film 映画フィルムへの音入れ. ~ synchronisée 同時(同調)録音.
2 音響装置(略称 sono); 音響装置の設置. ~ d'une salle de spectacle 劇場の音響装置〔の設置〕.
3〖言語〗(無声子音の)有声化.

sonorité *n.f.* **1** 音質, 響き;快い響き, 調和. ~ d'un instrument de musique 楽器の音質. belle ~ 美しい音色. ~ des vers 詩句の響き〔の良さ〕.
2〔*pl.* で〕声の質. ~s agréables d'une voix 心地よく響く声. ~s rauques しゃがれ声.
3 音響効果, 鳴響性, 反響性. ~ d'une nef de cathédrale 大聖堂の側廊の響きの良さ. ~ d'une salle de concert コンサート・ホールの音響効果.
4〖物理〗音の伝導性;音を発する性質. ~ de l'air 空気の音の伝導性.
5〖言語〗(子音の)有声性.

sonothèque *n.f.* 音響資料館.

SOPEXA (=*Société pour l'expansion des ventes de produits agricoles alimentaires*) *n.pr.f.* 農業食品販売促進会社(本社

Paris).

sophistication (<sophistiquer) *n.f.* **1** ソフィスティケーション；洗練；気取り；高尚さ．
2〔蔑〕世間慣れ，世間擦れ，悪擦れ．~ d'une vedette スターの世間擦れ．
3（機器，装置などの）精巧さ；高級さ；高性能；複雑さ．~ d'un programme informatique 情報プログラムの精巧さ．~ des techniques 技術の高性能化．armes d'une grande ~ 極めて高性能の武器．
4（文体の）洗練；凝った文体．
5〔古〕（食品，葡萄酒などへの）不純物の混入；混ぜもの．

sophistiqué(e) *a.* **1** 気取った，きざな．style ~ 気取った文体．
2 洒落た，上品な，洗練された．femme très ~e 非常に洗練された女性．maquillage ~ 凝ったメイキャップ．
3〖技術〗先端技術を駆使した，高性能の（＝high-tech）．appareil ~ 高性能機器（カメラ）．technologie ~ 先端技術，ハイテクノロジー．
4〔古〕混ぜものをした．vin ~ 混ぜものをした葡萄酒（＝vin frelaté）．

sophora *n.m.*〖植〗ソフォラ，槐（えんじゅ）．

sophrologie *n.f.*〖医〗精神集中効果学（法）．

sopor［ラ］*n.m.*〖医〗昏眠（中程度の意識障害）．

soporifique *a.* **1** 睡眠誘発性の．**2**〔話〕眠気を催すほど退屈な．livre ~ 眠くなるような本．
——*n.m.* 催眠薬（＝médicament ~）．

sopraniste *n.m.*〖音楽〗（成人の）男性ソプラノ歌手，カウンター・テナー歌手（＝chanteur haute-contre），ソプラノ・カストラート（去勢男性ソプラノ歌手）．

soprano¹（*pl.* **soprani, ~s**）［伊］*n.m.*〖音楽〗ソプラノ（音域）．~ des jeunes garçons 少年ソプラノ．
——*a.* ソプラノ音域の．saxophone ~ ソプラノ・サキソフォン，ソプラノ・サックス．

soprano², **soprane** *n.*〖音楽〗（女性・少年の）ソプラノ歌手．~ colorature *n.f.* コロラトゥーラ・ソプラノ歌手．~ dramatique *n.f.* ドラマティコ・ソプラノ歌手．~ lyrique *n.f.* リリコ・ソプラノ歌手．

Sorak-san［韓国］*n.pr.m.* 雪岳山，ソラクサン（江原道北東部の山；最高地点は大青峰（デチョンボン）の 1,708 m）．parc national du ~ 雪岳山国立公園．

sorbais *n.m.*〖チーズ〗ソルベー（フランドル la Flandre やエーノー地方 le Hainaut で，牛乳からつくられる，軟質，洗浄外皮，一辺 12 cm，厚さ 4.5 cm の四角型，質量 600 g；脂肪分 45–50 ％）．

sorbe *n.f.*〖植〗ソルビエ（sorbier）の実，ななかまどの実（食用になる）．

sorbet［sɔrbɛ］*n.m.* **1** ソルベ，シャーベット．~〔au〕citron レモン・シャーベット．
2〔古〕ソルベ（果汁に水と砂糖を加えた飲物）．

sorbetière *n.f.*〖料理〗ソルベ（シャーベット）製造器；アイスクリーム製造器．

sorbier *n.m.*〖植〗ソルビエ，ななかまど（薔薇科 rosacées，ななかまど属 sorbus；果実 sorbe は食用になり，木材は弦楽器・回転部材に利用）．

sorbitol *n.m.*〖薬〗ソルビトール，ソルビット，グルシトール（glucitol）（甘味料）．

sorbonnard(e) *n.*〔話・古〕ソルボンヌ（la Sorbonne）の教授・学生．

Sorbonne（<Robert de Sorbon［1201-74］，学寮創立者）*n.pr.f.* **1** la ~ ソルボンヌ学寮（1257 年創立の神学寮）；ラ・ソルボンヌ（中世から 1792 年までのパリ大学神学部；1808-1968 年のパリ大学理学部と文学部の通称およびその建物）．professeur à la ~ パリ大学理学部（文学部）教授．faire ses études à la ~ ソルボンヌ（パリ大学理学部あるいは文学部）で学業を修める．
2 Université de Paris-I（Panthéon-~）パリ第一（パンテオン＝ソルボンヌ）大学（法・文・経・社・経営基礎応用科学系）．Université de Paris-III（~-Nouvelle）パリ第三（新ソルボンヌ）大学（法・文・経・社・経営基礎応用科学系）．Université de Paris-IV（Paris-~）パリ第四（パリ＝ソルボンヌ）大学（文・経・社・経営基礎応用科学系）．

sorcellerie *n.f.* **1** 魔術，妖術．
2〖人類〗呪術．
3 魔法じみたこと．C'est de la ~. それはまさに摩訶不思議だ．

sorcier(ère) *n.* **1** 魔術使い，魔法使い．~ère des contes de fée お伽話の魔女．apprenti ~ 魔法使いの弟子．chasse aux ~ères 1)〖史〗魔女狩り；2)（比喩的）魔女狩り，組織的迫害；(特に）アメリカの赤狩り，マッカーシー旋風（＝maccarthysme）．〖植〗herbe aux ~ères くまづら．Il n'est pas ~. 彼はそれほど手ごわくはない．Il ne faut pas être ~ pour faire cela. そんなことぐらい魔法使いでなくてもできる．
2 魔法使いのような人．〔vieille〕~ère 魔女のような老女．
3 呪術師．
——*a.*〔話〕理解し難い．Ce n'est pas bien ~. それほど難しいことではない．

sordide *a.* **1**（住居などが）不潔この上ない，みすぼらしい．haillons ~s ぼろ着．quartier ~ 貧民街．taudis ~ みすぼらしいあばら屋．
2 さもしい，卑しい；おぞましい．avarice ~ 貪欲．calculs ~s さもしい打算．crime ~ おぞましい重犯罪．querelle ~ autour d'un héritage 遺産相続をめぐる卑しい争い．
——*n.m.* おぞましさ（＝sordidité）．le ~ d'une situation 状況のおぞましさ．

sorg〔h〕o 〔伊〕*n.m.* 〚植〛ソルゴ, 砂糖もろこし.

sorora*l* **(*ale*)**(*pl.* ***aux***) *a.* 姉(妹)の；姉妹の.〚法律〛héritage ～ 姉妹相続.

sort *n.m.* **1** 運, 運命, 命運. ～ affreux (déplorable, misérable) 恐るべき(嘆かわしい, 惨めな)運命. des empires 帝国の命運. ～ heureux 幸運. cruautés du ～ 運命の残酷ないたずら. mauvais ～ 悪運. par une ironie du ～ 皮肉な運で.
avoir confiance dans son ～ 運に任せる. être favorisé par le ～ 運に恵まれている. Le ～ en a décidé. 前から決っていたことだ. Bon sang de ～！/Coquin de ～！ なんてことだ！(怒り・くやしさなど).
2 境遇, abandonner *qn* à son triste ～ をみじめな境遇に打ち棄てておく. améliorer le ～ des travailleurs 労働者の生活条件を改善する. envier le ～ de *qn* 人の身の上を羨む.
3 事の成り行き, 行末；(勝負の)行方. ～ des armes 戦いの帰趨. bataille qui a décidé du ～ de la guerre 戦争の帰趨を決した戦い.
faire un ～ à *qch* 何の用途を決める；何を上手に使う；〚話〛何を片づける, 何を平らげる. faire un ～ à un mot 言葉を上手に使う. faire un ～ à de vieux vêtements 古着を始末する. faire un ～ à une bouteille 酒を一本飲み干す.
4 籤(くじ), 籤引き. tirage au ～ 抽選；(昔の)兵役の抽選. tirer au ～ 抽選する. tirer *qch* au ～ 籤引きで何を決める. Le ～ tomba sur lui. 籤引きで彼に決まった. Le ～ en est jeté. 賽は投げられた.
5 魔法；呪い；まじない. ～s jetés par des magiciens 魔法使いのかけたまじない. jeter un ～ à *qch* 人に魔法(呪い, まじない)をかける.

sortant (*e*) *a.* **1** (場所から)出ていく. malade ～ 退院患者.
2 任期切れの, 前職の. député ～ 任期切れた国民議会議員, 前国会議員.
3 偶然に引かれた. numéro ～ (籤の)当り番号.

sorte *n.f.* **1** 種類；範疇 (はんちゅう).
◆〚限定辞・不定形容詞・数詞など＋～〔s〕＋de＋*n*.〛cette ～ de plantes この種の種類. diverses ～s de plantes 多種多様な植物. plusieurs ～s de fleurs 数種類の花.
une ～ de＋*n*. …の一種；〚形容詞的〛一種の. une ～ de chapeau 帽子の一種. 帽子, 帽子のようなもの. une ～ d'instinct 本能のようなもの. une ～ de poésie 一種の詩情.
quelque ～ de temps いくらかの時間, しばらくの間(＝en certain temps).
〚文〛toute ～ de＋*n*.〔*n*. は原則として単数だが, 複数の場合もある〕ありとあらゆる. toute ～ de bonheur ありとあらゆる幸せ. toutes ～s de＋*n*.〔*n*. は原則として複数だが, 単数の場合もある〕あらゆる種類の. toutes ～s d'oiseaux あらゆる種類の鳥.
◇ REM 動詞・形容詞は原則として de のあとの名詞と一致する. Toute ～ de gens ne sont pas gentils. すべての人が親切というわけではない.
◆〚名詞＋de＋限定辞・不定形容詞など＋～〔s〕〛de toute〔s〕～〔s〕あらゆる種類の. fleurs de toute〔s〕～〔s〕あらゆる種類の花. femme de cette ～ この種の女性. homme de sa ～ 彼と同類の男. de la première ～ 第一級の；素晴らしい. un nigaud de la pire ～ 最低の間抜け者.
2 やり方.
◆〚副詞句〛de la ～ そのようなやり方で. Ne le regarde pas de la ～. そんな風に彼を見つめるな. de〔la〕bonne ～；de belle ～ 然るべく；厳しく. réprimander *qn* de belle ～ 厳しく人を叱責する.
en aucune ～〔ne を伴って〕全然. Il n'est content en aucune ～. 彼は全面的に不満だ. en quelque ～ ある意味で, いわば. C'est en quelque ～ avouer qu'on a tort. それでは自分の非を認めるようなものだ.
◆〚前置詞句〛de ～ à＋*inf.*；en ～ de＋*inf.* …するように. Faites en ～ de ne pas arriver en retard. 遅刻しないようにしてください.
◆〚接続詞句〛de〔telle〕～ que＋*ind.*；〚文〛en ～ que＋*ind.* その結果. Il a beaucoup travaillé de〔telle〕～ qu'il a réussi à un examen. 彼は勉強に励んだので試験に合格した.
de〔telle〕～ que＋*subj.*；en ～ que＋*subj.* …するように. Je ferai en ～ que vous soyez invité. あなたが招待されるように計らいましょう.

sortie *n.f.* **1** (場所を)出ること, 去ること；退出；退出時刻(＝heure de la ～)；(病人の)退院；退場. ～ de la foule 群衆の退場. ～ des élèves 生徒の退校. ～ des ouvriers 工員の退出. ～ d'un malade hospitalisé 入院患者の退院. ～ de prison 刑務所からの出所. ～ sans permission 無断退出, エスケープ.
à la ～ des théâtres 劇場のはねた時に. date d'entrée et de ～ dans un hôtel ホテルのチェックインとチェックアウトの日時. porte de ～ 出口の扉. faire une ～ discrète 人目につかずに出て行く.
2 〚劇〛(役者の)退場. ～ d'un personnage 登場人物の退場. une fausse ～ 退場すると見せかけてすぐ戻ってくること.
3 〚スポーツ〛退場. ～ d'un joueur pour la faute ファウルによる競技者の退場.
4 外出. en famille 家族揃っての外出. ～ pour prendre l'air 息抜きの外出. argent réservé aux ～s 外出用の準備金. jour de ～ 外出日.〚話〛être de ～ 外出の予定である,

外出の許可を得ている；外出中である；(物が) 手元にない. Aujourd'hui, nous sommes ~. 今日はわれわれは外出します. L'argent est de ~. 懐がすっからかんだ.
5 ある場所から出る時に着る衣服；〖古〗外出着. ~ de bain バスローブ(=peignoir)(入浴後；海水浴などの後に着用).〖古〗~ de bal イヴニングコート.
6 出口. ~s d'une autoroute 高速道路の出口. ~ de secours 非常口.《~ de garage (de camions)》「ガレージ(トラック)の出口」〔道路標識〕. ~ d'un tunnel トンネルの出口. attendre qn à la ~ du métro 地下鉄の出口で人を待つ. Par ici la ~ ! 出口はこちらです！〔比喩的〕~ de l'hiver 冬の終り.
7〖軍〗(包囲を破るための) 出撃；(航空機・艦艇などの) 出動；〖スポーツ〗出動. effectuer de nombreuses ~s 出動を重ねる. tenter une ~ 包囲突破を試みる. Le gardien de but a fait une ~ imprudente. ゴールキーパーは不用意に飛び出してしまった.
8〖体操〗(鉄棒・吊り輪競技などの) しめくくりの技, フィニッシュ；〖登出〗(難コースからの) 脱出. ~ d'anneau 吊り輪のフィニッシュ.〖登山〗~ d'une cheminée チムニーからの脱出.
9 悪口, ののしり；(思わず口をついて出る) 不用意な言葉. faire une ~ contre (à) …を激しくなじる, 罵倒する.
10 (商品の) 出荷；(貨幣の) 流出；輸出. ~ de devises 外貨の流出. ~ des produits fabriqués 製品の輸出. droit de ~ 輸出税. prix de ~ de l'usine 工場からの出荷価格.
11 支出；出費. balance d'entrée et de ~ 収入と支出のバランス.
12 新発売；(本の) 刊行；(映画の) 封切り. ~ d'un livre 書物の刊行. ~ d'un nouveau modèle de voiture 新車の発売.
13 流出, 噴出. ~ des eaux 水の流出. ~ des gaz ガスの噴出. ~ d'une source 泉水の湧出.
14〖電算〗出力, アウトプット(=〖英〗output)(entrée「入力, インプット input」の対)；出力されたデータ(資料). signal de ~ 出力信号. ~ laser レーザーの出力資料.

SOS [εsoεs] (=〖英〗Save our souls (ships)) n.m. **1** 救難(遭難) 信号(モールス符号の組合せ……—……)；(電信用の) 危急呼出し；救援要請, 救いを求める声；〔話〕緊急の送金依頼. capter un ~ SOS (救難) 信号をキャッチする. lancer un ~ 救助要請をする.
2 救急隊；救助団体. ~ Médecins 救急医師隊. ~-Racisme 人種差別の被害者救援団体.

SOS-Racisme n.pr.〔無冠詞〕人種差別救済(人種差別に対する救済組織).

sot(te) a. **1** 愚かな, 間抜けな. ~ personnage 愚かな人物. avoir l'air ~ 間抜けに見える. ne pas être assez ~ pour+inf. …す

るほど愚かではない. Qu'il est ~ ! 何て間抜けだ！
2 愚かしい, 馬鹿げた. ~te admiration 馬鹿馬鹿しい讃美. ~te vanité 愚かしい虚栄. Il est ~ de+inf. …するのは愚かだ.
3 どぎまぎした, 面喰らった. faire ~te figure 面喰らった顔をする. se trouver ~ どぎまぎする.
4 嫌な, 残念な. Quel ~ contretemps! 何て間が悪いんだ！
— n. **1** 愚か者, 間抜け. ~ en trois lettres 文字通りの愚か者(sot は 3 文字；Molière の Tartuffe (I, 1) から). une jeune ~te 馬鹿娘.〔話〕petit (grand) ~ (子供に対し) お馬鹿さん.
2 面喰らった人. se trouver comme un ~ どぎまぎしている.

sottise n.f. **1** 愚かさ；へま. ~ de sa démarche 愚行. ~ humaine 人間の愚かさ. avoir la ~ de+inf. 愚かにも…する.
2 愚行；愚言；〔話〕暴言, 失言；(子供の) 悪戯. enchaînement de ~s 愚行の連鎖. dire des ~s 馬鹿なことを言う. (à qn) (人に) 失敬なことを言う. faire (commettre) une ~. 馬鹿をしでかす. Il perdait son temps à des ~s. 彼は馬鹿馬鹿しいことで時間を浪費した.

sou (pl. ~s) n.m. **1** スー(中世・旧体制下の通貨および貨幣単位). ~ du franc (召使が商店から受取る) 1 フランにつき 1 スーの割り戻し.〖古〗~ parisis パリ系のスー.〖古〗~ tournois トゥール系のスー.〔俗〕cent ~s 100 スー(5 フラン).〔俗〕quarante ~s 40 スー(2 フラン).〔俗〕vingt ~s 20 スー(1 フラン).〔petit〕~ 1 スー貨(5 サンチーム貨). gros ~ 2 スー貨(10 サンチーム貨).
appareil (machine) à ~s 自動販売機；スロットマシーン；コイン式ゲーム機. propre comme un ~ neuf (新しい貨幣のように) ぴかぴかである.
2〖カナダ〗スー(100 分の 1 ドル).
3 はした金. ~ à ~ ; ~ par ~ 一文一文, 一文ずつ. économiser par ~ ちびちび貯める.
d'un ~ ; de quatre ~s 値打ちのない. bijou d'un ~ 安物の宝飾品. L'Opéra de quat'~s de Brecht ブレヒトの『三文オペラ』(仏訳題名). être fichu comme quatre ~s ひどい身なりをしている.
〔否定文で〕pour un ~ 少しも. Il n'a pas de bon sens pour un ~. 彼には良識のかけらもない.
un sans-le-~ 文無し.
sans un ~ 無一文で, 一文無しで. être sans un (le) ~ ; n'avoir pas un (le) ~ 一文無しである. Je n'ai pas un ~ vaillant. 私は文無しだ.
〔比喩的〕n'avoir pas〔pour〕un ~ de qch 何をこれっぽっちも持ち合わせていない. Il

Souabe(la)

n'a pas〔pour〕un ~ de talent. 彼には才能の一かけらもない.
s'embêter (s'ennuyer) à cent ~s de l'heure 心底からうんざりする.
valoir ... comme un ~ ゆうに…の値打ちがある. Cela vaut mille francs comme un ~. それは値がつけられないほど高価である.
〔諺〕Un ~ est un ~. 一銭を笑う者は一銭に泣く.
4〔*pl.* で〕〔話〕お金(=gros ~s)(=argent). question de gros ~s 金銭問題. compter ses ~s 金勘定をする. être près de ses ~s 締り屋である. gagner des ~s 金を稼ぐ. garder ses ~s 金を貯めこむ. Cela fait des ~s! なかなか金になるぜ!

Souabe(la) *n.pr.f.*〔ドイツの〕シュヴァーベン地方(Schwaben);〔史〕シュヴァーベン公国〔形容詞 suabe).

souahéli(e) ⇨ swahili(e)

soubassement *n.m.* **1**〔建築〕基礎, 基盤, 基壇, 地中壁(=substruction);（彫像・円柱などの）基台(=podium, socle);〔鉄道〕路盤;〔土木〕(道路の)土床.
2〔地質〕基盤, 基底.
3 底板.
4〔比喩的〕基盤(=base).

souche *n.f.* **1** (木の)切株, (生きた)木の株. arracher une ~ 切株を引き抜く. demeurer (rester) comme une ~ じっと動かずにいる；身じろぎもしない, 何もしない. dormir comme une ~ 死んだようになって眠る.
2 家系の始祖；〔法律〕(家系の)系列；起源；(血統上・相続上の)株. être de normande ノルマンディー地方の家系の出である. faire ~ de …の始祖となる. famille de vieille ~ 旧家. Français de ~ 生粋のフランス人. mot de ~ latine ラテン語起源の語.〔同格〕mot ~ ルーツワード.〔法律〕partage par ~〔s〕(代襲相続における)株分け, 系列別の遺産分割 (partage par tête「人頭別遺産分割」の対).
3〔生〕株；幹, 基幹；菌株(=~ microbienne)；産生菌.〔同格〕cellule ~ embryonnaire 胚幹細胞.〔同格〕cellule ~ nerveuse 神経幹細胞. cellule ~ pluripotente induite 誘導多能性幹細胞, iPS 万能細胞. cellules ~ somatiques humaines 人の体幹細胞. cellule ~ totipotente 万能幹細胞.
4 (小切手帳・領収書などの)原符, 控え〔片〕. carnet de chèque à ~ 控え〔片〕付小切手帳.
5〔音響〕マスターテープ.
6〔建築〕基底部. ~ de cheminée (屋根の)上, 屋上の)煙突基部.
7〔ベルギー〕レジ用半券(= ticket de caisse).

souchette *n.f.*〔茸〕スーシェット, もりのかれは茸 (切株に生える；傘は食用).

sou-chong [suʃɔ̃, -ŋ]〔中国〕*n.m.inv.* 小種(スーチョン)茶 (一番茶の大葉から作られる中国産の高級紅茶).

souchothèque *n.f.* 菌株保存所.

souci *n.m.* **1** 気遣い；心配, 気がかり, 懸念；不安. de graves ~s 深刻な気がかり. les noirs ~s 憂鬱な不安. avoir du ~ する. avoir ~ de qch 何を気にする(=être en ~ de). avoir le ~ de+*inf.* …しようと気を遣う. être soulagé d'un ~ 気がかりが軽減される. se faire du ~ 気をもむ. sans ~ 気苦労なしに. vivre sans ~ 呑気に暮す.
2 心配事；気苦労の種. ~s matériels 物的な苦労. ~s quotidiens 日々の気苦労. avoir des ~s 心配事がある. avoir des ~s d'argent 金に困っている.
Son fils est son seul ~. 息子が彼の唯一の気苦労の種である. C'est le dernier (le moindre) de mes ~s. そんなことは全く気にもならない.
3 関心, 配慮, 心がけ, 気配り. ~ de la vérité 真実への関心. n'avoir aucun ~ des convenances 礼儀作法を全く気にとめない.

soucieux(se) (<souci) *a.* **1** 心配している；心配そうな. mine ~se 心配そうな顔付. avoir l'air ~ 心配そうな様子をしている. être d'un caractère ~ 心配性である. rendre qn ~ 人を心配させる.
2 (de)(に)心を砕いている；(を)心がけている. ~ de réussir 成功することを心がけている. être ~ de+*inf.* (que+*subj.*) …しようと心を砕いている.
3〔文〕(時間, 場所などが)気になる, 案じられる. journées ~ses 気になる日々.

soucoupe *n.f.* **1** (コーヒー・紅茶茶碗などの)受け皿. une pile de ~s 受け皿の積み重ね. faire des yeux comme les ~s 眼を皿のように見開く.
2〔話〕(カフェの)飲物料金. régler les ~s (カフェの)飲物料金を支払う.
3〔話〕rond comme une ~ へべれけに酔っている.
4 ~ volante 空飛ぶ円盤(=OVNI 未確認飛行物体；UFO).

soudain(e) *a.* 急な, 突然の. douleur ~e 突発的な痛み. hausse ~e des prix 物価の急騰. mal ~ 急病. mort ~ 急死(=mort subite). peur ~e パニック(=panique).
——*ad.* 急に, 突然(=soudainement). et ~；mais ~ すると急に(突然). tout ~ 突然. S~, il s'est fâché. 突然彼は怒り出した.

Soudan(le) *n.pr.m.*〔国名通称〕スーダン (公式名称：la République démocratique du S~ スーダン民主共和国；国民：Soudanais(e)；首都：Khartoum ハルトゥーム；通貨：dinar soudanais [SDD]).

soudanais(e) *a.* スーダン(le Soudan)の, スーダン民主共和国(la République démocratique du Soudan)の；~ 人の；スーダン語の. les Arabes ~ スーダン・アラ

ブ族. livre ~*e* スーダン・ポンド《通貨単位》.
——**S**~ *n.* スーダン人.
——*n.m.* 〖言語〗スーダン語.

soude *n.f.* **1** ソーダ；ソーダ灰（＝cendre de ~）. ~ à la chaux 炭酸ナトリウムと石灰でつくる水酸化ナトリウム. ~ calcinée ソーダ灰. ~ ordinaire 炭酸ソーダ. ~〔Solvay〕ソルヴェー・ソーダ, 炭酸ソーダ, 炭酸ナトリウム（Na_2CO_3）. cristaux de ~ 結晶ソーダ.
2 〖化〗ソーダ；ナトリウム（＝sodium）. ~ caustique 苛性ソーダ, 水酸化ナトリウム（hydroxyde de sodium, NaOH）. lessive de ~ 苛性ソーダ水溶液.
3 〖薬〗bicarbonate de ~ 重曹（ナトリウム重炭酸塩, 炭酸水素ナトリウム）. sulfate de ~ 硫酸ナトリウム, 芒硝.
4 〖植〗おかひじき（学名 Salsola kali）.

soudé(e) *a.p.* **1** 溶接された；蠟（ろう）付けされた, ハンダ付けされた. métaux ~*s* 溶接された金属.
2（花弁などが）癒合した. corolle à pétales ~*s* 合弁花冠.
3 〖医〗（傷口などが）癒合した；（骨が）接合した. plaie ~*e* 癒合した傷口.
4（建物が）連結した. restaurant ~ à l'hôtel ホテルに連がったレストラン.
5 〖比喩的〗結束した, 連帯した, 団結した. Ils étaient ~*s* autour d'un leader. 彼らはリーダーを中心に結束を固めていた.

soudeur(se[1]) *n.* 溶接工, 鑞付工, ハンダ付け工.

soudeuse[2] *n.f.* 溶接機. ~ à l'arc アーク溶接機. ~ électrique 電気溶接機.

soudure *n.f.* **1** 溶接材, 鑞（ろう）, ハンダ,（継ぎ目用の）漆喰. ~ à l'argent（à l'étain, au cuivre）銀（錫, 銅）鑞.
2 溶接, 鑞付け, ハンダ付け；溶接技術. ~ à arc à électrodes de charbon 炭素アーク溶接. ~ à la thermite テルミット溶接. ~ autogène (hétérogène) 同種材（異種材）溶接. ~ continue 連続溶接. ~ d'argent 銀鑞付. ~ électrique 電気溶接. apprendre la ~ 溶接術を習得する.
3 溶接部, 継ぎ目. ~ nette はっきりした継ぎ目.
4 接合；〖医〗癒合. ~ des os du crâne 頭蓋骨接合.
5 〖比喩的〗結合；統合, 結束；橋渡し. 〖農・経済〗faire la ~ 端境期を乗り切る；〖広義〗橋渡しをする.

soue *n.f.* 〖古または方言〗豚舎, 豚小屋（＝porcherie）.

soufflage (＜souffler) *n.m.* **1** 送風；ガラス吹き. bouche de ~ 吹き出し口. opération du ~ ガラス吹き成型工程.
2 〖冶〗（製鉄過程の）吹製（すいせい）. ~ de la fonte 銑鉄の吹製.
3（フェルト製時の）羊毛の送風分別.

4 〖海〗（船体の）バルジ. ~ des préceintes 船体外板のバルジ.
5 〖鉄道〗（線路の）豆砕石敷込法（＝ ~ du ballast）；〖土木〗(舗装時の) 砂利詰め.
6（製パン時の）（パン生地の）ふくらまし工程（＝ ~ de la pâte）.
7 〖航空〗ジェットの噴出効果.
8 〖採鉱〗（発破口の）噴出.

soufflant(e) *a.* **1** 空気を送る, 送風の. bombe ~*e* エアスプレー. machine ~*e* 送風機. radiateur ~ 温風ヒーター.
2（人が）息を切らした. monter l'escalier tout ~ 息を切らせて階段をのぼる.
3 〖話〗息を呑むような. nouvelle ~*e* あっと驚くようなニュース. C'est ~ ! それは驚きだ！
——*n.f.* 送風機, ブロワー.

souffle *n.m.* Ⅰ（風）**1** 風；（特に）微風, 風のそよぎ. ~ d'air. ~ chaud (glacial) 温かい風（凍てつくような風）. ~ de vent dans le feuillage 葉蔭を吹き抜ける風. Il n'y a pas un ~ de vent. そよとの風もない.
2 通気. ~ de l'explosion 爆風. ~ de l'hélice ペロペラ後流. ~ d'un ventilateur 扇風機（換気装置）の通気.
Ⅱ（息）**1** 吐息；息を吐くこと；呼気, 呼吸；呼吸音. ~ brutal あらい息. ~ hâtif わしい呼吸. ~ pénible 苦しい息. ~ régulier 規則正しい呼吸. dernier ~ 最期の息. rendre le dernier ~ 息を引き取る. 〖スポーツ〗second (deuxième) ~ 息つぎ, 呼吸の回復〔力〕；〖比喩的〗（経済活動の）息の吹き返し, 盛り返し.
avoir du ~[1] 息が続く. avoir le ~ court すぐ息を切らす；〖比喩的〗すぐに息切れする. couper le ~ à qn 人の息を詰まらせる；〖話〗(人に）息を呑ませる. éteindre une bougie avec son ~ 蠟燭を吹き消す. être à bout de ~ 息を切らしている；〖比喩的〗息切れしている. manquer de ~ 息を切らす, 息切れする. n'avoir [plus] qn'un ~ de vie 虫の息である. perdre le ~ 息を切らす. reprendre [son] ~ 呼吸を取戻す, 平常の呼吸に戻る；〖比喩的〗力を盛り返す.
2（神・生命などの）息吹き；（作家などの）霊感, 創作力. ~ créateur 神の創造の息吹き；（作家などの）創作力. ~ divin 神の息吹. ~ de la vie 生命の息吹. avoir du ~[2] 創作力に富む.
Ⅲ（雑音）**1** 〖医〗（呼吸器などの）雑音（＝ bruit）. ~ cardiaque 心雑音（＝ ~ au cœur；bruit du cœur）. ~ cardio-pulmonaire 心肺雑音. ~ tubaire 気管音. avoir le ~ au cœur 心雑音がある.
2 〖通信〗（受信機などの）雑音. ~ d'amplificateur 増幅器の雑音.

soufflerie *n.f.* **1** 送風装置. ~ d'un orgue オルガンの送風装置.
2 風洞（＝ ~ aérodynamique）. essai en ~ d'un avion prototype 試作機の風洞実験.

souffrance *n.f.* **1** 苦痛；苦悩. calmer la ～ de qn 人の苦しみを鎮める. supporter ses ～s 苦悩に耐える.
2〖法律〗忍耐；容認. jour (vue) de ～ 容認採光窓. en ～ 未決の；待機中の；引き取り手のない. affaire en ～ 未決の案件. marchandises en ～ 引き取られていない商品.
3〖法律〗未決, (商品などの)引取り未了. avis de ～ (商品の)引取り未了通知.

souffrant(e) *a.* **1**〖文〗苦しんでいる, 悩んでいる. âme ～e 悩める魂. l'Eglise ～e 苦しみの教会《煉獄の信者たち》.
2 体の具合が悪い, 加減が悪い. être ～ 加減が悪い.

souffreteux(se) *a.* 病弱な (＝maladif).

soufi(e) *n.*〖宗教史〗スーフィズム (soufisme) の行者 (信奉者).
— *a.* スーフィズムの. pratique ～ スーフィズムの行の実践.

soufisme *n.m.*〖宗教史〗スーフィズム《8世紀に現イラクのクファ Kufa 地方で生まれた神秘主義的・禁欲主義的なイスラム教の一派》.

soufre *n.m.* **1**〖化〗硫黄《元素記号 S, 原子番号 16, 原子量 32.064》.
2〖固体〗硫黄. ～ amorphe 無定形硫黄. hydrogéné 硫化水素. ～ solide 固形硫黄 (S_8, 黄色；融点 $S_α$ で 112℃, $S_β$ で 119℃；沸点 $S_β$ で 444.67℃). ～ vif 天然硫黄 (＝～ de mine). fleur de ～ 硫黄華 (＝～ sublimé).
3〖錬金術〗スーフル, 可燃素. odeur de ～ 硫黄の臭い；悪魔(地獄)の臭い. sentir le ～ 異端の臭いがする.
——*a.inv.* 硫黄色の. jaune ～ 硫黄色.

soufré(e) *a.* **1** 硫黄を塗付した. allumettes ～es 硫黄マッチ.
2 硫黄のような. senteur ～ 硫黄臭.
3 硫黄色の.

soufreuse *n.f.*〖農〗硫黄剤散布機.
soufrière *n.f.* 硫黄採堀場, 硫黄坑.

souhait *n.m.* **1** 願い, 望み, 願望；念願. ～ de bonheur (de prospérité) 幸福の (繁栄に対する) 願望. ～ pour l'avenir 未来に対する願望. formules de ～s 願望の決り文句 (ainsi soit-il；Dieu vous bénisse；plaise au ciel；puissé -je ... など).
adresser des ～s à qn 人に願いを伝える. exprimer des ～s 願望を述べる. faire (former) un ～ 望みを立てる. réaliser un ～ 望みをかなえる. tromper les ～s de qn 人の望みを裏切る. à vos ～s 望み通り. Tout marche à vos ～s. 万事好調だ. A vos ～s！／S～s！お元気で！《くしゃみをした人に対するおまじない》.
Les ～s de bonne année. 年賀, 新年の挨拶. Meilleurs ～s pour la nouvelle année！明けましておめでとうございます！謹賀新年.

envoyer ses ～s 年賀状を送る.

souillard *n.m.*《壁にあけられた家庭雑排水・雨水用の》排水口.

soulagement *n.m.*《(負担などの)軽減；(痛みの)鎮静, 和らぎ；安堵の念；慰め. ～ de la conscience 心の負担の軽減. paroles de ～ 慰めの言葉. sensation de ～ 安堵感. soupir de ～ 安堵の溜息.. apporter du ～ à qn 人の苦痛を和らげる；人をほっとさせる. Quel ～！ほっとした！

soulèvement *n.m.* 持ち上がり, 盛り上がり；揚圧力；(気分の)高揚. ～ de cœur 吐き気. ～ des flots 波のうねり. ～ de la peau 皮膚の盛り上がり (＝boursufflure).
2〖地質〗隆起, 曲隆. ～ dû au gel 凍土. ～ du terrain 土地の隆起. montagnes formées par des ～s 隆起により形成された山.
3〖比喩的〗蜂起, 暴動. ～ armé 武装蜂起. ～ paysan 農民一揆.

soulier *n.m.* **1** 靴；短靴 (＝chaussure). ～s (de femme) à talons hauts ハイヒール. ～s d'homme 紳士靴. ～s vernis エナメル靴.《le S～ de satin》『繻子の靴』(Paul Claudel の戯曲；1923年). mettre ses ～s 靴をはく.〖話〗être dans ses petits ～s 居心地が悪い；困惑している.

soûlographe *n.*〖話〗酒飲み；飲んだくれ；酔っぱらい (＝ivrogne).

soûlographie *n.f.*〖話〗酩酊癖 (＝ivrognerie).

soulte *n.f.*〖法律〗(分配・交換の際の不均衡を是正する) 補足金, 差額.

soumaintrain *n.m.*〖チーズ〗スーマントラン《ヨンヌ県 département de l'Yonne の Soumaintrain 村 (市町村コード 89570) で牛乳からつくられる, 直径 12-13cm, 厚さ 2.5-3 cm, 赤味を帯びた黄褐色の洗浄外皮の円型軟質 AOC チーズ；脂肪分 45％》.

soumis(e) *a.* **1** 従順な. ～ enfant 従順な子供. attitude ～e 従順そうな態度. **2** 管理下にある；規制された.〖古〗fille ～s 公娼.

soumission *n.f.* **1** 服従, 従順さ. ～ à la loi 法律の遵守. ～ à un parti 党への服従. ～ aveugle 盲従. air de ～ 従順な態度, 恭順の意. faire acte de ～ 服従 (恭順) の実を示す. jurer ～ à qn 人に服従を誓う.
2 降伏, 屈服, 帰順. faire〔sa〕～ 降伏する.
3〖法律〗請負見積書；入札；競争入札の公示. ～ à un appel d'offres 入札募集に対する請負見積書.
4 提案, (裁決に付す案などの) 提示.
5〖法律〗(罰金を支払う際の) 違反行為の認知.
6〖電算〗実行依頼.

soumissionnaire *n.*〖法律〗請負入札人.

soupape *n.f.* **1**〖機械〗弁, バルブ. ～ d'admission 吸入弁. ～ d'échappement 排

気弁. ~ électro-magnétique 電磁弁. ~ de sécurité 安全弁 ; 〔比喩的〕(不満等の) はけ口. moteur à ~s en tête オーバーヘッドバルブ (OHV) 式エンジン. 4 ~s par cylindre 一気筒当り 4 バルブ.
2〔電〕整流器. ~ électronique 電子整流器.
3〔比喩的〕(欲求などの) はけ口 (=exutoire).

soupçon *n.m.* **1** 疑い, 嫌疑. ~ d'infidélité 不貞の疑い. ~ d'armes bactériologiques 生物兵器貯蔵の疑い. ~ injuste 不当な嫌疑.
de vagues ~s 漠然とした疑い. concevoir (avoir) des ~s sur *qn* 人に対して疑念を抱く. être l'objet d'un ~ 疑惑の対象となる. tomber en ~ 疑われる.
2 推測, 推量. avoir ~ de …があるとにらむ.
3 (de の) 気配, 兆し ; ごく少量. Il n'y a pas là le moindre ~ d'hypocrisie. そこには偽善の影すらない. un ~ de ごく少量の, あるかなしかの. un ~ de moutarde ごく少量のからし. Elle mettait un ~ de rouge à joues. 彼女はうっすらと頬紅をつけていた.

soupe *n.f.* **1** スープ ;〔広義〕ポタージュ (potage), ブイヨン (bouillon). ~ à l'oignon gratinée オニオン・グラチネ・スープ, グラチネ. ~ de légumes 野菜スープ. ~ de poissons スープ・ド・ポワソン《魚のスープ》. ~ instantanée インスタント・スープ. assiette de ~ スープ皿. cuillère à ~ スープ用スプーン. manger de la ~ スープを飲む.〔話〕un gros plein de ~ ひどいでぶ.〔話〕être ~ au lait (人が) すぐにかっとする.
2〔古〕(スープやブイヨンに浸して食べる) パン切れ. ~ dorée スープ・ドレ (切ったパンを熱いミルクと溶き卵に浸したあと, 油で揚げ, 砂糖をふりかけたもの ; pain perdu, pain des anges ともいう). tremper une (la)~ パンをスープに浸す.〔比喩的〕être trempé comme une ~ 雨でずぶ濡れになる.
3 食物 ; 食事. A la ~! 御飯ですよ (=à table). aller à la ~ populaire (貧民救済の) 炊き出し給食所に行く. préparer la ~ 食事の仕度をする. servir ~ à *qn* 人に食事を供する.
4〔軍〕〔俗〕爆薬, 爆発物 (=explosif).
5〔俗〕べたべたの雪.
6〔話〕儲け話. aller à la ~ 儲け話に飛びつく.〔話〕cracher dans la ~ (スープに唾をはく→) 儲け話をおろそかにする. Par ici la bonne ~! ここは儲けになるぞ.
7〔生〕~ biologique (primitive, primordiale) 生物発生の原初スープ.

souper *n.m.* **1** 夜食 ;〔古 / 方言・カナダ・スイス〕夕食 (dîner). heure du ~ 夜食の時刻.
2 (観劇・音楽会のあとの) スーペ, 夜食.

soupière *n.f.* **1**〔食器〕スーピエール (スープを供するための両手と蓋付きの食器).
2 スーピエールの中身 (スープ, ポタージュ).

soupir *n.m.* **1** 溜息 ; 吐息. ~ de soulagement 安堵の溜息.. grand (profond) ~ 深い溜息. pousser (faire) un ~ 溜息をつく. dernier ~ (死に行く人の) 最後の息. jusqu'au dernier ~ 息を引き取るまで. exhaler (rendre) le dernier ~ 息を引き取る.
2〔文〕(恋の) 嘆き ; 嘆息 ; 物悲しい調べ (音). ~s de l'âme 心の嘆き. ~ de la mer (du vent) 物悲しい波 (風) の音. l'objet de ses ~s 彼 (彼女) の想いを寄せる人.
3〔音楽〕4 分休止〔符〕. demi-~ 8 分休止〔符〕. quart de ~ 16 分休止〔符〕.

souple *a.* **1** 柔軟な, しなやかな ; 身体の軟らかい. allure ~ 軽やかな足どり, しなやかな身のこなし. branche ~ しなやかな枝. cheveux ~s 軟らかい髪. corps ~ しなやかな体. étoffe ~ 柔らかい布地. membres ~s しなやかな四肢. plastique ~ 柔軟性プラスチック.
2 (精神・人柄などが) 柔軟な ; (文体などが) のびやかな, のびやかな. caractère ~ 柔軟な性格. style ~ のびのびした文体. voix ~ のびやかな声.
3 (人が) 順応性に富んだ, 融通がきく ;〔蔑〕迎合的な, 如才のない. esprit ~ 順応性に富んだ精神. être ~ aux volontés de *qn* 人の意見に迎合する.
4 (規則などが) 融通性のある. morale ~ ゆるやかな道徳律. règlement ~ 融通性のある規則.

souplesse *n.f.* **1** 柔軟性, しなやかさ. ~ des cheveux 髪のしなやかさ. ~ des membres 四肢の柔軟性. ~ de panthère 豹のしなやかさ. en ~ ; avec ~ 身のこなしもしなやかに, 軽々と. travailler en ~ 軽々と働く.
2 (精神などの) 柔軟さ ; (声などの) のびやかさ. ~ d'esprit 精神のしなやかさ. ~ des lignes 描線ののびやかさ. ~ du style 文体のしなやかさ. ~ intellectuelle 知的柔軟性.
3 (人の) 順応性 ; 如才なさ ;〔蔑〕迎合性. avec ~² 融通をきかせて. négocier avec ~ 柔軟に交渉にあたる.
4 (規則などの) 融通性, 弾力性. ~ d'une organisation (d'un système) 機構 (制度) の弾力性.

sourçage *n.m.* 〔商業〕仕入れ.
source *n.f.* ① 〔具体的〕**1** 泉, 湧泉 ; 水源 ; 水源地. ~ d'eau minérale 鉱泉 (=~ minérale). ~ de la Seine セーヌ河の水源〔地〕. ~ intermittente 間歇泉. ~ radio-active[1] 放射能泉. ~ simple 単純泉. ~ thermale 温泉.
eau de ~ 湧水. capter une ~ 泉の水を引く. puiser de l'eau à la ~ 泉の水を汲む. La Loire prend sa ~ dans le Massif cen-

tral. ロワール河は中央山塊に源を発する. **2** (石油・天然ガスなどの)噴出地. ~ de gaz naturel 天然ガス井. ~ de pétrole 油井. **3** (音, 光などの)発生源. ~ chaude (froide) 熱源(冷源). ~ d'énergie エネルギー源. ~ de neutrons 中性子源. ~ lumineuse (de [la] lumière) 光源. ~ radio-active² 放射能源. ~ sonore 音源.
Ⅱ〖比喩的〗**1** 源泉；根源.〖法律〗~ du droit 法源, 法の根拠. ~ de ses revenus 彼の収入源. ~ de tous les maux 諸悪の根源. ~ inépuisable de prospérité 汲めども尽きせぬ繁栄の源泉. retenue à la ~ 源泉徴収. couler de ~ 澱みなく出てくる；自然に出てくる. remonter à la ~ de …の根源に遡る.
2 情報源, 出所, ソース, 典拠；〖多く *pl.*〗原資料；(文学作品などの)生成源；原典. ~s d'un historien 歴史家の原資料. critique des ~s 原典(原資料)批判.〖言語〗langue ~ 起点語 (langue cible「目標語」の対). nouvelle de ~ officieuse 非公式な筋からのニュース.〖電算〗programme ~ ソース・プログラム.
tenir (savoir) de bonne ~ (de ~ sûre) 確かな筋から情報を得ている. On apprend de ~ sûre que 確かな筋からの情報によると…である. citer sa ~ 典拠を示す.

sourceur(**se**) *n.*〖商業〗仕入れ専門家, 調達専門家.

sourcil [-si] *n.m.* 眉(まゆ)；眉毛(まゆげ). ~s broussailleux 濃い眉. épiler ses ~s 眉毛を抜く. froncer les ~s 眉をしかめる. lever les ~s 眉をつり上げる.

sourcilier(**ère**) *a.*〖解剖〗眉の. arcade ~ère 眉弓. muscle ~ 眉筋.

sourd(**e**) *a.* Ⅰ〖人について〗**1** 耳が聞えない, 聾の；難聴の, 耳の遠い. être ~ de naissance 生れつき耳が聞えない. être ~ d'une oreille droite (gauche) 右(左)耳が聞えない. être ~ comme un pot 全く耳が聞えない. devenir ~ avec l'âge 齢とともに耳が遠くなる. faire la ~e oreille 耳が聞えぬふりをする.
2 (à に)耳を貸さない, 耳を傾けない. être ~ à la pitié 憐憫の情がない. être (rester) ~ aux supplications de *qn* 人の哀願に耳を貸さない.
Ⅱ〖物について〗**1** 響きの鈍い, (音が)かすかな；音の響きの悪い；防音の. bruit ~ かすかな物音.〖言語〗〖consonne〗~*e* 無声子音 (consonne sonore「有声音」の対). gémissement ~ 鈍いうめき声. lame ~*e* 静かな波のうねり. pédale ~*e* (ピアノの)ソフトペダル. rumeur ~*e*¹ 低いざわめき. salle ~*e* 防音室. voix ~*e* こもった声.
2〖比喩的〗(痛みが)鈍い；(色が)くすんだ. douleur ~*e* 鈍痛. inquiétude ~*e* かすかな不安. teinte ~*e* くすんだ色合い.
3〖比喩的〗秘かな；内に秘めた, 隠れた.

colère ~*e* 内にこもった怒り. lanterne ~*e* 龕灯提灯. lutte ~*e* dans un gouvernement 政府内の暗闘. rumeur ~*e*² 秘かな噂.
— *n.* 耳の聞えない人, 聾者；難聴の人, 耳の遠い人；聴覚障害者 (= handicapé auditif). つんぼ. crier comme un ~ 大声でわめく. dialogue de ~s 聞く耳をもたぬ人同士の対話. frapper comme un ~ 力まかせに打ちすえる.〖諺〗Ce n'est pas tombé dans l'oreille d'un ~ (聾者の耳に届いたわけではない→)必ず聞き届けてくれるだろう.〖諺〗Il n'est pire ~ que celui qui ne veut pas entendre. 聞こうとしない者は耳の聞えない人より始末が悪い；無理解は理解を拒むことに由来する.

sourd(**e**)-**muet**(**te**) (*pl.* ~**s**-~**s**) *a.* 聾啞の.
— *n.* 聾啞者. école des ~s-~s 聾啞学校.

souriant(**e**) (< sourire) *a.* **1** 笑みをたたえた, にこやかな. bouche ~*e* 笑みをたたえた口元. jeune fille ~*e* にこやかに微笑む少女.
2 穏やかな. indulgence ~*e* 暖かい寛大さ.
3〖比喩的〗心地よい. campagne ~*e* 心地よい田園. soleil ~ 微笑みかける太陽.

sourire *n.m.* **1** 微笑, 微笑み；薄笑い. ~ angélique 天使のような微笑. ~ de contentement 満足気な微笑. ~ de dédain (de mépris) 軽蔑の薄笑い. ~ épanoui (radieux) 晴れ晴れした(にこやかな)微笑み. ~ froid 冷笑. ~ malicieux いたずらっぽい微笑. ~ singulier 奇妙な微笑.
adresser un ~ à *qn* 人に微笑みかける. avoir le ~ aux lèvres 唇に笑みを浮かべる. échanger des ~s 微笑みを交わす.〖話〗garder le ~ (逆境にも)にこやかさを失わない. saluer avec ~ にこやかに挨拶する.
2〖比喩的・文〗le premier ~ du printemps 初めての春の気配.

souris *n.f.* **1**〖動〗二十日ねずみ；マウス. 〖医〗~ axénique 無菌マウス. ~ blanche 白ねずみ (医学・生物学実験用). ~ commune 二十日ねずみ (学名 mus musculus). ~ des bois (de terre) ヨーロッパ森ねずみ. ~ de laboratoire 実験用マウス. ~ de montagne とびねずみ. ~ domestique 家ねずみ. ~ grise 灰色二十日ねずみ. ~ mâle (femelle) 雄(雌)の二十日ねずみ. nid de ~ みの巣. trou de ~ ねずみの穴. se glisser comme une ~ しのび足で歩く.
2〖俗〗若い娘(女)；(人の)彼女 (= bonne amie). Elle est marrante, cette ~. あの娘はいかすよ.
3〖俗〗~ d'hôtel ホテル荒らしの女.
4〖電算〗マウス (=〖英〗mouse). ~ optique 光学式マウス. appuyer sur le bouton de la ~ マウスのボタンをクリックする.
5〖料理〗スーリ (羊の腿肉の端の膝関節付近の筋肉).
6〖医〗~ articulaire 関節鼠(ねずみ), 関節

遊離体.
——*a.inv.* ねずみ色の (=gris〔de〕~). velours ~ ねずみ色のビロード.
sous- ELEM **1**「下, 下位の」の意 (*ex. sous*-directeur 次長. *sous*-officier「下士官」; *sous*-genre「亜属」).
2「過小, 不足」の意 (*ex. sous*-alimentation「栄養不足」; *sous*-développé「低開発の」; *sous*-emploi「不完全雇用」).
3「亜流の」の意 (*ex.* les *sous*-Rodin ロダンのエピゴーネンたち).
sous-acquéreur *n.m.*〖法律〗二次取得者, 転得者.
sous-alimentation *n.f.* 栄養不足(欠乏);(国・地域などの)食糧不足.
sous-alimenté(e) *a.* (人が)栄養不足の;(国・地域などが)食糧不足の. enfant ~ 欠食児. pays ~ 食糧不足の国.
——*n.* 栄養不足の人.
sous-arachnoïdien(ne) *a.*〖解剖・医〗くも膜下の.〖医〗hémorragie ~*ne* くも膜下出血.
sous-arbrisseau (*pl.* **~-~x**) *n.m.*〖植〗亜灌木, 亜低木 (bruyère ヒース, lavande ラヴェンダーなど).
sous-bibliothécaire *n.* 司書補, 副司書.
sous-bois *n.m.* **1** (森林の)下草.
2 (森林の)下草繁茂地.
3〖美術〗森の内部の情景画. les ~ de Courbet クールべの森の情景画.
sous-brigadier *n.m.* **1**〖警察〗巡査長補 (1995年以降は gardien de la paix「巡査」に統一).
2 (税関の)副班長.
3〖軍〗〔古〕副旅団長.
sous-capitalisation *n.f.*〖経済〗資本不足〔状態〕.
sous-capitalisé(e) *a.*〖経済〗過少資本の. secteur industriel ~ 過少資本の産業部門.
sous-chef *n.m.* 次長, 長代理, 長補佐 (女性にも用いる la ~ などと表記). ~ de la gare 駅助役.
sous-classe *n.f.* (生物分類学上の)亜綱 (綱 classe の下).
sous-clavier(ère) *a.*〖解剖〗鎖骨下の. artère (veine) ~*ère* 鎖骨下動(静)脈.〖医〗syndrome de la ~ voleuse 鎖骨下動脈盗血症候群.
sous-comité *n.m.* (委員会内の)小委員会, 下部委員会.
sous-commission *n.f.* 委員会内小委員会.
sous-comptoir *n.m.*〖商業〗(銀行, 商社の)支店支所, 支店出張所.
sous-conjonctival(ale) (*pl.* **aux**) *a.*〖解剖〗結膜下の. hémorragie ~*ale* 結膜下出血.
sous-consommation *n.f.*〖経済〗過小消費.
sous-continent *n.m.*〖地理〗亜大陸. ~ indien インド亜大陸.
sous-cortical(ale) (*pl.* **aux**) *a.* **1**〖医〗皮質下の;大脳皮質下の;副腎皮質下の. système ~ 皮質系 (=système extrapyramidal 錐体外路系).
2〖植〗皮層下の, 樹皮下の.
3〖地学〗地殻下の.
sous-couche *n.f.* **1** (塗装の)下塗り.
2 根雪層.
souscripteur(trice) *n.* **1**〖法律〗(手形などの)署名人, 振出人. ~ d'une lettre de change 為替手形の署名人.
2 (株式の)引受人;(起債などの)応募者;(新聞・書籍などの)予約申込者;購読申込者. ~*s* à une édition limitée 限定版予約申込者. ~*s* à un emprunt 公債応募者.
souscription *n.f.* **1**〖法律〗〔稀〕(証書の下の)署名記入;署名. ~ d'un contrat 契約の署名.
2 (発行予定の新株, 刊行予定書などの)予約申込. ~ à un emprunt 債券の予約申込. ~ à une livre 書籍の予約申込. ~ (株式・社債・寄付金などの)応募受付証. déclaration de ~ 株式引受届. droit〔préférentiel〕de ~ (株主の)新株〔優先〕引受権. ouvrage vendu par ~ 予約申込制で販売される作品. prix de ~ 予約申込金.
3 募金;醵出金. ~ à une œuvre entraide 相互扶助募金. monument élevé par ~ publique 一般募金によって建立された記念碑.
4〖法律〗支払約束, 手形振出・裏書保証契約の締結.
5〖医〗処方.
souscrit(e) (<souscrire) *a.p.* 署名された;約定された, 同意された;応募申込をうけた. abonnement ~ 申込まれた予約購読(購入). capital entièrement ~ 申込完了の資本金. contrat ~ 署名された契約.
sous-critique *a.*〖原子力〗臨界未満の, 臨界量以下の. cœur ~ 臨界未満の炉心.
sous-culture *n.f.* **1**〖社〗社会の下位文化, サブ・カルチャー. **2** (細菌の)二次培養.
sous-cutané(e) *a.* **1** 皮膚下の, 皮下の. injection ~*e* 皮下注射 (=injection hypodermique). **2** 皮下組織 (hypoderme) の.
sous-déclaration *n.f.* 過少申告. ~ du revenu 所得の過少申告.
sous-déclaré(e) *a.* **1** 過少申告された. revenus ~*s* 過少申告された所得.
2 過少評価を下された. valeur ~*e* 過少評価された価値.
sous-développé(e) *a.*〖経済〗低開発の, 開発の遅れた, 開発途上の (en voie de développement);低所得の. économie ~*e* 低開発経済. pays ~ 低開発国 (略記 PSD), 開発途上国 (PVD : *p*ays *e*n *v*oie de

sous-développement … *d*éveloppement).

sous-développement *n.m.* **1** (国・地域などの) 低開発状態. **2** (経済・産業などの) 未発達状態.

sous-diacre *n.m.* 〖教会〗副助祭.

sous-direc*teur* (*trice*) *n.* **1** 次長. **2** 副社長, 副所長, 副部長, 副支配人, 副校長.

sous[-]**dur***al* (*ale*) (*pl.* ***aux***) *a.* 〖医〗硬膜下の. abcès ~ 硬膜下膿瘍. hématome ~ 硬膜下血腫.

sous-effectif *n.m.* 定員以下の人員, 未充足定員数.

sous-embranchement *n.m.* (生物分類学上の) 亜門 (門 embranchement の下, 綱 classe の上).

sous-emploi *n.m.* 〖労働〗不完全雇用;不完全就業状態.

sous-ensemble *n.m.* 〖数〗部分集合.

sous-entend*u*(*e*) *a.p.* 暗黙裡に了承された;明示されていない, 言外の. 〖文法〗complément ~ 言外の補語. mot ~ 明示されていない言葉.
　——*n.m.* 暗黙の了解〔事項〕, ほのめかし, 言外の意味;当てこすり. parler par ~s ほのめかして話す.

sous-entrepreneur *n.m.* 下請け業者.

sous-épidermique *a.* 〖解剖〗表皮下の.

sous-épineux *n.m.* 〖解剖〗棘下 (きょくか) 筋 (=muscle ~).

sous-épithéli*al* (*ale*) (*pl.* ***aux***) *a.* 〖解剖〗上皮下の.

sous-équip*é*(*e*) *a.* (en の) 設備が不足した, 装備が不十分な;〖補語なしで〗(国・地方などが) 諸設備が不十分な, 産業設備が立ち遅れた. port ~ 設備不足の港湾.

sous-équipement *n.m.* (国・地方・産業部門などの) 設備不足状態. ~ hôtelier d'une ville 都会のホテル不足状態. ~ social (médical, sanitaire) d'un pays 一国の社会 (医療・衛生) 施設の不足状態.

sous-espace *n.m.* 〖数〗部分空間.

sous-espèce *n.f.* 〖生〗亜種.

sous-estimation (<sous-estimer) *n.f.* 過小評価. ~ d'un bieu 財の過小評価.

sous-évaluation (<sous-évaluer) *n.f.* 過小評価.

sous-exploitation (<sous-exploiter) *n.f.* 〖経済〗低開発, 開発不十分な状態. ~ d'un gisement 鉱床の開発不足状態.

sous-exposer *v.t.* 〖写真〗露光不足で撮影する. photo *sous-exposée* 露出不足の写真.

sous-exposition *n.f.* 〖写真〗露光 (露出) 不足, 露光アンダー. ~ d'une pellicule フィルムの露光不足.

sous-faîte *n.m.* 〖建築〗棟木.

sous-famille *n.f.* (生物分類学上の) 亜科 (科 famille の下).

sous-fifre *n.m.* 〖話〗〖労働〗下っ端, 平職員.

sous-filiale *n.f.* 孫会社.

sous-genre *n.m.* (生物分類学上の) 亜属 (属 genre の下, 科 famille の上).

sous-glaciaire *a.* 〖地学〗氷河底の, 氷河下の.

sous-gouverneur *n.m.* 副総督;副総裁.

sous-groupe *n.m.* **1** 下位グループ, サブグループ. **2** 〖数〗部分群. ~ invariant 正規部分群.

sous-homme *n.m.* 〖話・蔑〗人間以下, 劣等人.

sous-humanité *n.f.* 人間以下の状態.

sous-imposition *n.f.* 過少課税.

sous-information *n.f.* 情報不足.

sous-inform*é*(*e*) *a.* 情報不足の.

sous-ingénieur *n.m.* 技師補 (技師を補佐する上級技術員).

sous-jacent(*e*) *a.* **1** 下に位置する, 下に横たわる, 基盤を成す. couche ~*e* du sol 地面の下の層.
2 〖比喩的〗隠された. difficultés ~*es* 隠された障害. idées (motivations) ~*es* 秘められた考え (動機).

sous-lieutenance *n.f.* 〖軍〗陸軍 (空軍) 少尉の地位 (任務).

sous-lieutenant *n.m.* 〖軍〗陸 (空) 軍少尉 (海軍少尉は enseigne de vaisseau de 2e classe).

sous-locataire *n.* 転借人, 又借人.

sous-location *n.f.* 転貸借〔契約〕, 又貸;又借. conditions incluses dans la ~ 転貸借契約に含まれる諸条件. mettre (prendre) une chambre en ~ 部屋を又貸し (又借り) する.

sous-marin[1](*e*) *a.* 水面下の;潜水の;海底の. câble ~ 海底ケーブル. exploitation ~*e* 海中開発. navigation ~*e* 潜航. pêcheur ~ 潜水漁師.

sous-marin[2] *n.m.* 潜水艦. ~ classique 通常型潜水艦. ~ nucléaire d'attaque (SNA) 攻撃用原子力潜水艦. ~ nucléaire lanceur d'engins (SNLE) ミサイル発射原子力潜水艦.

sous-marinier(*ère*) *n.* 〖軍〗潜水艦乗組員.

sous-marque *n.f.* 〖商業〗副次商標, サブ商標.

sous-maxillaire *a.* 〖解剖〗顎下の. glande ~ 顎下腺 (唾液腺 glande salivaire の一つ).

sous-médicalisation *n.f.* 医療過疎〔化〕.

sous-médicalis*é*(*e*) *a.* 医療過疎状態の (医師・病院等が不足した). région ~*e* 医療過疎地方.

sous-ministre *n.* 〖カナダ〗副大臣, 大

臣補佐.

sous-multiple *n.m.*〖数〗約数.
── *a.* 約数の.

sous-munition *n.f.*〖軍〗子爆発物, 子爆弾, 子弾 (=〖英〗submunition).

sous-muqueux(**se**) *a.*〖医〗粘膜下の. injection ~*se* de sérum physiologique 生理食塩水の粘膜下注入.
──*n.f.*〖解剖〗粘膜下組織.

sous-nutrition *n.f.* 栄養不足, 低栄養.

sous-occipital(**ale**)(*pl.***aux**) *a.*〖解剖・医〗後頭骨下の；大脳後頭葉下の. artère ~ *ale* 後頭骨下動脈. nerf ~ 後頭〔骨〕下神経. ponction ~ *ale* 後頭〔骨〕下穿刺.

sous-œuvre *n.m.*〖建築, 土木〗基礎. en ~ 基礎の部分で, 土台に；〖比喩的〗根底から, 抜本的に. reprise en ~ d'une construction 建造物の基礎改修. agir en ~ ひそかに行動する. reprendre un projet en ~ 根底から計画を練り直す.

sous-off(*pl.*~**s**~~**s**) *n.m.*〔話〕下士官 (=sous-officier).

sous-officier *n.m.*〖軍〗下士官 (sergent, sergent-chef, sergent-major, adjudant, adjudant-chef, aspirant).

sous-omblical(**ale**)(*pl.***aux**) *a.*〖解剖〗臍下の. région ~ 臍下部.

sous-orbitaire *a.*〖解剖〗眼窩下の. artère ~ 眼窩下動脈. douleurs ~s 眼窩下痛.

sous-orbital(**ale**)(*pl.***aux**) *a.*〖宇宙〗(人工衛星の速度が) 亜軌道的な. vitesse ~ *ale* 亜軌道速度.

sous-ordre *n.m.* **1** 部下, 下役；〖法律〗配当順位代位. travailler en ~ 部下として働く. créancier en ~ 下位債権者(債権者の債権者).
2〖生〗亜目(生物分類における目の下の区分).

sous-peuplé(**e**) *a.* 人口過疎な. région ~*e* 人口過疎地方.

sous-peuplement *n.m.* 人口過疎, 人口過少.

sous-population *n.f.*〖人口統計〗準人口(フランスの国勢調査における外国人移民労働者数).

sous-préfectoral(**ale**)(*pl.***aux**) *a.*〖行政〗郡庁の；郡長(副知事) (sous-préfect) の.

sous-préfecture *n.f.* **1** 郡庁；郡長(副知事) 公邸. **2** 郡庁所在地. **3**〔古〕郡 (=arrondissement).

sous-préfet *n.m.* 副知事, 郡長 (1981年まで；1982年以降は commissaire adjoint de la République；郡 arrondissement の長で, 県知事官房長として知事を補佐する).

sous-préfète *n.f.* **1** 副知事(郡長) 夫人.
2 女性副知事(郡長) (副知事夫人には Madame la sous-préfète. 女性副知事には Madame le sous-préfet というのが普通).

sous-production *n.f.*〖経済〗生産不足, 低生産 (surproduction の対).

sous-produit *n.m.* **1** 副産物, 副製品. ~s de la distillation du pétrole 石油精製の副産物. **2** 二(副)次産物. Les abats sont des ~s par rapport à la viande. 屑肉(もつ類)は食肉の副次的産物である. **3** 亜流；(特に粗悪な)模造品, 粗悪品.

sous-programme *n.m.*〖情報処理〗サブプログラム (=〖英〗subprogram), サブルーチン (=subroutine).

sous-prolétaire *n.*〖社〗下層プロレタリア(略称 sous-pro).
── *a.* ~の.

sous-prolétariat *n.m.* 下層プロレタリアート.

sous-pubien(**ne**) *a.*〖解剖〗恥骨下の. ligament ~ 恥骨下靱帯.

sous-pul *n.m.*〖服〗スー・プル(プルオーヴァーの下に着る細かい編目のプルオーヴァー).

sous-qualifié(**e**) *a.* 職能基準以下の, 資格が不十分な, 未熟練の (surqualifié「職能基準以上の」の対). main d'œuvre ~*e* 未熟練労働者(力).

sous-scapulaire *a.*〖解剖〗肩甲骨 (omoplate) 下の. muscule ~ 肩甲下筋.

sous-secrétaire *n.m.* 事務〔局〕次長；次官. ~ d'Etat 次官(特にアメリカの「国務次官」).

sous-secrétariat *n.m.* 次長事務室(所). ~ d'Etat 次官官房.

sous-secteur *n.m.* **1**〖軍〗連隊作戦地域. **2** 小区分, 細別；下位区分.

sous-seing *n.m.inv.*〖法律〗私署証書 (=acte sous seing privé).

sous〔-〕**signé**(**e**) *a.* (文書の)下に署名した. Je ~*e* Marie FRANCE déclare que... 下に署名したマリー・フランスは次の通り申告します. personnes ~*es* 文書の下に署名した人々.
──*n.* (文書の)下に署名した者.

sous-sol *n.m.* **1** 地下, 地中. richesses du ~ 地下資源.
2〖地質〗下層土. ~ de Paris パリの地層.
3 地下室, 地階. premier (second) ~ 地下1(2)階. garage en ~ 地下駐車場.

sous-solage *n.m.*〖農〗心土耕.

sous-soleuse *n.f.*〖農〗心土破砕機.

sous-station *n.f.*〖電〗変電所 (= ~ électrique).

sous-système *n.m.* 下部組織, 下位組織, サブシステム；補助機構.

sous-tangente *n.f.*〖数〗接線影.

sous-tasse *n.f.*〖食器〗(カップの)受け皿 (=soucoupe).

sous-tension *n.f.*〖電〗不足電圧, 定格以下の電圧.

sous-titrage *n.m.* 〖映画〗字幕スーパー挿入.

sous-titre *n.m.* **1** 副題, サブタイトル；小見出し. ~ d'un journal 新聞の小見出し. ~ d'un livre 書物の副題.
2 〖映画〗字幕スーパー (= intertitre). film américain en version originale avec ~ アメリカ映画の字幕スーパー付原語版.

sous-titré(e) *a.p.* 字幕スーパー付きの. film ~ 字幕(スーパー)付きの映画 (film doublé の対).

soustracteur *n.m.* 減算器.

soustractif(ve) *a.* 〖数〗引き算の, 減法の. signe ~ 減号. 〖写真・印刷〗synthèse ~ve trichrome 減色合成法〔青・緑・赤の補色の黄・マゼンタ・シアンの3原色による減法混色法〕.

soustraction *n.f.* **1** 〖数〗引き算, 減法. apprendre les ~s 引き算を習う. faire une ~ 引き算をする.
2 抜き取り, 窃取(せっしゅ), 窃盗；〖法律〗公文書窃取(横領)罪. ~ des biens 財産の窃取. ~ d'enfant mineur 子の奪取〔罪〕. ~ d'un document 文書の抜き取り(不正取得).

sous-traitance *n.f.* 下請, 請負. faire de la ~. 下請をする. tavailler en ~ 下請で仕事をする.

sous-traitant(e) *a.* 下請の. entreprise ~ 下請企業.
—*n.* 下請〔人〕. ~ à la forfait 請負下請人.

sous-variété *n.f.* 〖生〗亜変種.

sous-vêtement *n.m.* 下着. ~s masculins (d'homme) 男物の下着.

sous-vide *n.m.* 真空パック〔食品〕.

sous-vireur(se) *a.* 〖自動車〗アンダーステアリング気味の.

sous-voltage *n.m.* 〖電〗定格を下まわる電圧, 過小電圧.

sous-vosgien(ne) *a.* 〖地理〗ヴォージュ山脈(les Vosges)の麓の. collines ~nes ヴォージュ山麓の丘陵地帯〔アルザス地方の葡萄の栽培地域〕.

sous-zone *n.f.* 〖行政〗下位区域 (=〔英〕 sub-zone「ザブ=ゾーン」)〔区域 zone を構成する一区域).

soute *n.f.* **1** 〖海〗船倉. ~ à bagages[1] 手荷物船倉. ~ à charbon 石炭庫. ~ à mazout 重油タンク. ~ à munition (軍艦の)火薬庫. ~ à provisions 食料倉.
2 (航空機の)荷物室. ~ à bagages[2] (旅客機の)床下荷物室. ~ d'un avion-cargo 貨物機の貨物室. bagages de ~ 荷物室収納荷物(bagage de cabine「客室持込み手荷物」の対).
3 (*pl.*で)(船舶用の)燃料油, 重油.

soutenance *n.f.* (学位論文の)公開審査. ~ d'une thèse〔de doctorat〕博士論文の公開審査.

soutènement *n.m.* **1** 〖土木・採鉱〗支保, 坑内支保；支柱. ~ de béton コンクリート支保. ~ en taille 切羽支保(支柱). marchant 自走鉄柱. mur de ~ 擁壁, 土止め壁.
2 〖法律〗~ de compte 会計計算の証拠, 適正計算の主張.

souteneur *n.m.* 売春幹旋人, 娼婦のひも (= proxénète).

soutenu(e) (< soutenir) *a.p.* **1** 支持された, 支えられた. candidat ~ de la gauche 左翼の支持候補.
2 強調された, 明確な, 際立った. couleur ~e 際立った色彩. lignes plus ~es より強調された線.
3 持続した；一貫して変わらない. efforts ~s たゆまぬ努力. intérêt ~ 絶えざる興味. marche régulière et ~e 規則正しい持続的歩み. 〖音楽〗son ~ 持続音. travail ~ 一貫した持続的作業.
4 格調の高い. style ~ 格調高い文体.

souterrain(e) *a.* **1** 地下の. abri ~ 地下壕. conduit ~ 暗渠. eaux ~es 地下水. essai nucléaire ~ 地下核実験. galerie ~e 地下道. passage ~ 地下道. rivière ~e 地下河川. 〖植〗tige ~ 地下茎. travaux ~s 地下工事.
2 〖比喩的〗秘密の, ひそかな, 隠れた. économie ~e 水面下の経済, 地下経済. manœuvres ~es 地下工作. menées ~es 陰謀.
—*n.m.* 地下道.

soutien *n.m.* **1** (物理的な)支え, 支持；支柱. ~s d'une voûte アーチの支え. pièce de ~ 支持材. 〖生〗tissu de ~ 支持組織.
2 (精神的な)支え；支持；援助. ~ electoral 選挙支援. ~ moral 精神的支え. politique de ~ 援助政策.
3 〖軍〗支援, 援護. bâtiment de ~ 後方支援艦艇. chasseur de ~ 支援戦闘機. unité de ~ 支援部隊.
4 維持；〖経済〗(価格などの)維持, 財政的援助. ~ d'une monnaie 通貨価値の維持. ~ du niveau de vie 生活水準の維持. ~ des prix agricoles 農産物価格の維持. mesures de ~ à l'économie 経済に対する財政援助措置.
5 支持者, 支える人；援助者. ~ d'une doctrine 理論の支持者. ~ de famille 一家の大黒柱；〖軍〗家計維持者, 一家の扶養者(兵役猶予・出征手当などの対象となる). ~ financier d'une association 団体の財政的支持者.
6 〖法律〗根拠. ~ de la demande (訴訟における) 請求の根拠 (= ~ de la prétention).

soutien-gorge *n.m.* (*pl.* **~s-~**) ブラジャー.

soutirage (< soutirer) *n.m.* (葡萄酒・シードルなどの) 澱(おり)引き.

souvenir *n.m.* **1** 記憶. le ~ et l'oubli 記憶と忘却. avoir (n'avoir pas) ~ de *qch* (de + *inf.*) 何を (何するのを) 覚えている (覚えていない). garder ~ de …を記憶にとど

めている. perdre le ~ de …の記憶を失う. s'effacer du ~ 記憶から失せる.

2 思い出；回想；〔*pl.* で〕回想録. agréables ~*s* 心地よい思い出. ~*s* d'enfance 幼少時の思い出. ~ heureux 幸せな思い出. ~ précis (vague) 鮮明な（おぼろな）思い出. au ~ de …を思い出しながら. de ~ 思い出の. chercher en son ~ 記憶をまさぐる. noter ses ~*s* 思い出を記す.

3 名残り. ~*s* d'une victoire 勝利の名残り.

4 形見；記念品. en ～〔de〕〔の〕記念に；〔の〕思い出に. Gardez ce livre en ~ de moi. 私の形見としてこの本をとっておいてください. léguer comme ~ de *qn* 人の形見として遺贈する.

5 土産 (= ~ d'un voyage). ~*s* de Paris パリ土産. magasin de ~*s* 土産屋. acheter quelques ~*s* いくつかの土産品を買う.

6《挨拶の文言》Ayez la bonté de me rappeler à son (bon) ~. どうか彼によろしくお伝えください. Rappelez-moi au bon ~ de (Mon bon ~ à) votre frère. 兄上によろしく. Affectueux ~*s*. 思い出をこめて. Croyez à mon fidèle ~. 忠実なる友より.

souvenir-écran (*pl.*~*s*-~*s*) *n.m.*【精神医学】記憶隠蔽.

souverain[1](***e***) *a.* **1** 最高の, 至高の.【哲】le ~ bien 最高善. l'Etre ~ 至高の存在, 神.

2 最高の権限を持つ, 主権を持つ. Etat ~ 主権国, 独立国. le ~ pontife 最高の聖職者, 教皇 (=pape). puissance ~*e* 主権.

3【法律】終審の. cour ~*e*（大革命前の）終審裁判所. jugement ~ 終審判決.

4 この上ない, 最高の, 極度の. ~*e* félicité 至高の喜び. ~ mépris 極度の軽蔑. beauté ~*e* この上ない美しさ.

5（薬が）非常によく効く. remède ~ 最高に効く薬.

6 王者のような威厳をそなえた. air ~ 威風堂々たる様子.

—*n.* **1** 君主. ~ absolu 絶対君主. ~ constitutionnel 立憲君主. ~ des dieux 神々の王《ユピテル Jupiter》.

2 主権者.

3〔比喩的〕絶対的存在, 主.

souverain[2] *n.m.* 主権者. En démocratie, le ~ c'est le peuple. 民主主義国家では, 主権者は人民である.

souveraineté *n.f.* **1**【法律】最高権, 主権. ~〔de l'Etat〕国家主権. ~ nationale 国の主権；国民主権. La ~ appartient au peuple (...). 国の主権は人民に属する《『フランス第五共和国憲法』第1章第3条》. ~ populaire 人民主権. ~ territoriale 領土主権.

2 支配権；終審権；公権力. ~ des juges du fond 事実審判事の最終的判断権.

3〔比喩的〕最高権威. ~ de la raison 理性の帝国.

souverainiste *a.* **1**（カナダの）ケベック独立主義の. mouvement ~ ケベック独立主義運動.

2（ヨーロッパの）国家主権厳守主義の. députés ~*s* 国家主権厳守派国会議員. la droite ~ 国家主権厳守主義の右翼.

—*n.* **1**（カナダの）ケベック独立派. **2**（ヨーロッパの）国家主権厳守主義者. les ~ et les fédérationnistes 国家主権厳守派と連邦主義者.

soviet [sɔvjɛt]〔ロシア〕*n.m.*【史】**1** ソヴィエト《共産主義国家の政治組織である評議会・会議》；（革命前の）革命会議. ~ suprême 最高評議会.

2（ソ連邦を構成する）共和国；ソ連；ソ連政府.

soviétique *a.* **1**〔ロシア史〕ソヴィエトの；ソヴィエト国民の.

2〔ロシア史〕ソヴィエト連邦 (URSS) の, ソ連の. économie ~ ソ連経済. Union ~ ソ連邦 (URSS=*U*nion des *r*épubliques *s*ocialistes *s*oviétiques ソヴィエト社会主義共和国連邦の通称).

—*S*~ *n.* ソ連邦人.

SP[1] (= service de *p*sychiatrie) *n.m.*（総合病院付属）精神科, 精神病院.

SP[2] (= *s*ommeil *p*aradoxal) *n.m.*【生理】逆説睡眠, レム睡眠《正常睡眠中に大脳活動や眼球運動が活発化して夢を見る周期的状態. レム REM 睡眠》.

SPA[1] (= *S*ociété *p*rotectrice des *a*nimaux) *n.f.* 動物愛護協会.

SPA[2] (= *s*tandard de *p*ouvoir d'*a*chat) *n.m.* 購売力基準〔値〕.

spa (<〔ラ〕*s*anitas *p*er *a*quam=〔仏〕la santé par l'eau「湯治」) *n.m.* **1** 渦風呂 (= bain à remous), ジャクジー (=jacuzzi).

2 湯治場, 温泉〔場〕(= station thermale).

SPAC (= *s*yndicat des *p*ilotes de l'*a*viation *c*ivile) *n.m.* 民間航空パイロット組合.

spacelab (= *space lab*oratory)〔米〕*n.m.*【宇宙】スペースラブ, 宇宙実験室 (=〔仏〕labo spatial, laboratoire spatial).

space opera [spɛsɔpera] (*pl.*~ ~*s*)〔英〕*n.m.* スペース・オペラ《宇宙空間を舞台とする SF 小説・映画・戯曲》.

spaghetti (*pl.*~〔*s*〕)〔伊〕*n.m.* **1** スパゲッティ；スパゲッティ料理. ~ à la bolonaise；~ sauce bolonaise ボローニャ風スパゲッティ (=〔伊〕~ alla bolognese：挽肉・香味野菜・トマトでつくるソース添え). ~ à la napolitaine ナポリ風スパゲッティ (=〔伊〕~ alla napolitaine：トマトソース添え). ~ al dente かたゆで（アル・デンテ）のスパゲッティ.

2【映画】westerne ~ マカロニ・ウエスタン《イタリア制作の西部劇映画》.

spallation *n.f.*【物理】（原子核の）破砕.

spanioménorrhée *n.f.*【医】続発性無月経《月経間隔が6～8週のもの》.

sparadrap [sparadra] *n.m.* 【医】絆創膏. ~ élastique 伸縮性絆創膏. ~ microporeux 微孔性絆創膏).

spartéine *n.f.* 【生化】スパルテイン (えにしだ (genêt) から抽出される有毒アルカロイド；かつて強心剤, 利尿剤に, 現在では無痛分娩に用いられる).

spasme *n.m.* **1** 【医】痙攣, 痙縮, 攣縮, スパズム. ~ de l'accomodation (眼の) 調節痙攣. ~ de l'estomac 胃痙攣. ~ du sanglot en forme blanche (bleue) 白顔 (青顔) 状泣きじゃくり. ~ en flexion en nourrisson 乳児期点頭てんかん (= ~ infantile). ウエスト症候群 (=syndrome de West). ~ infantile 小児痙攣, 点頭けいれん. ~ visuel 注視痙攣. médicament contre les ~s 抗痙攣薬 (=antisparmodique).
2 (胸・喉などの) 締めつけられるような感じ. ~ de plaisir 胸がつまるような歓び.

spasmodique *a.* **1** 【医】痙攣性の, 痙性の. dysphonie ~ 痙攣性発声障害.
2 痙攣的な. sanglots ~s 泣きじゃくり.

spasmolytique *a.* 【薬】鎮痙性の.
——*n.m.* 鎮痙薬 (=agent ~, agent antispasmodique).

spasmophilie *n.f.* 【医】痙攣性体質.

SPASS (=*s*ystème *p*our *a*utomatisation des *s*tations-*s*ervices) *n.m.* ガソリンスタンド自動化システム.

spasticité *n.f.* 【医】痙直；痙縮. ~ musculaire 筋痙直, 筋固縮.

spastique *a.* 【医】痙攣性の. marche ~ 痙攣性歩行 (下肢攣縮による歩行困難). paralyse ~ 痙攣性麻痺.

spatial (*ale*)(*pl*.*aux*) *a.* **1** 空間 (espace) の. 【電】charge ~ale 空間電荷. configuration ~ale 空間配置. coordination ~ale 空間同調. 【心】perception ~ale 空間知覚.
2 宇宙空間の. engin ~ 宇宙ロケット. ère ~ale 宇宙時代. guerre ~ale スペース・ウォー, 宇宙戦争. médecine ~ale 宇宙医学. navette ~ale スペース・シャトル. sonde ~ale 宇宙探査機. station ~ale 宇宙ステーション. téléscope ~ Hubble ハッブル宇宙望遠鏡. vaisseau ~ 宇宙船.

spatiocarte *n.f.* 【宇宙】地球探査衛星作成地図, スペースマップ.

spationaute *n.* 宇宙飛行士 (=astronaute, cosmonaute).

spationautique *n.f.* 【宇宙】宇宙航行学.

spationef *n.m.* 【宇宙】宇宙船, 宇宙機, 航宙機, スペースクラフト (=[英] spacecraft；宇宙を航行する飛行体の総称；astronef ともいう).

SPD (=[独] *S*ozialdemokratische *P*artei *D*eutschlands) *n.m.* ドイツ社会民主党 (1890年結成；1945年再建；東ドイツでは共産党と合体して SED となった；=[仏] Parti social-démocrate allemand).

speakerine [spikrin] *n.f.* 女性アナウンサー, スピークリヌ (略称=annonceuse). ~ de la télévision テレビの女性アナウンサー.

SPEC (=*s*ystème *p*hoto*é*lectrique de *c*omptage) *n.m.* 光電式計数システム.

spécial (*ale*)(*pl*.*aux*) *a.* **1** 特殊な, 特別な；(à la) 特有な (général「一般的な」の対). connaissances ~ales 特殊な専門的知識. leçons ~ales 特別授業.
〔学〕mathématiques ~ales 特別数学〔学級〕(略称 maths spé；理系高等専門学校受験準備コースの2年次で学習する数学およびその学級). 〔生〕nom ~ à l'espèce 種の固有名. vocabulaire ~ 専門用語. rien de ~ à citer 特に引用することなし.
2 特別な, 例外的な. armes ~ales 特殊兵器 (armes classiques「通常兵器」の対；核兵器・化学生物兵器など). autorisation ~ale 特別許可. cas ~ 例外的な場合. édition ~ale 特別版；(新聞の) 号外. envoyé ~ 特派員 (correspondant「通信員」の対). 〔numéro〕~ (雑誌の) 特集号. privilège ~ 例外的特権. train ~ 特別(臨時)列車.
3 独特な, 個性的な. S~! nouveau! 個性的で, 新鮮な (広告の文言). eau-de-vie trop ~ale くせのある蒸留酒. mentalité ~ 独特な考え方.
4 〔話〕普通(正常)でない, 一風変った, 異様な. avoir des goûts ~aux 変った趣味をもつ. Il est ~, ce type! 奴は変っているよ. mœurs ~ales 異常風俗, 同性愛.
——*n.f.* **1** 〔学〕特別数学学級 (=mathématiques ~s；maths spé.；理系高等専門学校受験準備コースの2年次).
2 (新聞などの) 特別版；号外 (=édition ~).
3 スペシャル (牡蠣の一品種).
——*n.m.* **1** (新聞・雑誌の) 特集記事；(雑誌の) 特集号 (=numéro ~)；【放送】スペシャル番組, 特番. le S~ élections 選挙特集号.
2 特別価格品.
3 〔スポーツ〕(格闘技などの) 特技.
4 〔スポーツ〕(自動車のラリーの) スペシャル・コース・レース.

spécialisation (<spécialiser) *n.f.* 特殊化；専門化. ~ du sens d'un mot 語義の特殊化. ~ de l'industrie 産業の専門化. ~ d'une personne dans un travail 従業員の仕事の専門化.

spécialisé(*e*) *a.p.* 専門化された；(dans, en を) 専門とする；特定化された. industrie ~e 専門化産業. personne hautement ~e 高度の専門家. ouvrier ~ 特定工, 単純作業労働者, 非熟練工, 一般工 (職業適性証書 CAP を持たないまたは特殊技能を持たない工員, 略記 OS). médecin ~ en cancérologie 癌の専門医.

spécialiste *n.* **1** 専門家, スペシャリスト. ~ de l'électronique (de l'histoire du

moyen âge) 電子工学 (中世史) の専門家. au dire des ~s 専門家の言によると.
2〖医〗専門医 (= médecin ~) (médecin généraliste「一般医」の対). consulter un ~ en cancérologie 癌の専門医に診てもらう.
3〖話〗通；常習犯. ~ de ce genre de gaffes へまの名人. ~ de la guigne 不運につきまとわれた人.

spécialité *n.f.* **1** 専門領域, 専門分野, 専攻；専門知識；特殊性. ~ de qn 人の専門領域 (専攻). ~ médicale 医学 (医師) の専門用語. lexique de ~ 専門用語. faire de qch sa ~ 何を専攻する. se cantonner dans sa ~ 自分の専門に閉じこもる.
2 (レストラン, コックなどの) 得意料理, 特選料理；(地方の) 郷土料理；名産, 特産品. ~ d'escargots エスカルゴの専門店. ~ maison 当店の自慢 (特選) 料理. ~s régionales 地方の名物料理 (名産, 特産品). Quelles sont les ~s du chef? シェフの自慢料理は何ですか？ Les crêpes sont une ~ bretonne. クレープはブルターニュ名物だ.
3 特技；〖話〗(人の) 十八番 (おはこ).
4〖薬〗専門薬 (= ~ pharmaceutique)；〖社会保障〗薬剤の特定《社会保障金庫の支払い対象となる医薬品》.
5〖法律〗特定. ~ administrative 行政権限の特定. ~ budgétaire 予算科目の区分〔特定〕. ~ d'une marque 商標の特定. ~ hypothécaire 抵当権の特定. principe de ~ (法人の) 活動限定性の原理.

spécification *n.f.* **1** 特定, 指定, 限定, 明記, 明示. ~ de l'heure et du lieu 時間と場所の特定 (指定).
2 定義；(製品などの) 仕様 〔書〕.〖生〗~ d'une espèce 種の定義. ~ d'un produit industriel 工業製品の仕様〔書〕. vente sans ~ 仕様明記のない売買.
3〖法律〗(他人所有の材料に対する) 加工.

spécificité *n.f.* **1**〖生, 医〗特異性. ~ d'une maladie 疾病の特異性.
2 特性；独自性. ~ d'un remède 医薬品の特性. ~ du théâtre japonais 日本演劇の独自性. ~ immunologique 免疫特性.

spécifique *a.* **1** 固有の, 特定の；〖医〗特異性の；〖生〗種の. caractère ~ de l'espèce humaine 人類の特性.〖物理〗chaleur ~ 比熱.〖生, 論理〗différence ~ 種差. droits (taxes) ~s 従量税 (droits (taxes) ad valorem 「従価税」の対).〖医〗maladie ~ 特異疾患；〖古〗梅毒. masse ~ 密度 (= masse volumique).〖医〗microbe ~ 特異微生物. poids ~ 比重 (= poids volumique). qualités ~s 特性.〖化〗réaction ~ 特殊反応.〖薬〗remède ~ 特効薬. terme ~ 固有の名称 (= nom ~) (terme générique「総称」の対).
2 独自の, 独特の, 特有の. odeur ~ 独特の匂い.

spécimen [spesimɛn]〖ラ〗*n.m.* **1** 標本；試験片, 試料, 供試体. ~s minéralogiques 鉱物見本.
2 見本. numéro ~ (雑誌などの) 見本号. page ~ (書籍などの) 見本刷り, 内容見本.
3〖比喩的〗典型例. un parfait ~ du conducteur dangereux 危険なドライバーの典型的な例.
4〖比喩的・話〗人, 奴. un drôle de ~ 変な奴.

SPECT (= 〖英〗single photon émission computed tomography) *n.f.*〖医〗シングルフォトンECT, 単光子放射型コンピュータ断層撮影〔法〕(=〖仏〗tomographie d'emission à photon unique, tomoscintigraphie).

spectacle *n.m.* **1** 光景；景観；有様. ~ de la nature 自然の光景 (景観). ~ horrifiant 身の毛のよだつ光景. au ~ de …の光景に接し. contempler le ~ d'un coucher de soleil 日没の景観に見入る.
2 (演劇・演芸・舞踊などの) 見世物, 出し物, ショー；興行. ~ à un seul personnage ワンマンショー (= ~ solo；〖英〗one man show に対する公用推奨語). ~ de ballets バレエの演目. ~ de cirque サーカスの見世物. ~ de matinée (de soirée) 昼 (夜) の興行. ~ de music-hall ミュージックホールのショー. ~《son et lumière》「音と光のスペクタクル」《歴史的建造物を舞台に, 音響効果と照明によって歴史を再現する野外ショー》. ~ télévisé TV ショー.
cote de succès des ~s 演芸のヒット・チャート. entrepreneur de ~s 興行師. industrie du ~ 芸能産業, ショービジネス. monde du ~ 興行界, 芸能界. rubrique des ~s dans un journal (dans une revue) 新聞 (雑誌) の演芸欄. salle de ~〔s〕劇場 (演芸場, 映画館, ミュージックホールなど). société du ~ メディアによるスペクタクル社会
aller au ~ 劇場に行く. assister à un ~ ショー (芝居, 映画) を観に行く. se donner (s'offrir) en ~ 自分を見世物にする, 自分を見せびらかす. servir de ~ à la foule 群衆の見世物になる.
3〖古〗演出；現用 à grand ~ (ショー, レヴュー, 映画などが) 大仕掛けの；絢爛豪華な. film à grand ~ 大スペクタクル映画.
4〖蔑〗(人目をくらます) ショー, 見世物. ~ politique 政治ショー.

spectaculaire *a.* 人目を引く, 壮観な；目ざましい. accident ~ 人目を引く事故. progrès ~s 目ざましい進歩. scène ~ 絢爛豪華な舞台.

spectateur (***trice***) *n.* **1** 観客；見物人；(美術館の) 鑑賞者. ~s d'une manifestation sportive スポーツイヴェントの観衆.
2 目撃者；傍観者. ~ d'un événement 事件の目撃者. être le ~ de qch 何を目撃する.

spectral (***ale***)(*pl.**aux***) *a.* **1** 亡霊のような. teintes ~ales 亡霊のような顔色.
2〖物理〗スペクトルの. analyse ~ale スペ

クトル分析. couleurs ~ales スペクトル色. **3**〔数〕スペクトルの. valeur ~ale スペクトル値.

spectre n.m. **1** 亡霊, 幽霊 (=fantôme, revenu); 亡霊のような人. pâleur de ~ 亡霊のような蒼白さ. Ce n'est plus qu'un ~. もはや亡霊そのものだ.
2〔文〕予兆, きざし;おそれ. ~ de la famine (de la guerre) 飢饉(戦争)のおそれ.
3〔物理〕スペクトル. ~ acoustique 音響スペクトル. ~ atomique (moléculaire) 原子(分子)スペクトル. ~ continu (discontinu) 連続 (不連続) スペクトル. ~ d'étincelles 火花スペクトル. ~ de rayons X X 線スペクトル. ~ fluorescent 蛍光スペクトル. ~ infra-rouge (ultra-violet) 赤外線 (紫外線) スペクトル. ~ lumineux 可視光スペクトル. ~ magnétique 磁気スペクトル. ~ normal (anormal) 正常 (異常) スペクトル. ~ soleil 太陽 (日光) スペクトル. ~ sonore 音のスペクトル.
4〔薬〕(医薬品, 特に抗生物質の) 有効分野. antibiotique à large ~ 広範囲に薬効のある抗生物質.
5〔数〕スペクトル.

spectromètre n.m.〔物理〕分光計, スペクトロメーター. ~ de masse 質量分析計, マススペクトロメーター.

spectrophotomètre n.m.〔物理〕分光測光器, 分光光度計.

spectroradiométrie n.f.〔物理〕分光輻射測定 (= radiométrie spectrale). ~ image ante 画像化分光輻射測定.

spectroscope n.m.〔物理〕分光器. ~ à prisme プリズム分光器. ~ interférentiel 干渉分光器.

spectroscopie n.f.〔医〕スペクトロスコピー, 分光検査〔法〕. ~ par résonance magnétique〔核〕磁気共鳴スペクトロスコピー (略記 SRM;〔英〕MRS: magnetic resonance spectroscopy).

spéculaire a. **1** 鏡の;鏡に映った. écriture ~ 逆書き (鏡に映すと正常に見える書法).〔精神医学〕hallucination ~ 鏡映幻覚, 自己幻視.
2〔鉱, 冶〕鏡状の;〔工〕鏡面状の. fer ~ 鏡鉄鉱. fonte ~ 鏡鉄. poli ~ 鏡面仕上げ.
——n.f.〔植〕おおみざかし (Campanulacée ききょう科) (= miroir de Vénus).

spéculateur (**trice**) n.〔経済〕投機家, 相場師.

spéculatif (**ve**) a. **1** 投機的な. caractère ~ 投機的性質. manœuvres ~ves 投機的操作. valeurs ~ves 投機株. vente ~ve 思惑売り, 投機売り.
2〔哲〕思弁的な. esprit ~ 思弁的精神. franc-maçonnerie ~ve 思弁的・フランマソヌリー (フリー・メイスン式). philosophie ~ve 思弁的哲学. sciences ~ves 思弁的科学.

spéculation n.f. **1** 投機, 思惑売買, やま. ~ à la baisse〔par des ventes〕思惑売り. ~ à la hausse〔par des achats〕思惑買い. ~ commerciale 商業的投機. ~ en Bourse 株式投機. ~s hardieuses 伸るか反るかの投機. ~ illicite 不法投機. faire des ~s 投機を行なう. s'enrichir par la ~ sur les blés 小麦の相場で儲ける.
2〔比喩的〕打算, 目論見;賭け.
3〔哲〕思弁, 思索;抽象的研究. ~s méthaphysiques 形而上学的思弁. ~ pure 純粋思弁. ~s techniques 技術的思索.
4〔蔑〕空理, 空論, 臆測.
5〔古〕観察. ~ des astres 天体観測.

spéculum n.m.〔医〕腟鏡.

spéléologie n.f. 洞窟探険〔学〕;洞穴学.

spéléologue n. 洞窟学者;洞窟探険家.

spermatide n.m.〔生〕精子細胞.

spermatique a. **1** 精液の;精子の. analyse ~ 精液検査. granulome ~ 精子肉芽腫. invasion ~ 精子侵襲症.
2 精巣の. cordon ~ 精索.

spermatocèle n.f.〔医〕精液瘤.

spermatocystite n.f.〔医〕精囊腺炎.

spermatocyte n.f.〔生〕精母細胞.

spermatogenèse n.f.〔生理・医〕精子形成. anomalies de la ~ 精子形成異常.

spermatophytes n.f.pl.〔植〕種子植物門〔植物〕.

spermatorrhée n.f.〔医〕精液流出症 (精液が射精時以外に尿管から流出する症状).

spermatozoïde n.m. 精子, 精虫.

sperme n.m.〔生〕精液. banque de ~ 精液バンク.〔法医学〕test de ~ 精液の証明.

spermicide a.〔医〕殺精子性の.〔薬〕gelée ~ 殺精子ゼリー (避妊薬).
——n.m.〔薬〕殺精子薬.

spermine n.f.〔生化〕スペルミン. cristal de ~ スペルミン結晶.

spermiurie n.f.〔医〕精液尿, 混濁尿.

spermogramme n.m.〔医〕精液検査, スペルマグラム.

SPF (=〔英〕South Pacific Forum) n.m. 南太平洋フォーラム, 南太平洋諸国会議 (1971 年創設;=〔仏〕FPS: Forum du Pacifique Sud).

SPH (= secteur public hospitalier) n.m.〔医〕公的病院部門. établissement public (privé) participant au ~ 公的病院部門に参画している公立 (私立) 病院 (= établissement public (privé) PSPH).

sphacèle n.m.〔医〕壊死組織.

sphénoïdal (**ale**) (pl. **aux**) a.〔解剖〕蝶形骨の. sinus ~ 蝶形骨洞, 副鼻腔 (= sinus paranasaux).

sphénoïde n.m.〔解剖〕(頭蓋の) 蝶形骨.

sphénoïdite n.f.〔医〕蝶形骨炎, 蝶形骨洞炎 (= sinusite sphénoïdale).

sphère *n.f.* Ⅰ〚具体的〛**1** 球，球体；〚幾何〛球面．《スポーツ》～ de cuir 革製の球(ボール)．centre d'une ～ 球の中心．
2〚天文〛球体，天球．～ céleste 天球；天球儀．～ terrestre 地球；地球儀．
Ⅱ〚比喩的〛**1** 領域，範囲．～ d'action 作用〔活動〕範囲．～ d'attributions 権限範囲．～ des connaissances humaines 人知の領域．～ d'habitudes 慣習の領域．~ d'influence 影響範囲；勢力圏．
2 階層，層．～s les plus élevées de la société 社会の最上層．les hautes ～s de la politique 政治の上層部(指導層)．

sphéricité *n.f.* 球形，球状．〚光学〛aberration de ～ 球面収差．

sphérique *a.* **1** 球形の，球状の；丸い．bille parfaitement ～ 完全球．
2〚幾何〛球の，球面の．〚光学〛aberration ～ 球面収差．anneau ～ 球環．fuseau ～ 球形月形(つきがた)．〚光学〛miroir ～ 球面鏡．segment ～ 球台．triangle ～ 球面三角形．

sphincter [sfɛktɛr] *n.m.*〚解剖〛括約筋．~ anal 肛門括約筋．~ artificiel 人工括約筋．~ d'Oddi オッディ括約筋．~ externe de l'anus 外肛門括約筋．~ interne de l'anus 内肛門括約筋．~ pupillaire 瞳孔括約筋．~ pylorique 幽門括約筋．

sphinctérien(ne) *a.*〚解剖〛括約筋の．dysfonctionnement ～ 括約筋機能不全．muscle ～ externe (interne) 外(内)括約筋．prothèse ~ urétrale 人工尿道括約筋．〚医〛stimulateur ～ 膀胱括約筋スティミュレーター(=stimulateur vesico-～)．

sphinctéroplastie *n.f.*〚医〛括約筋形成術．

sphinctérotomie *n.f.*〚医〛括約筋切断〔術〕．ファーター乳頭切開術．~ anale 肛門括約筋切断〔術〕．~ oddienne オッディ括約筋切断〔術〕，ファーター乳頭切開術．

sphingolipide *n.m.*〚生化〛スフィンゴリピド(複合脂質の一種)．

sphingolipidose *n.f.*〚医〛スフィンゴ脂質症(遺伝性の難病)．

sphingomyéline *n.f.*〚生化〛スフィンゴミエリン(脂肪酸，燐酸，コリン，スフィンゴシンを含む燐脂質)．

SPHP (=service de protection des hautes personnalités) *n.m.* (フランス国家警察の)重要人物警護業務〔部〕，要人警護部．

sphygmogramme *n.m.*〚医〛脈波曲線．

sphygmomanomètre, sphygmotensiomètre *n.m.*〚医〛眼圧計(=tensiomètre)．

Spi (=Simplification des procédures d'imposition) *n.f.* 課税手続きの簡素化(課税に関する中央識別システム，「納税番号」numéro fiscal の導入)．

spica *n.m.*〚医〛麦穂(ばくすい)帯(四肢のつけ根に用いる麦穂状包帯)．

SPI Chimie (=Ecole nationale supérieure de synthèses, de procédés et d'ingénierie chimiques d'Aix-Marseille) *n.f.*〚教育〛国立エクス=マルセイユ高等化学合成・製造・化学工学学校(1990年創設のグランド・エコール)．

Spid (=syndrome polyalgique idiopathique diffus) *n.m.*〚医〛拡散原発性多発疼痛症候群，慢性疲労症候群(=SFC: syndrome de fatigue chronique)．

spin[a]- 〔ラ〕ELEM「脊椎」の意(*ex. spinal* 脊椎の)．

spina-bifida *n.m.*〚医〛脊椎披裂，二分脊椎(先天性奇形症)．~ occulte (occulta) 潜在性脊椎披裂．~ ouvert (aperta) 顕性脊椎披裂．
— *n.inv.* 脊髄披裂患者．

spinal(ale)(*pl.aux*) *a.*〚解剖〛脊柱の，脊椎の；脊髄の．〚医〛anesthésie ~ ale 脊髄麻痺．〚医〛blocage ～ (脊髄神経麻痺による)脊髄ブロック．ganglion ～ 脊髄神経節．muscles ~ aux 棘筋．nerf ～ 脊髄神経．〚医〛ponction ~ ale 脊髄穿刺．

spinalien(ne) *a.*〚地名〛エピナール(Epinal)の；エピナールの住民の．
— **S**~ *n.* エピナールの住民．

spina-ventosa [-vẽtoza] *n.m.inv.*〚医〛風棘(ふうきょく)(手足の骨結核)．

spinocellulaire *a.*〚医〛有棘細胞の．carcinome (épithélioma) ～ 有棘細胞癌．

SPIP (=service pénitentiaire d'insertion et de probation) *n.m.*〚法律〛社会復帰と保護観察を目的とする教護機関．

spiral(ale)(*pl.aux*) *a.* **1** 螺旋状の，渦巻状の．courbe ~ ale 螺旋曲線．galaxie (nébuleuse) ~ ale 渦巻銀河(星雲)．〔pompe〕~ ale ねじポンプ．〚機工〛ressort ～ ひげぜんまい．
— *n.m.*〚機工〛ひげぜんまい(=ressort ～)．~ de montre 腕時計のひげぜんまい．~ réglant 調整ひげぜんまい．
— *n.f.* **1**〚幾何〛渦巻線，螺旋．~ d'Archimède アルキメデスの渦巻線．~ logarithmique 対数渦巻線．
2 螺旋状のもの；〚図案〛渦巻模様(=ornements en ～)．cahier à ~ スパイラルノート．en ～ 螺旋状の(に)．escalier en ～ 螺旋階段．
3〚航空〛螺旋(スパイラル)飛行．ascension 'en ~ du planeur グライダーの螺旋上昇．~ descente 螺旋降下．
4 螺旋状の変化．~ des prix et des salaires 物価と賃金のいたちごっこ．〚経済〛~ inflationniste インフレ・スパイラル．

spiramycine *n.f.*〚薬〛スピラマイシン(マクロライド系抗生物質)．

spiritisme *n.m.* 心霊主義，交霊術．

spirituel[1](*le*) (<esprit) *a.* Ⅰ(精神の) **1**〚宗教・哲〛霊的な．être ~ 霊的存在(天

spirituel²

使など). père ~ 霊的指導神父. union ~ le 霊的結合.
2 精神の, 心の, 魂の. activités ~ les 精神活動. amour ~ プラトニックな愛. énergie ~ le 精神力. exercices ~ s 心霊修業. joies ~ les 精神的喜び. vie ~ le 信仰生活.
3 宗教上の, 宗教的な；非宗教的な. affaires ~ 宗教的問題. concert ~ 宗教音楽演奏会. musique ~ le 宗教音楽. pouvoir ~ 教権 (pouvoir temporel「俗権」の対).
II（機智・才気の）**1** 才気に溢れた. être très ~ 才気煥発である. physionomie ~ le 才気に溢れた顔付.
2 気の利いた. plaisanterie ~ le 気の利いた冗談. réponse ~ le 当意即妙の返答.

spirituel² *n.m.* **1** 教権 (=pouvoir ~). le ~ et le temporel 教権と俗権.
2 精神的なもの. le ~ et le charnel 精神的なものと肉体的なもの.

spiritueux(**se**) *a.* アルコール度の高い. boissons ~ アルコール性飲料.
—*n.m.*〚酒〛スピリット（アルコール度の高い蒸溜酒）.

spirochète [spirɔkɛt] *n.m.*〚細菌〛スピロヘータ.

spirochétose [spirɔketoz] *n.f.*〚医〛スピロヘータ症 (leptospire レプトスピラや tréponème トレポネーマによる疾病).

spiromètre *n.m.* スパイロメーター, 呼吸運動記録計, 肺活量計.

spirométrie *n.f.*〚医〛呼吸運動記録法.

spironolactone *n.f.*〚薬〛スピロノラクトン（カリウム保持性利尿薬；高血圧症などの治療薬；薬剤製品名 Aldactone (*n.f.*) など）.

splanchnicectomie *n.f.*〚医〛腹腔神経叢切除〔術〕, 内臓神経切除〔術〕.

splanchnique *a.*〚解剖〛内臓の. nerfs ~ s 内臓神経.
—*n.m.pl.* 内臓神経（=nerfs ~ s）. anesthésie des ~ s 内臓神経麻酔〔法〕, 腹腔神経叢ブロック.

splanchnologie *n.f.*〚医〛内臓学.

splanchnoptose *n.f.*〚医〛内臓下垂 (=ptose splanchnique, viscéroptose).

spleen [splin]〔英〕(<脾臓) *n.m.*〚文〛憂愁, 憂鬱. avoir le ~ ふさぎこむ.《le S~ de Paris》『パリの憂愁』(Baudelaire の散文詩集, 1869 年, 死後刊行).

splén[**o**]- 〔ギ〕ELEM「脾臓 rate」の意 (*ex. splén*ectomie 脾臓切除).

splendeur *n.f.* **1**〚文〛光輝. ~ s de l'aurore オーロラの光り輝き. ~ du soleil 燦然と輝く太陽.
2 華麗さ, 壮麗さ, 豪華さ；素晴らしさ, 見事さ. ~ du palais de Versailles ヴェルサイユ宮殿の壮麗さ. dans toute sa ~ すべての美しさを表わした；〔皮肉〕すべてをさらけ出した；ありのままの姿の. printemps dans toute sa ~ 春たけなわ. cet imbécile dans toute sa ~ 馬鹿丸出し.
3 隆盛, 栄華；全盛. la ~ de Salomon ソロモンの栄華. du temps de sa ~ 全盛時代は, 華やかなりし頃は. retrouver son ancienne ~ 過ぎし日の栄光を取り戻す.
4 壮麗なもの, 素晴らしいもの (=chose splendide). ~ s des temps passés 過去の壮麗な遺産. Quelle ~! 何と素晴らしいものだ！

splendide *a.* **1** 光り輝く；晴れ上がった. yeux ~ s きらめく眼. Il fait un temps ~. 素晴らしい天気だ.
2 華麗な, 壮麗な；見事な；豪華な. ~ liberté d'esprit 見事な精神的自由. ~ panorama 素晴らしいパノラマ. fête ~ 華麗な祝祭.
3 輝くばかりに美しい. C'est une fille ~. 実に美しい娘だ.
4 あっぱれな.〚史〛le ~ isolement de l'Angleterre 英国の名誉ある孤立 (19 世紀). ~ faute d'orthographie 見事な書き間違え.

splénectomie *n.f.*〚医〛脾摘, 脾摘出〔術〕.

splénique *a.*〚解剖・医〛脾臓 (rate) の. anémie ~ 脾性貧血.

splénite *n.f.*〚医〛脾炎.

splénomégalie *n.f.*〚医〛脾腫, 脾臓腫大.

splénoportographie *n.f.*〚医〛脾門脈造影〔術〕(脾静脈を介して門脈系を検査する X 線造影術).

splénopulmonaire *a.*〚解・医〛脾臓と肺の, 脾肺性の.〚医〛anastomose ~ 脾肺吻合術.

splénorénal(**ale**)(*pl.aux*) *a.*〚解剖・医〛脾臓と肝臓の.〚医〛anastomose ~ ale 脾腎静脈吻合術.

spoliateur(**trice**) *a.* 詐取的な, 収奪的な. loi ~ trice 収奪的法律.
—*n.* 詐取者, 強奪者.

spoliation (<spolier) *n.f.* 詐取, 強奪；横領；詐取品, 強奪品. juifs victimes de ~〔資産〕詐取の被害者であるユダヤ人.

spondilarthrose *n.f.*〚医〛脊椎関節炎.

spondyl[**o**]- 〔ギ〕ELEM「脊椎」の意 (*ex. spondyl*ose 脊椎症).

spondylarthrite *n.f.*〚医〛脊椎関節炎. ~ ankylosante 脊椎関節強直症 (=pelvispondylite rhumatismale リウマチ性骨盤脊椎炎).

spondylarthropathie *n.f.*〚医〛脊椎関節症.

spondylarthrose *n.f.*〚医〛脊椎関節症.

spondylite *n.f.*〚医〛脊椎炎. ~ tuberculeuse 結核性脊椎炎, 脊椎カリエス (=carie spinale).

spondylodiscite *n.f.*〚医〛脊髄円板炎.

spondylolisthésis n.m. 〖医〗脊椎癒着〔術〕.
spondylolyse n.f. 〖医〗脊椎分離〔症〕.
spondylose n.f. 〖医〗脊椎症；脊椎リウマチ. ~ déformante 変形性脊椎症. ~ rhizomélique 強直性脊椎関節炎, 脊椎関節強直症〔=spondylarthrite ankylosante〕.
spongieux(se) a. **1** 海綿状の, スポンジ状の. corps ~ 海綿体. matière ~se 海綿状物質. 〖解剖〗os ~ 篩骨(しこつ). 〖解剖〗tissu ~ (骨の)海綿質, 海綿組織.
2 吸水性の. sol ~ 水持ちのよい(じめじめした)土壌.
spongiforme a. スポンジ状の. encéphalopathie ~ (狂牛病などによる)脳のスポンジ化障害.
spongioblastome n.m. 〖医〗海綿芽細胞腫, 海綿芽腫.
spongiose n.f. 〖医〗スポンジ変性, 海綿状変性, スポンジオシス(表皮の海綿状変性).
sponsor [spɔnsɔr] 〔英〕n.m. スポンサー, 広告主, 後援者(公用推奨語は commanditaire, mécène, parrain, parraineur).
sponsoring [spɔ̃sɔriŋ] 〔英〕n.m. 後援, スポンサーになること, 主催(=公用推奨語は mécénat d'entreprise, parrainage).
sponsorisation n.f. 後援(=parrainage).
sponsoriser v.t. スポンサー(後援者)となる(公用推奨語は commanditer, parrainer, patronner).
spontané(e) a. **1** 自発的な, 任意の. acte ~ 自発的行為. aveu ~ 任意の自白. discipline ~e 自律.
2 自然発生的な；自発性に基づく. avortement ~ 自然流産. désintégration ~e 自然壊変. mouvements ~s de la masse ouvrière 労働者大衆の自然発生的運動.
3 〖植〗自生する. génération ~e 自然発生.
4 (動作などが)自然な, 意図的でない, 心の赴くままの. évolution ~e des idées 思想の自然な展開. geste ~ 無意識の動作. réaction ~e 自然な反応. style ~ 自然な文体.
5 率直な. caractère ~ 天真爛漫な性格. enfant ~ 率直な子供.
spontanéisme n.m. 〖政治〗大衆の自発的革命運動理論.
spontanéité n.f. **1** 率直さ, 自然さ. avec ~ 率直に.
2 自発性；自発的行動；任意性. ~ des aveux d'un accusé 被告の自白の任意性.
3 自然発生；(植物の)自生.
sporadicité n.f. 散発性, 散在性.
sporadique a. **1** 散発的な, 時々おこる. tirs ~s 散発的射撃.
2 (植物などが)散在する, まばらな. espece végétale ~ 散在的植物種.
3 〖医〗散発性の, 散発的でない(endémi-que「風土性の」, épidémique「流行性の」の対).
sporange n.m. 〖植〗(隠花植物の)胞子囊；(顕花植物の)葯(やく)室.
spore n.f. 〖生〗胞子；芽胞, 胚囊, 胚種. ~ mâle des plantes 花粉(=grain de pollen).
sporotrichose n.f. 〖医〗スポロトリクム症, スポロトリコーシス(=Sporotrix schenkii「二形性真菌」感染症).
sport n.m. **1** スポーツ；競技. ~ amateur (professionnel) アマチュア(プロ)スポーツ. ~s de combat 格闘技. ~s d'équipe (individuels) 団体(個人)競技. ~s d'hiver 冬季スポーツ. ~s équestres 乗馬〔競技〕. de ~ スポーツ用の；スポーティーな. chaussures de ~ スポーツ・シューズ. Institut national des ~s 国立スポーツ研究所(略記 INS). magasin de ~ 運道具店, スポーツショップ. terrain de ~ 運動場；競技場. vêtements de ~ スポーツ・ウエア. voiture de ~ スポーツカー.
faire du ~；pratiquer un ~ スポーツをやる. faire qch pour ~ 何をスポーツとして行なう(利害抜きで行なう).
2 〖比喩的・話〗骨の折れる仕事, 厄介な仕事, 危険な仕事；騒動. C'est du ~ de+inf. …するのは難事だ. Il va y avoir du ~! ひと騒動ありそうだ!
—— a.inv. **1** スポーティーな. tenue ~ スポーティーな装い.
2 フェアな, 公正な. être ~ フェアである. Il est très ~ en affaires. 彼の商売は非常にフェアである.
sportif(ve) a. **1** スポーツの；競技方式の. association ~ve スポーツ連盟. club ~ スポーツクラブ. compétition ~ve スポーツ競技. journal ~ スポーツ新聞. natation ~ve 競泳.
2 スポーツ好きな；スポーツマンらしい. allure ~ve スポーツマンらしい機敏な身のこなし.
3 フェアーな(=franc-jeu). comportement ~ フェアーな振舞. esprit ~ フェアープレー精神.
4 〖比喩的〗かなりの体力(肉体的努力)を要する. C'est ~! これは力仕事だ!
—— n. スポーツマン, スポーツウーマン. alimentation des ~s スポーツマン用食品. entraînement des ~s スポーツマンのトレーニング.
sportivité n.f. スポーツマン精神, スポーツマンシップ；スポーツマン的態度, フェア・プレー.
sportswear [spɔrtswɛr] 〔英〕n.m. スポーツウエアー, スポーツ着(=vêtement de ~).
sporulation n.f. 〖生〗胞子形成.
Spot (=Système probatoire d'observation de la Terre) n.m. 〖宇宙〗地球観測考

査システム, スポット・システム《1986年に打ち上げられた民生用の地球観測衛星》.

spot [spot]〖英〗*n.m.* **1**〖物理〗(検流計などの)光点;(ブラウン管などの)輝点.
2 小型投光器;スポットライト(= projecteur directif).
3 スポット広告(= ~ publicitaire)《公用推奨語は〔court〕message publicitaire》.
4〖スポーツ〗サーフィン・スポット(サーフィンに適した海浜).
── *a.inv.*〖商業〗現金の;現物の.〖金融〗crédit ~ 超短期貸付け. marché ~ 現金取引市場, 現物市場;当用買い市場. prix ~ スポット価格, 現物価格《即時渡しの商品価格》.

SPPI (= *s*ecrétariats *p*ermanents pour la *p*révention des *p*ollutions *i*ndustrielles) *n.m.* 産業汚染予防対策常設事務局.

SPQR (= *S*yndicat de la *p*resse *q*uotidienne *r*égionale) *n.m.* 地方日刊紙組合《1986年創設》.

Spratley *n.pr.* l'archipel de ~ スプラトリー諸島, 南沙諸島(= l'archipel de Nansa), カラヤーン諸島(= l'archipel de Kalayaan).

spray [sprε]〖英〗*n.m.* **1** スプレー, 噴霧(= pulvérisation). eau de toilette en ~ スプレー式化粧水. insecticide en ~ スプレー式殺虫剤.
2 スプレー, 噴霧器(= atomiseur, vaporisateur).

sprinkler [sprinklœr]〖英〗*n.m.* **1** スプリンクラー, 散水装置(= asperseur).
2 スプリンクラー式消火装置.

sprinteur(**se**) *n.*〖スポーツ〗スプリンター, 短距離走者(= sprinter).

sprue *n.f.*〖医〗スプルー(口腔炎と下痢を伴う慢性腸吸収不全症).

SPS[1] (= *s*anitaire et *p*hytosanitaire) *a.* 公衆衛生と植物防疫の(に関する). accord ~ 公衆衛生ならびに植物防疫協定《ウルグワイ・ラウンドの枠内協定;1995年締結》. mesures ~ 衛生ならびに植物病害予防措置.

SPS[2] (=〖英〗*S*uper-*P*roton-*S*ynchrotron) *n.m.* 陽子スーパー・シンクロトロン《陽子を超高エネルギーに加速する大型装置》;=〖仏〗*s*uper *s*ynchrotron à *p*rotons).

SPT (= *s*tation *p*ortable de *t*élémédecine) *n.f.*〖宇宙〗携帯用遠隔医療機器セット.

spumescent(**e**) *a.* **1** 発泡性の. **2** 泡状の, 泡立った.

spumeux(**se**) *a.* 泡の, 泡状の, 泡を含んだ.〖医〗crachets ~ 泡沫痰.〖医〗Expectoration ~ se 泡状喀痰.

spumosité *n.f.* 発泡;発泡性, 泡状.

squame *n.f.* **1**〖医〗鱗屑(りんせつ). **2**(魚・蛇などの)鱗;〖植〗鱗片;〖昆虫〗鱗板.

squameux(**se**) *a.* **1**〖医〗鱗屑(りんせつ)に蔽われた;〖解剖〗鱗状の.〖医〗dermatose ~ se 鱗屑性皮膚疾患.〖医〗suture ~ se (側頭骨と頭頂骨の間の)鱗状縫合.
2〖古〗鱗で蔽われた, 鱗のある.

square [skwar]〖英〗*n.m.* スクワール, スクエア(広場や交差点などの真中にある柵で囲まれた小公園;辻公園). le ~ de l'Avenue-Foch à Paris パリのアヴニュー=フォッシュのスクワール《第16区》.

squash [skwa]〖英〗*n.m.*〖スポーツ〗スクワッシュ, スカッシュ.

squatteur(**se**) *n.* **1** (空家・空室の)不法占拠者.
2〔比喩的〕~ virtuel (インターネットによる)仮想不法占拠者.

squelette *n.m.* **1** 骨格. Le ~ humain comprend 198 os. 人間の骨格は198の骨から成る. ~ externe des mollusques 軟体動物の外骨格. ~ interne 内骨格. os du ~ 骨格を形成する骨.
2 骸骨, 白骨体(= ~ d'un mort). ~ qui tient une faux 鎌を手にした骸骨《死の象徴》.
3〔比喩的・話〕骸骨のように痩せた人;骸骨のように貧弱なもの. C'est un vrai ~ (un ~ ambulent). まるで生きた骸骨のようだ.
4〔比喩的〕骨組(armature), 骨格. ~ d'un avion (d'un navire) 航空機(船舶)の骨組.
5〖化〗(有機化合物分子内の)炭素分子の骨格(= ~ carbonné des molécules organiques).
6〖地形〗骨格(浸水に強い部分). ~ d'une montagne 山の骨格.
7〔比喩的〕(作品・計画などの)骨組, 骨子, 概要. ~ d'un exposé 発表の骨子. ~ d'une œuvre 作品の骨組.

squelettique *a.* **1**〖解剖〗骨格の. muscles ~ s 骨格筋.
2 骸骨のように痩せた. Sa maladie l'a rendu ~. 病気のため彼はすっかり痩せさらばえてしまった.
3〔比喩的〕骨子だけの. rapport ~ 骨子だけの(肉付けのない)報告書.

squirr(**h**)**e** [skir] *n.m.*〖医〗硬〔性〕癌, スキルス癌《間質結合組織の量が極めて多い低分化癌》. ~ du sein スキルス性乳癌.

squirr(**h**)**ex**(**se**) *a.*〖医〗硬〔性〕癌の, スキルス癌性の.

SR[1] (= *s*alaire de *r*éférence) *n.m.* 参考賃金.

SR[2] (= *s*ocial-*r*évolutionnaire) *a.* 社会革命主義の;社会革命党の.〖史〗le parti ~ (ロシアの)社会革命党《1900-22年》.
── *n.*〖史〗(ロシアの)社会革命党員.

SR[3] (= *s*ociété de *r*écoltants-*m*anipulants) *n.f.* (シャンパーニュ酒の)葡萄収穫・製造会社.

Sr (= *str*ontium) *n.m.*〖化〗「ストロンチウム」の元素記号.

SRAE (= *s*ervice *r*égional de l'*a*ménagement des *e*aux) *n.m.* 地方水利部.

SRAF (=service régional d'aménagement forestier) n.m. 地方営林署.

SRAM (= [英] Static random access memory) n.f. 〖電算〗静的RAM, 静的読み/書き可能メモリー (=mémoire aléatoire statique).

SRAS (=syndrome respiratoire aigu sévère) n.m. 〖医〗重症急性呼吸器症候群 (ウイルス性新型肺炎, 鳥インフルエンザ; = [英] SARS: severe acute respiratory syndrome). virus du ~ SRAS (SARS) サーズ・ウイルス (重症急性呼吸器症候群の原因となるウイルス). ~-CoV 新重症急性呼吸器症候群コロナウイルス (= coronavirus grippe avaire A/H5N1 H5N1型A鳥インフルエンザ・コロナウイルス).

SRBM (= [英] Short Range Ballistic Missile) n.m. 〖軍〗短距離弾道ミサイル (= missile balistique de courte portée).

SRET, Sret (=satellite de recherche et d'études technologiques) n.m. スレット〖衛星〗 (フランスの科学技術研究衛星. 1号機は1972年4月4日, 2号機は1975年6月6日打上げ).

Sri Lanka n.pr.m. 〖無冠詞〗〖国名通称〗スリ・ランカ (公式名称: la République démocratique socialiste de ~ スリ・ランカ民主社会主義共和国; 国民: Sri-Lankais(e); 首都: Colombo コロンボ; 通貨: roupie de Sri Lanka [LKR]).

sri lankai(e) a. スリ・ランカ (Sri Lanka)の, スリ・ランカ共和国 (=la République de Sri Lanka)の; ~人の.
——S~ L~ n. スリ・ランカ人.

SRINF (= [英] Short Range Intermediate Nuclear Force) n.f. 〖軍〗短射程中距離核戦力 (les ~) (= [仏] forces nucléaires intermédiaires à courte portée).

sRNA (= [英] soluble Ribonucleic Acid) n.m. 〖生〗可溶性リボ核酸 (= [仏] ARNs: acide ribo nucléique soluble, 転移RNA; tRNA, ANRt ともいう).

SROS (=schémas régionaux d'organisation sanitaire) n.m.pl. 〖医〗保健機関地方計画概要.

SRPJ (=service régional de police judiciaire) n.m. (フランス国家警察の) 司法警察地方本部.

SRU (=la solidarité et le renouvellement urbains) n.m.pl. 都市の連帯と刷新. loi ~ (=loi relative à la solidarité et au renouvellement urbains) 都市の連帯と刷新に関する法律 (2000年12月13日の法律; 1006の市町村に20％以上の社会福祉住宅の建設を課すもの).

SRV (=services régionaux de voyageurs) n.m.pl. 〖鉄道〗地方乗客輸送業務. service public des ~ 地方乗客輸送の公共業務.

SS[1] (= [独] Schutz-Staffel) n.m. 〖史〗ナチ親衛隊〔員〕. la Waffen ~ ナチ親衛隊. les ~ 親衛隊員.

SS[2] (= Sécurité sociale) n.f. 社会保障制度; 社会保障制度掛金.

SSA (= service de santé des Armées) n.m. 軍衛生業務. Institut du ~ 軍衛生業務学校.

SSAD (=services de soins à domicile) n.m.pl. 〖社会福祉〗自家介護業務.

SSBS (=sol-sol ballistique stratégique) a. 〖軍〗地対地戦略弾道式の. système d'arme ~ 地対地戦略弾道兵器システム.
——n.f. 地対地戦略弾道ミサイル (=fusée ~).

SSCI (=société de services et de conseils en informatique) n.f. 情報処理サービス・ソフトウエアー会社 (= [英] Service and software organization).

S.-S.-E. (=Sud-Sud-Est) [sydsydɛst] (海員は [sysɥɛ(t)]) n.m.sing. **1** 南南東. **2** 南南東の風 (=vent du ~).
——a.inv. 南南東の.

Sseu-ma Ts'ien, Sima Qian [中国] n.pr. 司馬遷 (しばせん), スーマー・チェン (前145-前85).

Sseu-Tch'ouan ⇒ Sichuan

SSI[1] (=Secrétariat syndical international) n.m. インターナショナル労働組合事務局 (1903年ダブリンで発足. 通称アムステルダム・インターナショナル).

SSI[2] (=station spatiale internationale) n.f. 〖宇宙〗国際宇宙ステーション (= [英] ISS: international space station).

SSIAD (=service de soins infirmiers à domicile) n.m. 〖社会保障〗自宅介護業務.

SSII (=société de services d'ingénierie et d'informatique) n.f. 〖情報〗情報処理・エンジニアリング・サービス会社.

S.-S.-O. (=sud-sud-ouest) [sydsydwɛst] (海員は [sysyrwa]) n.m.sing. **1** 南南西. **2** 南南西の風 (=vent du ~).
——a.inv. 南南西の.

SSP (=super synchrotron à protons) n.m. 陽子スーパー・シンクロトロン (超大型陽子加速器) (= [英] SPS: Super Protonsynchrotron).

SSR (=Système surveillance radar) n.m. 〖軍〗レーダー哨戒システム.

SSRI (= [英] selective serotonin reuptake inhibitor) n.m. 〖薬〗選択的セロトニン再取り込み阻害薬 (新抗鬱剤); = [仏] ISRS: inhibiteur sélectif de la recapture de la sérotonine).

SST (= [英] supersonic transport) n.m. 〖航空〗超高速旅客機 (= [仏] TSS: transport supersonique).

St (=stratus) n.m. 層雲.

Stabex [stabɛks, steibɛks] (=Système de stabilisation des recettes d'exportation des produits de base agricoles) n.m. 〖経済〗(基幹農産物に関する) 輸出収入安定補償制度, スタベックス, スティベックス (発

stabilisant(e)

展途上国に対して CEE・CE が補償する制度；1975-2000 年）．

stabilisant(e) *a.* 〖化〗安定させる．
— *n.m.* 〖化〗安定剤 (=stabilisateur).

stabilisateur[1] *n.m.* **1** 安定装置；(航空機・船舶の) スタビライザー，安定板． ~ automatique 自動安定操縦装置． ~ de fréquence 周波数安定装置． ~ gyroscopique ジャイロ式安定装置．
2 〖化〗安定剤，安定化剤 (=stabilisant).
3 〖写真〗 ~ d'image (カメラ・レンズの) 手ぶれ補正機構．〖写真〗 ~ optique レンズの光学的手ぶれ防止装置．

stabilisateur[2] (**trice**) *a.* 安定させる (=stabilisant). action ~*trice* 安定化行動．

stabilisation (<stabiliser) *n.f.* **1** (通貨・物価・制度などの) 安定化，安定． ~ des prix 物価の安定． ~ du franc フランの安定化．
2 (病状・電圧・爆薬・乗物などの) 安定化，安定． ~ d'une maladie 病状の安定． ~ d'une matière explosive 爆薬の安定化
3 〖土木〗(地盤・路面などの) 強化． ~ d'une voie ferrée 鉄道線路の強化． ~ du sol 地盤強化．
4 〖宇宙工学〗 ~ des fusées ロケットの軌道調整．

stabilité *n.f.* **1** 安定性；安定． ~ de la monnaie 通貨の安定性． ~ du pouvoir 政権の安定性． ~ de ses habitudes 彼の習慣の不変性．〖政治・経済〗contrats de ~ (政府と産業界間の) 価格安定協定. entrer dans une période de ~ 安定期に入る．
2 精神的安定. retrouver sa ~ 精神の安定を取戻す．
3 (物の) 安定〔性〕，堅牢性． ~ d'un pont 橋梁の堅牢性．
4 (物質・状態などの) 安定性，安定度；(船・航空機などの) 復元性，復元力；安定． ~ d'un avion (d'un navire) 航空機 (船舶) の安定性 (復元性)． ~ nucléaire 原子核の安定性． ~ thermique 耐熱性． ~ thermodynamique 熱力学的安定．

stable *a.* **1** 安定した；揺るぎない；確固たる. économie ~ 安定した経済. emploi ~ 安定した職 (雇用). gouvernement ~ 安定した政府. monnaie ~ 安定通貨. paix ~ 揺るがぬ平和. période peu ~ 安定を欠く時代. relation ~*e* 持続的な関係. temps ~ 安定した天気. travail ~ 安定した仕事. vie ~ 安定した生活．
2 精神的に安定した. pensée ~ 揺るがない思想. personne ~ 精神的に安定した人，均衡のとれた人．
3 (物が) 安定のよい. chaise bien ~ 据りのよい椅子. échafaudage ~ しっかりした足場．
4 〖理〗安定した．〖物理〗atome ~ 安定原子．〖化〗composé ~ 安定化合物．〖物理〗équilibre ~ 安定平衡．〖化〗isotope ~ 安定同位体．〖数〗proposition ~ 安定命題．
5 〖船〗復元力の強い. élément ~ 安定台．

stabulation *n.f.* 家畜の舎内飼育． ~ libre (特に牛の) 舎内自由飼育 (繋がない飼育)．

stade *n.m.* **1** 〖古代ギリシア〗スタディオン (距離の単位=600 歩；147-192 m)；1 スタディオンの徒競走場；競技場．
2 スタディアム，競技場． ~ de France (SDF)スタード・ド・フランス (パリ北郊 St-Denis のサッカー (球技) 場). S~ français スタード・フランセ (パリのスポーツ・クラブ)． ~ olympique オリンピック・スタディアム． ~ Roland-Garros (パリの) ローラン=ガロス・テニス・スタディアム．
3 (発展の) 段階, 程度, premiers ~s da la civilisation 文明の初期段階．〖地形〗 ~ final 終地形．
4 〖医〗段階, 期, ステージ． ~ amphibole 不安定期． ~ de jeunesse (sénilité) 幼年 (老年) 期．〖精神分析〗 ~ génital (リビドーの) 性器段階．〖精神分析〗 ~ oral (anal) 唇 (肛門) 期．
5 〖比喩的〗段階, 時期． ~s d'une carrière 経歴の諸段階．

stadia 〖ギ〗 *n.f.* 〖測量〗スタジア, (スタジア線の付いた) 視距儀．

stage *n.m.* **1** (新人・見習いの) 実習〔期間〕． ~ d'accès à l'entreprise 企業入社実習 (略記 SAE)． ~ de formation 職業訓練実習． ~ d'insertion et de formation à l'emploi 職業復帰・訓練実習 (略記 Sife)． ~ de reclassement professionnel 再就職実習 (略記 SRP)．〖教育〗 ~ pédagogique 教育実習. être en ~ 実習 (研修) 中である. suivre un ~ 実習 (研修) に従事する．
2 (職員などの) 研修〔期間〕；研修会． ~ de perfectionnement 技能向上研修． ~ qualifiant 資格取得研修．
3 〖古〗(新任の司教産参事会員に課された) 定住期間．

stagflation *n.f.* 〖経済〗スタグフレーション (景気停滞下のインフレーション)．

stagiaire *a.* 実習の, 研修の. avocat ~ 弁護士研修生. professeur ~ 教育実習生．
— *n.* 実習生, 研修生. rémunération des ~s du régime public (RSP) 公共制度実習 (研修)生報酬．

stagnant(e) [stagnɑ̃, -ɑ̃t] *a.* **1** 澱んだ, 停滞した. eau ~*e* d'un étang 池の澱んだ水. fumée ~*e* 停滞した煙．
2 〖比喩的〗沈滞した. la Bourse ~*e* 商いの鈍い証券取引所. état ~ 停頓状態．

stagnation [stagnasjɔ̃] *n.f.* **1** 澱み, 停滞；〖医〗鬱滞． ~ de la bile dans les voies bilaires 肝道での胆汁鬱滞． ~ des eaux 水の澱み．
2 沈滞, 低迷． ~ des idées 思考の低迷． ~ économique 景気停滞．

stalactite *n.f.* **1** (鍾乳洞の) スタラクテ

ィット, 鍾乳石. **2**〘建築〙(イスラム建築などの) 鍾乳石状装飾.

stalag [stalag] (<〘独〙*stamm*lager) *n. m.* 〘史〙(第二次世界大戦下の) ドイツの下士官と兵卒用捕虜収容所.

stalagmite *n.f.* (鍾乳洞の) スタラグミット, 石筍 (せきじゅん).

standard[1] [stãdar] 〘英〙*n.m.* **1** 標準, 基準；規格. ～ de fabrication 製造規格. **2**〘古〙～ de vie 生活水準 (=niveau de vie).
3〘ジャズ〙スタンダード・ナンバー.
4〘電算〙規格.
――*a.inv.* **1** 標準の, 標準的な.〘理〙conditions ～ (気圧・温度などの) 標準状態. le français ～ 標準フランス語. modèle ～ 標準モデル, スタンダードタイプ.〘写真〙objectif ～ 標準レンズ.〘経済〙prix ～ 標準価格；基準物価.
2 規格に合致した. pièces ～ 規格部品.
3 型にはまった, おきまりの. sourire ～ 愛想笑い.
4〘比喩的〙ありふれた, 通常の. visage ～ ありふれた顔付.

standard[2] *n.m.* 電話交換台 (=～ de téléphone).

standardisation (<standardiser) *n.f.* **1** 標準化, 規格化, 規格統一. **2** 画一化.

standardisé(e) *a.p.* **1** 標準化 (規格化) された. pièces ～es 規格部品.
2〘比喩的〙画一化された, 画一的な. enseignement ～ 画一的教育.

standardiste *n.* 電話交換手.

stand-by [stãbaj] 〘英〙*n.inv.* **1** 代役.
2 予備番組.
3 キャンセル待ちの客.
4 予備；待機, スタンバイ；備蓄.
5〘電算〙スタンバイ, 待機中, 待機状態.
――*n.m.* 予約なしの航空機利用.〘空〙voyager en ～ 予約なしで旅行する.
――*a.inv.* **1** 予備の, 控えの；待機している.
2 キャンセル待ちの.〘空〙billets ～ キャンセル待ちの航空券.

standing [stãdiŋ] 〘英〙*n.m.* **1** 社会的地位；名声. avoir un bon (haut)～ 高い社会的地位を占めている.
2 快適な, 豪華な, ハイクラスの. immeuble de grand ～ 豪華な集合住宅.

stannate *n.m.*〘化〙錫酸塩〔エステル〕.

stanneux(se) *a.*〘化〙錫(II)の, 2価の錫を含む, 第一錫の. chlorure ～ 塩化錫(II), 塩化第一錫 (還元剤；鏡の銀メッキ材). fluorure ～ 弗化第一錫 (歯の腐食防止剤). sulfure ～ 硫化第一錫.

stannifère *a.*〘鉱〙錫を含有する. gîte ～ 錫鉱脈. minerai ～ 錫鉱石.

stannique *a.*〘化〙錫(IV)の, 4価の錫を含む, 第二錫の. acide ～ 錫酸. oxyde ～ 酸化錫(IV), 酸化第二錫. sulfure ～ 硫化錫(IV), 硫化第二錫.

stannite *n.f.*〘鉱〙スタニット, 硫錫鉱, 黄錫鉱；〘化〙亜錫酸塩.

stanozolol *n.m.*〘薬〙スタノゾロール (ステロイドホルモン).

stapédectomie *n.f.*〘医〙(中耳の) 鐙 (あぶみ) 骨 (étrier) 摘出術.

staphylin(e) *a.*〘解〙口蓋重 (luette) の (=uvulaire).

staphylococcémie *n.f.*〘医〙ぶどう球菌血症.

staphylococcie *n.f.*〘医〙ぶどう球菌感染症. ～ non suppurative 非化膿性ぶどう球菌症. ～ suppurative 化膿性ぶどう球菌症.

staphylococcique *a.*〘医〙ぶどう球菌性の. intoxication alimentaire ～ ぶどう球菌食中毒.

staphylocoque *n.m.* ぶどう球菌. ～ à coagulase négative コアグラーゼ陰性ぶどう球菌. ～ doré 黄色ぶどう球菌 (staphylococcus aureus)；院内感染症の病原菌の一種). pneumonie ～ ぶどう球菌性肺炎.

staphylome *n.m.*〘医〙ぶどう腫 (眼病). ～ cornéen 角膜ぶどう腫.

staphyloplastie *n.f.*〘医〙口蓋垂形成術.

STAPS (=sciences et techniques des activités physiques et sportives) *n.f.pl.*〘教育〙科学・身体スポーツ活動技術学群 (大学教育第一課程の学群名).

starking [starkiŋ] 〘英〙*n.f.*〘植〙スターキング (アメリカ原産の赤林檎の品種名).

starlette (=satellite de taille adaptée avec réflecteur Laser pour l'etude de la Terre) *n.m.* スタルレット〔衛星〕(地球レーザー観測衛星；1975年2月6日打上げ).

Starlink〘商標〙*n.pr.m.*〘農・遺伝子工学〙スターリンク (除虫性遺伝子組換えトウモロコシの商標). maïs transgénique ～ 遺伝子組換えトウモロコシ「スターリンク」.

START (=〘英〙Strategic Arms Reduction Talks) *n.f.pl.* 戦略兵器削減交渉 (=〘仏〙Négociations sur la réduction des armements stratégiques；1982-93年).

starter [statɛr] 〘英〙*n.m.* **1** (自動車の) チョーク. **2** (競技の) スターター. **3** 航空交通管制官 (離陸指示を与える担当官).

starting-block [startiŋblɔk] 〘英〙*n.m.*〘スポーツ〙(陸上短距離競技用の) スターティングブロック (公用推奨語は bloc (cale) de départ, marque).

starting-gate [startiŋgɛt] 〘英〙*n.f.*〘競馬〙スターティングゲート.

stase *n.f.*〘医〙鬱滞 (うったい)；静止, 停止. ～ intestinale 腸管鬱滞. ～ sanguine (du sang) 鬱血, 血瘤, 血行停止. dermite de ～ 鬱滞性皮膚炎.

Stasi [ʃtazi] (=〘独〙Staatssicherheitsdienst) *n.f.* (旧東独の) 国家公安局, シュタージ (=〘仏〙Service de la sûreté intérieur

statine

de l'Etat, Police politique de l'ex-RDA；1950-89 年).

statine *n.f.*『薬』スタチーヌ, スタチン（高コレステロール血症治療薬).

station *n.f.* Ⅰ (停止) **1** 立ち止ること, 停留. faire une longue ~ au café カフェに長居する. faire une petite ~ ちょっと立ち止まる (足を止める).
2 静止状態；静止姿勢；(特に) 直立姿勢 (= ~ debout, ~ droite, ~ verticale).
3『カトリック』留 (りゅう)；留を描いた絵画 (彫刻). ~s〔du chemin〕de la croix (キリストの) 十字架の道行きの留 (カルヴァリオの丘で途中立ち止まった14ヵ所).
4『天文』留 (りゅう)《惑星の運行の見かけ上の停止》. planète en ~ 見かけ上不動の惑星.
Ⅱ (停留する場所) **1** (地下鉄の) 駅 (= ~ de métro)；(バスの) 停留所 (= ~ d'autobus, ~ d'autocar；待合施設付き停留所；付いていないものは arrêt；バスターミナルは gare routière)；(鉄道の) 小駅《通常の駅は gare). On descends à la prochaine ~. 次の駅で降ります. ~ de funiculaire 登山電車の駅. ~ de taxis タクシー乗り場. ~ terminus ターミナル駅, 始発・終着駅. chef de ~ 駅長.
2 滞在地, 逗留地；保養地, 行楽地. ~ balnéaire 海水浴場. ~ climatique 保養地. ~ de montagne 登山基地. ~ estivale 避暑地. ~ hivernale 避寒地；冬季スポーツ基地 (= ~ de sports d'hiver). ~ thermale 温泉場；鉱泉保養地.
3 放送局 (= ~ d'émission)；電波基地；発電所 (= 〔~〕centrale). ~ de télévision テレビ局. ~ pirate 海賊放送局. ~ hydroélectrique 水力発電所. ~ spatiale¹ 衛生中継ステーション.
4 観測基地, 観測所, 観測点. ~ agronomique 農事試験場. ~ d'observation 観測基地, 観測所. ~〔géodésique〕測地点, 三角点. ~ météorologique 測候所. ~ radar レーダー基地 (サイト). ~ spatiale² (orbitale) 宇宙ステーション. ~ de terre 地上局 (= ~ au sol). ~-aval (遠隔地の) 追跡管制所.
5 サービスステーション；業務施設. ~ d'épuration 浄水場. ~ d'essence ガソリンスタンド. ~ de lavage 洗車場. ~ libre-service セルフサービスのガソリンスタンド.
6『電算』ステーション (= ~ de travail) (ネットワークで, データの送受信や処理を行う装置の総称).
7『海』沿岸警備海域；沿岸警備隊；海員登録主任の管理管区.
8『生』(動植物の特定種の) 生息地, 自生地.
9『カトリック』(行列の途中の) 休憩祭壇；休憩祭壇での礼拝.
10『考古』遺跡. ~ préhistorique 先史時代の遺跡.

station-aval (*pl.* **~s-~**) *n.f.*『宇宙』(宇宙船・ロケット等の打ち上げ基地の) 下方ステーション.

stationnaire *a.* **1** 停止 (静止) している. satellite ~ 静止衛星.
2 進展しない, 変化のない；停滞している.『気象』front ~ 停滞前線.
3 定常の；定状の；一定不変の. état ~ 定常 (定状) 状態. maladie ~ 定状性疾患.『理』onde ~ 定常波, 定在波.『化』phase ~ 固定相；『生』(細胞培養の) 定常期.『数』point ~ 停留点.
—*n.m.*『海軍』海防艦；沿岸警備艦 (艇).

stationnement *n.m.* **1** 駐車；滞留. ~ interdit 駐車禁止. ~ gênant 迷惑駐車. ~ payant 有料駐車〔制〕. parc de ~ 駐車場；(飛行場の) エプロン. permis de ~ 道路表面占用許可証；公道使用許可.
2『カナダ』駐車場. ~ d'un centre commercial 商業センターの付属駐車場.

station-service (*pl.* **~s-~s**) *n.f.* (修理サービスも行なう) ガソリンスタンド.

statique *a.* **1** 静的な；静止した；静態の (dynamique「動的な」の対). analyse ~『経済』静態分析；『電算』静的分析.『電』électricité ~ 静電気.『物理』force ~ 静的な力.『言語』linguistique ~ 静態言語学.『生理』sens ~ 平衡感覚.
2 (比喩的) 静かな, 動きのない；行動的でない, 変化に乏しい；進展のない. société ~ 変化に乏しい社会.
—*n.f.* **1**『物理』静力学 (dynamique「動力学」の対).
2 (比喩的) 静力学. ~ sociale 社会静力学, 静態社会学.

statisticien(ne) *n.* 統計学者.

statistique *n.f.* **1** 統計学. ~ mathématique 数理統計学. ~ quantique 量子統計学.
2 統計；統計表；統計量 (略記〔話〕stat 〔stat〕). ~s démographiques 人口統計. ~s socio-économiques 社会経済統計.『物理』~ de Fermi-Dirac フェルミ・ディラック統計. Institut national de la ~ et des études économiques 国立統計経済研究院 (略記 INSEE〔inse〕). faire des ~s 統計をとる.
—*a.* 統計学の；統計による, 統計上の. analyse ~ 統計的分析. évaluation ~ 統計学的評価. information ~ 統計情報. mécanique ~ 統計力学. méthode ~ 統計的方法. modèle ~ 統計的モデル.

statuaire¹ *n.* 像制作者.
—*n.f.* 像制作術. ~ antique 古代彫像術.
—*a.* 像の, 彫像の；像制作用の. colonne ~ 彫像用円柱台. marbre ~ 彫像用大理石.

statuaire² *a.* 法規的な；規約 (定款) 上の. règles ~s 法令による規範. siège ~ 規約 (定款) 上の住所 (本店所在地, 本拠地).

statue *n.f.* 像, 彫像, 塑像. ~ de bronze

(de marbre, de pierre) ブロンズ (大理石, 石) の彫像. ~ de Balzac par Rodin ロダン制作のバルザック像. ~ de la douleur 悲嘆に暮れる姿. ~ en bois polychrome 多彩色の木像.

ébauche d'une ~ 彫像の試作, 塑像. inauguration d'une ~ 彫像の除幕式. ériger une ~ à un homme célèbre 著名人の彫像を建立する. être immobile comme une ~ 彫像のように動かない. sculpter une ~ 像を彫刻する.

statuer v.i. **1** 〖法律〗裁定を下す. ~ à la majorité qualifiée 特定多数制で裁定を下す. ~ en dernier ressort 最終審として裁定する. ~ sur un litige 係争を裁定を下す. droit de ~ 裁定権.
2 〔一般に〕決定を下す. Le conseil des ministres statue à l'unanimité. 閣議は全員一致で決定を下す.
—v.t. 〔古〕制定する. ~ des règlements 規則 (条例) を制定する.

statu quo [statyk(w)o] [ラ] n.m.inv. 現状 (=status in quo). 〖法律〗~ ante bellum 戦前の状態・権利. maintenir le ~ 現状を維持する.

stature n.f. **1** 身長. personne de haute ~ 背の高い人.
2 〔比喩的〕スケール；(人物の) 器量, 重要性. avoir la ~ d'un ministre 大臣の器である.

statut n.m. **1** 〖法律〗法規；〔古〕法, 規則. ~s personnels 身分法. ~s réels 財産法.
2 〖法律〗(同一範疇の人々の) 身分規定；身分；〔一般に〕地位. ~ des collectivités locales 地方自治体の地位. ~ de la femme mariée 既婚女性の社会的地位. ~ des fonctionnaires 公務員の身分〖法律〗. ~ des magistrats 司法官身分規程. ~ du personnel 従業員身分規程. ~ légal 法的身分. ~ social 社会的ステータス. avoir un ~ privilégié 特権的地位を占める.
3 〔pl. で〕(団体の) 規約；〖法律〗(法人の) 定款, 寄付行為. ~s d'un club sportif スポーツ・クラブの規約. ~s d'une société commerciale 商社の定款.

statutaire a. **1** 〖法律〗自分の；身分上の.
2 定款 (規約) によって定められた, 定款 (規約) に従った；〔一般に〕合法的な；法規的な. âge de départ à la retraite 退職年金受給資格取得の規定年齢. président ~ 規約に基づく会長. règles ~s 法令による規範. répartition ~ du dividende 配当の合法的配分. siège ~ 定款上の住所 (本拠地, 本店所在地).

STD (=〔英〕sexually transmitted disease) n.f. 〖医〗性〔行為〕感染症 (=〔仏〕MST: maladie sexuellement transmissible；梅毒 syphilis, 淋疾 gonococcie, エイ ズ SIDA, クラミジア感染症 chlamydiose など).

Ste (=Sainte) n.f. 聖女. ~ Anne 聖女アンナ.
Sté (=Société) n.f. 会社；学会.
steak [stɛk] [英] n.m. **1** ステーキ, ビフテキ (=bifteck). 〖料理〗~ au poivre ペパー・ステーキ. 〖料理〗~ tartare タルタル・ステーキ. **2** ステーキ肉.

stealth [stɛlθ] [英] n.f. 人目につかない；隠密 (=〔仏〕furtivité). avion ~ ステルスエアクラフト (=〔英〕~ aircraft；レーダーで捕捉困難なようにつくられた航空機；avion fantôme, avion invisible ともいう).

stéar〔o〕-, stéat〔o〕- [ギ] ELEM 「脂肪」の意 (ex. stéarine ステアリン, 硬脂ステアリン酸；stéatose 脂肪症).

stéatomerie n.f. 〖医〗脂肪沈着〔症〕, 脂肪腫.
stéatorrhée n.f. 〖医〗脂肪便, 脂肪性下痢, 脂漏症. ~ idiopathique 原発性脂肪便.
stéatose n.f. 〖医〗脂肪変性 (細胞内への脂肪の沈着症；脂肪肝など).

steeple [stipl], **steeple-chase** [stipəl(t)ʃɛz] [英] n.m. 〖競馬・陸上競技〗障害レース. 3000 mètres ~ 3千メートル障害〔競走〕.

stéganographie n.f. 〖電算〗(他種の情報表現手段に隠した) 情報暗号化技術.
stégosaure n.m. 〖古生物〗ステゴサウルス, 剣龍 (背中に多くの固いヒレのある草食性恐竜；体長 7 m).

stellage n.m. 〖商業〗売買選択特権付き売買.

stellaire a. **1** 星の, 天体の. magnitude ~ 星の明るさの等級.
2 星形の, 放射状の (=étoilé). disposition ~ 放射状配置. 〖解剖〗ganglion ~ 星状神経節.

stellionat n.m. 〖法律〗詐欺的転売；詐欺的担保提供.
stellionataire n. 〖法律〗詐欺的転売人；詐欺的担保提供者.

stem [ノルウェー] n.m. 〖スキー〗シュテム・クリスチャニア (=~-christiania).

sténo n.f. **1** 速記術 (=sténographie).
2 速記タイプ術 (=sténodactylographie).

sténodactylo n. 速記タイピスト, ステノダクチロ (速記とタイプのできる事務員 =sténodactylographe).
—n.f. 速記タイプ術 (=sténodactylographie).

sténodactylographe n. 速記タイピスト (日常語では sténodactylo と略称).
sténodactylographie n.f. 速記タイプ術.
sténogramme n.m. **1** 速記記号 (文字). **2** 速記文.
sténographe n. 速記者 (通常 sténo と

sténographie *n.f.* **1** 速記〔術〕(フランス語では méthodes Duployé, Prévost-Delaunay, Demortier などが一般的). **2** 速記文；速記録.

sténose *n.f.* 〖医〗狭窄(きょうさく)症. ~ mitrale (心臓)の僧帽弁狭窄症.

stent [stɛnt] *n.m.* 〖医〗ステント(冠動脈狭窄を治療するため，血管を拡張する金網状のもの).

steppage *n.m.* 〖医〗鶏歩，にわとり歩き.

steppe [ロシア] *n.f.* 〖地理〗ステップ. ~ sibérienne シベリアのステップ地帯.

stercoral (***ale***) (*pl.* ***aux***) *a.* 〖生，医〗糞便の (=fécal). fistule ~*ale* 糞瘻(ふんろう). matières ~*ales* 糞便. ulcère ~ 糞便性潰瘍.

stère *n.m.* 〖度量衡〗**1** ステール(丸太・角材計量単位；記号 st；1 st=1 m³). **2** ステール尺.

stéréo *a.inv.* ステレオ〔音響〕の，立体音響の (=stéréophonique). chaîne ~ ステレオ〔音響〕セット. disque ~ ステレオ録音盤.
— *n.f.* ステレオ〔音響方式〕，立体音響 (=stéréophonie). émission en ~ ステレオ放送.
— *n.m.* ステレオ〔音響〕装置.

stéréo- [ギ] ELEM 「立体の，実体の」の意 (*ex. stéréo*scope「立体鏡」).

stéréochimie *n.f.* 立体化学(分子の原子立体構造の研究).

stéréocomparateur *n.m.* 〖天文〗ステレオコンパレーター，立体比較測定器(立体視原理を利用した天体の位置変動検出装置).

stéréognosie [-gnɔ-] *n.f.* 〖生理〗立体認知，立体感覚.

stéréogramme *n.m.* **1** 立体図，実体図；立体画，立体写真. **2** 〖地理〗ブロックダイヤグラム，立体線図.

stéréographique *a.* 立体図の. 〖地図〗projection ~ 平射図法，平射影，極射影，ステレオ投影法，立体投影法.

stéréo-isomère *a.* 〖化〗立体異性体の.
— *n.m.* 〖化〗立体異性体 (=corps ~).

stéréométrie *n.f.* 立体測定法.

stéréophonie *n.f.* 〖音響〗ステレオ音響〔法〕，立体音響〔法〕.

stéréophonique *a.* ステレオ〔音響方式〕の，立体音響の (略記 stéréo).

stéréophotographie *a.f.* 立体写真〔術〕.

stéréorégulier (***ère***) *a.* 〖化〗立体規制性の.

stéréoscope *n.m.* 立体鏡，実体鏡(ステレオ写真を見る装置).

stéréoscopie *n.f.* **1** 〖工学〗立体鏡(実体鏡)学. **2** 〖心〗立体知覚.

stéréoscopique *a.* 〖光学・写真〗立体鏡(実体鏡)の；立体的に見える；立体視法の. microscope ~ 双眼立体顕微鏡，ステレオマイクロスコープ. photographie ~ 立体写真. vision ~ 立体視覚.

stéréospécificité *n.f.* 〖化〗立体特異性.

stéréospécifique *a.* 〖化〗立体特異性の.

stéréotaxie *n.f.* 〖医〗(脳の)三次元定位固定〔術〕(=opération stéréotaxique). chirurgie avec ~ 定位脳手術(定位手術装置で頭部を固定し，脳の特定部位を三次元座標で示した後に行なう手術).

stéréotaxique *a.* 〖医〗(脳の)定位固定手術用の. casque ~ (脳の)定位手術用ヘルメット. opération ~ 定位脳手術.

stéréotomie *n.f.* 〖石工〗規矩(きく)術，切石法，石切法；立体石刻術.

stéréotype *n.m.* **1** 〖印刷〗ステロ〔版〕，鉛板；ステロ版製造；ステロ版印刷，鉛版印刷.
2 〖比喩的〗固定観念；きまり文句；常套手段，紋切り型，ステレオタイプ.

stéréotypé(***e***) *a.* **1** 〖印刷〗ステロ(鉛)版に取った；ステロ(鉛)版で印刷された.
2 〖蔑〗型にはまった，紋切り型の，陳腐な. formule (phrase) ~*e* 型通りのきまり文句.

stéréotypie *n.f.* **1** 〖印刷〗ステロ印刷〔術〕，鉛板印刷〔術〕. **2** 〖精神医学〗常同症.

stéréovision *n.f.* 〖光学〗立体視，ステレオヴィジョン；立体映画.

stéride *n.m.* 〖生化〗ステリド(脂肪酸によるステロールのエステル化により生じる脂質).

stérile *a.* **1** 無菌の；滅菌した. chambre ~ 無菌(滅菌)室. milieu ~ 無菌環境(状態).
2 生殖不能の；〖植〗不稔の. arbre ~ 実のならない木. femme ~ 不妊性の女性，石女. fleur ~ 中性花，不稔花. homme ~ 無精子症の男性.
3 (土地が)不毛な；不作の. année ~ 凶〔作〕年. terre ~ 不毛の土地.
4 〖比喩的〗不毛な，実を結ばぬ，空しい. beaux discours ~*s* 空疎な美辞麗句. dispute ~ 不毛な議論. effort ~ 空しい努力. pensées ~*s* 不毛な思想.
— *n.m.pl.* 〖鉱〗廃石，ぼた，ずり (=roche ~).

stérilet *n.m.* 〖医〗子宮内避妊具 (=DIU：*d*ispositif *i*ntra-*ut*érin). ~ en cuivre 銅製子宮内避妊具.

stérilisant(***e***) *a.* **1** 滅菌する，殺菌する. technique ~*e* 滅菌(殺菌)技術. avoir une activité ~*e* 滅菌(殺菌)作用がある.
2 生殖不能にする.
3 〖比喩的〗不毛にする. attitude philosophique ~*e* 不毛の哲学的態度.

—*n.m.* 〚薬〛**1** 滅菌(殺菌)剤(=produit ~). **2** 殺精子剤(=~ masculin).
stérilisateur *n.m.* 滅菌器.
stérilisation *n.f.* **1** 滅菌〔法〕, 殺菌〔法〕. ~ à radiations ultra-violettes 紫外線放射滅菌. ~ à ultra-haute température (U.H.T.) 超高温殺菌. ~ au chlore 塩素滅菌. ~ au rayon gamma ガンマ線放射滅菌. ~ fractionnée 間欠滅菌. **2** 〚医〛女性不妊手術(=~ féminine); 男性断種手術(=~ masculine; vasectomie など). ~ chirurgicale 外科的不妊手術. ~ eugénique 優生学的不妊手術. ~ légale 合法的不妊手術.
3 〔比喩的〕(精神・創造力の)不毛化. ~ des esprits 精神の不毛化.
stérilisé(e) *a.* **1** 滅菌された. lait ~ 滅菌処理牛乳《高温処理された長期保存乳》.
2 不妊手術を受けた. femme ~*e* 不妊手術を受けた女性.
3 〔比喩的〕esprit ~ 不毛な精神.
stérilité *n.f.* **1** 無菌状態, 無菌性.
2 〚医〛生殖不能〔性〕, 不妊〔症〕; 〚動〛繁殖不能〔性〕; 〚植〛不稔性.
3 (土地の)不毛〔性〕.
4 (思想の)貧困, 非創造性, 不毛.
stérique *a.* 〚化〛(分子中の)原子の空間的配置に関する, 立体の. configuration ~ 立体配置. effet ~ 立体効果.
sterlet [ロシア] *n.m.* 〚魚〛スターレット種蝶鮫(ちょうざめ). ~ de la mer Noire 黒海の蝶鮫. œufs de ~ キャヴィア (caviar).
sterling [stɛrliŋ] [英] *n.m.* 英貨, 英貨ポンド(=livre ~; 略記 stg). £20 = 英貨20ポンド.
—*a.inv.* **1** 英貨の, 英国ポンドの. zone ~ 英貨地域, スターリングブロック.
2 法定純銀の(銀含有率92.5%以上), スターリング銀(=〚英〛~ silver)の.
stern[o]- [ギ] ELEM 「胸骨」sterum の意 (*ex. sterno*-claviculaire 胸鎖関節の).
sternal(ale)(*pl.aux*) *a.* 〚解剖〛胸骨(sternum)の.
sterne *n.f.* 〚鳥〛ステルヌ, 鯵刺(あじさし)(カモメ科 mouette, goéland, カモメ目 lariformes の海鳥;俗称 hirondelle de mer).
sterno-claviculaire *a.* 〚解剖〛胸鎖骨の. articulations ~ s 胸鎖乳関節.
sterno-cléido-mastoïdien(ne) *a.* 〚解剖〛胸鎖乳突の. muscle ~ 胸鎖乳突筋.
—*n.m.* 〚解剖〛胸鎖乳突筋(=muscle ~).
sternotomie *n.f.* 〚医〛胸骨切除術, 開胸術.
sternum [stɛrnɔm] *n.m.* **1** 〚解剖〛胸骨. fracture du ~ 胸骨骨折. ~ de l'oiseau 鳥の竜骨(=bréchet).
2 〚動〛(節足動物の)胸板, 腹板.
sternutation *n.f.* 〚生理〛〚稀〛連続的なくしゃみ.

sternutatoire *a.* くしゃみを誘発する, 催嚏(さいさい)性の. poudre ~ 催嚏性粉末.
stéroïde *n.m.* 〚生化〛ステロイド《コレステロールに似た性状をもち, ステロイド核のある化合物の総称》. 〚薬〛 ~ anabolique 蛋白同化(同化促進)ステロイド, アナボリック・ステロイド(筋肉増強剤). 〚薬〛 ~ hormonal; hormone ~ ステロイド・ホルモン.
stéroïdien(ne) *a.* 〚生化〛ステロイドの; ステロイド性の.
stérol *n.m.* 〚化〛ステロール, ステリン(ステロイドのアルコールの総称).
stertor [stɛrtɔr] *n.m.* 〚医〛いびき;喘鳴(ぜんめい).
stertoreux(se) *a.* 〚医〛喘鳴(ぜんめい)(いびき)を伴う. respiration ~*se* 喘鳴(いびき)を伴う呼吸.
stétho- [ギ] ELEM 「胸」の意 (*ex. stétho*scope 聴診器》.
stéthoscope *n.m.* 〚医〛聴診器. ~ électrique 電気聴診器.
steward [stjuwad, stiward] [英] *n.m.* 〚航空・船〛スチュワード, 客室乗務員.
STG (=*s*pécialité *t*raditionnelle *g*arantie) *n.f.* 〚農〛(ヨーロッパの)保証付伝統的特産品《製品の伝統的組成あるいは製造法を保護する品質保証ラベル;1992年導入. saucisse de Toulouse トゥールーズ特産ソーセージなど》. Depuis 1997, les bières de lambic bénéficient de la mention ~. 1997年以降ランビック・ビールは「保証付伝統的特産品」の呼称の表示が認められている.
STH (=*s*urface *t*oujours *e*n *h*erbe) *n.f.* 〚農〛恒常草地. prairies non permanentes et ~ 恒久的牧草地ではないが恒常的な草地.
sthénie *n.f.* 〚医〛強壮, 昂進(asthénie 「無力症, 無気力」の対).
sthénique *a.* 〚医〛強壮な, 強健な.
STI (=*s*ciences *e*t *t*echnologies *i*ndustrielles) *n.f.pl.* 〚教育〛産業科学技術(リセの技術員養成課程の一部門).
stibié(e) *a.* 〚薬〛アンチモン(antimoine) を含む. médicament ~ アンチモン剤.
stibine *n.f.* **1** 〚鉱〛輝安鉱. **2** 〚化〛スチビン(硫化アンチモン sulfure d'antimoine).
STIC (=*s*ciences *e*t *t*echnologies de l'*i*nformation et de la *c*ommunication) *n.f.pl.* 情報通信科学・工学. département des ~ du CNRS 国立学術研究所の情報通信科学・工学部門.
STIF (=*S*yndicat des *t*ransports en *I*le-de-*F*rance) *n.m.* イール=ド=フランス交通組合 (=STP : *S*yndicat des *t*ransports *p*arisiens「パリ交通組合」の後身).
stigmate[1] *n.m.* **1** 傷痕;小赤斑. ~ de la variole 痘瘡(天然痘)の痘痕. ~s de

stigmate² Tchernobyl チェルノブイリ原発事故の残した傷痕.
2〔古〕(囚人, 奴隷などの)烙印, 焼印；〔比喩的・文〕汚名, 刻印. ~s du vice 悪徳の烙印.
3〖医〗徴候, スティグマ. ~s de dégénérescence 変質徴候.
4〔*pl.* で〕〖キリスト教〗(キリスト受難時の)聖痕〔両手, 両足, 脇腹の 5 カ所の傷痕〕. ~s de saint François d'Assise アッシジの聖フランチェスコの体に現れた聖痕.

stigmate² *n.m.* **1**〖動〗(体節動物の)気門. **2**〖植〗(雌蕊の)柱頭.

stigmatique *a.*〖光学〗無収差の.

stilb [stilb] *n.m.*〖物理〗スチルブ《輝度のCGS 単位；記号 sb；1 sb = 10,000 nits；$10^4 cd/m^2$》.

stimulant¹(**e**) *a.* 刺戟を与える；興奮させる. climat ~ 人に元気を与える気候.〖薬〗médicament ~ 興奮剤 (= ~). substance ~*e* 興奮性物質. succès ~ 人をふるい立たせる成功.

stimulant² *n.m.* **1** 刺激物.
2〖薬〗興奮剤, 刺激剤, 賦活剤 (= médicament ~). ~ de ganglion 節興奮薬, 自律神経興奮薬. ~ de système nerveux central 中枢神経興奮薬 (= ~ de SNC). ~ respiratoire 呼吸興奮薬.

stimulateur *n.m.*〖医〗スティミュレーター, 刺激器. ~ cardiaque 心臓ペースメーカー(〖英〗pacemaker に対する公用推奨語).

stimulation *n.f.* 刺激, 刺激作用. ~ de l'activité économique 経済活動に対する刺激. ~ du laser レーザー刺激. ~ électrique 電気的刺激.

stimuline *n.f.*〖生理〗スチムリン《脳下垂体から分泌され, 内分泌腺の活動を刺戟するホルモン》.

stimulus [stimylys] (*pl.inv.* または **stimuli** [ラ]) *n.m.*〖生理, 心〗刺激. ~ conditionné 条件刺激. ~ déclencheur 触発刺激. ~ inconditionné 無条件刺激《無条件反射をひきおこす刺激》.

stipulation (< stipuler) *n.f.* **1**(書面による)約定；契約条項；合意. ~ d'un accord 協定の約定(契約条項). sauf ~ contraire 反対契約条項のない場合.
2(明文, 不文の)約定. ~ de parts inégales 不均等持分の約定. ~ pour autrui 第三者のためにする契約.

STMB (= *Société de tunnel sous le Mont-Blanc*) *n.pr.f.* モン=ブラン・トンネル会社.

STN (=〖英〗*supertwist-nematic*) *a.* スーパーツイスト・ネマチック. écran〔à cristaux liquides〕~ スーパーツイスト式液晶ディスプレー.

STO (= *Service du travail obligatoire*) *n.m.*〖史〗強制労働《1943 年 2 月 16 日のラヴァル Laval 内閣で制定した法律により, 150 万人のフランス人が対象となり, 87 万 5 千人がドイツに送られた》.

stochastique *a.* **1** 偶発的な. phénomènes ~s 偶発的現象.
2〖統計〗確率的な；確率論的な, 推計学的な. fonction ~ 確率関数. processus ~ 推計プロセス. système ~ 推計システム. variable ~ 確率変数.
—*n.f.*〖統計〗推計学.

stock [stɔk]〖英〗*n.m.* **1** ストック, 在庫〔品〕,；(緊急用の)備蓄品. avoir qch en ~ 何をストックしている (= stocker qch). liquider ses ~s 在庫を一掃する.
2〔話〕貯え, 買い置き. ~ de chocolat チョコレートの買い置き.
3〔話〕ためこみ；山のような量. un ~ de 山のような….
4 保有高. ~ des matières premières 原料の保有高.
5〖生〗ストック, 群体. ~ chromosomique 染色休群体, ゲノム.

stockage (< stocker) *n.m.* **1** 貯蔵；保留；ストックすること. ~ des déchets radioactifs 放射性破棄物の貯蔵. ~ des marchandises 商品のストック.
2〖情報処理〗(メモリーによる)記録, ストック. ~ des informations 情報の集積(ストック).

stock-car [stɔkkar] (*pl.* ~-~s)〖米〗*n.m.* **1** ストックカー《レース用改造乗用車》. **2** ストックカー・レース.

stockfisch [stɔkfiʃ] (<〖英〗stockfish <〔オランダ〕stocvisch) *n.m.* **1** 塩魚の干物. **2** 鱈(たら)の干物.

stockiste *n.m.*〖商業〗(特定メーカーの)部品取扱い商；卸売商.

stock-option *n.f.* (*pl.* ~**s**-~**s**)〖英〗〖株〗ストック・オプション, 株式買入れ選択権《会社役員が自社増資株を一定の値段で買い取る権利》.

stock-outil (*pl.* ~**s**-~**s**) *n.m.*〖経済〗(企業の)運転在庫.

stœchiométrie [stɛkjɔmetri] *n.f.*〖化〗化学量論.
▶ **stœchiométrique** *a.*

stoïque *a.* **1** 禁欲的な, ストイックな；毅然とした. courage ~ 毅然とした勇気. personne ~ 禁欲的な人. résolution ~ 毅然たる決意. rester ~ devant le danger 危険を前に豪胆である.
2〖哲〗〔古〕ストア学派の (= stoïcien).
—*n.* 禁欲的(ストイック)な人.

STOL, stol [stɔl] (=〖英〗*Short Taking-off and Landing*) *a.*〖航空〗短距離離着陸式の.
—*n.m.* 短距離着陸機, エストール (=〖仏〗ADAC : *avion à décollage et atterrissage courts*).

stomacal(**ale**) (*pl.* **aux**) *a.*〖解剖〗

〔稀〕胃 (estomac) の (=gastrique). douleurs ~ales 胃痛.
stomachique *a.* 〖医・薬〗〔古〕健胃の. médicament ~ 健胃剤.
——*n.m.* 〖薬〗健胃剤 (=médicament ~).
stomat[o]- [ギ] ELEM 「口」の意 (*ex. stomato*scope 「口内鏡」).
stomate *n.m.* 〖植〗気孔.
stomatite *n.f.* 〖医〗口内炎. ~ aphteuse アフタ性口内炎, アフタ (=aphte). ~ arsenicale 砒素〔性〕口内炎. ~ gangréneuse 水癌. ~ mercurielle 水銀〔性〕口内炎. ~ ulcéreuse 潰瘍性口内炎.
stomatologie *n.f.* 〖医〗口腔医学.
stomatoplastie *n.f.* 〖医〗**1** 口腔形成術. **2** 子宮口形成術.
stomatorragie *n.f.* 〖医〗口内出血 (=hemorragie buccale).
stomatoscope *n.m.* 〖医〗**1** 口内鏡. **2** 開口鏡.
stomatotomie *n.f.* 〖医〗子宮口切開〔術〕.
stomie *n.f.* 〖医〗**1** 人工排泄小孔形成術 (人工肛門, 結腸 (回腸) 導管などの形成術). **2** 人工小孔 (人工肛門, 結腸 (回腸) 導管など).
stomisé(e) *a.* 〖医〗人工肛門術を受けた, 人工肛門をつけた.
——*n.* 人工肛門の手術を受けた人, 人口肛門の人.
stoppage *n.m.* 〖服〗かけはぎ.
stoppeur(se) *n.* **1** オートストッパー. **2**〖服〗かけはぎ職人. **3**〖サッカー〗ストッパー (センター・バックの防御専門選手).
story-boad (*pl.* ~-*s*) [storibord] 〔英〕*n.m.* 〖映画・テレビ〗絵コンテ, ストーリーボード (公用推奨語は scénarimage).
stoupa ⇒ **stupa**
stout [stawt, stut] 〔英〕*n.m.* 〖ビール〗スタウト (英国の黒ビール).
STP (=〔英〕Serenity, Tranquillity and Peace 平静・鎮静・安穏剤) *n.m.* 〖薬〗STP (LSD に類似の合成幻覚剤, ガソリンやモータ・オイルの品質改良剤; ~〔英〕STP: Scientifically Treated Petroleum になぞられた呼称).
strabique *a.* 斜視 (strabisme) の.
——*n.* 斜視の人.
strabisme *n.m.* 〖医〗斜視, やぶにらみ. ~ convergent 内斜視. ~ divergent 外斜視. ~ paralytique 麻痺性斜視.
strabotomie *n.f.* 〖医〗斜視視能矯正切開〔術〕.
strangulation *n.f.* **1** 喉の絞めつけ; 絞首. ~ par les mains 手による絞首. ~ par une corde 首吊り (=pendaison). asphyxie par ~ 喉の絞めつけによる窒息. mort par ~ 扼殺, 絞殺; 絞首死. supplice de la ~ 絞首刑.
2〖医〗絞扼, 括約. ~ d'un pénis 陰茎陰扼

症. iléus par ~ 絞扼性イレウス.
strapontin *n.m.* **1** (劇場, 乗物などの) 補助椅子, 補助席, ストラポンタン.
2〔比喩的〕二次的地位; オブザーバー的資格; 腰かけ的存在.
3〖服〗ストラポンタン (スカートを拡げるための腰当て; バスル)(=faux cul, tournure, vertugadin).
Strasbourg *n.pr.* ストラスブール (département du Bas-Rhin バ=ラン県の県庁所在地; フランスと UE の広域地方行政区画の région Alsace アルザス地方の県庁所在地; 市町村コード 67000; ヨーロッパ評議会 le Conseil de l'Europe とヨーロッパ議会 le Parlement européen の所在地; 形容詞 strasbourgeois(e)).〖行政〗~-ville ストラスブール市.〖行政〗la communauté urbaine de ~ ストラスブール都市共同体 (1966 年創設, 27 の市町村から成る都市圏). aéroport de ~-International ストラスブール国際空港. la cathédrale Notre-Dame de ~ ストラスブールのノートル=ダム大聖堂 (1240-75 年). la Petite France de ~ ストラスブールの「ラ・プチット・フランス地区」. porcelaine de ~ ストラスブール磁器. le port autonome de ~ ストラスブール自治港 (ライン河の河川港; フランス第 2 位の河川港). saucisses de ~ ストラスブール・ソーセージ (牛肉と豚肉の細挽きソーセージ).〖史〗les serments de ~ ストラスブールの誓約 (フランス語最古の文献; 842 年). université de ~-I-Louis-Pasteur ストラスブール第 1 ルイ=パストゥール大学.
strasbourgeois(e) *a.* ストラスブール (Strasbourg) の; ~の住民の.
——**S~** *n.* ストラスブール市民; ストラスブール出身者.
stratagème *n.m.* 策略, 計略, 策謀. recourir à un ~ 策略をめぐらす.
stratège *n.m.* **1**〖古代ギリシア〗(アテネ, 都市国家の) 軍事長官.
2 戦略家; 戦略専門家 (tacticien「戦術家」の対).
3〔比喩的〕戦略家; 策士, 駆け引き上手. ~ politique 政略家.
stratégie *n.f.* **1** 戦略 (tactique「戦術」の対) 用兵法. ~ défensive 国防戦略,〖広義〗防衛的戦略. ~ militaire 軍事戦略. ~ nucléaire 核戦略. ~ opérationnelle 軍事作戦戦略. ~ Est-Ouest 東西両陣営の戦略.
2〔比喩的〕(政治, 経済, 経営などの) 戦略, 戦術, 作戦. ~ du développement 成長戦略. ~s amoureuse 恋の駆け引き. ~ commerciale 商業戦略. ~ de communication 広告表現作戦. ~ du vente 販売戦略. ~ économique 経済戦略. ~ électorale 選挙戦略 (作戦). ~ parlementaire 議会の駆け引き. ~ politique 政治戦略, 政略.
3〖数〗(ゲーム理論の) 戦略.
stratégique *a.* **1** 戦略的な, 戦略上の

stratégiste

(tactique「戦術的な」の対). armes nucléaires ~s 戦略核兵器《大陸間弾道ミサイル ICBM, 潜水艦発射弾道ミサイル SLBM など》. aviation ~ 戦略空軍. bombardier ~ 戦略爆撃機. Conversations sur la *l*imitation des *a*rmements ~s (CLAS) 戦略兵器制限交渉 =［英］SALT : *St*rategic *A*rmements *L*imitation *T*alks. initiative de *d*éfense ~ (IDS) 戦略防衛構想 (=［英］SDI : *S*trategic *D*efense *I*nitiative). matières premières ~s 戦略物資. missile mer-sol balistique ~ 海対地(潜水艦発射)弾道ミサイル (=missile MSBR). négociations ~s de Genève ジュネーヴ戦略兵器削減交渉 (=［英］START : *St*rategic *A*rms *R*eduction *T*alks). objectif ~ 戦略目標. point ~ 戦略地点, 戦略の拠点. repli ~ 戦略的後退(退却).

2 軍事的な (「政治的」「経済的」の対). voies ~s 軍事道路.

3〔経済〕経営戦略上の. diversification ~ des produits 製品の戦略的多様化. gestion ~ 戦略的経営.

stratégiste *n*. **1** 戦略家. **2**〔経済〕経営戦略専門家, ストラテジスト. ~ en chef チーフ・ストラテジスト. **3**〔株式〕ストラテジスト, 投機戦略エコノミスト.

stratification *n.f.* **1**〔地質〕成層, 層状化, 層理. ~ inclinée (horizontale) 斜(水平)層理. ~ stable (instable) 安定(不安定)成層.

2〔生・医〕多角化, 層化；多層構造. ~ des cellules 細胞の多層化.

3〔化・冶〕層化, 層状形成.

4〔統計〕層化〔法〕.

5 層化, 多層化. ~s sociales 社会構造の多層化.

6〔比喩的〕重なり合い, 重層化.〔社〕~s sociales 社会成層(身分・職業・教育・貧富などによる多層化現象). ~ des souvenirs 記憶の重なり合い.

stratifié(e) *a.* **1** 層になった (=lamifié).〔生〕épithélium ~ 重層上皮.〔地学〕roche ~e 成層岩. **2** 貼り合わせた.
——*n.m.* 合板, 集成材.

stratigraphie *n.f.* **1**〔地学〕層位, 地層, 層序〔学〕,〔考古〕断層. **2**〔医〕ストラティグラフィー(断層撮影法).

stratigraphique *a.* **1**〔地学〕層位(地層)学上の, 層序の. échelle ~ 層位年代区分, (地層の)標準年代区分.

2〔医〕ストラティグラフィー(断層撮影)の.

stratocratie *n.f.* 軍政, 軍事政権体制.

stratocumulus [stratɔkymylys] *n.m.* 層積雲(国際略記号 Sc).

stratopause *n.f.*〔気象〕成層圏界面(成層圏 stratosphère と中間圏 mésosphère の境界面あるいは遷移圏).

stratosphère *n.f.*〔気象〕成層圏(対流圏 troposphère と中間圏 mésosphère の中間にあり, 地表から約 10-50 km の部分).

stratosphérique *a.* **1**〔気象〕成層圏の. ozone ~ 成層圏内オゾン.

2 成層圏飛行用の. ballon ~ 成層圏飛行用気球.

3〔比喩的〕〔話〕極めて高い. dépenses ~s とんでもない巨額の出費.

stratus [stratys] *n.m.*〔気象〕層雲(国際略記号 St).

strech [strɛʃ]〔英〕(<S~, 商標) *n.m.*〔織〕ストレッチ(伸縮性のある布地)；ストレッチ加工, 伸縮性加工.
——*a.inv.*〔織〕ストレッチ加工をした. velours ~ ストレッチ加工ビロード, 伸縮性ビロード.

streptobacille *n.m.*〔菌〕連鎖桿菌.

streptococcémie *n.f.*〔医〕連鎖球菌血症.

streptococcie *n.f.*〔医〕ストレプトコッカス (streptocoque) 感染症, 連鎖球菌感染症 (=infection streptococcique). ~ non suppurative 非化膿性連鎖球菌感染症. ~ suppurative 化膿性連鎖球菌感染症. infections suppuratives à ~ 連鎖球菌化膿性感染. toxi-infections à ~ 連鎖球菌毒素性感染.

streptococcique *a.* 連鎖球菌の；連鎖球菌による. infection ~ 連鎖球菌感染症 (=streptococcie).

streptocoque *n.m.*〔生〕連鎖球菌. ~ hémolytique 溶血性連鎖球菌.

streptokinase *n.f.*〔薬〕ストレプトキナーゼ(β 溶血連鎖球菌からつくられる酵素；血栓症治療薬).

streptolysine *n.f.*〔生・医〕ストレプトリジン(溶血素). ~ O ストレプトリジン O (略記 SLO). ~ S ストレプトリジン S.

streptomyces *n.m.*〔医〕ストレプトミセス属の放線菌.

streptomycine [strɛptɔmisin] *n.f.*〔薬〕ストレプトマイシン(抗生物質).

stress [strɛs] *n.m.*〔医〕ストレス(公用推奨語は agression). ~ de la vie moderne 現代生活のストレス.

stressant(e) *a.* ストレスをひき起こす. agent ~ ストレス源. facteur ~ ストレス要因. vie ~e ストレスに満ちた生活.

stretching [strɛtʃiŋ]〔英〕*n.m.* ストレッチ運動(筋肉を伸長させる柔軟体操). ~ dynamique (statique) 動(静)的ストレッチ運動. faire du ~ ストレッチ運動をする.

striatum *n.m.*〔解剖〕(脳の)線条体. ganglions du ~ (大脳基底の)線条体節.

stricto sensu [ラ] *l.ad.* 厳密な意味で, 狭義で (lato sensu「広義で」の対) (=au sens étroit).

STRIDA (=*S*ystème de *tr*ansmission des *i*nformations de *d*éfense *a*érienne) *n.m.*〔軍〕防空情報伝達システム.

stridor, strideur *n.m.*〚医〛喘鳴(ぜんめい),狭窄(きょうさく)音(ゼイゼイ,ヒューヒューという呼吸音).

striduleux(se) *a.*〚医〛喘鳴(ぜんめい)(stridor)を伴った. laryngite ~ *se* 喘鳴性喉頭炎. respiration ~ *se* 喘鳴呼吸.

strié(e) *a.p.* **1** 筋目のある,細溝のある,条線のある. coquille ~ *e* 節目のある貝殻.
2〚建築〛彫り溝のある,溝彫りのある. colonne ~ *e* 溝彫り円柱.
3〚地学〛条線のある;氷河擦痕のある. roche ~ *e* 条線のある岩.
4〚解剖〛線条のある. aire ~ *e* 条線野, 視覚領. corps ~(脳の)線条体. muscle ~ 横紋筋.

stripping〚英〛*n.m.* **1**〚化〛ストリッピング(揮発分の除去).
2〚医〛静脈抜去術(下肢一次性静脈瘤の手術法;公用推奨語は éveinage).
3〚原子物理〛ストリッピング反応.
4(写真乳剤膜の)剥ぎ取り.

strip[-]tease〚英〛*n.m.* **1** ストリップ・ショー(=numéro de ~;〚仏〛effeuillage);ストリップ劇場(小屋).
2〚比喩的〛過度の露出. ~ politique 政治の露出体制.

strip-teaseur(se) *n.* ストリップ・ショーの演技者, ストリッパー.

STRJD (=*S*ervice *t*echnique de *r*echerches *j*udiciaires et de *d*ocumentation) *n.m.* 司法研究・資料技術部〔犯罪分析専門部局〕.

stroma〚ギ〛*n.m.* **1**〚生,医〛基質,ストロマ(parenchyme の対);(腫瘍の)間質. ~ de tumeur 腫瘍間質.
2〚植〛子座.

strontium [strɔ̃sjɔm] (<Strontian, スコットランドの村) *n.m.*〚化〛ストロンチウム(元素記号 Sr, 原子番号 38. 1790 年発見のアルカリ土類金属元素).

structural(ale)(pl.aux) *a.* **1** 構造の,構造的の;構造分析の. analyse ~ *ale*¹ 構造分析.〚経済〛carte ~ *ale* 構造図. chimie ~ *ale* 構造化学. composites ~ *aux* 構造複合材. géologie ~ *ale* 構造地質学. psychologie ~ *ale* 構成心理学.〚数〛topologie ~ *ale* 構造的トポロジー(位相学).
2〚人文科学〛構造的;構造主義(structuralisme)の,構造主義的. analyse ~ *ale*² 構造分析. anthropologie ~ *ale* 構造人類学(Claude Lévi-Strauss が創始). linguistique ~ *ale* 構造言語学.

structuralisme *n.m.* **1** 構造主義. **2**〚言語〛構造主義;構造言語学(=linguistique structurale).

structuration (<structurer) *n.f.* **1** 構成. ~ d'un récit 物語の構成. ~ logique des données データの論理的構成. ~ topographique 地形構成.
2 構造化. ~ de comportement 行動の構造化. ~ topographique du sur-organisme urbain 過大都市の地形構造化.

structure *n.f.* **1**(物の)構造;構造物;構成;構築;組織. ~ atomique 原子構造. ~ cellulaire 細胞構造. ~ *s* cristallins 結晶構造. ~ de l'écorce terrestre 地殻構造. ~ du corps humain 人体の構造. ~ d'un navire (d'une voiture) 船体(車体)構造. ~ d'un spectre スペクトルの構成. ~ d'une cellule nerveuse 神経細胞組織. ~ fibreuse 繊維構造. ~ géologique 地質構造. ~ histologique 組織構造. ~ marine 海洋構造物. ~ moléculaire 分子構造. ~ *s* nerveuses 神経組織.〚生〛~ primaire (secondaire) 一次(二次)構造.〚医〛lésion de ~ 組織病変(傷害).
2 (制度・システムなどの)構造;構成, 組織. ~ *s* administratives 行政組織. ~ *s* d'accueil 受入れ組織(態勢). ~ de l'industrie française フランスの産業構造. ~ *s* de production 生産態勢. ~ du gouvernement 政府の構成. ~ sociale 社会構造. réformes de ~ 構造改革.
3〚数〛~ *s* algébriques 代数学体系.
4〚言語〛~ de surface (superficielle) 表層構造. ~ profonde 深層構造.
5〚電算〛~ logique 論理構造(設計).

structurel(le) *a.* **1** 構造の;構造上の;構造に由来する. cause ~ *le* 構造的原因. défaut ~ 構造的欠陥.
2〚経済〛経済構造的, 経済構造に由来する(conjoncturel「景気による」の対). chômage ~ 構造的失業. inflation ~ *le* 構造インフレ.
3 組織の, 組織上の.
4〚言語〛構造の, 構造に関する. analyse ~ *le*〚言語〛構造分析;〚電算〛構造解析. description ~ *le* 構造記述.

structurologie *n.f.*〚地質〛構造岩石学, 構造地質学.

strume *n.f.* **1**〚医〛甲状腺腫(=goitre).
2〚古〛瘰癧(るいれき)(=scrofule).

STS¹ (=*s*ection de *t*echniciens *s*upérieurs) *n.f.*〚教育〛(高校高等学校に設置された)上級技術員養成部門(高校在学 2-3 年で BTS「上級技術員免状」の取得を目指す).

STS² (=〚英〛*S*pace *T*ransport (*T*ransportation) *S*ystem) *n.m.* 宇宙運送システム(=〚仏〛système de transport spatial, navette spatiale).

STT (=*S*ervice de *t*éléinformatique *t*ouristique) *n.m.* 観光情報データ通信業務〔部〕.

STU (=*S*ervice *t*echnique de l'*u*rbanisme) *n.m.* 都市計画技術部.

stuc [styk]〚伊〛*n.m.*〚建築〛スタッコ(大理石・白亜・雪花石膏などの粉を混ぜた漆喰);スタッコ装飾.

studio [stydjo]〚英〛*n.m.* **1**(芸術家の)アトリエ(=atelier d'artiste);写真スタジ

オ (=~ de photographe);『映画』撮影スタ ジオ, 撮影所 (=~ de cinéma);(音楽・TV の) 録音 (収録) スタジオ;ダンススタジオ (=~ de danse). film tourné en ~ スタジオで撮影した映画. grands ~s de Hollywood ハリウッドの大撮影所群. ~ insonorisé 防音スタジオ.
2『住居』スチュディオ (1部屋に台所・バス・トイレが付いた住居単位). habiter un ~ ステュディオに住む. petit ~ 小スチュディオ (=studette).
3 小映画館.

stup [styp] (<*stup*éfiant) *n.m.*〔多く *pl.*〕〔俗〕麻薬;やく. Office des ~s 麻薬取締事務所.

stupa, stoupa *n.m.*『仏教』ストゥーパ, 卒塔婆, 仏舎利塔, 仏塔.

stupéfaction *n.f.* **1** 驚愕, 吃驚仰天. profonde ~ ひどい驚愕. à ma grande ~ 私のひどく驚いたことに. à la ~ générale 人々を驚かせたことに. être plongé dans une ~ 吃驚仰天する. La ~ m'empêche de parler. 驚きのあまり私は口も利けない.
2〔古〕麻痺.

stupéfait(e) (<*stup*éfaire) *a.p.* 啞然とした, 吃驚仰天した, 驚愕した, 茫然とした. être ~ de+*inf.* (que+*subj.*) … して (…であることに) 啞然とする.

stupéfiant(e) *a.* **1** 啞然とさせる, 吃驚させる, 驚くべき. nouvelles ~ es 驚くべきニュース.
2〔薬〕麻痺作用のある.
— *n.m.* **1**『医』麻痺薬.
2 麻薬 (『話』=stup), 禁止薬物 (cocaïne コカイン, chanvre indien 印度大麻, morphine モルヒネ, opium 阿片など;=drogue). Brigade des ~s et du proxénétisme 麻薬・売春斡旋対策班. lutte contre le trafic et la consommation de ~s 麻薬密売・使用防止対策.

stupeur *n.f.* **1** 茫然自失, 吃驚仰天 (=stupéfaction). à la grande ~ 驚いたことに. avec ~ 仰天して. être frappé de ~ 啞然とする, 茫然自失する. rester muet de ~ 啞然として口もきけない.
2 麻痺状態;『精神医学』昏迷. ~ des tissus 組織の麻痺. ~ d'origine nevrotique 神経症性昏迷. ~ mélancolique 抑鬱性昏迷.

stupide *a.* **1** 馬鹿な;間の抜けた. air ~ 間の抜けた様子. être ~ de+*inf.* 愚かにも …する. ne pas être assez ~ pour+*inf.* …するほど馬鹿でない. à moins d'être tout à fait ~ 馬鹿でない限り.
2 馬鹿げた, 愚かな, 無分別な, 目茶苦茶な. accident ~ 馬鹿げた事故, 考えられないような事故. orgueil ~ 愚かしい傲慢さ. paris ~s 目茶苦茶な賭け.
3〔古〕啞然とした, 茫然自失した.

stupidité *n.f.* **1** 愚かさ, 愚鈍さ;馬鹿馬鹿しさ. homme d'une rare ~ 稀に見る愚

かな男.
2 愚言;愚行. débiter des ~s 馬鹿なことを喋る. Mais c'est une ~! 何て馬鹿なことを!
3〔古〕茫然自失 (=stupéfaction);麻痺状態 (=stupeur).

sturia *n.m.*『魚』ストゥリア種蝶鮫 (ちょうざめ) (=esturgeon ~;ジロンド河などに棲息していたヨーロッパ原産の蝶鮫;学名 Acipenser sturio;やや小粒のギャヴィアが採れる).

style *n.m.* **1** 文体;独自な文体 (=~ original). ~ clair (obscur) 明晰な (晦渋な) 文体. ~ de Proust プルースト独特の文体. ~ écrit (parlé) 文章 (会話) 体, 文語 (口語) 体. ~ narratif 物語体. ~ naturel (affecté) 自然な (気取った) 文体. étude du ~ 文体論 (=stylistique).
avoir du ~ 独自の文体を持っている. ne pas avoir de ~; manquer de ~ 独自の文体を持たない, 文体を欠く. travailler son ~ 文体を練る. Le ~ est l'homme même.「文は人なり」(Buffon の文章).
2『文法』話法 (=discours). ~ direct (indirect) 直接 (間接) 話法. ~ indirect libre 自由間接話法.
3 (建築・美術工芸・音楽などの) 様式, スタイル;画風;楽風. ~ roman (gothique) ロマネスク (ゴシック) 様式. ~ Louis XIII (Empire, Second Empire) ルイ13世時代 (第一帝政時代, 第二帝政時代) 様式. ~ renaissance (1900, contemporain) ルネサンス時代 (1900年, 現代) 様式. ~ art [s] déco (1920年代の) アール=デコ様式. ~ de Cézanne セザンヌの画風. ~ de Rameau ラモーの楽風.
fauteuil de ~ Empire 第一帝政時代様式の肘掛椅子. robe dans le ~ de la Belle Epoque ベル・エポック・スタイルのドレス. de ~ 様式を備えた;時代物の;古風な様式を模した. meuble de ~ 時代物の (時代物めかした) 家具. reliure de ~ 古風な装丁. avoir du ~ 風格がある.
4 流儀;生活様式 (=~ de vie). de grand ~ 大がかりな. campagne de grand ~ 大々的なキャンペーン. C'est tout à fait son ~. これこそまさに彼の流儀だ.
5『スポーツ』スタイル, フォーム. ~ d'un coureur 走者のフォーム. nageur qui a du ~ フォームの良い水泳選手. nages de ~ 泳法規定のある泳ぎ (nage libre「フリースタイル, 自由型泳法」の対).
6 (自記記録計などの) 指針;触針.
7『植』花柱. ovaire à deux ~s 2花柱の子房.

stylisme *n.m.* **1**『文学』文体偏重主義者.
2 意匠デザイナー (styliste) の活動 (技術・職業).

styliste *n.* **1** 文体重視作家;文章家, 名文家;名演説家.

2(工業製品・モード・室内装飾などの) 意匠デザイナー. ~ indépendant (intégré) 独立 (企業内) デザイナー.
3(服装・ヘアスタイルなどの) スタイリスト.

stylistique *a*. 文体の；文体に関する. analyse ~ 文体分析.
——*n.f.* 文体論.

stylo (<*stylo*graphe) *n.m.* 万年筆 (= ~ à encre, ~ à plume). ~ à bille スチロ・ア・ビーユ，ボールペン (= ~-bille). ~-feutre サインペン.

stylo-feutre (*pl.* **~s-~s**) *n.m.* フェルトペン，サインペン (=crayon-feutre).

styloïde *a*. 〖解剖〗茎状の. apophyse ~ 茎状突起.
——*n.f.* 茎状突起. ~ radiale 茎状突起痛.

styptique *a*. 〖医〗収斂性の (=astringent).
——*n.m.* 〖薬〗収斂剤；止血剤.

styrax [-aks] *n.m.* **1**〖植〗えごの木, はくうんぼく(芳香樹脂を含む熱帯の合弁花双子葉低木).
2 蘇合香 (楓属 liquidambar の樹液から抽出される樹脂；菓子用シロップ，ポマード，香水などに利用) (=strax).

styrène [stiren] *n.m.* 〖化〗スチレン (=styrol, styrolène). caoutchouc de ~-butadiène スチレン=ブタジエンゴム (合成ゴムの一種).

Styrie *n.pr.f.* 〖地理, 行政〗la S~ シュタイアーマルク (=[独] Steiermark) 州 (地方) (オーストリア東南部の州・山岳地方；州都グラーツ Graz).

styrol *n.m.* 〖化〗スチロール，スチレン (styrène).

styrolène *n.m.* 〖化〗スチローレン, スチレン (styrène).

suaire *n.m.* (埋葬用の) 死者の衣；経帷子；(亡霊のまとった) 白衣. saint ~ de Turin トリノの聖骸布 (キリストの遺体を包んだとされる白衣).

Suao [台湾] *n.pr.* 蘇澳 (そおう), スアオ (中東部太平洋岸の港湾都市).

subaérien(**ne**) *a*. 大気層下の, 大気中の；地表の. dépôts ~s 大気沈積物.

subaigu(**ë**) *a*. 〖医〗亜急性の. maladie ~ë 亜急性疾患.

subalpin(**e**) *a*. 〖地理〗アルプス山麓の.

subalterne *a*. 下級の, 下役の；二次的な. 従属的な. fonction ~ 副次的機能. officier ~ 下級士官 (尉官). rôle ~ 端役.
——*n*. 下役；下っ端.

subaquatique *a*. 水中の；水中で行なう；水中で起こる. recherches archéologiques ~s 水中考古学調査.

subconscience *n.f.* 下意識 (=subconscient).

subconscient(**e**) *a*. 〖心〗下意識の；〖一般〗意識下の.
——*n.m.* 〖心〗下意識 (=subconscience).

subcontinent *n.m.* 亜大陸 (=sous-continent). ~ indien インド亜大陸.

subculture *n.f.* サブカルチャー.

subdélégation (<subdéléguer) *n.f.* **1** 〖行政〗再委任 (委任事務の受任者が他者にそれを委任すること).
2 〖史〗地方長官補佐職.

subdésertique *a*. (気候や生物学的条件などの) 砂漠に近い, 亜砂漠的な. climat ~ 亜砂漠性気候.

subdivision *n.f.* **1** 再区分化；細分化. ~ de la matière en corps isolés 物質の単体の再区分化.
2 下位区分. ~ administrative 行政上の下位区分 (sous-arrondissement など). 〖生〗~s de l'espèce 種の下位区分 (race「品種」, variété「変種」).
3 〖軍〗~ militaire 連隊管区 (division militaire「師団管区」の下位区分).
4 (整理ケースなどの) 仕切り. ~ d'une armoire de rangement 整理たんすの仕切り.

subdivisionnaire *a*. **1** 再区分された. **2** 〖行政〗下位区分の, 下位区分の.

subdural (**ale**) (*pl.* **aux**) *a*. 〖解剖〗硬膜下の. 〖医〗abcès ~ 硬膜下膿瘍. 〖医〗hématome ~ 硬膜下血腫.

subéquatorial (**ale**) (*pl.* **aux**) *a*. 〖地理〗赤道に近い. climat ~ 亜赤道性気候.

suber *n.m.* 〖植〗コルク (=liège).

subéreux(**se**) *a*. コルク質の.

subérine *n.f.* 〖植〗スベリン, コルク質.

subintrant(**e**) *a*. 〖医〗継起的な. crises convulsives ~es 継起的痙攣性発作.

subit(**e**) *a*. 突然の, 突発的な, 急な. amour ~ 一目惚れ (=coup de foudre). changement ~ 急変. impression ~e ぞくっとする感じ (=saisissement). mal ~ 急病. mort ~e 急死, 突然死. volonté ~e 気紛れ, 気儘.

subjectif (**ve**) (objectif の対) *a*. **1** 主体的な. expérience ~ve 主体的体験. phénomène ~ 主体的現象.
2 主観的な；個人的な. attitude ~ve 主観的態度. 〖哲〗idéalisme ~ 主観的観念論. méthode ~ve 主観的方法. opinion ~ve 個人的見解.
3 〖論理〗主辞の；〖言語〗主語の；主語をあらわす.
4 〖医〗自覚のある. symptôme ~ 自覚症状.

subjectivité *n.f.* 〖哲〗主観性；主体性 (objectivité「客観性」の対).

subjugation (<subjuguer) *n.f.* **1** 支配, 制圧；戦争の終結. ~ d'une nation 一国の制圧.
2 〖文〗魅了；〖隠秘主義〗(悪霊, 呪いによる) 魅惑.

subjuguant(**e**) *a*. 制圧的な, 支配する. attitude ~e 制圧的態度.

sublimation *n.f.* **1**〖物理・化〗昇華．~ thermique (プリンターなどの) 熱昇華．**2**〖文〗崇高化，純化，理想化；〖心〗昇華．

sublime *a.* **1** 崇高な．beauté ~ 崇高な美．esprit ~ 崇高な精神．
2 気高い，高潔な．action ~ 高潔な行為．sentiments ~s 気高い感情．
3 卓越した．homme ~ de dévouement 極めて献身的な人．œuvre ~ 卓越した作品．
4〖解剖〗表層の (=superficiel)．muscles ~s 表層筋．
——*n.m.* **1** 崇高さ；気高さ．**2** 卓越した事物．

sublimé(e) *a.p.* 〖化〗昇華で得られた．
——*n.m.* 〖化〗昇華物．~ [corrosif] 昇汞 (しょうこう)．

subliminal(ale)(*pl.***aux**) *a.* 〖心〗サブリミナルの，閾下 (いきか) 知覚に作用する，閾化の．publicité ~ale サブリミナル広告，閾下広告 (閾化知覚に働きかける宣伝活動)．

sublingual(ale)(*pl.***aux**) *a.* **1** 〖解剖〗舌下の．glandes ~ales 舌下腺．
2〖医〗舌の下で服用する．administration ~ale (薬の) 舌下投与．〖薬〗médicament d'absorption ~ale 舌下吸収剤，舌下薬．

submersible *a.* **1** (機械などが) 沈水に耐える；(船が) 潜航可能の．machine ~ 水中作動可能機械．navire ~ 可潜船；潜水艇 (艦)．
2〖地学〗水没する．terrains ~s 水没地．
3〖植〗沈水性の．plante ~ 沈水植物．
——*n.m.* 可潜船；潜水艇 (艦) (=navire ~；sous-marin)．

submersion (<submerger) *n.f.* **1** 水没；冠水．~ d'un navire 船の沈没．~ d'une terre 土地の冠水 (水没)．
2 潜水．
3〖医〗溺死 (=mort par ~；noyade)．

subnarcose *n.f.* 〖医〗浅麻酔状態，軽麻酔 (催眠薬バルビタールによる半覚半睡状態；精神療法としての麻酔分析などに利用される)．

subnotebook, subnote *n.m.* 〖情報処理〗サブノートパソコン，超小型ポータブルパソコン．

subordination *n.f.* **1** (à への) 服従，服属；従属 (組織内の) 上下関係．~ des fonctionnaires les uns aux autres 公務員の服従 (上下) 関係．〖労働〗~ juridique (被用者の使用者に対する) 法的従属関係．
2 (物について) 因果関係．~ de l'effet à la cause 原因と結果の因果関係．
3〖文法〗(主節に対する従節の) 従属，従位 (coordination「等位」，juxtaposition「併位」の対)．conjonction de ~ 従位接続詞．

subordonné(e) *a.p.* **1** 配下の，部下の；従属状態の．
2〖文法〗(主節に) 従属した．proposition ~e 従 [属] 節．

——*n.* 配下，部下．obéissance des ~s 部下の服従．couvrir des ~s 部下をかばう．

subornation (<suborner) *n.f.* **1** 〖法律〗買収．~ d'un témoin 証人の買収．
2 誘惑．~ d'une jeune fille 若い娘の誘惑．

subpolaire *a.* 〖地学〗極地に近い，亜極地の．climat ~ 亜極地気候．toundra ~ 亜極地ツンドラ地帯．

subprime [米] *a.* 〖金融〗サブプライム式の；プライムレートより低い．~ loan サブプライム・ローン (信用力が低い低所得者を対象とする個人向け担保証券；低金利ではじまり高金利に移行する特にアメリカの個人向け住宅ローンにいう) (=[仏] prêts 《~》: prêts hypothécaires à risques dit 《~》)．

subrogation (<subroger) *n.f.* 〖法律〗代位；〖一般〗肩代り．~ conventionnelle 合意による代位．~ de personnes (choses) 人 (物) の代位．paiement avec ~ 代位支払．

subrogé(e) *a.* 〖法律〗代位の．~ tuteur 代位後見人 (未成年者と後見人の利害が対立した場合，親族会議で未成者の権利を守るために後見人に代って任命される)．
——*n.* 代位者．

subsaharien(ne) *a.* サハラ砂漠南部の．art ~ サハラ砂漠南部地帯の芸術．

subséquent(e) *a.* **1** 〖法律〗直後の，後続の．Un testament ~ annule le précédent. 直後に書かれた遺言 [書] は前の遺言 [書] を無効にする．
2〖地学〗地質構造に適応して形成された，適従の．rivière ~e 適従川．vallée ~e 適従谷．

subside *n.m.* 〖多く *pl.*〗補助金，助成金；(外国への) 援助金．〖法律〗action à fins de ~ (私生児の) 扶養料請求訴訟．

subsidiaire *a.* **1** 補充的な，補完的な；追加の．〖法律〗action ~ 補完的 (代替的) 補充訴権．〖法律〗caution ~ 追加保証．〖法律〗conclusions ~s 補充的申立．demande ~ 補充的請求．〖法律〗moyen ~ 補充的申立．〖法律〗obligation ~ 補充的債務．
2 二次的な (=secondaire)；付属的な (=accessoire)；補助的な (=auxiliaire)．compagnie ~ 子会社．monnaie ~ 補助貨幣．les petits faits ~s 二次的事項．question ~ (試験の同位者に対する) 補足問題．raison ~ 副次的理由．

subsidiarité *n.f.* 〖行政法〗補完性，補充性．principe de ~ 補完原則，補完性，サブシディアリティー (中央権力は，下位または地方組織が効果を発揮できない機能だけを遂行するという原則)．

subsistance *n.f.* **1** 生活，生存；生計．assurer la ~ du ménage 家計を維持する．pourvoir à la ~ de sa famille 家計を支える．
2 〖*pl.* で〗生活の資；〖軍〗糧食．〖軍〗service des ~s 糧食部．

3 〖軍〗配属(本務から他の任務への). militaire en ～ 配属軍人.
4 〖経済〗économie de ～ 自給経済.

subsistant[1](**e**) *a.* 存続する. partie ～*e* 残存部分.
——*n.* 〖社会保障〗他の社会保障金庫から一時的に給付を受ける被保険者.

subsistant[2] *n.m.* 〖軍〗配属兵(＝soldat en subsistance).

subsonique *a.* 〖航空〗亜音速の. avion ～ 亜音速機. vitesse ～ 亜音速.

substance *n.f.* **1** 〖哲〗本質;〖言語〗実質(forme「形相」の対);内容. ～ d'un entretien 会談の本質〔的内容〕. livre plein de ～ 内容豊かな本. en ～ 要するに, 要約すれば.
2 〖哲〗実体. ～ et apparence 実体と仮か け. ～ infinie 無限の実体《神》. ～ matérielle (immatérielle) 物質的(非物質的)実体. erreur sur la ～ 実体についての錯誤.
3 物質的実体, 物質;体. ～ carcinostatique 制癌物質. ～ chimique 化学物質. ～ liquide (solide) 液体(固体). ～ magnétique 磁性体. ～ organique 有機物質.〖医〗～ P P物質, サブスタンスP(痛覚伝達に関与している神経伝達化学物質;11個のアミノ酸からなるポリペプチド). ～ polluante 汚染物質. ～ radioactive 放射性物質.
4 〖解剖〗質《人体の組織》. ～ blanche [des centres nerveux]〖神経中枢の〗白質. ～ fondamentale 基質. ～ grise (脳の)灰白質;〖比喩的〗頭脳(＝matière grise).
5 構成要素.
6 滋養分.

substantiel(***le***) *a.* **1** 実体の. droit ～ 実体権;実体法(＝droit matériel). forme ～ *le* 実体的形相.
2 本質的, 本質的な. égalité ～ *le* des races 人種の本質的平等.
3 根幹を成す, 主要な. textes ～*s* 主要なテクスト.
4 栄養分の豊かな. aliment ～ 滋養食品. repas ～*s* 栄養分豊かな食事.
5 大きな. augmentation ～*le* du salaire 賃金の大幅値上げ. prêt ～ 巨額の貸付け.

substituable *a.* 代用可能の.〖薬〗médicaments ～*s* 代用可能医薬品(médicaments génériques「後発(ジェネリック)医薬品」など).

substituant(***e***) *a.* 代替の;代替する. atome ～ 代替原子. fonction ～*e* 代替作用.
——*n.* 代替物.

substitué(***e***) *a.p.* 〖法律〗代置された;代行された, 継処分された;代替された. biens mobiliers ～*s* 継処分された動産. héritier ～ 継承指定相続人. peine ～*e* 代替刑.

substitut *n.m.* **1** 代替物, 代用品;〖薬〗代用薬(＝succédané).
2 〖言語〗代用語(代名詞 pronom など);〖記号学〗代替的信号.
3 〖精神分析〗代理.
4 〖稀〗代理人, 身代り.
5 〖法律〗検事. ～ du procureur de la République 大審裁判所検事(検事正を補佐する検事). ～ du procureur général à Paris パリ控訴院検事(＝～ général)(控訴院主席検事を補佐する検事).

substitutif(***ve***) *a.* **1** 代用の, 置換の. produits ～*s* 代用品(＝produit de substitution).
2 〖医・薬〗代用の. médicament ～ 代用薬(＝succédané). plasma ～ 代用血漿. traitement ～ 代用治療.
3 〖法律〗代替の. peine ～*ve* 代替刑罰(投獄に代る刑罰).

substitution *n.f.* **1** 取替え;入れ替わり. ～ de documents 資料の取替え. ～ d'enfant 子の取替え(故意による犯罪行為).
2 〖法律〗代置. droit de ～ 代置権. pouvoir de ～[1] 代置権限.
3 〖法律〗代行, 委任. pouvoir de ～[2] 代行権限, 代執行権.
4 〖法律〗代替, 差替え. ～ de motifs 判決理由の差替え. peine de ～ 代替刑.
5 〖法律〗(恵与の)継承処分, 補充指定. ～ vulgaire 受遺者継承指定(補充指定).
6 〖化・数・論理〗置換, 代入.〖化〗dérivé de ～ 置換誘導体.〖化〗réaction de ～ 置換反応.
7 〖経済〗代替;代用. effet de ～ 代替効果. produits de ～ 代替製品.
8 〖医〗代替医薬品による治療(麻薬患者, ホルモン分泌欠乏症などに対する治療). médicament de ～ à l'héroïne ヘロイン代替薬物. méthadone, produit de ～ destiné aux héroïnomanes ヘロイン中毒者向けの代替薬物であるメタドン. traitement de ～ (麻薬常用者に対する)代替薬物治療.
9 〖精神医学〗代理形成.
10 mère de ～ 代理母(＝mère porteuse).

substrat *n.m.* **1** 〖哲〗基体.
2 〖言語〗基層(superstrat「上層」の対). ～ gaulois en français フランス語におけるガリア語基層.
3 〖生化〗基質.
4 〖電子工〗(集積回路などの)基板.
5 〖土木〗基層;〖地質〗基層(＝substratum).
6 〖経済〗基盤. ～ industriel de l'économie 経済の産業基盤.
7 〖農〗栽培基盤(＝support de culture). La culture hors-sol utilise divers ～*s*. 土地を利用しない栽培はさまざまな栽培基盤を利用する.

substruction, substructure *n.f.* 〖建築〗下部(基礎)構造, 基礎, 土台, 地下工作物, 地下工事.

subterfuge *n.m.* **1** 逃げ口上, 言い逃

subtil(e)

れ. user de ~s dans la discussion 議論で言いがれをする.
2 奸計, 策略；ごまかし. ~ habile 巧みなごまかし.

subtil(e) *a.* **1** 〔時に名詞の前〕(人が) 巧妙な；繊細な；明敏な, 鋭敏な. ~ rhéteur 巧みな雄弁家. diplomate (négociateur) ~ 巧妙な外交官 (交渉係). intelligence ~e 明敏な知性. observateur ~ 目ざとい観察者.
2 鋭い, 敏感な. goût ~ 鋭い味覚. avoir l'ouïe ~e 聴覚が鋭い.
3 (物が) 巧みな；繊細な；精緻を極めた. argumentation ~e 巧妙な論法. conversation ~e 巧妙な会話. moyen ~ 巧妙な手段. raisonnements ~s 精緻を極めた推論.
4 (香りが) きつい, よく利く. parfum ~ よく利く芳香. poison ~ 回りの早い毒.
5〔比喩的〕感知し難い, 微妙な. ~ vertige 軽いめまい. distinction ~e 微妙な区別. nuance très ~e 極く僅かなニュアンスの差.

subtilité *n.f.* **1** 鋭敏さ, 鋭さ；巧妙さ；微妙さ；繊細さ. ~ d'esprit 精神的鋭敏さ. ~ d'un analyse 分析の鋭さ. ~ d'un diplomate 外交官の巧みさ. ~ d'un penseur 思想家の鋭さ. ~ d'un problème 問題の微妙さ. ~ à+*inf.* …する巧みさ.
2〔しばしば蔑〕過度の精緻さ, 煩瑣；過度の巧妙さ；〔多く *pl.*〕精緻すぎる考え；巧妙な言動. ~s de langage 言葉遣いの煩瑣さ. disputer sur des ~s どちらでもいいことで議論する.
3〔古〕微細さ；(香りなどの) きつさ. ~ d'une matière 物質の微細さ. ~ d'une odeur 香りのきつさ.

subtropical(ale)(*pl.***aux**) *a.* 〚地理〛亜熱帯の. climat ~ 亜熱帯気候. zone ~ale 亜熱帯.

suburbain(e) *a.* 都市に隣接した, 都市近郊の, 郊外の. population ~e 都市近郊住民.

suburral(ale)(*pl.***aux**) *a.* 〚医〛黄白色の苔被 (たいひ) で蔽われた. langue ~ale 舌苔 (ぜつたい) で覆った舌.

Subutex ［商標］ *n.m.* シュビュテックス (=buprénorphine ビュプレノルフィヌ；ヘロインの代用鎮痛薬).

subvention *n.f.* 補助金, 助成金 (国庫または公的機関による補助金). ~ de l'Etat aux collectivités locales 地方公共体に対する国庫補助金 (助成金). ~s accordées aux théâtres 劇場に対する補助金.

subventionné(e) *a.* 補助金 (助成金) を支給されている. théâtre ~ 国庫補助金を受けている劇場.

subventionnel(le) *a.* 補助金 (助成金) の, 補助金 (助成金) による. aide ~le 補助, 助成; (特に) 国庫補助金.

suc [syk] *n.m.* **1** 汁, 液, 液汁. ~ de la viande 肉汁. ~ des fruits 果汁.
2〚生理〛体液, 液；〚生〛分泌液, 液汁. ~ cellulaire 細胞液. ~ gastrique 胃液. ~ pancréatique 膵液. 〚植〛~ laiteux 乳液 (=latex). 〚植〛~ résineux 樹脂液 (=résine). ~ végétal 植物汁液.
3〔比喩的〕(作品・学問などの) 精髄；活力. le ~ de la science 学問の精髄.
4〔古〕(古医学の) 体液 (=humeurs), 樹液 (=sève).

succédané [syksedane] *n.m.* **1** 代用品. ~ de café 代用コーヒー.
2〚薬〛代用薬, 代用剤 (=substitut). ~ du plasma 代用血漿.
3〔比喩的〕〔蔑〕亜流；代役. les ~s de Michel-Ange ミケランジェロの亜流たち.

succès *n.m.* **1** 成功 (=réussite)；上首尾 (=bon)；勝利 (=gain, victoire). ~ assuré (garanti) 確実な (確約された) 成功. ~ complet 完璧な成功. ~ d'une bataille 戦勝. ~ d'une expérience scientifique 科学実験の成功. ~ en affaires 事業の上首尾. ~ militaire 軍事的成功. ~ mondial (dans le monde) 世界的成功. ~ scolaire 学業の上首尾.
certitude du ~ 成功の確実性. croyance au ~ 成功の確信. avec (sans) ~ 上 (不) 首尾に. passer ses examens avec ~ 試験に合格する. être sur la voie (sur le chemin) du ~ 成功の途上にある. obtenir (remporter) des ~ 成功をかち取る.
2 好評；大当たり, 大流行. ~ d'un auteur (d'une pièce, d'un roman) 作家 (芝居, 小説) の好評 (大当たり). ~ fou 馬鹿当たり. avoir du ~ 好評を博する. avoir beaucoup de ~ 大当たりする. Elle a eu beaucoup de ~ avec cette robe. 彼女のこのドレスは大好評だった. connaître le plus grand ~ 大成功を博する.
à ~¹ 大好評の；大人気の. écrivain à ~ 人気作家. rôle à ~ 当たり役.
3〔話〕ヒット作 (歌, 映画, 芝居, 文学作品など). un ~ de littéraire 文芸のベストセラー. le dernier ~ 最近ヒット作.
4 (異性に) もてること. ~ amoureux 色恋の大もて. ~ féminins 女性にもてること. ~ mondains 社交界での大もてぶり.
à ~² 異性にもてる. homme à ~ もてもて男.
5〔古〕成り行き, 首尾. bon (mauvais) ~ 上 (不) 首尾.

successeur *n.m.* 〔女性にもこの形を用いる〕**1** 後継者, 後任者 (prédécesseur「先任者」の対)；継承者. ~ d'un chef d'Etat 国家元首の後継者. ~ d'un ministre 大臣の後任. ~ d'un roi 王位継承者.
2〚法律〛相続人, 承継人. ~ anormale 不規則相続人. ~ régulier (irrégulier) 正則 (変則) 相続人.
3〚数〛(自然数 n の) 後者 (n+1).

successibilité *n.f.* 〚法律〛相続権のあること；相続権；継承権. droit de ~ 相続

(継承)権. ordre de ~ à la couronne (au trône) 王位継承順位.

successible *a.* 〖法律〗相続権のある；継承権のある. donataire ~ 相続権のある受贈者. parent au degré ~ 相続権のある親等者. prince ~ 王位継承権のある王子 (= prince héréditaire).
——*n.* 相続(継承)権保有者.

successif(*ve*) *a.* **1** 相次ぐ, 継起的. échecs ~s 相次ぐ失敗. états ~s 継起的状態. générations ~ves 継ぐ世代.
2 継続する, 継続的. 〖法律〗contrat ~ 継続的供給契約. 〖法律〗délit ~ 継続犯《一定の時間続く犯罪》. progression ~ve 絶えざる進行.
3 〖法律〗〖古〗相続の (= héréditaire). droit ~ 相続権.

succession *n.f.* **1** 継続；連続；継起. ~ continuelle 連続. ~ des générations 世代の連続. une ~ de …の一連の…, …のつながり. ~ de formalités 一連の手続. ~ d'incidents 相次ぐ事故. ~ de visiteurs 次々に訪れる客.
2 〖法律〗相続. ab intestat 無遺言相続. ~ anomale 不規則相続. ~ testamentaire 遺言相続, 意志相続 (= ~ volontaire). droit de ~ 相続権. droits de ~ 相続税. ordre de ~ 相続順位. part de ~ 相続分.
3 〖法律〗相続財産 (= héritage, hérédité). ~ bénéficiaire 限定承認による相続財産. ~ en déshérence 相続人不存在の相続財産. non réclamée 相続権主張者不存在の相続財産. ~ vacante 相続権主張者不存在の相続財産. inventaire d'une ~ 相続財産目録. partager une ~ 相続財産を分配する.
4 継承；後継. ~ au trône (au pouvoir) 王位(権力)の継承. ~ d'Etat 国家主権の継承. ~ d'organisations internationales 国際機関での立場の継承. 〖史〗la Guerre de la S~ d'Espagne スペイン継承戦争 (1701-14年). prendre la ~ de *qn* 人の後を継ぐ.

successoral(*ale*) (*pl.* **aux**) [syksɛ-] *a.* 〖法律〗相続の, 相続に関する. droits ~*aux* 相続税. loi ~*ale* 相続法. dévolution ~*ale* 相続権の移転. patrimoine ~ 相続財産. vocation ~*ale* 相続適格.

succin [syksɛ̃] *n.m.* 〖化〗琥珀 (こはく).

succinate *n.m.* 〖化〗〖薬〗琥珀酸塩. 〖薬〗~ de sumatriptan 琥珀酸スマトリプタン《偏頭痛治療薬》.

succinique *a.* 〖化・鉱〗琥珀の；琥珀酸の. 〖化〗acide ~ 琥珀酸. 〖生化〗déhydrogénase ~ 琥珀酸脱水素酵素.

succinylsulfathiazole *n.m.* 〖薬〗スクシニルスルファチアゾール《腸の細菌性疾患治療薬》.

succion [syksjɔ̃] (<succer) *n.f.* **1** (口で)吸うこと. ~ du mamelon 乳首を吸うこと. **2** 〖機工〗吸引. appareil de ~ 吸引装置.

succulent(*e*) (<suc) **1** 美味な, おいしい. mets ~s 美味な料理. C'est absolument ~! 凄くおいしい！
2 〖比喩的〗(文章・会話などが)快い, 楽しい.
3 〖植〗多肉の, 多肉性の. plantes ~es 多肉植物.
4 〖古〗汁気の多い, 滋養に富む.

succursale *n.f.* **1** 支店, 支所. ~ de la Banque de France フランス銀行の支店. magasin à ~s multiples チェーンストア, チェーン店.
2 〖カトリック〗巡回教会堂 (= église ~).

succursalisme *n.m.* 〖商業〗支店網方式；チェーンストア方式.

succursaliste *n.m.* 〖商業〗チェーンストア方式の. société ~ チェーンストア《会社》. système ~ チェーンストア方式.
——*n.* チェーンストア経営者, チェーンストア店主.
——*n.m.* チェーンストア.

succussion (<secouer) *n.f.* **1** 〖医〗振盪 (しんとう), 振盪音；震盪聴診法.
2 〖薬〗振盪合剤, 懸濁液剤 (= suspension).

sucette *n.f.* **1** 棒付飴. **2** おしゃぶり. **3** 〖カナダ〗キスマーク.

sucrage (<sucrer) *n.m.* 加糖. ~ des vins 葡萄酒への加糖 (= chaptalisation).

sucralfate *n.m.* 〖薬〗スクラルフェート《粘膜抵抗強化薬, 胃潰瘍・十二指腸潰瘍治療薬》.

sucrant(*e*) *a.* 甘味を加える. échelle des pouvoirs ~s 甘味添加能力度. produit ~ 甘味料.

sucrase *n.f.* 〖生化〗スクラーゼ, サッカラーゼ《蔗糖の分解酵素》.

sucrate *n.m.* 〖生化〗サッカレート (= saccharate, 糖酸塩).

sucre[1] *n.m.* Ⅰ **1** 砂糖, 蔗糖 (= saccharose)；〖化〗糖, 糖質. ~ brut (raffiné) 粗糖 (精糖). ~ cristallisé ざらめ；氷砂糖. ~ de betterave 甜菜糖. ~ de canne 蔗糖. ~ d'érable 楓 (かえで) 糖. ~ en morceaux (en poudre) 角砂糖 (粉砂糖). 〖製菓〗~ glace 粉糖, パウダーシュガー. 〖ベルギー〗~ impalpable 粉糖, パウダーシュガー (= ~ glace). betterave à ~ 甜菜, ビート, 砂糖大根 (= betterave sucrière). canne à ~ 砂糖きび. figurine en ~ 砂糖でつくった小像. fraises au ~ 砂糖をかけた苺. sirop de ~ 砂糖シロップ. 〖話〗casser du ~ sur le dos de *qn* 人の陰口をきく. être en ~ (人形のように) もろい, ひ弱である. être tout ~ et tout miel いやに優しくする. 〖話〗pure ~ 純粋な, 正統的な. un libéral pur ~ 正統的自由主義者. sans ~ 無糖の.
2 〖話〗角砂糖 (= morceau de ~). mettre deux ~s dans son café コーヒーに角砂糖を2つ入れる.
3 飴. ~ à la crème クリーム入り砂糖菓子.

~ d'orge 大麦糖 (飴).
4〖化〗糖, 糖質;〖生・医〗(血液中などの)糖. ~ de fruit 果糖 (=fructose). ~ de lait 乳糖 (=lactose). ~ de malt 麦芽糖. ~ de raisin 葡萄糖.〖生・医〗~ sanguin 血糖.
II〖カナダ〗**1** 楓 (かえで) 糖 (= ~ d'érable ; 砂糖楓の樹液を蒸留精製してつくる). ~ mou 軟糖《クリーム状のかえで糖》. cabane à ~ かえで糖製造小屋. faire les ~s さとうかえでの植林栽培をする. temps (saison) des ~ かえで糖の生産期《春》.
2〖pl. で〗1) 楓糖の生産期; 2) 楓糖製造小屋. aller aux ~s 楓糖製造小屋に行く;〖比喩的〗楓糖小屋に行って楽しむ.

sucré[1], **sucre**[2] *n.m.* スクレ《エクアドルの通貨単位；1 ~ =100 centavos》.

sucré[2] (**e**) *a.* **1** 甘い. fruit mûr, bien ~ 甘味の強い完熟果物.
2 砂糖を加えた. boisson ~e 甘味飲料. café trop ~ 砂糖を入れすぎたコーヒー. non ~ 無糖の.
3〖蔑〗甘ったるい；べたべたした. prendre un ton ~ べたべたした態度をとる.
—*n.* べたべたした人. faire le ~ (la ~e) べたべたする.
—*n.m.* 甘味 (=goût ~);甘味食品;甘い物. le ~ et le sal 甘味と塩味.
—*ad.* boire ~ 甘いものを飲む.

sucrerie *n.f.* **1** 粗糖製造所, 製糖所, 製糖製造所, 精糖所；製糖業.
2〖多く *pl.*〗砂糖菓子；飴.
3 (カナダの) メープルシロップ (=sirop d'érable) 製造所 (業).
4 (アフリカの) 非アルコール性甘味飲料.

sucrette〖商標〗*n.f.* シュクレット《人工合成甘味料》.

sucrier(**ère**) *a.* 砂糖製造の, 砂糖製造用の. betterave ~ère 甜菜, ビート, 砂糖大根. industrie ~ère 砂糖 (精糖) 業.
—*n.m.* 砂糖入れ, 砂糖壺.
—*n.* 精糖業者；製糖工.

sucrin *a.m.*〖農〗melon ~ シュクラン・ムロン《糖度の極めて高いメロンの品種》.
—*n.m.* シュクラン〔ムロン〕.

sucrine *n.f.*〖野菜〗シュクリーヌ《レタスの品種》.

sucrose *n.f.*〖生化〗蔗糖 (=saccharose).

sud *n.m.sing.* **1** 南《nord「北」の対》(略記 S). au ~ de ~ の南に (で). exposé au ~ 南向きの. vent du ~ 南風.
2〖大文字で〗(地球, 大陸, 国などの) 南部. le S~ de la France フランス南部 (=midi). l'Amérique du S~ 南米. l'Italie du S~ 南イタリア.
3〖大文字で〗〖集合的〗(開発途上の) 南部諸国. conférance Nord-S~ 南北会談 (会議). coopération Nord-S~ 南北諸国協力. dialogue Nord-S~ 南北対話 (会談).
—*a.inv.* 南の. banlieue ~ de Paris パリ南郊. côte ~ 南岸. façade ~ 南面. hémisphère S~ 南半球. le Pacifique S~ 南太平洋. le pôle S~ 南極.〖海〗vent ~ 南風.

sud-africain(**e**) *a.* **1** 南アフリカ大陸の.
2 南アフリカ共和国 (=République d'Afrique du Sud) の；南アフリカ人の. Force de défense ~e 南アフリカ防備軍. la République ~e 南アフリカ共和国.
—**S~-A~** *n.* 南アフリカ大陸の住民；南アフリカ共和国の国民.

sud-américain(**e**) *a.* 南米 (l'Amérique du Sud) の.
—**S~-A~** *n.* 南米の住民.

sudation *n.f.* **1**〖生理・医〗発汗.〖医〗~ insuffisante 発汗不全；発汗障害.〖医〗~ mentale 精神性発汗. ~ provoquée 強制発汗《サウナ sauna などによる》. ~ thermale 温熱性発汗 (温度刺激による).
2〖植〗溢泌 (いつひつ), 出液；溢泌液.

sudatoire *a.*〖生理・医〗発汗を伴う；発汗を催す.
—*n.m.* 発汗室《サウナ sauna など》.

sud-coréen(**ne**) *a.* 韓国 (la Corée du Sud) の, 大韓民国 (la République de Corée) の；南朝鮮の；~の.
—**S~-C~** *n.* 韓国人 (=Coréen du Sud).

sud-est [sydɛst] (《海員》は suet [sɥɛ(t)] と発音) *n.m.inv.* **1** 南東. vent du ~ 南東の風.
2 S~-E~ 南東部, 南東地方. ~ de la France フランス南東部, 南東フランス. S~-E~ asiatique 東南アジア (= Asie du S~-E~). S~-E~ du Royaume-Uni 連合王国のサウス・イースト (South East) 地方《中心都市 London》.
—*a.inv.* 南東の. région ~ 南東地方.

Sud-Est asiatique *n.m.* 東南アジア (=l'Asie du Sud-Est).

sudète *a.* ズデーテン地方 (les Sudètes) の；~の住民の.〖史〗problème ~ ズデーテン問題 (1938-39 年).
—**S~** *n.* ズデーテン地方の住民.

Sudètes *n.pr.pl.* ズデーテン地方, ズデーテンラント (〖独〗Sudetenland;〖チェコ〗Sudety Německu; =la région des ~s)《形容詞は sudète》. monts des ~ ズデーテン山脈《ポーランドとチェコの国境地帯の山地》. Allemands des ~ ズデーテン地方のドイツ系住民. annexion des ~ par l'Allemagne ズデーテン地方のドイツ編入.

sudiste *n.* **1** 南部派；南部人.
2《米史》(アメリカ南北戦争での) 南軍派 (nordist「北軍派」の対).
—*a.* **1** 南部派の；南部人的. goût ~ 南部人の味覚.
2《米史》南軍の. armée ~ 南軍.

sudor/**al** (**ale**) (*pl.***aux**) *a.* 汗 (発汗) に関する. sécrétion ~ale 発汗, 汗の分泌.

sudorifère *a.*〖解剖〗汗を分泌する (=sudoripare). conduit ~ 汗管.

sudorifique *a.* 〖薬〗発汗作用のある, 発汗促進性の.
— *n.m.* 〖薬〗発汗薬；発汗療法.

sudoripare *a.* 〖解剖〗汗を分泌する. glande ~ 汗腺 (=glande sudorale). glande ~ apocrine アポクリン汗腺. glande eccrine エクリン汗腺. pore ~ 汗孔.

sud-ouest [sydwɛst] (海員 は suroît [syrwa] と 発音) *n.m.sing.* **1** 南西. vent du ~ 南西の風.
2 S~-O~ 南西部, 南西地方；南西フランス；南西新聞(Bordeaux の日刊紙). S~-O~ africain 南西アフリカ, ナミビア(Namibie). S~-O~ de la France フランス南西部, 南西フランス. S~-O~ du Royaume-Uni 連合王国のサウス・ウエスト (South West) 地方 (中心都市 Bristol).
— *a.inv.* 南西の. région ~ 南西地方.

Sud-Sud *n.m.inv.* 南南.
— *a.inv.* 南南間の(開発途上国間の). dialogue ~ 南南対話.

Suède(la) *n.pr.f.* 〖国名通称〗スウェーデン(公式名称：le Royaume de S~ スウェーデン王国；国民：Suédois(e)；首都：Stockholm ストックホルム；通貨：couronne suédoise [SEK]).

suède *n.m.* 〖皮革〗スエード. gants de ~ スエードの手袋.

suédé(e) *a.* **1** (革が) スエードの.
2 (布地・紙が) スエード風の, スエードに似せた；スエード仕上げの. étoffe ~*e* スエード仕上げの生地.
— *n.m.* **1** スエード (suède). **2** スエード仕上げの生地(紙).

suédine *n.f.* 〖織〗シュエディーヌ (スエード風生地 tissu suédé).

suédois(e) *a.* スウェーデン (la Suède) の, スウェーデン王国 (le Royaume de Suède) の；~ 人の；スウェーデン語の. allumettes ~*es* スウェーデン・マッチ (安全マッチ). couronne ~*e* スウェーデン・クローナ (通貨単位). gymnastique ~*se* スウェーデン体操.
— S~ *n.* スウェーデン人.
— *n.m.* 〖言語〗スウェーデン語.

suée *n.f.* 〖話〗大汗；冷汗. prendre (piquer) une ~ 大汗(冷汗)をかく.

suette *n.f.* 〖医〗粟粒熱.

sueur *n.f.* **1** 汗；発汗. être en ~ 汗をかいている. être trempé (ruisselant) de ~ 汗まみれである. avoir des ~*s* nocturnes 寝汗をかく. 〖医〗~ de sang 血汗(症). ~ froide 冷汗. gagner son pain à la ~ de son front 額に汗して日々の糧を得る(『創世記』3.19).
2 〖比喩的〗汗の結晶. s'enrichir de la ~ des autres 他人の汗の結晶を利して富む.

suffisance *n.f.* **1** 充分な量. en ~；à [sa] ~ 充分に.
2 〖比喩的〗うぬぼれ. ~ insupportable 鼻もちならないうぬぼれ.

suffisant(e) *a.* **1** 充分な；満足すべき. 〖論理〗condition nécessaire et ~*e* 必要十分条件. 〖神話〗grâce ~*e* 充足的聖寵. 〖哲〗principe de raison ~*e* 充足理由律. quantité ~*e* 充分な量. résultats ~*s* 満足すべき結果. somme ~*e* pour l'achat d'une voiture neuve 新車の購入に充分な金額. ~ pour + *inf.* (pour que + *subj.*) …するに充分な. C'est amplement (largement, plus que) ~. 十二分である.
2 自惚れた. jeune homme bien ~ 思い上がった青年.
— *n.* 自惚れた人(女性形は稀).

suffixe *n.m.* 〖言語〗接尾辞 (préfixe「接頭辞」の対). ~ dérivationnel 派生接尾辞.

suffocant(e) *a.* **1** 窒息させる, 窒息性の；息をつまらせる, 息苦しい. atmosphère ~*e* 息苦しい雰囲気. chaleur ~*e* 息詰まるような暑さ. gaz ~*s* 窒息性ガス.
2 〖比喩的〗息を呑むような. audace ~*e* 驚嘆すべき大胆さ.

suffocation (< suffoquer) *n.f.* 呼吸困難；窒息. ~*s* de l'asthme 喘息による呼吸困難. crise (attaque) de ~ 呼吸困難の発作. avoir des ~*s* 息切れする.

suffrage *n.m.* **1** 投票；投票数, 票 (= voix). ~*s* exprimés 有効投票(数). désignation par voie de ~ 投票による指名(選任). droit de ~ 投票権. obtenir 50% des ~*s* 票の50パーセントを獲得する.
2 選挙制度, 選挙方式；選挙. ~ indirect (direct) 間接(直接)選挙(制). ~ restreint 制限選挙制. ~ universel 普通選挙制. élu au ~ universel 普通選挙の当選者. majorité (minorité) des ~*s* 多数(少数)票.
3 選挙母体.
4 〖文〗賛意；歓迎. accorder son ~ à … に賛意を示す. avoir le ~ de *qn* 人の賛同を得る. obtenir des ~*s* 賛意を得る.

suffragette [英] *n.f.* 〖史〗(英国の) 婦人参政権を要求する女性運動家.

Suge (= *Su*rveillance *gé*nérale de la SNCF) *n.f.* フランス国鉄総合監視局 (1938年創設のフランス国鉄の公安担当部局；通称 Police ferroviaire「鉄道警察」). agents de la ~ フランス国鉄総合監視局職員. patrouille de la ~ 鉄道警察のパトロール.

suggestion *n.f.* **1** 暗示；催眠暗示 (= ~ hypnotique). ~ mentale テレパシー. réceptivité à la ~ 暗示にかかり易い性質.
2 示唆, 勧め. 〖法律〗教唆. 〖料理〗~ du jour 本日のお勧め(料理). sur la ~ de *qn* 人の勧めに従って. suivre une ~ 示唆に従う.

suicidaire *a.* **1** 自殺の；自殺に関する；自殺につながる；自殺志向の. conduite ~ 自殺に至る行動. contagion ~ 自殺の流行. tendances ~*s* 自殺志向.
2 (人が) 自殺傾向の, 自殺に走る. dépres-

sif ~ 自殺に走る鬱病患者.
3〚比喩的〛自殺的な. action ~ 自殺行為. projet ~ 自殺の計画.
——*n*. 自殺志向の人, 自殺しやすい人 (= suicidant).

suicidant(e) *a*. 自殺に走る (= suicidaire).
——*n*. 自殺志向の人, 自殺に走る人, 自殺にかねない人 (= suicideur). aide psychologique au ~ potentiel 潜在的自殺志向者に対する心理学的扶助. motivations du ~ 自殺に走る人の動機.

suicide *n.m.* **1** 自殺, 自死. ~ collectif 集団自殺. ~ manqué 自殺未遂. tentative de ~ 自殺の試み. pousser *qn* au ~ (人を)自殺に追いやる.
2〚比喩的〛自殺的行為, 自滅. ~ moral 精神的自殺. ~ politique 政治的自殺行為.〚同格〛attentat ~ 自爆テロ.〚同格〛avion-~特攻機 (= kamikaze).〚同格〛mission ~ 決死的任務.〚同格〛opération ~ 特攻作戦, 決死的作戦. C'est un ~ de conduire à cette vitesse. こんなスピードで運転するのは自殺的行為だ. C'est du ~. それは自殺行為だ.

suicidogène *a*. 自殺を惹起する, 自殺を招く.

suidé *n.m.* **1**〚動〛猪科.
2〚動〛les ~*s* 猪科動物 (sanglier 猪, phacochère イボ猪, porc 豚, pécari ペッカリーなど).

suie *n.f.* 煤 (すす), 煤煙 (ばいえん), 油煙. ~ de bois 木の煤, ホタール《ビスタ原料》). dépôt de ~ dans la cheminée 煙突にたまった煤. noir comme la ~ 煤のように真黒.

suif *n.m.* **1** 動物性脂肪, 獣脂. ~ de bœuf 牛脂. chandelle de ~ 獣脂蠟燭.
2 植物性脂肪, 植物脂 (= ~ végétal). arbre à ~ 脂木,〚植〛ぎんなんはぜ.
3 ~ minéral 鉱物性脂肪, 化石蠟.
4〚蔑〛(人体の) 脂肪.《*Boule de* ~》『脂肪の塊り』(Maupassant の出世作；1880 年).
5〚古〛喧嘩. chercher du ~ à *qn* (人に) 喧嘩をふっかける.

suiforme *n.m.*〚動〛豚類 (= porcin).

sui generis [sɥiʒeneris]〚ラ〛*l.a.inv.* それ独特の, 特殊な, 無類の (= de son espèce ; de son propre genre).〚行政〛collectivité ~ 独自地方共同体, 特別自治体. contrat ~ 無名契約, 非典型契約. odeur ~ 独特の匂い；異臭.

suintement *n.m.* **1** 滲出；滲出した水分. ~ à travers une digue 堤防の漏水.
2〚医〛漏出. ~ d'une plaie 傷に滲む血.

Suisse(la) *n.pr.f.*〚国名通称〛スイス (=〚独〛Schwiz,〚伊〛Svizzera)《公式名称：la Confédération suisse スイス連邦または la Confédération helvétique；後者の略記の CH は郵便コード, 車輛の国籍表示に用いら

れる；国民：Suisse, 女性形に Suissesse が用いられることもある；首都：Berne ベルン (Bern)；通貨：franc suisse [CHF]》.

suite (< suivre) *n.f.* **Ⅰ**〚追うこと〛**1**〚法律〛追求；追及, 追跡. droit de ~〚法律〛(債権者・著作権者などの有する) 追及権；〚国際法〛(交戦相手国あるいは正規の経済封鎖を侵害する中立国の船舶・航空機に対する公海上での) 追跡権；(国際条約により約定国の官憲が刑事犯を外国の領土内で) 追跡・逮捕する権利；(隣国に逃れた交戦相手国の軍隊に対する) 継続追跡権.
2〚狩〛(獲物の) 追跡. ~ du gibier 狩猟鳥獣の追跡. faire ~ (犬に) 獲物を追う；犬を獲物に追わせる.
Ⅱ〚続くこと〛**1** 続き, 後に続くもの；次のもの；(食事の) 次の食物. ~ et fin 続きと終り, 今回にて連載終了. ~ d'une histoire 物語の続き. La ~ au prochain numéro. 以下次号.〚比喩的〛今回はこれまでにしておこう. ~ d'un repas 食事の次の料理. Apportez-nous la ~, SVP. 次の料理を出してください. solde d'article sans ~ 現品限りの特売.
à la ~ 続けて, 次々に. publier trois articles à la ~ 続けて 3 本の論文を発表する.
à la ~ de …の後に；…の結果. aller à la ~ de *qn* 人の後をついて行く. se mettre à la ~ d'une file d'attente 待つ行列の後につく. Il s'est converti au catholicisme à la ~ d'une révélation. 彼は啓示を受けてカトリックに改宗した.
faire ~ à (時間的・空間的に) …に続く. banquet qui fait ~ à une cérémonie 式典に引き続き催される宴会. salle à manger faisant ~ au salon サロンに続く食堂.
prendre la ~ de *qn* 人の跡を引き継ぐ.
par la ~；dans la ~ 後に, 後になって. Nous verrons par la ~. 後になれば判るだろう.
2 (人・物の) 連続, 連なり. une ~ de rues tranquilles 静かな街路の連なり. une ~ de visiteurs 次々と訪れる客. Ma vie n'a été qu'une longue ~ de malheurs. 私の人生は不幸の長い連続であった.
de ~ 続けて, 連続して；〚話〛即刻 (= tout de ~). plusieurs fois de ~ 何回も続けて. lire cinq heures de ~ 5 時間ぶっ続けて読む. Attends-moi ; je reviens de ~. 待ってくれ, すぐ戻るから.
tout de ~ 即刻, すぐさま；すぐ近くに；〚古〛一気に, 続けて. Je dois partir tout de ~. 私はすぐ出発しなくてはならない. Tournez à gauche tout de ~ après le pont. 橋を渡ったらすぐ左に曲りなさい.
et ainsi de ~ 以下同様に. J'ai compté un, deux, trois et ainsi de ~ jusqu'à cent. 私は 1, 2, 3 と教え, そのあと 100 まで続けた.
3 連続性；一貫性, 脈絡. esprit de ~ 一貫

した精神. avoir de la ~ dans les idées 考えが一貫している；一徹である．〖肉〗頑固である. n'avoir aucune ~ dans l'esprit 考えに一貫性が全くない.〖古/文〗avec ~ 孜々(しし)として，たゆまず. travailler avec ~ たゆまず勉学に励む.

4 結果；(要求などへの)対応；〖医〗後遺症. ~s d'une affaire 事件の成り行き(進展).〖商業〗[Comme] ~ à votre lettre (votre demande) du 1er mars 3月1日付貴信(貴注文)に対する御返信として.〖医〗~s de couches 産褥期. maladie qui laisse des ~s 後遺症を残す疾病.

par ~ その結果；従って. par ~ de … の結果．tomber malade par ~ d'un excès de travail 過労がたたって病気になる. donner ~ à …を遂行する；に応える. donner ~ à une commande 注文に応じる. donner ~ à un projet 計画を実行に移す.

5〖集合的〗お供, 従者；随員. ~ présidentielle 大統領の随員. l'empereur et sa ~ 皇帝とその供回り.

6〖数〗数列, 級数 (=série). ~ arithmétique (géométrique) 等差(等比)数列. ~ infinie 無限級数. ~ numérique 数列.

7〖言語〗(生成文法の)記号列 (=succession d'éléments「要素連続」；séquence「シークェンス」).

8〖化〗系列 (=série). ~ des parafines パラフィン系.

9〖音楽〗組曲. ~s d'orchestre de Bach バッハの管弦楽組曲. ballet-~ バレエ組曲.

10〖美術〗(版画などの) 連作, 組物；(説話の) 諸場面を描いた) 一連のタピスリー.

11〔英〕続き部屋；(ホテルの) スイートルーム. louer une ~ dans un palace 豪華ホテルに続き部屋をとる.

suivant[1] (*e*) *a*. **1** 次の；後続の (précédent「前の」の対). année ~e 翌年, 次の年. les cinq jours ~s 続く5日間. page 100 et ~e 第100ページ以下 (=page 100 sqq (sequantique)). à la page ~e 次のページに. aux siècles ~s 続く世紀に. La personne ~e, s'il vous plaît. 次の方どうぞ. Je suis pris dimanche prochain, remettons cela au dimanche ~. 今度の日曜は私は暇がないので, それはその次の日曜に延ばしましょう. Il m'a raconté l'histoire ~e. 彼は私に次のような話をした.

2〖古〗人に仕える. fille ~e 侍女.

—*n*.〖代名詞的〗次の人；次のもの. Au ~!/S ~!次の方! Quel est le ~? 次は誰ですか？〖話〗Je descends à la ~e. 次で降ります. La définition est la ~. 定義は次の通り.

—*n.m.*〖文〗従者.

—*n.f.* **1** 侍女. **2**〖劇〗侍女役. rôle de ~ dans une pièce classique 古典劇の侍女の役割.

suivant[2] *prép.* **1** に沿って. découper ~

le pointillé 線点に沿って切り抜く.〖登山〗marcher ~ la ligne de crête 稜線をたどって歩く.

2 に従って. ~ la coutume (la loi) 習慣(法律)に従って. ~ la formule 書式に従って. ~ son habitude 日頃の習慣通り.

3 によれば, の意見では (~ moi (toi, lui) の形は不可で, d'après lui などを用いる). ~ Proust プルーストによれば, S ~ la météo, il fera beau demain. 予報では明日は晴れとのことだ.

4 に応じて, に準じて. ~ les âges 年齢に応じて. ~ les circonstances 状況に応じて. ~ que + *ind*. …に応じて (=dans la mesure où, selon que).

suiveur (*se*) *n*. **1** (自転車競技の) 伴走者, 随伴者 (=d'une course cycliste)；後を追う人. ~s du Tour de France トゥール・ド・フランスの伴走(随伴)者.

2 追随者；盲従者, 模倣者. ~s de Céline セリーヌの追随者.

—*a*. 追跡用の. fiche ~se 追跡用タグ.

—*n.m.* **1** (街路で)女性の後をつける男. **2**〖宇宙〗追跡装置 (〔英〕tracker の公用推奨語).

suivi[1] (*e*) (< suivre) *a.p.* **1** 持続的な, 長続きする.〖商業〗article ~ 常備在庫商品. correspondance ~e 持続的文通. effort ~ たゆまぬ努力. qualité ~e 一定した品質. travail ~ 持続的な仕事.

2 首尾一貫した. raisonnement ~ 首尾一貫した(理路整然たる)推論.

3 人が追い求める. émission très ~e 高視聴率の番組. mode très ~e 大流行のモード.

suivi[2] *n.m.* **1** 継続管理. ~ médical 継続的医療管理. Centre européen pour le ~ épidémique du sida ヨーロッパ・エイズ疫病学的管理センター (EroHiv).

2 追跡；追跡調査. ~ d'une procédure 手続きの追跡調査.

sujet[1] *n.m.* ① 《主題》 **1** 主題, テーマ, 話題, 関心事. ~ d'une discussion 議論のテーマ. ~s de conversation 話題 (以上二つの用例では sujet のかわりに objet と書いても, ともにテーマ, 話題, 主題などと訳されうるが, sujet が話し合いの対象だとすれば, objet は話し合いを通して到達すべき目標を含む).

au ~ de …について, …の案件について, …の件について (略語として a/s を用いる場合がある). sur le ~ de …の件に関して. entrer dans le cœur (vif) du ~ 本題に入る. Revenons à notre ~ (nos moutons). 本題に戻ろう.〖話〗C'est à quel ~? 何の御用ですか, どの件ですか.

2 主題, 題材, 問題, 課題. ~ de dissertation 作文(小論文)の課題. ~ et contre-sujet d'une fugue フーガの主題と対主題(対唱). bibliographie par ~s テーマ別参考文献. étude des ~s イコノグラフィー, 図像

学, 主題研究. Dans une œuvre littéraire, le ~ compte autant que le style. 文学作品では題材が文体と同じほど意味を持つ. Le ~ choisi par l'auteur pour son premier roman est intimement lié à sa vie personnelle. 作者が処女作のテーマに選んだのはきわめて私小説のものだ. **3** (研究, 治療などの)対象, 患者, (解剖用の)死体. ~ d'expérience 被験体. ~ guéri (病気の)直った患者.
4 原因, 理由. La dégradation du climat social constitue le principal ~ de préoccupation pour le gouvernement. 社会情勢の悪化が政府にとって主要な不安材料である.
avoir ~ de+*inf*. …する理由がある. donner ~ de+*inf*. …の理由を与える, …の原因を作る.
Ⅱ (主体)(objet「客体」の対) **1** 行為の主体, 主観. 〖法律〗~ de droit 権利主体. 〖法律〗~ de l'action 訴権の主体. 〖言語〗~ parlant (母語の)話し手, 話者.
2 〖舞〗ソロ舞踏手(パリ・オペラ座のシュジェ). grand (petit) ~ 一級(二級)シュジェ.
3 人間. bon (mauvais) ~ 品行方正な人(素行不良な人). brillant ~ 成績優秀な生徒.
4 (特に)臣民;〖古〗国民;国籍保有者(=ressortissant);住民. ~ de Sa Majesté (君主制の国の)国民, 陛下の忠実な臣. ~s d'une republique 共和国の国民. le roi et ses ~s 王とその臣下. être ~ britannique 連合王国の国籍である.
5 〖文法〗主語;〖論〗主辞. ~ grammatical (apparent) 文法的(外観上の)主語. ~ logique (réel) 論理的(現実の)主語. ~, verbe et complément 主語, 動詞, 補足. inversion du ~ 主語の倒置. phrase sans ~ 主語のない文. pronom ~ 主語代名詞.

sujet²(*te*) *a.* **1** (à に)陥りやすい;(病気などに)かかりやすい. personne ~*te* à un sentiment 感情に左右されやすい人. être ~ au mal de mer 船酔いしやすい. ~ à +*inf*. …しやすい. être ~ à changer 変りやすい.
2 (à)(に)従うべき, (に)服すべき, (を)免れない. ~ à une obligation 義務を負うている. jugements ~s à l'appel 上訴を免れない判決. témoignage ~ à caution 信用のおけぬ証言. L'homme est ~ à la mort. 人間は死を免れ得ない.
3 〖古〗(à, de に)従属した, (の)隷属下にある.

sujétion *n.f.* **1** 隷属;臣従, 服従;隷属関係. ~ féodale 封建的隷属(臣従)関係. maintenir un peuple dans la ~ 一国民を隷属状態に置く. tomber sous la ~ de *qn* 人の支配下に置かれる.
2 義務;束縛, 拘束;止むを得ぬ(つらい)義務. ~s d'un métier 職業の義務(拘束). ~s imposées par la défense nationale aux citoyens 国防のため市民に課される義務. 〖行政〗~s imprévues 予見されなかった義務.

sulciforme *a.* 〖医〗溝状の. érosion ~ (歯の)溝状侵食.

sulf[o]- [ラ] ELEM「硫黄」の意(*ex. sulf*ure 硫化物, *sulfo*chlorure 硫化塩化物).

sulfacide *n.m.* 〖化〗チオ酸(=thioacide;オキソ酸の酸素原子の一部または全部が硫黄原子で置換されているもの).

sulfadiazine *n.f.* 〖薬〗スルファダイアジン(ぶどう球菌・淋菌などに対するサルファ剤).

sulfadimidine *n.f.* 〖薬〗スルファジミジン(抗菌剤).

sulfaguanidine *n.f.* 〖薬〗スルファグアニジン(腸内殺菌用のサルファ剤).

sulfamate *n.m.* 〖化〗スルファミン酸. ~ de calcium スルファミン酸カルシウム.

sulfaméthazine *n.f.* 〖薬〗スルファメタジン(サルファ剤・抗菌剤).

sulfaméthizole *n.m.* 〖薬〗スルファメチゾール(スルホンアミド系治療薬, 腎盂炎. 膀胱炎などに効く).

sulfaméthoxazole *n.m.* 〖薬〗スルファメトキサゾール(サルファ剤;SMXと略記).

sulfamide *n.m.* 〖化・医薬〗スルフォンアミド(=[英] sulfonamide;抗感染薬, 糖尿病薬, 利尿剤), サルファ剤.

sulfamidé(e) *a.* 〖薬〗スルホンアミド化された;スルホンアミド系の, サルファ剤系の. antibiotiques ~s スルファミド系抗生物質.

sulfamidochrysoïdine *n.f.* 〖薬〗スルファミドクリソイジン(サルファ系抗生物質).

sulfamonométhoxine *n.f.* 〖薬〗スルファモノメトキシン(サルファ剤).

sulfanilamide *n.m.* 〖薬〗スルファニルアミド(化膿性疾患の治療薬;商品名 septoplix など).

sulfapyradine *n.f.* 〖薬〗スルファピラジン(抗ぶどう球菌・抗淋菌薬).

sulfapyridine *n.f.* 〖薬〗スルファピリジン(皮膚炎に効くサルファ剤).

sulfatage (<sulfater) *n.m.* **1** 〖農〗(葡萄畑などでの)硫黄合剤農薬散布. **2** 〖化〗硫化.

sulfatase *n.f.* 〖生化〗スルファターゼ(有機硫酸エステルを加水分解する酵素).

sulfatation *n.f.* **1** 〖化〗硫酸化. **2** 〖電〗(蓄電池の鉛板への)硫酸塩化合物の沈積.

sulfate *n.m.* 〖化〗硫酸塩. ~ d'aluminium 硫酸アルミニウム. ~ de barium 硫酸バリウム. ~ de cuivre 硫酸銅, 胆礬(たんばん). ~ de soude 硫酸ナトリウム, 芒硝(ぼうしょう). ~ de zinc 硫酸亜鉛, 皓礬(こうばん). ~ ferreux 硫酸第一鉄, 緑礬. ~ naturel de plomb 天然硫酸鉛. ~ naturel de calcium hydraté 天然水和硫酸カルシウム, 石膏, ギプス (= gypse).

sulfaté(e) *a.* **1** 〖化〗硫酸塩 (= sulfate) を含む；硫化の. source ~ 硫酸塩泉.
2 〖農〗硫酸銅 (= sulfate de cuivre) の薬剤 (ボルドー液) を散布した.

sulfateur(se) *n.* (葡萄畑等の) 硫黄合剤散布者.

sulfateuse *n.f.* **1** 〖農〗(農薬の) 硫黄合剤散布機. **2** 〔俗〕軽機関銃 (= mitraillette).

sulfathiazole *n.m.* 〖薬〗スルファチアゾール (肺炎などのサルファ系治療薬).

sulfathiourée *n.f.* 〖薬〗スルファ・チオ尿素 (甲状腺治療薬).

sulfatide *n.m.* 〖生化〗スルファチド, 硫脂質, スルホリピド (= sulfolipide).

sulfhémoglobine *n.f.* 〖医〗スルフヘモグロビン.

sulfhydrique *a.* 〖化〗水硫基を含む. acide ~ 硫化水素 (無色の猛毒ガス；= hydrogène sulfuré).

sulfhydryle *n.m.* 〖化〗水硫基, メルカプト基.

sulfinisation *n.f.* **1** 〖冶〗(鉄鋼などの表面硬化のための) 浸硫処理.
2 〖化〗スルホン酸素の導入. ~ benzène ベンゼンスルホン酸基を導入すること.

sulfisoxazole *n.m.* 〖薬〗スルフィソキサゾール (サルファ剤・点眼薬).

sulfitage (< sulfiter) *n.m.* (酸化防止剤としての) 亜硫酸添加. ~ des vins (樽詰に際し, 酸化防止剤としての) 葡萄酒に対する亜硫酸添加.

sulfite *n.m.* 〖化〗亜硫酸塩 (酸化防止剤に利用される). ~ hydrogène de sodium 亜硫酸水素ナトリウム. ~ de sodium 亜硫酸ナトリウム. ~ sulfuré de soude チオ硫酸ナトリウム (= thiosulfate de sodium).

sulfocarbonate *n.m.* 〖化〗チオ炭酸塩 (= acide thiocarbonate).

sulfocarbonique *a.* 〖化〗acide ~ チオ炭酸 (= thiocarbonate).

sulfochlorhydrique *a.* 〖化〗クロルスルホン酸の.

sulfochlorure *n.m.* 〖化〗硫化塩化物.

sulfolipide *n.m.* 〖化〗スルホリピド, 硫脂質 (硫黄を含む糖脂質の総称).

sulfonate *n.m.* 〖化〗スルホン酸塩.

sulfonation *n.f.* 〖化〗(有機化合物の水素原子をスルホン基で置換してスルホン酸を生成する反応).

sulfone *n.f.(m.)* 〖化〗スルフォン.
sulfoné(e) *a.* 〖化〗スルフォン化した.
sulfonylurée *n.f.* 〖薬〗スルホニル尿素 (血糖降下剤, インスリンの代用薬).

sulfosel *n.m.* 〖化〗硫酸塩.

sulfoxyde *n.m.* 〖化〗スルホキシド (スルフォニル基 R–SO–R'をもつ有機化合物の総称).

sulfurage *n.m.* 〖農〗(土壌中の害虫除去のための) 二硫化炭素注入処理.

sulfuration (< sulfurer) *n.f.* 〖化〗硫化.

sulfure *n.m.* 〖化〗硫化物. ~ de carbone 二硫化炭素. ~ de fer 硫化鉄.

sulfuré(e) *a.* **1** 〖化〗硫化した, 硫化の. composé ~ 硫化化合物. hydrogène ~ 硫化水素 (= acide sulfhydrique).
2 〖農〗(土壌を) 硫化炭素 (= sulfure de carbone) で消毒した.
—*n.f.* チオ尿素 (= sulfourée).

sulfureux(se) *a.* **1** 硫黄を含む, 硫黄質の. source ~ se 硫黄泉. vapeurs ~ ses 硫黄ガス.
2 〖化〗四価の硫黄を含む. acide ~ se 亜硫酸. anhydride ~ 無水亜硫酸 (亜硫酸ガス).
3 〔比喩的〕異端の匂いのする. discours ~ 異端的言説.

sulfurique *a.* 〖化〗硫黄を含む, (特に) 6価の硫黄を含む. acide ~ 硫酸.

sulfurisé(e) *a.* 硫酸で処理した. papier ~ 硫酸紙 (= papier-parchemin).

sultanine *n.f.* シュルタニーヌ (生食・干し葡萄・蒸留酒用の白葡萄の品種).

sumatriptan *n.m.* 〖薬〗スマトリプタン (経口頭痛薬, 顔面血管痛用皮下注射薬).

summum [sɔmɔm] [ラ] *n.m.* 頂点, 最高点, 極致. être au ~ de la puissance 権勢の頂点に達する.

sunna [アラビア] *n.f.* **1** 〖イスラム〗スンナ (ムハマッドの言行に基づく口伝律法).
2 スンナの伝承；スンニー派.

sunnisme *n.m.* 〖イスラム〗スンニー派の教義, スンニー派.

sunnite *a.* 〖イスラム〗スンニー派の. le triangle ~ (イラクの) スンニー派三角地帯.
—*n.* スンニー派信徒.

Supélec ⇒ ESE.

super[1] *a.inv.* 〔俗・感嘆詞〕凄い. des filles ~ 最高の娘たち. C'est ~! 最高！

super[2] [sypɛʀ] *n.m.* スーパーガソリン, ハイオクタン・ガソリン (= supercarburant の略；ベルギーでは *n.f.*). Le plein de ~, SVP！スーパーを満タンにしてください.

superacide *n.m.* 〖化〗超酸.

super(-)alliage *n.m.* 超合金.

superautoroute *n.f.* スーパーハイウェイ.〖情報〗~ s de l'information 情報スーパーハイウェイ (= autoroutes de l'information も同義).

superbe *a.* **1** 極めて美しい；素晴らしい, 見事な. arbre ~ 見事な樹木. cadeau ~ 素晴らしい贈物. femme ~ 絶世の美女. meubles ~ s 見事な家具調度. situation ~ e 絶好の状況.
être ~ de 際立っている. Il est ~ d'égoïsme. 彼は見事なほどのエゴイストだ. Il fait un temps ~. 素晴らしい天気だ. C'est ~. それは素晴らしい.
2 〔古/文〕壮麗な, 豪華な.

3〔古〕傲慢な.
——*n.f.*〔古/文〕傲慢さ, 尊大さ. rabattre la ~ de *qn* 人の鼻っぱしをへし折る.

superbénéfice *n.m.* 超高利潤 (= superprofit);超過利潤.

supercalculateur *n.m.* 〖情報〗スーパー・コンピュータ.

supercanon *n.m.* 超長距離砲.

supercarburant *n.m.* ハイオクタン燃料;ハイオクタン・ガソリン, シュペール (super [sypɛr] と略称). ~ sans plomb 無鉛ハイオクタン・ガソリン. ~ d'une teneur en plomb 鉛含有ハイオクタン・ガソリン.

superchampion(ne) *n.* スーパーチャンピオン.

superchérie (<〖伊〗soper chieria) *n.f.* 計算づくの欺瞞行為, ペテン.

superclasse *n.f.* **1**〖生〗上綱(門 phylum の下, 綱 classe の上の分類学上の区分);亜門 (= subphylum).
2〖電算〗スーパー・クラス.

super-confortable *a.* 超快適な. écran ~ 超快適ディスプレー.

super-coq *a.m.*〖ボクシング〗スーパー・バンタム級 (=〖英〗super-bantamweight) の (55.338 kg まで).
——*n.m.* スーパー・バンタム級;スーパー・バンタム級のボクサー.

supercritique *a.* **1**〖物理〗超臨界の, 臨界点を越えた.
2〖航空〗超臨界性能の. aile ~ 超臨界翼 (超音速域で飛行が可能な翼型についていう).

superdense *a.* 超過密の. état ~ 超過密状態.

superdisquette *n.f.*〖情報〗大容量フロッピーディスク.

superélite *n.f.* **1**〖集合的〗超エリートの人々, 精鋭;〖軍〗超精鋭部隊.
2 超一級品. la ~ des grands crus classés de saint-émilion サン=テミリヨンの指定特級畑の葡萄酒中の超一級品.

superéthanol *n.m.* シュペールエタノール (無鉛ガソリン 15 % とバイオエタノール 85 % の混合燃料).

supérette, superette [sypɛrɛt] *n.f.* 小型スーパーマーケット (厳密には売場面積 120-400 m² のものをいう).

superfamille *n.f.*〖生〗(分類上の) 上科, 超科(複数の科からなる分類, sous-ordre 亜目の下).

superfécondation *n.f.*〖生〗**1** 過妊娠;多胎妊娠 (=grossesse multiple).

superfétation *n.f.* **1**〖生〗過受精, 異経期妊娠, 異期複妊娠 (妊娠中にさらに受精すること);〖植〗同一の胚珠の異なる種類の花粉による受精.
2〖比喩的〗無用な重複, 過剰蓄積.

superficie *n.f.* **1** 表面積;面積. ~ de la Terre 地球の表面積.〖農〗~ de référence (耕作の) 基準面積.〖農〗~ minimum d'installation 最小設営面積. ~ urbanisées 都市化面積. Quelle est la ~ de ce terrain? この土地の面積はどれ位ですか. mesures de ~ 表面積の測定値. unités de ~ 表面積の単位.
2 表面;体表. ~ de la peau 皮膚の表面.
3〖法律〗地上. droit de ~ 地上権. les ~s 地上権の及ぶ建物 (農園).
4〖比喩的〗(事柄の) 表面, うわべ. s'arrêter (s'en tenir) à la ~ des choses 物事の上つらにとどまる. en ~ 表面的な.

superficiel(le) *a.* **1** 表面の. couches ~ les 表層.〖生〗sensivilité ~ le 表面感覚.〖物理〗tension ~ le 表面張力.
2 表皮の. brûlure ~ le 表皮の火傷.〖医〗phlégmon ~ 表皮の蜂巣織炎. plaies (blessures) ~ les 浅い傷.
3〖比喩的〗表面的な;皮相的な;上つらだけの;浅薄な. connaissances ~ les 上つらの (浅薄な) 知識. fait ~ 表面的な出来事. gaieté ~ le うわべだけの陽気さ. gens ~ s 浅薄な輩. idées ~ les 浅薄な考え. mésentente ~ le 表面的な軋轢.

superfinition *n.f.*〖技術〗(部品表面の) 超平滑仕上げ, 鏡面仕上げ.

super〔-〕**flic** *n.m.*〖俗〗超精鋭警察官. ~ du Raid (国家警察の) 捜査・援助・介入・抑止隊の特殊警察官.

superflu(e) *a.* **1** あり余った. précautions ~ es 念入りの備え. ressources ~ es あり余る資源.
2 余計な, 不必要な. discours ~ s 冗長な演説. ornements ~ s 過剰な装飾. poils ~ des jambes (du visage) (女性の) 足 (顔) の余計な体毛. propos ~ s 不必要な言葉.
Il est ~ de + *inf.* (que + *subj.*) …する必要はない. Il est ~ d'insister (que vous insistiez). くだくだしい必要はない.

super-fluide *a.*〖物理〗超流動〔状態〕の.
——*n.m.*〖物理〗超流動体.

superfluidité *n.f.*〖物理〗超流動〔性〕(液体ヘリウムが超低温下で粘性のない流動状態を示すこと).

superformant(e) *a.* 超高性能の. engin ~ 超高性能ロケット (ミサイル).

super-géant *n.m.*〖スキー〗スーパー大回転 (= super-G).

supergéante *a.f.*〖天文〗(星が) 超巨大な (容積が最大で密度が最小の). étoile ~ 超巨星.
——*n.f.*〖天〗超巨星 (= étoile ~) (容積が巨大で, 密度が極めて低い星).

supergénérateur *n.m.*〖原子力〗〔高速〕増殖炉, 高速〔中性子〕炉. le ~ Super-Phénix (フランスの) 高速増殖炉「シュペール=フェニックス」(1985 年 9 月臨界に達し, 1986 年 1 月から送電開始, 1998 年 12 月稼働停止).

superglue *n.f.* 強力瞬間接着剤.
supergrand *n.m.* 〖俗〗**1** 超大国 (=superpuissance). **2** 超大企業.
super-grand-angle *n.m.* 〖写真〗超広角レンズ.
super-grand-angulaire (*pl.* ~-~**s**-~**s**) *a.* 〖写真〗超広角の. objectif ~ 超広角レンズ.
　——*n.m.* 〖写真〗超広角レンズ (=objectif ~).
superhélice *n.f.* 〖生化〗(ADN, DNAの) スーパーコイル, 超螺旋 (=〔英〕super-coil).
superhétérodyne [sypεreterɔdin] *a.* スーパーヘテロダイン方式の〖ラジオ検波方式のひとつで, うなり周波数が可聴周波数以上のヘテロダイン方式〗.
　——*n.m.* スーパーヘテロダイン方式のラジオ受信機.
supérieur[1] (**e**) *a.* 〔comparatif synthétique「総括的比較級」で,〔le〕plus (moins) ~ の形はない; inférieur の対〕
　Ⅰ〖具体的〗**1** (位置的に) 上の, 上部の, 上にある. couches ~es de l'écorce terrestre 地殻の上層. étapes ~s d'un immeuble ビル (共同住宅) の上階. lèvre ~e 上唇.〖数〗limites ~es 上極限. mâchoire ~e 上顎. membres ~s du corps humain 人体の上肢. partie ~e d'un objet extérieur du haut. pont ~ d'un navire 艦船の上甲板. sphère ~e 上層；上部領域.〖解剖〗vertèbres ~es 上部脊椎〔骨〕.
　2〖地理〗標高 (高度) が高い, 上方の；上流の. cours ~ d'un fleuve 河川の上流. le lac ~ 上の湖. le Rhône ~ ローヌ河上流部.
　3〖天文〗太陽からの距離が地球より遠い. planètes ~es 外惑星, 外遊星.
　Ⅱ〖抽象的〗**1** (数が) 大きい, 高い. Huit est ~ à sept. 8は7より大きい. note ~e à la moyenne 平均点より高い点. température ~e à zéro 零度より高い温度, プラスの温度. camion d'un poids ~ à dix tonnes 10 トン以上のトラック.
　2 (à より) 優れた. être bien (très) ~ à …より遙かに優れている. se croire ~ à qn 人より自分が優れていると思う. La vérité est ~ à toutes les fictions. 真実はあらゆるフィクションより奇なり.
　3 (人が) (を) 上回る資質の；(を) 完全に掌握した. homme ~ à sa tâche 役不足の人. être ~ à la situation 事態を完全に掌握している.
　4〖à を伴わずに〗他に優る, 抜きんでた；上質の. appellation Bordeaux ~ contrôlée AOC ボルド=シュペリユール (上級ボルドー葡萄酒). homme ~ 優秀な人. qualité ~e 上質. article de qualité ~e 上質の品. vin délimité de qualité ~e 生産地限定上質葡萄酒 (略記 VDQS：フランスの葡萄酒の品質管理制度の一つ；ラベルに名称・VDQS・表記・内容量・元栓業者名・酒税証紙・検査番号の表示が義務づけられ, その他は任意；現称 AOVDQS=appellation d'origine vin délimité de qualité supérieure). être ~ en nombre 数において勝っている. C'est une intelligence ~e. あれは抜きん出た知性の持主だ.
　5〖à なしに〗上位の, 高位の；上級の, 高級の；高等の. cadres ~s 高級幹部 (略記 cadres sup). classe ~e de la société 上流階級.
　Conseil ~ de l'audiovisuel 視聴覚情報放送通信に関する高等評議会 (略記 CSA). Conseil ~ de la défense 国防高等評議会. Conseil ~ de la fonction publique de l'Etat 国家公務員に関する高等評議会. Conseil ~ de la magistrature 司法官職高等評議会. Conseil ~ de la prud'homme 労働審判高等評議会. Cour ~e d'arbitrage 高等仲裁法院. diplôme d'études ~es 高等教育修了免状. école normale ~e 高等師範学校 (略記 Normale sup).
　enseignement ~ 高等教育 (=le ~).〖カナダ〗faculté des études ~es 高等教育学部 (高等教育の第2・第3課程). juridictions ~es 上級裁判機関, 上級審 (cours d'appel「控訴院」(第二審). mathématiques ~es 高等数学 (略称 maths. sup). officiers ~s 高級将校. la première ~e 上級第一学級 (リセの高等師範学校受験準備学級).
　6 最高の (=suprême). nécessités ~es de la défense nationale 国防の絶対的必然性.
　7〖生〗高等に進化した, 高等の. animaux (végétaux) ~s 高等動物 (植物). organismes ~s 高等器官；〖比喩的〗高等機関.
　8〖考古〗より古い, 前期の, 上代の. paléolithique ~ 前期旧石器時代.〖地学〗pleistocène ~ 古更新世.
　9 優越感を誇示する, 偉ぶった；横柄な. air ~ 偉ぶった様子. répondre sur un ton ~ 偉そうな口調で答える.
　——*n.* **1**〖宗教〗修道院長；修道会長；修道会施設長 (=Père ~, Mère ~e). **2** 上司, 上位者.
supérieur[2] *n.m.* **1** 上司；上官. le ~ de qn 人の上司. ses ~s hiérarchiques 彼より上位の人. son ~ direct 直属の上司 (上官). obéir à ses ~s 上司 (上官) に服従する.
　2 高等教育 (=enseignement ~).
superinfection *n.f.* 〖医〗重感染.
supériorité *n.f.* **1** 優越性, 優越. intellectuelle 知的優越〔性〕.〖精神分析〗complexe de ~ 優越コンプレックス；優越感. sentiment de ~ 優越感. avoir la ~ sur …に勝っている.
　2 優位, 優勢；高慢.〖軍〗~ aérienne (navale) 空軍 (海軍) 力での優位. ~ hiérarchique 階級上の優位. ~ numérique 数的優位 (優勢). air (sourire) de ~ 高慢な調子 (笑い).

3〖文法〗comparatif de ～ 優等比較級.

superjumbo *n.m.*〖航空〗スーパージャンボ機, 超大型旅客機. Airbus-A3XX, futur ～ de 700 places 七百座席の未来のエアバス社のスーパージャンボ, A3XX《2004年初飛行；A 388 と命名；2007 年就航》.

super-léger [sypεrleʒe] *a.m.*〖ボクシング〗ライト・ウェルター級の (=〔英〕light-welter)《プロは 61.237 kg 以下；アマチュアは 63.5 kg まで》.
── *n.m.* ライト・ウェルター級；ライトウェルター級のボクサー.

super-lourd *n.m.*〖スポーツ〗(ボクシング, 重量挙, レスリングなどの) 超重量級選手, スーパーヘビー級選手.

supermalloy [sypεrmalɔj, sypεrmalwa]《<S～, 商標》*n.m.* スーパーマロイ (ニッケル, モリブデン, 鉄の合金；強磁性体).

superman [sypεrman] (*pl.* ~**men** [-mεn]) *n.m.* **1** 超人. **2** スーパーマン. ～ du rugby ラグビーの超一流選手.

supermarché *n.m.*〖商業〗シュペルマルシェ, スーパーマーケット (厳密には売場面積 400-2500 m²のものをいう).

supermassif(ve) *a.*〖天文〗(天体が) 超高質量の. étoile ～*ve* 超高質量星. trou noir ～ 超高質量ブラックホール.

supermolécule *n.f.*〖化〗超分子.

super-mouche *n.m.*〖ボクシング〗**1** スーパー＝フライ級 (=poids ～；〔英〕super-fly；48.988 kg 未満). **2** スーパー＝フライ級のボクサー.

supernova (*pl.* ***supernovæ***) *n.f.*〖天文〗超新星.

super-ordinateur *n.m.*〖情報処理〗スーパーコンピュータ.

superovulation *n.f.*〖生〗過剰排卵.

super(-)oxydation *n.f.*〖化〗超酸化.

super(-)oxyde *n.m.*〖化〗スーパー酸化物, 超酸化物.

superpétrolier *n.m.*〖船〗大型油送船, スーパータンカー (10万 t 以上の大型タンカー).

Super-Phénix [sypεrfeniks] *n.m.*〖無冠詞〗〖原子力〗シュペール・フェニックス (フランスの高速増殖炉. 仏・伊・西独の共同出資会社 Nersa により建設. 1985 年 9 月臨界に達し, 1986 年 1 月から送電開始. 出力 120 万 kw.；=le supergénérateur ～；1998 年 12 月稼働停止).

superphosphate *n.m.*〖化〗過燐酸塩；〖農〗過燐酸肥料 (phosphate calcique 燐酸石灰に sulfate de calcium 硫酸カルシウムを加えたもの).

superplasticité *n.f.*〖物理〗超可塑性 (200-2000 ％の変形に耐える性質).

super-plume *a.m.*〖ボクシング〗スーパー・フェザー級の (=〔英〕super-feather weight)《体重 58.967 kg まで》.
── *n.m.* スーパー・フェザー級 (=poids ～)；スーパー・フェザー級のボクサー.

superpompier *n.m.* 超高性能消防車. ～ des aéroports 空港配置超高性能消防車.

super-préfet *n.m.* 特命行政総監 (=IGAME；1948-62 年にかけて広域の治安責任者).

super-présidentiel(le) *a.* 超強力大統領の. régime ～ 超強力大統領体制.

superprivilège *n.m.*〖法律〗上位先取特権.

superproduction *n.f.*〖映画, 劇〗超大作.

superprofit *n.m.*〖経済〗超高利潤.

superpuissance *n.f.* 超大国 (=〖話〗supergrand). ～ économique 経済超大国.

super-réseau *n.m.* (結晶の) 超格子. structure de ～ 超格子構造.

superscalaire *a.*〖理・数〗超スカラーの, 超段階の.〖電算〗architecture ～ 超スカラー・アーキテクチャー (基本構造).

supersonique *a.* 超音速の. ondes ～s 超音波.
── *n.m.* 超音速機 (=avion ～).

superstar [sypεrstar] [英] *n.f.* スーパースター.

superstitieux(se) *a.* **1** 迷信に捕われた, 迷信をかつぐ. croyants ～s 迷信を信ずる人. siècles ～ 迷信に満ちた世紀. vieille femme ～*se* 迷信深い老女.
2 迷信に由来する. crainte ～*se* 迷信から来る恐怖.
3 盲目的な, 盲目的な. observateur ～ d'une règle 規則の盲目的遵守者.
── *n.* 迷信深い人；縁起をかつぐ人.

superstition *n.f.* **1** 迷信；縁起かつぎ. C'est de la ～, それは迷信だ.
2 盲信；盲目的執着. ～ de l'ordre 秩序に対する盲信.

superstructure [sypεrstryktyr] *n.f.* **1**〖建築・土木〗上部構造〔物〕, 施工基面上構造物 (地表・地上の構造物),〖船〗(上甲板より上の) 上部構造物, 船楼.
2 (社会の) 上部構造 (infrastructure の対).

supertanker [sypεrtãkεr] *n.m.*〖船〗スーパータンカー (10万 t 以上).

supertaxe [英] *n.m.* 付加税；(英国の) 高額所得付加税 (=surtax) (1909-29 年).

superviseur *n.m.* **1** 監督者, 監視人, 監修者. **2**〖情報処理〗スーパーヴァイザー, 監視プログラム (=programme ～).

supervision *n.f.* 監督；監視；指導；監修.

super-welter [sypεrwεltεr] *a.m.*〖ボクシング〗ライトミドル級の (=〔英〕light middle weight)《プロは 69.850 kg, アマは 71 kg 未満》.
── *n.m.* ライトミドル級；ライトミドル級の選手.

supinateur *a.m.* 〖解剖〗回外性の. muscle ~ 回外筋.
— *n.m.* 〖解剖〗回外筋 (= muscle ~). long (court) ~ 長(短)回外筋.

supination *n.f.* 〖生理〗(腕・足の)回外〔運動〕(pronation「回内〔運動〕」の対). ~ de l'avant-bras (de la main) 前腕(手)の回外〔運動〕. ~ du pied 足の回外〔運動〕.

Supoptic ⇒ ESO.

suppléance *n.f.* **1** 補充, 代行; 代行職; (特に)臨時補充職. ~ d'un professeur 教授の代行.
2 代替; 代替物.

suppléant(e) *a.* 代理を務める, 補充の, 代行の, 補欠の. juge ~ 予備判事. 〖文法〗verbe ~ 代〔行〕動詞 (faire など).
— *n.* 代理人, 代行人, 補充者, 職務代行者; (特に)臨時任用教員, 代用教員; (入閣・死亡の後を埋める)補欠議員 (= remplaçant).

supplément *n.m.* **1** 補足, 補充, 追加. ~ d'information 補足情報; 〖法律〗取調べの補充. ~ de partage 分配の補足. ~ de salaire sous forme de prime 賞与(手当)の形での賃金の追加. ~ de travail 追加労働, 労働の上乗せ. en ~[1] 追加して. commander un plat en ~ 一皿を追加注文する.
2 割増料金, 追加料金. ~ au menu 定食の割増料金. ~ beurre (省略表現) バター代金は追加. 〖鉄道〗 ~ de première classe 1 等の追加料金. ~ pour excédent de bagages 手荷物の超過割増料金. train avec ~ 追加料金制列車. en ~[2] 料金割増で. vin (boisson) en ~ 葡萄酒(飲物)の代金は別途請求.
3 (書籍の)補遺(新聞・雑誌に)付録. ~ d'un dictionnaire 辞書の補遺. ~ illustré à un journal (à une revue) 新聞(雑誌)の挿絵(写真)入り付録.
4 〖幾何〗補角 (= ~ d'un angle).

supplémentaire *a.* **1** 追加の; 補充の. crédit ~ 追加予算. heures normales et heures ~s 正規勤務時間と超過勤務時間 (残業〔時間〕). travail ~ 超過勤務, 残業, 時間外労働. 〖音楽〗lignes ~s 加線. train ~ 臨時増発列車.
2 〖数〗相補的な. 〖幾何〗angle ~ 補角.
3 〖法律〗補充の. juré ~ 補充陪審員.

supplétif(ve) *a.* **1** 〖軍〗(現地徴集による)補充の.
2 〖法律〗補充の. coutume ~*ve* 補充的慣習. lois ~*ves* 補充規定. serment ~ 補充的宣誓 (= serment supplétoire).
3 追加の. articles ~s 追加条項.
— *n.* 〖軍〗補充兵.

supplétoire *a.* 〖法律〗補充の. serment ~ 補充的宣誓.

suppliant(e) *a.* 嘆願する, 哀願する; 哀願の. attitude ~*e* 嘆願するような態度. regard ~ 哀訴の眼差し.
— *n.* 嘆願者, 哀願者.

supplication *n.f.* **1** 嘆願, 哀願. céder aux ~s de qn 人の哀願に負ける. demander grâce par des ~s 嘆願で嘆願する.
2 嘆願(哀願)状態, 嘆願的態度 (= attitude de ~).
3 〖宗教〗厳粛な祈願.
4 〖史〗(高等法院が国王に対して行った)建言, 諫奏 (かんそう) (= remontrance).

supplice *n.m.* **1** 体刑, 死刑 (= ~ capital); 責め苦, 拷問 (= torture). ~ chinois 手のこんだ責め苦. le dernier ~ 極刑, 死刑. appareil de ~s; instrument de ~ 責め道具. condamner qn au ~ 人を体刑(死刑)に処す. mener qn au ~ 人を刑場に導く.
2 〖宗教〗神罰; 〖キリスト教〗(地獄・煉獄での)責め苦. 〖ギ神話〗 ~ de Prométhée rongée par un vautour 禿鷹に蝕まれるというプロメテウスに対する神罰. ~ de Tantale 〖ギ神話〗タンタウロスに対する神罰;〔比喩的〕焦燥の苦痛.
3 〔比喩的〕(肉体的・精神的な)激しい苦痛. ~ de l'impatience (de la jalousie) 激しい焦燥感 (嫉妬). éprouver le ~ de l'inquiétude 不安に苛まれる. être au ~ 激しい苦痛を味う. mettre qn au ~ 人を責め苛む.

supplique *n.f.* **1** 嘆願書, 請願書. ~ fait appel à la bienveillance 恩情を求める嘆願書. **2** 〔話〕嘆願, 哀願.

support *n.m.* **1** 支え, 支持台, 台, スタンド, ホールダー;〖建築〗支柱, 腕木; 構造下地. ~ à anneau 環付支持台. ~ à tubes à essais 試験管台. 〖砲〗 ~s de chargement 装填台. ~s de charpente 木組の支持材. ~ d'une statue 彫像の支え.
2 〖紋章〗〔*pl.* で〕サポーター (楯を両側から支える動物文様) (= tenant).
3 (画・文字などの)基底材, 支持体 (= subjectile) 《紙・プラスチック板・金属板など》. ~ d'impression 印刷基材 (素材).
4 〖化〗 ~ de catalyseur 触媒基材.
5 〖数〗台. ~ d'un vecteur ベクトルの台.
6 〔比喩的〕媒体;〖情報〗情報媒体 (= ~ d'in formation) 《ディスク, テープ, カードなど》. ~ électronique 電子媒体 (CD-ROM など). ~ de l'idée 観念を伝える媒体. ~ papier 紙への印刷媒体 (本・雑誌・新聞など). ~ publicitaire 広告 (宣伝) 媒体.

supportable *a.* **1** 耐えうる, 許容範囲の. chaleur ~ しのぎ得る暑さ. douleur ~ 耐え得る痛み (苦しみ).
2 〔多く否定で〕許し得る, 我慢できる. acteur ~ まあまあの役者. Ce vin est à peine ~. 辛うじて飲める葡萄酒だ. Sa conduite n'est pas ~. あいつの振舞いは許し難い.
— *n.m.* 許し得ること. C'est à la limite du ~. 許容の限界だ; ほとんど許し難いことだ.

supportérisme *n.m.* サポーター体制, 応援活動.

supporteur(trice) n. **1** (サッカーなどの)応援者, サポーター(=〔英〕supporter). brigade de ~ 応援団.
2 (政党などの)支援者.

supposé(e) a.p. **1** 仮定された；想定された；推定された. auteur ~ d'un tableau 絵の推定作者. nombre ~ des victimes 犠牲者の推定数.〔法律〕père ~ 推定上の父.
2 仮の；偽の. nom ~ 仮名；偽名. sous un nom ~ 偽名のもとで(に). testament ~ 偽の遺言書.
3〔絶対分詞節で〕…と仮定して. cette condition ~e こうした条件のもとでは. cette hypothèse ~e vraie その仮説が正しいとすれば.
4〔前置詞的〕inv.〔古〕…を仮定して.〔現用〕~ que+subj.…であると仮定して.

supposition (<supposer) n.f. **1** 仮定. dans cette ~ こう仮定した場合. une ~ que+subj. (cond) もしも…だったら. par ~ 仮定的に.〔文法〕subordonnée de ~ 仮定節.
2 推測；憶測. ~ gratuite 根拠のない推測. ~ précaire 一時的な推測. une simple ~ 単なる憶測. faire toutes sortes de ~s あらゆる推測をめぐらす.
3〔法律〕~ de part 出産偽称〔罪〕(= ~ d'enfant).

suppositoire n.m.〔薬〕坐薬(通称suppo[s]).

suppresseur n.m.〔生〕抑制遺伝子(腫瘍細胞などの増殖を抑制する遺伝子).
——a. 抑制作用をもった. gène ~ 抑制遺伝子.

suppression n.f. **1** 除去；取り壊し, 撤去. ~ des obstacles 障害の除去. ~ d'une clôture 柵の撤去.
2 削除；(証拠などの)隠滅(いんめつ). ~ d'un paragraphe 1パラグラフの削除.
3 廃止, 撤廃；停止；(刊行物の)発行停止. ~ d'emploi 雇用停止, 解雇. ~ d'une loi 法律の廃止. ~ d'un privilège 特権の廃止. ~ d'un train 列車の運転停止(運休). ~ de la censure 検閲制度の廃止. ~ de la peine de mort 死刑の廃止. ~ des libertés 自由の停止.
4〔法律〕隠蔽. ~ d'enfant 子の市民身分簿(戸籍簿)上の記載の隠蔽(犯罪行為). ~ d'état 真の身分の隠蔽.
5 抹殺, 暗殺. ~ d'un témoin gênant 邪魔な証人の抹殺.
6 防止, 抑止. ~ de la concurrence 競争の抑止.

supprimé(e) a.p. **1** 取り除かれた, 取り壊された. mur ~取り壊された壁.
2 削除された, 湮滅された, mot ~ 削除された語. preuve ~e 湮滅された証拠.
3 廃止された, とりやめになった；発行停止処分をうけた. liberté ~e 抑圧された自由. loi ~e 廃止された法律.

réunion ~e とりやめになった会合.

suppurant(e) (<suppurer) a.〔薬〕化膿性の(=purulent). cholécystite ~e 化膿性胆嚢炎(=chlorécystite purulente). plaie ~e 化膿性の傷. blessé ~ 化膿性負傷者.

suppuratif(ve) a.〔医〕化膿性の；〔薬〕膿の出をよくする. inflammation ~ve 化膿性炎. médicament ~ 化膿促進剤(= ~ n.m.). myosite ~ve 化膿性筋炎.
——n.m.〔薬〕膿の排出促進剤.

suppuration n.f.〔医〕化膿(=purulence). 膿の滲出, 膿漏(=pyorrhée).

supra〔ラ〕ad. 上記を(infra の対). Voir ~ 上記(前述)を参照.

supra-〔ラ〕PREF「超」の意(ex. supra-conduction 超伝導性).

supra-communal (ale) (pl. **aux**) a.〔行政〕超市町村的な, 地方公共団体の領域を超えた. établissements ~ aux 超市町村施設(機構, 組織).

supraconducteur(trice) a.〔物理〕超伝導性の.
——n.m. 超伝導体, 超伝導物質.

supraconduction n.f.〔電〕超伝導.

supraconductivité, supraconduction n.f. 超伝導〔率〕.

supralittoral (ale) (pl. **aux**) a.〔環境〕超沿岸の, 潮上帯の(平均潮位より上に位置し, 常に水面上にあるが, 波しぶきのかかる沿岸地帯についていう).

supramoléculaire a.〔生・化〕超分子の.〔化〕chimie ~ 超分子化学.

supranational (ale) (pl. **aux**) a. 超国家的な, 国家の枠を超えた. l'Europe ~ale 超国家的ヨーロッパ. idéologie ~ale 超国家的イデオロギー. organisme ~ 超国家的機構, 国際機関.

supranationalisme n.m. 超国家主義, 超国家体制.

supranationaliste a. 超国家主義の, 超国家体制の；超国家主義を支持する.
——n. 超国家主義者.

supranationalité n.f. 超国家〔性〕.

suprasegmentaire a.〔解剖〕超分節の. structures ~ s 超分節構造〔体〕.

suprasensible [syprasɑ̃sibl] a. 超感覚的, 五感では感知できない.

supraterrestre a. 地球外の；彼岸の.

suprathermique a.〔物理〕超熱的な(熱平衡分布から突出した高エネルギーをもつ). électron ~ 超熱電子.

supraventriculaire a.〔医〕(心臓)の上室〔性〕の. tachycardie ~ 上室性頻拍症(=〔英〕SVT: supraventricular tachycardia).

suprématie n.f. **1**〔英史〕至上権. acte de ~ 国王至上法.
2 絶対的優位, 覇権. ~ économique (militaire, politique) 経済的(軍事的, 政治的)覇権.

3 優越性, 優位. ~ de la raison sur les instincts 本能に対する理性の優位. ~ intellectulle 知的優越性.

suprême¹ *a.* 〔時に名詞の前〕**1** (権威・地位などが) 最高の, 至高の. autorité ~ 最高権威. 〖法律〗Cour ~ 最高法院 (フランスの) シュプレーム・クール (cassation); (特に) (アメリカの) 最高裁判所. l'Etre ~ 最高 (至高) 存在 (神). pouvoir ~ 最高権力. **2** 最高度の, この上ない. ~ gloire 最高の栄誉. ~ habileté 絶妙さ. beauté ~ 最上の美しさ. bonheur ~ 至福. remède d'une efficacité ~ 実によく効く薬. au ~ degré 最高度に, 極度に. **3** 〖文〗最高所の. les ~s feuilles d'un arbre 木の最上部の葉. **4** 最後の. ~ effort 最後の努力. espoir ~ 最後の望み. **5** 臨終の. à l'instant (l'heure) ~ いまはの際に. honneurs ~s 葬儀. volontés ~s 意志. **6** 〔感嘆詞〕〖話〗S~! 素晴らしい!

suprême² *n.m.* 〔多く *pl.*〕〖料理〗**1** 家禽の胸肉; 狩の獲物の獣のフィレ肉. ~ de volaille シュプレーム・ド・ヴォライユ (家禽の胸肉の料理; ソース・シュプレーメ添え). **2** (三枚におろした) 魚の切身. **3** 生クリーム入りヴルーテ・ソース (=sauce ~) (家禽のコンソメと生クリームを用いたソース).

Sup.Télécom. ⇒ ENST.

sûr(e) *a.* Ⅰ 〔主観的意味〕(人が) (de) (に) 自信のある, (を) 確信した; (を) 信頼した. être ~ de son coup 自分の打つ手に自信がある. être ~ de son succès 自分の成功を確信している. être ~ de + *inf.* (que + *ind.*; 主節が疑問・否定の場合一般に que + *subj.*) …を確信している. Il est trop ~ de lui-même. 彼は自分に自信がありすぎる. Je suis ~ de réussir. 成功する自信がある. Je suis ~ qu'il viendra. 彼は間違いなく来るだろう. Etes-vous ~ qu'elle vienne (viendra)? 彼女が本当に来るとお思いですか? Je ne suis pas ~ si j'ai fermé le gaz. ガスを止めたかどうかはっきりしない. être ~ de *qn* 人を信頼している. Je suis ~ de mon ami. 私は友人を信頼している. 〔非人称〕Il est ~ que + *ind.* (疑問・否定の場合は一般に que + *subj.*) …するのは確かだ. Il est ~ qu'elle viendra. 彼女は必らず来るであろう. Il n'est pas ~ qu'elle vienne (viendra). 彼女が来るかどうか確かではない. Ⅱ 〔客観的意味〕**1** (人が) 信頼できる; (場所などが) 安全な. ami ~ 信頼できる友人. asile ~ 安全な隠れ家 (避難所). mettre de l'argent en lieu ~ 金を安全な場所にしまう. Le plus ~ est de ne pas trop compter sur les autres. 一番間違いのないのはあまり他人をあてにしないということだ. Ce quartier n'est pas ~, la nuit. この界は夜になると少々危険だ. **2** 確かな; 安定した; 確実な; しっかりした. bases ~es 安定した基礎. geste ~ しっかりした挙措. mémoire ~e 確かな記憶力. moyen ~ 確実な手段. preuves ~es 確証. avoir le coup ~ d'œil 目に狂いがない. 〖話〗Ça, c'est ~. それは確かだ. 〖話〗C'est ~? 本当ですか? Ce qui est ~, c'est que + *ind.* 確かなのは…ということだ. Je tiens cette nouvelle de source ~e. 私は確かな筋からこの情報を得ている. Rien n'est plus ~. これ以上確かなことはない. Le temps n'est pas ~. 空模様が怪しい. Ⅲ 〔成句〕bien ~ 勿論; 確かに. Bien ~ (que oui); oui bien ~! 勿論そうです; 勿論! わかりました! Bien ~ il est très intelligent, mais il lui manque quelque chose. 確かに彼は頭が非常にいいかもしれないが, 何かが欠けている 《譲歩文》. 〖話〗Bien ~ qu'il reviendra. 勿論彼は戻ってくる. à coup ~; pour ~ 確かに, 間違いなく (= certainement). Il réussira à coup ~. 間違いなく彼は成功するだろう. Pour ~ qu'il a oublié. 彼はきっと忘れたんだ. Ⅳ 〔副詞的〕〖話〗確かに, きっと. Tu crois qu'elle viendra? —Pas ~. 彼女がやって来ると思うかい? —どうかな. 〖話〗S~ que tu lui en as parlé. 確かに君は彼にそのことを話した.

surabondance *n.f.* **1** あり余ること, 過多, 過剰. ~ de blé 小麦のあり余り. ~ de produits sur le marché 市場に過剰供給された商品. ~ d'ornements 装飾過剰. **2** 横溢, みなぎり. ~ de vie 生命力の横溢.

surabondant(e) *a.* あり余るほどの, 過剰な; 余分な. herbe ~e 生い茂る草. informations ~es あり余る情報. production ~e 過剰生産. récolte ~e あり余るほどの収穫.

suraccumulation *n.f.* 〖経済〗(資本の) 過剰蓄積.

suractivité *n.f.* (精神, 器官などの) 活動過度. ~ mentale 精神の活動過多.

suraigu(ë) *a.* **1** (音などが) 異常に鋭い (高い), かん高い. bruit ~ d'un outil 工具の鋭い騒音. rire ~ かん高い笑い声. **2** 非常に激しい; 〖医〗極急性の. angine ~ë 極急性口峽炎. inflammation ~ë 極急性炎症.

sural (ale) (*pl.* **aux**) *a.* 〖解剖〗腓腹の, ふくらはぎの. crampe ~ale ふくらはぎの痙攣. triceps ~ 下腿三角筋.

suralimentation *n.f.* **1** 過栄養〔療法〕; 過食. **2** (湖沼・河川の) 富栄養〔化〕. ~ de la rivière 河川の富栄養化. **3** (エンジンへの) 燃料過給. ~ turbo ターボチャージ

suralimenté(e) ャーによる燃料過給.

suralimenté(e) *a.* **1** 過栄養の；過食の. bœuf ~ 肥育牛《去勢肉牛》. enfant ~ 過食児.
2〚医〛過栄養法を施された. malade ~ 過栄養治療中の患者.
3〚工〛(エンジンに燃料が)〔加圧〕過給された. moteur ~ 燃料加給式エンジン.

suramplificateur *n.m.*〚通信〛増幅器, ブースター(=〚英〛booster).

suranné(e) *a.* **1** 時代遅れの；古ぼけた, 経年変化した. conception ~*e* 時代遅れの構想. méthode ~*e* 時代遅れの方法. vêtement ~ 古ぼけた衣服.
2〚法律〛〚古〛有効期限の切れた.
3〚古〛年をとり過ぎた. galant ~ 盛りを過ぎた男.

surarbitre *n.m.*〚法律〛第三者仲裁人(= tiers arbitre).

surarmement *n.m.*〚軍〛過剰軍備, 過剰武装. course au ~ 過剰軍備競争, 軍備拡大競争.

surassurance *n.f.* 超過保険.

surbooking *n.m.* 超過予約, オーヴァーブッキング(=〚英〛overbooking；公用推奨語は surréservation).

surcapacité *n.f.*〚経済〛過剰生産力；過剰設備.

surcapitalisation *n.f.* **1** 資本の過大評価. **2** 過剰設備投資.

surcharge *n.f.* **1** 加重, 過重. ~ de responsabilités 責任過重.
2 超過, 過負担；過密, 過剰. ~ de dépense 超過出費. ~ de dorures 金色装飾の過剰. ~ des programmes scolaires 教育カリキュラムの過密(つめ込み). ~ d'impôts 税の過負担. ~ de travail 超過勤務.
3〚医〛過負担；過剰. ~ de foie en glycogène グリコーゲン過多肝. ~ pondérale 体重過剰, 肥満症(= obésité). ~ ventriculaire 心室過負担.
4 過積載；乗せ過ぎ, 積み過ぎ；超過重量. ~ de passagers 乗客の乗せ過ぎ. en ~ 乗せ過ぎで(の), 定員過剰で；積み過ぎで(の). marchandises en ~ 過積載商品. rouler en ~ 過積載で車を運転する.
5〚建築〛超過荷重. calcul des ~*s* 超過荷重計算.
6 (切手の)額面訂正加刷；追加料金. ~ d'un timbre-poste 切手の価格訂正印.〚航空〛(高騰する燃料費を乗客に分担させる)燃料特別付加運賃, 燃料サーチャージ.
7 加筆.
8 (絵具, 塗料の)重ね塗り.

surchargé(e) *a.p.* **1** 定員超過の；許容積載量を超越した；乗せ過ぎた, 積み過ぎた. autobus ~ 定員超過のバス, 超満員のバス. classe ~*e* 定員超過の学級.
2 過剰の；装飾過多の. décoration ~*e* ごたごたした装飾, 装飾過多.

3 (日程・仕事が)過密の；忙し過ぎる. emploi du temps ~ 過密スケジュール. être ~ de travail 仕事が忙し過ぎる. être ~ d'impôts 重税に圧し潰される. ordre du jour ~ 詰り過ぎた議事日程.
4 (小切手・原稿などが)書き加えのある；(切手が)加刷のある. brouillons ~*s* 加筆の多い草稿.

surchauffe *n.f.* **1** 過熱；突沸. **2**〔比喩的〕過熱；過熱状態. ~ de l'économie 経済の過熱.

surchauffé(e) *a.p.* **1** 過熱された；暖め過ぎた. salle ~*e* 暖め過ぎのホール. vapeur ~*e* 過熱蒸気.
2〔比喩的〕過熱状態の；熱気に溢れた, 興奮した. auditoire ~ 興奮した聴衆. opinion publique ~*e* 沸騰する世論.

surchauffeur *n.m.*〚工〛(蒸気の)過熱器, 過熱管.

surchoix *n.m.* 精選, 特選. de ~ 極上の, 精選の. viande de ~ 極上肉.
—*a.inv.* 極上の, 精選の. produit ~ 特選品.

surcompensation *n.f.*〚経済〛超過分相殺, (社会保障制度の諸金庫間の)黒字と赤字の相殺. taux de ~ 超過分相殺率.
2〚心〛過補償, 代償過度, 代償.

surcompression *n.f.* (気体の)過圧；〚内燃〛(混合気の)過圧縮, 超圧縮. ~ par augmentation de la quantité de mélange gazeux 混合気の増加による過圧縮.

surcomprimé(e) *a.p.* (気体が)過圧された. moteur ~ 圧縮比の高いエンジン.

surconsommation *n.f.* 過剰消費. ~ de médicaments ; ~ médicamenteuse 医薬品の過剰消費. société de ~ 過剰消費社会.

surcontamination *n.f.*〚医〛(ウイルスの感染者に対するウイルスの)新規感染, (ウイルスの)二重感染.

surconvertisseur *n.m.*〚原子力〛転換増殖炉.

surcostal(ale)(*pl.***aux)** *a.*〚解剖〛外肋間の. muscles ~*aux* 外肋間筋(= ~ *aux*).
—*n.m.pl.*〚解剖〛外肋間筋.

surcote *n.f.*〚経済〛相場以上の価値.

Surcouf *n.pr.* シュールクフ(コンピュータ関係機器ソフト量販店). magasin ~ シュールクフ店.

surcoût *n.m.* 追加経費(= coût supplémentaire).

surcroît (< surcroître) *n.m.* 増加, 増大. ~ de travail 仕事の増加；過重労働. donner à qn un ~ d'inquiétude 人の不安を一層募らせる.
de ~；par ~ その上, さらに. être donné par ~ 必要以上に与えられる. pour ~ de …より一層…には. pour ~ de malheur さらに不幸なことには.

surculture *n.f.*〚農〛過剰栽培.

surdensité *n.f.* 過密度, 人口密度の過剰.

surdétermination *n.f.* **1** 〖心, 精神分析〗多元決定, 多層決定.
2 〖言語〗重ねての限定.

surdéveloppé(e) *a.* **1** 〖経済〗高度(極度)に発展した. économie ~ *e* 高度発展経済. pays ~ 超先進国. **2** 〖写真〗超過現像された.

surdéveloppement *n.m.* **1** 〖経済〗高度成長, 高度発展(発達) ; 過度の発展(発達). ~ de l'industrie automobile 自動車産業の高度(過剰)成長.
2 〖写真〗超過現像.

surdimensionné(e) *a.* 適正規模を超えた. autoroute ~ *e* 適正規模を超えた高速道路.

surdi[-]mutité *n.f.* 〖医〗聾唖.

surdiplômé(e) *a.* 職務が必要とする以上の資格(学歴)をそなえた.
—*n.* 過剰資格所有者.

surdité *n.f.* 〖医〗難聴, 聾(ろう). ~ à streptomycine ストレプトマイシン難聴. ~ brusque 突発性難聴. ~ congénitale 先天性難聴. ~ corticale 皮質聾(皮質の感覚中枢障害による難聴). ~ de transmission 伝音難聴. ~ fonctionnelle 機能性難聴. ~ professionnelle 職業性難聴. ~ psychique 精神聾, 難聴失認. ~ sénile 老人性難聴(= presbyacousie). ~ verbale 語聾, 言語聾. degrés de ~ 難聴度(軽度難聴 ~ légère : 20~40 dB ; 半聾 demi-~ : 40~60 dB ; 重度難聴 ~ sévère : 60~90 dB ; 超重度難聴 ~ profonde : 90 dB 以上).

surdosage *n.m.* 〖医・薬〗(医薬品の)過量, 過剰投与, 過量摂取, 濫用(= 〖英〗overdosage).

surdose *n.f.* 〖薬〗(薬の)過量の ; (特に麻薬・向精神薬の)致死量(= overdose).

surdoué(e) *a.* 高度の知的能力をそなえた, (特に小児に)天才的な. enfant ~ 神童, 天才児.
—*n.* 天才児.

sureffectif *n.m.* 過剰定員, 定員超過.

surémission *n.f.* 〖経済〗(通貨の)過剰発行, 限外発行, 濫発. ~ de billets de banque 紙幣の濫発.

suremploi *n.m.* 〖経済〗**1** 過剰雇用, 過剰就業. **2** (過剰雇用による)過度の人手不足. **3** 過剰利用.

surenchère *n.f.* **1** (競売 enchère での)せり上げ ; (せり上げによる)新高値 ; 競売価格の上乗せによる再競売 ; 〖法律〗競売価格増価 ; 増加競売. ~ *s* successives 相次ぐせり上げ競争. faire une ~ sur *qn* 人より高値をつける.
2 〖比喩的〗(他人・前回以上の)安請合い. ~ électorale 選挙公約の安請合い合戦.
3 〖比喩的〗激化. ~ de menaces 脅迫のエスカレーション.

surendetté(e) *a.* 〖経済〗負債過剰の, 負債過剰に陥った. pays ~ *s* du tiers-monde 第三世界の過剰負債国.

surendettement *n.m.* 〖経済・法律〗過剰債務 ; 過剰対外負債 ; 個人破産〖制度〗. commission de ~ 過剰債務委員会.

surentraînement *n.m.* 〖スポーツ〗過剰訓練, オーヴァートレーニング.

suréquipement *n.m.* 〖経済〗過剰設備 ; 過剰投資 ; 設備過剰.

surérogatoire *a.* 〖文〗**1** 義務を上まわる, 義務以上の. garantie ~ 余分な保証. paiement ~ 余分な支払い.
2 過度の, 必要以上の. discrimination ~ 過度の差別.

surestaire *n.f.* 〔多く *pl.*〕〖海〗**1** (船積み・陸揚げの遅延による)超過停泊日数, 滞船. **2** 滞船料.

surestimation *n.f.* 過大評価, 過大見積り.

sûreté *n.f.* ⓘ (安全) **1** 安全, 個人的安全. ~ de *qn* 人の安全. ~ des voyageurs 旅行者(集客)の安全. ~ des routes 道路の安全. ~ de la vie 生活(生命)の安全. 〖法律〗~ individuelle 個人的安全.
《La ~ consiste dans la protection accordée par la société à chacun de ses membres pour la conservation de sa personne, de ses droits et de ses propriétés.》「安全とは, 社会の構成員のおのおのに対し, その身体, 権利および所有権の保持について社会により認められた保護をいう.」(1793 年の人権宣言, 第 8 条).
de ~ 安全の. dispositif de ~ 安全装置. épingle de ~ 安全ピン. 〖古〗maison de ~ 刑務所. serrure de ~ 安全錠. soupape de ~ 安全弁 ; 〖比喩的〗はけ口.
en ~ 安全に. dormir en ~ 安心して眠る. être (vivre) en ~ 安全に暮す. mettre *qn* (*qch*) en ~ 人を安全な場所にかくまう(物を安全な場所に隠す).
2 (社会の)安泰, 安寧 ; 治安, 国家の安全保持(= ~ de l'Etat). 〖古〗la S ~ générale 治安警察(1934 年まで). 〖軍〗~ médiate d'une troupe (砲兵隊などの)部隊間接警備配置. 〖古〗la S ~ 〔nationale〕国家治安局(1966 年 Police nationale「国家警察」に改組). ~ publique 公安. attentat contre la ~ de l'Etat 国家の治安を脅かすテロ. 〖仏史〗le Comité de ~ générale (大革命期の)保安委員会. complot contre la ~ de l'Etat 国家の安寧に対する陰謀. la Cour de ~ de l'Etat 国家公安法院(1963-81 年).
Ⅱ (安全策) **1** 安全装置. mettre la ~ 安全装置をかける. mettre un pistolet à la ~ ピストルに安全装置をかける.
2 保証 ; 〖法律〗保証. donner ~ *s* à …に保証を与える. 〖法律〗~ avec dépossession 非占有担保. 〖法律〗~ conventionnelle 約定担保. ~ judiciaire (訴訟上の)保全担保.

surévaluation

〖法律〗~ personnelle (réelle) 人的(物的)担保.〖法律〗~ sans dépossession 占有担保.
3 用心.〖諺〗Deux ~s valent mieux qu'une. 用心には用心を重ねよ.〖諺〗Méfiance (Prudence) est mère de ~. 疑い(用心)は安全の母.
Ⅲ〖確実性〗**1** 確実さ, 的確さ. ~ de main 腕(技) の確かさ. avec ~ 確実に, 的確に. avoir une grande ~ de jugement 判断が極めて的確である.
2〖文〗自信 (= ~ de soi). ~ de consicence 自信. affirmer avec ~ 自信を以て断言する.

surévaluation *n.f.* 過大評価.
surévalué(e) *a.p.* 過大評価された. le yen ~ 過大評価された円.
surévaluer *v.t.* 過大評価する.
surex (<surexposé(e)) *a.*〖写真〗露出過度の, 露出オーヴァーの. photo ~ 露出オーヴァーの写真.
surexcitation *n.f.* 過度の興奮, 興奮の過熱〖状態〗.
surexcité(e) *a.p.* 過度に興奮した. enfant ~ 過度に興奮した子供. opinion publique ~e 沸騰する世論.
surexploitation *n.f.* 過剰開発. ~ des mers 海洋の乱開発.
surexposé(e) *a.p.*〖写真〗露出過度の. photos ~e 露出オーバーの写真.
surexposition *n.f.*〖写真〗露出過多, 露出オーバー. ~ au flash à courte distance 短距離でのフラッシュ使用露出オーバー.
surexpression *n.f.*〖医〗過剰発現. ~ de HER2 ヒト上皮細胞増殖因子受容体第2型の過剰発現 (HER 2 過剰発現による転移性乳癌).
surf [sœrf]〖米〗*n.m.* **1**〖スポーツ〗サーフィン, 波乗り；サーフボード, 波乗り板 (=surf-board). ~ des neiges スノー・サーフィン, スノーボード (=〖英〗snowboard).
2〖音楽・ダンス〗サーフィン〔・ミュージック〕.
3〖電算〗インターネット・サーフィング (インターネットのサイトをいろいろ見てまわること).
surfaçage *n.m.*〖工〗表面仕上げ.
surface *n.f.* **1** 表面, 面. ~ de l'eau ; ~ d'eau 水面. ~ de la Terre ; ~ terrestre 地球の表面, 地表.〖法律〗~ libre 自由地表 (水面). ~s des os ; ~s osseuses 骨面. à la ~ du sol 地上に. faire ~ 水面に浮上する.〖比喩的〗refaire ~ 再び世に出る.
2 表面積. ~ alaire 翼面積. ~ conique 錐面.〖法律〗~ corrigée 修正面積(実面積(= ~ réelle) に立地条件や採光などを勘案した面積；家賃の算定基準となる). ~ du plancher 床面積；床面積.〔magasin à〕 grande ~ 大型店舗, 大型店舗. (スーパーマーケット (= ~ supermarché, 床面積 400 m²以上). ~ topographique 地形面積. deux cents mètres carrés de ~ 面積 200 m².
3〖幾何〗面；〖誤用〗面積 (=aire). ~ courbe (plane) 曲(平)面. ~ de révolution, ~ de rotation 回転面. mesure de ~ 面積.
4〖物理・化〗表面, 界面, 面. ~ active 日照面. ~ au vent 風圧面. ~ de contact 接触面. ~ de niveau 水準面. ~ frontale 前線面. ~ isobare 等圧面. agent de ~ 表面(界面)活性剤. ondes de ~ 表面波. tension de ~ 表面張力.
5〖比喩的〗(物事の) 表面, 外面, うわべ, 上面 (うわつら). ne considérer que la ~ des choses 物事のうわべしか見ない. de ~ うわべの. amabilité de ~ うわべだけの愛想のよさ. en ~ 上面的に, 表面的に. lire un article en ~ 論文を走り読みする. en boucher une ~ à qn 人を驚愕させる.
6〖話〗資力, 財力；信用. avoir de la ~ 資力 (財力, 信用) がある. avoir de la ~ sociale 社会的信用がある.
7〖言語〗表層. structure de ~ 表層構造.
surfaceuse *n.f.*〖機〗表面仕上げ機.
surfacique *a.* **1**〖物理〗単位表面積当りの. charge (masse) ~ 単位表面積当りの荷重(質量). **2**〖幾何〗表面に関する. **3** 表面に置かれた.
surfactant(e) *a.*〖化〗界面活性作用のある.
—— *n.m.*〖化〗界面活性剤, 表面活性剤.
surfacturation *n.f.*〖商業〗掛け値, 水増し請求.
surfait(e) *a.* 大袈裟な, 実際以上の, 過大評価された. réputation ~e 大変な評判.
surfeur(se) *n.* **1**〖スポーツ〗サーファー, サーフィン愛好者.
2〖情報処理〗インターネットのサーファー (= ~ sur Internet).
surfin(e) *a.* 高品質の, 高純度の. chocolat ~ 高品質のチョコレート.
surgélateur *n.m.* (食品の)超急速冷凍機.
surgélation *n.f.* (食品の)超急速冷凍 (=congélation ultra-rapide).
surgelé(e) *a.* 超急速冷凍された. produits ~s (低温急速)冷凍食品.
—— *n.m.* 超急速冷凍食品. consommation de ~ par tête 1 人当たりの低温急速食品消費量.
surgénérateur(trice) *a.*〖原子力〗増殖する. centrale thermique nucléaire ~ à neutrons rapides 高速中性子増殖炉型原子力発電所. réacteur ~ 増殖炉.
—— *n.m.* 増殖炉, ブリーダー (=réacteur ~, =〖英〗BR : *Breeder Reactor*)；高速増殖炉, 高速中性子炉, 高速増殖炉 (= ~ à neutrons rapides, =〖英〗FBR : *Fast Breeder Reactor*) (フランスのシュペール・フェニックス Super-Phénix などの高速中性子炉系 filière à neutrons rapides の増

殖炉).
surgénération *n.f.* 〚原子力〛(核分裂性物質・核燃料の)増殖.
surhomme *n.m.* **1** 〚哲〛(ニーチェの説く)超人. **2** 並外れた知力体力をそなえた人間, スーパーマン.
surhumain(e) *a.* 超人的な. effort ~ 超人的努力.
——*n.m.* 超人的存在.
surimi *n.m.* 〚日〛(魚の)すり身.
surimposition (<surimposer) *n.f.* **1** 〚税〛割増(付加)税〔の賦課〕, 割増課税;重課税.
2 〚地学〛(河川の)積載現象. ~ glaciaire 氷河積載現象.
surimpression *n.f.* 〚写真・映画〛(映像の)重複録画;〚音響〛重複録音.〚比喩的〕en ~ 重複して, だぶって.
Suriname(le), Surinam(le) *n.pr.m.* 〔国名通称〕スリナム《公式名称:la République du S~ スリナム共和国〔国民:Surinamais(e);首都:Paramaribo パラマリボ;通貨:florin de Suriname〔SRG〕》.
surinamien(ne) *a.* スリナム(le Surinam〔e〕)の, スリナム共和国(la République du Surinam〔e〕)の;〜人の.
——*S~* *n.* スリナム人.
surinfection *n.f.* 〚医〛重感染, 交代菌症. ~ nosocomiale 院内二次感染.
sur[-]information *n.f.* 情報過多.
surinvestissement *n.m.* **1** 〚経済〛過剰投資.
2 〚精神分析〛(欲動エネルギーの)過備給, 過充当. ~ affective 感情過充当.
surjet *n.m.* **1** 〚裁縫〛へり縫い, 縁がかり.
2 〚医〛連続縫合〔術〕(=suture continue).
surlendemain *n.m.* 翌々日.
surmédicalisation *n.f.* 過剰医療.
surmenage *n.m.* **1** 過労. ~ intellectuel 精神的過労. la mort par ~ 過労死(=le karoshi). **2** 酷使. ~ médiatique メディアの過剰利用.
surmené(e) *a.p.* 過労に陥った, 疲れ果てた. homme d'affaires ~ 疲れ果てた実業家.
sur-mesure *n.m.inv.* オーダー・メイド, 特別誂え〔品〕, 特注品(業務).
surmortalité *n.f.* 異常に高い死亡率.
surmultiplicateur *n.m.* 〚自動車〛オーヴァードライヴ装置, 増速駆動装置.
surmultiplication *n.f.* 〚自動車〛オーヴァードライヴ, 増速駆動.
surmultiplié(e) *a.p.* 〚自動車〛オーヴァードライヴ駆動の. vitesse ~*e* オーヴァードライヴ駆動速度(=la ~*e*).
——*n.f.* 〚自動車〛オーヴァードライヴ駆動速度(=vitesse ~*e*).
surnatalité *n.f.* 異常に高い出生率.
surnaturel[1]**(le)** *a.* **1** 超自然的な. être

~ 魔物. phénomènes ~*s* 超自然現象. puissance ~ *le* 超自然的な力. visions ~ *les* 幻視, 幻影.
2 〚宗教〛信仰により感得できる;神慮の. événement ~ 奇蹟(=miracle). impulsion ~ *le* 恩寵, 神意. vérités ~ *les* 信仰によってのみ感得できる真理.
3 不可思議な, この世のものとも思えぬ, 異常な(=extraordinaire). beauté ~ *le* この世ならぬ美しさ. fatigue ~ *le* 名状し難い疲労.
surnaturel[2] *n.m.* **1** 超自然;超自然的事象. croire au ~ 超自然を信じる.
2 異常な事象;幻想.
3 神慮, 神意(=grâce).
surnom *n.m.* **1** 渾名(あだな). ~ moqueur 嘲笑的な渾名(=sobriquet).
2 異名. Louis le Grand, ~ de Louis XIV ルイ14世の異名である大王ルイ.
surnombre *n.m.* 〚稀〛(定数・定員に対する)過剰, 剰余. en ~ 定数以上に, 定員外に;余分に.
surnuméraire *a.* **1** 定数以上の, 定員外の;臨時雇の(1948年までの呼称). dents ~*s* 定数以上の歯. employé ~ 定員外職員.
2 余分な. embryons ~*s* congelés 余分な冷凍保存の人工授精胚.
——*n.* 定員外職員(=employé ~);臨時雇.
suroxydation *n.f.* 過酸化.
surpâturage *n.m.* 過剰放牧.
surpêche *n.f.* 〚漁〛(魚の)濫獲.
surpeuplement *n.m.* 人口過密(過剰);定員過剰.
surplus [-ply] *n.m.* **1** 余分, 剰余, 超過;剰余物(金);残金. ~ agricoles 余剰農産物. ~ d'une somme d'argent 剰余金. payer le ~ 残金を支払う. au ~ 更に, その上, なおまた. en ~ 余分の(に).
2 〚*pl.* で〛余剰生産物, ストック. liquider des ~ 在庫を一掃する.
3 〚経済〛生産性利益(=gain de productivité);剰余価値. comptes de ~ 生産性利益計算.
4 ~ américains 米軍放出物質《特に第二次大戦後の》.
surpoids *n.m.* 過剰体重, 肥満症(=obésité).
surpopulation *n.f.* 過密(過剰)人口;人口過密(過剰).
surprenant(e) *a.* 驚くべき;意外な;不意の. effet ~ 驚くべき(意外な)効果. nouvelle ~*e* 驚くべきニュース. progrès ~*s* 驚嘆すべき進歩. résultats ~*s* 思いがけない結果. Il est ~ que+*subj.* …であるとは驚くべきことだ.
surprime *n.f.* **1** 〚保険〛(リスクの悪化などによる)割増保険料.
2 (海外県・領土に勤務する公務員に対する)割増給与.

surpris(e) (<surprendre) *a.p.* **1** 現場をおさえられた. voleur ~ 現行犯逮捕された泥棒.
2 急襲された；不意打ちを喰らった. ennemi ~ 急襲された敵.
3 驚いた. être ~ de *qch* (de+*inf.*; que+*subj.*). …に (して；であることに) 驚く. n'être jamais ~ de ce qui arrive 何が起こっても決して驚かない.
4 露見した. secret ~ 露見した秘密.

surprise *n.f.* **1** 驚愕, 吃驚仰天, 意外な驚き. ~ agréable うれしい驚き. à sa grande ~ 彼がひどく驚いたことに. cri de ~ 驚愕の叫び声. cacher sa ~ 驚きを隠す. regarder avec ~ 吃驚して凝視する. rester muet de ~ 驚きのあまり声も出ない.
2 予期せぬ出来事 (物). augmentation-~ du prix 物価の思いがけない上昇. boîte à ~ [s] びっくり箱 (=une boîte). 〚話〛divine ~ 予期せぬ出来事. freinage-~ 急ブレーキ. grève-~ 抜打ちストライキ. voyage sans ~ 平穏無事な旅. avoir la ~ de+*inf.* …して驚く.
3 思いがけない贈物 (喜び). faire une ~ à *qn* 人に意表をつく贈り物をする.
4 不意打ち, 急襲 (=attaque-~). par ~ 不意打ちに. attaquer *qn* par ~ 人を急襲する.

surproducteur(trice) *a.* 生産過剰の. pays ~ 生産過剰国.

surproduction *n.f.* 過剰生産, 生産過剰. ~ porcine 豚の過剰生産.

surprotection (<surprotéger) *n.f.* 過保護.

surpuissance *n.f.* **1** 超出力. **2** 超大国；超大組織 (企業).

surpuissant(e) *a.* **1** 〚機械〛超大出力の. moteur ~ 超大出力のエンジン.
2 (人・国などが) 超強大な. entreprise ~*e* 超大企業. pays ~ 超大国.

surqualifié(e) *a.* 職能基準以上の, 過熟練の (sous-qualifié「未熟練の」の対).

surréalisme *n.m.* 超現実主義, シュールレアリスム.

surréaliste *a.* **1** 超現実主義の, シュールレアリスムの. œuvres ~*s* 超現実主義の作品.
2 〚話〛(シュールレアリスムの作品を思わせる) 破格な, 異常な. montage financier ~ 常軌を逸する資金計画.
——*n.* 超現実主義者, シュールレアリスト.

surrégénération *n.f.* 〚原子力〛(核分裂性物質・核燃料の) 増殖 (=surgénération).

surrél(le) *a.* 〚文〛超現実的な.
——*n.m.* 超現実的なもの；超現実.

surremise *n.f.* 〚商業〛(大量購入の場合, 生産者・卸売業者が行う) 特別値引, 割増割引.

surrénal(ale) (*pl.* **aux**) *a.* 〚解剖〛腎臓の上の；副腎の. glandes (capsules) ~*ales* 副腎.
——*n.f.* 副腎.

surrénalectomie *n.f.* 〚医〛副腎摘出術.

surrénalien(ne) *a.* 副腎の (=glande surrénalienne) の.

surrénalite *n.f.* 〚医〛副腎炎.

surréservation *n.f.* 〚商業〛過剰予約受付, オーバーブッキング (=[英] overbooking).

surréservé(e) *a.* 超過予約された, オーバーブッキングの (=surbooké(*e*)；[英] overbooked の公用推奨語).

sursalaire *n.m.* 〚経済〛(通常賃金の付加給としての) 上乗せ賃金, 追加給与.

sursaturation *n.f.* 〚化・物理・鉱〛過飽和；過飽和状態.

sursaturé(e) *a.* **1** 〚物理・化〛過飽和の, 過飽和状態の；〚鉱〛(火成岩が) 過飽和の (シリカを過剰に含んだ). air ~ en vapeur d'eau 水蒸気で過飽和の空気. solution ~*e* 過飽和溶液.
2 〚比喩的〛(de に) 飽き飽きした. être ~ de (に) うんざりしている.

sursis [-si] *n.m.* **1** 猶予, 猶予期間；〚広義〛延期 [期間]. 〚軍〛~ d'appel (d'incorporation) 召集 (徴兵) 猶予. ~ de paiement 支払猶予. avoir un ~ pour payer ses dettes 負債 (借金) の支払いを猶予してもらう. en ~ 猶予中の.
2 〚法律〛執行停止, 執行猶予. ~ à l'exécution des peines 刑の執行猶予. ~ à statuer 宣告猶予. huit mois de prison avec quatre ~ 執行猶予 4 カ月付きの懲役 8 カ月.

sursitaire *a.* 〚法律〛**1** 執行猶予中の. condamné ~ 執行猶予中の受刑者.
2 〚話〛徴兵 (入隊) 猶予中の. étudiant ~ 徴兵猶予中の学生.
——*n.* **1** 執行猶予者. **2** 徴兵猶予者.

surtaxe *n.f.* **1** 付加税, 割増税；課徴金. ~ à l'importation 輸入課徴金. ~ locale 地方付加税. ~ progressive 累進所得税.
2 不当な重税.
3 〚郵〛~ postale 1) 郵税不足料金 (=~ pour affranchissement insuffisant)；2) 追加郵税 (速達料金など).

surtension *n.f.* 〚電〛過電圧.

surtentoriel(le) *a.* 〚解剖〛(小脳の) テント上部の. 〚医〛tumeur ~*le* テント (天幕) 上腫瘍.

surveillance *n.f.* **1** 監視, 見張；監督. ~ à distance 遠隔監視. ~ de l'étude 勉強の監督. 〚法律〛~ de l'instance 訴訟進行の監督. ~ des travaux 作業の監督. 〚商業〛conseil de ~ (株式会社の) 監査役会, 監事会. Direction de la ~ du territoire (DST) 国土監視局 (内務省の防諜担当局). Direction générale de la ~ extérieur (DGSE) 対外監視総局 (内務省の対外治安担当局). 〚法律〛droit de ~ (子に対する親権として

の)監督権. haute ~ (監獄などの)高度監視〔体制〕. régime de ~ policière 警察の監視体制. réseau de ~ 監視網. société de ~ 警備会社. être sous la ~ de …の監視下におかれている. laisser un enfant sans ~ 子供を放任する.
2〖軍〗哨戒(=~ militaire). avion (bâtiment, flotte) en ~ 哨戒中の航空機(艦艇, 艦隊). poste de ~ 哨所.
3〖法律〗~ légale (差押物件, 封印または供託された物件の)法定監理, 監守.
4(患者などの)監視, 看護管理. ~ électronique d'un patient 患者の容態の電子式集中管理(=monitoring モニタリング). être (rester) en ~ à l'hôpital 病院で看護管理下におかれる.

surveillant(*e*) *n*. **1** 監視人, 見張り人; 監督; 看守(=~ d'une prison). ~ de travaux 工事監督, 現場監督. ~-chef 看守長.
2 生徒監. ~ d'étude 自習監督. ~ d'internat 舎監. ~ général 副生徒監《1970年以降 conseiller d'éducation》.

surveillé(*e*) *a.p.* 監視(監督)されている. étude ~*e* 監督付自習. externe ~ (自習のための)居残り通学生. liberté ~*e* (未成年犯罪者の)保護監察(=probation).

survêtement *n.m.* 〖スポーツ〗トレーニングウエア《俗称 survêt [syrvɛt]; jogging》.

survie *n.f.* **1** 生き残ること, 生存; 延命. chances de ~ d'un malade 病人の生きのびるチャンス. équipement de ~ 延命措置. 〖人口統計学〗table de ~ (一国の)生存率表.
2〖法律〗生存. gains de ~ (生存者の生活手段を確保するための)生残配偶者利益. présomption de ~ 生存の推定《誰が先に死んだかわからない同時死亡者間で, 年齢または性別による法律上の生存の推定》.
3〖法律〗旧法の適用(=~ de la loi ancienne).
4(企業の)更生(=~ de l'entreprise).
5〖宗教〗死後の生, 永生;〖広義〗生き残ること. croire à la ~ de l'âme 魂の永生を信じる. ~ d'un auteur dans la mémoire des hommes 人々の記憶に生き続ける作家.

survirage *n.m.* 〖自動車〗オーヴァーステアリング(=〖英〗over-steering). tendance au ~ オーヴァーステアリングの傾向.

survitrage *n.m.* (防音・断熱用の)二重窓ガラス.

survivance *n.f.* **1** 残存物, 遺物;〖多く蔑〗時代遅れのもの《風俗, 意見》. ~s anachroniques 時代遅れの遺物. ~ de la chevalerie du moyen âge 中世の騎士道の名残り.
2 生き残ること; 死後の生, 永生. ~ de l'âme 魂の不滅.
3〖史〗襲職権.

survivant(*e*) *a.* **1** (人が)生き残った; 死を免れた;(時代を超えて)生き延びた. accidentés ~*s* 遭難経験者. conjoint ~ 生存配偶者. héritiers ~*s* 生き残った相続人. mœurs ~*es* 残存する風習. passagers ~*s* d'une catastrophe aérienne 航空機事故の生存乗客.
2〖物理〗残存する.
——*n*. **1** 残存者, 遺族. **2** (事故などの)生存者. Il n'y a aucun ~. 生存者なし. ~*s* d'un naufrage 難破船の生存者.

survol *n.m.* **1** 上空飛行. ~ à basse altitude 上空の低空飛行.
2〖比喩的〗走り読み; 大雑把な検討, うわ面の目通し.

survoltage *n.m.* **1**〖電〗過電圧. **2**〖比喩的〗熱狂, 興奮状態.

survolté(*e*) *a.* **1**〖電〗過電圧状態の. lampe ~ 過電圧状態の電球.
2〖比喩的〗極度の興奮状態の; ヴォルテージの上がった; 騒然とした. public ~ 興奮の極に達した大衆.

survolteur *n.m.* 〖電〗昇圧器, 昇圧変圧器. ~ différentiel 差動昇圧器.

survolteur-dévolteur (*pl.* **~*s*-~*s*) *n.m.* 〖電〗昇圧・降圧器, 昇圧降圧変圧器.

sus [sys/sy] *ad.* **1**〖文〗courir ~ à qn 人に襲いかかる, 人を追いかける. courir ~ à l'ennemi 敵を襲撃する.
2 en ~ de …の他に, …に加えて. taxe en ~ 税金は別途上乗せ.

susceptibilité *n.f.* **1** 怒りっぽさ, 癇癪持ち; 傷つきやすい自尊心, 傷つきやすい心. 過敏性格. blesser la ~ de qn 人の自尊心を逆撫でする. ménager les ~*s* 傷つきやすい自尊心に気を配る.
2〖薬〗感受性;〖医〗罹病性(=~ à une maladie). gènes de ~ au cancer 癌感受性遺伝子. tests prédictifs de ~ 感受性予知テスト《薬剤に対する細菌の感受性を調べるテスト》, (細菌の)耐性検査.
3〖理〗感受率, 磁化率. ~ électrique 電気感受率. ~ initiale 初期透磁率. ~ magnétique 磁化率, 透磁率.

susceptible *a.* **1**〖~ de+*n*. (*inf*.)〗(の形・性質などを)持ち得る;(の働きかけを)受け入れる;(の)余地がある, それがある. ~ d'améliorations (d'être amélioré) 改善の余地がある. texte ~ d'interprétations différentes 異なる解釈をゆるすテクスト.
2〖~ de+*inf*.〗…を成し得る, …する可能性がある. propositions ~*s* de vous intéresser あなたの興味を引きそうな提案. Est-il ~ de vous remplacer? 彼にあなたの代役が務まりそうですか?
3 怒りっぽい, 癇癪持ちの; 傷つきやすい, 敏感な. caractère ~ 怒りっぽい性格. sensibilité ~ 敏感な感受性. C'est un type ~.

奴は傷つきやすい.
——n. 傷つきやすい(敏感な)人.

suscription n.f. **1** (封書の)上書き, 表書き.
2〖法律〗acte de ~ (秘密遺言 testament mystique に関し公証人が作成する)上書証明(日付・場所・封などの記述がなされ, 遺言者, 証人, 公証人が署名するもの).

sus-dit(e) [sy(s)di, -it] a.〖法律〗上述の, 前述の.
——n. 上述(前述)のもの.

sus-glottique a.〖解剖〗上声門の.

sus-hépatique a.〖解剖〗肝臓の上の; 肝臓上部の. veines ~ 肝臓上部静脈.

sushi [日] n.m. 寿司. ~-bar 寿司屋.

sus-maxillaire a.〖解剖〗上顎の.
——n.m. 上顎骨.

susmentionné(e) [sy(s)-] a.〖法律・行政〗上に挙げた, 前述(記)の, 先に言及した.

susnommé(e) a.〖法律・行政〗上に名を挙げた.
——n. 上記の人.

suspect(e) [syspɛ(kt), -ɛkt] a. **1** (人が)怪しい, 疑わしい, 信用できない. conduite ~e 怪しげな行動. individu ~ うさんくさい人物. être ~ de …の疑いがある. Il est ~ de complot. 彼は陰謀の嫌疑がかけられている.
2 (物が)怪しげな, いかがわしい, 疑わしい, 変な. témoignage ~ 疑わしい証言. viande ~e いかがわしい(品質に疑いのある)食肉. voiture ~e 怪しげな車.
3〖医〗伝染病の疑いがある. malades ~s 伝染病の疑いのある病人.
——n. 容疑者, 被疑者; 挙動不審者. La police interroge un ~. 警察が容疑者を訊問する.

suspendu(e) (<suspendre) a.p. **1** (空間的) **1** 吊された; ぶら下がった. ~ en l'air (dans le vide) 宙吊りの. autoroute ~e 高架式高速道路. lustre ~ par une chaine 鎖で吊下げられたシャンデリア. pont ~ 吊橋.
2 宙吊りにされたような. jardin ~ 屋上庭園, 空中庭園. les jardins ~s de Babylone バビロンの吊り庭.〖地学〗vallée 懸谷(けんこく).
3〖機工〗懸架装置を備えた. voiture ~e 懸架装置付車両. voiture bien (mal) ~e サスペンションの軟らかい(固い)車.
II〖時間的〗**1** 中断されている, 一時停止された. combats ~s 停戦. jugement ~ 執行停止の判決. paiement ~ 支払いの中断. séance ~e 休会; 休廷.
3 停職中の. magistrat ~ 停職中の司法官.
4 ~ aux lèvres (aux paroles) de qn 人の言うことに耳を傾ける.

suspens [-ɑ̃s] a.m. **1**〖教会〗(聖職者が)停職中の. prêtre ~ 停職中の司祭.

2 l.a.,l.ad. en ~ 一時停止中の, 中断中の; 宙吊りの. être (demeurer, rester) en ~ 中断中である. projet en ~ 一時停止中の計画.
——n.m.〖文〗サスペンス (=suspense).

suspense [syspɛns; -ɛ̃(ɑ̃)s] [英] n.m. **1** サスペンス. film (roman) à ~ サスペンス映画(小説). film sans ~ はらはらするところのない映画. Alfred Hitchcock, le maître du ~ サスペンス物の巨匠アルフレッド・ヒッチコック.
2 はらはらする場面 (状況).
3 期待さ.

suspenseur a.m.〖解剖〗提げる. ligament ~ du foie 肝臓の提靱帯.
——n.m.〖植〗胚柄 (はいへい).

suspensif(ve) a. **1**〖法律〗(判決・契約などの)執行停止の, 停止する;(債権債務の)停止的な. appel ~ 判決の執行停止の控訴. condition ~ve (債権債務の)停止条件. effet ~ 停止効果. délai ~ 停止期限.
2 停止の, 中止の.〖古〗points ~s 中断符 (=points de suspension).

suspension n.f. **I**〖空間的〗**1** 吊すこと; 吊されること; 宙吊り〔状態〕.
2 (天井の)吊下器具用装置; 吊下照明器具;〖電〗吊り電線.
3〖化〗懸濁〔液〕; 浮遊. ~ colloïdale コロイド溶液. en ~ 懸濁状態の; 浮遊状態の.
4〖地学〗浮流(岩層が浮遊しながら流れること).
5 (車輌の台車の)懸架装置, サスペンション. ~ à roues indépendantes 4輪独立懸架装置. ~ hydraulique 油圧式サスペンション. ~ pneumatique 空気ばね. particules en ~ 浮遊粒子.
II〖時間的〗**1** 中断, 一時停止. ~ d'armes 停戦, 休戦; 作戦活動の一時停止. ~ d'audience 裁判の中断; 休廷. ~ de paiement 支払停止.〖保険〗~ de la garantie 危険負担の停止. ~ de la prescription 時効の停止. ~ de séance 休会.〖保険〗~ du contrat 保険契約の停止. ~ du travail 仕事(作業)の中断.
2 (公務員の)停職, 暫定的職務停止. ~ d'un maire par le préfet 県知事による市町村長の職務停止.
3〖文法〗points de ~ 中断符 (…).
4〖修辞〗懸延法.

suspensoir n.m. **1**〖医〗懸吊帯, 吊包帯. **2**〖海〗吊索. **3**〖植〗胚柄 (はいへい).

suspicion n.f. **1**〖法律〗疑惑を疑わせる正当な事由. ~ légitime (民事訴訟法の)公正の危惧(裁判の公正を疑わせる正当な事由). renvoi pour cause de ~ 公正な危惧に基づく事件の他の裁判所への移送.
2〖文〗疑念, 疑惑, 不信. avoir de la ~ à l'égard de (contre) qn 人に不信感を抱く. tenir qn (qch) en ~ 人(物)を疑念をもって見る.

sustenta*teur*(*trice*) a.〖航空〗揚力を確保する. surface ~ *trice* 揚力面.

sustentation n.f. **1** 〖医〗生命維持, 栄養を与えること. ~ d'un malade 病人の生命維持.
2 支持, 保持；〖航空〗揚力. plan de ~ 浮揚翼. polygone de ~ 支点多角形. train à ~ magnétique 磁気浮揚式列車.

sutur*al*(*ale*)(*pl.***aux**) a.〖解剖・生〗縫合の, 縫合に関する. membrane ~ *ale* 縫合膜. strie ~ *ale* 縫合線.

suture n.f. **1** 〖医〗(傷口の)縫合, 縫合術. ~ aux fils (agrafes) 糸 (クリップ) 縫合〔術〕. ~ continue 連続縫合 (=surjet). points de ~ 縫合点.
2 〖解剖〗(二つの骨；特に頭蓋骨の)縫合；縫合線；〖地学〗(2つの地殻プレートの) 縫合(境界) 線.
3 〖動・植〗縫合, 縫い目. ligne de ~ d'une coquille 貝殻の縫合線.

SUV (= 〖英〗 sport utility vehicle) n.m. 〖自動車〗多目的スポーツ車 (= 〖仏〗VUS：*v*éhicule *u*tilitaire sport (sportif)).

Suwon [韓国] n.pr. 水原(すいげん), スウォン.

suzerain(*e*) a. 〖封建〗宗主の. Etat ~ 宗主国. seigneur ~ 宗主.
——n. 宗主.

Suzhou [中国] n.pr. 蘇州(そしゅう), スーチョウ(江蘇省南部の都市；「東洋のヴェネツィア」と呼ばれる).

Sv (=*S*ievert) (<Rolf ~ [1896-1966]) n.m. シーベルト (電離放射線の線量当量のSI単位；1 Sv=1 J/kg).

SVP, svp (=*s*'il *v*ous *p*laît) どうぞ (依頼, 忠告, 命令).

SVT (=*s*pécialiste en *v*aleur du *T*résor) n. 〖経済〗国庫証券公認ディーラー, 国債引専門家, プライマリー・ディーラー (= 〖英〗primary dealer).

swahili(*e*) [swaili], **souahéli**(*e*) [swaeli] a. **1** スワヒリ族 (les Swahilis, les Souahélis) の.
2 〖言語〗スワヒリ語の.
——*S*~*s* n.m.pl. スワヒリ族 (Kenya, Tanzanie, Ouganda, Mozambique 北部に居住し, スワヒリ語を話す部族).
——n.m. 〖言語〗スワヒリ語.

swap [swap] 〖英〗n.m. 〖金融〗スワップ (為替相場の安定のため, 中央銀行間で自国の通貨を預け合うこと；公用推奨語はéchange financier).

SWAPO (= 〖英〗 *S*outh(-)*W*est *A*frica *P*eople's *O*rganisation) n.f. スワポ, (西南アフリカ, ナミビヤの) 南西アフリカ人民組織 (=Organisation du peuple du Sud-Ouest africain).

Swatow ⇒ Shantou

swazi(*e*) a. スワジランド (le Swaziland) の；スワジランド王国(le Royaume du Swaziland) の；~人の；スワジ語の.
——*S*~ n. スワジランド人. les *S*~*s* スワジ族.
——n.m. 〖言語〗スワジ語.

Swaziland(**le**) n.pr.m. [国名通称] スワジランド (公式名称：le Royaume du *S*~ スワジランド王国；国民：Swazis(*e*)；首都：Mbabane ムババネ；通貨：lilangeni [SZL]).

sweater [switœr, swɛtœr] 〖英〗n.m. 〖服〗カーディガン (= 〖英〗cardigan ~).

sweat-shirt [switʃœrt] n.m. 〖服〗スウェットシャツ, トレーナー.

sycomore n.m. 〖植〗シコモール, 西洋かじかえで (=érable ~, 楓 (かえで) 科 Acéracées／学名 Acer pseudoplatanus；俗称「にせプラタナス」faux platane).

sycosis [-s] n.m. 〖医〗毛瘡 (もうそう).

syénite n.f. 〖砿〗閃長岩 (アルカリ長石と角閃石を主成分とする火成岩).

sylvaner [silvaner] n.m. **1** 〖葡萄〗シルヴァネール種 (アルザス, フランス東部, スイス, ドイツ, オーストリアなどで栽培されている白葡萄の品種).
2 シルヴァネール酒 (シルヴァネール種の白葡萄からつくられる辛口の白葡萄酒).

sylvestre a. 森林の, 林の；森に生える. pin ~ ヨーロッパ赤松. nuit de saint-*S*~ 聖シルヴェストルの祝日 (12月31日) の夜, 大晦日の夜.

sylvicole a. **1** 〖動〗森林に棲息する；〖植〗森林に生育する. plantes ~*s* 森林植物.
2 ~*s* m. profilenes ~*s* 林業の諸問題.

sylvicul*teur*(*trice*) n. 林業家 (=arboriculteur, forestier).

sylviculture n.f. 林業 (=foresterie)；植林 (=reboisement).

sylvinite n.f. 〖化〗シルビナイト (カリ岩塩 sylvite と岩塩 halite の混合物；肥料).

symbiose n.f. **1** 〖生〗共生. ~ des champignons et des algues dans les lichens 地衣における茸と藻類の共生.
2 〖比喩的〗共働, 協力.

symbole n.m. **1** 象徴, シンボル, 表象. la balance, ~ de la justice 正義の象徴である秤. ~ d'une époque 時代の象徴. ~*s* dans la poésie symboliste 象徴詩における象徴.
~*s* solaires (lunaires) 太陽 (月) のシンボル・マーク. mot-~ 象徴となる語. ville-~ 象徴的都市.
2 記号, 符号；〖古銭〗鋳造所極印. 〖数〗~ algébrique 代数記号. 〖電算〗~ alphanumérique 文字数字記号. 〖化〗~ chimique 化学記号. ~ O pour oxygène 酸素の元素記号 O. ~ d'une marque 商標記号, ロゴ (logo). ~*s* graphiques (機械・器具を示す) 図形記号. 〖電算〗~ littéral 文字記号. 〖数〗~ logique 論理記号 (∃, ∀ など). 〖数〗~ non logique 非論理記号 (+, −, × など).

symbolique

~ phonétique 発音記号.〖電算〗table de ~s 記号テーブル.
3 具現, 権化；象徴的人物.
4〖カトリック〗信経；〖新教〗信条. S~ des Apôtres 使徒信経. ~ de foi 信条. ~ de Nicée ニケア信経.

symbolique *a.* **1** 象徴的な, 表象的な. écriture ~ 絵文字 (=pictogramme). pensée ~ 表象的思考. représentation ~ 象徴的表象. sens ~ 象徴的意味 (sens littéral「原義」の対).
2 記号の；符号の；記号を用いる.〖電算〗adresse ~ 記号アドレス.〖電算〗code ~ 記号コード(命令). logique ~ 記号論理〔学〕.
3 象徴的な, 実質的価値のない, 形ばかりの. augmentation ~ des salaires 形ばかりの賃上げ. cadeau ~ 形ばかりの贈り物. geste ~ 象徴的行為.
——*n.m.*〖精神分析〗象徴的なもの；象徴界.
——*n.f.* **1** (特定の宗教・文化・時代・社会などに固有の)象徴体系, 記号体系 (=symbolisme). ~ des rêves 夢の象徴体系.
2 記号(象徴)学, 表象学.

symbolisme *n.m.* **1** 象徴(表象)体系；記号体系 (=système de symboles). ~ chrétien キリスト教の象徴体系. ~ mathématique 数学の記号体系.
2〖文学史・芸術史〗サンボリスム, 象徴主義. *le Manifeste du* ~ *de J. Moréas* ジャン・モレアスの『象徴主義宣言』(1886年).
3〖哲〗象徴理論.
4〖精神分析〗象徴性.
5〖教会〗象徴説.
6〖電算〗記号(符号)の使用, 記号の表示.

symétrie *n.f.* **1** シンメトリー, 左右対称；釣合, 均衡；均整. ~ d'un bâtiment 建物の左右対称性. ~ des deux ailes d'un château 城館の二つの翼棟の左右対称. deux vases disposés avec ~ 対称的に置かれている二つの花瓶.
2〖幾何〗対称；〖生〗相称；〖物理〗(結晶)対称. ~ axiale 軸対称. ~ bilatérale chez l'homme 人体の左右対称性. ~ par rapport à un point 点対称.

symétrique *a.* **1** 左右対称の；相対の；釣合 (均整)のとれた. ailes ~s d'un château 城館の左右対称の翼棟. deux moitiés ~s d'un cerveau 脳の二つの対称的半体. façade ~ d'un bâtiment 建物の左右対称の正面. position exactement ~ du négation 正反対に別れた立場. Les deux mains sont ~s. 二つの手は相対している.
2〖数・理〗対称の；〖生〗相称の.〖数〗fonction ~ 相似式.〖数〗relation ~ 相対関係.〖電子〗montage ~ プッシュ・プル回路 (〖英〗push-pull に対する公用推奨語).
——*n.* 対称物.

sympathectomie *n.f.*〖医〗交感神経切除〔術〕. ~ abdominale 腹部交感神経切

除〔術〕.

sympathicotonie *n.f.*〖医〗交感神経緊張症.

sympathie *n.f.* **1** 好感, 共感 (antipathie「反感」の対). avoir la ~ de *qn* 人に好感を抱かれる. avoir de la ~ pour *qn* 人に好感をもつ. montrer (témoigner) de la ~ à *qn* 人に好意(共感)を示す.
2 共鳴；同感. accueillir une idée avec ~ 考えに同感する. manquer de ~ pour …に共鳴を得られない. ne rencontrer aucune ~ 何ら共鳴を得られない. Cette doctrine a toute ma ~. この理論に全く同感である.
3〖文〗同情. témoignages de ~ à l'occasion d'un décès 死者に対する弔意. Croyez à toute ma ~. 心からお悔み申し上げます.
4〖生理〗交感.
5〖古〗心的類縁性.

sympathique *a.* **1** (人・態度などが)感じのよい, 好感がもてる, 感じのいい (物事が)気持のいい, 楽しい(省略表現 sympa). caractère (personnage) ~ 好感がもてる性格(人柄). comportement ~ 好ましい態度. plage ~ 心地の良い浜辺. être ~ à *qn* 人に好感をもたれる. trouver *qn* (*qch*) ~ 人(何)を好ましく思う.
2〖やや古〗(人・物事に)好意的な. sentiments ~s 好意的感情. se montrer ~ à la candidature de *qn* 人の立候補に好意的な意向を示す.
3 共感の；〖文〗心的類縁性の；〖古〗(他の物と)類縁関係にある. liens ~s 共感的絆.
4〖古〗(薬などが)交感により作用する. médecin ~ 交感医療師. poudre ~ 交感性粉薬.〖現用〗encre ~ あぶり出しインク.
5〖医〗交感性の；交感神経の；〖広義〗自律神経系の (=orthosympathique). ganglion ~ 交感神経節.〖古〗nerf grand ~ 交感神経. système nerveux ~ 交感神経系. ophtalmie ~ 交感性眼炎.
——*n.m.*〖解剖〗交感神経 (=grand ~).

sympathisant(e) *a.* (党派・教説等に)共鳴する.
——*n.* シンパ, 共鳴者. ~ du parti communiste 共産党のシンパ.

sympathoblastome *n.m.*〖医〗交感神経芽細胞腫 (=sympathome).

sympatholytique *a.*〖薬〗交感神経遮断作用のある. agent ~ 交感神経遮断薬, 交感神経抑制薬 (=agent antiadrénergique).
——*n.m.*〖薬〗交感神経遮断剤 (=agent ~).

sympathome *n.m.*〖医〗交感神経芽細胞腫, 神経芽細胞腫 (=neuroblastome)(腹部悪性腫瘍).

sympathomimétique *a.*〖生理〗交感神経興奮性の, 交感神経作動性の (=adrénergique).
——*n.m.*〖薬〗交感神経興奮剤 (=agent ~).

sympatrique *a.*〖環境〗(生物が)同所性

の，同所的な《近縁種が交雑せず同一生活圏biotopeに棲息すること》.

symphonie n.f. **1**〖音楽〗交響曲，シンフォニー. ~ concertante 協奏交響曲. la S~ *fantastique* de Berlioz ベルリオーズの『幻想交響曲』(1830年). la S~ *inachevée* de Schubert シューベルトの『未完成交響曲』(1822年). la S~ *pathétique* de Tchaïkovsky チャイコフスキーの『悲愴交響曲』(交響曲第6番；1893年). les neuf ~s de Beethoven ベートーヴェンの9つの交響曲.
2〔比喩的〕総合的調和；調和のとれた総体；調和のとれた組合せ. ~ de gueule 調和のとれた料理. ~ olfactive 嗅覚的調和.
3〔文〕*La S~ pastorale* de Gide ジッドの『田園交響曲』(小説；1919年).

symphonique a. **1**〖音楽〗交響曲の；交響曲用の；交響曲的な. concert ~ 交響曲演奏会. orchestre ~ 交響楽団. poème ~ 交響詩. musique ~ 交響曲的音楽(musique de chambre「室内楽」の対).
2〔比喩的〕調和のとれた.

symphoniste n.〖音楽〗**1** 交響曲作曲家. **2** 交響曲の演奏者；交響楽団員. **3**〔古〕作曲家.

symphysaire a.〖解〗結合性の；〖医〗漿膜癒合性の.

symphyse n.f. **1**〖植〗合生，癒合.
2〖解剖・医〗(繊維軟骨)結合〔線〕. ~ *pubienne* 恥骨結合.
3〖医〗(病的な)癒合，漿膜癒着(癒合). ~ *cardiaque* 心臓漿膜癒着. ~ *pleurale* 胸膜癒合；(治療法としての)胸膜癒合術.

symplectique a.〖生〗抱合する，抱合性の.

symposium [sɛpɔzjɔm] n.m. **1** シンポジウム. **2** 同一テーマの論集. **3**〖古代ギリシア〗饗宴の第二部(酒を酌み交わして談笑する).

symptomatique a. **1**〖医〗症候的な，徴候的な，症状を示す；症状に関する；対症的な. analyse ~ 症状の分析. anémie (épilepsie, psychose) ~ 症候性貧血(癲癇，精神病). douleur (fièvre) ~ 症候的痛み(発熱). guérison ~ 症状の消失. maladie ~ 症候性疾患(症状のある疾患). traitement ~ 対症療法.
2〔比喩的〕(現象・事件などの)徴候を示す，前兆となる.

symptomatologie [sɛptɔmatɔlɔʒi] n.f.〖医〗**1** 症候学(=sémiologie).
2〔誤用〕〔集合的〕症候. ~ d'une maladie 病気の症候.

symptôme n.m. **1**〖医〗症状，徴候，症候. ~s *subjectifs* (*objectifs*) 自覚(他覚)症状. présenter des ~s de pneumonie 肺炎の症状を呈する.
2〔比喩的〕兆し，前兆，徴候. ~ d'inflation (de révolution) インフレ(革命)の兆し.

synagogue n.f. **1**〖宗教〗シナゴーグ，ユダヤ教会堂. rabbin d'une ~ ユダヤ教会のラビ.
2 ユダヤ教徒；ユダヤ教.
3〖史〗ユダヤ教徒の集合祈禱所；ユダヤ教徒の共同体.

synallagmatique a.〖法律〗双務的な，相互義務の. contrat ~ 双務契約. convention ~ 双務協約.

synapse n.f.〖生理・医〗シナプス(神経細胞相互間あるいは神経細胞と他の細胞との間の接合部). ~ *chimique* 化学シナプス. ~ *électrique* 電気シナプス. ~ *inhibitrice* 抑制性シナプス.

synaptique a.〖生理・医〗シナプスの. plasticité ~ シナプス可塑性. potentiel ~ シナプス電位. vésicule ~ シナプス小胞.

synarchie n.f.〖政治〗共同支配体制，集団指導体政，連立政権.

synarthrose n.f.〖解剖〗不動関節，不動結合. **2**〖医〗関節癒合〔症〕.

synchondrose n.f.〖解剖〗軟骨結合.

synchorologie n.f.〖生態〗動植物共存分布学.

synchrocyclotron n.m.〖物理〗シンクロサイクロトロン.

synchrone a. **1** 同時の，同時性の，同時に起こる；〔話〕同時に行動する. mouvements ~s 同時運動.
2〖電・工・情報処理〗同期性の. électronique *numérique* ~ 同期ディジタル電子工学. moteur ~ シンクロナスモーター，同期電動機. satellite ~ 同期衛星，静止衛星(= satellite géosynchrone).

synchronie n.f. **1**〖言語〗共時態，共時性(diachronie「通時態，通時性」の対)；共時論. **2** 同時性(=simultanéité).

synchronique a. **1**〖言語〗共時的な(diachronique「通時的な」の対). linguistique ~ 共時的言語学.
2〖史〗tableau ~ 共時対照年表.

synchronisation (<synchroniser) n.f. **1** 同調，同期作動；〖電〗同期〔化〕，同期操作；〖自動車〗シンクロメッシュ(ギヤの同調嚙み合い装置)；〖映画〗同時録音，シンクロナイズ(略称 syncho). ~ de l'image en télévision TV の映像同調.〖映画〗~ des images avec le son 映像との同時録音.〖写真〗vitesse de ~ (フラッシュ発光の)同調シャッタースピード，シンクロシャッタースピード.
2 同時録音係.

synchronisé(e) a. 同期化した，同調した，シンクロの；同時進行の. feux de signalisation ~e 同調化信号.〖写真〗flash ~ シンクロ・フラッシュ. natation ~e シンクロナイズド・スウィミング.〖自動車〗vitesse ~e フルシンクロの変速ギヤ.

synchroscope n.m.〖電〗シンクロスコープ，同期検定器.

synchrotron n.m.〖物理〗シンクロト

syncinésie ロン. ~ à électrons 電子シンクロトロン. ~ à protons 陽子シンクロトロン, プロトンシンクロトロン.

syncinésie *n.f.* 〖医〗連合運動. ~ coordinnative 協調性連合運動.

synclinal (ale) *(pl.aux) a.* 〖地学〗向斜の (anticline「背斜の」の対). pli ~ 向斜性褶曲.
—*n.m.* 〖地学〗向斜.

synclitisme *n.m.* 〖医〗(分娩の際の児頭の) 正軸進入, 正軸位.

syncopal (ale) *(pl.aux) a.* 〖医〗失神 (syncope) の (に関する), 失神性の. fièvre ~ ale 失神熱.

syncope *n.f.* **1** 〖医〗失神；気絶, 人事不省. avoir une ~, tomber en ~ 失神する, 気絶する. ~ respiratoire 気絶.
2 〖音楽〗シンコペーション, 切分法.
3 〖言語〗語中音の省略 (*ex.* petit → p'tit, dénouement → dénoûment).

syncrétique *a.* **1** 〖哲〗諸説(諸流派)混淆の；〖宗教〗諸教混淆の.
2 〖心〗混沌性の, 混同心性の. complexes ~s 混沌性コンプレックス.

syncrétisme *n.m.* **1** 〖哲・宗教〗シンクレティスム, 諸説(諸派)混淆, 諸教混淆.
2 〖民族学〗異文化の融合.
3 〖心〗混沌性, 混同心性.

syncrétiste *a.* 〖哲〗諸説混淆主義の, 諸流派混淆主義の；〖宗教〗諸教混淆主義の. doctrine ~ 諸説(教)混淆主義の理論. philosophe ~ 諸説(諸派)混淆主義哲学者. secte ~ 諸教混淆主義的宗派.
—*n.* 〖哲〗諸説(諸流派)混淆主義者；〖宗教〗諸教混淆主義者.

syncytium, syncitium [-tjɔm] *n.m.* 〖生〗融合細胞, シンシチウム (2個以上の細胞が融合した多核体).

syndactylie *n.f.* 〖医〗合指(症)；〖獣医〗癒合蹄.

syndic [-k] *n.m.* **1** 事務管理者；組合理事. ~ de copropriété 共同区分所有の管理者；集合住宅の管理組合理事. 〖法律・旧〗~ de faillite 破産管財人 (〖現行〗administrateur judiciaire「裁判所選任管理人」, mandataire judiciaire à la liquidation des entreprises「企業清算における裁判所選任管理人」). 〖法律・旧〗~ de règlement judiciaire (裁判上の) 清算管理人 (〖現行〗représentant des créanciers「債権者代表者」, administrateur judiciaire「裁判所選任管理人」). 〖海〗~ de gens de mer 海員登録管理官. ~ d'une chambre d'avoués 代訴人組合理事. ~ d'une chambre de discipline 懲戒委員会の訴訟代理委員. ~ de la chambre syndicale des agents de change 有価証券仲買人組合理事.
2 〖史〗(共同体) 代表；(旧体制下での) 住民 (ギルド) 総代.
3 〖スイス〗市町村住民総代.

syndical (ale) *(pl.aux) a.* **1** 同業組合の. chambre ~ ale 同業使用者団体；経営者団体 (=syndicat patronal).
2 職業組合の；(特に) 労働組合の. action ~ ale 組合活動；組合の集合的訴権. 《Tout homme peut défendre ses droits et intérêts par l'action ~ ale, adhérer au ~ de son choix.》「すべての人は組合活動によって自らの権利と利益を守ること, および自らの選択に基づき組合に加入することができる」(1946年の憲法条文). délégué ~ 組合代表. droit ~ 組合法；労働者の団結権. liberté ~ ale 組合結成の自由. section ~ ale d'entreprise 企業内労働組合支部.

syndicalisation *n.f.* 組合の組織化；組合員化. campagne de ~ 組合加入キャンペーン. taux de ~ 組合加入率.

syndicalisme *n.m.* **1** 組合体制. ~ agricole 農業組合体制.
2 組合主義；労働組合主義.
3 組合活動. faire du ~ 組合活動をする.

syndicaliste *a.* **1** サンディカリスムの.
2 組合の, 労働組合の. dirigeant ~ 組合指導者. mouvement ~ 労働組合運動.
—*n.* **1** サンディカリスム信奉者；組合主義者. **2** 組合活動家, 組合の闘士.

syndicat *n.m.* **1** (同業者の) 組合. ~ agricole 農業組合. Fédération nationale des ~s d'exploitants agricoles 農業経営者組合全国連盟 (略記 FNSEA). ~ de copropriétaires 共同(区分)所有者管理組合. ~ de propriétaires 地主組合.
2 職業組合 (= ~ professionnel)；労働組合 (= ~ ouvrier)；組合. 〖話〗~ maison 御用組合. ~ mixte 労使混合組合. ~s patronaux 使用者(経営者)団体. ~s professionnels 職業組合 (労働組合と使用者団体の双方を含む；association professionnelle). ~ représentatif 代表性組合. adhérents (militants, permanents) d'un ~ 労組の組合員 (活動家, 専従者). Confédération des ~s libres 自由労働組合連合, 自由労連 (略記 CSL). Confédération européenne des ~s ヨーロッパ労働組合連合 (略記 CES). Conseil européen des ~s de police 警官労働組合ヨーロッパ評議会 (略記 CESP). Fédération de ~s 職業組合産業別連合 (同一職業または同一産業部門を代表する職業組合の連合体)；組合連合. Union nationale des ~s autonomes 独立労働組合全国連合 (略記 UNSA).
3 協会；協議会. ~ d'initiative 観光協会；観光案内所.
4 〖商業〗財政組合 (= ~ financier；~ d'émission). ~ de placement 投資組合.
5 〖行政〗(広域行政のための) 組合. ~ communautaire d'aménagement 広域 (都市) 整備共同体組合. ~ de communes 市町村組合 (複数の市町村が共同して道路や水道の建設, ゴミ処理などの事業を行なう組織). ~ de

gestion forestière 森林管理組合. ~ intercommunal à vocation unique 単一事業市町村組合 (略記 Sivu).
6 〚海〛海員登録区 (海員登録主任 syndic de gens de mer の管轄区).

syndicataire *a*. **1** 共同所有者組合 (= syndicat de copropriétaires) の, 地主組合 の. **2** 金融シンジケート (= syndicat financier) の, 財務評議会の.
——*n*. **1** 共同所有者組合員. **2** 金融シンジケート構成員.

syndication *n.f.* シンジケートの組織構築. シンジケート化.

syndiqué(e) *a*. 労働組合加盟の. ouvrier (ère) ~(e) 組合加盟労働者 (工員).
——*n*. 労働組合員.

syndrome *n.m*. **1** 〚医〛症候群, シンドローム. ~ de Down ダウン症候群, モンゴリスム, 蒙古症. ~ de la classe économique エコノミークラス症候群, ロングフライト血栓症. ~ d'immunodéficience 免疫不全症候群. ~ néphrotique ネフローゼ症候群. ~ prémenstruel 月経前症候群. ~ respiratoire *a*igu *s*évère 重症急性呼吸器症候群, 鳥インフルエンザ (略記 SRAS = 〚英〛 SARS : Severe Acute Respiratory Syndrome).
2 〔比喩的〕一連の徴候; 一定の行動様式. ~ du Viet-Nam ヴェトナム戦争症候群. 〚経済〛 ~ inflationniste インフレ症候群.

synéchie *n.f.* 〚医〛癒着〔症〕, シネシア. ~s utérines 子宮癒着症.

synérèse *n.f.* **1** 〚化〛離液, シネレシス. **2** 〚音声学〛合音 (2つの連続母音を1音節に縮めること; diérèse の対).

synergie *n.f.* 相乗効果; (薬物の) 協力作用, 併用効果; 〚生理〛(複数の器官の) 連合作用. ~ médicamenteuse 〚医・薬〛薬物協力作用, 薬物の相乗作用.

synesthésie *n.f.* 〚心・医〛共感覚.

synode *n.m.* **1** 〚カトリック〛教区会議. ~ épiscopal 司教会議. ~ diocésain 司教区会議.
2 〚プロテスタント〛牧師会議.
3 le Saint-~ (ロシア正教の) 宗教院.

synodique *a*. **1** 〚天文〛朔望の. année ~ 朔望年. mois ~ 朔望月, 太陰月. période ~ 会合周期.
2 〚キリスト教〛教区 (教会) 会議 (synode) の; 〔古〕公会議の. lettres ~s 公教会文書 (欠席した司教に送付される).

synonyme *a*. 〚言語〛 (de と) 類義の, 同義の (antonyme 「反義の」の対).
——*n.m*. 類義語, 同義語 (= mot ~, terme ~). dictionnaire des ~s 類語辞典.

synopsie *n.f.* 〚心・医〛色聴, 視覚的聴覚共感.

synopsis [sinɔpsis] *n.f.* (時に *n.m*.) 要覧, 一覧, 摘要.
——*n.m.(f.)* 〚映画〛シノプシス, 筋書, あらすじ; 概要, 梗概.

synoptique *a*. 要覧の, 一覧の, 摘要的な; 〚キリスト教〛共観的な, 共観福音書の; 〚気象〛総観的な. carte ~ 天気図 (= carte météorologique). météorologie ~ 総観気象学. tableau ~ 一覧表.
——*n.m.pl*. 共観福音書 (= Evangiles ~s) (『ヨハネの福音書』を除く3福音書).

synoptiscope *n.m.* 〚医〛〚商業〛シノプチスコープ (大型弱視鏡).

synoptose *n.f.* 〚解剖〛骨結合; 〚医〛骨癒合〔症〕.

synostose *n.f.* 〚解剖〛骨結合; 〚医〛骨癒合症. ~ vertébrale 脊椎癒合症.

synovectomie *n.f.* 〚医〛滑膜切除〔術〕.

synovial (ale) (*pl. aux*) *a*. 〚解剖・医〛 滑液の, 滑液を分泌する (含む); 滑膜の. brides ~ales 滑膜繋帯. liquide ~ale 滑液 (= synovie). membrane ~ale 滑膜 (= synoviale). sarcome ~ 滑膜肉腫.
——*n.f.* 滑膜 (= membrane ~ale).

synovie *n.f.* 〚解剖・医〛滑液 (= liquide synoviale).

synoviorthèse *n.f.* 〚医〛滑膜矯正治療術.

synovite *n.f.* 〚医〛滑膜炎.

syntagme *n.m.* 〚言語〛統合, 連辞, シンタグマ (言表中の2つ以上の単位の連合体). ~ adjectival (nominal, prépositionnel, verbal) 形容詞 (名詞, 前置詞, 動詞) 句.

synthèse *n.f.* **1** 総合 (analyse「分析」の対); 統括, 概括. esprit de ~ 総合的精神. faire une ~ de la situation 状況の総括をする. ~ historique 歴史的総括.
2 〚弁証法〛総合 (thèse「テーゼ」, antithèse「アンチテーゼ」の止揚).
3 〚心〛総合. ~ mentale 精神的総合.
4 合成. 〚TV〛 ~ additive trichrome 三色加色合成. ~ de sons 音の合成. 〚化〛 ~ multistades 多段階合成. ~ musicale (シンセサイザーによる) 音響合成. 〚生〛 ~ protéique 蛋白質合成. 〚写真・印刷〛 ~ soustractive trichrome 三色減色合成. ~ totale (partielle) 完全 (部分的) 合成.
faire la ~ d'un composé organique 有機化合物を合成する. images (sons) de ~ 合成映像 (音). produit de ~ 合成製品, 合成品 (= produit synthétique).

synthétase *n.f.* 〚化〛合成酵素, シンテターゼ.

synthétique *a*. **1** 総合的な, 総括的な (analytique「分析的な」の対). exposé ~ 総括的報告. jugement ~ 総合的判断. 〚言語〛langue ~ 総合的言語.
2 〚化〛合成の, 合成的な (naturel「天然の」の対). caoutchouc ~ 合成ゴム. fibres ~s 合成繊維. musique ~ 合成音楽 (合成音による音楽). résine ~ 合成樹脂.

——*n.m.* 合成物；合成繊維；合成樹脂.
synthétiseur [sɛ̃tetizœr] *n.m.* **1**〖音響〗シンセサイザー，電子音響合成装置（略称 synthé）. ~ de parole 音声合成装置. **2** 電子式合成装置. ~ d'images (TV の) 電子式映像合成装置.
syntoniseur *n.m.* 〖音響〗チューナー（[英] tuner に対する公用推奨語）.
syphilide *n.f.* 〖医〗梅毒疹.
syphilis [sifilis] *n.f.* 〖医〗梅毒. ~ acquise 後天〔性〕梅毒. ~ congénitale 先天〔性〕梅毒. séro-réaction du ~ 梅毒血清反応.
syphilitique *a.* 〖医〗**1** 梅毒性の. aortitite ~ 梅毒性大動脈炎. chancre ~ 梅毒腫. **2** 梅毒にかかった.
——*n.* 梅毒患者.
syphygmographe *n.m.* 〖医〗脈波計.
SYRACUSE (= système de radio communication utilisant un satellite) *n.m.* 〖通信〗衛星利用無線通信システム，シラキューズ.
syrah *n.f.* 〖農〗シラー（赤葡萄酒用の葡萄の品種；Côtes-du-Rhône などで多く栽培される）.
Syrano (= Système robotisé (de reconnaissance et) d'aquisition de cibles pour la neutralisation d'objectifs) *n.m.* 〖軍〗シラノ，軍事目的無力化のための標的(の偵察と)捕捉ロボット・システム（偵察ロボット装甲車）.
syriaque *n.m.* 〖言語〗古典シリア語.
——*a.* 古典シリア語の. langue ~ 古典シリア語.
Syrie(la) *n.pr.f.* ［国名通称］シリア（公式名称：la République arabe syrienne シリア・アラブ共和国；国民：Syrien(ne)；首都：Damas ダマスカス (Damascus)；通貨：livre syrienne [SYP]）.
syrien(ne) *a.* シリアの，シリア・アラブ共和国の；シリア教会の. intervention ~ne au Liban シリアのレバノン介入. livre ~ne シリア・ポンド.
——*S~ n.* シリア人；シリア教会信徒.
——*n.* 〖言語〗シリア語（現代アラビア語のシリア方言）.
syringome *n.m.* 〖医〗汗管腫（皮膚の良性腫瘍）.
syringomyélie *n.f.* 〖医〗脊髄空洞症，延髄空洞症. ~ du gliome 神経膠腫性脊髄空洞症.
Syrte (= Système de Référence Temps-Espace) *n.m.* 時空座標系. ~ de l'Observatoire de Paris パリ天文台の時空座標系（時間と空間の基準体系）.
SYSIC (= système informatisé de commandement) *n.m.* 〖軍〗コンピュータ化指揮システム.
systématicien(ne) *a.* システム理論の. ingénieur ~ システム・エンジニア.
——*n.* システム理論専門家.

systématique *a.* **1** 体系的な，系統的な，規則的な.〖医〗affections ~s 系統疾患. classement ~ 体系的分類. esprit ~¹ 体系的な精神〔の持主〕.〖医〗lésion ~ 系統的病変. raisonnement ~ 系統的推理.
2 組織的な；計画的な；断固とした. exploitation ~ 組織的開発. refus ~ 断固とした拒否. travail ~ 計画的労動.
3〘蔑〙型にはまった，融通のきかない. esprit ~² 教条主義的精神〔の持主〕. opinion ~ 型にはまった意見. soutien ~ à une politique 教条的政治支持.
——*n.* 融通のきかない人；教条的な人.
——*n.f.* **1**〖生〗分類学. **2** 体系；体系論.
systématisation (<systématiser) *n.f.* **1** 体系化；組織化.
2〖精神分析〗~ d'un délire (délirante) 譫妄の系統化.
systématisé(e) *a.p.* 体系化された；系統立てられた.〖医〗délire ~ 体系妄想.
système *n.m.* **1** 体系，体系的理論；学説. ~ astronomique de Copernic コペルニクスの地動説. ~ de Newton ニュートンの学説. ~ dogmatique 独断的教理. ~ linguistique 言語体系. ~ philosophique 哲学体系. esprit de ~¹ 体系的精神.
2 体系的思考方法. esprit de ~² 型にはまった考え方〔の持主〕. par ~ 先入観をもって；頑固に.
3 組織的方法（方式，手段）；〘話〙巧妙な手段,手練手管.〖会計〗~ centralisateur 中央集約方式.〘話〙~ D 要領のよい（抜け目のない）やり方 (D: débrouillard). ~ de défense d'un accusé 被告の弁護手段. ~ de vie 生活方式，生き方.〖経済〗spécialiste en ~ システムアナリスト.
4 組織；制度，体制. ~ d'enseignement 教育制度. ~ féodal 封建制度. ~ monétaire européen ヨーロッパ通貨制度（略記 SME). ~ social 社会体制. être dans le ~ 体制に組み込まれている.
5 機構，装置；システム. ~ d'armes 兵器システム. ~ d'éclairage 照明装置.〖電算〗~ d'exploitation オペレーティングシステム, OS.〖電算〗~ de gestion de base de données データベース管理システム（略記 SGBD). ~ de sécurité 安全システム（機構）. ~ électronique 電子システム.
6〖海〗可動オール受け.
7〖理・天文・地学〗系；〖解剖・生理〗系統；〖生〗系統的分類法；〖精神分析〗系，心的体系.〖生〗~ de Linné リンネの分類法.〖地学〗~ de vecteurs ヴェクトル系.〖地学〗~ dévonien デヴォン系.〖解剖〗~ nerveux 神経系統.〖気象〗~ nuageux 雲系；雲の分布.〖解剖〗~ respiratoire 呼吸器系統.〖天文〗~ solaire 太陽系.〘話〙courir (porter, taper) sur le ~ (人を) いらいらさせる.
8〖度量〗法；単位系 (= ~ d'unités). ~ CGS CGS (センチ・グラム・秒 centimètre,

systémique *a.* **1** システムに関する. **2**〖解剖・生理・医〗(血液の)大循環の, 体循環の；全身性の；全体性の. circulation ～ 大循環(=grande circulation), 体循環.〖農〗insecticide ～ 浸透性殺虫剤(植物全体に浸透する殺虫剤).〖医〗mycose ～ 全身性真菌症.〖医〗sclérose ～ 全身性硬化症.
—— *n.f.* システム理論；システム工学.

systole *n.f.*〖生理〗〔心〕収縮〔期〕.

systolique *a.*〖医・生理〗〔心〕収縮期(systole)の. bruit ～ 収縮期心雑音, 初雑音(=premier bruit). hypertension ～ 収縮期高血圧. pression ～ 収縮期血圧, 最大血圧. souffle ～ 収縮期心雑音.

syzygie *n.f.*〖天文〗シズゾー(惑星又は月の合・衝), 朔望.

T

T¹, t¹ *n.m.inv.* **1** フランス語字母の第20字. *t* euphonique 諧音のt (y a-t-il などの t).
2 T字形〔のもの〕. *T-shirt* Tシャツ. *règle en T* T 定規. *en T* T形の.〖料理〗*os en T* Tボーン〔・ステーキ〕.

T.²〖略記・略号〗**1**〖数〗*t*éra- テラ (10^{12}).
2〖物理〗*t*esla テスラ《磁束密度のMKSA単位》.
3〖物理〗*t*empérature absolue 絶対温度.
4〖化〗*t*ritium トリチウム, 三重水素《元素記号》.
5〖音楽〗*t*énor テノール;*t*utti トゥッティ, 総奏.
6〖英〗〖話〗*t*ea マリファナ.

t.²〖略記・略号〗**1** *t*emps 時間.
2 *t*ome《書物の》巻.
3〖度量〗*t*onne トン.
4〖音楽〗*t*empo テンポ.
5 *t*our 回転. *vitesse de rotation de 100 t/s soit 6000 t/min* 1秒100回すなわち1分6000回の回転速度.

T3 (=*t*riiodothyronine) *n.f.*〖生化〗トリヨードチロニン《甲状腺ホルモン》.

T4¹ (=*t*étraiodothyronine) *n.f.*〖生化〗トリヨードチロニン, サイロキシン, チロキシン (=thyroxine)《甲状腺ホルモン》.

T4² *n.f.*〖生〗T4細胞 (=*c*ellule ~;*c*ellule T CD4) (T は thymus「胸腺」に由来;CD4 は細胞表面に CD4 抗原を発現しているリンパ球亜群の意;CD4 陽性化細胞はエイズの病原であるヒト免疫不全ウイルス HIV の感染細胞;〖英〗helper T cell with CD4). *Un taux de ~ inférieur à 200 est un critère de l'atteinte sidéenne.* T4細胞率200未満がエイズ感染を示す基準値である《350 未満とする説もある》.

T4M ⇒ **TMMMM**

T.120 (=*t*erminaux pour les services télématiques 120) *n.m.pl.*〖情報通信, 電算〗T.120 規格《国際電気通信連合電気通信標準化部門 (ITU-T) による規格;パソコンを使用した多地点データ会議のための国際プロトコル》.

T.807 (=*t*erminaux pour les services télématiques 807) *n.m.pl.*〖情報通信・電算〗T.807 規格《国際電気通信連合電気通信標準化部門 ITU-T による規格;映像の機密保持式 JPEG 2000 による暗号化通信の国際プロトコル》.

Ta (=*t*antale) *n.m.*〖化〗「タンタル」の元素記号.

TAA (=〖英〗*t*umor-*a*ssociated *a*ntigen) *n.f.*〖医〗腫瘍関連抗原 (=〖仏〗antigène associée à tumeur).

TAAF (=*T*erres *a*ustrales et *a*ntarctiques *f*rançaises) *n.f.* フランス南極圏・南極大陸領土《海外領土》.

TAB (=*t*yphoïde-paratyphoïdique *A* et *B*) *a.inv.*〖医〗A型・B型チフス・パラチフス用の. *vaccination ~* A型・B型チフス・パラチフス・ワクチン接種. *vaccin DT-~* ジフテリア・破傷風・A型・B型チフス・パラチフス混合ワクチン.

tabac [taba] *n.m.* **1**〖植〗タバコ. *culture du ~* タバコ栽培. *feuilles de ~* タバコの葉. *plantation de ~* タバコ栽培農園. *Fédération nationale des producteurs de ~* 全国タバコ生産者連盟《略記 FNPT》.
2《喫煙用の》タバコ, 煙草《乾燥させたタバコの葉》;パイプ・タバコ, 刻みタバコ. *~ brut* 葉タバコ. *~ à chiquer (à mâcher)* 噛みタバコ. *~ 〔de poudre〕 à priser* 嗅ぎタバコ. *~ blond* ブロンド《黄金色》の葉タバコ《火力乾燥;goût américain「アメリカ風味」, goût anglais「イギリス風味」, 軽口;cigarette blonde の原料》. *~ brun* 黄褐色の葉タバコ《天日乾燥;goût français「フランス風味」, 濃口》. *~ clair* 淡黄色の葉タバコ《アメリカ風味;軽口》. *~ d'Orient* オリエント葉タバコ《淡黄色, 天日乾燥, 濃口》. *~ noir* タバ・ノワール, 黒タバコ《天日または火力乾燥;フランス風味, 濃口》. *~ dénicotinisé* 脱ニコチン・タバコ. *~ fort (faible)* 濃口 (軽口) のタバコ.
abus du ~ タバコの濫用, タバコ中毒 (=tabagisme). *bureau (débit) de ~* タバコ小売店, タバコ屋. *contrebande de ~* タバコの密輸. *fumée de ~* タバコの煙, 紫煙. *Société national d'exploitation industrielle des ~s et des allumettes*《フランスの》タバコ・マッチ国有会社《略称 SEITA;1926 年設立の旧 Service d'exploitation industrielle de tabacs et allumettes を 1980 年国営会社に改組;略称はそのまま維持》. *taux de mortalité attribuable au ~* タバコが原因と考えられる死亡率.
〖話〗*Ce n'est pas le même ~.* 大違いだ. 〖話〗*du même ~* 同種の.
3 *les T~s* フランス・タバコ・マッチ専売公社 (国有会社)《SEITA の略称》.
4 タバコ小売店 (=*b*ureau de ~;*d*ébit de ~). *aller au ~* タバコ屋に行く. *café (bar)-~* タバコ小売兼業カフェ《バー》. *la*

carotte (enseigne) du ~ タバコ屋の標識．
──*a.* タバコ色(黄茶褐色)の．couleur ~ タバコ色(=couleur de ~)．

tabac-journaux-jeux *n.m.* タバコ・新聞・ゲーム関連商品販売店．

tabacologie *n.f.*〚医〛タバコの人体に及ぼす影響の研究．

tabacomanie *n.f.* 喫煙嗜癖．

tabacul*teur*(*trice*) *n.*〚農〛タバコ(煙草)栽培者，タバコ栽培農家．

tabaculture *n.f.*〚農〛タバコ栽培．

tabagie *n.f.* **1** タバコ臭い場所，タバコの煙のたちこめる場所；タバコを吸いまくること．Quelle ~ ! 何てタバコ臭いんだ！
2〚カナダ〛タバコ屋(=bureau de tabac)(タバコのほか，飲物，新聞雑誌，文具などを扱うことあり)．
3〚古〛喫煙室．
4 タバコ入れ，喫煙具ケース．

tabagique *a.*〚医〛タバコ(煙草)中毒(=tabagisme)の．intoxication ~ タバコ中毒．
──*n.* タバコ中毒者．

tabagisme *n.m.*〚医〛タバコ(煙草)中毒，タバコ依存症；ニコチン中毒(=nicotinisme)．

tabatière *n.f.* **1** 嗅(か)ぎタバコ入れ．
2〚建築〛突上げ屋根窓(=fenêtre à ~)．ouvrir (fermer) la ~ 突上げ屋根窓を開ける(閉める)．
3〚解剖〛~ anatomique 親指を反らしたとき親指基部の背面にできる窪み(嗅ぎタバコをのせることに由来)．

TABDT (=la typhoïde, les paratyphoïdes *A* et *B*, la *d*iphtérie et le *t*étanos). vaccin ~ チフス，パラチフスA型・B型，ジフテリア，破傷風ワクチン．

tabernacle *n.m.* **1**(古代ヘブライ人の)野営用幕屋．*T* ~ 聖櫃(せいひつ)用幕屋．fête des *T~s* (ユダヤ教の)幕屋祭．
2〚カトリック〛(聖体用の)聖櫃．
3〚工〛地下バルブ用マンホール．

tabès [-s] *n.m.*〚医〛癆(ろう)．~ dorsal 脊髄癆．~ mésentérique 腸間膜癆．

tabétique *a.*〚医〛癆の，癆性の．
──*n.* 癆患者．

tablar〔d〕[スイス] *n.m.* 棚；重ね棚，陳列棚，飾り棚(=étagère, rayonnage)．

table *n.f.* Ⅰ (卓，机) **1** 机，テーブル，台．~ à dessin 製図台．~ à écrire 書き物机, 文机．~ à jouer (de jeux) 賭博台，ゲーム・テーブル．~ à repasser アイロン台．~ basse (haute) 低い(高い)机．~ de billard 玉突(ビリヤード)台．~ de bois 木机．~ de chevet 枕元の小卓．~ de cuisine 調理台．~ d'école 教室机(=pupitre)．~ de jardin 庭のテーブル．~ de montage 組立用の机．~ de nuit ナイト・テーブル．~ de ping-pong ピンポン台．~ de toilette 化粧台．~ de travail 事務机；作業台．~-évier 流し台．~ pliante 折畳み式テーブル．~ ronde¹ 丸いテーブル．~ roulante キャスター付のワゴンテーブル．
2 食卓(=~ [de salle] à manger)；食事．~ d'honneur (宴会の)主賓席．bas (haut) 〔bout〕 de la ~ 食卓の下座(上座)．~ d'hôte 定食用のテーブル．de ~ 食卓用の；食用の；食事の．heure de ~ 食事時間．linge de ~ 食卓用布製品(nappe「テーブルクロス」，serviette「ナプキン」など)．mets servis à ~ 食卓に出される料理．places côte à côte (face à face) à ~ 食卓で横並び(向かい合わせ)の席．propos de ~ 食卓の座談．raisins de ~ 生食用葡萄(chasselas など)．service de ~ 食卓のサービス．ustensiles de ~ 食卓用食器類(assiettes, couteaux, cuillers, fourchettes, vaissel など)．vin de ~ テーブルワイン(日常飲む安価な葡萄酒)．
être à ~ 食卓についている；食事中である．À ~ ! 食卓につきなさい(つこう)！；食事ですよ！mettre (dresser) la ~ 食卓の準備をする．quitter la ~ (食事中に)中座する．reserver (retenir) une ~ au restaurant レストランでテーブルを予約する．~ reservée (retenue) 予約席(テーブル)．se lever (sortir) de ~ (食事を終えて)席をたつ，食卓を離れる．se mettre à ~ 食卓につく；〚比喩的〛口を割る．tenir ~ ouverte 誰彼の差別なく饗応する．
3 料理(=mets servis à ~)；美食(=bonne ~; gastronomie). plaisirs de la ~ 美食の歓び．aimer la [bonne] ~ 美食を好む；食いしん坊である．
4 食卓を囲む一同；会食者(=tablée)．~ de famille 会食する家族．~ gaie 賑やかな会食者．Toute la ~ a ri. 食卓を囲む皆が笑った．
5 会議用のテーブル．faire un tour de ~ 出席者の意見をひと通り聴取する．~ ronde² 円卓；円卓会議．〚文史〛la *T* ~ ronde アーサー王とその騎士たちが座った円卓．chevaliers de la *T* ~ ronde 円卓の騎士たち．conférence de la ~ ronde 円卓式会議．organiser une ~ ronde sur l'environement 環境に関する円卓会議を開催する．
6〚教会堂〛台．~ d'autel 祭壇上面．~ de communion 聖体拝領台(=sainte ~)．
7〚宇宙〛~ de lancement (ロケットの)打ち上げ台．
8〚天文〛la *T* ~ テーブル山座．
9〚心霊〛~ tournante ターニングテーブル，こっくりさん．
Ⅱ (盤) **1**〚機器〛盤，板，テーブル，卓．〚電算〛~ de commande 操作盤；トラック・ボール(=〚英〛track ball)．〚料理〛~ de cuisson ホットプレート．〚電算〛~ de décision デシジョンテーブル，意思決定表．~ d'écoute 聴取装置．〚音響〛~ de lecture プレーヤーのターンテーブル．~ de machi-

tableau(x)

ne-outil 工作機械盤. ~ d'orientation (展望台の) 円型方向指示盤. ~ rotative 回転式テーブル.〖電算〗~ traçante 作図装置, プロッター.

2〖音楽〗(楽器の) 共鳴板, 表板 (= ~ d'harmonie). ~ d'harmonie d'un piano ピアノの共鳴板. ~ d'un violon ヴァイオリンの表板.

3〖宝石〗テーブル《カットの頂部の平面》. diamant [taillé] en ~ 平型のダイヤ.

4〖地学〗台地. ~ de roc 岩盤台地. ~ glaciaire 氷河台地.

5〖鉄道〗~ de roulement (レールの) 踏面.

6 刻板 (盤), 書板〖の刻字〗.〖宗教〗les T~s de la Loi 律法の石板《神がモーセに与えた十戒を刻んだ石板》.〖神秘主義〗la T~ d'émeraude エメラルド盤. la Douze T~s à Rome ローマの『十二表法』《古代ローマ最古の成文法》. ~ rase タブラ・ラサ, 白紙状態. faire ~ rase de qch 何を白紙に戻す《御破算にする》.

7〖解剖〗~ externe (interne) des os du crâne 頭蓋円蓋部骨外面 (内面).

Ⅲ (表) **1** 表, 一覧表；(特に) 九九の表 (= ~ de multiplication). ~ alphabétique アルファベット順索引リスト. ~ analytique d'un livre 書物の内容一覧表. ~s astronomiques 天体暦. ~ chronologique 年表. ~ de concordance 語句索引.〖化〗~ de constantes 定 (常) 数表.〖数〗~ de logarithmes 対数表. ~ des matières 目次. ~ de nombres aléatoires 乱数表.〖医〗~ de survie 生命表.〖電算〗~ de symboles 記号テーブル, 記号対照表.〖軍〗~ de tir (射撃諸元を示した) 射表.〖論理〗~ de vérité (推論式の) 真理表.〖化〗~ périodique 周期表 (=tableau périodique).

2〖スポーツ〗(混成競技の) 採点表.

tableau(x) *n.m.* Ⅰ 〖絵画, 画面〗**1** (キャンバス, 板など硬い材料に描かれた) 絵, 絵画；画面, タブロー. ~ à l'huile (à la gouache, au pastel) 油彩 (グアッシュ, パステル) 画, 油絵. ~ abstrait (figuratif, non figuratif) 抽象 (具象, 非具象) 画. ~ de chevalet イーゼルで描ける程度の大きさの絵. ~ de maître 名匠の描いた絵. ~ de musée (美術館入りするにふさわしいような) 名画. ~ sur bois (toile) 木 (カンバス) 画《カンバスの種類には paysage 風景, marine 海洋, portrait 肖像がある》. collectionneur de ~x 絵画蒐集家. galerie de ~x 画廊. marchand de ~x 画商. restauration d'un ~ 絵画の修復. Il y a une ombre au ~. 一抹の不安がある, 《全体としてはよいが》一つ具合の悪いところがある. ~ vivant 活人画.〖俗〗vieux ~ 厚化粧の女, みっともない老人.

2 情景, 光景, (絵に描いたような) 場面, 情景描写. faire un ~ optimiste de la situation 明るい見通しを述べる. pour achever le ~ 挙句の果てに.〖話〗Vous voyez d'ici le ~! 想像するだけでも見ものですよ. Le ~ que dresse la presse de la situation en Irak est particulièrement sombre. マスコミが伝えるイラク情勢は極めて暗いものだ.

3〖劇〗景. pièce en 3 actes et 12 ~x 3幕12景の劇.

4 ~ de chasse〖狩〗種類別に並べた獲物；〖比喩的〗戦果. aviateur au brillant ~ de chasse 華々しい戦果を誇る戦闘機乗り.

Ⅱ (板, 盤) **1** (教室の) 黒板. ~ [noir] 黒板《色が白, 緑などでもこの言い方を用いる》. aller au ~ 黒板のところへ行く, 前へ出る；訊問される.

2 ~ d'affichage 掲示板, 広告盤. ~ des arrivées (des départs) (駅の) 到着 (出発) 時刻表.

3 ~ de bord ダッシュボード, 計器盤. ~ des clés (ホテルなどの) 鍵掛け. ~ de commande 操作盤. ~ de contrôle 制御盤. ~ de distribution 配電盤.

4〖古〗賭け金を置く盤. jouer (miser) sur les deux ~x 二股を掛ける, 対立両陣営を共に支援する. gagner sur tous les ~x 全面的に勝利する.

5〖建築〗~ de baie (扉, 窓など開口部の) ふところ, 抱き.

6〖海〗(船舶の) 船名板.

Ⅲ (表, 一覧表) **1** 表, 統計表. voir le ~ 1 表 1 参照. ~ chronologique 年表. ~ d'avancement 昇進予定者名簿.〖学〗~ d'honneur 成績優秀生徒名簿, 表彰者名簿. ~ de l'ordre des médecins (des avocats) 医師会 (弁護士会) 名簿. inscrire au (rayer du) ~ 入会させる (除名する). ~ de prix 価格表.

2〖経済〗表, 一覧表. ~ de bord 主要な景気指標. ~ économique d'ensemble (TEE) (国民経済計算の) 統合勘定. ~ entrées-sorties (TES) 投入産出表.

3〖薬〗~ A, B, C 規制医薬品分類表《毒薬 toxiques, 劇薬 dangereux, 麻薬 stupéfiants をアルファベット順に記載してある》.

tablette *n.f.* **1** 棚板. ~s d'une bibliothèque 書架の棚板.

2 引出し式小テーブル (= ~ à coulisse). ~ à glissière スライド式 (ガイドレール付) 小テーブル. ~ individuelle dans un avion (un train) 旅客機 (列車) の座席の収納式個人用小テーブル. rabattre la ~ d'un secrétaire 書きもの机のスライド式小テーブルをたたむ.

3〖建築〗平板, 平石. ~ d'ardoise スレート板. ~ d'une cheminée マントルピース. ~ de marbre 大理石板. ~ de radiateur ラジエターの上板.

4〖電算〗タブレット, ボード. ~ graphique 描画タブレットグラフィック・ボード (= ~ à numériser).

5 (木, 粘土, 石などの) 書字板 (= ~ à écrire)；メモ板. ~ d'argile 粘土板.〖文〗écri-

re (inscrire) qch sur ses ~s 何を書き留める；記憶に留める；肝に銘ずる．
6 小さな板状のもの． ~ de bouillon 固形ブイヨン． ~ de chocolat 板チョコ． ~ de combustible 固形燃料．
7 〖薬〗錠剤． ~ à avaler 嚥下錠． ~ à sucer 口中錠，トローチ (= trochisque)． ~ sublingual 舌下錠．
8 〖化〗板状結晶．

tableur *n.m.* 〖情報処理〗表作成・表計算・グラフ作成用ソフト (Excel, Lotus 1-2-3 など)．

tablier *n.m.* Ⅰ〔前掛〕**1** 前掛，エプロン． ~ à bavette 胸当てつきの前掛． ~ de boucher 肉屋の前掛． ~ de cuisine 台所用エプロン．
garçon en ~ noir 黒いタブリエ姿のギャルソン． rendre son ~ (奉公人が) お暇をいただく；〖話〗辞職する．
2 (後ボタンの) 上っ張り． ~ d'écolier 小学生の上っ張り (オーヴァーオール)．〔同格〕robe-~ エプロンドレス．
3 (フラン・マソン〔フリーメイスン〕が着用する) エプロン様の前垂れ (= ~ de francmaçon). ceindre le ~ フラン・マソンヌリー(フリーメイスン) 結社員になる．
4 〖料理〗 ~ de sapeur タブリエ・ド・サプール《牛の第2胃を用いたリヨン地方の郷土料理》．
Ⅱ〔保護板・仕切板〕**1** 〖機械〗エプロン (機械部分の保護板)． ~ du chariot (旋盤の) 往復台のエプロン (前垂れ)． ~ de four 暖炉の前面の開閉板． ~ de laminoir 圧延機のエプロン．
2 (自動車の) エンジンと運転室の仕切板 (隔壁，遮断壁)；(スクーターの) 前カウリング，足台；(馬車の) 泥除け．
3 橋床 (= ~ de pont)．
4 〖解剖〗 ~ épiploïque 大網膜 (= épiploon)．
5 (アフリカの) 屋台；屋台の売子．

tabloïd 〔英〕〔商標〕*n.m.* タブロイド版日刊紙 (= tabloïde).〖印刷〗〔同格〕format ~ タブロイド版．

tabou(e) *a.* 〔性数一致をしないこともある〕**1** 〖宗教〗禁忌の，タブーの． forêt ~(e) タブーの森. pratique ~ タブーとされる祭祀行為．
2 禁制の，法度の；〔一般に〕禁止された． sujet ~ 禁制の主題．
3 〔比喩的〕批判を許さない，疑問視できない． institution ~(e) 批判を許さぬ制度．
――*n.m.* 〖ポリネシア〗**1** 〖宗教〗禁忌，タブー，忌み言葉．
2 〔比喩的〕禁制，法度，タブー，禁止． linguistique 言葉上の禁制． ~ sexuel 性的タブー．

tabulaire *a.* **1** 板状の，卓状の．〖地学〗plateau ~ 卓状高原．
2 表 (ひょう) の，表になった． logarithmes

~s 対数表．

tabulateur *n.m.* (タイプライターの) タビュレーター，タブ；(コンピュータの) 作表装置，作表機．

tabulation *n.f.* (タイプライター等の) タブ設定，タブセット． ~ à droite (centrée, décimale) 右揃え (中央揃え, 小数点) タブセット． ~ sur la gauche 左揃えタブセット (= ~ standard 標準タブセット)．

tabulatrice *n.f.* 〖情報処理〗タビュレーター，図表作成装置．

TAC[1] (= *t*omographie *a*xiale *c*omputérisée) *n.f.* 〖医〗コンピュータ断層撮影〔法〕(= scan RX, scanographie, tomodensitométrie)．

TAC[2] (= *t*rain *a*uto-*c*ouchette) *n.m.* 寝台式カートレイン《自動車と共に旅行のできる寝台列車》．

Tac (= *t*otal *a*dmissible de *c*aptures) *n.m.* 〖漁〗漁獲許容総量. le ~ de la morue fixé comme chaque année en décembre例年通り12月に決められる鱈の漁獲許容総量．

tac [tak] *n.m.* 〖俗〗タック (タクシー taxi の俗称)．

TACH (= *t*itre *a*dossé à des *c*réances *h*ypothécaires) *n.m.* 〖経済〗抵当債権付証券 [= 〔英〕MBS: *m*ortgage-*b*acked *s*ecurities)．

tache *n.f.* Ⅰ〔しみ〕**1** しみ． ~ d'encre インクのしみ；〖心〗(ロールシャッハ・テストの) 斑点板，インクブロット． ~ d'huile 油のしみ；〔比喩的〕じわじわ浸透するもの. faire ~ d'huile じわじわ拡がる. faire ~ (sur ~) しみをつける；〔比喩的〕目障りになる．
2 〔比喩的〕しみ, 汚点, 欠点. 〖宗教〗~ originelle 原罪の汚れ. l'Agneau sans ~ 汚れなき子羊 (= Christ). être pur et sans ~ 純潔で汚れがない (処女である). réputation (vie) sans ~ 欠点のない評判 (生涯)．
3 〖話〗つまらぬ人間．
Ⅱ〔斑点〕**1** (皮膚などの) 斑点，斑紋；痣 (あざ). 〖医〗~s auditives 嚢斑. ~s de rousseur (de son) そばかす (= éphélides). 〖医〗~s de vin 葡萄酒斑. 〖解剖〗~ jaune (de l'œil) (眼の) 黄斑 (おうはん). ~s du léopard (de la panthère) 豹の斑点. chien blanc à ~s noirs 黒いぶちのある白犬．
2 〖天文〗~ solaire 太陽の黒点．
3 〖絵〗(タッチの) 色斑；(点描法の) 色点．

tâche *n.f.* **1** 課せられた仕事，課業. ~ pénible つらい仕事. ~ quotidienne 日々の努め. à la ~ (労賃などで) 出来高払いの. travailler à la ~ 出来高払いで働く. avoir la ~ de；avoir pour ~ de …する仕事がある. accomplir sa ~ 課せられた仕事をやり遂げる. prendre à ~ de + *inf.* …することを課題として引き受ける．
2 任務，努め，義務，役割，役目． ~ difficile 困難な任務. s'acquitter d'une ~；remplir

une ~ 任務を果たす.
3〘電算〙ジョブ《コンピュータに処理させる作業単位》.

tachèle *n.f.* (宇宙探査の)基本地区(=tache élémentaire).

tachographie [takɔgrafi] *n.f.*〘医〙タコグラフィー, CT(=〘英〙 *computed tomography*), 計算断層像法(=tomographie axiale computerisée)(X線, 核磁気共鳴, 陽電子, 超音波, 粒子線などを利用し, 各方面からの投影量を計算して断面層を得る技術).

tachomètre *n.m.*〘計器〙タコメーター, 回転速度計(=tachymètre).

tachyarythmie *n.f.*〘医〙不整頻拍, 頻拍型不整脈.

tachycardie *n.f.*〘医〙頻拍, 頻脈, 心拍急速. ~ atriale 心房性頻拍症. ~ jonctionnelle 房室接合部頻拍症. ~ paroxystique 発作性頻拍症. ~ venticulaire 心室性頻拍症.

tachygraphe *n.m.* **1**〘機工〙タコグラフ, 記録速度計(=appareil enregistreur de vitesse).
2〘古〙速記者(=sténographe).

tachymètre [takimɛtr] *n.m.*〘計器〙タコメーター, 回転速度計(=tachomètre).

tachyon *n.m.*〘原子物理〙タキオン(光速より速い仮想素粒子).

tachyphémie *n.f.*〘医〙速語症.

tachyphylaxie [takifilaksi] *n.f.*〘医〙タキフィラキシー, 速成耐性, 過耐性《薬物の連続投与により有効成分の反応が弱まり, 急速に耐性が生じる現象》.

tachypnée *n.f.*〘医〙頻呼吸, 呼吸促迫.

tacite *a.* **1** 黙示の. acceptation ~ 黙示の承認(受諾). concentement ~ 黙示の合意.〘法律〙contrat renouvrable par ~ 再構築 黙示の更新により更新可能の契約.
2 暗黙の, 言外の(=sous-entendu). approbation ~ 暗黙の了解.〘法律〙clause ~ 不文の条項.
3 擬制の. aveu ~ 擬制自白.
4 無口の, 無言の.
── *n.* 無口な人.

taciturne *a.* 口数の少ない, 無口な;むっつりした. amoureux ~ 口数の少ない恋人. caractère ~ 口数の少ない性格. humeur ~ 不機嫌でむっつりした気質.
── *n.* ~人.

TACMS (=〘英〙*Tactical Missile System*) *n.m.*〘軍〙戦術ミサイル・システム(=〘仏〙système de missile tactique).

tacrine *n.f.*〘薬〙タクリン(筋肉弛緩剤).

tact [-kt] *n.m.* **1**〘生理〙触覚. points de ~ (皮膚の)触点.
2 気転;如才なさ, そつのなさ. ~ du diplomate 外交官のそつのなさ. homme de ~ 気転のきく人. avoir du ~ 気転がきく.
manquer de ~ 気転がきかない. avec (sans) ~ 手際よく(悪く).
3〘古〙直感力.

tacticien(ne) *n.* **1**〘軍〙戦術家. **2**〘比喩的〙策謀家, 策士. ~ parlementaire 国会の策士.

tacticité *n.f.*〘化〙立体規則性(=stéréorégularité).

tactile *a.* **1** 触知しうる. corps ~ 触知しうる物体.
2〘生理〙触覚の.〘医〙agnosie ~ 触覚麻痺, 触覚失認. corpuscules ~s 触覚小体. poils ~s 触毛. sens ~ 触覚(=toucher). sensation ~ 触感覚.
3 触れると作動する. écran ~ タッチ・パネル.

tactique *n.f.* **1**〘軍〙戦術(stratégie「戦略」の対), 兵法;〘スポーツ〙戦術, 戦法.〘軍〙~ aérienne 航空戦術. ~ d'une équipe de football サッカーチームの戦術.〘軍〙unité ~ 戦術単位(部隊).
2〘比喩的〙戦術, かけひき, 作戦, 策略. ~ commerciale 商業的かけひき. ~ electorale 選挙戦術. changer de ~ 作戦を変える.
── *a.* 戦術的な;戦術上の. arme nucléaire ~ 戦術核兵器. opération ~ 戦術的の作戦. repli ~ 戦術的後退.

TAD (=*transport automatique de documents*) *n.m.* (図書館の)資料自動運搬〔システム〕. nacelles ~ 資料自動運搬コンテナー.

tadjik[e] [tadʒik] *a.* タジク族(les Tadjiks[s])の;タジク語の;タジキスタン(le République du Tadjikistan)の, タジキスタン共和国(la République du Tadjikistan)の;タジキスタン人の.
──*T~ n.* タジク人;タジキスタン人. les ~s タジク族(Tadjikistan, Ouzbékistan, Afganistan および Iran 北部に居住する部族).

Tadjikistan(le) *n.pr.m.*〘国名通称〙タジキスタン《公式名称:la République du T~ タジキスタン共和国;国民:Tadjik(e);首都:Douchanbé ドゥシャンベ;通貨:rouble tadjik [TJR]》.

Taebaek Sanmaek *n.pr.f.* 太白(たいはく)山脈, テーペク山脈(朝鮮半島東部を南北に走る山脈;=〘仏〙chaîne du Taebaek).

Taegu〘韓国〙*n.pr.* 大邱(たいきゅう), テグ(中部の都市;公式名称「大邱広域市」;慶尚北道の道庁所在地;別の表記 Daegu).

Taejon〘韓国〙*n.pr.* 大田(たいでん), テジョン(中部の都市;公式名称「大田広域市」;忠清南道の道庁所在地).

taekwondo〘朝鮮〙*n.m.* テコンドー, 跆拳(たいけん)道(朝鮮の護身術).

tænia, ténia *n.m.*〘医〙タエニア, 条虫, さなだ虫. ~ de l'homme 人体寄生条虫. ~ saginata 無鉤条虫《牛肉から人体に寄

生). ~ solium 有鈎条虫《豚肉から人体に寄生》(= ~ armé, ver solitaire).

tæniase ⇨ **téniase**
Taephodong ⇨ **Tepodong**
TAF (= *t*emps *a*tomique *f*rançais) *n.m.* フランス原子時《フランス公式時》.
taf *n.m.*〔俗〕仕事. aller au ~ tous les matins 毎朝仕事に出掛ける.
taffetas [tafta] *n.m.*〔織〕タフタ, 琥珀織り.
Tafta (=〔英〕*T*ransatlantic *F*ree-*T*rade *A*greement) *n.m.* 大西洋両岸自由貿易協定《1995年12月 UE (EU), 米, 加の間で締結;=〔仏〕Convention transatlantique de libre-échange》.
tag 〔英〕*n.m.* タグ〔荷札;下げ札;定価札;付箋〕. IC ~ IC タグ《超小型 IC を埋め込んだタグ》.
tagliatelles [talja-]〔伊〕*n.f.pl.*〔食品〕タリヤテーレ《薄い帯状のパスタ》.
tagueur(se) (<〔英〕tag) *n.* タグ作画家;〔広義〕壁面画家, 壁面落書家.
Tahiti *n.pr.f.*〔無冠詞〕タヒチ島(=île de T~)《南太平洋のソシエテ諸島 les îles de la Société の島;仏領ポリネシア la Polynésie française の中心;行政の中心都市 Papeete がある》. vanille de ~ タヒチ産ヴァニラ.
tahitien(ne) [taisjɛ̃, -ɛn] *a.* タヒチ島 (Tahiti) の. langue ~*ne* タヒチ語(=le ~).
—**T~** *n.* タヒチ島民, タヒチ人.
TAI (= *t*emps *a*tomique *i*nternational) *n.m.* 国際原子時《原子時計による世界時》.
Taibei, T'ai-pei [台北] *n.pr.* 台北, タイペイ《台湾 Taiwan, Formose の首都》.
taïchi [tajʃi]〔中国〕*n.m.* 太極拳(=taï-chichuan).
Taichow ⇨ **Taizhou**
Taichung [台湾] *n.pr.* 台中(たいちゅう),タイチュン《中西部の商業都市, 自由貿易地帯》(=Taizhong, T'ai-tchong).
taie *n.f.* **1** ~〔d'oreille〕枕カバー. ~ de traversin 長枕のカバー.
2(目の)星;〔医〕角膜癜痕. ~ sur la prunelle 瞳の癜痕.〔文〕avoir une ~ sur l'œil 目がくらんでいる《正しい判断ができない》.
taïga [ロシア] *n.f.* タイガ, 寒帯針葉樹林帯.
taille *n.f.* Ⅰ《切ること》**1** 切断;切り出し;剪定, 刈り込み;裁断;カッティング, カット. ~ des arbres 樹木の剪定〔刈り込み〕. ~ des cheveux 髪のカット. ~ d'un diamant (d'une pierre précieuse) ダイヤモンド(宝石)のカット. ~ de formation 成形(化粧)剪定. ~ des pierres 石の切り出し. ~ d'un vêtement 洋服の裁断. ~ en brillant (en étoile)(宝石の)ブリリアント(星型)カット. ~ fruitière 果樹の剪定. carrière de pierre de ~ 石切場. construction de (en) pierre de ~ 石造建造物. pierre de ~ 石材.

2 彫刻, 彫版. ~ de bois 木版〔画〕. ~ du bois 木彫. ~ de la pierre en sculpture 石の彫像〔制作〕.
3〔鉱〕採掘;切羽, 鉱房. ~ chassante (montante) 水平(上向き)採掘. base (front) de ~ 切羽の底面〔引立〕. chargeur aux ~*s* 鉱車積込夫(=aide-mineur).
4〔医〕切開. ~ articulaire (intestinale, stomacale) 関節(腸管, 胃)切開〔術〕. ~ hypogastrique (périnéale, recto-vésicale, vagino-vésicale) 下腹部(会陰部, 直腸・膀胱, 膣・膀胱)切開〔術〕. opération de la ~ 〔結石などの〕切除手術.
5〔林業〕切株から出る若木;剪定後に出る新芽.
6〔史〕人頭税.
Ⅱ《胴・寸法》**1** 身長, 背丈. Quelle est votre ~?[1] あなたの身長は. une ~ de 175cm 身長175 センチ. ~ moyenne[1] 平均身長;中背. homme de grande (haute) ~ 背の高い人. homme de petite ~ 小柄の人. atteindre la ~ adulte 大人の身長に達する. croître (augmenter, gagner) la ~ 背丈がのびる. se dresser toute sa ~ 背伸びする. par rang de ~ 身長順に.
2(物の)大きさ, 寸法, サイズ;丈の高さ.〔電算〕~ de la mémoire d'un ordinateur コンピューターのメモリー容量. ~ d'un rocher 岩の大きさ. ~ d'un orange オレンジのサイズ. statue de grande ~ 大きな彫像.〔話〕de ~ 大きな, 重大な. arbre de ~ 大木. bêtise de ~ 大失態, 大へま. C'est une erreur de ~. そいつは大失敗だ.
3(服・靴などの)サイズ, 寸法. Quelle ~ faites-vous?/Quelle est votre ~?[2] あなたのサイズはいくつですか. ~ 40 サイズ40. grande (petite)~ L (S)サイズ. ~ moyenne[2] M サイズ. Cette veste n'est pas à mon ~. この上着は私のサイズではありません. Il me faut la ~ au-dessus (au-dessous). 上の(下の)サイズが欲しい.
4〔比喩的〕力量, 能力, 人間の大きさ. à (de) la ~ de *qn* 人の力量にかなった. à la ~ de son génie その才能に応じて. offrir à *qn* un rôle à sa ~ 人に能力相応の役割を与える. être de ~ à+*inf.* …する力量がある. Il n'est pas de ~. 彼は力不足だ.
5 胴, ウエスト. ~ basse (haute) ロー(ハイ)ウエスト. ~ fine (forte) 細い(太った)ウエスト. robe sans ~ ずん胴のドレス. tour de ~ 胴まわり, ウエストまわり. avoir la ~ bien prise;être bien pris de (dans sa)~ ウエストがしまっている. ne pas avoir de ~ ずん胴である. entrer dans l'eau jusqu'à la ~ 胴のところまで水に入る. prendre〔bien〕la ~《衣服が》体にぴったりしている. prendre *qn* par la ~ 人の胴をつかむ;胴に手をまわす.

taillé(e) *a.p.* **1** 切られた;〔布地などが〕裁断された;〔樹木が〕剪定された. cheveux

~s en brosse 短く刈り上げた髪. cristal ~ カット・クリスタルガラス. étoffe ~e 〜 biais バイアスに裁断した布地. haie ~e 剪定された生垣.
2(…の)体格の. homme ~ en force 力強い体格の男. être ~ en athlète スポーツマンらしい体格をしている.〘比喩的〙être pour＋*n*.(*inf*.)…に(するのに)適している,…に(するのに)お誂えむきである. Il est ~ pour ce travail. 彼はこの仕事に向いている. Il est bien ~. 彼はいい体格をしている.
3〘紋章〙(楯形紋が)逆斜めに2分された.

taille-crayon(*pl*.~-~*s*) *n.m.* 鉛筆削り.

tailleur *n.m.* **1** タイユール, テーラー(男物の洋服仕立屋(職人)). boutique de ~ 洋服仕立店.〘同格〙ouvrier ~ 仕立職人. ~ pour dame(テーラーメードの)婦人服仕立屋(職人). s'asseoir en ~ あぐらをかく. assis en ~ あぐらで.
2〘服〙(婦人用の)〔テーラード〕スーツ(同じ生地の上衣とスカートのスーツ). ~ de toile pour l'été 夏向きの麻のテーラード・スーツ. ~-pantalon パンタロン・スーツ.
3 カッティング職人；剪定師；(やすりの)目立て師. ~ de pierre(s) 石工. ~ de pierres précieuses 宝石のカッティング職人. ~ de limes やすりの目立て職人. ~ de haies (de vignes) 生垣(葡萄)の剪定師.〘古〙~ d'images 聖像彫刻師.

taillis *n.m.* 輪伐樹林(＝bois ~), 低林(futaie「高林」の対). ~ composé 混生林, 高林下の低林. ~ sous futaie. ~ simple 単純低林. battre les ~ 低林を伐採する.
──*a.* 輪伐された. bois ~ 輪伐樹林.

Tainan, T'ai-nan〔台湾〕*n.pr.* 台南, タイナン(西南部の港湾工業都市).

Taipei〔台湾〕*n.pr.* 台北(たいほく), タイペイ(台湾の首都；別の表記 Taibei).

Tai Shan〔中国〕*n.pr.m.* 泰山(たいさん), タイシャン(＝mont ~)(山東省西部の山, 中国五山の一；主峰は玉皇頂で標高1,545 m).

Taitung〔台湾〕*n.pr.* 台東(たいとう), タイトン(東南部の都市).

Taiwan *n.pr.*〘無冠詞〙**1** 台湾島(＝~ Tao；l'île de ~；Formose). Détroit de ~ 台湾海峡.
2 中華民国(＝la République de Chine；首都 Taibei 台北). dollar de ~ 台湾ドル.
▶ taiwanais(*e*) *a.*

taiwanais(e) *a.* 台湾(Taiwan)の, 中華民国(＝la République de Chine [nationaliste]；la Formose)の. économie ~*e* 台湾経済.

Taiyuang〔中国〕*n.pr.* 太原(たいげん), タイユアン(山西省 le Shanxi の省都. 製鉄・化学工業都市).

Taizhong, T'ai-tchong, Tai-chung〔台湾〕*n.pr.* 台中(たいちゅう), タイチュン(タイチョン)(台湾中部の商工業都市；産業自由地域).

Taizhou, Taichow〔中国〕*n.pr.* 泰州(たいしゅう), タイチョウ(江蘇省中部の都市).

take-off[tɛkɔf]〔英〕*n.m.inv.* **1**〘経済〙テイクオフ, 急成長, 離陸(急速な自立的経済成長の第3期；〔仏〕décollage の使用を推奨).
2(航空・ロケットなどの)離陸, 発進(＝décollage).

Takla-Makan, Taklimakan *n.pr.* タクラマカン. desert de ~ タクラマカン砂漠.

talalgie *n.f.*〘医〙かかと痛.

talc(＜〔アラビア〕ṭalq)*n.m.* **1**〘鉱〙滑石(粘土鉱物の1つ. 層状珪酸塩；減摩剤, 化粧品, 製紙, セラミックの原料として利用).
2 タルカム・パウダー(＝poudre de ~).

talent *n.m.* **1** 才能, 手腕, 腕前, 腕の冴え；天分. ~s du corps et de l'esprit 身体と精神の能力. ~ de société 社交の才. ~ dramatique 役者の才能. ~ littéraire 文学的才能. ~, *fig*. ~ politique 政治的手腕. de ~ 才能のある；(作品が)優れた. peintre de ~ 才能豊かな画家. sans ~ 無能な. avoir du ~ pour la musique 音楽の天分がある. cultiver son ~ 才能を磨く.
2 才能のある人, 才人, 逸材；人材, タレント；〘集合的〙才能ある人々. de grands ~*s* 偉大な才人たち. encourager les jeunes ~*s* 若い人材を励ます.
3〘古〙タラント(1)量の単位；2)貨幣).

taliban〔アフガニスタン〕*n.m.inv.*〘taliban(*e*)の形もある〙タリバーン(1994年パキスタンでスンニ派神学生によって結成されたアフガニスタンの武装組織).

Talibanistan(le) *n.pr.m.*〘話〙タリバニスタン(タリバン支配下のアフガニスタンを指す造語).

Talien ⇒ Dalian.

talisman〔アラビア〕*n.m.* **1** タリスマン, 護符, お守り, 魔除け；マスコット.
2〘比喩的〙不思議な力(魔力)のあるもの.

talkie-walkie[tɔkiwɔki, talkiwalki] (*pl*.~*s*-~*s*)〔米〕*n.m.*〘通信〙携帯用小型無線通信機, ウォーキー＝トーキー(＝〔米〕walkie-talkie)；トランシーバー.

Talmud〔ヘブライ〕*n.m.*〘宗教〙タルムード(ユダヤの律法とその解釈の集大成；Mishna[h][2-3世紀]と Gemara[4-6世紀]とから成る).

talon *n.m.* Ⅰ **1**〘解剖〙踵(かかと). ~ d'Achille(アキレスの踵→)アキレス腱；〘比喩的〙弱点, 急所. avoir l'estomac dans les ~*s* 猛烈な空腹を覚える. être sur les ~*s* de *qn* 人の後について行く. montrer les ~*s* 人にうしろを見せる；立ち去る. s'asseoir sur ses ~*s* しゃがみこむ. tourner les

~s くびすを返す.
2 (靴・靴下の) かかと, ヒール. ~s hauts (plats) ハイ (ロー) ヒール (=chaussures à ~ hauts (plats)).〖史〗~ rouge (=souliers à ~s rouges) 赤いかかとの靴《18世紀末の宮廷人を指す》.
3 (馬の) 後蹄.
[II]《物の末端》**1** 末端. ~ de lame d'un couteau 刀の刀根.〖造船〗~ de quille (船尾骨材の) キールのかかと. ~ du ski スキー板のテール (spatulé「先端部」の対).
2 端切れ, 切れ端. ~ de pain パンの端切れ.
3〖トランプ〗積札, 山札, ストック. piocher dans le ~ 積札の中からカードを取り出す.
4 (小切手帳, 帳簿などの) 原符, 控え. conserver les ~s de chèques 小切手帳の控えを保存する.
5〖建築〗葱花線刳形 (くりがた)《断面がS字形の刳形》.

talus¹ *n.m.* **1** 斜面. ~ à forte pente 急斜面. en ~ 傾斜して. couper (tailler) en ~ 斜めに切る.
2〖地学〗傾面；テーラス, 崖錐 (がいすい). ~ continental 大陸棚斜面, 陸崖 (=pente continentale). ~ d'éboulis 崖錐斜面. ~ insulaire 島棚崖.
3 土手；〖土木〗法 (のり)；法面；〖築城〗斜堤. ~ avancé 前方斜堤. ~ de déblai 堀削法面. ~ de remblai 盛土の法面. ~ intérieur 内法 (うちのり)；〖城〗内部斜堤.
4〖印刷〗タリュ《活字の面の間の空間》. ~ de pied 下部タリュ. ~ de tête 上部タリュ.

talus² *n.m.*〖医〗鉤足 (=pied ~).
TAM (=*t*oile d'*a*raignée *m*ondiale) *n.f.*〖インターネット〗世界インターネット網 (=〖英〗WWW: World Wide Wave, Web).
Tam (=*t*aux *a*nnuel *m*onétaire) *n.m.*〖金融〗年利.

tambour *n.m.* [I]《太鼓》**1** 太鼓, ドラム；太鼓の音. ~ de basque タンブリン (=tambourin). ~ de Provence プロヴァンス地方の長太鼓. ~ plat 小太鼓. ~ battant 太鼓を打ち鳴らして. mener ~ battant て きぱきと片付ける；手荒く扱う；(敵を) 追撃する. battre le (du) ~ 太鼓を叩く. au son du ~ 鳴りもの入りで. batteries de ~ 鼓隊；(ジャズの) ドラムス.〖比喩的・話〗raisonner comme un ~ 屁理屈をこねる. sans ~ ni trompette ひっそりと, 鳴りをひそめて.
2 鼓手.〖軍〗~s du régiment 連隊鼓手隊. ~ de ville (太鼓を叩いて触れ回る) 布告役人.
[II]《太鼓状の円形のもの》**1**〖建築〗(円柱の) 太鼓石；(ドームの) 鼓胴, ドラム.
2 二重扉の入口. ~ d'église 教会堂の入口の二重扉. ~ cylindrique 回転ドア. porte à ~ 二重扉の入口.
3〖機械〗円筒胴部, ドラム, 胴；巻胴 (=~ d'enroulement), 回転胴. ~ de frein ブレーキ・ドラム. frein à ~ ドラム式ブレーキ. ~ d'une montre 懐中時計の香箱胴. ~ laveur 洗濯機のドラム.〖情報機器〗~ magnétique 磁気ドラム.
4〖漁〗筌 (うえ), 筌簗 (うえやな). ~ de moulinet (釣竿の) リール・ドラム.
5〖刺繍〗円形の二重枠. broderie au ~ タンブール枠刺繍.
6〖印刷〗~ de justification 組版の枠.
7〖機械〗(ベルトコンベアの) プーリ. ~ moteur ドライブ (駆動) ドラム.

tamié (<l'abbaye de *T*~, 原産地) *n.m.*〖チーズ〗タミエ《サヴォワ地方 la Savoie で, 牛乳からつくられる, 圧搾非加熱, 洗浄外皮, 直径 18 cm, 厚さ 4-5 cm の厚い円盤状, 重量 1.2 kg, 脂肪分 40-45 ％》.

Tamiflu 〖商標〗*n.m.*〖薬〗タミフル (Roche で製造される抗ウイルス薬；osteltamivir 製剤).

tamis *n.m.* **1** 篩 (ふるい), 漉し器. ~ à farine 小麦粉用篩. ~ à sable 砂篩. ~ de cuisinière 料理用漉し器 (chinois など).〖化〗~ moléculaire 分子篩.
passer au ~ 篩にかける；〖比喩的〗仔細に点検する. passer de la farine au ~ 小麦粉を篩にかける.〖比喩的〗passer un dossier au ~ 書類を子細に点検する.
2〖鉄道〗(車輌の) 小刻みな水平動 (震動). mouvement de ~ 台車蛇行動.
3〖テニス〗~ d'une raquette ラケットのガット.

Tamise *n.pr.f.* la ~ テムズ河 (=〖英〗the Thames).

tamoxiphen *n.m.*〖薬〗タモキシフェン《抗エストロゲン薬；乳癌治療薬》. ~ générique ジェネリック・タモキシフェン製剤.

tampon *n.m.* [I]《詰め物》**1** 詰め物, 栓 (=bouchon). ~ de liège (de bois) コルク栓 (木栓).
2 タンポン, 布玉, 玉；(ドラムの) ばちの頭. ~ buvard 吸取器. ~ métallique à récurer 金だわし. en ~ 丸められた. vernir au ~ (塗料・液などを) タンポンで塗る.
3〖医〗タンポン, 止血球, 綿球 (=~ d'ouate). ~ hygiénique (périodique) 生理用タンポン.
4〖建築〗(釘・ビス用に壁面に埋め込む) 埋木；(穴の) 蓋.
5〖工〗プラグゲージ, 内経測定用ゲージ.
[II]《印章》タンポン, スタンプ, 消印；公印. date du ~ de la poste 郵便局の消印の日付. apposé sur une carte postale 葉書の消印. ~ encreur スタンプ台；スタンプ.
[III]《緩衝》**1**〖鉄道〗緩衝器 (=~ de choc；~ amortisseur).
2 緩衝装置；緩衝剤.〖比喩的〗servir de ~

entre deux adversaires 二人の対立者の緩衝剤の役を果す(なだめ役になる).〖同格〗circuit ~ バッファ回路.〖比喩的〗〖同格〗〖外交〗Etat ~ 緩衝国.〖同格〗〖電算〗mémoire ~ 緩衝記憶装置,バッファ・メモリ.〖同格〗〖化〗solution ~ 緩衝液.

tamponnement (<tampon;tamponner) *n.m.* **1** 栓(詰め物)をすること.
2 ガーゼによる止血;タンポン挿入〖法〗(=tamponnage). ~ des fosses nasales 綿玉による鼻血の止血.
3 タンポンによる塗薬.
4〖鉄道〗(車両連結時の緩衝器同志の)衝撃;〖転じて〗(車両同志の)衝突.
5〖医〗~ du cœur 心臓心嚢内の充血(=tamponnade).

tamponneur(se) *a.* (車両が)激突する. autos-~ ses バンパーカー《遊園地などの遊具》. train ~ (連結のための)激突車両.
── *n.* (文書などに)スタンプ(印章)を押す人.

tamsulosine *n.f.*〖薬〗タムスロシン《良性前立腺肥大症治療薬;薬剤製品名Omix (*n.m.*)》.

tan *n.m.* タン,タン皮(び)《楢 chêne などの樹皮;皮鞣しに利用》.〖医〗décoction du ~ タンの煎じ薬(収斂剤). moulin à ~ タン皮製造水車. résidu du ~ タン皮がら.

tandem [tɑ̃dɛm] [英] *n.m.* **1** タンデム《二人乗り自転車》. monter sur un ~ タンデム自転車に乗る.
2〖話〗二人組,カップル;(二者の)協力態勢,連携. en ~ 二人で;協力して. travailler en ~ 二人が連携して仕事をする.
3〖機械〗cylindre en ~ 直列シリンダー.

tandis que [tɑ̃di]s]k[ə] *l.conj.* 〖il[s], elle[s], on, un[e] の前では常に,時に母音で始まる他の語の前でも tandis qu' となる〗
1 …する間に(=pendant que). Promenons-nous ~ qu'il fait beau. 天気がいいうちに散歩しよう.
2 …であるのに,に反して;一方,しかるに(=alors que, cependant que). T ~ l'un travaille, l'autre se repose. ひとりが働いている間(働いているのに),もうひとりは休息している.

tangerine *n.f.*〖植〗タンジェリン,タンジェ・オレンジ《マンダリン mandarine, クレマンチーヌ clémentine の一種;レモンとオレンジの交配種》.

tangible *a.* **1** 触知できる. réalités ~s 触知できる現実のもの.
2 物質的な;肉体的な. plaisirs ~s 物質的(肉体的)快楽.
3 明白な,確実な. fait ~ 明白な事実. preuves ~s 確証.

Tangshan [中国] *n.pr.* 唐山(とうざん), タンシャン《河北省東部の工業都市》.

tanin, tannin [tanɛ̃] *n.m.*〖化〗タンニン;(特になめし革用の)楢(なら)タンニン(=~ de chêne), タンニン酸(=acide tannique). ~ d'écorse de chêne 楢の樹皮のタンニン. ~ de vin (葡萄の種子・果皮から得られる)葡萄タンニン.〖薬〗~ officinal (没食子(もっしょくし)noix de dalles からつくられる)薬用タンニン《止血剤・収斂剤・強壮剤などに利用》.

tanker [-ɛr, -œr] [英] *n.m.* タンカー, 油槽船《公用推奨語は navire-citerne, pétrolier》.

tankiste *n.m.*〖軍〗**1** 戦車兵. **2** 戦車中心主義者,戦車派.

tannage *n.m.* (皮の)鞣(なめ)し加工, 皮鞣し. ~ à l'alun de chrome クロム明礬(みょうばん)なめし. ~ à l'huile de poisson 魚油利用皮なめし(=chamoisage). ~ végétal au tan タン(楢の樹皮)を用いた植物性皮なめし.

tannant(e) *a.* **1** 鞣(なめ)し用の. substances ~es 鞣し剤《alun de chrome クロム明礬(みょうばん), extraits tanniques 抽出タンニン, formol ホルマリン, naphtol ナフトール, tannin タンニンなど》.
2〖比喩的〗しつこい,うるさい. questions ~es しつこい質問.

tannat *n.m.*〖農〗タナ《赤葡萄酒用の品種;西南フランス Madiran マディラン地区で主に栽培される》.

tanne *n.f.* **1** (鞣(なめ)したあとの皮に残る)茶褐色のしみ. **2**〖俗〗〖医〗にきび(=kyste sébacé).

tanné(e) *a.p.* **1** (皮が)鞣(なめ)された. peau ~e[1] 鞣し皮.
2〖比喩的〗(顔などが)鞣し皮のような;陽焼けした;〖古〗渋色の,黄褐色の. une vieille ~ 渋紙色の顔の老女. visage ~ 陽焼けした(渋紙色の)顔. avoir la peau ~e 鞣し皮のような顔をしている.

tannée[2] *n.f.* **1** タン皮のかす《鞣(なめ)し革に用いたタン皮の残りかす》. **2**〖話〗折檻,めった打ち,敗戦;ひどい敗北.

tannerie *n.f.* **1** 皮鞣し工場;鞣革製造所. **2** 皮鞣し業. **3** 皮鞣し工程.

tanneur(se) *n.m.* **1** 鞣(なめ)し皮工. **2** 鞣し革工場経営者;皮革販売業者.

tannin [tanɛ̃] *n.m.*〖化〗タンニン(=tanin).

tannique *a.* タンニンを含む;タンニン性の.〖化〗acide ~ タンニン酸. vin rouge ~ タンニンの多い赤葡萄酒.

tant *ad.* Ⅰ (程度)〖しばしば que を介して原因・結果の関係を示す〗**1**〖動詞句を修飾〗それほど,そんなに;非常に. Ça me fait ~ plaisir. それは実にうれしいことだ. Elle vous a ~ aimé. 彼女はあなたを大変愛していた. Ne travaillez pas ~! そんなに働かないでください! Le jour ~ attendu est arrivé. 待ちに待った日がやって来た.

~ que¹〔que 以下は結果節；動詞が複合時制の場合，tant は過去分詞の前〕あまり…なので．Il a ~ plu que la rivière est en crue. 大雨が降ったので川が増水している．
2〔分量の副詞〕~ de+*n*. これほど多くの…．T~ de fleurs arrachées! 何と多くの花が摘み取られてしまったことか！T~ de voyageurs sont morts dans cet accident. この事故で実に多くの乗客が死んだ．après ~ d'années passées ensemble あれほど長く一緒に過した歳月のあとで．Elle a ~ d'amis. 彼女には随分多勢の友だちがいる．Il a ~ d'argent. 彼は大金持だ．Il y avait ~ de choses. いろんなことがあった．
~ de fois あれほど繰返して．Je te l'ai déjà dit ~ de fois. あれほど繰り返して君にそう言ったのに．
~ de+*n*. +que〔que 以下は結果節〕これほど多くの…なので．〔主節が疑問または否定の場合 que+*subj*.〕Il a ~ d'argent qu'il ne sait qu'en faire. 彼はあまり金持ちなので使い道がわからないほどだ．A-t-il ~ de soucis qu'il ne puisse m'écrire? 彼には心配ごとがありすぎて，私に手紙が書けないのであろうか？
comme ~ d'autres 他の多くの人と同じように．comme il y en a ~ どこにでもあるような，ありふれた．Ce n'était pas un peintre comme il y en a ~. 彼はありふれた画家ではなかった．〔話〕Vous m'en direz ~! 言いたいだけおっしゃい！私はちっとも驚きませんよ！
3 それほど多く．Il m'a ~ promis. 彼は私にいろいろ約束した．Il a ~ dépensé qu'il a fini par se ruiner. 彼はひどく金使いが荒かったのでとうとう破産してしまった．
4〔節の冒頭で原因を示す〕〔文〕それほどまでに．T~ il est vrai que ... だから確かに…だ．Rien ne touche son goût, ~ il est difficile. 何も彼の好みに合わないが，それほど彼はうるさい人だ．
5〔成句〕~ et plus 〔de...〕；~ et ~ 考えられないほど多く〔の…〕；完全に．Des manifestants, j'en ai vu ~ et plus. デモの参加者がわんさといるのを見た．Il m'a pardonné ~ et plus. 彼は私を完全に赦してくれた．
~ et si bien que... 大変…なので．Il a fait ~ et si bien qu'il a été admis à l'ENA. 彼は精一杯努力したので国立行政学院に合格した．
〔un〕~ soit peu 僅かでも，多少なりとも；いくらか，ちょっと．S'il me provoque〔un〕~ soit peu, je m'en vais. もし彼が少しでもつっかかってくる気なら，私は逃げ出します．Il est〔un〕~ soit peu ridicule. 彼はいささか滑稽だ．
~ s'en faut〔que+*subj*.〕…するどころではない．Il n'est pas laid, ~ s'en faut. 彼は醜いどころではない．

II〔同等比較〕**1**〔否定と共に〕ne...pas ~〔de+*n*.〕que；ne...rien ~ que de vous. しない．Je n'ai pas ~ d'amies que vous. 私はあなたほど女友達がいない．Il ne travaille pas ~ que nous. 彼はわれわれほど働かない．Elle n'aimait rien ~ que se promener au bord de la mer. 彼女は海辺を散策するのが何よりも好きだった．
2〔肯定と共に；que 以下が節の場合は特定の動詞 (être, pouvoir, vouloir) に限る〕
~ que²と同じ程度に；だけ．~ qu'on veut，~ que vous voudrez 好きなだけ．Il neige ~ qu'il peut. 雪が降りしきる．Il travaille ~ qu'il peut. 彼は精一杯働く．
〔話〕~ que ça そんなに，それほど．Il possède plus de cent disques. —T~ que ça? 彼は 100 枚以上のレコードを持っている．—そんなに？ Vous avez faim? —Pas ~ que ça. お腹が空いていますか？ —いいえそれほどでもない．
3 ~ A que B A も B も；A と同様に B も．~ en France qu'au Japon フランスでも日本でも．Il est passionné de musique ~ classique que moderne. 彼は古典音楽同様現代音楽も大好きだ．
~ bien que mal どうにかこうにか (=ni bien ni mal). Il s'y efforce ~ bien que mal. 彼は何とか努力している．
4 T~ mieux! それはよかった！しめた！ Tu as réussi, ~ mieux! うまくいったのか，それはよかった！
T~ pis! それは残念！仕方がないさ！T~ pis pour vous! お気の毒さま！〔話〕docteur T~ mieux (T~ pis) 楽天家 (ペシミスト) の医者．
5 T~...~... …すればするほど…する〔動詞は多く valoir；一般に主語の倒置が行われる〕．〔諺〕T~ vaut l'homme, ~ vaut la terre. 土地の収益は耕作者の努力に比例する．

III〔制限・期間・仮定・譲歩など〕**1** ~ que³ …する限り；…する間は．~ que la vue peut s'étendre 目の届く限り．〔話〕~ que vous y êtes あなたがそこにいる限り (いるのなら)．T~ qu'il n'aura pas signé, je considérerai qu'il refuse. 彼が署名しない限り，私は彼が拒否していると見なすであろう．Je travaillerai ~ que j'aurai la force. 働く力のある限り私は働くつもりだ．
2〔話〕~ qu'à+*inf*. …しなければならないのなら．T~ qu'à être innocent, il vaut mieux l'être tout à fait. 無実でなければならないのなら，完璧に無実であるほうがよい．
~ qu'à faire そうしなければならないのなら；それだったら．T~ qu'à faire, j'aime mieux attendre ici. 待つのだったら，ここで待ちたい．T~ qu'à faire, autant s'amuser. 楽しむのなら，せいぜい楽しむことだ．
3 si ~ est que+*subj*. もし…だとすれば

tantale¹

〔疑いを含んだ仮定〕(=s'il est vrai que). Si ~ est que cela soit comme vous le dites... それがおっしゃる通りだとすれば.
4 en tant que... の資格で, …として; …である限り; …する範囲内で. prendre parole en ~ que président 会長の資格で(として)発言する. La loi est la raison humaine en ~ qu'elle gouverne tous les peuples de la terre. 法律はそれが地上のすべての国民を支配する限り人間の理性であるといえる.
Ⅳ 〔名詞的用法; 明示されない数量・価格など〕 **1** これこれ, いくら. être payé à ~ par mois 月給いくらをもらっている. recevoir 〔un〕 ~ pour cent これこれのパーセントを受け取る.
2 le ~ 某日. Il est arrivé le ~. 彼はかくかくの日に到着した.
3 〔古〕entre ~ その間に (=entre-temps).

tantale¹ *n.m.* **1** 〖化〗タンタル（元素記号 Ta, 原子番号 73, 原子量 180.9479).
2 〖金属〗タンタル（銀白色の硬い稀金属; 比重 16.65, 融点 2850℃; 白金の代用品).

tantale² *n.m.* 〖鳥〗タンタル, ときこう（こうのとり科 ciconiidés; アフリカ, アメリカ大陸, アジアに棲息する大型の鳥).

tante *n.f.* **1** 伯母, 叔母. ~ maternelle (paternelle) 母方(父方)の伯(叔)母. ~ à la Bretagne 父母の実のいとこ, 身内.
2 大伯(叔)母 (=grand-~).
3 〔話・俗〕おかま.
4 〔話〕〔古〕ma ~ 公営質店 (=mont-de-piété, le Crédit municipal).

tantième *a.* **1** 何分の一かの, ある パーセンテージの. la ~ partie d'un tout 全体の何分の一か.
2 何番目か. le ~ jour 某日.
—*n.m.* **1** 或るパーセンテージ; 定率. 〖法律〗~ de copropriété 共有物の共同部分の個人持分.
2 〔*pl.* で〕歩合; 〖財政〗〔古〕役員配当 (1975 年廃止). **3** 〖商業〗le ~ courant 今月の何月かに, 某日.

tantôt *ad.* Ⅰ 〔反復して〕~, ~ ある時は…, ある時は…. Il fait ~ beau, ~ mauvais. 天気が良かったり悪かったり. 〔文〕 ~ et ~ 時々 (=parfois).
Ⅱ 〔単独で〕 **1** 後ほど; (特に) 今日の午後に. ~ à ~! では後ほど; ではまた午後に! Venez ~ prendre le thé. 午後お茶を飲みにいらっしゃい.
2 〔古・方言〕〔ベルギーでは常用〕(同一日の) 後ほど; 今しがた. Je reviendrai ~. じきに戻ってきます. On l'a téléphoné ~. さっき君に電話があったよ.
3 〔古〕やがて (=bientôt). Il a ~ vingt ans. 彼は間もなく 20 歳だ. Vous en verrez ~ la suite. やがて続きがわかるだろう.
4 〔古〕(過去のことについて) ほぼ; (状況について) ほとんど. Je l'ai vue il y a ~ six mois. かれこれ半年前に彼女に会った. Ma mère est très malade et ~ morte. 母は重病で死んだも同然だ.
—*n.m.* 〔話・方言〕午後 (=après-midi). ce ~ 今日の午後; 今晩. dimanche ~ 日曜日の午後. 〔古〕sur le ~ 日暮れ時に.

tantra (*pl.* ~〔**s**〕) *n.m.* 〖宗教〗タントラ（サンスクリット語で書かれた秘教的経典).

tantrique *a.* 〖宗教〗タントラ教の; タントラ（経典)の. 〖美術〗peinture ~ タントラ教美術.

tantrisme *n.m.* 〖宗教〗タントラ教, タントリズム（タントラ経典を信奉するヒンドゥー教の一派; 女神を信仰する).

Tanyang 〔韓国〕*n.pr.* 丹陽（たんよう), タニャン（忠清北道, 南漢江河畔の都市; 東に小白山国立公園, 南に月岳山国立公園, 西の下流域に忠州湖ダムがある).

Tanzanie (la) *n.pr.f.* 〔国名通称〕タンザニア（公式名称: la République unie de T~ タンザニア統一共和国; 国民: Tanzanien (ne); 首都: Dar-es-Salam ダル=エス=サラーム, Dodoma ドドマ; 通貨: shilling tanzanien 〔TZS〕).

tanzanien (**ne**) *a.* タンザニア（タンザニア連合共和国 la République unie de Tanzanie)の; タンザニア人の.
—**T**~ *n.* タンザニア国民.

Tanzim *n.pr.* タンジーム（パレスチナのアル・ファタ Al-Fatah 所属の武力闘争グループ; 1983 年創設). ~ al-qaida タンジーム・アル=カイダ.

TAO (=*t*raduction *a*ssistée par *o*rdinateur) *n.f.* 〖情報処理〗コンピュータ援用翻訳 (=〔英〕CAT: *c*omputor-*a*ided (-*a*ssisted) *-t*ranslation).

tao 〔中国〕*n.m.* 〖宗教史〗(道教の)道; (儒教の)道.

taoïsme 〔t a o i s m〕, **taôisme** 〔taoism〕 *n.m.* 〖宗教〗(老子 Tao-tö -king の説いた) 道教.
▶ **taoïste, taôiste** *a.,n.*

taoïste *n.* 〖宗教史〗道家, 道士; 道教信者; 老荘哲学信奉者.
—*a.* 道教の; 老荘哲学の.

Taoyuan 〔台湾〕*n.pr.* 桃園（とうえん), タオユアン（台北西部の都市).

TAP (=*t*roupe *a*éroportée) *n.f.* 〖軍〗空挺部隊, 空輸部隊.

tapage *n.m.* **1** 騒がしい物音, 喧騒, 叫喚. faire du ~¹ 騒がしい物音をたてる. ~ des oiseaux 鳥の騒がしい啼声. 〖法律〗~ injurieux 不法の騒音. ~ nocturne 夜間の騒音 (騒乱); 安眠妨害.
2 物議, スキャンダル; センセーション. à grand ~ 鳴物入りで. faire du ~² センセーションをまき起こす. mener ~ autou de ~ について騒ぎたてる.
3 〔文〕(色彩の) けばけばしさ, どぎつさ.

tapenade *n.f.* 〖料理〗タプナード（黒オリーヴ, アンショワ（アンチョビ), ケーパ

一，鮪のオイル漬け，オリーヴ油，レモン汁，ニンニクでつくるピュレ状のプロヴァンス料理）．

tapin *n.m.* 1 〔話〕〔古〕鼓手．2 〔話〕街娼〔の客引き行為〕．faire le ~ 客を引く（=tapiner）．

tapineu*r*(**se**) *n.* 〔隠〕客引きをする人；（特に）街娼．

tapioca *n.m.* 1 〔食材〕タピオカ（マニオック manioc の根からつくる澱粉）．
2 〔料理〕タピオカスープ（=potage au ~）．

tapir *n.m.* 1 〔動〕貘（ばく）．~ malais マレー貘．2 〔話〕個人教授を受ける学生．

tapis *n.m.* 1 絨緞（じゅうたん），カーペット．~ de Perse (d'Orient) ペルシャ（オリエント）絨緞．~ d'Aubusson (des Gobelins) オービュッソン（ゴブラン）織り．~ de basse lice 横機（よこはた）織り絨緞．~ de couloir (d'escalier) 廊下（階段）に敷いたカーペット．~ de haute laine 毛足の長い絨緞．~ de moquette モケット（=~ cloué）（床一面に敷きつめたカーペット）．~s fabriqués à la main (à la machine) 手織り（機械織り）絨緞．~ magique (volant) 魔法の（空飛ぶ）絨緞．~ mécanique 機械織り絨緞．~ rouge 赤い絨緞．dérouler le ~ rouge 人を栄誉礼で迎える．fabricant de ~ 絨緞製造者．marchand de ~ 絨緞商；絨緞などの行商人；〔蔑〕商人．〔比喩的〕抜け目のない打算家．
2 （床・地面の）敷物；〔スポーツ〕マット．~ de linoléum リノリウムの敷物．~ de sol （キャンプ用の）カーペット．〔ボクシング〕aller au ~ マットに入る．envoyer *qn* au ~ 人をダウンさせる．rester au ~ （戦闘で）負傷する，戦死する．
3 絨緞状のもの．~ de bombes 絨緞爆撃．~ de feuilles mortes 落葉の絨緞．~ de mousse 苔の絨緞．~ vert¹（芝生などの）緑の絨緞．
4 （机・賭博台・玉突台などに張る）クロス，厚布；会議机（=~ vert²）．~ du baccara (de la roulette) バカラ（ルーレット）の賭博台．〔賭博〕Le ~ brûle. 張った，張った（賭ける人がいない時に，賭をうながす表現）．faire ~ 賭博台にカードをひろげる；（ポーカーで）手を見せる．
sur le ~ 賭博台の上に；会議の議題に．mettre un jeu sur le ~ 賭金を張る．mettre une question sur le ~ 問題を議題にする．être sur le ~ 話題になる，検討の対象になる．revenir sur le ~ 再び話題にのぼる．
5 〔機工〕コンベア．~ diplodocus（空港の手荷物用の）循環式コンベア．~ roulant ベルトコンベア；動く歩道．
6 〔比喩的〕〔解剖〕（金属光沢を放つ）脈絡膜．
7 〔土木〕~ d'étanceité（ダム基部の）防止帯．

tapisserie *n.f.* 1 タピスリー，タペストリー，つづれ織り．~s d'Aubusson (de Beauvais, des Gobelins) オービュッソン（ボーヴェ，ゴブラン）のタピスリー．~ à mille [-]fleurs 千花タピスリー（無数の花模様をあしらったタピスリー）．~ historiée 歴史的情景を描いたつづれ織り．~s médiévales (de la Renaissance) 中世（ルネサンス期）のタピスリー．carton de ~ タピスリーの下絵．Manufacture de ~ des Gobelins ゴブラン・タピスリー製作所．
2 （装飾用の）壁掛（装飾兼防寒用）；壁布；壁紙（=~ imprimée）．〔比喩的〕envers de la ~ 華やかな外面の裏にあるもの．faire ~ （集まりで仲間から外れて）壁側にいる．（舞踏会で）壁の花になる．
3 〔手芸〕タペストリー刺繡術（作品）．aiguille à ~ タペストリー刺繡の針．métier à ~ タペストリー刺繡の枠．points de ~ タペストリー刺繡の目．faire de la ~ タペストリー刺繡をする．

tapissie*r*(**ère**) *n.* 1 装飾用布地・壁紙の製造（販売）業者；家具上張り製造（販売）業者．~ [-] décorateur インテリア・デザイナー．
2 壁紙張り工；家具上張り工．
3 タピスリー（壁掛）製作工（=~ à point noué 〔機織り絨緞工〕）．

Tarascon *n.pr.* タラスコン（département des Bouches-du-Rhône ブーシュ=デュ=ローヌ県の小郡庁所在地；市町村コード 13150；ローヌ河左岸の城下町；形容詞 tarasconnais(*e*)）．château du roi René de ~ タラスコンのルネ王居城（14-15世紀）．

Tarbes *n.pr.* タルブ（département des Hautes-Pyrénées オート=ピレネー県の県庁所在地；市町村コード 65000；ピゴール地方 la Bigorre の中心都市；形容詞 tarbais(*e*)）．aéroport de ~ Lourdes-Pyrénées タルブ=ルールド=ピレネー空港（南 3 km）．haras de ~ タルブ種馬飼育場（race tarbaise タルブ種の馬の飼育場）．

tard *ad.* 1 （通常・定刻より）遅く，遅れて（tôt「早く」の対）．arriver trop ~ ひどく遅れて着く．se coucher ~ 遅く寝る．se lever ~ 朝寝坊する．tôt ou ~ 早かれ遅かれ，いずれにせよ．
C'est (il est) trop ~. もう手遅れだ．〔諺〕Il n'est jamais trop ~ pour bien faire. 善をなすのに遅すぎることはない．Je suis un peu ~, excusez-moi. 少し遅れました，済みません．〔諺〕Mieux vaut ~ que jamais. でもやらないよりはまだ；六十の手習い．
2 （特定の時期より）後に．au plus ~ 遅くとも．Il arrivera dans une heure au plus ~. 遅くとも 1 時間後には来るだろう．
plus ~ のちほど；後で．remettre *qch* à plus ~ 何を後にのばす（延期する）．Ce sera pour plus ~. それは今後のことにしよう．Je le ferai plus ~. 後でそれをします．Un mois plus ~, il est revenu. 1 か月後彼

tardif (ve)

は戻ってきた. pas plus ~ que demain 明日にもすぐに. pas plus ~ qu'hier ついきのうも, 最近. **3**〔午前・午後・年・季節などの〕終りごろ；夜遅く (= ~ dans la nuit；~ la nuit). ~ dans l'année 年末に. ~ dans la matinée 午前の遅くに. ~ dans la saison 季節の終りごろに. attendre jusque ~ dans la nuit 夜更けまで待つ. Il est (se fait) ~ déjà. もう夜が更けた. Il rentre ~. 彼は夜遅く帰ってくる.

—— n.m. sur le ~ 晩年に；〔古〕一日の終りに. prendre sur le ~ un nouveau métier 晩年になって新しい職業に就く.

tardif (ve) a. **1** 遅れ馳せの, 遅まきの；遅い時期の. apparition ~ve de la dent de sagesse 智歯の遅い出現. latin ~ 後期ラテン語. période ~ve 遅い時期, 後期. remords ~s 手遅れの後悔.
2 遅い時間の. heure ~ve 遅い時刻. repas ~ 遅い食事.
3〔果実などが〕晩熟の, 晩生 (おくて) の (hatif, précoce「早生の」の対). espèce ~ 晩生の品種. fruit ~ 晩生の果実. maturité ~ve 晩熟. poire ~ve 晩熟の洋梨.

tare n.f. **1** 欠陥；損傷, 損耗；〔商品価値を下げる〕きず. ~s osseuses 骨の損耗.
2〔肉体・精神の〕先天的欠陥. ~ héréditaire 遺伝性欠陥. ~ morphorogiques (fonctionnelles) 形態的 (機能的) 欠陥. hérédité d'une ~ 欠陥の遺伝性.
3〔比喩的〕〔人・社会・制度などの〕欠陥. ~s du monde moderne 現代社会の欠陥. homme sans ~ 非の打ちどころのない人間.
4〔商品の〕風袋 (ふうたい), 風袋分の値引き. enlever la ~ 風袋を差引く.
5〔理〕風袋錘, タラ. faire la ~〔正味重量を計るために〕タラを秤の反対側の皿に乗せる.
6〔鉄道〕〔貨車の〕自重〔空荷の車体重量〕.

Tarentaise (la) n.pr.f.〔地理〕タランテーズ地方〔イゼール川l'Isère上流のフランス・アルプスの一地方〕；形容詞 tarentais (e)；主要都市 Bourg-Saint-Maurice ブール=サン=モーリス, Moûtiers ムーチエ；tarine タリヌ種の牛の飼育, 水力発電, 冬季スポーツで知られる.

tarif n.m. **1** 料金表, 定価表；〔総称的〕料金, 運賃；関税率 [表] (= ~ douanier)；税率 (= ~ de l'impôt)；使用料；料率. ~ des chemins de fer 鉄道運賃. ~ d'une lettre 手紙の料金. ~ de publicité (新聞の) 広告料金.〔社会保障〕~ de responsabilité (健康保険の) 払戻し率. ~ de la Sécurité sociale 社会保障診察報酬表.〔鉄道〕~ différentiel (dégressif) 逓減運賃. ~ douanier de faveur 最恵国待遇の低率関税. ~ forfaitaire 一括料金, 定額料金制. ~ horaire 時間外

金. ~ kilométrique キロ制料金.〔鉄道〕~ par sections (par zones) 区間制料金. ~s postaux 郵便料金. ~ protecteur 保護関税. ~ réduit 割引料金. ~ saisonnier 季節料金. ~ syndical 組合協定賃金体系.
à demi-~ 半額の. billet à demi-~ 半額券. à plein ~ 普通 (正規) 料金で.
Accord général sur les ~s douaniers et le commerce 関税貿易一般協定, ガット (= [英] GATT : General Agreement on Tarifs and Trade).
2 協定料金 (賃金)；(刑罰の) 通り相場.〔法律〕~ criminel 刑事訴訟費用定額. ~ des punitions 刑罰の相場. le plein ~ 刑罰の上限. Il faut compter dans les trois ou quatre mille francs, c'est le ~. 3, 4千フランは支払わなくては, それが相場というものだ. C'est le même ~. 同じ対応措置だ.

tarifaire a. 料金 (運賃, 税率) に関する. dispositions ~s à caractère ~ 料金 (運賃, 税率) 規定. réforme ~ 料金 (税率) 改訂.

tarification (<tarifier) n.f. **1** 料金 (価格, 税率) 設定. ~ du kilo de pain パンのキロ当たり価格設定. ~ kilométrique des chemins de fer 鉄道の運賃設定.〔保険〕Bureau central de ~ 保険料算定中央事務所.
2 料金 (価格) 規制 (=taxation).

Tarn [tarn] n.pr.m. **1**〔地理〕le ~ タルヌ川 (mont Lozère ロゼール山の南に源を発し, Millau ミョー, Albi アルビ, Montauban モントーバンを経て, la Garonne ガロンヌ川に合流；長さ375 km). gorges du ~ ゴルジュ・デュ・タルヌ《断崖の続く渓谷》.
2〔行政〕le ~ タルヌ県 (= département du ~；県コード81；フランスとUEの広域地方行政区画の région Midi-Pyrénées ミディ=ピレネー地方に属す；県庁所在地 Albi アルビ；主要都市 Castres カストル；2郡, 46小郡, 324市町村；面積 5,751 km²；人口 343,402；形容詞 tarnais (e)).

Tarn-et-Garonne n.pr.m.〔行政〕le ~ タルヌ=エ=ガロンヌ県 (= département du ~；県コード82；フランスとUEの広域地方行政区画の région Midi-Pyrénées ミディ=ピレネー地方に属す；県庁所在地 Montauban モントーバン；主要都市 Castelsarrasin カステルサラザン, Moissac モワサック；2郡, 30小郡, 195市町村；面積 3,716 km²；人口 206,034；形容詞 tarn-et-garonnais (e)).

tarse n.m. **1**〔解剖〕足根, 足根骨《足根部の7つの短骨》(= os du ~). ~ antérieur 前部足根骨《cuboïde 立方骨, scaphoïde 舟状骨, 3つの cunéiforme 楔状 (けつじょう) 骨》. ~ postérieur 後部足根骨《astragale 距骨 (きょこつ), calcanéum 踵骨 (しょうこつ)》.
2〔解剖〕眼瞼板 (= ~ palpébral).
3〔鳥〕蹠蹯 (せきは)；〔昆〕蹠骨 (ふせつ).

—a. 眼瞼の. cartilage ~ 眼瞼軟骨.

tarsectomie n.f.〚医〛**1** 足根骨切除〔術〕. **2** 眼瞼板切除〔術〕.

tarsien(ne) a.〚解剖〛**1** 足根〔骨〕の. articulation ~ne 足根関節. os ~s 足根骨. tunnel ~ 足根管.
2 眼瞼の. conjonctive ~ne 瞼結膜. glande ~ne 瞼板腺.

tarsorraphie n.f.〚医〛眼瞼仮縫合術(=blépharraphie).

tartare¹ a. **1**〚史〛タタール族の, 韃靼(だったん)人の.
2〚料理〛sauce〔à la〕~ タルタル・ソース(ゆで卵の黄身・玉葱・シブーレットを加えたマヨネーズ・ソース). steak ~ タルタル・ステーキ.
—T~ n.〚史〛韃靼(だったん)人, タタール人;〔pl.で〕タタール族.

tartare² n.m.〚料理〛タルタルステーキ(=steak ~)〔牛挽肉に生卵, 刻んだ玉葱・エシャロット・パセリ, ケッパーなどの薬味を加えた料理;トマトケチャップ, ウースターソース, オリーヴ油をかけて生で食べる〕.

tarte n.f. **1**〚料理・菓子〛タルト, パイ. ~ à la crème クリーム・タルト;陳腐な常套句, 馬鹿の一つおぼえ(Molière『女房学校批判』より). ~ aux épinards ほうれん草のタルト. ~ aux pommes アップルパイ. ~s salées 塩味のタルト. ~s sucrées 甘味のタルト.
〚話〛C'est de la ~. たやすいことだ.〚話〛Ce n'est pas ~. 容易なことではない.
2〚俗〛平手打. Il a reçu une sacrée ~. 彼は平手打をくらった. flanquer des ~s à qn 人にびんたをくらわせる.
—a.〚時に無変化〛〚話〛**1** (人が)みっともない, 間抜けな;(衣服などが)滑稽な.
2 (事件などが)いやな;時代遅れの. Ce film est drôlement ~. この映画はひどくつまらない.

tartelette n.f.〚菓子〛タルトレット, 小型タルト, 小型パイ;プチ・フール(petits fours). ~ aux cerises 桜桃のタルトレット.

tartine n.f. **1** タルチーヌ(ジャム・バターなどを塗ったパン). ~ de confiture ジャムを塗ったタルチーヌ.
2〚比喩的〛長たらしい記事(話). écrire une grande ~ 長たらしい記事を書く.
3〚俗〛靴(=chaussures).

tartrate n.m.〚化〛酒石酸塩.〚薬〛~ d'ergotamine 酒石酸エルゴタミン(偏頭痛治療薬). ~ de potassium et de sodium 酒石酸ナトリウムカリウム, ロッシェル塩.

tartre n.m. **1**〚化〛酒石(葡萄酒の樽に沈着する沈澱物). crème de ~ 酒石英.
2 歯石(=~ dentaire).
3 (ボイラーの)湯垢, 罐石.

tartrique a.〚化〛酒石の. acide ~ 酒石酸.

tas n.m. **1** 堆積;山積み. ~ de boue 泥の山. ~ 汚いもの. ~ de foin 干し草の山. ~ de pavés 鋪石の山. faire un ~ de feuilles mortes 落葉の山をつくる. mettre qch en ~ 何を積みあげる.
2〚話〛沢山;集団, 一群. un ~ de 沢山の….〚話〛~ (泥のかたまり→) がたがたのおんぼろ自動車. un ~ de gens 人の群. dans le ~ 沢山の中に(から). taper dans le ~ 盲滅法に殴る;手あたり次第に掴む;(食物に)失敬してむさぼり食う. tirer dans le ~ 盲滅法に発砲する.
3〚建築〛建設中の建物;建築現場.〚話〛sur le ~ 仕事場で;仕事中に. grève sur le ~ 職場占拠;座りこみスト. être formé sur le ~ 現場で職業技術を身につける.
4〚建築〛~ de charge (アーチを支える)腰固め積み, ハンチ.
5〚金工〛携帯用小鉄床(=~ à boule). ~ de bijoutier 宝飾細工師の小鉄床.

tasse n.f. **1** (把手つきの)茶碗, カップ. ~ à café¹ (à thé) コーヒー(紅茶)茶碗. ~ de faïence 陶製カップ. boire dans une ~ 茶碗で飲む.〚話〛Ce n'est pas ma ~ de thé. そんなことに興味はないよ.
2 カップ一杯分. boire (prendre) une ~ de café コーヒーを一杯飲む.〚話〛boire une (la) ~ 泳いでいて水を飲む;水中に落ちる. boire à la grande ~ 溺れる. en pleurer une ~ しとど涙を流す.〚話〛prendre une ~ 小便をする.

tastefromage n.m. チーズの賞味. Confrérie des chevaliers du ~ de France フランス・チーズ賞味騎士団(1954年設立).

taste[-]vin [tastəvɛ̃], **tâte[-]vin** [tatvɛ̃] (pl. ~-~ [s]) n.m. **1** 利酒(ききざけ)用小盃.
2 (樽の中の酒を取り出すための)利酒用ピペット. Confrérie des Chevaliers du T~ 利酒騎士団(ブルゴーニュ地方la Bourgogne の Château du Clos de Vougeot に本拠を置く葡萄酒愛好者協会の名称). label 〔du〕T~ 利酒騎士団選定保証マーク(ラベル).

tastéviné(e) a. (ブルゴーニュ地方la Bourgogne の葡萄酒について)利酒騎士団(=Confrérie des Chevaliers du Tastevin)選定の. vin ~ 利酒騎士団選定葡萄酒.

TAT (=〔英〕thematic apperception test) n.m.〚心〛課題統覚検査(=〔仏〕test thématique d'apercention)(投射法の一種).

Tatong ⇨ **Datong**

tâtonnement (<tâtonner) n.m. **1** 手探り. par ~s 手探りで.
2〚比喩的〛暗中模索, 試行錯誤.

tâtons(à) l.ad. **1** 手探りで. marcher à ~ 手探りで歩く.
2〚比喩的〛めくら滅法に. chercher la vérité à ~ 真実を求めて暗中模索する.

tatou (pl. ~s) n.m.〚動〛アルマジロ. ~

tatouage

géant ジャイアント・アルマジロ. ~ à neuf bandes 九筋アルマジロ.
tatouage(<tatouer) *n.m.* **1** 入墨(tatou)をすること. **2** 入墨, 彫物.
tatoueur(**se**) *n.* 入墨(刺青)師, 彫りもの師.
Tatung ⇒ Datong
taudis *n.m.* **1** あばら屋, ボロ屋. **2**〔広義〕手入れの悪い家屋.
taulard(**e**) *n.*〔隠〕囚人(=tôlard(e)).
taule, tôle *n.f.* **1**〔隠〕刑務所, 監獄(=prison). sortir de ~ むしょを出る. **2**〔話〕〔古〕ホテルの部屋；部屋；〔広義〕家, 住居. louer une ~ 部屋(家)を借りる. **3**〔話〕会社(=société, entreprise).
tauon *n.m.*〔物理〕タウ粒子(=τ-particule), タウ(tau)(質量約1777 MeV/c²の三番目の荷電レプトンlepton).
taupe *n.f.* **1**〔動〕もぐら. myope comme une ~ もぐらのような近眼, ひどい近眼. **2**〔比喩的〕〔蔑〕vieille ~ 細かいことにこだわる不快な老女, くそばばあ. **3** もぐらの毛皮. toque de ~ もぐらの毛皮のトック帽. **4**〔魚〕トープ, つの鮫(=lamie). **5**〔土木〕トンネル掘削機. **6**〔学生隠語〕トープ, 特別数学クラス(=classe de ~)《理工系のグランド・ゼコールの選抜入試になるクラス；生徒は taupin》. **7**〔話〕潜入スパイ.
taupin *n.m.* **1**〔昆虫〕トーパン, こめつき虫. **2**〔学生隠語〕トーパン《グランド・ゼゴール入試準備のための特別数学クラス classe de taupe の生徒》.
taureau(*pl.* **~x**) *n.m.* **1** 去勢されていない牡牛；種牛(=~ reproducteur)《去勢された食用の牡牛は bœuf, 牝の成牛は vache》. ~ de combat 闘牛用の牡牛. ~ reproducteur (繁殖用) 種牛. combat de ~ (牡牛同志の) 闘牛. 〔比喩的〕cou de ~ 猪首. course de ~ 闘牛.〔比喩的〕prendre le ~ par les cornes 困難に敢然と立ち向かう. **2**〔天文〕*T*~ 牡牛座；金牛宮(黄道十二宮の第二宮)；4月21日-5月21日).
taurillon [tɔrijɔ̃] *n.m.* 去勢されていない牡の仔牛.
tauromachie *n.f.* 闘牛術；〔古〕闘牛(=course de taureau).
tautologie *n.f.*〔言語〕同義反復(*ex.* vivant en vie 生ける生者)(antilogie の対).
taux *n.m.* **1**(約定, 法律または慣習によって規定された)価格, 〔株〕相場；価格, 〔保険〕料率. ~ d'affichage 出来高払基本給. ~ des actions cotées en Bourse 証券取引所の株式相場. ~ de cotisation (社会保障の)分担金計算基本額. ~ du SMIC 全産業一律スライド制最低保証賃金. ~ du ressort (裁判所の)管轄制限額.
2 利率, 金利, レート, 歩合(=~ d'intérêt, ~ monétaire). ~ actuariel 算定利率. ~ actuariel moyen des bons du Trésor à 13 semaines 国債の13週間の平均算定利率(略記 TMB). ~ annuel monétaire 年利(略記 TAM). ~ bonifié 優遇利率. ~ d'amortissement 償却率. ~ de base bancaire 銀行基本レート, プライム・レート(=〔英〕prime rate)(略記 TBB). ~ de (du) change 為替レート. ~ d'escompte 割引歩合. ~ des facilités permanentes 常時短期貸付利率. ~ de fiscalités (de l'impôt) 税率. ~ de l'échéance constante à 10 ans 10年定期の金利(略記 TEC). ~ de l'intérêt légal 法定利率. ~ du marché monétaire 金融市場レート, 銀行間当日レート(=~ interbancaire au jour)(略記 TMM). ~ de l'usure 高利, 暴利. ~ directeur de Banque centrale européenne ヨーロッパ中央銀行の指針レート. ~ effectif global 総括的実質金利(略記 Teg), 実質レート. ~ fixe 固定レート. ~ hebdomadaire des bons du Trésor à 13 semaines 13週の国債週間平均金利(略記 THB). ~ interbancaire offert à Paris à 1 mois パリの銀行間月利(=〔英〕Pior : Paris *I*ntern Banking *O*ffert *R*ate). ~ moyen hebdomadaire des emprunts d'Etat à long terme 長期政府融資の週間平均金利(略記 THE). ~ moyen mensuel du marché monétaire au jour le jour entre banques 銀行間金融市場の日歩の月平均(略記 TMMMM, T4M). ~ moyen pondéré des opérations du prêt au jour le jour 貸付日歩の加重平均(略記 TMP). ~ nominal (facial) 名目(額面)利率. ~ officiel fixé par la Banque centrale européenne ヨーロッパ中央銀行の公定歩合. ~ réel 実質金利. ~ révisable 改訂しうる利率. ~ variable 変動金利. prêt à ~ zéro ゼロ金利の貸付.
3 比率, 率, パーセント, 割合, 度合. ~ d'accroissement 成長率. ~ d'albumine dans le sang 血中アルブミン濃度. ~ de chômage selon le sexe et l'âge 性別と年齢別の失業率. ~ de compression (内燃機関の)圧縮比. ~ de distorsion (音の)歪率.〔社会保障〕~ d'invalidité 労働不能(廃疾)率；障害等級. ~ de morbidité 罹病率, 罹患率. ~ de natalité (de mortalité) pour mille habitants 人口1000人当たりの出生(死亡)率. ~ de scolarité (de scolarisation) 就学率.
4 (賃金, 税率, 家賃などの)総額. ~ de la fraude fiscale 脱税の総額.
tavel *n.m.*〔葡萄酒〕タヴェル(ローヌ河畔, アヴィニョンの対岸の右岸で生産されるロゼの AOC 葡萄酒).
TAVITAC (= *t*raitement *a*utomatique et *vi*sualisation *tac*tique) *n.m.*〔軍〕戦術自動処理視覚化システム(フランスの戦闘情報分散処理システム).
taxa*teur*(*trice*) *n.* **1**〔法律〕訴訟費用の査定者(=~ des dépens).
2〔税〕税額査定者. ~ aérien export 航空

便輸出税額査定者.
——a. 1 〖法律〗訴訟費用を査定する. juge ~ 訴訟費用査定判事.
2 〖税〗税額を査定する. jury ~ 税額査定委員.

taxatif(ve) a. 〖法律〗課税しうる (=taxable).

taxation n.f. 1 (公共料金, 公定価格, 商品価格, 賃金などの) 価格決定；上限額規制, 統制. ~ de la viande 食肉の価格統制. ~ des prix 価格統制. ~ du pain パンの公定価格決定 (1979年自由化).
2 〖法律〗訴訟費用査定.
3 税額の査定 (=imposition)；課税 (=~ d'office).

taxe n.f. 1 租税, 税 (特に間接税, 地方税). ~ additionnel 付加税. ~ à la valeur ajoutée (TVA) 付加価値税《売上高税の一種で, フランスでは最大の税収源. 複数の税率がある》. ~ à l'importation 輸入関税. ~ d'apprentissage 見習税《職業訓練の経費に充当する企業税》. ~ d'habitation 住居税. ~ foncière 土地税. ~s municipales 市町村税. ~ parafiscale 強制徴収金. ~ professionnelle 地方事業税. ~ sur le chiffre d'affaires 売上高税. prix hors ~(HT) 免税価格. prix TTC (toutes ~s comprises) 税込価格. Depuis 1981, toutes les activités lucratives, sauf exonération express, sont assujetties à la TVA. 1981年以来, 明示的に定められた免税を除いて, あらゆる営利活動は付加価値税の適用を受ける.
2 公共料金；公定料金；〖法律〗強制手数料, 手数料, (証人の) 手当て. ~ des actes de procédure 手続文書公定料金. ~s postales 郵便料金. ~s téléphoniques 電話料金.
3 (特に食料品の) 公定価格. ~ du pain パンの公定価格 (1979年自由化).
4 査定. ordonnance de ~ 訴訟費用査定命令.

taxi (<taximètre) n.m. 1 タクシー. ~ libre 空車のタクシー. artisan de ~ 個人タクシー営業者. borne appel ~ タクシー呼び出し電話柱. chauffeur de ~ タクシー運転手. compteur horokilométrique de ~ タクシーの時間・走行距離制メーター. radio ~ 無線タクシー. station de ~s タクシー乗場. prendre un ~ タクシーに乗る.
2 〖話〗タクシー運転手 (=chauffeur de ~)；タクシー業. Elle fait le ~ (Elle est ~). 彼女はタクシー運転手をしている.
3 〖広義〗~. avion-~, ~ aérien エア・タクシー (航空機・ヘリコプターなど).
4 〖隠〗(脱税・資金洗浄などのため) 偽請求書を作成する会社.

taxi-brousse (pl. ~s-~) n.m. 〖アフリカ〗タクシー=ブルッス《随時停車式乗合タクシー》.

taxidermie n.f. 剝製術.

taximètre n.m. 1 タクシー料金メータ
ー. 2 〖海〗方位測定目盛環.

taxinomie, taxonomie n.f. 1 分類学, 分類原則学；〖言語〗分類論.
2 分類, 分類法. ~ botanique 植物分類.

taxiway [taksiwɛ] 〖英〗n.m. (空港の) 誘導路.

taxoïde n.m. 〖薬〗タクソイド《タクソール性抗癌剤》.

taxol 〖商標〗n.m. 〖薬〗タクソール《太平洋産の櫟 (いちい) (=if) の樹皮に含まれる抗癌物質》.

taxon (pl. ~s, taxa) n.m. 〖生〗分類群；類名.

taxotère n.m. 〖薬〗タクソテール《合成タクソール系抗癌剤》.

tayberry [teberi] 〖英〗n.m. 〖果樹〗テイベリー《1977年スコットランドでブラックベリー blackberry (mûre) と木苺 raspberry (framboise) の交配により産出されたベリー》.

Tb (=terbium) n.m. 〖化〗「テルビウム」の元素記号.

TBA (=très basse altitude) n.f. 〖軍〗超低空. infiltration ~ 超低空侵攻.

TBB (=taux de base bancaire) n.m. 〖金融〗銀行のプライムレート.

TBT (=très basse tension) n.f. 〖電〗極低電圧. lampe ~ 極低電圧電球 (6, 12, 24 volts の電球).

Tc (=technetium) n.m. 〖化〗「テクネチウム」の元素記号.

TCA[1] (=taxe sur le chiffre d'affaires) n.f. 〖税〗売上高税.

TCA[2] (=temps de céphaline activé) n.m. 〖生化〗ケファリン (セファリン) 活性化時間.

TCA[3] (=trichloroanisole) n.m. 〖化〗トリクロロアニソール.

T-CAS (=〖英〗Trafic Collision Avoidance System) n.m. 〖航空〗衝突回避装置 (=〖仏〗système d'évitement des risques de collision).

TCC[1] (=thérapies comportementales et cognitives) n.f.pl. 〖医〗行動・認知療法. efficacité des ~ 行動・認知療法の有効性.

TCC[2] (=tonne[s] de combustible conventionnel) n.f. 通常燃料換算トン.

TCC[3] (=troubles de la conduite et du comportement) n.m.pl. 〖医〗行動挙動障害. éducation spécialisée pour enfants ~ 行動障害児に対する特別教育.

TCD (=transport des chalands de débarquement) n.m. 〖軍〗上陸用舟艇輸送艦 (=bâtiment de transport ~).

TCDD (=tétrachlorure-dibenzodioxine) 〖化〗テトラクロロジベンゾダイオキシン (=〖英〗tetrachlorodibenzo-p-doxin；2, 4, 5-T 系除草剤に含まれる残留性・発癌性の極めて強い有機塩素化合物)；通称ダイオキシン (dioxine；dioxine de Seveso セヴ

ェソ型ダイオキシン；米軍がヴェトナム戦争で枯葉剤として使用）.

TCE (=traité de la Communauté européenne) n.m. ヨーロッパ共同体条約.

TCEX (=transport des colis express) n.m. 〖鉄道〗急送小荷物輸送.

Tchad(le) n.pr.m. **1** ［国名通称］チャド（公式名称：la République du T~ チャド共和国；国民：Tchadien(ne)；首都：Ndjamena ヌジャメナ；通貨：franc CFA [XAF]).
2 〖地理〗lac T~ チャド湖.

tchadien(ne) a. チャド（le Tchad）の，チャド共和国（la République du Tchad）の；~人の.
— T~ n. チャド人.

tchador ［ペルシア］n.m. 〖服〗チャドル（イランなどのイスラム女性が頭にかぶったり, 体にまとうヴェール).

TCHANG Kaï-Chek ⇨ JIANG Jieshi
Tch'ang-tcheou ⇨ Changzhou
Tch'ang-Tch'ouen ⇨ Changchun

tchécoslovaque a. チェコスロヴァキア（la Tchécoslovaquie；1993年以前の旧チェコスロヴァキア連邦共和国）の；~の住民の.
— T~ n. チェコスロヴァキア人.

Tch'eng-tou ⇨ Chengdu

Tchèque (la République) n.pr.f. ［国名］チェコ共和国（国民：Tchèque；首都：Prague プラハ（Praha）；通貨：couronne tchèque [CZK]).

tchèque a. チェコ（la Tchèque）の，チェコ共和国（la République tchèque）の；~人の；チェコ語の. couronne ~ チェコ・コルーナ（通貨単位).
— T~ n. チェコ人.
— n.m. 〖言語〗チェコ語.

Tchernobyl n.pr.m. チェルノブイリ（ソ連時代のウクライナ共和国（現「ウクライナ」）の町). accident de ~ チェルノブイリ原発事故（1986年4月26日チェルノブイリ原子力発電所の黒鉛減速軽水冷却炉沸騰水型原子炉の4号機の事故).

tchétchène (<Tchétchénie) a. チェチェンの.
— T~ n. チェチェン人（族）. région autonome des T~s チェチェン族自治州.

Tchétchénie(la) [tʃetʃeni] n.pr.f. ［国名通称］チェチェン（公式名称：la République de T~ チェチェン共和国：旧la Tchétchénie-Ingouchie チェチェン=イングーシ自治共和国；国民：Tchétchène；首都：Groznyï グロズヌイ).

Tcho-Kiang ⇨ Zhejiang

TCK (=temps de céphaline kaolin) n.m. 〖生化〗カオリンによるケファリン（セファリン）活性化時間（=TCA).

TCMH (=teneur corpusculaire moyenne en Hb) n.m. 〖医〗赤血球平均含有量.

TCS (=traitement chimique de surface) n.m. 〖治〗(金属の)表面化学処理.

TCV (=Tarif Commun International pour le transport des voyageurs et des bagages) n.m. 〖鉄道〗旅客および手荷物の運送に関する国際共同料金制.

TD (=travaux dirigés) n.m.pl. 〖教育〗(講義に基づく)演習, 指導実習.

TDC (=tarif douanier commun) n.m. 共通関税.

TDEM (=télédétection électromagnétique) n.f. 電磁波遠隔探査（= [英] EMRS：Electromagnetic Remote Sensing).

TDF[1] (=Télédiffusion de France) n.f. フランスTV放送公社.

TDF[2] (=troubles digestifs fonctionnels) n.m.pl. 〖医〗機能的消化障害.

TDG (=thiodiglycol) n.m. チオジグリコール（毒ガスの糜爛（びらん）性マスタードガスの材料).

TDM (= [英] Theater Defense Missile) n.m. 〖軍〗(アメリカの)戦域核防衛ミサイル（= [仏] missile pour la défense du théâtre)《超高空迎撃ミサイル》.

TDMA (= [英] Time Division Multiple Access) n.m. 〖電気通信〗時分割多重接続〔方式〕.

TDR (=taxe départementale sur le revenu) n.f. 所得に対する県税.

Te (=tellure) n.m. 〖化〗「テルル」の元素記号.

Tebodong ⇨ Tepodong

TEC[1] (=taux de l'échéance constante) n.m. 〖金融〗恒常的期限金利. ~ à dix ans 10年の恒常的期限金利.

TEC[2] (=transistor à effet de champ) n.m. 電界効果トランジスター.

t.e.c. (=tonne-équivalent-charbon) n.f. 石炭換算トン（単位).

TeCA (=tétrachloroanisole) n.m. 〖化〗テトラクロロアニソル.

technétium [tɛknesjɔm] n.m. **1** 〖化〗テクネチウム（元素記号 Tc, 原子番号43. 1937年発見の人工放射性元素).
2 〖金属〗テクネチウム（融点2,170℃, 沸点4,880℃).

technicien(ne) n. **1** (特定技術の)専門家. ~ du savoir 知識の専門家, 知識人. ~ de surface (事務所・公共施設の)清掃員. 〖軍〗officier ~ 技術将校.
2 生産技術者；技術者(théoricien「理論家」の対).
3 中級技術者, 技術員, 技手(ingénieur「技師」の下に位する技術者). bac de ~ 技術員バカロレア. brevet de ~ 技術員免許（略記BT；職業教育リセ lycée professionnel (LP) 3年修了). brevet de ~ supérieur 上級技術員免許（略記BTS；バカロレア修了後, 職業教育リセの専攻科2～3年修了後取得). sections de ~s su-

périeurs 上級技術員専攻科〔職業教育リセに併設, 2～3年制で, BTS 取得を目的とする〕.
4〔広義〕テクニシャン, 技巧家.
—*a*. 技術の；技術化された. civilisation ~*ne* 技術文明.

technicité *n.f.* **1** 専門性, 技術水準. **2** 技術力, 技能.

technico-commercial(**ale**)(*pl*. **aux**)*a*.〔商業〕販売・技術の；技術営業担当の.
—*n*.〔商業〕販売・技術習得店員, 技術営業担当者(=agent ~).

technique[1] *n.f.* **1**〔芸術における〕技術, 技法；手法；技巧, テクニック. ~ de la fresque フレスコ画の技法. violoniste qui a une très bonne ~ 優れた技巧をもつヴァイオリン奏者. améliorer sa ~ 技巧をみがく.
2〔産業における〕技術；工学. la science et la ~ 科学と技術. ~ aéronautique 航空工学. ~ de pointe 先端技術. ~*s* nouvelles 新技術(技法). ~*s* informatiques 情報工学. ~ routière 道路工学.
3 テクニック, 技術. ~ de combat 戦闘技術.
4〔話〕やり方, 方法. n'avoir pas la〔bonne〕~ どうしたらよいか判らない.

technique[2] *a*. **1** 専門的な. mot ~ 専門語. termes ~*s* 専門用語.
2〔産業・経済分野での〕技術的な；職業技術の, 職業上の. agent ~ 技術員. aide ~ de laboratoire 実験室技術補助員. conseiller ~ 技術顧問. enseignement ~〔中等教育の〕職業技術教育(=le ~). 〔航空〕escale ~ 技術上の寄港〔給油・点検のための空港寄港〕.
3〔芸術〕技法の；技術上の；技巧の. difficultés ~*s* d'un morceau de piano ピアノ曲の技法上の難しさ. habileté ~ 技法の巧みさ.
4 装置〔機械〕に関する. incident ~〔機械の〕故障.
—*n.m.* 職業技術教育(=enseignement ~).

technobureaucratie *n.f.* テクノクラート官僚制.

technobureaucratique *a*. テクノクラート(技術専門家)による官僚制の.

technocentre *n.m.* 技術研究センター, テクノセンター.

techno-citoyen(**ne**)*n*. 技術関連市民.

technocrate *n.* **1** テクノクラート, 専門技術者；技術官僚；(経済・政治などの)専門家. **2**〔蔑〕技術偏重主義者(官僚, 政治家など).

technocratie *n.f.* テクノクラシー, テクノクラートによる支配体制.

techno-hygiène *n.f.* 衛生工学.

technologie *n.f.* **1** テクノロジー, 科学(生産, 工業)技術；技術；技術的方法. ~ de pointe 先端技術. Centre régional d'innovation et de transfert de ~ 技術革新・転移地方センター(略記 CRITT). diplôme universitaire de ~ 科学技術大学免状(略記 DUT；IUT で取得). institut universitaire de ~ 科学技術(工業技術)短期大学(略記 IUT；bac 後2年間). l'Eurêka, projet d'une Europe de la ~ 技術ヨーロッパ計画「ユーレカ」(=〔英〕*E*uropean *r*esearch *c*oordination *A*gency ヨーロッパ科学研究調整機構；1985年7月17日策定).
2 工学. ~ marine 海洋工学.

technologique *a*. **1** 工学の, 科学技術の. baccalauréat ~ 技術員バカロレア. enseignement ~ 科学技術(工学)教育. innovation ~ 科学技術革新. sciences ~*s* industrielles 工業技術学(略記 STI).
2〔経済〕生産技術革新に起因する. chomage ~ 生産技術革新による失業.

technopathe *n.* 〔医〕技術音痴(コンピュータ画面や双方向性が理解困難な人).

technophile *n*. 科学技術愛好家；技術革新を志す人.
—*a*. 技術好きの；新技術対応の.

technopole *n.f.* テクノポール, 先端技術研究開発大学都市.

technopôle *n.m.* テクノポリス, 高度技術集積都市(=〔英〕technopolis).

technopolitain(**e**)*a*. テクノポリス(technopole)の. esprit ~ テクノポリス精神, テクノポリスの発想.

technopratique *n.f.* 〔技術〕工作技術.

technoscience *n.f.* 理工学, テクノサイエンス〔工学と理学を融合した学問分野〕.

techno-stress *n.m.* 〔医〕テクノストレス(コンピュータなど技術機器の利用に基因するストレス).

techno-stressé(**e**)*a*. 機器の操作にストレスを覚えた, 技術にストレスを感じた.
—*n*. ~人.

technostructure *n.f.* テクノストラクチャー〔企業家・技術者・学識経験者・官僚などで構成される意志決定集団〕.

teck, tek [tɛk] *n.m.* **1**〔植〕チーク〔くまつづら科 verbénacées の熱帯木〕.
2 チーク材. pont latté en ~ チークの板張りの甲板.

TeCP (=*t*étrachlorophénol) *n.m.* 〔化〕テトラクロロフェノール.

tectologie *n.f.* 〔生〕組織形態学.

tectonique *n.f.* 地殻変動；地殻変動学, 構造地質学. ~ des plaques プレートの変動. ~ globale 地殻変動学.
—*a*. 地殻変動〔学〕の.

tectonophysique *n.f.* 〔地学〕地球(地殻)構造物理学.

Te Deum [tedeɔm]〔ラ〕*n.m.inv.* **1**〔カトリック〕テ・デウム〔晩課, 戴冠, 祝勝

などに際して歌われる賛美，感謝の歌).
2 テ・デウムを歌う儀式.
3〖音楽〗テ・デウム，賛美の歌(曲). Le *Te Deum* de Berlioz ベルリオーズの『テ・デウム』(1855 年).

TEE (= 〖英〗*T*rans-*E*urop-*E*xpress) *n.m.*〖鉄道〗〖無冠詞〗ヨーロッパ特急.

tee-shirt〖英〗*n.m.* Tシャツ(＝T-shirt).

Téflon (<*T*~, 商標) *n.m.* テフロン(デュポン社が開発したコーティング材・絶縁材料；polytétrafluoroéthylène ポリテトラフルオロエチレン).

téflonisé(*e*) *a.* テフロン(Téflon)加工の, 弗素樹脂加工の. poêle ~*e* テフロン加工のフライパン.

téflonné(*e*) *a.* テフロン(Téflon)加工をした.

TEG (=*t*aux *e*ffectif *g*lobale) *n.m.*〖金融〗包括的実質金利.

tégéviste *n.* TGV 運転士 (＝conducteur de TGV).

tégument *n.m.* **1**〖動・解剖〗外皮, 外被(人間の場合, 皮膚, 体毛, 頭髪, 皮脂腺, 汗腺などから成る). **2**〖植〗種皮.

tégumentaire *a.* **1**〖動・解剖〗外皮(外被)の. appareil ~ 外皮(外被)〔器官〕. **2**〖植〗種皮の.

teigne *n.f.* **1**〖昆虫〗蛾(tinéidés 広頭小蛾科の小蛾の総称). ~ des farines かしのしまめい蛾. ~ des jardins 庭蛾. ~ des vêtements 衣蛾(=~ domestique, mite). **2**〖医〗頭部白癬, しらくも(=tondante). avoir la ~ しらくもに罹っている. méchant comme une ~ しらくものように性悪だ. **3**〖話〗性悪(陰険)な人間.

teigneux(*se*) *a.* **1**〖医〗頭部白癬(しらくも)に罹った. **2**〔比喩的・話〕性悪(陰険, 意地悪)な. ——*n.* **1** 頭部白癬に罹った人. **2** 性悪(陰険)な人間.

teint *n.m.* **1** 染め具合. tissu bon (grand) ~ 堅牢染めの織物.〖比喩的・戯〗bon ~ 信心が固実な；筋金入りの. un catholique bon ~ 信心固実なカトリック信者. un socialiste bon ~ 筋金入りの社会主義者. mauvais (faux, petit) ~ 色のさめやすい染め. **2** 顔色；顔. ~ blanc (bronzé) 白い (日焼けした)顔色. ~ fatigué 疲れた顔色. ~ frais (pâle) つやややかな (蒼白い)顔色. ~ plâtré de fard 厚化粧の顔.

teinte *n.f.* **1** (複数の色を混ぜた)色合, 色調, トーン；色. ~-*s* et demi-~-*s* ストーンと ハーフ・トーン. ~-*s* dégradées-*s* ぼかした色調. ~ plate (en à plat)(濃淡のない)一色. ~ jaunâtre 黄色っぽい色. ~ vierge 原色(混ぜない色). faible ~ 淡い色調. **2**〔比喩的〕ニュアンス；…色. une ~ de

malice 悪意みたところ. légère ~ d'amertume ほろ苦さ.

teinture *n.f.* **1** 染付け, 染色；染色具合. accident de ~ 染めむら. procédés de ~ 染色過程. **2** 染料. imprégner une étoffe dans la ~ 布を染料の中に浸す. **3**〔比喩的〕上っ面の知識. Il a une vague ~ de philosophie. 彼は哲学を少しかじっている. **4**〖薬〗チンキ剤. ~ d'iode ヨードチンキ.

teinturerie *n.f.* **1** 染色業. **2** 染色工場. **3**〔話〕タンチュルリー(クリーニング, しみ抜き, プレス, 染色などを行う)；染色店, クリーニング店 (=boutique de ~). blanchisserie-~ クリーニング・染色店.

teinturier(*ère*) *n.* **1** 染物師, 染師. ~ de vêtements 衣類の染物師. ~ en cuirs (en soie) 皮革(絹)の染師. boutique de ~¹ 染物屋(=teinturerie). **2** 衣類のクリーニング屋(人)(しみ抜き, アイロンかけ, 染め直しも行う). boutique de ~² クリーニング店.

tek ⇒ teck

télangiectasie *n.f.*〖医〗(皮膚の)毛細管瘤, 毛細胞瘤, 毛細管拡張症(artériole 細動脈, capillaire sanguin 毛細血管, veinule 細静脈などの拡張症). ~ acquise 後天性毛細管瘤. ~ congénitale 先天性毛細管瘤.

telavancine *n.f.*〖薬〗テラヴァンシン (Theravance 社が開発したメチシリン耐性黄色ぶどう球菌感染症治療に向く抗生物質).

télé-〔キ〕ELEM **1**「遠隔」の意(*ex. télé*commande 遠隔操作). **2** (<*télé*vision)「テレヴィジョン」の意(*ex. télé*viseur TV 受像機). **3** (<*télé*phérique)「空中ケーブル, ロープ利用」の意(*ex. télé*siège スキーリフト).

télé〔-〕**achat** *n.m.*〖商業〗テレ・アシャ, テレショッピング(＝〖英〗teleshopping. 電話, ファクシミリ, TV などを利用した商品の購買方式. télémarketing.

télé〔-〕**acheteur**(*se*) *n.*〖商業〗テレショッピング利用購買者(電話, FAX, TV などを利用した商品購買者).

téléac*teur*(*trice*) *n.*〖商業〗テレマーケッティング業者(電話を利用した市場調査・販売担当者；téléopéra*teur*(*trice*), téléprospec*teur*(*trice*) と同義).

téléaffichage *n.m.* 電光掲示(表示)；電光掲示(表示)板.

téléalarme *n.f.* 警報電話(ボタンを押すと救急医療隊, 医師, 消防, 警察などに通話できるシステム).

téléassistance *n.f.*〖医〗遠隔医療補助.

téléaste *n.* TV 制作者, TV ディレクター, TV 放送技術者, テレアスト.

téléavertisseur *n.m.* 〘カナダ〙〘電話〙ポケベル (=bip).

télébenne *n.f.* テレベンヌ(複数の小型ゴンドラを擁するロープウェー;=télécabine;〘話〙œuf「卵」).

télébillétique *n.f.* 〘鉄道〙電話による切符の購入システム;電話による発券システム.

téléboutique *n.f.* テレブティック(国外に最も安く電話がかけられる店).

télébureau (*pl.*~**x**) *n.m.* 〘情報処理〙テレビュロー(インターネット上に開設された事務サイト).

télécabine *n.f.* テレキャビン(複数の型キャビンを擁するロープウェー;=télébenne).

télécaméra *n.m.* TVカメラ;望遠カメラ.

télécarte 〘商標〙*n.f.* テレフォンカード.

télécartomanie *n.f.* テレフォンカード収集癖.

télécentre *n.m.* テレサントル(遠隔労働管理センター).

téléchargement *n.m.* 〘情報処理〙(電気通信によるデータやプログラムの)遠隔インストール.

télécharger *v.t.* 〘情報〙データ通信で送信する.

téléchirurgie *n.f.* 〘医〙遠隔操作医療機器利用外科(手術);遠隔手術.

télécinéma *n.m.* **1** 映画のTV放映装置. **2** TVでの映画放映.

télécobalt-thérapie *n.f.* 〘医〙コバルト60遠隔照射療法, テレコバルト療法.

télécommande *n.f.* 遠隔操作, 遠隔制御, リモートコントロール.

télécommunication *n.f.* 遠距離通信, 電気通信(電信, 電話, テレビなど;略称télécom [telekɔm]「テレコム」). ~s spatiales 衛星通信. Centre national d'études des ~s 国立遠距離通信研究センター(設立1945年;略記CNET). Ecole nationale supérieure des ~s 国立高等電気通信学校(1942年開校のグランド・エコール;略記ENST). Postes, T~s et Télédiffusion 郵便・電気通信・電波放送(略記PTT). satellites de ~s 通信衛星. Télécom 1, système national de ~ par satellite フランス衛星通信システム「テレコム1」. Union internationale des ~s 国際電気通信連合(略記UIT).

télécoms *n.f.pl.* テレコム, 遠距離通信, 電気通信(télécommunicationsの略称). France T~ フランス・テレコム会社.

téléconférence *n.f.* テレコンフェランス(遠距離通信利用会議;TV会議など).

téléconvertisseur *n.m.* 〘写真〙テレコンバーター.

télécopie *n.f.* 〘通信〙ファクシミリ〔通信〕, ファックス(fax; =〘英〙facsimile). ~ contrastée 2階調ファックス(=〘英〙document facsimile telegraphy). ~ nuancée (微妙な濃淡をコピーできる)ハーフトーン・ファックス(=〘英〙picture facsimile telegraphy).

télécopieur *n.m.* ファクシミリ. transmission sur un ~ ファクシミリ送信.

télécran *n.f.* 大型TV画面.

tel écran-tel écrit *n.m.* 〘電算〙見たまま印字(略称tel-tel;=〘英〙Wysiwyg (What you see is what you get) ウィジウィグ).
——*a.* ウィジウィグ方式の.

télédéclarant(e) *n.* 〘税〙電子申告者.

télédéclaration (<télédéclarer) *n.f.* 〘税〙電子申告(テレマチックtélématiqueによる税金の申告).

télédétection *n.f.* 〘宇宙〙(探査衛星などによる地球・惑星などの)遠隔探査, リモート・センシング(=〘英〙remote sensing). ~ aérienne 空中査察. ~ aérospatiale 航空宇宙遠隔探査(航空機や宇宙衛星を利用した遠隔探査);衛星探査(= ~ spatiale). ~ électromagnétique 電磁波遠隔探査(略記TDEM). sondage par ~ 遠隔探査.

télédiagnostic *n.m.* 〘医〙遠隔診断, 遠隔診療(遠隔医療の一部).

télédiffusion (<télédiffuser) *n.f.* ラジオ・TV放送.

télédistribution *n.f.* (ラジオ, TVの)有線放送, ケーブル放送(=câblodistribution).

télé[-]écriture *n.f.* 図形電送, テレライティング(=〘英〙telewriting).

télé[-]enquêteur(trice) *n.* 電話によるアンケート調査員.

télé[-]enseignement *n.m.* (ラジオ, TVを利用した)放送教育.

téléévangéliste *n.* 〘キリスト教〙TV利用伝道者.

téléfax 〘商標〙*n.m.* テレファックス(機器), ファックス(システム).

téléfilm *n.m.* TV映画(=〘英〙television film);TVドラマ. ~s en feuilleton 連続TVドラマ(小説).

télégénique *a.* テレビ写りのよい, テレビ向きの. visage ~ テレビ写りの良い顔, テレビ向きの顔.

télégestion *n.f.* (コンピュータを利用したデータの)遠隔管理(=télétraitement).

télégramme *n.m.* **1** 電報;電文. envoyer un ~ 電報を打つ. ~ téléphoné 電話伝達電報. ~ urgent 至急電報, ウナ電. **2** 電報用紙, 頼信紙.

télégraphe *n.m.* **1** 電信機;電信(= ~ électrique);〘古〙電信局(=bureau de ~). ~ électrique[1] 電信. ~ Morse モールス式電信機. **2** 信号機. ~ aérien (腕木式・灯火式)信号機. ~ électrique[2] 電気式信号機.

télégraphie *n.f.* 電信；電信技術. ~ sans fil (TSF) 無線電信〔術〕(=radiotélégraphie).

télégraphique *a.* **1** 電信の, 電信に関する. code ~ 電信コード. fil ~ 電信線. poteau ~ 電信柱. signes ~s 電信符号. **2** 電信による. mandat ~ 電信為替. **3** 電文の, 電信向きの. style ~ 電文体.

télégraphiste *n.* **1** 電信技手. **2** 電報 (至急郵便) 配達人.

téléguidage (<téléguider) *n.m.* **1** (電磁波などによる車・機械・ミサイル等の) 遠隔誘導, 遠隔操縦, 無線誘導. **2**〔比喩的〕遠隔操作 (遠くから裏で操ること).

téléguidé(e) *a.p.* **1** 遠隔操縦された; 無線誘導の. avion ~ 遠隔操縦式航空機. fusée ~e 無線誘導ロケット.
2〔比喩的〕遠隔操縦された, 陰で操られた. intervention diplomatique ~e 遠隔操縦された外交的介入.

téléimpression *n.f.* ディジタル化映像の電送, 電送印刷.

téléimprimeur *n.m.* テレプリンター (=〔英〕teleprinter), テレタイプライター (=〔英〕teletypewriter),〔商標〕テレタイプ (=teletype).

téléinformatique *a.* データ通信の. réseau ~ データ通信網. service ~ データ通信業務.
—*n.f.* データ通信〔技術〕; (電話回線などによる) コンピュータの遠隔利用 (=〔英〕remote processing).

téléjournal *n.m.*〔カナダ〕テレジュルナル, TVニュース番組 (=journal télévisé).

télékinésie *n.f.* テレキネシス, 隔動, 念動《超心理学用語. 手を触れずに人または事物を遠距離に移動させること》.

télémaintenance *n.f.*〔航空宇宙〕(電波による機器の) 遠隔保守 (=〔英〕housekeeping).

télémanipulateur *n.m.* (放射性物質等の) 遠隔操作装置, マニピュレーター, マジックハンド.

télémanipulation (<télémanipuler) *n.f.* (機器の) 遠隔操作.

télémarchage *n.m.*〔商業〕遠距離通信利用市場調査.

télémark [telemark] (<T~, ノルウェーの地名) *n.m.* (スキーの) テレマーク走法; (スキー・ジャンプの着地時の) テレマーク姿勢.

télémarketing 〔英〕*n.m.*〔商業〕テレマーケティング, テレコム利用のマーケティング (=télémercatique).

télématique *n.f.*〔情報処理〕テレマチック《遠距離通信とコンピュータ情報処理技術とを組み合わせた情報通信処理工学. 電話回線を利用してデータバンクの情報をテレプリンター, ファックス, ディスプレー等で打ち出すことができる》.
—*a.* 情報通信技術の (による, に関する).

télémécanique *n.f.* 遠隔操作〔術, 工学〕.
—*a.* ~の.

télémédecine *n.f.*〖医〗遠隔医療 (télécommunication+médecine：電話, インターネット, 遠距離通信を利用した医療).

télémercatique *n.f.*〖経済・商業〗テレマーケティング (=〔英〕telemarketing；電話などを用いた商品・サービスの宣伝・販売).

télémessage *n.m.*〖情報〗**1** テレメサージュ, テレメッセージ.
2〔商標〕SMS (=〔英〕*S*ystem *M*anagement *S*erver) (Microsoft 社が開発したシステム管理用サーヴァー・アプリケーション).

télémessagerie *n.f.*〖情報〗電子メール (=messagerie électronique).

télémesure *n.f.* 遠隔測定法. ~ de maintenance 遠隔測定法.

télémètre *n.m.* 測距儀；(カメラの) 距離計；〖通信〗テレメーター, 遠隔測定器, 自動計測電送装置《宇宙機器などで, 遠隔地から測定データを通信する装置》.

télémétrie *n.f.* 測距儀利用測定, テレメーター利用測定, 遠隔測定法；遠隔測定法で得たデータ.

télémonitrage *n.m.*〖医〗遠隔監視, 遠隔モニタリング. ~ fœtal 胎児の遠隔監視, 妊娠の遠隔管理 (=télésurveillance de la grossesse).

télénaute (<*télé*vision+*naute*) *n.*〖情報〗テレノート《放送通信衛星 Canal Satellite を利用した TPS 社の情報通信テレビ網の利用者》.

télencéphale *n.m.*〖解剖〗終脳.

téléobjectif *n.m.*〖写真〗望遠レンズ.

téléologie *n.f.*〖哲〗目的論, 究極的目的論.

téléopérateur[1] (*trice*) *n.*〖商業〗テレマーケティング業者《電話による市場調査・分析と販売を行なう者》; téléac*teur* (*trice*), téléprospec*teur* (*trice*) と同義).

téléopérateur[2] *n.m.*〖機械〗リモコン操作付オフロード作業車.

téléosaure *n.m.*〖古生物〗テレオザウルス, 完竜類《中生代の鰐類のもの》.

téléostéen(ne) *a.*〖魚〗硬骨魚類の. poissons ~s 硬骨魚.
—*n.m.pl.* 硬骨魚類.

télépaiement *n.m.* 遠隔支払い (ミニテル, インターネット等による支払い).

télépathe *a.* テレパシーを実施する, 霊媒能力のある.
—*n.* 霊媒.

télépathie [telepati] *n.f.* テレパシー, 遠距離精神感応.
▶ **télépathique** *a.*

télépéage n.m. (オートルート使用料の電子バッジ利用の自動的な)遠隔支払い(ETC方式).

téléphérage n.m. 鋼索利用輸送;空中索道(ケーブル)輸送〔方式〕;テルファー(懸垂運搬車;=[英]telpher)方式.

téléphérique a. 空中索道(ケーブル)式の, 懸垂運搬方式の. câble ~ 空中輸送ケーブル.
—n.m. 索道, 空中索道, 空中ケーブル;ロープウェー. câbles du ~ ロープウェーのケーブル. prendre le ~ ロープウェーに乗る.

téléphone n.m. 1 電話. abonés au ~ 電話加入者. annuaire du ~ 電話帳. appareil de ~ 電話器. carte de ~ テレフォンカード(=télécarte). coup de ~ 電話をかけること(=coup de fil). passer (donner) un coup de ~ à qn 人に電話をかける. numéro de ~ 電話番号. services du ~ 電話サービス. payer le ~ 電話料金を払う. 〔話〕~ arabe 口こみ.
2 電話〔器〕. ~ à fil (filaire) 有線電話. ~ sans fil 無線電話. ~ à touches プッシュフォン. ~ cellulaire セルラーフォン, 簡易携帯電話. ~ de voiture 自動車電話. ~ fixe 固定電話. ~ intérieur 内線電話.〔~〕mobile 移動電話, 携帯電話, モバイル〔フォン〕. ~ portable 携帯電話. ~ public 公衆電話. ~ rouge 赤電話.〔比喩的〕ホットライン. jeton de ~ ジュトン(昔の公衆電話用コイン). sonnerie du ~ 電話の呼出音(ベルの音).
appeler (avoir) qn au ~ 人に電話をかける. décrocher (raccrocher) le ~ 受話器を外す(かける). être au ~ 電話に出ている;電話中である.
On vous demande au ~! 電話ですよ. Passez-moi le ~ svp. 電話器を渡して下さい(私にまわして下さい). Qui est au ~? どなた様ですか?(=C'est de la part de qui?).
3〔pl. で〕電話局;電話施設. Postes, Télégraphes, T~s 郵便・電報・電話局(1959年までの略称;但し略記PTTは慣用として以後も残る;1986年略称はP et T (Postes et Télécommunications)となる).

téléphone-photo (pl. ~s-~) n.m. カメラ付き携帯電話.

téléphonie n.f. 電話技術, 電話システム. ~ mobile 移動電話〔システム〕. ~ portable numérique デジタル携帯電話システム(簡易携帯電話システム PHS(=[英] Personal Handy Phone System)).

téléphonique a. 電話の;電話による. appareil ~ 電話機. appel ~ 電話の呼出し;通話. cabine ~ 電話ボックス. communication ~ 電話通話, 電話連絡. compteur ~ 電話通話度数カウンター. conversations ~s 電話によるやりとり. permanence ~ 無休の電話受付(対応). réseau ~ 電話網. renseignements ~s 電話情報サーヴィス(電話番号照会等). tarif ~ ; tarif des communications ~s 電話料金.

téléphoniste n. 電話交換手(=standariste;〔俗〕phonard).

téléphotographie n.f. 1〔写真〕望遠写真, 望遠撮影術(望遠レンズを用いた超望遠写真〔術〕). 2 電送写真;映像電送.

télépiloté(e) a.p.〔航空〕遠隔操縦された. avion ~ 遠隔操縦航空機.

télépointage n.m.〔軍〕遠隔管制砲術(射撃).

télépointeur n.m.〔軍〕(対空砲などの)遠隔管制発射装置.

téléport n.m. 高度情報通信処理基地, テレポート(衛星通信や各種情報網を駆使する国際情報通信施設).

téléportation n.f. 1 遠距離輸送. système de ~ instantanée 即時遠距離輸送システム.
2〔物理〕(物体の)念動.
3 (SF小説での)念力移動.

téléprocédure n.f.〔情報処理〕テレプロセデュール(インターネット利用の事務手続方式).

téléprospecteur (trice) n.〔商業〕テレマーケッティング業者(電話を利用した市場調査・販売を行なう;téléacteur (trice), téléopérateur (trice)と同義).

téléradar n.m.〔電〕TV活用レーダー.

téléradio n.f.〔医〕遠隔X線撮影(=téléradiographie).

téléradiographie n.f.〔医〕遠隔X線撮影法(=téléradio).

téléreportage n.m. TV ルポ〔ルタージュ〕.

téléreporter [-tɛr] n. TV レポーター.

téléroman n.m.〔カナダ〕テレロマン, TV小説(放送番組).

télescaphe n.m.〔海〕テレスカーフ(海中ロープウェー).

télescopage (<télescoper) n.m. 1〔交通〕(衝突による)車体のめりこみ, 陥入衝突, テレスコパージュ. ~ de deux automobiles 衝突による2台の車のめりこみ.
2〔比喩的〕激突, 衝突;混入. ~ d'opinions 意見の衝突. ~ entre une classe médiatique et une opinion publique マスコミ階級と世論の激突.
3〔言語〕陥入.
4〔工〕陥入. ~ d'un gazomètre ガスタンクの伸縮方式.

télescope n.m. 望遠鏡;天体望遠鏡. ~ à miroir unique 単鏡式反射望遠鏡. ~ à réflexion 反射望遠鏡. ~ [de] Schmitt シュミット望遠鏡. ~ électronique 電子望遠鏡. ~ spatial 宇宙望遠鏡(宇宙軌道に打ち上げられる望遠鏡).

télescopique a. 1 望遠鏡による;望遠鏡で捕捉することができる(内視できな

い). mesures ~s 望遠鏡計測. observations ~s 望遠鏡による観測. planète ~ 望遠鏡で捕捉可能な惑星.
2 望遠鏡の. miroir ~ 望遠鏡の鏡.
3 望遠鏡のように伸縮する, 伸縮式. antenne ~ 伸縮式アンテナ. canne à pêche ~ 伸縮式釣竿. pied ~ d'une caméra 撮影機の伸縮式三脚.

téléscripteur *n.m.* テレタイプ.

télésécurité *n.f.* (住居・建物等の) 遠隔警備. système de ~ pour une résidence 邸宅の遠隔警備システム.

télésiège *n.m.* 〖スキー〗テレシエージュ (吊下げ座席式スキーリフト).

télésignalisation *n.f.* (有線・無線) 電信による信号操作 (情報通信).

téléski *n.m.* (スキー場の) テレスキー, Tバーリフト (=remonte-pente).

télésondage *n.m.* (衛星・航空機を利用した) 遠隔探査 (=sondage par télédétection ; 〖英〗remote sensing).

télésouffleur *n.m.* 〖TV〗テレプロンプター (=〖英〗〖商標〗teleprompter).

téléspeakerine *n.f.* 〖放送〗TV の女性アナウンサー.

téléspecta*teur*(*trice*) *n.* TV 視聴者.

télésurveillance *n.f.* 遠隔監視システム.

télétel 〖商標〗*n.m.* 〖情報〗テレテル (端末機ミニテルを利用するフランスのヴィデオテックス vidéotex・システムの名称).

télétex 〖商標〗*n.m.* 〖情報〗テレテックス (通信回線を利用した電子郵便〖の国際規格〗. terminaux ~ テレテックス端末装置.

télétexte [telɛkst] *n.m.* テレテクスト, 文字多重放送.

téléthèque *n.f.* TV 資料センター.

téléthérapie *n.f.* 〖医〗遠隔治療法 (放射線照射など).

téléthermographie *n.f.* 遠隔操作サーモグラフィー, テレサーモグラフィー.

téléthon (<*télé*vision mara*thon*) 〖商標〗*n.m.* テレソン, マラソン式の慈善などの寄付金集めのための長時間 TV 番組 ; コンピューターに結びついた端末を利用したデータの TV 放送).

télétoxie *n.f.* 〖生・医〗生体分泌物による中毒 (汚染).

télétraitement *n.m.* 〖情報〗テレプロセッシング (IBM の登録用語 : teleprocessing テレプロセッシング ; 複数の遠隔地とホスト・コンピュータをデータ伝送回線で結ぶシステム ; コンピュータの端末でデータを遠隔処理する), オンライン情報処理.

télétransmission *n.f.* 〖通信〗(電信等の電気信号の) 遠隔距離伝送.

télétravail *n.m.* 遠隔事務処理体制, テレトラヴァイユ, テレワーク, 遠隔勤務 (téléconférence, télécopie, vidéo-transmission 等々のテレマティック (情報通信技術) を利用した勤務体制) ; (パソコン通信等を利用した) 在宅勤務.

télétravailleur(*se*) *n.* (遠距離通信技術を利用し, 時間的・空間的制限から脱却した) 在宅勤労者, テレワーカー.

télétype 〖商標〗*n.m.* テレタイプ (=téléimprimeur).

télévendeur(*se*) *n.* 〖商業〗(TV・ラジオ等を利用した) 遠隔販売業者, 通販業者.

télévente *n.f.* 〖商業〗TV 利用通信販売 (TV 画面で示された商品を電話またはミニテル等を利用して販売するシステム) ; コンピュータ利用通信販売.

télévérité *n.f.* 〖放送〗テレヴェリテ, リアリティー・ショウ (=〖英〗reality-show).

télévidéothèque *n.f.* (ケーブル網での) 遠隔利用ヴィデオ保存館.

télévisé(*e*) *a.* TV で放送された. allocution ~e du président de la République 共和国大統領の TV 演説. journal ~ TV ニュース〔番組〕.

téléviseur *n.m.* TV 受像機, TV (〖俗〗télé) (=poste de télévision). ~〔à écran〕LCD 液晶 TV 受像機. ~〔à écran〕plasma プラズマ TV 受像機. ~ au format 16/9 16×9 インチのワイド TV. ~ couleur カラー TV. ~ équipé du magnétoscope ヴィデオ TV. ~ intractive par câble 双方向式ケーブル TV 受像機. ~ noir et blanc 白黒 TV.

télévision *n.f.* **1** テレヴィジョン (略記 TV) ; TV 放送 ; TV 産業. ~ à péage 有料 TV (=~ payante). ~〖en〗couleur〔s〕カラー TV. ~ éducative 教育 TV〔放送〕. ~ en 819 lignes 走査線が 819 本の TV. ~ haute définition 高品位 TV (略記 TVHD ; ハイヴィジョンなど). ~ intractive 双方向 TV. ~ nationale 国営 TV〔放送〕. ~ numérique ディジタル TV〔放送〕. ~ numérique hertzienne 地上波ディジタル TV〔放送〕. ~ par câble ケーブル TV. ~ par satellite 衛星 TV. ~ privée 民間 TV〔会社〕. ~ publique 公共 TV〔放送〕. ~ régionale 地方 (ローカル) TV. ~ tridimensionnelle 三次元 TV.

annonceur (producteur, réalisateur) de ~ TV アナウンサー (プロデューサー, ディレクター). audience〔de la〕~ TV 視聴率. caméra de ~ TV カメラ. chaîne (canal) de ~ TV チャンネル. écran de ~ en format 16/9 ワイド TV 画面. Festival de ~ de Monte-Carlo モンテ=カルロ TV フェスティヴァル. film pour la ~ TV 映画. France T~ フランス TV 会社 (国営). France T~ Publicité フランス TV 広告会社 (国営). programme de ~ TV 番組. récepteur de ~ TV 受信機 (=téléviseur, télé). redevance de ~ TV 受信料. satellite de ~ TV 放送衛星. signal de ~ TV 信号.

Société européenne de programmes de ~ (SEPT) ヨーロッパTV番組会社. station de ~ TV放送局. Union de ~s locales du câble 地方ケーブルTV連合. Union européenne de radio-~ (UER) ヨーロッパ・ラジオTV連合.
passer à la ~ TVで放映する. travailler à la ~ TV局で働く.
2〔話〕TV受像機, テレビ(=poste de récepteur de ~, téléviseur, télé). Ils ont acheté une ~. 彼等はテレビを買った. rester devant la ~ テレビに釘付けになっている.

télévisualisation *n.f.* TV化.
télévisuel(le) *a.* TVの, TVによる, TV向けの. politique ~ le extérieure de la France フランスの対外TV放送政策. réseau radiophonique et ~ ラジオ・TV放送網.
télex *n.m.*〖通信〗テレックス.
télexer *v.t.* テレックスで送信する.
télexiste *n.* テレックス係員.
télézoom *n.m.*〖写真〗望遠ズーム, テレズーム. ~ à vocation professionnelle プロ用望遠ズーム.
tellurate *n.m.*〖化〗テルル酸塩.
tellure *n.m.* **1**〖化〗テルル《=〔英〕tellurium. 元素記号Te, 原子番号52. 1782年発見の半金属元素》.
2〖半金属〗テルル《比重6.24, 融点450℃, 沸点990℃》.
tellureux(se) *a.*〖化〗acide (anhydride) ~ 亜テルル, 二酸化テルル (TeO₂).
tellurhydrique *a.*〖化〗テルル化水素の. acide ~ テルル酸.
tellurique *a.* 大地の, 地球の.〖物理〗courants ~s 地電流.〖地学〗eaux ~s 地下水.〖天文〗planète ~ 地球型惑星.〖物理〗raies ~s 地球大気線. secousse ~ 地震.
telluromètre *n.m.*〖測量〗テルロメーター《超音波式測距装置》.
tellurure *n.m.*〖化〗テルル化合物.
téloche *n.f.*〔話〕テレヴィジョン.
télomérase *n.f.*〖生化〗テロメラーゼ(ANR (RNA)依存性AND (DNA)合成酵素》.
télomère *n.m.*〖生化〗テロメア《染色体末端の構造体;単鎖重合体》.
télophase *n.f.*〖生〗(細胞の有糸分裂の)終期.
tel-tel *n.m.,a.*〖情報処理〗見たまま印字(の) (=tel écran-tel écrit).
téméraire *a.* 無謀な, 向う見ずな, 大胆不敵な. alpiniste ~ 無謀な登山家. Charles le T~ シャルル豪胆王《ブルゴーニュ公;1453-77年》.
2(企て, 行動などが)無鉄砲な, 短慮な. action ~ 無鉄砲な行動. jugement ~ 軽率で根拠のない判断, 偏見.
3〖神学〗proposition ~ 異端の疑いをかけ

られるような大胆な提議.
temgésic *n.m.*〖薬〗タンジェジック(=buprénorphine ビュプレノルフィヌ;ヘロインの代用となる鎮痛薬).
témoignage *n.m.* **1**〖法律〗申立による立証;証言. ~ d'innocence 無罪の証言. ~ indirect 間接証言. faux ~ 偽証〔罪〕. crime de faux ~ 偽証罪. écouter un ~ 証言を聴取する. d'après (selon, sur) le ~ de *qn* 人の証言によれば. invoquer le ~ de *qn* 人の証言を求める. porter ~ 証言する. produire les ~s 証言させる. rendre ~ à (pour) *qn* 人に有利な証言をする. rendre ~ à *qch* 何を認める.
2 証拠;(感謝・友情などの)しるし;しるしの贈物. ~ de reconnaissance 感謝のしるし. en ~ de …のしるしとして.
3 判断. ~ de la conscience 良心に基づく判断. ~ des sens 感覚の判断.
témoin *n.m.* **I** (人について) **1** 現場に居合わせた人;目撃者;証言者;証人. ~ direct 直接(実地)証人. ~ oculaire). ~ indirect 間接証人(=~ médiat). ~ d'un accident 事故の目撃者. chroniqueur, ~ de son temps 時代の証人である年代記作家.
Dieu m'est ~ que …について神も御照覧あれ《嘘いつわりはありません》. être ~ de *qch* 何を目撃する. faire *qch* sans ~s 独りで…する. prendre *qn* à ~〔de ce que+*ind.*〕《témoinは通常 *inv.*》人に〔何を〕証言してもらう.
2 立会人, 参考人, 保証人, 介添人. ~s d'un mariage 婚姻の立会人. ~ certificateur (公証証書作成時の)保証人. ~ instrumentaire (要式証書などの作成のための)立会人.
3〖法律〗(法廷での)証人(=~ judiciaire, ~ en justice). ~ qui jure《de dire toute la vérité》「真実のみを話す」ことを宣誓する証人. ~ à charge 被告人に不利な証人. ~ à décharge 被告人に有利な証人. ~ assermenté 宣誓した証人. ~ assisté 弁護人の付添い証人. ~ de moralité 被告人の品行方正についての証人. ~ judiciaire 裁判上の証人.〖擬人的〗~ muet 物言わぬ証人, 証拠物件. ~ récusable 信の置けない(忌避しうる)証人.
assignation des ~s 証人の召喚〔状〕. audition des ~s 証人尋問. confrontation des ~s 証人の対決. faux ~ 偽証者. preuve par ~s 証人による証拠. appeler *qn* à ~ 人を証人として喚問する. mander les ~s 証人を召喚する. récoler un ~ 証人を検真する. récuser un ~ 証人を忌避する.〖諺〗Un seul ~, aucun ~. 証人は一人では証拠能力なし.
4〔文〕証しとなる人.〖宗教〗T~s de Jéhoval ものみの塔《宗派名》. les martyrs, ~s de la foi 信仰の証しとしての殉教者.
II (物について)(証拠となるもの) **1** 証

tempe

拠. les vestiges, ~s d'une civilisation disparue 失われた文明の証拠である遺跡.
2〖測量〗(地所の境界に目印として埋める)境界証拠物(=borne ~)〖石, 瓦石, 瓦など〗;〖土木〗目印の杭(発掘現場などで)元の地盤高を示すために残す掘り残し部分;〖林業〗(森林の境界を示すための伐採しない)境界木.
3〖建築〗亀裂の進行状況を知るための漆喰板.
4〖美術〗(絵画修復で)洗浄されずに残された部分.
5〖地層〗新囲層, 外座層. butte-~ 残存丘陵.
6〖製本〗(裁断後に残った)袋状の折丁.
7〖生〗(対照実験の)対照〔標準〕ブランク. animaux (plantes)~s 対照標準動物(植物). expérience〔-〕~ ブランクテスト.
8〔同格〕モデルの, 見本となる;代表的な. appartement-~ (集合住宅の)モデルルーム. maison-~ モデルハウス. l'industrie automobile, secteur-~ de toute la production industrielle française フランスの全製造業界を代表する部門である自動車産業.
9〔同格〕〖機械〗作動していることを示す. lampe ~ d'un appareil électrique 電気器具のパイロットランプ(表示灯).
10〖スポーツ〗(リレー競技の)バトン(=bâton). passage (transmission) du ~ バントタッチ;〖比喩的〗(権力・地位などの)移譲.

tempe *n.f.* **1** こめかみ. battement du sang contre les ~s こめかみに脈打つ動悸. avoir les ~s serrées (頭痛などで)こめかみがしめつけられる.
2 鬢(びん). ~s grisonnantes 白髪混りの鬢.

tempérament *n.m.* Ⅰ (体質) **1** 体質.〖古〗~ des quatre humeurs selon Hippocrate ヒポクラテスによる人間の4気質的体質(~ bilieux 胆汁質;神経質. ~ lymphatique 粘液質. ~ mélancolique 憂鬱質, 黒胆汁質(bile noire に影響される体質)). ~ nerveux 神経質. ~ sanguin 多血質. ~ robuste 丈夫な体質.
2 気質, 気性. ~ calme 物静かな気性. avoir du ~¹ 個性が強い. C'est un ~ 個性の強い人だ.
3 好色な体質, 性欲. avoir du ~² 好色(多情)なたちだ. être de ~ froid 性的に淡白である.
Ⅱ (釣合) **1** à ~ 分割払いで, 割賦で. achat à ~ 割賦購入. acheter qch à ~ 分割払いで物を買う. vente à ~ 割賦販売(=vente à crédit).
2〖音楽〗平均律〔法〕. ~ égal (inégal) 等分(不等分)平均律.

température *n.f.* **1** 温度. ~ absolue 絶対温度. ~ ambiante 室温. ~ critique 臨界温度. ~ d'ébullition 沸騰点, 沸点. ~ de fusion 融解点, 融点.
2〖気象〗気温(=~ atmosphérique). ~ maximum (minimum) diurne 日最高(最低)気温. ~ moyenne diurne 日平均気温.
3 体温;熱(=fièvre);〖話〗熱気, やる気. animaux à ~ fixe (variable) 定温(変温)動物. avoir de la ~ 熱がある. prendre la ~ de qn (人の)熱を計る.〖話〗prendre la ~ de qc (の)熱気(動向)を探る.
4〖光学〗~ de couleur 色温度. La ~ de couleur de la lumière solaire est de 6000°K. 太陽光線の色温度は 6000°K である.

tempéré(e) *a.* **1** (気候が)温和な, 温暖な. climat ~ 温和な気候;温帯性気候.〖地理〗zone ~e 温帯.
2 穏健な. esprit ~ 節度ある人. monarchie ~e 立憲君主制.
3〖音楽〗gamme ~e 平均律音階.

tempête *n.f.* **1** 暴風雨, 嵐;時化(しけ);〖気象〗全強風(風速 89-102 km/h, ビューフォート風力等級 échelle de Beaufort の第10段階の風).〖気象〗violent ~ 暴風(風速 103-117 km/h, ビューフォート風力等級の第11段階).〖気象〗avis de ~ 暴風雨警報. le ~ Lothar 暴風ロタール(1999年12月22-26日, 北仏一帯を襲った暴風の名称). ~ de neige 吹雪. ~ de sable 砂嵐.〖中国〗~ noire 黒い嵐.〖熱帯〗~s tropicales 熱帯性暴風雨(緯度3-30度の熱帯に吹き荒れる時速63-118 km の暴風). garantie ~ (損害保険の)暴風雨被害保証. marée ~ (風による)高潮. opération 《 T ~ du désert》「砂漠の嵐」作戦(1991年の湾岸戦争時のアメリカ軍を中心とする作戦名).
2〔比喩的〕(嵐のような)激しい物音;激情の吐露. ~ d'applaudissements 嵐のような喝采. ~ d'injures 罵詈雑言の嵐.
3〔比喩的〕大騒動, 大動乱. ~s de la Révolution 大革命下の大動乱. une ~ dans un verre d'eau コップの中の嵐, から騒ぎ.

tempétueux(se) *a.* **1** 嵐のような, 暴風雨の. mer ~se 大時化(しけ)の海.
2〔比喩的〕荒れ狂う, 激動する, 波瀾万丈の. réunion ~se 大荒れの会合.

temple *n.m.* **1** (キリスト教以外の)神殿, 聖堂, 寺院. ~ d'Apollon à Delphes デルフィのアポローンの神殿. ~ d'Isis à Pompéi ポンペイのイシス神殿. ~ bouddhiste 仏教寺院, 寺. ~ shintoïste 神社.
2 ~ de Salomon (=le T~) ソロモンの神殿, エホバの神殿.
3 (新教の)教会堂.
4〖仏史〗ordre du T~ (=le T~, ordre des Templiers) 聖堂騎士団(1119年エルサレムで巡礼者および巡礼路の警備のための武装修道会). le T~ (パリの要塞化した)聖堂騎士団修道院(12世紀-1811年);

(パリの聖堂騎士団修道院を中心とする) タンプル地区.
5〖比喩的〗殿堂. ~ de la gastronomie 美食の殿堂. ~ de la philosophie 哲学の殿堂.

temporaire *a*. **1** 一時的の, 仮の. à titre ~ 一時的の資格で, 一時的に (の). fonction ~ 一時的機能. occupation ~ (公共土木事業のための) 短期的公用占有, 一時的私有地占有.
2 臨時の, 一時雇いの. agent ~ (官公庁などの) 臨時職員. travail ~ 臨時労働, 派遣労働. contrat entre l'*e*ntreprise de *t*ravail ~ et l'entreprise utilisatrice 臨時労働者派遣企業と使用者側企業との間の〖雇用〗契約. travaille*r*(*se*)~ 臨時雇用労働者, 派遣労働者. personnel ~ 臨時職員. résident ~ 外国人短期居留者.

tempora*l*(***ale***)(*pl.****aux***) *a*. 〖解剖〗顳(こめかみ)(tempe) の, 側頭部の. lobe ~ 側頭葉. muscle ~ 側頭筋, 咀嚼筋 (= muscle masticateur).
—*n.m*. 〖解剖〗側頭骨 (= os ~).

temporel[1] *n.m*. 世俗, 俗界; 世俗権 (= puissance temporelle); 〖教会法〗(教会などの) 世俗財産.

temporel[2] (***le***) *a*. **1** 〖宗教〗一時的の, かりそめの (éternel「永遠の」の対). bonheur ~ かりそめの幸福.
2 物質的な, 世俗の, 俗界の (spirituel「精神的な」の対). biens ~s 物質的な富, 世俗財産. pouvoir ~ du pape 教皇の世俗的権力.
3 〖文法〗時の, 時制の; 〖哲〗時間の (spatial「空間の」の対). déroulement ~ 時間的展開. subordonnée ~ le 時の従属節 (= ~ le).
4 〖通信〗commutation ~ le 時間的交換.

temporisa*teur*[1] (***trice***) *a*. 時間稼ぎの, 引き延ばしの. politique ~ *trice* 引き延ばし政策.
—*n*. 引き延ばす人.

temporisateur[2] *n.m*. 時限装置; タイムスイッチ.

temporisation *n.f*. **1** 時間稼ぎ, 引き延ばし, 一時しのぎ, 日和見. **2** 〖機工〗時限; タイミング. **3** 〖医〗経過観察.

temporomandibulaire *a*. 〖解剖〗側頭下顎骨の, 〖医〗ankylose ~ 顎関節強直症. arthrose ~ 顎関節症. articulation ~ 顎関節. désordre ~ 顎機能障害. luxation ~ 側頭顎部脱臼 (= décrochement de la mâchoire「顎のはずれ」).

temporo-maxillaire *a*. 〖解剖〗側頭と顎の, こめかみと顎の. articulation ~ こめかみと顎の関節.

temps *n.m*. ① 〖時間, 時〗**1** (流れとしての) 時間; 余裕, (自由に使える) 時間. ~ d'arrêt 休止. ~ de parole 発言時間. emploi du ~ 日程, 予定. 〖文〗unité du ~ (古典演劇の) 時の単一. dans (sous) peu de ~

近く, まもなく. en peu de ~; en un rien de ~. たちまち, あっという間に. peu de ~ avant (après) すぐ前 (後) に.
avoir du ~ libre 暇な時間がある. gagner (perdre) du ~ 時間を稼ぐ (無駄にする). trouver le ~ long (court) 時間の経つのが遅い (早い). travailler à plein ~ (à complet, à ~ partiel, à mi~) フルタイム (フルタイム, パート, 半日パート) で働く. tromper (tuer) le ~ 暇をつぶす, 時間つぶしをする. *A la recherche du ~ perdu* 失われた時を求めて (Proust の小説).
Il passe son ~ à lire les livres. 彼はいつも読書にふけっている. Prenez tout votre ~; vous avez tout votre ~. あわてる必要はない, 落ち着いて. 〖諺〗Le ~, c'est de l'argent 時は金なり. O ~, suspends ton vol. 時よ, 汝の流れを止めてくれ (Lamartine の詩 Le Lac).
2 〖スポーツ・運動〗タイム, 記録; 〖機械〗動作, (エンジンの) サイクル. ~ mort タイムアウト, タイム. courir 100 mètres en un ~ record 100 メートルを記録的なタイムで走る. moteur à quatre ~ 4 サイクルエンジン. dans un premier (deuxième) ~ 第一 (二) 段階で.
3 〖音楽〗拍. ~ fort[1] (faible) 強 (弱) 拍. 〖比喩的〗~ fort[2] 最高潮. mesure à quatre ~ 4 拍子. 〖話〗en deux ~, trois mouvements 素早く, あっという間に.
4 〖情報・電算〗時間, タイム. ~ d'accès アクセスタイム. ~ réel リアルタイム. partage du ~ 時分割, タイムシェアリング (= 〖英〗time-sharing).
5 〖宗教〗(典礼暦の) 節. ~ de Pâque 復活節. propre du ~ 季節固有の祈り (式文). 〖カトリック〗les quatre-~ 四季の斎日 (勤めの日) (教会暦の四季の初めに断食と祈りにささげるべき日).
6 (特定の) 時, 時点; 好機, 潮時, チャンス. en ~ et lieu しかるべき時と場所を見計らって. en ~ utile (voulu, opportun) 適切なときに, しかるべき時期に, 遅れずに. chaque chose en son ~ ものには順序がある, そんなに急がせるんじゃない.
7 時代, 時期; 〖*pl*. で〗(明確な区分のない) 時代, 現代. ~ de guerre (paix) 戦時 (平時). les ~ messianiques (聖書で予言されている) メシアの時, メシアの時代. les ~ modernes 現代; 『現代 (レ・タン・モデルヌ)』(1946 年, Sartre が創刊した評論誌). autres ~, autres mœurs 時代が違えば風習も異なる, 十人十色. dans la nuit des ~ 太古の闇の中, いつのことともわからぬほど古い. signes des ~ 時代の流れを表すもの, 当世風の; 〖聖書〗メシアの時代の到来を告げる時代のしるし, 前兆. Il est en retard sur son ~. 彼は時代遅れだ.
8 (人生の) 時期. bon (mauvais) ~ 順 (逆) 境. dans mon jeune ~ 私が若かったころ.

9 季節. ~ des cerises サクランボの季節(第2次世界大戦中にはやったシャンソンの題).
10 〖天〗時. ~ apparent 視時. ~ astronomique 天文時. ~ atomique 原子時間. ~ civil 常用時. ~ international 国際時. ~ légal 標準時. ~ local 地方時. ~ moyen 平均時. ~ moyen de Greenwich グリニジ平均時. ~ sidéral 恒星時. ~ solaire vrai 真太陽時. ~ universel 世界時.
11 〖文法〗時制. ~ simple 単純時制. ~ composé 複合時制. subordonnée de ~ 時の従属節. adverbe de ~ 時を表す副詞. concordance des ~ 時制の一致.
Ⅱ (天候, 天気) ~ de chien ひどい天気. gros ~ 時化, 荒天. ~ de saison 季節なりの天気. parler de la pluie et du beau ~ とりとめのない話をする, 当たり障りのないことを話題にする, 世間話をする.
Ⅲ 〖成句〗
à ~ 1) 時間通りに, 定刻に;2) 期限が限られた, 有期の.
à ~ perdu 暇なときに, 徒然に.
au ~ [pour les crosses] やり直し, もとへ!
au ~ pour moi 間違えた, やり直そう (autant pour moi と誤記されることがある).
avec le ~ 時がたつにつれて, 時間の経過とともに.
avoir fait son ~ 1) 定年になった; 2) (兵役, 刑期などを) 務め上げた; 3) 時代遅れになった, 古くて役立たなくなった.
Cela n'aura qu'un ~. それは長続きはしないだろう.
ces derniers ~ (ces ~ derniers) 最近.
dans le ~ かつては, 昔は.
de mon ~ 私が若かったころは.
de ~ en ~ 時々, 時として.
de ~ à autre 時々, 時折.
de (en) tout ~ いつも, 始終, つねに, いつの時代でも.
〖話〗donner du ~ au ~ 時間稼ぎをする; 辛抱して待つ.
du ~ où (dans le ~ où; au ~ où) …の時に. Du ~ où la guerre froide battait son plein, le mouvement des non-alignés jouait un rôle plus important qu'aujourd'hui. 冷戦が最高潮に達していた時期には, 非同盟運動が現在よりも大きな役割を果たしていた.
du ~ que …の時に.
en ~ et lieu 適当な時と場所で.
en ce ~-là その当時は.
en même ~ 同時に, 時を同じくして.
en son ~ 適した時期に.
être de son ~ 時流に通じている.
Il est (grand) ~ de+*inf.* (que) …をする時だ;とっくに…しているべきだ.
Il était ~ (Il était moins une) すんでのところだった, もっと早くしてくれていればよいくらいだ.
Il n'est que ~. 今すぐにしなければ, 遅くなった; 今しかない.
Il y a (voilà) beau ~ que …以来, 長い時が経っている.
Il y a un ~ pour tout. 何事にも時期がある.
la plupart du ~ 多くの場合.
le plus clair de son ~ 大部分の時間, 多くの時間. Le malade passe le plus clair de son ~ à regarder la télévision. 病人は一日中テレビを見ている.
le bon vieux ~ 昔, かつて, 古きよき時代.
le ~ de+*inf.*[1] …すべき時, …するために必要な時間. Le ~ d'accepter un cessez-le-feu ne tardera pas à venir pour chacune des parties au conflit. 各紛争当事者にとって停戦を受け入れるべき時がまもなく来るだろう. Trop occupé par son travail, il n'a même pas le ~ de dîner à la maison. 彼は仕事が忙しすぎて, 家で夕食をとる時間もない.
le ~ de+*inf.* …する時間(間, 時) (le ~ que+*subj.* も用いる). Il s'est accordé un répit, le ~ d'allumer une cigarette. 彼はタバコに火をつける間, しばし手を休めた.
Le ~ est à *qch*. 時代は…が主流である, 猛威を振るっている.
Le ~ n'est pas loin où …していたのはそれほど遠い過去のことではない.
Le ~ n'est plus où もはや…する時代ではない.
par ce ~ こんな天気で.
par le (les) ~ qui court (courent) こうした時代では, こうした状況では.
perdre son ~ 暇をつぶす, 無為に過ごす.
prendre le ~ comme il vient 臨機応変に対処する, 運命に逆らわない.
prendre son ~ あわてない.
pour un ~ しばし, ごくわずかな時間.
quelque ~ しばらくの間.
tout le ~ いつも, 四六時中, 休みなく.
〖話〗trouver le ~ long じりじりする, 待ちかねる.
un bon bout de ~ かなり長い時間.

TEN (=*T*rans-*E*uro-*N*uit) *n.m.* 〖無冠詞〗〖鉄道〗ヨーロッパ国際寝台車 (ワゴン＝リ Wagons-Lits の特別寝台).

ténacité *n.f.* **1** 頑固さ, しつこさ; 強情; 頑強. ~ d'un alliage 合金の強固さ. avec ~ しつこく, 頑固に; 強情に.
2 (偏見などの) 抜き難さ. ~ d'un préjugé 抜き難い偏見.
3 粘着力, 靱性; (匂いの) 消えにくさ. ~ du gluten グルテンの粘着力. ~ d'une odeur 匂いの消えにくさ.

tenant[1](***e***) (<tenir) *a.* **1** 開催されている. séance ~ *e* 同じ会期中に; その場で直ちに.
2 chemise à col ~ 襟付きワイシャツ.
—*n.* 所有者; 〖スポーツ〗タイトル保持者 (= ~ du titre).

tenant² *n.m.* **1** 支持者, 擁護者, 信奉者; 味方. ~ du libéralisme 自由主義の信奉者. ~s d'un parti 政党の支持者.
2 一体となった物; 隣接地.〖法律〗les ~s et les aboutissants 幅の広い横方向の隣接地と幅の狭い縦方向の隣接地;〔比喩的〕(事件・問題の) 詳細. d'un〔seul〕~ 地続きの. domaine de dix hectares d'un seul ~ 地続きの10ヘクタールの土地. connaître les ~s et les aboutissants 事の詳細を知る.

tendance *n.f.* **1** 傾向; 動向, 風潮, 趨勢; 意図, 志向. 傾向的傾向, 趨勢. ~ artistique 芸術の動向. ~ des cours à la baisse 相場の下落傾向. ~ d'un discours 講演の意図.〖統計〗~ fondamentale 基本的傾向, 基調, トレンド. ~ intellectuelle 思潮. ~ politique 政治的傾向(趨勢).〖精神分析〗~ refoulées 抑圧傾向. dernières ~s de la mode モードの最新動勢. avoir ~ à+*inf.* …する傾向がある, …しやすい. Les prix ont ~ à monter. 物価は上昇傾向にある.〖経済〗indicateur de ~ 経済の景気動向指数, 経済指標.
2 性向, 性癖. ~ à la rêverie 夢見がちな性向. ~ au sadisme サディスム的性癖. ~s égoïstes エゴイスト的性向.
3 (政党・組合内部の) 分派, セクト, 派閥. différentes ~s d'un parti politique 政党内のさまざまな派閥. A quelle ~ politique appartient-il? 彼はどの政党派閥に属していますか?

tendanciel(le) *a.* 特定の傾向を示す. loi ~le 特定の傾向を示す法則.〖社〗régularités ~les 集団の特定傾向.

tendancieux(se) *a.*〖蔑〗偏向的な; 底意のある. faits présentés d'une manière ~se 偏って示された事実. interprétation ~se 底意のある解釈.

tendant (<tendre) *a.* (à を) 目的とする, (を) 目指す. la loi n° 96-516 du 14 juin 1996 ~ à créer un Office parlementaire d'évaluation de la législation 立法の評価に関する国会事務局の創設を目的とする1996年6月14日の法律第96-516号.

tende-de-tranche *n.m.*〖食材〗タンド＝ド＝トランシュ (腿の内側の筋肉; 第2等級の肉). ~ rôti ロースト・タンド＝ド＝トランシュ, ローストビーフ.

tendineux(se) *a.* **1**〖解剖・医〗腱の; 腱性の. réflexe ~ 腱反射. rupture ~se 腱の断裂. suture ~se 腱縫合〔術〕. transposition ~se 腱移行術.
2 (肉が) 筋ばった, 筋っぽい.

tendinite *n.f.*〖医〗腱炎.

tendinopathie *n.f.*〖医〗腱炎.

tendon *n.m.*〖解剖〗腱. ~ d'Achille アキレス腱, 踵骨腱. allongement du ~ 腱延長術.

tendovaginite *n.f.*〖医〗腱鞘炎.

tendre *a.* **1** 柔らかい, 軟質の. bifteck ~ 柔かいビフテキ〔用の肉〕. bois ~ 軟質木材, 軟材. métal ~ 軟質金属. pain ~ (焼きたての) 軟らかいパン. peau ~ 柔肌. viande ~ 柔らかい肉.
2〖植〗軟らかい; 若い; もろい. bourgeon ~ 軟らかい新芽, 若芽. fleur ~ 繊細な花.
3 幼少の, 若い, 未熟の. ~ agneau 幼い仔羊. ~ enfance 幼児期. ~ jeunesse 若々しい青春時代. âge ~ 幼少期 (=enfance).
4〔時に名詞の前〕優しい, 柔和な; 心のこもった; 愛情のこもった. ~ amitié 心のこもった友情. ~ aveu 愛の告白. ~s caresses 愛撫. ma ~ amie 私が愛しの恋人. mère ~ 優しい母. regard ~ 優しい眼差し. avoir le cœur ~ 心根が優しい. avoir le vin ~ 葡萄酒を飲むと柔らかになる.〔話〕n'être pas ~ pour *qn* 人に対して無情である.
5 (色などが) 柔らかい, ソフトな, 淡い. couleurs ~s ソフトな色. lumière ~ 柔かい光. rose ~ 淡い薔薇色 (ピンク).
6 感じやすい, 傷つきやすい, 繊細な. personne ~ 感じやすい人. Il est trop ~. 彼は傷つきやすい人だ.
7〔古〕人の情感を呼び起す; 人に感動を与える. ~ élégie 感動的な悲歌.
—*n.* 優しい人. C'est un ~. 彼は優しい人だ.

tendresse *n.f.* **1** 優しい; 愛情; 博愛, 慈愛. ~ humaine 人間愛. ~ maternelle 母性愛. élan de ~ 愛情の高揚. geste de ~ 優しい仕種. avoir (éprouver, ressentir) de la ~ pour *qn* 人に愛情を覚える. aimer *qn* avec ~ 人を優しく愛する.
2〔*pl.* で〕優しさの表現, 愛撫. Mille ~s 心から愛をこめて (手紙の末尾の文言).
3〔話〕好み, 偏愛. Je n'ai aucune ~ pour cela. それは私の好みではない.

tendron *n.m.* **1**〖料理〗タンドロン (牛や仔牛の胸の中ほどの部位の肉; 胸肉poitrineとフランシェflanchetの間に位置する; 霜降りで柔かい). blanquette de ~s de veau 仔牛のタンドロンのホワイトソース煮.
2〔話〕〔古〕若い娘. épouser un ~ 年下の娘と結婚する.

tendu(e) (<tendre *v.*) *a.p.* **1** ぴんと張られた; 張り切った; (布などが) 広く張られた. corde ~e ぴんと張られた綱. filets ~s 広げて張られた網. muscles ~s 緊張した筋肉. peau ~e 張り切った皮膚. ressort ~ 一杯に巻かれたぜんまい.〖軍〗tir ~ 平射
2 (壁紙・壁掛などを) 張った, 一面に貼りつけた (=tapissé). chambre ~e d'un papier pain 壁紙を張った寝室.
3〔比喩的〕緊張した; 張りつめた. nerfs ~s 張りつめた神経. style ~ 張りつめた文体. visage ~ 緊張した顔付. avoir l'esprit ~ 精神を集中させる.

ténèbre

4〖比喩的〗(関係・情勢などが)緊張した, 緊迫した. situation politique ~e 緊迫した政局.
5 差し出した; 差しのべた. main ~e 差しのべた手. politique de la ~e 宥和政策. oreille ~e そばだてた耳. poings ~s 振りあげたこぶし. à bras ~s 両腕を一杯に伸ばして; 全力で; 独力で.
6〖言語〗(音が)緊張性の (lâche「ゆるんだ」の対).

ténèbre *n.f.* 〔一般に *pl.*〕**1** 闇, 暗闇. forêt enveloppée d'épaisses ~s 深い闇に包まれた森. avancer dans les ~s 暗闇の中を進む.
2〖比喩的〗〖文〗闇, 暗黒; 無知蒙昧 (= ~s de l'ignorance). ~s de l'inconscience 無意識の闇. ~s des temps préhistoriques 先史時代の闇.
3〖宗教〗闇. l'empire des ~s (闇の帝国→)地獄 (= enfer). esprit de ~s 悪魔 (= démon). prince des ~s 魔王 (= Satan).

ténébreux[1] (**se**) *a*. **1**〖文〗暗い, 暗闇の. bois ~ 暗い森.
2 秘かな. ~ desseins 秘かな意図. ~se intrigue 秘かに企てられた陰謀.
3 不可解な, 難解な. Une ~se affaire de Balzac バルザックの『暗黒事件』.
4 (時代が)闇に包まれた. temps ~ de l'histoire 歴史上闇に包まれた時代.
5 (人が)陰鬱な, 暗い.

ténébreux[2] *n.m.* 陰鬱な人. le Beau T~ 陰鬱な美男《スペインの騎士物語の主人公 Amadis de Gaule のあだ名; 放浪の騎士で理想の恋人像とされる》. un beau ~ 憂い顔の美男.

ténesme *n.m.* 〖医〗しぶり, テネスム. ~ vésical 尿しぶり; 尿意切迫.

teneur[1] (**se**) *n*. **1** ~ de livres 会計帳簿係.
2〖印刷〗~ de copie (校正付合わせの際の)原稿の読上げ係.
3〔古〕持つ人, 保持者, 経営者.

teneur[2] *n.f.* **1** 含有量, 含有度, 含量; 含有比; (溶液の)濃度. ~ en carbone 炭素含量. ~ en eau 含水量, 含水率. ~ en or d'un minerai 鉱石の金含有量. ~ en sels 塩分, 塩分濃度. ~ isotopique 同位体含有比. ~ moléculaire 分子含量.
2 (公文書などの)正確な内容, 文面. ~ d'un article 条文の内容. ~ d'une instruction 訓令(業務命令書)の文面.
3〖音楽〗トゥヌール, テノール(初期多声音楽で楽曲の中核をなす声部; ténor).

ténia ⇒ **tænia**

téniase, tæniase *n.f.* 〖医〗条虫寄生症 (= téniasis, tæniasis).

ténifuge *a*. 〖薬〗〖無鉤〗条虫駆除の (= tænia を駆除する). remède ~ 〖無鉤〗条虫駆除薬.
——*n.m.* 〖無鉤〗条虫駆除薬.

tennis [tenis] 〖英〗*n.m.* **1** テニス, 庭球. faire du ~; jouer au ~ テニスをする. club de ~ テニスクラブ.
2 テニスコート (= terrain de ~, court).
3 ~ de table 卓球, ピンポン (= ping-pong).
4〖織〗軽い木綿のフランネル.

tennis-elbow [tenisɛlbo] 〖英〗*n.m.* テニス肘《テニス・プレーヤーがかかる上踝炎》.

ténodèse *n.f.* 〖医〗腱固定術.
ténolyse *n.f.* 〖医〗(癒着した)腱の解放手術.
ténoplastie *n.f.* 〖医〗腱形成術.
ténorraphie *n.f.* 〖医〗腱縫合〖術〗.
ténosynovite *n.f.* 〖医〗腱鞘内滑膜炎, 腱滑膜炎; 腱鞘炎. ~ tuberculeuse 結核性腱鞘炎.
ténotomie *n.f.* 〖医〗腱切除術.

tenseur[1] *n.m.* 〖解剖〗張筋 (= muscle ~).
——*a*. 張筋の.

tenseur[2] *n.m.* 〖数〗テンソル. ~ fondamental 基本テンソル.

tensio[-]actif (**ve**) *a*. 〖化〗界面活性性の, 界面活性作用のある. agent ~ 界面活性剤, 表面活性剤.
——*n.m.* 界面活性剤 (= agent ~). ~ cationique 陽イオン界面活性剤. ~ non-ionique 非イオン界面活性剤.

tensio[-]activité *n.f.* 〖化〗界面活性, 表面活性.

tensiomètre *n.m.* **1**〖物理〗表面張力計; ひずみ計. **2**〖繊維〗糸の張力計, 引張計. **3**〖医〗血圧計, 脈圧計 (= sphygmomanomètre).

tension (< tendre *v.*) *n.f.* Ⅰ 《緊張》**1** 張り, 緊張. 〖医〗~ de défense abdominale 腹壁筋緊張. ~ d'un élastique ゴムひもの張り. ~ des muscles 筋肉の緊張. ~ d'un ressort ばねの張り. ~ vasculaire 脈管の緊張.
2 精神的緊張; 精神集中 (= ~ d'esprit); 〖心〗緊張, ストレス. ~ nerveuse (des nerfs) 苛立ち (= énervement). ~ psychologique 心理的緊張.
3 (状況・関係の)緊迫, 切迫; 緊張. ~ diplomatique 外交関係の緊張. ~ d'une situation 状況の緊迫. ~ internationale 国際関係の緊張. ~ raciale 人種関係の緊張.
4〖美術〗力動感.
5〖音声〗張り (発音器官の緊張).

Ⅱ《力》**1**〖理〗応力 (pression「圧力」の対); 張力 (= ~ de traction). ~ admise 許容応力. ~ de flexion (rupture) 曲げ(破壊)応力. ~ interne 内部応力. ~ superficielle 表面張力.
2〖理〗圧; 蒸気圧 (= ~ de vapeur). ~ de dissociation 解離圧. ~ osmotique 浸透圧. mesure de ~s 圧力測定.
3〖電〗電圧 (= ~ électrique). ~ à l'arc アーク電圧. ~ de décharge 放電電圧. à haute (basse) ~ 高圧(低圧)の.

4 〖医・生理〗血圧；高血圧 (＝hypertension). ～ maxima (minima) 最高 (最低) 血圧. ～ différentielle 最高血圧と最低血圧との差. 〖話〗avoir de la ～ 血圧が高い. prendre la ～ de qn 人の血圧を測る.
5 (vers への) 指向, 傾向. ～ vers le royaume à venir 来たるべき王国 (天国) への指向.

tentation *n.f.* 1 〖宗教〗(罪・悪への) 誘惑；(悪魔による) 試み. ～ de la chair 肉欲の誘惑. 〖聖書〗～ de Jésus dans le désert イエスの受けた荒野の試練. *La T～de Saint Antoine* de Flaubert フローベールの『聖アントニウスに対する誘惑』(第 3 版 1874 年). succomber à la ～ 誘惑に負ける.
2 誘惑；誘惑するもの. ～ d'acheter 買いたくなる誘惑 (買う気をそそる物). ～ des aventures 冒険への誘惑.

tentative *n.f.* 1 試み, 企て. ～ d'évasion 脱走の企て. ～ de suicide 自殺の企て.
2 〖法律〗未遂罪, 未遂. ～ d'assassinat (d'homicide) 殺人未遂〔罪〕.

tente *n.f.* 1 テント, 天幕；テント式住居. ～ de camping キャンプ用テント. ～ d'un cirque サーカスのテント小屋. ～ des nomades 遊牧民のテント式住居. monter une ～ テントを張る. se retirer sous sa ～ 〔比喻的〕すねて手を引く《Achille アキレウスの故事に基づく》. vivre sous la ～ テント暮しをする.
2 〖医〗～ à oxygène 酸素テント.
3 〖解剖〗テント. ～ du cerveau 小脳テント. ～ hypophysaire 脳下垂体の鞍隔膜.

tenture *n.f.* 1 〔集合的〕(組になった) 装飾用壁掛け. la ～ de l'Apocalypse d'Angers アンジェ城所蔵の「黙示録のタンチュール」(タピスリー群).
2 (布・革・紙製の) 掛け物；壁布 (＝étoffe de ～)；壁紙 (＝papier de ～).
3 葬儀用黒幕 (＝～s funèbres).

tenu(**e**[1])(＜tenir) *a.p.* 1 手入れされた. bien (mal)～ 手入れ (世話) の行き届いた (行き届かない). maison bien ～*e* 手入れの行き届いた家.
2 être ～ à+*n*. (de+*inf.*；à+*inf.*)…の (…する) 義務がある；(…すること) を余儀なくされる. être ～ à la discrétion 守秘義務がある. être ～ d'obéir 服従の義務がある.
3 〖法律〗être ～ de+*n.* …の責任を負う. preneur ～ des dégradations 建造物損壊の責任を負う賃借人.
4 忙殺された (＝occupé, pris). être ～ par ses occupations 仕事で忙殺されている.
5 厳しくしつけられた. langage ～ 折目正しい言葉.
6 〖株〗(値が) 安定した, 堅調の. valeurs (bien)～*es* 安定株.
7 〖音楽〗note ～ テヌート.

tenue[2] (＜tenir) *n.f.* 1 維持, 管理. ～ de la comptabilité；～ des livres〔de comptes〕会計管理, 簿記. ～ de la maison 家政, 家の切り盛り.
2 〖印刷〗割付け. ～ de copie 原稿割付け.
3 着付, 着こなし, 身なり；服装；制服. ～ de combat 戦闘服. ～ de soirée 夜会服 (habit, smoking など).《～ de soirée de (en) rigueur》「必ず正装のこと」(案内状の文言). ～ de sport スポーツウェア, ユニホーム. ～ de travail 仕事着. ～ de ville 街着. ～ de voyage 旅着. ～ militaire 軍服. grande ～ 礼装, 礼服. petite ～ (～ légère) 薄着.
〖話〗être en petite ～(～ légère)(裸同然の) 薄着である. en ～ 制服 (礼装, ユニホーム) 姿で. militaire en ～ 軍服姿の軍人 (en civil 「私服の」の対).
4 立居振舞, 態度；姿勢. ～ correct (impeccable) 非のうちどころのない態度. avoir de la ～[1] 立居振舞がきちんとしている. avoir une bonne (mauvaise)～ 行儀がよい (悪い)；姿勢がよい (悪い). manquer de ～[1] 行儀が悪い. Un peu de ～! 少しは行儀よくしなさい.
5 品位, 品格, 格調. roman d'une haute ～ 格調の高い小説. manquer de ～[2] 品位に欠ける.
6 〖自動車〗～ de route ロード・ホールディング, タイヤの接地性；走行安定性. bonne (mauvaise)～ de route 良好な (不安定な) 走行安定性.
7 乗馬姿勢. avoir de la ～[2] 騎馬姿勢がよい, 乗りっぷりがよい.
8 (会議, 法廷などの) 開催〔期間〕. ～ des assises 重罪裁判所の開廷. ～ d'une loge フラン・マソン (フリー・メイスン) の集会の開催.
9 〖株式〗(株価の) 堅調, 安定；〖*pl.* で〕安定株 (＝valeurs ～*s*).
10 〖音楽〗(音の) 持続；〖言語〗(音の) 持続部. ～ des tremolos de violon ヴァイオリンのトレモロの持続.
11 〖競馬〗耐久力, スタミナ. cheval de ～ スタミナのある馬. Ce cheval n'a pas de ～. この馬はスタミナに欠ける. tout d'une ～；d'une seule ～ 一途切れることなく.

TEOM (＝*t*axe d'*e*nlèvement des *o*rdures *m*énagères) *n.f.* 家庭ゴミ収集税. envolée de la ～ 家庭ゴミ収集税の高騰.

TEP[1] (＝*t*arif à *e*nlèvements *p*rogrammés) *n.m.* (ガス料金などの) プログラム化徴収料金.

TEP[2] (＝*t*omographie par *é*mission de *p*ositons) *n.f.* 〖医〗陽電子放射断層撮影〔術〕 (＝〖英〗PET：*p*ositron-*e*mission *t*omography；ペット).

TEP[3] (＝*t*onne *é*quivalent *p*étrole) *n.f.* 石油換算重量トン. équivalence énergétique en ～ 等価エネルギー石油換算トン. une économie d'énergie de 45 millions de ～ 石油換算 4,500 万トン相当のエネルギーの節

減.

Tepodong, Taephodong〔北朝鮮〕*n.pr.* **1** 大浦洞(たいほどう), テポドン(北朝鮮の地名;弾道ミサイル発射場の所在地).
2〔軍〕テポドン・ミサイル(=missile ~)(1998年大浦洞で発射実験が行われた弾道ミサイルに米国がつけた呼称). le ~ I テポドンI型ミサイル(2段式中距離弾道ミサイル). le ~ II テポドンII型ミサイル(長距離弾道ミサイル).

t eq.C (=*t*onne *é*quivalent *c*arbone) *n.f.*〔環境〕炭素換算トン. émissions de gaz converties en ~ 炭素換算排出ガス・トン量.

tequila [tekila](<T~, メキシコの地名) *n.f.*〔酒〕テキーラ(テキーラ竜舌蘭 agave からつくられる蒸溜酒).

TER (=*t*rain *e*xpress *r*égional) *n.m.*〔鉄道〕地方高速鉄道(列車)(広域地方行政区画の地方région が車輌を購入しフランス国鉄 SNCF に運行を委ねる地方鉄道とその車輌). ~ Bretagne ブルターニュ地方高速鉄

téra-〔ギ〕ELEM〔国際単位系〕「テラ」(10^{12}の意;記号 T). 1 ~-bit 1 テラビット(10^{12}ビット;1兆ビット).

térato-〔ギ〕ELEM「奇形」の意(*ex. téra*tologie 奇形学).

tératogène *a.*〔医〕催奇性の, 奇性を生む. effets ~s 催奇効果.

tératogenèse, tératogénie *n.f.*〔生・医〕奇形発生, 奇形生成.

tératologie *n.f.*〔生・医〕奇形学.

tératome *n.m.*〔医〕奇形腫, テラトーマ.

térawatt [terawat] *n.m.*〔電〕テラワット(10^{12}ワット).

terbinafine *n.f.*〔薬〕テルビナフィン(アリルアミン系抗真菌薬;薬剤製品名 Lamisil (*n.m.*)).

terbium [tɛrbjɔm] *n.m.* **1**〔化〕テルビウム(元素記号 Tb, 原子番号 65, 原子量 158.9253;希土類元素).
2〔金属〕テルビウム(融点 1,356℃, 沸点 3,123℃).

tercet *n.m.*〔詩法〕3行詩.

térébenthène *n.m.*〔化〕テルベンテン, テレベンテーヌ, ピネン(テレビン油の主成分).

térébenthine [terebãtin] *n.f.*〔化〕テルベンチン, 松脂;テレビン油 (=essence de ~). essence de ~ テレビン油 (= ~).

térébrant(e) *a.* **1**〔動〕(虫が)穿孔産卵管のある. insecte ~ 穿孔産卵管をもつ昆虫.
2〔医〕穿孔性の. douleur ~*e* きりきりさしこむような劇痛. ulcération ~*e* 穿孔性潰瘍.
3〔比喩的〕激烈な;つらい. ~ désir 激しい欲望. travail ~ つらい仕事.

téréphtalique *a.*〔化〕テレフタラートの. acide ~ テレフタル酸(ポリエステル系合成繊維, フィルムの原料).

tergal (*pl.* **~s**) (<T~, 商標) *n.m.*〔織〕テルガル(ポリエステル系合成繊維).

tergite *n.m.*〔動〕背板.

terme *n.m.* Ⅰ〔期限〕**1** 期限;期間. ~ certain (incertain) 確定(不確定)期限. ~ de faveur 恩恵期限.〔法律〕~ extinctif 消滅期限.〔法律〕~ suspensif (extinctif) 停止(消滅)期限(期限).
avancer (reculer) le ~ 期限を繰上げる(繰下げる). fixer un ~ 期限を定める. mettre un ~ à qch 何に終止符を打つ. passé ce ~ この期限以降. à court (long) ~ 短期(長期)の. emprunt d'État à court (moyen, long) ~ 短期(中期, 長期)国債. programme à long ~ 長期計画.
2 清算指定期日;満期;(家賃・地代などの)支払期日 (=jour du ~);(住居の)借用期間;(借用期間の)家賃(地代). à ~ 先物の(履行・清算の期日指定方式の). marché à ~ 期日指定取引, 先物取引. opérations à ~ 受渡日特約取引;先物取引. vente (achat) à ~ 先物売り(買い). crédit à court (long, moyen) ~ 短期(長期, 中期)信用〔貸付〕. payer son ~ 家賃(地代)を支払う.
3 終末, 終り, 末期. ~ de la vie 臨終. ~ d'un voyage 旅行の末期. au ~ de qch 何の終りに. mener qch à〔son〕~ 何をやり遂げる. toucher à son ~ (仕事などが)終りに近づく;臨終が近い.
4 分娩予定日 (=~ de l'accouchement). enfant né avant ~ 月足らずで生まれた子供, 早生児. être à〔son〕~ (妊婦が)臨月である.

Ⅱ(言葉) **1** 言葉, 用語. ~ didactique (technique) 専門用語, 術語. ~ judiciaire (scientifique) 法律(科学)用語.
2〔*pl.*で〕言廻し, 言葉遣い, 表現. aux ~s du contrat 契約書の表現によれば. en d'autres ~s 換言すれば.
3〔論理〕名辞;〔言語〕辞項;〔数〕項.〔論理〕le grand (moyen, petit) ~ (三段論法の)大(中, 小) 名辞.〔数〕~ constant 定数項.
4〔*pl.*で〕(人との)間柄, 関係. être en bons (mauvais)~s avec qn 人と仲が良い(悪い).
5〔経済〕~s de l'échange 交易条件.

Ⅲ 胸像柱(古代ローマの神 Terminus の像の柱に由来);〔古〕境界標.

terminal[1] (**ale**[1]) (*pl.* **aux**) *a.* **1** 最後の, 末尾の. classe ~*ale* (リセの)最終学年〔のクラス〕 (=la ~ale). formule ~*ale* d'une lettre 手紙の結びの文言.
2 末期の;最終の. phase ~*ale* d'une maladie 疾病の末期段階. stade ~ de la publicité 宣伝活動の最終段階.
3 末端の;〔電算〕端末の. aérogare ~*ale* エア・ターミナル.〔植〕bourgeon ~ 頂芽.

équipement ～ pour ordinateur コンピューターの端末装置.〖生〗partie ～*ale* d'un organe 器官の末端部.〖解剖〗plaque ～*ale* 端板, 終板. point ～ 終点.

termina*l*[2] (*pl.aux*) [英] *n.m.* **1** (交通・通信網などの) 終点.
2 (電気通信網の) 端末施設 (装置).
3 (石油パイプラインの終点の) 石油基地 (ポンプ場・貯油施設など). ～ maritime 海浜石油基地.
4 コンテナー基地.
5 (空港と都心を結ぶ) シティー・ターミナル (=aérogare [urbaine]). la navette qui relie l'aéroport et le ～ 空港とシティー・ターミナルを結ぶシャトルバス (電車).
6〖情報機器〗端末, ターミナル. console d'un ～ (コンピューターの) 端末操作盤 (コンソール).

terminale[2] *n.f.*〖教育〗(中等教育の) 最終学級 (=classe ～) (バカロレアの準備学級). programmes de ～ 最終学級の教科 (カリキュラム).

terminologie *n.f.* **1** 〖集合的〗術語, 専門用語；用語法. ～ de la médecine 医学専門用語. ～ grammaticale 文法用語.
2 術語学, 用語法学.

terminus [-nys] *n.m.*〖交通〗(鉄道・バスなどの) 終着駅, 終点；始発駅 (=gare ～, station ～). aller jusqu'au ～ 終点まで行く. T ～ ! Tout le monde descend. 終点です. 皆さんお降り下さい.

termite *n.m.*〖昆虫〗白蟻 (=fourmi blanche).

terpine *n.f.*〖化〗テルピン, パラメンタンジオル-1, 8.

terrain *n.m.* **1** 土地；地勢；地面；土壌. ～ argileux (calcaire) 粘土質 (石灰岩質) の土地 (土壌). ～ d'alluvion 沖積土壌. ～ fertile 肥沃な土地 (=bon ～). ～ lourd 重馬場；重いグランド. ～ uni 平らな地面.
élévation de ～ 小高い場所, 高所. état du ～ 馬場の状態；グランドコンディション. glissement de ～ 地滑り. mouvements de ～ 地面の起伏 (凹凸). tout[-] ; tous [-] ～*s*. *loc.a.* (車が) どんな地面でも走行可能の, オフロードの.〖話〗〖服〗どんな時でも (誰にでも) 着用できる. [voitures] tous[-] ～*s* オフロード車. vélo tout[-] ～ マウンテンバイク, オフロード自転車.
2 地所；(deの) 用地. ～ à bâtir 宅地. acheter des ～*s* unis 更地を買う. ～ cultivé 耕作地, 耕地. ～ d'aviation 飛行場. ～ de camping キャンプ場.〖軍〗～ d'exercice 演習地, 演習場. ～ de jeu (de sport) 競技場, 運動場, グランド, コート. ～ militaire 軍用地.
3 戦場, 陣地；〖古〗決闘場；〖比喩的〗領域；場, 状況. ～ conquis 制圧した戦場.〖比喩的〗se conduire comme en ～ conquis 傍若無人に振舞う. ～ d'application 適用領

域. ～ favorable à la discussion 話し合いに適した状況. ～ perdu 失った陣地；失地. regagner le ～ perdu 失った陣地を奪回する；失地を回復する；盛り返す. homme de ～ 現地に密着した人間 (研究者, 技術者, 政治家など).〖サッカー〗milieu de ～ ミッドフィールダー. travail de ～ 現地調査, フィールドワーク.
avoir l'avantage de ～ 地の利を得る. chercher un ～ d'entente 妥協点を探す. connaître le ～ 戦場の地理に明るい；相手の事情に明るい. maîtriser le ～ 戦場を制圧する. ménager le ～ 駆引きする.〖比喩的〗préparer le ～ 地ならしをする；地盤を固める. reconnaître le ～ 戦場を偵察する；状況を探る. sur le ～ 戦場で；現場で. être sur son ～ 得意の領域にいる, 得意の話題を論じる. se placer sur un bon (mauvais) ～ 有利 (不利) な立場にある. se rencontrer sur le ～ (スポーツで) 対戦する.
4 〖多く *pl.*〗〖地学〗地層. ～*s* primaires (secondaires, tertiaires) 始原 (二次, 三次) 地層.
5 〖医〗(個体・器官・組織の疾病に対する) 素質；抵抗力. ～ psychopathique 精神病質. offrir un ～ résistant 抵抗力を示す.

terrasse *n.f.* **1** (庭園・公園などの) 築山, テラス. ～ contre-murée 支壁付テラス. arbres d'une ～ 築山の木立. jardin en ～*s* 雛壇式庭園.
2 〖地形〗段丘；〖登山〗広い岩棚. ～ fluviale 河岸段丘. cultures en ～*s* 段々畑.
3 〖建築〗テラス, 露台；屋上庭園；ビルの屋上；陸屋根 (=toit en ～). ～ avec piscine プール付テラス.
4 (レストランなどの) テラス；カフェ・テラス (=～ de café). ～ couverte l'hiver 冬囲いのあるテラス. ～ en plein air 青天井のテラス.
5 土木業 (=métier de terrassier).
6 〖紋章〗(楯の先端の) 平地.
7 〖工芸〗平らな台座 (大理石などの) 磨いてない部分.〖絵〗地面.

terrassement *n.m.* **1** 土木作業, 土工作業 (土壌の掘削, 土の運搬, 盛り土, 整地など). ～ en gradins 段切り. matériel de ～ 土木機械.
2 〖多く *pl.*〗土木作業用の土 (資材).〖鉄道〗～*s* d'une voie ferrée 線路の盛り土.

terrassie*r* (*ère*) *n.* 土木作業員；土工, 土方. ～ de carrières 採砂 (石) 場作業員. シャベル人夫 (=pelleteur). en galeries 坑道枠組み作業員. pelle (pioche) de ～ 土木作業員用シャベル (鶴嘴).

terre *n.f.* **I** (大地) **1** 地 (ciel「天」の対)；地上.〖宗教〗地上の世界, 現世.〖聖書〗Dieu créa le ciel et la ～. 神は天と地を創造した (〖創世記〗I, 1). paradis sur la ～ 地上の楽園.〖聖書〗le sel de la ～ 地の塩. être sur [la] ～ 地上に在る, 生きてい

terre(-)à(-)terre

る. quitter la ~ 現世を去る, 死ぬ. revenir sur ~ 現実に戻る；われに返る. vivre sur la ~ 地上（現世）に生きる. **2** 陸 (mer「海」の対), 陸地；大陸.〖海〗T~! 陸が見えたぞ ! ~ ferme 陸地；大陸. animaux qui vivent dans la ~ 陸棲動物. armée de ~ 陸軍. charbon de ~ 石炭. chemin (route) de ~ 陸路. vent de ~ 陸風. en ~ ; dans les ~s 内陸にある. descendre à ~ 上陸する.〖海〗perdre la ~ 陸地を見失う. prendre (toucher) ~ (船が) 入港する；(飛行機が) 着陸する. transporter par (voie de) ~ 陸路で輸送する.
3〖天文・地学〗la T~ 地球 (=le Globe). âge de la T~ 地球の年齢. champ magnétique de la T~ 地球の磁場. la Charte de la ~ 地球憲章. dimensions de la T~ 地球の大きさ. distance T~-Lune 地球と月との間の距離. étude physique de la T~ 地球物理学. la Lune, satellite de la T~ 地球の衛星である月. mouvements de la T~ 地球の動き. noyau interne de la T~ 地球の内核. le Sommet de la ~ 地球サミット.
4〖神話〗la T~ 大地〔母〕神. la T~ mère ; notre mère la T~ 母なる大地. sein de la ~ 大地の懐.
5 世界；世界の人々. toute la ~ 世間；世論. aux quatre coins de la ~ 世界各地で. faire le tour de la ~ 世界を一周する. parcourir la ~ entière 世界中をかけめぐる.
6〖電〗アース. prise de ~ 接地, アース〔の口〕. mettre à la ~ アースする.
Ⅱ（地面・土地）**1** 地面, 大地, 地中. ~ aride (stérile) 不毛の大地. ~ cultivée 耕地. ~s vierges 処女地.
à ~ ; par ~ 地面に, 地べたに, 床に. être assis par ~ 地面に坐っている. mettre pied à ~ (車・馬などから) 下りる. en ~ 地中に. mettre qn en ~ 人を埋葬する.〖農〗en pleine ~ 露地栽培の. culture de pleine ~ 露地栽培.
sous (la) ~ 地下に. objets cachés sous (la) ~ 地下埋蔵物.
face contre ~ 地面にひれ伏して.
T~ des hommes de Saint-Exupéry サン=テグジュペリ『人間の大地』(小説, 1939年).
〖植・農〗pomme de ~ (地中の林檎→) 馬鈴薯, じゃがいも.
〖軍〗tactique de la ~ brûlée 焦土戦術. politique de la ~ brûlée 焦土作戦的政策. creuser la ~ 地面を掘る. cultiver la ~ 大地を耕す. La neige couvre la ~. 雪が地面を覆っている.
2〖地学〗地殻, 大地. tremblement (secousse) de ~ 地震.
3 耕地, 農地；農耕；農村生活, 農村. ~s à blé (à vignes) 小麦（葡萄）畑. le paysan et la ~ 農民と農村生活. retour à la ~ 帰農. aimer la ~ 農耕（農村）を愛する.
4 地所, 所有地 (=fonds 所有地)；〘pl. で〙領地. ~s du seigneur 領主領. morcellement de la ~ 所有地の分割. acheter une ~ 地所を買う. vivre de ses ~s 土地のあがりで暮す.
5 土地, 地方, 地域. la T~ des dieux 神々の土地（ギリシア）.〖聖書〗la T~ promise 約束の地（カナン）；理想郷.〖聖書〗la T~ sainte 聖地（パレスチナ）. la ~ natale de qn 人の生れ故郷. mourir en ~ étrangère 異郷に死す.
Ⅲ（素材としての土地）**1** 土, 土壌；土地. ~ alluviale 沖積土. ~ argileuse 粘土質の土壌. ~ caillouteuse (sablonneuse) 小石だらけの土地 (砂地). ~ limoneuse 泥土（ローム）質の土壌. ~s rapportées 客土, 盛り土. route de ~ (舗装していない) 土の道. cultiver la ~ 土地を耕す.
2 粘土, 土. ~ à potier 陶土. ~ cuite テラコッタ〔製品〕. casserole en ~ cuite 土鍋. ~ glaise 粘土. pipe en ~ 陶製のパイプ. pot de ~ 陶器の壺.
3（顔料としての）土. ~ à ombrer (d'ombre) オーカー (ocre). ~ de Sienne シエナ土. ~ verte 緑土.
4〖化〗~s rares 希土類元素.
5〖古〗土 (4大元素の1).

terre(-)à(-)terre *l.a.inv.* **1** 世俗的な, 俗っぽい；散文的な. esprit ~ 世俗的な考えの持主.
2〖舞踊〗床面すれすれの（足の運び）.

terreau (*pl.* ~×) *n.m.* **1**〖農・園〗腐植土（動植物性有機質肥沃土）.
2〖比喩的〗(成長に適した) 良好な環境, 温床.

terre-plein (*pl.* ~-~s) *n.m.* **1**〖城〗(堡塁上の) 堡台, 台陣.
2 (築山・通路用の) 盛土, 土手. ~ d'une terrasse テラスの土手.
3〖道路〗~ central 中央分離帯.

terrestre *a.* **1** 地球の. croûte ~ 地殻. globe ~ 地球. surface ~ 地表.
2 陸の, 陸生の. animaux ~s 陸生動物. plantes ~s 陸生植物.
3 陸の. transport ~ 陸上輸送, 陸運.
4 地上の, 地球上の, 人の世の (céleste「天上の」の対)；世俗的な, 現世の, 物質的な. biens ~s 世俗財産. choses ~s 地上の俗事. joies ~s 現世の歓び. le paradis ~ 地上の楽園. *Les Nourritures ~s* d'André Gide アンドレ・ジッドの『地の糧』.

terret *n.m.*〖葡萄酒〗テレ (ローヌ河流域 les Côtes du Rhône で栽培される葡萄の品種). ~ noir ノワール種.

terreur *n.f.* **1** 恐怖；恐怖心. ~ folle 常軌を逸した恐怖. ~ panique 恐怖のパニック.〖医〗~s nocturnes 夜驚症. être glacé de ~ 恐怖に凍りつく. être muet de ~ 恐

怖のあまり口もきけない. inspirer de la ~ à qn 人を縮みあがらせる.
2 恐怖政治.〖仏史〗la T~(フランス革命期の)恐怖政治[時代](1793年9月から1794年7月まで).〖仏史〗la première T~ 第1期恐怖政治(1792年8月10日から9月20日まで).〖仏史〗la T~ blanche 白色テロ(1795年, 1815年の王党派の反動). gouverner par le ~ 恐怖政治を敷く. régime de ~ 恐怖政治体制.
3 恐怖の的;〖話〗恐ろしい人間, 荒くれ者, 暴れん坊. jouer les ~s 暴れまわる.

terrible *a.* **1** 恐怖を与える, 恐ろしい. ~ catastrophe;catastrophe ~ 恐ろしい破局. air ~ 恐ろしい様子. cauchemar ~ こわい夢. châtiments ~s 恐ろしい懲罰. danger ~ 恐ろしい危険.
2 ひどい, すさまじい, 厳しい, 激しい, つらい. bruit ~ すさまじい騒音. coup ~ 猛打. effort ~ 猛烈な努力. froid ~ 厳しい寒さ, 厳寒. inquiétude ~ 激しい不安. voix ~ ひどい声.
C'est(Il est)~ de+*inf.*(que+*subj.*)…すること(ということ)はつらい.
3 (人が)口やかましい, わずらわしい, ひどい. enfant ~ やんちゃっ子, 悪餓鬼;〖比喩的〗やんちゃ者, もてあまし者. femme ~ かしましい女, がみがみいう女.
4 〖話〗物凄い, 並外れた;素晴らしい. appétit ~ 恐るべき食欲. film ~ いかす映画. pas ~ よくない. 辛い. C'est un ~ bavard. あれは物凄いお喋りだ. C'est un type ~. あれは豪傑だ. C'est ~ ce qu'il travaille. 彼の仕事ぶりは素晴らしい. Ça pousse ~. (車の)加速が極めていい.
—*n.m.* **1** 恐るべきこと;ひどいこと. **2** Ivan le T~ イワン雷帝.

terricole *a.* 〖動〗地中(表)に棲息する.
—*n.m.* 地中棲息動物.

terrien(**ne**) *a.* **1** 土地を所有する. propriétaire ~ 土地所有者, 地主.
2 田舎の;農民の(citadin「都会人の」の対). origines ~nes 農民出身.
3 内陸に住む, 陸上の(marin, maritime 「海上の」の対).
—*n.* **1** 地球人(extraterreste「異星人」の対). **2** 農民. **3** 陸上生活者.

terrifiant(**e**) *a.* **1** 恐ろしい, ぞっとさせる. cri ~ 身の毛もよだつ呼び声. film ~ スリラー映画.〖文史〗roman ~ 恐怖小説.
2 物凄い, 非常に激しい. C'est ~ comme il a maigri! 彼の痩せ様といったらひどいものだ!

terril, terri *n.m.* ぼた山, ぼた捨場.

terrine *n.f.* **1** 〖調理〗テリーヌ(パテなどを調理・保存する土鍋(壺);金属・ガラス製もある);(テリーヌ土鍋で調理した中味) テリーヌ, パテ. ~ de lapin 兎のパテ. ~ de légumes (poissons) 野菜(魚)のテリーヌ. 〖料理〗~ en foie gras フォワ・グラのテリー

ヌ.
2 すり鉢状の鉢(壺). ~ de crème 生クリーム壺.

territoire *n.m.* **1** 領地;領土, 国土(= ~ national);統治領. ~s d'outre-mer 海外領土, 海外自治領(略記TOM[tɔm];2003年3月28日の憲法改正以前は la Nouvelle-Calédonie, la Polynésie française, les îles Wallis-et-Futuna, les Terres australes et antarctiques françaises の4つ;改正以後これらは collectivités d'outre-mer「海外自治体」と collectivité sui generis「特別自治体」などに改変). ~ maritime 領海. adjonction de ~ 領土の併合. 〖経済〗aménagement du ~ 国土整備. cession de ~ 領土の割譲. Délégation à l'aménagement du ~ et à l'action régionale 国土整備・地方開発代表部(略記 DATAR). défense du ~ 国土防衛. Direction de la surveillance du ~ 国土監視局(略記 DST).
2 行政区域, 管轄区域, 管区. ~ de la commune コミューヌ(市町村)の行政管轄区域, 市町村域. ~ de l'arrondissement 区(郡)域. ~ d'un évêque 司教管区. ~ douanier 関税管区.
3 〖解剖・生理〗部位, 領域. douleur dans le ~ du nerf sciatique 坐骨神経痛.
4 〖動〗縄張り, テリトリー. ~ d'un lion ライオンの縄張り.
5 (私物などを置く)領分.

territori*al* (*ale*¹)(*pl.aux*) *a.* **1** 国土の, 領土の;領地の, 管区の;〖法律〗属地的な. administration ~*ale* de l'Etat 国の領土行政(地方行政). collectivité ~*ale* 地方自治体(région「レジヨン, 地方, 地域圏, 州」, département「県」, commune「市・町・村」など);領土自治体. collectivité ~*ale* à statut particulier 特別領土自治体(2003年までの Mayotte, Saint-Pierre-et-Miquelon). La Corse est une collectivité ~*ale* s'administrant librement, assistée par des établissements publics. コルス(コルシカ)島は各種公共機関に補佐された独自の行政権をもつ地方自治体である.
compétence ~*ale* 土地管轄権, 属地法. eaux ~*ales* 領土水域, 領水;領海(=mer ~*ale*). intégrité ~*ale* 領土保全. limites ~*ales* 領土境界. puissance ~*ale* d'un Etat 国家の領土主権. souveraineté ~*ale* 領土権.
2 国土防衛の.〖仏史〗Armée ~*ale* 国土防衛軍(1872-1914年, 予備役により編成;= la T~*ale*).
—*n.m.* 〖仏史〗国土防衛軍兵士(1872-1914年).

territoriale² *n.f.* 〖史・軍〗国土防衛軍(= Armée ~)(1872-1914年).

territorialisation *n.f.* 〖行政〗(措置の)地方自治体内適応.

territorialité *n.f.* 〖法律〗領土性, 属地

性；属地主義. ~ du droit (d'un impôt) 法律（課税）の属地主義（属地性）.

terroir *n.m.* **1** 濃耕地, 農地. ~ fertile 肥沃な農地.
2 （固有の土壌・気候をもつ）葡萄栽培地. goût de ~ 葡萄栽培地固有の風味. vin de ~ 栽培地固有の特性をもつ葡萄酒.
3 郷土［色］, 地方色. accent du ~ お国訛り. cuisine du ~ 郷土料理. écrivain du ~ 郷土作家. mots du ~ 地方固有語. produits de ~ 郷土特産品.

terrorisme *n.m.* **1** テロリズム, テロ；暴力革命主義；暴力主義. ~ international 国際的テロリズム. acte de ~ テロ行為.
2 〖仏史〗（大革命下の）恐怖政治.
3 脅迫（威嚇）的態度. ~ d'Etat 国家テロリズム（国家の威嚇的態度）. ~ intellectuel 知的脅迫.

terroriste 1 *n.* テロリスト, テロ活動家；暴力革命主義者. **2** *n.m.* 〖仏史〗（大革命下の）恐怖政治実践者, 恐怖政治家.
── *a.* **1** テロリズムの；テロリストの；暴力主義の；テロの. activités ~s テロ活動. attentat ~ テロ行為, テロリストによる暗殺. groupe ~ テロリスト・グループ.
2 恐怖を起こさせる, 脅迫的な. article ~ 脅迫的記事.
3 〖仏史〗恐怖政治の.

tertiaire[1] *a.* **1** 第三の；〖地学〗第三紀（= ère ~）. terrains ~s 第三紀地層.
2 〖医〗第三期の. syphilis ~ 第三期梅毒（= tertiarisme）.
3 〖経済〗第三の, 第三次の；第三次産業の. activités ~s 第三次産業. secteur ~ 第三次産業〔部門〕.
4 〖化〗第三〔級〕の；三次〔処理〕の. atome de carbone ~ 第三炭素原子.

tertiaire[2] *n.m.* **1** 〖地学〗第三紀（= ère ~）. plissements alpins datant du ~ 第三紀のアルプス褶曲造山作用.
2 〖経済〗第三次産業（= activités ~s, secteur ~）. travailler dans le ~ 第三次産業部門で働く.

tertiaire[3] *n.* 〖カトリック〗第三会（= tiers ordre）の会員.

tertiairisation, tertiarisation *n. f.* 〖経済〗第三次産業の開発, （産業の）第三次部門化. ~ de l'économie 経済の第三次産業化.

tertio [tɛrsjo] [ラ] *ad.* 第 3 に (= troisièmement) (略記 3º).

térylène 〖商標〗*n.m.* テリレン（英国で開発されたポリエステル系合成繊維）.

tesla (< Nikola Tesla [1856-1943], クロアチア生まれの米国の発明家) *n.m.* 〖物理〗テスラ（磁束密度の mks 単位；略記 T；1 T=1 Wb/m²）.

test [tɛst] 〖英〗*n.m.* **1** 〖教育・心〗テスト, 検査. ~ d'aptitude 適性検査. ~ d'intelligence 知能検査〔法〕. ~ d'orientation professionnelle 職業適性検査. ~ de performance 精神作業検査. ~ de personnalité 人格検査. ~ de Rorschach ロールシャッハ・テスト. ~ pédagogique (scolaire) 学習テスト, 学検. ~ psychologique 心理テスト. soumettre *qn* à un ~ 人をテストに付す.
2 〖医・生理〗テスト, 検査, 試験. ~ à la TRH (= [英] *t*hyrotropin *r*eleasing *hor*mone) 甲状腺刺激ホルモン放出ホルモン試験（甲状腺機能検査）. ~ biologique 生体組織検査, バイオプシー. ~ d'autoanticorps 自己抗体検査〔法〕. ~ de croisement（血液の）交差適合試験. ~ de la gonadotrophine ゴナドトロピン（性腺刺激ホルモン）試験. ~ de la grossesse 妊娠反応〔テスト〕. ~ de l'hémostase 止血能検査. ~ de neutralisation 中和試験. ~ d'occultation （眼の）遮蔽検査. ~ de pénétration croisée in vitro 試験管内精子交差貫入試験（不妊症の検査法）. ~ de la sueur 発汗試験（自律神経機能検査法）. ~ épicutané パッチテスト, 貼布試験（アレルギー性接触皮膚炎の診断法）. ~ postcoïdal 性交後検査, ヒューナー試験 (= test Huhner). ~ respiratoire 呼吸機能検査.
3 （実験室などでの）試験；（商品などの）テスト, 検定；（組織・機能などの）検査, 鑑定. ~ d'efficacité 効力試験. ~ séquentiel 逐次検定. ~ statistique 統計的検定. soumettre un produit à divers ~s 製品をテストする.
4 試金石, 試練. 〖同格〗élection-~ テストケースとなる選挙. 〖同格〗rencontre-~ 試金石となる会談；〖スポーツ〗テストマッチ (= ~-match).

Testament *n.m.* 〖聖書〗l'Ancien *T*~ 『旧約聖書』. le Nouveau *T*~『新約聖書』.

testament *n.m.* **1** 〖法律〗遺言；遺言書, 遺言状；遺書. ~ authentique (= [par acte] public) 公証遺言（公正証書による遺言）. ~ conjonctif 共同遺言. ~ militaire 軍人遺言. ~ mystique (secret) 秘密遺言（秘密証書による遺言）. ~ nuncupatif 〖臨終〗口頭遺言 (= ~ oral, ~ verbal). ~ olographe 自筆遺言（自筆証書による遺言）. ~ ordinaire 通常遺言. ~-partage 遺言分配. ~ privilégié 特別遺言. écrire un ~ 遺言書（状）を書く. léguer par ~ 遺贈する. révoquer un ~ 遺言〔書〕を取消す. décédé sans ~ 遺言なしの (= ab intestat) 死亡者.
2 （政治家の）遺言書；〖比喩的〗（芸術家の）遺作. ~ politique 政治的遺書.

testamentaire *a.* 〖法律〗遺言の；遺言に関する. disposition ~ 遺贈；遺言書中の各条項；遺言〔書〕(= testament). exécuteur ~ 遺言執行人.

testa*teur* (*trice*) *n.* 〖法律〗遺言者 (= auteur du testament)；遺贈者.

testeur[1] (*se*) *n.* **1** テスト（検査, 試験）実施者（担当者）, 検査員. **2** 〖電算〗（ソフ

ウェアの) 機能テスト検査員.

testeur[2] *n.m.* 〖電子・写真〗テスター. ～ de profondeur de champ (カメラの) 焦点深度測定装置.〖電子〗～ de prototype 原型テスト装置.

testiculaire *a.* 〖解剖〗精巣の,睾丸の. insuffisance ～ 精巣(睾丸) 機能不全症.

testicule *n.m.* 〖解剖〗精巣, 睾丸(男性生殖腺);〖俗〗陰嚢, ふぐり. ～ oscillant 遊走精巣 (睾丸).

testimonial (*ale*) (*pl. aux*) *a.* **1** 〖法律〗目撃者のいる; 証拠に基づく. preuve ～ale 証言による証拠, 人証.
2 〖法律〗証拠となる. lettre ～ale 証拠となる書翰.

test-match [英] (*pl. ～-～s, ～-～es*) *n.m.* 〖スポーツ〗(ラグビーなどの) テストマッチ (ナショナルチームによる国際対抗試合).

testostérone *n.f.* 〖生化〗テストステロン (精巣から分泌される男性ホルモン).

têt [tɛ] *n.m.* **1** 〖化〗焙焼 (ばいしょう) るつぼ (=～ à rôtir). ～ à gaz ガス捕集試験管台. **2** 土鍋 (=pot de terre); (錬金術の) 鍋.

tétanie *n.f.* **1** 〖医〗テタニー (筋肉の強直性痙攣; =tétanisme). **2**〖俗〗痙攣性体質 (=spasmophilie).

tétanique *a.* **1**〖医〗破傷風の;破傷風による; 強直性の. bacille ～ 破傷風菌. contracture ～ 破傷風性強直. convulsions ～s 破傷風による痙攣. toxine ～ 破傷風菌毒素. vaccination ～ 破傷風ワクチン接種 (=vaccination antitétanique).
2〖生理〗(筋肉の) 強直性の, テタニーの.
— *n.* 破傷風患者.

tétanos [tetanos] *n.m.* **1**〖医〗破傷風.
2〖生理〗(筋肉の) 強縮. ～ physiologique 生理的強縮;破傷風強直.

tétanotoxine *n.f.* 〖医〗テタノトキシン (破傷風菌の培養から得られる抽出物質).

têtard *n.m.* **1** 〖動〗おたまじゃくし (=～ de la grenouille). **2** 〖園芸〗頂部を剪定した木. **3** 〖隠〗子供, 餓鬼.

tête *n.f.* [I] (〖人間,動物の〗頭) **1** 頭, こうべ,首,頭部 (人間の頭部は sinciput 頭頂部, occiput 後頭部, face 前頭部, tempe 側頭部に分かれる; crâne は頭蓋). ～〖â〗gauche (droite) 頭 (かしら), 左 (右).〖料理〗～ de veau 仔牛の頭; 仔牛の頭肉 (皮, タン, 脳味噌を含む).〖料理〗～ de veau à la provençale 仔牛の頭肉のプロヴァンス風. coup de ～[1] 頭突き. monstre à plusieurs ～s 複頭の怪物. acquiescer de la ～ うなずいて同意する. baisser la ～ 頭を下げる, 意気消沈する, うなだれる. hocher la ～ うなずく. de la ～ aux pieds 頭の天辺から足の爪先まで.
2 頭蓋;頭頂;頭髪. ～ nue (nu-～) (帽子など) 被り物をつけずに. faire dresser les cheveux sur la ～ de qn. …に恐怖感を与え

る.
3 頭一つ分の高さ, 長さ. gagner d'une ～ (競馬で) 首の差で勝つ.
4 顔, 顔つき, 表情. bonne ～ 親近感を抱かせる顔, いいやつ. avoir ses ～s なんとなく親しみ (嫌悪感) を抱く. se payer la ～ de qn. …の顔を嘲る, ばかにする. Il a une ～ qui ne me revient pas. 気に入らないやつだ. Tu en fais une ～ ! 浮かない顔だ, なんて顔をするんだ.
5 (生命の象徴としての) 頭, 首, 生命. mettre à prix la ～ de qn. …の首に賞金をかける. réclamer la ～ de qn. …の首を要求する. risquer sa ～ 首をかける.
6 頭部の像, 頭像 (絵画, 彫刻).
7 仮装した顔. dîner de ～s 仮装晩餐会.
8 〖音楽〗voix de ～ 裏声, カウンターテナー (voix de poitrine の対).
9 〖サッカー〗ヘディング (=coup de ～[2]). faire une ～ ヘディングをする.
10 ～ de mort 頭蓋骨, どくろ. pavillon à ～ de mort どくろ印の船旗 (海賊船の旗). ～ de mort[2] オランダ産のエダムチーズ, 赤だまチーズ (～ de Maure とも綴る).

[II] (頭脳) **1** (思考, 知力, 意識, 記憶などの場としての) 頭, 頭脳. ～ d'oiseau; ～ de linotte; ～ en l'air; ～ sans cervelle とんま, 間抜け, 浅はかな人. coup de ～[3] 思いつき, 出来心. de ～ 頭で考えて. idée qui passe par la ～ ふと思いついた考え. avoir (mettre) du plomb dans la ～ より慎重になる (させる). calculer de ～ 暗算する. en ～ 頭の中で. n'avoir qu'une idée (un souci) en ～ 一つのことしか考えない, 視野が狭い. n'avoir rien dans la ～ ; perdre la ～ 理性を失う, 逆上する, ぼける.
2 (感覚の場としての) 頭. mal de ～ 頭痛. avoir mal à la ～ 頭痛がする. avoir la ～ qui tourne 目が回る. le vin qui monte à la ～ 回りが速いワイン.
3 性格, 気質, 性分. une ～ brûlée 激情家, 無鉄砲者. ～ de lard; ～ de mule; ～ de pioche 石頭, 頑固者. avoir la ～ chaude (froide) すぐかっとなる (冷静である). avoir une ～ de cochon 頑固だ. garder la ～ froide 冷静さを保つ. C'est une ～ de cochon. 頑固者だ.

[III] (人間, 動物の) 個体) **1** 人間. attirer la haine sur sa ～ 他人の恨みを買う. PIB par ～ (d'habitant) 人口1人当たり国内総生産. ～ de pipe 1人. 〖話〗demander la ～ de qn 人の誠を求める, 人の更迭を求める.
2 指導者, かしら, トップ, リーダー, 大物. une ～ pensante (団体, 組織などの) 頭脳. Il faut frapper à la ～. トップに打撃を与えなければならない. les institutions de la Vème République sont à deux ～s. 第五共和政の制度は双頭制である.

[IV] (場所の概念としての) 頭の方) **1** 先頭, 前部. 〖商業〗～ de gondole (スーパーなど

の)ゴンドラケース，目玉商品陳列棚. ~ de ligne (電車などの) 始発駅.『軍』~ de pont 橋頭堡. en ~ de classement ランキングトップ, 1位. voiture de ~ 先頭の車両. Monet était à la ~ du mouvement impressionniste. モネは印象派運動を率いていた. Le défilé était si long que, quand la ~ est arrivée à la place de la République, les derniers manifestants s'étaient à peine mis en marche. デモの隊列は非常に長く，先頭がレピュブリク広場に到着したころに最後の参加者が行進を始めたほどだった.
2 上部, 先端；『機工』ヘッド；『軍』弾頭. ~ chercheuse『軍』自動誘導弾頭；『情報』(情報検索装置の) 選別ヘッド. ~ de lecture (レコードプレーヤーの) カートリッジ, (VTRなどの) 再生ヘッド. ~ nucléaire 核弾頭. missile balistique à ~s multiples 多弾頭弾道ミサイル.
3 冒頭, 初め. ~ d'affiche 主役, 最大の売り物.『選挙』~ de liste (比例代表選挙の) 名簿1位.『スポーツ』~ de série シード. article de ~ トップ記事.
4〖成句〗
à la ~(en ~) de …の先頭 (冒頭) で.
à la ~ du client 客の顔を見て，相手次第で.
avoir de la ~ 判断力, 記憶力を備えている, 頭がよい. Quand on n'a pas de ~, il faut avoir des jambes. 頭が悪いやつには丈夫な脚が必要だ.
avoir la ~ à ce qu'on fait. 集中している，自分のしていることに注意している.
avoir la ~ ailleurs ぼんやりしている，集中していない, 上の空である.
avoir la ~ à l'envers ひどく動揺している.
avoir la ~ lourde 頭が重い.
avoir la ~ solide 正しい判断力を備えている.
avoir la ~ sur les épaules 良識がある；死を免れる.
avoir qch derrière la ~ ひそかに…を考えている.
avoir [toute] sa ~ 頭がしっかりしている, 耄碌していない.
avoir une idée de derrière la ~ ひそかに企む, 目論む, 下心がある.
avoir une ~ à+inf. …しそうな顔つきだ.
casse-~ 1) 厄介な問題, 骨の折れる仕事, 難しいパズル；2) 棍棒；頭の割れそうな音.
casser (rompre) la ~ à qn. 厄介な問題でへとへとにさせる，困らせる；大きな音で頭をがんがんさせる.
Ça me prend la ~. 頭から離れない, 気になって仕方がない.
Ça va pas la ~! どうかしてるんじゃないのか！
courber la ~ 降参する.
coûter les yeux de la ~ 恐ろしく高い.
crier à tue-~ あらん限りの声で叫ぶ.
de la ~ aux pieds (des pieds à la ~) 頭のてっぺんからつま先まで.
donner de la ~ contre le mur 壁に頭を打ち付ける.
donner sa ~ à couper que 首をかけて…を誓う, 断言する.
en avoir par-dessus la ~(en avoir plein la ~) うんざりだ.
être〔en〕~ à ~ avec qn 人と差向かいになる, 一対一対である.
être tombé sur la ~ 気が触れる，頭がおかしくなる (=avoir la ~ fêlée).
faire ~ à qch …に大胆に立ち向かう.
faire la forte ~ 勝手に振舞う, 規則に従わない.
faire la ~ ふくれ面をする.
faire une ~ au carré à qn …をこっぴどく殴る.
faire une drôle de ~ いら立ちを示す.
faire une grosse ~ à qn …を顔がはれるほど痛めつける.
faire une ~ d'enterrement 陰気な顔をする.
faire une ~ de six pieds de long 陰気な顔をする.
femme de ~ 切れ者の女性.
grosse ~ 1) 秀才, がり勉, 切れ者；2) 思い上がっている人，勿体をつける人.
jeter qch à la ~ de qn …を…に押し付ける；…のことで…を面罵する.
jurer qch sur la ~ de qn …の命を懸けて誓う.
la ~ baissée 向こう見ずに，前を見ないで.
la ~ basse 俯いて，恥じ入って.
la ~ haute 昂然と, しっかりと前を見て.
marcher sur la ~ 逆立ちをする；無茶なことをする, 難しい技をする.
mauvaise ~ 頑固な人, 喧嘩早い人.
faire sa mauvaise ~ 悪意を露わにする.
n'avoir plus sa ~ 分別をなくしている.
n'en faire qu'à sa ~ 自分勝手に振舞う, 他人の意見に耳を傾けない.
ne〔plus〕savoir où donner de la ~ 目が回るほど忙しい, 手一杯だ, 忙殺されている.
petite ~ 1) 頭の悪い人；2)〖揶揄〗きみ, ちびちゃん.
piquer une ~ 頭から水に飛び込む.
〖話〗prendre la ~ à qn …をうんざりさせる.
prendre la ~ de qch …の先頭に立つ, 引っ張る, 指揮する.
〖比喩的〗prendre la grosse ~ 頭でっかちである, 大それた望みを抱いている.
sans queue ni ~ とりとめのない.
se casser (creuser) la ~ 頭を絞る.
se jeter à la ~ de qn 前触れなしに人の前に現れる, 出向く；…に言い寄る.
se jeter ~ baissée dans qch 無鉄砲に…に取り組む.
se mettre martel en ~ 心配する.
se mettre dans la (en) ~ de+inf. (+que) …することに決める.

se mettre qch dans la ～ 何を確信する．
tenir ～ 抵抗する，反抗する，言うことをきかない．
～ à claque 殴りたくなるほどいやなやつ．
～(-)à(-)～ 1対1で，面と向かって，差しで．entretien en ～-à-～ 2者会談．
〖話〗～ de nœud バカ野郎．
～ de Turc 腕力の試し台〖娯楽施設などでトルコ人の頭部をかたどった人形を殴って腕力を試す仕掛けから〗；嘲笑の的．servir de ～ de Turc 嬲り者にされる．
～ d'œuf 〖話〗インテリ；〖呼びかけ〗ばか者．
tomber la ～ la première 頭から落ちる，まっさか様に落ちる．
tourner la ～ à qn …をぼうっとさせる，逆上させる．～-à-queue (車, 馬車などの) 急な方向転換．
virer ～ à queue Uターンする，くるりと反転する．

tête-à-queue *n.m.inv.* (車が滑って) 急に逆向きになること．La voiture a drapé et fait un ～. 車が滑って逆向きになった．

tête-à-tête *n.m.inv.* **1** 差向かい，二人きりの対面；対談．～ amoureux 恋人の二人きりの逢瀬．en ～ 二人きりで，差向かいで (時にトレデュニオンなしで)．laisser des amoureux en ～ 恋人たちを二人だけにする．
2 〖家具〗テッタテット (二人掛けの小型ソファ).
3 二人前一組のコーヒー (ティー) カップ．offrir un ～ à de jeunes mariés 新婚夫婦に二人用のコーヒー (ティー) カップのセットを贈る．
——*ad.* 〖通常トレデュニオンなしで〗差向かいで，二人きりで (＝en ～)．～ avec qn 人と差向かいで (二人きりで).

tétra- ［ギ］ ELEM ｢四｣ の意 (ex. *tétra*èdre 四面体, *tétra*logie 四部劇).

tétrachlorique *a.* 〖化〗四塩化の．carbone ～ 四塩化炭素 (消火剤．有毒物質).

tétrachloroanisole *n.m.* 〖化〗テトラクロロアニソール (TeCA と略記)．～ non détecté TeCA 検知されず．

tétrachlorodibenzoparadioxine *n.f.* 〖化〗テトラクロロジベンゾパラジオキシン (多数の異性体のうち2,3,7,8-テトラクロロジベンゾパラジオキシンはダイオキシンとよばれる猛毒物質で，胎児に対する催奇性が強い).

tétrachloroéthylène *n.m.* 〖化〗テトラクロロエチレン，四塩化エチレン (有機塩素系溶剤・洗浄剤．環境汚染物質).

tétrachlorométhane *n.m.* 〖化〗テトラクロロメタン．

tétrachlorophénol *n.m.* 〖化〗テトラクロロフェノール (TeCP と略記).

tétrachlorure *n.m.* 〖化〗四塩化物．～ de carbone 四塩化炭素 (CCl$_4$；有機溶剤・消火剤などに利用する無色の溶剤．有毒物質)．
～ de silicone 四塩化珪素 (有機珪素化合物．珪素樹脂の原料).

tétracyanoéthylène *n.m.* 〖化〗テトラシアノエチレン (TCNE と略記；半導体の材料).

tétracycline *n.f.* 〖薬〗テトラサイクリン (四環性抗生物質．TC と略記).

tétraèdre *n.m.* 〖幾何〗四面体．～ régulier 正四面体．

tétraéthylé(e) *a.* 〖化〗4エチル基をもつ．plomb ～ テトラエチル鉛，四エチル鉛 (ガソリンのアンチノック剤).

tétrafluorure *n.m.* 〖化〗四弗化物 (UF 4 と略記).

tétragramme *n.m.* 四字語．～ sacré YHWH 神聖四字語 YHWH (Yahvé ヤーウェ，エホバ).

tétrahydroaldostérone *n.f.* 〖生化学〗テトラ・ヒドロ・アルド・ステロン (四水化アルド・ステロン；ホルモンの1種).

tétra[-]hydrocannabinol *n.m.* 〖薬〗テトラヒドロカンナビノール (インド大麻に含まれるマリファナの主成分；THC と略記).

tétrahydronaphtaline *n.f.* 〖化〗テトラヒドロナフタリン (＝tétraline).

tétralogie *n.f.* **1** (古代ギリシアの3悲劇と1諷刺劇から成る) 四部劇；(小説・演劇などの) 四部作．
2 〖医〗(病気を特徴づける) 四徴候．

tétranitrométhane *n.m.* 〖化〗テトラニトロメタン (C(NO$_2$)$_4$；ロケット推進薬用の酸化剤，爆薬．有毒物質).

tétraphonie *n.f.* 〖音響〗4チャンネル 〖方式〗(＝quadriphonie).
▶ tétraphonique *a.*

tétraplégie *n.f.* 〖医〗四肢麻痺 (＝quadriplégie).

tétraplégique *a.* 〖医〗四肢麻痺の．
——*n.* 四肢麻痺症患者．

tétraploïde *n.m.* 〖生〗四倍体．
——*a.* 四倍性の，四倍体の．

tétraploïdie *n.f.* 〖生〗四倍性，四倍体性．

tétrapode *n.m.* **1** 〖*pl.* で〗〖動〗四肢動物，四足類 (両棲類 batraciens, 爬虫類 reptiles, 鳥類 oiseaux, 哺乳類 mammifères の総称).
2 ［商標］〖土木〗テトラポッド (4本足のコンクリート塊).
——*a.* 〖動〗四足類の，四肢動物に属する．

tétrarque *n.m.* **1** 〖古代ローマ〗四分領太守．**2** (属領の) 小王，小君主．

tétras [tetra] *n.m.* 〖鳥〗雷鳥 (＝coq de bruyère). grand ～ ヨーロッパ大雷鳥．

tétras-lyre *n.m.* 〖鳥〗テトラ＝リール，黒雷鳥 (俗称 coq des bouleaux 樺鶏).

tétrathionate *n.m.* 〖化〗四チオン酸塩 (＝ポリチオン酸塩).

tétrode n.f. 〔電〕四極管.
tétrodon n.m. 〔魚〕ハコフグ (=poisson-globe).
tétrodotoxine n.f. テトロドトキシン, ふぐ毒 (TTX と略記).
tétrose n.m. 〔化〕四炭糖 (炭素4原子からなる単糖).
têtu(e) a. 頑固な, 強情な. être ~ comme une mule (comme une bourrique) 頑固一徹である. d'un air ~ 強情な様子で.
── n. 頑固者.
tex [tɛks] (<textile) n.m. テックス《糸の太さの単位；1 tex=長さ 1 km・1 g》. système ~ テックス単位系.
texte n.m. **1** 本文, テキスト, テキスト；(法令の) 成文, 正文, 文言 (もんごん) (commentaire「注釈」の対)；〔法律〕正文資料 (官報など)；成文法 (droit écrit) の総体. ~ d'un acte 証書の文言 (文面). ~ d'une loi 法律の正文. ~ d'un ouvrage 作品の本文. ~ imprimé 印刷テクスト. 〔法律〕argument de ~ 正文に基づく論証. 〔電〕traitement de ~ ワープロ・ソフト. variantes d'un ~ 本文の異本 (ヴァリアント). commenter un ~ テクストに注釈をつける.
2 原文, 原典 (=original) (paraphrase「釈義」, traduction「翻訳」の対). ~ interpolé 加筆 (改竄) された原文. altérations du ~ 原文の改変. critique des ~s 原典批評, テクストクリティック. traduction d'un ~ 原文の翻訳. lire Cicéron dans le ~ キケロを原典で読む.
3 文章, 断章；(挿絵などに付す) 説明文 (=~ explicatif)；〔印刷〕(余白に対する) 印字面. ~s choisis 選文集 (=morceaux choisis). illustration dans le ~ 本文に加えた挿絵. planche hors ~ 別刷りの図版 (挿絵), 別丁.
4 原本 (copie「写本」,「副本」の対)；原稿 (=manuscrit)；(文化・学問の原点となる) 古典的作品. ~ manuscrit 手書き原稿, 手稿. les anciens ~s 古典文学 (叢書). corriger un ~ 原稿を手直しする. étudier les ~s classiques 古典文学を研究する. restituer un ~ 原文 (テクスト) を復元する.
5 台詞 (せりふ)；歌詞；(映画などの) 台本, スクリプト (=script)；シノプシス (=synopsis). apprendre son ~ 自分の台詞を覚える.
6 (作文などの) 課題, 題目；〔宗教〕(説教の) 題目・引例としての) 聖句. ~ d'un devoir 宿題の課題. cahier de ~s (週間の) 宿題課題メモ帳.
texteur [tɛkstœr] n.m. ワードプロセッサー・ソフト (=〔英〕word processor, text processor；〔仏〕traitement de texte).
textile n.m. **1** 繊維. ~s artificielles 人工繊維 (=fibres artificielles：rayonne, fibranne など). ~s chimiques 化学繊維 (=fibres chimiques). ~s naturelles 天然繊維. ~s synthétiques 合成繊維 (=fibres synthétiques：nylon, orlon など).
2 繊維産業, 繊維業界 (=industrie ~). crise du ~ 繊維産業の危機.
3 布地, 生地.
── a. **1** 繊維になる, 紡げる. matières ~s végétales (animales, synthétiques) 植物性 (動物性, 合成) 繊維原料, 紡織原料. plantes ~s 繊維作物.
2 紡織の；紡織業の. industrie ~ 紡織 (繊維) 産業. machine (usine) ~ 紡織機械 (工場).
texto 〔商標〕n.m. 〔情報通信〕テクスト, ミニ=メサージュ (mini-message), ショート・メッセージ・システム (=〔英〕short message system：SMS).
textuel(le) a. **1** 原文のままの, 正本通りの. citation ~le 原文の引用. copie ~le 正本通りの写し. traduction ~le 逐語訳.
2 〔文〕テクストの, 本文の. étude ~le テクスト研究.
3 〔語〕言葉通りの. T~! 正にその通り.
texturation, texturisation n.f. 〔繊維〕(合成繊維の糸の) 織り目加工, テクスチャード加工 (圧縮, 撚りなどによる加工).
texture n.f. **1** 組織, 構造；組成. ~ du bois 木理 (もくめ). ~ de la peau 皮膚組織. ~ d'une roche 岩石の組成.
2 〔比喩的〕構造, 組み立て. ~ d'un roman 小説の結構.
TF1 [teɛfœ̃] (=Télévision française 1) n.f. フランス第 1 TV (旧国営, 1987年民営化).
TFA (=très faible activité) n.f. 〔原子力〕超低レヴェル放射性. centre de stockage des déchets nucléaires [de] ~ 超低レヴェル放射性廃棄物貯蔵センター.
TFB (=taxe foncière bâtie) n.f. 建築地所税, 固定資産税.
TFE (=Total Fina Elf) n.pr. トタル・フィナ・エルフ・グループ《石油精製・販売》.
TFR (=tarif forfaitaire de remboursement) n.m. 〔社会保障・医〕還付見積り料金制.
TFT (=〔英〕thin film transistor) n.m. 〔電子工〕薄膜トランジスター. écran ~ 薄膜トランジスター方式液晶ディスプレー (=〔仏〕écran à matrice active).
TGAP (=taxe générale sur les activités polluantes) n.f. 〔環境〕環境汚染行為に対する一般税, エコタックス (écotaxe「環境税」；1999年1月1日導入).
TGB[1] (=très grande bibliothèque) n.f. 巨大図書館《1988年にミッテラン Mitterrand 大統領が提唱；Paris の左岸13区に建造され, 当初「フランソワ=ミッテラン記念国立フランス図書館」Bibliothèque de France François-Mitterrand とよばれたが, 1994年「国立図書館」Bibliothèque nationale と合併し「国立フランス図書館」Bibliothèque

TGB² (=*très grande bourgeoisie*) *n.f.* 〖話〗最上流ブルジョワジー.

TGF (=〖英〗*transforming growth factor*) *n.m.* 〖医〗悪性化増殖因子 (=〖仏〗*facteur de croissance de transformation*).

TGI (=*tribunal de grande instance*) *n.m.* 〖法律〗大審裁判所. ~ de Paris パリ大審裁判所. ~ cc (=*tribunal de grande instance à compétence commerciale*) 商事管轄大審裁判所.

TGIEC (=〖西〗*Tratado general de integración económica centroamericana*) *n.m.* 中米経済統合条約 (1993年締結; =〖仏〗*Traité général d'intégration économique centre-américaine*).

TGL (=*très grande librairie*) *n.f.* 巨大書店.

TGV¹ [teʒeve] (=*train à grande vitesse*) 〖商標〗*n.m.* テージェヴェ, 超高速列車 (フランス国鉄新幹線). ~-Atlantique TGV 大西洋線.

TGV² (=*transposition des gros vaisseaux*) *n.f.* 〖医〗(心臓の)大血管転位症 (=〖英〗TGA: *transposition of the great arteries*).

TGV³ (=*troisième gauche verte*) *n.f.* 〖政〗緑の第三左翼 (Daniel Cohn-Bendit の提唱する環境保全派左翼構想).

TH (=*taxe d'habitation*) *n.f.* 居住税, 住民税.

Th (=*thorium*) *n.m.* 〖化〗「トリウム」の元素記号.

th (=*tangente hyperbolique*) *n.f.* 〖数〗双曲線接線.

THA (=*tétrahydroaminoacridine*) *n.f.* 〖薬〗テトラヒドロアミノアクリジン, タクリン (tacrine) (アルツハイマー病の治療薬).

THAAD (=〖英〗*Theater Hight Altitude Air-Defence*) *n.m.* 〖軍〗戦域超高度防空〔体制〕(戦域ミサイル防衛システム).

thaï(e) *a.* **1** タイ族 (des Thaïs) の. langues ~es タイ語群. **2** タイ語の.
──*n.m.* 〖言語〗タイ語.

thaïlandais(e) *a.* タイ (la Thaïlande) の, タイ王国 (le Royaume de Thaïlande) の; ~人の.
──T~ *n.* タイ人.

Thaïlande (la) *n.pr.f.* 〖国名通称〗タイ(公式名称: le Royaume de T~ タイ王国; 国民: Thaïlandais(e); 首都: Bangkok バンコク; 通貨: baht [THB]).

thalamo-cortical (ale) (*pl.aux*) *a.* 〖解剖・医〗視床と大脳皮質の. 〖生理〗cycle ~ 視床・大脳皮質サイクル, シータ波 (4-7 H₂の脳波; rythme thêta).

thalamotomie *n.f.* 〖医〗視床破壊術 (癲癇 (てんかん) などの定位脳手術).

thalamus *n.m.* 〖解剖〗視床 (=*couche optique*) (間脳の中心の灰白質塊; 知覚の中継核).

thalass[o]- 〖ギ〗 ELEM 「海」の意 (*ex. thalassographie* 海洋学).

thalassémie *n.f.* 〖医〗サラセミア (小球性低色素貧血など).

thalassocratie *n.f.* **1** 〖史〗海洋国家. Venise était une ~. ヴェネツィアは海洋国家であった.
2 海洋制霸; 制海権. la ~ anglaise au XIXᵉ siècle 19世紀の英国の海洋制霸.

thalassothérapie *n.f.* 〖医〗海洋治療法 (海岸の気候・海水浴・海泥などを活用した治療法).

thalidomide [talidɔmid] 〖商標〗*n.f.* 〖薬〗サリドマイド ($C_{13}H_{10}N_2O_4$; 精神安定剤, 鎮静剤, 催眠剤. 1958年から1962年頃まで妊婦に使用されたが催奇性が問題になった. フランスでは1977年にようやく発売停止; その後エイズ sida (aids) や癌の治療薬として見直されている).

thallium [taljom] *n.m.* **1** 〖化〗タリウム (元素記号 Tl, 原子番号 81. 1861 年発見の希金属元素. スペクトル中の緑色の輝線 thallus に因む命名).
2 〖金属〗タリウム (比重 11.85, 融点 303.5℃の灰色をした軟質金属).

THAM (=*trihydroxyméthylaminométhane*) *n.m.* 〖化〗トリヒドロキシメチルアミノメタン.

thanatologie *n.f.* 死学, 死亡学 (特に法医学的に死亡の原因・状況などを調べる研究).

thanatopraxie *n.f.* 死体保存法, 死体の防腐保存法 (=*embaumement*).

thanatos [-s] 〖ギ〗*n.m.* **1** 〖ギ神話〗タナトス (死の神). **2** 〖精神分析〗タナトス, 死の欲動 (éros の対).

thatchérien(ne) (<Margaret Thatcher [1925-]) *a.* マーガレット・サッチャー (英国首相 [1979-90]) 〔派〕の.

thaumatine *n.f.* 〖生化〗タウマチン (蔗糖の 1500~2000 倍の甘味のある甘味料).

thaumaturge *n.* 奇跡を行う人; 魔術使, 魔法使い.
──*a.* 奇跡を起す; 魔法使いの.

thaumaturgie *n.f.* 奇跡を行なう力; 魔術, 魔法.

THB (=*taux hebdomadaire des bons du Trésor à 13 semaines*) *n.m.* 〖金融〗(13週の) 国庫債券週間相場.

THC (=*tétrahydrocannabinol*) *n.m.* 〖化〗テトラヒドロカンナビノール (インド大麻に含まれるマリファナの主成分; 大麻系の向精神薬).

THE (=*taux hebdomadaire des emprunts d'Etat*) *n.m.* 〖金融〗国債週間金利. ~ à long terme 長期国債週間金利.

thé *n.m.* **1** 〖植〗〖稀〗茶 (の木) (=arbre à

~, théier). cultiver le ~ 茶を栽培する. plantation de ~s 茶の大型栽培農園. ~ d'Europe 薬用くわがた草 (= véronique officinale).
2〚茶葉, 茶. ~ chinois 中国茶. ~ noir 紅茶. ~ vert 緑茶. ~ au jasmin ジャスミン茶.
3〚飲料〛茶, 茶飲料. faire (préparer) du ~ お茶をいれる. ~ au lait ミルクティー. ~ nature 砂糖やミルクを加えない紅茶. salon de ~ 喫茶サロン, 喫茶店. une tasse de ~ 一杯のお茶. un ~ complet 紅茶・バター・ジャム・パンの朝食.
4〚ベルギー, スイス〛チザーヌ, ハーブティー (= tisane, infusion).
5 お茶の時間, おやつ; 茶会, ティーパーティ. être invité à un ~ 茶会に招かれる.

théacées *n.f.pl.*〚植〛椿 (つばき); 椿科植物 (茶の類など).

théâtral (**ale**) (*pl.* **aux**) *a.* **1** 演劇の, 芝居の; 劇的な. chronique ~ ale (新聞・雑誌などの) 演劇通信. événements ~ aux 劇的事件. œuvre ~ ale 戯曲. représentation ~ ale 芝居の上演. saison ~ ale 演劇シーズン. scène ~ ale 劇的情景.
2〚蔑〛芝居がかった, 芝居気のありすぎる. geste ~ 芝居がかった仕草. personnage ~ 芝居気たっぷりの人物.

théâtre *n.m.* Ⅰ〚演劇の上演場所〛**1** 劇場;『古代』円形劇場. ~ antique 古代劇場; 古代劇.『ギリシア』~ de Delphes デルフォイの古代円形劇場. ~ de poche 小劇場. ~ des Champs-Elysées シャン゠ゼリゼ劇場 (Paris). ~ lyrique 歌劇場. ~ municipal (national) 市立 (国立) 劇場. grand (petit) ~ 大 (小) 劇場. aller au ~ 観劇に行く. agence de ~ プレイガイド. café -~ カフェ・シアター.
2〚古〛舞台; 仮設舞台. fond du ~ 舞台の奥.
3 ~ de marionnettes 人形劇〔の舞台〕.
4 ~ d'eau 水舞台〔庭園内の噴水・滝などの景観〕. ~ de verdure (庭園内の) 野外劇場.
5〚比喩的〛舞台, 現場. ~ du crime 犯罪現場. ~ d'un drame 悲劇の舞台.
6〚比喩的〛〚軍〛作戦の舞台, 軍事行動地域, 交戦圏, 戦域 (= d'opération; 略記 TO). ~ d'opération extérieure 国外作戦地域 (略記 TOE). armes nucléaires pour la défense du ~ 戦域防衛核兵器, 戦域核ミサイル.
Ⅱ〚演劇活動〛**1** 演劇, 芝居, 舞台; 劇文学; 演劇形式; 劇; 劇作大系. ~ à thèse 問題劇. ~ classique 古典劇. ~ comique 喜劇. ~ de boulevard ブールヴァール演劇 (パリの Grands Boulevards の芝居小屋で生れた通俗劇). ~ de mœurs 風俗劇. ~ de Racine (de Shakespeare) ラシーヌ (シェークスピア) 劇. ~ populaire 大衆演劇. ~ religieux du Moyen Age 中世の宗教劇. coup de ~ (筋の) 急転換, どんでん返し;〚比喩的〛青天の霹靂. homme de ~ 演劇人. pièce de ~ 戯曲. personnages (roles) de ~ 芝居の登場人物 (配役). préférer le ~ au cinéma 映画より芝居を好む.
2 劇的な表現; 芝居, 芝居がかり. geste (voix) de ~ 芝居がかった身振り (声). C'est du ~. あれはお芝居だ.
3 劇団. le T~-Français ル・テアトル・フランセ, フランス座 (= la Comédie-Française). le T~ National Populaire 国立民衆劇団 (劇場) (略記 TNP). ~ subventionnel 公費助成劇団 (劇場). acteurs d'un ~ 劇団俳優, 劇団員.
4 舞台活動, 役者 (俳優) 稼業. cours de ~ 俳優養成所. faire du ~ 役者として舞台に立つ. se destiner au ~ 役者を志す.

thébaïne *n.f.*〚生化・化〛テバイン〔阿片に含まれる毒性の強いアルカロイド〕.

thébaïque *a.* 阿片の; 阿片を含む (= opiacé). extrait ~ 阿片エキス. pilule ~ 阿片丸薬. sirop ~ 阿片シロップ.

thébaïsme *n.m.* 阿片中毒.

théier (**ère**) *a.*〚稀〛茶の, 茶に関する; 製茶の. industrie ~ ère 製茶業.
— *n.m.*〚植〛茶の木.
— *n.f.*〚食器〛ティーポット; 急須.

théine *n.f.*〚化〛テイン〔カフェインに似たお茶に含まれるアルカロイド〕; カフェイン (caféine).

thématique *a.* **1** テーマの, 主題に関する;〚文〛文学的主題に関する. action ~ programmée 計画化された主題に関する行動. critique ~ テーマ批評. encyclopédie ~ 主題別百科事典. index ~ テーマ別索引.
2〚音楽〛主題の. catalogue (table) ~ テーマ・カタログ, 主題目録.
3〚言語〛語幹を形成する. voyelle ~ 幹母音.
4〚哲〛主題的.
— *n.f.* **1** (作家・流派などの) テーマ体系, 主題系, テマティック. ~ de la littérature romantique ロマン派文学のテーマ体系.
2 テーマ研究.

thème *n.m.* **1** 主題, 題目, テーマ. ~ de composition d'un peintre 画家の制作主題. ~ d'un sermon 説教の主題 (題目). ~ d'une campagne publicitaire 広告キャンペーンのテーマ.〚精神医学〛~ s délirants 譫妄主題. parc à ~ テーマ・パーク. parc à ~ scientifique 科学的テーマ・パーク.
2〚音楽〛主題, 主旋律, テーマ. ~ et variations 主題と変奏. variations sur un ~ de Händel ヘンデルの主題による変奏曲.
3〚学〛(他国語への) 翻訳, テーマ (version「外国語文の自国語訳」の対). ~ oral 口頭によるテーマ. composition de ~ latin ラテン語作文. faire un ~ 他国語の作文をする.〚話〛un fort en ~ 成績優秀な生徒.

thénar *n.m.* 〖解剖〗母指球《親指の付け根の盛り上がった部分》.

théobromine *n.f.* 〖生化・薬〗テオブロミン《カカオ cacao から抽出されるアルカロイド；茶、コーヒーなどにも微量に含まれる；利尿剤・血管拡張剤》.

théocratie *n.f.* **1** 神権政治, 神政《神または祭司階級による国政》. **2** 神政国.

théocratique *a.* 神権(神政)政治の. ~ république 神政共和国.

théologie *n.f.* **1** 神学, 神論. ~ dogmatique 教義神学. ~ juive ユダヤ神学. ~ naturelle 自然神学；弁神論(=théodicée).
2 〖キリスト教〗神学. ~ apologétique キリスト教護教神学. ~ de la libération 解放の神学(1970年代ラテンアメリカの神学). ~ positive 実証神学. ~ sacrementaire 典礼学. ~ scolastique スコラ神学.
3 神学説.

théologien(ne) *n.* 神学者；神学生.

théophylline *n.f.* 〖化〗テオフィリン《茶の葉に含まれるアルカロイド；キサンチン誘導体, 気管支拡張・喘息治療薬》.

théorème *n.m.* 〖数〗定理. ~ de Pythagore ピタゴラスの定理.

théorétique *a.* 〖哲〗**1** 理論を対象とする, 理論的な. doctrine ~ 理論的学説. sciences ~s 理論的学問《神学, 数学, 物理学など》.
2 テオーリア(観想)的な. activité ~ de l'esprit 精神の観想的活動.
——*n.f.* 認識理論(=étude de la connaissance).

théoricien(ne) *n.* **1** 理論家；純論家. ~ne de la musique 女性楽理学者. ~ de la politique 政治理論家.
2 (特定理論の)提唱者. ~ne du féminisme フェミニズムの女性提唱者. ~ du nihilisme russe ロシア・ニヒリズムの提唱者.

théorie *n.f.* **1** 理論, 理論大系. ~ artistique (sociale) 芸術(社会)理論. 〖数〗~ des ensembles 集合論.
2 純理, 抽象論 (pratique「実践」の対). en ~ 理論的に；理論上, 理屈の上で. Chacun est libre en ~. 各人は理論上自由である.
3 学説, 説, 理論. ~ atomique 原子説(理論). ~ de la gravitation universelle 万有引力説. ~ de radioactivité 放射能学. ~ de la relativité restreinte 特殊相対性理論.
4 〖軍〗座学, 兵法 (exercices「戦闘実技」の対). leçons de ~ 兵法学.

théorique *a.* **1** 理論的な. physique ~ et physique expérimentale 理論物理学と実験物理学. 〖哲〗raison ~ 理論理性 (raison pratique「実践理性」の対).

2 〖しばしば蔑〗理論上の；理屈の上での. égalité ~ 理論上の平等. décision toute ~ 現実離れした決定.

théoriquement *ad.* **1** 理論上は；〖話〗理屈の上では. Nous sommes ~ égaux. われわれは理論上は平等である.
2 理論的に. expliquer ~ 理論的に説明する.

théosophe *n.* 神智学者.

théosophie *n.f.* 神智学.

thérapeute *n.* 治療士, セラピスト；臨床医；精神療法医(=psychothérapeute).

-thérapeute 〖ギ〗ELEM「治療士」の意 (*ex.* ergo*thérapeute* 筋肉治療士, kinési*thérapeute* 運動療法士).

thérapeutique *a.* 治療の, 治療に関する. indice ~ (薬物の)治療指数. maladie ~ (過度の治療や投薬過剰による)治療過剰症. moyen ~ 治療手段.
——*n.f.* 治療法；治療学. ~s manuelles 民間療法. ~ médicamenteuse 薬物療法, 投薬治療. ~ vaccinale ワクチン療法.

thérapeutiste *n.* 治療学者；治療専門家；療法士, セラピスト.

thérapie *n.f.* 〖医〗治療法, 療法. 〖精神医学〗~ comportementale (de comportement) 行動療法. 〖精神医学〗~ cognitive 認知療法. ~ familiale 家庭療法, 在宅療法. ~ génique 遺伝子療法. ~ génique germinale (sexuelle) 性遺伝子療法. ~ génique somatique 体細胞遺伝子療法. 〖精神医学〗~ psychanalytique 精神分析療法(=psychothérapie 精神療法).

-thérapie 〖ギ〗ELEM「治療法, 療法」の意 (*ex.* électro*thérapie* 電気療法).

thermal(ale)(*pl.* **aux**) *a.* 温泉(鉱泉)の；温泉(鉱泉)利用の. crise ~ale 湯あたり. cure ~ale 温泉利用治療, 温泉療法, 湯治. eaux ~ales 温泉水, 鉱泉水. établissement ~ 温泉施設；温泉(鉱泉)治療施設. médecin ~ 温泉利用治療医師. source ~ale 温泉, 鉱泉. station ~ale 温泉(鉱泉)場, 湯治場.

thermalisme *n.m.* **1** 温泉利用学；温泉利用治療技術, 湯治.
2 温泉利用施設(設備)；温泉場；温泉.

thermalité *n.f.* 温泉質, 温泉性《天然水で水温 35-50℃, それ以外は eau hypothermale 低温泉；以上は eau hyperthermale 高温泉》.

thermes *n.m.pl.* **1** (古代ギリシア・ローマの)共同浴場. les T~ de Cluny (パリの)クリュニーの古代共同浴場.
2 〖医〗湯治場(=établissement thermal).

thermidor *n.m.* **1** 〖暦〗テルミドール, 熱月《共和暦 calendrier républicain の第11月；7月27日から8月18日に相当》. 〖仏史〗le 9 ~ An II 共和暦2年熱月9日 (1794年7月27日)《Robespierre 失脚の日》.

thermie

2 〖同格〗style ～ テルミドール様式《1794年の熱月の政変から統領時代 le Directoireまでの古代様式》.
3 〖同格〗〖料理〗homard T～ オマール・テルミドール《オマール海老の二つ割りをオーヴンでローストしたあと, 尾の身を角切りにしてソースをからませ, 殻に盛ってから, 強火であぶったグラタン料理》.
▶ thermidorien (*ne*).

thermie *n.f.* テルミー《熱量の単位. th と略記. 1 th＝1000 kcal》.

-thermie ［ギ］ELEM「熱の状態」,「熱の生成」の意 (*ex.* homéo*thermie* 定温性).

thermique *a.* 熱の；熱エネルギーの. analyse ～ 熱分析.〖航空〗barrière ～ 熱的障害. centrale ～ 火力発電所.〖生〗choc ～ 熱ショック, 熱衝撃. décomposition ～ 熱分解. diffusion ～ 熱拡張. dissociation ～ 熱解離. effet ～ 熱効果. équilibre ～ 熱平衡. expansion ～ 熱膨張.〖電算〗imprimante ～ 熱式プリンター. instabilité ～ 熱不安定性. isolation ～ 断熱. machine (moteur) ～ 熱機関. neutron ～ 熱中性子. pollution ～ 熱〖廃棄〗汚染, 熱公害. radiation ～ 熱放射, 熱輻射.〖原子力〗réacteur ～ 熱中性子炉. rendement ～ 熱効率. science ～ 熱学.
——*n.m.*〖気象〗熱気泡；テルミック《地面の加熱により起る上昇気流；＝ascendance ～ 》.
——*n.f.* 熱学 (＝science ～).

thermistance *n.f.*〖電気・電子〗サーミスター (＝〖英〗thermistor)《回路素子》.

thermistor ［英］*n.m.*〖電〗サーミスター《温度によって電気抵抗が変化する半導体を用いた抵抗体》；＝〖仏〗thermistance).

thermite *n.f.* テルミット《アルミニウムの粉末と金属酸化物を混合した熔接剤》.

thermo- ［ギ］ELEM「熱」の意 (*ex. thermo*chimie 熱化学).

thermobarique *a.* 熱圧式の, 熱圧による. arme ～ 熱圧式兵器《MOAB 爆弾など》.

thermobarographe *n.m.*〖気象〗自記温度気圧計.

thermobaromètre *n.m.* 沸点気圧計 (＝hypsomètre)；〖気象〗温度気圧計.

thermocautère *n.m.*〖医〗熱焼灼器.

thermochimie *n.f.* 熱化学.

thermochimique *a.*〖化〗熱化学の. équation ～ 熱化学方程式.

thermochromisme *n.m.*〖物理〗サーモクロミズム《温度による色の可逆的変化》.

thermocinétique *a.* 熱動力の. procédé ～ 熱動力法.

thermoclastie *n.f.*〖地学〗(岩石の) 温度風化, 温度破屑.

thermocline *n.f.* (海・湖の) 水温躍層, 温度躍層, 変水層《水温が急激な変化をする層》.

thermo-coagulation *n.f.*〖医〗(組織の) 熱凝固〔法〕.

thermocollage *n.m.*〖工〗熱接着工法.

thermocollant(*e*) *a.* 加熱接着性の. tissu ～ 加熱接着性織物.
——*n.m.* 加熱接着剤.

thermocopie *n.f.* 感熱紙コピー, サーモコピー.

thermocouple *n.m.* 熱電対 (＝couple thermo-électrique).

thermodurcissable *a.* 熱硬化性の. matière ～ 熱硬化性物質《polyester ポリエステル, résine époxyde エポキシド樹脂, silicone シリコンなど》. résine synthétique ～ 熱硬化性合成樹脂.
——*n.m.* 熱硬化性物質.

thermodynamique *n.m.*〖物理〗熱力学.
——*a.* 熱力学の. fonction ～ d'excès 熱力学剰余関数. première (troisième) loi ～ 熱力学第1 (3) 法則. loi ～ zéro 熱力学ゼロ法則. limite ～ 熱力学的極限. température ～ 熱力学的温度, 絶対温度 (＝température absolue).

thermoélasticité *n.f.* 熱弾性.

thermoélectricité *n.f.* 1〖物理〗熱電気. 2〖電力〗火力発電電力.

thermo〔-〕électrique *a.*〖物理〗熱電気の. convertisseur ～ 熱電気変換器.

thermoélectromo*teur*(*trice*) *a.*〖物理〗熱起電の. force ～ *trice* 熱起電力.

thermoélectron *n.m.*〖物理〗熱電子.

thermoélectronique *a.* 熱電子の. émission ～ 熱電子放出.

thermoformage *n.m.* 加熱成形.

thermogène *a.* 熱発生の；熱を発する；(特に動植物の) 産熱性の.

thermogenèse *n.f.*〖生理〗熱発生, 産熱.

thermogénie *n.f.* 熱工学.

thermogénique *a.* 熱工学の.

thermographe *n.m.* 自記温度計；〖医〗温度記録計, サーモグラフ.

thermographie *n.f.* 1 サーモグラフィー《物体表面の温度分布表示法》. 2〖印刷〗隆起印刷, 盛り上げ印刷.

thermogravimétrie *n.f.*〖物理〗熱重量分析.

thermogravure *n.f.*〖印刷〗熱グラヴィア印刷《加熱硬化インクによる浮彫りグラヴィア印刷》.

thermoionique *a.*〖化・物理〗熱イオンの；熱電子の. convertisseur ～ 熱イオン変換機. effet ～ 熱電子効果.

thermolabile *a.*〖理〗不耐熱性の, 熱不安定性の.

thermoluminescence *n.f.*〖物理〗熱ルミネセンス, 熱発光.

thermoluminescent(*e*) *a.*〖物理〗熱ルミネセンスの (による).〖考古〗data-

tion ~e 熱ルミネセンス式年代測定〔法〕《出土品を一定の速度で熱し, 放射される光の強度で年代を測定する》.
thermolyse *n.f.* **1**〖化〗熱分解, 熱解離. **2**〖生〗体温消散.
thermomagnétique *a.*〖物理〗熱磁気の, 熱流磁気の. effet ~ 熱流磁気効果.
thermomagnétisme *n.m.*〖物理〗熱磁気.
thermomécanique *a.*〖物理〗熱工学の. effets ~s 熱工学効果.〖冶〗traitement ~ d'un acier 鋼鉄の熱工学処理.
thermomètre *n.m.* **1** 温度計, 寒暖計. ~ à maximum et à minimum 最高最低温度計. ~ à mercure 水銀温度計. ~ centésimal (Fahrenheit, Réaumur) 摂氏 (華氏, 列氏) 寒暖計. ~ enregistreur 自記温度計. ~ médical 体温計, 検温器.
2〖比喩的〗バロメーター, 指標. la Bourse, ~ de l'activité économique et financière 経済・金融活動のバロメーターである株式取引所.
thermométrie *n.f.* 温度測定〔法〕.
thermominéral (ale)(*pl.aux*) *a.* 温鉱泉の. eaux ~ales 温鉱泉水.
thermonucléaire *a.*〖原子力〗核融合の, 熱核反応の. arme ~ 熱核兵器. bombe ~ 熱核爆弾; 水素爆弾 (=bombe à hydrogène, bombe H). réaction ~ 核融合反応, 熱核反応.
thermopériodisme *n.m.*〖生〗温度周期性(特に植物の外界の温度の周期的変化を必要とする性質).
thermophile *a.* 好熱性の. bacille ~ 好熱性細菌, 高温菌.
thermophobie *n.f.*〖医〗嫌熱症状.
thermopile *n.f.*〖物理〗熱電対, 熱電対列, 熱電堆, サーモパイル (=thermoélectrique).
thermoplastique *a.*〖物理〗熱可塑性の. résine ~ 熱可塑性樹脂.
——*n.m.* 熱可塑性物質.
thermopompe *n.f.* 熱ポンプ, ヒートポンプ (=pompe à chaleur).
thermopropulsion *n.f.* 熱推進, ジェット推進, ラムジェット (=statoréacteur).
thermorégula*teur* (*trice*) *a.* **1**〖生〗体温調節の. **2** 温度調節の.
——*n.m.* 自動温度調節器(装置), サーモスタット (=thermostat).
thermorégulation *n.f.* **1**〖生〗体温調節. **2** 自動温度調節.
thermorégulé(e) *a.* 温度調節をした. cuves ~es à 17℃ 摂氏 17 度に温度調節をした発酵用タンク. vinification ~e 葡萄酒の恒温発酵.
thermorésistant(e) *a.* 耐熱性の.
thermos [tɛrmos] (<T~, 商標) *n.m.(f.)* 魔法瓶, テルモス, サーモス (=bouteille ~).

thermosensible *a.*〖工〗感熱性の. papier ~ (コピー機, ファックスなどの) 感熱紙.
thermosiphon *n.m.*〖工〗熱サイフォン (温度差により液体が対流する装置).
thermosphère *n.f.*〖気象〗熱圏, 温度圏 (大気の対流を生じ温度の変化や風雨の起こる範囲; 地表から約 80-600 km の部分).
thermostable *a.*〖物理・化〗耐熱性の, 熱安定性の.
thermostat [tɛrmɔsta] *n.m.* サーモスタット, 自動温度調節装置.
thermothérapie *n.f.*〖医〗温熱療法.
thermovinification *n.f.*〖葡萄酒〗葡萄液 (moût) の加熱醗酵〔法〕.
THESAM (=*thés*aurus des *activités médicales*) *n.m.* 医療用語辞典. codes référenciés par le ~ 医療用語辞典参照コード.
thésaurus, thesaurus [tezɔrys] 〔ラ〕 *n.m.* **1** (文献学・考古学などの) 用語集, 宝典 (=lexique).
2〖情報・言語〗シソーラス, 類語辞典, 用語辞典. ~ des activités médicales 医療用語辞典 (略記 THESAM). ~ technique 技術シソーラス.
thèse *n.f.* **1** 命題; 論文, 主題; 主張, 説. ~s économiques (philosophiques, historiques) 経済的 (哲学的, 歴史的) 命題. pièce (roman) à ~ 問題劇 (小説). avancer une ~ 命題を主張する.
2〖論理〗定位;(弁証法の) 正, テーゼ, 指定 (antithèse「反定立, 反指定」, synthèse「総合」の対).
3 学位論文, 博士論文 (=~ de doctorat) (修士論文は mémoire de maîtrise); 公刊論文. assister à une 〔soutenance de〕 ~ 博士論文の公開審査を傍聴する.
Thessalonique, Salonique 〖地理〗*n.pr.* テッサロニキ, テサロニカ (=〔ギ〕Thessaloníki | Salonica サロニカの現代ギリシア語名; ギリシアの港湾都市).
thêta [tɛta] *n.m.inv.* テータ, シータ (ギリシア文字の第 8 字 Φ, θ). rythme ~ シータ波 (4-7 Hz の脳波).
THG (=*t*étra*h*ydro*g*estinone) *n.m.*〖薬〗テトラハイドロゲストリノン (スポーツ選手が利用する新種のステロイド; 筋肉増強剤).
thiamine *n.f.*〖生化〗チアミン (ビタミン B_1 の国際的呼称).
thiazidique *a.*〖化〗チアジド, サイアザイド (thiazide) の.〖薬〗diurétique ~ チアジド系利尿剤.
thiazine *n.f.*〖化〗チアジン (窒素原子 1, 硫黄原子 1 個を含む 6 員の複素環式化合物; 青・紫の染料の原料).
thiol *n.m.*〖化〗チオール, メルカプタン (mercaptan).

thionate *n.m.* 〖化〗チオ〔ン〕酸塩.
thio〖-〗**sulfate** *n.m.* 〖化〗チオ硫酸塩. ~ de soude チオ硫酸ナトリウム；〖写真〗ハイポ〖定着剤〗(=hyposulfite de soude).
thiosulfurique *a.* 〖化〗acide ~ チオ硫酸.
thio-urée *n.m.* 〖化〗チオ尿酸.
thixotrope *a.* 〖化〗揺度性の.〖地学〗sole ~s 揺度性土壌.
thomas *n.m.* 〖話・古〗尿瓶(しびん)(=vase de nuit).
thon [tɔ̃] *n.m.* まぐろ(鮪)〔属〕. ~ blanc びんながまぐろ(=germon). ~ en conserve 缶詰のまぐろ, ツナ. ~ rouge くろまぐろ(=〖英〗bluefin).
thoni**er**(**ère**) *n.* まぐろ漁師.
——*n.m.* マグロ漁船. ~ congélateur まぐろ冷凍漁船.
——*a.* まぐろ漁の.
Thora ⇒ Torah
thoracentèse, thoracocentèse *n.f.* 〖医〗胸腔穿刺, 胸膜穿刺(=ponction pleurale);胸腔ドレナージ(=drainage de la cavité thoracique).
thoracique *a.* 〖解剖〗胸部(thorax)の. anomalie ~ 胸部奇形. cage ~ 胸郭. canal ~ 胸管. cavité ~ 胸腔. région ~ 胸部域.
thoracoplastie *n.f.* 〖医〗胸郭形成〔術〕.
thoracoscopie *n.f.* 〖医〗胸腔鏡〖胸腔内視鏡〗.
thoracotomie *n.f.* 〖医〗胸腔切開術.
thorax *n.m.* 〖解剖〗胸部. ~ en carène 鳩胸. ~ en entonnoir 漏斗胸. ~ pyramidal ピラミッド胸.
2〖昆虫〗胸部(翅と脚のある部分).
thorianite *n.f.* 〖鉱〗トリアニット, 方トリウム石(トリウム鉱の一種).
thorite *n.f.* 〖鉱〗トーライト, トリウム石(トリウム鉱の一種).
thorium [tɔrjɔm] *n.m.* **1**〖化〗トリウム〖元素記号 Th, 原子番号 90. 古代北欧の神トール Thor に因む命名〗.
2〖金属〗トリウム(密度 11.7, 融点 1,750℃).
thréonine *n.f.* 〖生化〗トレオニン(必須アミノ酸の一つ).
thromb〖**o**〗**-** [trɔ̃b〔ɔ〕]〖ギ〗ELEM「血塊」の意(*ex.* thrombocyte 血小板, thrombus 血栓).
thrombasthénie *n.f.* 〖医〗血小板無力症. ~ de Glanzmann グランツマン血小板無力症, 栓球無力症.
thrombine *n.f.* 〖生〗トロンビン(活性第II因子 facteur II activé), フィブリン酵素.
thrombo-angéite *n.f.* 〖医〗血栓血脈管炎. ~ oblitérante 閉塞性血栓血脈管炎.
thrombocyte *n.m.* 〖生理〗血小板.
thrombocytémie *n.f.* 〖医〗血小板血症.
thrombocytopénie *n.f.* 〖医〗血小板減少症.
thrombocytose *n.f.* 〖医〗血小板増加症. ~ réactionnelle 反応性血小板増加症.
thromboélastogramme *n.m.* 〖医〗トロンボエラストグラム(血液の凝固速度, 凝血の特性の自動記録図).
thromboélastographie *n.f.* 〖医〗トロンボエラストグラフィー(血液凝固の過程を自動的に記録する装置;血液凝固因子, 血小板の数・機能などを判定できる).
thrombo〖-〗**embolie** *n.f.* 〖医〗血栓性塞栓症.
thrombo〖-〗**embolique** *a.* 〖医〗血栓塞栓性の.
thrombo-endartérectomie *n.f.* 〖医〗血栓内膜摘出術.
thrombolyse *n.f.* 〖医〗血栓溶解;血栓溶解療法.
thrombolytique *a.* 〖薬・医〗血栓を融かす, 繊溶性の(=fibrinolytique).〖医〗traitement ~ 血栓溶解療法, 繊維溶解性(=traitement fibrinolytique).
——*n.m.* 〖薬〗血栓溶解薬(=médicament ~)(ストレプトキナーゼ streptokinase, ウロキナーゼ urokinase, プロウロキナーゼ prourokinase など).
thrombopathie *n.f.* 〖医〗血小板機能異常〔症〕.
thrombopénie *n.f.* 〖医〗血小板減少症.
thrombophlébite *n.f.* 〖医〗血栓〔性〕静脈炎, 静脈血栓症;静脈炎.
thromboplastine, thrombokinase *n.f.* 〖生〗トロンボプラスチン(第III因子 facteur III), トロンボキナーゼ.
thrombopoïèse *n.f.* 〖医〗血小板生成.
thrombopoïétine *n.f.* 〖生化〗トロンボポイエチン.
thrombose *n.f.* **1**〖医〗血栓症. ~ cérébrale 脳血栓症. ~ veineuse 静脈血栓症(=phlébite 静脈炎).
2〖比喩的〗閉塞;交通渋滞.〖同格〗grève ~ 怠業スト.
thrombotique *a.* 〖生理〗血小板の;〖医〗血栓性の.〖医〗purpura ~ thrombocytopénique 血栓性血小板減少性紫斑病.
thromboxane *n.m.* 〖生化〗トロンボキサン(血小板から単離された細胞機能調整物質, 血液を凝固させ, 血管を収縮させる効果がある).
thrombus [trɔ̃bys] *n.m.* 〖医〗血栓(=caillot).
THS (=*t*raitement *h*ormonal *s*ubstitutif) *n.m.* 〖医〗ホルモン置換療法(更年期障害の女性に対する療法; =〖英〗HRT : *h*ormone *r*eplacement *t*herapy). effets d'une association DHEA/~ デヒドロエピアンド

ステロンと THS の連携効果.

THT (= *très haute tension*) *n.f.* 〖電〗超高電圧. courant en ～ 超高圧電流.

thulium [tyljɔm] *n.m.* 〖化〗 **1** ツリウム (元素記号 Tm, 原子番号 69. 1878 年発見の希土類元素. テューレ Thule に因む命名). **2** 〖金属〗ツリウム (密度 9.32, 融点 1,545℃).

Thurgovie *n.pr.f.* 〖行政〗チュルガウ (=〔独〕Thurgau；スイスの州；州都 Frauenfeld フラウエンフェルト).

Thuringe 〔独〕*n.pr.f.* **1** チューリンゲン (Thüringen) 地方. bassin de ～ チューリンゲン盆地. forêt de ～ チューリンゲンの森 (=〔独〕Thüringenwald). **2** 〖行政〗チューリンゲン州 (=le Land de ～)(州都 Erfurt エアフルト).

thym [tɛ̃] *n.m.* 〖植〗タン, タイム, いぶきじゃこうそう (唇形科 labiés の香草). ～ commun (ordinaire) タン・コマン (オルディネール), 通常のタイム, じゃこうそう (俗称 farigoule；薬草, 香草). ～ d'hiver 冬タイム, ドイツ・タイム. ～ sauvage 野生タン, セルポレ (serpolet).

thymectomie *n.f.* 〖医〗胸腺摘出〔術〕.

thymidine *n.f.* 〖生化〗チミジン (= thymine dioxyriboside, TdR チミンディオキシリボシド). ～ kinase チミジンキナーゼ (アロステリック酵素).

thymine *n.f.* 〖生化〗チミン, 5-メチルウラシル (ADN (DNA) 塩基, 核酸を構成するピリミジン塩基の一つ；略記 T).

thymique *a.* 〖解剖・医〗胸腺 (thymus) の. facteur ～ 胸腺因子. hormone ～ 胸腺ホルモン. hypertrophie ～ 胸腺肥大. lymphocyte ～ 胸腺リンパ球.

thymoanaleptique *a.* 〖薬〗抗鬱作用のある, 感情高揚性の.
——*n.m.* 抗鬱薬 (=antidépresseur).

thymocyte *n.m.* 〖生理〗胸腺細胞, 胸腺リンパ球 (=lymphocyte thymique).

thymol *n.m.* 〖化〗チモール (タイム thym などに含まれるフェノール；抗菌剤・防腐剤として使用).

thymoleptique *a.* 〖薬〗感情を調整する.
——*n.m.* 〖薬〗感情調整薬；抗鬱薬.

thymome *n.m.* 〖医〗胸腺腫.

thymorégula*teur*(*trice*) *a.* 〖薬〗気分を安定させる (=thymostabilisateur).
——*n.m.* 〖薬〗気分安定剤；抗躁剤.

thymus [timys] 〔ギ〕*n.m.* 〖解剖〗胸腺. ～ du veau 仔牛の胸腺 (=〖料理〗ris de veau).

thymusthérapie *n.f.* 〖医〗胸腺療法 (胸腺 thymus から抽出したホルモン・酵素を利用する療法).

thyratron (<*T*～, 商標) *n.m.* 〖物理〗サイラトロン (熱陰極格子制御放電管).

thyréo-, thyro- ELEM「甲状腺」の意 (ex. *thyréo*stimuline 甲状腺刺激ホルモン).

thyréostimuline *n.f.* 〖生化・医〗甲状腺刺激ホルモン (=hormone thyréotrope, thyrotrophine).

thyréotoxicose *n.f.* 〖医〗甲状腺剤中毒症 (甲状腺ホルモン製剤による甲状腺中毒症 (=thyrotoxicose).

thyréotrope *a.* 〖医〗甲状腺を刺激する. hormone ～ 甲状腺刺激ホルモン (= thyréostimuline).

thyristor [tiristɔr] *n.m.* 〖電子〗 **1** サイリスタ (半導体素子の一つ). **2** シリコン制御整流器 (=〔英〕SCR : *silicon-c*ontrolled *r*ectifier).

thyrocalcitonine *n.f.* 〖生化〗チロカルシトニン, サイロカルシトニン, カルシトニン (calcitonine) (甲状腺由来ホルモン, 血中カルシウムの低下作用をもつ高カルシウム血症治療薬).

thyroglobuline *n.f.* 〖生化〗チログロブリン (甲状腺内に存在するヨード蛋白質；甲状腺ホルモンの貯蔵型分子).

thyroïde *a.* 〖解剖〗甲状の. cartilage ～ 甲状軟骨 (=pomme d'Adam). glande ～ 甲状腺.
——*n.f.* 甲状腺 (=glande ～, corps ～).

thyroïdectomie *n.f.* 〖医〗甲状腺〔腫〕切除〔手術〕, 甲状腺摘出〔手術〕.

thyroïdien(ne) *a.* 〖解剖〗甲状腺の. artères (veines) ～ *ne*s 甲状腺動脈 (静脈).

thyroïdisme *n.m.* 〖医〗甲状腺機能亢進〔症〕.

thyroïdite *n.f.* 〖医〗甲状腺炎. ～ infectieuse 感染性甲状腺炎.

thyronine *n.f.* 〖生化〗チロニン (甲状腺ホルモンの前駆体であるアミノ酸).

thyrostimuline *n.f.* 〖生化〗チロスティミュリン (甲状腺刺戟ホルモン；thyréostimuline, hormone thyréotrope；=〔英〕TSH : *t*hyroid-*s*timulating *h*ormone).

thyrotoxicose, thyréotoxicose *n.f.* 〖医〗甲状腺中毒〔症〕, 甲状腺機能亢進症 (=hyperthyroïdie).

thyrotrophine *n.f.* 〖生化〗チロトロフィン (甲状腺刺激ホルモン).

thyroxine *n.f.* 〖生化〗チロキシン, サイロキシン (甲状腺ホルモンの1種. T_4 と略記).

Ti (=*ti*tanium, *ti*tane) *n.m.* 〖化〗「チタニウム, チタン」の元素記号.

TIA (=〔英〕*t*ransient *i*schemic *a*ttack) *n.f.* 〖医〗一過性脳虚血発作 (=〔仏〕accidents ischémiques cérébraux passagers).

TIAC (=*t*oxi-*i*nfections *a*limentaires *c*ollectives) *n.f.pl.* 〖医〗集団食中毒症. déclaration obligatoire des ～ 集団食中毒の義務的届出.

Tiananmen 〔中国〕*n.pr.* 天安門 (てんあんもん), ティエンアンメン (=la place ～

ティェンアンメンクァンチャン)《北京の中心広場》. manifestations de la place ~ 天安門広場のデモ事件(1989年4月15日-6月4日；六四天安門事件(大虐殺))

tianeptine *n.f.*〖薬〗チアネプチン《抗鬱薬；薬剤製品名 stablon (*n.m.*)》.

Tianjin, T'ien-Tsin［中国］*n.pr.* 天津(てんしん), テンチン(河北省の都市).

Tian Shan, Tien Shan［中国］*n.pr.m.* 天山(てんざん, テンシャン)山脈.

TIAR (=［西］*Tratado Interamericano de Asistencia Recíproca*) *n.m.* 中米相互援助条約(1947年締結；=［仏］Traité interaméricain d'assistance réciproque).

TiB₂ (=*diborure de titane*) *n.m.*〖化〗二硼化チタン.

Tibet (le)［tibɛ］*n.pr.m.* チベット, 西蔵 (中国名 Xizang；中国南西部の自治区；旧王国；首都 Lhassa ラサ). la Région autonome du ~ チベット自治区.

tibétain(e) *a.* チベット(le Tibet)の；チベット人の；チベット語の. résistance ~*e* (中国に対する)チベットの抵抗運動.
—T~ *n.* チベット人.
—*n.m.*〖言語〗チベット語.

tibia *n.m.* 1〖解剖〗脛骨(けいこつ)；向うずね. fracture du ~ 脛骨骨折. donner un coup de pied dans les ~*s* de *qn* 人の向うずねを蹴飛ばす.
2 長い骨. ~*s* croisés 交叉した骨(死の象徴の紋様).
3〖動〗(昆虫・蜘蛛の)脛節.

tibial(ale)(*pl.aux*) *a.*〖解剖・医〗脛骨の. artère ~ antérieure (postérieure) 脛骨前部(後部)動脈. nerfs ~*aux* 脛骨神経, 坐骨神経 (=nerf grand sciatique). ponction ~*ale* 脛骨穿刺.

tibio-péronier(ère) *a.*〖解剖〗脛骨と腓骨の. articulation ~*ère* 脛骨腓骨関節.

tibio-tarsien(ne) *a.*〖解剖〗脛骨と足根骨の. articulation ~*ne* 脛骨足根骨関節.

TIC (=*technologie de l'information et de la communication*) *n.f.* 情報通信工学.

tic *n.m.* **1**〖医〗チック症《顔面筋, 頸部, 四肢などの不随意反復痙攣》；三叉神経性チック (=névralgie trijumelle)；痙攣, 痙攣性動作. ~ convulsif 痙攣性チック. ~ simple 単純性チック. ~ symptomatique 症候性チック.
2〖獣医〗(馬の)チック症状.

TICE (=*Traité d'interdiction complète des essais nucléaires*) *n.m.*〖軍縮〗包括的核実験禁止条約(条文合意1996；批准国不足で未発効；=［英］CTBT：*Comprehensive Test Ban Treaty*).

ticket［tikɛ］(=［英］ticket) *n.m.* **1** 切符, チケット；乗車券；入場券. ~ de métro (d'autobus) 地下鉄(バス)の切符(乗車券)《国鉄・旅客機などの切符は一般に billet. ~ de bagages 手荷物預り証. ~ de quai (鉄道の)入

場券. ~ magnétique 磁気切符. ~ monnaie 金券. ~-restaurant ; ~ repas 食券. composter à ~ 切符日付印字改札機器(鉄道切符を有効とする改札用機器).
2 配給切符, 配給券(=~ de rationnement). ~ de pain パンの配給券. vendre sans ~*s* 自由販売する.
3〖社会保障〗~ modérateur(医療保険の)自己負担分.
4〖俗〗avoir un (le) ~ avec *qn*(異性について)人のお気に召す.

ticket-restaurant (*pl.* **~s-~s**)［商標］*n.m.* チケ=レストラン(レストラン用食券)(=ticket-repas「食券」).

ticlopidine *n.f.*〖薬〗チクロピジン《抗血栓剤；薬剤製品名 Ticolid (*n.m.*)など》.

tiède *a.* **1** 生温い, 生ぬるい. air ~ 生温い空気. bain ~ ぬるま湯. café (soupe) ~ 生ぬるいコーヒー(スープ). eau ~ 温湯；ぬるま湯.〖話〗Il fait ~. (天候が)生温い.
2〖比喩的〗熱気に欠ける, 不熱心な；熱のない, ぬるま湯的(微温的)な. caresses ~*s* 熱のない愛撫. chrétien ~ 生ぬるいキリスト教徒. sentiment ~ 煮え切らない感情.
3〖比喩的, 文〗ほのぼのとした. ~ amitié ほのぼのとした愛情.
—*ad.* 生ぬるくして. boire ~ 生ぬるくして飲む.
—*n.* 不熱心な人, 煮え切らぬ人, 微温的な人(=personne ~).

Tien Shan ⇒ Tian Shan
T'ien-Tsin ⇒ Tianjin

tiercé¹ *n.f.* **1**〖音楽〗3度(音程). ~ majeure (mineure) 長(短) 3度. ~ augmenté (diminuée) 増(減) 3度.
2〖天文・数〗60分の1秒(時間・角度).
3〖トランプ〗(同じ印の) 3枚続き, 3連カード. ~ à la carreau ダイヤの3枚続き. ~ à la dame クイーン, ジャック, 10の3連札.
4〖フェンシング〗チエルス, 第3の構え. pousser en ~ 第3の構えで圧力をかける.
5〖印刷〗第3校(最終校)；(組版後の)刷り出し.
6〖カトリック〗三時課(午前9時頃の聖務日課). ~ pontificale 教皇(司教)ミサに先立つ三時課.

tiercé(e) *ap.* **1**〖農〗(農地が)第三耕を施された. champ ~ 第三耕農地.
2〖紋章〗3分された.
3〖詩法〗rimes ~*es* 三韻句法(=［伊］terza rima).
4〖競馬〗三連勝式の. pari ~ 三連勝式.
—*n.m.*〖競馬〗三連勝式〖馬券〗(=pari ~)；三連勝式の配当(=rapport du ~). ~ dans l'ordre (le désordre) 三連勝単式(複式). jouer au ~ 三連勝式の馬券を買う.

tiers¹ *n.m.* **1** 三番目の人；第三者, 局外者；よその人. devant les ~ 第三者(局外者)の前で. en ~ 3人目(第三者)として. apprendre *qch* par un ~ 第三者(局外者,

よそ者) から何を知る.
2〖法律〗第三者. le demandeur, le défendeur et les ~ 原告, 被告と第三者 (当事者外の人). ~ acquéreur 第三者取得者. ~ arbitre 第三者仲裁人. ~ convenu 約定第三者. ~ détenteur 第三取得者. ~ intervenant (訴訟への) 任意参加人. ~ opposant 第三者異議の訴え. ~ et le quart 無関係の人. testament fait à un ~ 第三者への遺言.
3〖社会保障〗~ payant 第三支払者 (医療費・薬剤費を支払った被保険人に補償したり, 被保険に代って直接的にそれらを支払う社会保障機関).
4 3分の1. deux ~ d'un tout 全体の2/3. un ~ de la cour 中庭の1/3.〖税〗~ provisionnel 予定納税 (前年の税額の1/3を納入する).〖史〗~ consolidé 3分の1保証国債.
5 第三項;中間項.〖論理〗principe du ~ exclu 排中律.
6〖史〗第3身分 (= ~ état).

tiers[2] (***ce***[2]) *a.* 第三の.〖法律〗~ (-)arbitre 第三調停者.〖印刷〗~*ce* épreuve 第三校.〖史〗le ~ état 第三身分 (平民階級). ~ (-)monde 第三世界.〖法律〗~*ce* opposition 第三者による異議申立.〖法律〗~ opposant 異議を申立てた第三者.〖カトリック〗~ ordre 第三会 (修道会の指導下にある世俗者の信仰団体).〖社会保障〗~ payant 第三支払者. ~*ce* personne 第三者. ~ porteur d'un effet de commerce 手形の被裏書人.〖詩法〗~*ce* rime 3韻句法.〖教育〗(-)temps (時間割の) 3分割方式.〖自動車保険〗assurance ~*ce* チエルス保険 (全災害保障保険). assurance tous risques).〖医〗fièvre ~*ce* 三日熱 (マラリア).

tiers-monde *n.m.*〖政治〗第三世界 (主として旧植民地から独立した開発途上国群). aide internationale au ~ 第三世界に対する国際的援助.

tiers-mondisme *n.m.*〖政治〗第三世界体制;第三世界との連帯体制;第三世界主義.

tiers-mondiste *a.* 第三世界の, 第三世界体制の;第三世界の連帯主義の.
——*n.* 第三世界連帯主義者.

tiers-point *n.m.* **1**〖工具〗三角鑢 (やすり);三角鑿 (のみ).〖建築〗拱尖 (きょうせん). arc en ~ 尖頭アーチ. **3**〖海〗三角帆.

TIF (= *t*ransports *i*nternationaux par chemin de *f*er) *n.m.pl.* 国際鉄道輸送.

TIG (= *t*ravail d'*i*ntérêt *g*énéral) *n.m.*〖法律〗公共奉仕労働 (1983年6月10日の法律により軽犯罪者に科せられた懲役に代る代替刑罰として科される無報酬の勤労奉仕労働).

tige *n.f.* **1** 茎;幹. ~ souterraine 地下茎. haute (basse) ~ 高木 (低木) 仕立て.
2 若木, 苗木. ~ d'une plantule 実生の苗木.

3〖比喩的〗始祖, 祖先;家系. ~ d'un arbre généalogique 家系樹の始祖. faire ~ 始祖となる.
4 心棒, ロッド;(柱の) 柱身;(鳥の) 羽軸. ~ d'une clé 鍵の軸. ~ d'une colonne 円柱の柱身.〖土木〗~ de forage ボーリングロッド.〖機械〗~ de piston ピストン棒.
5 (長靴の) 胴.
6〖航空〗〖話〗les vieilles ~s 先駆的飛行士;旧友 (操縦桿に由来).
7〖話〗シガレット.

Tigre *n.pr.m.* le ~ ティグリス (Tigris) 川.

tigre *n.m.* **1** 虎;牡虎. ~ royal ベンガル虎 (= ~ du Bengale). Le ~ feule. 虎が吠える.〖比喩的〗~ de papier 張子の虎.
2〖比喩的・古〗残忍な人.
3〖昆虫〗~ du poirier なしぐんばい (梨の害虫).

tigresse *n.f.* **1** 牝虎.〖話〗jalouse comme une ~ (牝虎のように嫉妬深い→) 非常に嫉妬深い;嫉妬に狂った.
2〖話〗嫉妬深い女 (= femme jalouse).

tiliacées *n.f.pl.*〖植〗しなのき (科木) 科;しなのき科の植物 (西洋科木 tilleul など).

tilleul *n.m.* **1**〖植〗チユール, 西洋科木 (せいようしなのき), リンデンバウム (=〖独〗Lindenbaum), 西洋菩提樹 (落葉性;菩提樹は常緑樹). ~ à grandes feuilles 大葉チユール (学名 Tilia platyphylla). ~ argenté 銀葉チユール (学名 Tilia argentea). ~ des bois 森林チユール (学名 Tilia silvestris). allée de ~s チユールの並木道.
2 チユール (チユールの花を煎じた飲物, = infusion de ~;精神安定効果がある).
3 黄緑色 (= vert ~).

timbale *n.f.* **1**〖音楽〗タンバル;ティンパニー. battre des ~s ティンパニーを叩く.
2 深い金属杯, カップ;賞杯;カップの中味.〖話〗décrocher la ~ (宝棒 mât de cocagne の頂の賞杯を獲得する→) 困難な目標を達成する;〖皮肉〗へまをして厄介事を招来する.
3〖料理〗タンバル (1) 空焼きした丸いクルートにソースと混ぜ合わせた詰めものをしたクルスタード, 温いアントレ;2) アントルメとしての詰めもの入りクルート). ~ de queues d'écrevisse Nantua エクルヴィスのタンバル, ナンテユア風 (アントレ料理). ~ Brillat-Savarin ブリヤ・サヴァラン風タンバル (ブリオシュ生地に洋梨とクレーム・パティシエールを入れオーヴンで温めたアントルメ).
4〖料理〗タンバルの焼型.

timbrage (<timbre, timbrer) *n.m.* **1** 切手貼付;印紙貼付. dispense de ~ 切手貼付免除.
2 消印を押すこと.

timbre

3 〖印刷〗浮出印刷.
4 (ボイラー等に)検査証を貼ること.

timbre *n.m.* Ⅰ (証紙・証印) 1 郵便切手 (=~-poste). ~ à double affichage euros/francs ユーロとフラン併記の切手. ~ de trois francs 3フラン切手. carnet de ~s 切手シート(冊子状). feuille de ~s 切手のシート. coller (mettre) un ~ sur une enveloppe 封筒に切手を貼る. marché aux ~s 切手市.
2 証紙, 印紙；(会費・寄付金などの受領を証する) シール. ~ fiscal (mobile) 収入印紙. ~ de quittance 領収証用収入印紙 (=~-quittance). droits de ~ 印紙税, 印税.
3 証印, 検印, 公印；印, スタンプ；〖郵便〗消印 (=cachet). ~ humide 湿式印 (インクを用いた印). ~ sec 乾式印 (打出し印). apposer son ~ sur un document 書類に証印を捺す.
4 (商店などが発行する) 景品用シール, サービス券 (= ~-prime).
5 打印器, スタンプ. ~ caoutchouc ゴム印. ~ numérateur 番号印字器, ナンバリング.
6 〖医〗パッチ (= [英] patch) 《皮膚に貼付する薬品を塗布した小片(絆創膏)》. ~ nicotine ニコチン・パッチ (禁煙用). ~ tuberculinique ツベルクリン反応用パッチ.
7 〖工〗(ボイラーの)検査証.
Ⅱ (ベル・音色) 1 ベル, 鈴；鐘. ~ d'appartement 呼鈴. ~ d'une bicyclette 自転車のベル. ~ électrique 電鈴.
2 音色 (ねいろ)；響き；〖発音〗音色. ~ d'une cloche 鐘の音色. voix au ~ argentin 玉をころがすような美声.
3 〖音楽〗(太鼓の)響線 (=corde de ~).
Ⅲ (鐘形) 1 (甲冑の)兜頂.
2 〖紋章〗兜, 冠《紋章の上にある位階を示す冠紋様》.

timbré(e) *a.p.* 1 切手を貼った. enveloppe ~e 切手を貼った封筒.
2 証印 (公印) を捺した；印紙を貼った. papier ~ 印紙貼付書類.
3 消印を捺した. lettre ~e de Londres ロンドンの消印のある手紙.
4 響きのよい. voix agréablement ~e 心地よく響く声. voix bien ~e よく通る声.
5 〖話〗少し頭のおかしい.
— *n.* 〖話〗頭のおかしい人.

timbre-amende (*pl.* ~s-~s) *n.m.* (交通違反などの) 罰金納入印紙.

timbre-poste (*pl.* ~s-~) *n.m.* 郵便切手 (=timbre). ~ à (de) 1 euro 1ユーロ切手. collection de ~s-~ 切手収集 (=philatérie). marché aux ~s-~ 切手市.

timbre-quittance (*pl.* ~s-~s) *n. m.* (領収書に貼付する) 収入印紙.

timbre-taxe (*pl.* ~s-~s) *n.m.* 〖郵〗郵税不足表示切手.

time-sharing [tajmʃɛriŋ] 〖英〗 *n.m.* 1 〖情報処理〗タイムシェアリング, 時分割〔方式〕(一台のコンピュータを複数の使用者が利用すること；公用推奨語は temps partagé).
2 (リゾートマンションなどの)共同所有(利用).

timide *a.* 〖時に名詞の前〗1 内気な, はにかみ屋の；内気そうな, おずおずした；〔やや古〕臆病な, 小心な；優柔不断の. amoureux ~ 内気な恋人. caractère ~ 内気な性格. enfant ~ はにかみ屋の子供. manières ~s おずおずした物腰. sourire ~ はにかんだような微笑.
2 大胆さに欠ける, 弱気な. critique ~ 遠慮がちな批評. mesures ~s 消極的な措置. style ~ 力強さに欠ける文体.
— *n.* 内気な人；はにかみ屋.

timidité *n.f.* 1 内気；はにかみ；〔やや古〕臆病, 小心, 優柔不断. ~ invincible どうしようもない内気さ. par ~ 内気さから, はにかみで；小心の故に. surmonter sa ~ 優柔不断さを克服する.
2 (行為, 表現などの) 大胆さの欠如；消極性. ~ d'une décision 決断の優柔不断さ.

Timor *n.pr.m.* 1 チモール島 (=île de ~, Loro Sae). la mer de ~ チモール海.
2 le ~-Oriental 〖国名通称〗東チモール；東チモール民主共和国 (=la République démocratique de ~-Oriental；首都 Dili 形容詞 est-timorais (e)；通貨 dollar). le ~-Occidental 西チモール《チモール島の西部地域；インドネシア領》.

tinette *n.f.* 1 バター運搬桶.
2 肥桶；〖多く *pl.*〗〖話・古〗(兵営などの)便所.

tinzaparine *n.f.* 〖薬〗チンザパリン《抗血液凝固薬・抗血栓薬；薬剤製品名 Innohep (*n.m.*)》.

TIO (=*t*aux *i*nterbancaire *o*ffert) *n.m.* 〖金融〗銀行間レート (=〖英〗IBOR：*I*n*t*er*b*ank *o*ffered *r*ate).

TiO$_2$ (=*di*oxyde de *ti*tane) *n.m.* 〖化〗二酸化チタン.

Tiop (=*t*aux *i*nterbancaire *o*ffert à *P*aris) *n.m.* 〖金融〗パリ銀行間取引金利 (=〖英〗*P*ibor：*P*aris *I*nter *B*anking *O*ffered *R*ate).

TIP (=*t*itre *i*nterbancaire de *p*aiement) *n. m.* 〖金融〗銀行間支払証券.

TIPP (=*t*axe *i*ntérieure sur les *p*roduits *p*étroliers) *n.f.* 石油製品国内税.

TIR[1] (=*t*ransports *i*nternationaux *r*outiers) *n.m.pl.* 国際道路運送(自動車のプレート表示).

TIR[2] (=*t*rypsine *i*mmuno *r*éactive) *n.f.* 〖生化〗免疫反応型トリプシン.

tir (<*tir*er) *n.m.* 1 射撃；射撃術, 砲撃；砲術. faire du ~ 射撃をする. ~ à blanc 空砲を撃つ. ~ à la cible 標的射撃. 〖スポーツ〗~ à la fosse olympique オ

リンピック・ピット射撃競技. ~ à très longue portée 超長距離射撃. ~ au fusil 小銃射撃. ~ aux pigeons¹ 鳩撃ち；クレー射撃.〚軍〛~ de neutralisation 制圧射撃. ~ olympique オリンピック射撃競技 (= ~ FITA). ~ précis 精密射撃.
angle de ~ 射角. arme à ~ automatique 自動火器. cadence de ~ (毎分当りの) 発射速度. canon à ~ rapide 速射砲. chasse à ~ 猟銃による狩猟. exercices de ~ 射撃練習 (訓練). puissance de ~ 銃砲発射能力.
2 弓を射ること, 弓術, 弓道 (= ~ à l'arc¹). faire du ~ à l'arc 弓 (アーチェリー) をやる. ~ à l'arc classique 弓術；クラシック・アーチェリー競技. ~ à l'arc en campagne (en salle) 屋外 (室内) アーチェリー競技. ~ à l'arc individuel Messieurs (Dames) アーチェリー男子 (女子) 個人競技.
3 (ロケットなどの) 発射 (= lancement). ~ d'une fusée ロケットの発射.
4 射撃の方向；弾道；〚比喩的〛(行動の) 方針. canon à ~ courbe 曲射砲. régler le ~ 照準を合わす.〚比喩的〛ajuster (rectifier) le ~ 方針を定める (修正する).
5 射撃場. ~ à l'arc² 弓道場. ~ au pigeon² クレー射撃場. ~ forain 射撃場.〚軍〛charmp de ~ 射撃場.
6 核爆発. ~ de très faible énergie 微少エネルギー核爆発実験.
7〚サッカー〛シュート (= ~ au but)；(ペタンクなどで) 玉を投げること.〚サッカー〛~ d'angle コーナー・キック (= corner). ~ de réparation ペナルティー・キック.

tirage *n.m.* Ⅰ〚引くこと〛**1** (綱などを) 引くこと. cordon de ~ (カーテン, 呼鈴などの) 引き紐.
2 (繊維などを) 引きのばすこと；(金属の) 引き抜き加工. ~ de la soie 繭からの糸取り. ~ des métaux 金属の引抜き加工.
3 (煙突などの) 吸込み, 通風, ドラフト. ~ forcé (naturel) 強制 (自然) 通風. ~ induit 吸出し通風.
4 引っ張りの抵抗.〚話〛Il y a du ~. いろいろ難しい；摩擦が多い.
5〚医〛吸気生陥没.
Ⅱ〚刷ること〛**1** 印刷；刷り上がり, 刷ったもの；版；(版画の) 刷り；〚出版〛(1 回の) 印刷部数；(レコードなどの) プレス枚数. ~ à la main 手刷り. ~ à la rotative 輪転印刷機による印刷. ~ à part 抜刷り, 別刷り. ~ de luxe 豪華版. ~ limité 限定版. ~ numéroté 番号入り限定版. journal à grand ~ 発行部数の多い新聞. le premier ~ 第 1 刷, 初版.
2〚写真〛焼付け (= ~ photo). ~ en noir et blanc (en couleur) 白黒 (カラー) の焼付け. ~ par contact 密着焼付け.
3〚美術〛(彫刻の) コピーをとること.
Ⅲ〚抽出すること〛**1** 抽籤, くじ引き. ~ d'une loterie 宝くじの抽籤.

2〚統計〛(サンプルの) 抽出 (= ~ d'un échantillon).
3 (葡萄酒などの) 樽出し.
4〚金融〛(手形・小切手などの) 振出し. ~ d'un chèque (d'une lettre de change) 小切手 (為替手形) の振出し. droits de ~s spéciaux (国際通貨基金 FMI [IMF] の) 特別引出権〚略記 DTS〛.

tirant *n.m.* **1** 引っ張るもの；(特に) 財布の紐 (= ~ d'une bourse). ~s d'une chaussure 靴のつまみ革.
2〚建築〛(主に水平の) 筋かい. ~s sous des arcades アーケードの下支え筋かい.
3 (船の) 吃水, 喫水 (きっすい) (= ~ d'eau).
4〚船〛~ d'air 喫水線から船の上部構造の最高点までの高さ；〚広義〛船橋高.
5 (食肉の) 腱, 筋 (= tendon).

tire (< tirer) *n.f.* **1**〚俗〛掏摸 (すり) (行為) (= vol à la ~). voleur à la ~ 掏摸 (人) (= pickpocket, tireur).
2〚話〛自動車.
3〚カナダ〛メープルシロップ (= sirop d'érable)；メープルシロップ入りキャンディー.

tiré¹(e) *a.p.* **1** 引かれた；引っ張られた；ぴんと張った. cheveux ~s en arrière ひっつめ髪；オールバックの髪.〚比喩的〛être ~ à quatre épingles めかしこんでいる.〚比喩的〛C'est ~ par les cheveux. 強引である.
2 引いて閉められた. rideaux ~s 引かれたカーテン.
3 やつれた, 疲れのみえる. mine ~e やつれた顔色.
4 (de から) 引き出された；引き抜かれた, 抽出された；救出された；(de に) 由来する, 基づく. citations ~es des auteurs 作家の文章からの引用. l'eau ~e du puits 井戸から汲み上げられた水. être ~ du danger 危険から救出される.
5 印刷された；〚写真〛焼きつけられた.〚印刷〛exemplaires ~s à part 抜刷り. journal ~ à cent mille 10 万部印刷された新聞. livre ~ sur vélin ヴェラン紙刷りの本. photo ~e sur le papier mat 艶消し印画紙に焼き付けた写真.
6 (銃が) 発射された. coup de feu ~ sur qn 人に浴びせられた銃火.
7〚商業〛(小切手などが) (sur 宛てに) 振り出された. chèque ~ sur qn 人宛てに振り出された小切手. personne ~e (小切手などの) 名宛人.

tiré² *n.m.* **1**〚印刷〛刷り版. ~ à part 抜刷り, 別刷り (= exemplaires ~s à part).
2〚金融〛(手形などの) 受取人 (= personne tirée). le tireur et le ~ 振出人と受取人.
3〚狩〛銃猟 (= chasse au fusil)；(人の背丈より低い) 銃猟用叢林；銃猟場；(銃猟の) 獲物.

tire-bonde *n.m.*〚工具〛樽栓抜き.

tire-bouchon n.m. **1** チール・ブーション, 栓抜き.
2 en ~ l.ad. 螺旋形の, 渦巻状の. cheveux en ~ 巻毛.
tire-clou n.m. 〖工具〗釘抜き.
tire-fesses n.m.inv. 〖話〗(スキー場の) チール=フェス, テレスキー (=téléski, remonte-pente).
tire-lait n.m.inv. 〖医〗(乳の張る女性用の) 搾乳器.
tire-ligne n.m. 〖製図〗烏口 (からすぐち). compas à ~ 烏口コンパス.
tireur(**se**¹) n. **1** 射手, 射撃手; 〖軍〗砲手. ~ à l'arc 弓の射手. ~ au fusil 小銃射撃手. ~ d'élite 精鋭射撃手. ~ embusqué 狙撃手, スナイパー (sniper). position du ~ couché 伏撃ち姿勢.
2 〖スポーツ〗(球技の) シューター; (ペタンクの) 投げ手 (pointeur「コショネへの球の近づけ役」の対).
3 フェンシングの剣士 (= ~ d'armes, ~ d'épée).
4 ~ de cartes トランプ占い師 (=cartomancien).
5 印刷人, 刷り師; 〖写真〗焼付者. ~ de copies コピーをとる人. ~ photographe ~ développeur 写真の現像焼付者.
6 引出す人; 引抜く人; 採掘者.
7 曳く人. ~ de bois flotté 筏師.
8 〖金工〗線引き工. ~ d'or 金線引き工.
9 〖商業〗振出人. ~ d'une lettre de change 手形の振出人 (tiré「受取人」の対).
tireuse² n.f. **1** 〖写真〗焼付機. **2** 自動缶詰め機. **3** 樽詰めビールの取出装置.
tiroir n.m. **1** 引出し. 〜 [à] secret (仕掛けのある) 秘密の引出し, 隠し引出し. 〜s d'une commode 整理たんすの引出し. clé d'un 〜 引出しの鍵. fonds de 〜 引出しの奥に忘れられた物;〖比喩的〗有り金.〖話〗racler les fonds de 〜s 有り金を掻き集める. ouvrir (tirer) un 〜 引出しを開ける.
2 〖比喩的〗仕切り; 小箱. dans un 〜 de sa mémoire 記憶の片隅に.〖話〗nom à 〜s 長たらしい名前. roman à 〜s 本筋に無関係な挿話の多い小説.
3 〖機械〗(蒸気機関の) 滑り弁. boîte de 〜 滑り弁箱 (室).
4 〖新聞〗en 〜 一連の小記事に挿入された.
5 〖鉄道〗voie de 〜 引込線.
6 〖舞踊〗(群舞の) 交錯; 〖トランプ〗カードの入れ替えの技.
tiroir-caisse (pl. ~**s**-~**s**) n.m. 〖商業〗自動金銭登録機, レジスター.
tisane n.f. **1** チザーヌ, 煎じ薬, (薬用植物の) 煎じ液 (茶), ハーブティ. ~ de tilleul チユール (西洋科木) のチザーヌ. ~ de verveine ヴェルヴェーヌのチザーヌ. ~ de menthe ミント・ティー.

2 ~ de champagne 軽い甘口のシャンパーニュ酒;〖蔑〗安物のシャンパーニュ酒;〖広義〗安酒.
tissage (<tisser) n.m. **1** 〖織〗機織 (はたおり). ~ à la main 手織り. **2** 織物. **3** 織物工場.
tisseur(**se**) n. 織工, 織物工 (職人). ~ des Gobelins ゴブラン織工. ~ de lices 竪機 (はた) 工. ~ de tapis 絨毯職人.
tissu n.m. **1** 織物; 布地, 布;〖服地〗. ~ de soie (de laine) 絹 (毛) 織物. ~ de fibres synthétiques 合繊織物. coupe d'un ~ 布地の裁断. robe en ~ imprimé プリント地のドレス.
2 織り方. éfoffe d'un ~ serré 織目のつんだ布地.
3 〖比喩的〗(de の) 連鎖, 連続. ~ de mensonges 次々とつく嘘.
4 〖生〗組織. ~ musculaire 筋肉組織. ~s nerveux (osseux) 神経 (骨) 組織. culture de ~s 組織培養.〖医〗greffes de ~s 組織移植片.
5 〖比喩的〗〖経済・社会〗組織, 機構. ~ associatif 協会組織. ~ industriel 産業機構. ~ social 社会機構. ~ urbain 都市機構.
tissu-éponge (pl. ~**s**-~**s**) n.m. 〖織〗スポンジクロス, タオル地. serviette de toilette en ~ スポンジクロスのタオル; 湯上りタオル.
tissulaire a. 〖解剖・生〗組織の; 組織に関する. régénération ~ 組織再生.
TIT (=test d'immobilisation des tréponèmes) n.m. 〖医〗トレポネーマ固定テスト (スピロヘータ科の細菌で, 梅毒などの病原菌の検査).
titane n.m. 〖化〗チタン, チタニウム (=titanium).
titanique a. 〖化〗〖無水〗チタン (酸) の, 4価チタンを含む.
titanite n.f. 〖鉱〗チタン石, くさび石.
titanium [titanjɔm] n.m. **1** 〖化〗チタニウム, チタン (=titane) 《元素記号 Ti, 原子量 47.90, 原子番号 22》.
2 〖金属〗チタニウム, チタン (比重 4.54, 融点 1,660℃の金属). blanc de ~ チタニウム・ホワイト, 二酸化チタン《油絵具》.
titrage (<titre, titrer) n.m. 〖化〗滴定. ~ par neutralisation 中和滴定. **2** (文書・映画などへの) 表題付与, タイトルづけ.
titre n.m. [I] 〖肩書き, 資格, 名目〗**1 a**) 称号, 尊称. ~ de noblesse (~ nobiliaire)¹ 爵位. ~ honorifique 尊称. porter (prendre) un ~ de …の称号を持つ (に就く). **b**) 高位にある人への呼びかけに用いられる尊称の総称 (altesse 王族, 皇族など, éminence 枢機卿, excellence 閣僚, 司教, 大司教, 司教, grâce イギリスの公爵, 司教, grandeur 大領主, 司教, hautesse (トルコの) 君主など, honneur (アングロサクソン系の国およびロシアで) 裁判長, révérend 神父, 司祭, sain-

teté 教皇, seigneur 領主).
2 肩書き, 職名, 地位, 学位. ~ universitaire 学位. recrutement sur ~s 資格審査による採用. Dans certaines administrations, les ~s et les fonctions ne correspondent pas toujours. 一部の官庁では, 官職名と職務が常に対応しているとは限らない. Il fait valoir son ~ de directeur pour accéder à toutes les informations. 彼は所長の地位を利用してすべての情報にアクセスしている. en ~ 公認の, ご用達の, 正式の資格を持つ. fournisseur en ~ de la Maison impériale 皇室ご用達. professeur en ~ (=titulaire) 講座を担当する教授.
3 (競技などの) タイトル. prétendant au ~ タイトル挑戦者. tenant du ~ タイトル保持者, 前回優勝者. disputer le ~ 優勝をかけて争う.
4 資格, 名目. à ~ de+n.〔人, 物いずれも可能〕…の資格 (名目) で, …として, …の代わりに. à ~ d'ami 友人として. à ~ d'exemple 例として. à ~ d'information お知らせまで.
à ~ +adj. …として, …の代わりに, …の意味で, …方法で. à ~ d'exemple 例として. à ~ indicatif 目安として. à ~ personnel 個人として, 個人的に, 個人の資格で. Son mari a été décoré à ~ posthume. 彼女の夫は没後に叙勲された. à ~ juste 正しくも, 正当な理由で, 当然ながら. à aucun ~ 決して, いかなる意味でも.
à ce ~ その意味で, それを理由として. au même ~ 同じ名目 (資格, 理由) で. à quel ~ いかなる意味 (理由, 資格, 権利) で. A quel ~ se permet-il de prendre une décision dans un domaine qui ne relève pas de sa compétence? 彼はどういう権利で自分の担当でない分野で決定を下すのか. à différents ~s いろいろな意味で. à plus d'un ~ いろいろな意味 (理由) で. Il a mérité cet honneur à plus d'un ~. 彼がこの名誉に浴したのには種々の理由がある. à juste ~ 正しくも, 正当な理由で, 当然ながら. à aucun ~ 決して, いかなる意味でも.

II 《表題, 題名》**1** 題, 表題, 題名; 書籍, 著作. ~ courant 柱 (ページごとの欄外に示される表題). ~ d'un roman 小説の題. ~ d'une chanson 歌曲の題. page de ~; faux ~ (前扉の) 簡略化した表題. rôle-~ (オペラの) 題名となっている主役の役. avoir pour ~ 題名は…である. publier un livre sous le ~ de …と題する著書を出版する. Le nombre de ~s parus au cours de l'année dernière a battu un nouveau record. 昨年の出版点数は過去最高となった.
2 新聞, 雑誌などの見出し, 題字. le grand ~ à la une (新聞の) 一面トップ. un gros ~ sur cinq colonnes 五段抜き大見出し. La presse quotidienne nationale ne compte plus que moins de dix ~s. 全国日刊紙はいまや10紙を下回っている.
3 (法的な性格を持つ文章の) 章, 節. Code électoral, Livre 1, T~ 1, chapitre 1 (Article L1 à L7) 選挙法典, 第1部, 第1章, 第1節 (法第L1条から法第7条). Les charges budgétaires de l'Etat sont regroupées sous sept ~s. 国の歳出は7つの部に分類されている.

III《証書, 権利書》**1** 証書, 権利書, 免状. ~ de noblesse (nobiliaire)² 爵位認可書. ~ de propriété 登記証書. ~ de transport 乗車券, 搭乗券, 切符. ~ interbancaire de paiement (TIP) 銀行間支払証書. ~-restaurant (社員食堂などの) 食券. ~ universel de paiement (TUP) 自動引き落とし承諾書. En fait de meubles, la possession vaut ~. 動産に関しては所有により所有権が発生する (民法の時効取得に関する規定).
2 (法律行為にかかわる) 証書.『法律』exécutoire 執行名義 (公証人証書, 裁判所の判決, 和解調書など, それを得たものに強制執行に訴えることを可能とする証書).『民法』~ putatif 誤想権原 (財物の占有者の思い込みでしか存在しない権原).『民法』~ universel (particulier) (遺産に関する) 包括的 (確定的) 遺贈方法.『民法』à ~ lucratif (onéreux) 遺贈 (有償) による.
3 証券, 有価証券, 債券, 株式. ~ au porteur (à ordre, nominatif) 無記名 (持参人払, 記名) 証券. ~ de bourse 株式. ~ de participation 他企業に対する保有株式. ~ de rente 受益証券. ~ participatif (従業員が保有する) 企業利益の分配受け取り権証書. avance sur ~ 証券担保貸付. coupon d'un ~ 有価証券の配当 (利益分配) 受領権 (証書). maison de ~s 証券会社. transformer les créances en ~s 債権を証券化する.

IV《含有度, 純分, 比率》『化』~ alcoolique アルコール含有度. ~ d'un fil 糸の太さ. ~ de jauge (針金の) ゲージ番号.『化』力値, (溶液の) 滴定量. ~ d'une pièce d'orfèvrerie 宝飾品の金 (銀, 白金など) 含有度.『物理』~ de vapeur 蒸気の乾き度. or au ~ 本位金. objet en or à bas ~ 純金度の低い品物.

titrimétrie *n.f.*『化』滴定 (=titrage).
titrisation (<titre, titriser) *n.f.*『金融』債権の証券化.
titulaire *a.* **1** 正式の, 本官の (《称号によって保証される職務を持つ; auxiliaire, suppléant の対). juge ~ 本官の判事. professeur ~ 正教授, 専任教授.
2 (de e) 法的に所持する. être ~ d'un passeport 旅券を所持する. être ~ d'une pension 年金の受給資格がある.
3『カトリック』名義上の, 名前だけの (= in partibus). évêque ~ 名義司教.
4『宗教』patron ~ (教会堂の) 守護聖人.
——*n.* **1** 正式の資格でその地位にある人, 本官 (助手・代理などの対); 正 (専任) 教授 (= professeur ~). ~ d'une chaire 講座担当正

教授.
2(権利・資格などの)法的所持者,名義人；(年金などの)法的受領有資格者. ~ du bail 賃借権名義人. ~ du permis de conduire 運転免許証保有者.
3〚宗教〛(教会堂の)守護聖人.

tixocortol *n.m.*〚薬〛ティクソコルトール(副腎皮質ステロイド軟膏；商品名Pivaloneなど).

tjb, TJB (=*t*onneau de *j*auge *b*rute) *n.m.*〚船〛総トン〔数〕.

tjn, TJN (=*t*onneau de *j*auge *n*ette) *n.m.*〚船〛純トン〔数〕.

Tl (=*t*hallium) *n.m.*〚化〛「タリウム」の元素記号.

TLF (=*T*ransport et *L*ogistique de *F*rance) *n.pr.* フランス運送・物流〔企業連盟〕. Fédération des entreprises de ~ フランス運送・物流企業連盟.

TLI (=*t*axe *l*ocale *i*ncluse) *n.f.* 地方税込み〔価格〕.

Tm (=*t*hulium) *n.m.*〚化〛「ツリウム」の元素記号.

TMB (=*T*rain du *M*ont-*B*lanc) *n.m.* モン=ブラン鉄道(Saint-Gervais-le Fayet から Col de Voza までの登山鉄道. 標高560mから1,650m).

TMC (=*T*élé-*M*onte-*C*arlo) *n.f.* モンテ=カルロ TV 放送.

TMD (=〚英〛*T*heater *M*issile *D*efense) *n.f.*〚軍〛(アメリカの)戦域核ミサイル防衛〔計画〕.

TME (=*t*aux *m*oyen des *e*mprunts d'Etat) *n.m.*〚金融〛国債平均利率.

TMM (=*T*homson *M*ulti*m*édia) *n.pr.m.*〚無冠詞〛〚情報処理〛トムソン・マルチメディア社(1988年, TCE=*T*homson *C*onsumer *E*lectronic として設立. 1995年 TMM に改組；トムソン・グループのマルチメディア家電製品製造会社).

TMM5 (=*t*aux de *m*ortalité des *m*oins de 5 ans) *n.m.* 5歳未満児の死亡率.

TMMMM, T4M (=*t*aux *m*oyen *m*ensuel du *m*arché *m*onétaire au jour le jour entre banques) *n.m.*〚金融〛銀行間金融市場日歩金利の月間平均利率.

TMO (=*t*aux du *m*arché *o*bligataire) *n.m.*〚金融〛債券市場利回り.

TMQ (=*t*ri*m*éthylbenzo*q*uinone) *n.f.*〚化〛トリメチルベンゾキノン(ビタミンEの中間原料. 石炭酸にメチル基がついたトリメチルフェノールを酸化してできる有機化合物).

TMS[1] (=*t*onne de *m*atière *s*èche) *n.f.*〚度量〛乾燥重量トン(農薬などの水に溶かす前の重量トン数). à raison de 3 ~/ha/an 年率 1ヘクタール当り3乾燥トンの割合で.

TMS[2] (=*t*roubles *m*usculo-*s*quelettiques) *n.m.pl.*〚医〛筋肉と骨の障害,筋骨障害症候群.

TMT (=*t*echnologies-*m*édias-*t*élécommunications) *n.m.pl.* 科学技術=メディア=通信. les grandes valeurs ~ 科学技術=メディア=通信の有力株.〚株〛secteur des valeurs ~ 技術・メディア・テレコム株部門.

TNA (=*t*ête *n*ucléaire *a*éroportée) *n.f.*〚軍〛空軍機搭載核弾頭.

TNC (=*T*héâtre *n*ational de *C*haillot) *n.m.* 国立シャイヨ劇場(パリのシャイヨ宮内の劇場およびその所属劇団；1972年, TNP の Villeurbanne 転出の後を継ぐ).

TNF (=〚英〛*T*umor *N*ecrosis *F*actor) *n.m.*〚医〛腫瘍(癌)壊死因子(=〚仏〛facteur nécrosant les tumeurs)(細胞間の情報伝達物質の一種).

TNN (=*t*ête *n*ucléaire *n*ouvelle) *n.f.*〚軍〛新型核弾頭.

TNP[1] [tεεnpe] (=*T*héâtre *n*ational *p*opulaire) *n.m.* 国立民衆劇場(劇団)(1930年パリのシャイヨ宮 Palais de Chaillot に設立；1951-63年ジャン・ヴィラール Jean Vilar 主宰；1963-72年ジョルジュ・ウィルソン Georges Wilson 主宰；1972年ローヌ県の Villeurbanne に移転).

TNP[2] (=*T*raité de *n*on-*p*rolifération nucléaire) *n.m.*〚軍縮〛核兵器不拡散条約(=〚英〛TNP：*T*reaty on the *N*on-*P*roliferation of *N*uclear *W*eapons；1968年).

TNS (=*T*aylor *N*elson *S*ofres) *n.pr.* テロール(テイラー)・ネルソン・ソフレス社(世論調査・市場調査会社).

TNT[1] (=*T*élévision *N*umérique *T*errestre) *n.f.* 地上波デジタル TV (=TV numérique hertzien). lancement de la ~ 地上波デジタル TV の運用開始. la TVHD sur la ~ 地上波デジタル TV 方式の高品位(ハイヴィジョン)TV.

TNT[2] (=*t*ri*n*itro*t*oluène) *n.m.*〚化〛トリニトロトルエン(火薬).

TO, To (=*t*éra*o*ctet) *n.m.*〚情報〛テラバイト(1 TO=1000 milliards d'octets).

toast [tost]〚英〛*n.m.* **1**乾杯, 祝杯；乾杯の挨拶. porter un ~ (à のために)乾杯する, 祝杯をあげる.
2〚料理〛トースト(パン). ~ beurré バターを塗ったトースト.

TOC (=*t*roubles *o*bsessionnels *c*ompulsifs) *n.m.pl.*〚精神医学〛強迫性障害,強迫症状群(=syndrome obsessionnels compulsifs).

tocodynamomètre *n.m.*〚医〛陣痛計.

tocographie *n.f.*〚医〛陣痛(子宮収縮)測定記録法.

tocophérol *n.m.*〚生化・薬〛トコフェロール(ビタミンE vitamine E；α-, β-, γ-, δ-のトコフェロール及び α-, β-, γ-, δ-のトコトリエノールの8種がある；抗酸化剤).

TOE (=*t*erritoire d'*o*pérations *e*xtérieures, *théâtre* d'*o*pérations *ex*térieures)〖軍〗国外作戦地.

tofu [tɔfu]〖日〗*n.m.* 豆腐(=pâte〔de suc〕de soja).

TOGD (=*t*ransit *œ*so-*g*astro-*d*uodénal) *n.m.*〖医〗食道・胃・十二指腸食物通過検査(X線バリウム検査).

Togo(le *n.pr.m.*〖国名通称〗トーゴ (公式名称):la République togolaise, la République du *T*~;国民:Togolais(*e*);首都:Lomé ロメ;通貨:franc CFA〔XOF〕).

togolais(e *a.* トーゴ(le Togo)の, トーゴ共和国(la République du Togo)の;トーゴ人の.
— *T* ~ *n.* トーゴ人.

tohu-bohu [tɔy bɔy]〖ヘブライ〗*n.m. inv.* **1**(天地創造前の)混沌. **2** 混乱;喧騒, 騒乱.

toile *n.f.* **1**(平織の)布地, 布. ~ de coton 綿布. ~ de jute ズック. ~ de〔fil de〕laine 亜麻布, リンネル. ~ de laine(平織の)ウール布地. ~ de soie 絹布.
~ à drap シーツ地. ~ à laver 雑布. ~ à sac 袋用のズック の粗布. ~ à voile 帆布. ~ d'avion(軽飛行機用の)翼用布. ~ de parachute パラシュート用布. ~ de tente テント用布. ~ caoutchoutée ゴム引き布. ~ cirée 蠟引き布, オイルクロス. ~ imperméable 防水加工布. ~ imprimée プリント布地. robe de ~ 布地のドレス.
2 画布, カンヴァス;油絵(=peinture, tableau). fixer sur la ~ 絵に描く. ~ de Rubens ルーベンスの油絵.
3〖劇〗(書割を描いた)幕;書割, 背景. ~ de fond(舞台奥の)背景布;〖比喩的〗(出来事の)背景.
4〖*pl.* で〗〖話〗(ベッドの)シーツ(=draps). se mettre dans ~s ベッドにもぐりこむ, 寝る.
5〖海〗帆(総称). navire chargé de ~ 帆を一杯にあげた船. faire de la ~ 多くの帆をあげる. réduire la ~ 帆をつめる.
6 ~ s 天幕. village de ~ テント村.
7 布状のもの;網状のもの. ~ d'amiante 石綿布. ~ métallique 金網.
8 蜘蛛の巣(網)(=~ d'araignée);〖比喩的〗張りめぐらした罠.
9〖植〗灰色黴病, ボドリチス病.
10〖史〗chansons de ~ 機織り歌(中世の北フランスの民謡).
11〖映画〗〖話〗映画. se payer une ~ 映画を奮発する.

toilette *n.f.* **Ⅰ**(化粧・装い)**1** 身づくろい(洗面, 整髪, 着衣など);化粧;体を洗うこと. ~ minutieuse 丹念な身づくろい. être à sa ~ 身づくろいしている;お化粧中である. faire sa ~ 身づくろいをする;身体を洗う. de ~ 化粧用の;入浴用の. cabinet de ~ 化粧室;洗面所(=lavobo). eau de ~ オー・ド・トワレット, 化粧水. meuble(table)de ~ 化粧台(=~). produits de ~ 化粧品. salle de ~ 化粧室(=salle de bains;~ d'eau). savon de ~ 化粧石鹼.
2(特に女性の)装い, 身なり, お化粧, 服飾. aimer(avoir le goût de)la ~ おしゃれである. aimer à parler ~ おしゃれの話をするのが好きだ. être en grande ~ 正装している;めかしこんでいる. être(se mettre)en ~;porter bien la ~ 着こなし(身なり)が良い. faire une ~ ravissante ほれぼれする装いをする. commerce de la ~ féminine 女性服飾業.
3 化粧台, 鏡台;〖古〗化粧道具. ~ de marbre 大理石の化粧台. miroir de ~ 化粧台の鏡.
4(よそ行きの)婦人服, ドレス(robe), テーラード・スーツ(=tailleur). ~ de bal(de ville)舞踏会用(外出用)ドレス. ~ élégante 優雅な婦人服. ~s nouvelles de la saison 季節の新しい婦人服. ornements d'une ~ ドレスの服飾品. s'habiller en ~ 念入りな身なり(服装)をする.
5〖*pl.* で〗トイレット, トイレ, 便所, 手洗い(=WC, cabinets). ~s d'un avion(d'un train)旅客機(列車)のトイレ. ~s publiques 公衆便所. aller aux ~s トイレに行く. papier〔de〕~〔s〕トイレット・ペーパー. Où sont les ~s? トイレはどこですか?
6 掃除;手入れ, 手直し. faire la ~ d'un bureau(d'un instrument)事務室の掃除をする(器具の手入れをする). faire la ~ d'un édifice 建物の化粧直し. faire la ~ d'un texte テキストに手を入れる.
Ⅱ(布・布状のもの)**1**(職人が制作品を包む)包み布;風呂敷.
2 化粧台の上に敷く布(=dessus de ~).
3〖料理〗(仔牛の)腸網膜(肉片を包む食材).
4(梱包用の)葦簀(よしず).

toit *n.m.* **1** 屋根. ~ d'ardoises スレート屋根. ~ plat 平屋根, 陸屋根. saillie d'un ~ 屋根の庇.〖比喩的〗le ~ du monde 世界の屋根(ヒマラヤ山脈, チベット, パミール高原). crier sur les ~s 言いふらす. habiter sous le ~ (les ~s)屋根裏に住む.
2〖自動車〗ルーフ, 屋根. voiture à ouvrant オープンルーフ車(開閉式幌屋根のある車).
3〖比喩的〗家(=maison), 住居(=logement). être sans ~ 家がない. posséder un ~ 家を持っている. sous le ~ de *qn* 人の家に. vivre sous le ~ de ses parents 親の家に住む. vivre sous le même ~ 同じ屋根の下(家)に住む.
4〖鉱〗(坑道の)天井;〖地学〗(鉱脈・断層などの)上盤. ~ d'une galerie de mine 鉱山の坑道の天井(天盤). ~ d'une nappe aquifère 帯水層の上盤.

5〖解剖〗蓋 (がい). ~ de la caisse (耳の) 鼓室蓋.

toiture *n.f.* 屋根；屋根組み. ~ à redents (工場などの) 歯状屋根.

toiture-terrasse (*pl.* **~s-~s**) *n.f.* テラス屋根, 屋上テラス, 陸屋根.

tokaj, tokaï, tokay [tɔkai] (< *T~*, ハンガリーの産地名) *n.m.* 〖葡萄酒〗
1 トカイ酒 (ハンガリーで生産される黄金色の甘口葡萄酒)；トカイ種葡萄.
2 (葡萄の) トケー種 (アルザス地方 l'Alsace で栽培されるピノ＝グリ種の葡萄)；トケー酒.

tokamak [ロシア] *n.m.* 〖核物理〗トカマク (トーラス型高温プラズマ発生・核融合装置).

tokyote, tokyoïte *a.* 東京 (Tokyo) の.
——*T~* *n.* 東京人, 東京都民.

tôlard(e), taulard(e) *n.* 〖俗〗囚人 (＝prisonnier)；禁錮受刑者 (＝détenu).

tôle¹ *n.f.* 金属板；薄板 (＝ fine), 鉄板 (＝ ~ de fer)；鋼板 (＝ ~ d'acier). ~ de zinc 亜鉛板. ~ émaillée 琺瑯鉄板. ~ emboutie (土木) バックルプレート. ~ étamée ブリキ板. ~ forte (moyenne) 厚 (中厚) 鋼板. ~ ondulée 波形鋼板, 波板. ~ profilée 冷間成形鋼板.

tôle² *n.f.* 〖俗〗監獄 (＝taule；prison).

tolérence *n.f.* **1** 寛容, 寛大さ, 雅量. faire preuve de ~ 寛容を示す.
2 〖宗教〗信教の自由, 宗教的寛容. ~ civile (国教が定められている場合の) 信仰の自由. ~ ecclésiastique (théologique) 教義解釈. 〖史〗édit de ~ (新教を容認した) 信教自由の勅令 (1562 年).
3 思想的寛容.
4 許容, 黙認, 大目に見ること；許容事項. ~ grammaticale 文法的許容事項. acte de ~ 許容行為. 〖法律〗jour de ~ 許容採光窓 (＝jour de souffrance). maison de ~ 公娼の家 (1946 年廃止). Ce n'est pas un droit, c'est une ~. それは権利ではなく, 許容されているだけです.
5 〖医〗耐性. ~ immunitaire 免疫耐性. test de ~ au glucose グルコース負荷試験 (糖尿病検査法).
6 公差；許容誤差；〖電算〗許容差. dose de ~ (放射線の) 耐容線量. marge de ~ (寸法, 貨幣品位などの) 公差.

tôlerie *n.f.* **1** 板金製造 (加工)〖業〗；板金販売業.
2 板金工場. envoyer une voiture accidentée à la ~ 事故車を板金工場に送る.
3 〖集合的〗板金製品. ~ d'une automobile 自動車の板金部品.

tolite *n.f.* 〖化〗トリット (ニトロトルエン系の火薬), トリニトロトルエン (trinitrotoluène), TNT 火薬.

toluène *n.m.* 〖化〗トルエン (芳香族炭化水素の一つ. 爆薬, 合成繊維, 香料などの原料).

toluidine *n.f.* 〖化〗トルイジン (トルエンから誘導されるアミンの一つ. 3 つの異性体のうち o-トルイジンには発癌性が指摘される).

TOM [tom] (＝*T*erritoires d'*o*utre-*m*er) *n.m.pl.* 〖行政〗海外領土 (2003 年 3 月 28 日の憲法改正以前は, la Nouvelle-Calédonie, Wallis-et-Futuna, la Polynésie française, Mayotte の 4 海外領土の他に, les Terres australes et antarctiques françaises の領有を主張. 憲法改正以後は la Nouvelle-Calédonie は collectivité sui generis「特別自治体」, Wallis-et-Futuna, la Polynésie française と Mayotte は海外自治体の Saint-Pierre-et-Miquelon と共に collectivité d'outre-mer (COM)「海外自治体」に名称および制度を変更；更に la Polynésie française は pays d'outre-mer (POM)「海外地方」, Mayotte は collectivité départementale d'outre-mer (CDOM)「海外県自治体」と規定；形容詞 tomien(ne)).

tomahawk [tɔmaok], **tomawak** [tomawak] 〖米〗 *n.m.* トマホーク (北米インディアンの戦斧, 戦闘用の斧).〖軍〗*T*~ トマホーク巡航ミサイル (＝missile de croisière mer-sol ~；艦対地巡航ミサイル).

tomate *n.f.* **1** 〖植〗トマト. planter des ~s トマトを植える.
2 トマト (トマトの実). ~ allongée du type Roma ローマ種の長トマト. ~ arrondie du type Marmande マルマンド種の丸トマト. ~ cerise ミニトマト, プチット・トマト (petite ~). ~ en salade サラダのトマト. ~ farcie トマト・ファルシー (トマトに挽肉などを詰めた料理). ~s à la provençale プロヴァンス風トマト料理. jus de ~ トマトジュース. sauce 〔à la〕 ~ トマトソース. être rouge comme une ~ (怒り・恥などで) トマトのように真赤になる. lancer des ~ 〔pourries〕à qn (抗議の意思表示として) 〔腐った〕トマトを投げつける.
3 〖話〗(食前酒)トマト (パスティス酒 (pastis) と柘榴のシロップを混ぜた赤いアペリティフ).

tombal(e) (*pl.* **~s, ~aux**) *a.* **1** 墓の. inscriptions ~es 墓碑銘. pierre ~e 墓石.
2 〔比喩的〕墓のような. édifice ~ 墓のように陰鬱な建物.

tombant(e) (<tomber) *a.* **1** 落ちる；(雨などが) 降り注ぐ. à la nuit ~e 日暮れに, たそがれ時に. lumières ~es 上から射し込む光. pluie ~e 降雨.
2 垂れ下がった. cheveux ~s 長く垂れた髪, お下げ髪 (＝tombante). épaules ~es なで肩. plantes ~es 垂れ下った植物. seins ~s 垂れた乳房. tiges ~es 垂れ下った幹.
——*n.m.* **1** 流れ落ちる水流.

2(断崖の)水没部.
3〖服〗垂れ下がり. ~ d'une robe ドレスの垂れ下がり.

tombe n.f. **1** 墓, 墓穴. ~ d'un cimetière 墓地の墓〔穴〕. avoir un pied dans la ~ 片足を棺桶に突込んでいる. descendre dans la ~ 墓に入る, 死ぬ. se recueillir sur la ~ de qn 人の墓参をする. suivre qn dans la ~ 人の後を追うように死ぬ.
2 墓石(=pierre tombale), 墓碑(=monument funéraire). être muet comme une ~ 墓石のように黙りこむ；秘密を守り通す.
3〖文〗死.

tombé(**e**)[1] a.p. **1** 落ちた；(雨などが)降った. à la nuit ~e 夜のとばりがおりて. 〖ラグビー〗coup de pied ~ ドロップキック. feuilles ~es 落葉. fruit ~ (熟す前の)落果. 〖舞〗pas ~ パ・トンベ, トンベ《空中から降りる動作》. oiseau ~ du nid 巣から落ちた鳥. être bien (mal) ~ よい時(悪い時)に来る. mesurer la pluie ~e 降雨量を調べる.
2 失墜した, 地位を失った；零落した；衰えた, 沈静した. acteur ~ 失墜した役者. ardeur ~e 衰えた熱気. colère ~e 鎮まった怒り. femme ~e 堕落した女. palais en ruine 廃墟と化した宮殿. voiture ~e en panne 故障した車. voix ~e 弱々しい声.
3 破れた；打破された. adversaire ~e 打ち負かされた敵対者. ennemi ~ 敗北を喫した敵. records ~s 破られた記録. soldat ~ 負傷した兵士.

tombé[2] n.m. **1**〖レスリング〗フォール〔敗け〕. ~ roulé ロール・フォール.
2〖舞〗トンベ, パ・トンベ(=pas ~).

tombeau (pl. ~**x**) n.m. **1** 墓碑, 墓石, 墓標, 墓. ~ de marbre 大理石の墓碑. mettre qn au ~ 人を埋葬する. mise en (au)~ 埋葬；〖美術〗キリスト埋葬画(彫刻).
2〖文・比喩的〗死, 最期；墓場, 破滅. fidèle jusqu'au ~ 死ぬまで忠実な. à ~ ouvert (死亡事故を起こしかねない)猛スピードで. conduire à ~ ouvert 猛スピードで運転する.
3〖比喩的〗墓場のように)陰気な場所. Cette maison est un vrai ~. この家は本当に墓場のように陰気だ.
4〖文〗〖音楽〗死者に捧げられた作品.《le ~ d'Edgar Poe》「エドガー・ポーの墓」《Mallarmé の詩》.

tombée[2] n.f. **1** 落下；落ちること；降ること. ~ des feuilles 落葉. ~ du jour (de la nuit, du soir) 日没, 夕暮れ, 日暮れ, たそがれ時(=crépuscule). ~ de la neige 降雪. ~ de soleil 日没.
2〖印刷〗(紙の)断ち屑.
3〖裁縫〗(布の)裁ち屑(=chute de tissu).

tombereau (pl. ~**x**) n.m. **1** ダンプカー；ダンプカー1台分の貨物(〖英〗dumper に対する公用推奨語). un ~ de sable.
2〖鉄道〗無蓋貨車(~wagon-~).

tome[1] n.m. **1**(書物の)巻(内容上の分類；製本上の巻は volume). ~ I (premier) 第1巻. ~ II (second) 第2巻.
2(製本上の)巻, 冊(=volume). dictionnaire en 10 ~s 10巻の辞書.

tome[2] n.f.〖チーズ〗トム(=tomme).

tomme n.f. **1**〖チーズ〗トム. ~ de chèvre 山羊乳によるトム. ~ de chèvre des Allues レ・ザリュー村の山羊乳トム. ~ de la Savoie サヴォワ県の Méribel-les-Allues 村(市町村コード73550)で生産される円盤状の非加熱圧縮式硬質のチーズ；脂肪分45％. ~ de vache de Savoie サヴォワ地方の牛乳製トム(非加熱圧縮式軟質チーズ).
2〖チーズ〗トム(カンタルチーズ le cantal やライヨールチーズ le laguiole をつくる凝乳).

tomodensi〔**to**〕**mètre** n.m.〖医〗コンピュータ断層撮影装置, CTスキャナー(=scanner).

tomodensitomètrie n.f.〖医〗コンピュータ断層撮影, CTスキャン.

tomographie n.f.〖医〗断層撮影〔法〕；X線断層撮影〔法〕. ~ à émission photonique (コンピュータ援用)γ光子放射型断層撮影法. ~ d'émission à photon unique 単光子放射型断層撮影〔法〕(=tomoscintigraphie). ~ par émission de positons ポジトロン(陽電子)放射型断層撮影〔法〕《略称 TEP；〖英〗PET ペット》. ~ RMN 核磁気共鳴断層撮影装置〔検査法〕. ~ simultanée 多層断層撮影〔法〕, 同時多層断層撮影〔法〕. ~ ultra-son 超音波断層撮影〔法〕.

tomoscintigraphie n.f.〖医〗断層撮影シンチグラフィー, コンピュータ断層撮影〔法〕(TAC).《放射性同位元素の投与によって得られる体の放射能分布の測定による断層撮影法》, 単光子放射断層撮影法(=tomographie d'émission à photon unique；〖英〗single photon emission computed tomography, 略記 SPECT).

ton n.m. Ⅰ (音調) **1** (声の)高さ；音調, 調子, 抑揚；音色(ねいろ)；〖言語〗声調；高低のアクセント. ~ aigu (haut) 高い声の調子. ~ grave (bas) 低い声の調子. ~ montant (descendant) 尻上り(尻下り)の抑揚. ~ nasillard 鼻声. ~ uniforme (égal) 一本調子の抑揚.〖言語〗langue à ~s 声調言語.
2 口調, 語調, 調子, 語気. ~ familier (ferme, léger, mesuré) くだけた(毅然とした, 軽い, 控え目な)口調. ~ larmoyant (pleurard, pleureur) 涙声. ~ sérieux 真剣な口調. ~ timide おどおどした口調. baisser (hausser) le (de) ~ 語気を和らげる(つよめる)；横柄な口のきき方を止める(横柄な口をきく). changer de ~ 口調(態度)を変える. élever (forcer) le ~ 語気を強め

tonalité

a. faire baisser le ~ 偉そうな口をきけなくします.
sur tous les ~s 様々な言い方で；〔比喩的〕あらゆる手段で. chanter sur tous les ~s いろいろな歌い方をする. répéter sur tous les ~s あらゆる言い方で繰返す.
〔諺〕C'est le ~ qui fait la chanson (la musique). 話しぶりこそ本心を表す.
3 (文章の)調子；文体. ~ d'une lettre 手紙の文体. avoir un ~ inimitable 真似のできない文体.
4 態度；言葉づかい, 物腰；流儀. bon (mauvais) ~ 上品 (下品) な態度. de bon ~ 上品な, 洗練された, 趣味のよい. Il est de bon ~ de+*inf.* (que+*subj.*) …するのが作法にかなっている. être dans le ~¹; se mettre au ~ (dans le ~¹); avoir le ~ 周囲と調子が合う (を合わせる). ne pas être dans le ~ 流儀が合わない. prendre le ~ de la maison その家の流儀を身につける.
5 〔音楽〕(歌唱・演奏の) 音の高さ；音高. donner le ~ (調音で) 音の高さを指示する；〔比喩的〕範を示す, リード役を勤める. se mettre dans le ~² 音の高さを合わせる. sortir du ~ 調子を外す.
6 〔音楽〕調 (ちょう)；(古代・中世の) 旋法. ~ de ré majeur (mineur) 二長 (短) 調. ~ principal d'un morceau 楽曲の主調. passage d'un ~ à un autre 転調 (=modulation).
7 〔音楽〕全音；〔転じて〕全音階の各段階. ~s et demi-~s 全音と半音. quart de ~ 4分音.
8 〔音楽〕(弦楽器の調弦などに用いる) 調子笛.
9 〔狩〕狩猟ラッパ (=~s de chasse).
II〔色調〕色調, トーン；色. ~s chauds 暖色. ~s froids 寒色. ~ grisâtre 灰色がかった色調. ~ local 固有色. ~s purs 純粋色. ~ rompu (純粋色に灰色などを混ぜた) 中間色. ~ sur ~ 同系統の色調を重ねて. être dans le ~² (色の) まわりの色と調和している.
III 〔緊張〕**1** 〔医〕〔古〕(筋肉・器官の) 緊張 (=tonus).
2 〔比喩的〕精神的活力, 気力.

tonalité *n.f.* **1** 音色 (ねいろ)；音質；(声・音などの) 調子. ~ d'un récepteur radio ラジオ受信機の音質.
2 (絵画の) 色調 (=coloris). ~ chaude 温かい色調. ~ chromatique 色相.
3 色合い；全体的印象. ~ tragique d'un récit 物語の悲劇的色合い.
4 〔電話〕発信音, 信号音. Faire le 16 et attendre la ~ pour obtenir l'interurbain 市内通話をするには16を押してから発信音を待つこと. ~ d'occupation 話し中信号音.
5 〔音楽〕調性；調〕音階. ~ d'ut majeur ハ長調. ~s gaies 陽気な調子.

tondeuse *n.f.* **1** バリカン. **2** 芝刈機 (= ~ à gazon). ~ thermique ガソリンエンジ

ン式芝刈機.

Tonga (les) *n.pr.f.pl.* 〔国名通称〕トンガ (公式名称：le Royaume des T~ トンガ王国；国民：Tonguien (*ne*)；首都：Nuku'alofa ヌクアロファ；通貨：pa'anga 〔TOP〕).

tongan *n.m.* 〔言語〕トンガ語.
——*a.* トンガ (les Tonga) の (=tonguien).
——*T*~ *n.* トンガ人. les *T*~s トンガ族.

Tonghua, Tunghwa 〔中国〕 *n.pr.* 通化 (つうか), トンホワ《吉林省南西部の都市》.

tonguien (*ne*) *a.* トンガ (les Tonga) の, トンガ共和国 (la République des Tonga) の；トンガ人の.
——*T*~ *n.* トンガ人.

tonicardiaque *a.* 〔医・薬〕強心作用のある (=cardiotonique).
——*n.m.* 強心剤.

tonique *a.* **1** 活力を与える, 元気づける. idée ~ 人を元気づける考え. 〔化粧品〕lotion ~ トニック・ローション. médicament ~ 強壮剤. substance ~ 賦活性物質.
2 〔生理〕筋緊張の；強直性の；緊張性の. convulsion ~ 強直性痙攣. froid ~ 身のひきしまる寒さ.
3 (心身を) 活性化させる. climat ~ 人を活性化する気候.
——*n.m.* **1** 〔薬〕強壮剤, 賦活用薬. ~ du cœur 強心剤 (薬).
2 トニック・ローション.

tonitruant (*e*) *a.* 〔話〕雷鳴のように轟 (とどろ) く；大声の. reprise ~ des essais nucléaires 声高に叫んだ核実験の再開. voix ~ e 雷のような大声.

tonnage *n.m.* **1** 〔船舶〕容積トン数 (=jauge). ~ brut 総〔容積〕トン数. ~ net 純〔容積〕トン数《商品, 乗客などの容積トン数》. bâtiment d'un gros (fort) ~ 大型船.
2 (一国の商船隊の) 総トン数. ~ de la flotte pétrolière du Japon 日本の保有タンカー総トン数.
3 〔海〕トン税 (=droit de ~)《商船の容積トン数に基づく税》.
4 (商品の) 重量トン数；(トラックの) 積載トン数.

tonne *n.f.* **1** トン《重量・排水量の単位；MTS 単位系の質量単位；10³kg；略記 t). une ~ de charbon 1トンの石炭. ~ d'équivalent charbon (pétrole) 石炭 (石油) 換算トン《略記 tec (tep)》. ~ forte 英トン (1016.047 kg). un〔camion de〕10 ~s 10トン積みトラック. paquebot de 20 000 ~s 排水量2万トンの客船. ~ kilométrique トンキロ《貨物料金の単位》.
2 〔話〕大量. des ~s de fruits et de légumes 大量の青果. en faire des ~s 誇張する.
3 〔農・漁〕大樽；大樽の内容量. acheter 2 ~s de vin 葡萄酒を2樽買付ける. ~s d'Heidelberg ハイデルベルク城の大酒樽.

4〖海〗樽型ブイ. droit de ~s ブイ維持料.

tonneau(pl.**~x**) n.m. **1** 樽；(特に) 酒樽(=~ de vin)；一樽分の量. ~ de bière ビヤ樽. ~ de poudre 火薬樽. ~ de vin 葡萄樽. fond de ~ (樽底の) 澱の混ざった葡萄酒；安葡萄酒；残滓；下らぬ物. vin au ~ 樽出しの葡萄酒 (vin bouché「瓶詰めの葡萄酒」の対). acheter deux ~x de harengs 鰊を2樽買う. mettre en ~ 樽詰めにする.
2 水槽搭載車. ~ d'arrosage 散水車.
3〖比喩的・話〗種類；品質. du même ~(同じ樽の→) 同種の.
4〖遊戯〗円盤投げ遊び《樽の上部の番号付きの穴に金属性の小円盤を投げ入れる遊戯》；その台. jouer au ~ トノー遊び (円盤投げ遊び) をする.
5〖古〗軽二輪無蓋馬車.
6〖航空〗横転, バレルターン《曲芸飛行の一》；〖自動車〗横転. demi-~ 半転. La voiture a fait plusieurs ~x. 車は数回横転した.
7〖海〗容積トン (2.83 m³).

tonnelage n.m. 樽詰めにすること. marchandises de ~ 樽詰め商品.

tonnelet n.m. 小樽. ~ d'eau-de-vie オー=ド=ヴィー (蒸溜酒) の小樽.

tonnelier n.m. 樽造り職人；樽屋.

tonnerre n.m. **1** 雷鳴. ~ de l'orage 嵐の雷鳴. coup de ~ 雷鳴；〖比喩的〗突発事, 青天の霹靂 (=coup de foudre). fracas de ~ 落雷の音. grondement de ~ ゴロゴロという雷鳴. de ~ 雷のような. vacarme de ~ すさまじい喧噪.
2〖古, 文〗雷, 雷電；〖神話〗雷霆 (らいてい) (Jupiter ユピテルの武器). chute du ~ 落雷. maître du ~ 雷神 (Jupiter).
3 (雷のような) 轟音；(歓呼・非難などの) 叫び. ~ d'applaudissements 万雷の拍手. ~ des canons 轟く砲声.
4 声の大きな人. C'est un ~. 雷のような大声の人だ.
5 T~〔de Dieu〕! /Mille ~s! / T~ de Brest! 畜生！；覚えていろよ！ (怒り・脅迫などを表す). Ces ~s de Dieu de femmes. あのいまいましい女どもめ.
6〖話〗du ~〔de Dieu〕素晴らしい, 凄い. fille du ~ 素晴らしい娘. C'est du ~ ! 凄いぜ！
7〖スポーツ〗〖隠〗勢いの良さ, 快調. marcher le ~ 快調に走る. rouler le ~ 全速で走る.

tonographie n.f.〖医〗トノグラフィー〖法〗(眼の房水流出率算定法).

tonomètre n.m.〖物理〗圧力計；蒸気圧計；〖医〗トノメーター, 血圧計；眼圧計. ~ à aplanation 圧平眼圧計. ~ électronique 電子眼圧計.

tonométrie n.f. **1**〖物理〗(蒸気圧測定による) 希釈液学. **2**〖医〗眼〔内〕圧測定.

oculaire 眼〔内〕圧測定.

tonsillaire [-silɛr] a.〖解剖・医〗扁桃の(=amygdalien(ne)).

tonsille [-sij] n.f.〖解剖・医〗扁桃.

tonsillectomie n.f.〖医〗口蓋扁桃摘出〔術〕；扁桃摘出〔術〕(=amygdalectomie).

tonsillite [-silit] n.f.〖医〗扁桃炎(=amygdalite). ~ pseudomembraneuse 偽膜性扁桃炎 (ジフテリア菌による急性扁桃炎).

tontine (<Lorenzo Tonti, 17世紀のナポリの銀行家) n.f. **1** トンチン年金〔制度〕《共同出資者が死亡する毎にその権利を生存者に配分する年金制度》.
2 トンチン年金制度による配当金.
3〖園芸〗根藁, 根に巻く苔.

tonus [-s] n.m. **1**〖生理・医〗緊張, トーヌス；(特に) 筋緊張 (= ~ musculaire). baisse du ~ 筋緊張低下 (=hypotonie). ~ nerveux 神経緊張.
2 活力, 気力. manquer de ~ 迫力を欠く.

topaze n.f.〖鉱〗トパーズ, 黄玉 (おうぎょく)《天然の珪酸アルミニウム；11月の誕生石》.
——a.inv. トパーズ色の (=couleur ~)《明るい透明な黄色》.

tophus [-s] n.m.〖医〗痛風結節.
▶ **tophacé**(e) a.

topinambour n.m.〖植〗菊芋；菊芋の塊茎.

topique (<topos) a. **1**〖哲〗トポスの, 場所の；論点の；〖修辞〗適切な, 的確な. argument ~ 的確な論拠. lieu ~ ありふれた考え；常套句；〖修辞〗(あらゆる問題に通用する) 一般的論点.
2〖医〗局所的な；局所用の. médicament ~ 局所薬 (= ~). symptôme ~ 局所的症状.
3〖精神分析〗局所論の. conception ~ de la psyché 精神生活の局所論的概念.
4〖古〗土地に固有の. divinité ~ 地方守護神.
——n.m. **1**〖哲〗トポス, 場所；論点.
2〖言語〗話題.
3〖医〗局所薬 (=médicament ~) 《cataplasme, collyre, emplâtre, onguent, pansement, pommade, vésicatoire など》.
——n.f. **1**〖哲〗トポス論. **2**〖精神分析〗局所論.

TOPIX (= 〔英〕Tokyo Stock Price Index)〔商標〕n.pr.m.〖株式〗トピックス, 東証株価指数 (=indice ~) 《東京証券取引所の株価指数；東証一部上場の1,658銘柄による株価指数；1969年7月1日導入》.

Topkapi 〔トルコ〕n.pr. トプカプ. palais de ~ トプカプ宮殿 (イスタンブールの旧サルタン宮殿；1470年-19世紀造営) (= ~ Saray).

topo n.m.〖話〗**1** 演説；話；〖学〗発表. le même ~ 同じ話の繰返し. faire un petit ~ sur une question 問題について簡単な発

表をする.
2(登山・ランドネ用の)地形図(=carte topographique);トポギッド(=topoguide).
3〔古〕略図(=croquis);〔話〕見取図(=plan),概念図. faire un ~ 概念図をつくる.

topo〔-〕**, -tope**〔ギ〕ELEM「場所,土地」の意(*ex. topo*nyme 地名, bio*tope* 生物圏).

topographe *n.m.*〖医〗陽電子放射断層撮影(図)(caméra TEP (PET)ペットカメラやペット・スキャナーによる断層撮影図].

topographie *n.f.* **1** 地形測量;地図作成法;地形学. ~ maritime 海底測図法.
2 地形, 地勢. ~ sous-marine 海底地形.
3 地形図, 地図;地誌.
4 形態学, 構造.
5〖解剖・医〗局所解剖学(図). ~ du système pileux 毛髪系解剖学.

topographique *a.* **1** 地形の;地形上の;地形測量の;地図の. carte ~ 地形図;地図. guide ~ ガイドマップ(=topoguide). opérations ~s 地形測量. signes ~s 地図記号.
2〖医〗局所の. anatomie ~ 局所解剖学.

topo〔-〕**guide** *n.m.* トポギッド(歩行旅行者向けの地図式ガイドブック);ガイドマップ, 地図付案内書. ~s de la Fédération française de la randonnée pédestre (FFRP)フランス歩行旅行者連盟刊行のトポギッド. ~ des chemins du Mont-Saint-Michel ル・モン=サン=ミッシェル巡礼路の地図式ガイド. ~ des sentiers de grande randonnée 一級自然遊歩道の地図式ガイド(FFRP 編集のシリーズ).

topologie *n.f.* **1**〖数〗位相, 位相幾何学, トポロジー. ~ algébrique 代数的トポロジー, 位相代数学. ~ différentielle 微分位相幾何学. ~ générale 一般トポロジー, 位相空間論.
2 地形学, 地誌学;風土誌研究.
3〖解剖・医〗局所解剖学;〖物理・化〗(原子などの)配置.
4〖電算〗トポロジー(ネットワークの接続形態).

topologique *a.*〖数〗位相の;位相幾何学の. algèbre ~ 位相代数学. espace ~ 位相空間.

topométrie *n.f.*〖測量〗地形計測, 測地学(法).

toponyme *n.m.*〖言語〗地名.

toponymie *n.f.* **1**〖言語〗地名学. ~ de la France フランス地名学.
2〖集合的〗地名.

top〔-〕**secret** [tɔpsəkrɛ]〔英〕*a.inv.* 極秘の, トップシークレットの(=absolument secret). informations ~ 極秘情報.

toque *n.f.* **1**(丸い縁なし帽子). ~ de cuisinier コック帽.
2〖料理〗トック印(優れた料理人, 料理店に与えられる評価マーク). ~s et notes du guide GaultMillau France 2008 ゴー=ミヨー・レストラン・ホテル案内 2008 年フランス版のトック印と評点. la Maison de Marc Veyrat à 4 ~s et 20 sur 20 4つ帽子 20 点満点のラ・メゾン・ド・マルク・ヴェイラの店.

Torah, Tora, Thora(la) *n.f.*〖ユダヤ教〗**1** 律法, トーラー(特に「聖書」のモーセ五書に示されたもの).
2〖広義〗教え, 掟.
3 律法, モーセ五書;律法の巻物;聖書.

torche *n.f.* **1** 松明(たいまつ), トーチ. ~ de paille 藁松明(=brandon). être transformé en ~ vivante (人が)生きながら焼かれる, 火だるまになる.
2 棒型懐中電灯(= ~ électrique), トーチランプ.
3(石材の)当て藁;ねじった藁束;巻いた針金. parachute en ~ ねじれて開かないパラシュート.
4〖工〗(石油精製の)残ガス燃焼塔.
5〖機工〗~ à plasma プラズマトーチ(プラズマガスの炎で金属を切断する機械).

torchon *n.m.*〖布巾;雑布. coup de ~ 殴打;乱闘;口論;粛清, 追放.〖比喩的〗Le ~ brûle entre deux personnes. 二人の仲は険悪である.〖比喩的〗ne pas mélanger les ~s et les serviettes 社会的地位の異なる人(価値の異なるもの)を区別して扱う.
2 papier〔-〕~(水彩画用の)トーション紙.
3〖話〗殴り書き;三文記事, 雑文.

tornade(<〔西〕tornado) *n.f.*〖気象〗トルネード, 大竜巻, 大型旋風(直径 2 km 以上, 時速 30-60 km;南半球では時計回り, 北半球では逆回りに巻く). ~ de sable 砂竜巻.

torpeur *n.f.* 無気力, けだるさ, 無感動;停滞;麻痺状態;遅鈍, 鈍麻. état de ~ qui précède le sommeil 眠りに落ちる前のぼんやりした状態. sortir de sa ~ 無気力な状態から脱する.

torpide *a.* **1**〖文〗無気力な, 麻痺状態の, 無感覚の, 不活発な;無気力にさせる. engourdissement ~ 人を無気力にさせる麻痺.
2〖医〗(病状が)定常性の, 良くなる気配も悪くなる気配もない. plaie ~ 定常性の傷.

torpillage(<torpiller) *n.m.*〖軍〗魚雷攻撃.

torpille [-ij] *n.f.* **1**〖軍〗魚雷(= ~ automobile);機雷(= ~ fixe, mine marine). ~ aérienne 空中投下魚雷. ~ anti-surface 対水上艦船魚雷. ~ ASM 対潜魚雷(= ~ anti-sous-marine). ~ lourde de 533mm 直径 533 ミリの重魚雷. avion-~ 雷撃機. hommes-~s 人間魚雷. lance-~s 魚雷発射管(= ~ tube ~, tube pour lancement ~).
2〖空軍〗有翼爆弾.
3〖魚〗しびれえい(=poisson ~).

torpilleur *n.m.*〖海軍〗**1** 魚(水)雷艇;

小型駆逐艦. ~ d'escadre 高速魚雷艇 (34-35 ノット). avion-~ 〔s〕雷撃機. contre-~ 対魚雷艇兼雷撃戦用駆逐艦 (1800-3000 トン級).
2〔古〕魚雷担当士官；水雷艇隊員, 魚雷手.

torréfacteur *n.m.* **1** 焙煎 (ばいせん) 機器, 炒り鍋. ~ du café コーヒー豆焙煎機器.
2 焙煎専門家；(特に) コーヒー豆の焙煎者 (= ~ des cafés).
3 コーヒー豆焙煎・販売業者.

torréfaction (<torréfier) *n.f.* 焙煎. du café コーヒー豆の焙煎. ~ du thé 焙じ茶製造.

torréfié(e) *a.* 焙煎した, 炒った. café ~ 焙煎したコーヒー豆. thé ~ 焙じ茶.

torrent *n.m.* **1** 急流. à sec 干上った急流. ~s des Alpes アルプスの急流. ~ impétieux 激流. ~ intermittent 間歇流. lit d'un ~ 急流の河床.
2 ほとばしり, 奔流. ~s de larmes ほとしる涙. Il pleut (La pluie tombe) à ~s. 土砂降りだ.
3〔比喩的〕激しくほとばしり出るもの. ~s de fumée もくもくと立ちのぼる煙. ~ d'injures とめどもない悪口雑言.

torrentiel(le) *a.* **1**〔地理〕急流の. régime ~ des eaux 急流の流水状態.
2 急流のように激しい, ほとばしるような. pluie ~le 篠突く雨, 土砂降り.

torrentueux(se) *a.*〔文〕**1** 急流をなす. ruisseau ~ 流れの激しい小川.
2〔比喩的〕奔流のような, 波瀾に満ちた. existences ~ses 波瀾万丈の人生 (生活).

torsadé(e) *a.p.* 撚った, 撚り合わせた；(総状に) 編んだ. câble ~ 撚ったケーブル. cheveux ~s 編んだ髪.

torsion (<tordre) *n.f.* **1** ねじり；ねじれ, よじれ；〔数〕ねじれ率, 捩率 (れいりつ). ~ de la cheville 足首の捻挫.〔レスリング〕足首をねじりあげる技. balance de ~ ねじれ秤.〔物理〕couple de ~ ねじりの偶力.〔物理〕forces de ~ ねじりの力.
2 (糸などの) 撚り. ~ des fils 撚糸.
3 歪めること, 歪み. ~ de la bouche 口を歪めること. ~ des traits 顔の歪み.〔物理〕~ magnétique 磁歪.
4〔医〕捻転. ~ d'un intestin 腸捻転 (= volvulus intestinal).

tort *n.m.* **1** 誤り, 間違い；過失；落度；罪；不正. avoir ~ 間違っている (avoir raison「正しい」の対). n'avoir aucun ~ 全く非難されるところがない.〔諺〕Les absents ont toujours ~. 居ない者はいつも悪者にされる. avoir le ~ de + *inf.* …するのは間違っている. avoir des ~s envers *qn* 人によくないことをしている. donner ~ à …に非難を加える；を非難する；~ に間違っていることを示す. C'est un ~ de + *inf.* …するのは間違いだ.
à ~ 間違って；不正に. soupçonner *qn* à

~ 人にあらぬ嫌疑をかける. à ~ ou à raison 正しいかどうかは別として, 正しくても間違っていても；むやみやたらに.
à ~ et à travers 考えなしに, 出鱈目に. parler à ~ et à travers 出まかせをいう.
être en (dans son) ~ 間違っている, 非がある；違反している. se sentir dans son ~ 自分が悪いと感じる. mettre *qn* dans son ~ 人に過ちを犯させる；人に罪をかぶせる. se mettre dans son ~ 非難されるような行いをする. reconnaître ses ~s 自分の落度を認める.
2 害, 損害；迷惑. demander réparation d'un ~ 損害賠償を求める. faire du ~ à *qn* (*qch*) 人 (何) に害を及ぼす. Ça ne fait de ~ à personne. 別に人に迷惑になることではない. Je ne voudrais pas vous faire du ~. 御迷惑をおかけしたくありません. se faire du ~ 自分の身に害を招く.

torticolis [-li] *n.m.*〔医〕斜頚 (しゃけい)；頚部 (無理な姿勢が原因の) 首の痛み. avoir (attraper) un ~ 首筋をたがえる.

tortue *n.f.* **1** 亀. ~ à écailles 玳瑁 (たいまい) (鼈甲 (べっこう) をとる亀). ~ d'Europe ヨーロッパ亀. ~ lute おさがめ. ~ marine 海亀. ~ verte 青海亀. marcher à (d'un) pas de ~ 亀のようにのろのろ歩く.
2 亀の肉.〔料理〕soupe à la ~ 青海亀のスープ.
3〔話〕のろまな人. C'est une ~ 奴だ.
4〔電算〕(グラフィックスの) タートル.
5〔古代ローマ〕亀甲状防禦陣；(攻城用の) 亀甲掩蓋車.〔海〕亀甲形甲板.
6〔昆〕たて蝶 (= vanesse).

torture *n.f.* **1** 拷問, 責苦. faire subir (infliger) la ~ à *qn* 人を責めさいなむ. mettre *qn* à la ~ 人を拷問にかける；〔比喩的〕人をひどく困らせる. se mettre l'esprit à la ~ 脳味噌を絞る. instruments de ~ 拷問具, 責め道具. Action de chrétiens pour l'abolition de la ~ 拷問の根絶を促進するキリスト教徒行動連盟 (略称 Acat；1974年創設の非政府団体). Convention européenne pour la prévention de la ~ 拷問の防止に関するヨーロッパ協定.
2〔比喩的〕堪え難い苦しみ, 苦悩. ~ de la soif 堪え難い喉の渇き. être en proie aux ~s du doute (de la jalousie) 疑念の虜となる (嫉妬にさいなまれる).

TOS (= *transmissions par ondes de sol*) *n.m.*〔軍〕地上波通信網 (= le réseau de ~).

total(ale)[1] (*pl.* **aux**) *a.* **1** 全体の；全体としての；合計の. hauteur (largeur, longueur) ~ale 全高 (全幅, 全長). population ~ale 全人口 (全住民). quantité ~ale 総量. revenu ~ 総収入. somme ~ale 総計.
2〔時に名詞の前〕全面的な, 全体的な；完全な. ~ale confiance；confiance ~ale 全幅の信頼. destruction ~ale 完全な破壊.

total² 〖天文〗éclipse ~ ale 皆既食. guerre ~ ale 全面戦争；総力戦.〖医〗hystérectomie ~ ale 子宮全摘〔術〕. négation ~ ale 全面的否定. obscurité ~ ale 真暗闇. séparation ~ ale 完全分離. silence ~ 完全な沈黙；完黙. **3** 総合的な. théâtre ~ 綜合演劇.

total² *n.m.* 総数, 総計, 合計, 総額. ~ des dépenses 支出総額. ~ de la population française フランスの総人口. un ~ de cent euros 合計 100 ユーロ. ~ impressionnant 驚くべき総数. au ~ 合計して；全部で；全体としては；結局のところ. Ça fait mille euros au ~. 締めて 1000 ユーロになる. Au ~, ce n'est pas une mauvaise affaire. 結局のところ悪くない話だ. faire le ~ de *qch* 何を総計する.

total³ *ad.*〔俗・文頭で〕結局, 要するに, つまるところ. *T*~, on n'a rien compris. 結局何もわからなかった.

totale² *n.f.*〖医〗〖話〗子宮の全摘手術 (= hystérectomie ~).

Total Fina Elf *n.pr.*〖無冠詞〗トタル・フィナ・エルフ〔石油会社〕(= la compagnie pétrolière ~).〖フランスの石油元売り会社〗. PDG de ~ トタル・フィナ・エルフ会社取締役社長.

totalisation (< totaliser) *n.f.* **1** 合計すること；合計, 総計. ~ des dépenses 支出の合計. **2** 総化, 全体化.

totalitaire *a.* **1**〖政治〗全体主義の, 全体主義的な. Etat ~ 全体主義国家. **2** 包括的な. philosophie ~ 包括的哲学. unité ~ 有機 (組織的) 統一体. vision ~ du monde 包括的な世界観.

totalitarisme *n.m.* **1**〖政治〗全体主義. **2** 専横, 横暴.

totalité *n.f.* **1** 全量, 全部, 総体. ~ de la communauté 共同体の全体. ~ de ses biens 彼の全財産. ~ du salaire 給与の総額. idée de ~ 全体的観念. en ~ 全体として；全面的に；完全に. lire un livre dans sa ~ 本を 1 冊通読する. **2**〖哲〗総体性；全体性. ~ organique 有機的全体性.〖心〗principe de ~ 全体性原理.

totémisme *n.m.* **1**〖人類学〗トーテミズム, トーテム信仰 (崇拝). **2** トーテム説.

totipotence *n.f.*〖生〗(胚細胞の) 分化万能性 (分離された体細胞から全組織を再生する能力). ~ d'une cellule souche 胚幹細胞の分化万能性.

totipotent(e) *a.*〖生〗(細胞が) 多能性の, 多分化能の, 万能の. cellule ~ 万能 (多能性, 多分化能) 細胞 (cellule embryonnaire souche 胚性幹細胞 (ES 細胞) など). cellule ~ artificielle 人工万能 (多能性) 細胞.

Toto (= 〖伊〗Toto-calcio) *n.m.*〖スポーツ〗トトカルチョ (= 〖伊〗Totalizzatore Calcistico).

touchant(e) (< toucher) *a.* **1** 胸を打つ, 心を動かす, 感動的な；ほろりとさせる. cérémonie (scène) ~ e 感動的な儀式 (情景). fraternité ~ e ほろりとさせられる友情. histoire ~ e 胸を打つ物語.
2〖文〗悲痛な, 痛ましい. cri ~ 悲痛な叫び声.
3〖皮肉〗いじらしいほどの. efforts ~ s いじらしい努力.
——*n.m.* 人を感動させるもの, 感動的事物.

touche *n.f.* Ⅰ〖触れること〗**1** (絵画の) タッチ, 筆触；(文章の) 筆致, 筆づかい；(装飾などの) 配色, 色彩効果. sûreté de ~ d'un écrivain 作家の筆づかいの確かさ. ajouter quelques ~ s 若干の加筆をする. mettre une ~ de gaîté dans le décor 装飾に明るいタッチを加える.
2〖フェンシング〗突き；突きの得点. remporter l'assaut par cinq ~ s à quatre 突き数 5 対 4 で試合に勝つ.
3〖ビリヤード〗ヒット (的球に当てること). manquer la ~ ヒットし損う.
4〖サッカー, ラグビー〗タッチ；タッチイン (= ligne de ~)；(球が) タッチラインを割ること；(サッカーの) スローイン (= rentrée en ~). juge de ~ 線審. jouer la ~ スローインする. rester (être mis) sur la ~ ゲームに加わらない；傍観者的立場に置かれる；ほったらかしにされる. Le ballon est sorti en ~./Il y a ~. ボールがタッチラインを割った.
5〖球技〗~ de balle (ballon) 球さばき.
6〖釣り〗当り. faire (avoir) une ~ 当りがある；〖話〗手ごたえがある. sentir une ~ 当りを感じる.
7〖自動車〗aller à la ~ 接触 (衝突) する.
8 (貴金属の) 試金. pierre de ~ 試金石. essai à la ~ 試金石による検査.
9〖俗〗様子, 恰好, 風体. avoir une drôle de ~ 変な格好をしている.
10〖俗〗la sainte ~；la sainte-*T*~ 給料日.
11〖話〗タバコの煙の一吹き (= bouffé de cigarette).
12〖話〗avoir la (une) ~ avec *qn* 人に気に入られる.
13〖話〗botter (dégager) en ~ 責任を免れる.
Ⅱ〖触れる物〗**1** (ピアノ, タイプライター, キーボードなどの) 鍵, キー.〖電算〗~ de fonction 機能キー. ~ s de piano ピアノの鍵；〖比喩的〗大きい歯. frapper les ~ s キーを叩く.
2 (ヴァイオリン, ギターなどの弦楽器の) 指板 (ゆびいた)；(ギター, マンドリンなどの) フレット, 駒 (= touchette).
3 (機器の) 押しボタン. ~ d'un magnétophone テープレコーダーの押しボタン.

toucher *n.m.* **1** 触覚. altérations du ~ 触覚異常.

tour³

2 さわること, 接触；さわり方. jouir du ~ d'une chose agréable 心地よい物にさわる.
3 手ざわり, 感触. ~ du vent 風の感覚. ~ velouté ビロードのように柔らかい手ざわり.
4〖音楽〗タッチ. ~ délicat (vigoureux) 繊細な (力強い) タッチ. ~ du piano ピアノのタッチ.
5〖医〗触診；指診 (= ~ médical). ~ rectal (前立腺検査などの) 肛門指診. ~ vaginal (婦人科疾患の) 膣指診.

touffe *n.f.* **1** 茂み. ~ d'herbe 草むら. en ~s 茂った.
2 (毛などの) 房, 束. ~ de cheveux 髪の束.〖話〗yoyoter de la ~ 気が狂う.

Toul *n.pr.* トゥール《département de Meurthe-et-Moselle ムールト＝エ＝モーゼル県の郡庁所在地；市町村コード 54200；Vauban の築いた城塞都市；形容詞 toulois (e)》. ancienne cathédrale Saint-Etienne de ~ トゥールのサン＝テチエンヌ旧大聖堂 (13-15 世紀).

Touliu［台湾］*n.pr.* 斗六 (とろく), トゥーリウ《中西部の都市》.

Toulon *n.pr.* トゥーロン《département du Var ヴァール県の県庁所在地；市町村コード 83000；軍港都市；形容詞 toulonnais (e)》. arsenal maritime de ~ トゥーロン海軍工廠. port militaire de ~ トゥーロン軍港. aéroport de ~-Hyères トゥーロン＝イエール空港.

Toulouse *n.pr.* トゥールーズ《département de la Haute-Garonne オート＝ガロンヌ県の県庁所在地, フランスとUEの広域地方行政区画である région Midi-Pyrénées ミディ＝ピレネー地方の地方庁所在地；市町村コード 31000；旧アキテーヌ王国, 旧トゥールーズ伯爵領の首都；主な見どころ：basilique Saint-Sernin (11-12 世紀ロマネスク様式), église les Jacobins (13 世紀), Capitol (18 世紀；現市庁舎), musée des Augustins (彫刻), muséum d'Histoire naturelle など；形容詞 toulousain (e)》. aéroport de ~-Blagnac トゥールーズ＝ブラニャック空港. université de ~ トゥールーズ大学.

toundra［ロシア］*n.f.* 凍土帯, 凍原, ツンドラ.

toupie *n.f.* **1** 独楽 (こま). ~ gyroscopique ジャイロスコープ. ~ ronflante うなり独楽.
jouer à la ~ 独楽回しをする. tourner comme une ~ 独楽のように回る；せわしなく動き回る；くるくる意見を変える.〖話〗faire tourner qn comme une ~ 人を意のままに操る.
2〖工〗回転鉋 (かんな) (=toupilleuse).
3〖家具〗ろくろ仕上げの脚 (ルイ 16 世様式).
4〖園芸〗独楽仕立ての果樹 (楕円アーチ形の紡錘仕立て).
5〖機械〗コンクリートミキサー車.

6 灯油ランプ.
7〖話〗不愉快な女；〖古〗あばずれ女, 取るに足りない女. vieille ~ 葉ばばあ.

toupin *n.m.*〖チーズ〗トゥーパン《サヴォワ地方 la Savoie で, 牛乳からつくられる, 圧搾非加熱, 洗浄外皮, 直径 20 cm, 高さ 15-20 cm の円筒型, 重量 6 kg, 脂肪分 45 %；toupin と呼ばれる鍋に似ていることに由来する名称》.

tour¹ *n.f.* **1** 塔, タワー；(城の) 櫓；(教会堂の) 鐘楼；塔状建造物. ~ de Babel バベルの塔 (『創世記』)；〖比喩的〗雑多な言語が語られる場所；騒々しい場所. ~ de beffroi 物見櫓. ~ de contrôle (空港の) コントロールタワー, 管制塔. ~ d'une église 教会堂の鐘楼 (=clocher). ~ de forage 油井やぐら. ~ de fractionnement 分溜塔. ~ de guet 物見櫓, 望楼. ~ d'ivoire 象牙の塔《詩人 Vigny の隠棲を評した Sainte-Beuve の言葉》. se retirer dans sa ~ 象牙の塔に閉じこもる. ~ de lancement 発射台. ~s de Notre-Dame de Paris パリのノートル＝ダム大聖堂の塔. ~ de phare 灯台. ~ de prise d'eau 取水塔. ~ de rectification 精留塔. ~ de saut (パラシュート降下訓練の) 飛降し塔. ~ de Tokyo 東京タワー. ~ Eiffel エッフェル塔. ~ hertzienne 電波塔. ~ maîtresse d'un château fort 城塞の天守閣 (=donjon). ~ ronde (carrée) 円形 (方形) の塔. ~ sèche 乾燥塔.
2 塔状の高層建造物, 超高層ビル, タワービル (=gratte-ciel). ~ Montparnasse トゥール・モンパルナス《モンパルナス駅前の超高層タワービル；高さ 209 m 地上 60 階建；1973 年完成》. hôtel-~ 超高層ホテル. immeuble-~ 超高層ビル.
3〖チェス〗ルーク.
4〖話〗体格の良い人, がっしりした人. être massif comme une ~ 塔のようにがっしりしている.
5 高くなった物. haute ~ de dentelle gaufrée 押型レースの高い襟.

tour² *n.m.* **1**〖機械〗旋盤；(陶工の) 轆轤 (ろくろ) (= ~ de potier). ~ à bois 木工旋盤. ~ à contrôle numérique 数値制御旋盤. ~ de précision 精密旋盤. ~ d'établi 卓上旋盤. travailler qch au ~ 何を旋盤で加工する.
2 (修道院などの) 回転受付口《扉を開けずに物を受取る》.
3 (台所と食堂の間の) 回転式ハッチ.

tour³ (<tourner) *n.m.* **1** (一周) **1** 一周, 一巡；周遊, 周遊旅行；〖スポーツ〗(走路の) 一周. le T ~ de France¹「トゥール・ド・フランス」自転車レース《1903 年創設のフランス一周競技》.〖仏史〗《le T ~ de France²〔des compagnons〕》徒弟職人のフランス巡歴修業. faire son ~ de France (職人が) フランス各地を巡歴して修業する.〖スポーツ〗~ d'honneur ウイニングラン

Touraine

faire le ~ de …を一周する；…を見渡す. faire le ~ des invités 招待客に一わたり挨拶してまわる. faire le ~ d'un propriétaire 地所を見回る. faire le ~ du monde 世界一周をする；世界中を旅する. *T~ du monde en quatre-vingts jours* de Jules Verne ジュール・ヴェルヌの『八十日間世界一周』(1873年). faire le ~ d'une question 問題をひととおり検討する.
faire un ~ 一まわりする；ちょっと外出する, 散歩する. faire un ~ de (au) jardin 庭を一まわりする. faire un ~ en ville 町をちょっと散策する.
~ de table 全体討議. faire un ~ de table 全員がひととおり意見を述べる. Cette nouvelle a fait le ~ de la ville. そのニュースは町中に知れ渡った. Il a fait le ~ des choses. 彼は人生経験が豊富だ.
2 周囲, まわり；周囲の長さ. ~ d'un lac 湖の周囲. lac de vingt kilomètres de ~ 周囲 20 km の湖. ~ de (du) visage 顔の輪郭. ~ des yeux 目のまわり.
avoir soixante centimètres de ~ de taille 胴囲りが 60 cm ある. prendre le ~ de poitrine de *qn* 人の胸囲を測る.
3 (de の) 周囲にあるもの. ~ de cou 襟巻き. ~ de lit 寝台の帳 (とばり).
Ⅱ〖回転〗 **1** 回転. ~ de roue 車輪の回転. à un ~ de roue (車輪の 1 回転で行ける所へ→) すぐそばに. à ~ [par] minute 回転毎分. hélice qui fait cinq cents ~s [par, à la] minute 毎分 500 回転するスクリュー.〔disque〕33 ~s (レコードの) 33 回転盤. à ~ de bras 力一杯に. en un ~ de main 手の平を返す間に；またたく間に；やすやすと (= en un tournemain).
donner un ~ de clef à la porte ドアに鍵をかける. fermer la porte à double ~ 鍵を 2 度廻してドアを閉める, ドアを厳重に閉める. faire le ~ de bras 腕を廻す. faire un ~ sur soi-même 自分を軸にして 1 回転する. partir au quart de ~ (エンジンが) すぐかかる ; (車の) 出足がよい. prendre des ~s (エンジンが) フル回転に達する.
2〖数〗**1** 回転〔角度の単位：360°, 2π；略記 tr〕. un ~ par seconde 毎秒 1 回転.
3〖舞〗(片足のつま先で立ってする) 旋回, ピルエット, ターン. ~ de valse ワルツのターン. ~ en l'air トゥール・アン・レール (空中で右に回転する動作).
4 ねじれること；反転；捻挫. ~ de rein[s] 腰をひねること；腰痛 (= lumbago).
5 ~s et détours (retours) 屈曲, うねりくねり；曲りくねった動き. rivière qui fait des ~s et des détours 曲りくねった川.
6〖海〗~ d'horizon (船の) 360°回転；〖軍〗(戦況の) 見渡し. faire le ~ d'horizon 状況を概観する.
Ⅲ〖順番〗**1** 順番, 番. A qui le ~? 誰の番ですか？ C'est mon ~. 私の番です. C'est

le (au) ~ de *qn* de + *inf.* 誰が…する番だ. C'est [à] votre ~ de parler. あなたが話す番だ. à son ~ その番に. chacun à son ~ 各自順繰りに. à ~ de rôle 順番に. ~ à ~ かわるがわる, 交互に. chanter ~ à ~ かわるがわる歌う. ~ de faveur 優先権.
2 当番. ~ de garde 当直の勤務. prendre son ~ de semaine 週番の勤務につく.
3 (投票の) 回；(ゲーム, 試合などの) 一まわり, ラウンド. au premier (second) ~ de scrutin 第 1 (2) 回投票で. suffrage universel à deux ~s 2 回投票式の普通選挙制. ~ de chant (一人の歌手による) メドレー歌唱.
Ⅳ〖芸当〗**1** 芸当, 曲芸, 業 (わざ)；手品 (= ~ de passe-passe). ~ d'acrobatie (d'agilité) 曲芸, 軽業. ~ de cartes トランプの手品. ~ de force 力業；〖比喩的〗離れ業, 偉業. faire des ~s de force 力業 (離れ業) を行う. C'est un vrai ~ de force! 正に離れ業だ！ ~ de main 指先の器用さ；(仕事などの) こつ, 呼吸. ~ de main d'un artisan 職人の手先の器用さ (こつ).
2 策略, 計略；(人をだます) いたずら. ~ de cochon 汚い策略. faire (jouer) un ~ à *qn* 人にいたずらをする. faire un bon ~ à *qn* 人にまんまと一杯食わせる. Le ~ est bien joué. 計略はうまくいった. savoir plus d'un ~ あの手この手を心得ている.
Ⅴ〖成行〗**1** 成行, 展開；様相. ~ de la discussion 議論の展開. changer le ~ de la conversation 話題を変える. prendre un bon (mauvais) ~ 好転 (悪化) する. L'affaire prend un ~ étrange. 事件は奇妙な様相を帯びつつある.
2 (文章の) 言い廻し, 表現；構文 (= ~ de phrase). ~s neufs (vieillis) 新しい (古い) 言い廻し. ~ positif (négatif) 肯定 (否定) 表現.
3 ~ d'esprit 気質, 性向；物の見方.

Touraine (<Tours) *n.pr.f.* la ~ トゥーレーヌ地方《主都 Tours トゥール》.
touraine *n.m.*〖葡萄酒〗トゥーレーヌ (département d'Indre-et-Loire アンドル=エ=ロワール県でつくられる赤・白・ロゼの AOC 酒；赤では chinon, bourgueil, 白では vouvray といった AOC 酒を含む).
tourangeau (**elle**) *a.* **1** トゥーレーヌ地方 (la Touraine) の；トゥーレーヌ地方の住民の.
2 トゥール (Tours) の；トゥールの住民の. ──*T~ n.* **1** トゥーレーヌ地方の住民. **2** トゥールの市民.
tourbe[1] *n.f.* **1**〖蔑〗群衆, 烏合の衆. **2** 群.
tourbe[2] *n.f.* 泥炭, ピート (= [英] peat). ~ compacte (noire) 稠密泥炭, 黒泥炭. ~ feuilletée 薄片泥炭. ~ limoneuse 泥土 (ローム) 質泥炭. ~ superficielle 表層泥炭《植物繊維が多い泥炭》.

tourbeux(se) *a.* **1** 泥炭質の. terrains ～ 泥炭地. **2** 泥炭地に生える. plante ～ se 泥炭地植物.

tourbier(ère) *a.* 泥炭を多く含む.
——*n.f.* 泥炭地(=terrain ～), 泥炭田.
——*n.* 泥炭採掘人；泥炭採掘業者；泥炭田所有者.

tourbillon *n.m.* **1** 旋風, つむじ風(=～ de vent).
2 渦, 渦巻. ～ de fumée 煙の渦. ～ de poussière 砂塵の渦巻. ～ d'une rivière 川の水の渦.
3 激しい動き；急旋回. ～ d'oiseaux 渦を巻く鳥の群れ.
4 [比喩的] めまぐるしさ, 渦, 奔流. ～ de la vie moderne 現代生活のあわただしさ.

tourbillonnaire *a.* **1** 渦を巻く, 渦巻性の. mouvement ～ de l'air (de l'eau) 大気 (水) の渦巻運動. phénomène ～ 渦巻現象.
2 渦による.

tourelle (<tour) *n.f.* **1** (城などの) 小塔, 小櫓. ～ ajourée 透かしを施した小塔. château flanqué d'une ～ à chaque angle 角毎に小塔をいただく城.
2 [軍] 砲塔, 銃座. ～ double (triple) 二連 (三連) 装の砲塔. ～ mobile d'un char 戦車の回転式砲塔.
3 [映画] (カメラの) レンズ・タレット. caméra à ～ レンズ・タレット式撮影機.
4 [機工] (旋盤の) タレット.
5 [音楽] (パイプオルガンの) フロントパイプ群.

Tourfan [中国] *n.pr.* トゥルファン《新疆ウイグル自治区東部の盆地；シルクロードの拠点のオアシス》.

tourisme *n.m.* 観光；観光旅行(=voyage de ～)；観光業. ～ à bicyclette (en voiture) 自転車 (自動車) による観光旅行. ～ pédestre 徒歩旅行. ～ d'affaires ビジネス観光旅行. ～ de masse 団体観光旅行. ～ individuel 個人観光旅行. ～ industriel et technique 産業技術施設見学旅行. ～ international 国際の (国外) 観光旅行；国際観光業. ～ organisé 企画 (セット) 観光旅行. ～ sexuel セックス (買春) 観光旅行. ～ vert 田園観光旅行. agence de ～ 旅行社 (代理店). avion de ～ 自家用 [航空] 機. budget d'Etat consacré au ～ 国の観光関連予算. bureau de ～ 旅行社, ツーリストビューロー. Diréction générale du T ～ (観光省 Ministère du T ～ の) 観光総局. hôtel de ～ (政府観光総局公認の) 観光ホテル《格付けは sans étoile「星なし」, 1 étoile, 2 étoiles, 3 étoiles, 4 étoiles, 4 étoiles luxe の 6 等級》. industrie de ～ 観光 [産] 業. office du ～ 観光案内所. voiture de ～ 乗用車, 自家用車. faire du ～ 観光旅行をする.

touriste *n.* 観光客, ツーリスト. ～ s étrangers 外国人観光客. ～ s-vacanciers ヴァカンス観光客. car de ～ s 観光バス. classe ～ (旅客機・船の) ツーリスト・クラス. séjourner en ～ 観光客として滞在する.

touristique *a.* **1** 観光 (tourisme) の；観光に関する；観光業の, 観光客向けの. activités ～ s 観光業《ホテル, 旅行社, ガイドなど》. billet ～ 観光切符《観光客用割引切符》. guide ～ 観光ガイド；観光案内 (ガイドブック). menu ～ 観光客向け定食. renseignements ～ s 観光に関する情報, 観光案内. prix ～ 観光客向け特価.
2 観光客をひきつける, 観光向きの, 見物に値する. monument ～ 観光記念物. pays (région) ～ 観光地. ville ～ 観光都市.

tourment *n.m.* **1** 心配の種, 気苦労の種. Cet enfant est le ～ de son père. あの子は父親の気苦労の種だ.
2 [文] (肉体的, 精神的な) 苦痛, 苦悩；心労, 心痛. ～ s de la jalousie 嫉妬の苦しみ. ～ s religieux 宗教上の煩悶. donner du ～ à qn 人を苦しめる (悩ます).
3 [古, 文] 責苦 (=supplice). ～ s de l'enfer 地獄の責苦.

tourmente *n.f.* **1** [文・古] 突風, 嵐. ～ de neige 大吹雪. **2** [比喩的] 動乱. ～ révolutionnaire 革命の嵐.

tourmenté(e) *a.p.* **1** 苦悩している. âme ～ e 苦悩する魂. visage ～ 苦悩の表情.
2 複雑な形をした；起伏に富んだ；不自然な；装飾過剰の. côtes ～ es 出入りの多い海岸線. façade rocaille ～ e ごてごてしたロカイユ様式の建物正面. sol ～ 起伏に富んだ土地. style ～ 凝りすぎた文体.
3 激しく揺れ動く；波瀾万丈の. époque ～ e 激動の時代. mer ～ e 荒れ狂う海. vie ～ e 波瀾に富んだ生涯.

tournage *n.m.* **1** (映画の) 撮影(=～ d'un film). Le ～ de ce film dura un an. この映画の撮影には 1 年かかった.
2 [工] 旋盤加工, 旋削；轆轤 (ろくろ) にかけること. ～ sur bois 木材の旋削.
3 [経済] (企業間での余剰資金の) まわし融資.
4 [海] 索止め栓. cabillot de ～ 索止め大釘, ビレーピン.

tournant¹ *n.m.* **1** 曲り角；カーヴ, 屈曲部. ～ en épingle à cheveux ヘアピンカーヴ. bien prendre son ～ カーヴを上手に切る. [話] avoir qn au ～ 機会を捉えて復讐する.
2 [比喩的] 曲り角, 転向点, 転機. être à un ～ de sa vie 人生の曲り角にさしかかっている. marquer un ～ dans l'histoire 歴史の転機を画する. prendre un (le, son) ～ 変貌を遂げる；新しい事態に対応する.

tournant²(e) *a.* **1** 回転する；回転式の. fauteuil ～ 回転肘掛椅子. pont ～ 回転橋. scène ～ e 回り舞台.
2 渦巻状の, 螺旋状の. couloir ～ 曲りくねった廊下. escalier ～ 螺旋階段.

3 迂回する.〘軍〙mouvement ~ 迂回作戦;〔比喩的〕人を騙す術策.
4 順番制の, 輪番の. grève ~*e* 波状スト. la〔fête de〕Saint-Vincent ~*e* 村落輪番制サン=ヴァンサン祭《ブルゴーニュ地方la Bourgogneのコート=ドールla Côte-d'Or地区で毎年1月22日に, 葡萄酒の守護聖人サン=ヴァンサン像をかついで練り歩く輪番開催式の祭》.

tourne *n.f.* **1**〘新聞〙(別ページに印刷された) 記事の続き. article débuté à la une et la ~ en page trois 第1面にはじまり第3面に続く記事.
2 (バクテリアによる) 変質;変質バクテリア. ~ du lait 牛乳の酸敗. ~ du vin 葡萄酒の変質.

tourné(e)[1] *a.p.* **1** bien ~ (人, 体つきなどが) 恰好のよい, 均斉のとれた;(文章などが) 表現の巧みな. lettre bien ~*e* 達意の書翰. jambes bien ~*es* 恰好のよい脚. vers bien ~*s* 表現の巧みな詩句. mal ~ 恰好の悪い, 醜い;(文章などが) 表現の下手な. avoir l'esprit mal ~ 物事を悪くとる;つむじ曲りである.
2 轆轤 (ろくろ) で加工した. objets en bois ~ 轆轤で加工した木工品.
3 変質した;酸敗した;腐敗した. lait ~ 変質した牛乳. vin ~ 酸っぱくなった葡萄酒.

tourne-disque *n.m.* レコード・プレーヤー (=platine, électrophone).

tournedos *n.m.*〘料理〙トゥールヌド《牛のフィレfiletを厚さ2cmの輪切りに切り分けたもの, 豚の背脂の薄切りで巻き, 糸をかけて丸く形を整えて, 均一に火を通して調理する》. ~ Rossini ロッシニ風トゥールヌド料理《フォワグラとトリュッフを添えたもの》.

tournée[2] *n.f.* **1** (劇団などの) 巡業 (=~ théâtrale);視察旅行, 出張;地方まわり;配達まわり;巡回診療. ~ de conférence 講演旅行. ~ de facteur 郵便配達人の配達まわり. ~ d'un pianiste ピアニストの演奏旅行. ~ électorale d'un député 国民議会議員の選挙遊説. en ~ 巡業 (巡回) 中の;視察旅行中の. préfet en ~ d'inspection 視察旅行中の知事. troupe qui part en ~ 巡業に出かける劇団. voyage de commerce en ~ 営業の地方まわり. faire la ~ des musées 美術館 (博物館) めぐりをする. faire la ~ des bistrots 居酒屋をはしごする.
2〘話〙(カフェなどでの) おごり. ~ du patron 主人のおごり. offrir (payer) une ~ 皆に1杯ずつおごる. C'est ma ~ 私のおごりだ.
3〘話〙めった打ち. recevoir une ~ めった打ちを喰らう.

tournerie *n.f.*〘工〙木製回転装置製造業;木製回転装置製造所.

tournesol *n.m.* **1** ヒマワリ;向日性植物. huile de ~ ヒマワリ油《食用または石鹸用》.
2〘化〙リトマス. papier de ~ リトマス試験紙.
3 T~ ヒマワリ〔衛星〕《1971年4月15日打上げのフランスの科学技術衛星》.

tournevis [-is] *n.m.*〘工〙ねじ回し, スクリュードライヴァー, ドライヴァー. ~ cruciforme プラス・ドライヴァー. ~ plat マイナス・ドライヴァー. ~ à fil コードレス (充電池式) 電気ドライヴァー.

tourniquet *n.m.* **1** 回転木戸, 回転ドア (=porte tournante).
2 回転陳列台. ~ de cartes postales 絵葉書販売用回転スタンド.
3 回転式散水器, スプリンクラー (=~ de jardinier).〘物理〙~ hydraulique 反動水車.
4 (上げ下げ窓の) 上窓止め, (鎧戸の) あふり止め.
5〘医〙止血帯 (=garrot).
6 (鉱山用の) ウインチ (=bourriquet);〘海〙(索の) 摩擦止めローラー (=moulinet).
7〘昆虫〙みずすまし (=gyrin).
8〘俗〙軍法会議 (=tribunal militaire). passer au ~ 軍法会議にかけられる.

tournis *n.m.* **1**〘話〙めまい (=vertige). avoir le ~ めまいがする.
2〘獣医〙(牛, 特に羊の) 暈 (うん) 倒病.

tournoi *n.m.* **1** 試合, トーナメント, 競技会. ~ de bridge (d'échecs) ブリッジ (チェス) の競技会. T~ des Six Nations (ラグビーの) 六カ国対抗マッチ《l'Angleterre, l'Ecosse, l'Irlande, le Pays de Galles, la France, l'Italieの対抗戦;1883-1910年は英国の4カ国, 1910年仏, 2000年伊が参加して6カ国となる》. ~ de tennis テニス・トーナメント.
2〘比喩的〙〘文〙競り合い, 争い.
3〘史〙(中世の) 騎士試合 (騎馬槍試合など).

tournure *n.f.* **1** (事態の) 成行き, 展開. ~ des événements 事の成行き. La situation a pris une bonne (mauvaise) ~. 情勢が好転 (悪化) した.
2 (物の) 様相, 外観.
3 (人の) 体つき, 恰好, 様子;身のこなし. ~ robuste がっしりした体つき. ~ d'esprit 気質;物の考え方 (見方).
4 言いまわし, 表現. ~*s* archaïques 古風な言いまわし.〘文法〙~ française フランス語の言いまわし.〘文法〙~ impersonnelle 非人称表現.〘文法〙~ négative 否定表現.
5 (ろくろ, 旋盤などで加工した物の) あらかたの形;〔比喩的〕(計画などの) 輪郭. Ce projet commence à prendre ~. この計画に目鼻がつきはじめた.
6 (旋盤による) 削り屑;(果物などをむいた) 帯状の皮. ~ de fer 鉄の削り屑.

7〔古〕〖衣〗腰当て, バッスル.

Tournus n.pr. トゥールニュ《département de Saône-et-Loire ソーヌ゠エ゠ロワール県の小郡庁所在地；市町村コード 71700；形容詞 tournusien (ne)》. église abbatiale Saint-Philibert de ～ トゥールニュのサン゠フィリベール大修道院付属聖堂 《10-11 世紀のロマネスク様式》. Musée Greuze de ～ トゥールニュのグルーズ美術館《旧市立病院を利用》.

tour-opérateur n.m. 団体旅行業者《公用推奨語は voyagiste》.

Tours n.pr. トゥール《département d'Indre-et-Loire アンドル゠エ゠ロワール県の県庁所在地；市町村コード 37000；トゥーレーヌ地方の首都；形容詞 tourangeau(elle)》. cathédrale Saint-Gatien de ～ トゥールのサン゠ガシヤン大聖堂《13-16 世紀ゴシック様式》. musée des Beaux-Arts de ～ トゥール美術館《旧大司教館》. musée du Compagnonnage de ～ トゥールの同職組合博物館. le Vieux ～ トゥール旧市街. aéroport de ～-Val-de-Loire トゥール゠ヴァル゠ド゠ロワール空港《東北郊 10 km》.

tourte n.f. 1 〖料理〗トゥールト《肉, 魚, 果実の入ったパイ》. ～ aux pommes 林檎パイ. ～ de veau au parmesan パルメザンチーズ入り仔牛のトゥールト. ～s sucrées 甘味パイ, タルト (tarte).
2 〔方言〕トゥールト《丸パン》.
3 〔俗〕馬鹿, うすのろ. Quelle ～! なんて間抜けだ.
── a. 〔俗〕馬鹿な, うすのろの.

tourteau¹ (pl. ～**x**) n.m. 〖動〗トゥールトー, いちょう蟹《わたり蟹に似た大西洋産の蟹》.

tourteau² (pl. ～**x**) n.m. 1 〖農〗《菜種, オリーヴ, 大豆などの》搾りかす, 油かす 《飼料, 肥料用》. ～x de soja importés des Etats-Unis アメリカから輸入される脱脂大豆.
2 〔古〕丸パン；〔地方〕丸パン, 丸菓子.
3 〖紋章〗円形.

tourterelle n.f. 〖鳥〗雉鳩(きじばと)《学名 Streptopelia》.
── a.inv. (雉鳩の羽根の色に似た) 淡灰色の. gris ～ 雉鳩の羽根の色に似た淡い グレー.

Toussaint [tusɛ̃] n.pr.f. 〖カトリック〗トゥーサン, 万聖節, 諸聖人の大祝日《11 月 1 日. 法定祝日；翌 11 月 2 日の「万霊節」fête des morts と混同され, 墓参の習慣がある》. temps de ～ 《万聖節の頃の》灰色の空の寒い天気.

tout¹ (**e**) (m.pl. **tous** 〔発音は形容詞の場合は [tu], 代名詞の場合は [tus]〕, f.pl. **toutes**) a. Ⅰ 〔tout, toute: 単数〕〔発音は母音の前では [tut]〕1 〔～(e) +定冠詞 (指示・所有形容詞) +名詞〕《特定の単位の》全部の, 全体の；完全な. ～ le monde 万人, 全員, 皆. 《T～ le monde descend!》「どな

tout¹ (**e**)

た様もお降り願います!」《車掌などが全員下車を促す文言》. T～ le monde est d'accord? 皆さん賛成ですか？ ～e ma vie 私の全生涯. ～e la nuit その夜一晩中, 夜通し. ～ le pays 《特定の》国 《地方》 全体. ～ le reste 残り全部. de ～ mon cœur 心の底から. T～ le village est venu. 村中の人がやって来た. Il est (C'est) ～ le portrait de son père. 彼は父親に生き写しだ. C'est ～e la question. それこそ問題なのだ；それが問題の核心だ. J'ai lu ～ le livre. 私はその本を全部読んだ. J'ai dépensé ～ mon argent. 私は有り金を使い果たした. J'ai ～ mon temps. 私にはたっぷり時間がある.
2 〔定冠詞 《指示・所有形容詞》 + ～(e) +名詞〕dans ma ～e jeunesse 私のごく若い頃に.
3 〔～(e) +不定冠詞 +名詞〕《一単位について》全部の…. ～ un pays ある国 (地方) の全体. Elle a passé ～ un jour à la plage. 彼女は海岸で丸一日を過した. C'est ～ un roman. それはまるで小説のようだ.
4 〔～(e) +指示代名詞〕～ **cela** (**ça**) それは皆. ～ **ce que** … ことのすべて. C'est ～ ce que je souhaite. 私の望みはそれだけです. ～ **ce qu'il y a de** + n.(adj.) …のすべて. ～ ce qu'il y a de grands hommes 立派な人のすべて. ～ ce qu'il y a de 〔plus〕+ adj. 最も《きわめて》…なもの. Elle est ～ ce qu'il y a de plus charmante. 彼女は最高に魅力的だ.
5 〔同格〕すべて, 全部. 〔Je suis〕 ～(e) à vous. 何なりと御用をうけたまわります；身も心もあなたのものです《手紙の末尾で》敬具, 匆々. Elle était ～e à son travail. 彼女は全力をあげて仕事に打ち込んでいた. La maison est ～e en feu. 家全体が火に包まれている.
6 〔～(e) +無冠詞名詞〕どんな…もすべて, およそ…ならばすべて, あらゆる；各々の；〔抽象名詞と共に〕全くの, 完全な. T～ homme est mortel. およそ人間ならば誰でも死すべき存在である. T～ individu a droit à la liberté. 個々の人間はすべて自由を求める権利を有する. J'ai ～e confiance en lui. 私は彼を全面的に信用している.

◆〔形容詞的〕véhicule〔s〕 ～ terrain〔s〕 全地形対応車, オフロード車.
◆〔前置詞と共に；多く成句的〕. à ～ âge どんな年齢でも. à ～e épreuve あらゆる試練に耐えて, 何にも屈せずに. à ～ hasard 念のため, 万一にそなえて；〔口〕何か起こるうと. à ～e heure 四六時中；いつも, 常時. à ～e force 是が非でも. avant ～e chose 何よりもまず (= avant ～). contre ～e attente あらゆる期待に反して. de ～〔s〕 façon〔s〕 いずれにせよ；ともかく. de ～e beauté 非常に美しい. en ～ pays どの国《地方》においても. en ～ point すべての点で (= sur tous les points). en ～e simplicité ご

tout¹ (e)

く単純に. pour ~ 〔e〕+n. …としては〔僅かに〕；…の代りに.

Pour ~ repas, il n'y a qu'une gratinée. 食事といえば、オニオン・スープだけ. Pour ~e réponse, elle fondit en larmes. 返事をする代りに、彼女は泣きくずれた.

7〔~+(e) autre〔+無冠詞名詞〕〕(そのほかの) どんな、誰も. ~ autre ほかの誰も. ~ autre que lui 彼以外の誰も. ~e autre chose ほかの何も (~ autre chose の場合は tout は副詞的で「全く別のこと」の意).

8〔~ +作家名・作品名〕lire ~A la recherche du temps perdu『失われた時を求めて』の全部を読む. lire ~〔e〕La Chartreuse de Parme『パルマの僧院』を全部読む. lire ~ Proust プルーストの全作品を読む.

9〔~ +都市名など〕On voit ~ Paris de la Butte Montmartre モンマルトルの丘からパリ全市が見える (都市名が女性名詞の場合, 「市全体」の意では toute, 「市民全体」の意では tout). le T~-Paris パリの名士たち. le T~-Cinéma 映画界のお歴々.

10 somme ~e つまるところ、結局 (=en somme). Somme ~e, c'est la même chose. つまるところそれは同じことだ.

II〔tous, toutes：複数〕〔tous は[tu]；ただし母音の前では[z]でリエゾンする〕**1**〔tous (toutes)+定冠詞 (指示・所有形容詞)+名詞；tous (toutes)+指示代名詞〕あらゆる、すべての. les pays あらゆる国々(地方). toutes mes filles 私のすべての娘. Tous les hommes sont égaux par la nature et devant la loi. すべての人間は生まれつき法の前に平等である. Tous ceux qui sont venus étaient de mes collègues. 来た人は皆私の同僚だった.

◆〔前置詞と共に副詞的に用いられて；多くの場合成句的〕dans tous les cas どんな場合にも、とにかく. de toutes les façons あらゆる手段で. de toutes ses forces 全力を挙げて. regarder de tous ses yeux 目を凝らして. ~es les fois que …する度毎に.

2〔tous (toutes) les+〔数詞〕+時間・距離を示す名詞〕tous les ans (mois, jours) 毎年(毎月、毎日). toutes les nuits 毎晩. tous les deux jours 2 日ごと (1日おき) に. Tous les combien? どの位の間隔ですか？ tous les dix kilomètres 10 キロメートルごとに. une borne tous les kilomètres 1 キロ毎に設置されている道標、キロ道標.

3〔tous (toutes)〔les〕+数詞〕Tous les deux sont venus. 二人そろってやって来た. Venez tous〔les〕deux. 2人ともいらっしゃい.

4〔tous (toutes)+無冠詞名詞〕〔文〕あらゆる；いかなる. toutes proportions gardées あらゆる相違を考慮した上で、程度の差こそあれ. avoir tous pouvoirs 全権を掌握する.

◆〔前置詞+tous (toutes)+無冠詞名詞；成句的〕à tous égards あらゆる点で. à toutes voiles 満帆をあげて. de tous côtés 四方八方に(から) (=de tout côté；de tous les côtés). en tous cas いずれにしても、ともかく (=en tout cas). en toutes lettres すべてを文字で(算用数字でなく；省略せずに).

〔広義〕遠慮せずにはっきりと.

―― pr.ind. **I**〔tout；単数・中性〕**1** (事物について) すべて、すべてのもの(こと)、万事、全部；〔しばしば蔑〕どんなもの(こと)も. ~ ou rien [tuturjɛ] すべてか無か；どちらか一方. C'est ~ ou rien. 中間の策はない.

T~ est là. すべてがそこにある；それが最も重要なところだ. T~ est prêt. 準備万端整っている. 〔諺〕T~ est bien qui finit bien. 終りよければすべてよし. 〔諺〕T~ vient à point à qui sait attendre. 待てば海路の日和あり. Il est capable de ~. 彼はどんなことでもできる；どんなことでもやりかねない. Il sait ~. 彼は何でも知っている. J'ai ~ vu. 私はすべてを見た.

à ~ faire 何でもできる. bonne à ~ faire 何でもやる女中.
de ~ すべてのものをいくらかずつ. manger de ~ 何でも食べる.
~ de+n. …のすべて；…についてのすべて. Il ignore ~ de nos projets. 彼はわれわれの計画について全く何も知らない.
〔話〕**avoir ~ de+n.** …の性質をすべてそなえている；全くの…である. Il a ~ d'un (de l') imbécile. 彼は全くの馬鹿者だ.
être ~ pour …にとってすべてである. La musique est ~ pour elle. 音楽は彼女にとってすべてだ. C'est ~. それだけ；それでおしまい (=Voilà ~). Ce sera ~ pour aujourd'hui. 今日のところはこれでおしまい.
Ce n'est pas ~. それだけではない.
Ce n'est pas ~〔que〕de+inf. …するだけでは十分ではない. 〔話〕C'est pas ~ ça. 他にやることがあるでしょう. 〔話〕Ce n'est pas ~ de s'amuser. 遊んでばかりいては駄目だよ.

2〔成句〕à ~ casser 全速力で；猛烈に、目茶苦茶に. **à ~ prendre；après ~** 要するに、結局. **avant ~** 何にもまして、何よりも. **comme ~** とても、ひどく.
en ~ 全部で；すべての点で、完全に. Nous sommes en ~ dix. われわれは全部で10人だ. résultat conforme en ~ à la théorie あらゆる点で理論に合致する結果.
en ~ et pour ~ 全部で. Il y a en ~ et pour ~ cinq personnes. 全部で5人いる.
〔話〕**et ~〔et ~〕** 等々；云々. **malgré ~** 是非共；いずれにせよ；それにも拘らず.
pour ~ dire 要するに；いわば.

3〔列挙の要約〕(それらの) すべて (人・事物；ただし用法はやや古い語法). Les femmes, les paysans, les petits enfants, tout rentrait chez soi. 女、百姓、子供たちは皆家に帰っていった.

II〔*tous*, *toutes*：複数〕〔*tous* は休止および子音の前で[tus]，母音の前で[tus (z)]〕
1〔文脈によって特定できる人・物について〕(それら) すべての人 (物).
tous ensemble 皆一緒に，皆揃って.
toutes〔au〕tant qu'elles sont 彼女らの誰もが.
une (bonne) fois pour *toutes* 決定的に，きっぱりと；今度こそは.
leur bonheur à *tous* 彼ら一同の幸福.
◆〔同格〕Vous êtes *tous* là? 皆そこにいるのですか？ Nous *tous* le souhaitons. われわれはこぞってそれを望んでいる.
◆〔人称代名詞強勢形＋*tous* (*toutes*)〕eux *tous* 彼ら全員. pour nous *tous* われわれ全員にとって.
2〔列挙の要約〕(それら) すべての人. Vieillards, hommes, femmes, enfants, *tous* voulaient me voir. 老人，男，女，子供たち，皆が私に会いたいと願っていた.
3〔特定されない人について；*tous* のみ〕すべての人. envers et coutre ─ 万人に抗って. *Tous* voulaient l'inviter. 誰もが彼を招きたがっていた.
── *n.m.* 〔*pl.* **touts**, ただし複数の使用は稀〕**1** 全体，全部. le ~ et la partie (les parties) 全体と部分. l'intégrité du ~ 全体の一体性. former un ~ 一体を成す. réunir dans un ~ 全部をまとめる. risquer le ~ pour le ~ 一か八かの勝負をする. vendre le ~ 全部を売る.
2〔~ ＋形容詞；全体が名詞的〕~ électrique 全電動. refus du ~ nucléaire 全面的核使用拒否.
3〔しばしば大文字で〕le〔grand〕~；le Grand T~ 万物；宇宙 (＝Univers). le ~ ou rien 二者択一のやり方.
4〔紋章〕楯形紋の全体. sur le ~ (楯形紋の) 中央小楯形.〔比喩的〕brochant sur le ~ その上さらに.
5〔文字謎 charade で〕mon ~ その語の全体，答.
6 肝心なこと；最も大切なもの (こと).〔古/文〕le ~ de *qn* 人のすべて，人の唯一の関心事. Le ~ est de＋*inf.* …することがすべてだ. Le ~ n'est pas de＋*inf.* /Ce n'est pas〔le〕~ de＋*inf.* …するだけがすべてではない；…するだけでは駄目だ.
7 du ~[1] 完全に. du ~ au ~ 全く，すっかり. différence du ~ au ~ 完全な相違. changer du ~ au ~ まるで違っている.
◆〔否定文で〕pas du ~；du ~[2] 全く…ない. Vous êtes d'accord? ─〔Pas〕du ~. 賛成ですか？─いいえ全然賛成しません. Il ne fait pas froid du ~. 全然寒くない.
plus du ~ もう全然…ない. Il n'a plus d'argent du ~. 彼はもう全くのスッカンピンだ. ne ... rien du ~ もう何も…しない. Ce n'est rien du ~. 何でもありません. de rien du ~ 取るに足りない. une petite opération de rien du ~ ほんのちょっとした手術. sans du ~ savoir 何も知らずに.

tout[2] *ad.* **1** 全く，非常に，ごく；…のままで.
◆〔~〔e〕＋形容詞〕〔子音および有音の h で始まる女性形容詞の前では toute〔s〕. 母音の前では一般に無変化だが，女性単数形容詞の前で toute となることがある〕~ autre 全く異なる. les ~ premiers jours de mai 5月の最初の数日. appareil ~ électronique 全電子式機器. costume ~ neuf 新調のスーツ. robe ~ e neuve 新調のドレス. la ville ~ entière 町全体.
Elle est ~ étonnée. 彼女はひどく驚いている. Elles sont ~ es contente. 彼女たちはすっかり満足している；彼女たちは皆満足している. Elle s'est couchée ~ habillée. 彼女は服を着たまま寝た. T~ enfant, il sait manipuler aisément l'ordinateur. ごく幼ない子供なのに，コンピュータを易々と操れる.
◆〔~ ＋副詞〔句〕/前置詞句〕〔tout は一般に不変；ただし前置詞句では関係する〔代〕名詞に一致することがある〕~ autrement 全く別のやり方で. ~ naturellement ごく自然に. ~ simplement ごく単純に，単に. ~ à coup；~ d'un coup 突然. ~ au contraire 正反対に；それどころか. ~ à fait 全く. ~ à l'heure 今しがた，先程；後程. ~ au long 完全に，一から十まで. ~ au moins 最小限に見積っても；せめて，せいぜい. ~ de même それでも，やはり；何といおうと. ~ de suite すぐさま；ごく近くに；〔古〕一気に.
être ~ en larmes 涙に暮れる. parler ~ bas 声をひそめて話す. s'avancer ~ doucement ごくゆっくり進む. Elles étaient ~ en noir. 彼女たちは黒づくめの服装をしている (Elles étaient ~ es en noir. 彼女たちは皆黒服を着ている.).
◆〔~〔e〕＋名詞；形容詞的用法〕〔文〕〔子音および有音の h ではじまる女性抽象名詞の前では多く toute〕être ~ e générosité 非常に寛大である.
◆〔名詞＋~ ＋名詞；~ ＋名詞は形容詞的同格〕amplificateur ~ transistor 全トランジスター式アンプ. étoffes ~ laine 純毛の生地.
◆〔~ ＋過去分詞；動詞を修飾〕〔話〕Le tempête a ~ détruit les récoltes. 嵐が作物をすっかり台無しにしてしまった.
2〔~ ＋ジェロンディフ〕…しながら〔同時性の強調〕；…であるのに〔対立・譲歩〕. Elle est arrivée, tout en courant. 彼女は走りながらやって来た. Il n'est pas venu, ~ en sachant très bien que je l'attendais. 私が待っているのを知りながら，彼はやって来なかった.
3〔~〔e〕＋形容詞 (副詞)＋que＋*ind.* (*subj.*)〕〔文〕まさに…ではあるが〔対立〕；

いかに…でも〖譲歩〗. T~ riche que je suis, je ne suis pas heureux. 金持だが私は幸せではない.

tout-chemin a. 全道路走行性の；悪路走行可能の. deux-roues ~ 全道路走行可能二輪車.
— n.m. 悪路走行可能バイク.

tout-compris a.inv. 諸経費一切込みの. circuit ~ 諸経費一切込みのツアー旅行. forfait ~ 諸経費込みの一括料金.
— n.m. 諸経費一切込み.

toute-épice (pl. ~s-~s) n.f. オールスパイス（nigelle「くろたねそう」の実）.

tout-en-un n.m. オール・イン・ワン (=〖英〗all-in-one)；オール・イン・ワン製品.
— a. オール・イン・ワンの. produit ~ オール・イン・ワン製品.

toute-puissance n.f.inv. 1 〖神学〗(神の) 全能. 2 〖政治〗絶対的権力, 至上権.

tout-ménage a. (pl. **tous-~s**) 〖スイス〗n.m. ダイレクトメール (=publipostage)；チラシ.
— a. ~の.

Tout-Paris n.m. パリの名士連 (= le ~). faire partie du ~ パリの名士の仲間入りする.

tout-petit (pl. ~-~s) n.m. 赤ん坊.

tout-puissant (f. ~e-~e) (m.pl. ~-~s ; f.pl. ~es-~es) a. 1 (神 が) 全能の. Dieu ~ 全能なる神. assemblée ~e-~e 絶対的な権力をもつ総会. monarque ~ 絶対君〖絶対的な権力を有する君主〗.
2〖政治〗絶対的権力をもつ, 全権を有する.
3 (物が) 絶対的な力をもつ. la ~e-~e nature 無限の力をもつ自然. charme ~ 抗し難い魅力. volupté ~e-e 果てしない欲望.
— n. 全能者.
— n.m. le T~-P~ 全能者, 全能の神 (Dieu). adorer le T~-P~ 神を崇める.

tout-terrain a.inv. 1 どんな地面でも走れる. オフロードの. véhicule ~ オフロード車. vélo ~ オフロード自転車（略記 VTT）.
2 〖比喩的〗いかなる状況にも対応できる.
— n.m.inv. オフロード車 (=véhicule ~)；オフロード車競技；モトクロス. moto de ~ モトクロス用バイク.

tout-va (à) a. 〖話〗極端な. inflation à ~ ひどいインフレ.
— l.ad. ひどく, めちゃくちゃに. emploi de pesticides à ~ めちゃくちゃに殺虫剤をまき散らす.

tout-venant n.m.inv. 1 精製していない物；選別していない物；〖鉱〗原炭 (= charbon ~)；粗鉱, 原鉱 (=minerai ~).
2 ありふれた物.
3 そんじょそこらの連中, 有象無象（うぞうむぞう）. ~ primesautier 勝手気儘な有象無象.

toux n.f. 〖医〗咳, 咳嗽（がいそう）. ~ coqueluchoïde (百日咳などの) 痙攣性咳嗽. ~ grasse (喀痰を伴う) 湿性咳嗽. ~ nerveuse 神経性咳嗽. ~ sèche (喀痰を伴わない) 乾性咳嗽, 乾いた咳.

tox- [tɔks], **toxi-** [tɔksi] **toxico-** [tɔksiko (o)], **toxo-** [tɔksɔ (o)] 〖ラ〗 ELEM 「毒」の意 (ex. toxicologie 毒物学, 中毒学).

toxémie n.f. 〖医〗毒血症, 毒素血症（病原微生物の毒素が循環血中に入って生ずる中毒症状）.

toxicité [tɔksisite] n.f. 1 毒性. 2 (毒の) 致死量 (=coefficient de ~).

toxico n. 〖話〗麻薬中毒患者 (= toxicomane).

toxicodépendance n.f. 〖医〗麻薬依存〖症〗, 薬物依存〖症〗.

toxico-dépendant (e) n.,a. 麻薬〖薬〗中毒者〖の〗, 麻薬 (薬物) 依存症患者〖の〗.

toxicodermie n.f. 〖医〗中毒疹, 毒物性皮膚炎 (=toxidermie).

toxicologie n.f. 毒物学, 中毒学.
toxicologue n. 〖医〗毒物学者, 中毒学者.

toxicomane a. 〖医〗麻薬中毒症の.
— n. 麻薬中毒患者 (=〖話〗toxico).

toxicomanie n.f. 〖医〗麻薬中毒〖症〗, 薬物中毒〖症〗.

toxicomanogène a. 〖医〗麻薬中毒を起こさせる.

toxicopathie n.f. 〖医〗毒物中毒症.
toxicophobie n.f. 〖医・心〗毒物恐怖症.
toxicose n.f. 〖医〗中毒症.

toxicovigilence n.f. 毒物防止監視体制.

toxidermie n.f. 〖医〗中毒疹, 毒物性皮膚炎 (=toxicodermie). ~ immuno-allergique 免疫・アレルギー性中毒疹. ~ non immuno-allergique 非免疫・アレルギー性中毒疹.

toxi-infectieux (se) a. 〖医〗毒素性感染症の.

toxi-infection n.f. 〖医〗毒素性感染〖症〗. ~ à streptocoque 連鎖球菌毒素性感染.

toxine [tɔksin] n.f. 1 〖医〗毒素. ~ bactérienne 細菌毒素. 2 (蛇・有毒植物などの) 毒液.

toxique a. 有毒な. gaz ~ 有毒ガス. substance ~ 有毒物質.
— n.m. 毒物. ~s gazeux ガス状有毒物質.

toxithérapie n.f. 〖医〗毒素利用療法 (= toxinothérapie).

toxocarose n.f. 〖医〗トキソカラ症 (犬・猫などに寄生するトキソカラ (Toxocara) 属の回虫の人獣感染症).

toxoïde n.m. 〖生化〗トキソイド, 変性毒素〖抗毒素剤〗.

toxoplasme *n.m.*〖生〗トキソプラズマ(人獣に寄生する原虫).

toxoplasmose *n.f.*〖医〗トキソプラズマ症(Toxoplasma gondiiによる原虫性疾患). ~ acquise 後天性トキソプラズマ症. ~ congénitale 先天性トキソプラズマ症.

TP[1] (=*t*axe *p*rofessionnelle) *n.f.* 職業税(1975年に導入された地方税;個人,法人の別なく恒常的に職業活動をしている場合に課税される).

TP[2] (=*t*hermo*p*lastique) *n.m.*〖化〗熱可塑性物質(プラスチック).

TP[3] (=*t*ravaux *p*ratiques) *n.m.pl.*〖教育〗実習,実験,演習.

TP[4] (=*t*ravaux *p*ublics) *n.m.pl.* les ~ 公共土木事業.

TPA[1] (=*t*hermo*p*lastique *a*morphe) *n.m.*〖化〗アモルファス(非晶性)熱可塑性物質(ポリマー).

TPA[2] (=*t*onnage des *p*rises *a*dmissibles) *n.m.*〖漁業〗漁獲承認重量トン,認可漁獲トン数. le ~ dans l'Atlantique Nord 北大西洋における漁獲承認トン.

t(-)PA (= [英] *t*issue *P*lasminogen *A*ctivator) *n.m.*〖薬・医〗組織性プラスミノーゲン活性因子(血栓症治療薬;= [仏] activateur du plasminogène tissulaire;activateur tissulaire du plasminogène).

TPC[1] (=*t*hérapeutique *p*articulièrement coûteuse) *n.f.*〖医・社会保障〗超高額〔医療費〕治療.

TPC[2] (=*t*hermoplastique *p*artiellement cristallins) *n.m.*〖化〗部分結晶熱可塑性物質(ポリマー).

TPD (=*t*hérapie *p*hoto*d*ynamique) *n.f.*〖医〗光線力学療法 (= [英] PDT:*p*hoto*d*ynamic *t*herapy).

TPE[1] (=*t*erminal de *p*aiement *é*lectronique) *n.f.*〖商業〗電子取引支払い端末.

TPE[2] (=*t*ravaux *p*ersonnels *e*ncadrés) *n.m.pl.*〖教育〗指導教員業務(リセ改革の一施策).

TPE[3] (=*t*ravaux *p*ratiques *e*ncadrés) *n.m.pl.*〖教育〗指導者付実習〔授業〕.

TPE[4] (=*t*rès *p*etite *e*ntreprise) *n.f.*〖経済〗零細企業.

TPF (=*t*axe de *p*ublicité *f*oncière) *n.f.* 不動産広告税.

TPG (=*t*résorier-*p*ayeur *g*énéral) *n.m.* (県または地方における国庫に関する)支出監督官,県出納官.

TPHA (= [英] *T*reponema *P*allidum *H*aemagglutination Assay) *n.m.*〖医〗トレポネーマ・パリダム・グロブリン血清反応テスト,梅毒トレポネーマ血清反応テスト (= [仏] test d'hémagglutination de Treponema pallidum).

TPI[1] (=*T*ribunal de *p*remière *i*nstance) *n.m.*〖法律〗第一(初,小)審裁判所.

TPI[2] (=*T*ribunal *p*énal *i*nternational) *n.f.* 国際刑事裁判所. ~ sur l'ex-Yougoslavie 旧ユーゴスラビアにおける戦争犯罪法廷 (TPIY).

tpl, TPL (=*t*onne *p*ort en *l*ourd) *n.f.*〖船〗載荷重量トン.

TPM (=*t*ransport *p*ublic de *m*archandises) *n.m.* 貨物公共輸送.

TPR (= *T*ribunal *p*énal pour le *R*wanda) *n.m.* ルワンダ国際刑事裁判所(1994年開設).

TPS (=*t*élévision *p*ar *s*atellite) *n.f.* 衛星TV.

TPU[1] (=*t*axe *p*rofessionnelle *u*nique) *n.f.* 単一職業税.

TPU[2] (= [英] *t*hermoplastic *p*oly*u*rethane) *n.m.*〖化〗熱可塑性ポリウレタン(= polyuréthanne thermoplastique)《ケーブル,スキー靴,サーフボード,防音材,防水接合子などのプラスチック製品の原料》.

TPV (=*t*erminal *p*oint de *v*ente) *n.m.*〖商業〗販売末端地点.

TPZ (=*t*axe *p*rofessionnelle de *z*one) *n.f.* 地域職業税.

TR (=*t*arifs *r*éduits) *n.m.pl.*〖電気通信〗割引料金制.

TRA (=*t*aux *r*évisable *a*nnuel) *n.m.*〖金融〗変動年利.

trabéculaire *a.*〖解剖〗骨梁の. os ~ 骨梁.

trabéculectomie *n.f.*〖医〗繊維柱帯切除術(緑内障glaumeの治療法).

trabéculoplastie *n.f.*〖医〗(眼の)繊維柱帯形成術(繊維柱体を拡張する緑内障治療術).

trabéculorétraction *n.f.*〖医〗(眼の)繊維柱帯退縮術(緑内障治療術).

trabéculum [-lɔm] *n.m.* **1**〖解剖〗柱,小柱,梁(脾柱,心臓肉柱,骨梁など). **2**〖解剖〗(眼の)繊維柱帯,棚状織. ~ corné oscléral 角膜強膜繊維柱帯. mailles du ~ 小柱網,繊維柱帯. sclérose du ~ 繊維柱体強膜. **3**〖植〗棒状(板状)組織.

traçabilité *n.f.* 追跡可能性;〖農〗生産履歴管理.

traçage (<tracer) *n.m.* **1** (図形の)線描き;〖土木〗地取り,測設;坑道掘進;〖工〗罫書(けがき),罫引. ~ à plat 平面線描き.〖土木〗 ~ optique 光学地取り. ~ de voie de taille 採炭坑道掘進. exploitation par ~ 坑道掘進による採炭. **2**〖工〗(パイプ,電線などによる)加熱.

traçant(**e**) (<tracer) *a.* **1**〖植〗匍匐(ほふく)する. racine ~*e* 匍匐根(浅い水平根). **2** 線(筋)を引く. balle ~*e*;obus ~ 曳光弾(=balle traceuse). projectile ~*e* プロッター (= [英] plotter)(作図装置).

tracas [-ka] *n.m.* **1** わずらわしさ,気苦労,心配. ~ domestiques 家事の気苦労. se donner bien du ~ 大いに気をもむ. s'évi-

ter des ~ 面倒を避ける.
2〔やや古〕騒ぎ, ごった返し.
3〔工〕〔天井の〕揚蓋 (=trappe).

tracasserie *n.f.*〔多く *pl.*〕煩わしさ, 煩瑣. ~s administratives 役所の手続きの煩わしさ.

trace *n.f.* **1**（人・獣などの）通った跡,（特に）足跡 (= ~ de pas). ~ à la poupe d'un navire 船の航跡. ~s d'une bête 獣の通った跡. ~s de pneus sur le sol 地面のタイヤの跡.〔比喩的〕être sur la ~ de qn (qch)人の(何)の手掛かりをつかんでいる. imprimer la ~ de ses pas 足跡を刻む. mettre le chien sur la ~ du gibier 猟犬に獲物の足跡を追わせる. perdre la ~ 足跡を見失う.〔比喩的〕suivre (marcher sur) les ~s de qn (人の足跡を辿る→) 人を手本にする. suivre qn (qch) à la ~ 人(何)の足跡を追う.
2 痕跡, 形跡;〔しばしば *pl.*〕跡, 名残;〔物理〕飛跡 (= ~ de trajectoire). ~s de brûlure 火傷の痕. ~s des civilisations 文明の名残. ~s de freinage ブレーキのタイヤ痕. ~ de sang 血痕. ~s sanglantes).〔物理〕~ nucléaire 粒子線痕跡. disparaître sans laisser de ~s 跡形もとどめずに消え去る. porter sur le visage des ~s de fatigue 顔に疲労の跡をとどめている. Il n'en reste pas〔de〕~. 跡形もとどめない.
3 微量の痕跡, 微量. déceler des ~s de poison 微量の毒物を検出する. sans éprouver nulle ~ de fatigue 疲労の気配も感じない.
4〔数〕跡 (せき), トレース;（行列の）固有和. ~ d'une droite sur le plan 平面上の直線の跡.
5〔スキー〕シュプール. ~ directe 直滑降. ~ en traversée 斜滑降.

tracé *n.m.* **1** 線図.
2 地取り; 線引き. ~ de la future autoroute 将来の高速道路の線引き. faire le ~ d'une voie ferrée 鉄道線路のコースを定める.
3 線, 筋.〔地形〕~ d'une côte 海岸線. ~ d'une fleuve 川筋.
4〔美術〕描線.

tracéologie *n.f.*〔考古〕痕跡学.

traceur[1](**se**) *n.* **1** トレース複写工, 透写工;〔織〕模様トレース職人.
2〔スポーツ〕(スキー場, フリークライミングなどの) コース設定者 (= ~ d'une piste de ski).
3 地取り師.
──*a.* **1** 追跡する. balle ~se 曳光弾.

traceur[2] *n.m.* **1**〔化・医〕トレーサー, 追跡子, 追跡用アイソトープ (=marqueur). ~ isotopique 同位体トレーサー, 追跡用アイソトープ. ~ radio-actif 放射性トレーサー.
2 トレーサー, 作図機. ~ de courbes カーブ・トレーサー, 作図機, プロッター.
3〔電算〕トレーサー, 追跡子〔実行中のプログラムの正常動作を診断するプログラム〕.

Tracfin (= *Tr*aitement du renseignement et de l'action contre les *ci*rcuits *fin*anciers clandestins) *n.m.*〔金融〕〔資金の〕不法循環抑止のための情報収集と活動対策〔資金洗浄対策組織; フランス財務省所管; 1999年9月5日創設〕.

trachéal(ale)(*pl.***aux**) *a.*〔解剖〕気管の. bifurcation ~ale 気管分岐部.〔医〕canule ~ale 気管カニューレ. cathéter ~ale 気管カテーテル. diverticule ~ 気管憩室. tuberculose ~ale 気管結核.

trachée [traʃe] *n.f.*〔解剖〕気管.

trachéen(ne) *a.*〔動〕(昆虫, 蜘蛛などの) 気管の, 気管による.

trachéite *n.f.*〔医〕気管炎. ~ aiguë virale 急性ウイルス性気管炎.

trachéo[-]bronchite *n.f.*〔医〕気管・気管支炎.

trachéomalacie *n.f.*〔医〕気管軟化症.

trachéoscopie *n.f.*〔医〕気管鏡検査〔法〕.

trachéostomie *n.f.*〔医〕気管形成〔術〕.

trachéotomie *n.f.*〔医〕気管切開〔術〕.

trachome [trakom] *n.m.*〔医〕トラコーマ〔トラコーマ・クラミジア chlamydiæ trachomatis 菌による感染症〕.

trackball〔英〕*n.f.*（パソコンの）トラックボール (=〔仏〕boule de commande).

tract [trakt]〔英〕*n.m.*（政治宣伝, 広告用の）ちらし, びら, パンフレット, ポスター. faxer le ~ ちらしをファックスで送信する.

tractation *n.f.*〔多く *pl.*〕〔蔑〕闇取引, 裏工作; 秘密の折衝 (=pourparlers).

tracteur[1](**trice**) *a.* 牽引力のある, 牽引用の. force ~trice 牽引力. voiture ~trice d'une caravane キャンピングカー牽引自動車.

tracteur[2] *n.m.* トラクター; 牽引車. ~ à roues (chenilles) 車輪 (キャタピラ) 式トラクター.〔軍〕~ d'artillerie lourde 重砲牽引車.〔農〕~-navette 双方向走行性トラクター.

traction *n.f.* **1** 牽引; 引張り応力. essai de ~ 牽引試験. force de ~ 牽引力.〔物理〕résistance à la ~ 引張り強さ.〔医〕~ rythmée (rythmique) de la langue 律動性舌牽引法〔人工呼吸法〕.
2（車の）牽引;〔自動車〕駆動;〔鉄道〕牽引方式. ~ à vapeur (Diesel, électrique) 蒸気 (ディーゼル, 電気) 機関車牽引〔方式〕. ~ animale (à bras) 動物 (人力) 牽引.〔自動車〕~ avant (arrière) 前 (後) 輪駆動.〔鉄道〕~ d'un wagon 車の牽引.〔鉄道〕~ (service de la) 運転局部. système de ~ d'un véhicule 車輛の牽引方式.
3〔スポーツ〕〔体操〕(体の) 引き上げ, 懸

垂;〖棒高跳〗プル・アップ(=[英] pull-up).

tractoriste *n.* トラクター運転者.

tractus [-s] *n.m.* 〖解剖〗伝導路, 路, 索, 束《繊維の束》. ~ corticonucléaire 皮質脊髄路. ~ moteur 運動性伝導路. ~ optique 視索(=bandelette optique). ~ postérolatéral 後外側束. ~ pyramidal 錐体束.

tradition *n.f.* **1** 伝統;しきたり, 慣習(=usage). ~s académiques アカデミックな伝統. ~s de famille 家のしきたり. par ~ 伝統により, しきたりで.
2 伝承, 伝承説話(教義, 戒律);伝説. ~ islamique (juive) イスラム(ユダヤ)の伝承. ~ orale 言伝え, 口承, 口碑. Musée national des Arts et T~s populaires 国立民芸・民間伝承博物館《在 Paris;略記 MNATP》.
3 〖カトリック〗la T~ 聖伝 (Ecriture「聖書」の対). la T~ divine キリスト伝承. la T~ ecclésiastique 教会伝承.
4 〖法律〗引渡し, 交付. ~ feinte 仮装の引渡し, 簡易引渡し. ~ réelle 現実の引渡し.

traditionalisme *n.m.* **1** 伝統墨守主義. ~ culturel 文化的伝統尊重主義.
2 〖哲〗伝統主義.
3 〖カトリック〗聖伝必要説.

traditionaliste *a.* 伝統を遵守する, 伝統を継承する;〖哲〗伝統主義の;〖カトリック〗聖伝必要説の.
──*n.* 伝統主義者.

traditionnel(le) *a.* **1** 伝統的な, 伝統に基づく. grammaire ~le 伝統的文法, 古典文法. musique ~le 伝統音楽, 民俗音楽. rites ~s 伝統的儀式.
2 〔話〕しきたり通りの, 恒例の. la ~le dinde de Noël クリスマスにつきものの七面鳥料理.

traduc*teur(trice)* [1] *n.* **1** 翻訳者, 翻訳家, 訳者. ~ d'anglais-français 英仏語翻訳者. ~ d'un roman allemand ドイツ語の小説の翻訳者. 〖法律〗~ expert juré 宣誓した公認翻訳者. ~ -interprète 翻訳者兼通訳.
2 〔比喩的〕表現者, 解釈者.

traducteur[2] *n.m.* **1** 変換器, トランスレーター. 〖電算〗~ analogique-numérique アナログ・ディジタル変換器, AD 変換器. ~ courant-lumière 電流・光変換器. ~ de mesure 出力変換器. ~ sonore (ラジオ)音量(音質)変換器.
2 翻訳機器;〖電算〗翻訳ソフト. ~ de langage 言語翻訳機器(ソフト). ~ de poche électronique ポケット電子翻訳器.

traduction *n.f.* **1** 翻訳;翻訳書. ~ assistée par ordinateur コンピュータ支援翻訳(略記 TAO). ~ automatique 自動翻訳. ~ de la Bible en français『聖書』の仏訳. ~ libre 意訳. ~ littérale 直訳. ~ orale 訳. ~ simultanée 同時通訳.
2 表現;解釈. ~ des intentions de l'auteur 著者の意図の表現. ~ poétique des états d'âme 心情の詩的表現.
3 〖生化〗翻訳(ペプチド合成). ~ du message génétique 遺伝情報の翻訳.

traductrice[2] *n.f.* 〖電算〗インタープリター(指示を機械言語に翻訳する翻訳プログラム);翻訳機.

trafic[1] (<[英] traffic) *n.m.* **1** 交通;輸送, 運輸. ~ aérien 空の交通;航空輸送, 空輸. ~ ferroviaire 鉄道交通(輸送). ~ fluvial 河川運輸. ~ maritime 海上交通;海上輸送, 海運. ~ routier トラック輸送.
2 交通(輸送)量. ~ aérien moyen quotidien en Europe ヨーロッパの一日平均航空交通(輸送)量. ~ des transporteurs aériens commerciaux 民間航空業者の扱う交通(輸送)量《乗客キロ数 nombre de passagers/km;貨物のトン・キロ数 fret en tonnes/km などで表す》. ~ d'un port 港湾の交通量. ~ intense 過密な交通量. ~ marchandises (voyageurs) 貨物(乗客)輸送量(数).

trafic[2] *n.m.* **1** 不正取引, 密売;密貿易. ~ de[s] stupéfiants 麻薬の不正取引(密売). Office central pour la répression du ~ illicite des stupéfiants 麻薬密売抑止中央事務所(略称 Ocrtis). ~ des esclaves 奴隷の売買. 〖法律〗~ d'influence 収賄;汚職. faire du ~ d'armes 武器を密売する. faire ~ de *qch* 何から不当な利益を得る. faire ~ de son honneur 名声を利用して不当に儲ける. faire ~ de ses charmes 春をひさぐ.
2 〔古〕取引, 売買, 貿易;物々交換. faire ~ de *qch* 何を売買する.

trafiquant(e) *n.* 不正取引者, 密輸商人, 密売者. ~ d'armes 武器の闇商人. ~ de drogues 麻薬密売人.

trafiquer *v.i.* **1** 不正な取引をする, 密売する. ~ avec *qn* 人と闇取引をする. ~ avec une femme 女といかがわしい関係をもつ.
2 (de を利用して)不当な利益を得る. ~ de ses charmes 売春する(=prostituer). ~ de son influence 収賄する. ~ sur 投機をする.
3 〔話〕こそこそやる, 企む.
──*v.t.* **1** 不正に取引する, 密売買する. ~ des drogues 麻薬を密売買する.
2 〔話〕ごまかす. ~ du vin 葡萄酒に混ぜ物をする. ~ un chèque 小切手に細工をする.
3 〔話〕こそこそやる, たくらむ. Qu'est-ce que tu *trafiques* ici? そこでこそこそ何をやっているんだ?

tragédie *n.f.* **1** 〖演劇〗悲劇;悲劇作品(comédie「喜劇」の対);古典悲劇(= ~ classique).
2 〔比喩的〕悲劇;悲劇的事件;惨劇, 大惨事.

tragédien(ne) *n.* **1** 悲劇俳優(役者). **2** 悲劇的な態度をとる人.

tragi-comédie *n.f.* **1** 〖演劇〗悲喜劇

tragi(-)comique（ハッピーエンドに終る悲劇）. **2**〔比喩的〕悲喜劇的事件(状況).

tragi(-)comique *a.* **1**〔演劇〕悲喜劇の. pièce ~ 悲喜劇戯曲. **2**〔比喩的〕悲喜劇的な. situations ~*s* 悲喜劇的状況.

tragique *a.* **1** 悲劇の. auteur ~ 悲劇作家. genre ~ 悲劇の様式. personnages ~*s* 悲劇の登場人物. **2** 悲劇的な；悲惨な；劇的な. accident ~ 悲惨な事故. fin ~ 悲劇的な結末. Ce n'est pas ~. 大したことではない. ━*n.m.* **1** 悲劇；悲劇性. le ~ et le grotesque 悲劇性とグロテスク性. **2** 悲劇作家(=auteur ~). **3** 悲劇的なこと，悲惨さ. prendre *qch* au ~ 何を悲劇的に解釈する. La chose tourne au ~. 事態は悲劇的な様相を帯びてくる.

tragus [-s] *n.m.*〔解剖〕耳珠(じしゅ)（外耳道口前方にある軟骨の舌状突起）.

trahison *n.f.* **1** 裏切り. ~ de Yuda ユダの裏切り. **2** 裏切り，内通；〔法律〕反逆；〔軍〕敵前逃亡. haute ~ 国家元首の反逆罪. **3** 不貞，不義密通(=adultaire). ~ de la femme 女性の不貞. **4** 歪曲. ~*s* d'une mauvaise traduction 悪訳による歪曲.

trail [trejl]〔英〕*n.m.* **1** トレールバイク（全地形対応小型オートバイ；=〔仏〕moto tout-terrain）. **2** トレールバイク・レース.

train (<trainer) *n.m.* Ⅰ（連なり）**1** 列，縦列；（家畜の）隊列. ~ de bois〔de flottage〕筏. ~ de mulets portant des vivres 生活物資を運ぶ騾馬の隊列. ~ de wagons derrière une locomotive 機関車の後に連結した車両. ~ routier トレーラートラック.〔宇宙〕~ spatial スペーストレイン.
2〔鉄道〕列車，トレイン；鉄道. ~〔à destination〕de Nice ニース行きの列車. ~ à diesel ディーゼル動力列車，気動車列車. ~ à grande vitesse（フランス国鉄の）超高速列車（略記 TGV, テ・ジェ・ヴェ）. ~ à quai ホームに停車中の列車. ~ à sustentation magnétique 磁気浮上式列車，リニアモーター・カー(=~flottant). ~ à vapeur 蒸気機関車牽引列車. ~*s*-autos-couchettes オート=クーシェット列車（寝台車付カートレイン；略記 TAC）. ~*s*-autos-jour 日中カートレイン（略記 TAJ）. ~ avec supplément 特別料金を要する列車.〔軍〕~ blindé de l'armée 装甲軍用列車. ~-bloc コンテナ専用貨物列車. ~ de grandes lignes 長距離列車. ~ d'intérêt local ローカル線列車(=tortillard). ~ de marchandises 貨物列車. ~ de neige スキー列車. ~ de nuit 夜行列車. ~ de Paris パリ行き（パリ発）の列車. ~〔à destination〕de Paris パリ行きの列車. ~〔en provenance〕de Marseille マルセイユ発の列車. ~ de service 業務用列車. ~ de voyageurs 旅客列車. ~ électrique 電化列車；電車. ~ express régional 地方急行列車（鉄道）（略記 TER：広域地方行政区画の地方 région が車輌を購入し，フランス国鉄が運行する方式の地方路線列車；TER Bretagne など）. ~-facultatif 臨時列車. ~-ferry 列車積載フェリー，鉄道フェリー. ~ flottant〔磁気〕浮上式列車，リニアモーターカー(= ~ à sustentation magnétique). ~ local 地方列車，ローカル線列車. ~ pendulaire 振り子式列車. ~ postal 郵便列車. ~ rapide (express, direct, omnibus) 特急（急行，快速，普通）列車. ~ régulier 定期列車.〔軍〕~ sanitaire 野戦病院列車(=ambulance). ~ supplémentaire 補助（臨時）列車. billet de ~ 鉄道切符（乗車券）.
chef de ~ 車掌長，主任車掌. conducteur de ~ 列車運転士. contrôleur de ~ 車掌. couloirs (compartiments) d'un ~ 列車の通路（コンパートメント）.
manquer son ~ 予定の列車に乗り遅れる. monter dans le ~ 列車に乗り込む. monter dans (prendre) le ~ en marche (走行中の)列車に飛び乗る.〔比喩的〕事に便乗する；中途から事に加わる. préférer le ~ à l'avion 飛行機よりも鉄道を好む. prendre le ~ de 11h 45 11時45分発の列車に乗る. voyager par le (en) ~ 鉄道で旅行する.
3（装置などの）連なり，列；〔比喩的〕連なり. ~ d'atterrissage（航空機の）着陸装置. ~ d'engrenages 歯車列，歯車装置. ~ de forage (de sonde) 坑井掘削装置. ~ d'impulsion パルス列. ~ de laminoirs 圧延ロールの列. ~ d'ondes 波列. ~ de pneus (車1台分の)タイヤのセット.〔印刷〕~ de presse 印刷装置，印刷機セット. ~ finisseur 仕上げ圧延機.
un ~ de mesures (de réformes) 一連の措置（改革）.
4〔軍〕輜重(しちょう)隊（1928年以前は ~ des équipages). soldat du ~ 輜重兵.
5〔古〕（王侯貴族・貴人などの）お供の行列，供回り.〔集合的〕~ de maison[1] 召使い. C'est le diable et son ~. (それは悪魔とその手下どもの仕業だ→) ひどい厄介ごとの連続だ.
Ⅱ（進み具合）**1**（人・馬・乗物などの）速度，スピード；(仕事などの)進み具合，進捗状態.〔話〕~ de sénateur 重々しい歩み. accélérer son (le)~ 速度を上げる. aller son ~ 自分のペースで進む；(事が)順調に運ぶ. aller son petit ~ マイペースでゆっくり進む；事をせかせない. ralentir son (le) ~ 速度を落とす.
à fond de ~；à un ~ d'enfer 全速力で. partir à fond de ~ 猛スピードで飛び出していく.
bon ~ さっさと；〔比喩的〕手早く；順調に. marcher bon ~ 足早に歩く. mener un procès bon ~ 訴訟の審理を迅速に進める.

L'affaire va bon ~. 事業は順調に進捗している.
grand ~ 猛スピードで. aller grand ~ 大急ぎで行く.
2〖スポーツ〗(競走の)ペース (=allure générale). ~ rapide (soutenu) 速い (安定した)ペース. faux ~ かけひきのペース；抑えたペース. gagner au ~ 一定したペースで勝つ. mener le ~ ペースメーカーをつとめる. suivre le ~ ペースについていく.
3〖古・文〗(事の)運び方, 進め方；流儀. ~ du jour 時流. ~ de vie；~ de maison²(経済的な)暮し向き.〖税〗éléments du ~ de vie 基礎的生活費. ~ de vie modeste 質素な暮し.
avoir un grand ~ [de vie]；mener grand ~ 豪勢に暮している. être dans le ~ 時流に乗っている. réduire son ~ de vie 生活を切りつめる. Voilà le ~ du monde. これが世の習わしだ.
4〖やや古〗大騒ぎ. faire du ~ 大騒ぎをする.
5〖en ~ の形で〗進行(活動)状態. en ~ (人が)活動している；(人が)快調である；(事が)進捗している, 進行中の. travail en ~ 進行中の工事. Ce matin, je suis en ~. 今朝は快調です. L'enquête de police est en ~. 警察の捜査は進行中である. Nous étions tous très en ~. われわれは皆ひどくはしゃいでいた.
mettre qn en ~ 人を活気づける (陽気にする). mise en ~¹ 始動；着手, 開始. mise en ~ d'une production 製造の開始.
en ~ de + inf. (人・物が)…している最中の；(人が)…する気になっている(現在では否定形のみ). être en ~ de travailler 仕事中である. Elle n'est pas en ~ de s'amuser. 彼女はとても楽しむどころではない.
III〖支え〗**1**(四足獣の)半軀(はんく). ~ de devant (de derrière) 前軀 (後軀). chien assis son ~ 座った犬.
2〖俗〗尻. botter le ~ à qn 人の尻を蹴飛ばす. filer le ~ à 人の尻について行く. se manier (se manger) le ~ 急ぐ.
3(車の)車輪と車軸，(車の)シャーシ. ~ avant (arrière) d'une automobile 自動車の前輪 (後輪) 装置, フロント (リア) アクスル.
4〖印刷〗〖古〗(印刷機の)版盤.〖現用〗mise en ~²(組版の)むら取り. mettre forme en ~ 版のむらを取る.

traînage n.m. 曳引；橇(トロッコ)運搬；〖鉱〗抗口ロープ運搬；(テレビの)多重像.

traîne n.f. **1** 曳引；曳航. à la ~ 引きずられて；曳航されて；遅れて, 落伍して；放置されて. radeau à la ~ 曳航筏(いかだ). être à la ~ 引きを出られない. laisser des dossiers à la ~ 書類を放っかしにする.
2〖服〗トレーヌ, 引裾(ひきぎぞ). robe à ~ トレーヌのついたドレス.
3〖漁業〗曳網,〖海〗曳航物. pêche à la ~ 曳網漁.
4(ベリー地方 le Berry の)路傍の生垣, 窪んだ道.
5〖気象〗寒冷前線の後の筋状の雲. ciel de ~ 筋雲のある空.

traîneau (pl. ~**x**) n.m. **1** 橇(そり). ~ à chevaux (chiens) 馬 (犬) 橇. chien de ~ 橇犬. **2** 霞網,〖魚〗曳網 (=traîne).

traînée n.f. **1** 細長く(点々と)続く跡, 筋状の痕跡. ~ de poudre 導火用にまいた火薬の筋. ~ de sang 点々と滴る血痕. se répandre (se propager) comme une ~ de poudre (噂, 伝染病などが) あっという間に広まる.
2(煙などの)棚引き, 筋. ~ de condensation 飛行機雲. ~ météose 流星痕. ~ lumineuse d'une comète 彗星の尾 (= chevelure).
3〖漁業〗底延縄.
4〖物理〗(流体の)抵抗；〖空〗抗力 (= force de ~；poussée「推力」の対). coefficient de ~ 抵抗係数 (略号 Cx).
5〖俗〗売春婦 (= prostituée).

train-obus n.m. 弾丸列車.

train-parc (pl. ~**s**-~**s**) n.m.〖鉄道〗線路保線列車.

trait n.m. **I**(線)**1** 線；線引き；〖美術〗線, 描線；輪郭；〖建築〗罫引き；〖印刷〗白黒画像. ~s de l'écriture 字体(書体)の線(barre「横線」；hampe, jambage「縦線」；queue「下の線」など). ~s en imprimerie 印刷上の線 (filet「罫線」, ligne「線」, tiret「ティレ, ダッシュ」). ~s en gravure 彫版の彫り線. ~s couvergents (divergents) 収斂(発散)線. ~ de niveau 水準線. ~ de scie 鋸による切断用の罫引き. ~ discontinu 破線.
〖印刷・文法〗~ d'union トレ=デュニヨン, ハイフン(-)；〖比喩的〗絆. servir de ~-d'union entre deux pays 両国の橋渡しをつとめる. ~s parallèles 平行線；線影 (= hachure). ~ plein 実線. ~ pointillé 点線.
~ pour ~ 非常に正確に. reproduire ~ pour ~ 忠実に複製する. se ressembler ~ pour ~ 瓜二つである.
d'un ~ de plume ペンで一気に線を引いて；一気に；突然；乱暴に. biffer un mot d'un ~ de plume 語を一気に抹消する. Leurs relations amicales ont été rayées d'un ~ de plume. 彼らの友好関係は一挙に消滅した.
dessin au ~ 線画. faire (tirer, tracer) un ~ 線を引く. tirer un ~ sur un projet 計画を抹消 (放棄, 断念) する. marquer un emplacement d'un simple ~ 線で場所の境界を示す.
2 筆致；表現法. à grands ~s¹ 大ざっぱに. esquisser à grands ~s 素描する. ra-

traitant(e)

conter à grands ~s 大まかに話す. décrire qch en ~s émouvants 何を感動的に描き出す.

3〔*pl.* で〕顔立ち, 目鼻立ち. ~s réguliers 整った顔立ち. étude des ~s 容貌学(=physionomie). avoir les ~s tirés疲れた表情をしている. lire un sentiment sur les ~s de qn 人の表情を読み取る. reconnaître les ~s de qn 顔立ちでその人とわかる.

4 d'un〔seul〕~ 一気に；一息に. boire d'un ~ 一気に飲む. dormir d'un ~ jusqu'au matin 朝までぐっすり眠り続ける. boire à grands ~s² ぐいぐい飲む. boire à longs ~s ゆっくり味わいながら飲む.

Ⅱ(特徴) **1** 特徴, 特色(=~caractéristique)；〔言語〕特徴. ~s distinctifs 識別上の特徴. ~ essentiel 本質的特徴.〔言語〕~ pertinent 関与特徴. ~ saillant 顕著な特徴. ~ typique 典型的特徴. avoir des ~s communs (des ~ de ressemblance) avec …と共通点(類似点)をもつ.

2 (de 以下の) 行い, 行為；〔補語なしに〕顕著な行い(事例). ~ d'esprit 機知に富んだ言葉. ~ de générosité 寛大な行い. ~ de génie 天才のひらめき. ~ de gourmandise 大食らい.

3〔成句〕avoir ~ à qch 何に関係がある. Cela n'a aucun ~ à la question. それは問題と全く関係がない.

Ⅲ(飛ぶもの) **1** 矢；投槍；(矢などの) 射出.〔神話〕~s de Jupiter ユピテルの放つ光りの矢. arme de ~ 飛び道具(弓など). homme de ~ 射手. comme un ~ 矢のように早く. partir comme un ~ 鉄砲玉のように飛び出して行く. à deux ~s d'arc 弓矢のとどく2倍の距離に(で).〔チェス〕avoir le〔premier〕~ 先手になる.

2 光の条, 光線. ~ de feu d'un éclair 稲妻. ~ de lumière 一条の光.〔比喩的〕問題解決の端緒.

3〔文〕毒舌；(皮肉などの) とげ, 針. ~s de la calomnie 中傷の矢. décocher un ~ à qn 人に辛辣な言葉を投げかける.

4 生彩に富む表現；気のきいた言葉. ouvrage plein de ~s 機知にみち溢れた作品.

5〔音楽〕走句；〔カトリック〕(ミサの) 詠誦.

Ⅳ(牽引) **1** 牽引. ~ de corde 綱の牽引. bête (animal) de ~ 乗物を牽引する動物. cheval de ~ 輓馬(ばんば). pêche au ~ 綱漁.

2 (馬車などの) 引綱, 輓革(ひきがわ)；(猟犬をつなぐ) 革紐, 綱. ~s d'un attelage 繋駕用引綱.

traitant(e) *a.* **1** 治療する. médecin ~ 主治医, 治療担当医 (médecin consultant「診察医」の対).

2 処置用の. lotion ~e contre les pellicules ふけ止めローション. shampooing-~ トリートメント=シャンプー.

3 officier (agent) ~ 秘密諜報機関員.

traite *n.f.* **Ⅰ** (中断のない) 一行程, 一旅程. faire une longue ~ 長旅を休みなくすすめる. tout d'une ~ 一気に, ぶっ通しで. d'une〔seule〕~ 休みなく. faire le voyage d'une ~ 休みのない旅をする.

Ⅱ 1 貿易, 交易, 通商；取引；売買(=〔英〕trade)；〔話〕売春婦(=prostituée). ~ des Blanches (売春婦としての) 婦女売買. ~ des Nègres (奴隷としての) 黒人売買. économie de ~ (旧て植民地との) 交易経済.

2 手形(=lettre de change)；商業手形(=effet de commerce). accepter une ~ 手形を引受ける.

Ⅲ 搾乳(さくにゅう), 搾った乳. ~ mécanique 機械式搾乳. Toute la ~ est vendue à la coopérative. 搾った乳はすべて協同組合に売られる.

traité *n.m.* **1** (de, sur に関する) 論, 論考, 概論. ~ de droit public 公法概論. le *T* ~ sur la tolérance de Voltaire ヴォルテールの「寛容論」.

2 条約. ~ bilatéral 二国間条約. ~-contrat 通商(講和)条約. ~-loi 立法条約, 規範条約. ~ multilatéral 多国間条約. ~ sur l'Union européenne ヨーロッパ連合条約(=~ de Maastricht マーストリヒト条約). conclure (ratifier) un ~ 条約を締結(批准)する.

3〔保険〕保険者間協定. ~ de réassurance 再保険協定.

traitement *n.m.* **1** 待遇, 処遇, もてなし, 取り扱い. ~ de faveur 厚遇. mauvais ~s 虐待. recevoir de bons ~s 親切な扱いを受ける.

2〔医〕治療, 手当；治療法(=thérapeutique). ~ curatif 治療法. ~ de choc ショック療法. être en ~ à l'hôpital 病院で治療中である. prescrire un ~ 治療法を指示する.

3 処理, 加工；(コンクリートの) 養生. ~ à distance 遠隔処理. ~ à froid 冷間処理.〔電算〕~ automatisé de données データの自動処理. ~ des déchets radioactifs 放射性廃棄物処理. ~ de l'eau 水の処理 (濾過・浄化・殺菌).〔電算〕~ de l'image (de données) 映像(データ)処理. ~ de l'information 情報処理, データ処理. ~ de surface 表面加工.〔電算〕~ de texte ワードプロセッシング；ワードプロセッサー(ソフト).〔電算・法律〕~ informatique des décisions de justice 判決の情報処理. ~ par le chlore 塩素処理. ~ thermique 熱処理.

4 (公務員の) 俸給, 給与, 月俸(=rémunération d'un fonctionnaire). toucher un ~ 俸給を受け取る.

traiteur *n.m.*〔料理〕トレトゥール, 仕出し料理店, 仕出し屋；惣菜店.〔同格〕service ~ 仕出しサービス. pâtissier-~ 菓子・惣菜店.

trajectographie *n.f.*〔宇宙工学〕(人工

衛星・ミサイルなどの) 軌道追跡表示 (= [英] tracking).

trajectoire *n.f.* **1** (惑星・彗星などの) 軌道；(砲弾・ミサイルなどの) 弾道. ~ balistique 弾道. ~ d'une comète 彗星の軌道. ~ de particule 流跡線.
2 〖幾何〗軌線, 截線, 切線. ~ isogonale 定角切線. ~ orthogonale 直交截線.
3 〖比喩的〗軌跡, 道筋, 歴程, 歩みの跡.

trajet *n.m.* **1** (一地点から他地点への) 移動, 旅行. faire le ~ à pied (en voiture) 歩く(車で)行く. faire le ~ de Paris à Marseille パリからマルセイユまで行く. ~ par air (par mer) 空路 (海路) の移動 (旅行). accident de ~ 通勤途上の事故.
2 のり, 行程；旅程；旅行. ~ de dix kilomètres 10 キロの道のり (行程). 〖比喩的〗 ~ parcouru par un écrivain 作家の歩んだ道のり. Votre maison est sur mon ~. あなたの家は私の通う道の途中にある.

tram [tram] 〖英〗 *n.m.* 路面電車, 市電 (tramway の略).

tramadol *n.m.* 〖薬〗トラマドール (鎮痛薬；薬剤製品名 Topalgic (*n.m.*) など).

trame *n.f.* **1** 〖織〗〖集合的〗横糸 (= fils de ~) (chaîne「経糸」(たていと) の対). La ~ est croisée avec la chaîne. 横糸は経糸と交差する.
2 〖印刷〗網目スクリーン；〖TV〗ラスター 《ブラウン管上の走査図形》；〖写真〗網目格子. une ~ de 100 (1 インチ当り) 100 本の網目格子.
3 〖解剖〗網状組織. ~ broncho-vasculaire du poumon 肺の気管支脈管網状組織. ~ pulmonaire 肺間質.
4 〖建築〗(図面の) グリッド, 直交基準線.
5 〖比喩的〗(物語などの) 筋立て, 骨組 (運命などの) 糸, つながり. ~ des destinées 運命の糸. ~ du récit 物語の筋立て.

traminer *n.m.* 〖葡萄酒〗トラミネール (《アルザス地方 l'Alsace の白葡萄酒用品種). ~ musqué 麝香 (じゃこう) トラミネール 〔種〕(= gewurztraminer). ~ non aromatique 非芳香性トラミネール 〔種〕(= sauvignon blanc du Jura).

traminot *n.m.* 路面電車 (tramway) 運転士 (車掌)；路面電車会社職員.

tramontane (< [伊] tramontana) *n.f.*
1 〖気象〗トラモンターヌ (地中海沿岸の冷たい北西風)；アルプス (ピレネー) おろし.
2 〖古〗北極星 (= étoile polaire). 〖比喩的〗 perdre la ~ 方角が分からなくなる；途方に暮れる.

trampoline *n.m.* 〖スポーツ〗トランポリン.

tram-train (*pl.* ~s-~s) *n.m.* 鉄道路線乗入れ電車.

tramway [tramwɛ] 〖英〗 *n.m.* 路面電車, 市電 (略称 tram).

tranchage *n.m.* **1** 薄切り加工, (木材を) 薄板にすること；(金属を) たがねで削ること, スライシング.
2 (食物を) 薄切りにすること.

tranchant(e) (< trancher) *a.* **1** (刃物が) よく切れる, 鋭利な. côté ~ 刃の側. côté non ~ 峰の側. couteau ~ 鋭利なナイフ.
2 〖比喩的〗断定的な, きっぱりした. réponse ~ e きっぱりした返事. ton ~ 断定的口調.
3 〖やや古〗際立った, 鮮やかな.
——*n.m.* **1** (刃物の) 刃. ~ d'un sabre サーベルの刃. à double ~ ; à deux ~ s 両刃の；〖比喩的〗両刀論法的な. couteau à double ~ (à deux ~ s) 両刃のナイフ. 〖比喩的〗argument à double ~ (à deux ~ s) 両刀論法, ジレンマ. ~ de la main 手刀 (手の平の小指側の縁). balayer la table du ~ de la main 手の平の小指側でテーブルを拭う. affiler le ~ d'un couteau ナイフの刃を研ぐ.
2 刃のついた工具, 刃物. ~ d'apiculteur 蜜刀 (蜜房を切るナイフ). ~ de tanneur 革なめし工のナイフ (獣皮についた肉をそぎとるナイフ).
3 〖比喩的〗切れ味, 鋭さ. ~ de la voix 声の鋭さ.

tranche *n.f.* **1** 薄切り, 切身, スライス, 薄片. une ~ de jambon 一切れのハム. ~ de poisson 魚の切身. couper *qch* en ~ s très minces 何かを極く薄切りにする.
2 薄板. ~ de marbre 大理石板.
3 (時間・量などの) 区切り, 区分；段階. ~ d'âge 年齢区分. une ~ de temps 一期間, 一時期. première ~ des travaux 工事の第 1 期. la deuxième ~ du programme 計画実施の第 2 段階.
diviser les nombres en ~ s de trois chiffres séparées par des blancs 数を 3 桁毎に間に空白を入れて区切る (例：1 234 567). 〖俗〗s'en payer une ~ 大いに楽しむ.
4 (船の) 区画. ~ des machines 機関区画.
5 〖食肉〗トランシュ (= tendre de ~) 《牛の腿肉のなか肉》. ~ grasse 内腿肉.
6 〖経済〗支払いなどの) 回, 期；〖税〗同一税率所得域 (= ~ d'imposition du revenu). ~ s de livraison d'une fourniture 納入の配達回数. ~ s supérieures (inférieures) 高(低) 税率所得域. la première ~ d'un contingent de soldats 徴集兵の第 1 期. émettre un emprunt en ~ s 債券を何回かに分けて発行する. recevoir la première ~ d'un paiement 支払いの第 1 回分を受領する.
7 切断面, (特に) (書籍の) (貨幣の) 縁. ~ dorée (marbrée) (書籍の) 金色の (大理石模様を施した) 小口. ~ de tête (de queue, de goutière) (書籍の) 天 (地, 前小口). 〖比喩的〗garçon doré sur ~ [s] 大金持の青年. faire rouler une pièce sur sa ~ 貨幣を縁で転がす.
8 〖農〗犂で掘り起した畝状の土, 畝 (=

tranché(e[1]**)**

ados).
9 〖気象〗雨量高《雨量計内の雨水の層》(= lame).

tranché(e[1]**)** *a.p.* **1** 切られた；区分された. corde ~*e* 切断された綱.
2 際立った；はっきりした. couleurs ~ *es* はっきりした色彩. opinion ~*e* きっぱりした意見. personnalité ~*e* 際立った個性. refus ~ 断乎たる拒絶.
3 〖紋章〗(楯形紋が)斜めに2分された.
—— *n.f.* 〖紋章〗斜め2分割楯形紋章(=écu)

tranchée[2] *n.f.* **1** 溝, 堀；切通し；(壁面の)切込み. ~*s* de chemin de fer 鉄道の切通し. ~ de drainage 排水溝. ~*s* de plantation d'arbres 樹木の植付溝. creuser une ~ 溝を掘る.
2 〖軍〗塹壕, guerre de ~ 塹壕戦(=guerre de position「陣地戦」).
3 〖林業〗林道.
4 〖医〗〖*pl.* で〗疝痛(=colique aiguë). ~*s* utérines 後陣痛, 後腹(あとばら).

tranchée-abri (*pl.* ~*s*-~*s*) *n.f.* 〖軍〗掩蔽壕；防空壕.

trancheur**(se)** *n.* **1** 〖鉱〗採鉱夫, 先山.
2 鱈の腸(わた)抜き漁師.
3 切断工；板挽き工；(既製服の)裁断工.
—— *n.f.* 木材挽割機；〖土木〗溝掘り機.

tranchoir *n.m.* **1** 肉切り俎板(まないた).
2 チーズ切り盆.
3 庖丁(=couteau, hachoir).
4 〖染色〗石灰(灰)を入れる木皿.
5 〖魚〗つのだし(=zancle).

tranquille *a.* **1** 静かな. mer ~ 穏やかな海. la nuit ~ 静かな夜. quartier ~ 閑静な街区.
2 (人が)物静かな, 落ち着いた. d'un pas ~ 落ち着いた足どりで. effort ~ 静かな努力. enfant ~ おとなしい子供. 〖副詞的〗manger ~ 静かに食べる. se tenir ~ 静かにしている；黙っている.
3 安らかな, 心静かな. ~ bien-être 心静かな安らぎ. sommeil ~ 安らかな眠り, 安眠. avoir l'esprit (la conscience) ~ 心にやましい所がない. laisser *qn* ~ 人をそっとしておく. mener une vie ~ 平穏な生活を送る. Soyez ~. 安心しなさい.
4 〖政治・社〗平和な. L'Europe était alors ~. 当時ヨーロッパは平穏(平和)であった.

tranquillisant(e) *a.* **1** 人を安心させる. des nouvelles ~*es* ほっとするニュース.
2 〖薬〗精神安定作用のある. médicament ~ 精神安定薬, 抗不安薬.
—— *n.m.* 〖薬〗抗不安薬(=anxiolyptique), 精神安定剤, トランキライザー；神経遮断薬(=neuroleptique).

tranquillité *n.f.* **1** 静かさ, 静穏. ~ de la mer 海の穏やかさ. ~ de la nuit 夜の静寂.

2 (社会の)平穏, 安寧, 安定. ~ des peuples 民衆の平穏. ~ publique 公安. périodes de ~ 平穏期.
3 (精神的)安らぎ, 平静, 平安. ~ de l'âme 心の安らぎ.

trans- 〖ラ〗ELEM 「彼方の, 横切って, 変える」の意(*ex. trans*alpin アルプスの向こうの, *trans*atlantique 大西洋横断の, *trans*formation 変形).

transactinide *n.m.* 〖化〗超アクチニド《元素番号89番のアクチニウムから103番のローレンシウムまでの元素；actinides アクチノイドを超える元素》.
—— *a.* 超アクチニドの. séries ~*s* 超アクチニド系列〖元素〗.

transaction *n.f.* **1** 〖法律〗和解, 示談. ~ honorable 満足すべき和解 (示談).
2 〖一般に〗妥協(=compromis).
3 〖経済〗商取引, 売買. ~ immobilière 不動産取引. taxe sur les ~*s* 取引税.
4 〖英〗〖情報処理〗トランザクション.

transactionnel(le) *a.* **1** 〖法律〗和解の. dispositions ~ *les* 和解措置.
2 〖心, 社会学〗analyse ~*le* 交流分析.
3 〖電算〗トランザクションの. application ~ *le* トランザクション・アプリケーション(業務アプリケーション).

transalpin(e) *a.* **1** (ローマから見て)アルプスの向こう側の(cisalpine 「アルプスのこちら側の」の対). la Gaule ~ アルプスの向こう側のガリア, ガリア・トランサルピナ《概ね現在のフランスとベルギーに相当する古代ガリア；la Gaule cisalpine「アルプスのこちら側のガリア, ガリア・キサルピナ」の対》.
2 アルプスを横断する.

transamazonien(ne) *a.* アマゾン河流域を横断する. la T~ アマゾン横断道路《ブラジル, 4,920 km, =route ~》.

transaméricain(e) *a.* アメリカ大陸を横断する. chemin de fer ~ アメリカ大陸横断鉄道.

transaminase *n.f.* 〖生化〗アミノ酸転移酵素, トランスアミナーゼ, アミノトランスフェラーゼ(amino-transférase), アミノ基転移酵素.

transamination *n.f.* 〖生化〗アミノ基転移.

transandin(e) *a.* アンデス山脈 (la chaîne des Andes) 横断の. chemin de fer ~ アンデス山脈横断鉄道《Buenos Aire ブエノス・アイレス (Buenos Aires) と Valparaíso ヴァルパライソ間》.

transat [-t] (= *transat*lantique) *n.m.* 〖話〗**1** デッキチェア《大西洋航路の客船で導入されたことに由来する名称》.
2 大西洋航路の客船(=paquebot ~).
3 T~ 大西洋横断ヨットレース(=course ~). la T~ 6,50 6.5 m 級ヨットによる大西洋横断ヨットレース.

transatlantique a. 1 大西洋横断の. course ~ 大西洋横断ヨットレース. 2 大西洋の彼方の, アメリカの.
——n.m. 1 大西洋航路定期船 (=paquebot ~). 2 デッキチェア.
——T~ n.f. 1 大西洋汽船会社 (=Compagnie générale ~). 2 大西洋横断ヨットレース (=course ~) (Transat と略記).

transatmosphérique a. 超大気圏の, 大気圏外の. avion spatial ~ 超大気圏飛行宇宙航空機.

transbordement (<transborder) n.m. 『交通』積み換えること, 乗り換えさせること. ~ de marchandises 商品の積み換え. ~ de passagers 乗客の乗り換え.

transbordeur n.m. 『船』フェリー《カーフェリー, 列車搭載フェリー》(=〔英〕ferry). navire ~ フェリー〔ボート〕.

transcanadien(ne) a. カナダを横断する. la T~ne カナダ横断道路《Victoria と Saint-Jean-de-Terre-Neuve 間, 7,800 km》.

Transcaucasie n.pr.f 『地理』la ～ トランスカフカス(コーカシア), ザカフカス, 南カフカス (カフカス (コーカサス) 山脈南方の地域; l'Arménie, l'Azerbaidjan, la Géorgie 諸国を含む; 形容詞 transcaucasien(ne)).

transcendant(e) a. 『哲』超越的な. réalités ~es 超越的現実.
2 卓越した, 卓抜な, 優れた. esprit ~ 卓越した精神.〔話〕Il n'a rien de ~. 彼には優れたところが皆無だ.
3 『数』超越的な. fonction ~e 超越関数. nombre ~ 超越数.

transcendantal(ale) (pl.**aux**) a. 1 『哲』(スコラ哲学で)超越的な. relation ~ale 超越的関係.
2 『哲』(カント哲学などで) 先験的な, 超越論的な. esthétique ~ 先験的美学, 先験的感性論. idéalisme ~ 先験的観念論. sujet ~ 先験的主観.
3 超越的な, 超自然の, 抽象的な, 高遠な. méditation ~ale 超越的瞑想〔法〕.
4 『数』超越的な. fonction ~ale 超越関数.

transcodage n.m. 『情報処理』コード変換.

transcodeur n.m. 『情報』コンバータ, コード変換装置;『TV』方式変換装置.

transconteneur n.m. 1 (長距離輸送用の) 大型コンテナ. 2 『海運』大型コンテナ専用貨物船.

transcontinental(ale) (pl.**aux**) a. 大陸横断の. chemin de fer ~ 大陸横断鉄道.

transcriptase n.f. 『生化』(ウイルス粒子内の)転写酵素.

transcripteur(trice) n. 転写者, 写字生;筆耕者;謄記者.
——n.m. 転写機.

transcription n.f. 1 転写, 写し;謄本.
2 (en) (他の字母への) 書替え, 音訳. ~ en alphabet アルファベット表記への書替え. ~ phonétique 音声表現.
3 『音楽』(異なる楽器編成への) 編曲 (= ~ musicale);転写, 音声表記. ~ pour piano ピアノ用編曲.
4 『法律』登記, 謄記, 登録. ~ à l'état civil 民事的身分登録簿 (戸籍簿) への登記 (転記, 登録). ~ hypothécaire 抵当登記. registre des ~s 謄記 (登記) 簿.
5 『生』~ génétique 遺伝情報の転写.
6 『電算』表現形式, 音訳.
7 『AV』録音, 録画.

transcriptionnel(le) a. (遺伝子の) 転写の. contrôle ~ 転写調節.

transcriptome n.m. 『生』トランスクリプトーム, 転写産物《メッセンジャー RNA の転写情報》. analyse du ~ トランスクリプトーム解析《大規模転写解析》.

transcriptomique a. 『生』ARN (RNA) 情報解析の.
——n.f. ARN (RNA) 情報解析学.

transculturel(le) a. 異文化相互の, 通文化的な.

transcutané(e) a. 『医』経皮的 (=transdermique). 『医・薬』absorption ~e 経皮呼吸. infection ~e 経皮感染.

transdermique a. 1 経皮性の (=transcutané, percutané).
2 『薬』経皮式の. système ~ 経皮投薬システム.

transdifférianciation n.f. 『生化』転位分化.

transdisciplinaire a. 学際的な. recherches ~s 学際的研究.

transducteur n.m. 1 『電算』トランスデューサー《入力を他の形態の出力に変換する装置;=traducteur》.
2 エネルギー変換器 (装置), 変換器, トランスデューサー. ~ électroacoustique 電気音響変換器 (マイクロフォン, スピーカーなど). ~ électromagnétique 電磁変換器《電磁ヘッドなど》.

transduction n.f. 1 『生化』形質導入 (バクテリオファージによる細菌の遺伝形質の伝達). 2 『物理』(エネルギーの) 変換.

transe n.f. 1 [pl.で] (災いなどに対する) 極度の不安 (危惧). être dans les ~s ひどくおびえている. être dans les ~s de+inf. (que+subj.) …すること (…になること) を極度に恐れている.
2 『交霊術』(霊媒の) 神がかり的状態 (= ~ médiumnique), トランス;〔比喩的〕恍惚状態. être (entrer) en ~ 神がかり状態にある (になる);〔比喩的・話〕ひどく興奮している.

transept [-sεpt] n.m. 『建築』(教会堂の) トランセプト, 翼廊, 交〔差〕廊《教会堂の主軸の身廊 nef principal と交差して十字架の

transfection

形をつくる翼廊). ～ nord (sud) 北 (南) 翼廊. croisée du ～ 翼廊交差部.

transfection *n.f.* 〖遺伝子工学〗トランスフェクション, 遺伝子移入 (遺伝子 ADN (DNA) の細胞内導入).

transférase *n.f.* 〖生化〗転移酵素, トランスフェラーゼ.

transfèrement *n.m.* 〖法律〗(受刑者の) 移送. ～ cellulaire 独房式囚人護送車による移送.

transferrine *n.f.* 〖生化〗トランスフェリン (肝臓で合成され, 鉄の伝達にかかわる, 血漿中のグロブリン).

transfert *n.m.* **1** 移すこと, 移転；振替；移籍. ～ des capitaux 資本の移転. ～ des cendres de Napoléon ナポレオンの遺骨の移葬. 〖行政〗～ de crédit 予算振替. ～ de fonds 資金の移転. ～ d'un footballeur d'un club à un autre サッカー選手の他のクラブへの移籍. ～ du salarié (他企業への) 被用賃金労働者の移籍. 〖商業〗～-paiement 支払振替. 〖商業〗～-recette 受入振替.
2 (人や物の) 移送, 搬送, 輸送, 伝達. ～ de détenu 受刑者の移送. ～ des populations 住民の強制移住. ～ des salaires (外国人労働者の) 賃金の本国移送. chaîne de ～ 搬送チェーン (システム). 〖工〗machine à ～ トランスファー・マシン.
3 〖法律〗(権利・義務・職務などの) 譲渡, 移転. ～ conventionnel 約定譲渡. ～ de propriété 所有権の譲渡. ～ de portefeuille 保険証券譲渡. ～ de technique de pointe 先端技術の譲渡 (移転).
4 〖商業〗(有価証券の) 名義書換え. ～ de garantie 担保設定のための名義書換え. ～ de titre nominatif 記名証券の名義書換え. ～ direct 指図書換え.
5 〖心・精神分析〗転移. ～ des sentiments 感情転移. ～ positif (négatif) 正 (負) の転移.
6 〖電算・通信〗(情報の) 転送. 〖通信〗～ d'appel 呼出しの転送. ～ de données データの転送. circuit de ～ 転送回路.
7 〖生〗転写. 〖生〗ARN de ～ 転写 NRA (リボ核酸).
8 〖染色〗〖織〗転写捺染.

transfiguration *n.f.* **1** 〖キリスト教〗(キリストの) 変容；主の御変容の祝日 (8 月 6 日) (= fête de la T ～). 〖美術〗T ～ キリスト変容図. **2** 変貌, 変容.

transfini(e) *a.* 〖数〗超限の. nombre ～ 超限数.

transfo *n.m.* 〖電〗〖話〗変圧器, 変換器 (= transformateur の略).

transformateur (trice) *a.* 変形する；加工する；〖電〗変圧する. industrie ～*trice* 加工産業. station ～*trice* 変電所.
—*n.m.* **1** 〖電〗変圧器 (= ～ électrique)；変成器, 変換器, コンバーター (〖俗〗略称 transfo). ～ à courant constant 定電流変

圧器. ～ acoustique 音響変成器. ～ de couple トルクコンバーター. ～ de fréquence 周波数変換器. ～ triphasé (monophasé) 三相 (単相) 変圧器.
2 加工業〔者〕. ～ de produits laitiers 乳製品加工業〔者〕.

transformation *n.f.* **1** (en への) 変化, 変形；変質；加工；改装, 改築. ～ d'un appartement アパルトマンの改装. faire des ～s dans une maison 家の模様替 (改装) をする. industries de ～ 加工産業.
2 〖化〗変化. 〖物理〗変換；〖電〗変圧；〖生〗形質変換, 変態. ～ chimique 化学変化. ～ de l'énergie エネルギーの変換. ～ de l'œuf 卵の変態. ～ du sucre en alcool 砂糖のアルコールへの変化. ～ isotherme 等温変化. ～ magnétique 磁気変態. ～ reversible 可逆変化. ～ thermonucléaire 熱核変換. rapport de ～ 変圧比.
3 〖数〗変換. ～ de Fourier フーリエ変換. ～ des coordonnées 座標変換.
4 〖言語〗(生成文法における) 変換, 変形.
5 〖ラグビー〗コンバージョン.

transformationnel(le) *a.* 〖言語〗変形 (変換) の. grammaire ～ 変形 (変換) 文法.

transformisme *n.m.* 生物進化説.

transfrontalier(ère) *a.* 国境越えの, 越境する；国境の両側を結ぶ；国境を往来する. transports ～s 越境運輸.

transfrontier(ère) *a.* 国境の両側の, 国境にまたがる, 国境を越えて往来する. coopération ～*ère* 国境を越えた協力.

transfuge *n.m.* 〖軍〗投降兵, 脱走兵.
—*n.* **1** 脱党者；裏切者 (= traitre). **2** 離脱者. ～ d'un pays 国を捨てた人.

transfusé(e) *a.p.* 〖医〗輸血された.
—*n.* 輸血を受けた人, 受血者 (= receveur de sang). ～ infecté par l'hépatite C 輸血による C 型肝炎感染者.

transfuseur *n.m.* 〖医〗**1** 輸血を実施する人；輸血機関. **2** (供血者からの) 輸血注入器.

transfuseuse *n.f.* 〖医〗(保存血液の) 輸血注器具.

transfusion *n.f.* 〖医〗輸液；輸血 (= ～ sanguine, ～ de sang). ～ sanguine d'urgence 緊急輸血. centre de ～ sanguine 輸血センター (CTS と略記). controverse sur la ～ (汚染血液をめぐる) 輸血論争.

transfusionnel(le) *a.* 〖医〗輸血に関する. activité ～ *le* 輸血業務. Comité de sécurité ～ *le* 輸血安全管理委員会.

transgabonais(e) *a.* ガボンを横断する. chemin de fer ～ ガボン横断鉄道 (Libreville と Franceville 間).

transgène *n.m.* 〖遺伝子工学〗導入遺伝子.

transgénérationnel(le) *a.* 世代を移行する, 世代をまたぐ.

transgenèse n.f.〖遺伝子工学〗遺伝子導入.

transgénique a.〖遺伝子工学〗遺伝子組み換え操作を施された, 遺伝形質を転換した. animaux (plantes) ~s 遺伝形質転換動物(植物). soja ~ 遺伝子組み換え大豆. soja non[-] ~ 遺伝子非組み換え大豆.

transgéniquement ad. 遺伝子的に, 遺伝子操作によって. céréales ~ modifiées 遺伝子操作によって改変した穀物, 遺伝子組み換え穀物.

transgressif (ve) a. **1**〖法律〗違犯(違反)する; 違反した. conduite ~ve 違犯行為. produit ~ 違反製品.
2〖海〗海進による. eaux ~ves 海進水(熱帯で北上する海流).

transgression n.f. **1** 違犯, 違反, 侵犯; 破戒. ~ de la loi 法律違反.
2〖地学〗海進(= ~ marine).

transhorizon a.inv.〖電子機器〗超地(水)平線性の. radar ~ 超地平線レーダー (=radar BTH).

transhumance n.f.〖酪農〗移牧(家畜, 特に羊を夏は山地, 冬は平地に移して飼育すること). chemin de ~ 移牧道.

transhumant(e) a. 移牧 (transhumance)させる; 移牧に従う. troupeaux ~s 移牧する羊の群れ.

Transilien n.pr.m.〖鉄道〗トランシリヤン《イール=ド=フランス地方でl'Ile-de-Franceの交通網の呼称》. voyage en Ile-de-France avec ~ SNCF イール=ド=フランス地方の国鉄トランシリヤンを利用した旅行.

transillumination n.f.〖医〗透光〔法〕, 透光テスト (=diaphanoscopie 徹照法).

transistor [trãzistɔr] [英] n.m. **1**〖電子〗トランジスター. ~ à effet de champ 電場効果トランジスター. ~ à grille isolée 単独グリッド・トランジスター《=MOS-FET 酸化膜半導体電界効果トランジスター, モス=フェット》. ~ à jonction 接合トランジスター《=MOS 酸化膜半導体トランジスター》. ~ bipolaire バイポーラ・トランジスター. ~ épitaxique エピタキシ型トランジスター.
2 トランジスター・ラジオ.

transistorisation n.f. トランジスタ一化.

transistorisé(e) a.p. トランジスター化された. téléviseur portatif ~ トランジスター化ポータブルTV受像機.

transit [-it]〖伊〗n.m. **1** トランジット(航空機・船・乗客などの一時寄港・着陸). passager en ~ sur un aéroport 空港のトランジット(通過)乗客. salle de ~ 通過客待合室.
2〖商業〗(貨物の)トランジット, 免税通過. marchandises en ~ トランジット(免税通過)貨物.
3〖生理・医〗(消化器管内の)食物通過.〖医〗~ baryté バリウム検査. ~ intestinal 食物の腸内通過.
4〖物理〗(電子の)通過, 移動.
5〖天文〗~ méridien 南中, 正中, 子午線通過.

transitaire a. 免税通過の. commerce ~ 免税通過取引; 免税通過貨物取次業者. pays ~ 免税通過国, 通過税免税国.
——n.m. 免税通過貨物取次業者.

transition n.f. **1** 移り変り, 推移. 変遷; 変り目, 推移期, 中間過程. ~ brutale (douce) 急激な(穏やかな)推移. ~ d'un sujet à l'autre 主題の推移. de ~ 過渡的な. 中間的な.〖学〗classe de ~ (中等教育第1段階の成績不良者のための)推移学級. gouvernement ~ 暫定政権. période de ~ 過渡期.〖美術〗style de ~ 過渡的な様式. zone de ~〖生〗移行(推移)帯;〖言語〗移行地域. sans ~ いきなり, 一足飛びに. passer sans ~ du rire aux larmes いきなり笑いから涙になる.
2〖物理・化〗転移; 遷移. ~ électronique 電子遷移. chaleur de ~ 転移熱. éléments de ~ 遷移元素.〖生化〗état de ~ 遷移状態. métaux de ~ 遷移金属, 遷移元素 (=éléments de ~). point de ~ 転移点, 転移(遷移)温度 (=température de ~).
3〖論理・話の〗運び. art de ~ 話の運び方.
4〖音楽〗経過部, 一時的転調;〖映画〗(画面の)転換部;〖絵画〗(色彩の)漸移部;〖占星術〗移行.
5〖電算〗移行, 遷移. diagramme de ~ 遷移図.

transitionnel(le) a. **1** 過渡的な (= transitoire). glaciers ~s 過渡的氷河.
2〖心〗転移の. objet ~ (幼児の)転移対象(ours en peluche「縫いぐるみの熊」など).

transitoire a. **1** 一時の, 過渡的な, 暫定的な; 臨時の, 代理の. fonction ~ 過渡的機能, 代役. gouvernement ~ 臨時政府. régime politique ~ 暫定的な政治体制. solution ~ 一時的解決.
2 はかない, 一時の, 移ろいやすい.
3〖生〗expression ~ (遺伝子の)一時的表出.
——n.m. 一時的(過渡的)現象.

Transjordanie n.pr.f. トランスジョルダニー, トランスヨルダン《ヨルダン東部の歴史的地域名; 1949年以降 le Royaume hachémite de Jordanie ヨルダン・ハーシム王国》.

translation n.f. **1**〖文〗(遺骸・聖遺物などの)移葬. ~ des restes de Napoléon à la chapelle Saint-Louis de l'hôtel des Invalides (パリの)廃兵院聖ルイ礼拝堂へのナポレオンの遺骸の移葬.
2〖法律〗移転; 転任; 移送. ~ d'un tribunal 裁判所の移転. ~ d'un évêque 司教の転任. ~ d'un prisonnier 囚人の移送.

3〖法律〗譲渡. ~ de la propriété 所有権の譲渡. ~ de l'impôt 税の価格への転嫁 (= répercussion).
4〖教会〗~ d'une fête (競合する) 祝日の繰り延べ.
5〖理・数〗平進, 平行運動. mouvement de ~ uniforme 等速平進運動.〖写真〗obturateur plan-focal à ~ verticale 縦走りフォーカルプレーン・シャッター.
6〖天文〗(惑星の) 公転. ~ de la Terre 地球の公転.

translecture *n.f.* 読み合わせ. ~ traductionnelle 翻訳の読み合わせ. ~ transcriptionnelle 転記の読み合わせ.

translittération *n.f.*〖言語〗翻字, 字訳 (他言語文字への書き換え).

translocation *n.f.* **1**〖生〗(染色体の配列の) 転座, トランスロケーション. ~ réciproque 相互転座. ~ simple 単純転座.
2〖医〗腱移行術 (=transposition tendineuse).

translucide *a.* 半透明な. verre ~ 半透明ガラス, 曇りガラス.

translucidité *n.f.* 半透明〔性〕.

transmanche *a.inv.* 英仏海峡 (la Manche) 横断の. trafic ~ 英仏海峡横断輸送. tunnel ~ 英仏海峡トンネル (=Eurotunnel).

transmembranaire *a.*〖生化〗膜を通過する. protéine cellulaire ~ 通膜性細胞蛋白質.

transmetteur[1] (**trice**) *a.* (音・記号などを) 伝達する.

transmetteur[2] *n.m.* **1**〖通信〗送信機, 送話機; 発信装置, トランスミッター. ~-récepteur 送受信機.
2 (音・信号などの) 伝達装置.〖海〗~ d'ordres 伝声管 (命令伝達装置).
3〖電〗変換器. ~ électro-acoustique 電気音響変換器.
4〖生〗伝達物質, 神経伝達物質 (=neurotransmetteur). ~ chimique 化学的伝達物質.
5〖軍〗通信兵.

transmigration *n.f.* **1**〖宗教〗輪廻転生, 霊魂の乗り移し (= ~ des âmes; = métempsychose). **2**〖稀〗移住.

transmissibilité *n.f.* **1**〖医〗伝染性. ~ d'une maladie 疾病の伝染性.
2〖生〗遺伝性. ~ des caractères acquis 獲得形質の遺伝性.
3〖法律〗譲渡可能性, 移転可能性. ~ volontaire 任意の譲渡可能性.

transmissible *a.* **1**〖医〗伝染性の. maladie sexuellement ~ 性行為感染症〔略記 MST〕; 旧 maladie vénérienne「性病」. maladie ~ 伝染病. tumeur ~ (ウイルスなどによる) 感染性腫瘍.
2 遺伝性の. caractères ~s par l'hérédité 遺伝性形質.

3〖法律〗(権利などが) 譲渡し得る, 譲渡可能な. patrimoine ~ 譲渡し得る遺産.

transmission *n.f.* **1** 伝えること; 伝達; 送信;〖軍〗通信, 連絡;〖法律〗譲渡.〖法律〗~ à titre gratuit 無償譲渡. ~ d'un droit à une autre personne 他人への権利譲渡. ~ des données データ通信. ~ d'un ordre 命令の伝送. ~ des pouvoirs 政権の移譲. ~ d'une propriété aux héritiers 相続人への財産譲渡. ~ de pensée テレパシー (télépathie).〖法律〗~ testamentaire 遺言譲渡. agent de ~ 伝令. erreur de ~ 伝達ミス. ligne de ~ 送電線.
2 伝わること; 伝播; 伝導;〖理〗透過, (運動の) 伝達;〖医〗伝染;〖遺〗(形質の) 遺伝. ~ de chaleur 熱伝導. ~ d'informations 情報の伝播. ~ d'ondes sonores 音波の伝播. ~ d'une maladie 病気の伝染. ~ des caractères 形質の遺伝. ~ du mouvement 運動の伝達.〖医〗~ horizontale 水平感染.〖生理〗~ nerveuse 神経伝導 (伝達).〖理〗facteur de ~ 透過因子.
3 放送 (=diffusion). ~ directe (différée) 生放送 (録音・録画放送).
4〖機械〗伝動装置, トランスミッション. ~ automatique 自動変速装置. ~ par engrenage 歯車伝動, 歯車式動力伝達装置. arbre (courroie) de ~ 伝動軸 (ベルト).
5 (*pl.* で)〖軍〗通信隊; 通信施設. brigade de ~s 通信旅団. compagnie de commandement et de ~s 司令・通信中隊. Ecole supérieure et d'application des ~s 高等通信学校 (略記 Esat; 国防省所管; 通信士官・通信技術者の養成機関; 1994 年 3 校を再編; Rennes 近郊にある).

transmutation *n.f.* **1** 変容, 変形, 変質, 変性. ~ des commerces 商業の変容.
2〖窯〗変成.
3〖生〗変移.
4〖数〗(図形の) 変換.
5〖原子物理〗変換. ~ atomique 原子変換. ~s naturelles (provoquées) (核種の) 自然 (誘発) 変換. ~ nucléaire 核変換 (転換).
6〖法律〗所有権の移転 (譲渡).
7〖錬金術〗(卑金属の貴金属への) 変成.

transnational (**ale**) (*pl.* **aux**) *a.* 国家の枠を超えた, 超国家的な; 多国にまたがる. entreprise ~ale 多国籍企業 (=entreprise multinationale). réseau ferré ~ 国際鉄道網.

transocéanien (**ne**) *a.* **1** 大洋の対岸の; 大洋横断の. câble ~ 大洋横断海底電線. pays ~ 大〔西〕洋をはさんだ諸国.
2 大洋を結ぶ. canal ~ 両洋連絡運河.

transocéanique *a.* 大洋横断の.

Transpac (<*trans*mission de données par *paquet*)〖通信〗トランスパック《データを小分けにして伝送するパケット通信網の名称; 1979 年 France Télécom が設置した世界初のディジタル方式の通信網》.

transpalette n.f. フォークリフト（パレット式小型貨物運搬車）.

transparence n.f. **1** 透明, 透明性. ~ de l'eau de la rivière 川の水の透明性. **2**〔比喩的〕透明性, 公開性. ~ des fonds politiques 政治資金の透明性. ~ fiscale (税務上の) ガラス張り性. politique de ~ ソ連のグラスノスチ (情報公開) 政策. **3** 明瞭, 透徹. ~ de l'idée 思考の明晰さ. **4**〔映画〕スクリーン・プロセス.

transparent[1] (e) a. **1** 透明な, 透き通った；澄んだ, 明澄な. bruit ~ よく澄んだ音. ciel ~ 澄み切った空. corps ~ 透明体. eau ~e 透明な水. éclat ~ 澄んだ光. membrane ~e 透明膜. verre ~ 透明ガラス. **2** 半透明な；透けて見える；透き通るような. papier ~ 半透明紙. avoir un teint ~ 抜けるように白い肌をしている. **3**〔比喩的〕見え透いた；(文意などが) 明瞭な；(人が) 隠し隠しをしない, 透徹した. allusion ~e 見え透いたあてこすり. cœur ~ 包み隠しをしない心根. texte ~ 明晰な文章.

transparent[2] n.m. **1** 下敷 罫紙 (=guide-âne). **2** 透かし絵；(OHP の) 透明シート；〔写真〕ポジティヴ (スライド) フィルム (写真) (=film ~；photo ~e). projeter des ~s au projecteur プロジェクターでスライド (透明シート) を投映する. **3**〔建築〕(火炎式ゴシック様式やバロック様式の) 透かし彫り. **4**〔絵〕(油絵の画面に上塗りする) 透明ワニス (=vernis ~). **5**〔服〕シースルーのオーバードレス.

transpartisan(e) a.〔政治〕超党派の.

transpiration n.f. **1** 汗をかくこと, 発汗. ~ provoquée par la chaleur (la maladie) 暑さ (疾病) による発汗. produits contre la ~ 制汗剤. être en ~ 汗をかいている. **2** 汗 (=sueur). chemise humide de ~ 汗で湿ったシャツ. **3**〔植〕蒸散 (= ~ végétale).

transplant n.m.〔生・医〕移植体；移植臓器. France T~ フランス移植臓器協会 (移植臓器の提供を管理する組織).

transplantation n.f.〔植〕移植, 植え替え. ~ des arbres 樹木の移植. **2**〔医〕臓器移植 (= ~ d'organes). Etablissement national de la ~ 国立臓器移植管理機関. ~ du cœur (du rein) 心臓 (腎臓) 移植. **3** 移住. ~ d'animaux (de personnes) 動物 (人) の移住.

transplanté(e) a.p. **1**〔植物が〕移植された. fleurs ~es dans un jardin 庭に移植された花. **2**〔医〕(組織・臓器が) 移植された. organe ~ 移植臓器.

3 (人・動物が) 他の土地に移された；移住した. populations ~es 移民.
— n. **1**〔医〕組織 (臓器) の移植を受けた人, 移植手術を受けた人. **2** 移住者.

transpolaire a. 極地を通る, 極地を横断する. ligne aérienne ~ 極地横断航空路.

transpondeur n.m.〔通信〕トランスポンダー (外部からの信号を受け自動的に信号を送り返す通信・放送用の中継増幅機；= répondeur, 〔英〕transponder).

transport n.m. **Ⅰ**〔運搬〕**1** 運搬, 搬送. ~ à la main (à dos) 手による (背負った) 運搬. ~ d'un malade à l'hôpital 病人の病院への運搬. ~ des restes d'un mort 遺体の移送 (改葬) (=translation). **2** 輸送, 運送, 運輸. ~ à grande vitesse 高速輸送. ~s automobiles 自動車輸送. ~ du bois par flottage 材木の筏輸送. ~ de l'énergie électrique 送電；送電線. ~ de force 高圧送電；高圧線. ~ des lettres 郵便輸送；輸送. ~ des marchandises (des voyageurs) 貨物 (旅客) 輸送. ~ des prisonniers 囚人の護送.〔軍〕~ des troupes en convoi 兵員の護送.〔海〕~ en vrac ばら積み輸送. ~ par air (par chemin de fer, par mer, par route, par terre) 航空 (鉄道, 海上, 道路, 陸上) 運送. ~ par voie d'eau (par voie de terre) 水路 (陸路) 輸送.

〔軍〕avion de ~ 輸送機. commission de ~ 運送取次契約. commissionnaire de ~ 運送取扱人. compagnie de ~ 運輸会社. contrat de ~ 運送契約. frais de ~ 輸送費, 運賃. industrie des ~s 運送産業. moyen de ~ 輸送手段. navire de ~ 輸送船. **3** 輸送料, 運賃, 交通費 (=frais de ~). ~ franc de port 運賃送り主負担で. **4**〔多く pl.〕交通機関；交通 (運送) 手段 (= moyen de ~)；〔軍〕兵員輸送船 (=navire de troupes). ~s aériens (ferroviaires, fluviaux, maritimes, routiers) 航空 (鉄道, 水上, 海上, 道路) 輸送〔機関〕. ~s communs 公共交通機関 (= ~s publics). ~s métropolitains 地下鉄. ~s urbains 都市交通. ~ à la demande デマンド・バス. développement des ~s 交通機関の発展. droit des ~s 輸送税. Ministère des ~s 運輸省.〔鉄道〕titre de ~ 切符, 乗車券 (= billet, ticket).

Ⅱ〔移動〕**1**〔法律〕移動, 出張. ~ de justice sur les lieux (裁判官による) 現場検証, 現場臨検. **2**〔法律〕(所有権・債権などの) 譲渡 (=cession). ~ de créance 債権譲渡.

Ⅲ〔比喩的〕〔文〕激情, 興奮, 熱狂；陶酔, 恍惚. ~s d'admiration 熱狂的讚美. ~s amoureux 恋の熱情 (= ~s d'amour). ~s de colère (de fureur) 激怒. ~s de joie 有頂天. ~ poétique 詩的陶酔.
avec ~〔s〕熱狂して, 夢中になって. s'écrier avec ~ 夢中になって呼ぶ. s'aban-

transportation donner aux ~s 激情に身をまかせる. se mettre dans un état de ～ 陶酔状態に陥る.

transportation n.f. 〖法律〗**1** (懲役のための) 流刑 (1854年導入, 1938年廃止). **2** 植民地への追放刑 (1855年導入, 1942年廃止). ~ à la Guyane ギュイヤーヌへの追放刑.

transporteur(se) a. 運搬する, 運送する. bande ~se ベルト・コンベヤ. compagnie ~se 運送 (運輸) 会社.
——n.m. **1** 運送業者. ~ routier トラック運送業者.
2 〖工〗コンベア, 運搬機. ~ à bande (à courroie) ベルト・コンベヤ. ~ aérien 架空索道. ~ élévateur ホイスト・コンベヤ.
3 〖海〗(de ～) の専用運搬船. ~ de conteneurs コンテナ船 (= porte-conteneurs). ~ de gaz 液化ガス運搬船. ~ de méthane 液化メタン運搬船 (= méthanier). ~ de pétrole 石油タンカー (= pétrolier). ~ de vrac ばら積み貨物船 (= vraquier).
4 〖化〗伝達体；〖生〗伝播体. 〖化〗～ d'hydrogène 水素伝達体.〖生〗~ mécanique 機械的伝播体《病原体を運ぶだけの宿主生動物》. ~ vecteur「病原体の媒介動物」の対》.

transposition n.f. **1** (位置, 順序の) 置換え；〖文法〗(音素, 文字, 語などの) 位置転換；〖数〗互換；〖化〗〔分子内〕転位；〖医〗転位 〔症〕. 〖印刷〗～ de pages ページの置換え. ~ de mots 語順転換.〖生〗~ d'une séquence génétique 遺伝子配列の置換. 〖化〗~ intramoléculaire 分子内転位. 〖医〗~ vasculaire 血管転位〔症〕.
2 〖音楽〗移調；移調楽曲. ~ pour baryton d'un lied pour ténor テノール用楽曲のバリトンへの移調.
3 移し変え；翻案. ~ de la réalité dans un roman 現実の小説化.
4 〖法律〗(法律などの) 置換え, 転換.

transposon n.m. 〖生〗可動性遺伝因子, 転移要素, トランスポゾン《転移性遺伝要素のひとつ；Tn と略記》.

transpyrénéen(ne) a. ピレネー山脈 les Pyrénées を横断する, ピレネー越えの. routes ~nes ピレネー越えの道路.

transrhénan(e) (<le Rhin) a. ライン河の向こうの, ライン河東岸の, ドイツの.

transsaharien(ne) a. サハラ砂漠横断の.
——T~ n.m. サハラ砂漠横断鉄道 (= chemin de fer ~；1942年一部開通後, 計画放棄).

transsexuel(le) a. 〖精神医学〗性転換の, 性転換に関する；性転換願望の.
——n. 性転換〔願望〕者.

transsibérien(ne) a. **1** シベリアの彼方の. **2** シベリア横断の.
——T~ n.m. シベリア横断鉄道 (= chemin de fer ~).

transsonique a. 〖航空〗音速に近い, 遷 (せん) 音速の (subsonique「音速以下の」, supersonique「超音速の」の対). vitesse ~ 遷音速《mach 0.8-1.2》.

trans〔-〕standard a. 〖写真〗(レンズの焦点距離が) 標準域の. zoom ~ de 24-105 mm 24-105ミリの標準 〔域〕ズームレンズ.

transsubstantiation n.f. **1** 実質変化, 実体変化.
2 〖神学〗実体変化, 化体 (かたい), 化体説《聖餐のパンと葡萄酒がキリストの肉と血の実体と化するとする説》.

transsudat n.f. 〖医〗濾出液.

transsudation (<transsuder) n.f. **1** 滲出 (しんしゅつ), 滲透. **2** 〖医〗濾出 (ろしゅつ).

transthyrétine n.f. 〖生化〗トランスチレチン《卵巣癌の存在を示す血中の蛋白質》.

transuranien[1] n.m. 〖化〗超ウラン元素 (= élément ~)《原子番号93以上の人工放射性元素》 (neptunium, plutonium, américium, curium).

transuranien[2] **(ne)** a. 〖物理〗超ウラン 〔元素〕 の. élément ~ 超ウラン元素《原子番号93以上の人工放射性元素》.

transversal(ale)(pl.aux) a. 横切る, 横断する.〖解剖〗artère ~ale de la face 顔面横断動脈. coupe ~ale 横断面.〖鉄道〗grandes lignes ~ales (パリを始発・終着点としない) 横断幹線. route ~ale (幹線道路の基点を通らない) 横断道路. rue ~ale 横丁.〖地形〗vallée ~ale 横谷 (おうこく).
——n.f. **1** 〖幾何〗横断線 (= ligne ~ale). **2** 〖スポーツ〗ゴールのバー；サッカーの横パス (= passe en diagonale). **3** 横断道路 (= route ~).

transverse a. 〖解剖〗横の, 横行の. apophyses ~s des vertèbres 椎骨の横突起. côlon ~ 横行結腸.〖医〗fracture ~ 横骨折. muscle ~ de l'abdomen 腹壁横行筋.〖医〗myélopathie ~ 横断性脊髄障害.

Transvésubienne n.f. 〖スポーツ〗トランスヴェジュビエンヌ競技大会《毎年7月 La Colmiane から, parc du Mercantour を経て, Nice の baie des Anges に至る VTT：vélo tout-terrain (マウンテンバイク) 競技大会》.

transvision n.f. 〖印刷〗色彩反転効果《印刷物の表裏で色彩が反転する効果》.

transylvain(e), transylvanien (ne) a. トランシルヴァニア (la Transylvanie) の.
——n. トランシルヴァニアの住民.

trapèze n.m. **1** 〖幾何〗台形, 梯形. ~ isocèle 等脚台形.〖発音〗~ vocalique 母音梯形. en〔forme de〕~ 台形状の (に).〖服〗ligne ~ トラペーズ・ライン《緩やかな裾広がりのライン》.
2 (曲芸, 体操用の) ブランコ. ~ volant (サーカスの) 空中ブランコ.

3〖解剖〗僧帽筋(＝muscle～);大菱(りょう)骨(＝os～).
4〖ヨット〗トラピーズ(艇外の命綱).
5 (馬の)頸(けい)と鬐甲(きこう)の間の部分.

TRAPIL (＝〔Société des〕 *transports pétroliers par pipe-line*) *n.pr.f.* 石油パイプライン輸送〔会社〕.

trappiste *n.m.* **1** 〖宗教〗トラピスト修道会修道士. **2** トラピスト・ビール(ベルギーのトラピスト修道院で製造される).

trappistine *n.f.* **1** トラピスト女子修道院修道女.
2 〖酒〗トラピスチーヌ(トラピスト女子修道会でつくられるリキュール酒).

trapu(e) *a.* **1** (人が)ずんぐりした,背が低く太った,でっぷりした;(物が)ずんぐりした,幅広で低い. homme ～ ずんぐりした男. bâtiment de ferme ～ 低くてどっしりした農家.
2〖学生隠語〗よくできる,頭の良い;(問題が)むずかしい. prof ～ よくできる教師. question ～*e* むずかしい質問.

traque *n.f.* **1**〖狩〗(獲物の)駆り立てること.～ du gibier 狩の獲物の駆り立て.
2〔比喩的〕(犯人などを)追い詰めること;人間狩(＝chasse à l'homme). ～ de Ben Laden ビン・ラーディン狩り.〖話〗～ fiscale 租税狩り,税務調査.

traquenard *n.m.* **1** (野獣を捕える)落し罠.
2〔比喩的〕罠,策略. tomber dans un ～(策略)にはまる.
3〖乗馬〗足が不揃いの速歩(＝trot désuni).

trauma *n.m.* **1**〖医〗外傷.
2〖心〗心の外傷,精神的外傷,トラウマ(＝～ psychique).

traumatique *a.* **1**〖医〗外傷性の,創傷性の. choc ～ 外傷性ショック. fièvre ～ 創傷熱. fracture ～ 外傷性骨折. syndrome ～ cervial 外傷性頚部症候群,鞭打ち損傷.
2〖精神分析〗心的外傷性の. névrose ～ 外傷性神経症.

traumatisant(e) *a.* **1**〖医〗外傷を与える. occlusion ～ des dents 歯の外傷性咬合.
2 精神的ショックを与える;〖精神分析〗心的外傷(トラウマ)を与える. expérience ～*e* ショッキングな経験.

traumatisé(e) *a.p.* **1**〖医〗外傷を与えられた.
2 精神的ショックを受けた;〖精神分析〗心的外傷を受けた. être ～ par la mort de *qn* 人の死に強いショックを受ける.
── *n.* **1** 外傷を受けた人. **2** 心的外傷を受けた人.

traumatisme *n.m.* **1**〖医〗外傷性傷害. ～ cardiaque 心外傷. ～ du foie 肝外傷,肝損傷. ～ occulaire 眼外傷.

2〖精神分析〗精神的外傷,心的外傷(＝～ psychique);強い精神的ショック,トラウマ(＝trauma).

traumatologie *n.f.*〖医〗外傷学.
traumatologique *a.*〖医〗外傷学の;外傷性傷害の.

trav*ail* (*pl.* **aux**) *n.m.* ① (仕事) **1** 仕事,労働. ～ de bénédictin 根気を要する知的な仕事. ～ de fourmi 忍耐仕事. ～ de longue haleine 息の長い仕事. ～ de Roumain 難事業,つらく時間がかかる仕事. ～ intellectuel 知的労働. ～ manuel 肉体労働. bleu de ～ 作業着,菜っ葉服. déjeuner (dîner) de ～ ワーキングランチ(ディナー). langue de ～ 作業言語(ワーキング言語). lieu de ～ 仕事場,職場. être au ～ 仕事中である. se mettre au ～ 仕事に取り掛かる.
Au-delà de l'impératif immédiat de la lutte contre le chômage, la semaine de 35 heures pose le problème des rapports de l'homme au ～. 週35時間労働制は単に失業対策上の短期的な思惑を超えて,人間と労働との関係という問題を提起している.
2 とくに学習,勉強,課業.〖学〗～ *aux* dirigés 演習.〖学〗～ *aux* pratiques 実習,実験,演習. ～ scolaire 学業.
3 仕事,職業,職,労働. ～ à domicile 家内労働. ～ à la chaîne 流れ作業. ～ à temps partiel パートタイム労働. ～ au noir 非合法労働,闇労働;アルバイト. ～ bénévole 無償労働. ～ clandestin 秘密労働. ～ continu 連続労働制. ～ d'entraide 互助労働. ～ de nuit 夜間労働. ～ intermittent 断続労働. ～ posté (par équipes, par roulement) 交替労働制,輪番制労働. ～ précaire 非正規雇用による労働,不安定労働. ～ temporaire 派遣労働.
accident du ～ 労災. carte de ～ 労働許可証(外国人滞在者がフランス国内で働くために必要). condition du (de) ～ 労働条件. contrat de ～ 労働契約. droit au ～ 労働権. durée du ～ 労働時間. groupe de ～[1] 作業グループ(職場,工場内で同一作業を担当する集団). heures de ～ 就労時間. médecine du ～ 労働医療(1946年導入). réduction du temps de (du) ～ (RTT) 労働時間短縮(週35時間労働制に伴う勤務時間調整,同制度を利用した超過勤務の休日振り替え). dangerosité (insalubrité, pénibilité) du ～ 労働の危険度(不健康度,不潔度,苦痛度,困難度).
chercher du (un) ～ 就職口を探す. à ～ égal, salaire égal 同一労働,同一賃金(賃金面での男女平等を要求する標語).
4〔*pl.* で〕作業,仕事. ～ *aux* agricoles 農作業. ～ *aux* de dames (d'aiguille) 針仕事. ～ *aux* des champs 野良仕事. ～ *aux* domestiques (ménagers) 家事,家事労働. ～ *aux* forcés 強制労働,徒刑(1939年に廃止され

travailleur(se)

た〕. ~ aux d'intérêt collectif 公益奉仕労働 (軽罪に対して拘禁刑の代わりとして適用されうる代替刑). ~ aux d'utilité collective 公益労働《若年失業者救済を目的に1982年に設置され, 1987年まで実施された制度》.

5〔多く pl.〕作業, 工事, (特に) 土木工事. ~ aux d'art 土木建造物. ~ aux de réfection 改修 (修繕) 工事. ~ aux de rénovation (再開発) 工事, 改築工事. ~ aux publics 公共工事；公共事業担当官庁. bâtiment et ~ aux publics (BTP) 建設土木工事業(界). ~ aux routiers 道路工事.
Attention, ~ aux! 工事注意《道路標示》. les grands ~ aux de Paris sous la présidence de François Mitterrand ミッテラン大統領時代にパリで進められた大規模公共事業《ルーヴル博物館のピラミッド, バスチーユ広場のオペラ座など》. Des ~ aux sont en cours à la maison. 家では工事が進行中である. inspecteur des ~ aux finis 怠け者.

6 研究, 業績, 研究論文. Les récents ~ aux de X devraient servir de référence à toutes les études à venir sur le sujet. この問題に関してこれからなされる研究はすべて, Xによる最近の業績から出発すべきであろう.

7 労働, 労働者. code du ~ 労働法典. médecine du ~ 労働医学. relations entre patronat et ~ 労使関係. Bureau international du ~ (BIT) 国際労働機関事務局. chômage au sens du BIT 国際労働機関事務局定義に基づく失業. Confédération générale du ~ (CGT) 労働総同盟. Organisation internationale du ~ (OIT) 国際労働機関.
Pendant longtemps..., furent considérés comme seuls facteurs de production les biens de production durables (le capital), le ~ dans son ensemble (le ~) et les ressources naturelles...(《Dictionnaire de science économique》, Ed. Mame, 1969) 長い間, 耐久生産財 (資本), 総体としての労働 (労力) および天然資源のみが生産要素とみなされていた (『経済学辞典』Mame 出版, 1969年).

8 仕事振り, できばえ, 作品. ~ bien fait 立派な仕事. ~ consciencieux 良心的な (配慮の行き届いた) 仕事. ~ d'amateur 素人仕事. 〔皮肉〕C'est du beau ~. ご立派なお仕事. Et voilà le ~! 見事なできばえだ.

9 細工, 加工. ~ du bois (marbre) 木工 (大理石を削る仕事).

10 会議などの審議, 討議, 論議, 議論, 議題. groupe de ~² 作業部会, ワーキンググループ.
A l'issue de leurs ~ aux, les participants ont publié une déclaration commune pour souligner leur solidarité face au défi du terrorisme international. 討議後に参加国は国際テロリズムに協力して対処する意思を強調するために共同声明を発表した.

II〔作用〕**1**(主に自然の)作用, 影響. ~ de l'inconscient 無意識の作用. ~ de la fermentation 発酵作用. ~ des eaux 水の浸食作用. ~ du bois (湿気による) 木材のたわみ. ~ du temps 時の作用.

2 機能, 働き. ~ d'un mécanisme 装置の働き. ~ musculaire 筋力.

3 仕事, 作業. 『原子力』~ de séparation 分離作業.『原子力』unité de ~ de séparation (UTS) 分離作業単位.『精神分析』~ du rêve 夢の作業.

4〔情報処理〕ジョブ, 演算, 作業.

III〔古〕労苦, 苦労, 苦痛；〔現用〕出産時の陣痛, 分娩. salle de ~ 分娩室.

travailleur(se) n. **1** 労働者, 勤労者. ~ à domicil 家内労働者. ~ de force 力仕事の労働者. ~ handicapé 障害労働者. ~ indépendant 自営労働者. ~ intellectuel 頭脳 (知的) 労働者. ~ intérimaire 派遣労働者. ~ manuel 肉体労働者. ~ migrant 移民労働者. ~ saisonnier 季節労働者. ~s sociaux 社会福祉関係職員. ~se familiale ホームヘルパー.

2 賃金労働者；(特に) 工場労働者. syndicat de ~s 労働組合.

3 働く人；働き者；勤勉家, 勉強家. bon ~ よく働く人.
—a. **1** よく働く, 勤勉な. élève ~ よく勉強する生徒. ouvrier ~ 勤勉な労働者.

2 労働者の, 勤労者の. classes ~ses 労働者階級. masses ~ses 勤労大衆.

travailliste n.〔英国の〕労働党員.
—a.〔英国〕労働党の. Parti ~〔britannique〕〔英国〕労働党 (=〔英〕the Labour Party).

travailloter v.i.〔話〕のろのろ働く, ぐずぐず働く.

travée n.f. **1**〔座席・机などの〕列；列に坐っている人々. ~ centrale d'un cinéma 映画館の中央の席の列.

2〔集合的〕書棚の段.

3〔建築〕径間 (わたりま), 梁間 (はりま), ベイ；スパン. ~s d'une nef (教会堂の) 身廊の径間群.

4〔古〕(教会堂の) 側廊上の特別席 (=tribune).

traveller's check, traveller's chèque, traveller〔英〕n.m. トラヴェラーズチェック, 旅行小切手 (=〔仏〕chèque de voyage). changer ses ~ トラヴェラーズチェックを両替する. signer des ~ トラヴェラーズチェックに署名する.

travers n.m. **1** 幅. un (deux) ~ de doigt 指1本 (2本) の幅.
◆〔à と共に〕à ~ 横切って, 貫いて. passer à ~ 横切って通る；貫通する.
à ~ qch 何を横切って；何を通して. à ~ les âges 歳月を経て. passer à ~ bois 森を横切る. regarder à ~ une vitre ガラス越しに見る. regarder la vie à ~ la littérature

文学を通して人生を見る. sentir le froid à ~ ses vêtements 衣服を通して寒気を感じる. à tort et à ~ 縦横に;〖比喩的〗出鱈目に, 考えなしに.

au ~ 横切って, 貫いて. passer au ~ 通り抜ける;〖話〗危険をすり抜けて;罰を免れる;〖隠〗儲けにならない. Un piège l'attendait, mais il est passé au ~. 罠が待ちうけていたが, 彼はそれをうまくすり抜けた.

au ~ de …を横切って, …を通して. passer au ~ de bien des malheurs 多くの不幸をくぐり抜ける. passer au ~ des épines 茨の間を縫って進む. Au ~ de son masque, on voit le traître. 彼の仮面の裏には裏切者の正体を見抜く.

◆〖de と共に〗de ~ 曲って;斜めに;傾いて;間違って, 不当に. avaler de ~ 気管に呑みこむ. avoir l'esprit de ~ 精神がひねくれている. avoir le nez de ~ 鼻が曲っている. comprendre qch de ~ 何を曲解する. juger de ~ 不当に判断する. marcher de ~ よろよろ歩く. mettre son bonnet de ~ 帽子を斜めにかぶる. prendre de ~ 誤解する. regarder qn de ~ 人を白い目で見る. Tout va de ~. 万事うまく行かない.

◆〖en と共に〗en ~¹ 横方向に;横切って. coupe en ~ 横断. profil en ~ 横断形.

en ~ de …を横切って, …をふさいで. voiture renversée en ~ de la route 横倒しになって道をふさいだ車. rester en ~ de la gorge〖食物が〗喉につかえる;〖比喩的〗しこりを残す.〖比喩的〗se mettre en ~ de qch 何を邪魔する.

2〖食肉〗トラヴェール, スペアリブ〖脇腹肉〗. ~ de porc 豚のトラヴェール (スペアリブ)〖赤身・脂身・肋骨の中央部からなる脇腹肉〗.

3〖海〗船腹, 舷側. bateau qui présente son ~ au vent 舷側を風にさらしている船. en ~² (船が風・波に対して)横向きに. bâtiment en ~ 風(波)に舷側をさらした船. être en ~ à la lame 横波を受けている. mettre en ~ (船を)風(波)に対して横向きにする;蹠跼(ちょきょ)する(船首を風(波)に向けてほぼ一点にとどまる). s'échouer en ~ 舷側から座礁する. par en ~ 舷側から. aller par le ~ (船が)漂流する. apercevoir une île par le ~ tribord 右舷真横に島影を認める. vent de ~ 横風.

4〖車〗(車を)横向きにすること. semi-~ 半横向.

5〖比喩的〗欠点;悪癖. petits ~s sans gravité 重大ではないささやかな欠点. critiquer les ~ de qn 人の欠点を批判する. donner ses ~s 悪い癖がでる. Chacun a ses ~s 人にはそれぞれ悪癖がある.

traverse *n.f.* **1** 横断材(横木, 腕木など). ~s d'une fenêtre 窓の横かまち. ~s d'une porte 扉の横断材.

2〖鉄道〗枕木.

3 近道 (=chemin de ~). prendre une ~ 近道を行く.

4〖多く *pl.*〗〖比喩的〗障害;困難. à la ~ de …を邪魔して(遮って). vie plein de ~s 困難に満ちた人生.

5〖カナダ〗横断水路.

6〖登山〗トラバース.

traversée *n.f.* **1** (川・海の)横断;渡河, 航海. ~ de Calais à Douvres カレーからドーヴァーへの英仏海峡横断 (= ~ de la Manche).

2〖広義〗横断. ~ de l'Atlantique en avion 航空機による大西洋横断. ~ du Sahara サハラ砂漠の横断. ~ du désert 砂漠の横断;〖政治〗雌伏の時代;過渡期.

3〖登山〗縦走;〖スキー〗斜滑降. la ~ alpine アルプス縦走.

4〖電〗交叉. ~ à aiguille 渡り線付き交叉.

5〖鉄道〗(線路の) 交差部.

traversée-jonction (*pl.* **~s-~s**) *n.f.*〖鉄道〗(線路の) 渡り線付き交差装置.

travesti(e) (<travestir) *a.p.* **1** 仮装した, 扮装した, 変装した. acteur ~ 女に変装した俳優. bal ~ 仮装舞踏会.

2〖比喩的〗歪められた, 偽りの;もじった. verité ~e 歪められた真実. Le Virgile ~ de Scarron スカロンの『偽作ヴェルギリウス』

—— *n.* 仮装 (扮装, 変装) した人.

travestissement *n.m.* **1** 仮装, 扮装;仮装衣裳. pièce à ~[s] 早変りの芝居.

2〖比喩的〗歪曲;偽瞞, パロディー. un scandaleux ~ des faits スキャンダラスな事実の歪曲.

3〖精神医学〗衣裳倒錯(症) (=travestisme, transvestisme).

TRB (=*t*aux *r*évisable des *b*ons du Trésor) *n.m.*〖金融〗改訂制国債利率.

TRC (=*t*ube à *r*ayons *c*athodiques) *n.f.*〖電〗陰極管.

trèfle *n.m.* **1**〖植〗トレーフル, 白詰草(つめくさ), クローバー. ~ blanc (rampant) 白つめくさ, クローバー(学名 Trifolium repens). ~ rouge 赤詰草 (= ~ des prés). ~ incarnet (anglais) 紅花(英国)詰草. ~ à quatre feuilles 四つ葉のクローバー.

2〖植〗~ cornu みやこぐさ (=lotier). ~ d'eau 三柏(みつがしわ) (=ményanthe). ~ jaume アンチルリス (=anthyllis).

3〖トランプ〗クラブ;クラブの札. as de ~¹ クラブのエース. roi (valet) de ~ クラブのキング(ジャック). jouer ~ クラブを出す. avoir deux ~s en main 手にクラブの札を2枚持っている.

4〖三葉飾り〗;〖建築〗トレーフル装飾, 三弁模様, 三円形装飾.

5〖交通〗クローバー形立体交叉 (=croissance en ~, carrefour en ~, as de ~²).

6〖俗〗〖古〗錢 (=argent);煙草 (=tabac).

tréfoncier(**ère**) a.〖法律〗地下の；地下資源に関する．propriété ~ ère 地下所有権．redevance ~ ère 地下資源採掘料；炭坑使用料．

tréfonds n.m. **1**〖文〗(森などの)奥；〖比喩的〗奥底．dans le ~ forestier 森の奥で．être ému jusqu'au ~ de l'âme 魂の奥底まで感動する．savoir le fonds et le ~ d'une affaire 事件の裏の裏まで知りつくす．
2〖法律〗地下；地下資源，地下資産．

tréharose n.f.〖化〗トレハロース《ブドウ糖2分子が α，α1, 1で結合した非還元性天然糖質；臓器癒着形成の防止効果があるとされる》．

treillage n.m. (生垣などの)格子組み；(仕切りの)棚，金網．~ d'un espalier 果樹墙の格子組み．~ en voûte dans un jardin 庭園の丸天井の樹墙．~ ornant un mur 壁面を飾る格子組み．~ qui soutient les ceps de vigne 葡萄の木を支える格子棚．domaine clos d'un ~ 棚(金網)で囲まれた領地(地所)．

treillis n.m. **1** (木・金属製の)格子；金網，(特に)(ステンドグラスの)窓格子．~ de bois d'une fenêtre 窓の木製格子．〖船〗~ d'une écoutille ハッチの格子蓋．
2〖建築〗ラチス梁(柱)，トラス．~ en espace 立体トラス．pont en arc en ~ ラチス・アーチ橋．
3〖数〗束．~ distributif 分配束．
4〖紋章〗(飾り釘つきの)格子図形．

treize a.num.card. 13の．~ cents 1300. avoir ~ ans 13歳である．
― a.num.ord. 13 番目の (=treizième). ~ heures 13時 (= une heure de l'après-midi). Louis ~ (XIII) ルイ13世．numéro ~ 13番〖地〗．tome ~ 第13巻．
― n.m. (pr.num.card.) inv. **1** (数字の) 13. Dix et (plus) trois font ~. 10+3=13.
2 13人(個)．〖商業〗~ à la douze 1ダースの値段で13個．〖商業〗le ~ douze 1ダースにつき1個のサービスをする．
3 (日付の) 13日．le ~ janvier 1月13日．le vendredi ~ 13日の金曜日〖不吉(幸福)な日〗．rugby à ~ (XIII) 13人制ラグビー．être ~ à table 13人で食卓につく《キリストの最後の晩餐の故事から縁起が悪いとされる》．
4 (通りの) 13番地．habiter au ~ rue Saint-Honoré サン=トノレ通りの13番地に住む．

treizième a.num.ord. 13 番目の．le ~ apôtre (13人目の使徒→)聖パウロ (= saint Paul). le ~ (XIIIᵉ) arrondissement de Paris パリ市第13区．~ mois (13カ月目の給与→)年末のボーナス．~ partie 13分の1. le ~ (XIIIᵉ) siècle 13世紀．
― n. 13番目のもの(人)．être le (la) ~ 13番目である．
― n.m. **1** 13分の1．deux ~ 13分の2．

2 第13区 (= ~ arrondissement). habiter dans le ~ 第13区に住む．

trekking 〖英〗n.m. トレッキング (=〖仏〗randonnée pédestre en haute montagne；略 trek [trɛk]).

tremblant(**e**¹) a. **1** 震える；ゆらぐ．lueur ~ e ゆらぐ光．mains ~ es 震える手．voix ~ e 震え声．
2 ぐらぐらする，不安定な，脆弱な．pont ~ ぐらぐらする橋．siège ~ ぐらつく椅子．
3 恐れおののく；おびえる．

tremblante² n.f.〖獣医〗(羊の)振戦病，震羊病 (= maladie ~), スクラピー (=〖英〗scrapie) 《羊類の神経を冒す伝染病》．

tremble n.m.〖植〗トランブル，ヨーロッパやまならし《わずかな風でも葉が震えることからくる名称；学名 populus tremulus「震えポプラ」；やなぎ科》．

tremblé(**e**) a.p. 震えた．écriture ~ e 震えた筆跡．〖印刷〗filet ~ 波罫．voix ~ e 震え声．

tremblement n.m. **1**〖文〗動揺．
2 震動；振動；ゆらめき．~ des feuilles 木の葉の揺れ，そよぐ木の葉．~ de terre 地震 (= séisme). ~ des vitres 窓ガラスの振動．~ d'une aiguille 指針の振れ．~ volcanique 火山性微動．
3 (体の)震え，身震い；戦慄．~ convulsif (violent) 痙攣．~ de colère 怒りによる身震い．~ de fièvre 発熱による悪感．~ de froid 寒さによる震え．~ de peur 恐怖の戦慄．~ léger 身震い；戦慄．
4〖話〗et tout le ~ その他もろもろ，などなど．
5〖音楽〗〖古〗トリル，顫音 (=trille).

trempage (<tremper) n.m. **1** 水などにつけること．~ des semences 種を水につけること．~ du linge 洗濯物のつけおき．
2〖印刷〗加湿．~ du papier 紙の加湿．
3〖ビール〗浸麦．

trempé(**e**) a.p. **1** 浸された；ぐっしょり濡れた．pain ~ de café au lait カフェ・オ・レに浸したパン．visage ~ de sueur 汗びっしょりの顔．~ jusqu'aux os 完全に，徹底的に．être ~ des pieds à la tête 全身ずぶ濡れである．
2〖冶〗焼き入れした；〖比喩的〗(人・性格など)筋金入りの．acier ~ 焼き入れによる鋼．caractère bien ~ 筋金入りの性格．
3〖古〗水で割った．vin ~ 水で割った葡萄酒．

trémulation n.f.〖医〗振戦(しんせん)．~ épileptoïde 癲癇性振戦．

trench-coat [trɛnʃkot] (pl. **~-~s**) 〖英〗n.m. トレンチ・コート (=trench).

Trend (= tendances récentes et nouvelles drogues) n.f.pl. 新種麻薬と使用現状．observatoire ~ 新種麻薬と使用現状に関する監視機構．le〖réseau〗~ 新種麻薬と使用現状調査網《一般医・人類学者・支持団体員で

構成, Bordeaux, Dijon, Lille, Lyon, Marseille, Metz, Paris とその周辺, Rennes, Toulouse の都市圏を重点監視.

trend [英] *n.m.* 〖統計〗トレンド, 長期的傾向《公用推奨語は tendance de fond》.

trendy [trɛndi] [英] *a.* 最新流行の, 流行の先端をいく (=à la mode).
——*n.* 流行の先端をいく人.

trente *a.num.card.* 30 の；30 番目の. 〖史〗la guerre de T~ ans 三十年戦争 (1618-48 年). femme de ~ ans 30 歳の女性, 三十女. Le septembre a ~ jours. 9月は 30 日である.
——*n.m.* (*pr.num.card.*) *inv.* **1** 30. le 30 septembre 9 月 30 日. ~ et un (une) 31. onze heures ~ et une 11 時 31 分. **2** 〖テニス〗サーティー. **3** Ils étaient ~. 彼等は 30 人だった. **4** page ~ 30 ページ.

trentenaire *a.* **1** 30 年続く, 30 年来の. **2** (年号が) 30 年代の. **3** 〖法律〗30 年間継続する.

trente-trois-tours *n.m.inv.* 33 1/3 回転の LP レコード.

trépanation (<trépaner) *n.f.* 〖医〗(骨の) 開孔手術；(特に) 頭蓋骨開孔術 (=craniotomie).

trépassé(e) *a.p.* 〖古・文〗死んだ.
——*n.* 死者, 亡き人, 故人. 〖カトリック〗fête des T~s 死者の日, 万霊節 (=commémoration des morts；11 月 2 日).

trépidation *n.f.* **1** (乗物・機械などの) 小刻みな震動. ~ d'un automobile au relenti 減速時の自動車の震動. ~ d'un wagon de chemin de fer 鉄道車輛の震動.
2 〖医〗振戦 (しんせん) 運動 (=tremulation). ~ épileptoïde 癲癇性振戦. ~ rotulienne 膝蓋骨振戦.
3 〖比喩的〗あわただしさ. ~〔s〕d'une vie agitée 波瀾に富んだ人生のあわただしさ.

tréponématose *n.f.* 〖医〗トレポネーマ感染症.

tréponème *n.m.* 〖医〗トレポネーマ《スピロヘータ科の細菌. 梅毒などの病原体》.

trésor *n.m.* **1** 秘宝, 宝, 宝物 (たからもの). chercher (découvrir) un ~ 宝を探す (見つける). 〖比喩的〗~ national vivant (日本, 韓国などの) 人間国宝. *L'Ile au* ~, roman de Stevenson スティヴンソンの小説『宝島』(1883 年). 〖比喩的〗La santé est un ~ inestimable. 健康はこの上ない宝だ.
2 〖法律〗埋蔵財宝；埋蔵物. inventeur d'un ~ 埋蔵財宝の発見者.
3 〖多く *pl.*〗財宝, 大金. dépenser des ~ 大金を費やす. 〖軍〗~ de guerre 軍資金. 〖比喩的〗~ de guerre d'une entreprise 企業の軍資金.
4 〖多く *pl.*〗宝物 (ほうもつ)；名品, 名宝. ~s d'une église 教会堂の宝物. ~s artistiques 美術品の名宝. ~s des musées du Louvre ルーヴル美術館の名宝.

5 (教会堂などの) 宝物殿. le T~ de la cathédrale Notre-Dame de Paris パリ・ノートル=ダム大聖堂の宝物殿.
6 〖比喩的〗宝庫；法典. ~ spirituel de la France フランスの精神的 (知的) 宝庫. le T~ de la làngue française (TLF) フランス語宝典 (1971-94 年；18 巻のフランス語辞典). le ~ de la langue grecque ギリシア語法典.
7 〖多く T~〗国庫 (=le T~ public). bons du T~ 短期国債. déficit du ~ 国庫の赤字. Direction du T~ au ministère des Finances 財務省国庫局 (理財局). recettes du T~ 国の歳入.
8 un ~ de (des ~s de) 多量の, ありあまるほどの.

trésorerie *n.f.* **1** (組織・企業などの) 財政状態；経理, 会計. ~ d'Etat (publique) 国家財政. ~ d'une entreprise privée 私企業の財政状態. aisance de ~ 財政のゆとり. moyens de ~ (国庫の) 資金調達.
2 財務行政；財務局, 経理部；(英国の) 大蔵省 (=ministère des finances britanniques). T~ nationale 国庫管理局. ~ aux armées 軍の経理部. ~ générale (県・地方の) 国庫支出管理局.
3 財務管理職；経理担当職. être élu à la ~ 財務管理 (経理担当) 職に選ばれる.
4 流動資本；資金繰り, 財源. difficultés de ~ 財務困難, 資金繰りの困難な状態. rapport de ~ 流動比率.
5 個人の資金.

6 〖古〗宝庫 (建物・部屋・箱など).

trésorier(ère) *n.* **1** 会計係, 経理係, 財務担当者；財務官. ~-payeur 出納係, 出納官. ~-payeur général 県出納官 (略記 TPG). **2** (教会堂の) 宝物管理人.

trésorier-payeur général (*pl.~s -~s, ~aux*) *n.m.* (県または地方の) 国庫支出監督官 (略記 TPG).

tressalier *n.m.* トレサリエ《白葡萄酒 le saint-pourçain を生む葡萄の品種》.

trêve *n.f.* **1** 休戦；停戦；停戦 (休戦) 協定 (条約)；抗争の一時中止. 〖話〗~ des confisseurs (政治, 外交上の) クリスマス休戦. ~ politique 政治的休戦. accepter (demander) une ~ 休戦 (停戦) を受諾する (求める). signer la ~ 休戦 (停戦) 協定 (条約) に調印する.
2 〖史〗~ de Dieu 神の休戦《中世に教会が命じた待降節 Avent, 四旬節 Carême, 復活祭 Pâques の期間の戦闘の休止》.
3 休止, 休息, 中断；(病状の) 小康状態. T~ de plaisanterie! 冗談はいい加減にしろ! bataille sans ~ 休止なき戦い. faire ~ 休止 (中断) する. marcher (travailler) sans ~ 休みなく歩く (働く).

Trèves [独] *n.pr.* トリアー (Trier)《ドイツのライン=プファルツ州の古都》.

tri (<trier) *n.m.* **1** 選別；仕分け, 区分.

faire un ~ 選別する、選り分ける、仕分ける. ~ du courrier 郵便物の区分(仕分け). centre de ~〔postal〕郵便物仕分けセンター. machine automatique de ~ 自動仕分け機.
2〖情報処理〗データのソート(整列), ソーティング. ~ à plat 単純ソート《単一基準のソート》. ~ croisé 交差ソート《複数基準のソート》. argument de ~ 整列引き数.

triacétate *n.m.*〖化〗三酢酸塩. ~ de cellulose 三酢化セルロース.

triacylglycérol *n.m.*〖化〗トリアシルグリセロール, トリグリセリド, 中性脂肪.

triage (<trier) *n.m.* **1** 選別；選抜；仕分け, 区分. ~ de la houille 選炭. ~ du linge 洗濯物の仕分け.
2 選別場；選別装置.
3〖鉄道〗(列車編成のための) 操車, 入換；操車場 (=gare de ~). gare de ~ 操車場.
4〖地学〗淘汰(作用), 自然淘汰. dépôt de sédiments accompagné de ~ 自然淘汰を伴う堆積物.
5〖医〗(負傷者の) 治療優先選別, 救急患者選別.

triamcinolone *n.f.*〖薬〗トリアムシノロン《副腎皮質ホルモン製剤》. ~ acétonide トリアムシノロン・アセトニド《抗炎症薬；薬剤製品名 Nasacort (*n.m.*)》.

triangle *n.m.* **1** 三角形. ~ équatrial (isocèle, rectangle, scalène, sphérique) 正(二等辺, 直角, 不等辺, 球面) 三角形. ~ obtusangle (acutangle) 鈍角(鋭角) 三角形. La surface d'un ~ est égale au demi-produit de sa base par sa hauteur. 三角形の面積は底辺掛ける高さの半分に等しい. ~ maçonnique フラン・マソン(フリーメイスン)の三角形. en ~ 三角形で. le T~ d'or 黄金の三角地帯《ラオス, タイ, ミャンマーの国境に接する三角形の地区で阿片の生産で知られる》；〔比喩的〕富の三角地帯. le T~ des sunnites (イラクの) スンニ派三角地帯.
2〖心・精神分析〗~ œdipien エディプス的三角関係.
3〖音楽〗トライアングル(楽器). jouer du ~ トライアングルを演奏する.
4〖解剖〗三角. ~ biliaire 胆囊動脈三角. ~ occipital 後頭葉三角.
5〖交通〗三角標識《警戒標識》(=~ de signalisation)；〖海〗三角信号旗.
6〖天文〗T~ 三角座. T~ austral 南三角座.

triangulaire *a.* **1** 三角形の；底面(断面) が三角形の.〖医〗bandage ~ 三角布.〖解剖〗muscle ~ 三角筋. poinçon ~ 三角錐(きり). pyramide ~ 三角錐(すい). voile ~ 三角帆. en ordre ~ 三角編隊で.
2〔比喩的〕三者(三つの要素)からなる. commerce ~ 三角貿易.〖心〗conflit ~ 三者葛藤(エディプス・コンプレックス). élection ~ 三巴の選挙戦.〖心〗test ~ 三角テスト.

triangulation (<trianguler) *n.f.* 三角測量.

trias [-s] *n.m.*〖地学〗三畳紀《中生代の第1紀；前 2 億 5000 万年〜前 2 億 300 万年》.

triasique *a.*〖地学〗三畳紀(trias) の.

triathlète *n.*〖スポーツ〗トライアスロン (triathlon) 選手(競技者).

triathlon [triatlɔ̃] *n.m.*〖スポーツ〗トライアスロン《水泳・自転車・マラソンの3種目による耐久競技》.

triazine *n.f.*〖化〗トリアジン《環内に3つの窒素原子をもつアジン》.

tribasique *a.*〖化〗三塩基性の.

triboélectricité *n.f.*〖物理〗摩擦電気《異なる物質の摩擦によって発生する電気》.

tribologie *n.f.* **1**〖理〗摩擦学. **2**〖医〗~ biologique 生体摩擦(摩耗)学.

triboluminescence *n.f.*〖光学〗摩擦ルミネセンス.

tribomètre *n.m.* 摩擦計.

tribord *n.m.*〖海〗右舷 (bâbord「左舷」の対). à ~ 右舷に. matelot de la bordée de ~ 右舷当直員 (=tribordais).

tri-bromo-éthanol *n.m.*〖薬〗トリブロムエタノール《麻酔薬》.

tribromure *n.m.*〖化〗三臭化物.

tribu *n.f.* **1**〖民族学〗部族. ~s indiennes d'Amérique アメリカのインディアン諸部族. ~s nomades 遊牧部族.
2〖史〗(古代ギリシア・ローマの都市国家の) 族；(イスラエルを構成する) 支族. La ~ romaine était divisée en dix curies. 古代ローマ族は 10 のクリア (行政区) に分かれていた. Les ~s d'Israël, au nombre de douze, sont issues de douze fils de Jacob. 12 のイスラエルの支族はヤコブの 12 人の息子に始祖をもつ.
3〖社会〗(社会集団としての) 一族, 一派；〔話〕大家族. Il est arrivé avec toute sa ~. 彼は一家総出でやって来た.
4〖生〗(動植物の) 族, 連 (famille「科」と genre「属」の中間).

tribunal (*pl.***aux**) *n.m.* **1** 裁判所, 法廷, 裁判機関；司法権, 裁判権；裁判所の建物 (=palais de justice)；〔集合的〕裁判官；〔*pl.*で〕裁判；判例. ~ administratif〔地方〕行政裁判所. ~ civil 民事裁判所；(1958 年以前の) 民事裁判所. ~ consulaire 商事裁判所 (=~ de commerce). ~ correctionnel 軽罪裁判所. ~ de commerce 商事裁判所. ~ de droit commun 通常裁判機関, 通常裁判所, 普通法裁判所. ~ de grande instance 大審裁判所. ~ d'instance 小審裁判所. ~ de police 違警罪裁判所.〔旧〕~ de police correctionnelle 軽罪裁判所. ~ judiciaire 司法裁判所. ~ maritime 海難審判所. ~ militaire 軍事法廷, 軍法会議. ~ pour enfants 少年審判所. ~ révolutionnaire 革命裁判所.〖軍〗~ *aux* aux armées en

temps de paix 平時軍事裁判所. ~ aux judiciaires 司法裁判機関. ~ aux maritimes commerciaux 海事裁判所.〖軍〗~ aux militaires aux armées 戦時国土外軍事裁判所. ~ aux répressifs 刑事裁判機関, 刑事裁判所. comparaître devant le ~ 法廷に出る, 裁判を受ける. porter une affaire devant les ~ aux ; saisir un ~ d'une affaire 事件を裁判に持ち込む.
délibérations d'un ~ 裁判での審議. gazette des ~ aux 判例集. session d'un ~ 法廷の開廷期.
2 裁き, 審判. ~ de Dieu 神の裁き（審判）. ~ de l'histoire 歴史の審判.

tribune *n.f.* **1** 演壇,（転じて, とくに議会における）雄弁術. monter à la ~ 登壇する.
2 意見を発表する場所, 論壇,（新聞などの）投稿欄. ~ libre 読者の投稿欄, 論断. Dans une ~ libre publiée dans Le Monde, le président expose les priorités de la France au prochain sommet de G 8.『ル・モンド』への投稿で大統領は, 次回 G 8 サミットでフランスが優先課題と考えているところを明らかにしている.
3 a) 観客席, スタンド, 階段状の席. ~ du public (de la presse) 議会の傍聴席（記者席）. **b)**〖pl. で〗傍聴者, 観客, 観衆. applaudissements des ~ s 傍聴者（観客）の拍手. louer une ~ スタンドの席を予約する.
4（教会の）階上席, 回廊席（教会側面 bas-côté の階上に設けられた席）. ~ d'orgue オルガン演奏所がある階上廊下.

tri-CCD *n.m.*〖電子工〗3 板 CCD（*ch*arge *c*oupled *d*evice 電荷結合素子）〖撮像素子〗. caméscope numérique〖à capteur〗~ 3 板 CCD 撮像素子式ディジタル・ヴィデオ・カメラ. technologie ~ 3 板 CCD 技術.

triceps [triseps] *a.*〖解剖〗(筋肉が) 三頭の. muscle ~ 三頭筋.
—*n.m.*〖解剖〗三頭筋（= muscle ~）. ~ brachial 上腕三頭筋. ~ sural 下腿三頭筋（ふくらはぎの三頭筋）.

tricherie (<tricher) *n.f.* **1** 賭博などの）いかさま, ごまかし. gagner par ~ いかさまで勝つ.
2（目の錯覚を誘う）技巧. ~ du peinture 絵画のトロンプルイユ.

tricheur(se) *a.* いかさまをする.
—*n.* いかさま師；ペテン師. ~ de casino カジノのいかさま師.

trichiasis [trikjazis] *n.m.*〖医〗睫毛（まつげ）乱生, さかさ睫毛.

trichine *n.f.*〖動・医〗旋毛虫.
▶ trichin*al* (*al*e) (*pl.* *aux*), trichineu*x* (*se*) *a.*

trichinose *n.f.*〖医〗旋毛虫症.

trichlo [triklo]〖俗〗〖化〗トリクロ ロエチレン（= trichloroéthylène）.

trichloréthylène [trikloretilɛn] *n.m.*〖化〗トリクロルエチレン, トリクロロエチレン（ゴム・樹脂・塗料の有機塩素系溶剤, 半導体洗浄液, ドライクリーニング洗剤. 発癌性物質, 環境汚染物質）.

trichlorméthiazide *n.m.*〖化・薬〗トリクロルメチアジド（$C_8H_8Cl_3N_3O_4S_2$；降圧利尿剤）.

trichloroéthane *n.m.*〖化〗トリクロロエタン（三塩化エタン. 環境汚染有害物質）.

trichlorophénol *n.m.*〖化〗トリクロロフェノール.

trichlorure *n.m.*〖化〗三塩化物.

trichocéphale *n.m.*〖動・医〗鞭虫（= Trichuris trichiura）.

trichocéphalose *n.f.*〖医〗鞭虫（= trichocéphale, Trichuris trichiura) 感染症.

trichoépithéliome *n.m.*〖医〗毛包上皮腫.

trichogramme *n.m.*〖昆虫〗トリコグラム（たまごやどりばち属の蜂の総称）.

trichologie *n.f.*〖医〗体毛・毛髪学.

tricholome *n.m.*〖茸〗トリコローム（松茸科の茸；食用と有毒がある）. ~ de la Saint-Georges サン=ジョルジュのトリコローム, ムースロン（= mousseron）（食用）. ~ tigré 虎斑入りトリコローム（有毒）.

trichomonas [trikɔmɔnas] *n.m.*〖動・医〗トリコモナス（人体寄生毛虫）.

trichophytie *n.f.*〖医〗白癬（白癬菌症）.

trichophyton *n.m.*〖医〗(輪癬（りんせん）・白癬の原因となる）トリコフィトン属の真菌.

trichrome *a.*〖印刷〗3 色刷の, 3 色分解写真方式の.

trichromie *n.f.*〖印刷〗3 色分解写真法, 3 色版印刷.

tricolore *a.* **1** 3 色の, 3 色からなる；(特に)(フランス国旗の) 青・白・赤の 3 色の. drapeau ~ 三色旗,（特に）フランス国旗. feu ~ 3 色信号灯（赤・黄・緑）. cocarde ~ （軍用機に表示する）3 色の円形国章（マーク）.
2〖話〗フランスの. équipe ~ フランス・チーム.
—*n.* **1** フランス国旗（= drapeau ~）.
2〖*pl.* で〗フランス・チーム. victoire des ~ s フランス・チームの勝利.

tricot *n.m.* **1** 編物. faire du ~ 編物をする. points de ~ 編み目.
2 編物地, トリコット, ニット. ~ jacquard ジャガード編み〖地〗. ~ plat メリヤス編〖地〗. ~ rond 丸編み〖地〗. industrie de ~ ニット産業. vêtements en (de) ~ ニットの衣類.
3 ニット製品；セーター. ~ chaud 厚手のセーター. ~ fait main 手編みのセーター. ~ de peau (de corps) 男性用アンダーシャツ.

tricouche *a.* 三層の.〖写真〗capteur ~

Faveron ファヴェロンの三層式撮像素子.
tricuspide *a.* **1**〚植〛三ένο.
2〚医〛三尖の.〚医〛sténose ~ 三尖弁狭窄〔症〕.〚解剖〛vulve ~ (心臓右心室の)三尖弁.
tricycle *a.* 三輪の. voiturette ~ 超小型三輪自動車, 三輪ミニカー (=petite voiture à trois roues).
——*n.f.* 三輪車;超小型三輪自動車 (=voiturette ~).
tricyclique *a.*〚化・薬〛三環系の.〚薬〛 ~ antidépresseur 三環系抗鬱薬.
tridimensionnel(le) *a.* 三次元の. espace ~ 三次元空間.〚電算〛graphisme ~ 三次元グラフィックス《三次元映像処理ソフト;略記 logiciel 3D》. image ~ *le* 立体映像.
trie *n.f.* (葡萄の)選別(選果)摘み取り.
triennal(ale)(*pl.aux*) *a.* **1** 3 年間続く;3 年任期の. nomination ~ *ale* 3 年任期の任命. plan ~ 3 カ年計画.
2 3 年に 1 回の. assolement ~ 3 年毎の輪作.
triergol *n.m.*〚宇宙〛(ロケット用の)三剤式推進薬(燃料).
trieur(se[1]) *n.* 選別工;〚郵〛(郵便物の)区分係. ~ de légume 野菜の選別係. ~ de minerai 選鉱夫.
——*n.m.*〚機械〛選別機;〚鉱〛選鉱機.〚農〛 ~ calibreur (果実、卵などの)サイズ選別機. ~ de grains 穀物選別機.
trieuse[2] *n.f.* **1** 選別機, ソーター. ~ avec lecteur pour plis de petit format 小版郵便物用読取装置付選別機. ~ des cartes perforées パンチカードのソーター. ~ d'une machine à photocopier コピー機のソーター.
2 羊毛選別機.
3〚冶〛(コークスの)選別機.
trigémellaire *a.* 三胎の. grossesse ~ 三胎妊娠(三つ子の妊娠;grossesse triple).
trigéminé(e) *a.* **1** 三叉の, 三段の.〚医〛pouls ~ 三段脈 (=trigéminisme).
2〚解剖・医〛三叉神経の. blocage ~ 三叉神経ブロック. névralgie ~ *e* 三叉神経痛.
triglycéride *n.m.*〚生化〛トリグリセリド, トリアシルグリセロール (triacylglycérol)《グリセリンとの三つの水酸基すべてに酸基が結合したエステル;TG と略記》.
trigone *a.* 三角の, 三角形の (=triangulaire).
——*n.m.*〚解剖〛三角. ~ cérébral 脳三角. ~ lombaire 腰三角. ~ vésical 膀胱三角部.
trigonométrie *n.f.*〚数〛三角法. ~ hyperbolique 双曲線三角法. ~ rectiligne 平面三角法. ~ sphérique 球面三角法.
trigonométrique *a.*〚数〛三角法の. fonction ~ 三角函数 (cosinus 余弦, sinus 正弦, tangente 正接, cotangente 余接. sécante 正割, cosécante 余割). lignes ~ *s* 三角函数グラフ. point ~ 三角点. sens ~

時計の針の逆廻りの方向.
trihalométhane *n.m.*〚化〛トリハロメタン(CHX₃;水道水中の発癌物質).
tri(-)hebdomadaire *a.* 週に 3 回の.
tri-iodothyronine *n.f.*〚生化〛トリヨードサイロニン($C_{15}H_{12}I_3NO_4$;略記 T_3;甲状腺で合成されるヨードアミノ酸;甲状腺ホルモン hormone thyroïdienne).
trijumeau(elle)(*pl.eaux*) *a.*〚解剖〛三叉の. nerf ~ 三叉神経.
——*n.m.*〚解剖〛三叉神経 (=nerf ~). névralgie du ~ 三叉神経痛.
trilatéral(ale)(*pl.aux*) *a.* **1**〔古〕三辺をもつ. **2** 三者にかかわる. accord ~ 三者合意.
trilingue *n.* 三カ国語を話す(操る)人.
——*a.* 三カ国語に通じた;三カ国語で書かれた.
trille [trij] *n.m.* **1**〚音楽〛トリーユ, トリル, 顫音(せんおん).
2〔一般に〕ふるえる音. ~ *s* d'un rossignol ロシニョール(夜啼鶯)のふるえる啼声.
trillion [triljɔ̃] *n.m.* トリリヨン(1948年までは million de millions=10^{12};1948 年以降は 10^{18}).
trilobé(e) *a.* **1**〚植〛(葉が)三浅裂の. feuille ~ *e* 三浅裂葉.
2〚建築〛三弁模様の, 三葉形装飾の (=tréflé). arc ~ 三葉形アーチ.
trimaran *n.m.*〚船〛トリマラン, 三胴船;三胴式ヨット.
trimébutine *n.f.*〚薬〛トリメブチン(慢性胃炎治療薬;薬剤製品名 Débridat (*n.m.*)など).
trimère *n.m.*〚化〛3 量体(3 つの分子の重合により生ずる物質).
trimestre *n.m.* **1** 四半期, 3 カ月間;〚教育〛(3 カ月の)学期. premier ~ de l'année 第 1 四半期.
〚教育〛premier ~ 第 1 学期(9 月の新学年からクリスマス休暇まで). deuxième ~ 第 2 四半期;〚教育〛第 2 学期(クリスマス休暇明けの 1 月から復活祭まで). troisième ~ 第 3 四半期;〚教育〛第 3 学期(復活祭の休暇明けから夏休みに入るまで). quatrième ~ de l'année 第 4 四半期.
2 3 カ月毎の支給(貸付)金. toucher son ~ 四半期分の支給(貸付)金を手にする.
trimestriel(le) *a.* 3 カ月毎の;3 カ月に 1 回の;3 カ月分の. revue ~ *le* 季刊誌.
——*n.m.* 季刊定期刊行物.
trimétazidine *n.f.*〚薬〛トリメタジジン. ~ hydrochlorure 塩酸トリメタジジン(狭心症・心筋梗塞, 虚血性心疾患の治療薬;薬剤製品名 Vastarel (*n.m.*)など).
triméthoprime *n.f.*〚薬〛トリメトプリム(化学療法薬).
triméthylamine *n.f.*〚化〛トリメチルアミン(魚の臭み成分).
trimodalité *n.f.* 3 方式.

trinidadien(ne) a. **1** トリニダード島の；~の住民の． **2** トリニダード・トバゴ共和国(la république de Trinité-et-Tobago)の；~の住民の．
——T~ n. **1** トリニダード島民． **2** トリニダード・トバゴ国民．

trinitaire a. 〖キリスト教〗三位一体の；三位一体論者の. ordre des *T~s* 三位一体修道会(=ordre de la Sainte-Trinité).
——n. **1** 三位一体修道会修道士(修道女). **2** 〖神学〗三位一体論者.

trinité n.f. **1** 〖キリスト教〗三位一体(= la *T~* chrétienne, la Sainte-*T~*；Père 父, Fils 子, Saint-Esprit 精霊の三つが一体となって神を象徴する)；〖カトリック〗三位一体の祝日(=fête de la *T~*；Pentecôtes 聖霊降臨の大祝日の次の日曜日)；三位一体修道会(=ordre de la Saint-*T~*)；トリニテ教会堂(=église de la *T~*)．église de la *T~* de Paris パリのトリニテ教会堂.〔話〕à Pâques ou à la *T~* いつだったか、いつだったか判らぬ時に.
2 〔広義〕(ヒンズー教などの)三神一体；〖カトリック〗三者一体、三位一体.

Trinité-et-Tobago (la) n.pr.f. 〔無冠詞〕〔国名通称〕トリニテ・トバゴ, トリニダード・トバゴ(〔英〕Torinidad and Tobago)(公式名称：la République de *T~*；トリニテ・トバゴ共和国)；国民：Trinidadien (ne)；首都：Port d'Espagne ポート・オヴ・スペイン(Port of Spain)；通貨：dollar de *T~*［TTD］).

trinitrine n.f. 〖薬〗トリニトリン(抗疼痛薬, 血管拡張剤, 狭心症治療薬；薬剤製品名 Nitriderm (n.m.) など).

trinitrobenzène n.m. 〖化〗トリニトロベンゼン(爆薬).

trinitrotoluène n.m. 〖化〗トリニトロトルエン(TNT と略記；tolite；強力爆薬).

trio 〔伊〕n.m. **1** 〖音楽〗トリオ, 三重奏曲, 三重唱曲.——pour piano, violon et violoncelle ピアノ, ヴァイオリ, チェロ三重奏曲.
2 〖音楽〗三重奏団, 三重唱団. ~ de jazz ジャズトリオ.
3 〖音楽〗トリオ(3人で踊る舞踏).
4 〔一般に〕三人組；三つ揃い, 三幅対.
5 〔トランプ〕(エース, キング, クイーン, ジャック の)3枚揃い.
6 〖治〗三段圧延機, 三段ロール.

triode a. 〖物理〗三極の.
——n.f. 三極管；三極真空管(=lampe ~).

triomphal (ale) (pl. aux) a. **1** 〖古代ローマ〗凱旋の, 祝勝の. arc ~ 凱旋門(=arc de triomphe). couronne ~*ale* 祝勝の冠. honneurs ~ *aux* 凱旋の栄誉〔礼〕. marche ~*ale* 凱旋行進；〖音楽〗凱旋行進曲.
2 意気揚々とした, 勝ち誇った. geste ~ 勝ち誇った仕種. faire une ~*ale* 意気揚々と入場する.
3 (凱旋将軍を迎えるように)華やかに行われる, 熱烈な, 熱狂的な. recevoir un accueil ~ 熱狂的な歓迎を受ける.
4 大勝利の. élection ~*ale* 大勝利の選挙. succès ~ 輝かしい成功.

triomphant(e) a. **1** (人が)凱旋する；勝利を得た. général ~ 凱旋将軍. l'Eglise ~*e* 勝利の教会(天上の聖者たち). sortir ~ d'une épreuve 試練を首尾よく切抜ける.
2 勝ち誇った；得々とした. voix ~*e* 得々とした声. avoir un air ~ 勝ち誇った様子をしている.

triomphateur (trice) a. **1** 戦勝を収めた；勝利を収めた. équipe ~ *trice* 勝ったチーム. nation ~ *trice* 戦勝国.
2 〖古代ローマ〗凱旋した.
——n. **1** 戦勝者；勝利者. ~s aux élections 選挙戦の勝利者(当選者).
2 n.m. 〖古代ローマ〗凱旋将軍.

triomphe n.m. **1** 大勝利, 戦勝. pousser un cri de ~ 凱歌をあげる. remporter un ~ sur son adversaire 敵に対して輝かしい勝利を収める.
2 〖古代ローマ〗凱旋式. arc de ~ 凱旋門. honneurs du ~ 凱旋式の栄誉礼. en ~ 栄誉と歓呼のうちに；意気揚々と. champion porté en ~ 肩車に乗せられて歓呼で迎えられる優勝者.
3 大成功, 勝利. ~ de l'amour 愛の勝利. ~ de la mort 死の勝利. ~ d'un parti aux élections 選挙での政党の勝利. air de ~ 勝ち誇った様子. remporter un vrai ~ 真の大成功を収める.
4 熱烈な賞讃；賞讃の的. faire un ~ à qn 人に熱烈な喝采を送る. Ce film est un ~. この映画は大当りだ.
5 特技, 十八番；ヒット作. ~ de qn 人の特技. Son ~ est le flamenco. 彼女の特技はフラメンコだ.
6 (陸軍士官学校の第1学年の終りに行われる)進級祝.

triose n.m. 〖化〗トリオース, 三炭糖(炭素3原子からなる単糖).

trioxonitrique a. 三酸化窒素の, 窒素酸化物の.

triparti(e), tripartite[1] a. **1** 三者による, 三者間の. conversation *tripartite* 三者(三国, 三党)会談. gouvernement *tripartite* 三党連立政府. pacte *tripartite* 三国同盟. pacte *tripartite* signé par l'Allemagne, l'Italie et le Japon 日独伊三国同盟(1940).
2 〖植〗3深裂の. feuille *tripartie* 3深裂葉.

tripartisme n.m. 〖政治〗三党連立体制.

tripartite[2] n.f. 〖ベルギー〗3党連立政権.

tripartition n.f. 三分割, 3等分.

tripatouillage n.m. 〔話〕ごまかし, 改変, 改竄(かいざん). ~ des comptes 会計簿の改変. ~s électraux 選挙の裏工作(=magouille).

tripe *n.f.* 1 〔多く *pl.*〕(動物の) 臓物, 腸 (はらわた), トリップ;〖料理〗臓物料理.〖料理〗~ à la mode de Caen カン風牛の胃の煮込み.〖料理〗~ à la lyonnaise リヨン風臓物料理.
2 〔一般に *pl.*〕〖俗〗(人間の) 腸, 臓物; 腹. avoir mal aux ~s 腹が痛む. rendre ~s et boyaux 烈しく吐く(=vomir). Et tout pour la ~! すべては食わんがため!(Rabelais『第四の書』より).
3 〔比喩的〕心の奥底, 心底. avoir la ~ sensible 感動し易い. prendre (saisir) aux ~s; remuer les ~s 人を心底感動させる. avoir la ~+ *adj.* 心底…である. avoir la ~ républicaine 徹底した共和派である.

triperie *n.f.*〖商業〗トリップリー, 臓物販売業; 臓物専門店.

triphasé(e) *a.*〖電〗三相の; 三相交流の. appareil ~ 三相交流利用機器. alternateur ~ 三相発電機. courant ~ 三相交流.

triphénylméthane *n.m.*〖化〗トリフェニルメタン(アミン系染料).

triphosphate *a.*〖生化〗三燐酸塩, トリポリ燐酸塩($M_5^1P_3O_{10}$). adénosine ~ アデノシン三燐酸(=ATP; adénosine-phosphate; 生体エネルギー源).

triple *a.* 〔多く名詞の前〕1 三重の, 三段の, 三通の. ~ couronne pontificale 教皇の三重宝冠(=tiare).〖音楽〗~ croche 32分音符.〖史〗la T~ Entente 三国協商 (1907年に成立した英・仏・露3国の連合関係). ~ hélice de l'ADN DNA の三重螺旋〖構造〗.〖物理〗~ liaison 三重結合. ~ menton 三重顎. ~ rang 三列.〖陸上競技〗~ saut 三段跳び.〖医〗~ vaccin 三種混合ワクチン (vaccin DTP; vaccin ROR(=rougeole-oreillons-rubéole)な ど). chaussures à ~ semelle 三重底の靴. 〖理〗point ~ 三重点, 三交点. reproduire un document en ~ exemplaire 書類を3通作成する.
2 3倍の, 3回繰返される.〖医〗fièvre quotidienne ~ 日間3度熱. fortune ~ de la mienne 私の3倍ある財産. naissance ~ 三つ子, 三胎 (=trijumeaux, triplé, triplet). prendre une ~ dose 3倍量を服用する.
3 〖話〗ひどい, 大変な. ~ idiot (sot) 大馬鹿者. au ~ galop 大急ぎで.
—*n.m.* 三重; 3倍. Neuf est le ~ de trois. 9は3の3倍. augmenter du ~ 3倍にふえる. plier un papier en ~ 紙を3折りにする. posséder un livre en ~ 同じ本を3冊持っている. vendre *qch* le ~ de sa valeur 値打ちの3倍の値段で何を売る.

triple-crème *n.f.*〖チーズ〗トリップルクレーム(=脂肪分が75%以上の高乳脂チーズの法定呼称).

triplés *n.m.pl.*, **triplées** *n.f.pl.* 三つ子.

triplex *n.m.* 1〖建築〗三層住宅.
2〖商標〗トリプレックスガラス (3層式強化ガラス).

triplicata (*pl.* ~〔*s*〕)[ラ] *n.m.* (3通作製する書類の) 第3通; (2通複本をとる正本の) 第2複本.

triploblastique *a.*〖生〗3胚葉〖性〗の (胚がectoblaste 外胚葉, endoblaste 内胚葉, mésoblaste 中胚葉から成る).

triploïde *n.m.*〖生〗三倍体.
—*a.* 三倍性の, 三倍体の.

triploïdie *n.f.*〖生〗三倍性, 三倍体性.

triplopie *n.f.*〖医〗三重視.

triplure *n.f.*〖服〗芯地. ~ pour cols de chemises シャツの襟の芯地.

triporteur *n.m.* (商品用の) 三輪運搬車.

tripotage (<tripoter) *n.m.*〖話〗1 不正工作, 謀略, 悪だくみ, 駆引; 不正取引. ~s électraux 選挙の裏工作. ~s politiques 政治の駆引.
2 いじくりまわし, かきまわし. ~ compulsif d'un objet 物を強迫的にいじくりまわすこと.

tripous, tripoux *n.m.pl.*〖料理〗トリプー (l'Auvergne オーヴェルニュ地方, le Rouergue ルエルグ地方の羊の内臓の煮込み料理).

TRIPs (=〔英〕*t*rade-*r*elated aspects of *i*ntellectual *p*roperty *r*ights) *n.m.pl.*〖国際法〗知的所有権の貿易関連の (=〔仏〕 ADPIC: *a*spects des *d*roits de *p*ropriété *i*ntellectuelle qui touchent au *c*ommerce). ~ agreement 知的所有権の貿易関連の側面に関する協定 (=〔仏〕accord sur les ADPIC) (国際貿易機関WTO (=〔仏〕OMC) で1994年制定し, 1995年発効).

triptan *n.m.*〖薬〗トリプタン (セロトニン sérotonine 系偏頭痛治療薬). les ~s トリプタン系薬剤 (almotriptan, eletriptan, naratriptan, sumatriptan, zolmitriptan など). abus de ~s トリプタン系薬剤の濫用. traitement des migraines par les ~s oraux トリプタン系経口薬による偏頭痛の治療.

triptoréline *n.f.*〖薬〗トリプトレリン (合成ホルモン; 前立腺肥大症・子宮内膜症治療薬; 薬剤製品名 Décapeptyl (*n.m.*)).

triptyque *n.m.* 1〖美術〗トリプティック; 折畳式3面絵画・彫刻; 絵屏風. le ~ du *Couronnement de la Vierge* du Maître de Moulins à la cathédrale de Moulins ムーラン大聖堂のムーランの巨匠による「聖母戴冠」のトリプティック (1498年頃).
2 三折りの書類;〖法律〗三折り通関証 (国際自動車旅行者に自動車の無税通関を許可する証明書).
3 〔比喩的〕(文学, 音楽などの) 三部作 (=trilogie).

trismus [-s] *n.m.*〖医〗開口障害, 牙関緊急.

trisomie *n.f.* 〚医〛トリソミー, 三染色体. ~ 21 21-トリソミー, ダウン症候群 (= syndrome de Down), 蒙古症 (=mongolisme).

trisomique *a.* 〚医〛トリソミー症の (= mongolien 蒙古症の).
— *n.* トリソミー症患者, 蒙古症患者.

triste *a.* **1** (人が) 悲しい, 淋しい. être à ~ mourir 死ぬほど悲しんでいる. être de+*n.* (de+*inf.*; que+*subj.*) …を悲しんでいる. être ~ de la mort d'un ami 友人の死を悲しんでいる. être ~ de devoir partir 発たなくてはならないのがつらい. Il est ~ qu'elle soit morte. 彼は彼女が死んだのを悲しんでいる. se sentir ~ 悲しさ (淋しさ) を覚える.
2 (性格などが) 陰気な, 沈鬱な, 沈んだ. caractère (humeur) ~ 陰気な性格 (気質). clown ~ 悲しみのクルーン (ピエロ). les gens ~s 陰気な人びと.〚話〛être ~ comme la mort (comme une porte de prison) ひどく陰気である.
3 (態度などが) 悲しげな, 陰鬱な, 暗い. mine ~; ~ mine 悲しげな (暗い) 表情. regard (sourire) ~ 悲しげな眼差し (微笑). voix ~ 陰鬱な声.
avoir l'air ~ 悲しげな (暗い) 様子をしている. avoir le vin ~ 淋しい酒を飲む; 泣き上戸である. faire ~ mine (figure) 不機嫌な顔をする. faire ~ mine à qn 人に対して不愛想な顔をする, 人を冷たくあしらう.
C'est bien ~〔de+*inf.*〕〔…のは〕大変悲しいことだ.〚話〛C'est pas ~! お笑い草だ! 面白い! 驚いた! Il est ~ de+*inf.* (que+*subj.*) …するのは悲しい (残念な) ことだ. Il est ~ de devoir m'en aller. お暇しなくてはならないのは残念です. Il est ~ qu'elle soit morte si jeune. 彼女があんなに若くして亡くなったのは悲しいことだ.
4 (物事が) もの悲しい, 侘びしい, 淋しい, 陰鬱な. ~ journée sans soleil 太陽の出ない陰鬱な一日. air ~ もの悲しい歌. automne ~ 侘びしい秋. ciel ~ 陰鬱な空. couleurs ~s くすんだ色. histoire ~ 悲しい話. quartier ~ 侘びしい街区. robe ~ 地味なドレス. temps ~ 陰気な天気. Il fait ~ aujourdhui. 今日は陰気な天気だ. mener une vie ~ 陰鬱な人生を送る.
5〔名詞の前〕悲惨な, 痛ましい; 嘆かわしい, 憐れむべき; 下らない. un bien ~ accident 悲惨きわまりない事故. ~ destinée 痛ましい運命. ~ époque 悲惨な (嘆かわしい) 時代. ~ expérience ひどい経験. ~ nouvelle 悲しいニュース. ~ personnage いかがわしい人物. ~ réalité 悲惨な現実. ~ réputation 芳しくない評判. ~s résultats 惨憺たる結果.
être dans un ~ état 悲惨な (痛ましい, 憐れな) 状態にある. malade dans un ~ état 重篤な病人. C'est la ~ vérité. 嘆かわしい真実だ. Quelle ~ chose! 何と嘆かわしいことか!
— *n.* 悲しい人; 陰気な人. les ~s 陰気な人々 (=les gens ~s).

tristeses *n.f.* **1** 悲しみ, 悲嘆; 憂鬱, 陰鬱. ~ accablante (insupportable) 耐え難い悲しみ. ~ du cœur 心の苦痛; 心の憂愁. ~ mortelle 死ぬほどの悲しみ.
abîme (gouffre) de ~ 悲嘆の底. être enclin à la ~ 沈みがちである. resister à la ~ 悲しみに耐える. tomber dans une profonde ~ 深い悲しみにおちいる.
2 悲しいこと; 悲しい時; 悲しみの種. ~s de la vie 人生の悲哀.
3 淋しさ, 侘しさ; 陰気くささ; 荒涼たる光景. ~ de nos adieux 別れの言葉の悲しさ. ~ des notes graves de la flûte フルートの重々しい調べの侘しさ. ~ d'un paysage 荒涼たる風景. ~ d'un regard 悲しげな視線. visage empreint de ~ 悲しさの刻まれた顔.

tritanopie *n.f.* 〚医〛第三色盲, 青黄色盲.
trithérapie *n.f.* 〚医・薬〛3種薬剤併用療法 (特にエイズの治療で, AZT, DDI と抗プロテアーゼなどの3医薬の同時投与療法).
triticale *n.m.* 〚農〛ライ小麦 (ライ麦 seigle と小麦 blé との交雑種).
tritium [tritjɔm] *n.m.* 〚化〛トリチウム, 三重水素 (^3H) (質量数3の水素の放射性同位元素).
triton *n.m.* 〚化〛トリトン, 三重陽子.
trituration (<triturer) *n.f.* **1** 粉砕. **2** 咀嚼. **3** 熟読. ~ du texte テクストの精読.
trivial (**ale**) (*pl.* **aux**) *a.* **1** 卑俗な, 下卑た. idées ~ales 下卑た考え. plaisanteries ~ales 卑猥な冗談.
2 陳腐な, 平凡な. style ~ 通俗的文体 (style noble「高尚な文体」の対).
tRNA (=〚英〛*t*ransfer *R*ibo*n*ucleic *A*cid) *n.m.* 〚生〛転移リボ核酸 (=〚仏〛ARNt: *a*cide *r*ibo*n*ucléique de *t*ransfert).
TRO (= *t*aux *r*évisable tous les trois ans) *n.m.* 〚金融〛3年毎の見直し制金利.
troc [-k] *n.m.* **1** 物々交換. **2** 物々交換制, バーター制. économie de ~ バーター制経済.
trocart *n.m.* 〚医〛トロカール, 套管針 (穿刺生検用器具).
trochin *n.m.* 〚解剖〛(上腕骨 humérus の上端の) 小結節.
trochisque *n.m.* 〚薬〛**1** トローチ〔錠〕, 口内剤. médicament en ~ トローチ薬剤.
2 燻蒸剤.
3 〚絵画〛固型水彩絵具.
4 〚陶芸〛(パスティラージュ pastillage 技法の) 小さな丸い文様; パスティラージュ装飾.
trochiter [-tɛr] *n.m.* 〚解剖〛(上腕骨 humérus 上端の) 大結節.

trochlée [-kle] *n.f.*『解剖』(上腕骨の) 滑車.

trochléen(*ne*) *a.*『解剖』滑車の. nerf ~ 滑車神経 (=nerf pathétique).

troïka [ロシア] *n.f.* **1** 三頭立ての大型橇;三頭立ての馬. **2**『政治』三頭政治,トロイカ体制.

trois *a.num.card.* **1** 三つの;3 人の. ~ cents 300. ~ dimensions de l'espace. 空間の 3 つの次元.『神話』les ~ Grâces 三美神. les ~ Mousquetaires 三銃士. enfant de ~ ans 3 歳児. espace de ~ mois 3 か月の期間. hôtel (restaurant)~ étoiles 3 つ星ホテル (レストラン).『音楽』mesure à ~ temps 三拍子.『音楽』mesure à ~-quatre 四分の三拍子.『劇』frapper les ~ coups 舞台の床を木槌で 3 回打つ《開演の合図》.
2 少ない数. ne pas dire ~ mots ほとんど口をきかない. J'arrive dans ~ minutes. すぐ行きます. Je l'ai vue deux ou ~ fois. 彼女には二, 三回会っただけです (ほとんど会っていません).
——*a.num.ord.* 3 番目の (=troisième). ~ heures du matin 午前 3 時. chapitre ~ 第 3 章. Henri ~ (III) アンリ 3 世. numéro ~ 3 番;3 番地.
——*pr.num.card.* 3 つ, 3 人. ~ à ~; ~ par ~ 3 人ずつ. les T~ Grands 三大国. ménage à ~ 3 人世帯.
——*n.m.inv.* (数・数字の) 3;(月の) 第 3 日;3 番地. ~ en chiffres arabes アラビア数字の 3. ~ fois ~〔font〕neuf 3×3=9. ~ pour cent 3 %. le ~ janvier 1 月 3 日. le nombre ~ 数〔字〕の 3. Un, deux, ~, partez! 1, 2, 3, スタート! habiter au ~, rue Saint-Honoré サン=トノレ通り 3 番地に住む.

trois-D (=trois-dimensions) *n.f.*『電算』3 次元, 3 次元図形処理 (略記 3-D, 3 D). carte graphique en ~ 3 次元グラフィック・カード. jeux en ~ 3 次元図形ゲーム. programmes de modélisation en ~ 3 次元図形作成プログラム.

trois-deux *n.m.inv.*『音楽』2 分の 3 拍子.

trois-étoiles[1] *n.m.* 3 連アステリスク記号 (＊＊＊);某. Monsieur*** [məsjø trwa asterisk] 某氏.

trois-étoiles[2] *n.m.*『料理』3 つ星レストラン《ミシュランのホテル・レストラン案内 guide Michelin の最高格付》. Quels ~ pour l'an 2008? 2008 年版ではどんな 3 つ星レストランが選ばれるか.

Trois-Gorges [中国] *n.f.pl.* les ~〔長江〕三峡 (さんきょう) (=〔中国〕Sanxia サンシア). barrage des ~ 三峡ダム.

troisième *a.num.ord.* 3 つの, 3 番目の (略記 IIIe). ~ âge 第 3 年齢期の, 高年齢期の (60 歳以上). le IIIe arrondissement de Paris パリ市第 3 区.『学』~ classe (中等教育の) 第 3 学級. ~ dimension 第三次元. ~ étage 4 階. ~ jour 3 日目.『文法』~ personne du pluriel 複数 3 人称.『仏史』la IIIe République 第三共和政 (1875-1940 年). ~ sexe 第 3 の性, 同性愛者 (=homosexuels). Elle est ~ en anglais. 彼女は英語の成績が第 3 位である. monter au ~ [étage] 4 階にのぼる. passer au (en)~〔vitesse〕(変速ギアを) 3 速に入れる. pour la ~ fois 3 度目に. téléphone mobile de ~ génération 第 3 世代 (3G) の携帯電話.
——*n.* 3 番目の人 (もの). arriver le (la) ~ 3 番目に着く. la deuxième place et la ~ 2 番目と 3 番目の席.
——*n.m.* **1** (建物の) 4 階 (= ~ étage). habiter au ~ 4 階に住む.
2『行政』第 3 区 (= IIIe arrondissement). habiter〔dans〕le IIIe de Paris パリ市第 3 区に住む.
——*n.f.* **1**『学』(中等教育の) 第 3 学級《の生徒・教室》(~ classe, classe de ~)《中等教育第 1 課程の最終第 4 学年》.
2 (変速機の) 第 3 速〔ギア〕(= ~ vitesse).
3『舞踊』第 3 ポジション (= ~ position).

trois-quatre *n.m.inv.*『音楽』4 分の 3 拍子.

trolley [trɔlɛ][英] *n.m.* **1** 高架移動滑車, トロリー.
2 (電車の) 触輪, トロリー. autobus à ~ トロリーバス (=trolleybus). tramway à ~ トロリー式市街電車.
3〔話〕トロリーバス.

trombe *n.f.* **1**『気象』龍巻 (=tornade). ~s de poussière すさまじい砂ぼこり.
2『気象』~ d'eau 大雨, 集中豪雨. Il tombe des ~s d'eau 土砂降りになる.
3〔比喩的〕en ~;comme une ~ 疾風のように. départ brusque en ~ 突然のあわただしい出発. passer en ~ 物凄い勢いで通り過ぎる.
4〔俗〕疾走する車.

trombectomie *n.f.*『医』血栓摘出術.

trombone [伊] *n.m.* **1** トロンボーン. ~ à coulisse スライド式トロンボーン. jouer du ~ トロンボーンを吹く.
2 トロンボーン奏者. Il (Elle) est ~ dans l'orchestre symphonique. 彼 (彼女) は交響楽団のトロンボーン奏者である.
3 (TV アンテナの) U 型部分.
4『文具』(紙を挟む) クリップ. ~ en plastique プラスチックのクリップ.

trompe *n.f.* **1** らっぱ;(特に) トランペット;(狩猟用の) ホルン, 角笛 (= ~ de chasse);(昔の車の) らっぱ式警笛.『海』~ de brume 霧笛. sonner de la ~ らっぱ (警笛) を吹き鳴らす. à son de ~ 鳴物入りで. publier qch à son de ~ 鳴物入りで何を知らせる (吹聴する).
2 (昆虫の) 吻管, 吻;(象などの) 鼻;〔俗〕(人間の) 天狗鼻. ~ des papillons 蝶の吻管.

3〖解剖〗管. ~ d'Eustache エウスタキオ管, 耳管. sténose de la ~ d'Eustache 耳管狭窄〖症〗. ~〔de Fallope〕ファロピウス管, 卵管, らっぱ管, 輸卵管 (=~ utérine). épithéliome de la ~〔de Fallope〕卵管癌. inflammation des ~ s 卵管炎. ligature des ~ s 卵管結紮 (けっさく).
4〖建築〗トロンプ, 入隅迫持 (いりすみせりもち). coupole sur ~ s 入隅迫持に支えられた円屋根.
5〖理工〗ポンプ. ~ à eau 水流ポンプ. ~ à mercure 水銀ポンプ. ~ à vide 真空ポンプ.

trompe-la-mort *n.inv.*〔話〕九死に一生を得た人; 生き長らえる老人.

trompe-l'œil *n.m.inv.* **1**〖美術〗トロンプルイユ, だまし絵. décor en ~ だまし絵装飾.
2〔比喩的〕見掛け倒し. C'est du ~. それはまやかしだ.

trompette *n.f.* **1** らっぱ; トランペット. sonner de la ~ らっぱを吹く. jouer de la ~ トランペットを吹く. ~ de cavalerie (simple) 騎兵隊用らっぱ; らっぱ (ピストンなし). ~ d'harmonie トランペット (ピストン付き). fanfare de ~ トランペットのファンファーレ.〖神学〗~ de la Renommée 噂の女神ファーマのらっぱ. ~ bouchée〖軍〗消音らっぱ;〖音楽〗弱音器付きトランペット. sans tambour ni ~ こっそりと. partir sans tambour ni ~ こっそりと (ひそかに) 出発する.
2〖茸〗トランペット茸 (=~-de-la-mort「トランペット=ド=ラ=モール」,~-des-morts「トランペット=デ=モール」, くろらっぱだけ craterelle (あんずたけ目の食用茸) の俗称).
3〖貝〗えぞ貝, ほら貝 (俗称).
4〖鳥〗~-oiseau らっぱ鳥 (=agami).
—*n.m.* **1**〖軍〗らっぱ手. **2** トランペット奏者 (=trompettiste).

trompette-des-morts (*pl.* ~s-~-~), **trompette-de-la-mort** (*pl.* ~s-~-~-~) *n.f.*〖植〗トランペット〔デ=モール〕, 死者の喇叭 (らっぱ)〔黒い食用茸〕.

tronc *n.m.* **1** (木の) 幹;〖類似〗柱身. ~ de pin 松の幹. ~ de colonne 円柱の柱身.
2 (人間の) 躯幹, 胴; (動物の) 胴体. partie supérieure (inférieure) du ~ 胴体上部 (下部), 上 (下) 半身.
3 (教会堂内の) 献金箱. ~ des pauvres 慈善献金箱.
4〔比喩的〕家系の始祖 (=souche de famille).
5〖解剖〗幹. ~ artériel (veineux) 動脈 (静脈) 幹. ~ cérébral 脳幹. ~ cœliaque 腹腔幹.
6 基幹. ~ commun 共通幹;〔比喩的〕共通基礎科目〖中等教育第一年次の共通科目〗; (自動車専用道路の) 本線.
7〖幾何〗柱形, 錐形. ~ de cône (de pyramide) 円 (角) 錐台. ~ de cylindre (de prisme) 円柱 (角柱).

tronçon *n.m.* **1** 円筒状の断片, 筒切り. colonne en (à) ~ s 複数の円筒から成る円柱.〖料理〗~ d'anguille 鰻の輪切り. couper qch en ~ s 何を筒 (輪) 切りにする.
2〔比喩的〕一区画, 一区間; (行列の) 一部分. ~ d'une autoroute 高速自動車専用道路の一区間.
3〔比喩的〕(文などの) 断片.

tronçonneuse *n.f.*〖機械〗**1** 引 (帯) 鋸盤. **2** チェーンソー. ~ électrique 電気式チェーンソー. ~ à essence ガソリンエンジン式チェーンソー.

tronculaire *a.*〖解剖〗(神経・血管の) 幹の.〖歯科〗anestésie ~ 歯神経幹遮断麻酔.〖医〗anastomose ~ (門脈と大動脈の) 血管幹吻合〖術〗.
—*n.f.*〖歯科〗歯神経幹遮断麻酔.

trône *n.m.* **1** 王座 (=~ du roi), 玉座, (司教などの) 高座. ~ d'un roi 王座. ~ d'un évêque 司教座 (=~ épiscopal). ~ du pape 教皇座. ~ pontifical 教皇 (司教) 座.
2 王位, 帝位; 王権. le T~ et l'Autel 王権と教会権 (教権). ~ héréditaire 世襲王位 (帝位, 王権). héritier du ~ 王位 (帝位) 継承者. conseiller du ~ 王室顧問官. élévation de qn sur le ~ 人の即位. chasser qn de son ~ 人を王位から追放する. conspirer contre le ~ royal 国王に対し陰謀を企てる. monter sur le ~ 王位に就く. perdre son ~ 王位を失う. placer qn sur un ~ 人を王位に就ける; 人を権力の座に据える; 人を祭り上げる.
3〖pl. で〗〖神学〗座天使, 玉座 (Séraphins「熾天使」, Chérubins「智天使」につづく天使の第3位).
4〔話〕便座 (=siège des cabinets d'aisances).

troph〔o〕-〔ギ〕ELEM「栄養」,「養分」の意 (*ex.* trophonévrose *n.f.* 栄養神経症).

trophallergène *a.*〖医〗食物性アレルゲンの.
—*n.m.* 食物性アレルゲン (魚, 卵, 肉など).

-trophe, -trophie〔ギ〕ELEM「栄養」,「養分」の意. (*ex.* oligotrophie 貧栄養).

trophique *a.* 栄養の (に関する). troubles ~ s 栄養障害.

trophoblaste *n.m.*〖生〗栄養胚葉; 受精卵の栄養芽層.〖医〗biopsie de ~ 絨毛穿刺生検, 絨毛診断.

tropical (ale) (*pl.* **aux**) *a.* **1** 熱帯の, 熱帯地方の; 熱帯性の.〖医〗aphte ~ 熱帯性アフタ (スプルー). climat ~ 熱帯性気候. cyclone ~ 熱帯低気圧. plantes ~ ales 熱帯植物. pluies ~ ales 熱帯雨. région ~ ale 熱

帯地方.〖医〗ulcère ~ 熱帯性潰瘍. zone ~ ale 熱帯.
2 熱帯のような, 熱帯を思わせる. chaleur ~ ale 熱帯のような暑さ.
3 熱帯向きの. médecine ~ ale 熱帯医学.

tropique *n.m.* **1**〖天文〗回帰線. ~ du Cancer 北回帰線. ~ du Capricorne 南回帰線.
2〔*pl*. で〕熱帯地方(南北の回帰線の間に位置する地方). vivre sous les ~s 熱帯で暮す.
── *a.* 回帰線の.〖天文〗année ~ 回帰年.

tropisme *n.m.* **1**〖生〗(刺激に対する)屈性, 向性, 屈曲運動(chimio*tropisme* 化学向性, géo*tropisme* 屈地性, photo*tropisme* 光向性, thermo*tropisme* 熱向性などの種類がある).
2〖比喩的〗(刺激に対する)反応, 反射.

tropopause *n.f.*〖気象〗圏界面(大気層の対流圏と成層圏の境界面).

troposphère *n.f.*〖気象〗対流圏(地表から約10 kmの部分).

troposphérique *a.*〖気象〗対流圏の. ozone ~ 対流圏内オゾン.

trop-perçu *n.m.* 過剰徴収金. rembourser le ~ 過剰徴収金を返戻する.

trop-plein *n.m.* **1** 溢れ;溢水. ~ d'un réservoir 貯水槽の溢水. déverser le ~ dans le ruisseau 溢水を川に放出する.
2〖比喩的〗横溢;過剰物. ~ d'énergie 横溢するエネルギー. ~ de vie みなぎる生命力.
3 (浴槽・洗面台などの)溢水管, オーバーフロー.

troquet *n.m.*〖俗〗トロケ(ビストロ bistrot, 小カフェ petit café の俗称).

trot [tro] *n.m.* **1** (馬などの)速歩(はやあし), トロット(pas 並歩(なみあし)と galop 駆歩(かけあし)の中間の歩調). courses de ~ 騎乗速歩競馬, トロット・レース. au ~¹ 速歩で. au grand(petit) ~ 伸暢(緩)速歩で. prendre le ~ 速歩をはじめる.
2〖話〗au ~² (人が)急ぎ足で;急いで. mener une affaire au〔grand〕~ 急いで仕事をこなす.

trotskisme, trotskysme *n.m.* トロツキズム, トロツキー主義(Lev Trotski が主張した世界同時革命理論).

trotskiste, trotskyste (<〔ロシア〕Lev Trotski,〔仏〕Léon Trotski [1879-1940]) *n.* トロツキスト, トロツキー支持者, トロツキー主義者. *T~* internationale 第4インターナショナル(1938年トロツキー派が結成した反スターリン派の急進的社会主義同盟; la IVᵉ Internationale).
── *a.* トロツキーの, トロツキー主義. groupe ~ トロツキー主義グループ.

trottinette *n.f.* **1** トロチネット, 片足スケート(=patinette), スクーター(=〔英〕scooter). **2**〖話〗小型自動車.

trottoir *n.m.* **1** 歩道. ~ roulant 動く歩道. se promener sur les ~s 歩道を散歩する. 〖話〗faire le ~ (街娼が)通りで客を引く. radio-~ 巷の噂.
2〖古〗速歩用馬場.
3〖古〗(河岸や橋の) 人道.

trou *n.m.* **Ⅰ**〔穴〕**1** 穴, 孔;〖ゴルフ〗ホール. ~ d'aération 換気孔. ~ d'une aiguille 針穴.〖航空〗~ d'air エアポケット. ~ d'eau 水の渦中. ~ d'une flûte フルートの穴. ~ de la serrure 鍵穴.〖天文〗~ noir ブラックホール.〖ゴルフ〗~ réussi en 1 coup ホール・イン・ワン(=ace).〖比喩的〗C'est le ~ noir ! 全く絶望的だ. chaussée pleine de ~s 穴だらけの道. fond d'un ~ 穴の底. boucher un ~¹ 穴をふさぐ. creuser(percer)un ~ 穴を掘る(開ける). tomber dans un ~ 穴に落ちる.
2〔解剖〕孔. ~s de conjugaison 椎間孔.〔話〕~ du cul(de balle) 尻の穴, 肛門(=anus).〔卑〕Petit ~ du cul ! 糞ったれ. ~s de nez 鼻孔, 鼻の穴(=narrine). ~ occipital 大後頭孔.
3 くぐり穴, 口.〖海〗~ du chat (帆船の)ラバーズ・ホール. ~ d'homme マンホール, (甲板などの)一人用昇降口.
4〖話〗墓穴, 墓. être dans le ~ 墓におさまっている.

Ⅱ〔巣〕**1** 巣穴. ~ de souris 鼠の巣穴.
2 隠れ場所, 隠れ家, 避難場所.〖劇〗~ du souffleur (劇場の)プロンプターボックス.〖軍〗~ individuel たこつぼ壕, 各個掩体.〖話〗faire son ~ 出世する, 成功する, 地位を築く.〖話〗n'être jamais sorti de son ~ 自分の穴に閉じ籠っている, 世間知らずである. vivre tranquille dans son ~ ひっそりと暮す. vouloir disparaître dans un ~ 穴があったら入りたいと思う.
3〖話〗辺鄙な場所, 片田舎(= ~ perdu). un petit ~ pas cher 安い穴場. Au *T~* gascon ガスコーニュ風穴場(パリのレストラン名). habiter un ~ 田舎に住む.
4〖俗〗監獄(=prison). être au ~ 刑務所に入っている.

Ⅲ〔空白・欠落〕**1** 空白, 欠落. ~ de mémoire 記憶の空白. avoir un ~〔de mémoire〕記憶に穴があいている. faire un ~ normand (料理と料理の間に)強い酒を飲んで腹ごなしをする. Il y a un ~ dans son alibi. 彼のアリバイには欠落がある. œuvre où il y a des ~s 欠陥のある仕事.
2 欠損, 赤字(=déficit). ~ dans un budget 予算の赤字. boucher un ~² 穴(借金)を埋める, 穴埋めする. boucher des ~s 代役をつとめる.
3〖スポーツ〗envoyer la balle dans un ~ de la défense adverse 相手のディフェンスの間隙をついてボールを送る. faire(créer)le ~ 相手に差をつける;〖比喩的〗水をあける, 優位に立つ.

4 〖電子〗(半導体の) 正孔.

troubadour *n.m.* 〔文〕トルバドゥール (12・13世紀の南仏恋愛詩人)(trouvère の対).
── *a.inv.* トルバドゥール風の (19世紀の王政復古期に流行した中世ゴシック趣味の様式).

trouble¹ *a.* **1** 濁った, 混濁した. eau ~ 濁った水. vin ~ 濁った葡萄酒.
2 曇った；曇りを帯びた. temps ~ 曇った(霞んだ)空. vitres ~s 曇ったガラス.
3 はっきりしない, ぼやけた, 不鮮明な. images ~s ぼやけた映像. avoir la vue ~ 物がはっきり見えない；〔比喩的〕理解が行き届かない.
4 〔比喩的〕はっきりしない, 不明確な. méfiance はっきりしない疑念. affaire ~ いかがわしい仕事. désirs ~s もやもやした欲望. regard ~ 底意を隠した目付. souvenirs ~s ぼんやりした思い出.
── *ad.* voir ~ 物がはっきり見えない.
── *n.m.* **1** 濁り, 混濁. ~ de l'eau dû à la tempête 嵐による水の濁り.
2 曇り. ~ de l'atmosphère 大気の曇り.
3 〖*pl.* で〗汚濁物.

trouble² *n.m.* **1** (心の) 動揺, 狼狽；困惑, 当惑；逆上；(性的な) ときめき；錯乱, 狂乱. ~ de l'esprit 精神錯乱. cacher son ~ 心の動揺をおし隠す. se remettre de son ~ 落ち着きを取り戻す.
2 〖*pl.* で〗混乱, 動揺；騒乱, 暴動；紛糾, トラブル. ~s dans une famille 家庭騒動. ~s politiques 政治的動乱. ~s sociaux 社会的紛糾. jeter le ~ dans une famille 家庭に騒動の種をまく. réprimer des ~s 暴動を鎮圧する.
3 〖医〗(心身の) 障害；困難(症). ~ circulatoire (血液・リンパ液の) 循環障害. ~s de l'adaptation (環境への) 適応障害. ~ de la circulation pulmonaire 肺循環障害. ~ de la conscience (de l'équilibre, de la mémoire, de la parole, de la vue) 意識(平衡機能, 記憶, 言語, 視力)障害. ~ de la déglutition 嚥下困難. ~ de sommeil 睡眠障害. ~ mental 精神障害. ~ neuropsychique 神経心理(精神)障害. ~ panique パニック障害. ~ psychique 心理(精神)障害. ~s respiratoires 呼吸困難. ~ trophique 栄養障害.
4 混乱, 乱れ. ~ atmosphérique 大気の乱れ (=perturbation).
5 〖法律〗妨害, 侵害；紛争, トラブル, 動揺. ~ de droit 法的権利による権利否認. ~ de fait (物の所有者に対する) 事実的行為による占有侵害. ~ de la possession (possessoire) 不動産占有侵害. ~ de voisinage 近隣妨害 (トラブル).
6 (液体の) 混乱, 濁り. ~ de l'huile 油の濁り.

troublé(e) *a.p.* **1** 濁った, 混濁した. eau ~e 濁った水. œil ~ 濁った眼.
2 曇った；霞んだ；ぼやけた. ciel ~ 曇り空. vue ~e ぼやけた視野.
3 混乱した, 荒れた；妨げられた. ordre ~ 混乱した秩序. 〖法律〗possession ~e 妨害された占有. repos (sommeil) ~ 妨げられた休息(眠り). rêunion ~e 荒れた集会.
4 (人が) 動揺した；困惑した. candidat ~ 動揺した受験生. se sentir ~ あがってしまう.
5 錯乱した；(機能が) 乱れた. cerveau ~ 混乱した頭脳. esprit ~ 錯乱した精神.

trouble-fête *n.inv.* 〔女性についても多く un ~〕座を白けさせる人, 興をさます人, 祝宴の邪魔者. jouer le 〔*s*〕 ~ 座を白けさす.

trouée *n.f.* **1** (通行可能な) 隙間, 割れ目, 破れ目. ~ dans une haie (une palissade) 生垣の裂け目. ~ entre les arbres 木の間道, 木の間の空地 (=clairière).
2 草を刈った野原.
3 ~ de ciel 雲間.
4 〔比喩的〕〔文〕穴 (=trou). faire son ~ 道を切り開く；出世する.
5 〖軍〗(戦線の) 突破口. faire une ~ 敵陣を突破する.
6 〖スポーツ〗(ラグビー) faire la ~ 敵のディフェンスラインを突破する.
7 〖地形〗(山間の) 隘路, 狭地. la ~ de Belfort ベ〔ル〕フォールの地峡 (le Jura と les Vosges 両山脈の間の谷間).

troupe *n.f.* ⓘ (群) **1** 群, 集団. 〔古〕 une ~ de brigands 山賊の一味. une ~ d'étrangers (de touristes) 外国人(観光客)の一団. une ~ d'oies sauvages 雁の群れ. en ~ 群をなして(た). animaux en ~ 群棲する動物.
2 (歌手・踊り手などの) 一座 (特に) 劇団 (= ~ de comédiens；~ de théâtre；~ théâtrale：compagnie). ~ de danseurs 舞踊団. ~ en tournée 巡業中の一座.
3 (ボーイスカウト, ガールスカウトの) 隊 (patrouille「班」の上の単位).
Ⅱ (部隊) 〖軍〗**1** 部隊. ~ de choc 奇襲部隊 (=unité de choc). ~ de légionnaires 外人部隊. ~ de marine 海兵隊. corps de ~〔*s*〕部隊 (特に独立した部隊；主に連隊 régiment を指す). gros de la ~ 本隊. officier de ~ 部隊勤務将校.
2 〖多く *pl.*〗軍；軍隊. ~s de débarquement 上陸軍. gros des ~s 軍の主力. intervention de la ~ 軍の介入.
3 〖集合的〗兵, 兵卒, 兵士 (=hommes de ~；hommes du rang) (officier「将校」・sous-officier「下士官」の対). moral de la ~ 兵の士気.
〖同格〗Gauloises ~ 軍隊用ゴロワーズ (シガレット).
4 軍隊用紙巻タバコ (=cigarettes de ~). fumer des ~ 軍隊用シガレットを吸う.

troupeau(*pl.*~**x**) *n.m.* **1** 家畜の群；(特に) 羊の群；野獣の群. le berger et son ~ 羊飼いと羊の群. ~ de moutons (brebis) 羊 (牡羊) の群. ~ de vaches 乳牛の群.
2〖蔑〗盲従する人の群, 群衆. ~ d'admirateurs 礼賛者の群.
3〖宗教〗信徒の集団；キリスト教会 (= ~ du Seigneur). le pasteur et son ~ 牧師 (司祭) とその教区民.

troussage *n.m.* **1**〖料理〗トルーサージュ (焼く前に家禽の手羽や脚を胴とまとめてしばる下拵え). ~ d'une volaille 家禽のトルーサージュ.
2〖冶〗引まわし, 砂掻き操作.

trousse *n.f.* **1** 携帯用物入れ (ケース). ~ à ongles マニキュア用具入れ. ~ à outils 道具 (工具) 箱. ~ d'écolier 学童の文具ケース. ~ de médecin 医師鞄. ~ de toilette (de voyage) 旅行用化粧道具入れ.
2〖多く *pl.*〗〖古〗トルース《詰め物をしてふくらませた半ズボン》. aux ~s de *qn* 人のあとにつきまとって. avoir le feu aux ~s 尻に火がつく. avoir la police à ses ~s 警察に追われている (つけられている).
3〖古〗束. ~ de foin 乾草の束.
4〖採鉱〗(掘削錐の) 先端；(立杭支保の) 壁受 (= ~ de cuvelage).

trousseau[1](*pl.*~**x**) *n.m.* **1**〖古〗束.〖現用〗~ de clefs 鍵束.
2 嫁入り衣裳.
3 (僧院・寄宿舎の入居者が持参する) 衣類一式.
4〖冶〗引板, 引型.

trousseau[2] *n.m.*〖葡萄〗トルーソー《ジュラ地方 le Jura で栽培される重い赤葡萄酒の品種》.

trouvaille *n.f.* **1** 発見；発見物, 掘出し物. faire une ~ 掘出し物をする.
2 斬新なアイディア, 新しい思いつき. ~ ingénieuse 見事な着想.
3〖皮肉〗突飛な思いつき. Quelle ~! 突拍子なアイディアだ!

trouvé(*e*) *a.p.* **1** 発見された. enfant ~ 捨て児, (施設などに引取られた) みなし児. objets ~s 拾得物, 落し物, 遺失物. le Service des objets ~s de la Préfecture de Police (パリ) 警視庁の遺失物取扱所. aller chercher un sac aux objets ~s 遺失物取扱所に鞄を探しに行く. tout ~ 探すまでもない；うってつけの. endroit tout ~ pour camper おあつらえ向きのキャンプ場.
2 思いついた；独創的な, 斬新な. bien ~ うまく思いついた. expression bien ~*e* さにぴったりの表現.

trouvère *n.m.* 〖文〗トルーヴェール (12・13 世紀の北仏恋愛詩人) (troubadour の対).

troxérutine *n.f.* 〖薬〗トロキセルチン (昇圧薬；薬剤製品名 Veinamitol (*n.m.*) など).

Troyes *n.pr.* トロワ《département de l'Aube オーブ県の県庁所在地；市町村コード 10000；形容詞 troyen(ne)》. cathédrale Saint-Pierre et Saint-Paul de ~ トロワのサン=ピエール・サン=ポール大聖堂 (13-14 世紀のゴシック様式). 〖史〗comté de ~ トロワ伯爵領. le Vieux ~ トロワ旧市街.

tr/s (= *tour par seconde*) *n.m.* 〖数・機械〗毎秒回転数《角速度の単位；t. p. s., t/s とも表記》.

truc [tryk] *n.m.* **1** 〖話〗策, 手, こつ；秘訣；トリック, 特殊効果. ~s du métier 仕事のこつ (秘訣). ~s d'un prestidigitateur 手品師の手 (種 (たね)). bon ~ よい手. 〖映画〗film à ~s トリック映画.
2 〖話〗(名を知らぬもの, または名を明示したくないもの を指して) あれ；奴. ~ désagréable 不愉快な奴. repiquer au ~ 再び始める, やり直す. Qu'est-ce que c'est que ce ~-là? それは一体何だ?
3 〖話〗売春. faire le ~ 売春する.
4 〖話〗性的行為.

truffe *n.f.* **1** 〖植・食材〗トリュフ, 松露. ~ blanche 白トリュフ. ~ noire 黒トリュフ, (通常の) トリュフ. 《La ~ est le diamant de la cuisine.》「トリュフは料理のダイヤモンドである」(Brillat-Savarin).
2 トリュフ《トリュフ状のチョコレート》.
3 〖俗〗丸くて大きな鼻, 団子鼻.

truffé(*e*) *a.p.* **1** 〖料理〗トリュフ (truffe) を添えた (詰めた). foie gras d'oie ~ トリュフを添えた鵞鳥のフォワグラ.
2 〖比喩的〗(de) (で) 一杯の, (を) 詰め込んだ. discours ~ de citations 引用だらけの講演. texte ~ d'erreurs 間違いだらけのテクスト.

trufficulture *n.f.* 〖農〗トリュフ栽培.
truffier(*ère*)[1] *a.* **1** トリュフが生える. chêne ~ トリュフ楢 (近くにトリュフが生える楢).
2 トリュフ採取用に訓練した. chien ~ トリュフ採取犬.

truffière[2] *n.f.* トリュフ自生地.

truie *n.f.* **1** 牝豚, 繁殖用牝豚. peau de ~ 豚皮. **2** 〖魚〗トリュイ, 地中海かさご (= ~ de mer).

truite *n.f.* **1** 〖魚〗トリュイット, 鱒. ~ arc-en-ciel 虹鱒. ~ d'élevage 養殖鱒. ~ de lac 湖水鱒. ~ de mer 海鱒. ~ de rivière 川鱒, ブラウン・トラウト (= ~ fario, ~ sauvage). ~ fario トリュイット・ファリオ, ブラウン・トラウト, 天然鱒. ~ saumonée 紅鱒.《la T~》「鱒」(シューベルト作曲). route de la ~ 鱒街道《アルザス地方 l'Alsace のトゥール la Thur とモズロット la Moselotte 両川流域の街道名》.
2 〖料理〗鱒料理. ~ 〔à la〕meunière 鱒のムーニエール (ムニエル). ~ au bleu トリュイット・オー・ブルー, 鱒の青皮仕立て《鱒を

酢水でゆで, 皮が青く仕上げる). ~ aux amendes 鱒のムニエル, アーモンド添え. ~ fumée 鱒の燻製.
3 〖魚〗幼鮭 (= tacon；川を下る鮭の稚魚).

truiticulture, truitticulture *n.f.* 〖漁〗鱒の養殖.

trumeau (*pl.* ~**x**) *n.m.* **1** (窓と窓の間の) 窓間壁；(建物出入口の大開口部を二分する) 迫台, 台柱.
2 窓間鏡 (飾り)；炉棚鏡 (飾り).
3 〖料理〗トリュモー (牛の脛肉；= jarret de bœuf)；〖古〗ふくらはぎ (= gras de la jambe).
4 〖話〗vieux ~ 老いぼれ；老婆.

truquage (<truc) *n.m.* **1** いんちき, まやかし；でっちあげ (= trucage). ~ des élections 選挙のいんちき.
2 (美術品などの) 偽造 (= contrefaçon).
3 (舞台などの) トリック；(特に)〖映画〗トリック〔撮影〕；特殊効果. ~ de la couleur 色彩の特殊効果. ~ optique 視角トリック.

trust [trœst]〖英〗*n.m.*〖経済〗**1** 信託. **2** トラスト, 企業合同. ~ du pétrole 石油トラスト. administrateur d'un ~ 管財人 (= trustee).

trustee [trœsti]〖英〗**1** 受託者, 被信託人. **2** 管財人.

trypanosome *n.m.*〖原生動物〗トリパノソーマ (アフリカ睡眠病などの病原寄生原虫).

trypanosomiase *n.f.*〖医〗トリパノソーマ症 (寄生原虫病). ~ africaine アフリカ・トリパノソーマ病；アフリカ睡眠病 (= maladie du sommeil). ~ américaine アメリカ・トリパノソーマ病, シャガス病 (= maladie de Chagas).

trypsine *n.f.*〖生化〗トリプシン (プロテアーゼの一種；膵液の蛋白質消化酵素). taux de ~ dans le sang 血中トリプシン濃度. ~-inhibiteur トリプシン=インヒビター.

trypsinogène *n.m.*〖生化〗トリプシノゲン (トリプシン trypsine の酵素前駆体).

tryptamine *n.f.*〖生化, 薬〗トリプタミン.

tryptase *n.f.*〖生化〗トリプターゼ (膵臓で合成されるプロテアーゼの一種；プロチドをポリペプチドなどに変換する酵素).

tryptophane *n.m.*〖生化〗トリプトファン (必須アミノ酸の一つ). taux sanguin de ~ 血中トリプトファン濃度.

TSA (= *t*echnologie de *s*ystèmes *a*utomatisés) *n.f.* 自動化システム制御工学.

TSAP (= *t*ableau *s*ynthétique d'*a*ctivité des *p*raticiens) *n.f.*〖社会保障・医〗(健保の) 臨床医医療活動一覧表.

tsar, tzar, czar [tsar]〖ロシア〗*n.m.* ロシア皇帝 (1547-1917), ブルガリア皇帝 (919-1018, 1187-1393, 1908-1946), ツァーリ.

tsarévitch, tzarévitch [tsarevitʃ] *n.m.* ロシア皇太子, ロシア皇子.

tsarine, tzarine *n.f.* ロシア皇后.

tsarisme *n.m.*〖史〗ロシアの専制的帝政体制, ツァーリズム.

tsariste *a.* **1** ロシア帝政体制の, 帝政主義の, ツァーリズムの. **2** ロシア帝政主義支持派の.
——*n.* ロシア帝政主義支持者.

tsé[-]tsé *n.f.inv.*〖昆虫〗ツェツェ蝿 (= mouche ~；熱帯アフリカの吸血性イエバエ；睡眠症や家畜のナガナ病の病原体トリパノソーマを媒介する).

TSF [teɛsɛf] (= *t*élégraphie *s*ans *f*ils) *n.f.* **1** 無線通信；アマチュア無線, ハム (=〖英〗ham). poste ~ de la Tour Eiffel エッフェル塔の無線通信所.
2〖古〗ラジオ放送. Compagnie générale de ~ ラジオ放送総合会社《20 世紀初頭》.
3〖古〗ラジオ受信機 (= poste de radio).

TSH (=〖英〗*t*hyroid *s*timulating *h*ormone) *n.f.*〖生化〗甲状腺刺激ホルモン (=〖仏〗thyréostimuline).

T-shirt, tee-shirt [tiʃərt]〖英〗*n.m.* T シャツ.

Tsiganes ⇨ Tziganes

Ts'in ⇨ Qin

Tsinan ⇨ Jinang

Ts'ing ⇨ Qing

Tsinghai ⇨ Qinghai

Tsingtao ⇨ Qingdao

Ts'ingyuang ⇨ Qingyuang

Tsitsihar ⇨ Qiqihar

TSM (= *t*aux *s*emestriel *m*onétaire) *n.m.*〖債券〗半年金利.

TSS (= *t*rès *S*aint-*S*acrement) *n.f.*〖カトリック〗至聖秘蹟.

tsunami〖日〗*n.m.* 津波 (= raz de marée).

T.S.V.P. (= *T*ournez, *s*'il *v*ous *p*laît) 裏面を見よ, 裏返して下さい.

TTC (= *t*outes *t*axes *c*omprises) *n.f.pl.* すべての税金込み. prix ~ すべての税金込み価格 (料金).

TTL (=〖英〗*t*hrough *t*he *l*ens)〖写真〗レンズ透過光露出時間測定〔方式〕(=〖仏〗exposition optimale à chaque éclair). viseur à mesure ~ incorporée TTL 測光ファインダー.

TU (= *t*emps *u*niversel) *n.m.* 世界時 (=〖英〗UT：*U*niversal *T*ime).

tubage *n.m.* **1**〖医〗(胃など上部消化器への) 挿管〔法〕, ゾンデ法.〖医〗~ duodénal 十二指腸ゾンデ法.〖医〗~ gastrique 胃挿管.
2〖土木〗ケーシング；〖機械〗〖集合的〗配管.

tubaire *a.*〖解剖・医〗管の；卵管 (= trompe de Fallope；trompe utérine) の. avortement ~ 卵管流産. grossesse ~ 卵管妊娠. rupture ~ 卵管破裂. souffle ~ 気管音.

tube n.m. **1** 管, 筒, チューブ, パイプ. ~ à chaleur ヒートパイプ, 熱パイプ. ~ à essai 試験官. ~ à ondes progressives 進行波管《マイクロ波用真空管》. ~ à rayons cathodiques 陰極管 (= ~ cathodique). ~ à vide 真空管. ~ acoustique 導声管. ~ -allonge d'un appareil de photo カメラレンズのエクステンションチューブ. ~ amplificateur 増幅管. ~ analyseur 撮影管. ~ au (de) néon ネオン管. ~ aux rayons X X線管. ~ de décharge 放電管. ~ de Pitot ピトー管《流速測定器》. ~ de verre ガラス管. ~ iconoscope (TV カメラの)造影管. ~ d'un canon (d'un fusil) 砲身 (銃身). fusil à long ~ 長い銃身の小銃. ~ d'une canalisation 導管;給水管;給油管. ~ électronique 電子管. ~ fluorescent 蛍光管 (= ~ luminescent). 〔軍〕~ lance-roquettes ロケット発射管.〔軍〕~ lance-torpilles 魚雷発射管.〔医〕~ pour drainer ドレーン・チューブ. ~ oscillateur 発振管. ~ pneumatique タイヤのチューブ. ~ redresseur 整流管. ~ télescopique 伸縮式パイプ.
〔話〕à plein〔s〕~〔s〕(エンジンの)フル回転で;一杯(最大)の音量. rouler à pleins ~s 車を全速力で走らせる. électrophone à pleins ~s 最大音量の電音.
2〔容器〕チューブ, 円筒形の容器. ~ d'aspirine アスピリンの壜. ~ de dentifrice 歯磨チューブ.
3〔生・解剖〕管, 筒, 管状器官.〔植〕~ criblé 師管 (しかん).〔解剖〕~ digestif 消化管.〔植〕~ pollinique 花粉管. ~s urinifères 尿管. petit ~ 細管 (=tubule).
4〔俗〕電話. donner un coup de ~ 電話をかける.
5〔俗〕(シャンソン, 劇などの)ヒット;ヒット曲, ヒット盤;当り芝居. Ça a fait un ~. あれはヒットした.
6〔俗〕(競馬の)秘密情報.
7〔話〕le T~ ロンドンの地下鉄.

tubeless [tyblɛs]〔英〕a.inv. 〔タイヤ〕チューブレスの (=sans chambre à air). pneu ~ チューブレスタイヤ.

tubercule n.m. **1**〔植〕塊茎 (じゃがいもなど);塊根 (=faux ~)《主根が変じたもの;人参, 砂糖大根など》. ~ comestible 食用塊茎 (塊根).
2〔医〕結節;結核結節. ~ miliaire 粟粒結核結節.
3〔解剖〕(骨・器官の表面の) 結節. ~ du grand adducteur 大内転筋結節. ~ de la première côte 第一肋骨結節.

tuberculeux (se) a. **1**〔植〕塊茎性の, 塊根性の. racine ~ 塊根.
2〔医〕結核〔性〕の;結節の. méningite ~se 結核性髄膜炎.
——n. 結核患者.

tuberculination n.f. 〔医〕ツベルクリン検査 (=test tuberculinique), ツベルクリン注射 (=tuberculinisation).

tuberculine n.f. 〔医〕ツベルクリン《結核菌培養液濃縮沪液;1890年コッホが開発した結核菌蛋白を含む調剤》.

tuberculinique a. 〔医〕ツベルクリンの (に関する). épreuve ~ suivie du BCG en cas de négativité ツベルクリン検査, 陰性の場合は BCG の接種を行なう. réaction ~ ツベルクリン反応. test ~ ツベルクリン・テスト.

tuberculome n.m. 〔医〕結核腫.

tuberculose n.f. 〔医〕結核〔症〕. ~ articulaire 関節結核, 結核性関節炎. ~s cutanées 皮膚結核. ~ de prostate 前立腺結核. ~ du sein 乳腺結核. ~ génitale 性器結核. ~ intestinale 腸結核. ~ laryngée 喉頭結核. ~ miliaire 粟粒結核. ~ pulmonaire 肺結核. ~ trachéale 気管結核, 結核性気管支炎.

tubéreux (se) a. 〔植〕塊茎の;塊根の. plante ~se 塊根(茎)植物 (じゃがいもなど). racine ~se 塊根. tige ~se 塊茎.

tubérosité n.f. **1**〔解剖〕(骨の) 粗面, 円形の隆起.
2 (胃底の) 隆起. ~ de l'estomac 胃底隆起. glosse ~ 胃底大隆起 (上部). petite ~ 胃底小隆起 (下部).
3〔植〕塊茎状態;結節形成, 結節状.

tuboscopie n.f. 〔医〕卵管内視鏡検査〔法〕.

tubulaire a. **1** チューブ状の, 管 (筒) 状の. ruban ~ 筒状リボン.
2 金属パイプを用いた. châssis ~ 金属パイプの枠組. chaudière ~ 煙管ボイラー. meubles ~s 金属パイプ家具.
3〔解剖・医〕尿管 (tube urinaire) の (に関する). néphropathie ~ 尿細管腎炎.
——n.f. 〔動〕くだうみひどら類.

tubule n.m. 〔解剖〕細管. ~ rénal 尿細管.

tubulonéphrite n.f. 〔医〕尿細管腎炎 (=néphropathie tubulaire, tubulopathie).

tubulopathie n.f. 〔医〕細尿管症《腎症の一種》.

TUC[1] (=*t*aux d'*u*tilisation des *c*apacités) n.m. 〔経済〕生産能力利用率, 稼動率.

TUC[2] (=*t*emps *u*niversel *c*oordonné) n.m. 協定世界時《1972年1月1日より施行の世界時. 原子振動に基づく原子時の秒を刻み, 地球自転に基づく世界時を示すための人工的時間体系で; =〔英〕UTC: *U*niversal *T*ime *C*oordinated》.

TUC[3] (=*t*ravaux d'*u*tilité *c*ollective) n.m. pl. 公共〔土木〕公益事業.

tucard (e) a. 公共土木事業 (TUC) の.

TUE (=*t*raité de l'*U*nion *e*uropénne) n.m. ヨーロッパ連合条約.

tué (e) a.p. **1** 殺された;(事故で) 死んだ. ~ au combat 戦死した. Vingt personnes

ont été ~ es dans un accident de chemin de fer. 鉄道事故で20人が死亡した.
2 (人が) 疲れ果てた, 消耗した.
──*n.* 殺された人；戦死者；(事故の) 死者. les ~ s et les blessés 死傷者.

tue-diable *n.m.*〖釣〗チューディヤーブル(「悪魔殺し」の意；鱒など肉食性の川魚釣り用の擬餌針).

tue-loup *n.m.inv.*〖植〗とりかぶと(aconit の俗称).

tue-mouches *a.inv.* **1**〖茸〗amanite ~ 紅天狗茸(べにてんぐたけ), あかはえたけ(=fausse orange). **2** papier ~ 縄取紙.
──*n.m.inv.* べにてんぐだけ(=amanite ~).

tuerie *n.f.* **1** 殺戮(さつりく), 大量虐殺；虐殺.
2〔古〕食肉処理場, 屠殺場(=abattoir).

tue-tête(à) *l.ad.* 声を限りに. crier à ~ 絶叫する.

tueur(se) *n.* **1** 人殺し, 殺人者；殺し屋(=~ à gages). ~ en serie 連続殺人鬼.
2 (de の) 狩猟家. ~ de lion ライオン・ハンター.
3 食肉処理者.
──*a.* 人を殺す；殺人性の. algue ~*se* 殺人性海藻, 有毒海藻.

tuf(f)eau *n.m.*〖鉱・建築〗チュフォー(石灰華 tuf calcaire の一種；凝灰岩). ~ de Touraine トゥーレーヌ地方特産チュフォー(水晶や雲母を含む白亜質の凝灰岩；白色の建築用石材).

tuile *n.f.* **1** 屋根瓦(=~de toit)；瓦葺き. ~ s d'ardoise スレート瓦. ~ s faîtières 煉瓦(=~ s en faîteau). ~ s imbriques 鱗状瓦葺き. ~ s plats 平瓦. ~ s rondes 丸瓦. assemblage de ~ s 瓦葺き. disposer les ~ s d'un toit 屋根に瓦を葺く.
2〖菓子〗チュイル(瓦状のクッキー). ~ s aux amandes アーモンド入り瓦状クッキー.
3〔話〕思いがけない災難. Quelle ~ ! 何て運が悪いんだ！ tomber comme une ~ (瓦のように落下する→) 思いがけない災難がふりかかる.
4〔話〕ひやかし客.
5〖織〗〔古〕ラシャの仕上げ板. passer la ~ sur le drap ラシャに仕上げをする.

tuilerie *n.f.* **1** 瓦製造工場, 瓦工場；瓦焼き窯；瓦製造業.
2 les *T*~ s チュイルリー宮殿(=palais des *T*~s) (パリミューヌの際焼失)；チュイルリー宮付属庭園(=jardin des *T*~s).

tularémie *n.f.*〖医〗ツラレミア, 野兎(やと)病(米国カリフォルニア州のトゥーレー郡 Tulare で発見された人獣感染伝染病；病原菌はグラム陰性の偏性好気性短桿菌 Francisella tularensis).

tulipe *n.f.* **1**〖植〗チューリップ. ~ double (simple) hâtive 早咲き八重(一重)咲きチューリップ. ~ frangée 総状花弁チューリップ. ~ s à grandes fleurs 大輪咲きチューリップ. ~ noire 黒いチューリップ(古くはこの世に存在しないものの比喩). bulbe (oignon) de ~ チューリップの球根.
2 チューリップ状のもの(電灯の笠やグラス). ~ de verre チューリップ・グラス.
3 Fanfan la *T*~ チューリップ坊や.

tulipier *n.m.*〖植〗チューリピエ, チューリップツリー(北米原産の樹木. チューリップに似た花をつける).

Tulle *n.pr.* チュル(département de la Corrèze コレーズ県の県庁所在地；市町村コード19000；形容詞 tulliste).

tulle (<*T*~, 原産地) *n.m.*〖織物〗チュール(薄地の網織). ~ gras 脂肪性チュール(包帯用). ~ illusion 透明の薄地チュール. robe de ~ チュール地のドレス.

tuméfaction (<tuméfier) *n.f.* **1**〖医〗(炎症などによる) 腫脹, 腫大(=gonflement). **2** 腫れ, 腫れ物.

Tumen(le) *n.pr.m.* 図們江(ともんこう), トゥーメンチャン；豆満江(とまんこう), トマンカン(北朝鮮・中国・ロシアの国境を流れて日本海に注ぐ川；延長520 km).

tumescence *n.f.*〖生理・医〗腫脹, 腫大；(特に陰茎・陰核の) 勃起. ~ pathologique 病的腫脹. ~ du pénis (du clitoris) 陰茎(陰核)の勃起.

tumescent(e) *a.*〖解剖・医〗(器官が) 腫脹した, 腫脹状態の. organe ~ 腫脹器官.

tumeur *n.f.* **1**〖医〗腫瘍. ~ au cerveau 脳腫瘍. ~ au poumon 肺腫瘍. ~ bénigne 良性腫瘍 (adénome 腺腫, fibrome 繊維腫, lipome 脂肪腫, molluscum 軟腫, papillome 浮腫, polype ポリープ, verrue 疣(いぼ)など). ~ blanche 白腫. ~ carcinoïde カルチノイド腫瘍, 好銀性細胞腫. ~ congénitale 先天性腫瘍. ~ de foie 肝腫瘍. ~ de l'amygdale 扁桃腫瘍. ~ de la vessie 膀胱腫瘍. ~ de l'estomac 胃腫瘍. ~ de l'uretère 尿管腫瘍. ~ de testicule 精巣(睾丸) 腫瘍. ~ du rein 腎臓腫瘍. ~ du sein 乳腺腫瘍. ~ endothéliale 内皮腫. ~ épithéliale 上皮性腫瘍, 上皮腫(=épithéliome). ~ glomique グロムス腫瘍, 血管神経腫. ~ hypophysaire 下垂体部腫瘍. ~ maligne 悪性腫瘍；癌 (cancer) (=~ cancéreuse 癌性腫瘍；carcinome 上皮癌, épithéliome 上皮腫, sarcome 肉腫, squirre 硬性癌など). ~ médiastinale 縦隔腫瘍. ~ neurogène 神経原性腫瘍. ~ orbitaire 眼窩腫瘍. ~ primaire (secondaire) des os 原発性(続発性)骨腫瘍. ~ urétrale 尿道腫瘍. ~ virale ウイルス性腫瘍. récidive de ~ 腫瘍の再発.
2〖医〗腫れ物, できもの. ~ furonculeuse 癤状腫れ物. ~ inflammatoire 炎症性腫れ物.
3〔古〕腫脹. ~ blanche 白腫 (結核性関節腫脹). ~ brune 褐色腫 (出血性骨融解性病

変).
4〖植〗(樹木の)こぶ.

tumoral(**ale**)(*pl*.**aux**) *a*. 〖医〗腫瘍の；腫瘍性の. cellules ～ales 腫瘍細胞. embolie ～ale 腫瘍塞栓. marqueur ～ 腫瘍マーカー(=marqueur de tumeur)(*ex*. ACE=*a*ntigène-*c*arcino-*e*mbryonnaire 癌胎児抗原；対象癌 cancer grandulaire；Ca 15-3；対乳癌 cancer du sein；calcitonine カルシトニン；対甲状腺癌 cancer de la thyroïde；=〖英〗PSA：*p*rostate *s*pecific *a*ntigen 前立腺特異抗原：cancer de la prostate 前立腺癌など). nodule ～ 腫瘍小節. thrombus ～ 腫瘍血栓.

tumorigène *a*. 〖医〗腫瘍形成の, 腫瘍形成性の.

tumulaire *a*. 墓の. pierre ～ 墓石.

tumulte *n.m.* **1** 喧騒, 騒然とした状態；騒乱. ～ d'applaudissement 万雷の拍手. ～ d'une mêlée 乱闘状態. grand ～ dans l'assemblée 会議場の騒然とした状態.
2 (都会の)喧騒, 騒がしさ, 狂騒. ～ de la rue 通りの喧騒.
3 〖文〗(波風の)立ち騒ぎ, 狂瀾. ～ de la tempête 荒れ狂う嵐. ～ des flots 立ち騒ぐ波浪.
4 〖比喩的〗混乱；狂躁状態. ～ des passions (des sentiments) 情熱(感情)の狂躁状態.

tumultueux(**se**) *a*. 〖文〗**1** 騒がしい, 騒然とした. discussion ～*se* 喧々囂々たる議論. foule ～*se* 雑踏. séance ～*se* 騒然とした会議.
2 (波などが)立ち騒ぐ, 荒れ狂う. flot ～ 立ち騒ぐ波浪. mer ～*se* 荒海.
3 波瀾に富んだ；(感情などが)波立つ；(感情などを)かき乱す. jeunesse (vie)～*se* 波瀾万丈の青春時代(人生). mémoire encombrée de souvenirs ～ 心をかき乱す思い出に満ち溢れた記憶. passion ～*se* 激情.

tumulus [tymylys] (*pl*. **tumuli**, **tumulus**)〖ラ〗*n.m.* 〖考古〗チュミュリュス, 土盛古墳；石塚(ブルターニュ地方に点在する地下墳墓をもつ人工の塚). T～ Saint-Michel à Carnac カルナックのサン=ミシェル・チュミュリュス.

tuner [tynɛr, tynœr]〖英〗*n.m.*〖音響〗チューナー；(特に)FM チューナー(=～ en modulation de fréquence).

Tunghwa ⇒ Tonghua

tungstate *n.m.*〖化〗タングステン酸塩, ウォルフラム酸塩；タングステン酸塩砿(蛍光体, レーザー素子などの原料).

tungstène [tœgstɛn] *n.m.* **1**〖化〗タングステン(元素記号 W, 原子番号 74, 原子量 183.85).
2〖金属〗タングステン(比重 19.3 g/cm³, 融点 3400℃の灰白色の金属；フィラメント, 電気接点, 特殊鋼等の材料). acier au ～ タングステン鋼. filament de lampe en ～ タングステン・フィラメント. minerai de ～ タングステン鉱.

tungstique *a*. 〖化〗タングステン酸塩の. acide ～ タングステン酸.

tunique *n.f.* **1**〖古代ギリシア・ローマ〗トゥニカ(ゆったりした貫頭衣).
2〖服〗チュニック；(軍人・学生などの)詰襟上着；(婦人用の)長い上着, 短コート. 〖古〗～ d'armes 鎖帷子. ～ d'officier 士官の詰襟制服(上着).
3〖カトリック〗(副司祭の)軽衣(あくい), (司教などの高位聖職者が着用する)トゥニチェラ (=tunicelle), 祭服.
4〖解剖〗膜, 皮膜. ～s de l'œil 眼の結膜 (=conjonctive). ～ séreuse 漿膜.
5〖動〗被嚢(ひのう)；〖植〗外皮, 鞘層(しょうそう).

Tunisie(**la**) *n.pr.f.*〖国名通称〗チュニジア(公式名称：la République de T～, la République tunisienne チュニジア共和国；国民：Tunisien (ne)；首都：Tunis チュニス, 通貨：dinar tunisien [TND]).

tunisien(**ne**) *a*. チュニジア (la Tunisie) の, チュニジア共和国 (la République de Tunisie) の；～人の.
━━*T*～ *n*. チュニジア人.

tunisois(**e**) *a*. チュニス (Tunis) (チュニジアの首都) の；チュニス市民の.
━━*T*～ *n*. チュニス市民.

tunnel [tynɛl] *n.m.* **1** トンネル, 隧道；地下通路. ～ d'accès au quai 駅のホームに通じる地下道. ～ du Mont-Blanc モン=ブラン・トンネル(略記 TMB). T～ ferroviaire sous la Manche 英仏海峡横断海底鉄道トンネル. ～ routier 道路トンネル.
2 トンネル状のもの. ～ aérodynamique 風洞. four [à] ～ トンネル炉.
3〖電子〗diode ～ トンネルダイオード. 〖物理〗effet ～ トンネル効果. microscope à effet ～ トンネル効果電子顕微鏡.
4〖映画・演劇〗〖話〗長々と続く退屈な独白；〖TV〗番組間の長ったらしいコマーシャル.
5〖農〗(ビニールなどによる)トンネル式温泉, ビニールハウス.
6〖比喩的〗どん底状態；長く続く困難な状況. arriver au bout du ～ 苦境から抜け出す.

tunnelier *n.m.*〖機工〗トンネル掘鑿機.

TUP [typ] (=*t*itre *u*niversel de *p*aiement) *n.m.* 公共料金払込み伝票.

turbidimètre *n.m.* 濁度測定計.

turbidité *n.f.* **1** 濁り, 混濁；〖水理〗濁度. ～ de l'eau 水の濁り. ～ d'un liquide 液体の混濁. **2**〖海洋〗courants de ～ 乱泥流.

turbinage (<turbiner) *n.m.* 遠心分離；〖製糖〗遠心脱水.

turbine *n.f.*〖機工〗**1** タービン；(特に)(タービンの)回転翼根. ～ à eau (hydraulique) 水車, 水タービン. ～ aérienne (at-

mosphérique) 風車. ～ à étages de pression 圧力タービン. ～ à gaz (vapeur) ガス (蒸気) タービン. ～ [à] haute (passe) pression 高 (低) 圧タービン.
2 遠心分離機.
3 ターボエンジン (=turbomoteur, moteur turbo).

turbo *n.f.* **1** タービン；ターボ過給機 (=turbocompresseur). **2** ターボ・エンジン付自動車.

turbo[-]alternateur *n.m.* ターボ交流発電機, タービン発電機.

turbocompressé(e) *a.* ターボチャージャー付の. moteur ～ ターボエンジン.

turbocompresseur *n.m.* 〖機工〗ターボコンプレッサー, ターボチャージャー, ターボ過給機. ～ de suralimentation (エンジンの) 燃料過給ターボ.

turbodiesel *a.* ターボ式ディーゼルの, ディーゼルタービン式の. un [moteur] ～ 1,5 *l* de 72 ch 1.5リットル, 72馬力ターボディーゼルエンジン.

turbofan *n.m.* **1** ターボファン, ターボ送風機.
2 〖航空〗ターボファン・エンジン；ターボファン・ジェット・エンジン付航空機.

turboforage *n.m.* ターボドリル；ターボドリル式掘削法.

turbomachine *n.f.* タービン式機関 (turboréacteur, turbomoteur など).

turbo-moléculaire *a.* 〖物理〗ターボ分子の (による). 〖機工〗pompe ～ ターボ分子ポンプ, 分子ポンプ.

turbomoteur *n.m.* 〖機工〗ガスタービン；ターボエンジン.

turbopompe *n.f.* 〖機械〗タービンポンプ, 渦巻ポンプ.

turbopropulseur *n.m.* **1** 〖航空〗ターボプロップエンジン, ターボプロペラエンジン (=〖英〗turboprop engine, turboprop-jet engine)
2 ターボプロップエンジン搭載航空機.

turboréacteur *n.m.* 〖航空〗**1** ターボジェットエンジン. **2** ターボジェットエンジン搭載航空機.

turbosoufflante *n.f.* ターボ送風機.

turbostatoréacteur *n.m.* 〖航空〗ターボ・ラムジェット〔エンジン〕 (=〖英〗turboramjet [engine]).

turbot *n.m.* 〖魚〗チュルボ, 石鮃 (いしびらめ), 大鮃 (大西洋・地中海産の大型ヒラメ. 体長1mに達する). ～ de l'Atlantique 大西洋産チュルボ (俗称 berdonneau, triboulet). ～ de la Méditerranée 地中海産チュルボ (俗称 clavelat, rombu). 〖料理〗～ à l'impériale ナポレオン風チュルボ (切身を牛乳でゆで, ザリガニの尾を飾り, トリュッフ・ソースをかける. Laguipière の考案). 〖料理〗～ braisé au vermouth チュルボのヴェルモット蒸し煮 (F. Point の考案).

turbotière *n.f.* 〖料理〗チュルボチエール, かれい鍋 (turbot 調理用の菱形の平鍋).

turbotin *n.m.* 〖魚〗チュルボタン (チュルボ (turbot) の幼魚・若魚；体重1-1.5kg位).

turbo[-]train [tyrbɔtrɛ̃] *n.m.* 〖鉄道〗(フランス国鉄の) タービンエンジン搭載高速気動列車；最高時速300km).

turbulence *n.f.* **1** 騒がしさ, 喧騒.
2 (人の性格・気性の) 騒々しさ, 荒々しさ, 血気の激しさ.
3 〖物理〗(流体・気体の) 乱流, 〖気象〗乱気流 (=～ d'une masse d'air；～ atmosphérique). ～ d'un courant fluvial 川の流れの乱れ. ～ s de sillage 航跡乱流. zone de ～ s 乱気流域.
4 〖比喩的〗〖*pl.* で〗(相場などの) 乱高下, 激しい変動, 激動, 大荒れ. ～ s monétaires 為替相場の乱高下.

turbulent(e) *a.* **1** 騒がしい, 騒々しい；混乱をもたらす；荒れ狂う, 波瀾万丈の. enfants ～ s 騒ぎまわる子供たち. jeunesse ～ s 波瀾万丈の青春. joie ～ e 狂喜.
2 〖理〗couche ～ e 乱流層. écoulement ～ d'un fluide 液体の乱流. régime ～ 乱流状態 (régime laminaire「層流状態」の対).

turc(que) *a.* **1** トルコ (la Turquie) の；トルコ人の；トルコ語の. la République ～que トルコ共和国. bain ～ トルコ風呂 (トルコ式蒸し風呂), トルコ式浴場. café ～ トルココーヒー. marche ～que トルコ行進曲. à la ～que トルコ流に；〖音楽〗トルコ風に (リズムを強調した4分の2拍子で). cabinet à la ～ トルコ風便所 (便座のない便所). s'asseoir à la ～ あぐらをかく.
2 〖言語〗トルコ語族の. langues ～ques トルコ語族諸言語.
— T～ *n.* トルコ人. fort comme un T～ トルコ人のように強い, 非常に強い. tête de T～ (トルコ人の頭の形の人形→) パンチテスト具. servir de tête de T～ à qn 人のなぶり者になる.
— *n.m.* 〖言語〗トルコ語.

turcophilie *n.f.* トルコ好き, トルコ贔屓 (ひいき).

turcophobie *n.f.* トルコ嫌い.

turf [tœrf, tyrf] (<〖英〗turf「芝生」) *n.m.*
1 競馬場. **2** le ～ 競馬用語. **3** 〖比喩的〗〖隠〗売春；〖俗〗仕事. faire le ～ 売春する. aller au ～ 仕事に行く.

turgescence *n.f.* 〖生理・医〗(器官の) 腫脹〔状態〕(=tumescence).

turion *n.m.* 〖植〗徒長茎, シュート (地下茎から細長くのびた若芽), (特に) アスパラガスの新芽；(水生植物の) 殖芽.

turista *n.f.* 〖医〗トゥーリスタ, 旅行者下痢〔症〕(=diarrhée des voyageurs)；急性

腸炎；毒素原性大腸菌性下痢症.

turkmène *a.* **1** トルクメン人 (les Turkmènes) の；トルクメン語の. **2** トルクメニスタン (le Turkménistan) の.
— *les T~s* *n.pl.* トルクメン族.
— *n.m.* 〖言語〗トルクメン語.

Turkménistan (le) *n.pr.m.*, **Turkménie (la)** *n.pr.f.* 〖国名通称〗トルクメニスタン，トルクメン〖公式名称〗: la République du Turkménistan トルクメニスタン共和国, la République de Turkménie トルクメン共和国〖国民〗: Turkmène〖首都〗: Achkhabad アシハバード〖通貨〗: manat [TMM].

Turquie (la) *n.pr.f.* 〖国名通称〗トルコ〖公式名称〗: la République de T~, la République turque トルコ共和国〖国民〗: Turc, Turque〖首都〗: Ankara アンカラ〖通貨〗: livre turque [TRL].

turquoise *n.f.* トルコ石；トルコ玉（アルミニウムと銅の天然燐酸塩水化物）.
— *a.inv.* トルコ石色の, 淡青緑色の. bleu ~ トルコ石系青色.
— *n.m.* トルコ石色, 淡青緑色.

tutélaire *a.* **1** 〖法律〗後見の；後見人の. charges ~s 後見人の責務.
2 〖国際法〗信託統治する. puissance ~ 信託統治権.
3 〖古〗守護者の, 守護神の. ange ~ 守護天使 (=ange gardien). déesse ~ 守護女神.

tutelle *n.f.* **1** 〖法律〗後見；後見制度. ~ d'Etat 国による後見. ~ des majeurs 成年者後見制度. ~ des mineurs 未成年者後見制度. ~ en gérance 管理後見. ~ légale 法定後見. compte de ~ 後見人による財産管理計算. juge des ~s 後見裁判官, 後見判事. en (hors de) ~ 後見下にある (を離れた).
2 〖国際法〗信託統治(制度) (=régime de ~). ~ stratégique 戦略的信託統治. Conseil de ~ (国連の)信託統治理事会. territoire sous ~ 信託統治地域.
3 〖行政〗後見監督, 監督. ~ administrative 行政上の後見監督. ~ aux prestations sociales 社会保障給付の後見監督. ~ sur les actes (les personnes) 行為(人)に対する後見監督. autorité de ~ 監督官庁.
4 〖俗〗保護, 庇護. être sous la ~ des lois 法の保護の下にある.
5 監視, 監察, 監督. ~ pénale 矯正保護制度. tenir *qn* sous sa ~ 人を監視下に置く.

tuteur[1] (***trice***) *n.* **1** 〖法律〗後見人. ~ à la personne 身上についての後見人. ~ ad-hoc 特別後見人. ~ adjoint 後見補助人. ~ datif 選任後見人. ~ légal 法定後見人. ~ testamentaire 遺言後見人.
2 〖比喩的〗保護者, 後楯. rôle de ~ 保護者の役割.
3 〖教育〗チューター, 個人指導教員(学生) (=〖英〗tutor).

tuteur[2] *n.m.* 〖園芸〗添木 (=échalas,

perche, rame). appuyer une plante contre un ~ 植物に添木をたてる.

tutoral (ale) (*pl.* **aux**) *a.* 〖教育〗チューター (tuteur；〖英〗tutor) の.

tutorat (<tuteur) *n.m.* 〖教育〗チューター (個人指導教員) の資格 (機能, 制度).

tutoriel[1] (*le*) *a.* **1** 〖教育〗チューターの, 個人指導の. système ~ チューター制, 個人指導制.
2 〖電算〗チュートリアル (=〖英〗tutorial；ハードやソフトの使用説明教材的な). fonction ~ *le* チュートリアル機能.

tutoriel[2] *n.m.* 〖電算〗ハードやソフトの使用説明ソフト, チュートリアル (=〖英〗tutorial；didacticiel).

Tuvalu *n.pr.m.* 〖無冠詞〗〖国名〗トゥヴァル, ツバル〖国民〗: Tuvaluan (e)〖首都〗: Fongafale フォンガファル〖通貨〗: dollar australien [AUD].

tuvaluan (e) *a.* トゥヴァル (Tuvalu) の, ツバルの；~ の住民の；トゥヴァル語の. dollar ~ トゥヴァル・ドル(通貨単位).
— *T~* *n.* トゥヴァル人.
— *n.m.* 〖言語〗トゥヴァル語.

tuyau (*pl.* ~**x**) *n.m.* **1** 管, パイプ；ホース. ~ à eau 水道管. ~ à (de) gaz ガス管 (ホース). ~ crevé[1] つぶれたパイプ. ~ d'arrosage 散水用ホース. ~ de (en) caoutchouc ゴムホース, ゴム管. ~ de cheminée 煙突. ~ de descente (流し, 洗面台などの)排水管. ~ d'echappement 排気管. ~ d'incendie 消火用ホース. ~ de (en) plomb 鉛管. ~ de poêle ストーブの煙突.
2 (中空の筒状のもの) ~ acoustique 送音管. ~ de blé ストロー. ~ de l'oreille 耳の穴. 〖話〗dire *qch* à *qn* dans le ~ de l'oreille 人に何を耳うちする. ~ d'orgue オルガン管. ~ (de plume) (鳥の羽の)軸. ~ de pipe パイプの柄. ~ de tige (稲・麦などの)稈 (かん).
3 〖服〗玉縁, パイピング.
4 〖話〗(株・賭博などの)秘密情報. 〖比喩的〗~ crevé[2] 偽情報. avoir (obtenir) un bon ~ à la Bourse (aux courses) 株(レース)の耳よりな情報を得る. donner un ~ sur *qch* 何について情報を洩らす.
5 〖話〗être dans les ~s (計画などが) 進行中である.

tuyère *n.f.* **1** 〖機械〗ノズル；(タービンの)ノズルチップ；(ジェットやロケットエンジンの)排気コーン (=~ d'éjection). ~ d'echappement 吐出しノズル. ~ de moteur à réaction ジェット・エンジンのノズル.
2 (高炉の)羽口. ~ à laitier のろ羽口. ~ principale 主羽口.

TV (=*t*élé*v*ision) *n.f.* テレヴィジョン.

TV6 (=*T*élé*v*ision 6) *n.f.* TV 第 6 放送, 第 6 チャンネル (=6ᵉ chaîne).

TVA (=*t*axe à la *v*aleur *a*joutée) *n.f.* 付加

価値税. taux de ~ 付加価値税の税率. ~ répercutée (消費者への) 転嫁付加価値税.

TV Haute définition *n.f.* 高品位 TV (略記 HDTV).

TVHD (=*télévision à haute définition*) *n. f.* 高品位 TV, ハイヴィジョン TV (= [英] HDTV: *High Definition Television*).

tweeter [twitœr][英] *n.m.* 【音響】ツイーター, 高音用スピーカー (=haut-parleur d'aigus).

tympan *n.m.* **1**【建築】タンパン, テュンパン《建物の出入口上部の水平梁 (まぐさ) とアーチがつくる三角形の部分》; 櫛形ペディメント. tympan du Jugement dernier de l'église Sainte-Foy de Conques コンクの聖女フォワ堂の「最後の審判」を描いたタンパン (ロマネスク様式; 1107-25 年). ~ sculpté 彫刻入りタンパン.
2【家具】(刳形の間の) 鏡板.
3【解剖】鼓室, 中耳 (=caisse du ~); 鼓膜 (=membrane du ~). briser le ~ 鼓膜を破る. crever le ~ à qn 人の耳をつんざく.
4【印刷】(手フート印刷機の開閉版盤の) 組み版枠.
5【機工】水揚げ水車.
6【機工】(軸にはめ込んだ) 小歯車. d'une horloge 時計の小歯車.
7〔古〕太鼓.

tympan*al* (***ale***)(*pl.***aux**) *a.*【解剖】鼓室. os ~ 鼓骨.
— *n.m.*【解剖】鼓骨.

tympanique *a.* **1**【解剖】(耳の) 鼓室 (caisse du tympan) の; 中耳 (oreille moyenne) の. cavité ~ 鼓室. membrane ~ 鼓膜.
2【医】son ~ 鼓音.

tympanisme *n.m.*【医】**1** 鼓腸. **2** 鼓音 (=son tympanique).

tympanite *n.f.* **1**【解剖】鼓室炎; 中耳炎 (=otite mogenne). **2**【医】鼓腸 (=tampanisme).

tympanométrie *n.f.*【医】鼓膜機能検査 (聴力検査 audiométrie の一種).

tympanoplastie *n.f.*【医】(耳の) 鼓室形成術.

tympanosclérose *n.f.*【医】鼓室硬化症.

tympanotomie *n.f.*【医】鼓室開口術; 鼓膜切開術 (=paracentèse).

typage (<type) *n.m.* 分類; 類型化; 分類法. ~ génétique 遺伝子類型化, 遺伝情報の分類.

type *n.m.* Ⅰ〘類型〙**1 a)** 類型, 型, タイプ, 種類, 典型. ~ anglais (chinois, nordique) (外見, 心理, 行動様式などが) イギリス (中国, 北欧) 系. ~ du beau 美の典型. ~ psychologique 心理学上の類型. Nous avons affaire à un problème de nouveau ~ (d'un ~ nouveau). 我々の前にあるのは新しい種類の問題である.〘話〙Il n'est pas mon ~. 彼は私のタイプではない. **b)**〘論理〙階型. théorie des ~s 階型理論.
2 典型的な人, もの, 手本, 見本, 代表例. ~ du bourgeois provincial 地方ブルジョワの典型. Son comportement, sa façon de parler...tout fait de lui le ~ même de l'intellectuel parisien. 彼は振る舞いや話し方など, すべてから判断して, パリのインテリそのものである.〘同格〙cas-~ 代表的なケース. contrat-~ 契約書の雛形.
3 型式, モデル. ~s de voitures 車の型式.
4〘生〙(種の) 類型, 模式, タイプ. espèce ~ 模式種. genre ~ 模式属.
5〘宗教〙前兆, 霊的指標. L'Ancien Testament contient les ~s des mystères. 旧約聖書には神秘の前兆がある《この場合 figure が type の同義語となる》.
6〔英語の影響〕rencontre du premier (deuxième, troisième) ~ UFO との第一種 (第二種, 第三種) 接近遭遇《第一種: UFO を近距離で目撃, 第二種: UFO による物理的痕跡の確認, 第三種: UFO 内部に入ること; 乗員との接触》.〘比喩的〙de troisième ~ より高度の, さらに進んだ.
La participation du Parti Communiste au pouvoir allait lui permettre d'instaurer un socialisme de troisième ~. 共産党が政権に参加することでより進んだ社会主義の樹立が可能になるはずだった.
Ⅱ〘人〙**1**〘話〙やつ, 男, 人, あいつ (coco, gars, mec, zigue など多くの同義語がある); 愛人. chic ~ いいやつ. pauvre ~ 哀れな者, 奇人.
Ⅲ〘技術〙(型, 刻印) **1**〘印刷〙字体, 活字, 書体. ~ Garamond (gothique) ガラモン (ゴシック) 書体. **2** (メダル, 貨幣の) 肖像, 図柄.

typé(e) *a.* 個性的な, タイプのはっきりした, 典型的な, 特徴のある. un goût Krug très ~ 極めて特徴のあるクリューク・シャンパーニュの味.

typh[o]-〔ギ〕ELEM「煙, 麻痺」の意;〘医〙「チフス」の意 (*ex. typh*ique チフスの, *typho*ïde 腸チフス).

typhique *a.*【医】チフスの. bacille ~ チフス菌.
— *n.* チフス患者.

typhlite *n.f.*【医】〔稀〕盲腸炎.

typhobacillose *n.f.*【医】高熱性結核初感染 (腸チフスに似た発熱を伴う初期結核症).

typhoïde *a.*【医】チフス性の. nodule ~ チフス結節.
— *n.f.* 腸チフス (=fièvre ~).

typhoïdique *a.*【医】腸チフスの.
typholopexie *n.f.*【医】盲腸周囲炎.
typhomycine (<*typhoï*de と *streptomycine* 合成語) *n.f.*【薬】チフォマイシン (=chloramphénicol クロラムフェニコール; [商標] クロロマイセチン chloromy-

typhon [tifɔ̃] *n.m.* 台風《東南アジア，インド洋等に発生する海洋性熱帯低気圧に伴う暴風雨》.

typhus [tifys] *n.m.* **1**〖医〗チフス；(特に)発疹チフス (= ~ exanthématique). **2**〖伝染性の〗熱病. murin 発疹熱. **3**〖獣医〗チフス. ~ du chat 猫チフス. ~ du chien 犬チフス.

typicité *n.f.* 典型的特性. ~ d'un cépage 葡萄の品種の特性. ~ du vin de Champagne シャンパーニュ酒の独特な特性.

typique *a.* **1** 典型的な，代表的な；(de に)特有の，特徴的な. cas ~ 典型的な例. personnage ~ du XXᵉ siècle 20世紀を代表する人物. vin ~ 個性的な葡萄酒. **2**〖生〗類型的な，正形の；〖医〗典型的な. caractères ~s et atypiques en biologie 生物学上の類型的性質と非類型的性質. ~ 類型的形態. tumeur ~ 典型的腫瘍. **3**〖音楽〗ラテンアメリカの. musique ~ ラテンアメリカ音楽. orchestre de ~ オルケストラ・ティピカ《南米音楽楽団》. **4**〖神学〗前兆となる；予型的な；象徴的な.
—— *n.f.* **1** 類型.〖哲〗~ du jugement 判断力の類型《Kant哲学の用語》. **2** 類型学, 類型論 (= typologie). **3**〖音楽〗ラテンアメリカ音楽.

typographie *n.f.* **1** 活版印刷；植字・組版作業《略記 typo》. La ~ cède la place à la photocomposition. 活版印刷は写真植字に地位を譲っていく. texte imprimé en ~ 活版刷りの文書. **2** 刷り上り, 組み具合. belle ~ 美しい刷り上り.

typographique *a.* **1** 活版印刷の. caractère ~ 活字. composition ~ 組版. écriture ~ 活字書体. faute ~ 誤植. imprimerie ~ 活版印刷. **2** 印刷工の. argots ~s 印刷工の隠語.

typologie *n.f.* **1** 類型学；類型分類；〖心〗(性格の)類型論. ~ anthropologique 人類型学. ~ des structures sociales 社会構造の類型学. établir une ~ de *qch* 何を類型別に分類する. **2**〖神学〗予型論《新約聖書の記述の旧約聖書中での予示を扱う》.

typologique *a.* 類型学の；類型学的な；類型別の. classification ~ 類型分類.

typomètre *n.m.*〖印刷〗活字尺.

tyramine *n.f.*〖薬〗チラミン《血管収縮剤》(= utéramine).

tyran *n.m.* **1** 専制君主；独裁者；暴君；圧制者. ~ féroce 残忍な専制君主. Ce roi était un ~. この王は暴君だった. Mort au ~! 独裁者よ死ね！ La reine était un ~. 女王は独裁者だった. **2**〖文, 戯〗暴君的人間, 暴君. ~ domestique 家庭の暴君. Sa femme est un ~. 彼のところは嬶(かかあ)天下だ. **3**〖史〗(ギリシアの)僭主, ティラノス；王位簒奪者 (usurpateur de l'autorité royale). **4**〖鳥〗タイラン鳥《熱帯アメリカ大陸の鉤嘴をもった鳥》.

tyrannie *n.f.* **1** 専制政治(政体)；独裁〔政治〕；圧制；暴政. ~ des rois 国王の専制政治. ~ impitoyable 非情な暴君. ~ militaire 軍事的独裁体制. lutte contre la ~ 圧制との戦い. **2** 暴君的行為, 暴虐な行為；暴虐；しめつけ. ~ des maris 夫による暴虐. ~ du maître d'école 学校の教師のしめつけ. exercer sa ~ sur *qn* 人を抑圧する. se libérer de la ~ d'un père 父親の暴君的行為を免れる. **3**〖比喩的〗有無を言わさぬ圧力. ~ de l'opinion publique 世論の圧力. ~ des passions 抑え難い熱情. ~ du travail continu 流れ作業の圧力による束縛. **4**〖史〗(古代ギリシアの)僭主政治. **5**〖比喩的〗独占的支配. ~ de la mode モードの支配権.

tyrannique *a.* **1** 専制的な；暴虐な, 圧制的な. mesures ~s 圧制的措置. régime ~ 専制体制. **2**〖比喩的〗権威的な；抑圧的な；横暴な. père ~ 抑圧的な父親. d'une manière ~ 権威的に, 横暴に. **3**〖比喩的〗抗し難い. passion ~ 抗し難い情念.

tyrannosaure *n.m.*〖古生物〗ティラノサウルス《最大の肉食龍》.

tyrocidine *n.f.*〖生化〗チロシジン《ポリペプチド性抗生物質の一つ. 土壌桿菌からグラミシジンと共に生産される》.

Tyrol *n.pr.m.* **1**〖地理〗チロル地方《〖独〗Tirol》. le ~ oriental 東チロル地方 (=〖独〗Osttirol). le ~ septentrional 北部チロル地方 (=〖独〗Nordtirol). **2**〖行政〗チロル州《オーストリアの州；州都 Innsbruck》.

tyrolien¹ (**ne**) *a.* チロル (Tyrol)《オーストリアの地方》の；チロル州〖独〗Tiroler Bundesland)の. chapeau ~ チロル帽.
—— *T*~ *n.* チロル人；チロル地方(州)の住民.

tyrolien² *n.f.* **1**〖音楽・舞踏〗チロリヤン, レントラー《チロル地方の民俗的な歌と踊り》. **2**〖登山〗チロリヤン《ロープによる虚空の飛越え》.

tyrosine [tirozin] *n.f.*〖化〗チロシン《α-アミノ酸の一つ. Tyr は Y と略記》.

tyrosinémie *n.f.*〖医〗**1** 血液中のチロシン含有量の異常上昇. **2** チロシン血(尿)症《血液中または尿の中に多量のチロシンが生じる疾患》(= tyrosinose)；チロシン血症Ⅰ型《遺伝性チロシン症》.

tyrosinose *n.f.*〖医〗チロシン血(尿)症

《血液(尿)の中に多量のチロシンが生じる症状》(= tyrosinémie).
tyrothricine *n.f.*〖薬〗タイロスライシン《抗生物質の一種》.
tzar ⇨ tsar
Tzarévitch ⇨ tsarévitch

tzarine ⇨ tsarine
Tziganes, Tsiganes *n.pr.pl.*〖民族〗ツィガーヌ族, チガーヌ族《Gitans または Kalés, Roms, Manouches または Sintis の3群に大別される流浪民族》.
Tzukung ⇨ Zigong

U

U¹, u [y] *n.m.inv.* **1** フランス語字母の第21字〔le *u*, l'*u*〕. le ûアクサンシルコンフレックスの付いた u. le üアクサングラーヴのついた u. le üトレマのついた u. Le *U* et le V ont été notés indifféremment V jusqu'au XVIIᵉ siècle. UとVは17世紀まで一様にVと記されてきた. **2** U字形〔のもの〕. arbre fruitier taillé en *U* U字形に仕立てられた果樹. tube en *U* U字管.

U² 〖略記・略号〗**1** *n.f.* 〖物理・化〗*unité de masse atomique* 原子質量単位. **2** *n.m.* 〖生化〗*uracile*「ウラシル」. **3** *n.m.* 〖化〗*uranium* ウランの元素記号. *U*²³⁵ ウラン235. **4** *n.m.* 〖海〗U旗(「危険」*danger* を示す国籍信号旗 *pavillon de code international*). **5** *n.m.* 〖史〗〖独〗*Unterseeboot*「Uボート」(=*sous-marin allemand*).

U3M (=*université du troisième millénaire*) *n.f.* 〖教育〗第3千年紀の大学. plan ~ 第3千年紀の大学構想(2001年以降の大学計画).

UA¹ (=*Union africaine*) *n.f.* アフリカ連合.

UA² (=*unité astronomique*) *n.f.* 〖天文〗天文単位, 天文単位距離(地球の公転軌道の長半径を基準にした天文定数で, 主に太陽系内の単位として用いられる)(=〖英〗AU: *astronomical unit*).

UA³ (=*uranium appauvri*) *n.m.* 劣化ウラン. 〖軍〗arme à l'~ 劣化ウラン兵器. cancer lié à l'~ 劣化ウランに関連する癌. 〖軍〗emploi de munitions à (l)'~ 劣化ウラン弾の使用. 〖軍〗obus-flèches ~ 劣化ウラン有翼砲弾.

UAI (=*Union astronomique internationale*) *n.f.* 国際天文学連合(=〖英〗IAU: *International Astronomical Union*).

UAL (=*unité arithmétique logique*) *n.f.* 〖電算〗演算論理装置〔回路〕(=〖英〗ALU: *arithmetic logic unit*).

UAMCE (=*Union africaine et malgache de coopération économique*) *n.f.* アフリカ・マダガスカル経済協力連合.

UAP (=*Union des assurances de Paris*) *n.f.* パリ保険連合.

UATI (=*Union des associations techniques internationales*) *n.f.* 国際技術協会連合.

UAV (=〖英〗*unmanned aerial vehicle*) *n.*

m. 〖軍〗無人航空機, 無人機(=〖仏〗*avion sans pilote, gnoptère*) ; (生物化学兵器, 地雷等の検知用の) 無人検知機.

ubiquiste *a.* **1** 偏在する ; いたる所に姿を見せる, ユビキタス(=*omniprésent, ubique, ubiquitaire*). **2** 〖宗史〗(ルター派の) キリスト偏在論を説く. **3** 〖植〗汎存する, 世界中どこにでもある. espèce ~ 汎存種.
── *n.* **1** 偏在する人 ; いたるところに出現する人. **2** キリスト偏在論者.

ubiquitaire *a.* **1** 偏在する (=*ubiquiste*). **2** 時空偏在〔性の〕, 同時にいたるところに存在する.

ubiquité *n.f.* **1** 〖神学〗(神の) 偏在性. **2** 時空偏在性, いたるところに同時に存在すること, いたるところに現れること. ~ de l'hyperpuissance américaine 超大国アメリカの遍在. avoir le don d'~ どこにでも姿を現す才がある.

ubiquitine *n.f.* 〖生〗ユビキチン《異常な蛋白質の破壊や新しい蛋白質の合成に関与する遍在性小蛋白質》.

UBS (=*Union de banques suisses*) *n.f.* スイス銀行連盟.

UC¹ (=*Union calédonienne*) *n.f.* カレドニア連合(ヌーヴェル=カレドニーの政治グループ).

UC² (=*Union du centre*) *n.f.* 〖政治〗中道連合(1988年設立).

UC³ (=*unité de compte*) *n.f.* 〖経済〗(通貨の) 計算(勘定) 単位. ~-agricole 農業計算単位(EC加盟国の農業生産物価格表示に用いられる). ~ ME (=*unité de compte monétaire européenne*) ヨーロッパ通貨計算単位《1973年CEE(EEC)で導入 ; 1999年1月1日からはUE(EC)の通貨同盟加入国ではécuからeuroに移行 ; 1 UCME=純金 0.88867088 gに相当 (1973年)》.

UCAPT (=*Union des coopératives agricoles des producteurs de tabac*) *n.f.* 〖農〗タバコ生産者農業協同組合連合.

UCCMA (=*Union des caisses centrales de la mutualité agricole*) *n.f.* 農業共済組合中央金庫連合.

UCE (=*unité de compte européenne*) *n.f.* 〖経済〗ヨーロッパ取引勘定〔計算〕単位 (écu=*European Currency Unit* ; 1999年からは euro) (CEE(EEC), CE(EC), UE(EU) の通貨計算単位).

UCI (=*Union cycliste internationale*) *n.f.*

国際自転車競技連合. points ~ 国際自転車競技連合ポイント.

UCIP (= *U*nion *c*atholique *i*nternationale de la *p*resse) *n.f.* 国際カトリック記者連合《1927 年設立. 本部 Bruxelles ブリュッセル》.

UCK (=［アルバニア語］*U*shtria *ç*lirimtare ë *K*osovës) *n.f.* コソヴォ解放軍 (=［仏］Armée de libération du Kosovo).

UCL (= *U*niversité *c*atholique de *L*ouvain-la Neuve) *n.pr.f.* (ベルギーの) ルーヴァン・ラ・ヌーヴ・カトリック大学.

Uclaf (= *u*nité de *c*ontrôle de la *l*utte contre la *f*raude) *n.f.* 不正取引阻止監視チーム.

UCLAT (= *U*nité de *c*oordination de la *l*utte *a*nti*t*erroriste) *n.f.*《治安》テロ対策調整班.

UCRG (= *U*nion des *c*lubs pour le *r*enouveau de la *g*auche) *n.f.* 左翼再生政治団体連合《1966 年結成, 1969 年新社会党に合流》.

UCT (= *u*nité *c*entrale de *t*raitement) *n.f.* (コンピュータの) 中央演算処理装置 (=［英］CPU: *C*entral *P*rocessing *U*nit).

UDE (= *u*nité de *d*imension *é*conomique) *n.f.*《農》経済的耕作規模単位面積《1 UDE=1.5 ha équivalent-blé「小麦耕作換算 1.5 ヘクタール」》.

UDEAC (= *U*nion *d*ouanière et *é*conomique de l'*A*frique *c*entrale) *n.f.* 中部アフリカ関税経済同盟《1964 年創設. 加盟国 le Cameroun, la Rép. centrafricaine, le Congo, le Gabon, la Guinée équatoriale［1983 年加盟］, le Tchad［1969 年脱退, 1984 年再加盟］》.

UDEAO (= *U*nion *d*ouanière des *E*tats de l'*A*frique de l'*O*uest) *n.f.* 西アフリカ諸国関税同盟《1966 年創設；1973 年 CEAO: *C*ommunauté *é*conomique de l'*A*frique de l'*O*uest に発展的解消》.

UDF (= *U*nion pour la *d*émocratie *f*rançaise) *n.f.* フランス民主連合《1978 年設立の中道系政党》.

UDP (= *u*ridine *d*i*p*hosphate) *n.m.*《生化》ウリジンニ燐酸.

UDPG (= *u*ridine *d*i*p*hospho*g*lucose) *n.m.*《生化》ウリジンニ燐酸グルコース (= UDP-glucose).

UDR[1] (= *U*nion des *d*émocrates pour la *R*épublique) *n.f.* 共和国民主主義者連合《1971-76 年；ドゴール派の政党；前身は UNR = *U*nion pour la *N*ouvelle *R*épublique) (1958-68), UDR (= *U*nion pour la *d*éfense de la *R*épublique) (1968-71)；1976 年シラクの RPR (= *R*assemblement *p*our la *R*épublique) となる》.

UDR[2] (= *U*nion pour la *d*éfense de la *R*épublique) *n.f.* 共和国擁護連合《1968 年の 5 月危機に結成されたドゴール派のフランス保守系の連合；-1971 年》.

UDT (= *U*nion *d*émocratique du *t*ravail) *n.f.* 労働民主連合《1959 年設立の政治団体. 1962 年 UNR と合併》.

UD-Ve **Rép.** (= *U*nion des *d*émocrates pour la *V*[e] *Rép*ublique) *n.f.* 第 5 共和国民主連合《1967 年設立のドゴール派の政党；-1968 年》.

UE (= *U*nion *e*uropéenne) *n.pr.f.* ヨーロッパ連合, 欧州連合 (=［英］EU: *E*uropean *U*nion)《1992 年 2 月 7 日調印のマーストリヒト条約 traité de Maastrich (別名 traité sur l'Union européenne「ヨーロッパ連合に関する条約」)［TUE］により, 1993 年 11 月 1 日発足；旧 CEE, CE；連合内に Commission européenne ヨーロッパ委員会, Conseil de l'Union européenne ヨーロッパ連合閣僚会議, Parlement européen ヨーロッパ議会, Cour de justice des Communautés européennes ヨーロッパ共同体裁判所, Cour des comptes européenne ヨーロッパ会計検査院, Comité économique et social 経済社会委員会［CES］, Comité des régions［CDR］地方委員会が設置されている》.

UEAC (= *U*nion des *E*tats d'*A*frique *c*entrale) *n.f.* 中部アフリカ諸国同盟《1968 年 2 月結成. 加盟国 le Tchad, le Zaïre》.

UEBL (= *U*nion *é*conomique *b*elgo-*l*uxembourgeoise) *n.f.* ベルギー・ルクセンブルク経済同盟.

UEC (= *U*nion des *é*tudiants *c*ommunistes) *n.f.* (フランスの) 共産主義学生同盟.

UEER (= *U*nité d'*é*ducation à *e*ncadrement *r*enforcé) *n.f.*《教育》非行少年収監学院《1995 年設立》.

UEM[1] (= *U*nion *é*conomique et *m*onétaire) *n.f.* 経済通貨同盟.

UEM[2] (= *U*nion *é*conomique et *m*onétaire de la *C*ommunauté) *n.f.* (ヨーロッパ (欧州) 共同体, ヨーロッパ連合の) 経済通貨同盟 (=［英］EMU: *E*conomic and *M*onetary *U*nion)《1969 年以来の構想；1991 年の traité de Maastricht により 1990 年 7 月 1 日から 3 つの段階を経て 1999 年施行の制度》.

UEMOA (= *U*nion *é*conomique et *m*onétaire *o*uest-*a*fricaine) *n.f.* 西アフリカ経済通貨同盟《1994 年創設》.

UEN (= *U*nion de l'*E*urope des *n*ations) *n.f.*《政治》(ヨーロッパ議会の) 諸国家のヨーロッパ連合党《国家の独立主権主義者による政治集団》.

UEO (= *U*nion de l'*E*urope *o*ccidentale) *n.f.* 西ヨーロッパ同盟, 西欧同盟 (=［英］WEU: *W*estern *E*uropean *U*nion；1948 年 3 月 17 日のブリュッセル条約で発足した西ヨーロッパの軍事協力・調整に関する諮問機関；1954 年 10 月 UEO に改組；ヨーロッパ統合, 共同防衛, 政治協力などを目的とし, NATO 委員会開催と併せて評議会を開

く；軍事同盟的役割は NATO に移ったが，1984 年再活性化；正式加盟国 Etat membre は 1954 年加盟の la France, la RFA (l'Allemagne fédérale), l'Italie, le Royaume-Uni, la Belgique, Les Pays-Bas, le Luxembourg の 7 カ国 et le Portugal (1990 年加盟), l'Espagne (1990), la Grèce (1995) の計 10 カ国；準加盟国 Etat membre associé は la Turquie, la Norvège, l'Islande, la Pologne (1999), la Tchèque (1999), la Hongrie (1999) の 6 カ国；オブザーヴァー加盟国 Etat membre observateur は le Danemark (1992), l'Irlande (1992), l'Autriche (1995), la Suède (1995), la Finlande (1995) の 5 カ国；提携準加盟国 pays partenaire associé は 1994 年加盟の l'Estonie, la Lettonie, la Lituanie, la Slovaquie, la Bulgarie, la Roumanie と la Slovénie (1996) の 7 カ国).

UEP (= Union européenne des paiements) n.f. 【経済】ヨーロッパ決済同盟 (1950 年 OECE (OEEC) により創設, 1958 年 12 月 31 日廃止；1959 年より l'Accord monétaire européen「ヨーロッパ通貨協定制度」に引き継がれ, 1979 年の Système monétaire européen「ヨーロッパ通貨制度」を経て, 1999 年 UEM (Union monétaire européenne) となる).

UER[1] (= Union européenne de la radio-télévision) n.f. ヨーロッパ・ラジオ TV 連合.

UER[2] (= Union européenne de radiodiffusion) n.f. ヨーロッパラジオ放送連合 (= [英] EBU : European Broadcasting Union)(西ヨーロッパラジオの放送団体連合組織. 1950 年設立).

UER[3] (= unité d'enseignement et de recherche) n.f. 教育・研究学群 (1968 年に制定された大学教育の学科的区分).

UEREPS (= Union européenne d'education physique et sportive) n.f. ヨーロッパ体育スポーツ連合.

UF (= urée formaldéhyde) n.f. 【化】尿素ホルムアルデヒド. résine ~ 尿素フォルムアルデヒド樹脂 (接着材, 塗料, 調理器具の取手などのプラスチック製品の原料).

UF4 (= tétrafluorure) n.m. 【化】四弗化物.
UF6 (= hexafluorure) n.m. 【化】六弗化物.
UFAJ (= Union française des auberges de jeunesse) n.f. フランス・ユースホステル連合.

UFC (= Union fédérale des consommateurs) n.f. (フランスの) 消費者連合同盟 (1951 年設立；220 の地方消費者連合の全国組織. 月刊機関誌 Que choisir? を発行；BEUC に加盟).

UFCS (= Union féminine civique et sociale) n.f. 婦人公民社会同盟 (1925 年設立の生涯教育と消費者運動を主目的とする婦人問題組織；本部 Paris).

UFCV (= Union française des centres de vacances) n.f. フランス・ヴァカンス・センター連合.

UFF (= Union des femmes françaises) n.f. フランス婦人同盟 (第二次大戦中のレジスタンス婦人委員会から発展した婦人団体. 1945 年設立；本部 Paris).

UFO (= [英] unidentified flying object) n.m. 未確認飛行物体, ユーフォー (= [仏] OVNI : objet volant non identifié).

ufologie n.f. **1** UFO (未確認飛行物体 OVNI) 研究. **2** UFO 実在信奉.

UFR (= unité de formation et de recherche) n.f. 【教育】(大学の) 教育・研究学群 (学部・学科に相当). ~ de 1re cycle 第一課程教育・研究学群 (一般教育を主体とする). ~ de droit (de lettres) 法学 (文学) 教育・研究学群.

UFT (= Union française du travail) n.f. フランス労働同盟 (1975 年設立の労働組合連合).

UGA (= l'Ouganda) n.m. ウガンダ (国名略記).

Ugap (= Union des groupements d'achats publics) n.f. 公費購買グループ連合 (1968 年設立).

UGB (= unité de gros bétail) n.f. 【計数】(牛・馬などの) 大型家畜単位.

UGCAF (= Union générale des coopératives agricoles françaises) n.f. フランス農業協同組合総連合.

UGCS (= Union des groupes et clubs socialistes) n.f. 【政治】社会主義グループ・団体連合.

UGE, Ugé (= Union des Grandes Ecoles) n.f. グランド=ゼコール連合.

ugni n.m. 【葡萄】~ blanc ユニ・ブラン (主にコニャック地方 le Cognac, ラングドック=ルーション地方 région Languedoc-Roussillon, プロヴァンス地方 la Provence で栽培される辛口の白葡萄酒用の品種；コニャック地方では saint-émilion とも呼ばれる).

UHF (= [英] ultra high frequency) n.f. 極超短波 (周波数 300-3000 MHz, 波長 10 cm-1 m のデシメートル波 ondes décimétriques ; = [仏] ultra-haute fréquence).

UHP (= Union hospitalière privée) n.f. 私立病院連合.

U.H.T. [yaʃte] (= ultra-haute température) n.f. 【食品】超高温滅菌 [法]. lait [stérilisé] ~ 超高温滅菌処理牛乳.

UIA (= Union internationale des architectes) n.f. 国際建築家連合.

UIAA (= Union internationale des Associations d'alpinisme) n.f. 国際登山協会連合.

UIAPME (= Union internationale de l'artisanat et des petites et moyennes entreprises) n.f. 国際手工業・中小企業連合 (=

[英] IACME : *I*nternational *A*ssociation of *c*rafts and small and *m*edium-sisez *e*nterprises ; 1947 年設立, 本部 Paris).

UIC (= *U*nion *i*nternationale des *c*hemins de fer) *n.m.* 国際鉄道連合.

UICC (= *U*nion *i*nternationale *c*ontre le *c*ancer) *n.f.* 国際対癌連合.

UICN (= *U*nion *I*nternationale pour la *C*onservation de la *N*ature) *n.f.* 国際自然保護連合 (Union Mondiale pour la Nature ともいう ; = [英] IUCN : *I*nternational *U*nion of *C*onservation of *N*ature and *N*atural *R*essources「自然および天然資源の保全に関する国際連合」; 1948 年 UNESCO により Fontainebleau フォンテーヌブローで設立 ; 本部スイスの Gland グラント).

UIE (= *U*nion *i*nternationale des *é*tudiants) *n.f.* 国際学生連合.

UIISC (= *u*nité d'*i*nstruction et d'*i*ntervention de la *s*écurité *c*ivile) *n.f.* 〘軍〙民間防災訓練介入隊.

UIJPLF (= *U*nion *i*nternationale des *j*ournalistes et de la *p*resse de *l*angue *f*rançaise) *n.f.* フランス語ジャーナリスト・記者国際連合 (1952 年設立, 本部 Paris).

UIMM (= *U*nion des *i*ndustries *m*étallurgiques, *m*inières et de la construction mécanique) *n.f.* 金属・鉱石・機械産業連合 (フランス経団連 CNPE 傘下の連盟).

UIOM (= *u*sine d'*i*ncinération des *o*rdures *m*énagères) *n.f.* 家庭ごみ焼却工場.

UIP (= *U*nion *i*nter*p*arlementaire) *n.f.* 列国議会同盟 (= [英] IPU : *I*nter-*P*arliamentary *U*nion).

UIPM (= *U*nion *i*nternationale de *p*enthatlon *m*oderne) *n.f.* 国際近代五種競技連合.

UISP (= *U*nion *i*nternationale des *s*yndicats de *p*olice) *n.f.* 国際警官組合連合.

UIT (= *U*nion *i*nternationale des *t*élécommunications) *n.f.* 国際電気通信連合 (= [英] ITU : *I*nternational *T*elecommunications *U*nion「国連の専門機関」; 1932 年創設). ~ v.110 国際電気通信連合の勧告によるv.110 規格 (モデムの標準規格の一種).

UIV (= *u*rographie *i*ntra*v*eineuse) *n.f.* 〘医〙泌尿器静脈造影.

UJP (= *U*nion des *j*eunes pour le *p*rogrès) *n.f.* 青年進歩連合 (1965 年設立のド・ゴール派の政治団体).

Ukraine(l') *n.pr.f.* [国名通称] ウクライナ (公式名称 la République d'*U*~ ; 国民 : Ukrainien(*ne*) ; 首都 : Kiev キエフ (Kyev) ; 通貨 : hryvnia フリヴニア [UAK]).

ukrainien(ne) *a.* ウクライナ (l'Ukraine) の ; ウクライナ共和国 (la République d'Ukraine) の ; ~人の ; ウクライナ語の.
—— U~ *n.* ウクライナ人.
—— *n.m.* 〘言語〙ウクライナ語.

ulcératif(ve) *a.* 〘医〙潰瘍形成の ; 潰瘍性の. propriété ~ *ve* 潰瘍形成特性.

ulcération *n.f.* 1 〘医〙潰瘍生成, 潰瘍化 ; 潰瘍. ~ cancéreuse 癌性潰瘍. ~ cutanée 皮膚潰瘍. début d'~ 初期潰瘍.
2 〘植〙潰瘍.

ulcère *n.m.* 1 〘医〙潰瘍. ~ asymptomatique 無自覚性 (無痛性) 潰瘍. ~ bénigne 良性潰瘍. ~ cornéen 角膜潰瘍. ~ de jambe 下腿潰瘍. ~ de l'œsophage 食道潰瘍. ~ duodénal 十二指腸潰瘍. ~ gastrique 胃潰瘍 (= ~ de l'estomac). ~ intestinal 腸管潰瘍. ~ jéjunal 空腸潰瘍. ~ linéaire 線状潰瘍. ~ nerveux 神経性潰瘍. ~ peptique 消化性潰瘍. ~ phagédénique 侵食潰瘍. ~ vulvaire 外陰潰瘍.
2 〘植〙(樹木の) 潰瘍.

ulcéré(e) *a.* 1 〘医〙潰瘍の生じた ; 潰瘍化した. lésion ~ de la peau 皮膚の潰瘍化病変.
2 〔比喩的〕深く傷ついた ; 深い怨みを抱いた. cœur ~ 深く傷ついた心.

ulcéreux(se) *a.* 1 〘医〙潰瘍性の ; 潰瘍化した. colite ~*se* 潰瘍性大腸炎. plaie ~ *se* 潰瘍性の傷. stomatite ~ *se* 潰瘍性口内炎.
2 (人が) 胃 (十二指腸) 潰瘍にかかった.
—— *n.* 胃 (十二指腸) 潰瘍患者.

ulcérogène *a.* 〘医〙潰瘍を起こす, 潰瘍の形成を助長する. substance ~ 潰瘍原因物質.

ulcéroïde *a.* 〘医〙潰瘍様の. plaie ~ 潰瘍様の傷.

ulcéro-membraneux(se) *a.* 〘医〙潰瘍膜性の. stomatite ~*se* 潰瘍膜性口内炎.

Ulchin [韓国] *n.pr.* 蔚珍 (いちん), ウルチン (慶尚北道の臨海都市).

Ullung [韓国] *n.pr.* 鬱陵 (うつりょう), ウルルン (鬱陵島の中心都市). l'~-do 鬱陵島.

ULM [yεlεm] (= avion *u*ltra*l*éger *m*otorisé) *n.m.* 超軽量エンジン付飛行機.

ULMS (= [英] *U*nderwater *l*ong-range *m*issile *s*ystem) *n.m.* 〘軍〙海中発射長距離ミサイル・システム (= [仏] réseau d'engins sous-marins à longue portée).

ulna *n.f.* 〘解剖〙尺骨 (= os cubital, cubitus).

ulnaire *a.* 〘解剖〙〔稀〕尺骨 (cubitus) の (= cubital).

Ulsan [韓国] *n.pr.* 蔚山 (いさん), ウルサン (慶尚南道の都市).

ultérieur(e) *a.* 1 (時間的に) 後の, 事後の ; 未来の (antérieur「前の, 事前の」の対). les générations ~*s* 後の世代. renseignement ~ 事後照会. renvoi à une date ~*e* 後日への延期. remettre une réunion à une date ~ 会合を後日に延期する.

ultimatum

2〖地理〗(一定の線, 河, 山脈などの)向こう側の (citérieur「こちら側」の対). la Calabre ~*e* et la Calabre citérieure カラブリア山脈の向う側のカラブリア地方とこちら側のカラブリア地方(イタリアの南端部の地方).

ultimatum [yltimatɔm]〔ラ〕*n.m.*〖外交〗最後通牒;〔一般に〕最後通告, 最終条件. adresser un ~ à 最後通牒(通告)をつきつける.

ultime *a.* **1**〔時に名詞の前〕最後の, 最終的の. ~ décision 最終決定. ~*s* paroles : paroles ~*s* 最期の言葉, 臨終の言葉. ~ *e* cause ~ 最後の動機, 最終手段 (=ultima ratio). **2** 究極の. l'atome, particule ~ 究極の粒子である原子.

ultra *a.* **1** 過激な意見をもつ. **2**〖史〗超王党派の.
— *n.* **1** 過激派; 極右. **2**〖史〗超王党派, ユルトラ (=ultraroyaliste).

ultra-〔ラ〕ELEM「超」の意 (*ex. ultra*[-]son 超音波).

ultraacoustique *n.f.* 超音波音響学.
ultracentrifugation *n.f.*〖物理・原子力〗超遠心分離〔法〕.
ultracentrifugeuse *n.f.* 超遠心分離機(器).
ultra-compact(*e*) [yltrakɔ̃pakt] *a.* 超小型の. appareil ~ 超小型カメラ. notebook ~ 超小型ノートブック型ポータブルパソコン.〖写真〗zoom ~ ウルトラ・コンパクト・ズームレンズ.
ultra[-]**court**(*e*) *a.* 超短波の. ondes ~ *es* 超短波(波長 1-10 cm, 周波数 300-3000 MHz のもの).
ultra-fiable *a.* (機器の)信頼度がきわめて高い, 超高性能の.
ultrafiltration *n.f.* 限外濾過 (濾過率 99.9 %, 0.01 μm までの微粒子を阻止できるウルトラフィルターによる濾過).
ultra[-]**filtre** *n.m.*〖物理・化〗限外濾過器 (粒径が 1-10³ nm の微粒子の濾過装置).
ultrafin(*e*) *a.* 超微細の; 超微粒子の. grain ~ 超微粒子. granulation ~ *e* 超微粒化.
ultra[-]**gauche** *n.f.*〖政治〗極左〔派〕.
ultra-grand-angle(*pl.* ~-~*s*-~*s*) *n.m.*〖写真〗超広角レンズ.
ultra[-]**haut**(*e*) *a.* 極超に高い; 極超高周波数の. ~ fréquence 極超短波 (略記 UHF; 周波数 300-3000 MHz, 波長 10 cm-1 m のデシメートル波 ondes décimétriques).
ultralég*er* (*ère*) *a.* 超軽量の. alliage ~ 超軽量合金. avion ~ 超軽量飛行機.
— *n.m.*〖航空〗超軽量飛行機. ~ motorisé 発動機付超軽量機 (略記 ULM).
ultra[-]**marin**(*e*) *a.* **1** ウルトラマリンの, 群青色の. les cieux ~*s* 群青色の空. **2** フランス海外領土の. économie ~*e* フラ

ンス海外領土経済.
3〔稀〕海外の. intégration ~*e* des entreprises 企業の海外での統合.
ultramicroscope *n.m.*〖光学〗限外顕微鏡, 暗視野顕微鏡.
ultraminiatulisé(*e*) *a.* 超小型化された.〖治〗électron ~ 超小型エレクトロン.
ultra[-]**moderne** *a.* 超近代的な, 超モダンの. usine ~ 超近代的工場.
ultranationaliste *a.* 超民族主義の(を信奉する); 超国家主義の; 超国粋主義の.
— *n.* 超民族(国家, 国粋)主義者. ~ Vladimir Jirinovski 超国粋主義者ウラジミール・ジリノフスキー.
ultra[-]**perfectionné**(*e*) *a.* 超完璧度の, 最先端の, 超新鋭の, 最高性能の. automatismes ~*s* de l'A 388 エアバス A 388 の超高性能自動操縦制御装置. machine ~*e* 超新鋭機械. technologie ~*e* 最先端技術.
ultra-performant(*e*) *a.* 超高性能の.
ultra petita [yltrapetita]〔ラ〕*l.ad.*〖法律〗請求の範囲を超えて(=〖仏〗au-delà de ce qui a été demandé). décision ~ 請求を超えた判決.
ultraplat(*e*) *a.* 超薄型の. montre ~*e* 超薄型腕時計. portatif ~ 超薄型ポータブル・パソコン. téléviseur ~ 超薄型 TV 受像機.
ultra-portable *n.m.* 超小型ポータブル・パソコン.
ultraportatif(*ve*) *a.* 超小型携帯性の.
— *n.m.*〖電算〗超小型携帯用パソコン (=ultraportable).
ultra[-]**pression** *n.f.* 超高圧.
ultrapropre *a.* 超衛生的な; 完全防塵の, 無菌式の. usine ~ 超衛生的な(完全防塵の)工場.
ultra-rapide *a.* 超高速の. avion ~ 超高速航空機. service ~ dans un restaurant レストランでの素早いサービス.
ultrasélectif(*ve*) *a.* 超精鋭選抜方式の. école ~*ve* 超精鋭選抜学校.
ultra[-]**sensible** *a.* **1** 超高感度の. pellicule ~ 超高感度フィルム. **2** 超高精度の.
ultra[-]**son** *n.m.* 超音波(周波数 16000 Hz 以上のもの). sondeur sous-marin à ~ 超音波海中ソナー.
ultra[-]**sonique** *a.* 超音波の, 超音波利用の.〖写真〗stroboscope ~ 超音波利用ストロボ.
ultrasonographie *n.f.*〖医〗超音波検査 (=échographie, ultrasonoscopie). ~ abdominale (oculaire) 腹部(眼科)超音波検査〔法〕.
ultrasonore *a.* 超音波の.〖医〗échographie ~ 超音波造影〔法〕.
ultrasonothérapie *n.f.*〖医〗超音波利用治療〔法〕.
ultrasophistiqué(*e*) *a.* 超高性能の.

dernier modèle ～ 超高性能の最新モデル.

ultrasouple *a.* 超柔軟性の. la Banque du Japon mit fin à sa politique de crédit ～. 日本銀行はその量的金融緩和政策に終止符を打った.

ultravide *n.m.* 超真空.

ultra(-)violet(te) *a.* 紫外線の. rayons ～*s* 紫外線.
—*n.m.* 紫外線（略記 UV）.

ultra vires hereditas [yltraviresereditas][ラ] *l.ad.*【法律】相続の力を超えて (=【仏】au delà des forces de la succession)；無制限に.

UMA (= *U*nion du *M*agreb *a*rabe) *n.f.*【経済】アラブ・マグレブ連合《1989年結成；l'Algérie, la Libye, le Maroc, la Mauritanie, la Tunisie の 5 カ国で結成する経済ブロック》.

u.m.a. (= *u*nité de *m*asse *a*tomique) *n.f.* 原子質量単位.

UMOA (= *U*nion *m*onétaire *o*uest-*a*fricaine) *n.f.* 西アフリカ通貨同盟.

UMP[1] (= *U*nion pour un *m*ouvement *p*opulaire) *n.f.*【政治】国民運動擁護連合《2001年 Union en mouvement の名で結成されたシラク派の保守政党；2002年の大統領選挙の際には Union pour la majorité présidentielle「大統領支持派連合」と名乗り, 2002年 4月 UMP となる》.

UMP[2] (= *U*nion pour la *m*ajorité *p*résidentielle) *n.f.*【政治】大統領与党連合 (→ UMP[1]).

UMS (= *u*nité *m*ilitaire *s*pécialisée) *n.f.*【軍】特殊部隊.

UMTS (=［英］*U*niversal *M*obile *T*elecommunications *S*ystem) *n.m.*【電気通信】ユニヴァーサル移動電話システム《第三世代の移動電話方式》. licence ～ UMTS 方式の免許. téléphone mobile ～ UMTS 方式の携帯電話.

UN (=［英］*U*nited *N*ations) *n.f.pl.* 国際連合, 国連 =［仏］NU：*N*ations *u*nies).

Unadfi (= *U*nion *n*ationale des *a*ssociations de *d*éfense des *f*amilles et l'*i*ndividu) *n.f.* 家庭と個人の擁護協会全国連合《セクトの被害者救済組織》.

UNAF (= *U*nion *n*ationale des *a*ssociations *f*amiliales et des unions départementales) *n.f.* 家族協会・県家族同盟全国連合《夫婦と子供 2人の標準家庭による家計費の消費者物価指数を発表している》.

UNAFORMEC (= *U*nion *n*ationale des *a*ssociations de *f*ormation *m*édicale continue) *n.f.* 継続的医学教育協会全国連合.

UNAM (= *U*nion *n*ationale pour l'*a*venir de la *m*édecine) *n.f.* 医療の将来を考える国民連合.

unanime *a.* **1** 全員が同意見の, 全員一致の, 満場一致の. vote ～ 全員一致の投票.

être ～ à (pour) + *inf.* …するのに全員が一致する. Tous ont été ～*s* sur ce point. この点について全員が同意見であった.

2 全員による. approbation ～ 全員の賛同. consentement ～ 全員の同意. cri ～ 一斉に挙げる呼び声.

3【文】集団で一体化した. vie ～ 一体生活.

unanimité *n.f.* **1** 全員（満場）一致. à l'～ 満場一致で. élection à l'～ 満票での選挙. être élu à l'～ 満場一致で選出される. être élu à l'～ moins trois voix 満場一致には3票不足で選出される. adoption d'une motion à ～ 満場一致での動議の採択. faire l'～ 全員一致の賛同を得る《反対を受ける》. Ce projet a fait l'～ en sa faveur (contre lui). この計画は全員の賛同を得た《反対を買った》.

2（行動の）一致, 一体性；同一性, 共通性. ～ dans l'action 行動の一致.

3（de の）全員；全体, すべて. obtenir l'～ des suffrages 全票を獲得する.

UNAPEL, Unapel (= *U*nion *n*ationale des *a*ssociations de *p*arents de l'*e*nseignement *l*ibre) *n.f.* 自由教育（私立学校）父兄会全国連合.

UNAPL (= *U*nion *n*ationale des *p*rofessions *l*ibérales) *n.f.* フランス自由業連合.

Unassad (= *U*nion *n*ationale des *a*ssociations de *s*oins et *s*ervices à *d*omicile) *n.f.*【社会福祉】自宅介護協会全国連合.

UNAT (= *U*nion *n*ationale des *a*ssociations de *t*ourisme) *n.f.* 観光協会全国連合.

UNATI (= *U*nion *n*ationale des *a*rtisans et *t*ravailleurs *i*ndépendants) *n.f.* 全国職人・自営勤労者同盟.

UNCAC (= *U*nion *n*ationale des *coo*pératives *a*gricoles de *c*éréales) *n.f.* 穀類農業協同組合全国連合.

UNCAM (= *U*nion *n*ationale des *c*aisses d'*a*ssurance-*m*aladie) *n.f.*【社会保障】疾病保険金庫全国連合《Canam, Cnam, MSA の統合組織》.

UNCASS (= *U*nion *n*ationale des *c*aisses de *s*écurité *s*ociale) *n.f.* 社会保障金庫全国連合.

UNCED (=［英］*U*nited *N*ations *C*onference on *E*nvironment and *D*evelopment) *n.f.* 環境と開発に関する国連会議 (=［仏］Cnued：*C*onférence des *N*ations–*U*nies sur l'*E*nvironnement et le *D*éveloppement)《1992年6月 Rio de Janeiro で開催；「地球サミット」Sommet de la Terre で行動計画の Agenda 21 を採択して閉会》.

UNCPIE (= *U*nion *n*ationale des *c*entres *p*ermanents d'*i*nitiation à l'*e*nvironnement) *n.f.* 全国環境保護運動推進常設センター連合.

UNCTAD (=［英］*UN C*onference on *T*rade and *D*evelopment) *n.f.* アンクタッド, 国連貿易開発会議 (=［仏］CNUCED：

UNDC *Conférence des Nations unies sur le commerce et le développement*).
UNDC (= [英] *United Nations Disarmament Commission*) *n.f.* 国連軍縮委員会 (= [仏] *Commission du désarmement des Nations unies*).
UNDP (= [英] *United Nations Development Programme*) *n.m.* 国連開発計画 (= [仏] *PNUD : Programme des Nations unies pour le développement*).
UNDRO (= [英] *United Nations Disaster Relief Organization*) *n.f.* 国連災害救済機関 (= [仏] *Bureau du coordination des Nations unies pour les secours en cas de catastrophes*) 《1971 年設立》.
une 〔エリジョンしない : la ~ 〕 *n.f.inv.* **1** (新聞の) 第一面；一面記事；トップニュース；〔比喩的〕最大の出来事 (関心事). la ~ du jour 本日の第一面〔記事〕. la U~ du Monde sur la Constitution européenne ヨーロッパ憲法に関する「ル・モンド」紙の第一面記事. nouvelle annoncée à la ~ 第一面のニュース, トップニュース. être à (faire) la ~ des journaux 新聞に書き立てられる. lire les titres de la ~ 一面記事の見出しを読む.
2 la U~ (フランス TV の) 第 1 チャンネル (= TF 1).
UNEDIC [ynedik] (= *Union nationale interprofessionnelle pour l'emploi dans l'industrie et le commerce*) *n.f.* 全国商工業雇用連合 《失業保険を管理》.
UNEF [ynɛf] (= *Union nationale des étudiants de France*) *n.f.* 全フランス学生同盟 (ユネフ).
UNEF-ID, Unef-ID (= *Union nationale des étudiants de France-indépendante et démocratique*) *n.f.* フランス全学連・独立民主派 《1981 年結成》.
UNEP (= [英] *United Nations Environment Programme*) *n.m.* 国連環境計画 (= [仏] *PNUE : Programme des Nations unies pour l'environnement*).
UNESCO, Unesco (= [英] *United Nations Educational, Scientific and Cultural Organization*) *n.f.* ユネスコ, 国連教育科学文化機関 (= [仏] *Organisation des Nations unies pour l'éducation, la science et la culture*) 《1946 年設立；本部 Paris》.
UNFCC (= [英] *United Nations Framework Convention on Climate Change*) *n.f.* 国連気候変動枠組条約《1994 年発効》; (= [仏] *CCNUCC : La Convention-Cadre des Nations Unies sur les Changements Climatiques*).
UNFDAC (= [英] *United Nations Fund for Drug Abuse Control*) *n.m.* 国連麻薬濫用規制基金《= [仏] *FNULAD : Fonds des Naions unies pour la lutte contre l'abus des drogues*；1971 年設立, 本部 Wien；1990 年 OICS (*Organe international de contrôle des stupéfiants*)「国際麻薬管制機関」と共に le PNUCID (*Programme des Nations unies pour le contrôle international des drogues*)「国連麻薬国際管制計画」に再編；1997 年 *Office pour le contrôle des drogues et la prévention du crime* (OCDPC)「麻薬管制および犯罪防止機関」となる》.
UNFPA (= [英] *United Nations Fund for Population Activities*) *n.m.* 国連人口活動基金 (= [仏] *FNUAMP : Fonds des Nations unies pour les activités en matière de population* または FNUAP : *Fonds des Nations unies pour les activités de population*；1988 年 *United Nations Population Fund* と改称するも, 略称の UNFPA は継続使用).
UNGG (= *uranium naturel, graphite, gaz*)《原子力》天然ウラン・黒鉛減速・ガス冷却〔型〕(燃料に天然ウラン, 減速材に黒鉛, 冷却材に加圧炭酸ガスを用いる原子炉の方式). filière ~ 天然ウラン・黒鉛・ガス冷却系〔原子炉〕.
Unh (= *unnilhexium*) *n.m.* 《化》「ウンニルヘキシウム」(106 番元素 élément 106 の元素記号).
UNHCR (= [英] *United Nations High Commissioner for Refugees*) *n.m.* 国連難民高等弁務官 (= [仏] *HCR : Haut-Commissariat des Nations unies pour les réfugiés*)《事務所は *Agence des Nations unies pour les réfugiés* という》.
uni[1] **(e)** (< unir) *a.p.* Ⅰ (結合) **1** (à, avec と) 結び合わされた, 結合した, 一体になった. intelligence ~*e* à la sensibilité 感受性と結びついた知性. société d'hommes ~*s* ensembles 一体化した人間社会.
2 統一された；連合した. les Etats-U~ *es* d'Amérique アメリカ合衆国. les Nations U~ *es* 国際連合, 国連 (略記 NU) (l'*Organisation des Nations U~ es*；略記 ONU (= [英] UNO；UN)). le Royaume-U~ (*de Grande-Bretagne et d'Irlande du Nord*), 〔グレート=ブリテンおよび北アイルランド〕連合王国 (略記 R.-U.) (= [英] *United Kingdom of Great Britain and Northern Ireland*；略記 UK；英国の公式名称). faire front ~ contre …に対して統一戦線を張る.
3 互いに心を結ばれた；〔夫婦・友人などが〕仲の良い. cœurs ~ 愛情 (友情) で結ばれた心. couple ~ 仲の良いカップル. équipe très ~*e* ぴったり息の合ったチーム.
Ⅱ (単一) **1** 平らな, 平坦な. mer ~*e* 凪いだ海. terrain ~ 平らな地面.
2 (色が) 単色の；(布が) 無地の；(衣服が) 飾り気のない. couleur ~*e* 単色. cravate ~*e* 無色のネクタイ. étoffe ~*e* 無地の生地. miroir ~ 磨かれた鏡.

3〖古・文〗単調な；波瀾のない. bonheur tout ~　平穏無事な幸せ. vie ~e 単調な生活.

uni² *n.m.* 無地の生地. l'~ et l'imprimé 無地の生地とプリント生地. jupe en ~　無地のスカート.

uni-〔ラ〕[ELEM]「単一，唯一」の意（*ex. uni*colore 単色の. *uni*fication 統一）．

uniate *a.*〖宗教〗東方帰一教会の，合同教会の（東方教会の典礼・慣習を遵守するが，教皇権を認める教会）.
——*n.* 東方帰一教会（合同教会）の信徒.

UNIC (= [英] *Un*ited Nations *I*nformation *C*entre) *n.m.* 国連広報センター（= [仏] CINU: *C*entre d'*i*nformation des *N*ations *u*nies).

UNICAM (= *Un*ion *c*onfédérale *a*rtisanale de la *m*écanique) *n.f.* 小規模機械産業総連合（FNCAA, FNCRM, GNCR, CAMRN からなる小企業主組織）.

UNICE (= *Un*ion des *i*ndustries de la *C*ommunauté *e*uropéenne) *n.f.* ヨーロッパ（欧州）共同体産業連盟.

UNICEF (= [英] *Un*ited *N*ations *I*nternational *C*hildren's *E*mergency *F*und) *n.m.* ユニセフ，国連国際児童救済緊急基金，国連児童基金（= [仏] FISE: *F*onds *i*nternational de *s*ecours à l'*e*nfance)《1946 年創設》; 1953 年国連児童基金（= [英] *Un*ited *N*ations *C*hildren's *F*und, [仏] *F*onds des *N*ations unies pour l'enfance と改称したが，UNICEF の通称が引継がれている).

unicellulaire *a.*〖生〗単細胞の.
——*n.m.* 単細胞生物 (= organisme ~).

unicolore *a.* 単色の，1 色の.

unicorne *a.* 一角の，単角の.〖動〗rhinocéros ~　一角犀.
——*n.m.* **1** 一角獣，ユニコーン (= licorne).
2〖動〗いっかく (= narval, licorne de mer).

UNIDEN (= *Un*ion des *i*ndustries utilisatrices *d*'*én*ergies) *n.f.* エネルギー利用産業連合.

UNIDIR (= [英] *Un*ited *N*ations *I*nstitut for *Dis*armament *R*esearch) *n.m.*〖国際〗国連軍縮研究所《1980 年設立；在 Genève》; = [仏] Institut des Nations unies pour la recherche sur le désarmement；軍縮会議 Conférence du désarmement を主宰.

unidirectionnel(le) *a.* 一方向の，単方向の，定方向の. antenne ~*le* 単一指向性アンテナ.〖電算〗bus ~　単方向バス.〖道路〗chaussée ~*le* 単一方向走行車線.〖電〗courant ~　単方向電流.

UNIDO (= [英] *Un*ited *N*ations *I*ndustrial *D*evelopment *O*rganization) *n.f.* 国連工業開発機関 (= [仏] ONUDI: Organisation des Nations unies pour le développement industriel)《発展途上国の工業化促進を目的とし，1967 年発足》.

unidose *a.* (医薬品，化粧品の) 一回用量式の. collyre ~　一回使用式点眼薬 (目薬)
——*n.* 一回用量別製品.

unification (< unifier) *n.f.* 統一，統合. ~ de l'Europe ヨーロッパの統合. ~ des esprits 人心の統一. ~ des lois civiles en France par le Code civil フランスにおける民法典による民事的法律の統合.

uniforme *a.* **1** 同じ形の；外観の似た；画一的の. choses ~*es* 同形の事物. figures ~*es* 画一的な姿形.〖古〗habit ~　制服 (= ~).
2 一様な，均一的な；むらのない；変化のない. 単調な. ciel ~ et gris 一様に灰色の空.〖法律〗droit ~　統一法. existence (vie) ~　単調な生活. mur d'une couleur ~　むらなく塗装された壁. opinions ~*s* 一様な意見. pays plat et ~　起伏のない平らな地方. d'une manière ~　一様に.
3〖物理〗一様な，変化しない. accélération ~　一定加速度. espace ~　一様空間. mouvement ~　等速運動，規則的運動.
——*n.m.* **1** 制服，ユニフォーム，(特に) 軍服 (= habit militaire)；軍隊 (= l'armée). ~ de facteur (de pompier) 郵便配達人 (消防士) の制服. casquette d'~　制帽. en ~　制服 (軍服) 姿で. en grand ~　大礼服を着て，盛装で. endosser (quitter) l'~　軍職に就く (を去る).
2〖比喩的〗一様な (似たような) 外見. imposer un ~　一様な外見をおしつける.
3 制服を身にまとった人．

uniformité *n.f.* 同一性；画一性. ~ des coutumes 習慣の同一性 (類似性).
2 均一性，一様性. ~ du paysage 景色の一様性.
3 単調さ，変化の無さ，規則性. ~ d'une vie quotidienne 日常生活の単調さ.

unilatéral (ale) (*pl.* **aux**) *a.* **1** 片側の，片方の；〖生〗一側の.〖医〗épilepsie ~*ale* 一側発作性癲癇. stationnement ~　片側駐車. strabisme ~　片側斜視.〖料理〗à l'~ (l'~ *ale*) 片面だけで焼き上げた，片面焼の. saumon à l'~　片面焼の鮭料理.
2〖法律〗片務的な；一方当時者のみの；単独で行なう. contrat ~　片務契約 (contrat bilatéral 「双務契約」の対). exercice ~ de l'autorité parentale 親権の単独行使. requête ~ *ale* 一方当事者のみの申請.
3 一方的な；一方に片寄った. dénonciation ~ *ale* d'un traité 条約の一方的廃棄通告. jugement ~　一方的判断.

unilinéaire *a.*〖人類，法律〗単系の. famille ~　単系家族 (単一の尊属系のみで構成される家族（母子 (父子) 家庭など）.

uninominal (ale) (*pl.* **aux**) *a.* 単記の. scrutin ~　単記投票制 (scrutin de liste 「連記投票制」の対). vote ~　単記投票.

union *n.f.* **1** (人，物の) 結びつき，結合，

つながり, 和合;（特に）結婚, 男女の結びつき. ~ charnelle 性的関係, 性交. ~ conjugale 結婚. ~ des cœurs 心の結びつき. ~ légitime (illégitime) 正式の（内縁の）婚姻関係. ~ libre 同棲, 内縁関係. être en ~ intime avec qn …と深く理解しあっている.
2 団結, 結集, 協力. gouvernement d'~ nationale 挙国一致内閣.〔諺〕L'~ fait la force. 団結は力なり.
3（組織などの）連合, 同盟, 連邦. l'U~ de l'Europe occidentale (UEO) 西欧同盟（西ヨーロッパ同盟）《1955 年に西欧諸国間における主として軍事面における協力機構として創設された；2000 年には UEO の軍事機能が UE へ移管された》. l'U~ africaine (UA) アフリカ連合 (1963-2000 年). l'U~ des républiques socialistes soviétiques (URSS) ソヴィエト社会主義共和国連邦 (1922-91 年). ~ de sociétés coopératives 協同組合連合. ~ de syndicats 職業組合地域別連合. ~ douanière 関税同盟. ~ économique et monétaire (UEM) 経済通貨同盟《UE の創設を定めた traité de Maastricht マーストリヒト条約で加盟国間における経済通貨政策の段階的統合を掲げていたことから, この呼称が用いられた》. l'U~ européenne (UE) ヨーロッパ連合, 欧州連合《英語では EU：European Union》. ~ monétaire 通貨同盟. U~ pour un mouvement populaire (UMP) 国民運動連合《2002 年 5 月の大統領選挙後に結成された保守政党》. U~ postale universelle (UPU) 万国郵便連合（＝〔英〕Universal Postal Union：UPU）. U~ sud-africaine 南アフリカ連邦《公式名称 la République d'Afrique du sud 南アフリカ共和国》. constitution de l'U~ européenne 欧州連合憲法. message sur l'état de l'U~（アメリカ大統領の）年頭教書.
4 合併, 合体. ~ de deux domaines 二つの領地の合体.〔英史〕U~ d'Ecosse スコットランド合併 (1707 年).
5〔専門用語〕〔数〕合併集合, 和集合.〔精神分析〕~ des pulsions 欲動の融合.〔仏史〕U~ française フランス連合《1946 年憲法（第 4 共和政憲法）に定められたフランス本土と海外県, 領土, 植民地の共同体》.〔哲〕~ métaphysique 形而上学的結合（ライプニッツが唱えた）. ~ substantielle 実体的結合（Descartes による心身の結合）. la vie de l'~ 合一的生活《神秘主義者による人間と神との一体化》. ~ hypostatique 位格的結合《三位一体論で言う神の位格におけるキリストの人性と神性の結合》. ~ mystique de l'âme à Dieu 魂と神との神秘的な結びつき. ~ sacrée 神聖同盟 (1914 年, 第 1 次大戦の勃発後に Poincaré が提唱した挙国一致態勢).
6 trait d'~ ハイフン, 連結符.

Union calédonienne n.f.〔政治〕カレドニー連合《ヌーヴェル＝カレドニーの FLNKS：Front de libération nationale kanak socialiste「カナク社会主義国民解放戦線」内の青年グループ》.

Union du centre n.f.〔政治〕中道連合 (1988 年 6 月のフランス国民議会の選挙後 Méhaignerie メエニュリーによって結成された議会グループ》.

uniovulaire a.〔動〕単一卵子の；一卵性の (=monozygote);〔植〕単胚珠の. jumeaux ~s 一卵性双生児.

unipolaire a. **1**〔電〕単極の. **2**〔生理〕（ニューロンが）単一突起をもつ.

unipotent(e) a.〔生〕（細胞が）分化単能の (totipotent「分化万能の」の対). cellule ~e 分化単能細胞.

unique a. **1** 唯一の；単一の. but 唯一の目的. allocation de salaire ~ 単一賃金手当《夫婦の一方にのみ賃金収入がある場合の扶養手当》. cas ~ 単一事例. enfant ~ 一人っ子. exemple ~ 唯一の例. fils (fille) ~ 一人息子（一人娘）. son ~ fils (fille) 彼のたったひとりの息子（娘）. occasion ~ またとないチャンス.〔交通〕sens ~ 一方通行. rue à sens ~ 一方通行の街路.〔鉄道〕voie ~ 単線. seul et ~ たった一つの. seul et ~ espoir 唯一の希望. pour la seule et ~ fois de la vie 生涯にただ一度だけ.
2〔一般に名詞の後〕均一の；すべてに共通した. commandement ~ des armées alliées 連合軍の総合指揮権. principe ~ des choses 事物の共通原理. prix ~ 均一価格. 廉価販売店《=magasin à prix ~；略称 Uniprix, Monoprix》.
3〔名詞の後〕独特な, 独自の, 特異な, 類例のない, ユニークな；かけがえのない；卓越した. fait ~ dans l'histoire 歴史上類例のない事実. un homme ~ (une femme ~) en son genre 他に類例のない男性（女性）. talent ~ 卓越した才能. avec un courage ~ 類い稀な勇気をふるいたたせて.
4〔名詞の後〕〔話〕風変りな, 珍しい, 驚くべき. type ~ 風変りな（ユニークな）人. Ça c'est ~！それはユニークだ！

UNIRS (= Union nationale des institutions de retraites des salariés) n.f.〔社会保障〕賃金労働者退職年金制度全国連合.

UN-ISDR (=〔英〕United-Nations International Strategy for Disaster Reduction) n.f. 国連国際防災戦略.

unitaire a. **1** 単一の, 単体の；単位 (unité) の.〔商業〕prix ~ 単価.〔数〕vecteur ~ 単位ベクトル.
2 一元的な, 帰一法の.
3〔政治〕統一を目指す；統一された；中央集権の. manifestation ~ 統一デモ. programme ~ 統一計画.
4〔宗教〕ユニテリアン派の.
——n. **1** 統一（統合）論者；中央集権論者. **2**

〖宗教〗ユニテリアン派の信者.

UNITAR (=〔英〕*U*nited *N*ations *I*nstitute for *T*raining *a*nd *R*esearch) *n.m.* 国連訓練調査研修所 (=〔仏〕INUFR：*I*nstitut des *N*ations *u*nies pour la *f*ormation et la *r*echerche) (在 Genève).

unité *n.f.* Ⅰ (単一性) **1** 単一性, 同一性. ~ et pluralité 単一性と複数性.〖文学史〗~ d'action (古典劇の) 筋の単一性.〖仏文学史〗règle des trois ~s 三単一の規則 (~ d'action「筋の単一性」, ~ de lieu「場所の同一性」, ~ de temps「時間の単一性 (24 時間以内)」；フランス古典演劇理論).〖哲〗~ parfaite 単子, モナド (=monade).

2 統一性, 単一性, 統一, 統合. ~ budgétaire de l'Etat 国家予算の統一性 (統一的収支の原則). ~ d'action 行動の統一性, 統一行動. ~ de style dans une œuvre musicale 音楽作曲の様式の統一性. ~ de vue[s] dans le gouvernement 政府見解の統一性 (一致). ~ indivisible de la France フランス国家の不可分の統一性. ~ nationale 国家の統一性 (= ~ d'une nation). ~ syndicale 組合の統一性. grandes ~s politiques 政党大網. faire (maintenir) l'~ 統一性を形成 (維持) する.

3 一貫性；(芸術作品などの) まとまり. ~ dans la conduite 行動の一貫性. avec ~ 一貫して. manquer d'~ 一貫性 (まとまり) に欠ける.

Ⅱ (全体を構成する一要素) **1** 構成単位, 単位. ~ administrative 行政単位. ~ naturelle régionale 地方の自然構成単位.〖言語〗~ significative 表意単位.〖言語〗~ syntactique (syntaxique) 統辞法上 (構文) の単位.〖行政〗~ urbaine 都市単位 (人口 2000 以上の居住地区，略記 UU). prix d'un produit à l'~ 製品単価. 10 euros l'~ 1個当り 10 ユーロ.

2〖スポーツ〗(チームの) 構成員.

3〖軍・憲兵隊・警察〗編成単位；隊. 班. ~ d'artillerie 砲兵隊.〖警察〗~ de coordination de la lutte antiterroriste テロ対策調整班 (略称 Uclat). ~ de la gendarmerie de l'armement 武装憲兵隊. ~ de la gendarmerie départementale 県憲兵隊.〖警察〗~ de recherche, assistance, intervention et dissuasion 捜査・援助・介入・抑止班 (略称 Raid).〖憲兵隊〗~ de protection 市民保護班.〖軍〗~ élémentaire 基本編成. ~ navale (艦隊の) 編成艦. grandes ~s 軍団 ; 師団 ; 旅団. petites ~s 小規模編成部隊 (連隊, 大隊, 中隊, 小隊, 分隊).
escadre composée de dix ~s 10 隻編成の艦隊. petites ~s 小編成部隊 (régiment, brigade, bataillon, compagnie, section, groupe など). grandes ~s 大編成部隊 (armée, corps, division).

4〖教育〗(大学教育の) 単位；(大学の) 組織体, 学群, 単位. ~ de valeur (大学の) 履修単位 (略記 UV). ~ d'enseignement et de recherche (大学の) 教育・研究学群 (略記 UER；学部・学系に相当). ~ de formation et de recherche (大学の) 教育・研究学群 (略記 UFR；学部・学系に相当).

5〖電算〗単位装置, ユニット. ~ arithmétique et logique 演算理論ユニット (装置). ~ centrale [de traitement] 中央処理装置, CPU (*c*entral *p*rocessing *u*nit). ~ de commande；~ de contrôle 制御装置. ~ d'échange；~ d'entrée-sortie 出入力装置. ~ de mémoire メモリー・ユニット. ~ périphérique 周辺装置 (機器).

6〖鉄道〗(列車の) 編成単位. conduite en ~s multiples 複数編成運行 (運転).

7 (工場の) 生産ユニット, 生産ライン. ~s de production d'une usine 工場の生産ライン. ~ pilote パイロット・プラント.

8〖商業〗~ de vente (卸売の) 売買単位. prix de l'~ 単価.

9〖文法〗~ discontinue 不連続単位 (ne...pas など).

Ⅲ (計測・分析上の単位) **1**〖数〗(単位としての) 1；1 の位 (=colonne des ~s). chiffre des ~s 1 の位の数 (92 の 2).

2 (計測上の) 単位. ~ astronomique 天文単位 (距離) (略記 UA；1UA=149,597,870 km). ~ atomique 原子単位. ~ cadastre 地籍単位. ~ calorimétrique 熱量単位. ~ CGS センチメートル・グラム・秒単位 (*c*entimètre-*g*ramme-*se*conde). ~ de capacité électrique 単位電気容量. ~ de compte 計算単位. ~ d'éclairement 照度. ~ de flux magnétique 単位磁束. ~ de longueur (de poids) 長さ (重量) の単位. ~ de masse atomique (nucléaire) 原子質量単位. ~s de mesure 計測単位.〖薬〗~ d'insuline インスリン単位. antibiotique à 500,000 ~ 50 万単位の抗生物質. ~ électromagnétique (électrostatique) 電磁 (静電) 単位.〖酪農〗~ fourragère 飼料単位 (大麦 1 kg の熱量). ~ internationale 国際単位 (略記 UI). ~ MKS メートル・キログラム・秒単位 (*m*ètre-*k*ilogramme-*s*econde). ~ MTSA メートル・トン・秒・アンペア単位 (*m*ètre-*k*ilogramme-*s*econde-*am*père).〖経済〗~ monétaire 貨幣 (通貨) 単位.〖統計〗~ statistique 統計単位.〖数〗matrice ~ 単位行列. prix de l'~ 単価. système des ~s 単位系.〖数〗vecteur ~ 単位ベクトル.

3〖話〗100 万旧フラン.

UNITRAB (=*Un*ion des *tra*nsformateurs et distributeurs de produits de l'agriculture *b*iologique) *n.pr.f.* バイオ農産物加工販売業者連合.

univalent(e) *a.*〖化〗一価の (=monovalent)；〖生〗一価の. chromosome ~ 一価染色体.

univalve *a.*〖貝〗単殻の, 単弁の. mollusque ~ 一枚貝.

univers *n.m.* **1** 宇宙《天文学用語では多く U～》. U～-ile 島宇宙. ～ en expansion 膨張宇宙. ～ visible 可視宇宙. expansion de l'～ 宇宙の膨張. lois de l'～ 宇宙の法則. modèle de l'～ statique d'Einstein アインシュタインの静止宇宙モデル. origine de l'～ 宇宙の起源. structure de l'～ 宇宙の構造.
2 全世界；世界中の人々；人類. citoyen de l'～ 世界市民. tout l'～ 世界中の人々. L'～ a les yeux sur lui. 世界中が彼に注目している. être connu dans l'～ entier 世界中に知られている.
3〖比喩的〗(活動・思考などの) 世界, 領域.〖論理〗～ du discours 論議領界, 論議域. ～ du rêve 夢の世界. ～ poétique 詩的領域 (世界). être enclos dans son ～ 自分の世界に閉じこもる.
4〖印刷〗grand ～ グラン・ユニヴェール判 (1 m×1 m 30).

universalité *n.f.* **1** 普遍性. ～ d'une vérité 真理の普遍性.
2 精神的普遍性；多才性.
3 汎人類性；汎世界性. ～ de la langue française フランス語の全世界性.
4 包括性；総資産, 包括財産, 統一資産.〖法律〗～ des biens 包括財産, 総財産；統一資産.
5〖行政・財政〗統計予算の原則 (=～ budgétaire).

universel(le) *a.* **1** 普遍的な；万人に共通の；〖論理〗全称的な. connaissance ～*le* 普遍的知識. constante ～*le* 普遍定数. l'Eglise ～*le* 普遍的教会《カトリックとプロテスタントに分かれる以前のキリスト教会》. justice ～*le* 普遍的正義. language ～ 普遍(汎用)言語. notions ～*les* 普遍的概念. principe ～ 普遍原理.〖論理〗proposition ～*le* 全称命題.〖論理〗quantificateur ～ 全称記号 (∀). valeur ～*le* 普遍的価値.
2〖法律〗包括的な. légataire à titre ～ 包括名義受遺者. communauté ～*le* 夫婦財産の包括共通制. donation ～*le* 包括贈与. légataire ～ 包括受遺者. legs ～ 包括遺贈. transmission ～*le* 包括譲渡 (移転). à titre ～ 包括名義の.
3 市民全員の；万人の. suffrage ～ 普通選挙. consentement ～ 全員の合意, 全員一致.
4 汎用の, 万能の. clé ～*le* 包括ユニバーサル・レンチ. moteur ～ 交直両用電動機. système ～ 汎用システム. tour ～ 万能旋盤.
5 (人間が) 多彩な, 万能の. esprit ～ 全知の才人. génie ～ 万能の天才.〖話〗homme ～ 万能人間.
6 全世界的な, 万国の. déclaration ～*le* des droits de l'homme 世界人権宣言. Exposition ～*le* 万国博覧会. Expo ～ 万博. histoire ～*le* 世界史. paix ～*le* 全世界の平和. temps ～ 世界時《略記 T.U.》.
7 全宇宙的な. gravitation ～*le* 万有引力.
—*n.m.* **1** 普遍.〖哲〗～ concret (Hegel ヘーゲル哲学の) 具体的普遍.
2〖論理〗普遍者；普遍概念.
3 普遍性；普遍的特性.

universitaire *a.* **1** 大学の. centre hospitalier ～ 大学病院センター《略記 CHU》. cité ～ 大学都市. enseignement ～ 大学教育. institut ～ de technologie 技術短期大学《略記 IUT》. institut ～ professionnalisé 職業化大学学院《1991 年創設；企業内技術研修を含む 3 年制の大学に準じる高等教育機関；略記 IUP》. restaurant ～ 学生食堂《略記 restau-U》.
2 公教育の. corps ～ 公教育教員団.
3《ベルギー》大学出の.
—*n.* **1** 大学教員；大学人. **2** 公教育教員. **3**《ベルギー》大学卒業者.

université *n.f.* **1** 大学；総合大学. ～s catholiques カトリック大学《1875 年, Angers, Lyon, Paris, Poitiers に創立》. ～ d'été 夏期大学. ～ de Paris I (Panthéon-Sorbonne) パリ第一 (パンテオン＝ソルボンヌ) 大学. ～ du 3ᵉ âge 第三世代大学, 生涯大学 (=～ tous âges). Association internationale du 3ᵉ âge. 国際第三世代大学協会《略記 Aiuta；本部 Lyon》. ～ de Tokyo 東京大学. U～ des Nations unies 国連大学 (=〔英〕United Nations University；略記 UNU). ～ libre 自由大学. ～s populaire 市民大学. ～ privée 私立大学. ～ Waseda (Keio) 早稲田 (慶応) 大学. Conseil d'administration de l'～ 大学運営評議会. Conseil national des ～s 全国大学評議会《略記 CNU》. états généraux de l'U～ 大学代議員会《学生・教職員の代表会議；1996 年設立》. président de l'～ 大学総長. entrer à l'～ 大学に入る.
2 U～〔de France〕(初・中・高等教育全体を包括する) フランス公教育組織；フランス公教育教員団.

univitellin(e) *a.*〖生〗一卵性の (=monozygote, uniovulaire). jumeaux ～s 一卵性双生児.

UNM (=*U*nion pour la *n*ouvelle *m*ajorité) *n.f.* 新多数派連合《1981 年 5 月結成の国民議会選挙のための保守系連合》.

unnilhexium [ɛnilɛksjɔm] *n.m.*〖化〗ウンニルヘキシウム《106 番元素 élément 106, 元素記号 Unh, 原子番号 106》.

unnilpentium [ɛnilpɛtjɔm] *n.m.*〖化〗ウンニルペンチウム《105 番元素 élément 105, 元素記号 Unp, 原子番号 105》.

unnilquadium [ɛnilkadjɔm] *n.m.*〖化〗ウンニルクアジウム《104 番元素 élément 104, 元素記号 Unq, 原子番号 104》.

unnilseptium [ɛnilsɛptjɔm] *n.m.*〖化〗ウンニルセプチウム《107 番元素 élément 107, 元素記号 Uns, 原子番号 107》.

UNO (=［英］*U*nited *N*ations *O*rganization) *n.f.* 国際連合, 国連 (=［仏］ONU：*O*rganisation des *N*ations *u*nies).
Uno *n.pr.f.* 〚経済〛ウーノ（電子取引銀行；スペインの BBVA と Telefonica のジョイントヴェンチャー；www.uno-e.com.）.
Unp (=*u*nni*l*pentium) *n.m.* 〚化〛「ウンニルペンチウム」(105 番元素 élément 105) の元素記号.
UNPI (=*U*nion *n*ationale de la *p*ropriété *i*mmobilière) *n.f.* 全国不動産連盟.
UNPREDEP (=［英］*U*nited *N*ations *P*reventive *D*ep*l*oyment *F*orce) *n.f.* 国連予防展開軍 (1995 年 3 月-99 年 3 月マケドニアに駐留：=［仏］*F*orde*p*renu＝*F*orce de *d*éploiement *p*réventif des *N*ations *u*nies).
Unq (=*u*nni*l*quadium) *n.m.* 〚化〛「ウンニルクアジウム」の元素記号 (104 番元素 élément 104).
UNR (=*U*nion pour la *N*ouvelle *R*épublique) *n.f.* 〚政治〛新共和国連合 (1958-62 年. ド・ゴール派の政党).
UNRWA (=［英］*U*nited *N*ations *R*elief and *W*orks *A*gency for Palestine Refugees in the Near East) *n.f.* 国連パレスチナ難民救済事業機関 (=Office de secours et de travaux des Nations unies pour les réfugiés de Palestine dans le Proche Orient) (国連の下部機関として 1949 年に設置, 1950 年発足).
Uns (=*u*nni*l*septium) *n.m.* 〚化〛「ウンニルセプチウム」の元素記号 (107 番元素 élément 105).
UNSC (=［英］*U*nited *N*ations *S*ecurity *C*ouncil) *n.m.* 国連安全保障理事会 (=［仏］*C*onseil de *s*écurité des *N*ations *u*nies).
UNSF (=［英］*U*nited *N*ations *S*pecial *F*und) *n.m.* 国連特別基金 (=［仏］FSNU：*F*onds *s*pécial des *N*ations *u*nies).
UNSJ (=*U*nion *n*ationale des *s*yndicats de *j*ournalistes) *n.f.* ジャーナリスト組合全国連合.
UNTCD (=［英］*U*nited *N*ations *T*echnical *C*ooperation for *D*evelopment) *n.f.* 国連開発技術協力機構.
UNU (=*U*niversité des *N*ations *u*nies) *n.f.* 国連大学 (=［英］*U*nited *N*ations *U*niversity).
UOIF (=*U*nion des *o*rganisations *i*slamiques en *F*rance) *n.f.* 在仏イスラム組織連合.
UOPDP (=*U*nion *o*uvrière et *p*aysanne pour la *d*émocratie *p*rolétarienne) *n.f.* プロレタリア民主主義擁護労働者農民同盟 (フランスの毛沢東主義共産主義政治団体).
UOX (=［英］*u*ranium *ox*ide) *n.m.* 〚化〛酸化ウラン (=［仏］oxyde d'uranium). 〚原子炉〛combustible ～ 酸化ウラン燃料.
UPA (=*U*nion *p*rofessionelle *a*rtisanale) *n.f.* 手工業連合.

u.p.a. (=*u*nité de *p*oids *a*tomique) *n.f.* 〚物理〛原子量単位.
UPC (=［コルス語］*U*nione di u *p*opulu *c*orsu) *n.f.* コルシカ人民同盟.
UPE (=*U*nion *p*our l'*E*urope) *n.f.* ヨーロッパ擁護連合《ヨーロッパ議会の政党名》.
Upi (=*u*nité *p*édagogique d'*i*ntégration) *n.f.* 〚教育〛(中等教育課程における 11-16 歳の心身障害児童の) 同化教育グループ.
UPLG (=*U*nion *p*opulaire pour la *lib*ération de la *G*uadeloupe) *n.f.* グアドループ解放人民連合.
UPM (=*U*nion *p*rogressiste *m*élanésienne) *n.f.* メラネシア急進主義連合.
UPR (=*u*retéo *p*yélographie *r*étrograde) *n.f.*〚医〛逆行性尿管腎盂造影〔法〕(=［英］RUP：*r*etrograde *u*retero-*p*yelography).
UPSCE (=*U*nion des *p*artis socialistes de la *C*ommunauté *e*uropéenne) *n.f.* ヨーロッパ共同体社会党連合.
UPU (=*U*nion *p*ostale *u*niverselle) *n.f.* 万国郵便連合 (1874 年創設. 本部はスイスのBern (Berne) ベルン).
upwelling ［œpwεliŋ］［英］*n.m.* 〚海〛(深海冷水の) 湧昇, アップウェリング. zone d'～ 冷水湧昇海域.

ur[e]-, uréo-, -urèse, -urie〚ギ〛ELEM「尿, 排尿」の意《ex. *ur*ée 尿素, dys*urie* 排尿障害》.
ur[o]-〚ギ〛ELEM「尿」の意《ex. *uro*mètre 尿比重計》.
URA (=*U*nion des *R*épubliques *A*rabes) *n.f.* アラブ共和国連合 (1946-58 年).
URAC (=*U*nion des *R*épubliques d'*A*frique *C*entrale) *n.f.* 中央アフリカ共和国連合 (1960 年創設；コンゴ人民共和国, 中央アフリカ共和国, チャド共和国から成る).
uracile *n.m.* 〚生化〛ウラシル (リボ核酸を構成するピリミジン塩基の一).
uranate *n.m.* 〚化〛ウラン酸塩.
urane *n.m.* (<［独］Uran)〚化〛酸化ウラン, ウラン酸化物 (UO₂). ～ oxydulé ピッチブレンド.
uraneux *a.m.* 4価のウランを含む. oxyde ～ 二酸化ウラン (=dioxyde d'uranium, uranyle).
uranifère *a.* 〚化〛ウランを含む.
uraninite *n.f.* 〚鉱〛閃ウラン鉱, 瀝青 (チャン) ウラン鉱, ピッチブレンド (=pechblende), ウラニナイト.
uranite *n.f.* 〚鉱〛ウラナイト《ウラニウムの天然水化燐酸塩》.
uranium ［yranjɔm］*n.m.* **1** 〚化〛ウラニウム, ウラン (元素記号 U, 原子番号 92. 1789 年発見の放射性元素). **2** 〚金属〛(比重 18.9, 融点 1,130℃, 沸点 3,800℃). ～ appauvri 減損ウラン, 劣化ウラン. ～ enrichi 濃縮ウラン. ～ naturel 天然ウラン. enrichissement de l'～ ウラン濃縮. minerais d'～ ウラン鉱. oxyde

d'~ ウラン酸化物.

urano-¹ [ギ] ELEM「空, 天空」の意 (ex. *urano*graphie 天体位置法).

urano-² [ラ] ELEM「口蓋」の意 (ex.『外科』*urano*plastie 口蓋形成学).

urano-³ (<uranium) ELEM「ウラン」の意 (ex. *urano*sphérite 〘鉱〙球状ウラン鉱).

uranophane n.f. 〘鉱〙ウラノフェーン（ウラン鉱の一種）.

uranoplastie n.f. 〘外科〙口蓋形成術.

uranospathite n.f. 〘鉱〙ウラノスパサイト（ウラン鉱の一種）.

uranosphérite n.f. 〘鉱〙球状ウラン鉱, ウラン蒼鉛鉱, ウラノスフェライト（ウラン鉱の一種）.

uranospilite n.f. 〘鉱〙ウラノスピライト（ウラン鉱の一種）.

uranospinite n.f. 〘鉱〙砒灰ウラン雲母, ウラノスピナイト（ウラン鉱の一種）.

uranothallite n.f. 〘鉱〙ウラノターライト（ウラン鉱の一種）.

uranothorianite n.f. n.f. 〘鉱〙ウラノトリアニット($U_3(Th)O_2$；ウラン鉱と方トリウム石の中間性の鉱物）.

uranothorite n.f. 〘鉱〙ウラノトール石（ウラン鉱の一種）.

uranotile n.f. 〘鉱〙ウラノタイル（ウラン鉱の一種）.

uranotite n.f. 〘鉱〙ウラノタイト（ウラン鉱の一種）.

Uranus [yranys] n.pr.m. **1**〘ギ神話〙ウーラノス（神格化された天）. **2**〘天文〙天王星. satellites d'~ 天王星の衛星.

uranyle n.m. 〘化〙**1** ウラニル（酸素との結合が強い UO_2 原子団. dioxouranium ともいう）. **2** ウラニル塩.

urate n.m. 〘化〙尿酸塩（痛風 goutte, 尿路結石 calcul 等の原因物質）.

uratique a. 尿酸の；尿酸性の. calcul ~ 尿酸結石.

uraturie n.f. 〘医〙尿酸尿治療法 (= uricurie).

urbain(e) a. **1** 都市の, 都市圏の；市街地の (rural「農村の」の対). chauffage collectif ~ 都市共同暖房. commune ~ e みなし都市（都市圏人口が 2 千以下, 全体の人口が 2 千または 5 千以上で都市とみなされる地方自治体）. loi de solidarité et de renouvellement ~ 都市再生連帯法《2000 年 12 月 13 日成立；略記 SRU》. métro ~ 都市圏地下鉄. paysage ~ 都市景観. population ~ e 都市人口. transports ~ s 都市交通. unité ~ e 都市単位, 都市圏（1 ないし複数のコミューヌ（地方自治体）が構成する人口 2,000 以上の都市圏；略記 UU）. voirie ~ e 都市道路網. zone de peuplement industriel ou ~ 産業都市密集地帯（略記 ZPIU）. zone de protection du patrimoine architectural ~ et paysagé 都市景観遺産保全地区《1993 年制定；略記 ZPPAUP》.

2〘文〙都会風な. homme très ~ 洗練された都会人間.

3〘古代ローマ〙ローマの.

urbanisation (<urbaniser) n.f. 都市化, 市街化；人口の都市集中. ~ d'un espace rural 農村空間の都市化. plan d'~ 市街化計画.

urbanisme n.m. 都市計画. certificat d'~ 都市計画に基づく建築許可証. code de l'~ 都市計画法. commissions d'~ commercial 商業的都市計画委員会. schémas directeurs d'aménagement et d'~ 国土整備・都市計画基本構想（略記 SDAU）.

urbaniste a. 都市計画の. architecte ~ 都市計画建築家. réglementation ~ 都市計画による規制.
——n. 都市計画専門家 (= architecte ~).

urbanistique a. 都市計画の；都市（市街）化の. planification ~ 市街化計画. politique ~ 都市計画政策. projet ~ 都市計画案.

urbanologie n.f. 都市学, 都市論, 都市問題研究；都市工学.

URC (= *U*nion du *r*assemblement et du *c*entre) n.f. 〘政治〙共和国連合・中道連合（1988 年の大統領選挙における RPR と UDF の連合）.

URCAM (= *u*nion *r*égionale des *c*aisses d'*a*ssurance *m*aladie) n.f. 健康保健金庫地方連合.

uréase n.f. 〘生化〙ウレアーゼ（尿素の加水分解を助ける酵素）.

urée n.f. **1**〘化〙尿素. résine d'~ 尿素樹脂, ユリア樹脂. résine ~ {-} formol, ~ {-} formol 尿素・ホルムアルデヒド樹脂（熱硬化性樹脂）.

2〘農〙窒素肥料 (= engrais azoté).

uréide n.m. 〘化〙ウレイド（尿素誘導体の総称）, アシル尿素.

uréique a. 尿素の. cycle ~ 尿素回路. résine ~ 尿素樹脂（接着剤）.

urémie n.f. 〘医〙尿毒症.

urémique a. 〘解剖・医〙尿毒症の, 尿毒性の. pneumonie ~ 尿毒性肺炎. psychose ~ 尿毒症性精神病. toxine ~ 尿毒症毒素.
——n. 尿毒症患者.

uréogenèse n.f. 〘生化〙（肝臓による）アンモニアの尿化.

uréomètre n.m. 〘医〙**1** 尿素計. **2** 尿比重計 (= uromètre).

urétalgie n.f. 〘医〙尿道痛.

urétéral (ale) (pl. **aux**) a. 〘解剖〙尿管の. calculs ~ aux 尿管結石.

uretère n.m. 〘解剖〙尿管.

urétérite n.f. 〘医〙尿管炎.

urétérocèle n.f. 〘医〙尿管瘤.

urétérocolostomie n.f. 〘医〙尿管を肛門につなぐ手術.

urétérocystonéostomie n.f. 〘医〙

尿管膀胱新吻合術.

urétérolithotomie *n.f.* 〖医〗尿管切石〔術〕, 尿管結石截石術《尿管を剝離し, 縦に切開して結石を摘出する手術》.

urétéropyélographie *n.f.* 〖医〗尿管腎盂造影〔術〕. ~ rétrograde 逆行性尿管腎盂造影（＝pyélographie rétrograde）《略記 UPR》.

urétéroscopie *n.f.* 〖医〗尿管鏡検査.

urétérostomie *n.f.* 〖医〗尿管皮膚瘻術.

uréthanne [yretan] *n.m.* 〖化〗ウレタン (＝uréthane).

urétoscope *n.m.* 〖医〗尿道〔内視〕鏡.

urétral(*ale*)(*pl*.*aux*) *a.* 〖解剖・医〗尿道の. tumeur ~ale 尿道腫瘍.

urètre *n.m.* 〖解剖〗尿道.

urétrite *n.f.* 〖医〗尿道炎.

urétrocèle *n.f.* 〖医〗尿道瘤.

urétrocystographie *n.f.* 〖医〗膀胱尿道 X 線検査. ~ mictionnelle 膀胱尿道排尿 X 線検査.

urétroplastie *n.f.* 〖医〗尿道形成術.

urétrorraphie *n.f.* 〖医〗尿道縫合〔術〕.

urétrorrhée *n.f.* 〖医〗尿道漏.

urétroscopie *n.f.* 〖医〗尿道鏡検査.

urétrotomie *n.f.* 〖医〗尿道切開〔術〕. ~ externe 外尿道切開術《尿道を露出させて切開する手術》. ~ interne 内尿道切開術《内視鏡を用いて尿道を切開する手術》.

urgence *n.f.* **1** 緊急, 切迫；緊急事態. d'~ 緊急の；大急ぎで. d'extrême ~ 可及的速やかに. en cas d'~ 緊急の場合. état d'~ 緊急事態. intervention médicale d'~ 緊急医療措置. mesures d'~ 緊急措置. 〖軍〗opération d'~ 緊急作戦；〖医〗緊急手術. Il y a ~. 事態は切迫している. télégramme à expédier d'~ 至急電報, ウナ電.
2 急患；救急処置；救急医療（＝médecine d'~）；緊急救済措置. ~ collective (テロ, 事故, 災害などによる) 集団的急患. ~s hospitalières 病院救急医療. ~ médicale 救急医療. ~s pédiatriques chirurgicales 手術を要する小児急患. ~s sociales 社会福祉的救急措置 (老人, 浮浪者, 遺棄児童などに対する緊急救済措置). médecine d'~ 救急医学, 救急医療. service d'~ dans un hôpital 病院の救急部.

urgent(*e*) *a.* **1** 急を要する, 緊急の；至急の；応急の. besoin ~ さし迫った必要. cas ~ 緊急事態. 〖医〗急患. lettre ~*e* 急配達書簡. lettre ~*e* à écrire 即刻書くべき手紙. travaux ~s 応急工事. C'est ~. それは緊急を要する. Il est ~ de+*inf*. 大至急…しなければならない；なすべきことはただひとつ…することである.
2 〖医〗救急の. service d'aide médicale ~*e* 救急医療業務；救急医療隊《略記SAMU [samy]》.

—*n.m.* 急を要すること, 緊急事態. l' ~ est de+*inf*. 急を要するのは…することである.

urgentiste *n.* (病院の) 救急医療担当職員.

—*a.* 〖医〗救急医療の. médecin ~ 救急医.

urgentologue *n.* 〖カナダ〗救急医（＝urgentiste）.

uric[**o**]- ELEM (＜ギ)「尿酸」の意 (*ex.* urico-éliminateur 尿酸排泄促進薬).

uricémie *n.f.* 〖医〗血中尿酸値《数値が正常範囲以下のものを低尿酸血症 hypouricémie, 正常値を超えるものを高尿酸血症 hyperuricémie という》.

urico-déviateur *n.m.* 〖薬〗尿酸生成阻害薬《痛風治療薬》.

urico-éliminateur *n.m.* 〖薬〗尿酸排泄促進剤《痛風治療薬》.

uricolyptique *n.m.* 〖薬〗高尿酸血症治療薬.

uricosurie *n.f.* 〖医〗尿酸尿〔症〕.

uricosurique *n.m.* 〖薬〗尿酸尿症治療薬《痛風治療薬》.

uricurie *n.f.* 〖医〗尿酸尿；尿中尿酸値.

uricytologie *n.f.* 〖医〗尿細胞診《尿中の腫瘍細胞の検診》.

uridine *n.f.* 〖生化〗ウリジン《ウラシルの生成物質；ANR の構成物質》. ~ triphoshate ウリジン三燐酸《ARN 合成の前駆物質, 糖ヌクレオチドの合成物質；略記 UTP》.

urinaire *a.* 尿の；泌尿の. appareil ~ 泌尿器. voies ~s 泌尿器《腎臓 rein, 尿管 uretère, 尿道 urètre, 膀胱 vessie などからなる》.

urinal(*pl.aux*) *n.m.* 〖医〗畜尿器；尿瓶 (＝pistolet).

urination *n.f.* 〖生理〗排尿, 排尿機構. ~ en deux étapes 二段排尿. fréquence d'~ 排尿回数.

urine *n.f.* 〖生理・医〗尿. ~ résiduelle 残尿. ~ trouble 混濁尿. concentration d'~ 尿濃縮. examen de l'~ 尿検査. incontinence d'~ 尿失禁 (＝fuite d'~). infiltration d'~ 尿浸潤. protéine de l'~ 尿蛋白. reflux d'~ 尿逆流, 膀胱尿管尿逆流現象 (＝reflux vésio-urétéro-rénal).

urineux(*se*) *a.* 〖医〗尿の, 尿による；尿のような. abcès ~ 尿膿瘍.

urinifère *a.* 〖解剖〗輸尿の. tubes ~s du rein 腎臓の尿細管.

urinoir *n.m.* **1** 男子用公衆小便所 (＝pissoir, pissotoire, vespasienne). **2** 小便用便器.

urinothérapie *n.f.* 〖医〗尿療法《尿を服用する民間療法》.

urique *a.* 〖生化〗尿酸 (＝acide ~)の. acide ~ 尿酸. 〖医〗calcul ~ 尿酸結石.

URL (＝［英］*u*niform *r*esource *l*ocator) *n.f.* 〖情報〗(インターネット上の) リソースの場所と種類を示す文字列の書式《http://

ではじまる）．

urne *n.f.* **1** 〖古代〗胴のふくらんだ壷（かめ）；〖詩〗壷（＝vase）．
2 骨壷（＝~ cinéraire，~ funéraire）．
3 投票箱（＝~ électrale）．aller aux ~s 投票に行く．bourrer les ~s 投票箱をふさぐ（不正行為）．
4〖植〗朔（蘚類の壷状胞子嚢）．

urobiline *n.f.* 〖生理〗ウロビリン（黄褐色の胆汁色素）．

urobilinogène *n.m.* 〖生化〗ウロビリノーゲン．

urobilinurie *n.f.* 〖医〗ウロビリン尿〔症〕．

urochrome *n.m.* 〖生化〗ウロクローム（尿の黄褐色色素）．

urodynie *n.f.* 〖医〗排尿痛．

urofluidemétrie *n.f.* 〖医〗尿流測定《排尿時の尿流量測定検査法》．

uro-génital(**ale**)(*pl.***aux**) *a.* 〖解剖・医〗泌尿と生殖の，泌尿器と生殖器の（＝génito-urinaire）．diaphragme ~ 尿生殖隔膜．hiatus ~ 尿生殖裂孔．organe ~ 尿生殖器．

urographie *n.f.* 〖医〗泌尿器造影〔法〕，尿路X線撮影〔法〕．~ intraveineuse 泌尿器静脈造影〔法〕《略号 UIV》．

urokinase *n.f.* 〖薬〗ウロキナーゼ（人間の尿から抽出される線溶性酵素；血栓症治療薬）．

urologie *n.f.* 〖医〗泌尿器科医学．
urologique *a.* 〖医〗泌尿器科の．
urologue *n.* 泌尿器科〔専門〕医．
uromètre *n.m.* 〖医〗尿比重計（＝urinomètre）．

uropathie *n.f.* 〖医〗泌尿器疾患．

uropygial(**ale**)(*pl.***aux**) *a.* 〖鳥〗尾の，尾隆起の．pennes ~ales 尾の大羽（おおばね）．plumes ~ales 尾羽．

uropygien(**ne**) *a.* 〖鳥〗尾の．glande ~ne 尾腺．

uroscopie *n.f.* 尿検査（＝examen des urines）．

urostomie *n.f.* 〖医〗尿道瘻術（尿路変更術の一つ）．

urothélial(**ale**)(*pl.***aux**) *a.* 〖解剖〗尿路上皮層の(urothélium)．cellules ~ ales 尿路上皮層細胞．tumeur ~ ale 尿路上皮腫瘍．

urothélium [-jɔm] *n.m.* 〖解剖〗尿路上皮層．~ pseudostratifié 偽重層尿路上皮層．

ursidés *n.m.pl.* 〖動〗熊科，熊科動物（熊ours など）．

URSS [yɛrɛsɛs] (＝*U*nion des *R*épubliques Socialistes Soviétiques) *n.f.* ソヴィエト社会主義共和国連邦《1922-91年》．

URSSAF (＝*U*nion de *r*ecouvrement des cotisations de *s*écurité sociale et d'*a*llocations *f*amiliales) *n.f.* 〖社会保障〗社会保障負担金・家族手当徴収連合《1960年設立の県単位の組織》

urticaire *n.f.* 〖医〗蕁麻疹（じんましん）．~ aiguë (chronique) 急(慢)性蕁麻疹．~ allergique アレルギー性蕁麻疹．~ à l'eau 水性蕁麻疹（水との接触による）．~ au froid 寒冷蕁麻疹（寒さによる）．~ mécanique 機械的蕁麻疹，人工蕁麻疹（＝~ artificielle）．~s physiques 物理的蕁麻疹《物理的原因性》．~ persistante 接続性蕁麻疹．~ pigmentaire 色素性蕁麻疹．~ psychogénique 心因性蕁麻疹．~ solaire 日光性蕁麻疹．

urtication *n.f.* 〖医〗いらくさ刺戟（ちくちくする刺戟）．

Uruguay(**l'**) *n.pr.m.* 〖国名通称〗ウルグアイ（公式名称：la République orientale de l'U~ ウルグアイ東方共和国；国民：Uruguayen(ne)；首都：Montevideo モンテヴィデォ；通貨：peso uruguayen [UYU]．
le río U~ ウルグアイ河（ブラジル，アルゼンチンとウルグアイの国境を流れる）．l'U~ round ウルグアイ・ラウンド，新多角的貿易交渉（GATT による第8次の新ラウンド；〖英〗New round，〖仏〗le cycle actuel des organisations tarifaires mondiales ともいう；1986年9月ウルグアイのプンタデルエステのGATT閣僚特別総会で開始を宣言）．

uruguayen(**ne**) *a.* ウルグアイ(l'Uruguay)の，ウルグアイ東方共和国(la République orientale de l'Uruguay)の；~人の．peso ~ ウルグアイ・ペソ（通貨単位；略記 UYU）．
——U~ *n.* ウルグアイ人．

Urumqi ⇒ **Ouroumtsi**

urus [yrys] *n.m.* 〖動〗ヨーロッパ原牛，オーロック (aurochs)．

usage *n.m.* Ⅰ（使用）**1** 使用，利用．~ abusif 誤用；濫用．~ correct d'un mot 語の正しい使用．~ des armes nucléaires 核兵器の使用．~ de drogues 禁止薬物の使用（常用）．~ d'un marque 商標の使用．~ d'un outil 道具の使用．~〖法律〗irrégulier de qualité 資格の不正利用〔罪〕．mot d'~ courant 常用語．〖経済〗valeur d'~ 使用価値．à l'~ 使用において．À l'~, ce procédé s'est révélé excellent．使ってみれば，この方法が素晴らしいことがわかる．
en ~ 現に使用されている．installations encore en ~ まだ稼動中の設備．mot en ~ à une époque donnée 一定時期に使用された言葉．mettre en ~ 実際に使用する．mise en ~ de …の使用．
hors d'~ 使われなくなった；使用不能の．mot hors d'~ 使われなくなった語．appareil hors d'~ 使用不能の機器．être hors d'~ 使われなくなっている，使用不能である．être d'un grand ~ 大いに役立つ．faire de l'~；faire un bon ~ 長期の使用に耐える．articles qui font de l'~ 長持ちする品．fai-

re ~ d'une locution 言い廻しの使用.
2 行使. ~ d'un droit 権利の行使.〖法律〗~ de faux 偽造文書行使. ~ de la force 力(軍事力)の行使. ~ de la raison 理性の行使. ~ d'un droit 権利の行使. le bon ~ des facultés 能力の善用.
faire ~ de son libre arbitre 自由意思を行使する. faire mauvais ~ de *qch* 何を悪用する. mettre son pouvoir en ~ 権力を行使する.
3 (能力などの)使用;使用能力. perdre (reprendre, retrouver) l'~ des sens 感覚を失う(取戻す).
4 用途;機能. ~ d'un outil² 道具の用途. ~ de la rate 脾臓の機能.
à l'~ de …の使用を目的とした. manuel à l'~ des étrangers 外国人向けの教科書.
à ~ + *a*. (de + *n*.) …用の. locaux à ~ d'habitation 住宅用地. médicament à ~ externe (interne) 外用医薬品(内服薬). véhicule à ~ général de l'armée 汎用軍用車輛(jeepなど). véhicule à mon ~ personnel 私の個人用の車.
avoir un ~ précis はっきりした用途がある. servir à divers ~s さまざまな用途がある. Quel est l'~ de cet appareil? この機器は何に使うのですか.
5 使用権;用益的使用権(= droit d'~). ~s forestiers 森林用益使用権. prêt à ~ 使用賃借. avoir l'~ du bien 財の使用権をもつ. se réserver l'~ de *qch* 何の使用権を留保する.
Ⅱ〖習慣〗**1** 慣習, 慣行;習慣, 〔*pl.*で〕しきたり. ~ ancien 古くからの習わし. ~ commercial 商事慣習. ~s conventionnels 契約上の慣習. ~s d'une famille 家の習わし. ~ de la profession 職業上の慣行. ~ de l'entreprise 企業慣行. ~s locaux 地域の慣習. constatation de l'~ 慣習の確認.
d'~ 慣例の, しきたりの. compliments d'~ きまりきった挨拶. comme il est d'~ いつものように.
C'est l'~ d'~ de + *inf*.; Il est d'~ de + *inf*. (que + *subj*.) …するのが慣習である(しきたりである).
2〖言語〗慣用;用法. Le bon ~ de Grevisse グレヴィス著『フランス語の)正しい用法(正語法)』. locution consacrée par l'~ 慣用によって確立した成句.
3〖文〗礼儀, 作法. avoir de l'~〔du monde〕世間的な礼儀をわきまえている. manquer d'~ 礼儀知らずである, 無作法である.
4〖古・文〗慣れ親しむこと;世慣れ, 世知. bienséances d'~ 世慣れたたしなみ.

usag*er*(*ère*) *n.m.* **1** (公共サービスの)利用者. ~s de la poste 郵便〔局〕の利用者. ~s transports urbains 都市交通の利用者.
2 (言語の)使用者. ~s du français フランス語使用者.

3〖法律〗用益権者.

usance *n.f.* **1**〖法律〗(手形の)支払期間;満期. ~ d'une lettre de change 手形の支払期間. ~ d'une traité 条約の満期.
2〖林業〗(輪伐林の)伐採年次;伐採後の経過期間.

USB (= 〔英〕*universal serial bus*) *n.m.*〖電算〗汎用シリアル・バス. port ~ USB端子.

USD (= 〔英〕*US dollar*) *n.m.* アメリカ・ドル, 米ドル.

USDA (= 〔米〕*United States Departement of Agriculture*) *n.m.* 米国農務省(= 〔仏〕le ministère de l'Agriculture américaine).

us*é*(*e*) *a.p.* **1** (布などが)すり切れた;(タイヤなどが)磨滅した. semelle ~*e* すり減った靴底. vêtement ~ すり切れた衣服.
2 使用不能になった;消耗した. eaux ~*es* 廃水. pièces ~*es* d'une machine 機械の消耗部品.
3 (人が)消耗した, 力を使い果たした. ~ de corps et d'âme 心身共に消耗し切った. corps ~ 消耗し切った体. homme ~ 身心をすり減らした人. santé ~*e* むしばまれた健康.
4 弱まった. passion ~*e* 生気を失った情熱. souvenirs ~*s* 薄れた思い出.
5〖比喩的〗(表現などが)使い古された, 陳腐な, 新鮮味を失った. images ~*es* 陳腐な映像. mots ~*s* 使い古された言葉.

usinage *n.m.* **1** 工場製作;工場加工;(特に)機械加工, 工作. ~ chimique (電子ビーム, プラズマ照射による)化学加工. ~ des pièces mécaniques 機械部品の工場生産. ~ laser レーザー加工. ~ par coupe (par électro-érosion) 切削(放電)加工. ~ par robotage ロボット加工.〖生産工学〗centre d'~ マシニングセンター, MC 工作機(数値制御方式の多機能自動工作機械).
2 (工場における)大量生産;流れ作業工程.

usine *n.f.* **1** 工場. ~ automatisée 自動化(無人)工場. ~ d'automobiles 自動車〖製造〗工場. ~ de fabrication (de transformation) 製造(加工)工場. ~ de produits agroalimentaires 農業食品工場. ~ textiles 繊維工場. navire-~ (水産物の)加工船. ouvrier d'~ 工場労働者. prix d'~ 工場出荷価格. aller à l'~ 工場に行く. travailler dans une ~ (en ~) 工場で働く.
2 製造所. ~ à gaz ガス製造所;〖比喩的〗増築を重ねた複雑な建造物. ~ génératrice d'énergie 発電所. ~ hydro-électrique 水力発電所.
3〖比喩的・話〗工場. ~ à diplômes 免許取得者製造工場. ~ à vendre 売元工場《スーパーなど》.

usini*er*(*ère*) *a.* **1** 工場の(による). production ~*ère* 工場生産.
2 工場のある(の多い). ville ~*ère* 工場都

市.

Usinor (＝ *U*nion *si*dérurgique du *Nor*d, 北フランス製鉄業連合) *n.pr.f.* ユジノール社《企業名》.

ustensile *n.m.* **1** 用品. 用具, 器具. ～s de cuisine 台所用品. ～s de jardinage 園芸用品. ～s de ménage 家庭用品.
2〔話〕もの (＝truc). Qu'est-ce que c'est que cet ～. これは一体なに？

USTKE (＝ *U*nion des *s*yndicats de *t*ra-*v*ailleurs *k*anaks et *e*xploités) *n.f.* (ヌーヴェル=カレドニーの) カナク労働者・被搾取者組合連合《政治団体》.

usuaire *a.*〔金融〕(利息・利率が) 極めて高い；(貸付などが) 高利の, 暴利の. dette ～ 高利の借金. intérêt ～ 高利, 暴利. taux ～ 高利〔率〕, 暴利〔率〕.

usucapion *n.f.*〔法律〕(継続的専有による) 取得時効 (＝prescription aquisitive).

usuel(*le*) *a.* 日常用いられる, 日常の, 常の. dénomination ～*le* d'une plante 植物の通称. locutions ～*les* 通常の言いまわし, 慣用句. mot ～ 日常語, 常用後. nom ～ 俗称. objet ～ 日用品. procédés ～s 通常のやり方, 通例の方式. Il est ～ de + *inf*. …するのが通例である.

usufructuaire *a.*〔法律〕用益権の (に関する).

usufruit *n.m.*〔法律〕用益権. ～ à titre particulier (universel) 特定 (包括名義の) 用益権. ～ légal 法定用益権.

usufruitier (*ère*) *n.* 用益権者.
——*a.* 用益権の；用益権者の, 用益権者負担.

usure[1] *n.f.* **1** (不法な) 高利, 暴利 (＝taux de l'～)；高利貸 (行為). délit d'～ 高利軽罪. prêter à ～ 高利で貸す.
2〔古〕利子, 利息.
3〔文〕avec ～ (高利をつけて) 受けたもの以上に.

usure[2] *n.f.* **1** 磨耗；損耗；すり減り；すり減った個所. ～ des pneus タイヤの磨耗. ～ d'une pièce par frottement 摩擦による部品の磨耗. ～ d'un tapi 絨毯のすり切れた個所.
2 消耗. ～ de l'énergie エネルギーの消耗. guerre d'～ 消耗戦.〔話〕avoir qn à l'～ 人を参らせる.

usurpation *n.f.* **1** 横領, 強奪；権力奪取, 簒奪. ～ de la couronne 王位簒奪 (さんだつ).
2 (称号などの) 僣称, 詐称；不正使用. ～ de titre professionnel 職名の詐称.
3 権利侵害；越権行為.〔法律〕～ du pouvoir (行政官による) 司法権の侵害.

usus [yzys]〔ラ〕*n.m.*〔法律〕使用権 (＝〔ラ〕jus utendi).

UT (＝〔英〕*u*niversal *t*ime) *n.m.* 世界時, 世界標準時 (＝〔仏〕TU：*t*emps *u*niversel)；グリニッジ標準時 (Greenwich Mean Time：GMT). UT coordinated 協定世界時 (略記 UTC；＝〔仏〕TU coordonné；略記 UTC).

UTA[1] (＝ *U*nion de *t*ransports *a*ériens) *n.f.*〔航空〕航空輸送連合《フランス第2の民間航空株式会社》；1963年 TAI と UAT との合併で誕生；1990年 Air France が買収》.

UTA[2] (＝ *u*nité de *t*ravail *a*nnuel) *n.f.*〔経済〕年間労働力単位. ～ familiale 世帯年間労働力単位.

UTC (＝〔英〕*U*niversal *T*ime *C*oordinated) *n.m.* 協定世界時 (＝〔仏〕TUC：*t*emps *u*niversel *c*oordonné).

UTE (＝ *U*nion des *t*ransporteurs *e*uropéens) *n.f.* ヨーロッパ運送業者連合《協同組合形式の道路輸送株式会社》.

utérin(*e*) *a.* **1**〔解剖〕子宮の. col ～ 子宮頸部 (＝col de l'utérus). corps ～ 子宮体. rupture ～*e* 子宮破裂. sarcome ～ 子宮肉腫. trompe ～*e* 卵管.
2〔法律〕(兄弟姉妹が) 母と血縁の, 同母異父の；母系の (matrilinéaire). sœurs ～*es* 同母異父姉妹.

utérus [yterys] *n.m.*〔解剖〕子宮. cancer du col de l'～ 子宮頸癌. cancer du corps de l'～ 子宮体癌. malformation de l'～ 子宮発育不全. myome de l'～ 子宮筋腫. orifice de l'～ 子宮口. rétroflexion de l'～ 子宮後屈〔症〕. tumeur de l'～ 子宮腫瘍.

utile *a.* **1** 役に立つ, 有用な, 有益な；有効な；実用的な；(à に) 役立つ. d'～s conseils 有益な助言. charge (poids) ～ d'un véhicule 車輛の積載許容重量, 積載荷重. critique ～ aux auteurs 作者に役立つ批評. dépenses ～s 有効な支出, 有益費. livre ～ aux hommes 人に有用な書物, 実用書. oiseaux ～s 益鳥. travail ～ d'un moteur エンジンの有効出力.
～ à + *inf*. …するのに役立つ. ouvrages ～s à consulter 参照するのに役立つ著作. Il est ～ de + *inf*. (que + *subj*.) …するのは有用である. Il serait ～ de demander (que vous demandiez) son avis. 彼の意見を求めておいた方がいいだろう.
2〔法律〕(法的に) 有効な (＝efficace). jour ～ 有効日. possession ～ 有用な占有, 有効な占有. en temps ～ 有効な時期に；〔一般に〕しかるべきときに, 適当な頃を見計って.
3〔法律〕十分な. délais ～ 準備をするために十分な期間.
4〔副詞〕〔話〕voter ～ (信条とは無関係に) 有効票を投じる.
—— *n.m.* 役に立つこと, 有用なこと.

utilisat*eur* (*trice*) *n.* 使用者；(de の) 利用者 (＝usager). ～s de l'autobus バスの利用者.
—— *a.* 使用する；(de を) 利用する.

utilisation *n.f.* 使用, 利用, 活用. mode d'～ 使用法. notice d'～ d'un appareil 機器の使用上の注意.

utilitaire[1] *a.* **1** 実用的な；効用的な. arts ~s 実用美術.〖経済〗fonction ~ 効用関数.〖電算〗programme ~ ユーティリティ・プログラム. véhicules ~s 実用車, 商用車, 多用途車；事業用自動車(autobus バス, camion トラック, camionnette 小型トラック, wagon ワゴンなど；voitures de tourisme「普通乗用車, 自家用乗用車」の対).
2〔多く蔑〕功利的な, 実利的な. calcul ~ 功利的打算. époque ~ 実利重視の時代. préoccupations strictement ~s ひたすら実利的な関心.
3〖哲〗功利主義(utilitarisme)の. morale ~ 功利主義的倫理〔学〕.
utilitaire[2] *n.m.* **1** 実用車, 商用車；事業用自動車(= véhicule ~).
2〖電算〗ユーティリティ・ソフト. ~ de diagnostic (コンピューターの)診断ソフト. ~ de gestion de fichiers ファイル管理ユーティリティー・ソフト.
utilité *n.f.* **1** 有用性, 実用性, 利便性；便利さ. ~ d'un nouveau procédé 方式の有用性. être d'une grande ~ 大いに役立つ. être sans ~ 役に立たない.
2 利益, 実益.〖法律〗~ publique 公益. association reconnue d'~ publique 公益団体. reconnaissance d'~ publique 公益性の認定.
3〖哲〗功利〔性〕.
4〖経済〗功用. ~ marginale 限界功用.
5〖映画・劇〗端役(=petit rôle). jouer les ~s 端役を務める；〖比喩的〗傍役を演じる.
UTLC (= *U*nion des *t*élévisions *l*ocales du *c*âble) *n.f.* 地方ケーブル TV 連合(1966年1月結成).
utopie (<*Utopia*, Thomas More の小説[1516]) *n.f.* **1** l'U~ ユートピア(どこにもない場所), 理想国.
2〔比喩的〕理想境；理想社会；夢のようなもの.
3〔比喩的〕夢物語；実現不能な理想.
utopique *a.* **1** ユートピア(l'utopie)の；ユートピア的な；理想郷的な. projet ~ ユートピア的計画. socialisme ~ ユートピア的社会主義；空想的社会主義(socialisme scientifique「科学的社会主義」の対).
2 夢物語のような, 空想的な, 非現実的な. idée ~ 非現実的な考え.
UTP (= *u*ridine *t*ri*p*hosphate) *n.m.*〖生化〗ウリジン三燐酸.
utriculaire *a.* **1**〖植〗小(胞)嚢状の. **2**〖解剖〗(内耳の)卵形嚢の.
——*n.f.*〖植〗たぬきも(水生植物).
utricule *n.m.* **1**〖植〗(緑藻類の)胞嚢, 小嚢；(かやつりぐさ科植物の)果嚢.
2〖解剖〗(内耳の)卵形嚢.
UTS (= *u*nité de *t*ravail de *s*éparation) *n.f.*〖原子力〗ウラン分離作業単位(天然ウランから濃縮ウランをつくる際の仕事量の単位：=［英］SWU：*s*eparative *w*ork *u*nit).
ut singuli [ytsingyli]［ラ］*l.ad.* 個別に(=［仏］en tant que chacun en particulier；un à un).
ut universi [ytynivɛrsi]［ラ］*l.ad.* 包括的に(=［仏］en tant que tous ensemble；considéré comme un tout).
UU (= *u*nité *u*rbaine) *n.f.*〖行政〗都市単位(一つまたは複数の commune にまたがる人口 2,000 以上の都市圏).
UV[1] (**les**) (= *u*ltra *v*iolets) *n.m.pl.* 紫外線(=rayons ~). les ~ B 紫外線 B(日焼けに作用のある紫外線). lampes〔à〕~ A 紫外線 A 放射ランプ. détecteur ~ 紫外線感知器.〖写真〗filtre ~ 紫外線〔カット・〕フィルター, UV フィルター.
UV[2] (= *u*nité de *v*aleur) *n.f.* (大学の)履修単位.
UVA (= *u*ltra〔-〕 *v*iolet *A*) *n.n.* 紫外線 A, 長波長紫外線(波長 320-400 nm).
uval(ale)(*pl.* **aux**) *a.* 葡萄の, 葡萄に関する. cure ~ale 葡萄〔食〕療法. station ~ale 葡萄〔食〕療養地.
UVB (= *u*ltra〔-〕 *v*iolet *B*) *n.m.* 紫外線 B, 中波長紫外線, 紅斑紫外線(波長 280-320 nm).
UVC (= *u*ltra〔-〕 *v*iolet *C*) *n.m.* 紫外線 C, 短波長紫外線(波長 100-280 nm), 外側紫外線.
uvéal(ale)(*pl.* **aux**) *a.*〖解剖〗葡萄膜(uvée)の.〖医〗colobome ~ 葡萄膜欠損.
uvée *n.f.*〖解剖〗(眼の)葡萄膜(=tractus uvéal)(虹彩 l'iris, 毛様体 le corps ciliaire, 脈絡膜 la choroïde で構成される). colobome de l'~ 葡萄膜欠損.
uvéite *n.f.*〖医〗葡萄膜炎.
uviolverre *n.m.* ウビオールガラス(紫外線の透過率を高めたガラス；紫外線殺菌灯用).
uvula, uvule *n.f.*〖解剖〗口蓋垂(=luette).
uvulaire *a.*〖解剖〗口蓋垂(ovula, ovule)の；〖音声〗口蓋垂で調音される.〖音声〗r ~ 口蓋垂音の r.
——*n.f.*〖音声〗口蓋垂音.
Uygour ⇒ Xinjiang

V

V¹, v¹ [ve] *n.m.inv.* **1** フランス語字母の第22字.
2 V字形〔のもの〕. *V* de la victoire 勝利のVサイン. moteur à huit cylindres en *V* V型8気筒エンジン〔略記 V 8〕.
3 (ローマ数字の) 5. MDCLV 1655.
V² 〔略記・略号〕**1** 〖化〗*n.m. v*anadium「バナジウム」の元素記号.
2 〖物理〗*n.f. v*itesse「速度」.〖話〗à la grande *V* (*v*) 大急ぎで, 素早く.
3 *V*otre「あなたの」. V.E. 閣下 (= *V*otre Excellence).
4 *V*oir;*V*oyez「参照せよ」.
5 〖自動車国籍標識〗*V*atican City「バチカン公国」.
v² 〔略記・略号〕**1** 〖文法〗*n.m. v*erbe「動詞」. *v.i.* (= *v*erbe intransitif)「自動詞」.
2 〖物理〗*n.f. v*itesse「速度」.
3 〖数〗*n.f. v*olume「体積」;〖物理〗比積 (容積).
4 〖電〗*n.m. v*olt「ボルト, ボルト」;電位. 110 *v*. 110 ボルト.
5 *v*ersion「版, バージョン」. MAC OS X *v*.10.5 マック OSX 第10.5版.
V.110 *n.f.* 〖通信〗V.110規格〔国際電気通信連合 UIT (ITU) の勧告によるモデムの標準規格の一種;56 kbps の速度で全二重のデータ転送が可能〕.
VA (= *v*oltampère) *n.m.* 〖電〗ボルトアンペア.
VAB (= *v*éhicule de l'*a*vant *b*lindé) *n.m.* 〖軍〗前線装甲車輌.
VAC (= *v*éhicule *a*rticulé *c*henillé) *n.m.* 〖軍〗連節式キャタピラー付兵員輸送車.
vacance *n.f.* Ⅰ 〖〘休暇〙〗〖*pl.* で〗**1** (学校の) 長期休暇, 学業休暇. ~s scolaires 学校の長期休暇, 学業休暇 (~ d'été;les grandes ~s〔d'été〕夏季休暇, 夏休み〔6月末から9月はじめまでの67~70日間〕; ~s de Noël et du Jour de l'An ノエル・元日休業, クリスマス・新年休暇〔12月下旬から1月はじめまでの17日間〕; ~s d'hiver 冬季休業, 冬休み〔ABCの3地区制で2月上旬から3月中旬までの期間内の16~17日間; 年により時期が異なる〕; ~s de printemps 春季休業, 春休み〔ABCの3地区制で4月上旬から5月上旬までの期間内の17~18日間;年により時期が異なる〕; ~s de Toussaint 万聖節の学業休暇〔10月末から11月始めまでの10日間〕). colonie de ~s コロニー・ド・バカンス, 林間 (臨海) 学校. devoirs de ~s 休み中の宿題.
2 (勤労者の) 長期休暇;(学業休暇と対応した) バカンス;(特に) 夏のバカンス (= les grandes ~s);バカンス旅行. Bonnes ~s! いいバカンスを!. ~s de neige スキー休暇. chèque-~s バカンス小切手. costume de ~s バカンス着. étalement des ~s 長期休暇の順次交替制. village de ~s バカンス村.
Depuis 1936, les ~s sont payées aux salariés. 1936年以来, 賃金労働者にとってバカンスは有給である. être en ~s 休暇中である. partir en ~ バカンス旅行に出発する. passer ses ~s dans sa résidence secondaire バカンスを別荘で過ごす. prendre ses ~s en été (en hiver) 夏 (冬) のバカンスをとる.
3 休息, 休養, 休暇, 休み. obtenir huit jours de ~s 1週間の休みの許可を得る. se donner des ~s 休みをとる. Vous êtes fatigué, vous avez besoin de ~s. あなたは疲れていますから, 休みをとる必要があります.
4 〖法律〗休廷 (期間) (= ~s judiciaires).
Ⅱ 〖〘空白〙〗**1** (職務・地位・雇用の) 欠員, 空席, あき. ~ d'une chaire de faculté 学部の講座担当正教授職の空席. ~ d'un fauteuil d'académie アカデミー会員の欠員. déclaration de ~ (公職の) 欠員公告.
2 〖法律〗(相続について) 相続人の不存在 (= ~ de succession).
3 (権限・機能などの) 休止期間. ~ du pouvoir 政治的空白 (期).
4 (住居や部室が) 空いている状態.
5 無為, 無人. ~ de maison 不居住.
6 〖文〗(心の) ゆとり, 暇;(精神の) 空虚.
vacances-villégiature *n.f.pl.* 保養休暇 (避暑, 避寒).
vacancier(ère) *n.* バカンスをとる人, バカンスを楽しむ人, バカンス旅行に出掛ける人. ~s du mois d'août 8月のバカンス客 (= *a*oûtiens).
——*a.* バカンスを思わせる, バカンス的な. atmosphère ~*ère* バカンス的雰囲気.
vacant(e) *a.* **1** (部屋などが) 空いた, 空室の. appartement ~ 空いているアパルトマン. logement ~ 空家.
2 (職・地位などの) 空席の, 欠員の. poste ~ 空席のポスト.
3 〖法律〗(財産などの) 所有者のいない, 占有者のいない. biens ~s 所有者のいない財産, immeuble ~ 空き家, 空き地. succession ~*e* 相続人不存在.

4〔文〕暇な；空虚な. âme ~*e* 空ろな心. d'un air ~ ぼんやりと.

vacarme *n.m.* **1** 大騒ぎ, 叫喚, 喧騒, 騒乱. faire du ~ 大騒ぎする.
2(工場・車などの)騒音.

vacataire *n.* 空席補充臨時職員, 臨時雇い.
――*a.* 臨時雇いの.

vacation *n.f.*〔法律〕**1** 有期・定額報酬の勤務. tâche à la ~ 有期・定額報酬勤務.
2(専門家が業務の処理に要する)所要時間, 職務遂行時間；作業時間.
3〔*pl.* で〕(所要時間に対する)報酬, 謝礼金；代替職務の報酬.
4 競売会. assister à la ~ 競売に参加する.
5 補助的業務時間；補助的業務, 臨時業務. Ce médecin assure trois ~*s* par semaine à l'hôpital. この医師は週3回病院補助業務に従事している.
6〔*pl.* で〕休廷期. chambre des ~*s* 休廷期法廷.

vaccin [vaksɛ̃] *n.m.* **1**〖医〗ワクチン. ~ anti(-)amaril 黄熱病予防ワクチン. ~ anti(-)cholérique コレラ予防ワクチン. ~ anti(-)coquelucheux 百日咳予防ワクチン. ~ anti(-)diphtérique ジフテリア予防ワクチン. ~ anti(-)grippal インフルエンザ予防ワクチン. ~ anti (-) hépatite B B型肝炎予防ワクチン. ~ anti(-)méningococcique A(C) A(C)型髄膜炎予防ワクチン. ~ anti(-)ourlien 流行性耳下腺炎(お多福風邪)予防ワクチン. ~ anti(-)poliomyélitique ポリオ予防ワクチン. ~ anti(-)rabique 狂犬病予防ワクチン(= ~ contre la rage). ~ anti(-)rougeoleux 麻疹(はしか)予防ワクチン. ~ anti(-)titanique 破傷風予防ワクチン. ~ anti(-)tuberculeux 結核予防ワクチン(= BCG). ~ anti(-)typhoïdique 腸チフス予防ワクチン. ~ anti(-)variolique 痘瘡(天然痘)予防ワクチン. ~ associé (combiné) 混合ワクチン. ~ inactivé 不活性化ワクチン. ~ oral 経口ワクチン. ~ vivant 生ワクチン.
2〖医〗ワクチン接種(=vaccination)；種痘. faire un ~ à *qn* 人にワクチンを接種する.
3〔話〕〔比喩的〕予防薬. ~ contre la paresse 怠惰を治す薬.

vaccinal(*ale*)(*pl. aux*) *a.* 〖医〗**1** ワクチンの, ワクチン接種による. calendrier ~ ワクチン予防接種カレンダー, ワクチン接種日程. complication ~*ale* ワクチンの副作用. produits ~ *aux* ワクチン製品.
2 牛痘の.

vaccination (<vacciner) *n.f.*〖医〗ワクチン接種. ~ antigrippale インフルエンザワクチン接種. ~*s* combinées DTCP ジフテリア・破傷風・百日咳・ポリオ複合ワクチン接種. ~*s* conseillées 勧奨ワクチン接種(= ~*s* recommandées). ~*s* courantes 現行ワクチン接種. ~*s* obligatoires 義務制ワクチン接種(フランスでは18歳までに diphtérie, polio, tétanos, 禁忌のない限り1年後再接種；集団生活に入る場合には25歳までにツベルクリン陰性反応者には BCG 接種). ~ préventive 予防接種. ~*s* recommandées ou non obligatoires 非義務制推奨ワクチン接種. ~*s* remboursées par la Sécurité sociale 社会保障制度によって費用が還付されるワクチン接種(coqueluche, diphtérie, hépatite, infection à Hæmophilus influenzæ B, oreillons, poliomyélite, rougeole, rubéole, tétanos, tuberculose に対する予防ワクチンが対象となる). ~*s* simultanées 異種ワクチン同時接種. calendrier des ~*s* (calendrier vaccinal) adopté par le Conseil supérieur d'hygiène publique 公衆衛生高等評議会で採用されたワクチン接種時期一覧.〖獣医〗~ systématique des chiens en bas âge 仔犬の一律ワクチン接種.

vaccine *n.f.* **1**〖獣医〗牛痘.
2〖医〗(ワクチン用)痘苗製造.
3〖医〗種痘疹. ~ généralisée 汎発性種痘疹. fausse ~ 疑似痘.

vacciné(**e**) *a.* **1** ワクチンの接種を受けた.
2〔比喩的〕(contre に対する)免疫がある；予防措置を講じた. Après trois divorces, il doit être ~ contre le mariage. 3度の離婚をした彼は, 結婚から身を守る免疫があるはずだ.
――*n.* ワクチン接種を受けた人.

vaccinoïde *a.*〖医〗種痘疹状の.
――*n.f.*〖医〗疑似痘(=vaccinelle).

vaccinologie *n.f.*〖医〗ワクチン学, 種痘学.

vaccinostyle *n.m.*〖医〗ワクチン接種針.

vaccinothérapie *n.f.*〖医〗ワクチン療法.

vachard[1] *n.m.*〔チーズ〕ヴァシャール(オーヴェルニュ地方 l'Auvergne で, 牛乳からつくられる, 軟質, 圧搾非加熱, 自然外皮, 直径20 cm, 厚さ4 cm の平盤状, 重量1.5 kg, 脂肪分45 %).

vachard[2](**e**) *a.*〔俗〕意地の悪い(= méchant(e)). allusion ~*e* 意地の悪いあてこすり.

vache *n.f.* Ⅰ(牛)**1** 雌牛, 牝牛(牛一般と去勢雄牛は bœuf, 種雄牛は taureau). ~ à lait¹ (laitière)〘畜〙乳牛. ~ à viande 食肉用雌牛(食肉店では通常 bœuf として売られる). étable à ~*s* 牛小屋. lait de ~ 牛乳. fromage (de lait) de ~ 牛乳からつくられるチーズ. jeune ~ 未経産雌牛 (= génisse). la ~ folle 狂牛；狂牛病. maladie de la ~ folle 狂牛病, 牛海綿状脳症(=ESB：*en*céphalopathie *s*pongiforme *b*ovine). montagne à ~*s* 山腹の放牧地；〖登山〗低い里

vacherin

山. petit de la ~ 仔牛 (=veau). traire (tirer) les ~s 牛の乳をしぼる.
〔比喩的〕comme une ~ 牛のように. être gros comme une ~ でっぷり太っている. parler français comme une ~ espagnole (スペインの牛のようにフランス語を話す→) 下手なフランス語を喋る. pleurer comme une ~ さめざめと泣く. 〔話〕Il pleut comme ~ qui pisse. (雌牛の小便のように) 土砂降りである.
〔話〕~ à lait² 甘い汁をすわせてくれる人 (物), 金づる. coup de pied en ~ 脇から蹴ること; 不意打ち, だまし打ち. donner des coups en ~ 人をだます. 〔話〕manger de la ~ enragée 食いつめる, 貧窮する. 〔période de〕~s grasses (maigres) 富裕 (窮乏) の時代 (『創世記』41). queue de ~ 赤茶色の. cheveux queue de ~ 赤茶色の髪. 〔諺〕Chacun son métier, les ~s seront gardées. 皆がやるべきことをやれば, すべてうまく行く.
2 雌牛の革 (=cuir de ~); 革鞄 (=sac en cuir). ~ 〔à eau〕(キャンプ用の) 布バケツ.
3 〔動〕 海牛, ジュゴン (dugon).
II (人) **1** 〔話〕意地の悪い人, 冷酷で執念深い人. C'est une belle ~. 全くひどい奴だ. 〔俗〕peau de ~ ひどく性悪の奴.
2 〔間投詞的〕〔俗〕La ~! ひどい (非難); 凄い (感嘆). Les ~s! ひどい人たちだ.
3 〔隠〕お巡りさ, さつ, 警兵. ~ à roulette 自転車に乗ったお巡り.
4 〔古〕太った女性; 怠け者.
5 〔話〕 ~ sacrée (神聖な ~→) 役に立たないが手がつけられない人 (物).
―― a. **1** 〔話〕 (人が) 意地悪な, 手厳しい; (物事が) ひどい. examinateur ~ 手厳しい試験官. C'est ~! それはひどい! C'est ~ de+inf. …するのはひどすぎる.
2 〔話〕 太った. Elle devient ~ 彼女は太った.
3 〔話〕 怠け者の, 怠惰な.
4 〔古〕 素晴らしい, 凄い. une ~ dîner 凄い夕食. une ~ petite salle 素晴らしい小部屋.
5 〔化〕 ~ 〔à radioélément〕長寿命放射性元素.

vacherin n.m. **1** 〔チーズ〕ヴァシュラン (山岳地帯で牛乳からつくられる一群のチーズ名; ~ d'abondance, ~ des Aillons, ~ des Bauges, ~ fribourgeois, ~-mont-d'or など多くの種類がある).
~ à pâte mi-dure 半硬質ヴァシュラン (スイスのフリブール Fribourg 周辺でつくられる. ~ fribourgeois; フォンデュの材料).
~ d'Abondance ヴァシュラン・ダボンダンス (サヴォワ地方 la Savoie のシャブレー地区 le Chablais でつくられる軟質, 洗浄外皮, 直径25 cm, 厚さ4 cm の厚いガレット状, 重量1.5 kg, 脂肪分45％).
~ des Aillons ヴァシュラン・デ・ザイヨン (サヴォワ地方でつくられる軟質, 洗浄外皮, 直径25 cm, 厚さ4 cm 以上, 厚いガレット状, 重量2 kg, 脂肪分45％; 別称 ~ des Bauges).
~ fribourgeois フリブール・ヴァシュラン (スイスのフリブール州 canton de Fribourg でつくられる軟質, 非加熱弱圧搾, 洗浄ブラシがけ外皮, 直径40 cm, 厚さ7-8 cm の円型, 重量9-10 kg, 脂肪分45％).
2 〔菓子〕ヴァシュラン (アイスクリームとクレーム・シャンティイを添えたメレンゲ菓子).

vachette n.f. **1** 牝の仔牛. **2** 仔牛の革. **3** 〔茸〕ヴァショット茸 (vachotte) (食用).

vacqueyras (<V~; département du Vaucluse ヴォークリューズ県の村; 市町村コード84190) n.m.inv. 〔葡萄酒〕ヴァクーラス (Côtes-du-Rhône-Villages の AOC で売られる酒; 赤が主, 他にロゼ).

vacuolaire a. **1** 〔生〕空胞の, 液胞の. 〔植〕membrane ~ 維管束鞘.
2 〔地学〕気孔の.

vacuole n.f. **1** 〔生〕空胞; 液胞. ~ contractile (原生動物の) 収縮胞.
2 〔地学〕(火成岩の) 気孔.

vacuolisation n.f. 〔生〕空胞化. phénomène de ~ 空胞化現象.

vacuum [vakyɔm] 〔ラ〕 n.m. 真空.

vade-mecum [vademekɔm] (<〔ラ〕=viens avec moi) n.m.inv. **1** 携帯必需品.
2 メモ帳, 備忘録. **3** 必携本, 手引書.

VADS (=voies aérodigestives supérieures) n.f.pl. 〔解剖〕上部呼吸・消化管. cancers des ~ 上部呼吸・消化管癌.

VAE[1] (=validation des acquis de l'expérience) n.f. 経験取得認証.

VAE[2] (=vélo à assistance électrique) n.m. 補助電動装置付自転車.

VAE[3] (=vente aux enchères) n.f. 競売, せり売り.

va-et-vient n.m.inv. **1** (人の) 往来, 出入り. Il y a beaucoup de ~ dans ces bureaux. これらの事務所には人の出入りが激しい.
2 往復運動. ~ d'un pendule 振子の往復運動.
3 〔機工〕往復運動装置 (器具); 両開き扉のバネ仕掛の蝶番; 両開き扉; 〔海〕(船と船, 船と陸地との間の) 渡し綱; 小型渡し舟; 〔電〕二路スイッチ.

vagabond(e) a. **1** 放浪の, 流浪の, さすらいの (=nomade); 放浪癖のある. chien ~ 野良犬. peuple ~ 流浪の民.
2 (心が) 不安定な; (気分が) 落ち着かない; (考えなどが) とりとめのない. imagination ~e とりとめのない空想.
―― n. **1** 放浪者, さすらい人. **2** 浮浪者, 無宿人. 〔法律〕jeune ~ 未成年浮浪者.

vagabondage n.m. **1** 放浪, 放浪生活. goût du ~ 放浪癖.
2 浮浪; 〔法律〕浮浪罪 (=délit de ~). ~

de mineurs 未成年者の浮浪.
3〔比喩的〕(考え・空想などの)とりとめのなさ,うつろい易さ.~s〕de l'imagination とりとめのない空想.

vag*al* (*ale*) (*pl.* ***aux***) *a.*〖解剖〗迷走神経(nerf vague)の. réflexe ~ 迷走神経反射.

vagin *n.m.*〖解剖〗膣,ヴァギナ.~ double 重複膣. cancer du ~ 膣癌.

vaginal (*ale*) (*pl.* ***aux***) *a.*〖解剖〗**1** 膣(vagin)の. artère ~*ale* 膣動脈. carcinome ~ 膣上皮腫,膣癌 (=cancer du vagin).〖医〗frottis ~ 膣スミア. orgasme ~ 膣オルガスムス. orifice ~ 膣口. pertes ~*ales* こしけ.
2 鞘状の. tunique ~*ale*〔du testicule〕精巣鞘膜.
——*n.f.* 精巣鞘膜 (=tunique ~*ale*).

vaginalite *n.f.*〖医〗精巣鞘膜炎.

vaginisme *n.m.*〖医〗膣痙.

vaginite *n.f.*〖医〗膣炎.~ atrophique 萎縮性膣炎.~ mycosique 真菌性膣炎.

vagodépresseur *n.m.*〖薬〗迷走神経機能抑制剤.

vagolytique *a.*〖薬〗迷走神経抑制性の,抗コリン作用性の (=anticholinergique).
——*n.m.*〖薬〗迷走神経抑制剤,抗コリン作用薬.

vagomimétique *a.*〖薬〗迷走神経様作用の,副交感神経様作用の (=parasympathomimétique).
——*n.m.*〖薬〗迷走神経様作用剤 (=médicament ~).

vagotomie *n.f.*〖医〗迷走神経切断(分離)術.

vagotonie *n.f.*〖医〗迷走神経緊張症,副交感神経緊張症 (=parasympathicotonie).

vagotonique *a.*〖医〗迷走神経緊張性の.
——*n.* 迷走神経向性患者.

vagotonisant(*e*) *a.*〖医〗迷走神経症を惹起する. action ~*e* d'un médicament 医薬品の迷走神経症発症作用.

vagotrope *a.*〖薬〗迷走神経向性の,向迷走神経性の.
——*n.m.* 向迷走神経薬.

vagovag*al* (*ale*) (*pl.* ***aux***) *a.*〖解剖〗迷走神経の. réflexe ~ 迷走神経反射.

vague¹ *a.* **1**〔時に名詞の前〕ぼんやりした,漠然とした,曖昧な,はっきりしない. couleur ~ ぼやけた色. douleur ~ はっきりしない痛み. forme ~ ぼんやりした形. idée ~ 漠然とした概念. mot (sens) ~ 曖昧な語(意味). tristesse ~ 空漠たる悲しみ. d'un air ~ ぼんやりと.
avoir un ~ souvenir de qch 何をおぼろげに覚えている. répondre en termes ~s つかみどころのない返事をする. rester ~ はっきりしない. C'est un esprit ~. あれは煮え切らない奴だ!
2〔名詞の前〕わけのわからぬ;下らぬ,無

意味な;どこかの.~ boulot わけのわからぬ仕事.~ congrès 無意味な会議.~ parent 遠い親戚.
3(衣服などが)ゆったりした;だぶだぶの. manteau ~ ゆったりしたコート.
4〖解剖〗nerf ~ 迷走神経 (=〔nerf〕pneumogastrique).
5〔古〕流浪の. le ~ peuple 流浪の民.
——*n.m.* **1** 曖昧さ;捉えどころのなさ. être dans le ~ どうしてよいかわからない. rester dans le ~ 曖昧な態度をとり続ける.
2〔文〕空漠たること.~ des passions 情念の空ろさ.~ d'une rêverie 夢の曖昧さ. avoir du ~ à l'âme 憂鬱の虜となる;物思いに沈む,物悲しさを覚える.

vague² *n.f.* **1** 波;〔文〕波浪,うねり.~s au rivage 潮津波,海嘯(かいしょう)(=barres).~ de fond¹ 大波のうねり.~ de gros temps 荒波.~s hautes 高波. crête des ~s 波頭. dos des ~s 波の背. érosion par les ~s 波による侵蝕,海蝕. hauteur des ~s 波高,波の高さ. petits ~s さざ波 (=clapotement, vaguelette). Les ~s se brisent. 波が砕ける.
2〔比喩的〕うねり.~s de blé 麦畑のうねり.~s des fougères うねるような羊歯の草原. plaine sans ~s 起伏のない平原.
3〔比喩的〕(人・車などの)波.〖軍〗~ d'assaut 突撃波.~ d'un océan humain 大挙して押し寄せる人波.~ successive d'immigrants 相次ぐ移民の波. première ~ de départs en vacances ヴァカンスへの出発の第一波.
4 波のように広がるもの(音・気体・匂いなど).〖気象〗~ de chaleur 熱波.〖気象〗~ de froid 寒波.~ de gaz délétère 有毒ガスの拡がり.~ de parfum 香水の香りの拡がり.~ de sons 断続的な音の伝わり.
5〔比喩的〕波のように押し寄せるもの,波,高揚,うねり.~ de colère 怒りの波.~s d'enthousiasme 興奮の渦.~ de fond² (世論などの)抗し難い高まり.~ de hausse des prix 物価上昇の波.~ de violence 暴力の高まり.〖映画〗la nouvelle ~ ヌーヴェル・ヴァーグ(1960-70年);〔一般に〕前衛傾向〔の人々〕,新思潮;新世代.〔話〕faire des ~s 憤慨させる;平穏をかき乱す.〔話〕Il y a des ~s. 激動している,厄介だ.

vain(*e*) *a.*〔多く名詞の前〕**1** 無駄な,効果のない;むなしい.~*es* attentes むなしい期待.~s efforts 徒労. discussion ~*e* 無駄な議論.
en ~,むなしく,無駄に. mourir en ~ 無駄死にする,犬死にする. Il a appelé plusieurs fois, mais en ~. 何度も呼んだが無駄であった. J'ai protesté en ~. 私は抗議したが無駄であった.
Il est ~ de+*inf.* …するのは無駄である. Il est ~ d'insister. いくら言っても何にもならない.

vaincu(e)

2 根拠のない；あてにならない；(人が) 軽薄な. ~ espoir [vɛnɛspwar] はかない期待，そら頼み. ~ es paroles そら約束. Ses craintes ne sont pas ~es. 彼の心配は杞憂ではなかった.
3〖文〗無意味な，無価値な，実体のない；うわべだけの. ~e gloire 虚栄. ~ mot 無意味な語.
4〖名詞の後〗〖文〗うぬぼれた，傲慢な. un homme superficiel et ~ 浅薄でうぬぼれた男. être ~ de richesse 己の富におごりたかぶっている.
5〖古〗空 (から) の.〖現用〗〖法律〗~e pâture (村落共有地の) 休閑期放牧権 (= droit de ~e pâture).

vaincu(e) (<vaincre) a.p. **1** 敗けた. s'avouer ~ 敗北を認める.
2 (障害などが) 克服された. difficulté ~e 克服された障害. maladie ~e うち勝った病気.
— n. **1** 敗者. les vainqueurs et les ~s 勝者と敗者. **2** 敗北主義者. attitude de ~ 敗北主義的態度.

vainqueur n.m.〖女性にも用いる〗**1** 勝者，勝利者；戦勝者；~s et les ~ vaincus 勝者と敗者. ~ aux points 判定による勝者. ~ de la course レースの勝者. ~ de la guerre 戦勝者. air [de] ~ 勝ち誇った様子. couronne de ~ 優勝者の栄冠. Elle est le ~ du tournoi. 彼女はトーナメントの勝者だ. sortir ~ d'une discussion 議論に勝つ.
2 (困難・障害を) 克服した者；〖登山〗初登頂者；〖探検〗初征服者. ~ de l'Atlantique 大西洋横断者. ~ de l'Everest エヴェレストの初登頂者.
— a.m. 勝者の；勝ち誇った (女性形は victorieuse を用いる). air ~ 勝ち誇った様子.

vaisseau (pl. ~x) n.m. **1** 大型船 (= navire)；(特に) 軍艦 (= ~ de guerre).〖軍〗~ amiral 旗艦. ~ d'escorte 護衛艦. ~ marchand 大型外航商船. ~ spatial (cosmique) 宇宙船 (= astronef, spationef).〖軍〗capitaine de ~ 海軍大佐.〖軍〗enseigne de ~ de 1ᵉ (2ᵉ) classe 海軍中尉 (少尉).〖軍〗lieutenant de ~ 海軍大尉.
2〖解剖〗管，脈管. ~s afférents (体液の) 輸入管. ~ lymphatique リンパ管. ~s sanguins 血管. gros ~ 血管幹.
3〖植〗導管. plantes à ~ 維管束植物.

vaisselle n.f. **1**〖集合的〗食器類 (assiette, bol, plat, plateau, saucière, soucoupe, soupière, sucrier, tasse その他). ~ à décor 飾り皿. ~ d'or (d'argent, de cuivre) 金 (銀, 銅) の食器. ~ de porcelaine 磁器の食器. ~ en matière plastique プラスチックの食器. ~ [de] plate (金・銀など) 貴金属製の皿. ~ ステンレス製の皿.〖比喩的〗〖話〗s'envoyer la ~ à la tête 派手に喧嘩する.
2 (食後の) 洗い物，皿洗い. faire la ~ 皿洗いをする. finir sa ~ 皿洗いを済ませる. corvée de ~ 皿洗い当番. lavette à ~ 食器洗い用スポンジ. liquide ~ 食器用洗剤. machine à laver la ~ 食器洗い機 (= lave-~).
3 食卓以外に用いられる器具一式. ~ vinaire 葡萄酒製造関連器具 (panier, cuve, tonne など).

VAL [val] (= véhicule automatique léger) n.m.〖鉄道〗軽量自動運転車輌. le métro ~ ヴァル方式地下鉄.

valable a. **1** (一定期間内で) 有効な；必要な条件を満たした，正規の；有効期間中の. billet ~ [pendant] un mois 1 カ月間有効の切符. contrat ~ 有効な契約. mariage ~ 有効な婚姻. quittance ~ 有効な領収書.
2 根拠のある，承認し得る，正当な. explication ~ 納得のゆく説明. motif ~ 承認できる動機. raison ~ もっともな理由. sans motif ~ 正当な動機なしに.
3 (人が) 正当な資格のある，有資格の. interlocuteur ~ 正規の交渉相手.
4 きちんとした；貴重な. achat ~ まともな買物. écrivain ~ 立派な作家. garçon ~ きちんとした少年.

valaciclovir n.m.〖薬〗バラシクロビル (ヘルペスウイルス感染症治療薬；薬剤製品名 Zelitrex (n.m.) など).

Val-de-Marne n.pr.m.〖行政〗le ~ ヴァル゠ド゠マルヌ県 (= département du ~；県コード 94；フランスと UE の広域地方行政区画の région Ile-de-France イール゠ド゠フランス地方に属す；県庁所在地 Créteil クレテイユ；主要都市 L'Haÿ-les-Roses ライ゠レ゠ローズ, Nogent-sur-Marne ノジャン゠シュール゠マルヌ；3 郡, 49 小郡, 47 市町村；面積 244 km²；人口 1,227,250；形容詞 val-de-marnais(e)).

Val-d'Isère n.pr.m.〖行政〗le ~ ヴァル゠ディゼール (département de la Savoie サヴォワ県, la Tarantaise タランテーズ地区の町；市町村コード 73150；冬季スポーツの中心地，標高 1850–3550 m).

Val-d'Oise n.pr.m.〖行政〗le ~ ヴァル゠ドワーズ県 (= département du ~；県コード 95；フランスと UE の広域地方行政区画の région Ile-de-France イール゠ド゠フランス地方に属す；県庁所在地 Pontoise ポントワーズ；主要都市 Argenteuil アルジャントイユ, Cergy-Pontoise セルジー゠ポントワーズ, Montmorency モンモランシー, Sarcelles サルセル；3 郡, 39 小郡, 185 市町村；面積 1,249 km²；人口 1,105,464；形容詞 valdoisien(ne)).

valençay n.m.〖チーズ〗ヴァランセー (ベリー地方 le Berry で山羊乳からつくられるピラミッド形の軟質チーズ；脂肪分 45 %；AOC). ~ fermier ヴァランセー・フェルミエ (農家製のヴァランセー). ~ laitier ヴァランセー・レーチエ (別称 pyramide ピ

ラミッド).

Valence *n.pr.* **1** ヴァランス (département de la Drôme ドローム県の県庁所在地；市町村コード 26300；形容詞 valentinois(*e*)).
2 ヴァレンシア ([西] Valencia；スペインの自治共同体の首都；州名；ヨーロッパ連合の地方名；形容詞 valencien (*ne*)).

valence-gramme(*pl.~s-~s*) *n.f.* [化] グラム当量.

valencien(*ne*) [西] *a.* ヴァレンシア (Valence) の. orange ~*ne* ヴァレンシア産オレンジ (=valence). [料理] paëlla ~*ne* ヴァレンシア風パエリヤ (パエージャ).
──*V~ n.* ヴァレンシア市民；ヴァレンシア出身者.
──*~nes n.f.pl.* 細密レース.

valet *n.m.* **1** [やや古] 下僕, 召使. ~ de chambre 男の召使, ホテルのボーイ；(昔の) 従僕；(王侯の) 侍従, 家令. ~ de pied 制服を着用した従僕 (ボーイ)；[聖] 供奉の者, 従者. Tel maître, tel ~. この主にしてこの従僕あり. [Je suis] votre ~. 仰せに従います；[皮肉に] 婉曲な否定 (拒否) の表現.
2 [劇] (古典喜劇の悪賢い) 下僕役 (= ~ de comédie). ~ bouffon 道化役の下僕.
3 [蔑] お追従屋. ~ du pouvoir 権力の取巻き. avoir l'âme d'un ~ 下男根性をもっている, 盲従的である.
4 下働き. ~ de chiens 猟犬係り. ~ de cuisine 料理の下働き. ~ d'écurie 馬丁 (=palefrenier). ~ de ferme 作男.
5 [トランプ] ジャック. ~ de carreau ダイヤのジャック (=Hector). ~ de cœur ハートのジャック (=Lahire). ~ de pique スペードのジャック (=Rogier). ~ de trèfle クローバのジャック (=Lancelot).
6 補助用具 (器具). ~ [de menuisier] 指物師の板止め. ~ d'arrêt 掛け金. ~ du microscope 顕微鏡のスライドおさえのクリップ. ~ d'un miroir 鏡の脚. ~ de nuit 脚付衣装掛け.

valeur *n.f.* [I] (抽象的な価値) **1** 人徳, 美徳, 徳, 優秀さ；[古] 武人の勇気. homme de [grande] ~ 卓越した人物. Un scientifique de cette ~ n'est pas facile à trouver dans le monde d'aujourd'hui. これだけ優れた科学者は今の世の中にそう多くはいない. C'est une grande ~. あれは立派な人物だ. croix de la ~ militaire 武功勲章.
2 [哲] 価値；価値体系, 価値観, 道徳的価値基準. échelle des ~s 価値基準, 尺度. jugement de ~ 価値判断 (jugement de réalité [事実判断] の対). système de ~s 価値体系. L'égalité des chances figure avec la laïcité au premier rang des ~s républicaines. 機会の平等は非宗教性とともに共和国の価値の中でも最も重要なものである.
3 効力, 価値, 有効性. date de ~ d'un chèque 小切手の有効期限. témoignage sans ~ 無効の証言, 無意味な証言. juger *qch* au-dessus (au-dessous) de sa ~ 何を過大 (過小) 評価する. juger *qn* à sa juste ~ 人を正しく評価する. mettre en ~ 目立たせる, 際立たせる, 引き立てる. Dans ce musée, les tableaux sont disposés de façon à mettre en ~ les maîtres du XVIIe siècle. この美術館では 17 世紀の大家を引き立てるように作品が並べられている.

[II] (経済的な価値) **1** 価値, 価格, 値段. Le dollar perd de sa ~ face à l'euro. ドルは対ユーロで減価している. mise en ~ de ressources naturelles (d'un terrain) 天然資源の (土地の) 有効利用, 開発. objet de [grande] ~ 高価なもの. théorie de la ~ 価値理論.
2 価値, 評価価値, 価格, 価額. ~ ajoutée 付加価値. [保険] ~ agréée 協定保険価額. ~ ajoutée des branches 部門別付加価値. ~ déclarée 申告見積価格. ~ d'or 金換算価値. ~ d'échange (d'usage) 交換 (使用) 価値. ~ marchande 市場価値. ~ pécuniaire 金銭価値. taxe à la ~ ajoutée (TVA) 付加価値税. ~ vénale 市場価額. dette de ~ 価値債務.
3 有価証券；株式；債券. ~*s* à revenu fixe (variable) 確定利付き型 (不確定利付き型) 有価証券. ~ de père de famille 安定大型株. ~ disponible 流動資産に計上される有価証券. ~ immobilisée 固定資産に計上される有価証券. ~*s* mobilières 有価証券. ~ mobilisable フランス銀行による再割引を受けられる有価証券. ~ réalisable à court terme 短期に現金化できる有価証券. ~ refuge 逃避資産となりうる有価証券. ~ sûre 安定株. bourse des ~*s* 証券市場.
4 [法律] (訴訟の) 請求内容 [およびその根拠].

[III] (専門用語) **1** [自然科学, 工学] 値. ~ absolue (approchée, de crête, extrême, limite, mesurée, nominale) 絶対値 (近似値, 最高値, 極値, 極限値, 閾値, 実験値, 低格値).
2 [数] (変数などの) 値. de la ~ de 約…の量の.
3 [美術] ヴァルール, 色価；[音楽] 時価, 歴価 (音符の示す長さ)；[言語] 価値, 意味；[トランプ] 札の強さ.

valgus [-s], **valgum**, **valga** [ラ] *a.* [医] 外反した (varus, varum, vara「内反した」の対). coxa *valga* 外反股 (coxa vara 内反股の対). cubitus *valgus* 外反肘. genou *valgum* 外反膝, X 脚 (genou varum 内反膝, O 脚の対). hallux *valgus* 外反母趾. manus *valga* 外反手. pied *valgus* 外反足.
──*n.m.* 外反.

validation *n.f.* **1** [法律] 認証, (真実性や適正性の) 確認. ~ d'une élection 選挙の認証. ~ d'un mariage 婚姻の認証. ~ de la

signature 署名の認証. procédure de ~ 認証手続.
2 〖法律〗有効化, 有効性の付与. ~ d'un contrat 契約に対する有効性付与. ~ d'un Eurailpass ユーレイルパスの有効化. ~ législative 法律による適法化. le premier (le dernier) jour de ~ du pass パスの有効初日 (最終日).
3 〖法律〗行政的許認可.
4 〖心〗(検査の) 有効性.
5 〖電算〗(システムの) 妥当性検証. test de ~ システムの妥当性の確認テスト.

valide *a.* **1** 健康な, 元気な;(手足が)丈夫な. vieillard encore ~ まだ壮健な老人.
2 〖法律〗(契約, 書類などが現時点で) 有効な, 法定の効力要件に合致した;合法性を備えた, 正当な手続きを踏んだ. contrat ~ 合法性を備えた契約. passeport ~ 有効なパスポート.
3 〖心〗(検査が) 有効な.
4 〖論理〗(命題が) 妥当する. proposition ~ 妥当命題.
— *n.* 健康人. infirmes et ~s 障害者と健常者.

validé(e) *a.p.* 有効となった;法律上有効となった. contrat ~ 有効となった契約. titre de transport ~ (自動改札機 composteur に通して) 有効になった乗車券.

validité *n.f.* **1** 有効〔性〕;効力;合法性;有効期間 (= durée de ~). ~ d'un acte 証書の有効性.〖カトリック〗~ d'un sacrement 秘蹟の有効性. condition de ~ 効力要件.〔durée de〕~ d'un billet 切符の有効期間.
2 〖論理〗妥当性, 正当性. ~ d'un raisonnement 論証の妥当性.
3 確実性. ~ d'une information 情報の確実性.
4 〖心〗有効性. ~ d'un test 検査の有効性.
5 〖医・法律〗~ mental 精神状態の正常性 (責任がもてる精神状態).
6 〖電算〗(システムの) 有効性. test de ~ 有効性テスト.

valine *n.f.* 〖生〗バリン (アミノ酸の一種. 分岐鎖をもつ;ビタミン B₁₂ 欠乏症の検査に用いる).

valise *n.f.* **1** ヴァリーズ, スーツケース, 旅行鞄. ~ de cuir 革の旅行鞄. faire sa (ses) ~ (s) 旅支度をする. une ~ de bouquins 鞄一杯の本.
2 ~ diplomatique 外交小荷物, 外交行李.

vallée *n.f.* **1** 谷, 谷間, 峡谷, 渓谷. ~ à méandre 曲りくねった谷. ~ aveugle 盲谷. ~ de larmes (涙谷→) 人生. ~ emboîtée 侵蝕嵌入谷. ~ encaissée 両岸の切り立った谷, 渓谷. ~ en U U字谷. ~ étroite 峡谷. ~ glaciaire 氷河谷. ~ 氷蝕谷. ~ jeune (mûre) 若い (老熟) 谷. ~ morte (sèche) 涸谷. ~ sous-marine 海底谷, 海谷. ~ suspendue 懸谷. fond de la ~ 谷底, 谷間. pe-

tite ~ 小谷 (= vallon).
2 山間. hommes de la ~ 山間に住む人々.
3 河川の流域. ~ de la Loire ロワール河流域地方. ~ supérieure (inférieure) d'un fleuve 河川の上(下)流域. la ~ d'Auge オージュ地方 (ノルマンディー地方 la Normandie の la Touques と la Dives の2つの川の間に位置する地方名).
4 長く伸びた凹地.

vallon *n.m.* 〖地理〗小谷, 小渓谷.

vallonné(e) *a.* 〖地形〗起伏の多い, 小さな谷が多い. région ~ e 小さな谷が走る地方.

valorisation *n.f.* **1** 適正価格 (価値) の維持.
2 〖経済〗(土地・商品などの) 価値増大, 価格の上昇, 貨幣価値の切り上げ. ~ d'un immeuble 不動産価値の上昇.
3 価値増大;評価の上昇;活用. ~ des déchets industriels 産業廃棄物の活用 (リサイクル, 熱源利用, 製品化など). ~ de ses efforts 努力の評価の上昇.
4 〖哲〗価値付与.

valorisme *n.m.* 実質価値〔論〕. ~ monétaire 実質貨幣価値〔論〕(nominalisme monétaire 名目貨幣価値〔論〕の対).

valproate *n.m.* 〖化〗ヴァルプロ酸.〖薬〗~ de sodium ヴァルプロ酸ナトリウム (抗てんかん薬;商品名 Dépakine (n.m.) など).

Valréas *n.pr.* ヴァルレアース (ヴォークリューズ県 département du Vaucluse の小郡庁所在地;市町村コード 84600;形容詞 valréassien(ne)). marché aux truffes de ~ ヴァルレアースのトリュフ市.

valsartan *n.m.* 〖薬〗バルサルタン (降圧薬・高血圧治療薬;薬剤製品名 Tareg (n. m.), Cotareg (n.m.) など).

valve *n.f.* **1** 〖機械〗弁, ヴァルヴ, バルブ. ~ coulissante すべり弁. ~ de réduction 減圧弁. ~ de sûreté 安全弁. ~ rotative 回転弁.
2 〖解剖〗弁;(心臓の) 弁膜. ~ artificielle 人工弁. ~ cardiaque 心臓の弁膜. ~ tricuspide (心臓右心室の) 三尖弁 (= valvule tricuspide). ~ urétrale 尿管弁.
3 〖動〗(二枚貝の) 貝殻.〖植〗朔 (さく), 萼 (やく) が弁状裂開するときの弁状部.
4 〖電〗バルブ (整流素子);真空管. ~ redresseuse 整流管 (= ~ électrique).
5 〖ベルギー〗掲示板 (= tableau d'affichage).

valvulaire *a.* **1** 〖解剖〗弁の, 弁状の. anomalie ~ 弁の機能異常. insuffisance ~ 弁閉鎖不全〔症〕. maladies ~s du cœur 心臓弁膜病, 弁膜症. rétrécissement ~ 弁狭窄症.
2 〖植〗小弁の.

valvule *n.f.* **1** 〖解剖〗弁. ~ aoritique 大動脈弁. ~ artificielle 人工弁. ~ bicuspide

二尖弁. ~ iléocolique 回盲弁, バウヒン結腸弁 (= ~ de Bauhin). ~ mitrale 僧帽弁. ~ pulmonaire 肺動脈弁. ~ semi-lunaire 半月弁 (= ~ sigmoïde). ~s cardiaques 心臓弁膜.
2 〖植〗小弁.
3 〖機械〗(導管の) 制水弁.

valvulectomie *n.f.* 〖医〗(特に心臓の) 弁切除〔術〕.

valvulite *n.f.* 〖医〗〖心〗弁膜炎.

valvulopathie *n.f.* 〖医〗弁膜症, 心臓弁膜症. ~ combinée 連合弁膜症 (2個所以上の弁膜障害). ~ congénitale 先天性弁膜症. ~ dégénérative 老化変性弁膜症. ~ infectieuse 感染性弁膜症 (心内膜炎 endocardite などによる). ~ inflammatoire 炎症性弁膜症 (リウマチ性僧帽弁不全などによる). ~ ischémique 虚血性弁膜症 (心筋梗塞などによる冠状動脈不全が原因). ~ mineure 未成年弁膜症.

valvuloplastie *n.f.* 〖医〗弁形成〔術〕; 弁膜形成〔術〕. ~ chirurgicale 外科的弁形成〔術〕. ~ médicale par cathétérisme cardiaque 心臓カテーテルによる医学的弁形成 (特に僧帽弁と肺動脈弁の狭窄症に対して行なわれる).

valvulothérapie *n.f.* 〖医〗弁膜症治療術.

valvulotomie *n.f.* 〖医〗弁膜切開〔術〕, 交連切開術.

vanadium [ラ] *n.m.* **1** 〖化〗バナジウム (元素記号 V, 原子番号 23, 原子量 50.9415).
2 〖金属〗バナジウム (銀灰色の金属, 比重 6.11, 融点 1890℃) 〔鋼鉄, 超合金, 耐熱合金などに利用).

vancomycine *n.f.* 〖薬〗ヴァンコマイシン, バンコマイシン (メチシリン・セフェム耐性黄色ブドウ状球菌 MRSA の感染症に有効な抗生物質).

vanille [vanij] *n.f.* **1** 〖植〗ヴァニーユ, バニラ (=vanillier ヴァニエ).
2 ヴァニーユ, バニラ (vanillier の実: gousse de ~).
3 〖料理〗ヴァニラエッセンス (ヴァニーユのエッセンス). glace (à la) ~ ヴァニラアイスクリーム.

vanillé(e) [vanje] *a.* 〖料理〗ヴァニラで風味づけをした, ヴァニラ入りの. chocolat ~ ヴァニラ・チョコレート.

vanillier [vanje] *n.m.* 〖植〗ヴァニエ, バニラ (orchidées 〖蘭科〗ヴァニラ属の蔓草).

vanilline [-lin] *n.f.* 〖化〗ヴァニリン, ワニリン (ヴァニラの香料).

vanillon [-jɔ̃] *n.m.* 〖植〗ヴァニヨン (強いクマリン香を放つヴァニラの一種).

vanité (<vain) *n.f.* **1** 虚栄, 見栄; 虚栄心; 自惚心, 自尊心. ~ ridicule 滑稽な見栄. basse ~ 下劣な見栄. par ~ 見栄で

sans ~ 自慢ではないが. être blessé dans sa ~ 自尊心を傷つけられる. être plein de ~ 虚栄心の塊である. flatter (caresser) la ~ de qn 人の自尊心をくすぐる. tirer (faire) ~ de …を自慢する.
2 〖文〗空しさ, 空虚さ; つまらなさ; はかなさ; 空しい (つまらぬ) 行為. ~ de l'homme 人間のはかなさ. errants de ~s en ~s 空しい行為を重ねる人. 《V~ des ~s, tout n'est que ~.》「空の空, 一切は空である」(『伝道の書』Ⅰ, 2).
3 〖美術〗ヴァニタス (17世紀に流行した髑髏を配した静物画).

vaniteux(se) *a.* 虚栄心の強い, 見栄っ張りの; 自惚れの強い. air ~ 見栄っ張りの様子. homme ~ 虚栄心 (自惚れ) の強い人. solennité ~se 勿体ぶった様子.
——*n.* ~人.

vannage *n.m.* (水門の) ゲート装置; (導管の) 弁装置.

vanne *n.f.* (導管の) 弁, 仕切り弁, ゲート弁; (水門の) 堰板, 水門. ~ cylindrique シリンダーゲート. ~ d'arrêt 止弁. eaux ~s 汚水. ouvrir (fermer) les ~s d'une écluse 水門を開ける (閉める). 〖話〗ouvrir les ~s 堰を切ったように喋る; 湯水のように金を使う, 金をたれ流す.

vanneau (*pl.* ~**x**) *n.m.* **1** 〖鳥〗鷭 (けり). ~ huppé たげり (学名 Vanellus vanellus).
2 〖鷹狩〗(猛禽類の) 風切り羽.

Vannes *n.pr.* ヴァンヌ (département du Morbihan モルビアン県の県庁所在地; 市町村コード 56000; 形容詞 vannetais (e)). anciens remparts de ~ ヴァンヌの旧城壁 (13-17世紀). la Cohue de ~ ヴァンヌのラ・コユー (旧市場). promenade de la Garenne de ~ ヴァンヌのガレンヌ川沿いの遊歩道.

vantardise *n.f.* **1** 自慢癖. **2** 自慢話, 空威張り, 大法螺.

Vanuatu *n.pr.m.* 〖無冠詞〗〖国名通称〗ヴァヌアツ (公式名称: la République de V~ ヴァヌアツ共和国; 国民: Vanuatuan(e); 首都: Port-Vila ポート＝ヴィラ; 通貨: vatu [VUV]).

vanuatuan(e) *a.* ヴァヌアツ (Vanuatu) の, ヴァヌアツ共和国 (la République de Vanuatu) の; ~人の.
——V~ *n.* ヴァヌアツ人.

va-nu-pieds *n.inv.* 〖俗〗裸足のルンペン, 乞食.

vapeur *n.f.* **1** 蒸気; 水蒸気 (= ~ d'eau). ~ à haute pression 高圧蒸気. ~ saturante (sursaturée) 飽和 (過飽和) 蒸気. ~ sèche 不飽和蒸気. bateau à ~ 汽船, 蒸気船 (= ~). locomotive à ~ 蒸気機関車. machine à ~ 蒸気機関. pression de ~ 蒸気圧. sortie de la ~ 蒸気の出口 (排出). 〖話〗à toute ~ 全速力で. 〖話〗faire qch à ~ 急いで…する. renverser la ~ 蒸気機関を制動す

る；〔比喩的・話〕方向転換する．
2 湯気，水蒸気．〖料理〗cuire à la ～ 蒸す．〖料理〗pommes de terre cuites à la ～；pommes ～ 蒸しじゃがいも，じゃがいもの粉ふき，ポム・ヴァプール．bain de ～ 蒸し風呂，サウナ (sauna)．fer à ～ スチームアイロン．repasser à la ～ スチームアイロンをかける．
3〖気象〗もや，霞，霧（=～ atmosphérique)．～ du matin 朝もや（朝霧）．
4〔古代医学〗発散気，悪気（あくき）；〔pl. で〕のぼせ，気ふさぎ．avoir des ～s 頭がぼうっとなる，目まいがする．～s de l'ivresse 酔って頭がぼうっとする状態．～s du vin 酔眼朦朧．〔比喩的〕～s de la gloire 栄光に陶然とする心地．

vaporisateur *n.m.* **1** 噴霧器，霧吹き，スプレー．～ à parfum 香水用スプレー（= atomiseur à parfum).
2〖機工〗気化器，蒸発器．～ à vide 真空蒸発器．

vaporisation *n.f.* **1** 蒸発，気化；蒸着．
2 霧吹き．

Var *n.pr.m.* **1** 〖地理〗le ～ ヴァール川（東南フランスの Barcelonnette に源を発し，département des Alpes-Maritimes アルプ＝マリチーム県を流れて，地中海に注ぐ急流；長さ120 km)．
2〖行政〗le ～ ヴァール県（=département du ～ ；県コード 83；フランス と UE の広域地方行政区画の région Provence-Alpes-Côte d'Azur プロヴァンス＝アルプ＝コート・ダジュール地方に属す；県庁所在地 Toulon トゥーロン；主要都市 Brignoles ブリニョル，Hyères イエール，Draguignan ドラギニャン，Saint-Raphaël サン＝ラファエル，Saint-Tropez サン＝トロペ；3 郡，43 区，153 市町村；面積5,999 km²；人口 898,441；形容詞 varois(*e*)).

var (= *v*olt-*a*mpère-*r*éactif) *n.m.* 〖電〗反応ボルト・アンペア．

vara ⇨ **varus**

varech [varεk] *n.m.* **1** 漂着海草 (= goëmon)．**2**〖海草〗ひばまた．

vareuse *n.f.* 〖服〗(水夫・漁師の) 上っ張り．(水兵の) 上衣；ゆったりした上衣．

varia 〖ラ〗*n.m.pl.* **1** ヴァリア，雑文集，雑録．
2〖新聞・雑誌〗特集記事（=〖英〗feature)．

variable *a.* **1** 変りやすい．temps ～ 変りやすい天気．vent ～ 風向きの定まらない風．être d'humeur ～ むら気である．
2 変えることができる；可変の；可変式の．〖航空〗avion à flèche ～ 加変後退翼機．quantité ～．objectif à focale ～ 可変焦点レンズ；ズームレンズ (= zoom)．〖電算〗symbole ～ 可変記号．
3〖文法〗語尾が変化する．mot ～ en genre et en nombre 性数変化をする語．
4〔複数名詞とともに〕一定しない，変わり

る；さまざまな．horaires ～s 自由出勤時間制度，フレックスタイム．lois ～s selon les pays 国によって異なる法律．
——*n.m.* 〖気象〗定まらぬ天気（気圧計の標示）．L'aiguille du baromètre est au (sur le) ～．気圧計の針は天気定まらずを示している．
——*n.f.* **1**〖数・理〗変数；変量；〖論理〗変数，変項．〖統計〗～ aléatoire 確率変数．〖数〗～ canonique 正準変数．〖論理〗～ individuelle 個体変数．
2〖天文〗変光星（=étoile ～)；変星．～ courte (longue) période 短 (長) 周期変光星．～ irrégulière 不規則変光星．～ magnétique 磁気変星，変星．

variante *n.f.* **1**〖文〗(テクストの) 異文，異本文，ヴァリアント．～s des manuscrits 手筆稿の異文．édition critique accompagnée des ～s 異本文付き校訂版．
2〖言語〗変異．～ combinatoire (libre) 結合 (自由) 変異体．～s régionales d'un mot 語の地方による変異体．
3 作り変え，変形；〖音楽〗ヴァリアンテ，異形譜；〖美術〗(模写・コピーの) 変形部分．〖料理〗～s d'une recette レシピのさまざまな応用例．
4〖チェス〗(序盤の) 変化手．
5〔*pl.* で〕〖方言〗〖料理〗ピクルス (pickles)．

variateur¹ *n.m.* 〖機械〗**1** ～ de vitesse 変速機．
2 可変装置．〖電〗～ de tension 変圧器．

variatenur² (**trice**) *a.* 変速の；加変式の．poulies ～-*trices* de 0, 25 à 25ch 0.25 馬力から25馬力までの可変動輪．

variation *n.f.* **1** 変化，変動；〔*pl.* で〕変転．～ annuelle 年変化，年較差．～ de climat 気候変動．～ (～ climatique)．～ d'éclat 変光．～ des prix 価格変動．～ d'intensité d'un courant 電流変化．～ diurne 日周変化．～s de l'opinion 意見の変転．～ du temps 天候の変化．〖法律〗clause de ～ 変動条項．
2 変化量；差異，偏差．～ du compas 磁針の偏差．～ de la lune 月二均差．
3 変形，変異，変種．～ héréditaire 遺伝的変異．
4〖数〗変分．calcul des ～s 変分法．
5〖音楽〗変奏曲（部)．～s sur piano ピアノ変奏曲．
6〖舞踊〗ヴァリアシオン．

varice *n.f.* 〖医〗静脈瘤．～ cardiaque (胃の) 噴門部静脈瘤．～ des membres inférieurs 下肢静脈瘤．～ d'estomac 胃静脈瘤．～ œsophagienne 食道静脈瘤．rupture de ～ 静脈瘤破裂．

varicelle *n.f.* (<variole) 〖医〗水痘，〖俗〗水疱瘡．vaccin à virus vivant atténué de la ～ 弱毒化水痘生ワクチン．virus de la ～ 水痘ウイルス．épidémie de ～ 水痘の流行．

varicelle-zona *n.m.* 〚医〛水痘・帯状ヘルペス(略記 V.Z.). virus ～ 水痘・帯状ヘルペスウイルス.

varichromatique *a.* 色彩が変化する. encres UV ～*s* 色彩が変化する紫外線インク.

varicocèle *n.f.* 〚医〛精索静脈瘤.

varicosité *n.f.* 〚医〛静脈瘤症.

varié(e) *a.* **1** 変化に富んだ, 多彩な. nourriture ～*e* 多彩な食物. terrain ～ 起伏の多い土地.
2 〚物理〛mouvement uniformément ～ 一様加速度運動.
3 〔*pl.* で〕多種多様な, いろいろな.〚料理〛hors-d'œuvre ～*s* オール=ドゥーヴル・ヴァリエ《多彩な品揃えの前菜料理》.
4 〚音楽〛変奏された. air ～ 変奏された施律. thème ～ 変奏主題.

variétal(ale)(*pl.***aux**) *a.* 〚植〛変種の. caractères ～*aux* 変種的特徴.

variété *n.f.* **1** 多様性, 多彩さ(=diversité). ～ d'une intrigue 筋の多彩さ. ～ des travaux 仕事の多様性. une grande ～ d'articles 多種多様な商品. manque de ～ 多様性の欠如. travail qui manque de ～ 変化に乏しい仕事.
2 〚生〛変種；変り種；別品種, 品種；種類. ～*s* de vigne 葡萄の品種(=cépage).
3 〔分類 の下位区分〕種, 種類. nombreuses ～*s* du plaisir 快楽の数多くの種類. une ～ de… 一種の….
4 〚数〛多様体. ～ algébrique 代数多様体. ～ à n dimensions n 次元の多様体.
5 〔*pl.* で〕寄席演芸, バラエティー.〚放送〛émission de ～*s* バラエティー番組. spectacle de ～*s* バラエティー・ショー. Théâtre des V～*s* ヴァリエテ座(劇場)(1807 年パリに創設された劇場).
6 〔*pl.* で〕雑録；(新聞の)雑録欄. V～*s* de Paul Valéry ポール・ヴァレリーの『雑録』(1924-44 年, 全 5 巻).

variole *n.f.* 〚医〛天然痘, 痘瘡(とうそう). vaccination contre la ～ 天然痘予防ワクチン接種.

variolé(e) *a.* 〚医〛痘瘡痕のある, あばたのある.
——*n.* 痘瘡痕のある人, あばたのある人.

varioleux(se) *a.* 〚医〛痘瘡の；痘瘡にかかった.
——*n.* 痘瘡患者.

variolique *a.* 〚医〛痘瘡の, 天然痘の. pustule ～ 痘瘡性膿疱.

variolisation *n.f.* 〚医〛〔古〕(昔の)人痘接種〔法〕.

variomètre *n.m.* **1** 〚電〛バリオメータ―. **2** 〚航空〛昇降計《垂直昇降速度を計測し, 機体の水平度を示す計器》.

variqueux(se) *a.* 〚医〛静脈瘤の, 静脈瘤にかかった. jambe ～*se* 静脈瘤のある脚部. ulcère ～ 静脈瘤性潰瘍.

varistance *n.f.* 〚電〛バリスター《電圧を加えることによって抵抗値の変わる回路素子》；=〔英〕varistor.

varron *n.m.* **1** 牛蠅の幼虫. **2** 〚獣医〛ヴァロン, 瘤腫《牛蠅の幼虫が皮膚に寄生して生ずる》.

Varsovie *n.pr.* 〚地名〛ヴァルシャヴァ, ワルシャワ(ポーランド共和国の首都 Warszawa). convention de ～ ヴァルシャヴァ協定(1929 年). pacte de ～ ヴァルシャヴァ条約(1955 年締結；東欧諸国の軍事同盟を発足させた；1991 年終結).

varsovien(ne) *a.* ヴァルシャヴァ, ワルシャワ(Varsovie, Warszawa)の；ヴァルシャワの住民の.
——V～ *n.* ヴァルシャヴァ, ワルシャワ市民.

varus [-s], **varum, vara** 〔ラ〕*a.* 内反の(valgus, valgum, valga「外反した」の対). coxa *vara* 内反股. crus *varus* 内反下腿. genus *varum* 内反膝, O 脚(genus valgum 外反膝, X 脚の対). manus *vara* 内反手. pied *vara* 内反足.

varve *n.f.* 〚地学〛氷縞(ひょうこう), 年層, バーブ《氷食湖の湖底堆積物などに見られる縞》.

vas[o]- 〔ラ〕 ELEM 「管, 血管」の意(*ex. vaso*[-]presseur 昇圧剤).

vasculaire *a.* **1** 〚解剖〛〚医〛脈管の, 血管の. anastomose ～ 血管吻合. bruit ～ 血管雑音. chirurgie ～ 血管外科〔学〕. démence ～ 血管性痴呆. maladies ～ 脈管疾患(塞栓症無痛, 静脈炎 phlébite など). myome ～ 血管筋腫(=angiomyome). nævus ～ 血管性母斑, 血管腫(=angiome). réflexe ～ 血管反射. système ～ 脈管系(動脈 artères, 静脈 veines, リンパ管 vaisseaux lymphatiques). transplantation ～ 血管移植.
2 〚植〛維管束の, 維管束をもつ. plantes ～*s* 維管束植物《羊歯門植物 ptéridophytes, 種子植物門植物 spermatophytes など》.

vascularisation *n.f.* 〚解剖〛〚医〛血管化；脈管新生；血管侵入.

vascularisé(e) *a.* 〚解剖〛血管を含む, 血管の多い. organe ～ 血管の多い器官.

vascularite *n.f.* 〚医〛脈管炎(=angéite).

vasculo-nerveux(se) *a.* 〚解剖〛脈管と神経の.

vase *n.m.* **1** 壷, 甕；器；瓶. ～ d'or 黄金の壷. ～ de Sèvres セーヴル焼きの磁器の壷. ～ étrusque エトルリアの壷. ～*s* grecs ギリシャの壷(甕).
2 〔古〕器；瓶. ～ de nuit 溲瓶(しびん)(=pot de chambre). ～*s* sacrés 典礼用聖器.
3 花瓶(=～ à fleurs)(=porte-bouquet). mettre des roses dans un ～ de (en) porcelaine 磁器の花瓶に薔薇を活ける.

4〖化〗実験用容器. ~s communicants 連通管, 通底器. le principe des ~s communicants 一方が上がれば他方が下がる連通管の原理. ~ de Bécher ビーカ. ~ d'expansion 膨張タンク. ~ de Mariotte マリオット瓶. en ~ clos 外界から遮断して.〖化〗expérience en ~ clos 連閉実験. fille élevée en ~ clos 箱入り娘. vivre en ~ clos 外界から隔離して暮す.
5〖聖書〗~ de colère 怒りの器《神の怒りに遭うべき人;『ローマ書』9.22》. ~ d'élection 選びの器《神に選ばれた人;『使徒行伝』9.5》.
6〖園芸〗甕型刈込み(=taille en ~). buis taillés en ~ 甕型に刈り込まれた黄楊(つげ).
7〖建築〗(コリント式柱頭の) 花瓶型装飾.

vasectomie *n.f.*〖医〗精管切断〔術〕, 精管結紮〔術〕,〖俗〗パイプカット.

vaseline [vazlin]〖英〗*n.f.* ヴァセリン, ワセリン. ~ hydrophile 親水ワセリン《軟膏基剤》.

vasoactif (*ve*) *a.*〖医〗血管に作用する.〖薬〗agent ~ 血管作用薬.〖医〗peptide ~ intestinal 血管作用性腸管ペプチド.

vaso[-]**constric***teur*(*trice*) *a.*〖生理〗血管収縮作用のある.〖薬〗médicament ~ 血管収縮薬.
――*n.m.*〖医〗血管収縮薬.

vaso[-]**constriction** *n.f.*〖医〗血管収縮. ~ intracrânienne 頭蓋内血管収縮《偏頭痛の原因のひとつ》.

vasodilata*teur*(*trice*) *a.*〖生理・薬〗血管拡張作用のある, 血管拡張性の.
――*n.m.*〖薬〗血管拡張剤(=médicament ~)《抗高血圧薬 antihypertensif, 降圧薬 hypotensif》.

vaso[-]**dilatation** *n.f.*〖医〗血管拡張.

vasohypertonique *a.* 血管収縮〔性〕の.
――*n.m.*〖薬〗血管収縮剤(=vasoconstricteur).

vasohypotonique *a.*〖薬〗血管拡張作用のある.
――*n.m.* 血管拡張剤(=vasodilatateur).

vaso-inhibiteur *a.*〖薬〗血管運動神経抑制性の.
――*n.m.* 血管運動神経抑制剤.

vasoligation *n.f.*〖医〗脈管結紮(さく)〔法〕;(特に)精管結紮〔法〕.

vaso[-]**mo***teur*(*trice*) *a.*〖生理〗血管運動の.〖医〗dérèglement ~ 血管運動異常.

vasomotricité *n.f.*〖生理〗血管運動性《血管収縮 vasoconstriction と血管拡張 vasodilatation》.

vaso[-]**presseur** *n.m.*〖医〗血圧上昇剤, 昇圧薬(薬).

vaso[-]**pressine** *n.f.*〖医〗ヴァソプ

レッシン, 抗利尿ホルモン《抗利尿性脳下垂体後葉ホルモン hormone antidiurétique(=〖英〗ADH:*antidiuretic hormone*)ともいう;血管収縮剤, 抗利尿剤などに用いる》.

vasospasme *n.m.*〖医〗血管痙攣.

vasotocine *n.f.*〖生化〗バソトシン《神経性脳下垂体ホルモンの一種;抗利尿作用がある》.

vasotomie *n.f.*〖医〗精管切開〔術〕(=vasectomie).

vasovagal(***ale***)(*pl.***aux**) *a.*〖医〗血管迷走神経の. syncope ~ *ale* 血管迷走神経反射性失神.

vasovasotomie *n.f.*〖医〗精管精管切開〔術〕《精子が精管を通るよう, 精管の両端を切開する手術》.

vaste *a.*〔一般に名詞の前〕**1** 広々とした, 広大な;広漠たる. ~ espace 広々とした空間. ~s forêts 広大な森林. ~ plaine 広大な平野. pièce assez ~ かなり広い部屋.
2 巨大の. ~ édifice 巨大な建造物.
3(寸法が)ゆったりした. ~ robe de chambre ゆったりした部屋着.
4(数量が)多い. ~ foule 大群衆.
5 規模の大きい, 気宇壮大な. ~ blague 大袈裟な駄法螺. ~ érudition (intelligence) 博識. ~s projets 壮大な計画. esprit ~ 気宇壮大な精神.

VAT(=*v*olontaire à l'*a*ide *t*echnique) *n.m.*〖兵役〗技術援助志願兵《兵役で軍務の代りに DOM-TOM で勤務する技術援助員を志願する者》.

Vatican(**le**) *n.pr.m.* [国名通称] ヴァチカン市国《公式名称:l'État de la cité du ~;国民:Vatican(*e*);通貨:lire de la cité du Vatican [ITL]》.

vaticane *n.f.* ヴァチカン(le Vatican)の;教皇庁の. Centre de télévision ~ ヴァチカン TV センター. lire ~ ヴァチカン・リラ. politique ~ ヴァチカンの政策.
――la V~ *n.f.* ヴァチカン図書館(=la Bibliothèque ~).

Vaucluse *n.pr.m.* **1**〖行政〗le ~ ヴォークリューズ県(=département du ~;県コード 84;フランスと UE の広域地方行政区画の région Provence-Alpes-Côte d'Azur プロヴァンス=アルプ=コート・ダジュール地方に属す;県庁所在地 Avignon アヴィニョン;主要都市 Apt アプト, Carpentras カルパントラ;3郡, 24 小郡, 151 市町村;面積 3,566 km²;人口 499,685;形容詞 vauclusien(*ne*)》.
2〖地理〗Fontaine de ~ ヴォークリューズの泉《ペトラルカ Pétrarque に着想を与えた場所》. plateau de ~ ヴォークリューズ高原.

vautour *n.m.* **1**〖鳥〗禿鷹.
2〖比喩的〗高利貸, 強欲な人.〖同格〗peuple ~ 強欲な国民.
3〖比喩的〗〖政治〗タカ派の人(=faucon)

(colombe「ハト派の人」の対).

VBF (=*v*iande *b*ovine *f*rançaise) *n.f.* フランス産牛肉(ロゴ・マーク).

VBL (=*v*éhicule *b*lindé *l*éger) *n.m.* 〖軍〗軽装甲車.

VBM (=*v*éhicule *b*lindé *m*odulaire) *n.m.* 〖軍〗モデュラー式装甲車輛.

vc (=*v*érifications de *c*omptabilités) *n.f.pl.* 〖財政〗会計監査(検査).

VCC (=*v*in de *c*onsommation *c*ourante) *n.m.* 日常消費葡萄酒(=vin de table テーブル・ワイン).

VCI (=*v*eine *c*ave *i*nférieur) *n.f.* 〖解剖・医〗下大静脈.

VCN (=*v*éritable *c*amembert *n*ormand) *n.m.* 〖チーズ〗純正カマンベール. le Syndicat du ~ 純正ノルマンディー産カマンベール組合(カマンベールチーズの品質保証赤ラベルの認定権を行使する組合).

VCR[1] (=〖英〗 *v*ariable *c*ompresion *r*atio) *n.m.* 〖内燃〗圧縮可変率(=〖仏〗taux de compression variable);圧縮可変装置. installation d'un ~ 圧縮可変装置の取付け. moteur à ~ 圧縮可変式エンジン.

VCR[2] (=〖英〗 *V*ideo *C*assette *R*ecorder) ヴィデオ・カセット・レコーダー, 録画再生用ヴィデオ(=〖仏〗magnétoscope à cassette).

VDAT (=*v*olontaire *d*e l'*a*rmée de *t*erre) *n.* 〖軍〗陸軍志願兵.

VDL (=*v*in *d*e *l*iqueur) *n.m.* 〖葡萄酒〗ヴァン・ド・リクール(醗酵前に15％のリクール・アルコールを添加し, 糖度を高める甘口葡萄酒).

VDM[1] (=〖英〗 *V*aso*d*epressor *m*aterial) *n.m.* 〖生理〗血管拡張因子(=〖仏〗matériel vasodépresseur).

VDM[2] (=*v*ente *d*e *d*ernière *m*inute) *n.f.* (閉店, 締切等の直前の)最終販売.

VDN (=*v*in *d*oux *n*aturel) *n.m.* 〖葡萄酒〗天然甘口葡萄酒(醗酵中に10％のアルコールを添加して醗酵を止める方式の甘口葡萄酒).

VDP (=*v*in *d*e *p*ays) *n.m.* ヴァン・ド・ペイ(生産地呼称のあるヴァン・ド・ターブル);地酒.

VDQS (=*v*in *d*élimité de *q*ualité *s*upérieure) *n.m.* 生産地限定上質葡萄酒(一般に AOC より格下;現在では AOVDQS (=*a*ppellation d'*o*rigine *v*in *d*élimité de *q*ualité *s*upérieure 限定上質葡萄酒原産地呼称) と改称.

VDRL (=〖英〗 *V*enereal *D*isease *R*esearch *L*aboratory) *n.m.* 〖医〗(米国の)性病研究所(=〖仏〗Laboratoire de recherche sur les maladies vénériennes).

VDT (=〖英〗 *V*ideo *D*isplay *T*erminal) *n.m.* 〖情報処理〗端末表示装置, コンピューター・ディスプレー, モニター(=〖仏〗écran [cathodique]).

veau(*pl.*~**x**) *n.m.* **1** 仔牛, 子牛(牝牡を問わず生後1年まで;以後牡は bouvillon, taurillon, bœuf, taureau, 牝は génisse, vache). ~ au colostrum 初乳仔牛(生後8-10日). ~ aux hormones ホルモン使用仔牛(1976年禁). ~ de lait du Limousin リムーザン地方特産の乳呑仔牛 (label rouge の特選仔牛). ~ élevé au pis 授乳のみで飼育された仔牛, 乳呑仔牛. ~ nourri au lait 牛乳で飼育した仔牛, 乳呑仔牛. ~ sous la mère 母牛のもとで育った仔牛. ~ 仔牛に関する憲章(安全保証のため1981年制定). crier (pleurer) comme un ~ 泣きわめく.

2 仔牛の肉(=viande de ~). ~ blanc 乳白色の仔牛肉(乳呑仔牛の肉). cervelle de ~ 仔牛の脳味噌〖料理〗. côtes de ~ 仔牛の骨付きあばら肉(背肉);〖料理〗コート・ド・ヴォー(仔牛の背肉料理). foie (ris, rognon) de ~ 仔牛の肝臓(胸腺, 腎臓)〖料理〗. tête de ~ 仔牛の頭, テット・ド・ヴォー;仔牛の頬肉〖料理〗.
〖料理〗blanquette de ~ ブランケット・ド・ヴォー(仔牛肉のクリームシチュー料理). 〖料理〗escalopes de ~ à la viennoise ヴィーン風薄切り仔牛肉のカツレツ, ヴィーナー・シュニッツエル(=〖独〗Wiener Schnitzel). 〖料理〗fond [brun] de ~ フォン・ド・ヴォー(スープストック). 〖料理〗rôti de ~ 仔牛肉のロースト.

3 〖史・文〗仔牛. ~(V~) d'or 黄金の仔牛(ヘブライ人の偶像;『出エジプト記』第32章より). 〖比喩的〗adorer le ~(V~) d'or 金銭を崇拝する. 〖比喩的〗tuer le ~ gras 家中揃って御馳走走して祝う.

4 仔牛のなめし革, カーフ. reliure en ~ 仔牛革の装丁. sac en ~ retourné 仔牛のスエード革のハンドバック. veste en ~ 仔牛革のジャケット.

5 〖話〗のろま. 〖話〗faire le ~ のらくら(だらだら)している.

6 〖俗〗のろまな競走馬;のろのろ走る車;のろのろ走行するヨット.

7 〖動〗~ marin あざらし(=phoque).

8 〖ベルギー〗~x de mars にわか雨(=giboulée).

9 〖農〗農地のうまく耕されていない(麦の生えていない)場所.

10 〖工〗(素材の)屑, 裁ち屑.

vecteur[1](***trice***) *a.* **1** 〖医〗病菌(ベクター)を媒介する. femme ~*trice* (血友病など)染色体の劣性遺伝子性疾病を伝染する女性. **2** 〖幾何〗rayon ~ 動径.

vecteur[2] *n.m.* **1** 〖数〗ヴェクトル, ベクトル. ~s colinéaire 共線ベクトル. ~ glissant スライドベクトル. composantes d'un ~ ベクトルの垂直成分. direction (sens) d'un ~ ベクトルの方向.

2 〖医〗(病原体の)媒介動物, キャリアー;〖生化〗ベクター. ~ biological 生物学的媒

介動物.〔比喩的〕~ d'inflation インフレの影響力.
3 〖軍〗核兵器運搬手段(= ~ nucléaire); 〖宇宙〗スペースシャトル.
4 〔一般に〕媒介物, 仲介物. ~ énergétique エネルギー媒介物(電気, ガソリン, メタノール, 水素など).
5 〖電算〗ベクトル(一次元の配列).
6 〔比喩的〕媒介者; 伝達手段. ~ de l'information 情報の媒介者.

vectorcardiogramme *n.m.* 〖医〗ベクトル心電図.

vectoriel(*le*) *a.* **1** 〖数〗ベクトルの. analyse ~ *le* ベクトル解析. espace ~ ベクトル空間, 線形空間. grandeur ~ *a le* ベクトル量.
2 〖情報処理〗ベクトル方式の. ordinateur ~ ベクトル・コンピュータ(ベクトル処理ができるコンピュータ). opération ~ *le* ベクトル演算.

vectorisation *n.f.* 〖情報処理〗(プログラムの)ベクトル・コンピュータ対応, ベクトル化.

vécu(*e*)(< vivre) *a.p.* 体験された; 生きた. expérience ~ *e* 実体験. histoire ~ *e* 体験談, 実話. 〖哲〗temps ~ 生きた時間, 体験された時間(temps objectif「客観的時間」, temps physique「物理的時間」の対).
—— *n.m.* 実体験(= expérience vécue).

VED (= *visco-élasto-dynamique*) *a.* 〖物理〗粘・弾性の.

Veda, Véda 〔サンスクリット〕*n.m.* 〖宗教史〗ヴェーダ, 吠陀〔インド, バラモンの聖典〕. les quatre ~s ヴェーダの四聖典(『リグヴェーダ』le Rigveda, 『ヤジュルヴェーダ』Yajurveda, 『サーマヴェーダ』le Samaveda, 『アタルヴァヴェーダ』l'Atharvaveda).

védanta 〔サンスクリット〕*n.m.* 〖哲〗ヴェーダンタ哲学.

vedettariat *n.m.* 〖映・劇・音楽〗スターの地位, スターダム.

vedette[1] *n.f.* **1** 〖映画・劇〗人気俳優, スター. ~ de cinéma 映画スター.
2 (各界の)花形, 立役者. ~ du moment 時の人, 時代の花形. ~s de la politique 政界の立役者たち. faire la ~; jouer les ~s スターを気取る. présentateur- ~ 人気司会者(キャスター, 解説者).
3 〖映画・劇〗(ポスター, プログラムなどに)トップで名前が書き出されること. ~ américaine (ミュージックホールの)主役級役者. avoir(tenir) la ~ (俳優が)書き出しに名前が出る; 〔転じて〕スター(立役者)になる; (事件などの)話題を賑わす. en ~ (名前が)トップに大きく書き出された; スター(立役者, 話題)になった. être en ~ スター(立役者)である. mettre en ~ トップに大きく書き出す; スター(立役者, 話題の主)にする, 目立たせる. mettre en ~ un nom 名前を大活字で印刷する. mettre *qn* en ~ ⋯ 人 ⋯ を立役者にする.
〖放送〗émission ~ de la semaine 今週の目玉番組. terme ~ (辞書の)見出し語.

vedette[2] *n.f.* **1** 〖軍〗哨戒艇; 〖警察・税関〗監視艇. ~ de combat 哨戒戦闘艇. ~ de la douane 税関監視艇. ~ lance-missiles ミサイル発射哨戒艇. ~ lance-torpilles 魚雷艇. ~s de la Brigade fluviale de Paris パリの河川警備隊監視艇.
2 快速艇; ヴデット, 小型観光船, 観光ボート, 遊覧艇. les V~s du Pont-Neuf ヴデット・デュ=ポン=ヌフ(セーヌ河のポン=ヌフのたもとに発着場のある遊覧艇〘会社〙).
3 射撃場の監視兵; 〖古〗哨兵. 〖古〗soldat ~ 哨兵.

vedettisation *n.f.* スターの売出し, スター化.

védique *a.* 〖宗教史〗ヴェーダ(Véda)の.
—— *n.m.* 〖言語〗ヴェーダ語, ヴェーダ梵語.

Véga *n.pr.f.* 〖天文〗ヴェガ, 織女星〘琴座の青いアルファ星, 0.0等星〙.

végétal[1](*pl.aux*) *n.m.* 植物. classification des ~ *aux* 植物の分類. études des ~ *aux* 植物学, 植物研究. ~ *aux* à feuilles (fleurs) 観葉(花卉)植物. ~ inférieurs (supérieurs) 下等(高等)植物.

végétal[2](*ale*)(*pl.aux*) *a.* **1** 植物の. association ~ *ale* 植物群叢. biologie ~ *ale* 植物学. cellule ~ *ale* 植物細胞. fibres textiles ~ *ales* 植物性織物繊維. règne ~ 植物界. tapis ~ 植生. terre ~ *ale* 腐植土. tissus ~ *aux* 植物組織.
2 植物から採取した, 植物性の. aliments ~ *aux* 植物性食物. crin ~ (馬尾毛の代用の)植物繊維. huile ~ *ale* 植物油. sol ~ 有機性肥沃土. teintures ~ *ales* 植物染め.
3 植物を表わす. chapiteau à décor ~ 植物装飾を施した柱頭.

végétalisation *n.f.* (地表などを)植物(特に草本植物)で蔽うこと.

végétalisme *n.m.* 〖稀〗完全菜食主義(牛乳, バター, 卵, 蜂蜜も許容しない菜食主義)(= végétarisme).

végétarien(*ne*) *a.* 菜食の; 菜食主義の. régime ~ 菜食療法; 菜食. restaurant ~ 菜食レストラン.
—— *n.* ヴェジェタリアン, 菜食主義者(= végétaliste).

végétarisme *n.m.* 菜食主義(牛乳, バター, 卵, 蜂蜜は許容する); 菜食(= ⋯).

végétatif(*ve*) *a.* **1** 〖植〗植物〔性〕の; 生体維持機能の, 栄養の. appareil (organe) ~ des plantes 植物の栄養器官(appareil(organe) reproducteur「生殖器官」の対). cellule ~ *ve* 栄養細胞. multiplication (reproduction) ~ *ve* 栄養生殖.
2 〖生理〗(生体機能が)植物性の, 動植物に共通の. fonctions ~ *ves* de l'organisme 生

体の植物性機能《循環・代謝など》. organe ~ 植物性器官.
3〔生理〕(神経系が)植物性の；自律神経性の(=neuro-végétatif). 〔医〕dystonie ~ 自律神経失調症.〔医〕endocardite ~ 疣贅(ゆうぜい)性心内膜炎.〔医〕névrose ~ 植物神経症, 器官神経症. système nerveux ~ 植物性神経系.
4〔比喩的〕(人・生活などが)植物的な, 活気(生気)のない.〔医〕état ~ chronique 慢性植物状態, 植物人間の状態. vie ~ve 活気のない生活.

végétation *n.f.* **1** (ある地帯の)植生；〔集合的〕植物. ~ des tropiques 熱帯地方の植物. zone de ~ 植物群落帯.
2〔鉱〕植物模様, 草木模様, 樹枝状形成.
3〔医〕増殖(症)；〔*pl.* で〕腺様増殖症, アデノイド(=~ adénoïdes)；疣腫(ゆうしゅ).

véhiculaire *a.*〔言語〕(異言語間で)情報を伝達する. langue ~ 媒介言語(langue vernaculaire「地域内言語, 土語」の対).

véhicule *n.m.* **1** 運搬手段；車輛；車, 乗物. ~ à coussin d'air ホーバクラフト. ~ à gaz naturel 天然ガス車. ~ à moteur 原動機付車輛, 動力車輛. ~ à pétrole ガソリン車. ~ à quatre roues motorices 四輪駆動車. ~ à sustention 浮揚式車輛.〔~〕automobile 自動車 (= ~ automoteur). ~ blindé 装甲車. ~ de tourisme 自家用乗用車 (=voiture particulière). ~ électrique 電気自動車. ~ en circulation 走行車輛. ~ solaire ソーラーカー. ~ spatial 宇宙船. ~ terrestre à moteur 地上走行自動車. ~s utilitaires 事業用車輛, 実用車, 商用車(autobus, autocar バス；camion トラック；camionnette 小型トラック；remorque フルトレーラー；semi-remorque セミトレーラー；tracteur routier 道路用トラクターなど). ~ utilitaire sportif 多用途スポーツ車(略記 VUS；〔英〕SUV：*sport-utility vehicle*). Fédération française des ~s d'époque フランス・クラシックカー連盟. niveaux sonores moyens émis par des ~s circulant à 50-60 km/h dans une rue 道路を時速 50-60 キロで走行中の自動車騒音の平均的水準. saisie-~ 自動車の差押え.
2 媒介物, 伝達手段；(音の)媒質；〔薬〕基材, 賦形材；〔塗料〕展色剤, 溶液；〔光学〕リレー光学系(正立像を得るための光学系). ~ de la pensée 思想の伝達手段. ~ du froid 寒剤. L'air est le ~ du son. 空気は音の媒質である.
3〔仏教〕le grand ~ 大乗仏教 (=mahāyāna). le petit ~ 小乗仏教 (=hīnayānā, theravāda).

veille *n.f.* **I**〔定冠詞と共に〕前日 (lendemain「翌日」の対). la ~ au soir 前の日の夕方. la ~ d'aujourd'hui 昨日, きのう (=hier). la ~ de Noël クリスマスイヴ. le jour d'avant la ~ 前々日 (=avant-~, surveille). du pain de la ~ 前日のパン. à la ~ de + *n*. 何の直前に, 間際に. à la ~ de la Révolution 大革命の直前に. être à la ~ de + *inf*. まさに…しようとしている.〔話〕Ce n'est pas demain la ~. それは今すぐのことではない.
II (眠らずにいること) **1** 不眠；覚醒. état de ~ 不眠状態. état entre la ~ et le sommeil 覚醒と睡眠の中間状態；夢うつつの状態. être en état de ~ 目を覚している.
2 不寝番, 夜警 (=garde de nuit)；見張り, 警備.〔経済〕~ concurrentielle (企業の)競争対応体制 (= ~ technologique). homme de ~ 夜警員.〔海〕見張人. poste de ~ 警備員詰所；不寝番；〔海〕見張り所. prendre la ~ 不寝番(見張り)に立つ.
3〔*pl.* で〕徹夜, 夜ふかし；徹夜仕事. ~ des armes〔史〕(騎士叙任の前夜に礼拝堂で行う)徹夜祈禱；〔比喩的〕大事の前夜 (=veillée). le fruit des ~s 徹夜の成果. consacrer de longues ~s à l'étude 研究に没頭して徹夜する. être usé par les ~s 徹夜仕事で体力を消耗する.

veillée *n.f.* **1** 宵(夕食から就寝まで). récits à la ~ 御伽話. passer la ~ à regarder la télévision 夕食後の宵をテレビを観て過ごす.
2 夕食後の団欒；夜の集い. *La V~ des chaumières* 藁葺き小屋の夜の集い《民話集》.
3 夜伽；徹夜の看病；通夜 (= ~ funèbre). ~ d'un malade 病人の徹夜の看病. ~ d'un mort 通夜.
4〔史〕~ d'armes(騎士叙任の前夜に礼拝堂で行う)徹夜祈禱；〔比喩的〕大事の前夜.

veilleur (*se*)[1] *n.* **1** 夜警員 (de nuit)(ホテルの)夜勤係；見張人, 監視人；徹夜で看病する人 (=garde-malade de nuit).
2〔軍〕監視哨 (=soldat de garde).
3 夜番, 夜回り. ~ du quartier 街区の夜回り.
4 夜の団欒に加わる人；夜ふかしする人；徹夜する人.
5〔経済〕(企業の)競争対応担当者.

veilleuse[2] *n.f.* **1** 常夜灯, 夜間灯；表示灯, パイロットランプ.
2〔自動車〕(ヘッドライトの)スモールランプ (=feu de position). Allumez vos ~ à l'entrée du tunnel トンネルに進入する際スモールランプを点灯すること.
3 灯芯の灯；(湯沸器などの)種火. allumer la ~ d'un chauffe-eau 湯沸器の種火に点火する.
4 en ~ (ヘッドライトが)減光した. mettre en ~ (ヘッドライトを)減光する；(ガスの炎を)細くする；〔比喩的〕(問題, 計画などを)懸案にする；(事業などを)一時縮小する；黙る (=se taire). mettre ses phares en

veine

~ ヘッドライトを減光する.〔話〕Mets-la en ~！頭を冷せ！(=Du calme!). Cette usine est en ~. この工場は操業をひかえている.
5〔家具〕ヴェイユーズ (18世紀の背もたれ付長椅子).

veine *n.f.* Ⅰ **1** 静脈 (artère「動脈」の対). ~ basale 脳底静脈, ローゼンタール静脈. ~ basilique 尺側皮静脈, 貴要静脈. ~s caves 大静脈. ~ céphalique 橈側皮静脈. ~s coronnaires 冠状静脈. ~s de la grande (petite) circulation 大(小)循環静脈. ~ de Rosenthal ローゼンタール静脈, 脳底静脈. ~s gonflées par l'effort 力仕事でふくれ上がった静脈. ~ porte 門脈. ~s pulmonaires 肺静脈. ~ sphène interne 大伏在静脈. ablation d'une ~ 静脈切除〔術〕.〔諺〕Qui voit ses ~s voit ses peines. 静脈が目立つのは力仕事の証拠.
2〔*pl.* で〕〔比喩的〕血管. avoir du feu dans les ~s 熱い血潮が流れている.〔話〕avoir du sang dans les ~s 元気発剌としている, 気力が横溢している.〔話〕n'avoir pas de sang dans les ~s 意気地が無い, 臆病である.
Ⅱ **1**〔鉱・地〕鉱脈, 層. ~ de houille (du charbon)〔石〕炭層.
2〔植〕木目；〔鉱〕石目. marbre gris avec des ~s noires 黒い石目の入った灰色大理石.
3〔植〕葉脈. ~ du choux キャベツの葉脈.
4〔物理〕流管 (= ~ fluide). ~ liquide 流液.
Ⅲ〔文〕**1** 霊感, インスピレーション. ~ poétique (dramatique) 詩的(劇的)霊感(感興). être en ~ 感興が沸いてくる. être en ~ de *qch* …の性分である；…したい気分である.
2〔比喩的・話〕好運, 僥倖. avoir de la ~ 運がいい, ついている. avoir de la ~ que + *subj.* 好運にも…であった. Ça, c'est une ~！うまくいった.〔Ce n'est〕pas de ~. ついていない. avoir une ~ de cocu (de pendu) やることなすことうまくいく.

veineux (se) *a.* **1**〔解剖・医〕静脈の. hyperémie ~se 静脈性充血. pression ~se 静脈圧, 静脈内圧. section ~se 静脈切開. sinus ~ 静脈洞. thrombose ~se 静脈血栓症.
2 木目(石目)の多い.

véinosité *n.f.*〔医〕皮静脈表出.
veinotonique *n.m.*〔薬〕静脈強化剤.
veinule *n.f.* **1**〔解剖〕小静脈, 細静脈. **2**〔植〕(葉の)細脈.
veinure *n.f.* 木目模様；石目模様.
Vel'd'hiv' (= *vél*odrome d'*hiv*er) *n.pr.m.*〔自転車競技〕le ~ à Paris パリのヴェルディヴ（冬期屋内自転車競技場；1910-59年；Vel d'hiv とも表記). la rafle du ~ ヴェルディヴでの一斉検挙 (1942年6月16日4時から17日にかけ12,884人のユダヤ人が逮捕され, そのうち8,160人が臨時収容所として利用されたヴェルディヴに収容された後, ドイツの Auschwitz-Birkenau の強制収容所に送られた).

vélin *n.m.* **1** ヴェラン, ベラム, 犢皮紙 (死産の仔牛のなめし革；写本・装丁材)；ベラム本；仔牛革. manuscrit sur ~ ベラム写本. reliure de ~ ベラム装丁.
2 模造皮紙, ベラム紙 (= papier ~) (ベラムに似た高級紙). exemplaire sur ~ ベラム紙本.

vélo (< *vélo*cipède) *n.m.* **1** 自転車 (= bicyclette). aller à ~ 自転車で行く. ~ de course 競技用自転車. promenade à ~ サイクリング. ~ tout-terrain (VTT) 全地形対応自転車, マウンテンバイク.
2 サイクリング. faire du ~ サイクリングをする.

vélocimètre *n.m.* 速度計；(特に)液体流速計.
vélocimétrie *n.f.* (液体の)流速測定；〔医〕(心臓・血管中の)血流速度測定.
vélocipède *n.m.* **1**〔古〕ヴェロシペード (チェーン式自転車開発以前の, 前輪駆動式の二輪・三輪車).
2〔俗〕自転車 (= bicyclette).
vélociste *n.* (自転車, バイク等の)二輪車販売(修理)業者；自転車屋.
vélocross *n.m.* ヴェロクロス (ブレーキ, 泥除けなどのない全地形対応自転車；略記 VTT).
vélodrome *n.m.* 自転車競技場；競輪場.
vélomoteur *n.m.* **1** ヴェロモトゥール, モーターバイク, 原付二輪車 (エンジンの排気量50-125 cc のもの).
2 シクロモトゥール (cyclomoteur；エンジンの排気量50 cc 未満).
véloroute *n.f.* 自転車専用道路, 自転車専用路線.
velours *n.m.* **1** ヴルール, ビロード, ベルベット. ~ côtelé コール天, コーデュロイ. ~ de coton 綿ビロード, 別珍. ~ de laine ベロア. ~ de soie 絹(本)ビロード, 絹天. ~ uni 無地ビロード.
fauteuil de (en) ~ ビロード張りの肘掛椅子. robe de (en) ~ ビロードのドレス. tapis de ~ d'une table de jeu 賭博のテーブルのビロード張り. doux comme du ~ ビロードのように柔かな. jouer sur le ~〔賭博〕勝越し分だけでゲームを進める；〔比喩的〕安全に事を運ぶ.
2 ビロードのように柔かい感触のもの. la ~ de sa peau ビロードのように柔かな肌. peau de ~ ビロードの肌. la révolution de ~ ビロード革命 (1989年11月のチェコ・スロヴァキア共和国の政変；共産党支配旧体制の崩壊). Ce vin est un ~ pour l'estomac. この葡萄酒は胃にやさしい. faire

patte de ~ (猫が) 爪を隠す；(人が) 猫かぶりをする. faire des yeux de ~ à qn 人に色目を使う. marcher à pas de ~ 足音を立てずに歩く.

velouté[1] *n.m.* **1** ビロードのような柔かい感触. ~ de la peau ビロードのような肌の柔かさ. **2** 〖料理〗(ソース用の) なめらかなつなぎ材；ポタージュ・ヴルーテ (=potage ~). ~ d'asperges アスパラガスの〔ポタージュ・〕ヴルーテ. ~ de tomates トマトのヴルーテ.

velouté[2] **(e)** *a.p.* **1** ビロードのように柔らかい感触の. peau (lumière, voix)~e 柔らかく艶のある肌 (光, 声). pêche ~e 柔らかい果皮の桃. **2** 〖料理〗とろっとした；柔らかな口当たりの. potage ~ ポタージュ・ヴルーテ. sauce ~e ソース・ヴルーテ. vin ~ 口当たりのまろやかな葡萄酒. **3** ビロードのアップリケをした；ビロードまがいの. étoffe ~e ビロードのアップリケをした布.

VEMS (= *v*olume *e*xpiratoire *m*aximal *s*econde) *n.m.* 〖医〗(努力肺活量の) 秒間最大呼気量.

ven. (= *ven*dredi) *n.m.* 金曜日 (略記).

venaco (< *V*~, 地名) *n.m.* 〖チーズ〗ヴェナコ (コルス (コルシカ) 島で山羊・羊乳からつくられる軟質で掻き削った自然外皮のチーズ；脂肪分 45 %).

venaison *n.f.* **1** (大型野獣 grand gibier の) 獣肉 (cerf 鹿, chevreuil ノロ鹿, daim ダマ鹿, sanglier 猪などの肉). pâte de ~ 獣肉のパテ. **2** (鹿・猪の) 獣脂.

vén*al* **(***ale***)** (*pl.***aux**) *a.* **1** 金で買える；金銭ずくの. amour ~ 売春. femme ~ *ale* 売春婦. homme ~ 金銭ずくの人間. **2** 〖史〗(役職が) 金で売買できる. offices ~ *aux* 金銭で売買できる官職. **3** 〖経済〗valeur ~ *ale* 市価, 市場価値, 相場.

vénalité *n.f.* **1** (人が) 金で働くこと；汚職 (=corruption). **2** 金銭で買える性質；譲渡可能性. **3** 〖史〗(役職が) 金で売買できること. ~ des charges (des offices) (旧制度下での) 官職売買；売官制.

vendange *n.f.* **1** (醸造用の) 葡萄の収穫 (摘み取り). ~ tardive 葡萄の遅摘み. faire la (les) ~(s) 葡萄の収穫をする. **2** 葡萄の収穫期. ~ verte 葡萄の青摘み (《選別摘果》). **3** (醸造用に) 収穫した葡萄. presser la ~ 葡萄をしぼる.

vendangeoir *n.m.* 〖農〗(葡萄酒用) 摘取り葡萄用の負籠.

vendanger *v.t.* (葡萄を) 摘み取る. —*v.i.* 葡萄の摘み取りをする；葡萄を搾る.

vendangerot *n.m.* 〖農〗(ブルゴーニュ地方 la Bourgogne の) 摘取り葡萄用の柳の負籠.

vendangeur (***se***)[1] *n.* 葡萄の摘取り人.

vendangeuse[2] *n.f.* **1** 〖農〗自動葡萄摘取り機. **2** 〖植〗アスター (aster).

Vendée *n.pr.f.* **1** 〖地理〗ラ ~ ヴァンデー川 (la Gâtine ガチーヌ地方に源を発し, la Sèvre niortaise セヴル・ニオルテーズ川に注ぐ；長さ 70 km). **2** 〖行政〗la ~ ヴァンデー県 (=département de la ~；県コード 85；フランスと UE の広域地方行政区画の région Pays de la Loire ペイ・ド・ラ・ロワール地方に属す；県庁所在地 La Roche-sur-Yon ラ・ロシュ=シュール=ヨン；主要都市 Fontenay-le-Comte フォントネー=ル=コント, Les Sables-d'Olonne レ・サーブル=ドロンヌ；3 郡, 31 小郡, 283 市町村；面積 6,721 km²；人口 539,664；形容詞 vendéen(*ne*)). **3** la ~ ヴァンデー地方. les guerres de ~ ヴァンデーの戦い (1793-96 年の反革命暴動内戦).

vendéen(*ne***)** *a.* 〖地理〗ヴァンデー地方 (la Vendée) の.
—*V*~ *n.* **1** ヴァンデー地方の住民. **2** 〖史〗ヴァンデー党員 (1793-96 年のヴァンデー地方の反革命蜂起団員).

vendémiaire *n.m.* 〖史〗〖暦〗ヴァンデミエール, 葡萄月 (共和暦 calendrier républicain の第 1 月；グレゴリ暦の 9 月 22-24 日から 10 月 21-23 日に対応). le Jeudi du 13 ~ an iv 共和暦 4 年葡萄月 13 日木曜日の事件 (1795 年 10 月 15 日, パリでの王党派・穏健派の蜂起, サン=ロック教会堂 église Saint-Roch の前でナポレオン・ボナパルトが大砲を用いて制圧).

venderesse *n.f.* 〖法律・経済〗女性の売主 (女性の売手, 売渡人, 売却人；男性は vendeur).
—*a.f.* 売主の. société ~ 売手の会社.

vendetta 〔伊〕 *n.f.* (コルス〔コルシカ〕島で氏族間の) 復讐, 仇討ち (=vendette, vengeance).

vendeur(***se***) *n.* **1** (商店の) 売子, 店員. ~ *se* de grand magasin デパートの女店員. ~ démonstrateur 宣伝販売のデモンストレーター. **2** 〖経済・法律〗売手, 売主, 売却人, 売渡人 (acheteur「買手」, acquéreur「買主, 取得者」の対；女性形はこの場合に限り venderesse). **3** (店を持たない) 販売人, セールスマン. ~ à la sauvette 無許可の大道商人. ~ ambulant 行商人. ~ de journaux 新聞売子. ~ de légumes sur les marchés 青空市場での野菜売り. **4** 商売人, 有能な売り手. excellent ~ des produits français à l'étranger フランス製品輸出の名人. **5** 〔蔑〕(de の) 商人. ~ de rêve 夢を売る人.

Vendôme

—a. **1** 売手の. argument ～ セールスポイント. pays ～ de pétrole 石油の輸出国. **2** 売る気の.

Vendôme n.pr. ヴァンドーム (département de Loir-et-Cher ロワール=エ=シェール県の郡庁所在地；市町村コード 41100；形容詞 vendômois(e)). église abbatiale de ～ ヴァンドームのトリニテ大修道院付属聖堂 (11-16 世紀).

vendôme n.m. 〚チーズ〛ヴァンドーム (ロワール河流域で牛乳からつくられ, 灰の中で熟成した軟質チーズ).

vendredi n.m. 金曜日 (週の第 5 日). le V～ noir ブラック・フライデー, 暗黒の金曜日 (2000 年 4 月 14 日金曜日, ナスダックを中心とするアメリカの株式の大暴落の日). le ～ saint 聖金曜日 (復活祭の直前の金曜日；キリストの十字架上の死の記念日). ～ treize 13 日の金曜日 (不幸又は幸運をもたらされるとされる縁起をかつぐ日). 〚話〛un temps de ～ saint 悪い天気. Les catholiques devaient faire maigre le ～. カトリック教徒は金曜日に肉断ちをしなければならなかった；jour maigre「小斎日」. 〚諺〛Tel qui rit ～ dimanche pleurera. 金曜日に笑う者は, 日曜日に涙を流すことになろう.

vendu(e) (＜vendre) a.p. **1** 売れた；売り切れた. 《V～》「売約済」. Adjugé ～! きまった, 落札 (競売の文言). garantir la chose ～e 売った物件を保証する.
2 〚蔑〛(人が) 節操を売った；買収された. juge ～ 買収された判事. personne secrète— ment ～e 密かに買収された人.
——n. 買収された人；裏切者；卑劣漢. tas de ～s 卑劣漢の群れ.

venelle n.f. 狭い小路, 路地. ～ piétonnière 歩行者専用小路.

vénéneux(se) a. **1** (植物・食物が) 有毒な, 毒性の；毒を含む (咬傷・刺傷などによらない動植物の毒性について言う). animaux ～ 有毒動物 (crapaud がま蛙など). champignons ～ 毒茸. plantes ～ses 有毒植物 (belladone ベラドンナ, ciguë 毒人参など).
2 〚文〛(思想などが) 有害な. idées ～ses 有害思想.

vénérable a. **1** 〚文〛尊敬するに足る；立派な. titre ～ 尊称. vieillard ～ 長老, 古老. d'un âge ～ 高齢の.
2 尊い；神々しい. monument ～ 神々しい記念建造物.
——n.m. **1** 〚フリーメイスン〛(フラン・マソン) ロージュ (Loge)(ロッジ) 長 (= maître).
2 〚カトリック〛尊者 (1) 立派な信仰者に死後贈られる称号；2) 聖職者への敬称).

vénerie n.f. (猟犬と騎馬による) 狩猟. grande ～ 大形獣狩 (熊・鹿など). petite ～ 小形獣狩 (兎・狐など).

2 (王侯の) 狩猟職, 狩猟管理職；狩猟管理機構.

vénérien(ne) a. 性交の. acte ～ 性交. maladie ～ ne〚古〛性病, 性感染症 (＝ MST：malasie sexuellement transmissible)；〚現用〛性行為による性感染症.

vénérologie n.f. 性病医学 (＝vénérologie).

veneur n.m. **1** 〚狩〛(王侯などの) 狩猟管理官. 〚史〛grand ～ 狩猟官長.
2 〚狩〛(猟犬による) 狩猟係.

Venezuela(le) n.pr.m. 〔国名通称〕ヴェネズエラ 《公式名称：la République du V～ ヴェネズエラ共和国；国民：Vénézuélien(ne)；首都：Caracas カラカス；通貨：bolivar〔VEB〕》.

vénézuélien(ne) a. ヴェネズエラ (le Venezuela) の, ヴェネズエラ共和国 (la République du Venezuela) の；～人の.
——V～ n. ヴェネズエラ人.

vengeance n.f. **1** 復讐, 報復, 仕返し；仇討ち；復讐心 (＝esprit de ～)；恨み. ～s corses コルス風復讐, 仇討ち (＝vendetta). soif (désir) de ～ 復讐欲；怨恨, 遺恨. agir par〔l'esprit de〕～ 復讐心から行動する. crier (demander) ～ 復讐を求める. exercer sa ～ sur qn 人に復讐を遂げる. tirer ～ de …に対して復讐をする. 〚諺〛La ～ est un plat qui se mange froid. (復讐は冷まして食べる料理だ→) 復讐には時を待つべし.
2 〚宗教〛懲罰. ～ divine 天罰.

vengeur(eresse) n. **1** 復讐者. **2** 懲罰者. Dieu, le ～ du péché 罪を罰する神.
——a. 復讐する, 仕返しの；懲罰の. nos bras ～s 懲罰の腕. satire ～eresse 仕返しのあてこすり.

venimeux(se) a. **1** (咬傷・刺傷などによる) 毒性のある, 有毒な 《主に動物にいう；咬傷・刺傷によらないものは vénéneux (se) という》. animaux ～ 有毒動物 (araignée ～se, sangsue ～se, scorpion, vipère など). serpent ～ 毒蛇. piquant ～ 毒棘.
2 〚比喩的〛毒のある, 敵意に満ちた；辛辣な；危険な；陰険な. allusion ～se 毒のあるあてこすり. critique ～ 辛辣な批評家. haine ～se 敵意に満ちた憎悪. langue ～se 毒舌〔家〕. jeter un regard ～ 悪意に満ちた視線を投げかける.

venin n.m. **1** (動物, 特に蛇・さそりなどの) 毒. ～ de serpent (d'araignée, de scorpion) 蛇毒 (くもの毒, さそりの毒). dents à ～ 毒牙. sérum contre les ～s 蛇毒用血清. 〚諺〛Morte la bête, mort le ～. (獣が死ねば毒も死ぬ→) 悪人も死ねば無害.
2 〚転じて〛(植物の棘などの) 毒.
3 〚比喩的〛悪意；恨み；毒舌. paroles pleines de ～ 毒にみちた言葉, 毒舌. cacher son ～ 悪意を隠す. cracher (jeter) son ～ contre qn 人に毒づく；人に恨みを

ぶちまける.

Venise *n.pr.* ヴェネツィア (=〔伊〕Venezia), ヴニーズ, ヴェニス (=〔英〕Venice). biennale d'art de ~ ヴェネツィア芸術ビエンナーレ. festival de cinéma de ~ ヴェネツィア映画祭. lagune de ~ ヴェネツィア礁湖.

vénitien(ne) *a.* ヴェネツィア (Venezia) の. dialecte ~ ヴェネツィア方言. école ~ne de peinture 絵画のヴェネツィア派 (Bellini 一族, Carpaccio, Giorgione, Titien, Véronèse, le Tintoret, Canaletto, Tiepolo 一族など). 〖料理〗filets de sole à la ~ne ヴェネツィア風舌鮃《白葡萄酒ソース和え》. lanterne ~ne ヴェネツィア提灯《折りたたみ式の飾り提灯》.
── V~ *n.* ヴェネツィアの住民.
── *n.m.* 〖言語〗ヴェネツィア語, ヴェネツィア方言 (=dialecte ~).

venlafaxine *n.f.* 〖薬〗ベンラファキシン《抗鬱薬; 薬剤製品名 Effexor (*n.m.*)》.

vent *n.m.* **1** 風. ~ chaud 熱風. ~ d'Est (d'Ouest) 東(西)風. ~ du Nord-Ouest 北西風 (=noroît). ~ du Sud-Ouest 南西風 (=suroît). ~ de mer 海風 (= ~ marin). ~s de mousson モンスーン, 季節風. ~ doux (faible, modéré) そよ風, 微風. ~ fort (violent) 強風. ~ froid 寒風. ~ pluvieux 雨を含んだ風. 〖天文〗 ~ solaire 太陽風. 〖天文〗 ~ stellaire 天体風. ~ tournant つむじ風, 旋風.
bruit du ~ 風の音. coup de ~ 一陣の風, 突風. être coiffé en coup de ~ 髪が乱れている. passer en coup de ~ 突風のように通りすぎる. direction du ~ 風向. énergie du ~ 風力エネルギー.
force du ~ 風力《ビューフォートの風力等級 échelle de Beaufort〔anémométrique〕では等級 0 が calme で 風速 0 ; 1 : très légère brise (風速 1 ~ 5 km/h) ; 2 : légère brise (6 ~ 11) ; 3 : petite brise (12 ~ 19) ; 4 : jolie brise (20 ~ 28) ; 5 : bonne brise (29 ~ 38) ; 6 : vent frais (39 ~ 49) ; 7 : grand frais (50 ~ 61) ; 8 : coup de vent (62 ~ 74) ; 9 : fort coup de vent (50 ~ 61) ; 10 : tempête (89 ~ 102) ; 11 : violente tempête (103 ~ 117) ; 12 : ouragan (118 ~ 133) ; 13 : (134 ~ 149) ; 14 : (150 ~ 166) ; 15 : (167 ~ 183) ; 16 : (184 ~ 201) ; 17 : (202 ~ 220)》.
hurlement du ~ 風の唸り声. moulin à ~ 風車. murmure du ~ 風のささやき. vitesse du ~ 風速.
Le ~ se lève. 風が立つ(吹きはじめる). Le ~ se tait 風が止む. Le ~ souffle (tombe). 風が吹いている(鎮まる). Le ~ tourne¹. 風向きが変わる. Il y a du ~. /Il fait du ~. 風がある.
aller comme le ~(plus vite que le ~). 風のように速く(風よりも速く)行く. fendre le ~ 風を切って速く進む. marcher contre le ~ 風に逆らって歩く. Autant en emporte le ~. 《風がさらって行くだろう→》あとには何も残るまい《空約束などについて》.
2 〖海〗(帆に受ける)風. ~ de bâbord (de tribord) 左(右)舷の風. au ~ 風上に. sous le ~ 風下に. absence de ~ 凪. bord du ~ 風上の舷. 〖比喩的〗aller contre ~s et marées. 万難を排して進む. avoir le ~ arrière (en poupe, dans le dos) 追い風を受けている. 〖比喩的〗順風満帆である. avoir 〔le〕 ~ debout (contraire) 向い風を受けている. être pris ~ dessus 帆が逆風を受けている. gagner au ~ 風に逆らって進む. prendre le ~¹ 帆を風の方に向ける. remonter au ~ 風上に向ってジグザグに進む. venir au ~ 船首を風上に向ける.
3 風向き, 方位. les ~s cardinaux 基本方位, 四方位. les quatre ~s 四方位, 東西南北. aux quatre ~s 四方八方に. cadran d'une rose des ~s 羅針儀の表示盤, 羅針盤. quart de ~ (羅針盤の) 1 目盛. à tous les ~s あらゆる方向に, いたるところに.
4 〖比喩的〗雰囲気, 形勢, 世の中の動向. ~ de révolution 革命の気運. ~ favorable (défavorable) 好ましい(好ましくない)形勢. dans le ~ 流行している, 今風に. être dans le ~ 時流に乗っている, 流行っている. observer d'où vient le ~ 天下の形勢をにらむ. Bon ~! 幸運を祈りを; 〖皮肉〗(厄介払いして)やれやれ! Quel bon ~ vous amène! どうした風の吹きまわしでいらしゃったのですか; ようこそ. 〖話〗sentir le ~ du boulot 災難をかろうじて免れる. 〖比喩的〗tourner à tous les ~s (à moindre ~) 意見・立場をくるくる変える. Le ~ tourne². 情勢が変わる.
5 大気, 空気. en plein ~ 吹きさらしの場所で, 野外で. arbres de plein ~ 露地植えの樹木. le nez au ~ 上を向いて; 上の空で; 行き当りばったりに. marcher le nez au ~ ぶらぶら歩きをする. flotter au ~ 風に漂う. libre comme le ~ 空気のように自由な.
6 〖狩〗(獲物の放つ)臭気, 臭跡. avoir le nez au ~ (猟犬が)獲物の臭いのする方向に鼻をくんくんさせる. avoir ~ de *qch* 何を風の便りに知る, 何の噂を耳にする. aller à bon ~ 臭いを捉えて進む. chasser au ~ (dans le ~) 獲物の臭気を追って狩猟をする. prendre le ~² 獲物の臭いを嗅ぐ; 〖比喩的〗形勢をうかがう, 風を読む.
7 (人工の)風, 送風. faire du ~ 風を立てる; 〖比喩的〗風をふかせる(威張る). faire du ~ avec un éventail 扇子であおぐ.
8 〖古〗息, 呼気. retenir son ~ 息をつめる.
9 〖音楽〗管楽器, 吹奏楽器 (=instrument à ~).

vente

10 〖話〗腸内ガス (=gaz intestinaux), 屁 (=pet). avoir des ~s 腸内にガスがたまる. lâcher un ~ 放屁する.
11 〖比喩的〗空疎な事物；空約束, 安請合い. Ces promesses, c'est du ~. あの約束は空約束だ.

vente (＜vendre) n.f. **1** 販売, 売却；売買. ~ à crédit 信用販売, 掛け売り. ~ à découvert (現物のない) 短期見越売買, 空売買. ~ à distance 隔地販売, 通信販売. Fédération des entreprises de ~ à distance 通信販売企業連盟〖略記 Fevad〗. ~ à domicile 訪問販売. ~ à perte 出血販売, 不当廉売. ~ à réméré 買戻権付売買. ~ à tempérament 割賦販売. ~ à terme 期限付売買, 先物取引. ~ à l'agrément 同意売買. ~ à la boule de neige；~ à la chaîne 雪だるま販売, ねずみ講. ~ à la commission 委託販売, 仲買. ~ à la dégustation 賞味 (試飲) 販売. ~ à la dégustation des vins 葡萄酒の試飲販売. ~ à l'essai 試用売買. ~ au comptant 現金販売, 現金売り. ~ au déballage 荷解き新品の販売. ~ au débarras 露天売買. ~ au détail 小売り. ~ au disponible 在庫売買. ~ au poids 計量販売. ~ aux enchères〔公開〕競売. ~ d'immeubles aux enchères 不動産の競売. ~ avec prime 景品付き販売. ~ directe 直接販売, 直販. ~ en gros 卸売り. ~ en ligne インターネット販売. ~ en liquidation 在庫一掃セール. ~ en série セット販売. ~ en solde 決算売り, 特売, ソルド. ~ forcée 強制売却, 差押売却；押し売り. ~ judiciaire (公告による) 裁判上の競売. ~ jumelée (liée) 抱合わせ販売. ~ par adjudication devant notaires 公証人立ち会いの下での競売. ~ par correspondance 通信販売, 通販, カタログ販売〖略記 VPC〗. ~ publique 公売, 競売. ~ pyramidale ピラミッド式販売システム. ~ subordonnée 抱合わせ販売 (=~ liée). ~ sur échantillon 見本 (試供品) 販売. ~ sur publication 広告をもってなされる売買. ~ sur saisie 差押販売 (=~ forcée). ~ volontaire 任意売却. chef des ~s 販売主任. 〖農〗contrat de ~ d'herbe 牧草売買契約. hôtel des ~s 競売場, 競売会館. Hôtel des ~s Drouot Richelieu (パリの) ドルーオー・リシュリユ競売会館. point de ~ 販売所. prix de ~ 販売価格, 売値. refus de ~ 販売拒絶〔罪〕. salle des ~s des Domaines 国有地競売場. service après-~ アフターサービス〖略記 SAV〗. en ~ 発売中の；売りに出されている. maison en ~ 売家. mettre qch en ~ 発売する；売りに出す.
2 (商品の) 売行き；売上. chiffres de ~ 売上高. hors de ~ 売行きの悪い；非売品の. marchandise de〔bonne〕~ 売行きの良い商品.

3 〖法律〗売買契約. acte de ~ 売渡証書. acte de ~ de fonds de commerce 営業権受渡証.
4 競売会. ~ de charité 慈善バザー. ~ de l'Hôtel Drouot Richelieu ドルーオー・リシュリユ会館での競売会.
5 〖林業〗(森林の) 伐採；伐採区.

venteux (se) a. **1** 風の強い, 風のよく吹く, 風にさらされた, 吹きさらしの (=venté). jour (mois) ~ 風のよく吹く日 (月). région ~se 強風地帯.
2 鼓腸性の；放屁をもたらす；放屁を伴う. aliment ~ 鼓腸性食物. 〖医〗colique ~se 鼓腸性腹痛.

ventilateur n.m. **1** 扇風機 (=~ électrique).
2 換気装置, 送風機, 通風機, ファン, ブロワー, ヴェンチレーター. ~ à hélice プロペラ式送風機. ~ à turbine タービン式送風機. ~ axial 軸流送風機. ~ centrifuge 遠心ブロワー. courroie de ~ (自動車の) ファンベルト.

ventilation n.f. **1** 通風, 寒気, 風通し. ~ artificielle[1] (naturelle) 機械 (自然) 換気.
2 〖生理〗換気 (肺におけるガス交換), 呼吸. ~ anormale 異常呼吸. ~ artificielle[2] 人工呼吸. ~ assistée 補助換気 (呼吸). ~ mécanique 機械の換気, 器械的人工呼吸. ~ pulmonaire 肺換気, 呼吸 (=respiration).
3 〖法律〗(一括して売却した物の) 個々の評価, 評価振り分け；〖簿記〗(総額の) 内訳, 明細.
4 〖一般〗配分, 振り分け (=répartition).

ventilatoire a. 〖医〗肺換気の, 呼吸の. débit ~ 肺換気(呼気) 排出量.

ventouse[1] n.f. **1** 〖医〗吸い玉, 吸角 (きゅうかく), 瀉血器, 放血器 (癰・癤・よう・乳腺炎・リンパ腺炎, 瘭疽 (ひょうそ) などの吸引療法のための治療器具). poser des ~s à un malade 病人に吸い玉をとりつける.
2 (ゴムやプラスチック製の) 吸盤, 吸着器. faire ~ くっつく (=adhérer).
3 〖動〗(たこ, ひるなどの) 吸盤.
4 〖話〗voiture-~ (長時間の) 駐車違反車.

ventouse[2] n.f. **1** 通気孔. **2** 換気孔.

ventral (ale) (pl. **aux**) a. **1** 腹の, 腹部の. nageoires ~ales 腹びれ.
2 腹部につける. parachute ~ 腹部着用パラシュート (parachute dorsal「背負いパラシュート」の対).
3 〖スポーツ〗腹側の. rouleau ~ (走高跳の) ベリーロール.
4 〖解剖〗腹側の. noyau ~ du thalamus 視床腹側核.

ventre n.m. Ⅰ 《人間・動物の腹部》 **1** (人間の) 腹部. avoir (prendre) du ~ 腹が出ている (出てくる). bas ~ 下腹部. le ~ en l'air 腹を上にして. sur le ~；à plat ~ うつ伏せに. se coucher sur le ~ うつ伏せに横

たわる. se mettre à plat ~ devant qn 人の前にはいつくばる. passer sur le ~ de qn 人を踏みにじる. rentrer le ~ 腹をへこます. taper sur le ~ de qn 人と肚をうち明ける.
2 (動物の)腹, 腹部. ~ de poisson 魚の腹. cheval qui court ~ à ~ 全力疾走する馬.
3 (消化器官としての)胃腸, はらわた；腹.《~ de Paris》『パリの胃袋』(パリの旧中央市場；Zolaの小説の表題から). avoir le ~ creux (plein) 空腹(満腹)である. avoir le ~ paresseux 胃腸が弱っている.〔話〕avoir les yeux plus gros, plus grands que le ~ 食べきれないほどの食物をとる；大それた野望を抱く. faire mal au ~ de qn 人を不快にさせる. se remplir le ~ 腹を満たす. se serrer le ~ 食費(生活)を切りつめる.
4 (女性の)胎, 母胎. enfant qui bouge dans le ~ de sa mère 母親の胎内で動く胎児. au sortir du ~ de sa mère 生まれ落ちた時から. dès le ~ de sa mère 母親の胎内にいる時から.
5 心中. avoir qch dans le ~ 胸中に何を秘めている. savoir ce qu'il a dans le ~ 胸中を察知する. remettre du cœur au ~ à qn 人を元気づける.
II〔事物〕《物のふくらんだ部分》**1** 腹, 胴. ~ d'un vase 壺の腹. ~ d'une guitar ギターの胴. faire ~ ふくらんでいる. mur qui fait ~ ふくらんでいる壁.
2 胴体；車体；船腹；〔冶〕炉腹. ~ du ferry フェリーの船腹. atterrissage sur le ~ 胴体着陸.
3〔物理〕腹(定常波の極大部；nœud「節」の対). ~s et nœuds d'une onde 振動波の腹と節.
4〔話〕(機械の)内部.
ventriculaire a.〔解剖・医〕**1** 心室の；脳室の. anévrisme ~ 心室瘤. fibrillation ~ 心室細動. tachycardie ~ 心室頻拍症.
2 脳室の. drainage ~ 脳室ドレナージ. hémorragie ~ 脳室内出血.
ventricule n.m.〔解剖・医〕**1** 心室. **2** 脳室 (= ~ cérébral).
ventriculographie n.f.〔医〕脳室撮影, 脳室造影, 空気脳室撮影 (=pneumoventriculographie) (VGと略記).
ventriculotomie n.f.〔医〕心室切開〔術〕.
ventriloque n. 腹話術師.
ventriloquie n.f. 腹話術.
ventru(e) a. **1** 腹のでっぷり出た.
2〔比喩的〕金持ち.
3 中央部がふくれた. bocal ~ 中ぶくれの広口壺. commode ~e 中ぶくれの整理だんす.
— n. お腹の出た人.
venture-business〔英〕n.f. ベンチャー＝ビジネス〔企業〕(=〔仏〕tentatives commerciales；entreprise hasardeuse).

venture-capital〔英〕n.f. ベンチャー・キャピタル, ハイリスクの投資 (=capital-risque).
venu(e[1])(<venir) a.p. **1** 来た；出くわした. entrer dans le premier magasin ~ 行き当たりばったり最初の店に入る.
2 bien (mal)~ 都合良く(悪く)やって来た；出来の良い(悪い). enfant mal ~ 発育の悪い子供. hôte bien ~ 歓迎される客. œuvre bien ~e 出来の良い作品. plante mal ~e 成育の悪い植物.
être mal ~ de+inf. …するのは好ましくない. Il serait mal ~ d'insister dans ces conditions. このような状況でくどくど言うのは感心しない.
3 nouveau ~ 新参の(新入りの). tard ~ 後で来た；後で生まれた.
— n. 来た人. le dernier ~(la dernière ~e) 最後に来た人；〔蔑〕取るに足らぬ人. le nouveau ~ (la nouvelle ~e) 最初に来た人；着いたばかりの人. les nouveaux ~s 新参者, 新顔. le premier ~(la première ~e) 最初に来た人；誰でも. tomber amoureux de la première ~e 女なら誰かれかまわず惚れる.
venue[2] n.f. **1** 到着. allées et ~s 往来. ~ de qn 人の到着.
2 到来；出現, 誕生. ~ des idées 思想の誕生. ~ du Messie 救世主の降臨. ~ du printemps 春の到来.
3 (植物などの)発育；(作品などの)仕上り, 出来. arbre d'une belle (tout d'une)~ すくすく育った木. page d'une belle ~ すらすらと書き上げたページ. d'une seule ~ 一気に.
Vénus [-s] n.pr.f. **1**〖ローマ神話〗ウェヌス, ヴェニュス, ヴィーナス(愛と美の女神).
2〖美術〗ウェヌス像 (=statue de ~)；〖考古〗美女像. la ~ de Milo メロス島のウェヌス像, ミロのヴィーナス(ルーヴル美術館蔵). la ~ de Lespugue レスピュゴの美女像(パリ人類博物館蔵).
3 絶世の美女. ~ banale (des carrefours), 娼婦, 街娼 (=prostituée). Ce n'est pas une ~. あれは美人じゃない.
4〖天文〗金星(明けの明星 (=étoile du matin), 宵の明星 (=étoile du Berger)).
vénus n.f. **1** 絶世の美女.
2〖美術〗美女像. ~ hottentote ホッテントット族の美女像.
3〖貝〗ウェヌス貝, まるすだれ貝.
véracité n.f. **1** 真実性. ~ d'un aveu (d'une déclaration, d'un serment) 自白(言明, 誓約)の真実性.
2 正直さ, 誠実性. ~ d'un témoignage 証言の正直さ. raconter avec ~ ありのままに話す.
3〖神学〗~ divine 神の真理性.
vérapamil n.m.〖薬〗ベラパミル (Ca拮

抗薬, 抗不整脈薬；薬剤製品名 Isoptine (*n.f.*) など.

verbal (**ale**) (*pl.* **aux**) *a.* **1** 口頭の (= oral). bail ~ 口頭による賃貸借. ordres ~ aux 口頭命令. promesse ~ ale 口約束. rapport ~ (学会での) 口頭発表.
2 言明に基づく. note ~ ale (外交上の) 口上書. procès-~ 調書；議事録.
3 言葉の；言葉だけの. abondance ~ ale 多弁, 能弁. courage ~ 口先だけの勇気. sonorités ~ ales 言葉の響き.
4〖文法〗動詞の；動詞的な. adjectif ~ 動詞的形容詞. locution ~ ale 動詞句. système ~ 動詞の体系.

verbe *n.m.* **1**〖文法〗動詞. ~ intransitif (transitif, pronominal) 自動詞 (他動詞, 代名動詞). ~ transitif indirect 間接他動詞. ~ auxiliaire 助動詞. ~ impersonnel 非人称動詞. ~ régulier (irrégulier) 規則 (不規則)〔活用〕動詞. modes (temps) du ~ 動詞の法 (時制). conjuguer un ~ 動詞を活用させる.
2〖キリスト教〗le V~ 神言 (= ~ de Dieu)；神〔三位一体の第2位格；le Fils〕.《Au commencement était le V~, et le V~ était auprès de Dieu, et le V~ était Dieu.》「初めにことばがあった, ことばは神と共にあった, ことばは神であった.」(『ヨハネの福音書』Ⅰ, 1).
3 語調 (= ton de voix). avoir le ~ haut 大声で話す；高飛車にものを言う.
4〖文〗言語. ~ poétique 詩的言語.
5〖古〗言葉.

verdict [vɛrdikt] [英] *n.m.* **1**〖法律〗(陪審員, 陪審の) 評決, 答申；(重罪院における裁判官・陪審の) 評決. ~ positif 有罪の評決 (= ~ de culpabilité). ~ négatif 無罪の評決 (= ~ d'acquittement). prononcer un ~ 評決を下す.
2〔広義〕審判；評定；厳しい評価 (判断). ~ de l'opinion publique 世論の裁き. ~ des électeurs 選挙民の審判. ~ sans appel 決定的な評価.

Verdun *n.pr.* ヴェルダン《département de la Meuse ムーズ県の郡庁所在地；市町村コード 55200；形容詞 verdunois(*e*)》. champs de bataille de ~ ヴェルダンの会戦地〔第一次世界大戦の激戦地〕. Mémorial de ~ ヴェルダン戦争記念碑.〖史〗traité de ~ ヴェルダン条約《843年》.

verdunisation (< Verdun) *n.f.* (水の) 塩素殺菌《ヴェルダン式浄水》.

verdure (< vert) *n.f.* **1** (草木の) 緑. ~ des pins 松の緑. ~ éternelle du gui やどりぎの常緑.
2 緑の草木；青菜, 葉むら. tapis de ~ 緑の絨毯；芝生.〔tapisserie de〕~ 木立・草むらをモチーフとするタピスリー. théâtre de ~ 野外劇場. se coucher sur la ~ 緑の草むらに横たわる.

3 青野菜, 生野菜, 青物. manger de la ~ 生野菜を食べる.

vergeoise *n.f.* (甜菜 betterave からつくられる) 粗糖. ~ blonde 黄金粗糖 (糖液の第一次脱水で得られる). ~ brune 茶褐色の粗糖《第二次脱水で得られる》.

verger *n.m.* **1** 果樹園. **2** 果実の産地.

vergeture *n.f.*〔多く *pl.*〕(膨脹によって皮膚に生じる) 縞, 裂線. ~ de la grossesse 妊娠線《妊婦の腹部の線状皮膚萎縮》.

verglaçant (*e*) *a.*〖気象〗ヴェールグラ (雨氷) を生じる. pluie ~ *e* ヴェールグラ (雨氷) を生む雨.

verglacé (*e*) *a.* ヴェールグラ (雨氷) で覆われた. route ~ *e* ヴェールグラで氷結した道路.

verglas *n.m.* ヴェールグラ, 雨氷《ガラスのように凍った薄い氷の層》. accident de voiture dû au ~ ヴェールグラ (雨氷) に起因する自動車事故. plaque de ~ 板状雨氷.

vergne *n.m.*〖植〗ヴェルニュ, ヴェルヌ (= verne), 榛 (はん) の木《学名 Alnus glutinosa》.

véridique *a.* **1** 事実に則した, 真実の, 本当の, 正確な. mémoire ~ 正確な記憶. récit ~ 実話.
2〔文〕真実を言う, 正直な. homme ~ 正直な人. témoin ~ 真実を語る証人.
3 真正の.
4〖法律〗(評決において) 真実とされた.

vérifiable *a.* 確かめうる；検証可能な.

vérificateur[1] (**trice**) *n.* 検査官；検査員；点検係. ~ comptable 会計検査官.
—*a.* 検査する, 点検する；検証する.

vérificateur[2] *n.m.*〖電算〗検査ソフト (= correcteur). ~ grammatical 文法検証ソフト. ~ orthographique 正書 (綴字) 検証ソフト.

verificatif (**ve**) *a.* 検査用の；検証に役立つ.

vérifié (*e*) *a.p.* **1** 確かめられた；検査された, 検証 (吟味) された. calcul ~ 検算. écriture ~ *e* 検真された文書. identité ~ *e* 確かめられた身元.
2 確認された. événements ~ s 確認された出来事.
3 立証された. hypothèse ~ *e* 立証された仮説.

vérification *n.f.* **1** (真偽の) 確認；監査；審査, 鑑定；検査；吟味. ~ d'un alibi アリバイ確認. ~ des bagages à la douane 税関の荷物検査. ~ d'un calcul 検算. ~ des comptes 会計検査. ~ de comptabilité 会計監査.〖法律〗~ d'écriture 筆跡鑑定. ~ des passeports パスポート検査. ~ des pouvoirs (株主総会の) 委任代理権の確認. ~ des mandats 議員資格審査. ~ fiscale 税務検査. point de ~ チェックポイント.
2 検査, 立証, 証明, 実証. ~ d'une hypothèse 仮説の実証.

véritable a. **1** 本当の, 現実の；実際の. ~ nom 本名. histoire ~ 本当の話. motif de ~ son action 彼の行為の本当の動機. qualités ~ s 実際の資質.
2 本物の, 純正の. foulard en soie ~ 正絹のマフラー. or ~ 純金. perle ~ 天然真珠.
3 真の, 真実の；正真正銘の. ~ amitié 真実の友情. ~ amour 真実の愛. ~ canaille 正真正銘の悪党. ~ joueur 生粋の賭事師.
4〔古〕真実を語る. aveu ~ 真実を語る告白.

Véritas (le) n.m. 〖船〗ビューロー・ヴェリタス《=le Bureau ~ ; 1828年アントウェルペン Antwerpen (Anvers) で設立された「フランス船級協定」; 1832年以来パリに本部を置く, 略記BV》.

vérité (<vrai) n.f. **1** 真理. ~ absolue 絶対的真理. ~ éternelle 永遠の真理. ~ formelle (matérielle) 形式的 (実質的) 真理. ~ générale 一般的真理. ~ morale 精神的真理. ~ pragmatique 実際的真理. ~ scientifique 科学的真理. ~ universelle 普遍的真理. recherche de la ~ 真理の探究. 〖論理〗valeur de ~ (命題の) 真理値.
2 la V~ 神 (=Dieu).《Je suis la Voie, la V~ et la Vie.》「われは道であり, 真理 (まこと) であり, 命である.」(『ヨハネ』14.6).
3 真実, 真相；事実, 現実. pure ~ まぎれもない真実. ~ historique 歴史的真実. ~ nue 赤裸々な真実.〖話〗~ vraie 本当の本当. cinéma-~ シネマ・ヴェリテ. heure de ~ 真の対応を迫られる時. Heure de ~「真実を語る時」(TV の時事インタヴュー番組のタイトル). admettre (confirmer) la ~ 真実を認める (確認する). altérer (cacher, découvrir, déguiser) la ~ 真実をねじ曲げる (隠蔽する, 見出す, 糊塗する). dire des ~s premières 自明のことばかり言う. raconter la ~ 真相を語る.《Jurez de dire la ~, toute la ~, rien que la ~.》「真実を述べ, 真実を余さず述べ, 真実のみを述べることを誓いなさい」(証人宣誓に関する文言). être dans la ~ 真実である. être à côté de la ~ 真相をそれている. La ~, c'est que 真相は…である.
à la ~ 本当は, 実のところ, 実際は. en ~ 本当に；本当は；実際は.
〔諺〕La ~ passe la renommée. 事実は聞きしに優る.〔諺〕〔À〕chacun sa ~. 人それぞれに真実 (まこと) あり.
4 迫真性, 真実味；実相. ~ d'un personnage (d'un portrait) 人物 (肖像画) の迫真性.
5 誠実さ, 誠意. air de ~ 誠実そうな様子. Il est la ~ même. 彼は誠実そのものだ.

verjus [vɛrʒy] n.m.〖調味料〗ヴェルジュ (未熟の葡萄からつくる) 酸味葡萄汁, 葡萄酢.

vermeil(le) a. 明るい鮮紅色の, 真紅の. lèvres ~ les 真紅の唇. sang ~ 鮮血.

vermicelle n.m.〖麺〗ヴェルミセル《細い乾麺》. potage au[x] ~ [s] ヴェルミセルのポタージュ.

vermicide a.〖薬〗寄生虫を殺す；寄生虫を駆除する.
—n.m.〖薬〗殺寄生虫薬；寄生虫駆除剤, 駆虫薬 (=anthelminthique).

vermiculaire a. 蠕虫 (ぜんちゅう) 状の.〖解剖〗appendice ~ 虫様突起, 虫垂 (=appendice iléo-cæcal 回盲腸虫垂).〖医〗mouvement ~ (腸の) 蠕動 (ぜんどう) (=péristaltisme).

vermiforme a. 蠕虫状の, 虫様状の.〖解剖〗appendice ~ 虫垂, 虫様突起.

vermifuge a.〖薬〗駆虫作用のある.
—n.m.〖薬〗駆虫薬, 虫下し.

vermillon n.m. 朱, ヴェルミヨン, ヴァーミリオン；〖英〗vermillion), 辰砂 (しんしゃ)《水銀と硫黄の化合物》；顔料；cinabre)；朱色.
—a.inv. 朱色の, 朱赤の. robes ~ 朱赤のドレス.

verminose n.f.〖医〗寄生虫症.

vermis [-mis] n.m.〖解剖〗(哺乳類と鳥類の)(小脳正中部の) 虫部.

vernal(ale) (pl.aux) a. **1** 春の. équinoxe ~ =équinoxe de printemps).〖天文〗point ~ 春分点.
2〖植〗春に成育する.

vernalisation n.f.〖植〗春化処理 〔法〕《2年生の植物に 2-6℃ の低温処理を施すこと》(=jarovisation, printanisation).

verne n.m.〖植〗ヴェルヌ, ヴェルニュ (vergne), 榛 (はん) の木 (=aulne commun ; 学名 Alnus glutinosa).

verni(e) a.p. **1** ワニス (エナメル) を塗布した. bois ~ s ニスを塗った木材. chaussures ~ es エナメル靴.
2 (ワニスを塗ったように) 光沢のある. feuilles ~ es du houx 西洋柊 (ひいらぎ) の照葉.
3〖比喩的・話〗運のいい. Vous êtes ~! あなたはついていますね.
—n.m. **1** エナメル革 (=cuir ~). sac en ~ s noirs 黒いエナメル革のバッグ.
2〖貝〗エナメル貝《殻が赤褐色の二枚貝 (食用)》.
3〖話〗運のいい人.

vernis n.m. **1** ヴェルニ, ワニス, ニス；エナメル. ~ à l'huile オイルワニス. ~ à ongles マニキュア液. ~ aux résines naturelles (artificielles) 天然 (合成) 樹脂ワニス. ~ s cellulosiques セルロースワニス. ~ gras エナメル.〖電〗~ isolant 絶縁ワニス. ~ Martin マルタン・ニス, パリニス《家具・装飾用ニス》. ~ mou (銅板画用の) 軟質ワニス.
2〖窯〗釉薬 (ゆうやく), 釉 (うわぐすり) (= ~ à porcelaine).
3 漆 (うるし) (= ~ à bois).〖植〗~ du Japon にわうるし (= ~ arbre à laque, ailante.

~ japonais 漆（＝laque）．
4〔比喩的〕虚飾, 見せかけの知識. avoir un ~ de culture (science) 一見教養がありそうに見える.

vernissage *n.m.* **1** ワニス（エナメル）の塗布．~ d'un meuble 家具のワニス塗り．~ d'un tableau 絵のワニスがけ．
2〔窯〕釉薬（ゆうやく）がけ, 釉（うわぐすり）がけ．~ d'une poterie 陶器の釉薬がけ．
3 ヴェルニサージュ〔美術展覧会の開催日で, 画家による作品の最終仕上げが許される日；展覧会の一般公開に先立つ招待レセプション〕．être invité à un ~ ヴェルニサージュに招待される．

vernix caseosa [vɛrnikskazeɔza]〔ラ〕*n.m.inv.*〔医〕胎脂〔早産未熟児の身体表面に付着している白い脂肪性物質〕．

vérole *n.f.* **1**〔俗〕梅毒（＝syphilis）．**2**〔古〕petite ~ 小ヴェロル, 痘瘡, 天然痘（＝variole）．

vérolé(e) *a.*〔俗〕梅毒に罹った．
── *n.*〔蔑〕梅毒病み．

véronal（＜V~, 商標）*n.m.*〔薬〕ヴェロナール〔バルビタール系催眠薬〕．

vérotoxine *n.f.*〔生化・医〕ベロトキシン, ベロ毒素（O 157 などの病原性大腸菌がつくる毒素；ベロ細胞を破壊し, 出血性大腸炎, 溶血性尿毒症などを起こす；略記 VT〕．

verranne（＜V~, 商標）*n.f.* ヴェラヌ, 紡績ガラス繊維（verre と fibranne の合成語）．

verrat *n.m.*〔動〕種豚〔繁殖用の牡豚〕．

verre *n.m.* **1** ガラス, ガラス板．~ au (de) plomb 鉛ガラス, クリスタルガラス．~ à vitre 窓ガラス, 板ガラス．~ armé 網入りガラス．~ athermique 断熱ガラス．~ blanc 普通の無着色ガラス．~ coloré 色ガラス．~ de Bohême ボヘミアガラス．~ de quartz 石英ガラス．~ de sécurité 安全ガラス．~ dépoli すりガラス, 艶消しガラス．~ feuilleté 合せガラス．~ fluoré 弗素ガラス．~ métallique 金属ガラス, アモルファス．~ organique 有機ガラス．~ résistant à la chaleur 耐熱ガラス．~ trempé 強化ガラス. fibre de ~ ガラス繊維, グラスファイバー．de ~ ガラス張りの. homme de ~ ガラス張りの人〔隠し立てのない人〕．laine de ~ ガラスウール．maison de ~ ガラス張りの家；秘密の保てない家. papier de ~ 紙やすり. en ~ ガラス製の. bouteille en ~ ガラス壜．
2 ガラス製品；レンズ；〔*pl.*で〕眼鏡．~ concave (convexe) 凹（凸）レンズ．~ de champ（接眼鏡の）視野レンズ．~s de contact コンタクトレンズ．~ de lampe ランプの火屋（ほや）．~〔話〕souple comme un ~ de lampe 柔軟性のない．~ de montre 時計のガラス蓋．~〔俗〕d'optique 光学ガラス；光学レンズ．~s grossissants 拡大鏡. indus-trie du ~ ガラス産業. objets de ~ ガラス製品. porter des ~s 眼鏡をかけている．
3 コップ, グラス．~ à dents うがい用コップ．~ à pied 脚付きグラス；試験杯．~ à vin 葡萄酒用グラス, ワイングラス. lever son ~ à la santé de qn 人の健康を祈って乾杯する．
4 コップ（グラス）1杯の量；（特に）1杯の酒. boire un ~ d'eau コップ1杯の水を飲む. boire (prendre) un ~ 酒を1杯ひっかける. petit ~（小グラスで飲む）強い酒（リキュール）．
5〔鉱〕~ de volcan 火山ガラス, 黒曜岩（＝obsidienne）．

verrerie *n.f.* **1** ガラス〔製品〕の製造〔技術〕．
2 ガラス〔製品〕製造所〔工場〕．
3 ガラス製品販売業〔店〕．
4〔集合的〕ガラス製品. rayon de ~ ガラス製品売場．

verrière *n.f.* **1** ガラス屋根；ガラス壁．~ d'une gare 駅のガラス屋根．
2 大きなガラス窓．
3 大ステンドグラス. Notre-Dame de la Belle-V~ de Chartres シャルトル大聖堂の「美しい大ステンドグラスの聖母子像」．
4〔航空〕（操縦室の）風防, キャノピー．

verrou(*pl.* ~**s**) *n.m.* **1** 閂（かんぬき）；差し錠, ラッチ．~ de sûreté 安全閂（ラッチ）．~ électrique 電気錠. mettre (pousser) le ~ 閂をかける．〔比喩的〕mettre qn sous les ~s 人を監獄に入れる．〔比喩的〕s'enfermer au ~ 家に閉じこもる. tirer le ~ 閂をはずす．
2 鎖錠, ロック．〔鉄道〕~ d'aiguilles 転轍（てんてつ）鎖錠器．〔銃器〕~ de culasse 遊底．〔機工〕~ tournant クランプ装置．
3〔地学〕谷柵（こくさく）, リーゲル（＝~ glaciaire）．
4〔軍〕防御陣地；防御要員；〔一般に〕防御体制．
5〔登山〕ヴェルー, ジャミング（岩の裂け目に四肢を固定して登攀する技術）．
6〔サッカー〕カテナッチョ（＝〔伊〕catenaccio）（シュートを防ぐチームの集団防御システム）．

verrouillage *n.m.* **1** 施錠, 閂（かんぬき）をかけること．~ centralisé 中央施錠（自動車のドアの開閉をリモートコントロールで制御する方式）．
2（銃の遊底の）閉鎖．~ du culasse 遊底の閉鎖（銃の遊底のロックを解くこと）．
3〔軍〕防御陣地の構築作戦．
4〔情報処理〕（コンピュータ等の）ロックを解除すること．

verrucosité *n.f.*〔医〕疣贅（ゆうぜい）症．

verrue *n.f.* **1**〔医〕疣贅（ゆうぜい）, 疣（いぼ）．~s planes juvéniles 青年性扁平疣贅（ヒト乳頭腫ウイルス感染症）．~ plantaire 足の裏のいぼ．~ séborrhéique 脂漏性疣贅．

~ sénile 老人性疣贅. ~ vulgaire 尋常性疣贅.〖植〗herbe aux ~s いぼ草, くさのおう (いぼに効くとされた). **2**〖文〗汚点, きず.

verruqueux(se) *a.* **1** 疣(いぼ)状の；疣のある.〖医〗gastrite ~*se* (胃の)疣状異炎. **2**〖医〗疣贅を伴う.

vers *n.m.* **1**〖詩法〗詩句(詩の1行). ~ blanc 無韻詩. ~ de douze syllabes 12 音綴の詩句, アレクサンドラン(=〔~〕alexandrin). ~ réguliers 定型詩句. ~ rythmique (音綴の強弱に基づく)律動詩句. ~ syllabique 音綴数による定形詩句. coupe du ~ 詩句の区切れ, セジュール(césure).
2〔*pl.* で〕詩, 韻文. ~ libres 自由詩. œuvre en ~ 韻文作品. recueil de ~ 詩集. déclamer des ~ 詩を朗読する.

Versailles *n.pr.* ヴェルサイユ(département des Yvelines イヴリーヌ県の県庁所在地；市町村コード78000；ヴェルサイユ宮殿の城下町；形容詞 versaillais(*e*)). château de ~ ヴェルサイユ宮殿(1624-86年). jardins du château de ~ ヴェルサイユ宮殿付属庭園.〖史〗traité de ~ ヴェルサイユ条約(1919年6月28日調印). gare de ~-Chantiers 国鉄ヴェルサイユ=シャンチエ駅(幹線駅). gare de ~-Rive-Droite 国鉄ヴェルサイユ右岸駅. gare de ~-Rive-Gauche-Château-de-~ RERのヴェルサイユ左岸宮殿前駅.

Verseau(le) *n.pr.m.* **1**〖天文〗水瓶座.
2〖占星術〗宝瓶(ほうへい)宮(黄道十二宮の第十一宮；1月21日~2月18日生まれ).

versement *n.m.* **1** (金の)払込み；支払；弁済. ~ d'une somme à (sur) un compte 金額の口座払込み. ~ partiel 一部支払(弁済). faire un ~ 金を払込む. s'acquitter en plusieurs ~s 分割して払込む.
2 払込(支払, 弁済)金.
3〖醸造〗注入〔量〕.

versicolore *a.* 色の変る, 玉虫色の；多色の. faisan ~ 多色の雉. fleur ~ de l'hortensia あじさいの色の変る花.

version *n.f.* **1**〖学〗ヴェルシヨン(外国語文の自国語訳；thème「自国語文の外国語訳」の対). ~ anglaise 英文の自国語訳. exercice de ~ 訳読の演習.
2〖映画〗…語版. ~ doublée 吹替え版(= ~ sous-titrée). ~ originale 原語版〖映画〗(略記 V.O.). ~ originale sous-titrée 字幕スーパー付きの原語版〖映画〗. film japonais en ~ française 日本映画のフランス語吹替え版(略記 en VF).
3 版本, 異本(=variante). ~s successives de la *Tentation de saint Antoine* de Flaubert フローベールの『聖アントニウスの誘惑』の相次ぐ異本. variantes d'une ~ 版本のヴァリアント〔異本文〕.
4 (製品の)ヴァージョン, 版.〖自動車〗~

brésilienne d'une Beetle de Volkswagen フォルクスワーゲン社ビートルのブラジル版.〖電算〗nouvelle ~ d'un logiciel ソフトの新ヴァージョン.
5 (事実の)述べ方, 説明；解釈. selon la ~ du témoin 証人の申立てによれば. Il y a deux ~s sur cet accident. この事故には2つの解釈がある.
6 (聖書などの)翻訳. ~ des Septante『70人訳旧約聖書』(ギリシア語版). ~ Vulgate『ラテン語版聖書』.
7〖医〗(胎児の胎位の)回転術. ~ par manœuvres externes (internes) 胎児の胎位の外(内)回転術.

vert[1] *n.m.* **1** 緑, 緑色(=couleur verte)；緑の顔料(染料)；青信号.〖絵具〗~ de cadmium claire カドミウム・グリーン・ライト.〖絵具〗~ de cobalt pâle コバルト・グリーン・ペール. ~ émeraude エメラルド・グリーン. ~ foncé 濃緑色. ~ olive オリーヴ・グリーン.〖絵具〗~ Véronèse ヴェロネーゼ・グリーン.
s'habiller en (de)~ 緑色の服を着る. Le feu passe au ~. 信号が青になる. Les indicateurs économiques sont au ~. 経済指標は青信号を示している.
2 青葉；青草；牧場；緑地. mettre un cheval au ~ 馬を牧場に放つ.〔話〕se mettre au ~ 田舎の空気を吸いに行く.
3〔*pl.* で〕環境保護派(=écologistes). les V~s 緑の党(=Confédération écologiste-parti écologiste「環境保護連盟・環境保護党」の通称；1984年創設). V~s-Alliance libre européenne 緑の党-ヨーロッパ自由同盟(ヨーロッパ議会の政党).〔副詞的〕voter ~ 緑の党に投票する.
4 les ~ (緑色の肩章をつけた)補助警官(=policier auxiliaire).
5〖スポーツ〗〔*pl.*で〕les V~s (サッカーの)サン=テチエンヌ・チームの選手(ユニフォームの色に由来する呼称).

vert[2]**(e)** *a.* **1**〖色彩〗緑色の, 緑の. l'Aiguille ~*e* レーギュイユ・ヴェルト(モン・ブラン山系の名峰4,122 m). billet ~ ドル紙幣.〖植〗chêne ~*e* シエーヌ・ヴェルト, 西洋ひいらぎがし. couleur ~*e* 緑色. feuilles ~*es*[1] 青葉. grenouille ~*e* 青蛙. les guides Michelin ~*s* ミシュランの緑表紙観光案内書. herbe ~*e* 緑草. marbre ~ 緑色大理石. pierres ~*es* 緑色宝石(émeraude, jade, olivine など). pomme ~*e*[1] 青林檎(granny-smith など).〖料理〗sauce ~*e* グリーン・ソース(緑色野菜・香草入り). vin ~[1] 淡緑色の葡萄酒.
2 緑豊かな；緑化の. arbres toujours ~*s* 常緑樹. ceinture ~*e* 環状緑地帯, グリーン・ベルト. chemin ~ 緑道. espaces ~*s* 緑地帯. plan ~[1] d'une ville 都市の緑化計画. la Tapis ~ des jardins du château de Versailles ヴェルサイユ宮殿付属庭園の

3 野外の, 自然の, 田園の.〖学〗classe ~e 林間学校. moto ~ モトクロス. stations ~es 野外活動の観光基地. tourisme ~ 自然観光. vacances ~es 自然の中で過ごすヴァカンス.
4 農業の；農村の. banque ~e 農業銀行. l'Europe ~e ヨーロッパ農業共同体. plan ~² 農業計画. la Révolution ~e 緑の革命, 農業革命. avoir la main ~e 農作業(庭仕事)に向いている.
5 環境問題の；環境保全の；環境重視の；環境〖重視〗派の. aérosol ~ CFC を含有しないエアゾル. candidat ~ 環境派の立候補者. carburant ~ 環境低汚染燃料, バイオ燃料(=biocarburant). élus ~s européens ヨーロッパ議会環境派議員. lessive ~ 自然分解性洗剤. manifestation ~e 環境派のデモ. plan ~³ 環境保全計画. produits ~s 環境に配慮した製品. trains ~s 緑の列車, 低公害列車(天然ガスを燃料とするディーゼル駆動列車).
6 若い, 未熟の. blé ~ 青い麦(=blé en herbe). feuilles ~es² 若葉. haricot ~ アリコ・ヴェール, 莢隠豆. melon ~ まだ熟していないメロン. pois ~ グリーンピース. poivron ~ 青ピーマン. pousses ~es 若芽. vin ~² 若い葡萄酒.
7 若々しい, 元気のよい, みずみずしい. ~ galant 女たらしの老人(V ~-Galant アンリ 4 世の綽名). la ~ jeunesse 青春. jument ~ ぴちぴちした牝馬. vieillard encore ~e まだ若々しい老人.
8 生の；未加工の. bois ~ 生木. café ~ コーヒーの生豆. cuir ~ 粗皮革. thé ~ 緑茶 (thé noir「紅茶」の対).
9 新鮮な, 爽やかな. note ~e d'un parfum 香水の爽やかな植物(果実)香. salade ~e 青野菜のサラダ, グリーンサラダ.
10 (安全のしるしとしての)緑色の. feu ~ 青信号. donner le feu ~ ゴー・サインを出す. signals ~s 青信号, 安全信号.
11 (シンボルカラーとしての)緑色の.〖軍〗béret ~ グリーン・ベレー(米・英特殊部隊員が着用).〖電話〗numéro ~ フリーダイヤル番号.〖スポーツ〗uniforme ~ 緑のユニフォーム(サッカーの Saint-Etienne のユニフォームなど).
12 イスラムの. fondamentalisme ~ イスラム原理主義.
13〔比喩的〕(顔色などが)蒼白い. teint ~ d'un malade 病人の蒼白い顔色. visage ~ de peur 恐怖で青ざめた顔.
14〔比喩的〕(多く名詞の前)粗野な, 荒削りの. ~e semonce 譴責, 戒告. langue ~e 隠語(=argot).

vertébral (ale) (pl. **aux**) a.〖解剖〗脊椎の；椎骨の. arc ~ 脊柱弓. artère ~ale 椎骨動脈. canal ~ 脊柱管. colonne ~ale 脊柱, corps ~ 椎体. déformité ~ale 脊柱変形. douleurs ~ales 脊椎痛. manipulations ~ales 脊柱マッサージ. trou ~ 椎孔.

vertèbre n.f.〖解剖〗椎骨, 脊椎骨. ~s adjacentes 隣接する椎骨. ~s cervicales 頸椎. ~s dorsales 脊椎, 胸椎.〖医〗~ intercalaire 介在椎, 挿入椎. ~s lombaires 腰椎.〖医〗~ plate 扁平椎. ~ proéminente 隆椎, 第七頸椎. ~s soudées du coccyx 尾〔骶〕骨接合椎骨. ~s soudées du sacrum 仙骨接合椎骨.

vertébré(e) a. 脊椎をもつ.
— n.m. 脊椎動物. les ~s 脊椎動物門.

vertébrothérapie n.f.〖医〗脊椎矯正治療法, 脊椎理学療法.

vertex [-tɛks] n.m.〖解剖〗頭頂.

vertical (ale) (pl. **aux**) a. **1** 垂直の, 鉛直の；縦の (horizontal「水平の」の対). déplacement ~ d'un hélicoptère ヘリコプタの垂直移動. écriture ~ale 文字の縦書き. ligne ~ale 鉛直線. plan ~ 鉛直面.〖写真〗plan focal à translation ~ale 縦走りフォーカルプレーン〔シャッター〕.
2〔比喩的〕〖経済〗垂直的な.〖経済〗concentration industrielle ~ale 産業の垂直統合(原料から最終製品出荷までを一貫して行う企業体制). mensualisation ~ale 等級別月給制. syndicats ~aux 縦割りの労働組合.
3〔比喩的〕目のくらむような, 巨大な. stupidité ~ale ひどい愚かさ.

vertige n.m. **1** めまい, 眩暈(げんうん).〖医〗~ central 中枢性眩暈.〖医〗~ périphérique 末梢性眩暈. avoir (éprouver) un ~ (des ~s) 目がくらむ；目が廻る.
2 (高所での恐怖の)目のくらみ. à donner le ~ 目がくらむほどの；非常に高い.
3〔比喩的〕眩惑, 目がくらむこと. ~ de la gloire 栄光に目がくらむこと. la ~ de …の誘惑, …に目がくらんで.

vertu n.f. **1** 徳性, 道徳心；徳行；道徳律. personne de grande ~ 有徳の人. pratiquer la ~ 徳行をなす. avoir de la ~ pour+inf.〔話〕…するという長所がある；〔皮肉〕…するのは見上げたものだ.
2 徳目, 美徳, 徳.〖カトリック〗les quatre ~s cardinales 四枢要徳(courage「剛毅」, justice「正義」, prudence「賢明」, tempérance「節制」). les trois ~s théologicales 三対神徳(charité「愛徳」, espérance「望」, foi「信〔徳〕」). faire de nécessité ~ つらい仕事を快く引受ける. parer qn de toutes les ~s 人をあらゆる美点で飾り立てる.
3〔やや古・戯〕貞操, 貞節. dragon de ~ 貞操観念の権化のような女性. femme de petite ~ 貞操観念の稀薄な女性.
4〔古〕剛勇, 武勇.
5〔pl. で〕〖カトリック〗力天使(第 2 級第 2 隊の天使 ange du second chœur du second ordre).

6 効力, 効き目；力. ～ magique 魔法の力. ～ médicale (curative) 治療効能. ～ thérapeutique des plantes 薬草の治療効能.
7 en vertu de …の力により, によって；『法律』に従って, に基づいて, の適用により, を根拠として, の執行として. en ～ de la coutume 慣習に従って. en ～ d'un mandat 委任の職務執行として. en ～ des principes démocratiques 民主主義の原則に基づいて（の名の下に）. être poursuivi en ～ de la loi 法律の適用によって訴追される.

vertueux(se) (<vertu) a. **1** 有徳の, 徳の高い；高潔な, 徳行の. cœur ～ 気高い心. conduite ～se 高潔な振舞い. homme ～ 有徳の士.
2〔やや古〕（女性が）貞淑な, 操の正しい. jeune fille ～ se 清純な乙女.
3〔時に名詞の前〕〔皮肉〕有徳者気取りの, 見上げた, ご立派な. morgue ～ se 尊大不遜な態度.
4〔古〕勇敢な；気高い.

verveine n.f. **1**『植』ヴェルヴェーヌ, くまつづら, バーベナ (verbena)《バーベナ科》. ～ odorante 香りヴェルヴェーヌ. ～ officinale (médicale) 薬用ヴェルヴェーヌ.
2 ヴェルヴェーヌ茶 (= infusion de ～). infusion de feuilles et de sommites fleuries de ～ odorante 香りヴェルヴェーヌの葉と花序の頂端のアンフュージョン《肝臓病と腎臓病に効くとされる》.
3 ヴェルヴェーヌ酒 (= liqueur de ～)《中央山塊南部ヴレー地方 le Velay の特産》.

vésical(ale) (pl. **aux**) a. 『解剖』膀胱の. calculs ～ aux 膀胱結石. fistule ～ ale 膀胱瘻. hématurie ～ ale 膀胱血症, 膀胱出血. hernie ～ ale 膀胱ヘルニア. lavage ～ 膀胱洗浄. lithiase ～ ale 膀胱結石症. névrose ～ 膀胱神経症. rupture ～ 膀胱破裂. sondage ～ 膀胱ゾンデ・カテーテル検査. ténesme ～ 膀胱テネスムス, 膀胱しぶり, 膀胱性裏急後重（りきゅうこうじゅう）〔症〕. tuberculose ～ 膀胱結核.

vésicant(e) a.『医』発泡作用のある, 水泡を生じる.『軍』gaz ～ 糜爛（びらん）性毒ガス.
——n.m.『薬』発泡薬；『軍』糜爛性毒ガス.

vésication n.f. 『薬』〔古〕発泡；発疱疹.
vésicatoire a. 『医』発疱作用のある.
——n.m.〔古〕**1**『薬』発疱薬. **2**『医』発疱疹.

vésiculaire a.『医』**1** 小胞（小嚢）性の；水胞性の. exanthème ～ 小水胞性発疹. hypothèse ～ 小胞仮説. stomatite ～ 水胞性口内炎. transport ～ 小胞輸送.
2 肺の小胞（気胞）の.

vésicule n.f. **1**『解剖』小胞, 小嚢. ～ biliaire 胆嚢. ～ germinative 胚胞. ～ optique 眼胞. ～ séminale 精嚢. ～ synaptique シナプス小胞. ～s cérébrales 脳胞. ～s pulmonaires 肺胞 (= alvéoles pulmonai-

res).
2『医』（皮膚の）小水胞 (= cloque cutanée de petite taille). ～ superficielle 表皮小水胞.
3『生』（細胞の）液胞, 空胞.
4『鉱』（岩石の）内包.

vésiculeux(se) a. 『医』小胞状の；小水胞を伴う. dermatose ～ se 小水胞性皮膚疾患.

vésiculovirus n.m. 『医』ベジキュロウイルス《ラブドウイルス科 Rhabdoviridae の一属名》.

Vesoul n.pr. ヴズール,（時に）ヴズー（département de la Haute-Saône オート＝ソーヌ県の県庁所在地；市町村コード 7000；形容詞 vésulien(ne)）.

vesse-de-loup (pl. **～s-～-～**) n.f. 『茸』ヴェス＝ド＝ルー（「狼のすかし屁」の意）, ほこりたけ（非食用）.

vessie n.f. **1**『解剖』膀胱（ぼうこう）(= ～ urinaire).『医』～ artificielle 人工膀胱. ～ atone 無緊張性膀胱. ～ neurologique 神経因性膀胱. cancer de la ～ 膀胱癌.『生理』capacité de la ～ 膀胱容量.『解剖』col de la ～ 膀胱頚. diverticule de la ～ 膀胱憩室.『医』lavage de la ～ 膀胱洗浄. ponction de la ～ 膀胱穿刺〔法〕. tumeur bénigne de la ～ 膀胱良性腫瘍.
2 ～ de porc〔desséchée〕乾燥させた豚の膀胱（1）昔, 豚肉屋の看板代りに用いた；2）〔料理〕鶏や鴨を丸ごと入れて調理する材料）.〔料理〕poularde en ～ 豚の膀胱に詰めてゆでた肥育鶏 (= poularde en chemise). prendre des ～s pour des lanternes（看板の豚の膀胱を軒先灯と違える→）〔話〕とんでもない間違いをしでかす.
3 薄膜の袋. ～ à glace 氷嚢. ～ d'un ballon ボールのチューブ.『魚』～ natatoire 鰾（うきぶくろ）.

veste n.f. **1**（スーツなどの）ヴェスト, 上着, ジャケット. ～ de complet (de costume) スーツの上着. ～ d'intérieur 部屋着. ～ de photographe カメラマン・ヴェスト. ～ de sport スポーティーな上着, ブレザー. ～ de tailleur de femme 婦人ジャケット. ～ de tricot カーディガン (cardigan). ～ droite (croisée) シングル（ダブル）の上着. ～ imperméable アノラック (anorak). ～ en tweed ツイードのジャケット. mettre (enlever) sa ～ 上着を着る. sortir en ～ （コートを着ずに）上着だけで外出する.〔話〕ramasser (remporter, prendre) une ～ 失敗する. retourner sa ～ 豹変する. tailler une ～ à qn 人の陰口をきく. tomber la ～ 上着を脱ぐ, 上着を脱いでくつろぐ.
2〔古〕前開き長上着. ～ militaire 軍服の上着 (dolman, hoqueton, soubreveste など).

vestiaire *n.m.* **1** ヴェスチエール, クローク；〔集合的〕クロークに預けた品. ~ d'un théâtre (d'un restaurant) 劇場(レストラン)のクローク. dame du ~ クロークの係. déposer son manteau au ~ コートをクロークに預ける. retirer son ~ クロークに預けたものを出す.
2〔多く *pl.*〕更衣室；個人用ロッカー. ~ d'un stade (d'une piscine) 競技場(プール)の更衣室. Au ~! ひっこめ！(選手や役者に対する野次). mettre (laisser) qch au ~ 何を忘れる(見捨てる).
3 衣裳部屋 (=garde-robe), ドレッシング・ルーム (〔英〕 dressing room に対する公用推奨語), クローゼット, 衣裳箪笥.
4〔集合的〕衣裳部屋の衣裳類. ~ d'été 夏の衣類.

vestibulaire *a.*〚解剖・医〛前庭(vestibule)の. névrite ~ 前庭神経炎. réflexe ~ 前庭反射. sensation ~ 前庭感覚.

vestibule *n.m.* **1** (建物・住居の)玄関, エントランス〚アメ〛. ~ d'une église 教会堂の入口ホール.
2〚解剖〛前庭；内耳前庭 (= ~ de l'oreille interne). ~ génital 膣前庭. ~ osseux (内耳の)骨前庭.

vestibulospin*al* (***ale***) (*pl.* ***aux***) *a.* 〚解剖・医〛前庭脊髄の. réflexe ~ 前庭脊髄反射.

veston *n.m.* **1** (男物の)上着, ヴェスト. ~ d'un complet (de smoking) スーツ(スモーキング)の上着. complet-~ (*pl.* ~s-~) 三揃いのスーツ. être en ~ スーツを着ている.
2〔古〕短い上着.

vêtement *n.m.* **1** 体にまとうもの (habits, accessoires, chaussures, coiffure, linges など).
2〔現用〕〔*pl.* で〕衣服, 衣類；(特に)上着 (=habillement de dessus), sous-vêtements 「下着」の対). ~s à la mode (démodés) 流行の (流行遅れの) 衣服. ~s civiles (militaires) 平服 (軍服). ~s d'été (d'hiver) 夏(冬)物の衣服, 夏(冬)服. ~s d'homme (de femme) 紳士服(婦人服). ~s de tous les jours 普段着. ~s de travail 作業衣, 仕事着. ~s de ville (de sport) 街着(スポーツ着). usée 古着. armoire à ~s 衣裳だんす. mettre ses ~s 衣服を着る.
3〔集合的〕衣料(下着・帽子などを含む). commerce (fabrication) de ~ 衣料販売(製造)業. industrie de ~ 衣料産業. travailler dans le ~ 衣料関係の仕事をする.
4〔比喩的〕衣, 覆い物, 飾る物. La parole est le ~ de la pensée. 言葉は思想のまとう衣である.
5〚紋章〛楯一杯の菱形.

vétéran *n.m.* **1**〚古代ローマ〛退役兵.
2〚軍〛退役軍人；復員軍人, 旧軍人；〔古〕古参兵, 老兵. ~s du Viet-Nam ヴェトナム戦争参戦の退役軍人(老兵).
3〔広義〕ベテラン, 老練者, 古参者. ~ de l'enseignement 教育のベテラン.
4〚スポーツ〛ベテラン選手；高齢選手(女性は35歳以上, 男性は40歳以上).

vétérinaire *a.* 獣医の. école nationale ~ 国立獣医学校. médecine ~ 獣医学. soins ~s 獣医学的処置.
—*n.* 獣医 (=médecin ~).

vététiste *n.* VTT (=*v*élo *t*out-*t*errain 全地形対応自転車, オフロード自転車)利用者；VTT 選手.

veto *n.m.inv.* **1** 拒否権. ~ absolu 絶対的拒否権. ~ du Conseil de sécurité de l'Onu 国連安全保障理事会の拒否権. ~ législatif 立法拒否権. ~ populaire 国民拒否権(法案などを国民投票に付す権利). mettre (opposer) son ~ à une loi 法律に拒否権を行使する.
2〔広義〕拒否, 反対. mettre son ~ à une décision 決定に反対する.

vêtu(**e**) (<vêtir) *a.p.* **1** 服を着た. ~ de neuf (de noir) 新しい(黒い)服を着た. ~ en paysan 農夫の身なりをした. femme ~*e* à la mode 流行の身なりの女性. être bien (mal) ~ 良い(ひどい)身なりをしている. être pauvrement ~ みすぼらしい身なりをした.
2〔文〕(物が)(de を)まとった, (に)覆われた. arbres ~*s* de givre 霧氷に覆われた木々. livre ~ de maroquin モロッコ革の装丁本. paysage ~ de blanc 白一色の風景. poussin ~ de duvet jaune 黄色い羽毛に覆われた雛. vallée toute ~*e* de feuilles 一面緑に覆われた谷.

vétuste *a.* **1** (建物などが)老朽化した. maison ~ 老朽家屋.
2 (道具等について)老朽化して使いものにならなくなった, 古びて使用に耐えない. outillage ~ 老朽化した工具. mobilier ~ 老朽化した家具調度.

vétusté *n.f.* 老朽；老朽化. ~ d'une construction 建造物の老朽化. coefficient de ~ appliqué par les assureurs (建造物・物品等に)保険業者が適用する老朽係数.

veuf(**ve**[1]) *a.* **1** やもめの, 妻(夫)を亡くした. femme ~*ve* 寡婦. homme ~ 寡夫. rester ~*ve* 未亡人暮らしを続ける.
2〔話〕(一時的に)単身の, ひとりの. Ma femme est sortie; je suis ~ ce soir. 妻が外出しているので, 今夕, 私はひとりだ.
3〔文〕(de を)失った. ~ d'espoir 希望を失った.
—**1** *n.m.* 寡夫, 男やもめ.
2 *n.f.* 寡婦, 未亡人, 後家, やもめ. ~*ve* de guerre 戦争未亡人. défenseur de la ~*ve* et de l'orphelin 未亡人と孤児の擁護者, 弱者の味方 (弁護士). La joyeuse ~*ve* de Lehar レハールのオペレッタ『陽気な未亡人』(1905年). madame ~*ve* X X 未亡人.

veuvage (<veu*f*(*ve*))*n.m.* **1** やもめ暮し；寡夫(婦)期間. se marier après son ~ やもめ暮しの後に再婚する.
　2〔話〕(一時的な)一人暮し，単身生活.

veuve² *n.f.* **1**〔古・隠〕断頭台 (=guillotine).
　2〔鳥〕~ à collier d'or 金首夫人鳥.
　3〔昆〕~ noir 大黒蜘蛛.
　4〔植〕まつむし草 (=fleur de ~；scabieuse).

vexation *n.f.* **1** 侮辱；屈辱感. essuyer des ~s 侮辱を被る. supporter des ~s 屈辱に耐える.
　2〔やや古〕圧政，強圧，虐待；権力の濫用.

vexé(e) *a.p.* 気分を害する，機嫌をそこねる. être ~ de+*inf.* (que+*subj.*) …のことで気を悪くしている. être facilement ~ すぐにむっとする.

VF¹ (=*v*ersion *f*rançaise) *n.f.*〔映画〕フランス語版の；フランス語吹き替え版の (*ver*sion originale：VO「オリジナル版；原語版」の対).

VF² (=*v*iande *f*rançaise) *n.f.* フランス産食肉(ロゴ).

VFR (=〔英〕*v*isual *f*light *r*ules) *n.m.* 有視界飛行〔規則〕(=〔仏〕vol à vue). voler en ~ 有視界飛行規則で飛ぶ.

VGA (=〔英〕*V*ideo *G*raphics *A*rray) *n.m.*〔情報処理〕ヴィデオ・グラフィックス・アレイ (IBM-PS/2 で標準装備された表示規格；640×480 ドットの解像度をもち，26 万 2144 色中，最大 256 色を表示できる). écran ~ couleur VGA 方式カラーディスプレー.

VGC (=*v*isualisation *g*raphique *c*onversationnelle) *n.f.* 双方向コンピュータ・グラフィックス (=〔英〕interactive computer graphics).

VGE (=*V*aléry *G*iscard d'*E*staing) *n.pr.* ヴァレリー・ジスカール・デスタン (1926 年生まれ，1962-66，1969-74 年大蔵大臣，1974-81 年第五共和政第 3 代大統領；保守中道系の政治家).

VGM (=*v*olume *g*lobulaire *m*oyen) *n.m.*〔医〕血球数平均値.

VGV (=*v*élo *g*rande *v*itesse) *n.m.* 高速自転車.

VHA (=*v*irus de l'*h*épatite *A*) *n.m.*〔医〕A 型肝炎ウイルス.

VHB (=*v*irus de l'*h*épatite *B*) *n.m.*〔医〕B 型肝炎ウイルス.

VHC (=*v*irus de l'*h*épatite *C*) *n.m.*〔医〕C 型肝炎ウイルス.

VHE (=*v*irus de l'*h*épatite *E*) *n.m.*〔医〕E 型肝炎ウイルス.

VHF (=〔英〕*V*ery *H*igh *F*requency) *n.f.* 超短波〔周波数 30-300 MHz，波長 1-10 m のメートル波〕 =〔仏〕ondes métriques très haute fréquence).

VHS (=〔英〕*V*ideo *H*ome *S*ystem) *n.m.* 家庭用ヴィデオ方式.

VHU (=*v*éhicule *h*ors d'*u*sage) *n.m.*〔環境〕廃車 (=〔英〕ELV：end of life vehicle).

via〔ラ〕*prép.* **1** 経由で(の). aller à Paris ~ Londres ロンドン経由でパリに行く.
　2〔話〕を介して. recevoir le dossier ~ ma secrétaire 女秘書を介して書類を受けとる.

viabilisé(e) *a.p.*〔都市計画〕(道路・上下水道などを整備して)造成された. lotissement ~ 造成分譲地. terrain ~ 造成地.

viabilité¹ *n.f.* **1** (胎児・新生児の)生命力，生育力，生存能力. ~ d'un fœtus 胎児の生命力 (生育力).
　2〔比喩的〕存続可能性，実現可能性. ~ d'une entreprise 企業の存続可能性. ~ d'un projet 計画の実現可能性.

viabilité² *n.f.* **1** (道路などの)通行可能性；通行可能状態.
　2〔都市計画・土木〕(土地・道路・上下水道工事などの)造成. travaux de ~ 造成工事.

viable *a.* **1** (胎児・新生児の)生育できる；生育の見込みがある，生存能力のある. enfant né ~ 生育の見込みがある新生児. Après le 180ᵉ jour de la grossesse, l'enfant est légalement reconnu ~. 妊娠 180 日以後，胎児は法的に生存能力があると認められる.
　2〔比喩的〕(企業・計画などが)存続(成功)の見込みがある. entreprise difficilement ~ 生き残るのが難しい企業.

viaduc (<〔英〕viaduct) *n.m.* (道路・鉄道の)長大橋，ヴィアデュック. ~ à arcades アーケード式ヴィアデュック. le ~ des Fades ヴィアデュック・デ・ファード (1901-9 年；長さ 376 m，水面高 132.5 m). le ~ de Millau ミヨーのヴィアデュック (タルヌ川 le Tarn の渓谷に 2001 年から 2004 年にかけて建造された水面高 343 m，長さ 2,460 m の高速自動車専用の斜張式吊橋).

viager(ère) *a.* 終身の. à titre ~ 終身資格で. revenu ~ 終身所得.
　——*n.m.* 終身年金 (=rente ~ère).

Viagra *n.m.*〔薬〕ヴァイアグラ (米ファイザー社のシデナフィル sildénafil 錠剤；陰茎勃起機能不全治療薬).

viande *n.f.* **1** 食肉，肉(鳥獣の食肉). ~ de bœuf (de mouton, de porc, de poulet) 牛 (羊・豚・鳥) 肉. ~ blanche 白身の肉 (鳥・仔牛・豚・兎の肉). ~ noire 黒肉 (猪，鹿，野兎，やましぎ bécasse などの肉). ~ rouge 赤肉，赤身の肉 (牛・羊の肉).
　〔食材〕~ à griller 焼肉用の肉. ~ congelée 冷凍肉. ~ avec os 骨付肉. ~ crue 生肉 乾し生肉. ~ de boucherie 肉屋の肉 (一般に，鳥肉，臓物，加工食品以外を指す). ~ entrelardée 三枚肉. ~ fumée 燻製の肉. ~ grasse 脂身肉. ~ hachée 挽肉. ~ maigre 脂身の少ない肉. ~ persillée 霜降り肉. ~ salée 塩漬け肉.

〘料理〙~ à la broche 串焼きの肉. ~ bouillie ゆで肉. ~ braisée 蒸し煮し肉. ~ froide 肉料理の冷製. ~ grillée 焼き肉〔料理〕. ~ panée 肉のカツレツ. ~ rôtie セート. bouillon de ~ 肉のブイヨン.
〘調理法〙cuisson des ~s rouges grillées (rôties)《肉の焼き加減：à point ア・ポワン (中位に焼いた, ミディアム), saignant セーニャン (生焼きの, レア), bleu ブルー (極く生焼きの), bien cuit ビヤンキュイ (よく焼いた, ウェルダン)》. fumet des ~s 肉のフュメ〘肉汁ソース〙. plats de ~ 肉料理. manger de la ~ 肉を食べる. vendre de la ~ 肉を売る.
2〔俗〕(人の) からだ. Amène ta ~! こっちへ来いよ. montrer sa ~ 裸になる. sac à ~ 寝袋 (=sac de couchage).

vibrateur *n.m.* 〘機工〙**1** 振動器, バイブレーター, 振動子. **2** 〘土木〙コンクリート振動機.

vibration *n.f.* **1** 〘物理〙振動. ~s des atomes (molécules) 原子 (分子) の振動. ~ du diapason 音叉の振動. ~ du sol 大地の揺れ. ~ lumineuse 光の振動. amplitude de la ~ 振幅. ondes à ~s longitudinales (transversales) 縦 (横) 振動波.
2 ふるえ；ゆらめき. ~ de l'air (de la lumière) かげろう. ~ d'une voix 声のふるえ.
3 〘医〙振動マッサージ.
4 〔比喩的〕〔*pl.* で〕感じ, 印象, 雰囲気. avoir de bonnes (mauvaises)~s 波長が合う (合わない).

vibrato 〔伊〕 *n.m.* 〘音楽〙ヴィブラート.

vibratoire *a.* **1** 振動の, 振動性の. mouvement ~ 振動運動. phénomène ~ 振動現象.
2 振動させる, 振動による. massage ~ 振動マッサージ.

vibreur *n.m.* 〘音響〙振動子, 振動板. ~ d'un haut-parleur électromagnétique スピーカーの電磁振動板. ~ d'une sonnerie ベルの振動子 (打ち子).

vibrion *n.m.* **1** 〘菌〙ビブリオ〔属の細菌〕(グラム陰性の運動性大桿菌). ~ cholérique (septique) コレラ菌 (=〔ラ〕vibrio cholerae). ~ parahémolytique 腸炎ビブリオ (=〔ラ〕vibrioparahaemolyticus). ~s pathogéniques 病原性ビブリオ.
2 〔比喩的〕(ビブリオ菌のように) 揺れ動く人.

vibriose *n.f.* 〘獣医〙ビブリオ病；ビブリオ流産 (ビブリオ菌による).

vibromasseur *n.m.* 震動式マッサージ器, マッサージ用バイブレーター.

vicaire *n.m.* **1** 〘カトリック〙(教皇・司教の) 代理者；(特に) 助任司祭 (= ~ de paroisse) ; 代牧者. ~ apostolique (代牧区の) 使徒座代理区長. ~ de Jésus-Christ (Saint-Pierre, Dieu) 教皇. ~ général 司教総代理 (=grand ~).

2 (英国国教会の) 教区司祭 (牧師)；(米国聖公会の) 会堂牧師.

vicariat *n.m.* **1** 〘カトリック〙助任司祭 (司教総代理) (vicaire) の職 (任期)；〘英国教〙教区司祭 (牧師) の職 (任期)；〘米国聖公会〙会堂牧師職 (任期).
2 総代理区 (= ~ général)；代牧区 (= ~ apostolique).
3 助任司祭館.

vice *n.m.* Ⅰ (悪徳) **1** 悪徳, 不道徳 (avarice, égoïsme, envie, gourmandise, hypocrisie, impudicité, intempérance, jalousie, luxure, oisiveté, orgueil, paresse, vanité など). les ~s et les vertus 悪徳と美徳. charme du ~ 悪徳の魅力. 〘諺〙L'oisiveté est mère de tous les ~s. 小人閑居して不善をなす. 〘諺〙Pauvreté n'est pas ~. 貧は罪ならず.
2 不道徳な行為, 不品行, 放埓. vivre dans le ~ 放埓に生きる.
3 性的倒錯. ~ contre nature 変態性欲. ~ solitaire 自慰, オナニー (masturbation).
4 悪癖. ~ du toxicomane 薬物嗜癖. avoir des ~s 悪癖をもつ.
5 悪趣味.
6 〔話〕抜け目なさ, ずる賢さ. avoir du ~ ずる賢い, 抜け目がない.
7 〔集合的〕悪者.
Ⅱ (欠陥) **1** (物の) 欠陥, 瑕疵 (かし), きず. ~ caché (商品などの) 隠された欠陥. ~ de conformation 奇形, 不具. ~ de construction d'un bâtiment 建物の建築上の瑕疵. ~ de fabrication d'un appareil 機器の製造上の欠陥.
2 〘法律〙不備, 瑕疵, 欠陥. ~ de forme 形式上の不備；行政行為の瑕疵；判決の瑕疵. ~ de possession 占有の瑕疵. ~ du consentement 合意の瑕疵. ~ rédhibitoire 売買目的物の重要な瑕疵.

vice-amiral (*pl.* ~-~aux) *n.m.* 〘軍〙海軍少将. ~ d'escadre 海軍中将.

vice-consul(**e**) *n.* 副領事；領事代理.

vice-consulat *n.m.* 〘外交〙**1** 副領事 (vice-consul(e)) 職. **2** 副領事館.

vice-président(**e**) *n.* 副大統領；副議長；副総裁；副会長.

vice-reine *n.f.* 副王夫人；副女王.

vice-roi *n.m.* 〘史〙**1** 副王. **2** (インドの) 総督；植民地総督.

vice[**-**]**versa** 〔ラ〕 *l.ad.* 逆に, 反対に, あべこべに；(省略文として) 逆もまた同じ (記号 v.v.).

Vichy *n.pr.* ヴィシー (フランス中部département de l'Allier アリエ県の郡庁所在地；古くからの温泉保養地；市町村コード 03200). eau de ~ ヴィシー鉱水. 〘仏史〙le gouvernement de ~ ヴィシー政府 (1940年 7 月-1944 年 8 月；独軍非占領地帯の「フランス国」l'Etat français の政府). station thermal de ~ ヴィシー温泉 (国有；14 カ

所の泉源のうち Célestins, Chomel, Grande Grille, Hôpital, Lucas, Parc の6カ所が治療用). la Compagnie fermière de ~ ヴィシー鉱水販売請負会社.

vichy *n.m.* **1** ヴィシー鉱水 (=eau de V~)(リウマチ, 消化器系疾患に効くミネラル水). **2** 〖織〗ギンガム (=toile de V~).

vichyssois(e¹) *a.* **1** ヴィシー (Vichy) の; ヴィシー風の. thermalisme ~ ヴィシーの湯治 〔場〕.
2 〖仏史〗ヴィシー政府 (=gouvernement de Vichy : 1940 年 7 月～1944 年 8 月) の (=vichyste).
──V~ *n.* ヴィシー市民.

vichyssoise² *n.f.* 〖料理〗ヴィシソワーズ (ポワロー, じゃがいも, 生クリーム, 香味料でつくる冷製スープ).

vichyste *a.* 〖史〗ヴィシー政府 (=gouvernement de Vichy) の; ヴィシー政府派の.
──*n.* ヴィシー政府派.

vicié(e) *a.p.* 〖法律〗(瑕疵により) 無効となった. acte ~ 無効証書.

vicieux(se) (＜vice) *a.* **1** 悪徳に染まった; 不品行の, 不道徳の.
2 性悪の; (馬などが) 強情な. enfant ~ 悪童. enfants ~s envoyés dans une colonie pénitentiaire 感化院に送られた性悪な子供. mule ~e 手に負えないらば.
3 淫蕩な, 変態の. air ~ 淫蕩な様子. désir ~ 変態性欲. regard ~ みだらな目付き.
4 〖話〗悪趣味の. Il faut vraiment être ~ pour aimer ça! こんなものが好きだなんて何と悪趣味だ.
5 〖スポーツ〗相手の裏をかく, ひねくれた. balle ~se ひねくれ球.
6 (物が) 欠陥のある, 不備な. 〖論理〗cercle ~ 循環論法; 〖一般に〗悪循環 (cercle vertueux 「好循環」の対). locution ~se 誤った言い回し. 〖医〗position ~se du corps 異常体位. 〖法律〗possession ~se 瑕疵ある占有. prononciation ~se 間違った発音. raisonnement ~ 誤りのある推論.
7 〖医〗cal ~ 骨瘤 (こつりゅう).
──*n.* **1** 性悪な人. vieux ~ 性悪な老人. **2** 淫蕩な人; 変態.

vicinal (ale) (*pl.* **aux**) *a.* 村と村を結ぶ. chemin ~ 村道 (=voie communale). routes départementales et chemins ~*aux* 県道と村道.

vicinalité *n.f.* **1** (道路の) 村道性. chemin de grande ~ 幹線村道, 基幹村道. **2** 〖集合的〗村道, 地方交通網.

vicissitude *n.f.* **1** 〖*pl.* で〗〖文〗変遷, (特に) (人生・運命の) 浮沈, 有為転変. ~s de la vie 人生の有為転変.
2 〖*pl.* で〗〖文〗運命の急転; 悲運, 不幸な出来事. assister aux ~s des hommes 人々の悲運を目撃する.

3 〔古〕変化, 移り変り. ~ de lumière et de ténèbre 光と闇の移り変り.

vicomte *n.m.* 子爵. château de Vaux-le-V~ ヴォー＝ル＝ヴィコント城館 (1656-61 年にル・ヴォー Le Vau がフーケ Fouquet のために建造した城館；ル・ノートル Le Nôtre 設計の庭園で名高い).

vicomté *n.f.* 子爵の位; 子爵 (子爵夫人・女性子爵) 領.

vicomtesse *n.f.* 子爵夫人, 子爵領を所有する女性貴族.

victime *n.f.* **1** 犠牲者；被害者, 被災者, 罹災者. ~s d'un accident 事故の犠牲者. ~s de guerre 戦災者. ~ du sida (du cancer) エイズ (癌) による死者. ~s d'un tremblement de terre 地震の被災 (罹災) 者. entreprise ~ de la crise économique 経済危機の被害を蒙った企業.
être ~ de (事故・災害の) 犠牲となる, 被害を受ける；(中傷などに) さらされる. être ~ du vol 盗難の被害を蒙る. être ~ de son prudence 軽はずみな行動の報いを受ける. être ~ d'une hallucination 幻覚にとらわれる. être ~ d'une méprise 軽蔑にさらされる. mourir ~ de son devoir 殉職する.
2 (神に捧げられる) 生贄, 犠牲. immoler une ~ sur l'autel d'un dieu 神の祭壇に生贄を捧げる. ~ humaine 人身御供. ~ propitiatoire 贖罪の生贄.

victimologie *n.f.* 犯罪被害者学.

victoire *n.f.* **1** 戦勝；勝利, 勝ち. ~ à la Pyrrhus (ピュロスの勝利→) 代償の高すぎる勝利. ~ aérienne (navale) 空戦 (海戦) の勝利. ~ aux points (par K.O.) (ボクシングの) 判定 (ノックアウト) 勝ち. ~ de Napoléon ナポレオンの戦勝. ~ diplomatique 外交的勝利. ~ éclatante 輝かしい勝利. ~ électorale 選挙での勝利.
fête nationale de la ~ 〔de 1918〕 第一次世界大戦の戦勝 (休戦) 記念日 (=fête de l'Armistice : 11 月 11 日；法定祝祭日). trophée d'une ~ 勝利のトロフィー. chanter (crier) ~ 勝利を謳歌する. entasser ~ sur ~ 戦勝 (勝利) を重ねる, 連勝連勝をする. fêter une ~ 勝利を祝賀する. remporter une ~ sur …に対して勝利を収める. remporter une ~ sur soi-même 己れに打ち克つ.
2 la V~ 勝利の女神 (ギリシア神話のニケ Niké, ローマ神話のヴィクトリア). la V~ de Samothrace サモトラケ島の勝利の女神ニケ. les ailes de la V~ 勝利の女神の翼.

Victor *n.pr.m.* ヴィクトール号 《フランスの新型深海探査機の名称》.

victorieux(se) *a.* **1** 戦勝を収めた；勝ち誇った. équipe ~se 勝利チーム. général ~ 戦勝将軍. parti ~ aux élections 選挙で勝った政党. avoir un air ~ 勝ち誇った様子をする. sortir ~ d'un combat 戦いに勝つ.

vidange

2〚決定的な；反駁を許さぬ. argument ～ 決定的証拠. réponse ～*se* 反駁を許さぬ返答.

vidange (<vider) *n.f.* **1**(タンク, 樽, 堀などを)空にすること, 浚うこと. ～ d'un réservoir 貯水槽の水抜き清掃. en ～ 空になりかけた. tonneau en ～ ほとんど空の樽.
2〚自動車〛オイル交換(＝～ du réservoir d'huile)(＝～-graissage). faire la ～ d'une voiture 自動車のオイル交換をする.
3 浚ったもの；汲み出したもの.
4(浴槽, 洗濯機などの)排水栓. ～ d'un lavavo 洗面所の排水栓.
5 便所の汲取り；〚多く *pl.*〛糞尿, 下肥(しもごえ).
6〚ベルギー〛(デポジット式の) 空瓶.

vide *a.* **1** 空の, 中味のない, 中空の. appartement ～¹ 家具なしのアパルトマン(meublé「家具調度つきの」の対). boîte ～ 空箱. bourse ～ 空財布. bouteil ～ 空壜.〚数〛ensemble ～ 空集合. espace ～ entre deux choses ふたつの物の間の隙間.
avoir l'estomac(le ventre)～ 腹ぺこである. avoir la bourse ～ 無一文である. rentrer les mains ～*s* 手ぶらで帰る.
2 無人の；空家の；がら空きの；空席の. appartement ～² 空きアパルトマン(occupé「人の住んでいる」の対). compartiment ～ がら空きの(無人の)車室. salle ～ 無人のホール(会場). Les rues sont ～*s* à cette heure-là. その時間通りにはひと気がない. Le train était ～. 列車ががらがらであった. Le trône restait ～. 玉座は空席のままであった.
3〚比喩的〛(時間の)むなしく過ぎた；空虚な. avoir des moments ～*s* 空虚な時を過ごす. passer une journée ～ 所在ない1日を過ごす.
4〚比喩的〛虚ろな；空っぽな；無情な. cœur ～ 虚ろな心.〚話〛avoir une case ～ 頭が弱い(おかしい). avoir la tête ～ 頭が空っぽである(真白になる), ぽかんとしている. être ～ et ennuyé 無気力で屈託している.
5 中身のつまっていない. os ～ すかすかの骨.
6〚比喩的〛(内容の)空疎な, つまらない. discussions ～*s* 空疎な議論. existance(vie)～ 空虚な生活. sonorité ～ 虚ろな響き. style ～ つまらぬ文体.
7 むき出しの, 蔽われていない. mur ～ むき出しの壁. terrains ～*s* 〚建物がなく, 草木でもない〛更地.
8 (de を) 欠く, 奪われた. mot ～ de sens 無意味な語. poches ～*s* d'argent 金のないポケット. rues ～*s* de voitures 車の姿の見えない通り.
——*n.m.* **1** 隙間, 空隙, 穴；空白. ～ qui sépare deux choses ふたつの物の間の隙. ～ intérieur d'un récipient 容器の内容物. ～ juridique 法的空白. ～ politique 政治的空白.〚建築〛～ sanitaire 床下の空間(隙間).
à ～ 空の状態で；いたずらに；〚理〛無負荷で. L'autobus est parti à ～. バスは空のまま発車した. machine à ～ 無負荷運転. moteur qui tourne à ～ 空転するエンジン. passage à ～ から回り；〚比喩的〛虚脱, 意識の空白.
combler un ～ de deux années 2年の空白を埋める.
2〚物理〛真空. ～ absolu(parfait) 絶対真空. ～ imparfait 低真空. faire le ～ 真空にする. degré de ～ 真空度. emballage sous ～ 真空包装. pompe à ～ 真空ポンプ.〚電〛tube à ～ 真空管.
3〚比喩的〛虚空. faire le ～ autour de *qn* 人を孤立させる. dans le ～ 虚空に向かって；むなしく. parler dans le ～ 手応えなく話す. promettre dans le ～ 空約束をする. regarder dans le ～ 虚空を見つめる. se jeter dans le ～ 宙空に身をおどらせる.
4〚比喩的〛虚無；虚無感(＝sentiment de ～). ～ de l'existance 人生のむなしさ. Sa mort a laissé un grand ～. 彼が死んで胸にぽっかり穴があいたようだ.
5〚比喩的〛欠員, 空席.

vidéaste *n.m.* ヴィデオ作家, ヴィデオ作品制作者；ヴィデオカメラ利用者.
vide-greniers (*pl.*～*s*-～) *n.m.* 古道具市, 古物市(一般に市町村が主催し, 個人が古物を売る市).
vidéo (<vidéofréquence) *n.f.*〚カナダでは *m.*〛**1** ヴィデオ送受信(信号, 映像). **2** ヴィデオ機器.
——*a.inv.* ヴィデオの；ヴィデオ用の. art ～ ヴィデオ芸術(＝vidéoart). bande ～ ヴィデオ・テープ.〚情報処理〛carte ～ ヴィデオカセット(＝vidéocassette). disque compact ～ コンパクト・ヴィデオディスク. jeux ～ ヴィデオゲーム. signaux ～ ヴィデオ信号, 映像信号. ～-disque numérique ディジタル・ヴィデオ・ディスク(＝[英] DVD：*Digital Video-Disc*).
vidéoachat *n.m.*〚商業〛ヴィデオショッピング(＝[英] videoshopping).
vidéoarbitrage *n.m.*〚スポーツ〛ヴィデオ[利用]判定.
Vidéobanque *n.f.* ヴィデオ銀行(ミニテル利用の銀行システム).
vidéo[-]cassette *n.f.* ヴィデオカセット.
vidéochirurgie *n.f.*〚医〛ヴィデオ利用手術, TVモニター利用手術.
vidéo-clip *n.m.* ヴィデオ・クリップ(＝[英] video-clip)(公用推奨語は bande vidéo promotionnelle).
vidéoclub *n.m.* ヴィデオクラブ, レンタルビデオ店.

vidéocommunication *n.f.* ヴィデオ通信《映像を伴う通信》.
vidéocomposite *a.* 〖視聴覚〗ヴィデオコンポジット《音声と映像を合成送信する》. signal ~ ヴィデオコンポジット信号.
vidéocompte *n.m.* ヴィデオ口座《ミニテル利用口座》.
vidéo(-)conférence *n.f.* ヴィデオ会議. ~ interactive 対話型ヴィデオ会議.
vidéo(-)disque (*pl.* ~(-)~*s*) *n.m.* ヴィデオディスク.
vidéo(-)fréquence *n.f.* (ヴィデオ信号の)映像周波数.
vidéogramme *n.m.* ヴィデオ作品；ヴィデオ収録映画；ヴィデオソフト.
vidéographie *n.f.* ヴィデオ映像；ヴィデオ作品. ~ diffusée テレテクスト(= télétexte). ~ interactive ヴィデオテックス(=vidéatex)《通信回路を介してホスト・コンピュータがもつデータベースから情報を TV やディスプレー装置に配信する双方向システム》.
vidéojockey [英] *n.* ヴィデオジョッキー(略称 VJ [vidʒi]).
vidéolecteur *n.m.* ヴィデオディスク・プレーヤー《ヴィデオディスクの読取装置》.
vidéoludique *a.* ヴィデオゲーム (jeux vidéo) の(に関する).
vidéophone *n.m.* TV電話 (= vidéotéléphone, visiophone).
vidéoprojecteur *n.m.* ヴィデオプロジェクター. ~ compact à cristaux liquides 液晶式小型ヴィデオプロジェクター. ~ LCD en 〔format〕 16/9 画面サイズ 16×9インチの液晶式ヴィデオプロジェクター. ~ LCD multimédia portable 携帯式マルチメディア液晶ヴィデオプロジェクター. ~ tritube 三管式ヴィデオプロジェクター.
vide-ordures *n.m.inv.* ダスト・シュート.
vidéoscopie *n.f.* 〖医〗ヴィデオ利用法, TVモニター利用法. chirurgie par ~ TVモニター利用手術 (=vidéochirurgie).
vidéo-surveillance *n.f.* ヴィデオカメラによる監視〔システム〕.
vidéotex *n.m.* ヴィデオテックス《電話と TV によるデータベース利用システム》.
vidéothèque *n.f.* **1** ヴィデオ資料館. **2** ヴィデオ機器設置棚, ヴィデオ台.
vidéotransmission *n.f.* 〖通信〗ヴィデオ通信.
vidéovente *n.f.* 〖商業〗ヴィデオ利用販売.
vide-poche *n.m.* **1** (ポケットの中の物, 装身具などを入れる)小物皿, 小物入れ. **2** (自動車の)小物入れ.
vide-pomme *n.m.* リンゴの芯抜き.
vide-vite *n.m.inv.* **1** 〖航空〗(緊急時の)燃料放出装置. **2** 〖海〗 ~ d'un canot pneumatique 救命ゴムボートの急速空気抜き装置.

viduité *n.f.* **1** 〖法律〗寡夫(寡婦)の状態；(特に女性の)寡居. délai de ~ 寡居期間《女性の再婚禁止期間；原則として 300日》.
2 〖文・稀〗(de の)喪失状態；孤独, 打ち棄てられた状態.
VIE (=*v*olontariat *i*nternational en *e*ntreprise) *n.m.* (国民役務の)国際企業内活動志願役務《兵役に代る役務》.
vie *n.f.* **1** 生命, いのち, 生存. assurance sur la ~ 生命保険 (=assurance-vie). droit de ~ et de mort 生殺与奪の権利. pertes en ~s humaines (戦争, 災害などに際する)人命の損害. question de ~ ou de mort 死活の問題. signe de ~ 生きているしるし, 音信. ne pas donner signe de ~ 音信不通になる. entre la ~ et la mort 生死の境. attenter à sa ~ 自殺を企てる. demander la ~ 命乞いをする. devoir la ~ à qn …から生を授かる, …に命を助けられる. donner la ~ à qn …に生を授ける, 生む. être en ~ 生きている, 存命である. revenir à la ~ 生き返る. 〖諺〗Tant qu'il y a de la ~, il y a de l'espoir. 生きている限り希望はある.
2 生気, 活気. plein de ~ 生気にあふれた. il y a rarement de la ~ dans les tableaux de ce peintre. この画家の絵には生気があることが少ない.
3 一生, 生涯, 寿命, 伝記.
à ~ 命がけで. condamnation à ~ 終身刑. membre à ~ 終身会員.
〖宗教〗 ~ terrestre 地上の生活, 現世. cette ~ 現世. durée de ~ (~ moyenne) (人間の)寿命；(もの, 機械などの)寿命；(放射性物質の)半減期. espérance de ~ (à la naissance) 余命(寿命). l'autre ~, ~ future (éternelle) 来世. la ~ de Diderot ディドロの生涯(伝記). pain de ~ 命のパン(聖体). parole de ~ 命の言葉(キリストの言葉). raconter sa ~ 身の上を語る.
〖解剖〗arbre de ~ 小脳活樹.
4 生命現象. ~ animale (végétale) 動物的(植物的)生命. ~ des astres 天体の一生. sciences de la ~ 生命科学.
5 生活, 生き方, 暮らしぶり. ~ de château 王侯のような暮らし, 豪華な暮らし. ~ de chien 惨めな生活. ~ de débauche 放蕩生活. ~ de garçon 独身生活. La ~ *douce* 甘い生活《フェリーニ Federico Fellini の映画の題 *Dolce Vita*；1960 年》. ~ végétative 無為な生活；植物的生命《自律神経の支配のみを受ける生命現象》. certificat de bonne ~ et mœurs 身元保証書. femme de mauvaise ~ 娼婦. mode de ~ 生活様式. train de ~ 暮らし向き. changer de ~ 暮らし方を変える, 素行を正す.
6 暮らし, 生計. la ~ chère 物価高. coût de la ~ 生活費, 物価. niveau de ~ 生活水準. gagner sa ~ 生計を立てる. mener joy-

euse (la bonne, la grande) ~ 楽しく遊び暮らす.
7 人生, 世間, 実社会. expérience de la ~ 人生の経験. faire face aux problèmes de la ~ 実社会の問題に対処する.
8 活動, 生き方, 生活. ~ active 実生活. entrer dans la ~ active 就職する. ~ économique 経済活動；経済. ~ politique 政治活動, 政治生命；政治, 政治制度. ~ privée プライヴァシー, 私生活. respect de la ~ privée プライヴァシーの尊重. ~ quotidienne 日常生活. ~ scolaire 学校生活. ~ sociale 社会生活, 社会活動；社会制度, 社会. une brochure présentant la France sous ses différents aspects：~ politique, ~ économique, la politique extérieure, etc. フランスを政治, 経済, 外交など種々の側面から紹介する小冊子.
9 〖成句〗
à la ~〖(,et)à la mort〗生涯変わらぬ, 永遠に続く.
avoir la ~ sauve 命が助かる.
avoir la ~ dure 簡単には死なない；(本来正しくない考え方などが)しぶとく生き続ける. Les superstitions ont la ~ dure. 迷信はなかなか消えるものではない.
C'est la ~. 仕方がない, それが人生というものだ.
Ce n'est pas une ~. とてもやっていられない, このようなことは耐えられない.
de la ~, de ma ~〖否定形で〗決して, 生涯一度として.
〖話〗faire la ~ ふしだらな生活をする.
faire la ~ à qn …にけんかを売る, いつもいがみ合う.
faire sa ~ 思い通りに生きる.
faire une ~ terrible à qn …にけんかを吹きかける.
jamais de la ~〖否定形で〗決して.
mener (faire, rendre) la ~ dure à qn …をいじめる, 苦しめる.
〖文〗passer de ~ à trépas 死亡する.
pour la ~ 生涯続く, 生涯を通して.
refaire sa ~ 再婚する.
vivre sa ~ 勝手気ままに生きる.
un bon bout de ~ かなり長い時間.

vieillard *n.m.* **1** 男の老人, 男の高齢者(女性は vieille；女性形の vieillarde は文語か軽蔑語).
2〖多く *pl.*〗(男女の)老人, 高齢者(一般には personnes âgées を用いることが多い). asile (maison) des ~s 老人ホーム. hospice des ~s 養護老人ホーム. étude des ~s 老人学 (=gérontologic).

vieillesse *n.f.* **1** 老齢；老年；老年期, 老後. atteindre la ~ 老境に達する. avoir une ~ heureuse 幸せな晩年を送る. traîner une ~ douloureuse 悲惨な晩年を引きずっていく.
allocations de ~ 老齢手当.〖同格〗assu-rance ~ 養老保険. bâton de ~ 老人のつく杖.〖比喩的〗老後の支えとなる人. maladies de la ~ 老人病.〖同格〗minimum ~ 老齢最低扶助手当. pension de ~ 老齢年金.
2 老い；老化, 老衰. ~ alerte かくしゃくとした老い. belle ~ 申し分のない老い, 高齢, 長寿. mourir de ~ 老衰で死ぬ.
3〖集合的〗老人 (=les vieillards). la ~ et l'enfance 老人と子供. aide à la ~ 老人扶助. Caisse de retraite pour la ~ 老齢者退職金庫. politique de la ~ 老人対策(政策). problèmes de la ~ 老人問題. respecter la ~ 老人を敬う.
4 古さ. ~ d'un arbre 樹木の古さ. ~ des monuments 記念造物の古さ.〖地形〗stade de ~ d'un relief 地形の古期 (老成期).

vieilli(e) *a.* **1** ふけた. visage ~ ふけた顔.
2 古びた, 使い古された, 古い, 時代遅れの. expression ~*e* 古い言い廻し. idées ~*es* 古臭い考え. mode ~*e* 時代遅れの流儀. mot (terme) ~ 古びた語 (用語).
3 年季の入った.

vieillissement *n.m.* **1** 老化, 老衰；加齢現象 (=sénescence).
2 老齢化. ~ d'une population 人口構造の老齢化.
3 時代遅れになること；古びること, 老化. ~ d'une doctrine 学説が時代遅れになること.
4 (酒・チーズなどの) 熟成, 老成. ~ du cognac コニャックの熟成.
5〖機工〗エージング.
6〖工〗時効硬化, 膨張性低減. ~ artificiel 人工時効.

Vienne[1] *n.pr.f.* **1**〖地理〗la ~ ヴィエンヌ川 (Millevaches ミルヴァシュ高地に源を発し, Limoges リモージュ, Châtellerault シャーテルロー, Chinon シノンを流れ, la Loire ロワール河に合流；長さ 350 km).
2〖行政〗la ~ ヴィエンヌ県 (=département de la ~ ；県コード86；フランスと UE の広域地方行政区画の région Poitou-Charentes ポワトゥーシャラント地方に属す；県庁所在地 Poitiers ポワチエ；主要都市 Châtellerault, Montmorillon モンモリヨン；3郡, 38小郡, 281市町村；面積 6,985 km²；人口399,024；形容詞 viennois(e)).

Vienne[2] *n.pr.*〖行政〗ヴィエンヌ (département de l'Isère イゼール県の郡庁所在地；ローヌ河に面した古都；市町村コード 38520；形容詞 viennois(e)).

Vienne[3] *n.pr.* ヴィーン (ウィーン) (オーストリアの首都 Wien；形容詞 viennois(e)). Congrès de ~ ヴィーン会議 (1814-15年).

viennois(e) *a.* **1** (オーストリアの) ヴィーン (Vienne,〖独〗Wien) の；ヴィーン市民の. café ~ ヴィーン風コーヒー, ウィン

ナーコーヒー(ホイップクリームを加えたホットコーヒー). saucisse ~*e* ヴィーン風ソーセージ, ウィンナー・ソーセージ. valse ~*e* ヴィナー・ヴァルツ, ウィンナー・ワルツ.
2 ヴィエンヌ県(le département de la Vienne) の; ~の県民の.
3 ヴィエンヌ(Vienne; イゼール県の郡庁所在地) の; ~市民の.
――*V*~ *n*. **1** (オーストリアの)ヴィーン市民. **2** ヴィエンヌ県民. **3** ヴィエンヌ市民.

viennoiserie *n.f.* **1** ヴィーン風ケーキ.
2 菓子パン類(croissant, brioche, pains au chocolat, pains aux raisins など).

vierge *n.f.* **1** 処女.〖カトリック〗~ 〔consacrée à Dieu〕童貞. ~ consacrée aux dieux 巫女.〖話〗~ folle 尻軽女. ceinture de ~ 貞操帯. être amoureux des onzes mille ~*s* (男が)どんな女にも惚れる.
2〖キリスト教〗*V*~ 聖母マリア(=la Sainte *V*~「聖処女」, la *V*~ Mère「聖母」, la *V*~ Marie「聖母マリア」). culte de *V*~ 聖母崇拝(信仰). les fêtes de la *V*~ 聖母の祝日(l'Immaculée Conception「聖母の無原罪のやどり」(12月8日); la Sainte-Marie「聖母マリア祭」(1月1日); l'Annonciation「お告げの祝日」(3月25日); la Visitation「聖母の訪問の祝日」(7月2日); l'Assomption「聖母被昇天の大祝日」(8月15日; 法定休日)など). apparition de la *V*~ 聖母マリアの出現. prières à la *V*~ 聖母マリアへの祈り(Ave Maria, litanie「連禱」, salve「サルヴェ・レジナ」など).
3〖美術〗聖母マリア像(絵画・彫刻). ~ romane (gothique) ロマネスク(ゴシック)様式の聖母マリア像. la *V*~ et l'Enfant 聖母子像. *V*~ noire 黒い聖母像.
4〖天文〗la *V*~ 乙女座; 処女宮(黄道十二宮の第六宮).〖占星〗Il est ~. 彼は乙女座の生まれだ(8月23日から9月22日まで).
5 fils de la *V*~ 小蜘蛛の糸.
――*a*. **1** 処女の, 童貞の. fille ~ 処女. garçon ~ 童貞(=puceau).
2〖生〗œuf (ouvle) ~ 未受精卵.
3〖植〗vigne ~ 実をつけない葡萄.
4〖比喩的〗汚されていない; 人跡未踏の; 混ぜものがない.〖戯〗sa boutonnière ~ de palmes 略章のないラペルホール(勲章のない人について). cœur ~ 汚れなき心, 純な心. couleur ~ 純粋な色. forêt ~ 処女林, 原生林. huile d'olive ~ ヴァージンオリーヴオイル(一番搾りの上級オリーヴ油). terre ~ 処女地. ~ de …に汚されていない. lac ~ de toute pollution 全く汚染されていない湖. réputation ~ de tout soupçon 疑う余地のない評判.
5 未使用の. casier judiciaire ~ 前科のない犯罪記録. feuille〔de papier〕~ 白紙.

pércicule (film) ~ 生フィルム, 未露光のフィルム.
6 一点の曇りもない. matin ~ 晴れ渡った朝.

Vietminh, Viêt-minh *n.m.* ヴィエトミン, ベトミン(ヴェトナム独立戦線; = Front de l'indépendance du Viêt-Nam).

vietnamien(ne) *a.* ヴェトナム(ヴィエットナム)(le Viêt Nam) ヴェトナム社会主義共和国(la République socialiste du Viêt Nam) の; ~人の; ヴェトナム語の.
le Front national ~ ヴェトナム国民戦線.
――*V*~ *n*. ヴェトナム人. les *V*~*s* ヴェトナム族.
――*n.m.* ヴェトナム語.

Viêt-Nam, Vietnam (le) *n.pr.m.*
〖国名通称〗ヴィエットナム, ヴェトナム〖公式名称〗: la République socialiste du *V*~ ヴィエットナム社会主義共和国; 国民: Vietnamien(*ne*); 首都: Hanoï ハノイ; 通貨: dông [VND].

vieux (*vieil*) (*vieille*) *a.* ① (人, 生き物について)老齢の, 年取った, 老いた(jeuneの対).
1 老齢の.〖集合的〗les *vieilles* gens 老人, 年老いた人たち. *vieil* homme 老人(男). les *vieilles* personnes 老人, 老齢者, 高齢者(les personnes âgées の方が丁寧). *vieil* arbre 老木. un chien trop ~ pour garder la maison 番犬には年をとりすぎた犬. se faire ~ (*vieille*) 年をとる. vivre ~ (*vieille*) 長生きする, 高齢まで生きる.
Il est trop ~ pour participer à la fête. お祭り騒ぎに加わるには彼は年をとりすぎている.〖話〗Il est ~ comme Mathusalem (Hérode) 非常に高齢である, 棺おけに足を突っ込んでいる(旧約聖書, 創世記第5章によれば「メトセラの年は合わせて969歳であった」).〖諺〗Quand le diable devient ~, il se fait ermite. 年をとれば禁欲もたやすくできる; 年とともに悟りを開く.
2 年長の, 年かさの, 年上の. Elle est de dix ans plus *vieille* que moi. 彼女は私より10歳年上である.
3 老けた, 年寄りじみた; 老齢に特有の. *vieille* fille オールドミス. ~ garçon 年老いた独り者. sur ses ~ jours 晩年. Il fait vraiment ~ pour son âge. 彼は年のわりには本当に老けて見える. Il ne fera pas de ~ os. 若死にする, 長く生きない.〖副詞〗s'habiller ~ ふけた服装をする.
4 (特定の言い回しで)老いぼれの, 耄碌した.〖話, 俗, 蔑〗*vieille* barbe 頑固親父, 頑固爺. *vieille* baderne (とくに老軍人に向かって)わからずやの老いぼれ. ~ birbe グダグダと小うるさい老人. *vieille* bique 意地悪ばあさん. *vieille* canaille 老いぼれの(根っからの)悪党, 畜生. *vieille* chouette 底意地が悪い老婆. *vieille* crapule 老いぼれの悪人. *vieille* ganache 間抜けな老いぼれ. ~

vif¹(ve)

chnoque (schnock) いかれたやつ, 間抜け. *vieille* noix 間抜け, 馬鹿. *vieille* peau 婆さん, 老女. ~ tableau 厚化粧の老女, おかしな老人. *vieille* taupe (不愉快な) くそ婆. *vieille* toupie (格好をつけて不愉快な) くそ婆. *vieil* ami (古くから付き合いがある) 旧友. mon ~ copain (年齢にかかわりなく) 親しい友.
5 古参の, ベテランの, 経験豊富な, 老練な. ~ célibataire 年季が入った独身者. ~ routier de la politique 老練な政治家, 老獪な政治家. ~ renard 年取った狐; [比喩的に] ずるがしこい人.
Il faut être ~ dans le métier pour pouvoir relever tout de suite un problème. 問題にすぐに気づくためにはその道のベテランでなければならない. [諺] On n'apprend pas à un ~ singe de faire la grimace. 釈迦に説法.
Ⅱ (物について) (neuf, nouveau, récent の対) **1** 古い, 時代物の, 使い古された. ~ port de Marseille マルセイユのヴィユ・ポール (旧港). un ~ clou 旧式で使い物にならない自動車. Les touristes étrangers préfèrent souvent le ~ Tokyo aux aspects modernes de la capitale nipponne. 外国人観光客はしばしば, 日本の首都の近代的な側面よりは「古い東京」を好む.
2 古くからある, 伝統ある, 古来の, 古臭い. *vieil* Annecy アヌシーの旧市街. bon ~ temps 古きよき時代. le *V*~ Continent 旧大陸 [ヨーロッパのこと]. le plus ~ métier du monde 最古の職業 (売春). ~ comme le monde 太古の昔から存在する. *vieille* école 古風な, 伝統的な流儀の. la *vieille* France 古いフランス, 伝統的なフランス. *vieille* garde (政治などで) 古参の, 時代遅れの; 第1帝政の古参衛兵. ~ jeu 時代遅れの, 古色蒼然とした. Il fait vraiment ~ jeu. 彼は本当に時代から取り残されている. *vieilles* lunes 過ぎ去った昔, 戻らない過去. ~ mot 古語, 使われなくなった言葉. dépouiller le *vieil* homme 悪習を捨てる, 生まれ変わる. La guerre en Irak a créé une grave fissure entre la nouvelle et la *vieille* Europe. イラク戦争の結果, 新しいヨーロッパと古いヨーロッパの間に重大な分裂が生まれた. Tous deux pays de *vieille* civilisation, la France et le Japon peuvent s'entendre dans de nombreux domaines. 共に古い文明国としてフランスと日本は多くの分野で協調できる.
3 もとの, かつての, 以前の. Par mégarde, je vous ai envoyé une lettre à votre *vieille* adresse. 誤って前の住所に手紙を差し上げてしまいました.
4 くすんだ, 年代ものの, 熟成した. ~ rose オールドローズ色. vin ~ 年代もののぶどう酒.
━━ *n.* **1** 老人, 年寄り, 爺さん, ばあさん;

老練な人, ベテラン. un ~ de la *vieille* 第一帝政時代の古参衛兵.
2 年長者, 老齢者.
3 (年齢にかかわらず, 親しみを込めて) 君, お前.
4 [多く *pl.*] 両親, 親, 親父, お袋.
5 老けること, 古いもの. prendre un coup de ~ 突然老けあがる.

vif¹(**ve**) *a*. **1** 生きている. chair ~ve 生身 (なまみ). tailler dans la chair ~ve 生身の体を切り裂く. [法律] cheptel ~ 賃貸家畜. haie ~ve 生け垣. langouste grillée ~ve 活伊勢海老の炭火焼き.
être brûlé ~ 火焙りになる; 火刑に処される. être enterré ~ 生き埋めにされる. être plus mort que ~ 生きた心地もしない. tailler dans la chair ~ve 生身を切り裂く. de ~ve voix 口頭で (par écrit「文書で」の対).
2 [無生物で] 生の. air ~ 清涼の大気. chaux ~ve 生石灰. eau ~ve 湧水; 流水.
3 潑溂とした, 活潑な, 生き生きした, きびきびした, 敏捷な; [音楽] 生き生きと速い (=vivace). airs ~s 生き生きとした速いテンポの旋律 (メロディー). démarche ~ve 元気のよい足どり. enfant ~ 活潑な子供. mouvements ~s きびきびした動き. œil (regard) ~ 生き生きした目, 敏捷な目. rythmes ~s 生き生きしたリズム.
4 明敏な; 鋭敏な. ~ve imagination 活潑な想像力. esprit ~ 鋭敏な頭脳. intelligence ~ve 明敏な知性. sensibilités ~ves 鋭い感受性. style ~ エネルギッシュな文体.
5 (人が) 気性の激しい, 激しやすい; 怒りっぽい; (議論などが) 激した; 刺激的な. caractère (tempérament) ~ 激しやすい性質 (気質). langage ~ 刺激的な言葉. échanger des propos très ~s 激しい言葉で応答する. Il est trop ~. 彼は血の気が多すぎる.
6 (色・光などが) 強烈な, 鮮やかな; (感情などが) 激しい. ~ désir 激しい欲望. ~ve douleur 激痛. couleurs ~ves 鮮やかな色彩. feu ~ 燃えさかる火. foi ~ve 熱烈な信念. froid ~ 肌を刺すような寒さ. haine ~ve 激しい憎悪. lumière ~ve 強烈な光. rouge ~ 鮮紅色. souvenir très ~ 鮮明な記憶. à mon ~ regret 大変残念なことに.
7 むき出しの. pierres ~ves 裸石. roc ~ 露出した岩盤.

vif² *n.m.* **1** 生身 (なまみ) (=chair vive). à ~ 肉の露出した. plaie à ~ 肉の露出した傷. avoir les nerfs (la sensibilité) à ~ 神経をぴりぴり尖らせている. couper (tailler) dans le ~ メスを入れる.
2 [法律] 生存者 (=personne vivante). donation entre les ~s 生存者間 (生存中) の贈与, 生前贈与.
3 実物; [美術] [古] 生きたモデル (=modèle vivant). sur le ~ 実物 (モデル) に基づ

いて；ありのままに. études sur le ~ 実地に即した研究, 実地研究. peindre sur le ~ モデルに即して描く, 写生する. prendre sur le ~ 自然状態を捉える.
4〖比喩的〗核心. entrer dans le ~ du sujet 問題の核心に触れる. être atteint (touché) au ~ 痛い所を突かれる.

vif-argent *n.m.* **1**〖古〗水銀(=mercure). **2**〖比喩的〗非常に活発な(活動的な)人. C'est du ~. すばしこい人だ.

vigie *n.f.* **1**〖海〗浅瀬, 暗礁；暗礁警戒浮標.
2 (船上の) 見張員；見張台；〖古〗海岸からの監視人；(灯台の) 沿岸監視人.
3〖鉄道〗(運転士の) 監視台, デッドマン装置.

vigil(**e**)[1] *a.*〖医〗覚醒〖時〗の；覚醒状態の.〖古〗coma ~ 覚醒昏睡.

vigilance *n.f.* **1** 用心, 警戒, 警備. avec ~ 用心深く. redoubler de ~ 警戒を強化する.
2〖生理〗覚醒状態, 覚度. troubles de la ~ 覚醒障害.

vigilant(**e**) *a.* 警戒怠りない, 用心深い, 油断のない；細心の. attention ~*e* 細心の注意. gardien ~ 用心深い番人. soins ~*s* 手厚い看護. Soyez ~ 抜かるな, 油断するな.
——*n.m.* 夜警〖人〗(=garde de nuit).

vigile[2] *n.m.* ガードマン, 警備員.

Vigipirate (<*vigi*lance+*pirate*) *n.pr.f.* ヴィジピラート, 防犯警備. plan ~ 防犯警備計画.

vigne *n.f.* **1**〖植・農〗葡萄の木；葡萄. une ~；un pied de ~ 一株の葡萄〖の木〗. ~ à vin 葡萄酒用の葡萄の木(=Vitis vinifera). ~ aoûtée 熟した葡萄の木. ~ sauvage 野葡萄. cep de ~ 葡萄の株. culture de la ~ 葡萄栽培. plant de ~ 葡萄の苗木(=cépage). raisin de ~ 葡萄酒用の葡萄. variétés de ~ 葡萄の品種(=cépage).
2 葡萄園；葡萄畑(=vignoble). ~*s* de Bourgogne ブルゴーニュの葡萄畑. cru d'une ~ 特定葡萄畑生産の特選酒.〖話〗être dans les ~*s* 酔っぱらっている.〖話〗travailler à la ~ du Seigneur 改宗する.
3〖植〗葡萄に似た蔓草. ~ blanche 仙人草, クレマチス(=clématite). ~ du Nord ホップ. ~ vierge アメリカ蔦(つた).

vigneau(*pl.*~**x**) *n.m.* **1**〖貝〗ヴィニョー, たまきび貝(littorine)〖食用の巻貝〗. manger des ~*x* ヴィニョーを食べる.
2 (ノルマンディー地方 la Normandie の) 葡萄棚を頂く築山.

vigneron(*ne*) *n.* **1** 葡萄栽培者(=viticulteur).
2 葡萄酒製造者. ~*s* du Bordelais ボルドー地方の葡萄栽培,葡萄酒製造者.
——*a.* 葡萄栽培者の；葡萄酒製造者の. pays ~ 葡萄〖酒〗生産地方〖国〗.

vignetage *n.m.*〖写真〗映像周辺の光量不足〖レンズの性能による〗；(映像の) けられ. ~ mécanique 機械的光量不足《フードなどによる視野の欠損》.

vignette *n.f.* **1** (本の表紙や章の初めまたは終りの) 装飾模様, カット《葡萄の蔓の模様であったことに由来》；(本の表紙やハンカチの) 縁飾り；〖古〗挿絵. ~ du possesseur 蔵書印, 蔵書票(=ex-libris). papier à ~ 装飾(イニシャル)入り用箋.
2〖美術〗(中世の細密画の) 縁飾り, 飾り枠付きの版画.
3 商標；商標のレッテル. ~ d'une bouteille de liqueur リクールの壜の製造者商標レッテル.
4 印紙証紙, 証紙；(特に)(フロントガラスに貼る) 自動車税納付済証, ヴニェット・オート(=~ auto；~ automobile)；(酒壜を封印する) 運搬認可証紙. ~ attestant le paiement d'un droit 郵税支払済証紙〖切手, 印紙など〗.〖社会保障〗~ portant le prix d'un médicament 薬価証紙《社会保険で薬価の払戻しを受けるのに必要》.

vignoble *n.m.* **1** 葡萄畑；葡萄園. **2**〖集合的〗葡萄栽培地, 葡萄畑. ~ bordelais ボルドー地方の葡萄畑.

vigoureux(*se*) *a.* **1** (人・体などが) 頑健な, 逞しい, 力強い. bras ~ 逞しい腕. corps ~ 頑健な体. enfant ~ 頑丈な子供. muscles ~ 強靭な筋肉. plante ~*se* 成長力の強い植物. tempérament ~ 力強い気質. vieillard encore ~ pour son âge 年の割りにまだ矍鑠(かくしゃく)とした老人. recevoir un ~ coup de poing 強い挙固の一発をくらう.
2 (精神が) 強靭な；精力的な；激しい, 猛烈な. esprit ~ 強靭な精神. lutte ~*se* 激闘. mesures ~*ses* 強硬な措置. résistance ~*se* 激しい抵抗.
3 (言葉, タッチなどが) 力強い；(色・香などが) 強烈な；(薬・酒などが) 強烈に効く. coloris ~ 強烈な色彩. dessin ~ 力強いデッサン. effets ~ 強烈な効目. style ~ 雄渾な文体. touche ~*se* 力強いタッチ. vin ~ 力強い葡萄酒.

vigueur *n.f.* **1** 活力, 体力；性的能力, 精力；(動植物の) 生命力. ~ du bras 腕力. ~ du corps 体力. ~ d'une plante 植物の生命力. ~ virile 男性の性的能力. manque de ~ 体力不足. être dans toute la ~ de la jeunesse (de l'âge mûr) 青年期 (成熟期) の活力に満ち溢れている. déployer une ~ prodigieuse 素晴らしい体力を発揮する. perdre sa ~ 元気をなくす. avec ~ 力強く, 逞しく. se débattre avec ~ 激しく闘う.
2 (思想・行動の) 逞しさ, 強靭さ；(抵抗などの) 激しさ；(感情・想像力などの) 奔放さ. ~ de caractère 性格の強靭さ. ~ d'une passion 情念の奔放さ. ~ d'une résistance

抵抗の激しさ. ~ intellectuelle 知的強さ. argumentation sans ~ 説得力に欠ける論法. exprimer avec ~ 力強く説明する.
3 (色調・筆致などの) 力強さ, 激しさ. 〖美術〗 ~ de coloris (de la touche) 色調 (タッチ) の力強さ. ~ de l'expression (du style) 表現 (文体) の力強さ. ~ et verdeur du langage 言葉の激しさと新鮮さ.
4 効力, 効果; 実行. en ~ 効力のある, 現行の. loi en ~ 現行法. mise en ~ 実施, 設立.. termes en ~ 現用の表現. entrer en ~ (法律が)発効する, 実施される. Merci d'affranchir au tarif en ~. 現行の郵便料金の切手をお貼りください.

VIH [= *v*irus de l'*i*mmunodéficience *h*umaine) *n.m.* 〖医〗ヒト免疫不全ウイルス (= [英] HIV: *h*uman *i*mmunodeficiency *v*irus; エイズの原因と考えられるウイルス).

vil(e) *a.* **1** 〖文〗卑しい, 下劣な. ~ flatteur 卑しいおべっか遣い. ~ séducteur 下劣な女たらし. action ~*e* 卑劣な行為. Il a une âme ~*e*. 彼はさもしい根性の男だ.
2 〖古〗下賤な (noble「高貴な」の対). ~ métier 賤しい職業.
3 〖古〗卑しい, 無価値の. métaux ~*s* 卑金属 (plom「鉛」など). 〖現用〗à ~ prix 安値で, 捨値に.

vilain¹(e) *a.* 〖名詞の前; リエゾンで非鼻音化する: ex. ~ homme [vilɛnɔm]〗 **1** 見苦しい, 醜い. ~*e* bête 醜い獣. ~*s* habits 醜い衣服. ~*es* jambes 見苦しい脚. Elle n'est pas ~*e*. 彼女は器量良しだ.
2 (天気などの) 厭な, 不愉快な. ~*s* jours d'hiver 冬の不快な日々. ~ quartier むさ苦しい街区. ~ temps 厭な天気. 〖話〗Il fait ~. 厭な天気だ.
3 たちの悪い. ~*e* blessure ひどい傷. ~*es* maladies たちの悪い病気; 〖話〗性病 (= maladies vénériennes). ~*e* toux 気がかりな咳, いやな咳. jouer un ~ tour たちの悪いいたずらをする.
4 破廉恥な, 汚い. ~*e* affaire 汚い取引. ~ homme 卑劣漢. ~*s* mots 卑猥な言葉.
5 (子供が) 言うことをきかない, 腕白な, やんちゃな. C'est ~ de + *inf*. …することは悪いことだ. Ça va faire du ~. スキャンダルになりそうだ. ひと騒動ありそうだ.
━━ *n.* やんちゃな子, 悪餓鬼, 悪童. la petite ~*e* やんちゃな女の子.

vilain² *n.m.* **1** 〖話〗喧嘩, つかみ合い. Il va y avoir du ~. ひと悶着ありそうだ. La discussion tourne au ~. 議論がつかみ合いになる. 〖諺〗Jeux de main(s), jeux de ~. 悪ふざけは喧嘩のもと.
2 〖史〗(中世の) 農民; 自由農民 (serf「農奴」の対).

vilebrequin *n.m.* **1** 〖工具〗曲り柄ドリル. poignée d'un ~ 曲り柄ドリルの握り.
2 〖機械・内燃機関〗クランク軸 (= arbre ~; arbre moteur).

villa [伊] *n.f.* **1** (一般に庭園つきの広大な) 別荘, ヴィラ. la ~ Borghèse ヴィラ・ボルゲーゼ. petite ~ de banlieu 郊外の小別荘.
2 別荘地の小道 (私道), 袋小路.
3 〖史〗(古代ローマ, メロヴィング期, カロリング期) 荘園.

village *n.m.* **1** 村, 村落; 田舎 (ville「町・市」の対). 〖話〗coq de ~ 村一番の伊達男. curé du ~ 田舎司祭 (= curé de campagne). église d'un ~ 村の教会堂. fête de ~ 村祭り. gros ~ 大きな村. mairie de ~ 村役場. petit ~ 小村; 集落; 片田舎. revenir au ~ (dans son ~) 故郷の村に帰る. 〖諺〗Il vaut mieux être le premier au ~ que le second à Rome. 鶏口となるも牛後となるなかれ.
2 集落, 村. ~ de toile テント村, キャンプ場. ~ de vacances. ~-vacances ヴァカンス村, 休暇村. ~ lacustre 湖上集落.
3 〖集合的〗村の人々, 村人. Tout le ~ est au courant. 村の人々が知っている.

village-club (*pl.* **~s-~s**) *n.m.* 〖観光〗ヴィラージュ=クラブ (旅行クラブの専用別荘).

villageois(e) *a.* 村の; 村人の; 田舎の. fête ~*e* 村祭. maison ~*e* 田舎家. mœurs ~*es* 村〖人〗の風俗. voie ~*e* 村道.
━━ *n.* **1** 村民; 村人. maire élu par les ~*s* 村民に選出された村長.
2 〖古〗田舎者.

Villandry *n.pr.* ヴィランドリー (département d'Indre-et-Loire アンドル=エ=ロワール県の町; 市町村コード 37510). château de ~ ヴィランドリー城 (16世紀; ルネサンス期の復元菜園, 装飾庭園, 薬草園, 水庭園で名高い).

ville *n.f.* **1** 都市, 都会; 町. ~ administrative 行政都市 (県庁, 郡庁, 小郡庁所在地など). 〖~〗capitale 首都, 首府. ~-centre (都市圏の) 中心都市. ~ commerçante (marchande) 商業都市, 商都. ~-champignon 膨張し続ける都市. ~ d'eau(x) 鉱泉町; 温泉町. ~ de ~ port 港湾都市, 港町. ~ de province 地方都市. ~ fortifiée (ouverte) 要塞 (無防備) 都市. ~ industrielle 工業都市. 〖国際法〗~ libre 自由都市. ~ maritime 海港 (海浜) 都市. ~ moderne 近代都市. ~-musée 博物館のような都市, 博物館都市. ~ nouvelle (大都市周辺の) 新都市, ニュータウン (communauté urbaine 都市共同体, ensemble urbain 都市区域, syndicat communautaire d'aménagement 整備共同体組合など). ~ résidentielle ベッドタウン (= ~-dortoir). ~ saisonnière 特定の季節に活況を呈する都市. ~*s*-satellites 衛星都市群. ~ universitaire 大学のある町, 大学都市.

grande ~ 大都市, 大都会. banlieue d'une grande ~ 大都市の郊外. porte d'une ~ 市

門. Sète, ～ natale de Paul Valéry ポール・ヴァレリーの生れた町セート. vieille ～[1] 古都 (=～ ancienne). gaz de ～ 都市ガス. tenue de ～ 外出用の服装；(招待状の服装指定で)「平服」.〖印刷〗travaux (ouvrages) de ～ 一般印刷《名刺，通知状など》. vêtements de ～ 街着, タウンウェア.〖劇〗à la ～ (役者が) 市井の人として (à la scène「舞台人として」の対). de ～ 市民生活用の；外出用の (de soirée, de sport, de travail などの対). au centre de la ～ 都心部で(に) (=au centre-～). en ～ 市内で；外で (chez soi「自宅で」の対)；幸便に託して 《人に持参させる手紙に書く文言；略記 E.V.》. dîner en ～ 外で夕食をとる. faire des courses en ～ 町で買物をする. porter une lettre en ～ 手紙を幸便に託する. errer par la ～ 町の中をさまよう. habiter dans la ～ 市内に住む.
2 (特定の) 都. la V-éternelle 永遠の都 (Rome ローマ). la V-Lumière 光の都 (Paris). la V-sainte 聖都 (Jérusalem など).
3〖行政〗(地方自治体としての) 市. V-de Paris パリ市. l'eau de la ～ 市営水道. hôtel de ～ 市役所, 市庁舎. services de la ～ 市営事業 (eau, égouts, électricité, gaz, hygiène, transports en commun, voirie など).
4 (都市の) 地区, 一画, 市街. ～ arabe (chinoise) アラブ人 (中国人) 街. ～ haute (basse) 山手 (下町). centre ～ 都心. vieille ～ 旧市街.
5 (田舎に対して) 町；都会生活. bruit de la ～ 都会の騒音. gens de la ～ 都会人. aller à la ～ 町へ行く. préférer la ～ à la campagne 田舎より都会暮しを好む.
6〖集合的〗都市 (町) の住民. Toute la ～ en parle. 町中がそれを話題にしている.
ville-chamignon(*pl.*～s-～s) *n.f.* 膨脹し続ける都市, 人口急増都市.
ville-dortoir(*pl.*～s-～s) *n.f.* ベッドタウン (=cité-dortoir).
villégiateur *n.m.* 保養地の逗留客；避暑 (避寒) 客；ヴァカンス客 (=villégiaturiste, vacancier).
villégiature *n.f.* **1** 保養. aller en ～ 保養に行く. **2** 保養地.
Villeneuve-d'Ascq *n.pr.* ヴィルヌーヴ=ダスク (département du Nord ノール県の小郡庁所在地；市町村コード 59650；Lille 郊外に 1970 年に誕生した新都市；大学センター).
Villeneuve-Minervois *n.pr.* ヴィルヌーヴ=ミネルヴォワ (département de l'Aude オード県の村；市町村コード 11160). marché aux truffes de ～ ヴィルヌーヴ=ミネルヴォワ・トリュフ市 (オード県産の黒トリュフ truffe noire audoise (別名 truffe du Cabardès) の市；個人も参加可).
ville-satellite(*pl.*～s-～s) *n.f.* 衛星都市.
villosité *n.f.*〖生〗絨毛性；絨毛. prélèvement de ～s choriales (妊婦に対する) 絨毛穿刺, 絨毛生検 (=biopsie de trophoblaste). mouvement des ～s (小腸の) 絨毛運動.
vin *n.m.* **1** ヴァン, 葡萄酒, ワイン. le ～ d'Alsace アルザス地方産葡萄酒 (=l'alsace). le ～ de Bourgogne ブルゴーニュ地方産葡萄酒 (=le bourgogne). le ～ de Champagne シャンパーニュ地方産葡萄酒 (=le champagne). le ～ blanc 白葡萄酒 (=le blanc). le ～ rosé ロゼ葡萄酒 (=le rosé). le ～ rouge 赤葡萄酒 (=le rouge). ～ biologique ヴァン・ビオロジック (無農薬・有機栽培葡萄による葡萄酒). ～ bouqueté 香りのよい葡萄酒. ～ chaud ヴァン・ショー (加熱してレモンや砂糖を加えた赤葡萄酒). ～ cuit ヴァン・キュイ (煮つめて濃縮した葡萄酒). ～ de cépage 唯一の品種の葡萄でつくられた葡萄酒. ～ de coupage ブレンドした葡萄酒. ～ de garde 長期保存可能な葡萄酒. ～ de goutte ヴァン・ド・グット (圧縮する前の葡萄から流出する葡萄汁からつくられる葡萄酒). ～ d'orange ヴァン・ドランジュ (オレンジの薄切りを混ぜた葡萄酒). ～ de paille ヴァン・ド・パイユ (葡萄の粒を乾かして過熟させたものからつくられる葡萄酒). ～ de qualité 上級葡萄酒. ～ fin 高級葡萄酒, 銘酒 (=grand ～). ～ fruité 果実香のある葡萄酒. ～ jaune ヴァン・ジョーヌ (ジュラ地方 le Jura 特産の黄色の葡萄酒). ～ millésimé 産年表示葡萄酒. ～ mis en bouteille au château シャトー元詰め瓶入り葡萄酒. ～ mousseux (pétillant) 発泡性葡萄酒 (シャンパーニュ酒以外に用いる). ～ ordinaire 並級酒.
achat du ～ en bouteilles (en vrac) 葡萄酒の瓶買い (目方買い). aromes primaires du ～ 葡萄酒の一次芳香 (葡萄の品種の固有香). aromes secondaires du ～ 葡萄酒の二次芳香 (醸造過程で発生する芳香). aromes tertiaires du ～ 葡萄酒の三次芳香 (熟成の過程で発生する芳香). attaque d'un ～ 葡萄酒の最初の口当たり. bouteille de ～ 葡萄酒の瓶. carafe de ～ 葡萄酒用のカラフ. carte des ～s カルト・デ・ヴァン, 葡萄酒のリスト, ワインリスト. cave à ～ 葡萄酒の酒蔵. commerce du ～ 葡萄酒販売業.〖料理〗coq au ～ コック・オー・ヴァン (雄鶏の赤葡萄酒煮). décantage d'un ～ 葡萄酒のデカンタージュ (瓶からデカンターに葡萄酒を移すこと). dégustation à l'aveugle des ～s 葡萄酒の目隠し吟味. eau-de-vie de ～ 葡萄酒からつくる蒸溜酒 (cognac など). foire aux ～s 葡萄酒見本市. grand ～ 高級葡萄酒, 銘酒. gros ～ 安酒. guide des ～s 葡萄酒ガイドブック. négociant du ～ 葡萄酒卸売業者. négociant-éleveur du ～ 葡萄

vin

酒の醸造・卸売業者. négociant-embouteilleur du ~ 葡萄酒の瓶詰・卸売業者. petit ~ 特徴のない葡萄酒. producteur de ~ 葡萄酒生産業者. robe d'un ~ 葡萄酒の色. second ~ d'un château シャトー物のセカンド・ラベルの葡萄酒. service des ~s 葡萄酒のサービス. texture d'un ~ 葡萄酒の総合的味わい (アルコール度, タンニン, 酸度, 甘味など). verre à ~ blanc 白葡萄酒用のグラス. vieillissement d'un ~ 葡萄酒の熟成 (老成); 老化 (劣化).

boire du ~ 葡萄酒を飲む. chambrer le ~ rouge 赤葡萄酒をシャンブレする (栓を抜いてから室温になじませる). frapper le ~ blanc 白葡萄酒を冷やす. mettre un tonneau du vin en perce 酒樽を抜く. tirer le ~ 酒樽から葡萄酒を出す.

◆ **les familles de vin** 葡萄酒の種類.
◇ **les vins rouges** 赤葡萄酒: les ~s rouges légers et fruités 果実香のある軽口の赤葡萄酒 (beaujolais など); les ~s rouges charnus et fruités 果実香のある濃口の赤葡萄酒 (chinon, côte-de-castillon など); les ~s rouges complexes, puissants et généreux 力強くこくのある複雑な味の赤葡萄酒 (châteauneuf-du-pape, pomerol, saint-émilion など); les ~s rouges complexes, tanniques et racés 高タンニンで個性的な複雑な味の赤葡萄酒 (côte-rôtie, graves, haut-médoc, margaux, pauillac, saint-estèphe, saint-julien など); les ~s rouges complexes, élégants et racés 上品で個性的な複雑な味の赤葡萄酒 (beaune, chambertin, chambolle-musigny, corton, gevrey-chambertin, pommard, vosne-romanée など).
◇ **les vins blancs** 白葡萄酒: les ~s blancs secs légers et nerveux 軽口で勢いのある辛口の白葡萄酒 (muscadet, petit-chablis, sylvaner など); les ~s blancs secs, souples et fruités 果実香があり, 滑らかな辛口の白葡萄酒 (chablis, pouilly-fumé, pouilly-fuissé, sancerre など); les ~s blancs secs, amples et racés こくがある個性的な白葡萄酒 (chablis premier et grand cru, chassagne-montrachet, corton-charlemagne, meursault, montrachet, puligny-montrachet, monlouis など); les ~s blancs secs très aromatiques 芳香のある辛口の白葡萄酒 (gewürztraminer, muscat, pinot gris, riesling, vin jaune など); les ~s blancs demi-secs (moelleux, liquoreux) 半辛口 (やや甘口, 甘口) の白葡萄酒 (遅摘みの gewürztraminer や riesling, jurançon, sauternes など).
◇ **les vins rosés** ロゼの葡萄酒: les ~s rosés vifs et fruités 果実香があり勢いのよいロゼの葡萄酒 (côtes-de-provence,
rosé-de-loire など); les ~s rosés vineux et corsés アルコール分が高くこくのあるロゼの葡萄酒 (bandol, tavel など).
◇ **les vins effervescents** 発泡性葡萄酒 (champagne など).
◇ **les vins doux naturels** 天然の甘口葡萄酒 (加糖をしない甘口葡萄酒: 略称 VDN: banyuls, muscat-de-fontignan, rivesaltes, porto など).
◇ **les vins de liqueur** ヴァン・ド・リクール (葡萄の絞り汁にリクールを加えたアルコール分が 16-20% と高い葡萄酒: floc-de-gascogne, pineau-des-charentes など).
◇ **les vins aromatisés** 芳香添加葡萄酒, フレーバード・ワイン (vermouth など).

◆ **la classification du vin** 葡萄酒の格付け.
◇ フランスの葡萄酒の品質は, 概ね品質の高いものから順に AOC, AOVDQS, vin de pays, vin de table の 4 種に格付けされている. AOC (=*a*ppellation d'*o*rigine *c*ontrôlée 原産地名管理呼称) と **AOVDQS** (=*a*ppellation d'*o*rigine *v*in de *q*ualité *s*upérieure 上質葡萄酒原産地名呼称: 旧 VDQS: *v*in *d*élimité de *qua*lité *s*upérieur 生産地限定上質葡萄酒) はいずれも INAO (*I*nstitut *n*ational des *a*ppellations d'*o*rigine 原産地名呼称管理機関) により, 産地の地域, 葡萄の品種と栽培法, 醸造法, アルコールの最低含有度などについて厳格な管理がなされている. **vin de pays**「地域限定酒, 地酒」は業種関連評議会により, 葡萄の品種, 栽培地域が限定されて, 生産される葡萄酒. **vin de table** ヴァン・ド・ターブル (テーブル・ワイン, 食卓酒) は生産国名の記載のみが指定されている並の葡萄酒で, ブレンドが許されている.
◇ ヨーロッパ連合 UE (EU) の格付: フランスの AOC と AOVDQS に準じた **VQPRD** (=*v*in de *q*ualité *p*roduit dans une *r*égion *d*éterminée「限定地方生産上級葡萄酒」) の呼称がある.

◆ **la dégustation du vin** 葡萄酒の吟味.
◇ **l'œil du vin** 葡萄酒を見る眼 (デギュスタションの第 1 段階「視覚による葡萄酒の吟味」: 葡萄酒の色 la robe の吟味: 赤葡萄酒では carmin, clair, grenat, pourpre, rubis, vermillon; 老成したものについては acajou, marron, roux, tuilé などの表現. 白葡萄酒では citron, jaune pâle, jaune vert, paille, topaze, translucide; 老成したものについては acajou, ambre, bronze, cuivre, vieil or など; ロゼでは cerise, fraise, framboise, gris pâle, œil de perdrix, rose pâle, saumoné; 老成したものについては brique, cuivre, orangé, saumoné な

ど).
＊他にグラスの内側の葡萄酒の垂れ具合 les larmes (les jambes) du vin によりアルコール度を見る.
◇ **le nez du vin** 葡萄酒を嗅ぐ鼻 (嗅覚による葡萄酒の吟味)(第 2 段階：葡萄酒の香り odeur, 特に芳香 aromes を確かめる. グラスの葡萄酒の香りを 3 つの段階 le premier (deuxième, troisième) nez で嗅ぎ分ける).
◆ **la bouche du vin** 葡萄酒を味わう口 (味覚による葡萄酒の吟味)(第 3 段階：優れた味は corsé, charpenté, gouleyant, racé, rond, souple, velouté；欠点は acide, creux, dépouillé, déséquilibré, maigre などという).
◆〔成句〕
~ d'honneur 祝宴, レセプション.
〔比喩的〕mettre de l'eau dans son ~ 葡萄酒を水で割る；要求を和らげる, 態度を軟化させる.
Le bon ~ réjouit le cœur de l'homme. 美酒があれば人の心も浮き立つ.
〔諺〕Quand le ~ est tiré, il faut le boire. (樽から葡萄酒を抜けば, 飲まなくてはならない→) 乗りかけた舟だ, 後へは引けない；自分でしかしたことの後始末はつけるべきだ.
2 〔一般に〕酒. ~ qui monte à la tête (qui tourne la tête) 悪酔いする酒. ~ traître 油断ならない酒. sac à ~ 大酒飲み (= ivrogne).
avoir le ~ gai (triste) 笑い (泣き) 上戸である. avoir le ~ mauvais 酒癖が悪い. être entre deux ~s ほろ酔い気分である. être pris de ~ 酩酊している, ぐでんぐでんだ. tenir〔bien〕le ~ (人に) 酒に強い.
3〖カトリック〗(キリストの血としての) 葡萄酒. ~ de messe ミサ用の生 (き) 葡萄酒. consacrer le pain et le ~ 聖体のパンと葡萄酒を聖別する.
4 果実酒. ~ de canne ラム酒 (= rhum). ~ de noix くるみ酒. ~ de prune プラム酒；梅酒.
5 de ~ 赤葡萄酒色の.〖医〗tache de ~ 血管性母斑, 赤あざ.

vinaigre *n.m.* **1** ヴィネーグル, ビネガー, 洋酢；果実酢；酢. ~ vieux à l'ancienne 昔風の古酢《葡萄酒を原料にして伝統的製法でつくられる洋酢》. ~ d'alcool アルコール酢, スピリット・ヴィネガー (洋酢にペトラーヴ・アルコールを混ぜ, カラメルで着色した酢). ~ balsamique バルサミコ酢 (イタリア産の黒酢). ~ de cidre シードル酢, 林檎酢. ~ de malt モルト酢. ~ de riz 米酢. ~ de vin vieux aromatisé à la framboise フランボワーズで風味付けをした古い葡萄酒による酢. ~ de Xérès [gz (ks) erε s] ヘレス酢《スペイン産のワインヴィネガー》. ~ d'Orléans オルレアン酢.

2〔話〕tourner au ~ (葡萄酒が) 酸っぱくなる；〔比喩的〕(事態が) 悪化する, ひどくなる.
3〔話〕(縄飛びで) 縄の早回し. faire ~ 急ぐ.

vinaigrerie *n.f.* 食酢 (ヴィネーグル) 製造所 (製造業)；食酢販売業.

vinaigrette *n.f.* 〖料理〗ヴィネグレット・ソース (= sauce ~), フレンチドレッシング.

Vincennes *n.pr.* ヴァンセンヌ (パリ市東郊 département du Val-de-Marne ヴァル=ド=マルヌ県の小郡庁所在地；市町村コード 94300；形容詞 vincennois (e)). le Bois de ~ ヴァンセンヌの森 (パリ市東端地区の森). le château de ~ ヴァンセンヌ城 (1364-73 年に建造された旧王城；18 世紀には主塔に監獄が設置された). l'hippodrome de ~ ヴァンセンヌ競馬場.

vin-culte (*pl.*~s-~) *n.m.* 崇拝に価する葡萄酒.

vineux (**se**) (< vin) *a.* **1** 赤葡萄酒色の. visage ~ 赤ら顔.
2 葡萄酒風味のある. melon ~ 葡萄酒の風味がするメロン.
3 葡萄酒の香りがする；酒臭い. haleine ~se 酒臭い息.
4 葡萄酒の. couleur ~se 葡萄酒色. odeur ~se 葡萄酒の香り.
5 (葡萄酒が) アルコール度が高い；こくのある；強い. vin ~ アルコール度の高いこくのある葡萄酒.
6〔古〕葡萄酒を多く生産する. côteaux ~ de la Bourgogne ブルゴーニュ地方の葡萄生産丘陵地帯.

Vinexpo *n.f.*〔無冠詞〕ヴィネクスポ, 葡萄酒見本市.

vingt [vɛ̃] (22 から 29 までリエゾンする時は [vɛ̃t]) *a.* (*pr.*) *num. card.* 20 〔の〕；20 番目〔の〕. ~ ans [vɛ̃tɑ̃] 20 歳, はたち. ~ et un(e) [vɛ̃tœ̃ (-yn)], ~-deux [vɛ̃tdø] 21 〔の〕, 22 〔の〕. ~ et unième [vɛ̃teynjɛm], ~-deuxième [vɛ̃tdøzjɛm]. 21 番目〔の〕, 22 番目〔の〕. ~ jours [vɛ̃ʒur] 20 日. dix heures moins ~ 〔minutes〕10 時 20 分前.
—*num. ord.* 20 番. page ~ 20 ページ. le ~ janvier 1 月 20 日. les années ~ 20 年代.
—*nominal, m.* (数・数字の) 20. V ~ et dix font trente. 20+10=30. habiter au ~ de la rue 通りの 20 番地に住む.

vingt-cinq [vɛ̃tsɛ̃k] *a.* (*pr.*) *num. card.* 25〔の〕；25 番目〔の〕. ~ ans 25 歳. la nouvelle Union européenne à ~〔membres〕25 カ国加盟の新ヨーロッパ連合 (2004 年 5 月 1 日, それまでの 15 カ国によるヨーロッパ連合に, la République tchèque, la Pologne, la Hongrie, la Slovénie, la Slovaquie, la Lettoinie, la Lituanie, l'Estonie, Chypre, Malte の 10 カ国が新規

vingt-et-un(e) 加盟；2007年1月1日la Bulgarie と la Roumanie の 2 カ国が加わり 27 カ国となる）．

vingt-et-un(e) [vɛ̃teœ̃(-yn)] *a.(pr.) num.card.* 21〔の〕, 21 番目〔の〕．
——*n.m.inv.* 〖トランプ〗二十一．

vingt-et-unième [vɛ̃teynjɛm] *a. num.ord.* 21 番目の. le ~ (XXIe) siècle 21 世紀．

vingtième *a.num.ord.* 20 番目の. le ~ (XXe) arrondissement de Paris パリ市第 20 区. ~ partie 20 分の 1. le ~(XXe) siècle 20 世紀．
——*n.* 20 番目のもの（人）. Je suis le ~ de la liste. 私はリストの 20 番目だ．
——*n.m.* **1** 20 分の 1. trois ~ 20 分の 3．
2 第 20 区（=20e arrondissement). habiter dans le ~ 第 20 区に住む．
3 〖史〗20 分の 1 税（=impôt du ~）．

vingt-sept [vɛ̃tsɛt] *a.(pr.) num.card.* 27〔の〕; 27 番目〔の〕. l'Union européenne à ~〔membres〕27 カ国加盟のヨーロッパ連合《2007年1月1日, それまでの 25 カ国によるヨーロッパ連合に, la Bulgarie と la Roumanie の 2 カ国が新規加盟して 27 カ国体制となった；別称 l'Europe à 27）．

vini- 〖ラ〗ELEM「葡萄酒 vin」；「葡萄 vigne」の意（*ex. vini*cole「葡萄酒製造の」, *vini*culture「葡萄酒生産」．

vinicole *a.* 〖葡萄酒用の〗葡萄栽培の；葡萄酒醸造の. industrie ~ 葡萄酒産業. région ~ 葡萄栽培〔葡萄酒醸造〕地方．

viniculture *n.f.* 葡萄栽培；葡萄産業，葡萄関連産業〖葡萄の栽培，葡萄酒の醸造・保存・販売等の諸活動の総称〗．

vinifère *a.* 〖農〗葡萄を産する；葡萄酒を生産する. sol ~ 葡萄生育土壤. terrain ~ 葡萄生産地．

vinification (<vignifier) *n.f.* **1** 葡萄酒醸造〖法〗. ~ traditionnelle du vin rouge 赤葡萄酒の伝統的醸造法. spécialiste de la ~ 葡萄酒醸造専門家（=vinificateur）．
2 アルコール醱酵．

Viniflor *n.m.* 〖農〗ヴィニフロール, 国立青果・葡萄酒・園芸種間機構（=Office national interprofessionnel des fruits, des légumes, des vins et de l' horticulture)《2005 年 ONIFLHOR と ONIV が合併して発足した公的機関》．

vinique *a.* 〖化〗葡萄酒の；葡萄酒から生まれる. alcool ~ 葡萄酒アルコール. résidus ~s 葡萄酒の残滓（ざんし）．

vintage [vɛ̃taʒ]〖英〗*n.m.* （葡萄酒の）年代物（porto ポルト, champagne シャンパーニュなどの）, ヴィンテージワイン（=〖英〗~ wine)．
——*a.* ヴィンテージ物の；年代物の（=millésimé）．

vinyle *n.m.* 〖化〗ビニル. chlorure de ~ 塩化ビニル；ヴィニール製レコード, LP レコード（disque compact「コンパクト・ディスク, CD」の対), LP レコードに収録された音楽. numériser des ~s LP レコードの収録音楽をディジタル化する．

vinylique *a.* 〖化〗ビニル基をもつ. résines ~s ビニル樹脂．

viognier *n.m.* 〖農〗ヴィオニエ（白葡萄酒用の品種；AOC château-grillet, condrieu では 100％使用）．

viol *n.m.* **1** 婦女暴行, 強姦, レイプ. accusé de ~ 強姦被告人. ~ collectif 輪姦．
2〔比喻的〕（聖域・法などの）侵犯；冒瀆. ~ de conscience 良心の侵犯. ~ d'un sanctuaire 聖域の冒瀆．

violacées *n.f.pl.*〖植〗すみれ科；すみれ科植物（violette すみれ, など）．

viola*teur* (*trice*) *n.* **1** 違反者. ~ des lois 法律の違反者．
2 冒瀆者. ~ de sanctuaire 聖域の冒瀆者. ~ de tombeau 墓をあばく者．
3 不法立入者. ~ de domicile 住居不法侵入者．
4 *n.m.*〔古〕婦女暴行者, 強姦者（=violeur）．

violation *n.f.* **1** 侵害；不法侵入, 侵犯；冒瀆. ~ de domicile 住居侵入. ~ des droits de l'homme 人権侵害. ~ d'une frontière 国境侵犯. ~ du secret des correspondances 通信の秘密の侵害. ~ de sépulture 墓所の冒瀆（=~ de tombeau）．
2（法令や契約の）違反；違背. ~ d'une disposition légale (réglementaire) 法令違反. ~ d'une promesse 約定違反. ~ de la loi 法律違背．

violence *n.f.* **1** 暴力, 乱暴. ~ à l'école 校内暴力（=~ dans la classe；~ scolaire). acte de ~ 暴力行為. escalade de la ~ 暴力のエスカレーション（激化）. lutte contre la ~ en milieu scolaire 校内暴力防止対策. scène de ~ dans un film 映画の暴力シーン（場面）. conquérir par la ~ 暴力によって征服する. exercer la ~ contre qn 人に暴力を振う. extorquer par la ~ 暴力ずくでやる. faire ~ à qn 人に暴力を働く, 人を腕ずくで従わせる；〔古〕（女性に）暴行する（=violer). faire ~ à qch 何を力ずくで支配する. faire ~ à la loi 法律をねじ曲げて解釈する. recourir à la ~ 暴力に訴える. répondre à la ~ par la ~ 暴力に対し暴力で応じる. se faire ~ 自分の感情をおさえる. user de ~ 暴力に訴える, 暴力を行使する．
2 〔*pl.*で〕暴力行為；〔婦女〕暴行. ~s physiques 肉体的暴力行為. ~s sexuelles 性的暴行. ~s urbaines 市街地暴力行為. ~s verbales 言葉による暴力. commettre des ~s sur qn 人に暴力行為を働く. subir des ~s 暴力を受ける．
3 激しさ, 荒々しさ. ~ des maux de tête 頭痛の激しさ. ~ d'une passion 情念の激し

さ. ~ de la tempête 嵐の荒々しさ. avec ~ 激しく. avec une ~ extrême 極端に激しく. se rompre avec ~ 激しく壊れる.

violent(e) *a.* **1** 乱暴な；荒々しい；暴力的な. caractère ~ 荒っぽい性格. homme ~ 乱暴者. révolution ~e 暴力革命.
2 激しい, 猛烈な；強烈な. ~e averse 豪雨. ~e critique 激烈な批評. ~e détonation すさまじい爆発音. ~e migraine 激しい頭痛. ~ tremblement de terre 激震. colère ~e 激怒. combat ~ 激闘；激戦. contraste ~ 際立ったコントラスト. exercices ~s 猛練習. haine ~e 激しい憎悪. heurt ~ 激突. mort ~e 非業の死 (mort naturelle「自然死」の対). paroles ~es 激烈な言葉. passions ~es 激情. poison ~ 猛毒. remède ~ 劇薬. vent ~ 強風.
3〔話〕度を越した. C'est un peu ~. それはちょっとひどすぎる.
— *n.* 乱暴者；暴力者.

violet(te)[1] *a.* **1** 紫色の. encre ~te 紫色のインク. iris ~ 紫色のアイリス. pierre ~te 紫水晶 (=améthyste).
2 (顔・肌などが) 赤くなった, 紅潮した. devenir ~ de colère 怒りで真赤になる. marque ~te sur la peau 皮膚の青あざ.

violet[2] *n.m.* **1** 紫色 (=couleur violette). ~ foncé (pâle) 濃い (薄) 紫. bleu-~ 青紫. radiation au-delà du ~ 紫外線 (=ultraviolet).
2〖貝〗紫貝 (=figue de mer).

violette[2] *n.f.* **1**〖植〗すみれ；すみれの花. ~ blanche 白花すみれ. ~ odorante 匂いすみれ. bouquets de ~s すみれの花束. de ~ すみれ色の. essence de ~ すみれの香料 (エッセンス). être comme l'humble ~ すみれのように慎しい. jouer les ~s すみれのように控え目に振舞う.
2 すみれの香水 (=parfum à la ~).
3 bois de ~ 紫檀 (=palissandre).

violeur(se) *n.* 性的暴行犯, レイプ犯. les ~s et les violés 性的暴行犯とその被害者.

violon *n.m.* **1**〖楽器〗ヴァイオリン. jouer du ~ ヴァイオリンを弾く. concerto pour ~ et orchestre ヴァイオリン協奏曲. ~ d'Ingres (画家アングルのヴァイオリン→) 余技. signé Stradivarius ストラディヴァリウス作のヴァイオリン. joueur de ~ ヴァイオリン奏者.〔比喩的〕Accordez vos ~s! 意見を一つに合わせなさい.
2 ヴァイオリン奏者 (=violoniste, joueur de ~). premier (second) ~ 第一 (第二) ヴァイオリン. le premier ~ d'un orchestre オーケストラの首席ヴァイオリン奏者 (コンサート・マスター).〔話〕aller plus vite que les ~s 急ぎすぎる.〔古〕payer les ~s 美女のために舞踏会を催す；〔現用〕無駄金を払わされる.
3 ヴァイオリン奏法；ヴァイオリン曲. ap-prendre le ~ ヴァイオリンを習う.
4〔話〕留置場, 豚箱 (=prison de police). passer une nuit au ~ 豚箱で一晩過ごす.
5〖工〗小型のろくろ；彫刻家の錐 (きり).
6〖海〗(食器の落下防止用の) 食卓用止め枠.
7〖海〗~s de ris 縮帆部の滑車.
8〖木工〗(ヴァイオリン型の) 割り枠. dossier de siège en ~ ヴァイオリンの胴型の椅子の背.

violoncelle〖伊〗*n.m.*〖音楽〗**1** チェロ, セロ. sonate pour ~ チェロ・ソナタ.〔比喩的〕voix de ~ 低くてよく響く声.
2〔稀〕チェロ奏者 (=violoncelliste).

Vioxx *n.pr.m.*〖薬〗ヴァイオックス (米 Merck 社製のシクロオキシナーゼ cyclooxygénase (酸素添加酵素) 抑制剤).

VIP [veipe] (=[英] *v*ery *i*mportant *per*son) *n.m.inv.* 重要人物 (=[仏] PTI : personne *t*rès *i*mportante).

virage (<virer) *n.m.* **1** (道路などの) カーブ, 曲り角. ~ dangereux 危険な急カーブ. ~ en épingle à cheveux ヘアピンカーブ. ~ en S S字カーブ. suite de ~s カーブの連続. prendre un ~ カーブを曲る.
2 (自動車, 自転車などが) カーブを切ること, ターン；(航空機の) 旋回 (=~s d'un avion). ~ à skis シュテム・クリスチャニア (=stem). faire un ~ à droite (à gauche) 右折 (左折) する. manquer son ~ カーブを切り損う.
3〔比喩的〕急転換, 方向転換. ~ politique (technologique) 政策 (技術) の急転換. parti qui amorce un ~ à droite 右傾しはじめた政党. prendre le ~ 新しい状況に適応する.
4〖海〗進路変更；(巻揚機の) 回転. ~ d'un cabestan (d'un guindeau) 巻揚機 (揚錨機) の巻上げ.
5 (ヨット・水泳などの) 方向転換.
6〖写真〗調色；〖化〗(リトマス試験紙などの) 変色. ~ au cuivre (sépia) 銅色 (セピア) 調色. ~ du bleu au rouge du papier de tournesol リトマス試験紙の青から赤への変色.
7〖医〗(皮膚反応の) 陽転.

viral(ale) (*pl.aux*) *a.*〖医〗ウイルスの, ウイルス性の. infection~ale ウイルス感染.

viré-clessé *n.m.*〖葡萄酒〗ヴィレ=クレッセ (département de Saône-et-Loire 県の Viré と Clessé の2村にまたがる地区の辛口の白の AOC 葡萄酒).

virement (<virer) *n.m.* **1** 振替, 為替；(手形の) 交換；転用. ~ bancaire 銀行振替. ~ budgétaire 予算の転用.〖行政〗~ de crédit 費目変更. ~ postale 郵便振替 (= chèque postale (de ~)).
2〖海〗船の進路変更.

vireux(se) *a.* **1** (植物が) 有毒の. plante ~se 有毒植物.
2 吐気を催させる. odeur (saveur) ~se 吐

virevolte

気を催す悪臭(味).

virevolte *n.f.* **1** 急回転；廻れ右(=volte-face). ~s d'une danseuse 踊り子の急回転. ~s de lanières d'un fouet 鞭の革紐の半転.
2〘比喩的〙(意見などの)急変, 変節, 豹変. ~ d'opinion 意見の急変.
3〘馬術〙急回転, 半巻き(=demi-volte).

virginité *n.f.* **1** 処女性；童貞. garder sa ~ 処女を守る. perdre sa ~ 処女を失う.
2〘比喩的〙純潔, 無垢, 清純無垢. refaire une ~ à qn 人を再生させる；人の名誉を回復する.

virgule *n.f.* **1**〘文法〙ヴィルギュル, コンマ, 句点(,). point-~, point et ~ セミコロン(;). mettre une ~ ヴィルギュル(コンマ)を打つ.
2〘数〙小数点, コンマ.〘電算〙~ flottante 浮動小数点〘式の〙(=〘英〙floating point).
3 ヴィルギュル(コンマ)状のもの.〘同格〙〘医〙bacille ~ コンマ状菌〘コレラ菌〙.

viril(e) *a.* **1** 男の；成年男子の. âge ~ 成年期. force ~e 壮年の精力.〘解剖〙membre ~ 男根.〘古代ローマ〙robe (toge) ~e 成年服, 元服祭. sexe ~ 男性.
2 男らしい, 雄々しい. attitude ~e 男性的な態度. femme ~e 男まさりの女.
3 男性的な；精力的な. résolution ~e 勇気ある決断. Il n'est pas très ~. 彼はあまり精力が強くない.
4〘法律〙part ~e (遺産などの)均等割り分 (=portion ~e).

virilisme *n.m.*〘医〙(女性の)男性化〘症〙.

virilité *n.f.* **1** (肉体的, 性的な)男性的特徴(féminité「女性的特徴」の対).
2 (男性の)生殖能力；(男性の)生殖器官.
3 男らしさ, 精悍さ. manquer de ~ 男らしさに欠ける.
4 成年期(=âge viril). parvenir à la ~ 成人に達する.

virion *n.m.*〘生化〙ヴィリヨン, ビリヨン(ウイルスの感染粒子；核酸と蛋白質から成る).

virocide *a.*〘医〙ウイルスの感染力を無力化する(=virucide, virulicide).
——*n.m.*〘薬〙殺ウイルス剤.

viroïde *n.m.*〘生〙ウイロイド(植物病原体；ウイルスより小さい).

virole *n.f.*〘工〙**1** ~ de couteau ナイフの柄のはめ輪. ~ d'une canne 杖の石突き. ~ d'un manche d'outil 工具の柄の金輪.
2 (貨幣, メダルの)鋳型.
3 (ボイラーなどの)金属製環状部品.

virologie *n.f.* ウイルス学.

virologiste, virologue *n.* ウイルス学者.

virose *n.f.*〘医〙ウイルス性疾患, ウイルス病, ウイルス感染.

virtualité *n.f.* **1** 潜在的性質(能力).
2〘*pl.* で〙可能性.
3〘電算〙仮想性, ヴァーチャリティー.

virtuel(le) *a.* **1**〘哲〙潜在的な；事実上の. faculté ~le 潜在能力. réussite ~le 事実上の成功.
2 虚の；仮の, 仮定の.〘光学〙image ~le 虚像.〘情報〙mémoire ~le 仮想記憶(メモリー). professeur ~ 仮想教授(インターネット上の教育担当者). réalité ~le 仮想現実, ヴァーチャル・リアリティー. technologie ~le 仮想処理技術.

virtuose〘伊〙*n.* **1**〘音楽〙名手, ヴィルトゥオーソ. ~ du violon ヴァイオリンの名手. **2**〘一般に〙名人, 達人. ~ de la diplomatie 外交の達人.

virulence *n.f.* **1**〘医〙毒性；発病性. ~ d'un poison 毒物の毒性. degré de ~ d'un germe 細菌の毒性度(発病性).
2〘比喩的〙辛辣さ, 激しさ；毒々しさ, 悪意性. ~ d'une satire 諷刺の激しさ.

virulent(e) *a.*〘医〙毒性のある, 発病力を持つ. microbe très ~ 毒性の極めて強い細菌.
2〘比喩的〙辛辣な, 激しい. critiques ~es 辛辣な批評. la plus ~e haine 最も激しい憎悪.

virus [virys] *n.m.* **1**〘生・医〙ウイルス；濾過性病原体(=~ filtrant). ~ amaril 黄熱〘病〙ウイルス(=arbovirus) (→ fièvre jaune). ~ de la grippe インフルエンザ・ウイルス (=~ grippal). ~ de la poliomyélite ポリオ・ウイルス. ~ de la rougeole はしかウイルス. ~ du SIDA エイズ・ウイルス. ~ de la varicelle 水痘ウイルス(=zona). ~ de la variole 天然痘ウイルス. ~ grippal A A型インフルエンザ・ウイルス(→ grippe). ~ ourlien 耳下腺炎(おたふくかぜ)ウイルス(→ oreillons). ~ rabique 狂犬病ウイルス(→ rage). ~ rubéoleux 風疹ウイルス(→ ruéole). maladie à ~ ウイルス性疾患.
2〘比喩的〙(精神的な)流行源；害毒. ~ du jeu ゲーム熱.
3〘やや古〙病原菌.
4〘電算〙コンピュータ・ウイルス(=~ informatique, ~ dans un ordinateur) (コンピュータ・プログラム破壊プログラムの俗称). ~ électronique 電子ウイルス, コンピュータ・ウイルス. épidémie de ~ informatiques コンピュータ・ウイルスの蔓延(侵入). propagation des ~ コンピュータ・ウイルスの蔓延.

vis [vis] *n.f.* **1** ヴィス, ビス, ねじ釘, ボルト. ~ à bois 木ねじ. ~ à droite (à gauche) 右(左)回しねじ. ~ à papillon 蝶ナット. ~ à tête conique (cylindrique, ronde) 皿頭(平頭, 丸頭)ねじ. ~ d'arrêt 止めねじ, 締付けねじ, 止めナット. ~ de fixation 止めねじ. ~ de pression 止めねじ. ~ de réglage 調整ねじ.

pas de ~ ねじのピッチ. donner un tour de ~ ねじを一締めする；〖比喩的〗締めつけをきつくする, ねじを巻く. serrer (desserrer) une ~ ねじを締める (ゆるめる).〖比喩的〗serrer la ~ à qn 人を締めあげる；人を手荒く扱う.
2 螺旋歯軸. ~ sans fin ウォームギア. tire-bouchon à ~ ねじ回し式のコルク栓抜き.
3 螺旋階段 (=escalier à (en)~). escalier central à double ~ du château de Chambord シャンボール城の二重螺旋の中央階段.
4〖自動車〗~ platinée ブレーカーの接点 (ポイント).

visa [ラ] n.m. **1** (旅券の) 査証, ヴィザ, ビザ；査証印. ~ apposé sur un passeport 旅券に押された査証. ~ de consulat 領事館査証. demander (obtenir) un ~ ヴィザを申請する (取得する).〖比喩的〗donner son ~ 承認する, 同意する.
2〖行政・法律〗(証明書, 領収書などの) 認印, 署名, 検印, 証印. ~ de censure d'un film 映画の検閲済証. ~ pour timbre 収入証印. ~ sanitaire 保健衛生証印.
3〖法律〗(判決文冒頭の) 参照法令・条文等の引用句.
4 V~ (クレジットカード) ヴィザカード (=carte de crédit V~).

visage n.m. **1** 顔, 顔立ち；顔面；顔色, 血色. ~ rond (allongé, ovale) 丸顔 (面長顔, 卵顔). ~ fatigué 疲れた顔. ~ pâle 蒼白い顔. ~ régulier 整った顔立ち. avoir un beau ~ 美しい顔立ちである. avoir bon (mauvais)~ 顔色 (血色) がよい (悪い). avoir le sang (le feu) au ~ 顔を真赤にする. frapper qn au ~ 人にびんたを食わせる. maquillage du ~ メーキャップ. à ~ découverte (仮面をつけずに→) 正々堂々と.
2 表情, 顔つき, 顔色. avoir un ~ joyeux うれしそうな表情を示す. changer de ~ 顔色を変える. faire bon (mauvais)~ à qn 人に愛想よくする (不愛想に振舞う). ~ humain 人間の顔をした；人権を尊重した. urbanisme à ~ humain 人間の顔をした都市計画.
3 顔, 人. ~ connu 顔見知り (= ~ de connaissance). nouveau ~ 新顔. sans ~ 顔のない, 正体不明の.
4〖比喩的〗様相, 姿. vrai ~ de la France フランスの素顔. homme à deux ~s 二心ある人；ペテン師.

visagiste n. 美顔術師；メーキャップ師.

vis-à-vis [vizavi] ad. **1** 向き合って, 真向いに. Nous nous sommes trouvés ~. われわれは向かい合っていた.
2 ~ de …の向かいに；に対して, に関して；に比べれば. habiter ~ d'une église 教会堂の真向かいに住む. s'asseoir ~ de qn 人

と向かい合って座る. Ma fortune est modeste ~ de la tienne. 君に比べれば私の財産はささやかなものる. Il est sévère ~ de l'injustice. 彼は不正に対して手厳しい.
—n.m. **1** 対面, 対坐. pénible ~ つらい対面. Nous sommes assis en ~. われわれは差し向かいに座った.
2 向いの席の人；(ダンスの) パートナー. un charmant ~ 魅力的なダンスパートナー. parler à son ~ 向いの席の人に話しかける.
3〖家具〗ヴィザヴィ (二人が差し向いで話せるS字型の小型ソファ).

viscéral (ale) (pl.**aux**) a. **1**〖解剖・医〗内臓の, 臓器の. cavité ~ale 内臓腔. crise ~ale 内臓発症. muscle ~ 内臓筋. niveau de graisse ~ale 内臓脂肪度. ptose ~ale 内臓下垂〖症〗. sensation ~ale 内臓感覚, 臓器感覚.
2 深い, 根深い, 心の奥底の, 無意識の. haine ~ale 根深い憎悪.

viscère n.m.〖多く pl.〗〖解剖〗内臓 (頭・胸・腹腔の臓器, 特に腹部臓器を指す)；臓物.

viscéroptose n.f.〖医〗内臓下垂〖症〗(=splanchnoptose).

viscoélasticité n.f.〖物理〗粘弾性 (粘性流動と弾性変形が重なる現象).

viscoélastique a.〖物理〗粘弾性の (粘性と弾性を併せもつ).

viscoplasticité n.f.〖物理〗粘塑性.

viscoplastique a.〖物理〗粘塑性の.

viscoréduction n.f.〖石油精製〗ビスブレーキング (熱分解による重質油の低粘性化).

viscose n.f.〖化〗ビスコース (ソーダパルプ cellulose sodique；レーヨン rayonne, フィブラーム Fibrame 等の人造繊維や, セロファン cellophane などの原料)；ビスコースレーヨン.

viscosimètre n.m. **1**〖物理〗(流体の) 粘度計 (特に潤滑油粘度計). ~ à rotation 回転粘度計. **2**〖医〗(血液・血清の) 粘度計.

viscosité n.f.〖物理〗粘性；ねばり付, ねばつき. ~ cinématique 運動粘性. ~ turbulente 渦粘性.〖物理〗coefficient de ~ 粘性率, 粘性.
2〖経済〗非流動性. ~ de la main-d'œuvre 労働力の非流動性.
3〖精神分析〗~ mentale 精神緩慢.

viscumthérapie n.f.〖医〗宿り木療法 (ドイツ語圏の民間療法).

visé n.m. 狙撃. tirer au ~ 狙いを定めて撃つ, 狙撃する (tirer au jugé「当てずっぽうに撃つ」の対).

visée n.f. **1** 狙いを定めること, 照準, 視準.〖測量〗~ directe (inverse) 前視 (後視). faire une bonne ~ 照準を合わせる. ligne de ~ 照準線.〖写真〗verre de ~ interchangeable (ファインダーの) 交換可能なピ

ント・グラス.
2 〖比喩的〗〖多く pl.〗狙い, 意図；目標；野心. ~s ambitieuses 野心的な狙い. avoir des ~s sur …に狙いをつける. homme à grandes ~s 野心家.

viseur *n.m.* **1** (銃砲の)照準器. ~ d'une carabine カービン銃の照準器. regarder dans le ~ d'une armée à feu 銃の照準器で狙いを定める.
2 〖写真〗ファインダー. ~ électronique 電子ファインダー. ~ optique type Galilée inverse 逆ガリレオ型光学ファインダー. 〖映画〗~ de la caméra 撮影機のファインダー.
3 〖天文〗(大型望遠鏡に付属の)ガイド望遠鏡.

visibilité *n.f.* **1** 目に見えること；可視性. ~ d'un phénomène 現象の可視性.
2 〖物理〗(電磁波の)視感度. coefficient (facteur) de ~ d'une radiation 電磁輻射線の視感係数(率).
3 視野；視界；視程；見通し距離. bonne (mauvaise)~ 視界の広さ(狭さ)；視程良好(不良). ~ nulle 視界ゼロ. pilotage sans ~ 無視界飛行, 計器飛行〖略記 PSV〗. 〖気象〗prévisions de ~ 視程予知.
4 見通し. virage sans ~ 見通しの利かぬカーブ.

visible *a.* **1** 目に見える, 目で見ることができる. 〖光学〗可視の. éclipse ~ à Tokyo 東京でも目視できる天体蝕. rayons ~s 可視光線.
2 感知(知覚・認識)できる. le monde ~ 現実世界, 物質的世界.
3 面会できる；〖話〗(服装などの点で)人前に出られる. M. le directeur est-il ~ ? 部長(所長)にお目にかかれますか. Entrez, maintenant je suis ~. お入り下さい, もう人前に出られるよう身づくろいが済みましたから.
4 〖比喩的〗誰の目にも明らかな, 明白な. Il est ~ que …であることは明白である.
——*n.m.* **1** 感知(知覚・認識)できるもの；可視物. **2** 目に見える世界.

visioconférence *n.f.* 〖通信〗相互映像通信会議, ヴィジオコンフェランス, ヴィデオコンフェランス (vidéoconférence).

visio-enseignement *n.m.* 〖教育〗ヴィデオ利用教育.

vision *n.f.* **1** 視覚；視力；視界. ~ périphérique 周辺視界. champ de la ~ 視野. examen de la ~ 視力検査. 〖解剖〗organes de ~ 視覚器〔官〕. troubles de la ~ 視力が弱い, 目が悪い. avoir une mauvaise ~ 視力が弱い, 目が悪い.
2 見ること；見たこと；光景. ~ d'apocalypse この世の終わりのような光景.
3 思い描くこと；ものの見方；観念, ヴィジョン, 見通し. ~ de l'avenir 未来の見通し. 〖カトリック〗~ béatifique 至福直観 (=

~ intuitive). ~ des historiens 歴史家のヴィジョン. ~ du monde 世界観. ~ de la mort 死を思い描くこと. ~ d'un romancier 小説家のものの見方. ~ obsédante 強迫観念.
4 幻；〖神学〗幻視, 見神. ~ des prophètes 予言者の幻. ~ prophétique 予告の幻.
5 幻覚, 夢幻；空想, 妄想；〖話〗突飛な考え. 〖話〗~s cornues 突飛な考え. ~s hallucinatoires 幻覚. ~ du rêve 夢の幻, 夢幻. avoir des ~s 幻覚を覚える；妄想を抱く；〖話〗たわごとを言う.

visionneuse *n.f.* **1** 〖映画〗編集機. **2** (映画編集用・スライドなどの)ヴューアー (= 〖英〕viewer).

visiophone *n.m.* 〖通信〗TV電話 (=vidéophone, 〔英〕visual telephone).

visiophonie *n.f.* **1** TV電話サービス. **2** TV電話 (=visiophone).

Visitation *n.f.* **1** 〖カトリック〗la ~ 聖母マリアの御訪問の祝日《聖母マリアがヨハネの母エリザベートを訪れたことを記念する祝日 la fête de la ~；7月2日》. Ordre de la ~ 聖母訪問修道女会《1610年創立》.
2 〖美術〗聖母御訪問図.

visite *n.f.* **1** 訪問；来訪；訪問客. ~ de condoléances 弔問. ~ officielle du président de la République française au Japon フランス大統領の日本公式訪問. carte de ~ 名刺. faire (une) ~ à qn；rendre ~ à qn 人を訪れる. recevoir une ~ 訪問客に会う. recevoir (avoir) la ~ de qn 人の訪問を受ける. rendre sa ~ à qn 人に答礼の訪問をする.
2 見物, 見学, 参観；参詣, 拝観. ~ d'un musée 博物館の見学. ~ d'un temple bouddhiste 仏教寺院の参詣. ~ de groupe グループ見学. ~-conférence 解説付き参観(見学). bon de ~ (不動産の)参観許可証.
3 面会；見舞い. 〖法律〗droit de ~[1] 面会権, 訪問権；面接交渉権. heure des ~s 面会時間.
4 検査, 点検；臨検；視察, 巡視. ~ des bagages (税関などの)荷物検査. ~ du chargement d'un poids lourd par les gendarmes 憲兵による重量車輌(トラック, トレーラー)の積載貨物量検査. ~ de douane 税関検査. ~ des lieux 現場臨検. 〖法律〗~ domiciliaire 家宅捜査. ~ d'un navire 船舶の臨検. ~ du diocèse 司教の教区内巡察. 〖国際法〗droit de ~[2] 船舶臨検権.
5 〖医〗回診；往診 (= ~ à domicile)；検診 (= ~ médicale). heure de la ~ 回診時間. tarif des ~s 往診料金.

visiteur (se) *n.* **1** 訪問者；来訪者, 来客. recevoir des ~s 来訪者を受け入れる(収容する).
2 面会人；見舞客. ~ d'un malade 病人の見舞客. ~ d'un prisonnier 囚人の面会人.

3 見物人, 見学者, 参観者. ~ d'une exposition 展覧会の参観者.
4 視察員；検査官；検査員. ~s de la douane 税関検査官.『鉄道』~ de machine 車輛検査員, 検車係.
5 訪問員.『薬』~ médical (製薬会社の) 病院訪問外交員, プロパー. ~ social 訪問社会福祉員. infirmière ~se 訪問女性看護師.
6〔スポーツ〕ビジター.

vison *n.m.* **1**〔動〕ミンク (いたち科 mustélidés).
2 ミンクの毛皮 (=fourrure de ~).
3〔話〕ミンクのコート (=manteau de ~), ミンクの上衣 (=veste de ~).

visonnière *n.f.* ミンク飼育〔場〕.

visqueux(**se**) *a.* **1** (液体が) ねばり気のある, ねばねばした；(油などが) どろどろした；『物理』粘性の. consistance ~se 粘性. goudron ~ どろどろしたタール. pâte ~se ねばり気のある練り生地 (パスタ).
2〔蔑〕(皮膚などが) べとべとした, ぬるぬるした. peau ~se des poissons 魚のぬるぬるした皮.
3〔比喩的〕卑屈な, いやらしい. êtres ~ et douteux 性格汚ならしくてうさん臭い人間.

vissant(**e**) *a.* ねじで締める方式の.『写真』filtre ~ ねじこみ式フィルター.

vista *n.f.*〔話〕(スポーツ選手の) 試合展開の見通しの良さ, 試合の状況判断の良さ.

visualisation *n.f.* **1** 視覚化, 映像化. ~ des chiffres de production par un graphique 生産数のグラフによる視覚化表示.
2〔情報処理〕ディスプレー表示. écran de ~ 映像ディスプレー.

visuel[1](**le**) *a.* **1** 視覚の. angle ~ 視角. axe ~ 視軸. centre ~ 視覚中枢. champ ~ 視野. images (impressions, sensations) ~les 視覚的映像 (印象, 感覚). mémoire ~le 見覚え. organes ~s 視覚器官. troubles ~s 視覚障害 (異常). avoir une bonne (mauvaise) mémoire ~le 見覚えが良い (悪い).
2 視覚に訴える. illustration ~le 視覚に訴えるイラスト. langage ~ 視覚言語. méthode ~le 視覚的方法.

visuel[2] *n.m.* **1** 視覚型人間.
2〔情報処理〕ディスプレー (〔英〕display の公用推奨語).
3〔宣伝〕視覚的媒体.

vitacées *n.f.pl.*『植』ぶどう科〔植物〕 (vigne ぶどう, rhamnacées くろうめもどき亜目など).

vital(**ale**)(*pl.***aux**) *a.* **1** 生命の, 生命に関する. énergie ~ale 生命エネルギー, 活力. force ~ale 生命力, 活力. index ~ 人口指数 (出生の死亡に対する比率). phénomènes ~aux 生命現象. réaction ~ale 生活反応. statistique ~ 人口動態統計 (生死・婚姻・疾病・移動などの統計).
2 生命維持に不可欠な. capacité ~ale〔forcée〕〔努力〕肺活量. carte V~ale カル

ト・ヴィタル (社会保障の健康医療カード). échanges ~ aux 生命維持に不可欠な呼気ガス交換. espace ~ 生活空間. minimum ~ 最低生活費；最低必要栄養素.
3 死活にかかわる, 致命的な, 重大な. question ~ ale 死活問題. il est ~ de+*inf.* (que+*subj.*) ~は重要である.

vitalisant(**e**) *a.* 活力 (生気) を与える. lotion ~e 発毛促進ローション, 育毛剤.

vitalisme *n.m.* 生気論 (アリストテレスの提唱).

vitalité *n.f.* **1** 精力, 活力, バイタリティー. ~ d'un pays 国の活力. ~ intellectuelle 知的活力. ~ physique 肉体的活力, 精力.
2〔生〕活力度.

vitamine *n.f.*『生化』ヴィタミン, ビタミン. ~ B1 ビタミン B1, 抗神経炎性ビタミン (= ~ antinévritique). ~ B 12 ビタミン B12, 抗貧血性ビタミン (= ~ antianémique). ~ C ビタミン C, 抗壊血病ビタミン (= ~ antiscorbutique). ~ D ビタミン D, 抗佝僂 (くる) 病ビタミン (= ~ antirachitique). ~ E ビタミン E, 抗不妊因子ビタミン (= ~ de fertilité). ~ K ビタミン K, 抗出血性ビタミン (= ~ antihémorragique). ~ PP ビタミン PP, 抗ニコチン酸欠乏症ビタミン (= ~ antipellagreuse), ビタミン B3. ~s hydrosolubles 水溶性ビタミン群 (B, C, H, P, PP など). ~s liposolubles 脂溶性ビタミン群 (A, D, E, K など). administration de ~ ビタミンの投与.

vitaminé(**e**) *a.* **1** ビタミンを含有する.
2 ビタミンを添加した. lait ~ ビタミン添加乳.

vitaminique *a.* ビタミンの. complexe ~B ビタミン B 複合体.

vitaminothérapie *n.f.*〔医〕ビタミン療法.

vite *ad.* **1** 速く, 急速に. courir (marcher) ~ 速く走る (歩く). parler très ~ 早口で話す. Parlez moins ~, s'il vous plaît. そんなに早口で喋らないでください. rouler ~ 高速で車を走らせる.
2〔音楽〕速く, プレスト. jouer ~ プレストで演奏する.
3 急いで, 手早く. V~, ~, on part. さあ急いで急いで, 出かけるよ. au plus ~ 出来るだけ早く. aller ~ 急いで行く. s'habiller ~ 急いで身支度する. travailler ~ et bien てきぱきと仕事を片付ける. Fais ~! 急いで!〔話〕Pas si ~! そんなに慌てるな；落ち着いて!〔話〕Hors ici, et plus ~ que ça! 出て行け, さっさとしないか! Il va〔un peu〕~ en refusant cette offre. 彼がこの申し出を断わったのは〔いささか〕早計である.
4 すぐに, 間もなく.〔副詞的に〕〔話〕~ fait すぐに, すぐさま. V~ fait, bien fait. あっという間にできてしまった. avoir ~ fait de+*inf.* すぐに…する. L'incendie a

vitesse

eu ~ fait de se propager. 火事はすぐさま燃え広がった. Ce sera ~ réglé. それはすぐに片が付くだろう. Elle se fatigue ~. 彼女はすぐに疲れてしまう.

――*a*. **1**〖文〗足の速い, 駿足の, 速い. coureur le plus ~ 最も足の速いランナー.
2 スピードの出る. piste très ~ 高速コース. vélodrome le plus ~ du monde 世界最速の自転車競技場.
――*n.m.*〖音楽〗〖古〗プレスト (presto), プレスティシモ (prestissimo).

vitesse *n.f.* **1** 速さ, スピード. Il aime la ~. 彼はスピードを出すのが好きだ. faire de la ~ スピードを出す. gagner (prendre) qn de ~ 人より素早くやる, 人を出し抜く. prendre de la ~ 加速する.
à faible (petite) ~; à ~ réduite 低速で; スピードを落として. à grande ~ 高速で. à pleine ~ フルスピードで. à toute ~ 全速力で; 大急ぎで.
2 速度. ~ de croisière d'un avion (d'un navire) 航空機 (船舶) の巡航速度.〖航空〗~ de décision 離陸判断決定速度.〖航空〗~ de décrochage 失速速度. ~ de givrage 着氷速度.〖水理〗~ d'infiltration (水の) 浸透速. ~ de la lumière 光速度.〖宇宙〗~ de libération 重力圏脱出速度 (= ~ d'évasion). ~ d'onde 波の速度. ~ de pleine marche 全速力. ~ de propagation 伝播速度. ~ de réaction 反応速度.〖医〗~ de sédimentation globulaire 血球沈降速度, 血沈速度. ~ de vol 飛行速度. ~ du vent 風速. ~ initiale 初速. ~ maximale (moyenne) 最高 (平均) 速度. ~ orbitale 軌道速度. ~ relative 相対速度. compteur de ~ スピードメータ ー, 速度計. perte de ~ 失速. en perte de ~ 失速状態の;〖比喩的〗失速状態の, 下り坂の. industrie en perte de ~ 失速した産業.
3〖鉄道〗grande (petite) ~ 急行 (普通) 貨物便 (略記 GV (PV)). train à grande ~ 超高速列車 (略記 TGV; フランス新幹線).
4 変速機, ギヤ. boîte de ~s ギヤボックス, 変速機. première (deuxième, troisième) ~ ロー (セカンド, サード) ギヤ; 第1 (2, 3) 速〖ギヤ〗. en quatrième ~ トップギヤで;〖比喩的〗大急ぎで. passer les ~s ギヤ・チェンジする;〖比喩的〗状況に対応する. passer en seconde ~ 2速に入れる.

viti-〔ラ〕〖ELEM〗〖葡萄〗の意 (*ex. viti*culture 葡萄栽培).

viticole *a.* 葡萄栽培の; 葡萄酒製造の; 葡萄〔酒〕生産の. culture ~ 葡萄栽培. industrie ~ 葡萄酒産業. région ~ 葡萄〔酒〕生産地.

viticul*teur* (*trice*) *n.* 葡萄栽培者; (特に葡萄酒醸造用の) 葡萄栽培者.

viticulture *n.f.* 〖農〗葡萄栽培.

vitiligo *n.m.* 〖医〗白斑. ~ vulgaire 尋常性白斑, 白なまず.

vitivincole *a.* 葡萄栽培と葡萄酒醸造の (に関する).

vitiviniculture *n.f.* 葡萄栽培と葡萄酒醸造.

vitrage *n.m.* **1**〖集合的〗(建物の) ガラス. ~ d'une église 教会堂のステンドグラス (= vitrail, vitraux). fenêtre à double ~ 二重ガラス窓.
2 ガラス戸; ガラス窓; ガラスの間仕切り; ガラス屋根.〖rideau de〗~ 窓際の薄地 (レース) のカーテン. ~ d'un aquarium 水族館のガラス張り.
3 ガラスのはめ込み.

vitrail (*pl.* **aux**) *n.m.* **1** ステンドグラス〖の窓〗. ~ aux de la Sainte-Chapelle de Paris パリのサント=シャペルのステンドグラス群.
2 ステンドグラスの技法 (= art de ~).

vitre *n.f.* **1** 板ガラス. ~s d'une fenêtre 窓ガラス. ~s d'une boutique 商店のウィンドウ. nettoyer (laver, faire) les ~s 窓ガラスを拭く.
2 (乗物の) 窓ガラス (= glace). ~ avant (自動車の) フロントグラス. ~ arrière (自動車の) リアウィンドウ. ouvrir (baisser) la ~ (車のドアの) 窓ガラスを開ける. regarder par la ~ 窓越しに眺める.
3〖比喩的〗〖話〗casser les ~s 憤懣をぶちまける, 激怒する; 騒ぎを起す.〖話〗Ça ne casse pas les ~s. 面白くも何ともない, つまらない.

vitré(*e*) *a.p.* **1** ガラスのはまった. porte ~s ガラス戸.
2〖解剖〗ガラス状の. corps ~ (目の) 硝子体.〖humeur〗~*e* (目の) 硝子体液.

vitrectomie *n.f.* 〖医〗(眼球の) 硝子体切除〖術〗.

vitrification (< vitrifier) *n.f.* **1** ガラス化.〖原子力〗~ des déchets radioactifs à vie longue 高レベル放射性廃棄物のガラス固化〖法〗 (= 〔英〕 glassification). ~ de l'émail par fusion 七宝の溶融によるガラス化.〖生化〗~ d'embryons 胚のガラス化冷凍保存.
2 透明ニス塗付. ~ d'un parquet 床の透明ニス塗付.
3〖軍〗(目標への) 核爆弾の投下.

vitrifié(*e*) *a.p.* **1** ガラス状になった; ガラス化された;〖化〗透化された. containers ~s ガラス化放射性廃棄物のコンテナ ー. matières ~es ガラス化された素材. résidus hautement radioactifs ~s ガラス化された高放射能廃棄物.
2 透明なニスを塗付した. parquet ~ 透明なニス塗りの床.
3 つるつるになった. route ~*e* 凍結してつるつるになった道路.

vitrine *n.f.* **1** ショーウインドー, 陳列窓; ショーウインドーの飾りつけ (展示品). ~ de libraire (de pâtissier) 書店 (菓子屋) の

ショーウインドー. ~ publicitaire 宣伝用ショーウインドー. objets en ~ ショーウインドーの展示品. décorer une ~ ショーウインドーの飾りつけをする. lécher (regarder) les ~s ショーウインドーをのぞきこむ, ウインドーショッピングをする. mettre un article en ~ 商品をウインドーに陳列する. **2** (収集品陳列用の) ショーケース, ガラスケース, 飾り戸棚. ~ à rayons 陳列棚. ~s d'un musée 博物館のショーケース.

vitriol *n.m.* **1** 〔古〕濃硫酸 (=acide sulfurique concentré).
2 〔古〕硫酸塩 (=sulfate). ~ blanc 皓礬 (こうばん). ~ bleu 胆礬, 硫酸銅. ~ vert 緑礬, 硫酸鉄.
3 〔比喩的〕(言説の) 毒, 辛辣さ. au ~ 辛辣な, 激しい.

vitro[-]céramique *n.f.* ガラス・セラミック, 結晶化ガラス. chauffeur ~ セラミックヒーター. table de cuisson à ~ ガラス・セラミック式調理器, セラミックヒーター式調理器.

vitupération *n.f.* 〔多く *pl.*〕難詰 (なんきつ), 罵倒, 罵詈 (ばり), 叱責.

vivable *a.* 〔多く否定文で〕〔話〕**1** 生活できる, 生活に耐える; 辛抱できる. Cette maison n'est plus ~. この家はもはや住むに耐えない.
2 快適に暮らせる. Aménagée, cette pièce serait ~. 改装すればこの部屋は住みやすくなるであろう.
3 (人が) 気さくにつきあえる. Il n'est pas ~, ce type! 奴とはとてもつきあえない!

vivace *a.* **1** 生命力の強い, 強靭な, 丈夫な. plante ~ 多年生植物 (=une ~). les ~s et les annuelles 多年生植物と一年生植物.
2 〔比喩的〕根強い; 揺るぎない. foi ~ 揺るぎない信念. haine ~ いつまでも続く憎しみ. préjugé ~ 根強い偏見.
—*n.f.* 〔植〕多年性植物.

vivacité *n.f.* **1** 活潑さ; 敏捷さ, すばやさ. ~s de la conversation 会話の活潑さ. ~ d'esprit 頭の良さ, 才気煥発. ~ d'une intelligence 生き生きとした知性. ~ des yeux 目のすばやさ. avoir de la ~ 威勢がいい, 快活である; 敏捷である.
2 (感情などの) 激しさ, 〔*pl.* で〕〔やや古〕癇癪. ~ des passions 情念の激しさ. ~ des propos (du langage) 言葉の激しさ. homme de ~ 激しい気性の人. repliquer avec ~ 激しく抗弁する.
3 (色などの) 鮮やかさ; 強烈さ. ~ du coloris 色調の鮮やかさ.
4 (空気の) 冷たさ, 爽やかさ. ~ de l'air 大気の爽やかさ.

vivant[1] (**e**) (<vivre) *a.* **1** 生きている (mort「死んだ」の対). ~ témoignage de la guerre 戦争の証言者. cadavre ~ 生ける屍. encyclopédie ~e 生き字引き. homme ~ 生きている人. langue ~e 現用語, 現代

語 (langue morte「死語」, langue classique 「古典語」の対). né ~ 出生児.〖カトリック〗pain ~ 御聖体. tableau ~ 活人画. capturer un ours ~ 熊を生け捕りにする. revenir ~ de la guerre 戦場から生きて帰還する. C'est un squelette ~. 生きた骸骨だ; 骨と皮ばかりに痩せている.
2〖生〗生きた, 生命のある (inanimé「生命のない」, inorganic「生活機能を持たない, 無機質の」の対). êtres ~s 生物. matière ~e 有機物.
3 生き生きとした, 活潑な; 活気のある. conversation ~e 活潑な会話. description ~e 生彩溢れる描写. personne gaie et ~e 陽気で活潑な人. quartier ~ 繁華街.
4 生きて生きているような, 生気溢れる. C'est le ~ portrait de son père. あいつはまるで父親に生き写しだ.
5 〔比喩的〕生き続ける. Son souvenir demeure ~ parmi nous. 彼はわれわれの思い出の中に生き続けている.
—*n.* 生きている人, 生者; 生存者. rayer qn du nombre des ~s 人を亡き者にする; 殺す.

vivant[2] *n.m.* **1** 生きているもの; 〔*pl.* で〕生者. les ~s et les morts 生者と死者.〖法律〗le dernier ~ (夫婦のうちの) 生残配偶者 (=survivant).
2 bon ~ 楽天家, 快楽主義者 (=joyeux ~).〔古〕bien (mal) ~ 行いの善い (悪い) 人.
3 人生. ordre du ~ 人生の理法.
4 du ~ de qn 人の存命中.

vivarium *n.m.* 小動物自然動物園 (昆虫, 爬虫類, 小動物の保存・生態観察のための飼育場).

vive-eau (*pl.* **~s-~x**) *n.f.* 大潮 (=marée de ~; morte-eau.「小潮」の対).

Vivendi *n.pr.*〖経済〗ヴィヴァンディ社 (1998年 Compagnie générale des eaux と Havas 社が合併して誕生; 水資源・エネルギー・交通・マルチメディア関連企業).

vivier *n.m.* **1** 養魚場. **2** 生け簀. **3** 〔比喩的〕養成所. ~ d'ingénieurs 技師養成学校.

vivifiant(**e**) *a.* 活気づける; 活性化する. atmosphère ~e 活気を与える雰囲気. climat ~ 活力を与える気候.〖神学〗grâce ~e 霊的生活の源泉となる恩寵.

vivification (<vivifier) *n.f.* 活気づけること; 生命の付与; 活性化; 賦活.〖神学〗~ de l'esprit 精神の活力. ~ d'une région 地方の活性化.

vivipare *a.*〖動〗胎生の (ovipare「卵性の」の対). animaux ~s 胎生動物.
—*n.m.* 胎生動物 (=animal ~).

vivisection *n.f.* 生体解剖, 生体実験.

vivre *n.m.* **1** 〔*pl.*で〕食糧, 糧秣, 食料. ~s de réserve 非常食.〖軍〗les ~s et les munitions 糧秣と弾薬. disette des ~s 食料の欠乏.〖軍〗ration de ~s 一日分の糧秣.

vivrier(ère)

couper les ~s à qn 人の糧道を断つ；人への生活費の仕送りをやめる. fournir les ~s 食糧を供給する.
2〔古〕食物.〔現用〕le ~ et le couvert 食と住.
3〔古〕生きること.

vivrier(ère) a. 自家用・地域消費用の食糧を生産する. cultures ~ères 自家用・地域消費用栽培.

vizirat n.m. (イスラム教国の) 大臣の地位と職務.

VLCC (=〔英〕very large crude carrier) n.m. (30万トン以上の) 超大型タンカー.

VLDL (=〔英〕very low density lipo-protein) n.f.〔生化〕超低比重リポ蛋白〔質〕(=〔仏〕lipoprotéine de très basse densité.

VLF (=〔英〕very low frequency) n.f. 超低周波 (=〔仏〕fréquence très basse).

VLSI (=〔英〕very large scale integra-tion) n.f. 超大規模集積回路, 超LSI (=〔仏〕intégration (circuit) à très haute den-sité).

VLT (=〔英〕very large telescope) n.m.〔天文〕超大型望遠鏡 (=très grand télesco-pe). ~ européan installé au Chili チリに設置されたヨーロッパの超大型望遠鏡.

VLTT (=véhicule léger tout-terrain) n.m.〔軍〕全地形対応軽車両軍用車.

VMCJ (=variante de la maladie de Creutzfeld-Jacob) n.f.〔医〕クロイツフェルト＝ヤコブ病の変種.

VMF (=volontaires militaires féminines) n.f.pl. 婦人志願兵.

VMQPRD (=vins mousseux de qualité produits dans des régions déterminées) n.m.pl.〔葡萄酒〕生産地限定高品質発泡性葡萄酒.

VNF (=Voies navigables de France) n.f.〔水運〕フランス河川運輸水路管理公社.

VO (=version originale) n.f. (映画の) 原語版.

vº, Vº, vo (=〔ラ〕verso) 裏ページ.

VOA (=véhicule d'observation de l'artil-lerie) n.m.〔軍〕砲兵隊観測車輌.

vocabulaire n.m. **1** 語彙；専門用語, 術語. ~ actif (passif) 使用 (受容) 語彙. ~ juridique 法律用語.
2〔言語〕使用語彙 (個人またはテキストで使用される語彙の全体). ~ étendu 広い使用語彙.
3 (個人の) 用語法, 言葉遣い. avoir un ~ pauvre 語彙が貧困である. Quel ~ ! 何て言葉遣いだ！
4 用語集, 単語集, 小辞典, 術語集. ~ de l'informatique 情報工学関連用語集. ~ français-japonais pour débutants 初心者向け仏和小辞典.

vocal (ale) (pl.**aux**) (<voix) a. **1** 声の；発声の.〔解剖〕cordes ~ales 声帯. musique ~ale 声楽. organes ~aux 発声器官.
2〔通信・電算〕音声の；音声による.〔電話〕boîte ~-ale 音声応答装置. émission ~ale 音声通信 (放送).〔電算〕logiciel à re-connaissance ~ale 音声認識ソフト. mes-sagerie ~ale 音声通信サーヴィス (音声メッセージの聴取・記録システム). ordina-teur à commande ~ale 音声操作式コンピューター.〔電算〕serveur ~ 音声通信サーヴァー. synthèse ~ 音声合成.
3〔教会〕選挙権をもつ. mères ~ales 選挙権をもつ女子修道院長.

vocation n.f. **1**〔宗教〕召命, 召出し, 神のお召し；神のお召しによる宗教生活. la ~ d'Abraham アブラハムに対する神のお召し. avoir la ~ 神のお召しを感じる. ~ surnaturelle 超自然的召命.
2 天職, 使命；使命感. avoir la ~ de l'en-seignement 教育を天職と思う. ~s forcées 押しつけられた使命感. Il est devenu méde-cin par ~. 彼は使命感によって医者になった.
3 (特定の職業に対する) 適性, 性向, 才能, 天性. ~ artistique 芸術的適性. ~ d'acteur 役者としての天性. manquer sa ~ 職業的適性に欠ける. se sentir une ~ pour qch (de+inf.) 自分が何に (…するのに) 向いていると思う.
4〔法律〕資質, 権利関係；天職. ~ alimen-taire 扶養権利能力. ~ héréditaire 相続能力.
5 (地域などの) 適性. région à ~ agricole 農業に適した地方.
6 (行政・企業などの) 使命, 目標. avoir ~ à (pour)+n. (inf.) 何の (…する) 資格を備えている (うってつけである).

vodka [vɔdka] n.f.〔酒〕ウオツカ. ~ po-lonais (russe) ポーランド (ロシア) 産ウオツカ. ~ à l'herbe de bizon バイソン草で風味づけしたウオツカ (ポーランドのズブロウカ zubrowka). ~ fizz ウオツカ・フィーズ (ウオツカ, 砂糖, パインジュース, 炭酸水でつくるカクテル).

vœu (pl.**~x**) (<vouer) n.m. **1**〔宗教〕神に対する誓い, 誓願；祈り, 祈願, 願い.〔カトリック〕les〔trois〕~x 三つの誓願 (pau-vreté「清貧」, chasteté「貞潔」, obéissance「従順」). ~ de religion, ~ religieux, ~ monastique. ~x per-pétuels 終世誓願. faire ~ de pauvreté 清貧の誓願を行う. prononcer ses ~x 修道の誓いをする.
2 (自分に対する) 誓い, 決意. ~ de ne plus fumer 禁煙の誓い. faire〔le〕~ de+inf. …することを決意する.
3 意志表明, 要望；請願；勧告. ~x de l'Assemblée nationale 国会の要望 (勧告). ~ de la nation 国民の希求. ~ de nature 自然の意志. ~ pieux 見果てぬ夢.
4〔多く pl.〕願い, 祈願；祈念. ~ de bon-

ne année 新年の祝意, 年賀. Meilleurs ~x pour l'année 2000. 2000年おめでとう《年賀状の文言》. expédier des cartes de ~x pour Noël クリスマス・カードを発送する. faire le ~ que+*subj.*; faire des ~x pour que+*subj.* …を祈る（願う）. faire (former) des ~x pour la santé de *qn* 人の健康を祈念する. présenter ses ~x pour le 1ᵉʳ janvier 元旦の慶賀の意を表する. Tous mes ~x! 御幸福（御成功, 御健勝）を祈ります《書状の文言》.
5〔*pl.*で〕〔古〕愛されたい願い.

vogue *n.f.* **1** 流行, 人気. ~ des cheveux longs 長髪の流行. ~ d'un écrivain (d'un livre) 作家（本）の人気. en ~ 流行の, 人気のある. chanteur en ~ 流行（人気）歌手. avoir la ~; être en ~ 流行している, 人気がある. Ce chanteur a la ~. この歌手は流行っている.
2〔フランス東南部の〕村祭；〔土地の〕守護聖人祭. la ~ de Mont-Fleury モン=フルーリの村祭.

void (<*V*~, 地名) *n.m.*〖チーズ〗ヴォワ（la Lorraine ロレーヌ地方, département de la Meuse ムーズ県のヴォワ=ヴァコン~-Vacon〔市町村コード55190〕周辺で牛乳からつくられる軟質, 洗浄外皮のチーズ；脂肪分40-45%）.

voie *n.f.* Ⅰ (具体的) **1** 経路, 道.〖登山〗~ directe 直登ルート. direction d'une ~ 道の方向. être par ~[s] et par chemin[s] 年中旅をしている.〔比喩的〕mettre *qn* sur la ~ 人に手がかりを与える, 人に解決の手助けをする.〖登山〗ouvrir une ~ 登攀ルートを開く. se mettre en ~ 出立する. suivre (quitter) une ~ 道を辿る（離れる）. trouver (perdre) la bonne ~ 正しい道を見つける（道に迷う）. La ~ est libre. 道は空いている；〔比喩的〕自由に腕がふるえる.
2〔狩〕獲物の通り道, けもの道. perdre la ~ 獲物の跡を見失う.
3 交通路, 輸送路 (=~ de passage). ~ aérienne (maritime) 空（海）路. ~ d'eau internationale (海上・河川の) 国際水路. ~ ferrée¹ 鉄道, 鉄路. ~s navigables 航行可能な水路. par ~ de terre (de mer) 陸 (海) 路で. par les airs 空路で.
4〖史〗街道. ~ Appienne アッピア街道. ~s romains ローマ街道, ローマへの道. ~ sacrée 聖道（Forum から Capitole に通じる古代ローマの凱旋道）.
5 道. ~ à sens unique 一方通行路. ~ classée (交通路としての) 公認道路, 公道. ~s communales 市町村道. ~s de communication 交通路. ~ de déviation 迂回路. ~ express (都市内の) 高速道路. ~ interdite aux véhicules 車輛通行禁止道路. ~ prioritaire 通行優先道路. ~ publique (privée) 公（私）道.〔集合的〕la ~ publique 公道域《都市内の道路・広場などの公共スペー

ス》. ~ sans issue 行き止り道路. ~ urbaine 市街路. ~ vicinale 里道.
6 (道路の) 車線. ~ d'accélération (de décélération) (高速道路の) 加速 (減速) 車線. ~ de circulation 走行車線, 車線. ~ de sécurité 安全側線. ~ prioritaire 優先車線. route à quatre ~s 4車線道路.
7〔時に *pl.*〕線路 (=~ ferrée²)；軌道；〔駅の〕番線；鉄道；鉄道管理区 (=service de la ~). ~s et quais d'une gare 駅の番線とホーム. ~ deux, quai un 1番ホームの2番線. ~ d'arrivée (de départ) 到着（出発）線. ~ de dépassement 待避側線. ~ étroite¹ 狭軌 (1.435m 以下). ~ normale 標準軌間, 広軌. ~ principale 本線. accident sur la ~ 鉄道事故. ligne à ~ unique (double) 単 (複) 線. surveillance de la ~ 保線〔業務〕. traverser la ~ par un passage souterrain 地下道を通って線路を横切る.
8 (自動車の) 轍 (わだち), 輪距. la ~ et l'empattement d'une automobile 自動車の幅とホイール・ベース. avoir la ~; être à la ~ 轍を踏む；〔比喩的〕前轍を踏む.
9 (鋸の) あさり（歯の先端の左右交互の開き）. donner de la ~ à une scie 鋸にあさりを与える.
10 (物の) 通路；〖解剖〗管, 道, 路.〖解剖〗~s biliaires 胆管. ~ d'eau (事故などにより船体に生じた) 浸入口. aveugler (boucher) une ~ d'eau 浸入口を塞ぐ.〖解剖〗~s digestives 消化管.〖解剖〗~s nerveuses 神経路.〖解剖〗~s urinaires 尿道.〖薬〗par ~ buccale 経口で. par ~ intramusculaire 筋肉注射で.
11〖天文〗~ lactée 天の河 (=galaxie).
Ⅱ (抽象的) **1** (人生の) 道；進路. ~s de l'homme 人の道. ~ du bien et du mal 善悪の道.
chercher (trouver) sa ~ 己れの進む道を探す（見出す）. être dans la bonne ~ 成功の途上にある. marcher dans une ~ (dans la bonne ~) 正道を歩む. ouvrir la ~ 道を拓く. préparer la ~ 道造りをする. suivre des ~s pénibles 辛い道のりを辿る, 艱難辛苦の人生を送る.
en ~ de+*n.* (+*inf.*) …の (…する) 途上にある. malade en ~ de guérison 快方に向かっている病人. pays en ~ de développement 開発途上国〔略記 PVD〕(=pays en développement；略記 PED). être en (dans la) bonne ~ (物事が) 順調に進んでいる.
2〖神学〗道, 導き. ~ étroite² 天国への狭き道. ~s de Dieu (de la Providence) 神の思し召し. ~[s] du salut (de la perte) 救い (滅び) の道. ~ du Seigneur 主の思し召し.
3 手段, 手順, 方策；方式.〖化〗~ humide (sèche) (化学操作の) 湿 (乾) 方式. par ~ de conséquence 従って, 故に. par la ~ la

plus simple 最も単純なやり方で. par une ~ détournée 遠回しなやり方で. par une ~ secrète 秘密裡に. prendre une ~ nouvelle 新しい方策をとる.
4〖法律〗手段, 措置；申立て.〖財政〗~s et moyens 歳入財源 (=recettes). ~ d'action (検察による) 訴権行使. ~ de droit 訴訟. ~ d'exécution 強制執行〔手段〕. ~ de fait 暴力, 略奪；暴力行為, 暴行. ~ de nullité 無効 (取消し) の申立て. ~ de recours 不服申立. ~ de réformation 判決変更の手段 (申立て). ~ de réquisition (検察による) 意見提出. ~ de rétraction 判決取消し請求手段, 判決取消し申立て. clause de ~ parée 相続不動産の強制売買条項.

voile[1] *n.m.* [I]〖覆い隠すもの〗**1**（神殿の聖所を覆う）垂れ布. ~ du Temple de Jérusalem エルサレムの神殿の垂れ布.
2（除幕式を前に記念碑・彫像などを蔽う）幕. couvrir une statue d'un ~ 彫像に幕をかける.
3〖宗教〗~ de calice 聖杯を蔽う布. ~ d'une Vierge 聖母マリアの顔を蔽う薄布.
4 ヴェール（顔を隠す薄布）.〔blanc〕de mariée 新婦のかぶる純白のヴェール. demander un morceau de son ~ à la mariée, comme porte-bonheur 幸せのお守りとして新婦にヴェールの切れ端を求める. ~〔noir〕de deuil 服喪の黒いヴェール. veuve qui porte le ~ 黒いヴェールをかぶった未亡人. ~ des femmes musulmanes イスラム女性のヴェール (チャドル tchador). sans ~ 顔をむき出しで.
5 かぶりもの, ヴェール. ~ de religieuse 修道女のヴェール. prendre le ~ 修道女となる.〖カトリック〗prise de ~ 着衣式（修道女になること）. ~ d'infirmière 看護婦のヴェール.
6 薄物の女性用衣装.
7 薄い布地. ~ de coton (de soie) 木綿 (絹) の薄布. rideaux de (en)~ 薄地のカーテン.
[II]〖比喩的〗（物事を隠蔽するもの）**1** ヴェール. arracher (déchirer) le ~ ヴェールを剝ぎ取る；真相をあばく. avoir un ~ devant les yeux[1] 真実を見抜けぬ, 盲目である. étendre (jeter, tirer) un ~ sur qch 何かを隠蔽する（隠す）. lever (ôter) le ~ de qch 何かのヴェールをとる（真相を明らかにする）. soulever un coin du ~ …を垣間見させる. sous le ~ de …の隠れ蓑に隠れて, …にかこつけて.
2 ヴェール状のもの, ヴェール. ~ de brume 霧のヴェール. ~s de l'aube (du couchant) 朝 (夕) もや.
3〖写真〗かぶり. ~ de développement 現像かぶり.
4〖生理〗視力の衰え, 目のかすみ. le ~ de la mort 死の直前の視野のかげり. avoir un ~ devant les yeux[2] 目の前にヴェールがかかっている；盲目になる.

5〖医〗視野の喪失. ~ noir (gris, rouge) 暗黒 (灰色, 赤色) 視〖急加速による視覚喪失〗.
6〖医〗(X線写真にみられる病巣の) かげ. avoir un ~ au poumon 肺にかげがある.
7 液体の濁り.
[III] **1**〖解剖〗~ du palais 口蓋帆, 軟口蓋 (=palais mou). appendice charnu du ~ 口蓋垂；のどびこ.
2〖植〗(茸の) 蓋膜, 外皮膜, 網膜 (= ~ des champignons). ~ général (partiel) 総 (部分) 蓋膜.

voile[2] *n.f.* **1** 帆. bateau (navire) à ~s 帆船. ~ à houari スライディング・ガンター・セール（垂直方向に可動する三角帆）. ~ à livarde スプリット・セール. ~ aurique 縦帆. ~s carrées 横帆. ~ d'artimon ガフ・セール. ~ du beaupré 斜檣帆. ~ du grand mât 大檣帆. ~ latine 大三角帆. grand-~ 大檣帆, 主帆, メーンスル. manœuvre des ~s 操帆.
à pleines ~s 全速力で. amener (hisser) la ~ 帆を下ろす (上げる).〖比喩的〗avoir le vent dans les ~s 順風満帆である.〖話〗avoir du vent dans les ~s 千鳥足である, 泥酔している. être sous ~s；faire force de ~s 帆を高く上げる.〖俗〗marcher à ~ et à vapeur 男と女を相手にする両刀使いである. mettre à la ~；mettre les ~s[1] 出帆の準備をする.〖話〗mettre les ~s[2] 尻に帆をかける, 立ち去る, 逃げ出す. mettre toutes ~s dehors 総帆を上げる；〖比喩的〗あらゆる手段を尽くす；よそゆきのなりをする. naviguer à la ~ 帆走する.
2〖文〗帆船 (=voilier).
3 帆走；〖スポーツ〗ヨット操縦. club (école) de ~ ヨット・クラブ (スクール). faire de la ~ 帆船の操縦をする, セーリングをする. Fédération française de ~ フランスヨット連盟.
4〖航空〗vol à ~ 滑空；グライダー競技. vol à ~ des oiseaux 鳥の飛翔. pratiquer le vol à ~ グライダー競技をする. planche à ~ ウィンドサーフィン.
5〖天文〗V~s 帆座.

voilé(e) *a.p.* **1** ヴェール (voile) をかぶった；幕をかけられた. femme au visage ~ ヴェールで顔を隠した女性 (=femme ~e). musulmane ~e ヴェールをかぶったムスリムの女性. statue ~e 幕で覆われた彫像.
2〖比喩的〗わかりにくい, ぼんやりした, 曖昧な. ironie ~e ぼかされた皮肉. s'exprimer en termes ~s 遠まわしな言い方をする.
3〖比喩的〗ぼんやりした, ぼやけた, 曇った；〖写真〗かぶった. ciel ~ 曇り空. contours ~s ぼやけた輪郭. diamant ~ 輝きの鈍いダイヤモンド. éclat ~ du plomb 鉛

の鈍い光沢. lumière ~e ぼんやりした光. regard ~ どんよりした目付き.
4《声が》不明瞭な, こもった, よく通らない. plainte ~e 秘かな不満. voix ~e こもった声.

voilier *n.m.* **1** 帆船(=bateau à voile), ヨット. faire du ~ 帆船(ヨット)を操縦する. navire bon (mauvais) ~ 船足の速い(遅い)帆船.
2〖鳥〗海鳥. grand ~ (広範囲を飛ぶ)大型海鳥. oiseau bon (mauvais) ~ 力強く(弱々しく)飛翔する鳥.
3〖魚〗ヴォワリエ, 浮魚《巨大な背びれをもつ大型海魚, 体長1.8mに達する; Istiophoridés》.

voilier-école(*pl.*~s-~s) *n.m.* 〖海〗訓練用帆船, 練習帆船.

voilure *n.f.* **1**〖集合的〗(帆船1隻または1本のマストの)帆, 一揃いの帆; (風を受ける)帆の面. ~ des galions ガリオン船の帆. régler la ~ 帆面を調整する.
2〖航空〗(航空機の)翼; 翼面;(パラシュートの)傘体. ~ du parachute パラシュートの傘. ~ tournante (ヘリコプターなどの)回転翼.

voire *ad.* **1** ~〔même〕それどころか, さらには, のみならず. de longs mois, ~ des 何カ月どころか, 数年も. Ce remède est inutile, ~ même pernicieux. この薬は無益ばかりか害にさえなる.
2〖古〗確かに. V~! 本当かね!《疑いを示す》.

voirie *n.f.* **1**〖集合的〗交通路《道路, 水路, 鉄路, 航空路など》;(特に)道路; 公道(=voie publique). grande ~ 幹線道路《国道 route nationale, 県道 route départementale》. petite ~ 村道(=chemin vicinal). ~ rurale 田舎道. ~ urbaine 都市道路.
aisances de ~ 沿道便益権. concession de ~ 公道占有特許. convention de ~ 公道利用協定. contravention de ~ 道路交通違反. déviation pour travaux de ~ 道路工事による迂回. permission de ~ 公道占用許可. servitude de ~ 公道用益権.
2 道路行政; 道路管理. service de ~ 道路管理業務〔部局〕《維持管理・清掃などの業務; その担当部局》.
3 ごみ; ごみ捨て場.

voisin(e) *a.* **1**〖空間的〗隣の; すぐそばの, 近くの;(de ...)隣接した. cité ~e 隣接都市. immeuble ~ de la cathédrale 大聖堂に隣接するビル. pays ~s 隣国; 近隣諸国. pièce ~e 隣室. village la plus ~ 最も近い村.
2〖時間的〗(de ...)ごく近い, (と)相前後する; 間近かに迫った. les années ~es de 1789 1789年前後の年. malade ~ de la mort 死に瀕した病人.
3 (de ...) 類似した(似た), (と)類縁の. cas ~s 似通った事例.〖法律〗droits ~s《著作の》隣接権. espèces ~es 類縁種. état ~ du somnambulisme 夢遊症に近い状態. idées ~es 類似した思想.
— *n.* **1** 隣家の人; 隣人《近隣(近所)の人, 隣席の人》. ~ du dessus すぐ上の階の隣人.
2 隣国; 隣国の人.
3 仲間; 同胞; 身近かの人.

voisinage *n.m.* **1** 近所, 近隣, 近く. habitant du ~ 近所の住民. maison du ~ 近所の家. relations de ~ 近所づき合い. trouble de ~ 近隣妨害《騒音, 振動, 煙害, 悪臭など》. habiter au ~ de la gare 駅のそばに住む. louer un garage dans le ~ 近所にガレージを借りる.
2〖集合的〗近所の人々. se faire haïr de tout le ~ 近所の人々から嫌われる.
3 隣人関係, 近所づき合い. entretenir des rapports de bon ~ avec qn 人と良い隣人関係を維持する. vivre en bon ~ avec qn 人と仲良く暮す.
4 (de ...に)近いこと, 隣接. ~ de la mer 海の近く. dans le ~ de …の近くに.
5〖時間的に〗近いこと, 近接. au ~ de l'hiver 冬が近づくこと.
6〖数〗近傍. ~ d'un point 点の近傍.
7〖稀〗類似. ~ de deux espèces animales 二種の動物の類似.

voiture *n.f.* **1** 車; 自動車(=~ automobile); (特に)乗用車(=~ de tourisme). ~ à deux (quatre) roues 二(四)輪車. ~ à deux (quatre, cinq) portes 2 (4, 5)ドア・カー. ~-balai (自転車の)競技棄権選手収容車. ~ de course レーシングカー. ~ de formule un F1 レーシングカー. ~ de grand tourisme GT (グラン・ツーリスモ gran turismo) カー《長距離高速性能を備えた自動車》. ~ de livraison 配達車. ~ de location レンタカー. ~ de maître 運転手付き乗用車. ~ de pompiers 消防自動車. ~ de post 郵便車. ~〔de〕sport スポーツカー. ~ décapotable (à toit ouvrant) コンバーティブル・カー. ~ électrique 電気自動車. ~ familiale ファミリー・カー. ~ militaire 軍用車. ~ particulière 自家用乗用車. ~-piège 覆面パトカー. ~-radio ラジオカー, 無線車. ~ tout terrain 全地形対応車, オフ・ロード車.
monter en ~ (dans une ~) 車に乗る. descendre de ~ 車から下りる. partir en ~ 車で出かける.
2 (動物・人力による)車;(特に)馬車(=~ à cheval). ~ à bras 手押車. ~ d'enfant 乳母車. ~ d'infirme;〖話〗petite ~ 車椅子.
3〖鉄道〗客車. ~ à couloir central オープン客車. ~ non compartimentée; ~-bar バー(ビュッフェ)客車. ~ corail (SNCF の)コライユ型客車. ~ du métro 地下鉄車輌. ~ de tête (de queue) 先頭(最後尾)客車. ~-lit 寝台車.〖商標〗~ Pullman プルマ

voiture-balai

ン・カー《快適な設備のある寝台車》. ~-restaurant 食堂車. ~-salon パーラーカー. En ~, SVP!「御乗車下さい」《発車の合図》.
4〖集合的〗車中の人々.
5〖古〗運送方法；貨物, 荷. ~ de mer 海上輸送.〖商業〗lettre de ~ 貨物送状, 貨物引換証. une pleine ~ de … 1 車分の.

voiture-balai (*pl.* ~**s**-~**s**) *n.f.*〖スポーツ〗（自転車レースの）競技棄権選手収容車.

voiture-bar (*pl.* ~**s**-~**s**) *n.f.*〖鉄道〗バー付車輌.

voiture-lit (*pl.* ~**s**-~**s**) *n.m.*〖鉄道〗寝台車《鉄道会社直営の寝台車；鉄道会社直営の簡易寝台車は couchette ; la *Companie internationale des wagons-lits* (CIWLT) の管轄の寝台車は wagon-lit という》.

voiture-poste (*pl.* ~**s**-~**s**) *n.f.*〖鉄道〗郵便車.

voiture-restaurant (*pl.* ~**s**-~**s**) *n.f.*〖鉄道〗食堂車.

voiturette *n.f.* **1**〖自動車〗超小型車, ミニカー. ヴォワチュレット《エンジン排気量 50-125 cc の超小型三輪または四輪自動車》. ~ tricycle 超小型三輪自動車. ~ quadricycle 超小型四輪自動車.
2 運転免許なしで乗れる小型車.

voiture-vendeuse (*pl.* ~**s**-~**s**) *n.f.*〖商業〗（商品の）路上販売車.

voiturier (*ère*) *n.* **1**（ホテル, レストランなどの）来客の車の移動係, 車係. **2** 運送業者.
— *n.m.* 自動車運搬船.
— *a.* 車両運輸の；自動車の.

voix *n.f.* Ⅰ〖音声〗**1** 声, 人声 (= ~ humaine[1] ; ~ d'homme). ~ aiguë 鋭い（高い）声. ~ basse 小声. à ~ basse ~ 小声で (~ mi-~). ~ faible 弱々しい声. ~ féminine 女の声, 女声. ~ forte 大声. ~ grave 低い声. ~ haute 大声. à ~ haute 大声で (= à haute ~). ~ pointue とげとげしい声. ~ tremblante ふるえ声.
d'une ~ irritable いら立った声で. de vive ~ 口頭で（par écrit「文書で」の対）. altération de la ~ 声の変化（変調）. étendue totale de la ~ parlée 話し声の高さ（強さ）. hauteur de la ~ humaine 人の声の全音域. perte de la ~ 声の喪失. 失声. portée de la ~ 音声の届く範囲. puissance de la ~ 音声の強さ (= intensité vocale).
avoir de la ~[1] 声が大きい. n'avoir plus de ~（喉を痛めて）声が出ない. couvrir la ~ de qn 大声で人の声をおさえる. donner de la ~ 大声で話す. être sans ~ 失声症である.（びっくりして）声が出ない.
2 歌声 (= ~ chantée). classification des ~ 歌声の分類. classification traditionnelle des ~ d'homme (de femme) 男声（女声）

の伝統的分類《男声：ténor, baryton, basse；女声；soprano, mezzo-soprano, contralto》. ~ de basse (de soprano) バス（ソプラノ）の声. ~ de poitrine 胸声. ~ de tête, ~ de fausset 甲高い声. ~ dans le masque くぐもり声.
avoir de la ~[2]（歌に適した）いい声をしている. avoir la ~ juste (fausse) 調子に合った（調子外れの）歌い方をする. être en ~ 歌声の調子が良い. placer sa ~ 声に合った歌い方を学ぶ. travailler sa ~ 声を鍛える.
3〖音楽〗声部. ~ humaine[2] ヴォックス・ファーナ《人声に似た音を出すオルガン音栓》. à deux (trios) ~ 2部（3部）の. chœur à quatre ~ mixtes 混声4部合唱.
4 発せられた言葉（crier, dire, faire などの動詞と共に）；（人が発する）声の主.〖映画〗~ dans le champ 画面内の声, イン (= ~ in).〖映画〗~ hors champ 画面外の声, オフ (= ~ off).
encourager qn du geste et de la ~ 身振りと言葉で人を励ます. On a entendu la ~ de celui qui crie dans le désert. 荒野で叫ぶ人の声が聞こえた. Une ~ lui cria de sortir. 外に出ろという叫びが彼に聞こえた.
5（動物の）鳴き声. ~ des chiens (des oiseaux) 犬（鳥）の鳴き声.
6〖文〗（楽器の奏でる）音；（自然現象などの）物音. ~ chantante du violon ヴァイオリンの快い調べ. ~ d'un ruisseau 小川のせせらぎ.

Ⅱ〖抽象的〗**1** 内心の声 (= ~ intérieure). ~ de la conscience (raison) 良心（理性）の声. ~ du sang（血の叫び声→）血族の愛情.
2 忠告, 勧告；意見. ~ publique 世論. d'une commune ~ 異口同音に.〖諺〗V ~ du peuple, ~ de Dieu 民の声は神の声.
3 発言権；投票権 (=droit de participer à vote)；投票, 票；得票 (= vote émis)；賛成意見, 賛成票；（議事進行の）多数決意見. ~ consultative（議決権を伴わない）発言権, 諮問権. ~ délibérative 議決権. confusion des ~ 得票の併合. unanimité des ~ 満場一致の投票. compter les ~ 投票を集計する. donner sa ~ à qn 人に投票する. gagner (perdre) des ~ 票を獲得する（失う）. Le président a ~ prépondérante. 議長がキャスティングヴォートを持つ.
4〖文法〗態. ~ active (passive) 能動（受動）態. ~ pronominale 代名態 (= forme pronominale).

vol[1] (<voler「飛ぶ」) *n.m.* **1** 飛翔.〖スキー〗~ à ski フライングジャンプ競技. ~ à voile（鳥の）帆翔；滑空；グライダー競技. ~ des oiseaux 鳥の飛翔. ~ de pente 滑空.〖スポーツ〗~ libre ハンググライディング. ~ ramé 羽ばたき飛翔. oiseau de haut ~ 高空を飛ぶ鳥. au ~[1]; en [plein] ~[1] 飛翔中に. tirer un oiseau au (en) ~ 飛ぶ鳥を撃

つ. à ~ d'oiseau 直線で；上空から見下して. distance à ~ d'oiseau 直線距離. vue à ~ d'oiseau 鳥瞰図. prendre son ~¹ 飛び立つ；〔比喩的〕改善する.
2〔航空〕飛行；飛行便. ~ à rase motte 低空飛行. ~ acrobatique 曲技(曲芸)飛行. ~ aveugle 無視界(計器)飛行(= ~ sans visibilité). ~ balistique 慣性(弾道)飛行. ~ cabré 失速. ~ d'essai (de nuit, d'observation, de reconnaissance) 試験(夜間, 観測, 偵察)飛行. ~ camionné トラック輸送に連結したチャーター航空機. le ~ nº101(旅客機の) 101便. ~s de la matinée 午前の便数. ~ sans escale 直行便；無着陸飛行(=nonstop). altitude de ~ 飛行高度. durée du ~ 飛行所要時間. tarif des ~s 航空運賃. V-s vacances ヴァカンス特別航空運賃. en [plein] ~² 飛行中に(の).
3(鳥・昆虫の)渡りの群れ. ~ de grues (de sauterelles) 鶴(いなご)の渡りの群れ.
4 飛躍, 跳躍；展開；〔比喩的〕高揚. ~ du temps 時の流れ. au ~² 素早く, 飛ぶように. prendre l'autobus au ~ バスに飛び乗る. saisir une occasion au ~ チャンスをすかさずつかむ. de haut ~ (人が)大物の. prendre son ~² 飛翔する, のりあがる. La calomnie étend son ~. 中傷がひろがる.
5 飛翔(飛行)距離. grand ~ migrateur (鳥・昆虫の)渡りの大飛翔距離.
6 (鳥の)翼長, 翼開張(=envergure).
7〔狩〕鷹狩り；(鷹狩り用の)鷹. ~ à la source 獲物が出たところで放つ鷹狩り.
8〔紋章〕双翼文様. demi-~ 片翼文様.

vol² (<voler「盗む」) *n.m.* **1** 盗み, 盗取, 窃盗〔罪〕；盗難. ~ à l'étalage 万引. ~ à main armée 強盗. ~ à la roulotte 停車中の車両などからの財物窃盗. ~ aggravé 加重的窃盗. ~ au rendez-moi 釣銭詐欺. ~ avec effraction 押込み盗. ~ d'usage 寸借詐欺〔窃盗〕. ~ domestique 使用人の盗み. ~ organisé 詐欺, かたり. ~ qualifié 加重窃盗《凶器所持窃盗, 組織的窃盗など重罪とされるもの》. ~ simple 単純窃盗. assurance contre le ~ 盗難保険. commettre un ~ 盗みをする.
2 不正利得, 暴利. C'est du ~! それは暴利というものだ！
3 盗品.

volaille *n.f.* **1**〔集合的〕家禽(canard 合鴨, あひる, dindon 七面鳥, oie 鵞鳥, pigeon 食用鳩, pintade ホロホロ鳥, poulet 鶏など). cage à ~s 小屋. élevage de la ~ 家禽の飼育. marché à (de) la ~ 家禽市場.
2 家禽の食肉, 鳥肉；(料理した)家禽の肉；家禽料理. manger de la ~ 家禽料理〔鳥肉〕を食べる.〔料理〕chaud-froid de ~ 家禽のショー・フロワ(冷製).
3〔俗・蔑〕女〔娘〕.

volant¹ (*e*) (<voler) *a.* **1** 飛ぶ, 飛行する；飛ぶことのできる. cerf-~ 凧(たこ).〔動〕écureil ~ むささび；ももんが. objet ~ non identifié 未確認飛行物体《略記 OVNI [ɔvni]；=〔英〕UFO：*u*nidentified *f*lying *o*bject).〔空〕personnel ~¹ 搭乗員 (personnel à rampant〔話〕「地上勤務員」の対).〔魚〕poisson ~ とびうお(=exocet). soucoupe ~*e* 空飛ぶ円盤. tapis ~ 空飛ぶ絨毯.
2 自在に移動する, 動かせる. brigade ~*e* 遊撃隊.〔軍〕camp ~ 移動基地；テント旅行. feuille ~*e* ルーズリーフ.〔海〕manœuvres ~*es* 動索. personnel ~² 交替要員. secrétariat ~ 移動式事務局. table ~*e* 移動式テーブル. trapèze ~ (サーカスの)空中ブランコ.
3〔文〕ひらひらする, はためく.〔絵画〕draperie ~*e* 風にはためく衣のひだ(衣文).

volant² *n.m.* **1**〔自動車〕ハンドル；(自動車の)運転, conduite, manœuvre des automobiles). être (se mettre) au ~；prendre (tenir) le ~ ハンドルを握る；運転する. manœuvrer le ~ ハンドルを切る(操る). au ~ d'une voiture 車を運転して. as du ~ 名ドライバー.
2 (羽根突きの)羽根；羽根突き遊び；〔スポーツ〕(バドミントンの)シャトル. jouer au ~ 羽根突きをする.
3〔機工〕はずみ車, フライホイール(= ~ de commande)；〔時計〕調整装置. ~ d'une machine à vapeur 蒸気機関のはずみ車. ~ magnétique フライホイール・マグネット.
4〔比喩的〕ゆとり(= ~ de sécurité)；余裕金. ~ de crédits 貸付の余裕金.
5〔服〕ヴォラン, フリル, ラッフル(波ひだの縁飾り). robe à ~s フリル付きドレス. ~ de rideau カーテンのフリル.
6 (小切手帳・受領証などの)本片, 本紙. le ~ et le talon d'un carnet à souches 控え片付き小切手帳の本片と控え.
7〔航空〕搭乗員(=personnel ~).
8〔古〕(風車の)翼. quatre ~s d'une voilurc 風車の羽根の4枚の翼.
9〔植〕~ d'eau ふさも(房藻)(=myriophylle).

volatil(*e*) *a.* **1** 揮発性の, 気化性の. alcali ~ アンモニア水. *c*omposé *o*rganique ~ (COV) 揮発性有機化合物《事務所病 maladie des bureaux などの原因物質》. liquide ~*e* 揮発性液体.
2〔経済〕値動きの激しい；揺れ動く, 変動する. cours ~*s* 値動きの激しい相場. électorat ~ 不確かな選挙民.
3〔コンピュータ〕揮発性の. mémoire ~*e* 揮発性メモリー(《記憶装置》.

volatilisation *n.f.* **1** 揮発, 気化. **2**〔比喩的〕消滅.

volatilité *n.f.* 揮発性, 気化性.

volcan *n.m.* **1** 火山. ~ actif (en activité) 活火山. ~ composé 複式火山. ~ en

volcanien(ne)

dôme ドーム状火山, 鐘状火山 (=~-dôme, ~ sans cratère 火口のない火山). ~ de type hawaïen ハワイ型火山 (=~-bouclier 楯状火山). ~ de type strombolien ストロンボリ型火山 (=strato-~ 成層火山). ~ de type vulcanien ブルカノ型火山 (=~-péléen プレー型火山). ~ dormant 休火山. ~ éteint 死火山. ~ sous-marin 海底火山. activités des ~s 火山活動 (éruption 噴火 ; femerolles 蒸気噴出 ; seisme 地震など). bouche d'un ~ 火口 (=cratère). études des ~s 火山学 (=volcanologie). être sur un ~ 危険な情況にある.
2 (火山のように) 気性の激しい人, 熱しやすい人.

volcanien(ne) a. 火山の. type ~ 火山の型.

volcanique a. **1** 火山の ; 火山性の. activités ~s 火山活動. bouche ~ 火口. éruption ~ 火山噴火. massifs ~s 火山山塊. phénomènes ~s 火山現象. roches ~s 火山岩.
2 [比喩的] 燃えるような, 激しい.

volcanisme n.m. 火山現象. ~ des dorsales médio-océaniques 中深海海嶺の火山現象. ~ des zones de subduction プレートのもぐりこみ地帯の火山現象. ~ intraplaque プレート内火山現象.

volcanologie n.f. 火山学.

volé[1] a.p. **1** (人が) 窃盗にあった. **2** (物が) 盗まれた. objets ~s 盗品.
―n. 窃盗被害者.

volée[2] n.f. Ⅰ [(鳥の飛翔)] **1** (鳥が) 飛ぶこと, 飛翔. donner à ~ à un oiseau 鳥を放してやる. prendre la (sa) ~ (鳥が) 飛び立つ ; [比喩的] (人が) 自由の身になる. à la ~[1] 一気に ; 気楽に (=d'un seul coup).
2 (鳥の) 一飛び ; 一飛びの距離. d'une seule ~ 一飛びで.
3 (鳥の) 飛んでいる群 ; [比喩的] 人の群, 集団 ; 身分. une ~ de pigeons 飛翔する鳩の群. une ~ d'enfants 子供の群. de haute ~ 高い身分 (地位) の ; 一流の ; スケールの大きい.
Ⅱ [(物の素早い動き)] **1** (弾丸などの) 飛翔 ; 斉射. ~ d'obus 一斉射撃. à la ~[2] 飛んでいるところを, 空中で. semer à la ~ 種を投げ播きする. [比喩的] saisir une allusion à la ~ 当てこすりを即座に悟る.
2 連打, 滅多打ち ; (批難・攻撃などの) 嵐. ~ de bois vert 連打をくらうこと ; 厳しい叱責. donner à qn une ~ de coup de bâton 人を棒で滅多打ちにする. recevoir une [bonne] ~ ぽかぽか殴られる. à la ~[3] ; à toute ~ 力一杯, 勢いよく. fermer une porte à la ~ ドアをバタンと閉める. gifler qn à toute ~ 人を力任せにぶん殴る.
3 [スポーツ] (テニスの) ヴォレー ; (サッカーの) ヴォレー・シュート ; (ラグビーの) パント. ~ haute (ラグビーの) ハイパント.

arrêt de ~ フェアキャッチ. demi-~ ハーフヴォレー.
4 (鐘の) 鳴動. sonner les cloches à la ~ (à toute ~) 鐘を打ち鳴らす.

volerie n.f. [狩] 鷹狩. basse ~ 低空鷹狩 (大鷹 autour, ハイタカ épervier を用いる). haute ~ 高空鷹狩 (シロハヤブサ gerfaut, ワキスジハヤブサ faucon sacré, ハヤブサ faucon pèlerin を用いる).

volet n.m. **1** (窓・戸の外側の) ヴォレー, 鎧戸 ; 雨戸 ; シャッター ; (窓の内側の折りたたみ式の) 鎧戸. ~ brisé (de brisure) 折りたたみ式の鎧戸. ~ de parement 外付飾り鎧戸 ; 一枚板の雨戸. ~ roulant シャッター, 巻上式鎧戸. ~ de bois (de fer) 木製 (鉄製) 鎧戸.
2 (折りたたみ式のものの) 面 ; (三つ折絵画などの) 両翼 ; (二つ折りの札入れ・免許証入れなどの) 折り返し部分. ~ d'un retable 祭壇衝立 (祭壇画) の面. panneau central et ~s d'un triptyque トリプティク (三つ折絵画) の中央パネルと左右両翼パネル. ~s d'un permis de conduire 免許証の折り返し部分.
3 [海] (舷窓などの) ふた. ~ d'un hublot (d'un sabord) 舷窓 (舷門) のふた.
4 [自動車] ~ d'air (気化器の) チョーク弁. ~ de carburateur 気化器の絞り弁.
5 [航空] フラップ. ~ de courbure 彎曲フラップ. ~ de freinage ブレーキ・フラップ. ~s d'intrados 開きフラップ, 翼面下フラップ.
6 [比喩的] 局面, 側面 ; 研究分野 (部門). politique en plusieurs ~s 多局面にわたる政策. second ~ d'un ensemble de mesures 一連の措置の第2段階.
7 衝立.
8 (水車の) 羽根. ~ d'une roue à aube 水車の輪の羽根.
9 [古] (種子などの) 選別板. trier sur le ~ 精選する. personnes tirées sur le ~ エリート.

voleur(se) n. **1** 窃盗犯, 泥棒, 盗人, 盗賊. Au ~ ! 泥棒 ! ~ à la tir すり. ~ de grand chemin 追剝ぎ. ~ par effraction 家宅侵入盗 ; 空巣狙い. arrêter un ~ 泥棒をつかまえる. bande de ~s 盗賊団. comme un ~ こっそりと, 人目につかぬように. crier au ~ 泥棒だと呼ぶ. jouer au ~ 泥棒ごっこをする.
2 暴利を貪る人 ; 剽窃者, 盗用者.
―a. **1** 盗みを働く, 手癖の悪い, 盗癖のある.
2 暴利を貪る, ぼる. commerçant ~ 暴利を貪る商人.
3 [電] douille ~se 分岐ソケット.

Volkskammer n.f. [独史] (東ドイツの) 人民議会 (=[仏] la Chambre du peuple).

VOLMET [vɔlmɛt] (=vol météorologie)

volnay *n.m.*〖葡萄酒〗ヴォルネー(ブルゴーニュ地方 la Bourgogne の la Côte de Beaune 地区, Volnay 村で生産される赤のAOC 葡萄酒；第 1 級畑に Caillerets, Champans, Clos des Chênes, Clos des Ducs がある).

volontaire *a.* **1** 自由意志による, 自発的な, 任意の；意図的な, 故意の；随意の. acte ~ 自発的行為. contribution ~ 自主納税. erreur ~ 意図的ミス. exile ~ 亡命. limitation ~ des exportations 輸出の自主規制. mort ~ 自死, 自殺 (=suicide). muscle ~ 随意筋. omission ~ 故意の省略. être ~ pour *qch* (*inf.*) 進んで何を行う(…する).
2 意志の強い；意志の強そうな. air ~ 意志の強そうな様子. homme ~ 意志の強固な人, ねばり強い人. tempérament ~ 意志の強い気質.
3 わがままな；意地張りの. enfant ~ わがままな子供.
4〖軍〗志願による. engagé ~ 志願兵.
——*n.* **1** ボランティア. demander un (une) ~ ボランティアを募る.
2〖軍〗志願兵；義勇兵.

volontariat *n.m.* **1** 志願体制；ヴォランティア活動. **2**〖軍〗志願兵役.

volonté *n.f.* **1** 意志, 意思.〖哲〗~ de puissance (ニーチェの) 力への意志.〖哲〗~ générale (ルソーの) 一般 (普遍) 意志. ~ inflexible 不屈の意志.〖法律〗principe de l'autonomie de la ~ 意思自治の原則. agir de sa propre ~ 自らの意志で行動する. avoir de la ~ (une ~ de fer) 意志が強固である. faire acte de ~ 意志の強さを示す.
2 意図, 意向, 意欲, 望み；自発心. bonne ~ 善意；熱意. les〔hommes de〕bonnes ~s 善意の人々. mauvaise ~ 悪意；不誠意；やる気のなさ. y mettre de la mauvaise ~ 不承不承を行う. la ~ (les ~s) de Dieu (du Tout-Puissant) 神の御心.
à ~ 随意に, 好きなだけ, 好きな時に.〖商業〗billet payable à ~ 一覧支払い手形. menu à 30 euros avec vin à ~ 葡萄酒飲み放題で 30 ユーロの定食. vie à ~ 気儘な暮し. avec la meilleure ~ 極めて熱心に. contre la ~ de *qn* 人の意に逆って. avoir la ~ de réussir 成功したいと望んでいる. faire la ~ de *qn* 人の意向をかなえる. respecter les ~s de *qn* 人の意向を尊重する.〖話〗Il n'en fait jamais qu'à sa ~. あいつはいつも我を通す. Que ta ~ soit faite. 御心の行われんことを《主の祈り》.
3〖法律〗意思. ~ capable et libre 能力ある自由の意思. ~ consciente 自覚ある意思. ~ déclarée 明示の意思, 明確に表明された意思. ~ du législateur 立法者の意思. ~ interne 内心の意思. ~ nationale 国家(国民) の意思. ~ populaire 民意. ~ unilatérale 一方的意思. acte de dernière(s) ~(s) 遺言書. manifestation de ~ 意思表示.
4〔*pl.*で〕わがまま, 気儘. faire ses quatre〔cents〕~s 勝手気儘をする. faire les quatre (trente-six) ~s de *qn* 人の言いなりになる.

volt [vɔlt] (<Alessandro Volta [1745-1827], イタリアの物理学者) *n.m.*〖電〗ヴォルト, ボルト (電位, 電圧, 起電力の SI 単位；略記 V). ~ par mètre ヴォルト・パー・メートル《電界の SI 単位；略記 V/m》.

voltage *n.m.* **1**〖電〗ボルト数 (volt で表した電位差)；〖話〗電圧 (=tension électrique)；(電気機器の) ヴォルト数. ~ primaire (secondaire) 一次 (二次) 電圧.
2 ヴォルテージ, ボルテージ《感情の激しさ》.

voltampère *n.m.*〖電〗ヴォルトアンペア, ボルトアンペア (皮相電力の単位；略記 VA).

volte-face *n.f.inv.* **1** 反転, 回れ右, 180 度の方向転換；〖軍〗方向転回. faire ~ 回れ右をする, 後をふりむく.
2〔比喩的〕(意見, 特に政策の) 突然の正反対の方向転換, 豹変. faire ~ 豹変する.

volume *n.m.* **1** (書物の) 巻, 冊；(写本などの) 巻物. ~ broché (relié) 仮綴じ (製本された) 本. ~ de grand format 大判の書物. ~ in-folio 二つ折判の本. dictionnaire en six ~s 全 6 巻の辞書.〖話〗écrire des ~s à *qn* 人にやたらに長い手紙を書く.
2 体積, 容積, 容量；嵩 (かさ).〖化〗~ atomique (moléculaire) 原子 (分子) 体積, 原子 (分子) 量, 原子 (分子) 容. ~ d'un cube 立方体の体積. calculer un ~ 体積 (容積) を計算する. avoir beaucoup de ~ 嵩ばっている. faire du ~ 嵩ばる；場所をとる；〖比喩的〗大きな顔をする, のさばる.
3 量, 総量, (河川の) 流量, (泉の) 湧出量. ~ de l'emprunt (des investissements, de la production) 貸付 (投資, 生産) 量. ~ des exportations 総輸出量. ~ du trafic 輸送量. ~ des transactions (株式取引の) 出来高.
4 音量, ヴォリューム；声量. augmenter le ~〔sonore〕de la radio ラジオの音量 (ヴォリューム) を上げる.
5〖美術, 建築〗量感, 立体感；〖幾何〗立体. harmonieuse équilibre des ~s d'un bâtiment 建物の均整のとれた量感.

volumineux(se) *a.* **1** かさばる, かさの大きい. colis ~ 大きな荷物.
2 (書物・書類などが) 大部の. ~ rapport 膨大な報告書. un courrier ~ 大量の郵便物. ouvrage ~ 大著.
3 (人が) 大柄の, でっぷりした. ~*se* personne でっぷりした人.

volumique *a.*〖物理〗単位体積当りの. masse ~ 密度. poids ~ 比重.

voluptaire *a.* **1**〖法律〗奢侈に関する, 遊興の. dépenses ~s 奢侈費, 遊興費. im-

volupté

penses ~s faites dans un immeuble マンションでの奢侈改善費．
2〔文〕享楽的な (=voluptueux)．
volupté *n.f.* **1** 官能的快楽, 悦楽；性的快楽. expression de ~ 官能的表現. ivre de ~ 官能的快楽に酔い痴れた. vendeuse de ~ 娼婦. s'abandonner à la ~ 悦楽に身を委ねる.
2（精神的・審美的な）喜び, 楽しみ. écouter de la musique avec ~ 陶然として音楽に耳を傾ける.
3〔やや古〕享楽趣味.
voluptueux(se) (<volupté) *a.* **1** 快楽を追い求める, 享楽的な；肉欲に溺れる, 好色な.
2 情欲をそそる, 肉感的な. désirs ~ 色情, 情慾. joie ~se 肉感的快楽. sensation ~se 官能的感覚.
3 快感を伴う. chant ~ 心地よい歌. danse ~se 心地よい踊り.
— *n.* 享楽的な人；肉欲(酒色)に溺れる人；好色な人.

volvaire *n.f.*〔茸〕ヴォルヴェール (agaricacées まつたけ科, volvaria ヴォルヴァリア属；食用).

Volvic *n.pr.* ヴォルヴィック（département du Puy-de-Dôme ピュイ=ド=ドーム県, Riom 郡の町；市町村コード 63590；ミネラルウォーターを産出；形容詞 volvicois(e)）. eau minérale naturelle de ~ ヴォルヴィックの天然ミネラルウォーター.

volvulé(e) *a.*〔医〕(捻転の)軸捻.
— *n.*〔腸〕捻転を起した患者.

volvulus [-s][ラ] *n.m.*〔医〕軸捻転；腸軸捻〔症〕, 腸捻転〔症〕(=torsion de l'intestin). ~ de l'estomac 胃軸捻〔転〕症. ~ du cœcum 盲腸軸捻症. ~ d'une anse intestinale 腸係蹄捻転.

vomer [-mɛr] *n.m.*〔解剖〕(鼻の)鋤(じょ)骨.
▶**vomérien** *a.*

vomissement (<vomir) *n.m.* **1** 嘔吐. ~ du sang 嘔血.〔解剖〕centre du ~ 嘔吐中枢.
2 吐いた物, へど (=vomissure).

vomissure *n.f.* 吐いたもの, へど (=〔俗〕vomi).

vomitif(ve) *a.*〔医〕催吐性の；〔話〕吐気を催させるような. 胸のむかつくような. gaz ~ 催吐ガス, 嘔吐ガス.
— *n.m.*〔薬〕催吐剤. ~ puissant 強力催吐剤.

Vosges *n.pr.f.pl.* **1**〔地理〕les ~ ヴォージュ山脈 (=massif des ~). les ~ cristallines 結晶岩質ヴォージュ山脈（東南ヴォージュ山脈；最高峰 le Ballon de Guebwiller グッブヴィレール山, 標高 1,424 m）. les ~ gréseuses 砂岩質ヴォージュ山脈（北西ヴォージュ山脈；最高峰 Donon, 1,009 m）. le Parc naturel régional des Ballons des V~

ヴォージュ山脈円形頂上山群地方自然公園 (291,500 ha). le Parc naturel régional des V~ du Nord 北ヴォージュ山脈地方自然公園 (121,500 ha).
2〔行政〕les ~ ヴォージュ県 (=département des V~；フランスと UE の広域地方行政区画の région Lorraine ロレーヌ地方に属す；県コード番号 88；面積 5871 km²；人口 380,952, 3 郡, 31 市町村；県庁所在地 Epinal；主要都市 Neufchâteau, Saint-Dié；主要鉱泉地 Contrexéville, Vittel, 形容詞 vosgien).
3 la place des V~（パリの）レ・ヴォージュ広場（旧王宮広場 la place Royale；1605-12 年）.

Vosne-Romanée *n.pr.* ヴォーヌ=ロマネ（ブルゴーニュ地方 la Bourgogne, コート=ドール県 département de la Côte-d'Or, コート=ド・ニュイ地区 la Côte de Nuits にある村（市町村コード 21700）；赤葡萄酒の名産地；この村には Romanée, Romanée-Conti, Romanée-Saint-Vivant, Richebourg, La Tâche, La Grande Rue の 6 つの AOC 特級畑 grand cru がある）.

vosne-romanée *n.m.inv.*〔葡萄酒〕ヴォーヌ=ロマネ (=ロマネ村 Vosne-Romanée で pinot noir 種の葡萄からつくられる赤の AOC 葡萄酒；作付面積 149 ha, うち第一級畑 59.1 ha). ~ 1er cru Les Beaumonts ヴォーヌ=ロマネ第一級畑レ・ボーモン産出酒.

vote *n.m.* **1** 投票, 投票方式. ~ blanc 白紙投票（白票）. ~ direct du corps électoral par oui ou par non 選挙民による賛否の直接投票 (=referendum). ~ favorables (défavorables) 賛成(不賛成)投票（票）. bulletin de ~ 投票用紙. bureau (urne) de ~ 投票所(箱). droit de ~ 投票権；議決権；選挙権. explications de ~ 投票による意思表示. s'abstenir dans une ~ 投票を棄権する. s'exprimer dans une ~ 投票で意思表示する. procéder au ~ 投票を行う.
2 票決；投票結果；得票数, 票. ~ communiste 共産党得票数. ~s des femmes 女性票 (=~ féminin).
3 採決, 可決, 採択. à l'unanimité 全員一致による可決. ~ d'un projet de loi 法案の採択.
4 投票方法；投票制度；選挙制度；選挙. ~ à main levée 挙手による投票. ~ bloqué 一括投票. ~ direct (indirect) 直接(間接)選挙. ~ électronique 電子投票. ~ par assis et levé 起立投票. ~ par procuration 代理投票制. ~ plural 複投票制（1 人が複数の投票を行う制度）. ~ préférentiel 選択投票. ~ public 公開投票制；記名投票制. ~ secret 秘密投票制. ~ uninominal 単記投票.

Vougeot *n.pr.* ヴージョ（département de la Côte-d'Or コート=ドール県の村；市

町村コード 21640). Clos de ~ クロ・ド・ヴージョ《abbaye de Cîteaux シトー派大修道院の修道士たちが 12 世紀に開発した囲いのある葡萄畑 (50 ha)；中央に城館 (12-16 世紀) と醸造場と酒蔵あり；現 confrérie des Chevaliers du Tastevin「利酒の騎士団」が所有；毎年 11 月後半の les Trois Glorieuses de Bourgogne「ブルゴーニュの栄光の三日間」の初日に利酒の騎士団の総会が開催される》. château du Clos de ~ クロ・ド・ヴージョ城館.〖葡萄酒〗le clos[-de]-v ~ クロ[=ド]=ヴージョ酒《クロ・ド・ヴージョで生産される AOC 赤葡萄酒》.

voûte n.f. **1**〖建築〗円天井, 曲面天井, 穹窿 (きゅうりゅう), ヴート, ヴォールト《アーチを連ねた形の曲面構造物》. ~ croisée 交叉ヴォールト (= ~ d'arêt). ~ de briques 煉瓦のアーチ. ~ d'ogives (en ogives) リブヴォールト, 尖頭形ヴォールト. ~〔de〕plein cintre 半円アーチ. ~ d'un pont 橋のアーチ. ~ en berceau 半筒形ヴォールト. ~ sphérique 半球状円天井 (= coupole, dôme). en ~ 円天井形の, アーチ状の. taille en ~ d'un arbre 樹木の円屋根型剪定. arc d'une ~ 円天井のアーチ. **2**〖園芸〗円天井型の樹木 (= ~ d'arbres), 木のトンネル. **3**〖文〗〔比喩的〕~ azurée (étoilée) 蒼穹, 天空 (星空). ~ céleste 天空, 空. **4**〖冶〗(炉の)アーチ形天井. **5**〖船〗カウンター《船尾の突出部》. **6**〖解剖〗蓋, 穹. ~ du crâne (crânienne) 頭蓋, 頭穹. ~ du palais 口蓋. ~ plantaire 土踏まず. **7**〖地学〗(ジュラ山地 le Jura で背斜の冠が) つくり) 凸部. **8**〖馬術〗蹄鉄の彎曲した前部.

Vouvray n.pr. ヴーヴレ《département d'Indre-et-Loire アンドル=エ=ロワール県の小郡庁所在地；市町村コード 37210；白葡萄酒の生産地；形容詞 vouzinois (e)》.

vouvray n.m.〖葡萄酒〗ヴーヴレー《Vouvray 地区で chenin blanc 種の葡萄から作られる辛口の白または弱発泡性の白の AOC 葡萄酒》.

voyage n.m. **1** 旅, 旅行；航海 (= ~ sur mer)；旅路. ~ à pied 徒歩旅行 (= randonnée). ~ circulaire 周遊旅行. ~ d'affaires ビジネス旅行. ~ d'agrément 観光旅行 (= ~ de tourisme). ~ d'études 研究旅行. ~ d'exploration 探検旅行. ~ d'information 情報収集旅行. ~ de noces 新婚旅行. ~ en avion (en bateau, en chemin de fer, en voiture) 空の旅 (船旅, 鉄道旅行, 自動車旅行). ~ individuel (en groupe) 個人 (団体, グループ) 旅行. ~ par mer (par terre) 海路 (陸路) の旅. ~ religieux 巡礼 (= pèlerinage). ~ sans but あてのない旅, 放浪の旅. ~ spatial (dans l'espace, interplanétaire) 宇宙旅行.

agence de ~ 旅行代理店, 旅行会社. Bon ~!・ボン・ボワイヤージュ《いい旅を；いってらっしゃい《旅の無事を祈って人を送り出す挨拶》；〔皮肉〕やれやれ (= bon vent). souhaiter bon ~ à qn 人に旅の無事を祈る. faire bon ~ つつがなく旅をする. carnets de ~ 旅の覚書帖. chèques de ~ 旅行小切手, トラヴェラーズ・チェック (=〔英〕Traveller's check). destination d'un ~ 旅の目的地. fatigue du ~ 旅疲れ. grand ~¹ 大旅行. le grand ~² 死出の旅路, 冥土の旅. faire le grand ~ 死出の旅に出る；死ぬ. livre de ~ 旅行記, 旅行書. long ~ 長旅. passion du (des) ~ (s) 旅行熱. sac de ~ 旅行鞄. souvenirs de ~ 旅土産. vêtement de ~ 旅着.
être en ~ 旅に出ている, 旅行中である. faire le ~ de Paris パリに向け旅に出る. partir en ~ 旅に出る. vaut le ~ (旅行ガイドで) 訪れる価値がある.
2 旅行記. *Voyage en Orient* de Nerval ネルヴァルの『東方旅行記』(1851 年). écrire un ~ 旅行記を書く.
3 (人・乗物などの) 往復, 往来；(人・物の) 運搬, 運送. camionneur qui fait des ~s entre Paris et la province パリと地方を往復するトラック運転手.
4 (ジプシー・旅芸人などの) 旅暮らし. gens du ~ 旅暮らしの人びと.
5〖話〗(麻薬・幻覚剤による) トリップ (=〔英〕trip) (幻覚状態)；一時的陶酔. un ~ à l'acide L. S. D. によるトリップ.
6 (フラン・マソン〔フリー・メイスン〕結社への) 加入のための試練.
7〖カナダ〗〖話〗avoir son ~ びっくりする.

voyageur(**se**) n. **1** 旅行者, 旅人；旅行家, 探険家；観光客 (= touriste). grand ~ 大旅行家.
2〖鉄道・バス〗乗客, 旅客《航空機・船の旅客は passager(ère)》. ~ d'un autobus (d'un train) バス (列車) の乗客. ~s pour Paris パリ行きの乗客.〖統計〗~-kilomètre 乗客キロ数. train de ~s 旅客列車.
3〖商業〗外交員, セールスマン (=〔de〕commerce). ~s représentants placiers 出張・外交・訪問販売員, セールスマン (略記 VRP).
——a. **1** 旅をする, 移動する. pigeon ~ 伝書鳩. vie ~se 放浪生活.
2〖商業〗〖やや古〗commis ~ 外交員, セールスマン (= de commerce).

voyageur-kilomètre (pl. **~s-~**) n.m.〖交通, 統計〗乗客キロ数《乗客輸送量の単位》.

voyagiste n. 旅行業者, 団体旅行業者 (= tour-opérateur).

voyou(**te**)〖女性形は稀〗n. 不良少年 (少女), 浮浪児；ならず者, よた者. bande de ~s 愚連隊. Espèce de ~! int. ちんぴら

め！
——a. 不良の；よた者の. air ～ よた者風.

VPC (=*v*ente *p*ar *c*orrespondance) *n.f.*〖商業〗通信販売, 通販.

VPCD (=*v*ente *p*ar *c*orrespondance et à *d*istance) *n.f.*〖商業〗通信遠隔販売. part de la ～ dans le commerce de détail 小売業に占める通信遠隔販売の比率.

VPF (=*v*iande de *p*orc *f*rançais) *n.f.* フランス産豚肉. label ～ フランス産豚肉表示ラベル.

VPI (=*v*ente *p*ar l'*I*nternet) *n.f.* インターネット利用通信販売.

VPO (=*v*accin *p*olio *o*ral) *n.m.*〖医〗経口ポリオ・ワクチン.

VQPRD (=*v*in de qualité *p*roduit dans des *r*égions *d*éterminées) *n.m.* 特定地方生産上質葡萄酒〔フランスのVDQSに相当する生産地管理酒のヨーロッパ規格〕.

vrac［vrak］［オランダ］*n.m.* ばら積み貨物（=marchandises en ～）. navire transporteur de ～ ばら積み貨物船.
——**en ～**[1] *l.ad.* **1** ばらばらに, 無包装で. charger en ～ ばら積みにする. marchandises expédiées en ～ ばら積みで輸送された貨物.
2 目方で（=au poids）. acheter des lentilles en ～ レンズ豆を目方で買う.
3〖比喩的〗無秩序に. jeter ses idées en ～ sur papier 思いつくまま考えを紙に書きとめる.
——**en ～**[2] *l.a.* ばら積みされた, ばら積みの. fruits en ～ dans un camion トラックにばら積みされた果物. vin en ～ タンク詰めされた葡萄酒.

vrai[1] *n.m.* 真実；事実；現実. ～ de ～ 正真正銘の本物；〖俗〗やくざ（=homme de milieu）. sentiment du ～ 現実感覚. dire ～ 本当のことを言う. à dire [le] ～；à ～ dire 実を言えば, 実は. au ～；de ～ 本当のところ, 実際に. être dans le ～ (人が) 正しい, 道理がある.〖話〗pour de ～ 本当に；本気で.
——*ad.* **1** 正しく, 真実に即して. écrire ～ 正しく書く. parler ～ 本当のことを話す.
2〖話〗本当に, 全く, 確かに《感嘆詞的》. Eh ben ～, alors ... 全く, それで…. Je n'ai plus faim, ～. 本当に腹なんか空いてないよ.

vrai[2]**(e)** *a.* **1** 真実の, 真の, 本当の；正しい；真実を語る. arguments ～s 正しい（論理的な）議論. assertion ～e 正しい主張. déclaration ～e 真の意志表示. histoire ～e 本当にあった話, 実話. opinions ～es 本当の意見.〖論理〗phrase ～e 恒真表現式. principe ～ 正しい原理 (原則). témoignage ～ 真実の証言.
〖俗〗C'est pas ～！ まさか, 冗談言うな. C'est pourtant ～. でも本当だ. c'est ～ (il est ～)〖挿入句〗確かに；〖応答詞〗仰言る通り

です. Il est ～ que+*ind.*；〖話〗C'est ～ que+*ind.* …は本当である. Il n'en est pas moins ～ (Toujours est-il ～) que+*ind.* それでもやはり…ということは確かである. pas ～？ そうでしょう, ね（=n'est-il pas ～；n'est-ce pas？）.
2 現実の；実際の；〖天文〗真の, 見かけでない.〖天文〗jour (temps) solaire ～ 真太陽日 (時). pôle ～ (地球の) 真の極.
3〖名詞の前〗本物の, 正真正銘の, 真正の, 真の；紛れもない；〖法律〗真正の, 法に適合した. le ～ Bonaparte 真のボナパルト. ～ courage 真の勇気. ～ diamant 本物のダイヤモンド. ～ faux passeport d'un agent secret 秘密工作員の正規の偽造旅券. ～e fausse perle 間違いのない偽造真珠. ～ médecin 正真正銘の医師. ～ motif 真の動機. ～ nom 本名.〖法律〗～ propriétaire 真正の所有権者. un ～ Rubens ルーベンスの真作.〖話〗～ de ～ 間違いなく本物の（=vraiment ～；absolument）.
4〖名詞の前〗的確な, ぴったりした, うってつけの, 有効な. ～e analyse du problème 問題の的確な分析. ～ moyen 有効な手段. mettre un chose à son ～ prix 品物に相応しい値段をつける. Voilà sa ～e place. 彼にぴったりの地位だ, 彼は所を得た.
5〖名詞の前〗最良の；最適の（=juste）. ～e solution d'un litige 紛争の最良の解決.

vrai-faux (**vraie-fausse**) (*pl.* ～s-～) *a.*〖法律〗偽の. un ～-～ certificat (所轄官公庁によって作成された) 偽造証明書.
2〖話〗人を欺く, まことしやかな（=fallacieux, trompeur）. une ～e-*fausse* argumentation まことしやかな論法.

vraiment *ad.* **1** 本当に；実際に, まさしく. V～？ 本当ですか？ Je suis ～ content. 心の底から満足しています. Pensez-vous ～ ce que vous dites？ 言ったことを本当に信じているのですか？
2〖話〗全く, 実に. V～, il ne comprend pas. 全く彼はわかっていない.

vraisemblable *a.* 本当らしい；もっともらしい；ありそうな. chose peu ～ あまりありそうでないこと. hypothèse ～ ありそうな推測. portrait ～ よく似た肖像画. Il est ～ que+*ind.* …は本当らしい. Il n'est pas ～ que+*subj.* …ということはあり得ない.
——*n.m.* 本当らしいこと；ありそうなこと.

vraissemblance *n.f.* 本当らしさ, もっともらしさ；迫真性；迫真味. ～ au théâtre 芝居の迫真味. ～ d'un événement futur 未来の出来事の確からしさ. ～ d'une hypothèse 仮説 (推測) の本当らしさ. ～ d'un propos 発言のもっともらしさ. avec ～ 本当らしく, まことしやかに. soutenir avec ～ une proposition absurde 馬鹿げた提案をもっともらしく支持する. au delà de toute ～；contre toute ～ あり得ないことだが. selon toute ～ 十中八九.

VRAM (=〔英〕*v*ideo *r*andom *a*ccess *m*emory) *n.f.* 〖電算〗ヴィデオ RAM, ヴィデオ等速読出し記憶装置.

vraquier *n.m.* ばら積み貨物船.

VRBM (=〔英〕*V*ariable *R*ange *B*allistic *M*issile) *n.m.* 〖軍〗射程可変弾道ミサイル (=〔仏〕missile balistique à portée variable).

VRE (=〔英〕*v*ancomycin *r*esistant *E*nterococcus) *n.m.* 〖医〗ヴァンコマイシン耐性腸球菌 (=entérocoque résistant à la vancomycine)〘重症院内感染の原因菌〙.

VRP (=*v*oyageurs de commerce, *r*eprésentants et *p*laciers) *n.m.pl.* セールスマン〘訪問販売員, 行商人〙, 販売代理業者, 商品ブローカー.

VRS (=*v*irus *r*espiratoire *s*yncytial) *n.m.* 〖医〗呼吸器合胞体ウイルス.

V.S. (=*v*itesse de *s*édimentation) *n.f.* 〖医〗沈降速度；赤血球沈降速度, 血沈.

Vs (=*v*isite *s*pécialiste) *n.f.* 〖健保〗専門医往診料.

vs [vɛrsys] (=〔ラ〕versus) *prép.* に対して, 対. A～B A対B.

VSAT [vesat] (=〔英〕*v*ery *s*mall *a*perture *t*erminal) *n.m.inv.* 〖通信〗超小型衛星通信地上局.

V.S.G. (=*v*itesse de *s*édimentation *g*lobulaire) *n.f.* 〖医〗赤血球沈降速度, 血沈, 沈.

VSL (=*v*olontaire pour un *s*ervice *l*ong) *n.m.* 〖軍〗(陸・海・空軍・憲兵隊の)長期志願兵 (1983年導入).

VSN (=*v*olontaire du *s*ervice *n*ational) *n.m.inv.* 国民役務志願者〘兵役の代りに対外協力役務を志願する〙.

VSNE (=*v*olontaire du *s*ervice *n*ational dans les *e*ntreprises) *n.m.* 企業勤務国民役務志願者〘兵役の代りに企業内で国民役務を果そうと希望する者〙(=coopérant).

VSOP (=〔英〕*V*ery *s*uperior *o*ld *p*ale) 極めて高級, 古く, 色淡しくコニャックなどブランデーの高級酒の格付用法).

VT (=*v*endange *t*ardive) *n.f.*〘葡萄の〙遅摘み. gewurztraminer, ～1997 ゲヴュルツトラミネール1997年遅摘み.

VTA (=*v*isa de *t*ransit *a*éroportuaire) *n.m.* 空港トランジット・ヴィザ, 空港通過査証.

VTC (=*v*élo *t*ous *c*hemins) *n.m.* 全道路走行汎用自転車〘サイクリングと市内移動の共用自転車〙.

VTHD (=*v*raiment *t*rès *h*aut *d*ébit) *n.m.* 真に超速度の情報処理能力〘フランス・テレコム France-Télécom 社のインターネットの試験のネットワークの名称〙.

VTOL (=〔英〕*V*ertical *T*ake-*o*ff and *L*anding) *n.m.* 垂直離着陸航空機, ヴイトー

ル (=〔仏〕ADAV：*a*vion à *d*écollage et *a*tterrissage *v*erticaux).

VTT¹ (=*v*élo *t*out-*t*errain) *n.m.* 全地形対応自転車, オフロード・バイク, マウンテン・バイク (=〔英〕moutain bike). randonnée à ～ マウンテン・バイク・ツアー.

VTT² (=*v*éhicule *t*ransport de *t*roupe) *n.m.* 〖軍〗兵員輸送車.

VU (<*V*ivendi *U*niversal) *n.pr.m.* 〘無冠詞〙ヴィヴァンディ・ユニヴァーサル (2000年6月 Vivendi, Canal⁺, Universal の合併で誕生した多業種を擁する企業グループ；浄水・環境事業のほか, 映画の Universal Studio, TV の Canal⁺, 音楽の Universal Music, 出版の VU Publishing, 通信の Cegetel, インターネットの Portail Vizzavi などを統括する〙. PDG de ～ VU グループ会長.

vu(e)¹ (<voir) *a.p.* **1** 見られた. ～ d'en haut 上から見た. choses ～*es* 目撃した事物. 〖心〗impression de déja ～ 既知感. paysage ～ à vol d'oiseau 鳥瞰的景観. ni ～ ni connu 誰にも知られずに, こっそりと. sans être ～ de personne 誰にも見られずに.
2 思われた. être bien (mal)～ よく(悪く)思われている. Il est bien ～ par son patron 彼は雇主の受けがよい.
3 理解された；検討された. vérité à peine (bien)～*e* かろうじて(よく)理解された真実. C'est bien ～? /V～? わかったね？C'est tout ～! もう済んだことだ！もう決めたことだ！

vu² *n.m.* 見ること. au ～〔et au su〕de tout le monde 公衆の面前で, 公然と. au (sur le)～ des pièces du dossier 書類を審査した上で. le déjà ～ 既視, デジャヴュー. C'est du déjà ～. それは既視のことだ；ありふれたことだ, 目新しいことではない.

vu³ *prép.* …ので, に鑑みて；〖法律〗を検討して, を考慮して. ～ la loi d'orientation 進路指導の法律に照らして. ～ les circonstances 諸般の事情に鑑みて. ～ son âge その年齢から. ～ que+*ind.* …であるから (=étant donné que).

vue² (<voir) *n.f.* **1** 〘見ること〙 **1** 視覚 (=sens de la ～)；視力；目. ～ courte 近視. avoir la ～ courte 近視である；近視眼的である. à courte ～ 近視眼的な, 先見の明に欠ける. homme à courte ～ 先見の明に欠ける人. politique à courte ～ 近視眼的な政策.
～ faible 弱視. ～ longue 遠視；先見の明. ～ perçante 鋭い眼力, 炯眼(けいがん). éclairage qui fatigue la ～ 目の疲れる照明. netteté de la ～ 目の鮮明さ. perception par la ～ 視力による知覚. seconde (double)～ 透視力, 千里眼；予知能力；炯眼. troubles de la ～ 視覚障害.
avoir une bonne (mauvaise)～ 目が良い

(悪い).〔古〕en mettre plein de ~ à qn ; donner dans la ~ à qn 人を幻惑する；人の気をそそる. perdre la ~ 失明する. en perdre la ~ (それがもとで失明する→)気分を損ねる，ショックを受ける. rendre la ~ de qn 人の視力を回復させる. s'abîmer la ~ 目を悪くする.
2 視線，まなざし；視界. ~ plongeante 見下ろすこと，俯瞰. à ~ d'oiseau 鳥瞰で(= ~ à vol d'oiseau). à perte de ~ 見はるかす；見渡すかぎり.〔比喩的〕際限なく. horizon à perte de ~ 見はるかす地平(水平)線. à portée de 〔ma〕~ 私の目の届く範囲で. en ~ 見えるように；目の届くところに；目立つように. en ~ de qch¹ 何の見える所に(で).
détourner la ~ de qch 何から視線をそらす. être hors de ~ 視界から外れている；目の届く範囲外である. fixer sa ~ 視線を固定する，注視する. jeter la ~ sur …に視線を投げかける. perdre de ~ 見失う；忘れる；会わずにいる，疎遠になる. promener sa ~ 視線をさまよわせる.
3 (de を) 見ること；看取，観察. ~ à vol d'oiseau 鳥瞰〔図〕.
à ~ 見て；目の前で；肉眼で. changement à ~〖劇〗暗転しない舞台転換；〔比喩的〕(事態の) 急変換.〖美術〗dessin à ~ 自在画. effet payable à ~ 一覧払い手形.〖法律〗garde à ~ 警察留置，拘留. garder qn à ~ 人を警察署に留置する. lettre de change tirée à ~ 一覧振出為替手形.〖航空〗vol à ~ 有視界飛行 (vol sans visibilité「計器飛行」の対).〖軍〗tirer à ~ 可視標的を撃つ；直接照準で射撃する.
à ~ d'œil 目で見て，目測で；大まかに；見る見るうちに. évaluer une distance à ~ d'œil 距離を目測する. diminuer (grandir) à ~ d'œil 見る見るうちに小さく (大きく) なる.
à la ~ de …の視前で；を前で.. insulter qn à la ~ de tous 衆人環視の前で人を侮辱する. Elle devint pâle à ma ~. 私を見て彼女は蒼白になった. à première ~ 一目見て；一見したところ；深く検討しないで.
de ~ 目で見て. connaître qn de ~ 人と面識がある.

II〖(見られるもの)**1** 目に映る姿；図；実態. ~ de côté 側面，側面図. ~ de face 正面〔図〕. ~ de profil d'une cathédrale 大聖堂の側面から見た姿. donner une ~ d'ensemble d'un problème 問題の全体像を示す.
2 眺め，眺望，展望 (= point de ~). étendue ひろびろとした展望. ~ imprenable 遮るもののない眺望. ~ qui donne sur …に面した眺め. échappée de ~ 見晴らしのきく視界. avoir de la ~ 見晴らしがよい. n'avoir aucune ~ 展望が全く開らけない. La ~ est superbe d'ici. ここからの眺めは素晴しい.

3 (風景の) 絵，写真；絵葉書；(映画・テレビ用の) 映像. ~s d'un album アルバムの写真. ~ photographique 写真に撮った映像. prise de ~〔s〕撮影；録画. acheter une ~ de Paris パリの絵葉書を買う.
III〖(見るための手段)**1**〖法律〗(壁面の) 開口部；窓；明かり取り. ~ de servitude (相隣地への) 観望地役 (互有壁に同意なしに開口部 (窓) を設けることを禁ずる法定の地役). ~ droite 正面観望. ~ oblique 斜角観望. condamner des ~s de ~ (窓) を塞ぐ.
2 (兜などの眉庇の) 窓.
IV〖(抽象的概念)**1** 見方，観点. ~ de l'esprit 頭の中だけで考えたこと；空理空論. ~ pessimiste du monde 世界に関する悲観的見方. homme à la ~ bornée 限られた見方しかできない人. largeur de ~ 物の見方の幅広さ. point de ~ 視点，観点. avoir une ~ claire du problème 問題を明確に捉えている.
2 見解，意見. ~s originales (personnelles) 独創的 (個人的) 見解. divergence de ~s 見解の相違. échange de ~s 意見交換. développer (exposer) ses ~s 見解を開陳する.
3 意図，計画，目的. en ~ de qch (de + inf.) 何を(するのを) 目標にして，…の(をする) ために. en ~ d'une paix générale 全体的平和のために. avoir qch (qn) en ~ 何(人)を念頭に置いている. avoir des ~ sur …に狙いをつけている. Il a des ~s sur son héritage. 彼は自分の遺産に狙いをつけている. selon ses ~s 彼の計画によると.

vu-imprimé n.m.〖情報処理〗ヴュ＝アンプリメ (=〔英〕WYSIWYG : what you see is what you get ウィジィウィグ) (コンピュータのディスプレーの画面表示がそのままプリンターで打ち出される方式).

vulgaire a. **1** 俗っぽい，卑俗な；野卑な，下品な. être ~ 俗悪な人. expression ~ 俗っぽい表現. intérêts ~s 卑俗な興味. mot ~ 下品な語. plaisanterie ~ 野卑な冗談.
2 通俗的な，日常的な；〔文〕通常の，並の. ère ~ 西暦紀元. langue ~ 通俗言語 (langue littéraire「文学的言語」の対). langues ~s ロマンス諸語 (latin「ラテン語」の対). latin ~ 俗ラテン語. mal ~ ありふれた病気. nom ~ 俗称 (nom scientifique「学名」の対). opinion ~ 俗説.〖法律〗substitution ~ 通俗的継伝処分.
3〔名詞の前〕単なる，ありふれた. un ~ passant ただの通行人.
— n.m. **1** 一般人，庶民，大衆 (= foule ; populace).
2 卑俗なもの，俗悪さ. le ~ et le sublime 俗悪なものと崇高なもの. tomber dans le ~ 卑俗におちいる.

vulgarisation n.f. (科学知識などの) 普及，大衆化，通俗化. ouvrage de ~ 啓蒙書，解説書.

vulgarisé(e) *a.p.* **1** 普及した；大衆化した. procédé ~ 普及した方式.
2 野卑な, 下品な. expression ~*e* 野卑な表現.

vulgarité *n.f.* **1** 俗悪さ；下品；野卑；〖*pl.*で〗下卑た言葉. ~*s* de langue d'une personne peu instruite 無教養な人間の下卑た言葉遣い.
2〖文〗通俗性, 大衆性. ~ de l'existance moderne 現代人の生活の通俗性.

vulnérabilité *n.f.* 脆弱性, ひ弱さ, もろさ. point de ~ 弱点.

vulnérable *a.* **1** (人・体が)傷つきやすい, ひ弱な, (精神的に)傷つけられやすい, 感じやすい. jambe ~ ひ弱な脚. organisme ~ 傷つきやすい体. point ~ 弱点. raisonnement ~ 脆い推理. être ~ aux moindres critiques 僅かの批判にも傷つきやすい. être d'une santé ~ 頑健でない.
2 (国などが)弱点のある, 防御不備の, 攻撃にもろい. forteresse ~ en un seul endroit 一個所だけ弱点のある要塞.
3〖トランプ〗(ブリッジで)バルの, ハンディをつけた.

vulnéraire *a.*〖植, 薬〗傷を治す.〖薬〗médicament ~ 傷薬 (きずぐすり).〖植〗plantes ~*s* 傷に効く薬草.
——*n.m.*〖薬〗〖古〗**1** 傷薬. **2** 強心剤, 気付薬 (=médicament stimulant). **3**〖話〗アルコール飲料, 葡萄酒.
——*n.f.*〖植〗アンチルリス・ブルネラリヤ (anthyllis vulneraria) (みやこぐさの近縁種の俗称).

vulvectomie *n.f.*〖医〗外陰摘出〔術〕；外陰切除術 (= ~ simple). ~ radicale 根治的外陰切除術.

vulvite *n.f.*〖医〗外陰炎.

vulvovaginite *n.f.*〖医〗外陰膣炎. ~ infantile 小児外陰膣炎.

vumètre *n.m.*〖音響〗電気音響メーター, VUメーター.

VVF (=*v*illages *v*acances *f*amilles) *n.m. pl.* 家族用ヴァカンス村.

Vytorin [商標] *n.m.*〖薬〗ヴィトリン (Merck 社の高コレステロール症治療薬；フランスでの製品名 Inegy).

VX *n.m.* VX ガス (=le gaz ~) (致死性の有機燐化合物性神経毒ガス；1953 年英国で開発されたコリンエステラーゼ阻害剤).

W

W¹, w [dubləve] *n.m.inv.* フランス語字母の第23字《借用語にのみ用いられ，発音は一般に英語・オランダ語系では [w]，独語系では [v]；*ex.* Washington ワシントン，witloof ウィットローフ；*w*agnérisme ヴァグネリスム》．

W² 〖略記・略号〗 **1** 〖化〗tungstène タングステン〖元素記号〗．
2 〖電〗*w*att ワット．kWh キロワット時 (=*k*ilowatt〔-〕heure).
3 〖家具〗estampille *W* W証明検印《王室家具に刻まれたVersailles宮殿の家具であることを示す焼き鏝による検印》．

W3C (= 〖英〗World Wide Web Consortium) *n.m.* 〖情報〗ワールド・ワイド・ウェッブ・コンソーシアム，世界ウェブ連合．

wagon [va-] *n.m.* **1** 〖鉄道〗貨車 (= ~ de marchandises)《狭義で貨物用車輌を意味する鉄道専門用語；客車には通常 voiture を用いる》．~ à bagages 荷物車．~ à bestiaux 家畜輸送用貨車．~ -citerne タンク式貨車．~ couvert 有蓋貨車．~ frigorifique 冷凍貨車．~ -foudre 葡萄酒輸送用タンク式貨車．~ plat 長物用貨車．~ porte-automobiles 自動車運搬用貨車．~ -poste 郵便車 (= ~ postal). ~ -réservoir タンク式貨車．~ -trémie ホッパー式貨車．
2 〖鉄道〗〖通称〗客車 (= ~ de voyageurs, voiture). ~ -bar ビュッフェ客車 (=voiture-bar). ~ -lit (個室式)寝台車 (トイレ・洗面台付). Compagnie internationale des ~ -s-lits 国際寝台列車会社《略記CIWL；高級寝台車と食堂車，ビュッフェ等の営業を行う》．~ -restaurant 食堂車 (=voiture-restaurant). Il est monté dans le ~ de tête. 彼は列車の先頭車に乗った．
3 貨車の積荷；沢山の量．un ~ de blé 貨車1輛分の小麦．Il y en a un ~! たっぷりあるよ．
4 〖話〗大型自動車．
5 排煙用ダクト．

wagon-citerne (*pl.* ~*s*-~*s*) *n.m.* 〖鉄道〗(液体輸送用の)タンク貨車．

wagon-foudre (*pl.* ~*s*-~*s*) *n.m.* 〖鉄道〗飲料輸送専用貨車．

wagon-lit (*pl.* ~*s*-~*s*) *n.m.* 〖鉄道〗寝台車《現在はCIWLT 国際ワゴン=リ旅行会社が所有する高級寝台車の名称；通常の寝台車の公用推奨語は voiture-lit；簡易寝台車は couchette》；寝台席．~ T2 (CIWLT所有の) 2 等ワゴン=リ寝台車．Compagnie internationale des ~ -*s*-~*s* et du tourisme 国際ワゴン=リ旅行会社《高級寝台車と食堂車などを経営；略称CIWLT；1967年現在の名称で再編》．n'avoir plus de ~ 寝台席はもうない．voyager en ~ 寝台車で旅行する．

wagon-poste (*pl.* ~*s*-~*s*) *n.m.* 〖鉄道〗郵便車《郵便物の輸送と車内での仕分け業務を行う専用車両》(=voiture-poste).

wagon-restaurant (*pl.* ~*s*-~*s*) *n.m.* 〖鉄道〗食堂車．

wagon-salon (*pl.* ~*s*-~*s*) *n.m.* 〖鉄道〗サロンカー，パーラーカー (=voiture-salon).

wagon-tombereau *n.m.* 〖鉄道〗ダンプ装置付貨車，ダンプ式貨車．

wagon-trémie (*pl.* ~*s*-~*s*) *n.m.* 〖鉄道〗ホッパー貨車．

wahhabisme [waabism] (< Muhammad ibn 'Abd al-Wahhāb [1703-92]，イスラムの宗教改革者) *n.m.* ワッハーブ主義《コーランの教義厳守主義》．

wahhabite (< Abd al-Wahhāb) [1703-92] *a.* (イスラムの)ワッハーブ派の．ワッハーブ主義の．royaume ~ ワッハーブ主義体制王国．
— *n.* ワッハーブ派，ワッハーブ主義者《イスラム原理主義の一派》．

Wallis-et-Futuna *n.pr.* **1** 〖地理〗les îles ~ ワリス=エ=フテュナ諸島《メラネシアの諸島：les îles Wallis と l'île Futuna，l'île Alofi からなる》．
2 〖行政〗les îles ~ ワリス=エ=フテュナ諸島《フランスの旧海外領土 TOM：*territoire d'outre-mer*；2003年の憲法改正に伴いより広い自治権をもつフランスの海外共同体 COM：*collectivité d'outre-mer* となる；中心都市は l'île Uvéa の Mata-Utu；行政コード626；形容詞 wallisien(ne)》．

wallisien(ne) et futunien(ne) *a.* (フランスの海外共同体 COM：*communauté d'outre-mer*) ワリス=エ=フテュナ (Wallis-et-Futuna) の．

wallon(ne) *a.* (ベルギーの)ワロン地方の；ワロン人の；ワロン語の．pays ~ ワロン地方 (=la Wallonie).
— W~ *n.* ワロン人；ワロン地方の住民．
— *n.m.* ワロン語《ベルギーのフランス語；オイル語方言》．

Wallonie (la) [ベルギー] *n.pr.f.* ワロン地方《ベルギー東南部のフランス語地域》．

Wanadoo *n.pr.m.* 〖無冠詞〗〖情報通信〗ワナドゥー《インターネットのプロヴァイ

ダー会社；1996年ODA：société Office d'annonces により設立，1998年 Pages Jaunes を経て，2004年France-Télécom の完全子会社となる；2006年より，France-Télécom が買収した英国の移動電話会社オレンジ社 Orange と合併して「オランジュ」と改称；フランスをはじめ l'Algérie, l'Espagne, la Guinée Equatoriale, la Jordanie, le Liban, Madagascar, le Maroc, le Sénégal, la Tunisie, le Royaume-Uni で業務を展開；名称はアメリカ英語の俗語 wanna do (=want to do「やりたいと思う」) に由来；フランスのポータルサイト名は www.wanadoo.fr.；現在は www.orange.fr.).

Wanxiang, Wanhsien [中国] *n.pr.* 万县, 万県(ばんけん), ワンシィエン(四川省東部の都市).

WAP, wap (=[英] *w*ireless *a*pplication *p*rotocole) *n.m.*【情報通信】無線アプリケーション・プロトコル(wireless Application Protocole Forum 社の商標).

wapeur *n.m.*【情報処理】ワップ利用者(WAP「ワイヤレス・アプリケーション・プロトコル」でインターネットに接続する人).

warfarine *n.f.*【薬】ヴァルファリーヌ, ワーファリン(経口抗血液凝固剤, 血栓塞症治療薬；薬剤製品名 Coumadine (*n.f.*) など).

warrant [varɑ̃] [英] *n.m.* **1**【商法】倉庫証券. ~ agricole 農業倉庫証券. **2**【金融】ワラント〔債〕(社債発行企業の新株を一定条件で引き受ける権利). obligation à ~ ワラント債(新株引受権付債券).

WASP [wasp] (=[英] *W*hite *A*nglo-*S*axon *P*rotestant) [米] *n.* ワスプ(米国の支配的特権階級を構成するとされる, アングロサクソン系で新教徒の白人；Anglo-saxon blanc et protestant). — *a.* ~の.

watt [wat] (<James *W*~ [1736-1819], スコットランドの技師) *n.m.*【物理】ワット(電力の単位. W と略記). ~ par mètre/kelvin ワット／メートル・ケルビン(熱伝導率の単位. W/m・k と略記). ~ par stéradian ワット／ステラジアン(エネルギーの強さの単位. W/sr と略記).

wattheure (*pl.* ~**s**), **watt-heure** (*pl.* ~**s**-~**s**) [watœr] *n.m.*【物理】ワット時(電力量の単位. 1ワット時は1ワットの電気の1時間量, 3600ジュール joule 相当. Wh と略記).

watt(-)heuremètre *n.m.* ワット時計, 積算電力計.

wattmètre *n.m.* 電力計.

W(-)C [vese, dubləvese] (<[英] *w*ater-*c*loset) *n.m.pl.* トイレ. ~ payants 有料トイレ.

WCDR (=[英] *W*orld *C*onference on *D*isaster *R*eduction) *n.f.* 国際防災会議(=[仏] CMRD：*C*onférence *m*ondiale sur la *r*éduction des *d*ésastres).

WCL (=[英] *W*orld *C*onfederation of *L*abour) *n.f.* 国際労働組合連合, 国際労連(=[仏] CMT：*C*onfédération *m*ondiale du *t*ravail. 1920年結成の国際キリスト教労働組合連合 CISC=*C*onfédération *inter*nationale des *s*yndicats *ch*rétiens の後身. 第三世界中心の国際的労働組合組織. 本部Bruxelles).

WCMC (=[英] *W*orld *C*onservation *M*onitoring *C*entre) *n.m.* 世界自然保護監視センター(=[仏] *C*entre *m*ondial de *s*urveillance continue de la conservation de la nature). UNEP-~ 国連環境計画=世界自然保護監視センター.

WCP (=[英] *W*orld *C*limate *P*rogram) *n.m.* 世界気候計画(=[仏] PCM：*P*rogramme *c*limatologique *m*ondial；世界気象機関が 1979 年に発足させた国際プロジェクト).

WCRF (=[英] *W*orld *C*ancer *R*eseach *F*und) *n.m.* 世界癌研究基金(=[仏] FMRC：*F*onds *m*ondial pour la *r*echerche sur le *c*ancer).

Web, web [wɛb] (<[英] web「網」の意) *n.m.* (インターネット) ウェブ([英] World Wide Web の略称；世界規模の情報ネットワーク).

webaholisme (<[英] Web) *n.m.* インターネット熱中症.

webcam *n.f.*【電算】ウェブカム, ウェブカメラ(インターネットで放映する映像を撮影するためのヴィデオカメラ).

webcameur (se) (<Webcam) *n.*【情報】(インターネットの) ウェブカム(ウェブカメラ) 利用者.

weblog *n.m.*【情報処理】ウェブログ, ブログ(=blog).

webmagazine *n.m.* ウェブマガジン(インターネットのウェブサイトで流布する雑誌；略記 webzine).

webmaître *n.m.*【情報処理】【俗】ウェブマスター(=webmestre)(=[英] webmaster；Web サイトや Web サイトの管理者；デヴェロッペール développer).

webmaster [英] *n.m.* (インターネットの) ウェブマスター(WWWのホームページの作成・管理者；[仏] webmestre).

webmestre *n.* ウェブマスター(=[英] webmaster；ウェブサーバーやウェブサイトの管理者).

Webphone *n.m.*【情報処理】ウェブフォン, ウェブ電話, ウェブ接続電話(インターネットに接続するディスプレー付電話機).

webrairie *n.f.* ウェブ書店(インターネットのウェブサイトを利用した書店).

webzapping *n.m.* インターネット上であちこち頻繁にアクセスすること, ウェブ

ザッピング.

week-end [wikɛnd] (pl. ~-~s) [英] n.m. 週末 (=fin de semaine) (=congé de fin de semaine; 週末の休暇); 一般に土曜日から月曜日の朝まで). Bon ~! 良い週末を.

WEF (=[英] World Economic Forum) n.m. 世界経済フォーラム (1971年 Forum de management européen として発足; 1988年改称; =[仏] FEM: Forum économique mondial).

welter [wɛltɛr] [英] n.m. 《ボクシング》ウェルター級 (=mi-moyen) (体重66.678 kgまで). super-~ スーパー・ウェルター級 (=super-mi-moyen) (69.853 kg まで).

WEN Jiabao [中国] n.pr.m. 温家宝 (おんかほう), ウェンチアパオ (2002年中国共産党政治局常務委員; 2003年国務院総理 (首相); 1942年生まれ).

Wenzhou [中国] n.pr. 温州 (おんしゅう), ウェンチョウ (浙江省東南部の都市; 旧称 Yongjia 永嘉).

western [wɛstɛrn] n.m. 《映画》西部劇, ウェスタン物.

West Nile [英] n.pr.m. 西ナイル〔河〕(=le Nil de l'ouest). [医] fièvre ~ ウエスト・ナイル熱, デング熱 (=la dengue) ウイルス性出血熱). [医] virus ~ ウエスト・ナイル・ウイルス (ædes ægypti ネッタイシマカや ædes albopictus ヒトスジシマカなどが媒介).

WEU (=[英] Western European Union) n.f. 西ヨーロッパ同盟, 西欧同盟 (=[仏] UEO: Union de l'Europe occidentale).

WFC (=[英] World Food Council) n.m. (国連の)世界食糧理事会 (=[仏] CMA: Conseil mondial de l'alimentation).

WFTU (=[英] World Federation of Trade Unions) n.f. 世界労働組合連合, 世界労連 (=[仏] FSM: Fédération syndicale mondiale) (1945年結成. 社会主義諸国主導の国際的労働組合組織. 本部 Praha (Prague)).

Wh (=watt[-]heure) n.m. 《電》ワット時.

whiskey n.m. (アイルランド, 米国産の) ウイスキー. ~ bourbon バーボン・ウイスキー. ~ irlandais アイルランド産ウイスキー.

whisky ([wiski] (pl. ~s, whiskies) (<[英]「生命の水」を意味するアイルランド語 usquebaugh に由来) n.m. ウイスキー.

WHO [hu:] (=[英] World Health Organization) n.f. (国連の)世界保健機関 (=[仏] OMS: Organisation Mondiale de la Santé).

Wiener Philharmoniker n.m. 《音楽》ヴィナー・フィルハーモニカー, ヴィーン・フィルハーモニー管弦楽団, ウィーンフィル (日本での通称) (=[仏] orchestre philharmonique de Vienne).

Wi-Fi (=[英] Wireless Fidelity) [商標] n.m. 《電算》ヴィ=フィ, 無線高度情報通信 (IEE 802.11 方式による無線 LAN 技術を推進する非営利組織 Wi-Fi Alliance [1999年設立]の商標); Wi-Fi 方式. norme ~ 802.11 b (g) IEE 802.11 b (g) による Wi-Fi 規格. routeur ~ 802.11 b (g) IEE 802.11 b (g) による Wi-Fi 規格のルーター. réseau ~ 無線高度情報通信網, ホットスポット (=[英] hotspot). sécurité ~ Wi-Fi 方式の安全対策. vitesse des transfers en ~ Wi-Fi 方式による転送速度.

Wikipedia n.pr.f. 《情報》ウィキペディア (インターネット上で書き込み可能な無料百科検索サイト; フランスでは http://fr.wikipedia.org/).

williams [wiljams] n.f. 《洋梨》ウィリヤムス梨 (=poire ~; 通称 bon-chrétien「ボン=クレチヤン」(「善良なキリスト教徒」)の意). poire ~ 1) ウィリヤムス梨; 2) 《酒》ポワール・ウイリヤムス酒 (ウィリヤムス梨が丸ごと1個瓶に詰められた果実酒).

WIPO (=[英] World Intellectual Property Organization) n.f. 世界知的所有権機関 (=[仏] OMPI: Organisation mondiale de la propriété intellectuelle) (1967年設立の国連専門機関).

witoloof [witlɔf] [フラマン語] n.f. 《植》ウィットロープ (=chicorée ~, chicorée de Bruxelles) (通常 endive「アンディーヴ」と呼ばれている chicorée sauvage の一種; 軟白した新芽 chicon「シコン」を野菜として食べる; 学名 Cichorium intybus).

WMA (=[英] Windows Media Audio) n.m. 《電算・音楽》ウィンドウズ・メディア・オーディオ (Microsoft 社が開発したオーディオ圧縮フォーマット). format ~ ウィンドウズ・メディア・オーディオ・フォーマット.

WMO (=[英] World Meteorological Organization) n.f. (国連の)世界気象機関 (=[仏] OMM: Organisation Météorologique Mondiale).

Wonju [韓国] n.pr. 原州 (げんしゅう), ウォンジュ (江原道の都市).

Wonsan [北朝鮮] n.pr. 元山 (げんさん), ウォンサン (北朝鮮東岸の港湾都市).

woofer [wufœr] [英] n.m. 《音響》ウーファー, 低音用スピーカー (=haut-parleur de graves).

Worcester[shire] [英] n.pr. ウスター〔シア〕(イングランド西部の州都・州名). sauce de ~ ウスターソース (=~ sauce).

WPC (=[英] World Population Conference) n.f. (国連の)世界人口会議 (=[仏] CMP: Conférence mondiale sur la population).

WPF (=[英] World Food Programme) n.m. (国連の)世界食糧計画 (=[仏] PAM: Programme alimentaire mondial) (1961年創設; 本部 Roma (Rome)).

WSPA (=[英] World Society for the

Protection of Animals) *n.f.* 世界動物保護協会 (= [仏] Société mondiale pour la protection des animaux) (1981 年設立. 本部 London(Londres)).

WTO (= [英] *W*orld *T*ourism *O*rganization) *n.f.* 世界観光機関 (= [仏] OMT: *O*rganisation *m*ondiale du *t*ourisme) (1975 年設立；本部 Madrid).

Wu Bangguo [中国] *n.pr.m.* 呉邦国 (ごほうこく), ウーパンクオ (1995 年国務院副総理 (工業担当), 2002 年中国共産党政治局常務委員；2003 年全国人民代表大会常務委員長；1941 年 7 月生まれ).

Wuhan, Wou-han [中国] *n.pr.* 武漢 (ぶかん), ウーハン (湖北省 le Hubei の省都；1950 年に Hankou 漢口, Hanyang 漢陽, Wuchang 武昌の武漢三鎮を統合した連合都市).

Wulumuqi ⇨ **Ouroumtsi**

Wuxi [中国] *n.pr.* 無錫 (むしゃく), ウーシー (江蘇省東部の都市).

Wu Yi [中国] *n.pr.* 呉儀 (ご・ぎ), ウー・イー (1938 年 11 月武漢生まれ；北京市長などを経て, 2003 年 3 月より国務院副首相, 通商担当；政治局員；女性).

Wuyishan (le mont Wuyi) [中国] *n.pr.m.* 武夷山 (ぶいさん), ウーイーシャン (岩峰と渓谷美の景勝山岳地帯；世界自然遺産；福建省北部). Cité de ~ 武夷山市 (武夷山麓の都市).

Wuzhou [中国] *n.pr.* 梧州 (ごしゅう), ウーチョウ (広西壮族自治区東部の都市).

WWF (= [英] *W*orld *W*ide *F*und for Nature) *n.m.* 世界自然保護基金 (= [仏] Fonds mondial pour la nature).

WWW (= [英] *W*orld *W*ide *W*eb) *n.m.* 〖情報〗ワールド・ワイド・ウェブ, 世界情報ネットワーク, ウェブ, W3 (=toile d'araignée mondiale) (ネットワーク上の情報アクセス・メカニズム).

Wysiwyg [wiziwig] (= [英] *W*hat *y*ou *s*ee *i*s *w*hat *y*ou *g*et)「あなたがディスプレーの画面で見ているものがプリントアウトされる」の意). *n.m.inv.* 〖電算〗ウイジウイグ (コンピューターのディスプレー画面に表示されたものがそのまま印刷されること (= [仏] ce que vous voyez est ce que vous obtenez ; tel vu tel imprimé, vu-imprimé)). mode ~ ウイジウイグ方式.

X

X¹, x¹ [iks] *n.m.inv.* **1** フランス語字母の第24字 (l'*x*, le *x*). pluriel en *x* *x* で終わる複数形 (*ex.* beau*x*). **2** X 字形〔のもの〕.〖商標〗crochets X X 鉤（額縁などで掛ける鉤）. jambes en X X 脚. **3**〖家具〗脚が交叉した小椅子.

X² 〖略記・略号〗**1** ローマ数字の 10. le Xe arrondissement de Paris パリ市第10区. Louis XIV ルイ14世. **2** 未知の人, 某; 未知のもの. Monsieur X X 氏. enfant né sous X X 名前のわからぬ捨て子. dans *x* années 何年か後に. **3**〖生, 医〗chromosome X X 染色体.〖医〗syndrome〔de l'〕X X 症候群《X 染色体長腕部末端に脆弱部位があり, 高インスリン血症, 高脂血症, 高血圧症など複数の疾患や, 精神発達遅滞などを示す疾患》.〖医〗tétrasomie X 四染色体核型異常 (=caryotype XXXX).〖医〗pentasomie X 五染色体型異常 (=caryotype XXXXX). **4**〖医〗hysticocytose X ヒスチオサイトーシス X《原因不明の組織球増殖症；肺繊維症 fibrome pulmonaire の一種》. **5**〖映画〗visa X X 指定映画作品《ポルノもしくは暴力扇動作品として上映禁止指定》. classement en X X 指定. film classé X X 指定映画作品. **6**〖宇宙工〗programme de Hermès X-2000 エルメス（ヘルメス）X-2000 型有人宇宙船 (avion spatial Hermès X-2000) 開発計画（1978-93年）. **7**〖物理〗rayon X X 線. **8** signature de X (競売カタログでの) X 符号 (sauf réserve expresse「明白な留保なき場合を除き」を意味し, 純正品であることを示す符号). 〖家具〗estampille de X (王室家具に刻まれた) 純正品保証検印.

X³ *n.m.inv.*〖教育〗l'X 理工科学校 (= l'Ecole polytechnique) の略称. ——*n.* 理工科学校の学生 (卒業生).

x²〖記号〗*n.f.*〖数〗**1** 第一未知数 (=première inconnue). les *x* et les *y* *x* と *y*. **2** axe des *x* 座標の x 軸, x 座標軸.

xanth[o]- [ギ]ELEM「黄色」の意 (*ex.* *xantho*phylle 黄色素).

xanthélasma *n.m.*〖医〗〔眼瞼〕黄色板症. ~ palpébral 眼瞼黄色板.

xanthine [gzɑ̃-] *n.f.*〖生化〗キサンチン, グザンチン《血液・尿・肝臓などに含まれる酸化プリン》; キサンチン誘導体. ~ oxidase キサンチン・オキシダーゼ《脱水素酵素》.

xanthique *a.*〖化〗キサンチン (xanthin) の; キサンチン系の. dérivée ~ キサンチン誘導体. médicament ~ キサンチン系薬剤.

xanthochromie *n.f.*〖医〗キサントクロミー《脳脊髄液の黄変症》. ~ des diabètes sévères 重症糖尿病患者にみられるキサントクロミー. ~ due à la présence dans le sang de carotène 血液中にカロテン (カロチン) が存在することによるキサントクロミー.

xanthoderme *a.* (皮膚が) 黄色の; 黄色人種の. races ~s 黄色人種 (= races jaunes).

xanthodermie *n.f.*〖医〗皮膚黄変症, キサントデルミー, キサントクロミー (xantho chromie).

xanthofibrome *n.m.*〖医〗黄色繊維腫, 繊維性黄色腫 (= xanthome fibreux), 黄色肉芽腫 (= xanthogranulome).

xanthogénique, xanthique [gzɑ̃-] *a.*〖化〗acide ~ キサントゲン酸.

xanthogranulome *n.m.*〖医〗黄色肉芽腫, 黄色繊維腫. juvénile 青年性黄色肉芽腫.

xanthomatose *n.f.*〖医〗黄色腫症. ~ hyperlipidémique 高脂血症性黄色腫症. ~ normolipidémique 正脂血症性黄色腫症.

xanthome [gzɑ̃tɔm] *n.m.*〖医〗黄色腫, コレステリン沈着症 (= cholestérolose). ~ éruptif 発疹性黄色腫. ~ papulonodulaire disséminé 分散型眼瞼黄色腫. ~ plan 扁平黄色腫. ~ tendineux 腱鞘黄色腫. ~ tubéreux 結節性黄色腫.

xanthophylle [gzɑ̃-] *n.f.* **1**〖植〗(葉の) 黄色素《秋の黄葉をひきおこす》. **2**〖生化〗キサントフィル《酵素原子をもつ黄色色素》.

xanthoprotéique *a.*〖生〗黄色蛋白質の.

xanthopsie [gzɑ̃tɔpsi] *n.f.*〖医〗黄視症.

X-CT (= [英] X-ray *c*omputed *t*omography) *n.f.*〖医〗X 線コンピュータ断層撮影法 (= [仏] TAC : *t*omographie *a*xiale *c*omputérisée).

Xe (= *xé*non) *n.m.*〖化〗「クセノン」の元素記号.

xén[o]- [gz(ks)en(ɔ)] [ギ]ELEM「外部, 外国」の意 (*ex.* *xéno*phobe 外国人嫌いの).

xénobiotique *a.*〖生・医〗生体異物の.

xénocristal (*pl.aux*) *n.m.*〖地学〗異質結晶.

xénogamie *n.f.*〖植〗異花受精, 異株受精, 他家受粉.

xénogénétique *a.*〖生理・医〗異種発生性の.

xénogreffe [gz(ks)enɔgrɛf]〖生・医〗*n.f.* 異種〔間〕移植 (= hétérogreffe, hétérotransplantation), 片植片 (= greffe animale). ~s de l'animal vers l'homme 動物器官の人体への移植.

xénon [gz(ks)enɔ̃] *n.m.* **1**〖化〗キセノン, クセノン (元素記号 Xe, 原子番号 54). **2** キセノン, クセノン〖不活性ガス；−107℃で液化, −112℃で固型化；原子力産業で利用される). ampoule de ~ キ (ク) セノン・ランプ.

xénophile [gz(ks)enɔfil] *a.* 外国人びいきの, 外国人を好む.
——*n.* 外国人びいき.

xénophobe [gze-, kse-] *a.* 外国人嫌いの, 外国人を排斥する (xénophile の対). tendance ~ 外国人を嫌う傾向.
——*n.* 外国人嫌いの人.

xénophobie *n.f.* 外国人嫌い (xénophilie の対).

xénotransplantation *n.f.*〖医〗異種間臓器移植 (= xénogreffe, hétérotransplantation).

xénotropique *a.*〖医〗宿主外増殖性の. virus ~ ゼノトロピックウイルス (マウスの内在性ウイルス. マウス細胞には感染しない).

xér〔o〕-〖ギ〗[ELEM]「乾燥した」の意 (*ex.* *xéro*dermie 乾皮症).

xéranthème [gz(ks)-] *n.m.*〖植〗グ (ク) セランテーム, ときわばな (= immortelle annuelle).

Xérès [ks(gz)erɛs, kerɛs] *n.pr.* ヘレス (スペイン南部の町 Jerez de la Fonta. シェリー酒の名産地).
——*x~* [kerɛs], **jerez** [xeres] *n.m.* ヘレス酒, シェリー酒 (= vin de *X*~；アルコール度の高い辛口の白葡萄酒).

xérique [gz(ks)erik] *a.*〖環境〗**1** 乾性の.〖地学〗domaine ~ 乾性地地, 乾燥地域. **2** (植生が) 乾性環境に順応した. plantes ~s 乾性地植物.

xérocopie [gz(ks)erɔkɔpi] (<商標) *n.f.* ゼロックスコピー〔方式〕(静電気を利用した乾式複写方式), フォトコピー (= photocopie).

xéroderma, xérodermie [gze-, kse-] *n.m.*〖医〗乾皮症. ~ pigmentosum 色素性乾皮症 (XP と略記).

xérogel *n.m.*〖化〗キセロゲル, 乾膠体.

xérographie [gze-, kse-] *n.f.* ゼログラフィー (乾式複写法).

xérophile [gze-, kse-] *a.*〖植・動〗好乾性の, 耐乾性の, 乾燥地の.

xérophtalmie *n.f.*〖生化〗眼球乾燥症.

xérophyte [gze-, kse-] *n.f.*〖植〗好乾性植物.

xéroradiographie *n.f.*〖医〗ゼロラジオグラフィー, 電子X線写真撮影〖法〗.

xérose *n.f.*〖医〗乾皮症, 皮膚乾燥症 (= xérodermie). ~ sénile 老人性乾皮症.

xérosis 〖ラ〗*n.m.*〖医〗乾皮症 (= xérose, xérodermie), (眼の) 結膜乾燥症 (= ~ conjonctif). ~ sénilis 老人性乾皮症.

xérostomie *n.f.*〖医〗口腔乾燥症, 唾液欠乏症.

Xiamen [中国] *n.pr.* 厦門, シアメン, アモイ (Amoy) (福建省 le Fujian 東部の島にある港湾都市).

Xi'an, Xian, Hsian, Sian [sjɑ̃] [中国] *n.pr.* 西安 (せいあん), シーアン (陝西省 le Shânxi の省都. 旧称：長安 Changang).

Xiangfan [中国] *n.pr.* 襄樊 (じょうはん), シャンファン (湖北省 le Hubei の古都；三国志の舞台).

Xiangtan [中国] *n.pr.* 湘潭 (しょうたん), シャンタン (湖南省 le Huan の東部, 湘江 le Xiang Jiang 湖畔の港湾・工業都市).

Xiang, Xijiang, Hsiang, Siang [sjɑ̃] [中国] *n.pr.m.* le ~ 湘江 (しょうこう), シアンチアン (広西チワン族自治区北部から湖南省の洞庭湖に注ぐ川. 長さ 2,100 km).

Xianyang [中国] *n.pr.* 咸陽 (かんよう), シエンヤン (陝西省 le Shaanx, 西安 Xi'an の北西の都市；秦 Qin の始皇帝 Shi-Huangdi の首都；咸陽博物館, 秦始皇兵馬俑博物館あり).

Xi Jiang, Xijiang, Si-Kiang, Hsi-Kiang, Hsi-Chang [中国] *n.pr.m.* le ~ 西江 (せいこう), シーチャン (雲南省から東に流れ広東湾に注ぐ川；長さ 2,100 km).

Xi Jinping [中国] *n.pr.* 習近平 (しゅう・きんぺい), シー・チンピン (1953年生まれ；上海市党委書記；2007年10月より中国共産党政治局常務委員).

Xikang [中国] *n.pr.* 西康 (せいこう), シーカン (中国西部の旧省；現在は四川省の一部).

Xingganling(Da) [中国] *n.m.pl.* 大興安嶺 (中国内蒙古自治区内の山脈).

Xingu(le) *n.m.* シングー川 (ブラジル中部を流れる川, 2,266 km；アマゾン河右岸の支流).

Xining [中国] *n.pr.* 西寧 (せいねい), シーニン (青海省 le Qinghai の省都, 商工業都市).

Xinjiang [ʃindʒjɑ̃] **Uygur** [wigyr], **Sinkiang Uighur** [中国] *n.pr.m.* 新疆ウイグル自治区 (= région autonome de ~；中国西北部の自治区；首都 Urumqi ウルムチ (= Ürümchi)).

Xinxiang [中国] *n.pr.* 新郷 (しんきょう), シンシャン (河南省 le Henan の北部の都

Xinyu [中国] *n.pr.* 新余(しんよ), シンユー(江西省 le Jiangxi, 南昌 Nanchang の西南の都市).

Xinzhu [台湾] *n.pr.* 新竹(しんちく), シンチュー(=Hsinchu；台湾の北西沿岸の都市).

xiphoïde [gzi-, ksi-] *a.m.* 〖解剖〗剣状の, 剣状突起の. appendice ～ (胸骨下部の)剣状突起.

xiphoïdien(ne) *a.* 〖解剖〗剣状突起の.

Xizang, Sitsang [中国] *n.pr.* 西蔵(さいぞう), シーザン(Tibet チベットの中国名).

XL (= [英] extra*l*arge) *a.* (衣類のサイズ表示の)特大.

XML (= [英] extensible *m*arkup *l*anguage) *n.m.* 〖電算〗拡張性マーク付け言語(=[仏] langage de balisage extensible；インターネット用言語).

XP (= [ラ] *X*eroderma *p*igmentosum) *n.f.* 〖医〗色素性乾皮症(=xérodermie pigmentaire；紫外線を浴びて生じる遺伝性皮膚疾患). patient atteint de ～ 色素性乾皮症患者.

XTC (< [英] ecstasy) *n.f./n.m.* 〖薬〗〖俗〗エクスタジー(アンフェタミン系の覚醒剤；俗称 Adam；1987年登場).

Xuanhua [中国] *n.pr.*宣化(せんか), シュアンホア(河北省 le Hebei 西北部の都市).

Xuantong, Siuant'ong [ʃuɑ̃tɔ̃] [中国] *n.pr.* 宣統帝(溥儀 Puyi [1906-67], 清朝最後の皇帝宣統帝 [在位 1908-12], 満洲国皇帝康徳帝 [在位 1934-45]). ère ～ 宣統帝帝政期.

Xuzhou [中国] *n.pr.* 徐州(じょしゅう),

シュウチョウ(江蘇省 le Giangsu 北西部の鉱業都市, 別称 Tongshan 銅山).

xyl[o]- [gzi-, ksi1-] [ギ] ELEM「木」の意 (*ex. xylo*graphie 木版刷り).

xylème [gzi-, ksi-] *n.m.* 〖植〗木質部, 木部.

xylène [gzi-, ksi-] *n.m.* 〖化〗キシレン(芳香族炭化水素). ～ brut 粗キシレン(= xylol キシロール).

xylidine [gzi-, ksi-] *n.f.* 〖化〗キシリジン(キシレンの誘導体のアリルアミン；アゾ染料の材料).

xylitol *n.m.* 〖化〗キシリトール(人工甘味料).

xylocaïne [商標] *n.f.* 〖薬〗キシロカイン, リドカイン(lidocaïne)(合成アミド系局所麻酔薬).

xylographe *n.* 木版作家.

xylographie [gzi-, ksi-] *n.f.* 〖美術〗木版；木版刷り；木版刷りの絵(文書).

xylographique *a.* 木版の, 木版による. impression ～ 木版印刷. incunable ～ 木版インキュナビュラ版(1500年以前の木版活字本).

xylophage [gzi-, ksi-] *a.* 〖昆虫・茸〗木食性の, 木を食う, 食材性の. insecte ～ 食材性の昆虫.
—*n.m.* 木食虫.

xylophone [gzi-, ksi-] *n.m.* 〖音楽〗木琴, シロホン. ～ d'orchestre オーケストラ用シロホン(共鳴管付きの木琴).

xylose [gziloz, ksiloz] *n.m.* 〖化〗キシロース(Xyl と略記). D-～ D-キシロース, 木糖.

xyloylsulfamine *n.f.* 〖薬〗キシロイルスルホンアミド(サルファ剤).

xylulose *n.f.* 〖生化〗キシルロース.

Y

†印をつけた語はリエゾン・エリジョンしない.

Y¹, y¹ [igrɛk] *n.m.inv.* **1** フランス語字母の第25字 (l'y).
2 Y字形〔のもの〕. chemin en Y Y字形の三叉路.
Y², y² 〖略記・略号〗**1**〖電〗admittance *n.f.* アドミタンス.
2〖生〗chromosome Y Y染色体.
3〖香水〗parfum Y「イグレック」香水（〖商標〗; Yves Saint Laurent社の香水名; 1964年発売; iris, jasmin, mousse de chêne, patchouli, rose, santal, tubéreuse, vétiver, ylang-ylang を配合).
4〖物理〗particule Y イプシロン粒子 (= upsilon particule).
5〖通貨〗yen *n.m.*（日本の通貨単位; ¥と略記).
6〖化〗yttrium イットリウムの元素記号（Ytと書くこともある).
7 中世のローマ数字の150.
8〖海〗Y旗（「錨がきかない」(Mon ancre chasse.) を意味する)国籍信号旗).
Y³ [i] *n.pr.*〖行政〗イ村《département de la Somme ソム県の村; 市町村コード80190; フランスで最も短い地名》.
y³〖記号〗*n.f.*〖数〗**1** 第2未知数 (= seconde inconnue). les *x* et les *y* と *y*. **2** axe des *y* y座標軸.
yacht [jɔt] *n.m.* **1** ヨット.
2〖船〗(帆走式または機関駆動式)大型快走遊航船, 大型レジャー船. ~ à voile 帆走式ヨット. ~ de croisière 巡航ヨット.
yachtman, yachtsman [jɔtman] (*pl.* **yacht**(**s**)**mans, yacht**(**s**)**men**)〖英〗*n.m.* ヨットマン.
yack, yak [jak] *n.m.*〖動〗ヤク; 犁牛(りぎゅう)《チベット高原に棲む牛科の大形哺乳類》.
YAG (=〖英〗*Yttrium-Aluminium-Garnet*)〖化〗イットリウム=アルミニウム=ガーネット (=〖仏〗*yttrium-aluminium-grenat*). laser ~ YAGレーザー.
†**Yahvé** *n.pr.*〖ユダヤ教〗ヤハウェ《ヘブライ語で「神」をあらわす四字語YHWHの音訳; 旧約聖書における神の呼称の一つ), エホヴァ (Jéhovah).
†**yajé** *n.m.*〖植〗ヤジェ《蔓性植物; 抽出液に向精神作用がある》.
†**Yalongjiang**(**le**) 〖中国〗*n.pr.m.* 雅礱江（がろうこう）《中南部を流れ長江に合流する河; 延長1,300km》.
†**Yalu**(**le**) 〖中国〗*n.pr.m.* 鴨緑江, ヤールー河《北朝鮮と中国の国境を流れる川; 延長790km; le Yalujing; 朝鮮名 Amnok》.
†**Yan'an**〖中国〗*n.pr.* 延安（えんあん）, イエンアン《陝西省 le Shaanxi の都市, 長征後の中国共産党政府の所在地; 旧称 Fushi 膚施》.
†**yang** [jɑ̃]〖中国〗*n.m.*〖哲・易〗陽. le ying et le ~ 陰陽.
Yangoun〖ビルマ語〗*n.pr.* ヤンゴン, ラングーン (Rangon)《ミャンマー le Myanmar (1989年まではビルマ la Birmanie) の首都》.
Yangquan〖中国〗*n.pr.* 陽泉（ようせん）, ヤンチュエン《山西省 le Shanxi 東部の鉱工業都市》.
†**YANG Shangkun**〖中国〗*n.pr.* 楊尚昆（ようしょうこん, シャン・シャンクン）《[1907-98]; 中国の軍人, 政治家, 国家主席 [1988-93]》.
†**Yangshuo**〖中国〗*n.pr.* 陽朔（ようさく）, ヤンシュオ《湖南省の町; 漓江下りの終着地》.
†**Yang-Tsé-Kiang** [jɑ̃tsekjɑ̃] ⇒ Yangzi Jiang
†**Yangzhou**〖中国〗*n.pr.* 揚州（ようしゅう）, ヤンジョウ《江蘇省 le Jiangsu 西南部の都市; 鑑真和上の生誕地》.
Yangzi Jiang *n.pr.m.* 揚子江《公式名称は Chang Jiang 長江》.
Yantai〖中国〗*n.pr.* 烟台, 煙台（えんだい）, イエンタイ《山東省の港湾都市・漁港・工業都市》.
yaourt [jaur(t)]〖ブルガリア〗*n.m.* ヨーグルト, 凝乳.
yaourtière *n.f.* ヨーグルト製造器.
yard [jard]〖英〗*n.m.*〖度量衡〗ヤード (= 0.9144m; フート・ポンド法の長さの単位).
Yarkand *n.pr.* ヤルカンド, 葉爾羌《中国新疆ウイグル自治区南西部の都市, オアシスあり》.
Yb (= *ytterbium*) *n.m.*〖化〗「イッテルビウム」の元素記号.
†**Yémen**(**le**) *n.pr.m.*〖国名通称〗イエーメン《公式名称: la République du ~ イエーメン共和国; 国民: Yéménite; 首都: Sanaa サナア; 通貨: rial yéménite [YER]》.
†**Yémen**(**la République démocratique et populaire du**) *n.pr.f.* 〖国名〗イエーメン民主主義人民共和国《通称: le Yémen du Sud 南イエーメン [1970-90]; 国民: Sud-Yéménite; 首都: Aden アデン; 通貨: dinar; 1990年北イエーメンと合併してイエーメン共和国となる》.

†**Yémen(la République arabe du)** n.pr.f. 〚国名〛イエーメン・アラブ共和国《通称 le Yémen du Nord 北イエーメン〔1962-90〕; 国民: Nord-Yéménite ; 首都: Sanaa ; 1990年南イエーメンと合併して、イエーメン共和国になる》.

†**yéménite** a. イエーメン (le Yémen)の, イエーメン共和国(la République du Yémen)の; ～人の.
—**Y～** n. イエーメン人.

†**yen** [jɛn] n.m. 円《日本の通貨単位》.

†**yersina** [ラ] n.f. 〚医〛エルシニア《腸内細菌科に属するグラム陰性短桿菌》. ～ endocolitica 腸炎エルシニア. ～ pseudotuberculosis 仮性結核菌(=bacille de Malassez et Vignal). ～ pestis ペスト菌(=bacille de Yersin).

†**yersiniose** n.f. 〚医〛エルシニア〔菌〕感染症.

†**Yibin** [中国] n.pr. 宜賓(ぎひん), イーピン(=Ipin)《四川省 le Sichuan 東南部の長江河畔の河川港湾都市; 旧称 Suzhou 蘇州, スーチョウ》.

†**Yichang** [中国] n.pr. 宜昌(ぎしょう), イーチャン(=Ichang)《湖北省 le Hubei の, 揚子江岸の港湾都市》.

†**Yichun** [中国] n.pr. 伊春(いしゅん), イーチュン《黒竜江省, ハルピンの北東にある工業都市》(=Ichun).

†**yiddish** [jidiʃ] n.m. イディッシュ語《東部ヨーロッパの中・東部でユダヤ人が話すドイツ語方言; ドイツ語にスラヴ語、ヘブライ語を交え、ヘブライ文字で書く言語》(=judéo-allemand).
—a.inv. イディッシュ語の. littérature ～ イディッシュ語文学.

†**yijing** [中国] n.pr.n. 易経(=le livre des mutations; I ching)》易占い, 易.

†**yin** [jin] [中国] n.m. 〚哲・易〛陰. le ～ et le yang 陰陽.

†**Yinchuan** [中国] n.pr. 銀川(ぎんせん), インチョワン《寧夏回族自治区 le Ningxia の中心都市; 旧称 Ningxia 寧夏》.

†**Yingcheng** [中国] n.pr. 応城, インチェン《湖北省の都市》.

†**Yingkou** [中国] n.pr. 営口(えいこう), インコウ《遼寧省 le Liaoning 南部の河口港湾都市》.

†**yin/yang** n.m. 〚中国思想〛陰陽. école du ～/～ 陰陽思想派.

yocto- [ラ] 〚ELEM〛「10^{24}分の1」を意味する接頭語《略記 y》.

†**yoga** [jɔga] [サンスクリット] n.m. ヨーガ, 瑜伽. exercices du ～ ヨーガの実践. faire du ～ ヨーガをする.

†**yohimbehe** [jɔimbe] n.m. 〚植〛ヨヒンベ《カメルーン原産の茜科の樹木; 樹皮から yohimbine がとれる》.

†**yohimbine** n.f. 〚化〛ヨヒンビン《ヨヒンベ yohimbehe の樹皮からとる毒性アルカロイド; 血管の拡張作用があり催淫剤に使用》.

†**Yongbyon** [北朝鮮] n.pr. 寧辺(ねいへん), ヨンビョン. site nucléaire de ～ ヨンビョン(寧辺)の核関連施設.

†**Yongju** [韓国] n.pr. 栄州, ヨンジュ《慶尚北道の都市》.

†**Yongning, Yungning** [中国] n.pr. 邕寧(ようねい), ヨンニン《南寧 Nanning の旧称》.

†**Yongzhou** [中国] n.pr. 永州(えいしゅう), ユンチュウ《湖南省の都市》.

Yonne n.pr.f. **1** 〚地理〛l'～ ヨンヌ川《モルヴァン山地 le Morvan に源を発し, Auxerre オーセール, Sens サンス を経て, Montereau モントローでセーヌ河 la Seine に合流; 長さ293km》.
2 〚行政〛la ～ ヨンヌ県(=département de l'～; 県コード89; 県庁所在地 Auxerre; la Bourgogne ブルゴーニュ地方; 3郡, 42小郡, 452市町村; 面積7,245km², 人口333,221; 形容詞 icaunais(e)》.

yopo n.m. 〚植〛ヨポ《熱帯林の植物; 種子の粉末に幻覚作用がある》.

†**Yosu** [韓国] n.pr. 麗水(れいすい), ヨス《全羅南道の港湾都市》.

†**yougoslave** a. 〚史〛ユーゴスラヴィア (la Yougoslavie)の, ユーゴスラヴィア連邦共和国 (la République fédérale de Yougoslavie)の; ～人の.
—**Y～** n. ユーゴスラヴィア人.

†**Yougoslavie(la** n.pr.f. 〚史〛〚国名通称〛ユーゴスラヴィア《公式名称: la République fédérale de Y～ ユーゴスラヴィア連邦共和国: la République de Serbie セルビア共和国, la Rép. du Monténégro モンテネグロ共和国, la province autonome de Kosovo コソヴォ自治州, la prov. aut. de Metohija メトヒジャ自治州, la prov. aut. de Vojvodine ヴォジュヴォディン自治州から成る連邦; 国民: Yougoslave; 首都: Belgrade ベルグラード(ベオグラード); 通貨: dinar yougoslave [YUN]》.

ypérite [iperit] (<Ypres, 1917年にこの毒ガスがはじめて使用された地名》n.f. 〚化・軍〛イペリット, マスタードガス(=gaz de moutarde)《油状の糜爛性神経ガス》.

YSL (= Yves Saint-Laurent) n.pr. イヴ・サン=ローラン [1936-2008].

ytterbine n.f. 〚化〛酸化イッテルビウム (Yb_2O_3).

ytterbium [-bjɔm] n.m. **1** 〚化〛イッテルビウム《希土類金属元素; 元素記号 Yb; 原子番号70; 原子量173.04》.
2 〚金属〛イッテルビウム《希土類金属》. oxide d'～ イッテルビウム酸化物.

yttria n.m. 〚化〛イットリア, 酸化イットリウム (Y_2O_3) (=oxyde d'yttrium).

yttrialite n.f. 〚鉱〛珪酸イットリウム鉱.

yttrifère a. 〚鉱〛イットリウムを含む.

yttrique *a.*〖化〗イットリウムを含む，イットリウム化合物の. terres ~*s* イットリウム土(重ランタニド希土類酸化物).

yttrium [itrjɔm] *n.m.*〖化〗イットリウム(元素記号 Y または Yt. 原子番号 39；1794年発見の希土類元素).

†**Yuan**［中国］*n.m.* **1** 沅江(はんこう)，ユエンチャン(湖南省の川. 洞庭湖に流れ込む). **2** 元江(げんこう)，ユエンチャン(雲南省南部からヴェトナムに流入する川).

†**yuan** *n.m.* 元(中華人民共和国の通貨単位).

†**Yüanlin**［台湾］*n.pr.* 雲林(員林)，ユワンリン(中西部の都市).

†**yucca** [juka] *n.m.*〖植〗ユッカ，糸蘭.

†**Yueyang**［中国］*n.pr.* 岳陽(がくよう)，ユエヤン(湖南省の洞庭湖東岸に位置する水郷の町).

†**Yumen**［中国］*n.pr.* 玉門(ぎょくもん)，ユーメン(甘粛省 le Gansu の石油基地).

†**Yungang**［中国］*n.pr.* 雲崗(うんこう)，ユンガン(山西省 le Shanxi，大同の西16 km の遺跡). grottes de ~ 雲崗石窟(ユンガンシークー).

†**Youngning** ⇨ †Yongning

†**Yunnan**［中国］*n.pr.m.* 雲南(うんなん)，ユンナン(南西部の省，省都 Kunming 昆明).

†**Yüshan**［台湾］*n.pr.m.* 玉山，ユーシャン(標高3,997 m；台湾の最高峰).

†**Yuxi**［中国］*n.pr.* 玉渓(ぎょくけい)，ユーシー(雲南省の都市).

Yvelines *n.pr.f.pl.*〖行政〗les ~ イヴリーヌ県(＝le département des ~；県コード78；県庁所在地 Versailles；4郡，39小郡，262市町村から成る；面積2,271 km²，人口1,354,304；形容詞 yvelinois；主要都市 Mantes-la-Jolie, Rembouillet, Saint-Germain-en-Laye).

Z

Z[1], **z** [zɛd] *n.m.inv.* **1** フランス語字母の第 26 字. **2** Z 字形〔のもの〕. **3** de a à z; depuis a jusqu'à z 始めから終りまで; 全体的に.

Z[2] 〖略記・略号〗 **1** 〖数〗整数全体の集合. Z* ゼロを除く整数の集合. **2** 〖数〗第 3 未知数(troisième inconnue; x, y に次ぐ未知数). axe des z z 座標軸. **3** 〖生〗chromosome Z Z 染色体. **4** 〖海〗pavillon Z Z 旗(「タグボートを必要とする」(J'ai besoin d'un remorqueur.)を意味する国籍標識旗). **5** 〖学〗〖話〗zéd [zɛd] *n.m.* ゼッド(リセの最上級クラスで教師や学校当局との交渉係に選ばれた生徒). **6** zone *n.f.* 地区, 地域, 地帯. 〖都市計画〗ZAD (=zone d'aménagement différée) 公共体の優先整備地区. 〖経済〗ZEE (=zone économique exclusive) 排他的経済水域. **7** 〖医〗acte Z 電離放射線利用医療行為. **8** 〖電〗impédance *n.f.* インピーダンス. **9** 〖原子物理〗(元素の)核外電子の数(原子番号).

ZAC[1] (=zone d'activité commerciale) *n.f.* 〖都市計画〗商業活動地区.

ZAC[2] (=Zone d'aménagement concerté) *n.f.* 〖都市計画〗国土整備計画対象地区 (1969 年より実施).

ZAD (=Zone d'aménagement différé) *n.f.* 〖都市計画〗公共体優先整備指定地区.

zader (<ZAD) *v.t.* 公共体の優先整備地区に指定する.
▶ **zadage** *n.m.*

ZaïAngo (=le Zaïre, l'Angola, le Congo)〖無冠詞〗ザイール・アンゴラ・コンゴ. expédition ～ ザイール・アンゴラ・コンゴ地質調査.

zaibatsu [日] *n.m.inv.* 〖経済〗財閥.

Zaïre(le) *n.pr.m.* **1** 〖国名通称〗ザイール(公式名称：la République du Z～ ザイール共和国；国民：Zaïrois(e)；首都：Kinshasa キンシャサ；通貨：zaïre. 現コンゴ民主共和国の 1971-97 年の呼称). **2** 〖地理〗le ～ ザイール川(1971-97 年の呼称).

zaïrois(**e**) *a.* ザイール(le Zaire)の, ザイール共和国 (la République du Zaire)の；～人の.
——Z～ *n.* ザイール人.

zamak [商標] *n.m.* ザマク(亜鉛にアルミニウム, マグネシウム, 銅を加えた合金).

Zambie(**la**) *n.pr.f.* 〖国名通称〗ザンビア(公式名称：la République de Z～ ザンビア共和国；国民：Zambien(ne)；首都：Lusaka ルサカ；通貨：kwacha [ZMK]).

zambien(**ne**) *a.* ザンビア (la Zambie)の, ザンビア共和国 (la République de Zambie)の；～人の.
——n. ザンビア人.

zappette (<zapper) *n.f.* 〖話〗ザペット(TV のリモートコントローラ, リモコン). Il a toujours la ～ à la main. 彼はいつもリモコンを手離せないでいる.

zappeur(**se**) *a.* テレビのチャンネルを頻繁に変える.
——*n.* ～人.

zapping [zapiŋ] (<zapper) [英] *n.m.* 頻繁にテレビのチャンネルを変えること.

zazen [zazɛn] [日] *n.m.* 座禅.

ZCIT [zɛdseit] (=zone de convergence intertropicale) *n.f.* 〖気象〗熱帯内収束帯.

ZDET (=zone de développement économique et technologique) *n.f.* 〖都市計画〗経済技術開発地区.

ZDF = [独] Zweites Deutsches Fernsehen) *n.pr.f.* 〖放送〗ドイツ第二 TV 放送.

ZEAT (=zone d'etudes et d'aménagement du territoire) *n.f.* 〖都市計画〗国土整備研究地区.

Ze Bank *n.pr.f.* 〖経済〗ゼ・バンク(電子取引銀行；LVMH グループの子会社；www. zebank, com.).

zèbre *n.m.* **1** 〖動〗縞馬, ゼブラ. **2** 〖話〗奇妙な人. Quel drôle de ～! 何て変な奴なんだろう.

ZEC [zɛk] (= [カナダ] zone d'exploitation contrôlée) *n.f.* 開発規制地帯(鳥獣保護区, 禁漁区).

ZEE (=zone économique exclusive) *n.f.* 排他的経済水域(= [英] EEZ: exclusive economic zone)(領海を超えて沿岸から 200 海里にわたり, 当該沿岸国に天然資源の探査・開発・保存および管理のための主権的権利が認められる水域).

zée *n.m.* 〖魚〗的鯛, サン＝ピエール (=saint-pierre).

Zeffix *n.m.* 〖薬〗ゼフィックス(B 型肝炎治療薬).

zèle *n.m.* **1** 熱中, 熱意；熱情. ～ d'un employé (d'un fonctionnaire) 従業員(公務員)の熱意. application pleine de ～ 専心, 専念. excès du ～ 熱意の過剰. grève de ～ 順法スト.

faire du ～ やりすぎる；熱中するふりをする．mettre son ～ à *qch*（+*inf.*）何（するの）に熱中する，熱心に…する．travailler avec ～ 熱心に勉強する（働く）．
2〘宗教〙強い信仰心（=～ de la religion）．contrefait ～ まやかしの信仰心（=faux ～）．～ de missionnaire 宣教師の熱情．

zen［zɛn］〘日〙*n.m.* 禅．
―*a.inv.* **1** 禅の．les sectes ～ 禅の宗派．
2〘話〙静かで落着いた，リラックスした．ambiance ～ 静かで落着いた雰囲気．

ZENG Peiyan〘中国〙*n.pr.* 曾培炎（そう・ばいえい），ツォン・ペイイェン（1938年生まれ；中国共産党政治局員，2003年副首相・マクロ経済担当）．

ZENG Quinghong〘中国〙*n.pr.m.* 曾慶紅（そうけいこう），ツォン・シンホン（1939年生まれ；2002-07年中国共産党政治局常務委員；2003年より国家副主席）．

zénith［zenit］*n.m.* **1**〘天文〙天頂（nadir「天底」の対）．
2〘比喩的〙絶頂，頂点（=apogée）．être au ～ 絶頂期にある．

zénithal（**ale**）（*pl.***aux**）*a.* **1**〘天文〙天頂の．angles ～ales 天頂角．distance ～ale 天頂距離．
2〘建築〙天頂からの．éclairage ～ 天井採光．

zéodration *n.f.*（食品の）ゼオライト式乾燥（氷点下の食品を真空下で加熱し，蒸発した水分をゼオライト粒に吸収させる脱水処理）．

zéolite, zéolithe *n.f.*〘鉱〙ゼオライト，弗石．

ZEP[1]（=*z*one *d'e*ducation *p*rioritaire）*n.f.*〘教育〙優先的教育地区，教育強化地区．dans un quartier gangrené par le chômage et la délinquance 失業と非行に毒された街区での優先教育地帯．collège d'une ～ de la région grenobloise グルノーブル地方優先的教育地区中学校．

ZEP[2]（=*z*one *d'e*nvironnement *p*rotégé）*n.f.* 環境保全地区（1977年制定，1983年廃止．POS（*p*lan *d'o*ccupation des *s*ols）に移行）．

zéphir, zéphyr *n.m.* **1**〘ギ神話〙Zéフェロス（西風［西の暖風］の神）．
2〘詩〙西からふくそよ風；西風，暖風．
3〘織〙ゼファー（軽量で薄いジャージー），ギンガム（軽い綿布）．laine ～ 軽くて薄いウール地．

zepto-［ラ］ELEM ゼプト「10^{-21}」の意（記号 z）．

zeptogramme *n.m.* ゼプトグラム（10^{-21}グラム）．

zéro *n.m.* **1**〘数〙ゼロ，零（記号 O）．découverte du ～ ゼロの発見．numéro ～（雑誌などの）創刊ゼロ号．
2 零点（=point ～）；零度（=point, degré ～）．〘温度〙～ absolu 絶対零度（記号 OK；-273.15℃）．appareil de ～ ゼロ点平衡測定装置．〘温度〙degré ～ Celsius 摂氏零度（記号 0°C=273.15 K）．
3 基準点（=degré ～）；基準面．altitude ～ 標高ゼロ〔メートル〕．degré ～ de …の最低水準．～ de la carte 海図の基準面．
4（成績）零点．～ de conduite 操行点ゼロ．〘学〙～ pointé 傍点付きの零点（他の課目が及第していても，これがあると落第になる）；〘比喩的〙厳しい戒告（譴責）．
5 無；無価値なもの；ゼロ．fortune réduite à ～ 無に帰した資産．〘軍〙option ～ ゼロオプション，ゼロの選択（NATO軍のパーシングII核ミサイルとソ連のSS20核ミサイルを全面的に廃棄するという80年代初頭の西欧側からの軍縮提案：retrait des Pershing II et des SS 20 soviétiques）．〘話〙C'est un ～! 奴は全く無価値な人間だ．〘話〙avoir le moral à ～, être à ～ 意気消沈している．〘話〙les avoir à ～ ひどく恐れる，ひどくこわがっている．
―*a.inv.* ゼロの．～ centime ぴた一文．～ défaut 無きず，無欠陥．〘温度〙～ degré 零度．～ heure 零時．〘証券〙coupon ～ ゼロクーポン．

zérotage *n.m.*〘気象〙温度計の零度の検定．

ZES（=*z*one *é*conomique *s*péciale）*n.f.*〘経済・行政〙経済特別区，経済特区．～ de Shenzhen（中国の）深圳経済特区．

zeste *n.m.* **1**（柑橘類の）外皮，ゼスト（中果皮は ziste）．vermouth servi avec un ～ de citron レモンの皮で風味付けしたヴェルモット酒．
2〘比喩的〙少量，微量．un ～ d'accent かすかな訛り．un ～ d'alcool 少量のアルコール．
3（否定文で）pas un ～ 全然ない．

zététicien(ne)（<［ギ］zetetikas）*a.* 調査好きの，探索好きの．

ZFU（=*z*one *f*ranche *u*rbaine）*n.f.* 都市免税地区．38 ～ de métropole フランス本国にある38カ所の都市免税地区．

Zhanghua〘台湾〙*n.pr.* 彰化（しょうか），チャンホワ（台湾中部の港湾都市）．

Zhangjiakou〘中国〙*n.pr.* 張家口（ちょうかこう），チャンチャコウ（河北省 le Hebei の都市；旧称 Kalgan カルガン）．

Zhangzhou〘中国〙*n.pr.* 漳州（しょうしゅう），チャンチョウ（福建省南部の都市）．

Zhanjiang〘中国〙*n.pr.* 湛江（たんこう），チャンチャン（広東省 Guang dong 南西部の港湾都市）（=Chan-chiang）．

ZHAO Ziyang *n.pr.* 趙紫陽（ちょう・しよう），チャオ・シヤン（［1919-2005］，中国の政治家，首相［1980-87］，共産党総書記［1987-89］）．

Zhejiang〘中国〙*n.pr.m.* le ～ 浙江〔省〕，チョーチャン（省都 Hangzhoc ハンチョウ，杭州（こうしゅう））（=Tchö-kiang, Chekiang）．

Zhengzhou, Chengchou, Chengchow [中国] n.pr. 鄭州(てぃしゅう), チエンチョウ(河南省の省都).

Zhenjiang [中国] n.pr. 鎮江(ちんこう), ヂェンジアン, チェンチャン(江蘇省の都市;長江と京杭大運河との合流点に位置する水運の拠点)(=Chenchiang).

zhonchopathie n.f. 〖医〗鼾(いびき)症(=ronflement).

ZHOU Enlai, CHOU En-Lai [中国] n.pr. 周恩来(しゅうおんらい), チョウエンライ([1898-1976];中国の政治家, 国務院総理(首相)[1949-76]).

Zhoukou [中国] n.pr. 周口(しゅうこう), ゾウコウ(河南省の都市).

Zhoukoudian [中国] n.pr. 周口店(しゅうこうてん), ゾウコウディエン, チョウコウディエン(別記 Chou-kou-tien シューコウティエン;中国北京近郊の石炭岩洞窟の考古学的遺跡;北京原人 homo erectus pekinensis の化石の発見地;1987年「周口店北京人遺址」le site de l'homme de Pékin à ~ として UNESCO の世界遺産に指定).

ZHOU Yongkang [中国] n.pr. 周永康(しゅう・えいこう), チョウ・ヨンカン(1942年生まれ;公安相;2007年10月より中国共産党政治局常務委員).

Zhuhai [中国] n.pr. 珠海(しゅかい), ヂューハイ(広東省の厦門(マカオ)に隣接する臨時都市, 経済特区).

Zhu Jiang [中国] n.m. 珠江(しゅこう), チューチアン(広東省南部の川).

ZHU Rongji [中国] n.pr. 朱鎔基(しゅようき), チューロンチー, ズーロンギ(1928年生まれ;政治家, 上海市長, 政務院常務委員, 国務院副首相, 国務院総理(首相 [1998-2003]). tornade Zhu 朱旋風.

Zhuzhou [中国] n.pr. 株洲(しゅしゅう), チューチョウ(湖南省北東部の都市).

ZI (=zone industrielle) n.f. 〖都市計画〗工業用地帯.

Zibo [中国] n.pr. 淄博(しはく), ツーボー(山東省中部の鉱工業都市)(=Tzupo, Tzepo).

zidovudine n.f. 〖薬〗ジドブジン(アジドチミジン AZT;azidothymidine)(感染症・エイズ治療薬;薬剤製品名 Combivir (n.m.) など).

ZIF (=zone d'intervention foncière) n.f. 〖都市計画〗公共体先買権設定地域, (すでに都市化された地帯内の) 不動産介入地帯(官公庁に先買権を認めた地帯).

Zigong, Tzukung [中国] n.pr. 自貢(じこう), ツーコン(四川省南部の都市. 石油・天然ガスの生産地).

Zimbabwe(le) n.pr.m. [国名通称] ジンバブエ(公式名称:la République du Z~ ジンバブエ共和国;国民:Zimbabwéen (ne);首都:Harare ハラレ;通貨:dollar du Zimbabwe [ZWD]).

zimbabwéen(ne) a. ジンバブエ(le Zimbabwe)の, ジンバブエ共和国(la République du Zimbabwe)の;~人. dollar ~ ジンバブエ・ドル(通貨単位).
—**Z~** n. ジンバブエ人.

zinc [zɛ̃g] n.m. **1** 亜鉛(元素記号 Zn, 原子番号 30, 原子量 65.39).
2 〖金属〗亜鉛(比重7.14, 融点419℃の青白色の金属). ~ granulé 粒状亜鉛. ~ laminé 亜鉛板. blanc de ~ (酸化亜鉛 ZnO;顔料). gravure sur ~ 亜鉛凸板印刷術(=zincogravure). sulfate de ~ 硫酸亜鉛, 皓礬(こうばん). tuyau en ~ 亜鉛管.
3 (カフェやバーの) カウンター, スタンド. boire un verre au (sur le)~ カウンターで一杯やる.
4 〖話・古〗飛行機.

zincate n.m. 亜鉛酸塩.
zincifère a. 〖鉱〗亜鉛を含有する.
zincographie n.f. 〖印刷〗亜鉛凸版〖術〗.

zinfandel n.m. 〖葡萄〗ジンファンデル(主にカリフォルニアで栽培される赤葡萄酒用品種).

zingage (<zinguer) n.m. 亜鉛メッキ(=〖古〗zincage).

ZIP (=zone industrielle portuaire) n.f. 港湾工業地区.

zircon n.m. 〖鉱〗ジルコン, 風信子鉱石.
zirconite n.f. 〖鉱〗ジルコナイト.
zirconium [zirkɔnjɔm] n.m. **1** 〖化〗ジルコニウム(元素記号 Zr, 原子番号 340).
2 〖金属〗ジルコニウム(融点1,850℃の耐食性金属).

ZIT (=zone d'interdiction temporaire) n.f. 〖治安〗臨時接近禁止地帯(原発, 精油所など).

ZLEA (=Zone de libre-échange des Amériques) n.f. 米州自由貿易圏(=[英] AFTA:American Free Trade Association;1994年創設).

Zn (=zinc) n.m. 〖物理・化〗「亜鉛」の元素記号.

ZNIEFF (=zone naturelle d'intérêt écologique, floristique et faunistique) n.f. 環境・花卉・野生動物保護自然地区.

zodiacal(ale)(pl.**aux**) a. 〖天文〗獣帯の, 黄道十二宮の. constellation ~ale 獣帯星座. lumière ~ale 黄道光.

zodiaque n.m. **1** 〖天文〗獣帯, 黄道十二宮. signes du ~ 獣帯記号, 宮(きゅう)の.
◆ 黄道十二宮図(12の宮名とそれに対応する星占いの星座名)
第一宮:le Bélier「白羊宮, 牡羊座」(3月21日-4月19日生まれ).
第二宮:le Taureau「金牛宮, 牡牛座」(4月20日-5月20日生まれ).
第三宮:les Gémeaux「双子宮, 双子座」(5月21日-6月21日生まれ).
第四宮:le Cancer「巨蟹宮, 蟹座」(6月

22日-7月22日生まれ).
第五宮：le Lion「獅子宮, 獅子座」(7月23日-8月22日生まれ).
第六宮：la Vierge「処女宮, 乙女座」(8月23日-9月22日生まれ).
第七宮：la Balance「天秤宮, 天秤座」(9月23日-10月23日生まれ).
第八宮：le Scorpion「天蠍宮, 蠍座」(10月24日-11月22日生まれ).
第九宮：le Sagitaire「人馬宮, 射手座」(11月23日-12月21日生まれ).
第十宮：le Capricorne「磨羯宮, 山羊座」(12月22日-1月19日生まれ).
第十一宮：le Verseau「宝瓶宮, 水瓶座」(1月20日-2月18日生まれ).
第十二宮：les Poissons「双魚宮, 魚座」(2月19日-3月20日生まれ).

zolmitriptan *n.m.*〚薬〛ゾルミトリプタン《片頭痛治療薬；薬剤製品名 Zomig (*n. m.*) など》.

zolpidem *n.m.*〚薬〛ゾルピデム《催眠薬・不眠症治療薬；薬剤製品名 Stilnox (*n. m.*)》.

zona *n.m.*〚医〛帯状疱疹, 帯状ヘルペス.

zonage *n.m.* **1**〚都市計画〛(土地利用の)用途別地域制, ゾーニング；(区域の)線引き.
2〚情報処理〛区分化. ~ des informations 情報の区分化.
3〚宇宙〛イメージ・ゾーニング

zonal (**ale**) (*pl.* **aux**) *a*. **1** 帯状の；帯状模様のある.
2〚地理・気候〛地帯の；ある地帯に固有の. ~ climat ~ 地帯性気候.

zonard(**e**[1]) (<zone) *n*.〚俗〛若者；(特に)郊外の貧民街に住む)落ちこぼれ, はみ出し者.

zonarde[2] *n.f.*〚話〛森や公園で客引きする売春婦.

zone *n.f.* Ⅰ (帯状のもの) **1** 地帯, 帯, 圏. ~ aride 乾燥地帯. ~s climatiques 気候帯. ~ convective 対流圏. ~ d'eau du sol 土壌水帯.〚地形〛~ de fracture 破断帯. ~ de neige 積雪地帯. ~ des séismes 地震帯 (= ~ sismique).〚地形〛~ de subduction プレートのもぐりこみ地帯. ~ de végétation 植生帯. ~ de volcans 火山帯 (= ~ volcanique). ~s froides (glacières) 寒帯. ~ humide 湿地帯. ~ littorale 沿岸地帯. ~s polaires 極圏. ~ tempérée 温帯. ~ tropicale (subtropicale) 熱帯 (亜熱帯).
2 帯状のもの, 帯；〚幾何〛球帯. ~ de forêt 森林帯. ~s de l'onyx 縞瑪瑙の帯模様.〚天文〛~ du zodiaque 獣帯, 黄道帯.
3 層, 圏, 帯. ~s de l'atmosphère 大気圏.〚気象〛~ frontale 前線帯. ~ houillère (pétrolifère) 炭層 (石油含有層).
4〚生・解剖〛(器官等の) 層, 帯, 部位.〚医〛~ alogogène 痛域. ~s corticales du cerveau 大脳皮質層. ~ de confort 快感帯.

~s érogènes 性感帯. ~ marginale (受精卵の) 帯域. ~ radiculaire 歯根部.
5〚理・冶〛帯域.〚通信〛~ de brouillage 混信区域.〚冶〛~ de réduction 還元区域.〚冶〛~ fondue ゾーン融解, 帯域融解.
6〚電算〛ゾーン, 領域. ~ de mémoire メモリー領域.

Ⅱ (地域) **1**〚行政〛地区, 地域, 地帯, 区域. ~ administrative 官公庁地区.〚交通〛~ bleu ゾーヌ・ブルー《都市内の駐車制限区域》. ~ d'action forestière prioritaire 優先森林活動区域. ~ d'affaires 商業地区. ~ d'artisanat 家内工業 (軽工事) 地区.〚教育〛~ d'éducation prioritaire 優先教育地区 (略記 ZEP；国が優先的助成策を講じる劣悪な教育条件下にある地区). ~ de peuplement industriel ou urbain「産業・都市人口密集地帯」(略記 ZPIU). ~ résidentielle 住居地区.
2〚都市計画〛地区, 地域, 区域, 区画. ~ à urbaniser par priorité「都市化優先地区」(1975年まで；略記 ZUP). ~ d'aménagement concerté「国土整備計画対象地区」(略記 ZAC). ~ d'aménagement différé「公共体優先整備指定地区」(略記 ZAD). ~ d'intervention foncière 土地取引介入区域《略記 ZIF；公共体先買権設定地区》. ~ industrielle 工業地区 (略記 ZI). ~ interdite 立入禁止地区.
3〚経済〛区域, 圏. ~ d'économie montagnarde 山岳経済区域. ~ de fret 貨物取扱区域. ~ de libre échange 自由貿易区域, 自由交易圏. ~ de rénovation rurale 農業刷新区域.〚交通〛~ de transit トランジット (通過乗客) 地区. ~ Euro (dollar) ユーロ (ドル) 圏. ~ franche 免税区域 (~ douanière「関税区域」の対). ~ frontière 国境地帯 (優遇税制などのある). ~ monétaire 通貨圏.
4〚政治〛圏, 範囲. ~ d'influence 支配圏, 勢力範囲. être dans la ~ d'influence des Etats-Unis アメリカの支配圏下にある.
5〚国際法〛水域, 海域. ~ économique exclusive 排他的経済水域 (略記 ZEE). ~ de pêche 漁業水域. ~ internationale des fonds marins 海底資源管理国際水域.
6〚軍〛地帯, 地域, 地区；管区. ~ aérienne de défense 防空管区 (略記 Zad). ~ d'action[1] (部隊の) 影響力行使地域. ~ des armées (戦時下の) 軍管轄地区. ~ de défense 防衛軍管区. ~ démilitarisée 非武装地帯. ~ des opérations 作戦地区. ~ de sécurité 安全地帯. ~s maritimes 海軍管区. ~ militaire 軍用地区；軍管区. ~ neutre 中立地帯. ~ occupée 占領地区；〚仏史〛(1940-42年の) 独軍占領地区 (~ libre「非占領地区」の対).
7〚スポーツ〛ゾーン.〚ラグビー〛~ de hors-jeu オフサイド・ゾーン.〚パラシュート〛~ de saut ジャンピング・ゾーン, 降下

zonier(ère)

地区. défense de ~ ゾーン・ディフェンス (défense individuelle「マンツーマン・ディフェンス」の対).
8（都市周辺の）貧民街；場末（＝faubourg）. baraques de la ~ 場末の堀立小屋群. C'est la ~, ici! ここは貧民窟だ.
9〔比喩的〕領域, 範囲. ~ d'action² 活動範囲. ~ d'activité 活動分野. ~ de recherche 研究領域. de seconde ~ 二流の, 凡庸な（＝de troisième ~）. écrivain de seconde ~ 二流の作家.

zonier(ère) n. **1** パリ周辺地区の住民；場末（貧民街）の住民.
2 国境地区の住民.

zoo [z(o)o] n.m. 動物園（＝jardin zoologique）. le ~ de Vincennes（パリの）ヴァンセンヌ動物園.

zoocénose n.f.〔生〕（一定地域内の）動物共同体, 動物群.

zoogéographie n.f. 動物地理学.

zoologie n.f. **1** 動物学；動物学書. ~ descriptive 記載動物学. ~ systématique 系統動物学. **2**〔集合的〕（或る地方の）動物相, 動物生態.

zoologique a. 動物学的な；動物に関する. classification ~ 動物学的分類. jardin ~ 動物園（＝zoo）. parc ~ 動物公園（＝zoo）.

zoologiste n. 動物学者.

zoom [zum]〔英〕n.m. **1**（写真機・撮影機用の）ズームレンズ. ~ trans-standard AF 24-135mm composé de 14 lentilles en 10 groupes 14枚10群のレンズ構成のオートフォーカス24-135 mm 標準域ズーム〔レンズ〕.
2 ズーム撮影, ズーム効果.〔話〕faire des ~s ズーム〔撮影〕をする, ズーミングする（＝zoomer [zume]）. fonction ~ numérique ディジタル・ズーム機能.

zoomasse n.f. ゾーオマス, 動物体量.

zoonose n.f.〔医〕動物原生感染症；人畜（獣）共通伝染病.

zooplancton n.m. 動物プランクトン（＝plancton animal）.

zoopsie n.f.〔精神医学〕動物幻視.

zoo-sanitaire a. 動物衛生の. règles ~s 動物衛生規則.

zootaxie n.f. 動物系統分類学.

zootechnicien(ne) n. 畜産学者, 畜産技師.

zootechnie n.f. 畜産学.

zootechnique a. 畜産学の.

zoothèque n.f. 動物博物館.

zoothérapie n.f. 獣医学（＝médecine vétérinaire）.

zopiclone n.f.〔薬〕ゾピクロン（不眠症治療薬・麻酔前投薬；薬剤製品名 Imovane (n.f.) など）.

zoroastrien(ne) a.〔宗教史〕ゾロアスター教の, 拝火教の；ゾロアスター教徒の.
——n. ゾロアスター教徒.

zoroastrisme（＜Zoroastre, Zarathushtra［前628-前551］, ペルシアの宗教家ザラスシュトラ）n.m. ゾロアスター教, 拝火教（古代ペルシアの民族宗教でササン朝ペルシアまでの国教；主神オルマズドの象徴としての聖火を崇拝）.

zostérien(ne) a.〔医〕帯状疱疹（zona）の. herpès ~ 帯状疱疹. virus ~ 帯状疱疹ウイルス.

ZPIU（＝zone de peuplement industriel ou urbain）n.f. 産業・都市人口密集地帯. communes rurales en ~ 産業・都市人口密集地帯の農村地方自治体.

ZPPA（＝zone de protection du patrimoine architectural et urbain）n.f.〔都市計画〕建築・都市遺産保護地区（1983年1月7日の法律で導入, 1993年 ZPPAUP に改称）.

ZPPAUP（＝zone de protection du patrimoine architectural urbain et paysagé）n.f.〔都市計画〕建築・都市・景観の風致遺産保護地区（1993年旧 ZPPAU を改称）.

Zr（＝zirconium）n.m.〔化〕「ジルコニウム」の元素記号.

ZRU（＝zone de redynamisation urbaine）n.f. 都市再活性化地区.

ZSP（＝zone de solidarité prioritaire）n.f. 優先的連帯地帯（優先的対外援助地域）. la ~ de France en Afrique アフリカ大陸における フランスの優先的連帯地帯.

ZUP（＝Zone à urbaniser en priorité）n.f.〔都市計画〕都市化優先地区（1958年より1975年まで実施）.

zupien(ne) a.〔都市計画〕ZUP（都市化優先地区）の.

Zurich [ʒyrik]〔スイス〕n.pr. チューリヒ（＝〔独〕Zürich）.

zurichois(e)（＜Zürich）a. チューリヒの.
——Z~ n. チューリヒ市民.

ZUS（＝zone urbaine sensible）n.f.〔社会・政治〕過敏都市圏, 治安不安定市街区（生活環境・社会問題・治安などに敏感な生活困窮者居住都市街区）.

zygoma n.m.〔解剖〕頬骨, 頬弓（＝apophyse zygomatique）.

zygomatique a.〔解剖〕頬骨の. apophyse ~ 頬骨突起. arc ~ 頬骨弓.

zygote n.m.〔生〕接合子, 接合体, ザイゴート.

zymase n.f.〔生化〕チマーゼ（糖を分解してアルコールと炭酸ガスに変える酵素）.

zymogène n.m.〔生化〕酵素前駆体, 酵素原, チモゲン.

zymologie n.f.〔生化〕醗酵学；酵素学.

zymosimétrie n.f.〔生化〕醗酵度測定〔法〕.

zymotechnie n.f. 醗酵技術（＝zymotechnique）.

zymotique a.〔生化〕醗酵の；醗酵性の.

数字から始まる略語

2CV ⇨ **deux-chevaux**

3G (＝troisième génération) *n.f.* 第三世代. téléphone mobile de 〜 第三世代の携帯電話.

3TC [trwatese] *n.m.* 〚薬〛3 TC (エイズ治療薬；ラミヴュディン lamivudine).

4-MTA (＝4-methyle-thio-amphétamine) *n.f.* 〚薬〛4=メチル=チオ=アンフェタミン (覚醒剤；俗称 flathiner (「脳波水平化剤」の意)；1997 年登場).

補 遺（I）

A

AGC（＝*a*utorail à *g*rande *c*apacité）*n.f.*〖鉄道〗大輸送量自走車両《地方高速鉄道 TER 向けに開発された気動車・電車；ディーゼルエレクトリック方式の気動車 X 76500 型（XGC），直交流方式の電車 Z 27500 型（ZGC）などがある》.
al（＝*a*nnée de *l*umière）*n.f.*〖天文〗光年.
alleingang［alajngãg］〖独〗*n.m.*〖政治〗（スイスの）孤立政策《国際組織に加入することを拒否する政策》.
alouette *n.f.*〖鳥〗ひばり.
amabilité（＜aimable）*n.f.* **1** 優しさ，親切さ．avec 〜 愛想よく．avoir l' 〜 de＋*inf.* 親切に…する．Auriez-vous l' 〜 de m'aider? 私を助けていただけないでしょうか？ **2**〔多く *pl.*〕厚意，厚情；親切な言葉（態度）．
aménité *n.f.* **1** 愛想のよさ．traiter *qn* sans 〜 人をじゃけんに扱う．**2**〔*pl.* で〕人を傷つける言葉；罵詈．échanger des 〜s 罵詈雑言を浴せ合う．
annal（*ale*）(*pl.***aux**) *a.*〖法律〗1 年限り有効の．possession 〜ale 1 年限りの占有．
annales *n.f.pl.* **1** 年代記．
 2（学術関係の）年報．〜 philosophiques 哲学年報．
 3〖文〗歴史．les 〜 de la France フランス史．Son nom restera dans les 〜. 彼の名は歴史に残るであろう．
 4〖学〗年次試験問題集．les 〜 du Bac バカロレアの試験問題集．
 5 A〜 d'histoire économique et sociale 「経済・社会史年報」《1929 年 Lucien Febvre と Marc Bloch が創刊した雑誌；これに参集した歴史家をアナール派とよぶ》．
antinomie *n.f.* **1**〖哲〗二律背反．**2** 矛盾；不合理．
antipode *n.m.* **1** 対蹠（たいせき）地．La Nouvelle-Zélande est l' 〜 de la France. ニュージーランドは地球上でフランスと正反対の位置にある．
 2〔*pl.* で〕遠隔地．vivre aux 〜s 遠く離れて暮す．
 3 正反対．être à l' 〜（aux 〜s）de …の正反対である．Il est l' 〜 du bon sens. 彼はおよそ良識からかけ離れている．
 4〖物理〗対蹠体．〜 droit（gauche）右（左）対蹠体．

 5〖植〗反足細胞（＝cellules 〜s）．
 ――*a.* 対蹠的な；正反対の．
antipsoriastique〖薬〗*a.* 乾癬（かんせん）治療用の．
 ――*n.m.* 乾癬治療薬（＝médicament 〜）．
antiretour *a.*〖機工〗逆流防止用の．clapet 〜 逆流防止弁．
antisèche *n.f.*〖学〗カンニングペーパー．
antisens *a.*〖薬〗悪性遺伝子の作用を遮断する．
 ――*n.m.* 抗遺伝子剤．
antisolaire *a.* **1** 太陽光を遮る；太陽光線から守る．crème 〜 太陽光線から肌を守るクリーム．lunettes 〜s サングラス．vitrage 〜 太陽光線を遮るガラス．
antisyndic*al*（*ale*)(*pl.***aux**) *a.* 組合に反対の，反組合の．
antithrombotique *a.*〖医〗血栓症治療の．〖薬〗médicament 〜 血栓治療剤．
 ――*n.m.*〖薬〗血栓症治療剤．
antitout *a.inv.* 何にでも反対する．
 ――*n.inv.* 何にでも反対する人．
antitumoral（*ale*)(*pl.***aux**) *a.*〖医〗抗腫瘍の；抗癌の（＝anticancéreu*x*(*se*)）．médicament 〜 抗腫瘍薬，抗癌剤．
anxiodepressif（*ve*) *a.* 不安と鬱の入り混った．
APC[2]（＝*A*ccord de *p*artenariat et de *c*oopération〔UE-Russie〕）*n.m.*〖国際〗(ヨーロッパ連合とロシア間の）パートナーシップ協力協定（UE (EU)）とロシアの通商・外交関係を定めた協定；1999 年 Corfou で調印発効；2007 年 11 月に期限切れとなり，2008 年 6 月交渉再開で合意，2008 年 11 月 14 日交渉再開決定》．
apnéique *a.*〖医〗無呼吸症候群の；（*pl.* に）睡眠時無呼吸症候群の．
 ――*n.* 無呼吸症候群患者；睡眠時無呼吸症候群患者．
apotropaïque *a.* 厄除けの，不遇を避ける〔力のある〕．images 〜s 厄除けの護符．
appelet［-t］*n.f.*〖電算〗アプレット《別のアプリケーションを起動している時に呼び出せる小さなアプリケーション・プログラム》（＝appliquette, microprogramme）．
apprécié(*e*) *a.p.* **1** 評価された，評価の高い；貴重な．discours 〜 高く評価された演説．plat 〜 評価の高い料理．qualités 〜es 高く評価された品格．
 2 見積られた，推定された．vitesse 〜*e* 推定速度．

補遺 (I)

approché(e) *a.p.* おおよその.〖数〗va-leur ～*e* 近似値.
appui〔e〕-bras *n.m.* 肘掛け.
arbre-de-Noël(*pl.*～s-～-～) *n.m.* (油田の)油井櫓.
AREB (=*a*némie *r*éfractaire avec *e*xcès de *b*lastes) *n.f.*〖医〗多血球異形成を伴う鉄芽球性不応性貧血(＝[英] RAEB : *r*efractory *a*nemia with *e*xcess *b*lasts ; 骨髄異形成症候群 SMD : syndrome *myélod*ysplastique ;＝[英] MDS : *m*yelo*d*ysplastic syndrome の一症状).
arrêtiste *n.*〖法律〗判例集編集・解説者.
arrière-cour(*pl.*～-～s) *n.f.* **1** 建物の裏の中庭, 裏庭. **2**〔比喩的〕衛星国.
as [as] *n.m.* **1** (トランプの)エース. ～ de cœur ハートのエース. ～ de pique スペードのエース ;〖料理〗(家禽の)尾部.〖話〗être fichu(ficelé, foutu) comme l'～ de pique ひどい身なりをしている.〖俗〗être plein aux ～ 大金持である. n'avoir plus d'～ dans son jeu 万策尽きる. passer qc à l'～ 何を巻き上げる.
2 (さいころの)2の目 ; (ドミノの) 1.
3 (競馬・宝くじの) 1の番号 ; (レストランの) 1番テーブル.
4〔話〕エース, 第一人者, 名手. ～ de l'aviation 飛行隊のエース. C'est l'～ de la classe. クラスで1番の生徒だ. C'est un ～. 彼(彼女)はぴかー だ.
5〖古代ローマ〗アス(重量又は青銅貨の名).
assermenté(e) *a.p.* **1** 宣誓した. fonctionnaire ～ (職務遂行のために)宣誓した公務員. témoin ～ 宣誓した証人.
2〖仏 史〗prêtre (évêque) ～ 宣 誓 司 祭 (司教)(1790年の「聖職者に関する民事基本法」Constitution civile du clergé に宣誓した聖職者).
——*n.* **1** 宣誓した人. **2** 宣誓聖職者.
assertion *n.f.* **1** 断言, 確言, 主張. **2**〖論理〗断定.
asservissement (<asservir) *n.m.* **1** 奴隷化 ; 奴隷扱い. ～ des peuples 民族の奴隷化. vivre dans l'～ 奴隷状態で生きる.
2 (à への)隷属, 屈従 ; (à に)縛られること. ～ à un travail 仕事の虜になること. ～ politique 政治的隷属.
3〖工, 情報〗制御 ; 制御伝達装置(＝dispositifs d'～).
asystole *n.f.*〖医〗心臓の不全収縮(心臓が拡張状態(distole)で停止すること ; 心電の完全停止).
A-TER, A-ter, Ater [atɛr] *n.m.* 〖鉄道〗地方急行鉄道 TER 用の単行気動車(1999-2002年 Alstom 社製で最高時速140 km の X 73500型, 2001-2004年 Alstom 社製の改良型 X 73900 型車両がある).
atomicité *n.f.* **1**〖化〗原子数 ;〖古〗原子価(＝valence).

2〖経済〗原子状競争. ～ d'un marché 市場の原子状競争(数多くの競争相手のある状態).
3 (宇宙の)原子性(原子で構成されていること).
ATTAC (=*A*ssociation pour la *t*axation des *t*ransactions pour l'*a*ide aux *c*itoyens) *n.pr.f.* 市民援助のための取引税提唱協会(1998年6月設立の人道主義的非政府組織 ; 反グローバリズムを唱える ; 本部 Paris 近郊の Montreuil-sous-Bois ; 2007年末現在, 世界各国に約50の支部あり).
attaché-case (*pl.*～s-～) [英] *n.m.* アタシェケース, アタッシュケース, 手提げ類鞄.
attardé(e) *a.p.* **1** 遅れた. passant ～ 帰宅の遅れた(夜更けの)通行人.
2 (人・考えなどが)時代遅れの.
3 発育不良の ; 知恵遅れの. enfant ～ 発育不良児 ; 知恵遅れの子供.
——*n.* 〜人.
auge *n.f.* **1** 水桶(＝～ à eau) ; 飼桶(かいおけ), 餌入れ. ～ d'une porcherie 豚小屋の飼桶. petite ～ d'oiseau 小鳥の餌入れ.〖比喩的〗manger à l'～ 他人の金で暮らす.
2 (石工, 左官の)桶 ; (洗濯女の)洗い桶 ; (製紙)紙の裁ち屑をひたす桶.
3 (水車の)バケット ; 導水桶. roue à ～ バケット付水車.
4 (粉砕機の)桶(＝～ d'un concasseur).
5〖地学〗向斜. ～ glaciaire 氷蝕谷.
6 (馬の)顎凹, 頬の窪み.
avant-saison *n.f.*〖スポーツ〗シーズン前の時期.
avant-soirée *n.f.*〖TV〗夕方のニュース番組前の時間帯.
avatar [サンスクリット avatāra] *n.m.* **1** [インド] アヴァターラ (ヴィシュヌ神の10種の権化).
2〔比喩的〕変身, 変形, 権化 ; 変化. ～s d'un même individu 同一人物の変身.
3〔誤用〕不運, 不幸 ; 災難. ～s de la vie 人生の不運.
Avé〔Maria〕 *n.m.inv.* **1**〖カトリック〗アヴェ・マリア, 天使祝詞(聖母マリアに捧げる祈禱). dire cinq Pater et cinq ～ 主の祈りとアヴェ・マリアを五回唱える.
2 (アヴェ・マリアを唱える時につまぐる)数珠の珠(たま).

B

baba [ポーランド] *n.m.*〖菓子〗ババ(ラム酒またはキルシュ酒風味のシロップを浸みこませたスポンジケーキ ; ロレーヌ地方に亡命していたポーランド王スタニスラス 1世 Stanislas Ier の発案とされる). ～ au rhum ババ・オー・ロム (ラム酒風味のババ).
bacillose *n.f.*〖医〗桿菌性疾患, 細菌症 ;

(特に) 結核症. ~ pulmonaire 肺結核.

backoffice [英] *n.m.* 【金融】(銀行・証券会社の) 非営業部門, 非事業部門 (= [仏] postmarché).

badaud(e) 〔女性形は稀〕*a.* **1** 物見高い. **2**〔古〕馬鹿な.
——*n.* **1** 野次馬. **2** 馬鹿者.

badge [badʒ][英] *n.m.* **1** ボーイスカウト (scout) の階級章, 技能章.
2 バッジ；記章；功労章；ワッペン，ブローチ．
3〔原子力〕放射線計検知バッジ (＝dosimètre).
4〔電算〕バッジ (紙やプラスチックのカードに文字や記号を表す穿孔をしてデータを格納したもの).

balayeur(se) *n.* 清掃員；(特に) 道路清掃員 (= ~ des rues). ~ de l'usine 工場の清掃員.
——*n.f.* 道路清掃車. arroseuse-~se 道路散水清掃車.

ballade *n.f.* **1**〔詩法〕バラード (3 詩節と 1 反歌から成り, それぞれがリフレインで終る中世の定型詞)；〔文学史〕物語詩, 譚歌(たんか). La B~ des pendus de Villon ヴィヨン「吊され人のバラード」．〔比喩的〕refrain de la ~ 絶えず繰返されること.
2〔音楽〕バラード, 譚詩曲；(ジャズの) バラード．
3(古代の) バラード, 舞唄；舞踊.

balthazar *n.m.* 【葡萄酒】バルタザール (シャンパーニュ酒の 12ℓ 入り壜；通常の壜の 16 本相当).

banc-titre (*pl.* ~**s**-~**s**) *n.m.* 【視聴覚】(フィルム上への) タイトル撮影装置, タイトラー (= [英] tittler).

bande-son (*pl.* ~**s**-~) *n.f.* 【視聴覚】(映画フィルムなどの) サウンド・トラック (=bande sonore).

bandol *n.m.* 【葡萄酒】バンドール酒 (地中海沿岸, département du Var ヴァール県の町 Bandol (市町村コード 83150) 地区の赤の AOC 葡萄酒；50％以上が mourvèdre 種による；樽での熟成 18 カ月以上を要する；香りの強い濃い口で, 20 年近く老成可).

barbarisme *n.m.* **1**〔文法〕(語形, 意味の) 誤用, 不純正語法 (*ex.* confus を confusionné と表記することなど)；誤用語.
2 粗野な言葉遣い．
3〔古〕蛮行；悪趣味.

bardé(e) *a.p.* **1** 甲胄を着用した. chevalier ~ de fer 甲冑に身を固めた騎士.
2 (補強のために) 金具を張りつけた；守られた. malade ~ d'appareils de contrôle 検査機器をとりつけられた患者.〔比喩的〕être ~ contre *qc* 何に抵抗する力がある.〔比喩的〕être ~ de décorations 勲章をいっぱい下げている.
3〔料理〕(肉を) ベーコンで巻いた. volaille ~*e* ベーコン巻きの家禽肉.

baroreflexe *n.m.* 【医】受圧反射 (圧変化を感知することによる反射).

barquette *n.f.* **1** 小舟 (＝petite barque).
2〔菓子〕バルケット, 小舟型のパイケース, 楕円形の小型のパイ. ~*s* aux champignons シャンピニオンのバルケット (楕円形の小型のパイケースにシャンピニオンとスクランブルド・エッグを詰めた料理). ~*s* aux marrons 栗のバルケット (パイケースにクレーム・ド・マロンとクレーム・シャンティイを詰めた菓子).

base-ball [bɛzbol][米] *n.m.*【スポーツ】野球.

base-balleur(se) *n.*【スポーツ】野球選手.

base-vie (*pl.* ~**s**-~) *n.f.* (砂漠, 荒地などで科学者, 技術者を収容する) 生命維持基地.

bastion *n.m.* **1**〔城〕稜堡 (りょうほ), 堡塁 (ほるい)；〔軍〕防衛拠点；活動拠点. ~*s* d'un château 城の稜堡. ~ des guerrilleros ゲリラの活動拠点. ~ naturel 自然の要塞.
2〔比喩的〕拠点, 本拠；抵抗拠点；支え. ~ du socialisme 社会主義の拠点.

bavarois(e) *a.*〔地理〕バイエルン地方 (州) (la Bavière：[独] Bayern) の. députés ~ バイエルン州議員. les montagnes ~*es* バイエルン山脈.
——*n.* バイエルン地方 (州) の住民.
——*n.m.* **1**〔言語〕バイエルン方言.
2〔菓子〕バヴァロワ. ~ à la crème バヴァロワ・ア・ラ・クレーム (冷たいアントルメ；卵は用いない).
3〔飲物〕バイエルン風紅茶 (羊歯のシロップ入りホット紅茶；バイエルン公たちが Paris の café Procope で愛飲したことによる名称). ~ au lait ミルク入りバイエルン紅茶.
2〔菓子〕バヴァロワーズ (砂糖, 卵, ゼラチン, 生クリームに菓物などからつくる冷菓). ~ aux abricot 杏入りバヴァロワーズ.

bédéthèque (＜BD：*bande dessiné*) *n.f.* 劇画 (漫画) 収集館 (図書館).

belle-famille (*pl.* ~**s**-~**s**) *n.f.* 配偶者の家族 (夫婦のそれぞれ一方の家族).

belvédère [伊] *n.m.* (屋上・丘の上などの) 展望台, 見晴らし台；(庭園の高みにある) あずまや, 亭, 寝殿. le B~ du Vatican ヴァチカン宮殿のベルヴェデーレ宮. le B~ de Vienne ヴィーンのベルヴェデーレ宮 (1663-1736；庭園の上部の Oberes *Belvedere* と下部の Unteres *Belvedere* の 2 つの宮殿からなる；上の宮殿は 19・20 世紀美術館, 下の宮殿はバロック美術館と中世オーストリア美術館として活用されている).

bénit(e) (＜bénir) *a.p.* 祝福された. eau ~*e* 聖水.〔比喩的〕eau ~*e* de cour 口先だけの約束；見えすいたお世辞. pain ~ 祝別パン.〔比喩的〕C'est pain ~. 当然の報い

補遺（I）

だ.
bénitier *n.m.* **1**〖カトリック〗ベニチエ，聖水盤，聖水容器．〖比喩的〗grenouille de ～ こちこちの女信心家（=bigote）.〖比喩的〗s'agiter (se démener) comme un diable dans un ～ じたばたする.
2〖貝〗しゃこ貝（=tridance géant；殻が聖水盤として利用された）．
benoît(*e*) *a.* **1** 優しげな，殊勝らしい．discours ～ 優しげな話．sourire ～ さも優しげな微笑．
2〖古〗親切な，寛大な；神の祝福を受けた．～ personnage 親切な人．
besogneux(*se*) *a.* **1** あくせく働く．gratte-papier ～ あくせく働く下級事務員（小役人）．
2〖古〗その日暮しの，貧乏な（=miséreux, pauvre）．
――*n.* あくせく働く人．
best-sellarisation *n.f.* 〖出版〗ベストセラー(best seller)を目指す企画．
bétacarotène *n.m.* 〖生化〗ベータカロテーヌ，ベータカロテン（=provitamine A プロビタミン A）．
bétaïne *n.f.* ベタイン（甜菜 bettrave の根から抽出される水溶性アルカロイド；医薬品用）．
bétamimétique *a.* 〖生〗ベータ擬態性の（交感神経系で β 受容体の効果を生む物質についている）．
――*n.m.*〖薬〗ベータ擬態薬（気管支拡張薬；喘息治療薬）．
bétonné(*e*) *a.* **1** コンクリートで作られた（固めた）．**2**〖比喩的〗〖話〗味も素気もない，堅固しい．argumentation ～*e* 堅固しい論法．
bétonneur(*se*) *a.*〖話〗〖蔑〗矢鱈にコンクリート建造物をつくる．
――*n.* コンクリート建造物を濫造する企業（行政機関）．
bétonnière *n.f.*〖土木〗コンクリートミキサー（=bétonneuse）．
beurré(*e*) *a.* **1** バターを塗った．tartine ～*e* バターを塗ったタルチーヌ．
2〖俗〗酔い痴れた，泥酔した（=ivre）．
――*n.m.*〖果樹〗ブーレ（洋梨の一品種；とろけるような果肉）．
――*n.f.* バターを塗ったパン（=pain ～*e*）．
bévatron *n.m.*〖物理〗ベヴァトロン（陽子のエネルギー加速装置）．
Bibi（= *bi*mode-*bi*courant）*n.m.*〖鉄道〗電化・非電化両区間用交直流式気動・電車（B 82500 型；4 両編成，最高時速 160 km）．
bicéphalisme *n.m.*〖政治〗二頭体制．
bicorne *a.* **2** 角の．〖動〗rhinocéros ～ **2** 角犀．〖解剖〗utérus ～ 逆三角形の子宮〖腔〗（上角が左右に二つある）．
――*n.f.* **2** 角帽（=chapeau ～）．
bien-dire *n.m.*〖文〗上品で端正な話し方，爽やかな弁舌；能弁．être sur son ～ 美

しい言葉を話す．〖諺〗Le bien-faire vaut mieux que le ～．善行は能弁に優る．
bifurcation *n.f.* **1** 二股に分かれること，分岐．
2（道・鉄道の）分岐，分岐点，Y 字形交差；（枝の）股．gare de ～ 分岐駅，接続駅．
3（研究などの）分れ道，分岐点．
bigouden(*ène*) *a.* ビグーデン（ビグーデーヌ）（ブルターニュ地方 la Bretagne のポン=ラベ Pont-l'Abbé を中心とする地方の）．pays ～ ポン=ラベ地方．
――*n.f.* ビグーデーヌ（=coiffe ～ *ène*）（Pont-l'Abbé 地方固有の高い円筒形のレース帽）．
bijoutier(*ère*) *n.* **1** 宝石（装身具）商．vitrines des ～*s* 宝石（装身具）店のショーウィンドー．
2 宝石（装身具）制作者．
――*a.* 宝石（装身具）の．industrie ～*ère* 宝石（装身具）製造業．
bimode *a.*〖機工〗二方式併用の．autobus ～（内燃機関と電気モーター併用の）二動力方式バス．〖鉄道〗autorail ～ 電気モーター併用気動車，ハイブリッド自走車．
biocapteur *n.m.*〖生〗バイオセンサー（=〖英〗biosensor）（生体物質を利用したセンサー；生物学的現象を感知するセンサー）．
biocatalyse *n.f.*〖生化〗生物触媒作用，酵素による触媒作用．
biocénologie *n.f.*〖生〗生物群集学，群集生態学，バイオセノロジー．
biodesign〖英〗*n.m.* バイオデザイン（人体に適合することを重視したデザイン）．
biodisponibilité *n.f.*〖化〗（化学製品の）生体に対する有効性．
bioforce *n.f.* **1** 生物生命力；生物復元力；バイオパワー（=〖英〗biopower）．
2 l'Institut B～ Dévelopment 生命力開発研究所（1983 年 Charles Mérieux 医師により設立された人道的支援組織）．
biogène *a.* **1**〖生〗生命の源となる，生命を生み出す．corps ～*s* 生命形成体．synthèse ～ 生命合成．
2 生物から生じた；〖地学〗生物の残渣によって形成された．〖地学〗roche ～ 生物性岩（polypier「石珊瑚」など）．〖地学〗sédiments ～*s* 生物形成地層．
biogénérique *a.*〖薬〗バイオ技術による後発医薬品，バイオジェネリック医薬品，バイオ後発薬．
――*a.* バイオジェネリックの．médicament ～ バイオ後発薬．
biosimilaire *a.*〖薬〗生体と同じ性質の，生体に類似した；バイオテクノロジーによりつくられた生体物質の．médicament ～ バイオテクノロジーでつくられた生体と同一性質の医薬品；バイオ類似医薬品（組み換えヒト成長ホルモン剤の Omnitrope や Valtropin など）．

blanchet n.m. 1 白い毛織物.
2 〖薬〗濾布(こしюの)、フィルター.
3 〖植〗ブランシェ、マーシュ(mâche)〖野菜〗.
4 (馬具などの)補強ベルト.
5 〖印刷〗ブランケット；ブランケット・シリンダー；(銅版印刷の)フェルト.
6 〖医〗〖古〗口内カンジダ症, 鵝口瘡(= muguet).

BlueCar 〖商標〗n.f. ブルーカー(groupe Bolloré と Matra Engineering が共同開発した電気自動車).

BNB (= bonheur national brut) n.m. 国民総幸福量 (= 〖英〗GNH：Gross National Happiness)(1972年ブータン国王 Jigme Singye Wangchuck が提唱した国民全体の幸福度を示す尺度).

bol[1] n.m. 1 椀(わん), 碗(わん)；大き目の茶碗(tasse より大きい), ボール；鉢. ~ de faïence 陶器の碗. ~ de métal 金属のボール. ~ servant de rince-doigts フィンガーボール.
2 椀(碗)の内容物. un ~ de café au lait 大き目の茶碗 1 杯のカフェ・オー・レ. 〖比喩的〗prendre un ~ d'air (戸外で)新鮮な空気を吸う.
3 〖俗〗幸運, チャンス. avoir du ~ 運がいい. manque de ~ 不運；〖感嘆的に〗残念！
4 〖俗〗肛門 (= anus)；尻 (= cul). ras le ~ うんざりした気分 (= ras-le-~). en avoir ras le ~ うんざりする, やりきれない. ne pas se casser le ~ 気にしない, 気兼ねしない.

bol[2] n.m. 1 〖薬〗大きな丸薬；舐剤(しざい), 練薬 (= électuaire). ~ alimentaire 栄養補給丸薬.
2 〖土壌〗膠塊粘土. ~ d'Arménie アルメニア膠塊粘土 (昔薬として用いられた).
3 〖俗〗~ fécal (直腸にたまった)糞塊.

boriqué(e) a.p. 〖薬〗硼酸を含む. eau ~e 硼酸水.

bourdon n.m. 〖印刷〗(語・文・段落の)組落し.

boutiquier(**ère**) n. 1 小売店主；商店主. 2 〖蔑〗小商人.
——a. 1 小売店主の；商店主の. 2 〖蔑〗小商人的な. calculs ~s けちくさい打算. esprit ~ 小商人根性.

break[1] [brɛk] 〖英〗n.m. 1 〖自動車〗ステーションワゴン. 2 〖古〗無蓋四輪馬車.

break[2] [brɛk] 〖米〗n.m. 1 〖音楽〗(ジャズの)ブレーク.
2 〖ボクシング〗ブレーク(クリンチを解くことを命じるレフェリーの指示).
3 〖テニス〗ブレーク(相手のサービスを破ること).
4 〖話〗短い中断, 小休止. 〖米〗coffee-~ コーヒー・ブレーク (= 〖仏〗pause-café). faire un ~ entre deux projets 二つの案の間に小休止を置く.

brèche n.f. 1 (壁, 垣根などの)割れ目, 穴.
2 (要塞の)破れ口；〖軍〗(防衛線の)突破口. battre en ~ 集中砲火で突破口をつくる；〖比喩的〗痛烈な打撃を与える. sur la ~ 最前線で；活動中に. être toujours sur la ~ 常に戦闘態勢にある；常に活動している.
3 (皿などの)割れ目, ひび, 瑕(きず)；刃こぼれ. ~ en dents de scie 鋸の刃こぼれ.
4 空地. ~ dans une forêt 森の空地.
5 〖比喩的〗穴, 損害. ~ dans la pensée 思考の穴. faire une ~ sérieuse à sa fortune 財産に大穴を開ける.
6 〖商業〗(商品の品揃えの)穴(売切れ状態).

breuvage n.m. 1 特製の飲み物. ~ empoisonné 毒入り飲み物.
2 〖薬〗水薬. administrer un ~ 水薬を処方する.
3 〖薬〗得体の知れぬ飲物.
4 〖カナダ〗非アルコール飲料(茶, コーヒー, 牛乳など). Et comme ~ ? Thé ou café ? お飲物は, 紅茶ですかコーヒーですか？

brûle-pourpoint (**à**) l.ad. 1 〖dire, demander, poser une question などの動詞〖句〗と共に〗いきなり, だしぬけに.
2 〖古〗(胴衣が燃えるほど)至近距離で.

brûlis n.m. 1 焼け残った森. 2 〖農〗焼き畑. semailles sur ~ 焼き畑への播種.

brumisateur 〖商標〗n.m. 〖美容〗(エヴィアン水) eau miuérale d'Evian を顔に吹きつける)ブリュミザトゥール(噴霧器).

bûcheron(**ne**) n. 樵夫(きこり)〖女性形は通常「樵夫の妻」の意〗；材木伐出人. cabane de ~ 樵夫小屋. outils du ~ 樵夫の道具.

buvette n.f. 1 ビュヴェット(飲物と軽食の売場)；スナック, スタンド；小さな喫茶店. ~ d'une fête foraine 縁日の飲物屋台. ~ d'une gare 駅の飲物・軽食スタンド.
2 (湯治場の)鉱泉飲み場.

buveur(**se**) n. 1 (de ~)飲む人；飲物を飲んでいる人, (喫茶店, パーティーなどの)客；(湯治場で)鉱泉を飲む人 (= curiste). ~ de bière ビールを飲む人；ビール愛飲家. ~ d'eau 水を飲む人；〖食事の際に〗水(または水割りの葡萄酒)しか飲まない人. 〖比喩的〗~ de sang 流血を好む人, 残忍な人.
2 〖補語なしで〗酒飲み. grand ~ 大酒飲み.

buy-back [bajbak] 〖英〗n.m. 〖経済〗買戻し；(特に公開株の発行会社による)買戻し, 自己株式の所得, 自社株買い (= 〖仏〗rachat d'actions). share ~ program 株式買戻し計画 (= 〖仏〗programme de rachat d'actions).

C

calligraphie *n.f.* **1** カリグラフィー；書道. ~ japonaise 日本の書道. **2** 能書, 達筆, 美しい文字.

calville *n.f.* カルヴィル《16世紀に仏独でつくられた林檎の品種；保存のきく晩生品種；青林檎と赤林檎がある》. ~ blanc d'hiver 冬成り青カルヴィル林檎.

capot *n.m.* **1** 〖機工〗(エンジンなどの)覆い, フード, キャップ. **2** 〖海〗(潜水艦などの)防水式ハッチ.

capote *n.f.* **1** 〖服〗男子用頭巾付マント；〖軍〗歩兵用外套.
2 (車の)幌；折畳式車蓋.
3 紐つき婦人帽.
4 〔話〕 ~ 〔anglaise〕コンドーム(=préservatif masculin).

carburol *n.m.* カルビュロール《植物からつくる合成燃料》.

carillon *n.m.* **1** (教会堂などの)カリヨン, 組鐘《音色の異なる複数の鐘のセット》；カリヨンの音(調べ). sonneur de ~ カリヨンの奏音係.
2 (時計などの)チャイム；チャイム付時計(=horloge à ~). ~ d'une porte d'entrée 玄関のドアのチャイム. ~ électrique 電気式チャイム.
3 〖音楽〗鐘楽. sonner le ~ カリヨンの調べを奏でる(=carillonner).
4 〔話〕大騒ぎ. faire du ~ 騒ぎたてる.

carmin *n.m.* カルミン, 洋紅, カーマイン, 臙脂(えんじ)《えんじ虫 cochenille の雌を乾燥してつくる鮮紅色の色素》.
2 洋紅色.
—*a.inv.* 洋紅色の.

casque-micro (*pl.* **~s-~s**) *n.m.* マイク付ヘッドホン.

casse-gueule *n.m.inv.* 〔話〕危険な場所；危険な仕事；危険なもの. aller au ~ 戦争に行く.
—*a.inv.* 〔俗〕 **1** 危険な. endroit ~ 危険な場所. **2** 向う見ずな, 無鉄砲な. entreprise ~ 無鉄砲な企て.

catabase *n.f.* 〖生化〗カタバーズ《過酸化水素水 eau oxygénée を分解する強力な酵素》.

CDC (= 〔英〕 *c*enter for *d*isease *c*ontrol and prevention) *n.m.* 〖医〗疾病予防管理センター(= 〔仏〕 centre de contrôle et prévention des maladies).

CDS (= 〔英〕 *c*redit *d*efault *s*wap) *n.m.* 〖金融〗損失肩代り金融商品(= 〔仏〕 contrat d'échange de risque de défaut；contrat financier bilatéral de protection entre acheteurs et vendeurs).

censorat *n.m.* **1** 検閲官の職(任期).
2 (lycée リセの)生徒監, 生徒主事；~ の任期.
3 〖古代ローマ〗監察官の職(任期).

censuré(e) *a.p.* **1** 咎められた, 批難された；厳しく批判された. conduite sévèrement ~*e* 厳しく批判された品行.
2 〖教会〗(意見などを)譴責処分にされた；禁書にされた. livre ~ 禁書.
3 検閲により出版(上演, 上映)禁止にされた；(出版物・戯曲などの一部を)削除された. auteur ~ 発禁処分を受けた作家. journal ~ 発禁になった新聞.
4 (公職者などが)弾劾された；(議員などが)懲罰処分を受けた. gouvernement ~ 不信任を決議された政府.
5 〖精神分析〗検閲された.

centré(e) *a.p.* **1** 中心をもつ, 芯のある. 〖光学〗lentille ~*e* 心(しん)取りをしたレンズ. 〖光学〗système ~ 共軸心学系.
2 中心的な. sujet ~ 中心的な主題.
3 中央にある. magasin ~ 中央商店.
4 集中した. 〖建築〗plan ~ (建造物の)集中式平面. être ~ sur soi-même 自己に集中している.
5 〖サッカー〗ballon ~ センタリングされたボール.

CERA (= 〔英〕 continuous erythropoietin receptor activator) *n.m.* 〖薬〗持続性エリスロポ〔イ〕エチン受容体活性化剤《2006年4月スイスの Roche 社が販売承認を申請した新しい EPO 剤；赤血球の産出を促進するホルモン剤で, 本来は貧血治療薬であるが, スポーツ選手が持久力を高めるドーピング剤として使用》.

cérébellite *n.f.* 〖医〗小脳炎.

cérébroside *n.m.* 〖生化〗セレブロシド《脳や神経系に多く含まれる, 骨髄鞘の成分の一》.

charivari *n.m.* **1** 喧騒, 騒がしい物音；耳障りな音楽. Ce concert est un vrai ~. このコンサートは耳障りなだけだ.
2 〔古〕(いやがらせに)鍋釜を叩いて騒ぐこと；非難の叫び；野次. donner un ~ 騒ぎ立てる.
3 大声を張りあげる喧嘩.

chelem 〔ʃlɛm〕(<〔英〕slam) *n.m.* **1** 〖トランプ, スポーツ〗スラム. grand (petit) ~ グランド(スモール)スラム. faire 〔le grand〕~ グランドスラムで勝つ(ラグビーなどのリーグ戦で)完勝する, 連戦連勝する. faire un petit ~ スモールスラムで勝つ(1組を除いて全部勝つこと).
—*a*. être ~ スラムで負ける；完敗する.

chimiokine *n.f.* 〖生化〗シミオキーヌ, シミオキン《人体内で合成され免疫メカニズムに組み込まれる化学分子》.

chimiotactisme *n.m.* 〖生〗化学的走性(chimique)(=tactisme chimique)《特定の化学物質に反応する細胞の走向特性》.

chimiothèque *n.f.* 〖化〗シミオテーク《分子データバンク》.

補遺(I)

chimiotrophie n.f. 〖生〗シミオトロフィー《化学合成からエネルギーを得る生体栄養システム》.

chimiotropisme n.m. 〖生〗シミオトロピスム《生体内の化学的刺激により生じる組織または細胞の走向性》.

chlorémie n.f. 〖医〗塩素血症.

CHMP (= [英] Committee for *H*uman *M*edicinal *P*roducts) n.f. 〖医・薬〗ヨーロッパ[対人]医薬品委員会《ヨーロッパ連合 EU (UE) のヨーロッパ医薬品審査庁 EMEA：*E*uropean *M*edicines *A*gency 所属；通常の名称は Committee for medicinal products for human use；[仏] Comité [d'évaluation] des médicaments à usage humain》.

chondroblaste [kɔ̃-] n.m. 〖解剖〗軟骨芽細胞.

choriocentèse [kɔ-] n.f. 〖医〗体細胞遺伝子検査のための絨毛穿刺診断.

chronopsychologie n.f. 時間心理学《行動または認識の周期性・規則性に関する研究》.

chrorotoxicité n.f. 〖医〗時間的毒性《毒物の摂取時によって異なる特性》.

ciblage (<cibler) n.m. 標的の設定, 標的化. ~ d'une émission de télévison TV 放送の受信者の設定. ~ d'un produit de grande consommation 大量消費製品の購買対象の選定.

ciblé(e) (<cible) a.p. 標的となる；目標となる, 狙った, 狙いを定めた. mesures ~ es contre le chômage 失業対策措置.

cité-jardin(pl.~s-~s) n.m. 緑化団地, 田園都市.

classe-relais(pl.~s-~) n.f. 〖教育〗(中学校の) 中継学級《学習を中断した生徒を一定期間受け入れる学級》.

cocarcinogène a. 〖医〗助発癌性の《他のものと合わさって癌を発症させる》.
——n.m. 助発癌物質.

coffrage n.m. 1 〖土木〗(コンクリートの) 型枠 [工事]. 2 (堀割などの) 補強用側板.

coïnculpé(e) n. 〖法律〗(同一の不法行為での) 共同被疑者.

colicitant(e) n. 〖法律〗(共有物競売 licitation の後に持分に応じて配分する) 共同競売人.
——a. 共同競売人の. avoué ~ 共同競売人の代訴士.

communautarisme n.m. 1 共同体主義. 2 共同体体制.

complémentation n.f. 補完.

compotée n.f. 〖料理〗コンポテ《コンポート用の下拵え》.

compound [英] a.inv. 混合の, 複合の；複式の. attribut ~ 複合特性. moteur ~ コンパウンド・エンジン, 複合エンジン.
——n.m. 1 〖電工〗絶縁コンパウンド. 2 (プラスチックの) 成型材.
——n.f. 〖機工〗2 段膨張蒸気機関 (=machine ~).

concept-car(pl.~-~s) n.m. 〖自動車〗コンセプト・カー《会社の基本理念を示す新開発の試作車》.

confiscable a. 没収し得る.

confiseur(se) n. 砂糖菓子製造業者；砂糖菓子屋. pâtissier ~ 砂糖菓子職人. [比喩的] trêve des ~ s 祝祭日の休戦《年末年始の休暇時の政府に対する議会の休戦；(一般的に) この休暇期間の政治的・社会的討議の中断》.

connivent(e) a. 1 〖生〗(葉, 翅などが) 触れ合っている, 輻合の.
2 〖解剖〗襞 (ひだ) をつくる. valvules ~ es (小腸内腔粘膜の) 輪状襞.

copal n.m. コパル, ワニス樹脂.

corpsard [kɔrsar] n.m. 〔話〕高級官僚；(特に) 理工科学校 Ecole polytechnique 出身の高級官僚.

corsage n.m. 1 〖服〗コルサージュ《女性用のシャツ；blouse, chemisette, chemisier, jersey など》. ~ à manches 袖つきコルサージュ. ~ sans manches ノースリーブのコルサージュ. ~ porter un ~ sous une veste ヴェスト (上着) の下にコルサージュを着る.
2 (布地の) 質の良さ. Ce tissu a du ~. この布地しっかりしている.
3 〔古〕(女性の体の) 上身頃, 胴部.

corticostérone n.f. 〖生化〗コルチコステロン《副腎皮質から分泌されるコルチコイド；副腎皮質ホルモン》.

côtoiement (<côtoyer) n.m. 1 (川, 鉄道などに) 沿って進むこと (伸びること). ~ d'une rivière 川沿いの進展.
2 (人との) 接触. ~ dangereux des gens 人との危い接触.
3 隣り合わせ状態. ~ étroit dans la proscuité 人混みの中での密接状態.

couenneux(se) a. 1 豚の皮脂のような. nuque ~se 豚の皮脂のように脂ぎったうなじ.
2 〖医〗軟膜の, 偽膜の. angine ~se 偽膜性アンギーナ.

couille n.f. 1 〔卑〕きんたま (=testicule). [比喩的] ~ molle 臆病 (卑怯) 者. [比喩的] avoir des ~ s 勇気がある.
2 〔話〕うまく行かないこと. Y a une ~ là -dedans! 何かうまく行かないことがあるんだ! partir en ~ しくじる, 悪化する.

course-poursuite n.f. 1 〖自転車〗追抜競争, パーシュート・レース.
2 [比喩的] 熾烈な競争, 追いつ追われつの競争.

coursier(ère) n. 使い走り, メッセンジャー.

créneau(pl.~x) n.m. 1 (城壁などの) 狭間 (はざま)；〖建築〗狭間模様.

2〖軍〗(塹壕の)銃眼.
3 すき間；車間距離；追越区間. ~x entre deux voitures 2台の車の車間距離. faire un ~ 割り込み駐車をする.
4 自由時間, 暇；(TV・ラジオの)割当出演時間.〖宇宙〗~ de lancement (宇宙ロケットの)打上げ可能時間.
5 (研究, 仕事での)未開拓の分野；〖商業〗(開拓すべき)新市場. ~ économique 経済的新市場. trouver un ~ 新分野(新市場)を見出す.

crétinoïde *a.*〖医〗クレチン病患者のような；精神薄弱のような《差別語》. état ~ 擬似クレチン病的症状.

crocodile *n.m.* **1**〖動〗クロコディル, クロコダイル, 鰐, わに；(特に)ナイルわに(= ~ de Nil)(学名 Crocodylus niloticus). ~ d'Amérique アメリカわに《学名 Crocodylus acutus》. ~ d'Asie アジアわに《学名 Crocodylus porosus》.〖比喩的〗larmes de ~ (わにの涙→)嘘泣き.
2 わに革(= ~ peau de ~ traitée)《略称 croco》. sac de ~ わに革のハンドバッグ.
3〖比喩的〗残忍で強欲な人；非情な人間；空涙を流す欺瞞的人間.
4〖鉄道〗(列車が停止信号を無視した場合にそなえた)自動警報装置.

croquette *n.f.* **1**〖料理〗クロケット, コロッケ. ~s de pommes de terre じゃがいものクロケット(コロッケ).
2 クロケット(コイン型チョコレート).
3 クロケット(家畜用の丸く固めた餌料).

crosse *n.f.* **1**〖キリスト教〗牧杖(ぼくじょう), 司教杖；握りの曲った杖. **2**〖スポーツ〗~ de golf ゴルフクラブ(=club). ~ de hockey ホッケーのスティック.
3〖話〗松葉杖(=béquille).
4(物の曲った先端)(羊歯植物の)渦巻状若芽；(ヴァイオリンの)渦巻；(ピストンの)クロスヘッド；〖建築〗渦巻状装飾.〖解剖〗~ de l'aorte 大動脈弓.
5〖料理〗牛の脛肉(= ~ de bœuf).
6 銃尾, 床尾(= ~ de fusil)；(拳銃の)握り(= ~ de pistolet). lever (mettre) la ~ en l'air (銃尾を空に向ける→)戦闘命令を拒否する；停戦する；降伏する. Au temps pour les ~s! やり直し！

crossette *n.f.*〖農〗(葡萄, いちじく, 柳などの)挿穂付若枝.

crossing-over 〔英〕*n.m.inv.*〖生〗交叉《相同染色体間の部分交換》.

cryomètre *n.m.* 低温計.

cryophyte *n.m.*〖植〗氷雪植物；クリオフィタム(まつぼづさ)属の植物.

cryoprécipité *n.f.*〖化〗クレオプレシピテ, 寒冷沈澱物《冷却溶液の沈澱物；抗血友病性グロブリンなど》.

cryptogénique *a.*〖医〗原因不明の(=cryptogénétique), 特発性の. épilepsie partielle ~ 特発性部分的癲癇(てんかん).

pneumopathie organisée ~ 特発性器質化肺疾患(= 〔英〕cryptogenic *o*rganizing *p*neumonia：COP).

cumulard *n.m.*〖話・蔑〗兼職者；かけもち屋.

curare *n.m.*〖薬〗クラーレ《南米産の数種の植物から採取される樹脂；神経毒性アルカロイド；筋弛緩剤などに用いられる》.

cyclodextrine *n.f.*〖生化〗シクロデキストリン《環状オリゴ糖の一種；略記 CD》. α-~ アルファ=シクロデキストリン《シクロヘキサアミロース》.

cycloergométrie *n.f.* 運動負荷心電図測定計(=E.C.G. sous effort).

cytométrie *n.f.*〖生〗細胞の計数・形態分析・大きさ測定〔術〕.

cytopathogénique *a.* 細胞病変性の.

cytosol *n.m.*〖生〗細胞質ゾル《細胞質の液体部分》.

cytotropisme *n.m.*〖生〗向細胞性；細胞親和性.

D

dais *n.m.* **1**(祭壇, 寝台などの)天蓋. ~ de bois sculpté 彫刻を施した木製天蓋.
2〖カトリック〗(聖体行列の)移動天蓋. porter le ~ le Jeudi Saint 聖木曜日の天蓋を捧持する.
3〖建築〗(壁面の彫像の上の)天蓋.
4〔比喩的〕天蓋状のもの. ~ de feuillage 木蔭.

dariole *n.f.*〖料理〗**1** ダリヨール《僅かに上部が開いた筒状の型》.
2 ダリヨール(ダリヨール型でつくるフラン flan).

dealeur(se) [dilœr (dilœz)] *n.*〔話〕麻薬の売人(= 〔英〕dealer).

déblayage (<déblayer) *n.m.* **1**〔土木〕整地, 地ならし, 障害物の除去. ~ d'un terrain 整地.
2 下準備, 下拵え；(書類などの)大雑把な片付け, 整頓. faire le ~ de ses affaires 仕事の下準備をする.

décréter *v.t.* **1** デクレ(décret)として布告する. ~ la mobilisation générale 総動員令を発布する. ~ une nomination 任命を発令する.
2〔比喩的〕断乎として決意する, 宣言する. Il a décrété qu'il ne voulait plus me voir. 彼はもう私に会おうとは思わないと宣言した.

déçu(e) (<décevoir) *a.p.* **1** (de に)失望した. être ~ que+*inf.*；être ~ de ce que+*ind.* …する(である)ことに失望している.
2 裏切られた. espoir ~ 裏切られた期待.
——*n.* 失望した人；裏切られた人. ~s du communisme 共産主義に失望した人たち.

déculturation *n.f.*〖人類, 社〗伝統文

補遺（Ⅰ）

化の喪失；文化的規範の放棄．
denturologie ［カナダ］*n.f.* 義歯制作．
DEQM (=Direction *e*uropéenne de la *q*ualité du *m*édicament & soins de santé) *n.f.* ヨーロッパ医薬品および保健手当の品質管理局 (UE (EU) 内の部局)．
dermocorticoïde *n.m.* 〖薬〗デルモコルチコイド《消炎ステロイド剤；皮膚病薬》．
directivité *n.f.* **1** 強権的態度．**2**〖物理〗指向性．~ d'une antenne アンテナの指向性．
directorat *n.m.* direc*teur* (*trice*) の職（任期）．
directorial (*ale*) (*pl.* *aux*) *a.* **1** direc*teur* (*trice*) の．bureau ~ 役員（局長，部長，所長）室．**2**〖仏史〗総裁政府 (le Directoire) の．régime ~ 総裁政体．
dirimant(*e*) (<dirimer) *a.* 〖法律〗無効原因となる，破棄する．empêchement ~ de mariage 無効を導く絶対的婚姻障害．
discriminant(*e*) *a.* 判別する；差別する．barricade ~*e* 差別的バリケード．
— *n.m.* **1** 差別的要素．**2**〖数〗判別式．
Doha(**al-**) *n.pr.* アル=ドーハ，ドーハ《カタール le Qatar の首都》．le Cycle de *D* ~ de l'Organisation mondiale du commerce (OMC) 世界貿易機関のドーハ・ラウンド《=〖英〗*D*~ Round of the WTO；新多角的貿易交渉；2002 年開始》．
duxelles *n.f.* 〖料理〗デュクセル《シャンピニョンとエシャロットを刻み，バターを加えて火を通したもの；ソースや料理の材料として用いる》．
dynode *n.f.* 〖電子〗ダイノード《二次電子供給のための電子管中の電極》．
dysérection *n.f.* 〖医〗勃起不全〔症〕．

E

échoppe (<［オランダ］schoppe) *n.f.* **1**〖商業〗エショップ《建物の壁沿いに設置された小店舗・屋台》．~ de fleuriste 花屋のエショップ．**2**（ボルドー地方 le Bordelais の）平屋住宅．
éco-contribution *n.f.* 〖環境〗環境保全経費分担金 (=contribution environementale, écoparticipation)，環境税 (=écotaxe)《電気電子製品については，2006 年 11 月 15 日以降，廃棄電気電子製品 (DEEE：*d*échets d'*é*quipement *é*lectrique et *é*lectronique) の回収・再利用に関する経費が，新製品の販売価格に含まれることになった；Ciel de Vente が管理》．
Ecologic *n.pr.m.* 〔無冠詞〕〖環境〗エコロジック《2005 年発足の公権力公認の廃棄電気電子製品 (DEEE) の回収・再利用を行う組織》．

éco-organisme *n.m.* 〖環境〗環境保全対策組織《特に廃棄電気電子製品 DEEE (*d*échets d'*é*quipement *é*lectrique et *é*lectronique) の回収と再処理を行う公権力公認の企業》．~ agréé par les pouvoirs publics 公権力公認の環境保全対策組織《フランスでは ERP (*E*uropean *R*ecycling *P*latform) フランス支社 (2002 年 12 月発足)，Récyclum (2005 年 5 月発足の廃棄電球処理機構)，Ecologic (2005 年 12 月発足)，Eco-Systèmes (2006 年 8 月発足) など》．
écoparticipation *n.f.* 〖環境〗環境保全経費の分担〔金〕，環境税 (=éco-contribution, écotaxe)．~ qui représente le coût réel de la collecte et du recyclage comprise dans le prix des nouveaux équipements électriques et électroniques 電気電子の新製品の価格に含まれる，廃棄の場合の回収と再利用経費の実費相当の環境保全経費分担金．
écoprêt *n.m.* 〖環境・金融〗環境対策助成融資．~ à taux zéro pour aider les particuliers à financer des travaux d'isolation thermique ou de rénovation énergétique de leur résidence principale 主住居の断熱もしくはエネルギー改善工事に対するゼロ利率の個人向け環境対策助成融資《エネルギーの節減を目的とし Ademe (Agence de l'Environnement et de la Maîtrise de l'Energie) が 2009 年 1 月 1 日より導入》．
Eco-Systèmes *n.pr.f.* 〔無冠詞〕〖環境〗エコ=システム社《廃棄電気電子製品の回収と再利用を行う公権力公認の企業；2006 年 8 月 1 日設立》．
embryotomie *n.f.* 〖医〗切胎術．
émergent(*e*) *a.* **1** 水面に出る；表に現れる．écueils ~*s* 水面に現われる暗礁．**2**〔比喩的〕（特定の瞬間に）出現する．année ~ (西暦紀元などの) 最初の年，元年．**3**〖経済〗新興の．marchés ~*s* du continent asiatique アジア大陸の新興市場．pays ~*s* 新興国．**4**〖物理〗(光線などが) 射出する．particules ~*es* 射出粒子．
emmotté(*e*) *a.p.* 〖農〗根に土がついた，泥付きの．plant ~ (移植が可能な) 根に土の付いた植物．
empattement *n.m.* **1**〖建築〗壁の基座，壁脚．**2**〖植〗(幹・枝の) 根元 (つけ根) のふくらみ．**3**〖印刷〗(活字の) セリフ．**4**〖自動車〗軸距，ホイール・ベース．
enchantement (<enchanter) *n.m.* **1** 魔法にかける (かかる) こと；魔法，呪縛；呪文．briser un ~ 魔法 (呪縛) を解く．comme par ~ 魔法によるかのように；突然．**2** 魔力，不思議な魅力．~*s* de l'amour 愛の魔力．**3** 心を魅了するもの．Cette fête était un

~. この祭りは本当に素晴らしかった. **4** 歓喜；陶酔. être dans l' ~ 歓喜(陶酔)に浸っている. Cette nouvelle l'a mise dans l' ~. この知らせに彼女は有頂天になった.

ERP (= ［英］*E*uropean *R*ecycling *P*latform) *n.pr.f.*〔無冠詞〕〖環境〗《ヨーロッパ・リサイクリング・プラットフォーム (活動拠点); 2000 年 6 月ヨーロッパ委員会 (Commission européenne) が策定し, 2002 年 12 月の廃棄電気電子製品に関する指針 (directive sur les DEEE) に沿って発足した組織；フランス支社は ERP France》.

étau(*pl.*~**x**) *n.m.* **1** 万力 (まんりき). ~ à main 手万力. ~ d'établi 台万力.〔比喩的〕être serré (pris) comme dans un ~ 万力に挟まれたように締めつけられる. serrer *qch* dans un ~ 何を万力で固定する. **2**〔比喩的〕重圧, 締め付け；〖軍〗挟み撃ち. avoir le cœur dans un ~ 胸が締め付けられる. prendre l'ennemi en ~ 敵を挟み撃ちにする.

étrangleur(**se**) (<étrangler) *n.* 絞殺者. ——*n.m.*〖自動車〗チョーク〔弁〕；〔カナダ〕スターター (stater).

évolué(**e**) *a.p.* **1** 進歩した；発展した. pays ~ et pays en voie d'évolution 先進国と発展途上国. **2**〖生〗進化した. les animaux les plus ~*s* 最も進化した動物. **3** 教養のある, 心の広い. personne ~*e* 教養人；心の広い人. ——*n.* 教養人.

EVP (= *é*quivalent *v*ingt *p*ieds) *n.m.*〖運輸〗20 フィート当量 (= ［英］TEU：*t*wenty-feet *e*quivalent *u*nit) 《長さ 20 フィート (6.058 m), 幅 8 フィート (2.438 m), 高さ 8 フィート 5 インチ (2.591 m) のコンテナー 1 個の大きさを基準として 1961 年に制定された ISO 規格のコンテナー計数単位》. porte-conteneurs〔d'une capacité de〕11,000 ~ 20 フィート・コンテナー 1 万 1 千個を搭載可能なコンテナー船.

exangue *a.* 排他的な, 独占的な；単一性を目指す. économie ~ 排他的経済, 独占経済. état ~ 独占状況. nationalisme ~ 排他的ナショナリズム.

exocytose *n.f.*〖生〗(細胞の) 開口分泌, エキソサイトーシス.

externalisation (<externaliser) *n.f.*〖経済〗外部委託, 外注, 外製, アウトソーシング (= ［英］outsourcing；〔カナダ〕impartition).

ex-voto ［ラ］*n.m.inv.* (祈願, 感謝のための) 奉納物. murs d'une chapelle couverts d' ~ エクス=ヴォトで埋まった礼拝堂壁面.

F

fané(**e**) *a.p.* **1** (花が) しおれた. fleurs ~*es* しおれた花. **2** 色あせた, 褪色した. étoffe ~*e* 色あせた布地. **3** 色香の失せた. visage ~ 色香の失せた顔. **4** 淡い. couleur ~*e* 淡い色, あせた色. odeur ~*e* 淡い香り.

fairtrade ［英］*n.m.*〖経済〗フェアトレード, 公正貿易, 公正取引 (= ［仏］commerce équitable)《発展途上国の原料・製品を適正価格で継続的に輸入することによって途上国の生産者や労働者の生活改善と自立を目指す運動》. label〔du〕 ~ フェアトレード・ラベル.

fantasme *n.m.* **1**〖精神分析〗幻想；幻視. ~*s* conscients (inconscients) 意識的 (無意識的) 幻想. ~*s* originaires 典型的幻想. **2** 空想の産物. ~*s* évanescents 薄れゆく空想の産物.

fantasque *a.* **1** 気まぐれな. caractère ~ 気まぐれな性格. **2**〔文〕風変りな, 奇妙な. opinion ~ 奇妙な意見.

farce[1] *n.f.* **1** ファルス, 笑劇. La F~ de maître Pathelin『パトラン先生のファルス』. **2**〔比喩的〕茶番；茶番劇. tourner à la ~ 茶番になる. **3** いたずら, ふざけること. esprit de ~ いたずら心. faire des ~*s* à *qn* 人にいたずらをする. **4** いたずらの小道具. ——*a.* おどけた, 滑稽な. gestes ~*s* おどけた仕種.

farce[2] (<farcir) *n.f.*〖料理〗ファルス (肉, 家畜, 魚, 野菜, 卵などに詰める食材). ~ aux champignons シャンピニオンのファルス. ~ de foie 肝臓のファルス. ~ mousseline de poisson 魚のファルス・ムスリーヌ.

farceur(**se**) *n.* **1** おどけ者, ふざけ屋. **2** 冗談好きの人, 人をかつぐ人. Sacré ~ ! この大法螺吹きめ！ **3**〔古〕ファルス (笑劇) 作者. ——*a.* おどけた. rire ~ おどけた笑い.

fasciite *n.f.*〖医〗筋膜炎.

faubourien(**ne**) *n.* **1** フォーブール (特に Paris の旧城壁外の街区) の住民；場末の住民. **2** 郊外の住民. ——*a.* **1** フォーブールの, 場末の住民の. accent ~ 場末の住民の訛り. **2** 郊外の.

fausseté (<faux) *n.f.* **1** 誤り；虚偽性. ~ d'une théorie 理論の誤り. prouver la ~ d'une nouvelle ニュースの虚偽性を証明する. **2** 不誠実；二枚舌. ~ d'une excuse 弁解の不誠実さ. accuser *qn* de ~ 人の不誠実をとがめる. **3**〔古〕嘘, 偽り.

faux-facturier(**ère**) n. 不正計算書作成者.

féerie n.f. **1** 仙女(妖精)の世界; お伽の国.
2 仙女(妖精)の登場する劇, 夢幻劇. ～ à grand spectacle 大スペクタクル夢幻劇.
3〖比喩的〗夢幻の境地. ～ d'un coucher de soleil 日没の夢幻的光景.

féerique a. **1** 仙女(妖精)の. enchantements ～s 仙女(妖精)の魅惑.
2 この世のものとも思われない, 人をうっとりさせる. richesse ～ この世のものとも思われぬ富. vision ～ 人を魅了する光景.

fêlé(**e**) a.p. ひびの入った. vase ～ ひびの入った壺. voix ～e つぶれた声. avoir la tête ～e 頭がいかれている. Il est un peu ～. 彼は少し頭がおかしい.

fenêtrage (<fenêtre) n.m. **1**〖建築〗窓の配置.
2〖建築〗窓枠, 窓材.
3〖建築〗(建物全体の)窓《集合的》. ～ d'un édifice 建物の窓.
4〖電算〗(ディスプレー上の)ウィンドー表示.

ferraillage n.m.〖建築〗鉄骨, 鉄筋.

feuillantine n.f.〖菓子〗フイヤンチーヌ(四角いフイユテ菓子; ざらめ砂糖をまぶして供される).

ficelé(**e**) a.p. **1** 紐でくくった, 紐をかけた. paquet ～ 紐をかけた包み. volaille ～e 紐で縛った家禽の肉.
2〖話〗着物を着た. femme mal ～e ぶざまな服装をした女性.
3〖比喩的〗配された. travail bien ～ よく出来た仕事.

filialisation n.f.〖経済〗(企業の)系列化, 子会社化.

forcené(**e**) a. **1** 怒り狂った, 激昂した. foule ～e 激昂した群衆.
2 熱狂的な, 猛烈な; 並外れた, 気違いじみた. envie ～e 並外れた欲望. résistance ～e 必死の抵抗. travail ～ 猛烈な仕事ぶり.
3〖古〗理性を失った, 気違いの.
— n. 気違いじみた人, 熱中している人. ～ des échecs チェス狂.

FSF (=Forum de stabilité financière) n.m.〖金融〗金融安定化フォーラム(=〖英〗FSF: Financial Stability Forum; 1999年2月創設; 事務局はスイスのBâle (Basel) の BIS (〖英〗Bank for International Settlements; =〖仏〗BRI: Banque des règlements internationaux) 本部内).

G

G20 (=groupe des vingt〔pays〕) n.m. 20カ国グループ. sommet des pays industrialisés et émergents du ～ à Washington ワシントンでの世界主要工業国・新興国20カ国による首脳会議 (=sommet financier mondial du ～ à (de) Washington ワシントンG20金融サミット; 2008年11月14・15日開催).

gâte-sauce (pl. ～-～s) n.m.〖料理〗コック見習い (=marmiton).

GFP (=〖英〗green fluorescent protein) n.f.〖生化〗緑色蛍光蛋白質 (=〖仏〗protéine fluorescente verte)(下村修〔1928-〕が1962年に「おわんくらげ」から発見, 2008年ノーベル化学賞を受賞).

GP (=〖英〗general practitioner) n.〖医〗総合医(総合的医療行為を行う認定医師; =〖仏〗praticien de médecine générale, médecin généraliste, médecin omnipraticien, médecin de famille「家庭医」).

H

habitable a. **1** 居住可能な. logement ～ immédiatement 即時入居可能な住居.
2 人が住める, 住むことができる. région ～ 人が住める地方.

†**haïk** [ajk]〔日〕n.m. 俳句.

†**half-track**〖英〗n.m.〖軍〗ハーフトラック(後輪のみがキャタピラー式の半無軌道式軍用車輌).

halomorphe a.〖土壌〗中性塩・アルカリ塩のある場所で生成された. sol ～ 塩類土壌.

†**Hanshui** (**le**)〖中国〗n.pr.m. 漢水(かんすい), ハンシュイ(旧称はHang Jiang, Han Kiang 漢江(かんこう, ハンチアン); 長江 Yangtze Jiang の最大の支流; 長さ1,532 km).

†**happening** [apəniŋ]〖英〗n.m. **1** ハプニング, 偶発事件, 事件 (=événement).
2 ハプニングショー(即興の見世物).
3 〔pl. で〕〖俗〗麻薬, 薬物.

†**haram** [aram]〖ペルシア〗a.inv. **1**〖イスラム〗(イスラム法でイスラム教徒以外が立ち入ることを禁じられた)聖地の,
2 非合法の, 口にすることが許されない (halal, hallal「神聖でない; 世俗の, 合法の」の対).
— n.m.inv. 聖地; 非合法なもの; 口にすることが禁じられているもの(豚肉など).

†**hardeur**(**se**) n.〖映画〗ハードポルノ俳優 (=hardeu**x** (se)).

hargne n.f. **1** 不機嫌. avec ～ 邪険に. expression de ～ 不機嫌の表れ.
2〖スポーツ〗ファイト. ～ d'un adversaire 敵方のファイト. manquer de ～ ファイトに欠ける.

†**hautbois** n.m.〖音楽〗**1** オーボエ. ～ alto アルト・オーボエ, イングリッシュホルン.
2 オーボエ奏者 (=joueur du ～; hautboïste).

3 (オルガンの)オーボエ管.

hawaiien(***ne***)**, hawaïen**(***ne***) *a.* ハワイ諸島の；ハワイ島の；ハワイ州の；ハワイの. économie ~ *ne* ハワイ経済, volcan ハワイ火山.
——*n.* ハワイ諸島の住民, ハワイ島民, ハワイ州民, ハワイ人.

Hawaii, Hawaï *n.pr.* **1** îles ~ ハワイ諸島《アメリカ合衆国の州；州都 Honolulu》.
2 île ~ ハワイ島《ハワイ諸島最大の島》.

†**HDMI** (= [英] *h*igh-*d*efinition *m*ultimedia *i*nterface) *n.m.* 〚情報処理〛AV 機器用の非圧縮方式高性能ディジタル音声・映像出入力インターフェース. connecteur ~ standard de type A (B)　A (B)型標準 *HDMI* コネクター.

†**heurté**(***e***) *a.p.* **1** 〚絵画〛(色などが)対照が際立った, 不調和な. tons ~ *s* 際立った色調.
2 ニュアンスに欠ける. style ~　ごつごつした文体.

†**hiérarchisation** (<hiérarchiser) *n.f.* 序列化；階層化；等級制の導入. ~ d'une société 社会の階層化.

hiéroglyphe *n.m.* **1** 〚古代エジプト〛象形文字, 神聖文字；〚一般に〛象形文字. **2** 〚話〛判読し難い文字 (記号).

humanisé(***e***) *a.p.* **1** 人間的な, 人間らしい, 血の通った. caractère ~ 人間らしい性格. environnement ~ 人間的環境. régime pénitentiaire ~ 血の通った懲治制度.
2 人体になじむ. anticorps ~ 人体になじむ抗体.
3 擬人化された. animaux ~ *s* 擬人化された動物.

humanitarisme *n.m.* 〚多く 蔑〛浮世離れした人道主義；甘っちょろい人道主義, 危っかしい博愛主義.

humilié(***e***) *a.p.* (人が)辱めを受けた, 侮辱された. homme ~ dans sa dignité 尊厳を傷つけられた人.
——*n.* 辱めを受けた人.

hydrophobe *a.* **1** 水を嫌う, 嫌水性の；〚医〛恐水症の, 狂犬病の, 狂犬病にかかった.
2 〚化〛疎水性の. substance ~ 疎水性物質.
3 〚繊〛潑水性の.
4 〚話〛怒り狂った.
——*n.* 〚医〛恐水症患者.

hypercoagulabilité *n.f.* 〚医〛(血液の)過剰凝固性.

hypercritique *a.* 批判過剰の.
——*n.m.* 厳密すぎる文献批評家.
——*n.f.* 過剰批判. ~ dans la question shakespearienne シェイクスピアの作品に関する過剰批判.

I

IASB (= [英] *I*nternational *A*ccounting *S*tandards *B*oard) *n.m.* 〚会計〛国際会計基準審議会 (1973 年 London で IASC：*I*nternational *A*ccounting *S*tandards *C*ommittee「国際会計基準委員会」として発足, 2001 年 IASB となる；国際会計規格 normes comptables internationales の設定を推進する組織；[仏] Bureau des comptables internationaux).

IBRD (= [英] *I*nternational *B*ank for *R*econstruction and *D*evelopment) *n.f.* 〚金融〛国際復興開発銀行 (= [仏] *B*anque *i*nternationale pour le *r*econstruction et le *d*éveloppement (BIRD)；1944 年設立).

ICF (= [英] *I*nternational *c*lassification of *F*unctioning, Disability and Health) *n.f.* 〚医〛機能, 身体障害, 健康に関する国際分類 (= [仏] CIF：*C*lassification *i*nternationale du *f*onctionnement, du handicaps et de la santé) 《世界保健機関 OMS (WHO) により 2001 年に設定》.

idéologue *n.* **1** イデオロギーの創始者 (鼓舞者), 観念論者.
2 〚哲〛(18 世紀末から 19 世紀初頭の)イデオローグ；観念学派.
3 〚蔑〛現実離れした空理空論家.

if [if] *n.m.* **1** 〚植〛イフ, 石櫟(いちい, いちがい)《ぶな科の常緑喬木；学名 Taxus baccata》.
2 ~ à bouteilles (水を切るための)瓶立て.

illusoire *a.* **1** 人を欺く, 欺瞞的な, 幻想を抱かせる；空しい. espérance ~ 空しい希望. utilité ~ 欺瞞的な有用性. Il est ~ d'espérer + *inf.* …することを期待しても空しい.
2 〚古〛錯覚を生じさせる.

illustratif(***ve***) *a.* **1** 特徴的な, 典型的な. éléments ~ *s* d'une situation 状況を見事に例証する諸要素. exemple ~ 典型的な例.
2 〚稀〛挿画の, イラストの. dessin ~ 挿画.

imageur *n.m.* 〚情報処理・医〛(データの)情報加理表示機, 画像処理, 画像診断機.

imaginatif(***ve***) *a.* 想像力豊かな, 創意に富む. esprit ~ 想像力豊かな精神.
——*n.* 想像力豊かな人, 創意に富む人 (= personne ~ ve).
——*n.f.* 〚古〛想像力.

immotivé(***e***) *a.p.* **1** 理由 (動機) のない. action ~ *e* 動機のない行為. frayeur ~ *e* いわれのない恐怖. réclamation ~ *e* 理由のない要求.
2 〚言語・心〛動機づけ (モチヴェーション) のない. élève ~ やる気のない生徒.

immunisé(***e***) *a.p.* **1** 〚医〛免疫ができて

いる. organisme ~ contre une maladie 病気に免疫のある器官. être ~ contre la coqueluche 百日咳に免疫になっている.
2〔比喩的〕(contre を) 免除されている, (に)無感覚(盲目)である. Personne n'est ~ contre certaines tentations. 誰もある種の誘惑には抗し切れない.

impondérable *a.* **1** 目方の測れない；重量のない；(重さが感じられないほど)軽微な.〖物理〗particules ~s 重量のない粒子.
2 測定(予測)困難な. économies ~s 予測不能の経済状況. facteurs ~s 不確定要因.
——*n.m.*〔多く *pl.*〕不確定要因.

imprenable *a.* **1**（要塞などが）難攻不落の；〔話〕(心が)誘惑できない. forteresse ~ 難攻不落の要塞.
2 vue ~ 遮られるおそれのない眺め；素晴らしい眺望.

imprimatur〔ラ〕*n.m.* **1**〖カトリック〗印刷認可. ~ d'un missel ミサ典書の印刷認可. ~ d'un ouvrage approuvé par l'évêque 司教が承認した聖職者の著作の印刷認可.
2（大学の）論文印刷認可. Cette thèse a obtenu l'~. この学位論文は印刷認可を得た.

impuni(e)（＜punir）*a.p.* 罰せられない. crime ~ 罰せられない重罪. Ce coupable ne restera pas ~. この犯人が処罰されないまま放置されることはあるまい.

impur(e) *a.* **1** 純粋でない, 混ざり物のある；濁った, 汚れた. eau ~*e* 汚水. liquide ~ 濁った液体. métal ~ 不純物の混った金属.
2〔文〕不純な. genre ~（複数の様式にまたがる）変則的ジャンル. joie ~*e* 不純な喜び.
3〖宗教〗不浄の, けがれた. animaux ~s 不浄のけもの.
4（人・考えなどが）淫らな, 淫猥な. conversation ~*e* 淫猥な会話. pensées ~*es* 淫らな考え.
5〔古〕不道徳な. 汚らわしい. esprits ~s 悪霊（＝démon）.

impureté *n.f.* **1** 不純, 混ざり物のあること；濁り, 汚れ；〔文〕不純物. ~ de l'atmosphère 大気の汚染. ~ d'un liquide 液体の濁り. ~ d'un minerai 鉱物の不純. éliminer des ~s 不純物を除去する.
2 けがれ；堕落（＝corruption morale). péché d'~ 肉欲の罪. confesser des ~s けがれを告白する.
3 淫乱；猥褻さ. ~ d'une pensée 考えの淫らさ. vivre dans l'~ 淫蕩な生活を送る.
4〔古〕けがれたこと, 汚らなこと.

inadmissibilité *n.f.* **1** 非許容性, 容認不可能性.〖法律〗~ d'instance 訴訟手続開始の不可能性.
2（試験の）不合格；最終試験の受験資格の不認定. ~ d'un candidat à un concours 選抜試験の受験者の不合格.

inadvertance *n.f.* 不注意, 粗忽（そこつ）；手落ち. par ~ 不注意から, うっかりして.

inaltéré(e) *a.p.* 変質(劣化)していない, 損われていない；無傷の, 元のままの. le bleu ~ du ciel 澄み切った青空.

inamendable *a.* **1** 改善できない；修正不能の. loi ~ 修正不能の法律.
2 改良できない.〖農〗terre ~ 改良できない土壌.

incartade *n.f.* **1** ちょっとした愚行；気まぐれ, 突飛な行い(言葉遣い).
2〔古〕罵詈雑言（ばりぞうごん）. faire une ~ à *qn* 人に罵詈雑言を浴せる.
3〖馬術〗横飛び.

in casu〔ラ〕(＝〔仏〕danse l'espèce) **1** 当該事案において(＝dans le cas envisagé).
2 ケース・バイ・ケース（＝cas par cas).

incidentaire *a.*〔蔑〕やたらと異議を申し立てる.
——*n.* やたらと異議を申し立てる人, 三百代言.

inclément(e) *a.* **1**〔文〕厳しい. climat ~ 厳しい気候. **2**〔古〕無慈悲な；むごい. juge ~ 無慈悲な判事.

incomber *v.i.*（義務・責任・負担を）(à) 帰する, 課す. La responsabilité lui en *incombe*. その責任は彼にある.〔非人称構文〕Il m'*incombe* de＋*inf.* …するのは私の責任(義務)である.

incommensurable *a.* **1**〖数〗通約不能. nombres ~s 通約不能数.
2〔文〕共通の尺度で測れない；〔常用〕広大無辺の, 無限の. ~ colère 激怒. valeur ~ 無限の価値.
——*n.m.* 広大無辺, 無限（＝infini).

inculte *a.* **1** 耕作されていない；荒れた. région ~ 非耕作地帯. terres ~s 耕作されていない農地.
2（髪・ひげなどが）手入れをされていない. cheveux ~s ぼさぼさの髪.
3 教養のない. homme totalement ~ 全く無教養の人.

indatable *a.* 日付を推定(確定)できない. document ~ 日付を特定できない資料.

indéboulonnable *a.*〔話〕解任(免職)できない. président ~ 解任不能の大統領(会長).

indéfinissable *a.* **1** 定義できない. concept ~ 定義不能の概念.
2 言葉で説明できない；不可解な, 奇怪な. charme ~ 名状し難い魅力. personnage ~ 奇怪な人物. saveur ~ 不思議な味.

indélibéré(e) *a.* 熟慮を経ない；(言葉・行為などが)軽率な. acte ~ 軽率な行為.

indélicat(e) *a.* **1** 不躾な, 礼を欠く；下品な；心ない, 思いやりのない. action ~*e* 心ない行為. homme ~ 不躾な男.
2 不正直な. procédé ~ 不正な手口. vendeur ~ ごまかしをする売子.
——*n.* 不躾な人. **2** 不正直な人.

individualité *n.f.* **1** 個性；独創性. poésie d'une grande ~ 個性の際立った詩. **2**〖生, 哲〗個体性；個体. ~ des êtres vivants 生き物の個体性. L'être vivant est une ~. 生き物は一つの個体である. **3**〔やや古〕個性的人間 (=personnalité). C'est une forte ~. 個性豊かな人物だ.

inéligible (<élire) *a.* 被選挙資格のない.

inentamable *a.*〖文〗ゆるがない. ~ assurance ゆるがぬ自信.

inenvisageable *a.* 見込みのない, 予測できない. mariage ~ 見込みのない結婚. projet ~ 予想できない計画.

inéprouvé(e) *a.p.* **1** 試練にあったことがない. vertu ~ 試練にさらされたことがない美徳. **2** これまで感じたことのない. sentiment ~ これまで感じたことのない感情.

inepte *a.* **1** 馬鹿げた；愚かな. projet ~ 馬鹿げた計画. regard ~ 魯鈍(ろどん)な目つき. réponse ~ 愚劣な返答. **2**〔古〕不適な.

inexcusable *a.* 弁明不能の, 宥恕し難い, 許し難い. erreur ~ 許し難い錯誤. faute ~ 許し難い非行.

infantilisme *n.m.* **1**〖医〗幼稚症. ~ affectif 情動幼稚症 (=arriération affective). **2** (成人の)子供っぽさ, 幼稚さ. C'est de l'~. 子供っぽ過ぎるよ.

infatigable *a.* 疲れを知らぬ；根気のよい, 倦むことがない. lecteur ~ 根気のよい読者. travailleur ~ 疲れを知らぬ労働者. zèle ~ 倦むことのない熱意.

infecond(e) *a.* **1** (動物が)不妊の；(植物が)不毛の；(土地が)不毛の. fleur ~*e* 実を結ばない花. poule ~*e* 不妊の牝鶏. terre ~*e* 不毛の大地. **2**〖文〗不毛の. esprit ~ 不毛な精神. recherche ~*e* 不毛な研究.

infect(e) *a.* **1** (匂い・味などが)我慢できない；悪臭を放つ. odeur ~*e* de la viande pourrie 腐った肉の堪え難い悪臭. **2** ひどい, 劣悪な；不潔な. film ~ 劣悪な映画. repas ~ おそろしく不味い食事. temps ~ ひどい天気. Il habite une ~*e* maison. 彼は不潔な家に住んでいる. **3** (人・行為などが)下劣な. procédé ~ 汚い手口.

infiltré(e) *a.* **1** しみこんだ；〖医〗浸潤した. eaux pluviales ~*es* しみこんだ雨水. **2** 潜入した, 侵入した. population ~*e* 侵入した住民.

infinançable *a.* **1** 出資不能な. **2** 高価過ぎる.

in fine [infine]〔ラ〕*l.ad.* **1** 終りに；終りの行に. **2** 遂に.

inhabilité *n.f.* **1**〖法律〗無能力 (=incapacité). **2**〖文〗不器用, 未熟 (=inhabileté).

ininflammabilité *n.f.* 不燃性.

ininflammable *a.* 不燃性の. gaz ~ 不燃ガス. tissu ~ 不燃布.

inintelligible *a.* 理解不能の, 理解できない. langage ~ 理解不能の言語. poète ~ 難解な詩人.
——*n.m.* 理解不能なこと.

initia*teur*(*trice*) *n.* **1** (知識などを)手ほどきする人；先駆者, 先覚者, 創始者. ~ en mathématiques modernes 近代数学の先駆者. **2** 主導者, 指導者. ~ d'un mouvement politique 政治運動の指導者.
——*a.* 先駆的な. génie ~ 先駆的天才.

innommable (<nom) *a.* **1**〖文〗名づけようのない. **2** 何とも言えず不快な；何とも不劣な. conduite ~ 唾棄すべき振舞い. odeur ~ 何とも不快な臭い. procédés ~*s* 不劣な手口.

inobservé(e) *a.*〖文〗**1** (規則などが)守られていない. règles ~*es* 遵守されていない規則. **2** (事実などが)見逃されている.

inoccupé(e) *a.p.* **1** 入居していない, 空いている. logement ~ 空き家. **2** 仕事のない, 無職の；無為の. cœur ~ 空虚な心. personne ~*e* 仕事のない人, 閑人 (ひまじん). vie ~*e* 無為の生活.
——*n.* 仕事のない人, 閑人.

input [input]〔英〕*n.m.* **1**〖電算〗インプット, 入力 (=〔仏〕entrée；output (=〔仏〕sortie) の対). **2**〖経済〗(財の生産のための)インプット, 投入量, 生産要素. **3**〖精神分析〗(生体へのデータの)インプット, 刺激 (stimulus, stimuli).

inqualifiable *a.*〖蔑〗明状し難い；言語道断の. conduite ~ 言語道断の振舞い. vilenie ~ 卑劣な限りの行為.

insulté(e) *a.p.* 侮辱された.
——*n.* 侮辱された人.

intellectualité *n.f.* 知性；知力.

intello *a.*〖話〗知的な.
——*n.* インテリ (=intellectuel).

intempérance *n.f.* **1** 不節制；暴飲暴食；多淫. **2**〔やや古〕抑制の欠如；極端な言辞. ~ de langage 暴言.

intercession *n.f.*〖文〗仲介, 取りなし (=entremise)；〖宗教〗(神への) 仲立ち (=intervention). ~ d'un ami 友人の取りなし. une ~ perpétuelle ~ pour les péchés du monde 世の中の罪に対する神の果てしない仲立ち. **2**〖法律〗債務保証.

intersection *n.f.* **1** 交叉；〖幾何〗交わり, 交叉.〖数〗~ de deux ensembles A et B 集合Aと集合Bの交わり.〖論理〗~ de deux relations 二つの関係の交わり. **2** (2本の道の)交叉点.

intertexte *n.m.*〖文学〗間テクスト(他のテクストと相関性のあるテクスト).
intertextualité *n.f.*〖文学〗間テクスト性, 相互テクスト性(テクスト間の関連性).
intertextuel(le) *a.*〖文学〗間テクスト性の. fonction ~ *le* 間テクスト機能.
intertid<i>al</i> (<i>ale</i>) (*pl. aux*) *a.* 潮間の. zone ~ 潮間帯(満潮時に水没する海岸地帯).
intertitre *n.m.* **1** (新聞記事などの) 小見出し. **2**〖映画〗字幕.
intra-auriculaire *a.*〖解剖〗外耳 (auricule)内の. prothèse ~ 外耳内装着補聴器.
――*n.m.* 外耳内装着補聴器.
intraitable *a.* 扱いにくい, 手に負えぬ; 強情な, 一徹な. adversaire ~ 強敵. caractère ~ 扱いにくい(強情な)性格. créancier ~ 因業な借金取り.
invivable *a.* 生きるのが困難な; 耐え難い. pays ~ 生活するのが困難な地方. société ~ 生き難い(耐え難い)社会.
invraisemblance *n.f.* **1** 本当らしくないこと. ~ d'une nouvelle ニュースの本当らしさの欠如.
2 本当らしくない事柄(=chose invraisemblable). récit plein de ~ 本当とは思われぬことに満ちあふれた物語.
ivrogne *n.m.* 大酒飲み, 飲んだくれ. serment d'~ (酒飲みの禁酒の約束の如く)当てにならない約束.
――*a.* 大酒飲みの, 飲んだくれの.

J

jalonnement (<jalonner) *n.m.* **1** 標柱を立てること; 目印をつけること. ~ d'un terrain 地取り. panneau de ~ 目印板(航空機への合図として白布を張った枠).
2〖軍〗標兵の配置.
3〖比喩的〗段取り. ~s d'un raisonnement 推論の下準備.
javel *n.f.* ジャヴェル水(=eau de *J*~)(洗浄・漂白・防腐用の次亜塩素酸塩水溶液).
javelé(e) *a.*〖農〗avoines ~es (畑での乾燥中に雨に打たれた)黒変オート麦.
jeté *n.m.* **1** (家具の)掛布; テーブル掛け(=~ de table).
2 (編物の)掛け目.
3〖舞踊〗ジュテ(片足で蹴り上り他の足で降りるパ).
4〖重量挙〗ジャーク.
5〖音楽〗ジュテ(弓を弦の上で勢いよくはねる演奏).
jetée *n.f.* **1** 突堤, 防波堤(=môle). ~ de béton コンクリートの突堤. ~ flottante (車輌用の)浮き橋. ~ pétrolière タンカー用岸壁.
2 (空港の)フィンガー.

job [dʒɔb]〖英〗*n.m.*〖話〗ジョブ, 賃仕事, アルバイト; 仕事, 職.
JT [ʒite] (=journal *t*élévisé) *n.m.*〖放送〗TVニュース番組.

K

kitsch [kitʃ]〖英〗*a.* 俗受けする, 俗っぽい, 安っぽい; 低俗な. civilisation ~ 低俗な(頽廃した)文明. œuvre d'art ~ 俗受けする芸術作品.
――*n.m.* 俗っぽい作品; 低俗な文明.

L

là-haut *ad.* **1** あの高い所に, 高みに, 上に. **2**〖比喩的〗天空で; 天国で.
lainage (<laine) *n.m.* **1** 毛織物, ウール地; 羊毛. robe de ~ ウールのドレス.
2 毛織の衣服; 毛糸編みの衣服. mettre un ~ 毛織の衣服(セーター)を着る.
3〖織〗起毛〖加工〗, ビロード状加工;〖製紙〗けば立て〖加工〗.
lambliase *n.f.*〖医〗〖腸〗ランブリア症(ランブル鞭毛虫 lamblia が十二指腸・小腸・胆嚢内に寄生する疾病).
lambris *n.m.*〖建築〗**1** (壁・天井の)上張り; 羽目板. ~ d'appui 腰羽目.〖詩・戯〗~s dorés; riches ~s 豪華な内装; 豪邸.
2 (屋根の木摺(きすり)の)漆喰の上塗り.
laminaire *a.* **1**〖鉱〗薄片から成る; 薄い層の. cassure ~ 多片状(葉片状)断口.
2〖物理〗(液体が)層を成している. écoulement (régime) ~ (液体の)層流.
lancé(e) *a.p.* **1** 投げられた; 打ち上げられた. engin ~ d'une base militaire 軍事基地から発射されたミサイル.
2 (命令などが)発せられた;(視線が)向けられた. appel ~ 発せられた叫び声. coup d'œil ~ 向けられた視線.
3 突進する. attaque ~*e* 突撃. moteur ~ かかったエンジン. train ~ à toute vitesse 全速で驀進する列車.
4 (企てなどに)乗り出した;(世間に)売り出した, 名の通った. actrice ~*e* 売り出しの女優.
5 話に熱中した, 喋りまくる.
larvaire (<larve) *a.* **1**〖動〗幼虫の, 幼生の. **2**〖比喩的〗萌芽的な. être à l'état ~ 萌芽状態にある.
LGV (=*l*igne à *g*rande *v*itesse) *n.f.*〖鉄道〗高速幹線鉄道網(TGV など時速200 km 以上の走行が可能な鉄道網).
licéité *n.f.*〖法律〗適法性.
lifting [liftiŋ]〖英〗*n.m.* **1**〖美容医〗リフティング(顔の皺をとる美容整形; 公用推奨語は lissage, remodelage).
2〖比喩的〗〖話〗若返り, 更新, 復活. ~ de

théories poussiéreuses 埃をかぶった理論を若返らせること.

ligase n.f. 〖生化〗リガーゼ, 合成酵素.

linkage [linked3] [英] n.m. 〖生〗(染色体上の遺伝子の)連鎖, 連関, リンケージ. analyse de ~ 連鎖解析.

LISP, Lisp (< [英] *List Processing Language*) n.m. 〖電算〗リスプ, リスト処理言語(1958年に開発された関数型プログラミング言語). common ~ コモン・リスプ(リスプの統一言語仕様).

LMMC (= *l*eucémie *m*yélo-*m*onocytaire *c*hronique) n.f. 〖医〗慢性骨髄単球性白血病(= [英] CMML : chronic *m*yelo*m*onocytic *l*eukemia ; 骨髄異形成症候群 SMD : syndrome *m*yélo*d*ysplastique ; = [英] MDS : *m*yelo*d*ysplastic syndromeの一症状).

LMP (= *l*ithium *m*étal *p*olymère) n.m. リチウム・メタル・ポリマー. batteries ~ リチウム・メタル・ポリマー電池.

lost generation [英] n.f. 失われた世代, ロスト・ジェネレーション (= [仏] génération perdue).

lucentis n.m. 〖薬〗[商標]〖無冠詞〗ルーセンティス(スイスの製薬会社 Novartis 社が開発した加齢性黄斑変成症の新治療薬 ; 抗体医薬品).

M

macrofaune n.f. 〖環境〗マクロフォーヌ, 大型小動物相(肉眼で見える 4-80 ミリ大の小動物).

maculature n.f. 〖印刷〗 **1** (試し刷り用などの)刷り損じの紙 ; 〖古〗(印刷紙の)汚損. **2** (印刷紙・本などを包む)厚手の包装紙 (= ~ d'emballage) ; (汚損防止用の)間紙, ワンプ (= feuille intercalaire). **3** 〖文〗しみ ; けがれ.

macule n.f. **1** しみ, 汚れ (= tache). feuille couverte de ~s d'encre インクのしみだらけの紙. **2** 〖印刷〗厚手の包装紙 ; 間紙, ワンプ (= maculature). **3** 〖医〗斑 ; 紅斑. ~ érythémateuse 紅斑. **4** 〖天文〗太陽の黒点 (= tache du Soleil). **5** 〖比喩的〗〖古〗(心などの) けがれ (= souillure).

maculeux(se) a. 〖医〗(紅)斑の. peau ~se 紅斑の出た皮膚.

magnet [maɲɛt] [英] n.m. **1** マグネット, 磁石. **2** 飾り小磁石 (公用推奨語 aimantin).

maillage (< maille) n.m. **1** 〖漁〗網目の大きさ. réglementation du ~ des filets à crevettes クルヴェット(小海老)の漁網の網目規制 (25 mm).

2 敷設網 ; 施設密度. ~ des lignes de transports ferroviaires 鉄道網. Dans cette région le ~ hospitalier est le plus serré en France. この地方はフランスで医療施設密度が最も高い.

majolique n.f. 〖窯業〗マヨリカ陶器 (= maïolique).

Majorque [西] n.pr.f. マヨルカ(マヨルカ)島 (= île de M~)(スペインの自治共同体バレアレス諸島 (îles Baléares) 中の最大の島 ; 中心都市 Palma de Majorque).

mandature n.f. 〖議員の〗任期.

Mandchourie(la) [中国] n.pr.f. 〖史〗満州国.

mandement n.m. 〖法律〗(書面による)指示, 命令. ~ de collocation 弁済順位表. ~ d'exécution 執行文 (= formule exécutoire).

mangeoire n.f. **1** 秣桶 (まぐさおけ), 給餌器, 餌箱. **2** 〖俗〗飯屋. 〖話〗s'engraisser à la ~ de qn 人にたかって生きている.

manqué n.m. 〖菓子〗マンケ(ビスキュイ生地に溶かしバターとアーモンドパウダーを加えて焼き上げ, 果物の砂糖漬やプラリネで覆った菓子). ~ au citron レモン風味のマンケ. pâte à ~ マンケ生地.

maquée n.f. 〖チーズ〗マケー(ベルギー南部ワロン地方原産の牛乳からつくるフレッシュチーズ).

marjolaine n.f. 〖植〗マルジョレーヌ, マージョラム, マヨラナ (= origan)(アジア原産のしそ科はなはっか属の芳香性植物の総称 ; 生なものは ~ commune (~-origan) と ~ officinale).

marmoréen(ne) a. **1** 大理石質の ; 大理石状の. roches ~nes 大理石質岩. **2** 〖文〗大理石のように白い(艶やかな, 冷やかな). beauté ~ne 大理石のように白い美しさ. visage ~ 冷やかな表情.

marmot n.m. **1** 〖古〗マルモ, マルムーセ (marmousset)(小型の怪物像 ; 玄関ドアのノッカーなどに用いる).〖話〗croquer le ~ 待ちくたびれる. **2** 〖話〗少年, 青二才 ; [*pl.* で] 子供たち.

marmotte n.f. **1** 〖動〗マルモット, マーモット(高山に棲息するりす科の動物) ; ~ の毛皮. 〖比喩的〗dormir comme une ~ 眠りこける. **2** マルモット(頭を包んだスカーフの両端を額の上で結ぶ婦人の髪被り). **3** 〖古〗(二つのケースが入れ込み式になったトランク)(= ~ de voyage) ; (外交員の)見本ケース. **4** マルモット(桜桃の一品種).

marotte n.f. **1** マロット (= ~ d'un bouffon)(宮廷道化師がもつ, 頭布をかぶった人面と鈴のついた錫杖). **2** (帽子屋・美容院の)頭部マネキン. **3** 〖比喩的〗思い込み ; 奇癖, おはこ, avoir

補遺（Ⅰ）

la ~ de qc (de+inf.) 何の(…する)奇癖がある；何(…すること)に熱中している. avoir la ~ des mots croisés クロスワードパズルのマニアである.〔諺〕Chacun a sa ~. なくて七癖.

marquage（<marque, marquer）n.m. **1** 印(目印)をつけること,(動物の)焼印押し；(商品に対する)マークづけ,ラベルづけ. ~ des bêtes d'un troupeau 家畜に対する焼印押し(目印付け). **2** 標識づけ. ~ radioactif 放射性同位元素による標識(マーク)づけ. **3**〖スポーツ〗(相手の選手を)マークすること；(相手の動勢の)マーク.

mausolée n.m. **1**〖建築〗M~ マウソレウム(小アジアのカリア王マウソロスMausole の大陵墓建築；古代世界七不思議の一つ). **2** 霊廟, 陵(みささぎ). ~ du saint de l'islam イスラムの聖者の霊廟.

maximalisme n.m.〖政治〗過激主義, 非妥協体制.

Mᵉ（=maître）n.m. 先生(弁護士, 公証人などに対する敬称). ~ Dupont, mon avocat. 私の弁護士のデュポン先生.

mea-culpa［ラ］n.m.inv. faire (dire) son ~ 自分の罪を告白(悔悟)する.

méconium［-njɔm］n.m.〖医〗胎便.

mécréant(e) a. **1**〖話〗無信仰の. **2**〔古〕異教を信じる.
——n. **1**〔話〕無信仰者. **2**〔古〕異教徒, 邪教信奉者.

médiacratie n.f.〔話〕メディアクラシー, メディア支配体制(情報社会におけるマスメディアの優位体制).

médial(ale)(pl.aux) a.〖文法〗語の中央にある.
——n.f. **1**〖統計〗メディアル, 累積中央値(=médiane). **2**〖音声〗母音間子音(=consonne ~ale).

médiascopie n.f.（TV 放送の）視聴率調査.

médoc n.m.〔話〕医薬品, くすり (=médicament).

mêle-tout n.inv.〔ベルギー〕何にでも触る人；何にでも口出しする人, でしゃばり, おせっかい焼き.

méli-mélo（pl.~s-~s）n.m.〔話〕ごった混ぜ；ごった返し. ~ d'idées 考えのごた混ぜ.

MEM（=［英］major economies meeting on energy security and climate change）n.m.（エネルギーの安全と気候変動に関する）主要経済国会議（主要排出国会議）.

memristor［英］（<memory+resistor）n.m.〖物理〗メムリスター(記憶抵抗；抵抗器, コンデンサ, 誘導子の3つの電子部品からなる記憶素子).

mercenaire a. **1**〔古〕人に雇われた. troupe ~ 傭兵隊. **2** 欲得ずくの；金儲けのための. médecin ~ 金儲け医.
——n.〔古〕奉公人.〖現用〗travailler comme un ~ 汗水たらして働く.
——n.m. 外人傭兵.

mercerie n.f. 小間物；小間物商(商売)；小間物店.

mercier(ère) n. 小間物商人.

microfossile n.m. 微小化石.

microsporidose n.f.〖医〗微胞子虫感染症(動物の細胞内に寄生する菌類の microsporidie が病原体である人獣共通感染症；甲殻類, 昆虫, 魚類に寄生し, 人間に感染すると自然治癒性下痢などの日和見感染症を起こす).

mignonnette n.f. **1**〖植〗ミニョネット(石竹, 日蔭雪の下, 菊苦菜, 木犀草などの異名). **2**（紳士服の袖裏などの）縞サテン,（幼児服などの）ミニョネット・レース. **3** 粗挽き胡椒(=poivre concasé). **4** 細かい玉砂利（直径 10 ミリ以下). **5**〖商業〗(ウィスキーなどの)ミニアチュア瓶(商品見本).

minerve n.f. **1**〖医〗頚椎矯正器具(頭を真直に固定し頚椎を伸ばす矯正器). **2**〔古〕頭脳；精神. **3**〖印刷〗ミネルヴ式小型印刷機.

minus［**habens**］[minysabɛ̃s]［ラ］(=ayant moins) n.〔話〕間抜け.

moirure n.f. **1** モワレ光沢, 雲紋；モワレ効果. **2** (水面などの)輝き；玉虫色のきらめき. ~ s d'un plan d'eau au clair de lune 月光を浴びた水面の輝き.

moissine n.f.〖農〗モワシーヌ(鮮度を保つための葡萄の房につけておく葉つきの蔓).

mondialiste n. **1** 世界化主義者. ~ néo-libéral 新自由主義世界化主義者. **2** 世界中心主義者. ~ économique 世界中心経済主義者.

mondovision n.f.〖TV〗モンドヴィジョン(放送衛星を利用した国際 TV 放送〔システム〕).

monospace［商標］n.m.〖自動車〗モノスペース(モノコックボディーの広々とした車内空間をもつ車).

monothérapie n.f.〖医〗単一薬剤治療〔法〕.

Morvan (le) n.pr.m. モルヴァン山地(中央山塊の北東に隣接する山地；最高地点は signal du Bois-du-Roi の標高 902 m；森林と放牧地帯；形容詞 morvandiau, morvandeau, morvandelle).

morveux(se) a. **1** 洟(はな morve)を垂らした. enfant ~ 洟垂れ小僧(小娘).〔比喩的〕se sentir ~ しくじって狼狽する.〔諺〕Qui se sent ~〔qu'il〕se mouche. 欠点を指摘されたら, それを直せ. **2**〖獣医〗(馬が)馬鼻疽(ばびそ)にかかった.

——*n.*〔話〕**1** 洟垂れ小僧, 小僧っ子；小娘. **2** 生意気な若造, 青二才；おきゃん.

mosaïculture *n.f.* 〖園芸〗モザイク模様仕立（色とりどりの植物で市松模様を描くこと）.

mouclade *n.f.* 〖料理〗ムークラード（ムール貝のクリームソース和え；オーニス地方 l'Aunis とサントンジュ地方 la Saintonge の郷土料理）. ～ des bouchoteurs ムール貝養殖業者風ムークラード.

MSDR (= *m*atière *s*èche *d*égraissée *r*ectifiée) *n.f.* 〖農〗脱脂精溜乾燥質.

multicausal(ale)(*pl.***aux**) *a.* 複数の原因による, 多原因性の (= pluricausal).

multicentrique *a.* 〖医〗複数の検査センターによる. expérimentation clinique ～ 複数の検査センターによる臨床実験.

multicourse *n.f.* 〖スイス〗〖交通〗定期乗車券.

multicritère *a.* 複数の基準による. recherches ～*s* 多基準調査.

multiethnique *a.* 複数の民族からなる. pays ～ 多民族国家（地方）.

multifibre *a.inv.* 多種繊維の. accords ～*s* 多種繊維に関する協定.

multi-option *n.f.* ミュルチ=オプション, 複数選択権.〖電算〗～ pricer 複数選択価格付けソフト（投資戦略評価ソフト名）.〖保険〗garantie ～ 複数選択権保証式投資信託（略記 GMO；フランス郵政公社 la Poste と CNP Assurance による投資信託 SICAV；2006 年 1 月より Vivaccico となる）.

multipartisan(e) *a.* 〖政治〗多政党の（による）；多くの政党を結集した. consensus ～ 多政党間合意.

mysticité *n.f.* 神秘性, 神秘的傾向；神秘神学；神秘的傾向.

mystifié(e) *a.p.* **1** 煙に巻かれた, かつがれた. un naïf ～ かつがれたお人好し. **2** 迷わされた, たぶらかされた. foules ～*es* たぶらかされている大衆.

myxœdémateux(se) *a.* 〖医〗粘液水腫の.
——*n.* 粘液水腫患者.

N

naisseur *n.m.* (家畜などの) 繁殖〔業〕者 (nourrisseur「飼育者」の対)；ブリーダー ([英] breeder).

Nakhitchevan(le) *n.pr.m.* [国名通称] ナヒチェヴァン自治共和国 (アゼルバイジャンの自治共和国；公式名称 la République autonome du N～；首都 Nakhitchevan).

Nanterre *n.pr.* ナンテール (オー=ド=セーヌ県 département des Hauts-de-Seine の県庁所在地；市町村コード 92000；形容詞 nanterrois (*e*)). Université Paris-X-Nanterre パリ第十ナンテール大学 (1964 年設立；文学・人文科学, 法学, 経済学系；1968 年の大学紛争の焦点の一つ).

naphtalène *n.m.* 〖化〗ナフタレン, ナフタリン (naphtaline).

narco-[1] [ギ] ELEM「麻酔, 麻痺」の意 (*ex. narco*diagnostic 麻酔診断法).

narco-[2] (< [英] narcotics) ELEM「麻薬」の意 (*ex. narco*mane「麻薬常習者」).

narration *n.f.* **1** 物語ること, 叙述, ナレーション. ～ précise 正確な叙述.〖言語〗initiatif de ～ 物語体不定法. faire une longue ～ d'un événement 事態を長々と物語る. **2** 〖修辞〗叙述部. **3** 〖教育〗課題作文. prix de ～ 課題作文の賞.

nature-morte(*pl.*～*s*-～*s*) *n.f.* 〖美術〗静物；静物画.

Navigo *n.pr.* 〖交通〗le pass[e] N～ パス・ナヴィゴ (STIF: *S*yndicat des *t*ransports en *I*le-de-*F*rance「イール=ド=フランス交通組合」が発行する非接触式電子パスカード；カルト・オランジュ carte Orange の磁気式クーポンに代わるもの；イール=ド=フランス地方のメトロ, RER, SNCF, バス, 市電に通用；各駅の窓口・乗車券自動販売機および公認売店で購入できる).

niable (< nier) *a.* 〔主に否定形で〕否定し得る. Ce n'est pas ～. それは否定できない.〔諺〕Tout mauvais cas est ～. 誤りはいつも否定できるものだ.

niais(e) *a.* **1** 馬鹿な, 間抜けな；世間知らずの；馬鹿げた, 他愛ない. gens ～ 世間知らずの人々. réponse ～*e* 間の抜けた返答. Il est ～. 奴は馬鹿だ. **2** (鷹が) 巣立ちできないでいる.
——*n.* 間抜け. Quel ～! 何て間抜けなんだ!

niche *n.f.* **1** 壁龕 (へきがん), ニッチ (彫像や花瓶などを置くための壁の凹所). ～ d'angle 隅の壁龕. ～ de la façade d'une cathédrale 大聖堂正面の壁龕. **2** アルコーヴ (= alcôve) (ベッドなどを置くための壁の凹所). lit dans une ～ アルコーヴに置かれたベッド. **3** 犬小屋. chien de garde à la ～ 犬小屋の番犬. A la ～! 小屋へお帰り! **4** 〖生〗～ écologique 生態的地位, ニッチ (= biotope). **5** 〖経済〗～ [de marché] 市場の隙間, ニッチ. industrie de ～*s* 隙間産業. stratégie de ～*s* ニッチ市場戦略. **6** 〖税〗～ fiscale 特別減税.

nobiliaire *a.* 貴族の. particule ～ 貴族の姓の前につける小辞 (de). titre ～ 貴族の称号.
——*n.m.* 貴族名鑑, 貴族名簿.

Noé [nɔe] *n.pr.m.* 〖聖書〗ノア. arche de

~ ノアの方舟；〖話〗寄合所帯. les fils de ~ ノアの息子たち(Sem, Japhet, Cham).

Nouméa *n.pr.* ヌーメア《フランスの特別領土自治体ラ・ヌーヴェル=カレドニー la Nouvelle-Calédonie の中心都市；形容詞 nouméen(*ne*)》. l'accord de ~ ヌーメア協定《旧海外領土のラ・ヌーヴェル=カレドニーの自治権拡大を定めた協定；1998年5月5日締結》. Centre culturel Tjibaou à ~ ヌーメアのチバウー文化センター《1998年》.

NSAIDs (=[英] *non-s*teroidal *a*nti-*i*nflammatory *d*rugs) *n.m.pl.* 〖薬〗非ステロイド系抗炎症薬 (=[仏] anti-inflammatoire non stéroïdien).

O

obéissant(e) *a.* **1** 従順な，素直な，人の言うことをよく聞く. enfant ~ à (envers) son père 父に従順な子供. être ~ à la règle 規則に従う.
2 (機械などが)操作しやすい，操縦通りに動く. voiture ~*e* 操縦しやすい車.

obélisque *n.m.* **1** (古代エジプトの)オベリスク《四角錐を頂く四角い石柱》. l'~ de Louksor amené d'Egypte et érigé place de la Concorde à Paris エジプトから持ち帰りパリのコンコルド広場に建立されたルクソールのオベリスク.
2 オベリスク状の記念碑.

obséquieux(se) *a.* 媚びへつらう. attitude ~*se* 媚びへつらう態度. sourire ~ 追従笑い.

obtenteur(trice) *n.* 〖農〗植物新品種の知的所有権取得者 (= ~ de la nouvelle variété végétale).

obtus(e) *a.* **1** 先端が丸味を帯びた. pointe ~*e* 丸味を帯びた先端.
2 〖幾何〗angle ~ 鈍角.
3 〖比喩的〗鈍い. esprit ~ 鈍才. Cet élève est complètement ~. あの生徒は全くのろまだ.

occupationnel(le) (<occupation) *a.* 〖医・精神医学〗職業訓練による. médecine ~ *le* 職業訓練医学. thérapeutique ~ *le* 職業訓練法.

octal(ale) (*pl.***aux**) *a.* **1** 〖情報処理〗八進法の. constante ~*ale* 8 進定数. notation ~*ale* 8 進法〖表記〗. numéro ~ 8 進法.
2 〖電〗8極の.

octante *a.num.card.* 〖スイス〗80 (=quatre-vingts).

odont[o]-, -odonte, -odontie [ギ] ELEM 「歯」の意 (*ex. odont*ologie「歯科医学」, ano*dontie*「無歯症」).

odoriférant(e) *a.* 芳香を放つ，かぐわしい. fleurs ~*es* 芳香を放つ花. plante ~*e* 芳香性植物.

odyssée (<Odyssée) *n.f.* 冒険旅行；冒険譚；数奇な運命.

opportuniste *a.* **1** 日和見主義の，便宜主義の.
2 〖医〗(微生物が)日和見の；日和見病原体による. infection ~ 日和見感染《免疫力が低下した時，通常では病気を起こさない微生物に感染すること》.
— *n.* 日和見主義者，オポチュニスト；〖仏史〗(第三共和政下の)日和見共和派.

orchi-, orchid[o]- [orki-] [ギ] ELEM **1** 「睾丸，精腺；陰嚢」の意 (*ex. orchi*algie「陰嚢痛」; *orchid*ectomie「睾丸切除〔術〕」).
2 〖植〗「蘭」の意 (*ex. orchi*dacées「蘭科植物」; *orchid*ologie「蘭学；蘭園芸」).

Oxfam (=[英] *Ox*ford Committee for *Fam*ine Relief) *n.pr.m.* 〖無冠詞〗オックスファム《1942年英国のクエーカー教徒により設立された貧困の克服を目指す国際的非政府人道団体；1965年 *Oxfam* と改称；1995年 *Oxfam* International に再編；本部連合王国の Oxford》. ~ France オックスファム・フランス《1988年 Agir ici の名称で設立された非政府団体；2006年 *Oxfam* International に合流》.

orgie *n.f.* **1** 〖*pl.* で〗(古代ギリシア・ローマの)バッカス(酒神)祭 (=Bacchanales).
2 痛飲乱舞の酒宴；大饗宴；乱痴気騒ぎ.
3 〖比喩的〗(de ~) 饗宴. ~ de couleurs 色の饗宴.

ouvragé(e) *a.p.* **1** 加工された，細工を施された. pièce d'orfèvrerie ~*e* 細かい細工を施された金銀細工品.
2 細工の細かい，手の込んだ. style très ~ きめの細かい(精緻な)様式.

ouvrant(e) (<ouvrir) *a.* **1** 開くように作られた，開閉式の. 〖自動車〗toit ~ d'une automobile 自動車のサンルーフ.
2 〖法律〗à jour ~ 開廷するとすぐに.
— *n.m.* **1** (開き戸の)扉. **2** 〖美術〗(多翼式祭壇画・彫刻の)開閉式の翼. ~*s* d'un triptyque 三つ折祭壇画の翼.

ouvreur(se) *n.* **1** ドアマン，ドアボーイ (= ~ de portes).
2 (劇場・映画館の)座席案内人. ~ *se* de loges 桟敷席の案内嬢.
3 (牡蠣の)殻をむく人. ~ d'huîtres 牡蠣の殻むき人 (=écailler).
4 〖トランプ〗賭けを始める人.
5 〖スポーツ〗(スキー，オートレースなどの)試走者.

P

pack [英] *n.m.* **1** パック，包み；包装；荷物. un ~ de cigarettes 20本入りタバコ1箱. un ~ de bière ビールの1パック《6

または8本詰め).
2〖スポーツ〗(ラグビー, アメリカンフットボールなどの) パック(前衛の8人).
3〖海〗パック・アイス, 浮氷塊;浮氷群.

packageur(se) *n.* **1** 商品の梱包(包装)担当者(業者).
2 (出版社の刊行物の)企画・製作・販売専門家(業者)(=〖仏〗réalisa*teur* (*trice*) éditori*al* (*ale*)).

packaging 〖英〗*n.m.* **1** (商品の)包装;包装材(公用推奨語は conditionnement).
2 出版物の企画・製作・販売の一貫業務.

packam *n.f.* 〖果樹〗パッカム(洋梨の品種名).

paillasson *n.m.* **1** 靴拭きマット. ~ devant une porte 戸口の靴拭きマット. mettre la clef sous le ~ (マットの下に鍵を隠す→)家を出る;家出する.
2 〖農〗(霜よけ・日よけ用の)むしろ, こも.
3 〖服〗(帽子用の)麦稈真田(ばっかんさなだ);麦藁帽(=chapeau de paille).
4 〖比喩的〗〖話〗卑屈な男.

paillette *n.f.* **1** 〖服〗パイエット, スパンコール. robe à ~s スパンコールをちりばめたドレス.
2 (貴金属などの)薄片, 小片. ~s de soude 結晶ソーダの薄片. savon en ~s 鱗片石鹼.
3 (川の)砂金(=or en ~s).
4 (宝石の)小さなきず. ~ d'un diamant ダイアのきず.
5 (掛金の)ばね(=paillet).
6 輝く点. ~s de lumière 光点.

parapharmaceutique *a.* 準医薬(品)の(治療目的以外の保健, 衛生, 美容, 家庭用品に関する). produit ~ 準医薬製品(健康食品, 衛生用品, トイレ・バス用品, シャンプー, 台所用品など).

paraphrase *n.f.* **1** 分かりやすい言い換え, 敷衍(ふえん)的説明, パラフレーズ, 釈義, 意訳;〖文〗(聖書の)模倣詩.
2 〖電算〗言い換え, パラフレーズ(同じ内容を意味する, 異なる文字列に置換すること).
3 〖蔑〗単なる言い換え;長たらしい説明.
4 〖音楽〗パラフレーズ.

partenariat (<partenaire) *n.m.* 協力関係, 提携, パートナーシップ. ~ d'entreprises 企業の提携. 〖国際〗accord de ~ et de coopération UE-Russie (APC) ヨーロッパ連合とロシア間のパートナーシップ協力協定(1999年発効, 2007年11月期限切れ, 2008年11月再締結交渉再開).
▶ partenari*al*(*ale*) (*pl.aux*) *a.*

passe-passe *n.m.inv.* tour de ~ 奇術, 手品;〖比喩的〗言いくるめ, うまいごまかし.

pédale *n.f.* **1** (楽器の)ペダル. clavier à ~s (パイプオルガンの)ペダル鍵盤.
2 (機械の)ペダル. 〖自動車〗~ d'accélérateur (de frein) アクセル(ブレーキ)ペダル. ~s de bicyclette 自転車のペダル. poubelle à ~ ペダル式ごみ箱. appuyer sur les ~s (自転車の)ペダルを踏む. 〖比喩的〗〖話〗mettre la ~ douce (ゆっくりペダルを踏む→)ゆっくり行動する;無理押ししない. 〖比喩的〗〖話〗perdre les ~s どうしていいかわからなくなる;話について行けなくなる.
3 自転車競技, サイクリング(=cyclisme). l'as de la ~ 自転車競技のエース.
4 〖俗〗ホモ(=homosexuel). être de la ~ ホモである.

pédaleur(se) *n.* 自転車の乗り手, サイクリスト;〖スポーツ〗自転車競技選手.

pédalo (<*P*~, 〖商標〗) *n.m.* 足踏みボート.

pédant(e) *n.* **1** 〖蔑〗学者ぶる人, 衒学者(げんがくしゃ).
2 〖古〗教師.
——*a.* 〖蔑〗学者ぶる, 博識をひけらかす, 学問を鼻にかける;知ったかぶりな, ペダンチックな.

pédantesque *a.* 学者ぶった, 衒学的な, ペダンチックな.

pédibus *n.m.* 生徒の徒歩による集団登校方式.

pellet [pelɛ] 〖英〗*n.m.* **1** 小球, つぶて;散弾;ペレット.
2 〖薬〗丸薬(=pilule);(皮膚に埋めこむ)ホルモン埋没薬(=implant).
3 〖冶〗鉄鉱石の小球(ペレット).

pelure *n.f.* **1** (果実, 野菜の)むいた皮. ~s de poires 洋梨のむき皮. ~s de pommes de terre じゃが芋の皮. ~ de fromage 薄切りのチーズ.
2 〖製紙〗papier ~ オニオンスキン紙(=papier d'oignon)(半透明の筆記用薄紙).
3 〖話〗服(=habit, vêtement);上着, コート.
4 〖蔑〗屑みたいな奴.

pénitencier *n.m.* 〖法律〗刑務所(長期の自由剝奪刑の受刑者収容施設;旧「徒刑場」bagne). ~ militaire 軍の刑務所.

périf *n.m.* 〖話〗外環大通り, 外環自動車道(=boulevard périphérique).

pernion *n.m.* 〖医〗凍瘡, しもやけ(=engelure).

perruque *n.f.* **1** かつら. ~ d'homme (de femme) 男性(女性)用かつら. porter une ~ かつらをかぶる. porter ~ かつらを常用する.
2 〖釣〗釣糸のもつれ.
3 〖宝石〗鑞付(ろうつけ)用鉄線.
4 〖話〗(不正な)内職. faire de la ~ 内職する;(材料などを)くすねる.

pesette *n.f.* (貨幣を計る)小型精密天秤.

pétulant(e) *a.* **1** 活発な, 元気のよい;はじけるような. petit garçon ~ 活発な少年. plaisir ~ 抑え難いよろこび. réponse ~*e* はじけるような返答.

2(家畜が)荒々しい. cheval ～ 悍馬(かんば).

phonétique *a.* 〖音〗音声の；音声学の, 音声学的な. alphabet ～ international 国際音標文字, 国際音声字母, 国際発音記号. évolution ～ 音声進化. transcription ～ 音声転記.
―― *n.f.* 〖言語〗音声学. ～ expérimentale 実験音声学. ～ fonctionnelle 機能音声学. ～ générale 一般音声学.

photomasse *n.f.* 〖環境・エネルギー〗フォトマス(太陽光線の総量).

photomaton (< *photo*graphie auto*matique*〖商標〗) *n.m.* 〖写真〗フォトマトン(身分証明書用の写真などの自動撮影・現像・焼付装置).

phototypie *n.f.* 〖印刷〗コロタイプ印刷〔法〕.

phytogénétique *a.* 植物の遺伝子特性の(に関する).

piédestal(*pl.***aux**) *n.m.* **1** ピエデスタル, ペデスタル(彫刻などの台座, 円柱などの柱脚).
2〔比喩的〕栄光の座. mettre *qn* sur un ～ 人を誉め奉る. tomber de son ～ 栄光の座から滑り落ちる.

piéta〔伊〕*n.f.inv.* 〖美術〗ピエタ, 悲しみの聖母(十字架から降ろされたキリストを抱いた聖母マリアの図・像). la P～ de Michel-Ange ミケランジェロのピエタ像(ローマのサン＝ピエトロ聖堂内；1497-99 年制作).

piézographe *n.m.* 〖物理〗微小圧力測定器.

pilarisation *n.f.* 〖ベルギー〗〖政治〗社会主義・自由主義的で, 信心深い支持者層を中核とする社会構成.

pilastre *n.m.* 〖建築〗付け柱；付け柱風の飾り；透し柱；(階段下部の)手すりの柱, 欄間柱, 壁柱, 腰柱.

pinte *n.f.* 〖度量〗**1**(ヤード・ポンド法の)パイント(1 パイントは英国で 0.568 *l*；アメリカで 0.473 *l*；カナダで 1.136 *l*；略記 pte).
2〔古〕パント(昔の液量単位；1 パントは 1 *l* 弱)；1 パント入り容器；1 パントの液体.〔比喩的〕se faire (se payer) une ～ de bon sang 大いに楽しむ, 大いに笑う.
3〖スイス〗酒場, 居酒屋；小さな旅館.

piqueteur(**se**) *n.* 〖カナダ〗ストライキのピケ(piquet de grève)参加者.

pixélisé(**e**) (<pixel) *a.p.* 〖情報〗画素化された, 画素処理された.

plantoir *n.m.* 〖園芸〗植付け用具, シャベル.

plantureux(**se**) *a.* **1**(食事などが)豊富な, たっぷりした. repas ～ たっぷりした食事. vie ～*se* 豊かな生活.
2〔話〕(女性が)大柄で豊満な, グラマーな. femme ～*se* グラマーな女性. poitrine ～*se* 豊かな胸.
3 実りの多い；肥沃な. année ～*se* 豊年.

Pléiade *n.pr.f.* **1** 〖天文〗la ～；les ～ プレアデス星団, すばる(6 星(〖古〗7 星)からなる).
2 〖古代ギリシア〗アレクサンドリアの七詩聖(紀元前 3 世紀).
3 〖仏文史〗(ルネサンス期の)プレイヤード派(Ronsard, Du Bellay など 7 詩人).
4 〖出版〗Bibliothèque de la ～ プレイヤード叢書(Gallimard 社の叢書名).
―― p～ *n.* 優れた人の集団. une ～ d'acteurs 優れた俳優グループ.

pluricausal(**ale**)(*pl.***aux**) *a.* 複数の原因による(＝multicausal(ale)).

pluriel(**le**) *n.m.* 〖文法〗複数；複数形(singulier「単数〔形〕」の対). ～ de majesté (de modéstie) 威厳(謙譲)の複数(前者は布告, 後者は論文などで je に代って用いられる nous). ～ de politesse 丁寧の複数(tu に代って用いられるvous). marque du ～ 複数の標識. première personne du ～ 1 人称複数〔形〕. mettre au ～ 複数形にする.
―― *a.* 複数の；複数を示す. lecture ～ *le* d'un texte テクストの多重的解読. terminaison ～ *le* 複数語尾. troisième personne ～ *le* 3 人称複数.

plurivoque *a.* 〖論理, 数, 言語〗多価の(univoque の対), 多義の(＝polysémique).

poisson-pilote (*pl.***～s-～s**) *n.m.* 〔比喩的〕先駆者, 先覚者, 創始者, 草分け；主導者, 指導者. rôle de ～ dans un secteur du cinéma français フランス映画界の先駆者の役割.

politiste *n.* 政治学者(＝politologue).

porte-à-porte *a.inv.* 戸口から戸口までの. trafic ～ 住居から住居までの交通.
―― *n.m.inv.* 戸別訪問. faire du (le) ～ 戸別訪問をする. vendre *qch* au ～ 何を戸別訪問販売する.

porte-outil(*pl.***～-～s**) *n.m.* 工具ホールダー.

pourboirie *n.f.* 〖カナダ〗(猟encoded, 漁師に対する)施設・サーヴィス提供業.

pourriel *n.m.* 〖情報〗プーリエル, スパム(spam), 迷惑メール(受信者の意向を無視して, 無差別かつ大量に一括送信される宣伝電子メールあるいは悪質電子メール).

pour-soi *n.m.* 〖哲〗対自(en-soi「即自」の対).

pragmatique *a.* **1** 実際的な. activité ～ 具体的活動. doctrine ～ 実際的理論.
2 〖哲〗プラグマティズム(pragmatisme)の, 実用主義の；〖言語〗語用論の；現実的歴史観の. socialisme ～ 現実路線の社会主義.
3 〔話〕お節介の；〔古〕独裁的な, 頑固な. 〖史〗～ sanction 国事詔書.
―― *n.f.* **1** 〖言語〗語用論. **2** 国事詔書(＝sanction).

préaccord *n.m.* (最終合意に先立つ)事前合意；事前協定.

préaffranchi(e) *a.p.* 〖郵〗郵便料金が支払い済みの. emballage de paquet ~ 郵便料金支払い済みの形で郵便局で売られている小包包装箱. enveloppe ~e 郵便料金支払済封筒.

précommande *n.f.* 〖商業〗(商品の発売前の)事前発注，予約発注.

préconisa*teur*(*trice*) *n.* **1** 〖カトリック〗(枢機卿会議における)新司教任命宣言者(=préconiser(se)). **2**〖比喩的〗(人・物を)誉めたてる人.

préconisation (<préconiser) *n.f.* **1** 〖カトリック〗(枢機卿会議における)新司教任命宣言. **2** 推奨. ~ d'une alliance 同盟(盟約)の推奨. ~ d'un remède 薬の推奨.

prédélinquance *n.f.* 〖法律〗(多くの場合青少年が)犯罪を犯しかねない状態，犯罪の事前状態.

prédestination *n.f.* **1** 〖宗教〗神による予定，救霊予定説. **2** 〖文〗運命；宿命.

prédestiné(e) *a.p.* **1** 〖宗教〗(神により)救霊(地獄堕ち)を予定された. **2** (à に)運命づけられた；〖補語なしで〗偉業を約束された. être ~ à la gloire 栄誉を約束されている. **3** 宿命づけられた.
—*n.* **1** 〖宗教〗救霊予定者. **2** 偉大な運命を約束された人.

prédéveloppement *n.m.* 〖経済〗開発(発展)の前段階.

préemptif(ve) *a.* 〖軍〗予防的な. guerre ~ve 予防戦争.

prégnant(e) *n.f.* **1** 意味を秘めた，表現力豊かな，含蓄のある. 〖言語〗valeur ~e 含蓄〖価値〗.
2 豊かな可能性を秘めた.
3 〖心〗プレグナントのある，充実した. structure ~e プレグナント構造.

préhension *n.f.* **1** 〖動〗捕捉. organe de ~ 捕捉器官(=organe préhensif). réflexe de ~ d'un nouveau-né 新生児の握り反射.
2 〔古〕〖法律〗droit de ~ 請求権(=droit de réquisition).

prémisse *n.f.* **1** 〖論理〗前提. ~ majeur (mineure) du syllogisme 三段論法の大(小)前提.
2 前提条件.

préproduction *n.f.* 〖映画〗映画製作前の準備段階(配役決定，ロケ地などの選定，衣裳，セットの準備).

prérequis *n.m.* 前提条件，必要条件.

présidé(e) *a.p.* **1** 議長(長)を務めた；主宰された. assemblée générale ~e par M. X. X 氏が議長を務めた総会.
2 主役(主賓)を務めた.

présomptueux(se) *a.* 自惚れた，自分を買いかぶった，自信たっぷりの. air ~ 思いあがった様子.
—*n.* 思いあがった人. jeune ~ 思いあがった若僧.

proactif(ve) *a.* **1** 先見の明のある，先のことを考えた，事前に対策を講じる. 〖商業〗marketing ~；mercatique ~ve 先取りマーケティング.
2 〖心〗順向の，前向の(前の学習が後の学習に影響を及ぼす). inhibition ~ve 順向(前向)抑制.

Procope *n.pr.m.* le ~ プロコープ(シチリア出身の Francesco Procopio dei Coltelli [1651-1727]が, 1686年パリで開業したカフェ；18-19世紀にかけて Voltaire, Danton, Robespierre, Marat, Benjamin, Franklin, Balzac, Hugo らがたむろした文学・政治カフェ；13, rue de l'Ancienne-Comédie, Paris 13ᵉ にレストランとして現存).

protestable *a.* 〖法律〗拒否できる. effet ~ par protêt 拒絶証書により拒否できる手形. facture ~ 拒否できる送り状.

PSB (=*P*rogramme de *s*tandarisation *b*iologique) *n.m.* 〖医・薬〗(ヨーロッパ連合の)生物学的規格設定計画.

purge *n.f.* **1** 〖医〗下剤をかけること；下剤(=remède purgatif). ~ d'un malade 患者に下剤をかけること. prendre une ~ 下剤を服用する.
2 〖織〗(糸の)精練(=purgeage). ~ des fils de soie 絹糸の精練.
3 〖工〗(ボイラー，配管などからの)残留ガス(液)の排除，ドレーン. robinet de ~ ドレーンコック.
4 〖法律〗(抵当権などの)解除. ~ des privilèges 特権の滌除(てきじょ).
5 〖政治〗粛清，追放，パージ. ~ dans un parti 政党内でのパージ.

Q

quant-à-soi *n.m.inv.* 我関せずという態度. rester sur son ~ よそよそしくしている，取り澄ます.

quantifié(e) *a.p.* **1** 数量化された；〖論理〗(賓辞が)量化された. 〖情報〗données ~es 数量化データ. 〖論理〗proposition ~e 量化命題.
2 〖物理〗量子化された. énergie ~e 量子エネルギー.

quinzomadaire *a.* 〖出版〗2週間に1回の，隔週刊の.
—*n.m.* 隔週発行定期刊行物，隔週誌. ~ présentant les programmes de télévision 隔週発行の TV 番組案内誌.

R

rabat *n.m.* 1 〖服〗ラバ(司祭・司法官・教授などの正装の胸飾に垂らした幅広のネクタイ、カラー付き胸当て). ~ de prêtre 司祭の正装のラバ.
2 〖服〗〔古〕幅広の垂れ襟(17-18世紀).
3 〖服〗折返し,(ポケットの)雨ふた. poche à ~ フラップ・ポケット.
4 〖狩〗狩出し(=rabattage).

rabattable *a.* 折りたためる. table ~ 折りたたみ式テーブル.

rabatteur(se) *n.* 1 〖狩〗勢子(せこ). organiser une battue avec des ~s 勢子を使って獲物を追いたてる.
2 〔比喩的〕客引き.
3 〖工〗折りたたみ工.
――*n.m.* 〖農〗(刈取機の)ピックアップ・リール.

racialisation (<racialiser) *n.f.* 人種の差別化;人種偏見.

radiant(e) *a.* 1 〖物理〗放射する,輻射する. chaleur ~*e* 放射(輻射)熱.
2 〔古〕放射状にひろがる(=rayonnant).
――*n.m.* 〖天文〗(流星群の)放射点(=point ~).

radicalité *n.f.* 〖政治〗急進性;過激さ.

radiocrochet *n.m.* 〖放送〗ラディオクロシェ(観客に《Crochet!》(帰れ!)と声をかけられると歌い手が退場する歌謡コンクール).

radiomimétique *a.* 〖薬〗放射線に似た,放射線様の. effet ~ des aliments irradiés 放射線照射食品の放射線様効果. substance ~ 放射線様物質.

radio-moquette (*pl.* ~*s*-~*s*) *n.f.* 〔話〕ラディオ=モケット(企業・地方自治体内での噂; =bouche-à-oreille).

raisonneur(se) *a.* 1 推論する. siècle ~ 理論的な世紀.
2 理屈っぽい;口答えする. petite fille ~*se* 言うことをきかない少女.
――*n.* 1 推論家. 2 理屈っぽい人;口答えする人. Ne faites pas le ~. つべこべ言うな.

rajeunissant(e) *a.* 若返らせる. chirurgie ~*e* 美容整形外科〔手術〕. crème de beauté ~*e* 若返り美容クリーム.

ramasse-poussière (*pl.* ~-~*s*) *n.m.* 1 〖ベルギー〗塵取り(=ramassette).
2 〔俗〕電気掃除機(=aspirateur).

ramée *n.f.* 1 〔文〕木の葉叢(はむら), (天蓋をなす)木の枝. se reposer sous la ~ 木陰で休息する.
2 (燃料または飼料用の)葉つきの枝. ramasser de la ~ 葉つきの枝を集める. 〔比喩的〕〔俗〕ne pas en ficher une ~ 何もしない.

rangé(e) *a.p.* 1 整然とした, 整頓された. bureau bien ~ きちんと整頓された事務机.
2 〖軍〗戦列を整えた. bataille ~*e* 戦列を整えた会戦.
3 堅実な. homme ~ まともな人. vie ~*e* 堅実な生活.

rapproché(e) *a.p.* 1 (時間的・空間的に)近くにある,接近した;(de に)近い. chaises ~*es* くっついた椅子. 〖映画〗plan ~ 近接ショット.
2 互いに似ている. Nous nous sentions ~*s* par un goût commun. われわれは趣味が似通っていると思っていた.

rauwolfia *n.f.* 〖植〗ローヴォルフィア, 印度蛇木(じゃぼく)(乾燥した根が血圧降下剤,鎮静剤に用いられる).

réaffirmation (<réaffirmer) *n.f.* 再確認. ~ d'un principe 原則の再確認.

rébarbatif(ve) *a.* 1 いかつい, 人好きのしない. air ~ 邪険な様子. mine ~*ve* いかつい顔付.
2 取っつきにくい, 難儀な, 人を閉口させる. études ~*ves* 難儀な研究. sujets ~*s* 取っつきにくい主題.

rebattu (<rebattre) *a.p.* 言い古された,使い古された. sujet ~ 陳腐な主題.

rebibes 〖スイス〗*n.f.pl.* ルビーブ(丸まった薄切りチーズ).

rebord *n.m.* 1 盛り上がった縁(へり). ~ d'une fenêtre 窓の縁. plat à ~ 縁の盛り上がった皿.
2 (堀, 崖などの)縁. ~ d'une colline 丘のへり.
3 〖服〗折返し(=revers).

rebours *n.m.* 〔古〕毛並みと逆の方向. 〔現用〕à ~ 毛並みに逆らって;逆向きに(の). compte à ~ 秒読み, カウントダウン. esprit à ~ つむじ曲りの人. caresser un chat à ~ 猫の毛を逆撫でする. prendre à ~ une rue à sens unique 一方通行の道を逆向きに行く.
au (à) ~ de *qch* 何と逆に. au ~ de ce que vous croyez あなたの信じておられるのと反対に.

recentrage (<recentrer) *n.m.* 1 新たな中心の設定. ~ d'un débat 論争の中心論点の再設定.
2 〖政治〗新たに設定した目標への再集結;軌道修正. ~ d'un parti 政党の軌道修正.
3 〖経済〗(企業活動の)特定部門への集中.
4 〖サッカー〗ボールの再センターリング(= ~ du ballon).

réceptice *a.* 〖法律〗通知を要する.

réchauffé(e) *a.p.* 1 温め直した. plat ~ 温め直した料理.
2 〔蔑〕蒸し返された;焼直しの, 陳腐な. plaisanterie ~*e* 陳腐な冗談. querelle ~*e* 蒸し返された喧嘩.
――*n.m.* 1 温め直した料理. 2 〔蔑〕蒸し返し;焼き直し. C'est du ~! 陳腐な話だ!

récipiendaire *n.*〔文〕**1** (学術団体などに祝典で迎えられる) 新会員. **2** 大学の学位受領者.

récitant(e) *a.*『音楽』独唱(独奏)する. partie ~*e* 独唱(独奏)部.
— *n.* **1**『音楽』独唱(独奏)者;(宗教曲などの)語り手.
2 (放送, 映画などの) ナレーター.

récitation *n.f.* **1** 朗唱. **2**〔学〕暗唱;暗唱用のテクスト. ~ d'un texte littéraire 文学作品の暗唱.

réclamateur (trice) *n.*『商業』到着荷物の引渡請求者.

récup[1] (= *récup*ération) *n.f.* (物の)回収利用.

récup[2] *n.f.*〔労働〕〔話〕超過勤務分の代休.

Récyclum *n.pr.*〔無冠詞〕〔環境〕レシクロム《廃棄電球の回収と再利用を行う公権力公認の組織;2005年5月26日電球製造業者により設立》.

rédintégration *n.f.* **1**『生理』(組織の)再生. **2** (過去の体験の) 復元.

refidi (= *r*ésidus d'*e*puration des *f*umées d'*i*ncinération des *d*échets industriels) *n. m.pl.*〔環境〕工業廃棄物焼却排煙浄化残滓(ざんし). stockage des ~ 工業廃棄物焼却排煙浄化残滓の保存.

réfiom (= *r*ésidu d'*é*puration des *f*umées des *i*ncinération d'*o*rdures *m*énagères) *n. m.* **1** 家庭ゴミ焼却排煙浄化残滓.
2 ゴミ焼却場 (= centre d'incinération des déchets).

réfléchissant(e) *a.* **1**〔古〕思慮深い.
2『物理』(光・音・熱などを)反射する. surface ~*e* 反射面.

réflex〔英〕*a.*『写真』一眼レフの. appareil ~ 一眼レフカメラ.
— *n.m.*『写真』一眼レフ〔カメラ〕. un ~ argentique 銀塩式一眼レフ. un ~ moyen format 中判一眼レフ. un ~ numérique デジタル一眼レフカメラ.

refoulé(e) *a.p.* **1** 押し返された;撃退された;逆流した, 逆行した;排除された. émigrants ~*s* à la frontière 国境で押し戻された移民.
2 抑圧された, 欲求不満の. désir ~ 抑えた欲望. révolte ~*e* 抑圧された反乱.
— *n.* 抑圧された人, 欲求不満の人.

réfutabilité *n.f.* **1** 反駁可能性. **2** 虚偽の立証性, 反証.

réfutation *n.f.* **1** (de に対する)反駁;(暗黙の)反証. **2**『修辞』駁論部.

réitéré(e) *a.p.* 繰り返された, 度重なる. attaques ~*es* 繰り返された攻撃. efforts ~*s* 度重なる努力.

rendant(e) (< rendre) *n.*〔法律〕compte 収支報告受理者;清算人.〔同格〕parties ~*es* compte 清算当事者.

rénitent(e) *a.*〔医〕緊張性. tumeur ~*e* 緊張性腫瘍.

repaire *n.m.* **1** 野獣のすみか (隠れ場, 巣窟).
2〔比喩的〕悪党の巣窟. ~ de brigands 山賊の巣窟.

réparable *a.* **1** 修理できる. appareil ~ 修理可能な機器.
2 償い得る, 取り返せる. erreur ~ 償える過失. perte ~ 補填可能な損失.

réparti(e) (< rêpartir) *a.p.* **1** 配分(分配)された;割当てられた;分かれた. somme ~*e* entre plusieurs personnes 何人かに配分された金.
2 (en に) 仕分けられた;分類された. animaux ~*s* en trois catégories 3つの類に分けられた動物.
3 分散した. touristes ~*s* dans deux hôtels 2つのホテルに分宿した観光客.
4 ふり分けられた. vacances ~*es* sur l'année 年間を通じ分けてとる休暇.

repérable *a.* **1** (< repérer, repère) *a.* 位置を決定(発見)し得る.『数, 物理』grandeur (quantité)~ (和や比がなく) 等・不等しか判定できない量(温度など).

répétiteur (trice) *n.*〔古〕復習教師, 自習監督者 (= maître ~, maîtresse *–trice*, surveillant(*e*)).
— *n.m.* (信号などの) 中継器.『通信』~ de câbles sous-marins 海底電線の中継器.『航空』~ de cap 方位角中継器. ~ de signaux 信号中継器.

répétitif(ve) *a.* 反復的な;繰返される;繰返しの多い, 単調な. travail ~ 反復的な仕事.

reposé(e) *a.p.* **1** 十分休息をとった, 疲れの癒えた;元気そうな. visage ~ 元気そうな顔付.
2 (心が) 落ち着いた. à tête ~*e* 落ち着いて, 慎重に. réfléchir à tête ~*e* 熟慮する.

reprogrammation *n.f.*〔電算〕リプログラミング (=〔英〕reprogramming)《移植のためのプログラムの作り直し》.

réptilien(ne) *a.* **1** 爬虫類の. démarche ~ *ne* 爬虫類のような歩き方. lignée ~ *ne* 爬虫類の系統.
2〔解〕cerveau ~ 脳幹 (= tronc cérébral;néocortex「大脳新皮質」の対).

requalification *n.f.*〔法律〕法性の再決定.

res communis [rɛskɔmynis]〔ラ〕*n.f.* 万人の共有物 (= chose commune)《空気, 太陽光線, 国際海域など》.

resort *n.m.*〔英〕*n.m.* リゾート.

respirant(e) *a.* (衣類・靴などが) 通気性のある, 通気性の高い. tissu ~ 通気性の布地.
▶ **respirabilité** *n.f.*

restitutoire *a.*〔法律〕返還(取消)を命じる. jugement ~ 返還(取消)を命じる判決.

réticulation *n.f.* **1** 網状の表面；網状化.
2〚写真〛(感光材の)網状の皺.
3〚化〛網状化. polymère transformé par ~ 網状化により変化したポリマー.

réticule *n.m.* **1** (婦人用の)網目の手提げ；小ハンドバック.
2〚光学〛(レンズの)十字線. ~ d'un microscope 顕微鏡の十字線.
3〚天文〛le R~ レチクル座.
4〚古代ローマ〛ヘアネット.

réticuline *n.f.*〚生化〛レチクリン(結合組織に存在する蛋白質).

retirage *n.m.* **1**〚出版〛再刷, 増刷. ~ d'une lithographie 石版画の再刷. ~ d'un livre 本の増刷.
2〚写真〛焼増し.

retiration *n.f.*〚印刷〛裏面印刷. presse à ~ 両面印刷機(=machine à ~).

retiré(e) *a.p.* **1** (場所が)都心から離れた, 人里離れた, 辺鄙な. quartier ~ et calme 都心から離れた静かな街区.
2 (人が)引きこもった；(de から)遠ざかった；引退した, 隠棲した. vie ~e 隠遁生活. vivre ~ 引きこもって暮す, 隠棲する.
3 こわばった, ひきつった, 緊張した.

retractable *a.*〚法律〛取り消し得る, 撤回し得る. offre ~ 取り消し得る申込.

rétroactes *n.m.pl.*〚ベルギー〛経緯(=antécédents). ~ d'une affaire 事件の経緯.

rétrocommission *n.f.*〚商業〛裏手数料.

RIC (=〚伊〛Regolamento Internazionale de Carozze) *n.m.*〚鉄道〛国際客車規定(旅客車両の国際的相互利用規定；認定客車には車体に RIC の標識がつけられる；貨車は RIV). système RIV/RIC 貨車・客車の国際的相互利用システム.

RIV (=〚伊〛Regolamento Internazionale de Veicoli) *n.m.*〚鉄道〛国際貨車規定(1922年イタリアで制定された貨車の国際的相互利用規定；2004年現在ヨーロッパ・中東諸国 33 カ国 44 鉄道会社がこのシステムに参画；認定された車両には車体に RIV の標識をつけることが規定されている；客車は RIC という). accord ~ /RIC 貨車・客車の国際的相互利用合意. union ~ 貨車の国際的相互利用連合.

RMA (=revenu minimum d'activité) *n.m.*〚労働〛実働最低所得(社会復帰(就職促進)最低保証所得を補う目的で 2004年 1月 1日より導入；週 20時間労働以上の場合 SMIC 相当額を保証；CI (contrat insertion) -~ ともいう).

rocaille *n.f.* **1** 小石だらけの土地；(地面に点在する)小石.
2〚装飾〛ロカイユ, 作り岩(小石や貝殻を漆喰またはセメントで固めた庭園・室内装飾)；ロカイユ庭園(岩の間に植物を植えた庭園). grotte en ~ ロカイユ装飾の洞窟.

3〚香水〛Fleurs de ~ フルール・ド・ロカイユ(石の花)(Caron 社が 1933年に発売).
——*n.m.* (時に *f.*)〚美術〛(ロココ時代の)ロカイユ様式.
——*a.inv.* ロカイユ装飾の；ロカイユ様式の. meuble ~ ロカイユ装飾の家具. style ~ ロカイユ様式.

roll on-roll off [英] *n.m.inv.* **1**〚運輸〛ロール・オン=ロール・オフ(車を運転したまま乗り降りできる交通手段；フェリーなど).

Roms (les) *n.pr.m.* ロマ族；ロマニ語 (romani) 族(=les Tziganes)(ジプシー).

rossard(e) *a.* (人が)辛辣な, 手厳しい；中傷好きな, 悪口好きな.
——*n.* 辛辣な人, 手厳しい人；中傷家.

Roubaix *n.pr.* ルーベー(département du Nord ノール(北)県の小郡庁所在地；市町村コード 59100；古くからの織物産業の中心地；工業都市；Lille, Tourcoing と共に広大な都市共同体 conurbation を構成；形容詞 roubaisien(ne)).

rusticité *n.f.* **1** 無骨, 粗野(=rustauderie).
2〚稀〛田舎風, 田舎らしさ. ~ des boiseries 板張り仕上げの田舎らしさ.
3〚農〛(農作物や家畜の)頑健さ；耐久性. ~ du pin sylvestre ヨーロッパ赤松の頑健さ.

rythmicité *n.f.* 律動性；リズム感.

S

sabine *n.f.*〚植〛サビーヌ, いぶき(アルプスやピレネー山脈に多い杜松(ねず)類；葉は薬用になる).

SADC (=[英] South African Development Community) *n.f.* 南部アフリカ開発共同体(=[仏] Communauté pour le développement du Sud de l'Afrique (略記 CDSA)；1980年 South African Development Coordination Community「南部アフリカ開発調整会議」として発足し, 1992年現名称に変更；加盟国は当初の l'Angola, le Botswana, le Lesotho, le Malawi, le Mozambique, le Swaziland, la Tanzanie, la Zambie, le Zimbabwe の 9 カ国に, 1990年 la Namibie, 1994年 l'Afrique du Sud, 1995年 l'île Maurice, 1997年 la République démocratique du Congo, 2005年 la République malgache が加わり計 14 カ国に；この間 1997-2004年に les Seychelles が加盟していた；事務局は le Botswana の Gaborone).

Saint Valentin *n.pr.m.* 聖ヴァランタン, 聖ヴァランティヌス, セント・ヴァレンタイン(3世紀に殉教したローマの司祭またはテルニの司教). la fête de ~ 聖ヴァレンティヌスの祝日, セント・ヴァレンタイ

ン・デー《2月14日》. chocolats d'obligation de la ~ セント・ヴァレンタイン・デーの義理チョコ.

saleté *n.f.* **1** 汚れ, 不潔さ. ~ des habits 衣服のきたなさ.
2〔*pl.* で〕ごみ, 塵芥;汚物. Il y a des ~s dans l'eau. 水の中にごみがある.
3〔話〕卑猥さ;卑猥なこと(もの). ~ d'un propos 言葉の卑猥さ. dire des ~s 卑猥なことを言う.
4 がらくた, くず;不味いもの. entasser des ~s がらくたをためこむ.
5〔話〕(人について) くず. S~, va! 出て行け, くず野郎! Il est une ~. 奴は人間のくずだ.
6 下劣(下品)な行為, いやらしいこと. faire une ~ à qn. 人に下劣(下品)なことをする.

saleur(**se**) *n.* **1** (食品の)塩漬業者. **2** (漁船での) 魚の塩漬処理人.
— *n.f.* (道路の凍結防止のための)塩まき作業車.

salop [salo] *n.m.*〔俗〕下劣な男, 下司野郎(= salaud)〔女性形は salope〕.

salope *n.f.*〔俗〕身持ちの悪い女;娼婦, 売女(ばいた), あばずれ《salaud の女性形;男に用いると痛烈な罵りとなる》.

satire *n.f.* **1**〔文〕風刺詩, 風刺文学. S~s d'Horace ホラチウスの風刺詩集.
2 風刺. trait de ~ 警句. faire la ~ de son époque 時代を風刺する.
3 嘲笑的批判, 皮肉, あてこすり, 厭味.
▶ satirique *a.*

saucissonné(**e**) (< saucisson, saucissonner) *a.p.* **1** (衣服が) 体にぴったりくっついた;窮屈な.
2 分断された. Le film était ~ par de la publicité. 映画はコマーシャルで寸断されていた.

sauteur(**se**) *a.* 飛び跳ねる;跳躍する. insectes ~ ses 飛び跳ねる昆虫.
— *n.* **1**〔陸上競技〕跳躍選手, ジャンパー. ~ à ski スキーのジャンプ選手. ~ en hauteur 走り高跳びの選手. ~ en longueur 走り幅跳びの選手.
2 軽業師.
3〔話〕話が飛躍する人;いい加減な人, 風見鶏(人).
— *n.m.* 障碍競技用の馬.
— *n.f.* **1**〔料理〕ソーテ(ソテー)用フライパン, 浅い炒め鍋.
2 電動曲りびき鋸(= scie ~ se).
3〔話〕尻軽女.

sautoir *n.m.*〔料理〕ソートワール(= plat à sauté)《肉・魚・野菜を炒めてから煮込む浅めの柄付き鍋》.

sauvagerie *n.f.* **1** 非社交性, 人嫌い.
2 残酷, 野蛮. ~ d'un meurtrier 殺人者の残酷さ. avec ~ 荒々しく.
3〔稀〕野性, 原始性(civilisation「文明」の対).

SBL4 (=〔英〕*Biosafety level* 4) *n.f.*〔医〕バイオセイフティー・レヴェル4(=〔仏〕*sécurité biologique* 〔de〕 *niveau* 4:SB4)《Ebora, Marburg, Lassa, variole など危険な病原体を封じ込める最高度に安全な実験施設についていう;P4(pathogène de classe 4) とよばれたこともある》.

secret-défense(*pl.-s-~s*) *n.m.* 国防機密.

S.Em. (= Son *Em*inence) *n.f.*〔尊称略記〕猊下(げいか)《枢機卿の尊称の略記》. ~ le cardinal Lustiger リュスティジェ枢機卿猊下.

sémaphore *n.m.* **1**〔海〕(船舶に対する)光学信号による航行指揮所.
2〔鉄道〕腕木信号機.
3〔電算〕セマフォ《同期制御方式》. système de ~ セマフォ・システム.

seniorité *n.f.* 年長者優先〔制〕;年功序列〔制〕.

sensibilisant(**e**) (< sensibiliser) *a.* **1**〔医〕感作性の;皮膚アレルギーを惹起する. facteur ~ à l'histamine ヒスタミン感作要素. potentiel ~ 感作潜在力.
2 増感性の.
— *n.m.* **1** 皮膚アレルギー発症物質(= ~ cutané). **2** (火薬の)起爆増感物質.

sentimentalité *n.f.* 感傷性;感傷癖, 感傷癖.

septante *pr.num.card.*〔東仏, 南仏, ベルギー, スイス, カナダ〕70 (= soixante-dix). ~-sept 77.
— *a.num.card.* 70 の.
— *n.m.inv.* **1**〔史〕les S~ (旧約聖書の) 70人の翻訳者. **2** être sur ses ~ 70歳である.

sépulcre *n.m.*〔文〕墳墓, 墓 (= tombeau). le Saint-S~ 聖墳墓《エルサレムにあるキリストの墓》.

séquencier *n.m.*〔映画〕画面割つけ資料.

sérail(*pl.~s*)[トルコ, ペルシア] *n.m.* **1** (オスマン・トルコ期のイスタンブールにあった)皇帝の宮殿;地方長官邸.
2〔古〕後宮, ハレム;後宮の女たち. *L'Enlèvement au ~ de Mozart* モーツァルト『後宮からの誘拐』(1871年).
3〔比喩的〕être élevé (nourri) dans le ~ politique 政界の水になじみ内幕に通じている.

serre-frein *n.m.*〔鉄道〕手動ブレーキ.

Sèvres *n.pr.* セーヴル(オー = ド = セーヌ県)département des Hauts-de-Seine の小郡庁所在地;市町村コード 92310;形容詞 séurien(ne). Manufacture nationale de porcelaine et Musée national de la céramique de ~ セーヴルの国立磁器製作所と国立陶磁器博物館.

S.Exc. (= Son *Exc*ellence)〔尊称略記〕閣下《大臣, 大使, 大司教, 司教に対する尊

称).
shiitaké [日] *n.m.* 椎茸 (=lentin de chêne). ~ séché 干し椎茸.
SIG² (=système d'*i*nformation *g*éographique) *n.m.* 地理情報システム(地理に関するデジタル化データバンク).
signifiant *n.m.* 〖言語〗シニフィヤン, 能記, 記号表現(対象を指示する記号).
signifié *n.m.* 〖言語〗シニフィエ, 所記, 言語内容(記号によって指示された対象・概念).
similaire *a.* **1** 同じ性質の, 類似した. hôtels ~s 類似のホテル. idée ~ 同一(類似)概念.
2 〖古〗均質の;〖数〗比例する (=proportionnel).
——*n.m.pl.* 類似品 (=produits ~s).
Sinaï *n.pr.m.* **1** シナイ地方;シナイ半島 (=presqu'île du S~). guerre du S~ シナイ戦争(イスラエルの侵攻による戦争: 1) 1956年10月29日-11月5日. 2) 1967年5月17日-23日).
2 le mont ~ シナイ山(最高峰は mont Sainte-Catherine で標高2,642 m; 山塊中の Djebel Moussa で Moïse モーセが十戒を授かったとされる).
▶ sinaïtique *a.*
skating [英] *n.m.* **1** ローラー・スケート (=[仏] patinage à roulette).
2 〖スキー〗スケーティング(スケート滑走法).
sketch [英] *n.m.* **1** スケッチ, 写生. **2** 下書き, 草案 (=esquisse), 概要. **3** 〖演劇・ショー〗寸劇.
slowfood [slofud] [英] *n.m.* スローフード(上質な食材を時間をかけて丁寧に調理した料理の提供; fast-food「ファスト・フード」の対).
SMUR (=*S*ervice *m*obile d'*u*rgence et de *r*éanimation) *n.m.* 〖医〗移動救急蘇生業務(負傷者などに応急医療措置を施し, 治療機関に搬送する業務; SAMU に所属).
sodoku [日] *n.m.* 〖医〗鼠毒病.
soliloque *n.m.* **1** 独り言. **2** 一人喋り.
Sông Hông [ヴェトナム] *n.pr.m.* ソンホン河, ソンコイ河 (le Songka) ([中国] 紅河 (こうが) ; [仏] le fleuve Rouge) (中国南西部, 雲南省に源を発し, ヴェトナムを経てトンキン湾に注ぐ河; 延長1,200 km).
sonorisé(e) *a.p.* **1** 〖発音〗(無声子音を) 有声化した. t ~ en d ~ の有声化した t.
2 〖視聴覚〗音入れした. film ~ 音入れしたフィルム.
3 音響装置を設置した. salle ~e 音響装置付のホール.
sophiste *n.* **1** 〖ギリシア哲〗*n.m.* ソフィスト. **2** 詭弁 (きべん) 家; 屁理屈屋.
——*a.* 詭弁的な.
soufflé(e) *a.p.* **1** ふくらんだ; 〖料理〗加

熱してふくらませた; 型に入れてオーヴンで焼いてふくらませた. air ~ 送風機で送られた空気. pommes ~es ふくらませた焼き林檎.
2 〖比喩的〗〖話〗茫然自失した, 吃驚仰天した.
——*n.m.* 〖料理〗スフレ (型に入れてオーヴンで加熱してふくらませた料理・デザート). ~ au gibier sauce Périgueux ジビエ(野鳥・獣)のスフレ, ソース・ペリグー添え. ~ aux framboises フランボワーズのスフレ. ~ glacé スフレ・グラッセ(スフレに似た氷菓).
soufflet *n.m.* **1** ふいご; 送風機. ~ de forge 鍛冶屋のふいご. 〖医〗bruit de ~ ふいご音(心音). ranimer le feu à l'aide d'un ~ ふいごで火を起こす.
2 〖機工〗(車両の継ぎ目の) 幌, 幌に覆われた連結部; (カメラの) 蛇腹.
3 〖製本〗ふくませ (=boursouflure).
4 〖裁縫〗襠 (まち), ゴアー. sac à ~s 襠の入ったバッグ.
5 〖建築〗(火炎式ゴシック様式の) 流紋.
6 〖比喩的〗〖文〗平手打ち, 侮辱.
souffleur(se) *n.* **1** 〖劇〗プロンプター, trou du ~ プロンプターボックス.
2 送風係. ~ de forge 炉の送風係. ~ d'orgue パイプオルガンの送風係.
3 ガラス吹き工 (=~ de verre). ~ de bouteilles 壜吹き工.
——*n.m.* 〖動〗大型いるか.
——*n.f.* 〖カナダ〗送風機付除雪車.
souffré-douleur (*pl.* **~-~s**) *n.m.* いじめ(いやがらせ, からかい)の対象となる人; いじめられっ子.
sous-chemise *n.f.* (書類フォルダーの) 分別ファイル.
sous(-)pression *n.f.* 加圧. 〖同格〗équipements ~ 加圧機器装置 (略記 ESP).
sous-texte *n.m.* 〖文〗(文学作品の) 暗に示す意味, 潜在的意味 (=[英] subtexte).
sous-total (*pl.* **~-~aux**) *n.m.* 小計.
soutenable *a.* **1** 堂々と主張し得る, 批判に耐え得る. opinion ~ 堂々と主張できる意見.
2 耐え得る. douleur ~ 我慢できる痛み. Ce bruit n'est pas ~. この騒音は耐え難い.
SPADEM (=*S*ociété de la *p*ropriété *a*rtistique et des *d*essins *et* *m*odèles) *n.pr.f.* 美術・デッサン・デザイン著作権協会 (1954年設立の美術著作権管理機関).
Sphinx *n.pr.m.* 〖エジプト神話〗スフィンクス (人面と獅子の身体を持つ怪物; 通りかかる人に謎をかけ, 答えられぬ者は殺したという). énigme du ~ スフィンクスのかける謎.
SSD (=[英] *s*olid *s*tate *d*rive) *n.m.* 〖電算〗ソリッド・ステート・ドライヴ (=[仏] lecteur à l'état solide) (記憶媒体にフラッシュ・メモリを利用した駆動装置; ハード

ディスクに対抗する製品).
standiste *n.* (見本市などの)スタンド専門家《スタンドの企画・設置担当者》.
strict(e) [strikt] *a.* **1** 厳しい,厳格な;厳密な. ~*e* vérité 真実そのもの. application ~*e* de la loi 法律の厳密な適用. discipline ~*e* 厳格な規律. au sens ~ du mot 語の狭義において.
2 (人が) 厳しい,厳格な. être ~ à l'égard de *qn* 人に対して厳格である. être ~ en affaires 仕事に几帳面である.
3 (権利などが) 最低限の, ぎりぎりの. le ~ minimum 最低限度. le ~ nécessaire 最低必需品. C'est là son droit le plus ~. それが彼のぎりぎりの権利だ. dans la plus ~ intimité ごく内輪だけで.
4 (言葉などが) 簡潔な;(服装などが) 飾り気のない. tenue ~*e* きちんとした身なり.
5 〖数〗inégalité ~*e* 狭義の不等式.
stroboscope *n.m.* **1** 〖物理〗ストロボスコープ. ~ ultrasonique 超音波ストロボスコープ.
2 〖写真〗ストロボ.
suave *a.* **1** 心地よい, 甘美な. musique ~ 妙なる音楽. odeur ~ 馥郁(ふくいく)たる香り. plaisir ~ うっとりするような快さ.
2 優しい. regard ~ 優しい眼差.
subjectivisme *n.m.* **1** 〖哲〗主観主義.
2 主観的傾向 (姿勢).
suivisme *n.m.* 〔蔑〕(権力に対する) 盲従, 盲従的態度.
supercarré *n.m.* 〖機工〗ショートストローク・エンジン (= moteur ~).
supercentenaire *n.* 110歳以上の人.
superciment *n.m.* 〖土木〗スーパーセメント(速乾性の耐久性の高いセメント).
surfréquentation *n.f.* 来訪者の過密状態. ~ d'une site touristique 観光地における観光客の過密状態.
suspicieux(se) *a.* 疑念に満ちた, 疑わしげな, うさんくさそうな (= soupçonneu*x*(*se*)). regards ~ 疑わしげな目つき.
synchronisme *n.m.* **1** 同時性;同時発生. **2** 〖電〗同期.
syndicalisé(e) *a.p.* 組合に加入した;組合に組織された, 組合化した;組合意識をもった. travailleurs ~*s* 組合に加入した労働者;組合に組織された労働者.
syndicalisme *n.m.* **1** 〖史〗サンディカリスム《19世紀末フランスの急進的労働組合》.
2 組合主義;組合体制;組合活動. ~ agricole 農業組合体制. ~ anarchiste 無政府主義的組合活動. ~ de métier 職業的組合活動. faire du ~ 組合活動をする.
synécologie *n.f.* 〖環境〗群集 (群落) 生態学.
syntaxe *n.f.* **1** 〖言語〗統辞論, 構文論, サンタックス, シンタックス;統辞法, 構文

法;統辞論の書物.
2 〖教育〗〖ベルギー〗高校第一年次《古典文科系;第二年次は la poésie, 第三年次は la rhétorique》.
syntonie *n.f.* 同調性.
syntonisation *n.f.* 同調.

T

tachygenèse *n.f.* 〖生〗急速発生.
tactisme *n.m.* 〖生〗走性, 趨性(すうせい).
taillage (<tailler) *n.m.* 〖機工〗切削〔加工〕;〖土木〗煉瓦切断. ~ d'une roue dentée 歯車の切削加工.
taillanderie *n.f.* **1** 刃物製造 (販売) 業.
2 〔集合的〕刃物.
taille-douce(*pl.* ~*s*-~*s*) *n.f.* 〖美術〗(銅版による) 彫刻凹版〔画〕(= gravure en ~)(eau-forte「エッチング」の対). presse de ~ タイユ・ドゥース印刷〔機〕.
taille-haie(*pl.* ~-~*s*) *n.m.* 〖園芸〗電気生垣カッター.
tapeur(se) *n.* **1** 〔話〕しょっちゅう借金する人. **2** 叩く人.
taquin(e) *a.* からかい好きな, 嘲笑好きな, いたずらっぽい. caractère ~ からかい好きな性格. garçon ~ いじめっ子.
——*n.* からかう人 (嘲笑, いたずら) 好きな人.
——*n.m.* 〖遊戯〗(番号・アルファベット札の)組合せパズル.
taquinerie *n.f.* からかい (嘲笑) 好きなこと;からかい (じらし) の言葉. adresser des ~*s* à *qn* 人にからかい (嘲笑) の言葉を浴せる. harceler de ~*s* à *qn* 人をからかって悩ませる.
TCC (= *t*hérapie *c*ognitivo-*c*omportementale) *n.f.* 〖精神医学〗認識・行動療法(ストレス, 不安の治療法).
T-DMB (= 〔英〕 *T*errestrial *D*igital *M*ultimedia *B*roadcasting) *n.m.* 〖放送〗地上ディジタル・マルチメディア放送〔規格〕(地上ディジタル方式ラジオ放送の新規格).
techno *n.f.* 〖音楽〗テクノミュージック(電子効果を利用したポピュラー音楽).
——*a.* テクノミュージックの.
technoïde *a.* 〖情報〗技術進歩に関する.
——*n.m.* テクノミュージック愛好者.
tegmentum [-mɛtɔm] *n.m.* **1** 〖解剖〗(中脳の) 被蓋 (= ~ du mésencephale).
2 〖植〗外被, 芽鱗(がりん).
Tel-Aviv *n.pr.* テル=アヴィヴ(イスラエルの都市;形容詞 telavivien(*ne*)).
téléchargeur(se) *n.* 〖情報〗インターネットによるデータ, ソフト, 音楽などの取得者.
télédéclaration (<télédéclarer) *n.f.* 〖税〗遠隔申告, 電子申告 (= ~ fiscale)(インターネットによる税の申告). ~ des reve-

nus 所得の電子申告. ~ obligatoire de la TVA pour une partie des PME 中小企業の一部に対する付加価値税の義務的電子申告.

téléopéré(e) *a.p.* 遠隔操作された (= télécommandé(e)). système d'exploration ~ 遠隔探査システム.

téléprédicateur *n.m.* TV 利用宣教師.

télérelevage (<téléreleveur) *n.m.* 遠隔検針. ~ des compteurs électriques 電気メーターの遠隔検針.

tempura [日] *n.m.*(*f.*) 〖料理〗天婦羅.

ténace *a.* **1** (人が) 頑固な, しつこい; (性格が) 強情な. chercheur ~ 頑固な研究者. **2** (偏見, 憎悪などが) 抜き難い; (病気が) 治りにくい. migraine ~ しつこい頭痛. superstitions ~s 抜き難い迷信. **3** 粘着力のある; (金属が) 靭性 (じんせい) の; (匂いが) 消えにくい.

ténor [伊] *n.m.* **1** 〖音楽〗テノール; テノール歌手. ~ lyrique テノール・リリコ. **2** 〖比喩的〗立役者, 花形. ~ de la politique 政界の大立物.
—*a.* 〖音楽〗(楽器が) テノールに対応する音域の. saxophone ~ テノール・サクソフォーン, テナー・サックス.

tensionnel(le) *a.* 〖医〗血圧に関する. contrôle ~ 血圧管理.

téraoctet *n.m.* 〖電算〗テトラバイト (= [英] terabyte)《1 兆バイト》.

TEU (= [英] *t*wenty-feet *e*quivalent *u*nit) *n.m.* 〖運輸〗20 フィート当量 (= [仏] EVP = *é*quivalent *v*ingt *p*ieds)《20 フィート・コンテナーを基準に 1961 年に制定されたコンテナーの大きさの ISO 計数単位》.

thermogramme *n.m.* 〖医〗サーモグラム《サーモグラフ thermographe による温度記録図》.

thermorémanence *n.f.* 〖物理〗急冷却による残留磁気.

thiazole *n.m.* 〖化〗チアゾール《悪臭のある無色または淡黄色の水溶性液体》; C_3H_3NS; 染料, 殺菌用》.

tintamarre *n.m.* **1** 喧噪 (けんそう), 騒音, 騒ぎ. ~ des klaxons 警笛の騒音. faire du ~ 騒ぎたてる.
2 〖比喩的〗抗議, 反論.

TLFi (= *T*résor de la *l*angue *f*rançaise *i*nformatisé) *n.m.* 電子化フランス語宝典 (辞典)《TLF の電子版; www.tlfi.fr》.

TNT-HD (= *t*élévision *n*umérique *t*errestre-*h*aute *d*éfinition) *n.f.* 〖放送〗地上波ハイヴィジョン TV. tuner ~ 地上波ハイヴィジョン TV 用チューナー.

toléré(e) *a.p.* **1** 大目に見られた, 許容された, 黙認された; 寛容を示した. abus ~s 黙認されている悪習. défaut ~ 大目に見られた欠点.
2 我慢できる. douleur ~e 我慢できる苦痛.

top-modèle *n.m.* トップ・モデル (= mannequin vedette).

top-niveau *n.m.* 〖俗〗最上級の, 第一級の, トップ・ランクの. sportif qui est au ~ mondial 世界でトップクラスのスポーツ選手.

top-ten [英] *n.m.inv.* トップテン.

toqué(e) *a.p.* **1** (de に) 夢中になった, のぼせあがった. **2** 少し頭のおかしい, いかれた.
—*n.* 頭の少しおかしい人.

torrenticole *a.* 急流に棲息する.

tourmaline *n.f.* 〖鉱〗電気石, 紅電気石 (=rubellite).

tout-à-l'égout [tutalegu] *n.m.inv.* 下水道直結水洗装置.

tracker [trakœr] [米] *n.m.* 〖金融〗上場投資信託 (=exchange traded fund)《取引所で取引される投資信託; 株価の変動による金融商品》.

trans [trɑ̃s] *n.* 〖精神医学〗〖俗〗性転換願望者 (=transsexuel(le)).
—*a.* 性転換願望の; 性転換に関する.

translatif(ve) *a.* **1** 〖法律〗譲渡を行う; 譲渡効果をもつ. contrat ~ de propriété 所有権譲渡契約.
2 〖言語〗転格の《状態の変化を表す格の》.
—*n.m.* 〖言語〗転格.

très-gros-porteur(*pl.*-~-~s) *n.m.* 〖航空〗超大型機 (旅客機・輸送機; Airbus A 380, Boeing 747 など).

trembleur(se) *n.* 小心者, 臆病者.
—*a.* **1** 小心な, 臆病な. **2** 震える.
—*n.m.* 〖電〗振動子; チョッパー; ブザー (=vibreur).
—*n.f.* 〖はめ込み式の茶托のついた〗小型茶碗. **2** 〖釣〗pêche à la ~《釣糸を小刻みに動かす》誘い釣り.

truqueur(se) *n.* **1** ペテン師, いかさま師; 欺瞞者; (美術品などの) 模造者, 偽造者. **2** 〖映画〗特撮技師 (=truquiste).
—*n.m.* 男娼.
—*n.f.* 売春婦.
—*a.* ペテン師の; いかさまの.

truquiste *n.* 〖映画〗特撮技師.

tubéreuse *n.f.* 〖植〗チューベローズ《学名 Polianthes tuberosa; 白花をつける球根植物》.

turbocode *n.m.* 〖情報〗ターボコード, ターボ符号《ディジタル情報の誤り訂正符号; 第三世代の GPS 式携帯電話などに利用》.

turbovoile 〖商標〗*n.f.* 〖海〗チュルボヴォワル《直立する柱にとりつけた円筒型で回転式の新型帆》.

U

UGC (= *U*nion *g*énérale *c*inématographique) *n.pr.f.* 〖映画〗映画総連合《1971 年設立の映画配給組織; 2002 年仏, 英, 伊, 西,

補遺（Ⅰ）

ベルギー，アイルランド 6 カ国で 900 の映画館網を展開）．～ Ciné Cité Bercy（パリの）UGC ベルシー映画都市《1994 年開設の複合映画館》. chaîne de distribution ～ UGC 映画配給網．

UM（= *U*nion *m*éditerranéenne）*n.f.* 地中海連合（= Union *p*our la *M*éditerranée：UPM）《地中海地域の協力拡大を定めた 2007 年の Processus de Barcelone「バルセローナ協定」を拡充するもので，ヨーロッパ連合（UE）27 カ国と中東・北アフリカの諸国を加えた約 40 カ国からなり，2010 年のヨーロッパ・地中海自由貿易圏（zone euro-méditerranéenne de libre-échange）の創設が柱となる；2008 年 7 月 13・14 日に Paris で開催されたヨーロッパ・地中海首脳会議 Sommet euro-méditerranéen で具体策が協議された》．

UMH（= *u*nité *m*obile *h*ospitalière）*n.f.*〖医〗移動病院班（救急治療の重装備車両と要員）．

Unidir（=〔英〕*U*nited *N*ations *I*nstitut for *D*isarmament *R*eseach）*n.m.* 国連軍縮研究所（=〔仏〕Institut des Nations unies pour la recherche sur le désarmement）《1980 年 Genève に設置；軍縮会議 Conférence du désarmement の本部》．

univoque *a.* **1**〖言語〗一義の，一意性の．terme ～ 単義語．**2** 多義でない，曖昧でない，明白な．**3**〖数〗correspondance ～ 一意的対応．

URB（= *U*nion de la *R*ussie et de la *B*iélorussie）*n.f.* ロシア・ベラルーシ連合（*U*～ de l'Etat fédéral de la Russie et de la Biélorussie「ロシア・ベラルーシ連邦国家連合」ともいう）．

V

valence[1] *n.f.* ヴァレンシア・オレンジ《品種名》．

valence[2] *n.f.* **1**〖化〗原子価，イオン価．électron de ～〔原子〕価電子．**2**〖生〗（染色体などの）数価；（抗原，抗体の）結合価．**3**〖心〗誘意性，誘発性．～ positive (négative) 誘引 (反撥) 誘意性．**4**〖動・植〗écologique 環境適応性．

valse *n.f.* **1**〖舞踊〗ワルツ．～ viennoise[1] ヴィーン風ワルツ. danser la ～ ワルツを踊る．**2**〖音楽〗ワルツ，円舞曲．～s de Johann Strauss ヨハン・シュトラウスの円舞曲．viennoise[2] ヴィーン風円舞曲，ウインナーワルツ．**3**〖比喩的〗〖話〗（官職などの）たらい回し；（物価などが）目まぐるしく変わること．～ des ministres 大臣の頻繁な交代．～ des prix 物価の目まぐるしい変動．

Vélib'（= *vél*o en *lib*re-service à Paris）*n.m.* ヴェリブ（パリの）貸出自転車システム；2007 年 7 月，道路の渋滞対策として導入されたレンタル自転車；駅や観光地など 1,500 カ所のステーション station ～ に自転車 2 万台を常備し，無休で終日利用可；但し，14 歳以上で，1 年・1 週間・1 日の登録料を支払って会員になる必要あり；費用は最初の 30 分は無料，延長した場合最初の 30 分 1 €，次の 30 分 2 €，3 回以降は 30 分毎に 4 €；借りた自転車は，乗ったところ以外のステーションに返却できる；詳細は www.velib.paris.fr/ または 01.30.79.79.30 の案内電話で）．

ver *n.f.* **1** 虫；（特に）みみず（= ～ de terre；lombric terrestre). être nu comme un ～ 素裸である. se tordre comme un ～ のたうつ．**2**（昆虫の）幼虫．～ blanc こがねむし (hanneton) の幼虫．～ de farine ごみむしだまし (ténébrion) の幼虫．～ de soie 蚕．～ gris 夜蛾（やが noctuelle）の幼虫．**3** 寄生虫．～ intestinal 腸内寄生虫；回虫．～ solitaire 条虫, さなだ虫 (= ténia).〖比喩的〗avoir le ～ solitaire いつも腹を空かせている．avoir des ～s（人が）腹に寄生虫をもっている．chasser les ～s 駆虫する．〖比喩的〗tirer les ～s du nez à *qn* 人を巧みに誘導訊問する．〖比喩的〗tuer le ～ すきっ腹にブランデーを流し込む．**4** うじ虫．～ des morts 死体にわくうじ虫．**5**〔*pl.* で〕〖動〗蠕動（ぜんどう）形動物．～s annelés 環形動物 (= annélides). ～s plats 扁形動物 (= plathelminthes). ～s ronds 円形動物 (= némathelminthes). **6**〖比喩的〗虫けら同然の人物．**7**〖電算〗虫ウイルス（コンピュータのメモリーに入り込んで増殖するウイルス）．

Vézelay *n.pr.* ヴェズレー（ヨンヌ県 département de l'Yonne の小郡庁所在地；市町村コード 89450；形容詞 vézelien(ne)；viollet-le-Duc が修復したロマネスク・ゴシック様式の名聖堂 Basilique de la Madeleine (12 世紀) がある）．

viatique *n.m.* **1**〖古〗路銀, 旅費；（巡礼者, 旅人への）お布施．**2**〖カトリック〗臨終の聖体拝領．recevoir le ～ 臨終の聖体を拝領する．**3** 不可欠の手段（援助）；切札．savoir est un ～. 知識は切札である．

victimaire *n.m.*（古代の）神に生贄を捧げる祭司．
——*a.*（刑法的・心理的・歴史的見地からの）犠牲者（被害者）に関する．

victimisation（< victimiser）*n.f.* **1** 犠牲者（被害者）にすること；犠牲者（被害者）とみなすこと．**2** 生贄として神に捧げる（殺す）こと．**3** いじめ．～ d'un enfant 子供に対するいじめ．

vidéoart *n.m.* ヴィデオアート (＝art vidéo).
vipère *n.f.* **1**〖動〗くさりへび；蝮 (まむし)〘毒蛇〙. ～ aspic アスプくさりへび. ～ cornue (à cornes) つのくさりへび. nœux de ～s 蝮のからみ合い.
2〖比喩的〗腹黒い人. langue de ～ 毒舌家. C'est une ～ ! 腹黒い奴だ！
virémie *n.f.* 〖医〗ウイルス血症〘血中にウイルスがある症状；ウイルスの全身感染症〙.
virginal (ale) (*pl. aux*) (＜vierge) *a.* **1** 処女の；処女らしい. pudeur ～*ale* 処女のはじらい.
2〖比喩的〗聖母マリア) の (＝marial).
3〖比喩的〗純粋無垢な，まじり気のない. blancheur ～*ale* 純白. lys ～ 清らかな百合の花.
virothérapie *n.f.* 〖医〗ウイルス利用療法.
Vjing [vidʒiŋ] *n.m.* ヴィデオジョッキー (活動).
v.m.q.p.r.d. (＝*v*in *m*ousseux de *q*ualité *p*roduit dans une *r*égion *d*éterminée) *n.m.* 〖葡萄酒〗特定地方生産高品質発泡性葡萄酒 (＝〖独〗Sekt bestimmter Anbangebiete, Sekt b.A.) (champagne, clément de Bourgogne など).
voiturée *n.f.* **1** 車両 1 台分の搭載量. deux ～s de bois 2 台分の木材.
2 車両 1 台の乗車人員.
volémie *n.f.* 〖生理〗(生体の) 総血液量〘人間の男性では 76 ml/kg，女性では 66 ml/kg〙.
volleyeur (se) *n.* 〖スポーツ〗**1** ヴァレー・ボール (volley-ball) の選手. **2** (テニスの) ヴォレーを得意とする選手.
v.q.p.r.d. (＝*v*in de *q*ualité *p*roduit dans une *r*egion *d*éterminée) *n.m.* 〖葡萄酒〗特定地方生産高品質葡萄酒.
VSAB (＝*v*éhicule de *s*ecours aux *a*sphyxiés et *b*lessés) *n.m.* 窒息・負傷者救急車〘消防署所属の救急車〙.

VSAV (＝*v*éhicule de *s*ecours et d'*a*ssistance aux *v*ictimes) *n.m.* 犠牲者救助・保護車両〘消防署の救急車；単に治療機関に移送するのではなく，救急医療措置も実施〙.

W

wallonisme *n.m.* 〖言語〗(ベルギーの) ワロン特有語法.
warrantage (＜warranter) *n.m.* 動産担保の設定；保証 (＝garantie). ～ à vie 無期限保証 (＝[英] lifetime warranty).
warranté (e) *a.p.* 動産担保が設定された. récoltes ～*es* 動産担保の対象となっている農業収穫物.
WS (＝*W*orldscale) [英] *n.m.* ワールドスケール指数 (＝barème ～, taux ～), 原油タンカー運賃指数〘ニューヨークとロンドンのワールドスケール協会 (Worldscale Association) が毎年初頭に更新する 1 トン当たりの基準運賃指標；1952 年導入〙.
www.larousse.fr/ *n.pr.* 〖情報〗フランス，ラルース社百科事典の無料検索インターネット・サイト名〘2008 年 5 月 13 日運用開始〙.

X

X-TER, X-ter, Xter [ikstɛr] *n.m.* 〖鉄道〗地方急行鉄道 TER の幹線用新型気動車〘通称 mini TGV；1997 年導入；2 両または 3 両編成，最高時速 160 km の Alstom 社製気動車 X 72500 型列車〙. aller de Bordeaux à Lyon en ～ XTER でボルドーからリヨンに行く.

Y

†**yakuza, yakusa** [日] *n.m.* やくざ.

補　遺（Ⅱ）

(収録語に対する訳語・用例の補遺)

autorail *n.m.* 〖鉄道〗オートライユ, 自走車両《機関車に牽引されず, ディーゼルエンジンもしくは電動モーターで走行する車両で, 気動車, 電車, 気動・電動併用車などがある》. ～ à grande capacité (AGC) 大輸送量自走車両《ディーゼルエレクトリック式気動車 X 76500 型 (XGC), 直交流式電車 Z 27500 型 (ZGC), 電化・非電化区間両用の B 81500 型 (BGC), 電化・非電化区間両用で交直流方式の気動・電車 B 82500 (Bibi) などがある》. ～ à grande ligne 幹線用ディーゼル列車《X-ter の X 72500 型, X 73500 型, X 73900 型車両など；通称 mini TGV》.

anticorps *n.m.* 〖医・薬〗médicament ～ 抗体医薬 (＝médicament à base d'～).

biologique *a.* 〖医〗sécurité ～ au laboratoire [de] niveau 4 (SB 4) 実験室におけるバイオセイフティー 4 (＝[英] *Biosafety level* 4). 〖医〗manuel de sécurité ～ en laboratoire 実験室におけるバイオセイフティー・マニュアル (＝[英] *Laboratory Bio safety Manual*)《世界保健機関 WHO が制定》.

couloir ouvrir un ～ humanitaire dans la bande de Gaza ガザのベルト地帯に人道的回廊 (人道的支援物資の補給路) を開く.

immatriculation la nouvelle ～ des véhicules 車輛の新登録番号. nouvelle plaque d'～ 車輛登録番号の新プレート《2009 年 1 月 1 日以降の購入新車に適用；中古車および持主, 所有者の住所が変った場合は 2009 年 3 月 1 日から適用；プレートの左端に青地に白い星印のユーロマーク下に F, 次いで 2 文字-3 数字-2 文字, 右端には青地に任意選択の県番号とその上に当該県の所属するレジョンのロゴマークが入る；*ex.* ♀ AB-344-CA ▯₃₅：▯に Bretagne の表記とそのロゴが入る》. système d'～ des véhicules 車輛の登録番号システム (略記 SIV).

interopérabilité *n.f.* 〖鉄道〗(車両の) 国際的相互利用性；(鉄道の) 国際的相互乗入れ制.

SMR (＝service *m*édical *r*endu) *n.m.* 〖医, 薬〗(医療, 医薬品の) 治療効果. ～ d'un médicament générique 後発医薬品の治療効果. ～ par thermalisme 温泉療法の治療効果.

sommet ～ financier des 27 ヨーロッパ連合 27 カ国による金融危機に対処する首脳会議. ～ financier mondial du 15 novembre 2008 à Washington DC ワシントンにおける 2008 年 11 月 15 日の国際金融サミット (＝[英] International financial summit；International summit on the financial crisis)《G 8 と Brics など 20 の国・地域 (G 20) が参加》.

TER 〖鉄道〗～ GV (＝*t*ransport *e*xpress *r*égional à *g*rande *v*itesse) TGV 用の新幹線鉄道網を利用して運用される地方急行鉄道〔車輛〕《X-TER　X 72500 型など》.

urbain(e) *a.* mine ～*e* 都市鉱山《製品に含まれているレアメタルなどを回収する工場》.

zone ～ militaire fermée 軍事的封鎖地帯. ～ militaire fermée au public par l'armée islaérienne autour de Gaza ガザ周辺にイスラエル軍が設定した民間人立入り禁止軍事的封鎖地帯.

フランス本国

地方(レジオン),地方中心都市
( )内の数字は地方番号,他は県番号

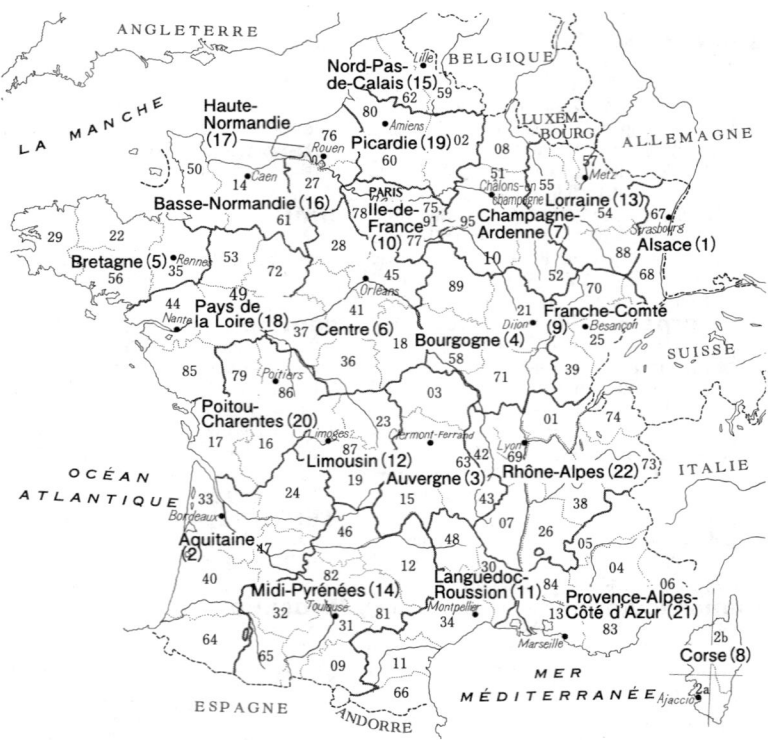

県番号	県名	地方(レジオン)番号	県庁所在地 (⊙は地方(レジオン)中心都市)
01	Ain	22	Bourg-en-Bresse
02	Aisne	19	Laon
03	Allier	3	Moulins
04	Alpes-de-Haute-Provence	21	Digne-les-Bains
05	Alpes (Hautes-)	21	Gap
06	Alpes-Maritimes	21	Nice
07	Ardèche	22	Privas

県番号	県名	地方 (レジオン) 番号	県庁所在地 (◉は地方 (レジオン) 中心都市)
08	Ardennes	7	Charleville-Mézières
09	Ariège	14	Foix
10	Aube	7	Troyes
11	Aude	11	Carcassonne
12	Aveyron	14	Rodez
13	Bouches-du-Rhône	21	◉ Marseille
14	Calvados	16	◉ Caen
15	Cantal	3	Aurillac
16	Charente	20	Angoulême
17	Charente-Maritime	20	La Rochelle
18	Cher	6	Bourges
19	Corrèze	12	Tulle
2A	Corse-du-Sud	8	◉ Ajaccio
2B	Corse (Haute-)	8	Bastia
21	Côte-d'Or	4	◉ Dijon
22	Côtes-d'Armor	5	Saint-Brieuc
23	Creuse	12	Guéret
24	Dordogne	2	Périgueux
25	Doubs	9	◉ Besançon
26	Drôme	22	Valence
27	Eure	17	Evreux
28	Eure-et-Loir	6	Chartres
29	Finistère	5	Quimper
30	Gard	11	Nîmes
31	Garonne (Haute-)	14	◉ Toulouse
32	Gers	14	Auch
33	Gironde	2	◉ Bordeaux
34	Hérault	11	◉ Montpellier
35	Ille-et-Vilaine	5	◉ Rennes
36	Indre	6	Châteauroux
37	Indre-et-Loire	6	Tours
38	Isère	22	Grenoble
39	Jura	9	Lons-le-Saunier
40	Landes	2	Mont-de-Marsan
41	Loir-et-Cher	6	Blois
42	Loire	22	Saint-Etienne
43	Loire (Haute-)	3	Le Puy-en-Velay
44	Loire-Atlantique	18	◉ Nantes
45	Loiret	6	◉ Orléans
46	Lot	14	Cahors
47	Lot-et-Garonne	2	Agen
48	Lozère	11	Mende
49	Maine-et-Loire	18	Angers
50	Manche	16	Saint-Lô
51	Marne	7	◉ Châlons-en-Champagne
52	Marne (Haute-)	7	Chaumont
53	Mayenne	18	Laval
54	Meurthe-et-Moselle	13	Nancy
55	Meuse	13	Bar-le-Duc
56	Morbihan	5	Vannes
57	Moselle	13	◉ Metz
58	Nièvre	4	Nevers
59	Nord	15	◉ Lille
60	Oise	19	Beauvais
61	Orne	16	Alençon
62	Pas-de-Calais	15	Arras
63	Puy-de-Dôme	3	◉ Clermont-Ferrand

県番号	県名	地方 (レジオン) 番号	県庁所在地 (⊙は地方 (レジオン) 中心都市)
64	Pyrénées-Atlantiques	2	Pau
65	Pyrénées (Haute-)	14	Tarbes
66	Pyrénées-Orientales	11	Perpignan
67	Rhin (Bas-)	1	⊙ Strasbourg
68	Rhin (Haut-)	1	Colmar
69	Rhône	22	⊙ Lyon
70	Saône (Haute-)	9	Vesoul
71	Saône-et-Loire	4	Mâcon
72	Sarthe	18	Le Mans
73	Savoie	22	Chambéry
74	Savoie (Haute-)	22	Annecy
75	Paris (Ville de)	10	⊙ Paris
76	Seine-Maritime	17	⊙ Rouen
77	Seine-et-Marne	10	Melun
78	Yvelines	10	Versailles
79	Sèvres (Deux-)	20	Niort
80	Somme	19	⊙ Amiens
81	Tarn	14	Albi
82	Tarn-et-Garonne	14	Montauban
83	Var	21	Toulon
84	Vaucluse	21	Avignon
85	Vendée	18	La Roche-sur-Yon
86	Vienne	20	⊙ Poitiers
87	Vienne (Haute-)	12	⊙ Limoges
88	Vosges	13	Épinal
89	Yonne	4	Auxerre
90	Territoire de Belfort	9	Belfort
91	Essonne	10	Evry
92	Hauts-de-Seine	10	Nanterre
93	Seine-Saint-Denis	10	Bobigny
94	Val-de-Marne	10	Créteil
95	Val-d'Oise	10	Pontoise
971	Guadeloupe		Basse-Terre
972	Martinique		Fort-de-France
973	Guyane		Cayenne
974	La Réunion		Saint-Denis

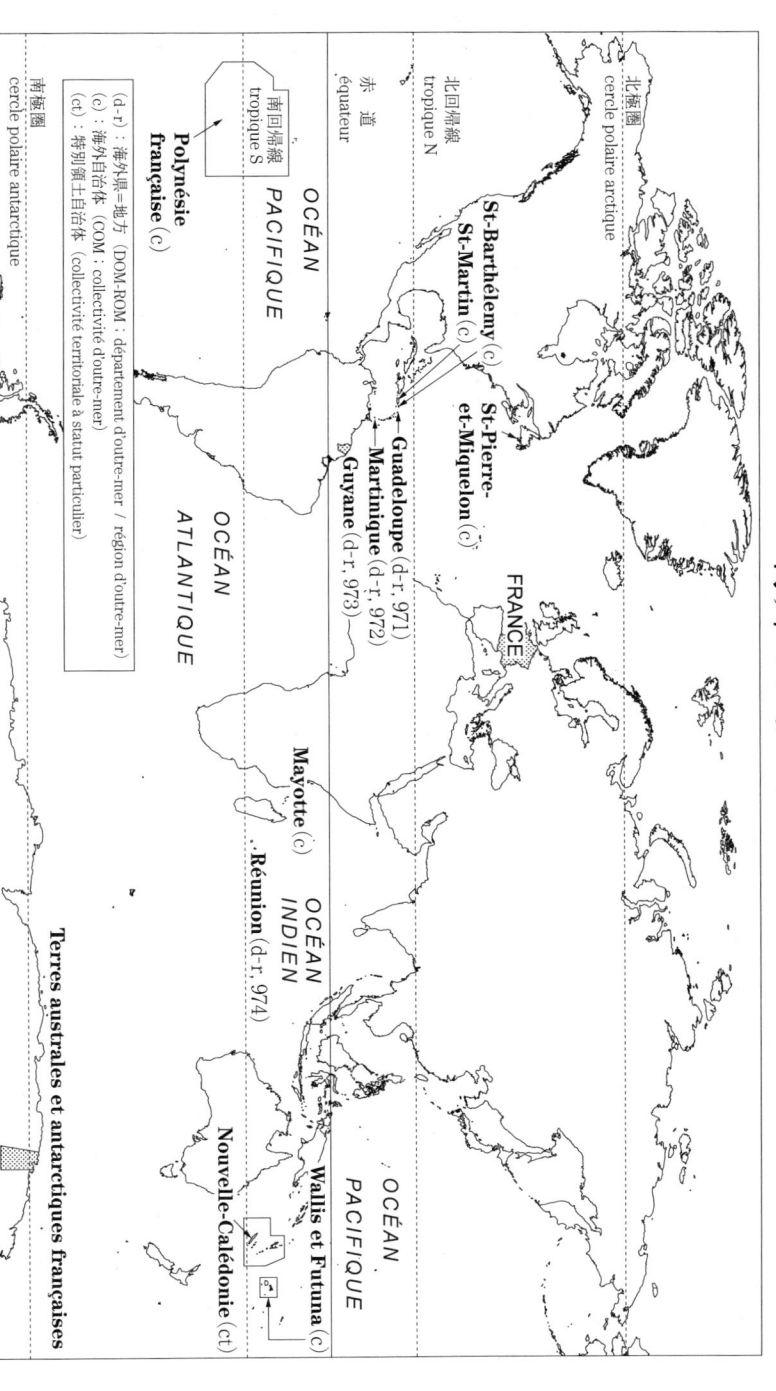

主要参考資料

Akouan (André) et alt., *Dictionnaire de politique : le présent en question*, Larousse, 1979
Androuet, *Guide du fromage* (le Livre de puche pratique), stock, 1971.
Azzaretti (Michel), *Dictionnaire international d'abréviations scientifiques et techniques*, La Maison du dictionnaire, 1978
Bernard et Colli, *Vocabulaire économique et financier* (Nouvelle édition augmentée), Editions du Seuil, 1976
Bleton (Pierre), Lecuir (Jean), Mathieu (Gilbert), *Dictionnaire du capitalisme*, Editions universitaires, 1970
Brignone (Andréa), Lambert (Jean), Martinet (Alain), Savall (Henri), *Encyclopédie de l'économie*, Larousse, 1978
Brosse (Jacques), *Arbres d'Europe occidentale*, Bordas, 1977.
Bussery (Anne), *Le Guide général de vos droits*, Le Grand Livre du Mois, 2001.
Cabanne (Pierre), *Le nouveau guide des musées de France*, Larousse, 1997.
Capitant (Henri), *Vocabulaire juridique*, PUF 8e ed., 2000.
Catalogues Delbard（園芸店のカタログ）.
Christ (Yves) et alt., *La grammaire des formes et des styles—Le monde chrétien*, Bibliothèque des Arts, 1982
Cotta (Alain) (sous la direction de), *Dictionnaire de science économique*, Maison Mame, 1968
Dauzat (Albert), *Dictionnaire étymologique de la langue française*, Larouuse, 1938.
Delas (Daniel) et Delas-Demon (Danièle), *Dictionnaire des idées par les mots (analogiques)*, Les Dictionnaires Robert, 1986
Dictionnaire actuel de la langue française, Flammarion, 1991.
Dictionnaire de l'Académie française, 9e édition, Imprimerie nationale-Julliard, 1994.
Dictionnaire de politique, Editions Cujas, 1967
Dictionnaire des termes officiels de la langue française, Délégation générale à la langue française, Journal officiel, 1994.
Dictionnaire du français contemporain, Larousse, 1966, 1992.
Dictionnaire encyclopédique Quillet, Aristide Quillet, 1977.
Dictionnaire géographique de la France, Larousse, 1979.
Dictionnaire Hachette illustré 1994-2009, Hachette, 1993-2008.
Dictionnaire portatif de cuisine, Payot, 1995.
Dictionnaire Quillet de la langue française, (3 vol), Aristide Quillet, 1948.
Dictionnaire technique anglais-français, Gauthier-Villards, 1994.
Dubois (Michel), *Dictionnaire de sigles nationaux et internationaux*, La Maison du dictionnaire, 1970
Duden français—Dictionnaire en images, Bibliographisches Institute—Mannheim, 1962
Dumay (Raymond), *Petit guide de poche du vin et de la cave*, Sand, 1980.
Encyclopædia universalis, (23 vol), 1989-1990.
Encyclopédie de l'economie : *le présent en question*, Larousse, 1978.
Encyclopédie des fleurs et plantes de jardin, The Reader's Digest, 1978.
Encyclopédie touristique des vins de France, Larousse, 1994.
Foulquié (Paul), *Vocabulaire des sciences sociales*, Presses universitaires de France, 1978
Franscopie 2005, pour comprendre les Français, Larousse, 2004.
French cheeses, Dorling Kindersley, 2004.
Grand atlas du corps humain, *descriptions, fonctions, pathologies*, Larousse/VUEF, 2002.
Grand Larousse encyclopédique, (10 vol), Larousse, 1960-64.
Grand Larousse universel, (15 vol). Larousse, 1982-86.
Grevisse, *Le Bon Usage*, 10e édition, Duculot, Gembloux, 1975.
Guide/Code de la famille, Prat/Europa, Diffusion Vuibert, 1984.
Guide des mots nouveaux, Commissariat général de la langue française, Nathan, 1985.
Guide des poissons de mer et pêche, deuxième édition, Delachaux et Niestlé, 1969.
Guide Gault Millau France, 1980-2008.
Guides bleus, Hachette.

Guides Michelin rouges (France, Paris et ses environs), 1963-2008.
Guides Michelin verts.
Guillien (Raymond) et Vincent (Jean) (sous la direction de), *Lexique de termes juridiques*, Dalloz, 1974 (2005)
Harrap's Shorter Anglais-français/Français-anglais, 2006
Histoire de l'architecture française, (3 vol), Mengès, 1995.
INSEE, *Annuaire statistique de la France*.
Journal officiel de la République francçise (JORF).
Journal officiel de l'Union européenne (JOUE).
La Consommation des ménages à moyen terme, INSEE, octobre 1983.
La Grande Encyclopédie, (20 vol), Larousse, 1971-76.
Lambert (Denis-Clair), *Terminologie économique et monétaire*, Les Editions ouvrières, 1970
L'Année politique, économique et sociale, Editions Evénements et Tendances, 1975-93.
Larousse 3 volumes en couleurs, Larousse, 1970.
Larousse de poche 2001, Larousse-Her, 2000.
Larousse du XXe siècle, Larousse, (6 vol), 1928-33.
Larousse gastronomique, Larousse-Bordas, 1996.
Larousse (Pierre), *Grand Dictionnaire universel du XIXe siècle*, (15 vol + 2 suppl), 1877, 1890.
Le Grand Larousse de la langue française, (7 vol), Larousse, 1997.
Le Grand Larousse gastronomique, Larousse, 1938.
Le Grand Robert de la langue française, (6 vol), Dictionnaires Le Robert, 2001.
Le guide Fleurus des Vins 2006, Fleurus, 2005.
Le guide Hachette des vins, 1989-2008, Hachette, 1988-2007.
Le Jardin potager, Editions Floraisse, 1976.
Le Micro-Robert 2, Dictionnaires Le Robert, 1990.S
L'Encyclopédie nomade 2006, Larousse.
Le Nouveau Petit Robert, Dictionnaires Le Robert, 1993, 1999.
Le Petit Larousse de la médecine, Larousse, 1997.
Le Petit Larousse des fromages, Larousse, 1971.
Le Petit Larousse des vins, Larousse, 2002.
Le Petit Larousse illustré 1970-2008, Larousse, 1969-2007.
Le Petit Robert de la langue française 2006, Dictionnaires Le Robert, 2005.
Le Petit Robert des noms propres, 1974-2005.
Le Petit Robert I , Dictionnaire alphabétique et analogique de la langue française, 1985.
Le Petit Robert, SNL Le Robert, 1967.
Lerond (Alain), *Dictionnaire de la prononciation*, Larousse, 1980.
L'Etat de la France et ses habitants, Editions La Découverte, 1989.
Le Trésor de la langue française (TLF), (16 vol), CNRS-Gallimard, 1971-94.
Le Vin, édition 2005, Gault-Millau, 2004.
Lexis, Dictionnaire de la langue française, Larousse, 1989.
Lichine (Alexis), *Encyclopédie des vins & des alcools*, coll. 《Bouquins》, Robert Laffont, 1980.
Littré (Emile), *Dictionnaire de la langue française*, (4 vol), Hachette, 1863-72.
Lœper (Nathalie de), *Dicomarché, le dictionnaire du marché*, Hachette, 1991.
Maloux (Maurice), *Dictionnaire des proverbes, sentences et maximes*, Larousse, 1980
Martinet (André) et Walter (Henriette), *Dictionnaire de la prononciation française dans son usage réel*, France-Expansion, 1973.
Mathieu (Gilbert), *Vocabulaire de l'économie*, Editions universitaires, 1970
Mazoyer (Marcel), *Larousse agricole*, Larousse, 1981.
Merle (Pierre), *Dictionnaire du français branché*, Seuil, 1990.
Mermet (Gérard), *Encyclopédie médicale de la famille*, Le Grand Livre du Mois, 2001.
Nouveau Petit Larousse illustré, Larousse, 1956.
Perrichon (André), Duvernay (G.M.), *Fleurs, fruits, légumes* (Le Livre de Poche), Librairie générale française, 1961.
Piéron (Henri), *Vocabulaire de la psychologie*, Presses universitaires de France, 1973
Plantes potagères, Gründ, 1986.
Pluri Dictionnaire Larousse, Larousse, 1977
Population de la France, INSEE, 1975.
Quid, 1963-2007, Robert Laffont, 1962-2006.
Rat (Maurice), *Dictionnaire des locutions françaises*, Larousse, 1957
Recensement général de la population de 1982, INSEE, 1983.

Savoir tout faire, Flammarion, 1970.
Statistiques et indicateurs des régions françaises, INSEE, 1984.
Suavet (Thomas), *Dictionnaire économique et social*, Les Editions ouvrières, 1962
Verrassel (André), *A la découverte de 850 églises romanes de France*, Duculot, 1985.
Walter (Henriette) et Walter (Gérard), *Dictionnaire des mots d'origine étrangère*, Larousse, 1991
Warnant (Léon), *Dictionnnaire de la prononciation dans sa norme actuelle*, Duculot, 1987.

◇新聞・雑誌
Le Canard enchaîné
Chasseur d'images
Les Echos
L'Equipe
Eurêka
L'Evénement du jeudi
L'Expansion
L'Expresse
Le Figaro
Le Figaro économie
Figaro Magazine
Madame Figaro
Fremce-soir
L'Humanité
Libération
Le Monde
Le Monde diplomatique
Le Nouvel Observateur
L'officiel des spectacles
L'Ordinateur individuel
Le Parisien
Le Point
Le Quotidien de Paris
Santé magazine
Science & Vie

『岩波西洋人名事典』(増補版), 岩波書店, 1981
『グランド・コンサイス英和辞典』, 三省堂, 2001
新倉俊一, 他編『事典 現代のフランス』(増補版), 大修館書店, 1997
『ジーニアス英和辞典』, 大修館書店, 2007
『小学館ロベール仏和大辞典』, 小学館, 1988
『新スタンダード仏和辞典』, 大修館書店, 2005
『治療薬マニュアル2002』, 医学書院, 2002
『ディコ仏和辞典』, 白水社, 2003
日仏理工科会,『日仏理工学辞典』(三訂増補), 白水社, 1982
『仏和大辞典』, 白水社, 1981
山口俊夫編『フランス法律辞典』, 東京大学出版会, 2002
中村紘一, 新倉修, 今関源成 (監訳)『フランス法律用語辞典』, 三省堂, 2000
『ロワイヤル仏和中辞典』(第2版), 旺文社, 2005

『世界地図集』中国地図出版社, 1996
『中華人民共和国地図』(中英文版), 中国地図出版社, 2002

◇主なサイト URL (2008年12月現在)
http://epp.eurostat.ec.europa.eu/（EU統計局 Eurostat ホームページ）
http://jt.france2.fr/（フランス2（テレビ局）ニュース番組 France 2 - Journal télévisé）
http://tempsrecl.nouvelobs.com/（週刊誌 *Le Nouvel Observateur* の電子版）
http://www.banque-france.fr/（フランス銀行 Banque de France）
http://www.bnf.fr/（フランス国立図書館 Bibliothèque nationale）
http://www.defense.gouv.fr/（フランス国防省 Ministère de la Défense）
http://www.diplomatie.gouv.fr/fr/（フランス外務省 Ministère des Affaires étrangères）
http://www.education.gouv.fr/index.php（フランス文部省 Ministère de l'éducation）
http://www.elysee.fr/accueil/（フランス大統領府 Présidence de la République）
http://www.encyclopedia universalis
http://www.europa.eu.int/index_fr.html（ヨーロッパ連合 Union européenne）
http://www.europarl.europa.eu/news/public/default_fr.html（ヨーロッパ議会 Parlement européen）
http://www.google.fr/
http://www.industrie.gouv.fr/index_portail.php（フランス経済・産業・雇用省（産業）MINEFE -Industrie）
http://www.insee.fr/fr/（フランス国立統計経済研究所 INSEE）
http://www.intrieur.gouv.fr/（フランス内務省 Ministère de l'Intérieur）
http://www.justice.gouv.fr/（フランス法務省 Ministère de la Justice）
http://www.ladocumentationfrancaise.fr/（フランス政府資料局 Documentation française）
http://www.larousse.fr/（ラルース社の百科事典の無料検索サイト名；2008年5月13日運用開始）

http://www.lefigaro.fr/《日刊紙 Figaro の電子版》
http://www.legifrance.gouv.fr/《フランス政府の法令等を扱う》
http://www.lemonde.fr/《日刊紙 Le Monde の電子版》
http://www.le-point.fr/《週刊誌 Le Point の電子版》
http://www.lesechos.fr/《Les Echos 誌の電子版》
http://www.minefe.gouv.fr/《フランス経済・産業・雇用省 MINEFE》
http://www.oecd.org/home/0,3305,fr_2649_201185_1_1_1_1_1,00.html《OECD ホームページ (フランス語)》
http://www.pharmacorama.com《医薬品のサイト名》
http://www.premier-ministre.gouv.fr/fr/《フランス首相府 Premier ministre》
http://www.quid.fr/《年鑑 Quid の電子版》
http://www.sante-jeunesse-sports.gouv.fr/《フランス保健・青少年・スポーツ・協会活動省 Ministère de la Santé, de la Jeunesse, des Sports et de la Vie associative》
http://www.service-public.fr/《フランス官公庁 Service public 案内》
http://www.tlfi.fr/《Trésor de la langue française の電子版 (TLFi)》
http://www.un.org/french/《国連 Organisation des Nations unies (ONU) のホームページ (フランス語)》
http://www.wikipedia.fr/
http://www.wto.org/indexfr.htm《世界貿易機関 OMC ホームページ (フランス語)》
http://www.3suisses.fr/《通信販売カタログ 3 Suisses の電子版》

編集協力：錦栄書房
校正協力：(株)ジャレックス

［編者略歴］

稲生　永（いのう・ひさし；INOH, Hisashi）
1932年生まれ．1957年東京大学文学部佛蘭西文学科卒業．1962-64年フランス政府給費留学生としてパリ大学人学人文科学部に留学．1965年東京大学大学院人文科学研究科博士課程中退．東京大学文学部助手，明治学院大学文学部助教授，立教大学文学部教授，外務省研修所講師などを経て，現在立教大学名誉教授．
［主な業績］
［論文］ジェラール・ド・ネルヴァル研究（『オーレリア』研究を中心に多数）．
［著書］『魔法の地理学―フランス文学紀行』（白水社，1980年），『写真集・フランスの歴史と文学』（大修館書店，1980年）．
［共著］『事典・現代のフランス』（大修館書店，1977年）．
［翻訳など］ネルヴァル『オーレリア』（中央公論社，1970年），『ネルヴァル全集』（全3巻，筑摩書房，1975年；共訳），『ランボー全集』（全3巻，人文書院，1976年；共訳）．

彌永康夫（いやなが・やすお；IYANAGA, Yasuo）
1940年生まれ．1962-1964年パリ高等学術研究院で社会学・現代史を学ぶ．1965-2000年在日フランス大使館広報部勤務．2000年―フランス語講師．
［著書］『事典・現代のフランス』（大修館書店，1977年）（共著），『普遍性か差異か 共和主義の臨界，フランス』（藤原書店，2001年）（共著），*Le Japon 1995* (Editions Recherche sur les civilisations Maison franco-japonaise), （共著）
［訳書］エドガール・フォール『疎外からの脱出　私の政治学』（読売新聞社，1970年），K.S. カロル『カストロの道　ゲリラから権力へ』（読売新聞社，1972年）など．

スタンダード時事仏和大辞典

© Hisashi Inoh　2009

NDC 850/viii, 2146p/22cm

初版第1刷―――2009年3月15日

編　者―――稲生　永　彌永康夫
発行者―――鈴木一行
発行所―――株式会社大修館書店
　　　　　〒101-8466 東京都千代田区神田錦町3-24
　　　　　電話03-3295-6231（販売部）　03-3294-2356（編集部）
　　　　　振替00190-7-40504
　　　　　[出版情報] http://www.taishukan.co.jp

装丁者―――田中　晋
印刷所―――壮光舎印刷
製本所―――牧製本

ISBN978-4-469-05179-7　　Printed in Japan

®本書の全部または一部を無断で複写複製（コピー）することは，著作権法上での例外を除き禁じられています．